Grand Usuel
LAROUSSE
dictionnaire encyclopédique

IN EXTENSO

Grand Usuel LAROUSSE

dictionnaire encyclopédique

FONCIER

MANDRAGORE

LAROUSSE

21, Rue du Montparnasse 75283 Paris cedex 06

édition mise à jour au 30 juin 1996

Distributeur exclusif au Canada : les Éditions Françaises Inc.

ISSN 1264-4242
ISBN 2-03-750033-5 (volume 3)
ISBN 2-03-750029-7 (édition complète)

Photocomposition Maury – Malesherbes
Impression Aubin Imprimeur à Poitiers, Ligugé – L 53178
Dépôt légal : mars 1997 – n° de série éditeur : 19223
Imprimé en France (Printed in France) 750033 – Mars 1997

1. FONCIER, ÈRE adj. (de *fonds*). **1.** Relatif à un fonds de terre, à sa propriété, à son exploitation et à son imposition. — **2.** *Capital foncier,* valeur vénale des terres constituant une exploitation agricole. ‖ *Impôt foncier,* impôt qui frappe un fonds de terre. ‖ *Taxe foncière,* impôt annuel auquel sont soumis les propriétaires de biens fonciers. (Jusqu'en 1974, cet impôt s'appelait la *contribution foncière.*)

◆ **foncier** n. m. La propriété foncière et tout ce qui s'y rapporte.

2. FONCIER, ÈRE adj. (de *fond*). Qui forme le fond du caractère de qqn : *Il est d'une foncière bonté.*

FONCIÈREMENT adv. (de *foncier 2*). **1.** À fond, complètement, totalement : *Cette question m'est foncièrement étrangère.* — **2.** Dans le fond, en soi, par sa nature : *Un homme foncièrement malhonnête.*

FONCIN (Pierre), géographe et historien français (Limoges 1841 - Paris 1916). Professeur à la faculté des lettres de Bordeaux (1877), recteur de l'académie de Douai (1879), directeur de l'enseignement secondaire (1881) et inspecteur général (1882), il fonda l'Alliance pour la propagation de la langue française *(Alliance française),* dont il fut le secrétaire général, puis le président.

FONCK (René), officier aviateur français (Saulcy-sur-Meurthe 1894 - Paris 1953). Après des études effectuées à l'École des arts et métiers, il est mobilisé en 1914 et versé dans l'aviation en 1915. Il est pilote d'observation jusqu'en 1917, mais sa combativité lui vaut d'être muté dans la chasse et de servir au sein du groupe des Cigognes. Il y obtient 75 victoires officielles qui le placent en tête de tous les as alliés de la Première Guerre mondiale.

FONCTEUR n. m. *Foncteur de vérité,* connecteur logique qui permet d'établir une proposition complexe à partir de plusieurs propositions simples et indique en même temps la valeur de vérité de la proposition complexe.

FONCTION n. f. (lat. *functio, -onis,* de *fungi,* s'acquitter). **1.** Ensemble d'opérations concourant au même résultat et exécutées par un organe ou un ensemble d'organes (fonctions de nutrition, de relation, de reproduction, etc.). [→ *encycl.* Biol.] — **2.** Rôle joué par un élément dans un ensemble, destination d'un appareil ; activité, rôle, destination de qqch : *Quelle est, dans le moteur, la fonction des bougies ?* — **3.** Rôle exercé par qqn au sein d'un groupe, d'une activité : *Remplir correctement sa fonction.* — **4.** Profession, exercice d'une charge, d'un emploi : *Cumul de fonctions. Entrer en fonctions.* — **5.** *De fonction,* accordé gratuitement à qqn en raison de sa fonction : *Voiture de fonction.* ‖ *En fonction de,* par rapport à, en tenant compte de : *Agir en fonction des circonstances.* ‖ *Être fonction de qqch, de qqn,* dépendre d'eux. ‖ *Faire fonction de,* remplir l'office de qqn, jouer son rôle, le remplacer ; tenir lieu de qqch : *Petite pièce qui fait fonction de bureau.* ‖ *La fonction crée l'organe,* toute fonction que doit accomplir un être vivant pour survivre ou toute fonction développée dans une institution détermine l'apparition des moyens de la réaliser. • **Chim.** Ensemble de propriétés communes à une famille de composés et liées à la présence dans ces composés de groupements d'atomes caractéristiques, appelés groupements fonctionnels. (→ *encycl.*) — **Dr.** *Fonction publique,* ensemble des agents de l'État, des fonctionnaires. (→ *encycl.*) ‖ *Fonction publique territoriale,* ensemble des agents des communes, départements, régions et de leurs établissements publics. (→ *encycl.*) — **Écon.** Ensemble d'opérations coordonnées qui, dans l'entreprise, tendent à la réalisation des objectifs qu'elle se fixe. — **Inform.** Ensemble d'instructions constituant un sous-programme identifié par un nom, qui se trouve implanté en mémoire morte ou dans un programme. — **Ling.** Rôle joué par un élément linguistique dans la structure grammaticale de la phrase. (On parle de *fonction sujet* et de *fonction prédicat,* qui définissent les relations fondamentales de la phrase, et des *fonctions compléments* [objet, circonstances], qui viennent en préciser ou en étoffer le sens.) ‖ *Fonction du langage,* nom donné aux diverses fins que l'on assigne aux énoncés en les produisant. (→ *encycl.*) — **Math.** Relation qui, à chaque élément de son ensemble de départ, associe au plus une image. (→ *encycl.*) ‖ *Fonction algébrique,* fonction f racine de l'équation en y, $\varphi(x, y) = 0$, où $\varphi(x, y)$ est un polynôme entier en x et y. ‖ *Fonction de fonctions,* syn. de COMPOSÉE DE DEUX FONCTIONS. ‖ *Fonction généralisée,* syn. de PSEUDOFONCTION. ‖ *Fonction transcendante,* fonction qui n'est pas algébrique. — **Polit.** Chacune des missions du pouvoir. (L'analyse classique reconnaît à l'État trois fonctions : *législative, exécutive, juridictionnelle.* Elles ne sont pas exclusives, et les analystes traitent également de la fonction gouvernementale, de la fonction normative, de la fonction administrative, etc.) — **Sociol.** Rôle joué en commun par certains individus au sein d'une société.

◆ **fonctions** n. f. pl. **1.** Ensemble des charges relevant de l'exercice d'un poste, d'un emploi : *Cela n'entre plus dans les fonctions du ministre.* — **2.** Emploi, poste : *Se démettre de ses fonctions.*

ENCYCL. **Biol.** Un animal respire, absorbe, digère, assimile, excrète, perçoit des excitations, se meut ; chacune de ses activités met en jeu une ou plusieurs fonctions, pour lesquelles existent des organes ou des appareils (digestif, respiratoire, etc.). Aux *fonctions de nutrition* (digestion, absorption, circulation, respiration et excrétion) correspondent l'appareil digestif et ses glandes annexes, l'appareil circulatoire, l'appareil respiratoire et l'appareil excréteur. Les *fonctions de relation* mettent l'individu en rapport avec le milieu extérieur par la sensibilité et lui permettent d'y réagir éventuellement par la motricité. Elles sont assurées par l'appareil nerveux, les muscles et les os. Les *fonctions de reproduction* sont assurées par l'appareil génital et ses annexes (glandes mammaires) ; les *fonctions de corrélation* entre tissus et organes, par les glandes endocrines et par le système neurovégétatif. Les *fonctions de régulation* contrôlent la constance du milieu intérieur (sang) des animaux les plus évolués, en dépit des variations du milieu extérieur. (→ HOMÉOTHERMIE.) Chez les plantes vertes, il existe une *fonction chlorophyllienne* qui leur est propre et qui a pour résultat la photosynthèse*.

— **Chim.** Si l'on excepte les fonctions acide, base et sel, qui sont très générales, c'est surtout en chimie organique que la notion de fonction rend des services : elle permet d'associer l'existence de propriétés chimiques données à la présence de certains groupements d'atomes dans une molécule, et vice versa. Les principales fonctions sont : acide carboxylique, alcool, aldéhyde, amide, amine, cétone, ester, éther, hydrocarbure, nitrile, phénol, etc.

— **Dr.** La *fonction publique* comprend les fonctionnaires*, les agents (principalement auxiliaires), non titularisés, qui obéissent à des règles très voisines, et les agents contractuels qui ne sont ni intégrés dans la hiérarchie ni titularisés. La fonction publique obéit à plusieurs principes :

— *principe hiérarchique :* dirigée par le ministre chargé de la Fonction publique, celle-ci est organisée en corps* hiérarchisés, aménagés eux-mêmes en grades, à leur tour divisés en échelons ;

— *principes d'égalité et de non-discrimination :* entré par concours, avançant surtout à l'ancienneté, le fonctionnaire est dans une situation fixée à l'avance par voie générale et impersonnelle et modifiable unilatéralement. À côté du statut général des fonctionnaires de l'État existent, en vue d'adapter la situation des fonctionnaires aux nécessités de chaque service, des statuts particuliers à chaque corps. Par ailleurs, eu égard à la nature de leurs fonctions, certains fonctionnaires échappent au statut général de la fonction publique (magistrats de l'ordre judiciaire, militaires) ;

— *principe de la concertation :* au niveau central a été institué le *Conseil supérieur de la fonction* publique.* Au niveau de chaque service, ou de chaque administration, ont été créées des *commissions administratives paritaires,* composées en nombre égal de représentants de l'administration et de représentants élus de fonctionnaires, et qui sont compétentes pour intervenir à titre consultatif sur toute question relative au personnel du service ; des *comités techniques paritaires,* composés de représentants de l'administration et des organisations syndicales les plus représentatives, et qui sont compétents pour intervenir à titre consultatif sur toute question relative à l'organisation et au fonctionnement du service ;

— *principe de la neutralité :* les agents ne sont subordonnés que dans le cadre de leur fonction et dans la seule mesure où leur fonction l'exige. Le fonctionnaire jouit donc des mêmes libertés publiques que l'ensemble des citoyens, avec toutefois des devoirs de réserve et de discrétion.

• *La fonction publique territoriale* est pour l'essentiel une transposition du modèle de la fonction publique. Instituée par la loi du 26 janvier 1984, elle concerne les agents des collectivités territoriales et de leurs établissements publics dont la carrière est contrôlée par le *Conseil supérieur de la fonction publique territoriale.*

— **Ling.** La notion de *fonction du langage* a été mise en valeur par l'école de Prague. La fonction principale est celle de communication (dite aussi référentielle ou cognitive). Cependant, selon les caractères de la communication, il existe différentes fonctions du langage. R. Jakobson distingue ainsi la fonction référentielle (ou dénotative, ou cognitive), qui centre le message sur le contexte *(Le chien est un animal)* ; la fonction émotive, qui le centre sur le locuteur *(Hélas ! il pleut !)* ; la fonction conative, sur le destinataire *(Viens ici !)* ; la fonction phatique centre le message sur le contact *(Allô, ne coupez pas)* ; la fonction métalinguistique, sur le code *(Il ne faut pas dire je m'ai coupé, mais je me suis coupé)* ; la fonction poétique enfin envisage le message en lui-même.

— **Math.** La notion de « fonction » ne s'est d'abord appliquée qu'aux fonctions réelles de la variable réelle. Les notations sont alors

$$f : \mathbb{R} \to \mathbb{R}$$
$$x \mapsto f(x).$$

On distingue les *fonctions rationnelles* telles que les fonctions affines, les fonctions polynômes, etc. ; leurs images ne sont définies qu'à l'aide des quatre opérations (+, −, × et :) ; les *fonctions irrationnelles* où, pour les images, apparaissent des nombres irrationnels. Ces deux catégories sont des fonctions algébriques. Les suivantes sont des fonctions transcendantes : les *fonctions exponentielles ;* les *fonctions circulaires ;* les *fonctions hyperboliques.*

L'étude d'une fonction numérique consiste à déterminer son domaine de définition, les limites de la fonction aux bornes des intervalles formant ce domaine, les intervalles où la fonction est soit croissante, soit décroissante. Ces résultats sont consignés dans un tableau ; en général, on effectue une représentation graphique de la fonction étudiée.

fonction publique *(Conseil supérieur de la),* organisme paritaire consultatif, présidé par le Premier ministre, et composé de représentants de l'Administration et des syndicats de fonctionnaires.

fonction publique territoriale *(Conseil supérieur de la),* organisme paritaire consultatif présidé par un élu local et composé de représentants des collectivités territoriales et des représentants des fonctionnaires territoriaux.

FONCTIONNAIRE n. (de *fonction*). **1.** Agent public qui, nommé dans un emploi permanent, a été titularisé dans un grade de la hiérarchie des administrations de l'État. (→ *encycl.*) — **2.** Titulaire d'une fonction publique. — **3.** *Fonctionnaire international,* agent administratif d'une organisation internationale, et qui est doté d'un régime statutaire ou contractuel spécifique. ‖ *Fonctionnaire parlementaire,* fonctionnaire de l'Assemblée nationale ou du Sénat, doté d'un statut spécifique. ‖ *Fonctionnaire territorial,* agent de la fonction publique territoriale. ‖ *Haut fonctionnaire,* fonctionnaire qui occupe un emploi supérieur, nommé discrétionnairement par le gouvernement (ambassadeur, préfet...).

ENCYCL. Le recrutement des fonctionnaires a pour base le principe d'égale admissibilité aux fonctions publiques (concours). Leur statut prévoit six positions à l'intérieur de l'Administration.

La carrière du fonctionnaire dépend, notamment, des notes qui lui sont attribuées annuellement par son chef de service. Elles conditionnent, en particulier, l'avancement de grade, lequel donne vocation à un emploi supérieur ; l'avancement d'échelon se traduit par une simple augmentation de traitement. L'avancement de grade ne peut avoir lieu qu'au profit des fonctionnaires inscrits à un tableau d'avancement.

Le traitement des fonctionnaires est déterminé de manière unilatérale, selon un barème donné, fixé par référence au classement de l'emploi occupé par le fonctionnaire dans la hiérarchie des emplois de l'État. Chaque emploi est affecté d'un indice allant de 100 à 1 000. Les emplois supérieurs sont classés en dehors de la grille indiciaire et font l'objet d'une hiérarchie autonome : les échelles lettres.

Le fonctionnaire peut exercer le droit syndical et le droit de grève. Il est tenu à un devoir de réserve et de discrétion.

Enfin le fonctionnaire peut encourir des sanctions disciplinaires spécifiques (avertissements, blâme, révocation, etc.).

FONCTIONNALISATION n. f. Action de rendre fonctionnel.

FONCTIONNALISER v. t. (conj. 3). Rendre qqch fonctionnel, pratique : *Fonctionnaliser l'ameublement.*

FONCTIONNALISME n. m. **1.** Doctrine selon laquelle, en architecture et dans le mobilier, la forme doit toujours être l'expression d'une fonction, d'un besoin (XXe s.). — **2.** Doctrine sociologique selon laquelle la société est perçue comme un système dont l'équilibre dépend de l'intégration de ses diverses composantes. (Le fonctionnalisme privilégie l'étude des mécanismes d'adaptation et d'intégration.) — **3.** École britannique d'anthropologie (Radcliffe-Brown, Malinowski), qui met l'accent sur la notion de dynamisme de la culture, en la considérant comme une totalité organique dont les divers éléments s'expliquent par la fonction qu'ils y remplissent. — **4.** Nom donné à plusieurs courants théoriques (école de Prague, Martinet, Jakobson, etc.) selon lesquels les éléments linguistiques se définissent en vertu de leur fonction dans un système (la langue) qui n'existe lui-même comme tel que par sa fonction de communication. (Syn. LINGUISTIQUE FONCTIONNELLE.) — **5.** En psychologie, doctrine suivant laquelle les comportements sont essentiellement déterminés par la fonction qu'ils remplissent.

FONCTIONNALISTE adj. et n. Relatif au fonctionnalisme ; partisan du fonctionnalisme.

FONCTIONNALITÉ n. f. **1.** Caractère de ce qui est fonctionnel, de ce qui répond à une fonction déterminée. — **2.** Nombre de fonctions disponibles, sur une molécule de monomère, vis-à-vis d'une réaction donnée. (De la fonctionnalité d'un monomère dépendent les caractéristiques essentielles du polymère qui en dérive : longueur de chaîne, présence de branchements, caractère thermodurcissable ou thermoplastique.)

◆ **fonctionnalités** n. f. pl. Possibilités de traitement qui existent sur un terminal ou un système informatique autonome.

FONCTIONNARIAT n. m. Qualité, état de fonctionnaire.

FONCTIONNARISATION n. f. Action de fonctionnariser ; fait d'être fonctionnarisé.

FONCTIONNARISER v. t. (conj. 3). Intégrer un organisme, une entreprise à la fonction publique ; transformer qqn en employé de l'État.

FONCTIONNARISME n. m. Tendance à la multiplication des fonctionnaires et à l'accroissement de leur rôle au détriment de l'initiative privée.

FONCTIONNEL, ELLE adj. Qui est bien adapté à sa fonction, qui convient parfaitement à sa destination : *Un mobilier fonctionnel.* • **Chim.** Qui caractérise une fonction chimique. – **Géogr.** Se dit d'une forme de terrain dont le façonnement se continue actuellement, par oppos. à une *forme relique* ou *résiduelle.* – **Ling.** Relatif au fonctionnalisme. ‖ *Mot fonctionnel,* mot indiquant certaines relations grammaticales dans la phrase (préposition) ou entre des phrases (conjonction), ou encore qui marque la frontière du syntagme nominal qu'il détermine (article). [Syn. MOT OUTIL.] ‖ *Linguistique fonctionnelle,* syn. de FONCTIONNALISME. – **Log.** *Calcul fonctionnel,* partie de la logique traitant des fonctions propositionnelles et de l'application des quantificateurs à celles-ci. – **Math.** *Analyse fonctionnelle,* étude des fonctions données sous forme de développement à l'aide de fonctions propres orthonormées. [→ *encycl.*] ‖ *Équation fonctionnelle,* équation où l'inconnue est une fonction. ‖ *Espace fonctionnel,* ensemble de fonctions ayant les mêmes ensembles de départ A et d'arrivée B, pouvant être muni de structures induites par celles existant sur B. – **Pathol.** Syn. de EXTRAORGANIQUE. ‖ *Trouble fonctionnel,* trouble dû au fonctionnement anormal d'un organe sans lésion de cet organe. – **Physiol.** Relatif à une fonction de l'organisme. – **Sociol.** *Analyse fonctionnelle,* étude des rôles, manifestes ou latents, joués par les divers processus sociaux dans le maintien ou l'autorégulation d'un système social.

◆ **fonctionnelle** n. f. Fonction, le plus souvent numérique et même linéaire, dont l'ensemble de départ est un espace fonctionnel.

ENCYCL. **Math.** L'histoire de l'*analyse fonctionnelle,* ainsi nommée par P. Lévy au début du XXe s., est assez récente. Son objet est d'étendre le champ de l'analyse à des espaces abstraits dont les éléments ne sont plus des nombres, mais des fonctions. La généralisation de notions telles que continuité, dérivation, différentiation, intégration, notions reposant sur le concept de limite, suppose la définition d'une topologie sur un espace fonctionnel, les propriétés étudiées dépendant de la topologie choisie.

FONCTIONNELLEMENT adv. De manière fonctionnelle, d'un point de vue fonctionnel.

FONCTIONNEMENT n. m. Fait de fonctionner ; manière dont fonctionne qqch : *Le fonctionnement d'un appareil. Le bon fonctionnement des institutions.*

FONCTIONNER v. i. (conj. 3). **1.** Être en état de marche, remplir sa fonction : *La cuisinière fonctionne au gaz. L'administration fonctionne mal.* – **2.** Être en train de marcher : *J'entends la télé qui fonctionne.* – **3.** En parlant d'un organisme, exercer son activité : *Les banques ne fonctionnent pas le dimanche.* – **4.** En parlant d'une aptitude, s'exercer, agir, travailler : *Faites fonctionner votre imagination.* – **5.** Être efficace, remplir son office, assurer son objectif : *Théorie qui fonctionne.*

FOND n. m. (lat. *fundus*). **1.** Partie constituant la base de qqch de creux : *Le fond d'un tonneau, d'une armoire.* – **2.** Espace avoisinant cette partie, partie la plus basse de qqch de creux, ou partie la plus éloignée de l'ouverture : *Chercher un objet dans le fond d'un tiroir.* – **3.** Ce qui reste dans la partie inférieure d'un récipient, dans la partie la plus profonde de qqch de creux : *Boire les fonds de bouteille.* – **4.** Partie solide, sol qui est au-dessous de l'eau. – **5.** Couche inférieure des eaux, par oppos. à la surface : *Couler au fond.* – **6.** Avec l'expression d'une mesure, s'emploie pour indiquer la hauteur d'eau à un endroit déterminé : *Par trois mètres de fond.* – **7.** Partie d'une mine qui est sous la surface : *Mineur de fond.* – **8.** Élément, matière sur lesquels s'appuie qqch, qui est sous qqch : *Fond mouvant.* – **9.** Partie la plus reculée d'un lieu, d'un local, la plus éloignée de l'entrée : *La pièce du fond.* – **10.** Partie la plus reculée, la plus inaccessible d'une région (le superlatif est indiqué par *fin*) : *Habiter au (fin) fond de la Bretagne.* – **11.** Base sur laquelle vient se détacher qqch : *Papier peint à fleurs roses sur fond gris.* – **12.** Élément principal, dominant, permanent de qqch ; base : *Le riz constitue le fond de leur nourriture.* – **13.** Partie la plus secrète, la moins apparente, mais la plus authentique ; partie essentielle de qqch : *Voilà le fond du problème. Il m'a parlé du fond du cœur.* – **14.** Ensemble des éléments de base, constitutifs de la personnalité, du caractère de qqn : *Il a des accès de colère, mais il a bon fond.* – **15.** Contenu général, ensemble des éléments de base d'un texte, d'un énoncé : *Le style de cet essai est brillant mais le fond est pauvre.* – **16.** *À fond,* complètement, jusqu'au bout, entièrement : *Traiter un sujet à fond.* ‖ *À fond de cale, de train, à fond la caisse,* à toute vitesse. ‖ *Aller au fond des choses,* analyser les éléments fondamentaux d'une situation. ‖ *Au fond, dans le fond,* en réalité, tout bien considéré : *Au fond, vous n'avez pas tort.* ‖ *Bruit de fond, musique de fond,* bruit sourd qui forme une base auditive, sur laquelle se détachent des bruits plus forts ; musique d'accompagnement, d'ambiance. ‖ *De fond,* de base, fondamental, essentiel : *Article de fond.* ‖ *Double fond,* compartiment secret d'un meuble, d'une valise. ‖ *Envoyer un navire par le fond,* le couler. ‖ *Faire fond sur qqch, sur qqn,* compter dessus, s'y fier. ‖ Fam. *Fond de l'air,* sa température réelle indépendamment des variations passagères. ‖ *Fond de culotte, de pantalon,* partie située au siège. ‖ *Fond sonore,* ambiance musicale accompagnant un spectacle, un texte parlé. ‖ *Sur le fond,* en ce qui concerne l'essentiel de la question. ‖ Fam. *Toucher le fond,* parvenir à la limite extrême de la misère, du désespoir. • **Bx-arts.** Première couche de peinture, de ton neutre, par laquelle certains peintres commencent leurs tableaux. ‖ Champ d'un tableau, ou d'un relief, sur lequel se détachent les figures ou motifs principaux. — **Chapell.** *Fond de chapeau,* syn. de COIFFE. — **Cin.** Dessin exécuté sur une feuille opaque et qui sert de décor pour les dessins animés. — **Cosmét.** *Fond de teint,* préparation colorée destinée au maquillage du visage. — **Cost.** Dans un bonnet, partie qui sert à couvrir l'arrière de la tête. — **Cuis.** Préparation provenant de la cuisson douce, avec mouillement, d'os, de viande, de carcasses de volaille, d'arêtes et de parures de poisson et servant d'élément de base dans la confection de potages, de sauces, de jus, etc. — **Dent.** *Fond de dentelle,* ensemble des réseaux ou des mailles sur lesquels reposent les motifs de dentelles. — **Dr.** Question qu'un procès pose directement et qu'il appartient au tribunal de résoudre. (On le distingue de la *recevabilité* qui doit être tranchée avant tout examen du fond.) ‖ *Fonds marins,* zone constituée par le fond des mers (déclarée « patrimoine commun de l'humanité » par l'O. N. U.) et dont l'exploration et l'exploitation doivent être utilisées à des fins exclusivement pacifiques, au-delà de la limite des eaux territoriales. — **Géogr.** *Avalanche de fond,* type d'avalanche dégageant entièrement la surface du sol. — **Habill.** Fourreau en tissu léger que l'on porte sous un vêtement transparent. — **Hydrol.** *Courant de fond,* courant marin se déplaçant sur le fond ou au voisinage immédiat du fond. — **Impr.** Teinte ou dessin servant de support à une composition. (Fond à plat, fond tramé ou jeu de fond.) ‖ Chacun des blancs latéraux au texte d'une page imprimée. (Le *grand fond* constitue la marge extérieure, le *petit fond,* la marge intérieure.) ‖ *Fond perdu,* illustration allant jusqu'au bord du papier sur l'imprimé façonné. — **Mar.** *Fond d'un navire* ou, au pl., *fonds,* partie basse de la coque, sous la flottaison. ‖ *Fond d'une voile,* sa partie inférieure. ‖ *Grand fond,* grande profondeur d'eau, par oppos. à *petit fond.* — **Méd.** *Fond d'œil,* partie de l'œil visible avec l'ophtalmoscope. ‖ *Examen du fond d'œil,* syn. de OPHTALMOSCOPIE. — **Pêch.** *Ligne de fond,* ligne disposée sur le lit de la rivière. ‖ *Mettre du fond,* augmenter la longueur de ligne comprise entre le flotteur et l'hameçon. — **Peint.** Syn. de SUBJECTILE. ‖ *Couche(s) de fond* ou *fonds* (n. m. pl.), couche(s) d'un système de peintures, autre(s) que les couches de finition. — **Rel.** Dos du cahier à travers lequel passent les fils de couture. — **Sports.** Discipline en athlétisme, en natation, etc., comportant des épreuves de longue distance. — **Text.** La première et la plus basse tissure d'une étoffe. — **Théâtr.** Toile ou rideau qui ferme la scène dans la partie opposée à la salle.

◆ **fonds** n. m. pl. *Jeux de fonds,* par opposition aux anches ou aux mutations, jeux d'orgue à embouchure.

FONDA (Henry), acteur de théâtre et de cinéma américain (Grand Island, Nebraska, 1905 - Los Angeles 1982). Comédien subtil, d'une grande sobriété, il a notamment joué dans : *J'ai le droit de vivre* (1937), *l'Insoumise* (1938), *Vers sa destinée* (1939), *les Raisins de la colère* (1940), *Un cœur pris au piège* (1941), *la Poursuite infernale* (1946), *le Faux Coupable* (1956), *Douze Hommes en colère* (1957), *Tempête sur Washington* (1961), *le Reptile* (1969), *la Maison du lac* (1981), avec lequel il remporta son premier Oscar. — Sa fille JANE, actrice de cinéma américaine (New York 1937), suit les cours de Lee Strasberg à l'Actors' Studio, et entreprend, à partir de 1960 (*Tall Story,* de Joshua Logan), une brillante carrière cinématographique. Elle tourne notamment *Liaisons coupables* (1962), *les Félins* (1964), *On achève bien les chevaux* (1969), *Tout va bien* (1971), *Maison de poupée* (1976), *le Retour* (1977), *le Cavalier électrique* (1979), *la Maison du lac* (1981), *Stanley et Iris* (1990).

FONDAMENTAL, E, AUX adj. (bas lat. *fundamentalis,* du lat. class. *fundamentum,* base). **1.** Qui sert de base, de fond, de fondement : *Une loi fondamentale de la Constitution.* — **2.** Qui a un caractère essentiel, déterminant, par rapport à d'autres choses : *Réfléchissez avant d'écrire, c'est fondamental.* — **3.** Qui concerne le fond, l'essentiel de qqch : *L'absurdité fondamentale du système.* — **4.** Qui est profondément enraciné chez qqn : *Un pessimisme fondamental.* — **5.** *Recherche fondamentale,* recherche menée sur les questions de base d'une discipline sans que soient fixées des applications pratiques immédiates. • **Histol.** *Substance fondamentale,* milieu intercellulaire, constitué d'eau, de sels minéraux, de mucopolysaccharides et de glycoprotéines de structure. (Elle est abondante dans les tissus conjonctifs lâches.) — **Ling.** *Vocabulaire fondamental,* sous-ensemble de mots d'une langue naturelle, sélectionnés à des fins pédagogiques dans un corpus étendu d'énoncés écrits ou parlés, et retenus comme étant les plus utilisés dans cette langue. (Le *français fondamental,* élaboré en 1954, comprend 1 445 mots.) — **Mus.** *Son fondamental,* premier son musical perçu de la série des harmoniques émise par la résonance d'un corps. — **Peint.** *Couleur fondamentale,* syn. de COULEUR

PRIMAIRE*. — **Phys.** Se dit de l'état d'énergie minimale d'un système quantique (noyau, atome, etc.).

FONDAMENTALEMENT adv. D'une manière fondamentale ; essentiellement.

FONDAMENTALISME n. m. — **1.** Courant théologique, d'origine protestante, développé aux États-Unis pendant la Première Guerre mondiale, et qui admet seulement le sens littéral des Écritures. (Il s'oppose à toute interprétation historique et scientifique et s'en tient au fixisme.) — **2.** Tendance de certains adeptes d'une religion quelconque à revenir à ce qu'ils considèrent comme fondamental, originel.

FONDAMENTALISTE adj. et n. **1.** Qui appartient au fondamentalisme ; adepte du fondamentalisme. — **2.** Se dit d'un scientifique qui fait de la recherche fondamentale.

FONDANT, E adj. **1.** Qui fond : *La température de la glace fondante.* — **2.** Se dit d'un fruit qui est juteux, de ce qui se dissout rapidement dans la bouche : *Poire fondante. Biscuit fondant.* — **3.** *Bonbon fondant,* bonbon fourré de fondant.

◆ **fondant** n. m. **1.** Pâte constituée de sucre, de sirop de glucose et parfois de sucre inverti utilisée pour la confection de bonbons ou pour garnir certains produits de pâtisserie. — **2.** Matière susceptible d'abaisser la température de fusion d'une pâte céramique ou d'un verre. — **3.** Flux vitreux, fusible à basse température, que l'on mêle aux colorants pour faciliter la fixation des émaux. — **4.** Matière qui, ajoutée au minerai, forme avec la gangue des combinaisons fusibles se séparant du métal. — **5.** Oxyde basique qui, en se combinant avec la silice du sable, fournit un silicate fusible.

◆ **fondants** n. m. pl. Sels alcalins ou alcalinoterreux répandus sur la chaussée pour prévenir la formation de verglas.

FONDATEUR, TRICE n. (lat. *fundator, -trix*). **1.** Personne qui a construit, créé, établi, organisé qqch qui dure après elle : *Le fondateur d'une maison de commerce.* — **2.** Personne qui fait une fondation (institution d'intérêt général, d'un prix, etc.) : *Fondateur d'un hôpital.* — **3.** Personne physique ou morale qui participe à la création d'une société et qui est responsable des engagements pris au nom de cette dernière avant la date de constitution définitive. — **4.** *Part de fondateur,* titre généralement cessible, qui était, avant 1966 en France, remis aux fondateurs des sociétés anonymes et leur donnait droit à une part dans les bénéfices et sur le boni de liquidation lorsque cette mesure était prévue par les statuts.

◆ adj. Qui fonde, établit les bases : *Un schéma fondateur.*

FONDATION n. f. (lat. *fundatio, -onis*). **1.** Action de fonder un pays, une ville, une institution, etc., d'en établir les bases : *La fondation d'un parti.* — **2.** Création, par voie de donation, don ou legs, d'une institution d'intérêt général ; cette institution elle-même ; établissement dans lequel elle se trouve : *La fondation d'un prix littéraire. La fondation Thiers.* — **3.** *Axiome de fondation,* axiome de la théorie des ensembles, selon lequel tout ensemble non vide M possède un élément qui n'a aucun élément commun avec cet ensemble. (Syn. AXIOME DE RÉGULARITÉ.)

◆ **fondations** n. f. pl. (plus rarement au sing.). Ensemble des travaux qui ont pour but de faire les assises d'un édifice ; tranchée destinée à recevoir ces assises, partie inférieure d'une construction, assurant sa solidité. (On distingue les fondations superficielles : rigoles, semelles isolées ou filantes, radiers, et les fondations profondes, pieux battus ou moulés en béton, puits bétonnés, parois moulées ou préfabriquées, radiers profonds.) [Syn. INFRASTRUCTURE.]

Fondation européenne des métiers de l'image et du son (F. E. M. I. S.), établissement d'enseignement des métiers du cinéma et de l'audiovisuel, créé en 1986 à Paris, devenu en 1991 l'*Institut de formation et d'enseignement pour les métiers de l'image et du son.* Les élèves, recrutés sur concours, y reçoivent une formation de haut niveau.

Fondation de France, établissement d'utilité publique créé en 1969 et dont l'objet est de recevoir, de particuliers ou d'entreprises, des libéralités et de les orienter vers les actions répondant aux vœux des donateurs.

Fondation nationale des sciences politiques, établissement d'utilité publique créé en 1945, qui a pour objet d'assurer le progrès et la diffusion en France et à l'étranger des sciences politiques, économiques et sociales, et qui gère l'Institut d'études politiques de Paris.

FONDE n. f. (lat. *funda,* fronde, balle de plomb). Poche des machines de guerre du Moyen Âge dans laquelle on plaçait le projectile ; ce projectile lui-même.

1. FONDÉ → FONDER.

2. FONDÉ, E n. (de *fonder*). *Fondé de pouvoir(s),* personne dûment autorisée à agir au nom d'une autre ou d'une société.

FONDEMENT n. m. (lat. *fundamentum*). **1.** Base, élément essentiel sur lequel s'appuie tout le reste ; principes sur lesquels se fonde un système : *Jeter les fondements d'une doctrine.* — **2.** Raison solide qui appuie la réalité de qqch, le justifie : *Des nouvelles sans fondement.* — **3.** Ensemble de postulats d'un système philosophique. — **4.** *Fam.* Anus ; derrière. — **5.** *Fondement* *des mathématiques,* discipline qui a pour objet l'analyse logique, mathématique et philosophique des théories mathématiques. (Elle apparaît avec Descartes, dans la perspective d'Euclide ; puis elle renaît au XXe s. avec le logicisme de Russell, le formalisme de Hilbert et enfin avec une théorie critique à l'égard de cette discipline, l'intuitionnisme de Heyting. Le fondement des mathématiques a acquis le statut de discipline scientifique avec les travaux de Kreisel et de Tarski.)

Fondement de la métaphysique des mœurs, ouvrage d'Emmanuel Kant, publié en 1785, et qui expose les principes de la morale kantienne. Il est divisé en trois sections : 1° passage de la connaissance morale ordinaire à la connaissance philosophique ; 2° de la philosophie élémentaire à la métaphysique des mœurs ; 3° passage de la métaphysique des mœurs à la critique de la raison pure pratique.

Fondements de la critique de l'économie politique (*Grundrisse* [...]), œuvre de Karl Marx, parue sous ce titre en 1939 et 1941, dans laquelle l'auteur, abandonnant la problématique de l'aliénation et, de manière générale, les concepts hégéliens, commence, en liaison avec la lutte révolutionnaire, l'analyse de l'économie politique.

FONDER v. t. (lat. *fundare*) [conj. 3]. **1.** Être à l'origine de l'existence d'une ville, d'une institution, etc., en être l'initiateur, le créateur : *Romulus, selon la légende, fonda Rome. Fonder une nouvelle religion.* – **2.** Faire un legs, une donation permettant la création, la fondation d'une œuvre, d'une entreprise, etc. : *Fonder un prix littéraire.* – **3.** *Fonder un foyer, une famille,* se marier. – **4.** Faire reposer, asseoir, établir qqch sur qqch : *Sur quoi fondez-vous vos critiques ?* – **5.** Légitimer qqch, l'établir de droit : *Cette malfaçon fonde pleinement votre réclamation.* – **6.** *Fonder ses espoirs en, sur qqn, qqch,* les y placer, espérer en eux.

◆ **être fondé** v. pass. **1.** Avoir de solides raisons pour faire qqch : *Être fondé à se plaindre.* – **2.** Être motivé, légitime, justifié : *Un reproche fondé.* – **3.** *Dette fondée,* dette de l'État inscrite à perpétuité sur le grand-livre.

◆ **se fonder** v. pr., **être fondé** v. pass. Avoir qqch pour base, pour fondement : *Son espoir se fondait sur un mensonge.*

◆ **se fonder** v. pr. **1.** S'appuyer sur qqch pour légitimer une opinion, un sentiment, une théorie : *Sur quoi vous fondez-vous pour critiquer ainsi ce projet ?* – **2.** S'appuyer, se reposer sur qqn pour faire, dire, penser qqch : *Se fonder sur ses collaborateurs pour mener à bien une entreprise.*

FONDERIE n. f. (de *fondre 1*). **1.** Procédé de fusion, de purification et de coulée des métaux et des alliages. (→ *encycl.*) – **2.** Installation métallurgique dans laquelle on fond les métaux ou les alliages, et où on les coule dans des moules pour leur donner la forme d'emploi. (Syn. anc. MOULERIE.) – **3.** Pour les métaux non ferreux, atelier de coulée des demi-produits pour le laminage, la forge ou l'usinage. – **4.** Atelier où le cirier fond sa cire. – **5.** *Brut de fonderie,* se dit d'un objet obtenu par coulée, avant qu'il ait été ébarbé.

ENCYCL. Une fonderie comporte une série d'ateliers qui réalisent les opérations suivantes : 1° le *modelage,* qui fournit des modèles en bois, polystyrène, plastique et l'outillage nécessaires au moulage (boîte à noyaux, raclettes, etc.) ; 2° le *moulage,* qui consiste à préparer les moules (en sable de fonderie ou en métal) où l'on va couler le métal ; 3° la *fusion,* qui permet de faire passer les métaux à l'état liquide et de réaliser des alliages en opérant les mélanges nécessaires ; 4° la *coulée,* par laquelle on fait passer le métal ou l'alliage liquides dans les moules ; 5° le *décochage,* par lequel on brise les moules pour en sortir les pièces coulées ; 6° l'*ébarbage,* qui enlève les bavures et aspérités diverses. La modernisation des techniques de fonderie a permis d'augmenter le rendement des fours de fusion et d'automatiser le modelage et le moulage.

FONDETTES (37230), comm. d'Indre-et-Loire, à 8 km à l'O.-N.-O. de Tours ; 7 614 hab. Sièges pour handicapés.

1. FONDEUR, EUSE n. (de *fond*). Skieur qui pratique le ski de fond.

2. FONDEUR, EUSE n. (de *fondre 1*). **1.** Personne responsable d'une entreprise ou d'un atelier de fonderie ; sculpteur pratiquant la fonte. – **2.** Personne travaillant dans une fonderie.

◆ **fondeuse** n. f. Machine servant à couler une matière fondue, pour la fonte des caractères typographiques.

FONDOIR n. m. (de *fondre 1*). **1.** Appareil destiné à la fusion du suif. – **2.** Local où se pratique la fusion du suif.

FONDOUK n. m. (ar. *funduq*). Dans les pays arabes, entrepôt et hôtellerie de marchands.

FONDOUK → KHMIS EL-KHACHNA.

1. FONDRE v. t. (lat. *fundere,* se répandre) [conj. 75]. **1.** Amener une matière solide à l'état liquide par la chaleur : *Fondre du beurre dans la poêle.* – **2.** Faire prendre une certaine forme à un métal après l'avoir amené à l'état liquide ; couler, mouler : *Fondre de l'or en lingot. Fondre une cloche.* – **3.** Dissoudre une matière solide dans un liquide : *Fondre du sucre dans de l'eau.* – **4.** Mêler plusieurs choses de façon à former un seul tout : *Fondre deux sociétés en une seule.*

— **5.** *Fondre les couleurs,* exécuter le passage des unes aux autres par dégradés, sans heurts.
◆ v. i. **1.** Devenir liquide sous l'effet de la chaleur, se liquéfier : *La neige fond au soleil.* — **2.** Diminuer de volume, perdre de son eau à la cuisson, en parlant d'un aliment : *Laisser fondre l'oseille sur feu doux.* — **3.** Se dissoudre dans un liquide : *Le sucre fond dans le café.* — **4.** *Fam.* Perdre du poids, maigrir : *J'ai fondu de cinq kilos.* — **5.** Diminuer rapidement, se réduire à rien : *L'argent lui fond entre les mains.* — **6.** S'attendrir d'un coup, devenir plein d'indulgence sous l'effet de la tendresse, de l'émotion : *Homme autoritaire qui fond devant sa petite-fille.* — **7.** *Fondre dans la bouche,* être bien mûr ou très tendre, en parlant d'un aliment. ‖ *Fondre en larmes, en pleurs,* éclater en sanglots.
◆ **être fondu** v. pass. **1.** S'être liquéfié, dissous ou avoir perdu de son eau, de sa consistance : *Arroser de beurre fondu.* — **2.** *Fam.* Être très fatigué. — **3.** *Acier fondu,* acier qui a été élaboré au creuset. ‖ *Ciment fondu,* nom commercial d'un ciment alumineux. ‖ *Électrolyte fondu* ou *sel fondu,* syn. de BAIN. ‖ *Fromage fondu,* fromage de longue conservation, obtenu par la fonte d'autres fromages et pouvant être étendu sur une tartine. (Syn. CRÈME ou FROMAGE À TARTINER.)
◆ **se fondre** v. pr., **être fondu** v. pass. **1.** Se mêler de façon à ne faire qu'un : *Couleurs qui se fondent. Constructions qui sont fondues dans le paysage.* — **2.** *Se fondre dans la foule, la nuit, le brouillard, etc.,* y disparaître.

2. FONDRE v. t. ind. (de *fondre 1*) [conj. **75**]. **1.** Se précipiter, s'abattre sur qqch, un être vivant, pour les attaquer : *L'aigle fond sur sa proie.* — **2.** En parlant de qqch de néfaste, atteindre brutalement qqn : *Les malheurs ont fondu sur nous.*

FONDRIÈRE n. f. (anc. fr. *fondrer,* du lat. pop. **funderare,* de *fundus,* fond). Lieu souvent envahi par l'eau et généralement marécageux ; trou d'une route défoncée.

FONDS n. m. (anc. fr. *fonz,* du lat. pop. *fundus,* fond). **1.** Le sol d'une terre considéré comme moyen de production ; terrain sur lequel on bâtit : *Cultiver un fonds.* — **2.** Somme d'argent : *Fonds de roulement.* — **3.** Ensemble de choses dont on dispose pour parer à la vie courante : *Avoir un fonds de vêtement dans sa garde-robe.* — **4.** Ce qui, au point de vue physique, moral, intellectuel, constitue une sorte de capital : *Fonds de santé* — **5.** Dans les bibliothèques, les musées, etc., ensemble des livres, œuvres d'art et documents constituant leurs collections. — **6.** Dans les maisons d'édition, ensemble des produits sur lesquels s'appuie l'activité de base de l'entreprise. — **7.** *À fonds perdu,* sans que le capital puisse être récupéré : *Prêter à fonds perdu.* ‖ *Fonds de commerce,* ensemble des biens corporels et incorporels permettant à un commerçant d'exercer son activité ; *fig., péj.,* ensemble de thèmes, d'arguments sur lesquels s'appuie qqn, un groupe, pour séduire une partie du public, notamm. de l'électorat. • **Bours.** *Fonds commun de placement (F. C. P.),* ensemble de valeurs mobilières et de sommes placées à court terme ou à vue, appartenant à plusieurs personnes qui ont sur elles un droit de propriété indivise. (→ *encycl.*) — **Écon.** *Fonds d'amortissement,* capital épargné par un industriel ou un commerçant pour parer à l'amortissement de son matériel ou de ses dettes ; fonds spécial créé par une société qui a émis des obligations pour amortir celles-ci. ‖ *Fonds de réserve,* capital mis de côté par un industriel ou un commerçant pour parer à certaines éventualités. ‖ *Fonds de roulement,* excédent des valeurs d'exploitation, des valeurs réalisables et des valeurs disponibles sur les valeurs exigibles à court terme. — **Fin.** Compte spécial du Trésor destiné à réaliser la politique économique de l'État. (Par ex. Fonds de développement économique et social [F. D. E. S.].) — **Sylvic.** Ensemble comprenant le sol forestier, les semis, les racines et les souches. (Le fonds s'oppose à la *superficie,* qui représente les arbres sur pied.)
◆ n. m. pl. **1.** Argent, capital, moyens financiers : *Rentrer dans ses fonds.* — **2.** *Être en fonds,* avoir de l'argent disponible. ‖ *Mise de fonds,* somme nécessaire à la création d'une entreprise. • **Écon.** *Fonds propres,* ensemble apparaissant au passif d'une entreprise, essentiellement constitué du capital social et des réserves. — **Fin.** *Fonds particuliers,* compte de dépôt ouvert par le Trésor à un particulier. ‖ *Fonds placés,* sommes mises à la disposition du Trésor public. (Les sommes disponibles des collectivités locales doivent obligatoirement être placées.) ‖ *Fonds publics,* valeurs mobilières émises par l'État, emprunts d'État ; ressources financières en provenance de l'État. ‖ *Fonds spéciaux* ou *fonds secrets,* sommes mises à la disposition du gouvernement pour financer certaines dépenses en matière de propagande, de sûreté... (En dérogation à la règle de la séparation des ordonnateurs et des comptables, ces fonds sont directement versés au Premier ministre, qui les ordonnance lui-même.)

ENCYCL. **Bours.** Les *fonds communs de placement* ont trouvé leur premier emploi à partir des ordonnances de 1967 sur la participation des salariés aux fruits de l'expansion des entreprises ; la loi du 13 juill. 1979 a mis également à la disposition des épargnants cet instrument d'investissement mobilier. Ces F. C. P. n'ont pas de personnalité morale, ce qui les distingue des S. I. C. A. V. Chaque part du fonds correspond à une fraction des actifs. Le fonds fonctionne grâce à un dépositaire et un gérant, qui doivent être distincts. L'entrée et la sortie se font par achat et vente des parts.

Fonds d'action sociale pour les travailleurs immigrés et leurs familles → TRAVAILLEURS.

Fonds de développement économique et social (F. D. E. S.) → DÉVELOPPEMENT.

Fonds européen de développement (F. E. D.) → EUROPÉEN.

Fonds européen d'orientation et de garantie agricole (F. E. O. G. A.) → EUROPÉEN.

Fonds forestier national (F. F. N.) → FORESTIER.

Fonds d'intervention pour l'aménagement du territoire (F. I. A. T.) → AMÉNAGEMENT.

Fonds monétaire international (F. M. I.) → MONÉTAIRE.

Fonds national d'aide au logement → LOGEMENT.

Fonds national d'aménagement foncier et d'urbanisme (F. N. A. F. U.) → AMÉNAGEMENT.

Fonds national de l'emploi → EMPLOI.

Fonds national de l'habitation → HABITATION.

Fonds national de solidarité (F. N. S.) → SOLIDARITÉ.

Fonds d'orientation et de régularisation des marchés agricoles (F. O. R. M. A.) → MARCHÉS AGRICOLES.

Fonds de stabilisation des changes → STABILISATION.

1. FONDU → FONDRE 1.

2. FONDU n. m. (de *fondre 1*). **1.** Disparition ou apparition progressive d'une image sur l'écran. — **2.** Dégradation harmonieuse des tons dans un tableau. — **3.** Abaissement volontaire et progressif du niveau d'un signal sonore jusqu'à son annulation. — **4.** *Fondu enchaîné,* disparition progressive d'une image pendant qu'apparaît la suivante, en surimpression. (Syn. ENCHAÎNÉ.)

FONDUE n. f. (fém. du part. passé *fondu,* de *fondre 1*). **1.** Plat d'origine suisse, composé de lamelles de fromage que l'on fait fondre à la chaleur dans un caquelon avec du vin blanc, jusqu'à consistance de crème, que l'on aromatise de kirsch et que l'on déguste en y trempant des cubes de pain rassis au bout d'une fourchette. (On dit aussi FONDUE SAVOYARDE.) — **2.** *Fondue bourguignonne,* dés de viande de bœuf que chaque convive plonge au bout d'une fourchette dans un poêlon d'huile frémissante, et que l'on consomme accompagnés de sauces.

FONDUKESTĀN, site archéologique d'Afghānistān, au sud de la vallée du Ghorband (prov. de Parwān). Vestiges d'un monastère bouddhique. Décor stuqué et peint des env. du VIIe s.

FONGIBILITÉ n. f. Caractère de ce qui est fongible.

FONGIBLE adj. (lat. *fungibilis,* de *fungi,* accomplir, remplir une fonction). Se dit de choses qui se consomment par l'usage et qui peuvent être remplacées par des choses de même nature, de même qualité et de même quantité (par ex. denrées, argent comptant).

FONGICIDE adj. et n. m. **1.** Syn. de ANTICRYPTOGAMIQUE. — **2.** Qui détruit les champignons pathogènes responsables de mycoses.

FONGICOLE adj. Se dit de tout insecte vivant dans les champignons. (Syn. MYCÉTOPHILE.)

FONGIE → FUNGIA.

FONGIFORME adj. Qui a la forme d'un champignon.

FONGIQUE adj. **1.** Relatif aux champignons. — **2.** *Intoxication fongique,* intoxication par les champignons vénéneux.

FONGOÏDE adj. Qui ressemble à un champignon.

FONGOSITÉ n. f. (de *fongueux*). Végétation bourgeonnante et molle se développant à la surface d'une ulcération ou d'une plaie.

FONGUEUX, EUSE adj. (bas lat. *fungosus,* spongieux). Qui présente des fongosités. (L'état fongueux se rencontre dans les lésions tuberculeuses et cancéreuses.)

FONG YU-SIANG → FENG YUXIANG.

FONIO n. m. Céréale à cycle végétatif court, cultivée dans le Sahel, qui donne un grain très menu, utilisé pour la préparation des couscous ou des bouillies. (Syn. FUNDI.)

FONS ou **DAHOMEYS,** population du groupe linguistique kwa (Niger-Congo), occupant le sud du Bénin et du Nigeria, estimée à un million d'individus.

FONSECA *(golfe de),* large golfe formé par le Pacifique entre les côtes du Salvador, du Honduras et du Nicaragua.

FONSECA (Pedro DA), philosophe portugais (Cortiçada, près de Crato, 1528 - Lisbonne 1599). Commentateur d'Aristote, il a inspiré Molina dans sa conciliation entre la doctrine du libre arbitre et celle de la prédestination.

FONSECA (Manuel Deodoro DA), général et homme d'État brésilien (Alagoas, auj. Marechal Deodoro, 1827 - Rio de Janeiro 1892). Ayant pris la tête de l'insurrection de 1889, il devint président du gouvernement provisoire et proclama la république. Élu président (1891), il s'opposa au Congrès et dut démissionner la même année. — Son neveu, HERMES RODRIGUES (São Gabriel, Rio Grande do Sul, 1851 -

Petrópolis 1923), maréchal en 1904, ministre de la Guerre (1906-1909), fut président de la République de 1910 à 1914.

FONSECA (Manuel DA), écrivain portugais (Santiago do Cacém 1911 - Lisbonne 1993). Pionnier du néoréalisme, dénonçant les inégalités sociales, il est l'auteur de poèmes *(Poemas Completos),* de contes et de romans (*la Montagne de vent,* 1958).

FONSON (Frantz), auteur dramatique belge d'expression française (Bruxelles 1870 - Paris 1924). Il a caricaturé, en collaboration avec F. Wicheler, la petite bourgeoisie de Bruxelles (*le Mariage de Mll. Beulemans,* 1910).

FONTAINAS (André), poète belge naturalisé français (Bruxelles 1865 - Paris 1948). Collaborateur, dès 1885, à des revues symbolistes, auteur de recueils poétiques (*Lumières sensibles,* 1927), il a laissé d'intéressants *Souvenirs du symbolisme* (1928).

FONTAINE n. f. (bas lat. *fontana,* du lat. class. *fons, fontis,* source). **1.** Source d'eau vive jaillissant du sol naturellement ou artificiellement, et se déversant généralement dans un bassin. — **2.** Édicule de distribution d'eau, simple ou architecturé, comprenant au moins une bouche d'où l'eau s'écoule dans une vasque ou un bassin : *Fontaine publique.* — **3.** *Fontaine Wallace,* type de borne-fontaine dont le philanthrope anglais sir Richard Wallace avait fait établir de nombreux exemplaires sur la voie publique, à Paris, en 1872. • **Arts décor.** Récipient à pied ou fixé au mur, à couvercle et à robinet, associé à une vasque. (Il servait autrefois aux usages domestiques. On en a fait en métal, en faïence, en porcelaine.) [Syn. LAVE-MAINS.] — **Cuis.** Creux ménagé au centre d'un monticule de farine, où l'on place les ingrédients pour les incorporer à la pâte. — **Géol.** *Fontaine de lave,* émission jaillissante de lave fluide, due à la pression des gaz inclus. — **Hydrol.** *Fontaine intermittente,* source qui coule et cesse de couler à intervalles réguliers, par suite de l'amorçage et du désamorçage d'un siphon. — **Opt.** *Fontaine lumineuse,* fontaine dont la veine liquide est rendue lumineuse au moyen d'un éclairage approprié. (Émis par une source placée à l'origine de la veine, le rayon lumineux subit une série de réflexions totales.) — **Pêch.** Partie supérieure de la tête du cachalot, qui fournit le spermaceti. — **Zootechn.** *Fontaine du lait,* chez la vache, orifice par lequel pénètre à l'intérieur du corps chaque veine mammaire antérieure, et dont le calibre est en rapport avec le potentiel de production laitière. (Syn. PORTE.)

Fontaine de Bakhtchissarai *(la),* ballet en 1 prologue, 4 actes et 1 épilogue d'après le poème homonyme de Pouchkine ; mus. de Boris Assafiev ; chorégr. de Rostislav Zakharov. Création mondiale au théâtre Kirov de Leningrad (1934), par le ballet du Kirov.

FONTAINE (38600), ch.-l. de cant. de l'Isère, banlieue ouest de Grenoble ; 23 089 hab. *(Fontainois).* Constructions mécaniques.

FONTAINE (Charles), poète français (Paris 1514 - Lyon v. 1570). Défenseur de Marot contre Sagon et Heroët, il a célébré la doctrine de l'amour idéal, en parfait adepte du néoplatonisme (*Fontaine d'amour,* 1546 ; *Ruisseaux de fontaine,* 1555).

FONTAINE (Nicolas), hagiographe français (Paris 1625 - Melun 1709). Janséniste, il est l'auteur, entre autres, des *Vies des saints pour tous les jours de l'année* (1678), et des *Mémoires pour servir à l'histoire de Port-Royal* (1736).

FONTAINE (Pierre), architecte français (Pontoise 1762 - Paris 1853), associé de 1794 à 1814 avec CHARLES **Percier,** architecte et décorateur (Paris 1764 - *id.* 1838), son condisciple à l'école de l'Académie de Paris (atelier de Peyre le Jeune), puis à Rome. Architectes principaux de Napoléon, ils ont exécuté une œuvre considérable (réaménagement de châteaux ; travaux parisiens, dont la construction de l'arc de triomphe du Carrousel, de l'aile nord-ouest du Louvre et des immeubles à arcades de la rue de Rivoli), ont créé le style Empire et ont exercé une grande influence par leur enseignement (la plupart des prix de Rome, de 1800 à 1820, sont sortis de leur atelier) et par la publication de recueils gravés vite connus en Europe (décoration intérieure, décors des fêtes impériales). Proposant les modèles de la Renaissance à côté de ceux du siècle d'Auguste, ils ont évité l'écueil de la grandiloquence à la seconde génération néoclassique et ont préparé les voies de l'éclectisme, tout en défendant la « raison pratique » bien avant Viollet-le-Duc. Tandis que Percier se retirait après 1814, Fontaine continuait sa carrière officielle jusqu'en 1848.

FONTAINE (Hippolyte), ingénieur français (Dijon 1833 - Hyères 1910). Ayant découvert la réversibilité de la machine Gramme, il réalisa le premier transport d'énergie par l'électricité à Vienne (Autriche), en 1873.

FONTAINE (Just), footballeur français (Marrakech 1933), qui demeure le meilleur buteur de la Coupe du monde (13 buts en 1958).

FONTAINEBLEAU n. m. (pl. *fontainebleaux*) [de *Fontainebleau,* n. pr.]. Fromage frais obtenu par mélange de caillé et de crème.

FONTAINEBLEAU (77300), ch.-l. d'arrond. de Seine-et-Marne ; 18 037 hab. *(Bellifontains).* Ville de résidence, siège de l'Institut supérieur européen d'administration des affaires (I. N .S. E. A. D.) et de l'école nationale d'équitation. Siège, de 1949 à 1967, du commandement des forces alliées du secteur Centre-Europe de l'O. T. A. N. École interarmées des sports depuis 1967. Centre d'instruction de la gendarmerie.

— **Hist.** À l'origine rendez-vous de chasse des premiers Capétiens, Fontainebleau devint rapidement une des résidences royales les plus fréquentées ; Charles V y créa une importante bibliothèque. Mais le véritable fondateur fut François Ier. Fontainebleau a été le théâtre de nombreux événements historiques : signature de la révocation de l'édit de Nantes par Louis XIV (1685) ; traité de partage du Portugal par Napoléon (1807) ; première abdication de Napoléon (1814).

Fontainebleau *(château de),* ancien château royal, ensemble hétérogène dont le noyau, remanié, remonte à Louis VII et à Saint Louis (cour Ovale). Centre du mécénat avant-gardiste de François Ier (galerie François-Ier ; grande galerie d'Ulysse, détruite ; grotte des Pins ; etc.), le château fut continué sous Henri II (salle de bal), Catherine de Médicis (aile est de la cour de la Fontaine) et Henri IV (cour des Offices ; galeries des Cerfs et de Diane ; décor des chapelles de la Trinité et de St-Saturnin...). Louis XIII fit construire l'escalier de la cour du Cheval-Blanc, Louis XIV fit redessiner les jardins. Les destructions du règne de Louis XV sont en partie rachetées par de beaux appartements ; d'autres sont d'époque Louis XVI ou Napoléon Ier. Un musée consacré à l'Empereur a été ouvert en 1986 dans l'aile Louis XV de la cour du Cheval-Blanc.

Fontainebleau *(convention de)* [11 avr. 1814], convention par laquelle Napoléon Ier, après son abdication, conservait le titre d'empereur, et recevait la souveraineté de l'île d'Elbe et une rente de deux millions de livres.

Fontainebleau *(école de),* vaste courant artistique — rameau du maniérisme international — qui s'est constitué à l'occasion de l'entreprise bellifontaine de François Ier. Ses principales figures sont des Italiens, attirés à la cour par le roi, Rosso (peintre et concepteur des stucs de la galerie François-Ier, ensemble allégorique à la gloire du souverain), Primatice et N. Dell'Abate (galerie d'Ulysse, salle de bal), secondés par de nombreux aides italiens, français et flamands, tous ayant sous les yeux les œuvres des collections royales, des bronzes exécutés d'après la statuaire antique aux peintures de Léonard de Vinci. Serlio et Delorme ont travaillé pour Fontainebleau. Bien d'autres artistes se rattachent à l'école, même si l'essentiel de leur activité s'est situé en d'autres lieux : les Cousin, Caron et F. Clouet, le sculpteur et graveur D. Del Barbiere, Goujon et Pilon, etc. Également importante sur le plan de la recherche intellectuelle et sur celui de l'exaspération ornementale, l'école de Fontainebleau a vu son style largement diffusé par une pléiade de graveurs : H. Fantuzzi, É. Delaune, Jean Mignon, le maître L. D., René Boyvin... Les arts décoratifs en ont reçu une impulsion considérable.
Sous le règne d'Henri IV se situe une « seconde école de Fontainebleau », où les Italiens n'ont plus la primauté. Elle rassemble les peintres T. Dubreuil, A. Dubois (A. Bosschaert), décorateur de la galerie de Diane, et M. Fréminet, auteur des fresques de la chapelle de la Trinité. Cette seconde école travailla pour le Louvre et pour le château Neuf de Saint-Germain-en-Laye.

Fontainebleau *(forêt domaniale de),* forêt du Bassin parisien (dép. de Seine-etMarne), qui s'étend sur 17 000 ha autour de Fontainebleau. Elle offre des points de vue nombreux et des sites pittoresques, dont beaucoup doivent leur attrait à des chaos de rochers gréseux (école d'escalade).
Les principales essences sont le chêne (50 %), le hêtre (10%), le bouleau, le pin laricio et le pin sylvestre. La forêt est traitée généralement en futaie régulière et localement par parquets. Une « section artistique » de 1 522 ha est laissée en dehors de l'exploitation régulière ; 141 ha constituent une réserve biologique intégrale, sans aucune intervention de l'homme.

Fontainebleau *(sables et grès de),* formation géologique, datant du stampien, épaisse de 40 à 70 m et constituant le soubassement d'un certain nombre de forêts de la région parisienne, dont celle de Fontainebleau. Souvent transformés en grès, ils sont utilisés pour produire des matériaux réfractaires et de la verrerie.

FONTAINE-DE-VAUCLUSE (84800), comm. de Vaucluse, aux confins du Comtat et des monts de Vaucluse ; 580 hab. Église romane. Petit musée Pétrarque. — À proximité, *fontaine de Vaucluse**.

FONTAINE-FRANÇAISE (21610), ch.-l. de cant. de la Côte-d'Or, à 37 km au N.-E. de Dijon ; 816 hab. *(Fontenois).* Église du XIVe s. Château reconstruit au XVIIIe s., où séjournèrent Voltaire, Rousseau, Mme de Staël et Mme Récamier. — À 1 km, site de la victoire d'Henri IV sur les ligueurs et les Espagnols (1595).

FONTAINE-LÈS-DIJON (21121), ch.-l. de cant. de la Côte-d'Or, banlieue nord de Dijon ; 7 884 hab. Église du XVe s. Sanctuaire de saint Bernard. Industrie aéronautique.

FONTAINE-L'ÉVÊQUE, v. de Belgique (Hainaut), à l'O. de Charleroi ; 19 000 hab. Hôtel de ville et musée dans l'anc. château médiéval. Métallurgie.

FONTAINES (Pierre DE), jurisconsulte français (en Vermandois - av. 1277). Bailli de Vermandois (1253), conseiller du parlement, membre du Conseil de Louis IX, il composa un recueil de coutumes intitulé *Conseil que Pierre de Fontaines donna à son ami,* et dédié au roi.

FONTAINES-SALÉES (les), lieu-dit de la commune de Saint-Père (Yonne). Importants vestiges d'un sanctuaire en usage dès l'époque hallstattienne, agrandi (thermes, etc.) aux alentours du Ier s. av. J.-C.

FONTAINES-SUR-SAÔNE (69270), comm. du Rhône, dans la banlieue nord de Lyon ; 6 818 hab.

FONTAINIER ou **FONTENIER** n. m. (de *fontaine*). **1.** Celui qui faisait des sondages pour amener des eaux souterraines à la surface du sol. — **2.** Auj., employé responsable de la production et de la distribution d'eau potable.

FONTANA (les), famille de faïenciers italiens établis à Urbino au XVIe s. Le plus célèbre fut ORAZIO (Urbino 1510-1571), qui a laissé de nombreux plats à décor historié.

FONTANA (Domenico), architecte et urbaniste italien, originaire du Tessin (Melide 1543 - Naples 1607). Il construisit notamment, pour Sixte Quint, le palais du Latran (1587), mais fut surtout le grand ordonnateur d'un renouveau urbanistique de Rome. Passé à Naples après la mort du pape, il y édifia le Palais royal. Il eut pour collaborateurs son frère GIOVANNI (Melide 1540-Rome 1614), surtout hydraulicien, son neveu CARLO **Maderno** et, à Naples, son fils GIULIO CESARE.

FONTANA (Carlo), architecte italien, originaire du Tessin (Brusata 1634 - Rome 1714). Assistant du Bernin, à Rome, pendant dix ans, il prolongea l'art de celui-ci avec habileté (façade de S. Marcello al Corso, 1682), mais dans un sens plutôt classicisant et académique. Son œuvre abondante et ses écrits firent de lui l'architecte le plus en vue à Rome, et son influence se répandit en Europe grâce à ses élèves, Fischer von Erlach, Hildebrandt, J. Gibbs.

FONTANA (Lucio), sculpteur et peintre italien (Rosario, Argentine, 1899 - Comabbio, prov. de Varese, 1968). Il adhéra en 1934 au mouvement Abstraction-Création, élaborant des œuvres en matériaux vulgaires (ciment, fil de fer...), et travailla de 1939 à 1946 en Argentine (*Manifeste blanc,* 1946). De retour en Italie, il publia les trois manifestes du « spatialisme », qui tend à intégrer « tous les éléments physiques, couleur, son, mouvement, espace, dans une unité à la fois idéale et matérielle », et intitula *Concept spatial* toutes ses œuvres, sculptures ou peintures (monochromes ponctués de perforations, lacérés, évidés...).

FONTANE (Theodor), journaliste et écrivain allemand, descendant d'une famille protestante française (Neuruppin, Brandebourg, 1819 - Berlin 1898), auteur de ballades et de romans dont le réalisme (*Dédales,* 1888) se tempère d'humour (*Madame Jenny Treibel,* 1892).

FONTANELLE n. f. (anc. fr. *fontenele,* petite fontaine, d'apr. lat. méd. *fontanella*). Espace cartilagineux que présente la boîte crânienne du nouveau-né avant son ossification complète, aux points de jonction des sutures osseuses.

ENCYCL. La *fontanelle médiane antérieure,* ou bregmatique, est la plus étendue. Elle est située entre le frontal et les deux pariétaux et se ferme entre deux et trois ans. La *fontanelle médiane postérieure,* ou lambdatique, plus petite et souvent absente à la naissance, sépare les deux pariétaux de l'occipital. Les *fontanelles latérales,* très réduites, se divisent en antérieures (ptérion) et postérieures (astérion).

FONTANES (Louis DE), écrivain et homme politique français (Niort 1757 - Paris 1821). Poète mondain, il s'exila sous la Terreur (1793-94). Proscrit au 18-Fructidor (4 sept. 1797), il séjourna à Londres où il se lia avec Chateaubriand. Rentré à Paris après le 18-Brumaire, il se rallia à un conservatisme autoritaire et gagna la faveur de Bonaparte. Député au Corps législatif (1802), qu'il présida en 1808, il devint grand maître de l'Université impériale (1808) qu'il épura de ses éléments libéraux (Fourcroy notamment) au profit de ses amis (Fels, L. de Bonald, l'abbé Émery). Sénateur en 1810, il rallia Louis XVIII. Il a laissé des poèmes de facture classique.

FONTANESI (Antonio), peintre et graveur italien (Reggio Emilia 1818 - Turin 1882), un des bons paysagistes de son temps.

FONTANGE n. f. (de *Fontanges,* n. pr.). Coiffure féminine mise à la mode au XVIIe s. par Mlle de Fontanges. (Les cheveux étaient liés par un ruban sur le sommet de la tête. On joignit ensuite un bonnet orné de dentelle tuyautée d'où s'échappaient des boucles de cheveux.)

FONTANGES (Marie-Angélique DE SCORAILLE DE ROUSSILLE, *duchesse* DE), favorite de Louis XIV (p.-ê. au château de La Baume, Raulhac, Cantal, 1661 - Port-Royal 1681). Fille d'honneur de Charlotte-Élisabeth de Bavière, princesse palatine (1678), elle se posa en rivale de la marquise de Montespan (1679) et fut créée duchesse de Fontanges par Louis XIV (1680). Malade, elle dut quitter la cour en 1681 et se retira à Port-Royal.

FONTANILI n. m. pl. (ital. *fontanili*). Sources de la plaine du Pô, sur le versant septentrional.

FONTARABIE, en esp. **Fuenterrabía,** v. d'Espagne (prov. de Guipúzcoa), sur la Bidassoa, en face d'Hendaye ; 10 100 hab.

FONTBOUISSE *(culture de),* culture néolithique et chalcolithique du Languedoc, qui fait suite au chasséen, et se développe entre le IIIe et le IIe millénaire. Essentiellement pastorale, elle connaît la première métallurgie du cuivre.

FONT-DE-GAUME *(grotte de),* grotte de la comm. des Eyzies-de-Tayac-Sireuil, où furent découvertes en 1901 des peintures et des gravures préhistoriques remontant au magdalénien supérieur.

1. FONTE n. f. (lat. pop. **fundita,* du lat. class. *fundere,* fondre). **1.** Action de fondre, de liquéfier des métaux ; fusion. — **2.** Action, art de mouler certains objets, avec du bronze ou tout autre métal en fusion : *La fonte d'une statue, d'une cloche.* (Elle se fait par deux procédés principaux : au sable, à cire perdue.) — **3.** Fait de fondre, de se liquéfier : *La fonte des neiges.* • **Agroalim.** Opération principale de la fabrication des fromages fondus, consistant en une cuisson et un pétrissage. — **Bot.** *Fonte des semis,* disparition rapide des plantules, peu après la germination, due à divers champignons. — **Hydrol.** *Eaux de fonte,* eaux provenant de la fusion estivale des neiges, des langues glaciaires ou des inlandsis. — **Impr.** Ensemble des caractères nécessaires pour effectuer une composition typographique. (Syn. POLICE DE CARACTÈRES.) — **Verr.** Première phase de la fabrication industrielle du verre. (La fonte est suivie de l'affinage et de la braise.)

2. FONTE n. f. (de *fonte 1*). **1.** Alliage de fer et de carbone (contenant également du silicium, du manganèse, du phosphore, etc.) dont la teneur en carbone (habituellement comprise entre 2,5 et 4,6 %) est telle qu'un eutectique puisse se former lors de la solidification. (→ *encycl.*) — **2.** *Fonte d'affinage,* fonte de première fusion servant à l'élaboration de l'acier. ‖ *Fonte blanche,* fonte de grande dureté à cassure blanche, dans laquelle le carbone est totalement combiné au fer sous forme de carbure. ‖ *Fonte à graphite sphéroïdal,* fonte ayant d'excellentes propriétés, dans laquelle le carbone est en majeure partie présent sous forme de particules de graphite sphériques. ‖ *Fonte grise,* fonte dont la cassure présente un aspect gris, dû à la présence de graphite libre sous formes de lamelles utilisée pour le moulage. ‖ *Fonte hématite,* fonte élaborée à partir du minerai pur appelé hématite. ‖ *Fonte malléable,* fonte présentant une certaine malléabilité en raison de la structure particulière de son graphite. ‖ *Fonte mécanique,* fonte utilisée en raison de ses propriétés mécaniques, de sa dureté et de sa résistance à l'usure. ‖ *Fonte de moulage,* fonte de première fusion, utilisée pour la fabrication de pièces moulées. ‖ *Fonte phosphoreuse,* fonte dont la teneur en phosphore est comprise entre 1,4 et 2 %.

ENCYCL. L'élaboration de la fonte se fait au haut fourneau. Les matières habituellement chargées au gueulard sont le minerai de fer, mélangé à un fondant, et le coke métallurgique. La composition du fondant et les proportions de fondant et de coke sont ajustées de manière à obtenir une épuration aussi poussée que possible et la composition voulue de la fonte ; les *fontes grises* sont obtenues avec des proportions suffisantes de silicium et une allure chaude ; les *fontes blanches,* au contraire, exigent un silicium bas, une allure plutôt froide et une marche rapide de l'opération. La fonte sortant du creuset est tantôt coulée en lingots (gueuses), tantôt maintenue à l'état liquide dans des mélangeurs pour sa transformation en acier. Les fontes grises servent à réaliser des bâtis, des carters, des blocs-moteurs, des pièces pour l'automobile ou la mécanique, etc., les fontes à graphite sphéroïdal à produire des tuyaux et des pièces de voirie.

3. FONTE n. f. (ital. *fonda,* poche). Fourreau ou sacoche suspendu à la selle et contenant armes, munitions ou vivres.

FONTÉCHEVADE *(grotte de),* grotte proche de Montbron (Charente), qui a livré en 1947 une calotte crânienne humaine fossile d'un prénéandertalien.

FONTENAY, écart de la comm. de Marmagne (Côte-d'Or), près de Montbard. Anc. abbaye fondée en 1119 par saint Bernard. C'est un des exemples les plus complets de l'architecture cistercienne (église couverte en berceau brisé, consacrée en 1147).

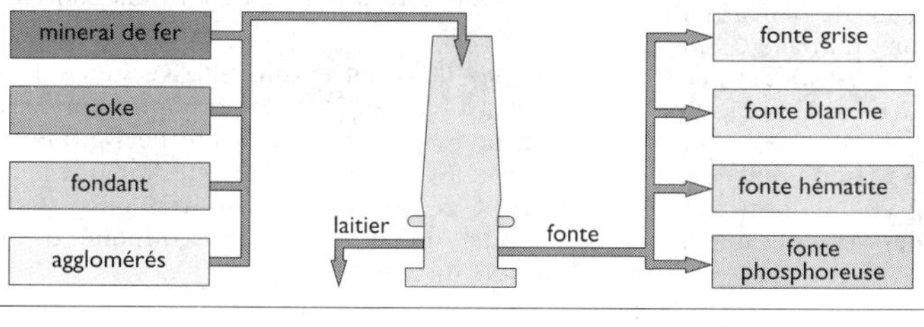

Schéma d'élaboration des différentes **fontes**.

FONTENAY (Jean-Baptiste BELIN, BLAIN ou BLIN DE), peintre français (Caen 1653 - Paris 1715). Élève de Monnoyer, il entra à l'Académie en 1685 et fut attaché à la manufacture des Gobelins. Il décora de tableaux de fleurs les châteaux de Versailles, Fontainebleau, Marly, ainsi que divers hôtels parisiens.

FONTENAY-AUX-ROSES (92260), ch.-l. de cant. des Hauts-de-Seine, dans la banlieue sud de Paris ; 23 534 hab. *(Fontenaisiens).* Centre de recherches nucléaires. École normale supérieure.

Fontenay-aux-Roses *(Centre d'études nucléaires de),* établissement civil de recherche du Commissariat à l'énergie atomique, où fut réalisée la première pile atomique française, Zoé (1948), et où sont étudiés la protection et la sûreté nucléaires, les combustibles des réacteurs et la production d'énergie par fusion thermonucléaire contrôlée (grâce à un dispositif expérimental du type Tokamak, le TFR-600).

FONTENAY-LE-COMTE (85200), ch.-l. d'arrond. du sud-est de la Vendée, sur la Vendée ; 16 053 hab. *(Fontenaisiens).* Église Notre-Dame, des XVe-XVIe s., sur crypte romane. Autres monuments et maisons anciennes. Musée vendéen. Constructions mécaniques et électriques. Imprimerie. Alimentation.
— **Hist.** Centre de rayonnement de la Renaissance dans le Poitou, la ville souffrit des guerres de Religion. Elle fut le siège de plusieurs combats entre républicains et vendéens (1793).

FONTENAY-LE-FLEURY (78330), comm. des Yvelines, banlieue ouest de Versailles ; 13 244 hab.

FONTENAY-SOUS-BOIS (94120), ch.-l. de cant. du Val-de-Marne, dans la banlieue est de Paris ; 52 105 hab. Meubles métalliques. Appareillage électrique. Produits pharmaceutiques.

Fontenelle *(abbaye de),* abbaye bénédictine, fondée en 649, au diocèse de Rouen, par saint Wandrille, dont elle prit le nom par la suite. (→ SAINT-WANDRILLE-RANÇON.)

FONTENELLE (Bernard LE BOVIER DE), écrivain français (Rouen 1657 - Paris 1757). Neveu de Corneille, il abandonna rapidement la carrière d'avocat et vint à Paris où sa réputation de bel esprit ne tarda pas à s'établir. Soutenant la thèse du progrès dans les sciences et les arts, il se fit connaître par des ouvrages de vulgarisation scientifique et théologique (*Entretiens sur la pluralité des mondes,* 1686 ; *Histoire des oracles,* 1687). Favorable aux Modernes dans sa *Digression sur les Anciens et les Modernes* (1688), il fut élu à l'Académie française en 1691 puis devint secrétaire perpétuel de l'Académie des sciences (1699-1740), composant des *éloges* des membres défunts.

Fontenier → FONTAINIER.

FONTENOY ou **FONTENOY-EN-PUISAYE** (89520), comm. de l'Yonne, au S. de Toucy ; 302 hab. Près de ce village, Lothaire fut battu par ses frères Charles le Chauve et Louis le Germanique (25 juin 841).

Fontenoy *(bataille de)* [11 mai 1745], bataille qui se déroula à Fontenoy (auj. village de Belgique [Hainaut], au S.-E. de Tournai) pendant la guerre de la Succession d'Autriche, et au cours de laquelle le maréchal Maurice de Saxe vainquit les troupes anglo-hollandaises du duc de Cumberland. Cette victoire préluda à la conquête des Pays-Bas par les Français.

FONTEVRAUD-L'ABBAYE (49590), comm. de Maine-et-Loire, à 15 km au S.-E. de Saumur ; 1 818 hab. Célèbre abbaye.
— **Hist.** L'abbaye Notre-Dame de Fontevraud (ou Fontevrault), abbaye chef d'ordre, fut fondée en 1101, par Robert d'Arbrissel, approuvée en 1106 par Pascal II et pourvue d'une règle par son fondateur en 1115. Soumis à la règle de saint Benoît, cet ordre réunit sous le gouvernement d'une abbesse des couvents d'hommes et de femmes. Après avoir compté jusqu'à trente maisons en Europe, l'ordre fut supprimé en 1792.
— **Bx-arts.** Occupés de 1804 à 1963 par une prison, les bâtiments conventuels de l'abbaye principale, celle des moniales, ont été remis en valeur et abritent depuis 1975 un centre culturel. L'église, du XIIe s., à file de coupoles, conserve les gisants des premiers souverains Plantagenêts. Tour des cuisines formant salle octogonale (XIIe s.). Cloître gothique et Renaissance (XVIe s.).

FONTEYN (Margaret HOOKHAM, dite **Margot**), danseuse britannique (Reigate, Surrey, 1919 - Panamá 1991). Engagée au Sadler's Wells Ballet (1934), elle est promue étoile (1937) et marque de sa personnalité tous les grands rôles du répertoire classique. Elle est l'interprète idéale de Frederick Ashton, qui compose pour elle la plupart de ses œuvres : *Nocturne* (1936), *Apparitions* (1936), *Dante Sonata* (1940), *Symphonic Variations* (1946), *Daphnis et Chloé* (1951), *Ondine* (1958). Devenue la partenaire attitrée de R. Noureïev, elle danse *le Corsaire* (1962), *Marguerite and Armand* (1963), *Roméo et Juliette* (1965). Elle a reçu le titre de « prima ballerina assoluta » en 1979.

Fontfroide *(abbaye de),* anc. abbaye située dans l'Aude, à 14 km au S.-O. de Narbonne. Fondée à la fin du XIe s. par un vicomte de Narbonne, rattachée à Cîteaux en 1146, elle fut très puissante du XIIe au XIVe s. Église, très pure, de la 2e moitié du XIIe s. Cloître gothique de la 2e moitié du XIIIe s.

FONTGOMBAULT (36220), comm. de l'Indre, sur la Creuse ; 314 hab. Fondée au XIIe s., l'*abbaye de Fontgombault,* abandonnée à la veille de la Révolution française, est de nouveau occupée par des bénédictins depuis 1948.

FONTINAL, E, AUX adj. (lat. *fontinalis,* de fontaine). Relatif aux adductions d'eau potable.

FONTINE n. f. Fromage au lait entier de vache, à pâte cuite, fabriqué en Italie, en partic. dans le Val d'Aoste.

FONTIS [-ti] n. m. (de *fondre*). Effondrement local du sol en forme d'entonnoir à bords raides, provoqué par l'éboulement progressif des terrains surmontant un vide souterrain.

FONTOY (57650), ch.-l. de cant. de la Moselle, à 15 km à l'O. de Thionville ; 3 282 hab. *(Fonschois).* Métallurgie.

FONTRAILLES (Louis D'ASTARAC, *vicomte* DE), gentilhomme français (fin XVIe s. - 1677). Il participa à la conjuration de Cinq-Mars en concluant à Madrid avec le comte-duc d'Olivares un traité secret (1642). Compromis dans la cabale des Importants (1643), il prit part à la Fronde. Il a laissé dans ses *Mémoires* (publiés en 1663) une relation de la conjuration de Cinq-Mars.

FONT-ROMEU-ODEILLO-VIA (66120), comm. des Pyrénées-Orientales, dans la Cerdagne ; 2 327 hab. Centre touristique et station de sports d'hiver (alt. 1 800-2 250 m). Lycée climatique. Centre d'entraînement sportif. Four solaire et centrale solaire à *Odeillo.*

FONTS [fɔ̃] n. m. pl. (lat. ecclés. *fontes,* pl. du lat. class. *fons, -ontis,* source). **1.** *Fonts baptismaux,* cuve qui sert à recevoir l'eau du baptême. — **2.** *Tenir un enfant sur les fonts baptismaux,* en être le parrain ou la marraine.
ENCYCL. Les fonts baptismaux furent d'abord des cuves larges et profondes, enfoncées dans le sol pour le baptême par immersion. Vers le XIe s., l'usage de baptiser les enfants par infusion prévalut ; ils furent alors placés sur des supports de formes variées. La *bénédiction des fonts* au cours de la veillée pascale est plus exactement une bénédiction de l'eau baptismale.

FONTURE n. f. Partie du métier de bonneterie présentant des rainures équidistantes dans lesquelles coulissent les aiguilles, ou pièce sur laquelle sont fixées les aiguilles.

FONTVIEILLE (13990), comm. des Bouches-du-Rhône, au N.-E. d'Arles ; 3 659 hab. *(Fontvieillois).* Carrières de calcaire. Aux environs, moulin d'Alphonse Daudet.

FONVIZINE (Denis Ivanovitch), auteur dramatique russe (Moscou 1745 - Saint-Pétersbourg 1792). Il fut à l'origine du théâtre russe, avec *le Brigadier* (1768) et surtout avec une comédie satirique, *le Mineur* (1782).

1. FOOT [fut] n. m. *Fam.* Football.

2. FOOT [fut] n. m. (pl. *feet*) [angl. *foot,* pied]. Unité anglo-saxonne de longueur (pied), valant 12 *inches,* soit environ 0,305 m.

FOOTBALL [futbol] n. m. (angl. *football,* de *foot,* pied, et *ball,* ballon). **1.** Sport dans lequel deux équipes de onze joueurs chacune cherchent à envoyer dans le but adverse un ballon sphérique, avec les pieds, la tête ou toute autre partie du corps (excepté la main ou le bras). [→ *encycl.*] — **2.** *Football américain,* sport qui se joue avec un ballon ovale, sur un terrain de 90 sur 52 m, divisé en tranches de 4,50 m, entre deux équipes de onze ou douze joueurs utilisant les mains et les pieds.
ENCYCL. Né en Angleterre, le football, sport universel, regroupe plus de 160 fédérations nationales au sein de la F. I. F. A. (Fédération internationale de football association), créée en 1904 et dont le siège est à Zurich. Entre ces instances existent cinq confédérations continentales dont l'U. E. F. A. (Union européenne de football association). Chaque fédération nationale organise ses propres compétitions : généralement championnat et coupe. Les compétitions internationales sont organisées sous le contrôle des confédérations continentales (comme la Coupe d'Europe des clubs champions, la Coupe des vainqueurs de coupe, la Coupe de l'U. E. F. A. et le Championnat d'Europe des nations) ou sous celui de la F. I. F. A. (comme le tournoi de football des jeux Olympiques et la Coupe du monde). La Coupe du monde, organisée tous les quatre ans, demeure l'épreuve phare. Jouée quinze fois, elle a connu six vainqueurs : Uruguay (1930 et 1950), Italie (1934, 1938 et 1982), Allemagne fédérale (1954, 1974 et 1990), Brésil (1958, 1962, 1970 et 1994), Argentine (1978 et 1986) et Angleterre (1966), c'est-à-dire des nations de l'Europe de l'Ouest ou d'Amérique du Sud, où le professionnalisme est instauré depuis longtemps.
Un match est dirigé par un arbitre assisté de deux arbitres auxiliaires (anc. juges de touche). Chaque faute est sanctionnée d'un coup franc et, dans la surface de réparation, d'un penalty. Lorsqu'un joueur envoie la balle derrière sa propre ligne de but, l'équipe adverse bénéficie d'un corner. La partie dure 90 minutes (en deux mi-temps). L'équipe victorieuse est celle qui a marqué le plus de buts. En cas de match nul au bout du temps normal, la durée peut être prolongée (de trente minutes généralement). Au-delà, lorsque l'égalité persiste, une série de tirs au but peut permettre de départager les deux

équipes. Seul le gardien de but a le droit de se servir de ses mains.

FOOTBALLEUR, EUSE [futbolœr, -øz] n. (angl. *footballer*). Personne qui joue au football.

FOOTBALLISTIQUE adj. Qui concerne le football.

FOOTING [futiɲ] n. m. (créé sur l'angl. *foot,* pied). Course à pied, entrecoupée de marche, faite sur un rythme régulier et sans forcer, pour entretenir sa forme physique.

FOOTTIT (Tudor HALL, dit **George**), artiste de cirque et comédien d'origine anglaise (Manchester 1864 - Paris 1921). L'un des plus célèbres clowns blancs, il imposa, avec son partenaire Chocolat, les entrées comiques à deux, dans lesquelles le clown est opposé à l'auguste.

FOPPA (Vincenzo), peintre italien (Brescia v. 1427 - *id.* v. 1515), le meilleur représentant de la peinture lombarde avant Léonard de Vinci. Il a décoré de fresques la chapelle Portinari de S. Eustorgio de Milan (av. 1468). L'influence des antiques et de Mantegna, mais aussi la douceur de Bellini sont perceptibles dans ses retables (deux polyptyques conservés à Savone [1489-90] ; *Adoration des mages,* Londres).

1. FOR n. m. (lat. ecclés. *forum,* place publique). *En, dans mon (ton, etc.) for intérieur,* au fond de moi-même (de toi-même), en ma conscience. ‖ *For ecclésiastique,* juridiction temporelle de l'Église. ‖ *For extérieur* ou *externe,* l'autorité de la justice humaine s'exerçant sur les personnes et sur les biens. ‖ *For intérieur* ou *interne,* tribunal de la conscience de chacun.

2. FOR adj. inv. (abrév. formée des initiales de l'angl. *free on rail,* franco sur wagon). *Vente for,* vente dans laquelle le prix convenu avec l'acheteur comprend tous les frais jusqu'au moment où la marchandise est chargée sur wagon, dans une gare déterminée par le contrat.

FORABILITÉ n. f. Facilité plus ou moins grande avec laquelle une formation géologique peut être forée.

FORABLE adj. Se dit d'une formation géologique qui peut être forée.

FORAGE n. m. **1.** Action de forer un trou. — **2.** Ensemble des techniques permettant de creuser un puits jusqu'à des profondeurs parfois très élevées. (→ *encycl.*) — **3.** Lieu où l'on fore, où l'on a foré. — **4.** Syn. de SONDAGE, surtout en parlant de pétrole, de gaz naturel, d'eau. — **5.** *Forage à la lance,* procédé de coupage thermique à l'aide d'une lance à oxygène, utilisé sur des matériaux tels que fontes, bétons, grès, etc. ‖ *Forage marin,* puits creusé mécaniquement dans le sous-sol de la mer et destiné à la reconnaissance et à l'exploitation d'un gisement d'hydrocarbures ou à l'identification des structures océaniques.

ENCYCL. Le procédé essentiel de l'exploration et de l'exploitation des gisements pétrolifères reste le *forage rotary à la boue,* malgré les progrès accomplis par le turboforage et le forage électrique, techniques qui utilisent respectivement une turbine hydraulique et un moteur électrique. Le *forage rotary* permet d'atteindre de grandes profondeurs dans de bonnes conditions techniques et de sécurité. Le trépan, instrument généralement muni de rouleaux dentés, est animé, au fond du puits, d'un mouvement de rotation par les tiges de forage, tiges d'acier cylindriques, creuses et vissées les unes aux autres jusqu'à la surface du sol. Des pompes à boue assurent une injection continue de boue dans le puits, afin d'évacuer les déblais de terrain découpés par le trépan au fur et à mesure de son avancement. Lorsqu'une certaine portion du puits a été forée, on est amené à en cuveler les parois, pour les maintenir, par la descente d'une colonne de tubes d'acier (le tubage du puits). Dans l'eau, où l'on a cherché à forer à des profondeurs de plus en plus grandes, les méthodes et le matériel employés ont dû évoluer pour arriver aux techniques très spéciales du *forage sous-marin* (ou *marin*). Il existe trois principaux types de structures utilisées pour les forages en mer (offshore). Pour les fonds ne dépassant guère 100 m, des plates-formes autoélévatrices, flottantes, sont remorquées sur le lieu du forage. Pour des fonds allant jusqu'à 300 m, on utilise des plates-formes semi-submersibles, dans lesquelles la plateforme aérienne est reliée à des caissons creux, servant de flotteurs, par de grosses piles également creuses. Les navires de forage, équipés d'un système de positionnement dynamique, sont utilisés pour des fonds pouvant dépasser 1 000 m.

1. FORAIN, E adj. (lat. pop. **foranus,* étranger, du lat. class. *foris,* dehors). *Audience foraine,* audience tenue par le juge d'instance hors du chef-lieu de la circonscription du tribunal. ‖ *Rade foraine,* rade ouverte aux vents et aux lames du large, et présentant peu de sécurité. ‖ *Traite foraine* ou *foraine* (n. f.), autref., taxe et péage sur les marchandises entrant en France ou en sortant.

2. FORAIN, E adj. (de *forain 1,* avec l'infl. de *foire*). **1.** Relatif aux foires, aux marchés : *Boutique foraine.* — **2.** Vx. *Acteur forain,* acteur d'un théâtre de foire ; bateleur. ‖ *Fête foraine,* fête publique organisée par des forains. ‖ *Marchand forain,* marchand sans domicile ni résidence fixes, qui va dans les villes et les villages, les jours de marché, de foire ou de fête locale. ‖ *Théâtre* *forain,* théâtre dressé dans une foire, théâtre ambulant.

◆ **forain** n. m. **1.** Artiste, animateur de spectacles ambulants exerçant son activité dans les foires et les fêtes foraines. — **2.** Marchand, commerçant forain.

FORAIN (Jean-Louis), peintre, dessinateur et graveur français (Reims 1852 - Paris 1931). Il participa aux expositions impressionnistes. En 1878, il fit la connaissance de J.-K. Huysmans, dont il illustra les *Croquis parisiens.* Dès ses débuts, il s'attacha aux scènes de la vie parisienne. Il exécuta plus de trois mille dessins pour divers journaux et revues, ainsi que des eaux-fortes, des lithographies, des pastels et des tableaux. Il a laissé sur son époque un âpre témoignage et prit violemment parti dans les affaires Dreyfus (contre Dreyfus) et de Panamá.

FORAKER *(mont),* sommet de l'Alaska, dans le massif du McKinley ; 5 182 m. Première ascension par Ch. Houston, T. Graham Brown et C. Waterson, en 1934.

FORAMEN [-mɛn] n. m. (pl. *foramina* ou *foramens*) [lat. *foramen, -inis*]. **1.** Trou anatomique de petite dimension. — **2.** *Foramen ovale de Pacchioni,* orifice compris entre la gouttière basilaire et la tente du cervelet, traversé par le tronc cérébral.

FORAMINIFÈRE n. m. (de *foramen*). Protozoaire rhizopode, généralement marin, libre ou fixé, dont le protoplasme est protégé par une coquille, ou test, percée d'une ou de plusieurs ouvertures laissant sortir des pseudopodes. (Les *foraminifères* forment une classe.)

ENCYCL. Un premier groupe de foraminifères comprend les espèces littorales qui, dans les mers équatoriales (îles du Pacifique à récifs de coraux), peuvent former d'immenses plages constituées par l'accumulation de leurs coquilles. Le second groupe consiste en espèces planctoniques, qui vivent loin des côtes. Après leur mort, leurs coquilles tombent sur le fond, y formant d'épaisses couches de sédiments. Les foraminifères atteignent jusqu'à 75 % du poids total des « boues à globigérines » qui constituent essentiellement le fond de l'Atlantique. Les principaux groupes fossiles ayant constitué des roches calcaires sont les fusulines, les milioles, les nummulites, les orbitoïdes, les alvéolines, les orbitolines.

FORATION n. f. Action de forer des trous de mine en vue d'y placer des explosifs.

FORBACH (57600), ch.-l. d'arrond. de la Moselle, près de la frontière de la Sarre ; 27 357 hab. *(Forbachois).* Cokerie et carbochimie à Marienau. Constructions mécaniques. Défaite française le 6 août 1870.

FORBAN n. m. (anc. fr. *forbannir,* bannir). **1.** Pirate qui se livrait à des expéditions armées sur mer pour son propre compte. — **2.** Homme malhonnête qui ne respecte aucun droit.

FORBIN (Claude, *comte* DE), marin français (Gardanne, Bouches-du-Rhône, 1656 - château de Saint-Marcel, près de Marseille, 1733). Lieutenant de vaisseau (1684), il fut fait prisonnier par les Anglais (1689) en même temps que Jean Bart mais s'évada de Plymouth. Capitaine de vaisseau (1689), il participa aux batailles de Beachy Head (Béveziers) [1690], de Barfleur (1692) et de Lagos (1693) pendant la guerre de la ligue d'Augsbourg, et fut promu chef d'escadre en 1707.

FORBIN (Auguste, *comte* DE), peintre, archéologue et administrateur français (La Roque-d'Anthéron 1777 - Paris 1841). Il fut l'ami de Granet et l'élève de David. Lieutenant-colonel, il démissionna en 1809 et vécut à Rome, où il se consacra aux arts. Directeur des Musées royaux (1816), il réorganisa le Louvre et créa le musée du Luxembourg. Il a peint des paysages d'Orient (à la suite d'une mission, en 1817), des vues de ruines et d'architectures.

FORBIN-JANSON (Charles, *comte* DE), prélat français (Paris 1785 - château de la Guilhermy, près de Marseille, 1844). Évêque de Nancy (1824-1830), il fut surtout le fondateur, avec Rauzan, de la Société des missions de France (1811), puis de l'œuvre de la Sainte-Enfance (1843) en faveur des enfants d'Extrême-Orient abandonnés.

FORÇAGE n. m. (de *forcer*). **1.** Traitement que l'on fait subir à certains légumes, certaines plantes à fleurs (tulipes, jacinthes, etc.), pour les obliger à se développer, fleurir ou fructifier en dehors des périodes normales. (La plante est mise en repos par le froid, la sécheresse ou des substances chimiques, puis on lui apporte les éléments nécessaires à sa croissance rapide.) — **2.** Fabrication d'un moule ou d'une partie de moule par le matriçage d'un poinçon en acier dur, représentant l'objet, dans un acier ou dans un autre métal plus doux, que l'on durcit ensuite s'il y a lieu.

FORCALQUIER (04300), ch.-l. d'arrond. des Alpes-de-Haute-Provence, à l'O. de la Durance ; 4 039 hab. *(Forcalquiérens).* Anc. cathédrale, en partie romane.

FORÇAT n. m. (ital. *forzato,* de *forzare,* forcer). **1.** Autref., homme condamné aux galères ou aux travaux forcés du bagne. — **2.** Homme réduit à une condition très pénible. — **3.** *Travailler comme un forçat,* très durement.

FORCE n. f. (bas lat. *fortia,* du lat. class. *fortis,* courageux). **1.** Vigueur physique d'un être animé, de son corps ; capacité qu'il a de fournir un effort physique ; énergie : *Elle n'a pas la force de déplacer l'armoire.* — **2.** Moyens violents, contrainte exercés pour obtenir un résultat : *Avoir recours à la force.* — **3.** Énergie morale, capacité de résister aux épreuves, d'imposer son point de vue, sa volonté : *Avoir une grande force de caractère.* — **4.** Savoir, habileté, ensemble des connaissances dans un domaine : *Deux élèves de même force en mathématiques.* — **5.** Poids, assurance, vigueur, ensemble des caractères de qqch qui fait qu'il s'impose à l'esprit : *La force d'un argument.* — **6.** Intensité de l'action d'un agent ou d'un phénomène physique, son degré de puissance ou de violence : *La force du vent.* — **7.** Gradation dans l'intensité d'un agent physique (par ex. le vent, un séisme) ou dans la difficulté, la complexité d'une action intellectuelle, manuelle, etc. : *Vent force 3. Mots croisés de force moyenne.* — **8.** Pouvoir, puissance, ascendant, supériorité de qqn, d'un groupe : *La force d'un parti politique, d'un secteur économique.* — **9.** Puissance en effectifs, en matériel, etc., d'un groupe, d'un pays : *La force navale d'un pays.* — **10.** Toute chose qui, par son influence, sa puissance, est capable d'agir sur les autres choses, de s'imposer : *L'équilibre des forces dans une situation économique.* — **11.** *Litt.* Toute-puissance : *Les forces du destin.* — **12.** *À force,* à la longue, par des efforts répétés. ‖ *À force de,* par le fait répété ou intensif de : *À force de chercher, il finira bien par trouver.* ‖ *À la force du poignet, du bras,* en utilisant toute la puissance physique du bras. ‖ *Arriver à la force du poignet,* sans aide extérieure, grâce à de grands efforts personnels. ‖ *À toute force,* malgré toutes les résistances, à tout prix. ‖ *Avec force + n.,* beaucoup : *Avec force exemples.* ‖ *Avoir, faire force de loi,* être imposé, appliqué, respecté à l'égal d'une loi, en parlant d'une mesure. ‖ *Cas de force majeure,* nécessité contraignante, événement auquel on doit se soumettre. ‖ *Coup de force,* action violente contraire au droit, à la justice. ‖ *Dans la force de l'âge,* au moment du plein épanouissement physique. ‖ *Dans toute la force du terme,* en prenant le terme dans son sens plein. ‖ *De force,* en mettant en jeu la force physique, ou la contrainte pour surmonter une résistance : *Épreuve de force ;* qui exige une force physique, psychologique ou une habileté exceptionnelle : *Travail de force.* ‖ *De vive force,* avec violence. ‖ *En force,* en utilisant au maximum sa puissance physique : *Travailler en force ;* en groupe nombreux et puissant : *Arriver en force.* ‖ *Être de force à,* être capable de réussir une action. ‖ *Être de première force,* avoir de grandes capacités, être parmi les meilleurs dans un domaine. ‖ *Faire la force de qqn,* constituer sa supériorité. ‖ *Force de l'habitude,* pouvoir contraignant de l'habitude. ‖ *Force de la nature,* personne d'une puissance, d'une résistance peu communes. ‖ *Force est restée à la loi,* la loi a fini par triompher, l'autorité chargée d'appliquer la loi a eu le dessus. ‖ Litt. *Force m'est de,* je suis contraint de. ‖ *La force des choses,* une sorte de nécessité qui résulte de faits indépendants de la volonté ; fatalité. ‖ *Lignes de force d'une œuvre, d'un récit, etc.,* les idées principales. ‖ *Par force,* par nécessité, faute de pouvoir faire autrement ; obligatoirement. • **Boulang.** Aptitude d'une farine à l'hydratation et à donner une pâte conservant un bon comportement mécanique depuis la fermentation jusqu'à la cuisson. — **Chim.** *Force des acides,* pour un acide HA, dissocié en solution suivant $HA \rightleftharpoons H^+ + A^-$, grandeur proportionnelle à $k_{HA} = \dfrac{[H^+]\cdot[A^-]}{[HA]}$, les crochets indiquant les concentrations. ‖ *Force d'un électrolyte,* mesure de son énergie de dissociation. (Les *électrolytes forts* [sels métalliques, acides halogénés] sont presque entièrement dissociés en solution ; les *électrolytes faibles* [acides et bases organiques] sont peu dissociés.) — **Déf.** *Force de dissuasion* ou *force de frappe,* force militaire rassemblant, aux ordres directs de la plus haute instance politique d'un État, l'ensemble de ses armements nucléaires stratégiques. (Appelée, en France, *force nucléaire stratégique,* elle comprend depuis 1972 la *force océanique stratégique* [F. O. S. T.] et les *forces aériennes stratégiques* [F. A. S.].) ‖ *Force d'intervention,* force interarmées destinée à remplir une mission d'action extérieure. — **Dr.** *(Cas de) force majeure,* événement d'origine externe, imprévisible, et qui met le débiteur dans l'impossibilité absolue d'exécuter (le cas de force majeure libère le débiteur et l'exonère de toute responsabilité) ; fait inattendu qui, aux termes d'une charte-partie, dégage le transporteur de sa responsabilité, s'il était imprévisible et insurmontable (syn. ACTE DE DIEU). ‖ *Force publique,* ensemble des formations de la police, de la gendarmerie et des armées, qui sont à la disposition du gouvernement pour assurer le respect de la loi et le maintien de l'ordre. — **Hist.** *Maison de force,* prison d'État où étaient enfermés les condamnés aux travaux forcés et à la réclusion. — **Impr.** *Force de corps,* valeur représentée par l'écartement vertical minimal occupé par un caractère ou une ligne de caractères placés entre deux autres. — **Mar.** *Faire force,* agir ou forcer sur qqch. ‖ *Faire force de voiles,* mettre au vent tout ce qu'on peut de toile. — **Mécan.** *À force,* se dit d'un montage ou d'un emmanchement effectué à la masse, à la presse, etc. — **Papet.** Syn. impropre de GRAMMAGE. — **Philos.** *Force de travail,* pour les marxistes, ensemble des facultés physiques et intellectuelles de l'homme, à l'aide desquelles il produit des choses utiles. (C'est une marchandise qui est la source des valeurs échangeables, qui donne de la valeur.) ‖ *Forces productives,* pour les marxistes, ensemble des moyens de production (instruments de production, matières premières ainsi que les travailleurs qui les utilisent). ‖ *Forces sociales,* pour les marxistes, classes, fractions de classes, groupes sociaux qui jouent le rôle principal dans la lutte des classes. — **Phys.** Concept traduisant quantitativement les interactions entre objets et permettant d'expliquer leurs déformations ou les modifications de leurs mouvements. (→ *encycl.*) ‖ *Ligne de force,* ligne de champ, quand le champ est un champ de forces. — **Polit.** *Force politique,* parti politique, syndicat, association, groupe de pression, mouvement de pensée, etc., qui joue ou prétend jouer un rôle dans la vie politique. ‖ *Troisième force,* dans les pays ou la vie politique est dominée par deux grands partis ou deux grandes tendances, toute tentative médiane de coalition. — **Pyrotechn.** *Force théorique d'une substance explosive,* produit ($f = n$RT) du nombre n de moles de gaz que fournit l'unité de masse d'un explosif par la constante des gaz parfaits R et par la température d'explosion.

◆ **forces** n. f. pl. **1.** Capacités physiques, morales ou intellectuelles de qqn ; son énergie : *Le convalescent a repris des forces. C'est un problème au-dessus de mes forces.* — **2.** Troupes, moyens militaires en état d'intervenir : *Une victoire des forces alliées.* — **3.** Êtres ou groupes qui exercent leur influence : *Le jeu des forces politiques.* — **4.** *De toutes ses forces,* le plus fort possible, en utilisant toutes ses possibilités ; de tout son être : *Désirer quelque chose de toutes ses forces.* ‖ *Forces aériennes, navales,* syn. de AVIATION* MILITAIRE, MARINE* DE GUERRE. ‖ *Forces aériennes tactiques (F. A. T. A. C.),* forces aériennes françaises chargées de l'appui des grandes unités terrestres. ‖ *Forces armées,* ensemble des formations militaires d'un État. ‖ *Forces de défense aérienne,* forces interarmées françaises chargées de la défense aérienne du territoire. ‖ *Forces extérieures,* nom donné en France, depuis 1972, aux forces stationnées outre-mer. ‖ *Forces terrestres,* ensemble des formations militaires destinées à la bataille terrestre. ‖ *Forces vives,* puissance physique, intellectuelle, morale de qqn ; ce qui fait l'essentiel de la puissance d'un pays, de sa richesse économique. ‖ *Les forces de la nature,* les phénomènes naturels.

ENCYCL. **Phys.** L'essentiel de la notion quantitative de « force » est dû à Newton, qui a énoncé à la fois la loi reliant la force au mouvement (« principe fondamental » de la dynamique) et diverses lois permettant de déterminer les forces : principe de superposition des forces, loi de l'action et de la réaction, loi de la gravitation. Selon le *principe fondamental de la dynamique,* la dérivée par rapport au temps de la quantité de mouvement d'un objet est égale au vecteur force qui s'exerce sur cet objet :

$$d\vec{p}/dt = \vec{F}.$$

Le *principe de superposition,* qui permet de déterminer l'effet de plusieurs forces d'interaction agissant simultanément sur un même objet, se traduit par l'additivité des vecteurs force. À chaque type particulier d'interaction correspond une *loi de force,* qui permet de calculer celle-ci en fonction de paramètres liés aux objets qui interagissent. Certaines lois de force (forces de gravitation, électriques, nucléaires) sont universelles et correspondent à des interactions fondamentales. D'autres sont empiriques ou approchées (forces élastiques ou de frottement, par exemple) et peuvent, en principe, s'exprimer à l'aide d'interactions fondamentales.

FORCE (La) [24130], anc. **Laforce,** ch.-l. de cant. de la Dordogne, au-dessus de la Dordogne, à l'O. de Bergerac ; 2 329 hab. Centre pour vieillards et handicapés psychiques.

Force *(prison de la),* anc. prison de Paris, qui était située entre la rue Pavée et l'actuelle rue de Sévigné. Elle fut le théâtre de massacres en sept. 1792.

Force démocrate → CENTRE DES DÉMOCRATES-SOCIAUX.

Forces françaises combattantes (F. F. C.), nom donné en 1942, à Londres, par le général de Gaulle, à l'organisation militaire constituée par les agents des réseaux de la France libre dans la zone occupée par les Allemands ou contrôlée par le gouvernement de Vichy.

Forces françaises de l'intérieur (F. F. I.), nom donné, en 1944, par le Comité français de libération nationale, à l'ensemble des formations militaires des mouvements de résistance. Les F. F. I. participèrent efficacement à la libération du territoire, notamment en Bretagne, à Paris, dans le Sud-Ouest et le Sud-Est. Eisenhower estima leur appoint à la valeur de 15 divisions. 140 000 de leurs membres furent amalgamés dans les rangs de la Ire armée française en nov. 1944

Forces françaises libres (F. F. L.), unités constituées, après l'armistice du 22 juin 1940, par les volontaires qui rejoignirent de Gaulle à Londres ou dans les territoires ralliés à la France libre. Les F. F. L. combattirent notamment en Érythrée, Libye, Égypte, Syrie et Tunisie, sous les ordres de Monclar, Leclerc, Kœnig, Larminat.

1. FORCÉ → FORCER.

2. FORCÉ n. m. Texte rédactionnel ou publicitaire qui doit obligatoirement passer dans une édition donnée d'un journal.

FORCEMENT n. m. **1.** Action de forcer, de faire céder par des moyens violents : *Le forcement d'un coffre.* – **2.** Système qui, dans les armes à feu rayées, supprime le vide entre les parois de l'âme du canon et le projectile. – **3.** Augmentation temporaire du nombre des voitures d'un train de voyageurs régulier. – **4.** *Forcement de recette,* droit qui appartient à la Cour des comptes ou aux tribunaux administratifs d'obliger leurs justiciables au paiement des recettes qu'ils ont négligé de percevoir.

FORCÉMENT adv. Par une conséquence naturelle inévitable ; fatalement, obligatoirement.

FORCENÉ, E adj. (anc. fr. *forsener,* être hors de sens, de *fors,* hors de, et *sen,* raison, du frq. **sin*). **1.** Dont la violence est intense, hors de mesure : *Une haine forcenée.* – **2.** Qui dépasse toute mesure dans ses attitudes : *Un partisan forcené de la peine de mort.*

◆ n. **1.** Personne en proie à une crise de folie ou qui n'est plus maîtresse d'elle-même. – **2.** Personne passionnée par qqch : *Un forcené de la vitesse.*

FORCEPS [-sɛps] n. m. (lat. *forceps,* tenaille). Instrument affectant la forme d'une pince, destiné à saisir la tête du fœtus pour en faciliter l'extraction. (Syn. anc. FERS.)

ENCYCL. L'application de forceps est indiquée chaque fois qu'il y a lieu de terminer rapidement l'accouchement dans l'intérêt de la mère ou du fœtus. Elle nécessite toutefois que les membranes soient rompues, que la dilatation soit complète, que la tête soit engagée, qu'il n'y ait pas d'obstacles praevia.

FORCER v. t. (lat. pop. **fortiare,* du bas lat. *fortia,* force) [conj. **16**]. **1.** Employer la force ou un autre moyen que le moyen adéquat pour ouvrir qqch, faire fonctionner un mécanisme : *Forcer une serrure avec un crochet.* – **2.** Fausser qqch en exerçant une trop grande pression sur lui : *Forcer une vis.* – **3.** Franchir un passage malgré une forte résistance : *Les manifestants ont forcé le barrage.* – **4.** Pénétrer de force malgré une interdiction : *Les journalistes ont forcé sa porte.* – **5.** Exercer une pression morale sur autrui, obliger qqn à ouvrir son cœur ou à aller contre ses idées : *Forcer la conscience de quelqu'un.* – **6.** Ne pas se soumettre à l'influence, à l'action d'une force, d'une puissance supérieure à soi, aller contre qqch pour arriver à ses fins : *Forcer la nature, le destin.* – **7.** Faire naître un sentiment, une attitude, sous l'effet d'un ascendant irrésistible ou d'une pression : *Acte courageux qui force l'admiration.* – **8.** Solliciter qqn, qqch à l'excès, exiger d'eux un travail, un rendement supérieur à celui fourni d'habitude : *Forcer un moteur. Forcer un élève.* – **9.** Augmenter fortement une quantité, un rythme : *Forcer son allure.* – **10.** Aller au-delà de ce qui est offert, présenté normalement : *Forcer le sens d'un mot.* – **11.** Contraindre qqn, l'obliger à faire qqch : *On l'a forcé à démissionner.* – **12.** *Forcer la décision,* faire basculer le sort en faveur de qqn, de qqch ; trancher, décider du résultat. ‖ Vx. *Forcer une femme,* la violer. ‖ *Forcer la main à qqn,* l'obliger à agir contre sa volonté. ‖ Fam. *Forcer la note, la dose,* en rajouter, exagérer. • **Équit.** Pousser trop un cheval, le faire trop courir. ‖ *Forcer la main,* se dit du cheval qui n'obéit plus à la main de son cavalier. – **Hortic.** Soumettre une plante au forçage. – **Prestidig.** *Forcer la carte,* faire croire à un spectateur à qui est présenté un jeu de cartes qu'il choisit une carte librement alors qu'il ne fait que prendre celle souhaitée par le prestidigitateur. – **Véner.** Courir un animal jusqu'à ce qu'il soit pris par la meute.

◆ v. t. ind. *Fam.* User avec excès de qqch : *Le cuisinier a un peu forcé sur le poivre.*

◆ v. i. **1.** Fournir un effort exagéré, trop grand : *Courez sans forcer.* – **2.** Fournir ou subir un effort excessif : *Cordage qui force trop.* – **3.** Jeter une carte de la couleur demandée, mais plus forte que les cartes déjà jouées. (Syn. MONTER.) – **4.** En parlant d'une manœuvre, d'une amarre, être fortement raidie par l'effort qui s'exerce sur elle. – **5.** Syn. de FORCIR.

◆ **être forcé** v. pass. **1.** Être dans l'obligation d'agir de telle ou telle manière : *Je suis forcé de m'abstenir pour trois jours.* – **2.** Être imposé par la contrainte, la force ou la nécessité : *Consentement forcé.* – **3.** Être inéluctable, inévitable, obligatoire : *C'est une conséquence forcée de la tension internationale.* – **4.** Manquer de naturel, être contraint, hypocrite : *Un rire forcé.* – **5.** Être outré, s'écarter de la norme, du vrai ou du naturel : *Plaisanteries forcées.* – **6.** *Avoir la main forcée,* être obligé de faire telle ou telle chose contre son gré. ‖ *Carte forcée,* carte que le prestidigitateur vous oblige à prendre ; obligation, dépense à laquelle on ne peut se dérober. ‖ *C'est forcé,* c'est inéluctable, cela ne peut être autrement : *Il échouera, c'est forcé.* ‖ *Marche forcée,* marche très pénible par sa longueur et sa rapidité. ‖ *Oscillations forcées,* oscillations d'un système sous l'influence d'une force extérieure imposée dépendant du temps.

◆ **se forcer** v. pr. **1.** S'imposer l'obligation de faire qqch, s'obliger à : *Il se force à parler très lentement.* – **2.** Faire qqch en fournissant un gros effort sur soi-même, en allant à l'encontre de son envie, de ses désirs : *J'ai dû me forcer pour aller le voir.*

FORCERIE n. f. (de *forcer*). Établissement où l'on pratique le forçage des plantes.

FORCES n. f. pl. (lat. *forfices,* pl. de *forfex, -icis,* ciseaux). Grands ciseaux utilisés autrefois pour tondre les moutons, les draps, couper les métaux, etc.

FORCETTES n. f. pl. (dimin. de *forces*). *Vx.* Ciseaux d'une seule pièce, à branches unies par un demi-cercle d'acier formant ressort.

FORCINE n. f. Renflement du tronc d'un arbre à l'angle formé par la réunion d'une grosse branche et du tronc.

FORCING [-siŋ] n. m. (angl. *forcing,* action de forcer). **1.** En sports, accélération continue du rythme du jeu, attaque à outrance maintenant l'adversaire sur la défensive. — **2.** *Fam.* Fait de déployer une grande énergie afin de dépasser un concurrent ou de vaincre un adversaire : *Constructeurs qui font le forcing afin d'être les premiers sur le marché.* — **3.** Méthode introduite par P. Cohen en 1963 pour démontrer l'indépendance de l'axiome du choix et de l'hypothèse du continu par rapport aux axiomes de la théorie ZF des ensembles, et qui fait appel à un remaniement dans l'interprétation classique des connecteurs et des quantificateurs.

FORCIPRESSURE n. f. (lat. *forceps, -ipis,* pince, et *pressura,* action de presser). Application, sur un vaisseau, d'une pince pour arrêter la circulation du sang.

FORCIPULE n. f. Autre nom du crochet venimeux dont certains mille-pattes possèdent une paire au voisinage de la bouche.

FORCIR v. i. (de *fort,* d'apr. *force*) [conj. 32]. **1.** En parlant d'un enfant, devenir plus fort, plus gros, plus robuste. — **2.** Prendre de l'embonpoint : *Forcir des hanches.* — **3.** En parlant du vent, augmenter de force. (Syn. FORCER.)

FORCLAZ *(col de la),* col des Préalpes (Haute-Savoie), dans le massif des Bornes, au-dessus du lac d'Annecy ; 1 150 m. — Col des Alpes suisses (Valais), emprunté par la route de Chamonix à Martigny ; 1 527 m.

FORCLORE v. t. (de *fors,* hors de, et *clore*) [seulem. inf. et part. passé]. Priver qqn du bénéfice d'un droit, le délai d'exercice de celui-ci étant dépassé. ◆ **être forclos** v. pass. **1.** Être privé du bénéfice de l'exercice d'un droit pour ne pas l'avoir exercé dans un délai fixé. — **2.** Être exclu, rejeté du psychisme du sujet.

FORCLUSION n. f. (de *forclore,* d'apr. *exclusion*). **1.** Situation de qqn qui est forclos. — **2.** Terme proposé par Jacques Lacan pour rendre compte du processus psychique spécifique des psychoses. (→ *encycl.*)

ENCYCL. **Psychan.** Dans les psychoses, selon J. Lacan, un signifiant particulier, le *nom du père,* serait forclos : il n'aurait pas été admis du tout dans le psychisme du sujet. Le psychotique serait dès lors sans cesse en quête de formations substitutives (délires, hallucinations) de cette fonction paternelle dont il aurait été privé dans son rapport au désir de la mère.

FORD (John), auteur dramatique anglais (Ilsington, Devon, 1586 - Devon 1639 ?). Il mêla dans ses tragédies les situations terrifiantes et les scènes de tendresse passionnée (*Dommage qu'elle soit une putain,* 1626 ; *le Cœur brisé,* 1633).

FORD, famille d'industriels américains. — HENRY (Wayne County, près de Dearborn, Michigan, 1863 - Dearborn 1947) est le pionnier de l'industrie automobile américaine. Fondateur, en 1903, de la Ford Motor Company, il lança en 1908 le fameux modèle « T », construit à 15 millions d'exemplaires. Il mit en œuvre la construction en série et imagina la standardisation des principales pièces, abaissant ainsi considérablement le prix de ses voitures. On lui doit une théorie des hauts salaires : « Ce n'est pas le marché prospère qui fait les bons salaires, mais les bons salaires qui font le marché prospère », ainsi qu'une théorie d'action industrielle, le fordisme*. — Son fils, EDSEL (Detroit 1893 - *id.* 1943), président de la société en 1919, l'étendit considérablement. Après sa disparition, son fils HENRY (Detroit 1917 - *id.* 1987) lui a succédé.

Ford Motor Company, société américaine de construction automobile, fondée en 1903, à Dearborn (Michigan), par Henry Ford. Elle est un des principaux producteurs américains d'automobiles.

FORD (Sean Aloysius O'FEENEY ou O'FEARNA, dit **John**), cinéaste américain (Cape Elizabeth, Maine, 1895 - Palm Desert, Californie, 1973). Il débuta au cinéma en 1914 et, très tôt, se spécialisa dans le western, avec un souci d'art inhabituel dans ce domaine. Par la suite, il aborda tous les genres. Il a notamment réalisé *la Patrouille perdue* (1934), *le Mouchard* (1935), *Toute la ville en parle* (1935), *la Chevauchée fantastique* (1939), *les Raisins de la colère* (1940), *Qu'elle était verte ma vallée* (1941), *Dieu est mort* (1947), *l'Homme tranquille* (1952), *la Prisonnière du désert* (1956), *le Sergent noir* (1960), *l'Homme qui tua Liberty Valance* (1962), *les Cheyennes* (1964).

FORD (Edmund Brisco), généticien britannique (Papcastle, Cumberland, 1901 - Oxford 1988). Professeur d'écologie génétique à Oxford, il a réalisé, seul ou en collaboration avec Julian Huxley, d'importants travaux sur l'évolution des espèces, la zoologie et la génétique.

FORD (Gerald Rudolph), homme d'État américain (Omaha, Nebraska, 1913). Leader des républicains (1965), il succéda à Spiro Agnew, vice-président démissionnaire en 1973, puis assuma la présidence en 1974 après la démission de R. Nixon. Il fut battu aux élections de 1976 par J. Carter.

FORDISME n. m. (de H. *Ford,* n. pr.). **1.** Théorie d'organisation industrielle que l'on doit à Henry Ford, et visant à accroître la productivité par la standardisation des produits et par une nouvelle organisation du travail. – **2.** Dans une acception marxienne, régime d'accumulation intensive centré sur la consommation de masse.

Foreign Office (mots angl. signif. *bureau étranger*), en Grande-Bretagne, le ministère des Affaires étrangères.

FOREL (Auguste), entomologiste suisse (La Gracieuse, près de Morges, 1848 - Yvorne 1931). Il décrivit 3 500 genres et espèces de fourmis.

FORELAND (North et **South),** caps de la côte du Kent. Le plus septentrional marque l'entrée du pas de Calais.

FORER v. t. (lat. *forare,* percer) [conj. 3]. **1.** Creuser un trou, une cavité avec un instrument, un foret : *Forer un puits pour atteindre l'eau.* – **2.** Percer une masse dure avec un foret ou un instrument analogue, y faire un trou : *Forer une clef.*

FORERIE n. f. Atelier où l'on fore les canons.

FOREST, en néerl. **Vorst,** comm. de Belgique (Bruxelles-Capitale), dans la banlieue sud de Bruxelles ; 58 600 hab. Chimie. Textile. Papeterie. Cuir.

FOREST (Fernand), mécanicien français (Clermont-Ferrand 1851 - Monaco 1914). Il chercha d'abord, vers 1880, à réaliser de petits moteurs à gaz domestiques, puis se tourna vers les applications à la navigation (canot automobile le *Volapük,* 1887) ; enfin, on lui doit probablement les premiers moteurs à 4 cylindres en ligne, disposition classique pour les automobiles.

FOREST (Lee De) → De Forest.

FOREST (Jean-Claude), auteur et dessinateur de bandes dessinées français (Le Perreux 1930). Son style s'imposa en 1962, avec la création de *Barbarella,* héroïne d'aventures érotico-fantastiques, et, en 1971, d'*Hypocrite.*

FORESTAGE n. m. (anc. fr. *forest,* forêt). Travail en forêt.

FORESTER (Cecil Scott), romancier anglais (Le Caire 1899 - Fullerton, Californie, 1966). Auteur de romans policiers (*Paiement différé,* 1926), il a exploité avec la série des Hornblower l'aventure à l'état pur.

FORESTERIE n. f. (de *forestier*). Ensemble des activités intéressant la forêt (création, conservation, aménagement, gestion).

FOREST HILLS, quartier résidentiel de New York (Queens), site des championnats internationaux de tennis des États-Unis jusqu'en 1977, remplacé auj. par Flushing* Meadow Park.

FORESTIER, ÈRE adj. (bas lat. *forestorius,* de *forestis,* de la forêt). **1.** Qui concerne les forêts : *Chemin forestier.* – **2.** *Code forestier,* code fixant les droits et les devoirs en matière de sylviculture. ‖ *Maison forestière,* habitation d'un garde forestier.

◆ n. Personne travaillant dans la foresterie.

◆ **forestière** n. f. *À la forestière,* se dit de mets servis avec une garniture composée de champignons sauvages.

forestier national *(Fonds)* **[F. F. N.],** organisme créé en 1946 et ayant pour but d'apporter une aide financière aux investissements forestiers (opérations de reboisement). Il est alimenté par une taxe sur le bois.

FORET n. m. (de *forer 1*). **1.** Outil employé pour percer un trou dans le métal, le bois, les matières plastiques, etc. (→ *encycl.*) – **2.** Outil de forage.

ENCYCL. Un foret est un outil à corps cylindrique de révolution, dans lequel sont ménagées deux rainures hélicoïdales diamétralement opposées, dont l'intersection avec le cône constituant l'extrémité consiste en deux arêtes coupantes, ou lèvres de coupe. La combinaison de mouvements d'avance axiale et de rotation relatives du foret et de la pièce provoque la formation d'un copeau et réalise le perçage. Pour le perçage de matières dures ou abrasives, on utilise des *forets à mises rapportées* en carbure métallique. Le *foret à centrer* est utilisé pour réaliser les portées de pointe et de contre-pointe des pièces usinées au tour.

FORÊT n. f. (anc. fr. *forest,* du bas lat. *silva forestis,* forêt en dehors de l'enclos). **1.** Grande étendue de terrain couverte d'arbres ; ensemble des grands arbres qui occupent, qui couvrent cette étendue. (→ *encycl.*) – **2.** Grande quantité de choses qui s'élèvent en hauteur : *Une forêt de bras levés.* – **3.** *Forêt secondaire,* forêt qui se reconstitue après l'exploitation de la forêt primaire. ‖ *Forêt vierge* ou *forêt primaire,* formation ayant évolué sans aucune intervention humaine.

ENCYCL. Sans l'intervention humaine, la forêt couvrirait tous les sols suffisamment humides ; elle constitue le climax naturel vers lequel évoluent, sur de tels sols, les autres formations végétales.

La *forêt équatoriale dense* est caractérisée par la variété des espèces et par la puissance de certains arbres atteignant 50 m de hauteur et dominant la frondaison continue des arbres de l'étage inférieur (20-25 m), souvent couverts de lianes. Le sous-bois est peu développé, le manque de lumière en interdisant l'épanouissement. La

forêt équatoriale est toujours verte ; il lui faut un minimum annuel de 1 500 mm de précipitations. Dans les zones où la sécheresse persiste plus de 3 mois, les arbres perdent tous leurs feuilles pendant la saison sèche (*forêts sèches caducifoliées* tropicales). La mangrove est une forêt tropicale localisée dans les vases et les lagunes salées, littorales surtout.
La *forêt méditerranéenne* est formée de petits arbres rabougris, résistant au froid hivernal et à la sécheresse estivale ; le sous-bois est constitué de plantes xérophiles généralement ligneuses. La partie la plus humide de ce domaine est peuplée d'un mélange de chênes à feuilles caduques (chêne pubescent) et de chênes à feuilles persistantes (chêne vert, chêne-liège), tandis que, dans les parties les moins humides, le chêne vert voisine avec le pin d'Alep et le thuya.
La couronne de la *forêt tempérée,* continue, laisse pénétrer la lumière, et le sous-bois est formé d'arbustes, de buissons, de plantes herbacées. Le hêtre domine dans les régions aux hivers peu marqués et aux étés humides, sans température trop élevée ; le reste du domaine tempéré appartient au chêne*.
Dans les montagnes des régions tempérées dominent des forêts de conifères sempervirents, forêts qui occupent en outre d'immenses territoires en plaine dans le nord de l'Europe et de l'Amérique.
Les forêts de production fournissent le bois et d'autres produits, les forêts de protection luttent contre l'érosion des sols et régularisent les eaux et les pluies, les forêts récréatives fournissent des lieux de détente et de loisirs. Certaines forêts reçoivent une protection légale.
En France, la forêt couvre environ 25 % du territoire (soit 14 millions d'ha). Elle se compose pour les deux tiers de feuillus et pour un tiers de résineux.
Les forêts sont le support d'une vie animale importante et très diversifiée grâce à la complexité des chaînes alimentaires. Elles jouent un rôle essentiel dans la balance oxygène-gaz carbonique (→ *cycle du* CARBONE) de notre atmosphère et purifient l'atmosphère. Cependant, la forêt est aujourd'hui menacée de destruction, tant par les déboisements inconsidérés que par les incendies et certaines pollutions industrielles, dues par exemple au fluor et plus généralement aux « pluies* acides ».

forêts *(Office national des)* **[O. N. F.],** établissement public national à caractère industriel et commercial créé en 1964 et chargé de la gestion des forêts domaniales et des forêts appartenant aux collectivités locales.

FORÊT *(baie* ou *anse de la),* baie des côtes sud de Bretagne (Finistère), entre la pointe de Beg-Meil, à l'O., et la pointe du Cabellou, au S. de Concarneau.

FORETAGE ou **FORTAGE** n. m. Redevance payée au propriétaire du terrain à l'occasion de l'exploitation d'une carrière, pour compenser l'enlèvement des matériaux.

FORÊT-FOUESNANT (La) [29940], comm. du Finistère, en Cornouaille ; 2 377 hab. Église et calvaire du XVIe s. Plage et port de plaisance.

FORÊT-GALERIE n. f. (pl. *forêts-galeries*). Forêt dense fermée qui accompagne les cours d'eau dans les régions de savanes. (Syn. GALERIE FORESTIÈRE.)

FORÊT-NOIRE, en all. **Schwarzwald,** massif montagneux d'Allemagne, dans le Land de Bade-Wurtemberg, dominant la plaine du Rhin, en face des Vosges. La Forêt-Noire s'étire sur 160 km, de la frontière suisse à Durlach ; 1 493 m au *Feldberg.* Prairies et forêts couvrent les sommets des plateaux, la polyculture occupant les vallées, tandis que les gradins qui dominent le Rhin portent des vignobles. Le tourisme d'été et d'hiver se développe à côté d'une industrialisation diffuse (horlogerie, mécanique de précision, électronique). Les grandes villes sont à la périphérie (Fribourg-en-Brisgau, Karlsruhe, Stuttgart).

FOREUR n. m. **1.** Professionnel qui fore les trous de mine ; spécialiste du forage. — **2.** Nom de divers insectes dont la larve creuse des galeries dans les tissus des plantes cultivées, en particulier un papillon nuisible au riz et un coléoptère longicorne nuisible au caféier. (Syn. BORER.)

FOREUSE n. f. **1.** Appareil léger, monté sur camion ou sur remorque, destiné au forage des puits à faible profondeur. (Syn. PERFORATRICE.) — **2.** Machine utilisée pour la foration. — **3.** *Foreuse de cheminée,* machine de creusement de cheminée de mine par forage en descendant d'un trou pilote de faible diamètre et alésage en remontant au diamètre désiré. (Syn. RAISE BORER.)

FOREY (Élie Frédéric), maréchal de France (Paris 1804 - *id.* 1872). Il participa au coup d'État du 2 déc. 1851 et prit part aux campagnes de Crimée et d'Italie. Commandant le corps expéditionnaire français du Mexique, il s'empara de Puebla. Nommé maréchal (1863), il fut remplacé par Bazaine.

FOREZ, région du Massif central (Loire et Puy-de-Dôme), entre les vallées de la Dore et de la Loire et formée à l'O. des *monts du Forez* (1 634 m), boisés, et à l'E. de la *plaine* ou *bassin du Forez* (dépression drainée par la Loire des environs de Saint-Étienne à Roanne).
— **Hist.** Comté dépendant du royaume de Bourgogne (Xe s.), puis de la couronne de France, le

Forez fut réuni à la Couronne à la mort du connétable de Bourbon (1527).

FORFAIRE v. t. ind. (de *fors,* hors de, et *faire*) [conj. **109** ; seulem. inf., sing. de l'ind. prés. et temps composés]. *Litt.* Manquer gravement à un devoir, agir contrairement à son devoir.

1. FORFAIT n. m. (de *forfaire*). *Litt.* Crime abominable.

2. FORFAIT n. m. (de *for,* altér. de l'anc. fr. *fur,* taux, et *fait*). **1.** Clause d'un contrat qui fixe à un montant invariable le prix d'une prestation : *Payer quelqu'un au forfait.* – **2.** Billet correspondant à ce prix (peut s'employer avec un nom en apposition) : *Acheter un forfait pour les remontées mécaniques au ski. Forfait-voyage-hôtel.* – **3.** Méthode d'évaluation des bases d'imposition à partir d'éléments considérés comme révélateurs, et résultant d'une discussion entre le fisc et le contribuable (en général les petites entreprises ou leurs représentants) ; résultat de cette évaluation. – **4.** *À forfait,* selon un prix convenu à l'avance mais payable selon l'avancement des travaux ou des services.

3. FORFAIT n. m. (angl. *forfeit,* pénalité). **1.** En sports, fait de ne pas participer à une compétition dans laquelle on était engagé. – **2.** Somme que le propriétaire d'un cheval engagé dans une course doit payer s'il ne le fait pas courir, sauf en cas de force majeure (certificat du vétérinaire). – **3.** *Déclarer forfait,* ne pas se présenter à une épreuve sportive ; renoncer à qqch qu'on estime au-dessus de ses forces. ‖ *Gagner par forfait,* gagner une compétition sportive par suite du forfait de son adversaire.

FORFAITAIRE adj. À forfait, fixé par un forfait : *Somme forfaitaire.*

FORFAITISTE n. Organisateur de voyages ou de séjours proposant des prestations moyennant un forfait.

FORFAITURE n. f. (de *forfaire*). **1.** Tout crime commis par un fonctionnaire public dans l'exercice de ses fonctions. – **2.** Violation du serment de foi prêté par le vassal à son seigneur.

FORFANTERIE n. f. (anc. fr. *forfant,* fanfaron, de l'ital. *furfante*). *Litt.* **1.** Caractère d'une personne vantarde : *Commettre une imprudence par pure forfanterie.* – **2.** Paroles, actes de fanfaron, de vantard.

FORFICULE n. f. (lat. sc. *forficula,* petits ciseaux). Insecte dermaptère plat, allongé, à élytres très courts, dont l'abdomen est terminé par une paire de pinces dures et aiguës. Les forficules attaquent les légumes, les fruits mûrs, les plantules et les parties tendres des fleurs à tige basse. [N. usuels *perce-oreille, pince-oreille.*]

FORGE n. f. (lat. *fabrica,* atelier). **1.** Technique artisanale utilisant la chauffe (à l'aide d'un four) et le martelage du métal sur une enclume en vue de réaliser des fers à cheval, des lames de couteau, de sabre, de poignard, etc. – **2.** Atelier où s'effectue ce travail. – **3.** Autref., entreprise produisant du fer, de l'acier à partir du minerai ou de la fonte. – **4.** Foyer artisanal où l'on chauffe le métal avant forgeage. – **5.** Atelier de forgeage comportant principalement des fours et des machines de déformation plastique. – **6.** *Ronfler, souffler comme une forge,* très bruyamment.

◆ **forges** n. f. pl. Usine sidérurgique (subsiste dans l'appellation d'un certain nombre d'entreprises).

forges *(Comité des)* → COMITÉ DES FORGES.

FORGEABILITÉ n. f. Propriété d'un métal ou d'un alliage se laissant mettre facilement en forme par corroyage.

FORGEABLE adj. Qui peut être forgé.

FORGEAGE n. m. (de *forger*). **1.** Mise en forme par déformation plastique d'un métal ou d'un alliage par rapprochement des deux outillages (matrices, poinçons ou tas). [→ *encycl.*] – **2.** Procédé de transformation des matières plastiques par modification de préformes massives.

ENCYCL. Le forgeage s'effectuait autrefois (ferronnerie, serrurerie) à l'aide d'outils simples : enclumes, marteaux, dégorgeoirs, étampes, etc. Les procédés industriels actuels s'appliquent aux aciers, aux alliages d'aluminium ou de cuivre. Dans la grosse forge, on façonne les lingots à chaud, sur des presses hydrauliques. Le forgeage par estampage de pièces moyennes et petites s'effectue sur des marteaux-pilons ou des presses. Il permet la fabrication en série de pièces de forme complexe et de résistance élevée. Le forgeage par extrusion à froid des aciers doux, mi-durs ou faiblement alliés permet la fabrication en grande série de pièces (industrie automobile, boulonnerie) quasi axisymétriques. Le forgeage par rétreint de précision opère par frappe d'une pièce, radialement et alternativement, à l'aide de marteaux disposés régulièrement autour de la pièce, qui est animée d'une vitesse axiale et, parfois, d'un mouvement de rotation.

FORGER v. t. (lat. *fabricare*) [conj. **17**]. **1.** Façonner un métal, un alliage afin de lui donner une forme. – **2.** Fabriquer un objet par forgeage . – **3.** Créer qqch, une expression, imaginer qqch, un prétexte : *Forger un mot nouveau.* – **4.** Inventer : *Forger une excuse.* – **5.** *Litt.* Créer une œuvre par le travail de l'imagination, par la réflexion. – **6.** Former qqn : *C'est ainsi qu'on forge les* *meilleurs soldats.* — **7.** *Forger le caractère,* le rendre fort, solide par des épreuves.

◆ v. i. Heurter les fers des pieds postérieurs contre ceux des pieds antérieurs, en parlant du cheval au trot ou au galop.

◆ **être forgé** v. pass. *Être forgé de toutes pièces,* être faux, entièrement inventé.

FORGERON n. m. (de *forge*). **1.** Ouvrier travaillant les métaux par forgeage. — **2.** Artisan forgeant à la main diverses pièces de petites et moyennes dimensions.

FORGES-LES-EAUX (76440), ch.-l. de cant. de la Seine-Maritime, dans le pays de Bray ; 3 644 hab. *(Forgions).* Station hydrominérale (eaux ferrugineuses employées dans le traitement de certaines anémies). Casino.

FORGEUR n. m. *Litt.* Personne qui invente : *Un forgeur de calomnies.*

FORINT [-rint] n. m. Unité monétaire de la Hongrie (symb. FOR).

FORJET n. m. (de *forjeter*). Saillie d'une construction hors de l'alignement.

FORJETER v. t. (de *fors,* hors de, et *jeter*) [conj. **27**]. Construire en forjet.

◆ v. i. ou **se forjeter** v. pr. En parlant d'un bâtiment, d'un mur, sortir de l'alignement ou de l'aplomb.

FORKEL (Johann Nikolaus), musicologue et compositeur allemand (Meeder, Cobourg, 1749 - Göttingen 1818). Directeur de musique à l'université de Göttingen (1779), il a écrit des symphonies, des concertos, des pièces pour clavier et des lieder, etc. Ses ouvrages sont à l'origine de l'école musicologique allemande.

FORLANCER v. t. (de *fors,* hors de, et *lancer*) [conj. **16**]. Faire sortir l'animal de chasse de son gîte.

FORLANE n. f. (ital. *furlana,* forme dialect. de *friulano,* du Frioul). Danse originaire du Frioul, à deux temps (à 6/4 ou 6/8), introduite dans leurs œuvres par Couperin, Campra, Rameau, Telemann, Bach, Ravel, etc.

FORLANINI (Carlo), médecin italien (Milan 1847 - Pavie 1918). Il a préconisé, dès 1882, l'application du pneumothorax artificiel dans le traitement de la tuberculose pulmonaire.

For-l'Évêque, prison parisienne de l'Ancien Régime, située rue Saint-Germain-l'Auxerrois. Prison épiscopale (d'où son nom, *forum episcopi*) [1222] puis prison royale (1674), elle servit de geôle jusqu'en 1780 pour les prisonniers de droit commun, les militaires et les gens de théâtre.

FORLI, v. d'Italie, en Émilie, ch.-l. de prov. ; 111 000 hab. Église S. Mercuriale, remontant au XIIe s., et autres monuments. Musées, dont la Pinacothèque.

FORLONGER (SE) v. pr. (de *fors,* hors de, et *longer*) [conj. **17**]. En parlant d'un animal de chasse, avoir une grande avance sur les chiens.

F. O. R. M. A., sigle de FONDS D'ORIENTATION ET DE RÉGULARISATION DES MARCHÉS* AGRICOLES.

FORMAGE n. m. (de *former*). **1.** Mise en forme d'une tôle ou d'une plaque métallique. (Les procédés les plus courants sont l'emboutissage, le pliage et le cintrage, le repoussage et le fluotournage.) [→ *encycl.*] — **2.** Opération de mise en forme des articles de bonneterie. — **3.** Transformation des matières plastiques par modification de la forme de feuilles ou de plaques (étirage, emboutissage). — **4.** Opération par laquelle on donne au verre chaud sa forme de produit de consommation fini ou semi-fini.

ENCYCL. **Métall.** Le *formage sous haute énergie,* qui sollicite le métal pendant un temps de l'ordre de la fraction de seconde, présente l'avantage d'améliorer la ductilité et la résistance à la rupture des métaux et d'être applicable à des pièces de grande dimension. Dans le *formage par décharge électrique,* l'étincelle qui se produit entre deux électrodes plongées dans de l'eau vaporise l'eau en créant une onde de compression, qui déforme le métal. Le *formage par explosion* de matériaux peu ductiles utilise l'onde de choc créée par la détonation d'une matière explosive. On utilise aussi le *formage magnétique* et le *formage hydraulique* par eau ou huile sous pression.

FORMALDÉHYDE n. m. Aldéhyde $CH_2{=}O$. (Syn. ALDÉHYDE FORMIQUE, FORMOL, MÉTHANAL.)

ENCYCL. Découvert par Hofmann, le formaldéhyde est un gaz très soluble dans l'eau, d'odeur irritante, préparé par oxydation ménagée du méthanol. Il sert à élaborer un grand nombre de produits et d'intermédiaires importants : le polyformol, polymère thermoplastique, et les résines formol-phénol, formol-urée, formol-mélamine, polymères thermodurcissables. Il est employé à l'état gazeux pour la désinfection des habitations et à l'état dissous comme germicide et insecticide.

— **Pharm.** Le formol est un antiseptique puissant. C'est un désinfectant efficace pour la stérilisation des instruments chirurgicaux et la désinfection des locaux. En solution étendue, il est utilisé dans le traitement de l'hyperhidrose plantaire.

FORMALISATION n. f. **1.** Action de formaliser. — **2.** Action de réduire un système de connaissances à des structures formelles.

1. FORMALISER v. t. (lat. *formalis,* formel) [conj. **3**]. Offenser, choquer qqn, un groupe par

un manquement aux règles, aux usages : *Article de journal qui risque de formaliser le public.*
◆ **se formaliser** v. pr. Se vexer d'un manquement aux règles, aux usages ; s'offenser : *Se formaliser d'un oubli.*

2. **FORMALISER** v. t. (de *formaliser 1*) [conj. 3]. **1.** Poser explicitement dans une théorie déductive les règles de formation des propositions et les règles de déduction suivant lesquelles on raisonne. – **2.** Réduire une théorie à un système formel.
◆ **être formalisé** v. pass. *Langage formalisé,* ensemble (généralement infini) d'assemblages de symboles appelés expressions, qui sont construits à partir d'un alphabet en vertu de règles de formation qui sont explicitées (par oppos. à *langage naturel*).

FORMALISME n. m. (lat. *formalis,* formel). **1.** Respect scrupuleux des formes, des formalités : *Le formalisme administratif.* – **2.** Attachement excessif aux formes, aux façons extérieures, à l'étiquette : *Le formalisme du grand monde.* – **3.** Tendance (en art notamm.) à privilégier la forme et les qualités formelles au détriment du contenu et de la réalité. • **Dr.** Principe juridique selon lequel une formalité est exigée par la loi pour la validité d'un acte, d'un jugement, d'une procédure. – **Littér.** *Formalisme russe,* école de critique littéraire, dont l'activité s'est exercée à Moscou et à Leningrad entre 1916 et 1930. (→ *encycl.*) – **Log.** et – **Math.** Doctrine selon laquelle les mathématiques consistent simplement en un jeu formel avec des symboles, dans lequel il ne saurait être question de vérité. – **Philos.** Système qui affirme que la nature est intelligible parce que les lois qui la gouvernent, ou formes, sont les mêmes que celles qui gouvernent les processus de la pensée, appelés également formes. ‖ Thèse qui soutient que la vérité des sciences est, indépendamment de toute expérimentation, tributaire des lois et des règles du système d'interprétation dans lequel cette thèse s'insère. ‖ Morale où la volonté s'impose un principe d'action qui vaut non par son contenu (par ex. l'idée de bien) mais par la forme de son expression.
ENCYCL. **Littér.** Lié à ses débuts au mou-vement poétique des futuristes (Maïakovski, Khlebnikov, Pasternak), le *formalisme russe* s'attache à l'analyse des formes littéraires, à la spécificité de la littérature, à la littérarité. Il conçoit l'art comme une « désautomatisation » de la perception, oubli des habitudes acquises, des clichés, et l'œuvre comme un système de procédés (Chklovski). Les travaux de Roman Jakobson, Boris Eikhenbaoum, Boris Tomachevski, Iouri Tynianov, Viktor Vinogradov, Vladimir Propp, Ossip Brik, etc., éclairent les différents aspects de l'œuvre littéraire, puis aboutissent à une nouvelle synthèse sous l'impulsion de Tynianov et de Jakobson ; elle met l'accent sur le caractère structuré de l'œuvre d'art et sur la hiérarchie des fonctions qui lui appartiennent. Cette version du formalisme influencera profondément les membres du cercle linguistique de Prague et donnera naissance à la doctrine du structuralisme.

FORMALISTE adj. et n. **1.** Qui est scrupuleusement attaché aux formes, aux formalités : *Juge formaliste.* – **2.** Qui est trop attaché aux conventions sociales, aux usages reçus, aux rituels. – **3.** Se dit d'un membre du groupe du formalisme russe. – **4.** Se dit d'un partisan du formalisme.
◆ adj. **1.** Qui manifeste un attachement aux formes, aux conventions : *Théorie formaliste.* – **2.** Relatif au formalisme.

FORMALITÉ n. f. (lat. *formalis,* formel). **1.** Opération prescrite dans certains cas par la loi pour la validité d'un acte administratif, juridique ou judiciaire : *Remplir une formalité.* – **2.** Pratique tout extérieure, conventionnelle, à laquelle on n'attache pas d'importance véritable : *Adresser une carte de condoléances par pure formalité.*

FORMAMIDE ou **FORMIAMIDE** n. m. Amide de l'acide formique $HCO{-}NH_2$. (Liquide visqueux, soluble dans l'eau, il est employé comme solvant ionisant et comme intermédiaire dans la synthèse de l'acide cyanhydrique.)

FORMAN (Miloš), cinéaste américain d'origine tchèque (Čáslav, Bohême-Orientale, 1932). Il met en scène plusieurs spectacles à la Laterna Magika de Prague, puis réalise deux longs métrages qui le font connaître : *l'As de pique* (1963) et *les Amours d'une blonde* (1965). En 1967, il tourne *Au feu les pompiers.* Il entame ensuite une seconde et brillante carrière aux États-Unis (*Taking off,* 1971 ; *Vol au-dessus d'un nid de coucou,* 1975 ; *Hair,* 1978 ; *Ragtime,* 1981 ; *Amadeus,* 1984) et en France (*Valmont,* 1989).

FORMANT n. m. (de *former*). **1.** Fréquence de résonance du conduit vocal dont la valeur dépend de la configuration des cavités supraglottiques (buccale et pharyngale) propre à chaque articulation. (Les voyelles se définissent acoustiquement par leurs formants ; seules les consonnes dites vocaliques présentent une structure formantique similaire à celle des voyelles.) – **2.** Syn. rare de MORPHÈME.

FORMANTIQUE adj. Relatif aux formants.

FORMARIAGE n. m. (anc. fr. *sei formarier,* se marier en dehors de sa seigneurie, de *fors,* hors de, et *marier*). Mariage contracté par un serf hors de la seigneurie ou avec une personne d'une autre condition que la sienne. (Pour pouvoir le contracter, le serf devait demander l'autorisation de son seigneur et lui payer une taxe.)

FORMAT n. m. (ital. *formato,* dimension). **1.** Ensemble des dimensions en centimètres (hauteur et largeur) d'un livre broché ou d'un volume relié. – **2.** Échelle fixe de dimensions, traditionnellement admise pour la commodité du classement des livres. – **3.** Ensemble des dimensions d'un objet en général. – **4.** Fam. *Petit format, format réduit,* personne de petite taille. • **Cin.** Largeur d'un film, exprimée en millimètres. (→ *encycl.*) ‖ Rapport des dimensions de l'image sur l'écran. – **Impr.** et **Rel.** *Format d'impression,* surface imprimante réelle que peut assurer une machine à imprimer. – **Inform.** Structure caractérisant la présentation des informations au sein d'un ordinateur, lors d'une transmission ou sur un support d'entrée ou d'édition de résultats. – **Papet.** Ensemble des deux dimensions (largeur, puis longueur) d'une feuille de papier ou de carton. (→ *encycl.*) – **Phot.** *Film au format,* surface sensible, aux dimensions d'utilisation, produite en plaque ou en film.

ENCYCL. **Bx-arts.** Il existe des formats standardisés de châssis entoilés pour tableaux, répartis selon leurs proportions, leur moins grand ou plus grand allongement, en trois catégories : « figures », « paysages », « marines » ; à l'intérieur de chaque catégorie, la dimension des toiles s'exprime en numéros, ou *points.* (On peut dire : *Le peintre Giraudias vend 400 F le point ; ce « 15 figure » vous coûtera 6 000 F.*)

– **Cin.** Le format permet de différencier les divers types de films, considérés uniquement du point de vue de leurs caractéristiques géométriques (largeur, espacement des perforations). Les principaux formats sont, pour la largeur, le 8 mm et le 9 mm, à l'usage exclusif des amateurs ; le 16 mm et le 35 mm, formats professionnels, le premier très utilisé pour la télévision.

– **Impr.** Depuis 1970, l'utilisation des *formats normalisés* (AFNOR) est obligatoire pour les administrations. La série principale A est constituée par une suite de formats dont la longueur est égale à la largeur du précédent et la largeur à la moitié de la longueur du précédent. Ex. A0 : 841 × 1 189 mm ; A1 : 594 × 841 mm ; A2 : 420 × 594 mm ; A3 : 297 × 420 mm ; A4 : 210 × 297 mm ; etc. Le format fini A4 (210 × 297 mm) correspond aux travaux administratifs, commerciaux, techniques et à certains travaux d'édition et de publicité.

FORMATAGE n. m. Action de formater.

FORMATER v. t. (conj. 3). En informatique, mettre en forme un texte en vue de son impression selon des caractéristiques données de mise en pages.

FORMATEUR, TRICE adj. (lat. *formator, -trix*). **1.** Qui développe les facultés intellectuelles et morales, les aptitudes : *Un exercice formateur.* – **2.** Qui constitue une expérience, une base de connaissances : *Cet entretien a été formateur pour moi.*

◆ n. Personne chargée de former de futurs professionnels ; spécialiste des actions de formation.

FORMATIF, IVE adj. **1.** Qui sert à former : *Les éléments formatifs d'un mot.* – **2.** Se dit de la période de formation d'une civilisation précolombienne.

FORMATION n. f. (lat. *formatio, -onis*). **1.** Action de former, manière dont qqch se forme ; processus entraînant l'apparition de qqch qui n'existait pas auparavant : *La formation d'un abcès. La formation d'une équipe.* – **2.** Développement et modification de l'organisme qui rend l'individu capable d'exercer les fonctions de reproduction. – **3.** Action de former qqn intellectuellement ou moralement ; éducation : *La formation du goût.* – **4.** Action de donner à qqn, à un groupe, les connaissances nécessaires à l'exercice d'une activité : *La formation des cadres.* – **5.** Ensemble de ces connaissances : *Avoir une bonne formation technique. Il est médecin de formation.* – **6.** Ce qui est formé (dans des sens et express. techniques) : *Des formations nuageuses.* – **7.** Groupement de personnes : *Les formations politiques. Une formation de jazz.* • **Aéron.** Dans l'A. L. A. T., ensemble d'appareils placés sous les ordres d'un chef, le *commandant de formation,* dans le but d'exécuter une mission déterminée. (La patrouille est la plus petite formation.) – **Anat.** Ensemble constitué par différents éléments anatomiques ayant la même fonction. – **Bot.** *Formation (végétale),* association de végétaux présentant, malgré les différences des espèces, des caractères biologiques et un faciès analogues. (Les formations sont *ouvertes* ou *fermées* selon que la végétation laisse ou non apparent le sol.) ‖ *Formation primaire,* groupement végétal dont l'origine et la croissance sont totalement indépendantes de l'action de l'homme. ‖ *Formation secondaire,* groupement végétal qui remplace une formation primaire après sa destruction par l'homme. ‖ *Formations primaires,* ensemble des tissus de la plante jeune provenant de la division des cellules initiales de la tige et de la racine. ‖ *Formations secondaires,* ensemble des tissus provenant du fonctionnement du cambium, ou assise génératrice, qui assure la croissance en épaisseur de la tige et de la racine, généralement à partir de la seconde année de vie. – **Ch. de f.** *Voie ou faisceau de formation,* voie ou faisceau de triage destinés à la formation des rames de marchandises, après répartition des wagons par directions et par destinations. — **Chim.** *Chaleur de formation,* chaleur de réaction de la synthèse d'une mole d'un corps composé, à partir de ses éléments. — **Chorégr.** Ordonnance particulière prise par un groupe de danseurs ou de gymnastes ; dessins spatiaux que leurs évolutions déterminent devant le spectateur. — **Dr.** *Formation continue* ou *continuée* ou *permanente,* formation professionnelle destinée aux salariés des entreprises. ‖ *Formation professionnelle,* ensemble des mesures permettant la formation à un premier emploi, l'adaptation ou la conversion à un nouvel emploi, la promotion ou encore l'acquisition, l'entretien ou le perfectionnement des connaissances et qui sont prises en charge par l'État et l'employeur. (→ *encycl.*) ‖ *Plan de formation,* ensemble des formations retenues par l'employeur en fonction des objectifs poursuivis par l'entreprise. — **Géol.** Unité lithostratigraphique de base constituée d'un ensemble de couches géologiques. — **Ling.** Syn. de FORME. — **Log.** Règles de formation, dans un système formel, règles qui indiquent les expressions bien formées. (→ *encycl.*) — **Mil.** Élément ou détachement d'une force militaire. ‖ Disposition que peut prendre une troupe sur le terrain, une flotte en mer, un groupe d'aéronefs. ‖ *Formation commune de base,* syn. de ÉCOLE* DU SOLDAT. — **Philos.** Formation sociale, dans la terminologie léniniste, régime économique et superstructure correspondante d'une société à une époque historique donnée. — **Psychan.** *Formation de l'inconscient,* ensemble des faits recensés par Freud comme définissant le champ de l'analysable (rêves, actes manqués, symptômes psychiques, mots d'esprit). ‖ *Formation de symptôme,* processus général par lequel se réalise le retour du refoulé soit par des formations de compromis, soit par des formations substitutives, ou enfin par des formations réactionnelles.

ENCYCL. **Dr.** La *formation professionnelle* est obligatoire dans toute entreprise occupant 10 salariés au moins (mais le *congé individuel de formation* et le *crédit-formation* individualisé sont ouverts à tous les salariés quelle que soit la taille de l'entreprise). L'employeur est tenu de concourir au développement de la formation professionnelle en finançant annuellement des actions de formation (env. 1 % de la masse salariale brute). L'État participe également, sous forme de remboursement à l'employeur de certains frais engagés.

— **Log.** Généralement, les *règles de formation* indiquent les expressions bien formées (e.b.f.) minimales, puis indiquent comment construire des e.b.f. complexes à partir des premières.

Formation de l'esprit scientifique *(la),* ouvrage de Gaston Bachelard (1938), dans lequel l'auteur s'interroge sur les obstacles épistémologiques que rencontrent les sciences dans leur développement, et qui le conduisent à élaborer une psychanalyse de la connaissance.

formation professionnelle pour adultes *(Association de)* **[A. F. P. A.],** association placée sous la tutelle du ministère du Travail et qui est chargée de la gestion des centres de formation professionnelle.

1. FORME n. f. (lat. *forma*). **1.** Organisation des contours d'un objet ; structure, configuration : *Un arbre qui a la forme d'un cône. Vase en forme de corolle.* — **2.** Être ou objet, lignes, masse, contours, silhouette que l'on perçoit confusément : *Distinguer dans l'obscurité une forme qui s'enfuit.* — **3.** Manière dont qqch se matérialise, est matérialisé ; aspect, état sous lequel il se présente : *La forme graphique et la forme phonique d'un mot.* — **4.** Manière dont un produit se présente à l'utilisation : *Médicament se présentant sous (la) forme de cachet.* — **5.** Aspect sous lequel se présente une action, un événement : *L'entretien prit vite la forme d'une négociation.* — **6.** Mode, modalité selon lesquels qqch de général peut exister, se présenter : *La république est une forme de gouvernement.* — **7.** Modèle selon lequel qqch, et en partic. une œuvre, est réalisé : *Le sonnet est un poème de forme fixe.* — **8.** Manière de formuler, d'exprimer une pensée, une idée : *Un exposé brillant par la forme, mais pauvre par le fond.* — **9.** *De pure forme,* qui ne concerne que l'apparence extérieure ; qui est purement formel : *Une critique de pure forme.* ‖ *Mettre en forme qqch,* en articuler les différents éléments, l'organiser du point de vue de la présentation et, en partic., le rédiger. ‖ *Pour la forme,* dans le seul but de sauver les apparences, de respecter les conventions, les usages. ‖ *Prendre forme,* commencer à avoir sa structure, sa forme spécifique. ‖ *Sans autre forme,* sans formalité, sans aucun détour, brutalement. • **Agric.** Aire plane cimentée sur laquelle s'effectuent les opérations de compostage dans la culture du champignon de couche. — **Archit.** Chacun des grands compartiments déterminés par les colonnettes ou les remplages qui subdivisent une fenêtre (architecture gothique surtout). — **Bât.** Lit de sable ou de béton maigre que l'on étend sur une aire pour y établir un dallage, un carrelage. ‖ *Forme de pente,* couche de béton léger, à face supérieure légèrement inclinée, que l'on établit sur une toiture-terrasse. — **Bx-arts.** Structure expressive, plastique de l'œuvre d'art. — **Chapell.** Moule qui permet le moulage du feutre, de la paille ou de la singalette. (Syn. TYPE.) — **Chass.** Gîte du lièvre. — **Chauss.** Pièce représentant le volume du pied, et servant à la confection de la chaussure. ‖ Syn. courant de EMBAUCHOIR. — **Cout.** *En forme,* se dit d'une jupe taillée dans le biais ou faite de panneaux et qui s'évase vers le bas. — **Dr.** Condition externe exigée par la loi dans l'accomplissement des actes juridiques ou judiciaires. ‖ *Vice de forme,* absence d'une ou de plusieurs des conditions de forme exigées pour la validité d'un acte. — **Fauconn.** Femelle d'un oiseau de proie, plus grosse que le mâle correspondant, dit *tiercelet.* — **Impr.** Composition typographique imposée et serrée dans un châssis ou une ramette. ‖ Plaque ou cylindre servant à l'impression. ‖ *Forme de découpe,* dispositif pour découper des cartonnages. — **Ling.** Aspect matériel sous lequel se présente une unité linguistique ou un énoncé. ‖ Unité linguistique (morphème, syntagme, construction) identifiée par ses traits formels. (Syn. FORMATION.) ‖ Système relationnel abstrait grâce auquel chaque langue découpe et ordonne la substance relativement indifférenciée et non structurée que constitue la réalité physique et psychique. — **Mar.** *Forme de radoub,* bassin dans lequel un navire peut être mis à sec pour entretien ou réparation. (Syn. BASSIN ou CALE DE RADOUB ou CALE SÈCHE.) [→ *encycl.*] — **Math.** Nom de certaines applications d'un espace vectoriel sur un corps K et à valeurs dans ce corps. — **Mécan.** *Outil de forme,* outil de coupe spécial, dont le profil de l'arête correspond à celui de la pièce à usiner. — **Mus.** Organisation des éléments (thèmes, motifs, cellules rythmiques ou mélodiques) constitutifs d'une œuvre. (Syn. STRUCTURE.) — **Papet.** Cadre muni d'une toile métallique sur laquelle la pâte s'égoutte lors de la fabrication manuelle du papier. — **Philos.** Chez Aristote, configuration sensible, structure intelligible d'une chose ; chez Kant, ce qui, dans un phénomène, est saisi a priori par l'esprit ; chez Hegel, figure d'effectivité et donc figure d'extériorité que se donne nécessairement le contenu intérieur d'une chose. — **Polit.** *Forme de l'État,* organisation générale du pouvoir dans le cadre étatique (forme unitaire, décentralisée, etc.). ‖ *Forme de gouvernement,* manière dont sont désignés au sein de l'État ceux qui exercent le pouvoir. (L'art. 89 de la Constitution de 1958 dispose que la forme républicaine du gouvernement ne peut faire l'objet d'une révision.) — **Psychol.** Caractéristique d'un objet, d'une figure, qui dépend de sa structure perceptive, et principalement de son contour. (Syn. CONFIGURATION [en all. *Gestalt*].) ‖ *Constance de la forme,* variété de constance perceptive selon laquelle les objets sont perçus de façon subjectivement constante en dépit de la modification de leur image sur les récepteurs rétiniens. (Par ex. un objet ayant une forme circulaire, ou rectangulaire, continue à être vu comme tel, même si son image rétinienne comporte une ellipse ou un parallélogramme.) ‖ *Théorie de la forme,* théorie d'ensemble de la psychologie qui met l'accent sur les aspects de configuration et, plus généralement, de totalité, dans les phénomènes psychiques. (Syn. GESTALTISME.) [→ *encycl.*] — **Techn.** Empreinte ouverte, portée par une matrice, utilisée dans le formage d'objets à partir d'une feuille ou d'un flan. — **Trav. publ.** Surface finale donnée au terrain par les terrassements, juste avant la construction de la chaussée. — **Vétér.** Exostose qui se développe autour des articulations des phalanges du pied du cheval, ou dans l'épaisseur des cartilages de la troisième phalange.

◆ **formes** n. f. pl. **1.** Les contours du corps humain, en partic. lorsqu'ils sont accentués à la poitrine, aux hanches, etc. : *Un vêtement qui moule les formes.* — **2.** Manières conformes aux règles de la politesse, de la bienséance : *Respecter les formes.* — **3.** *Dans les formes,* selon les règles, les usages, les principes établis. ‖ Fam. *Mettre les formes,* user de ménagements ou de précautions oratoires. ‖ Fam. *Prendre des formes,* grossir ou voir son corps se modifier, sa silhouette s'arrondir.

ENCYCL. **Mar.** La *forme de radoub* communique avec les autres bassins du port par une entrée équipée d'un organe de fermeture mobile. Après vidange de la forme par pompage, le navire repose sur des lignes de tins et le carénage peut être effectué à l'air libre. La coupe transversale d'une forme est semblable à celle d'un sas d'écluse et comporte deux murs latéraux (bajoyers) reliés par un fond (radier).

— **Psychol.** La *théorie de la forme (Gestalttheorie)* est représentée essentiellement par les psychologues de langue allemande M. Wertheimer, K. Koffka et W. Köhler, qui, partis de travaux expérimentaux sur la perception, formulèrent le principe selon lequel tout champ perceptif se différencie selon une forme et un fond, l'émergence d'une forme dépendant à la fois de critères objectifs et subjectifs. Chaque forme est un tout indissociable qui a des qualités propres et qui ne résulte pas de la simple somme de ses éléments. Ce principe ne se limite pas au domaine perceptif ; tout fait psychique est une forme qui a ses caractéristiques propres et dont la signification dépend du contexte dans lequel il se trouve. K. Lewin et F. Heider ont cherché à illustrer ces thèses dans le domaine de la psychologie sociale.

2. FORME n. f. (angl. *form*). **1.** Condition physique de qqn, d'un animal, en partic. par rapport aux efforts qu'il aura à fournir. — **2.** Fam. *Être en (pleine) forme, avoir, tenir la forme,* pour un sportif, être au sommet de sa condition physique, atteint par un entraînement approprié ; être dans de bonnes, d'excellentes conditions physiques, intellectuelles ou psychologiques.

FORMÉ → FORMER.

FORME-ÉCLUSE n. f. (pl. *formes-écluses*). Forme de radoub pouvant être utilisée comme écluse.

FORMEL, ELLE adj. (lat. *formalis,* qui a la forme de). **1.** Qui est formulé avec précision, excluant toute incertitude, toute ambiguïté : *Un démenti formel.* – **2.** Qui respecte les formes, sans impliquer une adhésion intérieure ; formaliste : *Politesse toute formelle.* – **3.** Qui ne tient pas compte des réalités, des faits : *Une vue très formelle du travail à réaliser.* – **4.** *Être formel sur qqch,* s'exprimer d'une manière catégorique, absolue sur ce point. • **Bx-arts.** Qui concerne la forme (structure plastique, exécution). – **Dr.** Relatif à la forme des actes. – **Ling.** Qui concerne la forme (structure phonologique, morphologique, syntaxique de la langue), par oppos. au sens ou à la substance. ‖ Relatif à la formalisation. ‖ Se dit d'une analyse, d'une grammaire qui ne fait pas entrer en ligne de compte la signification des éléments. – **Log.** *Implication formelle,* relation entre les expressions $\varphi(x)$ et $\psi(x)$ dans l'énoncé $\forall x(\varphi(x) \rightarrow \psi(x))$. ‖ *Logique formelle,* étude générale des raisonnements déductifs, abstraction faite de leur application à des cas particuliers. (Syn. LOGIQUE SYMBOLIQUE.) – **Philos.** *Cause formelle,* chez Aristote, élément intrinsèque qui constitue un être dans son espèce, par oppos. à la *cause matérielle* ou *matière.* ‖ *Réalité formelle,* chez Descartes, réalité extérieure, réalité de l'objet. – **Psychol.** *Pensée formelle,* pour J. Piaget, pensée caractérisée par la possibilité chez l'enfant d'un raisonnement hypothético-déductif, impliquant abstraction, généralisation et symbole. (Ce stade ultime d'évolution des processus cognitifs succède au stade des opérations concrètes et apparaît vers l'âge de 12-13 ans.)

FORMELLEMENT adv. **1.** D'une manière claire, expresse, positive : *Interdire formellement une réunion.* – **2.** Du point de vue de la forme, par oppos. au contenu : *Analyser formellement un texte.*

FORMENT (Damián), sculpteur espagnol (Valence v. 1480 - Santo Domingo de la Calzada, prov. de Logroño, 1540). Il s'établit à Saragosse en 1509. La composition de ses grands retables en albâtre ou en bois reste gothique, mais leur statuaire trahit une influence florentine. (Retable de la cathédrale de Huesca, 1520 et suiv.)

FORMENTERA, île des Baléares, au S. d'Ibiza ; 115 km² ; 4 000 hab.

FORMER v. t. (lat. *formare*) [conj. 3]. **1.** Façonner qqn, qqch : *Dieu a formé l'homme à son image.* – **2.** Concevoir qqch par l'esprit : *Former un projet, un vœu.* – **3.** Donner une forme matérielle à qqch par l'écrit ou la parole : *Apprendre à former ses lettres.* – **4.** Donner son existence, sa forme, sa constitution à un groupe, un ensemble, un système : *Former un convoi.* – **5.** Constituer un groupe, un ensemble : *Ils forment une belle équipe à eux deux. L'indulgence forme le fond de son caractère.* – **6.** Avoir ou prendre telle ou telle forme : *La route forme un coude à cet endroit.* – **7.** Être à l'origine de qqch, être la cause de son existence, de son apparition : *Infection qui forme des abcès.* – **8.** Éduquer qqn, lui inculquer les principes, les habitudes, les connaissances qui développent ses aptitudes, son goût, etc. : *Les voyages forment la jeunesse. Former des stagiaires à la gestion.* • **Arbor.** Par la taille, donner à l'arbre fruitier la forme recherchée. – **Bonnet.** Réaliser l'opération de formage. – **Ch. de f.** *Former un train,* assembler en bon ordre tous les éléments nécessaires à la constitution d'un train.

◆ **se former** v. pr., **être formé** v. pass. **1.** Recevoir son existence et sa forme, en parlant d'un être vivant : *L'enfant se forme dans le sein de sa mère.* – **2.** Achever de se développer, de prendre sa forme définitive : *Un épi formé. Le jugement se forme lentement.* – **3.** Atteindre sa maturité physiologique ; être pubère, en partic. en parlant d'une jeune fille. – **4.** Acquérir de l'expérience, une formation : *Ingénieur qui s'est formé sur le tas.* – **5.** Se constituer, en parlant d'un ensemble d'éléments conçus pour aller ensemble : *Le train est déjà formé.* – **6.** *Être bien, mal formé,* être conforme aux règles de la langue. ‖ *Fruits formés,* fruits noués, mais n'ayant pas atteint toute leur taille.

◆ **se former** v. pr. **1.** Se disposer, se ranger d'une certaine façon : *Les élèves se forment en rangs devant l'entrée de la classe.* – **2.** Se constituer, apparaître, surgir : *Des taches se forment sur le visage.*

FORMERET n. m. (de *forme 1*). Arc engagé dans un mur et recevant la tête d'une voûte en berceau ou un voûtain de voûte d'arêtes ou d'ogives. (L'opposition souvent décrite entre doubleaux transversaux et formerets longitudinaux s'applique au voûtement des vaisseaux allongés, dans les églises médiévales.)

FORMERIE (60220), ch.-l. de cant. de l'Oise, en Picardie ; 2 192 hab. *(Formions).*

FORMIAMIDE → FORMAMIDE.

FORMIATE n. m. Sel ou ester de l'acide formique.

FORMICA n. m. (n. déposé, de l'angl. *formica,* de *for,* à la place de, et *mica,* mica). Matériau stratifié, revêtu de résine artificielle.

FORMICIDÉ n. m. (lat. *formica,* fourmi, et *-idé*). Nom de famille attribué à la fourmi rousse et aux espèces les plus voisines.

FORMIDABLE adj. (lat. *formidabilis,* redoutable). **1.** Qui sort de l'ordinaire par son caractère énorme, colossal, imposant : *Une volonté formidable.* — **2.** *Fam.* Qui suscite l'admiration, provoque un grand plaisir : *Un film, un type formidable.* — **3.** *Fam.* Qui est étonnant dans son comportement, dans ses idées : *C'est quand même formidable qu'il ne vous ait rien dit.*

FORMIDABLEMENT adv. *Fam.* De façon formidable ; très, beaucoup, énormément : *Il travaille formidablement bien.*

FORMIGÉ (Jean Camille), architecte français (Le Bouscat, Gironde, 1845 - Montfermeil 1926). Il a restauré l'abbatiale de Conques, des églises du Poitou, divers monuments gallo-romains de Provence, et a travaillé pour la Ville de Paris. — Son fils JULES (Paris 1879 - *id.* 1960), inspecteur général des Monuments historiques, a participé à de nombreuses restaurations (basilique de Saint-Denis), supervisé les fouilles gallo-romaines du Midi, reconstitué partiellement le trophée de La Turbie.

FORMIGNY (14710), comm. du Calvados, dans le Bessin ; 234 hab. Victoire du connétable de Richemont et du comte de Clermont sur les Anglais (1450), qui assura aux Français la reprise de la Normandie.

FORMIGUÈRES (66210), comm. des Pyrénées-Orientales ; 358 hab. Station de sports d'hiver (alt. 1 500-2 060 m).

FORMIQUE adj. (lat. *formica,* fourmi). **1.** Se dit de l'acide et de l'aldéhyde renfermant un seul atome de carbone. (Syn. MÉTANOÏQUE.) — **2.** *Aldéhyde formique,* syn. de FORMALDÉHYDE.
ENCYCL. L'acide formique $H-CO_2H$ est le plus simple de tous les acides carboxyliques. Isolé en 1670 par S. Fisher dans les produits de distillation des fourmis, on le rencontre dans les orties, les chenilles processionnaires et la sueur. C'est un liquide d'odeur piquante, vésicant, bouillant à 101 °C et miscible à l'eau. C'est un acide relativement fort et un réducteur. On l'emploie comme détartrant, comme réducteur, et dans l'industrie du caoutchouc. Les esters formiques HCOOR, souvent doués d'odeurs agréables, sont employés comme parfums industriels.

FORMOGÈNE adj. **1.** Qui produit du formol. — **2.** *Lampe formogène,* générateur d'aldéhyde formique, utilisé comme désinfectant.

FORMOIR n. m. Outil servant à fileter les gros cuirs, la chaleur étant obtenue par friction.

FORMOL n. m. Syn. de FORMALDÉHYDE.

FORMOLAGE n. m. Action de formoler.

FORMOLER v. t. (conj. 3). Soumettre à l'action du formol gazeux.

FORMOSA, v. du nord-est de l'Argentine, sur le río Paraguay, ch.-l. de prov. ; 61 000 hab.

FORMOSAN, E adj. et n. De Formose (Taiwan). ◆ **formosan** n. m. Ensemble des parlers malayo-polynésiens du groupe indonésien, utilisés à Taiwan par les populations dites autochtones.

FORMOSE, nom donné par les Occidentaux à l'île chinoise de Taiwan* et dont l'origine est portugaise (la « belle » île).

FORMOSE (Rome ? v. 816 - *id.* 896), pape de 891 à 896. Il fut envoyé comme légat chez les Bulgares en 866. Devenu pape, il resserra les liens avec Constantinople, mais s'aliéna une partie de l'opinion. En 897, son cadavre fut déterré par ses adversaires, subit un simulacre de jugement et fut jeté dans le Tibre (concile cadavérique).

FORMULABLE adj. Qui peut être formulé.

FORMULAIRE n. m. (de *formule*). **1.** Recueil de formules : *Formulaire pharmaceutique.* — **2.** Imprimé sur lequel figure une série de questions administratives auxquelles l'intéressé doit répondre ; questionnaire. — **3.** Modèle d'acte juridique. — **4.** Recueil d'actes types servant de modèles, et d'où l'on avait retranché tout ce qui avait un caractère particulier. (À partir de la fin du XIe s., on rencontre des formulaires de notariat et des formulaires de chancellerie pontificale, impériale ou royale.) — **5.** Acte d'acceptation de la condamnation du jansénisme que devaient souscrire le clergé et les fidèles français. (En 1664, une bulle d'Alexandre VII en prescrivit la signature à toute personne qui voudrait s'approcher des sacrements. Cet ordre souleva de vives controverses, surtout après 1701.)

Formulaire de mathématiques, œuvre du mathématicien italien Peano, publiée de 1895 à 1908, et dans laquelle on trouve notamment la première formalisation de l'arithmétique des entiers naturels.

FORMULATION n. f. **1.** Action de formuler, d'énoncer de façon claire et complète ; manière dont qqch est formulé : *La formulation d'une doctrine.* — **2.** Détermination des quantités relatives des divers éléments entrant dans un mélange.

FORMULE n. f. (lat. *formula*). **1.** Forme précise et invariable de paroles destinées à être présentées, récitées en certaines occasions : *Réciter la formule d'un serment. Formule magique.* — **2.** Expression concise et rigoureuse, résumant des données scientifiques. — **3.** Manière de procéder pour sortir d'une difficulté, pour agir au mieux : *Un travail à horaire aménagé, c'est une bonne formule.* — **4.** Expression nette, précise, condensée d'une idée ; slogan : *Formule publicitaire.* — **5.** Manière, façon de parler, tournure : *Une formule évasive.* — **6.** Expression toute faite, stéréotype, cliché : *N'user que de formules dans un éditorial.* — **7.** Manière de concevoir, d'agencer, de présenter un service, un spectacle, etc. (s'emploie parfois suivi d'un nom apposé) : *Une nouvelle formule de crédit. Séjour en formule club.* — **8.** Imprimé de modèle standard qui sert à certaines formalités administratives : *Formule de mandat.* — **9.** Façon de parler, expression consacrée par l'usage en matière de politesse. • **Bot.** *Formule florale,* indication schématique résumant la composition d'une fleur. (Ainsi, la formule 4S + 4P + 6E + 2C s'applique à toute crucifère, qui présente toujours 4 sépales, 4 pétales, 6 étamines et 2 carpelles. La formule florale est traduite graphiquement par le diagramme*.) — **Chim.** Représentation graphique rendant compte de la composition d'une espèce chimique. (On distingue les *formules brutes* [ex. H_2O], indiquant le nombre d'atomes intervenant dans la constitution des molécules, des *formules développées* [ex. H—O—H], indiquant l'emplacement des liaisons au sein des molécules et permettant, en chimie organique, de distinguer les isomères.) — **Diplom.** Dans les actes diplomatiques, expression ou phrase entière toute faite, destinée à éviter les erreurs, les équivoques ou malentendus possibles. — **Log.** Syn. de EXPRESSION* BIEN FORMÉE. — **Math.** Nom usuel de certaines égalités ou inégalités remarquables. — **Méd.** *Formule leucocytaire du sang,* répartition, exprimée en pourcentage, des leucocytes : polynucléaires (neutrophiles, éosinophiles, basophiles) et mononucléaires (lymphocytes, monocytes). — **Pharm.** Liste de l'ensemble des composants d'un médicament. — **Sports.** Catégorie d'automobiles monoplaces destinées uniquement à la compétition, en circuit ou sur parcours fermé. (La *formule 1* regroupe les prototypes les plus rapides.)

FORMULER v. t. (conj. 3). **1.** Rédiger un texte, un énoncé selon la formule adéquate, d'une certaine manière : *Formuler un acte notarié. Formuler une invitation correctement.* — **2.** Exprimer un désir, une pensée, les faire connaître de manière précise : *Formuler des revendications. Formuler sa pensée en termes clairs.*

FORMULETTE n. f. Petit couplet en forme de ritournelle, de comptine, que l'on trouve dans certains rituels enfantins.

FORMYLATION n. f. Substitution dans une molécule d'un radical formyle à un atome d'hydrogène.

FORMYLE n. m. Radical univalent H—CO.

FORMYLER v. t. (conj. 3). Soumettre à la formylation.

FORNAROLI (Lucia, dite **Cia**), danseuse et pédagogue italienne (Milan 1888 - New York 1954). Élève préférée d'Enrico Cecchetti à l'école de la Scala de Milan, elle fut considérée comme la meilleure danseuse italienne de sa génération. Elle a dirigé l'école de danse de la Scala (1928-1933).

FORNERET (Xavier), écrivain français (Beaune 1809 - *id.* 1884). Si la critique ignora son œuvre poétique (*Vapeurs, ni vers ni prose,* 1838 ; *Broussailles de la pensée,* 1870), les surréalistes reconnurent comme un des leurs cet excentrique qui se ruina pour éditer ses textes.

Forney *(bibliothèque),* bibliothèque de la Ville de Paris, fondée en 1886 grâce à un legs de l'industriel A. S. Forney, transférée à l'hôtel de Sens en 1961. Son fonds est constitué de documents relatifs aux techniques (artisanat et industrie), aux arts décoratifs (250 000 reproductions) et aux beaux-arts.

FORNICATEUR, TRICE n. (lat. ecclés. *fornicator, -trix*). Personne qui commet le péché de fornication.

FORNICATION n. f. (lat. ecclés. *fornicatio, -onis*). **1.** Relations sexuelles hors mariage, péché de chair. — **2.** *Fam.* Relations sexuelles en général ; coït.

FORNIQUER v. i. (lat. ecclés. *fornicari,* du lat. class. *fornix, -icis,* prostituée) [conj. **3**]. **1.** Commettre le péché de fornication. — **2.** *Fam.* Avoir des relations sexuelles avec qqn.

FORNIX n. m. (lat. *fornix, -icis,* arche). Faisceau de fibres nerveuses originaires de l'hippocampe et qui vont à l'hypothalamus. (Le fornix appartient au système limbique.)

Fornoue *(bataille de)* [6 juill. 1495], bataille qui se déroula à Fornoue (en Émilie) pendant les guerres d'Italie, et au cours de laquelle Charles VIII vainquit l'armée des confédérés de la Sainte Ligue.

FORQUERAY (Antoine), violiste et compositeur français (Paris 1671 ou 1672 - Mantes 1745). Musicien de la chambre du roi (1689), il écrivit 300 pièces pour viole, dont 29 ont été publiées en cinq suites pour viole et basse continue, ou transcrites pour le clavecin.

FORRER (Ludwig), homme d'État suisse (Islikon, Thurgovie, 1845 - Berne 1921), président de la Confédération en 1906 et 1912.

FORREST (John, 1er *baron*), explorateur et homme politique australien (Preston Point, près de Bunbury, Australie-Occidentale, 1847 - en mer 1918). Il mena plusieurs grandes expéditions à l'intérieur du continent australien (1869-1882). Premier ministre d'Australie-Occidentale en 1890, il fut le premier ministre de la Défense d'Australie (1901-1903).

FORRESTER (Jay Wright), ingénieur électronicien américain (Anselmo, Nebraska, 1918). Vers 1952, il introduisit l'usage des mémoires magnétiques à tores de ferrite dans les ordinateurs.

FORS [-ɔr] prép. (lat. *foris,* dehors). *Litt.* Excepté, hormis : *Tout est perdu, fors l'honneur* (mot attribué à François Ier après la défaite de Pavie).

FORSSMANN (Werner), chirurgien allemand (Berlin 1904 - Schopfheim, Bade-Wurtemberg, 1979). Il est l'inventeur du cathétérisme cardiaque, qu'il pratiqua pour la première fois, et sur lui-même, en 1929. (Prix Nobel de médecine 1956.)

FORSTER (Edward Morgan), romancier et critique britannique (Londres 1879 - Coventry 1970). Critique du philistinisme et des mutilations du cœur (*Where Angels Fear to Tread,* 1905 ; *The Longest Journey,* 1907), il a exprimé l'aristocratie naturelle des audacieux et des attentionnés (*Howards End,* 1910) et mit l'accent sur la différence des cultures dans *A Passage to India* (1924), son chef-d'œuvre. Il réunit ses critiques dans *Aspects of the Novel* (1927) et *Abinger Harvest* (1936).

FORSTÉRITE n. f. (de J. *Forster,* n. pr.). Silicate naturel de magnésium de la famille des péridots, de formule Mg_2SiO_4.

FORSYTHE (William), chorégraphe américain (New York 1949). Souvent provocateur, il se plaît à explorer les limites du ballet et de la danse classique *(Impressing the Czar, Slingerland, The Loss of the Small Detail).* Depuis 1984, il assure la direction du Ballet de Francfort.

FORSYTHIA [fɔrsisja] n. m. (de G. *Forsyth,* n. pr.). Arbrisseau (oléacée) rustique à rameaux roussâtres retombants, à fleurs jaunes axillaires, paraissant en fin d'hiver, avant les feuilles. (Les forsythias sont très souvent cultivés pour leur floraison éclatante et précoce.)

1. FORT, E adj. (lat. *fortis,* courageux). **1.** Qui a de la vigueur, de la force physique, qui est robuste, solide : *Un homme fort.* — **2.** Qui est corpulent, épais, gros : *Être fort des hanches. Avoir la taille forte.* — **3.** Qui a de la force morale, de la force de caractère : *Rester fort dans l'adversité. Une âme forte.* — **4.** Dont la puissance, les moyens d'action, le pouvoir sont très développés ; qui s'impose aux autres : *Un parti politique fort.* — **5.** Qui manifeste l'autorité, la puissance, l'ascendant sur autrui, la rigueur, la violence : *Employer la manière forte avec un enfant.* — **6.** Se dit d'un État qui recourt à la contrainte et à des mesures autoritaires : *Régime fort.* — **7.** Qui est résistant, solide : *Du carton fort.* — **8.** Qui est bien établi, sûr, qui résiste au temps, aux attaques, etc. : *Son amour est si fort qu'il lui pardonne tout.* — **9.** Qui a beaucoup d'intensité, de puissance, de force : *Parler d'une voix forte.* — **10.** Qui est grand, qui a une importance marquée : *Une forte somme d'argent.* — **11.** Se dit d'une substance, d'une préparation dont la teneur en son principe actif est très importante : *De la moutarde forte.* — **12.** Qui est désagréable au goût ou à l'odorat, âcre : *Du beurre fort.* — **13.** Se dit d'un produit, d'un médicament qui agit avec énergie ; se dit d'un instrument, d'un appareil très actif, très correctif, puissant : *De la colle forte. Ces lunettes sont trop fortes pour moi.* — **14.** Qui a des connaissances étendues, une grande habileté, une grande aptitude dans un domaine et, en partic., qui surpasse les autres : *Être fort en mathématiques, aux échecs.* — **15.** Se dit d'une action qui nécessite une grande aptitude, une grande habileté. — **16.** Se dit d'une action qui manifeste l'habileté, le savoir-faire, la compétence et qui s'impose avec force à l'esprit : *Son dernier roman est très fort.* — **17.** *Fort de,* indique la force d'un groupe par la mesure de son effectif, de son matériel : *Une armée forte de cent mille hommes.* — **18.** Qui tire son assurance, sa supériorité de telle ou telle chose : *Fort de son expérience, il a tout arrangé en un clin d'œil.* — **19.** *Au sens fort du mot, du terme,* dans sa pleine signification. ‖ *C'est plus fort que moi,* je ne peux m'empêcher de faire ce que je fais. ‖ Fam. *C'est fort, c'est un peu fort (de café), c'est trop fort, c'est plus fort que de jouer au bouchon,* c'est difficile à accepter, c'est incroyable, invraisemblable. ‖ *Et le plus fort,* marque dans un récit une gradation vers qqch de plus inattendu, de plus mauvais. ‖ *Fort comme un bœuf, comme un Turc,* doué d'une grande force physique. ‖ *Forte femme,* femme énergique et courageuse. ‖ *Forte tête,* personne indocile, rebelle à toute discipline. ‖ *L'homme fort (d'un régime, d'un parti),* celui qui y dispose de la puissance, de l'autorité réelles etc. ‖ *Prix fort,* prix maximal, sans réduction ; prix excessif. ‖ *Se faire fort de,* se déclarer, se croire capable de le faire. ‖ *Temps fort,* moment le plus important, point culminant de qqch ; en musique, temps marqué par la métrique. • **Agric.** Se dit d'une terre compacte, argileuse, difficile à labourer. — **Chim.** Se dit d'un électrolyte presque entièrement dissocié. — **Jeux.** Se dit d'une carte qui l'emporte sur les autres, permettant de faire la levée. ‖ Se dit de la couleur où le joueur a les plus fortes cartes. — **Ling.** *Formation forte,* dans les langues flexionnelles, formation (cas, déclinaison) qui présente le degré plein du thème. ‖ *Verbe fort,* en grammaire allemande, verbe irrégulier. — **Mar.** *Mer forte,* état de la mer quand les lames sont creuses et fatiguent le bâtiment. — **Monn.** Se dit d'une monnaie qui, dans les relations internationales, est librement négociable et immédiatement convertible contre les monnaies les plus appréciées. — **Phon.** Se dit d'une consonne réalisée avec une tension musculaire plus importante que celle qui est requise pour l'émission de la partenaire faible ou douce. ‖ *En position forte,* se dit d'une unité phonique quand sa place dans la chaîne parlée la met à l'abri d'altérations. — **Phys.** *Interaction forte,* type d'interaction entre particules fondamentales caractéristique des forces nucléaires et, plus généralement, des hadrons.

◆ n. Fam. *Fort(e) en thème,* élève studieux qui réussit bien dans les exercices scolaires (souvent péjor.).

◆ **fort** adv. **1.** Avec force, vigueur, d'une manière forte : *Taper fort.* — **2.** Extrêmement, beaucoup, très : *C'est un sujet fort intéressant. J'ai fort à faire aujourd'hui.* — **3.** *Fort bien,* indique l'accord avec ce qui vient d'être dit. ‖ *Sentir fort,* dégager une odeur forte et désagréable.

◆ **fort** n. m. **1.** Personne qui a la puissance, les ressources nécessaires : *Protéger le faible contre le fort.* — **2.** Personne qui a de l'énergie morale : *Il a l'intransigeance des forts.* — **3.** *Le fort de qqn,* ce en quoi il excelle, ce qu'il aime particulièrement, son point fort (surtout nég.) : *La pâtisserie, ce n'est pas mon fort.* — **4.** Litt. *Au fort de qqch,* au plus haut degré, au cœur : *Au fort de la chaleur.* — **5.** *Fort des Halles,* autref. portefaix des Halles de Paris. — **6.** *Fort d'un navire* ou *largeur au fort,* la partie la plus large d'un navire.

2. FORT n. m. (de *fort 1*). **1.** Ouvrage de fortification autonome et fermé, destiné à défendre isolément un point important. — **2.** *Fort d'arrêt,* fort défendant un passage obligé. ‖ *Fort détaché,* fort construit à une distance de la place au moins égale à une portée d'artillerie, pour en interdire le bombardement (XIXe s.).

FORT (Paul), poète français (Reims 1872 - Argenlieu, près de Montlhéry, Essonne, 1960). Fondateur, contre le naturalisme du Théâtre-Antoine, du théâtre des Arts (1890-1893), qui deviendra le théâtre de l'Œuvre de Lugné-Poe, il fut soucieux de rendre plus accessible au public le mouvement symboliste. Élu prince des poètes en 1912, collaborateur au *Mercure de France* et à *l'Ermitage,* il dirigea la revue *Vers et Prose* (1905-1914). Auteur de pièces de théâtre, il a laissé surtout les *Ballades* françaises* (1897-1951).

FORTAGE → FORETAGE.

Fort Alamo, ancien fort des États-Unis (Texas), dont le site est auj. englobé dans l'agglomération de San Antonio. Tous les défenseurs américains du fort périrent au cours du siège mené par les Mexicains (6 mars 1836).

FORTALEZA, port du nord-est du Brésil, cap. de l'État du Ceará ; 1 309 000 hab. (1 582 000 pour l'agglomération). Industries textiles, électriques et alimentaires.

FORT-ARCHAMBAULT → SARH.

FORT-DE-FRANCE (97200), ch.-l. de la Martinique, sur la rive nord de la baie du même nom ; 101 540 hab. (l'agglomération regroupe plus du tiers de la population de l'île). Fondée vers 1640 sous le nom de Fort-Royal, c'est le chef-lieu du département de la Martinique depuis 1902. Centre administratif et commercial (avec quelques industries), relié par autoroute à l'aéroport du Lamentin. Musée départemental (ethnologie).

FORT-DE-L'EAU → BORDJ EL-KIFAN.

FORTE [fɔrte] adv. et n. m. inv. (ital. *forte,* fortement). Terme musical de nuance, qui implique une exécution très sonore. (Il s'écrit *f* ou *F.*)

FORTEBRACCI (Niccolo), condottiere italien († Fiordimonte, Macerata, 1435). Au service de Florence, il conquit Volterra (1429). Allié à Francesco Sforza contre le pape Eugène IV, il prit Tivoli et entra dans Rome en 1434, mais fut mortellement blessé l'année suivante à la bataille de Fiordimonte, livrée contre les pontificaux.

FORTEMENT adv. **1.** D'une manière forte, ferme, solide : *Un nœud fortement serré.* — **2.** D'une manière très nette, très visible : *Des détails fortement marqués.* — **3.** Grandement, beaucoup, très : *Un trône fortement ébranlé.* — **4.** Énergiquement, ardemment, vivement : *Encourager fortement.*

FORTERESSE n. f. (lat. médiév. *fortaricea*). **1.** Lieu fortifié, organisé pour la défense d'une ville, d'une région. — **2.** Citadelle servant de prison d'État. — **3.** Ce qui protège, défend avec force qqch ou qqn ; ce qui résiste à l'action, aux courants extérieurs ; rempart, citadelle : *Département qui est une forteresse du conservatisme. Une forteresse de préjugés.* — **4.** *Artillerie, infanterie, troupes de forteresse,* troupes ou armes utilisées depuis la guerre de 1870 à l'attaque ou la défense des places fortes, notamment à la défense de la ligne Maginot entre 1930 et 1940. ‖ *Forteresse volante,* nom donné en 1942 aux bombardiers lourds américains Boeing B-17, qui donnèrent naissance aux superforteresses B-29 (1944) et B-36 (1949), puis aux stratoforteresses B-52 (1949) et B-58 (1956). ‖ *Guerre de forteresse,* syn. de GUERRE DE SIÈGE*. (Ce terme fut employé entre 1870 et 1914.)

FORTES (Meyer), anthropologue britannique (Britstown, prov. du Cap, 1906). Il a été professeur à l'université de Cambridge de 1950 à 1973. Il s'est intéressé d'abord à l'aspect anthropologique de la psychanalyse, puis il a collaboré avec Evans-Pritchard pour la mise au point de l'ouvrage sur *les Systèmes politiques africains* (1940). Surtout, il a considéré les systèmes politiques dans leur relation avec les systèmes de parenté, en étudiant divers peuples de l'actuel Ghana, les Tallensis et les Achantis.

FORTESCUE (*sir* John), juge anglais (Norris, Somerset, v. 1385 - Ebrington, Gloucestershire, v. 1479). Juge principal du *King's Bench,* il est l'auteur de plusieurs traités de théorie politique importants, notamment le *Governance of England* et *De laudibus legum angliae.*

FORTESCUE (Chichester Samuel **Parkinson-**), baron **Carlingford,** homme politique britannique (Glyde, comté de Louth, Irlande, 1823 - Marseille 1898). Secrétaire pour l'Irlande sous Gladstone (1865-66, 1868-1870), il aida celui-ci à faire passer la loi agraire de 1870.

FORT-FOUREAU → KOUSSERI.

FORT-GOURAUD → F'DERICK.

FORTH, fl. d'Écosse, tributaire de la mer du Nord, rejointe par un long estuaire (env. 100 km), le *Firth of Forth* (enjambé par un pont ferroviaire et un pont routier).

FORTICHE adj. et n. *Fam.* Qui est fort physiquement ou intellectuellement.

FORTIFIABLE adj. Qui peut être fortifié.

FORTIFIANT, E adj. Qui fortifie, stimule ou reconstitue la santé, l'organisme : *Un climat fortifiant.*

◆ **fortifiant** n. m. Toute substance alimentaire, vitaminique ou médicamenteuse susceptible de stimuler, de fortifier l'organisme (analeptiques circulatoires, psychotoniques, stimulants neuromusculaires).

FORTIFICATEUR n. m. Ingénieur qui s'occupait spécialement des travaux de fortification (XVIe-XVIIe s.).

FORTIFICATION n. f. (lat. *fortificatio, -onis*). **1.** Art ou action d'organiser, au moyen d'ouvrages militaires, la défense d'une région. — **2.** Ouvrage de défense militaire : *Les fortifications de Vauban.* — **3.** *Fortification naturelle,* élément naturel favorisant la défense.

◆ **fortifications** n. f. pl. Vestiges des anciennes fortifications de Paris. (Abrév. pop. et vieillie FORTIFS.)

ENCYCL. En France, les principaux systèmes de fortification furent les suivants :

— *système de Vauban ou des places.* Les places, échelonnées en profondeur sur deux lignes, doivent barrer les voies d'invasion en retardant la pénétration ennemie ;

— *système Montalembert.* Il s'agit de forts détachés, autonomes, autour des places, au lieu des « dehors » (lunettes, redoutes, flèches) jusque-là tributaires du soutien du corps de place ; l'usage du tracé perpendiculaire ou polygonal est systématisé ;

— *système Séré de Rivières* ou *des rideaux fortifiés.* Deux rideaux défensifs de forts de liaison s'appuient, à leurs extrémités, sur les grandes places des Hauts de Meuse et des Côtes de Moselle. Des forts d'arrêt sont placés sur les voies ferrées et une ceinture fortifiée entoure Paris ;

— *système des régions fortifiées.* Ils répondent, au lendemain de la Première Guerre mondiale, aux problèmes de couverture, de mobilisation et de protection des régions frontières. Il s'agit d'une fortification concentrée comprenant des fronts de 80 km et des flancs d'environ 40 km qui constitueront, dans les secteurs de Metz-Thionville-Longwy, de la Lauter et des basses Vosges (1930-36), les parties solides de la *ligne Maginot.*

FORTIFIER v. t. (lat. *fortificare,* rendre plus fort) [conj. 9]. **1.** Entourer une ville, un lieu de fortifications, d'ouvrages de défense. — **2.** Développer la force, la résistance physique de qqn ; lui redonner de la force physique : *L'exercice physique fortifie les muscles.* — **3.** Conforter qqn dans sa position, faire qu'il se sente encore plus sûr de lui : *Cette attitude n'a fait que me fortifier dans mon opinion sur lui.* — **4.** Rendre qqch plus solide : *Un argument qui fortifie sa résolution.*

FORTIN n. m. (ital. *fortino*). Petit ouvrage de fortification.

FORTIORI (A) → A FORTIORI.

FORTIS n. m. (de *fort*). Terrasse en forme d'escalier, soutenue par un mur de pierres sèches et pratiquée sur la pente des montagnes déboisées, pour maintenir les terres.

FORTISSIMO adv. et n. m. inv. (ital. *fortissimo,* superl. de *forte*). Terme musical de nuance qui implique une intensité sonore aussi forte que possible. (Il s'écrit *ff* ou *Ff.*)

FORT-LAMY → N'DJAMENA.

FORT LAUDERDALE, station balnéaire des États-Unis (Floride), au N. de Miami.

FORT MCMURRAY, v. du Canada, dans le nord-est de l'Alberta ; 31 000 hab. À proximité, traitement des sables bitumineux.

FORT-MAHON-PLAGE (80790), comm. de la Somme, sur la Manche ; 1 045 hab. Station balnéaire.

FORT-MARDYCK (59430), comm. du Nord, banlieue ouest de Dunkerque ; 4 098 hab. Sidérurgie.

FORT NATIONAL → ARBAÂ NATH IRATHEN *(El-).*

FORTOUL (Hippolyte), homme politique français (Digne 1811 - Ems 1856). Ministre de l'Instruction publique après le coup d'État du

2 déc. 1851, il fit peser une atmosphère de terreur policière sur l'Université, dont il exclut les professeurs libéraux (1852).

Fort Peck, barrage des États-Unis (Montana), sur le Missouri (retenue de 24 milliards de m³). Tourisme.

FORTRAN n. m. (acronyme de *formula translation,* formulation transposée). Langage de programmation évolué, à usage scientifique.

FORT-ROYAL, anc. nom de Fort-de-France (Martinique).

FORT TERNAN, gisement paléontologique situé sur une île du lac Victoria (Kenya) et d'âge miocène moyen (15 millions d'années env.). L. Leakey y a découvert les restes d'un primate supérieur, le *kenyapithèque,* maintenant rattaché au groupe des ramapithèques*.

FORTUIT, E adj. (lat. *fortuitus,* accidentel, de *fors,* hasard). **1.** Qui arrive ou paraît survenir par hasard : *Une rencontre fortuite.* – **2.** *Cas fortuit,* événement imprévisible rendant impossible l'exécution d'un contrat et libérant le débiteur.

FORTUITEMENT adv. De manière fortuite, par hasard.

FORTUNAT (Venance) → VENANCE FORTUNAT.

FORTUNE n. f. (lat. *fortuna*). **1.** *Litt.* Puissance mystérieuse qui est censée fixer aux êtres humains leur sort : *La fortune sourit aux audacieux.* – **2.** Litt. *Bonne ou mauvaise fortune,* chance, hasard heureux ou malheureux. – **3.** *Litt.* Sort de qqch ; destinée : *La fortune d'une pièce de théâtre.* – **4.** Succès de qqch : *Voilà ce qui a fait la fortune de ce mot.* – **5.** Ensemble des biens, des richesses que possède qqn ou une collectivité : *N'avoir aucune fortune personnelle. La fortune nationale.* – **6.** Personne très riche : *Les plus grandes fortunes de France.* – **7.** Importante somme d'argent : *Coûter une fortune.* – **8.** *À la fortune du pot,* à la bonne franquette, en prenant un repas tel qu'il se présente. ‖ Vx. *Bonnes fortunes,* succès galants. ‖ *De fortune,* improvisé, réalisé rapidement pour parer au plus pressé : *Installation de fortune.* ‖ *Faire contre mauvaise fortune bon cœur,* ne pas se laisser abattre par les revers. ‖ *Faire fortune,* s'enrichir ; avoir du succès. ‖ *Moyens de fortune,* ceux dont on dispose dans l'immédiat. • **Archéol.** *Roue de fortune,* représentation médiévale de l'humanité tour à tour élevée et abaissée par la fortune, qui, à partir du XIIe s., illustre de nombreux manuscrits ou est sculptée autour de roses (St-Étienne de Beauvais). – **Dr.** *Fortune de mer,* ensemble des événements dus aux périls de la mer ou à des faits de guerre qui causent des dommages au navire ou à la cargaison ; biens maritimes d'un armateur par opposition à sa fortune de terre. – **Mar.** Voile carrée qui se grée sur la vergue de misaine des goélettes ou sur la grand-vergue des cotres ou autres bâtiments à voiles auriques. (On dit aussi VOILE DE FORTUNE.)

FORTUNE, divinité romaine du Hasard, identifiée à la *Tyché** grecque.

FORTUNE *(baie de),* baie du Canada, dans le sud de Terre-Neuve.

FORTUNÉ, E adj. (lat. *fortunatus*). **1.** *Litt.* Comblé par la fortune ; chanceux : *Homme fortuné à qui tout réussit.* – **2.** Qui possède de la fortune ; riche : *Les classes fortunées.*

FORTUNÉES *(îles),* anc. nom de l'archipel des Canaries.

FORTUNELLA n. m. (de R. *Fortune,* n. pr.). Nom générique du kumquat.

FORTUNY (Mariano), peintre espagnol (Reus 1838 - Rome 1874). Son art, particulièrement brillant dans les aquarelles et les eaux-fortes à sujets orientaux, influença de nombreux artistes, tant en Europe qu'en Amérique.

FORTUNY (Mariano FORTUNY Y MADRAZO, dit), peintre et créateur de mode espagnol (Grenade 1871 - Venise 1949), fils du précédent. Fluidité, art du plissé, raffinement du chromatisme, luxe des soies et des velours métallisés caractérisent ses créations, inspirées par l'Orient et l'Antiquité.

FORT WAYNE, port des États-Unis (Indiana) ; 172 000 hab. Carrefour ferroviaire. Matériel agricole. Véhicules industriels.

FORT WILLIAM (Canada) → THUNDER BAY.

FORT WORTH, v. des États-Unis, au Texas, à 50 km de Dallas, ville avec laquelle elle forme une aire métropolitaine de 3 millions d'hab. ; 385 100 hab. Centre industriel (abattoirs, constructions automobile et aérospatiale, instruments médicaux). Musées.

FORUM [-rɔm] n. m. (lat. *forum*). **1.** Dans l'Antiquité romaine, place du marché, où le peuple s'assemblait, à Rome, et qui était le centre de la vie politique, économique et religieuse de la cité. (→ *encycl.*) – **2.** *Litt.* Lieu où se traitent les affaires publiques, tribune : *L'éloquence du forum.* – **3.** Réunion avec débat, colloque : *Un forum sur l'éducation musicale.* – **4.** Nom donné à certaines aires commerciales (avec majusc.) : *Forum des Halles à Paris.*– **5.** *Forum,* sur un réseau télématique, espace public destiné à l'échange différé de messages sur un thème précis.

ENCYCL. **Antiq.** Le *Forum romain* occupe la vallée orientée de l'O. à l'E., entre le Capitole, l'Esquilin et le Palatin ; sous l'Empire, s'y ajoute une partie de la colline de la *Velia (forum adjectum).* Les monuments les plus anciens sont des tombes de caractère villanovien évolué (VIIIe s. av. J.-C.). La première place publique

semble dater du début du VIe s. Ce sont les Étrusques qui ont assaini le bas-fond marécageux du Forum. Ensuite apparaissent les premiers temples : de Vesta, de Saturne, des Dioscures, de la Concorde. La résidence officielle du *pontifex maximus* et du *rex sacrorum* était la *Regia,* sur la Voie sacrée. Les restes les plus anciens remontent au début du IVe s. av. J.-C. De l'époque républicaine datent les temples de Saturne (501-493), de Castor et Pollux (ou des Dioscures, dédié en 484, où se tint le sénat), de la Concorde (367, restauré en 121 av. et 10 apr. J.-C.), de Juturne (restauré par Trajan), etc. Parmi les principaux monuments d'époque impériale citons : les temples de Vespasien et de Titus (81), d'Antonin et de Faustine, de Vénus et de Rome (135), de Romulus. Les portiques servaient de lieux de réunion ou de bazars de luxe ; les affaires se traitaient aux abords du temple de Castor, ou dans les basiliques bordées de boutiques : basilique *Aemilia* (et *Fulvia*), au N.-E., de 179 av. J.-C. ; basilique *Julia,* au S.-O. (commencée par César et terminée par Auguste) ; basilique de Maxence ou de Constantin *(Nova),* etc. L'activité judiciaire s'est exercée dans divers tribunaux à ciel ouvert. La prison d'État Mamertine, avec son cachot souterrain *(Tullianum),* se trouve sur la pente sud du Capitole. Au *comitium,* au N. du Forum, se sont tenus jusqu'en 145 av. J.-C. les comices curiates. Le Forum abritait aussi quantité de monuments honoraires ou commémoratifs (Rostres).
Les *forums impériaux* forment un ensemble situé au N. du Forum romain avec lequel ils constituaient une unité (aujourd'hui séparée par la via dei Fori imperiali). Chacun d'eux se présente comme une place à portiques, à laquelle des arcs donnaient accès ; un temple en est l'élément principal. Les plus importants sont : ceux de César (v. 46 av. J.-C.), d'Auguste (42 av. J.-C.), de Vespasien (71-75 apr. J.-C.), de Nerva (97), et celui de Trajan. Les « marchés » de Trajan, en partie occupés par des boutiques, formaient une annexe de ce forum, aménagé par Apollodore de Damas, de 111 à 114.

FORURE n. f. Trou foré dans la tige d'une clef.

FOS *(golfe de),* golfe des côtes françaises de la Méditerranée, entre l'embouchure du Rhône et l'étang de Berre, près de la localité de *Fos-sur-Mer.* C'est aujourd'hui le plus étendu des complexes industriels portuaires européens, juxtaposant sidérurgie et métallurgie, terminal pétrolier et gazier (point de départ de l'oléoduc sud-européen et d'un gazoduc), raffinage du pétrole et chimie.

FOSBURY FLOP [fosbœriflɔp] n. m. (de *Fosbury,* n. pr., et angl. *flop,* fait de tomber). Saut en hauteur avec franchissement de la barre en position dorsale.

FOSCARI (Francesco), doge de Venise (Venise 1373 - *id.* 1457). Doge en 1423, il accrut les possessions de Venise en prenant aux Milanais Bergame et Brescia (1427-28). Son fils Jacopo ayant été accusé de trahison (1456), Foscari fut déposé.

FOSCOLO (Ugo), écrivain italien (île de Zante 1778 - Turnham Green, près de Londres, 1827). Personnalité romantique, Foscolo est l'auteur d'un roman épistolaire (*Dernières Lettres de Jacopo Ortis,* 1802) qui exerça une profonde influence sur les patriotes du XIXe s., de poèmes (*Tombeaux,* 1807) et de tragédies (*Thyeste,* 1797).

FOSHAN ou **FO-CHAN,** anc. **Nan-hai** ou **Nam-hoi,** v. de Chine (Guangdong), dans le delta du Xi Jiang ; 300 000 hab. Poteries.

FOSS (Lukas), compositeur, chef d'orchestre et pianiste allemand naturalisé américain (Berlin 1922). Il est chef d'orchestre de la Philharmonie de Buffalo (1963-1970) puis de l'Orchestre symphonique de Jérusalem et du Brooklyn Philharmonia. Il a cultivé d'abord un style traditionnel, puis s'est rapproché du sérialisme (*Time Cycle,* 1960), et s'est intéressé à la musique aléatoire.

FOSSA n. m. (mot malgache). Nom commun à deux mammifères carnivores viverridés de Madagascar, le *cryptoprocte,* grand plantigrade nocturne, et la *fouche* ou *fossane,* petite civette insectivore à longues pattes.

FOSSA MAGNA, dépression tectonique du Japon, traversant Honshū en son centre.

FOSSANE n. f. (malgache *fossa*). Syn. de FOSSA.

FOSSE n. f. (lat. *fossa,* de *fodere,* creuser). **1.** Cavité creusée dans le sol et plus ou moins aménagée pour contenir qqch : *Fosse à purin.* — **2.** Trou creusé en terre pour y inhumer un mort. — **3.** Excavation maçonnée au-dessus de laquelle on place un véhicule à réparer ou à vérifier. — **4.** *Avoir un pied dans la fosse, être sur le bord de la fosse,* être très malade, près de la mort. ‖ *Creuser la fosse de qqn, de qqch,* préparer leur perte, leur ruine. ‖ *Creuser sa fosse,* se livrer à des excès qui finissent par causer sa propre perte. ‖ *Descendre dans la fosse aux lions,* affronter des adversaires redoutables. ‖ *Fosse commune,* longues tranchées creusées dans les cimetières pour les cercueils de ceux dont les familles n'ont pas payé une concession de terrain. ‖ *Fosse d'orchestre,* emplacement de l'orchestre dans un théâtre lyrique, un music-hall. ‖ *Fosse aux ours, aux lions,* dans un jardin zoologique, emplacement où on tient ces animaux en captivité. • **Agric.** *Fosse à lisier,* excavation servant à stocker les excréments et les urines des animaux. — **Anat.** Excavation plus ou moins profonde d'une partie du squelette, telle que les fosses frontale, iliaque, nasale, orbitaire, temporale, etc. ‖ *Fosse canine,* portion du maxillaire supérieur en rapport avec les parties molles de la joue. — **Assain.** *Fosse d'aisances,* fosse destinée à la collecte des matières fécales d'une habitation, et qui n'est pas reliée à un réseau d'égouts. (Elle doit être vidangée périodiquement.) ‖ *Fosse septique,* fosse d'aisances équipée de manière à ce que des micro-organismes assurent la liquéfaction des matières récoltées. (Ce type de fosse doit être suivi d'un dispositif épurateur avant évacuation dans le milieu extérieur.) — **Chass.** Trou creusé dans la terre et recouvert de branchages, servant à capturer les animaux sauvages. — **Géol.** *Fosse océanique,* dépression abyssale profonde (au-delà de 5 000 m), longue et étroite, encadrée par des escarpements élevés, établie au pied des marges continentales actives et des arcs insulaires. (Les fosses les plus nombreuses et les plus profondes sont situées dans le Pacifique occidental.) — **Min.** Ensemble des installations de surface et des travaux du fond rattachés à un puits d'extraction d'une mine de charbon. (Syn. SIÈGE.) ‖ Excavation en forme d'entonnoir dans les mines à ciel ouvert profondes. (Syn. CRATÈRE.) — **Peauss.** Cuve cylindrique enterrée dans le sol, où l'on empile les cuirs entre des couches de tan imbibé d'eau pour en compléter le tannage. — **Sports.** Creux rempli de sable dans lequel l'athlète se reçoit à la fin d'un saut en longueur ou d'un triple saut. ‖ Au tir au fusil, sorte de tranchée d'où sont expédiés les plateaux destinés à être visés. ‖ *Tir à la fosse,* discipline olympique dans laquelle le tireur se tient à 15 m de la fosse. — **Zool.** *Fosse temporale,* fenêtre située dans le crâne des vertébrés terrestres et où s'insèrent les muscles masticateurs. (C'est selon la position de ces fosses que l'on classe les reptiles et mammifères fossiles.)

FOSSÉ n. m. (bas lat. *fossatum,* de *fossare,* creuser). **1.** Fosse creusée en long pour délimiter des parcelles de terrain, pour faciliter l'écoulement des eaux, ou pour servir de défense, de rempart : *Les remparts et les fossés des châteaux.* — **2.** Divergence, désaccord, écart profond entre deux personnes, deux groupes, deux façons de penser : *Cette querelle creusa un fossé entre nous.* — **3.** *Fossé d'effondrement* ou *fossé tectonique,* compartiment affaissé limité par deux failles normales. (Syn. GRABEN, RIFT.) [→ *encycl.*]

ENCYCL. **Géol.** En domaine continental, les *fossés d'effondrement* apparaissent par bombement de la lithosphère et effondrement axial (fossé du Rhin, Afrique orientale), et sont souvent jalonnés de volcans. La persistance d'un régime distensif aboutit à la naissance d'un océan (stade mer Rouge) puis à son expansion (stade océan Atlantique) par création de croûte océanique.

FOSSES (95470), comm. du Val-d'Oise, à 5 km à l'E.-S.-E. de Luzarches ; 9 638 hab.

FOSSET → FAUSSET 2.

FOSSETTE n. f. (de *fosse*). **1.** Léger creux apparaissant, en partic. au menton ou sur les joues, dans une partie charnue, au cours d'un mouvement, ou qui existe de façon permanente. — **2.** Toute dépression anatomique peu profonde.

FOSSEUSE (Françoise DE MONTMORENCY, dite **la Belle**) → MONTMORENCY.

FOSSILE n. m. (lat. *fossilis,* tiré de la terre). **1.** Débris ou empreinte de plante ou d'animal, ensevelis dans les couches rocheuses antérieures à la période géologique actuelle, et qui s'y sont conservés. (→ *encycl.*) — **2.** *Fam.* Personne très âgée ou ayant des idées arriérées. — **3.** *Fossile directeur,* objet caractéristique soit d'une période, soit d'un faciès préhistoriques.

◆ adj. **1.** Qui est à l'état de fossile. — **2.** *Fam.* Vieux et sclérosé : *Institution fossile.* — **3.** *Combustible fossile,* combustible qui s'est formé sur la Terre au cours des temps géologiques. ‖ *Forme fossile,* relief enfoui sous une couverture discordante, et éventuellement exhumé. (Syn. FORME FOSSILISÉE.) ‖ *Sol fossile,* sol ancien enterré sous un dépôt plus récent et épais, tel qu'un limon éolien, un sable dunaire ou une coulée volcanique, et qui peut témoigner de phases climatiques antérieures.

ENCYCL. **Géol.** La nature et la conservation des fossiles dépendent de la nature des terrains où ils se sont trouvés engagés. Certaines espèces renseignent sur le milieu de sédimentation (mer, lac, climat, etc.), c'est-à-dire la paléogéographie d'une région. D'autres, à courte longévité, permettent également de dater des terrains en les replaçant dans l'échelle stratigraphique (fossiles caractéristiques).

FOSSILIFÈRE adj. Qui renferme des fossiles.

FOSSILISATION n. f. **1.** Passage d'un corps organisé à l'état de fossile. (Elle se fait à l'abri de l'air, par remplacement partiel ou total des tissus par des substances minérales, avec préservation de la forme et, dans certains cas, de la structure.) — **2.** *Fam.* Fait de se scléroser : *La fossilisation d'une administration.*

FOSSILISER v. t. (conj. 3). **1.** Rendre fossile, amener à l'état de fossile. — **2.** *Fam.* Scléroser une institution, une société, etc.

◆ **se fossiliser** v. pr., **être fossilisé** v. pass. **1.** Devenir fossile : *La houille est constituée par des végétaux fossilisés.* — **2.** *Péjor.* Cesser d'évoluer, être pétrifié, démodé : *Mœurs fossilisées.* — 3. *Forme fossilisée,* syn. de FORME FOSSILE*.

FOSSOMBRONI (Vittorio, *comte*), homme d'État toscan (Arezzo 1754 - Florence 1844). Ministre des Affaires étrangères en Toscane (1796-1799), membre de la commission des Finances du royaume d'Étrurie (1801), il fut président du Conseil et ministre des Affaires étrangères de 1815 à sa mort. Il gouverna réellement la Toscane pendant 30 ans.

FOSSOYER v. t. (conj. 13). *Litt.* Creuser une fosse, une tombe.

FOSSOYEUR, EUSE n. 1. Personne qui creuse les fosses pour enterrer les morts. — 2. *Litt.* Personne ou chose qui ruine, détruit : *Les fossoyeurs d'un régime.*

◆ **fossoyeuse** n. f. Charrue dont le soc est prolongé par un double versoir pour creuser ou entretenir les fossés ou les rigoles.

FOS-SUR-MER (13270), comm. des Bouches-du-Rhône, à l'E. de l'embouchure du Rhône, sur le *golfe de Fos** ; 12 204 hab. Restes d'enceinte. Fos, qui concentre aujourd'hui la majeure partie des installations portuaires et industrielles du golfe de Fos, doit son nom au canal *(fossae Marianae)* creusé en 104 av. J.-C. par Marius.

FOSTER (Harold), dessinateur américain d'origine canadienne (Halifax, Nouvelle-Écosse, 1892 - Spring Hill, Floride, 1982), créateur des bandes dessinées de *Tarzan* (1929-1936) et de *Prince Vaillant.*

FOSTER (Norman), architecte britannique (Manchester 1935). Son agence (Foster Associates) s'est spécialisée depuis la fin des années 60 dans une architecture métallique de hautes performances, caractéristique du mouvement *high-tech* (Centre pour les arts visuels de Sainsbury, Norwich, 1978 ; banque de Shanghai et Hongkong, à Hongkong, 1979-1985 ; Carré d'art de Nîmes, 1984-1993).

1. FOU, FOL, FOLLE adj. (lat. *follis,* sac gonflé d'air) [*fol* s'emploie devant un n. masc. sing. commençant par une voyelle ou un *h* muet]. 1. Qui a perdu la raison, qui est atteint de troubles mentaux : *Être à moitié fou.* — 2. Dont le comportement est extravagant, déraisonnable, imprudent ou malavisé : *Un automobiliste fou l'a renversé.* — 3. Qui est hors de soi, très énervé, à bout de nerfs : *Un homme fou de colère.* — 4. Qui indique un dérèglement mental : *Un regard fou.* — 5. Qui est contraire à la raison, à la sagesse, à la prudence : *De folles pensées.* — 6. Se dit d'un véhicule dont le conducteur a perdu le contrôle, d'un appareil dont le mécanisme est déréglé : *Le camion fou dévalait la pente.* — 7. Se dit d'un mécanisme libre de tourner sur l'arbre qui le porte : *Roue folle, poulie folle.* — 8. Qui se manifeste avec une très grande force, qui est fait avec beaucoup de fougue, d'intensité : *Une terreur folle.* — 9. Indique une quantité, une intensité, un degré extrêmes : *Coûter un prix fou. Il y a un monde fou !* — 10. Qui éprouve un sentiment à un degré extrême : *Être fou de joie.* — 11. Qui affectionne, aime énormément qqch ou qqn et, en partic., qui est très épris, très amoureux de qqn : *Il est fou de sa femme.* — 12. *Amoureux fou,* très amoureux. ‖ *(Être) coiffé comme un chien fou, avoir les cheveux fous, tout fous,* être ébouriffé. ‖ *Fou à lier, fou furieux,* complètement fou, atteint d'un grand dérèglement mental. ‖ *Fou rire,* rire incoercible. ‖ *Herbes folles,* qui poussent abondamment et au hasard. ‖ *Mèche folle,* mèche de cheveux, légère, qui voltige sur le front, les joues. ‖ *Ne pas être assez fou pour,* être trop malin, trop habile pour agir de telle ou telle manière. ‖ *Ne pas être fou,* savoir ce que l'on fait, être malin, habile. ‖ Fam. *Patte folle,* jambe qui boite, qu'on ne peut commander à son gré. ‖ *Tête folle,* personne écervelée.

◆ **fou, folle** n. 1. Personne atteinte de folie, de troubles mentaux. — 2. Personne dont le comportement ou le langage est extravagant, déraisonnable, insensé : *Fou du volant. Fou qui se tait passe pour sage.* — 3. Personne qui a un goût extrême pour qqch : *C'est un fou du jazz.* — 4. *Comme un fou,* énormément ou d'une manière excessive, déraisonnable : *Travailler comme un fou.* ‖ *Faire le fou, le petit fou,* s'agiter gaiement, être dissipé, s'amuser. ‖ Pop. *Grande folle, folle perdue,* homosexuel. ‖ *Histoire de fou(s),* aventure, événement incompréhensible, d'une complication extrême. ‖ Litt. *La folle du logis,* l'imagination. ‖ *Maison de fous,* autref. hôpital psychiatrique ; endroit où il règne un grand désordre, où les gens ont un comportement extravagant.

◆ **fou** n. m. Bouffon à gages d'un roi ou d'un prince. (Certains de ces bouffons sont restés célèbres : Triboulet [sous Louis XII et François Ier], Chicot [sous Henri III et Henri IV] et L'Angely [sous Louis XIV].)

2. FOU n. m. (de *fou 1*). Grand oiseau marin blanc (sulidé), puissant voilier aux pattes palmées, à la queue pointue. (Les fous de Bassan [*Sula bassana*] nichent au printemps sur des falaises ou des îlots inaccessibles, au large des côtes d'Europe ou du Canada, notamment dans la réserve des Sept-Îles, en Bretagne.)

3. FOU n. m. (a remplacé l'anc. fr. *aufin,* de l'ar. *al-fīl,* l'éléphant, p.-ê. sous l'infl. de *fou,* au sens de « bouffon »). 1. Pièce du jeu d'échecs se déplaçant en diagonale. — 2. Au tarot, syn. de EXCUSE.

Fous *(fête des),* réminiscence des saturnales païennes, célébrée au Moyen Âge entre Noël et l'Épiphanie. (On l'appelle aussi *fête de l'Âne.*)

FOUACE, FOUASSE ou **FOUGASSE** n. f. (lat. pop. **focacia,* du lat. class. *focus,* feu). **1.** Dans l'ouest de la France, galette de froment non levée. — **2.** Dans le sud de la France, gâteau en pâte briochée parfumé à la fleur d'oranger.

FOUAD → FU'ĀD.

FOUAGE n. m. (lat. médiév. *fuagium*). Au Moyen Âge, impôt extraordinaire, perçu dans le royaume de France sur chaque feu.

FOUAILLER v. t. (moyen fr. *fouaille,* fagot, de l'anc. fr. *fou,* feu) [conj. 3]. *Litt.* **1.** Frapper qqn, un animal à grands coups de fouet : *Fouailler des chevaux à tour de bras.* — **2.** Cingler qqn de mots blessants.

FOUCADE n. f. (de *fougue*). *Litt.* Caprice, emportement passager et déraisonnable.

FOUCAULD (Charles, *vicomte* DE, puis le *P.* DE), officier et religieux français (Strasbourg 1858 - Tamanrasset 1916). Officier converti, entré à la Trappe (1890), ordonné prêtre (1901), il s'installa dans le Sud algérien puis (1905) au cœur du Sahara, à Tamanrasset, au milieu des Touareg, y menant une existence de prière, de charité et de témoignage. Il fut assassiné par des pillards senousis. Plusieurs congrégations de frères et de sœurs s'inspirent de son apostolat dépouillé.

FOUCAULT (Nicolas Joseph), administrateur français (Paris 1643 - *id.* 1721). Intendant à Montauban (1674), au Béarn (1684) puis à Poitiers (1685), il lutta contre les protestants, à qui il imposa, en particulier, le logement des gens de guerre (dragonnades).

FOUCAULT (Léon), physicien français (Paris 1819 - *id.* 1868). Il compara, en 1850, les vitesses de la lumière (mesurées par la méthode du miroir tournant) dans le vide, dans l'air et dans divers milieux transparents. Il montra l'existence des courants induits (dits *courants de Foucault*) dans les masses métalliques et mit en évidence le mouvement de rotation de la Terre grâce à sa fameuse expérience consistant à suspendre un pendule à la coupole du Panthéon. Il inventa le gyroscope (1852) et préconisa l'emploi de miroirs paraboliques de verre argenté pour les télescopes. (Acad. des sc., 1865.)

Foucault *(courants de),* courants électriques circulant à l'intérieur des conducteurs soumis à des champs magnétiques variables. Ces courants sont mis à profit dans le chauffage par induction et le freinage des véhicules lourds. Ils sont responsables de pertes d'énergie dans les circuits magnétiques des machines électriques. On les utilise aussi pour le contrôle non destructif de pièces métalliques.

FOUCAULT (Michel), philosophe français (Poitiers 1926 - Paris 1984). Il est nommé au Collège de France en 1970. Son *Histoire de la folie à l'âge classique* (1961) a ouvert des horizons nouveaux à l'histoire et à l'épistémologie en montrant comment la pensée se forme à partir d'une pratique du discours et d'une pratique sociale. *Naissance de la clinique* (1963) et *les Mots et les choses* (1966) approfondissent cette nouvelle façon de faire l'histoire, que Foucault nomme « archéologie » ainsi que la critique de la référence à l'homme dans les sciences humaines. Après *l'Archéologie du savoir* (1969), Foucault s'intéresse à l'ordre que donne la société aux hommes, à la répression qu'elle impose dans ses institutions, et aux déformations idéologiques qu'elle imprime à l'aide des savoirs organisés autour de la notion de « sciences humaines » : *Surveiller et punir ; Naissance de la prison* (1975), puis une *Histoire de la sexualité* en trois ouvrages : *la Volonté de savoir* (1976), *l'Usage des plaisirs* (1984) et *le Souci de soi* (1984).

FOUCHE n. m. (malgache *fossa*). Syn. de FOSSA.

FOUCHÉ (Joseph), duc **d'Otrante,** homme politique français (Le Pellerin, près de Nantes, 1759 - Trieste 1820). Député de la Loire-Inférieure à la Convention (1792), il siège avec les Montagnards et vote la mort du roi. Il entreprend la déchristianisation de la Nièvre et réprime l'insurrection royaliste de Lyon. Désavoué par Robespierre, il contribue à la chute de ce dernier. Ministre de la Police (1799), sous le Directoire, il participe au coup d'État du 18-Brumaire. Bonaparte lui conserve son ministère, qu'il réorganise, cumulant la direction de la police et celle de la gendarmerie. Inquiet de sa puissance, Bonaparte supprime son ministère (1802). À nouveau ministre de la Police (1804) sous l'Empire, il devient le simple exécutant des ordres de Napoléon. Ayant entamé des pourparlers secrets avec la Grande-Bretagne, il est disgracié (1810), puis nommé gouverneur des Provinces Illyriennes (1813). Il retrouve le ministère de la Police lors des Cent-Jours et sous la Restauration (1815), mais est exilé en 1816.

FOUCHER de Chartres, prêtre et chroniqueur français (Chartres 1058 - en Palestine apr. 1127), auteur d'une histoire de la première croisade.

FOUCHER (Alfred), indianiste français (Lorient 1865 - Sceaux 1952). Il a fondé la délégation archéologique française en Afghānistān (1922). Il a surtout étudié l'iconographie et l'art bouddhiques (*l'Art gréco-bouddhique du Gāndhāra,* 1905-1951).

FOUCHET (Max-Pol), écrivain français (Saint-Vaast-la-Hougue 1913 - Avallon 1980). Fondateur à Alger de la revue *Fontaine* (1939), critique d'art, romancier et poète, il créa, avec Pierre Desgraupes et Pierre Dumayet, les émissions télévisées *Lecture pour tous* (1953-1968) et *le Fil de la vie* (1954-1958).

FOU-CHOUEN → FUSHUN.

FOUCHTRA ! interj. (de *foutre,* d'apr. *fichtre*). Juron attribué aux Auvergnats.

FOUCQUET (Jean), **FOUCQUET** (François et Nicolas) → FOUQUET.

FOUCQUIER ou **FOUCQUIÈRES** (Jacques), peintre et graveur des Pays-Bas du Sud (? entre 1580 et 1590 - Paris 1659). Maître à Anvers en 1614, à Bruxelles en 1616, paysagiste influencé par J. De Momper, il passa en France en 1621 et travailla pour Louis XIII. Son style évolue vers le type du paysage classique idéalisé. (*Paysage montagneux,* musée de Nantes.)

1. FOUDRE n. f. (lat. *fulgura,* pl. de *fulgur, -uris,* éclair). **1.** Décharge électrique aérienne, accompagnée d'une vive lumière (éclair) et d'une violente détonation (tonnerre), se produisant entre les nuages ou entre les nuages et le sol. — **2.** *Comme la foudre,* avec une grande rapidité, une extrême impétuosité. ‖ *Coup de foudre,* apparition subite d'un violent sentiment d'amour pour qqn ; engouement soudain et vif pour qqn ou qqch.
◆ **foudres** n. f. pl. *Litt.* **1.** Coups soudains et redoutables ; châtiment : *Les foudres de l'Éternel.* — **2.** Grande colère, vifs reproches : *S'attirer les foudres de quelqu'un.*

2. FOUDRE n. m. (de *foudre 1*). **1.** Faisceau de dards en zigzag, attribut de Jupiter. — **2.** Meuble héraldique généralement empiété par une aigle, formé par un faisceau de flammes, avec quatre dards en sautoir. — **3.** Litt. *Foudre d'éloquence,* orateur puissant. ‖ *Foudre de guerre,* guerrier redoutable, grand capitaine.

2. FOUDRE n. m. (all. *Fuder*). Grand tonneau en bois pour le vin (50 à 300 hl).

FOUDRE-DIAMANT n. m. (pl. *foudres-diamants*). Syn. de DORJE.

FOUDROIEMENT n. m. *Litt.* Action de foudroyer ; fait d'être foudroyé.

FOUDROYAGE n. m. Éboulement volontaire du toit dans l'arrière-taille ou dans un chantier minier dont l'exploitation est terminée.

FOUDROYANT, E adj. **1.** Qui frappe d'une mort soudaine et brutale : *Une crise cardiaque foudroyante.* — **2.** Qui frappe de stupeur irrésistible, qui a une violence brutale : *Une révélation foudroyante.* — **3.** Extraordinaire par sa rapidité, sa puissance : *Un démarrage foudroyant.* — **4.** *Regard foudroyant,* qui jette des éclairs de colère.

FOUDROYER v. t. (conj. **13**). **1.** Frapper qqn de la foudre ou d'une décharge électrique : *L'orage a foudroyé deux enfants.* — **2.** Tuer qqn brutalement (d'un coup de feu) : *Une rafale de mitraillette l'a foudroyé sur le trottoir.* — **3.** Anéantir qqn, briser sa résistance morale ou physique ; terrasser : *La nouvelle de la mort de son fils la foudroya.* — **4.** Lancer à qqn un regard terrifiant, haineux, méprisant. — **5.** Provoquer le foudroyage dans une exploitation minière.

FOUËNE → FOÈNE.

FOUESNANT (29170), ch.-l. de cant. du Finistère, en Cornouaille ; 6 683 hab. *(Fouesnantais).* Église en partie romane. Biscuiterie. Stations balnéaires (Cap-Coz et Beg-Meil).

FOUET n. m. (anc. fr. *fou,* hêtre, du lat. *fagus*). **1.** Instrument fait d'une corde ou d'une lanière de cuir attachée à un manche : *Un fouet de cocher.* — **2.** Châtiment, correction infligés à l'aide d'un fouet ou d'un instrument analogue : *Condamner au fouet.* — **3.** Ustensile de cuisine servant à battre les œufs, à monter les crèmes, les sauces, etc. — **4.** *Coup de fouet,* stimulation, excitation dont l'action est immédiate : *Le coup de fouet donné par un remontant.* ‖ *De plein fouet,* de face, directement et violemment. ‖ *Tir de plein fouet,* tir direct sur un but visible. • **Arm.** *Fouet de guerre,* sorte de fléau d'armes d'origine orientale. (Syn. SCORPION.) — **Arts décor.** *Ligne en coup de fouet,* dont les courbes ressemblent à celles que trace dans l'air la lanière d'un fouet. (L'Art nouveau en a fait usage.) — **Bot.** Nom donné aux coulants du fraisier. — **Techn.** Cordage câblé en chanvre de faible diamètre. — **Zootechn.** Queue du chien, notamment du chien courant.

FOUETTAGE n. m. Castration des béliers par ligature des testicules avec une ficelle.

Fouettard *(le Père),* personnage mythique des légendes françaises, muni d'un fouet, dont on menaçait les enfants.

FOUETTE n. f. Pêche à la ligne avec canne courte consistant à poser et enlever vivement la mouche.

FOUETTÉ n. m. **1.** Au billard, attaque très vive d'une bille. — **2.** Rotation rapide et continue, sur la pointe ou la demi-pointe de la jambe d'appui, entretenue grâce à l'élan imprimé par les mouvements des bras et de l'autre jambe. (Les fouettés s'exécutent par séries de 16 ou de 32.)

FOUETTEMENT n. m. Action de fouetter, de cingler comme un fouet : *Le fouettement de la pluie contre les vitres.*

FOUETTE-QUEUE n. m. (pl. *fouette-queues*). Grand lézard (agamidé) du Sahara et des déserts du Proche-Orient, à la large queue hérissée d'épines.

1. FOUETTER v. t. (conj. **4**). **1.** Frapper qqn, un animal avec un fouet : *Le cocher fouettait ses chevaux.* — **2.** Frapper vivement qqch, qqn à coups répétés ; cingler : *La pluie lui fouettait le visage.* — **3.** Stimuler, exciter qqn, un sentiment : *Cette remarque fouetta son amour-propre.* — **4.** Battre au fouet des blancs d'œufs ou une préparation. — **5.** Fam. *Avoir d'autres chats à fouetter,* avoir d'autres choses à faire, des préoccupations plus sérieuses. ‖ *Fouetter le sang,* en activer la circulation, stimuler l'organisme. ‖ Fam. *Il n'y a pas de quoi fouetter un chat,* la faute est légère, sans importance.

◆ v. t. ind. Battre contre qqch ; cingler : *La pluie fouettait contre les vitres.*

◆ **être fouetté** v. pass. *Bleu fouetté,* syn. anc. de BLEU POUDRÉ. ‖ *Crème fouettée,* crème fraîche montée au fouet.

2. FOUETTER v. i. (p.-ê. de *fouetter 1*) [conj. **4**]. *Pop.* **1.** Exhaler une mauvaise odeur, puer : *Ça fouette, là-dedans !* — **2.** Avoir peur.

FOUFOU, FOFOLLE adj. (de *fou 1*). *Fam.* **1.** Qui est fantaisiste, un peu déraisonnable, amusant. — **2.** Se dit d'un animal qui joue, s'ébat.

FOUG (54570), comm. de Meurthe-et-Moselle, à l'O. de Toul ; 2 893 hab. Métallurgie.

1. FOUGASSE → FOUACE.

2. FOUGASSE n. f. (ital. *fogata,* p.-ê. de *fogare,* se précipiter sur). Ancienne appellation de la mine enterrée.

FOUGER v. t. (moyen fr. *feuge, fouge,* du lat. pop. *filica,* fougère) [conj. **17**]. En parlant du sanglier, fouiller la terre avec son boutoir, pour y trouver des racines.

FOUGERAIE n. f. (de *fougère*). Lieu planté de fougères.

FOUGÈRE n. f. (lat. pop. **filicaria,* du bas lat. *filix, -icis*). **1.** Plante vasculaire sans fleurs ni graines, portant à la face inférieure des feuilles des organes sporifères, ou sporanges. (Syn. FILICINÉE.) [→ *encycl.*] — **2.** *En (feuille de) fougère, à brin de fougère,* se dit d'un assemblage de pièces de bois, d'un placage présentant diverses parties assemblées diagonalement. ‖ *Fougère femelle,* nom usuel de l'*athyrium,* en réalité bisexué. ‖ *Fougère mâle,* fougère, bisexuée en dépit de son nom, utilisée en thérapeutique pour son action anthelminthique.

ENCYCL. **Bot.** On connaît environ 10 000 espèces de fougères, dont 2 000 en Nouvelle-Calédonie et seulement 88 en France. Tandis que les fougères des régions tropicales sont souvent arborescentes ou épiphytes, les espèces des régions tempérées sont plus petites, leur tige est souterraine et couchée (rhizome), leurs feuilles (ou frondes), en crosse dans le jeune âge, sont généralement grandes et très découpées.
Au sein de l'embranchement des ptéridophytes*, les fougères se distinguent par leur prothalle bisexué et leurs sporanges portés par les feuilles.
— **Paléont.** Les empreintes de « feuilles de fougères » fossiles peuvent, jusqu'à la fin du jurassique, provenir aussi bien de ptéridospermes (premières plantes à graines) que de vraies fougères.

FOUGÈRES (35300), ch.-l. d'arrond. du nord-est de l'Ille-et-Vilaine ; 23 138 hab. *(Fougerais).* Imposant château des XIIe-XVe s. (enceinte à 13 tours). Deux églises gothiques. Maisons anciennes. Marché de bovins et centre industriel (constructions mécaniques et électriques, confection, chaussures, verrerie).

FOUGEROLLES (70220), comm. du nord de la Haute-Saône ; 4 324 hab. *(Fougerollais).* Distilleries (kirsch).

FOUGERON (André), peintre français (Paris 1913). Il s'est affirmé à partir de 1948 comme un des principaux militants du réalisme socialiste. Cependant, sous l'influence de Picasso, il a évolué vers un certain expressionnisme, un style plus large et coloré.

1. FOUGUE n. f. (ital. *foga,* fuite précipitée du lat. *fuga*). Ardeur impétueuse, mouvement passionné qui anime qqn : *Discours plein de fougue.*

2. FOUGUE n. f. (p.-ê. de *mât de foule,* mât qui supporte le vent, de *fouler,* presser). Mât de hune et vergue de hune d'artimon.

FOUGUEUSEMENT adv. D'une manière fougueuse.

FOUGUEUX, EUSE adj. **1.** Se dit d'un animal qui a de la fougue ; impétueux : *Cheval fougueux.* — **2.** Qui montre une ardeur impétueuse, enthousiaste : *Élan fougueux.* — **3.** Se dit d'un arbre qui donne beaucoup de bois et de feuilles mais peu de fruits.

FOUILLAGE n. m. Façon culturale qui consiste à travailler le sous-sol sans le remonter à la surface.

1. FOUILLE n. f. (de *fouiller*). **1.** Action de fouiller, de creuser le sol pour la construction de divers ouvrages ; excavation qui en résulte. — **2.** Ensemble des opérations entreprises pour mettre au jour de vieux monuments ensevelis, etc. ; résultat de ces travaux ; lieu sur lequel on fouille (surtout pl.) : *Les fouilles de Pompéi.* — **3.** Action de chercher avec soin dans un lieu, d'explorer les vêtements, les poches de qqn afin de trouver qqch de suspect, de caché : *Passer, se soumettre à la fouille.* — **4.** Lieu où se fait l'extraction des matériaux de carrière (sables, graviers), en général sous eau par dragage.

— 5. *Travail en fouille,* mode d'extraction qui consiste à enlever la roche à un niveau inférieur à celui de la machine excavatrice, par oppos. au *travail en butte.*

2. FOUILLE n. f. (moyen fr. *fouillousse,* bourse, p.-ê. avec l'infl. de *fouiller*). *Arg.* Poche d'un vêtement.

FOUILLÉE (Alfred), philosophe français (La Pouèze, Maine-et-Loire, 1838 - Lyon 1912). Il a émis une théorie vitaliste des idées-forces (*l'Évolutionnisme des idées-forces,* 1890). — Sa femme, AUGUSTINE, a publié sous le pseudonyme de **G. Bruno** divers ouvrages d'éducation : *Francinet* (1870), *le Tour de France par deux enfants, devoir et patrie* (1877).

FOUILLE-MERDE n. inv. *Pop.* Personne qui fouille dans la vie privée des gens.

FOUILLER v. t. (lat. pop. **fodiculare,* du lat. class. *fodicare,* percer) [conj. 3]. **1.** Creuser le sol pour mettre au jour des vestiges de civilisations antérieures, faire une fouille archéologique : *Fouiller à Delphes un site archéologique.* — **2.** Creuser le sol, la terre pour y trouver qqch : *Héron qui fouille la vase.* — **3.** Explorer minutieusement un lieu pour trouver qqch, qqn : *On a fouillé tout l'hôtel, on n'a pas retrouvé les bagages.* — **4.** Vérifier minutieusement que qqn ne transporte pas ou ne possède pas un objet interdit, dangereux ou recherché par la police, la douane, etc. : *La police a fouillé les voyageurs.* — **5.** Approfondir une idée, une question, la creuser, l'étudier à fond : *Il a fouillé le problème avant de faire son exposé.* — **6.** Explorer minutieusement un lieu du regard, y chercher qqch, qqn. • **Arts décor.** et **Bx-arts.** Travailler en creux. ‖ Faire apparaître tous les détails. — **Pêch.** Remuer le fond de la mer, de la rivière, en parlant des poissons qui recherchent leur nourriture. — **Vétér.** *Fouiller un animal,* syn. de EXPLORER* UN ANIMAL.

◆ v. t. ind. **1.** Creuser dans le sol afin d'y trouver qqch : *Il fouilla dans la terre avec l'espoir d'y trouver des truffes.* — **2.** Faire des recherches dans un lieu en remuant, en examinant, etc. : *Il fouilla dans sa poche et me tendit une clé.* — **3.** Chercher qqch de manière indiscrète ; fureter, fouiner : *Qui a fouillé dans mon tiroir ?* — **4.** *Fouiller dans son esprit,* chercher minutieusement dans sa mémoire qqch d'oublié.

◆ **être fouillé** v. pass. Être travaillé dans le détail, avec minutie, être approfondi : *Détails fouillés d'une description.*

◆ **se fouiller** v. pr. *Fam.* **1.** Faire de grands efforts de réflexion, de recherche, etc. : *Il a dû se fouiller pour trouver cette idée de cadeau.* — **2.** *Pouvoir (toujours) se fouiller,* pouvoir attendre longtemps ce qu'on espérait, être déçu dans son attente (souvent pour indiquer un refus).

FOUILLEUR, EUSE n. **1.** Personne qui pratique des fouilles archéologiques. — **2.** Personne qui aime fouiller ; fouineur. — **3.** Policier, douanier chargés de fouiller les gens arrêtés ou soupçonnés de contrebande.

FOUILLIS n. m. (de *fouiller*). **1.** Accumulation de choses, d'objets placés pêle-mêle : *Quel fouillis dans cette chambre !* — **2.** Désordre dans les idées, dans une œuvre : *Se perdre dans un fouillis de détails.* — **3.** Vers de vase de toute petite taille, utilisés pour amorcer.

◆ adj. inv. *Fam.* Qui est très désordonné : *Elle est très fouillis.*

FOUILLOT n. m. (de *fouiller*). Pièce d'une serrure percée d'un trou destiné à recevoir la tige carrée du bouton double ou de la béquille, et portant un bras destiné à transmettre son mouvement.

FOUINARD, E adj. et n. *Fam.* Syn. de FOUINEUR.

1. FOUINE n. f. (anc. fr. *faïne,* du lat. pop. *mustela *fagina,* martre des hêtres, du lat. class. *fagus,* hêtre). **1.** Petit mammifère carnivore mustélidé d'Eurasie, hôte des campagnes boisées. (La fouine mesure 70 cm pour moins de 2 kg. Nocturne, elle s'attaque aux rongeurs, aux reptiles et même aux oiseaux.) — **2.** *Fam.* Personne curieuse, indiscrète, maligne, rusée. — **3.** *Visage de fouine,* visage chafouin.

2. FOUINE n. f. *Fam.* Action de fouiner à la recherche d'objets dans les marchés aux puces, chez les brocanteurs, etc.

3. FOUINE → FOÈNE.

FOUINER v. i. (de *fouine 1*) [conj. 3]. *Fam.* **1.** Explorer les moindres recoins pour découvrir qqch : *Fouiner dans une bibliothèque.* — **2.** Se mêler indiscrètement des affaires d'autrui, fouiller sa vie privée.

FOUINEUR, EUSE adj. et n. *Fam.* **1.** Qui fouine partout ; curieux, indiscret. (Syn. FOUINARD.) — **2.** Qui aime fouiner dans les marchés aux puces, chez les brocanteurs, à la recherche d'objets.

◆ adj. *Fam.* Qui manifeste l'indiscrétion du fouineur : *Regard fouineur.*

FOUIR v. t. (lat. pop. **fodire,* du lat. class. *fodere*) [conj. 32]. **1.** Creuser le sol, la vase, etc., en parlant d'un animal qui veut s'y cacher, s'y abriter ou y circuler. — **2.** *Litt.* Creuser, retourner la terre. — **3.** *Bâton à fouir,* syn. de BÂTON FOUISSEUR*.

FOUISSAGE n. m. Action de fouir.

FOUISSEUR, EUSE adj. **1.** Se dit d'un animal qui a l'habitude de fouir. — **2.** *Bâton fouisseur,* instrument de culture le plus primitif, servant à remuer le sol en surface et à introduire les semences. (Syn. BÂTON À FOUIR.) || *Pattes fouisseuses,* pattes conformées pour fouiller la terre (taupe, courtilière, par ex.).

◆ **fouisseur** n. m. Animal qui creuse la terre, comme la taupe, la courtilière, etc.

FOUJITA (FUJITA TSUGUHARU, baptisé **Léonard** en 1959), peintre français d'origine japonaise (Tōkyō 1886 - Zurich 1968). Arrivé à Paris en 1913, il a connu la célébrité avec des œuvres (portraits, nus, natures mortes, etc.) dont le réalisme se nuance d'éléments orientaux (élégance linéaire, couleurs lisses et souvent ivoirines).

FOUJI-YAMA → FUJI-YAMA.

FOU-KIEN → FUJIAN.

FOULAGE n. m. (de *fouler*). 1. Action de fouler les céréales, le raisin, les peaux, etc. — 2. Action exercée sur la feuille de papier par la pression d'une presse typographique au moment de l'impression. — 3. Technique de massage qui consiste à exercer des pressions sur les masses musculaires avec la paume des mains. (Syn. FOULEMENT.)

FOULANI ou **FOULBÉ** n. m. Syn. de PEUL.

FOULANIS ou **FOULBÉS** → PEULS.

1. FOULANT, E adj. (de *fouler*). *Pompe foulante,* pompe capable d'élever un liquide.

2. FOULANT, E adj. (de *se fouler*). Fam. *Ne pas être foulant,* ne pas être fatigant.

1. FOULARD n. m. (p.-ê. provenç. *foulat,* foulé). 1. Carré de soie ou de tissu léger que l'on porte autour du cou ou sur la tête. — 2. Tissu léger, en soie ou en fibres chimiques, pour la confection d'écharpes, de fichus, de robes.

2. FOULARD n. m. (de *fouler*). Machine effectuant l'imprégnation des tissus par le bain de colorant ou d'apprêt, et comportant essentiellement un bac et des rouleaux d'exprimage.

FOULARDAGE n. m. Action de foularder.

FOULARDER v. t. (conj. 3). Soumettre une nappe textile ou un tissu à l'action d'un foulard.

FOULD (Achille), homme d'affaires et homme politique français (Paris 1800 - Laloubère, Hautes-Pyrénées, 1867). Ministre des Finances (1849-1852), sénateur (1852), puis ministre d'État (1852-1860), il organisa l'Exposition universelle de 1855. Adepte du saint-simonisme, il fonda avec les frères Pereire le Crédit mobilier (nov. 1852). Il fut de nouveau ministre des Finances de 1861 à 1867. Il se montra partisan du libre-échange.

1. FOULE n. f. (de *fouler*). 1. Multitude de personnes réunies en un même lieu : *L'orateur harangue la foule.* — 2. Le commun des hommes pris collectivement, la masse, la multitude : *L'engouement des foules pour un artiste.* — 3. Un grand nombre de : *Il faut tenir compte d'une foule de détails.* — 4. Ensemble d'individus anonymes et semblables, et dont les sentiments et les idées sont orientés dans une même direction. — 5. Rassemblement fortuit de nombreux animaux de la même espèce, sans structure ni fonction. — 6. *En foule,* en grand nombre, en masse : *Les amis sont venus en foule.* || Fam. *Il y a foule,* il y a beaucoup de monde, une grande affluence.

2. FOULE n. f. (de *foule 1*). Angle formé par les deux nappes de fils de chaîne d'un tissu et dans lequel est insérée la trame.

FOULÉE n. f. (de *fouler*). 1. Manière dont un cheval ou un coureur à pied prend appui sur le sol à chaque pas : *Courir d'une foulée souple.* — 2. Dans une course, distance couverte entre deux appuis successifs : *Allonger la foulée.* — 3. Empreinte du pied d'un animal de chasse sur une substance molle. — 4. *Dans la foulée,* dans le prolongement immédiat d'un événement, sans s'arrêter dans l'action entreprise. || *Ligne de foulée d'un escalier,* ligne idéale médiane où se font les passages les plus nombreux. (Syn. LIGNE D'EMMARCHEMENT.) || *Rester dans la foulée (de qqn),* courir derrière un concurrent, à la même allure.

FOULEMENT n. m. 1. Action de fouler. — 2. Syn. de FOULAGE.

FOULER v. t. (bas lat. *fullare,* fouler une étoffe, de *fullo, -onis,* foulon) [conj. 3]. 1. Soumettre qqch à des pressions répétées avec les mains, les pieds ou par un moyen mécanique : *Fouler du linge.* — 2. *Litt.* Marcher sur un sol, dans un lieu : *Fouler le sol natal.* — 3. Provoquer la distension des ligaments de l'articulation, faire une foulure : *Un faux mouvement lui a foulé le poignet.* — 4. Battre les céréales, en faisant tourner des chevaux ou des mules sur les gerbes étalées sur l'aire de battage. — 5. Écraser les raisins par une pression modérée pour en libérer la pulpe. — 6. Traiter les peaux dans un foulon. (Syn. FOULONNER.) — 7. Donner à un tissu de laine de la compacité et de l'épaisseur, en produisant un feutrage plus ou moins poussé. (Syn. FOULONNER.) — 8. En parlant des chiens, mordre l'animal de chasse après l'avoir renversé. — 9. *Fouler qqch aux pieds,* piétiner des objets sous l'effet de la colère, du mépris, du dépit ; mépriser une opinion, un sentiment, etc. : *Fouler aux pieds les préjugés.*

◆ **se fouler** v. pr., **être foulé** v. pass. Se faire une foulure, une entorse : *Avoir la cheville foulée.*

◆ **se fouler** v. pr. Pop. *Ne pas se fouler,* ne pas se donner beaucoup de mal ; être paresseux, ne pas se fatiguer à travailler : *Tu ne t'es pas foulé pour écrire cette lettre !*

FOULEUSE n. f. Machine des fabriques de chapeaux procédant au foulage du feutre.

FOULING [fuliŋ] n. m. (angl. *fouling,* de *to foul,* encrasser). **1.** Encrassement des tubes d'un échangeur de chaleur, dû à la formation de dépôts. — **2.** Syn. de SALISSURE.

FOULLON (Joseph François), administrateur français (Saumur 1715 - Paris 1789). Adjoint au ministre de la Guerre dans le ministère du 12 juill. 1789, il fut arrêté à Viry-Châtillon le 22 juill., et conduit à Paris : accusé par le peuple d'avoir accaparé les blés, il fut massacré par la foule.

FOULOIR n. m. **1.** Appareil pour fouler le raisin, constitué de cylindres cannelés tournant en sens inverse. — **2.** Outil utilisé, en fonderie, pour serrer le sable de moulage.

FOULON n. m. (lat. *fullo, -onis*). **1.** Ouvrier conduisant une machine à fouler continue pour la fabrication du feutre. — **2.** Insecte voisin du hanneton. (Nom sc. *polyphylla.*) — **3.** *Foulon de chamoiserie, de mégisserie,* auge de bois dans laquelle les cuirs sont battus par des maillets mus mécaniquement. ‖ *Foulon de tannerie,* grand tonneau tournant sur son axe, dans lequel sont réalisées diverses opérations du tannage des peaux. (Au *foulon de tannerie* classique, en bois, tendent à se substituer les *foulons mixers,* en acier ou polyester, inclinés, à aménagement intérieur hélicoïdal, et les *foulons en Y,* munis de trois compartiments séparés par des cloisons perforées.) ‖ *Moulin à foulon,* ou *foulon,* machine utilisée pour le foulage des tissus de laine.

FOULONNAGE n. m. Foulage des peaux, du tissu.

FOULONNER v. t. (de *foulon*) [conj. 3]. Syn. de FOULER (les peaux, les tissus).

FOULQUE n. f. (lat. *fulica,* par l'intermédiaire de l'anc. provenç. *folca*). Oiseau aquatique (rallidé), migrateur, aux doigts lobés permettant la nage et la marche à terre. (La foulque noire, presque omnivore, construit un nid flottant ou en partie immergé.) [Syn. MACROULE, JUDELLE.]

FOULQUES ou **FOULQUE,** prélat français (v. 840-900). Archevêque de Reims (883), il contribua à l'accession au trône de France de Charles III le Simple, qu'il sacra roi à Reims (893). Nommé en récompense chancelier (898), il fut assassiné à l'instigation de Baudouin, comte de Flandre.

FOULQUES, nom de plusieurs comtes d'Anjou. — **Foulques Ier** *le Roux,* vicomte d'Angers (888-929), comte d'Anjou (929), acquit le comté du Maine (v. 941). — **Foulques III** *Nerra* ou *le Noir* (972 - Metz v. 1040), comte d'Anjou (987 - v. 1040), vainquit et tua Conan Ier, comte de Rennes, au combat de Conquereuil (992), et enleva Angers et Saumur à Eudes Ier, comte de Blois. — **Foulques IV** *le Réchin* (Château-Landon 1043 - Angers 1109), comte d'Anjou (1068-1109), s'empara des biens (l'Anjou et la Touraine) de son frère Geoffroi III à l'issue de la bataille de Brissac (1068). — **Foulques V** *le Jeune* (1095 - près de Ptolémaïs, royaume de Jérusalem, 1143), comte d'Anjou (1109-1129), comte du Maine (1110-1129), roi de Jérusalem (1131-1143), fils du précédent. Il maria son fils Geoffroi Plantagenêt à Mathilde, fille d'Henri Ier, roi d'Angleterre (1128). Roi de Jérusalem par son mariage avec Mélisende, fille de Baudouin II (1131), il pacifia son royaume et reconquit Césarée.

FOULQUES de Neuilly, prêtre français († Neuilly-sur-Marne 1202). Curé de Neuilly (1191), il fut chargé en 1198 par le pape Innocent III de prêcher la quatrième croisade.

FOULQUES de Toulouse → FOLQUET de Marseille.

FOULQUES (Gui), pape → CLÉMENT IV.

FOULTITUDE n. f. (de *foule,* avec l'infl. de *multitude*). *Fam.* Grand nombre : *Donner une foultitude de raisons.*

FOULURE n. f. (de *fouler*). Entorse bénigne.

FOUMBAN, v. de l'ouest du Cameroun, ch.-l. du pays bamoum ; 60 000 hab.

Fountains Abbey, ancienne abbaye anglaise, dans le Yorkshire, fondée par les cisterciens en 1132, supprimée en 1539. Exceptionnel ensemble, ruiné, d'architecture monastique, surtout des XIIe-XIIIe s.

FOUQUÉ (Ferdinand André), géologue et minéralogiste français (Mortain, Manche, 1828 - Paris 1904). Il a étudié les roches volcaniques et développé l'usage du microscope dans les études pétrographiques.

FOUQUET n. m. (de *foucquet,* écureuil, mot dialect. de l'Ouest). Ancien nom de l'écureuil, d'où la présence de cet animal sur le blason du surintendant Fouquet avec la devise : *Quo non ascendet ?* (Jusqu'où ne montera-t-il pas ?).

FOUQUET ou **FOUCQUET** (Jean), peintre et miniaturiste français (Tours entre 1415 et 1420 - *id.* entre 1478 et 1481). Sa vie est très peu connue. On sait que, déjà célèbre, il se rendit à Rome où, vers 1445, il fit un portrait du pape *Eugène IV.* De retour en France, il fut le protégé d'Agnès Sorel, qu'il aurait peinte sous la forme de la Vierge (musée d'Anvers) dans un diptyque dont le second volet représente *Étienne Chevalier et saint Étienne* (Berlin). Il fit aussi les portraits de *Charles VII* et de *Guillaume Juvénal des Ursins* (Louvre), et on lui attribue la *Pietà* de l'église de

Nouans (Indre-et-Loire). Ses miniatures permettent d'apprécier l'ampleur de son art : *Heures d'Étienne Chevalier* (av. 1460 ; en majorité à Chantilly), *Grandes Chroniques de France* résumées en 1458 pour Charles VII (B. N. F.), *Boccace* (Munich), *Antiquités judaïques* de Flavius Josèphe (v. 1470-1475, B. N. F.). Sachant subordonner le détail à l'ensemble, réaliste et monumental dans la tradition des imagiers gothiques du XIIIe s., mais touché par les nouveautés venues d'Italie, il fut, dans l'école française, un précurseur sans écho immédiat.

FOUQUET ou **FOUCQUET** (François), vicomte **de Vaux,** homme d'État français (Paris 1587 - *id.* 1640). Conseiller au parlement de Rennes (1608) puis à celui de Paris (1610), conseiller d'État (1626), il contribua à la colonisation du Canada, de la Martinique et de la Guadeloupe. En 1640, il acheta le domaine de Vaux-le-Vicomte. — Son fils NICOLAS, vicomte **de Vaux** et marquis **de Belle-Isle** (Paris 1615 - Pignerol 1680), conseiller au parlement de Metz (1633), maître des requêtes (1636), intendant du Dauphiné (1643) puis de Paris (1648), achète en 1650 la charge de procureur général au parlement de Paris et devient, en récompense de sa fidélité à Mazarin pendant la Fronde, surintendant des finances avec Servien (1653) puis seul (1659). Disposant d'une grosse fortune et de relations personnelles avec de nombreux financiers, il sert d'intermédiaire entre l'État et ses bailleurs de fonds (traitants, partisans, etc.). Il prête au roi à un taux usuraire les sommes empruntées, prend à ferme des impôts royaux sous des noms supposés, se sert du produit de ces impôts pour faire des avances à l'État et prélève des pensions sur les fermes (aides, traites et gabelles) pour se rembourser des prêts consentis au roi. Comme nombre de ses prédécesseurs, il confond les revenus de l'État et sa fortune personnelle, qu'il accroît singulièrement et grâce à laquelle il fait ériger le château de Vaux-le-Vicomte (1656-1661), achète des propriétés à Saint-Mandé et Belle-Île (1658), et protège artistes et écrivains (Le Vau, Le Nôtre, Le Brun, Puget, La Fontaine, Corneille, Molière). À la mort de Mazarin, il est appelé au Conseil d'en haut par Louis XIV. Mais ce dernier, poussé par Colbert et humilié par la réception fastueuse donnée en son honneur à Vaux par Fouquet (août 1661), décide d'éliminer le surintendant. Arrêté à Nantes par d'Artagnan (sept. 1661), il est jugé par une Chambre de justice (nov. 1661), et condamné au bannissement et à la confiscation de ses biens (déc. 1664). Mais Louis XIV commue cette peine en celle de détention perpétuelle.

FOUQUET (Charles), comte puis duc **de Belle-Isle** → BELLE-ISLE.

FOUQUET, famille de joailliers français. ALPHONSE (Alençon 1828 - Neuilly-sur-Seine 1911), son fils GEORGES (Paris 1862 - *id.* 1957) et le fils de ce dernier, JEAN (Paris 1899), ont illustré successivement, à la tête de leur maison parisienne, les grandes phases de l'art du bijou (Art nouveau et Art déco en particulier).

FOUQUIÈRES-LÈS-LENS (62740), comm. du Pas-de-Calais, à l'E. de Lens ; 7 068 hab. *(Fouquiérois).* Constructions mécaniques.

FOUQUIER-TINVILLE (Antoine Quentin), magistrat et homme politique français (Hérouel, paroisse de Foreste, Picardie, 1746-Paris 1795). Membre du jury d'accusation (août 1792), puis accusateur public du Tribunal révolutionnaire (mars 1793), il contribua à multiplier le nombre des condamnés. Arrêté par ordre des thermidoriens et décrété d'accusation après le 9-Thermidor, il fut guillotiné.

FOUR n. m. (lat. *furnus*). **1.** Appareil dans lequel on chauffe une matière en vue de lui faire subir des transformations physiques ou chimiques. (→ *encycl.* Métall., Therm. et Verr.) — **2.** Partie d'une cuisinière, ou enceinte indépendante, qui sert à la cuisson des aliments. — **3.** *Fam.* Insuccès, échec, en partic. en parlant d'une œuvre théâtrale, littéraire. — **4.** Fam. *Faire un four,* subir un échec complet et retentissant. • **Charb.** *Four à coke,* chambre en matériaux réfractaires portée à la température de 1 000 °C environ, permettant la cokéfaction du charbon. (Les fours à coke sont groupés en batteries de 70 à 100.) — **Ménag.** *Four à micro-ondes,* four où des ondes électromagnétiques de haute fréquence pénètrent au cœur de l'aliment dont elles opèrent la cuisson en quelques secondes par friction des molécules. ‖ *Four à pyrolyse,* four électrique autonettoyant par brûlage des graisses à 500 °C. — **Minér.** *Four à cristaux,* cavité tapissée de cristal de roche. — **Techn.** *Four solaire,* système utilisant la concentration du rayonnement solaire pour obtenir dans une enceinte réfractaire des températures très élevées (jusqu'à 3 800 °C), à usage expérimental ou industriel. (→ *encycl.*)

ENCYCL. **Boulang.** Le *four à pain* est constitué essentiellement d'une enceinte à l'intérieur de laquelle se fait la cuisson à une température de l'ordre de 250 à 280 °C, dans une atmosphère très chargée en vapeur d'eau. Dans les fours traditionnels, elle est chauffée directement avec du bois, qui brûle sur la sole.

Les fours modernes sont à chauffage indirect et continu : le combustible est brûlé dans un foyer indépendant de la chambre de cuisson. La chaleur y est transmise par des intermédiaires divers (vapeur, par ex.). Dans les *fours continus,*

les pains sont transportés en continu par des supports mobiles entre l'entrée et la sortie de la chambre de cuisson.
— **Métall.** Les *fours d'élaboration* traditionnels, Bessemer, Martin, Thomas, sont actuellement remplacés dans les aciéries par les fours électriques à arc. Les *fours à réchauffer,* fonctionnant au gaz ou au charbon pulvérisé, employés dans les forges, sont destinés à porter à leur température de travail les lingots de métal. Les *fours de traitement thermique* (trempe, recuit, revenu), chauffés au gaz ou électriquement, sont conçus pour permettre d'obtenir une température très précise dans l'enceinte chauffée. Les *fours à bain de sel* et les *fours à cloche* permettent d'effectuer certains traitements (recuit, frittage, etc.) en atmosphère non oxydante.
— **Techn.** La France, sous l'impulsion de Félix Trombe, a joué un rôle prépondérant dans le développement de la technologie des *fours solaires.* Le premier four solaire de Mont-Louis* (puissance : 50 kW) a été mis en service en 1952, et le grand four d'Odeillo* (1 000 kW) a été installé en 1968. Á l'étranger, le plus puissant four solaire est celui d'Atlanta (États-Unis), avec une puissance de 400 kW thermiques.
— **Therm.** Les fours peuvent être classés selon leur utilisation (séchage, fusion, traitements thermiques), la source de chaleur, le mode de chauffe, etc. Les combustibles solides (bois, houille, coke) tendent à être remplacés par des combustibles fluides (liquides ou gazeux). Les combustibles gazeux permettent d'obtenir économiquement de hautes températures de combustion en réchauffant préalablement le gaz et l'air, par récupération de la chaleur des gaz brûlés. Le plus simple des fours à combustible solide est le four à cuve, dans lequel le charbon et la matière sont disposés en couches alternées, les gaz de combustion participant aux réactions chimiques.
Lorsqu'on veut séparer le combustible de la matière, un four comprend deux parties distinctes : le foyer et le laboratoire, chambre voûtée dans laquelle les matières à traiter reposent sur une sole réfractaire *(four à réverbère).* Pour faciliter l'action des gaz sur les matières, le laboratoire peut prendre la forme d'un cylindre tournant autour d'un axe incliné ; de tels *fours rotatifs* sont utilisés pour la production du ciment et des plâtres. Dans les *fours-tunnels,* les produits à sécher ou à cuire (briques, céramiques, verre, etc.) se déplacent en sens inverse des gaz chauds. Dans le *four poussant,* une nappe de produits s'échauffe progressivement au fur et à mesure de son avancement sous l'effet d'une pousseuse mécanique. Lorsqu'on désire soustraire les matières à chauffer du contact des flammes ou des gaz de la combustion, on emploie des *fours à vase clos,* ces vases étant des cornues, des cuves (fours à coke), des creusets (métallurgie du zinc, fonderie de bronze et d'aluminium).
Parmi les *fours électriques,* on distingue le *four à arc* (la matière est fondue par un arc électrique jaillissant entre des électrodes), le *four à résistance,* le *four à induction* (le four lui-même constitue le secondaire d'une bobine d'induction), le *four électrolytique* (outre l'action thermique de l'électricité, il utilise le phénomène d'électrolyse). Les *fours à micro-ondes,* enfin, soumettent les produits à chauffer à l'action d'ondes électromagnétiques de très hautes fréquences, dont l'énergie se transforme en chaleur dans la masse du produit.
— **Verr.** Le verre peut être élaboré dans des pots chauffés dans une même enceinte, pour y subir successivement la fusion, l'affinage et le conditionnement thermique *(four à pots).* Il peut aussi être élaboré en continu dans un *four à bassin :* le mélange vitrifiable est introduit à une extrémité d'un bassin surmonté d'un laboratoire voûté et fermé ; il est fondu par un dispositif à flamme ou électrique avant d'être dirigé vers des machines de formage. Le verre fondu peut être chauffé par effet Joule, en faisant circuler un courant alternatif dans sa masse. Les *fours électriques* sont ainsi munis d'électrodes immergées dans le bain de verre.

FOURAS (17450), comm. de la Charente-Maritime, au N. de l'embouchure de la Charente ; 3 252 hab. *(Fourasiens).* Fortifications de Vauban entourant un donjon du XVe s. Station balnéaire.

FOURASTIÉ (Jean Joseph Hubert), sociologue et économiste français (Saint-Bénin, Nièvre, 1907 - Douelle, Lot, 1990). Observateur des bouleversements introduits dans la société par l'expansion industrielle, il s'interroge sur les fondements et les perspectives de notre civilisation. On lui doit notamment : *le Grand Espoir du XXe siècle* (1949), *les 40 000 Heures* (1965), *la Planification économique en France* (1968), *les Trente Glorieuses ou la Révolution invisible* (1979), *D'une France à l'autre* (1987) [en collab. avec sa fille Jacqueline].

FOURBE adj. et n. (de *fourbir,* au sens argotique de « voler »). Qui trompe avec une adresse perfide, sournoise : *Un homme, un esprit fourbe.* ◆ adj. Qui dénote l'hypocrisie, la perfidie, la fausseté : *Sourire fourbe.*

FOURBERIE n. f. **1.** Caractère fourbe. — **2.** *Litt.* Acte fourbe.

Fourberies de Scapin *(les),* comédie de Molière, en 3 actes, en prose (1671). Une intrigue amoureuse opposant deux couples d'amants à leurs pères respectifs permet au valet Scapin de manipuler tous les personnages à son profit.

FOURBI n. m. (de *fourbir*). **1.** *Arg. mil.* Ensemble des effets, des armes d'un soldat. — **2.** *Fam.* Ensemble d'objets sans valeur ou sans utilité ; attirail. — **3.** *Fam.* Affaire compliquée et malhonnête.

FOURBIR v. t. (germ. **furbjan,* nettoyer) [conj. 32]. **1.** Nettoyer, polir, rendre clair un objet de métal en le frottant ; astiquer : *Fourbir une batterie de cuisine.* — **2.** Litt. *Fourbir ses armes,* se préparer à la guerre, s'armer ; préparer ses arguments, ses réponses.

FOURBISSAGE n. m. Action de fourbir ; astiquage.

FOURBISSEUR n. m. **1.** Jusqu'au XVIe s., armurier. — **2.** Celui qui polit et monte les armes blanches.

FOURBU (ÊTRE) v. pass. (part. pass. de l'anc. fr. *soi forboire,* boire avec excès). **1.** Être harassé, moulu de fatigue : *Rentrer fourbu d'une longue course.* — **2.** En parlant d'un cheval, être affecté de fourbure.

FOURBURE n. f. (de *fourbu*). Congestion et inflammation du pied des ongulés et surtout du cheval, provenant d'une fatigue excessive ou de complications de maladies infectieuses et qui provoque une boiterie.

FOURCHAMBAULT (58600), comm. de la Nièvre, sur la Loire ; 5 142 hab. *(Fourchambaultais).* Constructions mécaniques et électriques.

FOURCHE n. f. (lat. *furca*). **1.** Instrument à deux dents ou plus, muni d'un long manche, utilisé pour divers travaux, surtout agricoles. — **2.** Endroit où un chemin, une voie, etc., se divise en plusieurs directions. — **3.** En Belgique, temps libre dans un horaire de professeur ou d'étudiant. — **4.** Point de rencontre des coutures à l'entrejambe d'un pantalon. — **5.** Partie du cadre qui soutient la roue avant et le guidon d'un deux-roues et en permet la direction. — **6.** Partie de l'arbre ou de la tige principale où les plus grosses branches se divisent en deux. • **Hist.** *Fourche fière,* ancienne arme de chasse utilisée contre les bêtes sauvages. ‖ *Fourche de guerre,* arme d'hast, à trois ou à deux dents (XVIe-XVIIe s.), pour désarçonner les cavaliers. ‖ *Fourches patibulaires,* gibet à plusieurs piliers, que les seigneurs hauts justiciers avaient le droit d'élever sur leurs terres. — **Manut.** Équipement de la plupart des chariots élévateurs pour prendre ou déposer des charges palettisées. ‖ *Fourche à tracteur,* chargeur hydraulique frontal équipé d'une fourche de levage, monté à l'avant d'un tracteur. — **Véner.** Syn. de ENFOURCHURE.

fourches Caudines → CAUDINES *(fourches)*

FOURCHÉE n. f. Quantité de foin, de fumier, etc., qu'on peut enlever d'un coup avec une fourche.

FOURCHER v. i. (de *fourche*) [conj. 3]. **1.** *Vx.* Se séparer en deux ou plusieurs parties ou branches : *Chemin qui fourche à l'entrée de la forêt.* — **2.** Fam. *La langue lui a fourché,* il a dit un mot pour un autre.

FOURCHET n. m. (de *fourche*). Phlegmon du tissu conjonctif sous-cutané situé entre les deux onglons des bovins, ovins et caprins. (Syn. PANARIS.)

FOURCHETÉ, E adj. Se dit d'une croix héraldique ou d'un sautoir dont les extrémités se terminent par deux pointes en forme de fourche.

FOURCHETTE n. f. (de *fourche*). **1.** Ustensile de table dont le manche se termine par des dents, et qui sert à prendre la nourriture. — **2.** Écart entre deux valeurs, deux possibilités extrêmes, deux niveaux, deux positions : *Une fourchette de prix.* — **3.** *Avoir un bon coup de fourchette,* avoir un grand appétit, être gros mangeur. • **Anat.** *Fourchette du sternum,* échancrure médiane que présente le bord supérieur de cet os. ‖ *Fourchette vulvaire,* commissure postérieure des grandes lèvres de la vulve. — **Arm.** Syn. de FOURQUINE. — **Hippol.** Coin de corne molle, élastique, à la face inférieure du sabot des équidés. — **Jeux.** Aux échecs, attaque par un pion de deux pièces à la fois. — **Mécan.** Pièce mécanique munie de deux bras qui entourent une autre pièce qu'elle a pour but de déplacer. — **Text.** Pièce du casse-trame du métier à tisser mécanique. — **Zool.** Pièce osseuse des oiseaux faite des deux clavicules soudées et située au-dessus du bréchet.

FOURCHON n. m. (de *fourche*). Dent d'une fourche ou d'une fourchette.

FOURCHU, E adj. **1.** Qui se partage en deux ou plusieurs branches comme une fourche : *Arbre fourchu.* — **2.** *Cheveux fourchus,* dont les pointes sont dédoublées. ‖ *Pied fourchu,* pied de bouc que l'on attribue au diable et aux satyres.

FOURCROY (Antoine François, *comte* DE), chimiste et homme politique français (Paris 1755 - *id.* 1809). Après avoir mis au point un procédé de séparation du cuivre et de l'étain, étudié les albumines et la gélatine, il a contribué à faire adopter en chimie une nomenclature rationnelle (1787). Membre de la Convention, il fut aussi conseiller d'État. (Acad. des sc., 1784.)

FOURCROYA → FURCRÆA.

FOURDINOIS (Alexandre Georges) [Paris 1799 - *id.* 1871] et son fils HENRI AUGUSTE (Paris 1830 - Monte Carlo 1907), ébénistes français. Leurs ateliers furent les plus importants de l'ébénisterie parisienne sous le second Empire, produisant des meubles de qualité d'inspiration Louis XVI et, surtout, Renaissance.

FOUREAU (Fernand), explorateur français (Saint-Barbant, Haute-Vienne, 1850 - Paris 1914). Il dirigea avec le commandant Lamy une mission qui partit d'Ouargla (Algérie), traversa le Hoggar et l'Aïr, atteignit le lac Tchad, puis remonta le Chari pour rejoindre la mission Gentil (1898-1900).

1. FOURGON n. m. (lat. pop. **furico, -onis,* de **furicare,* forer). Instrument à l'aide duquel on remue la charge d'un four, d'un fourneau, d'un poêle.

2. FOURGON n. m. (de *fourgon 1*). **1.** Voiture longue et couverte, pour le transport des bagages, des meubles, des bestiaux, etc. : *Fourgon automobile.* — **2.** Véhicule couvert incorporé dans un train à voyageurs et destiné au transport des bagages, des envois express ou spécialement aménagé pour le transport des automobiles accompagnées ou encore équipé d'un groupe électrogène servant à la climatisation des voitures. — **3.** Autref., voiture militaire pour le transport des munitions, des vivres, etc. — **4.** *Fourgon grande puissance-dévidoir, fourgon mixte, fourgon-pompe-tonne,* noms donnés à différents types d'autopompes. ‖ *Fourgon mortuaire, funéraire, funèbre,* corbillard automobile muni de sièges pour les personnes qui accompagnent le défunt.

FOURGONNER v. t. (de *fourgon 1*). [conj. 3]. *Vx.* Remuer la braise d'un four, le feu d'un foyer, avec le fourgon ; tisonner.

◆ v. t. ind. *Fam.* Fouiller dans un lieu, de façon maladroite ou désordonnée en bouleversant : *Fourgonner dans une armoire.*

FOURGONNETTE n. f. (de *fourgon 2*). Petite voiture commerciale à carrosserie tôlée, s'ouvrant par l'arrière.

FOURGUE n. m. (de *fourguer*). *Pop.* Receleur.

FOURGUER v. t. (ital. *frugare,* fouiller, du lat. pop. **furicare*) [conj. 3]. *Pop.* **1.** Céder à bas prix qqch à qqn pour s'en débarrasser. — **2.** Vendre à un receleur des objets volés.

FOURIER (*baron* Joseph), mathématicien français (Auxerre 1768 - Paris 1830). Étudiant à l'École normale de l'an III, il fut, dès l'ouverture de l'École polytechnique (1795), membre du corps enseignant. Ses travaux scientifiques se rapportent essentiellement à la propagation de la chaleur, sujet largement discuté à l'époque. Cette étude le conduisit à la découverte des séries trigonométriques dites de Fourier. (Acad. des sc., 1817 ; Acad. fr., 1826.)

Fourier *(série de),* série trigonométrique dont le terme général est

$$u_n = a_n \cdot \cos nx + b_n \cdot \sin nx,$$

u_0 étant égal à $a_0/2$. Si $f(x)$ est la somme d'une telle série, on dit que cette série de Fourier est associée à *f*. Les coefficients a_n et b_n, appelés coefficients de Fourier, sont donnés par les formules suivantes, appelées formules d'Euler-Fourier :

$$a_n = \frac{1}{\pi} \int_0^{2\pi} f(x) \cdot \cos nx \cdot dx, \qquad \text{pour } n \in \mathbb{N},$$

$$b_n = \frac{1}{\pi} \int_0^{2\pi} f(x) \cdot \sin nx \cdot dx, \qquad \text{pour } n \in \mathbb{N}^*.$$

Les séries de Fourier jouent un grand rôle en physique, où elles permettent l'analyse harmonique des phénomènes.

Fourier *(transformée de),* pour une fonction intégrable *f,* fonction notée $\hat{f}$ ou $\mathcal{F} f$ telle que :

$$\hat{f}(t) = \int_{\mathbb{R}} f(x)\, e^{-2i\pi tx}\, dx.$$

FOURIER (Charles), théoricien socialiste français (Besançon 1772 - Paris 1837). Ennemi juré du commerce (« vice de la civilisation »), de la violence et de la dictature, ce fils de commerçant en étoffes ne reconnaît pour morale que celle des passions naturelles de l'homme. Distinguant douze passions que coordonne une treizième, l'« harmonique », il imagine et cherche à instaurer un nouvel ordre politique et social correspondant à ces passions (*Théorie des quatre mouvements et des destinées générales,* 1808). Pour rendre le travail attrayant et pour que l'homme s'y adonne avec ardeur, il faut grouper les êtres en phalanstères, qui sont à la fois des coopératives de production et des coopératives de consommation où les revenus sont répartis entre le travail, le talent et le capital. Cette utopie sociale, qu'il théorise dans *le Nouveau Monde industriel et sociétaire* (1829), le conduit à diffuser sa pensée dans des revues où il polémique avec les saint-simoniens. Le plus célèbre des disciples de Fourier fut Victor Considérant.

FOURIÉRISME n. m. Système philosophique et économique de Charles Fourier et de ses disciples. (Le fouriérisme se répandit en Grande-Bretagne et aux États-Unis.)

FOURIÉRISTE adj. et n. Relatif au fouriérisme ; partisan du fouriérisme.

FOURMARIER (Paul), géologue belge (La Hulpe 1877 - Liège 1970), qui a étudié la schistosité et l'architecture générale du globe.

FOURMARIÉRITE n. f. (de *Fourmarier,* n. pr.). Oxyde hydraté naturel d'uranium et de plomb, orthorhombique, de couleur rouge.

FOURME n. f. (mot auvergnat, de l'anc. provenç. *forma,* meule de fromage). **1.** Nom générique de nombreux fromages montagnards du centre de la France. — **2.** *Fourme d'Ambert,* fromage cylindrique à moisissures internes (bleu), fabriqué dans le Forez, à partir de lait de vache. ‖ *Fourme du Cantal,* syn. de CANTAL.

FOURMENT (Hélène) [Anvers 1614-Bruxelles 1673], seconde femme de Rubens (1630) et modèle du peintre pour maintes toiles célèbres.

FOURMI n. f. (lat. pop. **formicus,* du lat. class. *formica*). **1.** Insecte social hyménoptère aculéate, de taille petite ou médiocre (pouvant dépasser 1 cm de longueur), dont on connaît 6 000 espèces. (→ *encycl.*) — **2.** *Fam.* Personne laborieuse et économe. — **3.** *Arg.* Petit passeur de drogue. — **4.** Fam. *Avoir des fourmis dans les jambes,* éprouver des picotements nombreux. ‖ *Fourmi blanche,* nom usuel des ouvriers et des soldats de termites. ‖ *Fourmi parasol,* syn. de ATTA. ‖ *Fourmi de pharaon,* syn. de MONOMORION. ‖ *Fourmi de visite,* nom donné à des fourmis des genres *anomma, doryle, eciton,* qui pénètrent en légions considérables dans les habitations, où elles dévorent les rats, les insectes et autres animaux terrestres. (Syn. MAGNAN.) ‖ *Travail de fourmi,* travail minutieux, délicat et généralement long.

ENCYCL. Une colonie de fourmis comprend un nombre d'individus très variable selon l'espèce (300 000 environ pour la fourmi rousse de France). Presque tous sont des femelles stériles *(ouvrières, soldats)* qui assurent la vie de la société. Les mâles, ailés, n'ont qu'une courte vie ; les femelles fertiles perdent leurs ailes après l'accouplement et deviennent des *reines.*

Certaines espèces de fourmis cultivent des plantes comestibles (« jardins de fourmis ») ou des champignons, d'autres exploitent la sève des plantes prédigérée par des pucerons. L'unité de la colonie repose souvent sur un échange de nourriture entre individus (trophallaxie). Une fourmilière héberge d'innombrables espèces d'insectes, certaines utiles, d'autres nuisibles, notamment la loméchuse, dont la sécrétion enivre les ouvrières. Des « chemins » bien entretenus relient chaque fourmilière à ses sources de nourriture. Certaines espèces, dites « esclavagistes », capturent et font travailler des fourmis d'une autre espèce. Œufs, larves et nymphes sont sans cesse transportés pour être placés dans les meilleures conditions de température et d'humidité.

FOURMIES (59610), comm. du Nord, près des Ardennes, sur l'Helpe Mineure ; 14 852 hab. *(Fourmisiens).* Industries mécaniques et textiles. Musée du Textile et de la Vie sociale.

— **Hist.** Le 1er mai 1891, à Fourmies, lors d'une manifestation de grévistes, la troupe tira sur la foule, faisant neuf morts — dont deux enfants — et une soixantaine de blessés.

FOURMILIER n. m. (de *fourmi*). **1.** Mammifère (xénarthre) au museau allongé, édenté, à forte queue, aux membres antérieurs munis de fortes griffes, se nourrissant de fourmis et de termites, qu'il attrape de sa longue langue gluante. (Principaux types le *tamanoir,* le *tamandua* et le *myrmidon.*) — **2.** Passereau de la famille des formicariidés. — **3.** *Fourmilier marsupial,* petit animal australien, de la taille d'un gros rat, se nourrissant de termites.

FOURMILIÈRE [-ljɛr] n. f. (anc. fr. *formiere,* avec l'infl. de *fourmi*). **1.** Nid de fourmis ; ensemble des fourmis qui habitent au même endroit. (→ *encycl.*) — **2.** Lieu où vivent et s'activent beaucoup de gens : *La salle de rédaction du journal est une vraie fourmilière.* — **3.** *Litt.* Une multitude de personnes ou de choses : *Une fourmilière de gens anonymes.*

ENCYCL. La fourmilière, généralement souterraine, comprend des galeries et des chambres pour la ponte, les provisions et le repos ; une partie du nid s'élève souvent en dôme au-dessus du sol. Certaines fourmis vivent dans les vieux troncs ou sous les écorces. Les œcophylles tropicales se fabriquent un nid suspendu en assemblant les feuilles d'une branche avec la soie sécrétée par la larve ; d'autres espèces, enfin, vivent dans les tissus des plantes dites myrmécophiles*, et y créent des « jardins de fourmis ».

FOURMI-LION (pl. *fourmis-lions*) ou **FOURMILION** n. m. Insecte planipenne dont la larve dévore les fourmis. (Les larves creusent une fosse en entonnoir dans les lieux sablonneux, où elles attendent les insectes [surtout les fourmis] qui viennent à y tomber. N'ayant pas de bouche ouvrable, elles les sucent avec leurs mandibules ouvertes aux extrémités.)

FOURMILLANT, E adj. **1.** Où l'activité, l'agitation se manifestent pleinement ; grouillant : *Ville fourmillante.* — **2.** Qui fourmille, qui est plein de : *Les quais fourmillants de promeneurs.*

FOURMILLEMENT n. m. **1.** Fait de fourmiller ; mouvement de gens, de choses qui s'agitent en grand nombre : *Un fourmillement de voitures.* — **2.** Un très grand nombre ; foisonnement : *Un fourmillement d'idées.* — **3.** Sensation de picotement qui survient spontanément ou à l'occasion de compression de vaisseaux ou de nerfs, ou au cours de certaines maladies.

FOURMILLER v. i. (anc. fr. *formier,* du bas lat. *formicare,* démanger) [conj. 3]. **1.** Être le siège d'un fourmillement : *Les doigts me fourmillent.* — **2.** S'agiter qqpart en grand nombre comme les fourmis : *Les vers fourmillent dans ce fromage.* — **3.** Se trouver qqpart en grand nombre : *Ouvrage où les fautes fourmillent.*

◆ v. t. ind. 1. Être plein d'êtres vivants ou de choses qui bougent, s'agitent : *La rue fourmille de promeneurs.* — 2. Abonder en qqch, en regorger : *Livre qui fourmille de renseignements. Fourmiller d'idées.*

FOURNAISE n. f. (anc. fr. *fornais,* du lat. *fornax,* sorte de four). 1. Feu, incendie violent. — 2. Lieu extrêmement chaud ; pièce surchauffée : *Cette ville est une fournaise en plein été.* — 3. *Litt.* Lieu où se livrent des combats violents : *Entrer dans la fournaise.*

FOURNAISE *(piton de la),* volcan actif du sud-est de la Réunion ; 2 631 m.

FOURNEAU n. m. (anc. fr. *forn,* four). 1. Sorte de four dans lequel on soumet à l'action de la chaleur diverses substances que l'on veut chauffer, cuire, sécher, calciner ou fondre. — 2. Appareil de cuisson moins haut qu'une cuisinière, qu'on pose sur un support. — 3. Partie de la pipe dans laquelle brûle le tabac. — 4. Cavité contenant la charge d'explosif destinée à la destruction d'un pont ou d'un bâtiment. (Syn. MINE.) — 5. *Bas fourneau,* four à cuve basse en général électrique, utilisé pour élaborer de la fonte ou des ferro-alliages à partir de minerais pauvres. ‖ *Être aux fourneaux,* faire la cuisine. ‖ *Haut(-)fourneau,* v. à son ordre alphab.

FOURNEAU (en lat. *Fornax, -acis*), petite constellation australe, au sud de la Baleine, introduite au XVIIIe s. et nommée à l'origine *Fourneau du chimiste.*

FOURNEAU (Ernest François Auguste), pharmacien et chimiste français (Biarritz 1872 - Paris 1949). Pionnier de la chimiothérapie, il étudia notamment les arsenicaux pentavalents (traitement de la syphilis, du pian et des trypanosomiases) et fut à l'origine de la découverte des sulfamides, des antipaludéens et des curarisants de synthèse (1947).

FOURNEAU-DU-DIABLE, site de la comm. de Bourdeilles (Dordogne). Gisement paléolithique qui a livré un bloc sculpté de figures animales en bas relief (solutréen).

FOURNÉE n. f. (anc. fr. *forn,* four). 1. Ensemble de pièces, d'objets mis ensemble à cuire ou à traiter dans un four. — 2. Quantité de pains que l'on fait cuire à la fois dans un four : *Le boulanger fait plusieurs fournées.* — 3. *Fam.* Ensemble de personnes appelées aux mêmes fonctions, aux mêmes dignités : *Une fournée de sénateurs.* — 4. Ensemble de gens à qui l'on fait subir un même sort ou qui participent à un même mouvement : *Une fournée de touristes.*

FOURNEYRON (Benoît), ingénieur français (Saint-Étienne 1802 - Paris 1867). Il réalisa la première turbine hydraulique moderne (1827), et la fit entrer dans la pratique industrielle à partir de 1832.

FOURNI → FOURNIR.

FOURNIER n. m. (bas lat. *furnarius,* boulanger). 1. Passereau (furnariidé) des forêts d'Amérique du Sud qui doit son nom à son nid maçonné en terre. — 2. Nom donné parfois, à tort, au *dendrocolapte.*

FOURNIER (Pierre Simon), dit **le Jeune,** imprimeur et fondeur de caractères français (Paris 1712 - *id.* 1768). Il s'est rendu célèbre par la gravure sur acier. Il grava, entre autres, un romain qui, pour l'élégance, est comparable au garamond.

FOURNIER (Alfred), médecin français (Paris 1832 - *id.* 1914). Premier titulaire de la chaire de clinique des maladies cutanées et syphilitiques de l'hôpital Saint-Louis, il étudia la contagiosité des accidents syphilitiques secondaires, la nature syphilitique du tabès et de la paralysie générale.

FOURNIER (Paul), historien et canoniste français (Calais 1853 - Paris 1935), l'un des fondateurs de l'école des canonistes français *(Histoire des collections canoniques en Occident depuis les Fausses Décrétales jusqu'au décret de Gratien)* [1931-32].

FOURNIER (Henri Alban) → ALAIN-FOURNIER.

FOURNIER (Pierre), violoncelliste français (Paris 1906 - Genève 1986). Concertiste international, sa sensibilité et sa technique remarquables le portent vers tous les répertoires tant solistes que de musique de chambre.

FOURNIL [-ni] n. m. (anc. fr. *forn,* four). Local d'une boulangerie où se trouve le four et où l'on pétrit la pâte.

FOURNIMENT n. m. (de *fournir*). 1. Ensemble des objets formant l'équipement d'un soldat. — 2. *Fam.* Ensemble des objets nécessaires à qqn ou propres à sa fonction.

FOURNIR v. t. (germ. **frumjan,* produire) [conj. 32]. 1. Ravitailler qqn, un magasin, etc., l'approvisionner en qqch : *Grossiste qui fournit les commerçants du quartier.* — 2. Procurer qqch à qqn, à un groupe, le mettre à leur disposition et, en partic., en parlant d'un commerçant, le vendre, le livrer au client : *Fournir des armes à un pays.* — 3. Présenter la pièce, le document requis par qqn, par un service, etc. : *Fournir un devis.* — 4. Apporter, donner qqch : *Ce livre vous fournira tous les renseignements nécessaires.* — 5. Produire qqch : *Sol qui fournit un très bon vin.* — 6. En parlant d'une école, d'un milieu, former qqn, un groupe : *Grande école qui fournit au pays la plupart des hommes d'État.* — 7. Jouer une carte de la couleur demandée : *Fournir du trèfle. Fournir à cœur.* — 8. *Fournir un travail, un effort, etc.,* le faire, l'accomplir.

◆ v. t. ind. 1. *Litt.* Subvenir à qqch, assumer la charge de qqn : *Sa famille fournit à ses dépenses.* – 2. *Fournir sur,* tirer une traite, un chèque sur.
◆ **être fourni** v. pass. 1. Être composé d'éléments serrés et touffus : *Barbe longue et fournie.* – 2. Être approvisionné en marchandises : *Un magasin bien fourni.*
◆ **se fournir** v. pr. S'approvisionner qqpart : *Se fournir en vin chez le producteur.*

FOURNISSEUR n. m. 1. Personne ou établissement qui fournit habituellement à un particulier ou à une entreprise certaines marchandises. (Le fém. *fournisseuse* est rare.) – 2. Dispositif des métiers circulaires de bonneterie destiné à régulariser l'alimentation du fil distribué aux aiguilles.

FOURNITURE n. f. 1. Action de fournir, d'approvisionner ; provision fournie : *Se charger de la fourniture du fuel.* – 2. Jeu d'orgue, de mutation, composé de plusieurs rangées de tuyaux par note sonnant simultanément, servant à enrichir le son fondamental par l'adjonction de ses premiers harmoniques. – 3. *Fourniture de données,* gestion de l'accès à des banques de données à l'aide de réseaux de télématique. (Elle est assurée par des serveurs.)
◆ **fournitures** n. f. pl. 1. Ce qui est fourni, approvisionnements : *Des fournitures de bonne qualité.* – 2. Pièces, outils nécessaires à l'exercice d'un métier manuel : *Fournitures de dentiste.* – 3. Objets de bureau ou d'écolier (crayon, papier, gomme, etc.) : *Fournitures scolaires.* – 4. Accessoires (fil, boutons, galon, clous, etc.) nécessaires à la confection d'une commande, et qui sont fournis par l'artisan (tailleur, couturière, tapissier). – 5. *Marché de fournitures,* contrat ayant pour objet des livraisons de marchandises, de denrées ou d'objets mobiliers.

FOURONS (les), petite région de Belgique, à majorité francophone, constituant une commune (4 226 hab.) rattachée à la province néerlandophone du Limbourg. Depuis un quart de siècle, elle est le terrain privilégié de la querelle linguistique entre Wallons et Flamands.

FOURQUES (30300), comm. du Gard, sur le Petit Rhône, au N.-O. d'Arles ; 2 263 hab. Point de départ du canal d'irrigation du bas Languedoc.

FOURQUEVAUX (Raymond DE ROUER, *baron* DE), homme de guerre et diplomate français (Toulouse v. 1508 - Narbonne 1574). Ambassadeur en Écosse et en Irlande (1548-49), puis en Espagne (1565-1572), il a laissé une vaste correspondance diplomatique et un livre sur l'art militaire qui constituent des sources précieuses pour la connaissance de la France du XVIe s.

FOURQUINE n. f. (ital. *forcina*). Fourche en fer forgé montée sur une hampe en bois, sur laquelle le tireur appuyait son arquebuse ou son mousquet pour tirer (XVIe-XVIIe s.). [Syn. FOURCHETTE.]

1. FOURRAGE n. m. (de *fourrer 1*). 1. Action de fourrer un vêtement ; pelleterie préparée pour servir de doublure à un vêtement. – 2. Ce qui garnit l'intérieur d'un bonbon, d'un gâteau, etc.

2. FOURRAGE n. m. (anc. fr. *fuerre,* du frq. **fodar,* paille). 1. *Vx.* Toute matière végétale servant à l'alimentation des animaux domestiques. – 2. Matière végétale constituée par la partie aérienne de certaines plantes, servant d'alimentation aux animaux après avoir été coupée et conservée (foin, ensilage) ou immédiatement après avoir été fauchée (fourrage vert). – 3. *Poisson fourrage,* menu poisson blanc destiné à être mangé par les poissons carnassiers.

1. FOURRAGER v. i. (conj. 17). *Vx.* Couper ou amasser du fourrage.
◆ v. t. Mettre qqch en désordre en remuant : *Fourrager sa barbe.*
◆ v. t. ind. *Fam.* Fouiller dans qqch en y mettant du désordre, de la confusion : *Fourrager dans des papiers.*

2. FOURRAGER, ÈRE adj. Se dit des plantes utilisées comme fourrage pour les animaux domestiques ; se dit de leur culture, de leur production.

1. FOURRAGÈRE n. f. (de *fourrage 2*). 1. Cadre de bois adaptable aux deux extrémités d'une charrette pour transporter le fourrage. – 2. Remorque munie de rehausses adaptées au transport des fourrages.

2. FOURRAGÈRE n. f. (p.-ê. de *corde à fourrage*). Cordelière aux couleurs de la Légion d'honneur, de la Médaille militaire ou des croix de guerre, portée sur l'épaule gauche devenue, depuis 1916, l'insigne collectif attribué aux unités militaires plusieurs fois citées à l'ordre de l'armée.

FOURRAGEUR n. m. 1. Celui qui allait sur le terrain ennemi pour enlever le fourrage. – 2. Cavalier d'un peloton qui combattait en ordre dispersé.

FOURRE n. f. En Suisse, taie d'oreiller ; enveloppe protectrice d'un livre, d'un cahier, d'un disque.

FOURRÉ n. m. (de *fourrer 1*). 1. Massif de bois jeune et serré, dont les tiges sont encore garnies de leurs branches dès la base. – 2. Endroit touffu, épais, d'un bois, d'une plantation. – 3. Type de végétation, surtout tropical, caractérisé par la présence de nombreux petits arbres ou arbustes.

FOURREAU n. m. (anc. fr. *fuerre,* du germ. **fodr,* doublure). 1. Gaine, étui allongé servant d'enveloppe à un objet de même forme : *Fourreau d'épée, de parapluie.* – 2. Gaine, tube servant à protéger des conduits ou des fils dans la traversée des murs, des planchers. — **3.** Robe qui moule le corps. — **4.** Vêtement que l'on met sous une robe transparente. — **5.** Pièce cylindrique de révolution présentant un alésage dans lequel tourne ou coulisse une autre pièce. — **6.** Invagination cutanée sous-abdominale abritant le pénis des quadrupèdes en dehors des phases d'érection.

1. FOURRER v. t. (anc. fr. *fuerre,* fourreau) [conj. 3]. **1.** Garnir un vêtement d'une doublure de fourrure : *Fourrer un imperméable de vison.* — **2.** Garnir de plâtre un espace vide. — **3.** Introduire une garniture à l'intérieur d'un mets salé ou sucré. — **4.** Procéder à l'opération frauduleuse de fourrure d'un alliage.

◆ **être fourré** v. pass. **1.** Être doublé d'une fourrure ou d'un tissu chaud : *Gants fourrés.* — **2.** En parlant d'une substance alimentaire, comporter un fourrage. — **3.** En parlant d'une étoffe double, avoir l'intérieur ouaté, lors du tissage, au moyen d'une grosse trame moelleuse, non apparente. — **4.** Vx. *Bijou fourré,* bijou dont seule la surface est en métal précieux. (Syn. BIJOU BOURRÉ, DOUBLÉ ou PLAQUÉ.) ‖ *Bonbon fourré,* bonbon renfermant un fourrage fait de pulpe de fruit, de sirop à la liqueur, de praline, de fondant, etc. ‖ Fam. *Coup fourré,* entreprise faite contre qqn de manière perfide, hypocrite. ‖ *Maçonnerie fourrée,* maçonnerie en blocage, entourée d'un appareil de revêtement. ‖ *Monnaie fourrée,* monnaie constituée d'une âme de métal vil recouverte d'une pellicule d'argent ou d'or. (Ces pièces ne sont pas toujours des faux, Rome en frappa.) ‖ *Paix fourrée,* paix qui était conclue avec mauvaise foi de part et d'autre.

2. FOURRER v. t. (de *fourrer 1*) [conj. 3]. *Fam.* **1.** Introduire qqch dans, sous qqch d'autre, l'y faire pénétrer : *Il fourra ses mains dans ses poches. Fourrer du linge sale dans un sac.* — **2.** Mettre, placer qqch qqpart : *Où ai-je fourré mes clés ?* — **3.** Mettre, insérer qqch sans discernement : *Il a fourré dans sa dissertation tout ce qu'il savait.* — **4.** Placer qqn dans une situation difficile : *Fourrer un ami dans une sale histoire.* — **5.** *Fourrer une idée dans la tête,* suggérer à qqn une idée à laquelle il tiendra, s'accrochera. ‖ *Fourrer qqn en prison, au trou, etc.,* l'y mettre, l'y enfermer.

◆ **être fourré** v. pass. Fam. *Être (toujours) fourré qqpart,* y aller, s'y trouver beaucoup plus souvent que ce qu'on attendrait.

◆ **se fourrer** v. pr., **être fourré** v. pass. *Fam.* Aller se mettre dans ou sous qqch ; s'introduire, s'insinuer dans un endroit, un milieu, etc. : *Se fourrer sous les couvertures. Se fourrer dans une sale affaire.*

◆ **se fourrer** v. pr. Fam. **1.** *Se fourrer qqch dans la tête,* avoir une idée bien ancrée. — **2.** *Ne pas savoir où se fourrer,* avoir un vif sentiment de confusion, de honte.

FOURRE-TOUT n. m. inv. **1.** Petite pièce ou placard servant de débarras. — **2.** Sac de voyage souple, sans compartiment ni division. — **3.** *Péjor.* Texte, discours, œuvre, etc., qui contient dans un grand désordre des idées diverses : *Cette loi est un fourre-tout.*

FOURREUR n. m. **1.** Professionnel qui travaille les peaux apprêtées et lustrées pour les transformer en fourrure. — **2.** Marchand de fourrures.

FOURRIER n. m. (anc. fr. *fuerre,* fourrage). **1.** Autref., officier ou sous-officier chargé de distribuer les vivres et de pourvoir au logement des militaires. — **2.** Auj., officier marinier ou marin chargé des écritures et des appels. — **3.** *Litt.* Personne qui prépare l'arrivée de qqn, qui facilite ses entreprises illicites : *Les fourriers de l'ennemi.* — **4.** *Sergent fourrier,* autref., sous-officier responsable du matériel d'une compagnie.

FOURRIÈRE n. f. (anc. fr. *fuerre,* fourrage). **1.** Lieu de dépôt des voitures, animaux et objets encombrants qui ont été découverts sans propriétaire sur la voie publique, ou qui ont été saisis. — **2.** Syn. de CHAINTRE.

FOURRURE n. f. (de *fourrer 1*). **1.** Peau d'animal garnie de poils fins et serrés, qui, préparée, sert de vêtement, de doublure, de garniture ou d'accessoire : *Manteau de fourrure.* (→ *encycl.*) — **2.** Vêtement en fourrure : *Mettre sa fourrure.* — **3.** Industrie et commerce de ces peaux. — **4.** Peau d'animal très touffue ; peau de certains oiseaux : *La fourrure des pingouins est épaisse.* • **Bât.** Doublage d'un élément trop mince, pour le renforcer ou pour le mettre à niveau (notamm. en menuiserie). ‖ En architecture antique, syn. de BLOCAGE. — **Hérald.** Combinaisons d'émaux représentant de manière stylisée les peaux (hermine ou vair, surtout) dont les écus étaient parfois recouverts. (Syn. PANNE.) — **Monn.** et Orfèvr. Opération frauduleuse qui consiste à augmenter la teneur en métal commun d'un alliage déterminé.

ENCYCL. **Pellet.** À l'exception des sauvagines, plus de 80 % des peaux proviennent des élevages du monde entier. Les pays signataires de la convention de Washington (1973) n'importent plus de peaux de félins tachetés.

Les peaux sont rassemblées annuellement aux grandes foires de Saint-Pétersbourg, Londres, Leipzig, Oslo, New York et Montréal.

C'est aux frères Révillon que l'on doit, vers 1850, les premiers vêtements taillés suivant un patron. Les peaux sont assemblées à la machine surjeteuse par des coutures invisibles, travail complété par le clouage, le montage, le percalinage et le doublage.

FOURTOU (Oscar BARDY DE), homme politique français (Ribérac 1836 - Paris 1897). Ministre de l'Intérieur (1874-75 et 1877), il multiplia les pressions administratives en faveur des conservateurs lors de la campagne électorale de 1877, et fut contraint de démissionner.

FOUR-TUNNEL n. m. (pl. *fours-tunnels*). Four dans lequel les produits à traiter se déplacent en sens inverse des gaz chauds.

FOURVIÈRE, colline de Lyon, dominant la Saône. Vestiges de Lugdunum (vaste théâtre, odéon) et musée, souterrain, de la Civilisation gallo-romaine (ouvert en 1976, architecte B. Zehrfuss). Basilique de pèlerinage N.-D. de Fourvière, élevée de 1872 à 1894, sur plans de Pierre Bossan, à l'emplacement de sanctuaires antérieurs.

FOURVOIEMENT n. m. *Litt.* Action de fourvoyer qqn ou fait de se fourvoyer ; erreur.

FOURVOYER v. t. (de *fors,* hors de, et *voie*) [conj. 13]. Égarer, tromper qqn, le détourner du bon chemin : *Son obstination l'a fourvoyé dans une impasse.*

◆ **se fourvoyer** v. pr. **1.** Prendre un mauvais chemin, se perdre, s'égarer : *On s'est fourvoyé dans un chemin sans issue.* — **2.** S'embarquer dans qqch qui ne convient pas : *Se fourvoyer dans un milieu hostile.* — **3.** *Litt.* Se tromper grossièrement dans ce qu'on dit ou dans ce qu'on fait : *Vous vous êtes fourvoyé en faisant des études de médecine.*

FOU-SIN → FUXIN.

FOUTA ou **FOUTA-TORO,** pays du Sénégal, situé le long du fleuve Sénégal.

FOUTA-DJALON, bastion septentrional du vaste ensemble montagneux d'Afrique occidentale qui s'étend, parallèlement au littoral, en Guinée, des confins de la Côte-d'Ivoire à ceux du Sénégal. Ce nom est parfois réservé à la partie nord-ouest du massif qui culmine à 1 515 m. Bien arrosé (le Sénégal et le Niger y naissent), il a des potentialités hydroélectriques. Bauxite.
— **Hist.** Les Peuls venus du Boundou (Sénégal) et du Macina (Mali) s'infiltrèrent dans cette région à partir du XVIe s., et y fondèrent en 1725 un État théocratique (capitale Timbo), dirigé par un *almami.* Placé sous protectorat français en 1881, le Fouta-Djalon fut annexé par la France en 1896 et rattaché à la Guinée française.

FOUTAISE n. f. (de *foutre*). *Pop.* Bagatelle, chose sans importance, sans intérêt : *Tout ça, c'est de la foutaise.*

FOU-TCHEOU → FUZHOU.

FOUTOIR n. m. (de *foutre*). *Pop.* Endroit où règne un désordre extrême.

FOUTOU n. m. Plat de base des pays d'Afrique noire, fait de racines de manioc, de bananes ou d'ignames, pilés et façonnés en pains, servis avec un ragoût épicé de viandes ou de légumes.

FOUTRAL, E, ALS adj. (de *foutre*). *Pop.* Extraordinaire, prodigieux.

1. FOUTRE v. t. (lat. *futuere,* avoir des rapports avec une femme) [ind. prés. : *je fous, tu fous, il fout, nous foutons, vous foutez, ils foutent ;* imparf. : *je foutais ;* fut. : *je foutrai ;* subj. prés. : *que je foute ;* imparf. (rare) : *que je foutisse ;* impér. : *fous, foutons, foutez ;* part. prés. : *foutant ;* pass. : *foutu, e*]. *Pop.* **1.** Posséder charnellement qqn. — **2.** Lancer avec violence, donner, mettre, flanquer : *Foutre un coup à quelqu'un. Il va se faire foutre à la porte.* — **3.** Faire (seulem. négatif ou interrogatif) : *Il n'a rien foutu de la journée. Qu'est-ce qu'il fout ?* — **4.** *Aller se faire foutre,* aller au diable. ‖ *Ça la fout mal,* ça fait mauvais effet. ‖ *Envoyer qqn se faire foutre,* l'envoyer promener, balader. ‖ *Foutre en l'air,* abîmer, détériorer qqch ; épuiser, ruiner qqn ; compromettre, ruiner qqch ; jeter qqch, s'en débarrasser. ‖ *Je t'en fous !,* allons donc ! (exprime le doute). ‖ *Je t'en foutrai, moi, de...,* se dit à qqn qui n'est pas satisfait de ce qu'il a, reçoit ou constate. ‖ *N'avoir rien à foutre,* ne pas se soucier de qqch, de qqn, ne leur attacher aucune importance, y être indifférent.

◆ **être foutu** v. pass. *Pop.* **1.** Être abîmé, détérioré : *Des chaussures foutues.* — **2.** Être gâché ou sévèrement compromis : *Des vacances foutues.* — **3.** Être dans une situation désespérée, être ruiné : *Le malade est foutu. L'entreprise est foutue.* — **4.** *Bien, mal foutu,* bien ou mal fait, conçu, réalisé ; bien ou mal bâti : *C'est mal foutu la vie. Drôlement bien foutue, la fille !* ‖ *Être foutu de,* être en mesure de, être capable de. ‖ *Être mal foutu,* être en mauvaise santé, en mauvaise forme.

◆ **se foutre** v. pr. *Pop.* **1.** Se mettre, se jeter, se lancer qqpart : *Se foutre à l'eau.* — **2.** Se moquer de qqn ou de qqch : *Arrête de te foutre de moi.* — **3.** Ne faire aucun cas de qqn ou de qqch : *Je me fous de ce qu'il peut bien dire.* — **4.** S'emploie dans des expressions, pour SE METTRE : *Se foutre dedans. Se foutre en colère, en rogne.*

2. FOUTRE ! interj. (de *foutre 1*). *Pop.* Exprime la surprise, l'admiration ou la colère.

3. FOUTRE n. m. (de *foutre 1*). *Pop.* Sperme.

FOUTREMENT adv. *Pop.* Beaucoup, extrêmement : *C'est foutrement bon.*

FOUTRIQUET n. m. (de *foutre 1*). **1.** *Fam.* et *péjor.* Tout petit homme, dont on fait peu de cas.

— 2. Sobriquet donné à Thiers par le maréchal Soult et repris durant la Commune par H. Rochefort.

1. FOUTU → FOUTRE.

2. FOUTU, E adj. (de *foutu 1*). *Pop.* **1.** Qui est mauvais, détestable, fâcheux : *Un foutu caractère. Foutu temps !* — **2.** Qui est considérable, important : *Une foutue chance.*

FOUX-D'ALLOS (la), écart de la comm. d'Allos (Alpes-de-Haute-Provence), dans la haute vallée du Verdon. Station de sports d'hiver (1 800-2 600 m).

FOVÉA n. f. (lat. *fovea,* fosse). Minuscule fossette de la partie centrale de la rétine des vertébrés terrestres et diurnes, située au centre de la tache jaune.
ENCYCL. Au niveau de la fovéa, l'acuité visuelle est maximale en pleine lumière et, au contraire, moins bonne que dans les régions rétiniennes qui l'entourent, en lumière réduite. Certains rapaces possèdent deux fovéas, l'une pour la vision diurne et binoculaire, l'autre pour la vision nocturne et monoculaire.

FOVEAUX *(détroit de),* détroit séparant l'île du Sud (Nouvelle-Zélande) de l'île Stewart.

FOVILLE (Achille Louis DE), médecin français (Pontoise 1799 - Toulouse 1878). Médecin en chef de l'asile des aliénés de Rouen, puis médecin de l'asile de Charenton, il a décrit les paralysies oculaires consécutives aux lésions de la protubérance annulaire *(syndrome de Foville).*

FOWLER (William Alfred), astrophysicien américain (Pittsburgh 1911 - Pasadena 1995). Il a fourni une importante contribution à l'étude des processus qui permettent la formation, au sein des étoiles, des éléments plus lourds que l'hydrogène (nucléosynthèse stellaire). [Prix Nobel de physique en 1983.]

FOX → FOX-TERRIER.

FOX, Indiens Algonquins de la Prairie américaine, autrefois établis dans l'est du Wisconsin.

FOX (Edward), prélat anglais (Dursley, Gloucestershire, v. 1496 - Londres 1538). Partisan du divorce d'Henri VIII, il plaida à Rome la cause du roi auprès du pape Clément VII (1528). Acquis aux idées luthériennes, il encouragea le roi à rompre avec le pape, et fut le principal auteur des *Dix Articles* (1536).

FOX (George), mystique anglais (Drayton, Leicestershire, 1624 - Londres 1691), fondateur de la Société des Amis, surnommés fréquemment les quakers*.

FOX (Charles James), homme politique britannique (Londres 1749 - Chiswick, près de Londres, 1806). L'un des principaux animateurs, avec Burke, de l'opposition whig, secrétaire d'État aux Affaires étrangères (1782), il forma un gouvernement de coalition avec North (1783-84), et reconnut l'indépendance des colonies américaines (1783). Admirateur de la Révolution française, il fut l'adversaire de Pitt. Secrétaire d'État aux Affaires étrangères à la mort de ce dernier (1806), il tenta en vain de conclure la paix avec Napoléon, et prépara l'abolition de la traite des Noirs.

Fox (abrév. de *Twentieth Century Fox*), société de production cinématographique américaine, fondée en 1912 par William Fox et fusionnée en 1935 avec la Twentieth Century, fondée par Joseph M. Schenck et Darryl F. Zanuck.

FOXE *(bassin de),* au Canada, prolongement septentrional de la baie d'Hudson (atteinte par le *détroit* ou *canal de Foxe*), entre la terre de Baffin et la péninsule de Melville.

FOXÉ, E adj. (amér. *foxy,* de *fox,* renard). Se dit d'un goût particulier à certains vins d'hybrides producteurs directs.

FOX-HOUND [fɔksawnd] n. m. (pl. *fox-hounds*) [mot angl.]. Chien courant anglais de grande taille, apte à chasser en meute.

FOX-HUNTING [fɔksœntiɲ] n. m. inv. (mot angl.). Pratique à l'anglaise de la chasse à courre du renard.

FOX-TERRIER (pl. *fox-terriers*) ou **FOX** n. m. (angl. *fox-terrier,* de *fox,* renard, et *terrier,* terrier). Chien terrier d'origine anglaise. (On distingue le fox à poil dur et le fox à poil lisse. Très nerveux, actif et courageux, le fox-terrier est essentiellement chasseur et destructeur de vermines.)

FOX-TROT [fɔkstrɔt] n. m. inv. (angl. *fox-trot,* trot du renard). Danse et musique de danse à 4/4, d'origine nord-américaine, caractérisée par une suite de pas rapides et rythmés, très en vogue dans les années 1913-1918.

FOY ou **FOI** *(sainte),* vierge et martyre († Agen IIIe s. ?), très populaire au Moyen Âge. L'abbaye de Conques* lui est dédiée.

FOY (Maximilien Sébastien, *comte*), général français (Ham 1775 - Paris 1825). Il s'illustra à l'armée d'Espagne (1808) et défendit les passages des Pyrénées (1813). Député libéral de l'Aisne (1819), puis de Paris (1824), ardent défenseur de la liberté de la presse, adversaire des ultras, ses obsèques furent l'occasion d'une manifestation d'opposition au régime.

FOYARD [fwajar] n. m. (lat. *fagus*). Nom régional du hêtre.

FOYER [fwaje] n. m. (lat. pop. **focarium,* du lat. class. *focus,* foyer). **1.** Lieu où l'on fait le feu, âtre ; le feu lui-même. — **2.** Partie d'un appareil de chauffage dans laquelle s'effectue la combustion : *Le foyer d'une cuisinière.* (→ encycl.) — **3.** *Foyer (d'incendie),* lieu où prend le feu, où est allumé un feu qui risque de produire un incendie. — **4.** Lieu où habite la famille, demeure ; la famille elle-même, le milieu familial : *Recevoir un étranger à son foyer. Fonder un foyer. La chaleur d'un foyer.* — **5.** Local servant de lieu de réunion, de distraction ou même d'habitation à certaines catégories de personnes : *Foyer d'étudiants, foyer rural.* — **6.** Siège d'un processus pathologique, localisé ou extensif. — **7.** Siège principal, centre actif à partir duquel se répand qqch : *Un foyer d'agitation.* — **8.** Point où convergent des rayons émis par une source de lumière ou de chaleur très éloignée. — **9.** *Femme, mère au foyer,* qui n'a pas d'activité professionnelle. ‖ *Foyer des artistes,* dans un théâtre, salle où se rassemblent les acteurs. ‖ *Foyer de la danse,* à l'Opéra de Paris et dans certains autres théâtres d'opéra et de ballet, salle où se tiennent les artistes chorégraphiques avant leur entrée en scène. ‖ *Foyer du public,* salle où peuvent se rendre les spectateurs pendant les entractes. • **Dr.** *Foyer fiscal,* unité d'imposition (personne, ménage, communauté, etc.) établie tant sur les revenus propres que sur ceux de l'ensemble des personnes à charge. — **Géophys.** Syn. de HYPOCENTRE. — **Math.** Point fixe qui, associé à une droite donnée (directrice), permet de donner une définition métrique des coniques. — **Métall.** *Bas foyer,* appareil à marche oxydante. (Surtout employé autrefois pour préparer le fer à partir de la fonte et le plomb à partir de son sulfure, le bas foyer est constitué d'une cuve où le mélange de minerai et de combustible est oxydé par un violent courant d'air.) — **Mobil.** *Tapis de foyer* ou *foyer,* petit tapis qui se met devant une cheminée. — **Opt.** *Foyer image,* point de concours des rayons émergents provenant d'un faisceau incident de rayons parallèles. ‖ *Foyer objet,* point de concours des rayons incidents correspondant à des rayons émergents parallèles. — **Pathol.** *Foyer infectieux,* région d'un organe ou d'un tissu où se trouve une infection localisée qui peut diffuser dans l'organisme. ‖ *Foyer pulmonaire,* zone du poumon où existent des signes localisés de congestion. — **Therm.** *Foyer automatique,* foyer mécanique servant à charger le charbon et à le brûler.

◆ **foyers** n. m. pl. *Rentrer, regagner ses foyers,* revenir dans son pays natal, dans la maison familiale, dans sa résidence habituelle. ‖ *Renvoyer un soldat dans ses foyers,* le démobiliser.

ENCYCL. **Therm.** Dans le foyer traditionnel à charbon, l'appareil de combustion est la grille, qui supporte le combustible et donne accès à l'air par les intervalles de ses barreaux. Les combustibles de très petit calibre, tels que grains, fines, offrant une grande résistance au passage de l'air, celui-ci doit être amené sous grille avec une pression suffisante *(foyers soufflés).*

Le chargement manuel se limite aux foyers de faible puissance ; le chargement par gravité, aux petits et moyens foyers à charbon de petit calibre (grains). Le chargement de combustible solide sur la grille des gros foyers mécaniques peut se faire par projection, lorsque la grille est fixe *(foyers à pelletage),* ou par injection en continu dans une trémie, lorsque la grille est mobile (types Babcock et Wilcox, Roubaix, Harrington). Dans tous les foyers mécaniques, on cherche à régler la vitesse d'avancement du combustible, son épaisseur et l'allure de combustion, de telle sorte qu'en fin de parcours le charbon parvienne à l'état de cendres et de scories.

Dans la chauffe par combustibles fluides ou pulvérulents, l'appareil de combustion est en général le brûleur*. Dans les appareils à charbon pulvérisé, le combustible est projeté dans le courant gazeux, à fort excès d'air, qui s'élève au-dessus d'une petite grille, ou bien mis en suspension, dans l'air également, au-dessus d'une grille. Dans les *foyers-cyclones,* les grains de combustible sont entraînés par un mouvement giratoire très rapide, avec l'air de combustion fortement chauffé, dans une capacité cylindrique ou tronconique de dimensions relativement faibles. Ils brûlent à la surface du lit de scories en fusion qui tapissent cette capacité et les scories s'écoulent à l'état liquide au fond de la chambre secondaire, dans laquelle s'achève la combustion des gaz.

D'une façon générale, les chambres de combustion doivent offrir un volume suffisant pour que la combustion soit complète, et ce volume est d'autant moindre que le comburant et le combustible sont plus activement brassés.

FOYLE (le), riv. de l'Irlande du Nord, rejoignant la mer par un grand estuaire, le *Lough Foyle.*

Fr, symbole chimique du *francium.*

FR-1, premier satellite français, lancé le 6 déc. 1965 de la base de Vandenberg (Californie) à l'aide d'une fusée américaine Scout. Destiné à l'étude de l'atmosphère et de la magnétosphère terrestres, il fonctionna jusqu'au 28 févr. 1969.

FRA n. m. (abrév. de l'ital. *frate,* frère). Mot qui, chez les Italiens, précède un nom propre désignant un moine : *Fra Angelico.*

FRA ANGELICO → ANGELICO (Fra).

FRAC n. m. (angl. *frock,* de l'anc. fr. *froc*). Syn. vieilli de HABIT.

FRACAS n. m. (de *fracasser*). **1.** Bruit violent et soudain de qqch qui se brise, qui heurte qqch, de ce qui éclate, s'effondre, etc. : *Le fracas des vagues.*

Un fracas de verres brisés. — **2.** Agitation bruyante : *Le fracas de la circulation sur les boulevards.* — **3.** *À grand fracas,* à grand bruit.

FRACASSANT, E adj. **1.** Qui fait du fracas, un bruit retentissant : *Le son fracassant des cuivres.* — **2.** Qui cherche à faire de l'effet, qui fait grand bruit : *Une déclaration fracassante.*

Fracasse ou, généralement, **le capitaine Fracasse** (en ital. *Fracassa*), type de la comédie italienne et de la comédie française appartenant à la catégorie générale des *capitans* et répondant au *Matamoros* espagnol. *Le Capitaine* Fracasse* est le titre d'un roman de Théophile Gautier (1863).

FRACASSEMENT n. m. Fait de se fracasser ; bruit assourdissant.

FRACASSER v. t. (ital. *fracassare*) [conj. 3]. Briser qqch avec violence et grand bruit : *Le coup lui a fracassé la mâchoire.*

FRACASTORO (Girolamo), en fr. **Jérôme Fracastor,** médecin et poète italien (Vérone 1483 - Incaffi, Vérone, 1553). Il écrivit un poème célèbre sur la syphilis (dont le nom vient du berger Syphilus, personnage principal de cette œuvre). On lui doit aussi un traité d'astronomie (1538).

FRACCI (Carla), danseuse italienne (Milan 1936). Étoile à la Scala de Milan (1958) et attachée à ce théâtre jusqu'en 1963, elle s'imposa dans le répertoire classique. Partenaire des plus grands danseurs, interprète des chorégraphes contemporains, elle apporte à ses créations une grâce poétique et une présence scénique incomparables (*la Strada,* de Mario Pistoni, 1966 ; *la Mouette,* de Loris Gaï, 1968).

FRACHON (Benoît), syndicaliste et homme politique français (Le Chambon-Feugerolles, Loire, 1893 - Les Bordes, Loiret, 1975). Ouvrier métallurgiste, membre du comité central du parti communiste français à partir de 1926, secrétaire de la C. G. T. U. (1933-1936), il fut l'artisan de la réunification syndicale de 1936 et joua un rôle déterminant lors des accords Matignon, puis dans l'organisation de la C. G. T., dont il fut secrétaire général (1936-1939 ; 1944-1967), puis président. Il joua un rôle important avec J. Duclos au sein du parti communiste clandestin pendant la guerre.

FRACTAL, E, ALS adj. (lat. *fractus,* brisé). Se dit d'objets mathématiques dont la création ou la forme ne trouve ses règles que dans l'irrégularité ou la fragmentation ; se dit des branches des mathématiques qui étudient de tels objets.
◆ **fractale** n. f. Objet fractal.
ENCYCL. La théorie des fractales a vu le jour en 1975 dans un essai de Benoît Mandelbrot intitulé *les Objets fractals : forme, hasard et dimension.* S'il existait déjà depuis près d'un siècle des objets fractals, ils n'avaient été créés qu'en tant qu'anomalies ou contre-exemples afin de prouver la non-équivalence de certaines notions. Dans la conception de Mandelbrot, ces « exceptions » cessent d'être marginales, tandis qu'au contraire les cas « intéressants » habituels le deviennent. De nouveaux « modèles » ou figures géométriques élémentaires voient ainsi le jour, qui enrichissent l'alphabet mathématique. La nature fournit des exemples de systèmes présentant un caractère fractal : ramification des bronches et bronchioles, ramification d'un réseau hydrographique, forme des chaînes de montagnes, mouvement brownien, etc.

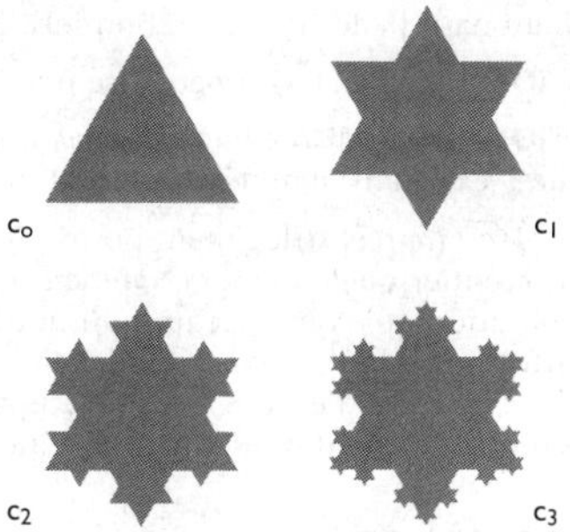

Exemple d'objet **fractal** : le « flocon de neige » ou courbe de Helge von Koch. (Il s'obtiendrait en continuant indéfiniment le processus de construction dont on a donné ici les trois premiers stades.)

FRACTILE n. m. (de *fraction*). *Fractile d'ordre* p, nombre x_p tel que X étant une variable aléatoire, $P(X < x_p) \leqslant p < P(X \leqslant x_p)$ avec $0 < p < 1$.

FRACTION n. f. (bas lat. *fractio, -onis,* de *fractus,* brisé). **1.** Division, partie, portion d'un tout : *Une fraction de l'Assemblée, de la nation.* — **2.** À l'intérieur d'un parti, d'un syndicat, minorité ou tendance organisée en opposition. — **3.** Coupe pétrolière. — **4.** Nom donné à la notation fractionnaire *a/b,* lorsque *a* et *b* sont des entiers (*b* étant non nul), et par abus de langage donc, parfois, aux éléments de $\mathbb{Q}$, corps des rationnels. (→ *encycl.*) — **5.** *Corps des fractions de l'anneau* $\mathbb{Z}$, corps $\mathbb{Q}$ des rationnels. (→ $\mathbb{Q}$.)

ENCYCL. **Math.** Si $\frac{a}{b}$ et $\frac{c}{d}$ sont deux fractions, elles sont équivalentes si $ad = bc$. (Par un abus de langage très courant, on dit que $\frac{a}{b} = \frac{c}{d}$.) Si l'on multiplie *a* et *b* par un même entier non nul, ou qu'on divise *a* et *b* par un diviseur commun, on obtient des fractions équivalentes. (Par abus de langage, on dit que $\frac{a}{b} = \frac{a\,.\,m}{b\,.\,m}$, $m \neq 0$.)

Lorsque le numérateur a et le dénominateur b d'une fraction sont tels que le P. G. C. D. de $|a|$ et $|b|$ est 1, on dit que la fraction $\frac{a}{b}$ est une fraction irréductible.
Deux fractions équivalentes représentent le même rationnel.
• *Réduction des fractions au même dénominateur.* Pour deux fractions $\frac{a}{b}$ et $\frac{c}{d}$, on peut toujours trouver deux autres fractions ayant le même dénominateur qui sont équivalentes respectivement à $\frac{a}{b}$ et $\frac{c}{d}$. Le dénominateur commun le plus simple de deux telles nouvelles fractions est le P. P. C. M. des dénominateurs b et d. La réduction des fractions au même dénominateur intervient dans l'addition des rationnels. (→ Q.)

FRACTIONNABLE adj. Qui peut être fractionné.

FRACTIONNAIRE adj. (de *fraction*). *Exposant fractionnaire,* exposant p/q défini par la relation $a^{p/q} = \sqrt[q]{a^p}$ (a, réel strictement positif, q entier positif, p entier quelconque) ‖ *Notation fractionnaire,* notation qui comporte un trait horizontal — (parfois oblique /) avec, au-dessus et au-dessous, l'écriture d'entités mathématiques appelées respectivement numérateur et dénominateur.

FRACTIONNEL, ELLE adj. (de *fraction*). Qui tend au fractionnement, à la division d'un parti : *Exclure un militant pour activité fractionnelle.*

FRACTIONNEMENT n. m. Action de fractionner, de morceler ; fait d'être fractionné ; morcellement : *Le fractionnement de la propriété.* • **Chim.** Procédé d'analyse immédiate ou de séparation des constituants d'un mélange faisant appel à une différence de certaines de leurs propriétés physiques (solubilité, fusion, distillation, cristallisation, etc.). — **Corps gras.** Opération permettant d'obtenir, à partir d'une graisse, une huile alimentaire fluide et une fraction plus concrète. — **Méd.** Séparation des composants du sang afin d'obtenir des préparations concentrées efficaces, en transfusion, sous un faible volume. — **Polym.** Séparation d'un polymère en fractions telles que les macromolécules contenues dans chacune d'elles soient identiques. (On peut ainsi obtenir des polymères ayant des propriétés bien définies. La *précipitation fractionnée* et la *dissolution fractionnée,* techniques à base de solvants, tendent à disparaître au profit de la *chromatographie* par perméation de gel.*)

FRACTIONNER v. t. (de *fraction*) [conj. 3]. **1.** Diviser, partager qqch : *Les héritages ont fractionné le domaine en plusieurs parcelles.* — **2.** Pratiquer le fractionnement.
◆ **être fractionné** v. pass. **1.** Se dit d'un procédé de fractionnement chimique. — **2.** *Enregistrement fractionné,* procédé qui consiste à enregistrer séparément les diverses sources sonores devant faire partie d'un enregistrement définitif.

FRACTIONNISME n. m. Action ou attitude visant à rompre de l'intérieur l'unité d'un parti, d'un syndicat, en provoquant une scission.

FRACTIONNISTE adj. et n. Relatif au fractionnisme ; qui pratique le fractionnisme.

FRACTOGRAPHIE n. f. Technique de lecture et d'interprétation des cassures de matériaux, naturelles ou provoquées, en partic. des métaux.

FRACTURATION n. f. (de *fracturer*). **1.** Processus tectonique aboutissant à la formation de fractures. — **2.** En technique minière, création artificielle de fractures dans une roche, à partir d'un puits ou d'un sondage, soit pour en augmenter la perméabilité, soit pour en déduire l'état de contrainte.

FRACTURE n. f. (lat. *fractura,* de *frangere,* briser). **1.** Rupture avec effort, solution de continuité produite dans un corps : *Fracture d'une porte, d'une serrure.* — **2.** Rupture brutale d'un os, survenant après un traumatisme. (→ *encycl.*) — **3.** Accident tectonique cassant. (Syn. anc. CASSURE.) — **4.** En technique minière, fissure réalisée artificiellement dans une roche. — **5.** *Fig.* Rupture au sein d'un groupe entraînant une situation conflictuelle : *Fracture sociale.* — **6.** *Fracture ouverte,* celle où une plaie fait communiquer le foyer de fracture avec le milieu extérieur. ‖ *Zone de fracture,* grande dislocation sous-marine formant une bande étroite et de grande longueur, où la continuité des reliefs et des structures est brusquement interrompue par une faille transformante.
ENCYCL. **Pathol.** Une fracture peut être directe, au niveau du point d'application de la force, ou indirecte à la suite d'un mouvement de traction, de flexion, de torsion. Normalement, une fracture évolue vers la soudure des extrémités osseuses par la formation d'un cal fibreux, qui s'ossifie peu à peu ; mais il peut y avoir retard de consolidation, cal en mauvaise position ou absence complète de consolidation osseuse. Le traitement, orthopédique ou chirurgical, vise à rétablir l'anatomie de l'os par réduction du déplacement et à l'immobiliser (contention) jusqu'à obtention d'un cal solide. Les fractures ouvertes, par leur risque d'infection, imposent l'intervention d'urgence.

FRACTURER v. t. (de *fracture*) [conj. 3]. **1.** Endommager qqch par une fracture afin de forcer : *Fracturer un coffre-fort.* — **2.** Casser un membre, un os, lui faire une fracture : *Se fracturer la jambe* *en tombant.* — 3. Opérer une fracturation dans une roche.

FRA DIAVOLO (« frère Diable »), de son vrai nom **Michele Pezza** (Itri 1771 - Naples 1806). Chef de brigands calabrais à la solde du cardinal Ruffo, il lutta contre la République Parthénopéenne (1799) puis contre Joseph Bonaparte, roi de Naples (1806). Fait prisonnier à Baronissi, il fut pendu.

Fra Diavolo, opéra-comique en 3 actes d'Esprit Auber, sur un livret de Scribe (Paris, 1830).

FRAENKEL (Adolf Abraham), mathématicien israélien d'origine allemande (Munich 1891 - Jérusalem 1965). Il a révisé en 1922 l'axiomatisation de la théorie des ensembles, proposée par Zermelo (1908).

FRAGILE adj. (lat. *fragilis,* de *frangere,* briser). 1. Qui se brise facilement : *Le verre est très fragile.* — 2. Qu'on peut endommager facilement, qui n'est pas solide, pas résistant : *Mécanisme fragile.* — 3. Qui est de faible constitution, qui a peu de résistance physique ou psychologique : *Un enfant fragile. Être fragile des bronches.* — 4. Qui est peu stable, éphémère, précaire : *Obtenir une fragile victoire électorale. Un bonheur fragile.*

FRAGILEMENT adv. De manière fragile.

FRAGILISANT, E adj. Qui fragilise : *Un climat fragilisant.*

FRAGILISATION n. f. 1. Action de fragiliser, fait de devenir fragile. — 2. Diminution de la ductilité d'un métal ou d'un alliage produite par des modifications de sa structure ou de ses conditions d'emploi.

FRAGILISER v. t. (conj. 3). 1. Rendre qqn fragile, vulnérable psychologiquement ou physiquement : *Les deuils récents l'ont fragilisée.* — 2. Rendre un groupe, une organisation fragile, susceptible de se détruire : *Les critiques ont fini par fragiliser le parti.* — 3. Rendre un matériau fragile, en augmenter la fragilité.

FRAGILITÉ n. f. (lat. *fragilitas, -atis*). 1. Caractère de ce qui est fragile, de ce qui se brise facilement : *La fragilité d'un édifice.* — 2. Caractère précaire, vulnérable, faible et instable : *La fragilité d'une théorie.* — 3. Manque de robustesse de qqn : *La fragilité d'un convalescent.* — 4. Caractère d'un matériau qui se rompt sans déformation permanente appréciable ou dont la rupture est atteinte sous une très faible déformation. (La fragilité se mesure par des essais de résilience.) — 5. *Fragilité capillaire,* rupture anormale des capillaires sanguins, due à une altération de leurs parois et responsable de purpuras.

FRAGMENT n. m. (lat. *fragmentum*). 1. Morceau d'une chose brisée ou déchirée, débris : *Fragments d'un os fracturé.* — 2. Reste de qqch présentant un intérêt historique, scientifique, etc. : *Fragment d'une inscription.* — 3. Morceau d'une œuvre, d'un texte, etc. : *Citer un fragment de « l'Odyssée ».* — 4. Partie plus ou moins importante de qqch, par oppos. au tout : *Entendre des fragments de conversation.*

FRAGMENTAIRE adj. Qui constitue un fragment ou qui ne concerne qu'un fragment d'un tout : *Une vue très fragmentaire de la situation.*

FRAGMENTAIREMENT adv. Par fragments, de façon partielle, incomplète.

FRAGMENTATION n. f. 1. Action de fragmenter, fait de se fragmenter, d'être fragmenté : *La fragmentation des roches sous l'effet du gel.* — 2. Réduction de la dimension des blocs de roches à l'explosif ou dans des concasseurs. (Syn. COMMINUTION.) — 3. *Fragmentation chromosomique,* rupture des chromosomes résultant d'une agression externe très importante, due à des virus ou à des produits toxiques. (Syn. PULVÉRISATION CHROMOSOMIQUE.)

FRAGMENTER v. t. (conj. 3). Partager, réduire qqch, en fragments, en multiples morceaux : *Fragmenter ses vacances.*

◆ **être fragmenté** v. pass. Être parcellaire, ne concerner que des fragments ou se constituer de fragments : *Vision fragmentée du monde.*

FRAGON n. m. (bas lat. *frisgo,* p.-ê. du gaul.). Sous-arbrisseau (iridacée) aux feuilles réduites à de petites écailles et dont certains rameaux, aplatis, toujours verts (cladodes), portent les fruits (baies globuleuses rouges). [N. usuel *petit houx.*]

FRAGONARD (Jean Honoré), peintre et graveur français (Grasse 1732 - Paris 1806). Peintre de l'amour et de la joie de vivre, doué d'une virtuosité éblouissante, ayant pratiqué tous les genres, dessinant beaucoup, il résume dans son œuvre — dont la chronologie et, donc, la trajectoire stylistique restent mal connues — toute une part, contrastée, du XVIIIe s. Élève de Boucher à Paris, prix de Rome en 1752, il s'imprègne sur place de l'art italien (1756-1761 ; second voyage en 1773), étudie Rembrandt, Hals et surtout Rubens. Il est agréé à l'Académie avec *Corésus et Callirrhoé* (1765, Louvre), décore des hôtels de financiers et de demoiselles d'Opéra, peint des paysages, beaucoup de scènes galantes, d'un style non moins enlevé que ses bouillonnantes « figures de fantaisie » (v. 1769, Louvre), et donne un de ses chefs-d'œuvre avec la série des *Progrès de l'amour,* destinés à Mme du Barry (qui leur préférera des œuvres de Vien) [1771-1773, collection Frick, New York]. *Le Verrou* (Louvre) témoigne, vers 1776-1780, d'un changement de facture concomitant à la montée du néoclassicisme, en même temps que d'un lyrisme approfondi. En 1775, la belle-sœur de Fragonard, MARGUERITE **Gérard** (1761-1837), devient son élève, puis c'est au tour de son fils ÉVARISTE (1780-1850), futur peintre d'histoire et sculpteur, qu'il fait entrer en 1792 dans l'atelier de David. Entre 1792 et 1800, le vieux maître, membre du Conservatoire du Muséum, déploie une grande activité pour l'organisation de ce qui va devenir le musée du Louvre.

FRAGRANCE n. f. (lat. ecclés. *fragrantia,* odeur suave, de *fragrare,* sentir). **1.** *Litt.* Odeur agréable. – **2.** Sensation olfactive associée à une sensation gustative.

FRAGSON (Victor Léon Philippe POT, dit **Harry**), chanteur français (Londres 1869-Paris 1913). Il fut l'une des premières vedettes internationales du music-hall. Élégant, il chantait en habit, en s'accompagnant au piano, un répertoire éclectique, fantaisiste et sentimental.

1. FRAI n. m. (de *frayer,* au sens de « frotter »). **1.** Usure subie par les monnaies par suite de leur circulation. – **2.** Prélèvement frauduleux fait sur une pièce d'or ou d'argent.

2. FRAI n. m. (de *frayer,* au sens de « féconder »). **1.** Rapprochement sexuel chez les poissons à fécondation externe ; action de frayer. – **2.** Époque à laquelle ce rapprochement a lieu. (Il est défendu de pêcher dans les rivières pendant le frai.) [Syn. FRAIE.] – **3.** Œufs de poissons ou d'amphibiens. – **4.** Tout petits poissons (alevins).

FRAÎCHE → FRAIS 1.

FRAÎCHEMENT adv. **1.** Depuis peu de temps, récemment : *Pièce fraîchement repeinte.* – **2.** Avec une grande froideur : *Recevoir fraîchement quelqu'un.* – **3.** Fam. *Ça va fraîchement,* il fait un peu froid.

FRAÎCHEUR n. f. **1.** État de ce qui est légèrement froid ou qui donne une sensation de léger froid : *La fraîcheur des soirées d'automne.* – **2.** État de ce qui est légèrement et agréablement froid : *Chercher un peu de fraîcheur par un après-midi torride.* – **3.** Qualité de ce qui n'a pas subi d'altération, de ce qui n'est pas gâté, fané, flétri, desséché : *La fraîcheur d'un pain.* – **4.** Qualité de ce qui n'est pas terni, de ce qui a l'éclat de la nouveauté, du neuf : *Tissu qui a gardé sa fraîcheur.* – **5.** Qualité de qqn, de son teint, qui a l'éclat de la jeunesse, de la vitalité : *La fraîcheur du visage.* – **6.** Qualité d'une odeur, d'une couleur qui procure une sensation agréable et fraîche : *La fraîcheur d'un coloris.* – **7.** *Litt.* Qualité de ce qui est spontané, pur et jeune : *La fraîcheur des sentiments.* – **8.** Absence de fatigue : *Terminer la course dans un état de fraîcheur exceptionnel.* – **9.** Absence de cordialité : *La fraîcheur d'une rencontre.* – **10.** Vent très faible, qui vient avant ou après le calme. – **11.** Qualité d'un vin dépendant de son acidité. – **12.** *Ne plus être de la première fraîcheur,* ne plus être neuf, en bon état ou, *fam.,* ne plus être très jeune.

FRAÎCHIR v. i. (conj. 32). **1.** Devenir frais ou plus frais, en parlant de la température : *Les soirées fraîchissent.* – **2.** Augmenter, devenir plus fort, en parlant du vent.

FRAIE n. f. Époque du frai.

FRAIGNEAU (André), romancier français (Nîmes 1907 - Paris 1991). Disciple de Barrès, maître à penser des « hussards », tel R. Nimier, il s'imposa comme un chantre de la jeunesse, de l'amitié, de l'imprévu (*Amour vagabond,* 1950 ; *les Étonnements de Guillaume Francœur,* 1960).

FRAIRIE n. f. (anc. fr. *frarie,* du lat. *fratria,* phratrie, du gr. *phratria*). Fête patronale d'un village ; fête populaire.

1. FRAIS, FRAÎCHE adj. (germ. **frisk*). **1.** Qui est légèrement froid : *Un temps frais. Une cave fraîche.* – **2.** Qui est agréablement froid : *Servir des boissons fraîches.* – **3.** Qui donne une sensation agréable, apaisante, analogue à la fraîcheur : *Le parfum frais de la lavande.* – **4.** Se dit d'un aliment qui n'a pas encore subi d'altération : *Des œufs frais.* – **5.** Se dit d'un aliment présenté à la consommation sans avoir subi de préparation en vue de sa conservation : *Des légumes frais.* – **6.** Qui est récent, qui vient d'être fait, appliqué, fourni : *Une blessure fraîche. J'ai reçu des nouvelles fraîches de ma famille.* – **7.** Qui est reposé, en bonne santé, qui a conservé sa vigueur : *Amener au front des troupes fraîches.* – **8.** Se dit d'une fleur qui a gardé son éclat, qui n'est pas fanée. – **9.** *Litt.* Qui a la spontanéité, la candeur de la jeunesse : *Le frais sourire d'un enfant.* – **10.** *Fam.* Se dit de relations humaines qui manquent de cordialité, sans chaleur : *Il a reçu un accueil des plus frais.* – **11.** Se dit d'un sol qui conserve toujours une certaine humidité. – **12.** Se dit d'un vin assez acide, ayant une saveur agréable. – **13.** *Air frais,* qui vient renouveler l'atmosphère viciée d'une pièce ; tout ce qui renouvelle, fait revivre sur de nouvelles bases. ‖ *Argent frais,* fonds disponibles. ‖ *Bouche fraîche,* bouche humide et écumeuse d'un cheval. ‖ *De fraîche date,* très récent. ‖ Fam. *Être frais,* être dans une situation fâcheuse. ‖ Fam. *Être frais comme l'œil, comme un gardon, comme une rose,* être en pleine forme. ‖ *Frais et dispos,* bien reposé et en bonne forme. ‖ Fam. *Ne pas être frais,* ne pas être reposé ; en parlant d'un vêtement, ne pas être en bon état, ne pas avoir l'aspect du neuf.
◆ **frais** adv. **1.** Nouvellement, récemment (peut s'accorder lorsque l'expression se rapporte à un nom féminin) : *Il est frais arrivé de sa province. Des*

fleurs fraîches cueillies. — **2.** *Boire frais,* boire un liquide frais. ‖ *Il fait frais,* l'air est frais, frisquet.

◆ **frais** n. m. **1.** Léger froid, fraîcheur ; air froid du dehors : *On commence à sentir le frais, il faut rentrer.* — **2.** Vent relativement fort, bonne brise permettant de garder haut les perroquets. — **3.** *Au frais,* dans un endroit frais : *Mettre du vin au frais.* ‖ *De frais,* depuis peu, fraîchement : *Rasé de frais.* ‖ *Grand frais,* brise forte. ‖ Fam. *Mettre qqn au frais,* le mettre en prison. ‖ *Prendre le frais,* respirer l'air frais de l'extérieur, se promener.

◆ **fraîche** n. f. **1.** Faible vent de terre ou du large, qui souffle le matin ou le soir d'une façon à peu près périodique. — **2.** *Pop.* Argent comptant. — **3.** *À la fraîche,* au moment du jour où il fait frais.

2. FRAIS n. m. pl. (anc. fr. *frait,* dommage, du lat. *fractum,* de *frangere,* briser). **1.** Débours, dépense occasionnés par une cause quelconque : *Calculer les frais du ménage.* — **2.** Somme allouée pour compenser les dépenses occasionnées par un travail nécessitant un déplacement, obligeant à assurer un certain train de vie, etc. : *Frais de mission.* — **3.** Dans une entreprise, coûts d'une ou de plusieurs opérations qui constituent, dans la généralité des cas, des charges d'exploitation. (→ *encycl.*) — **4.** *À frais virés,* au Québec, mode d'appel téléphonique correspondant au P. C. V. ‖ *À grands frais,* en se donnant beaucoup de mal, en employant des moyens importants, disproportionnés. ‖ *À moindre frais, à peu de frais,* en payant très peu ; en se donnant peu de mal, en employant des moyens de fortune. ‖ Fam. *Arrêter les frais,* cesser de dépenser de l'argent ; cesser de se donner du mal inutilement. ‖ *En être pour ses frais,* ne tirer aucun profit de ses dépenses ; s'être donné de la peine pour rien. ‖ *Faire des frais,* dépenser de l'argent, plus d'argent que d'habitude ; se donner de la peine pour séduire qqn, pour obtenir qqch. ‖ *Faire les frais de qqch,* en supporter les désagréments. ‖ *Faire les frais de la conversation,* en être le principal sujet ou bien l'accaparer à son profit. ‖ *Faux frais,* dépenses non prévues qui viennent s'ajouter à une dépense principale. ‖ *Se mettre en frais (pour qqn, pour qqch),* dépenser plus qu'on ne le fait habituellement ; prodiguer sa peine, ses efforts. • **Comptab.** *Frais d'approche,* frais nécessaires pour amener l'article acheté au lieu d'emploi ou du magasin. ‖ *Frais d'établissement,* frais engagés pour constituer une entreprise ou pour acquérir les moyens permanents de son exploitation. ‖ *Frais financiers,* charges représentées, pour une entreprise, par le coût des capitaux empruntés. ‖ *Frais généraux,* dépenses d'une entreprise qui n'entrent pas dans les frais de fabrication d'un produit. ‖ *Frais professionnels,* frais occasionnés à un travailleur par l'exercice de sa profession. ‖ *Frais réels,* frais qui, occasionnés à un travailleur dans l'exercice de sa profession, font l'objet de justificatifs. (Ce système s'oppose au forfait.) — **Dr.** *État de frais,* relevé des dépens d'un procès. (Syn. ÉTAT DES DÉPENS.) ‖ *Frais de justice,* dépenses qu'occasionne un procès (débours, dépens et honoraires d'avocat).

ENCYCL. **Comptab.** Les frais d'une entreprise se décomposent en *frais fixes,* indépendants de l'activité de fabrication ou de vente (appointements des dirigeants, loyers, amortissements, etc.), et en *frais variables,* dépendant de la production ou de la vente (matières et main-d'œuvre, énergie, commissions des représentants, etc.).

1. FRAISAGE n. m. (de *fraiser 1*). Action de fraiser une pièce.

ENCYCL. Le fraisage est, avec le tournage et la rectification, l'un des procédés fondamentaux de la fabrication mécanique. Il s'effectue sur une fraiseuse, par déplacement, sous une fraise tournant à vitesse convenable, de la pièce à usiner. Dans le *fraisage en bout,* la surface usinée est perpendiculaire à l'axe de la fraise ; dans le *fraisage en roulant,* elle est parallèle à cet axe. Ce dernier mode peut s'effectuer *en remontant,* lorsque le mouvement d'avance tend à s'opposer au mouvement de coupe, ou *en avalant,* dans le cas contraire.

2. FRAISAGE ou **FRASAGE** n. m. (de *fraiser 2*). Action de fraiser une pâte.

1. FRAISE n. f. (lat. pop. *fraga,* pl. du lat. class. *fragum,* avec l'infl. de *framboise*). **1.** Fruit comestible du fraisier, réceptacle charnu de la fleur auquel sont fixés de nombreux akènes. — **2.** *Pop.* Figure, visage. — **3.** *Fam.* Angiome tubéreux de la peau. — **4.** Pop. *Ramener sa fraise,* donner son opinion à tout propos et avec impudence, faire le faraud. ‖ Pop. *Sucrer les fraises,* être agité d'un tremblement nerveux ; être gâteux.

◆ adj. inv. De la couleur rouge de la fraise.

2. FRAISE n. f. (anc. fr. *fraser,* peler, du lat. pop. **fresare,* du lat. class. *faba fresa,* fève moulue). Intestin grêle de veau, ouvert, lavé et poché à l'eau bouillante, consommable comme abats ou utilisable en charcuterie.

3. FRAISE n. f. (de *fraise 2*). **1.** Chair rouge et plissée qui pend sous le bec du dindon. — **2.** Collerette en lingerie tuyautée, à un ou plusieurs rangs. (D'origine italienne, elle fut portée depuis Henri II jusqu'au XVIIe s.) — **3.** Dans l'ancienne fortification, palissade de bois au sommet d'une escarpe ou d'une contrescarpe.

4. FRAISE n. f. (de *fraise 1,* à cause des découpures de l'outil). **1.** Outil rotatif de coupe, comportant plusieurs arêtes tranchantes régulièrement disposées autour de son axe de rotation.

(→ *encycl.*) — **2.** Outil rotatif de travail du sol, équipant les motoculteurs, constitué de crochets incurvés montés sur un axe. — **3.** Outil utilisé pour faire un forage. — **4.** Instrument rotatif, monté sur tour ou microtour, utilisé pour traiter les lésions dentaires ou préparer la mise en place d'une prothèse. — **5.** Syn. de FRAISEUSE. — **6.** *Fraise module,* fraise utilisée pour le taillage des engrenages dent par dent.

ENCYCL. **Usin.** La partie active d'une fraise est sa denture, taillée dans la masse ou constituée par les arêtes de plaquettes interchangeables. Les dents taillées sont généralement hélicoïdales afin d'avoir une action progressive et une venue en prise sans à-coups. Les fraises cylindriques peuvent être à deux tailles, pour le surfaçage en bout et l'usinage mixte en bout et de côté, ou à trois tailles, à denture droite ou alternée, pour le rainurage de côté. Les fraises-scies, à trois tailles, très étroites, sont destinées au tronçonnage les fraises-rouleaux à une taille ; au surfaçage de côté. Pour le rainurage en bout, on utilise une fraise à deux lèvres. Les fraises non cylindriques les plus courantes sont les fraises coniques, les fraises à fileter, les fraises à tailler les engrenages (fraise-module, pour le taillage dent par dent, fraise-mère pour le taillage par génération) et les fraises de forme, destinées à des travaux spéciaux de profilage.

1. FRAISER v. t. (de *fraise 4*) [conj. 4]. **1.** Usiner une pièce au moyen d'une fraise. — **2.** Évaser l'entrée d'un trou, en vue, notamment, d'y loger la tête d'une vis. — **3.** Attaquer avec une fraiseuse une couche compacte de neige ou de terrain.

2. FRAISER ou **FRASER** v. t. (anc. fr. *fraser,* du lat. *faba fresa,* fève broyée, de *frendere,* broyer) [conj. 4]. Mélanger les ingrédients d'une pâte en la poussant et en la morcelant sur le plan de travail avec la paume de la main.

FRAISERAIE ou **FRAISIÈRE** n. f. Terrain planté de fraisiers.

FRAISEUR, EUSE n. (de *fraise 4*). Ouvrier (ère) capable d'exécuter des pièces à la fraiseuse, d'après un plan.

◆ **fraiseuse** n. f. **1.** Machine-outil servant pour le fraisage. (→ *encycl.*) — **2.** Engin mécanique automoteur attaquant une surface compacte au moyen de couteaux rotatifs (par ex. *fraiseuse à neige*). [Syn. FRAISE.]

ENCYCL. **Usin.** La fraiseuse comporte essentiellement une table porte-pièce et une broche (commandée par un moteur et une boîte de vitesses), qui entraîne la fraise en rotation, mobiles l'une par rapport à l'autre suivant trois axes orthogonaux. La table est portée par une console, elle-même supportée par le bâti. La broche est le plus souvent à axe horizontal. Elle peut entraîner un arbre porte-fraise ; il s'agit alors d'une *fraiseuse horizontale.* On peut également remplacer cet arbre par une tête universelle, qui permet de donner à l'axe de la fraise une direction quelconque ; il s'agit dans ce cas d'une *fraiseuse universelle.*

FRAISEUR-OUTILLEUR n. m. (pl. *fraiseurs-outilleurs*). Ouvrier hautement qualifié, capable d'exécuter à la fraiseuse des travaux délicats et précis, notamment pour la fabrication d'outillages.

FRAISIER n. m. (de *fraise 1*). **1.** Plante rampante vivace cultivée et existant dans les bois à l'état sauvage, dont le fruit comestible est la fraise. (Les fraisiers sont des plantes vivaces portant généralement des stolons, à feuilles trifoliées, à fleurs blanches.) [Famille des rosacées.] — **2.** Gâteau fait de deux abaisses de génoise séparées par une couche de fraises.

FRAISIÉRISTE n. Personne spécialisée dans la culture du fraisier.

1. FRAISIL [frɛzil] n. m. (angl. *frazil*). Glace de mer en formation, ou ensemble d'aiguilles de glace formées sur le rivage ou accumulées sous l'action des courants à l'amont d'une retenue.

2. FRAISIL [frɛzi] n. m. (anc. fr. *faisil,* du lat. pop. **facilis,* de *fax, facis,* torche). Produit de combustion incomplète que l'on retrouve dans une forge ou que l'on recueille dans les boîtes à fumée.

FRAISOIR n. m. Vilebrequin dont se servent les ouvriers travaillant le bois et la marqueterie.

FRAISSE (Paul), psychologue français (Saint-Étienne 1911 - Châtenay-Malabry 1996). Il est l'auteur d'importants travaux, notamment sur la perception et le processus d'information. Il a assuré avec J. Piaget la direction du *Traité de psychologie expérimentale* (1963-1966).

FRAISSINE → FRÊNAIE.

FRAISURE n. f. (de *fraise 4*). Cavité de forme tronconique faite avec une fraise à l'entrée d'un trou pour y loger la tête d'une vis.

FRAIZE (88230), ch.-l. de cant. des Vosges, dans les hautes Vosges cristallines, sur la Meurthe ; 3 063 hab.

FRAKÉ → FRAQUÉ.

Fram, navire norvégien utilisé par F. Nansen pour son expédition dans la mer de Kara au N. du Spitzberg (1893-1896).

Framatome, société française constituée en 1958 et contrôlée par Alcatel Alsthom Compagnie générale d'électricité (avec, pour autres principaux actionnaires, le Commissariat à l'énergie atomique [C. E. A.] et E. D. F.). Elle est le principal constructeur de centrales nucléaires dans le monde.

FRAMBŒSIA [-bɛzja] n. f. (de *framboise*). 1. Lésion cutanée du pian. — 2. Syn. de PIAN.

FRAMBOISE n. f. (frq. **brambasi,* avec l'infl. de *fraise*). 1. Fruit comestible du framboisier, drupe arrondie, formée de nombreux petits grains (drupéoles). [On l'utilise pour fabriquer des jus de fruits, des sirops, des confitures, des sorbets, des liqueurs.] — 2. Liqueur ou eau-de-vie élaborée à partir de framboises.
◆ adj. inv. De la couleur rose soutenu de la framboise.

FRAMBOISER v. t. (conj. 3). Parfumer à la framboise.

FRAMBOISIER n. m. Sous-arbrisseau (rosacée) sauvage ou cultivé, voisin de la ronce, à végétation en sarments, produisant la framboise. (La souche vivace émet chaque année des pousses nouvelles dont on contrôle le nombre et la vigueur.)

FRAME (Janet), femme de lettres néo-zélandaise (Oamaru, près de Dunedin, 1924). Une des principales figures littéraires de son pays, elle est à la fois fabuliste, poète (*le Miroir de poche,* 1967), nouvelliste (*le Lagon,* 1951) et romancière. Ses personnages sont pour la plupart des déshérités, des marginaux à la recherche angoissée de leur identité (*Quand pleurent les hiboux,* 1957 ; *État de siège,* 1966 ; *The Carpathians,* 1989). Son récit autobiographique *Parmi les buissons de Matagouri* (1984) a été adapté au cinéma par J. Campion (*Un ange à ma table,* 1990).

FRAMÉE n. f. (lat. *framea*). Arme d'hast franque, dont la hauteur ne dépassait pas la taille d'un homme.

FRAMERIES, comm. de Belgique (Hainaut), au S.-O. de Mons ; 21 800 hab.

FRAMIRÉ n. m. Grand arbre de la forêt tropicale africaine donnant un bois jaune apprécié en menuiserie.

FRAMYCÉTINE n. f. Antibiotique isolé de divers *streptomyces,* actif contre les bactéries Gram positif et négatif.

1. FRANC n. m. (p.-ê. de *franc,* signifiant « libre », ou de *Francorum rex,* roi des Francs, devise des premières pièces de monnaie). 1. Nom de plusieurs anciennes monnaies françaises. — 2. Unité monétaire de la France (symb. F). — 3. Unité monétaire de la Belgique, du Luxembourg, de la Suisse, du Liechtenstein, de Monaco, du Burundi, du Ruanda, de Djibouti, de Madagascar, de la Guinée. — 4. *Au marc le franc,* se dit d'un mode de répartition ou de paiement fait à chacun en proportion de sa créance ou de son intérêt dans une affaire. ‖ *Franc C. F. A.,* unité monétaire de l'archipel des Comores, du Bénin, du Cameroun, de la Côte-d'Ivoire, de la République Centrafricaine, du Congo, du Burkina, du Gabon, de la Guinée équatoriale, du Mali, du Niger, du Sénégal, du Togo et du Tchad. (Sa valeur, qui était restée inchangée à 0,02 franc depuis 1948, a été ramenée en 1994 à 0,01 franc.) ‖ *Franc C. F. P.,* unité monétaire de la Nouvelle-Calédonie, de la Polynésie française et de Wallis-et-Futuna. (Sa valeur est de 0,055 franc.) ‖ *Franc vert,* franc utilisé pour les échanges de produits agricoles dans la Communauté européenne et qui a une contre-valeur en unités de compte (écus) calculée grâce à un taux dit *taux vert.* (Il échappe aux effets de la dévaluation [ou réévaluation] du franc « courant ».) ‖ *Nouveau franc,* dénomination utilisée parfois encore, pour l'unité monétaire légale en vigueur depuis 1960 (par oppos. à *ancien franc*). ‖ *Zone franc,* zone de solidarité monétaire constituée par certains pays autour de la France et de sa monnaie, le franc.

ENCYCL. À l'origine, au XIVe s., le franc est une monnaie d'or frappée pour payer la rançon de Jean II le Bon, prisonnier des Anglais. Le type en est un chevalier casqué, sur son cheval. Le chevalier est *franc,* c'est-à-dire « libre », tandis que le roi est captif. Le franc correspond alors à 3,877 g d'or fin. Un franc d'argent est frappé à Paris à partir de 1575. Cette monnaie ayant subi de nombreuses altérations, le franc cesse, sous l'Ancien Régime, d'être une monnaie réelle, mais subsiste en tant que monnaie de compte.

La Convention nationale fait du franc l'unité monétaire légale, correspondant à une pièce de 5 g d'argent. La loi fondamentale du 17 germinal an XI (7 avr. 1803) institue le bimétallisme, qui durera jusqu'en 1879. La monnaie de compte, le franc, correspond à une pièce de monnaie formée de 5 g d'argent au titre de 9/10, puis, de 1879 à 1928, l'unité monétaire devient le franc-or de 322,5 mg d'or. De 1803 à 1914, le franc bénéficie d'une remarquable stabilité. Mais, en 1914, est décrétée l'inconvertibilité des billets en circulation, et l'inflation fait rapidement sentir ses effets. La dévaluation intervient le 25 juin 1928 ; le franc *Poincaré* correspond à un peu plus de 1/5 du franc germinal. Le franc connaît alors une suite de dévaluations (oct. 1936, juill. 1937, nov. 1938, févr. 1940, déc. 1945, janv. 1948, sept. 1949) qui en réduit la valeur à 2,539 mg d'or. Après une nouvelle dévaluation en déc. 1958 (1,80 mg), une nouvelle unité monétaire est créée en 1960, le « nouveau franc », valant 100 francs anciens et 180 mg d'or fin. De 1959 à 1969, le franc est stable, mais, après les événements de mai 1968, une nouvelle dévaluation intervient, en août 1969 (160 mg d'or fin). En 1972, le franc entre dans le « serpent monétaire européen », qu'il quitte en 1974 et en 1976 (après y être revenu en 1975). De 1976 à 1979 (création du système monétaire européen), il « flotte » et subit une dépréciation de fait de 1/3 par rapport au deutschemark (DM). Entre 1981 et 1986, le franc connaît quatre révisions des taux pivots (par rapport au DM). Par la suite, le franc se renforce : au début de 1990, il dépasse son taux pivot par rapport au DM au sein du S. M. E.

2. FRANC, FRANQUE adj. et n. (bas lat. *Franci,* pl. de *Francus,* du frq. **frank*). **1.** Qui appartient aux Francs. – **2.** *Langue franque,* syn. de LINGUA FRANCA.

3. FRANC, FRANCHE adj. (bas lat. *francus,* qui appartient à la race franque, libre). *Boutique franche,* magasin qui, en certains emplacements (gares aériennes, ferries, etc.), bénéficie de l'exemption de taxes sur les produits qui y sont commercialisés. (Syn. FREE SHOP.) ‖ *Franc d'avaries particulières,* clause qui limite la garantie d'une compagnie d'assurances maritimes en cas de perte totale du navire. ‖ *Franc de coulage,* clause qui exclut des risques garantis par une assurance le risque de coulage et d'évaporation de liquides transportés. ‖ *Franc de port,* se dit de lettres, colis ou marchandises dont les frais de port ont été payés par l'expéditeur. (Syn. FRANCO.) ‖ *Gouverner à la barre franche,* se servir directement de la barre du gouvernail, quand, par suite d'avaries, la drosse de la roue de transmission ne peut plus fonctionner. ‖ *Groupes francs,* pendant la Première Guerre mondiale et au début de la Seconde, unités légères de combat, souvent réunies en *corps francs,* chargées de missions spéciales ou délicates confiées plus tard aux commandos. ‖ *Port franc, zone franche,* port ou région frontière où les marchandises étrangères pénètrent librement, sans formalité ni paiement de droits. ‖ *Ville franche,* ville qui ne payait pas la taille.

4. FRANC, FRANCHE adj. (de *franc 3*). **1.** Qui agit de façon claire, sans équivoque ni arrière-pensée : *Un homme franc et sincère.* – **2.** Qui manifeste cette qualité : *Un regard franc.* – **3.** Qui parle sans détour ni dissimulation, qui ne cache pas sa pensée : *Soyez franc, ne me cachez rien.* – **4.** Où il n'y a ni équivoque, ni arrière-pensée, ni dissimulation : *Ce n'est pas une réaction franche.* – **5.** Qui est net, précis, non douteux : *Une situation franche. Montrer une franche hostilité.* – **6.** Qui est sans mélange ; pur : *Vert franc.* – **7.** *Litt.* Qui est véritablement, franchement tel : *Un franc scélérat.* – **8.** Se dit d'un délai où on ne compte ni le jour de départ ni celui du terme : *Passer dix jours francs à l'étranger.* – **9.** *Franc comme l'or,* d'une grande franchise. • **Agric.** *Terre franche,* terre ayant de bonnes qualités physiques, facile à travailler. – **Arbor.** Se dit d'un sujet, généralement issu de semis, appartenant à la même espèce que le greffon. ‖ *Franc de pied,* se dit d'un arbre non greffé, issu directement d'un semis ou d'une bouture. – **Bât.** *Pierre franche,* pierre de construction qui n'est ni trop tendre ni trop dure. – **Bx-arts.** Se dit d'une technique, d'une manière libre et sûre.

◆ **franc** adv. Ouvertement, sans dissimulation, en toute franchise : *Parlons franc.*

Franc Archer de Bagnolet *(le),* œuvre comique du XVe s. mettant en scène un soldat fanfaron.

FRANCA, v. du Brésil, dans le nord-est de l'État de São Paulo ; 150 000 hab. Chaussures.

FRANCA (Celia), danseuse britannique (Londres 1921). Elle a fondé le Ballet national canadien (National Ballet of Canada) [1951], qu'elle a dirigé d'abord avec Kay Ambrose, puis seule (1959-1974).

FRANÇAIS, E adj. et n. **1.** De France. – **2.** Relatif à la langue française : *Grammaire française.* – **3.** Conforme à la langue française, aux règles de la grammaire : *Ce n'est pas français ce que tu as écrit.* – **4.** *Rite français,* rite principal du Grand Orient de France.

◆ **français** n. m. **1.** Langue romane parlée principalement en France, au Canada, en Belgique, en Suisse et en Afrique. (→ *encycl.*) – **2.** Manière d'écrire ou de parler cette langue considérée du point de vue de sa conformité à la norme : *Améliorer son français.* – **3.** *Le Français,* la Comédie-Française. – **4.** *En bon français,* (pour parler) clairement, franchement, simplement. ‖ *Vous ne comprenez pas le français ?,* se dit pour marquer son impatience lorsqu'un ordre n'a pas été exécuté. ‖ *Français de selle,* race de poneys résultant du croisement de ponettes avec des étalons arabes ou d'autres races de poneys.

◆ **française** n. f. *À la française,* à la mode française, à la manière des Français. • **Bât.** *Parquet à la française,* syn. de PARQUET À COMPARTIMENTS*. – **Cost.** *Habit à la française,* habit masculin long, cintré et juponné sous Louis XV, plus étroit sous Louis XVI et Napoléon Ier (vêtement de cour ou de cérémonie jusqu'à la Restauration). – **Jard.** *Jardin à la française,* type régulier, aux amples perspectives rectilignes, créé par Le Nôtre au XVIIe s. – **Maroq.** et **Rel.** *À la française,* se dit d'un objet plus haut que large : porte-billets, porte-cartes, agenda, livre, etc. (S'oppose à la disposition *à l'italienne.*)

ENCYCL. La scission définitive entre le latin, langue écrite des clercs, et la langue parlée est attestée par l'apparition, aux VIIIe-IXe s., de glossaires et par un article du concile de Tours (813) enjoignant aux prêtres de prononcer leurs sermons en langue vulgaire.

L'*ancien français* (IXe-XIVe s.) acquiert le statut de langue écrite en 842 avec les *Serments de Strasbourg* et de langue littéraire à la fin du IXe s. *(Séquence de sainte Eulalie).* Il se caractérise par une flexion nominale à deux cas (sujet et régime), par l'apparition de l'article et par l'accent mis systématiquement sur la dernière syllabe (oxytonisme). Une grande cassure sépare les dialectes d'oïl (Nord) et ceux d'oc (Midi), plus proches du latin, avec une zone intermédiaire dite « franco-provençale ». Chaque groupe est lui-même subdivisé en dialectes distincts : normand, anglo-normand, picard, wallon, champenois, lorrain, bourguignon, francien (langue d'oïl) ; béarnais, limousin, auvergnat, languedocien, gascon, etc. (langue d'oc). Le parler de la région parisienne (le francien) triomphe, dès le XIIIe s., des autres dialectes pour des raisons politiques (prestige de la royauté) et culturelles (floraison littéraire). Le *moyen français* (XVe-fin XVIe s.) est caractérisé par la disparition des cas. Si le français s'efface outre-Manche au profit de l'anglais, il s'impose en France comme langue de l'Administration (ordonnance de Villers-Cotterêts, 1539) et il est adopté comme langue du culte par la religion réformée. Le *français classique* (XVIIe-XVIIIe s.) manifeste un désir d'épuration du vocabulaire et de codification de l'usage (fondation de l'Académie française en 1634). Le XVIIIe s. est l'âge du rayonnement et de l'universalité de la langue française, qui est reconnue en 1714 comme langue diplomatique internationale. Au XIXe et au XXe s., l'accélération des moyens de communication, la concentration urbaine, la centralisation administrative, l'instauration de l'école obligatoire (1882) achèvent de réaliser l'unité du français aux dépens des parlers régionaux.

Le système phonologique du *français contemporain* se caractérise par un grand nombre d'oppositions vocaliques et par la présence de 4 voyelles nasales : [ɑ̃], [ɛ̃], [œ̃], [ɔ̃]. Tous les mots sont accentués sur la dernière syllabe. Le système des temps verbaux oppose une série exprimant des procès non accomplis (temps simples) à une série exprimant des procès accomplis (temps composés). Sur le plan lexical, on note une tendance à l'introduction des mots étrangers sous leur forme d'origine et certains procédés de renouvellement spécialement productifs : la troncation *(métropolitain → métro),* l'abréviation *(C. G. T. → cégétiste),* les acronymes ainsi que le recours à des préfixes (*hyper-, mini-, super-,* etc.) ou à des éléments grecs et latins pour la formation des mots scientifiques (*bio-, électro-,* etc.).

FRANÇAIS *(Empire colonial),* ensemble des pays d'outre-mer qui étaient gouvernés par la France.

• *Des premières tentatives (XVIe s.) au premier Empire colonial (1661-1763).* Jusqu'au XVIIe s., exploration, conquête et peuplement de terres lointaines sont le fait d'initiatives dispersées soutenues épisodiquement par la volonté royale. Au XVIe s., le seul établissement solide est la Nouvelle-France (Canada) grâce à J. Cartier, qui remonte le Saint-Laurent (1535), et à S. de Champlain, fondateur de Québec (1608), le premier étant soutenu par François Ier, qui est considéré comme « le père de la colonisation française », le second par Henri IV. Au XVIIe s., Richelieu puis Colbert favorisent l'expansion coloniale : la Nouvelle-France se peuple et se développe, tout comme les Antilles, où les Français s'emparent de Saint-Christophe (1625), de la Guadeloupe et de la Martinique (1635), de la partie occidentale de Saint-Domingue (1665), riches de leurs produits tropicaux (café, sucre, etc.). Cavelier de La Salle prend possession de la Louisiane (1682). Des comptoirs sont fondés sur les côtes de Guinée et du Sénégal (Saint-Louis, 1659 ; Gorée, 1677) pour intensifier la traite des Noirs, à l'île Bourbon (île de la Réunion) [1638] à Madagascar (Fort-Dauphin, 1643), et surtout en Inde, où, grâce à la compagnie des Indes orientales, la France dispose en 1701 des établissements de Pondichéry, Mahé, Kārikāl, Yanaon, Masulipatam, Chandernagor. Soumis au système de l'exclusif, le domaine colonial français continue à s'étendre au XVIIIe s. avec notamment l'occupation de l'île de France (île Maurice) [1715] et, à partir de 1741, l'action de Dupleix en Inde. Avec 10 millions de km² et 30 millions d'hab. en 1754, l'empire est alors à son apogée.

• *La perte des colonies.* Mais la colonisation se heurte à de multiples obstacles (en premier lieu, à l'intérêt étroitement mercantile des compagnies) et suit les vicissitudes de la politique étrangère. Ainsi, la rivalité franco-anglaise, qui commence sous Louis XIV, aboutit au traité de Paris (1763), qui réduit le domaine colonial français à quelques territoires aux Antilles (Martinique, Guadeloupe, Saint-Domingue, Sainte-Lucie), à la Guyane, à Gorée, aux îles de France et Bourbon et à cinq comptoirs en Inde, auxquels s'ajouteront en 1783 (traité de Versailles) les comptoirs du Sénégal et Tobago. En outre, l'opinion et les élites sont indifférentes aux affaires coloniales et n'en débattent, comme sous la Révolution, qu'à propos de l'esclavage, qui est aboli par la Convention (1794) mais rétabli par Bonaparte (1802). Ce dernier abandonne ses velléités impérialistes d'outre-mer après l'échec de Saint-Domingue (1801-1803) et vend la Louisiane aux États-Unis (1803). Enfin, la France doit céder à la Grande-Bretagne Tobago, Sainte-Lucie et l'île de France par le traité de Paris (1814).

• *Le renouveau de la colonisation (1830-1880) et l'impérialisme (1880-1919).* Au XIXe s., dans le cadre de la révolution industrielle et des rivalités impérialistes, la colonisation française, désormais orientée par une volonté politique, acquiert une autre dimension. La Restauration rouvre l'ère des aventures d'outre-mer avec l'expédition d'Alger (1830). La conquête de l'Algérie par Bugeaud s'achève avec la reddition d'Abd el-Kader (1847) et l'occupation de la Kabylie (1857). La route de l'Afrique est rouverte avec la fondation de comptoirs sur la côte occidentale, qui forment en 1862 les Établissements français de la Côte-de-l'Or et du Gabon, tandis qu'à l'est la France achète Obock (1862), au débouché de la mer Rouge. Le Sénégal, conquis par Faidherbe (1854-1865), devient une base de pénétration vers l'Afrique intérieure. Mayotte (1843), Tahiti (1842-1847) et la Nouvelle-Calédonie (1853) intègrent le domaine français. Enfin, les bases de l'Indochine française sont jetées avec l'occupation de la Cochinchine (1862-1867) et l'établissement du protectorat sur le Cambodge (1863). Toutefois, c'est la IIIe République qui crée définitivement l'empire colonial français. La pression des puissants intérêts financiers et industriels, qui veulent contourner les barrières protectionnistes mises en place après la crise économique de 1873, et un certain nationalisme de substitution qui, à défaut de « revanche » en Europe, recherche gloire et puissance outre-mer, contribuent à la formation de cet Empire, qui se construit en une trentaine d'années à partir de 1880. La France contrôle successivement la Tunisie (1881), la Guinée (1887), le Dahomey (1894), la Haute-Volta (1896), le Niger (1897-1899) et le Tchad (1900), mais se heurte à l'expansion anglaise lorsqu'elle tente d'établir une zone d'influence continue du Congo à Djibouti (crise de Fachoda, 1898). Deux fédérations regroupent ses territoires africains, l'A.-O. F. (cap. Dakar), créée en 1904, et l'A.-E. F. (cap. Brazzaville), fondée en 1910. Dans le même temps, son empire s'agrandit de Madagascar (1885), des Comores (1886), de la côte des Somalis (1892), des Nouvelles-Hébrides (placées sous un condominium franco-anglais, 1906) et surtout, en Extrême-Orient, du Tonkin, de l'Annam (1885) et du Laos (1895). Sa dernière grande conquête est le Maroc, placé sous protectorat en 1912 et dont la pacification et la mise en valeur sont entreprises par Lyautey. À l'issue de la Première Guerre mondiale, par le système des mandats, la France obtient le contrôle de la Syrie et du Liban, de la majeure partie du Cameroun et du Togo (traité de Versailles, 1919).

• *Le second Empire colonial (1919-1946).* L'Empire français a alors atteint son étendue maximale avec 12 millions et demi de km² et 65 millions d'hab. L'Exposition coloniale internationale, qui se tient à Paris en 1931, consacre son apogée. Sa création est considérée comme une des plus belles réalisations de la IIIe République, qui la légitime au nom d'une mission civilisatrice. Avec Gambetta (plus qu'avec J. Ferry), bien des républicains se sont convertis à l'idée de colonisation considérée sous l'angle de la puissance, des affaires et du progrès. La colonisation a ses doctrinaires (tel P. Leroy-Beaulieu) et ses partisans, qui forment un groupe parlementaire officiel. Les milieux d'affaires s'intéressent particulièrement aux territoires d'outre-mer, sources de matières premières, de débouchés pour l'industrie et de placements de capitaux : c'est à la défense de ces intérêts qu'est voué le parti colonial d'E. Étienne. Les pays de l'Empire doivent produire essentiellement ce dont a besoin la métropole, et leurs habitants ne bénéficient que d'une participation dérisoire dans les institutions représentatives. Les prémisses de la dislocation de l'Empire se manifestent avec la crise mondiale (1929) et surtout lors de la Seconde Guerre mondiale, qui entame gravement le prestige de la métropole. La France doit reconnaître l'indépendance de la Syrie et du Liban (1941). Si, à la conférence de Brazzaville (1944), elle écarte sans équivoque toute idée d'autonomie ou d'indépendance, des mouvements nationalistes naissent et s'affirment, cependant, particulièrement en Afrique du Nord et en Indochine, où le Viêt-minh proclame l'indépendance du Viêt-nam (1945).

• *La décolonisation.* Dès lors, en moins de vingt ans, le mouvement de décolonisation et d'émancipation va faire disparaître la majeure partie de l'Empire français, et ce malgré la départementalisation de la Martinique, de la Guadeloupe, de la Guyane et de la Réunion, l'attribution de la citoyenneté française à tous les nationaux (1946), la loi-cadre du 23 juin 1956 qui marque une révolution vers l'autonomie et deux tentatives de réorganisation de l'Empire, transformé en Union française (1946) puis en Communauté (1958). La France doit reconnaître l'indépendance de l'Indochine (1954), de la Tunisie et du Maroc (1956), des quatorze républiques (plus la République malgache) qui se substituent à ses anciens territoires d'Afrique noire (1960), de l'Algérie (1962), des Comores (1975), des Afars et Issas (1977). Autour de la métropole ne gravitent plus aujourd'hui que les départements et territoires d'outre-mer*, ainsi que les collectivités terriroriales de Mayotte et de Saint-Pierre-et-Miquelon.

Français de l'étranger *(Conseil supérieur des)* **[C. S. F. E.],** organisme institué en 1949 et chargé notamment d'élire les douze sénateurs représentant les Français établis hors de France.

Française des Jeux *(la)*, société nationale des jeux et loteries de France (anc. Loterie* nationale). Elle propose différents jeux, organisés par tirage (Loto, Keno) ou par grattage instantané.

FRANÇAIX (Jean), compositeur et pianiste français (Le Mans 1912). Il étudia avec Nadia Boulanger, puis au Conservatoire de Paris. La forte influence de Stravinski ne fit jamais disparaître chez lui un indéniable parfum de terroir. Il composa la musique du film *Si Versailles m'était conté,* 1955.

FRANC-ALLEU [frɑ̃kalø] n. m. (pl. *francs-alleux*) [de *franc,* libre, et *alleu*]. Syn. rare de ALLEU.

FRANCASTEL (Pierre), historien d'art et esthéticien français (Paris 1900 - *id.* 1970). Professeur de sociologie de l'art (École pratique des hautes études) à partir de 1948, il s'est attaché à l'étude des systèmes de figuration dans la peinture, comme exprimant de façon autonome, à chaque époque, un certain état de civilisation (*Peinture et société,* 1952 ; *Histoire de la peinture française* [en collab. avec sa femme Galienne Francastel], 1955 ; *Art et technique aux XIXe et XXe s.,* 1956 ; *la Réalité figurative,* 1965 ; *la Figure et le lieu. L'ordre visuel du quattrocento,* 1967 ; etc.).

FRANC-BORD n. m. (pl. *francs-bords*). **1.** Distance verticale, mesurée au milieu de la longueur d'un navire, depuis le pont continu le plus élevé jusqu'à la ligne de charge indiquant le tirant d'eau maximal autorisé. — **2.** Espace de terrain, libre de propriétaire, qui borde une rivière ou un canal, au-delà des digues ou du chemin de halage. — **3.** *Certificat de franc-bord,* document délivré par une société de classification ou par un gouvernement à un navire, précisant le franc-bord minimal qui lui est accordé. ‖ *Marque de franc-bord,* anneau tracé sur la muraille d'un navire, à mi-distance entre l'avant et l'arrière, et traversé au centre par une barre horizontale qui indique le maximum d'enfoncement permis pour le navire en été.

FRANC-BOURGEOIS n. m. (pl. *francs-bourgeois*) [de *franc 3* et *bourgeois*]. Au Moyen Âge, roturier, dépendant d'un seigneur, qui était exempt des charges municipales.

FRANC-CANTON n. m. (pl. *francs-cantons*). Pièce héraldique carrée, placée à l'un des angles de l'écu, presque toujours à l'angle dextre du chef.

FRANC-COMTOIS, E adj. et n. (pl. *francs-comtois, franc-comtoises*). De Franche-Comté.

◆ **franc-comtois** n. m. Dialecte de langue d'oïl parlé en Franche-Comté.

FRANCE, État de l'Europe occidentale ; 549 000 km² ; 58 200 000 hab. (*Français*). CAP. *Paris.* Autres villes de plus de 200 000 hab. (dans l'ordre décroissant de la population de la commune seule) : *Marseille, Lyon, Toulouse, Nice, Strasbourg, Nantes, Bordeaux, Montpellier, Rennes* et *Saint-Étienne.* LANGUE : *français.* MONNAIE : *franc.*

Géographie.

• *Les conditions naturelles.* Le qualificatif d'« équilibré » pourrait s'appliquer au relief et au climat de la France. La haute montagne est présente, au S.-E. surtout (Alpes) et au S. (Pyrénées), mais elle est souvent aérée ou longée par des vallées (Rhône, Isère, Durance). Les paysages dominants sont ceux de plaines (Flandre et Picardie, Landes, Languedoc, etc.), de plateaux (Quercy et Périgord, bordure orientale du Bassin parisien, Bretagne, etc.), de moyennes montagnes (Ardennes, Vosges et aussi Massif central). Plus de 60 % du territoire sont au-dessous de 250 m d'altitude, 7 % seulement au-dessus de 1 000 m.

À mi-chemin entre le pôle et l'équateur, la France bénéficie d'un climat tempéré à dominante océanique, c'est-à-dire de températures généralement modérées (moyennes de janvier rarement inférieures à 0 °C, moyennes de juillet ne dépassant qu'exceptionnellement 22 °C). Les précipitations sont généralement comprises entre 500 et 1 000 mm, assez régulièrement réparties dans l'année. Ces caractéristiques générales sont régionalement à nuancer. L'hiver est plus rigoureux dans l'Est et naturellement en montagne, où l'altitude accroît souvent les précipitations (partiellement sous forme de neige). Les pluies sont abondantes et fréquentes en bordure de l'Atlantique (Bretagne, Pays basque), plus rares, mais plus violentes, sur le pourtour méditerranéen, marqué surtout par la chaleur et la sécheresse de l'été et par un fort ensoleillement.

• *La population.* Elle ne représente guère plus de 1 % de la population mondiale, proportion d'ailleurs régulièrement décroissante. L'excédent naturel est faible (200 000 unités par an environ), le taux de natalité (12,4 ‰) ayant diminué récemment beaucoup plus nettement que le taux de mortalité (9,6 ‰). Aujourd'hui, le taux de fécondité est tombé à 1,7. La population a « vieilli » : elle compte 20 % de moins de 15 ans et 15 % de 65 ans ou plus. La population étrangère représente 4,4 millions de personnes, soit 8 % de la population totale.

Les trois quarts des Français vivent dans des agglomérations (ou unités) urbaines, que domine l'agglomération parisienne. Après avoir marqué le pas de 1975 à 1982, la croissance des grandes agglomérations a repris. La moitié des

FRANCE : LES RÉGIONS			
régions (départements)	superficie (en km²)	population	chef-lieu
Alsace (67 et 68)	8 280	1 624 372	Strasbourg
Aquitaine (24, 33, 40, 47, 64)	41 308	2 795 830	Bordeaux
Auvergne (03, 15, 43, 63)	26 021	1 321 214	Clermont-Ferrand
Bourgogne (21, 58, 71, 89)	31 582	1 609 653	Dijon
Bretagne (22, 29, 35, 56)	27 208	2 795 638	Rennes
Centre (18, 28, 36, 37, 41, 45)	39 151	2 371 036	Orléans
Champagne-Ardennes (08, 10, 51, 52)	25 606	1 347 036	Châlons-en-Champagne
Corse* (2A et 2B)	8 680	249 737	Ajaccio
Franche-Comté (25, 39, 70, 90)	16 202	1 097 276	Besançon
Île-de-France (75, 77, 78, 91, 92, 93, 94, 95)	12 120	10 660 554	Paris
Languedoc-Roussillon (11, 30, 34, 48, 66)	27 376	2 114 985	Montpellier
Limousin (19, 23, 87)	16 942	722 850	Limoges
Loire (Pays de la) [44, 49, 53, 72, 85]	32 082	3 059 112	Nantes
Lorraine (54, 55, 57, 88)	23 547	2 305 726	Metz
Midi-Pyrénées (09, 12, 31, 32, 46, 65, 81, 82)	45 348	2 430 663	Toulouse
Nord-Pas-de-Calais (59,62)	12 414	3 965 058	Lille
Normandie (Basse-) [14, 50, 61]	17 590	1 391 318	Caen
Normandie (Haute-) [27, 76]	12 317	1 737 247	Rouen
Picardie (02, 60, 80)	19 399	1 810 687	Amiens
Poitou-Charentes (16, 17, 79, 86)	25 810	1 595 081	Poitiers
Provence-Alpes-Côte d'Azur (04, 05, 06, 13, 83, 84)	31 400	4 257 907	Marseille
Rhône-Alpes (01, 07, 26, 38, 42, 69, 73, 74)	43 698	5 350 701	Lyon

* *La Corse ne constitue plus une Région en droit, mais une collectivité territoriale.*

FRANCE : LES DÉPARTEMENTS MÉTROPOLITAINS			
département (n° d'identification)	superficie (en km²)	population	chef-lieu
01 Ain	5 762	471 019	Bourg-en-Bresse
02 Aisne	7 369	537 259	Laon
03 Allier	7 340	357 710	Moulins
04 Alpes-de-Haute-Provence	6 925	130 883	Digne-les-Bains
05 Alpes (Hautes-)	5 549	113 300	Gap
06 Alpes-Maritimes	4 299	971 829	Nice
07 Ardèche	5 529	277 581	Privas
08 Ardennes	5 229	296 357	Charleville-Mézières
09 Ariège	4 890	136 455	Foix
10 Aube	6 004	289 207	Troyes
11 Aude	6 139	298 712	Carcassonne
12 Aveyron	8 735	270 141	Rodez
90 Belfort (Territoire de)	609	134 097	Belfort
13 Bouches-du-Rhône	5 087	1 759 371	Marseille
14 Calvados	5 548	618 478	Caen
15 Cantal	5 726	158 723	Aurillac
16 Charente	5 956	341 993	Angoulême

FRANCE : LES DÉPARTEMENTS MÉTROPOLITAINS			
département (n° d'identification)	superficie (en km²)	population	chef-lieu
17 Charente-Maritime	6 864	527 146	La Rochelle
18 Cher	7 235	321 559	Bourges
19 Corrèze	5 857	237 908	Tulle
2 A Corse-du-Sud	4 014	118 174	Ajaccio
2 B Corse (Haute-)	4 666	131 563	Bastia
21 Côte-d'Or	8 763	493 866	Dijon
22 Côtes-d'Armor	6 878	538 395	Saint-Brieuc
23 Creuse	5 565	131 349	Guéret
24 Dordogne	9 060	386 365	Périgueux
25 Doubs	5 324	484 770	Besançon
26 Drôme	6 530	414 072	Valence
91 Essonne	1 804	1 084 824	Évry
27 Eure	6 040	513 818	Évreux
28 Eure-et-Loir	5 880	396 073	Chartres
29 Finistère	6 733	838 687	Quimper
30 Gard	5 853	585 049	Nîmes
31 Garonne (Haute-)	6 309	925 962	Toulouse
32 Gers	6 257	174 587	Auch
33 Gironde	10 000	1 213 499	Bordeaux
92 Hauts-de-Seine	176	1 391 658	Nanterre
34 Hérault	6 101	794 603	Montpellier
35 Ille-et-Vilaine	6 775	798 718	Rennes
36 Indre	6 791	237 510	Châteauroux
37 Indre-et-Loire	6 127	529 345	Tours
38 Isère	7 431	1 016 228	Grenoble
39 Jura	4 999	248 759	Lons-le-Saunier
40 Landes	9 243	311 461	Mont-de-Marsan
41 Loir-et-Cher	6 343	305 937	Blois
42 Loire	4 781	746 288	Saint-Étienne
43 Loire (Haute-)	4 977	206 568	Le Puy-en-Velay
44 Loire-Atlantique	6 815	1 052 183	Nantes
45 Loiret	6 775	580 612	Orléans
46 Lot	5 217	155 816	Cahors
47 Lot-et-Garonne	5 361	305 989	Agen
48 Lozère	5 167	72 825	Mende
49 Maine-et-Loire	7 166	705 882	Angers
50 Manche	5 938	479 636	Saint-Lô
51 Marne	8 162	558 217	Châlons-en-Champagne
52 Marne (Haute-)	6 211	204 067	Chaumont
53 Mayenne	5 175	278 037	Laval
54 Meurthe-et-Moselle	5 241	711 822	Nancy
55 Meuse	6 216	196 344	Bar-le-Duc
56 Morbihan	6 823	619 838	Vannes
57 Moselle	6 216	1 011 302	Metz

FRANCE : LES DÉPARTEMENTS MÉTROPOLITAINS			
département (n° d'identification)	superficie (en km²)	population	chef-lieu
58 Nièvre	6 817	233 278	Nevers
59 Nord	5 742	2 531 855	Lille
60 Oise	5 860	725 603	Beauvais
61 Orne	6 103	293 204	Alençon
75 Paris	105	2 152 423	Paris
62 Pas-de-Calais	6 672	1 433 203	Arras
63 Puy-de-Dôme	7 970	598 213	Clermont-Ferrand
64 Pyrénées-Atlantiques	7 645	578 516	Pau
65 Pyrénées (Hautes-)	4 464	224 759	Tarbes
66 Pyrénées-Orientales	4 116	363 796	Perpignan
67 Rhin (Bas-)	4 755	953 053	Strasbourg
68 Rhin (Haut-)	3 525	671 319	Colmar
69 Rhône	3 249	1 508 966	Lyon
70 Saône (Haute-)	5 360	229 650	Vesoul
71 Saône-et-Loire	8 627	559 413	Mâcon
72 Sarthe	6 206	513 654	Le Mans
73 Savoie	6 028	348 261	Chambéry
74 Savoie (Haute-)	4 388	568 286	Annecy
76 Seine-Maritime	6 278	1 223 429	Rouen
77 Seine-et-Marne	5 915	1 078 166	Melun
93 Seine-Saint-Denis	236	1 381 197	Bobigny
79 Sèvres (Deux-)	5 999	345 965	Niort
80 Somme	6 170	547 825	Amiens
81 Tarn	5 758	342 723	Albi
82 Tarn-et-Garonne	3 718	200 220	Montauban
94 Val-de-Marne	245	1 215 538	Créteil
95 Val-d'Oise	1 246	1 049 598	Pontoise
83 Var	5 973	815 449	Toulon
84 Vaucluse	3 567	467 075	Avignon
85 Vendée	6 720	509 536	La Roche-sur-Yon
86 Vienne	6 990	379 977	Poitiers
87 Vienne (Haute-)	5 520	353 593	Limoges
88 Vosges	5 875	386 258	Épinal
89 Yonne	7 427	323 096	Auxerre
78 Yvelines	2 284	1 307 150	Versailles

citadins vivent dans la trentaine d'agglomérations de plus de 200 000 hab. Si la densité moyenne de la population est de 103 hab./km², dans les campagnes elle est souvent de l'ordre de 20 hab./km², parfois davantage (Flandre, Normandie, Bretagne), souvent moins aussi (paradoxalement à la fois dans les régions de grande culture comme la Beauce et dans les régions les plus déshéritées comme le sud du Massif central ou des Alpes).

• *L'économie.* La population active avoisine 25 millions de personnes. Elle s'est accrue récemment essentiellement par l'extension du travail des femmes. Ce trait est lié à l'évolution de l'emploi par secteurs. L'agriculture n'occupe plus que 6 % de la population active et l'industrie moins de 30 % de celle-ci. Près des deux tiers des actifs travaillent donc dans le secteur tertiaire (commerce, transports, administrations...). La France se situe au quatrième rang mondial

FRANCE : L'OUTRE-MER				
		superficie (en km²)	population	chef-lieu
Départements	Guadeloupe	1 705	386 987	Basse-Terre
	Martinique	1 102	359 572	Fort-de-France
	Guyane	91 000	114 678	Cayenne
	Réunion	2 512	597 823	Saint-Denis
Territoires	Nouvelle-Calédonie	19 103	164 173	Nouméa
	Polynésie française	4 000	188 814	Papeete
	Wallis-et-Futuna	255	13 705	Mata Utu
	Terres Australes et Antarctiques françaises	400 000		
Collectivités territoriales	Mayotte	370	55 000	Dzaoudzi
	Saint-Pierre-et-Miquelon	242	6 277	Saint-Pierre

(derrière les États-Unis, l'Allemagne, le Japon) pour la valeur globale de sa production.
L'exode rural s'est traduit par une diminution sensible des exploitations (2,3 millions en 1955, moins de 1 million aujourd'hui), provoquant un net agrandissement de la taille moyenne (28 ha aujourd'hui), la superficie agricole utilisée ne reculant que faiblement (encore près de 60 % de la superficie totale, ce qui est considérable). Cette évolution, souvent humainement douloureuse, a cependant favorisé la modernisation du secteur (progrès de la mécanisation ajoutés à une utilisation croissante d'engrais), stimulée aussi par la mise en place du Marché commun, dont la France constitue, et de loin, la première puissance agricole. Les produits animaux représentent 47 % de la valeur de la production, qui utilise plus de la moitié de la superficie agricole utile. Parmi les produits végétaux émergent les céréales (blé, maïs), les fruits et légumes et naturellement le vin. L'apport de la pêche stagne, comme celui de la sylviculture (malgré un taux de boisement de 25 %). Il faut signaler l'essor récent des oléagineux (colza, tournesol et surtout soja). Toutefois, dans la formation du P. I. B., l'agriculture entre pour moins de 4 %, la part de l'industrie se situant vers 30 %.
L'insuffisance de la production d'énergie est ancienne. Le recul de l'extraction du charbon et du gaz naturel a toutefois été compensé par une lente progression de l'hydroélectricité et surtout par l'essor du nucléaire, favorisé par une relative richesse en uranium et qui assure aujourd'hui 75 % de la production totale d'électricité. La France se situe ici au deuxième rang mondial et le taux d'indépendance énergétique a très nettement remonté. Toutefois, la production de pétrole demeure très faible et les achats de brut et de gaz naturel sont onéreux.
Le sous-sol est plus riche en potasse et en bauxite (production cependant en recul, de même que la production d'aluminium). Le minerai de fer est aussi présent, mais son extraction a fortement diminué en raison d'une faible teneur et aussi de la crise de la sidérurgie. Dans la métallurgie de transformation, la construction navale est depuis longtemps en difficulté, l'automobile peine pour se maintenir (livrant tout de même annuellement plus de 3 millions de voitures de tourisme), l'aéronautique paraît en meilleure position (comme la chimie élaborée et surtout l'agroalimentaire). En revanche, le textile demeure une branche « sinistrée », comme l'est devenu plus récemment le bâtiment.
Dans le domaine du tertiaire, le nombre des agents de l'État dépasse 2,5 millions d'actifs (enseignement, postes et télécommunications, défense, etc.), plus du double de l'important secteur des transports et des télécommunications. Le réseau routier (378 500 km de routes nationales et départementales, auxquelles s'ajoutent plus de 10 000 km d'autoroutes et de voies autoroutières) s'est adapté à un parc automobile accru. Les transports routiers assurent la majeure partie du trafic commercial intérieur, loin devant le rail (réseau de près de 35 000 km, dont plus de 12 000 km de lignes électrifiées), la navigation intérieure, les oléoducs et gazoducs. Le trafic portuaire avoisine 300 Mt (assuré pour plus de moitié par Marseille et Le Havre), encore dominé par les importations de pétrole. Les services marchands concernent en majeure partie encore le commerce de détail

(malgré le développement des grandes surfaces). Le tourisme est devenu un secteur économique de première importance ; avec plus de 50 millions de visiteurs chaque année, la France se situe au premier rang européen. Les revenus du tourisme contribuent à l'équilibre de la balance des paiements et la balance commerciale est redevenue, au moins temporairement, excédentaire (largement en raison de la faiblesse des investissements et du déclin de la consommation). La part des exportations dans le P. I. B. approche 20 %. Environ 60 % du commerce extérieur s'effectuent avec les partenaires de l'Union européenne (Allemagne en tête).

Le niveau de vie moyen est élevé si l'on considère le taux d'équipement des ménages en automobiles, téléphones, téléviseurs, magnétoscopes. Ces chiffres ne doivent pas masquer la persistance d'inégalités sociales et régionales (souvent associées), la stagnation de la production, un taux élevé de chômage (env. 12 % de la population active, bien davantage chez les jeunes et les femmes), phénomènes (qui ne sont pas propres à la France) liés à la mondialisation et aux changements de structures de l'économie, au ralentissement ou à l'arrêt d'une croissance à laquelle l'ensemble du monde occidental s'était habitué.

Histoire. Les premiers occupants du territoire constituant la France actuelle apparaissent il y a environ un million d'années. Au cours du paléolithique puis du néolithique, leur culture se développe. Au début du Ier millénaire, les Celtes s'installent sur le sol gaulois, qui connaît alors l'âge de fer.

58-51 av. J.-C. La Gaule est conquise par les légions romaines de Jules César.

Le pays est christianisé dès la fin du Ier s. La Gaule subit les invasions barbares à partir du Ve s.

• *Les Mérovingiens (v. 481-751).*

Vers 481-508. Clovis, roi des Francs (v. 481-511), conquiert la Gaule et fonde le royaume franc.

Le partage de ses États entre ses fils après sa mort et de nouvelles conquêtes donnent naissance à trois royaumes rivaux (Austrasie, Neustrie, Bourgogne). L'aristocratie (notamment les maires du palais) profite de cette rivalité pour s'affermir aux dépens du pouvoir royal : les rois mérovingiens sont réduits au rôle de « roi fainéant ».

732. Charles Martel, maire du palais des trois royaumes, arrête à Poitiers l'invasion musulmane.

• *Les Carolingiens (751-987).*

751. Pépin le Bref, fils de Charles Martel, est couronné roi des Francs et fonde la dynastie des Carolingiens.

800. Charlemagne, fils de Pépin le Bref, est couronné empereur d'Occident et règne sur un vaste empire.

843. Au traité de Verdun, l'empire de Charlemagne est partagé entre ses trois petits-fils. Charles II le Chauve reçoit la Francie occidentale (partie de l'empire située à l'O. de l'Escaut, de la Meuse, de la Saône et du Rhône), qui va devenir la France. Le pays traverse alors une période troublée (invasions normandes), pendant laquelle naît le régime féodal.

• *Les Capétiens (987-1328).*

987. Hugues Capet monte sur le trône de France. Les Capétiens agrandissent peu à peu le domaine royal. Philippe II Auguste conquiert sur le roi d'Angleterre la Normandie (1204) et l'Anjou.

1214. À Bouvines, Philippe II Auguste bat l'empereur germanique.

1229. Après la croisade contre les albigeois, le Languedoc est rattaché à la Couronne de France. Tandis que les Capétiens affermissent leur autorité, le monde féodal se désagrège peu à peu. Le renouveau commercial permet le développement du mouvement communal.

• *La fin du Moyen Âge (1328-1483).*

1328. Philippe VI fonde la dynastie des Valois.

1337-1453. La guerre de Cent Ans oppose Français et Anglais.

1347-1349. La peste noire ravage le pays.

1461-1483. Louis XI brise la puissance des grands vassaux (Charles le Téméraire).

La France s'agrandit du Dauphiné (1349), de la Bourgogne (1477) et de la Provence (1481).

• *La Renaissance (1483-1594).*

1494. Les guerres d'Italie, engagées par Charles VIII (1483-1498), se poursuivent sous Louis XII (1498-1515) et sous François Ier (1515-1547). La lutte menée par François Ier contre Charles Quint ne prend fin que sous Henri II (1547-1559). L'autorité royale se renforce (naissance de l'État moderne).

1532. Édit d'union de la Bretagne à la France.

1562-1593. Les guerres de Religion divisent la France sous les règnes des derniers Valois (François II, Charles IX, Henri III).

1572. Massacre de la Saint-Barthélemy.

• *Henri IV et Louis XIII (1594-1661).*

1594. Le protestant Henri de Navarre succède à Henri III après s'être converti au catholicisme. Sacré roi sous le nom d'Henri IV, il fonde la dynastie des Bourbons.

1598. L'édit de Nantes rétablit la paix religieuse.

1610-1643. Sous le règne de Louis XIII, Richelieu soumet les nobles et les protestants et renforce l'absolutisme.

1635-1648. La France intervient directement dans la guerre de Trente Ans.

1648-1652. Les troubles de la Fronde menacent l'autorité royale.

• *Le siècle de Louis XIV (1661-1715).*

1661. À partir de la mort de Mazarin, Louis XIV (roi de 1643 à 1715) gouverne la France en maître absolu.

Son règne est une époque de gloire militaire, littéraire et artistique. Les institutions sont renforcées dans le sens de la centralisation. La politique coloniale de ses prédécesseurs est poursuivie.
Mais les guerres trop fréquentes (la dernière s'achève au traité d'Utrecht, en 1713) compromettent la situation de la France et de la royauté.
1678. Pleine souveraineté sur l'Alsace et annexion de la Franche-Comté (traité de Nimègue).
1685. Révocation de l'édit de Nantes.
• *Le siècle des Lumières (1715-1789).*
1715-1774. Dès le règne de Louis XV, marqué par des échecs en politique extérieure (guerre de Sept Ans, perte de l'Inde et du Canada), la nécessité de réformes se fait sentir.
1768. Rattachement de la Corse.
1776. Rattachement de la Lorraine.
Le mouvement philosophique du XVIIIe s. contribue à saper les idées absolutistes ; la bourgeoisie, enrichie par l'expansion économique générale, n'accepte plus d'être écartée de la conduite du pays par l'aristocratie.
• *La Révolution et l'Empire (1789-1814).*
1789. La Révolution est provoquée par la crise financière, politique et sociale née au début du règne de Louis XVI (1774-1792). Elle brise l'absolutisme royal, établit l'égalité civile (nuit du 4 août) et abolit les dernières traces de la féodalité.
1791-1792. Sous la Législative a lieu une tentative de monarchie constitutionnelle, qui échoue et entraîne la chute de la royauté (10 août 1792).
1792-1795. La Convention sauve la France de l'invasion étrangère.
1795-1799. Le Directoire succède à la Convention.
1799. Le coup d'État du 18 brumaire an VIII renverse le Directoire et installe le Consulat.
Bonaparte, Premier consul, affermit certaines conquêtes de la Révolution : le Code civil (1804) sanctionne les réformes sociales de 1789.
1804. La Constitution de l'an XII établit le premier Empire. Bonaparte est nommé empereur des Français sous le nom de Napoléon Ier.
• *La Restauration et le second Empire.*
1814. Avec le règne de Louis XVIII (1814-1824) puis celui de Charles X (1824-1830), les Bourbons gouvernent de nouveau la France.
Après la chute de Charles X (1830), le règne de Louis-Philippe (1830-1848) est marqué par l'essor de la bourgeoisie, qui détient la suprématie politique et économique.
1848. Les journées de février fondent la IIe République et établissent le suffrage universel.
La révolte ouvrière de juin rejette la république vers le conservatisme et le pouvoir personnel, qui s'installe avec le prince-président Louis Napoléon Bonaparte (coup d'État du 2 décembre 1851).
1852. Napoléon III fonde le second Empire.
1860. Cession de Nice et de la Savoie à la France.
• *De la IIIe République à nos jours.*
1870. Après les échecs militaires de l'Empire pendant la désastreuse guerre franco-allemande, la IIIe République est proclamée.
1871. L'insurrection de la Commune (18 mars) se termine par un échec (27 mai).
1875-1885. Les républicains font adopter les lois organisant les pouvoirs politiques, l'enseignement obligatoire et laïque et autorisant les syndicats. La conquête coloniale reprend en Afrique et en Asie.
1894-1899. Affaire Dreyfus.
1914-1918. Première Guerre mondiale.
1932. La France, à son tour, est touchée par la crise économique mondiale de 1929.
1936. Le triomphe du Front populaire fait faire un grand progrès à la législation sociale (accords Matignon).
1939. La France est contrainte de déclarer la guerre à l'Allemagne, qui a envahi la Pologne. C'est le début de la Seconde Guerre mondiale.
1940-1944. La France est défaite et occupée. Après l'armistice, le gouvernement, présidé par le maréchal Pétain, est installé à Vichy.
1944. Le 6 juin, les Alliés débarquent en Normandie et libèrent Paris le 25 août. Gouvernement d'« unanimité nationale » dirigé par de Gaulle.
La IVe République (1944-1958) est une période d'instabilité politique.
1951. La France adhère à la C. E. C. A., créée à l'initiative de J. Monnet et R. Schuman.
1946-1954. Guerre d'Indochine.
1954-1962. Guerre d'Algérie.
La France doit accepter l'indépendance des États qui constituaient son empire colonial. Par ailleurs, elle adhère en 1957 au traité de Rome, qui fonde la C. E. E. (1958).
Après une grave crise gouvernementale est instaurée en 1958 la Ve République, dont le général de Gaulle est élu président.
1969. G. Pompidou est élu président de la République.
1974. V. Giscard d'Estaing lui succède.
1981. Élection de F. Mitterrand à la présidence de la République.
1986. F. Mitterrand nomme J. Chirac Premier ministre (c'est le premier gouvernement de « cohabitation »).
1988. F. Mitterrand est réélu à la présidence de la République et nomme un gouvernement socialiste.
1992. Soumise à référendum, la ratification du traité de Maastricht est approuvée à 51,01 %.
1993. F. Mitterrand nomme É. Balladur Premier ministre (c'est le deuxième gouvernement de « cohabitation »).
1995. Jacques Chirac est élu président de la République.

SOUVERAINS, RÉGIMES ET CHEFS D'ÉTAT DE LA FRANCE

Mérovingiens

Chlodion (ou Clodion)	v. 428-v. 447
Mérovée	v. 447-v. 457
Childéric Ier	v. 457-481 ou 482
Clovis	481 ou 482-511
Premier partage (511) *Austrasie.*	
Thierry Ier	511-v. 534
Théodebert Ier (ou Thibert)	534-547/548
Théodebald (ou Thibaud)	547/548-555
Orléans.	
Clodomir	511-524
Paris.	
Childebert Ier	511-558
Neustrie.	
Clotaire Ier (Seul roi de 558 à 561.)	511-561
Deuxième partage (561) *Paris.*	
Caribert	561-567
Orléans et Bourgogne.	
Gontran	561-592
Neustrie.	
Chilpéric Ier	561-584
Clotaire II (Seul roi de 613 à 629.)	584-629
Dagobert Ier (Seul roi de 629 à 634.)	629-v. 638
Austrasie.	
Sigebert Ier	561-575
Childebert II	575-595
Thibert (ou Théodebert II)	595-612
Sigebert II	613
Bourgogne.	
Thierry II	595/596-613
Austrasie.	
Sigebert III	634-656
Childéric II	662-675
Dagobert II	676-679
Neustrie et Bourgogne.	
Clovis II	639-657
Clotaire III	657-673
Thierry III	673-690 ou 691
Clovis III	675
Clovis IV	691-695
Childebert III	695-711
Dagobert III	711-715
Chilpéric II, désigné par les Neustriens	715-721
Clotaire IV, désigné par Charles Martel	718-719
Thierry IV	721-737
[Interrègne]	737-743
Childéric III	743-751

Carolingiens

Pépin le Bref	751-768
Charlemagne (avec Carloman jusqu'en 771)	768-814
Louis Ier le Pieux ou le Débonnaire	814-840
Charles II le Chauve	843-877
Louis II le Bègue	877-879
Louis III et Carloman	879-882
Carloman seul	882-884
Charles le Gros	884-887
Eudes (famille capétienne)	888-898
Charles III le Simple (Il partagea le trône avec Eudes de 893 à 898.)	893-923
Robert Ier (famille capétienne) ; opposé à Charles le Simple	922-923
Raoul	923-936
Louis IV d'Outremer	936-954
Lothaire	954-986
Louis V	986-987

Capétiens directs

Hugues Capet	987-996
Robert II le Pieux	996-1031
Henri Ier	1031-1060
Philippe Ier	1060-1108
Louis VI le Gros	1108-1137
Louis VII le Jeune	1137-1180
Philippe II Auguste	1180-1223
Louis VIII	1223-1226
Louis IX (Saint Louis)	1226-1270
Philippe III le Hardi	1270-1285
Philippe IV le Bel	1285-1314
Louis X le Hutin	1314-1316
Jean Ier (posthume)	1316
Philippe V le Long	1316-1322
Charles IV le Bel	1322-1328

Valois

Valois directs (issus de Charles de Valois, frère de Philippe le Bel).

Philippe VI de Valois	1328-1350
Jean II le Bon	1350-1364
Charles V le Sage	1364-1380
Charles VI	1380-1422
Charles VII	1422-1461
Louis XI	1461-1483
Charles VIII	1483-1498

SOUVERAINS, RÉGIMES ET CHEFS D'ÉTAT DE LA FRANCE

Valois-Orléans (issus du 1er fils de Louis d'Orléans, frère de Charles VI).	
Louis XII	1498-1515
Valois-Angoulême (issus du 3e fils de Louis d'Orléans).	
François Ier	1515-1547
Henri II	1547-1559
François II	1559-1560
Charles IX	1560-1574
Henri III	1574-1589
Bourbons *(issus de Robert, comte de Clermont, 6e fils de Saint Louis).*	
Henri IV	1589-1610
Louis XIII	1610-1643
Louis XIV	1643-1715
Louis XV	1715-1774
Louis XVI	1774-1792
Ire République	
Convention	1792-1795
Directoire	1795-1799
Consulat	1799-1804
Premier Empire	
Napoléon Ier, empereur	1804-1814
Les Cent-Jours	1815
Restauration *(Bourbons)*	
Louis XVIII	1814-1824
Charles X	1824-1830
Monarchie de Juillet *(Bourbons-Orléans)*	
Louis-Philippe Ier	1830-1848
IIe République	
Louis Napoléon Bonaparte	1848-1852
Second Empire	
Napoléon III, empereur	1852-1870
IIIe République	
A. Thiers	1871-1873
Mac-Mahon	1873-1879
Jules Grévy	1879-1887
Sadi-Carnot	1887-1894
Casimir-Perier	1894-1895
Félix Faure	1895-1899
Émile Loubet	1899-1906
Armand Fallières	1906-1913
Raymond Poincaré	1913-1920
Paul Deschanel	févr.-sept. 1920
Alexandre Millerand	1920-1924
Gaston Doumergue	1924-1931
Paul Doumer	1931-1932
Albert Lebrun	1932-1940
État français	
Philippe Pétain	1940-1944
Gouvernement provisoire de la République	
Charles de Gaulle	1944-1946
Félix Gouin, Georges Bidault, Léon Blum	1946-1947
IVe République	
Vincent Auriol	1947-1954
René Coty	1954-1959
Ve République	
Charles de Gaulle	1959-1969
Georges Pompidou	1969-1974
Valéry Giscard d'Estaing	1974-1981
François Mitterrand	1981-1995
Jacques Chirac	1995

France, paquebot français, lancé en 1960. Long de 315,66 m, large de 33,70 m, il possédait un tirant d'eau de 10,50 m, son déplacement en charge étant de 56 300 t. Fleuron de la Compagnie générale transatlantique, affecté à la ligne Le Havre-New York, il pouvait emporter 2 040 passagers. Désarmé en 1974, il a été racheté par une compagnie norvégienne, transformé, et rebaptisé *Norway*.

France *(campagne de),* ensemble des opérations qui, de janv. à mars 1814, opposèrent l'armée française, commandée par Napoléon, aux armées alliées (Prusse, Autriche, Grande-Bretagne et Russie). Le 1er janv. 1814, de Dijon à Bar-le-Duc et à l'Oise, la France est envahie. Face aux 500 000 soldats alliés, Napoléon engage ses 70 000 hommes dans une extraordinaire bataille de harcèlement. Les Prussiens de Blücher sont défaits à Brienne (29 janv.), à Champaubert, Montmirail, Vauchamps (10-14 févr.) ; les Autrichiens de Schwarzenberg sont battus à Montereau (18 févr.). Mais les Alliés fortifient leur cohésion à Chaumont (9 mars) et s'élancent sur Paris, qui tombe le 31 mars, entraînant l'abdication de l'Empereur le 6 avril.

France *(campagne de),* ensemble des opérations qui opposèrent, du 10 mai au 25 juin 1940, les armées françaises et alliées (britanniques, belges, néerlandaises) aux forces allemandes et qui aboutirent à l'anéantissement des forces françaises et à l'armistice de Rethondes.

Précédées par des bombardements sur les aérodromes belges et hollandais, les forces allemandes déclenchent le 10 mai leur offensive générale de la Hollande au Luxembourg. Gamelin applique aussitôt le plan « Dyle », qui prévoit l'entrée en Belgique du groupe d'armée Nord (Billote) et en Hollande de la VIIe armée (Giraud). Mais c'est au sud que se joue le sort de la campagne : le 12 mai, les divisions blindées de Guderian atteignent la Meuse et, dès le 13, avec le soutien de l'aviation, en occupent la rive gauche à Dinant, Monthermé et au sud de Sedan. Malgré la résistance de la IIe armée (Huntziger), le dispositif allié est coupé en deux. Au nord, la capitulation hollandaise, le 15 mai, entraîne la chute d'Anvers (17 mai). L'entrée des blindés de Guderian à Abbeville (20 mai) va isoler les Alliés du reste des forces françaises à Dunkerque, qui tombe le 4 juin. Malgré les efforts de Weygand pour rétablir le contact entre ses divisions du Nord et les divisions de la Somme, la première phase de la campagne est terminée.

La deuxième bataille, dite *bataille de France,* commence. Le 5 juin, les Allemands attaquent sur la Somme et sur l'Aisne la ligne de front constituée entre le 15 et le 25 mai. Les Allemands sont sur la Marne le 10 juin, jour où l'Italie déclare la guerre à la France. Le 12 juin, Weygand prescrit la retraite générale. Le 14, les Allemands sont à Paris, le 17 à Orléans, le 19 à Rennes et à Nantes, le 20 à Brest et à Lyon, le 22 à La Rochelle. L'armistice de Rethondes, demandé le 17 juin, signé le 22 et complété par l'armistice italien du 24, met fin à la lutte, qui cesse le 25.

France *(Histoire de),* œuvre de Michelet, comprenant 25 volumes (1833-1867) et allant des origines de la France au règne de Louis XVI.

France *(Histoire de),* œuvre publiée sous la direction d'Ernest Lavisse et composée de deux séries : depuis les origines jusqu'à la Révolution (9 tomes de chacun 2 vol., 1903-1911) et depuis la Révolution jusqu'à la paix de 1919 (10 vol., 1920-1922).

France *(Histoire littéraire de la),* ouvrage bibliographique entrepris par des bénédictins de Saint-Maur (début du XVIIIe s.). C'est un inventaire complet des œuvres écrites sur le sol français depuis les origines. Continué après la Révolution par l'Académie des inscriptions et belles-lettres, ce travail comprend 38 volumes, le dernier traitant des œuvres du XIVe s.

FRANCE *(île de),* anc. nom de l'île Maurice.

FRANCE *(plaine de),* région située au N. de Paris (principalement dans l'est de l'actuel Val-d'Oise), vers Puiseux-en-France et l'aéroport de Roissy, où la grande culture céréalière a reculé devant l'urbanisation et l'industrie.

France *(point de),* dentelle à l'aiguille présentant de grands ramages fleuris sur fond de mailles hexagonales à picots. (Inspiré des dentelles de Venise, le véritable point de France connaît un grand renom avec les dentelles d'Alençon et d'Argentan. Beaux exemples à Paris : musée Carnavalet et musée des Arts décoratifs.)

France libérée *(médaille de la)* → RECONNAISSANCE DE LA FRANCE LIBÉRÉE *(médaille de la).*

France libre *(la),* nom donné au petit groupe de volontaires qui, répondant à l'appel du général de Gaulle lancé de Londres le 18 juin 1940, décidèrent de continuer la lutte contre l'Allemagne malgré l'armistice. En juill. 1942, elle prit le nom de « France combattante », qui groupait des résistants de l'extérieur et de l'intérieur.

France libre *(médaille de la)* → SERVICES MILITAIRES VOLONTAIRES DE LA FRANCE LIBRE *(médaille des).*

FRANCE (Anatole François THIBAULT, dit **Anatole**), écrivain français (Paris 1844 - La Béchellerie, Saint-Cyr-sur-Loire, 1924). Après *le Crime de Sylvestre Bonnard* (1881), où il a voulu camper son propre personnage, A. France a successivement publié, dans un registre très varié, empreint de scepticisme et d'une ironie toute voltairienne, *la Rôtisserie de la reine Pédauque* (1893), si différente du *Lys rouge* (1894), double hommage à Mme de Caillavet et à l'Italie, du récit de fiction politique (*l'Île des pingouins,* 1908) ou de la fresque révolutionnaire (*Les dieux* ont soif,* 1912). Conservateur en esthétique, mais progressiste en politique, France trouve dans l'affaire Dreyfus son *Histoire contemporaine* (*l'Orme du mail,* 1897 ; *le Mannequin d'osier,* 1897 ; *l'Anneau d'améthyste,* 1899 ; *Monsieur Bergeret à Paris,* 1901). Il a aussi prêté sa plume aux diverses manifestations de la gauche militante. (Acad. fr., 1896 ; prix Nobel 1921).

FRANCE (Henri DE), inventeur français (Paris 1911-*id.* 1986). Son procédé de télévision en couleurs, le système SECAM, breveté en 1956, a été adopté en 1966 par la France, l'U. R. S. S. et la plupart des pays de l'Est européen.

France 2, chaîne nationale de télévision française. Issue de la deuxième chaîne mise en service en 1964, constituée en 1974 sous le nom d'Antenne 2 (A2), elle a reçu sa dénomination actuelle en 1992 à l'occasion de son regroupement avec France 3 sous l'enseigne commune de France Télévision.

France 3, chaîne nationale de télévision française, à vocation régionale. Issue de la troisième chaîne mise en service en 1973, constituée en 1974 sous le nom de France Régions 3 (FR3), elle a reçu sa dénomination actuelle en 1992 à l'occasion de son regroupement avec l'autre chaîne publique, France 2, sous l'enseigne commune de France Télévision.

France-Presse *(Agence)* **[A. F.-P.],** agence de presse, née en 1944 de l'ancienne *Agence Havas,* nationalisée par le gouvernement de Vichy sous le nom d'*Office français d'information.* La loi du 10 janv. 1957 en a fait un organisme autonome. L'A. F.-P. est l'une des cinq grandes agences de presse mondiales. La quasi-totalité des quotidiens français y est abonnée.

Francesca → Piero Della Francesca.

FRANCESCA da Rimini, italienne, fille de Guido da Polenta, mariée en 1275 à Giovanni Malatesta et que Dante a rendue célèbre, immortalisant dans *la Divine comédie* (*Enfer,* chant V), l'amour qui l'unissait à son beau frère Paolo Malatesta et la fin tragique des amants, poignardés par l'époux de Francesca (v. 1285). Silvio Pellico (1815) et d'Annunzio (1902) lui ont consacré un drame, et Zandonai (1914) un opéra.

FRANCESCATTI (René Charles, dit **Zino**), violoniste français (Marseille 1902 - La Ciotat 1991). Sa rencontre avec Ravel (1926) lança sa carrière internationale. Avec Robert Casadesus, il forma un duo particulièrement remarqué.

FRANCESCO da Barberino, poète italien (Barberino, près de Florence, 1264 - Florence 1348), auteur de poèmes didactiques (*Reggimento e costumi di donna,* 1318-1320) sur la vie en Italie au XIIIe s.

FRANCESCO da Milano, organiste et luthiste italien (Monza 1497 - v. 1543), auteur d'un recueil de pièces de luth *(Intavolatura di liuto).*

FRANCESCO di Giorgio → Martini.

France-Soir, quotidien français fondé en 1941. Mensuel de la Résistance intitulé *Défense de la France,* il devient quotidien à la Libération et prend le nom de *France-Soir* en janv. 1945 avec pour directeur Pierre Lazareff. *France-soir* devient, par son tirage, le quotidien le plus important de la presse française. Après la mort de P. Lazareff (1972), sa diffusion a baissé. Il a été racheté en 1976 par R. Hersant.

France Télécom, nom de marque (1988), puis nom d'exploitant public (1991) pris par la Direction générale des télécommunications*.
La loi du 2 juillet 1990 a transformé France Télécom en personne morale de droit public, dotée de l'autonomie financière et placée sous la tutelle du ministre chargé des Postes et des Télécommunications. Un nouveau changement de statut en fera, à partir de 1997, une société anonyme, contrôlée directement et majoritairement par l'État (l'exploitant étant autorisé à continuer de recruter des fonctionnaires jusqu'au 1er janvier 2002).

France Télévision, enseigne commune aux deux chaînes de télévision du service public français, France 2 et France 3.

FRANCEVILLE ou **MASUKU,** v. du sud-est du Gabon ; 59 000 hab. Métallurgie de l'uranium et du manganèse, extraits dans la région.

FRANCEVILLITE n. f. (de *Franceville,* n. pr.). Vanadate hydraté naturel d'uranium, de plomb et de baryum, de couleur jaune, orange ou verte, orthorhombique, qui est exploité comme minerai d'uranium.

FRANC-FIEF n. m. (pl. *francs-fiefs*). **1.** Taxe imposée à un roturier qui faisait l'acquisition d'un fief. — **2.** Fief dont le détenteur n'était soumis qu'à des services réduits ou à aucun service.

FRANCFORT ou **FRANCFORT-SUR-LE-MAIN,** en all. **Frankfurt am Main,** v. d'Allemagne, dans la Hesse ; 659 803 hab.
— **Géogr.** Commandant une région urbanisée de près de 3 millions d'hab., c'est la métropole de l'Allemagne moyenne, le premier centre commercial (Foire du livre) et financier (siège de la Bundesbank et de la Bourse) du pays, aux notables fonctions culturelles (université Goethe et édition) et industrielles (électrotechnique et chimie notamment), bénéficiant d'une excellente desserte routière, ferroviaire et aussi aérienne (grand aéroport). Siège de l'Institut monétaire européen.
— **Hist.** Déjà occupé par les Romains, le site de Francfort devint avec les Carolingiens le noyau de la cité, qui fut à partir du XIe s. un centre commercial important (première foire en 1240). La cité devint une ville impériale libre au XIVe s. Les empereurs du Saint Empire s'y firent couronner de 1562 à 1792. Résidence du prince-primat de la Confédération du Rhin de 1806 à 1813, elle devint la capitale de la Confédération germanique en 1815 et fut annexée par la Prusse en 1866. La ville fut détruite à 60 % pendant la Seconde Guerre mondiale.
— **Bx-arts.** Monuments de la vieille ville, très restaurés : cathédrale des XIIIe-XVe s. (beau mobilier), églises, anc. hôtel de ville *(Römer)* fait de trois maisons gothiques à pignons, maison de Goethe (reconstituée). Nombreux et importants musées, dont celui de l'institut Städel (beaux-arts) et le musée allemand d'Architecture.

Francfort *(Assemblée nationale* ou *Parlement de),* Assemblée constituante réunie à Francfort pour donner une nouvelle Constitution à la Confédération germanique. Née de la révolution de mars 1848, elle se dispersa en juin 1849.

Francfort *(diète de),* assemblée des représentants des États de la Confédération germanique (1815-1866). Les décisions importantes devaient y être prises à la majorité des deux tiers. L'Autriche y présidait un conseil étroit de 19 membres. Éclipsée par l'Assemblée de Francfort (1848-49), elle reprit ses séances en 1850. Paralysée par la rivalité entre la Prusse et l'Autriche, elle disparut avec la Confédération germanique (1866).

Francfort *(école de),* ensemble d'intellectuels allemands regroupés autour de l'*Institut für Sozialforschung* de Francfort-sur-le-Main et qui ont étudié les problèmes sociaux et philosophiques dans une perspective marxiste indépendante des partis communistes (Th. W. Adorno, H. Marcuse, E. Fromm, W. Benjamin). Ils se réunirent à Francfort de 1923 à 1934, puis émigrèrent aux États-Unis. Dans les années 50, l'école reprit vie à Francfort grâce à M. Horkheimer et J. Habermas.

Francfort *(traité de)* [10 mai 1871], traité de paix signé entre la France et l'Allemagne et terminant la guerre de 1870-71. Confirmant les préliminaires de Versailles entre Bismarck et Thiers (26 févr. 1871), il cédait à l'Allemagne l'Alsace et le nord-est du plateau lorrain, à l'exclusion de Briey et de l'arrondissement de Belfort. Une indemnité de 5 milliards de francs à 5 % d'intérêt, plus 266 millions de dettes de guerre, était garantie par l'occupation de 21 départements.

FRANCFORT-SUR-L'ODER, en all. **Frankfurt an der Oder,** v. d'Allemagne (Brandebourg), sur la rive gauche de l'Oder, à la frontière polonaise ; 83 850 hab. Ancienne ville hanséatique. Constructions électriques. Chimie. Textile.

FRANCHE-COMTÉ, ancienne province de France, dont le nom provient du comté de Bourgogne, par oppos. au duché et dont l'extension géographique classique correspond au Jura central et à sa bordure, ainsi qu'aux pays de la haute Saône. La Franche-Comté a donné son nom à une Région, formée des départements du Doubs, du Jura, de la Haute-Saône et du Territoire de Belfort ; 16 202 km^2 ; 1 097 276 hab. *(Francs-Comtois).* Ch.-l. *Besançon.*
— **Géogr.** Petite Région (à peine 3 % de la superficie et 2 % de la population de la France), la Franche-Comté occupe le nord de la chaîne du Jura (humide, froide en hiver et souvent boisée) et la majeure partie des plaines et plateaux du bassin supérieur de la Saône. L'élevage (laitier), l'artisanat (travail du bois et des plastiques), le tourisme estival et hivernal sont les ressources essentielles de la montagne, dépeuplée ; l'élevage bovin est juxtaposé aux cultures dans les plaines de la Saône, le vignoble est, très localement, prospère. L'industrie est encore cependant largement dominante (horlogerie et mécanique de précision, matériel électrique et ferroviaire, automobiles surtout). Elle est concentrée essentiellement à Besançon et surtout dans la conurbation Belfort-Montbéliard, les deux principaux pôles urbains, dans la vallée du Doubs, axe vital (ferroviaire et autoroutier) ouvrant la Région vers l'Alsace et les pays rhénans au N., Lyon et la Méditerranée, par la vallée du Rhône, au S. La grande liaison fluviale Rhin-Rhône est toujours au stade des études.
L'industrie est toutefois, sectoriellement et localement, en difficulté et le secteur tertiaire est moins prédominant que dans la plupart des autres Régions. Cette situation, liée à la relative faiblesse de l'urbanisation, contribue à expliquer la quasi-stagnation de la population.
— **Hist.** Occupé par la confédération gauloise des Séquanes, le sol de l'actuelle Franche-Comté est rattaché, après la conquête romaine, aux provinces de Belgique, puis de Germanie supérieure et enfin de Grande Séquanaise. Englobé dans le royaume burgonde puis franc au Ve s., puis dans l'empire de Lothaire en 843, il appartient à la fin du IXe s. au royaume de Bourgogne-Provence et forme vers l'an mille un comté. Rattaché à l'empire, il échoit par mariage en 1156 à Frédéric Barberousse, qui le transmet à l'un de ses fils. Momentanément rattaché à la couronne de France en 1295, il prend bientôt le nom de Franche-Comté et, par le mariage de Marguerite de Flandre, son héritière, avec Philippe le Hardi, s'unit au duché de Bourgogne en 1384. Cette unité est rompue en 1477, à la mort de Charles le Téméraire. Le traité d'Arras (1482) attribue la Franche-Comté à Marie de Bourgogne, fille de Charles, et à son mari Maximilien d'Autriche. En 1556, elle passe aux rois d'Espagne issus de Charles Quint. Dévastée par la guerre franco-espagnole, elle est définitivement annexée en 1678 par Louis XIV (traité de Nimègue). La Révolution a divisé la Franche-Comté en trois départements (Doubs, Jura, Haute-Saône).

FRANCHEMENT adv. **1.** D'une manière franche, sincère, loyale : *Parler franchement.* — **2.** Sans hésitation : *Cheval qui saute franchement.* — **3.** Sans équivoque, d'une manière nette : *Se prononcer franchement pour un candidat.* — **4.** Tout à fait, vraiment, réellement : *Il devient franchement désagréable.* — **5.** *À franchement parler,* ou *franchement,* en tête de phrase, introduit une assertion qui exprime le fond de la pensée du locuteur : *Franchement, vous avez tort.*

FRANCHES-MONTAGNES, en all. **Freiberge,** un des trois districts du canton du Jura, en Suisse ; 8 800 hab. Ch.-l. *Saignelégier.*

FRANCHET D'ESPEREY (Louis Félix Marie François), maréchal de France (Mostaganem 1856 - château de Saint-Amancet, Tarn, 1942). Présent en Algérie, en Tunisie, au Tonkin, il participe en 1900 à l'expédition de Chine. Appelé en 1912 au

Maroc par Lyautey, il mène une campagne victorieuse dans l'ouest du pays. Commandant en 1914 du 1er corps d'armée, il arrête à Guise (29 août) l'avance allemande. Il prend le 3 sept. le commandement de la Ve armée, dont le rôle sera déterminant dans la victoire de la Marne. En 1916, il est successivement commandant des groupes de l'armée de l'Est puis du groupe des armées du Nord. À la tête des armées alliées en Orient (juin 1918), il déclenche l'offensive en Macédoine contre la Bulgarie et la contraint à signer l'armistice (29 sept.). Maréchal de France (1921), il est inspecteur général des troupes d'Afrique du Nord de 1923 à 1931. (Acad. fr., 1934.)

FRANCHETTI (Jean-Pierre), danseur français (Paris 1944), fils et élève de Raymond **Franchetti** (Aubervilliers 1921). Danseur étoile (1972), il s'est imposé dans le rôle de Frollo de *Notre-Dame de Paris* (de R. Petit) en 1972 et dans le rôle-titre du *Loup* (de R. Petit) en 1975.

FRANCHEVILLE (69340), comm. du Rhône, banlieue O.-S.-O. de Lyon ; 10 940 hab. Vestiges médiévaux.

FRANCHEVILLE ou **FRANQUEVILLE** (Pierre), en ital. **Francavilla** (Pietro), sculpteur français (Cambrai v. 1553 - Paris 1615). Collaborateur de Giambologna en Toscane, il entra au service d'Henri IV, puis de Marie de Médicis (*Esclaves* de bronze du monument du roi au Pont-Neuf, Louvre).

FRANCHIR v. t. (de *franc 2*) [conj. 32]. **1.** Passer au-delà d'un obstacle, en partic. en enjambant, en sautant, en grimpant, etc. : *Franchir un mur, une barrière.* — **2.** Passer au-delà d'une limite : *Il a franchi le premier la ligne d'arrivée.* — **3.** Dépasser qqch, aller au-delà : *Il a franchi le cap de la cinquantaine.* — **4.** Surmonter qqch ; vaincre, triompher de : *Il a franchi sans peine toutes les difficultés.* — **5.** Parcourir une distance, traverser un espace : *Franchir les mers. Franchir le désert en cinq jours.*

FRANCHISAGE ou **FRANCHISING** n. m. Contrat par lequel un commerçant (franchiseur) met à la disposition d'un autre commerçant (franchisé) son savoir-faire, son organisation, une enseigne ou une marque de fabrique, en contrepartie d'une rémunération versée par le franchisé.

1. FRANCHISE n. f. (de *franc 4*). **1.** Qualité de qqn, des propos de qqn, qui ne dissimule pas sa pensée, qui parle ouvertement : *Répondre avec franchise.* — **2.** Qualité de qqn, du comportement de qqn qui agit avec loyauté : *Attitude qui manque de franchise.* — **3.** *En toute franchise,* à vous parler franchement, sans détour.

2. FRANCHISE n. f. (de *franc 3*). **1.** Clause d'une assurance qui fixe un montant restant à la charge de l'assuré en cas de dommage ; ce montant lui-même. — **2.** Savoir-faire, marque, etc., cédés par un commerçant à un autre dans le cadre d'un contrat de franchisage. — **3.** Période durant laquelle le bénéficiaire d'un crédit n'a rien à rembourser ou ne paie que les intérêts liés au crédit, sans avoir à procéder à l'amortissement du capital. (Syn. DIFFÉRÉ DE REMBOURSEMENT.) — **4.** Exemption en matière de taxes, d'impôts ou de droits de douane. — **5.** *Charte de franchise,* charte énonçant les privilèges accordés par un seigneur à une communauté d'habitants pour attirer ou retenir ces derniers sur son domaine. (La multiplication des chartes de franchise à partir du XIIe s. est liée au réveil urbain et aux grands défrichements.) ‖ *Franchise postale,* exemption de taxe d'affranchissement pour les correspondances expédiées ou reçues par certains services de l'État et certains services publics. ◆ **franchises** n. f. pl. Ensemble de privilèges accordés à une communauté, une institution.

FRANCHISÉ n. m. Commerçant qui utilise la marque, l'organisation, l'image publicitaire, etc., d'un autre (franchiseur) en lui versant une rémunération.

FRANCHISER v. t. (conj. 3). Conclure un contrat de franchisage.

FRANCHISEUR n. m. Commerçant qui met à la disposition d'un autre (franchisé) sa marque, son organisation, son image publicitaire, etc., en contrepartie d'une rémunération.

FRANCHISING → FRANCHISAGE.

FRANCHISSABLE adj. Qui peut être franchi : *Une rivière facilement franchissable.*

FRANCHISSEMENT n. m. Action de franchir, de traverser, de surmonter : *Le franchissement d'un obstacle.*

FRANCHOUILLARD, E adj. et n. *Pop.* et *péjor.* Qui présente les défauts traditionnellement attribués au Français moyen (en partic. chauvinisme, étroitesse d'esprit).

FRANCIA, pays des Francs, qui fut divisé lors du traité de Verdun (843) en *Francia occidentalis,* futur royaume de France, donnée à Charles II le Chauve, et en *Francia orientalis,* noyau du royaume de Germanie, confiée à Louis Ier le Germanique.

FRANCIA (Francesco RAIBOLINI, dit **il**), peintre italien (Bologne v. 1460 - *id.* 1517). D'abord orfèvre, il diffusa à partir de 1490, à Bologne et à Ferrare, une manière sereine en partie inspirée d'Antonello da Messina et du Pérugin.

FRANCIA (José Gaspar RODRÍGUEZ DE), homme d'État paraguayen (Asunción 1766 - *id.* 1840).

Artisan de l'indépendance (1813), proclamé dictateur en 1814, puis dictateur à vie (1816), il a maintenu le Paraguay dans un total isolement, interdisant tous les échanges avec l'extérieur.

Franciade *(la),* poème épique de Ronsard (1572), inspiré d'une légende selon laquelle la dynastie des rois de France depuis Charlemagne descendrait de Francus, fils d'Hector. Sur les douze chants prévus, Ronsard n'en composa que quatre.

FRANCIEN n. m. (de *France,* n. pr.). Dialecte de langue d'oïl parlé au Moyen Âge en Île-de-France et en Orléanais. (Langue de la cour, ce dialecte deviendra le français.)

FRANCILIEN, ENNE, adj. et n. De l'Île-de-France.

FRANCINE ou **FRANCHINE,** en ital. **Francini,** famille de fontainiers d'origine florentine, dont le nom reste attaché aux travaux hydrauliques du XVIIe s. en France. Le plus connu d'entre eux est THOMAS (Florence 1571 - Saint-Germain-en-Laye 1661), qui travailla au château Neuf de Saint-Germain, à Fontainebleau, et surtout à l'adduction des eaux de Rungis jusqu'au Luxembourg et à ses jardins (1612-1623), avec doublement de l'aqueduc d'Arcueil.

Francion *(la Vraie Histoire comique de),* roman publié en 1622 par Charles Sorel, continué par lui en 1626 et 1633. Premier roman de mœurs inspiré des romans picaresques espagnols, il enseigne qu'aux meilleurs incombe de tirer le juste parti de la vie.

FRANCIQUE n. m. (bas lat. *francicus,* des Francs). Langue des anciens Francs, appartenant au germanique occidental, reconstituée de façon hypothétique. (Il occupa l'aire de l'Allemagne moyenne, du Luxembourg et de la Lorraine et est rattaché au haut allemand.)
◆ adj. Relatif au francique.

FRANCIS (James Bicheno), ingénieur américain (Southleigh, Devon, 1815 - Lowell, Massachusetts, 1892). Il a réalisé, en 1849, la turbine hydraulique qui porte son nom.

FRANCIS (Sam), peintre américain (San Mateo, Californie, 1923 - Santa Monica 1994). Influencé par Monet et par la peinture zen, maître de la modulation de l'espace par la couleur-lumière, il a travaillé à Paris dans les années 50.

FRANCISATION n. f. Action de franciser ; fait d'être francisé : *La francisation d'un terme anglais.*

1. FRANCISCAIN, E adj. (lat. médiév. *Franciscus,* François). **1.** Relatif à saint François d'Assise : *L'esprit franciscain.* — **2.** Qui concerne les franciscains ou leur ordre.
◆ **franciscain** n. m. Nom donné à tous les frères mineurs, religieux de l'ordre fondé par saint François d'Assise et actuellement divisé en trois branches (les frères mineurs proprement dits, appelés usuellement *franciscains,* les frères mineurs capucins et les frères mineurs conventuels).
◆ **franciscaine** n. f. Religieuse du tiers ordre régulier de saint François d'Assise.

ENCYCL. Les débuts de l'ordre franciscain, fondé par saint François d'Assise en 1209 ou 1210, sont marqués par une longue crise qui oppose les tenants de l'esprit du fondateur, attaché essentiellement à la pauvreté absolue et à l'absence de communautés organisées, aux disciples de François qui considèrent que la mendicité est incompatible avec la forme d'apostolat qu'exige des frères le monde du XIIIe s. : acceptation de la prêtrise, études universitaires, enseignement, toutes conditions qui supposent la constitution de « couvents » franciscains. Finalement, le second courant triomphe, non sans des mouvements de résistance, les plus importants étant celui que mènent autour de 1250 les partisans de Joachim de Flore et, au XIVe s., celui des fraticelles. Cependant, des tensions demeurant entre « conventuels » et « observants », Léon X, en 1517, les sépare en deux ordres autonomes. Puis des mouvements internes provoquent chez les « observants » des réformes : la plus importante, dirigée, à partir de 1525, par Matteo Baschi, aboutit à la fondation d'un troisième ordre franciscain : les capucins (1619).
Devenus très tôt un *ordo studens,* les frères mineurs ont compté, au XIIIe et au XIVe s., des docteurs de premier plan : Alexandre de Hales, saint Bonaventure, Guillaume d'Occam, Duns Scot, Antoine de Padoue, Salimbene, Roger Bacon, etc. Missionnaires, les frères se sont répandus très vite dans le monde.

2. FRANCISCAIN n. m. (de *franciscain 1*). Passereau plocéidé remarquable par les vives couleurs de la parure de noces du mâle.

FRANCISCO DE VITORIA → VITORIA (Francisco DE).

FRANCISELLA n. f. Genre bactérien incluant des bactéries Gram négatif, aérobies strictes, dont l'espèce *Francisella tularensis,* agent de la tularémie.

FRANCISER v. t. (conj. 3). **1.** Intégrer un mot à la langue française en lui donnant la prononciation, la morphologie propres au système du français. — **2.** Donner à qqn, à qqch, à un pays le caractère français, les manières françaises. — **3.** Adapter légalement au système français un nom ou un prénom étranger, notamment par naturalisation ou réintégration. — **4.** Immatriculer un navire sur les registres français tenus à son port d'attache, ce qui l'autorise à arborer le pavillon français.

FRANCISME n. m. Mouvement politique d'inspiration fasciste, créé en 1933 par Marcel Bucard et qui collabora avec l'Allemagne de 1940 à sa disparition, en 1944.

FRANCISQUE n. f. (bas lat. *francisca*). **1.** Hache de guerre en usage chez les Germains, et notamment chez les Francs. — **2.** *Francisque gallique,* hache à deux fers, emblème adopté par le gouvernement de Vichy de 1940 à 1944 ; décoration créée en oct. 1941 par le gouvernement de Vichy.

FRANCISQUE (Antoine), luthiste et compositeur français (Saint-Quentin v. 1575 - Paris 1605). Il a publié *le Trésor d'Orphée* (1600), une anthologie de la première école de luth française.

FRANCISTE n. Spécialiste de langue et de littérature françaises.

FRANCISTOWN, v. de l'est du Botswana ; 52 000 hab. Aéroport.

FRANCITÉ n. f. Qualité de ce qui est français ; ensemble des caractéristiques de ce qui est reconnu comme français.

FRANCIUM [-sjɔm] n. m. (de *France,* n. pr.). Élément radioactif (symb. Fr) de numéro atomique 87. (Dernier élément naturel manquant à la classification périodique, il a été isolé de l'actinium par Marguerite Perey en 1939.)

FRANC-JEU adj. inv. et n. m. (pl. *francs-jeux*). Syn. de FAIR-PLAY.

FRANCK (Salomon), poète allemand (Weimar 1659 - *id.* 1725). Il publia des textes d'airs spirituels et de cantates, dont certains furent mis en musique par G. P. Telemann et J. S. Bach.

FRANCK (César), organiste et compositeur français (Liège 1822 - Paris 1890). Toute sa carrière s'est organisée autour de l'orgue de Ste-Clotilde (1858) en particulier, où, après avoir été maître de chapelle, il tint le nouvel instrument de Cavaillé-Coll (1859) jusqu'à sa mort. Professeur d'orgue au Conservatoire (1872), Franck, insistant sur l'improvisation et l'écriture, forma une pléiade d'artistes de premier ordre, dont H. Duparc et V. d'Indy. Il se révéla avec deux pages maîtresses, achevées en 1879 : le quintette avec piano et *les Béatitudes.* Puis il écrivit ses chefs-d'œuvre, dont *Prélude, choral et fugue,* pour piano (1884), les *Variations symphoniques,* pour piano et orchestre (1885), la sonate pour piano et violon (1886), la *Symphonie en « ré » mineur* (1888) et les *Trois Chorals,* pour orgue, considérés comme son testament musical (1890). L'art de Franck apparaît comme parfaitement équilibré entre les formes traitées par Bach (choral, fugue, passacaille) et la grande variation beethovénienne. Il est aussi le reflet d'un lyrisme tumultueux et d'un romantisme passionné (quintette, sonate pour piano et violon), contrastant avec les méditations sereines, mystiques de certains oratorios ou les plus beaux épisodes des *Trois Chorals.*

Franck (*école* **César-**), école supérieure française de musique, fondée à Paris en 1935.

FRANCK (James), physicien allemand naturalisé américain (Hambourg 1882 - Göttingen 1964). Il a confirmé la théorie de Bohr avec une étude sur la conductivité électrique des gaz, étudié l'excitation des atomes et élucidé avec G. Hertz le phénomène de luminescence. (Prix Nobel de physique 1925.)

FRANCKE (Meister, c'est-à-dire **Maître**), peintre allemand, actif à Hambourg dans la première moitié du XVe s. Il est l'auteur des retables de *Saint Thomas Becket* (musée de Hambourg) et de *Sainte Barbe* (Helsinki).

FRANCKEN, famille de peintres flamands. HIERONYMUS Ier (Herentals, près d'Anvers, 1540 - Paris 1610) se fixa vers 1566 à Fontainebleau et peignit de grands retables italianisants et des scènes de bal. Un de ses neveux, FRANS II (Anvers 1581 - *id.* 1641), composa toutes sortes de tableaux pittoresques, d'une facture légère, sur des sujets à la mode, dont celui des « cabinets d'amateurs ».

Francke Verlag, maison d'édition suisse, fondée à Berne en 1831 par J. F. J. Dalp.

FRANC-MAÇON, ONNE n. (pl. *francs-maçons, franc-maçonnes*) [angl. *free mason,* maçon libre]. Membre de la franc-maçonnerie. (Syn. MAÇON.) ◆ adj. Syn. de MAÇONNIQUE.

FRANC-MAÇONNERIE n. f. (pl. *franc-maçonneries*) [de *franc-maçon*]. **1.** Société mondiale fermée, dont les membres, ou *frères,* qui se reconnaissent à des signes, en possèdent seuls les secrets sous serment. (Un groupe de maçons forme une loge, un groupement de loges forme une obédience.) [Syn. MAÇONNERIE.] (→ *encycl.*) — **2.** Organisation à l'intérieur de laquelle se manifeste une solidarité agissante entre ses membres.

ENCYCL. La *maçonnerie,* d'abord *opérative* (bâtisseurs médiévaux), admet (XVIe-XVIIe s.) des membres étrangers à l'art de bâtir, avant de devenir *spéculative* lorsque est fondée, à Londres, en 1717, une « Grande Loge », dont les Constitutions demeurent la charte de la franc-maçonnerie universelle. Une longue querelle interne, origine d'une scission, prit fin en 1813 avec l'*Act of Union,* constitutif de l'actuelle Grande Loge unie d'Angleterre, tenue pour la Grande Loge mère de toutes les grandes loges du monde.

La franc-maçonnerie est introduite vers 1725 en France par des jacobites émigrés. Malgré quelques difficultés avec la police, les loges prennent une rapide extension, mais connaissent aussi une scission et des difficultés. En 1773 est fondé le Grand Orient, autorité centrale destinée à rétablir l'ordre. Au XIXe s., les deux grandes obédiences sont le *Grand Orient* et le *Suprême Conseil du Rite écossais ancien et accepté,* fondé en 1804. Un lent abandon du symbolisme se produit au profit de la politique et de l'athéisme militant. En 1877, le Grand Orient raye de ses Constitutions la mention du *Grand Architecte de l'Univers.* Considéré comme schismatique par la Grande Loge d'Angleterre et les autres grandes loges dans le monde, le Grand Orient persévérera dans sa ligne logique et inspirera toute l'œuvre anticléricale de la IIIe République. Quant à la *Grande Loge de France,* fondée en 1894, elle conserve la formule du Grand Architecte de l'Univers.

En 1913, E. de Ribaucourt ressuscite une franc-maçonnerie régulière en France et constitue la *Grande Loge nationale indépendante et régulière,* qui prend en 1948 le nouveau nom de *Grande Loge nationale française (G. L. N. F.),* seule obédience française reconnue par la Grande Loge d'Angleterre.

Ces scissions expliquent la diversité des rites maçonniques et des grades.

À la tête de chaque loge se trouve un vénérable, assisté d'un collège d'officiers. À la tête de chaque obédience se trouve un grand maître. Le grand maître de la Grande Loge de France est assisté d'un Conseil fédéral, celui du Grand Orient d'un Conseil de l'ordre, qui jouit de la réalité du pouvoir. Une fois l'an se tient la Tenue (ou Assemblée) de Grande Loge, appelée « convent », à la Grande Loge de France et au Grand Orient. Les obédiences féminines ou mixtes qui existent ici ou là ne sont pas reconnues.

Les relations de la franc-maçonnerie avec l'Église catholique romaine ont toujours été difficiles. Plusieurs fois condamnée par les papes au XVIIIe et au XIXe s., la franc-maçonnerie semble bénéficier, depuis le concile Vatican II, de la part des catholiques, d'un préjugé plus favorable, Rome restant cependant réticente, notamment à l'égard des loges « anticléricales ».

FRANC-MAÇONNIQUE adj. (pl. *franc-maçonniques*). Syn. rare de MAÇONNIQUE.

FRANC-NOHAIN (Maurice Étienne LEGRAND, dit), écrivain français (Corbigny, Nièvre, 1873 - Paris 1934). La drôlerie et une morale souriante caractérisent ses *Fables* (1921, 1927, 1931, 1933, 1936) et son *Art de vivre* (1929).

1. FRANCO adv. (de *franchement*). *Pop.* Sans hésiter, carrément : *Y aller franco.*

2. FRANCO adv. (ital. *franco,* franc). **1.** Syn. de FRANC DE PORT. — **2.** Se dit d'une opération boursière sans courtage. — **3.** *Franco de bord,* clause par laquelle le vendeur s'engage à livrer sans frais les marchandises à bord du navire qui les transportera.

FRANCO (Niccolo), écrivain italien (Bénévent 1515 - Rome 1570). Auteur de sonnets obscènes (*Priapea,* 1542) dirigés contre l'Arétin, dont il fut le secrétaire, et d'une *Vie du Christ,* traducteur de *l'Iliade,* il fut condamné par l'Inquisition et pendu.

FRANCO (João), homme politique portugais (Alcaide, près de Lisbonne, 1855 - Lisbonne 1929). Premier ministre en 1907, il instaura un régime dictatorial. Il se retira après l'assassinat du roi Charles Ier et du prince héritier (1908).

FRANCO BAHAMONDE (Francisco), général et homme d'État espagnol (El Ferrol 1892 - Madrid 1975). Commandant la Légion étrangère au Maroc (1923-1927), il devient en 1926 le plus jeune général d'Espagne. Chef d'état-major de l'armée (1933), il participe à la répression de la grève des mineurs des Asturies (1934). Écarté par le Front populaire, qui l'envoie aux Canaries comme commandant général des troupes (1936), il participe au soulèvement nationaliste de juill. 1936, puis est nommé généralissime et chef du gouvernement (29-30 sept. 1936) par la junte de Burgos (→ *guerre civile d'*ESPAGNE). Proclamé *Caudillo* puis chef de l'État, du gouvernement et de l'armée (30 janv. 1938), il instaure à l'issue de la guerre un régime autoritaire, théoriquement inspiré des principes de la Phalange, parti unique. Gouvernant avec l'appui de l'Église et de l'armée, il crée des Cortes (1942), dont les membres sont élus par les corporations ou nommés par le gouvernement. En 1947, il fait voter une « loi de succession » stipulant que l'Espagne est une monarchie dont il est protecteur-régent, puis en 1969 il choisit don Juan Carlos de Bourbon comme successeur avec le titre de roi. À l'extérieur, il maintient la neutralité de l'Espagne lors de la Seconde Guerre mondiale. Mais l'hostilité des vainqueurs à l'égard de son régime isole l'Espagne, qui ne peut entrer à l'O. N. U. qu'en 1955 et dans l'O. E. C. E. qu'en 1958. Franco meurt en 1975 après une longue maladie.

FRANCO (Jean), alpiniste français (Nice 1914 - près de Bourg-en-Bresse 1971). Chef des expéditions françaises au Makālū (1954 et 1955) et au Jannu (1959), il a été directeur de l'École nationale de ski et d'alpinisme (1957-1971).

franco-allemande *(guerre)* [1870-71], conflit qui, dans le cadre de la lutte menée par Bismarck pour établir l'unité allemande, groupa sous direction prussienne la totalité des États allemands contre la France.

Si Guillaume II met fin à l'incident provoqué par la candidature de Léopold de Hohenzollern au trône d'Espagne, il refuse de s'engager à ne plus soutenir la candidature d'un Hohenzollern. Ce refus, transmis par son conseiller Abeken à Bismarck et volontairement déformé par ce dernier en termes insultants à l'égard de la France (dépêche d'Ems), décide Napoléon III à déclarer la guerre à la Prusse (19 juill. 1870).

La IIIe armée allemande surprend à Wissembourg l'avant-garde de Mac-Mahon, et sa victoire à Frœschwiller lui livre l'Alsace. La Ire armée allemande bat Frossard à Spicheren et pénètre en Lorraine. Nancy est occupée le 14 août. Les Allemands empêchent la jonction de Mac-Mahon et de Bazaine, manœuvre dont découlent les grandes batailles de Borny (14 août), Rezonville (16 août) et Saint-Privat (18 août), à la suite desquelles Bazaine s'enferme dans Metz. L'armée de Châlons (Mac-Mahon) échoue dans sa tentative de rejoindre Bazaine par le nord et est rejetée sur Sedan, où elle capitule le 2 sept. ; Metz tombe le 27 oct. La chute de Sedan entraîne la proclamation de la république (4 sept.). Un gouvernement de Défense nationale est formé, Trochu et Vinoy organisent la défense de Paris, et Gambetta met sur pied les armées nationales. Malgré quelques succès (Coulmiers, Villersexel, Bapaume), les armées françaises sont battues : Orléans (5 déc.), Le Mans (11-12 janv. 1871), Héricourt (15-17 janv.), Saint-Quentin (18-19 janv.), Buzenval (19 janv.). Le gouvernement officiel, c'est-à-dire l'Assemblée nationale et Thiers, signe, le 28 janv. 1871, un armistice, rejeté par les forces révolutionnaires, qui constituent, le 18 mars, un gouvernement insurrectionnel (la Commune). Malgré cette opposition, réprimée fin mai 1871, les préliminaires de paix sont signés à Versailles (26 févr.) et aboutiront au traité de Francfort (10 mai 1871).

FRANCO-CANADIEN, ENNE adj. et n. (pl. *franco-canadiens, ennes*). Du Canada francophone.
◆ **franco-canadien** n. m. Français parlé dans les régions francophones du Canada.

FRANCO-FLAMAND, E adj. (pl. *franco-flamands, es*). **1.** Se dit d'un enlumineur, d'un peintre, d'un sculpteur originaire des anciens Pays-Bas et travaillant en France à la fin de l'époque gothique. — **2.** Se dit des œuvres produites par ces artistes, de leur style, de leur art.

FRANCO-FRANÇAIS, E adj. (pl. *franco-français, es*). *Fam.* **1.** Qui est exclusivement français, ne concerne que les Français. — **2.** Qui témoigne d'un manque d'ouverture à ce qui n'est pas français.

FRANÇOIS (Le) [97240], comm. de la Martinique, sur la côte E. de l'île ; 17 065 hab.

SAINTS

FRANÇOIS D'ASSISE *(saint),* en ital. **Francesco d'Assisi,** fondateur d'ordre italien (Assise v. 1182 - *id.* 1226). Fils d'un riche marchand drapier d'Assise, François rompt, en 1202, avec la jeunesse dorée du pays pour se vouer au service de Dieu. Ermite, il est bientôt entouré de disciples qui veulent vivre avec lui un idéal de pauvreté et de témoignage évangélique. En 1209 ou 1210, Innocent III approuve oralement la règle austère de François, basée sur la pureté totale, le détachement absolu, la paix joyeuse ; le fondateur donne lui-même l'exemple d'une union chaleureuse avec la nature. Installé à la Portioncule, François d'Assise fonde en 1212, avec Claire d'Assise, l'ordre franciscain des Pauvres Dames, dites clarisses ; il se rend au Maroc (1213) et en Égypte (1219), d'où il doit revenir vers 1220, ayant appris les modifications introduites dans l'ordre par les deux vicaires qui le remplacent. Il donne sa démission de ministre général, nommant Pierre de Catane pour le remplacer, et reprend ses prédications et sa vie érémitique en Italie centrale. En 1221, il jette les bases du tiers ordre franciscain, dit de la Pénitence ; en 1223, sa règle est approuvée par Rome ; l'année suivante, sur le mont Alverne, il reçoit les stigmates des plaies du Christ. Avant de mourir, il compose le *Cantique du soleil,* qui, avec les *Fioretti,* qu'on lui attribue, fait de lui l'un des grands poètes chrétiens. Canonisé en 1228.

FRANÇOIS BORGIA *(saint),* en esp. **Francisco de Borja,** troisième général des jésuites (Gandia, royaume de Valence, 1510 - Rome 1572). Vice-roi de Catalogne (1539), il entra chez les jésuites (1551), dont il fut élu général (1565). Canonisé en 1671.

FRANÇOIS DE PAULE *(saint),* en ital. **Francesco di Paola,** religieux italien (Paola, Calabre, 1416 - Plessis-lez-Tours 1507), fondateur de l'ordre des minimes (1435). Il assista Louis XI dans ses derniers jours. Canonisé en 1519.

FRANÇOIS DE SALES *(saint),* évêque de Genève (château de Sales, près de Thorens, Savoie, 1567 - Lyon 1622). Prêtre (1593), missionnaire dans le Chablais calviniste (1594-1597), il devient évêque coadjuteur (1599) puis titulaire (1602) de Genève, avec résidence à Annecy. Il applique à son diocèse les méthodes préconisées par le concile de Trente. En 1610, avec Jeanne de Chantal, il fonde l'ordre de la Visitation, à la fois contemplatif et actif. Il donne l'essentiel de sa direction spirituelle dans son *Introduction à la vie dévote* (1609). Sa spiritualité souriante mais exigeante, portée par un grand talent littéraire, se retrouve dans *Traité de l'amour de Dieu* (1616) et *Entretiens spirituels* (posthume). Canonisé en 1665, il a été déclaré docteur de l'Église en 1877.

FRANÇOIS XAVIER (Francisco DE JASO, dit) [*saint*], surnommé **l'Apôtre des Indes,** jésuite espagnol (château de Javier, près de Pampelune, 1506 - île de Sancian, auj. Shangchuan, au sud de Canton, Chine, 1552). L'un des premiers compagnons d'Ignace de Loyola, prêtre en 1537, il évangélisa l'Inde portugaise, les Moluques puis le Japon. Canonisé en 1622.

EMPEREURS

FRANÇOIS Ier (Nancy 1708 - Innsbruck 1765), empereur germanique (1745 -1765), duc de Lorraine (FRANÇOIS III) [1729-1737], grand-duc de Toscane (FRANÇOIS II) [1737-1765], fondateur de la maison de Habsbourg-Lorraine. Il épousa en 1736 la future impératrice Marie-Thérèse. À l'issue de la guerre de la Succession de Pologne, il renonça au duché de Lorraine et reçut en compensation le grand-duché de Toscane (1737-38). Il fut élu empereur en 1745, mais Marie-Thérèse lui laissa peu d'initiative.

FRANÇOIS II (Florence 1768 - Vienne 1835), dernier empereur du Saint Empire romain germanique (1792-1806), premier empereur héréditaire d'Autriche (FRANÇOIS Ier) [1804-1835], fils de Léopold II. Plusieurs fois vaincu (1797, 1800, 1805, 1809) par la France, il dut accorder à Napoléon Ier la main de sa fille Marie-Louise (1810). Après la disparition du Saint Empire (1806), il n'eut plus que le titre d'empereur héréditaire d'Autriche (François Ier). Le congrès de Vienne lui conféra la présidence de la Confédération germanique (1815). Absolutiste convaincu, subissant l'influence de Metternich, il réprima les mouvements libéraux en Allemagne et en Italie.

FRANCE

FRANÇOIS Ier (Cognac 1494 - Rambouillet 1547), roi de France (1515-1547). Fils de Charles d'Orléans, comte d'Angoulême, et de Louise de Savoie, il succède en 1515 à son cousin Louis XII, dont il a épousé la fille Claude (1514). Veuf en 1524, il se remarie avec Éléonore de Habsbourg, sœur de Charles Quint (1530). « Roi-Chevalier », François Ier fut aussi, avec Louis XII et Henri II, un des bâtisseurs de l'État moderne en France. Son règne s'inscrit dans une période de prospérité économique et démographique. Sensible aux idées mercantilistes, François Ier favorise la métallurgie (Dauphiné), les fabriques d'armes (Saint-Étienne), les industries de luxe (soierie de Lyon), interdit les coalitions ouvrières (ordonnance de Villers-Cotterêts, 1539) conformément aux intérêts de la bourgeoisie montante. Il développe le grand commerce maritime, fondant Le Havre (1517) et encourageant les explorations (Verrazano, 1523 ; J. Cartier, 1534-1542, en Amérique du Nord ; frères Parmentier, 1529-30, à Sumatra) et la colonisation. Poursuivant le renforcement de l'État et l'orientation vers l'absolutisme, il gouverne avec un petit nombre de confidents (le chancelier Duprat, le connétable de Montmorency, l'amiral Chabot, formant le Conseil des affaires) et aidé de quatre secrétaires des finances (futurs secrétaires d'État). Il brise les prétentions politiques du parlement (1527) et s'abstient de réunir les états généraux. Il réunit à la France les fiefs du connétable de Bourbon (1531) et lui rattache définitivement la Bretagne (1532). Il réforme la justice par l'ordonnance de Villers-Cotterêts (1539), qui fixe la procédure criminelle, restreint la compétence de tribunaux ecclésiastiques, impose la rédaction en français des actes judiciaires et notariés. Il développe l'administration et le contrôle des provinces et, par le concordat de Bologne (1516), il s'assure de la nomination des archevêques, des évêques et des abbés du royaume. La création du Trésor de l'épargne (1523) et de 16 recettes générales n'empêche pas le recours à des expédients financiers (multiplication des emprunts auprès de la bourgeoisie, vénalité des offices [1522], rentes sur l'Hôtel de Ville), nécessaires pour financer l'entretien de l'armée et la politique de faste du roi. L'art de la Renaissance s'épanouit dans la construction et la décoration des demeures royales (Blois, Chambord, Fontainebleau). Le roi attire et fait travailler des artistes italiens (le Rosso, le Primatice, S. Serlio notamment), imité en cela par les grands seigneurs et les bourgeois. Il encourage les traductions des humanistes (G. Budé) et fonde le futur Collège de France (1530). D'abord tolérant à l'égard des réformés, il en vient, après l'affaire des Placards (1534), à considérer la Réforme comme un facteur de division et pratique une politique antiprotestante (édit de Fontainebleau, 1540 ; massacre des vaudois, 1545) qui annonce les guerres de Religion.

La politique extérieure belliqueuse de François Ier débute par la victoire de Marignan (sept. 1515), par laquelle il reconquiert le Milanais, reconquête qui est au cœur de toute sa politique. Lorsque Charles Ier d'Espagne accède (1519) à la couronne impériale, qu'il convoitait, le roi, craignant l'encerclement du royaume par les possessions de son rival, engage les hostilités contre l'empereur après avoir vainement cherché l'appui d'Henri VIII d'Angleterre (entrevue du Camp du Drap d'or, 1520). Fait prisonnier à Pavie (1525), il renonce à ses prétentions sur Milan, Naples, Gênes, à sa suzeraineté sur la Flandre et l'Artois et abandonne la Bourgogne à

Charles Quint (traité de Madrid, 1526). Libéré, il reprend la guerre en Italie (1527) après s'être assuré le soutien du pape, de Venise, de Florence et de Milan (ligue de Cognac, 1526). En vertu d'un nouveau traité (traité de Cambrai, ou paix des Dames, 1529), il garde la Bourgogne mais renonce de nouveau à l'Italie. De nouvelles alliances (avec les princes protestants allemands [1532], avec Soliman le Magnifique [1535]) et deux nouvelles guerres (1536-1538 et 1542-1544), sans issue décisive, conservent la Bourgogne à la France, la Flandre et l'Artois à l'Empire (traité de Crépy-en-Laonnois, 1544). À sa mort (1547), François Ier est parvenu à limiter la puissance impériale, mais n'a pas réalisé son rêve italien.

François Ier *(tombeau de),* dans la cathédrale de Saint-Denis. Il fut commandé en 1548 par Henri II à Ph. Delorme, qui le conçut comme un arc de triomphe abritant les gisants du roi et de la reine et supportant les statues priantes de la famille royale. Les sculptures sont de François Carmoy, François Marchand et P. Bontemps, à qui l'on doit notamment les bas-reliefs du soubassement, qui racontent la campagne d'Italie.

FRANÇOIS II (Fontainebleau 1544 - Orléans 1560), roi de France (1559-60), fils de Henri II et de Catherine de Médicis. Marié en 1558 à Marie Stuart, reine d'Écosse, il succéda à son père à l'âge de 15 ans. D'un tempérament maladif, il confia l'administration de l'État aux princes de la maison de Guise, écartant ceux de la maison de Bourbon et provoquant ainsi des querelles et des troubles qui préludèrent aux guerres de Religion. Il lutta contre la Réforme, fit arrêter et condamner à mort Condé, instigateur de la conjuration d'Amboise (1560). Mais, sous la pression de sa mère, il promulgua l'édit de Romorantin, qui atténuait la persécution.

BRETAGNE

FRANÇOIS Ier (Vannes 1414 - Plaisance, près de Vannes, 1450), duc de Bretagne (1442-1450). Il soutint Charles VII et combattit les Anglais en Normandie. — **François II** (1435 - château de Couëron, près de Nantes, 1488), duc de Bretagne (1458-1488). Adversaire de Louis XI, il participa à la ligue du Bien public (1465), puis dut signer la paix d'Ancenis (1468). Pendant la minorité de Charles VIII, il participa aux côtés de Louis d'Orléans à la Guerre folle (1485) ; mais, vaincu (1488), il dut promettre de ne pas marier sa fille et héritière, Anne, sans le consentement de Charles VIII.

DEUX-SICILES

FRANÇOIS Ier (Naples 1777 - *id.* 1830), roi des Deux-Siciles (1825-1830), fils de Ferdinand Ier. Vicaire général du royaume de Naples (1812), il dut, sous la pression des Anglais, accorder une Constitution. Nommé de nouveau vicaire général lors du soulèvement du général Pepe (1820), il succéda à son père comme roi des Deux-Siciles (1825), où il réprima sévèrement les révoltes libérales. — **François II** (Naples 1836 - Arco 1894), roi des Deux-Siciles (1859-60). Fils de Ferdinand II, il ne put empêcher les Mille de Garibaldi d'occuper la Sicile et Naples (1860). Réfugié à Gaète après l'intervention des troupes sardes, il capitula le 13 févr. 1861 et s'exila à Rome, mettant ainsi fin au royaume des Deux-Siciles.

ESPAGNE

FRANÇOIS D'ASSISE DE BOURBON (Marie Ferdinand) [Aranjuez 1822 - Épinay-sur-Seine 1902], roi d'Espagne (1846-1868). Petit-fils de Charles IV et époux (1846) d'Isabelle II, il s'exila en France avec la reine lorsque celle-ci abdiqua (1868).

FRANÇOIS, famille de peintres français du XVIIe s., dont le plus connu est GUY (Le Puy v. 1580 - id. v. 1650). Il séjourna à Rome aux alentours de 1608, puis, revenu au Puy, devint l'un des peintres attitrés des ordres religieux dans cette ville ainsi qu'à Montpellier, à Tournon, à Toulouse, en Auvergne, en Gascogne. Son style s'apparente à celui de Saraceni et à celui des Bolonais.

FRANÇOIS (Marie Luise VON), femme de lettres allemande (Herzberg an der Elster 1817 - Weissenfels 1893). Elle est l'auteur à succès de romans réalistes (*la Dernière des Reckenburg,* 1871).

FRANÇOIS (André FARKAS, dit **André**), peintre et dessinateur français d'origine roumaine (Timişoara 1915). En France en 1934, il travailla dans l'atelier de l'affichiste Cassandre. Depuis, il a donné, à côté de peintures et d'assemblages, des dessins pour des magazines et des livres, des estampes, des albums, des affiches et des placards publicitaires, créant un monde d'absurdité goguenarde où la dimension onirique s'intègre au quotidien.

FRANÇOIS (Samson), pianiste français (Francfort 1924 - Paris 1970). Lauréat en 1943 du premier concours M. Long - J. Thibaud, il poursuivit une brillante carrière internationale.

François le Champi, roman régionaliste et rustique de George Sand (1847-48).

FRANÇOIS DE NEUFCHÂTEAU (Nicolas, *comte* FRANÇOIS, dit), homme politique français (Saffais, Meurthe-et-Moselle, 1750 - Paris 1828). Député puis président de l'Assemblée législative (1791-92), il devint, sous le Directoire, ministre de l'Intérieur (1797), directeur, en remplacement de Carnot, après le 18-Fructidor, puis de nouveau ministre de l'Intérieur (1798-99), charge dans laquelle il se signala en protégeant l'industrie et en fondant des bibliothèques départementales. Rallié à Bonaparte après le 18-Brumaire, il fut président du Sénat (1804-1806) et fut créé comte d'Empire (1808).

FRANÇOISE Romaine (Françoise DE BUSSI DE LEONI) [*sainte*], fondatrice d'ordre (Rome 1384 - *id.* 1440). Elle fonda à Rome, en 1433, une congrégation d'Oblates bénédictines. Canonisée en 1608.

FRANÇOIS-FERDINAND DE HABSBOURG, archiduc d'Autriche (Graz 1863 - Sarajevo 1914), fils de l'archiduc Charles-Louis, neveu de l'empereur François-Joseph. Héritier du trône depuis 1889, il était partisan d'une organisation « trialiste » de la monarchie austro-hongroise au profit des Slaves du Sud (Yougoslaves). Son assassinat à Sarajevo le 28 juin 1914 par un nationaliste serbe provoqua le déclenchement de la Première Guerre mondiale.

FRANÇOIS-FRANCK (Charles Albert), médecin et physiologiste français (Paris 1849 - *id.* 1921). Il étudia la physiologie de la circulation.

FRANÇOIS-JOSEPH Ier (château de Schönbrunn 1830 - Vienne 1916), empereur d'Autriche et roi de Hongrie (1848-1916), fils de l'archiduc François-Charles, neveu et successeur de Ferdinand Ier. Il s'attache à rétablir l'ordre et l'autorité de l'État et lutte contre les influences libérales. Après la dissolution du Parlement (1849), il mène avec Bach une politique néoabsolutiste, que la défaite de l'Autriche en Italie (1859) le contraint à abandonner. Des réformes (diplôme d'oct. 1860, patente de févr. 1861) tentent de répondre aux aspirations fédéralistes des nationalités composant la monarchie, et le régime parlementaire est rétabli. La défaite que lui inflige la Prusse à Sadowa (juill. 1866) l'amène à accepter le compromis de 1867 mettant le royaume de Hongrie sur un pied d'égalité avec l'empire d'Autriche.
François-Joseph adhère à l'alliance des trois empereurs (1873), puis la rivalité austro-russe à propos des Balkans l'amène à signer une alliance avec le Reich (Duplice, 1879). Il annexe la Bosnie-Herzégovine en 1908. Il ne parviendra pas à enrayer l'exacerbation des passions nationales. L'assassinat de son neveu, l'archiduc héritier François-Ferdinand, à Sarajevo (28 juin 1914), précipitera la monarchie austro-hongroise dans la Première Guerre mondiale. François-Joseph meurt pendant le conflit (1916), avant la dissolution de son empire.

FRANÇOIS-JOSEPH *(archipel),* en russe **Frantsa-Iossifa** *(zemlia),* archipel russe (en quasi-totalité au-delà de 80° N.), dans l'océan Arctique, au N. de la Nouvelle-Zemble ; 16 090 km². Stations scientifiques.

FRANÇOIS-PONCET (André), diplomate français (Provins 1887 - Paris 1978). Ambassadeur à Berlin (1931-1938), puis à Rome (1938-1940), il chercha en vain à empêcher la guerre. Conseiller diplomatique du gouvernement pour les Affaires allemandes (1948), puis haut-commissaire de la République française en Allemagne (1949-1953), il fut ambassadeur en Allemagne de 1953 à 1955. Il a publié des *Souvenirs d'une ambassade à Berlin* (1946). [Acad. fr., 1952.]

FRANCOLIN n. m. (ital. *francolino*). Grosse perdrix (phasiamidé) des régions tropicales d'Afrique et d'Asie, aux tarses pourvus de plusieurs éperons chez le mâle.

FRANCONI (les), écuyers d'origine italienne. — VICTOR (Strasbourg 1810 - Paris 1897) dirigea le cirque d'Été et le cirque d'Hiver de Paris, après avoir fondé avec son père LAURENT (1776-1849) l'hippodrome de l'Étoile en 1845. — ADOLPHE (Bruxelles 1802 - Paris 1855), cousin du précédent, ouvrit le 3e Cirque olympique en 1827. — CHARLES (Paris 1846 - Paris 1910), fils de Victor, fut le dernier des Franconi en exercice.

FRANCONIE, en all. **Franken,** région historique d'Allemagne, englobée auj. dans la Bavière et s'étendant de part et d'autre de la vallée du Main. — **Hist.** Constituée en duché national depuis la fin du règne de Louis le Pieux (840), la Franconie vit son duc Conrad Ier couronné roi de Germanie (911). L'histoire de ce duché se confond avec celle du Saint Empire à partir du règne de Conrad II le Salique (1027-1039). La Franconie orientale tomba sous la domination des évêques de Würzburg, qui en furent ducs de 1168 à 1803. La plus grande partie de l'ancienne Franconie échut à la Bavière en 1814.

FRANCONIEN, ENNE adj. et n. De Franconie.
◆ **franconien** n. m. Dialecte du haut allemand, ancêtre de l'allemand littéraire moderne et du yiddish.

FRANCONVILLE (95130), ch.-l. de cant. du Val-d'Oise, banlieue nord-ouest de Paris ; 33 874 hab. *(Franconvillois)*. Eaux minérales.

FRANCOPHILE adj. et n. Qui est ami de la France et des Français.

FRANCOPHILIE n. f. Disposition favorable à l'égard de la France et des Français.

FRANCOPHOBE adj. et n. Qui a de l'antipathie à l'égard des Français, de la France.

FRANCOPHOBIE n. f. Antipathie ou hostilité à l'égard des Français, de la France.

FRANCOPHONE adj. et n. **1.** Qui parle le français. – **2.** Se dit d'un pays où le français est la langue officielle.

FRANCOPHONIE n. f. Ensemble des pays et des locuteurs francophones.

ENCYCL. Avec ses quelque 100 millions de locuteurs natifs, le français est l'une des grandes langues du monde. Il est langue officielle et langue d'enseignement dans une trentaine d'États à travers le monde (principalement en Afrique), ce qui représente un total excédant sans doute largement 200 millions d'utilisateurs.

En Europe, la francophonie est constituée, outre la France, par une partie de la Belgique (Wallonie et Bruxelles), la Suisse romande, le Luxembourg, le Val d'Aoste et les Vallées Vaudoises en Italie, voire les îles Anglo-Normandes. En Amérique du Nord, elle comprend le Québec (plus de 90 % de francophones) et la forte minorité des Acadiens francophones, les groupes francophones de l'Ouest (Manitoba, nord de l'Alberta) et, aux États-Unis, une communauté francophone en Louisiane (les Cajuns). Dans le monde caraïbe (Haïti et Antilles françaises), des créoles apparentés au français sont les vernaculaires courants, tandis que le français standard reste la langue de culture. Le français est également parlé à la Réunion, à l'île Maurice, en Nouvelle-Calédonie et en Polynésie française. La francophonie conserve de fortes positions en Indochine, dans le monde arabe (Maghreb, Liban, Égypte), enfin et surtout en Afrique noire et à Madagascar.

FRANCOPHONISATION n. f. Action de francophoniser.

FRANCOPHONISER v. t. (conj. 3). Au Québec, augmenter le nombre des francophones dans un organisme public ou privé.

FRANCO-PROVENÇAL, E, AUX adj. et n. m. Se dit de l'ensemble des dialectes intermédiaires entre les parlers d'oc et les parlers d'oïl.

ENCYCL. Le domaine franco-provençal (Suisse romande, Val d'Aoste, Savoie, Dauphiné, Lyonnais et Bresse) comprend des dialectes essentiellement ruraux, non standardisés et sans littératures notables. Le morcellement du relief entraîne cette extrême diversification régionale.

FRANC-OR n. m. (pl. *francs-or*). Franc dont la valeur est exprimée en or et normalement convertible en ce métal.

FRANCORCHAMPS, localité de Belgique, au S.-E. de Liège (comm. de Stavelot). Station de ski. Circuit automobile *(Spa-Francorchamps)*.

franco-russe *(alliance),* alliance politique, militaire et économique élaborée dans les années 1891-1894 et demeurée en vigueur jusqu'en 1917. La France, qui voulait obtenir des garanties militaires pour assurer sa défense, et la Russie, qui avait besoin des capitaux français pour financer son industrialisation, se rapprochèrent en 1891. La convention militaire signée en 1892 fut ratifiée par Alexandre III fin 1893. Les emprunts d'État russe furent placés sur le marché français de 1888 à 1913. Après leur rapprochement avec la Grande-Bretagne (Entente cordiale, 1904 ; accord anglo-russe, 1907), la France et la Russie formèrent avec cette dernière la Triple-Entente.

FRANC-PAPIER n. m. (pl. *francs-papier*). Franc en circulation en période de cours forcé.

FRANC-PARLER n. m. (pl. *francs-parlers*). Franchise dans les propos, liberté de langage : *Avoir son franc-parler.*

FRANC-QUARTIER n. m. (pl. *francs-quartiers*). Pièce héraldique carrée, occupant le quart de l'écu et placée à l'un de ses angles.

FRANCS, en lat. **Franci,** peuple germanique, originaire peut-être des pays de la Baltique, qui donna son nom à la Gaule romaine après l'avoir conquise, aux Ve-VIe s. On a longtemps distingué deux ensembles de tribus : les *Francs Saliens,* établis sur l'IJssel et qui, au IVe s., occupent le Brabant, et les *Francs du Rhin,* installés sur la rive droite du Rhin ; à ces *Francs du Rhin,* on a longtemps donné, à tort, le nom de *Francs Ripuaires* (ce dernier terme n'est employé, en fait, qu'aux VIIIe et IXe s.). Les Francs lancent en 258 et 276 une expédition dévastatrice à travers la Gaule. À la fin du IIIe s., ils renforcent les armées romaines de nombreux auxiliaires et gardent, en tant que « fédérés », un secteur de frontière en avant du *limes.* Ils s'infiltrent progressivement à l'intérieur de l'Empire, qui s'affaiblit. Au Ve s., les Francs du Rhin occupent l'actuelle Rhénanie. Chlodion, premier Mérovingien historique, occupe la Belgique Seconde (Escaut supérieur) après 440 et y fonde le royaume de Cambrai. L'Empire disparu en Occident en 476, Clovis Ier, fils et successeur de Childéric, unifie l'ensemble du peuple franc et conquiert la Gaule du Nord. Les conquérants se fondent rapidement dans la population gallo-romaine, qui adopte leur nom. Les Francs de la région rhénane colonisent, aux VIe et VIIe s., la rive gauche du Rhin et occupent la Flandre. Au VIIIe s., ils adoptent la civilisation de l'Occident chrétien. Ils ont laissé leur nom à la Franconie. Le droit franc nous est connu par la loi salique et la loi ripuaire.

Francs *(Histoire des),* œuvre de Grégoire de Tours, écrite à partir de 575. Elle se compose de dix livres relatant l'histoire de la Gaule et des Francs depuis la mort de saint Martin jusqu'en 591.

FRANC-TIREUR n. m. (pl. *francs-tireurs*). **1.** Soldat qui ne fait pas partie de l'armée régulière. – **2.** Dans un art, une science, dans un groupe quelconque, personne qui agit en isolé avec une complète indépendance par rapport aux autres. – **3.** Dans les armées de la Révolution française, soldat de certains corps d'infanterie légère. – **4.** *Franc-tireur et partisan,* membre d'unités de partisans levées, notamment dans le nord et l'est de la France, pendant la guerre de 1870-71.

Franc-Tireur *(le),* mouvement de résistance de la zone Sud, né à Lyon. Appelé d'abord « France-Liberté », il prit le nom du journal *Franc-Tireur,* qu'il édita à partir de la fin de 1941.

Francs-tireurs et Partisans français (F. T. P. F. ou **F. T. P.),** formation de combat créée en 1942 en zone occupée, à partir des groupes de défense du parti communiste (O. S., Organisation spéciale). Les F. T. P. F. constituèrent les unités de guérilla et de sabotage du Front national.

FRANE n. m. (ital. *frana*). Glissement de terrain affectant les versants des collines argileuses sous climat à saison sèche marquée.

FRANGE n. f. (lat. pop. **frimbia,* du lat. class. *fimbria*). **1.** Ornement de passementerie composé d'un galon de tête et d'une jupe de fils travaillés et habillés d'éléments divers. – **2.** Ce qui rappelle une frange : *Une frange de longs cils.* – **3.** Ce qui forme une bordure : *Une frange d'écume.* – **4.** Partie marginale de qqch, minorité étroite d'un groupe, limite imprécise d'un ensemble : *Une frange d'abstentionnistes.* – **5.** Bande de cheveux qui couvre la partie supérieure du front. – **6.** Chacune des bandes rectilignes, alternativement brillantes et obscures, observables dans une zone de diffraction ou d'interférence lumineuse. – **7.** *Frange épiploïque,* petit corps graisseux implanté sur le gros intestin. ‖ *Frange synoviale,* repli que présentent certaines membranes synoviales.

FRANGEANT, E adj. (de *franger*). Se dit d'un récif corallien ceinturant le littoral.

FRANGER v. t. (conj. **17**). **1.** Garnir de franges un vêtement, un tissu : *Franger une jupe.* – **2.** *Litt.* Border qqch comme de franges : *Paupières que frangent de longs cils.*

FRANGHIÁS (Andhréas), journaliste et écrivain grec (Athènes 1921). Un des romanciers les plus importants de l'après-guerre, il a relaté avec réalisme la misère des Grecs, après la guerre civile de 1945 (*Hommes et maisons,* 1955), recourant au symbolisme pour décrire l'enfer des camps de concentration dans les îles grecques (*l'Épidémie,* 1972).

FRANGIÉ (Soleiman), homme d'État libanais (Zghorta 1910 - Beyrouth 1992). Président de la République (1970-1976), il s'opposa par la force à la présence militaire palestinienne (1973 ; 1975-76) et soutint l'intervention syrienne en 1976.

FRANGIN, E n. (de *frère,* avec l'infl. de *franc*). *Pop.* Frère, sœur.

◆ **frangine** n. f. *Pop.* **1.** Femme. – **2.** Religieuse, sœur de charité.

FRANGIPANE n. f. (ital. *Frangipani,* n. pr.). **1.** Fruit du frangipanier. – **2.** Crème pâtissière additionnée de poudre d'amandes, servant à garnir ou à fourrer une pâtisserie ; gâteau en pâte feuilletée garni de cette crème.

FRANGIPANE ou **FRANGIPANI,** famille romaine remontant au XIe s. Favorables aux prétentions impériales, chefs du parti guelfe à Rome, les Frangipani, alliés aux Orsini, s'opposèrent au XIIe s. aux Colonna. – CENCIO emprisonna le pape Gélase II après son élection et soutint l'anti-pape Grégoire VIII (1118) ; – GIOVANNI livra Conrad V (Conradin) à Charles Ier d'Anjou après sa défaite à Tagliacozzo (1268).

FRANGIPANIER n. m. (de *frangipane*). Arbre (apocynacée) originaire de l'Amérique tropicale, au port élégant, au bois mou, portant de belles fleurs au parfum voisin de celui de la frangipane. (Les frangipaniers renferment un suc vénéneux.)

FRANGLAIS n. m. (de *français* et *anglais*). Ensemble des néologismes et des tournures syntaxiques d'origine anglaise ou américaine introduits dans la langue française. (Ce terme a été popularisé par Etiemble vers 1964 dans son livre *Parlez-vous franglais ?*)

◆ **franglais, e** adj. Relatif au franglais.

FRANGY (74270), ch.-l. de cant. de la Haute-Savoie, au pied de la montagne de Vuache ; 1 542 hab. Vins blancs.

FRANJU (Georges), cinéaste français (Fougères 1912 - Paris 1987). Cofondateur de la Cinémathèque française en 1936 avec Henri Langlois, il devient l'un des plus remarquables documentaristes français (*le Sang des bêtes,* 1949), puis passe à la réalisation de longs métrages : *la Tête contre les murs* (1959), *les Yeux sans visage* (1960), *Thérèse Desqueyroux* (1962), *Judex* (1964), *Thomas l'Imposteur* (1965), *la Faute de l'abbé Mouret* (1970), *Nuits rouges* (1973).

FRANK (Leonhard), romancier allemand (Würzburg 1882 - Munich 1961). Tout d'abord naturaliste (*la Bande de brigands,* 1914), son œuvre romanesque aboutit à un humanisme profond (*Karl et Anna,* 1927).

FRANK (Hans), homme politique allemand (Karlsruhe 1900 - Nuremberg 1946). National-socialiste, gouverneur général de Pologne (1939-1945), il y fit exterminer la population juive et slave. Il fut condamné à mort par le tribunal de Nuremberg (1946).

FRANK (Ilia Mikhaïlovitch), physicien soviétique (Saint-Pétersbourg 1908 - Moscou 1990). Il a élaboré, avec I. I. Tamm, la théorie de l'effet Tcherenkov. (Prix Nobel de physique 1958.)

FRANK (Robert), photographe et cinéaste américain d'origine suisse (Zurich 1924). Il a profondément marqué la photographie contemporaine par une vision essentiellement subjective (sujet en apparence banal, paysage dépeuplé, etc.) et par une écriture privilégiant dans la composition le vide et le déséquilibre (*les Américains,* 1958).

FRANK (Anne) [Francfort-sur-le-Main 1929 - camp de concentration de Bergen-Belsen 1945]. Israélite allemande émigrée avec sa famille aux Pays-Bas en 1933, elle écrivit, de 1942 à 1944, un *Journal* relatant leur vie et leur crainte quotidienne d'être découverts par les hitlériens.

FRANKEL (Leó), révolutionnaire hongrois (Budapest 1844 - Paris 1896). Il rencontra Marx à Londres ; au moment de la Commune de Paris, il participa au projet d'une nouvelle législation du travail. Il dut s'exiler, se rendit en Hongrie, où il organisa les premiers congrès ouvriers et diffusa la pensée de Marx.

FRANKENIA n. f. (de J. *Frankenius,* n. pr.). Herbe ou sous-arbrisseau des régions maritimes, aux fleurs rouges ou roses.

Frankenstein ou le Prométhée moderne, roman de Mary Shelley (1818). Un savant reconstruit un être humain à partir de débris de différents corps, mais il lui manque l'« étincelle divine », et le monstre se venge de cette infirmité : l'un des classiques du fantastique et du roman d'épouvante. Le roman et le personnage ont inspiré de nombreuses œuvres cinématographiques.

FRANKENTHAL, v. d'Allemagne (Rhénanie-Palatinat), près du Rhin ; 44 000 hab. Métallurgie. Manufacture de porcelaine fondée par P. A. Hannong, restée célèbre pour sa production, au XVIIIe s., de figurines de style rocaille.

FRANKENTHALER (Helen), peintre américain (New York 1928). Proche des expressionnistes abstraits, elle a inauguré en 1952 une technique — imprégnation de la toile brute par des pigments liquides — qui renouvelait les possibilités de l'abstraction. Des artistes tels que M. Louis et K. Noland ont repris le procédé.

FRANKENWALD, région d'Allemagne, dans la Haute-Franconie, rebord du massif de Bohême, entre le Fichtelgebirge et le Thüringer Wald.

FRANKFORT, v. des États-Unis, cap. du Kentucky ; 26 000 hab. Ville touristique et commerciale.

FRANKFORT (Henri), archéologue néerlandais (Amsterdam 1897 - Londres 1954). Il explora les sites de la vallée de la Diyālā. On lui doit *Cylinders Seals* (1939) et *The Art and Architecture of the Ancient Orient* (1954).

FRANKFURT AM MAIN, nom allemand de Francfort-sur-le-Main.

FRANKLAND (*sir* Edward), chimiste britannique (Churchtown, près de Lancaster, 1825 - Golaa, Norvège, 1899). Il découvrit les composés organo-zinciques (1849), prédit l'existence de l'hélium dans l'atmosphère solaire et fut l'un des créateurs du concept de valence chimique.

FRANKLIN *(détroit de),* détroit séparant l'île du Prince-de-Galles de la péninsule de Boothia et de l'île Somerset (archipel Arctique canadien).

FRANKLIN *(district de),* partie des Territoires du Nord-Ouest canadiens, groupant les îles de l'Arctique canadien et les presqu'îles Melville et de Boothia.

FRANKLIN (Benjamin), philosophe, physicien et homme d'État américain (Boston 1706 - Philadelphie 1790). Imprimeur à Philadelphie à partir de 1730, il crée un journal et fonde un almanach où il diffuse ses idées libérales. Secrétaire de l'assemblée de Pennsylvanie (1736), puis député (1751), il est en 1757 chargé par les colons de remettre leurs doléances au gouvernement de Londres. Député du premier Congrès américain de Philadelphie (1774), il rédige avec Jefferson et Adams la Déclaration d'indépendance (1776) et négocie l'alliance des *insurgents* avec la France, où il signe le traité de paix avec l'Angleterre (1783). Auteur de recherches sur les phénomènes électriques, Franklin a énoncé le principe de conservation de l'électricité, découvert la nature électrique de l'éclair et le pouvoir des pointes, ce qui l'a conduit à inventer le paratonnerre.

FRANKLIN (*sir* John), marin et explorateur britannique (Spilsby, Lincolnshire, 1786 -Terre du Roi-Guillaume 1847). De 1819 à 1827, il explora les côtes nord de l'Amérique et fut, de 1836 à 1843, gouverneur de Tasmanie. Il périt au cours d'une expédition chargée de rechercher le passage du Nord-Ouest.

FRANKLIN D. ROOSEVELT *(lac),* lac formé dans la vallée de la Columbia par le barrage de Grand Coulee (État de Washington).

FRANKLINITE n. f. (de *Franklin,* n. pr.). Oxyde naturel complexe de zinc, de manganèse et de fer.

FRANKO (Ivan Iakovlevitch), écrivain ukrainien (Nagouïevitchi, Galicie, 1856 - Lvov 1916). Fondateur du parti radical populaire, il défendit à la fois le progrès social et l'indépendance nationale, fit revivre le folklore ukrainien et écrivit des poésies (*Sommets et Bas-fonds,* 1887 ; *Moïse,* 1905) et des textes en prose très engagés (*Borislav rit,* 1881).

FRANQUETTE (À LA BONNE) loc. adv. (dimin. de *franc 4*). *Fam.* En toute simplicité, sans cérémonie, simplement : *Recevoir des amis à la bonne franquette.*

FRANQUI (La) [11370], écart de la comm. de Leucate (Aude). Station balnéaire.

FRANQUIN (André), dessinateur belge (Bruxelles 1924). L'un des principaux collaborateurs du journal *Spirou* (pour lequel il dessina des aventures de *Spirou et Fantasio* de 1946 à 1968), il a créé notamment les personnages du Marsupilami (1952) et de Gaston Lagaffe (1957).

FRANQUISME n. m. Système de gouvernement instauré en Espagne par le général Franco.

FRANQUISTE adj. et n. Relatif au franquisme ; partisan du franquisme.

FRANSQUILLON n. m. (wallon *franskilion,* de *francès,* français). *Péj.* En Belgique flamande, personne qui parle le français avec affectation.

FRANTZ-JOURDAIN → JOURDAIN (Frantz).

FRANZÉN (Frans Michael), poète finlandais de langue suédoise (Oulu, Finlande, 1772 - Härnösand, Suède, 1847). Poète romantique (*le Visage de l'homme,* 1793), lauréat du prix de l'Académie suédoise en 1797 pour son *Chant pour le comte Creutz,* il émigra en Suède en 1811, où, devenu évêque de Härnösand, il composa de célèbres cantiques.

FRAPIÉ (Léon), écrivain français (Paris 1863 - *id.* 1949). Instituteur, il consacra ses romans aux problèmes de la petite enfance à l'école (*la Maternelle,* 1904).

FRAPPANT, E adj. **1.** Qui fait une vive impression sur la sensibilité, sur l'esprit ; saisissant : *Exemple frappant.* – **2.** Qui saute aux yeux, qui est d'une évidence indiscutable : *Une ressemblance frappante.*

1. FRAPPE n. f. (de *frapper 1*). **1.** Action de dactylographier un texte : *Faute de frappe.* – **2.** Copie dactylographiée d'un article ou d'un livre : *Voici la première frappe.* • **Écon.** *Frappe libre* ou *liberté de frappe,* système monétaire qui consistait à permettre à quiconque de faire transformer de l'or (ou de l'argent) en pièces de monnaie par un établissement investi de cette charge. (La liberté de frappe, proclamée, en France, par la loi monétaire des 7 et 17 germinal an XI, disparut avec celle du 5 août 1914.) – **Impr.** Enregistrement d'un texte sur le clavier, intégré ou dissocié, d'une machine à composer. (Syn. SAISIE.) ‖ Sur une presse à imprimer, action en pression sur la forme imprimante. – **Métall.** Masse mobile d'un marteau-pilon. ‖ Manière de frapper d'un ouvrier forgeron ou d'un marteau-pilon. – **Mil.** *Frappe nucléaire,* tir de plusieurs armes nucléaires appliqué en vue d'un effet donné dans un court laps de temps. – **Monn.** Opération de fabrication des monnaies et des médailles, consistant à imprimer l'empreinte des coins sur les deux faces d'une rondelle de métal, appelée *flan,* par un choc obtenu au moyen d'une machine appelée *balancier.* (La frappe se fait à froid et en plusieurs « passes ».) – **Sports.** Qualité de l'attaque d'un boxeur. ‖ Manière d'attaquer le ballon, la balle.

2. FRAPPE n. f. (de *frapouille,* var. de *fripouille*). *Pop.* Jeune voyou.

FRAPPEMENT n. m. Action de frapper ; bruit produit en frappant : *Entendre des frappements à la porte.*

1. FRAPPER v. t. (de *frap-,* onomat. indiquant un choc violent) [conj. 3]. **1.** Donner un ou plusieurs coups sur qqch, taper dessus : *Frapper le sol du pied.* – **2.** Donner un coup à une balle pour la mettre en mouvement, dans une direction déterminée : *Frapper la balle avec une raquette.* – **3.** En parlant d'un objet, venir heurter qqch, l'atteindre : *La balle vint frapper le fronton.* – **4.** En parlant d'un phénomène physique, heurter qqch, le corps de qqn à la manière d'un coup ; battre, cogner : *La pluie lui frappe le visage.* – **5.** Toucher, atteindre qqn en le blessant, en le tuant, en lui faisant mal : *Le boxeur a frappé son adversaire au menton. La balle l'a frappé en plein cœur.* – **6.** Battre qqn, un animal, lui donner des coups : *Frapper un animal avec un bâton.* – **7.** Donner, asséner un ou des coups sur qqch : *Frapper des coups secs à la porte.* – **8.** Enfoncer la touche d'un clavier d'un geste sec. – **9.** Taper un texte à la machine. – **10.** En parlant de la lumière, d'un son, rencontrer une surface : *Un rayon de soleil frappait le tableau.* – **11.** S'imposer soudain et avec force à la vue, à l'ouïe en produisant une vive impression : *Un spectacle inattendu frappa nos yeux.* – **12.** Retenir vivement l'attention de qqn, susciter un vif intérêt de sa part, l'étonner : *Cette remarque m'a frappé.* – **13.** Affecter vivement qqn en provoquant chez lui un état émotif violent et soudain : *Le drame frappa de stupeur l'assistance.* – **14.** Atteindre, toucher qqn, un groupe, les affecter douloureusement : *Le sort a durement frappé cette famille.* – **15.** Infliger à qqn une peine, une sanction ; l'atteindre, le concerner, en parlant de la peine ou de la sanction : *Frapper un condamné d'une interdiction de séjour.* – **16.** Assujettir qqn, qqch à qqch de pénible, de contraignant, de lourd, etc. ; peser sur eux, en parlant de cette charge, de cette contrainte : *Frapper le peuple d'un* *impôt supplémentaire. Taxe qui frappe les alcools.* — 17. Indiquer qu'il est telle heure en faisant entendre un coup, des coups : *La pendule frappa les douze coups de minuit.* — 18. Rafraîchir une boisson en la secouant dans un shaker avec de la glace ou en mettant la bouteille dans un seau à glace. — 19. Faire prendre une crème ou un appareil glacé dans un moule entouré de glace. — 20. Pratiquer l'opération de frappe des monnaies. — 21. Taper sur un instrument à percussion. — 22. Orner un velours d'un motif. — 23. *Frapper un grand coup, frapper fort,* agir de manière autoritaire, déterminée, prendre des mesures exceptionnelles pour faire cesser un état de choses. ‖ *Frapper (la révolte) à la tête,* réprimer une révolte en atteignant les chefs.

◆ v. i. 1. Donner des coups sur qqch en produisant un bruit : *Frapper à la fenêtre.* — 2. Venir heurter qqch en produisant un bruit sec : *Les volets frappent contre le mur.* — 3. Donner de petits coups à la porte pour demander à être introduit. — 4. *Frapper dans ses mains,* battre dans ses mains pour accompagner un rythme, applaudir, etc.

◆ **être frappé** v. pass. 1. *Fam.* Être un peu fou. — 2. Être atteint d'un mal, être contraint de subir une situation pénible : *Être frappé de cécité. Politique frappée d'impuissance.* — 3. *Être bien frappé,* avoir une expression nette, concise. — 4. *Battement frappé* ou *frappé* (n. m.), en chorégraphie, battement du pied de la jambe libre contre la cheville de la jambe d'appui. ‖ *Jugement frappé d'appel,* jugement dont on interjette appel. ‖ *Étoffe bien frappée,* dont les trames ont été bien tassées les unes contre les autres. ‖ *Velours frappé,* dont la face pelucheuse a reçu des décors au moyen d'un cylindre gravé en relief.

◆ **se frapper** v. pr. 1. *Fam.* S'inquiéter, s'en faire : *Elle se frappe pour rien.* — 2. *Se frapper la poitrine,* en signe de remords, de repentir, battre sa coulpe. — 3. *Se frapper le front,* pour indiquer qu'on vient de penser à qqch ; pour indiquer à qqn qu'on le trouve un peu fou.

◆ **se frapper** v. pr., **être frappé** v. pass. S'étonner énormément de qqch : *Personne ne se frappe de voir que son état empire.*

2. FRAPPER v. t. (angl. *to frap*) [conj. 3]. En marine, assujettir une manœuvre, un cordage à un endroit fixe.

FRAPPEUR adj. m. *Esprit frappeur,* esprit des morts, qui, selon les spirites, se manifeste par des frappements sur les meubles, les murs, etc.

◆ n. m. Syn. de PUNCHEUR.

FRAQUÉ ou **FRAKÉ** n. m. Nom donné, en Côte-d'Ivoire, au bois de limba.

FRASAGE → FRAISAGE 2.

FRASCATI, v. d'Italie, sur le versant N. des monts Albains ; 20 043 hab. Lieu de promenade et de villégiature des Romains. Huiles et vins réputés. Centre de recherches nucléaires.

— **Hist.** et **Bx-arts.** Frascati se développa après la destruction de l'antique Tusculum, en 1191, et en recueillit le titre d'évêché suburbicaire. À partir du XVIe s., ce fut une des résidences estivales favorites de l'aristocratie romaine. Villas célèbres (Aldobrandini, Torlonia, etc.), dont les jardins ont inspiré les peintres (H. Robert).

FRASE n. f. (de *fraser*). Racloir de boulanger, utilisé pour nettoyer le pétrin.

FRASER → FRAISER 2.

FRASER (le), fl. de l'ouest du Canada, en Colombie britannique ; 1 200 km. Né dans les Rocheuses, il rejoint le détroit de Géorgie dans l'agglomération de Vancouver.

FRASER (Peter), homme politique néo-zélandais (Fearn, Ross and Cromarty, 1884 - Wellington 1950). Un des fondateurs (1916) du parti travailliste néo-zélandais, Premier ministre de 1940 à 1949, il dirigea l'effort de guerre de son pays.

FRASER (Malcolm), homme politique australien (Melbourne 1930). Député libéral (1955), chef de l'opposition (1975), il devient Premier ministre la même année. Reconduit en 1980, il dut quitter la présidence du gouvernement et celle de son parti après la victoire travailliste de 1983.

FRASER (Dawn), nageuse australienne (Balmain, faubourg de Sydney, 1937), triple championne olympique du 100 m nage libre (1956, 1960, 1964) et première femme à nager cette distance en moins d'une minute (1962).

FRASER OF NORTH CAPE (Bruce Austin FRASER, 1er *baron*), amiral britannique (Molesey 1888 - Londres 1981). Commandant en chef de la Home Fleet de 1943 à 1944, il livra la bataille du cap Nord, où fut coulé le *Scharnhorst* (déc. 1943). Il signa, au nom de la Grande-Bretagne, la capitulation du Japon en 1945 et devint chef d'état-major de la marine britannique (1948-1951).

FRASHËRI (Naim), écrivain albanais (Frashëri 1846 - Kızıltoprak, près d'Istanbul, 1900). L'un des représentants majeurs de la « renaissance nationale », historien (*Histoire de Skanderbeg,* 1898), il a célébré la nature albanaise dans ses poésies (*Bucoliques et Géorgiques,* 1886), ou la bravoure de son peuple (*le Paradis,* 1894). — Son frère, SAMI (Frashëri 1850 - Istanbul 1904), participa en 1879 à la formation de la ligue de Prizren et élabora l'alphabet dit « de Stamboul », dans lequel il publia des ouvrages scolaires. Il lança avec *l'Albanie, ce qu'elle est, ce qu'elle a été, ce qu'elle sera* (1899) le manifeste de la renaissance albanaise. — Midhat (Ioannina 1880 - New York 1949), neveu des précédents, plus connu sous le pseudonyme de **Lumo Skendo,** œuvra pour l'essor de la littérature albanaise et pour l'indépendance de l'Albanie en 1919. Il s'exila après l'établissement de la démocratie populaire.

FRASIL n. m. Au Canada, pellicule formée par la glace qui commence à prendre ; fragments de glace flottante.

FRASNE (25560), comm. du Doubs, au S.-O. de Pontarlier ; 1 529 hab. Bifurcation ferroviaire (vers Pontarlier et Vallorbe).

FRASNIEN n. m. (de *Frasnes-lez-Anvaing,* n. pr.). Étage du système dévonien.

FRASQUE n. f. (ital. *frasca,* balivernes). Écart de conduite ; action quelque peu extravagante faite avec éclat (surtout pl.) : *Frasques de jeunesse.*

FRATELLINI (les), famille d'artistes de cirque d'origine italienne, dont le chef est Gustavo (Florence 1842 - Paris 1901). Quatre de ses fils, acrobates, écuyers et clowns, lui succédèrent : Louis (Florence 1867 - Varsovie 1909), Paul (Catane, Sicile, 1877 - Le Perreux-sur-Marne 1940), François (Paris 1879 - *id.* 1951), Albert (Moscou 1885 - Épinay-sur-Seine 1961). Ces trois derniers devinrent, avec leur trio, les clowns les plus célèbres de France entre 1920 et 1940. De nombreux membres de la famille connurent aussi le succès en France et hors de France. Annie **Fratellini** (Alger 1932), après s'être distinguée dans la chanson, s'est révélée clownesse de talent et a fondé avec Pierre Étaix l'École nationale du cirque en 1972.

FRATERNEL, ELLE adj. (lat. *fraternus*). **1.** Qui se rapporte à des frères et à des sœurs, au lien qui les unit : *L'amour fraternel.* — **2.** Qui a lieu entre personnes unies comme frères et sœurs : *Un partage fraternel.* — **3.** Qui a comme des sentiments de frère pour qqn : *Une aide fraternelle.*
◆ **fraternelle** n. f. Groupement ouvrier constitué dès la fin du XVIIIe s., avec un objectif mutualiste et de défense professionnelle.

FRATERNELLEMENT adv. En frères, d'une manière fraternelle.

FRATERNISATION n. f. Action de fraterniser.

FRATERNISER v. t. ind. (lat. *fraternus,* fraternel) [conj. 3]. **1.** Faire acte de fraternité, de concorde avec qqn ; manifester des sentiments mutuels de sympathie : *Les enfants fraternisent très vite avec les nouveaux venus.* — **2.** En parlant de soldats, refuser de se battre et faire cause commune avec ceux qu'ils ont mission de combattre.

FRATERNITÉ n. f. (lat. *fraternitas, -atis*). **1.** Lien de solidarité qui devrait unir tous les membres de la famille humaine ; sentiment de ce lien. — **2.** Lien qui existe entre les personnes appartenant à la même organisation, qui participent au même idéal. — **3.** *Fraternité d'armes,* à l'époque féodale, liens entre deux chevaliers qui s'étaient promis aide mutuelle ; liens unissant ceux qui ont combattu ensemble pour la même cause.

Fraternité républicaine irlandaise, en angl. *Irish Republican Brotherhood,* mouvement révolutionnaire irlandais, fondé en 1858 aux États-Unis en vue de lutter pour l'indépendance de l'Irlande. Regroupant les exilés irlandais, elle s'implanta dans de nombreux pays, puis en Irlande même. Ses membres, les Fenians, multiplièrent les attentats (notamment en 1866-67) et tentèrent sans succès un soulèvement de l'Irlande. Elle soutint le mouvement en faveur du Home Rule, contribua au succès de la Ligue agraire, puis de la Ligue gaélique. Son esprit inspire le Sinn Féin, avec lequel son histoire se confond après la révolte de Pâques 1916.

FRATICELLE n. m. (ital. *fraticello,* dimin. de *frate,* moine). Religieux de l'ordre franciscain, attaché à la pauvreté stricte, parfois jusqu'à la rébellion contre l'Église.
ENCYCL. En 1294, le pape Célestin V permit à quelques franciscains de quitter leur ordre pour pratiquer la pauvreté absolue. Boniface VIII ayant supprimé leur privilège, ils se révoltèrent et s'organisèrent en associations indépendantes, très populaires en Italie. Ils disparurent vers la fin du XVe s.

1. FRATRICIDE n. (lat. *fratricida,* de *frater, -tris,* frère, et *-cide*). Personne qui a tué son frère ou sa sœur.
◆ adj. Qui oppose les membres d'une même communauté : *Luttes fratricides.*

2. FRATRICIDE n. m. (bas lat. *fratricidium*). Meurtre d'un frère ou d'une sœur.

FRATRIE n. f. (lat. *fratria*). Ensemble des frères et sœurs de la même famille.

FRAUDATOIRE adj. (bas lat. *fraudatorius*). Qui procède de la fraude.

FRAUDE n. f. (lat. *fraus, -audis*). **1.** Acte malhonnête fait dans l'intention de tromper en contrevenant à la loi ou aux règlements : *Fraude sur les marchandises.* — **2.** *En fraude,* frauduleusement, en contrevenant aux règlements, à la loi et en lésant l'État ou les particuliers. ‖ *Fraude électorale,* pratique ayant pour but ou pour conséquence de fausser les résultats d'un scrutin. ‖ *Fraude fiscale,* fraude commise par le contribuable envers le fisc.

FRAUDER v. t. (lat. *fraudare*) [conj. 3]. Frustrer une institution, l'État (de tant) par une fraude, échapper à la déclaration et au paiement de ce qui est dû : *Frauder le fisc de plusieurs millions.*

◆ v. i. Se rendre coupable de fraudes : *Frauder sur le poids.*

FRAUDEUR, EUSE adj. et n. Coupable de fraude : *Poursuivre les fraudeurs.*

◆ adj. Qui manifeste un goût, une aptitude pour la fraude : *Un tempérament fraudeur.*

FRAUDULEUSEMENT adv. De façon frauduleuse, en fraude.

FRAUDULEUX, EUSE adj. (bas lat. *fraudulosus*). **1.** Qui est entaché de fraude, qui vise à frauder : *Trafic frauduleux.* — **2.** *Manœuvre frauduleuse,* fait extérieur, acte matériel ou mise en scène pour tromper autrui. (C'est un élément constitutif du délit d'escroquerie.)

FRAUENFELD, v. de Suisse, ch.-l. du cant. de Thurgovie, sur la Murg ; 20 204 hab. Château en partie du XIIIe s. (musée). Sucrerie. Textile. Métallurgie.

FRAUNHOFER (Joseph VON), opticien et physicien allemand (Straubing, Bavière, 1787 - Munich 1826). Il inventa le spectroscope et put, grâce à son emploi, repérer les raies du spectre solaire (1814). Il utilisa les réseaux pour l'analyse de la lumière et dressa la première classification spectrale des étoiles.

Fraunhofer *(raies de),* raies sombres du spectre d'une étoile, dues à l'absorption par la chromosphère de cette étoile des radiations émises par sa photosphère.

FRAXINELLE n. f. (ital. *frassinella,* de *frassino,* frêne, du lat. *fraxinus*). Nom usuel du *dictame.*

FRAYÉE n. f. ou **FRAYÉ** [freje] n. m. (de *frayer*). Dégradation longitudinale produite sur une chaussée par la circulation.

FRAYER [freje] v. t. (lat. *fricare,* frotter) [conj. **11**]. **1.** Rendre praticable à qqn un chemin, le lui faire en écartant les obstacles. — **2.** En parlant d'un mâle de cervidé, frotter ses bois contre qqch pour les débarrasser de leur velours qui se desquame. (Syn. TOUCHER AU BOIS.) — **3.** *Frayer la voie, le chemin, la route à qqn, à qqch,* faciliter la tâche de qqn, permettre la réalisation de qqch : *Ce premier succès lui a frayé un chemin vers la députation.*

◆ v. t. ind. *Litt.* Avoir des relations suivies avec qqn, le fréquenter : *Il restait seul, ne frayant avec personne.*

◆ v. i. **1.** En parlant du poisson femelle, déposer ses ovocytes et, en parlant du mâle, les arroser de laitance pour les féconder. — **2.** S'user, en parlant d'une pièce de monnaie.

◆ **se frayer** v. pr. *Se frayer un chemin,* avancer en écartant les obstacles ; se tracer son chemin : *Se frayer une route vers la gloire.*

FRAYÈRE [frejɛr] n. f. (de *frayer*). Endroit où les poissons déposent leurs œufs.

FRAYEUR n. f. (lat. *fragor, -oris,* bruit violent). Grande crainte passagère, causée par un danger véritable ou apparent : *Trembler de frayeur.*

FRAYOIR [frejwar] n. m. (de *frayer*). **1.** Marque faite par le cerf aux baliveaux contre lesquels il a frotté ses bois. — **2.** L'arbre même contre lequel il a frayé sa tête.

FRAYSSINOUS (Denis, *comte* DE), *prélat français* (Salles-la-Source, Aveyron, 1765 - Saint-Geniez-d'Olt, Aveyron, 1841). Grand maître de l'Université (1822), puis ministre des Affaires ecclésiastiques et de l'Instruction publique (1824-1828), il pratiqua à l'égard de l'Université une politique cléricale. (Acad. fr., 1822.)

FRAYURE [frejyr] n. f. (de *frayer*). Action du mâle de cervidé qui fraye.

FRAZER (*sir* James), historien des religions et anthropologue britannique (Glasgow 1854 - Cambridge 1941). Il est l'auteur d'une œuvre magistrale, *le Rameau d'or* (1911-1915), dans laquelle il a collecté les croyances et les pratiques religieuses des peuples non industriels et des sociétés archaïques d'Afrique, d'Asie, d'Europe. Il a émis une hypothèse selon laquelle l'histoire de la pensée humaine passerait par trois stades : magique, religieux et scientifique.

FREAK [frik] n. m. (amér. *freak,* monstre). *Pop.* Nom que se donnent certains marginaux.

FREARS (Stephen), cinéaste britannique (Leicester 1941). Il s'exerce à tous les genres, de la comédie sociale au film noir et à l'adaptation de classiques (*My Beautiful Laundrette,* 1985 ; *les Liaisons dangereuses,* 1988 ; *les Arnaqueurs,* 1990 ; *Héros malgré lui,* 1992 ; *The Snapper,* 1993 ; *Mary Reilly,* 1996).

FRÉART DE CHAMBRAY (Roland), écrivain d'art français (Le Mans 1606 - *id.* v. 1676), auteur du *Parallèle de l'architecture antique et de la moderne* (1650), examen critique de toutes les versions des ordres, et de l'*Idée de la perfection de la peinture,* pamphlet prônant l'exemple de Raphaël et de Poussin. — Son frère, PAUL **Fréart de Chantelou** (1609-1693/94), fut collectionneur, ami de Poussin et rédigea le Journal du voyage du Cavalier Bernin en France (publié en 1885).

FRÉCHET (Maurice), mathématicien français (Maligny 1878 - Paris 1973). Il est à l'origine des espaces abstraits, des fonctionnelles et a donné de nombreuses contributions au calcul différentiel et au calcul intégral ainsi qu'à la théorie des probabilités. (Acad. des sc., 1956.)

FRÉCHETTE (Louis), écrivain et auteur dramatique canadien de langue française (Lévis 1839 - Montréal 1908). Influencé par Hugo, il mit en vers épiques les grands épisodes de l'histoire canadienne (*la Légende d'un peuple,* 1887). Il laissa aussi des contes (*Originaux et Détraqués,* 1892).

FRED (Othon Aristides, dit), dessinateur français d'origine grecque (Paris 1931). Avec *le Petit Cirque, Philémon,* publiés dans *Hara-Kiri* et dans *Pilote,* il a créé un univers fantastique et poétique ouvrant de nouvelles voies à la bande dessinée.

FREDAINE n. f. (anc. fr. *fredain,* mauvais, du gotiq. **fraaitheis,* dissident). Écart de conduite ; folie de jeunesse ; frasque (souvent pl.).

FREDEAU (*frère* Ambroise), peintre et sculpteur français (Paris ? - Toulouse 1673). Élève de Vouet, il entra dans l'ordre des ermites de Saint-Augustin, à Toulouse, en 1640. Son style, animé et brillant, demeure lié au maniérisme (toiles au musée des Augustins, à Toulouse).

FRÉDÉGAIRE → Chronique *du pseudo-Frédégaire.*

FRÉDÉGONDE (545-597), reine des Francs. En 568, elle épousa Chilpéric Ier, roi de Neustrie, après avoir fait étrangler l'épouse de ce dernier, Galswinthe. En lutte avec Brunehaut, sœur de Galswinthe, elle fit tuer Sigebert (575), époux de Brunehaut, qu'elle tint en captivité, puis Mérovée et Clovis, fils de Chilpéric.

EMPEREURS

FRÉDÉRIC Ier Barberousse (Waiblingen 1122 - dans le Cydnos 1190), empereur germanique (1155-1190). Chef de la maison des Hohenstaufen et apparenté à la famille des Welf, il est le neveu de Conrad III, qui le fait élire roi des Romains en 1152. Voulant restaurer l'autorité impériale, il adopte d'abord une politique de compromis avec les grands d'Allemagne afin d'avoir les mains libres en Italie. Il concède à Henri le Lion l'investiture de la Saxe (1154), lui donne toute liberté d'action au nord contre les Slaves et lui restitue la Bavière (1156). Il se tourne ensuite vers l'Italie, où le pape Adrien IV l'appelle pour reprendre Rome à Arnaud de Brescia. Victorieux, il est couronné empereur à Rome (1155), mais refuse de se comporter en vassal du pape, ouvrant ainsi un long conflit avec la papauté. Frédéric Ier renforce l'autorité impériale en Italie, mais les villes du Nord acceptent mal son administration et la perte de leurs libertés. L'empereur fait raser Milan (1162). Puis la Ligue lombarde, constituée en 1167, alliée au pape Alexandre III, le défait à Legnano (1176). Frédéric Ier doit signer la paix de Venise (1177) puis celle de Constance (1183). Malgré l'indépendance grandissante et l'opposition d'Henri le Lion, il agrandit le domaine d'influence des Ho-henstaufen et renforce l'administration impériale en Allemagne. Mort au cours de la 3e croisade (1190), il deviendra, dès le XVIe s., la figure mythique de l'empereur endormi sous le mont Kyffhäuser et destiné à réapparaître avec son armée pour réaliser les espérances populaires et nationales.

FRÉDÉRIC II (Iesi, marche d'Ancône, 1194 - château de Fiorentino, près de Foggia, 1250), roi de Sicile (1197-1250) et empereur germanique (1220-1250), fils de Henri VI de Hohenstaufen et de Constance de Sicile. Proclamé roi de Sicile à l'âge de trois ans, il est élevé sous la tutelle du pape Innocent III. Celui-ci le fait élire anti-roi de Germanie en 1212 afin de contrebalancer les menées d'Otton IV, qui veut conquérir la Sicile. Après la défaite d'Otton IV à Bouvines (1214), il devient maître de l'Allemagne et fait de grandes concessions à l'Église. Couronné empereur en 1220, il entre en conflit avec la Ligue lombarde, reconstituée en 1226, et avec le pape Grégoire IX, qui l'excommunie en 1227. Il se rend en Terre sainte et, ayant obtenu la cession de Jérusalem, il se couronne « roi de Jérusalem » (1229), puis se réconcilie avec le pape en 1230 (paix de San Germano). Après avoir vaincu la révolte de son fils Henri en Allemagne (1235), il reprend le combat contre la Ligue lombarde. Le pape l'excommunie à nouveau en 1239. Le concile de 1245, convoqué par Innocent IV et réuni à Lyon sous la protection de Louis IX, le dépose. À sa mort, il laisse l'Allemagne et l'Italie en proie à l'anarchie. Monarque cultivé, protecteur des arts et des sciences, il avait fait de la Sicile un État moderne, doté d'une administration centralisée.

FRÉDÉRIC III DE STYRIE (Innsbruck 1415 - Linz 1493), roi des Romains (1440), empereur germanique (1452-1493). Chef de la maison des Habsbourg, il n'eut pas d'autorité effective sur l'Allemagne et demeura confiné dans ses possessions héréditaires. Il négocia le concordat de Vienne (1448). Le mariage de son fils Maximilien avec Marie de Bourgogne (1477) apporta aux Habsbourg les Pays-Bas et la Franche-Comté.

AUTRICHE

FRÉDÉRIC III le Beau (1289 - château de Gutenstein, Wienerwald, 1330), duc d'Autriche et de Styrie (1306-1330) et anti-roi de Germanie (1314 - 1330). Chef de la maison de Habsbourg avec son frère Léopold Ier, il entra en compétition pour l'Empire avec Louis IV de Bavière, qui le battit à Mühldorf (1322).

BRANDEBOURG ET PRUSSE

FRÉDÉRIC Ier (Königsberg 1657 - Berlin 1713), Électeur de Brandebourg (Frédéric III) à partir de 1688, premier roi en Prusse (1701-1713), fils de Frédéric-Guillaume le Grand Électeur. Ayant participé aux guerres de la ligue d'Augsbourg et de la Succession d'Espagne, il obtint de Léopold Ier l'autorisation de prendre le titre de « roi en Prusse » (1701).

FRÉDÉRIC II le Grand (Berlin 1712 - Potsdam 1786), roi de Prusse (1740-1786), fils de Frédéric-Guillaume Ier. Il doit son surnom aux exceptionnelles qualités qu'il déploya en tant que monarque, chef de guerre et amateur des arts, des sciences et de la philosophie. À l'issue des deux guerres de Silésie (1740-1742 ; 1744-45), il réussit, en dépit des graves revers essuyés pendant la guerre de Sept Ans, à conserver la Silésie. Il unit la Prusse royale au Brandebourg en obtenant la Prusse occidentale, à l'exception de Dantzig et de Thorn, lors du premier partage de la Pologne (1772). Ayant ainsi posé les bases territoriales qui font de son royaume une grande puissance, il prend en main l'administration du pays, développant le peuplement et la colonisation agricole et favorisant l'industrie et le commerce. Il renforce son armée, avec laquelle il met en pratique ses inventions tactiques, et met en place une administration moderne. Épris des lettres et de la philosophie françaises, auteur d'un *Anti-Machiavel* (1739) et correspondant de Voltaire (qu'il invite en Prusse), il s'acquiert une réputation de « roi-philosophe » et devient le modèle du despote éclairé. Grand amateur de musique, il fut aussi un virtuose de la flûte et laissa plusieurs compositions (sonates et concertos) pour cet instrument.

FRÉDÉRIC III (Potsdam 1831 - *id.* 1888), empereur allemand et roi de Prusse (1888), fils et successeur de Guillaume Ier. Il se distingua pendant les guerres austro-prussiennes et franco-allemande. Il ne régna que quelques mois.

DANEMARK ET NORVÈGE

FRÉDÉRIC Ier (Copenhague 1471 - Gottorp 1533), roi de Danemark et de Norvège (1523-1533). Il favorisa les progrès de la Réforme. — **Frédéric II** (Haderslev 1534 - Antvorskov 1588), roi de Danemark et de Norvège (1559-1588). Il entreprit une longue guerre contre la Suède (1563-1570). La paix de Stettin (1570) consacra la position du Danemark comme gardien de la Baltique. — **Frédéric III** (Haderslev 1609 - Copenhague 1670), roi de Danemark et de Norvège (1648-1670). Il déclara la guerre à la Suède (1657), mais, vaincu, il dut céder la Scanie et le Halland (paix de Roskilde, 1658). Il fit proclamer la monarchie héréditaire (1660) et rétablit le caractère absolu du pouvoir royal. — **Frédéric IV** (Copenhague 1671 - Odense 1730), roi de Danemark et de Norvège (1699-1730). Entré en guerre contre la Suède et le Holstein, il obtint finalement la partie sud du Slesvig (paix de Frederiksborg, 1720). — **Frédéric V** (Copenhague 1723 - *id.* 1766), roi de Danemark et de Norvège (1746-1766). Sous son règne, le Danemark connut une grande prospérité commerciale. Secondé par J. Bernstorff, il accomplit de profondes réformes. — **Frédéric VI** (Copenhague 1768 - *id.* 1839), roi de Danemark (1808-1839) et de Norvège (1808-1814). Régent depuis 1784, il tenta de maintenir le Danemark dans le camp des neutres durant les guerres napoléoniennes, malgré la pression anglaise. Allié à la France (1807), il dut céder la Norvège à la Suède par le traité de Kiel (1814). Il reçut Rügen et la Poméranie suédoise, qu'il échangea contre le Lauenburg. — **Frédéric VII** (Copenhague 1808 - Glücksburg 1863), roi de Danemark (1848-1863). En 1849, une Assemblée constituante dota le pays d'une constitution démocratique. C'est sous son règne qu'éclata l'affaire des Duchés*, à laquelle mit fin provisoirement le protocole de Londres (1852). — **Frédéric VIII** (Copenhague 1843 - Hambourg 1912), roi de Danemark (1906-1912). — **Frédéric IX** (château de Sorgenfri 1899 - Copenhague 1972), roi de Danemark (1947-1972). Son règne fut marqué par le renforcement de la collaboration entre États scandinaves. Sa fille, Marguerite II, lui a succédé.

ÉLECTEUR PALATIN

FRÉDÉRIC V (Amberg 1596 - Mayence 1632), Électeur palatin (1610-1623). Chef de l'Union évangélique, il prit la couronne de Bohême (1619-20). Mais après la défaite infligée aux Tchèques par Ferdinand II à la Montagne Blanche (1620), il perdit la couronne de Bohême et son titre d'Électeur.

SAXE

FRÉDÉRIC III le Sage (Torgau 1463 - Lochau 1525), duc-électeur de Saxe (1486-1525), fils et successeur d'Ernest. Fondateur, en 1502, de l'université de Wittenberg, il soutint Luther contre le pape et Charles Quint et, au retour de la diète de Worms, le fit mettre en sûreté dans la forteresse de la Wartburg (1521).

SICILE

FRÉDÉRIC Ier, roi de Sicile → FRÉDÉRIC II, empereur germanique. — **Frédéric II** (1272 - Palerme 1337), roi de Sicile insulaire (1296-1337), fils de Pierre III le Grand, roi d'Aragon (Pierre Ier de Sicile). Refusant de céder au roi de Naples Charles II la Sicile, qu'il avait reçue de son frère Jacques II, il lutta avec succès contre les forces de Charles II, avec qui il conclut le traité de Caltabellotta (1302), qui reconnaissait sa royauté sur la Sicile. Il associa à son trône son fils Pierre II, qui lui succéda. — **Frédéric III** (Catane 1342 - Messine 1377), roi de Sicile insulaire (1355-1377), fils de Pierre II.

FRÉDÉRIC Ier (Naples 1452 - Tours 1504), roi de Sicile péninsulaire (1496-1501). Fils de Ferdinand Ier, il succéda à son neveu Ferdinand II. Vaincu par Louis XII, il céda à ce dernier son royaume en échange du comté du Maine (1501).

SLESVIG-HOLSTEIN

FRÉDÉRIC → AUGUSTENBORG.

SUÈDE

FRÉDÉRIC Ier (Kassel 1676 - Stockholm 1751), roi de Suède (1720-1751), époux d'Ulrique Éléonore (1716), qui abdiqua en sa faveur (1720). Il soutint une guerre contre la Russie (1741), qui s'acheva par le traité d'Åbo (1743), enlevant le sud-est de la Finlande à la Suède.

FRÉDÉRIC-VI (*côte du* **Roi-**), partie sud-est du Groenland, au S. du cercle polaire.

FRÉDÉRIC-VIII (*terre du* **Roi-**), partie nord-est du Groenland.

FRÉDÉRIC (*baron* Léon), peintre belge (Bruxelles 1856 - Schaerbeek 1940). Partagé entre naturalisme et symbolisme (*les Âges de l'ouvrier,* triptyque, 1897, musée d'Orsay), il acquit une position de peintre officiel.

FRÉDÉRIC-AUGUSTE Ier le Juste (Dresde 1750 - *id.* 1827), Électeur (1763), puis premier roi de Saxe (1806-1827). Allié de la France, forcé d'adhérer à la quatrième coalition contre Napoléon, il vit son électorat érigé en royaume quand il signa la paix d'Iéna (1806) avec ce dernier. Il obtint le grand-duché de Varsovie à l'issue du traité de Tilsit (1807). En 1815, il recouvra son royaume, mais amputé au profit de la Prusse, et perdit le grand-duché de Varsovie.

FRÉDÉRIC-AUGUSTE, nom de deux Électeurs de Saxe et rois de Pologne → AUGUSTE II et AUGUSTE III.

FRÉDÉRIC-CHARLES (Berlin 1828 - Klein Glienicke, auj. dans Potsdam, 1885), prince de Prusse *(le Prince rouge),* neveu de Guillaume Ier et maréchal. Il se distingua au Danemark (1848) et contribua à la victoire de Sadowa (1866). En 1870-71, il bloqua Bazaine à Metz et battit Chanzy au Mans et à Orléans.

FRÉDÉRIC-GUILLAUME (Berlin 1620 - Potsdam 1688), Électeur de Brandebourg et duc de Prusse, dit **le Grand Électeur.** Il succéda à son père, Georges-Guillaume, en 1640, en pleine guerre de Trente Ans. Après la signature des traités de Westphalie (1648), il s'efforça de relever le Brandebourg par une politique de mise au pas des États, par la colonisation agricole et le prélèvement d'impôts nouveaux. Chef de l'opposition calviniste aux impériaux, il accueillit les réfugiés huguenots après la révocation de l'édit de Nantes (1685). Il fit reconnaître sa souveraineté sur la Prusse par le roi de Pologne (1657) et remporta sur les Suédois la bataille de Fehrbellin (1675).

FRÉDÉRIC-GUILLAUME Ier (Berlin 1688 - Potsdam 1740), roi de Prusse (1713-1740), dit **le Roi-Sergent,** fils de Frédéric Ier. Poursuivant l'œuvre d'unification des Électeurs de Brandebourg, il favorisa le peuplement et le développement économique du pays et la centralisation étatique. Il annexa la Poméranie occidentale en 1720 et légua à son fils, Frédéric II le Grand, un royaume puissant.

FRÉDÉRIC-GUILLAUME II (Berlin 1744 - *id.* 1797), roi de Prusse (1786-1797). Neveu et successeur de Frédéric II le Grand, il fut un souverain médiocre, sous le règne duquel la situation financière de la Prusse se détériora. Hostile à la Révolution française, il prit part aux campagnes de 1792 et 1793 et dut négocier le traité de Bâle (1795) qui reconnut à la France la rive gauche du Rhin. Il annexa Dantzig et Thorn (1793), puis Varsovie (1795) à l'issue des deuxième et troisième partages de la Pologne.

FRÉDÉRIC-GUILLAUME III (Potsdam 1770 - Berlin 1840), roi de Prusse (1797-1840), fils aîné et successeur du précédent. Dès son avènement, il entreprit des réformes, qui furent remises en question par l'effondrement de la Prusse devant Napoléon en 1806-1807. De 1807 à 1813, entouré d'hommes tels que Stein ou Hardenberg dans les domaines politique ou économique, Scharnhorst, Gneisenau ou Clausewitz dans le domaine militaire, il parvint à redresser la Prusse et à lui redonner son rang de grande puissance au congrès de Vienne (1815).

FRÉDÉRIC-GUILLAUME IV (Berlin 1795-château de Sans-Souci 1861), roi de Prusse (1840-1861). Cédant devant l'émeute (1848), il dut accorder à son peuple une constitution. Son horreur de la démocratie l'amena à refuser la couronne impériale que lui offrait l'Assemblée de Francfort (1849). Atteint de maladie mentale, il abandonna la régence à son frère Guillaume en 1858.

FRÉDÉRIC-GUILLAUME, le Kronprinz → GUILLAUME.

FRÉDÉRIC-HENRI, prince d'Orange-Nassau (Delft 1584 - La Haye 1647), troisième stathouder des Provinces-Unies (1625-1647). Fils et successeur de Guillaume le Taciturne, il créa une flotte puissante, jetant les bases des Compagnies des Indes orientales et occidentales. Il songea à prendre la couronne (1631), mais le parti antiorangiste fit échouer ses desseins.

FREDERICIA, port du Danemark, sur la côte orientale du Jylland ; 46 000 hab. Raffinerie de pétrole. Chimie. Brasserie.

FREDERICKSBURG, v. des États-Unis (Virginie), au S. de Washington, sur le Rappahannock ; 15 300 hab. Victoire des sudistes de Lee sur les fédéraux (13 déc. 1862) pendant la guerre de Sécession.

FRÉDÉRICQ (Paul), historien belge (Gand 1850 - *id.* 1920). Professeur à Liège, puis à Gand, il fut un des chefs du mouvement flamingant.

FREDERICTON, v. du Canada, cap. du Nouveau-Brunswick, sur le Saint-Jean ; 44 000 hab. Universités.

FREDERIKSBERG, v. du Danemark, banlieue de Copenhague ; 88 000 hab.

Frederiksborg, château royal, le plus considérable du Danemark, situé dans l'île de Sjaelland. Il fut construit au début du XVIIe s. pour Christian IV et restauré au XIXe s. (auj. Musée d'histoire nationale).

FREDERIKSHAVN, port du Danemark, dans le nord du Jylland ; 35 000 hab. Chantiers navals. Traitement du poisson. Constructions mécaniques et électriques.

FREDHOLM (Ivar), mathématicien suédois (Stockholm 1866 - Mörby, près de Stockholm, 1927). Il a étudié les équations intégrales dans lesquelles la fonction inconnue apparaît sous le signe intégrale. Il a résolu (en 1900) un type d'équation intégrale qui porte encore son nom.

FREDONNEMENT n. m. Action de fredonner un air ; suite de sons ainsi émis.

FREDONNER v. t. (moyen fr. *fredon,* air chanté) [conj. 3]. Chanter une chanson à mi-voix sans articuler les paroles.

FREDRO (Aleksander, *comte*), auteur dramatique polonais (Surochów, Galicie, v. 1793 - Lemberg, auj. Lvov, 1876). Il a créé des comédies de caractère aux personnages très typés (*Monsieur Jovial,* 1823 ; *la Vengeance,* 1834 ; *le Viager,* 1838).

free cinema (« cinéma libre »), mouvement cinématographique britannique fondé par Lindsay Anderson et Karel Reisz, en rébellion contre le traditionalisme de la production courante (1956). Plusieurs documentaires influencés par l'école documentariste de Grierson et le néoréalisme italien furent tournés dans cet esprit.

FREE CLINIC [friklinik] n. f. (pl. *free clinics*) [amér. *free clinic,* clinique gratuite]. Structure sanitaire parallèle, qui délivre des soins gratuits et où les rapports traditionnels entre soignants et soignés sont remis en question.

FREE JAZZ [fridʒaz] n. m. (amér. *free jazz,* jazz libre). École de jazz apparue aux États-Unis au début des années 60 à la suite des recherches d'Ornette Coleman, Don Cherry, Cecil Taylor, Eric Dolphy, Charlie Mingus et John Coltrane.
ENCYCL. Appelé également *new thing* (« nouvelle chose »), le free jazz, qui culmina dans la deuxième moitié des années 60, rejette les normes traditionnelles (mélodie, trame harmonique, tempo régulier) pour adopter une improvisation intégralement libre. Ses représentants les plus significatifs sont Albert Ayler, John Coltrane, Archie Shepp, Pharoah Sanders, Sun Ra, Sunny Murray et l'Art Ensemble of Chicago.

FREE-LANCE [frilɑ̃s] adj. inv. et n. m. (pl. *free-lances*) [angl. *freelance*]. Se dit d'un travail qu'un professionnel indépendant (publicitaire, architecte, etc.) effectue à la commande auprès de diverses entreprises.
◆ adj. inv. et n. Se dit d'un professionnel qui travaille de cette manière.

FREEMAN (Richard Austin), écrivain britannique (Londres 1862 - Gravesend, Kent, 1943), créateur du détective John Thorndyke (*l'Empreinte sanglante,* 1907 ; *l'Affaire Darblay,* 1926) et auteur d'un *Art du roman policier* (1924). Il a utilisé également le pseudonyme de Clifford **Ashdown.**

FREE-MARTIN [frimartin] adj. et n. m. (pl. *free-martins*) [angl. *free-martin,* p.-ê. du gaél. *mart,* génisse]. Se dit, dans l'espèce bovine, d'une génisse jumelle d'un veau mâle et qui est stérile par *free-martinisme.*

FREE-MARTINISME [fri-] n. m. (pl. *free-martinismes*). Stérilité qui affecte certaines génisses jumelles d'un veau mâle, due aux échanges hormonaux par voie sanguine pendant la vie fœtale.

FREEPORT, terminal pétrolier des Bahamas, sur la côte sud-ouest de Grand Bahama. Tourisme. Raffinerie de pétrole.

FREE SHOP [friʃɔp] n. m. (pl. *free shops*) [angl. *free shop*]. Syn. de BOUTIQUE FRANCHE*.

FREESIA [frezja] n. m. (de *Frees,* n. pr.). Plante (iridacée) bulbeuse originaire d'Afrique du Sud, aux fleurs en longs tubes étroits.

FREE-STYLE [fristajl] n. m. (angl., *free style,* de *free,* libre, et *style*). **1.** Dans la pratique de certains sports, figures improvisées, souvent acrobatiques. — **2.** Syn. de SKI ARTISTIQUE.

FREETOWN, cap. de la Sierra Leone ; 469 776 hab. Fondée à la fin du XVIIIe s. pour accueillir les esclaves noirs américains libérés, c'est la métropole politique, commerciale, universitaire du pays. À l'E. de la ville, le port a donné naissance au quartier industriel de Wellington. Raffinerie de pétrole.

FREEZER [frizœr] n. m. (amér. *freezer,* congélateur). Compartiment d'un réfrigérateur servant à la production de glace.

FRÉGATAGE n. m. Incurvation des flancs d'un bateau que l'on a frégaté.

1. FRÉGATE n. f. (ital. *fregata*). **1.** Dans la marine à voile, bâtiment moins lourd et plus rapide que le vaisseau, servant à l'éclairage des escadres et à la protection des convois. — **2.** Bâtiment de combat de moyen tonnage, intermédiaire entre la corvette et le croiseur, à vocation anti-sous-marine. — **3.** *Capitaine de frégate,* officier de marine de grade équivalent à celui de lieutenant-colonel.

2. FRÉGATE n. f. (de *frégate 1*). Grand oiseau côtier, excellent voilier, d'envergure de 2 m, à la queue fourchue, au bec crochu, aux pattes palmées, qui se nourrit des proies capturées sur les plages ou dérobées à d'autres oiseaux.

FRÉGATE-ÉCOLE n. f. (pl. *frégates-écoles*). Au XIXᵉ s., bâtiment à voiles sur lequel les aspirants de marine faisaient leur stage d'un an en mer.

FRÉGATER v. t. (de *frégate 1*) [conj. 3]. Affiner les formes d'un vaisseau pour le rendre plus bas sur l'eau et plus rapide.

FRÉGATON n. m. (de *frégate 1*). **1.** Grand navire à voile latine et à rame de la marine vénitienne au XVIᵉ s. — **2.** *Fam.* Officier ayant le grade de capitaine de frégate.

FREGE (Gottlob), logicien et mathématicien allemand (Wismar 1848 - Bad Kleinen, Mecklembourg, 1925). Il est le premier à avoir élaboré de façon complète un calcul des propositions formalisé, utilisant opérateurs et quantificateurs, et à distinguer le sens d'une fonction propositionnelle de ce qu'elle désigne. Avec Frege, la logique mathématisée se transforme en une véritable logique, capable de formaliser des lois et d'énoncer des règles de formation de ces lois dans le domaine même des mathématiques. Ses idées sont exposées dans *les Fondements de l'arithmétique* (1884).

FREGOLI (Leopoldo), artiste de variétés italien (Rome 1867 - Viareggio 1936). Tour à tour chanteur, danseur, imitateur, mime, illusionniste, ventriloque, il créa des scénarios dans lesquels il remplissait à lui seul jusqu'à soixante rôles différents. On le vit à Paris entre 1896 et 1916. Son nom reste synonyme d'acteur à transformation.

FRÉHEL (22240), comm. des Côtes-d'Armor, au S.-O. du *cap Fréhel ;* 2 010 hab. (→ SABLES-D'OR-LES-PINS [*les*].)

FRÉHEL *(cap),* cap de Bretagne (Côtes-d'Armor), à l'E. de la baie de Saint-Brieuc. Phare. Panorama.

FRÉHEL (Marguerite BOULCH, dite), chanteuse française (Paris 1891 - *id.* 1951). Son répertoire réaliste et gouailleur assura sa renommée (*Tel qu'il est, il me plaît,* 1936). Elle participa aussi à de nombreux films *(Pépé le Moko, l'Éternel Retour).*

Frei *(réaction de),* intradermoréaction utilisée pour le diagnostic de la maladie de Nicolas-Favre.

FREI MONTALVA (Eduardo), homme d'État chilien (Santiago 1911 - *id.* 1982). Membre fondateur (1935) puis leader de la Démocratie chrétienne, il devint président de la République (1964-1970). Il entama des réformes (nationalisation des mines de cuivre, réforme agraire), poursuivies par Allende, à qui il retira le soutien de son parti en 1973. — Son fils, ÉDUARDÓ **Frei Ruíz Tagle** (Santiago 1942), démocrate-chrétien, est président de la République depuis 1994.

FREIBERG, v. d'Allemagne (Saxe), au pied de l'Erzgebirge ; 51 000 hab. Vieux centre minier des monts Métallifères. Cathédrale gothique du début du XVIᵉ s., conservant un portail sculpté de 1230 (« porte Dorée ») et un riche mobilier. Autres monuments et maisons anciennes. Musée. Métallurgie.

FREILIGRATH (Ferdinand), poète allemand (Detmold 1810 - Stuttgart 1876). Auteur de ballades romantiques, il devint vers 1841 un poète politique (*Profession de foi,* 1844). Révolutionnaire, il s'exila en 1846, put regagner l'Allemagne à l'occasion de la révolution de 1848 et collabora avec Karl Marx à la *Neue Rheinische Zeitung* de Cologne, qui disparut en 1849. Freiligrath publia ses *Nouvelles Poésies politiques et sociales* (1851), puis s'exila de nouveau en Angleterre de 1851 à 1868.

FREIN n. m. (lat. *frenum*). **1.** *Vx.* Partie du mors qui se trouve dans la bouche du cheval. — **2.** Organe destiné à ralentir, à arrêter ou à immobiliser un ensemble mécanique doué de mouvement. (Cet organe peut être parfois le moteur lui-même [*frein moteur*].) [→ encycl.] — **3.** *Litt.* Ce qui arrête, retient : *Le frein de la loi.* — **4.** *Coup de frein,* action de freiner brusquement un véhicule ou un processus. ‖ *Être un frein à qqch,* arrêter ou ralentir un mouvement, une évolution ; jouer un rôle modérateur. ‖ *Mettre un frein à qqch,* l'arrêter, le contenir : *Mettre un frein à ses dépenses.* ‖ *Ronger son frein,* faire effort pour contenir son impatience, son irritation. ‖ *Sans frein,* sans bornes, sans limites. • **Aéron.** *Frein aérodynamique,* dispositif destiné à ralentir brusquement la vitesse d'un avion par un moyen aérodynamique. (Syn. AÉROFREIN.) — **Alp.** Appareil coulissant sur la corde dans un seul sens, employé pour remonter sur corde lisse. (Syn. BLOQUEUR.) — **Anat.** Nom donné à certains replis muqueux. (Ex. : frein de la langue, du prépuce.) — **Arm.** Organe destiné à limiter ou à absorber le recul des bouches à feu lors du départ du coup. — **Ch. de f.** *Frein de voie,* installation de freinage destinée à régler la vitesse des wagons triés à la bosse de débranchement. (Les freins de voie sont actionnés par l'air comprimé et comportent des mâchoires de grande longueur, placées de part et d'autre du rail et venant serrer les roues.) — **Mécan.** *Frein d'écrou,* dispositif empêchant un écrou de se desserrer sous l'action de chocs ou de vibrations. ‖ *Frein d'essais* ou *frein dynamométrique d'absorption,* appareil permettant de mesurer la puissance développée par une machine. (→ *encycl.*) ‖ *Puissance au frein,* puissance d'un moteur mesurée à l'aide d'un frein d'essai dynamométrique. — **Zool.** Pièce des ailes postérieures des papillons, solidarisant les deux ailes d'un même côté pendant le vol.

ENCYCL. **Autom.** Sur une automobile, les freins agissent sur les quatre roues et sont commandés par une pédale. Le Service des mines exige la présence d'une seconde commande par levier à main, seulement utilisée pour bloquer le véhicule à l'arrêt.

Le *frein à tambour,* ou *frein à mâchoires,* se compose d'un plateau fixe supportant des segments (ou sabots, ou mâchoires, ou patins) articulés de telle sorte qu'ils puissent venir s'appliquer à l'intérieur d'un tambour solidaire de la roue. Ces segments sont garnis sur leur périphérie d'un matériau de friction offrant un coefficient de frottement très élevé et une grande résistance à la chaleur.

Le *frein à disque* comprend un plateau circulaire solidaire de la roue, sur lequel s'exercent les forces de serrage dans le sens axial, c'est-à-dire parallèlement à l'axe de rotation, par l'intermédiaire des étriers, à l'intérieur desquels se déplacent des tampons de friction. Outre sa puissance de freinage considérable, l'appareil à disque est parfaitement refroidi, son usure est régulière et son fonctionnement ne provoque aucune déformation, contrairement au frein à tambour.

Ces divers types de freins sont à commande hydraulique. Sur certaines voitures et sur les poids lourds, l'effort de freinage est amplifié par l'utilisation d'un servofrein*, généralement commandé par dépression. Certains dispositifs de freinage sont munis d'un système antiblocage (ABS) permettant un freinage régulier, quelles que soient les qualités d'adhérence de la chaussée.

— **Ch. de f.** Sur les véhicules classiques, les freins agissent par l'intermédiaire de sabots appliqués sur les tables de roulement à l'aide d'un piston, mobile dans un cylindre à air comprimé ou à vide. Le frein est habituellement continu (une seule manœuvre actionne l'ensemble des freins de l'ensemble des véhicules du train) et automatique (sa mise en action peut être provoquée par toute vidange de la conduite générale : rupture d'attelage, par ex.), modérable au serrage et au desserrage. L'air comprimé est distribué aux véhicules par une conduite générale, qui alimente les réservoirs auxiliaires de chaque véhicule. Dans le frein direct, l'air comprimé est transmis directement du réservoir principal de la machine aux cylindres de frein de la locomotive et, le cas échéant, des véhicules remorqués. Sur les voitures à voyageurs modernes, on utilise souvent, outre le frein à sabots, un frein à disque. Sur les locomotives et les automotrices électriques, on utilise également le freinage rhéostatique (avec dissipation de l'énergie dans des résistances) et par récupération (avec renvoi du courant sur la ligne de distribution). Le frein à patin électromagnétique agissant sur le rail est utilisé en complément des autres systèmes de freinage sur les voitures à voyageurs à vitesse élevée et sur les tramways et métros légers.

Pour les grandes vitesses, on a mis au point de nouveaux systèmes : le *frein linéaire à courants induits,* qui agit par courants de Foucault, et le *frein hydrodynamique,* qui possède un circuit hydraulique servant à l'évacuation de la chaleur. Les rames du T. G. V., qui atteignent des vitesses de 270 km/h, sont équipées d'un frein rhéostatique, d'un frein à disque et d'un bloc de freinage.

— **Mécan.** Le *frein d'essais* sert à calculer la puissance d'une machine en mesurant son couple moteur et en déterminant sa vitesse angulaire. Il comprend un organe monté sur l'arbre moteur, sans liaison mécanique avec lui, mais entraîné par son mouvement sous l'action de résistances passives (frottement, résistance de l'air, courants de Foucault). Le couple moteur est déterminé d'après la force ou le poids qui maintient le frein en équilibre au régime étudié.

FREINAGE n. m. **1.** Action de créer un couple retardateur ou une force retardatrice afin de provoquer le ralentissement ou l'arrêt d'une machine, d'organes en mouvement : *Dispositif de freinage.* — **2.** Action de ralentir le développement de qqch : *Le freinage des augmentations de salaires et des prix.* • **Autom.** *Freinage intégral,* freinage dont la commande agit sur les quatre roues d'une automobile. — **Ch. de f.** *Bloc de freinage,* ensemble constitué d'un cyclindre de commande et de la semelle de frein propre à chaque roue freinée d'un véhicule ferroviaire. — **Électr.** *Freinage par courants de Foucault,* freinage électrique dans lequel l'énergie à dissiper est transformée en chaleur créée par des courants de Foucault produits dans une masse métallique. ‖ *Freinage électrique,* freinage dans lequel l'action exercée sur une machine a pour effet de lui faire produire de l'énergie électrique qui est soit dissipée, soit restituée au réseau (freinage par récupération). ‖ *Freinage électromagnétique,* freinage dans lequel l'action d'un frein sur une machine est appliquée ou supprimée au moyen d'un électroaimant. — Phys. *Rayonnement de freinage,* rayonnement émis lors du ralentissement subi par des particules électrisées de grande énergie lorsqu'elles traversent la matière. (Syn. BREMSSTRAHLUNG.)

FREINER v. t. (de *frein*) [conj. 4]. **1.** Ralentir un corps en mouvement jusqu'à en arrêter éventuellement le mouvement : *Réussir à freiner la descente du parachute.* — **2.** Ralentir, gêner la progression d'un groupe : *Les vieillards freinaient notre marche.* — **3.** Ralentir qqch, en modérer le développement : *Freiner l'inflation par la restriction du crédit.* — **4.** Modérer qqn, son activité, son dynamisme, son élan : *Cet échec a freiné l'enthousiasme de ses supporters.*

◆ v. i. **1.** Ralentir son mouvement, sa progression, sa course et s'arrêter : *Le camion n'a pas freiné à temps.* — **2.** En parlant d'un système de freinage, agir de manière à ralentir ou à arrêter le mouvement d'un véhicule ou d'un appareil : *Ma moto freine mal.*

FREINET (Célestin), pédagogue français (Gars, Alpes-Maritimes, 1896 - Vence 1966). Instituteur au Bar-sur-Loup (1920), il milita dès la fin de la Première Guerre mondiale dans le mouvement d'éducation nouvelle. Il est l'un des théoriciens des classes coopératives. Sa pédagogie intègre coopération et travail collectif, notamment par le conseil de coopérative, l'impression et la diffusion du journal scolaire et les sorties-enquêtes. Ses idées sont largement reprises, surtout dans les secteurs marginaux de l'Éducation nationale, et le mouvement Freinet regroupe aujourd'hui plusieurs milliers d'enseignants. Freinet inspira également le mouvement de pédagogie institutionnelle. Il a écrit *l'Éducation du travail* (1947), *les Techniques Freinet dans l'école moderne* (1964).

FREINEUR n. m. Agent chargé, dans un triage, de la commande des freins de voie.

FREINTE n. f. (anc. fr. *frainte,* de *fraindre,* briser). Déchet subi par certaines marchandises pendant la fabrication, les manipulations, le transport. (Syn. DÉCHET DE ROUTE.)

FREIRE (Paulo), pédagogue brésilien (Récife 1921). À travers une philosophie de l'éducation, inspirée de l'existentialisme chrétien, P. Freire propose une méthode d'alphabétisation qui fait appel à une véritable conscientisation politique, utilisant un matériel et des textes issus de la vie quotidienne des alphabétisés. La méthode fut officialisée en 1963-64 par le gouvernement Goulart. Il a écrit : *Pédagogie des opprimés* (1969), *Lettres à la Guinée-Bissau sur l'alphabétisation* (1978).

Freischütz *(Der),* opéra en 3 actes de C. M. von Weber sur un livret de Friedrich Kind, d'après *le Livre des fantômes* de J. Apel et F. Laun (Berlin, 1821). Première exploitation musicale de la fantasmagorie des poètes romantiques allemands.

FREISING, v. d'Allemagne (Bavière), sur l'Isar ; 33 600 hab. Cathédrale romane, baroquisée au XVIIIe s. Mécanique. Électronique. Chimie. Textile.

FREITAL, v. d'Allemagne (Saxe), au S.-O. de Dresde ; 46 000 hab. Métallurgie.

Fréjorgues, aéroport de Montpellier (Hérault), à 7 km au S.-E. de la ville.

FRÉJUS (83600), ch.-l. de cant. du Var, en bordure du massif de l'Esterel, près de Saint-Raphaël ; 42 613 hab. *(Fréjusiens).* Restes de constructions romaines (amphithéâtre, fortifications, etc.). Cathédrale gothique d'env. 1200, avec baptistère du Ve s. et cloître roman à deux étages (musée archéologique). Matières plastiques. Industrie textile. Camp militaire. Centre d'instruction et musée des troupes de marine. Stations balnéaires à *Fréjus-Plage* et Saint-Aygulf. — **Hist.** Marché sous Jules César, puis port de guerre (31 av. J.-C.), la ville connut une grande prospérité pendant l'Empire romain. Le 2 déc. 1959, la rupture du barrage de Malpasset provoqua la destruction des bas quartiers de Fréjus, faisant plus de 400 victimes.

FRÉJUS *(col du* ou *de),* col des Alpes situé à la frontière de la France (Savoie) et de l'Italie, entre la Maurienne et la vallée de Bardonnèche ; 2 542 m. Le tunnel ferroviaire (13 655 m), dit à tort « du Mont-Cenis », passe sous ce col. Un tunnel routier (12 800 m) a été ouvert en juin 1980.

FRELATAGE n. m. Action de frelater ; fait d'être frelaté.

FRELATER v. t. (moyen néerl. *verlaten,* transvaser) [conj. 3]. **1.** Mêler une substance, un produit de substances étrangères. — **2.** *Litt.* Faire perdre à qqch ce qu'il a de naturel : *Ces lectures frelatent le goût.*

◆ **être frelaté** v. pass. **1.** Être altéré, gâté par le mélange d'autres produits : *Vin frelaté.* — **2.** Avoir perdu de sa pureté, de son naturel : *Des plaisanteries frelatées.* — **3.** Être corrompu : *Un milieu frelaté.*

FRÊLE adj. (lat. *fragilis*). **1.** Dont l'apparence ténue marque la fragilité : *Une tige frêle.* — **2.** Qui est de nature faible, fragile, délicate : *Une santé frêle. Une frêle jeune fille.* — **3.** Qui n'est pas solide, qui est condamné à disparaître ; fugitif, précaire : *Un frêle espoir.*

FRELOCHE n. f. (moyen fr. *freloque,* var. de *fanfreluche,* p.-ê. avec l'infl. de *effilocher*). **1.** Filet très léger, employé pour capturer les papillons. (Syn. FILOCHE.) — **2.** Petite épuisette servant à la récolte des insectes aquatiques.

FRELON n. m. (bas lat. *furlo, -onis,* du frq. **hurslo*). Grosse guêpe d'Europe, rousse et jaune, au nid fait de bois mâché et enduit de salive, très nuisible aux fruits et dont la piqûre peut être dangereuse.

FRELUQUET n. m. (moyen fr. *freluque,* mèche de cheveux, de *fanfreluche*). *Fam.* Homme léger, frivole, méritant peu de considération.

FREMANTLE, port de Perth, en Australie (Australie-Occidentale) sur l'océan Indien ; 26 000 hab. Centre industriel. Port pétrolier et de pêche. Exportation de produits agricoles et de minéraux.

FRÉMIET (Emmanuel), sculpteur français (Paris 1824 - *id.* 1910). Neveu et élève de Rude, il est notamment l'auteur de la *Jeanne d'Arc* équestre de la place des Pyramides, à Paris (bronze doré, 1874), de l'*Orang-Outang étranglant un homme* du Jardin des Plantes (marbre, 1895).

FRÉMINET (Martin), peintre français (Paris 1567 - *id.* 1619). Formé à Paris et en Italie, influencé par Michel-Ange et le Parmesan, il fut un des maîtres de la seconde école de Fontainebleau (chapelle de la Trinité).

FRÉMINVILLE (Charles DE LA POIX DE), ingénieur français (Lorient 1856 - Paris 1936). Il étudia le problème de l'utilisation des métaux pour lequel, le premier, il utilisa les essais au choc et par empreinte de billes. À partir de 1915, il se fit le propagandiste des théories de Taylor.

FRÉMIR v. i. (lat. pop. **fremire,* du lat. class. *fremere*) [conj. 32]. **1.** S'agiter avec un bruissement ; vibrer : *Les feuilles frémissent sous la brise.* — **2.** Produire les premières petites bulles qui précèdent le point d'ébullition : *L'eau frémit dans la casserole.* — **3.** Trembler convulsivement, notamment sous l'effet d'une vive émotion : *Ses lèvres frémissaient. Frémir de honte.* — **4.** Être épouvanté ou très indigné : *Cette histoire me fait frémir.*

FRÉMISSANT, E adj. **1.** Qui frémit : *Verser l'eau frémissante sur le café.* — **2.** Qui est troublé par l'émotion, qui manifeste une vive sensibilité : *Discours frémissant de colère.*

FRÉMISSEMENT n. m. **1.** Bruissement léger de ce qui frissonne : *Le frémissement des feuilles.* — **2.** Mouvement, tremblement de ce qui frémit : *Le frémissement nerveux de ses mains.* — **3.** Léger tremblement, agitation causés par une émotion : *Frémissement de colère.* — **4.** Évolution à peine marquée dans une statistique, un sondage d'opinion. — **5.** Sensation de tremblement léger, localisé, perçu à la palpation en cas de rétrécissement mitral ou de kyste hydatique.

FREMONT, v. des États-Unis (Californie), au N. de San Jose ; 132 000 hab. Centre résidentiel.

FREMY (Edmond), chimiste français (Versailles 1814 - Paris 1894). Il a effectué des recherches en chimie organique, étudié les complexes minéraux et entrepris, en 1882, la publication d'une *Encyclopédie chimique.* (Acad. des sc., 1857.)

FRÊNAIE ou **FRAISSINE** n. f. Lieu planté de frênes.

FRÉNATEUR, TRICE adj. (lat. *frenator,* de *frenare,* retenir). Qui freine l'action physiologique de certains organes.

FRÉNAUD (André), poète français (Montceau-les-Mines 1907 - Paris 1993). Il a crié sa fierté désespérée et la dérision du monde dans une poésie qui est sarcasme et tendresse (*les Rois mages,* 1943 ; *Il n'y a pas de paradis,* 1962 ; *la Sainte Face,* 1968 ; *la Sorcière de Rome,* 1973 ; *Nul ne s'égare,* 1986).

FRENAY (Henri), officier et homme politique français (Lyon 1905 - Porto-Vecchio 1988). Chef du mouvement de résistance « Combat », fondateur du journal du même nom (1941), organisateur de l'armée secrète, il fut l'un des trois chefs des « Mouvements unis de résistance ». Membre du Comité français de libération nationale (nov. 1943), il fut ministre dans le Gouvernement provisoire. Il a publié *La nuit finira* (1973), *Volontaires de la nuit* (1975), *l'Énigme Jean Moulin* (1977).

FRÊNAYE *(baie de la)* → FRESNAYE.

FRENCH (John Denton Pinkstone), 1er comte **d'Ypres,** maréchal britannique (Ripple, Kent, 1852 - Deal Castle, Kent, 1925). Chef d'état-major impérial en 1913, promu maréchal, il commanda, d'août 1914 à déc. 1915, le corps expéditionnaire britannique en France. Remplacé par Douglas Haig, il assura le commandement des troupes de l'intérieur, puis la vice-royauté d'Irlande (1918-1921). Il fut gouverneur du comté de Kent.

FRENCH CANCAN [frɛnʃkɑ̃kɑ̃] n. m. Syn. de CANCAN.

FRÊNE n. m. (lat. *fraxinus*). Arbre forestier (oléacée) à feuilles opposées et pennées, à écorce grisâtre et lisse, dont les fruits sont des samares.
ENCYCL. Le frêne élevé peut atteindre 35 m de haut et vivre 200 ans. Il fournit un bois dur, blanc jaunâtre, très élastique, employé en boissellerie, tonnellerie, pour la fabrication des montants d'échelles et des manches d'outils.

FRENEAU (Philip Morin), poète et pamphlétaire américain (New York 1752 - Freehold, New Jersey, 1832). Il défendit la cause des patriotes pendant la guerre de l'Indépendance, fut fait prisonnier par les Anglais en 1780 et relata sa captivité dans le poème *Bateau-Prison britannique* (1781). Poète d'une grande sensibilité, il proclama le droit à la liberté dans *le Cimetière indien* et *le Chèvrefeuille sauvage* (1786).

FRÉNÉSIE n. f. (lat. médiév. *phrenesia,* du gr. *phrenêsis*). **1.** État d'exaltation violente, d'égarement, menant aux pires excès : *La frénésie d'une foule en colère.* — **2.** Enthousiasme très vif : *Pièce applaudie avec frénésie.* — **3.** Violent engouement pour qqch : *Être pris d'une frénésie de travail.*

Frenet *(formules de)* [de Jean, dit Frédéric, *Frenet* (1816-1900)], relations qui donnent l'expression des dérivées respectives des vecteurs $\vec{t}$, $\vec{n}$ et $\vec{b}$ sur le repère de Frenet en un point m ($\vec{t}$, $\vec{n}$, $\vec{b}$).

Frenet *(repère* ou *trièdre de),* repère ($\vec{t}$, $\vec{n}$, $\vec{b}$) orthonormé direct, relatif à un point m d'une courbe, construit à l'aide de vecteurs unitaires de la demi-tangente ($\vec{t}$), de la demi-normale ($\vec{n}$) et de la binormale ($\vec{b}$) en m. Le plan (m, $\vec{t}$, $\vec{n}$) est le plan osculateur en m ; le plan (m, $\vec{n}$, $\vec{b}$) est le plan normal en m ; le plan (m, $\vec{b}$, $\vec{t}$) est le plan rectifiant en m à l'arc.

FRÉNÉTIQUE adj. (lat. *phreneticus,* du gr. *phrenêtikos,* furieux). **1.** Qui est poussé jusqu'à une exaltation extrême : *Des applaudissements frénétiques.* — **2.** Qui se livre avec passion à une activité : *Un joueur frénétique.* — **3.** Se dit d'une œuvre littéraire qui exalte l'individu hors de tout contrôle de la raison ou des lois morales et sociales. (Les œuvres de Sade ou de Lautréamont, par ex.)

FRÉNÉTIQUEMENT adv. Avec frénésie, exaltation.

FRENI (Mirella), soprano italienne (Modène 1936). Elle a débuté en 1955 et parut à la Scala de Milan dès 1962. Elle est une interprète appréciée de Mozart, Gounod, Verdi et Puccini.

FRENSSEN (Gustav), pasteur et écrivain allemand (Barlt in Dithmarschen, Holstein, 1863 - *id.* 1945). Il a écrit des romans sur la vie paysanne (*Jörn Uhl,* 1901), *Terre sainte* (1906), et prêché un renouveau du christianisme, qu'il finira par abandonner.

FRÉON n. m. (n. déposé). Nom générique d'une série de gaz, dérivés chlorés et fluorés du méthane et de l'éthane, ininflammables et peu toxiques. (Les Fréons sont utilisés comme agents frigorigènes [Fréon 12 : CCl_2F_2] ou gaz propulseurs d'aérosols.)

FREPPEL (Charles), prélat français (Obernai 1827 - Angers 1891). Évêque d'Angers (1869), fondateur de l'Université d'Angers (1875), député de Brest (1880), il fut le chef de l'aile conservatrice et légitimiste du catholicisme français.

FRÉQUEMMENT [-kamɑ̃] adv. D'une manière fréquente ; souvent.

FRÉQUENCE n. f. (lat. *frequentia*). **1.** Caractère de ce qui se reproduit à intervalles assez rapprochés ; répétition : *La grande fréquence de ses visites me fatiguait.* — **2.** Nombre de fois où une action, un phénomène, un fait se produit dans un temps donné : *La fréquence des trains sur une ligne.* • **Électr.** *Fréquence industrielle,* fréquence des courants alternatifs employés pour le transport et la distribution de l'énergie électrique (ex. 50 Hz en Europe, 60 Hz en Amérique du Nord). — **Ling.** Nombre d'occurrences d'un élément linguistique dans un corpus. — **Phys.** Grandeur liée à un phénomène périodique, qui mesure le nombre de fois où ce phénomène se reproduit dans un intervalle donné. (Si le phénomène évolue uniquement dans le temps, on parle de *fréquence temporelle,* mesurée en hertz, l'intervalle de temps de référence étant la seconde. S'il s'agit d'un phénomène périodique dans l'espace, on parle de *fréquence spatiale,* l'intervalle de référence étant l'unité de longueur.) ‖ *Fréquence*

FRÉQUENCES ET LONGUEURS DES ONDES ÉLECTROMAGNÉTIQUES

nature des ondes	*fréquences en hertz*	*longueurs d'onde dans le vide en mètres*
ondes radioélectriques	$3 \cdot 10^3$ à $3 \cdot 10^{12}$	10^5 à 10^{-4}
rayonnement et ondes infrarouges	$3 \cdot 10^{11}$ à $3{,}85 \cdot 10^{14}$	10^{-3} à $7{,}8 \cdot 10^{-7}$
rayonnement visible	$3{,}85 \cdot 10^{14}$ à $7{,}5 \cdot 10^{14}$	$7{,}8 \cdot 10^{-7}$ à $4 \cdot 10^{-7}$
rayonnement et ondes ultraviolettes	$7{,}5 \cdot 10^{14}$ à 10^{16}	$4 \cdot 10^{-7}$ à $3 \cdot 10^{-8}$
rayons X	10^{16} à $5 \cdot 10^{19}$	notion de longueur d'onde non utilisée
rayons des corps radioactifs	$5 \cdot 10^{19}$ à 10^{20}	

TABLEAU DE DÉSIGNATION DES FRÉQUENCES RADIOÉLECTRIQUES

*numéros de bandes**	*bandes de fréquences*	*longueurs d'onde dans le vide*	*abréviations métriques des bandes et ondes*	*abréviations anglaises*	*appellations et abréviations anciennes*
4	3 à 30 kHz	10 à 100 km	B.Mam O.Mam	VLF	très basses fréquences, TBF
5	30 à 300 kHz	1 à 10 km	B.km O.km	LF	ondes longues, grandes ondes, basses fréquences, BF
6	300 à 3 000 kHz	1 à 10 hm	B.hm O.hm	MF	ondes moyennes, petites ondes, moyennes fréquences
7	3 à 30 MHz	1 à 10 dam	B.dam O.dam	HF	ondes courtes, hautes fréquences
8	30 à 300 MHz	1 à 10 m	B.m O.m	VHF	très hautes fréquences, THF
9	300 à 3 000 MHz	1 à 10 dm	B.dm O.dm	UHF	ultra hautes fréquences, UHF
10	3 à 30 GHz	1 à 10 cm	B.cm O.cm	SHF	
11	30 à 300 GHz	1 à 10 mm	B.mm O.mm	EHF	
12	300 à 3 000 GHz	0,1 à 1 mm			

* La gamme de fréquences allant de 0,03 Hz à 3 kHz est subdivisée selon la même règle arithmétique en bandes numérotées de 3 à – 1 pour les besoins de la recherche scientifique.

propre, fréquence à laquelle peut se produire une oscillation libre dans un dispositif donné. — **Stat.** Syn. rare de EFFECTIF. ‖ *Fréquence (relative),* rapport de l'effectif d'une classe, ou de la valeur d'un caractère quantitatif discret, à la taille de l'échantillon. — **Télécomm.** *Fréquence radioélectrique,* fréquence d'une onde électromagnétique rayonnée, ou des oscillations électriques correspondantes, inférieure à 3 000 GHz. (Syn. RADIOFRÉQUENCE.)

FRÉQUENCEMÈTRE n. m. Appareil servant à mesurer la fréquence d'un phénomène électrique oscillatoire périodique.

FRÉQUENT, E adj. (lat. *frequens, -entis*). **1.** Qui se reproduit souvent : *Des mots fréquents dans le vocabulaire actuel.* — **2.** Qui arrive souvent ; commun, courant : *C'est une maladie fréquente.*

FRÉQUENTABLE adj. Qu'on peut fréquenter : *Des gens peu fréquentables.*

FRÉQUENTATIF, IVE adj. et n. m. (bas lat. *frequentativus*). Se dit d'une forme verbale, pourvue d'un affixe ou constituée grâce à un auxiliaire, qui indique la répétition de l'action exprimée par la racine du verbe (Par ex. en français, *criailler, refaire*). [Syn. ITÉRATIF ; contr. SÉMELFACTIF.]

FRÉQUENTATION n. f. (lat. *frequentatio, -onis*). **1.** Action de fréquenter un lieu, en partic. du point de vue de la fréquence et du nombre des personnes : *Le taux de fréquentation d'une salle de cinéma.* — **2.** Action de fréquenter qqn ; personne que l'on fréquente souvent (souvent pl.) : *Avoir de drôles de fréquentations.* — **3.** *Litt.* Fait d'avoir plus ou moins recours à qqch : *La fréquentation des bons auteurs.*

FRÉQUENTER v. t. (lat. *frequentare,* être assidu) [conj. 3]. **1.** Aller souvent ou régulièrement dans un lieu : *Je ne fréquente pas ce genre d'endroit.* — **2.** Avoir des relations suivies avec qqn, un milieu : *Fréquenter des voisins.* — **3.** *Fam.* Courtiser, voir fréquemment la personne aimée. — **4.** *Litt.* Avoir souvent recours à qqch : *Fréquenter les grandes œuvres classiques.*

◆ v. i. *Litt.* Aller souvent, habituellement qqpart.

◆ **être fréquenté** v. pass. **1.** Où il y a beaucoup de gens : *Promenade très fréquentée.* — **2.** *Être bien, mal fréquenté,* où vont habituellement des gens dont on a bonne, mauvaise opinion.

FRÉQUENTIEL, ELLE adj. Relatif à la fréquence d'un phénomène périodique.

FRÈRE n. m. (lat. *frater, -tris*). **1.** Celui qui est né du même père et de la même mère. – **2.** Syn. de DEMI-FRÈRE. – **3.** Celui avec qui on est uni par des liens quasi fraternels ou avec lequel on a quelque lien d'intérêt, de sentiments, d'opinion, etc. : *Tu es un frère pour moi.* – **4.** Celui qui appartient au même groupe que soi, groupe que l'on considère comme une famille : *Ce sont mes frères de couleur.* – **5.** *Litt.* Chose qui a avec une autre un lien naturel ou une grande analogie : *Le sommeil est frère de la mort.* – **6.** *Fam.* Objet semblable à un autre et formant avec lui une paire : *Je cherche le frère de ce chandelier.* – **7.** L'homme considéré par rapport aux membres de la famille chrétienne : *Frères en Jésus-Christ.* – **8.** Appellation que se donnent des hommes appartenant à certaines confréries (ordres religieux, franc-maçonnerie, etc.). – **9.** *Faux frère,* hypocrite capable de toutes les trahisons. ‖ *Frère d'armes,* celui qui a combattu ou combat aux côtés de qqn. ‖ *Frères ennemis,* hommes du même parti qui ne s'accordent pas. ‖ *Grand frère,* frère aîné ; pays allié plus puissant qui protège et aide les pays qui lui sont associés. ‖ Fam. *Vieux frère,* terme d'affection. • **Fr.-maçonn.** *Frère trois points,* nom que se donnent les francs-maçons (parfois abrégé : F. ∴). – **Relig.** Nom donné à l'ensemble des religieux, même prêtres, dans quelques ordres (dominicains, franciscains...). ‖ Dans de nombreux ordres, nom donné aux religieux non prêtres, généralement chargés du temporel ou de tâches enseignantes. ‖ Dans les instituts religieux, nom donné aux membres qui ne sont pas destinés au sacerdoce et aussi aux religieux non encore prêtres.

◆ adj. m. Se dit d'un groupe, d'un parti, d'un pays qui est inspiré par la même doctrine, qui appartient au même système politique : *Les partis frères.*

Frères des hommes, organisation non gouvernementale, fondée en 1965 par A. Marquiset dans le dessein d'apporter une aide directe à des collectivités du tiers monde.

Frères Karamazov *(les),* roman de Dostoïevski (1880). Le meurtre du père, Fedor Karamazov, met aux prises, à travers un réseau de fascination et d'incompréhension réciproques, ses quatre fils : Mitia, sensuel et passionné, Ivan, l'intellectuel sceptique, Aliocha, le mystique, et le pervers Smerdiakov, enfant naturel employé comme valet de chambre. C'est la première partie d'une trilogie inachevée, destinée à montrer le triomphe définitif de la charité et de la solidarité humaine à travers l'épreuve de la souffrance et de l'humiliation.

Frères moraves ou **Frères bohêmes** → MORAVE.

Frères musulmans, en ar. *al.-Ikhwān al-Muslimūn,* mouvement politico-religieux sunnite. Les Frères musulmans militent pour un régime islamique conforme à la charī'a, et préconisent la solidarité de tous les musulmans du monde. Fondé en Égypte en 1927 ou 1928 par Ḥasan al-Bannā', le mouvement essaime dans les années 1940 en Palestine, en Transjordanie et en Syrie. Avec les futurs officiers libres, les Frères musulmans organisent en Égypte à partir de 1942 des unités armées secrètes qui participent à la guerre israélo-arabe de 1948, puis à la guérilla antibritannique sur le canal en 1951-1952. Ils favorisent le coup d'État des officiers libres (1952), mais s'opposent au pouvoir absolu de Nasser (1954), qui les emprisonne et en fait condamner à mort plusieurs en 1954 et 1966. Libérés en 1971-1973, ils se réorganisent. Des groupes extrémistes mènent des actions violentes, en particulier en 1974, en 1977, en 1981 (assassinat de Sadate). Le pouvoir renoue alors avec une politique répressive sans parvenir à réduire un mouvement dont par ailleurs une partie, légaliste, participe à la vie politique égyptienne. Les Frères musulmans ont de nombreuses ramifications dans le monde arabe, notamment en Arabie Saoudite, en Syrie (où ils mènent une lutte violente contre le régime baassiste), en Jordanie et au Soudan.

Frères de la pureté → IKHWĀN AL-SAFĀ'.

FRERE (*sir* Bartle), administrateur colonial britannique (Clydach, comté de Brecon, 1815 - Wimbledon, Surrey, 1884). Commissaire dans le Sind (1850-1859), puis gouverneur de Bombay (1862-1887), il fut envoyé en 1872 à Zanzibar pour y contrôler l'abolition de la traite. Gouverneur du Cap, il fut le premier commissaire britannique aux Affaires indigènes pour l'Afrique australe (1877-1880).

FRÈRE (Aubert), général français (Grévillers, Pas-de-Calais, 1881 - Struthof, Bas-Rhin, 1944). Après avoir servi en Afrique du Nord puis lors de la Première Guerre mondiale, il commanda l'école des chars (1925-1930), puis celle de Saint-Cyr (1931-1935). Gouverneur de Strasbourg en 1939, il commanda la VIIe armée qui combattit au sud de la Somme. En 1942, il prit la tête de l'*Organisation de résistance de l'armée (O. R. A.).* Arrêté en 1943, il fut peu après déporté au camp de Struthof.

FRÉRÈCHE n. f. (anc. fr. *freresche*). Famille élargie, constituée par contrat pour exploiter en commun la terre et mener une vie communautaire. (Répandues aux XIVe et XVe s. dans la France du Sud, les frérèches subsistèrent jusqu'à la fin de l'Ancien Régime.)

FRÈRE-ORBAN (Walthère), homme politique belge (Liège 1812 - Bruxelles 1896). Chef du parti libéral, plusieurs fois ministre, il devint le chef incontesté de l'opposition. Vainqueur aux élections de 1878, président du Conseil et ministre des Affaires étrangères (1878-1884), il établit la neutralité confessionnelle de l'école publique (loi du 10 juill. 1879), ce qui provoqua la rupture des relations diplomatiques avec le Vatican (1880).

FRÉRON (Élie), publiciste et critique littéraire français (Quimper 1718 - Montrouge 1776). Adversaire de Voltaire et des philosophes, il fonda en 1754 la revue *l'Année* littéraire.*

FRÉRON (Stanislas), homme politique français (Paris 1754 - Saint-Domingue 1802), fils du précédent. Fondateur du journal révolutionnaire *l'Orateur du peuple* (1790), député à la Convention (1792), où il siégea avec les Montagnards, il réprima sévèrement, avec Barras, les insurrections de Marseille et de Toulon (1793). Il contribua à la chute de Robespierre et conduisit la réaction antijacobine. Bonaparte le nomma sous-préfet à Saint-Domingue (1799).

FRÉROT n. m. *Fam.* Petit frère (appellatif).

Frescaty, aéroport de Metz, à 6 km au S.-O. de la ville.

FRESCOBALDI (Girolamo), organiste et compositeur italien (Ferrare 1583 - Rome 1643). Nommé chanteur et organiste de l'Académie Sainte-Cécile de Rome en 1604, il fut titulaire de l'orgue de St-Pierre de Rome de 1608 à sa mort. Sa très grande activité de compositeur se manifesta dans le domaine instrumental (orgue et clavecin, principalement). En 1635, ses *Fiori musicali,* célèbre recueil pour l'orgue, furent publiées à Venise. Il laissa aussi des livres de madrigaux. Frescobaldi a considérablement enrichi les formes utilisées par ses prédécesseurs (ricercare, toccata). Son héritage a largement dépassé les frontières de l'Italie.

FRESNAY (Pierre LAUDENBACH, dit **Pierre**), acteur français (Paris 1897 - Neuilly-sur-Seine 1975). À la Comédie-Française de 1915 à 1927, marié à l'actrice Yvonne Printemps, il codirigea le théâtre de la Michodière. Outre ses rôles, il conçut l'adaptation scénique de plusieurs textes littéraires. Au cinéma, il a, dans les films de Pagnol *(Marius, Fanny, César),* repris le rôle de Marius. Parmi ses autres créations, citons *la Grande Illusion* (1937), *L'assassin habite au 21* (1941), *le Corbeau* (1943), *Monsieur Vincent* (1947), *le Défroqué* (1954).

FRESNAYE ou **FRÊNAYE** *(baie de la),* baie des côtes de Bretagne (Côtes-d'Armor) entre la pointe de Saint-Cast à l'E. et la pointe de la Latte au N.

FRESNAY-SUR-SARTHE (72130), ch.-l. de cant. de la Sarthe, dans les Alpes mancelles ; 2 478 hab. *(Fresnois).* Église romane. Appareils ménagers.

FRESNEAU (François), ingénieur français (Marennes 1703 - *id.* 1770). Ingénieur du roi à la Guyane, il découvrit l'arbre à caoutchouc *(Hevea brasiliensis).* À son retour, il cultiva la pomme de terre et, en 1762, il rédigea un mémoire pour vanter les qualités de ce tubercule, bien avant Parmentier.

FRESNEL (Augustin), physicien français (Chambrais, auj. Broglie, Normandie, 1788 - Ville-d'Avray 1827). Il prouva que la théorie ondulatoire était la seule capable d'expliquer les interférences lumineuses. Il étudia la polarisation de la lumière, créa en 1821 l'optique cristalline et inventa les lentilles à échelons pour phares. (Acad. des sc., 1823.)

Fresnel *(miroirs de),* dispositif constitué de deux miroirs plans accolés, faisant entre eux un angle très voisin de 180°, capable de produire des interférences lumineuses.

FRESNES (94260), ch.-l. de cant. du Val-de-Marne, banlieue sud de Paris ; 27 032 hab. *(Fresnois).* Prison, où, pendant la Seconde Guerre mondiale, les Allemands détinrent des prisonniers politiques. Écomusée de la ferme de Cottinville.

FRESNES-SUR-ESCAUT (59970), comm. du Nord, à 11 km au N.-N.-E. de Valenciennes ; 8 130 hab. *(Fresnois).* Métallurgie.

FRESNILLO, v. du Mexique (État du Zacatecas) à 2 100 m d'alt. ; 103 500 hab. Centre minier : plomb, zinc et cuivre ; or et argent.

FRESNO, v. des États-Unis (Californie), dans la Grande Vallée, au S.-E. de San Francisco ; 354 202 hab. Centre commercial. Conserveries.

FRESNOY-LE-GRAND (02230), comm. de l'Aisne, en Thiérache ; 3 593 hab. Métallurgie. Articles ménagers. Bonneterie.

FRESQUE n. f. (ital. *fresco,* frais). **1.** Technique de peinture murale caractérisée par l'application sur enduit frais de pigments de couleur détrempés à l'eau. (On dit aussi PEINTURE À FRESQUE.) — **2.** Œuvre exécutée selon cette technique. — **3.** Grande peinture murale de technique quelconque. — **4.** Ample composition littéraire peignant toute une époque.

FRESQUISTE n. Peintre de fresques.

FRESSURE n. f. (bas lat. *frixura,* friture). Ensemble des gros viscères d'un animal de boucherie (cœur, rate, foie et poumons).

FRET [frɛ ou frɛt] n. m. (moyen néerl. *vrecht*). **1.** Prix du transport de marchandises par air, par mer, par navigation intérieure ou par route. — **2.** Prix de location d'un bâtiment maritime ou de navigation intérieure. — **3.** Chargement d'un avion, d'un bâtiment de navigation ou d'un camion. — **4.** *Donner à fret,* fréter. ‖ *Prendre à fret,* affréter.

FRETEL ou **FRÉTELET** n. m. (de *fruit 1*). Bouton permettant la préhension des couvercles des terrines, sucriers, écuelles et qui a la forme d'un petit fruit ou d'un légume. (Syn. FRUITELET.)

FRÉTER v. t. (de *fret*) [conj. **18**]. **1.** Mettre un bateau à la disposition de qqn, conclure avec qqn un contrat d'affrètement. — **2.** Louer un véhicule quelconque : *Fréter un avion pour envoyer des médicaments dans une région sinistrée.*

FRÉTEUR n. m. Personne qui met à la disposition d'une autre (l'affréteur) un navire dont il est propriétaire ou dont il a lui-même la libre disposition.

FRÉTEVAL (41160), comm. de Loir-et-Cher, sur le Loir, à 16 km au N.-E. de Vendôme ; 860 hab. Donjon du XIe s. Victoire de Richard Cœur de Lion sur Philippe II Auguste (1194).

FRETIGNEY-ET-VELLOREILLE (70130), comm. de la Haute-Saône, à 23 km au S.-O. de Vesoul ; 583 hab. Volets et cloisons.

FRÉTILLANT, E adj. **1.** Qui frétille, est animé de mouvements vifs : *Des poissons frétillants.* — **2.** Qui manifeste une certaine agitation : *Elle est frétillante de joie.*

FRÉTILLEMENT n. m. Fait de frétiller ; mouvement de ce qui frétille, de qqn qui se trémousse.

FRÉTILLER v. i. (anc. fr. *freter,* frotter, du bas lat. *frictare,* du lat. class. *fricare*) [conj. **3**]. **1.** En parlant d'un animal, remuer, s'agiter par des mouvements vifs et courts : *Le chien frétille de la queue dès qu'il aperçoit son maître.* — **2.** S'agiter d'une manière vive et gaie, se trémousser.

FRETIN n. m. (anc. fr. *frait,* de *fraindre,* briser, du lat. *frangere*). **1.** Terme générique désignant les petits poissons que le pêcheur néglige ordinairement. — **2.** Fam. *Menu fretin,* personnes dont on fait peu de cas ; choses de rebut, sans importance : *La police n'a arrêté que le menu fretin.*

FRETTAGE n. m. (de *frette 2*). **1.** Opération visant à renforcer la résistance d'une pièce ou d'un ensemble de pièces en l'entourant d'une frette. — **2.** Ensemble des frettes entourant une pièce.

1. FRETTE n. f. (anc. fr. *frait,* de *fraindre,* briser). Ligne brisée employée comme ornement courant, architectural ou autre. (Ses formes sont variées : *bâtons rompus, frette crénelée, grecque.*)

2. FRETTE n. f. (frq. **fetur,* chaîne). **1.** Armature métallique assurant le frettage d'une pièce. — **2.** Morceau de boyau noué ou tige métallique collée sur la touche de certains instruments à cordes (luth, guitare) à intervalles de demi-tons. — **3.** Armature en acier enserrant le tube d'une bouche à feu pour le renforcer. — **4.** *Frette de calage,* syn. de FRETTE-ÉCROU.

FRETTÉ n. m. Quartier ou écu fretté.

FRETTE-ÉCROU n. f. (pl. *frettes-écrous*). Anneau métallique destiné à empêcher, dans une bouche à feu, les frettes de glisser sur le tube. (Syn. FRETTE DE CALAGE, VIROLE.)

FRETTER v. t. (de *frette 2*) [conj. **4**]. Pratiquer le frettage.

◆ **être fretté** v. pass. **1.** Se dit d'un quartier ou d'un écu chargé de cotices et de traverses entrecroisées, ordinairement au nombre de six ou de huit. — **2.** *Béton fretté,* béton armé dans lequel les étriers indépendants sont remplacés par une frette continue.

FREUD (Sigmund), médecin autrichien, fondateur de la psychanalyse (Freiberg, auj. Příbor, Moravie, 1856 - Londres 1939). Issu d'une famille juive de la petite-bourgeoisie commerçante, il a vécu de l'âge de 4 ans jusqu'en 1938 à Vienne, qu'il quitta alors pour Londres, chassé par le nazisme. Étudiant en médecine, il entre en 1876 au laboratoire du physiologiste Brücke, où il poursuit des recherches sur le système nerveux. Lors d'un stage de six mois à la Salpêtrière dans le service de Charcot, il se familiarise avec l'hystérie. De retour à Vienne en 1886, il ouvre un cabinet où il traite par électrothérapie et hypnose les nerveux, pour la plupart hystériques. Puis il abandonne l'hypnose pour un simple état de relaxation du patient, convié à confier ses associations libres. En 1895, il publie, en collaboration avec J. Breuer, *Études sur l'hystérie,* ouvrage où sont déjà exposés les concepts fondamentaux de la psychanalyse : inconscient, déplacement, abréaction et refoulement. En 1896, il se sépare de J. Breuer, celui-ci ne reconnaissant pas l'étiologie sexuelle des névroses, et poursuit son chemin relativement seul. Cependant, sa correspondance avec W. Fliess joue un rôle fondamental dans le processus d'autoanalyse qu'il mène à cette époque, où il découvre le complexe d'Œdipe et où il fait paraître deux ouvrages fondamentaux, *l'Interprétation des rêves* (1900) et *Trois Essais sur la théorie de la sexualité* (1905). La psychanalyse y devient une théorie du fonctionnement de l'appareil psychique et dispose d'une méthode d'investigation : l'interprétation des associations libres dans le transfert.

À partir de 1902, Freud regroupe autour de lui quelques disciples : O. Rank, A. Adler, C. G. Jung, et, en 1908, est fondée la Société psychanalytique de Vienne. En 1909, il est invité à faire aux États-Unis une série de conférences sur la psychanalyse. En 1910 est fondée l'Association psychanalytique internationale. Cependant, à mesure que l'institution analytique s'étend et s'organise, des ruptures et des scissions interviennent entre Freud et ses disciples les plus proches : il se sépare successivement d'Adler (1911), de Jung (1913) et plus tard d'O. Rank (1924) et S. Ferenczi (1929). À partir de 1920 intervient un tournant important dans la théorie freudienne avec l'introduction de la pulsion de mort. Freud propose également un nouveau modèle pour l'appareil psychique avec le moi, le ça et le surmoi. Bien qu'atteint dès 1924 d'un cancer à la mâchoire, il continuera, presque jusqu'à sa mort, à recevoir des patients, dont un certain nombre deviendront psychanalystes et contribueront à l'extension de la psychanalyse en dehors des pays de langue allemande. À partir des années 20, Freud s'est consacré dans ses ouvrages aux grands problèmes de la civilisation dans la perspective psychanalytique. C'est dans *Malaise dans la civilisation* (1930) qu'il développe le plus explicitement ses conceptions, soulignant la soumission de l'homme aux nécessités économiques : en échange d'un peu de sécurité, celles-ci imposent un lourd tribut non seulement à la sexualité mais aussi à l'agressivité.

FREUD (Anna), psychanalyste britannique d'origine autrichienne (Vienne 1895 - Londres 1982). Dernière-née des six enfants de S. Freud, elle fut présidente à Vienne de l'Institut de formation psychanalytique. Elle se réfugia à Londres avec son père en 1938. Elle se consacra à la psychanalyse des enfants et ses conceptions s'opposeront à celles de M. Klein. Anna Freud prône une psychanalyse renforçant le moi et mettant le thérapeute d'enfants dans une position de pédagogue. Elle a publié *le Moi et les Mécanismes de défense* (1937), *le Normal et le Pathologique chez l'enfant* (1965).

FREUD (Lucian), peintre britannique (Berlin 1922), petit-fils de Sigmund Freud. La matière somptueuse – modèle puissant, pâtes épaisses – de ce figuratif sert une vision implacable (nus, portraits).

FREUDIEN, ENNE adj. et n. Relatif à S. Freud et au freudisme ; partisan du freudisme.

FREUDISME n. m. Mouvement théorique et clinique se réclamant de S. Freud et de ses disciples.

FREUDO-MARXISME n. m. Tentative de conjonction de la pensée freudienne et du marxisme, essentiellement représentée par Wilhelm Reich et Herbert Marcuse. (Selon Reich, c'est le système capitaliste qui est générateur des névroses. La communauté psychanalytique lui a d'ailleurs reproché de ne pas respecter la règle de neutralité. Marcuse a montré que la répression des pulsions est la condition première de la genèse de la civilisation.)

FREUDO-MARXISTE adj. et n. (pl. *freudo-marxistes*). Relatif au freudo-marxisme ; qui en est partisan.

FREUND (Gisèle), photographe française d'origine allemande (Berlin 1912). Elle quitte l'Allemagne nazie et s'installe à Paris. Photojournaliste, elle travaille pour *Life* (1936-1947), puis fait partie (1948-1954) de l'équipe de l'agence Magnum. Perspicacité et retenue caractérisent ses nombreux portraits d'artistes et d'écrivains.

FREUX n. m. (frq. *hrôk*). Corbeau de la moitié nord de la France, au bec clair et déplumé à la base, vivant en colonies nombreuses (corbeautières) et se nourrissant de végétaux.

FRÉVENT (62270), comm. du Pas-de-Calais, dans l'Artois, sur la Canche ; 4 196 hab. *(Fréventins)*. Deux églises du XVIe s. Matières plastiques.

FREYCINET (Louis Claude DE SAULCES DE), marin français (Montélimar 1779 - Freycinet, Drôme, 1842). Avec son frère LOUIS HENRI (1777-1840), il participa à l'expédition de Baudin dans le Pacifique (1801-1804). En 1817, il dirigea, encore dans le Pacifique, une expédition chargée d'étudier le magnétisme terrestre et la météorologie, accompagné par Duperrey et par Arago. — CHARLES LOUIS (Foix 1828 - Paris 1923), neveu du précédent. Ingénieur des Mines, il collabora avec Gambetta comme délégué à la Guerre (1870-71), et fut sénateur de 1876 à 1920. Ministre des Travaux publics de 1877 à 1879, il fut le promoteur d'un vaste programme de travaux orienté vers le développement des ports, des canaux et des chemins de fer. Quatre fois président du Conseil, de 1879 à 1892, il appuya le programme laïc de J. Ferry. Ministre de la Guerre (1888-1893, 1898-99), il porta à trois ans le service militaire sans exemptions. (Acad. fr., 1891)

FREYJA, déesse scandinave de la Fécondité, du groupe des Vanes, fille de Njörd et sœur de Freyr.

FREYMING-MERLEBACH (57800), ch.-l. de cant. de la Moselle, à la frontière de la Sarre ; 15 272 hab. Houillères.

FREYR, dieu de la Fécondité dans la mythologie scandinave. Frère de Freyja, il présidait à l'hymen, à l'abondance, à la clarté du soleil. C'était la divinité tutélaire des Svears, qui lui offraient des verrats en sacrifice.

FREYRE (Gilberto DE MELO), sociologue brésilien (Recife 1900-id. 1987). Il a analysé dans la société brésilienne la convergence des cultures, le métissage et le patriarcat dans les rapports familiaux et sociaux : *Maîtres et Esclaves* (1933), *Terre de sucre* (*Nordeste,* 1937), *A Casa Brasileira* (1971).

FREYSSINET (Eugène), ingénieur français (Objat, Corrèze, 1879 - Saint-Martin-Vésubie 1962). Le premier, il eut l'idée d'augmenter la compacité du béton en le soumettant à des vibrations (1917). Mais il fut surtout le véritable novateur de la précontrainte de ce matériau (1926), dont il codifia les conditions pratiques de réalisation. Il a également eu recours à la préfabrication intégrale.

FREYTAG (Gustav), écrivain allemand (Kreuzburg, Silésie, 1816 - Wiesbaden 1895), auteur de *Tableaux du passé allemand* (1859-1867), vaste ouvrage historique à la gloire de la bourgeoisie, et des *Ancêtres* (1873-1881), histoire d'une famille allemande du IVe au XIXe s.

FRÈZE n. f. Fort appétit dont font preuve les vers à soie entre deux mues successives.

FRIA, centre minier (bauxite) et industriel (alumine) de la Guinée, sur le versant sud-ouest du Fouta-Djalon, relié par voie ferrée à Conakry, port exportateur.

FRIABILITÉ n. f. Propriété de ce qui est friable : *La friabilité de la craie.*

FRIABLE adj. (lat. *friabilis*). Qui peut aisément être réduit en petits fragments, en poudre, en poussière : *De la roche friable.*

FRIAND, E adj. (de *frire*). **1.** Qui est gourmand d'un aliment, d'une boisson, qui en recherche la consommation : *Être friand de chocolat.* — **2.** Qui recherche particulièrement qqch, qui a du goût pour telle chose : *Friand de louanges, de nouveautés.*

◆ **friand** n. m. Petit pâté de charcutier, fait de pâte feuilletée et fourré de chair à saucisse ou de viande hachée.

FRIANDISE n. f. (de *friand*). Chose délicate et agréable à manger, en partic. petit gâteau, confiserie, sucrerie.

FRIANT (Louis, *comte*), général français (Villers-le-Vert, près de Morlancourt, Somme, 1758 - château de Gaillouet, Seraincourt, Val-d'Oise, 1829). Général de brigade en 1794, général de division à l'avènement du premier Empire, il s'illustra notamment à Austerlitz, à Eckmühl et Smolensk, puis pendant la campagne de France (1814). Présent à Waterloo, il fut mis à la retraite lors de la seconde Restauration.

FRIBOURG n. m. Gruyère fabriqué dans le canton de Fribourg.

FRIBOURG, v. de Suisse, ch.-l. de cant. du même nom, dans un méandre de la Sarine ; 36 000 hab. Vieille cité médiévale bourgeoise et catholique. Centre commercial, touristique et industriel (alimentation, bois, confection, chimie). — Le *canton de Fribourg,* couvrant 1 671 km², compte 218 700 hab., en majorité catholiques et aux deux tiers de langue française.
— **Bx-arts.** Restes de remparts. Cathédrale (surtout des XIIIe-XVe s.), église des Cordeliers (XIIIe-XVIIIe s., œuvres d'art) et autres édifices religieux. Fontaines et maisons anciennes. Musée d'Art et d'Histoire (archéologie ; artistes fribourgeois, tel le peintre Hans Fries [v. 1465-v. 1523]).

FRIBOURG-EN-BRISGAU, en all. **Freiburg im Breisgau,** v. d'Allemagne (Bade-Wurtemberg), ancienne capitale du Brisgau, au pied de la Forêt-Noire, sur la Dreisam ; 197 384 hab. Archevêché. Université. Lycée franco-allemand. Centre administratif, commercial et industriel.
— **Bx-arts.** Cathédrale en grès rouge, romane et gothique, des XIIIe-XVIe s. (belle tour ; portail sculpté ; retable de Baldung Grien...), et autres monuments. Musée dans l'anc. couvent des Augustins (art médiéval, etc.).

FRIC n. m. (p.-ê. abrév. de *fricot*). *Pop.* Argent : *Gagner du fric.*

FRICANDEAU n. m. Tranche de veau piquée de lard, braisée ou poêlée.

FRICASSÉE n. f. (de *fricasser*). **1.** *Vx.* Ragoût de volaille, de viande de boucherie, de poisson, voire de légumes. — **2.** Préparation de viande blanche ou de la volaille, détaillée et sautée au beurre sans coloration, cuite avec mouillement d'un fond blanc et liée à la crème épaisse. — **3.** *Fam.* et *vx. Fricassée de museaux,* embrassade.

FRICASSER v. t. (de *frire* et *casser*) [conj. 3]. Préparer une fricassée.

FRICATIVE n. f. (lat. *fricatum,* de *fricare,* frotter). Syn. de CONSTRICTIVE.

FRIC-FRAC n. m. inv. (onomat.). *Pop.* Cambriolage avec effraction.

FRICHE n. f. (moyen néerl. *versch,* frais). **1.** Terrain dépourvu de culture et abandonné. — **2.** *Friche industrielle,* zone industrielle momentanément sans emploi et qui peut servir à des implantations d'entreprises. ‖ *En friche,* se dit d'un terrain non cultivé ; se dit d'une aptitude qui n'est pas exploitée.

FRICHTI n. m. (alsacien *fristick,* déjeuner, de l'all. *Frühstück*). *Pop.* Repas, mets que l'on prépare ; fricot.

FRICK (Wilhelm), homme politique allemand (Alsenz, Palatinat, 1877 - Nuremberg 1946). National-socialiste, ministre de l'Intérieur (1933-

1943), il devint « Reichsprotektor » de Bohême-Moravie en 1943. Condamné comme criminel de guerre à Nuremberg, il fut pendu (1946).

FRICOT n. m. (de *fricasser*). *Fam.* **1.** Viande et légumes mélangés et grossièrement cuisinés. – **2.** Nourriture ; repas, frichti : *Faire le fricot.*

FRICOTAGE n. m. *Fam.* Action de fricoter ; trafic malhonnête ; magouille.

FRICOTER v. t. (de *fricot*) [conj. 3]. *Fam.* **1.** Faire cuire, préparer un repas : *Fricoter de bons petits dîners.* – **2.** Manigancer secrètement une affaire : *Qu'est-ce qu'il fricote encore dans son coin ?*
◆ v. t. ind. *Fam.* **1.** Manigancer avec qqn une affaire louche. – **2.** Avoir des relations sexuelles avec qqn.
◆ v. i. *Fam.* Faire des profits illicites par des moyens louches.

FRICOTEUR, EUSE n. *Fam.* Personne qui se procure des bénéfices illicites par des moyens louches.

FRICTION n. f. (lat. *frictio, -onis,* de *fricare,* frotter). **1.** Action de frotter énergiquement le corps, une partie du corps, avec la main ou avec qqch : *Friction au gant de crin.* – **2.** Massage des cheveux et du cuir chevelu avec une lotion parfumée. – **3.** Désaccord, heurt résultant d'une opposition entre des personnes. – **4.** Frottement se produisant le long d'un plan de faille et à l'origine de stries d'arrachements, de brèches (dites de friction). – **5.** Ensemble des causes qui provoquent la dégradation de l'énergie mécanique en chaleur au cours de l'écoulement d'un fluide dans un conduit. (Cette dégradation est nommée *perte frictionnelle.*) – **6.** Résistance que présentent deux surfaces en contact à un mouvement de l'une par rapport à l'autre.

FRICTIONNEL, ELLE adj. **1.** Relatif à la friction, aux frottements. – **2.** *Chômage frictionnel,* situation caractérisée par l'importance simultanée de nombreux chômeurs et de nombreuses offres d'emploi. (Elle est due à la rigidité du marché du travail.)

FRICTIONNER v. t. (conj. 3). **1.** Faire une friction à qqn : *Frictionne-lui la tête avec une lotion.* – **2.** Glacer le papier sur une face. – **3.** Fam. *Frictionner les côtes de qqn,* le battre.
◆ **être frictionné** v. pass. *Papier frictionné,* papier ou carton présentant une face unie et glacée par séchage au contact d'un cyclindre frictionneur.

FRIDOLIN n. m. (de *Fridolin,* prénom all.). *Fam.* et *péjor.* Allemand, en partic. soldat allemand.

FRIED (Erich), écrivain et philosophe britannique d'origine autrichienne (Vienne 1921 - Baden-Baden 1988). Il fuit l'Autriche en 1938. Écrivant en langue allemande, il est l'auteur de poèmes et de fables philosophiques (*le Soldat et la fille,* 1960 ; *la Démesure de toutes choses,* 1982).

FRIEDEBURG (Hans Georg VON), amiral allemand (Strasbourg 1895 - Flensburg 1945). Il obtint de Montgomery une capitulation partielle (4 mai), mais dut ensuite signer avec Jodl la reddition sans condition qu'exigea Eisenhower (Reims, 7 mai 1945). Il se suicida peu après.

FRIEDEL (Charles), chimiste et minéralogiste français (Strasbourg 1832 - Montauban 1899). Fondateur de l'Institut de chimie de Paris, il a décrit avec James Mason Crafts (Boston 1839 - Ridgefield, Connecticut, 1917) le procédé général de synthèse (réaction de Friedel et Crafts) permettant la soudure de chaînes latérales au noyau benzénique. (Acad. des sc., 1878.) – Son fils GEORGES (Mulhouse 1865 - Strasbourg 1933) est l'auteur de travaux sur les cristaux liquides et sur la diffraction des rayons X par les cristaux.

FRIEDÉLITE n. f. (de Ch. *Friedel,* n. pr.). Silicate hydraté naturel de manganèse.

FRIEDLAENDER (Walter), historien d'art allemand, naturalisé américain (Glogau auj. Głogów, 1873 - New York 1966). Professeur à Fribourg-en-Brisgau (1914-1933), puis, à partir de 1935, à New York, il a tenté de dépasser les critères stylistiques au profit d'une approche davantage psychologique de l'artiste. Auteur de travaux sur le XVIe et le XVIIe s., il a précisé et mis en valeur la notion de maniérisme.

FRIEDLAENDER (Johnny), graveur et peintre français d'origine allemande (Pless, auj. Pszczyna, Pologne, 1912 - Paris 1992). Installé à Paris une première fois en 1937, définitivement en 1945, il a pratiqué l'eau-forte en noir puis, dans une esthétique non-figurative, l'eau-forte et l'aquatinte en couleurs. Il a formé de nombreux graveurs.

FRIEDLAND, auj. **Pravdinsk,** localité de Prusse (auj. en Russie), au S.-E. de Kaliningrad (Königsberg). Le 14 juin 1807, les Russes de Bennigsen y furent battus par Lannes et Napoléon, ce qui permit à celui-ci de s'emparer de Königsberg.

FRIEDLÄNDER (Max Jacob), historien d'art allemand (Berlin 1867 - Amsterdam 1958). Directeur de la Galerie de peinture des musées de Berlin de 1928 à 1934 environ, il a publié une somme sur la peinture flamande et hollandaise (*Die Altniederländische Malerei,* 14 vol., 1924-1937). *De l'art du connaisseur* (1946) résume sa démarche, fondée sur une approche sensuelle et contemplative de l'œuvre, qu'il oppose à la méthode plus conceptuelle de l'histoire de l'art contemporaine.

Friedländer *(bacille de)* [du n. du médecin all. Carl *Friedländer* (1847-1887)], bacille court, encapsulé, ne prenant pas le Gram, responsable de pneumopathies, méningites, péricardites, otites. (Syn. PNEUMOBACILLE.)

Friedlingen (*bataille de*) [14 oct. 1702], victoire de Villars sur les Impériaux, à Friedlingen (auj. localité d'Allemagne [Bade-Wurtemberg]), lors de la guerre de la Succession d'Espagne.

FRIEDMAN (Milton), économiste américain (New York 1912). Défenseur du libéralisme économique, monétariste, il prône un contrôle du volume de la monnaie, dont il recommande l'expansion modérée et régulière comme soutien de la croissance économique. (Prix Nobel d'économie 1976.)

FRIEDMANN ou **FRIDMAN** (Aleksandr Aleksandrovitch), astronome et mathématicien russe (Saint-Pétersbourg 1888 - *id.* [Leningrad] 1925). En se fondant sur la théorie de la relativité, il a développé, en 1922, des modèles d'univers isotrope, dont la densité moyenne et le rayon varient au cours du temps, et qui sont à la base de la cosmologie moderne.

FRIEDMANN (Georges Philippe), sociologue français (Paris 1902 - *id.* 1977). Il a tenté de démontrer que les problèmes humains du travail industriel doivent d'abord être envisagés en fonction des rapports humains au sein de la structure sociale : *Problèmes humains du machinisme industriel* (1947), *Où va le travail humain ?* (1950), *le Travail en miettes* (1956), *la Puissance et la Sagesse* (1970).

FRIEDRICH (Caspar David), peintre allemand (Greifswald 1774 - Dresde 1840). Paysagiste, formé à Copenhague, il traité par excellence ce thème romantique qu'est l'antithèse de l'homme solitaire et de la nature immense, avec une prédilection pour les sujets hivernaux, les reliefs sauvages, les étendues marines, les ruines et les crépuscules. L'absence d'encadrement latéral, le traitement de l'espace par plans successifs et des couleurs translucides contribuent à l'aspect étrange de ses compositions. (Musées de Hambourg, Berlin, Dresde, etc.)

FRIEDRICHSHAFEN, v. d'Allemagne (Bade-Wurtemberg), sur le lac de Constance ; 51 100 hab. Centre touristique. Construction de bateaux. Électrotechnique. Textile et cuir. Foire annuelle.

FRIES (Elias Magnus), botaniste suédois (Femsjö, Småland, 1794 - Uppsala 1878). Il a décrit et classé 2 770 espèces de champignons.

FRIESZ (Othon), peintre français (Le Havre 1879 - Paris 1949). Il vint à Paris en 1898 et participa au fauvisme. Vers 1911, à l'occasion d'un voyage au Portugal, il stabilisa son style dans une palette retenue, une matière riche et une organisation classique de la toile (paysages et figures, nus, portraits, natures mortes...).

FRIGG ou **FRIGGA,** épouse d'Odin, la reine des Ases dans la mythologie scandinave.

FRIGIDAIRE n. m. **1.** Nom déposé d'une marque de réfrigérateur, souvent employé comme synonyme de celui-ci. — **2.** Fam. *Mettre qqch au Frigidaire,* le mettre de côté, l'abandonner pendant un certain temps.

FRIGIDARIUM [rjɔm] n. m. (lat. *frigidarium*). Partie des thermes où l'on prenait les bains froids.

FRIGIDE adj. (lat. *frigidus,* froid). *Litt.* Qui n'est pas accessible à l'émotion : *Un cœur frigide.*
◆ adj. et n. f. Se dit d'une femme qui est atteinte de frigidité.

FRIGIDITÉ n. f. (bas lat. *frigiditas, -atis*). **1.** *Litt.* Qualité de ce qui est froid, de ce qui provoque la sensation du froid : *La frigidité du marbre.* — **2.** Absence de désir et/ou de plaisir chez la femme au cours du coït.
ENCYCL. Si les frigidités organiques sont rares, les frigidités consécutives à un conflit psychique sont de loin les plus fréquentes. Ce symptôme appartient à différentes organisations pathologiques de la personnalité et, en particulier, est souvent lié à l'hystérie. Cependant, un certain nombre d'aspects socioculturels apparaissent également dans son déterminisme : absence de contraception efficace ou, au contraire, trop grande liberté sexuelle dévalorisant la tendresse, éducation trop puritaine ou partenaire inexpérimenté.

FRIGO n. m. (abrév. de *frigorifique* ou *frigorifié*). *Fam.* **1.** Réfrigérateur ou chambre frigorifique. — **2.** Viande frigorifiée.

FRIGOPORTEUR, EUSE adj. Se dit de tout fluide utilisé pour transférer la chaleur du milieu à refroidir au frigorigène froid.

FRIGORIE n. f. (lat. *frigus, -oris,* froid, d'après *calorie*). Ancienne unité de quantité de chaleur enlevée (symb. fg), équivalant à une kilocalorie négative et utilisée dans l'industrie frigorifique.

FRIGORIFÈRE n. m. Échangeur thermique destiné à abaisser la température de l'air qui le traverse. (L'air se refroidit par convection au contact d'une paroi froide ou d'un liquide froid.) [Syn. REFROIDISSEUR D'AIR.]

FRIGORIFIER v. t. (conj. **9**). **1.** Soumettre qqch au froid pour le conserver. — **2.** *Fam.* Donner très froid à qqn : *Ce vent glacial m'a frigorifié.*
◆ **être frigorifié** v. pass. *Fam.* Souffrir du froid, être engourdi par le froid.

FRIGORIFIQUE adj. (lat. *frigorificus,* de *frigus, -oris,* froid, et *facere,* faire). **1.** Relatif au froid, à la

production du froid : *Camion frigorifique.* (Dans une installation et une machine frigorifiques, les différents organes font subir à un fluide [frigorigène] la suite des évolutions thermodynamiques constituant un cycle frigorifique ; les plus répandues sont les machines à compression de vapeur, à éjection de vapeur ou à absorption.) — **2.** *Vitrine frigorifique,* meuble ouvert, où sont présentées des denrées alimentaires périssables, notamment les produits surgelés.
◆ n. m. **1.** Établissement de froid industriel. — **2.** Appareil frigorifique.

Frigorifique *(le),* nom du premier bateau aménagé par le Français Charles Tellier (1876) pour la conservation des denrées alimentaires par le froid.

FRIGORIGÈNE adj. et n. m. Se dit d'un fluide que l'on fait évoluer suivant un cycle frigorifique pour prendre de la chaleur dans un milieu à basse température et la rejeter dans un milieu à température plus élevée.
ENCYCL. Les frigorigènes les plus couramment utilisés sont : l'ammoniac pour les installations de forte puissance à température moyennement basse ; les hydrocarbures halogénés (Fréons) pour les réfrigérateurs ménagers ou commerciaux et les machines de conditionnement d'air, ou encore des mélanges azéotropiques.

FRIGORIMÈTRE n. m. Instrument mesurant la perte de chaleur d'un corps exposé à l'air.

FRIGORISTE n. Ingénieur, technicien ou industriel, dont l'activité se rapporte à la production ou à l'utilisation du froid.

Frileuse *(camp de),* ancien terrain d'exercice de l'école de Saint-Cyr, à 25 km au N.-O. de Versailles, devenu une garnison.

FRILEUSEMENT adv. D'une manière qui marque une certaine sensibilité au froid : *Être frileusement emmitouflé.*

FRILEUX, EUSE adj. et n. (bas lat. *frigorosus,* glacial). Qui est très sensible au froid : *Des passants frileux.*
◆ adj. **1.** Qui témoigne d'une grande sensibilité au froid : *Se glisser d'une manière frileuse sous son édredon.* — **2.** Qui manifeste une réserve craintive à l'égard de tout événement ou action qui l'implique : *Garder une attitude frileuse en face du progrès scientifique.*

FRILOSITÉ n. f. Caractère de qqn, d'un groupe qui refuse de s'engager dans des entreprises risquées : *La frilosité de certains secteurs industriels.*

FRIMAIRE n. m. (de *frimas*). Troisième mois du calendrier républicain, commençant le 21, 22 ou 23 nov. et finissant le 21, 22 ou 23 déc.

FRIMAS n. m. (anc. fr. *frime,* du frq. **hrim*). *Litt.* Brouillard froid et épais, qui se glace en tombant.

FRIME n. f. (anc. fr. *frume,* mine, du bas lat. *frumen, -inis,* gorge). *Fam.* Apparence trompeuse destinée à faire illusion, à impressionner les autres : *C'est de la frime.*

FRIMER v. i. (de *frime*) [conj. 3]. *Fam.* **1.** Prendre une attitude feinte, assurée, pour faire illusion. — **2.** Faire l'important pour épater qqn.

FRIMEUR, EUSE adj. et n. *Fam.* Qui frime ; bluffeur ou prétentieux.

FRIMOUSSE n. f. (de *frime*). *Fam.* Figure, visage d'enfant ou de personne jeune.

FRINGALE n. f. (de *faim-valle,* avec l'infl. de *fringant*). *Fam.* **1.** Faim subite et pressante. — **2.** Désir violent, envie irrésistible de qqch : *Une fringale de lecture.*

FRINGANT, E adj. (moyen fr. *fringuer,* gambader). **1.** Se dit d'un cheval qui est vif et qui a fière allure. — **2.** Qui est vif, pétulant, d'une élégance coquette et un peu provocante : *Un vieillard encore fringant.* — **3.** *Ne pas être (très) fringant,* ne pas être alerte, en forme, avoir l'air abattu.

FRINGILLIDÉ n. m. (lat. *fringilla,* pinson). Petit passereau, au bec souvent court et massif, omnivore, au nid en forme de coupe, tel que les pinsons, chardonnerets, serins, verdiers, linottes, bouvreuils, bruants et cardinaux.

FRINGUE n. f. (de *fringuer*). *Pop.* Vêtement (surtout pl.).

FRINGUER v. t. (de *faire des fringues,* gambader, d'orig. onomat.) [conj. 3]. *Pop.* Habiller qqn : *Elle fringue drôlement bien ses enfants.*
◆ **se fringuer** v. pr., **être fringué** v. pass. *Pop.* S'habiller, s'acheter des vêtements : *Être bien fringué.*

FRIO *(cap),* promontoire volcanique du Brésil, à l'E. de Rio de Janeiro. À proximité, *Cabo Frio* est un centre de villégiature.

FRIOUL, en ital. **Friuli,** région historique d'Italie, correspondant aux provinces d'Udine, Pordenone et Gorizia, qui forment, avec Trieste, la *région autonome de Frioul-Vénétie Julienne* (7 846 km^2 ; 1 193 520 hab.). De la Piave à la frontière slovène, région longtemps disputée, elle juxtapose une partie nord alpestre, boisée, dépeuplée et une partie sud, basse, extrémité nord-est de la plaine du Pô. Le Frioul, parfois affecté par des séismes, associe élevage, céréales, vignobles, petites industries et tourisme balnéaire.
— **Hist.** Créé par les Lombards (568), le duché de Frioul fut conquis par les Francs (776) et forma, sous Charlemagne, une marche intégrée à l'Empire germanique (922), puis cédée au patriarche d'Aquilée (1077) et à Venise (1420) dont elle suivit les destinées. Le comté de Görz (Gorizia) fut donné à l'Autriche en 1500, puis annexé à

l'Italie en 1919. En 1947, la partie orientale de ce comté fut cédée par l'Italie à la Yougoslavie.

FRIOUL, petit archipel des Bouches-du-Rhône, à l'O. de Marseille, formé de deux îles voisines, Pomègues et Ratonneau, réunies par une digue. Port de plaisance. Tourisme.

FRIOULAN n. m. Dialecte rhéto-roman parlé dans le Frioul.

FRIPE n. f. (anc. fr. *frepe,* chiffon, du bas lat. *faluppa,* fibre). *Pop.* Vêtement usé, d'occasion (surtout pl.).

FRIPER v. t. (anc. fr. *freper,* chiffonner, de *frepe,* vieux vêtement) [conj. **3**]. **1.** Défraîchir une étoffe, un vêtement, en les chiffonnant, en les froissant. — **2.** Rider, flétrir, marquer de plis le visage de qqn.

FRIPERIE n. f. **1.** Vêtements, tissus usagés, fripés. — **2.** Commerce de vieux vêtements, de vieilles choses ; boutique où on les vend.

FRIPIER, ÈRE n. Personne qui fait le commerce de marchandises d'occasion, de vieux vêtements.

FRIPON, ONNE n. (moyen fr. *friper,* avaler goulûment). **1.** *Fam.* Enfant espiègle, malicieux. — **2.** *Vx.* Voleur, escroc, filou.
◆ adj. Qui dénote une malice un peu provocante : *Des yeux fripons.*

FRIPONNERIE n. f. *Fam.* et *vx.* Caractère, acte de fripon, de voleur.

FRIPOUILLE n. f. (de *fripe*). *Fam.* **1.** Personne malhonnête capable de tout. — **2.** Mauvais sujet (s'emploie en partic. pour apostropher qqn, un enfant).

FRIPOUILLERIE n. f. *Fam.* Caractère ou action d'une fripouille.

FRIQUÉ, E adj. (de *fric*). *Pop.* Qui a beaucoup d'argent.

FRIQUET n. m. (anc. fr. *friquet,* vif, du frq. *frik*). Moineau des campagnes, reconnaissable à la tache noire qui orne sa joue.

FRIRE v. t. (lat. *frigere*) [conj. **115**]. Faire cuire un aliment dans un corps gras bouillant : *Frire des soles.*
◆ v. i. Cuire dans un corps gras bouillant : *Faire frire des beignets.*
◆ **être frit** v. pass. **1.** Être cuit dans une friture : *Des poissons frits.* — **2.** *Fam.* Être ruiné, perdu, vaincu ou près de l'être.

FRISAGE n. m. **1.** Action de friser les cheveux. — **2.** Opération qui consiste à parer une pièce mécanique en imprimant sur sa surface des rayures concentriques. (Syn. BOUCHONNAGE.)

FRISANT, E adj. **1.** Qui frise : *Des cheveux frisants.* — **2.** Se dit de la lumière qui frappe de biais une surface en l'effleurant ; rasant.

FRISBEE [-bi] n. m. (amér. *frisbee,* n. déposé). Petit disque de plastique, qui plane quand on le lance en le faisant tourner sur lui-même ; jeu ainsi pratiqué.

FRISCH (Karl VON), naturaliste autrichien (Vienne 1886 - Munich 1982). Il est célèbre par la découverte du langage des abeilles (danse de la butineuse indiquant la direction et la distance de la source de nourriture). Il a écrit notamment *le Professeur des abeilles* (1957). [Prix Nobel de médecine 1973.]

FRISCH (Ragnar), économiste norvégien (Oslo 1895 - *id.* 1973). Un des fondateurs de l'économétrie, il a partagé avec Jan Tinbergen le prix Nobel d'économie décerné pour la première fois en 1969.

FRISCH (Max), écrivain suisse d'expression allemande (Zurich 1911 - *id.* 1991). Architecte passionné de littérature (ce fut un des chefs de file de la littérature suisse de l'après-guerre), il a subi l'influence de Brecht et de l'existentialisme. Son œuvre romanesque (*Je ne suis pas Stiller,* 1954 ; *Homo faber,* 1957) et dramatique (*Biedermann* et les incendiaires,* 1958 ; *Andorra,* 1961) évoque, dans une écriture elliptique, la crise intellectuelle, morale et sociale du monde contemporain.

FRISCHES HAFF → ZALEW WIŚLANY.

FRISCHMANN (David), écrivain et critique littéraire hébreu (Zgierz, Pologne, 1859 - Berlin 1922). Auteur de nouvelles, d'histoires bibliques (*Ba-Midbar,* 1923), d'essais et de poèmes, il introduisit l'esthétique occidentale dans la littérature hébraïque, traduisit Wilde, Tagore, Pouchkine, Homère, Ibsen, Nietzsche, développa et modernisa la langue hébraïque. Ses *Lettres sur la littérature* sont la base de la critique littéraire hébraïque moderne.

1. FRISE n. f. (ital. *friso,* du lat. médiév. *frisium,* var. de *phrygium opus,* travail phrygien). **1.** Partie de l'entablement d'un édifice, entre l'architrave et la corniche. — **2.** Surface plane formant une bande continue et portant un décor. — **3.** Planche étroite utilisée pour fabriquer des lames de parquet (débitées en 27 mm), des pièces de meubles, ou des tonneaux. — **4.** Bande de toile fixée au cintre d'un théâtre pour figurer le ciel. — **5.** *Frise de parterre,* plate-bande ornée de buis ou de gazon.

2. FRISE n. f. (néerl. *friese ruiter,* cavalier de la Frise). *Cheval de frise* → CHEVAL.

FRISE, région de l'Europe du Nord-Ouest, sur la mer du Nord, partagée entre les Pays-Bas *(province de Frise)* et l'Allemagne (anc. prov. de la *Frise-Orientale*).

— **Hist.** Le pays, habité par les Frisons, est soumis par les Romains (Ier s. av. - Ier s. apr. J.-C.), puis conquis par les Francs (IVe s.). Évangélisée dès le VIIe s., la Frise est acquise au XIe s. par le comte de Flandre Robert Ier le Frison. En 1289, la Frise occidentale est intégrée au comté de Hollande ; la Frise orientale, érigée en comté d'Empire (1464), échoit à la Prusse en 1744 ; longtemps autonome, la Frise centrale fut annexée par Charles Quint (1523), avant de devenir l'un des États des Provinces-Unies en 1588.

FRISE, en néerl. **Friesland,** prov. du nord des Pays-Bas, 3 350 km² ; 599 151 hab. Ch.-l. *Leeuwarden.* Terre basse, en partie insulaire, grande région d'élevage laitier.

1. FRISÉ, E n. Personne dont les cheveux sont bouclés, frisés.

2. FRISÉ n. m. (de *Fritz,* n. pr.). *Fam.* et *péjor.* Surnom donné aux Allemands pendant la Seconde Guerre mondiale.

FRISÉE n. f. Variété de chicorée à feuilles frisées.

FRISELIS [-li] n. m. (onomat. *fri-*). *Litt.* Frémissement doux et faible.

FRISE-ORIENTALE, en all. **Ostfriesland,** région d'Allemagne, partie de la Basse-Saxe. Prolongement méridional de la Frise du Nord, c'est un pays insulaire et littoral (agriculture et élevage, tourisme).

FRISER v. t. (p.-ê. du verbe *frire*) [conj. 3]. **1.** Mettre des cheveux, des poils en boucles le plus souvent serrées : *Friser ses cheveux au fer.* — **2.** Effleurer, raser qqch ; passer au ras : *La balle a frisé la tête du policier.* — **3.** Être près de qqch, s'en approcher de très près : *On a frisé la catastrophe. Friser la soixantaine.*
◆ v. i. ou **être frisé** v. pass. **1.** Se mettre en boucles : *Elle a les cheveux frisés.* — **2.** Avoir les cheveux qui bouclent : *Elle frise naturellement.* — **3.** Se dit de légumes dont la feuille est comme crêpée. — **4.** Se dit d'un velours dont le poil, au lieu d'être coupé, reste à l'état de bouclettes arrondies. — **5.** Se dit de races de pigeons ou de poules à plumage hérissé.

1. FRISETTE n. f. (de *friser*). *Fam.* Petite boucle de cheveux frisée ; frisottis, frison.

2. FRISETTE n. f. (de *frise 1*). Petite frise de parquet, de boiserie.

FRISEUSE adj. f. *Boîte friseuse,* organe d'une machine dans lequel on tasse les filaments continus ou les rubans de fibres pour leur communiquer de la frisure.

FRISOLÉE n. f. (de *frisoler,* dimin. dialect. de *friser*). Maladie à virus de la pomme de terre provoquant une déformation des feuilles qui prennent un aspect gaufré.

1. FRISON n. m. (de *friser*). **1.** Syn. vieilli de FRISETTE 1. — **2.** Copeau enroulé que détache un rabot. — **3.** Déchet de soie naturelle produit lors du passage des cocons, avant leur dévidage.

2. FRISON, ONNE adj. et n. **1.** De Frise. — **2.** *Race française frisonne* ou *frisonne* (n. f.), première race française de bovins laitiers. (Originaire de Frise et ayant reçu du sang d'animaux Holstein-Friesian, cette race a généralement une robe pie noire, parfois pie rouge.)
◆ **frison** n. m. Langue du groupe germanique occidental, parlée principalement dans le nord des Pays-Bas.

FRISON *(archipel),* ensemble des îles situées sur les côtes méridionales et orientales de la mer du Nord, en avant des rivages néerlandais *(archipel Frison occidental),* allemand *(archipel Frison oriental* et partie de l'*archipel septentrional)* et danois (partie restante de l'archipel septentrional) de la Frise. Formées essentiellement de marais et de dunes, elles possèdent de nombreuses stations balnéaires.

FRISON-ROCHE (Roger), alpiniste et écrivain français (Paris 1906). Il a chanté la montagne et le désert, refuges contre une société pervertie (*Premier de cordée,* 1941 ; *Djebel Amour,* 1978).

FRISONS, peuple germanique, installé, au début de l'ère chrétienne, de la Weser au Rhin. Soumis à Rome à partir de 47 apr. J.-C., ils participèrent, après le IIIe s., à l'invasion germanique de la Bretagne. Aux VIIe-IXe s., ils s'étendirent dans les régions évacuées par les Saxons, à l'ouest de la Weser.

FRISOTTANT, E adj. Qui frisotte.

FRISOTTER v. t. (conj. 3). Friser légèrement qqch, l'enrouler en petites boucles : *Frisotter les poils de sa barbe.*
◆ v. i. ou **être frisotté** v. pass. Être légèrement frisé : *Sa barbe frisotte.*

FRISOTTIS [-ti] n. m. Syn. de FRISETTE.

FRISQUET, ETTE adj. (wallon *frisque,* froid, du flam. *frisch,* frais). *Fam.* Qui est un peu froid : *Un petit vent frisquet.*
◆ **frisquet** adv. Fam. *Il fait frisquet,* il fait un peu froid.

FRISSON n. m. (bas lat. *frictio, -onis,* de *frigere,* avoir froid). **1.** Tremblement passager dû au froid ou accompagné d'une sensation de froid. (→ *encycl.*) — **2.** *Litt.* Mouvement léger d'une chose qui tremble, qui ondule ; bruit léger qui accompagne ce mouvement ; frémissement : *Les frissons de l'eau agitée par la brise.* — **3.** Mouvement de saisissement qui naît d'une émotion plus ou moins vive : *Frisson d'épouvante.* — **4.** Fam. *Donner le frisson,* faire peur : *Ce film m'a donné le frisson.*

ENCYCL. **Physiol.** D'origine périphérique, le frisson est un procédé de défense contre le froid, par les contractions musculaires qu'il provoque. D'origine centrale, il apparaît au début des maladies fébriles, où il est témoin de la réaction de l'organisme contre les toxines microbiennes.

FRISSONNANT, E adj. **1.** Qui frissonne, grelotte : *Se sentir frissonnant.* – **2.** Qui frémit : *Eau frissonnante.*

FRISSONNEMENT n. m. **1.** Action de frissonner, fait d'avoir des frissons : *Frissonnement de crainte.* – **2.** *Litt.* Léger tremblement, frémissement ; bruit ainsi produit : *Le frissonnement des feuilles.*

FRISSONNER v. i. (conj. 3). **1.** Être agité d'un tremblement dû au froid ou à un état fébrile ; avoir des frissons : *Frissonner de fièvre.* – **2.** *Litt.* S'agiter vivement et légèrement, en parlant de qqch : *Les feuilles frissonnent sous la brise.* – **3.** Être agité d'un léger bouillonnement ; frémir : *L'eau frissonne dans la casserole.* – **4.** Être saisi d'un frémissement causé par un sentiment très vif : *Frissonner d'espoir.*

FRISURE n. f. **1.** Façon de friser, de se faire friser ; état des cheveux frisés : *Une frisure trop serrée.* – **2.** *Vx.* Petite boucle, mèche de cheveux frisés.

FRIT → FRIRE.

1. FRITE n. f. (de *frire*). Bâtonnet découpé dans une pomme de terre et frit.

2. FRITE n. f. (de *frite 1*). *Fam.* **1.** Coup sur les fesses donné d'un geste vif du dos de la main. – **2.** Fam. *Avoir la frite,* être en forme, être d'attaque.

FRITERIE n. f. **1.** Installation ambulante où l'on frit et vend du poisson, des pommes de terre, etc. – **2.** Dans les usines de conserves de poisson, atelier où l'on frit les sardines, maquereaux, etc.

FRITEUSE n. f. Appareil doté d'un panier égouttoir amovible, destiné à frire les aliments.

FRITIGERN, chef des Wisigoths établis en Thrace en 375. Il fut le vainqueur de Valens à Andrinople (378).

FRITILLAIRE n. f. (lat. sc. *fritillaria,* du lat. class. *fritillus,* cornet à dés). Liliacée bulbeuse ornementale aux fleurs pendantes. (N. usuels *couronne impériale, œuf-de-vanneau.*)

FRITONS ou **FRITTONS** n. m. pl. Syn. de GRATTONS.

FRITOT ou **FRITEAU** n. m. (de *frire*). Petit beignet salé garni de menus articles (abats, poulet, poisson, etc.).

FRITSCH (Werner, *baron* VON), général allemand (Benrath 1880 - Varsovie 1939). Il joua un rôle important dans la mise sur pied de la Reichswehr puis dans sa transformation en Wehrmacht, et fut considéré comme l'âme de la résurrection militaire de l'Allemagne.

FRITTAGE n. m. (de *fritter*). **1.** Action de soumettre à un début de fusion un mélange vitrifiable, avant son introduction dans le four, pour accélérer le processus de fusion et réduire les envols de poussières. – **2.** Opération effectuée en métallurgie des poudres, pour réaliser par chauffage une agglomération des produits traités, afin de leur donner une cohésion et une rigidité suffisantes sans avoir recours à une fusion complète.

ENCYCL. La technique du frittage est pratiquée depuis longtemps pour la cuisson des produits céramiques. Le frittage des produits métalliques se pratique industriellement pour la fabrication de pièces mécaniques, filtres, pièces autolubrifiantes, etc.

FRITTE n. f. (ital. *fritta,* fém. de *fritto,* frit). **1.** Mélange vitreux obtenu par fusion et broyage de divers constituants (silice, soude, potasse, chaux, etc.), et utilisé dans la préparation de certaines pâtes ou glaçures céramiques. – **2.** Produit intermédiaire dans le processus de fusion du verre. – **3.** Cuisson de ce mélange. – **4.** Scorie de verrerie.

FRITTER v. t. (de *fritte*) [conj. 3]. Procéder au frittage.

FRITURE n. f. (de *frire*). **1.** Action et manière de frire un aliment : *Panier à friture.* – **2.** Huile, beurre, graisse servant à frire : *Plonger les pommes de terre dans la friture.* – **3.** Aliment frit, et surtout poisson frit : *Manger une petite friture.* – **4.** Petits poissons destinés à être frits : *Pêcher de la friture.* – **5.** En Belgique, baraque à frites, friterie. – **6.** Sorte de grésillement intermittent, dû à de mauvais contacts ou à des courants perturbateurs, dans un appareil téléphonique ou un récepteur de radio.

FRITZ n. m. (all. *Fritz,* dimin. de *Friedrich,* Frédéric). *Fam.* et *péjor.* Allemand, en partic. soldat allemand.

FRIVILLE-ESCARBOTIN (80130), ch.-l. de cant. de la Somme, dans le Vimeu ; 4 834 hab. Fonderie.

FRIVOLE adj. (lat. *frivolus,* de peu de prix). **1.** Qui est léger, sans constance ni sérieux : *Discours frivoles.* – **2.** Qui a du goût pour les choses vaines, futiles, qui est inconstant et superficiel dans ses goûts ou ses attachements.

FRIVOLEMENT adv. De façon frivole.

FRIVOLITÉ n. f. **1.** Caractère frivole ; futilité : *La frivolité des plaisirs mondains.* – **2.** Chose frivole, bagatelle (le plus souvent pl.) : *Les frivolités de l'existence.* • **Cost.** Ruche de lingerie, placée en garniture d'encolure.

◆ **frivolités** n. f. pl. *Vx.* Accessoires de la toilette féminine, articles de mode.

FRÖBEL (Friedrich), pédagogue allemand (Oberweissbach, Thuringe, 1782 - Marienthal 1852). Profondément influencé par Rousseau et Pestalozzi, il est l'un des fondateurs de l'éducation des tout-petits. Il ouvrit le premier jardin d'enfants en 1837.

FROBEN (Johann), imprimeur et éditeur suisse d'origine allemande (Hammelburg v. 1460 - Bâle 1527). Installé à Bâle en 1491, il y imprima des ouvrages d'humanisme et de théologie, parmi lesquels figurent de nombreuses œuvres de son ami Érasme.

FROBENIUS (Georg Ferninand), mathématicien allemand (Berlin 1848 - Charlottenburg, auj. dans Berlin, 1917). Il élabora (avec I. Schur [1875-1941]) une théorie de la représentation linéaire des groupes.

FROBENIUS (Leo), anthropologue et explorateur allemand (Berlin 1873 - Biganzolo, lac Majeur, 1938). Il appuya la théorie du diffusionnisme anthropologique, et fit de nombreux voyages en Afrique. Il écrivit *Und Afrika sprach* (1913), *Atlantis* (1921-1928), *Kulturgeschichte Afrikas* (1933).

FROBERGER (Johann Jakob), organiste et compositeur allemand (Stuttgart 1616 - Héricourt, Montbéliard, 1667). Organiste à la cour de Vienne en 1641, il entra au service de l'archiduc Léopold à Bruxelles (v. 1650) et finit sa vie au service de la duchesse Sibylle de Wurtemberg, à Montbéliard. Son œuvre pour l'orgue et le clavecin (toccate, ricercari, fantaisies, etc.) représente la fusion des styles italien, français et allemand.

FROBISHER (*sir* Martin), navigateur anglais (Altofts, près de Wakefield, Yorkshire, v. 1535 - Plymouth 1594). Parti en 1576 à la découverte d'une voie maritime vers la Chine, il redécouvrit, après les Scandinaves, les parties méridionales du Groenland, les côtes orientales du Labrador et de la terre de Baffin, jusqu'à la baie qui porte son nom. Il contribua, en 1588, à la destruction de l'Invincible Armada.

FROBISHER BAY, baie du littoral méridional de la terre de Baffin (Canada).

FROC [frɔk] n. m. (frq. **hrokk,* de l'all. *Rock,* habit). **1.** Partie de l'habit monacal qui couvre la tête et tombe sur la poitrine et les épaules. — **2.** Habit de moine en général. — **3.** *Pop.* Pantalon. — **4.** *Quitter le froc, jeter le froc aux orties,* renoncer à la vie religieuse.

FROCARD n. m. (de *froc*). *Vx* et *péjor.* Moine.

FRÖDING (Gustaf), poète suédois (Alster, Värmland, 1860 - Stockholm 1911). Il souffrit de troubles nerveux, qu'il transposa en une œuvre qui compte parmi les sommets de la littérature suédoise (*Guitare et Accordéon,* 1891 ; *Éclats et Lambeaux,* 1896 ; *Anciens et Nouveaux Vers,* 1897).

Frœschwiller *(bataille de)* [6 août 1870], bataille qui se déroula à Frœschwiller (17 km au N.-N.-O. d'Haguenau) et au cours de laquelle Mac-Mahon fut battu par le prince royal de Prusse. Cette défaite, marquée par la charge des cuirassiers de Reichshoffen, entraîna la perte de l'Alsace.

FROG n. m. (angl. *frog.*). Type de respiration qui consiste à utiliser les mouvements de la bouche et de la langue pour envoyer successivement de petites quantités d'air dans la trachée. (Ce mode de respiration, entièrement volontaire, peut être pratiqué par des sujets dont la musculature respiratoire est paralysée.) [Syn. RESPIRATION GLOSSO-PHARYNGÉE.]

FROGES (38190), comm. de l'Isère, sur l'Isère ; 2 335 hab. Électrométallurgie.

FROID, E adj. (lat. *frigidus*). **1.** Dont la température est basse, en partic. par rapport à celle du corps humain : *Une boisson froide.* — **2.** Où les températures sont peu élevées : *Pays froids. La soirée est froide pour la saison.* — **3.** Qui conserve mal la chaleur ou qui en procure très peu : *Ce manteau est trop froid pour la saison.* — **4.** Se dit du soleil lorsqu'il brille sans fournir de chaleur. — **5.** Qui est refroidi ou qui n'a pas été chauffé : *Odeur de tabac froid. Prendre un repas froid.* — **6.** Qui ne chauffe pas ou ne s'est pas encore échauffé en fonctionnant : *Les radiateurs sont froids.* — **7.** Qui ne procure aucune impression de chaleur, de vie, d'animation : *Décoration froide.* — **8.** Qui maîtrise ses réactions, ses émotions, ne fait pas d'éclats, qui est plein de sang-froid, de calme : *Un homme qui reste froid devant le danger. Une colère froide.* — **9.** Qui manifeste une réserve voisine de l'hostilité ou qui manque de chaleur humaine : *Être très froid avec ses collaborateurs.* — **10.** Qui est peu sensuel ; frigide. — **11.** *Avoir, garder la tête froide,* ne pas perdre la tête, conserver tout son jugement dans les situations difficiles. ‖ *Laisser froid qqn,* le laisser indifférent. ‖ *Pierre froide,* pierre calcaire très dure et prenant le poli. (Sa masse volumique est généralement supérieure à 2 580 kg/m^3, sa résistance à l'écrasement supérieure à 100 MPa.) [Syn. PIERRE MARBRIÈRE.] ‖ *La saison froide,* l'hiver. ‖ *Sueur froide,* sueur soudaine, dont la sensation est glaciale ; peur, crainte. ‖ *Terre froide,* terre qui se réchauffe lentement au printemps, à cause de son humidité, de son exposition défavorable, ou de sa coloration trop claire.

◆ **froid** adv. *Battre froid (à qqn),* manifester ostensiblement de la réserve, de l'hostilité à qqn.

‖ *Boire, manger froid,* absorber une boisson, un aliment froid. ‖ *Il fait froid,* la température est basse, trop basse.

◆ **froid** n. m. **1.** Température basse ou très basse de l'atmosphère, de l'air ambiant ; sensation ressentie quand règne une telle température : *Ces plantes ne supportent pas le froid.* — **2.** Température inférieure à la température ordinaire, réalisée artificiellement. (→ *encycl.* Techn.) — **3.** Sensation de saisissement qui résulte du contact avec un danger subit. — **4.** Diminution d'affection, de cordialité entre des personnes jusqu'alors liées : *Il y a un froid entre eux.* — **5.** *À froid,* sans soumettre à la chaleur ; sans que l'appareil soit chaud : *Démarrer à froid ;* sans émotion apparente ; quand les passions se sont calmées : *Parler à froid de quelque chose ;* se dit des interventions pratiquées en dehors de poussées inflammatoires ; en reliure, se dit d'un procédé d'impression en creux, sans or ni couleurs. ‖ *Au froid,* dans une atmosphère ambiante froide. ‖ *Avoir froid,* éprouver la sensation donnée par l'absence, la perte ou la diminution de chaleur : *Avoir froid aux pieds.* ‖ *Coup de froid,* rhume, grippe, etc., consécutifs à un brusque abaissement de température. ‖ *Cueillir, prendre qqn à froid,* sans qu'il soit préparé. ‖ *Donner froid,* procurer une sensation de froid. ‖ *Être en froid,* avoir des relations tendues avec qqn sans être vraiment fâché. ‖ *Faire, donner froid dans le dos,* causer une grande frayeur. ‖ *Froid de canard, de loup, froid polaire,* froid très vif. ‖ *Jeter un froid,* faire naître, par un acte ou une parole, la gêne, la contrainte. ‖ Fam. *N'avoir pas froid aux yeux,* être hardi, décidé. ‖ *Prendre, attraper froid,* attraper une maladie, un rhume en se laissant pénétrer par le froid. ‖ *Pôle du froid,* température moyenne annuelle officiellement la plus froide de la planète (- 55,6 °C), enregistrée à la station soviétique de Vostok, sur le plateau E. de l'Antarctique à 3 488 m d'altitude. (Les températures minimales absolues y descendent au-dessous de - 90 °C.)

◆ **froids** n. m. pl. *Les premiers froids, les grands froids,* la période où la température est basse, très basse par rapport à la température ordinaire.

ENCYCL. **Techn.** On distingue le domaine du froid industriel, depuis la température ambiante jusqu'à des températures de l'ordre de 120 K, et celui de la cryogénie, pour les températures inférieures. En permettant de contrôler et de ralentir les réactions biochimiques et les processus biologiques, le froid est très utilisé dans les domaines agroalimentaire, pharmaceutique et médical : réfrigération, congélation, lyophilisation, pour la conservation de denrées alimentaires ou de matériel biologique ; conduite des fermentations (brasserie), vernalisation, fabrication de certains produits pharmaceutiques, etc. Le froid est aussi utilisé dans des processus de séparation (cryoconcentration, par ex.) et pour contrôler le degré hygrométrique de l'air (climatisation). Enfin, on peut citer une multitude d'applications qui mettent à profit telle modification particulière des propriétés d'une substance : solidification (congélation des sols), fragilisation, etc.

FROIDEBISE (Pierre), organiste et compositeur belge (Ohey, Namur, 1914 - Liège 1962). Il a composé des œuvres vocales, un poème symphonique inspiré de *la Légende de saint Julien l'Hospitalier* (1941), et des pièces pour orgue. Il a publié une *Anthologie de la musique d'orgue des primitifs à la Renaissance,* 1958.

FROIDEMENT adv. **1.** Avec calme, avec sang-froid et lucidité : *Examiner froidement la situation.* — **2.** Avec réserve, avec peu de sympathie : *Accueillir froidement une proposition.* — **3.** Avec une complète insensibilité : *Tuer froidement un animal.* — **4.** Fam. *Ça va froidement,* il fait froid.

FROIDETERRE *(côte de),* côte des Hauts de Meuse, sur la rive droite, au N. de Verdun. Pendant la bataille de Verdun, l'*ouvrage de Froideterre* résista à toutes les attaques allemandes et particulièrement à celle du 23 juin 1916 conduite par le Kronprinz.

FROIDEUR n. f. **1.** *Litt.* Qualité, état de ce qui est froid : *La froideur du marbre.* — **2.** Manque de sensibilité, de passion : *Froideur de tempérament.* — **3.** Manque d'empressement, de chaleur pour qqch ou qqn : *Accueillir une proposition avec froideur.* — **4.** Manque de chaleur, de vie, d'éclat, en partic. dans une œuvre littéraire ou artistique, dans une composition décorative : *La froideur du style.*

FROIDURE n. f. **1.** *Litt.* Froid de l'air ; état de ce qui est froid. — **2.** Lésion de la peau déterminée par le froid ; forme atténuée ou atypique d'engelure.

FROISSABLE adj. **1.** Qui se froisse facilement. — **2.** Qui est prompt à s'offenser.

FROISSAGE n. m. Action de froisser, de chiffonner un tissu.

FROISSANT, E adj. Qui froisse, vexe, blesse l'amour-propre de qqn : *Une remarque froissante.*

FROISSART (Jean), chroniqueur français (Valenciennes 1333 ou 1337 - Chimay apr. 1404). Clerc cultivé, il vécut dans l'intimité des plus hautes personnalités de son temps, notamment à la cour d'Angleterre, où il devint secrétaire de la reine Philippa de Hainaut et historiographe. Il voyagea à travers l'Europe, séjourna en Italie (1368) avec le duc de Clarence, puis devint chanoine de Chimay en 1384. Ses *Chroniques** sont un véritable roman de chevalerie. Écrite à partir de récits et non de textes, et sans sens critique, cette œuvre relate maints faits d'armes et témoigne d'un évolution constante de leur auteur, tour à tour anglophile et francophile.

FROISSEMENT n. m. **1.** Action de froisser, de chiffonner, de friper : *Le froissement d'une étoffe.* – **2.** Bruit sec qui résulte de cette action ou qui rappelle cette action. – **3.** Atteinte portée à qqn blessé dans son amour-propre. – **4.** Contusion des tissus, due à un traumatisme léger.

FROISSER v. t. (lat. pop. **frustiare*, briser, de *frustum*, morceau [conj. 3]. **1.** Endommager un tissu, un papier par frottement ou par compression et, en partic., en le chiffonnant, en le fripant : *Froisser un papier dans sa main.* – **2.** Endommager la carrosserie d'un véhicule en la cabossant. – **3.** Heurter, blesser qqn par un manque de tact : *Vous l'avez froissé en refusant son invitation.* – **4.** Provoquer le froissement d'un muscle.

◆ **se froisser** v. pr., **être froissé** v. pass. **1.** Prendre de faux plis, se friper : *Robe qui se froisse vite.* – **2.** Être fortement endommagé : *La voiture n'était plus qu'un tas de tôle froissée.* – **3.** Être blessé dans son amour-propre : *Il se froisse pour un rien.* – **4.** *Se froisser un muscle, un nerf,* se faire, avoir une contusion, une élongation.

FROISSURE n. f. Trace laissée sur un corps, un tissu par le froissement.

FRÔLEMENT n. m. Action de frôler ; frottement léger d'un corps contre un autre ; bruissement produit par ce frottement.

FRÔLER v. t. (suite consonantique *f-r-l,* qui évoque le bruit d'un objet qui passe) [conj. 3]. **1.** Toucher légèrement qqn, qqch en passant tout près d'eux, effleurer : *Sa main a frôlé la mienne.* – **2.** Passer à très peu de distance de qqn, de qqch, sans les toucher : *L'avion a frôlé le toit du garage.* – **3.** Être très près d'un seuil : *Le dollar frôle les 6 F.* – **4.** *Frôler un danger,* y échapper de justesse : *Frôler la mort.*

FRÔLEUR n. m. Homme qui se glisse dans les foules pour y rechercher des contacts féminins dont il tire un plaisir sexuel.

FRÔLEUSE n. f. *Litt.* Femme provocante ; aguicheuse.

FROLINAT, abrév. de *Front de Libération National du Tchad,* mouvement de libération du Tchad, fondé en 1966 et dirigé par Goukouni Oueddeï de 1979 à 1984.

FROMAGE n. m. (anc. fr. *formage,* du bas lat. *formaticus caseus,* fromage fait dans une forme). **1.** Produit alimentaire obtenu par coagulation du lait, égouttage du caillé ainsi obtenu et, éventuellement, affinage. (→ *encycl.*) – **2.** *Fam.* Bénéfices qui découlent d'une place lucrative, d'une situation avantageuse et peu fatigante : *Se partager le fromage.* – **3.** Rondelle réfractaire sur laquelle on pose les creusets dans les fours à creusets. (Syn. TOURTE.) – **4.** Fam. *En faire (tout) un fromage,* donner une importance exagérée à qqch. ‖ *Fromage blanc,* fromage fabriqué avec du lait de vache entier et consommé frais. ‖ *Fromage à la crème,* fromage blanc nappé de crème fraîche. ‖ *Fromage de tête,* préparation de charcuterie, réalisée à partir de morceaux de tête de porc, coupés en cubes, assaisonnés et assemblés par de la gelée dans des moules.

ENCYCL. En France, les fromages se préparent surtout à partir du lait de vache, mais aussi du lait de chèvre et de brebis. La fabrication comporte : la coagulation du lait ou caillage, sous l'action de la présure et de ferments lactiques ; l'égouttage, spontané ou accéléré, du caillé et, éventuellement, l'affinage du caillé égoutté, sous l'action de fermentations microbiennes dirigées.

Les *fromages frais,* ou *pâtes fraîches* (suisse, demi-sel, fromage à la pie, etc.), sont obtenus à partir de laits et de crèmes pasteurisés, par fermentation lactique avec un peu de présure. Ils ne sont pas affinés.

Les *fromages affinés,* nombreux et divers, comportent : 1° les *fromages à pâte molle,* obtenus par égouttage spontané du caillé (ils comprennent les pâtes molles à *croûte fleurie* [moisissures blanches du type pénicillium], dont les camembert, brie, carré de l'Est, coulommiers, etc., les pâtes molles à *croûte lavée* à l'eau salée avec développement de bactéries, dont les munster, pont-l'évêque, livarot, maroilles, etc., les *pâtes persillées* [ou bleus], avec moisissures internes de *Penicillium glaucum,* dont les roquefort, bleu d'Auvergne, etc.) ; 2° les *fromages à pâte pressée,* obtenus par découpage et brassage du caillé puis pressage après mise en moules, dont les port-salut, saint-paulin, hollande, cantal, etc. Enfin, les pâtes pressées cuites (gruyère) subissent une cuisson du grain de caillé en cuve.

Les *fromages fondus* sont préparés à partir de fromages déjà finis que l'on fait fondre.

FROMAGEON n. m. Nom donné dans le Midi à des fromages de chèvre.

1. FROMAGER, ÈRE n. (de *fromage*). Personne qui fabrique ou vend des fromages.

◆ adj. Qui relève de la fabrication et de la vente des fromages.

2. FROMAGER n. m. (de *fromage*). Récipient en poterie, faïence ou porcelaine, percé de trous, destiné à égoutter le fromage frais.

3. FROMAGER n. m. (de *fromage*). Très grand arbre (bombacacée) des régions tropicales, aux racines disposées en contreforts, au bois très tendre (utilisé en emballage et en déroulage) et fournissant le kapok.

FROMAGERIE n. f. Endroit où l'on fait, où l'on garde, où l'on vend des fromages.

FROMAN (Margarita), danseuse et chorégraphe russe (Moscou 1890 - Boston 1970). Issue du Bolchoï de Moscou, elle se fixa en Yougoslavie (1921). Son influence fut déterminante dans la formation du ballet yougoslave, où elle implanta la tradition russe. Elle a créé le premier ballet à thème yougoslave, le *Cœur en pain d'épice* (1924) ; elle est l'auteur de *la Légende d'Ohrid* (1947).

FROMANGER (Gérard), peintre français (Pontchartrain, Yvelines, 1939). Il s'est engagé dans un art où le jeu signifiant des couleurs, vives et contrastées, agit comme un révélateur de la réalité (séries « le Rouge », 1969 ; « le Peintre et le Modèle », 1972 ; « Questions », 1977 ; « Tout est allumé », 1979 ; « Allegro », 1982 ; «De toutes les couleurs », 1989).

FROMEGI ou **FROMETON** n. m. *Pop.* Fromage.

FROMENT n. m. (lat. *frumentum*). Blé tendre, par opposition aux autres céréales.
◆ adj. inv. Se dit de la couleur rouge-orangé pâle de la robe de certains bovins.

FROMENT (Nicolas), peintre français († Avignon 1483/84), probablement originaire du nord de la France, installé dans le Midi (Uzès, puis Avignon) à partir de 1465. Il devint le peintre du roi René, pour lequel il exécuta en 1475-76 le triptyque du *Buisson ardent* (cathédrale d'Aix-en-Provence).

FROMENT (Gustave), ingénieur français (Paris 1815-1865), l'un des plus habiles constructeurs d'instruments de précision du XIXe s. On lui doit notamment le pendule et le gyroscope utilisés par Foucault pour ses expériences sur la rotation de la Terre, l'appareil télégraphique de Hughes (1856), l'appareil autotélégraphique de Caselli (1861), mais surtout, peut-être, diverses méthodes de perfectionnement qui sont d'application générale en mécanique de haute précision.

FROMENTAL, E, AUX adj. Relatif au froment.
◆ **fromental** n. m. Un des noms de l'avoine élevée.

FROMENTÉE adj. f. Se dit d'une robe de bovin de couleur froment.

FROMENTIN (Eugène), peintre et écrivain français (La Rochelle 1820 - Saint-Maurice, comm. de La Rochelle, 1876). Ayant voyagé en Algérie et en Égypte, il peignit des paysages et des scènes observées sur le vif (*la Chasse au faucon,* 1863, musée d'Orsay), qui font de lui un bon représentant de l'orientalisme. Sa passion rentrée pour la littérature s'exprime dans ses essais critiques (*les Maîtres d'autrefois,* 1876), dans ses récits de voyages (*Une année dans le Sahel,* 1859) et surtout dans *Dominique* (1863), un des chefs-d'œuvre du roman psychologique.

FROMENTINE *(goulet de),* détroit de l'Atlantique séparant l'île de Noirmoutier du littoral vendéen. Pont routier depuis 1971.

FROMENT-MEURICE, famille d'orfèvres français du XIXe s. — FRANÇOIS DÉSIRÉ (Paris 1802 - *id.* 1855), fils de l'orfèvre François Froment, dirigea à partir de 1832 l'atelier familial avec un succès tel qu'il reçût le titre d'orfèvre-joaillier de la Ville de Paris. Adulé comme un nouveau Cellini par ses amis et clients Hugo, Gautier, Balzac, il s'est beaucoup inspiré de la Renaissance. — Son fils ÉMILE (Paris 1837 - *id.* 1913) poursuivit, sous le second Empire, la création d'œuvres exceptionnelles pour une clientèle de premier rang (décor de bronze et d'argent du berceau du prince impérial, 1856, musée Carnavalet).

FROMM (Erich), psychanalyste américain d'origine allemande (Francfort-sur-le-Main 1900 - Muralto, Tessin, 1980). Associé aux recherches de l'École de Francfort, il essaya de concilier Marx et Freud. Il s'efforça d'intégrer les facteurs socio-économiques au déterminisme des névroses. Il est considéré comme l'un des représentants, avec K. Horney, de la tendance culturaliste de la psychanalyse.

FRONCE n. f. (frq. **hrunkja,* ride). **1.** Pli défectueux que l'on trouve dans le papier et dans les cartes à jouer. — **2.** Pli non aplati et non cousu obtenu en coulissant un tissu sur un fil.

FRONCÉ n. m. Étoffe froncée.

FRONCEMENT n. m. **1.** Action de faire des fronces à un tissu, un vêtement. — **2.** Action de plisser les sourcils en les contractant, en particulier sous l'effet de la perplexité ou en signe de grande réflexion.

FRONCER v. t. (conj. **16**). **1.** Faire des fronces à un tissu, à un vêtement : *Froncer une jupe.* — **2.** Plisser une partie du visage, la rider en la contractant, en particulier pour indiquer la mauvaise humeur, la concentration, la perplexité, etc. : *Froncer les sourcils.*

FRONCEUR adj. m. *Ruban fronceur,* large ruban traversé par des fils de fronces et qui, cousu comme tête de rideau, permet de froncer celui-ci en tirant les fils.

FRONCINE n. f. (anc. fr. *froncine,* de *froncir,* rider). Parchemin très blanc et de très belle qualité, en usage au Moyen Âge.

FRONCIS n. m. Suite de fronces, de plis faits à une étoffe, à un vêtement.

FRONCLES (52320), comm. de la Haute-Marne, sur la Marne, au N. de Chaumont ; 2 040 hab. Constructions mécaniques.

FRONDAISON n. f. (de *fronde 1*). **1.** Époque où paraissent les feuilles. — **2.** Le feuillage lui-même : *Une abondante frondaison.*

1. FRONDE n. f. (lat. *frons, -ondis,* feuillage). Feuille de fougère, porteuse de sporanges.

2. FRONDE n. f. (lat. pop. **fundula,* du lat. class. *funda*). **1.** Arme de jet consistant en une pièce souple, centrale, où est placé le projectile de forme sphérique, et attachée à deux lanières tenues à la main. (On fait tourner l'ensemble puis on lâche une des lanières, le projectile s'échappant alors.) — **2.** Lance-pierres des enfants. — **3.** Bandage destiné à fixer les pansements du nez et du menton.

3. FRONDE n. f. (de la *Fronde,* n. pr.). *Litt.* Révolte de courte durée d'un groupe social contestant les institutions, la société : *La fronde étudiante. Esprit de fronde.*

Fronde (la), troubles qui éclatent en France entre 1648 et 1653 pendant la régence d'Anne d'Autriche et le ministère du cardinal Mazarin. Unis contre l'absolutisme monarchique et la politique fiscale de Mazarin, les différents acteurs sociaux de ces troubles conservent des motivations et des aspirations peu conciliables. Les officiers, notamment les parlementaires, protestent contre les pouvoirs accrus des intendants et du Conseil du roi ; les nobles n'acceptent plus leur exclusion du pouvoir au profit de commis d'origine roturière ; la bourgeoisie et plus encore le peuple, éprouvé par les mauvaises récoltes, sont exaspérés par l'accroissement de la pression fiscale qu'engendre la guerre contre l'Espagne. La *Fronde parlementaire* (1648-49) est provoquée par l'édit du 30 avr. 1648, auquel s'oppose le parlement de Paris faisant corps avec les cours souveraines. Il rédige une charte en 27 articles contenant des réformes (suppression des intendants, enregistrement des édits fiscaux par les cours, etc.). Trois parlementaires (dont Broussel) ayant été arrêtés par Anne d'Autriche et Mazarin (26 août), la population parisienne obtient, à l'issue de trois journées dites des Barricades*, leur libération. Retiré à Saint-Germain avec la régente et Louis XIV (5-6 janv. 1649), Mazarin fait assiéger, par Condé, Paris où le parlement, qui s'est emparé du gouvernement, organise la résistance avec des grands seigneurs (Conti, Longueville, Beaufort), le coadjuteur de l'archevêque, Gondi, et la municipalité bourgeoise. Mais, craignant l'agitation populaire, le parlement négocie la paix de Rueil (11 mars) avec la régente, dont il obtient le pardon moyennant l'abandon de ses prétentions politiques. La *Fronde des princes* (1650-1653) est déclenchée par l'arrestation, sur ordre de Mazarin, des princes de Condé et de Conti et du duc de Longueville (18 janv. 1650), qui menaçaient le ministériat. Le soulèvement en leur faveur des provinces sous la conduite de la haute noblesse, aidée par les troupes espagnoles, est mis en échec à Rethel (15 déc.) par l'armée royale. Mais une nouvelle coalition des parlementaires et des grands obtient la libération des trois princes et l'exil de Mazarin à Brühl (6 févr. 1651). De graves dissensions naissent alors entre les frondeurs : Turenne se rallie à Louis XIV, qui, parvenu à sa majorité (sept.), s'installe à Poitiers avec Mazarin, tandis que Condé et ses partisans entretiennent, depuis Bordeaux, le soulèvement provincial avec l'appui de l'Espagne. Après le combat indécis de Bléneau (avr. 1652), Condé se rend maître de Paris grâce à la Grande Mademoiselle, qui fait tirer de la Bastille sur les troupes royales (1er juill. 1652). Mais ses violences à l'égard de la bourgeoisie et la lassitude générale engendrent un ralliement à la monarchie : le 21 oct. 1652, Louis XIV et Anne d'Autriche entrent à Paris, suivis par Mazarin (3 févr. 1653) qui interdit au parlement de se mêler des affaires d'État et fait surveiller étroitement la noblesse. L'échec de la Fronde aboutit ainsi au renforcement de l'absolutisme qu'elle avait combattu.

FRONDER v. t. (de *fronde 2*) [conj. 3]. *Litt.* Critiquer le pouvoir, l'autorité en les provoquant : *Fronder le gouvernement.*
◆ v. i. Au XVIIe s., prendre part à la Fronde.

FRONDESCENT, E adj. (lat. *frondescens, -entis,* de *frondescere,* se couvrir de feuilles). Qui se couvre de feuillage.

1. FRONDEUR, EUSE n. (de la *Fronde,* n. pr.). Au XVIIe s., membre du parti de la Fronde.
◆ adj. Qui est enclin à l'opposition, à l'insubordination : *Une jeunesse frondeuse.*

2. FRONDEUR n. m. (de *fronde 2*). Soldat qui se servait de la fronde.

FRONDIZI (Arturo), homme d'État argentin (Paso de los Libres, Corrientes, 1908 - Buenos Aires 1995). Président de l'Union civique radicale, anti-péroniste, élu président de la République en 1958, il pratique une politique de développement économique mais il est renversé par les militaires en 1962.

FRONSAC (33126), ch.-l. de cant. de la Gironde, sur la Dordogne, en aval de Libourne ; 1 071 hab. *(Fronsadais).* Vins rouges.

FRONSADAIS, pays du Bordelais (Gironde), à la confluence de l'Isle, sur la rive droite de la Dordogne. Vins rouges.

FRONT n. m. (lat. *frons, -ontis*). **1.** Partie du visage humain comprise entre la racine des cheveux, l'arcade sourcilière et les bords antérieurs des fosses temporales. – **2.** Cette partie du visage considérée comme le siège ou la marque extérieure de la pensée, des sentiments : *Un front soucieux.* – **3.** *Litt.* Tête, visage : *Marcher le front bas.* – **4.** Partie antérieure d'un objet assez large : *Le front d'un édifice.* – **5.** Limite avant de la zone de combat ; cette zone de combat elle-même. – **6.** Espace où se produit un affrontement quelconque : *Le front monétaire.* – **7.** *À front découvert,* sans avoir rien à dissimuler. ‖ *Avoir le front de,* avoir l'audace, l'imprudence de faire qqch. ‖ Litt. *Baisser, courber le front,* s'abaisser, s'humilier devant qqn. ‖ *De front,* par-devant, bien en face ; de façon directe : *Heurter de front un adversaire. Aborder de front une question.* ‖ *Faire front (à qqn, qqch),* se présenter de face par rapport à eux ; résister courageusement à une attaque : *Il fit front aux difficultés qui survenaient.* ‖ *Faire front commun contre qqn, qqch,* leur résister ensemble. ‖ *Front de mer,* large avenue, large voie en bordure de mer. ‖ *Marcher, rouler de front,* côte à côte, sur une seule ligne. ‖ *Marcher le front haut,* sans honte, avec fierté ; n'avoir rien à cacher. ‖ *Mener de front plusieurs actions,* les mener ensemble, en même temps. ‖ *Relever le front,* reprendre courage, reprendre de l'audace, de la fermeté. • **Comm.** *Front de vente,* façade occupée par un produit placé sur un linéaire de vente. – **Géogr.** Versant raide d'une cuesta, correspondant à un abrupt d'érosion à corniche. ‖ *Front pionnier,* région dont la mise en valeur s'amorce. – **Géol.** Limite structurale correspondant au maximum d'avancée d'un charriage ou d'un chevauchement, ou à la séparation entre niveaux structuraux. – **Hydrol.** *Front océanique,* surface de séparation de deux masses d'eau océanique. – **Météo.** Surface idéale marquant le contact de deux masses d'air convergentes et de températures différentes. (→ *encycl.*) ‖ *Front chaud,* front séparant l'air froid (au sol) et l'air chaud (en altitude) à l'avant d'une dépression ou cyclone tempéré. ‖ *Front froid,* front séparant l'air froid (au sol) et l'air chaud (en altitude) à l'arrière d'une dépression ou cyclone tempéré. – **Mil.** Espace occupé en largeur par une troupe ; ligne extérieure présentée par une troupe ou une formation navale en ordre de bataille. ‖ En U. R. S. S., pendant la Seconde Guerre mondiale, grande unité analogue au groupe d'armées. ‖ *Front fortifié,* ensemble de positions et d'ouvrages échelonnés en profondeur. (Syn. LIGNE.) ‖ *Front de mer,* secteur de défense côtière. ‖ *Ligne de front,* formation tactique de navires rangés côte à côte sur une même ligne. – **Min.** Surface limitant le chantier du côté où il progresse ; chantier lui-même, et parfois l'ensemble des chantiers voisins. – **Phys.** *Front d'onde,* partie antérieure de l'onde, envisagée du côté vers lequel a lieu la propagation. – **Polit.** Coalition de partis ou de groupements politiques. (Entre avec une majusc. dans la dénomination de telles formations : *Front populaire. Front de libération nationale*).

ENCYCL. **Météo.** La formation d'un front exige le contraste de température entre les deux masses d'air et leur convergence, conditions réalisées entre les grandes masses zonales. Le *front arctique* sépare l'air arctique et l'air polaire, le *front polaire,* l'air polaire et l'air tropical. Ils varient tous deux en latitude selon les saisons.

Front islamique du salut (F. I. S.), parti politique algérien, créé en 1989. Principal parti islamiste, il remporte en 1990 les élections locales et, en déc. 1991, le premier tour des élections législatives. Empêché d'accéder au pouvoir par l'annulation de ce dernier scrutin, il est dissous (mars 1992).

Front de libération nationale (F. L. N.), mouvement nationaliste algérien, formé, lors de l'insurrection du 1er novembre 1954, par la fusion du M. T. L. D. (Mouvement pour le triomphe des libertés démocratiques, 1946) – à l'exclusion de la fraction dissidente du M. N. A. de Messali Hadj –, de l'U. D. M. A. (Union démocratique du manifeste algérien, 1946) de Ferhat ʻAbbās, et de l'Association des ulémas (Ben Badis, 1935). Il encadra l'insurrection algérienne pendant la guerre d'Algérie (1954-1962). Il est resté pendant longtemps la principale formation politique de l'Algérie (parti unique de 1962 à 1989).

Front national, mouvement français de résistance à l'occupant allemand, lors de la Seconde Guerre mondiale, créé par le parti communiste, mais élargi à tous les milieux. Son action armée était menée par les « francs-tireurs* et partisans français ». Représenté au C. N. R. par P. Villon, le Front national était à la Libération le plus important des mouvements de la Résistance.

Front national (F. N.), parti politique français de tendance d'extrême droite, créé en 1972 et présidé par Jean-Marie Le Pen. Sa percée constitue l'une des données importantes de la vie politique française depuis le milieu des années 1980. Aux termes des élections législatives de 1986 (au scrutin proportionnel), le Front national, avec 9,73 % des voix, obtient 35 sièges de députés et forme un groupe parlementaire. Le retour au scrutin majoritaire ne lui assure plus qu'un seul représentant à l'Assemblée nationale en 1988, aucun en 1993. Pourtant, centrant son discours sur l'immigration et l'insécurité, le F.N. est parvenu à canaliser des mécontentements très divers et s'avère représenter aujourd'hui de

10 à 15 % de l'électorat, provenant de toutes les couches sociales et de tous les horizons politiques. Les élections municipales de 1995 ont conforté son implantation locale, notamment dans le midi de la France.

Front national de libération du Viêt-nam du Sud (F. N. L.), organisme créé dans le Viêt-nam du Sud en décembre 1960 pour combattre le régime de Ngô Dinh Diêm et l'impérialisme américain. Il regroupa diverses tendances politiques et religieuses, contrôlées de plus en plus par les communistes. Maître des campagnes, il participa à toutes les offensives. Après la chute de Saigon (1975), il dut accepter la réunification du pays et adhérer au *Front patriotique du Viêt-nam.*

Front Polisario → POLISARIO.

Front populaire, rassemblement des forces de gauche qui permit en France l'accès au pouvoir, en 1936, d'une coalition regroupant les socialistes, les communistes et les radicaux. Ce succès de la gauche répond à une prise de conscience de la menace fasciste à l'extérieur comme à l'intérieur et aux difficultés économiques graves que la France traverse depuis 1930. Les étapes de la réalisation du Front sont : les rassemblements des 9 et 12 févr. 1934 en protestation contre les émeutes anti-parlementaires du 6 févr., la création par des intellectuels du « comité d'action anti-fasciste et de vigilance » (5 mars), la signature d'un pacte d'unité d'action par la S. F. I. O. et le parti communiste, la manifestation monstre du 14 juill. 1935 (500 000 personnes à Paris), le retournement des radicaux en faveur de la gauche, l'élaboration d'un programme commun (janv. 1936) et l'unité syndicale entre C. G. T. et C. G. T. U., en mars. Après la victoire aux élections du mois de mai (386 sièges à la gauche contre 222 à la droite), Léon Blum forme un cabinet et entreprend la réalisation de son programme : de grandes lois instituent les congés payés ainsi que la semaine des quarante heures et opèrent des nationalisations (Banque de France, industries de guerre, chemins de fer). En outre, sous la pression des grèves et sous l'égide du gouvernement, le patronat signe avec les syndicats les accords de Matignon (7 juin 1936) annonçant la conclusion de conventions collectives, la reconnaissance des libertés syndicales et la mise en place des délégués ouvriers. Mais la gravité de la situation économique et financière (chômage, dévaluation, fuite des capitaux), les grèves, le redoublement de l'agitation antisémite et d'extrême droite, l'apparition de dissensions sérieuses au sein du Front (notamment sur la question de l'intervention en Espagne contre Franco, souhaitée par les communistes), le refus du Sénat de donner à Blum les pleins pouvoirs financiers sont autant d'éléments qui contraignent ce dernier à la démission (juin 1937). Le cabinet Chautemps (juin 1937-mars 1938), l'échec du deuxième cabinet Blum (mars 1938) et enfin le gouvernement Daladier, auquel les socialistes refusent de participer, marquent la dislocation du Front.

FRONT *(saint),* premier évêque de Périgueux, selon la légende.

FRONTAIL n. m. Syn. de FRONTAL.

FRONTAL, E, AUX adj. (de *front*). **1.** Qui appartient au front : *Os frontal.* — **2.** Qui se fait de face, par-devant : *Collision frontale de deux véhicules.* — **3.** Se dit d'une droite ou d'un plan, parallèle au plan frontal de projection F_o. — **4.** *Distance frontale,* distance d'un verre de lunette à son foyer. ‖ *Lobe frontal,* partie de chaque hémisphère cérébral, située en avant de la scissure de Rolando et au-dessus de la scissure de Sylvius. (→ *encycl.*) ‖ *Plan frontal de projection* F_o, un des deux plans de projection utilisés en géométrie descriptive. (Syn. PLAN VERTICAL DE PROJECTION.) ‖ *Projection frontale d'une droite ou d'un point,* projection orthogonale de cette droite ou de ce point sur F_o. ‖ *Trace frontale d'une droite* (resp. *d'un plan*), intersection de la droite (resp. du plan) avec F_o, qui n'existe que si la droite (resp. le plan) n'est pas frontal(e).

◆ **frontal** n. m. **1.** Os impair, médian et symétrique, situé à la partie antérieure du crâne de l'homme. (Il comprend une partie verticale, qui fait partie de la voûte crânienne, et une partie horizontale ou orbito-nasale, qui entre dans la constitution des fosses nasales et de l'orbite.) — **2.** Os dermique formant la voûte du crâne chez presque tous les vertébrés. — **3.** Pièce du harnais de tête, qui passe sur le front du cheval et se fixe sur la têtière (Syn. FRONTAIL.) — **4.** Bandeau entourant le crâne. — **5.** Ordinateur de gestion des communications interposé entre des réseaux de transport d'informations et un ou plusieurs ordinateurs, pour décharger ces derniers des fonctions de télécommunication. (Syn. ORDINATEUR FRONTAL.) — **6.** Syn. de ANTÉPENDIUM. — **7.** Visière fixe du casque médiéval appelé « salade ». — — **8.** Chanfrein du cheval d'armes.

◆ **frontale** n. f. *Frontale d'un plan* P, droite (*f, f'*) obtenue en coupant P par un plan frontal. (Sa projection horizontale *f* est parallèle à la ligne de terre.)

ENCYCL. **Neurol.** Le *lobe frontal* comporte une région motrice, une région prémotrice et une région préfrontale. Sur la région motrice (circonvolution frontale ascendante) existe une représentation somatotopique de tous les muscles. Une lésion circonscrite de cette région entraîne une paralysie du muscle correspondant. La région prémotrice est située en avant de la région précédente, sur laquelle elle exerce un contrôle fin. Une lésion de cette zone entraîne une désorganisation des actes moteurs complexes. La région préfrontale (appelée aussi pôle frontal) est située en avant de la précédente. C'est une région importante du point de vue associatif, et ses lésions sont responsables du *syndrome frontal,* qui comprend des troubles intellectuels sévères (déficit de l'attention, de la mémoire, perte du jugement et de l'autocritique), des troubles thymiques (euphorie maniaque) et des signes neurologiques.

FRONTALIER, ÈRE adj. et n. (gasc. *frountalié,* de *froun,* front). Qui habite une région voisine d'une frontière, et, en partic., qui va travailler chaque jour au-delà de cette frontière.
◆ adj. Situé à la frontière : *Ville frontalière.*

FRONTALITÉ n. f. (de *frontal*). **1.** Caractère d'un objet, d'une œuvre qui se présente de face. — **2.** *Loi de frontalité,* loi qui semble régir, dans les arts archaïques, la figuration du corps humain, symétrique et statique.

FRONTEAU n. m. (de *front*). **1.** Petit fronton au-dessus d'une porte ou d'une fenêtre. — **2.** Joyau dont les femmes s'ornaient le front.

FRONTENAC (33760), comm. de la Gironde ; 692 hab. Vins blancs de l'Entre-deux-Mers.

FRONTENAC (Louis de BUADE, *comte* DE PALLUAU et DE), gouverneur français (Saint-Germain-en-Laye v. 1620 - Québec 1698). Gouverneur général de la Nouvelle-France de 1672 à 1682, il favorisa l'expansion territoriale et maintint la paix avec les Iroquois. Rappelé en 1682, il revint en 1689 pour faire face à la menace indienne et anglaise, permettant à la France de maintenir, au traité de Ryswick (1697), le statu quo au Canada.

FRONTENAY-ROHAN-ROHAN (79270), ch.-l. de cant. des Deux-Sèvres, à 10 km au S.-O. de Niort ; 2 590 hab. *(Frontenaysiens).* Église romane et gothique. Laiterie.

FRONTIÈRE n. f. (de *front*). **1.** Limite du territoire d'un État et de l'exercice de la compétence territoriale. — **2.** Limite séparant deux zones, deux régions caractérisées par des phénomènes physiques ou humains différents : *Frontière entre le quartier blanc et le quartier noir.* — **3.** Délimitation, limite entre deux choses différentes : *Quelle est la frontière entre l'autorité et l'autoritarisme ?* — **4.** S'emploie en apposition pour indiquer que qqch est situé à la frontière : *Les villes frontières.* — **5.** *Reculer les frontières de,* agrandir le territoire (d'un État) ; élargir le domaine, le champ de qqch. • **Hist.** *Frontière naturelle,* frontière constituée par un obstacle géographique, cours d'eau ou montagne essentiellement. — **Ling.** Syn. de JONCTURE. ‖ *Frontière linguistique,* ligne idéale figurant le passage d'un dialecte à un autre dialecte, d'une langue à une autre langue. — **Math.** Ensemble des points frontières d'un ensemble A, noté parfois A* ou Fr(A). ‖ *Point frontière de* A, point tel que tous ses voisinages ont une intersection non vide aussi bien avec A qu'avec son complémentaire.

Frontière *(la),* dans l'histoire des États-Unis, au XIXe s., régions en voie de peuplement que les pionniers faisaient avancer d'est en ouest.

Frontières *(bataille des),* ensemble des premiers grands chocs en août 1914 entre les armées française et allemande.

FRONTIGNAN n. m. (de *Frontignan,* n. pr.). **1.** Cépage cultivé dans le Languedoc, et dont le nom véritable est *muscat de Frontignan.* — **2.** Vin muscat généreux et fruité, produit à partir de ce cépage.

FRONTIGNAN (34110), ch.-l. de cant. de l'Hérault, proche du littoral languedocien ; 16 315 hab. *(Frontignanais).* Vins muscats. Au S., station balnéaire de *Frontignan-Plage.*

FRONTIN, en lat. **Sextus Julius Frontinus,** romain (v. 30 apr. J.-C. - v. 103), homme de guerre et ingénieur romain. Gouverneur de Bretagne de 74 à 77, il a écrit un mémoire technique sur les *Aqueducs de Rome,* un traité d'arpentage et un traité d'art militaire.

Frontin, personnage de l'ancienne comédie, valet effronté et intrigant. Lesage en a fait un des personnages de son *Turcaret.*

FRONTING [frɔ̃tiŋ] n. m. (mot angl.). Syn. de FAÇADE.

FRONTISME n. m. Politique d'union, notamment des partis de gauche, en face des partis conservateurs, au sein d'un « Front populaire ».

FRONTISPICE n. m. (bas lat. *frontispicium*). **1.** Façade principale d'un édifice ; avant-corps avec portail. — **2.** Illustration placée en regard de la page de titre d'un livre.

FRONTISTE adj. et n. (de *front*). **1.** Relatif au frontisme ; partisan du frontisme. — **2.** S'est dit, en Belgique, d'un parti formé, en 1916, par des intellectuels flamands mobilisés ; puis, en France (1937-1940), du parti fondé par Gaston Bergery.

FRONTOGENÈSE n. f. Ensemble des processus qui aboutissent à la formation d'un front météorologique.

FRONTOLOGIE n. f. Étude des fronts météorologiques.

FRONTOLYSE n. f. Processus aboutissant à la destruction d'un front météorologique.

FRONTON n. m. (ital. *frontone,* de *fronte,* front). **1.** Couronnement (d'une façade, d'une baie, d'un meuble...) de forme triangulaire ou arquée sur base horizontale, généralement plus large que haut, fait d'un tympan qu'entoure un cadre mouluré. — **2.** Mur contre lequel on joue à la pelote basque ; quadrilatère qui s'étend devant ce mur et sur lequel on joue.

FRONTON (31620), ch.-l. de cant. du nord de la Haute-Garonne ; 3 366 hab. *(Frontonais).* Vins. Cultures fruitières (pêches).

FRONTON, en lat. **Marcus Cornelius Fronto,** rhéteur latin (Cirta v. 100 apr. J.-C.-v. 175). Précepteur de Marc Aurèle, devenu consul en 143, il entretint avec son élève devenu empereur une correspondance familière, où il se montre un défenseur du paganisme *(Éloge de la fumée, de la poussière).*

FRONT RANGE, partie est des montagnes Rocheuses, aux États-Unis (Wyoming et Colorado), au-dessus du piémont des Grandes Plaines.

FROSINONE, v. d'Italie, dans le Latium ; 45 000 hab. Principal centre de la Ciociaria. Marché agricole. Matériel aéronautique. Textile.

FROSSARD (Oscar Louis, dit **Ludovic Oscar**), homme politique français (Foussemagne, Territoire de Belfort, 1899 - Paris 1946). Secrétaire général de la S. F. I. O. en 1918, il milita pour l'adhésion à la IIIe Internationale. En 1923, il démissionna du P. C. F. et se rallia à la S. F. I. O. Député (1928-1940), plusieurs fois ministre (1935-1940), il quitta la S. F. I. O. en 1935 et se rallia à Pétain en 1940.

FROST (Robert Lee), poète américain (San Francisco 1874 - Boston 1963). Son œuvre, dont le réalisme sobre n'exclut pas la méditation, s'inspira des paysages de la Nouvelle-Angleterre (*Au nord de Boston,* 1914 ; *Comédie de raison,* 1945).

FROTTAGE n. m. **1.** Action de frotter, en partic. les parquets, les carrelages. — **2.** Procédé graphique et pictural utilisé à partir de 1925 par Max Ernst et qui consiste à prélever par frottement (au crayon) ou grattage (de la peinture fraîche) les reliefs d'une surface, lame de parquet, feuille d'arbre, etc., sur lesquels on a posé la feuille de papier ou la toile. — **3.** Œuvre, surtout graphique, faisant appel à ce procédé.

FROTTANT, E adj. Soumis à un frottement : *Surfaces frottantes.*

FROTTE n. f. *Pop.* Gale.

FROTTÉ (Louis, *comte* DE), officier français (Alençon 1755 - Verneuil 1800). Un des chefs de la chouannerie, il dirigea les insurrections de la Normandie (1795-96, 1799, 1800). Arrêté sur ordre de Bonaparte, il fut condamné et fusillé (févr. 1800).

FROTTÉE n. f. *Fam.* et *vx.* Volée de coups.

FROTTEMENT n. m. **1.** Action de deux corps en contact et en mouvement l'un par rapport à l'autre ou dont l'un se déplace par rapport à l'autre ; phénomène qui en résulte : *Usure par frottement.* — **2.** Bruit provoqué par cette action : *Entendre le frottement des patins sur la glace.* — **3.** Heurt, difficulté de deux partis en présence (souvent pl.) : *Il y a quelques frottements sans gravité à l'intérieur du parti.* • **Mécan.** *Coefficient de frottement,* fraction de la force normale qu'il faudrait appliquer tangentiellement pour vaincre le frottement. — **Méd.** Bruit anormal perçu à l'auscultation lors des pleurésies et des péricardites. — **Métall.** *Essai de frottement,* ensemble d'essais qui permettent d'étudier la résistance à l'usure de certains produits métallurgiques. — **Mus.** Dissonance produite par deux notes placées à intervalle de seconde majeure ou mineure.

ENCYCL. **Mécan.** Une pièce glissant sur un support est soumise, d'une part, à l'action de la pesanteur et à la réaction normale du support, et, d'autre part, à la force appliquée qui tend à provoquer le mouvement et à la résistance tangentielle due au frottement ; le mouvement a lieu si la force appliquée est supérieure à cette résistance.

FROTTER v. t. (p.-ê. anc. fr. *freter,* du bas lat. *frictare*) [conj. 3]. **1.** Passer, en appuyant, un objet sur un autre objet ou une surface, d'un mouvement sec et unique ou d'un mouvement répété : *Frotter deux cailloux l'un contre l'autre.* — **2.** Passer qqch sur qqch dans un mouvement répété et en exerçant une pression pour nettoyer, astiquer, faire briller : *Frotter une tache avec du savon.* — **3.** Passer, d'un mouvement répété et appuyé, la main sur une partie du corps ou frictionner : *Frotte-lui le dos pour le réchauffer.* — **4.** Enduire qqch d'un produit par frottement, par friction : *Frotter les croûtons d'ail.* — **5.** Couvrir un tableau d'un frottis.

◆ v. t. ind. Toucher qqch dans son mouvement : *Une roue qui frotte contre le garde-boue.*

◆ v. i. Produire un frottement, un bruit de frottement : *Il y a quelque chose qui frotte à l'arrière de la voiture.*

◆ **se frotter** v. pr. **1.** Passer sur soi qqch, dans un mouvement répété : *Se frotter le dos avec une serviette.* — **2.** Passer son corps, une partie de son corps contre qqn, qqch : *La chatte vient se frotter contre moi.* — **3.** *Fam.* S'en prendre à qqn, l'attaquer, le provoquer. — **4.** Entrer en contact avec un milieu, plus ou moins rudement : *Il a dû très vite se frotter au monde des affaires.* — **5.** *Se frotter les mains,* les passer l'une sur l'autre, en partic. en signe de satisfaction. ‖ *Se frotter les yeux,* passer ses doigts sur ses paupières, en partic. pour s'éclaircir la vue, pour s'assurer qu'on n'est pas victime d'une illusion.

FROTTEUR, EUSE n. Pratiquant du frotteurisme. ◆ **frotteur** n. m. **1.** Pièce conductrice assurant un contact mobile par frottement sur une autre. – **2.** Dispositif des véhicules à traction électrique, permettant le captage du courant sur le rail conducteur.

FROTTEURISME n. m. Recherche du plaisir sexuel par des effleurements et des caresses furtives à une autre personne et dans certaines circonstances favorables (foule, etc.).

FROTTIS [-ti] n. m. (de *frotter*). **1.** Dans un tableau, couche mince de couleur laissant voir le grain de la toile. – **2.** Préparation microscopique obtenue en étalant en couche mince un liquide organique ou des cellules prélevées par raclages ou par ponction. (Le frottis vaginal permet de dépister précocement les états précancéreux et cancéreux du col de l'utérus.)

FROTTOIR n. m. **1.** Plaquette enduite d'un produit permettant, en les y frottant, l'inflammation des allumettes. – **2.** Outil à main de sellier ou de maroquinier, servant à frotter la peausserie ou la matière souple collée sur un support, pour l'y faire adhérer.

FROTTOLA n. f. (ital. *frottola*). Composition musicale à trois ou à quatre voix, de caractère populaire, qui connut une grande vogue en Italie vers la fin du XVe s. et la première moitié du XVIe.

FROUARD (54390), comm. de Meurthe-et-Moselle, au confluent de la Moselle et de la Meurthe ; 7 300 hab. Port fluvial. Métallurgie.

FROUDE (William), ingénieur britannique (Dartington, Devon, 1810 - Simonstown, Afrique du Sud, 1879). Il fut le premier à appliquer expérimentalement la loi de similitude, en mécanique des fluides, et créa le premier bassin pour essais de modèles. Son nom est resté attaché à un type de frein hydraulique, employé pour la mesure des couples moteurs au banc d'essai (1858).

Froude *(nombre de),* nombre sans dimensions intervenant en mécanique des fluides, servant de critère de similitude pour deux écoulements géométriquement semblables. (Il est notamment utilisé pour les essais de maquettes au bassin de carène.)

FROUFROU ou **FROU-FROU** n. m. (pl. *froufrous, frous-frous*) [onomat.]. **1.** Léger bruit que produit le froissement des étoffes, des feuilles, etc. – **2.** Ornement de tissu (volant, dentelle, etc.) du vêtement féminin (surtout pl.) : *Une robe à froufrous.*

FROUFROUTANT, E adj. Qui froufroute : *Une robe froufroutante.*

FROUFROUTEMENT n. m. Fait de froufrouter ; bruit ainsi produit.

FROUFROUTER v. i. (conj. 3). Faire un froufrou, un bruit léger comparable à un froissement.

FROUNZE → BICHKEK.

FROUNZE (Mikhaïl Vassilievitch), chef militaire soviétique (Bichkek 1885 - Moscou 1925). Il fut l'un des organisateurs des forces bolcheviques en Biélorussie. Commandant de la IVe armée sur le front est (déc. 1918), puis du groupe d'armée sud dans le Turkestan (1919), il dirigea les opérations contre l'armée Wrangel qui aboutirent à l'occupation de la Crimée (nov. 1920). Chef d'état-major général (1924), il fut nommé la même année commandant de l'académie militaire de Moscou qui porte son nom.

FROUSSARD, E adj. et n. *Fam.* Qui a la frousse ; peureux, poltron.

FROUSSE n. f. (p.-ê. onomat.). *Fam.* Peur extrême, souvent due à la lâcheté : *Avoir la frousse de prendre l'avion.*

FRUCTIDOR n. m. (lat. *fructus,* fruit, et gr. *dôron,* don). Douzième mois du calendrier républicain, commençant le 18 ou 19 août et finissant le 16 ou 17 septembre.

fructidor an V (*coup d'État du* **18**) [4 sept. 1797], coup de force réalisé, sous le Directoire, par les trois Directeurs, Barras, La Révellière-Lépeaux et Rewbell, pour éliminer l'opposition de droite majoritaire après les élections de germinal an V (avr. 1797). Les triumvirs, pour sauver le régime et la République, firent appel à l'armée. D'Italie, Bonaparte leur envoya le général Augereau, qui fit cerner les Conseils le 18 fructidor et arrêter 12 députés royalistes. Les triumvirs firent invalider 177 députés, déporter 65 personnes, et remplacer Carnot et Barthélemy par François de Neufchâteau et Merlin de Douai comme Directeurs.

FRUCTIFÈRE adj. (lat. *fructus,* fruit). Qui porte des fruits.

FRUCTIFICATION n. f. (bas lat. *fructificatio, -onis*). **1.** Formation, production des fruits ; résultat, produit de cette formation. – **2.** Ensemble des organes reproducteurs chez les cryptogames. – **3.** Époque de l'année où a lieu la fructification.

FRUCTIFIER v. i. (bas lat. *fructificare,* du lat. class. *fructus,* fruit) [conj. 9]. **1.** Produire, porter des récoltes, des fruits, en parlant du sol, des arbres. – **2.** Produire des résultats avantageux, profitables, des bénéfices : *Entreprise qui fructifie. Idée qui fructifie.* – **3.** *Faire fructifier un bien, un capital,* faire en sorte qu'ils rapportent, les rentabiliser.

FRUCTOSE n. m. (lat. *fructus,* fruit). Cétohexose $C_6H_{12}O_6$. (L'antipode lévogyre, le lévulose, existe sous forme libre dans les fruits, le miel et le sperme ; sous forme combinée au glucose dans le saccharose.)

FRUCTUEUSEMENT adv. Avec fruit, avec succès.

FRUCTUEUX, EUSE adj. (lat. *fructuosus*). **1.** Qui procure un grand profit, un avantage : *Une opération fructueuse.* — **2.** Qui donne un résultat utile ; fécond : *Vos recherches ont-elles été fructueuses ?*

FRUCTUEUX *(saint),* évêque de Tarragone et martyr (259).

FRUCTUS [fryktys] n. m. (lat. *fructus,* fruit). L'un des attributs du droit de propriété, celui de percevoir les fruits d'une chose.

FRUEAUF (Rueland), dit **l'Ancien,** peintre autrichien (? v. 1440 - Passau 1507), surtout actif à Salzbourg et à Passau. (Retable de 1490-91, de caractère monumental, à la Galerie autrichienne, Vienne.) — Son fils RUELAND le Jeune (? v. 1475 - Passau apr. 1545) fut son élève. L'essentiel de son œuvre subsistante date des alentours de 1500 et est conservée à l'abbaye de Klosterneuburg (retables et panneaux de retables) ; le paysage, finement observé, y tient une place majeure, trait caractéristique de l'*école du Danube.*

FRUGAL, E, AUX adj. (bas lat. *frugalis,* sobre). **1.** *Litt.* Qui se nourrit de peu, qui vit d'une manière simple. — **2.** Qui consiste en aliments simples et peu abondants : *Un repas frugal.*

FRUGALEMENT adv. D'une façon frugale.

FRUGALITÉ n. f. (lat. *frugalitas, -atis*). Qualité de qqn, de qqch de frugal ; sobriété : *La frugalité d'un repas.*

FRUGES (62310), ch.-l. de cant. du Pas-de-Calais, dans l'Artois ; 2 839 hab. *(Frugeois).*

FRUGIVORE adj. et n. (lat. *frux, -ugis,* fruit). Qui se nourrit de fruits.

1. FRUIT n. m. (lat. *fructus*). **1.** Organe végétal, issu du développement de l'ovaire, à la suite de la fécondation des ovules, et qui, à maturité, contient les graines. (Le fruit sert d'organe de protection pendant le développement des graines, puis participe à leur dissémination.) [→ *encycl.*] — **2.** Produit comestible de certains végétaux, de saveur généralement sucrée. — **3.** *Litt.* Enfant par rapport à ses parents ; produit de la génération : *Le fruit d'un amour illégitime.* — **4.** Effet, résultat, produit bon ou mauvais de qqch : *Je vous livre le fruit de mes réflexions.* — **5.** Résultat heureux, profit, avantage tiré de qqch : *Recueillir le fruit de son travail.* — **6.** Bénéfice obtenu de la vente du fromage produit par une fruitière, que se partagent les membres de celle-ci. — **7.** Litt. *Avec fruit* ou *sans fruit,* utilement ou inutilement, avec profit ou sans profit. ‖ *Fruit défendu,* fruit dont Adam et Ève mangèrent malgré la défense de Dieu ; plaisir interdit et qui en est d'autant plus désirable. ‖ *Fruit de la Passion,* nom usuel du fruit de la grenadille. ‖ *Fruit rare,* chose précieuse par sa rareté. ‖ *Fruit sec,* fruit naturellement dépourvu de pulpe, comme la noix, ou desséché pour être consommé en l'état, comme les raisins secs, les figues sèches, etc. ; personne qui a déçu toutes les espérances qu'on fondait sur elle. ‖ *Fruit vert,* jeune personne qui n'a pas encore atteint son plein épanouissement. ‖ *Porter ses fruits,* être efficace, donner de bons résultats : *Cet enseignement a porté ses fruits.*

◆ **fruits** n. m. pl. **1.** *Litt.* Ce qui provient de qqch ; produits, récoltes : *Les fruits de la terre.* — **2.** Produits réguliers et périodiques qu'une chose mobilière ou immobilière donne par sa nature et sans altération de sa substance, soit naturellement *(fruits naturels),* soit par le travail de l'homme *(fruits industriels),* soit encore par les avantages pécuniaires qu'on en tire *(fruits civils).* — **3.** *Fruits de mer,* nom donné aux crustacés, aux coquillages et autres petits animaux marins comestibles. ‖ *Fruits rafraîchis,* salade de fruits frais divers au sucre et souvent arrosés d'un alcool.

ENCYCL. **Bot.** Dans tout fruit, les graines sont contenues dans un péricarpe, charnu ou sec, limité extérieurement par l'épicarpe, intérieurement par l'endocarpe, et dont le tissu est le mésocarpe. Un fruit charnu est une drupe (abricot, amande...) lorsque l'endocarpe, dur et ligneux, forme un noyau ; c'est une baie lorsque les graines (pépins) sont les seules parties dures (raisin, groseille). Un fruit sec est dit déhiscent lorsqu'il s'ouvre à maturité (gousses, siliques, capsules), indéhiscent (akène, caryopse) dans le cas contraire. Dans bien des cas (fraise, ananas...), la fécondation provoque le développement charnu d'autres organes que l'ovaire (« faux fruits »).

2. FRUIT n. m. (moyen fr. *frit,* de *effriter,* amenuiser). Obliquité donnée à la face extérieure d'un mur, sa base étant en avant de l'aplomb du sommet.

FRUITÉ, E adj. **1.** Se dit d'une odeur ou d'un goût qui rappelle l'odeur ou le goût doux, sucrés d'un fruit. — **2.** Se dit d'un vin, d'une eau-de-vie, d'une huile d'olive, d'un fromage qui ont conservé l'arôme et le goût du produit d'origine.

FRUITELET n. m. Syn. de FRETEL.

FRUITERIE n. f. **1.** Local industriel où sont entreposés des fruits destinés à la vente. – **2.** Magasin, commerce de marchand de fruits.

FRUITIER, ÈRE adj. **1.** Se dit des arbres, des cultures, etc., qui produisent des fruits. – **2.** Se dit parfois de certains bois clairs dont on ignore l'essence exacte.
◆ n. Personne qui vend des fruits, des légumes frais, etc.
◆ **fruitier** n. m. **1.** Verger, terrain planté d'arbres à fruits. – **2.** Arbre fruitier croissant en forêt ou le long des routes et utilisé en menuiserie pour son bois. – **3.** Local où l'on entrepose les fruits pour les conserver pendant l'hiver.
◆ **fruitière** n. f. Petite coopérative d'éleveurs formée pour la transformation du lait en fromage, notamment en gruyère ; atelier artisanal où le fromage est fabriqué.

FRUMENCE *(saint),* évêque d'Aksoum et apôtre de l'Éthiopie (Tyr v. 315 - Aksoum v. 380).

FRUMENTAIRE adj. (lat. *frumentarius*). *Loi frumentaire,* à Rome, loi qui réglait la distribution gratuite ou à prix réduit du blé aux citoyens.

FRUŠKA GORA, collines de Yougoslavie, en Vojvodine, entre le Danube et la Save ; 539 m au *Crveni Čot.* Parc national.

FRUSQUES n. f. pl. (abrév. de *frusquin*). *Pop.* Vêtements de peu de valeur et usagés.

FRUSTE adj. (ital. *frusto,* usé, du lat. *frustum,* morceau). **1.** Dont le relief est rude, grossier, la surface rugueuse : *Un marbre encore fruste.* – **2.** Dont le comportement ou le discours manque de finesse : *Un paysan fruste. Un style fruste.* – **3.** Se dit d'une maladie très atténuée dans son intensité ou dans ses symptômes. – **4.** Se dit des monnaies ou des médailles anciennes dont le relief, usé, est à peine visible. (Contr. *à fleur de coin.*)

FRUSTRANT, E adj. Qui prive d'une satisfaction attendue, qui déçoit, qui trompe une attente : *Échec frustrant.*

FRUSTRATION n. f. (lat. *frustratio, -onis*). **1.** Action de frustrer qqn d'un bien, d'un avantage. – **2.** État de qqn qui est frustré, empêché d'atteindre un but ou de réaliser un désir.

FRUSTRATOIRE adj. (bas lat. *frustratorius*). *Acte frustratoire,* acte inutile et dont les frais restent à la charge de l'auxiliaire de justice ou de l'officier ministériel qui en est responsable.

FRUSTRÉ, E adj. et n. Se dit de qqn qui a un sentiment de frustration, d'insatisfaction.

FRUSTRER v. t. (lat. *frustrare*) [conj. 3]. **1.** Priver qqn d'un bien, d'un avantage dont il croyait pouvoir disposer, qu'il pensait posséder : *Cet incident l'a frustré d'une victoire méritée.* – **2.** Décevoir qqn, le tromper, ne pas répondre à son attente : *Frustrer les espérances de ses parents.*

FRUSTULE n. m. (lat. *frustulum,* de *frustum,* morceau). Enveloppe siliceuse des diatomées, ayant l'aspect d'une boîte minuscule, à couvercle emboîtant.

FRUTESCENT, E [-tɛsɑ̃] adj. (lat. *frutex, -icis,* arbrisseau, avec l'infl. de *arborescent*). Syn. de ARBUSTIF.

FRUTICÉE n. f. Formation végétale dans laquelle dominent les arbustes.

FRY (Roger Eliot), peintre et critique d'art britannique (Londres 1866 - *id.* 1934). Paysagiste membre du « London Group », il a publié un ouvrage sur *Paul Cézanne* (1927) et a contribué à la diffusion des recherches françaises en Angleterre.

FRY (Christopher), auteur dramatique britannique (Bristol 1907). Il régénéra le drame poétique dans une esthétique proche des mystères médiévaux (*La dame ne brûlera pas,* 1948 ; *le Songe des prisonniers,* 1951).

FRYE (Northrop), universitaire et essayiste canadien (Sherbrooke, Québec, 1912). Dans une œuvre abondante, dominée par *Fearful Symmetry* (1947), étude de William Blake, *Anatomie de la critique* (1957), *T. S. Eliot* (1963), Frye s'attacha particulièrement à la recherche symbolique et aux données sociologiques. *The Stubborn Structure* unit analyse de la lecture et étude des principes créateurs.

FSH, abrév. de l'angl. *Follicle Stimulating Hormone* désignant la folliculo-stimuline.

F. S. M., sigle de FÉDÉRATION* SYNDICALE MONDIALE.

F. S. U., sigle de FÉDÉRATION SYNDICALE UNIVERSITAIRE (→ FÉDÉRATION * DE L'ÉDUCATION NATIONALE.)

F. T. P., sigle de FRANCS-TIREURS* ET PARTISANS.

FU'ĀD Ier ou **FOUAD Ier** (Le Caire 1868-*id.* 1936), roi d'Égypte (1922-1936). Fils du khédive Ismā'īl, il s'efforça de gouverner en accord avec l'Angleterre et en s'opposant au parti Wafd favorable à l'indépendance.

FUALDÈS (Antoine), magistrat français (Mur-de-Barrez, Aveyron, 1761 - Rodez 1817). Son assassinat, dans des circonstances obscures, donna lieu à un procès retentissant.

FUBINI (Guido), mathématicien italien (Venise 1879 - New York 1943). Mathématicien original et éclectique, il étudia les équations différentielles linéaires, les équations aux dérivées partielles, les fonctions analytiques de plusieurs variables complexes, la théorie des intégrales multiples, les groupes discontinus, et introduisit des procédés généraux en géométrie différentielle projective.

FUCALE n. f. (lat. *fucus*). Algue brune telle que le fucus, constituant essentiel du goémon ou varech. (Les algues de l'ordre des *fucales* sont les seules à se reproduire par des gamètes, sans spores d'aucune sorte.)

FUCELLIA n. f. (lat. *fucus,* algue). Mouche grise à tête ronde, qui vit au bord de la mer sur les algues échouées.

FUCHS (Johann Nepomuk VON), minéralogiste allemand (Mattenzell, Bavière, 1774 - Munich 1856), auteur de travaux sur la silice et les silicates, sur la formation des porcelaines et des ciments.

FUCHS (Lazarus), mathématicien allemand (Moschin, près de Poznań, 1833 - Berlin 1902). Élève et successeur de Weierstrass à l'université de Berlin, il étudia les équations différentielles linéaires d'un point de vue nouveau. Ses recherches ont influencé Henri Poincaré.

FUCHS (*sir* Vivian Ernest), géologue et explorateur britannique (Freshwater, île de Wight, 1908). Il participe à diverses expéditions scientifiques au Groenland (1929), en Afrique (1930-1938) et aux îles Malouines (1947-1950). Il effectue, avec E. Hillary, la traversée de l'Antarctique (oct. 1957-mars 1958), en passant par le pôle.

FUCHSIA [fyʃja ou fyksja] n. m. (de L. *Fuchs,* n. pr.). **1.** Arbuste ornemental (œnothéracée), semi-rustique, à feuilles entières ou dentelées, aux fleurs pendantes dotées de sépales très colorés. — **2.** Matière colorante du groupe des safranines.

◆ adj. inv. et n. m. D'une couleur rose violacé, pourpre.

FUCHSIEN, ENNE [fyksjɛ̃, -ɛn] adj. (de L. *Fuchs,* n. pr.). Se dit de fonctions méromorphes uniformes qui restent invariantes par un ensemble de transformations formant un groupe dit *groupe fuchsien.*

FUCHSINE [fyksin] n. f. (de *Fuchs,* trad. all. de *renard,* n. pr. d'une firme lyonnaise). Colorant obtenu par oxydation d'un mélange d'aniline et de toluidines, teignant la laine et la soie en rouge. (La fuchsine et ses dérivés sont utilisés comme colorants en bactériologie.)

FUCHŪ, v. du Japon (Honshū) ; 202 000 hab.

FUČÍK (Julius), journaliste et critique littéraire tchèque (Smíchov, Prague, 1903 - Berlin 1943). Militant communiste, il fut célèbre par la publication de son *Reportage écrit sous la potence,* écrit en prison avant son exécution par les nazis.

FUCIN *(lac),* en ital. **Fucino,** ancien lac d'Italie, dans les Abruzzes, asséché et mis en culture.

FUCOXANTHINE n. f. (de *fucus*). Syn. de PHYCOPHÉINE.

FUCUS [fykys] n. m. (lat. *fucus*). Algue brune des rivages, constituant important du varech. (Ordre des fucales.)

ENCYCL. Trois espèces sont communes sur les côtes rocheuses de France : le fucus à fruits plats, le fucus à dents de scie et surtout le fucus vésiculeux, muni de flotteurs qui le dressent dans l'eau ou le font flotter et s'échouer dans les laisses. Fixé au rocher par des crampons, le fucus est récolté pour son iode, son brome et sa potasse.

FUDGE [fœdʒ] n. m. (angl. *fudge,* fondant). Bonbon composé d'un assemblage de caramel et de fondant.

FUDJAYRA, l'un des Émirats arabes unis, sur le golfe d'Oman ; 54 425 hab. Cap. *Fudjayra.*

FUÉGIEN, ENNE adj. et n. (esp. *fuegino,* de *fuego,* feu). De la Terre de Feu.

FUÉGIENS, peuples prédateurs et nomades (Alakalufs, Yahgans Onas) qui occupaient l'extrême sud du continent américain. Malgré leur culture matérielle très simple, ils avaient élaboré une vie cérémonielle complexe et développé une riche mythologie.

FUEL [fjul] ou **FUEL-OIL** [fjulɔil] n. m. (angl. *fuel,* combustible, et *oil,* huile). **1.** Combustible liquide, brun foncé ou noir, plus ou moins visqueux, provenant du pétrole. (Syn. MAZOUT ; on écrit aussi FIOUL.) — **2.** *Fuel domestique,* combustible liquide pour installations de chauffage domestique ou installations industrielles de faible puissance. (Syn. GAS-OIL DE CHAUFFE.) ‖ *Fuel lourd,* combustible pour installations de chauffage de grande puissance, pour les centrales électriques, ou carburant pour les gros moteurs Diesel fixes ou marins.

FUENGIROLA, v. d'Espagne, sur la Costa del Sol, au S.-O. de Málaga ; 29 200 hab. Tourisme.

Fuenteovejuna ou **Fuente Ovejuna,** comédie dramatique de Lope de Vega (v. 1618). Les souffrances et le crime d'un village pour échapper à la tyrannie d'un gouverneur.

FUENTES (Pedro Enríquez DE ACEVEDO, *comte* DE), général espagnol (Zamora 1525 - Milan 1610). Commandant les troupes espagnoles aux Pays-Bas (1595) puis en Milanais (1600), il conduisit plusieurs campagnes victorieuses contre la France. Il s'empara notamment de Doullens et de Cambrai en 1595.

FUENTES (Carlos), écrivain mexicain (Mexico 1928). Peintre de sa ville natale (*la Plus Limpide Région,* 1958) et de la bourgeoisie dans la première moitié du siècle (*la Mort d'Artemio Cruz,* 1962), il a poursuivi ses plongées au sein de la société de son pays dans ses récits fantastiques (*Aura,* 1962) et ses romans (*Zone sacrée,* 1967 ; *les Eaux brûlées,* 1983 ; *le Vieux Gringo,* 1985), qui témoignent d'un grand souci de recherches formelles.

Fuentes de Oñoro *(bataille de)* [mai 1811], victoire de Wellington sur Masséna, à 100 km à l'O.-S.-O. de Salamanque, près de la frontière portugaise.

FUÉRISTE [fwerist] adj. et n. (esp. *fuerista*). Partisan des fueros.

FUERO [fwero] n. m. (esp. *fuero*). En Espagne, charte garantissant les privilèges et libertés d'une ville ou d'une province.

ENCYCL. Pendant la Reconquista, de nombreux fueros furent octroyés par les rois ou par les seigneurs afin d'attirer une population catholique sur les terres reconquises. Les privilèges accordés aux nouvelles communes étaient le droit d'élire les magistrats municipaux ou d'entretenir une milice. Le fuero le plus connu et qui servit souvent de modèle est celui de Cuenca, concédé par Alphonse VIII, roi de Castille, à la fin du XIIe s. Réduits par la monarchie du XVe au XVIIIe s., les fueros furent abolis en 1876 par les libéraux.

FUERTEVENTURA, île des Canaries ; 1 688 km² ; 18 200 hab. Ch.-l. *Puerto del Rosario.*

FUGA (Ferdinando), architecte italien (Florence 1699 - Naples 1781). Actif à Rome (façade de S. Maria Maggiore, 1741-1743), puis à Naples, ce grand constructeur a associé les effets pittoresques du baroque tardif et une certaine sévérité classique.

FUGACE adj. (lat. *fugax, -acis,* de *fugere,* fuir). **1.** Qui ne dure pas, disparaît, échappe facilement, fuit rapidement : *Un souvenir fugace.* – **2.** Se dit d'une teinture facilement éliminable, appliquée sur les matières textiles pour les différencier au cours de leur transformation. – **3.** *Mémoire fugace,* qui ne retient pas longtemps les événements.

FUGACITÉ n. f. (bas lat. *fugacitas, -atis*). Caractère de ce qui est fugace, fugitif : *La fugacité d'une impression.*

FUGATO [fugato] n. m. (ital. *fugato*). Épisode d'une composition en style fugué non assujettie à la forme de la fugue.

FUGGER, famille de banquiers allemands, originaire de Souabe, dont le premier ancêtre connu, JOHANNES († v. 1409), s'installa en 1367 à Augsbourg comme tisserand. La branche la plus prestigieuse est celle des *Fugger von der Lilie* (« Fugger du lis »), fondée par JAKOB Ier († 1469). Il créa une maison commerciale, qui sous l'impulsion de trois de ses fils, ULRICH (1441-1510), GEORG (1453-1506) et surtout JAKOB II *le Riche* (1459-1525), acquit des dimensions internationales. Propriétaire de mines d'argent et de cuivre en Hongrie, au Tyrol et en Espagne, Jakob II finit par détenir le quasi-monopole des mines de l'Europe. Comptant parmi les premiers banquiers de son temps, il finança les campagnes de Maximilien Ier et l'élection de Charles Quint. Ayant lié leur fortune à celle de Habsbourg, les Fugger subirent les répercussions du déclin de cette dynastie dans le Saint-Empire et en Espagne. La banque Fugger fit faillite en 1607.

FUGITIF, IVE n. (lat. *fugitivus,* de *fugere,* fuir). Personne qui s'est échappée, évadée, qui est en fuite : *La police a rattrapé les fugitifs.*

◆ adj. **1.** Qui s'est évadé, qui est en fuite : *Un prisonnier fugitif.* – **2.** Qu'on ne peut retenir, qui disparaît très vite : *Vision fugitive.* – **3.** Qui s'écoule rapidement, ne dure pas : *Moment fugitif.*

FUGITIVEMENT adv. D'une manière fugitive, fugace, passagère.

1. FUGUE n. f. (ital. *fuga,* du lat. *fuga*). Composition musicale contrapuntique, en imitation, dont le thème s'appelle sujet.

ENCYCL. Écrite à 2, 3, 4 voix ou plus, la fugue comprend trois parties : l'exposition, le développement, la strette. Dans l'exposition, le sujet alterne avec la réponse, tandis qu'apparaissent le contre-sujet, puis la coda. Dans le développement, les divertissements relient les entrées successives du sujet. Dans la strette, les entrées du thème se succèdent à intervalles beaucoup plus rapprochés que dans l'exposition.

Illustrant l'art vocal et instrumental, la fugue atteint son apogée avec Bach (*Clavier bien tempéré, Art de la fugue,* fugues d'orgue). Beethoven en renouvelle l'esprit. Employée au XIXe s. (Mendelssohn, Saint-Saëns, Franck), elle tend à devenir un exercice d'école au XXe s., à l'exception de Bartók et Stravinski.

2. FUGUE n. f. (de *fugue 1*). **1.** Fait pour qqn, en partic. pour un mineur, de s'enfuir de son domicile. – **2.** Action de partir momentanément qqpart, escapade sans conséquence : *Faire une fugue à la campagne.*

FUGUÉ, E adj. Se dit d'un style, d'un passage qui utilise l'écriture de la fugue.

FUGUER v. i. (conj. **3**). *Fam.* Faire une fugue.

FUGUEUR, EUSE adj. et n. Qui a tendance à faire des fugues : *Enfant fugueur.*

FÜHRER [fyrœr] n. m. (all. *Führer,* guide). Titre porté par Hitler à partir de 1934.

FUIR v. i. (lat. pop. **fugire,* du lat. class. *fugere*) [conj. **35**]. **1.** Quitter rapidement un lieu pour échapper à une menace, à un danger réel ou supposé : *Les bêtes sauvages fuyaient à notre* *approche.* — **2.** Donner l'impression de s'éloigner, de s'étendre vers le lointain, en partic. sous l'effet de la perspective : *Lignes qui fuient vers l'horizon.* — **3.** S'écouler rapidement, passer, disparaître, en parlant du temps : *La belle saison a fui.* — **4.** Ne pas faire face à qqch, chercher à y échapper : *Fuir devant ses responsabilités.* — **5.** En parlant d'un gaz, d'un liquide, s'échapper, s'écouler par une fêlure, une fente, etc. — **6.** Laisser son contenu liquide ou gazeux s'échapper par une fêlure, une fente, etc. : *Stylo qui fuit.* — **7.** En parlant de capitaux, être placés, investis à l'étranger. — **8.** *Faire fuir qqn,* être la cause de son départ, du fait qu'il quitte le lieu où on arrive. ‖ *Regard qui fuit,* qui se dérobe, ne regarde pas l'autre en face.

◆ v. t. **1.** Quitter, abandonner un lieu, s'en éloigner rapidement : *Fuir son pays.* — **2.** Chercher à éviter qqch, qqn, en se tenant à l'écart, en s'éloignant : *Fuir les soirées mondaines.* — **3.** Chercher à se soustraire à qqch de difficile, de pénible, l'éviter : *Fuir les responsabilités.* — **4.** *Litt.* Échapper à la possession de qqn : *Le sommeil me fuit.*

FUISSÉ (71960), comm. de Saône-et-Loire, sur la côte mâconnaise ; 325 hab. Vins blancs.

FUITE n. f. (anc. fr. *fuie,* du lat. pop. **fugita*). **1.** Action de fuir : *La fuite du lièvre devant les chiens.* — **2.** Action de chercher à se dérober, à se soustraire à qqch de pénible, de dangereux : *On lui reproche sa fuite devant ses responsabilités.* — **3.** *Litt.* Action de s'écouler rapidement : *La fuite des jours.* — **4.** Écoulement d'un liquide, dégagement d'un gaz par une fissure, etc. ; la fente elle-même : *L'explosion est due à une fuite de gaz.* — **5.** Divulgation clandestine de renseignements ou de documents qui devaient rester secrets : *Une fuite a fait connaître à l'avance les sujets d'examen.* — **6.** *Être en fuite,* être parti loin d'un lieu où l'on craint des poursuites. ‖ *Fuite des capitaux,* fait, pour des capitaux, d'être placés ou investis à l'étranger. ‖ *Fuite des cerveaux,* syn. de EXODE DES CERVEAUX. ‖ *Fuite en avant,* action plus ou moins téméraire entreprise pour échapper à des circonstances jugées dangereuses et qu'on ne veut pas affronter. ‖ *Fuite des idées,* accélération pathologique du cours de la pensée. ‖ *Mettre en fuite,* chasser, obliger à s'enfuir. ‖ *Prendre la fuite,* s'enfuir, s'esquiver, s'échapper. • **Aéron.** *Bord de fuite,* bord postérieur d'une aile, opposé au bord d'attaque. — **Dr.** *Délit de fuite,* délit commis par le conducteur d'un véhicule venant d'occasionner un accident, qui ne s'arrête pas et tente ainsi d'échapper à la responsabilité qu'il peut encourir. ‖ *Fuite devant l'impôt,* syn. de ÉVASION* FISCALE. — **Géom.** et **Dess.** *Ligne de fuite,* dans une représentation graphique ou picturale, ensemble des points de fuite de toutes les droites d'une série quelconque de plans parallèles. ‖ *Point de fuite,* point de l'espace où convergent toutes les droites d'une même direction. ‖ *Point de fuite principal,* point de la ligne d'horizon où se projette l'œil de l'observateur. — **Magnét.** *Fuite magnétique,* partie du flux d'induction magnétique qui n'a pas d'effet utile. (Syn. DISPERSION MAGNÉTIQUE.) — **Psychol.** Comportement par lequel un individu s'éloigne d'un stimulus ou d'une situation actuellement nocifs (échappement), ou dont l'individu a précédemment appris la nocivité (évitement). — **Relig.** *Fuite en Égypte,* exil de Joseph, de Marie et de Jésus en Égypte, pour se dérober aux poursuites d'Hérode (Matthieu, II, 13-18). — **Therm.** *Fuite thermique,* déperdition de chaleur par rayonnement, conduction ou convection.

Ligne et points de **fuite.**

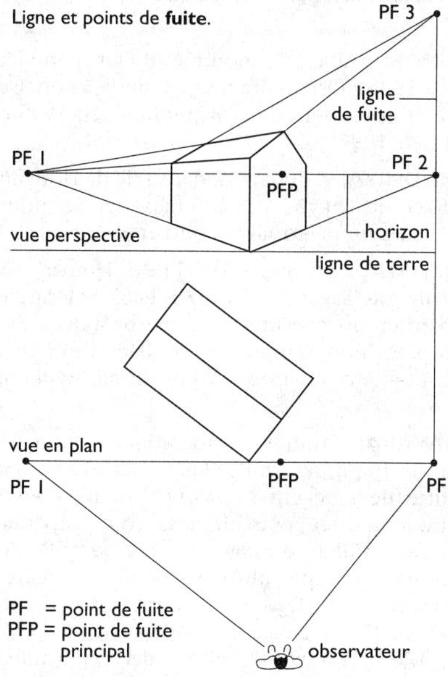

FUJI, v. du Japon, dans l'île de Honshū, au pied du Fuji-Yama ; 222 500 hab. Papeterie. Chimie. Constructions électriques.

FUJIAN ou **FOU-KIEN,** prov. de la Chine du Sud-Est, sur le détroit de Taiwan ; 120 000 km² ; 30 millions d'hab. Cap. *Fuzhou.* Montagneuse et forestière en dehors des petites plaines côtières, la région, au climat subtropical, est surtout agricole (riz, thé, canne à sucre, agrumes).

Fuji Bank, banque japonaise fondée en 1880. Elle fusionna en 1923 avec dix banques régionales et devint la première banque japonaise. Elle a pris une part prépondérante dans le redressement de l'économie japonaise.

Fuji-Hakone-Izu, parc national du Japon. (→ FUJI-YAMA.)

FUJIMORI (Alberto), homme d'État péruvien (Lima 1938). Originaire d'une famille japonaise, il est élu président de la République en 1990 et réélu en 1995.

FUJINOMIYA, v. du Japon, dans l'île de Honshū, au S.-O. de Tōkyō ; 108 200 hab. Centre industriel. Lieu de pèlerinage. Tourisme.

FUJISAWA, v. du Japon, dans l'île de Honshū, sur la baie de Sagami ; 350 330 hab. Sidérurgie. Constructions mécaniques et électroniques. Station balnéaire. Temple bouddhiste (Shojoko-ji, 1325). — Aux environs, à Enoshima, Ryūkō-ji, XIIIe s.

FUJIWARA, famille aristocratique japonaise, dont les membres, qui s'étaient octroyé en 858 le titre de « régents » *(kampaku),* usurpèrent pratiquement le pouvoir à la cour impériale jusqu'au milieu du XIIe s. — La famille des Fujiwara a compté plusieurs peintres célèbres, notamment : TAKANOBU, portraitiste (Kyōto 1142 -*id.* 1205), NOBUZANE, portraitiste (v. 1176 - apr. 1265), TAKAYOSHI, peintre de cour (milieu XIIe s.).

FUJIWARA NO SADAIE ou **TEIKA,** poète japonais (1162-1241). Le premier et le plus grand des philologues du Moyen Âge, il fut également l'un des compilateurs du *Shin-kokinshū,* le *Nouveau Recueil de waka anciens et modernes* (1205).

FUJI-YAMA, FOUJI-YAMA ou **FOUJI-SAN** la plus haute montagne du Japon, volcan éteint formant un cône parfait, dont le sommet neigeux s'élève à 3 776 m. Lieu de pèlerinage, sujet de prédilection des artistes japonais (Hokusai : *Trente-Six Vues du mont Fuji,* les *Cent Vues du mont Fuji*), il est, avec le mont Hakone et la péninsule d'Izu, englobé dans un parc national de 1 223 km^2.

FUKUI, v. du Japon, dans le centre-ouest de Honshū, ch.-l. de préfecture, sur la mer du Japon ; 252 743 hab. Textile.

FUKUOKA, port du Japon, sur la côte nord de Kyūshū, ch.-l. de préfecture ; 1 237 062 hab. Centre économique (avec Kita-kyūshū) et politique de Kyūshū, relié à Tōkyō par une voie ferrée rapide. Université. Chimie. Alimentation. Pêche.

FUKUSHIMA, v. du Japon, dans le nord de l'île de Honshū, ch.-l. de préfecture ; 277 528 hab. Textile.

FUKUYAMA, port du Japon, dans l'île de Honshū, sur le delta de l'Ashida ; 365 612 hab. Centre sidérurgique.

FUKUZAWA YUKICHI, penseur et critique japonais (Ōsaka 1834 - Tōkyō 1901). Esprit libéral, il contribua à introduire au Japon la culture occidentale.

FULBERT de Chartres *(saint),* prélat français (en Italie v. 960 - Chartres 1028). Évêque de Chartres (v. 1006), il entreprit la reconstruction de la cathédrale et fit de l'école de Chartres un important centre d'études.

FULBERT, chanoine français († XIIe s.), oncle d'Héloïse, aimée d'Abélard, et qui fit castrer celui-ci.

FULCANELLI (n. pr. formé à partir de *Vulcain* et du gr. *helios,* « le Feu du Soleil »), pseudonyme d'un auteur qui a pratiqué, au XXe s., l'alchimie spéculative et dont l'identité est disputée. Il a écrit *le Mystère des cathédrales* (1926), *les Demeures philosophales* (1931).

FULDA (la), riv. d'Allemagne, formant la Weser, avec la Werra, à Münden ; 218 km.

FULDA, v. d'Allemagne (Hesse), sur la Fulda ; 58 711 hab. Centre commercial sur la voie de passage entre Francfort (sur le Main) et Kassel. Église St-Michel, rotonde des IXe-XIe s., cathédrale baroque du début du XVIIIe s. par J. Dientzenhofer (tombeau de saint Boniface, trésor) et autres monuments.
— **Hist.** Fondée en 744, l'abbaye de Fulda fut, au Moyen Âge, un foyer important de spiritualité et de culture ; en 1752, elle fut érigée en évêché.

FULGENCE *(saint),* évêque romain d'Afrique (Telepte, près de Gafsa, 467 - Ruspe, près de Sfax, 533). Évêque de Ruspe (507), il fut l'un des principaux adversaires de l'arianisme.

FULGORIDÉ n. m. (lat. sc. *fulgora,* de *fulgur,* éclat). Nom de famille d'insectes homoptères des régions chaudes, à la tête vésiculeuse et boursouflée, parfois lumineuse (*fulgore porte-lanterne*), aux grandes ailes de couleurs vives et formant des exsudations de cire.

FULGURAL, E, AUX adj. (lat. *fulguralis,* de *fulgur, -uris,* foudre). Se dit d'une méthode de divination que les Étrusques et les Romains pratiquaient par l'observation de la foudre.

FULGURANCE n. f. *Litt.* Caractère de ce qui est fulgurant.

FULGURANT, E adj. (lat. *fulgurans, -antis,* de *fulgurare,* lancer des éclairs). **1.** *Litt.* Qui brille d'une lueur très vive : *Éclair fulgurant. Regard fulgurant.* — **2.** *Litt.* Qui frappe par son éclat : *Beauté fulgurante.* — **3.** Très vif et soudain : *Réponse fulgurante.* — **4.** Qui vient brusquement et d'une manière très nette à l'esprit : *Idée fulgurante.* — **5.** Se dit d'une très grande vitesse ou de ce qui progresse avec une extrême rapidité : *Une carrière fulgurante.* — **6.** Se dit d'une douleur très vive et intense, mais de courte durée.

FULGURATION n. f. (lat. *fulguratio, -onis*). **1.** Mort accidentelle causée par la foudre. — **2.** *Litt.* Illumination soudaine, trait de lumière : *Une fulguration qui traverse l'esprit.* — **3.** Électrocoagulation par étincelles électriques obtenues avec des courants de haute fréquence. — **4.** Syn. de ÉCLAIR* DE CHALEUR.

FULGURER v. i. (de *fulgurant*) [conj. 3]. *Litt.* Briller vivement et d'un éclat passager.

FULGURITE n. f. (lat. *fulgur, -uris,* foudre). Portion d'un sable, limon ou sol siliceux, qui a été fondue par la foudre, puis qui s'est consolidée.

FULIGINEUX, EUSE adj. (bas lat. *fuliginosus,* du lat. class. *fuligo, -inis,* suie). **1.** Qui produit de la suie : *Flamme fuligineuse.* — **2.** *Litt.* Noirâtre comme la suie : *Couleur fuligineuse.* — **3.** *Litt.* Obscur, qui manque de clarté : *Un cerveau fuligineux.* — **4.** Recouvert de fuliginosités.

FULIGINOSITÉ n. f. (de *fuligineux*). Enduit de couleur noirâtre, qui se dépose sur la langue, les lèvres et les gencives, au cours de certaines infections graves.

FULIGULE n. m. (lat. *fuligo, -inis,* suie). Canard plongeur aux formes lourdes, aux pattes très postérieures. (Les fuligules de France sont le milouin, le morillon, le milouinan et le fuligule à bec cerclé.)

FULL [ful] n. m. (pl. *fulls*) [angl. *full,* plein). Au poker, réunion d'un brelan et d'une paire entre les mains d'un joueur. (Syn. PLEIN, MAIN PLEINE.)

FULL-CONTACT [fulkɔ̃takt] n. m. (mots angl.). Combat à mains nues, dans lequel, à la différence du karaté, les coups ne sont pas retenus. (Syn. BOXE AMÉRICAINE.)

FULLER (Sarah Margaret), marquise **Ossoli,** femme de lettres américaine (Cambridgeport, Massachusetts, 1810 - en mer 1850). Ses écrits (*Woman in the Nineteenth Century,* 1845) attestent une pensée progressiste et féministe. Venue en Italie comme journaliste, elle prit part avec son mari, le marquis Ossoli, à la lutte pour l'indépendance (1848).

FULLER (Marie Louise, dite **Loïe**), artiste de music-hall américaine (Fullersburg, près de Chicago, 1862 - Paris 1928). Elle devint célèbre à Paris, où elle se produisit, avec ses Ballets fantastiques, aux Folies-Bergère, en 1892. Femme de théâtre plus que danseuse, elle inventa de grands jeux de voile, qu'elle irisa de lumière, utilisant le premier éclairage mobile sur scène.

FULLER (John), général et théoricien militaire britannique (Chichester 1878 - Falmouth, Cornouailles, 1966). Spécialisé dans l'emploi des chars, il organisa la grande offensive blindée sur Cambrai (nov. 1917). Après avoir couvert comme correspondant de guerre les campagnes d'Éthiopie et d'Espagne, il fut l'un des principaux chroniqueurs militaires de la presse anglo-saxonne au cours de la Seconde Guerre mondiale.

FULLER (Richard Buckminster), constructeur et théoricien américain (Milton, Massachusetts, 1895 - Los Angeles 1983). Il a étudié divers systèmes de préfabrication et s'est rendu célèbre par ses *coupoles géodésiques* en résilles, allant de la maison économique aux « boules » géantes de Baton Rouge (1958, 117 m de diamètre).

FULLER (Samuel), cinéaste américain (Worcester, Massachusetts, 1911). Son œuvre est marquée par son anticonformisme, son goût d'une violence jamais gratuite et son éclectisme : *J'ai vécu l'enfer de Corée* (1950), *le Port de la drogue* (1953), *Maison de bambou* (1955), *le Jugement des flèches* (1957), *Quarante Tueurs* (1957), *les Bas-fonds new-yorkais* (1961), *Les maraudeurs attaquent* (1962), *Shock Corridor* (1963), *Un pigeon mort dans Beethoven Street* (1972), *Au-delà de la gloire* (1979).

FULLERÈNE n. m. (de R. B. *Fuller*). Variété cristalline de carbone dont la molécule comporte un grand nombre d'atomes.

FULLY FASHIONED [fulifaʃœnd] adj. et n. m. (amér. *fully fashioned,* entièrement façonné). Se dit des articles de bonneterie obtenus par l'assemblage de panneaux en forme qui ne nécessitent pas d'opérations de coupe préalables.

FULMAR n. m. (lat. *fulica,* foulque, et *mare,* mer). Puffin des régions périarctiques, d'apparition récente en France, qui vient nicher au printemps sur les rochers ou les îlots côtiers, puis regagne la haute mer et se nourrit de plancton.

FULMICOTON n. m. (lat. *fulmen, -inis,* foudre, et *coton*). Coton nitré à taux d'azote assez élevé pour avoir des propriétés fortement explosives.

FULMINANT, E adj. (de *fulminer*). **1.** *Litt.* Qui s'emporte violemment et menace. — **2.** Qui trahit une vive colère et est chargé de menaces : *Des regards fulminants.* — **3.** Se dit d'une substance apte à exploser avec un bruit fort et un éclair brillant, qui évoque la foudre. — **4.** *Argent fulminant de Berthollet,* mélange de nitrure Ag_3N et d'amidure $AgNH_2$, obtenu en faisant agir de l'ammoniaque sur de l'oxyde d'argent fraîchement précipité. ‖ *Argent fulminant de Brugnatelli,* fulminate d'argent.

FULMINATE n. m. (de *fulminer*). Sel de l'acide fulminique.

ENCYCL. Le fulminate de mercure $Hg(CNO)_2$, obtenu par action de l'alcool sur le nitrate mercurique, est une poudre blanche, dense, insoluble dans l'eau. Il détone sous l'action d'un choc ou d'une flamme, à moins qu'il ne soit en masse extrêmement faible, auquel cas on observe une déflagration très vive. Il est utilisé comme explosif d'amorçage dans les détonateurs.

FULMINATERIE n. f. Atelier où l'on fabrique du fulminate de mercure.

FULMINATION n. f. Action de fulminer, en droit canon.

FULMINER v. t. ind. (lat. *fulminare,* foudroyer) [conj. 3]. Éclater en invectives, en menaces contre qqn, qqch : *Fulminer contre les abus.*
◆ v. i. *Vx.* Faire explosion, détoner.
◆ v. t. **1.** *Litt.* Formuler des paroles avec véhémence à l'égard de qqn, de qqch : *Elle fulmina des menaces à l'égard du malheureux.* – **2.** En parlant d'une autorité ecclésiastique, publier une loi pénale ou un rescrit et les rendre exécutoires.

FULMINIQUE adj. (de *fulminer*). Se dit de l'acide peu stable C═N—OH, qui, comme ses sels, a un caractère explosif accentué.

FULRAD *(saint)* [en Alsace début VIIIe s.-abbaye de Saint-Denis 784]. Abbé de Saint-Denis (749 ou 750), il fit reconstruire la basilique. Archichapelain de France, il prit une part active à la chute de la dynastie mérovingienne (751) et à l'avènement de Pépin le Bref. Il a été l'un des artisans de la restauration du pouvoir temporel du pape en Italie.

FULTON (Robert), mécanicien américain (Little Britain, auj. Fulton, Pennsylvanie, 1765 - New York 1815). On lui doit la réalisation industrielle de la propulsion des navires par la vapeur (1807).

FULVÈNE n. m. (lat. *fulvus,* jaunâtre). **1.** Hydrocarbure C_6H_6 de couleur jaune, isomère du benzène. – **2.** Nom générique des corps qui en dérivent par substitution.

FULVIE, dame romaine († Sicyone, Grèce, 40 av. J.-C.), de la gens Fulvia, épouse de Clodius, l'adversaire de Milon, puis de Marc Antoine. Elle avait voué une haine féroce à Cicéron et eut une large responsabilité dans sa mort.

FULVIQUE adj. Se dit d'une fraction de l'humus du sol produite en abondance par les végétations acidifiantes et constituée de composés solubles acides, susceptibles d'appauvrir le sol.

FUMABLE adj. Qui peut être fumé : *Du tabac qui n'est pas fumable.*

FUMAGE n. m. Action de soumettre les viandes et les poissons, préalablement salés, à l'action de la fumée de bois en vue d'assurer leur conservation et leur aromatisation.

FUMAGINE n. f. (lat. sc. *fumago, -inis,* du lat. class. *fumus,* fumée). Maladie cryptogamique des plantes, due à un champignon qui se développe sur le miellat résultant des piqûres de pucerons, et qui se traduit par une croûte noire sur les feuilles.

FUMAISON n. f. Conservation des viandes et poissons par fumage.

FUMANT, E adj. **1.** Qui émet de la fumée, d'où se dégage de la fumée : *Les toits fumants des maisons.* – **2.** Qui exhale de la vapeur : *Potage fumant.* – **3.** *Litt.* Qui est en proie à des sentiments passionnés, violents : *Être fumant de colère.* – **4.** *Fam.* Extraordinaire, sensationnel, formidable : *Une invention fumante.* – **5.** Fam. *Coup fumant,* coup très bien réussi, admirable. – **6.** *Acide sulfurique, acide nitrique fumants,* acides très concentrés qui fument au contact de l'air humide par suite de la formation d'hydrates.

FUMARIACÉE n. f. (lat. sc. *fumaria,* fumeterre). Nom de famille attribué à la fumeterre et aux plantes voisines.

FUMARIQUE adj. (lat. sc. *fumaria,* fumeterre). *Acide fumarique,* diacide isolé de la fumeterre et utilisé dans la thérapeutique des anémies en combinaison avec le fer sous forme de fumarate ferreux.

FUMASSE adj. *Pop.* Furieux.

FUMATURE n. f. Action de fumer une parcelle en y parquant les animaux au cours de la nuit pour y concentrer leurs déjections.

FUMAY (08170), ch.-l. de cant. du dép. des Ardennes, sur la Meuse ; 5 405 hab. *(Fumaciens).* Métallurgie.

1. FUMÉ → FUMER.

2. FUMÉ n. m. **1.** Produit alimentaire traité par fumage. – **2.** Épreuve d'essai obtenue par frottage d'un papier posé sur la plaque gravée, enduite d'encre.

FUME-CIGARE n. m. inv. Petit tuyau d'ambre, de bois, etc., auquel on adapte un cigare pour le fumer.

FUME-CIGARETTE n. m. inv. Petit tuyau d'ambre, de bois, etc., auquel on adapte une cigarette pour la fumer.

FUMÉE n. f. (de *fumer 1*). **1.** Ensemble de produits gazeux qui se dégagent de certains corps en combustion et qui sont rendus plus ou moins opaques par les particules solides ou liquides dont ils sont chargés. – **2.** Produit gazeux qui se dégage du tabac fumé par qqn : *Faire des ronds de fumée.* – **3.** Vapeur qui s'exhale d'un corps plus chaud et plus humide que l'air : *La fumée qui sort des naseaux d'un cheval.* – **4.** *S'en aller, s'évanouir en fumée,* brûler complètement en ne laissant que la fumée ; disparaître sans profit, sans résultat. ‖ *Noir de fumée,* suie en particules très fines, obtenue par la combustion incomplète du benzène. ‖ *Tube de fumée,* tube parcouru par les produits gazeux de combustion d'un foyer, notamment dans une chaudière.

◆ **fumées** n. f. pl. 1. Excréments du cerf, de la biche, des gazelles et autres bêtes fauves. — 2. Litt. *Les fumées de l'alcool, de l'ivresse, etc.*, le trouble de l'esprit causé par l'alcool.

FUMEL (47500), ch.-l. de cant. de Lot-et-Garonne, sur le Lot ; 6 028 hab. *(Fumélois)*. Métallurgie. Aux environs, château féodal de Bonaguil*.

1. FUMER v. i. (lat. *fumare*) [conj. 3]. 1. Dégager, produire, émettre de la fumée : *Une cheminée d'usine qui fume.* — 2. Exhaler une vapeur, en parlant d'un gaz liquéfié, d'une surface liquide, d'un corps humide plus chaud que l'air : *Le potage fume dans les assiettes.* — 3. *Fam.* Être furieux, ressentir de la colère ou du dépit.

◆ v. t. 1. Brûler du tabac, ou quelque autre substance, en aspirant la fumée par la bouche : *Fumer du tabac brun. Fumer la pipe.* — 2. (sans compl.) Avoir l'habitude de fumer du tabac ou s'adonner à une drogue qu'on fume : *Il a cessé de fumer.* — 3. Exposer une viande, un poisson, etc., à la fumée pour le sécher et le conserver. — 4. Fam. *Fumer comme un sapeur, un pompier, une locomotive,* fumer beaucoup.

◆ **être fumé** v. pass. 1. Avoir la couleur grise de la fumée : *Des bas fumés.* — 2. *Verre fumé,* verre noirci avec de la fumée et à travers lequel on regarde le Soleil pendant une éclipse ; verre de lunetterie, de vitrage ou de flaconnage, destiné à atténuer le rayonnement solaire.

2. FUMER v. t. (lat. pop. **femare,* de *femus,* fumier, du lat. class. *fimus,* avec infl. de *fumer 1*) [conj. 3]. Apporter à une terre du fumier, un engrais.

FUMERIE n. f. Établissement où l'on fume de l'opium.

FUMEROLLE n. f. (ital. *fumaruolo,* de *fumare,* fumer). Gaz et vapeurs émis par les volcans au voisinage du cratère, à l'ouverture des crevasses ou à la surface des coulées de laves.

ENCYCL. Les fumerolles témoignent de l'activité volcanique d'une région. Leur nature dépend de la température d'émission. À haute température (500-1 000 °C), elles sont anhydres et riches en gaz (H_2, SO_2, F, Cl) et composés chlorurés et fluorés. À basse température, elles sont riches en eau, CO_2 et H_2S, et peuvent déposer d'importantes quantités de soufre dans les solfatares.

FUMEROLLIEN, ENNE adj. Relatif aux fumerolles.

1. FUMERON n. m. (de *fumer 1*). Bois insuffisamment carbonisé, et qui brûle en donnant beaucoup de fumée.

2. FUMERON n. m. (de *fumer 2*). Chacun des petits tas de fumier disposés de place en place dans un champ que l'on va fumer.

FUMET n. m. (de *fumer 1*). 1. Odeur agréable que dégage un plat, un vin. — 2. Fond blanc, généralement de poisson, destiné à la préparation de sauces ou de veloutés.

FUMETERRE n. f. (lat. médiév. *fumus terrae,* fumée de la terre, parce que cette plante fait pleurer). Herbe (fumariacée) glauque, à feuilles très découpées, à petites fleurs irrégulières, de couleurs variées et dont on a extrait la fumarine et l'acide fumarique.

FUMETTE n. f. *Pop.* Action de fumer du haschisch.

FUMEUR, EUSE n. 1. Personne qui a l'habitude de fumer du tabac : *C'est un gros fumeur.* — 2. Personne qui fume de l'opium, du haschisch. — 3. S'emploie en apposition pour indiquer qu'un lieu admet (ou non) les personnes qui fument : *Compartiment fumeurs, non-fumeurs.* — 4. *Fumeur passif,* non-fumeur qui inhale la fumée produite par un fumeur.

◆ **fumeur** n. m. 1. Personne qui pratique le fumage des viandes et des poissons. — 2. Concrétion en forme de cheminée, construite sur les fonds océaniques par des émissions de fluides hydrothermaux qui précipitent des sulfures polymétalliques.

FUMEUX, EUSE adj. (lat. *fumosus*). 1. Qui dégage de la fumée : *Flamme fumeuse.* — 2. *Litt.* Obscurci, rempli par la fumée, le brouillard, une vapeur : *Un jour fumeux d'hiver.* — 3. Peu clair, obscur, confus : *Idées fumeuses. Esprit fumeux.*

FUMIER n. m. (lat. pop. **femarium,* de *femus,* fumier, du lat. class. *fimus*). 1. Mélange plus ou moins fermenté de litières et de déjections animales, utilisé comme amendement et comme engrais organiques. — 2. *Pop.* Personne vile, méprisable ; ordure (terme d'injure). — 3. *Trouver une perle dans du fumier,* rencontrer, au milieu de choses ou de gens méprisables, qqn, qqch de grande valeur.

FUMIÈRE n. f. (de *fumier*). Emplacement, installation prévus pour recueillir et stocker le fumier.

FUMIGANT n. m. Pesticide qui s'évapore ou se décompose en produits gazeux au contact de l'air ou de l'eau.

FUMIGATEUR n. m. 1. Appareil destiné aux fumigations. — 2. Appareil produisant des fumées insecticides.

FUMIGATION n. f. (bas lat. *fumigatio -onis*). 1. Action d'exposer à la fumée, à la vapeur certaines parties du corps. (Les fumigations ont été utilisées contre de nombreuses maladies respiratoires.) — 2. Action de répandre la fumée ou la vapeur d'une substance odorante pour assainir un local, détruire des insectes, masquer de mauvaises odeurs, etc. – **3.** Application d'un fumigant dans un local, un sol.

FUMIGATOIRE adj. **1.** Qui sert aux fumigations : *Appareil fumigatoire.* – **2.** *Médicament fumigatoire* ou *fumigatoire* (n. m.), administré sous forme de fumigation.

FUMIGÈNE adj. (lat. *fumus,* fumée). **1.** Se dit d'un engin qui émet de la fumée ; se dit de la substance qu'il contient. – **2.** *Pouvoir fumigène,* quantité de fumées (ou de gaz) produite par la combustion d'une quantité de combustible égale à l'unité.

◆ n. m. Engin fumigène.

FUMISTE n. m. (de *fumer 1*). **1.** Ouvrier sachant travailler la tôle, garnir un poêle à l'aide de matières réfractaires et procéder au montage des conduits de fumée ou de cheminée. – **2.** Ouvrier qui procède à la construction d'ouvrages en terre réfractaire (fours, hauts-fourneaux, etc.).

◆ adj. et n. *Fam.* Qui est peu sérieux, sur qui on ne peut pas compter.

◆ adj. *Fam.* Qui dénote de la fumisterie, de l'amateurisme : *Travail fumiste.*

FUMISTERIE n. f. **1.** Profession, activité du fumiste. – **2.** *Fam.* Caractère de qqn de mystificateur, de fumiste ; caractère de ce qui est fantaisiste, de ce qui manque de sérieux. – **3.** *Fam.* Chose qui ne peut être prise au sérieux : *Ce projet n'est qu'une vaste fumisterie.*

FUMIVORE adj. et n. m. Se dit d'un foyer qui ne produit pas de fumée ou d'un appareil qui la fait disparaître.

FUMIVORITÉ n. f. Caractère d'un foyer, d'un appareil fumivores.

FUMOIR n. m. **1.** Enceinte où l'on fume les poissons et les viandes. – **2.** Pièce, local prévu spécialement pour les fumeurs.

FUMURE n. f. (de *fumer 2*). **1.** Engrais ou ensemble d'amendements, d'engrais que l'on apporte au sol pour une culture ou un ensemble de cultures. – **2.** Action d'apporter à un sol cet engrais, cet ensemble d'engrais et/ou d'amendements. (On distingue la *fumure d'entretien,* destinée à maintenir la fertilité acquise, et la *fumure de fond,* destinée à couvrir les besoins d'une plante pérenne pendant de nombreuses années.)

FUN → FUNBOARD.

FUNABASHI, v. du Japon, sur la baie de Tōkyō ; 529 000 hab. Métallurgie. Électronique.

FUNAFUTI, île de l'archipel des Tuvalu, site de la capitale portant aussi le nom de *Funafuti ;* 830 hab.

FUNAIRE n. f. (lat. bot. *funaria,* du lat. class. *funis,* corde). Mousse qui colonise, en forêt, les traces de foyers et les ronds de charbonniers, et dont la soie se tord sur elle-même quand vient la sécheresse.

FUNAMBULE n. (lat. *funambulus,* de *funis,* corde, et *ambulare,* marcher). Acrobate équilibriste exécutant des exercices de fildeferiste sur un câble tendu à grande hauteur ; danseur de corde.

Funambules *(théâtre des),* théâtre situé sur l'ancien boulevard du Temple à Paris. Il connut la célébrité, à partir de 1830, avec les pantomimes de Gaspard Deburau. En 1862, le théâtre disparut avec l'ancien boulevard.

FUNAMBULESQUE adj. **1.** Relatif aux funambules. – **2.** *Litt.* Fantaisiste, bizarre jusqu'au grotesque : *Projet funambulesque.*

FUNAN ou **FOU-NAN,** royaume indianisé, établi sur le delta et le cours moyen du Mékong (Ier-VIe s.).

FUNBOARD [fœnbɔrd] ou **FUN** [fœn] n. m. (mot angl.). **1.** Flotteur très court permettant la pratique la plus sportive de la planche à voile. – **2.** Sport pratiqué avec ce flotteur.

FUNCHAL, cap. de Madère, port et centre touristique sur la côte ; 48 600 hab. Cathédrale de style manuélin (boiseries, retables). Musée. Beaux jardins. Vignoble ; canne à sucre. Tourisme.

FUNCK-BRENTANO (Frantz), historien français (château de Münsbach, Luxembourg, 1862 - Paris 1947). Il exploita les archives de la Bastille à partir desquelles il publia plusieurs ouvrages remarquables notamment : *le Drame des poisons* (1899), *l'Affaire du collier* (1901), *Mandrin, capitaine général des contrebandiers* (1908).

FUNDI n. m. Syn. de FONIO.

FUNDIQUE adj. **1.** Relatif au fundus. – **2.** *Glandes fundiques,* glandes de la muqueuse gastrique, situées au niveau du fundus, siège essentiel de sécrétion chlorhydropepsique.

FUND-RAISING [fundrajziŋ] n. m. inv. Collecte de fonds au profit d'associations humanitaires par envoi massif de publipostage et par publicité.

FUNDUS [fɔ̃dys] n. m. (lat. *fundus,* fond). Fond d'un organe creux. (Le *fundus gastrique,* situé immédiatement sous le diaphragme, correspond à la grosse tubérosité de l'estomac.)

FUNDY *(baie de),* baie des États-Unis (Maine) et du Canada (Nouveau-Brunswick et Nouvelle-Écosse), où la marée atteint sa plus forte amplitude mondiale (19,6 m). Parc national au Nouveau-Brunswick.

FUNE n. f. (anc. fr. *fun,* corde, du lat. *funis*). Cordage en fil d'acier servant à remorquer un chalut sur le fond ou entre deux eaux.

FUNÈBRE adj. (lat. *funebris,* de *funus, -eris,* funérailles). **1.** Qui concerne les funérailles : *Convoi funèbre.* — **2.** Qui concerne la mort : *Veillée funèbre.* — **3.** Qui est sombre, triste, lugubre, sinistre ; qui fait penser à la mort : *Une mine funèbre.* — **4.** *Oraison, éloge funèbre,* panégyrique d'un mort. ‖ *Jeux funèbres,* à Rome, jeux qu'on célébrait à l'occasion des funérailles des grands personnages.

FUNÉRAILLES n. f. pl. (bas lat. ecclés. *funeralia,* de *funus, -eris,* obsèques). **1.** Cérémonies solennelles accomplies pour rendre les honneurs à la dépouille de qqn (surtout une personnalité). — **2.** Fam. *Funérailles !,* exclamation méridionale indiquant la surprise, le dépit, la crainte.

FUNÉRAIRE adj. (bas lat. *funerarius*). **1.** Relatif aux obsèques : *Cérémonie funéraire.* — **2.** Relatif à la sépulture, à la tombe : *Monument funéraire.* — **3.** *Colonne funéraire,* colonne qui portait une urne contenant les cendres d'un mort ; colonne qui surmonte un monument funéraire. ‖ *Drap funéraire,* dont on couvre le cercueil. ‖ *Pierre, dalle funéraire,* qui recouvre la tombe. ‖ *Mobilier funéraire,* ensemble des objets de fouille (ustensiles domestiques, armes, bijoux) trouvés dans des tombes.

FUNÉRARIUM [fynerarjɔm] n. m. (de *funérailles*) [pl. *funérariums* ou *funéraria*]. Établissement où sont parfois transportés les corps des défunts et où l'on se réunit avant les obsèques.

FUNÈS (Louis DE), acteur de cinéma et de théâtre français (Courbevoie 1914 - Nantes 1983). Après de modestes débuts comme pianiste et amuseur de cabaret, il entama une longue carrière d'acteur de second plan de 1945 à 1957, avant de connaître le succès en 1963 *(Pouic-Pouic)* et de triompher dans la série des *Gendarme* (*le Gendarme de Saint-Tropez,* 1964) et les films de G. Oury (*le Corniaud,* 1964 ; *la Grande Vadrouille,* 1966).

FUNESTE adj. (lat. *funestus,* de *funus, -eris,* funérailles). **1.** Qui apporte le malheur avec soi, qui entraîne des conséquences néfastes, parfois mortelles : *Une erreur funeste.* — **2.** Qui nuit, peut causer de grands dommages : *Cet incident lui a été funeste.* — **3.** *Litt.* Qui évoque la mort, qui rend profondément triste : *Un funeste récit.*

FUNESTEMENT adv. *Litt.* De façon funeste.

FUNGIA [fɔ̃ʒja] ou **FONGIE** n. f. (lat. *fungus,* champignon). Grand polypier des mers tropicales, pourvu d'un grand nombre de cloisons radiaires et caractérisé par son développement solitaire, rare chez les hexacoralliaires.

FUNGI IMPERFECTI n. m. pl. (mots lat. signif. *champignons imparfaits*). Autre nom des *deutéromycètes.*

1. FUNICULAIRE adj. (de *funicule*). **1.** Se dit de la portion de la racine nerveuse qui chemine dans le trou de conjugaison entre deux vertèbres. — **2.** Se dit de ce qui se rapporte au cordon spermatique. — **3.** Se dit d'un procédé (ancrage) ou d'un appareil (chemin de fer) qui fait usage de cordes ou de câbles. — **4.** *Courbe funiculaire,* courbe d'équilibre d'un fil soumis à l'action d'un système de forces extérieures données. (La chaînette est la courbe funiculaire d'un fil pesant de section constante.)

2. FUNICULAIRE n. m. (de *funiculaire 1*). Chemin de fer destiné à gravir de très fortes rampes et dont les convois sont mus par un câble. (On dit aussi CHEMIN DE FER FUNICULAIRE.)

FUNICULE n. m. (lat. *funiculus,* petite corde). Cordon qui rattache l'ovule d'une plante au placenta de l'ovaire, et par lequel est acheminée la nourriture destinée à la graine.

FUNICULINE n. f. (lat. *funiculus,* petite corde). Syn. de VIRGULAIRE.

FUNK [fœnk] n. m. (de *funky*). Style de rock noir apparu vers 1970 (James Brown, Sly Stone, Stevie Wonder).
◆ adj. Relatif au funk.

FUNK (Casimir), biochimiste américain d'origine polonaise (Varsovie 1884 - Albany, État de New York, 1967). Promoteur de recherches sur les vitamines (1912), il isola en particulier la vitamine B1 antibéribérique (1926).

FUNK (Walther), économiste et financier allemand (Trakehnen, Prusse-Orientale, 1890 - Düsseldorf 1960). Financier du parti nazi, il succéda à Schacht au ministère de l'Économie (nov. 1937), puis devint président de la Reichsbank (1939).

FUNKY [fœnki] adj. (arg. amér. *funky,* de *funk,* odeur désagréable). *Jazz funky,* style de jazz de la seconde moitié des années 50, joué par des musiciens noirs qui, par réaction au jazz cool, ont voulu retremper leur musique aux sources du blues et du gospel.

FUNTUMIA [funtumja] n. m. (de *ofuntum,* n. local de l'espèce principale). Genre d'arbres (apocynacée) dont une espèce fournit du caoutchouc. (*Funtumia elastica* de la Guinée et du Cameroun constitue une richesse des forêts de la Côte-d'Ivoire.)

FUORN *(col du)* → OFFEN *(col de l').*

FUR ET À MESURE (AU) loc. adv. (lat. *forum,* place). Progressivement, avec l'acquis du temps qui passe ; petit à petit : *Il vient d'arriver, il* *s'adaptera au fur et à mesure ;* en même temps et proportionnellement : *Au fur et à mesure que les heures passaient, son angoisse augmentait.*

FURANNE n. m. **1.** Composé hétérocyclique oxygéné C_4H_4O. — **2.** Nom générique des composés qui en dérivent par substitution. (Liquide incolore, bouillant à 31 °C, le furanne est préparé à partir du *furfural.* Plus réactif que le benzène, il possède des propriétés voisines de celles des diènes conjugués.) — **3.** *Résine de furanne,* résine obtenue par condensation de phénol avec du furfural ou de l'alcool furfurylique. (Résines de faible viscosité, elles sont utilisées comme additifs des phénoplastes et comme liant dans la fabrication des meules abrasives.)

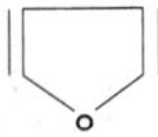

furanne

FURANNIQUE adj. Qui se rapporte au furanne.

FURAX adj. inv. *Fam.* Furieux, furibard, très en colère.

FURCRÆA ou **FOURCROYA** n. m. (de F. de *Fourcroy,* n. pr.). Plante (amaryllidacée), succulente, ressemblant à l'agave, et dont les fibres sont utilisées en corderie sous le nom de chanvre de Maurice.

FURET n. m. (bas lat. *furittus,* du lat. class. *fur, furis,* voleur). **1.** Petit carnivore, forme albinos et domestique du putois, au pelage blanc jaunâtre. (Domestiqué depuis l'Antiquité, il est utilisé pour débusquer les lapins de leurs terriers.) — **2.** *Vx.* Personne curieuse, qui fouille partout. — **3.** Jeu de cartes où l'on tâche de faire prendre par son voisin une carte dite « furet ». (Son dernier possesseur a perdu.) — **4.** Jeu de société où un joueur doit deviner dans les mains de quel joueur se trouve un anneau que l'on fait glisser sur une corde sans fin.

FURET (François), historien français (Paris 1927). Marqué par la nouvelle histoire, il s'attache à définir de nouveaux objets pour l'histoire, notamment la manière de penser le politique (*Penser la Révolution française,* 1978 ; *l'Atelier de l'histoire,* 1982 ; *le Passé d'une illusion. Essai sur l'idée communiste au XXe siècle,* 1995). Il a assuré, en collab. avec Mona Ozouf, la direction du *Dictionnaire critique de la Révolution française* (1988).

FURETAGE n. m. **1.** Chasse du lapin pratiquée à l'aide d'un furet. — **2.** Action de fureter, de fouiner, de chercher partout pour découvrir qqch. — **3.** Opération forestière qui consiste à couper à intervalles réguliers les brins les plus gros d'un taillis.

FURETER v. i. (de *furet*) [conj. **28**]. **1.** Chasser le lapin à l'aide d'un furet. — **2.** Fouiller partout avec soin pour découvrir des choses cachées ou des secrets : *Trouver un vieux tableau en furetant dans le grenier.* — **3.** Pratiquer le furetage dans un taillis.

FURETEUR, EUSE adj. et n. Qui cherche, fouille partout, s'enquiert de tout : *Un fureteur de bibliothèques. Un œil fureteur.*

FURETIÈRE (Antoine), écrivain français (Paris 1619 - *id.* 1688). Auteur du *Roman* bourgeois* (1666), il entreprit de rédiger son propre dictionnaire (*Essai d'un dictionnaire universel,* 1684), ce qui le fit exclure de l'Académie française où il avait été élu en 1662. Son *Dictionnaire* universel contenant généralement tous les mots français tant vieux que modernes et les termes de toutes les sciences et des arts* parut en Hollande en 1690.

FUREUR n. f. (lat. *furor, -oris,* délire). **1.** Colère violente, frénétique, furie : *Être en fureur, dans une fureur noire. Accès du fureur.* — **2.** Passion, engouement irrésistible qu'on a pour qqch : *La fureur du jeu. La fureur de vivre.* — **3.** *Litt.* Violence impétueuse des éléments naturels : *La fureur des flots.* — **4.** *Litt.* Caractère de violence, d'acharnement extrême dans l'action : *La fureur des combats.* — **5.** Syn. de ÉMOTION (populaire). — **6.** *Avec fureur,* avec passion, énormément : *Aimer la musique avec fureur.* ‖ *Faire fureur,* jouir d'une grande vogue.

Fureur de vivre *(la),* film américain de Nicholas Ray (1955), où trois adolescents (James Dean, Nathalie Wood, Sal Mineo) participent aux jeux périlleux d'une bande de « rebelles sans cause ». Ce film révéla l'acteur James Dean*.

FURFUR n. m. (lat. *furfur*). Ensemble de nombreuses pellicules de desquamation dans le pelage des animaux.

FURFURACÉ, E adj. (bas lat. *furfuraceus,* de *furfur, -uris,* pellicule). Se dit de lésions recouvertes ou composées de petites squames poudreuses.

FURFURAL n. m. (lat. *furfur, -uris,* cosse). Aldéhyde $C_5H_4O_2$, dérivé du furanne.
ENCYCL. Le furfural se forme par chauffage en milieu acide des pentoses et des pentosanes, contenus dans le son de blé, la balle d'avoine, etc. C'est un liquide incolore, toxique, bouillant à 162 °C, à l'odeur d'amande amère. On l'utilise pour la synthèse de colorants, de produits pharmaceutiques et de résines et comme solvant sélectif dans le raffinage du pétrole.

FURFURYLE n. m. Radical monovalent $C_4H_3O{-}CH_2$, déduit de l'alcool furfurylique par suppression du groupement OH.

FURFURYLIQUE adj. *Alcool furfurylique,* alcool $C_4H_3O{-}CH_2OH$, obtenu par réduction du furfural. (Traité à chaud en milieu acide, il donne les *résines furfuryliques,* utilisées comme adhésifs et agents d'imprégnation pour divers revêtements.)

FURIA [furja] n. f. (ital. *furia francese,* furie française). *Litt.* Impétuosité, élan enthousiaste.

FURIANI (20600), comm. de la Haute-Corse, au S. de Bastia ; 3 306 hab. Manufacture de cigarettes. Stade.

FURIBARD, E adj. *Fam.* Furibond.

FURIBOND, E adj. (lat. *furibundus,* de *furere,* être en délire). Qui est très en colère, extrêmement furieux ; qui témoigne de la fureur ; furieux : *Ton père est furibond contre toi. Une colère furibonde.*

FURIE n. f. (lat. *furia*). **1.** (avec une majuscule) Divinité romaine infernale assimilée aux Érinyes. — **2.** Femme très méchante et emportée. — **3.** Accès de rage, de fureur se manifestant par des actes d'une grande violence : *Mettre quelqu'un en furie.* — **4.** *Litt.* Ardeur impétueuse développée au cours d'une action violente : *La furie de l'attaque ennemie.* — **5.** *Litt.* Mouvements impétueux des choses, violence : *Les vagues en furie.*

FURIES (les), divinités romaines infernales, assimilées aux Érinyes*.

FURIEUSEMENT adv. **1.** D'une manière furieuse, avec violence, impétuosité : *Attaquer furieusement.* — **2.** *Litt.* Indique l'intensité ; extrêmement, excessivement : *Elle est furieusement belle.*

FURIEUX, EUSE adj. (lat. *furiosus,* de *furia,* furie). **1.** Qui est en proie à une violente colère : *Il est furieux de son échec.* — **2.** *Litt.* Qui est mû par une grande passion : *Une haine furieuse.* — **3.** Qui dénote un sentiment de fureur, de colère extrême : *Répondre d'un air furieux.* — **4.** Qui manifeste une extrême violence : *Tempête furieuse.* — **5.** *Fam.* Démesuré, extrême, très grand : *Avoir une furieuse envie de dormir.* — **6.** *C'est de la folie furieuse,* c'est complètement fou ; c'est irréalisable ou très dangereux. ‖ *Fou furieux,* personne atteinte d'une crise de folie qui conduit à des actes de violence. ‖ *Être fou furieux,* être en proie à une colère extrême.

◆ n. *Litt.* Personne en proie à une folie furieuse ; énergumène, fou furieux.

FURINI (Francesco), peintre italien (Florence v. 1600 - *id.* 1646). Il est surtout connu pour ses sensuelles figures mythologiques, enveloppées d'un sfumato bleuté (*Ila et les nymphes,* palais Pitti ; *Circé,* Épinal).

FURIOSO [fyrjozo] adj. (ital. *furioso,* furieux). En musique, qui a un caractère violent, furieux.

FURIUS CAMILLUS (Marcus) → CAMILLUS (Marcus Furius).

FURIUS CAMILLUS (Lucius), général romain (IVe s. av. J.-C.). Consul, deux fois dictateur, il prit Antium en 338, après avoir détruit les navires des Latins dont les éperons *(rostra)* allèrent décorer, à Rome, la tribune aux harangues (les *Rostres*).

FURKA *(col de la),* col routier des Alpes suisses, entre la vallée du Rhône supérieur et celle d'Urseren (Reuss), coupé par un tunnel ferroviaire (long de 15,4 km) ; 2 431 m.

FURLONG n. m. (angl. *furlong*). Unité anglo-saxonne de longueur agraire, égale à 220 yards.

FURNEAUX *(îles),* archipel dépendant de la Tasmanie, à l'entrée orientale du détroit de Bass ; 2 072 km² ; 970 hab. Élevage ovin.

FURNES → VEURNE.

FUROÏQUE adj. *Acide furoïque,* acide $C_5H_4O_3$ dérivé du furanne.

FURONCLE n. m. (lat. *furunculus*). Lésion due au staphylocoque doré, produite par une inflammation circonscrite de la peau et du tissu cellulaire sous-cutané, et ayant son origine dans un follicule pileux. (Syn. fam. CLOU.)

ENCYCL. Le furoncle débute par une élevure rouge, douloureuse, qui grossit en 3 à 5 jours, puis laisse apparaître au sommet une zone blanchâtre qui, après ulcération, donne issue à du pus et à une masse mortifiée, le bourbillon. La sécrétion purulente dure deux ou trois jours, puis l'ulcération se referme. La juxtaposition de plusieurs furoncles constitue l'anthrax. Les régions les plus affectées sont la nuque, la face, les membres inférieurs et les fesses. Les furoncles de la lèvre supérieure et de l'aile du nez sont particulièrement redoutables à cause de leurs complications.

FURONCULEUX, EUSE adj. et n. Relatif au furoncle ; atteint de furoncles ou de furonculose.

FURONCULOSE n. f. Maladie caractérisée par l'éruption simultanée ou successive d'un certain nombre de furoncles. (L'apparition de furoncles et plus encore leur répétition doivent faire rechercher le diabète.)

FUROSÉMIDE n. m. Diurétique de synthèse à action rapide, utilisé dans le traitement des œdèmes et de l'hypertension artérielle, et par voie parentérale dans les poussées hypertensives et l'œdème aigu du poumon.

FÜRST (Walter), héros de l'indépendance suisse. Compagnon de Guillaume Tell, il aurait juré, au nom du canton d'Uri, le fameux serment du Rütli, en 1291.

FÜRSTENBERG, famille allemande, originaire de Souabe. Les membres de la branche de Heiligenberg furent des princes d'Empire à partir de 1664. — WILHELM EGON, landgrave de Fürstenberg (Heiligenberg 1629 - Paris 1704), joua un rôle diplomatique considérable comme agent de la France dans le Saint Empire. Évêque de Strasbourg (1682), puis cardinal (1686), il obtint l'abbaye de Saint-Germain-des-Prés (1689).

FURTADO (Celso), économiste brésilien (Pombal, État de Paraíba, 1920). Spécialiste des problèmes du développement, ministre pour le Développement économique (1962-63), il a joué un rôle important dans le développement du Nordeste de 1959 à 1964. Il a également été ministre de la Culture (1986-1990).

FÜRTH, v. d'Allemagne (Bavière), à l'O. de Nuremberg ; 108 097 hab. Électronique. Vente par correspondance.

FURTIF, IVE adj. (lat. *furtivus,* dérobé, de *fur, furis,* voleur). **1.** Qui se fait rapidement, à la dérobée, de manière à échapper à l'attention : *Une larme furtive.* — **2.** *Litt.* Qui passe rapidement, presque inaperçu : *Des apparitions furtives.* — **3.** Se dit d'un avion construit de manière à ne pouvoir être détecté que très difficilement par les radars.

FURTIVEMENT adv. D'une manière furtive ; en cachette, en secret : *Regarder furtivement quelqu'un.*

FURTIVITÉ n. f. Caractère d'un avion furtif.

FURTWÄNGLER (Adolf), archéologue allemand (Fribourg-en-Brisgau 1854 - Athènes 1907). Il participa aux fouilles d'Olympie et a publié *les Gemmes antiques* (1900).

FURTWÄNGLER (Wilhelm), chef d'orchestre allemand (Berlin 1886 - Ebersteinburg, Baden-Baden, 1954). Chef des orchestres philharmoniques de Vienne et de Berlin, il sut conférer une intensité émotionnelle exceptionnelle aux œuvres de Beethoven, Brahms et Bruckner.

FURYLE n. m. Radical monovalent C_4H_3O, déduit du furanne par suppression d'un atome d'hydrogène.

FUSAIN [-zɛ̃] n. m. (lat. *fusago, -inis,* de *fusus,* fuseau). **1.** Arbuste ou arbrisseau rustique (célastracée), à feuilles opposées, à petites fleurs verdâtres, et dont le fruit contient une graine rouge vif. (→ *encycl.*) — **2.** Baguette de charbon de bois, en principe de fusain, qui sert à dessiner. — **3.** Dessin exécuté à l'aide de ce charbon de bois. — **4.** Un des constituants du charbon, caractérisé par sa friabilité.

ENCYCL. Le bois du fusain d'Europe (ou *bonnet de prêtre*), très dense et très dur, est employé en tournage et en marqueterie et fournit un charbon léger, pour le dessin. Le fusain du Japon *(E. japonicus)* sert comme arbuste d'ornement pour ses feuilles persistantes.

FUSAINISTE ou **FUSINISTE** n. Artiste qui dessine au fusain.

FUSAÏOLE n. f. (de *fuseau*). Objet discoïde, percé d'un trou central, dont le poids assure la rotation régulière du fuseau lors d'un filage à la main. (Des fusaïoles en terre cuite, en pierre ou en bois de cerf constituent souvent le seul indice de l'apparition des textiles au néolithique.)

FUSAN → PUSAN.

FUSANT, E adj. (de *fuser 1*). **1.** Se dit d'une poudre ou d'une composition pyrotechnique apte à fuser. — **2.** *Obus fusant* ou *fusant* (n. m.), obus qui éclate au-dessus du sol. (S'oppose à OBUS PERCUTANT.) ‖ *Tir fusant,* tir exécuté avec un projectile amorcé d'une fusée destinée à la faire éclater en un point fixe de sa trajectoire.

FUSARIOSE n. f. Maladie des plantes (dattier, œillet, asperge, etc.), causée par des champignons du genre *fusarium.*

FUSEAU n. m. (anc. fr. *fus,* du lat. *fusus*). **1.** Petite bobine galbée, se terminant en pointe aux deux extrémités, qui servait à la quenouille. — **2.** Pantalon de sport dont les jambes se rétrécissent progressivement vers la cheville et se terminent par un sous-pied. — **3.** *En fuseau,* dont la forme est allongée et amincie aux extrémités. ‖ *Fuseau horaire,* chacun des vingt-quatre fuseaux géométriques conventionnels entre lesquels est partagée la surface de la Terre, et dont tous les points ont en principe la même heure légale. (→ *encycl.*) • **Aéron.** *Fuseau moteur,* ensemble constitué par un moteur d'avion et le capotage qui l'entoure. — **Arbor.** Arbre d'ornement taillé en forme de fuseau. — **Cytol.** Ensemble de filaments apparaissant pendant la division cellulaire, et que suivent les chromosomes pendant leur ascension vers chaque sphère attractive. — **Dent.** Petite bobine, en forme de quille, servant à la dentellière pour retenir le fil au gré de son travail. ‖ *Dentelle au(x) fuseau(x),* dentelle exécutée sur un métier appelé carreau. — **Math.** Partie d'une sphère comprise entre deux demi-grands cercles, de mêmes extrémités A et A'. — **Myth.** *Fuseau des Parques,* fuseau sur lequel celles-ci filaient la vie de chaque homme. — **Neurol.** *Fuseau neuromusculaire,* organe sensoriel complexe, inclus dans la masse des muscles, qui détecte les étirements musculaires et constitue ainsi le point de départ des réflexes de posture et d'étirement. (Plus de la moitié des fibres nerveuses parvenant aux muscles appartiennent aux fuseaux.) — **Text.** Support sur lequel est enroulé le fil et dont la forme et la nature sont fonction de l'utilisation (bonneterie, filature, etc.). — **Zool.** Genre de mollusques gastropodes à coquille longue et pointue.

ENCYCL. Les *fuseaux horaires* sont numérotés de 0 à 23 à partir du méridien* origine, en allant vers l'est. Par convention, l'heure correspondant à chacun d'eux est le temps* universel coordonné augmenté d'un nombre d'heures égal au numéro du fuseau. Lorsque ce numéro dépasse 12, il faut, en outre, retrancher 1 au quantième.

1. FUSÉE n. f. (anc. fr. *fus*, fuseau). **1.** Trajet parcouru par le pus à partir d'un foyer purulent. — **2.** *Litt.* Manifestation soudaine, brillante de qqch, succession rapide et éclatante : *Fusées de bons mots.*

2. FUSÉE n. f. (de *fusée 1*). **1.** Chacune des extrémités d'un essieu ou d'un avant-train, supportant une roue et ses roulements. (→ *encycl.*) — **2.** Partie, en forme de fuseau, d'une poignée d'épée. — **3.** Axe de galet fixé dans la paroi latérale de la caisse d'un engin chenillé. — **4.** Pièce héraldique ayant la forme d'un losange très allongé. — **5.** Dans les montres anciennes, les boîtes à musique, pièce conique à génératrice non rectiligne, présentant une rainure hélicoïdale dans laquelle s'enroule une chaîne reliée au ressort principal. — **6.** Extrémité d'un mât, d'une vergue. — **7.** Dispositif cylindroconique perforé destiné à la teinture des fils de laine.

ENCYCL. **Autom.** La fusée sert de support au moyeu de roue et à l'ensemble du frein. Elle est orientable, à l'avant, autour d'un pivot de direction et est conçue séparément de la partie centrale de l'essieu. Dans les voitures à roues avant motrices, la fusée est reliée à la transmission.

3. FUSÉE n. f. (de *fusée 1*). **1.** Pièce d'artifice se propulsant par réaction grâce à la combustion de la poudre. — **2.** En aéronautique et en astronautique, véhicule mû par un moteur anaérobie à réaction. (→ *encycl.*) — **3.** *Partir comme une fusée,* avec une très grande rapidité et brusquement. • **Aéron.** *Fusée de décollage* ou *fusée JATO,* fusée utilisée pour accélérer le décollage des avions. — **Arm.** Syn. de FUSÉE-DÉTONATEUR. ‖ *Fusée éclairante,* fusée d'artifice portant des matières qui brûlent en l'air en répandant une vive lumière. ‖ *Fusée globale,* syn. anc. de FOBS. ‖ *Fusée de signalisation,* fusée d'artifice comportant un signal coloré, permettant aux troupes d'échanger des informations entre elles ou avec l'aviation. — **Mar.** *Fusée de détresse,* fusée lancée depuis un navire en détresse pour demander du secours. — **Sports.** Récompense (bronze, argent ou or) qui est décernée à un skieur ayant effectué une descente en un temps coté par rapport au temps de base d'un ouvreur qualifié.

ENCYCL. *Principe de la propulsion par fusée.* Une fusée est un véhicule qui accélère en éjectant derrière lui une partie de sa propre masse. (→ MOTEUR-FUSÉE.) En application du principe de « conservation de la quantité de mouvement », un objet de masse M animé d'une vitesse, qui éjecte une partie *m* de sa masse avec une vitesse d'éjection V_e, voit sa vitesse s'accroître d'une valeur $\Delta V = \frac{m}{M} V_e$. La fusée gagne ainsi de la vitesse dans le sens opposé à l'éjection de la masse *m,* et ce sans qu'aucun appui soit nécessaire. Ce fait explique qu'une fusée puisse accélérer dans le vide spatial. La vitesse acquise est d'autant plus grande que la vitesse d'éjection est élevée et que le rapport de la masse initiale à la masse finale (rapport de masse) est important.

• *Historique.* Le feu grégeois, qui paraît avoir été utilisé pour la première fois à la bataille de Platées, en 479 av. J.-C., fut la première manifestation historique de la fusée. Au XIe s., des flèches munies de fusées firent leur apparition. Très employées aux XIVe et XVe s., les fusées de guerre disparurent vers le milieu du XVIe, supplantées par les mousquets et les canons. En revanche, la fusée connut alors, en Europe, un vigoureux essor en tant qu'élément de feu d'artifice.

À la fin du XVIIIe et au début du XIXe s., la fusée retrouva sa place dans l'armement tandis qu'on lui affectait de nouvelles applications civiles : fusées lance-amarres, fusées de signalisation, etc. En 1827, un officier français, Montgéry, établit les principes et les possibilités d'utilisation tactique des fusées à plusieurs étages* propulsifs. Dans la première moitié du XIXe s., certaines fusées atteignirent une portée de 8 000 m, supérieure à celle des meilleurs canons de l'époque. L'apparition du canon à âme rayée (1858) détrôna à nouveau la fusée de guerre. Depuis le début du XXe s., les fusées ont vu leur usage s'orienter vers le rôle de vecteur, porteur d'une charge, tête militaire ou satellite (→ LANCEUR, MISSILE).

FUSÉE-DÉTONATEUR n. f. (pl. *fusées-détonateurs*). Artifice provoquant l'explosion de la charge de certains projectiles.

ENCYCL. Les fusées-détonateurs peuvent être fusantes (fonctionnant en un certain point de la trajectoire du projectile), percutantes (fonctionnant lors d'un choc) ou à double effet (fusant et percutant). Il existe aussi des fusées-détonateurs de proximité (fonctionnant lorsque sa distance à l'objectif atteint une valeur donnée). [Syn. FUSÉE.]

FUSÉE-PARACHUTE n. f. (pl. *fusées-parachutes*). Artifice de signalisation dont la chute du signal est ralentie par un petit parachute.

FUSÉE-SONDE n. f. (pl. *fusées-sondes*). Fusée suborbitale non habitée, équipée d'appareils de mesure.

FUSEL n. m. (all. *Fusel*). Sous-produit de la fermentation alcoolique des glucides. (On dit aussi HUILE DE FUSEL.)

FUSELAGE n. m. Corps fuselé d'un avion ou d'un planeur, reliant les ailes à l'empennage et constituant généralement l'habitacle de l'appareil.

FUSELER v. t. (anc. fr. *fusel,* fuseau) [conj. **24**]. Donner aux corps se déplaçant rapidement dans l'air une forme propre à minimiser la résistance à l'avancement.

◆ **être fuselé** v. pass. **1.** S'amincir en allant vers l'extrémité, avoir la forme de fuseau : *Doigts fuselés.* — **2.** Être renflé vers le milieu (fût de colonne, de colonnette, etc.). — **3.** En héraldique, en parlant d'un écu ou d'un quartier, être divisé en losanges allongés d'émaux alternés ; en parlant d'une pièce ou d'une partition, être formée de fusées juxtaposées.

FUSÉOLOGIE n. f. Discipline ayant pour objet l'étude des fusées.

FUSÉOLOGUE n. Spécialiste de fuséologie.

1. FUSER v. i. (lat. *fusus,* de *fundere,* fondre) [conj. 3]. **1.** Fondre sous l'action de la chaleur : *Bougie qui fuse.* — **2.** En parlant de certains sels, se décomposer, sous l'action de la chaleur, en éclatant et en produisant une légère crépitation. — **3.** Déflagrer avec lenteur et régularité, en parlant de la poudre.

2. FUSER v. i. (de *fusée*) [conj. 3]. **1.** Jaillir comme une fusée : *Un jet de vapeur fusa de la machine.* — **2.** Retentir, jaillir, en parlant d'un son, d'une exclamation, d'un rire : *Les cris fusèrent de tous côtés.* — **3.** Se répandre à partir d'une source lumineuse, en parlant d'une lumière. — **4.** En parlant du pus, se répandre par fusées.

FUSETTE n. f. (de *fusée*). Petit tube de carton ou de matière plastique sur lequel est enroulé du fil à coudre.

FUSHUN ou **FOU-CHOUEN,** v. de Chine, (Liaoning), à l'E. de Shenyang ; 1 202 000 hab. Charbon et schistes bitumineux. Métallurgie. Raffinerie de pétrole.

FUSIBILITÉ n. f. Caractère de ce qui est fusible.

FUSIBLE adj. (lat. médiév. *fusibilis,* du lat. class. *fusum,* fondu). **1.** Susceptible de fondre sous l'effet de la chaleur : *L'étain est un des métaux les plus fusibles.* — **2.** Dont le point de fusion est relativement peu élevé. — **3.** Se dit d'un milieu qui peut être le siège de réactions de fusion nucléaire avec dégagement d'énergie.

◆ n. m. **1.** Appareil de connexion électrique dont la fonction est d'ouvrir, par la fusion d'un ou de plusieurs de ses éléments, le circuit dans lequel il est inséré, interrompant ainsi le courant lorsque celui-ci dépasse, pendant un temps suffisant, une valeur donnée. (On dit aussi COUPE-CIRCUIT À FUSIBLES.) — **2.** Pièce en métal fusible (bouchon, pastille, plomb, rondelle) qui ferme une ouverture et dont la fusion, sous l'effet d'une élévation anormale de température, livre passage à un jet de fluide qui agit comme avertisseur ou extincteur. — **3.** *Fam.* Personne assumant une responsabilité intermédiaire, souvent pour protéger son supérieur hiérarchique.

FUSIFORME adj. (lat. sc. *fusiformis*). **1.** Qui a la forme d'un fuseau : *Coquille fusiforme.* — **2.** *Bacille fusiforme (Fusobacterium fusiforme),* bacille retrouvé dans certains processus pathologiques, le plus souvent associé à un spirochète pour constituer l'association fuso-spirillaire*.

FUSIL [fyzi] n. m. (lat. pop. **focilis,* du lat. pop. *focus,* feu). **1.** Autref., petite pierre de silex taillé, destinée à enflammer la poudre d'une arme à feu à l'aide d'étincelles produites par une pièce métallique, appelée batterie (jusqu'au XVIIIe s.). — **2.** Arme à feu portative, de chasse ou de guerre, constituée par un canon de petit calibre reposant sur une monture de bois (fût et crosse) et équipée de dispositifs de mise à feu et de visée. (→ *encycl.*) — **3.** Le tireur lui-même, chasseur ou soldat : *C'est un excellent fusil.* — **4.** *Pop.* et *Vx.* Gosier, estomac. — **5.** Tige d'acier strié, servant à aiguiser les couteaux. — **6.** *Changer son fusil d'épaule,* changer radicalement d'opinion, adopter une attitude très différente. ‖ Fam. *Coup de fusil,* prix exorbitant dans un hôtel, un restaurant. ‖ *La fleur au fusil,* symbole de la guerre fraîche et joyeuse. ‖ *Fusil d'assaut,* fusil léger de petit calibre qui effectue la synthèse entre le fusil, le pistolet-mitrailleur et le fusil-mitrailleur. ‖ *Fusil automatique,* fusil fonctionnant par emprunt des gaz. ‖ *Fusil à répétition,* fusil semi-automatique ou à chargement automatique. ‖ *Fusil sous-marin,* arme du chasseur sous-marin, destinée à lancer vers le gibier une flèche reliée au fusil par un fil de Nylon. (Les fusils sous-marins sont souvent à air comprimé.) [Syn. ARBALÈTE.] ‖ *Fusil photographique,* appareil de prise de vues en forme de fusil de tir, destiné à la photographie de sujets éloignés, notamment des animaux dans la nature.

ENCYCL. Mis au point vers 1630, le fusil à platine de silex, se chargeant par la bouche, restera en service pendant près de deux siècles. Le *fusil à*

piston anglais (1831) et le *fusil à capsule* français (1840) utilisent une amorce au fulminate de mercure pour une meilleure fiabilité de la mise à feu. Le *fusil à aiguille* Dreyse (Prusse, 1841) et le fusil Chassepot (France, 1866), avec la généralisation de la culasse, représentent un perfectionnement essentiel. Le fusil Gras (1874) avec *culasse mobile* préfigure le fusil Lebel (modèle 1886) qui rend possible le tir à répétition. Il est remplacé en 1936 par le MAS 36, puis après 1951 par un fusil semi-automatique, le FSA 49-56. Depuis 1965, le fusil à répétition FRF1 a été mis en service en France (calibre 7,5 mm).
Depuis 1967-68, les *fusils automatiques* tendent à constituer le seul armement individuel et collectif des petites unités d'infanterie (M-14 américain, FN belge, G-3 de la Bundeswehr, Kalachnikov soviétique ou M16 américain).
Automatiques ou semi-automatiques, les fusils d'assaut ont un calibre 5,56. Le FAMAS 5,56 F1 français, mis en service en 1979-80, peut tirer des balles, des grenades antipersonnel et des grenades antichars.

FUSILIER n. m. **1.** Autref., soldat armé d'un fusil. — **2.** Soldat faisant partie d'une équipe chargée du service d'un fusil-mitrailleur. — **3.** Tireur au fusil-mitrailleur. — **4.** Officier marinier, quartier-maître ou marin chargé de l'ordre, de la police à bord et des débarquements à terre. — **5.** *Fusilier de l'air, fusilier commando de l'air,* soldat des unités de l'armée de l'air chargées de la protection et de la défense au sol. ‖ *Fusilier marin, fusilier commando de la marine,* marin des formations de la marine nationale destinées à être employées à terre. (→ *encycl.*)
ENCYCL. Créés en 1854 pour assurer la mousqueterie à bord des bâtiments et dans les débarquements à terre, les *fusiliers marins* des corps de débarquement ont participé à de nombreuses opérations sous le second Empire (Chine, Mexique), lors de la guerre de 1870, dans toutes les campagnes coloniales (de 1814 à 1870), à Dixmude (1914), Bir Hakeim (1942), aux campagnes d'Italie, de France (1944), en Indochine (1945-1954) et en Algérie (1956-1962).

FUSILLADE n. f. **1.** Échange de coups de feu : *Brève fusillade au cours d'un hold-up.* — **2.** Décharge simultanée de plusieurs fusils, en partic. pour fusiller qqn.

FUSILLER v. t. (conj. 3). **1.** Exécuter qqn à coups de fusil, le passer par les armes. — **2.** *Fam.* Prendre qqn, qqch en photo un grand nombre de fois dans un instant très court : *Les journalistes fusillèrent la vedette au sortir du gala.* — **3.** *Fam.* Détériorer, casser qqch : *Fusiller une lampe.* — **4.** *Pop.* Dépenser : *Fusiller tout son héritage.* — **5.** *Fusiller du regard,* fixer d'un regard dur, impitoyable.

FUSILLEUR n. m. Personne qui fusille, qui donne l'ordre de fusiller.

FUSIL-MITRAILLEUR n. m. (pl. *fusils-mitrailleurs*). Arme automatique légère pouvant tirer coup par coup ou par rafales. (Abrév. F. M.)
ENCYCL. Le F. M. modèle 1924-1929 (calibre 7,5 mm) utilisé jusqu'à la campagne d'Algérie, a été remplacé par la version F. M. de l'AA-52, arme automatique modèle 1952. À partir de 1979-80, le fusil-mitrailleur disparaît au profit du fusil* d'assaut FAMAS 5,56 F1.

FUSIL-MOUSQUET n. m. (pl. *fusils-mousquets*). Arme à feu plus légère que le mousquet, mise au point par Vauban.

FUSINISTE → FUSAINISTE.

FUSION n. f. (lat. *fusio, -onis*). **1.** Passage d'un corps de l'état solide à l'état liquide ; état d'un corps liquéfié. (→ *encycl.*) — **2.** Réunion en un seul groupe de divers éléments distincts : *La fusion de deux partis politiques.* — **3.** Union étroite, intime : *La fusion de l'homme dans la nature.* • **Dr.** Réunion de deux ou plusieurs sociétés indépendantes en une société nouvelle regroupant les biens sociaux des sociétés d'origine. (On distingue la *fusion,* la *scission,* la *fusion-absorption* et la *fusion-scission.*) — **Génét.** *Fusion chromosomique,* réunion de deux chromosomes (le plus souvent acrocentriques) par leur centromère. (→ *encycl.*) — **Géol.** *Fusion partielle,* fusion incomplète de matériaux du globe terrestre aboutissant à la production d'un liquide ou magma et d'un solide résiduel. (La fusion partielle du manteau supérieur produit les liquides basaltiques dont la composition varie en fonction de la pression, du taux de fusion, etc.) — **Métall.** Dans les fonderies, temps nécessaire pour fondre une quantité déterminée de matières. ‖ *Lit de fusion,* mélange du minerai, du fondant et du coke, chargés dans un haut fourneau. — **Phys.** Union de plusieurs noyaux atomiques légers en un seul. (→ *encycl.*) — **Thermodyn.** *Point de fusion,* température à laquelle un corps pur commence à passer de l'état solide à l'état liquide et qu'il conserve tant que la fusion n'est pas terminée. (→ *encycl.*) — **Verr.** Première phase de l'élaboration du verre, réalisée par chauffage du mélange vitrifiable dans un four ou un creuset.
ENCYCL. **Génét.** La *fusion chromosomique* est responsable principalement des formes familiales de la trisomie 21 ou de la trisomie 13. Les fusions chromosomiques ont, d'autre part, joué un rôle très important au cours de l'évolution des espèces, où elles ont abouti à la réduction du nombre chromosomique (de 48 chez les primates à 46 chez l'homme).

— **Métall.** La fusion est caractérisée par une anomalie dans la courbe température-temps ; dans le cas d'un métal pur, elle s'effectue à température constante. S'il s'agit de systèmes à plusieurs constituants, il y a soit un palier (intervalle de fusion), soit un changement de pente, parfois les deux successivement.
Les *fusions sans réactions chimiques* permettent la coulée d'un métal ou d'un alliage (fonderie), ou la séparation de deux parties d'un alliage par différence de fusibilité (liquation et ressuage). Les *fusions avec réactions chimiques* constituent les opérations de base de la métallurgie d'élaboration des principaux métaux à partir de leurs minerais. On distingue la *fusion oxydante,* dans laquelle certains produits sont éliminés par oxydation à l'air ou à l'aide d'oxydants, la *fusion réductrice,* permettant l'élaboration d'un métal ou d'un alliage à partir d'un oxyde et la *fusion scorifiante.* Certaines fusions sont carburantes, sulfurantes ou impliquent une réaction mutuelle entre deux composés, tels que sulfure et oxyde.
— **Phys.** À cause de l'équivalence de la masse et de l'énergie, la plus faible masse totale du noyau formé par la fusion correspond à une libération d'énergie. Des processus de fusion sont à l'origine de l'énergie stellaire, et en particulier de l'énergie solaire. Les principaux cycles de fusion permettent de constituer des noyaux d'hélium à partir de noyaux d'hydrogène, puis des noyaux de carbone à partir de ceux d'hélium, etc. (→ *cycle de* BETHE.) Pour produire en laboratoire (et peut-être un jour de façon industrielle) de telles réactions, il faut vaincre la répulsion coulombienne qui s'exerce entre les noyaux, ce qui impose des températures très élevées. La fusion thermonucléaire contrôlée pourrait représenter une source d'énergie à peu près inépuisable.
— **Thermodyn.** Lorsqu'on fournit à pression constante de la chaleur à un solide pur, sa température s'élève, puis, au *point de fusion,* reste constante tandis que du liquide apparaît ; lorsque tout le corps est fondu, la température s'élève à nouveau. Pendant la fusion, la chaleur fournie au corps sert à la transition de phase ; c'est la chaleur latente de fusion. Le volume de la plupart des corps augmente lors de la fusion, mais ce n'est pas le cas de l'eau, par exemple.

FUSION-ABSORPTION n. f. (pl. *fusions-absorptions*). Absorption d'une ou de plusieurs sociétés par une autre.

FUSIONNEL, ELLE adj. (de *fusion*). En psychanalyse, se dit d'un type de relation archaïque où sujet et objet ne sont pas distingués.

FUSIONNEMENT n. m. Action de fusionner ; fait d'être fusionné.

FUSIONNER v. t. (conj. 3). Opérer la fusion, l'union de sociétés, de collectivités, de choses : *Fusionner le service vente avec le service promotion.* ◆ v. i. Former avec un groupe un nouveau groupe, une union : *Nos deux équipes ont fusionné.*

FUSION-SCISSION n. f. (pl. *fusions-scissions*). Apport du patrimoine d'une société à plusieurs sociétés existantes ou participation d'une société avec plusieurs autres à la constitution de sociétés nouvelles.

FUSO-SPIRILLAIRE adj. (pl. *fuso-spirillaires*). *Association fuso-spirillaire,* association d'un bacille fusiforme et d'un spirochète, dont la symbiose dans la bouche est à l'origine de l'angine de Vincent et de certaines stomatites.

FÜSSLI (Johann Heinrich), pour les Anglais **Henry Fuseli,** peintre, dessinateur et théoricien suisse (Zurich 1741 - Londres 1825). Admirateur de Michel-Ange, ami de Lavater, de Winckelmann et de W. Blake, marqué par l'œuvre de Shakespeare, il a réalisé, après son installation à Londres, une œuvre hallucinée où les thèmes macabres voisinent avec la féerie. Sa facture picturale reste assez pauvre, mais il s'affirme, par son goût de l'expression violente au détriment de la beauté formelle, comme un véritable romantique (*le Cauchemar,* 1781, musée Goethe, Francfort). Il fut reçu à la Royal Academy en 1790.

FUST (Johann), imprimeur allemand (Mayence v. 1400 - Paris 1466). Associé avec Gutenberg jusqu'en 1455, il publia, en collaboration avec Peter Schöffer, le *Psautier* de Mayence (1457), premier livre imprimé portant une date. On lui doit également la *Bible* de 1462.

FÜST (Milán), écrivain hongrois (Budapest 1888 - *id.* 1967). Membre fondateur de la revue littéraire *Nyugat (Occident),* poète visionnaire et avant-gardiste (*Rue des fantômes,* 1948), on lui doit aussi des romans (*Avent,* 1920) et de nombreux drames (*les Malheureux,* 1914).

FUSTANELLE n. f. (lat. médiév. *fustaneum*). Jupon court, à plis, très évasé, qui fait partie du costume traditionnel des hommes en Grèce.

FUSṬĀṬ, anc. v. d'Égypte, fondée par les Arabes après 641, et auj. partie du Caire. À l'O. de la cité moderne, Fusṭāṭ présente encore un champ de ruines très riches. Nécropole. Fusṭāṭ fut le lieu de production des premières faïences véritables.

FUSTEL DE COULANGES (Numa Denis), historien français (Paris 1830 - Massy 1889). Il occupa la chaire d'histoire du Moyen Âge à la Sorbonne (1878-1880, 1884-1888), et dirigea l'École normale supérieure (1880-1883). Dans son œuvre principale, *la Cité antique* (1864), il a expliqué l'étude du passé comme un enchaînement logique des faits, élaborant ainsi une méthode pleinement scientifique. Il est également l'auteur d'une *Histoire des Institutions de l'ancienne France* (1875-1892).

FUSTET n. m. (ar. *fustuq*). Nom usuel d'un sumac, nommé aussi « arbre à perruque », arbrisseau de 2 à 3 m, couvert d'un duvet soyeux et rougeâtre, aux feuilles vénéneuses et vésicantes, au bois servant à teindre les laines et les cuirs en jaune-orangé. (On cultive aussi le fustet comme ornemental.)

FUSTIGATION n. f. Action de fustiger qqn. (Infligée dans toutes les armées de l'Antiquité pour les fautes graves, la fustigation fut supprimée en France en 1789 ; elle resta encore longtemps en vigueur en Grande-Bretagne.)

FUSTIGER v. t. (bas lat. *fustigare,* de *fustis,* bâton) [conj. **17**]. **1.** Battre qqn à coups de bâton, de fouet. — **2.** *Litt.* Critiquer, corriger qqn, le reprendre vivement : *Fustiger ses adversaires. Fustiger l'hypocrisie.*

FUSULINE n. f. (lat. sc. *fusulina,* du lat. class. *fusus,* fuseau). Foraminifère dont les coquilles calcaires forment d'épaisses couches rocheuses dans le carbonifère et le permien.

FÛT [fy] n. m. (lat. *fustis,* rondin). **1.** Partie du tronc d'un arbre située entre le sol et la première grosse branche. — **2.** Tonneau où l'on met le vin, le cidre, l'eau-de-vie, etc. (Syn. FUTAILLE.) [→ *encycl.*] — **3.** Monture en bois dans laquelle s'encastre le canon d'une arme à feu. • **Archit.** Corps de la colonne ou de la colonnette, compris entre la base et le chapiteau. (Généralement *diminué* de bas en haut, le fût des colonnes est dit *monolithe* quand il est d'un seul bloc, *à tambours* ou *appareillé* dans le cas contraire. Il peut être droit ou *en hélice* [colonne torse], *lisse* ou *cannelé, bagué,* etc.) — **Bourrell.** Armature, charpente de selle de limon. — **Emball.** Récipient généralement cylindrique en bois ou en acier, de moyenne ou de grande capacité. — **Maroq.** Partie rigide d'un article de voyage ou d'un objet de gainerie servant de support aux revêtements qui l'habillent. — **Menuis.** Monture de bois dur dans laquelle est logé un fer pour le travail manuel du bois. — **Mus.** Caisse des tambours, sur laquelle sont tendues une ou deux peaux. — **Text.** Partie centrale d'une ensouple, sur laquelle s'enroulent les fils de chaîne lors de l'ourdissage.

ENCYCL. **Tonnell.** Pour les vins, la capacité des fûts varie suivant la région. Les barriques ou pièces contiennent de 200 à 270 l (225 l dans le Bordelais). La feuillette de Bourgogne a une capacité de 114 ou 136 l. Dans le Languedoc, le muid contient 700 l, le demi-muid la moitié.

FUTABATEI SHIMEI (HASEGAWA TATSUNOSUKE, dit), romancier japonais (Edo, auj. Tōkyō, 1864 - dans le golfe du Bengale 1909), spécialiste de la littérature russe et auteur du premier roman japonais en langue parlée, *Ukigumo (Nuages flottants)* [1887-1889].

FUTAIE n. f. (de *fût*). Bois ou forêt provenant de semis ou de plantations et destiné à produire des arbres de grande dimension, au fût élevé et droit.

ENCYCL. La futaie s'obtient à partir de jeunes plants issus de graines. C'est le seul régime possible pour les essences résineuses. Pour favoriser l'ensemencement naturel on procède à des coupes de régénération. Le traitement en futaie permet d'obtenir les plus beaux peuplements. On distingue la futaie pleine (régulière), où les peuplements sont de même âge (équiennes), et la futaie jardinée (irrégulière), formée d'arbres d'âges différents, mélangés par bouquets ou pied par pied.

FUTAILLE [fytaj] n. f. (de *fût*). **1.** Syn. de FÛT. — **2.** Ensemble de fûts, de barriques.

FUTAINE n. f. (lat. médiév. *fustaneum,* du lat. class. *fustis,* bâton). Étoffe croisée dont la chaîne et la trame sont en coton.

FUTAL ou **FUTE** n. m. (pl. *futals* ou *futes*). *Pop.* Pantalon.

FUTÉ, E adj. et n. (moyen fr. *se futer,* échapper au chasseur). Qui joint la malice ou la ruse à la finesse d'esprit : *Une petite fille futée.*

◆ adj. Qui dénote une intelligence malicieuse : *Un regard futé.*

FUTÉE n. f. (de *fût*). Mastic de colle forte et de sciure de bois, qui sert à boucher les fentes d'une pièce de bois.

FÛTERIE n. f. (de *fût*). **1.** Métier de l'ouvrier ou de l'artisan fûtier. — **2.** Atelier où sont sciés et montés les fûts en bois.

FÛTIER n. m. (de *fût*). Ouvrier spécialiste de la fabrication des fûts de maroquinerie.

FUTILE adj. (lat. *futilis*). **1.** Qui a peu de valeur, d'importance, qui ne mérite pas qu'on s'y arrête : *Des raisons futiles.* — **2.** Qui attache de l'importance à des choses qui n'en ont pas : *Un être futile qui passe son temps à courir les magasins.* — **3.** Qui porte sur des choses sans intérêt, qui n'est constitué que de futilités : *Lectures futiles. Existence futile.*

FUTILEMENT adv. D'une manière futile.

FUTILITÉ n. f. (lat. *futilitas, -atis*). **1.** Caractère, nature de qqn ou de qqch qui est futile, superficiel, sans intérêt : *La futilité d'une objection.* — **2.** Chose futile, propos futile : *Dire des futilités.*

FUTON n. m. (mot jap.). Matelas d'origine japonaise, plus ou moins épais, constitué de couches de flocons de coton.

FUTUNA, île volcanique et montagneuse (850 m) du territoire de Wallis-et-Futuna, en Polynésie française ; 62 km^2 ; 4 324 hab.

FUTUR, E adj. (lat. *futurus,* part. fut. du verbe *esse,* être). **1.** Se dit d'un temps, d'une période à venir ; se dit de ce qui se produira dans ce temps, cette période : *Les générations futures.* — **2.** Qui va arriver, qui se fera, qui sera tel dans un avenir plus ou moins proche : *Un futur appartement. Un futur champion.* — **3.** *Vie future,* la vie qui doit suivre la vie terrestre.

◆ n. *Fam.* Celui, celle qui va se marier : *Présenter son futur à quelqu'un.*

◆ **futur** n. m. **1.** Avenir, temps futur : *Tu vis dans le futur.* — **2.** Forme verbale exprimant qu'une action, un état sont situés dans l'avenir. — **3.** *Futur antérieur,* temps indiquant une action future qui aura lieu avant une autre action future.

1. FUTURISME n. m. (de *futur*). État de ce qui est tourné vers l'avenir, d'un point de vue technique ou artistique : *Le futurisme des villes nouvelles.*

2. FUTURISME n. m. (ital. *futurismo,* de *futuro,* futur). Mouvement esthétique et littéraire du début du XXe s., essentiellement italien, mais aussi russe, fondé sur le refus du passéisme et sur l'adoption de notions clés du monde moderne (vitesse, machinisme, etc.).

ENCYCL. **Bx-arts.** Né en 1909 avec le premier *Manifeste du futurisme,* du poète Marinetti, ce mouvement va donner, à partir de l'Italie, une impulsion décisive à l'art du XXe s. (et particulièrement à l'avant-garde russe groupée autour de Maïakovski). Il refuse la tradition et exalte la vitesse, la machine, le dynamisme de la vie moderne, avec l'« amour du danger », l'« agressivité » et la violence qui s'y rattachent. Les nombreuses manifestations futuristes, expositions ou manifestes (ainsi le *Manifeste des peintres futuristes,* de 1910, signé par Boccioni, Balla, Carrà, Severini et Russolo) créent des scandales. Les peintres, à la recherche de la « sensation dynamique » et des « lignes-forces », adoptent la technique divisionniste et une géométrisation inspirée du cubisme, tandis que l'architecte Sant'Elia conçoit les plans de sa *Città Nuova* (1914) en fonction du mouvement et de la circulation.

Produit du fulgurant essor de l'Italie au début du siècle, le futurisme en a les contradictions, qu'il tente de dépasser dans son adhésion au fascisme. Un « second futurisme » apporte un certain renouveau avec les peintres Enrico Prampolini (1894-1956), protagoniste de presque tous les courants d'abstraction et d'avant-garde, Fortunato Depero (1892-1960) et Luigi Colombo, dit Fillia (1904-1936).

— **Littér.** Né en Italie autour du poète Marinetti (*Manifeste du futurisme,* 1909), le futurisme prolonge la révolte de l'expressionnisme et annonce le mouvement dada.

• *Le futurisme russe.* Un mouvement futuriste, ou « cubo-futuriste », a existé en Russie vers 1911-12 (Maïakovski) : rejetant canons moraux et héritage culturel, il accordait au langage une réalité « en soi ».

1. FUTURISTE adj. (de *futur*). Qui a le caractère d'une anticipation sur l'évolution des techniques et de la société de l'avenir : *Une vision futuriste du monde.*

2. FUTURISTE adj. et n. (ital. *futurista*). Relatif au futurisme ; adepte du futurisme.

FUTUROLOGIE n. f. Ensemble de recherches de prospective qui ont pour but de prévoir le sens de l'évolution à la fois économique, sociale, scientifique et technique.

FUTUROLOGIQUE adj. Relatif à la futurologie.

FUTUROLOGUE n. Spécialiste de futurologie.

Futuroscope, parc d'attractions sur les technologies de l'avenir, aménagé sur les comm. de Jaunay-Clan et de Chasseneuil-du-Poitou (au N. de Poitiers) et ouvert en 1987.

FUVÉLIEN n. m. (de *Fuveau,* n. pr.). Équivalent lacustre et ligniteux de l'étage campanien supérieur (système crétacé).

FUX (Johann Joseph), compositeur autrichien (Hirtenfeld, Styrie, 1660 - Vienne 1741). Compositeur de la cour de Vienne (1698) sous Léopold Ier, Joseph Ier et Charles VI, puis maître de chapelle (1715), il laisse le *Gradus ad Parnassum* (1725), important traité de contrepoint.

FUXIN ou **FOU-SIN,** v. de la Chine du Nord-Est (Liaoning), à l'O. de Shenyang ; 635 500 hab. Centre houiller. Sidérurgie.

FUYANT, E [fɥijɑ̃, -ɑ̃t] adj. **1.** Qui s'éloigne rapidement : *Ombre fuyante.* — **2.** Qui se dérobe aux déclarations franches, qui évite de prendre réellement position : *Un caractère fuyant.* — **3.** Se dit d'un regard qui se dérobe. — **4.** Se dit d'une partie du visage qui est inclinée vers l'arrière ou qui est en retrait : *Front, menton fuyant.* — **5.** *Ligne fuyante* ou *fuyante* (n. f.), dans un dessin ou une peinture, perspective d'une ligne non parallèle au plan figuratif.

◆ **fuyant** n. m. *Litt.* Ligne fuyante, perspective : *Le fuyant des cimes.*

FUYARD, E [fɥijar] n. Personne qui s'enfuit, en partic. soldat qui fuit devant l'ennemi ; fugitif.

FUZHOU ou **FOU-TCHEOU,** port de Chine, ch.-l. du Fujian ; 1 290 000 hab. Centre industriel. L'arsenal fut bombardé par l'amiral Courbet en 1884.

FUZULI (Mehmed bin Süleyman), poète turc d'origine kurde (Karbalā' ? 1480 ? - *id.* 1556), un des plus célèbres poètes classiques. Il composa trois *Divans,* d'abord en turc, puis en arabe et en persan.

Fylingdales, base militaire britannique (Yorkshire) appartenant à la force nucléaire stratégique. Base du système américain de détection et de défense aérienne contre les missiles intercontinentaux.

FYN, nom danois de la Fionie.

FYT (Jan), peintre flamand (Anvers 1611 - *id.* 1661). Ses natures mortes (gibiers, fleurs, fruits, légumes) sont remarquables par leurs qualités proprement plastiques et leur lyrisme intime.

FYZĀBĀD → FAIZĀBĀD.

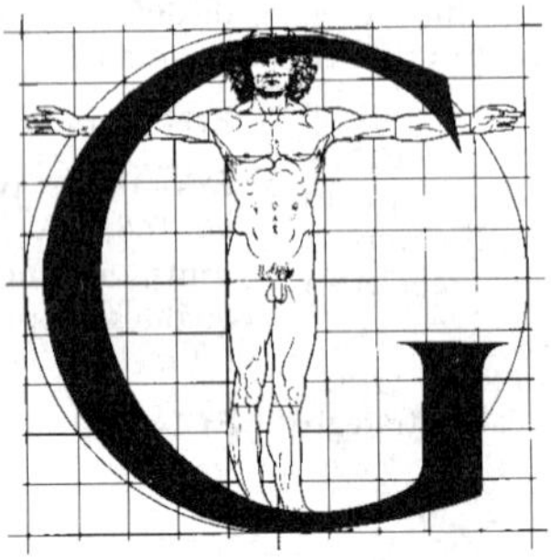

G n. m. Septième lettre de l'alphabet français, servant à noter deux consonnes différentes : [g] et [ʒ].

ENCYCL. La lettre « g » sert à noter : 1° [g] devant une consonne *(grand)* et devant les voyelles [a] *(gare),* [ɑ̃] *(élégant),* [o] *(gauche),* [ɔ] *(gomme),* [u] *(goût),* [ɔ̃] *(engoncé)* et [y] *(déguster) ;* 2° [ʒ] devant [i] *(agile),* [ɛ̃] *(geindre),* [e] *(âgé),* [ɛ] *(digeste)* et [ə] *(geler, sage).* La graphie « gu » est toujours prononcée [g]. Le groupe *gn* sert à transcrire [ɲ] *(bagne),* sauf dans quelques mots *(igné, stagnant).*

g – **Psychol.** *Facteur g,* syn. de FACTEUR* GÉNÉRAL. – **Métrol.** Symbole du *gramme.* ‖ Symbole de l'accélération due à la pesanteur ; g_n désigne la pesanteur normale (g_n = 9,80665 m/s²).

G – **Métrol.** Symbole du préfixe SI *giga.* – **Mus.** Dans certains pays (anglo-saxons ou germaniques) désigne la note *sol.*

G7, abrév. de GROUPE* DES 7.

G77, abrév. de GROUPE* DES 77.

Ga, symbole chimique du *gallium.*

GABA n. m. Abrév. de l'angl. *gamma-aminobutyric acid,* désignant l'ACIDE GAMMA-AMINOBUTYRIQUE.

GABAA → GIBEA.

GABAMINERGIQUE adj. Se dit d'un système neurologique dont l'acide gamma-amino butyrique (ou gaba) est le médiateur.

GABAON, anc. cité cananéenne qui se rallia aux Hébreux lors de la pénétration israélite en Palestine. C'est l'actuelle *Djīb.*

GABAONITES, habitants de Gabaon et des trois autres villes de la tétrapole gabaonite.

GABARDINE n. f. (esp. *gabardina,* croisement de *gabán,* paletot, et *tavardina,* jaquette). **1.** Étoffe de laine tissée genre serge, ayant le même envers et présentant à l'endroit une côte en relief. – **2.** Vêtement de pluie taillé dans de la gabardine.

GABARE n. f. (anc. provenç. *gabarra,* du gr. byz. **gabaros*). **1.** Embarcation servant au transport de marchandises sur les rivières et les estuaires. – **2.** Autref., bateau auxiliaire de la Marine nationale. – **3.** Filet à mailles serrées, dont on se sert à l'embouchure des cours d'eau.

GABARET n. m. (de *gabare*). Filet plus petit que la gabare.

GABARIAGE n. m. (de *gabarit*). Action de construire un gabarit de navire.

GABARIER n. m. (de *gabare*). Professionnel effectuant le chargement ou le déchargement des navires à l'aide d'une gabare.

GABARIT [-ri] n. m. (provenç. *gabarrit,* altér. de *garbi,* belle forme, du gotiq. **garwi,* préparation). **1.** Modèle servant à tracer, générer, vérifier ou contrôler le profil ou les dimensions que doivent avoir certains objets. – **2.** Toute dimension ou forme réglementée, en partic. d'un véhicule. – **3.** *Fam.* Corpulence ou stature de qqn : *Une personne d'un gabarit respectable.* – **4.** *Fam.* Dispositions, aptitudes intellectuelles, valeur : *Avoir le gabarit d'un chef de service.* • **Bât.** Épure, patron en vraie grandeur d'un ouvrage, permettant d'en établir les éléments et de contrôler leurs dimensions. ‖ Profil formé soit de pièces assemblées, soit d'un panneau, pour tracer et vérifier la section d'une voûte, d'une moulure. ‖ Arc de cercle déterminant la hauteur de faîte d'un immeuble dans les règlements de voirie. – **Ch. de f.** *Gabarit de chargement,* arceau métallique suspendu à un portique, servant à vérifier que le chargement des wagons découverts respecte le gabarit du matériel roulant. ‖ *Gabarit du matériel roulant,* enveloppe du contour transversal à l'intérieur duquel doivent s'inscrire les véhicules, chargement compris, à l'arrêt. — **Impr.** *Gabarit de mise en pages,* tracé préétabli définissant les dimensions extérieures et intérieures des pages d'un livre, d'une revue, d'un journal. — **Mar.** Patron utilisé pour le façonnage d'une tôle ou d'une pièce de charpente de navire. — **Navig.** *Gabarit (de halage),* espace rectangulaire vertical correspondant, pour un bâtiment, au maximum de la largeur et de la hauteur au-dessus du plan d'eau. ‖ *Gabarit (de navigation),* dimension maximale offerte par une voie navigable au passage des bâtiments. — **Transp.** *Feux de gabarit,* sources lumineuses disposées sur un véhicule lourd pour en délimiter l'encombrement pendant la circulation nocturne.

GABBRO n. m. (de *Gabbro,* n. pr.). Roche plutonique basique constituée essentiellement de plagioclase calcique, pyroxène, olivine.

GABBROÏQUE adj. Se dit d'une roche qui possède les caractères du gabbro et des massifs de roches de ce type.

GABČÍKOVO, v. de Slovaquie, proche du Danube. Aménagement hydroélectrique en construction sur le fleuve.

GABEGIE [gabʒi] n. f. (anc. fr. *gaber,* railler, d'apr. *tabagie*). Gestion financière défectueuse ou malhonnête ; gaspillage : *La gabegie administrative.*

GABELIER n. m. Officier de la gabelle.

GABELLE n. f. (provenç. *gabela,* de l'ar. *qabāla,* impôt). **1.** Impôt sur le sel, en vigueur en France sous l'Ancien Régime. — **2.** Administration chargée de percevoir cet impôt.

ENCYCL. Instituée par les ordonnances de 1341 et de 1343 promulguées par Philippe VI, et définitivement établie en 1383, la gabelle était perçue par les grenetiers, officiers qui vendaient dans les greniers royaux le sel dont le prix était majoré du droit de gabelle fixé par le roi. En 1578, cet impôt fut affermé à une compagnie d'hommes d'affaires, et en 1681 le bail des gabelles fut incorporé dans la ferme générale. La gabelle amena la royauté à contrôler strictement l'exploitation et la vente du sel et à diviser le royaume en secteurs de statut différent : 1° les *pays de grande gabelle* (Anjou, Touraine, Maine, Normandie, Île-de-France, Picardie, Champagne, Nivernais, Bourbonnais, Berry, Orléanais), où les habitants étaient obligés d'acheter au grenier à sel une quantité déterminée de sel (le sel du devoir), vendue très cher ; 2° les *pays de petite gabelle* (Provence, Dauphiné, Lyonnais, Languedoc, Roussillon), où le prix du sel était bas et la consommation libre ; 3° les *pays de quart-bouillon* (basse Normandie), où le roi prélevait le quart de la production de ce sel ; 4° les *pays rédimés* (basse Auvergne, Marche, Limousin, Poitou, Guyenne, Aunis, Saintonge), qui n'avaient pas de greniers à sel ; 5° les *pays exempts* (Bretagne, Hainaut, Flandre, Artois, Boulonnais, Béarn, Navarre, Corse), où le commerce et le prix du sel étaient libres.

GABELOU n. m. **1.** Employé de la gabelle. — **2.** *Péjor.* Employé de la douane.

GABÈS, port de la Tunisie méridionale, ch.-l. de gouvernorat, sur le *golfe de Gabès,* au milieu d'une oasis ; 92 300 hab. Chimie.

GABIE n. f. (provenç. *gabia,* cage, du lat. *cavea*). Hune placée autrefois au sommet des mâts, où se tenaient les hommes de vigie ou les guerriers pour lancer des pierres, des traits, etc.

GABIER n. m. (de *gabie*). **1.** Matelot qui était attaché au service des hunes. — **2.** Matelot qui était particulièrement chargé de l'entretien de la mâture, du gréement ainsi que de la manœuvre des embarcations et des ancres.

GABIES, en lat. **Gabii,** anc. ville du Latium, en pays volsque, au N.-E. de Rome. Une statue, qu'on y a découverte, la *Diane de Gabies,* figure au Louvre.

GABILLOU *(grotte de),* grotte située à Sourzac, près de Mussidan (Dordogne), contenant de remarquables gravures préhistoriques appartenant au magdalénien.

GABIN (Jean Alexis MONCORGÉ, dit **Jean**), acteur de cinéma français (Paris 1904 - Neuilly-sur-Seine 1976). Il débuta aux Folies-Bergère et au Moulin-Rouge, puis au cinéma en 1930. Il devint bientôt un des acteurs français les plus recherchés et les plus aimés du public. Il s'illustra, notamment, dans *la Bandera* (1935), *la Belle Équipe* (1936), *les Bas-Fonds* (1937), *Pépé le Moko* (1937), *la Grande Illusion* (1937), *le Quai des Brumes* (1938), *la Bête humaine* (1938), *Le jour se lève* (1939), *Remorques* (1941), *Touchez pas au grisbi* (1954), *la Traversée de Paris* (1956), *En cas de malheur* (1958), *Un singe en hiver* et *Mélodie en sous-sol* (1963), *le Chat* (1971).

GABINIUS (Aulus), consul romain (v. 100 av. J.-C. - Salone 48 ou 47 av. J.-C.). Il fit voter les pouvoirs exceptionnels à Pompée (67), contribua à l'exil de Cicéron. Il fut proconsul en Syrie (57-55) puis exilé pour concussion.

GABION n. m. (ital. *gabbione,* grand panier). **1.** Panier cylindrique sans fond, rempli de terre ou de cailloux et fait de branchages entrelacés ou de grillage, qui servait de protection dans la guerre de siège jusqu'au XIXe s. — **2.** Hutte servant à chasser le gibier d'eau. — **3.** Caisse à carcasse métallique que l'on remplit de sable ou de cailloux et servant à protéger les berges d'un cours d'eau ou à constituer une enceinte étanche au cours de la construction d'un aménagement hydraulique.

GABIONNADE n. f. *Vx.* Retranchement, abri fait de gabions.

GABIONNAGE n. m. Action de faire ou de poser des gabions.

GABIONNER v. t. (conj. 3). Protéger par des gabions.

GABIONNEUR n. m. Celui qui fait, pose ou utilise des gabions.

GABIROL (Salomon IBN) → AVICÉBRON.

GABIZOS *(Grand),* sommet des Pyrénées, au S.-E. de l'Aubisque ; 2 692 m.

GÂBLE ou **GABLE** n. m. (gaul. **gabulum,* pignon). Surface décorative pyramidée ou mur léger de même forme, à rampants moulurés, qui couronne certains arcs (portails gothiques, etc.).

GABLE (Clark), acteur de cinéma américain (Cadiz, Ohio, 1901 - Hollywood 1960). De 1931 à sa mort, il fut l'une des « stars » les plus célèbres du cinéma américain. Il incarna souvent des rôles d'aventuriers séduisants et parfois cyniques, et interpréta essentiellement des films dramatiques : *les Révoltés du Bounty* (1935), *San Francisco* (1936), *Saratoga* (1937), *Autant en emporte le vent* (1939), *Mogambo* (1953), *les Implacables* (1955), *l'Esclave libre* (1957), *les Misfits* (1961). Il brilla aussi dans quelques comédies (*New York-Miami,* 1934).

GABO (Naoum PEVSNER, dit **Naum**), sculpteur américain d'origine russe (Briansk 1890 - Waterbury, Connecticut, 1977). Avec son frère A. Pevsner, il rédigea en 1920 le *Manifeste réaliste,* qui exprime un constructivisme distinct de celui de Tatline. En 1922, il quitta l'Union soviétique, s'installa à Berlin, à Paris, en Grande-Bretagne, puis, en 1946, aux États-Unis. Après avoir tenté d'exprimer virtuellement le volume dans des « œuvres cinétiques » (1920), il a utilisé métal et plastiques pour atteindre la transparence et faire interférer les structures dans l'espace.

GABON, baie de la côte du Gabon, formée par l'estuaire commun de plusieurs rivières. Sur la rive droite se trouve Libreville.

GABON, État de l'Afrique équatoriale ; 268 000 km^2 ; 1 360 000 hab. *(Gabonais).* CAP. *Libreville.* LANGUE : *français.* MONNAIE : *franc C. F. A.*

Géographie. Vaste comme la moitié de la France, le Gabon est faiblement peuplé. Les industries extractives sont, avec l'exploitation de la forêt (environ 80 % du territoire), les ressources essentielles de ce pays chaud et humide. Le sous-sol fournit du manganèse, de l'uranium et surtout du pétrole. L'industrialisation, encore limitée, a accéléré l'exode rural et l'urbanisation et entraîné la stagnation de l'agriculture : le pays importe la majeure partie de son alimentation. Les revenus du pétrole expliquent un P. I. B. élevé, l'excédent du commerce extérieur, effectué surtout avec la France (de loin le premier fournisseur), devant les États-Unis (surtout importateurs de brut) et, finalement, le poids économique (sinon politique) du Gabon (malgré une dette notable).

Histoire. Ses plus anciens habitants sont probablement les Pygmées, vivant dans l'arrière-pays.

XVe s. : Les Portugais atteignent la côte.

Aux XVIIe et XVIIIe s., les Européens exploitent les matières premières du pays et viennent y chercher de nombreux esclaves.

1843 : La France crée le premier établissement permanent.

Les Fangs refoulent les populations autochtones vers la côte.

1886 : Le Gabon est constitué en colonie.

1910 : Il est intégré à l'Afrique-Équatoriale française.

1960 : Le Gabon devient une république indépendante.

1967 : Albert Bernard (Omar) Bongo devient chef de l'État.

1990 : Après plus de vingt ans de régime de parti unique, le multipartisme est instauré.

1993 : La réélection de O. Bongo lors du premier scrutin présidentiel pluraliste est fortement contestée par l'opposition.

GABONAIS, E adj. et n. Du Gabon.

GABOR (Dennis), physicien britannique d'origine hongroise (Budapest 1900 - Londres 1979). Il a reçu le prix Nobel de physique en 1971 pour son invention, en 1948, de la méthode holographique et le développement qu'il lui a donné. Celui-ci n'a été rendu possible qu'en 1962, grâce à l'emploi du laser qui fournit la lumière cohérente indispensable.

GABORIAU (Émile), écrivain français (Saujon 1832 - Paris 1873). Accordant une place privilégiée au raisonnement et à l'énigme, il fut un des créateurs du roman policier (*l'Affaire Lerouge,* 1866 ; *le Crime d'Orcival,* 1867).

GABORONE, anc. **Gaberones,** cap. du Botswana, dans le sud du pays ; 138 000 hab. Université. Musée. Aéroport.

GABRIEL (d'un mot hébr. signif. *homme de Dieu* ou *Dieu est fort*), ange messager de Dieu, qui explique à Daniel le sens de ses visions, annonce à Zacharie la naissance de Jean-Baptiste et à Marie la naissance de Jésus.

GABRIEL LALEMANT *(saint),* jésuite français (Paris 1610 - Saint-Ignace, Canada, 1649). Missionnaire au Canada, il fut martyrisé par les Iroquois. Canonisé en 1930 avec les autres martyrs canadiens.

GABRIEL, famille d'architectes français, dont les principaux, nés et morts à Paris, sont Jacques V et son fils Jacques Ange. — JACQUES V (1667-1742), cousin de J. Hardouin-Mansart, académicien en 1699, aussi bon décorateur que technicien, déploya une grande activité à Paris (hôtels particuliers) et en province (cathédrale d'Orléans, évêché et pont de Blois, hôtel de ville de Rennes, place de la Bourse à Bordeaux, etc.). — JACQUES ANGE (1689-1782) collabora d'abord avec son père, qui lui transmit son titre de premier architecte de Louis XV, et acheva certaines de ses entreprises. Il a dominé l'art de son temps en portant la tradition classique française à son plus haut degré de perfection, moins par une originalité particulière que par la logique formelle et le raffinement avec lesquels il a su harmoniser ses compositions. Il a travaillé à Choisy, Fontainebleau, Marly, Compiègne, Versailles, a donné à Paris la place de la Concorde et l'École militaire. Ses chefs-d'œuvre sont, à Versailles, le Petit Trianon (1762) et l'Opéra du château (architecture intérieure, 1768).

GABRIEL (Albert), archéologue français (Cerisières, Haute-Marne, 1883 - Bar-sur-Aube 1972). Directeur de l'Institut français d'archéologie d'Istanbul (1930), spécialiste de l'art turc, il en a défini le premier l'originalité (*Monuments turcs d'Anatolie,* 1931-1934).

GABRIELI (Andrea), compositeur et organiste italien (Venise v. 1510 - *id.* 1586). Il fut organiste à St-Marc de Venise. Il a composé des œuvres vocales profanes (madrigaux) et religieuses (messes, motets, psaumes) et des œuvres instrumentales (ricercari, canzoni). Il a apporté l'usage du double chœur en style concertant. — Son neveu GIOVANNI (Venise v. 1553 - *id.* 1612), premier organiste de St-Marc, a composé des *Sacrae Symphoniae* et des *Canzoni et sonate,* dans lesquelles il resta fidèle aux techniques de son oncle, utilisant des groupes instrumentaux favorisant des dialogues en écho qui se situent à la source du style concertant.

GABROVO, v. de Bulgarie, ch.-l. de district, au pied nord du col de Šipka ; 90 000 hab.

GACÉ (61230), ch.-l. de cant. de l'Orne, sur la Touques ; 2 326 hab. *(Gacéens).* Produits laitiers. Abattoir.

GACE BRULÉ, trouvère champenois de la fin du XIIe s.

GÂCHAGE n. m. **1.** Action de gâcher du plâtre, du ciment, du mortier. — **2.** Action de gaspiller, de gâcher qqch.

1. GÂCHE n. f. (de *gâcher*). **1.** Outil de maçon pour gâcher. — **2.** En imprimerie, syn. de PASSE.

2. GÂCHE n. f. (frq. **gaspia,* crampon). **1.** Pièce plate ou coudée, ou formant boîtier, dans laquelle s'engage le pêne d'une serrure. — **2.** *Gâche automatique,* gâche commandant l'ouverture à distance par un intermédiaire tel que l'air comprimé ou le courant électrique, agissant sur une partie mobile libérant le pêne demi-tour. ‖ *Gâche de crémone,* chacune des pièces métalliques placées en regard des chapiteaux, sur les parties dormantes des portes et fenêtres, pour recevoir les extrémités des tringles de crémones.

GÂCHER v. t. (frq. **waskôn,* laver) [conj. 3]. **1.** Délayer du plâtre, du mortier, les malaxer avec de l'eau. — **2.** Faire échouer une action, un projet, compromettre le résultat, l'issue, la qualité de qqch : *Gâcher une occasion. Votre mot malheureux a tout gâché.* — **3.** Faire un mauvais emploi de qqch, ne pas l'utiliser au mieux : *Gâcher son talent. C'est du temps gâché.* — **4.** Faire un mauvais emploi de qqch en le gaspillant ; perdre : *Gâcher de la nourriture.* — **5.** *Gâcher le métier,* vendre sa marchandise trop bon marché, travailler à trop bon compte. ‖ *Gâcher le plaisir, la joie de qqn,* les altérer, les dénaturer.

GACHET (Paul Ferdinand), médecin, peintre, graveur et collectionneur français (Lille 1828 - Auvers-sur-Oise 1909). Installé à Paris, ami de Courbet, Manet, Renoir, Degas, Pissarro, Cézanne, il pratiqua l'eau-forte et la peinture sous le pseudonyme de VAN RYSSEL. Il reçut Van Gogh à Auvers en 1890. La majeure partie de sa collection a été donnée au Louvre (1949-1954) par son fils Paul Gachet (7 Van Gogh, 7 Cézanne, 3 Pissarro, etc.).

GÂCHETTE n. f. (de *gâche 2*). **1.** Pièce d'acier immobilisant la masse percutante et dont l'effacement, commandé par la détente, permet le départ du coup d'une arme à feu. — **2.** Nom donné en langue courante à la détente : *Appuyer sur la gâchette.* — **3.** *Fam.* Tireur : *La meilleure gâchette de l'Ouest.* — **4.** *Avoir la gâchette facile, rapide,* être trop prompt à tirer. ‖ *(Avoir) le doigt sur la gâchette,* (être) prêt à tirer. • **Arm.** *Gâchette automatique,* dispositif qui, dans une arme automatique, ralentit la cadence du tir par rafales en provoquant pendant une fraction de seconde un arrêt du mécanisme de répétition. — **Chass.** Dans un piège, pièce qui sert à provoquer la détente. — **Électron.** Syn. de GRILLE.

GÂCHEUR, EUSE n. **1.** Personne qui détruit, abîme, gaspille qqch, faute de soin. — **2.** Personne qui gâche le métier en vendant ou en travaillant à un prix inférieur.

◆ **gâcheur** n. m. **1.** Ouvrier qui gâche le mortier. – **2.** Charpentier qui exécute la taille des assemblages.

GÂCHIS n. m. (de *gâcher*). **1.** Action de perdre qqch par la mauvaise utilisation qui en est faite ; ce qui est ainsi perdu : *Quel gâchis que toute cette nourriture à jeter !* – **2.** Action de perdre, de dilapider des qualités, des facultés, etc. : *Sa vie est un gâchis.* – **3.** Situation confuse, pagaille, désordre : *Un gâchis politique.* – **4.** *Faire du gâchis,* gaspiller ou créer le trouble.

GACILLY (La) [56200], ch.-l. de cant. du Morbihan, à 15 km au N. de Redon ; 2 278 hab. Produits d'hygiène et de beauté.

GAD (mot hébr. signif. *bonne fortune, chance*). Fils de Jacob, ancêtre qui a donné son nom à l'une des douze tribus d'Israël, établie dans la Transjordanie méridionale.

GADABAS ou **GADBAS,** population de l'Inde vivant dans l'Orissa, le Madhya Pradesh et l'Andhra Pradesh.

GADAMER (Hans Georg), philosophe allemand (Marburg 1900). Il est l'auteur d'une « philosophie herméneutique », pour laquelle l'appréhension de la vérité passe par une prise en charge de la tradition. Il a écrit notamment *Die Begriffsgeschichte und die Sprache der Philosophie* (1971).

GADDA (Carlo Emilio), écrivain italien (Milan 1893 - Rome 1973). Ses romans et nouvelles à l'écriture aussi tourmentée qu'inventive, mêlant les langues et les styles, images même d'une vie fragmentée, unissent, jusque sur le mode parodique, toutes les influences littéraires, de la farce médiévale aux structures labyrinthiques de Joyce (*le Château d'Udine,* 1934 ; *l'Affreux Pastis de la rue des Merles,* 1957 ; *la Connaissance de la douleur,* 1938-1963).

GADDI (Taddeo), peintre italien, documenté à Florence de 1327 à 1366. Fils du mosaïste Gaddo Gaddi, un ami de Giotto, il fut l'un des meilleurs collaborateurs et disciples de ce dernier (fresques de la chapelle Baroncelli à S. Croce de Florence). – Son fils AGNOLO (documenté de 1369 à 1396) orienta la manière giottesque vers une narration pittoresque et naïve (scènes de la *Légende de la Croix,* chœur de S. Croce, v. 1380 ; décoration de la chapelle de la Ste-Ceinture, cathédrale de Prato).

GADE ou **GADIDÉ** n. m. (gr. *gados,* merluche). Poisson généralement marin, aux écailles caduques, muni d'un barbillon gustatif, tel que le merlan, l'églefin, la morue, le merlu, le tacaud, le lieu, la lingue et la motelle. (Les *gadidés* forment parfois des bancs immenses, dans toutes les eaux froides et tempérées. Seule la lotte de rivière est un gadidé d'eau douce. Ils forment une famille.)

GADES ou **GADÈS** *(détroit de),* ancien nom du détroit de Gibraltar*.

GADES (Antonio Esteve RÓDENAS, dit **Antonio**), danseur espagnol (Elda 1936). Sa technique est très pure et son zapateado nuancé ; au classique et au folklore, il joint également le flamenco. En Espagne, il a fondé sa propre compagnie (1964) et effectué de nombreuses tournées présentant ses œuvres *(Farruca, Tangon Siguiriyas).* Il s'est également produit dans différents films (*Noces de sang,* de Carlos Saura, 1981 ; *Carmen,* 1984, dont il a réglé les danses).

GADGET [gadʒɛt] n. m. (amér. *gadget,* truc). Objet, appareil, dispositif, projet, etc., qui séduit par son caractère nouveau et original, mais qui n'est pas d'une grande utilité : *Une machine à laver très simple, sans gadgets inutiles.*

GADGÉTISATION n. f. Action de gadgétiser.

GADGÉTISER v. t. (conj. 3). Équiper qqch de gadgets ou lui donner la fonction de gadget : *Gadgétiser une voiture.*

GADICULE n. m. (gr. *gados,* merluche). Petit poisson voisin de la morue, à grosse tête, à bouche fendue presque verticalement.

GADIDÉ → GADE.

GADIFORME n. m. Nom d'ordre des poissons gadidés et des familles voisines.

GADIN n. m. (p.-ê. var. de *galet*). **1.** Pop. *Prendre, ramasser un gadin,* tomber. – **2.** Petite sphère fixée à l'extrémité d'un flotteur utilisé pour la pêche à la ligne.

GADJO n. m. (pl. *gadjé*). Dans le vocabulaire des gitans, terme désignant un non-gitan.

GADOLINITE n. f. (de *Gadolin,* n. pr.). Silicate naturel d'ytrium, de béryllium et de fer.

GADOLINIUM [-njɔm] n. m. (de *Gadolin,* n. pr.). Métal du groupe des terres rares. (Élément de symbole Gd.) [Le gadolinium a pour numéro atomique 64 et pour masse atomique 157,25. C'est un solide gris clair, fondant à plus de 1 300 °C, dont les sels ont des solutions incolores.]

GADOUE n. f. **1.** Engrais constitué à partir des ordures ménagères urbaines. – **2.** *Fam.* Terre détrempée, boue.

GADOUFAOUA, site saharien du Niger, occupant un ancien delta envasé au S. du Ténéré. On y a trouvé le squelette d'un crocodilien de 12 m et des squelettes entiers de dinosauriens de toutes tailles, dont beaucoup n'étaient précédemment connus qu'en Amérique, ainsi que des poissons, des invertébrés, des bois silicifiés, etc.

GADZARTS n. m. ou **GADZARETTE** n. f. (contraction de *gars des Arts*). *Arg. scol.* Élève ou ancien(ne) élève des écoles d'art et métiers.

G. A. E. C., abrév. de GROUPEMENT AGRICOLE D'EXPLOITATION EN COMMUN.

GAEDE (Wolfgang), physicien allemand (Lehe-Wesermünde 1878 - Munich 1945). Il est l'inventeur d'une pompe rotative à vapeur de mercure (1916), qui abaisse la pression au millionième de millimètre de mercure.

GAEKWAR ou **GAIKWAR,** l'une des cinq grandes familles qui formaient en Inde, au XVIIIe s., la Confédération marathe. Originaire de la région de Poona, cette famille aida le peśvā à arracher le Gujerat à l'Empire moghol puis régna sur cette province depuis Baroda (auj. Vadodara).

GAÉLIQUE n. m. (angl. *gaelic*). Branche du celtique insulaire qui comprend l'écossais *(gaélique d'Écosse),* l'irlandais *(gaélique d'Irlande)* et le manx. (Syn. GOÏDÉLIQUE.)

◆ adj. Relatif au gaélique.

GAËLS ou **GALLS,** peuple de langue gaélique qui occupa l'ouest et le nord-ouest des îles Britanniques, au Ier millénaire av. J.-C.

GAETA (Francesco), poète italien (Naples 1879 - *id.* 1927), un des principaux représentants de la poésie « crépusculaire » (*Poesie d'amore,* 1920).

GAÉTAN DE THIENE *(saint),* religieux italien (Vicence 1480 - Naples 1547), fondateur de l'ordre des Clercs réguliers dits Théatins.

GAÈTE, en ital. **Gaeta,** v. d'Italie, dans le Latium (prov. de Latina) ; 23 000 hab. Archevêché. Cathédrale avec beau campanile remontant au XIe s. *Torre d'Orlando,* anc. mausolée romain. Station balnéaire. — **Hist.** Conquise par les Romains (340 av. J.-C.), qui en firent un port, capitale d'un duché (milieu du IXe s.), la ville fut intégrée au royaume de Sicile en 1136. François II s'y réfugia après l'intervention sarde à Naples et y capitula le 13 févr. 1861.

1. GAFFE n. f. (anc. provenç. *gaf,* croc, de *gafar,* saisir, du gotiq. **gaffôn*). **1.** Perche munie d'un croc et d'une pointe, servant à accrocher qqch, à accoster, etc. — **2.** Crochet métallique avec lequel on pique le poisson pour le sortir de l'eau.

2. GAFFE n. f. (arg. *gaffer,* surveiller, p.-ê. de *gaffer 1*). Fam. *Faire gaffe,* être attentif à un danger possible, être sur ses gardes, se méfier, se surveiller : *Fais gaffe, voilà le surveillant ;* faire attention à qqch, à qqn : *Fais gaffe à toi, à tes affaires.*

3. GAFFE n. f. (de *gaffer 1*). *Fam.* Acte, parole particulièrement inadaptés à une situation ; maladresse, impair : *Faire, commettre, réparer une gaffe.*

1. GAFFER v. t. (de *gaffe 1*) [conj. **3**]. Accrocher un poisson avec une gaffe.

2. GAFFER v. i. (de *gaffe 3*) [conj. **3**]. *Fam.* Commettre une gaffe, une maladresse, une bévue.

GAFFEUR, EUSE n. *Fam.* Personne qui fait des gaffes, qui commet des maladresses.

GAFFIOT (Félix), latiniste français (Liesle, Doubs, 1870 - Besançon 1937), auteur d'un *Dictionnaire illustré latin-français* (1934).

GAFSA, v. de la Tunisie méridionale, ch.-l. de gouvernorat ; 60 900 hab. Centre d'une région productrice de phosphates, évacués par chemin de fer vers le port de Sfax. Engrais. Oasis. Artisanat textile. Vestiges antiques.

GAG n. m. (amér. *gag*). **1.** Dans un film, un spectacle, péripétie inattendue et comique. — **2.** *Fam.* Situation engendrant un effet comique.

GAGA adj. inv. et n. (onomat.). *Fam.* Qui est retombé en enfance ; gâteux.

GAGAKU [gagaku] n. m. inv. (jap. *gagaku,* musique élégante). Terme générique désignant la musique de cour au Japon, comprenant les pièces orchestrales (kangen), la musique de danse (bugaku), les chants et la musique rituelle (shintō).

GAGAOUZES, peuple parlant une langue apparentée au turc *(gagaouze)* et de religion chrétienne orthodoxe, vivant principalement dans le sud de la Moldavie (env. 150 000 individus, dotés depuis 1994 d'un statut d'autonomie) et dans le sud de l'Ukraine.

GAGARINE (Iouri Alekseïevitch), pilote militaire et cosmonaute soviétique (Klouchino, district de Gjatsk, auj. Gagarine, région de Smolensk, 1934 - région de Vladimir 1968). Il fut le premier homme à accomplir un vol spatial, le 12 avr. 1961, à bord du vaisseau Vostok 1, au cours duquel, en 108 min, il effectua une révolution autour de la Terre.

GAGE n. m. (frq. **waddi*). **1.** Contrat par lequel le débiteur ou un tiers se dessaisit au profit du créancier d'un bien meuble afin de garantir le paiement de la dette ; droit du créancier sur le bien meuble. — **2.** Le bien meuble lui-même affecté à cette garantie : *Prêter sur gages.* — **3.** Tout ce qui représente une garantie, une caution : *Son honnêteté est le gage d'une gestion irréprochable.* — **4.** Preuve, témoignage de la réalité d'un sentiment, d'une qualité : *Un gage d'amitié.*

– **5.** Pénitence choisie par les autres joueurs et qu'on doit accomplir quand on a perdu ou commis une faute. – **6.** *Droit de gage général,* droit pour le créancier de saisir, au moment où il exerce ses poursuites, tous les biens du patrimoine de son débiteur, de les faire vendre et de se payer sur le prix.

◆ **gages** n. m. pl. **1.** *Vx.* Rémunération des employés de maison, des ouvriers agricoles pour une période déterminée. – **2.** *Être aux gages de qqn,* le servir aveuglément. ‖ *Tueur à gages,* homme de main payé pour exécuter un assassinat.

GAGEA n. m. (de T. *Gage,* n. pr.). Petite liliacée bulbeuse à fleurs très précoces, jaunes en dedans, verdâtres en dehors. (Syn. ORNITHOGALE.)

GAGE-MORT n. m. (pl. *gages-morts*). Gage qui ne produisait pas de fruits ou dont les fruits ne venaient pas en déduction du capital de la créance et profitaient au créancier. (Forme d'usure, il fut proscrit par l'Église au XIIe s.) [Syn. MORT-GAGE.]

GAGER v. t. (de *gage*) [conj. **17**]. **1.** *Vx.* Miser une somme en pariant que telle chose se fera ou non : *Je gage cent francs que c'est lui le coupable.* – **2.** *Litt.* Donner comme sûre son opinion sur qqch : *Je gage qu'il arrivera en retard.* – **3.** Garantir qqch par un gage, par une garantie : *Gager un emprunt sur le cours de l'or.*

◆ **être gagé** v. pass. **1.** Être mis en gage : *Objet gagé.* – **2.** Être garanti par un gage : *Emprunt gagé sur l'or.*

GAGEUR, EUSE n. Personne qui remet une chose en gage.

GAGEURE [-ʒyr] n. f. (de *gager*). *Litt.* Action, projet peu croyables et ressemblant à un pari hasardeux : *C'est une gageure de vouloir raisonner cet entêté.*

GAGINI ou **GAGGINI,** famille de sculpteurs italiens, originaire de Bissone (Tessin), dont l'une des branches fut active en Sicile au XVe s. et au début du XVIe. Les plus connus sont DOMENICO († Palerme 1492), actif à Gênes, à Naples, puis à Palerme (1463), et son fils ANTONELLO (Palerme 1478 - *id.* 1536), actif à Messine et à Palerme.

GAGISTE n. (de *gage*). Personne qui détient une chose en gage, qui a un droit de gage sur qqch.

GAGMAN [gagman] n. m. (pl. *gagmen* [gagmɛn]) [amér. *gagman*]. Auteur spécialisé dans l'invention des gags dans les films ou spectacles comiques.

GAGNABLE adj. Qui peut être gagné, remporté : *Circonscription gagnable.*

GAGNAGE n. m. (de *gagner*). **1.** Nom donné autref. aux zones sur lesquelles les animaux pouvaient aller pacager. – **2.** Plaine garnie de récoltes ou d'herbages, dans laquelle les cervidés ainsi que les sangliers vont se nourrir.

GAGNANT, E adj. et n. **1.** Qui gagne ou a gagné : *Les gagnants du Loto. Jouer un cheval gagnant.* – **2.** *Être le grand gagnant,* être celui qui retire le maximum de bénéfice, d'avantages dans une situation.

◆ adj. **1.** Qui gagne, fait gagner : *Numéro gagnant.* – **2.** *Être gagnant (dans une situation),* y gagner, en tirer un avantage, un bénéfice. ‖ *Partir, jouer gagnant,* s'engager dans une affaire en prévoyant à l'avance qu'on gagnera.

GAGNE n. f. *Fam.* Pour un sportif, énergie qui le fait se surpasser pour l'emporter.

GAGNEBIN (Henri), compositeur suisse (Liège 1886 - Genève 1977). Directeur du conservatoire de Genève (1925-1957), où il enseigna jusqu'en 1961, il fonda en 1938 et présida jusqu'en 1959 le concours international de Genève. Il a écrit notamment 4 symphonies (1911, 1921, 1955, 1970), de la musique de chambre et, dans le domaine de la musique religieuse, des oratorios et des pièces d'orgue.

GAGNE-PAIN n. m. inv. **1.** Ce qui permet à qqn de gagner sa vie ; travail ou instrument de travail : *Ces leçons de piano étaient son gagne-pain.* – **2.** Personne qui, par son travail, assure les moyens d'existence d'autres personnes : *Il est le gagne-pain de sa famille.*

GAGNE-PETIT n. inv. **1.** Personne dont le métier rapporte peu. – **2.** Personne qui n'a pas d'ambition dans son métier.

GAGNER v. t. (frq. **waidanjan,* faire du butin) [conj. **3**]. **1.** Toucher, percevoir de l'argent pour une opération : *Gagner 500 F sur la vente d'un meuble.* – **2.** Percevoir de l'argent comme rémunération d'un travail : *Gagner un salaire convenable.* – **3.** Économiser qqch (quantité, temps, espace, etc.), ne pas le dépenser : *Passez par l'autoroute, vous gagnerez bien une heure.* – **4.** Obtenir un lot, un prix comme récompense à l'issue d'une compétition, d'un jeu : *Gagner le 1er prix d'un concours littéraire.* – **5.** Remporter la victoire dans un jeu, une compétition, une lutte : *Gagner les élections. Gagner la guerre.* – **6.** Retirer un avantage (ou ironiq. un inconvénient) de qqch : *Il y a tout à gagner de cette réforme.* – **7.** Augmenter en quantité, en valeur, croître : *Indice qui a gagné 5 points.* – **8.** Rendre qqn favorable à qqch, l'y rallier : *Gagner de nouveaux partisans.* – **9.** Se concilier la sympathie de qqn : *Gagner l'estime de ses adversaires.* – **10.** En parlant d'une sensation, d'un sentiment, envahir qqn, s'emparer de lui : *Je sentais l'angoisse me gagner.* – **11.** S'étendre, se propager jusqu'à tel endroit, tel secteur : *Le feu a gagné la maison voisine.* – **12.** Atteindre un lieu en se déplaçant : *Gagner* *un refuge.* — **13.** Fam. et ironiq. *Avoir gagné sa journée, sa matinée,* avoir eu un ennui tel qu'il fait perdre le bénéfice de toute une journée, de toute une matinée. ‖ *Avoir bien gagné qqch,* le mériter : *Vous avez bien gagné quelques jours de repos.* ‖ *Gagner un ami,* se faire un nouvel ami. ‖ *Gagner le large,* voguer vers la haute mer, ou, fam., décamper. ‖ *Gagner un navire,* se rapprocher de lui quand on le poursuit. ‖ *Gagner du temps,* atermoyer, différer qqch parce qu'on n'est pas prêt à réagir. ‖ *Gagner sa vie, son pain, son bifteck* (fam.), *sa croûte* (pop.), gagner de quoi assurer sa subsistance.

◆ v. i. **1.** Être le vainqueur, remporter la victoire : *Gagner à la loterie.* — **2.** L'emporter sur qqn d'autre et, en partic., remporter la décision dans une discussion : *Eh bien ! tu as gagné, nous ferons comme tu as dit.* — **3.** Tirer un avantage de qqch : *Ce garçon gagne à être connu. Vin qui gagne à vieillir.* — **4.** *Gagner en,* acquérir plus de telle qualité : *Gagner en sagesse.* — **5.** Recouvrir peu à peu une partie d'une étendue, en parlant de qqch, de qqn : *La mer gagne chaque année sur la côte.* — **6.** *Jouer à qui perd gagne,* convenir que celui qui aura perdu selon les règles ordinaires du jeu aura, au contraire, gagné.

◆ **être gagné** v. pass. *C'est gagné !,* nous avons obtenu ce que nous désirions ; tu as réussi (ou ironiq. tu as causé une catastrophe). ‖ *Ce n'est pas gagné d'avance,* il faudra faire des efforts pour obtenir cet avantage ; ce n'est pas donné, rien n'est moins sûr. ‖ *Être bien gagné,* être bien mérité : *Avoir droit à un repos bien gagné.*

GAGNEUR, EUSE n. Personne qui a la volonté de gagner, qui y met tous ses efforts et qui gagne.

◆ **gagneuse** n. f. *Arg.* Prostituée, du point de vue de son souteneur.

GAGNOA, v. de la Côte-d'Ivoire, ch.-l. de dép., au N.-O. d'Abidjan ; 42 000 hab. Conditionnement du café. Travail du bois.

GAGNON, v. du Canada (Québec), dans le Nouveau-Québec ; 3 400 hab. Extraction du fer évacué par voie ferrée vers Port-Cartier sur le Saint-Laurent.

GAGNY (93220), ch.-l. de cant. de la Seine-Saint-Denis, banlieue est de Paris ; 36 151 hab. Musée de spéléologie. Plâtrerie.

GAI, E adj. (gotiq. **gâheis,* impétueux). **1.** Qui est enjoué, souvent prêt à rire, toujours de bonne humeur : *Un garçon gai. Un caractère gai.* — **2.** Qui rit, s'amuse, est joyeux, de bonne humeur ; qui manifeste cette gaieté : *À la fin du repas tout le monde était très gai. Un gai sourire.* — **3.** Qui est joyeusement animé, vivant, vif, alerte ; se dit d'une réunion où l'on s'amuse : *La soirée a été très gaie.* — **4.** Qui met de bonne humeur, inspire la gaieté ; joyeux, riant, clair : *Un gai soleil d'été. Une musique gaie. Une couleur gaie.* — **5.** Se dit d'une œuvre qui fait rire, amuse ; divertissant : *Une pièce gaie.* — **6.** Fam. *C'est gai !,* se dit par antiphrase de qqch de fâcheux, de catastrophique. ‖ *Être un peu gai,* avoir un peu trop bu, être un peu gris, ivre. ‖ *Gai comme un pinson,* très gai, très joyeux. ‖ *Gaie science* ou *gai savoir,* se disait autrefois de la poésie des troubadours (par oppos. à la théologie, à la philosophie, etc.).

◆ adj. et n. Francisation de GAY.

Gai Savoir *(consistoire du)* → JEUX FLORAUX.

Gai Savoir *(le),* ouvrage de Nietzsche (1882, rééd. et complété en 1886). C'est un recueil d'aphorismes pleins de force et de gaieté, dans lequel s'esquisse le thème de l'éternel retour.

GAIA ou **GÊ,** la Terre, née de Nyx et d'Éros, conçue par les anciens Grecs comme l'élément primordial d'où sont issues les races divines.

GAÏAC ou **GAYAC** n. m. (taïno *guayak*). **1.** Petit arbre résineux et odorant (zygophyllacée) des Antilles et de l'Amérique centrale, au bois très dur et très lourd employé en ébénisterie et pour faire des poulies, et dont on extrait le gaïacol. — **2.** *Gaïac de Cayenne,* nom usuel du *coumarouna.*

GAÏACOL ou **GUAIACOL** n. m. (de *gaïac*). Substance médicamenteuse (antiseptique pulmonaire et expectorant), isolée de la résine de gaïac, préparée maintenant par synthèse, ainsi que ses dérivés, le carbonate de gaïacol, le sulfogaïacolate de potassium et l'éther glycérique du gaïacol (décontracturant musculaire).

GAIDOZ (Henri), folkloriste français (Paris 1842 - *id.* 1932). Il a fondé avec E. Rolland une importante revue de folklore, *Mélusine, recueil de mythologie, littérature populaire, traditions et usages* (1877-1912).

GAIEMENT ou, vx, **GAÎMENT** adv. **1.** De façon gaie ; d'une manière gaie : *Chanter gaiement.* — **2.** *Fam.* Avec entrain, enthousiasme, sans hésitation, de bon cœur : *Allons-y gaiement !*

GAIETÉ ou, vx, **GAÎTÉ** n. f. (de *gai*). **1.** Bonne humeur, disposition à rire ou à s'amuser : *Un visage rayonnant de gaieté.* — **2.** Caractère de ce qui manifeste la bonne humeur ou qui y dispose : *La gaieté d'une fête.* — **3.** *De gaieté de cœur,* de propos délibéré, sans y être contraint ; volontiers (souvent dans des phrases négatives) : *Je n'ai pas renoncé à fumer de gaieté de cœur.*

◆ **gaietés** n. f. pl. Côtés drôles, détails amusants ou, ironiq., désagréments résultant d'une action, d'une situation : *Les gaietés de la circulation aux heures d'affluence.*

GAIGNIÈRES (François Roger DE), érudit et collectionneur français (Entrains-sur-Nohain, Nivernais, 1642 - Paris 1715). Sa collection (archives privées, actes copiés par lui-même, reproduction de portraits) est aujourd'hui à la Bibliothèque nationale de France.

GAILLAC n. m. Vin d'appellation d'origine contrôlée produit dans la région de Gaillac.

GAILLAC (81600), ch.-l. de cant. du Tarn, sur le Tarn ; 10 667 hab. *(Gaillacois).* Deux églises remontant au XIIe s. Maisons anciennes. Musées. Centre d'une petite région viticole. Travail des plastiques.

1. GAILLARD, E adj. (gaul. **galia,* force). **1.** *Vx.* Qui est plein de vie, d'entrain : *Il a un air tout gaillard.* – **2.** Qui est un peu trop libre, grivois : *Une chanson gaillarde.*
◆ n. **1.** Personne pleine de vigueur et d'allant : *Cette femme, c'est une rude gaillarde.* – **2.** *Fam.* Personne adroite, maligne et peu scrupuleuse, dont il faut se méfier, ou enfant rusé (surtout masc.) : *Nous avons affaire à un drôle de gaillard.* – **3.** Appellation familière (surtout au masc.) : *Attends un peu, mon gaillard, je vais t'attraper.*

2. GAILLARD n. m. (abrév. de *château gaillard*). **1.** Superstructure placée à l'avant d'un navire, sur le pont supérieur. – **2.** *Gaillard d'arrière,* syn. anc. de DUNETTE.

GAILLARD (74240), comm. de la Haute-Savoie, voisine d'Annemasse ; 9 615 hab. *(Gaillardins).* Produits pharmaceutiques.

GAILLARD (Eugène), décorateur français (1862 - Paris 1933). Il produisit des meubles de style Art nouveau et se fit le champion d'une coopération de l'art et de l'industrie, qu'il réclama dans divers ouvrages (*À propos du mobilier,* 1906).

1. GAILLARDE n. f. (de *gaillard 1*). **1.** Danse vive et gaie, de mesure ternaire, en vogue en France aux XVIe et XVIIe s. (Sans doute d'origine italienne, la gaillarde se dansait à la suite de la pavane.) – **2.** Air sur lequel elle s'exécutait.

2. GAILLARDE n. f. (de *Gaillard,* n. pr.). Herbe (composée) ornementale, à capitules jaune d'or ou purpurins.

GAILLARDEMENT adv. *Vx.* **1.** De façon gaie, réjouie : *Plaisanter gaillardement.* – **2.** Avec entrain, bonne humeur, courage : *Marcher gaillardement malgré la fatigue.*

GAILLARDISE n. f. *Litt.* Action, parole, écrit un peu trop libre.

GAILLET [gajɛ] n. m. (lat. sc. *galium,* croisé avec *caille-lait*). Herbe (rubiacée) à tige quadrangulaire, à feuilles opposées paraissant verticillées, à petites fleurs blanches, jaunes ou rouges. (Principales espèces : croisette, gratteron, mollugine, gaillet jaune, etc.) [Nom usuel *caille-lait.*]

GAILLETIN n. m. Houille calibrée en morceaux de 50 à 80 mm.

GAILLETTE [gajɛt] n. f. (wallon *gaille,* noix). Gros morceau de charbon.

GAILLON (27600), ch.-l. de cant. de l'Eure, dans la vallée de la Seine ; 6 346 hab. *(Gaillonnais).* Restes d'un prestigieux château de plaisance des archevêques de Rouen, entrepris en 1501, gothique avec des décors italianisants qui furent parmi les premiers apparus en France. Constructions mécaniques. Travail des matières plastiques.

GAÎMENT → GAIEMENT.

GAIN n. m. (de *gagner*). **1.** Action de gagner, de l'emporter dans une action : *Le gain d'un procès.* – **2.** Action de gagner, d'obtenir un avantage quelconque : *Gain de temps, de place.* – **3.** Avantage, bénéfice obtenu : *Retirer un gain énorme de ses lectures.* – **4.** Bénéfice financier, somme d'argent que l'on gagne : *Faire des gains importants à la Bourse.* – **5.** L'argent considéré comme un but à atteindre, comme un bien à obtenir : *Être âpre au gain. Céder à l'appât du gain.* – **6.** *Avoir gain de cause,* obtenir une décision en sa faveur dans une discussion, un débat, un différend. – **7.** *Commande automatique de gain (C. A. G.),* dispositif qui règle l'amplification dans un récepteur radioélectrique, de sorte que le signal à la sortie garde un niveau à peu près constant. ‖ *Gain (en puissance),* rapport, généralement exprimé en décibels, de deux puissances qui se correspondent à la sortie et à l'entrée d'un circuit électrique ou d'un appareil, ou entre deux points d'une voie de transmission. ‖ *Gain (isotrope) d'une antenne,* rapport de l'intensité de rayonnement d'une antenne en fonction de la direction à l'intensité de rayonnement qui serait produite si l'antenne rayonnait uniformément dans toutes les directions de l'espace la puissance qui lui est fournie. (→ *encycl.*) ‖ *Gains et salaires,* produit du travail des époux tombant dans la communauté, à l'abri des créanciers de l'autre et dont chacun peut respectivement disposer.
ENCYCL. Le gain isotrope d'une antenne est maximal dans l'axe d'un ou de plusieurs faisceaux, ou lobes principaux, où se trouve concentrée la plus grande partie de la puissance rayonnée.

GAINAGE n. m. **1.** Action de munir qqch d'une gaine. – **2.** Fabrication d'un article de gainerie.

GAÏNAS ou **GAINIAS,** général d'origine gothique, qui combattit dans l'armée romaine sous Théodose († Thrace 400). Chargé de réprimer la révolte des Goths fédérés d'Asie Mineure (399), il s'entendit avec eux et fut le maître de Constantinople pendant six mois (400).

GAINE n. f. (lat. pop. **wagina,* du lat. class. *vagina*). **1.** Sorte d'étui rigide dans lequel on place un instrument tranchant ; fourreau.

— 2. Étui qui s'adapte à des objets divers pour les protéger : *Gaine de parapluie.* — 3. Sous-vêtement féminin en tissu élastique, enserrant la taille et les hanches, destiné à affiner la silhouette. • **Anat.** Enveloppe qui entoure un organe, un muscle, un tendon, etc. — **Arm.** Tube d'acier vissé dans l'œil de l'obus et dans lequel se fixe la fusée. — **Autom.** et **Cycl.** Enveloppe tubulaire dans laquelle passe un câble de commande. — **Bât.** Enveloppe de canalisation. ‖ Cage d'ascenseur. ‖ *Gaine d'aération, de ventilation,* conduit servant à l'aération de locaux. — **Bot.** Base élargie des feuilles, enveloppant la tige dans une partie de sa longueur. (Mince chez les graminées, la gaine est charnue et comestible chez quelques ombellifères [fenouil] et surtout chez l'oignon, où, formée d'écailles, ou tuniques, elle constitue l'essentiel du bulbe.) — **Bx-arts.** Support en matériau quelconque allant s'amincissant de haut en bas et sur lequel on pose des bustes, des statuettes, des objets d'art. (À partir du XVIe s. en France. Lorsqu'une gaine forme un tout avec le buste qu'elle supporte, on donne à l'ensemble les noms de *terme,* d'*hermès* ou de *figure engainée.)* ‖ *Pied en gaine,* pied de meuble de section quadrangulaire, se rétrécissant du haut vers le bas (style Louis XVI). — **Électr.** Enveloppe tubulaire protectrice d'un câble.— **Électron.** Dispositif protecteur entourant une ampoule à rayons X. — **Fortif.** Communication souterraine reliant les éléments d'un ouvrage fortifié. (Syn. GALERIE.) — **Min.** Voie maintenue ouverte dans le remblai ou dans le minerai abattu et qui a le même usage qu'une cheminée. — **Neurol.** Structure cellulaire qui isole du milieu extérieur l'axone de la cellule nerveuse. (La gaine est constituée par des cellules névrogliques spéciales telles que les cellules de Schwann, qui, dans les nerfs des vertébrés, recouvrent chaque axone, séparément, de couches de myéline superposées.) — **Nucl.** Enveloppe protectrice d'un combustible nucléaire. — **Verr.** Partie périphérique d'une fibre optique.

GAINE-CULOTTE n. f. (pl. *gaines-culottes*). Sous-vêtement féminin formant gaine et culotte en une seule pièce.

GAINER v. t. (conj. 4). 1. Recouvrir qqch d'une gaine. — 2. Rouler comme dans une gaine : *Jambes gainées de soie noire.* — 3. Recouvrir un article de gainerie d'une feuille de cuir ou de matériau plastique.

GAINERIE n. f. Fabrication des gaines, étuis et fourreaux ainsi que des cassettes, écritoires, coffrets, flacons, etc.

1. GAINIER, ÈRE n. (de *gaine*). 1. Ouvrier, artisan, commerçant qui fabrique ou vend des articles de gainerie. — 2. Personne qui effectue l'opération de gainage.

2. GAINIER n. m. (de *gaine*). Arbre ornemental (césalpiniacée) aux fleurs roses paraissant avant les feuilles, au fruit en gousse aplatie. (N. usuel *arbre de Judée.*)

GAINSBOROUGH (Thomas), peintre anglais (Sudbury, Suffolk, 1727 - Londres 1788). Élève, notamment, du Français Gravelot, influencé par Van Dyck, il fit une carrière mondaine à Ipswich, à Bath (1759) puis à Londres (1774), conférant un grand charme à ses portraits, surtout féminins, s'inspirant des Hollandais dans ses paysages, d'une liberté et d'une sensibilité nouvelles. Sa rivalité avec Reynolds lui inspira le *Blue Boy* du musée de San Marino (Californie). Son art élégant, sa technique frémissante jettent un pont entre l'époque rocaille et le romantisme.

GAINSBOURG (Lucien GINSBURG, dit **Serge**), auteur-compositeur et chanteur français (Paris 1928 - *id.* 1991). Il sut imposer au public un personnage de désinvolte désenchanté et sardonique cachant une vive sensibilité. Parmi ses chansons les plus connues, *le Poinçonneur des Lilas, la Chanson de Prévert, les Sucettes* (pour France Gall), *Je t'aime, moi non plus, Melody Nelson, Ex-Fan des sixties* (pour Jane Birkin). Il a également réalisé plusieurs films.

GAÎTÉ → GAIETÉ.

GAITSKELL (Hugh), homme politique et économiste britannique (Londres 1906 - *id.* 1963). Député travailliste (1945), ministre des Affaires économiques (1950), chancelier de l'Échiquier (1950-51), il dirigea le parti travailliste (1955-1963).

GAIUS, jurisconsulte romain, contemporain d'Antonin le Pieux et de Marc Aurèle, qui fut l'un des principaux représentants de l'école des sabiniens.

GAIZE n. f. Roche sédimentaire siliceuse, constituée d'abondants spicules d'éponges.

GAJ (Ljudevit), homme politique et écrivain croate (Krapina 1809 - Zagreb 1872). Animateur du mouvement illyrien qui prônait l'unité linguistique et littéraire des Slaves du Sud, il publia à Zagreb le premier journal croate, *Danica.* Il fit adopter comme base du croate standard le dialecte štokanien et jeta les bases d'une orthographe nationale utilisant l'alphabet latin.

GAJDUSEK (Carleton), neurologue et virologiste américain (Yonkers 1923). Il a reçu le prix Nobel de physiologie et de médecine en 1976 avec B. S. Blumberg pour ses découvertes sur la genèse et la diffusion de certaines maladies infectieuses par des agents pathogènes nouveaux, appelés viroïdes.

GAKUFU [gakufu] n. m. inv. (jap. *gakufu,* partition). Notation musicale japonaise.

GAL n. m. (pl. *gals*) [de *Galilée,* n. pr.]. Unité C. G. S. d'accélération (symb. Gal) utilisée en prospection gravimétrique. (Il correspond à 10^{-2} m/s² dans le S. I.)

GALA n. m. (esp. *gala,* de l'anc. fr. *gale,* réjouissance). **1.** Réception de caractère officiel marquée par un grand apparat : *Dîner de gala.* — **2.** Spectacle exceptionnel donné en général au profit d'une œuvre ou en hommage à qqn : *Gala de l'Union des artistes.* — **3.** *De gala,* qui sert ou qui a lieu dans les occasions officielles ou solennelles : *Tenue de gala.*

GALAAD, région montagneuse de Transjordanie, entre le Yabboq et le Yarmouk, célèbre dans la Bible.

Galaad, héros de la *Queste* del saint Graal.* Fils de Lancelot*, il est le chevalier chaste qui découvrira le Graal.

GALACTIQUE adj. (gr. *galaktikos*). **1.** Relatif à la Galaxie ou à une galaxie. — **2.** *Plan galactique,* plan de symétrie de la Galaxie. ‖ *Pôles galactiques,* points d'intersection de la sphère céleste avec une normale au plan galactique.

GALACTOCÈLE n. m. Distension kystique des canaux galactophores du sein, par du lait, pouvant se produire lors de l'allaitement.

GALACTOGÈNE adj. et n. m. Qui provoque ou accroît la sécrétion lactée.

GALACTOPHORE adj. **1.** Se dit des canaux excréteurs des glandes mammaires. — **2.** *Glande galactophore,* syn. de MAMELLE.

GALACTOPOÏÈSE n. f. Formation du lait dans la glande mammaire après l'accouchement.

GALACTORRHÉE n. f. Écoulement de lait en dehors des conditions ordinaires de l'allaitement. (La galactorrhée peut être due notamment à la prise de neuroleptiques.)

GALACTOSE n. m. (gr. *gala,* lait). Aldohexose $C_6H_{12}O_6$, épimère du glucose.
ENCYCL. Dans l'organisme animal, le galactose, obtenu après hydrolyse intestinale du lactose alimentaire, arrive au foie, où il est transformé en glucose et en glycogène. Le D-galactose est combiné au D-glucose dans le lactose du lait ; on peut l'obtenir par hydrolyse du lactose ou de certaines gommes.

GALACTOSÉMIE n. f. **1.** Présence de galactose dans le sang, normale après les repas. — **2.** *Galactosémie congénitale,* maladie héréditaire rare caractérisée par l'absence dans le foie et les globules rouges du nouveau-né d'une enzyme transformant le galactose en glucose.

GALACTOSIDASE n. f. Syn. de LACTASE.

GALACTOSURIE n. f. Présence de galactose dans les urines.

GALAGO n. m. Prosimien arboricole, insectivore et nocturne des forêts d'Afrique tropicale, à longue queue, pelage dense et laineux, grandes oreilles mobiles et gros yeux.

GALALITHE n. f. (n. déposé). Matière plastique dure obtenue à partir de caséine chauffée sous pression et formolée avant séchage.

GALAMMENT adv. D'une manière galante, courtoise, polie.

GALAMO *(mont),* montagne d'Éthiopie, dominant à l'E. la Rift Valley ; 4 340 m.

GALAMUS *(gorges de),* pittoresque défilé de la vallée de l'Agly, sortant des Corbières.

GALANA, anc. **Sabaki,** fl. du sud du Kenya, tributaire de l'océan Indien ; 560 km.

GALANDAGE n. m. (anc. fr. *galande,* guirlande). Cloison ou mur léger en briques posées de chant.

GALANT, E adj. (part. prés. de l'anc. fr. *galer,* s'amuser, du lat. pop. **walare,* du frq. **wala,* bien). **1.** Plein d'empressement, de prévenances auprès des femmes : *En homme galant, il céda sa place.* — **2.** Inspiré par des sentiments tendres, qui a trait à l'amour, aux relations sentimentales : *Un rendez-vous galant. Surprendre qqn en galante compagnie.* — **3.** Litt. *Femme, fille galante,* femme de mœurs légères, qui vit de la galanterie. ‖ *Galant homme,* homme d'honneur qui use de procédés délicats, courtois. ‖ *Style galant,* style musical du XVIIIᵉ s., caractérisé par sa simplicité mélodique et harmonique, son goût de l'ornementation et des nuances.
◆ **galant** n. m. *Vx* ou *ironiq.* Homme qui courtise une femme ; amant.

GALANTERIE n. f. **1.** Politesse empressée auprès des femmes. — **2.** Propos, compliments flatteurs adressés à une femme (surtout pl.) : *Débiter des galanteries.* — **3.** *Litt.* Recherche d'aventures amoureuses, de bonnes fortunes.

GALANTIN n. m. *Vx.* Amoureux ridicule.

GALANTINE n. f. (anc. fr. *galatine*). Préparation de charcuterie cuite, composée de morceaux de viande maigre et de farce, façonnée dans des moules, des terrines.

GALÁPAGOS *(îles),* officiellement **archipiélago de Colón,** archipel volcanique de l'océan Pacifique, formant une province de l'Équateur ; env. 8 000 km² ; 9 800 hab. Ch.-l. *Puerto Baquerizo,* dans l'île San Cristobal. À 950 km de la côte, l'archipel (13 îles principales), peuplé d'espèces animales rares, est un parc national.

GALAPIAT n. m. (rad. *gal-,* indiquant la gloutonnerie, et *laper*). *Fam.* et *vx.* Vaurien, polisson.

GALATA, quartier d'Istanbul, à l'entrée de la Corne d'Or (rive nord).

GALATE n. (gr. *Galatês*). Nom donné par les Grecs aux peuples celtes qui ont envahi la Grèce au IIIe s. av. J.-C.

Galates *(Épître aux),* lettre adressée d'Éphèse aux chrétiens de Galatie par l'apôtre saint Paul, sans doute durant l'hiver 56-57, pour réfuter les erreurs des chrétiens judaïsants qui tentaient d'inculquer aux convertis galates la nécessité des observances mosaïques.

GALATÉE n. f. (de *Galatée,* n. pr.). Mollusque bivalve vivant en colonies nombreuses dans les sables des berges fluviales d'Afrique tropicale de l'Ouest. (On récolte ses coquilles pour en faire de la chaux.)

GALATÉE, divinité marine grecque. Elle changea en fleuve son amant, le berger Acis, victime de la jalousie du cyclope Polyphème.

GALATÉE, quatrième satellite de la planète Neptune, découvert en 1989 par la sonde américaine Voyager 2. Demi-grand axe de son orbite : 62 000 km. Période de révolution sidérale : 10,3 h. Diamètre : 150 km.

GALATHÉE n. f. (lat. sc. *galathea*). Crustacé décapode anomoure, à céphalothorax déprimé, aux pattes antérieures terminées en fortes pinces.

GALAȚI, port de Roumanie, sur le Danube, au confluent du Siret ; 325 788 hab. Cabotage et transit pour produits miniers, sidérurgiques, nœud ferroviaire international et centre industriel (sidérurgie, chantier naval, alimentation).

GALATIE, en gr. et en lat. **Galatia,** contrée du centre de l'Asie Mineure, qu'entouraient au N. la Bithynie et la Paphlagonie, au S. la Lycaonie, à l'E. le Pont et la Cappadoce, à l'O. la Phrygie. — **Hist.** Au début du IIIe s. av. J.-C., des bandes gauloises venues d'Europe ravagent l'Asie Mineure avant d'être repoussées (v. 270) au centre de l'Anatolie. C'est là que se constitue la Galatie, du nom de ses habitants, les Galates, contre lesquels les souverains de Pergame mènent de nombreuses campagnes. La Galatie était divisée en trois régions, regroupées en État fédératif. En 189-188 av. J.-C., Rome envahit le pays, le laisse sous la domination d'Eumènês de Pergame (166 av. J.-C.), puis lui accorde l'autonomie. En 25 av. J.-C., la Galatie, grossie de la Paphlagonie, devient province romaine.

GALAXIE n. f. (gr. *galaksias,* voie lactée, de *gala,* lait). **1.** Vaste ensemble d'étoiles et de matière interstellaire dont la cohésion est assurée par la gravitation. (La *Galaxie* à laquelle appartient le système solaire est désignée par une majuscule.) [→ *encycl.*] — **2.** *Fig.* Ensemble formé par tout ce qui, de près ou de loin, participe d'une même activité : *La galaxie de la formation professionnelle.*

ENCYCL. La Galaxie se présente comme un disque très aplati de diamètre voisin de 30 000 parsecs (100 000 al) et d'épaisseur à peu près uniforme, avec une grosse boursouflure centrale, le *bulbe*. Le centre est situé pour nous vers la constellation du Sagittaire. La position du Soleil y est excentrée, aux deux tiers d'un rayon à partir du centre et légèrement au N. du plan moyen, l'épaisseur du disque à ce niveau étant d'environ 1 000 pc. La concentration diminue du centre vers le bord du disque. Autour du disque se répartissent des amas* globulaires dans un *halo* sphéroïdal.

La Galaxie est un ensemble d'étoiles, de gaz et de poussières. La présence de gaz se manifeste sous forme de nébuleuses* brillantes (ou régions H II) au voisinage des étoiles chaudes et sous forme de gaz froid, décelable seulement dans le domaine des ondes radio, loin des étoiles chaudes. L'ensemble du gaz et des poussières constitue le milieu interstellaire* ; il représente environ 10 % de la masse totale.

Le *disque* comprend env. 70 % de la masse totale ; il contient des étoiles d'âges et de masses variés et toute la matière interstellaire. Cette dernière et les étoiles les plus jeunes sont réparties le long de bras spiraux dans un disque d'épaisseur très faible, de l'ordre de 200 al. Les étoiles plus vieilles et les nébuleuses planétaires sont moins concentrées (épaisseur moyenne : de 700 à 1 000 al).

Le *bulbe* est pour l'essentiel constitué d'étoiles vieilles riches en métaux et d'étoiles de population II. La répartition du gaz interstellaire révélée par les observations radioastronomiques et infrarouges indique une structure complexe et d'importants mouvements d'expansion du gaz à partir du centre galactique.

Le *halo* est essentiellement peuplé d'étoiles âgées et de population II réparties dans les amas globulaires. Certaines observations récentes montrent qu'il existe également une vaste couronne gazeuse autour du disque. Le disque est animé d'une rotation d'ensemble. Celle-ci ne s'effectue pas comme celle d'un corps solide : c'est une *rotation différentielle,* où la vitesse de rotation varie en fonction de la distance au centre. Le Soleil et le système solaire tournent à une vitesse d'environ 250 $km.s^{-1}$; il leur faut env. 240 millions d'années pour effectuer le tour de la Galaxie. En outre, le Soleil a par rapport aux étoiles de son voisinage un mouvement particulier. Celui-ci s'effectue à une vitesse de 19,5 $km.s^{-1}$, dans une direction du ciel, appelée *apex,* située dans la constellation d'Hercule.

• *Historique et hypothèses.* E. Kant en 1755 eut l'intuition que la Voie lactée n'était pas un système unique et que d'autres mondes stellaires, les « univers-îles », devaient exister bien au-delà. Les observations de l'astronome américain Hubble n'en apportèrent la preuve qu'après 1920. Des dizaines de millions de galaxies sont connues aujourd'hui et celles-ci apparaissent comme le constituant fondamental de l'Univers. Ce sont de vastes systèmes dont le diamètre typique est de l'ordre de 100 000 al (la plus grande galaxie connue, découverte en 1987, aurait 1 300 000 al de diamètre), qui contiennent des étoiles (env. 100 milliards en moyenne), du gaz (de 0 à 30 % de la masse totale) et des poussières. Hubble a proposé en 1926 de classer les galaxies suivant trois grandes catégories, d'après leur forme : *elliptiques, spirales* (barrées ou non) et *irrégulières.* Des subdivisions plus fines dans chaque catégorie caractérisent le *type morphologique* de la galaxie.
Les *galaxies elliptiques* constituent env. 15 % de l'ensemble ; les *galaxies spirales,* env. 80 % ; les *galaxies irrégulières,* env. 3 % ; enfin, il existe env. 2 % de *galaxies particulières,* qui n'entrent pas dans cette classification. L'analyse du contenu des galaxies montre que la séquence des types morphologiques a une signification physique liée à la proportion d'étoiles jeunes et de gaz. La mesure des décalages des raies spectrales observées (en optique et en radio) en différents points sur une galaxie permet de déterminer le mouvement d'ensemble et les mouvements internes dans la galaxie. La répartition des galaxies n'est pas uniforme ; la plupart sont groupées en paires, triplets, groupes, amas et superamas. Les raies des spectres des galaxies sont systématiquement décalées vers le rouge et le décalage est proportionnel à leur distance. Ce phénomène s'interprète dans le cadre de la théorie de la relativité générale comme une conséquence de l'expansion* de l'Univers.
On admet généralement aujourd'hui que toutes les galaxies se sont formées simultanément, environ un milliard d'années après le big bang*, mais que les différents types résultent des conditions initiales de formation et traduisent des rythmes très différents du taux de formation des étoiles. Ainsi, les galaxies elliptiques seraient celles qui transforment pratiquement tout leur gaz en étoiles dès leur formation. Les irrégulières, au contraire, transformeraient très lentement leur gaz en étoiles. Les spirales auraient un rythme intermédiaire de transformation du gaz en étoiles. Toutefois, des résultats récents indiquent que le contenu gazeux d'une galaxie est aussi lié à son environnement. En particulier, les interactions gravitationnelles entre galaxies proches induisent des déformations de structure et peuvent stimuler le taux de formation des étoiles. Certaines galaxies (moins de 5 % de l'ensemble) présentent une activité importante localisée dans leur noyau : radiogalaxies*, galaxies de Seyfert*, quasars*. D'autres semblent abriter des sites de production récente et intense d'étoiles très bleues et lumineuses. Toutes ces anomalies pourraient correspondre à certaines phases brèves d'activité d'une galaxie, au cours de son évolution.

GALAXITE n. f. Oxyde naturel d'aluminium et de manganèse, cubique, du groupe des spinelles.

GALBA (Servius Sulpicius), empereur romain (Terracina v. 3 av. J.-C. - Rome 69 apr. J.-C.). Il reçoit, sous Néron, le gouvernement de l'Espagne Tarraconaise. En 68, il s'associe à la révolte du gouverneur de la Lyonnaise, Vindex. Celui-ci est vaincu par les armées de Germanie. Pourtant, le sénat admet Galba comme successeur de Néron, et les prétoriens se rallient à lui. Il devient empereur à la mort de Néron (juin 68), mais les armées de Germanie se révoltent en janv. 69. Pour affermir sa position, Galba présente un jeune noble, Calpurnius Pison Licinianus, comme son héritier. Tous deux seront égorgés par les prétoriens.

GALBE n. m. (ital. *garbo,* grâce, de *garbare,* plaire, du gotiq. **garwon,* arranger). **1.** Contour, profil plus ou moins courbe d'un membre d'architecture, d'un vase, d'un meuble, etc. — **2.** Contour, profil gracieux d'une partie du corps humain : *Le galbe d'un mollet.* — **3.** Syn. de DIMINUTION* DES COLONNES et de ENTASIS. — **4.** Courbure faible d'une tôle.

GALBER v. t. (conj. 3). Donner du galbe à un objet ; le cintrer légèrement.
◆ **être galbé** v. pass. **1.** Présenter une courbe, une courbure : *Commode galbée.* — **2.** Avoir une courbe harmonieuse, être bien fait : *Des jambes bien galbées.* — **3.** *Meuble galbé,* dont les côtés présentent une surface mi-concave, mi-convexe. ‖ *Colonne galbée,* dont le fût présente un profil convexe.

GALBRAITH (John Kenneth), économiste américain (Iona Station, Ontario, 1908). Il publie, en 1958, *l'Ère de l'opulence,* véritable réquisitoire contre la société de consommation, puis, en 1967, *le Nouvel État industriel,* où, analysant les bouleversements du monde économique moderne, il met en avant l'existence d'une technostructure qui comprend l'ensemble des individus participant aux prises de décision.

GALBREATH (Donald Lindsay), héraldiste américain (Newark, Ohio, 1884 - Londres 1949). Spécialiste des armoiries médiévales, il aborda l'un des premiers le domaine de l'héraldique comparée. Son *Manuel du blason* (1942) fait toujours autorité.

GAŁCZYŃSKI (Konstanty Ildefons), poète polonais (Varsovie 1905 - *id.* 1953), dont les poèmes ont célébré la beauté de l'existence, de l'art et de l'amour (*Fiacre enchanté,* 1948 ; *les Chants,* 1953).

GALDHØPIGGEN, sommet de Norvège, point culminant du massif du Jotunheim ; 2 469 m. Tourisme (ski).

GALDÓS (Benito PÉREZ) → PÉREZ GALDÓS.

GALE n. f. (de *galle 1*). **1.** Maladie cutanée contagieuse, déterminée chez l'homme et chez les animaux par la présence sous la peau d'un acarien. (→ *encycl.*) — **2.** *Fam.* Personne très médisante, méchante. ‖ *Méchant, mauvais comme la gale,* très méchant. ‖ Fam. *N'avoir pas la gale,* être sain ou être fréquentable. — **3.** Maladie des végétaux provoquant des pustules à la surface de la plante. — **4.** Défaut superficiel local dans une pièce de fonderie, sous forme d'une surépaisseur rugueuse, mélange de sable et de métal fondu. — **5.** *Gale auriculaire,* syn. de OTACARIOSE. ‖ *Gale folliculaire* ou *démodécique,* syn. de DÉMODÉCIE. ‖ *Gale filarienne,* syn. de CRAW-CRAW. ‖ *Gale professionnelle,* nom usuel de dermatoses qui ressemblent à la gale, mais n'ont pas la même origine. (Ce sont en général des eczémas de contact provoqués notamment par le ciment et le nickel.)

ENCYCL. **Méd.** Chez l'homme, la gale se contracte par contamination directe ou indirecte, à la suite du passage à travers la peau de jeunes femelles de *Sarcoptes scabiei* fécondées. L'incubation (de 8 à 10 jours) est suivie de l'apparition de lésions de prurigo, accompagnées d'un prurit très vif. Les lésions (sillons et vésicules perlées), qui prédominent sur les poignets, les faces latérales des doigts et les fesses, s'étendent à tout le corps.

Le traitement, accompagné par la désinfection des vêtements et de la literie, utilise le benzoate de benzyle ou le D. D. T.

— **Vétér.** Plusieurs parasites provoquent la gale chez les animaux : sarcoptes, otodectes, psoroptes... Les équidés, les bovins, les ovins, les caprins, les porcins, les lapins, le chien, les oiseaux peuvent être atteints par cette maladie, qui se développe sur des parties du corps spécifiques, en fonction de la nature du parasite. La gale du chat est la plus contagieuse pour l'homme. Les gales animales ont perdu de leur importance depuis la découverte des insecticides. Dans les grands élevages, on applique ces derniers par bains, douches, pulvérisations.

Galeão, aéroport international de Rio de Janeiro, sur l'île Governador, au N. du centre de Rio.

GALÉASSE n. f. (ital. *galeazza,* de *galea,* galère). Navire à rames et à voiles des XVIe et XVIIe s., plus fort et plus lourd que la galère. (Les galéasses contribuèrent à la victoire des chrétiens à Lépante et figurèrent dans l'« Invincible Armada ».)

GALÉE n. f. (gr. byz. *galea,* galère). Plaque métallique portant sur deux de ses côtés une équerre et recevant les lignes de composition typographique manuelle ou mécanique.

GALEGA n. m. (gr. *gala,* lait, et gr. *agein,* apporter). Plante (papilionacée) vivace, à fleurs bleues ou violacées, d'Europe méridionale. (L'extrait des fleurs de galega stimule la sécrétion lactée.)

GALÉIFORME n. m. (gr. *galeos,* squale). Nom d'un ordre contenant la plupart des espèces de requins.

GALÉJADE n. f. (provenç. *galejado,* plaisanterie, de *galejá,* plaisanter). *Fam.* Dans le Midi provençal, histoire, plaisanterie, mystification.

GALÉJER v. i. (provenç. *galejá*) [conj. **18**]. *Fam.* Dire des galéjades ; plaisanter, blaguer.

GALÈNE n. f. (lat. *galena,* du gr. *galênê,* plomb). Sulfure naturel de plomb, de formule PbS, cubique. (C'est le principal minerai de plomb. Il se rencontre en filons réguliers ou en gîtes stratiformes ou de contact. La galène est souvent argentifère, ce qui en fait aussi le plus important des minerais d'argent.)

GALÉNIQUE adj. (lat. *Galenus,* Galien). **1.** Relatif à la méthode de Galien. — **2.** *Médicament galénique,* médicament résultant des préparations pharmaceutiques proprement dites.

GALÉNISME n. m. (lat. *Galenus,* Galien). Doctrine médicale de Galien, en honneur pendant tout le Moyen Âge, fondée sur la théorie des quatre humeurs (sang, bile, atrabile et pituite), des quatre qualités primitives (chaleur, froid, humidité et sécheresse) et des trois esprits, ou *pneuma* (localisés le premier dans le foie, le deuxième dans le cœur, le troisième dans le cerveau).

GALÉODE n. f. (lat. sc. *galeodidæ*). Arachnide solifuge nocturne, rapide et vorace, des régions du sud-est de l'Europe.

GALÉODIDÉ n. m. Grand mollusque gastropode prosobranche, dont la coquille porte souvent des nodosités ou des apophyses.

GALÉOPITHÈQUE n. m. Mammifère du Sud-Est asiatique, forestier, nocturne et végétarien, muni d'un patagium qui lui permet de longs vols planés. (Les galéopithèques forment le petit ordre des *dermoptères.*)

GALÉOPSIS [-psis] n. m. (lat. *galeopsis,* du gr. *galiopsis*). Labiée à fleurs purpurines, blanches ou jaunâtres, groupées en verticilles compacts. (N. usuel *chanvre sauvage.*)

GALEOTTI (Vincenzo), danseur et chorégraphe italien (Florence 1733 - Copenhague 1816). Engagé au Ballet royal de Copenhague (1775), il introduisit dans le ballet danois les premiers thèmes scandinaves et surtout romantiques.

GALÈRE n. f. (catalan *galera,* du gr. byz. *galea*). **1.** Bâtiment de guerre ou de commerce à rames et à voiles en usage de l'Antiquité au XVIIIe s. (→ *encycl.*) — **2.** *Litt.* Lieu, état dans lequel on mène une vie très dure : *Se laisser entraîner dans une drôle de galère.* — **3.** *Pop.* Le fait de galérer, existence difficile. — **4.** *Que diable allait-il faire dans cette galère ?,* pourquoi s'est-il engagé dans une pareille entreprise ? (Allus. aux *Fourberies de Scapin,* de Molière.) ‖ *Vogue la galère,* advienne que pourra.

◆ **galères** n. f. pl. Peine des criminels condamnés à ramer sur les galères du roi.

ENCYCL. **Mar.** Dans l'Antiquité, la galère était un bâtiment de combat gréé d'un mât unique et d'une voile carrée. Elle était manœuvrée essentiellement à l'aviron. Elle atteignit son apogée au milieu du XVe s. Elle possédait alors 26 avirons de chaque bord.

Les condamnés et les hommes levés en faisant la presse ont constitué, selon les époques, l'essentiel de l'équipage.

GALÈRE, en lat. **Caius Galerius Valerius Maximianus,** empereur romain de la tétrarchie (Illyrie v. 250 - Nicomédie 311). Général, il est choisi comme césar en 293 par Maximien et Dioclétien, qui en fait son gendre. Il mène une campagne victorieuse contre les Perses (297-298), reçoit en 305 le titre d'auguste et conserve l'Orient, mais ne peut réussir à sauver le système de la tétrarchie. Peu avant sa mort, il promulgua un édit de tolérance à l'égard des chrétiens (« édit de Galère », 311).

GALÉRER v. i. (conj. **18**). *Pop.* Faire de petits travaux pénibles et mal payés, vivre au jour le jour sans avoir de ressources assurées.

GALERIE n. f. (ital. *galleria,* du bas lat. *galeria*). **1.** Large passage intérieur ou extérieur (mais couvert) à un édifice, à usage de communication ou de dégagement. — **2.** Voie piétonne couverte, sur laquelle s'ouvrent des boutiques *(galerie marchande* ou *commerciale).* — **3.** Local d'exposition où se fait le commerce de tableaux ou d'objets d'art ; raison sociale attachée à ce lieu : *Galerie d'art.* — **4.** Collection d'œuvres ou d'objets d'art, en partic. exposés les uns à côté des autres : *Une belle galerie de tableaux.* — **5.** Ensemble de personnes présentes à un jeu, à une compétition : *Applaudissement de la galerie.* — **6.** Ensemble des personnes présentes et susceptibles de porter un jugement ; assistance, public : *Amuser la galerie.* — **7.** Toute voie de communication souterraine horizontale ou faiblement inclinée dans les mines, les égouts, les caves, etc. (→ *encycl.* Min.) — **8.** Structure métallique posée sur le toit d'une voiture et servant à arrimer des bagages. — **9.** *Galerie marchande,* syn. de MAIL. ‖ *Pour la galerie,* pour faire illusion, pour se faire valoir aux yeux des autres, d'une manière plus spectaculaire qu'efficace. • **Archit.** Salle d'apparat de plan allongé. ‖ Au Moyen Âge, sorte de passage (souvent étroit), de coursière couverte. (Ex. : galerie de triforium.) — **Arts décor.** Petite balustrade métallique en haut de certains meubles, de marquises, de serres. ‖ Bande de métal qu'on place devant une cheminée, entre les chenêts. — **Assain.** Ouvrage souterrain où l'on place les tuyaux de distribution d'eau. — **Ch. de f.** *Galerie couverte, galerie pare-avalanche,* passage protégé contre les chutes de pierres ou de neige. — **Mil.** Communication souterraine utilisée dans le génie de mines ou reliant les organes d'un ouvrage fortifié. (Syn. GAINE). — **Sports.** En spéléologie, couloir exondé de dimensions et de pentes diverses. — **Théâtr.** Partie la plus voisine des combles, dans les anciens théâtres. ‖ Étage situé au-dessus des loges et des fauteuils de balcon. — **Zool.** Couloir de circulation creusé dans le sol par un animal.

◆ **galeries** n. f. pl. Nom pris par certains magasins à grande surface.

galerie des Glaces, grande galerie du château de Versailles, construite par Hardouin-Mansart de 1678 à 1684, décorée sous la direction de Le Brun (voûte à compartiments peints). Longue de 74 m, elle est éclairée par 17 grandes fenêtres ouvertes sur les jardins, auxquelles font face 17 arcades feintes garnies de glaces.

Galeries Lafayette S. A., grand magasin parisien, fondé en 1895 par Théophile Bader († 1942). La société exploite d'importants magasins à Paris et en province.

GALÉRIEN n. m. **1.** Autref., homme condamné à ramer sur les galères ; forçat condamné au bagne. — **2.** *Mener une vie de galérien,* mener une vie très dure ; faire un travail très pénible.

GALERISTE n. Propriétaire ou gérant d'une galerie d'art.

GALÉRITE n. m. (lat. *galeritus,* coiffé d'un bonnet). Superbe carabe roux, aux élytres bleus ou noirs, vivant sous les troncs d'arbres abattus dans toutes les régions tropicales du globe.

GALÉRUQUE n. f. (lat. *galea,* casque, et *eruca,* chenille). Chrysomèle aux téguments mous, dont la larve et l'adulte dévorent, en France et selon l'espèce, les feuilles du saule, de l'orme ou du laurier-tin.

GALET n. m. (anc. fr. *gal,* caillou, ou gaul. **gallos,* pierre). **1.** Caillou arrondi par usure mécanique, que l'on trouve sur le bord de la mer et dans le lit des torrents. — **2.** Petite roue cylindrique ou conique servant de guidage ou d'appui à une pièce mécanique mobile. • **Arm.** *Galet (porteur),* dans un engin chenillé, roue sur laquelle repose la chenille. ‖ *Galet guide ou galet de soutien,* roue qui soutient et guide le brin supérieur de la chenille des chars. (Syn. ROULEAU.) ‖ *Galet tendeur,* nom donné parfois à la poulie des engins chenillés. — **Pêch.** Bouée qui indique la position d'un filet flottant. ‖ Pièce d'un moulinet à tambour fixe, sur laquelle passe le fil. — **Préhist.** *Galet aménagé,* outil primitif composé d'un galet sur lequel a été aménagé une arête tranchante.

GALETAGE n. m. Action de galeter.

GALETAS [-ta] n. m. (de *Galata,* n. d'une tour, à Constantinople, qui dominait la ville). **1.** *Litt.* Logement situé dans les combles ; logement misérable, sordide. — **2.** En Suisse, local de débarras dans les combles d'un bâtiment.

GALETER v. t. (de *galet*) [conj. 27]. **1.** Ébaucher et, éventuellement, usiner des matières métalliques, par déformation de celles-ci sous l'effet de la pression exercée par des galets très durs en rotation. — **2.** Dans la fabrication de la poudre noire, agglomérer la matière sous des meules lourdes tournant très lentement.

GALETTE n. f. (de *galet*). **1.** Appareil culinaire consistant, rond et plat (galette de pommes de terre). — **2.** En Bretagne, crêpe salée de farine de sarrasin. — **3.** Gâteau de pâte sucrée, rond et peu épais. — **4.** *Pop.* Argent, fortune : *Avoir de la galette.* — **5.** *Galette des Rois,* gâteau garni d'une fève ou d'une figurine et dont on tire les parts au sort au moment de l'Épiphanie. ‖ *Plat comme une galette,* de forme très aplatie, très peu épais. • **Cin.** Film enroulé en serrant les spires, ce qui évite l'emploi d'une bobine pour le manipuler. — **Électroacoust.** Bande magnétique enroulée sur un seul flasque horizontal. — **Électron.** *Galette de microcanaux,* dispositif optoélectronique permettant la réalisation d'intensificateurs d'images, constitué par la juxtaposition d'un très grand nombre de conduits très fins fonctionnant en photomultiplicateurs. — **Mil.** À Saint-Cyr, contre-épaulette portée jusqu'en 1914 par les lieutenants en grande tenue et qui est le symbole de l'admission dans le corps des officiers ; nom de la marche traditionnelle de l'École de Saint-Cyr. — **Papet.** *Galette de papier,* bobine de papier très étroite. — **Pyrotechn.** Poudre noire agglomérée par galetage. ‖ Matière servant à faire les poudres à la nitroglycérine.

GALEUX, EUSE adj. et n. **1.** Atteint de la gale. — **2.** Qui est méprisable ou dangereux, infréquentable.
◆ adj. **1.** Relatif à la gale : *Éruption galeuse.* — **2.** Sale, infect ; lépreux : *Murs galeux.* — **3.** Se dit d'un métal, d'un verre qui présente des irrégularités analogues aux lésions de la gale.

GALGAL n. m. (pl. *galgals*) [anc. fr. *gal, caillou*]. Amas de pierres recouvrant une sépulture mégalithique ou non en Bretagne.

GALHAUBAN n. m. (de *cale* et *hauban*). Cordage servant à étayer par le travers et vers l'arrière les mâts supérieurs d'un navire à voiles.

GALIANI (*abbé* Ferdinando), diplomate, penseur politique et économiste italien (Chieti 1728 - Naples 1787). En relation avec les encyclopédistes français, il combattit les thèses de la physiocratie, énonça une théorie de la valeur économique tenant compte de l'utilité et de la rareté des choses, assura que la hausse des prix était généralement un indice de prospérité et défendit l'idée que la monnaie était une marchandise. Il a écrit notamment *Dialogues sur le commerce des blés* (1770).

GALIBI n. m. Langue du groupe caribe parlée par les Galibis.

GALIBIER *(col du),* col des Alpes, à l'O. du sommet du *Grand Galibier* (3 229 m), emprunté par la route qui relie Briançon à la Maurienne ; 2 645 m.

GALIBIS, ethnie de la Guyane française issue des Caraïbes ou Caribs.

GALIBOT n. m. (picard *galibot,* altér. de *galobier,* de l'anc. fr. *galer,* s'amuser). Nom qui était donné aux enfants employés aux travaux souterrains dans les mines du Nord et du Pas-de-Calais.

GALICE, en esp. **Galicia,** région du nord-ouest de l'Espagne, constituant une communauté autonome regroupant les quatre provinces de La Corogne, Lugo, Orense et Pontevedra ; 29 400 km^2 ; 2 700 288 hab. C'est une région humide, couverte de bois et de prairies (élevage bovin), au littoral coupé de rias, animé par la pêche.

GALICIE, région d'Europe orientale auj. partagée entre la Pologne (voïévodies de Rzeszów et de Cracovie) et l'Ukraine (régions de Lvov, d'Ivano-Frankovsk et de Ternopol).
— **Hist.** Principauté de la Russie kiévienne, ayant pour centre Galitch (en polon. Halicz) sur le Dniestr, elle devient indépendante vers le milieu de XIIe s. Romain Mstislavitch, prince de Vladimir-Volynski (1170-1205), réunit la Volhynie et la Galicie en une seule principauté, qui connaît son apogée sous Daniel Romanovitch,

roi de Galicie-Volhynie (1254-1264). Casimir III en conquiert la majeure partie (1348-1366), qui forme la Ruthénie Rouge du royaume de Pologne. La colonisation polonaise crée un antagonisme entre la noblesse catholique polonaise et la population orthodoxe ruthène, qui devient uniate en 1596. Elle est attribuée à l'Autriche en 1772 et celle-ci crée le royaume de Galicie et de Lodomérie (1772-1918), auquel la République de Cracovie, constituée en 1815, est rattachée en 1846. Pendant la Première Guerre mondiale, la Galicie est une des principales zones d'opérations du front oriental. Après l'effondrement de la monarchie austro-hongroise (1918), la Galicie occidentale revient à la Pologne (1919) et la Galicie orientale, attribuée à la Pologne en 1923, est annexée par l'U. R. S. S. en 1939 et réunie à l'Ukraine.

GALICIEN, ENNE adj. et n. De Galice ou de Galicie.
◆ **galicien** n. m. Langue romane, proche du portugais, parlée en Galice.

GALIEN (Claude), en gr. **Klaudios Galênos,** en lat. **Claudius Galenus,** médecin grec (Pergame v. 131 - Rome ou Pergame v. 201). Il exerça à Pergame, puis à Rome. Avec Aristote, il a régné sur toute la médecine jusqu'au milieu du XVIIe s. Sa physiologie et sa pathologie *(galénisme*)* n'ont aucune valeur scientifique. En revanche, ses dissections d'animaux lui ont permis de faire d'importantes découvertes en anatomie (en particulier sur le système nerveux et le cœur). Son œuvre représente le point culminant de la médecine grecque.

GALIGAÏ (Leonora Dori, dite), aventurière italienne (Florence v. 1571 - Paris 1617). Sœur de lait de Marie de Médicis, elle exerça sur elle une grande influence pendant la régence. Arrêtée après l'assassinat de son mari, Concini (1617), elle fut exécutée pour sorcellerie.

GALIGNANI, famille d'éditeurs d'origine italienne, établis en France au XVIIIe s., puis en Grande-Bretagne après la Révolution française.

GALILÉE n. m. (de *Galilée,* n. pr.). Narthex ou grand porche d'une église romane.

GALILÉE, région du nord d'Israël entre la Méditerranée, le lac de Tibériade (et le Jourdain) et la vallée de Jezre'el (au S.). Vergers, oliviers, céréales.
— **Hist.** La Galilée est la patrie de Jésus, où il exerça ses premières activités apostoliques. Elle fut un centre actif du nationalisme juif et de la résistance à la domination de Rome, ainsi qu'un foyer de la renaissance juive.

GALILÉE *(mer de)* → Tibériade *(lac de).*

GALILÉE (Galileo Galilei, dit), astronome et physicien italien (Pise 1564 - Arcetri 1642). Galilée apparaît comme l'un des fondateurs de la mécanique moderne et il a joué un rôle majeur dans l'introduction des mathématiques pour l'explication des lois physiques. Dès 1604, il a procédé à de nombreuses expériences sur la chute des corps et montré, en 1632, que la durée de la chute des corps, dans le vide, ne dépendait pas de leur densité. En étudiant la descente d'un corps le long d'un plan incliné et en considérant le cas limite du plan horizontal, il a donné la première formulation du principe de l'inertie. Il a aussi pressenti le principe de la composition des vitesses et mis en évidence l'isochronisme des oscillations du pendule.
En 1609, à Venise, il entreprit l'étude des astres grâce à sa lunette à oculaire divergent. Il observa ainsi les librations de la Lune, les principaux satellites de Jupiter, les anneaux de Saturne, les taches solaires, toutes nouveautés qui venaient corroborer les théories de Copernic, alors en contradiction avec celles professées par l'Église. Le livre de Copernic fut mis à l'Index en 1616 et Galilée comparut en 1633 devant le tribunal de l'Inquisition. Il prononça alors à genoux l'abjuration de sa doctrine, mais la tradition veut que, se relevant, il ait frappé du pied la Terre et se soit écrié : *Eppur, si muove !* (Et pourtant, elle tourne).

1. GALILÉEN, ENNE adj. et n. De la Galilée.
◆ **galiléen** n. m. **1.** Nom donné à Jésus dans les Évangiles par les Judéens, qui considéraient avec mépris les gens de Galilée (avec majuscule). — **2.** Nom donné aux disciples de Jésus par les Juifs, dans les Actes des Apôtres.

2. GALILÉEN, ENNE adj. **1.** Relatif aux conceptions de Galilée. — **2.** Se dit de chacun des quatre principaux satellites de Jupiter que découvrit Galilée. — **3.** *Référentiel galiléen,* référentiel dans lequel la loi fondamentale de la dynamique est valable sous la forme $\vec{f} = m\vec{\gamma}$, $\vec{f}$ étant la force appliquée au corps de masse m, qui prend l'accélération $\vec{\gamma}$. (Syn. RÉFÉRENTIEL D'INERTIE, RÉFÉRENTIEL INERTIEL.)

GALILEI (Vincenzo), compositeur, luthiste et violoniste italien (Santa Maria a Monte, Florence, v. 1520 - Florence 1591). Père du grand Galilée, il fit partie de la Camerata fiorentina, d'où sortit le mélodrame ; il était le ferme défenseur du style récitatif.

GALILEI (Alessandro), architecte italien (Florence 1691 - Rome 1736). Son chef-d'œuvre est la noble façade (1733-1735) de St-Jean-de-Latran, à Rome.

GALIMAFRÉE n. f. (anc. fr. *galer,* s'amuser, et picard *mafrer,* manger). Ragoût de viande, notamment de volaille.

GALIMATIAS [-tja] n. m. (bas lat. *ballimathia,* chanson obscène). Discours ou écrit embarrassé, inintelligible.

GALION (anc. fr. *galie,* galère, var. de *galée*). Grand bâtiment de charge, employé par les Espagnols pour le commerce avec le Nouveau Monde.

GALIOT DE GENOUILLAC → GENOUILLAC.

GALIOTE n. f. (anc. fr. *galie,* galère). **1.** Petite galère légère. — **2.** Navire à voiles hollandais, généralement gréé en goélette, très arrondi à l'avant et à l'arrière. — **3.** *Galiote à bombes,* bâtiment très solide, qu'on armait d'un mortier et de canons.

GALIPETTE n. f. (mot dialect., de l'anc. fr. *galer,* s'amuser). *Fam.* Action de rouler sur soi-même après avoir posé la tête sur le sol ; roulade, culbute.

GALIPOT n. m. (anc. provenç. *guarapot*). **1.** Concrétion jaunâtre, larmeuse, odorante et sapide résultant de l'évaporation de la térébenthine sur le tronc des arbres. — **2.** Mastic de résine et de matière grasse destiné à protéger le bois des carènes de navires.

GALITE (la), archipel volcanique de la côte septentrionale de la Tunisie. Pêche de la langouste.

GALITZINE → GOLITSYNE.

GALL *(saint)* (Irlande v. 550 - Arbon, Suisse, v. 645). Moine de Bangor, il fonda, près du lac de Constance, un ermitage qui donna naissance au monastère de Saint-Gall.

GALL (Franz Josef), médecin allemand (Tiefenbronn, Bade-Wurtemberg, 1758 - Montrouge 1828). Anatomiste réputé du système nerveux, il est surtout connu comme fondateur de la phrénologie.

GALLA n. m. Langue couchitique parlée par les Gallas. (Syn. OROMO.)

GALLAND (Antoine), orientaliste français (Rollot, près de Montdidier, 1646 - Paris 1715). Professeur au Collège de France, il a laissé un *Journal* de ses voyages et diverses traductions, dont celle des contes des *Mille et Une Nuits* (1703-1717).

GALLAND (Adolf), général aviateur allemand (Westerholt 1912 - Remagen, près de Bonn, 1996). Inspecteur de la chasse (nov. 1941), il fit pression, en vain, sur Göring pour accélérer la sortie des Me-163 et Me-262 à réaction. À la fin de la guerre, il totalisait 105 victoires. Il participa au réarmement allemand (1955) et entra dans l'industrie aérospatiale.

GALLANT (Mavis), femme de lettres canadienne d'expression anglaise (Montréal 1922). Elle s'attache dans ses récits (*Ciel vert, ciel d'eau,* 1959) et ses nouvelles (*Home Truths : Selected Canadian Stories,* 1981 ; *Rue de Lille,* 1985 ; *De l'autre côté du pont,* 1993), d'une précision ironique, à peindre les menus événements de la vie quotidienne.

GALLA PLACIDIA, princesse romaine (389 ou 392 - Rome 450), fille de Théodose Ier. Épouse d'Athaulf, beau-frère d'Alaric, puis de Constance, général d'Honorius, mère de Valentinien III, veuve en 421, elle réussit, après la mort d'Honorius, à faire monter sur le trône son propre fils. Son mausolée, décoré de merveilleuses mosaïques, est à Ravenne.

GALLAS ou **OROMOS,** ethnie couchitique de 7 millions de membres, dont la moitié sont islamisés, vivant sur les hauts plateaux du sud de l'Éthiopie et au nord-ouest du Kenya.

GALLAS (Matthias), général autrichien (Trente 1584 - Vienne 1647). Il conspira contre Wallenstein et, après la mort de celui-ci (1934), il reçut le commandement des armées impériales.

1. GALLE n. f. (lat. *galla*). **1.** Excroissance d'un tissu végétal, pouvant être provoquée par un insecte, un acarien, un nématode, ou encore par des champignons ou des bactéries. (Syn. CÉCIDIE.) — **2.** *Noix de galle,* galle ronde du chêne, recherchée comme source de tanin.

ENCYCL. **Bot.** Les galles peuvent se développer sur les racines, les tiges, les feuilles surtout, voire les fleurs, et sont généralement nuisibles aux végétaux sur lesquels elles se forment. Certaines d'entre elles (zoocécidies), particulièrement riches en tanin, sont utilisées en médecine (propriétés astringentes) ou dans l'industrie (teinture, tannage des peaux). La plupart se développent sur les chênes, quelques-unes sur le sumac ou le myrobalan.
Les principales galles tannantes utilisées en peausserie sont les *galles d'Alep, de Smyrne,* ou *noix de galle,* qui renferment de 35 à 70 % de tanin.

2. GALLE n. m. (lat. *gallus,* du gr. *gallos*). Prêtre du culte de Cybèle. (Les galles étaient voués surtout au culte d'Attis, l'amant de Cybèle. Parfois émasculés, ils exécutaient des danses frénétiques et accomplissaient diverses cérémonies, dont le taurobole. Le grand prêtre était l'archigalle, toujours citoyen romain.)

GALLE, port de Sri Lanka, sur la côte sud-ouest ; 84 000 hab. Nœud routier et ferroviaire.

GALLE (Johann Gottfried), astronome allemand (Pabsthaus, près de Gräfenhainichen, Prusse, 1812 - Potsdam 1910). Le 23 sept. 1846, il découvrit la planète Neptune, sur les indications de Le Verrier, qui en avait prédit l'existence et la position par le calcul.

GALLÉ (Émile), verrier et ébéniste français (Nancy 1846 - *id.* 1904). Il succéda à son père à la tête d'ateliers de décor sur céramique et de verrerie. Chercheur acharné, il a produit des vases en verre moulé, taillé, gravé, à couches superposées, avec inclusions d'oxydes, d'émaux, de paillons d'or et à décor souvent floral (ou d'insectes, etc.). Ses meubles s'inspirent, eux aussi, de formes végétales. Sa production comprend des pièces uniques, des éditions limitées et des pièces de série, plus simples. Un des animateurs, avec V. Prouvé, de l'école de Nancy, Gallé a orienté l'art décoratif vers un symbolisme poétique. En 1905, son gendre prit la direction des ateliers, qui fermèrent leurs portes en 1931.

GALLEC → GALLO.

GÁLLEGO *(río),* riv. d'Espagne (Aragon), affl. de l'Èbre (r. g.) ; 215 km.

GALLEGO (Fernando), peintre espagnol, actif entre 1466 et 1506, principalement à Salamanque. Un des créateurs du style « hispano-flamand », il a surtout peint de grands retables, dont les personnages rappellent ceux de D. Bouts, non sans une certaine sécheresse.

GALLEGOS (Rómulo), romancier et homme d'État vénézuélien (Caracas 1884 - *id.* 1969). Il a peint dans ses romans, où réalisme et lyrisme se côtoient (*Doña Bárbara,* 1929 ; *Canaima,* 1935), la vie de la pampa et de la forêt vénézuéliennes. Il fut président de la République en 1948.

GALLÉINE n. f. Colorant brun-rouge, de la famille des phtaléines.

GALLEN-KALLELA (Axel GALLÉN, dit **Akseli**), peintre finlandais (Pori 1865 - Stockholm 1931). Passant dans les années 90 du réalisme au symbolisme, il s'est inspiré du *Kalevala,* l'épopée nationale finlandaise. Son art, vigoureux et décoratif, a contribué au développement d'une peinture finlandaise indépendante au début du XXe s.

GALLÉRIE n. f. (lat. sc. *galleria*). Papillon (pyralidé) dont la chenille, ou fausse teigne de la cire, couvre les rayons de la ruche de sa soie et de ses excréments, en provoquant la ruine.

GALLES *(pays de),* en angl **Wales,** en gallois **Cymru,** région de l'ouest de la Grande-Bretagne formée de huit comtés ; 20 800 km² ; 2 798 200 hab.

— **Géogr.** Face à l'Irlande, la péninsule galloise est fortement individualisée par le milieu naturel (paysage dominant de plateaux entre 200 et 600 m, où l'extension des landes et des tourbières est liée à l'humidité et à la fraîcheur du climat) et aussi humain, malgré le recul de la langue galloise, parlée seulement par 20 % de la population. Celle-ci se concentre sur la côte sud, de Llanelly à Newport (par Swansea et Cardiff), mais stagne. La traditionnelle émigration a été accélérée par le déclin de l'extraction houillère et de la sidérurgie, par le marasme de la chimie, que ne compensent ni un certain essor du tourisme estival ni la survie, dans l'intérieur (auj. dépeuplé), de l'élevage ovin.

— **Hist.** Bien que conquis par Rome (74-78 apr. J.-C.), le pays de Galles est peu marqué par l'occupation romaine et n'est vraiment évangélisé qu'au Ve s. Ses habitants, celtes, résistent, à partir du IIIe s., aux menaces des Irlandais, puis s'unissent à eux pour repousser, du Ve au VIIe s., les invasions des Germains qui colonisent l'Angleterre. Malgré sa division en plusieurs royaumes, le pays parvient à contenir la pression anglo-saxonne et les raids des Scandinaves du IXe au XIe s. Après 1066, Guillaume le Conquérant incite ses barons à s'emparer du pays de Galles et, au milieu du XIIe s., tout le sud du pays est aux mains des Anglo-Normands. Mais la résistance reste vive. Au XIIIe s., les rois Llewelyn ap Iorwerth (1194-1240) et Llewelyn ap Gruffydd (1246-1282) fédèrent leur pays et entravent les volontés de conquête des rois anglais en profitant des conflits qui opposent ceux-ci à leurs barons. Édouard Ier conquiert le pays à partir de 1277 et le soumet (statut de Rhuddlan, 1284). Le pays de Galles sera définitivement incorporé au royaume sous Henri VIII (statuts de 1536 et 1542).

GALLES (*prince* DE), titre britannique porté par le fils aîné du souverain. Ce titre fut créé en 1301, par Édouard Ier, en faveur de son fils Édouard, le futur Édouard II.

GALLES DU SUD (Nouvelle-) → NOUVELLE-GALLES DU SUD.

GALLI (les) → BIBIENA.

Gallia christiana *(la Gaule chrétienne),* histoire, par provinces, des évêchés et monastères de France, entreprise au XVIIe s. par Claude Robert, prêtre du diocèse de Langres et poursuivie au XIXe s.

GALLICAN, E adj. (lat. médiév. *gallicanus,* du lat. class. *Gallia,* Gaule). **1.** Relatif au gallicanisme. — **2.** *Église gallicane,* Église de France qui gardait des privilèges nationaux. ‖ *Rite et chant gallicans,* liturgie et chant des Gaules, des origines au IXe s. ◆ adj. et n. Partisan des libertés de l'Église gallicane.

GALLICANISME n. m. (de *gallican*). Doctrine et attitude caractérisées par l'accord du souverain français et de son clergé pour gouverner l'Église de France en contrôlant et en réfrénant l'ingérence du Saint-Siège et en prétendant s'appuyer sur des droits anciennement acquis.

ENCYCL. Formulé d'abord par les légistes de Philippe le Bel, le gallicanisme, qui affirme l'indépendance du roi à l'égard de la juridiction du pape, entraîne d'abord un grave conflit avec le pape Boniface VIII. Au XIVe et au XVe s., l'esprit gallican triomphe avec l'installation de la papauté à Avignon (1309-1376), la mainmise de la royauté sur les papes d'Avignon durant le Grand Schisme d'Occident (1378-1414), l'appui donné par les théologiens français à la théorie de la supériorité des conciles sur le pape, exprimée par les conciles de Constance (1414) et de Bâle (1431), et la signature, en 1438, par Charles VII, de la pragmatique sanction de Bourges, qui fait du roi de France le véritable chef de l'Église gallicane. Dans le même esprit, François Ier signe avec Léon X le concordat de 1516, qui restera la charte de l'Église gallicane jusqu'en 1790.

Affaibli par les guerres de Religion, le gallicanisme reprend vigueur avec l'avènement des Bourbons. Sous Louis XIV, il prend des formes aiguës, le roi se trouvant fréquemment en conflit avec Rome (affaire de la régale). Le souverain inspire la *Déclaration* du clergé de France* (ou *Déclaration des Quatre Articles*) de l'Assemblée du clergé de 1682, préparée et inspirée par Bossuet, et se conduit, notamment à l'égard des dissidents ou des hétérodoxes (protestants, jansénistes, quiétistes...) comme le responsable, d'ailleurs tyrannique, de l'Église gallicane ; celle-ci se dote de liturgies locales qui relâchent un peu plus les liens de la France catholique avec Rome.

Victorieux en France, le gallicanisme régalien devait inspirer en partie l'œuvre religieuse des despotes éclairés, et le gallicanisme parlementaire inspirer la Constituante lorsque, sans aucune entente avec le Saint-Siège, elle fixa le statut de l'Église de France par la *Constitution civile du clergé* (12 juill. 1790). La condamnation par Pie VI de ce gallicanisme constitutionnel (mars 1791) aboutit à la scission du clergé en constitutionnels et en réfractaires et au régime de la séparation des cultes et de l'État (1794). Le Concordat (1801) permit à Bonaparte de faire du clergé un instrument de gouvernement et d'obliger l'enseignement dans les séminaires de la déclaration des Quatre Articles de 1682. En fait, en rendant à la papauté le contrôle doctrinal et disciplinaire du clergé, le Concordat affaiblit le gallicanisme, auquel l'infaillibilité pontificale (1870), marquant le triomphe de l'ultramontanisme, portera un coup décisif. La séparation de l'Église et de l'État donnera à Rome le contrôle total de l'Église en France.

GALLICISME n. m. (lat. *gallicus,* gaulois). **1.** Idiotisme propre à la langue française. (Ce sont des expressions comme *se mettre en quatre, être sur les dents* ou des constructions comme *il y a, c'est lui qui,* etc.) — **2.** Construction ou forme particulière à la langue française introduite abusivement dans une autre langue.

GALLICOLE adj. Se dit d'un insecte qui habite une galle.

GALLIEN, en lat. **Publius Licinius Egnatius Gallienus** (v. 218 - Milan 268), empereur romain (253-268), fils de Valérien. Il fut associé à son père dès 253 et resta seul empereur en 260. Après avoir mis fin à la persécution des chrétiens, il toléra l'usurpation de Postumus en Gaule et d'Odenath à Palmyre pour se consacrer à repousser les Alamans en Italie du Nord (262) et les Goths en Thrace (267). Il développa la cavalerie et confia le commandement des légions à des chevaliers au détriment des sénateurs. Lettré, amoureux de la Grèce, il eut comme conseiller Plotin. Il fut assassiné par des officiers.

GALLIENI (Joseph), maréchal de France (Saint-Béat, Haute-Garonne, 1849 - Versailles 1916). Sorti de Saint-Cyr, il fit ses premières armes à Bazeilles (1870). Envoyé au Soudan, il négocia avec Amadou un traité accordant à la France le commerce avec le haut Niger (1880). Il servit au Sénégal, puis, de 1893 à 1895, au Tonkin. Gouverneur général de Madagascar (1896-1905), il déposa la reine Ranavalona. Atteint par la limite d'âge en 1914, il fut nommé gouverneur militaire de Paris et contribua à la victoire de la Marne, notamment par la constitution et l'engagement de l'armée Maunoury. Ministre de la Guerre (oct. 1915-mars 1916), il fut obligé, pour raisons de santé, de résilier ses fonctions deux mois avant sa mort. Il fut nommé maréchal de France à titre posthume en 1921. Il a écrit *Mission d'exploration du Haut-Niger* (1885), *la Pacification de Madagascar* (1900), *Madagascar de 1896 à 1905* (1905), les *Mémoires du maréchal Gallieni* (1926).

Galliera *(palais),* bâtiment à usage de musée, à Paris (VIIIe arrond.), construit en 1888 et donné à la Ville par la duchesse de Galliera. Il abrite depuis 1977 le musée municipal de la Mode et du Costume.

GALLIFFET (Gaston Auguste, *marquis* DE), général français (Paris 1830 - *id.* 1909). Il participa aux campagnes de Crimée, d'Afrique, d'Italie et du Mexique (1862). En 1870, comme général, il conduisit les charges des chasseurs d'Afrique à Sedan, où il fut fait prisonnier. À son retour dans l'armée de Versailles (1871), il réprima durement la Commune de Paris. Gouverneur de Paris (1880), il devint, à la suite de l'affaire Dreyfus, ministre de la Guerre (1899-1900).

GALLIFORME n. m. Gros oiseau terrestre volant mal, dont le mâle a de vives couleurs et dont les jeunes marchent dès l'éclosion, tel que la poule, le faisan, la perdrix, le paon, la caille, la gélinotte, le dindon et la pintade. (Les *galliformes* constituent un ordre.) [Syn. GALLINACÉ.]

ENCYCL. Les galliformes sont des oiseaux diurnes qui se nourrissent de graines, d'insectes ou de vers. Ils possèdent un jabot œsophagien et avalent fréquemment des cailloux pour fragmenter leur nourriture. Les pattes sont fortes, les ailes courtes et rondes. De nombreux galliformes sont élevés pour leur chair et leurs œufs.

Gallimard *(Éditions),* maison d'édition française créée en 1911 par Gaston Gallimard (Neuilly-sur-Seine 1881 - Paris 1975) et les fondateurs de la *Nouvelle* Revue française* et dont la raison sociale fut jusqu'en 1919 « Éditions de la Nouvelle Revue française ». Elle a publié les grands noms de la littérature et tient une place prépondérante dans la vie littéraire.

GALLINACÉ, E adj. (lat. *gallinaceus*). Relatif aux poules.

◆ **gallinacé** n. m. Syn. de GALLIFORME.

GALLINSECTE n. m. Nom commun à divers insectes homoptères, parasites de plantes cultivées, ressemblant à des galles.

GALLIPOLI *(péninsule de),* en turc **Gelibolu,** péninsule qui forme la rive européenne des Dardanelles. — La ville fut, en 1915, l'objectif de l'expédition alliée des Dardanelles.

GALLIQUE adj. (de *galle 1*). *Acide gallique,* acide $C_6H_5O_3{-}CO_2H$, obtenu par hydrolyse des tanins de la noix de galle. (Usages : fabrication de colorants, d'encres. Il possède des propriétés antiseptiques et hémostatiques.)

GALLITZIN → GOLITSYNE.

GALLIUM [-ljɔm] n. m. (lat. *Gallus,* traduction du n. de *Lecoq*). Métal rare, analogue à l'aluminium. (Élément de symbole Ga.)

Numéro atomique : 31
Masse atomique : 69,72
Masse volumique : 5,91 g/cm³
Température de fusion : 29,78 °C

ENCYCL. Le gallium manquait à la classification périodique lorsque Lecoq de Boisbaudran le découvrit en 1875. C'est un solide blanc bleuâtre qui s'oxyde au rouge, brûle dans le chlore, est attaqué par les acides minéraux (sauf l'acide nitrique) et se dissout dans les solutions alcalines. Ses propriétés chimiques le rapprochent de l'aluminium. L'arséniure de gallium GaAs est doué de propriétés semi-conductrices remarquables. Il résiste à des températures élevées, présente une mobilité des électrons supérieure à celle du germanium ou du silicium. Il est susceptible d'applications variées dans toutes les branches de l'électronique (électronique rapide et optoélectronique). Le gallium existe en petites quantités dans certaines blendes. On peut le préparer par électrolyse de son oxyde ou de son sulfate.

GÄLLIVARE, v. de Suède (Norrbotten) ; 7 800 hab. — À proximité, mines de fer.

GALLO, GALLOT ou **GALLEC** n. m. (breton *gall,* français, du lat. *Gallus,* Gaulois). Dialecte de langue d'oïl parlé dans la partie non bretonnante de la Bretagne.

◆ adj. et n. De la Bretagne non bretonnante.

GALLOIS, E adj. et n. Du pays de Galles.

◆ **gallois** n. m. Langue celtique du groupe brittonique parlée dans le pays de Galles.

ENCYCL. Le gallois, en anglais *welsh,* est appelé *cymraeg* par les galloisants. C'est une survivance de la langue celtique parlée en Grande-Bretagne avant l'occupation romaine (43-410 apr. J.-C.). Tous les Gallois sont aujourd'hui bilingues, mais le nombre des utilisateurs du gallois, qui était de près de 900 000 en 1891, est tombé à environ 500 000.

GALLOIS (Lucien), géographe français (Metz 1857 - Paris 1941), auteur de *Régions naturelles et noms de pays* (1908), directeur de la *Géographie universelle.*

GALLOIS (Pierre), général d'aviation français (Turin 1911). Spécialiste des problèmes stratégiques, il est l'un des inspirateurs de la force de dissuasion française, à laquelle il a consacré de nombreux ouvrages. Il a écrit notamment *l'Europe au défi* (1957), *la Grande Berne* (1975), *la Guerre de cent secondes* (1985).

GALLOISANT, E adj. et n. Qui parle gallois.

GALLON n. m. (angl. *gallon,* de l'anc. norm. *galon*). Mesure de capacité employée en Grande-Bretagne et au Canada. (*Imperial gallon* ou *UK gallon,* valant 4,5 litres) ainsi qu'aux États-Unis (*US gallon,* valant 3,8 litres).

GALLO-ROMAIN, E adj. et n. (pl. *gallo-romains, es*). Relatif aux habitants de la Gaule, depuis la conquête romaine jusqu'à l'installation des Francs.

GALLO-ROMAN, E adj. et n. m. (pl. *gallo-romains, es*). Se dit des dialectes romans parlés sur le territoire de l'ancienne Gaule.

GALLOT → GALLO.

GALLOWAY *(presqu'île de),* presqu'île de l'extrémité sud-ouest de l'Écosse.

GALLOWAY, ancien royaume écossais, réuni au royaume d'Écosse par Malcolm IV en 1160.

GALLS → GAËLS.

GALLUP [galœp] n. m. (de *Gallup,* n. pr.). Syn. vieilli de SONDAGE D'OPINION.

GALLUP (George Horace), journaliste et statisticien américain (Jefferson, Iowa, 1901 -

Tschingel, Suisse, 1984). Il a créé en 1935 un important institut de sondages.

GALLURA, région septentrionale de la Sardaigne.

GALLUS (Caius Cornelius), poète latin (Fréjus [*Forum Julii*] 69 av. J.-C. - 26 av. J.-C.) dont les vers marquèrent le début de l'élégie romaine.

GALLUS (Caius Vibius Trebonianus), dit aussi **Trébonien Galle,** empereur romain (251 à 253), originaire de Pérouse. Successeur de Decius, il traita avec les Goths. Il fut vaincu et tué par un rival, Aemilianus.

GALLUS (Flavius Claudius Constantius), césar romain (Massa Marittima 325 - île proche de Pula 354), frère aîné consanguin de Julien l'Apostat et neveu de Constantin. Le gouvernement de l'Orient avec le titre de césar (351) lui fut confié par Constance II, qui le fit décapiter pour ses cruautés.

GALOCHE n. f. (anc. fr. *gal,* caillou). **1.** Chaussure de cuir à semelle de bois. — **2.** Poulie à longue caisse, ouverte sur l'une de ses joues de façon à pouvoir y introduire librement le double d'un cordage. (Syn. POULIE COUPÉE.) — **3.** *Menton en galoche,* menton accusé et recourbé en avant.

GALOCHERIE n. f. Fabrique de galoches.

GALOCHIER n. m. Ouvrier, artisan, industriel qui fabrique des galoches.

GALOIS (Évariste), mathématicien français (Bourg-la-Reine 1811 - Paris 1832). Après un double échec à l'École polytechnique, il entra en 1829 à l'École normale. Exaspéré par les injustices sociales, il participa activement au mouvement républicain. Il fut mortellement blessé dans un duel pour une intrigue très banale.
En 1829, Galois avait soumis trois mémoires à l'Académie des sciences, dans lesquels il développait la théorie des groupes. Ces mémoires furent égarés, un quatrième rejeté en 1831 par Poisson. La nuit précédant sa mort, Galois rassembla, dans une lettre à son ami Auguste Chevalier, ses principales idées. Ses travaux ne furent reconnus qu'en 1870, après la parution du *Traité des substitutions et des équations algébriques* de C. Jordan, qui en donne une première présentation complète et claire.

Galois *(corps* ou *champs de),* nom parfois donné aux CORPS FINIS*.

GALON n. m. (de *galonner*). **1.** Bande tissée ou tressée utilisée comme ornement dans l'habillement ou l'ameublement. (Les galons peuvent être tissés suivant tous les types d'armures, être ornés de dessins tissés [« figurés »] et d'apprêts divers.) — **2.** Signe distinctif des grades porté sur l'uniforme (sauf pour les officiers généraux). [→ *encycl.*] — **3.** *Gagner ses galons,* valoir sa promotion à son mérite. ‖ *Prendre du galon,* monter en grade ; obtenir une situation plus avantageuse.

ENCYCL. **Mil.** Dans l'*armée de terre,* les officiers, aspirants, majors, adjudants et adjudants-chefs portent les galons sur les pattes d'épaule les autres sous-officiers et les caporaux, en chevron sur le haut des manches. Dans l'*armée de mer,* les galons sont en laine rouge pour les matelots de 1re classe et les quartiers-maîtres de 1re et de 2e classe. Les galons des premiers et seconds maîtres, ceux des officiers sont en or. Dans l'*armée de l'air,* les officiers et sous-officiers portent les galons de la même façon que dans la marine ; les hommes de troupe portent les mêmes insignes de grade que dans l'armée de terre.

GALONNAGE n. m. (de *galonner*). **1.** Action de coudre un galon sur un tissu. — **2.** Introduction dans le cuir d'une peau d'un galon ou d'un ruban de daim ou de cuir pour obtenir un certain effet.

GALONNÉ n. m. *Fam.* Officier ou sous-officier.

GALONNER v. t. (anc. fr. *galer,* orner avec un fil d'or) [conj. 3]. Procéder au galonnage.

GALOP n. m. (de *galoper*). **1.** La plus rapide des allures naturelles du cheval et d'autres équidés. — **2.** Danse tournée de rythme vif à deux temps, très en vogue en France au XIXe s. — **3.** Finale d'une soirée dansante. — **4.** Fam. *Au galop,* très vite, en se dépêchant. ‖ *Galop d'essai,* essai, test à titre indicatif. ‖ *Branle de galop,* mouvement du cheval pendant le galop. ‖ *Galop allongé,* galop assez rapide dans lequel le cheval déploie des foulées très étendues. ‖ *Galop de chasse,* galop modéré et coulant, qu'un cheval peut soutenir assez longtemps sans fatigue excessive. ‖ *Galop de course,* galop poussé à la plus grande vitesse qu'un cheval puisse soutenir sur une distance donnée. ‖ *Galop de manège* ou *galop rassemblé,* galop très ralenti mais restant très actif et bien cadencé. ‖ *Bruit de galop,* rythme à trois temps perçu à l'auscultation du cœur dans le cas d'insuffisance cardiaque.

ENCYCL. **Équit.** Le galop est une allure à trois temps d'une vitesse maximale de 60 km/h environ. Un cheval galope à droite lorsque l'antérieur et le postérieur droits viennent se poser en avant de l'antérieur et du postérieur gauches ; à gauche quand les posers se font en sens inverse. Le galop est désuni si le cheval galope à droite des antérieurs et à gauche des postérieurs ou inversement.

GALOPADE n. f. Course précipitée : *On entendit une galopade dans l'escalier.*

GALOPANT, E adj. **1.** Dont la croissance est extrêmement rapide et qu'on ne peut maîtriser : *Une inflation galopante.* — **2.** Se dit des formes aiguës, à évolution rapide, d'une maladie.

GALOPER v. i. (frq. **wala hlaupan,* bien sauter) [conj. 3]. **1.** Aller au galop. — **2.** Courir rapidement : *les enfants galopaient dans la rue.* — **3.** Faire qqch avec précipitation ; courir : *Galoper d'un magasin à l'autre.* — **4.** Avoir un mouvement très rapide : *Ses doigts galopent sur le clavier.* — **5.** Avoir une activité débordante, s'emballer : *Son imagination galope.* — **6.** En parlant d'un moteur à explosion, avoir une allure irrégulière.
◆ v. t. ind. Rechercher avec ardeur qqch, qqn : *Galoper après un emploi.*

GALOPEUR n. m. Cheval qui dispute des courses au galop, par oppos. à *trotteur.*

GALOPIN n. m. (de *galoper*). *Fam.* Enfant plus ou moins effronté.

Galosh, missile antimissile balistique intégré dans l'arsenal défensif soviétique au milieu des années 1960.

GALOUBET n. m. (provenç. *galoubet*). Petite flûte à bec provençale au son aigu et perçant. (Accompagnée du tambourin, elle sert à faire danser la farandole.)

GALSWINTHE († 568), reine des Francs. Sœur de Brunehaut et épouse de Chilpéric Ier, elle périt étranglée, sans doute à l'instigation de Frédégonde.

GALSWORTHY (John), écrivain britannique (Coombe, auj. dans Londres, 1867 - Londres 1933). Ses romans (*la Saga des Forsyte,* 1906-1921 ; *Une comédie moderne,* 1924-1928) et son théâtre (*Justice,* 1910) donnent une peinture critique de la grande bourgeoisie et des conventions sociales. (Prix Nobel 1932.)

GALTIER (Pierre), vétérinaire français (Langogne, Lozère, 1846 - Lyon 1908). Précurseur de Pasteur, il a réalisé le premier la vaccination des ruminants contre la rage.

GALTIERI (Leopoldo), général et homme d'État argentin (Caseros, près de Buenos Aires, 1926). Chef de l'État à partir de 1981, il lança l'Argentine dans une guerre avec la Grande-Bretagne en décidant l'invasion des îles Malouines. Il fut contraint de démissionner (avr. 1982) à la suite de la défaite argentine.

GALTON (*sir* Francis), savant britannique (Sparkbrook, Birmingham, 1822 - près de Londres 1911). Cousin de Ch. Darwin, il s'est passionné pour la théorie de l'évolution. Ses intérêts, très variés, ont porté sur des problèmes d'anthropologie, d'eugénique, de psychologie, de statistique, pour lesquels il a développé les méthodes des tests, étalonnages, corrélations.

Galton *(loi de),* syn. de LOI LOG-LAPLACIENNE.

GALTONIEN, ENNE adj. (de *Galton,* n. pr.). *Courbe galtonienne,* courbe indiquant la déviation d'une grandeur quelconque par rapport à la loi normale.

GALUCHAT n. m. (de *Galuchat,* n. de l'inventeur). Cuir préparé à partir du tégument de certains poissons (requins et raies) et qui conserve ses denticules cutanés, d'où son emploi comme abrasif fin. (Le galuchat fut également utilisé aux alentours de 1925 pour orner certains meubles de luxe.)

GALUPPI (Baldassare), dit **Il Buranello,** compositeur italien (Burano, Venise, 1706 -Venise 1785). Maître de chapelle (1762) à St-Marc de Venise puis à la cour de Catherine II à Saint-Pétersbourg (1765-1768), il fut un maître de l'opéra-bouffe (*Il Filosofo di campagna,* 1754) et un pionnier de la sonate classique pour clavier.

GALURE ou **GALURIN** n. m. (anc. fr. *galure,* mignon, de *galer,* s'amuser). *Pop.* Chapeau.

GALVANI (Luigi), physicien et médecin italien (Bologne 1737 - *id.* 1798). Ayant observé par hasard la contraction des muscles d'une grenouille sous l'effet du contact d'un scalpel, Galvani attribua le phénomène à une forme d'électricité animale. Cette interprétation fut combattue par Volta, qui émit l'hypothèse — dont devait découler l'invention de la pile électrique — d'une électricité née du contact de deux métaux différents.

GALVANIQUE adj. **1.** Relatif au galvanisme. — **2.** *Courant galvanique,* courant continu employé en physiologie et en électrothérapie.

GALVANISATION n. f. **1.** Application des courants galvaniques sur un animal ou sur un organe à des fins expérimentales ou thérapeutiques. (La galvanisation permet d'obtenir une électrolyse des tissus ou leur ionisation.) — **2.** *Galvanisation à chaud,* opération consistant à recouvrir de zinc un métal ferreux, principalement l'acier, par immersion dans un bain de zinc en fusion. (→ *encycl.*)

ENCYCL. **Métall.** Dans la *galvanisation à chaud,* l'acier préalablement préparé (dégraissage, décapage, fluxage) est trempé dans du zinc en fusion à une température comprise entre 440 et 460 °C. Il se forme en surface des couches d'alliages fer-zinc. Le revêtement de zinc assure à l'acier une protection physique, en l'isolant du milieu environnant, et électrochimique, lors d'une éventuelle mise à nu de l'acier, en constituant l'anode d'une pile fer-zinc. La galvanisation à chaud s'applique à des produits finis et à des demi-produits destinés aux industries de transformation (fils, tubes, tôles).

GALVANISER v. t. (de *galvanisme*) [conj. **3**]. **1.** Pratiquer la galvanisation (d'un tissu vivant ou d'un métal). – **2.** Provoquer l'enthousiasme de qqn, le plus souvent d'une manière passagère : *Galvaniser un auditoire.*

GALVANISEUR n. m. Ouvrier chargé de conduire et d'entretenir un bain de zinc destiné à la galvanisation.

GALVANISME n. m. (de L. *Galvani,* n. pr.). Action du courant continu sur les organes vivants.

GALVANOCAUTÈRE n. m. Syn. de ÉLECTROCAUTÈRE.

GALVANOMÈTRE n. m. **1.** Instrument qui sert à mesurer de petites intensités de courant en utilisant leurs actions électromagnétiques. – **2.** *Galvanomètre balistique,* appareil utilisé pour mesurer la quantité d'électricité transportée par un courant très bref.

ENCYCL. Dans le *galvanomètre à cadre mobile,* on utilise les forces de Laplace subies par une bobine mobile (cadre) parcourue par le courant à mesurer et placée dans le champ magnétique d'un aimant fixe. À l'équilibre, le couple moteur dû aux forces de Laplace est opposé au couple de rappel exercé par les fils de torsion qui supportent le cadre, et l'angle de rotation du cadre est proportionnel au courant. Instrument très sensible, il est souvent employé dans les méthodes de zéro pour vérifier qu'un courant ou une différence de potentiel s'annule. On utilise dans ce cas un miroir solidaire de l'équipage mobile pour déceler les petites déviations à l'aide d'un spot lumineux. Dans le *galvanomètre à aimant mobile,* la bobine est fixe et c'est l'aimant qui est mobile.

Dans le *galvanomètre balistique,* le courant très bref donne à l'équipage mobile une impulsion proportionnelle à la quantité d'électricité, et l'élongation maximale atteinte mesure cette impulsion.

GALVANOMÉTRIQUE adj. Relatif au galvanomètre.

GALVANOPLASTE n. Ouvrier faisant des clichés typographiques par galvanotypie.

GALVANOPLASTIE n. f. Ensemble des procédés permettant de déposer, par électrolyse, une couche d'un métal sur un support, métallique ou non.

ENCYCL. La galvanoplastie est utilisée pour reproduire un objet (médaille, statuette, matrice de disque phonographique, planche typographique, etc.) par voie électrolytique. Elle est réalisée dans un bain dont l'électrolyte est une solution du sel du métal qui doit se déposer, l'anode étant soluble (de même nature que le métal) ou insoluble. Les principales opérations de galvanoplastie sont l'argenture, le cuivrage, le dépôt de fer, la dorure, le nickelage.

GALVANOPLASTIQUE adj. Relatif à la galvanoplastie.

GALVANOSCOPE n. m. Appareil destiné à déceler le passage d'un courant électrique.

GALVANOTAXIE n. f. Réaction d'orientation provoquée chez certaines espèces animales (poissons, amphibiens notamment) par le sens d'un courant électrique. (Syn. ÉLECTROTAXIE.)

GALVANOTROPISME n. m. Déplacement provoqué et orienté par le sens d'un champ électrique dans l'environnement du sujet. (Syn. ÉLECTROTROPISME.)

GALVANOTYPE n. m. Cliché typographique obtenu par galvanotypie.

GALVANOTYPIE n. f. Galvanoplastie appliquée spécialement à la reproduction de clichés typographiques. (Cette technique a régressé avec l'extension de l'impression offset.)

GALVAUDAGE n. m. Action de galvauder ; fait d'être galvaudé.

GALVAUDER v. t. (anc. fr. *galer,* s'amuser, et *ravauder*) [conj. **3**]. Compromettre qqch, le déshonorer en en faisant mauvais usage ; le gaspiller, en partic. en le répandant partout à toute occasion : *Galvauder son talent.*

◆ **être galvaudé** v. pass. Avoir perdu toute force, toute originalité pour avoir été trop répandu, divulgué : *Un mot galvaudé.*

GALVESTON, port des États-Unis (Texas), à l'entrée de la *baie de Galveston,* au S.-E. de Houston ; 62 000 hab.

GALWAY, en gaél. **Gaillimh,** port de la côte ouest de l'Irlande, sur la *baie de Galway,* ch.-l. de comté ; 50 842 hab. Église des XIVe - XVIe s. Pêche. Industries alimentaires, textiles et chimiques. Électronique. Université bilingue.

GAMA (Vasco DE) ; navigateur portugais (Sines v. 1469 - Cochin 1524). Parti de Lisbonne le 8 juill. 1497 avec quatre navires, il franchit le cap de Bonne-Espérance le 22 nov., fit escale à Mozambique, Mombara, puis Melinde (auj. Malindi, au Kenya). Avec le concours d'un pilote arabe, il atteignit (mai 1498) Calicut, dont le souverain lui accorda un traité de commerce, puis rentra au Portugal en août 1499. Reparti pour l'Orient en 1502 avec vingt navires, il s'empara de Quiloa (Kilwa) et de Sofala (auj. au Mozambique) et fonda, en Inde, Cochin, le premier comptoir portugais d'Asie, puis rentra à Lisbonne en 1503. Nommé en 1524 vice-roi des Indes, il mourut l'année même de son arrivée à Cochin.

GAMA (José Basílio DA), poète brésilien (São José do Rio das Mortes, Minas Gerais, 1740 - Lisbonne 1795). Son épopée *Uruguay* (1769) célèbre la révolte des missions jésuites contre la métropole.

GAMACHES (80220), ch.-l. de cant. de la Somme, dans le Vimeu ; 3 191 hab. *(Gamachois)*. Église des XIIe - XVe s. Verrerie. Serrurerie et robinetterie.

GAMASSI (Mohamed), général égyptien (Le Caire 1920). Directeur des opérations militaires à l'état-major de l'armée (1969), responsable de la préparation du franchissement du canal de Suez lors de la quatrième guerre israélo-arabe de 1973, ministre de la Défense (déc. 1974), il a été, de 1978 à 1981, conseiller militaire du président Sadate.

GAMAY [-mɛ] n. m. (de *Gamay,* n. pr.). Cépage noir cultivé surtout dans le Beaujolais et dans le Centre.

GAMBA [gɑ̃mba] n. f. (esp. *gamba*). Nom commercial d'une grosse crevette (pénéidé), comestible, de la Méditerranée.

GAMBADE n. f. (provenç. *cambado,* de *cambo,* jambe). Bond, course sautillante, qui manifeste en général la gaieté ; cabriole.

GAMBADER v. i. (conj. **3**). Faire des gambades ; sauter, bondir gaiement.

GAMBARDIÈRE adj. f. *Tuile gambardière,* tuile concave transversalement, dans le sens de la largeur.

GAMBE n. f. (var. norm. de *jambe*). Jeu d'orgue appartenant à la famille des *fonds,* à la sonorité mordante.

GAMBERGE n. f. *Pop.* Réflexion, méditation ; pensée, imagination.

GAMBERGER v. t. (var. de *comberger,* compter) [conj. **17**]. *Pop.* Imaginer qqch, le combiner dans son esprit : *Il gamberge un coup.*
◆ v. i. *Pop.* **1.** Réfléchir, méditer. — **2.** Laisser son imagination s'abandonner à la rêverie, à des choses imaginaires.

GAMBETTA (Léon), avocat et homme politique français (Cahors 1838 - Ville-d'Avray 1882). Déjà célèbre comme avocat pour ses opinions républicaines (procès Baudin, 1868), il rédige le « programme de Belleville », sur lequel il est élu député en 1869, et prend la tête de l'opposition contre l'Empire. Après Sedan, il proclame la déchéance de Napoléon III et la république (4 sept. 1870). Ministre dans le gouvernement de la Défense nationale, il quitte en ballon la capitale assiégée (7 oct.) et, depuis Tours, organise la résistance à outrance. À l'Assemblée nationale depuis juill. 1871, il est le chef de l'Union républicaine. Il fonde un journal *(la République française)* et, grâce à une vaste propagande, contribue à l'adoption, contre les monarchistes, des lois constitutionnelles fondant la république (1875). Lors de la crise du 16 mai 1877, il prend la tête de l'opposition face à Mac-Mahon. La Chambre ayant été dissoute, il engage le président à « se soumettre ou se démettre » en cas de victoire républicaine aux élections. Cette victoire acquise, Mac-Mahon accepte le gouvernement Dufaure (ami de Gambetta) puis démissionne. Président de la Chambre en 1879, Gambetta forme le 14 nov. 1881 son « grand ministère d'Union républicaine » mais, désavoué par Clemenceau et par les revanchards, il démissionne (26 janv. 1882) après avoir cherché à introduire le scrutin de liste. Il meurt accidentellement le 31 déc. 1882.

1. GAMBETTE n. f. (var. picarde de *jambette*). *Pop.* Jambe.

2. GAMBETTE n. m. (de *gambette 1*). Chevalier à pattes et bec rouges, insectivore, parfois de passage en France sur les rivages marins ou lacustres.

GAMBEY (Henri Prudence), constructeur français (Troyes 1787 - Paris 1847). Il réalisa des instruments de physique d'une perfection telle que sa renommée surpassa celle des constructeurs anglais. Il construisit pour l'Observatoire de Paris une série de grands instruments astronomiques.

GAMBIE, fl. de l'Afrique occidentale (Sénégal et Gambie), né dans le Fouta-Djalon, tributaire de l'Atlantique ; 1 100 km environ.

GAMBIE, État de l'Afrique occidentale, s'étendant de part et d'autre du cours inférieur de la *Gambie ;* 11 300 km^2 ; 1 150 000 hab. CAP. *Banjul.* LANGUE : *anglais.* MONNAIE : *dalasi.*

Géographie. Constitué d'une bande de terrain (20 à 50 km de largeur sur une longueur de 300 km) de part et d'autre du *fleuve Gambie,* peuplé surtout de Mandés, de Peuls et de Ouolofs, le pays, pauvre, associe, aux cultures vivrières, l'arachide (base des exportations) et un tourisme naissant.

Histoire.

XIIIe-XVIe s. : Vassale du Mali, l'actuelle Gambie est découverte par les Portugais en 1455-56.

XVIIe s. : Les marchands européens d'esclaves s'y installent.

1783 : La Gambie devient possession britannique.

1965 : Indépendance dans le cadre du Commonwealth.

1970 : La république est proclamée, avec pour président Dawda Kairaba Jawara.

1981-1989 : Confédération avec le Sénégal (Sénégambie).

1994 : D. K. Jawara est renversé par un coup d'État militaire.

GAMBIER *(îles),* archipel d'une vingtaine d'îles de la Polynésie française, au S.-E. des Tuamotu ; env. 30 km^2 ; 620 hab. Ch.-l. *Rikitea,* dans l'île principale, Mangareva. Découvertes en 1797, ces îles furent annexées par la France en 1881. Les atolls de Mururoa* et Fangataufa* en font partie.

GAMBIEZ (Fernand), général français (Lille 1903 - Saint-Mandé 1989). Il s'est illustré tout au long de la Seconde Guerre mondiale, notamment au débarquement à Ajaccio (13 sept. 1943) et à l'île d'Elbe (17 juin 1944). Il a commandé en Tunisie (1957) puis en Algérie (1961) avant de diriger l'Institut des hautes études de défense nationale.

GAMBILLE n. f. (de *gambiller*). *Pop.* Danse.

GAMBILLER v. i. (anc. fr. *gambe,* jambe) [conj. 3]. *Pop.* Danser.

GAMBISON n. m. (anc. fr. *gamboison*). Pourpoint d'étoffe rembourrée et piquée, servant de défense (Moyen Âge).

GAMBIT [gɑ̃bi] n. m. (ital. *gambetto,* croc-en-jambe). Aux échecs, coup qui consiste, en début de partie, à sacrifier une pièce pour gagner un avantage en position. (Il s'agit le plus souvent du sacrifice du pion du roi ou de la reine.)

GAMBSHEIM (67760), comm. du Bas-Rhin, au N.-E. de Strasbourg ; 3 719 hab. Centrale hydroélectrique sur une dérivation du Rhin.

GAMBUSIE n. f. (hispano-amér. *gambusina*). Poisson vivipare des eaux calmes et tièdes, originaire d'Amérique du Nord, introduit en France pour lutter contre les moustiques, dont il mange les larves aquatiques.

GAMELAN n. m. (javanais *gamel,* instrument). Ensemble instrumental indonésien comprenant des percussions mélodiques en bronze (gongs suspendus) ou en bois (xylophone), des tambours ainsi que des instruments à cordes pincées ou frottées, des flûtes et des chanteurs.

GAMELIN (Maurice Gustave), général français (Paris 1872 - *id.* 1958). Collaborateur de Joffre de 1902 à 1915, il participe à l'élaboration de la manœuvre de la Marne. Généralissime en 1935, chef d'état-major de la Défense nationale en 1938, il commande en 1939 l'ensemble des forces franco-britanniques. L'échec de son plan de campagne, en mai 1940, entraîne son remplacement par Weygand. Arrêté en sept. 1940, traduit devant la cour de Riom, il est interné au Portalet, puis transféré en Allemagne, où il restera prisonnier jusqu'en 1945. Il a publié ses Mémoires (*Servir,* 1946-47).

GAMELLE n. f. (ital. *gamella,* du lat. *camella,* écuelle). **1.** Autref., seau en bois dans lequel les soldats prenaient collectivement leur repas. — **2.** Récipient métallique servant aux troupes pour faire la cuisine. — **3.** Récipient individuel du soldat, du marin, de certains ouvriers, des campeurs, etc. — **4.** Sur un navire de guerre, communauté administrative formée par les officiers ou les officiers mariniers prenant leurs repas à une même table. — **5.** *Fam.* Projecteur de théâtre ou de cinéma. — **6.** Pop. *Ramasser, prendre une gamelle,* tomber, faire une chute ; essuyer un échec.

GAMÉTANGE n. m. (gr. *aggeion,* vase). Organe végétal des champignons et de quelques algues contenant puis libérant les gamètes de l'un des deux sexes.

GAMÉTANGIE n. f. Mode de fécondation par fusion des gamétanges des deux sexes, sans dispersion des gamètes.

GAMÈTE n. m. (gr. *gametês,* époux, de *gameîn,* épouser). Cellule reproductrice mature capable de fusionner avec une cellule d'origine semblable, mais du sexe opposé, pour produire un zygote.

ENCYCL. Les gamètes sont produits à partir de cellules sexuelles par le processus de la gamétogenèse. Ils ne possèdent que le nombre haploïde (N) de chromosomes de l'espèce, afin que la fécondation rétablisse le nombre diploïde (2N). Selon les cas, il peut y avoir *isogamie :* gamètes mâle et femelle identiques ; *anisogamie :* gamètes légèrement différents en taille et en structure ; *hétérogamie :* gamètes très différents, cas des organismes supérieurs, où ovocyte et spermatozoïde ont une taille, une structure interne ou une mobilité très différentes.

GAMÉTICIDE adj. et n. m. Se dit d'un médicament antipaludéen qui détruit les gamétocytes du protozoaire du paludisme dans les hématies.

GAMÉTOCYTE n. m. **1.** Cellule germinale produisant, par le processus de la gamétogenèse, un gamète fécondant, ovule ou spermatozoïde. (Chez les organismes supérieurs, les gamétocytes passent, chez la femelle, par les stades ovogonie, ovocyte primaire, ovocyte secondaire et aboutissent à l'ovule, et, chez le mâle, par les stades spermatogonie, spermatocytes primaire et secondaire, spermatide et aboutissent au spermatozoïde.) — **2.** Cellule répandue dans le sang des paludéens, à partir de laquelle se forme le gamète du parasite du paludisme.

GAMÉTOGENÈSE n. f. Mécanisme de formation des gamètes.

ENCYCL. La gamétogenèse a pour but la production de gamètes, ou cellules fécondantes (spermatozoïdes et ovocytes ou ovules), ayant un

nombre haploïde (N) de chromosomes au lieu du nombre diploïde (2N) propre à l'espèce. La cellule originelle, ou gonie, se divise deux fois, alors que les chromosomes ne se divisent qu'une fois. La gamétogenèse comprend une première période de multiplication des cellules primordiales (spermatogonies, ovogonies) afin de constituer un stock. Celle-ci est suivie par la méiose*, qui comporte une première division dite « réductionnelle » et une deuxième dite « équationnelle », aboutissant à la réduction de moitié du nombre des chromosomes.
Dans l'espèce humaine, chez l'homme, la gamétogenèse débute lors de la puberté et peut se prolonger jusqu'à un âge avancé de la vie. Chez la femme, elle débute durant la vie embryonnaire et le cycle de maturation ne se termine que s'il y a fécondation.
Le processus de gamétogenèse peut subir un grand nombre d'accidents, qui se traduisent par les aberrations chromosomiques de nombre ou de structure, ainsi que par les différents degrés de polyploïdie (triploïdie, tétraploïdie).

GAMÉTOPHYTE n. m. Organisme végétal issu d'une spore, destiné à former les gamètes et reconnaissable dans les espèces végétales où il existe une alternance des générations.
ENCYCL. Le gamétophyte est haploïde, et on appelle haplophase l'ensemble des générations cellulaires qui le constituent.
Le gamétophyte des cryptogames vasculaires, appelé prothalle*, peut être bisexué (fougères) ou unisexué (prêles, lycopodes). Chez les plantes à fleurs, le gamétophyte mâle est réduit au tube pollinique, le gamétophyte femelle au sac embryonnaire (angiospermes) ou à l'endosperme (gymnospermes). Chez les mousses, au contraire, il constitue toute la plante, à l'exception du sporogone*. Enfin, chez certaines hépatiques et chez diverses algues rouges ou brunes, gamétophyte et sporophyte sont à peu près égaux en grandeur et en durée.

GAMIN, E n. (p.-ê. rad. *gamm-*, signif. « vaurien »). **1.** Enfant en général, gosse : *Se conduire comme un gamin.* – **2.** *Fam.* Fils, fille : *Elle est gentille, votre gamine.*
◆ adj. Qui a un caractère jeune, espiègle : *Il a toujours été gamin.*

GAMINER v. i. (conj. **3**). *Litt.* Faire le gamin ; dire des gamineries.

GAMINERIE n. f. Action, parole, comportement digne d'un gamin.

GAMMA n. m. (gr. *gamma*). Troisième lettre de l'alphabet grec (γ, Γ). • **Astron.** *Point gamma* (γ), syn. de POINT VERNAL*. – **Géophys.** Unité d'intensité du champ d'induction magnétique utilisée en prospection magnétique égale à 10^{-9} tesla. – **Math.** γ désigne la constante d'Euler. (On écrit aussi C.) ‖ *Fonction gamma,* fonction définie sur ℝ par

$$\Gamma(x) = \int_0^\infty e^{-t}.t^{x-1}.dt.$$

– **Neurol.** *Motoneurone gamma,* syn. de FUSIMOTONEURONE. – **Phot.** Pente maximale de la courbe sensitométrique d'une émulsion photographique. (Syn. FACTEUR DE CONTRASTE.) – **Phys.** *Rayons gamma* (γ), rayonnements électromagnétiques très pénétrants émis lors de transitions nucléaires. (Ils sont utilisés en médecine [traitement des tumeurs cancéreuses], en métallurgie [détection des fissures par gammagraphie] et en biologie [stérilisation des matières alimentaires].) – **Probab.** *Loi gamma,* loi de probabilité d'une variable aléatoire continue X prenant ses valeurs dans [0,+∞] et ayant pour densité de probabilité

$$f(x) = e^{-x}x^{m-1}/\Gamma(m),$$

$\Gamma(x)$ étant la fonction gamma et m un paramètre positif. (Pour $m = 1$, on a la loi exponentielle avec $\lambda = 1$.) – **Thermodyn.** Symbole représentant le rapport de la chaleur spécifique d'un gaz à pression constante à sa chaleur spécifique à volume constant ($\gamma = C_p/C_v$). – **Zool.** Nom commun à divers papillons, notamment à une vanesse, le *gamma blanc,* et à une noctuelle, la *plusie gamma.*

GAMMA-AMINOBUTYRIQUE adj. *Acide gamma-aminobutyrique (GABA),* acide aminé neuromédiateur ayant un rôle inhibiteur dans le système nerveux central des vertébrés.

GAMMACAMÉRA n. f. (pl. *gammacaméras*). Détecteur de rayonnements gamma, destiné à obtenir par voie externe l'image d'un organe qui a fixé un isotope radioactif introduit dans l'organisme.

GAMMACARDIOGRAPHIE n. f. (pl. *gammacardiographies*). Méthode d'enregistrement au niveau de la région précordiale des rayons gamma émis par un isotope radioactif injecté par voie intraveineuse.

GAMMAENCÉPHALOGRAPHIE n. f. (pl. *gammaencéphalographies*). Image traduisant les variations de la radioactivité présente au niveau de l'encéphale après injection intraveineuse d'un isotope radioactif émetteur gamma. (Syn. SCINTIGRAPHIE CÉRÉBRALE.)

GAMMAGLOBULINE n. f. (pl. *gammaglobulines*). **1.** Globuline plasmatique ayant la plus faible mobilité électrophorétique à pH 8,6, sans préjuger de son activité anticorps. (On écrit aussi γ-GLOBULINE, GLOBULINE γ.) [→ *encycl.*] – **2.** Syn. de IMMUNOGLOBULINE.
ENCYCL. Les gammaglobulines forment un groupe assez hétérogène qui représente de 10 à 15 % des globulines plasmatiques totales. On

trouve dans ce groupe la grande majorité des immunoglobulines ; cela explique leur utilisation en thérapeutique. Elles peuvent également être utilisées à titre prophylactique (coqueluche, poliomyélite par ex.).

GAMMA-GLUTAMYL-TRANSFÉRASE ou **GAMMA G. T.** n. f. Enzyme dont le taux sanguin s'élève d'une façon significative chez les buveurs d'alcool. (Son dosage permet le dépistage de l'imprégnation alcoolique avant le stade de l'alcoolisme confirmé.)

GAMMAGRAPHIE n. f. **1.** Syn. de SCINTIGRAPHIE. – **2.** Radiographie par le rayonnement gamma issu d'une source radioactive (radiocobalt, radioiridium, etc.).
La gammagraphie tend de plus en plus à remplacer le contrôle radiographique par rayons X pour détecter, à l'intérieur de pièces mécaniques, la présence de défauts.

GAMMARE n. m. (lat. *gammarus,* du gr. *kammaros,* crevette). Crustacé amphipode des mers ou des eaux douces. (Les gammares des cours d'eau nagent ou rampent sur le flanc ; n. usuel *crevette d'eau douce.*)

GAMMARIDE n. m. Nom de sous-ordre de crustacés amphipodes à la tête soudée au premier segment thoracique. (Les œufs se développent dans une chambre incubatrice abdominale. On en compte plus de 3 000 espèces dans tous les milieux aquatiques.)

GAMMATHÉRAPIE n. f. Syn. rare de CURIETHÉRAPIE.

GAMME n. f. (lat. médiév. *gamma,* du gr. *gamma*). **1.** Fragment de l'échelle musicale qui se caractérise par sa structure. (→ *encycl.*) – **2.** Série de choses de même nature, mais présentant divers aspects, divers degrés, diverses nuances : *Une gamme de beiges, du plus clair au plus foncé.* – **3.** Série d'objets de même fonction allant du moins cher au plus cher, de la qualité la plus médiocre à la meilleure qualité, du moins perfectionné au plus perfectionné, etc. : *Une gamme de téléviseurs.* – **4.** *Faire des gammes,* exécuter sur un instrument ou avec la voix des exercices musicaux en forme de gammes ; s'initier à une nouvelle technique par des exercices suivis. ‖ *Le haut, le bas de (la) gamme,* les articles qui se situent au niveau supérieur, ou inférieur, du point de vue du prix, de la qualité, du perfectionnement (peut s'employer en apposition : *Un four électrique haut de gamme*). • **Impr.** Ensemble des épreuves de contrôle d'une sélection pour l'impression en quadrichromie. ‖ *Gamme de gris,* bande constituée de plages gris neutre que l'on place avec le document pour le contrôle de l'équilibre des valeurs en photogravure. – **Industr.** *Gamme d'opérations,* document donnant le détail des opérations d'un travail à effectuer avec, pour chacune, le personnel, les machines, les dessins et l'outillage nécessaires, éventuellement le temps alloué. – **Inform.** *Gamme d'ordinateurs,* famille d'ordinateurs d'un même constructeur présentant des caractéristiques similaires de jeux d'intructions et de systèmes d'exploitation. – **Télécomm.** Bande de fréquen-

GAMMES

ces à l'intérieur de laquelle les ondes électromagnétiques ont des propriétés peu différentes, ou à l'intérieur de laquelle un appareil peut fonctionner ou être réglé.

ENCYCL. **Acoust.** Construire une gamme, c'est ranger dans une octave des notes capables de donner entre elles, dans toute la mesure du possible, des accords consonants et permettant de résoudre le problème de la transposition. De tels accords sont fournis par des sons dont l'intervalle (rapport des fréquences) est réductible à une fraction simple. C'est ainsi que les intervalles d'*octave,* de *quinte,* de *quarte,* de *tierce majeure,* de *tierce mineure strictes* ont respectivement pour valeur 2, 3/2, 4/3, 5/4, 6/5. Les gammes européennes contiennent sept notes non altérées, appelées *do, ré, mi, fa, sol, la, si.* Les intervalles entre ces notes peuvent être choisis de diverses façons.

— **Mus.** La musique occidentale utilise essentiellement les gammes diatoniques et chromatiques. Il y a deux sortes de gammes diatoniques : la *gamme majeure* et la *gamme mineure.* La *gamme majeure* se compose de : 2 tons, ½ ton, 3 tons, ½ ton.

La *gamme mineure,* placée une tierce mineure au-dessous de la gamme majeure, se compose de 1 ton, ½ ton, 2 tons, ½ ton, 1 ½ ton, ½ ton.

Toutes les gammes prennent le nom de la note par laquelle elles commencent. Il y a quinze gammes diatoniques majeures : celle de *do* majeur, sept gammes avec dièses et sept gammes avec bémols. Il y a quinze gammes diatoniques mineures : celle de *la* mineur, sept gammes avec dièses et sept gammes avec bémols.

La *gamme chromatique* est exclusivement composée de demi-tons (12). [On dit aussi *gamme dodécaphonique* ou *série.*]

Chaque note d'une gamme constitue un degré dans cette gamme, et chaque degré a un nom particulier. Prenant pour type la gamme de *do* majeur, on a :

do, premier degré, est appelé *tonique ;*
ré, deuxième degré, *sus-tonique ;*
mi, troisième degré, *médiante ;*
fa, quatrième degré, *sous-dominante ;*
sol, cinquième degré, *dominante ;*
la, sixième degré, *sus-dominante ;*
si, septième degré, *note sensible ;*
do, huitième degré, *octave* et *tonique.*

On peut ajouter à ces gammes classiques occidentales certaines gammes exotiques, entre autres la *gamme pentaphonique,* ou *pentatonique* de cinq sons, la *gamme* de six sons *par tons* entiers, employée notamment par Debussy.

GAMMÉE adj. f. (de *gamma*). *Croix gammée,* croix symbolique dont les branches sont coudées soit vers la droite, soit vers la gauche. (Dans de nombreuses civilisations anciennes, elle symbolisait généralement le Soleil ; c'est le svastika. Elle devint en Allemagne l'insigne de groupes antisémites à partir de 1905, puis celui du parti national-socialiste.)

GAMMISTE n. m. Syn. de PRÉPARATEUR.

GAMONE n. f. Hormone sexuelle de diffusion, sécrétée par un individu et agissant sur l'individu du sexe opposé de la même espèce. (Syn. FERTILISINE.)

ENCYCL. Chez l'oursin, l'ovule répand dans l'eau de mer une substance qui active et attire les spermatozoïdes. Ceux-ci, en retour, sécrètent une gamone qui ramollit la membrane de l'ovule, ce qui permet la pénétration de l'un d'entre eux.

GAMOPÉTALE adj. Se dit de la corolle d'une fleur lorsque les pétales sont soudés entre eux.

◆ **gamopétale** n. f. Nom ancien des plantes aux fleurs à pétales soudés, auj. appelées métachlamydées.

GAMOSÉPALE adj. Se dit d'un calice à sépales soudés.

GAMOSTÉMONE adj. (gr. *stêmôn, -onos,* trame). Se dit d'un androcée à étamines soudées.

GAMOW (George), physicien et astrophysicien américain d'origine russe (Odessa 1904 - Boulder, Colorado, 1968). Il fut le premier, en 1928, à appliquer la théorie quantique au noyau atomique, expliquant ainsi la radioactivité alpha. On lui doit, avec Alpher et Herman, une théorie cosmogonique qui, en 1948, fut la première à prédire l'existence, dans le domaine des ondes radio, d'un rayonnement thermique d'origine cosmique, témoin du « big bang » originel. Il a écrit des ouvrages de vulgarisation : série des *Monsieur Tompkins...* (1939-1967), *Un, deux, trois... l'infini* (1947), *Trente Années qui ébranlèrent la physique* (1966).

GAMPOLA, v. et anc. royaume de Sri Lanka (au sud de Kandy) où les Cinghalais se réfugièrent, de 1341 à 1415, face à la domination tamoule du nord de l'île.

GAN n. m. Dialecte chinois parlé au Jiangxi et au sud-est du Hubei.

GAN, l'une des îles Maldives. Aéroport.

G. A. N., sigle de GROUPE DES ASSURANCES NATIONALES. (→ ASSURANCE.)

GANACHE n. f. (ital. *ganascia,* mâchoire). **1.** Région située à la partie inférieure et à la partie postérieure du maxillaire inférieur des quadrupèdes. — **2.** *Fam.* Personne incapable et stupide ; imbécile : *Traiter quelqu'un de vieille ganache.* — **3.** Au théâtre, emploi de vieillard imbécile et crédule. — **4.** Crème à base de chocolat et de crème fraîche.

GANACHERIE n. f. *Litt.* Comportement de ganache.

GANADERÍA [ganaderija] n. f. (esp. *ganadería,* de *ganado,* troupeau). **1.** Domaine foncier de l'éleveur de taureaux de combat. — **2.** Troupeau appartenant à cet éleveur.

GANCE (Abel), cinéaste français (Paris 1889 - *id.* 1981). D'abord acteur (1909), il réalise en 1911 son premier film, *la Digue.* Dès 1915, il expérimente certaines techniques cinématographiques nouvelles *(la Folie du Dr Tube).* puis tourne *Mater Dolorosa* (1917), *J'accuse* (1919 ; version sonore en 1937), *la Roue* (1923) et surtout *Napoléon* (1927 ; version sonore en 1935), œuvre monumentale destinée à être projetée sur trois écrans. Gance, dont les projets effraient les producteurs, doit ensuite se contenter de tourner des œuvres moins ambitieuses et signe notamment *Lucrèce Borgia* (1935), *Louise* (1939), *le Capitaine Fracasse* (1943), *la Tour de Nesle* (1955), *Austerlitz* (1960). Écrivain, théoricien du cinéma, il est aussi l'inventeur de plusieurs procédés techniques révolutionnaires dont la polyvision (1925) et le triple écran.

GAND, en néerl. **Gent,** port de Belgique, ch.-l. de la Flandre-Orientale ; 230 246 hab. *(Gantois).* Évêché. Université.
— **Géogr.** Au confluent de l'Escaut et de la Lys, Gand est relié à la mer par le canal de Terneuzen. C'est surtout un port d'importation (plus de 20 Mt de trafic total) et un centre industriel (sidérurgie, chimie, construction automobile, ayant relayé le traditionnel textile).
— **Hist.** La ville se développe autour des deux monastères fondés au VIIe s. par saint Amand (879-918) et d'une forteresse bâtie à la fin du IXe s. par Baudouin II le Chauve, comte de Flandre. Centre commercial entre l'Angleterre et l'Allemagne, dotée d'institutions communales (fin du XIIe s.), elle devient au XIIIe s. la première ville drapière d'Europe. Son riche patriciat, qui contrôle l'industrie du drap, désigne seul les 39 échevins et conserve sa toute-puissance grâce à son alliance avec Philippe IV le Bel (1297), qui conquiert la Flandre. En 1336, la suspension des exportations de laine anglaise plonge la ville dans le chômage. Le riche drapier Jacob Van Artevelde, à la tête d'un gouvernement révolutionnaire, s'allie à l'Angleterre (1337), mais la ville est reprise par le comte de Flandre en 1349. En dépit de la crise du drap, due à la concurrence italienne et anglaise, la ville reste puissante et résiste au comte Louis II de Mâle, qui doit reconnaître sa prépondérance sur Bruges (1379), et aux ducs de Bourgogne Philippe le Hardi (traité de Tournai, 1385) et Philippe le Bon (révolte contre la gabelle, 1449-1453).
Ayant obtenu de Marie de Bourgogne un « grand privilège » (1477), Gand n'accepte la souveraineté de Maximilien de Habsbourg qu'en 1492. Mais, s'étant révoltée contre Charles Quint, elle perd le droit d'élire ses échevins (1540). Elle sera néanmoins la ville où est conclue la « pacification », dite de Gand, qui unit les révoltés des Pays-Bas contre Philippe II d'Espagne. Dominée à partir de 1577 par les calvinistes, la ville est reprise en main par les Espagnols en 1584. Affaiblie par les guerres entre Louis XIV et l'Espagne, elle est annexée à la France en 1794 et intégrée à la Belgique en 1830. Grâce à l'introduction du lin et du coton au XVIIIe s. et à l'ouverture du canal de Gand à Terneuzen en 1827, elle devient, au XIXe s., la métropole de l'industrie textile. — **Bx-arts.** Château des comtes (IXe-XIIIe s., restauré). Cathédrale St-Bavon, des XIIe-XVIe s. (crypte du XIe s. ; retable de l'*Agneau mystique* de Van Eyck ; important mobilier et œuvres d'art). Églises romanes et gothiques. Abbaye de la Byloke (XIIIe-XVIIe s., Musée archéologique). Beffroi (XIVe s.), hôtel de ville (XIVe-XVIe s.), halle aux draps (XVe s.), Grande Boucherie (1404) et maisons à pignons de l'ancien port de la Lys (XIIe-XVIIe s.). La ville fut un centre pictural aux XVe et XVIe s., avec Van der Goes, Van Wassenhove, Gerard Horenbout (peintre et enlumineur), etc. Musée des Beaux-Arts (Bosch, Horenbout, Rubens, Ph. de Champaigne... ; peintres de l'école de Laethem-Saint-Martin [début du XXe s.] ; art contemporain). Musée des Arts décoratifs et du Folklore.

Gand *(traité de)* [24 déc. 1814], traité qui termina la seconde guerre de l'Indépendance entre les États-Unis et la Grande-Bretagne.

Gand à Bruges *(canal de),* voie navigable de Belgique (50 km env.) joignant l'Escaut à Bruges.

Gand à Terneuzen *(canal de),* voie navigable de Belgique et des Pays-Bas, qui unit Gand à l'Escaut occidental ; 51 km. Accessible aux bateaux de 70 000 t, il fait de Gand un port de mer non tributaire d'Anvers.

GAND (Juste DE) → VAN WASSENHOVE.

GANDA n. m. Langue bantoue parlée principalement en Ouganda par env. 1 million de locuteurs.

GANDAK (la), riv. du Népal et de l'Inde septentrionale, affl. du Gange (r. g.) ; 770 km.

GANDAS ou **BAGANDAS,** ethnie dominante en Ouganda, où elle dépasse 2 600 000 individus.

GANDER, v. du Canada (Terre-Neuve), près du *lac Gander,* à l'E. de Grand Falls ; 11 000 hab. Aéroport.

GĀNDHĀRA, anc. province du nord-ouest de l'Inde, dans l'actuel district de Peshāwar (Pākistān). À partir du VIe s. av. J.-C, conquérants iraniens, helléniques, indiens et enfin nomades de la steppe centre-asiatique s'y succédèrent. Le bouddhisme l'atteignit vers le Ier s. L'art du Gāndhāra, dont l'aspect hybride participe de la fusion d'éléments étrangers, inaugura probablement la représentation figurée du Bouddha historique et celle du Bodhisattva. Il élabora une iconographie nouvelle, qui ne fut pas sans influence sur l'art du Swāt.

GĀNDHĪ (Mohandas Karamchand), surnommé **le Mahātmā** (« la Grande Âme »). Apôtre national et religieux de l'Inde (Porbandar 1869 - Delhi 1948). Il étudie le droit en Inde, puis à Londres et devient avocat. Au cours de longs séjours en Afrique du Sud (entre 1893 et 1914), il défend les Indiens, hindouistes et musulmans, contre les discriminations raciales. Il élabore alors sa doctrine de l'action non violente, inspirée de l'hindouisme, du christianisme et de penseurs tels que Tolstoï. Revenu en Inde, il s'engage dans la lutte contre les Britanniques, qui l'emprisonnent à plusieurs reprises. En 1920, il devient le leader incontesté de la lutte nationale, dont il fait un mouvement de masse. Il mobilise les hindous et les musulmans luttant pour la défense de Califat, et tire sa force de l'alliance du religieux et du politique. Il prône le retour à un passé idéalisé, préconisant le filage et le tissage à la main. À partir de 1922, il se consacre à l'éducation du peuple et aux problèmes des intouchables. Le leadership du mouvement national étant assuré à partir de 1928 par J. Nehru, il n'intervient plus que comme caution morale pour des mouvements de masse (désobéissance civile de 1930, *Quit India* de 1942) ou pour calmer les violences entre hindous et musulmans (1946-47). Il est assassiné en 1948 par un extrémiste hindou.

GĀNDHĪ (Indira), femme politique indienne (Allāhābād 1917 - Delhi 1984). Fille de J. Nehru, elle épouse en 1942 un pārsi, F. Gāndhī, dont elle a deux fils Rajiv et Sanjay. Présidente du Congrès (1959-1960), elle est ministre (1964-1966) dans le gouvernement de L. B. Shastri. Elle succède à ce dernier comme Premier ministre et demeure à ce poste de 1967 à 1977 et de 1980 à sa mort. Elle obtient peu à peu le pouvoir absolu dans le parti du Congrès, en éliminant ses rivaux, notamment M. Desai, et en provoquant en 1969 une scission qui élimine les éléments conservateurs au profit de l'aile gauche, qu'elle dirige sous le nom de Congrès-R. Confrontée à la détérioration de l'économie et accusée de fraude électorale, elle instaure l'état d'urgence de 1975 à 1977. Battue aux élections de 1977, elle gagne celles de 1980 à la tête du Congrès-I, formé à la suite d'une nouvelle scission de son parti. Elle est assassinée en oct. 1984 par des extrémistes sikhs. — Son fils RAJIV (Bombay 1944 - Sriperumbudur, au S.-O. de Madras, 1991), ancien pilote de ligne, est associé par sa mère aux affaires politiques après la mort accidentelle de son frère Sanjay (1980). Prenant à la mort de sa mère la direction du Congrès-I, il est Premier ministre de 1984 à 1989. Il est assassiné en mai 1991 au cours de la campagne pour les élections législatives.

GĀNDHĪNAGAR, v. de l'Inde, cap. du Gujerat, au N. d'Ahmadābād ; 123 359 hab.

GANDIN n. m. (anc. fr. *gandir,* faire des détours). Jeune homme qui a un soin excessif de son élégance ; dandy.

GANDJA, anc. **Ielizavetpol** (de 1804 à 1918) et **Kirovabad** (de 1935 à 1990), v. d'Azerbaïdjan, au pied du massif arménien ; 282 200 hab. Mausolée de l'imām Zade (XIVe-XVIIe s.). Grande mosquée (XVIIe s.). Mécanique. Industries alimentaires et textiles. Alumine. Porcelaine.

GANDOIS (Jean), industriel français (Nieul 1930). Il est président du Conseil national du patronat français (C. N. P. F.) depuis 1994.

GANDOURA n. f. (berbère *qandūr*). Tunique sans manches portée sous le burnous au Maghreb.

GANDRANGE (57175), comm. de la Moselle, au S. de Thionville, sur l'Orne ; 2 382 hab. Aciérie.

Ganelon, le traître de *la Chanson* de Roland,* responsable du piège où périt le héros.

GAṆEŚA, dieu hindou représenté avec un corps d'homme ventru, une tête d'éléphant et quatre bras, généralement de couleur rouge. En tant que « Seigneur des obstacles », dieu du Savoir, de l'Intelligence, des Arts et du Commerce, il est vénéré dans toute l'Inde.

GANG [gɑ̃g] n. m. (angl. *gang*). Bande organisée de malfaiteurs.

GANGA n. m. (catalan *ganga*). Oiseau (columbiforme) couleur de sable, bon voilier, granivore, vivant en troupes abondantes dans les régions désertiques de l'Ancien Monde.

GANGAMOPTÉRIS [-ris] n. m. (gr. *gaggamon,* filet). Ptéridosperme caractéristique de la flore permo-carbonifère de l'hémisphère austral.

GANGĀNAGAR ou **SRI GANGĀNAGAR,** v. de l'Inde, dans le nord du Rājasthān, près de la frontière pakistanaise ; 161 482 hab.

GANGDISE SHAN → KAILĀS.

GANGE (le), en sanskr. et en hindī **Gaṅgā,** fl. de l'Inde, long de 3 090 km, qui draine un bassin de 2 165 000 km². Formé de torrents issus de l'Himālaya central vers 4 200 m d'altitude, le fleuve sort de la montagne à Hardwār. Il draine alors la plaine gangétique, recevant de l'Himālaya ses principaux affluents (Yamunā, Gogra, Gandak, Kosī). À 350 km de la mer, le Gange se divise pour former la majeure partie du delta du Bengale. Utilisé pour l'irrigation, le Gange est avant tout le fleuve sacré de l'Inde, qui attire les pèlerins sur ses bords, notamment aux sources, à Allāhābād, et surtout à Bénarès, principales villes traversées (après Kānpur et Paṭnā).

Gange *(canal du),* canal de l'Inde septentrionale, long de 500 km, qui se détache du Gange à Hardwār et le rejoint à Kānpur.

GANGES (34190), ch.-l. de cant. du nord de l'Hérault, sur l'Hérault ; 3 397 hab. *(Gangeois).* Pont du XIIIe s. Textile. — Aux environs, gorges de l'Hérault.

GANGÉTIQUE adj. Relatif au Gange.

GANGLION n. m. (bas lat. *ganglion,* du gr. *gagglion*). Petit renflement arrondi ou fusiforme, présent en certains points des vaisseaux lymphatiques *(ganglion lymphatique)* et des nerfs *(ganglion nerveux).*

ENCYCL. Le *ganglion lymphatique* comprend une capsule, une zone périphérique occupée par des follicules lymphoïdes et une zone centrale formée surtout de cellules réticulaires. Il produit des lymphocytes et est à l'origine de toutes les variétés de cellules immunocompétentes. Il agit aussi comme filtre d'arrêt pour les particules étrangères véhiculées dans la lymphe.
Chaque *ganglion nerveux* sympathique ou parasympathique renferme les corps cellulaires de neurones (neurones postganglionnaires) qui transmettent l'influx à d'autres éléments nerveux. Il reçoit une fibre viscéromotrice en provenance de la moelle épinière qui a pour médiateur l'acétylcholine et qui va stimuler le neurone postganglionnaire.

GANGLIONNAIRE adj. Qui concerne les ganglions.

GANGLIOPLÉGIQUE adj. et n. m. Se dit des substances agissant au niveau des ganglions végétatifs en bloquant l'action de l'acétylcholine du neurone présynaptique.

GANGRÈNE n. f. (lat. *gangraena,* du gr. *gaggraina*). **1.** Mortification locale des tissus qui aboutit à la nécrose d'une région du corps, avec tendance à l'extension de proche en proche. — **2.** *Litt.* Mal insidieux qui menace d'envahir la société, un organisme, une institution, etc. : *Administration atteinte par la gangrène de la corruption.* — **3.** Maladie cryptogamique de la pomme de terre apparaissant surtout sur les tubercules en conservation. — **4.** *Gangrène gazeuse,* forme de gangrène septique due à des micro-organismes anaérobies du sol. (Elle se voit surtout en temps de guerre sur des plaies souillées de terre. Les lésions de putréfaction locales s'accompagnent d'un syndrome toxique souvent mortel.) ‖ *Gangrène ischémique,* gangrène consécutive à l'ischémie due à une plaie vasculaire, à une embolie artérielle, à une gelure ou, le plus souvent, à l'artérite des membres inférieurs. ‖ *Gangrène septique,* gangrène due à une infection par germes anaérobies (gangrène pulmonaire, cholécystite gangreneuse, gangrène des organes génitaux, phlegmon gangreneux du plancher de la bouche, gangrène septique des membres, etc.).

GANGRENER v. t. (conj. **19**). **1.** Causer la gangrène d'un membre, d'un organe. — **2.** *Litt.* Corrompre moralement, dégrader progressivement, ronger.

GANGRENEUX, EUSE adj. De la nature de la gangrène.

GANGSTER n. m. (amér. *gangster,* de l'angl. *gang,* bande). **1.** Membre d'un gang, d'une association de malfaiteurs ; bandit. — **2.** Personne sans scrupule, crapule.

GANGSTÉRISME n. m. **1.** Activité des gangs ; procédés et méthodes de gangster ; banditisme. — **2.** Comportement digne d'un gangster.

GANGTOK, v. de l'Inde, cap. du Sikkim, sur la Tīsta, dans l'Himālaya, à 1 640 m d'alt. ; 37 000 hab. Palais des Chogyals et monastère Tsuklakhang. Dans les environs, célèbre monastère bouddhiste de Rumtek.

GANGUE n. f. (all. *Gang,* chemin suivi par un filon). **1.** Partie non exploitable d'un filon minéralisé. — **2.** Matière sans valeur entourant une pierre précieuse dans son gisement naturel. — **3.** Plus généralement, ensemble des éléments minéraux sans valeur associés au minéral utile dans un minerai. — **4.** Tissu scléreux (dur), d'origine inflammatoire ou tumorale, qui enveloppe un organe ou ses éléments constitutifs.

GANGUI n. m. (anc. provenç. *ganguil,* petit filet rond du gr. *gaggamon*). **1.** Chalut méditerranéen, constitué par une poche conique, traîné par deux bateaux. — **2.** Bateau armé pour la pêche au gangui.

GANIVET (Ángel), écrivain espagnol (Grenade 1865 - Riga 1898). Ses romans, où se mêlent réalisme et humour (*La Conquista del reino de Maya por el último conquistador Pío Cid,* 1897), et ses essais (*Idearium español,* 1897) ont préparé le renouveau de la « génération de 1898 ».

GANJA [gɑ̃dʒa] n. f. (hindī *ganja*). Haschisch, marijuana.

GAN JIANG ou **KAN-KIANG,** riv. de Chine, tributaire méridionale du lac Poyang. Elle forme le principal axe de communication du Jiangxi.

GANNAL (Jean Nicolas), pharmacien et chimiste français (Sarrelouis 1791 - Paris 1852). On lui doit des procédés de durcissement du suif par les acides, origine des bougies-chandelles (1820), de conservation des cadavres (1835), etc. Il imagina aussi le rouleau encreur élastique, fait de gélatine, pour l'imprimerie.

GANNAT (03800), ch.-l. de cant. de l'Allier, dans la Limagne ; 6 126 hab. *(Gannatois)*. Église Ste-Croix, romane et gothique. Château médiéval. Métallurgie. Chimie.

GANNE (Louis), compositeur et chef d'orchestre français (Buxières-les-Mines 1862 - Paris 1923). Il composa la *Marche lorraine* et de nombreuses opérettes, dont *les Saltimbanques* (1899).

GANOÏDE adj. (gr. *ganos,* éclat). *Écaille ganoïde,* écaille des poissons chondrostéens et holostéens (esturgeon, lépisostée) formée par la superposition de trois substances (isopédine, ivoire et ganoïne).

GANOÏNE n. f. Substance voisine de l'émail recouvrant les écailles des ganoïdes.

GANSE n. f. (provenç. *ganso,* boucle, du gr. *gampsos,* recourbé). **1.** Cordonnet plat, tressé à deux branches, ou rond, à trois branches, utilisé en application dans l'ameublement et le costume. — **2.** En marine, boucle de cordage.

GANSER v. t. (conj. 3). Garnir d'une ganse.
◆ **être gansé** v. pass. *Broderie gansée,* broderie faite avec de la ganse.

Ganser *(syndrome de),* obnubilation de la conscience caractérisée par des réponses « à côté », par des actes absurdes et par un état d'excitation mêlé d'anxiété.

GANSETTE n. f. **1.** Petite ganse. — **2.** Maille de filet.

GANSHOREN, comm. de Belgique, dans la banlieue résidentielle du nord-ouest de Bruxelles ; 22 900 hab.

GANSU ou **KAN-SOU,** prov. de la Chine du Nord, en bordure de la Mongolie ; 530 000 km² ; 22 400 000 hab. Cap. *Lanzhou.* Vaste comme la France, le Gansu forme la transition entre la Chine orientale (céréales, coton, tabac sur les plateaux lœssiques, bien arrosés, du sud-est) et la Chine occidentale (steppes ou déserts de l'Ordos et de l'Alashan au N.). Traditionnelle voie de passage vers l'Asie centrale, il était traversé par la route de la soie. L'industrialisation et l'urbanisation, liées aux ressources du sous-sol (charbon et pétrole, fer), ont facilité la sinisation aux dépens des traditionnelles minorités (Mongols, Hui, Kazakhs, etc.).

GANT n. m. (anc. fr. *guant,* du frq. **want*). **1.** Objet fait de peau, d'étoffe ou de tout autre matériau qui épouse la forme de la main et des doigts et qui est utilisé comme accessoire de l'habillement ou comme protection dans diverses activités. ‖ *Gant de boxe,* gant de protection, confectionné en cuir et rembourré de crin. ‖ *Gant de crin,* sorte de moufle en crin tricoté, utilisée pour frictionner le corps. ‖ *Gant de données,* en informatique, gant pourvu de capteurs sensitifs de pression et de position, utilisé comme périphérique d'entrée pour la manipulation d'objets virtuels dans un système de réalité virtuelle. (L'ordinateur interprète les informations que lui fournit ce dispositif pour visualiser, à travers une modification de l'affichage, les mouvements effectués.) ‖ *Gant (de) Notre-Dame,* nom usuel de la digitale pourpre, d'une campanule et de l'ancolie vulgaire. ‖ *Gant de toilette,* poche en tissu-éponge, utilisée pour se laver. — **2.** *Aller comme un gant à qqn,* lui convenir parfaitement. ‖ *Jeter le gant à qqn,* le défier, le provoquer. ‖ *Mettre, prendre des gants,* agir avec précaution, discrétion, ménagement, en évitant de heurter ou de blesser qqn. ‖ *Relever, ramasser le gant,* accepter un défi. ‖ *Retourner qqn comme un gant,* le faire complètement changer d'avis. ‖ *Se donner les gants de,* s'attribuer le mérite de qqch que l'on n'a pas fait. ‖ *Souple comme un gant,* très souple ; d'une humeur accommodante sinon servile.

GANTEAUME (Honoré Joseph Antonin, *comte*), amiral français (La Ciotat 1755 - près d'Aubagne 1818). Il commanda les forces navales de l'expédition d'Égypte (1798), puis la flotte de Brest (1805) et celle de la Méditerranée (1808). Il se rallia à la monarchie en 1814.

GANTELET n. m. (de *gant*). **1.** Manchon de cuir servant à certains ouvriers (cordonniers, selliers, relieurs, chapeliers, bourreliers) pour protéger la paume et les doigts. (Syn. MANICLE.) — **2.** Gant très fort faisant partie de l'armure.

GANTER v. t. (conj. 3). **1.** Couvrir la main d'un gant : *Ganter ses mains de caoutchouc.* — **2.** Convenir à la main de qqn : *Ces gants de chevreau vous gantent bien.*
◆ v. i. Avoir telle mesure comme pointure de gant : *Ganter du sept et demi.*

GANTERIE n. f. **1.** Métier du gantier ; industrie du gant. — **2.** Fabrique, commerce ou magasin de gants.

GANTIER, ÈRE n. Personne qui fait ou qui vend des gants.

GANTOIS, E adj. et n. De Gand.

GANTOUR *(plateau des),* région du Maroc occidental, au S. du massif des Rehamna. Gisements de phosphates exploités.

GANTT (Henry Laurence), ingénieur américain (Calvert Country, Maryland, 1861 - Pine Island,

New York, 1919). Travaillant avec Frederick W. Taylor, il conçut de nombreux graphiques utiles à la direction des entreprises.

GANYMÈDE, prince troyen, fils de Tros et de Callirrhoé. Il fut aimé de Zeus, qui, prenant la forme d'un aigle, l'enleva et fit de lui, dans l'Olympe, l'échanson des dieux.

GANYMÈDE, troisième satellite de Jupiter, découvert par Galilée en 1610. Sa surface, révélée par les sondes américaines Voyager, en 1979, juxtapose des zones sombres, très anciennes, criblées de cratères d'impact, et des régions brillantes, beaucoup plus jeunes, parcourues de fractures. Cet astre serait constitué d'une écorce de glace enveloppant un manteau d'eau liquide ou congelée et un noyau rocheux riche en silicates. Diamètre : 5 260 km (plus gros satellite du système solaire). Densité moyenne : 1,9. Distance moyenne à Jupiter : 1 070 000 km. Période de révolution sidérale : 7,155 j.

GANZHOU ou **KAN-TCHEOU,** v. de Chine (Jiangxi), sur la rivière Gan ; 346 000 hab. Base américaine pendant la Seconde Guerre mondiale.

GAO, v. du Mali, ch.-l. de région, sur le Niger ; 55 300 hab. Mausolée d'Askia Mohammed (XVe s.).
— **Hist.** Gao, probablement fondée vers le VIIIe s., fut le débouché du grand commerce transsaharien. Elle fut la capitale de l'Empire songhaï (1464-1591).

GAO KEGONG ou **KAO K'Ö-KONG,** peintre chinois (Datong 1248 - ? v. 1310). Il renoue avec la tradition paysagiste des Song du Nord, mais excelle aussi dans les représentations de bambous.

GAO MING ou **KAO MING,** auteur dramatique chinois du XIVe s., auteur de l'*Histoire du luth (Pipa ji).*

GAON n. m. (mot hébr. signif. *éminence*). Titre des chefs des grandes écoles juives de Babylonie entre 589 et 1038 apr. J.-C.

GAO QIPEI ou **KAO K'I-P'EI,** peintre chinois (Liaoyang v. 1672 - v. 1734), inventeur de la « peinture au doigt », dont l'audace lui vaut une grande popularité.

GAOUÏA, anc. **Aa,** fl. de Lettonie, tributaire du golfe de Riga ; 460 km env.

GAOXIONG ou **KAO-HIONG** ou **KAOHSIUNG,** port du sud-ouest de Taiwan ; 1 396 425 hab. Industrialisé par les Japonais à partir de 1893, Gaoxiong a maintenant deux zones franches industrielles (sidérurgie, électronique, chantiers navals, raffinerie de pétrole).

GAP [gap] n. m. (angl. *gap,* abîme). Décalage profond, écart important entre des choses, des personnes ou des pays, notamment dans le développement économique. (Syn. ÉCART TECHNOLOGIQUE.)

GAP (05000), ch.-l. du dép. des Hautes-Alpes, à 668 km au S.-S.-E. de Paris, à 733 m d'alt. ; 35 647 hab. *(Gapençais).* Évêché. Musée départemental. Carrefour routier, centre commercial et administratif avec quelques industries (travail du bois, bonneterie).

GAPENÇAIS, petite région du dép. des Hautes-Alpes, autour de Gap, dominant la Durance.

GAPERON n. m. Fromage auvergnat, au lait de vache, à pâte demi-dure, aromatisé à l'ail.

GAPON (Gueorgui Apollonovitch), prêtre et militant du mouvement ouvrier réformiste en Russie (Beliaki, gouvern. de Poltava, 1870 - Ozerki, près de Saint-Pétersbourg, 1906). Se réclamant du socialisme chrétien, il organisa la manifestation ouvrière du 9 janv. (22 janv.) 1905, qui se termina par la fusillade d'un millier de personnes. (→ DIMANCHE ROUGE.)

G. A. P. P., abrév. de GROUPE D'AIDE PSYCHOPÉDAGOGIQUE.

Garabit *(viaduc de),* pont-rail métallique conçu par l'ingénieur Léon Boyer et construit de 1882 à 1884 par Eiffel pour le chemin de fer de Béziers à Clermont-Ferrand, au-dessus de la Truyère (Cantal). Longueur 564 m ; arche centrale 165 m.

GARA DJEBILET → DJEBILET *(gara).*

GARAGE n. m. (de *garer*). **1.** Action de garer un véhicule. — **2.** Lieu couvert où l'on remise les véhicules. — **3.** Entreprise commerciale d'un garagiste, s'occupant de la garde, des réparations et de l'entretien des automobiles. — **4.** *Garage à bateaux,* syn. de GARE. ‖ Fam. *Mettre, ranger sur une voie de garage,* mettre de côté une affaire dont on décide de ne plus s'occuper ; marginaliser qqn, le mettre à l'écart. ‖ *Voie de garage,* voie sur laquelle on gare plusieurs véhicules ferroviaires ; emploi marginal, sans possibilité d'avancement.

GARAGISTE n. Exploitant commercial assurant le remisage des voitures et, souvent, les travaux d'entretien et de réparation.

GARALDE n. f. Caractère d'imprimerie dont la forme s'inspire des types gravés par Claude Garamont au XVIe s. (Classification Vox, 1954.)

GARAMANTES, anc. peuple nomade de la Libye intérieure, au S. de l'Atlas, réputé pour son courage et d'où seraient peut-être issus les Touareg.

GARAMOND n. m. (de C. *Garamont,* n. pr.). Caractère d'imprimerie, créé au XVIe s.

GARAMONT ou **GARAMOND** (Claude), fondeur français de caractères (Paris 1499 - *id.* 1561). On lui doit la création de divers caractères typographiques, notamment celui qui porte son nom.

GARANCE n. f. (bas lat. *warantia,* du frq. **wratja*). **1.** Plante (rubiacée) à fleurs jaunâtres, de 0,30 à 1,50 m, dont le rhizome fournit un colorant rouge et poussant dans les bois et les buissons. (La culture de la garance a cédé à la concurrence de l'alizarine artificielle.) — **2.** Racine de cette plante. — **3.** Teinture fournie par ce rhizome.
◆ adj. inv. et n. m. Couleur rouge vif.

GARANT, E adj. et n. (gotiq. **werjan,* garantir). **1.** Qui est caution d'une autre personne, qui répond de sa dette : *Être garant de la solvabilité d'un ami.* — **2.** Qui, par sa personne, ses qualités propres, atteste de la réalité, de l'authenticité de qqch : *Je suis le garant du succès de ce produit.* — **3.** Dont le témoignage et l'autorité appuient les assertions d'autrui : *Ne rien avancer que sur de bons garants.* — **4.** Se dit d'un État qui garantit le respect d'une situation politique : *Les pays garants d'un traité.* — **5.** *Être, se porter garant,* prendre la responsabilité de qqch, en répondre, le prendre sous sa responsabilité.
◆ **garant** n. m. **1.** Personne qui est tenue envers quelqu'un d'une obligation de garantie. — **2.** Ce qui sert de caution, de garantie ; gage : *Son passé est le garant de sa compétence.* — **3.** Nom que prend un cordage lorsqu'il sert à former un palan.

GARANTI n. m. Personne dont les droits sont garantis par une autre (le garant).

GARANTIE n. f. (de *garantir*). **1.** Ce qui assure l'exécution, le respect des termes d'un contrat : *Demander des garanties.* — **2.** Ce qui est l'assurance, le gage de qqch d'autre : *Votre travail est la garantie de votre succès.* — **3.** Obligation qui incombe à une personne soit d'assurer à une autre la jouissance d'une chose ou d'un droit, soit de la protéger contre un dommage auquel elle est exposée, ou de l'indemniser quand elle a effectivement subi le dommage ; responsabilité incombant à l'un des cocontractants. — **4.** Constatation légale du titre des matières et ouvrages de métal précieux. — **5.** *Contrat de garantie,* contrat qui a pour objet de procurer à un créancier une sûreté, en garantie de l'engagement pris par le débiteur (cautionnement, nantissement, privilège, hypothèque). ‖ *Être sous garantie,* se dit d'une marchandise dont le vendeur s'est engagé à la maintenir en bon état de fonctionnement pendant une période donnée. ‖ *Exception de garantie,* exception dilatoire qui permet au garanti d'obtenir du juge un délai pour appeler son garant ; droit pour le garanti d'obliger son adversaire à attendre l'expiration du délai de comparution imparti au garant, avant de continuer le procès. ‖ *Garantie de construction,* obligation de garantie imposée aux constructeurs par la loi. (La garantie de bon fonctionnement est biennale ; celle qui couvre tous les dommages concernant la solidité de l'ouvrage, même les vices du sol, est décennale ; celle qui concerne le parfait achèvement est d'un an.) ‖ *Garantie des droits,* dispositions constitutionnelles relatives aux droits fondamentaux de l'individu et qui s'imposent au législateur. (La constitution des États-Unis et certaines constitutions françaises [1791, 1793...] comportent une garantie des droits.) ‖ *Garantie d'éviction,* obligation légale faite au vendeur de défendre l'acquéreur contre la revendication d'un tiers et, éventuellement, de l'indemniser. ‖ *Garantie incidente,* mise en cause immédiate du garant par le garanti avant la fin du procès occasionné par un tiers. ‖ *Garantie individuelle,* protection que la loi doit à chaque citoyen (souvent au pl.). ‖ *Garantie de ressources,* mesure qui donnait la possibilité aux salariés âgés de plus de 60 ans de bénéficier d'une « préretraite » avant l'institution de l'abaissement de l'âge de la retraite à 60 ans ; complément de rémunération assuré à tout handicapé exerçant une activité professionnelle, versé par l'entreprise et dont une partie est prise en charge par l'État. ‖ *Garantie du Trésor,* privilège dont bénéficie le Trésor public en vue de s'assurer le recouvrement de l'impôt, y compris en cas de défaillance du contribuable. ‖ *Garantie des vices,* obligation légale faite au vendeur ou au bailleur de livrer à l'acquéreur ou au locataire un bien exempt de vices cachés. ‖ *Sans garantie,* sans la moindre assurance de réussir. ‖ *Sans garantie du gouvernement (S. G. D. G.),* formule qui avertit le public que l'État, lorsqu'il accorde un brevet, ne garantit pas la qualité, la priorité, etc., d'une invention, d'un objet, d'un remède.

Garanties *(loi des),* loi votée le 13 mai 1871 au Parlement italien et destinée à garantir les droits de la papauté. Elle reconnaissait au pape, considéré comme souverain, la possession de la cité Vaticane, des palais du Latran, de la chancellerie et de la villa de Castel Gandolfo. Elle lui attribuait une forte rente annuelle. Le gouvernement italien renonçait à ses pouvoirs sur l'Église d'Italie et dans la nomination des évêques. Pie IX refusa cet acte unilatéral, comme ses successeurs, jusqu'aux accords du Latran*.

GARANTIQUE n. f. Ensemble des théories et des techniques qui concourent à la sécurité des transmissions de données informatiques.

GARANTIR v. t. (de *garant*) [conj. 32]. **1.** Assurer, sous sa responsabilité, l'exécution de qqch dans des conditions préalablement définies : *Garantir un emprunt.* — **2.** Assurer le maintien de qqch, son existence, son respect : *La Constitution garantit les libertés civiques fondamentales.* — **3.** Se porter officiellement garant des qualités et du bon fonctionnement de qqch, le placer sous garantie et s'engager à remédier à tout défaut, toute panne, etc., pouvant se présenter pendant un certain temps : *Ce certificat garantit l'appareil contre tout vice de fabrication.* — **4.** Déclarer officiellement qqch conforme à certaines normes de qualité ou assurer son authenticité : *Le bijoutier garantit les diamants qu'il vend.* — **5.** Être la garantie, l'assurance de qqch d'autre : *Le passé ne peut en rien garantir l'avenir.* — **6.** Affirmer la qualité de qqch : *Le boucher m'a garanti ce rosbif.* — **7.** Donner qqch comme sûr, vrai, certain, sous sa responsabilité ; assurer, répondre de, certifier : *Je te garantis que cela ne se passera pas comme ça.* — **8.** Mettre à l'abri, protéger de qqch ; défendre, préserver : *Cette serrure ne vous garantit pas contre le vol.* • **Dr.** Assurer un objet ou une personne contre la réalisation de quelque événement.

◆ **être garanti** v. pass. **1.** Être sous garantie, en parlant d'un appareil, etc. — **2.** Être sûr, assuré, ne pas manquer d'arriver : *C'est le succès garanti.*

GARAŠANIN (Ilija), homme politique serbe (Garaši, près de Kragujevac, 1812 -Belgrade 1874). Il conçut dès 1844 un plan de soulèvement général de toutes les nations chrétiennes sujettes des ottomans et fut président du Conseil et ministre des Affaires étrangères en 1852 et de 1861 à 1867.

GARAT (Dominique Joseph, *comte*), homme politique et écrivain français (Bayonne 1749 - Urdains, près d'Ustaritz, Pyrénées-Atlantiques, 1833). Ministre de la Justice (1792) puis de l'Intérieur (1793), il fut membre du Conseil des Cinq-Cents (1795) puis des Anciens (1798). Rallié à Bonaparte lors du coup d'État du 18-Brumaire, il devint sénateur (1799) et fut créé comte d'Empire (1808). Il a laissé des *Considérations sur la Révolution française* (1792).

GARAUDY (Roger), philosophe et homme politique français (Marseille 1913). Membre du comité central du parti communiste français en 1945, il est exclu de ce parti en 1970 pour son hostilité à l'égard de l'intervention soviétique en Tchécoslovaquie (août 1968). Il est passé d'un marxisme militant (*Dieu est mort,* 1962) à une forme d'humanisme chrétien (*Appel aux vivants,* 1979). Il s'est ensuite converti à l'islām. La dérive antisémite de ses travaux sur le sionisme (*les Mythes fondateurs de la politique israélienne,* 1996) a fait scandale.

GARAY (Juan DE), explorateur espagnol (Orduña, Biscaye, v. 1528 - près d'Asunción, Paraguay, 1583). Il explora la vallée supérieure du Paraná et y fonda la ville de Santa Fe de la Vera Cruz (1573) puis entreprit la reconstruction de Buenos Aires (1580).

GARAY (János), poète hongrois (Szekszárd, près de Tolna, 1812 - Pest 1853), auteur d'une épopée en 9 tableaux, *Csatár* (1834), dont le héros est Jean Hunyadi, et de poésies patriotiques.

GARBO (Greta Lovisa GUSTAFSSON, dite **Greta**), actrice de cinéma suédoise, naturalisée américaine (Stockholm 1905 - New York 1990). Vedette du film suédois de M. Stiller *la Légende de Gösta Berling* (1924), elle tourne en Allemagne *la Rue sans joie* de G. W. Pabst (1925), puis se fixe aux États-Unis. La beauté de son visage, son étrange personnalité lui valent le surnom de « la Divine » et elle devient populaire dans le monde entier. Parmi ses films : *la Chair et le Diable* (1927), *Grand Hôtel* (1932), *la Reine Christine* (1933), *Anna Karenine* (1935), *le Roman de Marguerite Gautier* (1937), *Ninotchka* (1939), *la Femme aux deux visages* (1941).

GARBORG (Arne Evenson), écrivain norvégien (Time, Jaeren, 1851 - Asker 1924). Propagandiste du parler populaire *(landsmål),* il manifesta un esprit de libre-penseur dans des romans à succès (*Étudiants paysans,* 1883). Honni de la bonne société à cause de la publication de son roman naturaliste *Hommes* (1886), il publia de violentes satires politiques avant de revenir aux croyances religieuses de sa jeunesse (*Hommes fatigués,* 1891). On lui doit aussi un grand cycle poétique, *Haugtussa* (1895).

GARBURE n. f. (gasc. *garburo*). Soupe de légumes, notamment de chou et de haricots blancs, cuits avec du confit d'oie. (Cuisine béarnaise.)

GARÇÃO (Pedro António CORREIA), poète portugais (Lisbonne 1724 - *id.* 1772). Ses *Œuvres poétiques* (1778) marquèrent une réaction contre les raffinements artificiels venus d'Italie et d'Espagne et donnèrent l'exemple de la simplicité de l'expression.

GARCE n. f. (fém. de *gars*). *Pop.* **1.** Fille ou femme de mauvaise vie. — **2.** Jeune fille ou femme mauvaise ou très désagréable. — **3.** Jeune fille ou femme en général, souvent avec une nuance admirative pour son aspect physique : *Une belle garce.* — **4.** *Fils de garce,* terme d'injure.

◆ adj. *Fam.* Qui est méchant, mauvais : *Ce qu'elle peut être garce avec toi.*

1. GARCETTE n. f. (esp. *garceta,* aigrette). Sous Louis XIII, coiffure de femme comportant une petite frange sur le front, importée par Anne d'Autriche.

2. GARCETTE n. f. (ital. *garzetta,* chardon). **1.** Petite pince pour épinceter le drap. — **2.** Petite tresse qui servait autrefois à châtier les mousses et les matelots. — **3.** *Garcette de ris,* petit cordage passé dans une voile, qui sert à prendre les ris dans cette voile.

GARCHES (92380), ch.-l. de cant. des Hauts-de-Seine, banlieue ouest de Paris ; 18 091 hab. *(Garchois).* Centre résidentiel. Établissement hospitalier. Constructions mécaniques.

GARCHINE (Vsevolod Mikhaïlovitch), écrivain russe (Voronej 1855 - Saint-Pétersbourg 1888). Engagé volontaire pendant la guerre russo-turque (1877) par solidarité avec ceux qui souffrent, il choisit pour sujets de ses romans des drames morbides (*les Quatre Jours,* 1877).

GARCÍA III Sánchez II, roi de Navarre (994-1000). Il lutta vaillamment contre al-Manṣūr mais ne put empêcher ce dernier de prendre Pampelune (999), sa capitale. — **García IV** *Sánchez III,* roi de Navarre (1035 - 1054). Fils de Sanche III le Grand, il contribua à la défaite de Bermude III, roi de León, dans la vallée de Tamarón (1037), mais fut vaincu et tué à la bataille d'Atapuerca (1054), livrée contre son frère Ferdinand Ier, roi de Castille. — **García V** *Ramírez,* roi de Navarre (1134-1150). Il défendit son royaume contre les Castillans et les Aragonais (1137-1140) et contribua à la prise d'Almería (1147) sur les Maures par Alphonse VII, roi de Castille.

GARCÍA (Manuel DEL POPOLO VICENTE, dit **Manuel**), chanteur, compositeur et pédagogue espagnol (Séville 1775 - Paris 1832). Ténor, il est l'auteur et l'interprète de tonadillas. Il a créé *le Barbier de Séville* de Rossini. Il était le père des cantatrices María Malibran et Pauline Viardot.

GARCÍA (Alan), homme d'État péruvien (Lima 1949), président de la République de 1985 à 1990.

GARCÍA CALDERÓN (Ventura), diplomate et écrivain péruvien (Paris 1886 - *id.* 1959), auteur de nouvelles et de contes (*la Vengeance du condor,* 1919).

GARCÍA DE LA HUERTA (Vicente), auteur dramatique espagnol (Zafra 1734 - Madrid 1787). Ses pièces démentent, par leur respect des règles classiques, ses théories dramatiques (*La Raquel,* 1778).

GARCÍA GUTIÉRREZ (Antonio), auteur dramatique espagnol (Chiclana de la Frontera 1813 - Madrid 1884). Il fut influencé par le romantisme français, dont il adapta les théories à des sujets tirés de l'histoire espagnole (*le Trouvère,* 1836 ; *Juan Lorenzo,* 1865).

GARCÍA LORCA (Federico), écrivain et auteur dramatique espagnol (Fuente Vaqueros 1898 - Víznar 1936). Son enfance campagnarde et ses voyages à travers la Castille lui donnent une profonde connaissance du peuple espagnol (*Impressions et paysages,* 1918). Il s'adonne à la musique, à la peinture, au théâtre (*le Maléfice de la phalène,* 1920), à la poésie (*Livre de poèmes,* 1921), est l'ami de Dalí, Buñuel, Alberti. C'est avec un drame patriotique (*Mariana Pineda,* 1927) et avec son recueil de *Chansons* (1927) qu'il conquiert la célébrité. Il réunit dans son *Romancero gitan* (1928) les diverses inspirations lyriques de l'Espagne, fait une série de conférences aux États-Unis, d'où il rapporte *le Poète à New York* (1940). Après la publication du *Poème du Cante Jondo* (1931), il se consacre au théâtre comme directeur de la troupe ambulante de « La Barraca » et comme auteur, donnant une pièce pour marionnettes *(le Petit Retable de don Cristóbal),* des fantaisies poétiques (*Amour de Perlimplin et de Bélise dans leur jardin,* 1933) et surtout une trilogie (*Noces de sang,* 1933 ; *Yerma,* 1934 ; *la Maison de Bernarda,* 1936, représentée en 1945). Après avoir composé à la mémoire d'un jeune torero le *Chant funèbre pour Ignacio Sánchez Mejías* (1935), il est arrêté par la garde civile franquiste et fusillé.

GARCÍA MÁRQUEZ (Gabriel), écrivain colombien (Aracataca 1928). Son œuvre, qui fait de lui le maître incontesté de l'art de conter en Amérique latine, forme la chronique d'un village imaginaire, Macondo, où s'épanouissent les souvenirs et les obsessions de son enfance. La violence, la mort, la solitude en sont les thèmes essentiels (*Cent* Ans de solitude,* 1967 ; *l'Incroyable et Triste Histoire de la candide Erendira et de sa grand-mère diabolique,* 1972 ; *Chronique d'une mort annoncée,* 1981 ; *l'Amour aux temps du choléra,* 1985 ; *De l'amour et autres démons,* 1994). [Prix Nobel 1982.]

GARCÍA MORENO (Gabriel), homme d'État équatorien (Guayaquil 1821 - Quito 1875). Arrivé au pouvoir à la faveur de la guerre contre le Pérou (1859), il fut président de la République (1861-1865 et 1869-1875). Catholique, ennemi des libéraux, il s'appuya sur l'Église (concordat de 1862) et commença la modernisation de l'Équateur. Il fut assassiné.

GARCILASO DE LA VEGA (Sebastián), un des conquistadores du Pérou (Badajoz 1495 - Cuzco 1559). Il servit au Mexique sous Cortés, puis passa au Pérou en 1535, dans le camp de Pizarro. Il fut gouverneur de Cuzco (1548).

GARCILASO DE LA VEGA, poète et homme de guerre espagnol (Tolède 1501 ou 1503 - Nice 1536), auteur de poèmes lyriques et pastoraux imités des Italiens.

GARCILASO DE LA VEGA, dit **l'Inca,** historien péruvien (Cuzco 1539 - Cordoue 1616). Fils d'un conquistador et d'une princesse inca, il est l'auteur d'une *Historia general del Perú* (1617).

GARCIN (Raymond), neurologue français (Basse-Pointe, Martinique, 1897 - Paris 1971). Il s'est surtout consacré à l'étude des nerfs crâniens, du syndrome cérébelleux et des manifestations neurologiques des collagénoses.

GARCINIA n. m. inv. (de *Garcin,* n. pr.). Arbre ou arbrisseau (guttifère) dont une espèce porte un fruit savoureux, le mangoustan, d'autres fournissant une gomme-gutte, un solvant pour peinture, etc.

GARÇON n. m. (anc. cas régime de *gars,* du frq. **wrakjo*). **1.** Enfant de sexe masculin : *Filles et garçons vont dans les mêmes écoles.* — **2.** Enfant mâle considéré par rapport aux parents ; fils : *Ils ont un garçon et deux filles.* — **3.** *Fam.* Jeune homme, adulte mâle : *Il est plutôt joli garçon.* — **4.** Employé subalterne travaillant dans une administration, dans un commerce ou pour le compte de qqn : *Garçon boucher.* — **5.** Appellatif s'adressant à un serveur de café, de restaurant : *Garçon ! un café.* — **6.** Membre de l'équipage d'un bateau chargé du service des cabines, salons, etc. — **7.** *Bon garçon,* enfant ou jeune homme facile à vivre. ‖ *Faire garçon,* avoir, donner l'apparence d'un individu mâle (surtout en parlant d'une fille) : *Cette coiffure fait garçon.* ‖ *Garçon de bureau,* employé chargé d'assurer dans les bureaux d'une entreprise ou d'une administration certains services matériels et d'introduire les visiteurs. ‖ *Garçon de recettes,* syn. de ENCAISSEUR. ‖ *Garçon d'honneur,* jeune homme qui, dans un mariage traditionnel comportant une cérémonie importante, assiste les futurs époux. ‖ *Grand garçon,* se dit d'un petit garçon afin de lui indiquer qu'il est suffisamment grand et raisonnable pour qu'on puisse faire appel à sa raison. ‖ *Mauvais garçon,* jeune homme prompt à chercher querelle ou individu jeune de moralité douteuse ; voyou. ‖ *Mon garçon,* manière familière de s'adresser à qqn. ‖ *Petit garçon,* enfant de sexe masculin entre l'âge du bébé et une douzaine d'années ; homme de peu d'envergure, de personnalité et d'expérience mal assurées. ‖ *Rester garçon,* rester célibataire. ‖ *Vie de garçon,* vie d'un célibataire, libre et indépendante. ‖ *Vieux garçon,* homme qui vieillit sans se marier.

◆ adj. m. Qui a les caractères traditionnellement attribués aux garçons : *Elle est très garçon.*

GARÇON (Émile), juriste français (Poitiers 1851 - Paris 1922). Il fut un éminent criminaliste. On lui doit *Des actions en contestation de légitimité* (1877), *Des effets de la révision des procès criminels* (1903), *le Droit pénal* (1922), etc. — Son fils, MAURICE (Lille 1889 - Paris 1967), s'illustra lors de procès criminels et littéraires. Il a écrit *l'Avocat et la morale* (1963), *Lettre ouverte à la justice* (1966). [Acad. fr., 1946.]

GARÇONNE n. f. **1.** *Vx.* Jeune fille à l'allure masculine, menant une vie émancipée. — **2.** *À la garçonne,* se dit d'une coiffure féminine où les cheveux sont coupés court.

GARÇONNET n. m. **1.** Petit garçon. — **2.** *Taille garçonnet,* dans la confection, taille intermédiaire entre « enfant » et « homme ».

GARÇONNIER, ÈRE adj. *Litt.* Qui appartient, qui convient aux garçons, qui rappelle leur comportement : *Manières garçonnières.*

GARÇONNIÈRE n. f. Petit appartement de célibataire, de personne seule.

GARD → GORD.

GARD ou **GARDON** (le), riv. du bas Languedoc, affl. du Rhône (r. dr.) ; 71 km. Il est formé par la réunion du Gardon d'Anduze et du Gardon d'Alès, collecteurs de toute une série de « gardons » descendus des Cévennes. Le Gard conflue en amont de Beaucaire, après être passé sous le *pont du Gard.*

Gard *(pont du),* pont-aqueduc romain (Ier s. apr. J.-C.), situé sur la commune de Vers, formé de trois rangs d'arcades superposés, long de 273 m et haut de 49 m. Un pont routier lui a été accolé au XVIIIe s.

GARD (30), dép. de la Région Languedoc-Roussillon ; ch.-l. de dép. *Nîmes ;* ch.-l. d'arrond. *Alès, Le Vigan ;* 3 arrond. ; 46 cant. ; 353 comm. ; 5 853 km^2 ; 585 049 hab. *(Gardois).* Le dép. appartient à l'académie de Montpellier, à la cour d'appel de Nîmes, à la région militaire Méditerranée. Les arides plateaux calcaires des Garrigues séparent l'extrémité méridionale des Cévennes de la partie orientale de la plaine languedocienne, qui porte des vignobles, mais aussi, grâce à l'irrigation, des cultures fruitières et légumières. Au sud, la Petite Camargue est une région marécageuse. L'industrie est représentée surtout à Nîmes et près du Rhône, desservis par l'autoroute.

GARDAFUI *(cap)* → GUARDAFUI.

GARDANNE (13120), ch.-l. de cant. des Bouches-du-Rhône, au N. de la chaîne de l'Étoile ; 18 113 hab. *(Gardannais).* Extraction du lignite. Centrale thermique. Usine d'alumine.

1. GARDE n. f. (de *garder*). **1.** Action de garder, de tenir sous sa protection, de protéger, de surveiller ou de conserver : *Assurer la garde d'un immeuble.* — **2.** Action de veiller sur qqn pour le protéger ou l'empêcher de faire qqch de nuisible : *Confier ses enfants à la garde d'un baby-sitter.* — **3.** Continuité d'un service, en partic. médical, assuré par qqn, pendant un congé, la nuit, etc. : *Interne qui fait des gardes.* — **4.** Service de sécurité assuré par une formation militaire, notamment pour garder un accès ; cette formation militaire elle-même. — **5.** Corps de troupes spécialement chargé de garder un chef d'État ou d'assurer des services d'honneur. (On dit aussi GARDE D'HONNEUR.) — **6.** Feuillet blanc ou de couleur placé au début d'un livre avant le faux titre, et à la fin après l'achevé d'imprimer. (Dans les reliures de luxe, les gardes peuvent être en soie ou en peau.) [On dit aussi FEUILLE ou PAGE DE GARDE.] — **7.** En boxe, en escrime et dans les sports de combat, attitude que l'on prend pour engager le combat et se protéger. — **8.** Partie d'une arme blanche entre la lame et la poignée, destinée à protéger la main. — **9.** *Baisser sa garde,* cesser d'être vigilant. ‖ *Corps de garde,* troupe assurant la garde d'un bâtiment militaire ; local où se tient cette troupe. ‖ *De garde,* qui est affecté à la surveillance, à la protection : *Chien de garde ;* qui se conserve bien ou qui s'améliore quand on le conserve : *Fromage de garde ;* qui assure la continuité d'un service pendant un congé, la nuit, etc. : *Pharmacie de garde.* ‖ *Être en garde contre qqn,* être prévenu contre lui ; se méfier de lui. ‖ *Être, se tenir en garde, sur ses gardes,* veiller à n'être pas surpris, être vigilant. ‖ *Faire bonne garde,* surveiller avec vigilance. ‖ *Jusqu'à la garde,* complètement, totalement. ‖ *Mettre qqn en garde,* l'avertir d'un danger, l'inviter à la vigilance. ‖ *Monter la garde,* être de faction ou faire le guet. ‖ *N'avoir garde de,* être éloigné de faire qqch ; s'en abstenir soigneusement. ‖ *Plaisanterie de corps de garde,* très grossière. ‖ *Prendre garde à,* faire attention à qqch, à qqn pour éviter un danger : *Prenez garde aux voitures en traversant.* ‖ *Prendre garde de, à,* avoir soin de faire qqch ; s'efforcer de : *Prenez garde de bien écrire.* ‖ *Prends garde, prenez garde !,* formule d'avertissement ou de menace ; attention ! ‖ *Sous bonne garde,* en sécurité, bien protégé ou bien surveillé. ‖ *Tour de garde,* ordre suivant lequel des militaires ou des personnes assurent un service de garde. ‖ *La vieille garde,* les plus anciens partisans d'une personnalité ou d'un groupe politique, les amis fidèles. • **Banq.** *Droits de garde,* commission payée à la banque ou à l'agent de change qui conserve les titres de son client. — **Dr.** *Droit de garde,* l'un des attributs de l'autorité parentale, qui comporte la direction et la responsabilité de la personne de l'enfant mineur, ainsi que l'obligation pour ce dernier d'habiter dans la maison familiale. ‖ *Enfant en garde,* enfant confié par le juge à l'Aide sociale à l'enfance ou à un centre spécialisé, en raison d'une déchéance de l'autorité parentale ou de la nécessité de le retirer de son milieu familial. ‖ *Garde à vue,* mesure qui permet à un officier de police judiciaire de garder, pendant un délai fixé par la loi, toute personne pour les besoins d'une enquête, sans avoir à justifier de charges particulières contre elle. (→ *encycl.*) — **Électr.** *Anneau de garde,* anneau métallique disposé à une extrémité d'une chaîne d'isolateurs ou d'une colonne isolante pour assurer une protection contre les arcs et une meilleure répartition du potentiel électrique. — **Féod.** *Droit de garde,* droit de protection et de tutelle d'un seigneur ou du roi sur les églises et monastères de son domaine. ‖ *Garde seigneuriale,* droit du seigneur de reprendre temporairement un fief échu à un vassal mineur jusqu'à la majorité de ce dernier. (Cette institution a donné naissance au XIVe s. à la *garde noble,* exercée par un baillistre.) — **Jeux.** Basse carte de la couleur principale qu'on veut garder. — **Mar.** Faction composée d'hommes attachés au même service plusieurs heures de suite sans pouvoir s'absenter. (Sur les bâtiments armés, ce service est remplacé par le quart.) ‖ *Garde montante,* amarre qui a pour objet d'empêcher le navire de se déplacer vers l'avant ou vers l'arrière. — **Mil.** *Garde à vous !,* commandement verbal, sonnerie ou batterie, enjoignant à une troupe de prendre la position de garde-à-vous. ‖ *Garde descendante, garde montante,* détachement qui va quitter ou qui va prendre le service de garde. — **Sports.** *Fausse garde,* attitude des boxeurs gauchers, poing et pied droits en avant. — **Techn.** *Garde au sol,* distance verticale séparant la surface du sol du point le plus bas du châssis d'un véhicule.

◆ **gardes** n. f. pl. Syn. de DÉFENSES.

ENCYCL. **Dr.** Le délai de *garde à vue* est en principe de 24 heures. Il peut cependant être prolongé d'un nouveau délai de 24 heures par autorisation du procureur de la République. En matière de trafic et d'usage de stupéfiants et d'atteinte à la sûreté de l'État, les délais de garde à vue peuvent être prolongés d'une durée de 48 heures, et même d'une durée supplémentaire de 24 heures.

2. GARDE n. (de *garder*). **1.** Personne qui a la charge de garder qqn ou qqch. — **2.** *Garde du corps,* homme qui appartient au service de protection de qqn, qui est spécialement chargé de veiller sur sa sécurité. ‖ *Garde rouge,* membre d'un mouvement de jeunesse chinois constitué pour soutenir Mao Zedong (1964-1969). [Utilisés par Mao Zedong au cours de la Révolution culturelle pour destituer les autorités académiques et les cadres du parti, les gardes rouges étaient divisés en nombreux groupes concurrents et violemment hostiles les uns aux autres. Ils furent envoyés à la campagne à partir de 1969.]

◆ n. m. **1.** Autref., soldat de la maison du roi appartenant à un des corps appelés « gardes ». — **2.** Militaire de la gendarmerie nationale appartenant à la Garde républicaine. — **3.** *Garde champêtre,* agent communal assermenté chargé de sanctionner les infractions rurales et de chasse, qui concourt au maintien de la tranquillité publique. ‖ *Garde forestier,* employé chargé de la surveillance d'une certaine étendue de forêt. ‖ *Garde d'honneur,* jeune soldat d'un corps de cavalerie d'élite du premier Empire créé par

Napoléon en 1805, dissous en 1806 et réformé en 1813. ‖ *Garde maritime,* agent chargé de surveiller les côtes et de faire exécuter les règlements de la police de la navigation et de la pêche. ‖ *Garde de navigation,* agent chargé de la surveillance et de la police des voies navigables. (Syn. GARDE-CANAL.) ‖ *Garde particulier,* personne agréée par l'Administration et engagée par un propriétaire pour surveiller ses domaines (on distingue le garde forestier, le garde-chasse, le garde champêtre particuliers.) ‖ *Garde des Sceaux,* ministre chargé de la justice et de la garde des sceaux de l'État (c'est le *ministre de la Justice*) ; sous l'Ancien Régime, officier amovible chargé de la garde des sceaux pendant l'absence ou la disgrâce du chancelier. (Cette charge fut supprimée en 1790.)

◆ n. f. Syn. de GARDE-MALADE.

Garde des consuls, corps de troupes d'élite du Consulat, elle fut constituée en nov. 1799.

Garde de fer, parti politique roumain, fondé en 1927 sous le nom de *Légion de l'archange Michel* par Codreanu, d'inspiration ultranationaliste, fasciste et antisémite. Interdite en 1933, elle se reconstitua en 1935 et ses principaux leaders furent exécutés en 1938. Sous le nom de « Mouvement légionnaire », elle joua un rôle de premier plan dans le gouvernement d'Antonescu, de sept. 1940 au début de 1941.

Garde impériale, corps de troupes d'élite du premier Empire, elle fut créée le 29 juill. 1804. Commandée par Davout (grenadiers), Soult (chasseurs), Bessières (cavalerie) et Mortier (artillerie et marins), elle fut divisée à partir de 1809 en *Jeune Garde,* destinée à former des régiments d'élite, et en *Vieille Garde,* continuant à jouer le rôle de réserve. Elle comprenait 60 000 hommes en 1812. Dissoute après Waterloo, elle reparut en 1854. Elle fut licenciée en 1871.

Garde nationale, milice civique créée en 1789 à la demande des électeurs de Paris pour défendre l'ordre établi et la propriété.

D'abord *garde bourgeoise,* composée de 800 hommes, elle participe à la prise de la Bastille. Passée sous le commandement de La Fayette (15 juill.), qui lui donne le nom de *Garde nationale,* elle est étendue à l'ensemble du territoire. Les volontaires de 1791 seront recrutés dans ses rangs. Elle joue un rôle actif dans les journées révolutionnaires (20 juin et 10 août 1792 surtout). Plusieurs fois dissoute, puis reformée, notamment par Louis-Philippe (1831), qui en fait l'instrument de l'ordre établi, elle participe en 1870 aux combats du siège de Paris. Elle disparaîtra après l'échec de la Commune, à laquelle elle s'était ralliée.

Garde nationale mobile, formation militaire créée par la loi Niel en 1868 et recrutée parmi les hommes qui n'étaient pas appelés au service militaire. Elle fut appelée en 1870, et les mobiles servirent dans les armées levées par le gouvernement de Défense nationale en 1871.

Garde pontificale suisse, formation du Vatican, recrutée en Suisse et chargée de la garde personnelle des souverains pontifes. Elle est le seul corps militaire du Vatican qui ait subsisté après la dissolution par Paul VI, en 1970, de la garde noble pontificale, de la garde palatine d'honneur et de la gendarmerie pontificale.

Garde républicaine, corps de la gendarmerie nationale essentiellement chargé d'assurer des missions de sécurité et des services d'honneur au profit des instances gouvernementales et des hautes autorités de l'État.

Garde républicaine mobile, nom porté de 1926 à 1945 par la gendarmerie mobile.

GARDE *(lac de),* le plus oriental des lacs de l'Italie du Nord, séparant la Lombardie et la Vénétie ; 370 km². Son émissaire (vers le Pô) est le Mincio. Son climat et ses paysages en font une zone touristique.

GARDE (La) [83130], comm. du Var, banlieue est de Toulon ; 22 662 hab. *(Gardéens).* Textile. Verrerie.

GARDE-À-VOUS n. m. inv. Position réglementaire (debout, immobile, les talons joints, les bras le long du corps) prise par les militaires en certaines occasions.

GARDE-BARRIÈRE n. (pl. *gardes-barrière*[*s*]). Agent de chemin de fer chargé de la manœuvre des barrières d'un passage à niveau.

GARDE-BŒUF n. m. (pl. *gardes-bœuf*[*s*] [-bœf ou bø]). Petit héron blanc insectivore nichant depuis 1970 en Camargue, où il suit le bétail.

GARDE-BOUE n. m. inv. Pièce placée au-dessus des roues des cycles et des motocycles pour protéger des projections de boue.

GARDE-BRAS n. m. inv. Partie de l'armure protégeant l'épaule (XVᵉ-XVIᵉ s.).

GARDE-CANAL n. m. (pl. *gardes-canal* ou *-canaux*). Syn. de GARDE DE NAVIGATION.

GARDE-CENDRE(S) n. m. (pl. *garde-cendres*). Barrière métallique placée devant un foyer pour retenir la cendre.

GARDE-CHASSE n. m. (pl. *gardes-chasse*[*s*]). Garde particulier, veillant à la conservation du gibier et réprimant les dommages causés aux propriétés qu'il surveille.

GARDE-CHIOURME n. m. (pl. *gardes-chiourme*[*s*]). **1.** Anc. nom des surveillants des forçats. — **2.** Surveillant brutal.

GARDE-CORPS n. m. inv. **1.** Barrière quelconque (barre, grille, balustrade, parapet) formant protection pour les personnes devant un vide. (Syn. GARDE-FOU.) — **2.** Cordage tendu le long du beaupré, d'une vergue, ou barrière établie en abord du pont d'un navire pour servir d'appui. (Syn. BASTINGAGE, RAMBARDE.)

1. GARDE-CÔTE(S) n. m. (pl. *garde-côtes*). Autref., petit bâtiment de guerre spécialement conçu pour la défense des côtes. (Aujourd'hui, la surveillance côtière est confiée à des avisos ou à des vedettes rapides.)

2. GARDE-CÔTE(S) n. m. (pl. *gardes-côtes*). Sous l'Ancien Régime, milicien chargé de la surveillance et éventuellement de la défense des côtes.

GARDE-CUISSE n. m. (pl. *garde-cuisse*[*s*]). Pièce d'armure, fixée à la selle, pour garantir la cuisse.

GARDE-FEU n. m. inv. **1.** Grille, paravent de toile métallique disposés devant un foyer. (Syn. PARE-ÉTINCELLES.) — **2.** Syn. de PARE-FEU. — **3.** Partie de la batterie d'une arme à feu qui recouvrait le bassinet.

GARDE-FOU n. m. (pl. *garde-fous*). **1.** Syn. de GARDE-CORPS. — **2.** Sorte de talus en terre établi le long des routes qui bordent un précipice. — **3.** Ce qui empêche de faire des folies, des imprudences : *La liberté des prix sans garde-fou est impensable.*

GARDE-FRANÇAISE n. m. (pl. *gardes-françaises*). Soldat du régiment des gardes-françaises, créé en 1563 pour veiller sur la personne du roi Charles IX encore mineur. (Les gardes-françaises assurèrent ensuite, jusqu'en 1789, la garde des palais royaux et des services de Paris.)

GARDE-FREIN n. m. (pl. *gardes-frein*[*s*]). Agent de chemin de fer autrefois préposé au serrage des freins à main d'un convoi. (Syn. SERRE-FREIN.)

GARDE-FRONTIÈRE(S) n. f. (pl. *gardes-frontières*). Formation paramilitaire chargée de la surveillance des frontières.
◆ n. m. Membre d'une garde-frontière.

GARDEL (Maximilien), dit **Gardel l'Aîné,** danseur et chorégraphe français (Mannheim 1741 - Paris 1787). Adjoint de Noverre à l'Opéra, il fut seul maître de ballet après le départ de Dauberval. D'abord assistant de Gaétan Vestris, il régla des ballets destinés à s'insérer dans les opéras. — Son frère PIERRE (Nancy 1758 - Paris 1840), d'abord danseur, se consacra, après un accident, à la composition des ballets. Proche des idées de Noverre, il conserve cependant la primauté à la danse sur la mimique.

GARDEL (Charles GARDÉS, dit **Carlos**), auteur-compositeur et interprète de tango argentin (Toulouse 1890 - Medellín, Colombie, 1935). D'origine française, il a popularisé le tango à travers le monde entier et tourné de nombreux films, parmi lesquels *Luces de Buenos Aires* (1931), *Melodías de Arrabal* (1932), *El Tango in Broadway* (1935).

GARDE-MAGASIN n. m. (pl. *gardes-magasin*[*s*]). Militaire chargé de la surveillance des denrées ou matériels divers entreposés dans les magasins. (Syn. MAGASINIER.)

GARDE-MAIN n. m. (pl. *garde-main*[*s*]). Pièce fixée sur le canon d'une arme à feu et protégeant la main du tireur de l'échauffement du canon.

GARDE-MALADE n. (pl. *gardes-malade*[*s*]). Personne qui aide les malades dans les actes élémentaires de la vie (alimentation, toilette, etc.) et éventuellement les surveille, sans pratiquer les soins relevant des infirmières. (Syn. GARDE)

GARDE-MANGER n. m. inv. Petite armoire garnie de toile métallique, ou placard extérieur à l'aplomb d'un mur, servant à conserver les aliments.

GARDE-MARINE n. m. (pl. *gardes-marine*). Élève officier de marine sous l'Ancien Régime. (Syn. GARDE DE LA MARINE.)

1. GARDE-MEUBLE(S) n. m. (pl. *garde-meubles*). Local spécialisé où l'on peut faire entreposer temporairement meubles et objets mobiliers.

2. GARDE-MEUBLE(S) n. m. (pl. *gardes-meubles*). Officier qui était préposé à la garde des meubles du roi.

Garde-Meuble national → MOBILIER NATIONAL.

GARDÉNIA n. m. (de *Garden,* n. pr.). Arbuste (rubiacée) à fleurs blanches et parfumées, très décoratif.

GARDEN CENTER [gardɛnsɛntœr] n. m. Syn. de JARDINERIE.

GARDEN-PARTY [gardɛnparti] n. f. (pl. *garden-parties*) [angl. *garden-party,* de *garden,* jardin, et *party,* réception). Réception, fête mondaine donnée dans un jardin, un parc, etc.

1. GARDE-PÊCHE n. m. (pl. *gardes-pêche*). Agent chargé de la police de la pêche.

2. GARDE-PÊCHE n. m. inv. Bateau chargé de la police de la pêche.

GARDER v. t. (germ. **wardôn*) [conj. 3]. **1.** Surveiller qqn, un animal pour les protéger, prendre soin d'eux, veiller sur eux : *Garder les enfants dans le jardin public.* — **2.** Empêcher qqn de sortir d'un lieu, de s'en aller ; détenir : *Garder un prévenu dans les locaux de la police.* — **3.** S'occuper d'un enfant, d'un malade en l'absence de ses parents, du médecin, etc. — **4.** Rester dans un lieu pour le surveiller, le protéger, le défendre, être situé à l'entrée d'un lieu : *Un détachement de soldats* *garde le pont. Un pont-levis garde le château.* — **5.** Conserver qqch pour soi en un lieu : *Il garde tout son argent chez lui.* — **6.** Conserver qqch pour qqn, éviter qu'il ne soit pris, en restant tout près : *Gardez-moi ma place, je reviens tout de suite.* — **7.** Réserver en vue d'une utilisation ultérieure : *Téléphone au restaurant pour qu'on nous garde une table.* — **8.** Conserver par-devers soi ce qui est donné, ou qu'on a en sa possession, ne pas s'en défaire : *Vous pouvez garder la monnaie.* — **9.** Ne pas ôter qqch qu'on a sur soi : *Je garde mon manteau, on repart tout de suite.* — **10.** Ne pas se séparer de qqn, le conserver dans telle fonction, tel rôle, faire en sorte que la relation établie entre soi et qqn d'autre dure : *Garder sa secrétaire.* — **11.** Continuer d'avoir qqch, rester dans le même état : *Garder ses illusions. Linge qui garde toute sa souplesse.* — **12.** Ne pas s'écarter de qqch : *Garder le rythme.* — **13.** *Litt.* Pratiquer, observer rigoureusement un usage, une règle : *Garder les convenances.* — **14.** Rester dans la même position, le même état : *Il avait du mal à garder son sérieux. Garder la main levée.* — **15.** Continuer d'éprouver un sentiment à l'égard de qqn malgré un obstacle ou une difficulté passés : *Je lui garde toute ma confiance.* — **16.** Faire en sorte que qqch reste dans le même état ; conserver : *Ce produit gardera votre linge souple.* — **17.** Conserver en bon état ce qui est susceptible de s'altérer : *On peut garder plusieurs mois le lait stérilisé.* — **18.** Rester marqué par une trace, une marque : *Il a gardé une cicatrice de son accident.* — **19.** Retenir qqn près de soi : *Il m'a gardé une heure pour me parler de cette bêtise.* — **20.** Inviter qqn à rester pour dîner, souper, dormir chez soi. — **21.** *Litt.* Préserver qqn d'un mal, d'un danger, le protéger : *Dieu vous garde !* — **22.** Ne pas révéler qqch, être discret sur tel point : *Gardez cela pour vous.* — **23.** *Garder le lit, la chambre,* rester au lit, ne pas sortir de chez soi parce qu'on est malade. ‖ *Gardez vos remarques,* abstenez-vous de tout commentaire. ‖ *Ne rien pouvoir garder,* rejeter toute substance solide ou liquide ; vomir.

◆ **être gardé** v. pass. **1.** Être l'objet d'une surveillance, d'une protection : *Maison bien gardée.* — **2.** *Toutes proportions gardées,* en tenant compte de la différence d'importance ou de grandeur entre des choses ou des personnes.

◆ **se garder** v. pr., **être gardé** v. pass. Se conserver sans se gâter, en parlant d'une denrée, d'une boisson, d'un produit : *Ce lait stérilisé peut se garder longtemps.*

◆ **se garder** v. pr. **1.** Éviter soigneusement de faire qqch ; s'abstenir : *Elle s'est bien gardée de nous le dire.* — **2.** *Litt.* Se défier, se méfier de qqn, de qqch, se défendre contre eux : *Se garder des flatteurs.*

GARDERIE n. f. **1.** Garde, surveillance collective d'enfants ; local où s'effectue cette garde. — **2.** Étendue de bois placée sous la surveillance d'un garde particulier. (En forêt domaniale, le terme utilisé est TRIAGE.)

GARDE-RIVIÈRE n. m. (pl. *gardes-rivière[s]*). Agent chargé de la police d'une rivière.

GARDE-ROBE n. f. (pl. *garde-robes*). **1.** Grand placard destiné au rangement des vêtements. — **2.** Ensemble des vêtements appartenant à une personne. — **3.** Autref., lieu où l'on plaçait la chaise percée ; cabinets d'aisances. — **4.** Sous l'Ancien Régime, appartement où l'on rangeait les habits du roi ou des princes de sa maison.

GARDE-SUISSE n. m. (pl. *gardes-suisses*). Soldat d'un régiment organisé définitivement par Henri IV en 1598 et qui subsista jusqu'à la fin du règne de Louis XVI.

GARDE-TEMPS n. m. inv. Horloge de très haute précision servant de référence pour la conservation de l'heure exacte à travers le monde.

GARDEUR, EUSE n. Personne qui garde des animaux : *Gardeuse d'oies.*

GARDIAN n. m. (provenç. *gardian,* de *gardar,* garder). En Camargue, gardien d'un troupeau de taureaux ou de chevaux (manade).

GARDIEN, ENNE n. (anc. fr. *guardenc,* de *garder,* avec un suff. d'orig. germ.). **1.** Personne préposée à la garde, à la surveillance d'un animal, de qqch, d'un lieu : *Gardien de musée.* — **2.** Personne chargée de tenir qqn enfermé, d'empêcher qqn de sortir, de s'en aller : *Gardien de prison.* — **3.** Personne ou institution apte à maintenir, à préserver qqch : *Être le gardien des traditions.* — **4.** Personne chargée de l'entretien, de la surveillance d'immeubles ; concierge.

◆ **gardien** n. m. **1.** Supérieur de certains couvents (notamment franciscains). — **2.** *Gardien (de but),* dernier défenseur d'une équipe, au football et dans quelques autres sports, comme le handball ou le hockey. (Au football, c'est le seul joueur pouvant se servir de ses mains pour contrôler le ballon.) [Syn. GOAL.] — **3.** *Gardien de la paix,* syn. de AGENT DE POLICE.

◆ **gardienne** n. f. Femme gardant un ou des enfants à son domicile contre rémunération ; nourrice, assistante maternelle.

Gardien *(le),* comédie dramatique en 3 actes de H. Pinter (1960). C'est une des manifestations les plus typiques du théâtre de l'absurde.

GARDIENNAGE n. m. **1.** Emploi de gardien d'un lieu ; service de surveillance des bâtiments, ateliers, etc. — **2.** Activité consistant en la surveillance d'enfants. — **3.** Situation d'un navire de guerre inemployé, mais conservé en état et simplement confié à des gardiens.

GARDIENNAT n. m. Office de gardien dans une communauté religieuse.

GARDIN (Jean-Claude), archéologue français (Paris 1925). Il est l'initiateur d'une méthode analytique d'exploitation par l'informatique des découvertes archéologiques ; il a créé, en 1958, le Centre d'analyse documentaire pour l'archéologie et, en 1970, le Centre de recherches archéologiques.

GARDINER (Stephen), prélat et homme politique anglais (Bury Saint Edmunds v. 1482 - Whitehall, Londres, 1555). Envoyé en 1528-29 à Rome, il ne put obtenir l'annulation du mariage d'Henri VIII, pour qui il prit parti contre le pape en 1533. Rejetant les doctrines protestantes, il fut emprisonné sous Édouard VI. Marie Tudor le nomma chancelier (1553).

GARDINER (John Eliot), chef d'orchestre britannique (Fontmell Magna, Dorset, 1943). Il se consacre depuis 1966 à la musique des XVIIe et XVIIIe s. ; il a fondé le *Monteverdi Choir* (1964).

GARDIOLE *(montagne de la),* chaînon calcaire du Languedoc, entre Montpellier et l'étang de Thau ; 234 m au *roc d'Anduze.*

GARDNER (Erle Stanley), écrivain américain (Malden, Massachusetts, 1889 - Temecula, Californie, 1970). Avocat de formation, il se rendit célèbre par la publication de ses nombreuses nouvelles policières (*Griffe de velours,* 1932).

GARDNER (Ava), actrice de cinéma américaine (Smithfield, Caroline du Nord, 1922 - Londres 1990). Révélée dans *les Tueurs* (*The Killers,* 1946), elle a tourné notamment dans *les Neiges du Kilimandjaro* (1952), *la Comtesse aux pieds nus* (1954), *la Croisée des destins* (1956), *la Nuit de l'iguane* (1964).

1. GARDON n. m. (de *garder*). Poisson cyprinidé très commun dans les eaux douces, calmes et herbeuses.

2. GARDON n. m. (bas lat. *Vardo, -onis,* le Gardon, n. d'une rivière). Dans les Cévennes, torrent aux crues violentes. (Les plus connus sont le *gardon d'Alès* et le *gardon d'Anduze,* qui se rejoignent pour former le *Gardon,* ou *Gard.*)

1. GARE n. f. (de *garer*). **1.** Ensemble des installations de chemin de fer permettant d'assurer les opérations relatives à la circulation des trains, au service des voyageurs et/ou des marchandises. — **2.** Endroit d'une rivière destiné à mettre en sûreté les bateaux et à les empêcher de gêner la navigation. (Syn. GARAGE À BATEAUX.) — **3.** Endroit d'un canal suffisamment élargi pour que deux bateaux puissent se croiser ou se doubler sans s'aborder. — **4.** *Gare de bifurcation,* gare correspondant au point de départ de plusieurs directions. ‖ *Gare commune,* gare exploitée en commun par deux ou plusieurs réseaux différents. ‖ *Gare frontière,* gare située à proximité immédiate de la ligne frontière entre deux États et qui sert de limite au passage des voyageurs ou des marchandises. ‖ *Gare maritime,* gare aménagée sur les quais d'un port pour faciliter l'embarquement et le transbordement. ‖ *Gare de passage,* gare que les trains franchissent pour continuer au-delà. ‖ *Gare routière,* ensemble d'installations aménagées pour accueillir les véhicules routiers de gros tonnage (autocars ou camions). ‖ *Gare terminus* ou *(gare de) tête de ligne,* gare au-delà de laquelle les trains ne peuvent aller. ‖ *Gare de transbordement,* gare commune à des réseaux ou à des lignes utilisant des matériels roulants de types différents, dans laquelle tous les voyageurs et les marchandises passant d'un réseau sur l'autre doivent être transbordés.

2. GARE ! interj. (impér. de *se garer*). **1.** Sert à prévenir d'un danger ou à menacer ; attention ! : *Gare à vous si vous recommencez !* — **2.** *Sans crier gare,* sans prévenir, à l'improviste.

GARENNE n. f. (lat. médiév. *warenna,* p.-ê. du germ.). **1.** Lieu boisé ou sablonneux où vivent les lapins à l'état sauvage. — **2.** Autref., réserve de gibier d'un seigneur. — **3.** *Lapin de garenne,* lapin sauvage vivant dans les garennes.

◆ n. m. Lapin de garenne.

GARENNE-COLOMBES (La) [92250], ch.-l. de cant. des Hauts-de-Seine, banlieue N.-O. de Paris ; 21 831 hab. Industrie automobile.

GARER v. t. (anc. scand. *vara,* avertir, du germ. **warôn*) [conj. 3]. **1.** Mettre à l'abri, en lieu sûr : *Garer ses récoltes dans la grange.* — **2.** Rentrer un véhicule dans un garage ou le ranger, le faire stationner dans un lieu aménagé, le long du trottoir, etc. : *Garer sa voiture sur un parking.* — **3.** Diriger un train sur une voie de garage pour libérer la voie principale ; placer un véhicule sur une voie de service spécialisée pendant une période d'immobilisation.

◆ v. i. (fam.) ou **se garer** v. pr., **être garé** v. pass. Ranger sa voiture.

◆ **se garer** v. pr. **1.** Se ranger de côté pour laisser passer : *Le piéton a tout juste eu le temps de se garer.* — **2.** Éviter qqch, s'en préserver, s'en tenir à l'écart : *Se garer des mauvaises fréquentations.*

GARFIELD (James Abram), homme d'État américain (près d'Orange, Ohio, 1831 - Elberon, New Jersey, 1881). Défendant la cause de Lincoln, il combattit dans l'armée nordiste. Chef du parti républicain (1876), sénateur fédéral en 1880, il fut élu président des États-Unis la même année. Il mourut assassiné en mars 1881.

GARGALLO (Pablo), sculpteur espagnol (Maella, Saragosse, 1881 - Reus, Tarragone, 1934). Il travailla tantôt à Barcelone, tantôt à Paris. Partant de la stylisation cubiste et des évidements d'un Archipenko, il a utilisé le fer pour créer des figures d'un baroquisme élégant et décoratif.

GARGAMELLE n. f. (anc. provenç. *gargamela,* gosier, de *calamela,* tuyau de la gorge, croisé avec rad. onomat. *garg-,* gorge). *Pop.* et *vx.* Gorge, gosier.

GARGANO, promontoire de l'Italie péninsulaire, sur la côte adriatique, dans la Pouille. Il forme l'« éperon de la botte » ; 1 056 m au Monte Calvo. Bauxite.

GARGANTUA n. m. (de *Gargantua,* n. pr.). *Litt.* Gros mangeur.

Gargantua *(Vie inestimable du Grand),* roman de Rabelais (1534). Postérieur à *Pantagruel** (1532), l'ouvrage narre l'histoire du père après celle du fils. Le géant Gargantua, fils de Grandgousier et de Gargamelle, était le héros connu de *Chroniques* populaires anonymes. Rabelais se sert de ce roman parodique pour exposer ses critiques contre les « Sorbonagres » et les conquérants. Les principaux épisodes sont ceux de la guerre contre Picrochole et de la fondation de l'abbaye de Thélème* par le frère Jean des Entommeures.

GARGANTUESQUE adj. *Litt.* Digne de Gargantua.

GARGARISER (SE) v. pr. (lat. *gargarizare,* du gr. *gargaridzein*) [conj. 3]. **1.** Se rincer la bouche et l'arrière-bouche avec un liquide (en général un antiseptique) qu'on garde un moment au fond de la bouche tout en expirant de manière continue, ce qui a pour effet de l'agiter. — **2.** *Fam.* Se délecter avec complaisance et suffisance de qqch : *Se gargariser de grands mots.*

GARGARISME n. m. (bas lat. *gargarisma,* du gr. *gargarismos*). **1.** Solution médicamenteuse introduite dans la bouche et l'arrière-bouche sans être avalée, pour traiter les affections de la gorge (angines) et de la cavité buccale. — **2.** Action de se gargariser.

GARGAS *(grotte de),* grotte située à Aventignan (65 660) et qui a livré des industries magdaléniennes. Sur les parois, figurations animales et mains négatives.

GARGASIEN n. m. (de *Gargas,* n. pr.). Sous-étage de l'aptien.

GARGENVILLE (78440), comm. des Yvelines, à l'E. de Mantes-la-Jolie ; 6 220 hab. Cimenterie.

GARGES-LÈS-GONESSE (95140), ch.-l. de cant. du Val-d'Oise, banlieue N.-N.-E. de Paris ; 42 236 hab. *(Gargeois).*

GARGOT n. m. (anc. v. *gargoter,* de l'anc. fr. *gargueter,* faire du bruit avec la gorge). Entrepreneur d'abattage, qui vend aux charcutiers des porcs tués.

GARGOTE n. f. (anc. v. *gargoter,* de l'anc. fr. *gargueter,* faire du bruit avec la gorge). Restaurant où l'on mange à bas prix une mauvaise nourriture.

GARGOTIER, ÈRE n. Personne qui tient une gargote ; restaurateur qui fait une cuisine de gargote.

GARGOUILLADE n. f. En chorégraphie, saut de chat précédé et suivi d'un rond de jambe. (Syn. SAUT DE CHAT CHANGÉ.)

GARGOUILLE n. f. (anc. fr. *gargoule,* gorge, du rad. onomat. *garg-,* gorge, et *goule,* gueule). **1.** Orifice à écoulement libre d'un chéneau de toiture, d'une fontaine, souvent orné d'un masque ou en forme de figure fantastique (animal) ; cette figure elle-même. — **2.** Conduit établi dans un trottoir pour évacuer les eaux vers le caniveau.

GARGOUILLEMENT ou **GARGOUILLIS** n. m. **1.** Bruit que fait un liquide agité de remous dans une canalisation, un récipient. — **2.** Bruit que fait un gaz qui se dégage par bulles pressées à la surface d'un liquide ; glouglou. — **3.** Bruit que fait un liquide ou un gaz dans la gorge, dans l'estomac et dans les entrailles.

GARGOUILLER v. i. (rad. onomat. *garg-,* gorge, et suff. péjor. *-ouiller*) [conj. 3]. Produire un gargouillement.

GARGOULETTE n. f. (anc. fr. *gargoule,* gargouille). **1.** Cruche poreuse qui permet de rafraîchir l'eau par évaporation. — **2.** *Pop.* et *vx.* Gosier.

GARGOUSSE n. f. (provenç. *cargousso,* de *cargá,* charger). Sachet en textile ou en papier contenant une charge de poudre prête pour le tir d'une bouche à feu.

GARGOUSSERIE n. f. Établissement où l'on confectionne des gargousses.

GARGOUSSIER n. m. **1.** Récipient servant au transport des gargousses. — **2.** Autref., servant chargé des gargousses.

GARGOYLISME n. m. Syn. de MALADIE DE HURLER*.

GARGUILLE → GAULTIER-GARGUILLE.

GARHWĀL, région de l'Inde (Uttar Pradesh), dans l'Himālaya de Kumāon, au N. des Siwālik et au S. du Tibet.

GARIBALDI (Giuseppe), homme politique italien (Nice 1807 - Caprera 1882). Membre de la Jeune-Italie de Mazzini (1833), compromis dans une tentative de coup de main sur Gênes, il s'enfuit au Brésil (1836) puis en Uruguay (1841). Rentré en Italie en 1848, il combat en Lombardie les Autrichiens, défend à Rome la république contre les troupes d'Oudinot (1849) mais doit s'exiler après la chute de Rome (juill.). De retour en Italie en 1854, il abandonne le mazzinisme et rencontre Cavour (1858 et 1859). Commandant le corps des chasseurs des Alpes lors de la campagne d'Italie de 1859, il bat les Autrichiens à Varese et entre à Brescia. Déçu par l'armistice de Villafranca (juill.), il revient au mazzinisme. Avec la complicité de Cavour, il organise à Gênes en 1860 l'*expédition des Mille* (ou *des Chemises rouges*) contre le royaume des Deux-Siciles, s'empare de la Sicile (mai) et entre à Naples (sept.), où il accueille Victor-Emmanuel II (nov. 1860). Résolu à faire de Rome la capitale de l'Italie, il organise, malgré l'opposition du gouvernement piémontais, deux expéditions dans le Trentin (mai 1862) puis en Calabre (août), où il est vaincu à Aspromonte (29 août). Entré en territoire pontifical en oct. 1867, il occupe Monterotondo (26 oct.) mais est de nouveau vaincu à Mentana (3 nov.). Retiré à Caprera, il se met au service de la République française en 1870 et contribue à la prise de Dijon (janv. 1871). Député de Rome en 1874, il se retire peu après à Caprera, où il écrit ses *Mémoires*.

GARIBALDI (Menotti), général italien (Mustardo, Brésil, 1840 - Rome 1903), fils aîné du précédent. Il combattit aux côtés de son père de 1859 à 1870 et siégea à l'extrême gauche du Parlement de 1876 à 1900. — Son frère RICCIOTTI, également général (Montevideo 1847 - Rome 1924), commanda une brigade en France en 1870. En 1914, il forma une « Légion garibaldienne » au service de la France. — GIUSEPPE, dit *Peppino*, général italien (Melbourne 1879 - Rome 1950), fils de Ricciotti. Il s'enrôla chez les Boers (1901), se battit en 1913 aux côtés des Grecs, en 1915 dans la Légion étrangère sur le front français et commanda une brigade italienne sur le front autrichien (1915-1918).

GARIBALDIEN, ENNE adj. et n. Qui a rapport à Garibaldi ; partisan de Garibaldi.

GARIDE n. f. **1.** Association végétale de type xérophile des lieux pierreux et ensoleillés, dans la vallée du Rhône et certaines vallées alpines. — **2.** *Garide haute-alpine,* association xérothermique qui apparaît sur les sols calcaires des Alpes, vers 2 000 m d'altitude.

GARIGLIANO, fl. d'Italie, section inférieure du Liri ; 38 km. Sur ses bords, Gonzalve de Cordoue battit les Français (1503), et Bayard défendit presque seul un pont contre l'avant-garde espagnole. Le corps expéditionnaire français du général Juin s'y illustra en mai 1944.

GARIMPEIRO n. m. Chercheur d'or au Brésil. (Les garimpeiros contribuent à l'ethnocide des Indiens, notamment dans le Roraima.)

Garin de Monglane, héros de chansons de geste de la fin du XIIIe et du début du XIVe s. Son nom a été donné à un cycle d'épopées qui raconte la lutte de Girart de Vienne et de sa famille contre les Sarrasins.

GARIZIM, mont de Palestine proche de Sichem (auj. *Naplouse*). Les Samaritains y construisirent, au IVe s. av. J.-C., un temple rival de celui de Jérusalem, que Jean Hyrcan fit détruire en 128 av. J.-C.

GARLAND, v. des États-Unis, au Texas, centre industriel au N.-E. de Dallas ; 139 000 hab.

GARLAND (Hamlin), écrivain américain (West Salem, Wisconsin, 1860 - Hollywood 1940), auteur de romans sur la vie de l'Ouest (*Vie d'enfant dans la prairie,* 1899).

GARLAND (Frances GUMM, dite **Judy**), actrice et chanteuse américaine (Grand Rapids, Minnesota, 1922 - Londres 1969). Parmi ses principaux films, qui lui ont permis de devenir l'une des plus grandes stars de la comédie musicale, citons *le Magicien d'Oz* (1939), *la Danseuse des Ziegfeld Follies* (1941), *le Chant du Missouri* (1944), *le Pirate* (1948), *Une étoile est née* (1954). Elle eut du réalisateur V. Minnelli une fille, la chanteuse Liza Minnelli.

GARLIN (64330), ch.-l. de cant. du nord-est des Pyrénées-Atlantiques ; 1 220 hab.

GARMISCH-PARTENKIRCHEN, v. d'Allemagne (Bavière), au pied de la Zugspitze ; 27 600 hab. Centre touristique. Sports d'hiver.

GARNEAU (François-Xavier), historien canadien d'expression française (Québec 1809 - *id.* 1866). Il écrivit, dans une intention patriotique, une *Histoire du Canada* (1845-1852).

GARNEAU (Hector DE SAINT-DENYS), écrivain canadien de langue française (Montréal 1912 - Sainte-Catherine-de-Fossambault 1943). Poète de l'angoisse métaphysique et de la solitude, fasciné par la mort, il a laissé des poèmes (*Regards et jeux dans l'espace,* 1937) et un *Journal* (1954).

GARNEMENT n. m. (de *garnir,* au sens de « protéger »). **1.** *Vx.* Vaurien, mauvais sujet. — **2.** Enfant insupportable, turbulent ; galopin.

GARNER (Erroll), pianiste de jazz américain (Pittsburgh 1921 - Los Angeles 1977). Son sens du swing, son humour et un certain maniérisme sentimental lui valurent d'atteindre une très grande popularité (*Laura,* 1945 ; *Cool Blues,* 1947 ; *Blue Lou,* 1949 ; *Caravan,* 1953 ; *Some of these days,* 1961 ; *Movin'Blues,* 1963).

GARNERAY, famille de peintres français du XIXe s., dont le plus connu est LOUIS (Paris 1783 - *id.* 1857). D'abord marin, il fut corsaire sous les ordres de Surcouf et resta huit ans prisonnier avec l'équipage de la *Belle-Poule* (1806-1814). Peintre de marines, il a produit une œuvre d'un charme un peu naïf. Il a publié des souvenirs (*Voyages, aventures et combats,* 1851).

GARNERIN (André Jacques), aéronaute français (Paris 1770 - *id.* 1823). Il effectua la première descente en parachute, le 22 oct. 1797 à Paris, au parc des Mousseaux (auj. parc Monceau), d'une altitude de 1 000 m. Il accomplit une série de voyages en ballon avec escales, dans toute l'Europe (1803). — Sa femme, JEANNE GENEVIÈVE **Labrosse** (1775-1847), fut la première femme aéronaute et parachutiste.

GARNETTEUSE n. f. Machine utilisée pour préparer un voile de fibres à partir de matières très emmêlées.

1. GARNI ⟶ GARNIR.

2. GARNI n. m. *Vx.* Hôtel meublé ou chambre meublée affectée à la location.

GARNIER (Robert), poète tragique français (La Ferté-Bernard 1545 ? - Le Mans 1590), auteur de tragédies (*les Juives**, 1583) et d'une tragi-comédie (*Bradamante**, 1582) qui imitent le pathétique de Sénèque et reflètent les événements contemporains des guerres de Religion.

GARNIER (Charles), architecte français (Paris 1825 - *id.* 1898). Grand prix de Rome en 1848, il subit la fascination de l'Italie, de la Sicile, de la Grèce. D'abord attaché à la Ville de Paris, il remporta le concours du nouvel Opéra en 1861 et s'entoura d'amis, dont le sculpteur Carpeaux, pour réaliser le projet le plus monumental du siècle (1862-1875), à la fois rationnel dans ses dispositions, pur dans ses proportions et éclectique dans son décor, qui fait appel à toutes les ressources de la couleur et de l'illusion. Dans ce « style Napoléon III » auquel il a transmis son tempérament exubérant, Garnier a ensuite réalisé des casinos à Monte-Carlo et à Vittel, sa propre villa à Bordighera, l'immeuble construit à Paris pour le Cercle de la librairie.

GARNIER (Marie Joseph François, dit **Francis**), marin français (Saint-Étienne 1839 - Hanoi 1873). Avec Doudart de Lagrée, il explora le Mékong (1866). Il conquit le delta du fleuve Rouge (1873) mais fut tué peu après par les Pavillons noirs.

GARNIER (Jules), ingénieur français (Saint-Étienne 1839 - Menton 1904). Il découvrit, vers 1863, les minerais de nickel de Nouvelle-Calédonie.

GARNIER (Tony), architecte et urbaniste français (Lyon 1869 - Carnoux-en-Provence 1948). Grand prix de Rome en 1899, il élabora, rompant avec les pratiques académiques, un projet de *Cité industrielle* (1901-1917) qui est un modèle d'urbanisme prospectif (espaces verts, cheminements piétonniers, constructions simples et audacieuses en béton armé). Il dut édulcorer cet idéal premier dans les édifices qui lui furent commandés à Lyon (abattoirs, stade [1913], hôpital de la Grange Blanche, nouveau quartier des États-Unis [1928-1935]).

GARNIER (Jacques), danseur et chorégraphe français (Croix-de-Vie, Vendée, 1940 - Paris 1989). Danseur complet, un des fondateurs du Groupe des sept (1969) et de l'Association des jeunes artistes chorégraphes (1970), il quitta l'Opéra en 1971. Associé à Brigitte Lefèvre, il créa le Théâtre du silence (1972). En 1980, il prit la direction du Groupe de recherches chorégraphiques de l'Opéra de Paris. Il a composé notamment *le Cordon infernal* (d'après les bandes dessinées de Cl. Bretécher, 1977), *Portrait* (1977), *l'Amour et la Vie d'une femme* (1979).

Garnier Frères, maison d'édition française fondée en 1833 par Auguste (1812-1887) et Hippolyte (1815-1911) Garnier. Éditeurs des écrivains romantiques, ils lancèrent, à partir de 1863, des ouvrages scolaires et la collection des *Classiques Garnier.*

GARNIÉRITE n. f. (de J. *Garnier,* n. pr.). Silicate de nickel hydraté, exploité comme minerai de nickel.

GARNIER-PAGÈS (Étienne), homme politique français (Marseille 1801 - Paris 1841). Député de l'Isère (1831), puis de la Sarthe (1834), il fut l'un des chefs du parti républicain. — Son frère LOUIS ANTOINE (Marseille 1803 - Paris 1878), député de l'Eure (1842), fut membre du gouvernement provisoire, maire de Paris et ministre des Finances (1848), puis membre du gouvernement de la Défense nationale (1870). Il est l'auteur d'une *Histoire de la révolution de 1848.*

GARNIR v. t. (germ. **warnjan,* pourvoir) [conj. **32**]. **1.** Pourvoir, munir qqch d'un objet, d'une matière, etc., qui le protège ou le renforce : *Garnir une porte d'un blindage.* — **2.** Pourvoir, accompagner qqch de qqch qui le complète ou l'enjolive, qui vient en accessoire, en garniture : *Garnir une table avec des fleurs.* — **3.** Accompagner un plat d'une garniture qui le complète ou le décore : *On a garni le plat du jour de frites.* — **4.** Remplir qqch de ce qui est nécessaire ou adéquat : *Garnir une bibliothèque de livres.* — **5.** Rembourrer un coussin, un fauteuil, etc. — **6.** Orner qqch, un lieu, le compléter, l'agrémenter : *Quelques bibelots garnissent l'étagère.* — **7.** Alimenter une chaudière en combustible solide. — **8.** Armer un aviron, quand son banc de nage n'est pas occupé. — **9.** Mettre le gréement d'un mât, d'une vergue, etc.

◆ **être garni** v. pass. **1.** Être pourvu, orné, agrémenté de qqch : *Une robe garnie d'un col de fourrure.* — **2.** En parlant d'une viande, d'un poisson, d'un plat, être servi avec une garniture de légumes : *Plat du jour garni.* – **3.** Être rempli de ce qui est nécessaire, de ce qui convient au contenant lui-même : *Un portefeuille bien garni.* – **4.** *Assiette garnie,* assiette offrant un assortiment de charcuterie. ‖ *Chambre garnie, logement garni, hôtel garni,* chambre meublée, logement, hôtel meublé.

◆ **se garnir** v. pr., **être garni** v. pass. **1.** Se couvrir, se remplir progressivement de choses, de personnes : *Peu à peu le théâtre se garnit de spectateurs.* – **2.** En parlant d'une femme, porter une protection périodique.

GARNISON n. f. (de *garnir*). **1.** Aire géographique à l'intérieur de laquelle stationnent des unités et sont implantés des établissements des armées. – **2.** Ensemble des troupes stationnées dans une ville ou dans un ouvrage fortifié ; la ville elle-même. – **3.** Accessoire rapporté sur une pièce d'orfèvrerie par soudure ou autre moyen (couvercle, pieds, bec, anse, etc.). – **4.** *Service de garnison,* service qu'un corps de troupes doit fournir pour les besoins de la place où il tient garnison ; l'organisme chargé de diriger les prescriptions de ce service. (Syn. SERVICE DE PLACE.)

GARNISSAGE n. m. **1.** Action de garnir qqch ; ce qui garnit : *Le garnissage d'un chapeau.* – **2.** Ensemble des travaux d'aménagement intérieur d'un véhicule. – **3.** Fixation à la barbotine, sur le corps d'une céramique, des pièces de garniture (anse, bec, etc.). – **4.** Dans une mine, ensemble des morceaux de bois qui sont placés entre le soutènement et le terrain à maintenir pour assurer un meilleur contact entre ceux-ci. – **5.** Mise en place des crochets et des aiguilles d'une mécanique Jacquard. – **6.** Revêtement intérieur réfractaire d'une chaudière, d'un creuset, d'un four, d'un convertisseur, etc. – **7.** *Garnissage du cylindre,* épaisseur de tissu et de papier que l'on tend sur le cylindre d'une presse mécanique d'imprimerie. (Syn. HABILLAGE.)

GARNITURE n. f. **1.** Ce qui s'ajoute à qqch, en partic. à un vêtement pour le garnir, l'orner, l'embellir : *Garniture d'un chapeau.* – **2.** Assortiment d'objets formant un tout : *Une garniture de boutons.* – **3.** Aliments que l'on ajoute à un plat avant de le servir pour le compléter ou pour le décorer. – **4.** Aménagement intérieur destiné à rendre confortable une automobile, une voiture de chemin de fer. – **5.** *Garniture de foyer* ou *de feu,* ensemble des instruments dont on se sert pour les feux que l'on fait dans une cheminée (pelle, pincettes, tisonnier, etc.). • **Céram.** Nom générique des becs, anses, pieds, etc., qui accompagnent les pièces de vaisselle. – **Chauff.** Maçonnerie sous les carreaux, formant les parois d'un poêle, d'un calorifère. – **Manut.** Syn. de CHAPE. – **Mar.** Gréement d'un mât, d'une vergue, d'une voile. ‖ Action de gréer ces divers objets. – **Maréch.** Partie du fer à cheval qui déborde la paroi du sabot et qui augmente la surface d'appui du fer. – **Mécan.** *Garniture de frein, d'embrayage,* matériau composite fixé sur les patins de frein ou sur les disques d'embrayage pour augmenter le coefficient de frottement. – **Méd.** Nom générique des protections périodiques féminines. – **Mil.** Garde, pommeau, branche et poignée d'une arme blanche. ‖ Pièces accessoires d'une arme à feu (embouchoir, grenadière, etc.). ‖ Pièces du harnachement adaptées à la tête du cheval (bride, bridon, licol, etc.). – **Mobil.** Ensemble des matériaux servant à garnir le fond et le dossier d'un siège, d'un lit. ‖ *Garniture de cheminée,* à partir du XVIIe s., ensemble des objets ornant la cheminée : pendule, vases, candélabres, etc. – **Techn.** *Garniture d'étanchéité,* dispositif permettant de retenir un fluide autour d'un axe, d'un arbre ou d'un câble.

◆ **garnitures** n. f. pl. **1.** Dans une serrure, pièces de révolution autour de la broche, fixées au palâtre ou au foncet et ouvertes pour permettre l'introduction du panneton. – **2.** Ensemble des trois pièces d'une crémone (conduit, chapiteau et gâche).

GAROFALO (Raffaele, *baron*), magistrat et sénateur italien (Naples 1851 - *id.* 1934). Criminaliste, il a été, avec Lombroso et Ferri, un des fondateurs de l'école positiviste italienne. Son œuvre capitale fut *la Criminologie* (1885).

GARONNAIS, E adj. Relatif à la Garonne.

GARONNE (la), en esp. **Garona,** fl. d'Espagne et de France, qui draine la majeure partie du Sud-Ouest français, confluant avec la Dordogne pour former l'estuaire de la Gironde ; 650 km (575 km en excluant la Gironde). [Bassin (en France) de 56 000 km².]

La Garonne naît à 1 870 m, dans le val d'Aran, bordant le massif de la Maladeta, entre en France au Pont-du-Roi (à 575 m d'alt.), sort des Pyrénées en aval de Saint-Gaudens. La vallée, coupée de terrasses, s'élargit. Le fleuve atteint Toulouse (débit moyen de 200 m³/s) après avoir reçu l'Ariège. Il s'oriente vers le N.-O., grossi de ses principaux affluents, issus du Massif central (Tarn et Lot), avant de traverser Bordeaux (débit moyen de 700 m³/s), peu en amont de la confluence de la Dordogne (au bec d'Ambès, tête de l'estuaire de la Gironde). De régime nivo-pluvial (crues de printemps et d'automne) jusqu'à Toulouse, plus régulière en aval, la Garonne est peu utilisée pour la navigation et l'hydroélectricité et alimente surtout des canaux d'irrigation.

Garonne *(canal latéral à la),* canal longeant la Garonne, de Toulouse (où aboutit le canal du Midi) à Castets-en-Dorthe ; 193 km.

GARONNE (Haute-) [31], dép. de la Région Midi-Pyrénées ; ch.-l. de dép. *Toulouse ;* ch.-l. d'arrond. *Muret, Saint-Gaudens* ; 3 arrond. ; 50 cant. ; 588 comm. ; 6 309 km^2 ; 925 962 hab. *(Haut-Garonnais).* Le dép. appartient à l'académie et à la cour d'appel de Toulouse, à la région militaire Atlantique.
Les Pyrénées (élevage bovin, tourisme, électrochimie liée à l'hydroélectricité) et les plaines alluviales de la Garonne (céréales, vigne, fruits et légumes, bovins et petit bétail) constituent les deux principales régions du département. Son pouvoir d'attraction est lié au poids de Toulouse (dans le secteur industriel et tertiaire) dont l'agglomération concentre 70 % de la population.

Garonor, importante gare routière de marchandises (dép. de la Seine-Saint-Denis, commune d'Aulnay-sous-Bois), en bordure de l'autoroute du Nord.

GARONS (30128), comm. du Gard, à 9 km au S.-E. de Nîmes ; 3 667 hab. — Au S.-O., aéroport de Nîmes.

GAROS ou **ATCHIKS,** population tibéto-birmane de l'Assam (Inde), dont le nombre est estimé à quelque 600 000.

GAROU n. m. Nom usuel du *daphné.*

GAROUA, v. du Cameroun, ch.-l. de la prov. du Nord, au terminus amont de la navigation sur la Bénoué ; 177 000 hab. Traitement du coton. Brasserie.

GAROUSTE (Gérard), peintre français (Paris 1946). Influencé par les thèmes mythologiques et grand utilisateur des formes du passé, considéré par les uns comme le restaurateur de la « grande peinture » et par les autres comme un maniériste de talent, il occupe parmi les artistes postmodernes une place originale (*Orion le classique, Orion l'Indien,* 1981, M.N.A.M., Paris).

GARRET MÓR, GARRET ÓG → FITZGERALD.

GARRETT (Almeida) → ALMEIDA GARRETT.

GARRICK (David), comédien et auteur dramatique anglais (Hereford 1717 - Londres 1779). Interprète de Shakespeare, à qui il rendit la première place dans le théâtre anglais, il dirigea le théâtre de Drury Lane (1747-1776) et composa lui-même des comédies originales (*la Demoiselle de moins de vingt ans,* 1747).

GARRIGOU-LAGRANGE (Marie Aubin Gontran, en relig. **R. P. Reginald**), dominicain, philosophe et théologien français (Auch 1877 - Rome 1964). Il fut l'un des représentants les plus éminents de la tradition thomiste.

GARRIGUE n. f. (anc. provenç. *garriga,* du précelt. **carra,* pierre). Formation végétale méditerranéenne des sols calcaires, constituée de chênes kermès, d'arbustes aux feuilles persistantes et coriaces (ciste, arbousier, lentisque, myrte, lavande, thym) et de quelques herbes annuelles.
ENCYCL. La garrigue est une forme de dégradation commune aux forêts de chênes verts et de chênes-lièges, sur sol calcaire, détruites par le feu et l'abus de pâture. La garrigue peut se dégrader à son tour en pelouse à graminées xérophiles (brachypode).

GARRIGUES (les) ou parfois **GARRIGUE** (la), plateaux calcaires du Languedoc (Hérault et Gard), au pied des Cévennes. Elles sont traversées par les affluents du bas Rhône et par l'Hérault, qui y entaillent des gorges. Accidentées de quelques chaînons (dont le pic Saint-Loup), les Garrigues sont vouées à l'élevage ovin extensif et à l'emprise militaire. Les résidences secondaires s'y sont multipliées.

Garrigues *(camp des),* camp militaire national, situé près de Nîmes (5 000 ha).

GARRINCHA (Manuel Francisco DOS SANTOS, dit), footballeur brésilien (Majé, État de Rio, 1933 - Rio de Janeiro 1983). Ailier droit au dribble déroutant, vainqueur de la Coupe du monde en 1958 et 1962.

Garrison Dam, barrage des États-Unis sur le Missouri, dans le Dakota du Nord, formant le lac Sakakawea.

GARROS (Pey ou Pierre DE), poète français d'expression occitane (Lectoure v. 1530 - Pau 1583). Protégé de Jeanne d'Albret, mêlé à la Réforme, il décrivit dans son recueil de *Poesias gasconas* (1567) les malheurs de la guerre. Son *Cant nobiau (Chant nuptial)* est un des plus anciens spécimens en France d'une poésie littéraire folklorique.

GARROS (Roland), officier aviateur français (Saint-Denis, la Réunion, 1888 - près de Vouziers 1918). Recordman du monde d'altitude à plusieurs reprises, il réussit la première traversée de la Méditerranée, en sept. 1913. Il perfectionna de manière définitive le procédé de tir à travers l'hélice. Abattu et fait prisonnier en 1915, il réussit à s'évader, reprit sa place dans l'escadrille des Cigognes, puis fut tué en combat aérien.

1. GARROT n. m. (provenç. *garrot,* de l'anc. provenç. *garra,* jarret). **1.** Région du corps des grands quadrupèdes surmontant les épaules et délimitée par l'encolure, le dos et le plat des épaules. — **2.** Partie du collier qui repose sur le cou du cheval. — **3.** *Hauteur au garrot,* hauteur du garrot au-dessus du sol, mesure utilisée pour évaluer la taille des grands quadrupèdes. ‖ *Mal de* *garrot,* blessure du garrot, le plus souvent due aux frottements du harnachement.

2. GARROT n. m. (anc. fr. *garokier,* barrer la route, du frq. **wrokkôn,* tordre). **1.** Morceau de bois que l'on passe dans la corde d'une scie pour la serrer en la tordant. (Syn. CLEF DE SCIE.) – **2.** Appareil, lien destiné à comprimer les vaisseaux d'un membre ou d'un segment de membre en vue d'interrompre, momentanément, en cas d'hémorragie, la circulation du sang. (Les garrots ne doivent pas être laissés plus d'une heure, sinon ils risquent d'entraîner des lésions d'ischémie irréversibles, aboutissant à la gangrène.) – **3.** Supplice par strangulation, usité principalement en Espagne ; instrument de ce supplice. (La peine de mort par strangulation a été abolie partiellement en 1978.)

GARROTTAGE n. m. Action de garrotter ; fait d'être garrotté : *Le garrottage d'un prisonnier.*

GARROTTER v. t. (de *garrot 2*) [conj. 3]. **1.** Lier étroitement et fortement qqn avec qqch : *Garrotter un prisonnier avec des cordes.* – **2.** *Litt.* Priver de liberté, lier moralement : *Garrotter la presse.* – **3.** Faire périr par le supplice du garrot.

GARS [gɑ] n. m. (anc. cas sujet de *garçon*). *Fam.* **1.** Garçon, jeune homme : *Un gars de la campagne.* – **2.** Homme résolu, type, gaillard : *Un gars qui n'a pas froid aux yeux.* – **3.** Fils : *Notre gars est à l'armée.* – **4.** Appellatif familier : *Les gars, venez donc voir ici.*

GARTEMPE (la), riv. de la Marche limousine et du Poitou oriental, affl. de la Creuse (r. g.) ; 190 km.

GARUḌA, dans la mythologie hindoue, aigle géant, roi des oiseaux et monture du dieu Viṣṇu.

GARY, v. des États-Unis (Indiana), à l'extrémité sud du lac Michigan ; 152 000 hab. Fondée en 1906 par la United States Steel Corporation, la ville demeure un grand centre sidérurgique.

GARY (Romain KACEW, dit **Romain**), écrivain français (Vilna, auj. Vilnius, 1914 - Paris 1980). En quête de « valeurs vraies », il dénonça dans ses romans (*les Racines du ciel,* 1956 ; *les Cerfs-volants,* 1980) les mensonges du monde moderne. L'obsession de la vieillesse et l'impossible quête de son identité le conduisirent au suicide après s'être inventé un double littéraire, Émile **Ajar** (*la Vie devant soi,* 1975).

GARZETTE n. f. (esp. *garceta*). Aigrette (ardéidé) présente en France en été.

GAS-CAP [gaskap] n. m. (pl. *gas-caps*) [angl. *gas-cap,* de *gas,* gaz, et *cap,* chape]. Syn. de CHAPEAU* DE GAZ.

GASCAR (Pierre FOURNIER, dit **Pierre**), romancier français (Paris 1916). Hanté dans ses romans par son expérience de la guerre (*le Temps des morts,* 1953), il a exploité dans ses nouvelles une veine presque exclusivement animale et villageoise (*les Chimères,* 1969 ; *les Sources,* 1975).

GASCARDIA n. m. Cochenille qui vit sur le laurier, à Madagascar, et produit une gomme-laque.

GASCOGNE, partie du sud-ouest de la France, dont le nom vient de celui de l'ancienne *Vasconie* (lat. *Vasconia*). Le mot « Gascogne » ne s'applique qu'à l'aire des parlers gascons. Celle-ci comprend donc le Gers, les Landes, les Hautes-Pyrénées, une partie de la Gironde, du Lot-et-Garonne, du Tarn-et-Garonne, de la Haute-Garonne et de l'Ariège. Dans une acception géographique plus récente, le terme a désigné surtout la région à l'intérieur de la grande boucle de la Garonne, correspondant essentiellement au département du Gers. Le sens historique a repris une certaine extension avec la création du parc naturel régional des Landes* de Gascogne.
– **Hist.** La Gascogne est conquise par Crassus en 56 av. J.-C. et constitue au IIIe s. apr. J.-C. la province romaine de Novempopulanie. Elle est soumise aux Wisigoths (v. 480) et aux Francs (507), puis forme un duché fondé v. 852 par Sanche Mittarra. Subdivisée (Xe-XVe s.) en plusieurs comtés et vicomtés possédés par les maisons d'Albret et d'Armagnac et placés sous la suzeraineté du duc d'Aquitaine, elle est réunie à la couronne de France (1137) puis à l'Empire anglo-angevin (1152) par les mariages d'Aliénor d'Aquitaine. Libérée de la domination anglaise par Charles VII (1453), elle est rattachée à la France par Henri IV en 1607.

GASCOGNE *(golfe de),* grand rentrant triangulaire de l'Atlantique entre la France et l'Espagne, s'étendant au sens océanographique du littoral de la Bretagne méridionale à celui de la Galice. Sa partie la plus profonde (*plaine abyssale de Gascogne,* à plus de 4 500 m) est surmontée de montagnes d'origine volcanique ou tectonique.

GASCOIGNE (George), écrivain anglais (Cardington, Bedfordshire, v. 1525 - Bernack, Stamford, 1577), auteur de la première comédie anglaise en prose, *les Supposés* (1566).

GASCON, ONNE adj. et n. (lat. pop. **Wasco, -onis,* du lat. class. *Vasco, -onis*). **1.** De Gascogne. – **2.** *Litt.* et *vx.* Fanfaron, hâbleur, vantard : *Quelle humeur gasconne !* – **3.** *Offre de Gascon,* proposition qui n'est pas sérieuse. – **4.** Se dit de différentes races de chiens courants (*grands gascons saintongeois, grands bleus de Gascogne* parmi les grands chiens courants français ; *petits gascons saintongeois, petits bleus de Gascogne, griffons bleus de Gascogne, bassets bleus de Gascogne* parmi les chiens de lièvre et les bassets ;

anglo-gascons saintongeois parmi les chiens courants anglo-français).

◆ **gascon** n. m. Dialecte de langue d'oc parlé au sud-ouest de la Garonne.

GASCONNADE n. f. *Litt.* Vanterie, hâblerie, forfanterie, comme on en prête aux Gascons.

GASCONNISME n. m. Expression propre au gascon.

GASCOYNE CECIL → SALISBURY.

GASGA → KASKA.

GASHERBRUM, ensemble montagneux sur la rive droite du glacier de Baltoro, dans le Karakorum (Pākistān). Les principaux sommets sont numérotés de I à VI ; quatre ont été gravis. Le point culminant, Gasherbrum I ou Hidden Peak (8 068 m), a été gravi en 1958 par P. Schoening et A. Kauffman.

GASKELL (Elizabeth Cleghorn STEVENSON, **Mrs.**), romancière britannique (Chelsea 1810 - Holyburn, Hampshire, 1865), auteur de romans sur les misères du petit peuple du Yorkshire (*les Dames de Cranford,* 1853).

GASKELL (Sonia), pédagogue et maîtresse de ballet d'origine russe (Kiev 1904 - Paris 1974). Elle fonda en 1945 une troupe qui devint ballet national (« Nederlands Ballet ») en 1954 et se fixa à La Haye. Une scission entraîna la création, en 1961, du Het Nationale Ballet, troupe classique qu'elle dirigea jusqu'en 1968.

GAS-OIL [gazɔjl ou gazwal] ou **GAZOLE** n. m. (pl. *gas-oils*) [amér. *gas-oil,* de *gas,* gaz, et *oil,* pétrole). **1.** Liquide pétrolier jaune clair, légèrement visqueux, utilisé comme carburant et comme combustible. — **2.** *Gas-oil de chauffe,* syn. de FUEL-OIL* DOMESTIQUE. ‖ *Gas-oil moteur,* carburant pour les véhicules Diesel.

GASOLINE → GAZOLINE.

GASP n. m. Mouvement respiratoire inefficace d'origine réflexe, phénomène terminal de l'agonie.

GASPACHO [gaspatʃo] n. m. (esp. *gaspacho*). Potage espagnol constitué de légumes non cuits coupés en dés, d'ail et d'aromates, le tout servi glacé.

GASPAR ou **GASPARD,** un des trois Rois mages selon diverses légendes.

GASPARD n. m. *Pop.* Rat.

Gaspard de la nuit, trois pièces pour le piano, de Ravel (1908), d'après des poèmes d'Aloysius Bertrand, intitulées *Ondine, le Gibet, Scarbo.*

Gaspard de la nuit, fantaisies à la manière de Callot et de Rembrandt, recueil de poèmes en prose d'Aloysius Bertrand (1842). Ces poèmes, s'ils appartiennent encore au romantisme, s'enrichissent d'images fantastiques qui annoncent la poésie de Baudelaire.

GASPARIN (Adrien, *comte* DE), agronome français (Orange 1783 - *id.* 1862). Il s'est appliqué à la diffusion du progrès technique. Son *Cours d'agriculture* (1843-1849) fit longtemps autorité.

GASPARRI (Pietro), cardinal italien (Capovallaza de Ussita, prov. de Pérouse, 1852 - Rome 1934). Canoniste réputé, secrétaire d'État de 1914 à 1930, il fut le principal artisan des accords du Latran (1929).

GASPÉ, port du Canada (Québec), en Gaspésie, sur la *baie de Gaspé ;* 17 000 hab. Tourisme. — Jacques Cartier y débarqua en 1534.

GASPÉ (Philippe AUBERT DE) → AUBERT DE GASPÉ.

GASPERI (Alcide DE) → DE GASPERI.

GASPÉSIE, péninsule du Canada (Québec), comprise entre le Saint-Laurent au N., le golfe du Saint-Laurent à l'E. et la baie des Chaleurs au S., dominée par les monts Shickshock. Pêche. Tourisme estival. Parcs naturels dans l'intérieur.

GASPILLAGE n. m. Action de gaspiller ; perte, dilapidation : *Gaspillage d'essence, de temps.*

GASPILLER v. t. (provenç. *gaspilha,* grappiller, croisé avec l'anc. fr. *gapailler,* rejeter les balles de blé) [conj. 3]. **1.** Faire un mauvais emploi de qqch, de telle sorte qu'il se perd en partie : *Gaspiller la nourriture.* — **2.** Dépenser inutilement, follement ; dilapider : *Gaspiller un héritage.* — **3.** Faire un emploi désordonné, sans profit de qqch ; gâcher : *Gaspiller sa jeunesse.*

GASPILLEUR, EUSE adj. et n. Qui gaspille ; dépensier.

GASPRINSKI (Ismail Bey GASPIRALI, dit en russe **Ismaïl**), réformateur et idéologue turc de Russie (Bakhtchissaraï 1851 - *id.* 1914). Créateur et promoteur d'une langue littéraire turque unifiée (dans les années 1880), il lança une réforme moderniste de l'enseignement musulman dans l'Empire russe.

GASQUET (Joachim), poète français (Aix-en-Provence 1873 - Paris 1921). Son lyrisme s'inspira des paysages provençaux (*les Chants séculaires,* 1903). Sa femme, MARIE (Saint-Rémy-de-Provence 1872 - *id.* 1960), publia *Une enfance provençale* (1926), mine de renseignements sur le félibrige.

GASSENDI (Pierre GASSEND, dit), philosophe et savant français (Champtercier, près de Digne-les-Bains, 1592 - Paris 1655). Docteur en théologie à Avignon en 1614, il entra dans les ordres en 1615. Résidant le plus souvent à Paris, il enseigna les mathématiques au Collège royal de 1645 à 1648. Il critiqua Aristote, sans oser publier tous les livres où il faisait part de ses remarques, répondit à Descartes (*Objections* aux *Méditations,* 1644), développa une théorie atomiste à la manière de Démocrite, à laquelle il superposa une perspective harmoniste des éléments qui composent le monde. En astronomie, il fut un pionnier de l'observation des planètes à la lunette et fit la première description scientifique d'une aurore boréale (1621). En physique, il a étudié la chute des corps et les lois du choc, expliqué la hauteur des sons et mesuré leur vitesse de propagation.

GASSENDISME [-sɛ̃-] n. m. Doctrine philosophique de Gassendi et de ses disciples.

Gasser *(ganglion de),* ganglion nerveux situé sur le trajet du nerf trijumeau. Il doit son nom à l'anatomiste autrichien Johann Lorenz *Gasser* (1723-1765). [Syn. GANGLION SEMI-LUNAIRE.]

GASSIER (Paul DEYVAUX-GASSIER, dit **H.-P.** [Henri-Paul]), dessinateur caricaturiste français (Paris 1883 - *id.* 1951). Il a créé un style caractérisé par l'emploi exclusif du dessin au trait ; il a participé aux débuts du *Canard enchaîné* et collaboré à *l'Humanité* (1908-1926) et au *Journal* (1926-1939).

GASSION (Jean DE), maréchal de France (Pau 1609 - Arras 1647). Au service de Gustave II Adolphe (1630), il participa à la bataille de Lützen (1632). Maître de camp, général de la cavalerie puis maréchal de France (1643), il combattit en Flandre, notamment à Rocroi (1643) et à Lens (1647), où il fut mortellement blessé.

GASSMAN (Vittorio), acteur de théâtre et de cinéma italien (Gênes 1922). Il débuta au théâtre en 1943 et, en 1952, fonda sa propre compagnie : le Théâtre d'art italien (avec L. Squarzina), au répertoire très varié. Au cinéma, il a notamment tourné *Riz amer* (1949), *Guerre et Paix* (1956), *le Pigeon* (1958), *le Fanfaron* (1962), *Parfum de femme* (1974), *Nous nous sommes tant aimés* (1975), *la Terrasse* (1980), *La vie est un roman* (1983), *la Famille* (1987), *Valse d'amour* (1992). Il a mis en scène lui-même plusieurs films.

GASTAUT (Henri), neurologue français (Monaco 1915 - Marseille 1995), auteur de travaux sur l'épilepsie et la neurophysiologie.

GASTEIN, vallée d'Autriche, drainée par l'Ache, à la limite des Hohe Tauern et des Niedere Tauern. Stations de *Badgastein* et de *Bad Hofgastein.*

GASTÉROMYCÉTALE ou **GASTÉRALE** n. m. Champignon basidiomycète, dont les spores remplissent une cavité close qui ne s'ouvre qu'à maturité (vesse-de-loup).

GASTÉROPHILE → GASTROPHILE.

GASTÉROPODE → GASTROPODE.

GASTÉROSTÉIDÉ n. m. Nom de famille attribué aux épinoches.

GASTÉROTRICHE → GASTROTRICHE.

GASTON *(saint)* → VAAST (saint).

GASTON DE FOIX, nom porté par plusieurs comtes de Foix et vicomtes de Béarn. — **Gaston III,** dit *Phébus* (1331 - Orthez 1391), comte **de Foix** (1343-1391). Il poursuivit la lutte entamée par son aïeul Gaston Ier (1302-1315) contre la maison d'Armagnac, avec l'aide des Grandes Compagnies. Lieutenant du Languedoc (1377-1380), il légua ses domaines à la couronne de France en 1390. Protecteur des arts et des lettres, il tint à Orthez une cour fastueuse et composa des *Oraisons* et un *Livre de la chasse.* — **Gaston IV** (1425-1472), comte **de Foix** (1436-1472), époux d'Éléonore d'Aragon, administra la Navarre, contribua à la reconquête de la Guyenne et obtint l'érection du comté de Foix en comté-pairie (1458). — **Gaston,** vicomte **de Castelbon** et prince **de Viane** († 1470), fils du précédent, fut le père de CATHERINE*, dernière reine de Navarre (1468-1518).

GASTON DE FOIX, duc **de Nemours,** homme de guerre français (Mazères, Ariège, 1489 - Ravenne 1512). Petit-fils de Gaston IV, comte de Foix, et d'Éléonore d'Aragon, il prit le titre de comte de Foix et de roi de Navarre en 1502 et reçut de son oncle Louis XII le duché de Nemours en 1507. Commandant en chef de l'armée d'Italie (1511), il délivra Bologne assiégée par les Espagnols (5 févr. 1512) et remporta la victoire de Ravenne (11 avr.), mais périt au cours de cette bataille.

GASTORNIS [-nis] n. m. Oiseau fossile géant de l'éocène d'Europe occidentale.

GASTRALGIE n. f. Douleur localisée à l'épigastre, s'accompagnant ou non de troubles digestifs.

GASTRE n. m. Partie postérieure, plus ou moins globuleuse, formée de 4 anneaux, de l'abdomen des fourmis.

GASTRECTOMIE n. f. Opération qui consiste à enlever l'estomac en totalité ou en partie.
ENCYCL. On distingue la *gastrectomie élargie :* ablation de tout l'estomac et des tissus cellulolymphatiques voisins, employée en cas de cancer de l'estomac ; la *gastrectomie totale :* ablation de tout l'estomac et de lui seul ; la *gastrectomie partielle :* ablation d'une partie de l'estomac, employée comme traitement de l'ulcère gastrique et duodénal.

GASTRECTOMISÉ, E n. Personne qui a subi une gastrectomie.

GASTRINE n. f. Hormone sécrétée par la muqueuse de l'estomac et du duodénum au niveau de l'antre pylorique et qui facilite la digestion en agissant sur la sécrétion gastrique.

GASTRIQUE adj. **1.** Qui a rapport à l'estomac : *Lésion gastrique.* — **2.** *Suc gastrique,* liquide sécrété par les glandes en tube de la muqueuse stomacale et qui est un des agents de la digestion. (→ *encycl.*)

ENCYCL. La quantité de *suc gastrique* sécrétée chez l'homme est en moyenne de 1,5 litre par jour. C'est un liquide très acide contenant de 1 à 3 % d'acide chlorhydrique et deux enzymes : la pepsine (qui agit sur les protides) et le labferment (qui coagule le lait).

GASTRITE n. f. Inflammation de la muqueuse de l'estomac.

GASTRO-DUODÉNAL, E, AUX adj. **1.** Relatif à l'estomac et au duodénum. — **2.** *Artère gastro-duodénale,* branche importante de l'artère hépatique, dont les ramifications forment un système anastomotique autour de la tête du pancréas.

GASTRO-DUODÉNOSTOMIE n. f. (pl. *gastro-duodénostomies*). Abouchement de l'estomac avec une portion du duodénum.

GASTRO-ENTÉRITE n. f. (pl. *gastro-entérites*). Inflammation simultanée de la muqueuse gastrique et de la muqueuse intestinale.

ENCYCL. **Pathol.** La gastro-entérite de l'adulte est le plus souvent d'origine infectieuse. Chez le nourrisson, la gastro-entérite est fréquente ; ses causes, multiples comme ses manifestations, correspondent à celles des diarrhées infantiles. Dans les formes graves avec déshydratation importante (toxicose), l'hospitalisation d'urgence s'impose.

— **Vétér.** La *gastro-entérite transmissible du porcelet,* maladie à virus, est très contagieuse et très grave chez les jeunes animaux. On ne dispose d'aucun vaccin. La *gastro-entérite hémorragique du chien,* ou *maladie de Stuttgart,* est un syndrome grave, caractérisé par de la prostration, des vomissements et une diarrhée noirâtre, sanguinolente. La *gastro-entérite à parvovirus du chien,* maladie nouvelle due à un virus, est devenue l'une des affections les plus fréquentes et les plus dangereuses, mais pour laquelle on dispose de vaccins. La *gastro-entérite infectieuse du chat,* maladie très contagieuse, due à un virus, affecte les chatons et entraîne la mort s'il n'y a pas eu vaccination préalable.

GASTRO-ENTÉROLOGIE n. f. (pl. *gastro-entérologies*). Spécialité médicale qui étudie les maladies de l'estomac et de l'intestin.

GASTRO-ENTÉROLOGUE n. (pl. *gastro-entérologues*). Spécialiste de gastro-entérologie.

GASTRO-ENTÉROSTOMIE n. f. (pl. *gastro-entérostomies*). Abouchement de l'estomac avec une anse intestinale, en général appartenant au jéjunum.

GASTROFIBROSCOPE n. m. Fibroscope permettant de faire une gastrofibroscopie.

GASTROFIBROSCOPIE n. f. Endoscopie de la cavité gastrique.

GASTROIDEA [-troidea] n. f. Petite chrysomèle aux couleurs vives ou métalliques, dont quelques espèces causent de grands dégâts à l'oseille et aux plantes voisines.

GASTRO-INTESTINAL, E, AUX adj. Qui concerne l'estomac et l'intestin.

GASTROLITHE n. m. Pierre avalée par certaines espèces de vertébrés tétrapodes, aquatiques ou terrestres, en vue de favoriser le broyage de la nourriture dans l'estomac.

GASTROLOBIUM [-bjɔm] n. m. Arbuste (papilionacée) toujours vert, à fleurs jaunes ou rougeâtres disposées en grappes, parfois cultivé en serre comme ornemental.

GASTRONOME n. Expert en gastronomie ; gourmet, amateur de bonne chère.

GASTRONOMIE n. f. (gr. *gastronomia*). Connaissance de tout ce qui se rapporte à la cuisine, à l'ordonnancement des repas, à l'art de déguster et d'apprécier les mets.

GASTRONOMIQUE adj. **1.** Relatif à la gastronomie. — **2.** *Buffet, menu gastronomique,* buffet, menu qui offre un choix supérieur au menu ordinaire.

GASTROPACHA n. m. (gr. *pakhus,* épais). Papillon (lasiocampidé) qui simule, au repos, une feuille desséchée. (Les chenilles de *Gastropacha quercifolia,* ou *bombyx feuille-morte,* vivent sur les arbres fruitiers ainsi que sur l'aubépine, le prunellier, le chêne, le saule, etc.)

GASTROPHILE ou **GASTÉROPHILE** n. m. Grosse mouche velue dont les larves parasitent le tube digestif du cheval.

GASTROPODE ou **GASTÉROPODE** n. m. Mollusque aquatique ou terrestre muni d'un large pied ventral (servant à la reptation, parfois à la natation) et le plus souvent d'une coquille univalve hélicoïdale (généralement dextre). [Les *gastropodes* forment une classe importante, groupant actuellement plus de 7 000 genres.]

ENCYCL. Les gastropodes possèdent une langue râpeuse, ou « radula », et, presque toujours, des tentacules portant des yeux. La plupart vivent dans la mer (patelles, buccins, etc.) et certains peuvent être pélagiques ; d'autres sont terrestres (limaces, escargots) ou habitent les eaux douces (paludines, limnées). La coquille se complète souvent d'un opercule, qui en ferme l'orifice lorsque l'animal est rétracté.

GASTROPTÔSE n. f. Déplacement de l'estomac vers le bas par suite du relâchement de ses ligaments de suspension.

GASTRO-PYLORIQUE adj. (pl. *gastro-pyloriques*). Relatif à l'estomac et au pylore.

GASTRORÉSISTANT, E adj. Se dit d'une forme médicamenteuse (gélule, capsule, etc.) qui n'est pas attaquée par le suc gastrique et qui ne se dissout que dans l'intestin.

GASTRORRAGIE n. f. Hémorragie de l'estomac, due le plus souvent à un ulcère, un cancer de l'estomac ou une gastrite. (Elle se traduit par des vomissements de sang ou par la présence de sang noir dans les selles.)

GASTRORRHÉE n. f. Sécrétion muqueuse abondante de l'estomac, entraînant des vomissements de mucosités. (Syn. PITUITE.)

GASTROSCOPE n. m. Endoscope semi-rigide permettant d'examiner l'intérieur de l'estomac et de diriger une sonde à biopsie.

GASTROSCOPIE n. f. Endoscopie de l'estomac à l'aide du gastroscope. (Elle est le plus souvent remplacée actuellement par une gastrofibroscopie.)

GASTROSTOMIE n. f. bouchement de l'estomac à la paroi abdominale en vue d'alimenter les malades atteints de sténose de l'œsophage.

GASTROTOMIE n. f. **1.** Incision des parois de l'estomac, le plus souvent dans un dessein exploratoire. — **2.** Syn. de RUMÉNOTOMIE.

GASTROTRICHE ou **GASTÉROTRICHE** n. m. Animal microscopique vivant dans le sable ou sur les végétaux des tourbières. (Ces animaux forment un petit embranchement.)

GASTROZOÏDE n. m. Polype nourricier des colonies d'hydraires ou de siphonophores.

GASTRULA n. f. (lat. sc. *gastrula*). Troisième stade de développement de l'œuf fécondé des métazoaires.

ENCYCL. Venant après les stades morula* et blastula*, le stade gastrula commence par souvent l'immigration en profondeur (embolie) de certains groupes cellulaires jusque-là superficiels. La gastrula formée est composée d'un feuillet externe, l'*ectoblaste,* d'un feuillet interne, l'*entoblaste,* et d'un feuillet moyen, le *mésoblaste,* ou de son ébauche, le *mésenchyme primaire.*

GASTRULATION n. f. (all. *Gastrulation,* de *gastrula*). Formation de la gastrula.

GATA *(cap de),* promontoire d'Espagne, sur la Méditerranée, fermant à l'E. le golfe d'Almería.

GATE [gɛt] n. f. (angl. *gate,* grille). En électronique, syn. de GRILLE.

1. GÂTEAU n. m. (lat. pop. **wastellum,* du frq. **wastil*). **1.** Pâtisserie, réalisée à partir de pâtes de base utilisées seules ou avec l'adjonction d'appareils complémentaires. — **2.** En Suisse, syn. de TARTE. — **3.** Matière qui, après avoir été pressée, affecte la forme d'un gâteau rond et plat : *Gâteau de plomb.* — **4.** Fam. *Avoir sa part du gâteau, avoir part au gâteau, partager le gâteau,* partager le profit d'une affaire. ‖ Fam. *C'est du gâteau,* c'est qqch de facile et d'agréable. ‖ *Gâteau des Rois,* syn. de GALETTE* DES ROIS. ‖ *Gâteau sec,* petit biscuit croquant. • **Apic.** Ensemble des cellules que construisent les abeilles et les guêpes pour conserver leur miel et loger leur progéniture. — **Chim.** Résidu pâteux de la filtration d'une suspension qui se dépose sur un filtre. (Syn. TOURTEAU.) — **Métall.** Produit solide ou pâteux retiré d'un four ou d'un creuset. — **Text.** Bobine de fil de faible compacité destinée à la teinture en autoclave.

2. GÂTEAU adj. inv. (de *gâter 2*). Fam. *Papa, maman, etc., gâteau,* père ou mère qui gâte ses enfants, qui est trop indulgent avec eux.

GÂTE-BOIS n. m. inv. Papillon cossidé du genre *cossus,* dont la chenille creuse des galeries dans divers arbres.

1. GÂTER v. t. (lat. pop. **wastare,* du lat. class. *vastare,* avec l'infl. du rad. germ. **wōst-,* exprimant la destruction) [conj. 3]. **1.** Abîmer, dénaturer, altérer qqch : *La chaleur gâte la viande.* — **2.** Abîmer les dents, y provoquer des caries. — **3.** Gâcher qqch, ruiner ses possibilités de succès ; compromettre : *Son intervention a tout gâté.* — **4.** Enlaidir qqch, le priver de sa beauté, de son caractère agréable, nuire à ses qualités : *Le mauvais temps a gâté nos vacances.* — **5.** Empêcher qqn d'être tout à sa joie, à son plaisir : *Tu lui gâtes le plaisir.* — **6.** *Ça ne gâte rien,* c'est un avantage de plus. ‖ *Gâter le métier,* vendre son travail à bas prix.

◆ **se gâter** v. pr. **1.** Prendre mauvaise tournure, se détériorer : *Les choses se gâtent.* — **2.** *Le temps se gâte,* il va faire mauvais, le temps se brouille.

2. GÂTER v. t. (de *gâter 1*) [conj. 3]. **1.** Combler qqn d'attentions, de cadeaux : *On l'a gâté pour Noël.* — **2.** Céder à toutes les volontés d'un enfant, le traiter avec une extrême indulgence. — **3.** Fam. *Ne pas gâter qqn,* ne pas le favoriser, être dur pour lui : *Le sort ne nous a pas gâtés aujourd'hui.*

◆ **être gâté** v. pass. *Enfant gâté,* enfant à qui on passe tous ses caprices ; personne favorisée par la fortune ou le sort et qui n'a pas connu les difficultés de la vie. ‖ Fam. *Ne pas être gâté,* jouer de malchance, ne pas être favorisé par le sort, la nature, etc.

GÂTERIE n. f. **1.** *Litt.* Action de gâter, de choyer ; caresses, complaisances excessives. — **2.** Petit présent, friandise, douceur, sucrerie.

GATES (Horatio), général américain (Maldon, Essex, Grande-Bretagne, 1728 - New York 1806). Durant la guerre de l'Indépendance, il vainquit le général Burgoyne à Saratoga (1777), mais fut battu par Cornwallis à Camden, en Caroline du Sud (1780).

GATES (William Henry, dit **Bill**), informaticien et industriel américain (Seattle 1955). Il a fondé (1976) et dirige la société Microsoft, leader mondial dans la fabrication de logiciels pour micro-ordinateurs.

GÂTE-SAUCE n. m. inv. *Fam.* et *vx.* **1.** Marmiton. — **2.** Mauvais cuisinier.

GATESHEAD, v. de Grande-Bretagne, sur la rive sud de la Tyne, en face de Newcastle ; 81 000 hab. Industries métallurgiques et alimentaires.

GÂTEUX, EUSE adj. et n. (de *gâter 1*). **1.** Atteint de gâtisme. — **2.** Dont l'intelligence est affaiblie ; débile, idiot.

◆ adj. Qui s'attendrit excessivement devant qqn, accepte tout de lui par faiblesse ou affection : *Cet enfant le rend gâteux.*

GĀTHĀ n. m. inv. Écritures sacrées zoroastriennes, constituant la plus ancienne partie de l'*Avesta.*

GÂTIFIER v. i. (conj. 9). *Fam.* **1.** Devenir gâteux. — **2.** Se comporter comme un être stupide sous l'effet d'un attendrissement excessif : *Il gâtifie avec son petit-fils.*

GÂTINAIS (le), région du Bassin parisien, au S.-S.-E. de Paris, partagée entre le Loiret, l'Essonne, la Seine-et-Marne et l'Yonne ; 3 600 km². V. princ. *Montargis.* Traversé par le Loing, le Gâtinais est surtout céréalier au N. *(Gâtinais français),* orienté vers des élevages variés (bovins, volailles, lapins, abeilles [miel du Gâtinais]) au S. *(Gâtinais orléanais).*

GÂTINAIS, E adj. *Race gâtinaise,* race de poules originaires du Gâtinais, très répandue en France, bonne pour la ponte comme pour la production de chair.

GÂTINE n. f. (anc. fr. *guast,* dévasté, du lat. *vastus,* avec l'infl. du germ. **wōst-*). Terroir, pays, ensemble de terrains plus pauvres que ceux qui les environnent.

GÂTINE TOURANGELLE, plateau vallonné et boisé du nord de la Touraine (Indre-et-Loire) entre la Loire et le Loir. Élevage bovin.

GÂTINE VENDÉENNE ou **GÂTINE DE PARTHENAY,** région de l'ouest de la France, aux confins des Deux-Sèvres et de la Vendée. Élevage bovin.

GATINEAU, riv. du Canada (Québec), affl. de l'Outaouais (r. g.) ; 400 km env. Hydro-électricité.

GATINEAU, v. du Canada (Québec), sur le Gatineau ; 75 000 hab. Aéroport. Papier.

GÂTISME n. m. (de *gâteux*). **1.** État des personnes qui présentent une incontinence des matières fécales et des urines accompagnée d'une décrépitude physique et mentale. — **2.** État de l'esprit de qqn qui semble retombé en enfance.

Gatow, l'un des aéroports de Berlin, à 10 km au S.-O. du centre de la ville.

Gatsby le Magnifique, roman de Francis Scott Fitzgerald (1925). Fait divers, histoire d'amour et de richesse sur fond de satire des États-Unis des années folles.

GATSCH n. m. (all. *Gatsch*). Paraffine huileuse non raffinée, provenant du déparaffinage des huiles de pétrole et dont on tire la paraffine commerciale par ressuage ou recristallisation.

GATT (sigle de *General Agreement on Tariffs and Trade*), accord général et provisoire signé à Genève en oct. 1947 et qui a fourni le cadre des grandes négociations commerciales internationales (dont la mise en œuvre est, depuis 1995, assurée par l'Organisation* mondiale du commerce [O. M. C.]). [→ NÉGOCIATION.]

GATTAMELATA (Erasmo DA NARNI, dit **le**), condottiere italien (Narni v. 1370 - Padoue 1443). Il fut au service de Florence, du pape (1427-1434) puis de Venise, dont il devint capitaine. Son fils lui fit élever à Padoue, par Donatello, une statue équestre.

GATTAZ (Yvon), industriel et syndicaliste français (Bourgoin 1925). Entré, en 1976, au conseil exécutif du Conseil national du patronat français (C. N. P. F.), il a été le président de cette organisation de 1981 à 1986.

GATTEAUX (Nicolas), graveur en médailles et sculpteur français (Paris 1751 - *id.* 1832). Il devint médailleur du roi en 1781 (médaille du *Couronnement de Louis XVI ; les Montgolfières,* 1783 ; etc.). Il inventa de nouveaux procédés techniques. — Son fils JACQUES ÉDOUARD (Paris 1788 - *id.* 1881) fut également médailleur et sculpteur.

GATTI (Armand), auteur dramatique et cinéaste français (Monaco 1924). Auteur engagé, il croit au théâtre militant, dans son organisation même, ainsi qu'aux « créations collectives » qui font surgir l'imaginaire dans l'univers quotidien (*la Vie imaginaire de l'éboueur Auguste Geai,* 1962 ; *V comme Vietnam,* 1967). Dans ses ateliers théâtraux, il tente de rendre l'usage d'une parole créatrice à ceux, immigrés, délinquants, détenus, qui en sont privés.

GATTILIER n. m. (esp. *gatillo,* altér. de *agno castil,* agneau chaste, avec l'infl. de *gatto,* chat). Nom usuel du poivre sauvage et de l'agnus-castus.

GATTINARA (Mercurino ARBORIO DE), homme d'État espagnol d'origine piémontaise (Verceil 1465 - Innsbruck 1530). Président du parlement de Bourgogne (1508), conseiller de Marguerite d'Autriche, il contribua à l'élection de Charles Quint, dont il fut chancelier (1518). Il dirigea la politique extérieure de l'empereur.

GATTINE n. f. (dauphinois *gatino*). Maladie du ver à soie due à la présence d'un streptocoque qui entrave le développement du ver.

GATTO (Alfonso), poète italien (Salerne 1909 - Orbetello 1976). Il fonda et dirigea la revue *Campo di Marte* avec Vasco Pratolini. Sa poésie, de facture surréaliste, évolua vers une inspiration romantique, plus simple et mélodieuse (*Poesie d'amore,* 1973).

Gatwick, aéroport, à 40 km au S. de Londres.

GAU [gau] n. m. (all. *Gau*). **1.** Vieux mot germanique utilisé pour désigner un pays (ex. Breisgau, Rheingau en Allemagne, Sundgau en Alsace). – **2.** Dans le IIIe Reich, circonscription administrative et politique réunissant un certain nombre de districts *(Kreise)* et dirigée par un gauleiter.

GAUBERT (Philippe), compositeur et flûtiste français (Cahors 1879 - Paris 1941). Il succéda à Messager comme chef d'orchestre de la Société des concerts du conservatoire (1919). Il a également dirigé la musique à l'Opéra de Paris (1920).

GAUCELM FAIDIT, troubadour limousin, originaire d'Uzerche (1185-1220 env.). Il participa à la 4e croisade. Il a laissé 65 chansons (dont 14 notées).

GAUCHE adj. (de *gauchir*). **1.** Qui n'est pas droit, ou plan, du fait d'une torsion volontaire ou accidentelle : *Une planche légèrement gauche.* – **2.** Qui est maladroit, malhabile, emprunté : *Un geste gauche.* – **3.** Se dit de toute partie du corps qui, pour un individu, est située du côté de son cœur : *L'œil gauche.* – **4.** Se dit de ce qui, pour qqn qui regarde devant lui, qui suit un chemin, qui descend un cours d'eau, est situé vers son côté gauche : *Rouler sur la partie gauche de l'autoroute.* • **Bât.** *Surface gauche,* surface engendrée par une droite, mais non développable sur un plan, tel un paraboloïde. – **Chim.** Syn. de LÉVOGYRE. – **Mar.** *Gauche !,* commandement qui a remplacé *bâbord !* dans les ordres à la barre à roue. – **Math.** Se dit d'une courbe, d'une ligne polygonale, etc., qui n'est pas contenue dans un plan de l'espace affine E_n ($n \geqslant 3$).

◆ n. m. **1.** En sports, pied ou poing gauche. – **2.** Défaut de planéité d'une pièce mécanique ou autre (bielle, tôle, grille, etc.).

◆ n. f. **1.** Côté gauche d'une personne, partie gauche d'un objet, d'une surface, etc. : *Ne pas reconnaître sa droite de sa gauche.* – **2.** Ensemble des groupements et partis politiques qui professent des opinions progressistes, par oppos. à la *droite.* (À l'Assemblée, les représentants de ces partis siègent à la gauche du président.) [→ *encycl.*] – **3.** En boxe, poing, main gauche. – **4.** Fam. *Avoir de l'argent à gauche,* avoir de l'argent de côté. ‖ *Extrême gauche,* ensemble des mouvements situés à gauche des partis communiste et socialiste, récusant la démocratie parlementaire libérale et prônant la révolution totale. ‖ Fam. *Jusqu'à la gauche,* complètement, à fond : *Il est compromis jusqu'à la gauche dans cette affaire.* ‖ *Voie de gauche,* régime d'exploitation des lignes à voie unique, dans lequel les trains, à la traversée des gares de croisement, prennent toujours la voie de gauche (par oppos. au régime de la *voie directe*).

ENCYCL. **Polit.** Le terme de gauche désigna d'abord l'ensemble des députés qui, lors de la séance du 28 août 1789, se rangea à la gauche du président de l'Assemblée constituante pour s'opposer au veto royal. Depuis, le terme a pris un contenu culturel et politique gravitant autour des idées de progrès et d'égalité sociale.

Gauche radicale, groupe politique issu de l'aile gauche de l'Union républicaine, qui fut assez proche de l'extrême gauche radicale-socialiste (1881-1889).

Gauche républicaine, groupe parlementaire issu de l'ancienne gauche du Corps législatif du second Empire et qui fut dirigé, à partir de 1871, par Jules Grévy, Jules Simon et Jules Ferry. Regroupé avec l'Union républicaine à la mort de Gambetta (1882), il aboutit à l'Union des gauches en 1885.

GAUCHEMENT adv. De manière gauche, maladroite.

GAUCHER, ÈRE adj. et n. **1.** Qui manifeste une préférence pour la main gauche dans l'exécution de la majorité des tâches. – **2.** Fam. *Ne pas être gaucher,* être adroit.

Gaucher *(maladie de),* variété de xanthomatose (maladie du métabolisme des lipides) caractérisée par une surcharge des cellules en cérébrosides.

GAUCHERIE n. f. **1.** Manque d'aisance ; allure embarrassée de qqn ; timidité. – **2.** Caractère de ce qui est dit ou fait de façon gauche, maladroite. – **3.** Prévalence manuelle gauche que présentent les gauchers.

GAUCHIR v. i. ou **SE GAUCHIR** v. pr. **ÊTRE GAUCHI** v. pass. (anc. fr. *guenchir,* du frq. **wenkjan,* faire des détours) [conj. **32**]. Ne plus être plan ou droit, se déformer, se contourner, se tordre, en parlant de choses : *La fenêtre est gauchie.*
◆ v. t. **1.** Donner une certaine déviation, une déformation à qqch : *L'humidité a gauchi la porte.* — **2.** *Litt.* Donner à qqch une direction autre que celle qu'il a en réalité : *Gauchir un fait-divers.*

GAUCHISANT, E adj. et n. Dont les sympathies politiques vont à la gauche.

GAUCHISME n. m. **1.** Théorie politique de ceux qui privilégient l'action révolutionnaire par rapport au rôle des partis ou des syndicats de la gauche traditionnelle. — **2.** Courant d'extrême gauche à l'intérieur d'un parti ou d'un syndicat de gauche.

GAUCHISSEMENT n. m. **1.** Déformation de la surface initialement plane d'un matériau ou d'un ouvrage (pièce de bois, porte, châssis, etc.), selon une courbure non développable. (Syn. VOILEMENT.) — **2.** *Litt.* Altération d'un fait : *Gauchissement de la réalité.* — **3.** Manœuvre des ailerons placés au bord de fuite d'une aile d'avion.

GAUCHISTE adj. et n. Partisan du gauchisme ; qui relève du gauchisme.

1. GAUCHO [gawtʃo ou goʃo] n. m. (hispano-amér. *gaucho,* du quechua *wahca,* pauvre). Gardien des grands troupeaux bovins d'Amérique du Sud, particulièrement dans les pampas. (Les gauchos jouèrent un grand rôle dans les guerres d'indépendance et dans les luttes civiles du XIXe s.)

2. GAUCHO [goʃo] adj. inv. et n. (de *gauchiste*). *Fam.* Gauchiste.

GAUCHY (02430), comm. de l'Aisne, banlieue sud de Saint-Quentin ; 5 769 hab. Textile.

GAUCKLER (Paul), archéologue français (Colmar 1866 - Rome 1911). Directeur des Antiquités de Tunisie de 1895 à 1906, il a pratiqué une méthode de fouille rigoureuse et renouvelé l'étude de la civilisation punique (*Nécropoles puniques de Carthage,* 1916).

GAUDE n. f. (germ. **walda*). Herbe bisannuelle (résédacée) des sols sablonneux de l'Europe, autrefois cultivée comme plante tinctoriale.

GAUDE (La) [06610], comm. des Alpes-Maritimes, à l'E. de Vence ; 4 960 hab. Centre de recherches électroniques.

GAUDEAMUS [godeamys] n. m. (lat. *gaudeamus,* réjouissons-nous). Chant religieux, utilisé comme introït de la messe pour certaines fêtes.

GAUDÍ Y CORNET (Antoni ou Antonio), architecte espagnol (Reus, près de Tarragone, 1852 - Barcelone 1926). Son œuvre, marquée par l'influence rationaliste de Viollet-le-Duc ainsi que par le goût de l'art médiéval et la tradition catalane, se caractérise par une grande invention formelle et technique. Le choix des matériaux (brique, céramique, ciment), l'organisation de l'espace architectural (à partir d'une reconsidération des forces et des poussées), l'introduction de formes nouvelles (spirales, paraboloïdes, hyperboloïdes), l'amour de l'artiste pour les éléments naturels et végétaux et enfin son mysticisme constituent un tout cohérent, et en même temps conflictuel, qui évolue des premières réalisations (maison Vicens à Barcelone, 1878), à travers la chapelle de la Colonia Güell (à Santa Coloma de Cervelló, 1898-1914), le parc Güell (1900-1914), les maisons Batlló et Milá (1905), jusqu'à la fantastique église de la Sagrada Familia, à laquelle Gaudí consacra plus de 40 ans de sa vie (à partir de 1884) sans pouvoir l'achever.

GAUDIER-BRZESKA (Henri GAUDIER, dit **Henri**), dessinateur et sculpteur français (Saint-Jean-de-Braye 1891 - Neuville-Saint-Vaast, Pas-de-Calais, 1915). Il partit pour Londres en 1910 et se lia en 1912 au milieu vorticiste (*Oiseau avalant un poisson,* bronze, 1914). Il fut tué à la guerre.

GAUDIN (Charles), duc **de Gaète,** financier et homme politique français (Saint-Denis 1756 - Gennevilliers 1841). Intendant général des postes (1798), ministre des Finances (1799-1814) sous le Consulat et l'Empire, il réorganisa l'administration financière, fit établir un cadastre (1802-1807), créa la Cour des comptes (1807) et releva le crédit. Créé duc de Gaète par Napoléon (1809), il devint député de l'Aisne (1815-1819) et gouverneur de la Banque de France (1820-1834).

GAUDIN, famille de peintres verriers français des XIXe et XXe s., dont le plus connu est JEAN (Clermont-Ferrand 1879 - Paris 1954), créateur, vers 1925, de la « mosaïque transparente », ou vitrail en dalle de verre. Il a notamment traduit les cartons de M. Denis pour l'église du Raincy.

GAUDIN (Lucien), escrimeur français (Arras 1886 - Paris 1934). Considéré comme le plus prestigieux escrimeur de la première moitié du XXe s., il fut, en 1928, champion olympique au fleuret et à l'épée.

GAUDIN (Antoine Marc), minéralogiste et ingénieur américain (Smyrne, auj. Izmir, Turquie, 1900 - Boston 1974). Il fit entrer dans la pratique industrielle le procédé d'enrichissement des minerais par flottation.

GAUDIN (Henri), architecte français (Paris 1933). D'abord remarqué pour son école à l'implantation sinueuse de Souppes-sur-Loing

(1973), il témoigne du même sens de l'utilisation des courbes dans le logement social, à Paris (rue de Ménilmontant, 1988) et dans la région parisienne. On lui doit encore les bâtiments des Archives de la Ville de Paris (1990) et le nouveau stade Charléty (1994).

GAUDREAUX (Antoine Robert), ébéniste français (Paris v. 1682 - *id.* 1746). Il fut le principal fournisseur de meubles d'ébénisterie du Garde-Meuble de la Couronne à partir de 1726, travaillant dans le style Louis XIV, puis dans le style rocaille.

GAUDRIOLE n. f. (anc. fr. *se gaudir,* avec l'infl. de *cabriole*). *Fam.* **1.** Propos gai, plaisanterie légèrement libre ; grivoiserie (souvent pl.) : *Dire des gaudrioles.* — **2.** *La gaudriole,* les relations amoureuses, sexuelles ; la bagatelle.

GAUDRY (Albert), paléontologiste français (Saint-Germain-en-Laye 1827 - Paris 1908). Il a étudié les animaux fossiles de Pikermi (Grèce), du Luberon, de Patagonie, etc., et écrit des ouvrages fondamentaux de paléontologie évolutionniste. (Acad. des sc., 1882.)

GAUFRAGE n. m. **1.** Action de gaufrer, de se gaufrer ; fait d'être gaufré. — **2.** Relief, encré ou non, servant à mettre en valeur, à compléter ou à remplacer une impression proprement dite.

1. GAUFRE n. f. (frq. **wāfla*). **1.** Gâteau formé d'alvéoles de cire que fabriquent les abeilles. — **2.** Pâtisserie légère cuite entre les deux plaques d'un gaufrier.

2. GAUFRE ou **GAUPHRE** n. m. Rongeur (géomyidé) d'Amérique du Nord pourvu d'abajoues, ou « poches ».

ENCYCL. Les gaufres sont des animaux massifs, aux mœurs souterraines, n'hibernant pas ; ils se nourrissent de racines et de bulbes en creusant de longues galeries peu profondes.

GAUFRÉ n. m. **1.** Ornement formé de lignes saillantes entrecroisées. — **2.** Technique qui consiste à froncer un tissu à la fois dans le sens de la largeur et dans celui de la hauteur ; effet ainsi obtenu.

GAUFRER v. t. (de *gaufre 1*) [conj. 3]. Imprimer des motifs variés sur un objet (papier, reliure, cuir, tissu, etc.).

◆ **être gaufré** v. pass. *Papier gaufré,* papier ayant reçu un dessin en creux ou en relief par pression d'un rouleau ou d'une plaque gravés.

GAUFRERIE n. f. Au Canada, établissement qui fabrique et vend des gaufres, à consommer sur place ou à emporter.

GAUFRETTE n. f. (de *gaufre 1*). Petit biscuit sec feuilleté, parfois fourré de crème ou de confiture.

GAUFREUR, EUSE n. Ouvrier(ère) qui gaufre les étoffes, les cuirs, etc.

◆ **gaufreuse** n. f. Machine servant à gaufrer le papier, le cuir, les tissus, etc., comportant deux cylindres, l'un gravé en creux, l'autre en relief, entre lesquels passe le produit à gaufrer.

GAUFRIER n. m. Moule à pâtisserie formé de deux plaques alvéolées articulées.

GAUFROIR n. m. Outil dont on se sert pour gaufrer, à la main, le cuir et les étoffes.

GAUFRURE n. f. Empreinte obtenue par le gaufrage.

GAUGAMÈLES, anc. localité d'Assyrie, proche de Ninive. La bataille d'Arbèles, où Alexandre le Grand défit Darios Codoman (331 av. J.-C.), y fut livrée.

GAUGUIN (Paul), peintre français (Paris 1848 - Atuona, îles Marquises, 1903). Tôt initié à l'art, il aborde la peinture, sous l'influence de Pissarro, dans une manière impressionniste, mais, déjà, il aspire à une vision totale du monde, à laquelle participeront pensée et sensations. Il s'oriente vers des formes et des couleurs non naturalistes ainsi que vers un dessin concis. Après un premier séjour en Bretagne, un voyage à Panamá et à la Martinique, il en vient, lors de son deuxième séjour en Bretagne (Pont-Aven, 1888), avec É. Bernard, Charles Laval, Sérusier, etc., au synthétisme, qui consiste à employer des teintes plates cernées d'une ligne sombre et à abandonner la troisième dimension (*la Vision après le sermon,* 1888, National Gallery d'Édimbourg). Après l'échec d'une tentative de travail en commun avec Van Gogh, à Arles (1888), et un nouveau séjour en Bretagne (Pont-Aven, puis Le Pouldu), il part pour Tahiti en 1891, poussé par des exigences qui concernent indissociablement sa peinture et sa vie. Là, la nature, les indigènes, les mythes s'accordent à ses aspirations ; ses couleurs saturées et ses formes curvilignes traduisent un univers à la fois primitif, magique et quotidien. Ses nombreuses toiles, comme les gravures sur bois qu'il exécute pour son texte *Noa Noa,* sont nourries de la pensée mythique maorie (*Nave Nave Mahana* [« Jours délicieux »], 1896, musée de Lyon), mais expriment aussi une souffrance morale et physique (*D'où venons-nous ? Que sommes-nous ? Où allons-nous ?**, Boston). Néanmoins, ses tableaux commencent à se vendre à Paris, grâce à A. Vollard. Gauguin s'installe en 1901 dans sa « maison du jouir », à Hiva-Oa, sculpte et peint (*Cavaliers sur la plage,* 1902, Essen), mais la maladie l'emporte. Déterminante pour l'évolution de la peinture moderne, son influence s'est exercée notamment sur Matisse, sur le fauvisme et sur l'expressionnisme.

GAUHĀTI, v. de l'Inde (Assam), sur le Brahmapoutre ; 584 342 hab. Centre commercial et industriel (raffinerie de pétrole, alimentation).

GAUL (Charly), coureur cycliste luxembourgeois (Esch-sur-Alzette 1932). Remarquable grimpeur, il a remporté deux fois le Tour d'Italie (1956 et 1959) et un Tour de France (1958).

GAULAGE n. m. Action de gauler les arbres. (Syn. GAULÉE.)

GAULARD (Lucien), savant français (Paris 1850 - *id.* 1888). Il fut, vers 1884, l'un de ceux qui conçurent l'idée et l'emploi du transformateur électrique.

GAULE n. f. (frq. **walu*). **1.** Grande perche qui sert, en partic., à faire tomber les fruits. — **2.** Syn. de CANNE À PÊCHE.

GAULE, en lat. **Gallia,** nom donné dans l'Antiquité aux régions comprises entre le Rhin, les Alpes, la Méditerranée, les Pyrénées et l'Atlantique. Excepté à l'est, où elle s'étendait jusqu'au Rhin, la Gaule correspond essentiellement à la France d'aujourd'hui. Appelée par les Romains *Gaule Transalpine* (ou *Lyonnaise,* ou *Ultérieure*), par oppos. à la *Gaule Cisalpine* (Italie continentale), elle comprenait v. 60 av. J.-C., selon César, d'une part la *Gaule chevelue* (ou *Trois Gaules*), composée de la *Gaule Belgique,* de la *Gaule Celtique* et de l'*Aquitaine,* et d'autre part la *Province (Provincia),* soumise à Rome et parfois nommée *Gaule en braies.*

HISTOIRE

la Gaule indépendante

Venus sans doute d'Europe centrale, des Celtes s'installent sur le sol de la Gaule, en vagues successives, au cours du Ier millénaire av. J.-C. et impriment aux populations antérieures les traits de leur civilisation. L'archéologie distingue deux civilisations (Hallstatt, 900 - v. 450 av. J.-C., et La Tène, v. 450 - Ier s. av. J.-C.), correspondant à l'âge du fer. La première, de part et d'autre du Rhin, est une civilisation guerrière, en contact avec les Étrusques et les Grecs (fondateurs de Massilia [Marseille] au VIe s. av. J.-C.). La seconde est la civilisation celtique par excellence, qui nous est connue grâce essentiellement aux *Commentaires* de César. Au Ier s., les Celtes, que les Romains nomment Gaulois, sont groupés en 90 peuples (ou *cités,* divisées en *pagus*), dont certains (Arvernes, Éduens) tendent à l'hégémonie mais à l'organisation politique peu poussée. La royauté, en voie de disparition, est remplacée par des magistrats annuels issus de l'aristocratie. La société est dominée par les druides, détenteurs de la science sacrée (orale), qui jouissent d'une grande autorité religieuse, mais aussi politique et intellectuelle. Leur assemblée, seule institution commune à toute la Gaule, qui se tient dans la forêt des Carnutes, rend chaque année des sentences s'imposant à tous les peuples. Ils président aux sacrifices (parfois humains). Les dieux principaux sont Teutatès, Ésus et Taranis. Une aristocratie de grands propriétaires terriens entretient une foule de clients et fournit l'élite des guerriers. Ses besoins somptuaires (bracelets, torques d'or, armes de fer) encouragent l'artisanat, favorisé par d'importants gisements miniers (fer, or) et le commerce (notamment avec les Grecs) ainsi que par la circulation de la monnaie gauloise, d'or et d'argent (frappée à partir du IIIe s. av. J.-C.). De vastes refuges fortifiés *(oppidums)* regroupent des ateliers et servent de lieux d'échanges. Les agriculteurs, regroupés en villages, habitent des maisons de bois et d'argile et cultivent avec habileté les clairières à l'aide d'un matériel perfectionné (notamment la *carruca,* charrue à roues).

la Gaule romaine

Les Romains interviennent en Gaule en 154 et en 125-124 av. J.-C. pour protéger leur alliée, Marseille, contre les tribus ligures. Victorieux des Allobroges et des Arvernes (121), ils fondent dans le sud de la Gaule (Languedoc et vallée du Rhône) une province *(Provincia)* avec Narbonne pour capitale, sur laquelle déferlent (109-101) les Cimbres et les Teutons, vaincus par Marius à Aix (102) et Verceil (101). À la faveur des invasions des Germains (conduits par Arioviste) et des Helvètes, et des guerres incessantes entre les peuples gaulois (conflit entre Éduens, alliés aux Romains, et Séquanes), César entreprend la conquête de la Gaule (58 av. J.-C.). D'abord victorieux (57-54 av. J.-C.), il connaît un grave échec à Gergovie (52 av. J.-C.), dû au soulèvement général des Gaulois sous la direction de Vercingétorix, chef des Arvernes. Mais ce dernier, trahi par les Éduens, doit s'enfermer dans Alésia et capitule en 52 av. J.-C. Après la reddition d'Uxellodunum (51 av. J.-C.), la Gaule est entièrement conquise par Rome. Elle est divisée par Auguste (27 av. J.-C.) en quatre provinces : la *Narbonnaise* (anc. *Provincia*), dirigée par un proconsul ; l'*Aquitaine,* la *Celtique,* la *Belgique* (anc. *Gaule chevelue*), gouvernées par un légat. En 16 apr. J.-C., Tibère rattache à la Gaule deux nouvelles provinces, la *Germanie supérieure* et la *Germanie inférieure,* sises entre la Belgique et le Rhin. Certaines cités gauloises gardent une relative autonomie (cités libres ou fédérées) tandis que d'autres (dites stipendiaires) sont soumises à l'impôt. La romanisation de la Gaule est rapide, favorisée par la fondation de colonies romaines ou latines, nombreuses surtout dans le sud (Arles, Béziers, Orange, Carcassonne, Nîmes, Avignon, Lyon, etc.). Le statut de citoyen, conféré à quelques notables, est étendu en 212 à tous les hommes libres. Le latin supplante les dialectes gaulois. Le druidisme, condamné par l'empereur Claude, disparaît ; les dieux gaulois sont associés au panthéon gréco-romain. Les grands propriétaires édifient de vastes villas. La création d'un réseau routier, les défrichements, l'extension de la vigne, le développement de l'artisanat (poterie, céramique, verrerie, etc.) favorisent la prospérité économique, qui bénéficie de la paix romaine. Celle-ci est troublée par quelques révoltes qui tentent d'affranchir la Gaule (tel le soulèvement de Civilis, 69) mais qui sont toutes vouées à l'échec. Au IIIe s., la Gaule subit les premiers grands raids germaniques (Alamans et Francs, 258 et 276), qui la dévastent, les révoltes des bagaudes et la crise économique. Les villes s'entourent de remparts (v. 280) et l'aristocratie fortifie ses villas. Les légions du Rhin font sécession et dotent la Gaule d'un empereur, Postumus, fondateur d'un « Empire gaulois » (258). Reprise en main par Rome v. 273, la Gaule est réorganisée par Dioclétien en 17 provinces (formant deux diocèses). Les empereurs y installent des Barbares en tant que colons ou fédérés pour repeupler les campagnes et défendre le *limes.* La Gaule connaît alors au IVe s. une période de prospérité. Le christianisme, implanté dans la vallée du Rhône au IIe s., mais victime de persécutions (martyrs de Lyon, dont sainte Blandine, 177), pénètre au cœur des campagnes grâce au zèle de grands évêques, tel saint Martin. Au début du Ve s., les grandes invasions barbares affectent la Gaule. Poussés par les Huns, les Germains franchissent le Rhin (406). Les Wisigoths (au sud), les Francs (au nord), les Burgondes (au sud-est), chargés officiellement de maintenir l'ordre contre les Barbares, fondent des royaumes. Clovis, roi des Francs, après avoir absorbé le dernier État gallo-romain, le « royaume de Syagrius » (486), restaure l'unité territoriale de la Gaule, que ses fils et successeurs achèveront. (→ FRANCE et MÉROVINGIENS.)

ART GAULOIS ET ART GALLO-ROMAIN

architecture et urbanisme

Avant la conquête romaine, l'architecture de pierre n'existe que dans les régions méditerranéennes, et elle est le fait de Ligures (oppidum d'Entremont) ou d'Ibères (Ensérune) plutôt que celui de Celtes. Seuls les remparts des oppidums pouvaient être faits de pierres sans mortier, liées par une armature de poutres (Levroux, Châteaumeillant).

Après la conquête de la Narbonnaise, quelques villes connaissent un urbanisme avec place à portiques, maisons à péristyles (Glanum, Olbia près d'Hyères).

Après la conquête romaine, des colonies de soldats démobilisés sont installées à Arles, Nîmes, Orange, Fréjus, etc. Ces villes sont construites sur plan cadastré, avec forum et grands édifices publics. Glanum est complètement rebâtie, dotée d'édifices publics, de temples sans doute consacrés à des cultes politiques (mausolée des Julii). À la fin du règne d'Auguste, des arcs de triomphe sont élevés à Glanum, Carpentras, Cavaillon ; celui d'Orange date de Tibère. Quelques villes entièrement nouvelles sont construites (Lyon, Saintes, Autun). À partir de l'époque flavienne, les villes secondaires sont dotées de théâtres, de thermes, de temples. Ce sont les édifices de ce type que l'on trouve, en cas d'habitat dispersé, dans des centres civiques appelés *conciliabula* (Sanxay, les Tours Mirandes en Poitou, Champlieu dans l'Oise). L'orchestre du théâtre se transforme en arène pour les combats de gladiateurs (Argentomagus et la plupart des théâtres de conciliabula). Pendant le Haut-Empire, les maisons demeurent relativement simples, surtout dans les campagnes ; le décor comporte quelquefois des peintures, rarement des mosaïques ou des sculptures ; les belles demeures aristocratiques se trouvent en ville. Le luxe des mausolées, extraordinaire au début du Ier s., tend ensuite à se modérer, sauf en Rhénanie.

Au IIIe s., avec les invasions et la crise sociale, les villes s'entourent de remparts. Les riches ne financent plus guère les constructions publiques mais l'on constate, surtout dans le Sud, un foisonnement de villas (Martres-Tolosane, Montmaurin), beaucoup plus rares dans le Centre et le Nord. Lyon et Autun périclitent, tandis que Trèves et Arles sont dotées de monuments somptueux par les empereurs qui y résident.

sculpture

La sculpture sur pierre est largement pratiquée dans le Sud aux IVe et IIIe s. av. J.-C. (Entremont, Roquepertuse, Glanum). Elle représente des statues de guerriers accroupis tenant des têtes coupées, des linteaux où sont incrustés des crânes décharnés, des bas-reliefs figurant des cavaliers.

Les Celtes du deuxième âge du fer ont peu pratiqué la grande sculpture sur pierre, que n'ignoraient pas les Hallstattiens (guerrier de Hirschlanden, VIe s.). En revanche, le sanctuaire des Sources de la Seine et celui de Chamalières ont livré nombre d'ex-voto en bois. Réalisé en plaque de bronze repoussé, le dieu de Bouray (Essonne) [musée des Antiquités nationales, Saint-Germain-en-Laye] est un chef-d'œuvre daté des environs de notre ère.

Après la conquête césarienne, l'art officiel — avec des divinités classiques — coexiste avec des formes typiquement gallo-romaines : le pilier ou la colonne, dédié à Jupiter, en est un bon exemple ; le dieu y est figuré au sommet, à cheval et terrassant un géant anguipède qui évoque le monde infernal puis, de plus en plus, les Barbares (*pilier des nautes de Paris,* musée de Cluny). Le panthéon indigène (Cernunnos accroupi et coiffé de bois de cerf, Ésus vêtu tel un artisan ébranchant un arbre, Sucellus, le dieu au maillet, Smertrios combattant le serpent, etc.) constitue aussi une source d'inspiration. Divers centres (Rhénanie, Champagne, Berry) produisent au IIe s. apr. J.-C. de très intéressantes images du travail quotidien. Le portrait privé, apparu dès le Ier s., s'inspirant lui aussi du réalisme plébéien d'Italie, donne alors de vrais chefs-d'œuvre.

arts du métal

Les Celtes enrichissent peu à peu, au cours des âges du fer, leurs formules décoratives au contact du monde gréco-romain (Vix, trésors d'argenterie de Berthouville, de Bernay, etc.). L'art de Hallstatt conserve les thèmes décoratifs du bronze : motifs géométriques, symboles solaires (étoiles, cercles, roues, barques, oiseaux aquatiques, groupés souvent en compositions symétriques). L'art de La Tène, qui lui succède aux Ve et IVe s., puise en des thèmes chers à l'art méditerranéen et décompose la forme humaine ou animale, comme en témoigne le monnayage.

céramique

Des vases noirs à pâte fine et lustrée, aux formes anguleuses et au décor géométrique incisé ou peint caractérisent la période de La Tène I. Les productions campaniennes importées au Ier s. av. J.-C. suscitèrent de nombreuses imitations, de même que les vases sigillés* d'Arezzo, qui sont copiés dans l'Allier, à Lyon, à Vienne, à La Graufesenque, à Lezoux, etc. En Alsace, en Argonne, en Rhénanie, certains ateliers prolongent leur activité jusqu'au Ve s. Cette poterie a été l'objet de nombreux et lointains échanges commerciaux.

verrerie et émaillerie

À partir du Ier s. apr. J.-C., de nombreuses officines reproduisent les formes en usage dans tout l'Empire. Aux IIIe et IVe s., dans la Gaule du Nord-Est, en particulier à Cologne, les verriers rivalisent d'originalité tant dans la forme que dans le décor.

Les émaux apparaissent au IVe s. av. J.-C. À l'époque romaine, les pièces émaillées sont nombreuses. La technique est celle de l'émaillerie champlevée.

GAULÉE n. f. **1.** Ce qu'on a fait tomber d'un arbre ou d'un ensemble d'arbres en les gaulant. – **2.** Syn. de GAULAGE.

GAULEITER [gaulajtœr] n. m. (all. *Gau,* district, et *Leiter,* chef). Chef de district dans l'Allemagne nationale-socialiste.

GAULER v. t. (de *gaule*) [conj. 3]. **1.** Battre les branches d'un arbre avec une gaule pour en faire tomber les fruits, telles les noix. (Syn. CHABLER.) – **2.** Pop. *Se faire gauler,* se faire prendre sur le fait, se faire arrêter : *On s'est fait gauler par les flics sur l'autoroute.*

GAULIS n. m. (de *gaule*). **1.** Jeune peuplement équienne de futaie, dont les brins ont en moyenne moins de 10 cm de diamètre. – **2.** Ces brins eux-mêmes.

GAULLE (Charles DE), homme d'État français (Lille 1890 - Colombey-les-Deux-Églises 1970). Jeune officier issu de Saint-Cyr, il combat pendant la Première Guerre mondiale et, fait prisonnier à Douaumont, se distingue par ses tentatives d'évasion. Il enseigne l'histoire militaire à Saint-Cyr (1921), publie *la Discorde chez l'ennemi* (1924) et entre au cabinet de Pétain, alors vice-président du Conseil supérieur de la guerre (1925). Par une série d'ouvrages (*le Fil de l'épée,* 1932 ; *Vers l'armée de métier,* 1934 ; *la France et son armée,* 1938), il préconise un renforcement militaire par la spécialisation et par le développement des blindés. Colonel depuis 1937, il s'illustre pendant la bataille de France en mai 1940 à Montcornet et Abbeville. Il est nommé général de brigade à titre temporaire puis sous-secrétaire d'État à la Défense dans le gouvernement Reynaud en juin. Refusant l'armistice, il part pour Londres, d'où il lance le 18 juin un appel invitant les Français à poursuivre le combat. Cette rébellion lui vaut d'être condamné à mort par contumace. Il réalise progressivement le ralliement des forces restées libres dans l'Empire colonial français (1940-1943) et charge Jean Moulin d'unifier la Résistance en France (1942). Il obtient avec difficulté la reconnaissance par les Alliés de sa légitimité et fonde à Alger, avec Giraud, bientôt écarté, le Comité français de libération nationale (juin 1943). Ce comité devient, en juin 1944, le Gouvernement provisoire de la République française, qui s'installe en août à Paris. À la tête de ce gouvernement, de Gaulle rétablit la République dans la France libérée, amorce la reconstruction et accomplit d'importantes réformes (nationalisations, lois sociales, droit de vote pour les femmes). Hostile au projet de constitution de la IVe République, il démissionne en janv. 1946 et manifeste, par le discours de Bayeux (16 juin), des conceptions favorables à un exécutif fort et à une limitation du rôle des partis. Après l'échec du R. P. F. (Rassemblement du peuple français) qu'il avait fondé en 1947, il se retire de la vie politique en 1953. À la faveur de la crise algérienne, il est rappelé au pouvoir (29 mai 1958) et forme un gouvernement chargé de préparer une nouvelle constitution, adoptée par référendum le 28 sept. 1958, et qui confère au président de la République de larges prérogatives. Élu à cette charge (21 déc. 1958), de Gaulle s'appuie sur ses Premiers ministres (Debré puis Pompidou), sur une majorité parlementaire (dont le noyau est l'U. N. R., Union pour la nouvelle République) et, lorsque ce soutien lui fait défaut, sur la volonté du peuple consulté par référendum. Après un temps d'ambiguïté, il résout la question algérienne en adoptant avec fermeté le principe d'autodétermination, cautionné par référendum le 8 janv. 1961. Les accords d'Évian (mars 1962) aboutissent à l'indépendance de l'Algérie, malgré de nombreuses oppositions et de violentes péripéties (actions terroristes de l'O. A. S., attentat du Petit-Clamart, putsch d'Alger des 22-25 avr. 1961). Cette politique de décolonisation s'étendra à la plupart des colonies françaises. Le caractère présidentiel du régime s'affirme par l'adoption de l'élection du chef de l'État au suffrage universel (28 oct. 1962). De Gaulle est réélu le 19 déc. 1965. Défenseur de l'indépendance nationale, il retire la France de l'organisation militaire de l'O. T. A. N. (1966), développe la force nucléaire et met en œuvre une politique de détente et de coopération face à l'U. R. S. S., la Chine et le tiers monde. Après la réconciliation avec l'Allemagne (1963), il accepte l'œuvre économique du Marché commun mais refuse toute aliénation de la souveraineté française au profit d'institutions politiques communautaires. La crise de mai 1968 ébranle le pouvoir présidentiel et traduit l'insatisfaction grandissante de la jeunesse et des forces sociales envers les aspects conservateurs du régime. Malgré le succès gaulliste aux élections de juin et les tentatives de réforme du gouvernement Couve de Murville (loi d'orientation de l'enseignement supérieur, participation dans l'entreprise), de Gaulle est désavoué par le référendum du 27 avr. 1969 sur la régionalisation et la réforme du Sénat. Il démissionne et quitte la vie politique pour continuer la rédaction, commencée en 1953, de ses Mémoires (*Mémoires de guerre, Mémoires d'espoir,* I, *le Renouveau,* et II, *l'Effort,* inachevé).

GAULLI (Giovanni Batista) → BACICCIA.

GAULLIEN, ENNE adj. Qui relève de la personne du général de Gaulle.

GAULLISME n. m. Courant politique se réclamant de l'action et de la pensée du général de Gaulle.

ENCYCL. Plus qu'une véritable doctrine, le gaullisme exprime l'adhésion à un ensemble d'options fondamentales : volonté d'indépendance nationale et du prestige de la France ; volonté de justice sociale et contrôle de l'État sur l'économie (planification), rendu nécessaire par la reconstruction ; hostilité au communisme ; renforcement de l'exécutif contre la division des partis et pratique du référendum, impliquant une certaine personnalisation du pouvoir ; défense des institutions de la Vᵉ République.

Les principaux partis d'étiquette gaulliste depuis la guerre sont : le R. P. F. (Rassemblement du peuple français) 1947-1953 ; l'U. N. R. (Union pour la nouvelle République) 1958-1967, réunie en 1962 à l'U. D. T. (Union démocratique du travail) ; l'U. D. Vᵉ (Union des démocrates pour la Vᵉ République) 1967, qui devient l'U. D. R. (Union pour la défense de la République en 1968, puis Union des démocrates pour la République, 1971-1976), et enfin le R. P. R. (Rassemblement pour la République) créé en 1976.

GAULLISTE adj. et n. Qui relève du gaullisme ; partisan du général de Gaulle.

GAULMIN (Gilbert), érudit français (Moulins 1585 - Paris 1665). Son *Livre des lumières en la conduite des rois composé par le sage Pilpay* (1644) fit connaître en France les fables orientales.

GAULOIS, E adj. et n. **1.** De Gaule. — **2.** D'une gaieté libre, licencieuse ; grivois : *Histoire gauloise.*

◆ **gaulois** n. m. Langue celtique parlée par les Gaulois.

ENCYCL. Faute de textes écrits, la langue des peuples celtiques de l'ancienne Gaule est mal connue. Les toponymes issus du gaulois sont très nombreux : *Lyon, Bourges, Rennes,* etc. Le vocabulaire gaulois a laissé en français environ 80 mots, comme *alouette, arpent, braie, bruyère, savon, lande, soc, vassal.*

GAULOISE n. f. Cigarette de tabac brun fabriquée en France depuis le début du siècle.

GAULOISEMENT adv. Avec une gaieté libre et licencieuse.

GAULOISERIE n. f. Caractère de ce qui est libre et licencieux ; plaisanterie vive, libre.

GAULTHERIA [golterja] n. m. (de *Gaulther,* n. pr.). Arbrisseau toujours vert, de la famille des éricacées, dont les feuilles fournissent l'essence de Wintergreen, antiseptique et antirhumatismale.

GAULTIER (Jean-Paul), créateur de mode français (Arcueil 1952). Humour, détournement d'objets et caractère provocateur de ses vêtements (dont la jupe pour homme) s'allient à une inventivité et à un talent inspiré par la variété des courants socio-ethniques et par la plastique du corps humain.

GAULTIER-GARGUILLE (Hugues GUÉRU, dit), comédien français (Sées v. 1573 - Paris 1634). Associé à Gros-Guillaume et à Turlupin, il interpréta à l'Hôtel de Bourgogne des farces de son invention. Il a joué également la comédie et la tragédie sous le nom de **Fléchelle**.

GAUMĀTA, mage qui prétendit être Bardiya, le frère de Cambyse, au début du règne de Darios Ier, qui le fit tuer (522 av. J.-C.).

GAUME (la) ou **LORRAINE BELGE,** petite région naturelle de Belgique, dans le sud de la province du Luxembourg, au S. de la Semois, autour de Virton.

GAUMONT (Léon), inventeur et industriel français (Paris 1863 - Sainte-Maxime 1946). Il établit en 1895 un « chronophotographe », réalisant la photographie animée. Peu après les frères Lumière, il sortit des appareils de cinéma et créa les premières machines industrielles pour la préparation des films. Il installa aux Buttes-Chaumont des studios de prise de vues. Il est l'inventeur des premiers procédés de cinéma parlant (combinaison synchronisée du cinématographe et du phonographe, 1902) et du cinéma en couleurs (procédé trichrome, 1912).

Gaumont, entreprise fondée en 1895 qui a pour objet la production cinématographique, la distribution de films et l'exploitation de salles de cinéma.

GAUNILON, philosophe français (v. la fin du Xe s. - v. 1083). Il se prononça contre l'argument ontologique de saint Anselme et contribua ainsi à libérer la logique de son rôle d'auxiliaire de la théologie.

GAUPE n. f. (all. dialect. *walpe,* femme sotte). *Pop.* et *vx.* Femme de mauvaise vie, prostituée.

GAUPHRE → GAUFRE 2.

GAUR n. m. (hindī *gour*). Grand bœuf sauvage de l'Asie du Sud-Est, noir, ayant des cornes larges et un fanon chez les mâles.

GAUR, v. morte du Bengale-Occidental, près de la frontière du Bangladesh. Cap. du Bengale sous les dynasties Pāla, Sena et, jusqu'en 1592, sous les souverains musulmans. Bel ensemble de monuments des XVe-XVIe s.

GAURA n. m. (lat. sc. *gaura,* du gr. *gauros,* majestueux). Herbe (onagracée) à feuilles alternes, à fleurs disposées en panicule terminale, blanches en dedans, d'un beau rouge carmin à l'extérieur.

GAURA ou **GAWRA** *(tepe),* site d'Assyrie, au N.-E. de Mossoul, où 26 niveaux d'habitation se succèdent du VIIe millénaire au milieu du IIe millénaire.

GAUSS n. m. (de *Gauss,* n. pr.). Unité C. G. S. électromagnétique d'induction magnétique. (1 gauss correspond à 0,000 1 tesla.) [Symb. G.]

GAUSS (Carl Friedrich), astronome, mathématicien et physicien allemand (Brunswick 1777 - Göttingen 1855). Protégé du duc de Brunswick, Gauss put former son talent mathématique à l'université de Göttingen. À peine âgé de 16 ans, il mit au point une méthode, encore utilisée, pour déduire de mesures faites à partir d'un point terrestre les éléments de l'orbite d'une planète. Dans son traité sur la théorie des nombres, *Disquisitiones arithmeticae* (1801), il étudia les congruences, les formes quadratiques, la convergence des séries, etc. Outre la méthode des moindres carrés (1821), qu'il imagina en même temps que Legendre, la théorie des erreurs et une méthode générale pour les résolutions des équations binômes, on lui doit des recherches sur la représentation conforme et la courbure des surfaces. Bien qu'il n'ait jamais rien publié à ce sujet, Gauss fut le premier à découvrir la géométrie non euclidienne hyperbolique. Enfin il s'occupa d'optique, d'électricité et surtout de magnétisme, dont il formula la théorie mathématique dans sa *Théorie générale du magnétisme terrestre* (1839).

Gauss *(approximation de),* étude simplifiée des systèmes optiques centrés dans le cas de rayons lumineux para-axiaux. Pour un point objet lumineux situé près de l'axe et une faible ouverture du diaphragme, on obtient une image approximativement stigmatique.

Gauss *(courbe de),* courbe d'équation cartésienne

$$y = e^{-x^2/2} / \sqrt{2\pi}$$

représentant la densité de probabilité d'une variable aléatoire normale réduite. (On dit aussi COURBE EN CLOCHE.)

Gauss *(entier de),* complexe de la forme $a + bi$, avec a et b éléments de $\mathbb{Z}$. L'ensemble des entiers de Gauss a une structure d'anneau commutatif unitaire.

Gauss *(loi de),* syn. de LOI DE LAPLACE-GAUSS*.

Gauss *(théorème de),* théorème selon lequel, si un élément non nul d divise un produit ab de deux naturels non nuls et si d est premier avec l'un des facteurs, alors d divise l'autre facteur.

Gauss *(théorème de),* théorème selon lequel le flux électrique sortant d'une surface fermée à l'intérieur de laquelle existent des charges électriques est égal à la charge totale.

GAUSSEN (Ludwig), théologien calviniste genevois (Genève 1790 - *id.* 1863). Partisan du « Réveil », il créa la Société évangélique de Genève (1831) et fut le champion de la doctrine de l'infaillibilité de la Bible.

GAUSSEN (Henri), botaniste et géographe français (Cabrières-d'Aigues, Vaucluse, 1891 - Toulouse 1981), auteur de nombreux travaux de géographie botanique, de cartographie botanique et climatique, de botanique forestière, etc.

GAUSSER (SE) v. pr. (conj. 3). *Litt.* Se moquer ouvertement de qqn ou de son attitude ; le railler.

GAUSSIEN, ENNE adj. Se dit d'un phénomène aléatoire, dont la répartition, faite au hasard, obéit à la loi statistique de Laplace-Gauss. (Cette répartition est représentée par une courbe en cloche.)

GAUT (Jean-Baptiste), poète français d'expression occitane (Aix-en-Provence 1819 - *id.* 1891). Il organisa le congrès d'Aix de 1853, qui précéda la fondation du félibrige (1854), et publia *Sounet, Souneto et Sounaio (Sonnets, Sonnettes et Sonnailles)* [1874].

GAUTAMA, nom de famille de Bouddha.

GAUTENG, prov. d'Afrique du Sud ; 18 760 km^2, 6 847 000 hab. Ch.-l. *Johannesburg.*

GAUTHERET (Roger), botaniste français (Paris 1910). On lui doit la mise au point des techniques de culture des tissus végétaux isolés. Il a également étudié l'application des hormones végétales en agriculture. (Acad. des sc., 1958.)

GAUTIER Sans Avoir (Boissy-Sans-Avoir, près de Montfort-l'Amaury, ? - Civitot 1096 ou 1097). Chef de la croisade populaire, il fut tué en Asie Mineure en luttant contre les Turcs.

GAUTIER d'Arras, auteur de la cour de Champagne (XIIe s.), rival de Chrétien de Troyes, auteur de deux romans entre 1164 et 1171 : *Ille et Galeron* et *Eracles.*

GAUTIER de Coincy, poète français (1177-1236). Prieur de Vic-sur-Aisne, il a écrit des poèmes religieux, dont les *Miracles de Notre-Dame* (1218).

GAUTIER (Hubert) → WALTER (Hubert).

GAUTIER (Théophile), écrivain français (Tarbes 1811 - Neuilly 1872). Venu à Paris pour étudier la peinture, il se lie avec la jeunesse romantique et fait admirer son gilet rouge au premier rang de la bataille d'*Hernani.* S'il déchaîne l'admiration de l'avant-garde (le cénacle du Doyenné), en publiant sa légende en vers d'*Albertus* (1833), il prend ses distances à l'égard des excès des Jeunes-France (1833), et, dès son premier roman (*Mademoiselle* de Maupin,* 1835), développe sa théorie de l'art pour l'art, qu'il illustre avec *Émaux* et Camées* (1852). Critique (*les Grotesques,* 1844), voyageur (*Tra los montes,* 1843), attiré par le roman historique (*le Roman de la momie,* 1858 ; *le Capitaine* Fracasse,* 1863), il devient le maître de la nouvelle génération poétique, qui trouve son expression collective dans *le Parnasse contemporain* (1866). — Sa fille JUDITH (Paris 1850 -Dinard 1917) publia des adaptations de poèmes chinois et japonais (*le Livre de jade,* 1867 ; *les Poèmes de la libellule,* 1885) ainsi que des Mémoires qui évoquent les célébrités de la littérature et de l'art de l'époque.

GAUTIER (Armand), chimiste français (Narbonne 1837 - Cannes 1920). Ses travaux portent sur les composés organiques arsenicaux, le saturnisme, l'hygiène de l'alimentation et l'origine des eaux thermales. (Acad. des sc., 1889.)

GAUTIER (Jean-Jacques), critique et écrivain français (Essômes-sur-Marne, Aisne, 1908 - Paris 1986). Romancier (*Histoire d'un fait divers,* 1946 ; *Une amitié tenace,* 1982), il a également marqué la critique théâtrale. (Acad. fr., 1972.)

GAUTIER D'AGOTY (Fabien), peintre, graveur et physicien français (Marseille v. 1716 - Paris v. 1785). Il a perfectionné le procédé de la gravure en couleurs au repérage et a exécuté, en combinant aquatinte et manière noire, des planches d'histoire naturelle, d'anatomie et des portraits. Il a fondé un des premiers périodiques scientifiques français, *Observations sur la physique, l'histoire naturelle et la peinture* (1752-1755).

Gautier-Languereau, maison d'édition française, fondée en 1859. Connue pour la publication de collections populaires de haute tenue morale *(la Semaine de Suzette, Bécassine),* elle est spécialisée dans les ouvrages pour la jeunesse.

Gauvain, un des chevaliers de la cour d'Arthur, modèle de courtoisie et de galanterie.

GAVAGE n. m. **1.** Action de gaver, de faire manger abondamment de force : *Le gavage des oies.* (→ *encycl.*) — **2.** Action de faire ingurgiter de force à qqn des masses de connaissances. — **3.** Mise en surpression de l'aspiration d'une pompe.

ENCYCL. Le gavage est appliqué au canard et à l'oie pour la production du foie gras. On utilise une gaveuse, appareil muni d'un réservoir pour aliments et d'un entonnoir, dont le tube pénètre jusqu'au fond du gosier. Le gavage s'effectue avec un régime à base de maïs, favorable à l'accumulation des lipides dans le foie.

GAVARNI (Sulpice Guillaume CHEVALIER, dit **Paul**), dessinateur et lithographe français (Paris 1804 - *id.* 1866). Il collabora à *la Mode,* au *Charivari,* à *l'Illustration,* etc., décrivant de façon savoureuse la comédie parisienne, mettant en scène toute une bohème d'étudiants et de lorettes, et persiflant les mœurs de la bourgeoisie.

GAVARNIE *(cirque de),* site touristique des Pyrénées françaises, au S. du village de ce nom (Hautes-Pyrénées). Amphithéâtre, au pied du Marboré, parsemé de neige et névés, coupé de cascades, où naît le *gave de Gavarnie.*

GAVASSINE n. f. Dans l'industrie du tissage de la soie, ficelle produisant un lacs.

GAVE n. m. (béarnais *gabe*). Cours d'eau torrentiel dans l'ouest des Pyrénées françaises.

Gaveau, firme française de facture de pianos, fondée en 1847 par JOSEPH **Gaveau** (1824-1903) dont le fils ÉTIENNE (1872-1943) ouvrit la salle de concerts située rue La Boétie en 1908. La firme a fusionné avec Érard en 1960.

GAVEAUX (Pierre), ténor et compositeur français (Béziers 1761 - Paris 1825). C'est pour lui que le dramaturge Bouilly a rédigé le livret de *Léonore ou l'Amour conjugal* (1798), que devait reprendre Beethoven dans *Fidelio*.

GAVER v. t. (norm. *gaver,* du prélat. **gaba,* gosier) [conj. **3**]. **1.** Alimenter de force une volaille à l'aide d'une gaveuse. – **2.** Faire manger qqn avec excès : *Gaver un enfant de bonbons.* – **3.** Bourrer l'esprit de qqn : *Gaver un enfant de connaissances.*
◆ **se gaver** v. pr. **1.** Manger à satiété : *Ma fille se gave de bonbons.* – **2.** *Fam.* Bourrer son esprit de qqch : *Il se gave de romans policiers.*

GAVEUR, EUSE n. Personne qui gave les volailles.
◆ **gaveuse** n. f. Appareil utilisé pour le gavage des volailles.

GAVIAL n. m. (pl. *gavials*) [hindī *gharviyal*]. Nom usuel de deux crocodiliens des fleuves d'Inde et d'Indo-Malaisie, piscivores à la forme élancée et au museau étroit, parfois élargi au bout.

GAVIIFORME n. m. (lat. *gavia,* mouette). Syn. de COLYMBIFORME.

GAVINIÈS (Pierre), violoniste français (Bordeaux 1728 - Paris 1800). Il fut directeur du Concert spirituel et a composé des sonates et des concertos (1764), ainsi que *les Vingt-Quatre Matinées* (1794 ou 1800), études de grande virtuosité.

GÄVLE, port de Suède, sur le golfe de Botnie ; 88 000 hab. Centre industriel.

1. GAVOT n. m. (anc. provenç. *gavot,* de *gava,* gorge). Dialecte provençal parlé en haute Provence.

2. GAVOT n. m. (p.-ê. de *gavot 1*). Membre de l'association de compagnonnage le Devoir de liberté.

GAVOTTE n. f. (provenç. *gavoto,* danse des gavots). Danse à deux temps d'origine paysanne, qui évolua du XVIe s. à la fin du XIXe ; air sur lequel on la danse.

GAVRAY (50450), ch.-l. de cant. de la Manche, au N. d'Avranches ; 1 466 hab. *(Gavrayans).*

GAVRINIS ou **GAVR'INIS,** île du golfe du Morbihan. Près du village de Larmor-Baden, tumulus, de 8 m de haut et 100 m de circonférence, qui abrite un dolmen à couloir menant à une chambre sépulcrale carrée dont les monolithes sont ornés de gravures en relief (IVe millénaire).

GAVROCHE n. m. (de *Gavroche,* n. pr.). *Litt.* Gamin (de Paris), malicieux et effronté ; titi.
◆ adj. Qui évoque ce gamin : *Avoir un air gavroche.*

Gavroche, personnage des *Misérables** de Hugo : gamin de Paris railleur et généreux, il meurt sur les barricades de l'insurrection de 1832.

GAWRA *(tepe)* → GAURA.

GAXOTTE (Pierre), historien et journaliste français (Revigny, Meuse, 1895 - Paris 1982). Rédacteur en chef de *Candide* (1923), directeur de *Je suis partout* jusqu'en 1937, il a publié des ouvrages historiques : *la Révolution française* (1928), *le Siècle de Louis XV* (1933), *la France de Louis XIV* (1946), *Histoire des Français* (1951), *Histoire de l'Allemagne* (1963). [Acad. fr., 1953.]

GAY [gɛ] adj. et n. (amér. *gay*). Homosexuel. (Syn. GAI.)

GAY (John), poète et auteur dramatique anglais (Barnstaple, Devon, 1685 - Londres 1732). Auteur de poèmes héroï-comiques et de pastorales parodiques, il doit sa popularité à un vaudeville picaresque, *l'Opéra du gueux* (1728), qu'adaptera B. Brecht dans *l'Opéra de quat'sous.*

GAY (Francisque), journaliste, éditeur et homme politique français (Roanne 1885-Paris 1963). Éditeur et journaliste, fondateur de *la Vie catholique* (1924) et de *l'Aube* (1932), il fut l'un des chefs de file de la démocratie chrétienne. Député M. R. P. (1945-1951), il participa aux premiers gouvernements d'après-guerre (1945-46). Il fut ambassadeur au Canada en 1948-49.

GAYĀ, v. de l'Inde (Bihār), au S. de Paṭnā ; 293 971 hab. C'est un centre de pèlerinage hindou.

GAYAC → GAÏAC.

GAYAL n. m. (pl. *gayals*) [hindī *gayal*]. Bœuf semi-domestique de l'Asie du Sud-Est, très proche du gaur, possédant une bosse et des cornes courtes et écartées.

Gayané, ballet en 4 actes et 6 tableaux ; livr. de K. Derjavine ; mus. de Khatchatourian ; chorégr. de Nina Anissimova. Création mondiale à l'Opéra de Perm (Molotov) [1942]. Il est composé de danses de caractère : danse du sabre, danse des moissons.

Gayet-Wernicke *(encéphalopathie de),* affection neurologique caractérisée par une confusion mentale, une désorientation spatio-temporelle, des troubles de l'équilibre et de la marche et une hypertonie. Due à une carence en vitamine B1, elle est habituellement consécutive à une intoxication alcoolique chronique et plus rarement à une dénutrition sévère.

GAY-LUSSAC (Louis Joseph), physicien et chimiste français (Saint-Léonard-de-Noblat 1778 - Paris 1850). Après avoir découvert la loi de dilatation des gaz (1802), il effectua plusieurs ascensions en ballon (dont une à 7 000 m), grâce auxquelles il put vérifier la constance de la composition de l'air. Avec Alexandre de Humboldt, il réalisa des expériences qui lui permirent d'énoncer les lois volumétriques des combinaisons gazeuses auxquelles il a attaché son nom (1805). En collaboration avec Thenard, il prépara le sodium et le potassium, découvrit l'acide fluosilicique et montra que le chlore et l'iode sont des corps simples. Dans le domaine de la chimie analytique et industrielle, il perfectionna les procédés d'affinage des métaux précieux et, en 1835, introduisit la *tour de Gay-Lussac,* destinée à la récupération des produits nitreux dans la fabrication de l'acide sulfurique. (Acad. des sc., 1806.)

Gay-Lussac *(loi de),* loi régissant la dilatation des gaz parfaits à pression constante et qui s'exprime par la relation V/T = constante, V étant le volume et T la température absolue.

Gay-Lussac *(lois de),* lois limites applicables aux gaz parfaits : les volumes de deux gaz qui se combinent sont entre eux dans un rapport simple ; quand la combinaison est gazeuse, son volume est dans des rapports simples avec ceux de ses constituants gazeux.

GAZ n. m. (mot forgé d'apr. lat. *chaos*). **1.** Corps qui occupe la totalité du volume de tout récipient dans lequel il est enfermé. — **2.** Corps qui se trouve à l'état gazeux à la température et à la pression ordinaires : *Gaz naturel. Gaz de pétrole.* (→ *encycl.*) — **3.** Corps gazeux, naturel ou manufacturé, utilisé comme combustible ou comme carburant : *Bouteille de gaz.* — **4.** *Chambre à gaz,* dans certains États des États-Unis, pièce où l'on exécute par asphyxie les condamnés à mort ; installation des camps de concentration nazis destinée à l'extermination des déportés. • **Charb.** *Gaz de cokerie,* gaz obtenu par la distillation de la houille dans des fours à coke. ‖ *Gaz manufacturé,* gaz combustible produit soit à partir de charbon, de coke ou d'huile, soit par conversion du gaz naturel ou de gaz de pétrole liquéfié, soit encore par mélange en proportions variables de ces différents gaz. ‖ *Gaz naturel de substitution* (ou *de synthèse*), gaz produit par gazéification du charbon, ayant à peu près le même pouvoir calorifique que le gaz naturel (méthane). ‖ *Gaz de ville,* gaz naturel qui a remplacé, pour la consommation domestique, les gaz manufacturés. — **Chim.** *Gaz rare,* un des gaz dont l'ensemble constitue la colonne O de la classification périodique des éléments. (On disait aussi GAZ INERTE ou GAZ NOBLE.) [→ *encycl.*] — **Métall.** *Gaz de haut-fourneau,* gaz qui sort du gueulard des hauts-fourneaux au cours de la fusion de la fonte. — **Mil.** *Gaz de combat,* substance chimique gazeuse ou liquide employée comme arme. (Syn. AGENT CHIMIQUE.) [→ *encycl.*] ‖ *Masque à gaz,* appareil individuel de protection contre les gaz de combat ou les radiations atomiques. — **Min.** Syn. de GRISOU. — **Pétr.** *Gaz naturel,* mélange d'hydrocarbures saturés gazeux que l'on trouve dans des gisements souterrains, seul ou associé au pétrole brut. (→ *encycl.*) ‖ *Gaz naturel liquéfié (G. N. L.),* gaz naturel rendu liquide pour en réduire le volume et permettre son transport par navire. ‖ *Gaz de pétrole liquéfié (G. P. L.),* mélange d'hydrocarbures légers, gazeux dans des conditions normales de température et de pression, et amenés à l'état liquide par augmentation de la pression ou abaissement de la température. ‖ *Gaz de raffinerie,* gaz provenant des opérations de traitement du pétrole brut et constitué principalement d'hydrocarbures. — **Thermodyn.** *Constante des gaz parfaits,* constante, notée R, égale au produit de la constante de Boltzmann k par le nombre d'Avogadro $\mathcal{N}$. (Elle vaut 8,32 $J.K^{-1}.mol^{-1}$.) ‖ *Gaz parfait,* modèle théorique des gaz réels dans lequel on ne tient pas compte, en dehors des collisions, des interactions entre molécules.

◆ n. m. pl. **1.** Air ou produits volatils se trouvant dans différentes parties de l'organisme ; en partic., mélange, dans le tube digestif, d'air dégluti et de produits volatils des fermentations. — **2.** *Gaz carburés,* mélange d'air et d'essence assurant le fonctionnement d'un moteur à explosion. ‖ *Gaz d'échappement,* ensemble des substances gazeuses rejetées par l'échappement des moteurs thermiques. — **3.** Fam. *À pleins gaz,* à toute vitesse. ‖ *Mettre les gaz,* donner de la vitesse à un moteur en appuyant sur l'accélérateur ou, fam., se hâter.

ENCYCL. **Chim.** *Gaz rares.* L'hélium, le néon, l'argon, le krypton et le xénon, isolés par Ramsay, sont des gaz monoatomiques, dont les atomes possèdent des couches électroniques complètes. Existant en petite quantité dans l'air, ils possèdent une très faible réactivité. On a cependant pu obtenir des fluorures de xénon, de radon et de krypton.

— **Mil.** *Gaz de combat.* Bien que signataire de la déclaration de La Haye (29 juill. 1899) qui interdisait l'emploi de gaz asphyxiants, l'Allemagne les utilisa sous forme de vagues de chlore sur le front d'Ypres (22 avr. 1915). Ils furent de nouveau utilisés en Éthiopie par l'Italie (1935). — **Pétr.** Le *gaz naturel* contient surtout du méthane (70 à 95 % du volume total). Il sert

comme combustible et comme matière première pour la pétrochimie. Avant d'être utilisé, il est débarrassé des hydrocarbures lourds et d'autres composants (sulfure d'hydrogène, dioxyde de carbone, azote, hélium ou vapeur d'eau). Le gaz ainsi obtenu (méthane à peu près pur) a un pouvoir calorifique d'environ 40 MJ/m^3 (1 000 m^3 de gaz naturel ≃ 1 t de pétrole). Il peut être comprimé et transporté par canalisations souterraines (ou gazoducs). Pour faire face à la demande, on le stocke dans des formations souterraines : couches aquifères ou dômes de sel.
La production mondiale a pratiquement quadruplé depuis les années 1960, franchissant le seuil des 2 000 milliards de m^3 en 1989 et atteignant 2 100 milliards de m^3 en 1992. Le gaz naturel représente alors 23 % de la consommation d'énergie, part très légèrement croissante dans les années 1990. Environ 30 % de la production (près de 650 milliards de m^3) sont fournis par la Russie et près de 25 % (plus de 500 milliards de m^3) par les États-Unis. Très loin derrière viennent le Canada (plus de 120 milliards de m^3) et les Pays-Bas (plus de 80 milliards), précédant un groupe de pays (Algérie, Grande-Bretagne, Indonésie, Roumanie et Norvège) dont l'apport unitaire, décroissant, oscille entre 55 et 20 milliards de m^3.
Les réserves prouvées dépassent 145 000 milliards de m^3, environ 70 ans de consommation (au rythme actuel). La seule Russie en détient environ 25 %, le Moyen-Orient, presque 30 % (l'Iran est le plus favorisé), l'Europe occidentale, moins de 5 %, et les États-Unis, une part encore inférieure. Les échanges internationaux, intercontinentaux du moins, sont toujours freinés par la nécessité de passer par la liquéfaction. Les gazoducs sont nombreux en Europe occidentale (venant parfois de Russie). Les grands flux maritimes relient l'Algérie aux États-Unis, le Moyen-Orient et l'Asie du Sud-Est (Malaisie, Brunei et Indonésie) au Japon.
— **Phys.** L'état gazeux est le moins dense des trois états de la matière. La distance entre les molécules d'un gaz est très grande par rapport à leurs dimensions. Les molécules d'un gaz sont agitées d'un mouvement désordonné incessant (agitation thermique), d'autant plus rapide que la température est élevée ; elles interagissent faiblement entre elles. Cela explique que les gaz occupent tout le volume qui leur est offert et sont très facilement compressibles.
Les gaz peuvent être liquéfiés ou solidifiés. (→ LIQUÉFACTION, SOLIDIFICATION, SUBLIMATION.) Les propriétés des gaz réels, à condition qu'ils ne soient pas trop comprimés, tendent vers celles du *gaz parfait.* En tenant compte des interactions entre molécules, on obtient un modèle plus proche de la réalité (→ *équation de* VAN* DER WAALS). L'équation d'état d'un gaz parfait est $pV = nRT$, où p est la pression, V le volume, n le nombre de moles, R la constante des gaz parfaits et T la température absolue. L'équation d'état du gaz parfait a pour conséquence le fait que, dans les conditions normales de température et de pression (t = 0 °C et p = 1 atmosphère), un volume de 22,4 litres contient une mole de gaz. On retrouve aussi la relation entre la masse molaire M du gaz et sa densité d par rapport à l'air : $M = 29d$. Dans un mélange de gaz parfaits, la pression totale est égale à la somme des pressions partielles (loi de Dalton).

Gaz de France (G. D. F.), établissement public de caractère industriel et commercial, créé par la loi de nationalisation* du 8 avr. 1946 pour assurer la production et la distribution du gaz domestique. Un certain nombre de services ont été fusionnés avec ceux d'Électricité de France, sous la direction de fait de cet organisme.

GAZA, en ar. **Rhazza,** territoire de la Palestine méridionale (dit aussi *bande de Gaza*) ; 363 km² ; 790 000 hab. (v. princ. *Gaza*).
— **Hist.** Ville cananéenne, Gaza fut pendant le Nouvel Empire un centre de l'administration égyptienne. À partir du XIIe s. av. J.-C., elle fut une des cinq cités des Philistins. Après la domination romaine (63 av. J.-C.), elle fut prise par les Arabes en 635 et devint v. 1150 une forteresse des Templiers.
Territoire contesté entre Israël et l'Égypte depuis 1947, Gaza a vécu, de 1948 à 1962, sous administration égyptienne, puis, de 1967 à 1994, sous contrôle d'Israël, qui y a favorisé l'implantation de colonies juives. Théâtre, notamment à partir de 1987, d'un soulèvement populaire palestinien, la bande de Gaza a été dotée, en 1994, d'un statut d'autonomie selon le plan prévu par l'accord israélo-palestinien de 1993.

GAZAGE n. m. Syn. de FLAMBAGE.

GAZANIA n. m. (lat. sc. *gazania*). Plante composée vivace à grands capitules jaunes, orange ou blancs, ornementale.

GAZANKULU, anc. bantoustan d'Afrique du Sud. Situé dans le nord-est du Transvaal, il couvrait 6 561 km² et comptait 515 000 hab. Cap. *Giyani.*

GAZE n. f. (p.-ê. de *Gaza,* n. pr.). **1.** Étoffe légère et transparente, de coton ou de soie, employée dans la mode ou la confection. — **2.** Tissu de coton, très léger et transparent, stérilisé, servant pour les pansements ou la fabrication de compresses. — **3.** *Gazes médicamenteuses,* gazes imprégnées à l'avance de substance antiseptique, cicatrisante ou antibiotique. ‖ *Point de gaze,* point à l'aiguille exécuté dans les dentelles belges, en particulier celles de Bruxelles. (Il est utilisé pour le remplissage des fleurs et des feuilles.)

1. GAZÉ, E n. (de *gaz*). Personne qui a subi l'action de gaz asphyxiants.

2. GAZÉ n. m. (de *gaze*). Papillon (piéridé) blanc à nervures noires, commun en France en juillet, et dont la chenille vit sur l'aubépine, le poirier, le prunier, le prunellier.

GAZÉIFIABLE adj. Qui peut être transformé en gaz.

GAZÉIFICATION n. f. 1. Transformation complète, en gaz combustible, de produits liquides ou solides contenant du carbone. — 2. *Gazéification souterraine,* transformation in situ en gaz combustible d'une couche de houille, sans procéder à son extraction.

ENCYCL. La *gazéification du charbon ex situ* vise à produire des gaz assez riches en méthane pour être substituables au gaz naturel. Il existe différents procédés industriels permettant d'obtenir un gaz industriel, pauvre en méthane, mais le gaz riche n'est actuellement produit, en faibles quantités, que dans des unités pilotes. La transformation complète du charbon en hydrocarbures gazeux ou liquides fait l'objet de recherches dans de nombreux pays : seule l'Afrique du Sud est passée au stade industriel dans les usines de Sasolburg.

La *gazéification in situ* consiste à réaliser un gazogène souterrain directement dans la couche de charbon intéressante, par l'intermédiaire de puits espacés d'environ 70 m, descendant jusqu'à la couche de charbon, et reliés entre eux par un chenal creusé dans le charbon. On peut espérer obtenir ainsi un gaz pauvre qui serait traité dans une usine de surface. Des expériences en vraie grandeur sont conduites en Belgique et en Allemagne, tandis qu'une expérience partielle a été réalisée en France.

GAZÉIFIER v. t. (conj. 9). Transformer en un produit gazeux.

◆ **être gazéifié** v. pass. En parlant d'une boisson, être rendue gazeuse par addition de gaz purs.

GAZELLE n. f. (ar. *rhazāl*). 1. Antilope (bovidé) légère et gracieuse, aux pattes fines, aux grands yeux, aux cornes arquées en lyre présentes dans les deux sexes, des régions semi-désertiques d'Afrique et d'Asie, où elle vit en troupeaux. (Le genre comprend une douzaine d'espèces.) — 2. Litt. *Yeux de gazelle,* grands yeux doux.

GAZER v. t. (de *gaz*) [conj. 3]. 1. Faire périr dans une chambre à gaz ; intoxiquer par un gaz de combat ou un gaz asphyxiant. — 2. Syn. de FLAMBER.

◆ v. i. *Fam.* 1. Aller à toute vitesse ; filer, foncer. — 2. Aller bien, marcher, convenir : *Rien ne gaze plus entre eux.*

◆ **être gazé** v. pass. *Fil gazé,* fil simple, retors ou câblé, dont le duvet a disparu par un gazage.

GAZETIER n. m. Personne qui rédigeait, publiait une gazette.

1. GAZETTE n. f. (ital. *gazzetta,* du vénitien *gazeta,* petite monnaie vénitienne, prix d'une gazette). 1. *Vx.* Écrit périodique, donnant des nouvelles politiques, littéraires, artistiques. — 2. *Fam.* et *vx.* Personne qui rapporte les bavardages, les commérages.

2. GAZETTE → CASETTE.

Gazette *(la),* publication hebdomadaire créée par Théophraste Renaudot le 30 mai 1631. *La Gazette,* qui absorba les *Nouvelles ordinaires de divers endroits* (premier hebdomadaire, paru en janv.), devint l'organe officieux du gouvernement. Quotidienne à partir du 1er mai 1792, elle fut au XIXe s. l'un des principaux organes royalistes, avec des directeurs comme l'abbé de Genoude et G. Janicot. Maurras en fut le collaborateur de 1892 à 1908. Elle disparut en 1914.

Gazette des beaux-arts *(la),* revue d'art mensuelle illustrée, fondée à Paris, en 1859, par le critique d'art et esthéticien Charles Blanc (frère de L. Blanc).

Gazette de Lausanne *(la),* journal suisse de langue française, publié sous ce titre depuis 1804, fidèle aux traditions du libéralisme romand.

Gazette du palais *(la),* journal judiciaire trihebdomadaire, créé en 1881, qui publie la jurisprudence, la doctrine et la législation, ainsi que les annonces légales.

Gazette rhénane → RHEINISCHE ZEITUNG.

GAZEUR n. m. (de *gaz*). Appareil à flamber les fils.

GAZEUX, EUSE adj. 1. Relatif au gaz, qui est sous forme de gaz. — 2. Qui contient des gaz en dissolution : *Boissons gazeuses.* — 3. Se dit de ce qui s'accompagne de gaz produits par des microbes anaérobies (gangrène gazeuse, par ex.). — 4. *Eau gazeuse,* eau naturellement gazeuse provenant d'une source dont l'exploitation est autorisée.

GAZI n. m. (ar. *rhāzī*). 1. Membre d'une expédition de musulmans contre les infidèles. — 2. Chez les Turcs, titre accordé aux guerriers victorieux.

GAZIANTEP, v. de Turquie, ch.-l. de prov., près de la Syrie ; 603 434 hab. Centre commercial (pistaches). Textile.

GAZIER, ÈRE adj. Qui a trait à la fabrication, à la distribution ou à l'utilisation du gaz industriel.

◆ **gazier** n. m. 1. Ouvrier ou employé qui travaille à la fabrication, au transport, à la distribution ou à l'utilisation du gaz. – 2. *Pop.* Personnage quelconque.

GAZILLON n. m. (de *gaze*). Léger tissu de gaze.

GAZINIÈRE n. f. Petite cuisinière à gaz.

GAZISTE n. m. Membre du personnel d'un méthanier chargé des opérations relatives à la cargaison de gaz naturel liquéfié.

GAZLI, v. d'Ouzbékistan, près de l'Amou-Daria, au N.-O. de Boukhara ; 12 000 hab. Gaz naturel.

GAZODUC n. m. Canalisation à très longue distance de gaz naturel ou manufacturé.

GAZOGÈNE n. m. 1. Appareil destiné à gazéifier, sous l'action de l'air ou de l'oxygène, avec ou sans adjonction de vapeur d'eau, un combustible solide ou liquide. – 2. *Gazogène souterrain,* partie de gisement de charbon dans lequel s'effectue une gazéification in situ.

GAZOLE → GAS-OIL.

GAZOLINE ou **GASOLINE** n. f. Syn. de ESSENCE* NATURELLE.

GAZOMÈTRE n. m. Réservoir dans lequel le gaz manufacturé était emmagasiné à volume variable et sous pression pratiquement constante.

GAZOMÉTRIE n. f. 1. Mesure des caractéristiques physiques des gaz industriels (volume, densité, etc.). – 2. *Gazométrie sanguine,* mesure des taux des gaz du sang artériel surtout et/ou veineux (oxygène et gaz carbonique). [On obtient parallèlement la mesure de l'équilibre acido-basique.]

GAZON n. m. (frq. **waso,* motte de terre garnie d'herbes). 1. Herbe maintenue dense et rase. (→ *encycl.*) – 2. Terrain, sol couvert de gazon. – 3. Dans les sols recouverts d'une végétation herbacée, horizon superficiel rendu fibreux et élastique par le feutrage des racines.

◆ **gazons** n. m. pl. Mottes, plaques minces ou rouleaux couverts de gazon, utilisés pour faire rapidement des espaces verts.

ENCYCL. Le ray-grass est la base habituelle des gazons, dont la composition floristique est fonction de l'usage qu'on en fait. Les pelouses de sport doivent être résistantes au piétinement, les pelouses d'agrément peuvent être plus fragiles. Le roulage, les coupes fréquentes, l'arrosage sont nécessaires à l'entretien des gazons.

GAZONNAGE ou **GAZONNEMENT** n. m. Action de revêtir un terrain de gazon.

GAZONNANT, E adj. Se dit d'une végétation en petites touffes, s'étalant sur le sol au moyen de tiges rampantes nombreuses, comme dans les prairies des sommets de moyenne montagne.

GAZONNER v. t. (conj. 3). Revêtir un terrain de gazon.

◆ v. i. Pousser en gazon : *Herbe qui gazonne.*

GAZOUILLANT, E adj. Qui gazouille.

GAZOUILLEMENT n. m. 1. Action de gazouiller, en parlant des oiseaux ; sons ainsi émis. – 2. *Litt.* Léger murmure : *Le gazouillement d'un ruisseau.* – 3. Babil des bébés.

GAZOUILLER v. i. (onomat.) [conj. 3]. 1. Faire entendre un chant doux et modulé, comme celui de certains passereaux. – 2. *Litt.* Produire un léger murmure ; bruire. – 3. En parlant d'un bébé, émettre un gazouillis.

GAZOUILLEUR, EUSE adj. et n. Qui gazouille.

GAZOUILLIS n. m. 1. Léger gazouillement : *Le gazouillis des oiseaux.* – 2. Émission vocale spontanée du nourrisson, babil.

GBAYAS ou **BAYAS,** ethnie des régions fluviales de la République centrafricaine et du Zaïre, où elle est appelée *Ngbakas.*

GCA, abrév. des mots anglais *Ground Control Approach* (« contrôle d'approche au sol »), désignant un système d'atterrissage sans visibilité qui utilise le radar.

Gd, symbole chimique du *gadolinium.*

GDAŃSK, anc. en all. **Danzig,** en fr. **Dantzig,** principal port de la Pologne, ch.-l. de voïévodie, sur la bordure ouest du delta de la Vistule ; 463 000 hab.

– **Géogr.** Principal élément d'une conurbation de plus de 800 000 hab. (avec Gdynia et Sopot), premier débouché maritime de la Pologne (plus de 25 Mt). Importants chantiers navals. Tourisme dans la vieille ville.

– **Hist.** Mentionnée au Xᵉ s. sous le nom slave de *Gyddanzyc,* la ville, port actif et résidence ducale, domine la Poméranie vistulienne. Le nom de Danzig apparaît au XIIIᵉ s. avec l'afflux des Allemands. Conquise par l'ordre Teutonique (1308), membre de la Hanse (1361), Danzig se place sous la protection du roi de Pologne lors de la révolte de 1454. Elle assure pratiquement le monopole du commerce maritime de la Pologne de l'âge d'or (1466-1648), au sein de laquelle elle jouit d'une autonomie croissante. Annexée par la Prusse en 1793, ville libre sous contrôle français de 1807 à 1815, elle est le chef-lieu de la Prusse-Occidentale de 1815 à 1919. Le traité de Versailles en fait le centre de la « ville libre de Dantzig », sous mandat de la S. D. N. En 1933, sa diète à majorité nationale-socialiste réclame l'incorporation du territoire au Reich allemand. Exigeant la cession du « corridor » de Dantzig (avr. 1939), Hitler envahit la Pologne (sept. 1939), ce qui déclenche la Seconde Guerre mondiale. Reprise par les Soviétiques en 1945, la

ville est réunie à la Pologne. Les grèves de ses chantiers navals ont été à l'origine des crises polonaises de 1970 et de 1980. Les accords qui y furent signés le 31 août 1980 légalisèrent l'existence des syndicats indépendants Solidarność*.
— **Bx-arts.** Portes monumentales, hôtel de ville gothique et Renaissance, église Ste-Marie, en brique (XIVe-XVe s.), nombreux autres monuments et maisons s'échelonnant de l'époque gothique au baroque, restaurés ou reconstruits.

G. D. F., sigle de GAZ DE FRANCE.

GDYNIA, extrémité nord-ouest de la conurbation de Gdańsk ; 251 800 hab. Port de commerce, de pêche et de voyageurs. Chantiers navals. Industries alimentaires.

Ge, symbole chimique du *germanium.*

Ge *Antigène Ge,* abrév. de ANTIGÈNE GERBICH.

GÊ n. m. inv. Famille de langues indiennes parlées dans l'est et le sud du plateau brésilien et au Paraguay.

GÊ → GAIA.

GEAI [ʒɛ] n. m. (bas lat. *gaius*). **1.** Oiseau forestier (corvidé) d'Eurasie et d'Afrique du Nord, friand de glands. — **2.** *Geai de montagne,* autre nom du *casse-noix.* ‖ *Geai terrestre* ou *geai coureur,* corvidé des steppes désertiques d'Asie centrale.
ENCYCL. Le geai des chênes a un ventre fauve, des épaules bleues, une moustache noire et un croupion blanc. Il se nourrit de fruits et d'insectes divers. On a décrit 30 espèces américaines de geais, souvent bleues.

GÉANT, E n. (lat. pop. **gagantem,* du lat. class. *gigas, -antis,* du gr. *gigas, -antos*). **1.** Personne d'une taille extraordinaire, qui excède de beaucoup la moyenne. — **2.** Être fabuleux, gigantesque, bienfaisant ou malfaisant. — **3.** *Litt.* Animal ou chose de très grande stature : *Le chêne, géant de la forêt.* — **4.** *Litt.* Personne qui dépasse de beaucoup les autres par son génie : *Les géants, Homère, Eschyle, Hugo.* — **5.** Entreprise, société, pays dont la puissance est exceptionnelle : *Les géants de l'automobile.* — **6.** Être fabuleux né du sang d'Ouranos fertilisant *Gaia,* la Terre (avec majusc.). [Les Géants entreprirent l'assaut de l'Olympe mais, aidé d'Héraclès, Zeus repoussa leur assaut par la foudre et les flèches.] — **7.** *À pas de géant,* à grands pas, très vite.
◆ adj. **1.** Très grand ; colossal, gigantesque : *Des plantes géantes.* — **2.** Considérable, très important ; immense : *Une clameur géante.*
◆ **géant** n. m. **1.** Race de lapins de grande taille. (Géant des Flandres, géant blanc du Bouscat, géant papillon français.) — **2.** Vx. *Les géants de la route,* les coureurs cyclistes professionnels sur route.
◆ **géante** n. f. Type d'étoile de grand diamètre, très lumineuse et peu dense : *Géante rouge.*

GÉANT *(col du),* dépression du massif du Mont-Blanc, entre la vallée de l'Arve (Chamonix) et celle de la Doire (Courmayeur), au S.-O. de l'*aiguille,* ou *dent, du Géant* (qui culmine à 4 013 m) ; 3 365 m.

GÉANTS *(monts des)* → KARKONOSZE.

GÉANTICLINAL n. m. (pl. *géanticlinaux*) [gr. *gê,* terre, et *anticlinal*]. Zone de ride ou haut fond susceptible d'émersion séparant les deux sillons d'un géosynclinal.

GEARLESS [giœrlɛs] adj. inv. (angl. *gear,* engrenage, et *less,* sans). Se dit des locomotives et tramways électriques dans lesquels les induits des moteurs sont montés directement sur les essieux.

GÉASTER [ʒeastɛr] n. m. (gr. *gê,* terre, et *aster,* étoile). Champignon voisin de la vesse-de-loup, mais présentant en outre une enveloppe externe étalée en étoile sur le sol.

GEB, dieu égyptien, personnifiant la Terre. Il est représenté dans les peintures tombales comme un homme allongé sur le sol.

GEBER ou **DJĀBIR** (ABŪ MŪSĀ DJĀBIR IBN ḤAYYĀN, connu sous le nom de), alchimiste arabe, né à Kūfa, sur l'Euphrate, et qui vivait aux environs de l'an 800. Il semble avoir découvert l'acide sulfurique, l'acide nitrique et l'eau régale, et séparé l'arsenic et l'antimoine de leurs sulfures. Il a exercé une influence considérable sur les alchimistes du Moyen Âge.

GÉBIDES → GÉPIDES.

GÉBIE n. f. (gr. *gê,* terre). Crustacé décapode anomoure de teinte glauque, fouisseur, très commun dans les sables littoraux de la Méditerranée.

GÉCARCINIDÉ ou **GÉOCARCINIDÉ** n. m. Nom de famille de crabes terrestres des régions tropicales, qui retournent cependant à la mer pour se reproduire.

GECKO [ʒeko] n. m. (lat. sc. mod. *gecko,* du malais *gēkoq*). **1.** Nom scientifique du tokay. — **2.** Nom usuel donné à tous les geckonidés.

GECKONIDÉ n. m. Lézard des régions tropicales et subtropicales, à tête large et plate, aux yeux globuleux, aux doigts pourvus de griffes et de ventouses, excellent grimpeur. (Les *geckonidés,* qui forment une famille de 200 espèces environ, se nourrissent d'insectes. Tous les milieux terrestres leur conviennent. Le midi de la France en héberge trois espèces.)

GEDDA (Nicolaï), ténor suédois (Stockholm 1925). Il a débuté en 1952 et s'est imposé sur toutes les scènes internationales, abordant les genres les plus variés, de Mozart à Gounod et Franz Lehár.

GEDEÃO (Rómulo DE CARVALHO, dit **Antonio**), poète portugais (Lisbonne 1906), une des figures les plus importantes du réalisme portugais (*Poesias completas,* 1964 ; *Poltrona,* 1973).

GÉDÉON, cinquième juge d'Israël (XIIe ou XIe s. av. J.-C.). Il combattit les Madianites, dont les incursions ravageaient le territoire d'Israël.

GÉDINNIEN n. m. (de *Gédinne,* n. pr.). Étage du système dévonien.

GÉDYMIN ou **GÉDYMINAS** († Wielona, sur le Niémen, 1341), grand-duc de Lituanie (1316-1341). Véritable fondateur de l'État lituanien, il s'allia en 1325 avec Ladislas Ier Łokietek, roi de Pologne, et combattit les chevaliers Teutoniques et Livoniens. Il étendit sa domination sur les principautés russes occidentales.

GEE [dʒi] n. m. (abrév. de l'angl. *General Electric Equipment,* nom de la firme qui a construit ce dispositif). Système de radio-navigation aérienne, à courte et à moyenne distance, qui permet à un navigateur de déterminer sa position avec une marge d'erreur infime grâce à des émissions rythmées provenant d'une chaîne de stations.

Gee-Herter *(maladie de),* syn. de MALADIE CŒLIAQUE*.

GEEL, comm. de Belgique (prov. d'Anvers), au S. de Turnhout ; 31 000 hab. Matériel téléphonique. Centre de recherches scientifiques de l'Union européenne.

GEELONG, port d'Australie (Victoria), au S.-O. de Melbourne ; 151 900 hab. Université. Centre industriel (aluminium, engrais, raffinerie de pétrole, automobiles).

GEELVINK *(baie de)* → IRIAN *(golfe d').*

GEERTGEN tot Sint Jans, en fr. **Gérard de Saint-Jean,** peintre néerlandais (Leyde ? v. 1460/1465 - Haarlem av. 1495). C'est la personnalité artistique la plus avancée des Pays-Bas du Nord au XVe s. Il travailla pour la commanderie des chevaliers de Saint-Jean à Haarlem (panneau de retable avec la *Déploration du Christ,* musée de Vienne). Son art s'apparente à celui de Van der Goes, sur un mode moins inquiet (*Résurrection de Lazare,* Louvre ; *Saint Jean-Baptiste dans le désert,* Berlin-Dahlem ; *Nativité* nocturne, Londres).

GEESINK (Anton), judoka néerlandais (Utrecht 1934). Athlète très puissant (1,90 m, 120 kg), il a été, en 1961, le premier Européen champion du monde de judo, victoire confirmée aux jeux Olympiques de 1964.

GEEST, ensemble des régions morainiques du nord de l'Allemagne, juxtaposant landes et tourbières, surtout entre la Weser et l'Elbe (Landes de Lüneburg).

GEFFRARD (Nicolas Fabre), général et homme d'État haïtien (L'Anse-à-Veau, Haïti, 1806 - Jamaïque 1879). Mulâtre, il prit une part prépondérante à la révolution de 1843, puis à celle de 1859 qui renversa l'empereur Soulouque (1859-1867). Il devint président de la République (1859-1867).

GEFFROY (Gustave), écrivain et critique d'art français (Paris 1855 - *id.* 1926). Il prit parti en faveur de l'esthétique naturaliste et de l'impressionnisme. Les huit volumes de sa *Vie artistique* (1892-1902) réunissent ses meilleurs articles. Entre autres monographies, il a publié un *Claude Monet* (1922). Directeur de la manufacture des Gobelins (1908), il y introduisit des modèles réalistes et impressionnistes. Romancier, il fut président de l'Académie des Goncourt.

GEGENSCHEIN n. m. (mot all.). Lueur très faible apparaissant dans le ciel dans la direction opposée à celle du Soleil, due à la rétrodiffusion de la lumière solaire par de fines particules solides présentes dans l'espace interplanétaire. (Syn. LUEUR ANTISOLAIRE.)

GÉHENNE [ʒeɛn] n. f. (bas lat. ecclés. *gehanna,* enfer, de l'hébr. *gé Hinnom,* ravin de Hinnom). **1.** L'enfer, dans les écrits bibliques. — **2.** *Litt.* Souffrance presque intolérable ; supplice, torture.

GEHLEN (Reinhard), général allemand (Erfurt 1902 - Berg am Starnberg 1979). Chef du renseignement sur les forces soviétiques à l'état-major allemand de 1942 à 1945, il fut chassé par Hitler pour défaitisme. Capturé en Bavière par les Américains, il leur remit ses archives et mit sur pied, dès juill. 1946, une organisation qui devint en 1956 le service de renseignement de l'Allemagne fédérale.

GEHLEN (Arnold), philosophe allemand (Leipzig 1904 - Hambourg 1976). Il a développé une philosophie idéaliste et une anthropologie sociale de type fonctionnaliste.

GEHRY (Frank), designer et architecte américain (Toronto 1929). D'abord remarqué pour ses meubles, décorations intérieures et aménagements de magasins, il a ensuite étendu son style « californien décontracté » — détournement de matériaux, formes chahutées, polychromie — à l'architecture privée (maison Gehry, Los Angeles, 1979), commerciale (Santa Monica Place, 1981) et publique (musée de l'Air et de l'Espace, Los Angeles, 1984 ; Centre culturel américain [bâtiment auj. réaffecté], Paris, 1994).

GEIGER (Abraham), rabbin allemand (Francfort-sur-le-Main 1810 - Berlin 1874). Il fut un des grands représentants du judaïsme réformé, rejetant l'idée d'un Messie personnel et prônant une réforme du rituel.

GEIGER (Hans), physicien allemand (Neustadt an der Weinstrasse, Rhénanie-Palatinat, 1882 - Potsdam 1945). Il a mesuré en 1908 la charge des particules alpha et leurs énergies dans les diverses transformations radioactives. Il a d'autre part montré que le numéro atomique d'un élément chimique représentait le nombre de charges portées par le noyau. Mais il est surtout connu pour l'invention du compteur de particules qui porte son nom (1913), qu'il perfectionna ensuite avec Müller (1928). [→ GEIGER-MÜLLER.]

GEIGER (Theodor), sociologue allemand (Munich 1891 - au retour d'un voyage au Canada 1952). Geiger a contribué à la théorie sociologique de la stratification et de la mobilité sociales, et à l'élaboration des concepts juridiques comme aspects proprement idéologiques de la réalité sociale. Il fut l'un des fondateurs de l'Association internationale de sociologie.

GEIGER (Hermann), aviateur suisse (Savièse, près de Sion, 1914 - Sion 1966). Inventeur de la technique de l'atterrissage et du décollage sur neige à haute altitude, et spécialiste du vol et du sauvetage en montagne, il fut aussi l'un des promoteurs du tourisme aérien dans les Alpes.

Geiger-Müller *(compteur de),* détecteur de particules ionisantes constitué par un cylindre métallique (cathode) rempli d'un mélange de gaz rares, dans l'axe duquel est tendu un fil conducteur mince et isolé (anode) porté à un potentiel positif élevé relativement au cylindre. Le passage d'une particule ionisante dans le compteur déclenche une avalanche électronique collectée par l'anode, qui fournit une impulsion.

GEIGNARD, E adj. et n. *Fam.* Qui se plaint, pleurniche sans cesse et pour des motifs futiles.

GEIGNEMENT n. m. Action de geindre, de se lamenter à tout propos.

GEIJER (Erik Gustaf), écrivain suédois (Ransäter, Värmland, 1783 - Stockholm 1847). Grand poète romantique, il exalta les vertus ancestrales de son pays dans *le Viking* et *le Paysan* (1811), et témoigna de ses préoccupations religieuses dans ses *Essais de cantiques* (1812).

GEIJERSTAM (Gustaf), écrivain suédois (Jönsarbo, Västmanland, 1858 - Stockholm 1909). Un des chefs du naturalisme suédois, il publia des romans (*Erik Grane,* 1885 ; *la Tête de Méduse,* 1895).

1. GEINDRE [ʒɛ̃dr] v. i. (anc. fr. *giembre,* du lat. *gemere*) [conj. **81**]. **1.** Gémir d'une voix faible, inarticulée sous l'effort, la douleur, etc. : *Blessé qui geint de douleur.* — **2.** Se plaindre à tout propos : *Il ne cesse de geindre sur son époque.*

2. GEINDRE → GINDRE.

GEISEL (Ernesto), général et homme d'État brésilien (Bento Gonçalves, Rio Grande do Sul, 1908-1996). Président de 1974 à 1979, il a procédé à une relative libéralisation du régime avant de laisser le pouvoir au général Figueiredo.

GEISÉRIC ou **GENSÉRIC** († 477), premier roi vandale d'Afrique (428-477). Il succède à son frère Gundéric et passe de Bétique (Andalousie) en Afrique romaine (429), s'avance en Numidie, prend Hippone (Bône) en 431. En 435, il obtient pour les Vandales le statut de fédérés de l'Empire. Il occupe l'Afrique du Nord où il essaie d'imposer l'arianisme. Il s'empare de Carthage en 439, puis équipe une grande flotte et débarque en Sicile. En 442, toute l'Afrique du Nord et une partie de la Tripolitaine lui sont reconnues. Il organise alors l'Afrique vandale. Après la mort de Valentinien, il débarque en Italie, pille Rome (455), multiplie les raids sur les côtes de Campanie et des Balkans, détruit la flotte de reconquête byzantine en 468 et impose à l'Empire d'Orient la reconnaissance de ses possessions : Afrique, Corse, Sardaigne, Sicile et Baléares.

GEISHA [gɛjʃa ou geʃa] n. f. (mot jap.). Danseuse et chanteuse japonaise. (Après avoir appris le chant, la poésie, la musique, l'art de servir le thé, les geishas deviennent entraîneuses et artistes dans des maisons de thé.)

GEISPOLSHEIM (67400), ch.-l. de cant. du Bas-Rhin, au S.-O. de Strasbourg ; 5 555 hab. Village pittoresque. Choucroute.

Geissler *(tubes de),* tubes de verre contenant un gaz raréfié, utilisés pour l'étude des effets lumineux qui accompagnent une conduction gazeuse.

GEITEL (Hans Friedrich), physicien allemand (Brunswick 1855 -Wolfenbüttel 1923). Il étudia, avec Elster, l'ionisation de l'atmosphère et l'effet photoélectrique. Tous deux indiquèrent, dès 1899, la loi de décroissance radioactive.

GEJIU ou **KO-KIEOU,** v. de Chine (Yunnan) ; 100 000 hab. — À proximité, mines d'étain.

GEL n. m. (lat. *gelu*). **1.** Froid qui produit la gelée ; temps de gelée : *Persistance du gel.* — **2.** Action de suspendre une activité, de bloquer qqch à son niveau ou à son stade actuel ; arrêt, blocage : *Le gel des crédits.* — **3.** En chimie, structure associée lâche, immergée dans une phase fluide. (Syn. vieilli GELÉE.) [→ *encycl.*] — **4.** Partie insoluble de certains polymères.

— **5.** Masse de nature colloïdale homogène, translucide et de consistance molle, entrant dans la composition de certains produits cosmétiques et d'hygiène ou utilisée comme excipient pour les préparations médicamenteuses. — **6.** Bouillie explosive en cartouches. — **7.** Fraction amorphe du sol (matières organiques, hydroxydes de fer et d'aluminium) qui sert de ciment entre les particules cristallisées (sables, limons, argiles) et favorise la structure en agrégats.

ENCYCL. **Chim.** Les gels peuvent se former par gonflement dans un solvant d'un réseau de chaînes polymériques liées entre elles (la gélatine est une solution dans l'eau de chaînes de collagène) ou par association de particules colloïdales (selon les conditions, on obtient une floculation ou un gel homogène). De nombreux produits alimentaires, pharmaceutiques, cosmétiques, les verres de contact déformables, etc., sont des gels. Les gels sont utilisés en chromatographie et pour la préparation de certains matériaux poreux (supports de catalyseurs).

GELA, port d'Italie, sur la côte sud de la Sicile ; 72 000 hab. Raffinerie de pétrole et pétrochimie.
— **Hist.** Cette colonie dorienne a été fondée par des Rhodiens et des Crétois (v. 690 av. J.-C.). Ses habitants, en 580-579, construisirent la ville d'Akragas (Agrigente). De 505 à 466, Gela fut gouvernée par des tyrans, dont Gélon. La ville fut détruite par les Carthaginois en 405 av. J.-C., puis définitivement dévastée par les Mamertins en 282 av. J.-C.
— **Bx-arts.** Vestiges de plusieurs sanctuaires, et surtout imposant rempart (IVe s. av. J.-C.) édifié par les colons grecs.

GÉLADA n. m. Grand singe cercopithèque des régions montagneuses de l'Éthiopie, proche des babouins, portant au cou et sur la poitrine des plages de peau nue et rouge.

GÉLASE Ier *(saint)* [† Rome 496], pape de 492 à 496, originaire d'Afrique. Il définit la subordination du temporel au spirituel et la primauté de l'Église romaine. Il est surtout connu par le décret *gélasien,* qui distingue les écrits canoniques et apocryphes.

GÉLASE II (JEAN DE GAÈTE) [v. 1058-Cluny 1119], pape en 1118-19. Il dut se réfugier en France et inaugura une politique d'alliance avec les Capétiens.

GÉLATINE n. f. (ital. *gelatina,* de *gelare,* geler). **1.** Protéine obtenue par dénaturation des collagènes de la peau et des os à la suite d'un chauffage prolongé en milieu aqueux à l'autoclave. — **2.** *Gélatine explosive,* nom donné par Nobel à la DYNAMITE-GOMME. ‖ *Gélatines fluides,* solutés de substitution artificiels permettant en cas d'urgence d'assurer un remplissage vasculaire suffisant par voie intraveineuse lorsqu'on ne dispose pas du sang approprié. ‖ *Gélatine officinale,* substance obtenue par hydrolyse partielle du collagène et employée pour ses propriétés hémostatiques. (Additionnée de glycérine, elle forme un excipient utilisé comme support des suppositoires et ovules médicamenteux.)

GÉLATINÉ, E adj. **1.** Qui est enduit de gélatine. — **2.** Qui a une consistance comparable à celle de la gélatine.

GÉLATINEUX, EUSE adj. **1.** Qui a l'aspect, la consistance, la nature de la gélatine : *Substance gélatineuse.* — **2.** Mou et flasque, sans consistance : *Une chair gélatineuse.*

GÉLATINIFORME adj. Qui a l'aspect ou la consistance de la gélatine.

GÉLATINISANT n. m. Substance apte à gélatiniser.

GÉLATINISATION n. f. **1.** Processus qui transforme la nitrocellulose fibreuse en une matière dont la consistance va depuis celle de la gélatine jusqu'à celle de la corne. — **2.** Effondrement irréversible de la structure cristalline de certains polymères sous l'action d'un agent gonflant.

GÉLATINISER v. t. (conj. 3). Produire la gélatinisation.

GÉLATINO-BROMURE ou **GÉLATINO-CHLORURE** n. m. (pl. *gélatino-bromures* ou *-chlorures*). *Gélatino-bromure* ou *gélatino-chlorure d'argent,* couche photosensible constituée par une suspension de cristaux microscopiques de sels d'argent (bromure, chlorure) dans la gélatine, appelée plus généralement « émulsion photographique ».

GELBOÉ, montagne de la Palestine centrale où l'armée de Saül fut écrasée par les Philistins (v. 1010 av. J.-C.).

GÉLÉCHIE n. f. (lat. sc. *gelochidæ*). Petite teigne très nuisible, telle que la sitotrogue (ou alucite) des céréales, la teigne du coton, celle de la cochenille, etc.

GELÉE n. f. (bas lat. *gelata,* du lat. class. *gelare,* geler). **1.** Abaissement de la température au-dessous de zéro, provoquant, lorsqu'il dure, la conversion de l'eau en glace. — **2.** En chimie, syn. vieilli de GEL. — **3.** Préparation faite de sucs de fruits frais riches en pectine, cuits avec du sucre, et qui se coagule après refroidissement. — **4.** Produit obtenu en clarifiant un fond de volaille, de viande ou de poisson. — **5.** *En gelée,* se dit d'un aliment servi enrobé de gelée. ‖ *Gelée blanche,* passage direct de la vapeur d'eau à l'état solide, au contact du sol et des plantes, par nuit claire. ‖ *Gelée royale,* chez les abeilles, liquide sécrété par les glandes pharyngiennes des ouvrières nourrices et dont les jeunes larves sont alimentées.

GELEEN, v. des Pays-Bas (Limbourg), au N.-E. de Maastricht ; 35 000 hab. Engrais.

GELER v. t. (lat. *gelare*) [conj. **25**]. **1.** Transformer en glace : *Le froid a gelé l'étang.* – **2.** Durcir le sol par le froid. – **3.** Détruire des végétaux par le froid : *Le froid gèle les arbres fruitiers.* – **4.** Altérer, détériorer les tissus organiques : *Alpiniste dont le froid a gelé les mains.* – **5.** Faire éprouver un grand froid : *Tu nous gèles avec cette fenêtre ouverte.* – **6.** Paralyser, bloquer, arrêter une activité, une action : *Geler les négociations.* – **7.** Interdire, bloquer la circulation, l'utilisation ou la vente de crédits, de capitaux, etc. – **8.** Empêcher toute manifestation de cordialité, tout enthousiasme : *Le discours a gelé l'assistance.* – **9.** Fixer un prix, un salaire sans qu'une hausse soit possible.

◆ v. i. (seulem. 3ᵉ pers. du sing.). **1.** *Il gèle,* la température de l'atmosphère atteint 0 °C ou descend au-dessous. – **2.** *Geler blanc,* faire froid au point de congeler la rosée.

◆ v. i. ou **se geler** v. pr., **être gelé** v. pass. Avoir très froid, être transi par le froid ; grelotter.

◆ v. i. ou **être gelé** v. pass. **1.** Durcir, en parlant d'un sol, se transformer en glace, en parlant d'un liquide, se figer, en parlant d'un corps gras, sous l'effet du froid : *L'huile est gelée.* – **2.** Subir l'action destructrice du froid : *Les pêchers ont gelé cette nuit.* – **3.** Être très froid : *Tu as les mains gelées, mets des gants.* – **4.** *Crédit gelé,* crédit qui, à la suite d'un blocage légal ou de fait, ne peut être utilisé.

GELIDIUM [-djɔm] n. m. (lat. *gelidus,* glacé). Algue rouge utilisée pour la préparation de l'agar-agar, en raison de la nature gélatineuse de ses parois.

GÉLIF, IVE adj. (de *geler*). **1.** Qui se fend, se désagrège sous l'effet du gel, en raison de l'eau qui s'y est infiltrée. – **2.** Où les gelées printanières sont fréquentes et peuvent causer des dégâts. – **3.** Se dit d'une essence forestière dont le bois est sujet à la gélivure.

GÉLIFIANT n. m. (de *gélifier*). Additif (amidon, pectine, alginate) permettant de donner aux aliments la consistance d'un gel.

GÉLIFICATION n. f. **1.** Passage d'un état fluide (sol) à un état gel. (Syn. CRYOCLASTIE.) – **2.** Modification de la membrane des cellules végétales, qui devient soluble, très hygrophile et gonfle en devenant fluide. (Dans certains cas, une hypersécrétion des composés pectiques provoque la formation de mucilages ou de gommes.) – **3.** Prise en masse du milieu réactionnel lors de la polycondensation d'un mélange de monomères possédant plus de deux fonctions propres à réagir.

GÉLIFIÉ n. m. Friandise à base de sucre, de sirop de glucose et de gélifiant, aromatisée et colorée.

GÉLIFIER v. t. (conj. **9**). Faire passer à l'état de gel.
◆ **être gélifié** v. pass. *Essence gélifiée,* essence à laquelle on a donné, par l'addition d'un agent gélifiant, la consistance d'une gelée adhésive, en vue de l'utiliser comme produit incendiaire dans un lance-flammes ou dans une bombe.

GÉLIFLUXION n. f. Forme de solifluxion provoquée, lors du dégel, par la lente imbibition de matériaux argilo-limoneux par une eau fournie par la fusion du manteau neigeux ou de lentilles de glace interstitielles.

GÉLIFRACTION ou **GÉLIVATION** n. f. Fragmentation des roches cohérentes due à l'augmentation par le gel du volume de l'eau interstitielle. (Syn. CRYOCLASTIE.)

GÉLIMER ou **GEILIMER,** dernier roi vandale d'Afrique (530-534). Arrière-petit-fils de Geiséric, il fut vaincu par Bélisaire en 534 puis se retira en Galatie.

GELINE [ʒəlin] n. f. (lat. *gallina*). **1.** Ancien nom de la poule. – **2.** *Geline affranchie,* poule qui ne pond pas. ‖ *Geline de Touraine,* race française de poule, originaire de la Touraine, excellente pour la production de viande.

Gélineau *(syndrome de),* association de narcolepsie (besoin subit de sommeil) et de cataplexie (perte brutale de tonus de posture à l'origine d'une chute). La cause de ce syndrome, qui débute fréquemment chez l'adulte jeune, est actuellement inconnue.

GÉLINIER (Octave), économiste français (Corbigny 1916). On lui doit d'importantes contributions à l'économie d'entreprise (*le Secret des structures compétitives,* 1966 ; *Stratégie sociale de l'entreprise,* 1976).

GÉLINOTTE ou **GELINOTTE** n. f. (de *geline*). Oiseau (tétraonidé) des forêts tempérées froides d'Eurasie, sédentaire et omnivore, vivant sur les arbres et nichant à terre, difficile à observer.

GÉLITURBATION n. f. Déplacement de matière au sein des formations superficielles du sol, engendré par les alternances de gel et de dégel, produisant des sols structurés (roses de pierre, polygones de toundra, sols striés). [Syn. CRYOTURBATION.]

GÉLIVATION → GÉLIFRACTION.

GÉLIVITÉ n. f. (de *gélif*). **1.** Défaut que présentent certains matériaux de se détériorer sous les effets du gel. – **2.** Propriété des roches sensibles à l'action de la gélifraction. – **3.** Défaut d'une essence forestière gélive.

GÉLIVURE n. f. (de *gélif*). **1.** Défaut dans le fût d'un arbre, résultant de l'éclatement du bois sous l'action du gel. — **2.** Fente provoquée par le gel dans le sol.

GELLÉE (Claude) → LORRAIN (le).

GELLERT (Christian Fürchtegott), écrivain allemand (Hainichen, Saxe, 1715 - Leipzig 1769). Il publia des *Fables et Récits* (1746-1748), qui reflétaient l'idéal philosophique et moral de l'« Aufklärung ».

GELL-MANN (Murray), physicien américain (New York 1929). Il a contribué aux classifications modernes des particules fondamentales à interactions fortes (hadrons), introduisant la notion d'*étrangeté,* charge de type nouveau, conservée au cours des interactions fortes, mais non au cours des interactions faibles. Il a enfin postulé l'existence des constituants élémentaires de la matière hadronique, les quarks, qui sont à la base des théories modernes sur les interactions fondamentales. (Prix Nobel de physique 1969.)

GÉLON, tyran de Gela et de Syracuse (Gela 540 - Syracuse 478 av. J.-C.). À Gela, il remplaça le tyran Hippocrate après sa mort (491). Appelé à Syracuse par les grands propriétaires, il y établit son autorité (485). Lors de la seconde guerre médique, il vainquit les Carthaginois à Himère en 480. Il agrandit Syracuse et la peupla des habitants des villes conquises.

GÉLOSE n. f. Syn. de AGAR-AGAR.

Gelosi *(Comici)* [« les Comédiens jaloux »], l'une des principales troupes italiennes de la commedia* dell'arte, qui se produisit à Milan, en France et à Vienne du milieu du XVIe s. à 1604.

GELSEMIUM [-zemjɔm] n. m. Plante de l'Indo-Malaisie et de l'Amérique, dont on extrait un alcaloïde appelé *gelsémine,* fébrifuge et antinévralgique.

GELSENKIRCHEN, v. d'Allemagne (Rhénanie-du-Nord - Westphalie), dans la Ruhr ; 304 000 hab. Houille. Métallurgie. Raffinage du pétrole.

GÉLULE n. f. (de *gélatine,* avec l'infl. de *capsule*). Forme médicamenteuse constituée par une petite capsule de gélatine.

GELURE n. f. (de *geler*). **1.** Action du froid sur un organe, une partie du corps. — **2.** Lésion résultant de cette action.

ENCYCL. On compte trois degrés de gelures : au premier degré, on note une rubéfaction ; au deuxième la formation de phlyctènes ; au troisième la nécrose des tissus.

Gemara ou **Guemārāh,** mot araméen signif. *complément, achèvement* et qui désigne la seconde partie du Talmud*.

GÉMATRIE n. f. (altér. du gr. *geômetria,* géométrie). Procédé fréquent dans la Bible et chez les Pères de l'Église, qui consiste à relier un nombre à un mot dont on additionne les valeurs numériques et symboliques de chaque lettre.

GEMAYEL (Pierre), homme politique libanais (Mansourah 1905 - Bikfaya 1984). Fondateur des Phalanges (« Katā'ib ») en 1936, il milite pour la fin du mandat français au Liban. Il lutte contre les nationalistes arabes pendant la guerre civile (1958). Opposé à la présence palestinienne armée au Liban, il dirige de 1975 à sa mort le « Front libanais » regroupant la droite maronite et sollicite l'intervention syrienne de 1976. Il a créé les Forces libanaises, aidées par les Israéliens depuis 1978. — Son fils BACHIR (Beyrouth 1947 - *id.* 1982), commandant en chef du conseil militaire des Katā'ib (1976), réalise l'intégration de la quasi-totalité des milices chrétiennes au sein des Forces libanaises après des affrontements avec les partisans de Frangié (1978) et de C. Chamoun (1980). Élu président de la République en août 1982, il est assassiné en septembre. — Son frère AMINE (Bikfaya 1942) lui succède à la présidence de la République (sept. 1982). Sous la pression syrienne, il rompt en 1984 l'accord signé avec Israël en 1983. Après la signature par les milices, et sous l'égide de la Syrie, d'un accord sur la réforme constitutionnelle devant aboutir à la déconfessionnalisation, il cherche à préserver les positions politiques des chrétiens. Il quitte la présidence de la République en sept. 1988, sans être parvenu à empêcher la décomposition politique de son pays et sans que son successeur ait pu être élu.

GEMBLOUX, comm. de Belgique, au N.-O. de Namur ; 18 000 hab. Bâtiments, du XVIIIe s., d'une ancienne abbaye fondée en 933.
— **Hist.** Victoire de don Juan d'Autriche sur les Flamands révoltés contre Philippe II (1578) et des Français sur les Autrichiens (1794).

GÉMEAUX (en lat. *Gemini, -orum*), constellation zodiacale. Ses deux principales étoiles sont Castor* et Pollux*.
— **Astrol.** Troisième signe du zodiaque, que le Soleil quitte au solstice d'été.

GÉMELLAIRE adj. (lat. *gemellus,* jumeau). **1.** Relatif aux jumeaux. — **2.** *Grossesse gémellaire,* gestation simultanée de deux ou plusieurs fœtus, qui seront des jumeaux monozygotes (vrais jumeaux) ou dizygotes (faux jumeaux).

GÉMELLION n. m. (lat. *gemellus,* jumeau). Bassin avec aiguière servant, au Moyen Âge, au lavement des mains à l'autel.

GÉMELLIPARE adj. (lat. *gemellipara*). Qui accouche ou va accoucher de jumeaux.

GÉMELLIPARITÉ n. f. État d'une femme gémellipare.

GÉMELLITÉ n. f. État d'enfants jumeaux.

GÉMIER (Firmin TONNERRE, dit **Firmin**), acteur et directeur de théâtre français (Aubervilliers 1869 - Paris 1933). Créateur d'*Ubu roi* d'A. Jarry (1896), il fut directeur de la Renaissance, où il effectua avec *Quatorze Juillet* de R. Rolland la première tentative de théâtre populaire (1902), puis succéda à Antoine à la direction du théâtre Antoine (1906-1919). Il tenta l'aventure d'un Théâtre national ambulant (1911-12) et fonda dans l'ancien Trocadéro le Théâtre national populaire (1920-1933).

GÉMINATION n. f. **1.** Fait de réaliser une géminée. — **2.** Anomalie caractérisée par la fusion entre tous les tissus de deux dents.

GÉMINÉE n. f. (lat. *geminatus,* de *geminare,* doubler). Consonne longue perçue à l'audition comme une suite de deux consonnes successives phonétiquement identiques. (En italien, les géminées s'opposent aux consonnes simples : *palla* [balle], *pala* [pelle] ; en français, elles n'apparaissent que dans certaines prononciations emphatiques : *C'est illégal !*)

GÉMINER v. t. (lat. *geminare,* doubler) [conj. 3]. Grouper deux à deux : *Géminer des classes.*

◆ **être géminé** v. pass. Être groupés par deux (notamm. en parlant de fenêtres, d'arcades).

Gemini, programme américain de vols spatiaux pilotés réalisés en 1965 et 1966 à l'aide de vaisseaux biplaces, dans le but d'étudier le comportement d'astronautes dans l'espace lors de séjours allant jusqu'à deux semaines et de maîtriser la technique des rendez-vous spatiaux. Le 15 déc. 1965, Gemini 6 et Gemini 7 réalisèrent le premier rendez-vous spatial de l'histoire de l'astronautique et, le 16 mars 1966, l'amarrage du vaisseau Gemini 8 avec un étage de fusée Agena choisi comme cible constitua le premier amarrage de deux engins dans l'espace.

GEMINIANI (Francesco), violoniste et compositeur italien (Lucques 1687 - Dublin 1762). Il fut premier violon et directeur de l'orchestre du Théâtre de la cour de Naples (1711). En 1714, il se rendit à Londres où il se lia avec Händel, puis il s'installa à Dublin (1733-1740), avant de résider à Paris (1749-1755). Il y fit représenter *la Forêt enchantée,* action chorégraphique (1754). Puis il retourna en Angleterre. Son œuvre instrumentale comporte des concertos grossos (1732, 1746), des sonates pour violon.

GÉMINIDES, essaim de météorites et météores associés observables en décembre dans la constellation des Gémeaux.

GÉMIR v. i. (lat. pop. **gemire,* du lat. class. *gemere,* se plaindre) [conj. **32**]. **1.** Exhaler sa peine, sa douleur, par des sons plaintifs, inarticulés, par des plaintes : *Un malade qui gémit (de douleur).* — **2.** *Litt.* Faire entendre un cri, un son plaintif : *Le vent gémit dans les arbres.* — **3.** *Litt.* Souffrir écrasé par une oppression, une torture, etc. : *Gémir sous la tyrannie.*

GÉMISSANT, E adj. Qui gémit ; plaintif : *Une voix gémissante.*

GÉMISSEMENT n. m. **1.** Voix plaintive, douloureuse, inarticulée, sourde. — **2.** Cri de certains oiseaux : *Les gémissements de la tourterelle.* — **3.** *Litt.* Cri ou son qui a quelque chose de plaintif : *Le gémissement du vent.*

GÉMISTE PLÉTHON (Georges), philosophe et humaniste byzantin (Constantinople v. 1355 - dans le Péloponnèse v. 1450), auteur d'un ouvrage sur la *Différence entre Aristote et Platon.*

GEMMAGE n. m. (de *gemmer*). Incision de l'écorce de certains pins, le pin maritime surtout, pour récolter la gemme.

GEMMAIL n. m. (pl. *gemmaux*) [de *gemme* et *vitrail*]. Technique particulière de vitrail, à pièces superposées et collées, créée dans les années 1930 par le peintre Jean Crotti (1878-1958).

GEMMATION n. f. (lat. *gemmatum,* de *gemmare,* bourgeonner). Développement d'un végétal par le moyen de gemmes ou bourgeons. (La gemmation est dite *basale* ou *apicale,* selon que les bourgeons se forment à la base ou au sommet des rameaux.)

1. GEMME n. f. (lat. *gemma,* pierre précieuse). Nom général des pierres précieuses et des pierres fines transparentes.

◆ adj. *Sel gemme* → SEL.

2. GEMME n. f. (anc. périgourdin *gema,* du lat. *gemma,* par comparaison des gouttes brillantes de résine avec des perles). Produit résultant de la transformation que l'air fait subir au liquide (oléorésine) que laissent exsuder les conifères. (On en tire l'essence de térébenthine, la colophane, la poix, une résine, un goudron, un brai gras, etc.)

3. GEMME n. f. (lat. *gemma*). Bourgeon.

GEMMÉ, E adj. *Litt.* Orné de gemmes, de pierreries.

GEMMER v. t. (de *gemme 2*) [conj. **4**]. Pratiquer le gemmage.

GEMMEUR, EUSE n. Personne qui pratique le gemmage. (Syn. RÉSINIER.)

GEMMIFÈRE adj. Se dit d'une plante qui porte des bourgeons.

GEMMIPARE adj. Se dit des végétaux et des animaux, tels que les polypes, qui émettent des bourgeons aptes à les reproduire.

GEMMIPARITÉ n. f. Caractère des organismes gemmipares.

GEMMOLOGIE n. f. Science qui consiste à identifier la nature des gemmes et à caractériser leur utilisation décorative.

GEMMOTHÉRAPIE n. f. Utilisation à des fins médicales de dilutions infinitésimales de tissus végétaux jeunes (bourgeons).

GEMMULE n. f. (lat. *gemmula,* petite gemme). Bourgeon initial occupant la partie supérieure de l'axe, dans l'embryon d'une plante à fleurs, avant même l'entrée en dormance de la graine.

GEMMYŌ (ou **GEMMEI**) **TENNŌ,** impératrice du Japon (708-714). Elle succéda à son fils Mommu. Elle transféra la capitale à Nara, inaugurant ainsi l'*ère de Nara* (710-794).

GÉMONIES n. f. pl. (lat. *Gemoniae*). **1.** Escalier qui gravissait le flanc nord-ouest du Capitole, reliant les prisons à la citadelle, et où l'on exposait les cadavres des suppliciés. — **2.** Litt. *Vouer, traîner aux gémonies,* livrer au mépris public.

GÉMOZAC (17260), ch.-l. de cant. de la Charente-Maritime, à 22 km au S. de Saintes ; 2 361 hab. Église des XIIe et XIIIe s.

GEMSBOK n. m. (angl. *gemsbok,* de l'afrikaans). Variété d'oryx d'Afrique du Sud, aux longues cornes droites.

GENABUM ou **CENABUM,** nom antique d'Orléans.

GÉNALCALOÏDE n. m. Dérivé oxygéné d'un alcaloïde dont il possède les propriétés thérapeutiques avec une toxicité très atténuée. (Les génalcaloïdes de l'atropine et de l'ésérine sont les plus employés.)

GÊNANT, E adj. **1.** Qui gêne, incommode, constitue un obstacle ; embarrassant : *Cette armoire est gênante : elle embarrasse le couloir.* — **2.** Qui embarrasse, importune ; indiscret : *Il est parfois gênant avec ses questions.* — **3.** Qui entraîne une gêne psychologique : *C'est une situation fort gênante pour moi.*

GENAS (69470), comm. du Rhône, banlieue est de Lyon ; 9 345 hab. Matériel de travaux publics.

GENÇAY (86160), ch.-l. de cant. de la Vienne, à 22 km au S. de Poitiers ; 1 691 hab. *(Gencéens).* Marché. — Aux environs, château de la Roche (XVIe et XVIIe s.).

GENCIVE n. f. (lat. pop. **ginciva,* du lat. class. *gingiva*). **1.** Muqueuse épaisse, de couleur rosée, qui recouvre les arcades alvéolaires des maxillaires supérieur et inférieur. — **2.** *Denture à gencive,* type de denture de scie à bois. ‖ Pop. *Envoyer qqch dans les gencives de qqn,* lui exprimer directement ce que l'on pense (de mal) de lui, le lui dire en pleine figure.

GENDARME n. m. (de *gens d'armes*). **1.** Militaire appartenant à une formation de la gendarmerie nationale. — **2.** *Fam.* Personne autoritaire et, en partic., femme de grande taille, à l'air viril. — **3.** *Fam.* Hareng saur. — **4.** *Chapeau de gendarme,* chapeau de papier plié rappelant la forme du bicorne des anciens gendarmes. ‖ Fam. *Faire le gendarme,* être autoritaire, faire régner l'ordre et la discipline. ‖ *Jouer au(x) gendarme(s) et au(x) voleur(s),* jeu d'enfant imitant la chasse faite aux voleurs par les gendarmes. ‖ *La peur du gendarme,* la peur de tout ce qui représente l'autorité, la force publique, et qui est censée maintenir l'individu dans le respect des lois, de la morale. • **Alp.** Pointement rocheux, situé sur une arête, pouvant constituer un obstacle à la progression des alpinistes. — **Charcut.** Saucisse séchée et fumée, vendue par paire, de couleur brun doré et de forme parallélépipédique. — **Hist.** Homme d'armes, cavalier ayant sous ses ordres un certain nombre d'autres cavaliers (souvent écrit GENS D'ARMES). ‖ Cavalier des compagnies d'ordonnance créées par Charles VII, en 1439. ‖ *Gendarme du roi,* gentilhomme appartenant à une formation de la maison du roi. — **Mil.** Depuis 1975, grade de la hiérarchie militaire qui se situe entre ceux de sergent et de sergent-chef. ‖ *Gendarme auxiliaire,* militaire du contingent effectuant son service actif dans la gendarmerie. — **Zool.** L'un des noms usuels de la punaise de feu *(pyrocoris).*

GENDARMER (SE) v. pr. (conj. 3). Protester, réagir vivement, s'emporter contre qqn, qqch pour une raison quelconque : *Se gendarmer contre le gaspillage.*

GENDARMERIE n. f. **1.** Force militaire chargée de veiller à la sécurité publique et d'assurer le maintien de l'ordre et l'exécution des lois sur toute l'étendue du territoire national, ainsi qu'aux armées. — **2.** Caserne où sont logés des gendarmes ; bureaux où ils assurent leurs fonctions administratives.

ENCYCL. Corps militaire très ancien, issu de la *maréchaussée* de l'Ancien Régime, la *gendarmerie nationale,* organisée par la loi du 28 germinal an VI (1798), est chargée de très nombreuses missions tant civiles que militaires. Elle participe à l'exercice de la police judiciaire et à celui de la police administrative, dont l'objet essentiel, le maintien de l'ordre public, recouvre un domaine très vaste (police de l'air, de la chasse, des étrangers, des frontières, de la pêche, des ports, de la route ; police douanière, économique, fiscale, fluviale, maritime, protection civile, etc.). Outre ses missions de police militaire, la gendarmerie participe aussi à l'administration des réserves, à la préparation de la mobilisation, aux manœuvres et exercices des armées, ainsi qu'au contrôle gouvernemental des forces nucléaires. Elle contribue à la défense opérationnelle du territoire. Placée sous l'autorité directe du ministre de la Défense (Direction générale de la gendarmerie nationale), elle comprend : des *organismes centraux,* tels le commandement des écoles, le centre de transmissions et d'informations routières de Rosny, le groupement de sécurité et d'intervention avec l'escadron parachutiste d'intervention, le groupe d'intervention de la gendarmerie nationale (G. I. G. N.) ; la *gendarmerie départementale,* répartie en groupements (département), compagnies (arrondissement) et brigades (canton) renforcés d'unités spécialisées (escadrons d'autoroute, brigades de montagne, sections d'hélicoptères) ; la *gendarmerie mobile,* organisée en escadrons motorisés ou blindés ; la *Garde républicaine ;* la *gendarmerie de l'air ;* la *gendarmerie maritime ;* la *gendarmerie des transports aériens ;* celles *de l'armement, d'outre-mer, des forces françaises en Allemagne.* Les effectifs de la gendarmerie approchent 90 000 hommes.

GENDEBIEN (Jean-François), homme politique belge (Givet 1753 - Mons 1838). Il siégea au Corps législatif de 1802 à 1813, puis aux états généraux des Pays-Bas (1815), et fut élu au Congrès national au lendemain de la révolution belge (1830). — Son fils ALEXANDRE (Mons 1789 - Bruxelles 1869), membre du gouvernement provisoire, puis du Congrès national (1830), fut ministre de la Justice de 1831 à 1839.

GENDELETTRE n. (de *gens de lettres*). *Fam.* et *vx.* Homme, femme de lettres.

GENDRE n. m. (lat. *generum,* accus. de *gener, -eri*). Mari de la fille, par rapport au père et à la mère de celle-ci ; beau-fils.

Gendre de M. Poirier *(le),* comédie en 4 actes, en prose, d'Émile Augier et Jules Sandeau (1854). Le sujet, sorte de *Bourgeois gentilhomme* du XIXe s., est tiré des situations créées par les mariages qui unissaient l'ancienne noblesse et la riche bourgeoisie arriviste.

GENDRON (Maurice), violoncelliste et chef d'orchestre français (Nice 1920 - Grez-sur-Loing, Seine-et-Marne, 1990). Il a créé (1945) le concerto pour violoncelle de Prokofiev. Professeur au Conservatoire de Paris de 1970 à 1987, il a également enseigné à l'école fondée par Yehudi Menuhin en Grande-Bretagne.

GÈNE n. m. (angl. *gene,* du gr. *genos,* origine). Segment d'A. D. N. responsable de la synthèse d'une protéine ou d'une fraction de protéine, enzymatique ou non, et, de ce fait, d'un caractère héréditaire.

ENCYCL. Le gène est situé sur le chromosome. Il est l'unité héréditaire de fonction, de recombinaison et de mutation, et il obéit aux lois de Mendel. Dans une population, un gène donné existe le plus souvent sous sa forme « normale » ou « sauvage ». Mais, de temps en temps, des mutations* surviennent : elles transforment le gène sauvage en une forme différente, appelée « allèle ».

Deux ou plusieurs gènes allèles occupent un même locus chromosomique ; un locus donné sur un chromosome donné ne peut être occupé que par un seul gène allèle à la fois. Un individu possédant 2 allèles identiques (un sur chacun de ses deux chromosomes) est dit *homozygote* pour l'allèle considéré. Un individu possédant 2 allèles différents est dit *hétérozygote.* C'est le résultat observable de l'action combinée de deux allèles différents chez un hétérozygote qui permet de dire si le caractère en cause est dominant ou récessif.

Les gènes sont responsables de la synthèse de toutes les molécules protidiques (enzymes ou protéines de structure) de l'organisme. C'est ainsi qu'ils sont le substrat de l'hérédité.

Leur fonctionnement ne peut être constant dans le temps. Il doit, au contraire, s'adapter aux conditions essentiellement variables de la vie cellulaire. Il existe un système de régulation génétique qui a été élucidé en grande partie grâce aux travaux de Jacob et Monod. Il dépend de véritables circuits obéissant à des mécanismes de rétro-inhibition *(feedback).* Les gènes sont ainsi organisés en « unités opérationnelles » responsables des diverses voies métaboliques de l'organisme.

GÊNE n. f. (anc. fr. *gehine,* torture, de *gehir,* avouer, du frq. **jehhjan*). **1.** État ou sensation de malaise physique, de peine, de trouble, de difficulté éprouvés dans certaines actions ou fonctions : *Avoir de la gêne à respirer.* — **2.** Désagrément, charge imposés par qqn, qqch : *Causer une gêne à quelqu'un.* — **3.** Situation pénible due au manque d'argent ; besoin : *Se trouver dans la gêne.* — **4.** Impression désagréable, embarras, trouble, malaise moral, confusion de qqn dans la situation où il est placé : *Il y eut un moment de gêne après cette interruption.* — **5.** Fam. *Être sans gêne,* prendre ses aises sans se préoccuper des autres ou des convenances ; être désinvolte. ‖ *Il y a eu gêne,* se dit dans certains sports quand un joueur est empêché par une cause extérieure d'avoir le bon réflexe. ‖ Fam. *Où (il) y a de la gêne, (il n')y a pas de plaisir,* se dit pour inciter qqn à sortir de sa réserve, ou, ironiq., à propos de qqn d'indiscret, qui prend ses aises sans se préoccuper des autres.

GÊNÉ → GÊNER.

GÉNÉALOGIE n. f. (bas lat. *genealogia,* du gr. *genealogia*). **1.** Dénombrement, liste des membres d'une famille établissant une filiation. — **2.** Science qui a pour objets la recherche de l'origine et l'étude de la composition des familles. (En plus de son intérêt historique, la généalogie joue un rôle encore important dans la recherche des héritiers et la détermination des droits de succession.) [Syn. PHYLOGÉNIE.] — **3.** Tableau d'une filiation : *La généalogie des animaux de race.* (Syn. ARBRE GÉNÉALOGIQUE.) — **4.** Historique d'un développement successif : *Reconstituer la généalogie des faits.* — **5.** Recherche ayant pour but d'établir une parenté historique entre plusieurs langues afin de les classer en familles de langues. — **6.** Filiation d'une science à ce qui la détermine à être telle ; rapport d'une science à l'état du savoir où elle est née et à celui où elle se développe.

Généalogie de la morale *(la),* de F. Nietzsche (1887). L'auteur y expose la doctrine de la morale des maîtres et des esclaves, fustige l'ascétisme et la mauvaise conscience, et lie le ressentiment à la soumission de l'esprit à la science.

GÉNÉALOGIQUE adj. **1.** Relatif à la généalogie. — **2.** *Arbre généalogique,* tableau qui, sous une forme arborescente, indique le développement d'une famille à partir d'un couple ancestral commun. ‖ *Livre généalogique,* registre ou fichier sur lesquels sont inscrits les reproducteurs des deux sexes d'une race d'animaux ainsi que leur filiation ; organisme chargé de la tenue d'un tel registre ou fichier. (→ *encycl.*)

ENCYCL. **Zootechn.** Les premiers *livres généalogiques* ayant été établis en Angleterre, on parle de *herd-books* pour les livres généalogiques des espèces bovine et porcine, de *stud-books* pour les livres généalogiques de l'espèce chevaline et de *flock-books* pour les livres généalogiques de l'espèce ovine. Il existe aussi des livres généalogiques pour les races de chiens et pour les races de chats. Un livre généalogique est dit *fermé* lorsqu'on n'y inscrit que des descendants issus d'animaux déjà inscrits à ce livre. Il est dit *ouvert* lorsqu'on peut y faire inscrire des animaux dont les parents n'étaient pas eux-mêmes inscrits.

GÉNÉALOGIQUEMENT adv. Du point de vue de la généalogie.

GÉNÉALOGISTE n. Personne qui dresse les généalogies.

GÉNÉPI ou **GENÉPI** n. m. (mot savoyard). **1.** Nom donné dans les Alpes à quelques armoises des sommets élevés. — **2.** Liqueur préparée à l'aide de ces armoises.

GÊNER v. t. (conj. 4). **1.** Déranger qqn dans son corps, dans sa liberté de mouvement, lui procurer une sensation de gêne physique : *Le col de ma chemise me gêne, il est trop étroit.* — **2.** Déranger qqn dans son action, entraver, freiner l'action de qqch ; embarrasser : *Ce paquet vous gêne, donnez-le-moi.* — **3.** Contrarier le bon déroulement d'un processus, d'une action, constituer un obstacle, une entrave : *En restant planté là, vous gênez la circulation.* — **4.** Causer du dérangement à qqn en lui infligeant sa présence, en lui imposant qqch : *Ça vous gêne que je vienne avec vous ?* — **5.** Faire éprouver à qqn un malaise d'ordre psychologique, intellectuel, moral, l'embarrasser : *Tu vas le gêner à lui faire des cadeaux aussi importants.* — **6.** En parlant d'une dépense, être inopportune, mettre qqn en difficulté financière : *Ça me gênerait un peu de vous prêter cet argent.*

◆ **être gêné** v. pass. **1.** Éprouver de la gêne, de la difficulté à se mouvoir : *Être gêné dans un pardessus trop étroit.* — **2.** Éprouver un malaise psychologique, moral, être emprunté ; manifester ce malaise, être contraint : *Être gêné en société. Avoir un sourire gêné.* — **3.** Être dans des difficultés financières : *Nous sommes un peu gênés en ce moment.*

◆ **se gêner** v. pr. **1.** Constituer une gêne l'un pour l'autre, en partic. dans le déroulement d'une action : *On est trop nombreux dans cette cuisine, on se gêne.* — **2.** Éprouver de la gêne devant qqn, être mal à l'aise, en partic. par pudeur. — **3.** *Ne pas se gêner pour,* ne s'imposer aucune contrainte pour qqn : *Ne vous gênez pas pour moi ;* ne pas hésiter à faire qqch qui pourrait être désagréable à autrui : *S'il se présente, je ne me gênerai pas pour le mettre à la porte.* — **4.** Fam. *Je vais me gêner !,* se dit, ironiq., pour affirmer qu'on n'hésitera pas à faire qqch. ‖ Fam. *Ne vous gênez pas !,* s'emploie pour indiquer à qqn qu'on considère sa conduite comme impudente, sans gêne.

1. GÉNÉRAL, E, AUX adj. (lat. *generalis,* de *genus, -eris,* genre). **1.** Qui s'applique à un ensemble d'êtres ou de choses : *Agir dans l'intérêt général.* — **2.** Qui intéresse tous les éléments d'un ensemble d'individus, de choses : *La grève générale.* — **3.** Qui s'applique à la très grande majorité des cas ou des êtres : *L'opinion générale est que vous avez tort.* — **4.** Qui est considéré dans son ensemble, abstraction faite des cas particuliers : *Le climat général de ce pays est tempéré.* — **5.** Qui intéresse l'ensemble des connaissances ou des notions relatives à un domaine : *Culture générale.* — **6.** Qui est abstrait et vague, indéterminé : *S'en tenir à des considérations générales.* — **7.** Qui coiffe l'ensemble d'un service, d'une administration et qui est à l'échelon le plus élevé dans la hiérarchie : *Le directeur général d'une entreprise.* – **8.** Qui intéresse l'ensemble de l'organisme, du corps de qqn : *Être frappé d'une paralysie générale.* – **9.** *D'une manière, d'une façon générale, en règle générale,* habituellement, couramment, si l'on fait abstraction de cas exceptionnels. • **Ling.** *Dictionnaire général,* dictionnaire qui traite le lexique d'une langue pris dans son ensemble. ‖ *Grammaire générale,* discipline qui a pour objet d'énoncer certains principes (universaux) auxquels obéissent toutes les langues. (La grammaire générale s'est développée aux XVIIe et XVIIIe s., dans la lignée des théoriciens de Port-Royal.) ‖ *Linguistique générale,* discipline qui, par-delà la diversité des langues particulières, se propose d'étudier le langage en lui-même et pour lui-même et d'en dégager les lois de fonctionnement. – **Log.** Qui a la propriété de la généralité. – **Méd.** *Médecine générale,* mode d'exercice de la médecine par le généraliste. – **Philos.** Se dit d'un concept qui s'applique à une classe d'éléments, d'individus, ou d'événements, qui constituent son extension. (La propriété inverse du degré de généralité est le degré d'abstraction.) – **Psychol.** *Psychologie générale,* partie de la psychologie qui vise à élaborer et à transmettre les connaissances valables pour tout individu. – **Théâtr.** *Répétion générale* ou *générale* (n. f.), dernière répétition d'ensemble d'une pièce devant un public d'invités.

◆ **général** n. m. **1.** Ce qui convient à un genre tout entier (toujours sing.) : *On ne peut conclure que du général au particulier.* – **2.** *En général,* d'une manière générale ; habituellement, ordinairement. ‖ *Parler en général,* sans prendre en considération les cas particuliers.

◆ **générale** n. f. Sonnerie de clairon ou batterie de tambour appelant les militaires à rejoindre leur poste de combat ou à se tenir prêts à partir.

2. GÉNÉRAL n. m. (de *général 1*). **1.** Officier appartenant aux échelons les plus élevés de la hiérarchie des armées de terre et de l'air. – **2.** *Litt.* Chef de guerre : *Hannibal, Scipion, Alexandre, les généraux les plus illustres de l'Antiquité.* – **3.** Supérieur de certains ordres religieux, notamment chez les jésuites. ‖ *Général des finances,* administrateur placé à la tête d'une généralité. (Créés au XIVe s., ils étaient chargés des questions administratives et contentieuses relatives aux finances extraordinaires. En 1577, leur charge fusionna avec celle des trésoriers de France, chargés des finances ordinaires.) ‖ *Général des galères,* officier qui commandait toutes les galères et tous les bâtiments ayant des voiles latines. ‖ *Général des galions* ou *de la mer,* officier qui commandait les forces navales espagnoles. – **4.** *Général de brigade, de division, de corps d'armée, d'armée,* échelons successifs de grade de général dans l'armée de terre. ‖ *Général de brigade aérienne, de division aérienne, de corps aérien, d'armée aérienne,* échelons successifs du grade de général dans l'armée de l'air. ‖ *Général en chef,* général placé à la tête d'un théâtre d'opérations et ne relevant que du pouvoir politique.

General Agreement on Tariffs and Trade → GATT.

GÉNÉRALAT n. m. (ital. *generalato*). **1.** Grade d'officier général : *Accéder au généralat.* – **2.** Autref., circonscription territoriale commandée par un général. – **3.** Fonctions de supérieur général de certains ordres religieux.

1. GÉNÉRALE → GÉNÉRAL 1.

2. GÉNÉRALE n. f. (de *général 2*). Femme d'un général.

General Electric, société américaine constituée en 1892, une des premières entreprises mondiales dans le domaine de l'équipement électrique et électronique. Elle s'est largement diversifiée : matériels industriels, outillage lourd, construction aérospatiale, plastiques, imagerie médicale...

GÉNÉRALEMENT adv. **1.** De façon générale, pour la plupart des personnes ; communément, habituellement : *On admet généralement cette hypothèse.* – **2.** À prendre les choses en général, sans entrer dans les détails : *Généralement parlant, cette politique est irréaliste.* – **3.** Dans la plupart des cas, à quelques exceptions près : *Il ne fait généralement pas beau en novembre.*

GENERALIĆ (Ivan), peintre croate (Hlebine 1914). Un des principaux fondateurs, avec Hegedušić, de l'école des « peintres paysans » de Hlebine, il s'exprime au moyen d'une palette luxuriante. – Son fils JOSIP (né en 1936) travaille dans la même veine, avec une certaine tendance au fantastique.

Generalife, villa des rois maures à Grenade (XIVe s.). Merveilleux jardins avec deux pavillons à portiques et galeries à jour.

GÉNÉRALISABILITÉ n. f. Capacité d'une observation d'être généralisée à une classe d'observations à laquelle elle appartient.

GÉNÉRALISABLE adj. Qu'on peut généraliser : *Proposition facilement généralisable.*

GÉNÉRALISATEUR, TRICE adj. Qui généralise, aime à généraliser : *Esprit généralisateur.*

GÉNÉRALISATION n. f. **1.** Action de généraliser, fait de se généraliser ; extension : *La généralisation d'un conflit.* – **2.** Action d'étendre les résultats de l'observation de quelques cas à l'ensemble des cas possibles. – **3.** Syn. de QUANTIFICATION.

(Ainsi, Russell parle de *généralisation universelle et existentielle* d'une variable.) — **4.** *Généralisation du stimulus,* phénomène par lequel, lors d'un conditionnement, des stimulus qui n'ont jamais été présentés au sujet, mais qui entretiennent des relations de similitude avec un stimulus ayant entraîné la réaction conditionnelle, déclenchent eux aussi cette réaction.

GÉNÉRALISER v. t. (de *général 1*) [conj. 3]. **1.** Donner un caractère général à qqch, lui donner une portée, une extension plus grande : *Généraliser une méthode.* — **2.** Conclure du particulier au général : *Avoir tendance à trop généraliser.* — **3.** Étendre à l'ensemble ou à la majorité de personnes ou de choses ce qui a été observé sur quelques cas, ce qui ne s'appliquait qu'à quelques personnes : *Généraliser les résultats de l'expérience à tous les faits de même nature.*

◆ **se généraliser** v. pr., **être généralisé** v. pass. S'étendre à un ensemble plus large et, en partic., à l'ensemble d'un organisme, d'un groupe, etc. : *Cancer généralisé.*

◆ **se généraliser** v. pr. Devenir commun à beaucoup, devenir général, se répandre : *C'est une coutume qui tend à se généraliser.*

GÉNÉRALISSIME n. m. (ital. *generalissimo,* de *generale,* général). Général investi du commandement suprême des troupes d'un État ou d'une coalition. (En France le terme n'est plus employé officiellement.)

GÉNÉRALISTE n. **1.** Médecin dont le champ d'activité s'étend à l'ensemble de l'organisme. (Syn. OMNIPRATICIEN.) — **2.** Personne ou entreprise qui n'est pas spécialisée, qui couvre tout un secteur d'activité.

◆ adj. **1.** Qui n'est pas spécialiste. — **2.** Se dit d'une entreprise médiatique (télévision, radio) qui vise tous les publics, par oppos. à *thématique.*

1. GÉNÉRALITÉ n. f. (bas lat. *generalitas, -atis*). **1.** Caractère de ce qui est général ; universalité : *Classer les termes selon leur degré de généralité.* — **2.** Le plus grand nombre, la grande majorité, la plupart : *Dans la généralité des cas.* — **3.** Propriété des énoncés quantifiés universellement.

◆ **généralités** n. f. pl. Idées si générales qu'elles sont plus ou moins vagues, sans lien avec le sujet ; lieux communs : *Se perdre dans des généralités.*

2. GÉNÉRALITÉ n. f. (de *général 2*). Circonscription du général des finances puis de l'intendant, en France sous l'Ancien Régime. (Syn. INTENDANCE.)

ENCYCL. D'abord strictement financières, les généralités, créées aux XIVe-XVe s., voient leur nombre passer de 4 à 16 sous François Ier puis à 17 sous Henri II. Devenues circonscriptions administratives au XVIIe s., dirigées par des intendants, il y en avait 21 sous Louis XIV et 34 en 1789.

General Motors Corporation, société industrielle américaine, fondée en 1908, et premier constructeur mondial d'automobiles. Le groupe, qui construit plus de la moitié des voitures particulières produites aux États-Unis, possède de nombreuses filiales à l'étranger.

GENERAL SAN MARTÍN, agglomération industrielle de la banlieue ouest de Buenos Aires ; 384 300 hab.

GÉNÉRATEUR, TRICE adj. (lat. *generator*). Qui est la source, la cause de qqch : *Chômage générateur de délinquance.* • **Bot.** *Assise* ou *couche génératrice,* syn. de CAMBIUM. — **Math.** *Élément générateur,* syn. de GÉNÉRATEUR. ‖ *Partie génératrice d'un corps* K *sur un sous-corps* L *de* K, sous-ensemble H de K tel que le sous-corps engendré par H et L est égal à K. ‖ *Partie génératrice d'un espace vectoriel* E, sous-ensemble $\{x_1, x_2, ..., x_p\}$ de E tel que E est engendré par $x_1, x_2, ..., x_p$. (Tout élément de E est une combinaison linéaire de $x_1, x_2, ..., x_p$.) ‖ *Partie génératrice d'un groupe* G, partie de G telle que G est engendré par cette partie.

◆ **générateur** n. m. Machine qui transforme l'énergie mécanique en énergie électrique. • **Bât.** Armature métallique longitudinale dans un ouvrage cylindrique en béton armé. — **Inform.** *Générateur d'états,* programme général créant l'ensemble des sous-programmes qui produiront l'édition de résultats à partir d'une description des données à sortir et de la structure de l'état à imprimer. ‖ *Générateur de programmes,* programme qui produit, à partir de sous-programmes généraux, un programme adapté au traitement d'une application dont la description permet de calculer l'enchaînement des sous-programmes et leurs paramètres. — **Math.** *Générateur d'un groupe,* élément qui engendre le groupe. (Celui-ci est dit *monogène.*) — **Nucl.** *Générateur isotopique,* appareil dans lequel l'énergie rayonnée par une source radioactive est utilisée pour produire de l'énergie électrique. — **Techn.** *Générateur de soudage,* appareil d'alimentation d'arcs de soudage, se composant d'un moteur entraînant une génératrice.

◆ **génératrice** n. f. Nom souvent donné au générateur de courant continu. (Syn. MACHINE DYNAMOÉLECTRIQUE.) [→ *encycl.*] • **Ch. de f.** *Génératrice auxiliaire,* sur une locomotive, génératrice entraînée par un moteur Diesel et alimentant en courant continu des circuits de commande, et souvent une batterie d'accumulateurs. ‖ *Génératrice principale,* machine analogue fournissant du courant continu aux moteurs de traction. — **Math.** Courbe (pouvant être une droite) qui permet de définir un cône, un conoïde, un cylindre, une surface réglée ou une surface de révolution.

ENCYCL. **Électr.** La *génératrice de courant continu* comporte un inducteur fixe, électroaimant destiné à produire le flux magnétique ; un induit, enroulement fermé sur lui-même, bobiné sur une armature cylindrique ; et un système (collecteur et balais) permettant de redresser ces forces électromotrices induites. Ces génératrices sont aujourd'hui presque totalement remplacées par des redresseurs statiques.

La *génératrice asynchrone* peut délivrer une énergie active, sous forme de courants alternatifs polyphasés, à condition qu'on l'entraîne à une vitesse supérieure à la vitesse de synchronisme et qu'on lui fournisse de l'énergie réactive.

— **Nucl.** *Générateur isotopique.* L'énergie des rayonnements émis par les radioéléments peut être utilisée pour produire de l'électricité par différents procédés : collecte de particules chargées, effet photoélectrique, effet thermoélectrique (le plus usité). On réalise ainsi des batteries qui peuvent fournir plusieurs centaines de watts et fonctionnent dans l'obscurité. Elles sont utilisées pour les satellites, les balises marines, les installations sous-marines. Le plutonium 238 permet de réaliser sur le même principe des stimulateurs cardiaques.

1. GÉNÉRATIF, IVE adj. (lat. *generatum*). Qui concerne la génération, la reproduction.

2. GÉNÉRATIF, IVE adj. (angl. *generative*). *Grammaire générative,* grammaire formelle destinée à rendre compte du savoir linguistique des locuteurs par sa capacité à énumérer l'ensemble infini des phrases grammaticales d'une langue au moyen d'un ensemble fini de règles.

ENCYCL. La grammaire générative est une théorie linguistique formulée vers 1960 par Noam Chomsky* et ses élèves. Le point de départ est une critique du modèle distributionnaliste. Celui-ci, en effet, partant de la description d'un corpus fini, était incapable de rendre compte du fait qu'un sujet parlant peut, à partir du nombre fini des mots de la langue et d'un nombre limité de règles, produire (ou « générer ») un nombre infini de phrases inédites. D'autre part, l'analyse distributionnelle ne pouvait rendre compte d'un certain nombre de faits syntaxiques : deux phrases identiques formellement peuvent avoir des structures différentes *(il a été retrouvé par son frère / par hasard),* deux phrases différentes formellement peuvent être de structure identique (la phrase active et la phrase passive) ; une phrase peut être ambiguë sur le plan syntaxique : *il croit son fils malade* (= il croit son fils ou il le croit malade). Pour lever ces difficultés, il faut postuler que tout énoncé comporte deux niveaux : une structure de surface qui est l'organisation de la phrase réalisée et une structure profonde qui en est l'organisation à un niveau plus abstrait.

Une grammaire générative est formée de trois parties (ou composantes) : une composante centrale, la syntaxe, et deux composantes interprétatives, la phonologie et la sémantique. La composante syntaxique, système de règles définissant les phrases permises dans la langue, est elle-même constituée de deux parties : la base qui définit les structures fondamentales, et les transformations qui permettent de passer des structures profondes aux structures de surface des phrases sans altérer l'interprétation sémantique faite au niveau profond.

GÉNÉRATION n. f. (lat. *generatio, -onis,* de *generare,* engendrer). **1.** *Vx.* Fonction par laquelle les êtres organisés se reproduisent ; reproduction : *Les organes de la génération.* — **2.** Action de se former : *La génération des cyclones tropicaux.* — **3.** Suite d'êtres organisés semblables, provenant les uns des autres ; postérité : *Quelle a été la génération de ces rois d'Aragon ?* — **4.** Degré de descendance dans la filiation : *Il y a deux générations du grand-père au petit-fils.* — **5.** Espace de temps qui sépare chacun des degrés de filiation : *Il y a environ trois générations par siècle.* — **6.** Ensemble des personnes vivant dans le même temps et étant à peu près du même âge : *Les gens de ma génération. Conflit des générations.* — **7.** Dans certaines techniques, phase qui marque l'évolution d'un appareillage et des conceptions qui lui sont propres ; ensemble des appareils qui relèvent d'une de ces phases de développement : *Une nouvelle génération de magnétoscopes.* — **8.** Action de générer une phrase. — **9.** *Génération spontanée,* syn. de ABIOGENÈSE.

génération perdue, expression attribuée à Gertrude Stein, reprise par Hemingway en tête du *Soleil se lève aussi* (1926). Elle désigne les écrivains américains qui, dans les années 1920, ont exprimé leur désespoir né de l'épreuve de la Première Guerre mondiale (Dos Passos, Fitzgerald, Hemingway, Cummings, MacLeish), cherchant une échappatoire dans l'Europe des années folles, l'alcool, le voyage, le socialisme.

GÉNÉRATIONNEL, ELLE adj. Qui concerne une génération, les relations entre générations : *Un conflit générationnel.*

GÉNÉRATIVISME n. m. Aspect théorique et méthodique de la grammaire générative.

GÉNÉRATIVISTE adj. et n. Relatif à la grammaire générative ; partisan de cette théorie.

GÉNÉRATRICE → GÉNÉRATEUR.

GÉNÉRER v. t. (angl. *to generate,* du lat. *generare,* engendrer) [conj. **18**]. **1.** Produire qqch, l'avoir pour conséquence inéluctable, l'engendrer, en être la source : *L'augmentation des produits pétroliers génère l'inflation.* — **2.** Créer un programme ou un système d'exploitation particulier, à partir de modules de programmes généraux et d'une spécification du programme recherché. — **3.** Engendrer une phrase.

GÉNÉREUSEMENT adv. **1.** De façon généreuse, avec noblesse de sentiments : *Il m'a généreusement offert son aide.* — **2.** Avec libéralité : *Payer un service généreusement.* — **3.** D'une façon très abondante : *Ne nous servez pas trop généreusement de ce vin.*

GÉNÉREUX, EUSE adj. (lat. *generosus,* de *genus, -eris,* race). **1.** Qui est doué de sentiments nobles, d'indulgence, de magnanimité, qui est prêt à faire le bien ; qui dénote la générosité ; dévoué, désintéressé, noble : *Un vainqueur généreux. Des idées généreuses.* — **2.** Qui donne libéralement ; qui dénote cet état d'esprit ; large : *Il n'est pas généreux même avec ses amis. Avoir un geste généreux.* — **3.** Abondant, copieux : *Repas généreux.* — **4.** *Litt.* Qui produit beaucoup ; fertile, fécond : *Terre généreuse.* — **5.** Se dit d'un vin riche en alcool et aux caractéristiques organoleptiques intenses. — **6.** *Formes généreuses,* pleines, rebondies, plantureuses.

GÉNÉRIQUE adj. (lat. *genus, -eris,* genre). **1.** Qui appartient au genre, à tout un genre, qui résume tout un genre : *Un titre générique.* — **2.** Se dit d'un mot de sens suffisamment général pour englober une classe naturelle d'objets dont chacun, pris séparément, reçoit une dénomination spécifique. (Ainsi *siège* est un terme générique d'une classe comprenant la *chaise,* le *fauteuil,* le *tabouret,* etc.) — **3.** Se dit du nom scientifique désignant le genre auquel appartient une espèce animale ou végétale. — **4.** Se dit d'un médicament dont la formule est tombée dans le domaine public et qui est vendu sous sa dénomination commune à un prix inférieur à celui de la spécialité correspondante. — **5.** Chez Aristote, qui se rapporte au genre.

◆ n. m. **1.** Partie d'un film ou d'une émission où l'on indique le titre, les noms du producteur, du distributeur et des divers collaborateurs. — **2.** Mot ou terme générique. — **3.** Médicament générique.

GÉNÉROSITÉ n. f. (lat. *generositas, -atis*). **1.** Qualité de qqn, de son action, qui se montre bienveillant, clément, indulgent ; magnanimité, grandeur d'âme : *Avoir la générosité de ne pas profiter de ses avantages.* — **2.** Disposition à donner avec libéralité ; qualité du don, du geste ainsi fait ; largesse, libéralité : *Une générosité sans bornes qui mène à la ruine.* — **3.** *Litt.* Excellente qualité de qqch : *Générosité d'un vin.* — **4.** Litt. *Générosité des formes,* leur aspect plantureux.

◆ **générosités** n. f. pl. Cadeaux, dons, largesses ; libéralités, prodigalités : *Des générosités royales.*

GÊNES, en ital. **Genova,** v. d'Italie, cap. de la Ligurie, ch.-l. de prov., sur le *golfe de Gênes ;* 763 000 hab. *(Génois).*

— **Géogr.** Gênes est le principal port italien de voyageurs et surtout de commerce. Son trafic total dépasse 40 Mt et est encore dominé par les importations de pétrole, en grande partie expédié par oléoducs vers Milan, la Suisse et l'Allemagne. Le port a favorisé la naissance d'industries telles que la construction navale, le raffinage et la pétrochimie. Troisième pôle économique de l'Italie du Nord (après Milan et Turin), bien relié à la plaine du Pô, Gênes a aussi une notable fonction administrative, commerciale et culturelle.

— **Hist.** Port sans doute fondé au Ve s. av. J.-C., Gênes est successivement occupée par les Romains (218 av. J.-C.), les Ostrogoths (Ve s. apr. J.-C.), les Byzantins (VIe s.) et les Lombards (641). Dotée à partir du XIe s. d'une flotte puissante, elle repousse les Sarrasins, puis participe à la première croisade (1097) au cours de laquelle elle jette les bases de son empire maritime. Maîtresse de la Méditerranée occidentale qu'elle libère des Sarrasins (1174), elle s'adonne au commerce des produits d'Orient, et devient l'une des plus grandes places maritimes de la Méditerranée. En 1099, elle devient une commune, dirigée par des consuls puis par un podestat (1190-1257) et un capitaine du peuple (1257-1262). Elle obtient des Byzantins de Nicée le monopole du commerce en mer Noire (traité de Nymphée, 1261), s'empare des droits sur la Corse et la Sardaigne qu'elle bat à La Meloria (1284), et s'établit à Phocée (1275), Chio (1304), Lesbos (1355), Famagouste (1373-74). À son apogée économique, mais affaiblie par ses querelles intestines et par la guerre de Chioggia (1378-1381) livrée contre Venise, elle tombe sous la domination de l'empereur (1311-1313), du roi de Naples (1318-1335), puis, après s'être dotée d'un doge à vie (1339), subit la tutelle de la France (1396-1409, 1458-1460) et de Milan (1421-1436, 1464-1478). Elle ne peut empêcher les Turcs d'occuper les comptoirs de l'Égée et de la mer Noire. Orientant dès lors son activité vers l'Occident, elle demeure une grande place commerciale et bancaire aux XVe et XVIe s. Tombée sous la domination espagnole et transformée en république marchande (1528), elle est en partie détruite par la flotte de Louis XIV (1684). Capitale de la République Ligurienne (1797), elle est annexée à l'Empire français en 1805 puis intégrée au royaume de Piémont-Sardaigne par le congrès de Vienne

(1815). Depuis lors, son rôle de grand port n'a cessé de se développer.
— **Bx-arts.** Gênes est un important centre depuis le XIe s., souvent avec le concours d'artistes originaires d'autres régions. Nombreuses églises remaniées et décorées à des époques diverses (S. Matteo, rebâtie à la fin du XIIIe s. ; S. Annunziata, rebâtie à la fin du XVIe s., à riche décor baroque ; S. Maria di Carignano, commencée en 1552 sur plans d'Alessi, avec deux statues par Puget ; etc.). Cathédrale S. Lorenzo, avec vestiges romans, refaite aux XIVe-XVIe s. (peintures, dont celles de L. Cambiaso ; trésor). Beaux palais, dont ceux de la famille Doria (des XIIIe-XIVe et XVIe s.), le groupe de l'actuelle rue Garibaldi, tracée par Alessi (Municipio, 1564 ; palazzo Rosso, 1672 ; palazzo Bianco, XVIe-XVIIIe s. ; etc.), le Palais royal (v. 1650), le Palais ducal de style néoclassique... Brillante école de peinture aux XVIIe et XVIIIe s. : B. Strozzi, G. B. Castiglione, A. Magnasco et tout un groupe de décorateurs baroques (les Carlone, Domenico Piola, G. De Ferrari). Galeries d'art des palais Rosso, Bianco et Spinola (peintres génois et italiens, flamands, dont Rubens et Van Dyck, etc.).

GÊNES *(golfe de),* golfe de la mer Tyrrhénienne, limité à l'O. par le cap Mele et à l'E. par le cap de Portovenere (à l'entrée du golfe de La Spezia). Stations balnéaires sur ses rives (Riviera di Ponente à l'O. et Riviera di Levante à l'E.). Ports de Gênes et de Savone.

GÉNÉSARETH, nom donné par les Évangiles au lac de Tibériade.

GENÈSE n. f. (lat. *genesis,* génération, du gr. *genesis*). **1.** Origine et développement des êtres : *La genèse des espèces.* — **2.** Processus de développement d'une maladie : *La genèse d'un cancer.* — **3.** Série de faits et de causes s'enchaînant les uns les autres et aboutissant à un résultat : *La genèse d'une théorie.* — **4.** Formation, élaboration progressive d'une œuvre littéraire, artistique : *La genèse d'un roman.*

Genèse, premier livre du Pentateuque* et de la Bible, qui rapporte la création du monde, les origines de l'humanité (d'Adam à Abraham), l'histoire des patriarches (Abraham, Isaac et Jacob).

GÉNÉSIAQUE adj. Relatif à la Genèse, à une genèse.

GÉNÉSIQUE adj. Qui concerne la génération.

GENET n. m. (esp. *jinete,* bon cavalier). Cheval de petite taille, originaire d'Espagne.

GENÊT n. m. (anc. fr. *geneste,* du lat. *genista*). **1.** Nom commun à 70 espèces d'arbustes (papilionacées) touffus, épineux ou non, à fleurs jaunes, d'Europe, d'Asie occidentale et d'Afrique du Nord. — **2.** *Genêt à balai* ou *genêt commun,* nom usuel du *sarothamne,* genêt aux tiges flexibles, aux petites feuilles à trois folioles. ‖ *Genêt blanc,* nom usuel du *cytise blanc.* ‖ *Genêt épineux,* nom usuel de l'*ajonc.* ‖ *Genêt d'Espagne,* genêt à longs rameaux basitones verts, aux feuilles très réduites, aux fleurs jaunes persistantes et parfumées, aux graines toxiques. (Syn. JONC D'ESPAGNE.)

GENET (Jean), écrivain français (Paris 1910 - *id.* 1986). Enfant abandonné, il connut l'errance et la prison, échappa à la relégation en 1948, grâce à Cocteau et Sartre qui firent connaître son œuvre. Ses romans (*Notre-Dame-des-Fleurs,* 1944 ; *Un captif amoureux,* 1986), ses poèmes et son théâtre (*les Bonnes**, 1947 ; *le Balcon,* 1956 ; *les Nègres,* 1958 ; *les Paravents,* 1961) évoquent cette jeunesse et fustigent les hypocrisies du monde contemporain.

GÉNÉTHLIAQUE adj. (lat. *genethliacus,* du gr. *genethliakos,* de *genethlê,* origine). Se dit de l'astrologie qui traite du ciel de naissance.

GÉNÉTICIEN, ENNE n. Spécialiste de la génétique.

GÉNÉTIQUE adj. (gr. *gennêtikos,* de *gennân,* engendrer). **1.** Relatif à l'hérédité, aux gènes. — **2.** Qui concerne la formation d'un minéral, d'une roche, d'un sol, etc. — **3.** Relatif à la généalogie des langues. — **4.** Relatif à la succession logique, à la filiation d'idées entre elles. — **5.** *Information génétique,* information contenue dans une séquence de nucléotides d'acides nucléiques, A. D. N. ou A. R. N. (→ *encycl.*) ‖ *Méthode génétique,* méthode d'exposition des théories mathématiques, opposée à la méthode axiomatique. (Proposée par Hilbert, elle consiste à générer des extensions successives à partir de notions simples.) ‖ *Psychologie génétique,* étude du développement mental de l'enfant et de l'adolescent en relation avec les structures intellectuelles de l'adulte. (La psychologie génétique a été fondée par Piaget.)

◆ **génétique** n. f. **1.** Partie de la biologie qui étudie les lois de l'hérédité. (→ *encycl.*) — **2.** *Génétique formelle,* étude de la transmission de l'information héréditaire des parents à leurs descendants. ‖ *Génétique des populations* ou *génétique mathématique,* étude des transformations, de génération en génération, du patrimoine de gènes possédé par une population. (→ *encycl.*) ‖ *Génétique quantitative,* étude de la manière dont les différences phénotypiques entre individus se transmettent d'une génération à l'autre sous l'action de diverses pressions évolutives.

ENCYCL. La génétique remonte à la découverte des lois de Mendel en 1865. Celles-ci furent cependant oubliées et ne furent redécouvertes qu'au début du xxe s. par Bateson, Correns, Tschermak et H. de Vries. Puis ce fut la découverte des gènes, de leur localisation sur les chromosomes, des mutations génétiques. À la fin de la Seconde Guerre mondiale, Avery, MacLeod et McCarty (1944) furent à l'origine de la génétique moléculaire en découvrant le rôle de l'A. D. N., dont la structure en double hélice devait être établie en 1954 par Watson et Crick. Quelques années plus tard, Jacob et Monod montrèrent l'existence de mécanismes régulateurs génétiques. Les années suivantes ont vu l'accès direct au gène* que l'on peut désormais extraire et manipuler. Les techniques nouvelles (notamm. la PCR*, amplification génique) ont permis des progrès considérables ces dernières années. Le premier séquençage complet du génome d'un être vivant (une bactérie) a été réalisé en 1995, suivi l'année suivante par celui de la levure, premier eucaryote dont on ait décrypté la totalité des 6 100 gènes. Si 75 % du génome humain, soit 30 000 gènes environ, sont d'ores et déjà repérés, leur décryptage complet demandera encore de longues années.

• Le premier résultat important de la *génétique des populations* a été, en 1908, la découverte par un mathématicien britannique, Hardy, et un biologiste allemand, Weinberg, de la loi (qui porte leurs noms) selon laquelle les fréquences des divers génotypes sont liées à celles des gènes et qui expose que, d'une génération à la suivante, l'équilibre se maintient.

Le trait le plus marquant de la génétique des populations depuis un quart de siècle est sans doute sa mathématisation croissante. Les recherches ont montré l'extrême polymorphisme des populations pour presque tous les caractères et que l'homogénéité des structures génétiques à laquelle on devrait théoriquement aboutir n'est pas atteinte. Le problème central de la génétique des populations reste celui de l'évolution du monde vivant.

• *Information génétique.* Chez certains virus, dits virus à A. R. N., l'information génétique est stockée dans des molécules d'A. R. N. Chez tous les autres organismes, depuis les virus à A. D. N. jusqu'aux mammifères, l'information génétique est stockée dans des molécules d'A. D. N. Chez les bactéries, l'A. D. N. est présent sous forme d'un chromosome circulaire unique, disposé à nu dans le cytoplasme. Dès que l'on s'élève dans l'échelle de l'évolution, le noyau s'individualise et contient plusieurs chromosomes qui stockent l'information génétique dans leur A. D. N.

GÉNÉTIQUEMENT adv. Du point de vue de la génétique.

GÉNÉTISME n. m. (de *génétique*). Conception selon laquelle une capacité ou une structure psychologique se développe avec l'âge et n'est donc pas innée.

GÉNÉTISTE adj. et n. Relatif au génétisme ; partisan du génétisme.

GÉNÉTITRE n. m. Ordinateur spécialisé, utilisé en télévision pour l'élaboration et l'exploitation de graphismes, et notamment pour la fabrication de génériques.

GENETTE n. f. (ar. *djarnait*). Mammifère carnivore (viverridé) à pelage tacheté, à longue queue annelée et à griffes rétractiles, présent en Afrique et dans le sud de l'Europe. (Les genettes chassent la nuit et se nourrissent de rongeurs et d'oiseaux, parfois d'insectes et de fruits. Leur pelage est utilisé pour confectionner des manteaux.)

GENETTE (Gérard), essayiste français (Paris 1930). Il a établi dans *Figures* (1966-1972) et dans *Nouveau Discours du récit* (1983) les principes d'une narratologie, esquissé dans *Mimologiques* (1976) une histoire du discours sur le langage et ses origines, étudié le problème des genres littéraires dans *Introduction à l'architexte* (1979) ; celui de l'intertextualité dans *Palimpsestes* (1982) et celui du paratexte (nom de l'auteur, titre, quatrième de couverture, préface, etc.) dans *Seuils* (1987).

GÊNEUR, EUSE n. Personne qui importune par sa présence, ses actes et empêche les autres d'agir librement.

GENÈVE, v. de Suisse, ch.-l. de canton, à l'extrémité occidentale du lac Léman, sur le Rhône ; 171 042 hab. *(Genevois)* [372 000 hab. dans l'agglomération].

— **Géogr.** Au pied du Jura, entre l'Italie et la Flandre, la ville était dès le Moyen Âge un centre commercial actif. Aujourd'hui, les activités liées à la banque, au commerce et surtout aux organismes internationaux (Croix-Rouge, Bureau international du travail, Laboratoire européen pour la physique des particules [Cern], etc.), expliquant la forte proportion d'étrangers (30 % auxquels s'ajoutent les frontaliers) et l'importance de l'aéroport de Cointrin, dominent une industrie pourtant active (mécanique et horlogerie, chimie, agroalimentaire, etc.).

— **Hist.** *Vicus* allobroge fortifié par César lors de la guerre contre les Helvètes (58 av. J.-C.), *Geneva* devint un siège épiscopal, occupé par son premier titulaire connu v. 400. Intégrée au royaume de Bourgogne, elle passa à l'Empire avec lui (1032). Son évêque, vassal immédiat de l'empereur depuis 1162, imposa la reconnaissance de sa suzeraineté au comte de Genève en 1213, mais il se heurta à partir de 1290 à la puissance des comtes puis ducs de Savoie, qui obtinrent l'in-

vestiture impériale en 1422. Genève fut du XIVe au XVIe s. un centre de commerce international (foires) et une grande place bancaire. Gouvernée par ses conseils de bourgeois, la cité chercha l'alliance de Fribourg contre la Savoie (1519), puis celle de Berne (1526). Son évêque ayant été évincé en 1533, Calvin s'y établit de 1536 à 1538, puis après 1541. Il voulut y organiser une « ville-église » dont la population vivrait selon l'Évangile. Genève devint dès lors la capitale du protestantisme, dotée d'une Académie, fondée en 1559, assurant la formation des pasteurs. Elle obligea le duc de Savoie à reconnaître son indépendance (1603). Rattachée à la France (de 1798 à 1814), elle entra dans la Confédération helvétique en 1814 et obtint du congrès de Vienne (1815) les territoires français et savoyards qui forment l'actuel canton. Elle fut le siège de la S. D. N. (1920-1947).
— **Bx-arts.** Dans la vieille ville, temple St-Pierre (anc. cathédrale, remontant aux XIIe-XIIIe s.), église de la Madeleine (XIVe-XVe s.), hôtel de ville (XVIe-XVIIe s.). Intéressants musées, dont celui d'Art et d'Histoire (archéologie, arts décoratifs, peintures, etc.).

GENÈVE *(canton de),* canton de l'ouest de la Suisse, correspondant approximativement à l'agglomération genevoise ; 282 km² ; 379 190 hab. Ch.-l. *Genève.*

Genève *(conférence de)* [avr.-juill. 1954], conférence qui aboutit à un accord de cessez-le-feu en Indochine, et à la signature (20 juill.) d'un accord partageant le Viêt-nam en deux zones de part et d'autre du 17e parallèle, avec regroupement respectif des forces du Viêt-minh au Nord et franco-vietnamiennes au Sud.

Genève *(convention de),* convention universelle sur le droit d'auteur, conclue en 1952 (révisée en 1971), entrée en vigueur en 1955 et ratifiée par la France la même année.

Genève *(conventions de),* ensemble de conventions dues à l'initiative du comité international de la Croix-Rouge. La première convention de Genève (22 août 1864) fut ratifiée par 16 États. Les signataires s'y engageaient à soigner tous les blessés de guerre indépendamment de leur nationalité. Les mêmes dispositions furent étendues à la guerre maritime (1907) et au traitement des prisonniers de guerre (1929). 63 États signèrent les quatre conventions, du 12 août 1949, qui concernent respectivement les blessés de guerre sur terre, sur mer, les prisonniers de guerre et la protection des personnes civiles.

GENÈVE *(lac de),* nom donné, à Genève, à l'extrémité sud-ouest du lac Léman ou *Petit Lac,* au S. de Versoix, parfois étendu à l'ensemble du Léman.

GENEVIÈVE *(sainte),* vierge patronne de Paris (Nanterre v. 422 - Paris v. 502). Fille de paysans, elle rencontra saint Germain d'Auxerre, qui la consacra à Dieu. Les Huns menaçant Paris (451), Geneviève empêcha les habitants de fuir et s'occupa de leur ravitaillement. Ses restes, déposés dans la crypte de l'église Saint-Pierre-et-Saint-Paul, sur l'actuelle « montagne Sainte-Geneviève », furent dispersés en 1793.

Geneviève de Brabant, héroïne d'une légende populaire médiévale, dont la première version se trouve dans *la Légende dorée.* Cette légende fut adaptée par Nivelle de La Chaussée et reprise par les romantiques allemands.

GENEVOIS, E adj. et n. de Genève.

GENEVOIS *(massif du)* → BORNES *(massif des).*

GENEVOIX (Maurice), écrivain français (Decize, Nièvre, 1890 - Alsudia-Cansades, Alicante, 1980). Marqué physiquement et moralement par la Première Guerre mondiale *(Ceux de 14),* il s'est fait le chantre de la forêt solognote (*Raboliot,* 1925 ; *la Dernière Harde,* 1938). Apôtre de l'instinct animal (*les Bestiaires,* 1969-1971), il a retrouvé dans l'enfance l'innocence qui, chez les bêtes, le fascinait (*Tendre Bestiaire,* 1969). [Acad. fr., 1946.]

GENÉVRETTE ou **GENEVRETTE** n. f. (de *genièvre*). Boisson fermentée obtenue avec des fruits sauvages, du sucre, et aromatisée avec du genièvre et de l'absinthe.

GENÉVRIER n. m. (de *genièvre*). Arbre ou arbuste gymnosperme (conifère) des régions tempérées et froides, à feuilles en aiguilles ou écailleuses.

GENGIS KHĀN, titre de **Temüdjin,** fondateur de l'Empire mongol (Delün Boldaq, auj. dans la région de Tchita, 1155, 1162 ou plutôt 1167 - Qingshui, dans l'actuel Gansu, 1227). Élu khān de sa tribu, probablement sous le nom de Tchingīz Kagan (1196), il devint le maître de toutes les tribus nomades de Mongolie et réunit en 1206 une grande assemblée (Quriltay) qui le proclama empereur (kagan ou khān). C'est alors que furent ébauchés les premiers rudiments de la loi impériale mongole *(yasa)* et que furent organisés un embryon de chancellerie et la grande armée impériale. De 1205 à 1209, il mena campagne contre le royaume Xixia des Tangouts de l'actuel Gansu ; de 1211 à 1216, contre les Jürchen, c'est-à-dire contre la Chine proprement dite (dynastie Jin). Il conquit le Khārezm et la Transoxiane (1219-1221), l'Afghānistān et l'Iran oriental (1221-22), détruisant Balkh, Rhazni et Harāt et massacrant leur population. Il mourut lors d'une campagne punitive contre les Xixia (1227). Ses quatre fils avaient de son vivant reçu des apanages : Djūtchī, la Sibérie occidentale, le

Turkestan et les territoires à conquérir à l'ouest ; Djaghataï, la région de l'Ili ; Ogoday, la région comprise entre l'Altaï et le lac Balkhach ; Toluy, le pays mongol.

GENGISKHANIDES, descendants de Gengis Khān.

GENGOU (Octave), bactériologiste belge (Ouffet 1875 - Bruxelles 1957). Il a isolé avec Bordet le bacille de la coqueluche et mis au point la réaction de déviation du complément. (→ BORDET-GENGOU.)

GENGOUL *(saint),* confesseur ou martyr († 760). Son culte, très populaire, s'est répandu dans une grande partie de l'Europe occidentale.

GÉNIAL, E, AUX adj. (lat. *genialis*). **1.** Qui a du génie : *Un physicien génial.* — **2.** Qui porte la marque du génie : *Une invention géniale.* — **3.** Remarquable en son genre, qui fait l'admiration de tous : *Un film génial.* — **4.** Fam. *(C'est) génial !,* indique l'admiration ou un contentement extrême ; fantastique. ‖ Fam. *Ne pas être génial,* témoigner de qualités médiocres.

GÉNIALEMENT adv. De façon géniale, magistrale : *Un concerto génialement interprété.*

GÉNIALITÉ n. f. Caractère de ce qui est génial.

1. GÉNIE n. m. (lat. *genius,* divinité tutélaire, puis talent). **1.** Dans les contes fantastiques, être surnaturel doué de pouvoirs magiques. — **2.** Personnification allégorique d'une idée abstraite ; représentation de cette allégorie. — **3.** Aptitude naturelle de l'esprit de qqn qui le rend capable de concevoir, de créer des choses, des concepts d'une qualité exceptionnelle : *Le génie d'Einstein.* — **4.** Personne douée de cette aptitude ; talent : *Un génie méconnu.* — **5.** Ensemble des caractères naturels qui sont essentiels à un peuple, à une langue, à une civilisation, etc., et leur confèrent leur originalité. — **6.** À Rome, conscience divinisée de chaque homme. (Le *genius* du père de famille était honoré sur l'autel familial.) — **7.** *Avoir le génie de,* avoir pour qqch des dispositions naturelles, poussées à un degré remarquable ; avoir le goût de : *Il a le génie des affaires.* ‖ *Bon, mauvais génie de qqn,* personne qui exerce sur qqn une influence bénéfique, maléfique. ‖ *De génie,* se dit de qqn qui manifeste une aptitude supérieure qui le rend capable d'invention ; qui porte la marque de cette aptitude remarquable ; génial. ‖ *Idée de génie,* très originale, très pertinente, très adaptée à la solution du problème qui était posé, ou, ironiq., très mauvaise idée.

2. GÉNIE n. m. (de *génie 1,* avec l'infl. de *ingénieur*). Ensemble des connaissances et des techniques concernant la conception, la mise en œuvre et les applications de procédés, de dispositifs, de machines propres à un domaine déterminé (génie climatique, génie frigorifique, etc.). • **Agric.** *Génie rural,* ensemble des techniques concernant les constructions agricoles et les équipements servant à l'agriculture, notamment les équipements hydrauliques. — **Bât.** et **Trav. publ.** *Génie civil,* ensemble des techniques concernant les constructions civiles. — **Chim.** *Génie chimique,* ensemble des connaissances scientifiques et techniques qui ont pour objet de concevoir et de mettre en œuvre une usine chimique et d'en optimiser la production. — **Génét.** *Génie génétique,* ensemble des techniques qui permettent la recombinaison hors de l'organisme de chromosomes appartenant à des espèces différentes. (→ *encycl.*) — **Inform.** *Génie logiciel,* ensemble des méthodes et des procédures mises en œuvre dans les différentes phases de la production d'un logiciel afin d'en améliorer les qualités et la maintenance. — **Mar.** *Génie maritime (G. M.),* autref., corps d'ingénieurs militaires chargé de la construction des navires de la marine militaire. (Le corps a fusionné en 1968 dans le corps des *ingénieurs de l'armement.*) — **Méd.** *Génie biomédical,* ensemble des techniques débouchant sur des réalisations industrielles utilisées en biologie et en médecine. ‖ *Génie épidémique,* ensemble des caractéristiques qui font la gravité d'une épidémie (virulence du germe causal, facilité de transmission de ce germe et donc de la contagion, conditions d'hygiène, état immunitaire de la population, etc.). — **Mil.** Dans l'armée de terre, arme chargée des travaux relatifs aux voies de communication et à l'aménagement du terrain ; service assurant la gestion du domaine militaire. (→ *encycl.*) ‖ *Génie de l'air,* grand commandement de l'armée de l'air, chargé des travaux d'infrastructure aérienne.

ENCYCL. **Génét.** *Génie génétique.* Les techniques de manipulations et de recombinaisons chromosomiques par inclusion de fragments d'A. D. N. étrangers venant d'autres espèces ont pour résultat la modification du programme héréditaire des cellules ou des bactéries. Elles permettent la production par celles-ci de substances complexes dont la synthèse chimique est difficile ou impossible. Le génie génétique a trouvé principalement deux champs d'application. Dans le domaine pharmaceutique, il a permis de fabriquer par certains micro-organismes (le colibacille notamm.) des substances telles que l'hormone somatotrope hypophysaire, l'insuline, certains éléments du sang, des anticorps purs, des antigènes de virus (destinés à la préparation de vaccins), etc. La recherche agronomique a pour sa part produit des variétés

transgéniques de fruits, de légumes et d'animaux d'élevage qui ouvrent de très intéressantes perspectives.
— **Mil.** Vauban, en 1692, forme un corps structuré en créant, au sein de l'artillerie, des compagnies de spécialistes, sapeurs et mineurs. Sous la Révolution, le génie prend le double aspect d'arme et de service et joue dès lors un rôle de plus en plus important dans les opérations (Sébastopol, 1854-55 ; guerre de mines, 1915 ; Rhin, 1945 ; Indochine, Algérie).
L'*arme du génie* comprend essentiellement des unités de combat, régiments et compagnies de division et de corps d'armée, dotées d'engins mécaniques et de matériels adaptés aux missions variées du combat moderne. Le *service du génie* (autref. *service du matériel du génie,* puis *service de travaux*) est chargé de la gestion et de l'entretien du domaine immobilier de l'armée de terre et d'une partie de celui de l'armée de l'air.

Génie du christianisme, par Chateaubriand (1802). Dans cette apologie du christianisme parue au moment de la signature du Concordat, l'auteur se proposait de démontrer que la religion chrétienne est la plus favorable à la création intellectuelle et artistique. L'ouvrage contenait à l'origine les deux courts romans d'*Atala* et de *René,* qui illustraient certains chapitres.

génie rural, des eaux et des forêts *(Corps du)* **[G. R. E. F.],** corps d'ingénieurs fonctionnaires de l'État, destiné principalement à pourvoir l'administration du ministère de l'Agriculture.

génie rural, des eaux et des forêts *(École nationale du)* **[E. N. G. R. E. F.],** établissement d'enseignement supérieur créé en 1965 par fusion de l'ancienne École nationale du génie rural et de l'ancienne École nationale des eaux et forêts constituant une des écoles d'application de l'Institut national agronomique Paris-Grignon et de l'École polytechnique. L'E. N. G. R. E. F. forme, d'une part, des ingénieurs fonctionnaires destinés à servir l'État dans le Corps du génie rural, des eaux et des forêts (G. R. E. F.) et, d'autre part, des ingénieurs civils plus spécialement destinés au secteur privé.

GÉNIEN, ENNE adj. Relatif au menton.

GENIÈVRE n. m. (lat. pop. **jeniperus,* du lat. class. *juniperus*). **1.** Nom usuel du *genévrier.* — **2.** Fruit du genévrier, petite baie noire très parfumée utilisée pour assaisonner certains gibiers, condimenter la choucroute ou aromatiser des marinades. — **3.** Eau-de-vie obtenue par distillation de moûts fermentés de céréales en présence de baies de genièvre.

GENIL (le), riv. d'Espagne, en Andalousie, affl. du Guadalquivir (r. g.) issu de la sierra Nevada ; 350 km environ. Aménagement hydraulique entre Loja et *Genil.*

GÉNINE n. f. Syn. de AGLUCONE.

GÉNIOGLOSSE adj. et n. m. *Muscle génioglosse,* muscle pair entrant dans la constitution de la langue.

GÉNIO-HYOÏDIEN adj. et n. m. (pl. *génio-hyoïdiens*). Se dit d'un muscle court s'étendant du maxillaire inférieur à l'os hyoïde.

GÉNIQUE adj. Relatif au gène.

GÉNISSE n. f. (lat. pop. **jenicia,* du lat. class. *junix, -icis*). Femelle de l'espèce bovine qui n'a pas encore mis bas.

GÉNISSIAT, lieu-dit de la comm. d'*Injoux-Génissiat* (Ain), au S. de Bellegarde-sur-Valserine. Barrage et centrale hydroélectrique sur le Rhône.

GÉNISSON n. m. (de *génisse*). Nom donné, dans certaines régions, aux jeunes veaux, notamment les veaux femelles.

GÉNITAL, E, AUX adj. (lat. *genitalis*). **1.** Relatif à la reproduction sexuée des animaux et de l'homme. — **2.** *Organisation génitale,* type de relation d'objets dans laquelle les zones érogènes sont placées sous la subordination des organes génitaux et qui serait le point supposé d'achèvement du développement psychosexuel. (Un certain nombre d'arguments cliniques viennent en contradiction avec ce point de vue.) ‖ *Parties génitales, appareil génital,* organes sexuels. ‖ *Tractus génital,* ensemble des organes génitaux de l'un ou de l'autre sexe, et dont les fonctions sont complémentaires. (→ *encycl.*) ‖ *Union génitale,* nom parfois donné au coït.
◆ **génital** n. m. Organisation génitale.
ENCYCL. **Anat.** Le tractus génital comporte : 1° les gonades ou glandes sexuelles (testicules et ovaires) ; 2° les canaux dérivés des canaux de Muller de de Wolff (trompes, utérus et vagin chez la femme ; prostate, canaux éjaculateurs, épididymes et canaux déférents chez l'homme) ; 3° les organes génitaux externes (vulve et vestibule chez la femme ; pénis chez l'homme).

GÉNITEUR, TRICE n. (lat. *genitor*). **1.** *Litt.* ou *ironiq.* Personne qui engendre qqn, son père ou sa mère. — **2.** Le père ou la mère physiologique (par oppos. au père ou à la mère légal).
◆ **géniteur** n. m. Animal reproducteur.

GÉNITIF n. m. (lat. *genitivus casus,* cas qui engendre). Cas des langues à déclinaison exprimant le plus souvent un rapport de subordination entre deux noms (possessif, partitif, etc.).

GÉNITO-CRURAL, E, AUX adj. *Nerf génito-crural,* nerf provenant du plexus lombaire et participant à l'innervation sensitive de la cuisse et des organes génitaux.

GÉNITOIRES n. m. (anc. fr. *genitaires,* du lat. *genitalia*). *Pop.* et *vx.* Testicules.

GÉNITO-URINAIRE adj. (pl. *génito-urinaires*). Qui concerne les organes de la génération et ceux de la sécrétion urinaire.

Genji monogatari [*Dit du Genji*], chef-d'œuvre du roman classique japonais, de Murasaki Shikibu, dame de la cour de Heian (XIe s.). Il évoque la vie désœuvrée à la cour de Kyōto.

GENK, comm. de Belgique (Limbourg), à l'O. de la vallée de la Meuse ; 62 000 hab. Montage automobile, aciérie, chimie.

GENLIS (21110), ch.-l. de cant. de la Côte-d'Or, à 16 km à l'E.-S.-E. de Dijon ; 5 279 hab. Constructions électriques.

GENLIS (Stéphanie Félicité Du Crest, *comtesse* de), femme de lettres française (Champcéri, Saône-et-Loire, 1746 - Paris 1830). Attachée à la famille d'Orléans, elle fut gouvernante du futur Louis-Philippe. Sa pédagogie s'est exprimée dans son *Théâtre à l'usage des jeunes personnes* (1779-80), *Adèle et Théodore* (1782), *les Veillées du château* (1782). D'abord favorable à la Révolution, elle émigra de 1792 à 1801. Nommée à son retour dame inspectrice des écoles primaires par Bonaparte, elle publia notamment des romans historiques. Elle a laissé des *Mémoires* (1825).

GENNADIOS II SCHOLARIOS, théologien byzantin (Constantinople v. 1405 - apr. 1472), patriarche de Constantinople (1454-1456, 1462-63, 1464-65). Professeur, théologien, conseiller et secrétaire de l'empereur, il prit part au concile de Florence (1438-39), puis se fit moine en 1450. Prisonnier des Turcs en 1453, il fut nommé patriarche de Constantinople par Mehmet II l'année suivante. Sa théologie est fondée sur une bonne connaissance des écrits patristiques et des ouvrages de scolastique.

GENNARGENTU, massif du centre de la Sardaigne ; 1 834 m.

GENNEP (Arnold Van) → Van Gennep.

GENNES (49350), ch.-l. de cant. de Maine-et-Loire, sur la Loire ; 1 955 hab. Vestiges gallo-romains. Deux églises avec éléments préromans.

GENNES (Pierre-Gilles de), physicien français (Paris 1932). Professeur au Collège de France depuis 1971, il dirige depuis 1976 l'École supérieure de physique et de chimie industrielles de la Ville de Paris. Spécialiste de la physique de la matière condensée, il a fourni des contributions théoriques marquantes dans des domaines très variés : semi-conducteurs, supraconductivité, cristaux liquides, polymères, etc. (Acad. des sc., 1979 ; prix Nobel de Physique 1991.)

GENNEVILLIERS (92230), ch.-l. de cant. des Hauts-de-Seine, banlieue N.-O. de Paris, sur la Seine ; 45 052 hab. Port fluvial. Entrepôts. Point d'éclatement des conteneurs ferroviaires et routiers. Automobile et aéronautique, électronique, chimie.

GÉNOCIDE n. m. Extermination systématique d'un groupe humain, national, ethnique ou religieux.

ENCYCL. C'est au cours de la Seconde Guerre mondiale qu'est né le mot « génocide », forgé en 1944 par le juriste polonais Raphael Lemkin pour caractériser « la pratique de l'extermination de nations et de groupes ethniques ». Par la suite, en 1948, l'O.N.U. a adopté, grâce aux efforts de Lemkin, la convention sur le génocide, érigé en crime quant au droit international. Rétrospectivement, le terme a été employé pour le massacre systématique des Arméniens par les Turcs en 1915, lorsque le gouvernement turc décida de déporter toute la population arménienne du pays (environ 1 750 000 personnes) en Syrie et en Mésopotamie. Près d'un tiers échappèrent à la déportation, mais on estime qu'environ 600 000 Arméniens déportés moururent ou furent massacrés en route. Le terme a été également appliqué à diverses situations historiques : l'extermination des Cambodgiens par les Khmers rouges dans les années 1970, ou encore la destruction de nombreux groupes d'Amérindiens par les conquérants européens et leurs descendants, encore que, dans ce dernier cas, une part des morts soit due aux contacts des populations avec des germes pathogènes nouveaux pour elles. Certains historiens emploient le mot génocide de façon moins restrictive et l'appliquent par exemple aux victimes de la famine de 1932-33 en Ukraine. Plus récemment, l'O.N.U. a retenu la qualification de génocide pour inculper — au travers du Tribunal pénal international mis en place en 1993 et 1994 — les auteurs des crimes commis dans l'ex-Yougoslavie (en particulier, le « nettoyage ethnique » perpétré en Bosnie) à partir de 1992 et au Ruanda en 1994.

• *Le génocide de 1939-1945.* Durant la Seconde Guerre mondiale, si le IIIe Reich a voulu d'abord et avant tout anéantir les Juifs, le racisme nazi ne limitait pas là sa volonté de destruction physique des peuples « inférieurs ». Les Tsiganes ont été eux aussi victimes d'un génocide soigneusement ourdi et exécuté : au total, on peut estimer leurs pertes à environ 250 000 personnes, soit le tiers de la population tsigane vivant en Europe en 1939. Quant aux Slaves, considérés par les nazis comme des « sous-hommes » *(Untermenschen),* les plans des dirigeants hitlériens les destinaient à des déportations et éliminations massives. La destruction systématique des élites polonaises, le

traitement infligé aux prisonniers de guerre soviétiques, les massacres de Serbes à grande échelle ne constituaient qu'une première étape. Néanmoins, ce sont les Juifs qui ont été, de loin, les principales victimes de la politique nazie d'extermination, et c'est pourquoi on utilise fréquemment, au lieu du mot « génocide », les termes « holocauste » ou « shoah ».
À la base de cette politique d'extermination, il y a la philosophie nazie du monde, dont le racisme forme une composante essentielle. C'est en 1941, après l'agression contre l'Union soviétique, que Hitler, suivi par Göring et Himmler, prend la décision de procéder à la « solution finale », c'est-à-dire à la liquidation systématique de la population juive d'Europe. À cette fin, au cours de la même année, commence la mise en place de camps d'extermination. À partir de 1942, l'extermination devient massive. Dans les camps, une véritable industrie de la mort fonctionne jour et nuit jusqu'en 1944. Le bilan du génocide des Juifs pendant la Seconde Guerre mondiale est accablant pour les responsables nazis. Sans doute ne connaîtra-t-on jamais le nombre des victimes avec une précision absolue, mais on dispose d'estimations scientifiques très solides aboutissant à des chiffres variant entre 5 et 6 millions de morts, soit près des trois cinquièmes des Juifs d'Europe.

GÉNODERMATOSE n. f. Maladie de la peau, d'origine génétique, associant le plus souvent aux lésions cutanées des lésions viscérales.

GÉNOIS, E adj. et n. **1.** De Gênes. – **2.** *École génoise,* école artistique qui s'est développée à Gênes (fin du XVe au XVIIIe s.).

◆ **génois** n. m. Grand foc qui occupe la totalité du triangle avant et recouvre la grand-voile sur l'arrière.

◆ **génoise** n. f. **1.** Pâtisserie légère, à base d'œufs battus, de sucre, de beurre fondu et de farine, qui sert à réaliser de nombreux gâteaux, fourrés, glacés au fondant, abricotés, etc. – **2.** Corniche composée de tuiles canal superposées et fixées dans le mortier. (Provence et pays méditerranéens.)

GÉNOME n. m. (de *gène*). **1.** Chez les eucaryotes, lot haploïde des chromosomes propres à l'espèce, ou encore ensemble des gènes de l'espèce. (Les cellules somatiques comportent le génome en double exemplaire, tandis que les gamètes sont constitués par le génome proprement dit.) – **2.** Chez les procaryotes (bactéries, virus), ensemble des gènes. (Le génome est porté par un seul chromosome.)

GÉNOPE n. f. **1.** Serrage de deux filins l'un contre l'autre avec un bout de cordage. – **2.** Ce bout de cordage lui-même.

GÉNOTYPE n. m. Constitution héréditaire d'un organisme, formée par la totalité du stock chromosomique caractéristique de l'espèce. (S'oppose à *phénotype.*)
ENCYCL. **Biol.** Le génotype correspond au nombre diploïde de chromosomes (2 N) ; il résulte de l'addition des chromosomes des deux génomes, l'un d'origine paternelle, l'autre d'origine maternelle. Il représente la formule héréditaire de l'individu. Il définit la nature des gènes possédés par lui, qu'ils soient exprimés ou non. Des génotypes différents peuvent se traduire par des manifestations extérieures identiques. (→ *lois de* MENDEL.)

GÉNOTYPIQUE adj. Relatif au génotype.

GENOU n. m. (pl. *genoux*) [lat. pop. **genuculum,* du lat. class. *geniculum,* dimin. de *genu,* genou]. **1.** Partie du corps où la jambe se joint à la cuisse. (→ *encycl.*) – **2.** Chez les quadrupèdes, articulation du membre antérieur entre l'avant-bras et le canon. – **3.** *À genoux,* les jambes pliées de telle sorte que le poids du corps porte sur les genoux posés au sol ; attitude d'adoration, de supplication ou de soumission, d'humilité : *Laver le sol à genoux. Je vous le demande à genoux.* ‖ Fam. *C'est à se mettre à genoux,* c'est très bon, très beau, c'est admirable. ‖ *Être à genoux devant qqn,* être en admiration devant lui. ‖ Fam. *Être, mettre sur les genoux,* être très fatigué, épuisé ; fatiguer, épuiser : *Je suis rentré sur les genoux de cette balade.* ‖ Fam. *Faire du genou à qqn,* le toucher discrètement du genou pour attirer son attention et, en partic., pour lui signifier qu'on est attiré sexuellement par lui. ‖ *Mettre un genou à terre,* faire ce geste en signe de soumission. ‖ *Plier le genou (devant qqn),* donner des marques du respect religieux ou de la soumission. ‖ *Sur les genoux de qqn,* sur les cuisses de qqn, celui-ci étant assis : *Prendre un enfant sur ses genoux.* ‖ *Se jeter, tomber aux genoux de qqn,* le supplier ou s'humilier devant lui.
ENCYCL. **Anat.** L'articulation du genou met en présence les deux condyles de l'extrémité inférieure du fémur et les deux cavités glénoïdes du plateau tibial ; la concordance des surfaces articulaires est assurée par deux fibrocartilages, les *ménisques.* En avant des condyles, s'articulant avec eux par sa face postérieure, se trouve la *rotule.* Les surfaces articulaires sont unies par une capsule renforcée par de puissants moyens d'union, les *ligaments latéraux* et *croisés.* En arrière de l'articulation du genou se trouve le *creux poplité.*

GENOUILLAC (Jacques RICARD DE GENOUILLAC, dit **Galiot de**), homme de guerre français (château d'Assier, Lot, 1465 - château de Végennes, Corrèze, 1546). Grand maître de l'artillerie (1512), il réorganisa cette arme et contribua largement à la victoire de Marignan. Ambassadeur en Espagne (1525), il fut nommé par François Ier grand écuyer de France, puis gouverneur du Languedoc (1546).

GENOUILLÉ, E adj. (anc. fr. *genouil,* genou). *Corps genouillé,* saillies de la partie postérieure du thalamus, dont la partie externe est un relais des voies optiques et la partie interne un relais des voies auditives.

GENOUILLÈRE n. f. (anc. fr. *genouil,* genou). **1.** Bandage ou tricot souple destiné à maintenir l'articulation du genou. — **2.** Système de protection du genou pour l'exercice de certains sports et de certains métiers. — **3.** Pièce de cuir que l'on place aux genoux du cheval pour éviter qu'il ne se couronne en cas de chute. — **4.** Partie de l'armure qui couvrait le genou. — **5.** Bout de tuyau coudé adapté aux bouches d'arrosage public. — **6.** Charnière permettant à une porte de se mouvoir en va-et-vient. — **7.** Partie d'une botte qui recouvre le genou.

GÉNOVÉFAIN n. m. (lat. *Genovefa,* Geneviève). Chanoine régulier de Saint-Augustin de la congrégation de Sainte-Geneviève, fondée en 1634 et dissoute en 1790.

GENOVESI (Antonio), écrivain et économiste italien (Castiglione, Salerne, 1713 -Naples 1769). Titulaire à Naples de la première chaire d'économie politique créée en Europe (1754), son enseignement est recueilli dans ses *Leizioni di commercio...* (1765-1767), œuvre majeure de la réflexion économique européenne du XVIIIe s.

GENRE n. m. (lat. *genus, -eris*). **1.** Ensemble de traits communs à des êtres ou à des choses caractérisant et constituant un type, un groupe, un ensemble ; sorte, espèce : *Aimez-vous ce genre de spectacle, ce genre de filles ?* — **2.** *Un genre de,* une sorte de (indiquant une analogie, une ressemblance, une approximation) : *Ce chapeau était un genre de bonnet.* — **3.** Manière d'être de qqn ; comportement, attitude ; allure de qqch : *Il a un genre bizarre. Avoir le genre artiste.* — **4.** Catégorie d'œuvres littéraires ou artistiques définie par un ensemble de règles et de caractères communs ; style, ton d'un ouvrage : *Le genre oratoire.* — **5.** *Avoir bon genre, mauvais genre, avoir un drôle de genre,* avoir une allure distinguée, vulgaire ; avoir une allure bizarre ; être bien, mal élevé. ‖ *C'est, ce n'est pas mon genre,* c'est, ce n'est pas dans mes habitudes, dans mes goûts : *Ce n'est pas son genre d'être en retard.* ‖ *Dans (en) son genre,* dans la catégorie dont fait partie qqn ou qqch ; à sa façon : *Il est unique en son genre.* ‖ *En tout genre, en tous genres,* de toute(s) sorte(s). ‖ *Faire du genre,* avoir des manières affectées, de l'affectation. ‖ *Genre humain,* ensemble des hommes, humanité. ‖ *Mélanger les genres,* mêler des tons, des styles différents ; faire interférer dans un problème des considérations qui ne conviennent pas au style de la discussion. • **Biol.** Ensemble d'êtres vivants, situé, dans la classification, entre la famille et l'espèce, et groupant des espèces très voisines désignées par le même nom latin : nom générique suivi d'un nom spécifique, propre à l'espèce. (Ex. : le genre *canis* renferme l'espèce *Canis lupus* [le loup], l'espèce *C. vulpes* [le renard] et l'espèce *C. familiaris* [le chien].) — **Bx-arts.** Catégorie définie par la nature du sujet traité par l'artiste. ‖ *Grand genre* ou *genre historique,* le genre noble, la peinture d'histoire*. ‖ *Peinture de genre,* catégorie picturale comprenant les scènes de caractère anecdotique, familier, intime ou populaire. (Syn. SCÈNE DE MŒURS.) — **Géogr.** *Genre de vie,* combinaison de pratiques culturelles et techniques, consolidées par la tradition, caractérisant le mode d'existence d'un groupe humain individualisé dans un cadre spatial donné. — **Ling.** Catégorie grammaticale fondée sur la répartition des noms en deux ou trois classes (masculin, féminin, neutre) selon un certain nombre de propriétés formelles *(genre grammatical)* auxquelles on associe le plus souvent des critères sémantiques relevant de la représentation des objets du monde *(genre naturel).* [→ *encycl.*] — **Mus.** *Genre musical,* ensemble de formes de même caractère, réunies par leur destination (ex. musique de chambre) ou par leur fonction (ex. musique sacrée). — **Philos.** Dans la philosophie d'Aristote, caractère commun à tous les objets d'une science, ou classe de ces objets.

ENCYCL. **Ling.** Les substantifs d'un certain nombre de langues sont répartis en deux ou trois classes grammaticales spécifiques correspondant à la notion de genre : le masculin et le féminin (pour le français, l'hébreu, l'hindī, etc.), le masculin, le féminin et le neutre (pour le grec, le latin, l'allemand, le russe, etc.). En français, dans *Le maître est arrivé, il est gentil* vs *La maîtresse est arrivée, elle est gentille,* le genre s'exprime par les suffixes (*-/-esse*), par l'accord *(le/la, gentil/gentille, arrivé/arrivée)* et par la référence pronominale *(il/elle).* À cette catégorisation formelle *(genre grammatical)* vient se superposer, dans certains cas, une catégorisation sémantique *(genre naturel)* qui oppose les personnes et les objets (animés et non-animés) et, à l'intérieur de la classe des animés, les individus mâles et les individus femelles.

Genroku, ère japonaise (1688-1704) correspondant au règne de l'empereur Higashi-Yama. Elle est caractérisée par un épanouissement des arts et des lettres, et par l'essor du commerce.

1. GENS [ʒɛ̃s] n. f. (pl. *gentes* [ʒɛ̃tɛs]) [lat. *gens, -entis*]. À Rome, groupe de familles descendant d'un ancêtre commun.

ENCYCL. Dans la société romaine primitive, les membres de la gens portaient le nom de l'ancêtre commun (nom gentilice). Les *gentes* regroupaient aussi un plus ou moins grand nombre d'hommes placés sous sa dépendance, les clients. Très tôt, ces *gentes* se désorganisèrent au profit du groupe plus restreint de la *familia.* Certaines *gentes* se réservèrent peu à peu les droits politiques et religieux, formant le patriciat ; elles jouèrent un rôle fondamental dans les premiers temps de la République.

2. GENS [ʒɑ̃] n. m. pl. (anc. pl. de *gent 1*). **1.** Personnes en nombre indéterminé : *Des gens flânaient dans la rue.* — **2.** Les hommes en général, le monde : *Les gens sont influencés par la publicité.* — **3.** *Fam.* Telle ou telle personne, ou la personne qui parle : *Vous avez une façon de recevoir les gens !* — **4.** *Vx.* Ensemble des personnes au service de qqn ou ensemble de ses partisans : *Partir avec ses gens.* — **5.** Personnes appartenant à un état, à une profession : *Les gens du spectacle.* — **6.** *Bonnes gens, braves gens,* personnes simples, sans malice. ‖ *Jeunes gens,* jeunes, filles et garçons ; pl. de *jeune homme.* ‖ *Gens de guerre,* se disait autref. des soldats. ‖ *Gens de maison,* syn. de DOMESTIQUES. ‖ *Gens de pied,* au Moyen Âge, nom donné aux fantassins. ‖ *Gens d'armes,* anc. graphie de *gendarmes.* ‖ *Gens de lettres,* ceux qui font profession d'écrire ; écrivains. ‖ *Gens de mer,* personnes qui, professionnellement, se livrent à la navigation maritime. ‖ *Petites gens,* personnes de condition modeste. — REM. L'adjectif qui précède directement *gens* est au féminin quand cet adjectif a une forme différente au masculin et au féminin, ce qui entraîne le féminin dans les adjectifs ou les déterminants qui précèdent : *De bonnes gens. Toutes les petites gens ;* mais *de vrais honnêtes gens.* L'adjectif attribut ou le participe qui suit sont toujours au masculin : *Les bonnes gens sont inquiets.*

Gens de Dublin, recueil de nouvelles de James Joyce (1914), tableau de la misère matérielle et spirituelle des petites gens de Dublin.

gens de lettres *(Société des)* [*S.G.D.L.*], association constituée en 1838 en vue de défendre les droits et intérêts des écrivains ; elle est reconnue d'utilité publique. La S.D.G.L. a créé la *Société civile des auteurs multimédia* (S.C.A.M.) pour l'exploitation audiovisuelle des œuvres.

GENSCHER (Hans-Dietrich), homme politique allemand (Reideburg, près de Halle, 1927). Président du parti libéral (FDP) de la R.F.A. (1974-1985), il a été ministre des Affaires étrangères de 1974 à 1992.

GENSÉRIC → GEISÉRIC.

GENSFLEISCH (Johannes) → GUTENBERG.

GENSONNÉ (Armand), homme politique français (Bordeaux 1758 - Paris 1793). Député à la Législative puis à la Convention, il fut l'un des chefs girondins. Arrêté le 2 juin 1793, il fut guillotiné (oct.).

1. GENT [ʒɑ̃] n. f. (lat. *gentem,* accus. de *gens, -entis,* race). *Litt.* ou *ironiq.* Race, espèce : *La gent féminine.*

2. GENT, E adj. (lat. *genitus,* né). *Litt.* Joli, gentil : *Gente dame.*

GENT, nom néerlandais de Gand.

GENTAMICINE ou **GENTAMYCINE** n. f. Antibiotique de la famille des aminosides, obtenu à partir des cultures de *Micromonospora purpurea,* possédant un large spectre d'activité, en particulier envers le bacille pyocyanique et le proteus, mais ayant une toxicité rénale et auditive.

GENTIANACÉE [ʒɑ̃sja-] n. f. Nom de famille des gentianes et des plantes voisines, aux grandes et belles fleurs à cinq pétales soudés. (800 espèces environ, dont 45 en France.)

GENTIANALE [ʒɑ̃sja-] n. f. Nom d'ordre des plantes gamopétales à ovaire supère et à un seul verticille d'étamines, telle que la gentiane et le trèfle d'eau. (Cet ordre incluait autrefois les apocynacées, les asclépiadacées et les loganiacées.)

GENTIANE [ʒɑ̃sjan] n. f. (lat. *gentiana*). **1.** Plante annuelle ou vivace, aux tiges tantôt importantes et dressées (1 m chez la grande gentiane), tantôt très courtes ou absentes, à feuilles opposées, le plus souvent sessiles, à fleurs tubuleuses, vivement colorées en bleu intense, violet ou jaune, les pétales étant soudés entre eux. (La *grande gentiane* croît dans les Alpes et le Jura ; ses fleurs sont d'un beau jaune d'or. Son énorme racine, amère, stimulante, tonique et fébrifuge, est la base d'apéritifs.) — **2.** Liqueur apéritive, à saveur amère, obtenue par macération dans l'alcool des racines de gentiane séchées et broyées.

1. GENTIL, ILLE adj. (lat. *gentilis,* de race). **1.** Agréable à voir pour sa délicatesse, son charme ; mignon : *Un gentil visage.* — **2.** Aimable, complaisant, plein de bons sentiments à l'égard d'autrui ; qui manifeste ce caractère ; délicat : *C'est une gentille attention de sa part.* — **3.** Se dit d'un enfant qui se conduit bien, qui est sage ; tranquille : *Les enfants n'ont pas été très gentils aujourd'hui.* — **4.** Qui est agréable, assez joli, assez intéressant mais sans plus ; gentillet, charmant : *C'est gentil chez vous.* — **5.** Se dit d'une somme d'argent assez importante, assez considérable ; coquet : *C'est déjà une gentille somme.* — **6.** Dont la qualité est assez remarquable : *Un gentil talent.* — **7.** *Être bien gentil, mais...,* introduit une désapprobation, une rectification.

2. GENTIL n. m. (lat. ecclés. *gentiles,* les Barbares). **1.** Nom donné par les juifs de la Diaspora aux non-juifs et par les premiers chrétiens aux païens. — **2.** *Apôtre des gentils,* appellation donnée à l'apôtre saint Paul.

GENTIL (Émile), explorateur et administrateur français (Volmunster, Moselle, 1866 - Bordeaux 1914). De 1896 à 1898, il descendit le Chari jusqu'au lac Tchad et plaça le Baguirmi sous protectorat français. Il rejoignit la mission de Foureau et de Lamy sur le Chari et contribua à la défaite de Rabah à Kousseri (1900).

GENTILE da Fabriano, peintre italien (Fabriano, dans les Marches, v. 1370 - Rome 1427). Influencé par les miniaturistes lombards, il travailla à Venise (1409 : peintures murales du palais des Doges, détruites), à Brescia, à Florence (1423 : *Adoration des Mages,* Offices), à Rome. Meilleur représentant du gothique international en Italie, il exerça une grande influence et eut en Pisanello un continuateur de génie.

GENTILE (Giovanni), philosophe italien (Castelvetrano, Sicile, 1875 - Florence 1944). Responsable de l'*Enciclopedia italiana* à partir de 1925, il participa activement au développement du fascisme ; il fut fusillé à la Libération. On lui doit la *Philosophie de Marx* (1899), *Théorie générale de l'esprit comme acte pur* (1916), *Philosophie de l'art* (1931). Sa philosophie réduit toute réalité à de purs actes de l'esprit.

GENTILESCHI (Orazio LOMI, dit), peintre italien (Pise 1563 - Londres 1639). Formé dans l'ambiance du maniérisme toscan, il s'établit jeune à Rome, fut frappé par l'œuvre du Caravage et se forma une manière personnelle, élégante et nuancée. Après avoir travaillé dans les Marches (v. 1613-1619), à Gênes et à Paris (1624-25), il se rendit à Londres, à la cour de Charles Ier (*Annonciation,* 1623, gal. Sabauda, Turin). — Sa fille ARTEMISIA (Rome 1597 - Naples apr. 1651) travailla à Florence, puis à Naples. Elle représente un caravagisme violent (*Décollation d'Holopherne,* Offices).

GENTILHOMME [ʒɑ̃tijɔm] n. m. (pl. *gentilshommes* [ʒɑ̃tizɔm]) [de *gentil 1* et *homme*]. **1.** Autref., homme noble de naissance, à la différence de celui qui était anobli. — **2.** *Litt.* Homme qui montre de la délicatesse, de la prévenance, de la noblesse de sentiments dans sa conduite ; gentleman : *Agir en gentilhomme.* — **3.** Noble qui était attaché à la personne du roi ou d'un prince. — **4.** *Gentilhomme de la chambre,* officier de la maison du roi de France, qui réglait les services de la chambre du roi. ‖ *Gentilhomme de la Maison du roi* ou *de la garde,* officier membre de deux compagnies qui constituaient la garde personnelle du souverain. (Instituées en 1474 et en 1498, ces compagnies, appelées aussi compagnies de *gentilshommes à bec-de-corbin,* furent supprimées sous Louis XV.) ‖ *Gentilhomme servant,* officier chargé de servir le roi à table.

GENTILHOMMERIE n. f. *Litt.* Ensemble des gentilshommes d'un pays.

GENTILHOMMIÈRE n. f. Maison de campagne luxueuse ; manoir.

GENTILICE adj. et n. m. (lat. *gentilicius*). Se dit du nom propre à la gens romaine, intercalé entre le prénom et le surnom *(cognomen)* de l'individu et indiquant la citoyenneté romaine.

GENTILITÉ n. f. (lat. ecclés. *gentilitas, -atis*). Ensemble des peuples païens.

GENTILLESSE n. f. **1.** *Litt.* Caractère de qqn qui est gentil, agréable, gracieux : *La gentillesse de son visage d'enfant.* — **2.** Caractère de qqn qui est d'une complaisance attentive et aimable ; bonté : *Il a été avec moi d'une grande gentillesse.* — **3.** Action, parole aimable, gentille (surtout pl.) : *Dire des gentillesses à un ami.* — **4.** *Ironiq.* Insulte, action mauvaise, injure (surtout pl.) : *Adversaires qui échangent des gentillesses.* — **5.** *Avoir la gentillesse de,* accepter de faire quelque chose, par complaisance, amabilité. ‖ *Faites-moi la gentillesse de,* formule de politesse pour demander à qqn de bien vouloir accéder à une demande.

GENTILLET, ETTE adj. (de *gentil 1*). **1.** Qui est gracieux, mignon : *Un enfant gentillet.* — **2.** Qui est assez agréable, plaisant, mais sans grande portée (souvent péjor.) : *Un film gentillet.*

GENTILLY (94250), comm. du Val-de-Marne, banlieue sud de Paris ; 17 145 hab. *(Gentilléens).* Église des XIIIe et XVIe s. Produits pharmaceutiques.

GENTILLY, localité du Canada (Québec), sur le Saint-Laurent, en face de Trois-Rivières. Centrale nucléaire.

GENTIMENT adv. **1.** Avec amabilité, gentillesse. — **2.** D'une manière sage, en se conduisant bien : *Les enfants s'amusent gentiment.* — **3.** D'une manière satisfaisante sans être pour autant exceptionnelle : *Elle joue gentiment du piano.*

GENTISATE n. m. Sel ou ester de l'acide gentisique. (Le gentisate de sodium est employé dans le traitement du rhumatisme. Le gentisate de chloroquine est un antipaludéen utilisé comme anti-inflammatoire.)

GENTISINE n. f. Colorant jaune de la famille des xanthones, extrait de la gentiane jaune.

GENTISIQUE adj. *Acide gentisique,* acide qui se forme dans la fusion alcaline de la gentisine.

GENTLEMAN [dʒɛntləman ou (d)ʒɑ̃tləman] n. m. (pl. *gentlemen* [-mɛn]) [angl. *gentleman,* homme bien né, calque du fr. *gentilhomme*]. Homme bien élevé et distingué : *Il s'est conduit en parfait gentleman.*

GENTLEMAN-FARMER [(d)ʒɛntləmanfarmœr] n. m. (pl. *gentlemen-farmers*) [angl. *gentleman* et *farmer,* fermier]. Personne vivant à la campagne, dans sa propriété, qu'il exploite lui-même.

GENTLEMAN-RIDER [(d)ʒɛntləmanridœr] n. m. (pl. *gentlemen-riders*) [mot angl. de *gentleman* et *rider,* cavalier]. **1.** *Vx.* Homme du monde qui aime à monter à cheval, en partic. dans les courses. — **2.** Cavalier amateur qui participe à des courses de chevaux dont certaines sont réservées à cette catégorie de cavaliers, et fait l'objet d'un classement annuel international.

GENTLEMAN'S AGREEMENT [dʒɛntləmansɑgrimɛnt] n. m. (pl. *gentlemen's agreements* [dʒɛntləmɛnsɑgrimɛnts]) [angl. *gentleman's agreement,* accord de gentleman]. **1.** Accord entre les représentants de deux ou plusieurs États, qui ne produit pas d'effet juridique immédiat mais qui exprime généralement leurs intentions ou leurs conceptions. — **2.** Accord de compromis entre des personnes ou des groupes jusque-là adversaires.

GENTRY [dʒɛntri] n. f. (pl. *gentries*) [angl. *gentry*]. En Angleterre, ensemble des nobles ayant droit à des armoiries, mais non titrés (par oppos. à la *nobility*). [Au XVIIe s. et surtout au XVIIIe s., l'influence de la gentry était considérable, notamment à la Chambre des communes, qu'elle domina jusqu'à la réforme électorale de 1832.]

GENTZEN (Gerhard), logicien allemand (Greifswald 1909 - Prague 1945). Il fut assistant de Hilbert. Il a mis en forme un système non axiomatique de logique en introduisant des systèmes de déduction naturelle. On a rassemblé ses écrits sous le titre *The Collected Papers of Gerhard Gentzen* (1969).

GÉNUFLEXION n. f. (lat. médiév. *genuflexio, -onis,* du lat. class. *genu,* genou, et *flectere,* fléchir). Action de fléchir le(s) genou(x) en signe d'adoration, de respect, de soumission.

GENU VALGUM [-gɔm] n. m. (lat. *genu,* genou, et *valgum,* tourné en dehors). Déformation du membre inférieur, dans laquelle l'axe de la jambe fait avec l'axe de la cuisse un angle à sommet interne ouvert en dehors. (C'est le nom médical de « genou cagneux ».)

GENU VARUM [-rɔm] n. m. (lat. *genu,* genou, et *varum,* tourné en dehors). Déformation symétrique des genoux, caractérisée par un écartement des genoux lorsque les pieds se touchent, dans l'extension des membres inférieurs. (Le genu varum est dû, le plus souvent, au rachitisme.)

GÉNY (François), juriste français (Baccarat 1861 - Nancy 1959), auteur de *Méthode d'interprétation et sources en droit privé positif* (1919).

GÉOACOUSTIQUE n. f. Science qui étudie et analyse les infrasons présents à la surface de la Terre.
◆ adj. Relatif à la géoacoustique.

GÉOARCHÉOLOGIE [-keo-] n. f. Ensemble des disciplines permettant la localisation d'un site archéologique et l'étude des relations ayant existé entre la culture du site et son contexte écologique.

GÉOBAROMÈTRE n. m. Minéral ou association de minéraux dont les propriétés physiques ou chimiques permettent de déterminer la pression qui régnait lors de sa cristallisation.

GÉOBAROMÉTRIE n. f. Étude des variations de pression dans la lithosphère, de leurs causes et de leurs effets, actuellement et dans les temps géologiques.

GÉOBOTANIQUE n. f. Étude de la distribution des espèces végétales à la surface du sol. (Syn. GÉOGRAPHIE BOTANIQUE.)

GÉOCARCINIDÉ → GÉCARCINIDÉ.

GÉOCENTRIQUE adj. Relatif à un système de coordonnées dont l'origine est le centre de la Terre.

GÉOCENTRISME n. m. Système astronomique d'après lequel on considérait la Terre comme le centre de l'Univers autour duquel tournaient les autres astres. (Ce fut le système de Ptolémée [IIe s. apr. J.-C.], qui fit autorité jusqu'au XVIe s.)

GÉOCENTRISTE adj. Relatif au géocentrisme.

GÉOCHIMIE n. f. **1.** Étude de la répartition des éléments chimiques, de leur distribution dans les objets du système solaire, de leur origine, de leur nature et de leur comportement au cours des processus géologiques. (→ *encycl.*) — **2.** Méthode de prospection reposant sur l'analyse systématique des teneurs (très faibles) en métal recherché, dans la terre superficielle, l'eau de ruissellement, ou les feuilles des plantes.

ENCYCL. La géochimie avait initialement pour but de déterminer l'abondance des éléments dans les différentes roches terrestres. Puis elle s'est intéressée aux bilans des échanges d'éléments entre les différentes parties du globe terrestre, ce qui a conduit à la notion de *cycle géochimique.* Enfin, depuis les années 1950, l'introduction de la physico-chimie dans les sciences de la Terre a permis une approche plus rigoureuse des lois régissant le comportement des éléments dans les processus géologiques. Ainsi, la géochimie des éléments en traces et la géochimie isotopique (qui étudie les variations naturelles des isotopes des éléments) permettent de modéliser les processus géologiques (production et cristallisation des magmas, cycle de l'eau, datations par les isotopes radioactifs, etc.). Ces modèles sont utilisés en géochimie appliquée pour la recherche de gîtes minéraux.

GÉOCHIMIQUE adj. Relatif à la géochimie.

GÉOCHIMISTE n. Spécialiste de géochimie.

GÉOCHRONOLOGIE [-kro-] n. f. Science dont le but est de donner un âge aux roches.
ENCYCL. La *géochronologie relative* établit la succession des formations et des événements géologiques ; elle est fondée sur la stratigraphie et le paléomagnétisme. La *géochronologie absolue,* ou *radiochronologie,* permet de donner un âge absolu exprimé en milliers ou en millions d'années. Elle repose sur la présence, dans les minéraux, d'isotopes radioactifs qui se désintègrent au cours du temps en isotopes radiogéniques. Le rapport isotope radioactif/isotope radiogénique est fonction de la période (qui dépend de l'élément) et du temps, et sa mesure (qui s'effectue par la spectroscopie de masse) permet de déterminer l'âge du minéral. Créée en 1905 par Rutherford, la géochronologie absolue s'est surtout développée après 1945.

GÉOCHRONOLOGIQUE [-kro-] adj. Relatif à la géochronologie.

GÉOCHRONOMÈTRE [-kro-] n. m. Matériau géologique, élément chimique ou propriété physicochimique d'une roche dont l'évolution ou les variations sont fonction du temps ou d'un intervalle de temps spécifique.

GÉOCHRONOMÉTRIE [-kro-] n. f. Branche de la géochronologie qui se rapporte à la mesure quantitative du temps géologique exprimé en années.

GÉOCORISE n. m. (du grec *koris,* punaise). Punaise terrestre, aux antennes bien visibles, telle que les pentanomes, les réduves, la punaise des lits, etc. (Syn. GYMNOCÉRATE.)

GÉOCORONAL, E, AUX adj. Relatif à la géocouronne.

GÉOCOURONNE n. f. Enveloppe atmosphérique d'hydrogène atomique, située à plus de 500 km d'altitude et constituant l'exosphère de la Terre.

GÉODE n. f. (lat. *geodes,* du gr. *geôdês,* terreux). **1.** Cavité d'une roche, dont les parois sont tapissées de minéraux plus ou moins bien cristallisés. (Syn. DRUSE.) — **2.** Caverne pathologique dans un organe.

GÉODÉSIE n. f. (gr. *geôdaisia,* de *gê,* terre, et *daiein,* partager). Science de la forme et des dimensions de la Terre.
ENCYCL. Née au XVIIe s., à la suite des travaux de Snellius, Picard, Cassini, etc., la géodésie fut utilisée, surtout à l'origine, pour le tracé des cartes ; elle a résolu par la suite le problème des dimensions et celui de la forme de la Terre. Alors que les méthodes astronomiques permettent de *mesurer* directement la latitude et la longitude, indépendamment de la forme de la Terre, la géodésie *calcule* la distance mutuelle des points de la surface terrestre et leur azimut, puis en déduit leurs coordonnées géographiques, à partir d'un point origine dit *point fondamental.*

géodésie *(Association internationale de),* organe de la coopération scientifique internationale pour la géodésie, issu de l'*Europäische Gradmessung,* fondé en 1864. Son bureau central est à Paris.

GÉODÉSIEN, ENNE n. Spécialiste de géodésie.

GÉODÉSIQUE adj. **1.** Relatif à la géodésie. — **2.** *Courbure géodésique, normale géodésique, torsion géodésique,* caractéristiques locales d'une courbe tracée sur une surface. ‖ *Ligne géodésique* ou *géodésique d'une surface* S (n. f.), trajectoire d'un point lié à la surface S (régulière de classe C^2), mobile sans frottement et qui n'est soumis à aucune force extérieure. (→ *encycl.*) ‖ *Point géodésique,* point de la surface topographique dont la position a été déterminée avec précision par des techniques faisant appel à la géodésie.
ENCYCL. **Géom.** Les géodésiques d'une surface correspondent aux extremums de la longueur des arcs joignant deux points fixés de la surface. Les géodésiques d'un plan sont les droites ; celles d'une sphère, les grands cercles ; celles d'un cône, les hélices. La notion de géodésique généralise à des surfaces quelconques la notion de droite.

GEODIA n. f. (gr. *geôdês,* terreux). Éponge très commune en Méditerranée.

GÉODIMÈTRE n. m. Appareil de mesure directe des distances par évaluation du temps de propagation aller et retour d'ondes lumineuses entre un émetteur et un récepteur.

GÉODYNAMIQUE n. f. **1.** Étude de la dynamique du globe et de ses différentes enveloppes constitutives (asthénosphère et lithosphère [*géodynamique interne*] ou hydrosphère et atmosphère [*géodynamique externe*].) [Syn. DYNAMIQUE GLOBALE, GÉOLOGIE DYNAMIQUE.] — **2.** *Géodynamique globale,* science qui étudie les propriétés dynamiques et mécaniques d'ensemble de la Terre et de la Lune, en tenant compte de l'interaction des deux astres.
◆ adj. Relatif à la géodynamique.

géodynamiques et astronomiques *(Centre d'études et de recherches),* établissement de recherche dépendant de l'Observatoire de Paris et des universités de Besançon, Bordeaux-I, Nice et

Strasbourg-I, créé en 1974. Il comprend un observatoire, sur le plateau de Calern (alt. 1250 m), au nord de Grasse, et un centre administratif et scientifique à Roquevignon.

GEOFFRIN (Marie-Thérèse RODET, **Mme**), hôtesse et mécène française (Paris 1699-id. 1777). Son salon réunit à partir de 1749 et pendant 25 ans des gens de lettres (Marivaux, Saint-Lambert, les encyclopédistes), des artistes et des étrangers célèbres (Stanisław Poniatowski).

GEOFFROI V le Bel, surnommé **Plantagenêt** (1113-1151), comte d'Anjou et du Maine (1129-1151), duc de Normandie (1144-1150). Fils de Foulques V, il épousa en 1128 Mathilde, fille d'Henri Ier, roi d'Angleterre, et fut le père d'Henri II.

GEOFFROI Ier DE VILLEHARDOUIN, prince d'Achaïe (v. 1209-1228/1230). — **Geoffroi II,** prince d'Achaïe (1228/ 1230-1246), fils aîné du précédent. (→ *principauté d'*ACHAÏE.)

GEOFFROI de Monmouth, prélat et écrivain gallois (Monmouth v. 1100 - Saint Asaph 1155). Il est l'auteur d'une *Histoire des rois de Bretagne (Historia regum Britanniae),* écrite en latin.

GEOFFROI d'Auxerre, religieux et hagiographe français (Auxerre v. 1120 - Hautecombe apr. 1188). Abbé de Clairvaux (1162), il a laissé des compléments aux premières *Vies* de saint Bernard, dont il réunit les *Lettres.*

GEOFFROI, chancelier d'Angleterre (1152 - en Normandie 1212). Bâtard d'Henri II d'Angleterre, il fut évêque de Lincoln (1173), chancelier du royaume (1182), puis archevêque d'York (1189).

GEOFFROY SAINT-HILAIRE (Étienne), naturaliste français (Étampes 1772 - Paris 1844). Professeur de zoologie au Muséum national d'histoire naturelle de Paris (1793), il y créa la ménagerie du Jardin des Plantes, enrichit les collections du Muséum par des échanges avec l'étranger, et participa à la commission scientifique qui accompagna Bonaparte en Égypte. Son œuvre est dominée par l'idée d'unité de composition organique de tous les animaux.

GÉOGALE n. m. Très petit tenrec de Madagascar, qui entre en sommeil pendant la saison sèche (estivation).

GÉOGRAPHE n. **1.** Spécialiste de géographie. — **2.** *Ingénieur géographe,* ingénieur spécialisé dans les travaux de la carte.

GÉOGRAPHIE n. f. (lat. *geographia,* du gr. *geôgraphia*). **1.** Science qui a pour objet la description et l'explication de l'aspect actuel, naturel et humain, de la surface de la Terre. (→ *encycl.*) [Abrév. fam. GÉO.] — **2.** Ensemble des caractères qui constituent la réalité physique et humaine de telle ou telle région : *La géographie de la France, du Massif central.* — **3.** *Géographie botanique,* syn. de GÉOBOTANIQUE. ‖ *Géographie économique,* celle qui étudie les faits de production, d'échange et de transport, de consommation de biens matériels et de services. ‖ *Géographie humaine,* celle qui étudie les faits de population (localisation, évolution démographique et spatiale) et qui englobe aussi parfois la totalité de la géographie économique. ‖ *Géographie linguistique,* détermination des aires d'extension des phénomènes linguistiques qui aboutit à la constitution d'atlas linguistiques. (Syn. GÉOLINGUISTIQUE.) ‖ *Géographie physique,* ensemble des disciplines qui étudient les composantes du milieu naturel : géomorphologie, climatologie, hydrologie, biogéographie (végétale), pédologie. ‖ *Géographie politique,* syn. de GÉOPOLITIQUE. ‖ *Géographie régionale,* étude de géographie physique, humaine et économique d'un espace (région) bien délimité.

ENCYCL. La géographie est l'héritière de deux courants issus de l'Antiquité grecque : une tradition mathématique, représentée par Ératosthène et Ptolémée, visant à la simple détermination des lieux, et une tradition, inaugurée par Hérodote et poursuivie par Strabon, mettant l'accent sur l'« homme-habitant », ses coutumes, ses activités. La géographie de position, considérablement développée avec la Renaissance et les grandes découvertes, a son expression dans la cartographie dite de nomenclature. Le second courant utilise aussi, souvent plus tardivement, ce mode d'illustration, pour la localisation de phénomènes variés (répartition des hommes, des activités, etc.) qui correspond alors à une cartographie thématique. Si la carte est l'outil spécifique de la géographie, utilisée à la fois comme moyen d'investigation, illustration de commentaire et support de résultats, elle est encore loin de suffire à définir une discipline marquée par ses domaines d'études variés, où l'espace est toujours présent, mais changeants, du moins dans leur approche. La géographie a longtemps été conçue comme l'étude des relations, des interactions, entre l'homme et le milieu. Cette position darwiniste a été représentée par F. Ratzel, adaptée par P. Vidal de La Blache, insistant sur l'influence de l'action de l'homme : à l'environnementalisme succède le possibilisme. L'aboutissement de cette évolution, appliquée à des espaces limités, entraîne la multiplication, entre les deux guerres mondiales, des monographies régionales qui feront, notamment, la renommée de l'école géographique française. Ces monographies ne permettent pas toutefois d'établir une typologie des entités étudiées, une grille d'interprétation des faits relevés, des conclusions dégagées. Alors que se développe le structuralisme et après plus de vingt siècles d'existence, la géographie n'est pas une science. Le défi est relevé par les Anglais, les Américains et les Suédois suivant un précurseur allemand (W. Christaller). La nouvelle géographie emprunte à la théorie économique spatiale et surtout porte l'accent sur le rôle de l'espace dans les relations entre les individus. Illustrations de cette tendance : une géographie dite sociale analyse dans l'organisation de l'espace (thème spécifique) le rôle des divers systèmes de relations, de sociétés ; la géographie politique ou géopolitique étudie plus précisément les mécanismes permettant au pouvoir de contrôler l'espace ; la géographie économique examine désormais les avantages et inconvénients d'une localisation d'une production autant que l'évolution statistique de cette production. En fait, on aboutit alors seulement au deuxième volet de la définition originelle : l'explication complète la description.

Géographie, d'Ératosthène, description des contrées connues de son temps, vers l'an 200 av. J.-C. Il n'en reste que des fragments.

Géographie, de Strabon, description géographique du monde connu dans les premières années de l'ère chrétienne.

Géographie, de Ptolémée (IIe s. apr. J.-C.), le plus important ouvrage (8 livres) de géographie mathématique de l'Antiquité qui inspira la rédaction des atlas de la fin du XVe s.

géographie de Paris *(Société de),* la plus importante des sociétés de géographie françaises et la plus ancienne des sociétés de géographie du monde, fondée en 1821 par Jomard, Barbié du Bocage, Malte-Brun, Langlès et Walckenaer, et qui a notamment favorisé les explorations du XIXe s.

géographie physique *(Traité de),* ouvrage, en 3 volumes, d'Emmanuel de Martonne, publié en 1908-09 (7e éd. en 1948), qui a formé des générations d'étudiants.

Géographie universelle, œuvre maîtresse de l'école géographique française, publiée sous la direction de P. Vidal de La Blache (mort avant la parution) et L. Gallois, son continuateur. (15 tomes en 23 vol., 1927-1948.)

GÉOGRAPHIQUE adj. **1.** Relatif à la géographie : *Carte géographique.* — **2.** *Race* ou *forme géographique,* variété d'une espèce animale ou végétale propre à une région déterminée, mais qui est restée interféconde avec les variétés des autres régions et ne conserve sa pureté que par son isolement. (Le terme *isolat* est synonyme, mais s'applique plutôt aux populations humaines.)

géographique de l'armée *(Service),* service issu, en 1887, de la section géographique du *Dépôt de la guerre* et chargé, jusqu'à sa fusion dans l'Institut géographique national en 1940, des travaux de géodésie et de l'exécution des cartes et plans.

géographique national *(Institut)* **[I. G. N.],** établissement civil placé sous la tutelle du ministre chargé de l'Équipement et des Transports et ayant pour rôle d'exécuter toutes les cartes officielles de la France, ainsi que les travaux de géodésie, de nivellement, de topographie et de photographie qui s'y rapportent, les études et les publications qu'elles impliquent. Fondé en 1940, il réunit les attributions de l'ancien Service géographique de l'armée et de l'ancien Service du nivellement général de la France.

géographiques *(École nationale des sciences),* établissement public d'enseignement supérieur technique, situé à Saint-Mandé (Val-de-Marne), placé sous la tutelle du ministre chargé de l'Équipement et des Transports et qui forme les cadres techniques de l'Institut géographique national.

GÉOGRAPHIQUEMENT adv. Du point de vue géographique.

GÉOÏDE n. m. Surface équipotentielle du champ de pesanteur, choisie pour être voisine du niveau moyen des mers.
ENCYCL. Le géoïde a une forme proche de celle d'un ellipsoïde de révolution aplati et se détermine à partir d'un ellipsoïde de référence, par comparaison des coordonnées géodésiques et astronomiques d'un même point, par comparaison des valeurs calculées de l'attraction de la pesanteur et des valeurs mesurées directement avec des gravimètres, par altimétrie radar ou par diverses autres méthodes spatiales.

GÉOÏDIQUE adj. Relatif au géoïde.

GEÔLE [ʒol] n. f. (bas lat. *caveola,* du lat. class. *cavea,* cage). *Litt.* Cachot, prison.

GEÔLIER, ÈRE [ʒo-] n. (de *geôle*). *Litt.* **1.** Personne qui garde des détenus dans une prison. — **2.** Personne qui garde et surveille qqn qu'il tient enfermé.

GÉOLINGUISTIQUE n. f. Syn. de GÉOGRAPHIE* LINGUISTIQUE.
◆ adj. Relatif à la géographie linguistique.

GÉOLOGIE n. f. **1.** Étude des constituants de la Terre, visant à en comprendre la nature, la distribution, l'histoire et la genèse. (→ *encycl.*) — **2.** Ensemble des caractères du sous-sol d'une région, traduisant son histoire géologique : *La géologie des Alpes.* — **3.** *Géologie dynamique,* syn. de GÉODYNAMIQUE. ‖ *Géologie structurale,* analyse qualitative et quantitative des structures engendrées par la tectonique.

GÉOLOGIE

TABLEAU STRATIGRAPHIQUE

	ère	*système*		*M années*	*étage*
				0	
cénozoïque	quaternaire	holocène			dunkerquien flandrien
				0,01	
		pléistocène			tyrrhénien sicilien calabrien
				1,9	
	tertiaire	pliocène			astien plaisancien
				5,5	
		miocène			messinien- pontien tortonien helvétien burdigalien aquitanien
				23	
		oligocène			chattien stampien
				33	
		éocène			priabonien bartonien lutétien yprésien
				53	
		paléocène			thanétien montien danien
				65	
	mésozoïque ou secondaire	crétacé			maëstrichtien campanien santonien coniacien turonien cénomanien albien aptien barrémien hauterivien valanginien berriasien
				130	
		jurassique	malm		portlandien kimméridgien oxfordien
			dogger		callovien bathonien bajocien aalénien
			lias		toarcien pliensbachien sinémurien hettangien
				200	
		trias			rhétien norien carnien ladinien virglorien werfénien

		245	
	permien		thuringien
			saxonien
			autunien
		290	
	carbonifère		stéphanien
			westphalien
			namurien
			viséen
			tournaisien
		360	
	dévonien		famennien
			frasnien
			givétien
			couvinien
paléozoïque ou primaire			emsien
			siegénien
			gédinnien
		400	
	silurien		ludlowien
			wenlockien
			llandovérien
		420	
	ordovicien		asghillien
			caradocien
			llandéilien
			llanvirnien
			arénigien
			trémadocien
		500	
	cambrien		potsdamien
			acadien
			géorgien
		570	
précambrien antécambrien	protérozoïque (algonkien)		briovérien
			pentévrien
			icartien
		2 500	
	archéen		

ENCYCL. C'est au XVIIIe s. que les bases scientifiques de la géologie sont solidement établies et que les différentes branches s'individualisent. Les adeptes du neptunisme (Werner), théorie selon laquelle toutes les roches se sont formées dans la mer, s'affrontent à ceux du plutonisme (Hutton), qui propose une origine magmatique. La première carte géologique est imprimée au XIXe s. La paléontologie se développe alors (Cuvier, d'Orbigny) et s'appuie sur la notion d'évolution (Darwin). L'étude des chaînes de montagnes aboutit à la notion de nappe de charriage. Le XXe s. est marqué par la théorie de la dérive des continents (Wegener), qui suscite de violentes querelles. Mais, surtout, le développement des moyens analytiques permet une approche quantitative des processus qui est au fondement de la géologie moderne. Enfin, l'exploration des fonds océaniques a permis en 1968 l'énoncé de la théorie des plaques, qui apporte une explication globale à l'évolution de la Terre.

Actuellement, la géologie regroupe de nombreuses branches dont l'étude nécessite une spécialisation poussée. La pétrographie s'intéresse aux roches et s'appuie sur la minéralogie et la cristallographie. La stratigraphie est très liée à la sédimentologie et à la paléontologie. La géodynamique s'appuie sur la tectonique. La géologie appliquée regroupe les applications de la géologie à la recherche minière, l'étude des eaux, le génie civil, etc. Enfin, de nouvelles disciplines, telles que géophysique, géochimie, télédétection, s'appuient sur des outils analytiques spécifiques.

GÉOLOGIQUE adj. Relatif à la géologie.

GÉOLOGIQUEMENT adv. Du point de vue géologique.

GÉOLOGUE n. Spécialiste de géologie.

GÉOMAGNÉTICIEN, ENNE n. Spécialiste du géomagnétisme.

GÉOMAGNÉTIQUE adj. Relatif au géomagnétisme.

GÉOMAGNÉTISME n. m. Ensemble des phénomènes magnétiques liés au globe terrestre. (Syn. MAGNÉTISME TERRESTRE.)

ENCYCL. On observe à la surface du globe un champ magnétique naturel qui a la propriété d'orienter la boussole. Ce champ diminue avec l'altitude et reste confiné au voisinage de la Terre dans la *magnétosphère.* On ne sait à peu près rien sur sa valeur à l'intérieur de la Terre. Pour déterminer le champ magnétique, on mesure, à l'aide de magnétomètres, ses éléments principaux : déclinaison, inclinaison, composante horizontale, composante verticale et valeur du champ total dans l'espace.

La couverture magnétique du globe est assurée par des stations géomagnétiques qui sont encore irrégulièrement réparties. Les levés magnétiques sont faits par des réseaux à différentes échelles suivant les mesures effectuées. Après traitement mathématique, on établit des cartes. À partir de la répartition des éléments du champ magnétique moyen à la surface du globe, on montre que le champ provient de causes situées à l'intérieur du globe. Il correspond à un champ analogue à celui que donnerait un dipôle situé au centre de la Terre (dipôle de Gauss). Les pôles géomagnétiques sont les points où l'axe du dipôle fictif perce la surface du globe ; ils sont très voisins des pôles géographiques, mais ne l'ont pas toujours été.

Les variations temporelles du champ magnétique terrestre sont suivies d'une manière continue à l'aide de variomètres qui permettent des enregistrements magnétiques ou magnétogrammes. Les variations séculaires sont mises en évidence par la comparaison des moyennes annuelles. Les variations diurnes ont un caractère cyclique dû au phénomène de marée alors qu'il existe également des variations accidentelles, telles que les orages magnétiques, liées à des perturbations. Enfin, les pulsations magnétiques sont des oscillations très rapides du champ. Les variations du champ magnétique à l'échelle géologique font l'objet du paléomagnétisme.

GÉOMANCIE n. f. (bas lat. *geomantia,* du gr. *geômanteia*). Méthode de divination qui consiste à tracer des points sur une surface quelconque, à y jeter au hasard des cailloux et à déduire, d'après la forme des figures construites, les réponses aux questions posées.

GÉOMATIQUE n. f. Technique associant l'informatique à la gestion, au stockage et au transfert des données géographiques.

GÉOMÉTRAL, E, AUX adj. **1.** Se dit, en géométrie ou en dessin, de ce qui donne les dimensions en vraie grandeur ou en grandeur proportionnelle, sans tenir compte de la perspective. — **2.** *Plan géométral,* plan horizontal fictif qui passe par la base du plan figuratif et qui est perpendiculaire à ce dernier.

◆ **géométral** n. m. Dessin ou plan à une échelle déterminée, indiquant les dimensions d'une construction ou d'un objet, ainsi que ses véritables contours.

GÉOMÈTRE n. (lat. *geometres,* gr. *geômetrês*). **1.** Mathématicien spécialiste de géométrie. — **2.** Technicien procédant à des opérations de levés de terrains. — **3.** *Géomètre(-)expert,* technicien qualifié qui mesure, calcule, délimite, représente et estime la propriété privée et sa contenance, par des travaux topographiques et topométriques.

◆ n. m. Syn. de ARPENTEUSE.

GÉOMÉTRIDÉ n. m. Nom de famille des phalènes, papillons à la chenille arpenteuse. (Env. 12 000 espèces, dont beaucoup sont nuisibles aux plantes ; genres principaux : *larentie, géomètre.*)

GÉOMÉTRIE n. f. (lat. *geometria,* du gr. *geômetria*). **1.** Pour Euclide, science des figures de l'espace ; pour F. Klein (programme d'Erlangen), étude des invariants d'un groupe de transformations de l'espace. — **2.** *Avion à géométrie variable,* syn. impropre de AVION À FLÈCHE* VARIABLE. ‖ Vx. *Esprit de géométrie,* esprit logique, qui déduit aisément les conclusions d'un raisonnement par oppos. *à esprit de finesse.*

ENCYCL. Les origines de la géométrie se situent en Mésopotamie et en Égypte, mais c'est avec les Grecs qu'elle rompt (de 600 à 300 av. J.-C.) avec le pragmatisme des civilisations antérieures. Les *Éléments* d'Euclide constituent l'exposé le plus complet et le plus achevé. N'y sont abordés que des problèmes dont les solutions se construisent à la règle et au compas. Les postulats posés à la base de l'édifice assurent leur existence, mais déterminent également les propriétés de l'espace euclidien. Dans l'école d'Alexandrie, la rigueur euclidienne et les techniques babyloniennes et égyptiennes s'allient pour former une géométrie plus tournée vers l'application. Les Arabes s'approprient les connaissances grecques, les critiquent et les étendent sans cependant dépasser le cadre de la géométrie hellénistique. L'Europe médiévale, par l'intermédiaire des Arabes, prend connaissance des textes grecs. Au XVe s., l'Occident accueille avec enthousiasme l'héritage grec conservé par les érudits byzantins. L'intégration de méthodes projectives dans le corps de la géométrie est la première contribution des mathématiciens de la Renaissance au développement de cette discipline. Au XVIIe s. apparaissent les méthodes de *géométrie analytique* dans les œuvres de Descartes et de Fermat. Dans sa *Géométrie* (1637), Descartes applique les méthodes algébriques à l'étude des courbes ; peu à peu l'idée d'équation d'une courbe apparaît. Les techniques de calcul infinitésimal permettent d'examiner les propriétés qui varient d'un point à un autre. Au XVIIIe s., la création par Monge de la *géométrie descriptive,* qui représente les points de l'espace par leurs projections orthogonales sur deux plans perpendiculaires entre eux, donne un nouvel élan à la géométrie projective.

Jusqu'au XIXe s., la géométrie euclidienne est censée rendre compte du monde sensible, et ses résultats sont considérés comme absolument vrais. Au tournant du siècle, quelques savants entrevoient la possibilité de construire, indépendamment des données de l'expérience, de nouvelles géométries (dites non-euclidiennes) logiquement cohérentes sur le système d'axiomes euclidien dans lequel on aurait remplacé le 5e postulat des parallèles par sa négation. N. I. Lobatchevski (1826) et J. Bolyai (1832-33) font les premiers exposés systématiques de la géométrie qui repose sur l'hypothèse d'une infinité de parallèles par un point extérieur à une droite donnée (géométrie hyperbolique). La géométrie elliptique, déduite de l'hypothèse qu'il n'y a aucune parallèle, est étudiée par B. Riemann. La conception riemanienne de l'espace préfigure déjà celle de la relativité générale. Klein, dans le programme d'Erlangen (1872), se propose d'établir un principe général d'après lequel on puisse édifier les deux géométries : métrique et projective. Il caractérise chaque géométrie par un groupe de transformations et l'identifie à l'étude des invariants de ce groupe.

Il aboutit ainsi à la hiérarchie suivante :

1° la *géométrie projective* (étude des invariants par le groupe projectif des homographies),

2° la *géométrie affine* (étude des invariants par le groupe affine),

3° la *géométrie métrique* (étude des invariants par le groupe des isométries),

4° la *géométrie euclidienne* (étude des invariants par le groupe des transformations « rigides » [rotation, translation, réflexion]),

5° situées au même niveau que la géométrie affine : *a*) les *géométries non euclidiennes,* appelées par Klein géométrie métrique hyperbolique (étude des invariants par un sous-groupe particulier du groupe des projections, celui qui laisse invariante une conique réelle) ; *b*) la *géométrie métrique parabolique,* dans laquelle il y a conservation de la mesure des angles.

Quant à la topologie, c'est, dans cette conception, la géométrie des invariants du groupe des transformations ponctuelles continues. Les recherches ultérieures d'Élie Cartan et de Sophus Lie introduisent la géométrie différentielle et infinitésimale. Au XXe s., la géométrie liée à l'algèbre par l'intermédiaire des coordonnées prend figure de géométrie algébrique, enrichie d'emprunts à l'analyse et à la topologie.

GÉOMÉTRIQUE adj. (lat. *geometricus,* du gr. *geômetrikos*). **1.** Qui relève de la géométrie : *Figure géométrique.* – **2.** Qui a des formes régulières, des contours nets, simples, rappelant les figures de la géométrie : *Décor géométrique.* – **3.** *Vx.* Qui est exact, précis, mathématique : *Avoir une rigueur toute géométrique.* • **Archéol.** Se dit du décor des vases produits en Grèce du XIe au VIIIe s. av. J.-C., qui fait une large part aux formes géométriques. ‖ Se dit de la période de l'art grec pendant laquelle se développe ce décor. – **Arts décor.** *Ornementation géométrique,* celle qui recourt à des schémas, des combinaisons géométriques, sans idée de figuration animale ou végétale. – **Bx-arts.** *Abstraction géométrique,* tendance de l'art abstrait qui expérimente systématiquement le pouvoir esthétique des lignes, des figures géométriques et de la couleur. (Depuis Mondrian et Malevitch.) – **Géom.** *Angle géométrique,* angle de paire de demi-droites. ‖ *Arc géométrique,* classe d'équivalence définie sur l'ensemble des arcs paramétrés par la relation $\mathcal{R}$: $(I,f)\ \mathcal{R}\ (J,g) \Leftrightarrow$ il existe un homéomorphisme $\varphi : I \to J$ tel que $f = g \circ \varphi$. ‖ *Construction géométrique,* figure ou détermination, à l'aide de celle-ci, d'un point, d'une droite, etc., en utilisant des propriétés connues. ‖ *Lieu géométrique,* ensemble de points qui ont une propriété géométrique caractéristique commune. ‖ *Somme géométrique du système* S, somme

$$\sum_{i=1}^{n} \overrightarrow{A_iB_i}, \quad \text{où} \quad S = \{\overrightarrow{A_1B_1}, \ldots, \overrightarrow{A_nB_n}\}$$

est un système de vecteurs glissants. ‖ *Surface géométrique,* classe d'équivalence définie sur l'ensemble des surfaces paramétrées, par une relation du type de celle d'« arc géométrique ». – **Math.** *Moyenne géométrique, de* n *nombres positifs,* racine $n^{ième}$ du produit de ces nombres. ‖ *Progression géométrique,* suite extraite d'une suite géométrique, relative à un intervalle fini $[0,n]$. ‖ *Série géométrique,* série de la forme

$a + \sum_{n \in \mathbb{N}^*} a \cdot x^n$. ‖ *Suite géométrique* ou *progression géométrique illimitée,* suite de nombres réels (U_n), $n \in \mathbb{N}$, telle qu'il existe un réel q (appelé *raison*) pour lequel, pour tout entier n, $U_{n+1} = qU_n$. (→ *encycl.*) – **Probab.** *Loi géométrique,* loi de probabilité d'une variable aléatoire discrète X prenant ses valeurs dans $\mathbb{N}$ et dont la fonction de distribution est $P(X = k) = pq^k$, où $0 < p < 1$ et $q = 1 - p$. [Syn. LOI DE PASCAL.]

◆ n. m. Période géométrique de l'art grec.

ENCYCL. **Math.** *Suite géométrique.* Si q n'est pas nul et si $U_0 = a$, pour tout entier n, $U_n = aq^n$, relation qui permet l'étude de (U_n).

Si $q = 1$, la suite est stationnaire ;

si $q > 1$ et $U_0 > 0$, la suite est strictement croissante ;

si $0 < q < 1$ et $U_0 > 0$, la suite est strictement décroissante.

Dans ces deux derniers cas, les résultats sont inversés si U_0 est négatif ;
si $q < 0$, la suite est alternée, les réels U_{2n} ayant le signe de U_0 et les réels U_{2n+1} le signe contraire.
La somme des n premiers termes d'une suite géométrique (U_n),
$S_{n-1} = U_0 + U_1 + ... + U_{n-1}$,
est égale à $a \cdot (1 - q^n)/(1 - q)$, si $q \neq 1$, et à $n \cdot a$, si $q = 1$.

GÉOMÉTRIQUEMENT adv. De façon géométrique.

GÉOMÉTRISANT, E adj. Qui tend au géométrisme.

GÉOMÉTRISATION n. f. Action de donner à un phénomène un modèle, une représentation géométrique.

GÉOMÉTRISME n. m. **1.** Caractère de ce qui, dans les beaux-arts et les arts décoratifs, affecte des formes géométriques. — **2.** Système philosophique qui ramène tout aux formes et à la méthode de la géométrie.

GÉOMORPHOGENÈSE n. f. Élaboration des formes de relief de la surface terrestre, résultant de l'action des pluies et eaux courantes, du gel, des vents, etc., sur le bâti structural, et traduite par des phénomènes d'ablation ou, au contraire, d'accumulation, reliés par divers processus de transport de matière. (Syn. MORPHOGENÈSE.)

GÉOMORPHOLOGIE n. f. Description et explication des formes du relief terrestre. (Syn. MORPHOLOGIE.)
ENCYCL. Élément longtemps prépondérant de la classique géographie physique, la géomorphologie a d'abord privilégié (sous l'influence de W. M. Davis) la notion de cycle d'érosion commandant l'évolution du relief puis accepté l'influence dominante de l'action du climat sur le modèle. On est revenu à une interprétation nuançant le schéma zonal, assurant un équilibre variant dans l'espace et aussi dans le temps, entre *géomorphologie structurale* et *géomorphologie climatique*.

GÉOMORPHOLOGIQUE adj. Qui relève de la géomorphologie.

GÉOMORPHOLOGUE n. Spécialiste de géomorphologie.

GÉOPÉLIE n. f. (du gr. *peleia,* pigeon). Petit pigeon de Malaisie et d'Australie, souvent élevé en volière.

GÉOPHAGE adj. et n. Qui mange de la terre.
◆ n. m. Poisson (cichlidé) des eaux douces tropicales, aux vives couleurs, souvent élevé en aquarium.

GÉOPHAGIE n. f. Absorption de terre par certains animaux ou même par des êtres humains.

GÉOPHILE n. m. Mille-pattes aveugle, vermiforme, parfois luminescent, vivant dans l'humus et le terreau des jardins.

GÉOPHONE n. m. **1.** Instrument d'écoute pour déceler les bruits provenant du sol (prospection sismique, localisation de mineurs ensevelis, etc.). — **2.** Capteur de vibrations qui les transmet sous forme d'un signal électrique à un sismographe.

GÉOPHYSICIEN, ENNE n. Spécialiste de géophysique.

GÉOPHYSIQUE n. f. **1.** Étude de la Terre par les méthodes de la physique. (Syn. PHYSIQUE DU GLOBE.) — **2.** Méthode de prospection fondée sur la mesure systématique de certaines grandeurs physiques susceptibles de distinguer des roches de composition chimique et minéralogique différente (conductibilité électrique ou sismique, susceptibilité magnétique, densité, etc.).
◆ adj. Relatif à la géophysique.
ENCYCL. La géophysique est une science récente dont l'évolution est liée à celle de l'instrumentation. Les propriétés physiques du globe sont en effet mesurées à l'aide d'appareils, disposés à la surface ou près d'elle, dont les enregistrements nécessitent un traitement mathématique. La *géophysique interne* étudie la surface et l'intérieur de la Terre dont elle analyse la nature et le comportement à l'égard des phénomènes mécaniques ; elle englobe notamment la gravimétrie, la sismologie, le géomagnétisme, la volcanologie et l'hydrologie. La *géophysique externe* étudie les propriétés physiques de l'environnement terrestre depuis les basses couches de l'atmosphère jusqu'au milieu interplanétaire. Elle inclut en particulier la climatologie, l'aéronomie, l'étude de l'ionosphère et de la magnétosphère.

GÉOPHYTE n. f. Plante vivace dont seuls subsistent, à la mauvaise saison, les organes vitaux enfouis dans le sol : bourgeons à la base des tiges, rhizomes, etc. (L'iris, la tulipe sont des géophytes.)

GÉOPOLITICIEN, ENNE n. Spécialiste de géopolitique.

GÉOPOLITIQUE n. f. (all. *Geopolitik*). Science qui étudie les rapports entre la géographie des États et leur politique. (Syn. GÉOGRAPHIE POLITIQUE.)
◆ adj. Relatif à la géopolitique.
ENCYCL. Apparue au début du XXe s. avec F. Ratzel et discréditée par ses liens avec le nazisme (dont elle a justifié partiellement la doctrine raciste et la notion d'espace vital), la géopolitique a été renouvelée aujourd'hui par l'émergence de nouveaux problèmes : conditions dans lesquelles se

développent les guerres révolutionnaires, implications spatiales des armements nucléaires, arme alimentaire, distribution des ressources en matières premières, en particulier hydrocarbures et minerais, etc.

GÉOPOTENTIEL, ELLE adj. *Cote géopotentielle d'un point,* différence de potentiel entre la surface équipotentielle du point et le géoïde.

GEORGE, fl. du Canada (Québec), qui se jette dans la baie d'Ungava ; 587 km.

GEORGE *(lac),* lac du sud-ouest de l'Ouganda.

GEORGE Ier (Osnabrück, près de Hanovre, 1660 - *id.* 1727), roi de Grande-Bretagne et d'Irlande (1714-1727) et Électeur de Hanovre (1698-1727), fils d'Ernest-Auguste de Brunswick-Lunebourg et de Sophie, petite-fille de Jacques Ier d'Angleterre. Son mariage avec sa cousine Sophie Dorothée, en 1682, permet d'assurer l'unité hanovrienne, mais il divorce en 1694. En vertu de l'Acte d'établissement de 1701, il hérite des royaumes britanniques à la mort de la reine Anne Stuart (1714), fondant ainsi une nouvelle dynastie. Ne parlant pas l'anglais, il s'intéresse surtout à ses domaines germaniques. Aussi est-il peu populaire en Grande-Bretagne, où l'opposition jacobite reste menaçante (soulèvement de 1715). S'appuyant sur les whigs, il laisse le pouvoir réel à ses ministres Stanhope (1717-1721), et surtout Walpole (1715-1717 et 1721-1742). En politique extérieure, il conclut avec la France et les Provinces-Unies la Triple-Alliance (1717) contre l'Espagne.

GEORGE II (Herrenhausen, Hanovre, 1683 - Kensington, près de Londres, 1760), roi de Grande-Bretagne et d'Irlande et Électeur de Hanovre (1727-1760), fils du précédent. Son règne marque un pas important vers le régime parlementaire. Il s'appuie sur les whigs, et conserve sa confiance à Walpole qui dirige le pays de 1727 à 1742. La guerre de la Succession d'Autriche (1740-1748) entraîne le pays dans une désastreuse campagne continentale. Une coalition hétérogène, ralliée autour du prince de Galles Frédéric, contraint Walpole, jugé trop pacifiste, à démissionner (1742). Durant la guerre de Sept Ans, George II doit faire appel à Pitt (1756-1761), dont la politique établit la suprématie maritime et coloniale de l'Angleterre. À l'intérieur, la victoire de Culloden (1746) écarte définitivement la menace jacobite.

GEORGE III (Londres 1738 - Windsor 1820), roi de Grande-Bretagne et d'Irlande (1760-1820), Électeur (1760-1815), puis roi (1815-1820) de Hanovre, fils du prince de Galles Frédéric. Succédant à son grand-père George II, il est le premier roi de la dynastie hanovrienne à s'intéresser à l'Angleterre. Violemment hostile aux prétentions whigs, il prend le parti de la paix, obligeant Pitt à démissionner (1761). Il le remplace par son conseiller Bute, qui doit démissionner aussitôt après avoir signé le traité de Paris (1763), mettant fin à la guerre de Sept Ans. Il fait finalement appel à lord North, qui sera Premier ministre de 1770 à 1782. Par des moyens de pression et de corruption, il fait élire ses partisans, et malgré l'opposition de la presse, des parlementaires (Fox) qui désignent Wilkes comme lord-maire de Londres (1774), il contraint les whigs à se retirer des Communes (1777). Cependant, ses maladresses et son intransigeance provoquent en 1775 la révolte des colonies d'Amérique, dont la sécession est reconnue au traité de Versailles (1783). Le roi fait alors appel à un ministre tory, le second Pitt (1783-1801, 1804-1806), dont la personnalité domine toute cette période. C'est lui qui conduit la lutte contre la Révolution française. En 1811, la folie du roi amène la création d'une régence en faveur de son fils aîné, le futur George IV.

GEORGE IV (Londres 1762 - Windsor 1830), roi de Grande-Bretagne et d'Irlande, et roi de Hanovre (1820-1830), fils aîné du précédent. Régent (1811), puis roi (1820), il abandonne les whigs et laisse le gouvernement aux tories. Son règne voit l'abdication de Napoléon Ier (1815). Mais les gouvernements de Liverpool (1812-1827) sont incapables de maîtriser la crise économique qui suit la fin des guerres napoléoniennes. Il intenta, en 1820, un scandaleux procès de divorce à sa femme, Caroline de Brunswick.

GEORGE V (Londres 1865 - Sandringham 1936), roi de Grande-Bretagne (1910-1936), deuxième fils d'Édouard VII. Il devint héritier du trône par la mort de son frère le duc de Clarence (1892). Il eut à faire face à la question d'Irlande, à la Première Guerre mondiale et à ses conséquences politiques et financières. En 1917, il adopta le nom dynastique de Windsor.

GEORGE VI (Sandringham 1895 - *id.* 1952), roi de Grande-Bretagne (1936-1952), deuxième fils du précédent. Il accéda au trône après l'abdication de son frère Édouard VIII. Ses visites officielles en France (1938) et aux États-Unis (1939) servent la diplomatie de son pays. Partageant les épreuves de son peuple durant la Seconde Guerre mondiale, il s'attira la sympathie populaire.

GEORGE (Marguerite Joséphine WEIMER, dite **Mlle**), comédienne française (Bayeux 1787 - Passy 1867). Sociétaire de la Comédie-Française dès 1804, sa rivalité avec Mlle Duschenois divisa les habitués du Français. Elle partit, en 1808, pour la Russie, où elle joua devant le tsar. Elle fut de nouveau à la Comédie-Française de 1813 à 1817.

Elle interpréta les héroïnes tragiques, ainsi que des drames romantiques.

GEORGE (Henry), publiciste et homme politique américain (Philadelphie 1839 - New York 1897). Sa pensée a marqué les débuts de la Fabian Society. Développant l'idée que la terre appartient à tout le monde, il se montra partisan d'une taxe foncière unique. Il a écrit *Progress and Poverty* (1879).

GEORGE (David LLOYD) → LLOYD GEORGE.

GEORGE (Stefan), poète allemand (Büdesheim, près de Bingen, Rhénanie, 1868 -Minusio, près de Locarno, Suisse, 1933). Il se mêla aux milieux poétiques de Paris, et ses premières œuvres furent influencées par les théories symbolistes (*Hymnes,* 1890 ; *Pèlerinages,* 1891 ; *Algabal,* 1892). Convaincu ensuite du rôle de guide qui convient au poète, il « humanisa » sa poésie (*le Tapis de la vie,* 1900 ; *le Septième Anneau,* 1907), qui prit avec *l'Étoile d'alliance* (1914) et *le Nouvel Empire* (1928) un ton mystique et prophétique.

GEORGE (Pierre), géographe français (Paris 1909). Son œuvre abondante traite de géographie économique, de géographie urbaine et rurale (*la Ville,* 1952 ; *la Campagne,* 1956), de géographie de la population, de géographie sociale. Il s'est aussi intéressé à l'U. R. S. S. et à l'Europe socialiste, plus tardivement à des problèmes de géopolitique.

George Cross, décoration britannique créée en 1940 par le roi George VI pour récompenser les actes de courage accomplis en dehors de la présence de l'ennemi.

George Dandin *ou le Mari confondu,* comédie en 3 actes, en prose, de Molière (1668). Un paysan riche a épousé la fille d'un gentilhomme ruiné qui le bafoue sans qu'il puisse s'en prendre à quelqu'un d'autre que lui-même.

SAINT

GEORGES *(saint),* martyr au IVe s. Les documents anciens qui le concernent sont apocryphes et légendaires. Mais son culte se répandit largement en Orient et en Occident. Il est le patron de l'Angleterre et de certains ordres de chevalerie. L'art le représente terrassant un dragon.

BOHÊME

GEORGES DE PODĚBRADY (Poděbrady 1420 - Prague 1471), roi de Bohême (1458-1471). Noble hussite, il fut élu roi de Bohême en 1458 après la mort de Ladislav le Posthume (1457). Il rechercha l'alliance de la Pologne et de la France, mais il ne put réconcilier les catholiques et les utraquistes. Excommunié par Paul II (1466), qui confia la croisade contre la Bohême à Mathias Corvin, élu roi de Bohême par les nobles catholiques (1469), il se maintint à Prague. Il fit élire comme successeur Ladislas, fils de Casimir IV Jagellon (1471).

GRÈCE

GEORGES Ier (Copenhague 1845 - Thessalonique 1913), roi de Grèce (1863-1913), deuxième fils de Christian IX, roi de Danemark. Il fut choisi par les puissances protectrices de la Grèce (Grande-Bretagne, France, Russie) pour succéder à Otton, destitué en 1862. Il accepta la Constitution de 1864 et l'introduction en 1875 du régime parlementaire. S'en remettant aux puissances protectrices pour la solution des questions nationales (Crète, Thessalie, Épire), Georges Ier fut rendu responsable des malheurs de la nation après la défaite grecque dans la guerre contre l'Empire ottoman (1897). Le coup d'État de 1909 lui imposa Venizélos. Il fut assassiné en 1913.

GEORGES II (Tatói 1890 - Athènes 1947), roi de Grèce (1922-1924 et 1935-1947), fils aîné de Constantin Ier. Il accéda au pouvoir lors de la seconde abdication de Constantin (1922). Il s'exila en 1923 et la république fut proclamée en 1924. Il revint à Athènes en 1935 après le coup d'État de Kondhýlis. Lors de l'invasion allemande (avr. 1941), il se réfugia en Crète, puis au Caire et enfin à Londres. Le plébiscite de 1946 le rétablit sur son trône.

DIVERS

GEORGES Pisidês ou **de Pisidie,** poète byzantin du VIIe s. Il célébra les victoires d'Héraclius sur les Perses et les Avars et composa des poèmes religieux *(Sur la Création, Hymnes).*

GEORGES le Syncelle, chroniqueur byzantin de la seconde moitié du VIIIe s., auteur d'une *Chronique* qui va de la création du monde au règne de Dioclétien (284).

GEORGES (Joseph), général français (Montluçon 1875 - Paris 1951). Blessé au début de la Première Guerre mondiale, il dirigea le bureau des opérations auprès du maréchal Foch (1918). Chef d'état-major du maréchal Pétain (1925-26), chef de cabinet de Maginot (1929) et adjoint de Gamelin (1935), il reçut le commandement du théâtre d'opérations du Nord-Est (1939). Il rejoignit Giraud en Afrique en 1943.

GEORGESCU-ROEGEN (Nicholas), économiste américain d'origine roumaine (Constanța 1906). L'utilisation qu'il fait du concept d'entropie, issu de la thermodynamique, a renouvelé l'analyse économique.

GEORGETOWN, cap. de la Guyana et port sur l'Atlantique, à l'embouchure de la Demerara ; 200 000 hab. Centre administratif et commercial. Exportation de bauxite.

GEORGE TOWN, port de Malaisie (Malaysia), dans l'île de Penang, cap. de l'État de Penang ; 495 000 hab. Centre commercial. Électronique. Textile. Métallurgie de l'étain. Exportation de caoutchouc et de coprah.

GEORGE TOWN, cap. des Cayman Islands, sur l'île Grand Cayman ; 31 150 hab.

GÉORGIE, en géorgien **Sakartvelo,** État du Caucase, en bordure de la mer Noire ; 70 000 km^2 ; 5 500 000 hab. *(Géorgiens).* Cap. *Tbilissi.* Langue : *géorgien.* Monnaie : *lari.*

Géographie. Drainée par le Rioni et la haute Koura, protégée au N. par la barrière du Grand Caucase, la Géorgie a un climat subtropical surtout à l'O. (Colchide), ce qui permet les cultures des agrumes et du thé, de la vigne et du mûrier. Dans l'est, plus élevé et plus sec, dominent les céréales, et, en altitude, l'élevage ovin. L'industrie, autre qu'extractive (manganèse, charbon), est représentée surtout par la métallurgie, l'agroalimentaire et le textile et est implantée notamment à Tbilissi, Koutaissi et Roustavi, les principales villes, ainsi que dans les ports de Batoumi et Soukhoumi, sur le littoral de la mer Noire (animé aussi par le tourisme balnéaire et climatique). La population, en accroissement rapide, est formée pour près de 70 % de Géorgiens de souche et comporte plusieurs minorités (Russes, Abkhazes, Adjars et Ossètes).

Histoire. Après avoir été colonisée par les Grecs et les Romains (Colchide) et dominée par les Sassanides (Ibérie), la région est conquise par les Arabes (v. 650).

IXe-XIIIe s. : Elle connaît une remarquable renaissance puis est ravagée par les Mongols.

XVIe-XVIIIe s. : La Géorgie perd des territoires au profit de l'Iran et de l'Empire ottoman et se place sous la protection de la Russie (1783).

1801 : Elle est annexée par la Russie.

1918 : Une république indépendante est proclamée.

1921 : L'Armée rouge intervient et un régime soviétique est instauré.

1922 : La Géorgie est intégrée à l'U.R.S.S.

1990 : Les indépendantistes remportent les premières élections républicaines libres.

1991 : La Géorgie accède à l'indépendance.

1992 : La direction du nouvel État est confiée à Edouard Chevardnadze. De violents combats éclatent en Ossétie du Sud et en Abkhazie, où se sont développés des mouvements séparatistes.

1993 : La Géorgie obtient l'aide de la Russie pour faire cesser la guerre civile. Elle rejoint la C.E.I.

1995 : Après l'adoption d'une nouvelle Constitution, E. Chevardnadze est élu président de la République au suffrage universel.

GÉORGIE, en angl. **Georgia,** État du sud-est des États-Unis ; 152 488 km^2 ; 6 478 216 hab. Cap. *Atlanta.* État du Sud historique (plus de 25 % de Noirs), au climat subtropical, la Géorgie atteint les Appalaches au N., mais s'étend surtout sur le Piedmont, bien mis en valeur (coton, tabac, soja et maïs [pour l'élevage]), séparé de la plaine côtière par la Fall Line, site des principales villes (Columbus, Macon) en dehors du port de Savannah et surtout d'Atlanta, métropole régionale. Outre des activités extractives (kaolin et matériaux de construction), l'industrie est surtout représentée par l'agroalimentaire et le textile.

— **Hist.** Explorée par les Espagnols à partir de 1540, la région devient officiellement britannique en 1732. État de l'Union dès 1788, elle fait sécession en 1861 aux côtés des États confédérés esclavagistes.

GÉORGIE *(détroit de),* bras de mer, parsemé d'îles, formé par l'océan Pacifique, entre l'île de Vancouver et la côte continentale de la Colombie britannique (Canada), et le nord de l'État de Washington (États-Unis).

GÉORGIE DU SUD, en angl. **South Georgia,** île de l'Atlantique sud, dépendance des Malouines, à 1 300 km environ à l'E. de ces dernières, à près de 54° de latitude S. ; 3 756 km^2 ; 522 hab. Ch.-l. *Grytviken.* Elle atteint 2 934 m d'altitude.

1. GEORGIEN, ENNE adj. *Style georgien,* ensemble des diverses tendances successives de l'architecture en Grande-Bretagne sous les rois George Ier, II et III (1714-1820) ; période correspondante de l'art américain.

2. GÉORGIEN, ENNE adj. et n. **1.** De la Géorgie, république indépendante ou État des États-Unis. — **2.** *Église géorgienne,* Église orthodoxe de Géorgie, dont le siège patriarcal est à Tbilissi.

◆ **géorgien** n. m. Langue caucasienne du Sud, parlée principalement en Géorgie.

ENCYCL. Avec le mingrélien, le tchane et le svane, le géorgien constitue la famille caucasienne du Sud (dite aussi kartvélien). C'est la seule langue caucasienne à posséder une écriture propre (alphabet dérivant d'une cursive araméenne) et une tradition littéraire qui remonte au Ve s.

3. GÉORGIEN n. m. (de *Georgia,* n. pr.). Partie inférieure du système cambrien.

GÉORGIENNE *(baie),* en angl. **Georgian Bay,** baie du lac Huron (Canada), isolée par la presqu'île Saugeen et plusieurs îles (parc national).

GÉORGIQUE adj. (lat. *georgicus,* du gr. *geôrgikos*). *Litt.* Qui concerne les travaux de l'agriculture : *Poème géorgique.*

Géorgiques *(les),* poème didactique de Virgile en 4 chants (39-29 av. J.-C.). Inspiré par Auguste, qui voulait réveiller l'amour de la terre chez les Romains, il traite de l'agriculture et de l'élevage, constituant un hymne à la nature et au travail humain.

GEORGIUS (Georges GUIBOURG, dit), chanteur français (Mantes 1891 - Paris 1970). Comédien fantaisiste, auteur, interprète, il mit en scène ses chansons comme de petits sketches et créa le *Théâtre chantant.*

GÉOSCIENCE n. f. (surtout au plur.). Science de la Terre : *La géologie, la géophysique, la météorologie sont des géosciences.*

GÉOSTATIONNAIRE adj. Se dit d'un satellite géosynchrone qui décrit une orbite équatoriale et circulaire, dans le sens direct.

ENCYCL. Aux yeux d'un observateur terrestre, les satellites géostationnaires apparaissent fixes dans le ciel parce qu'ils tournent à la même vitesse angulaire (autour du même axe et dans le même sens) que la Terre. L'orbite qu'ils décrivent est unique ; son altitude est d'environ 35 800 km.

GÉOSTATIQUE adj. *Contrainte géostatique,* contrainte due au seul poids des terrains susjacents à une exploitation minière.

GÉOSTATISTIQUE n. f. Science basée sur une généralisation de la théorie des probabilités et appliquée à des problèmes d'estimation des teneurs ou de la puissance d'un gisement.

GÉOSTRATÉGIE n. f. Ensemble des données de la stratégie résultant de la géographie physique ou économique, ou de la démographie.

GÉOSTRATÉGIQUE adj. Relatif à la géostratégie.

GÉOSTROPHIQUE adj. **1.** Se dit de la force de Coriolis ou des vents déterminés par cette force et parallèles aux isobares. – **2.** *Courant géostrophique,* courant calculé à partir du champ de pression établi par les différences de densité de l'eau de mer.

GÉOSYNCHRONE [-kron] adj. Se dit d'un satellite de la Terre dont la période moyenne de révolution est égale à la période de rotation sidérale de la Terre.

GÉOSYNCLINAL n. m. Modèle de reconstitution paléogéographique auquel conduit l'analyse des chaînes de type alpin. (Dans sa conception moderne, le géosynclinal s'identifie à une marge stable de type Atlantique avec le plateau continental, le talus et la plaine abyssale à substratum océanique.)

◆ **géosynclinal, e, aux** adj. Relatif à un géosynclinal.

GÉOTECHNIQUE [-tɛk-] n. f. Étude des propriétés des sols et des roches en fonction des projets de construction d'ouvrages d'art.

◆ adj. **1.** Relatif à la géotechnique. – **2.** *Navire géotechnique,* navire destiné à l'étude des fonds marins jusqu'à une centaine de mètres de profondeur, et muni d'appareils de forage, de dragage, etc.

GÉOTECTONIQUE n. f. Branche de la géologie qui étudie les relations entre les grands ensembles structuraux, les mouvements relatifs des plaques, etc. (Syn. TECTONIQUE GLOBALE.)

GÉOTEXTILE n. m. Produit textile, souvent nontissé, utilisé dans le génie civil pour y assurer les rôles d'anticontaminant, de drain, de filtre ou d'armatures.

GÉOTHERMAL, E, AUX adj. Dont la température est due au séjour ou au passage dans l'intérieur de la Terre.

GÉOTHERMIE n. f. **1.** Phénomènes thermiques internes du globe terrestre. – **2.** Étude de ces phénomènes. – **3.** Source d'énergie que représentent ces phénomènes.

ENCYCL. La géothermie est une importante source d'énergie nouvelle. La *géothermie haute énergie* caractérise les zones actives de l'écorce terrestre et est liée à une source de chaleur magmatique. La production de vapeur à partir d'aquifères à température de 100 à 400 °C active des turbines qui fournissent de l'électricité. La *géothermie basse énergie* est plus répandue, notamment pour le chauffage des logements ; elle utilise des fluides de température plus basse, dont le réchauffement est dû au gradient géothermique.

GÉOTHERMIQUE adj. **1.** Relatif à la géothermie. – **2.** *Gradient* ou *degré géothermique,* mesure de l'augmentation de la température avec la profondeur. (Il vaut en moyenne 3,3 °C tous les 100 mètres mais varie en fonction de l'environnement géodynamique.)

GÉOTHERMOMÈTRE n. m. Donnée ou élément permettant d'évaluer la température lors d'un phénomène géologique.

GÉOTHERMOMÉTRIE n. f. Étude de la distribution de la chaleur dans le globe terrestre.

GÉOTROPIQUE adj. Qui concerne le géotropisme.

GÉOTROPISME n. m. **1.** Orientation de croissance imposée aux organes végétatifs des plantes (racine et tige) par les champs de gravitation, en particulier par la pesanteur. (→ *encycl.* Bot.) – **2.** Réaction locomotrice de certaines espèces animales, provoquée et orientée par la pesanteur. (→ *encycl.* Éthol.)

ENCYCL. **Bot.** Les racines principales s'enfoncent verticalement dans le sol par *géotropisme positif* ; le *géotropisme négatif* (orthotropisme) oriente les tiges principales vers le haut. Les racines et les tiges secondaires forment, avec l'axe principal, un angle caractéristique de chaque espèce (plagiotropisme). La zone sensible à la pesanteur est limitée à l'apex des tiges et à la coiffe des racines. — **Éthol.** On parle de *géotropisme positif* lorsque les animaux se dirigent vers le bas comme c'est le cas pour les animaux terricoles fouisseurs, et de *géotropisme négatif* lorsqu'ils se dirigent vers le haut comme chez de nombreux insectes.

GÉOTRUPE n. m. (du gr. *trupân,* percer). Bousier bombé, noir ou métallique.

GÉPHYRIEN n. m. (gr. *gephura,* pont). Ancien nom d'un groupe hétérogène de petits animaux marins vermiformes.

GÉPHYROCERQUE adj. Syn. de DIPHYCERQUE.

GÉPIDES ou **GÉBIDES,** peuple germanique d'Europe centrale. Ils furent entraînés par les Huns vers l'Occident et combattirent aux champs Catalauniques sous leur roi Ardaric (451). À la mort d'Attila (453), redevenus indépendants, ils s'établirent en Dacie. Ils furent battus et en partie dispersés par Théodoric et définitivement détruits par les Lombards v. 567.

GERA, v. d'Allemagne (Thuringe), sur l'Elster blanche ; 127 000 hab. Machines-outils. Électrotechnique. Textile. Instruments de musique.

GERAARDSBERGEN, en fr. **Grammont,** v. de Belgique (Flandre-Orientale), sur la Dendre ; 30 000 hab. Alimentation. Textile.

GÉRABLE adj. Que l'on peut gérer, administrer : *Une crise difficilement gérable.*

GÉRALDY (Paul LEFÈVRE-GÉRALDY, dit **Paul**), écrivain et auteur dramatique français (Paris 1885 - Neuilly-sur-Seine 1983). Les poésies amoureuses de *Toi et Moi* (1913) lui apportèrent la célébrité, mais il laissa aussi des « tragédies légères » (*les Noces d'argent,* 1921 ; *Ainsi soit-il,* 1946).

GÉRANCE n. f. **1.** Fonction de gérant ; durée de cette fonction : *Assurer la gérance d'une société.* — **2.** Administration par un gérant : *Prendre un commerce en gérance.* — **3.** *Gérance libre,* mode d'exploitation d'un fonds de commerce par un gérant locataire du fonds (syn. LOCATION-GÉRANCE), par oppos. à *gérance salariée.*

GÉRANIACÉE n. f. Plante telle que le géranium, le pélargonium et l'érodium, souvent velue et parfumée, fragile, aux fleurs à 5 pétales, au fruit en forme de bec d'oiseau.

GÉRANIALE n. f. Nom d'un ordre de plantes à pétales séparés, telles que le géranium, l'oxalis, la capucine, l'impatiente, partagé en quatre familles.

GÉRANIOL n. m. Alcool monoterpénique présent dans de nombreuses huiles essentielles (géranium rosat, palmarosa, pélargonium, rose). [Très utilisé en parfumerie, c'est un intermédiaire de la biosynthèse des monoterpènes.]

GÉRANIUM [-njɔm] n. m. (lat. sc. *geranium,* du gr. *geranos,* grue). Plante herbacée vivace (géraniacée), à fleurs régulières dialypétales. (Le géranium des horticulteurs est en réalité un pélargonium ; ses fleurs sont irrégulières.)

GÉRANT, E n. (de *gérer*). **1.** Personne physique ou morale qui dirige et administre pour le compte d'autrui en tant que mandataire. — **2.** Personne chargée de l'exploitation d'un fonds de commerce. (Le gérant peut être libre ou salarié.) — **3.** *Gérant d'affaires,* personne qui, sans en avoir reçu mandat, accomplit des actes pour le compte d'une autre (le géré). ‖ *Gérant d'immeubles,* personne responsable de l'administration d'immeubles. ‖ *Gérant de portefeuilles,* personne, autre qu'une banque, un établissement financier ou un agent de change, faisant profession, pour le compte de tiers, de gérer sous forme de valeurs mobilières les capitaux qui lui sont confiés. ‖ *Gérant de société,* dirigeant social d'une société en nom collectif, d'une société en commandite simple ou par actions, d'une société à responsabilité limitée ou d'une société civile.

GÉRARD *(saint),* bénédictin français (Corbie v. 1025 - la Grande-Sauve 1095). Il fonda en Aquitaine le monastère de la Grande-Sauve, ou Sauve-Majeure.

GÉRARD de Saint-Jean → GEERTGEN TOT SINT JANS.

GÉRARD (François, *baron*), peintre français (Rome 1770 - Paris 1837). Élève de David, il établit sa réputation avec *Psyché et l'Amour* (Salon de 1798, Louvre), *Ossian* (v. 1801, plusieurs versions). Il fut surtout, sous l'Empire puis la Restauration, un portraitiste couvert d'honneurs (*J.-B. Isabey et sa fille,* 1795, Louvre ; *Mme Récamier,* 1805, musée Carnavalet).

GÉRARD (Maurice Étienne, *comte*), maréchal et pair de France (Damvillers 1773 -Paris 1852). Il participa à la plupart des campagnes de la Révolution et de l'Empire. Il se signala notamment à la tête de la cavalerie saxonne à Wagram (1809), à Fuentes de Oñoro (1811) et lors de la campagne de Russie (1812). Pendant les Cent-Jours, il contribua à la victoire de Ligny (1815). Ministre de la Guerre et maréchal (1830), il dirigea le siège d'Anvers (1832).

GÉRARD (Rosemonde), femme de lettres française (Paris 1871 - *id.* 1953). Femme d'Edmond Rostand, elle publia des vers (*les Pipeaux,*

1889) et des pièces de théâtre (*la Tour Saint-Jacques,* 1931).

GÉRARDMER [ʒerarme ou -mɛr] (88400), en patois lorrain **Géromé,** ch.-l. de cant. des Vosges, au pied des hautes Vosges cristallines ; 9 543 hab. *(Géromois).* Station climatique et centre de sports d'hiver, à l'E. du lac du même nom (à proximité du col de la Schlucht), avec quelques industries (constructions mécaniques, travail du bois). Festival du film fantastique.

GÉRARDMER *(lac de),* le plus grand lac des Vosges (115 ha).

Gerart de Nevers ou **Roman de la violette,** roman de Gerbert de Montreuil (1227). Un imposteur tire argument d'une tache violette sur la poitrine d'Euriaut, femme de Gerart, pour faire croire à son inconduite. Mais son innocence sera reconnue. Quarante chansons sont insérées dans le récit.

GERASA, anc. v. de Palestine situé à l'E. du Jourdain, à l'emplacement de l'actuelle Djarach, en Jordanie. De fondations hellénistiques, ses monuments publics les plus importants datent de l'époque romaine (théâtres, temples, thermes, etc.). Siège d'un évêché, la ville connut un nouvel essor vers le vᵉ s., et les édifices religieux se multiplièrent. L'ensemble le plus original est constitué de trois églises accolées : église St-Jean-Baptiste (531), St-Georges (529), Sts-Côme-et-Damien (533).

GÉRAUD *(saint),* comte d'Aurillac (Aurillac v. 885 - Saint-Cirgues 909). Il fonda v. 890, à Aurillac, un monastère bénédictin qui prit ensuite son nom.

GERBAGE n. m. **1.** Action de gerber des céréales, des objets. — **2.** Stockage vertical des tiges de forage, assemblées en rames, dans la tour de forage (derrick).

GERBAULT (Alain), navigateur solitaire français (Laval 1893 - Dili, île de Timor, 1941). Il fit le tour du monde sur un petit voilier de 11 m, *le Firecrest* (1923-1929), et effectua de nombreux voyages dans le Pacifique.

GERBE n. f. (frq. **garba*). **1.** Ensemble de tiges de céréales disposées de façon que les épis soient tous du même côté et liées entre elles. — **2.** Bouquet de fleurs coupées à longues tiges : *Une gerbe de glaïeuls.* — **3.** Forme prise par qqch qui jaillit, se disperse en faisceau : *La fusée de feu d'artifice retomba en une gerbe d'étincelles.* — **4.** *Litt.* Réunion de choses semblables ; faisceau : *Une gerbe de preuves.* • **Balist.** Faisceau d'éclats projetés par l'explosion d'un obus. ‖ Ensemble des trajectoires différentes que suivent, à cause de la dispersion, des projectiles tirés par un canon dans des conditions de charge et de pointage identiques. — **Phys.** Ensemble de particules et de leurs traces, émises en cascade à partir de l'interaction d'une particule primaire de grande énergie, puis par les interactions des particules produites et ainsi de suite. — **Pyrotechn.** Artifice qui, en brûlant, émet des étincelles colorées groupées en forme de gerbe. — **Sal.** Syn. de JAVELLE.

GERBER v. t. (de *gerbe*) [conj. 3]. **1.** Mettre une céréale en gerbes. — **2.** Empiler des charges (gerbes de céréales, fûts, sacs, etc.) les unes sur les autres. — **3.** *Pop.* Vomir : *Gerber du sang.*
◆ v. i. Jaillir, éclater en forme de gerbe : *Feux d'artifice, fusées qui gerbent.*

Gerber *(méthode de),* méthode de dosage rapide de la matière grasse du lait, employée dans le contrôle laitier des femelles laitières, notamment des vaches.

GERBERA [ʒɛrbera] n. m. Plante composée vivace des régions chaudes de l'Asie et de l'Afrique, ayant le port d'un chardon et exploitée en horticulture, surtout pour la fleur coupée.

GERBERGE, princesse lombarde (v. 750 -apr. 774), fille de Didier, roi des Lombards, et épouse (v. 769) de Carloman, frère de Charlemagne.

GERBERGE, reine de France (Nordhausen v. 913-968 ou 969). Fille d'Henri Iᵉʳ l'Oiseleur, roi de Germanie, elle épousa en 939 Louis IV d'Outremer.

GERBERON (Gabriel), bénédictin de Saint-Maur (Saint-Calais 1628 - Saint-Denis 1711). Son *Histoire générale du jansénisme* (3 vol., 1700) est fondamentale.

GERBERT d'Aurillac ou **d'Aquitaine** → SYLVESTRE II.

GERBERT de Montreuil, écrivain picard de la cour de Ponthieu (début du XIIIᵉ s.), fortement influencé par Jean* Renart. Outre le roman *Gerart* de Nevers,* il a écrit une *Continuation de Perceval* (1230 ?).

GERBEUR n. m. (de *gerber*). Appareil de manutention permettant de positionner l'une sur l'autre des charges de formes régulières, sur deux ou plusieurs niveaux.

GERBÉVILLER (54830), ch.-l. de cant. de Meurthe-et-Moselle, à 13 km au S. de Lunéville ; 1 283 hab. — La ville est appelée aussi **Gerbéviller-la-Martyre,** en raison des atrocités commises par les Allemands lors de leur échec sur la Mortagne le 12 sept. 1914.

Gerbich ou **Ge** *(antigène),* antigène public dont l'absence, exceptionnelle chez les Blancs, n'est pas rare en Nouvelle-Guinée.

GERBIER n. m. Grand tas de gerbes, meule.

GERBIER-DE-JONC *(mont),* sommet du haut Vivarais (Ardèche) ; 1 551 m. La Loire naît sur son flanc sud-ouest.

GERBIÈRE n. f. **1.** Gros gerbier. — **2.** Charrette servant à transporter les gerbes.

GERBILLE n. f. (lat. sc. *gerbillus,* de *gerboa,* gerboise). Petit rongeur des déserts d'Afrique et d'Asie, aux pattes postérieures allongées, voisin de la gerboise. (Les gerbilles sont nocturnes. Végétariennes, elles accumulent dans leur terrier des provisions pour l'hiver. 30 espèces.)

GERBILLINÉ n. m. Nom de tribu de rongeurs cricétidés des déserts, tels que les gerbilles, mériones et espèces voisines.

GERBILLON n. m. Petite gerbe.

GERBOISE n. f. (lat. sc. *gerboa,* de l'ar. maghrébin *djerbū'*). Petit rongeur des steppes et des déserts d'Afrique et d'Asie, à la longue queue, aux longues pattes postérieures, se déplaçant par sauts. (30 espèces, constituant la famille des dipodidés.)

GERCE n. f. (de *gercer*). **1.** Petite craquelure pouvant apparaître sur des sciages de bois séchés. — **2.** Défaut d'une pièce de fonderie, se présentant sous la forme d'une courte nervure de forme irrégulière ou d'un fendillement en surface. (Syn. GERÇURE.)

GERCEMENT n. m. Action de gercer ; fait d'être gercé.

GERCER v. t. (bas lat. *charaxare,* du gr. *kharassein,* graver) [conj. **16**]. Dessécher la peau et la fendiller, en parlant du froid, de la chaleur, de la sécheresse : *Le froid avait gercé ses lèvres.*
◆ v. i. ou **se gercer** v. pr. **1.** Se couvrir de petites fentes, de petites crevasses ; se fendiller, se crevasser : *Avoir les mains gercées.* — **2.** Présenter des gerces.

GERÇURE n. f. (de *gercer*). **1.** Plaie linéaire de la peau ou des muqueuses. (Elle s'observe surtout aux mains, aux lèvres, au mamelon chez les nourrices, au prépuce chez les diabétiques.) — **2.** Syn. de GERCE.

GERDT (Pavel Andreïevitch), danseur, chorégraphe et pédagogue russe d'origine allemande (près de Saint-Pétersbourg 1844 - Vommola, Finlande, 1917). Élève de Marius Petipa, il devint un des plus grands danseurs nobles de l'école russe. Professeur à partir de 1906, il eut comme élèves Pavlova, Karsavina, Nijinski et Fokine. Il quitta la scène en 1916.

GÉRÉ n. m. Personne pour le compte de qui le gérant d'affaires agit sans en avoir reçu mandat. (Syn. MAÎTRE DE L'AFFAIRE.)

GÉRÉNUK ou **GUÉRÉNOUK** n. m. Antilope d'Afrique orientale, au cou très long, brouteuse de feuilles d'arbres.

GÉRER v. t. (lat. *gerere*) [conj. **18**]. **1.** Administrer une fortune, un bien, conformément aux intérêts de celui qui les possède : *Gérer les biens d'un mineur.* — **2.** Être le directeur, l'administrateur d'une société ; administrer : *Gérer un commerce.* — **3.** Assurer la gestion, l'administration d'un stock de marchandises, d'informations, de données informatiques, etc. — **4.** *Gérer la crise, la pénurie,* administrer, gouverner en acceptant une situation difficile.

GÉRESCENCE n. f. (gr. *gerôn,* vieillard). Processus de vieillissement d'une population.

GERFAUT n. m. (anc. fr. *gir,* vautour, et *fauc,* faucon). Très grand faucon (60 cm pour 2 kg) aux longues ailes pointues et au plumage gris pâle. (Le gerfaut niche sur les falaises des régions froides de l'hémisphère N. et se nourrit d'oiseaux de mer, de rongeurs et de carnivores. En fauconnerie, c'était l'oiseau noble par excellence.)

GERGOVIE, en lat. **Gergovia,** ville de Gaule, dans le pays des Arvernes, située soit à 6 km au sud de Clermont-Ferrand sur la montagne de Merdogne, soit sur les côtes de Clermont à 2 km au nord de cette ville. Un siège y fut victorieusement soutenu contre César en 52 av. J.-C.

GERHAERT de Leyde (Nikolaus), sculpteur néerlandais (Leyde ? v. 1430 - Vienne 1473). À partir de 1462, il travailla surtout à Trèves, Strasbourg, Baden-Baden et Vienne (tombeau de l'empereur Frédéric III dans la cathédrale St-Étienne, 1467).

GERHARD (Hubert), sculpteur néerlandais (Amsterdam v. 1545 - Munich 1620). Après un séjour en Italie, il s'établit en Allemagne (1581), travailla pour Guillaume V de Bavière, pour les Fugger, pour Maximilien d'Autriche. Son style est influencé par celui de Giambologna (fontaine d'Auguste à Augsbourg).

GERHARDSEN (Einar), homme politique norvégien (Asker, près d'Oslo, 1897 - Oslo 1987). Président du parti socialiste (1945-1965), il fut plusieurs fois Premier ministre (1945-1951, 1955-1963, 1963-1965).

GERHARDT (Charles Frédéric), chimiste français (Strasbourg 1816 - *id.* 1856). Il obtint la quinoléine et découvrit en 1852 les anhydrides d'acides. En introduisant les notions de *séries homologues* et de *fonctions,* et en imposant l'adoption des poids atomiques utilisés aujourd'hui, il fut l'un des fondateurs de la chimie moderne.

GÉRIATRE n. Médecin spécialiste en gériatrie.

GÉRIATRIE n. f. (du gr. *gerôn,* vieillard). Médecine de la vieillesse ; ensemble des moyens préconisés pour retarder l'apparition de la sénilité (soins médicaux, aide psychologique et sociale).

GÉRIATRIQUE adj. Relatif à la gériatrie.

GÉRICAULT (Théodore), peintre et lithographe français (Rouen 1791 - Paris 1824). Élève de C. Vernet et de Guérin, admirateur de Rubens et influencé par Gros, il est considéré comme le premier romantique français (*Cuirassier blessé quittant le feu,* Salon de 1814, Louvre), mais il est aussi un réaliste. Il découvre Michel-Ange en Italie en 1816, et, à son retour, exécute *le Radeau de la « Méduse »* (1819, Louvre), où sa culture classique le dispute encore à sa préoccupation d'exprimer le monde contemporain. L'audace de son dessin et de sa couleur ainsi que sa fougue, alliée à une certain goût pour le morbide (*la Folle,* musée de Lyon), font de lui un précurseur. Géricault a beaucoup étudié l'anatomie et les mouvements des chevaux (*Course de chevaux libres à Rome,* 1817 ; course dite *le Derby d'Epsom,* peinte en Angleterre en 1821 [les deux toiles au Louvre]).

GERING (Ulrich), imprimeur allemand (Constance v. 1440 - Paris 1510). Il fonda en 1470, avec Michael Friburger et Martin Crantz, dans les bâtiments de la Sorbonne, le premier établissement typographique de France.

GÉRIN-LAJOIE (Antoine), écrivain canadien de langue française (Yamachiche, Québec, 1824 - Ottawa 1882). Il voulut dans ses romans (*Jean Rivard le défricheur,* 1862 ; *Jean Rivard économiste,* 1864) inciter les Canadiens français à cultiver leur terre et à ne pas émigrer vers les États-Unis.

GÉRITÉ n. f. (gr. *gerôn,* vieillard). État d'une population vieillie.

GERLACHE (Étienne Constantin, *baron* DE), magistrat et homme politique belge (Biourge, Luxembourg, 1785 - Bruxelles 1871). Président du Congrès (1831), il proposa d'offrir la couronne de Belgique au duc Léopold de Saxe-Cobourg. Il fut premier président de la Cour de cassation de 1832 à 1867.

GERLACHE DE GOMERY (Adrien DE), marin et explorateur belge (Hasselt 1866 -Bruxelles 1934). À bord du *Belgica,* il explora les mers antarctiques et y réalisa le premier hivernage (1897-1899).

GERLACHOVKA, point culminant des Carpates (Hautes Tatras), en Slovaquie ; 2 655 m.

GERLIN (Ruggero), claveciniste italien (Venise 1899 - Paris 1983). Il a enseigné au conservatoire de Naples (1941), à l'Accademia Chigiana de Sienne (1947) et à Paris à partir de 1965. Il a beaucoup contribué au renouveau du clavecin.

1. GERMAIN, E adj. (lat. *germanus,* frère). *Cousin(e) germain(e),* cousin(e) né(e) du frère ou de la sœur du père ou de la mère de qqn, ayant donc avec celui-ci une grand-mère ou un grand-père commun. ‖ *Frère germain, sœur germaine,* frère, sœur issus du même père et de la même mère (par oppos. à *utérin* et à *consanguin*).
◆ **germain** n. m. *Cousin, cousine issu(e) de germain,* descendant(e) d'un cousin germain, d'une cousine germaine.

2. GERMAIN, E adj. et n. (lat. *Germanus*). Qui appartient aux Germains ou à la Germanie.

GERMAIN *(saint),* évêque d'Auxerre (Auxerre v. 378 - Ravenne 448). Il accomplit des missions en Grande-Bretagne et fit se consacrer à Dieu sainte Geneviève.

GERMAIN *(saint),* évêque de Paris (près d'Autun v. 496 - Paris v. 576). Évêque de Paris (v. 555), il fut enseveli dans l'église St-Vincent, qui sera plus tard St-Germain-des-Prés.

GERMAIN, général byzantin († 550). Neveu de Justinien, il se distingua en Thrace, où il repoussa les Slaves, et en Afrique (536-539).

GERMAIN, famille d'orfèvres parisiens des XVIIe et XVIIIe s. — PIERRE (v. 1645-1684), maître à Paris en 1670, fut orfèvre du roi. — THOMAS, son fils (1673-1748), fut orfèvre du Régent, puis de Louis XV et travailla notamment pour la cour du Portugal. Ayant admiré les antiques à Rome, il modéra en général le goût rocaille par son sentiment de l'ordre classique. Sa production (dont seule une petite partie est conservée) est aussi remarquable par l'invention que par la qualité technique. Voltaire a vanté sa « main divine ». — Son fils et collaborateur FRANÇOIS THOMAS (1726-1791) lui succéda comme orfèvre du roi, compléta le grand service du Portugal et travailla pour la Cour de Saint-Pétersbourg. Le succès l'incita à développer son atelier en contravention avec les statuts corporatifs ; il fut mis en faillite en 1765.

GERMAIN (Pierre), orfèvre français (Avignon 1716 - Paris 1783). Maître à Paris en 1744, il a publié un précieux recueil de modèles gravés, *les Éléments d'orfèvrerie* (100 planches, 1748).

GERMAIN (Sophie), mathématicienne française (Paris 1776 - *id.* 1831). On lui doit la notion de courbure moyenne d'une courbe gauche en un point. Elle s'intéressa aux problèmes d'élasticité et obtint en 1816 le prix des sciences mathématiques de l'Académie des sciences.

GERMAIN (Henri), financier et homme politique français (Lyon 1824 - Paris 1905). Fondateur en 1863 du Crédit Lyonnais, longtemps député, il a systématisé la politique française des banques de dépôts.

GERMAIN (*lord* George SACKVILLE) → SACKVILLE.

GERMAINE *(sainte)* [Germaine COUSIN] (Pibrac, près de Toulouse, v. 1579 - *id.* 1601). Le tombeau de cette humble paysanne devint un but de pèlerinage populaire. Elle fut canonisée en 1867.

GERMAINE DE FOIX (v. 1488 - Liria 1537), reine d'Aragon (1505-1516). Fille de Jean de Foix, vicomte de Narbonne et comte d'Étampes, et de Marie d'Orléans, sœur de Louis XII, elle épousa en 1505 Ferdinand II le Catholique, veuf d'Isabelle Ire la Catholique depuis 1504.

GERMAINS, peuple indo-européen, issu de la Scandinavie méridionale.

• *Histoire.* La présence des Germains n'est attestée dans la littérature historique que vers les années 80 av. J.-C., et c'est sous ce nom que César désigne les peuples d'outre-Rhin. Progressant à partir d'un foyer sud-scandinave, les Germains s'établirent dans la grande plaine européenne, du Rhin à la Vistule et de la Baltique au Danube, entre le ve s. av. J.-C. et le début de l'ère chrétienne. Leur progression se heurta aux Celtes (IIIe s. av. J.-C.) et aux Romains (IIe s. av. J.-C.) qui réussirent à les contenir hors des frontières de l'Empire jusqu'au IIIe s. apr. J.-C. Les Germains étaient compartimentés en de nombreux peuples et tribus, très mobiles, et aux dénominations changeantes. Les Goths (divisés en Wisigoths et Ostrogoths), poussés par les envahisseurs asiatiques, inaugurèrent les grandes invasions barbares* en s'installant en 376 dans l'Empire romain. Les Germains y fondèrent des royaumes dont celui des Francs. Ce dernier fut à l'origine de l'Empire carolingien (800), dont la partie orientale *(Francia orientalis)* issue du traité de Verdun (843) conserva le nom de Germanie*.

• *Civilisation.* Une structure sociale tribale (aristocratie guerrière, hommes libres, esclaves), une agriculture à contraintes collectives et un élevage intensif caractérisent l'ensemble de ces peuples. Les Germains avaient pour divinités principales *Odin* (ou *Wotan*), dieu des combats victorieux, *Tyr,* dieu des assemblées, *Thor* (ou *Donard*), dieu de la foudre. Les guerriers défunts sont conduits par les Walkyries, au Walhalla (Val-Hall), où ils festoient et combattent en compagnie d'Odin. Mais cette mythologie n'est connue que par une littérature postérieure (*Nibelung, Edda* scandinave, *Beowulf* saxon), et l'épopée, qui se termine par le déclin des dieux et l'abaissement des hommes, trahit sans doute quelque influence chrétienne.

GERMANDRÉE n. f. (lat. *chamaedrys,* du gr. *khamaidrus,* chêne nain). Labiée aromatique, tonique et vulnéraire, commune dans les forêts.

GERMANICUS (Julius Caesar), général romain (Rome 15 av. J.-C. - Antioche 19 apr. J.-C.), fils de Decimus Drusus Nero et d'Antonia, nièce d'Auguste, adopté par Tibère en 4 av. J.-C. Auguste lui confia la garde de la frontière du Rhin (13 apr. J. C.). À la mort d'Auguste, il rétablit l'ordre dans les légions de Germanie et battit Arminius, le vainqueur de Varus (16). Inquiet de sa popularité, Tibère l'envoya en Égypte, Judée et Syrie, où un conflit éclata entre lui et le gouverneur Cneius Calpurnius Pison, manifestement chargé de le surveiller. Il éloigna Pison, mais mourut brusquement près d'Antioche (19), ce qui fait soupçonner Pison de l'avoir empoisonné.

GERMANIE, en lat. **Germania,** anc. contrée d'Europe centrale, limitée au N. par la mer du Nord et la Baltique, à l'E. par la Vistule, au S. par les Carpates et le Danube, et à l'O. par le Rhin. Peuplée progressivement par les Germains* entre 1000 et 500 av. J.-C., elle reçut son nom au plus tard au Ier s. av. J.-C. Jusqu'à cette époque, les tribus germaniques progressèrent vers le S. et l'O., au détriment des Celtes. En 55 av. J.-C., elles franchirent le cours inférieur du Rhin mais furent repoussées par César. Auguste entreprit la conquête de la Germanie jusqu'à l'Elbe : l'offensive dirigée par Drusus et Tibère fut freinée par la révolte de l'Illyricum et le désastre de Quintilius Varus (9 apr. J.-C.). Malgré les victoires de Germanicus (Idistaviso, 16), Tibère replia la frontière sur le Rhin. En 90, Domitien fit de la région deux provinces : la *Germanie supérieure* (ch.-l. Mayence) et la *Germanie inférieure* (ch.-l. Cologne) après avoir occupé les champs Décumates. En dehors de l'Empire, la *Germania libera* ou *magna* subit l'influence romaine. Les Romains construisirent un *limes,* ligne continue fortifiée, entre Coblence et Ratisbonne. La frontière rhénane, sur laquelle ils se replièrent en 257-258, fut abandonnée dans les dernières années du IVe s. Au ve s., les Francs, les Saxons, les Burgondes et les Alamans pénétrèrent dans l'Empire.

Germanie *(la),* ouvrage de Tacite (98 apr. J.-C.). Cette monographie, ethnographique et géographique, préambule à son œuvre historique, est la seule de ce type que nous ait léguée l'Antiquité.

GERMANIE *(royaume de),* État né du démembrement de l'Empire carolingien et constitué par les territoires de *Francia orientalis* accordés à Louis le Germanique en 843 au traité de Verdun. Après la mort de son dernier souverain carolingien, Louis III (ou IV) l'Enfant, en 911, l'expression « royaume des Allemands » s'imposa sur un territoire dont les limites étaient fluctuantes et qui allait progressivement s'identifier au Saint Empire romain germanique. L'expression « royaume de Germanie » cessa d'être employée à la mort d'Henri II, en 1024.

1. GERMANIQUE adj. (lat. *germanicus*). **1.** Qui appartient à la Germanie, à l'Allemagne. — **2.** Qui a les caractères attribués aux habitants des pays de langue allemande : *La rigueur germanique.*

◆ n. m. Rameau de l'indo-européen dont sont issus l'anglais, l'allemand, le néerlandais, les langues nordiques, etc.
ENCYCL. Le germanique se subdivise en un groupe occidental (allemand, anglais, frison, néerlandais, yiddish), un groupe septentrional (suédois, danois, norvégien, islandais), et un groupe oriental qui comprend un ensemble de langues disparues, dont le seul témoin est le gotique. Le germanique commun aurait connu un certain nombre de transformations par rapport à l'indo-européen : mutation consonantique, systématisation de l'alternance vocalique, disparition de la plupart des diphtongues, apparition d'un accent d'intensité sur la première syllabe des mots.

2. GERMANIQUE adj. (de *germanium*). Se dit de l'anhydride GeO_2 et des acides correspondants.

GERMANISATION n. f. Action de germaniser ; fait d'être germanisé.

GERMANISER v. t. (conj. 3). **1.** Imposer la langue allemande dans un pays, y introduire des colons allemands. – **2.** Donner un caractère allemand, une morphologie allemande à un mot.

GERMANISME n. m. **1.** Fait de langue particulier à l'allemand. – **2.** Emprunt fait par le français à la langue allemande.

GERMANISTE ou **GERMANISANT, E** n. Spécialiste de la langue ou de la littérature allemande.

GERMANITE n. f. Sulfure naturel de germanium, de fer et de cuivre, du système cubique.

GERMANITÉ n. f. Caractère de ce qui est allemand.

GERMANIUM [-njɔm] n. m. (lat. *Germania,* Germanie). Métal rare, présentant des analogies avec le silicium et l'étain. (Élément de symb. Ge.)

Numéro atomique : 32
Masse atomique : 75,29
Masse volumique : 5,32 g/cm^3
Température de fusion : 937,4 °C

ENCYCL. Métal gris très cassant, découvert par Winkler en 1886, le germanium s'oxyde au rouge, brûle dans le chlore, est facilement attaqué par les acides. Il donne divers hydrures, comparables aux hydrocarbures. Il existe dans les blendes mais le seul minerai utilisé commercialement est la germanite, germanosulfure de cuivre. Ses propriétés semi-conductrices (amplifiées par dopage avec des éléments des colonnes V B [P, As, Sb] ou III B [B, Al, Ga] du tableau périodique) sont mises à profit dans les diodes et les transistors.

GERMANOPHILE adj. et n. Favorable aux Allemands, à l'Allemagne.

GERMANOPHILIE n. f. Sympathie pour les Allemands, pour leur culture.

GERMANOPHOBE adj. et n. Hostile à l'Allemagne, aux Allemands.

GERMANOPHOBIE n. f. Hostilité à l'égard des Allemands.

GERMANOPHONE adj. et n. Qui a l'allemand pour langue.

germano-soviétique *(guerre),* conflit qui opposa, de 1941 à 1945, l'U. R. S. S., aidée par les alliés occidentaux, au IIIe Reich, soutenu par l'Italie et les puissances satellites de l'Axe.
• *L'invasion de l'U. R. S. S. (1941-42).* L'offensive du Reich se déclenche le 22 juin 1941. Les forces allemandes, aux ordres de Brauchitsch, ont pour objectif Leningrad, Moscou et Kiev. Le groupe d'armée Leeb bloque Leningrad (10 sept.) et fait la jonction, près de Vitebsk, avec les forces du centre. Celles-ci atteignent le Dniepr supérieur et Smolensk tombe le 10 août. Rundstedt se défait des armées soviétiques d'Ouman (8 août) et de Kiev (19 sept.) ; Boudennyï est contraint de se replier sur le Dniepr inférieur. La bataille de Moscou s'ouvre alors avec la ruée des chars allemands. Joukov parvient à bloquer l'avance allemande devant la capitale (déc.) mais le groupe d'armées sud enlève Kharkov (24 oct.), Koursk (3 nov.) et atteint le Don supérieur. À l'exception de Sébastopol, toute la Crimée est occupée. L'hiver très rude permet aux Soviétiques de débloquer Moscou mais une nouvelle offensive, déclenchée le 28 juin, va conduire Paulus et Kleist au-delà du Don : les défenses extérieures de Stalingrad sont atteintes le 20 août ; l'offensive allemande s'arrête devant Groznyï et Ordjonikidze.
• *La libération du territoire soviétique (1943-44).* À Stalingrad, la Wehrmacht subit, le 31 janv. 1943, l'échec le plus cuisant du conflit. Les Soviétiques, pourvus en armements par les usines de l'Oural et du Turkestan, dotées de matériels américains, déclenchent une première grande offensive qui dégage Stalingrad. En progressant de 600 km en 45 jours, les Russes libèrent Koursk (8 févr.), Rostov (14 févr.) et Kharkov (16 févr.). Au N., la Wehrmacht recule à 300 km de Moscou. Précédée par une contre-attaque allemande sur Koursk (4 juill.), l'offensive soviétique (13 juill.) rompt en deux jours le front allemand sur 40 km. Les Russes franchissent le Dniepr (7 oct.), Kiev est libérée (6 nov.). Une violente réaction de Manstein (17 nov.) retarde la poussée de l'Armée rouge qui reprend le 24 déc. et s'achève avec la reprise de Korosten, Jitomir (31 déc.), Rovno, Loutsk (3 févr.), Ouman (11 mars), Odessa (10 avr.). La chute de Sébastopol met un terme

à la résistance allemande en Crimée ; la frontière soviétique est franchie en Roumanie et en Pologne.

• *L'offensive soviétique dans les Balkans et en Europe orientale (1944-45).* Le 22 juin 1944, l'offensive débute au N. des marais du Pripet et s'étend rapidement sur un front de 1 200 km. Après Vitebsk et Tallinn, Riga tombe à son tour (13 oct.), entraînant l'évacuation des pays baltes par la Wehrmacht. Le 1er août sont atteints les faubourgs de Varsovie où, malgré l'insurrection des patriotes polonais, la capitale doit attendre cinq mois l'entrée des Soviétiques. Entre le 27 et le 30 juill., Lwów et Przemyśl tombent, l'Armée rouge est à Bucarest (31 août) et entre à Sofia (15 sept.). Le front se stabilise pendant l'hiver mais la progression continue en Transylvanie. Tolboukhine, en liaison avec Tito, entre à Belgrade, déborde Budapest, mais ses troupes se heurtent au front allemand au lac Balaton (7 déc.).

La dernière campagne de la guerre commence le 12 janv. 1945. Tcherniakhovski s'empare de la Prusse-Orientale, Rokossovski enlève Thorn (Toruń), atteint la Baltique et va opérer à Wismar (3 mai) sa liaison avec les Britanniques. Tolboukhine prend Budapest (13 févr.), fait sauter le verrou du Balaton (mars) et marche vers Steyr au devant des troupes américaines. Koniev fait sa liaison avec les troupes de Joukov à Potsdam et celles de Patton à Torgau (25 avr.). Berlin tombe le 2 mai sous les coups conjugués de Koniev et de Joukov.

germano-soviétique *(pacte)* [23 août 1939], traité de non-agression conclu entre l'Allemagne et l'Union soviétique. Signé à Moscou par Ribbentrop et Molotov, il était accompagné d'un protocole secret qui prévoyait l'établissement des zones d'influence soviétique (en Finlande, Estonie, Lettonie, Bessarabie et Pologne orientale) et allemande (en Lituanie et Pologne occidentale).

GERME n. m. (lat. *germen, -inis*). **1.** Petite masse vivante peu organisée, mais appelée à croître et à se différencier pour donner un être ou un organe (germe dentaire par ex.). — **2.** Syn. de PLANTULE. — **3.** Bourgeon rudimentaire qui se développe sur certains organes souterrains (pommes de terre en particulier). — **4.** Cicatricule des œufs d'oiseaux. — **5.** Syn. de MICROBE. — **6.** Première particule solide qui apparaît lors de la cristallisation d'un bain fondu ou d'une solution sursaturée. — **7.** Cristal que l'on met dans un liquide pour provoquer la cristallisation. — **8.** Plus petit élément de volume d'une phase qui possède les propriétés physico-chimiques et structurales de la phase stable, macroscopique, qui doit normalement se former sous des conditions thermodynamiques définies. (→ *encycl.*) — **9.** Principe, source, cause originelle, élément de développement de qqch : *L'envie est un germe de discorde.* — **10.** *En germe,* qui est à l'état latent, mais prêt à se développer : *Le livre contenait en germe toute son œuvre.* ‖ *Porteur de germe,* personne ou animal qui véhicule un germe pathogène, sans être lui-même atteint par la maladie dont ce germe est l'agent causal.

ENCYCL. **Métall.** Plusieurs transformations caractéristiques des métaux et des alliages sont associées à la croissance d'un germe solide dans un liquide (solidification, transformation eutectique, surfusion) ou dans un solide (transformations allotropiques eutectoïdiques, recristallisation). Elles ne peuvent se réaliser que lorsque le germe atteint une taille critique. Le plus souvent, une surfusion thermique est nécessaire pour que la formation du germe se réalise.

GERMEN [-mɛn] n. m. (lat. *germen, -inis,* bourgeon). Ensemble des cellules de l'embryon animal ou végétal dont la différenciation tout au long de la « lignée germinale » donnera exclusivement les cellules reproductrices, ou gamètes.

ENCYCL. Dans la terminologie de Weismann, le germen s'oppose au soma, constitué par tous les autres tissus de l'organisme. L'évolution du soma et les accidents tout au long de la vie n'influencent en aucune façon les cellules germinales, de sorte que les caractères acquis ne sauraient être transmis.

GERMER v. i. (lat. *germinare*) [conj. 3]. **1.** (auxil. *avoir*) Avoir un germe qui commence à pousser, en parlant de la semence : *Les pommes de terre commencent à germer.* — **2.** (auxil. *avoir*) Commencer à se développer dans l'esprit de qqn, naître : *Cette idée de revanche germait dans son esprit.* — **3.** (auxil. *être*) Avoir un ou des germes, en parlant d'un tubercule de pomme de terre, d'une plantule d'un végétal à graines : *Les pommes de terre sont germées.*

GERMER (Lester Halbert), physicien américain (Chicago 1896 - *id.* 1971). Il mit en évidence, avec Davisson, la diffraction des électrons par un cristal, vérifiant la théorie de la mécanique ondulatoire (1927).

GERM-FREE [ʒɛrmfri] adj. inv. (angl. *germ-free,* exempt de germe). Se dit d'êtres vivants axéniques.

GERMICIDE adj. et n. m. Se dit des produits ou des agents physiques (ultraviolets) qui détruisent les germes pathogènes. (Pour les médicaments, on dit *antiseptique.*)

GERMIGNY *(vallée* ou *val de),* petite région du sud-est du Cher, traversée par le canal du Berry. Élevage.

GERMIGNY-DES-PRÉS (45110), comm. du Loiret, dans le Val de Loire ; 459 hab. L'église est l'ancienne chapelle (806) de la villa de Théodulf, agrandie d'une nef au Moyen Âge et trop restaurée en 1869 ; mosaïque de *l'Arche d'alliance.*

1. GERMINAL, E, AUX adj. (lat. *germen, -inis,* germe). Qui se rapporte au germen.

2. GERMINAL n. m. (même étym. que *germinal 1*). Septième mois du calendrier républicain commençant le 21 ou le 22 mars et finissant le 20 ou 21 avr.

Germinal an III *(journée du 12)* [1er avr. 1795], émeute de la misère qui éclata sous la Convention thermidorienne et au cours de laquelle des Parisiens affamés envahirent l'Assemblée en réclamant des mesures contre la disette et la Constitution de l'an I. Ils furent expulsés par la Garde nationale. Les contre-révolutionnaires en profitèrent pour obtenir la déportation de Billaud-Varenne et de Collot d'Herbois.

Germinal, roman d'Émile Zola (1885), treizième du cycle des *Rougon-Macquart*,* description du milieu minier du Nord durant une grève, à la fin du second Empire.

GERMINATIF, IVE adj. (lat. *germinatum,* de *germinare,* germer). **1.** Relatif à la germination. — **2.** *Pouvoir germinatif,* aptitude d'une graine à germer. (→ *encycl.*)

ENCYCL. **Bot.** La durée du *pouvoir germinatif* est très variable d'une espèce à l'autre ; les graines dont les réserves sont amylacées peuvent le conserver longtemps. Chez certaines espèces, le pouvoir germinatif augmente pendant un an ou deux après la dissémination. En général, les graines des espèces sauvages ont une longévité de 20 à 30 ans.

GERMINATION n. f. (lat. *germinatio, -onis*). **1.** Début du développement d'un nouvel individu végétal, à partir d'une graine placée dans les conditions favorables. (→ *encycl.*) — **2.** Passage à l'état de vie active d'un organe clos dont la vie a été jusque-là très ralentie (spore, œuf, tubercule). — **3.** Opération de malterie au cours de laquelle germent les grains d'orge. — **4.** Phénomène élémentaire de formation de germes solides à partir d'un alliage à l'état vapeur, liquide ou solide.

ENCYCL. **Bot.** Pour pouvoir germer, la graine doit être mûre, bien constituée et avoir conservé son pouvoir germinatif*. Elle doit aussi recevoir du milieu extérieur l'eau et l'oxygène en quantités suffisantes pour assurer un métabolisme intense. La température doit rester comprise entre certaines limites. Dans beaucoup d'espèces, la graine, apparemment mûre, reste à l'état de dormance*, dû en général à l'imperméabilité des téguments à l'eau et à l'oxygène, état qui doit être levé pour permettre la maturité vraie et la germination. Lors de celle-ci, on observe souvent d'abord la croissance de la radicule, qui déchire les téguments et pénètre dans le sol, puis l'allongement de l'axe hypocotylé, qui soulève la graine, l'épanouissement des cotylédons, qui verdissent, et, enfin, la croissance de l'axe épicotylé et l'épanouissement de la gemmule. Lorsque les cotylédons sont ainsi soulevés au-dessus du sol, la germination est dite *épigée ;* lorsqu'ils restent sous terre (pois), elle est dite *hypogée,* les cotylédons servant seulement d'organes de réserve. Chez le haricot, les cotylédons, soulevés hors de terre, ne font que fournir leurs réserves à la plante.

Le phénomène principal de la germination est la digestion, par les enzymes, des réserves nutritives contenues dans les cotylédons ou l'albumen.

Germinie Lacerteux, roman d'Edmond et Jules de Goncourt (1865). D'un naturalisme violent, il chercha à décrire de façon clinique la dégradation mentale progressive d'une jeune campagnarde échouée à Paris.

GERMISTON, v. d'Afrique du Sud, dans le Witwatersrand, au S.-E. de Johannesburg ; 155 000 hab. Centre du raffinage de l'or.

GERMOIR n. m. (de *germer*). **1.** Appareil, récipient pour recevoir les graines dont on veut contrôler la germination. — **2.** Local pour entreposer les pommes de terre ou d'autres tubercules destinés à servir comme plants de semence. — **3.** Local où a lieu la germination de l'orge destinée à la fabrication de la bière.

GERMON n. m. (mot poitevin, p.-ê. de *germe*). Nom usuel du *thon blanc,* poisson de grande taille, à chair blanche très estimée. (Le germon se reconnaît à ses longues pectorales et à la ligne bleu vif de ses flancs. On le trouve dans l'Atlantique, des Canaries à l'Irlande, et en Méditerranée, se déplaçant par bancs. Il mesure 1,20 m pour 20 kg.)

GERNSBACK (Hugo), ingénieur et écrivain américain d'origine luxembourgeoise (Luxembourg 1884 - New York 1967). Pionnier de la radio et de la télévision, il fut le premier à énoncer, en 1911, le principe du radar. On lui doit également la création de l'expression « science-fiction ».

GERÖ (Ernö SINGER, dit **Ernö**), homme politique hongrois (Terbegec 1898 - Budapest 1980). Secrétaire général du parti ouvrier socialiste hongrois en juill. 1956, après la démission de Rákosi. Il fit appel aux troupes soviétiques en oct. 1956. Il s'exila en U. R. S. S., avant d'être exclu du P. O. S. H. en 1962.

GÉRODERMIE n. f. Atrophie sénile de la peau.

GÉRÔME (Jean Léon), peintre et sculpteur français (Vesoul 1824 - Paris 1904). Amoureux du fini, de la précision et du détail objectif tout en manifestant une sensualité ingresque, il a cultivé la scène de genre antique, moderne ou orientale (thèmes puisés dans ses voyages). Professeur à l'École des beaux-arts à partir de 1863, il fut un ennemi juré de l'impressionnisme.

GÉROMÉ n. m. (de *Gérardmer,* n. pr.). Gros fromage analogue au munster, fabriqué en Alsace et dans les Vosges.

GÉROMORPHISME n. m. Aspect de vieillard que prennent prématurément certains individus sous l'influence de troubles nutritifs, surtout d'origine endocrinienne.

GÉRONDIF n. m. (bas lat. *gerundivum,* du lat. class. *gerere,* accomplir). **1.** En latin, forme verbale déclinable qui se substitue à l'infinitif dans certaines fonctions. — **2.** En français, forme verbale terminée par *-ant* et précédée de la préposition *en,* qui sert à décrire certaines circonstances de l'action. (Le gérondif fonctionne comme un complément circonstanciel de cause, de concession, de condition, de manière, de temps ; son sujet sous-jacent est identique au sujet du verbe principal : *En sortant, j'ai vu qu'il pleuvait.*)

GÉRONE, en esp. **Gerona,** v. d'Espagne, en Catalogne, ch.-l. de prov., au N.-E. de Barcelone ; 68 656 hab. Textile.
— **Bx-arts.** L'art roman est représenté par le monastère de S. Pedro de Galligants, la petite église S. Nicolas et les « Bains arabes ». La cathédrale, un des chefs-d'œuvre du gothique catalan (XIVe-XVe s.), voisine avec un cloître historié du XIIe s. ; trésor. Musée diocésain dans un hôtel du XVIIIe s.

GERONIMO, chef apache (No-Doyohn Canyon, auj. Clifton, Arizona, 1829 - Fort Sill, Oklahoma, 1908), qui mena des opérations de guérilla dans le sud-ouest des États-Unis (1882-1885) et obtint pour sa tribu un territoire dans l'Oklahoma.

GÉRONTE n. m. (gr. *gerôn, -ontos,* vieillard). **1.** Membre d'une gérousia. — **2.** Type de vieil homme dupé dans la comédie classique ; vieillard acariâtre.

GÉRONTISME n. m. (de *géronte*). Forme d'organisation sociale dans laquelle les vieillards dominent.

GÉRONTOCRATIE [-si] n. f. Système politique et social dominé par des vieillards.

GÉRONTOCRATIQUE adj. Relatif à la gérontocratie.

GÉRONTOLOGIE n. f. Science qui s'occupe des problèmes biologiques, psychologiques, sociaux et économiques posés par les personnes âgées.

ENCYCL. C'est l'augmentation importante du nombre et de la proportion des personnes âgées dans les populations occidentales (due aux progrès médicaux) et la prise de conscience du phénomène qui ont donné corps à cette science pratiquement inexistante au lendemain de la Seconde Guerre mondiale. Par ailleurs, l'abaissement de l'âge de la retraite dans de nombreuses professions a fait progresser le nombre de personnes du 2e et du 3e âge inactives : leur procurer ou leur faciliter des occupations attrayantes devient donc une nécessité au même titre que la satisfaction de leurs besoins matériels.

GÉRONTOLOGIQUE adj. Relatif à la gérontologie.

GÉRONTOLOGUE n. Spécialiste de gérontologie.

GÉRONTOPHILE n. Personne atteinte de gérontophilie.

GÉRONTOPHILIE n. f. Intérêt érotique pour les vieillards.

GÉRONTOXON n. m. (du gr. *tokson,* arc). Syn. de ARC* SÉNILE.

GÉROUSIA n. f. (mot gr.). Dans la Grèce antique, conseil des anciens (gérontes), par opposition à l'assemblée du peuple. (Seules quelques cités conservaient à l'époque classique cette institution traditionnelle. À l'époque impériale romaine, de nombreuses cités grecques [notamment en Asie Mineure] avaient des gérousias au rôle surtout religieux.)

GERRIS [-ris] n. m. Insecte hétéroptère carnassier très svelte, à pattes longues et fines, et qui court rapidement à la surface des eaux. (N. usuel *araignée d'eau.*)

GERRYMANDER [dʒerimandœr] n. m. (angl. *gerrymander*). Découpage électoral destiné à favoriser son auteur. (Le gouverneur américain E. Gerry créa en 1812 une circonscription en forme de salamandre.)

GERS (le), riv. du bassin d'Aquitaine, affl. de la Garonne (r. g.) ; 178 km.

GERS (32), dép. de la Région Midi-Pyrénées ; ch.-l. de dép. *Auch ;* ch.-l. d'arrond. *Condom, Mirande ;* 3 arrond. ; 31 cant. ; 462 comm. ; 6 257 km² ; 174 587 hab. *(Gersois).* Le dép. appartient à l'académie de Toulouse, à la cour d'appel d'Agen, à la région militaire Atlantique. Au cœur de la Gascogne, constitué par un plateau découpé par les vallées divergentes des affluents de la Garonne (Baïse, Gers, Arrats, Gimone, Save), le département est surtout rural. L'agriculture (céréales ; vignobles, fournissant l'armagnac) est associée à l'élevage (porcs et volailles). La faiblesse de l'industrie et celle de l'urbanisation (seule Auch dépasse 10 000 hab.) ont contribué à son dépeuplement.

GERSHWIN (George), compositeur, pianiste et chef d'orchestre américain (Brooklyn 1898 - Hollywood 1937). D'abord compositeur de chansons, dans lesquelles il mêle le blues, la musique populaire juive et la musique romantique, il connut le succès avec la *Rhapsody in Blue* (1924). Il a écrit *Concerto en « fa »* pour piano et orchestre (1925), *An American in Paris* (1928), *Cuban Overture* (1932) et l'opéra *Porgy and Bess* (1935).

GERSOIS, E adj. et n. Du Gers.

GERSOM (ou **GERSHOM**) **BEN JUDA** (v. 960 - v. 1028), rabbin et professeur de l'académie rabbinique de Mayence. Il contribua au rayonnement de la vie spirituelle juive et fut un grand talmudiste.

GERSON (Jean CHARLIER, dit **Jean de**), philosophe et théologien français (Gerson, Ardennes, 1363 - Lyon 1429). Chancelier de l'université de Paris en 1398, il s'est employé à mettre fin au grand schisme d'Occident. Orateur et théologien, il a laissé une œuvre écrite considérable, principalement consacrée à l'ecclésiologie et à la théologie mystique.

GERSONIDES (Levi BEN GERSON, dit), mathématicien, astronome, physicien et philosophe juif (Bagnols-sur-Cèze, Gard, 1288 - Perpignan v. 1344). Sa philosophie constitue un effort de synthèse entre l'aristotélisme, la philosophie de Maimonide et le judaïsme.

GERSTHEIM (67150), comm. du Bas-Rhin, au S.-E. d'Erstein ; 2 814 hab. Centrale hydroélectrique sur une dérivation du Rhin.

GERSTNER (Franz Josef VON), mathématicien autrichien (Chomutov, Bohême, 1756 - Mladějov, près de Moravská Třebová, 1832). Il est surtout connu pour ses travaux d'hydrodynamique, notamment sa théorie de la houle et ses études des roues hydrauliques.

GERTRUDE la Grande *(sainte)*, moniale et mystique allemande (Eisleben 1256 -Helfta, Saxe, v. 1302). Elle est l'auteur du livre II du *Hérault de la bonté divine* et de sept *Exercitia*, dont les thèmes majeurs sont l'humanité du Christ et le Sacré-Cœur.

GERVAIS et **PROTAIS** *(saints)*, martyrs. L'invention de leurs reliques par saint Ambroise, en 386-387, fut à l'origine d'un culte populaire dans tout l'Occident.

GERVAIS de Canterbury, chroniqueur anglais (Maidstone ?, Kent, v. 1141 -v. 1210). Moine bénédictin à Christ Church de Canterbury dès 1163, il est l'auteur de plusieurs chroniques concernant l'histoire religieuse de l'Angleterre.

GERVAIS DU BUS, auteur de la seconde partie (au moins) du roman de *Fauvel* (1314).

GERVAISE (Claude), compositeur français, dont l'activité se situe entre 1547 et 1560. Il est surtout connu pour ses *Livres de danceries,* arrangements de chansons de compositeurs connus (Certon, Janequin, Moulu, Gentian).

GERVANS (26600), comm. de la Drôme, au N. de Tain-l'Hermitage ; 359 hab. Centrale hydroélectrique sur une dérivation du Rhône.

GERVEX (Henri), peintre français (Paris 1852 - *id.* 1929). Élève de Cabanel, mais ami de Manet et Degas, auteur scandaleux de *Rolla* (1878, musée de Bordeaux), il alterne réalisme académique et manière impressionniste.

GÉRY *(saint)* ou **GAUGÉRIC** († v. 625). Diacre de Trèves, il fut envoyé comme évêque à Cambrai par Childebert II (v. 585).

GÉRYONIA n. f. (de *Géryon,* n. myth.). Méduse à douze tentacules, très commune dans toutes les mers.

GERZAT (63360), ch.-l. de cant. du Puy-de-Dôme, au N.-E. de Clermont-Ferrand ; 9 392 hab. *(Gerzatois).* Métallurgie.

GERZÉEN, ENNE adj. et n. m. Se dit d'une culture chalcolithique de Moyenne-Égypte, définie dans la nécropole de Gerzèh (IVe millénaire) et correspondant à la seconde phase de la culture de Nagada.

GÈS ou **JÈS,** groupe ethno-linguistique établi de l'est du Xingu au sud du Maranhão (Brésil).

GESELL (Arnold Lucius), psychologue et pédiatre américain (Alma, Wisconsin, 1880 - New Haven, Connecticut, 1961). Il s'est intéressé au développement neurologique et psychologique de l'enfant, notamment de cinq à dix ans, et a élaboré des échelles de développement (*How a Baby Grows,* 1945 ; *Infant Development,* 1952).

GÉSIER n. m. (lat. pop. **gicerium,* class. *gigeria,* entrailles). **1.** Poche gastrique des oiseaux, postérieure au ventricule succenturié, et aux parois fortement musclées, surtout chez les oiseaux granivores. (L'oiseau y introduit souvent des cailloux pour favoriser la fragmentation de la nourriture.) — **2.** Cette partie comestible d'une volaille. — **3.** Portion musculeuse, revêtue intérieurement de saillies dures, de l'intestin antérieur de certains invertébrés, notamment des insectes carnassiers, et qui sert à fragmenter les aliments.

GÉSINE n. f. (lat. pop. **jacīna,* du lat. class. *jacere,* être couché). **1.** Mise bas, chez la chienne, la chatte. — **2.** Litt. *En gésine,* se dit d'une femme sur le point d'accoucher.

GÉSIR v. i. (lat. *jacere,* être couché) [conj. **49**]. *Litt.* **1.** Être étendu, couché, sans mouvement : *Il gît sur le bord de la route, inanimé.* — **2.** Être abandonné, être étendu qqpart : *Ses vêtements gisaient sur le sol.* — **3.** Se trouver, consister, résider en qqch : *C'est là que gît la difficulté.* — **4.** Se trouver qqpart enfoui, caché : *Trésor qui gît au fond des mers.*

GESNER (Conrad), naturaliste suisse (Zurich 1516 - *id.* 1565). Il est l'auteur d'un traité de zoologie monumental, *Historia animalium,* et a laissé des notes d'entomologie. En botanique, il a introduit la notion de genre et insisté sur la valeur des caractères de la fleur et du fruit dans la classification.

GESNERIA n. m. (de C. *Gesner,* n. pr.). Plante à souche tubéreuse, le plus souvent naine, aux fleurs en grappe, à pétales soudés en un tube long, ventru et bilabié, cultivée en serre comme ornementale.

GESSE n. f. (anc. provenç. *geissa*). Herbe (papilionacée) grimpante des prairies, à tige souvent ailée, annuelle ou vivace, aux feuilles composées, aux fleurs de couleurs vives, papilionacées, réunies en grappe. (La *gesse odorante* est le pois de senteur ; la *gesse cultivée* [jarosse] sert comme fourrage ou comme graine alimentaire ; la *gesse des prés,* ingérée par les bêtes au pâturage, peut occasionner le lathyrisme.

GESSENAY, en all. **Saanen,** station d'été et de sports d'hiver de Suisse (cant. de Berne), sur la Sarine ; 5 500 hab. Fromage de Gruyère. Église et fresques du XVe s.

GESSNER (Salomon), écrivain suisse d'expression allemande, peintre et graveur (Zurich 1730 - *id.* 1788). Ses *Idylles* (1756 et 1772), qu'il illustra lui-même, annonçaient la sensibilité romantique.

Gesta Dei per Francos *(les Œuvres de Dieu par les Francs),* recueil de chroniques et de documents historiques relatifs aux croisades et publié en 1611 par J. Bongars.

GESTAGÈNE adj. Qui assure la nidation de l'œuf, son maintien et son développement. (Syn. PROGESTAGÈNE.)

GESTALT [geʃtalt] n. f. (all. *Gestalt,* forme). Fait, pour une entité perceptive, d'être traitée par le sujet comme un tout plutôt que comme une juxtaposition de parties.

GESTALTISME [geʃtaltism] n. m. (de *gestalt*). Syn. de THÉORIE DE LA FORME*.

GESTALTISTE adj. Qui relève du gestaltisme ; partisan du gestaltisme.

GESTALTTHEORIE, nom allemand de la théorie de la forme*.

GESTALT-THÉRAPIE n. f. (calque de l'angl. *Gestalt-Therapy*). Thérapeutique de groupe apparue dans les années 60 et ayant pour objet de mobiliser les ressources de l'individu afin de lui permettre de devenir une personne totale.

ENCYCL. Le but de la Gestalt-thérapie est de rétablir des relations dynamiques entre le comportement et le désir, le besoin ou le manque pour provoquer une prise de conscience des écarts et de la désunion entre ces deux niveaux et d'amener la personne à faire elle-même le diagnostic de ses contradictions et de la façon dont elle les traite, et à prendre ainsi la responsabilité de soi-même.

GESTANT, E adj. **1.** Se dit d'une espèce dont les femelles nourrissent l'embryon, puis le fœtus par voie placentaire. — **2.** Se dit d'une femelle en état de gestation.

Gestapo (abrév. de *Ge*[*heime*] *Sta*[*ats*]*po*[*lizei*], police secrète d'État), police politique de l'Allemagne nazie. Simultanément (mars-avr. 1933), mais séparément, Göring et Himmler créent la Gestapo avec des spécialistes de la *Kripo* (police criminelle) et des membres de la SS. La fusion est effective dès 1934, Himmler devenant l'adjoint de Göring. Jouissant de pouvoirs exorbitants, la Gestapo s'infiltre partout, arrête, torture, supprime ou interne en camp de concentration tout suspect. Sous le général SS Müller, elle étend à toute l'Europe le régime policier du IIIe Reich et participe activement à la déportation massive des Juifs vers les camps d'extermination.

GESTATION n. f. (lat. *gestatio, -onis*). **1.** État d'une femelle vivipare, entre nidation et mise bas, chez les espèces gestantes. (On parle d'*incubation* chez les espèces où les échanges placentaires sont limités à l'eau et aux gaz respiratoires.) [→ *encycl.*] — **2.** Travail latent de ce qui s'élabore, se forme lentement ; genèse : *La gestation d'un poème.* — **3.** *En gestation,* en cours d'élaboration, de formation : *Un livre en gestation.* ‖ *Gestation imaginaire,* ensemble de manifestations physiques ou psychiques qui, chez des femelles non saillies ou non fécondées lors de leurs dernières chaleurs, rappellent celles d'une mise bas proche. (Syn. PSEUDOGESTATION.)

ENCYCL. La durée de la gestation est grossièrement proportionnelle à la taille de l'espèce et n'est pas liée au degré d'évolution. Voici quelques durées approximatives (en jours) : souris : 21 ; rat : 22 ; écureuil : 30 ; lapin : 32 ; marmotte : 35 ; taupe : 40 ; lièvre : 42 ; martre : 44 ; hérisson : 48 ; belette et chat : 60 ; chien et renard : 63 ; putois : 63 ; cobaye : 68 ; loup : 70 ; lion : 110 ; porc : 115 ; castor : 120 ; mouton : 150 ; chèvre : 150 ; gazelle : 160 ; chamois : 165 ; blaireau : 180 ; gibbon : 220 ; renne et gorille : 230 ; ours : 240 ; morse : 260 ; homme : 270 ; phoque : 276 ; vache : 280 ; dauphin : 310 ;

chameau et lama : 330 ; cheval : 350 ; âne : 360 ; baleine : 370 ; zèbre : 375 ; girafe : 440 ; rhinocéros : 550 ; éléphant : 620-650.

Chez quelques ruminants, nidation et développement embryonnaire n'ont lieu que plusieurs mois après la fécondation.

GESTATIONNEL, ELLE adj. Relatif à la gestation.

1. GESTE n. m. (lat. *gestus*). **1.** Mouvement du corps, principalement de la main, des bras, de la tête, porteur ou non de signification : *Faire des gestes en parlant.* — **2.** Manière de mouvoir le corps, les membres et, en partic., manière de mouvoir les mains dans un but de préhension, de manipulation : *Métier qui demande une précision dans le geste.* — **3.** Action remarquable qui frappe par sa générosité, sa noblesse, etc. : *En agissant ainsi, il a fait un beau geste.* — **4.** *Avoir le geste large,* être généreux. ‖ *Faire un geste,* manifester sa bonne volonté par une action généreuse ou symbolique. ‖ *N'avoir qu'un geste à faire,* être capable d'obtenir qqch sans le moindre effort, sans rencontrer d'obstacle.

2. GESTE n. f. (lat. *gesta,* exploits). **1.** Ensemble de longs poèmes, composés du XIe au XIVe s., où sont chantés les hauts faits de personnages historiques ou légendaires. — **2.** *Chanson de geste,* un des poèmes de cet ensemble.

ENCYCL. **Littér.** Les chansons de geste, dont les sources les plus lointaines sont peut-être carolingiennes, c'est-à-dire franco-germaniques, ont pour héros des figures empruntées à l'histoire tels Charlemagne et Roland, Guillaume et Vivien. Chargées d'une fonction épique, elles se présentent comme une série de *laisses,* ou tirades qui s'organisent en unités phoniques d'après l'assonance. Composées du XIe au XIVe s., probablement récitées oralement par des chanteurs professionnels jusqu'au XIIIe s., elles exaltent l'idéal d'un monde féodal et d'une civilisation chrétienne dominée par l'esprit de croisade contre les infidèles. Elles ont très tôt été regroupées en cycles ou gestes : la geste du roi de France, avec Charlemagne comme figure centrale ; celle de Doon* de Mayence et celle de Garin* de Monglane.

GESTICULANT, E adj. Qui gesticule.

GESTICULATION n. f. (lat. *gesticulatio, -onis*). Action de gesticuler, de faire beaucoup ou trop de gestes.

GESTICULER v. i. (lat. *gesticulari*) [conj. 3]. Faire beaucoup de gestes, faire de grands gestes en tous sens ; s'agiter, remuer, bouger, de manière désordonnée.

GESTION [ʒɛstjɔ̃] n. f. (lat. *gestio, -onis*). **1.** Action ou manière de gérer, d'administrer, de diriger, d'organiser qqch ; période pendant laquelle qqn gère une affaire : *La gestion d'un stock.* — **2.** Administration d'une entreprise soit dans sa globalité, soit dans une de ses fonctions. — **3.** Ensemble des opérations d'un comptable public soit pendant une année financière, soit pendant la durée de ses fonctions. — **4.** Règle de la comptabilité publique impliquant qu'on rattache une recette ou une dépense publique à l'année de son exécution et non forcément à celle où elle a pris naissance. — **5.** *Centre de gestion agréé,* association qui, bénéficiant du concours des agents du fisc, est chargée d'apporter aux petites et moyennes entreprises une assistance technique dans la tenue de leur comptabilité. ‖ *Compte de gestion,* syn. de COMPTE DE FLUX*. ‖ *Gestion d'affaires,* quasi-contrat qui consiste dans le fait que le gérant d'affaires, sans en avoir reçu mandat, agit pour le compte du géré. (Le gérant d'affaires ne peut accomplir que des actes conservatoires et d'administration et il est tenu aux mêmes obligations que le mandataire. Le géré est obligé à l'égard des tiers par les actes du gérant d'affaires, si l'affaire a été bien administrée.) ‖ *Gestion budgétaire,* ensemble des procédures qui, dans une entreprise, ont pour but de définir, en volume et en valeur, les prévisions d'activité, d'en suivre la réalisation, et de mesurer les écarts entre les résultats obtenus et les objectifs définis.

gestion et d'économie rurale *(Institut national de)* **[I. G. E. R.],** organisme ayant pour rôle de fédérer les *centres* (départementaux) *de gestion et d'économie rurale (C. G. E. R.)* et d'analyser les problèmes économiques et sociaux de l'agriculture.

GESTIONNAIRE n. (de *gestion*). **1.** Personne qui a la responsabilité de la gestion d'une affaire, d'un service, d'une administration, etc. — **2.** Personne qui assure la gestion, l'administration des affaires publiques, mais qui ne participe pas à la prise de décision politique.

◆ n. m. Logiciel qui assure, en liaison avec le système d'exploitation d'un ordinateur, la manipulation, en entrée ou en sortie, de l'information en fonction de son organisation logique ou physique : *Gestionnaire de fichiers, de périphérique.*

◆ adj. Relatif à la gestion d'une entreprise, d'une administration.

GESTUALITÉ n. f. Ensemble des gestes, considérés sur le plan de leur signification symbolique ou de leur valeur d'accompagnement du discours. (Syn. GESTUELLE.)

GESTUEL, ELLE adj. (de *geste,* d'apr. *manuel*). **1.** Qui concerne les gestes, qui se fait avec des gestes : *Activité gestuelle.* — **2.** *Langage gestuel, communication gestuelle,* ensemble d'énoncés signifiants véhiculés par des gestes. ‖ *Peinture gestuelle,* celle qui privilégie acte physique de peindre, vitesse et spontanéité (notamm. dans l'expressionnisme abstrait et l'abstraction lyrique).

◆ **gestuelle** n. f. **1.** Syn. de GESTUALITÉ. – **2.** Façon de se mouvoir caractéristique d'un acteur ou d'un style de jeu.

Gesù (le), principale église des jésuites, à Rome, construite à partir de 1568 par Vignole. Celui-ci conçut un vaste espace unifié en croix latine, avec nef unique (favorable à la prédication) et coupole sur la croisée du transept. Le type ainsi établi devait connaître une grande fortune. Façade de G. Della Porta (1575) ; décors intérieurs d'époque baroque, dont la fresque tumultueuse de la voûte, par le Baciccia.

GESUALDO (Carlo), prince **de Venosa,** compositeur italien (Naples v. 1560 - *id.* v. 1614). Virtuose du luth, ami du Tasse, il mit en musique neuf de ses madrigaux. Après avoir ordonné l'assassinat de sa femme, Maria d'Avalos, et de l'amant de celle-ci, le duc d'Andria (1590), il épousa Éléonore d'Este (1594). Il nous reste de lui 6 livres de madrigaux à 5 voix (1594 à 1611), des madrigaux à 6 voix (1626) et des *Sacrae Cantiones* à 5, 6 ou 7 voix (1603). Son art raffiné recherche tous les moyens d'accroître l'intensité dramatique du texte.

GESVRES (Potier de) → POTIER DE GESVRES.

GETA (Publius Septimius) [189-212], empereur romain (211-212), second fils de Septime Sévère. César en 198, auguste en 209, il fut assassiné par son frère aîné, Caracalla.

GETAFE, agglomération de la banlieue sud de Madrid (Espagne) ; 126 000 hab. Tracteurs. Constructions aéronautiques.

GETCHELLITE n. f. (de *Getchell,* n. pr.). Sulfure d'arsenic et d'antimoine, monoclinique.

GÈTES, peuple thrace établi entre les Balkans et le Danube, et soumis par Darios en 512 av. J.-C. et, plus tard, par Alexandre (335 av. J.-C.).

Gethsémani (« Pressoir d'huile »), domaine situé dans la vallée du Cédron, à l'E. de Jérusalem, au pied du mont des Oliviers et où Jésus fut arrêté.

GÉTIGNÉ (44190), comm. de la Loire-Atlantique, sur la Sèvre Nantaise ; 2 924 hab. Extraction et traitement de l'uranium au hameau de l'Écarpière.

GETS (Les) [74260], comm. de la Haute-Savoie, au N.-N.-E. de Cluses ; 1 293 hab. Station d'été et de sports d'hiver.

GETTER [gɛtœr] n. m. (angl. *getter,* de *to get,* obtenir). Syn. de DÉGAZEUR en électronique.

GETTY (J[ean] Paul), industriel et collectionneur américain (Minneapolis 1892 -Sutton Place, Surrey, 1976). Les bénéfices de l'industrie pétrolière lui ont permis de constituer d'importantes collections d'antiquités grecques et romaines, d'objets d'art surtout français du XVIIIe s. et de peintures des écoles européennes, le tout installé en 1974 dans un musée construit à Malibu (Californie). Grâce à la fondation constituée par J. P. Getty, cet ensemble ne cesse de s'enrichir.

GETTYSBURG, localité des États-Unis (Pennsylvanie), en bordure des Appalaches ; 7 000 hab. Victoire des fédéraux sur les sudistes de Lee (1er-3 juill. 1863). (→ *guerre de* SÉCESSION.)

GÉTULES, ancien peuple berbère nomade, en bordure du Sahara, allié de Jugurtha contre les Romains.

GETZ (Stanley, dit **Stan**), saxophoniste ténor de jazz américain (Philadelphie 1927 - Malibu 1991). Surnommé « The Sound », pour sa sonorité à la fois brumeuse et aérienne, il a fait évoluer son style « cool » vers une expression plus universelle, alliant la tendresse à la véhémence.

GEULINCX (Arnold), philosophe flamand (Anvers 1624 - Leyde 1669). Défenseur des idées de Descartes, il estime avec Malebranche que le cartésianisme doit être complété par une morale.

GeV n. m. Symbole de *gigaélectronvolt* (un milliard d'électronvolts), unité d'énergie utilisée en physique des particules.

GEVAERT (François Auguste, *baron*), compositeur, pédagogue et musicologue belge (Huise, Flandre-Orientale, 1828 -Bruxelles 1908). Il fut directeur de la musique à l'Opéra de Paris, puis du Conservatoire de Bruxelles. Il reste surtout de lui des ouvrages pédagogiques et musicologiques.

GÉVAUDAN, plateau couvert de landes du sud de l'Auvergne (Lozère), entre la Margeride et l'Aubrac. Élevage ovin extensif.

Gévaudan *(bête du),* animal mythique, dont l'existence repose peut-être sur des faits historiques. Des loups affamés s'étant attaqués aux hommes en Gévaudan et en Auvergne, faisant plus de 100 morts, l'imagination populaire transforma les fauves en une bête unique, mi-lion, mi-hyène et anthropophage, contre laquelle furent dirigées de véritables expéditions.

GEVERS (Marie), femme de lettres belge de langue française (Edegem, près d'Anvers, 1883 - *id.* 1975). Elle dépeignit les types ruraux de la Campine flamande (*Ceux qui reviennent,* 1922) et introduisit le mystère et l'invisible dans les évocations paysannes (*Madame Orpha ou la Sérénade de mai,* 1933 ; *Vie et mort d'un étang,* 1961).

GEVREY-CHAMBERTIN (21220), ch.-l. de cant. de la Côte-d'Or, au pied de la côte viticole ; 2 835 hab. *(Gibriacois).* Église et restes d'un château du Moyen Âge. Vins réputés (côte de Nuits). Triage ferroviaire. Confiturerie. Constructions électriques.

Gewandhaus, salle de concerts allemande située à Leipzig, où s'illustrèrent Mendelssohn, A. Nikisch, W. Furtwängler, B. Walter et C. Schuricht.

GEWURZTRAMINER n. m. Variété du cépage traminer, cultivé en Alsace, donnant d'excellents vins blancs parfumés ; ces vins.

GEX n. m. (de *Gex,* n. pr.). Fromage cylindrique du Jura à moisissures internes.

GEX (01170), ch.-l. d'arrond. de l'Ain, au débouché du col de la Faucille, sur la route de Genève ; 6 678 hab. *(Gexois).* Chef-lieu du petit *pays de Gex.*

GEX *(pays de),* petite région de France (dép. de l'Ain), au N.-O. de Genève entre les sommets du Jura et la Suisse, constituant, sur le plan douanier, une zone franche entre la France et la Suisse.
— **Hist.** Possédé par les comtes de Genève puis de Savoie, il fut cédé à Henri IV par le traité de Lyon (1601).

GEYMÜLLER (Heinrich, *baron* VON), *ingénieur et historien d'art autrichien* (Vienne 1839 - Baden-Baden 1909). Il a été l'éditeur, en allemand et en français, de documents inédits de la Renaissance concernant Rome, *la Toscane* (1885-1888), *la France* (1898-1901) ainsi que différents artistes : *Raphaël, les Du Cerceau, Michel-Ange,* etc.

GEYSER [ʒɛzɛr] n. m. (angl. *geyser,* de l'islandais *Geysir,* n. pr.). **1.** Source d'où jaillit de façon intermittente de l'eau chaude ou de la vapeur d'eau, avec dégagement sulfureux. (Les geysers résultent du réchauffement jusqu'à ébullition de l'eau phréatique par des gaz volcaniques.) — **2.** Grande gerbe jaillissante : *Un geyser de pétrole.*

GEYSERS (les), site des États-Unis au N. de San Francisco, aménagé pour la production d'électricité d'origine géothermique.

GÉZA, prince de Hongrie (972-997). Il soumit les chefs de tribus des territoires situés à l'ouest de la Tisza. Il offrit son alliance à Otton Ier et ouvrit son pays aux missionnaires chrétiens. Il se fit baptiser mais toléra le paganisme.

GÉZA Ier (en Pologne 1044-1077), roi de Hongrie (1074-1077). — **Géza II** (1129-1162), roi de Hongrie (1141-1162).

GEZELLE (Guido), poète belge d'expression néerlandaise (Bruges 1830 - *id.* 1899). Prêtre, directeur du couvent anglais de Bruges, il voulut redonner leur dignité à la langue et à la culture flamandes. Ses premières œuvres, d'inspiration romantique (*Poèmes, chants et prières,* 1862), furent blâmées par l'Église. Ses derniers recueils, *Couronne du temps, Couronne de l'année, Couronne du siècle* (1898) et *Collier de rimes* (1897), lui valurent le titre de fondateur de la poésie « moderniste ».

GEZER ou **TELL DJEZER,** anc. v. de Palestine située sur le versant occidental des monts de Judée. Le site remonte à l'époque ghassoulienne (fin du IVe millénaire av. J.-C.). Son apogée se situe vers le XVIIe s. av. J.-C. Vers 1500 av. J.-C., un sanctuaire comportant 10 monolithes fut édifié. Le « calendrier de Gezer » est une des plus anciennes inscriptions israélites (Xe s. av. J.-C.), d'époque salomonienne.

GEZIREH (la), en ar. **al-Djazīra** (« les Îles »), région du Soudan, entre le Nil Blanc et le Nil Bleu, au S. de Khartoum. Bonifiée par l'irrigation, elle produit du coton, du blé, des fèves et du sorgho.

G. F. A., sigle de GROUPEMENT* FONCIER AGRICOLE.

GHAB → RHĀB.

GHADAMÈS → RHADAMÈS.

GHĀGHRA → GOGRA.

GHAÏTA → RHAÏTA.

GHĀLIB (Mirza Asadullah Khān), poète indien de langue urdū et persane (Āgrā 1797 - Delhi 1869). Il fut à la fois le dernier poète classique persan (*Diwān,* 1841) et le fondateur de la prose moderne en urdū avec ses *Lettres* (1869).

GHĀNA, ancien État africain du Soudan occidental (Ve s. ? - XIe s.), situé à la frange sud du Sahara (Sahel) entre les fleuves Sénégal et Niger, aux confins des États actuels du Sénégal, du Mali et de la Mauritanie. Il tirait sa richesse du grand commerce et atteignit son apogée au XIe s. Il fut détruit par les Almoravides, qui s'emparèrent de sa capitale, Ghāna, en 1076-1077. Celle-ci ne fut abandonnée qu'après la conquête mandingue (v. 1240).

GHANA, État de l'Afrique occidentale, sur l'Atlantique ; 240 000 km^2 ; 18 millions d'hab. *(Ghanéens).* CAP. *Accra.* LANGUE : *anglais.* MONNAIE : *cedi.*

Géographie. Pays de savanes dans le Nord et le Centre, forestier dans le Sud, proche de l'équateur et plus humide, le Ghana a connu, lié aux vicissitudes politiques intérieures, un déclin de ses productions agricoles et minières (fondements de l'économie) et une importante émigration. Depuis 1990 surtout, l'économie s'est redressée, en partie grâce au soutien du Fonds monétaire international (le cacao, la bauxite et l'or constituent les principales ressources commerciales). Plus dense dans le Sud, site de la capitale, des ports de Sekondi-Takoradi et de Tema (annexe industrielle d'Accra, utilisant l'électricité fournie par le barrage d'Akosombo), la population, majoritairement rurale, pratique une agriculture vivrière, l'élevage et la pêche.

Histoire. Le nord du pays est sous la domination de royaumes africains dès la fin du XIVe s.

1471 : Les Portugais s'établissent dans la région qui est appelée Côte-de-l'Or ou Gold Coast en raison du commerce de l'or.

Aux XVIIe et XVIIIe s., le commerce des esclaves y attire les Anglais et les Hollandais. Au centre du pays se développe le royaume Achanti.

1874 : La Côte-de-l'Or devient une colonie britannique, dont la prospérité économique se fonde sur les ressources minières et sur le cacao.

1901 : Annexion du territoire des Achantis.

1957 : La colonie devient indépendante sous le nom de Ghana.

1960 : La république est proclamée. Son président, Kwame Nkrumah, met en place un régime d'orientation socialiste.

Après le coup d'État de 1966, qui renverse K. Nkrumah, des gouvernements civils et militaires se succèdent.

1981 : Le capitaine Jerry Rawlings prend le pouvoir.

1992 : Le multipartisme est restauré. J. Rawlings est confirmé à la tête de l'État par une élection présidentielle au suffrage universel.

GHANÉEN, ENNE adj. et n. Du Ghana.

GHARB → RHARB.

GHARDAIA, oasis du Sahara algérien (wilaya de Laghouat), principal centre du Mzab, à proximité (relative) des grands gisements d'hydrocarbures ; 70 500 hab. Production de dattes. Tourisme et artisanat. Métallurgie.

GHARIPUR → ELEPHANTA.

GHARSA *(chott el-)* → RHARSA.

GHASSĀNIDES → RHASSĀNIDES.

GHASSOUL ou **TELEILET EL-GHASSOUL,** site archéologique de la basse vallée du Jourdain, au N.-O. de la mer Morte, en Jordanie, comportant une agglomération de maisons de briques crues sur fondations de pierres. Certaines sont ornées de peintures murales (seconde moitié du Ve millénaire-fin du IVe millénaire). Le site a donné son nom à la culture *ghassoulienne.*

GHĀT n. m. (mot sanskrit). En Inde, escalier sur les rives d'un fleuve.

GHĀTS, chaînes montagneuses bordant l'Inde péninsulaire. Les Ghāts orientaux sont moins élevés et moins développés que les Ghāts occidentaux. Ceux-ci s'élèvent vers le sud (2 687 m au mont Aneimudi), où les forêts sont parfois coupées de plantations (théiers, caféiers, eucalyptus).

GHAYṬA → RHAÏTA.

GHAZĀLĪ (Abū Hāmid Muḥammad **al-**) → RHAZĀLĪ.

GHAZAWET (El-), anc. **Nemours,** puis **Ghazaouet,** port de l'ouest de l'Algérie (wilaya de Tilimsen) ; 25 800 hab. Métallurgie. Pêche. Station balnéaire.

GHAZEL, GHAZAL → RHAZAL.

GHĀZĪ Ier → RHĀZI Ier.

GHAZIABAD, v. de l'Inde (Uttar Pradesh), dans la grande banlieue est de Delhi ; 519 508 hab.

GHAZNÉVIDES → RHAZNÉVIDES.

GHAZNĪ → RHAZNI.

GHEE [gi] n. m. (angl. *ghee,* du sanskr. *ghī*). En Inde, matière grasse constituée de beurre clarifié.

GHELDERODE (Adhemar MARTENS, dit **Michel de**), auteur dramatique belge de langue française (Ixelles-Bruxelles 1898 -Schaerbeek, Bruxelles, 1962). Son théâtre à l'expressionnisme truculent unit mysticisme et bouffonnerie carnavalesque (*Barabbas,* 1929 ; *Fastes d'enfer,* 1938 ; *Mademoiselle Jaïre,* 1942).

GHÉON (Henri Léon VANGEON, dit **Henri**), poète et auteur dramatique français (Bray-sur-Seine, Seine-et-Marne, 1875 - Paris 1944). Venu de la médecine à la littérature avec *Chansons d'aube* (1897), il fut l'un des fondateurs de *la Nouvelle* Revue française* et l'un des animateurs du théâtre du Vieux-Colombier (1913). Converti au catholicisme, il fit jouer par « les Compagnons de Notre-Dame » ses pièces mystiques inspirées des mystères du Moyen Âge (*le Pauvre sous l'escalier,* 1921 ; *Mystère de la messe,* 1936).

GHEORGHE-GHEORGHIU-DEJ → ONEŞTI.

GHEORGHIU-DEJ (Gheorghe), homme d'État roumain (Bîrlad 1901 - Bucarest 1965). Secrétaire général du parti communiste à partir de 1945, il fut président du Conseil (1952-1955), puis président du Conseil d'État (chef de l'État) [1961-1965].

GHERARDESCA, famille noble de Toscane qui joua un rôle important à Pise dans la querelle des guelfes et des gibelins (XIIIe-XIVe s.). L'un de ses membres, UGOLINO **della Gherardesca** († 1288 ou 1289), tyran de Pise (1285-1288), fut renversé par l'archevêque de Pise Ruggieri degli Ubaldini (1288). Son histoire inspira Dante (chant XXXIII de l'*Enfer*).

GHERARDI (Evaristo), comédien et auteur dramatique italien (Prato 1663 - Paris 1700). Arlequin célèbre, il intégra le personnage aux préoccupations sociales de son temps. Il publia en français un recueil de scénarios de commedia dell'arte (*Théâtre italien,* 1694-1697). Sa comédie *le Retour de la foire à Bezons* fut à l'origine de la fermeture du Théâtre-Italien en 1697.

GHERIS *(oued)* → RHERIS.

GHETTO [gɛto] n. m. (vénitien *ghetto,* de l'hébr. *ghet,* divorce). **1.** Quartier habité par des communautés juives ou, autrefois, réservé aux juifs. – **2.** Lieu où une communauté vit en marge du reste de la population ; cette communauté elle-même : *Les ghettos noirs de New York.* – **3.** Milieu renfermé sur lui-même, condition marginale dans laquelle vit une population ou un groupe : *Un pays qui veut sortir de son ghetto économique.* ENCYCL. À partir du triomphe du christianisme (IVe s.), les communautés juives sont de plus en plus fréquemment acculées à la réclusion : des quartiers réservés (juiveries), nettement délimités, aboutissent à la généralisation, au XVIe s., des *ghettos,* véritables villes closes situées au cœur ou à la périphérie des villes chrétiennes ; si certains ghettos, en Italie, en Avignon et en Autriche notamment, sont spacieux et abritent une population juive largement mêlée à la vie générale, en Europe orientale les ghettos sont très souvent sordides. Sous l'influence de la Révolution française, qui ramène les juifs au droit commun, les ghettos disparaissent ou s'ouvrent au XIXe s. La persécution nazie, en parquant de nouveau les juifs d'Europe orientale dans leurs quartiers d'habitation, ressuscite les ghettos : le plus célèbre reste le ghetto de Varsovie, qui, en avril-mai 1943, après une héroïque défense de ses habitants, fut détruit pierre à pierre par les Allemands.

GHETTOÏSATION n. f. Action de ghettoïser.

GHETTOÏSER v. t. (conj. 3). Enfermer (réellement ou plus souvent symboliquement) une minorité dans un ghetto, la tenir à l'écart de la société.

GHEZZI (Pier Leone), peintre et caricaturiste italien (Rome 1674 - *id.* 1755). Il est surtout connu pour ses vigoureux dessins à la plume qui mettent en scène, dans un esprit caricatural, l'élite intellectuelle présente à Rome dans la première moitié du XVIIIe s. (série des membres de l'Académie de France à Rome, 1747, Paris, B. N.).

GHIAUROV (Nikolaï) → GJAUROV.

GHIBERTI (Lorenzo), sculpteur, orfèvre et architecte florentin (Florence 1378 - *id.* 1455). Ses travaux majeurs, chefs-d'œuvre plastiques et techniques, sont les 2e et 3e portes de bronze du baptistère de Florence. L'une (1401-1424) continue la tradition gothique dans ses 28 quadrilobes, mais en introduisant de nouveaux effets spatiaux, tandis que l'autre (1425-1452, qualifiée par Michel-Ange de « porte du paradis ») s'approche de l'esprit de la Renaissance avec, encadrés de statuettes, ses dix reliefs narratifs (épisodes de l'Ancien Testament), où la science de la perspective et de la composition se fait picturale.

GHICA ou **GHIKA,** famille de boyards roumains d'origine albanaise qui donna dix princes à la Valachie, et à la Moldavie, puis des hommes politiques à la Roumanie. – GEORGES, prince de Moldavie (1658-59), puis de Valachie (1659-60). – GRÉGOIRE Ier, prince de Valachie (1660-1664 ; 1672-1673). – GRÉGOIRE II, prince de Moldavie (1726-1733 ; 1735-1741 ; 1747-1748), prince de Valachie (1733-1735 ; 1748-1752). – GRÉGOIRE III († 1777), prince de Moldavie (1764-1767 et 1774-1777) et prince de Valachie (1768-69). – GRÉGOIRE IV (1765-1834), prince de Valachie (1822-1828). – ALEXANDRE (1795-1862), prince de Valachie (1834-1842). – GRÉGOIRE (1807-1857), prince de Moldavie (1849-1853). – JEAN (Bucarest 1816 -Ghergani 1897), écrivain et homme politique. Il fut Premier ministre en 1866 et en 1870-71.

GHIL (René), poète français d'origine belge (Tourcoing 1862 - Niort 1925). Lié au mouvement symboliste (*Légende d'âmes et de sangs,* 1885), il voulut réaliser la synthèse des différentes formes d'art, tenta de systématiser dans son *Traité du verbe* (1886) les correspondances entre sons et couleurs suggérées par Rimbaud. Il illustra dans son triptyque *(Dire du mieux, Dire des sangs, Dire de la loi)* sa théorie de la poésie scientifique.

GHILDE → GUILDE.

GHILELS (Emil Grigorievitch) → GUILELS.

GHILIZANE, anc. **Relizane** et **Ighil Izane,** v. d'Algérie, au S.-E. de Mestghanem ; 60 100 hab. Centre agricole.

GHILLIE n. m. Type de chaussure à tige haute, fermée par un système de courroies en forme de boucle, piquées sur la tige.

ghiordès *(nœud de)* → GÖRDES.

GHIRLANDAIO (Domenico BIGORDI, dit **Domenico**), peintre italien (Florence 1449 - *id.* 1494). Ses fresques de la collégiale de S. Giminiano montrent déjà son attention aux détails familiers. Monumentalité adoucie et réalisme dans le portrait caractérisent sa *Vocation de Pierre et André* à la chapelle Sixtine (Rome, 1481) ainsi que ses fresques de *la Vie de la Vierge* à S. Maria Novella de Florence (1486-1490), où il met en scène la société de son temps. – Dans son atelier, très achalandé, travaillèrent notamment ses frères DAVID (1452-1523), qui en poursuivit l'activité, et BENEDETTO (1458-1497), ainsi que Michel-Ange jeune. Son fils RIDOLFO (1483-1561) fut surtout un portraitiste.

GHISLANDI (Giuseppe, puis Vittore), dit **Fra Galgario,** peintre italien (Bergame 1655 - *id.* 1743). Portraitiste combinant les traditions lombarde et vénitienne, il a laissé des œuvres aussi étonnantes par leur résonance sociologique que par l'originalité et la qualité de leur technique.

GHISONACCIA (20240), comm. de la Haute-Corse, dans la plaine d'Aléria ; 3 292 hab. Centre agricole et commercial.

GHOR, dépression de Palestine, partagée entre Israël et la Jordanie, drainée par le Jourdain et étirée du lac de Tibériade à la mer Morte. Cultures irriguées.

GHORFA ⟶ RHORFA.

GHRÍVAS ou **GRIVAS** (Ghéorghios), officier et homme politique cypriote (Trikomo, Chypre, 1898 - Limassol, Chypre, 1974). Il fonda à Athènes, en 1940, une organisation de résistance, puis à Chypre en 1955 l'EOKA (Organisation nationale des combattants cypriotes) qui dirigea la guérilla anti-britannique. De 1964 à 1967, il commanda la garde nationale cypriote et les troupes grecques stationnées à Chypre.

GHULAM (Mohammad), homme politique pakistanais (Lahore 1895 - Karāchi 1956). Ministre des Finances du Pākistān lors de sa création en 1947, il fut gouverneur général de 1951 à 1954.

GHURIDES ⟶ RHURIDES.

G. I. [dʒiaj] n. m. inv. (initiales de l'angl. *Government Issue,* fourniture du gouvernement). Soldat de l'armée américaine.

GIACOMETTI (Alberto), sculpteur et peintre suisse (Stampa, Grisons, 1901 - Coire 1966), fils du peintre Giovanni Giacometti (1868-1933). Élève de Bourdelle (1922-1925), il évolua, sous l'influence des arts primitifs et du cubisme, vers des formes simplifiées ; celles-ci rendent compte d'obsessions et de fantasmes qui s'épanouissent dans les œuvres de la période surréaliste (1930-1935) [*l'Objet invisible,* bronze, 1934-35]. Une longue période de remise en cause, d'expériences et de recherches aboutit plus tard aux personnages filiformes (*Femme debout,* 1948 ; *Homme qui marche,* 1960), hagards et vibrants sous leur modelé « informel ».

GIACOMO (Salvatore Di) ⟶ Di Giacomo.

GIACOSA (Giuseppe), écrivain italien (Colleretto Parella 1847 - Milan 1906). Conteur régionaliste (*Novelle e paesi valdostani,* 1886), il a laissé aussi des comédies naturalistes (*Come le foglie,* 1900).

GIAEVER (Ivar), physicien américain d'origine norvégienne (Bergen 1929). Il est l'auteur de diverses applications de l'effet Josephson*, dont il a vérifié l'existence en 1958. Il a partagé, avec Leo Esaki et Brian Josephson, le prix Nobel de physique 1973.

GIA LONG, empereur du Viêt-nam (1802-1820). (Hué 1762 - *id.* 1820). Sa famille ayant été massacrée par les rebelles Tây Son (1775), le prince Nguyên Anh lutta pour reprendre le pouvoir. Aidé par Mgr Pigneau de Béhaine, il reconquit le pays, qu'il réunifia sous le nom de Viêt-nam, et se proclama empereur sous le nom de Gia Long (1802).

GIAMBOLOGNA (Jean Boulogne ou Bologne, en ital. **Giovanni Bologna** ou), sculpteur flamand (Douai 1529 - Florence 1608). Élève de Dubrœucq à Mons, il alla vers 1550 étudier en Italie et se fixa à Florence, au service des Médicis. Un des grands représentants du maniérisme, abondant et divers (*Mercure volant* du Bargello [1563 ?], *Apennin* du parc de Pratolino [v. 1577], *Enlèvement d'une Sabine* de la loggia dei Lanzi [1582]), il vit son œuvre diffusée et prolongée par la multiplication des petits bronzes et par la qualité de ses disciples, tels A. De Vries, Tacca, Francheville.

GIANNINI (Guglielmo), journaliste et homme politique italien (Pozzuoli, près de Naples, 1891 - Rome 1960). En 1944, il fonda à Rome l'hebdomadaire *l'Uomo qualunque (l'Homme de la rue)* qui fut à l'origine du mouvement politique du même nom. Bénéficiant des sympathies fascistes, ce mouvement remporta un succès aux élections de 1946 et 1947.

GIAOUR n. m. (turc *gâvur,* de l'ar. *kāfir,* infidèle). Terme péjoratif par lequel les Turcs désignaient les non-musulmans.

Giaour *(le),* poème de lord Byron (1813). Une jeune esclave, soupçonnée d'infidélité et jetée à la mer dans un sac de cuir, est vengée par le *Giaour,* le chrétien. Chevalerie et exotisme qui inspireront Hugo, Vernet et Delacroix.

GIAP (Vo Nguyên) ⟶ Vo Nguyên Giap.

GIARD (Alfred Mathieu), biologiste français (Valenciennes 1846 - Orsay 1908). Il a publié des mémoires sur le parasitisme, la castration parasitaire, la pœcilogynie, l'anhydrobiose. (Acad. des sc., 1900.)

GIARDIA n. f. (de A. *Giard,* n. pr.). Protozoaire flagellé, parasite des batraciens, des reptiles, des oiseaux et des mammifères.

GIARDIASE n. f. Parasitose cosmopolite due à une giardia, *Giardia intestinalis* (ou *Lamblia intestinalis*), qui hante normalement le segment duodéno-jéjunal de l'intestin grêle. (Syn. LAMBLIASE.)

ENCYCL. *G. intestinalis* est l'agent le plus fréquent des flagelloses intestinales ; quand il est pathogène (sujets immunodéprimés, polyparasités), il entraîne des gastralgies, des diarrhées chroniques et des malabsorptions intestinales parfois sévères.

GIAUQUE (William Francis), chimiste américain (Niagara Falls, Canada, 1895 -Oakland 1982). Il préconisa en 1924 la méthode de production du froid fondée sur la désaimantation adiabatique et découvrit, en 1929, avec H. L. Johnston, les deux isotopes lourds de l'oxygène, découverte qui amena celle du deutérium. (Prix Nobel de chimie 1949.)

GIBBERELLA n. m. Champignon ascomycète, dont de nombreuses espèces causent des maladies du riz, du maïs, etc., et dont on extrait la *gibbérelline.*

GIBBÉRELLINE n. f. Hormone sexuelle végétale de nature diterpénique.

ENCYCL. Les effets de la gibbérelline sont variés : allongement des entre-nœuds des tiges, formation précoce de la hampe florale chez les plantes bisannuelles, formation de feuilles plus grandes, apparition de fruits sans fécondation, débourrage des bourgeons, levée de dormance de certaines graines.

GIBBÉRELLIQUE adj. *Acide gibbérellique,* principe actif contenu dans la gibbérelline.

GIBBEUX, EUSE adj. (bas lat. *gibbosus,* du lat. class. *gibbus,* bosse). **1.** *Litt.* Qui a la forme d'une bosse : *Dos gibbeux.* — **2.** Se dit de l'aspect d'un astre à diamètre apparent sensible dont la surface éclairée visible occupe plus de la moitié du disque. (La Lune apparaît gibbeuse entre le premier quartier et la pleine lune et entre la pleine lune et le dernier quartier.) — **3.** Se dit d'un organe portant une ou plusieurs bosses.

GIBBIUM [ʒibjɔm] n. m. (lat. *gibbus,* bosse). Minuscule insecte coléoptère cosmopolite, roux, au corps bombé, qui vit dans les habitations.

GIBBON [ʒibɔ̃] n. m. (angl. *gibbon,* d'un dialecte de l'Inde). Singe anthropomorphe de l'Insulinde, dépourvu de queue, aux bras très longs.

ENCYCL. Les gibbons sont les plus petits des singes hominoïdes, et les mieux adaptés à la vie arboricole, où ils pratiquent la brachiation. Ils vivent en groupes familiaux et se nourrissent de fruits variés, de feuilles, éventuellement d'insectes et d'oiseaux.

GIBBON (Edward), historien britannique (Putney, Londres, 1737 - Londres 1794), auteur d'une vaste histoire de l'Empire romain (*The History of the Decline and Fall of the Roman Empire,* 5 vol., 1776-1788).

GIBBONS (Orlando), compositeur anglais (Oxford 1583 - Canterbury 1625). Il fut organiste de la chapelle royale et de l'abbaye de Westminster. Sa musique religieuse, destinée au rite anglican, comprend une quarantaine d'*anthems* dans le style polyphonique. Il a écrit un recueil de madrigaux et de motets (1612) et de la musique instrumentale pour virginal et pour ensemble de violes.

GIBBOSITÉ n. f. (de *gibbeux*). **1.** Bosse, courbure anormale du rachis, entraînant une saillie extérieure. — **2.** *Litt.* Proéminence en forme de bosse.

GIBBS (James), architecte britannique (Footdeesmire, près d'Aberdeen, 1682 -Londres 1754). Plus que le palladianisme, ses références sont la manière de C. Fontana (chez qui il travailla à Rome) et celle de Wren. (Églises de Londres, comme St Mary-le-Strand et St Martin-in-the-Fields ; bibliothèque Radcliffe à Oxford.)

GIBBS (Josiah Willard), physicien américain (New Haven, Connecticut, 1839 - *id.* 1903). Dans un ouvrage fondamental, *l'Équilibre des substances hétérogènes* (1876-1878), Gibbs étendit la thermodynamique à la chimie et fonda la physico-chimie. Il améliora sur plusieurs points les travaux des créateurs de la mécanique statistique, Maxwell et surtout Boltzmann ; il confirma la réalité des processus microscopiques qu'impliquait cette science nouvelle.

Gibbs *(fonction de),* syn. de ENTHALPIE.

GIBBSITE n. f. (de G. *Gibbs,* n. pr.). Hydroxyde naturel d'aluminium, de formule $Al(OH)_3$, qui constitue une forme fréquente d'accumulation de l'aluminium dans les sols des pays tropicaux. (Syn. HYDRARGILITE.)

GIBBULE n. f. (lat. *gibbus,* bosse). Mollusque gastropode marin à coquille en cône, à tours renflés et gibbeux, dont 3 espèces sont très communes sur les côtes de France.

GIBEA ou **GABAA** (mot hébr. signif. *colline,* montagne), nom de plusieurs villes bibliques dont la plus importante était située dans le territoire de la tribu de Benjamin à 6 km au N. de Jérusalem.

GIBECIÈRE n. f. (anc. fr. *gibiez,* gibier). **1.** Sac en toile ou en peau servant au transport du gibier abattu. — **2.** Sorte de sacoche à l'usage des garçons de recette. — **3.** Sac des écoliers, porté en bandoulière ou dans le dos.

GIBELET n. m. (moyen fr. *guibelet,* du moyen néerl. *wimmel,* foret). Petit foret pour percer les barriques.

GIBELIN, E n. (ital. *ghibellino*). En Italie, du XIIe au XIVe s., partisan de l'empereur romain germanique et adversaire du pape.

◆ adj. Qui appartient au parti des gibelins.

GIBELINISME n. m. Doctrine des gibelins.

GIBELOTTE n. f. (anc. fr. *gibelet,* plat d'oiseau). Ragoût de lapin au vin blanc.

GIBERNE n. f. (p.-ê. bas lat. *zaberna,* bissac). Autref., boîte à cartouches des soldats.

GIBET n. m. (frq. **gibb,* bâton). **1.** Potence pour les condamnés à la pendaison ; lieu où est installée cette potence ; peine de la pendaison. — **2.** Fourches patibulaires où l'on exposait les cadavres des suppliciés. — **3.** Bois sur lequel on mettait en croix : *Le gibet auquel Jésus fut attaché.*

GIBIER n. m. (anc. fr. *gibiez,* du frq. **gabaiti,* chasse au faucon). **1.** Nom collectif des animaux que l'on chasse soit pour les manger, soit pour en limiter les effectifs. (La liste est arrêtée par décision ministérielle.) — **2.** *Fam.* Personne qu'on cherche à prendre, à gagner, à duper : *Voilà un gibier facile.* — **3.** *Gibier de potence,* mauvais sujet qui mérite la mort, la prison.

GIBLE n. m. (all. *Giebel*). Disposition des briques dans un four en vue de leur cuisson.

GIBOULÉE n. f. Grosse averse soudaine, généralement courte, souvent accompagnée de grêle : *Les giboulées de mars.*

GIBOYEUX, EUSE [-bwajø -Vz] adj. Abondant en gibier : *Une plaine giboyeuse.*

GIBRALTAR, territoire britannique, à l'extrémité méridionale de la péninsule Ibérique, sur le détroit homonyme ; 6 km^2 ; 28 000 hab. Il se compose d'un rocher calcaire haut de 423 m, long de 4,5 km et large au maximum de 1,2 km, qui domine la ville et se rattache au continent par une plaine de sable basse et marécageuse. Base aéronavale, contrôlant l'entrée de la Méditerranée.
— **Hist.** Le rocher de Gibraltar forme, avec celui qui domine Ceuta sur la côte africaine, les célèbres colonnes d'Hercule. Premier point de la conquête musulmane en Espagne (711), le site doit son nom au chef berbère Ṭāriq ibn Ziyād, qui mena cette expédition (*djabal al-Ṭāriq,* la montagne de Ṭāriq, a donné Gibraltar). Sa reconquête par la Castille ne fut définitive qu'en 1462. Les Anglais s'en emparèrent pendant la guerre de la Succession d'Espagne (1704), et le traité d'Utrecht (1713) leur en reconnut la possession, qu'ils conservent depuis. Au XIXe s., la place devint l'une des bases principales de la puissance anglaise dans le monde.
Le territoire de Gibraltar est toujours revendiqué par l'Espagne, malgré le référendum de 1967 exprimant la volonté de la population de demeurer sous domination britannique. À partir de 1969, Madrid a tenté d'imposer à Gibraltar, en fermant sa frontière terrestre, une sorte de blocus, levé partiellement en 1982, totalement en 1985.

GIBRALTAR *(détroit de),* passage entre l'Espagne et le Maroc, reliant l'Atlantique à la Méditerranée, large au minimum de 14 km. L'intérêt stratégique, quoique ayant décliné, demeure notable et la circulation commerciale y est active.

GIBSON *(désert de),* plateau désertique d'Australie-Occidentale, parsemé de marécages salés.

GIBSON (Ralph), photographe américain (Los Angeles 1939). Il réalise personnellement ses tirages, où l'intensité des noirs s'oppose à la douceur des gris et à l'éclat des blancs. Sa vision glacée, subjective, de fragments du réel, souvent cadrés en gros plan, suscite un monde étrange qui participe à la fois du surréalisme et du pop art (*The Somnambulist,* 1970 ; *Days at Sea,* 1975 ; *In Situ,* 1988).

GIBUS [-bys] n. m. (de *Gibus,* n. pr.) Chapeau claque.

G. I. C., abrév. de GRAND INVALIDE* CIVIL.

GICHTEL (Johann Georg), mystique et théosophe hollandais d'origine bavaroise (Ratisbonne 1638 - Amsterdam 1710).

GICLÉE n. f. (de *gicler*). Jet d'un liquide qui gicle : *Une giclée de peinture.*

GICLEMENT n. m. Action, fait de gicler.

GICLER v. i. (anc. fr. *ciscler,* fouetter, du lat. pop. **cisculare,* faire jaillir) [conj. 3]. Jaillir avec force et éventuellement éclabousser, en parlant d'un liquide : *Le sang giclait de la blessure.*

GICLEUR n. m. Orifice calibré servant à doser le débit du fluide carburant dans le carburateur d'un moteur thermique.

GICLURE n. f. Trace laissée par un liquide qui a giclé.

GIDAYŪ n. m. inv. (de Takemoto *Gidayū* n. pr.). Musique accompagnant le théâtre de marionnettes japonais.

GIDDINGS (Franklin Henry), sociologue américain (Sherman, Connecticut, 1855 - Scarsdale, État de New York, 1931). Ses travaux ont préparé le terrain à une théorie de l'interaction sociale (*The Scientific Study of Human Society,* 1924).

GIDE (Charles), économiste français (Uzès 1847 - Paris 1932). Il fut l'un des fondateurs de l'école coopératiste, dite « école de Nîmes ».

GIDE (André), écrivain français (Paris 1869 - *id.* 1951). D'origine protestante par son père le juriste Paul Gide (1832-1880), catholique par sa mère, il peut grâce à sa fortune se faire connaître par des poèmes, de courts récits (*les Cahiers d'André Walter,* 1891 ; *le Traité de Narcisse,* 1891 ; *Paludes,* 1895 ; *Prométhée mal enchaîné,* 1899 ; *l'Immoraliste,* 1902 ; *le Retour de l'enfant prodigue,* 1907 ; *la Porte étroite,* 1909), des essais (*Prétextes,*

1903 ; *Nouveaux Prétextes,* 1911), des pièces de théâtre (*le Roi Candaule,* 1901 ; *Saül,* 1903), une parodie de roman (*les Caves* du Vatican,* 1914). Mais c'est, au lendemain de la Première Guerre mondiale, la réédition des *Nourritures* terrestres* (1897) qui l'impose comme maître à penser de la nouvelle génération. Désormais, sa pensée dégagée de toute compromission est dominée par le souci d'une absolue sincérité (*la Symphonie pastorale,* 1919 ; *Si le grain ne meurt,* 1920-1924 ; *les Faux-Monnayeurs**, 1926). Préoccupé par les questions sociales (*Voyage au Congo,* 1927), tenté par l'idéal du communisme, Gide exprime néanmoins sa déception dans *Retour de l'U. R. S. S.* (1936). Il poursuit dans ses derniers récits (*les Nouvelles Nourritures,* 1935 ; *Thésée,* 1946 ; *Et nunc manet in te,* 1951), dans son *Journal* (1939-1950) et sa *Correspondance* la recherche d'un humanisme moderne capable de concilier la lucidité de l'intelligence et la vitalité des instincts. À la tête de la N. R. F. de 1909 à 1940, il reçut le prix Nobel de littérature en 1947.

GIDY (45520), comm. du Loiret, à 12 km au N.-N.-O. d'Orléans ; 1 457 hab. Produits pharmaceutiques.

G. I. E., abrév. de GROUPEMENT* D'INTÉRÊT ÉCONOMIQUE.

GIÉ (Pierre DE ROHAN, *sire* DE), maréchal de France (château de Mortier-Crolles, près de Saint-Quentin-les-Anges, 1451 - Paris 1513). Maréchal (1476), il réorganisa l'infanterie française sous le règne de Louis XII dont il fut un conseiller influent. Il fut disgracié en 1506.

GIEDION (Sigfried), historien d'art suisse (Lengnau 1888 - Zurich 1968). Influencé par le Bauhaus et par Le Corbusier, il devint secrétaire des Congrès internationaux d'architecture moderne (1928), enseigna au Polytechnicum de Zurich et à Harvard. *Espace, temps, architecture* (1941) est son ouvrage le plus célèbre.

GIEN (45500), ch.-l. de cant. de l'est du Loiret, sur la Loire ; 17 166 hab. *(Giennois).* Dans le château, du XVe s., musée de la Chasse (armes, œuvres d'art [études de Desportes], etc.). Marché agricole. Produits pharmaceutiques, cellulose, ascenseurs. Faïencerie fondée en 1821, encore en activité, et connue pour ses imitations soignées de Rouen, Moustiers, etc.

GIENS *(presqu'île de),* presqu'île du Var séparant la rade d'Hyères du *golfe de Giens.* Embarcadère pour les îles d'Hyères.

GIER (le), riv. de la bordure orientale du Massif central, drainant une vallée industrielle (de Saint-Chamond à Rive-de-Gier), affl. du Rhône (r. dr.) ; 44 km.

GIERA (Paul), poète français d'expression occitane (Avignon 1816 - *id.* 1861). Il accueillit dans son château de Fontségugne l'assemblée fondatrice du félibrige, et composa des poésies *(li Galejado).*

GIEREK (Edward), homme politique polonais (Porbka, district de Bdzin, 1913). Il devint premier secrétaire du parti ouvrier unifié polonais (P. O. U. P.) en déc. 1970, lors des grèves ouvrières qui entraînèrent la chute de Gomułka. Il entreprit une politique réformiste (augmentation des salaires des ouvriers) et modernisa l'économie avec l'aide de l'Occident. En butte au mécontentement populaire à partir de 1976, il fut remplacé par Kania quelques jours après la signature des accords de Gdańsk (31 août 1980). Il fut exclu du parti en 1981.

GIERS (Nikolaï Karlovitch DE), diplomate et homme politique russe (Radzivilov, auj. Tchervonoarmeïsk, région de Rovno, 1820 -Saint-Pétersbourg 1895). Ministre des Affaires étrangères (1882-1895), il reconduisit en 1884 le traité d'alliance avec l'Allemagne et l'Autriche de 1881, conclut avec l'Allemagne le traité de réassurance (1887) puis se résolut en 1891 au rapprochement avec la France.

GIESEKING (Walter), pianiste allemand (Lyon 1895 - Londres 1956). Un des virtuoses internationaux les plus réputés, il interprétait Mozart et la musique française impressionniste, de Debussy et Ravel notamment.

GIESSEN, v. d'Allemagne (Hesse), au N. de Francfort ; 79 000 hab. Centre industriel et universitaire.

GIFFARD (Henry), ingénieur français (Paris 1825 - *id.* 1882). Il essaya en 1852 un dirigeable à vapeur, mais on lui doit surtout l'injection à vapeur pour l'alimentation des chaudières (1858).

GIFFRE (le), torrent des Alpes du Nord (Haute-Savoie), affl. de l'Arve (r. dr.) ; 50 km.

GIFLE n. f. (moyen haut all. *kifel,* mâchoire, du frq. **kifel*). **1.** Coup donné sur la joue avec le plat ou le revers de la main : *Une paire de gifles.* — **2.** Coup de vent, projection d'eau, etc., qui fouette le visage : *La pluie nous atteint d'une gifle froide.* — **3.** Blessure d'amour-propre, humiliation, affront, vexation : *Il supporte mal la gifle de ce refus.*

GIFLER v. t. (conj. **3**). **1.** Donner une gifle à qqn, le frapper avec la main sur la joue, le visage. — **2.** Cingler, fouetter vivement le visage de qqn, en parlant du vent, de la pluie, etc. — **3.** Atteindre qqn dans son amour-propre, l'humilier.

GIF-SUR-YVETTE (91190), ch.-l. de cant. de l'Essonne, dans la vallée de Chevreuse ; 19 818 hab.

(Giffois). Vestiges d'une abbaye médiévale. École supérieure d'électricité. Laboratoire de physiologie végétale (phytotron).

GIFU, v. du Japon, dans l'île de Honshū, ch.-l. de préfecture, au N.-O. de Nagoya ; 410 000 hab. Carrefour ferroviaire. Textiles, aéronautique, céramique, papeterie et artisanat.

G. I. G., abrév. de GRAND INVALIDE* DE GUERRE.

GIGA-, du gr. *gigas, -antos,* géant, préfixe SI, qui, placé devant le nom d'une unité, la multiplie par un milliard (10^9) [symb. G].

GIGAKU n. m. (mot jap.). Danse importée de Chine au Japon vers le VIe-VIIe s. et pratiquée avec des masques, à ciel ouvert, dans les monastères bouddhiques.

GIGANTESQUE adj. (ital. *gigantesco,* de *gigante,* géant, du gr. *gigas, -antos*). **1.** Extrêmement grand par rapport à ce qui est habituel ou par rapport à l'homme ; colossal, immense, géant : *Un arbre gigantesque.* — **2.** Qui dépasse la commune mesure ; prodigieux, énorme, fantastique, monumental : *Une erreur gigantesque.*

GIGANTESQUEMENT adv. *Litt.* De façon gigantesque.

GIGANTISME n. m. **1.** Croissance anormalement importante d'un individu humain, animal ou végétal, les proportions relatives des divers organes étant respectées. (→ *encycl.*) [Syn. MACROSOMIE.] — **2.** Développement démesuré, caractère énorme de qqch : *Le gigantisme de certaines firmes multinationales.*

ENCYCL. Chez l'homme, le gigantisme est le plus souvent pathologique ; il est alors en relation avec une affection de l'hypophyse. Le sujet présente des signes d'acromégalie, due à un adénome de l'antéhypophyse.

— **Bot.** Le gigantisme des plantes est souvent lié à la tétraploïdie, doublement du nombre normal des chromosomes, qui entraîne l'augmentation de taille du noyau et donc celle du cytoplasme.

GIGANTOCYTE n. m. Hématie géante ayant un diamètre supérieur à 10 µm.

GIGANTOMACHIE n. f. (gr. *Gigantomakhia*). Combat fabuleux des Géants contre les dieux de l'Olympe, thème fréquent dans l'art grec.

GIGANTOPITHÈQUE n. m. Primate hominoïde fossile (Inde, Chine) de très grande taille, daté surtout du pliocène. (Les gigantopithèques ont des affinités avec les hominidés et avec les grands singes actuels.)

GIGANTOSTRACÉ n. m. Syn. de EURYPTÉRIDÉ.

GIGHTIS, anc. ville romaine d'Afrique, située au S. de l'île de Djerba. Importantes ruines.

GIGLI (Beniamino), ténor italien (Recanati 1890 - Rome 1957). Il excella dans les opéras de Puccini et le répertoire vériste et tourna de nombreux films.

GIGNAC (34150), ch.-l. de cant. de l'Hérault, dans la plaine de l'Hérault ; 3 676 hab. *(Gignacois).* Raisin de table.

GIGNOUX (Maurice), géologue français (Lyon 1881 - Grenoble 1955). Il a renouvelé la stratigraphie des zones internes des Alpes et proposé la théorie de l'« écoulement par gravité ».

GIGOGNE adj. (de *Gigogne,* n. pr., p.-ê. altér. de *cigogne*). Se dit d'objets, en partic. de meubles, qui s'emboîtent les uns dans les autres : *Tables gigognes. Poupées gigognes.*

Gigogne *(dame* ou *la mère),* personnage des pièces bouffonnes du théâtre forain, symbole de la fécondité intarissable.

GIGOLETTE n. f. (de *gigolo*). *Fam.* et *vx.* Jeune femme délurée.

GIGOLO n. m. (de *gigue,* jambe). *Fam.* Jeune homme entretenu par une femme plus âgée que lui, ou dont les moyens d'existence sont suspects.

GIGONDAS n. m. Vin rouge des Côtes-du-Rhône, originaire de Gigondas (Vaucluse).

GIGOT n. m. (anc. fr. *gigue,* instrument de musique, de l'anc. haut all. *gíga*). **1.** Morceau du mouton, de l'agneau ou du chevreuil correspondant au membre postérieur. — **2.** *Pop.* Cuisse.

GIGOTÉ, E adj. **1.** Se dit de la cuisse d'un chien, d'un cheval, lorsqu'elle a la forme remplie d'un gigot de mouton. — **2.** Se dit de l'animal lui-même.

GIGOTEMENT n. m. Action de gigoter ; trémoussement.

GIGOTER v. i. (anc. fr. *giguer,* gambader, de *gigue*) [conj. 3]. *Fam.* S'agiter vivement ; remuer sans cesse bras et jambes ; se trémousser : *L'enfant gigotait dans son lit.*

GIGOTEUSE n. f. Syn. de GRENOUILLÈRE.

GIGOUT (Eugène), compositeur et organiste français (Nancy 1844 - Paris 1925). Organiste de St-Augustin (1863-1925), il fut professeur d'orgue au Conservatoire de Paris. Il a publié des pièces d'orgue et quelques motets.

1. GIGUE n. f. (de *gigot*). **1.** Cuisse de chevreuil. — **2.** *Fam.* Jambe : *Avoir de grandes gigues.* — **3.** Fam. *Grande gigue,* fille grande et souvent maigre.

2. GIGUE n. f. (angl. *jig,* de l'anc. fr. *gigue*). **1.** Instrument de musique du Moyen Âge, à cordes frottées, un des ancêtres du violon. — **2.** Danse populaire, originaire d'Angleterre, de rythme vif, à 3/8 et à 6/8, caractérisée par des frappements rapides et alternés des talons et des pointes. — 3. Fam. *Danser la gigue,* s'agiter, se trémousser.

GIJÓN, port d'Espagne (prov. d'Oviedo), sur une petite presqu'île ; 256 000 hab. Sidérurgie et métallurgie de transformation.

GIJSEN (Jan Albert GORIS, dit **Marnix**), écrivain belge d'expression néerlandaise (Anvers 1899 - Louvain 1984). Poète expressionniste (*la Maison,* 1925), il professa par la suite un humanisme cosmopolite, mêlant son expérience des États-Unis, où il passa vingt-cinq ans comme diplomate, et ses souvenirs anversois (*le Livre de Joachim de Babylon,* 1947 ; *Télémaque au village,* 1948 ; *le Bien et le Mal,* 1950).

GIL DE BIEDMA (Jaime), écrivain espagnol (Barcelone 1929 - *id.* 1990). Poète (*Compañeros de viaje,* 1959 ; *Cuatro poemas morales,* 1961 ; *En favor de Venus,* 1965), il a publié aussi de nombreux articles de critique.

GIL DE HONTAÑÓN (Rodrigo), architecte espagnol (? v. 1500/1510 - Ségovie 1577). Fils de Juan Gil de Hontañón (? v. 1480 - Salamanque ? 1526), il exécuta, sur les plans (gothiques) de celui-ci, la cathédrale de Ségovie, voûtée en 1539. À Salamanque, il continua la nouvelle cathédrale et éleva le palais de Monterrey ; à Alcalá de Henares, il est l'auteur de la façade plateresque de l'université (v. 1550).

GILA *(désert de),* région aride de l'Ouest américain (Arizona), traversée par le *rio Gila* (affl. du Colorado, long de 1 015 km, coupé par le Coolidge Dam).

GILĀN, région de l'Iran, au N. de Téhéran, sur la Caspienne. Riziculture irriguée. Théiers.

GILBERT *(îles)* ⟶ KIRIBATI.

GILBERT de Sempringham *(saint)* [Sempringham, Lincolnshire, v. 1083 - *id.* 1189]. Il fonda à Sempringham un monastère de femmes (1131), auquel il adjoignit (1147) un monastère de chanoines réguliers.

GILBERT (William), médecin et physicien anglais (Colchester 1544 - Londres ou Colchester 1603). Il effectua les premières expériences relatives à l'électrostatique et au magnétisme. Il distingua entre corps idioélectriques (isolants) et anélectriques (conducteurs), et créa le premier électroscope. Il découvrit l'aimantation par influence et signala l'inclinaison magnétique, ainsi que ses variations. Il fut l'un des fondateurs de la méthode expérimentale.

GILBERT (Nicolas Joseph Florent), poète français (Fontenoy-le-Château, Vosges, 1750 - Paris 1780). Il prit part à la lutte contre les philosophes (*le Carnaval des auteurs,* 1773 ; *Mon apologie,* 1778). Son *Ode imitée de plusieurs psaumes* lui valut des pensions de l'Église et de la Cour. Il suscita une légende de poète maudit, que Vigny célébra dans *Stello**.

GILBERT (François Hilaire), vétérinaire français (Châtellerault 1757 - Signoriolano, Espagne, 1800), promoteur des prairies naturelles et de l'acclimatation en France du mouton mérinos d'origine ibérique.

GILBERT (*sir* Joseph), chimiste et agronome britannique (Hull 1817 - Harpenden, Hertfordshire, 1901). Avec J. B. Lawes, il substitua à la théorie minérale de Liebig la théorie nitrogène, qui devait révolutionner la science agronomique.

GILBERT (Kenneth), organiste et claveciniste canadien (Montréal 1931). Spécialiste du répertoire des XVIIe et XVIIIe s., il a largement contribué à la diffusion de la musique baroque et publié les œuvres complètes de F. Couperin, de D. Scarlatti et de J. H. Danglebert.

GILBERT and GEORGE, artistes britanniques (Gilbert PROERSCH, né en 1943 ; George PASSMORE, né en 1942). Ils ont développé depuis la fin des années 60 une œuvre originale qui emprunte à l'art corporel et à l'art conceptuel. S'exposant en « sculptures vivantes » hiératiques et inexpressives, ou évoquant par le dessin, la photo et la vidéo des stéréotypes de la vie quotidienne, ils pratiquent un art à la fois centré sur eux-mêmes et distancié.

GILBERT DE LA PORRÉE, philosophe français (Poitiers 1076-1154). Élève d'Abélard, il enseigna à Chartres, à Paris et à Poitiers, dont il fut l'évêque (1142). Il a écrit *De sex principiis,* dans lequel il établit les bases d'une logique qui débouche sur la métaphysique.

GILBERT DE VOISINS (Auguste), écrivain français (Paramé 1877 - Paris 1939). Romancier (*le Bar de la fourche,* 1909), poète en prose (*les Moments perdus de John Shag,* 1906), fasciné par l'exotisme, il rapporta *Écrit en Chine* (1913) d'un voyage en Asie avec Victor Segalen.

GILBERTIN, E n. Membre de l'ordre religieux double anglais, fondé en 1131 par saint Gilbert de Sempringham. (L'ordre fut supprimé par Henri VIII en 1538.)

GILBERT-LECOMTE (Roger), écrivain français (Reims 1907 - Paris 1943). Poète précoce (*Tétanos mystique,* 1922), il forma le groupe « simpliste », avec Daumal et Vailland, dirigea la revue *le Grand* Jeu,* puis, soumis aux drogues les plus fortes *(M. Morphée empoisonneur public),* il chercha à rendre compte des défaillances de la conscience (*le Miroir noir,* 1939 ; *Correspondance,* 1971).

Gil Blas de Santillane *(Histoire de),* roman de Lesage (1715-1735). « Roman de formation », il conte l'histoire de Gil Blas, jeune homme instruit et spirituel, réduit à vivre d'expédients, et qui, au fil de ses aventures, acquiert une sorte de sagesse épicurienne.

GILBRETH (Frank Bunker), ingénieur américain (Fairfield, Maine, 1868 - Montclair, New Jersey, 1924). Collaborateur de Taylor, il fut un pionnier de l'organisation du travail, établissant les principes de la simplification des mouvements, en vue de réduire leur durée et la fatigue. — Sa femme, le Dr LILLIAN EVELYN **Moller,** également ingénieur (Oakland, Californie, 1878 -Phoenix, Arizona, 1972), l'aida dans ses recherches.

GILDAS *(saint),* surnommé **le Sage,** missionnaire brittonique (Dumbarton, sur la Llyde, v. 500 - île d'Houat 570). Il se retira à l'île d'Houat vers 538, et fonda le monastère de Rhuis. Son *De excidio et conquestu Britanniae* est l'ouvrage le plus ancien sur l'histoire de Bretagne.

GILDE → GUILDE.

GILEPPE (la), riv. de Belgique (prov. de Liège), affl. de la Vesdre. Barrage (avec lac de retenue).

GILET n. m. (esp. *jileco ;* du turc *yelek*). **1.** Pièce du costume masculin, courte et sans manches, qui se porte sous la veste. — **2.** Veste sans manches. — **3.** Sous-vêtement en tissu à mailles ou en flanelle. — **4.** Syn. de CARDIGAN. — **5.** *Gilet d'armes,* autref., gilet de mailles placé sous l'habit. ‖ *Gilet de sauvetage,* vêtement imperméable, en caoutchouc gonflable ou en Nylon, qui permet à un naufragé de ne pas couler. (Syn. BRASSIÈRE OU CEINTURE DE SAUVETAGE.)

GILETIÈRE n. f. Chaîne de montre qui se fixe à l'une des boutonnières du gilet.

Gilgamesh, roi d'Ourouk (début du IIIe millénaire) et héros d'une épopée mésopotamienne. Ce roi légendaire se comporte en tyran ; les dieux suscitent contre lui Enkidou, l'homme sauvage, qui devient son ami. Ensemble, ils vont tuer Houmbaba, gardien de la Forêt du cèdre. Ashtart fait des avances à Gilgamesh, qui la repousse et tue le taureau céleste qu'elle avait envoyé contre lui. Enkidou meurt, et son ombre apprend à Gilgamesh la triste condition des morts dans l'enfer. Le héros va, jusqu'aux confins du monde, consulter Outa-napishtim, le seul survivant du Déluge.

GILGIT, district du Cachemire, contrôlé par le Pākistān, aux confins de l'Hindū Kūch et du Karakorum, drainé par la *Gilgit* et la Hunza. 39 326 km^2 ; 176 200 hab. V. princ. *Gilgit.*

GILIA n. f. Plante herbacée américaine (polémoniacée), à fleurs régulières en tube et dont de nombreuses espèces sont cultivées dans les jardins d'Europe.

GILIOLI (Émile), sculpteur français (Paris 1911 - *id.* 1977). Il a adopté à partir d'environ 1945 des formes massives et asymétriques, d'une souple géométrie, évocatrices de structures naturelles (*l'Ange,* 1947 ; *Apparition architecturale,* 1964). Il est l'auteur du *Monument national de la Résistance* érigé en 1973 sur le plateau des Glières. Il a également donné des cartons de tapisserie.

GILKIN (Iwan), poète et auteur dramatique belge de langue française (Bruxelles 1858 - *id.* 1924). Un des fondateurs de *la Jeune Belgique* (1881), il a laissé un recueil lyrique d'un pessimisme baudelairien (*la Nuit,* 1897), qui s'atténua par la suite (*le Cerisier fleuri,* 1899), ainsi qu'un drame philosophique inspiré des théories de l'évolution (*Prométhée,* 1900).

1. GILL [dʒil] n. m. (angl. *gill*). Mesure de capacité qui vaut environ 0,142 litre en Angleterre et 0,118 litre aux États-Unis.

2. GILL [ʒil] n. m. (angl. *gill,* lamelle). Peigne en forme de barrette, portant des aiguilles fines, utilisé sur les machines de préparation de la filature en fibres longues.

GILL (Louis André GOSSET DE GUINES, dit **André**), dessinateur et peintre français (Paris 1840 - Charenton 1885). Fondateur des journaux illustrés *la Lune* et *l'Éclipse,* il fut, avec ses portraits-charges des personnalités du second Empire et de la IIIe République, un des dessinateurs les plus redoutés de son époque.

GILL (*sir* David), astronome et géodésien écossais (Aberdeen 1843 - Londres 1914). Il fut l'un des premiers à utiliser la photographie en astronomie et releva ainsi tout le ciel austral (1885-1891). Il détermina la parallaxe solaire, et réalisa de nombreuses opérations géodésiques en Afrique du Nord.

GILL-BOX [ʒilbɔks] n. m. (pl. *gill-boxes*) [angl. *gill-box*]. **1.** Machine employée en peignage et en filature de fibres longues pour l'étirage des rubans et comportant un champ de gills parallèles entre les cylindres alimentaires et étireurs. — **2.** *Gill-box intersecting,* gill-box comportant deux jeux de gills superposés et s'interpénétrant.

GILLE n. m. (var. de l'anc. fr. *gielle,* partie d'un rets). Sorte de filet de pêche de grande taille, lesté de plombs.

GILLE (Valère), poète belge de langue française (Bruxelles 1867 - *id.* 1950). Directeur de *la Jeune Belgique,* il a publié des vers de tradition parnassienne (*le Joli Mai,* 1905).

GILLENIA n. m. (de *Gillen,* n. pr.). Rosacée vivace du nord des États-Unis, à feuilles alternes, utilisée comme plante horticole.

GILLES n. m. (de *Gilles le Niais,* acteur qui créa ce personnage vers 1640). Type de niais de la comédie bouffonne.

GILLES *(saint),* d'origine athénienne (VIIe s.). Ermite dans le midi de la France, il fut l'objet d'un culte populaire.

GILLES (Jean), dit **de Tarascon,** compositeur français (Tarascon 1668 - Toulouse 1705). Maître de musique à Aix, Agde, Toulouse et Avignon, il est l'auteur d'une *Messe des morts* célèbre.

GILLESPIE (John BIRKS, dit **Dizzy**), trompettiste, chanteur et chef d'orchestre de jazz américain (Cheraw, Caroline du Sud, 1917 - Englewood, New Jersey, 1993). Avec Charlie Parker, il jeta les bases du bop (1942). De 1946 à 1950, il dirigea un grand orchestre de légende puis poursuivit sa carrière au sein de petites formations. Virtuose de la trompette (coudée), il a introduit les rythmes afro-cubains dans le jazz.

GILLET, famille lyonnaise qui, originellement spécialisée dans la teinturerie, a occupé une place importante dans diverses industries textiles et chimiques. Une large partie de ses actifs industriels fut apportée à Rhône-Poulenc, dont Renaud Gillet (né en 1913) a été président de 1973 à 1979.

GILLET (Martin), religieux français (Louppy-sur-Loison, Meuse, 1875 - Aix-les-Bains 1951). Il fut maître général des Dominicains de 1929 à 1946.

GILLET (Guillaume), architecte français (Fontaine-Chaalis 1912 - Paris 1987). Disciple de Perret, prix de Rome en 1946, il a tiré un parti magistral des structures tendues des ingénieurs Lafaille et Sarger, tant à l'Exposition de Bruxelles en 1958 (pavillons de la France et de Paris) que dans l'église Notre-Dame de Royan (1954-1959).

Gillette, société américaine fondée en 1901 par King C. Gillette. Leader, aux États-Unis, pour les rasoirs et les lames de rasoir, elle figure aux premiers rangs mondiaux pour les produits de toilette et de consommation courante (briquets, stylos, etc.).

GILLIAMS (Maurice), écrivain belge d'expression néerlandaise (Anvers 1900 - *id.* 1982). Auteur d'une œuvre intimiste (*Vita Brevis,* 1955-1959), imprégnée d'une sensibilité proche de celle de Rilke, il a laissé des essais (*l'Homme devant la fenêtre,* 1943) et des romans (*Elias,* 1936 ; *Hivers à Anvers,* 1953), riches de résonances musicales.

GILLIARD (Edmond), écrivain suisse de langue française (Fiez, cant. de Vaud, 1875 - Lausanne 1969). Membre, avec C. F. Ramuz, P. Budry, du groupe des *Cahiers vaudois,* il a laissé des ouvrages consacrés au génie de son canton natal (*Du pouvoir des Vaudois,* 1926).

GILLIÉRON (Jules), linguiste suisse (La Neuveville 1854 - Cergnaux-sur-Gléresse, Suisse, 1926). Élève de Gaston Paris à l'École des hautes études, il y occupa la chaire de dialectologie romane de 1883 à sa mort. De 1902 à 1909, il publia *l'Atlas linguistique de la France,* réalisé avec la collaboration d'E. Edmont. Créateur de la géographie linguistique, Gilliéron a profondément renouvelé les études étymologiques.

GILLINGHAM, v. de Grande-Bretagne (Kent), à l'embouchure de la Medway ; 94 000 hab. Chantiers navals.

GILLOIS (Jean), général et ingénieur militaire français (Châteaubriant 1909). Il se spécialisa (1955-1965) dans l'étude et la réalisation d'un système complet de matériels de franchissement amphibies (bac, pont) auxquels son nom reste attaché.

GILLON (Paul Adrien), éditeur français (Châteaurenard, Loiret, 1853 - Paris 1934). Neveu d'Augustin Boyer, il fut un des directeurs de la Maison Larousse (1887-1919). — Son fils, ANDRÉ (Paris 1880 - *id.* 1969), un des directeurs de la Maison Larousse, créa en 1922 *les Nouvelles* littéraires.*

GILLON (Paul), auteur et dessinateur de bandes dessinées français (Paris 1926). On lui doit des séries prestigieuses telles que *le Lynx blanc, Capitaine Cormoran, Teva, 13, rue de l'Espoir* (publiée pendant treize ans dans *France-Soir*) et, surtout, *les Naufragés du temps.*

GILLOT (Jacques), érudit français (Langres v. 1550 - Paris 1619). Il est un des auteurs de la *Satire Ménippée.*

GILLOT (Claude), peintre, décorateur et graveur français (Langres 1673 - Paris 1722). Installé à Paris vers 1691, il fut le maître de Watteau et dirigea à partir de 1712 les ateliers de décors et de costumes de l'Opéra.

GILLOT (Firmin), lithographe et photograveur français (Brou, Eure-et-Loir, 1820 -Paris 1872). On lui doit l'invention du premier procédé utilisant une épreuve lithographique pour effectuer la gravure d'un cliché typographique.

Gillot, aéroport de Saint-Denis (Réunion).

GILLOTAGE n. m. Procédé de gravure chimique sur zinc, imaginé par Firmin Gillot.

GILLRAY (James), graveur et caricaturiste britannique (Chelsea 1756 - Londres 1815). Il excella dans la satire politique, s'attaquant sur le mode grotesque au roi George III, à Pitt et à son gouvernement, à la Révolution française ainsi qu'à Napoléon.

GILLY (David), architecte prussien (Schwedt 1748 - Berlin 1808). De tendance classique, il fut directeur des bâtiments de Poméranie et travailla pour la Cour de Prusse. — Son fils FRIEDRICH (Altdamm, près de Stettin, 1772 - Karlsbad, auj. Karlovy Vary, 1800) a ouvert la voie à un néoclassicisme à la prussienne dans des projets remarquables, proches de Boullée, Ledoux ou Soane (monument à Frédéric le Grand, 1796 ; théâtre pour Berlin, 1798).

GILMAN (Alfred G.), biochimiste et pharmacologiste américain (New Haven, Connecticut, 1941). Professeur de pharmacologie à l'université de Charlottesville, puis à l'université de médecine du Texas, à Dallas, il a mis en évidence, avec M. Rodbell, l'existence des protéines G, impliquées dans la transmission des messages hormonaux à l'intérieur des cellules. (Prix Nobel de physiologie et de médecine 1994.)

GILOLO → HALMAHERA.

GILPIN (John), danseur britannique (Southsea, Hampshire, 1930 - Londres 1983). À partir de 1950, il s'imposa au London's Festival Ballet. Il fit de nombreuses créations ou des reprises de rôles du répertoire classique. Directeur artistique du London's Festival Ballet (1961-1965), il se consacra à l'enseignement à partir de 1970.

GIL-ROBLES (José Maria), homme politique espagnol (Salamanque 1898 - Madrid 1980). Député du bloc agraire à la Constituante de 1931, lors de la seconde République, il regroupa les partis de droite en une confédération (Confederación Española de Derechas autónomas, CEDA) qui obtint la majorité aux élections de 1933. Ministre de la Guerre (1935), il s'exila en France puis au Portugal après la victoire du front populaire (1936) et lors de la guerre civile.

GILSON (Paul), compositeur belge (Bruxelles 1865 - *id.* 1942). Professeur d'harmonie aux conservatoires de Bruxelles et d'Anvers, il fut inspecteur de l'enseignement musical. Il a composé une esquisse symphonique *la Mer* (1892), un oratorio *Francesca da Rimini* (1895), des *Variations symphoniques,* de la musique de chambre, des opéras. Il présida le groupe des « Synthétistes », fondé en 1925.

GILSON (Étienne), philosophe français (Paris 1884 - Cravant, Yonne, 1978). Il a été professeur au Collège de France (1932-1950). Il a renouvelé les études de la philosophie médiévale, et a relancé le débat sur l'idée de philosophie chrétienne (*Christianisme et philosophie,* 1936). [Acad. fr., 1946.]

GILYAKS ou **GUILIAKS** ou **NIVKHS,** peuple du groupe paléosibérien établi sur le cours inférieur de l'Amour ainsi qu'à Sakhaline.

GIMBLETTE n. f. (provenç. *gimbleto,* de *gimblá,* replier). Petit gâteau en couronne, parfumé aux amandes. (Spécialité d'Albi.)

GIMMICK [gimik] n. m. (mot amér.). *Fam.* Truc astucieux destiné à faire sensation, gadget publicitaire.

GIMONE (la), riv. du Bassin aquitain, descendue du plateau de Lannemezan, affl. de la Garonne (r. g.) ; 122 km.

GIMONT (32200), ch.-l. de cant. du Gers, sur la Gimone ; 2 841 hab. *(Gimontois).* Bastide du XIIIe s. ; église gothique du XVIe. Conserves de volailles et de foies gras.

GIN [dʒin] n. m. (angl. *gin,* genièvre). Eau-de-vie de grain (orge, blé, avoine), fabriquée surtout dans les pays anglo-saxons, aromatisée avec des baies de genièvre ou d'autres substances.

GINASTERA (Alberto Evaristo), compositeur argentin (Buenos Aires 1916 - Genève 1983). Il s'est d'abord inspiré du folklore argentin pour s'orienter ensuite vers les techniques modernes. On lui doit des cantates et œuvres chorales, trois quatuors à cordes (1948, 1958 et 1973), les opéras *Bomarzo* (1966), *Beatrix Cenci* (1971) et *Barabbas* (1977), la cantate *Milena* (1971), et *Jubilum* pour orchestre (pour le quatrième centenaire de Buenos Aires, 1980).

GINDRE ou **GEINDRE** n. m. (anc. fr. *joindre,* apprenti, du lat. *junior,* plus jeune). *Vx.* Ouvrier boulanger qui pétrit le pain.

GIN-FIZZ [dʒinfiz] n. m. inv. (amér. *gin-fizz,* de *gin* et *fizz,* boisson pétillante). Cocktail composé de gin, de jus de citron et de sucre, additionné d'eau gazeuse.

GINGEMBRE [ʒɛ̃ʒɑ̃br] n. m. (lat. *zingiber,* du gr. *dziggiberis*). Grande herbe monocotylédone (zingibéracée) à port de roseau, et dont le rhizome charnu, séché et broyé, est utilisé pour sa saveur aromatique.

GINGEMBRE (Léon), industriel français (Paris 1904 - *id.* 1993), fondateur, en 1944, de la Confédération générale des petites et moyennes entreprises (C. G. P. M. E.).

GINGER-BEER [dʒinʒɛrbir] n. m. (pl. *ginger-beers*) [angl. *ginger,* gingembre, et *beer,* bière]. Boisson gazeuse aromatisée en gingembre.

GINGERBREAD [dʒinʒɛrbrɛd] n. m. (angl. *gingerbread*). Pain d'épice anglais aromatisé au gingembre.

GINGER-GRASS [dʒinʒɛrgras] n. m. inv. (angl. *ginger-grass*). Nom commun au géranium des Indes, dont le rhizome fournit l'essence de ginger-grass ou de palmarosa, et à une graminée du genre andropogon.

GINGIVAL, E, AUX adj. Relatif aux gencives.

GINGIVECTOMIE n. f. Ablation chirurgicale d'une partie de la muqueuse gingivale, destinée à supprimer des poches entourant le collet des dents.

GINGIVITE n. f. Inflammation des gencives, provoquée par des causes locales (caries, éruptions dentaires, fistules, parodontose) ou générales (infection du tube digestif, diabète, avitaminose, hémopathies, intoxication, etc.). [Elle peut s'étendre à toute la muqueuse buccale, devenant une stomatite.]

GINGUENÉ (Pierre Louis), poète et critique littéraire français (Rennes 1748 - Paris 1816). Rendu célèbre par un conte gracieux (*la Confession de Zulmé,* 1779), il occupa des postes officiels sous le Directoire, fut membre du Tribunat, dont il fut exclu à cause de son libéralisme. Directeur de *la Décade philosophique* (1795-1807), son *Histoire littéraire de l'Italie* (1811-1819) le place parmi les fondateurs de l'histoire littéraire.

GINGUET [ʒɛ̃gɛ] adj. m. (anc. fr. *ginguer,* pétiller, var. de *giguer,* gambader). Vx. *Vin ginguet,* petit vin un peu aigre.

Ginkaku-ji *(Temple du Pavillon d'argent),* à Kyōto (Japon). Résidence (1483) du shōgun Ashikaga Yoshimasa, convertie en temple, réputée pour la délicatesse de l'architecture zen et la beauté du jardin, œuvre de Sōami.

GINKGO [ʒɛ̃ko] n. m. (mot jap.). Grand arbre gymnosperme dioïque, qui forme à lui seul actuellement la famille des ginkgoacées et l'ordre des ginkgoales.

ENCYCL. Les grains de pollen libèrent des anthérozoïdes ciliés qui atteignent les ovules en nageant dans la chambre pollinique. Les ovules, solitaires ou géminés, donnent à maturité des fruits drupacés. Le ginkgo est originaire de Chine, où il est cultivé auprès des sanctuaires.
— **Pharm.** L'extrait concentré de feuilles du *Ginkgo biloba* est un vasodilatateur cérébral et périphérique, agissant sur les artères, les capillaires et les veines. Son action est due à la présence de flavonoïdes.

GINNERIE n. f. (adaptation de l'angl. *ginning,* égrenage du coton). Établissement où s'effectue l'opération d'égrenage du coton.

GIN-RUMMY [dʒinrɔmi] ou **GIN-RAMI** [dʒinrami] n. m. (amér. *gin-rummy*). Variante du rami dont le but est de se débarrasser de toutes ses cartes en formant des combinaisons d'au moins trois cartes, brelans ou séquences.

GINSBERG (Morris), sociologue britannique (en Lituanie 1889 - Londres 1970). Il refuse l'idée d'un « esprit social » ou de groupe et perçoit la raison comme principe organisateur des pulsions, donc comme moteur principal du processus social : *The Psychology of Society* (1921), *Reason and Unreason in Society* (1947).

GINSBERG (Allen), poète américain (Newark, New Jersey, 1926). Héraut de la *Beat Generation,* il s'est affirmé comme héritier de Whitman, Melville, W. C. Williams, avec sa poésie fondamentalement orale, à la fois énumérative et incantatoire (*Howl,* 1956 ; *Kaddish,* 1961 ; *Collected Poems, 1947-1980,* 1984).

GINSENG [ʒinsɑ̃g] n. m. (chin. *ren-shen,* plante-homme). Racine d'une araliacée *(Panax ginseng* ou *Aralia ginseng),* originaire de Mandchourie et de Corée, et dont l'extrait possède une action tonique, défatigante et faiblement aphrodisiaque. (Ses principes actifs sont des saponosides et les vitamines B1 et B2.)

GIN-TONIC [dʒintɔnik] n. m. (pl. *gin-tonics*) [amér. *gin-tonic*]. Boisson composée de gin additionnée de tonic.

GINZBERG (Asher Hirsch) → AHAD HAAM.

GINZTON (Edward Leonard), ingénieur américain (Iekaterinoslav, Ukraine, 1915). On lui doit la réalisation du klystron à haute puissance et son emploi dans les grands accélérateurs de particules.

GIOBERTI (Vincenzo), philosophe et homme politique italien (Turin 1801 - Paris 1852). Docteur en théologie, il devint républicain et professa un spiritualisme chrétien (*Teorica del Sovrannaturale,* 1838). Il se montra ensuite partisan de l'idée selon laquelle l'Église devait prendre la tête du Risorgimento ; mais, sans être suivi sur ce point, il professa un nationalisme qui joua un rôle idéologique important dans l'unité italienne (*Primato morale e civile degl'Italiani,* 1843).

GIOBERTITE n. f. (de G. A. *Gioberti,* n. pr.). Syn. de MAGNÉSITE.

GIOCONDO (Giovanni DA VERONA, dit **Fra**), architecte, ingénieur et humaniste italien. Il travailla à Naples (jardins, fortifications), en France (1495), à Venise (1506-1509 : canalisation de la Brenta), à Rome (1514 : exécution d'un modèle de la basilique St-Pierre). Il a donné des éditions d'auteurs latins (Vitruve [éd. illustrée, 1511] ; les *Aqueducs* de Frontin ; Caton, César, Pline).

GIOCOSO [dʒjɔ-] adj. (ital. *giocoso,* joyeux, du lat. *jocosus,* plaisant). Se dit pour indiquer le caractère léger d'une œuvre.

GIOLITTI (Giovanni), homme politique italien (Mondovi 1842 - Cavour 1928). Ministre des Finances (1892-93), puis de l'Intérieur (1901-1903), il fut président du Conseil pendant onze ans (1903-1905 ; 1906-1909 ; 1911-1914). À l'intérieur, il redressa le pays par une excellente gestion financière, fit voter des réformes sociales (notamment la réduction du travail des femmes et des enfants) et une loi instaurant le suffrage universel (1912) ; il favorisa la participation des catholiques à la vie politique en concluant le pacte Gentiloni (1913). À l'extérieur, il engagea la guerre avec la Turquie (1911), annexa la Tripolitaine et renouvela la Triple-Alliance (1912). Il fut à nouveau président du Conseil en 1920-21.

GIONO (Jean), écrivain français (Manosque 1895 - *id.* 1970). Chantre de la nature de haute Provence (*Colline,* 1929 ; *Un de Baumugnes,* 1929 ; *Regain,* 1930), il atteint à une philosophie d'harmonie entre les hommes et les éléments (*le Chant du monde,* 1934 ; *Que ma joie demeure,* 1935). Dans sa maison de Manosque, il regroupe autour de lui ses disciples dans un pacifisme militant (*le Grand Troupeau,* 1931 ; *les Vraies Richesses,* 1936), donne également des pièces de théâtre rustiques (*la Femme du boulanger,* 1938 ; *le Bout de la route,* 1941) qui seront adaptées à l'écran. Après la Seconde Guerre mondiale, il évolue du lyrisme prophétique à la chronique (*Un roi sans divertissement,* 1947 ; *le Hussard sur le toit,* 1951 ; *le Moulin de Pologne,* 1952 ; *le Bonheur fou,* 1957 ; *Deux Cavaliers de l'orage,* 1965 ; *l'Iris de Suse,* 1970), où la ferveur épique et sensuelle s'exprime dans un art nettement plus dépouillé.

GIORDANI (Pietro), écrivain italien (Plaisance 1774 - Parme 1848). Poète néoclassique (*Panegirico a Napoleone,* 1807 ; *Essequie di Giambattista Galliadi,* 1811), auteur d'essais sur la littérature classique (*A un giovane italiano. Istruzioni per l'arte di scrivere,* 1821), il encouragea les débuts de Leopardi.

GIORDANO (Luca), peintre italien (Naples 1634 - *id.* 1705), auquel sa virtuosité valut le surnom de **Luca Fapresto.** Il acquit une renommée européenne en portant la peinture napolitaine à sa maturité baroque. Ses chefs-d'œuvre sont les lumineux décors plafonnants du palais Médicis à Florence (1682) et de l'Escorial (escalier, église, 1692-1694).

GIORDANO (Umberto), compositeur italien (Foggia 1867 - Milan 1948). Il se voua à l'opéra et connut le succès avec *Andrea Chenier* (1896) et *Fedora* (1898). Ses œuvres s'inscrivent dans le courant vériste italien.

GIORGI (Giovanni), électricien et physicien italien (Lucques 1871 - Castiglioncello 1950). Il proposa, dès 1901, l'emploi d'un système d'unités rationnelles, dit M. K. S. A. (mètre-kilogramme-seconde-ampère), qui fut adopté en 1935 par la Commission électrotechnique internationale.

GIORGIO DA SEBENICO → JURAJ DALMATINAC.

GIORGIONE (Giorgio DA CASTELFRANCO, dit), peintre vénitien (Castelfranco Veneto v. 1477 - Venise 1510). De bonne heure à Venise, il a sans doute travaillé dans l'atelier des frères Bellini. Il exécuta vers 1505 la *Pala* d'autel de la cathédrale de Castelfranco, puis *la Tempête* (Accademia de Venise), *les Trois Philosophes* (Vienne) et des fresques (perdues) au Fondaco dei Tedeschi. D'autres panneaux sont d'attribution moins sûre. La plupart de ces œuvres, de format modeste, s'adressaient à une clientèle privée d'amateurs. Une poésie profonde, un lyrisme discret s'en dégagent, à travers des sujets parfois énigmatiques et surtout un langage pictural fondé sur une harmonie tonale, une libération de la touche, une intégration des figures au paysage encore inédites. Ce « giorgionisme » a exercé une influence diffuse sur les peintres vénitiens, à commencer par Titien, qui acheva certaines œuvres de l'artiste, tôt disparu.

GIORNO (A) → A GIORNO.

GIOS, peuple mandé du Liberia, estimé à 160 000 membres.

GIOTTESQUE adj. et n. Qui appartient à Giotto ou à sa sphère d'influence.

GIOTTO di Bondone, peintre, mosaïste et architecte italien (Colle di Vespignano, dans le Mugello, 1266 - Florence 1337). Dans la voie ouverte par Cimabue, son art achève de libérer la peinture de la tradition byzantine en abandonnant les conventions rigides et en humanisant les figures sacrées, conformément à la mentalité franciscaine. Giotto introduit la perspective et la tridimensionalité dans des scènes narratives d'un effet dramatique souvent puissant (cycle de saint François à l'église supérieure d'Assise, qui lui est attribué). Après un séjour à Rome, puis à Florence (*Maestà* de l'église d'Ognissanti, auj. aux Offices), il travaille, sur commande des Scrovegni, à la chapelle de l'Arena de Padoue (1303-1305) : sur les thèmes de la vie de la Vierge et de celle du Christ, il peint des fresques dont l'intensité expressive est accrue par le refus du détail anecdotique, par la découverte des ressources de la lumière. Son évolution le mène à une plus grande liberté, faite de souplesse des formes et de richesse chromatique, d'où l'influence siennoise n'est peut-être pas absente (fresques de la chapelle Bardi à S. Croce de Florence, entre 1320 et 1325). Il réalise également des décorations profanes pour le palais royal à Naples (v. 1330, disparues) et donne à Florence les dessins du campanile de la cathédrale (1334), tandis que ses peintures (polyptyque de la chapelle Baroncelli de S. Croce) affirment une élégance qui se retrouve, avec moins de monumentalité, chez ses aides ou successeurs — tels Maso di Banco, T. Gaddi, B. Daddi, Stefano, Giottino.

GIOVANNETTI (Matteo), peintre italien du XIVe s., originaire de Viterbe, mentionné à Avignon de 1343 à 1367 (fresques du palais des papes : chapelle St-Martial [1344-45] ; fragment à la Grande Audience), à Rome en 1368. Son style dérive de celui de S. Martini et d'A. Lorenzetti.

GIOVANNI da Milano, peintre italien, né à Caversago, près de Côme, documenté à Florence de 1346 à 1369. Son art, d'un réalisme subtil, est le résultat d'une synthèse entre la structure formelle florentine (Giotto) et la culture raffinée et délicate propre à la Lombardie. Il est considéré comme un précurseur du style gothique international (*Vierge avec des saints,* polyptyque de Prato ; fresques de la chapelle Rinuccini à S. Croce de Florence, 1365).

GIOVANNI da Fiesole (Fra) → ANGELICO.

GIOVANNI da Udine, en fr. **Jean d'Udine,** peintre et stucateur italien (Udine 1487 -Rome v. 1564). Collaborateur de Raphaël aux loges du Vatican (1517-1519), de J. Romain à Mantoue, il fut le créateur des *grotesques**, inspirées des décors romains découverts dans les « grottes » de l'Esquilin.

GIOVANNI PISANO, sculpteur et architecte italien (? v. 1248 - Sienne apr. 1314). Fils et collaborateur de Nicola Pisano, il s'inspire comme lui des reliefs antiques, mais ajoute à cette culture classique une connaissance intime de la statuaire gothique française. Il introduit en outre dans l'art italien un sens du pathétique qui lui est personnel. De 1284 à 1299, il partage son activité entre la façade de la cathédrale de Sienne et les derniers travaux de décoration du baptistère de Pise. Il est l'auteur de la chaire de S. Andrea de Pistoia (terminée en 1301), d'un style tourmenté, et de celle de la cathédrale de Pise (1302-1310), plus classique.

GIOVANNI DI PAOLO, peintre italien (Sienne v. 1399 - *id.* 1482). Influencé par Sassetta et Gentile da Fabriano, mais animé d'une spiritualité pathétique et visionnaire, il reste attaché à l'expression gothique (polyptyques et panneaux détachés, pinacothèque de Sienne).

GIOVI *(col* ou *pas des),* col d'Italie, dans l'Apennin ligure, reliant le nord de l'Italie et Gênes ; 472 m.

GIOVO (Paolo) → JOVE (Paul).

GIPSY [ʒipsi] n. (pl. *gipsies*) [mot angl., altér. de *Egyptian*). Nom anglais des Tsiganes.

GIRAFE n. f. (ital. *giraffa,* de l'ar. *zarāfa*). **1.** Grand mammifère ruminant des savanes africaines du sud du Sahara, remarquable par la longueur de son cou et ses petites cornes recouvertes de velours. (Il existe une seule espèce de girafe, très variable dans les dessins de sa robe. Elle se nourrit de feuilles d'arbres, jusqu'à 5 mètres de hauteur, et de buissons épineux. Elle marche l'amble et se déplace en troupeaux où semble dominer un grand mâle. La girafe est muette.) — **2.** *Fam.* Personne grande, maigre, et qui a un long cou. — **3.** *Fam.* Perche au bout de laquelle le microphone est suspendu au-dessus des comédiens, hors du champ de la caméra. — **4.** Fam. *Peigner la girafe,* ne rien faire d'utile, perdre son temps à un travail inutile.

GIRAFE (en lat. *Camelopardalis, -is*), constellation boréale, entre le Cocher et la Petite Ourse.

GIRAFFIDÉ n. m. Mammifère ruminant africain tel que la girafe, l'okapi et les genres fossiles du miocène et du pliocène.

GIRAFON ou **GIRAFEAU** n. m. Petit de la girafe.

Giralda (la), tour carrée, haute de 97 m, jouxtant la cathédrale de Séville. C'est l'ancien minaret de la Grande Mosquée (abattue par les chrétiens), surélevé de plusieurs étages, de 1560 à 1568.

GIRANDOLE n. f. (ital. *girandola,* de *giranda,* gerbe de feu). **1.** Partie supérieure d'un candélabre, portant les bras de lumière. — **2.** Candélabre ou chandelier à plusieurs branches orné de pendeloques de cristal. — **3.** Guirlande lumineuse décorant une fête, un bal, etc. — **4.** Artifice pyrotechnique constitué par des lances fixées sur une roue tournant dans un plan horizontal.

GIRARD (Philippe DE), inventeur et industriel français (Lourmarin, Vaucluse, 1775 -Paris 1845). En 1810, il présenta une machine à filer le lin, que prima Napoléon Ier. Ruiné à la chute de l'Empire, il accepta les propositions du tsar Alexandre Ier et installa une filature près de Varsovie en 1833.

GIRARD (Louis Dominique), ingénieur français (? 1815 - Paris 1871). À partir de 1850, il améliora beaucoup les turbines hydrauliques, en créant des types appropriés à des chutes de caractéristiques diverses. Il essaya aussi un chemin de fer hydraulique, qui préfigure dans une certaine mesure l'Aérotrain.

GIRARD (Alain), démographe et sociologue français (Paris 1914 - *id.* 1996). Il a observé l'influence déterminante des origines sociale et démographique sur le comportement et les attitudes (*la Réussite sociale en France,* 1961 ; *le Choix du conjoint en France,* 1964) et s'est intéressé à la sociologie électorale, (*les Sondages d'opinion publique,* 1973, en collab. avec J. Stoetzel).

GIRARD (René), essayiste français (Avignon 1923). À partir de l'analyse littéraire (*la Violence et le Sacré,* 1972 ; *Des choses cachées depuis la* *fondation du monde,* 1978 ; *le Bouc émissaire,* 1982), il cherche à créer une nouvelle anthropologie, en partant de l'analyse selon laquelle la violence est fondatrice de toute culture.

GIRARDET (Alfred, dit **Fredy**), cuisinier suisse (Lausanne 1936). Il est l'héritier d'une auberge familiale devenue haut lieu gastronomique grâce à sa cuisine inventive soutenue par une belle technique classique.

GIRARDIN (Stanislas, *comte* DE), homme politique français (Lunéville 1762 - Paris 1827). Député à la Législative (1791), où il siégea avec les monarchistes, il devint président du Tribunat (1802), fut membre du Corps législatif (1807), puis reçut successivement les préfectures de la Seine-Inférieure (1812), de la Seine-et-Oise (1815) et de la Côte-d'Or (1819).

GIRARDIN (Delphine GAY, Mme Émile DE), femme de lettres française (Aix-la-Chapelle 1804 - Paris 1855). Épouse d'Émile de Girardin, elle publia des chroniques brillantes dans *la Presse* (*les Lettres parisiennes,* 1836-1848), des romans (*la Canne de M. de Balzac,* 1836), des œuvres dramatiques (*La joie fait peur,* 1854).

GIRARDIN (Émile DE), journaliste et homme politique français (Paris 1806 - *id.* 1881). En 1836, il créa *la Presse,* premier journal politique accessible au grand public par la modicité de son prix. Cette initiative lui valut de vives attaques et fut indirectement la cause du duel célèbre au cours duquel il tua Armand Carrel. Expulsé après le 2 déc. 1851, il rentra peu après en France et reprit la direction du journal. En 1872, dans *le Moniteur universel* et *le Petit Journal,* il soutint la politique de Thiers. En 1877, il combattit la politique de Mac-Mahon et de De Broglie dans *la France.* Il fut député de Bourges (1834-1850) et député de Paris (1877-1881).

GIRARDON (François), sculpteur français (Troyes 1628 - Paris 1715). Ayant fait le voyage d'Italie, académicien en 1657, il fut appelé à diriger l'équipe de sculpteurs travaillant à Versailles d'après le programme de Le Brun, donnant pour sa part, entre autres, les groupes d'*Apollon servi par les nymphes* (1666-1673) et de *l'Enlèvement de Proserpine* ainsi que les gracieux bas-reliefs du bassin des Nymphes. Parmi ses œuvre célèbres figurent le tombeau de Richelieu à la Sorbonne et la statue équestre de Louis XIV (1685-1699, détruite en 1792) pour la place Louis-le-Grand, auj. Vendôme.

GIRARDOT (Annie), comédienne française (Paris 1931). Après la Comédie-Française (1954-1956), elle a — sans abandonner le théâtre — entrepris une carrière cinématographique marquée par d'innombrables films : *Rocco et ses frères* (1960), *le Mari de la femme à barbe* (1963), *Trois Chambres à Manhattan* (1965), *Vivre pour vivre* (1967), *Erotissimo* (1968), *Un homme qui me plaît* (1969), *Mourir d'aimer* (1970), *la Vieille Fille* (1972), *la Gifle* (1974), *le Grand Embouteillage* (1979), *Il y a des jours... et des lunes* (1990).

Girart de Roussillon, chanson de geste du XIIe s., écrite en dialecte franco-provençal, qui racontait les guerres entre Girart (personnage historique, fondateur du monastère de Vézelay) et le roi de France, Charles le Chauve.

Girart de Vienne, chanson de geste de Bertrand de Bar-sur-Aube (v. 1182). En lutte contre Charlemagne, Girart a pour alliés son père, Garin de Monglane, ses frères et ses neveux Olivier et Aymeri.

GIRASOL n. m. (ital. *girasole,* du lat. *girare,* tourner, et *sol,* soleil). Variété de quartz chatoyant employée en joaillerie.

GIRATION n. f. (bas lat. *gyratum,* de *gyrare,* faire tourner). **1.** Mouvement giratoire. — **2.** *Rayon de giration,* racine carrée du rapport du moment d'inertie (par rapport à une droite) d'un solide à sa masse.

GIRATOIRE adj. (bas lat. *gyratum,* de *gyrare,* faire tourner). **1.** Se dit d'un mouvement de rotation. — **2.** *Carrefour giratoire,* carrefour dans lequel la circulation s'établit en sens unique autour d'un rond-point central. ‖ *Courant giratoire,* courant marin dont le sens change périodiquement suivant une courbe fermée (courants de marée). ‖ *Sens giratoire,* sens imposé aux véhicules dans un carrefour giratoire.

◆ n. m. Concasseur comprenant une partie fixe, ouverte vers le haut, et une partie mobile, à axe vertical et animée d'un mouvement excentré par rapport à cet axe.

GIRAUD (Albert KAYENBERGH, dit **Albert**), écrivain belge de langue française (Louvain 1860 - Bruxelles 1929). Sa poésie rigoureusement parnassienne (*Hors du siècle,* 1888 ; *Héros et Pierrots,* 1898) s'humanisa par la suite dans la célébration du rêve païen (*la Guirlande des dieux,* 1910 ; *Éros et Psyché,* 1914).

GIRAUD (Henri), général français (Paris 1879 - Dijon 1949). Blessé et fait prisonnier en 1914, il s'évada et combattit à Malmaison (1917). Appelé au Maroc par Lyautey, Giraud se distingua dans la campagne du Rif (1922-1926), puis dans la réduction des dernières poches de dissidence (Tafilalet, 1932 ; Haut Atlas, 1933). Il entra, à la tête de la VIIe armée, en Belgique, le 10 mai 1940. Prisonnier le 18, et amené à Königstein (Saxe), il s'évada en avr. 1942. Passé à Alger en nov. 1942, il assuma, à la mort de Darlan, le commandement en chef civil et militaire de l'Afrique française. Coprésident avec de Gaulle du Comité français de libération nationale (juin 1943), il dut s'effacer devant ce dernier (nov. 1943). Il a écrit : *Mes évasions* (1946) et *Un seul but, la victoire* (1949).

GIRAUD (Jean), dessinateur français (Nogent-sur-Marne 1938). Sous le pseudonyme de **Gir,** il a signé notamment les aventures du *Lieutenant Blueberry,* créé en 1963, et sous celui de **Mœbius** des séries de science-fiction.

GIRAUDOUX (Jean), écrivain français (Bellac 1882 - Paris 1944). Il mena de front une carrière diplomatique et une carrière littéraire, débutant avec un recueil de nouvelles (*les Provinciales,* 1909), suivi d'un roman (*Simon le Pathétique,* 1918). De la guerre et d'une mission en Amérique, il rapporta *Amica America* (1919) et *Adorable Clio* (1920), puis publia une série de romans remplis de poésie (*Elpénor,* 1919 ; *Suzanne et le Pacifique,* 1921 ; *Siegfried et le Limousin,* 1922 ; *Juliette au pays des hommes,* 1924 ; *Bella,* 1926 ; *les Aventures de Jérôme Bardini,* 1930). Sa rencontre avec Louis Jouvet le convertit au théâtre, où il s'imposa dès sa première pièce, *Siegfried* (1928), dont le succès se confirma avec *Amphitryon 38* (1929), *Judith* (1931), *Intermezzo* (1933), *Tessa* (1934), *La guerre* de Troie n'aura pas lieu* (1935), *Électre* (1937), *Ondine* (1939). Nommé commissaire à l'Information en 1939, il se retira à Cusset après l'armistice de 1940, collabora à deux films (*la Duchesse de Langeais ; les Anges du péché*) et fit représenter *Sodome et Gomorrhe* (1943). C'est après sa mort que seront jouées ses trois dernières pièces (*la Folle* de Chaillot,* 1945 ; *l'Apollon de Bellac,* 1947 ; *Pour Lucrèce,* 1953). Hanté par la Grèce et fasciné par la culture allemande, Giraudoux sut fondre les grands thèmes classiques et les inquiétudes modernes dans un univers précieux, fait d'humour et de fantaisie.

GIRAULT (Charles Louis), architecte français (Cosne, Nièvre, 1851 - Paris 1932). Il fut sans doute le dernier représentant d'un académisme tentant, en vain, de renouer avec les sources nationales (Petit Palais pour l'Exposition de 1900 à Paris ; palais du Congo à Tervuren, 1910).

GIRAULT-DUVIVIER (Charles Pierre), grammairien français (Paris 1765 - *id.* 1832). Sa *Grammaire des grammaires* (1811 ; 21e et dernière éd., 1879) eut un succès considérable.

GIRAUMONT ou **GIRAUMON** n. m. (tupi **jirumum*). Nom commun à plusieurs variétés de courges, notamment la *courge turban* ou *bonnet turc.*

GIRAUT DE BORNEIL → GUIRAUT DE BORNEIL.

GIRAVIATION n. f. (de *giravion,* avec l'influence de *aviation*). Conception, construction et mise en œuvre des giravions.

GIRAVION n. m. (de *giration* et *avion*). Aéronef dans lequel la sustentation est assurée en totalité ou en partie par la rotation d'un ou de plusieurs rotors à axes verticaux. (On distingue les hélicoptères, les autogires et les girodynes.)

GIRAY, dynastie tatare fondée v. 140 par Hādjdjī Girāy, un descendant de Gengis Khān par Djūtchī et qui régna sur la Crimée jusqu'en 1783. De 1475 à 1774, les khāns Giray reconnurent pour suzerain le sultan ottoman.

GIRELLE n. f. (provenç. *girello,* de l'anc. provenç. *gir,* tournoiement). Poisson commun en Méditerranée et dont le mâle est nommé *girelle royale,* pour ses vives couleurs.

GIRGENTI → AGRIGENTE.

GIRIES n. f. pl. (anc. fr. *girer,* tourner, du bas lat. *gyrare*). *Fam.* et *vx.* Plaintes affectées, manières affectées.

GIRL [gœrl] n. f. (angl. *girl,* jeune fille). Danseuse d'ensemble, dans les spectacles de music-hall, les revues et les comédies musicales.

Giro *(le),* nom du Tour d'Italie (*Giro d'Italia*) cycliste.

GIROD de l'Ain (Louis, *baron*), homme politique français (Gex 1781 - Paris 1847). Ami de Louis-Philippe, il fut préfet de police (août-nov. 1830), président de la Chambre des députés (1831), ministre de l'Instruction publique et des Cultes (1832), pair de France, président du Conseil d'État (1832) et, enfin, garde des Sceaux (1839).

GIROD (Paul), ingénieur et industriel français d'origine suisse (Fribourg, Suisse, 1878 - Cannes 1951). Il fut, à partir de 1901, l'un des créateurs les plus importants dans le domaine de l'électrométallurgie de l'acier.

GIRODET-TRIOSON (Anne Louis GIRODET DE ROUCY, dit), peintre français (Montargis 1767 - Paris 1824). De formation néoclassique, prix de Rome en 1789, il s'écarte de son maître David par les manifestations étonnantes d'un sentiment préromantique (*le Sommeil d'Endymion,* 1791, Louvre ; *Ossian* ou *l'Apothéose des héros Français,* 1801, Malmaison ; *le Déluge,* 1806, Louvre ; *les Funérailles d'Atala,* 1808, *ibid.*).

GIRODYNE n. m. (bas lat. *gyrare,* tourner, et gr. *dunamis,* force). Giravion dont le rotor, entraîné par un moteur, assure seulement la sustentation et les mouvements verticaux, la translation étant obtenue par une hélice ou un turboréacteur.

GIROFLE n. m. (lat. *caryophyllon,* du gr. *karuophullon*). Bouton floral desséché du giroflier, dit aussi *clou de girofle,* utilisé pour aromatiser fonds et marinades.

GIROFLÉE n. f. (part. passé de l'anc. fr. *girofler,* parfumer de girofle). **1.** Nom usuel commun à plusieurs espèces de crucifères ornementales et parfumées des jardins, les unes annuelles, les autres vivaces (giroflée jaune, giroflée d'hiver, quarantaine, etc.). — **2.** Fam. *Giroflée (à cinq feuilles),* gifle laissant la marque des cinq doigts.

GIROFLIER n. m. Arbre tropical dont le bouton floral est le clou de girofle, et qui fournit des huiles essentielles utilisées en parfumerie.

GIROLLE n. f. (anc. provenç. *giroilla,* de *gir,* tournoiement). Syn. de CHANTERELLE (champignon).

GIROMAGNY (90200), ch.-l. de cant. du Territoire de Belfort, au N.-N.-O. de Belfort ; 3 372 hab. *(Giromagniens).*

GIRON n. m. (frq. **gêro,* vêtement taillé en pointe). **1.** Partie du corps qui s'étend de la ceinture au genou, quand on est assis ; la poitrine d'une femme. — **2.** Milieu, groupe où l'on se trouve en sécurité, mais sous l'autorité de qqn ; sein : *Revenir dans le giron familial.* — **3.** *Le giron de l'Église,* la communauté des fidèles de l'Église catholique. • **Bât.** Dessus d'une marche d'escalier, partie sur laquelle on pose le pied. ‖ *Giron droit,* surface d'une marche rectangulaire. ‖ *Giron triangulaire,* surface d'une marche gironnée. — **Hérald.** Pièce en forme de triangle rectangle, qui est l'élément du gironné.

GIROND, E adj. (anc. fr. *girer,* tourner, du bas lat. *gyrare*). *Pop.* **1.** Se dit d'une femme ou d'un jeune garçon qui a des formes harmonieuses. — **2.** Se dit d'une femme bien en chair, assez ronde.

GIRONDE (la), estuaire commun de la Garonne et de la Dordogne, après leur confluence au bec d'Ambès, long d'environ 75 km et jalonné de quelques ports (Le Verdon-sur-Mer, Pauillac, Ambès), annexes de Bordeaux.

GIRONDE (33), dép. de la Région Aquitaine ; ch.-l. de dép. *Bordeaux ;* ch.-l. d'arrond. *Blaye, Langon, Lesparre-Médoc, Libourne ;* 5 arrond. ; 63 cant. ; 542 comm. ; 10 000 km^2 ; 1 213 499 hab. *(Girondins).* Le dép. appartient à l'académie et à la cour d'appel de Bordeaux, à la région militaire Atlantique.
L'extrémité occidentale du département (le plus vaste de France) appartient à la plaine forestière des Landes, bordée par un littoral rectiligne, ouvert seulement par le bassin d'Arcachon (centres balnéaires et ostréicoles). Le Bordelais, occupant le reste du département, est une grande région viticole (Médoc, Graves, Sauternes, Entre-deux-Mers, Saint-Émilion, Pomerol). L'industrie est concentrée dans l'agglomération de Bordeaux, qui rassemble près des deux tiers de la population totale de la Gironde.

Gironde (la), ensemble des Girondins, pendant la Révolution française.

GIRONDIN, E adj. et n. **1.** De la Gironde. — **2.** Relatif aux Girondins.

Girondins, groupe politique pendant la Révolution française. Ainsi appelé par Lamartine parce que beaucoup de ses membres étaient des députés de la Gironde, ce groupe apparaît lors de la première réunion de l'Assemblée législative (oct. 1791), où il siège à gauche, avec pour chefs Brissot (d'où le nom de *brissotin* qu'ils portent alors), Pétion, Vergniaud, Roland, Gensonné, Guadet. Issus de la bourgeoisie provinciale aisée et « à talent », ils acceptaient une monarchie constitutionnelle faisant une place à la bourgeoisie cultivée. Plusieurs de leurs membres (Roland, Clavière, Dumouriez) sont appelés par Louis XVI à former un ministère dit « girondin » (mars 1792), qui déclare la guerre à l'Autriche (avr.) et prend des mesures révolutionnaires, ce qui provoque son renvoi (13 juin), suivi de la journée du 20 juin contre le roi. Mais, craignant le mouvement populaire et désireux d'arrêter la Révolution « à son stade bourgeois », les Girondins se rapprochent du roi. Majoritaires à la Convention nationale (160 députés), ils ne savent ni juguler la crise économique ni lutter contre l'invasion étrangère, et, acquis au fédéralisme, ils s'opposent à la prédominance de Paris et de la Commune. Combattus par les Montagnards, ils sont évincés par ces derniers : le 2 juin 1793, la Convention est contrainte de décréter l'arrestation de deux ministres et de 29 députés girondins, dont 21 seront guillotinés le 31 oct. suivant.

GIRONELLA (José María), écrivain espagnol (Darníus, Gérone, 1917). Il a décrit dans ses romans le désarroi des générations d'après la guerre civile (*Un homme,* 1946 ; *Un million de morts,* 1961 ; *Condamnés à vivre,* 1971) et exprimé ses propres inquiétudes dans ses nouvelles (*l'Assaut des ténèbres,* 1958).

GIRONNÉ n. m. (de *giron*). Partition d'un blason en 8, 10, 12 ou 16 triangles ayant tous un sommet au centre de l'écu.

GIRONNER v. t. (de *gironné*) [conj. 3]. Tracer l'épure des marches d'un escalier tournant.
◆ **être gironné** v. pass. *Marche gironnée,* marche, non rectangulaire, d'un escalier balancé, à vis ou à quartier tournant. ‖ *Tuile gironnée,* tuile de forme trapézoïdale, dont les extrémités sont de largeurs différentes.

GIROUETTE n. f. (anc. scand. *vedrviti,* avec infl. de l'anc. fr. *girer,* tourner). **1.** Plaque légère, de forme variable, mobile sur un pivot, au sommet d'un édifice, qui indique la direction du vent. — **2.** *Fam.* Personne changeante, inconstante, versatile dans ses opinions ou ses avis : *Une girouette politique.* — **3.** *Vx.* Petite bande d'étamine qui, placée à la pomme du mât d'un navire, indiquait la direction du vent.

GIROUETTER v. i. (conj. **4**). Tourner comme une girouette, changer d'avis.

GIRSOU, auj. **Tello,** près du bas Tigre, ville principale d'un royaume sumérien, qui avait Lagash pour capitale et a livré de nombreuses tablettes et œuvres d'art du IIIe millénaire.

GIRTIN (Thomas), aquarelliste britannique (Londres 1775 - *id.* 1802). Paysagiste de sentiment préromantique, il a délivré l'aquarelle de la simple représentation topographique et a développé sa polychromie.

GIRVANELLE n. f. (de *Girvan,* n. pr.). Algue (cyanophycée), fossile du silurien au jurassique, abondante dans les calcaires oolitiques.

GIRYAMAS, groupe le plus important (60 000 membres environ) des peuples *Mijikendas,* habitant la région côtière du Kenya.

GISANT, E adj. (de *gésir*). Qui est couché, étendu sans mouvement : *Les corps gisants des victimes du bombardement.*

◆ **gisant** n. m. Effigie, statue funéraire d'un personnage couché.

GISCARD D'ESTAING (Valéry), homme d'État français (Coblence 1926). Inspecteur des Finances (1954), député du Puy-de-Dôme (1956-1973), il se rallie dès 1958 au général de Gaulle, entraînant avec lui quelques éléments du Centre national des indépendants. Ministre des Finances (1962), il conserve ce poste dans le gouvernement Pompidou, mais l'échec partiel du plan de stabilisation économique contre l'inflation l'oblige à démissionner (1966). Il crée peu après la Fédération nationale des républicains indépendants (R. I.), qui apporte un soutien critique à la politique gouvernementale et invite à voter négativement lors du référendum d'avr. 1969. Après la démission du général de Gaulle (1969), il soutient la candidature de G. Pompidou et retrouve le ministère de l'Économie et des Finances. Après la mort de G. Pompidou (avr. 1974), avec l'appui de J. Chirac et de plusieurs députés gaullistes, il est élu président de la République (1974).
Affirmant une volonté de changement et de modernisation, il encourage un certain nombre de mesures libérales, mais il doit bientôt faire face à des problèmes économiques (chômage, inflation, coût des matières premières). À l'extérieur, il axe la politique étrangère sur la construction de l'Europe et l'entente avec le tiers monde. La nécessité pour le président de s'appuyer sur une majorité élargie détermine la création du parti républicain (P. R.) en 1977, puis la constitution de l'Union pour la démocratie française (U. D. F.) en 1978. Mais la majorité présidentielle est ébranlée par les réserves que formule son allié, le R. P. R. Candidat à un second septennat, gêné par la candidature de J. Chirac, V. Giscard d'Estaing est battu par F. Mitterrand à l'élection présidentielle d'avril-mai 1981. De nouveau député du Puy-de-Dôme (1984-1989 et depuis 1993) [et président, de 1987 à 1989 et depuis 1993, de la Commission des Affaires étrangères à l'Assemblée nationale], il devient en 1986 président du Conseil régional d'Auvergne. Député au Parlement européen de 1989 à 1993, il préside l'U.D.F. de 1988 à 1996.

GISCARDIEN, ENNE adj. et n. Relatif à V. Giscard d'Estaing ; partisan de V. Giscard d'Estaing.

GISCON, chef de guerre carthaginois qui fut massacré par les mercenaires qu'il devait ramener de Sicile après la première guerre punique (241 av. J.-C.). Flaubert a utilisé cet épisode dans *Salammbô.*

GISELLE n. f. (p.-ê de *Giselle,* n. pr.). Mousseline imitant la guipure.

Giselle ou **les Wilis,** ballet fantastique en 2 actes, argum. de Jules Henri Vernoy de Saint-Georges, Théophile Gautier et Jean Coralli, inspiré d'une ballade de Heinrich Heine, chorégr. de Jean Coralli et Jules Perrot ; mus. d'Adolphe Adam. Création mondiale à l'Opéra de Paris en 1841. C'est le plus grand des ballets romantiques, le type même du ballet blanc.

GISEMENT n. m. (de *gésir*). **1.** Lieu où un matériel géologique donné s'est accumulé et que l'on peut exploiter en totalité ou en partie : *Un gisement d'or. Gisement pétrolier.* – **2.** Potentiel de clientèle, d'audience susceptible d'être touché par un média, une firme industrielle ou commerciale. – **3.** Lieu où vivent des coquillages (huîtres, moules, coquilles Saint-Jacques) et exploitable pour la conchyliculture. – **4.** Angle compté dans le sens des aiguilles d'une montre, dans le plan horizontal, entre une direction de référence (le nord, l'axe longitudinal d'un navire, etc.) et une direction à déterminer. – **5.** *Gisement alluvionnaire,* gisement superficiel dont la substance exploitable est un minéral lourd. ‖ *Gisement disséminé,* gisement dans lequel le minerai est réparti dans la roche de façon diffuse. ‖ *Gisement filonien,* gisement dont les parties minéralisées sont constituées de filons. ‖ *Gisement fissural,* gisement composé d'une concentration de fissures minéralisées. ‖ *Gisement stratiforme,* gisement dont l'une des dimensions est faible par rapport aux deux autres et dont le plan moyen est conforme à la stratification.

GISENYI, v. du Ruanda, près du lac Kivu ; 12 400 hab.

GISH (Lillian), actrice américaine (Springfield, Ohio, 1896 - New York 1993). Ce fut l'une des grandes vedettes du cinéma muet jusqu'en 1930. Elle a tourné dans *Naissance d'une nation* (1915), *Intolérance* (1916), *le Lys brisé* (1919), *les Deux Orphelines* (1922), quatre films de D. W. Griffith ; *la Bohème* (1926), *le Vent* (1928), *la Nuit du chasseur* (1955), *les Baleines du mois d'août* (1987).

GISLEBERT, GILLEBERT ou **GISLEBERTUS,** sculpteur qui a signé de son nom le tympan de la façace occidentale de St-Lazare d'Autun, édifice dont il a dû réaliser presque toute la sculpture de 1125 à 1135.

GISORS (27140), ch.-l. de cant. de l'Eure, sur l'Epte ; 9 673 hab. *(Gisorsiens).* Constructions mécaniques et électriques.
— **Hist.** Ancienne capitale du Vexin normand, Gisors fut, au XIIe s., l'objet d'une vive lutte entre les rois de France et les Plantagenêts. Philippe II Auguste s'en empara en 1193.
— **Bx-arts.** Restes du château élevé par un duc de Normandie et par les rois d'Angleterre, terminé par Philippe Auguste (XIIe-XIIIe s.). Église au chœur de 1240, continuée aux XVe et XVIe s.

GISQUETTE n. f. *Pop.* et *vx.* Jeune fille.

GÎT → GÉSIR.

Gītā-Govinda (sanskr. signif. le *chant du bouvier*), poème lyrique en sanskrit écrit au XIIe s. et relatant l'enfance de Kriṣṇa et ses amours avec les gopī. Très populaire, il est encore chanté et représenté dans toute l'Inde.

GITAN, E adj. et n. (esp. *gitano,* altér. de *Egiptano,* Égyptien). Se dit d'un groupe de Tsiganes, les *Kalé,* dispersé en Espagne, en Afrique du Nord et dans le sud de la France. (Se dit parfois de l'ensemble des Tsiganes.)
◆ adj. Relatif aux Gitans : *Musique gitane.*
◆ **Gitane** n. f. (nom déposé). Cigarette brune de marque française.

1. GÎTE n. m. (de *gésir*). **1.** *Litt.* Lieu où l'on trouve à se loger, où l'on couche habituellement ou temporairement : *Offrir à un ami le gîte et le couvert.* — **2.** Emplacement où le lièvre se repose le jour ; lieu où s'abrite le gibier ; tanière, terrier. — **3.** Concentration géologique d'un minerai, susceptible d'être exploitée. — **4.** Morceau de boucherie correspondant à l'avant-bras et à la jambe des bovins. (Syn. GÎTE-GÎTE.) — **5.** *Droit de gîte,* droit, pour le seigneur, d'être hébergé par son vassal. (À partir de la fin du XIIe s., ce droit fut souvent transformé en redevance en argent.) ‖ *Gîte à la noix,* morceau correspondant à la partie postérieure de la cuisse du bœuf. ‖ *Gîte d'étape,* localité distante d'une journée de marche d'une autre, où cantonnaient les troupes en déplacement (XVIIIe-XIXe s.) ; type de gîte rural conçu pour l'accueil des randonneurs de passage. ‖ *Gîte rural,* logement meublé situé en commune rurale, créé ou aménagé dans des bâtiments existants pour recevoir des vacanciers.

2. GÎTE n. f. (de *gîte 1*). Syn. de BANDE 2.

GITEGA, anc. **Kitega,** v. du Burundi ; 14 500 hab. Anc. capitale du pays. Musée historique et ethnographique.

GÎTE-GÎTE n. m. (pl. *gîtes-gîtes*). Autre nom du gîte (pièce de boucherie).

1. GÎTER v. i., **SE GÎTER** v. pr., **ÊTRE GÎTÉ** v. pass. (de *gîte 1*) [conj. 3 ; auxil. *être*]. **1.** Avoir son gîte qqpart : *Le lapin gîte au fond du terrier.* — **2.** *Litt.* Habiter, demeurer, coucher qqpart. — **3.** *Litt.* Être situé qqpart : *Le lac gîte au fond d'un cratère.*

2. GÎTER v. i. (de *gîte 2*) [conj. 3]. Donner de la bande, en parlant d'un bateau.

GITLIS (Ivry), violoniste israélien (Haïfa 1927). Virtuose international, il utilise la musique pour mener une action humanitaire (festival de Vence).

GÎTOLOGIE n. f. Étude des gîtes métallifères.

GÎTOLOGIQUE adj. Relatif à la gîtologie.

GITON n. m. (de *Giton,* n. pr.). *Litt.* Jeune garçon entretenu par un homosexuel ; mignon.

GIUBA → DJOUBA.

Giulia *(Villa),* une des résidences du pape Jules III, édifiée à Rome au milieu du XVIe s. par Ammannati et Vignole. Localisée dans l'ensemble de la Villa Borghèse, elle abrite l'un des plus importants musées d'art étrusque.

GIULIANO da Maiano, architecte et sculpteur italien (Maiano, Fiesole, 1432 -Naples 1490). Il contribua à diffuser les principes de l'architecture florentine nouvelle (Michelozzo, Brunelleschi), travaillant à Faenza, Arezzo, Sienne, Naples (porte Capuane, 1485), Lorette, Florence. — Son frère BENEDETTO (Maiano 1442 - Florence 1497) collabora avec lui à l'église de Lorette, avec le Cronaca au palais Strozzi de Florence (1489 et suiv.) ; comme sculpteur marbrier, dans le goût d'A. Rossellino, il est l'auteur de la chaire de S. Croce à Florence, de décors divers et de bustes.

GIULINI (Carlo Maria), chef d'orchestre italien (Barletta 1914). Chef à la Scala de Milan en 1953, il a fait équipe avec Maria Callas *(La Traviata)* et dirigé le grand répertoire lyrique dans le monde entier avant de se vouer aux œuvres symphoniques.

GIULIO ROMANO → ROMAIN (Giulio Pippi, dit Jules).

GIUNTA ou **GIUNTI** et quelquefois **ZONTA,** famille d'imprimeurs-éditeurs italiens qui tenaient le second rang après les Manuce et leur succédèrent. – FILIPPO (1450-1517) publia à Gênes, en 1497, puis à Florence, de petites éditions classiques, bien reliées, et des éditions grecques très estimées. – Son fils BERNARDO (1487-1551) s'associa à Venise avec les Manuce.

GIUNTA PISANO, peintre italien originaire de Pise, documenté de 1229 à 1254. Ses trois crucifix peints conservés (à Assise, Pise et Bologne) apportent, par leurs lignes de force contournées et accentuées, une réanimation, dans un sens dramatique, de la tradition byzantine.

GIURGIU, port de Roumanie, sur le Danube, au S. de Bucarest ; 62 000 hab. Pont ferroviaire et routier vers la Bulgarie.

GIUSTI (Giuseppe), écrivain italien (Monsummano 1809 - Florence 1850). Influencé par Manzoni, il réunit dans ses *Versi editi ed inediti* (1852) ses poésies satiriques contre la société de son temps et encouragea la lutte contre l'Autriche (*Sant'Ambrogio,* 1846).

GIUSTINIANI, famille vénitienne, originaire d'Istrie. – PANTALEONE († v. 1286), patriarche latin de Constantinople. – LEONARDO (Venise v. 1388 - *id.* 1446). Membre du conseil des Dix et procurateur de Saint-Marc (1443), il laissa des poésies amoureuses écrites en vénitien et appelées *giustiniane.* – BERNARDO (Venise 1408 - *id.* 1489), fils du précédent. Ambassadeur auprès de Louis XI, Paul II et Sixte IV, membre du conseil des Dix (1485) et procurateur de Saint-Marc, il est l'auteur d'une histoire de Venise. – MARCANTONIO († Venise 1688), doge de Venise de 1684 à 1688.

GIUSTINIANI, famille génoise. Membre de la mahone, elle fut chargée au XIVe s. de l'administration de plusieurs îles de la mer Égée, notamment de Chio et de Samos.

GIUSTO BETTI → JUSTE.

GIVERNY (27620), comm. de l'Eure ; 550 hab. Propriété du peintre Monet (maison et jardin), musée depuis 1980.

GIVET (08600), ch.-l. de cant. des Ardennes, sur la Meuse, à la frontière belge ; 7 932 hab. *(Givetois).* Fort de *Charlemont,* créé par Charles Quint, refait par Vauban. Port fluvial. Métallurgie.

GIVÉTIEN n. m. (de *Givet,* n. pr.). Étage du système dévonien.

GIVORS (69700), ch.-l. de cant. du Rhône, sur le Rhône, au confluent du Gier ; 19 833 hab. *(Givordins).* Centre industriel (constructions mécaniques, verrerie, etc.) et petit port fluvial.

GIVRAGE n. m. **1.** Formation de givre sur une surface : *Le givrage du pare-brise.* – **2.** Application de sucre semoule sur le bord d'un verre à cocktail après avoir plongé celui-ci dans de la glace. – **3.** Enrobage d'un produit congelé non emballé par une pellicule de glace. – **4.** Formation de particules de glace, par temps froid, dans les orifices et ajutages d'un carburateur.

GIVRANT, E adj. Qui provoque la formation de givre : *Brouillard givrant.*

GIVRE n. m. (moyen fr. *joivre,* du prélatin **gevero*). **1.** Couche de glace formée par la congélation de gouttelettes surfondues (présentes dans le brouillard ou les nuages) et qui recouvre souvent, en hiver, par temps brumeux, les branches des arbres, les fils télégraphiques, les aspérités du sol, etc. – **2.** Fêlure ou petite tache blanche dans une gemme. (Syn. GIVRURE, GLACE.)

GIVRÉE n. f. Verre blanc pilé imitant le givre, que l'on répand sur certains objets pour leur donner un aspect hivernal.

GIVRER v. t. (conj. 3). **1.** Recouvrir une surface de givre : *Le froid du matin avait givré le pare-brise.* – **2.** Saupoudrer qqch de givrée ou d'une couche blanche comme le givre : *Givrer une bûche de Noël.* – **3.** Procéder au givrage d'un verre, d'un produit alimentaire.

◆ **être givré** v. pass. **1.** Être couvert de qqch de blanc comme le givre : *Frites givrées de sel.* – **2.** *Pop.* Être fou. – **3.** *Fruit givré,* orange, citron évidé et fourré d'une glace faite avec la chair du fruit.

◆ v. i. ou **se givrer** v. pr., **être givré** v. pass. Être couvert de givre.

GIVREUX, EUSE adj. Se dit d'une gemme qui présente des givres. (Syn. GLACEUX.)

GIVRURE n. f. Syn. de GIVRE, en bijouterie.

GIVRY (71640), ch.-l. de cant. de Saône-et-Loire, en bordure de la côte chalonnaise ; 3 448 hab. *(Givrotins).* Église construite en 1770 par Emiland Gauthey, disciple de Soufflot. Vins.

GIYĀN ou **TEPE GIYĀN,** village d'Iran, au S.-O. de Nehavend, dans le Lorestān. Occupé depuis le IVe millénaire, le site archéologique a livré un grand nombre de vases peints et a donné son nom à une phase de la protohistoire iranienne.

GIYEN ou **GIEN,** propagateur du bouddhisme au Japon (644-728). La cour impériale lui conféra le titre de grand prêtre (sōjō).

GIZEH ou **GUIZÈH,** en ar. **al-Djīza,** v. d'Égypte, ch.-l. de prov., sur la rive ouest du Nil, banlieue résidentielle du Caire ; 2 156 000 hab.

– **Archéol.** Les trois grandes pyramides* de Kheops, Khephren et Mykerinus ainsi que le grand sphinx – gardien de l'ensemble monumental de Khephren – ont été érigés sous la IVe dynastie. Ces monuments font partie d'un vaste complexe funéraire comprenant pyramides, tombeaux de reines et mastabas des nobles.

GJA n. f. (pl. *gjar*) [mot islandais]. Fissure ouverte dans les terrains volcaniques soumis à des mouvements d'extension.

GJAUROV (Nikolaï), chanteur bulgare (Velingrad 1929). Depuis ses débuts à la Scala de Milan, en 1959, il réalise une des plus grandes carrières de basse de son époque, notamment comme interprète de Verdi.

GJELLERUP (Karl Adolph), écrivain danois (Roholte 1857 - Klotzsche, près de Dresde, 1919). En rupture avec le christianisme sous l'influence de Georg Brandes (*Un idéaliste,* 1878), il subit l'influence de Tourgueniev, de Schopenhauer, s'initia au bouddhisme, rompit avec Brandes et s'installa en Allemagne (*le Moulin,* 1896 ; *le Feu du sacrifice,* 1903 ; *le Pèlerin Kamanita,* 1906). Il revint au christianisme dans ses derniers romans (*la Branche d'or,* 1917). [Prix Nobel de littérature 1917, avec H. Pontoppidan.]

GJIROKASTËR, v. de l'Albanie méridionale (en gr. *Arghyrókastron*) ; 22 000 hab. Vieille ville typique (maisons fortifiées, citadelle).

GLABELLE n. f. (lat. *glabellus,* dimin. de *glaber,* sans poils). Éminence médiane placée sur la partie verticale de l'os frontal.

GLABER (Raoul), chroniqueur français (en Bourgogne v. la fin du xe s. - v. 1050). Auteur d'une *Chronique,* en cinq livres, qui va de 900 à 1046.

GLABRE adj. (lat. *glaber*). **1.** Qui ne porte ni barbe ni moustache, qui est dépourvu de poils : *Un visage glabre.* — **2.** Se dit d'un organe végétal dépourvu de poils.

GLAÇAGE n. m. **1.** Opération consistant à donner un aspect lisse et lustré à un papier, une étoffe, une peausserie. — **2.** Travail de couture qui consiste à maintenir ensemble deux épaisseurs de tissu par un ourlet commun. — **3.** Passage à la chaleur vive d'une viande, d'un poisson afin d'obtenir en surface une mince pellicule brillante. — **4.** Cuisson de petits légumes dans un corps gras et du sucre. — **5.** Enrobage d'une pâtisserie avec du fondant. — **6.** Saupoudrage d'un entremets ou d'une pâtisserie avec du sucre glace que l'on fait caraméliser. — **7.** Procédé de refroidissement consistant à mettre de la glace finement divisée au contact direct des produits. — **8.** Opération consistant à appliquer sur une surface polie (verre ou métal) les épreuves photographiques tirées sur papier brillant et sortant du lavage. — **9.** Opération d'usinage ayant pour but de polir la surface sur laquelle glisse un organe mobile (piston, joint, etc.).

GLAÇANT, E adj. Qui décourage, rebute par sa froideur ; glacial : *Un accueil glaçant.*

1. GLACE n. f. (lat. pop. **glacia,* du lat. class. *glacies*). **1.** Eau congelée : *Patiner sur la glace.* (→ encycl.) — **2.** Produit sucré et aromatisé obtenu par glaçage d'un mélange pasteurisé, à base de lait, crème ou beurre et d'œufs (glace aux œufs), de sirop et de fruit (glace au sirop, sorbet). — **3.** *Être de glace, avoir un cœur, un visage de glace,* demeurer insensible. ‖ *Briser la glace,* faire cesser la contrainte ou la gêne existant entre plusieurs personnes au cours d'un entretien. • **Agroalim.** *Sucre glace,* sucre très fin utilisé en pâtisserie et en confiserie, qui, après mélange avec de l'eau, recristallise sous forme d'une nappe compacte et brillante. — **Cuis.** Substance obtenue par la réduction d'un fond non lié et qui se solidifie en refroidissant. ‖ *Glace à l'eau,* mélange d'un élément liquide à du sucre glace pour glacer petits fours, brioches, etc. ‖ *Glace royale,* mélange fait à froid de sucre glace et de blanc d'œuf, utilisé pour le glaçage de certaines pâtisseries. — **Météo.** *Jour de glace,* journée pendant laquelle la température a toujours été inférieure ou égale à 0 °C.

◆ **glaces** n. f. pl. Masse ou blocs d'eau congelée des pôles, de la banquise, de la montagne : *Un navire pris dans les glaces.*

ENCYCL. **Phys.** La glace apparaît comme une masse incolore et transparente de densité 0,92. C'est un cristal moléculaire dont la structure est fortement lacunaire. Sa température de fusion, 0 °C, a été prise comme point de départ de l'échelle thermométrique centésimale. Sous des pressions élevées, on a découvert d'autres variétés de glace, plus denses que l'eau. Le point de congélation de l'eau s'abaisse avec la teneur en sels : - 1,6 °C pour l'eau à 30 ‰ ; - 1,9 °C pour l'eau de mer normale (35 ‰). Le résultat est la formation de la banquise.

2. GLACE n. f. (de *glace 1*). **1.** Feuille de verre homogène et convenablement recuit dont les deux faces sont parfaitement planes et parallèles et dont on fait les miroirs, les vitrages. (→ *encycl.*) — **2.** Miroir, plaque de verre à l'étain qui reflète les images : *Se regarder dans la glace.* — **3.** Plaque de verre, vitrage d'un véhicule fermé ; vitrine d'un magasin : *Baisser la glace d'une voiture.* — **4.** Syn. de GIVRE (d'une gemme). — **5.** *Glace flottée,* vitrage de qualité glace obtenu par flottage du verre fondu sur de l'étain liquide. (Syn. FLOAT-GLASS.) [→ *encycl.*] ‖ *Panneau à glace,* panneau plan qui affleure le bâti d'un lambris, d'une porte.

ENCYCL. **Verr.** Depuis la fin du XVIIe s., la fabrication mécanique des glaces comprend toujours les opérations de fonte et d'affinage, de coulée et de formage de la feuille, de recuisson et, éventuellement, de travail des surfaces (scellement, doucissage, savonnage et polissage), opérations aujourd'hui réalisées en continu.

• *La glace flottée.* Le verre fondu est déversé (à 1 000 °C environ) sur un bain d'étain fondu contenu dans un four avec une atmosphère inerte. Il flotte et s'étale sur le bain d'étain, formant une épaisseur d'environ 6 mm. Ce ruban se refroidit puis quitte le bain d'étain et est entraîné hors du four-tunnel de recuisson. La glace flottée est aussi plane et transparente que la glace polie mécaniquement.

GLACE *(mer de),* glacier du massif du Mont-Blanc (Haute-Savoie), qui descend vers la vallée de l'Arve, au N.-E. de Chamonix, long de plus de 14 km.

GLACÉ n. m. Aspect d'un objet, d'une surface ayant subi l'opération de glaçage.

GLACE BAY, port du Canada (Nouvelle-Écosse), sur la côte nord de l'île du Cap-Breton ; 21 000 hab. Pêche et conserveries.

GLACER v. t. (lat. *glaciare*) [conj. **16**]. **1.** Transformer un liquide en glace ; geler : *Le froid a glacé la rivière.* — **2.** Abaisser la température de qqch par un apport de glace ou par un froid artificiel : *Glacer une bouteille de champagne.* — **3.** Provoquer chez qqn ou dans une partie de son corps une très vive sensation de froid : *La neige nous glaçait les mains.* — **4.** Figer qqn, le pétrifier sous l'effet d'un sentiment violent de peur, d'horreur, etc. : *Ces cris épouvantables nous glacèrent d'effroi.* — **5.** Intimider qqn, le gêner au point de le paralyser, de lui ôter tous ses moyens : *Son regard glaçait ses interlocuteurs.* — **6.** Poser la glaçure sur une pièce de poterie. — **7.** Effectuer une opération de glaçage. — **8.** Étendre un glacis (peinture) sur une surface. — **9.** *Glacer le sang de qqn (dans ses veines),* lui causer un grand effroi. ‖ *Machine à glacer,* machine de corroyeur, employée pour polir mécaniquement les cuirs et peaux tannés.
◆ v. i. Se congeler, geler : *Mettre une crème à glacer au freezer.*
◆ **être glacé** v. pass. **1.** Être gelé, transformé en glace ou durci par le froid : *Sol glacé.* — **2.** Être très froid : *Servir frais mais non glacé.* — **3.** Manifester de la froideur, de l'hostilité, en parlant d'un comportement : *Accueil glacé.* — **4.** Avoir été soumis au glaçage, en parlant d'un produit alimentaire, d'une peausserie, etc. — **5.** *Col glacé,* col empesé et repassé ensuite pour le rendre brillant. (Syn. COL DUR.) ‖ *Marron glacé,* gros marron épluché, cuit et confit au sirop de sucre. ‖ *Papier glacé,* papier ayant un fini lustré.
◆ **se glacer** v. pr., **être glacé** v. pass. **1.** Avoir très froid, être gelé : *Avoir les mains glacées.* — **2.** *Avoir le sang qui se glace dans les veines,* être pris d'épouvante.

GLACERIE n. f. **1.** *Vx.* Technique, industrie de la fabrication des glaces (de verre) ; usine où l'on fabrique des glaces. — **2.** Commerce de celui qui fabrique ou vend des glaces (à consommer).

GLACERIE (La) [50470], comm. de la Manche, banlieue sud-est de Cherbourg ; 5 646 hab.

GLACEUSE n. f. Machine permettant le glaçage d'une épreuve photographique.

GLACEUX, EUSE adj. Syn. de GIVREUX.

GLACIAIRE adj. **1.** Relatif aux glaces, aux glaciers. — **2.** *Érosion glaciaire,* érosion provoquée par l'action des glaciers. ‖ *Régime glaciaire,* régime d'un cours d'eau caractérisé par des hautes eaux d'été (fusion des glaciers) et des basses eaux d'hiver (rétention nivale et glaciaire).
◆ n. m. Époque (surtout du quaternaire) au cours de laquelle les glaciers se sont étendus.

GLACIAIRISTE → GLACIÉRISTE.

GLACIAL, E, ALS ou **AUX** adj. (lat. *glacialis*). **1.** Qui est très froid, qui provoque une sensation de froid très vif : *Un vent glacial.* — **2.** Qui est d'un abord réservé, qui manque de chaleur, qui intimide par son hostilité ou son indifférence : *Un sourire glacial.*
◆ **glacial** adv. *Il fait glacial,* très froid.

GLACIAL *(océan),* nom parfois donné naguère à l'océan Arctique *(océan Glacial arctique)* et à l'océan Austral, bordant l'Antarctique *(océan Glacial antarctique).*

GLACIALEMENT adv. *Litt.* De façon glaciale, hostile.

GLACIATION n. f. (de *glacer*). Période géologique durant laquelle une région a été recouverte par des glaciers. (Les glaciations sont connues depuis le précambrien ; dans l'Europe alpine, elles ont été au nombre de quatre pendant le quaternaire : günz, mindel, riss et würm.)

GLACIEL, ELLE adj. Qui se rapporte aux glaces flottantes (iceberg ou banquise), et à leur action.
◆ **glaciel** n. m. Ensemble de glaces flottantes.

1. GLACIER n. m. (de *glace 1*). **1.** Accumulation de glace continentale issue de la transformation de la neige et soumise à un écoulement lent. (→ *encycl.*) — **2.** *Glacier continental,* syn. de INLANDSIS. ‖ *Glacier rocheux,* type de glacier enseveli sous les débris fournis par les versants dominants.
ENCYCL. La transformation de la neige en glace par expulsion de l'air qu'elle contient n'est possible que si l'alimentation neigeuse excède l'ablation (par fusion ou sublimation). Cette condition n'est réalisée qu'au-dessus de la limite des neiges persistantes, qui s'élève des régions polaires (où elle se tient au voisinage de la mer) vers les régions chaudes (où elle culmine à 6 000 m sous les tropiques). Suivant leur configuration et leur volume, on distingue trois types

de glaciers : les *glaciers d'inlandsis* (représentant près de 99 % des surfaces englacées), qui sont des calottes de grande épaisseur (2 000 m en moyenne) recouvrant d'immenses surfaces (env. 15 millions de km² pour l'Antarctique, plus de 1 700 000 km² pour le Groenland) ; les *glaciers de vallée,* étroitement dépendants des reliefs dans lesquels ils se logent et dont la longueur n'excède pas quelques dizaines de kilomètres ; les *glaciers de piémont,* qui s'étalent largement en lobe au sortir d'un massif montagneux (comme en Alaska).

La glace se déplace à des vitesses généralement modestes : 125 m/an pour la mer de Glace. L'écoulement glaciaire rend compte des processus morphogéniques du domaine glaciaire : transport de moraines alimentées par la gélifraction des versants supraglaciaires ou l'attaque du lit glaciaire ; ablation, qui consiste en une abrasion exercée par la glace armée de matériaux durs, modelant partiellement le lit glaciaire.

2. GLACIER n. m. (de *glace 1*). Personne qui prépare ou vend des glaces, des sorbets.

GLACIÈRE n. f. (de *glace 1*). **1.** Local ou armoire isolés thermiquement et réfrigérés par de la glace pour conserver des aliments. — **2.** Chambre froide pour stocker la glace fabriquée. — **3.** Installation industrielle de production de la glace. (Syn. FABRIQUE DE GLACE.) — **4.** *Fam.* Lieu très froid : *Chambre qui est une vraie glacière.*

GLACIÉRISTE ou **GLACIAIRISTE** n. Alpiniste spécialisé dans les courses de neige et de glace.

GLACIO-EUSTASIE n. f. ou **GLACIO-EUSTATISME** n. m. (pl. *glacio-eustasies, glacio-eustatismes*). Changement d'ensemble du niveau de l'océan mondial produit par le stockage ou le déstockage en glace continentale d'une partie de l'hydrosphère.

GLACIOLOGIE n. f. Étude des glaciers, de la glace et des régions englacées.

GLACIOLOGIQUE adj. Relatif à la glaciologie.

GLACIOLOGUE n. Spécialiste de glaciologie.

GLACIO-MARIN, E adj. (pl. *glacio-marins, es*). Se dit des processus, des sédiments et des formes qui se rapportent à l'action marine des glaces.

GLACIS [-si] n. m. (de *glacer*). **1.** *Litt.* Terrain uni comme une glace. — **2.** Zone protectrice formée par des États plus ou moins dépendants militairement d'une autre puissance. • **Bât.** Pente de la surface supérieure d'un bandeau pour l'écoulement des eaux pluviales. — **Fortif.** Terrain découvert aménagé en pente douce à partir des éléments extérieurs d'un ouvrage fortifié. — **Géogr.** Plan incliné possédant une pente régulière et modérée (inférieure à 10°), s'appuyant à un relief dominant et résultant d'un phénomène d'ablation ou d'accumulation (épandage). ‖ *Glacis continental* ou *insulaire,* rampe sédimentaire, faiblement inclinée, formant le raccord entre la base de la pente continentale (ou insulaire) jusqu'aux régions abyssales. ‖ *Glacis récifal,* replat doucement incliné, de topographie uniforme, occupant la partie externe du platier récifal. — **Peint.** Peinture très fluide, translucide et parfois transparente, intervenant, en couches minces et uniformes, pour modifier la coloration et l'aspect des fonds sur lesquels elle est appliquée.

GLAÇON n. m. **1.** Morceau de glace : *La Seine charrie des glaçons.* — **2.** Petit cube de glace artificielle : *Mettre un glaçon dans son apéritif.* — **3.** *Fam.* Personne insensible, d'un abord très froid qui glace ses interlocuteurs : *C'est un vrai glaçon.* — **4.** *Fam.* Personne froide en amour. — **5.** Petit morceau de banquise.

GLAÇURE n. f. (de *glacer*). Enduit vitrifiable que l'on applique sur une poterie pour la rendre brillante et imperméable.

GLADBECK, v. d'Allemagne (Rhénanie-du-Nord-Westphalie), dans la Ruhr ; 80 900 hab. Constructions électriques.

GLADIATEUR n. m. (lat. *gladiator,* de *gladius,* glaive). Homme qui, chez les Romains, combattait dans l'arène contre d'autres hommes ou contre des bêtes féroces.

ENCYCL. D'origine campanienne, d'abord substituts aux sacrifices humains, les combats de gladiateurs furent donnés pour la première fois à Rome, en 264 av. J.-C., aux funérailles de Junius Brutus. Ils furent admis dans le programme des jeux publics en 29 av. J.-C. Les gladiateurs étaient des professionnels, des prisonniers de guerre et des condamnés à mort formés dans des écoles. Sous l'Empire, leur armement et leur costume furent strictement définis. Certains étaient armés légèrement d'un petit bouclier et d'une épée (les *secutores*), ou d'un filet plombé et d'un trident (les *rétiaires*). Les gladiateurs lourdement armés étaient les *mirmillons,* les *Samnites,* les *Gaulois,* les *Thraces.*

GLADITE n. f. Sulfure naturel de bismuth, de cuivre et de plomb.

GLADKOV (Fedor Vassilievitch), écrivain soviétique (Tchernavka 1883 - Moscou 1958). Son roman *le Ciment* (1925) inaugura la série des œuvres consacrées aux plans quinquennaux et à la construction de l'économie socialiste.

GLADSTONE, port d'Australie (Queensland), au N.-O. de Brisbane ; 15 600 hab. Aluminium. Exportation du charbon.

GLADSTONE (William Ewart), homme d'État britannique (Liverpool 1809 - Hawarden,

Flintshire, 1898). Anglican et tory convaincu, il entre au Parlement en 1832 et se distingue dans la clientèle de Peel, dont il devient ministre du Commerce (1843-1845) puis des Colonies (1845-46). Partisan du libre-échange, il s'oppose aux conservateurs et rallie le parti libéral. Chancelier de l'Échiquier (1852-53, 1859-1866), il fait campagne pour la réforme électorale et se prononce en faveur des mouvements libéraux en Europe. Chef du parti libéral à la mort de Palmerston (1865), il devient Premier ministre (1868-1874). Il parvient à faire passer les réformes irlandaises de 1869-70 (désétablissement de l'Église anglicane, réforme agraire). Mais l'influence de Disraeli l'oblige à démissionner (1874). Les excès de ce dernier le ramènent au pouvoir (1880-1885). Il met alors fin aux entreprises anglaises en Afghānistān et en Afrique du Sud (1881), mais doit intervenir en Égypte (1882). À l'intérieur, une nouvelle réforme électorale aboutit presque au suffrage universel (1884). Confronté au problème irlandais, il fait accepter la loi agraire de 1881, puis, acquis au *Home Rule,* il fait campagne pour l'autonomie de l'Irlande. En en faisant le thème essentiel de son troisième ministère (1886), il échoue totalement. Choisi une dernière fois comme Premier ministre (1892-1894), il voit une nouvelle fois sa politique irlandaise mise en échec par l'opposition des Lords, tandis que les conflits sociaux se multiplient.

GLAFÉNINE n. f. Médicament analgésique dérivé de la chloroquine.

GLAGOLITIQUE adj. et n. m. (slavon *glagol,* parole). Se dit d'une écriture introduite, au IXᵉ s., dans les communautés slavophones des Balkans pour les besoins de l'évangélisation.

GLAÏEUL [glajœl] n. m. (lat. *gladiolus,* petit glaive). Belle iridacée vivace aux fleurs groupées en épi simple unilatéral. (De nombreux hybrides ou cultivars sont commercialisés comme ornementaux.)

GLAIRAGE n. m. Action de glairer.

GLAIRE n. f. (lat. pop. **glaria,* blanc d'œuf, du lat. class. *clarus,* clair). **1.** Liquide clair, filant comme le blanc d'œuf, sécrété à l'état pathologique par différents revêtements cutanés ou muqueux. — **2.** Préparation à base de blanc d'œuf dont on se sert pour préparer un cuir à la dorure. (Syn. GLAIRURE.) — **3.** *Glaire cervicale,* sécrétion visqueuse des glandes du col de l'utérus, jouant un rôle essentiel dans l'ascension des spermatozoïdes.

GLAIRER v. t. (de *glaire*) [conj. **4**]. Frotter une reliure de glaire.

GLAIREUX, EUSE adj. Se dit de ce qui a l'apparence ou la consistance de la glaire.

GLAIRURE n. f. Syn. de GLAIRE.

GLAISE n. f. (anc. fr. *gloise,* du gaul. *gliso*). Terre argileuse, plastique et imperméable, servant à la fabrication des briques, des tuiles et des objets de poterie. (On dit aussi TERRE GLAISE.)

GLAISEUX, EUSE adj. Qui contient de la glaise : *Sol glaiseux.*

GLAISIÈRE n. f. Carrière de glaise.

GLAIVE n. m. (lat. *gladius*). **1.** Épée courte à deux tranchants. — **2.** *Litt.* Symbole de la guerre, des combats ou de la puissance du pouvoir judiciaire. — **3.** Figure du jeu de tarots. — **4.** *Le glaive de Dieu,* la justice, la puissance de Dieu. ‖ *Glaive spirituel,* pouvoir qu'a l'Église de frapper d'une peine canonique. ‖ *Théorie des deux glaives,* théorie selon laquelle le pouvoir spirituel et le pouvoir temporel appartiennent au pape. (Elle est à l'origine de la théocratie pontificale au Moyen Âge.)

GLÅMA ou **GLOMMA** (le), fl. de Norvège, le plus long de Scandinavie (570 km), qui rejoint la mer près de l'entrée du fjord d'Oslo. Hydroélectricité.

GLAMORGAN ou **GLAMORGANSHIRE,** en gallois **Morganwg,** ancien comté de Grande-Bretagne, dans le sud du pays de Galles, sur le canal de Bristol, aujourd'hui divisé en trois comtés. V. princ. *Cardiff* et *Swansea.*

GLAMOUR n. m. (angl. *glamour,* séduction). Type de sex-appeal sophistiqué, caractéristique de certaines stars hollywoodiennes (Rita Hayworth, Lana Turner, etc.).

GLANAGE n. m. Action de glaner.

GLAND n. m. (lat. *glandem,* accus. de *glans, -andis*). **1.** Fruit du chêne, akène contenant une graine sans albumen et recouvert à sa base d'une cupule provenant du pédoncule. (Les glands de certaines espèces de chêne sont comestibles.) — **2.** *Pop.* Imbécile, idiot. — **3.** Extrémité renflée de la verge. — **4.** Élément de passementerie de forme ovoïde.

GLANDAGE n. m. **1.** Action de recueillir les glands ; lieu où on les recueille. — **2.** *Pop.* Action de glander.

GLANDASSE *(montagne de),* massif des Alpes (Drôme), dans le Diois ; 2 041 m au *pié Ferré.*

GLANDE n. f. (lat. *glandula,* de *glans, -andis,* gland). **1.** Organe animal ou végétal dont les cellules produisent une sécrétion. — **2.** *Fam.* Ganglion lymphatique enflammé et tuméfié du cou, de l'aisselle, de l'aine.

◆ **glandes** n. f. pl. *Pop.* **1.** Testicules. — **2.** *Avoir les glandes,* être énervé, exaspéré.

ENCYCL. **Anat.** et **Physiol.** On distingue les *glandes exocrines,* qui libèrent leur sécrétion par l'intermédiaire d'un canal ou dans une cavité, et les *glandes endocrines,* qui rejettent leur sécrétion, ou *hormones,* directement dans le sang. Certains organes, comme le foie, le rein, le pancréas, l'ovaire, le testicule, fonctionnent simultanément comme glandes exocrines et endocrines.

GLANDÉE n. f. (de *gland*). **1.** Récolte des glands. – **2.** Pâturage des porcs dans les forêts de chênes.

GLANDER ou **GLANDOUILLER** v. i. (de *gland*) [conj. 3]. *Pop.* **1.** Perdre son temps à ne rien faire ; paresser ou faire des choses sans utilité : *Passer son temps à glander.* – **2.** *N'en avoir rien à glander,* ne pas être concerné.

GLANDEUR ou **GLANDOUILLEUR, EUSE** adj. et n. *Pop.* Paresseux, fainéant.

GLANDON *(col du),* col des Alpes (Savoie), à l'E. de la chaîne de Belledonne, entre la Maurienne et l'Oisans ; 1 951 m.

GLANDULAIRE adj. **1.** Qui a l'aspect, la forme ou la texture d'une glande. – **2.** Qui a rapport aux glandes.

GLANDULEUX, EUSE adj. (lat. *glandulosus,* de *glandula,* glande). *Poils glanduleux,* poils terminés par une petite glande, comme dans la pulpe des oranges et des citrons.

1. GLANE n. f. (de *glaner*). *Vx.* **1.** Action de glaner. – **2.** Poignée d'épis ramassés dans un champ, après l'enlèvement des gerbes. – **3.** Oignons, aulx attachés ensemble et formant un chapelet.

2. GLANE n. m. (gr. *glanis*). Gros poisson-chat (jusqu'à 3 m de long et 100 kg) des eaux douces d'Europe, pourvu de trois paires de barbillons.

GLANEMENT n. m. *Litt.* Action de glaner.

GLANER v. t. (bas lat. *glenare,* d'un rad. gaul. **glenn-*) [conj. 3]. **1.** Recueillir les épis de blé restés sur le champ après le passage des moissonneurs. – **2.** Ramasser çà et là des bribes pour en tirer parti : *Glaner des idées dans ses lectures.*

GLANEUR, EUSE n. *Vx.* Personne qui glane.

GLANUM, site archéologique proche de Saint-Rémy-de-Provence, sans doute le plus important de la Narbonnaise. On y distingue trois périodes d'occupation. La première est définie par un sanctuaire celto-ligure. Dans la deuxième, après la conquête romaine, le culte d'Hercule s'ajoute au culte antérieur ; l'agglomération devient une ville dotée d'édifices publics et de maisons ornées de peintures et de mosaïques.
Plus tard, la ville, dont les soldats ont participé aux guerres de César et d'Auguste, est entièrement reconstruite sous le règne de ce dernier. Le temple de la déesse latine de la Santé, Valetudo, est édifié sous le règne d'Agrippa. Vers la même époque, une famille élève à la mémoire de ses ancêtres un mausolée orné de reliefs mythologiques. Arc de triomphe et thermes s'ajoutent à l'ensemble urbain. La ville stagnera ensuite jusqu'à la fin de l'Antiquité.

GLANURE n. f. *Vx.* Ce que l'on glane ; épis glanés.

GLAOUI ou **GLĀWĪ** (al-Hādjdj Thāmī al-Glāwī, dit **le**), pacha de Marrakech (Telouet v. 1875 - Marrakech 1956). Il soutint la politique française au Maroc et prit la tête d'une conjuration berbère et maraboutique qui provoqua la déposition de Muḥammad V (1953).

GLAPIR v. i. (altér. de *glatir,* crier) [conj. 32]. **1.** Pousser des glapissements. – **2.** Chanter, crier d'une voix aiguë. – **3.** Produire des sons aigus, criards : *Radio qui glapit dans un coin.* ◆ v. t. Crier des injures, des menaces, etc., les proférer d'une voix criarde.

GLAPISSANT, E adj. Qui glapit , qui pousse des cris aigus ; criard.

GLAPISSEMENT n. m. **1.** Cri aigu et bref du petit chien, du renard, de la grue. – **2.** Son de voix aigu, cri ou bruit aigu : *Les glapissements d'un enfant.*

GLARÉOLE n. f. (lat. sc. *glareola,* du lat. class. *glarea,* gravier). Oiseau (charadriiforme) des marais, des prairies et des steppes, à bec court, ailes longues, queue fourchue, au régime insectivore.

GLARIS, en all. **Glarus,** v. de Suisse, ch.-l. du *cant. de Glaris,* sur la Linth ; 6 000 hab. Textile.

GLARIS *(Alpes de),* partie des Alpes qui forme le haut bassin de la Linth, coïncidant grossièrement avec le canton de Glaris, en Suisse. Elles culminent à 3 620 m (massif du Tödi). Sports d'hiver.

GLARIS *(canton de),* cant. de l'est de la Suisse ; 684 km^2 ; 38 508 hab. (de langue allemande, en majorité protestants). Ch.-l. *Glaris.*

GLAS [glɑ] n. m. (bas lat. **classum,* du lat. class. *classicum,* sonnerie). **1.** Tintement d'une cloche, pendant l'agonie d'un fidèle, puis pour annoncer sa mort et ses funérailles. – **2.** *Sonner le glas de qqch,* en marquer ou en annoncer la fin, la chute.

GLASER (Robert), psychologue américain (Providence, Rhode Island, 1921). Il s'est intéressé à l'acquisition des connaissances (*The Nature of Reinforcement,* 1971).

GLASER (Donald Arthur), physicien américain (Cleveland 1926). Il a inventé la chambre à bulles, dérivant de la chambre de Wilson et qui permet de détecter les particules de haute énergie. (Prix Nobel de physique 1960.)

GLASER (Milton), graphiste américain (New York 1929). Fondateur en 1954 de l'atelier de design graphique *The Push Pin Studio,* il a multiplié les expériences plastiques, s'appropriant aussi bien les formes de l'Art nouveau que les procédés narratifs de la bande dessinée.

GLASGOW, v. de Grande-Bretagne, en Écosse, un peu en amont de l'estuaire de la Clyde ; 762 000 hab. Fondée au VIe s., siège d'une université dès 1451, Glasgow se développe après l'union de l'Angleterre et de l'Écosse (1707), stimulant le commerce, puis avec l'extraction de la houille voisine, favorisant la sidérurgie et la métallurgie (construction navale). Ces branches sont aujourd'hui en crise et partiellement relayées par les constructions électriques. La ville demeure la plus peuplée d'Écosse, mais a perdu de son importance économique.
— **Bx-arts.** Cathédrale des XIIIe-XVe s. Musées. À l'époque de l'Art nouveau, la ville a été le foyer d'une école originale, principalement représentée par l'architecte Mackintosh*, par sa femme, Margaret Macdonald (1865-1933), et par la sœur de celle-ci, Frances Macdonald (1874-1921) ; leurs travaux eurent plus d'influence sur le continent qu'en Angleterre.

GLASHOW (Sheldon Lee), physicien américain (New York 1932). Il fut le premier à proposer, en 1960, une théorie unifiée de l'interaction électromagnétique et de l'interaction faible. (Prix Nobel de physique avec A. Salam et S. Weinberg en 1979.)

GLASNOST n. f. (mot russe signif. *publicité*). En U. R. S. S., politique de transparence de la vie publique accompagnant le changement d'orientation *(perestroïka)* conduite par M. Gorbatchev.

GLATIR v. i. (lat. *glattire,* japper) [conj. **32**]. Crier, en parlant de l'aigle.

GLATSTEIN (Jacob), écrivain américain d'expression yiddish (Lublin, Pologne, 1896 - New York 1971). Émigré aux États-Unis en 1914, il participa à la fondation de l'« In Zikh » (1920), mouvement « introspectif » de renouvellement de la poésie yiddish dans le monde, et composa une poésie élégiaque et méditative, imprégnée de tradition juive (*Fraye Ferzn,* 1926 ; *A Yid fun Lublin,* 1966).

GLAUBER (Johann Rudolf), chimiste et pharmacien allemand (Karlstadt 1604 -Amsterdam 1670). Il isola l'acide chlorhydrique et découvrit le sulfate de sodium *(sel admirable de Glauber).*

GLAUBÉRITE n. f. (de *Glauber,* n. pr.). Sulfate double naturel de sodium et de calcium, que l'on trouve dans les salines.

GLAUCIUM [-sjɔm] n. m. (lat. *glaucium,* du gr. *glaukion,* pavot). Herbe (papavéracée) des rivages marins sablonneux, à grandes feuilles lobées ou disséquées, telle que le pavot cornu, aux fleurs jaune d'or et aux graines oléagineuses.

GLAUCOMATEUX, EUSE adj. et n. Atteint de glaucome.

GLAUCOME n. m. (lat. *glaucoma,* du gr. *glaukôma*). Augmentation de la pression intérieure de l'œil, entraînant une atrophie de la tête du nerf optique et une diminution du champ visuel pouvant aller jusqu'à la cécité.
ENCYCL. Le glaucome est une maladie fréquente (1 % de la population). On en distingue plusieurs types : glaucome chronique à angle (iridocornéen) ouvert, glaucome par fermeture de l'angle, glaucome congénital, glaucome secondaire. Le traitement dépend de la forme de la maladie.

GLAUCONIE n. f. **1.** Syn. de GLAUCONITE. — **2.** Mélange ou stratification de glauconite avec des minéraux argileux.

GLAUCONIEUX, EUSE adj. Qui contient de la glauconite.

GLAUCONITE n. f. **1.** Silicate naturel hydraté de fer et de potassium, du groupe des argiles, vert foncé, abondant dans les sédiments marins. (Syn. GLAUCONIE.) — **2.** Roche constituée de ce minéral.

GLAUCOPHANE n. f. Silicate naturel d'aluminium, de fer, de magnésium et de sodium, du groupe des amphiboles, que l'on trouve dans les roches métamorphiques de haute pression.

GLAUQUE adj. (lat. *glaucus,* du gr. *glaukos*). **1.** De couleur verte tirant sur le bleu ; verdâtre : *Une eau glauque.* — **2.** *Fam.* Louche et sordide, sinistre : *Une ambiance glauque.*

GLAUX n. m. (lat. *glaux, -aucis*). Primulacée vivace des prés salés, à tige couchée très feuillue, à petites fleurs roses.

1. GLAVIOT n. m. (bas lat. *gladiolus*). Petite épée en usage au Moyen Âge.

2. GLAVIOT n. m. (altér. de *claviot,* forme dialect. de *claveau,* maladie des moutons, avec l'infl. de *glaire*). *Pop.* Crachat.

GLAVIOTER ou **GLAVIOTTER** v. i. (de *glaviot 2*) [conj. **3**]. *Pop.* Cracher.

GLAZAROVÁ (Jarmila), femme de lettres tchèque (Malá Skála 1901 - Prague 1977). Elle écrivit des romans psychologiques empreints du folklore de son pays (*Années en rond,* 1936 ; *la Chanson de la terre natale,* 1960) et célébra le communisme dans ses chroniques pour la jeunesse et ses récits de voyage (*Printemps de la Chine,* 1954).

GLAZOUNOV (Aleksandr Konstantinovitch), compositeur russe (Saint-Pétersbourg 1865 - Paris 1936). Directeur du conservatoire de Saint-Pétersbourg (1905-1928), il se fixa à Paris en 1928. Dernier grand représentant de l'école russe du XIXe s., il est avant tout symphoniste (8 symphonies, 7 poèmes symphoniques). Il a écrit aussi des concertos, des quatuors, des sonates, des mélodies, des ballets.

GLCM, sigle de *Ground Launched Cruise Missile,* missile de croisière lancé depuis une base terrestre.

GLEB *(saint),* prince et martyr russe († 1015). Il subit le même sort que son frère Boris*, avec lequel il fut canonisé.

GLÈBE n. f. (lat. *gleba*). **1.** *Litt.* Sol, champ en culture. — **2.** Sol auquel les serfs étaient attachés et qu'ils devaient cultiver.

GLÉCHOME [-kom] ou **GLÉCOME** n. m. (lat. sc. *glechoma,* du gr. *glêkhôn, -ônos,* sorte de menthe). Petite labiée commune en France dans les forêts et les lieux frais, à tige rampante, à petites fleurs mauves, utilisée en infusion. (N. usuel *lierre terrestre.*)

GLEDITSCHIA n. m. (de J. G. *Gleditsch,* n. pr.). Nom scientifique du févier.

GLEICHENIA n. m. (de F. W. von *Gleichen,* n. pr.). Belle fougère d'Australie, cultivée en serre en Europe.

GLEIM (Johann Wilhelm Ludwig), poète allemand (Ermsleben 1719 - Halberstadt 1803). Ses *Chansons de guerre d'un grenadier prussien* (1758) firent sa popularité.

GLEIZÉ (69400), comm. du Rhône, banlieue de Villefranche-sur-Saône ; 8 510 hab.

GLEIZES (Albert), peintre et théoricien français (Paris 1881 - Saint-Rémy-de-Provence 1953). Un des animateurs du groupe cubiste de la Section d'Or (avec les frères Duchamp, Kupka, Jean Metzinger [1883-1956], etc.), il a publié avec Metzinger le traité *Du cubisme* (1912) et, plus tard, s'est notamment adonné à l'art sacré.

GLÉLÉ (auparavant BADOHOU), dit **le Lion** (Kinikini) [† 1889], souverain du Dahomey (1858-1889). Il s'opposa à la domination française, mais dut céder Cotonou à la France (1868).

GLEMP (Jozef), prélat polonais (Inowrocław 1928). Prêtre (1956), archevêque d'Olsztyn (1979) puis de Varsovie, il est devenu primat de Pologne en 1981 et cardinal en 1983.

GLÉNAN *(îles* ou *îles de* ou *des)* [29110 Concarneau], groupe de neuf îlots bretons (Finistère, comm. de Fouesnant). Centre nautique (école de plongée et de voile). Laboratoire scientifique. Phare. Réserves ornithologiques.

Glen Canyon, barrage sur le fleuve Colorado, aux États-Unis (aux confins de l'Utah et de l'Arizona). Sa retenue forme le lac Powell. Hydroélectricité.

GLENDALE, v. des États-Unis (Californie), banlieue nord de Los Angeles ; 180 108 hab. Industries aéronautiques.

GLENDOWER (Owen), en gallois **Owain Glyn Dwr,** prince gallois (v. 1354-1416). Il souleva le pays de Galles contre la monarchie anglaise (1402-1408), soutenu un moment par le roi de France (1406-1408) et par l'Écosse.

GLÈNE n. f. (gr. *glênê,* cavité). Cavité peu profonde d'un os, faisant partie d'une articulation.

GLEN MORE, étroite dépression du nord de l'Écosse, orientée du N.-E. au S.-O., occupée en grande partie par les loch Ness et Lochy, suivie par le canal Calédonien.

GLENN (John Herschel), officier de marine, pilote militaire et astronaute américain (Cambridge, Ohio, 1921). Premier Américain à accomplir un vol orbital, le 20 févr. 1962, il effectua trois révolutions autour de la Terre en 4 h 55 min, à bord de la cabine Mercury MA-6. En 1974, il fut élu sénateur démocrate de l'Ohio.

GLÉNOÏDE ou **GLÉNOÏDAL, E, AUX** adj. **1.** En forme de glène. — **2.** *Cavité glénoïde de l'omoplate,* surface articulaire de cet os qui forme l'articulation de l'épaule avec la tête humérale.

GLÉNOÏDIEN, ENNE adj. Qui relève de la cavité glénoïde.

GLÉOSPORIOSE n. f. Maladie cryptogamique du groseillier qui se traduit par des taches brunes sur les feuilles.

GLESENER (Edmond), écrivain belge de langue française (Liège 1874 - Bruxelles 1951), auteur du *Cœur de François Remy* (1904), analyse du caractère liégeois.

GLEY n. m. (russe *gleï*). Sol ou horizon (G) à engorgement prolongé par une nappe d'eau phréatique, privée d'oxygène, qui provoque des phénomènes d'anaérobiose et de réduction du fer, souvent très défavorables aux végétaux (asphyxie).

GLEYRE (Charles), peintre suisse (Chevilly, cant. de Vaud, 1806 - Paris 1874). Installé à Paris en 1838, académiste d'une veine solennelle, il fut professeur à l'École des beaux-arts de 1843 à 1870 ; parmi ses élèves : Whistler, Renoir, Bazille, Monet, Sisley.

GLIADINE n. f. Protéine végétale présente dans les graines de céréales (riz et blé), entrant dans la composition de gluten.

GLIAL, E, AUX adj. Relatif à la glie.

GLIBENCLAMIDE n. m. Sulfamide hypoglycémiant.

GLIDE [glajd] n. m. (angl. *glide,* glissement). Syn. de SEMI-VOYELLE.

GLIE n. f. (lat. *glus, -utis,* glu). Ensemble des cellules nerveuses qui assurent les diverses fonctions métaboliques, de soutien squelettique et d'isolement axonal des neurones et qui constituent, avec ces derniers et leurs vaisseaux sanguins, le tissu nerveux. (Appartiennent à la glie : les astrocytes, les oligodendrocytes et la microglie.) [Syn. NÉVROGLIE.]

GLIER (Reïngold Moritsevitch), compositeur et pédagogue russe (Kiev 1875 - Moscou 1956). Il a composé des opéras, quatre ballets dont le célèbre *Pavot rouge* (1927), des poèmes symphoniques (*les Sirènes,* 1908), 5 concertos.

GLIÈRES *(plateau des),* partie du massif des Bornes (Haute-Savoie), à l'E. du Parmelan, théâtre (févr.-mars 1944) de la lutte héroïque d'un groupe de la Résistance contre les Allemands. Un tiers des effectifs fut tué au combat, fusillé ou mourut en déportation. Monument national de la Résistance par le sculpteur Émile Gilioli (1973).

GLINKA (Fedor Nikolaïevitch), écrivain russe (Soutoki, région de Smolensk, 1786 -Tver 1880). Il composa des poèmes dont les métaphores sont empruntées à la vie militaire (*la Carélie,* 1830).

GLINKA (Mikhaïl Ivanovitch), compositeur russe (Novospasskoïe 1804 - Berlin 1857). Après un séjour en Europe (Italie-Allemagne), il s'attacha à se forger un style personnel en puisant dans le folklore russe, ouvrant ainsi la voie à une nouvelle génération d'artistes, parmi lesquels les membres du groupe des Cinq. Son œuvre comprend notamment deux opéras (*Ivan Soussanine,* en 1836, devenu *la Vie pour le tsar,* et *Rouslan et Lioudmila* en 1842), deux ouvertures espagnoles et de nombreuses œuvres de musique de chambre.

GLIOBLASTOME n. m. Gliome, dérivé des astrocytes, dont le potentiel évolutif est malin. (Les glioblastomes sont le plus souvent localisés dans les hémisphères cérébraux.)

GLIOME n. m. (lat. sc. *glioma,* du gr. *gloios,* glu). Ensemble des tumeurs primitives dérivées des éléments constitutifs de la glie.

GLIPIZIDE n. m. Sulfamide hypoglycémiant.

GLIRIDÉ n. m. Nom de famille donné à des rongeurs européens à queue touffue, hibernants, tels que le loir, le lérot, le lérotin, le muscardin et les graphiures.

GLISCHROÏDE [gliskrɔ-] adj. et n. Qui présente les caractères de la glischroïdie.

GLISCHROÏDIE [gliskrɔ-] n. f. (gr. *gliskhros,* visqueux). Lenteur des processus psychiques et affectivité adhésive. (Pour certains, la glischroïdie serait l'attitude mentale caractéristique des épileptiques.) [Syn. ADHÉSIVITÉ, VISCOSITÉ.]

GLISSADE n. f. **1.** Action de glisser, volontairement ou non, sur une surface lisse ; mouvement que l'on fait en glissant : *Exécuter des glissades sur le lac glacé.* — **2.** Pas de danse, dérivé de la marche, effectué au ras du sol et facilitant l'enchaînement des pas ou servant d'élan à certains temps sautés. — **3.** *Glissade sur l'aile,* manœuvre d'un avion sur le côté, accompagnée d'une perte d'altitude et souvent consécutive à un virage exécuté avec un excès d'inclinaison.

GLISSAGE n. m. Action de faire descendre par des glissoirs des bois abattus en montagne.

GLISSANCE n. f. (de *glisser*). État d'une surface, en partic. d'une chaussée, présentant un très faible coefficient de frottement.

GLISSANDO n. m. (ital. *glissando,* en glissant). Procédé d'exécution vocale ou instrumentale qui consiste à faire entendre avec rapidité tous les sons possibles compris entre deux notes.

GLISSANT, E adj. **1.** Sur quoi l'on glisse facilement : *Une route glissante.* — **2.** Qu'on ne peut retenir ou à quoi on ne peut se retenir : *Un savon glissant. Une rampe glissante.* — **3.** *Terrain glissant,* affaire hasardeuse, circonstance délicate qui risque de mener à un danger. • **Écon.** *Prévisions glissantes détaillées,* prévisions à moyen terme (5 ans) qui sont reformulées périodiquement de manière à tenir compte des évolutions économiques les plus récentes. — **Math.** *Vecteur glissant,* syn. de GLISSEUR. — **Mécan.** Ajustement glissant, assemblage de deux organes mécaniques, faciles à monter ou à démonter mais qui fonctionnent sans déplacement relatif.

GLISSANT (Édouard), écrivain français (Sainte-Marie, Martinique, 1928). Poète de la négritude (*le Sel noir,* 1960), il a aussi publié des romans, dans lesquels il a tenté de faire parler l'inconscient martiniquais (*la Lézarde,* 1958 ; *Malemort,* 1975 ; *la Case du Commandeur,* 1981 ; *Mahagony,* 1987 ; *Tout-monde,* 1993), ainsi qu'un récit consacré à Louverture (*Monsieur Toussaint,* 1961) et des essais.

GLISSE n. f. **1.** Capacité d'un matériel de sport à glisser sur une surface (neige, glace, eau) ; vitesse obtenue avec ce matériel. — **2.** *Sports de glisse,* ensemble des sports où l'on glisse sur la neige, la glace ou l'eau (ski de neige, bobsleigh, ski nautique, surf, planche à voile, etc.).

GLISSÉ-CHASSÉ n. m. (pl. *glissés-chassés*). Pas combiné, utilisé comme pas de base dans différentes danses de société.

GLISSEMENT n. m. **1.** Action de glisser sur une surface ; mouvement de ce qui glisse : *Le glissement d'une barque sur l'eau.* — **2.** Bruit de ce qui glisse : *Entendre des glissements de pas.* — **3.** Passage progressif à un degré ou à un état différent : *Un glissement de sens d'un mot.* — **4.** Processus tectonique par lequel, le long de discontinuités lithologiques ou structurales, des unités tectoniques se mettent en place par gravité. — **5.** Déplacement de deux surfaces en contact consistant en une translation de l'une par rapport à l'autre. — **6.** Mouvement élémentaire de divers plans d'atomes dans la déformation plastique des solides. — **7.** *En glissement,* se dit de la mesure de l'évolution d'une variable économique, consistant à la comparer à deux périodes ponctuelles de référence (par ex. décembre d'une année comparé à décembre de l'année précédente). ‖ *Glissement de terrain,* déplacement d'un paquet de couches sur un versant ou une falaise, sans bouleversement, à la différence d'un éboulement.

GLISSER v. i. (anc. fr. *gliier,* du frq. **glidân,* avec l'infl. de *glacer*) [conj. 3]. **1.** Se déplacer d'un mouvement uniforme et continu sur une surface lisse, unie, sans aspérité, ou donner cette impression : *Les patineurs glissent sur la glace. Bateau qui glisse sur l'eau d'un lac.* — **2.** Coulisser plus ou moins bien : *Le tiroir glisse bien dans les rainures.* — **3.** Perdre le contrôle de son équilibre, de sa direction en se déplaçant involontairement sur qqch de gras, de lisse, déraper ; voir sa trajectoire modifiée : *Il s'est cassé la jambe en glissant sur le verglas. La lame a glissé et il s'est coupé.* — **4.** Tomber accidentellement de qqpart : *Une tuile a glissé du toit.* — **5.** Être glissant, présenter une faible adhérence : *Attention au verglas, ça glisse.* — **6.** Passer insensiblement, légèrement, graduellement à un autre état : *Le corps électoral avait glissé à gauche.* — **7.** Ne pas insister sur qqch, ne pas en faire état : *Glissons sur le passé, voulez-vous ?* — **8.** Ne faire qu'une impression légère ou nulle sur qqn : *Les injures glissent sur lui.* — **9.** En chorégraphie, exécuter un parcours en glissant sur le sol ; effectuer une glissade. — **10.** *Glisser des mains,* échapper accidentellement des mains, être lâché par mégarde. ‖ *Glisser entre les mains, entre les doigts de qqn,* lui échapper au moment où il croit tenir qqn, qqch : *Le cambrioleur leur a glissé entre les mains.*

◆ v. t. **1.** Déplacer qqch en le poussant sur une surface unie : *Glisser un meuble dans la pièce voisine.* — **2.** Introduire adroitement, doucement ou furtivement qqch dans un espace étroit : *Glisser une lettre sous la porte.* — **3.** Introduire habilement qqch dans un texte, un discours : *Il a glissé quelques critiques parmi ses éloges.* — **4.** Dire furtivement qqch à qqn : *Glisser une confidence à l'oreille d'un ami.*

◆ **être glissé** v. pass. **1.** Être accompli de façon uniforme et continue : *Stem glissé.* — **2.** *Pas glissé* ou *glissé* (n. m.), pas de danse qui est effectué en glissant sur le sol.

◆ **se glisser** v. pr. **1.** Aller qqpart, dans un groupe, y pénétrer, y parvenir discrètement, adroitement : *Se glisser au premier rang.* — **2.** S'introduire doucement dans un espace étroit : *Se glisser sous ses couvertures.* — **3.** S'insinuer, pénétrer insensiblement, subrepticement dans l'esprit de qqn : *Un doute se glissa dans son esprit.* — **4.** Se trouver malencontreusement dans un texte, un calcul, etc. : *Une erreur s'est glissée dans le titre.*

GLISSEUR n. m. Couple (D, $\vec{V}$) formé d'une droite D d'un espace affine et d'un vecteur $\vec{V}$ de même direction, de l'espace associé. (Syn. VECTEUR GLISSANT.)

GLISSIÈRE n. f. **1.** Pièce métallique de précision utilisée pour guider un mouvement de translation rectiligne ou, parfois, un mouvement circulaire, hélicoïdal ou quelconque. — **2.** *Glissière de sécurité,* poutre métallique disposée en bordure d'une route ou d'une autoroute afin d'empêcher les véhicules d'en sortir. ‖ *Porte à glissière,* porte, munie ou non de galets, de billes, etc., dont le mouvement s'effectue latéralement, dans un ou des chemins de glissement.

GLISSOIR n. m. (de *glisser*). **1.** Pièce arrière de la doublure de la tige d'une chaussure. — **2.** Couloir établi pour la vidange des bois, qui sert à les faire glisser sur les pentes.

GLISSOIRE n. f. Chemin de glace sur lequel les enfants s'amusent à glisser.

Glisson *(capsule de),* membrane conjonctive qui entoure les vaisseaux et les canaux biliaires jusqu'aux espaces portes.

GLIWICE, v. de Pologne, en haute Silésie, près de Katowice ; 215 700 hab. Centre industriel : charbon, métallurgie lourde. Nœud ferroviaire. Port fluvial de la haute Silésie vers le réseau de l'Odra (atteint par canal).

GLOBAL, E, AUX adj. (de *globe*). **1.** Qui est considéré dans sa totalité, qui est pris en bloc ou qui considère qqch dans son ensemble : *Une vue globale de la situation.* — **2.** Se dit, en mathématiques, d'une propriété qui n'est pas locale. — **3.** *Méthode globale,* procédé d'apprentissage de la lecture procédant par une décomposition des mots en lettres et en syllabes postérieure à la reconnaissance visuelle du mot, de la phrase ou de l'expression. (Elle rendrait plus difficile l'apprentissage de l'orthographe en privilégiant les unités de sens de la langue au détriment de leur composition formelle.)

GLOBALEMENT adv. De façon globale, en bloc ; dans l'ensemble : *La situation est globalement satisfaisante.*

GLOBALISANT, E ou **GLOBALISATEUR, TRICE** adj. Qui tend à faire la synthèse d'éléments dispersés : *Une vue globalisante des problèmes économiques.*

GLOBALISATION n. f. Action de globaliser.

GLOBALISER v. t. [conj. 3]. Réunir en un tout des éléments divers, les présenter d'une manière globale : *Globaliser les revendications des travailleurs.*

GLOBALISME n. m. Doctrine d'après laquelle un ensemble composé possède des propriétés que ses composants n'ont pas.

GLOBALISTE adj. et n. Qui relève du globalisme ; partisan du globalisme.

GLOBALITÉ n. f. Caractère global, universel, de qqch, qualité de ce qui constitue un tout.

GLOBE n. m. (lat. *globus*). **1.** Corps sphérique, sphère : *Le diamètre d'un globe.* — **2.** Objet en verre dont la forme rappelle une sphère, une demi-sphère pour couvrir ou préserver qqch : *Une pendule sous globe.* — **3.** *Litt.* Objet plus ou moins rond, affectant la forme d'une sphère ou d'une demi-sphère : *Les deux globes de ses seins.* — **4.** La Terre, le monde : *La moitié du globe est concernée.* — **5.** Sphère, mobile autour d'un axe, sur laquelle est dessinée une carte de la Terre, avec les latitudes et les longitudes. — **6.** Enveloppe sphérique transparente destinée à protéger les sources de lumière ainsi qu'à modifier la répartition du flux lumineux. — **7.** Symbole de la souveraineté, souvent surmonté d'un phénix, qui fut adopté par les empereurs romains et, à leur imitation, par les rois barbares. (Les princes chrétiens le surmontèrent d'une croix ou d'un ange.) — **8.** *Globe céleste,* sphère sur laquelle est dessinée une carte du ciel. ‖ *Mettre, garder qqch sous globe,* le garder à l'abri de tout. • **Bouch.** Morceau de bœuf de demi-gros correspondant au membre postérieur débarrassé du gîte de derrière. — **Céram.** Partie d'un four à porcelaine dans laquelle on fait subir à la porcelaine crue une première cuisson, ou dégourdi, vers 900 °C. — **Méd.** *Globe utérin,* saillie formée par l'utérus bien rétracté, au-dessus de la symphyse pubienne, après l'accouchement. ‖ *Globe oculaire,* l'œil. (Syn. COQUE OCULAIRE.) — **Pathol.** *Globe vésical,* distension de la vessie par une rétention d'urine. — **Pêch.** Filet carré, fixé par deux angles à des pieux et retenu aux deux autres par des cordes qui s'enroulent sur un cabestan quand on le relève. — **Zool.** Poisson (tétra-odontidé) des régions tropicales, dont les dents se soudent en 4 plaques formant bec. (La peau est nue ou couverte d'épines, la chair est vénéneuse.)

Globe *(le),* journal philosophique et littéraire, fondé en sept. 1824. Il cessa de paraître en 1832.

Globe *(théâtre du),* théâtre de Londres, construit en 1599 sur la rive sud de la Tamise. Octogone aux galeries de bois recouvertes de chaume, il fut définitivement détruit en 1644. Shakespeare en fut actionnaire. Le théâtre a été reconstruit à l'identique (inauguré en 1996).

GLOBE-TROTTER [-trɔtœr ou -trɔtɛr] n. (pl. *globe-trotters*) [angl. *globe-trotter*]. Personne qui parcourt le monde.

GLOBICÉPHALE n. m. Grand dauphin à tête globuleuse, très cosmopolite, vivant en bancs de plusieurs centaines d'individus. (N. usuel *grinde.*)

GLOBIGÉRINE n. f. Foraminifère constitué par de petites loges sphériques disposées en une spirale irrégulière. (Les globigérines sont très répandues dans les grandes profondeurs, où l'accumulation de leurs coquilles forme les *boues à globigérines.*)

GLOBINE n. f. Protéine entrant dans la composition de l'hémoglobine.

GLOBIQUE adj. (de *globe*). Se dit de chacun des éléments d'un engrenage à roue et vis sans fin dont la section par un plan axial est torique.

GLOBOKAR (Vinko), compositeur et tromboniste d'origine yougoslave (Anderny, Meurthe-et-Moselle, 1934). Il s'est attaché à élargir les possibilités proprement sonores des vents, en particulier du trombone. On lui doit notamment *Traumdeutung,* psychodrame pour 4 chœurs et 4 instruments (1967), *Un jour comme un autre,* pour soprano, 5 instrumentistes et dispositif électronique (1975 ; créé à Avignon en 1979).

1. GLOBULAIRE adj. (de *globule*). **1.** Qui est en forme de globe, de sphère : *Masse globulaire.* — **2.** Relatif aux globules du sang.

2. GLOBULAIRE n. f. (lat. sc. *globularia,* du lat. class. *globulus,* globule). Plante herbacée à fleurs bleues groupées en capitules arrondis, parfois cultivée dans les jardins. (Ordre des personales.)

GLOBULE n. m. (lat. *globulus,* de *globus,* globe). **1.** *Vx.* Très petit corps sphérique. — **2.** Petit corps ou cellule de forme généralement arrondie ou ovalaire que l'on trouve dans divers liquides de l'organisme (le sang, la lymphe, le pus, le lait). — **3.** Capsule sphérique, en pâte gélatineuse, renfermant un médicament. (Syn. PERLE.) — **4.** Nébulosité sombre, de forme circulaire, observée dans le milieu interstellaire et qui correspond à des étoiles en formation. — **5.** *Globule blanc,* syn. de LEUCOCYTE. ‖ *Globule rouge,* syn. de HÉMATIE. ‖ *Globules gras,* gouttelettes microscopiques (2 à 5 μm) qui constituent l'émulsion de la matière grasse dans le lait. ‖ *Globule polaire,* cellule abortive à cytoplasme réduit, ne comprenant pra-tiquement que du matériel nucléaire, se détachant de l'ovocyte pendant la méiose. (La première et la seconde division de la méiose produisent chacune un globule polaire qui est éliminé. La méiose femelle ne produit donc qu'un seul ovule fonctionnel.)

GLOBULEUX, EUSE adj. **1.** Qui a la forme d'un globule. — **2.** *Œil globuleux,* dont le globe est très saillant.

GLOBULINE n. f. (de *globule*). Protéine de poids moléculaire supérieur à 150 000, jouant un rôle important dans les phénomènes vitaux.
ENCYCL. On distingue les pseudoglobulines, solubles dans l'eau pure, et les euglobulines, solubles dans l'eau en présence d'électrolytes. Parmi les globulines les plus importantes, on peut citer le fibrinogène du plasma, les globulines sériques, les globulines du lait, les globulines de l'œuf et la myosine du muscle. L'électrophorèse sur papier du sérum (pH 8,6) permet de fractionner quatre groupes de globulines, dits α_1-, α_2-, β-, γ-globulines.

GLOCHIDE [-kid] n. m. (gr. *glôkhis,* pointe). Nom donné aux poils, en crochet ou en hameçon, qui couvrent certains organes (tiges, feuilles, fruits, etc.).

GLOCKENSPIEL [glɔkənʃpil] n. m. (all. *Glockenspiel*). Nom allemand du carillon et du jeu de timbre simple.

GŁOGÓW, v. de Pologne, sur l'Odra ; 49 000 hab. Centre ferroviaire. Fonderie de cuivre.

GLOIRE n. f. (lat. *gloria*). **1.** Renommée éclatante, célébrité, grand prestige dont jouit qqn dans l'esprit d'un grand nombre de personnes : *Un artiste au sommet de sa gloire.* — **2.** Ce qui constitue l'occasion d'une légitime fierté, d'un orgueil justifié, ce qui suscite l'admiration : *Cette découverte est sa plus grande gloire.* — **3.** Personne illustre qui marque son époque, son pays, le groupe auquel elle appartient : *Ce poète est la gloire de son temps.* — **4.** *Litt.* Splendeur, éclat de qqch : *La gloire d'un ciel ensoleillé.* — **5.** *À la gloire de qqn, de qqch,* se dit de paroles qui témoignent en leur honneur. ‖ Fam. *Ce n'est pas la gloire !,* c'est médiocre, c'est insuffisant. ‖ *Faire la gloire de qqch, de qqn,* assurer sa réputation. ‖ *Gloire à qqn, qqch !,* honneur leur soit rendu. ‖ *Heure de gloire,* période relativement brève de célébrité, de succès. ‖ *Pour la gloire,* sans profit matériel. ‖ *Rendre gloire à qqn, à qqch,* témoigner de la valeur de qqch, manifester son admiration, sa vénération pour qqn, leur rendre un éclatant hommage. ‖ *S'attribuer toute la gloire de qqch,* s'en donner tout le mérite alors que d'autres ont eu la plus grande part du travail, de l'exploit. ‖ *Se faire gloire, tirer gloire de qqch,* s'en vanter, en tirer vanité. • **Bx-arts.** Figuration d'une auréole lumineuse enveloppant tout le corps du Christ. (Le *nimbe* entoure la tête seule.) ‖ Faisceau de rayons dorés, parfois entremêlés de têtes ailées de chérubins, groupés soit autour du triangle symbolisant la Trinité, soit autour d'un ovale entourant la colombe du Saint-Esprit ou l'image d'un saint. ‖ En peinture, ciel peuplé d'anges et de saints décorant une coupole. — **Météo.** Phénomène optique constitué d'un ou de plusieurs anneaux colorés que l'on observe parfois sur un nuage constitué de gouttelettes d'eau ou sur du brouillard. — **Théâtr.** et **Chorégr.** Dans l'ancienne décoration, nacelle entourée de nuages et servant aux apparitions célestes. — **Théol.** Manifestation de la majesté, de la toute-puissance et de la sainteté de Dieu, qui se reflètent aussi dans sa création.

GLOME n. m. (lat. *glomus, -eris,* boule). Chez les solipèdes, renflement corné qui termine la fourchette du sabot.

GLOMERELLA n. m. Champignon ascomycète, agent de la pourriture amère des fruits ou de certaines anthracnoses des plantes cultivées.

GLOMÉRIS [-ris] n. m. Myriapode diplopode court et bombé des milieux terrestres humides, qui se roule en une sphère parfaite lorsqu'il est dérangé.

GLOMÉRULAIRE adj. Relatif aux glomérules rénaux.

GLOMÉRULE n. m. (lat. sc. *glomerulus,* du lat. class. *glomus, -eris,* boule). **1.** Toute formation pelotonnée, généralement globuleuse, vasculaire et excrétrice (glomérule de Malpighi, organe de filtration du rein des vertébrés, glomérule néphridien de l'amphioxus, glomérule du balanoglosse), ou constituée de neuropile. (Glomérules des bulbes olfactifs.) — **2.** Inflorescence contractée, ayant la structure d'une cyme mais dont les axes sont très courts.

GLOMÉRULÉ, E adj. Se dit des organes réunis en glomérule.
◆ **glomérulée** n. f. Zone la plus externe de la corticosurrénale.

GLOMÉRULONÉPHRITE ou **GLOMÉRULITE** n. f. Néphrite où prédominent les lésions des glomérules du rein.

GLOMÉRULOPATHIE n. f. Néphropathie atteignant électivement les glomérules du rein. (Syn. NÉPHROPATHIE GLOMÉRULAIRE.)

GLOMMA → GLÅMA.

GLOMUS [-mys] n. m. (lat. *glomus,* boule). Plage sensorielle située sur la paroi des arcs aortiques ou carotidiens, sensible à l'augmentation du taux de gaz carbonique dans le sang circulant et qui constitue le point de départ de réflexes respiratoires ou locomoteurs, notamment chez les mammifères en apnée pendant une plongée sous l'eau.

1. GLORIA n. m. inv. (lat. *gloria,* gloire). **1.** Prière de louange chantée ou récitée à la messe après le *Kyrie eleison* et commençant par les mots *Gloria in excelsis,* cantique des anges à la crèche. (Chez les Orientaux, c'est l'hymne de louange à l'office du matin.) – **2.** *Gloria Patri,* verset par lequel l'Église catholique termine tous les psaumes chantés à l'office et qui commence par les mots *Gloria Patri et Filio...*

2. GLORIA n. m. (de *gloria 1*). **1.** *Pop.* et *vx.* Mélange de café sucré et d'eau-de-vie ou de rhum. – **2.** Tissu formé d'une chaîne en organsin et d'une trame en fil.

GLORIETTE n. f. (anc. fr. *glorie,* gloire). **1.** Petit pavillon d'agrément servant de belvédère ; cabinet de verdure dans un parc. – **2.** Grande cage à oiseaux en forme de pavillon.

GLORIEUSEMENT adv. De façon glorieuse.

GLORIEUSES *(îles),* archipel français de l'océan Indien, au N. de Madagascar.

Glorieuses *(les Trois),* les trois journées des 27, 28, 29 juillet de la révolution de 1830, qui renversa Charles X et mit fin à la Restauration.

GLORIEUX, EUSE adj. (lat. *gloriosus*). **1.** Qui donne de la gloire, qui est plein de gloire, éclatant : *Un exploit glorieux.* – **2.** Qui s'est acquis de la gloire, surtout militaire : *Un glorieux soldat.* – **3.** *Litt.* Qui est fier de qqch, qui en tire vanité : *Glorieux de sa naissance.* – **4.** Fam. *Ne pas être glorieux,* n'avoir rien d'exceptionnel. ‖ *Corps glorieux,* corps des élus après la résurrection.
◆ n. *Litt.* Personne vaine qui affecte un air de supériorité.

GLORIFICATEUR, TRICE adj. et n. *Litt.* Qui glorifie.

GLORIFICATION n. f. (lat. ecclés. *glorificatio, -onis*). Action de glorifier : *La glorification de la science.*

GLORIFIER v. t. (lat. ecclés. *glorificare,* de *gloria,* gloire) [conj. 9]. **1.** Honorer qqn en proclamant sa gloire ; célébrer : *Glorifier ceux qui sont morts pour la patrie.* – **2.** Célébrer une action ; vanter, magnifier : *Glorifier un exploit.* – **3.** *Glorifier Dieu,* lui rendre gloire, le louer.
◆ **se glorifier** v. pr. **1.** Tirer vanité de qqch, se vanter, se flatter de : *Se glorifier de ses succès.* – **2.** Se faire un titre de gloire de qqch ; s'enorgueillir : *Un pays qui se glorifie de ses savants.*

GLORIOLE n. f. (lat. *gloriola,* dimin. de *gloria,* gloire). Vaine gloire qui se tire de petites choses : *Agir par gloriole.*

GLORIOSA n. m. (lat. *gloriosus,* glorieux). Plante (liliacée) grimpante à vrilles, cultivée dans les serres chaudes d'Europe. (La plus belle espèce est le lis du Malabar, à fleurs rouge-orangé.)

GLOSE n. f. (bas lat. *glosa,* du gr. *glôssa,* langue). **1.** Explication de quelques mots obscurs d'une langue par d'autres mots plus intelligibles. – **2.** Commentaire servant à l'intelligence d'un texte. – **3.** Annotation très concise que contiennent certains manuscrits entre les lignes ou en marge et visant à expliquer au lecteur un mot ou un passage jugé obscur. – **4.** Parodie d'une pièce de poésie où chaque vers de la pièce donne lieu à une strophe qui en est le commentaire plaisant.
◆ **gloses** n. f. pl. Critiques malveillantes : *Faire des gloses sur ses voisins.*

GLOSER v. t. ind. (de *glose*) [conj. 3]. Faire sur qqn, qqch des commentaires malveillants ; critiquer : *Gloser sur les défauts d'un collègue.*
◆ v. t. Éclaircir un texte par une glose.

GLOSSAIRE n. m. (bas lat. *glossarium,* de *glosa,* glose). **1.** Recueil de gloses. – **2.** Liste alphabétique placée à la fin d'un ouvrage et donnant les mots du vocabulaire spécialisé qui y est utilisé. – **3.** Nom donné à certains dictionnaires alphabétiques portant sur un domaine spécialisé ou à certains dictionnaires bilingues.

GLOSSALGIE → GLOSSODYNIE.

Glossarium ad scriptores mediae et infimae latinitatis *(Glossaire des auteurs de la moyenne et basse latinité),* par Ch. du Cange, dictionnaire du latin médiéval et encyclopédie historique, édité en 1678.

GLOSSATEUR n. m. **1.** Celui qui faisait ou recueillait des gloses ; auteur de gloses. – **2.** Jurisconsulte de l'école de Bologne.

GLOSSE n. f. (gr. *glôssa,* langue). Chacune des deux pièces buccales symétriques dont l'union forme la langue chez les insectes (guêpe, abeille).

GLOSSÉMATIQUE n. f. (de *glossème*). Théorie élaborée par L. Hjelmslev à partir de la pensée de F. de Saussure et qui propose un appareil conceptuel rigoureux, capable de décrire l'ensemble des langues naturelles dans la variété de leurs emplois. (Fondée sur la logique, la glossématique est l'expression la plus rigoureuse du structuralisme, celle qui pousse le plus loin le souci d'abstraction et de formalisation.)
◆ adj. Relatif à la glossématique.

GLOSSÈME n. m. (du gr. *glôssa,* langue d'apr. *phonème*). En glossématique, forme minimale que l'analyse détermine comme invariant irréductible.

GLOSSETTE n. f. (n. déposé). Comprimé soluble qu'on dépose sous la langue.

GLOSSIEN, ENNE ou **GLOSSIQUE** adj. Relatif à la langue.

GLOSSINE n. f. Mouche vivipare d'Afrique tropicale, telle que les mouches tsé-tsé.

GLOSSITE n. f. **1.** Lésion inflammatoire de la langue. — **2.** *Glossite exfoliatrice marginée,* syn. de LANGUE* GÉOGRAPHIQUE.
ENCYCL. Les glossites peuvent être aiguës (maladies infectieuses, syphilis secondaire, stomatites diffuses, irritations ou infections locales, intoxications) ou chroniques (syphilis tertiaire, dermatoses, anémie, avitaminoses, états de carence, troubles digestifs).

GLOSSODYNIE ou **GLOSSALGIE** n. f. **1.** Douleur au niveau de la langue. — **2.** Sensation de brûlure ou de piqûre au niveau de la langue. (Elle s'observe surtout chez des sujets psychopathes, anxieux ou cancérophobes.)

GLOSSOLALIE n. f. **1.** Phénomène extatique, constaté dans de nombreuses religions et sectes religieuses anciennes et modernes, dans lequel le sujet émet une série de sons ou de mots dont les auditeurs ne peuvent saisir le sens sans le concours d'un autre sujet possédant le don de l'interprétation. (Syn. DON DES LANGUES.) — **2.** Production d'un langage inventé qui a un vocabulaire et une syntaxe fixes. (La glossolalie se rencontre dans certains délires paranoïdes.)

GLOSSOPÈTRE n. f. (du gr. *petra,* pierre). Nom donné par les Anciens aux dents de poissons fossiles ainsi qu'aux céraunies.

GLOSSOPHAGE n. m. Petite chauve-souris nocturne d'Amérique tropicale, à longue langue protractile, se nourrissant du nectar des fleurs.

GLOSSO-PHARYNGÉ, E adj. (pl. *glosso-pharyngés, es*). *Respiration glosso-pharyngée,* syn. de FROG.

GLOSSO-PHARYNGIEN, ENNE adj. (pl. *glosso-pharyngiens, ennes*). Qui concerne à la fois la langue et le pharynx.
◆ **glosso-pharyngien** n. m. Neuvième paire de nerfs crâniens. (→ *encycl.*)
ENCYCL. Le glosso-pharyngien est un nerf mixte assurant essentiellement la motricité de la partie postérieure de la langue et celle du pharynx et commandant la sécrétion de la glande parotide. Il comporte en outre des fibres sensitives correspondant au pharynx et au larynx ainsi que des fibres sensorielles qui assurent la reconnaissance des saveurs amères dans le tiers postérieur de la langue.

GLOSSOPHYTIE n. f. Syn. de LANGUE* NOIRE PILEUSE.

GLOSSOPLÉGIE n. f. Paralysie de la langue, due le plus souvent à une hémiplégie.

GLOSSOPTERIS [-ris] n. m. Ptérido-sperme fossile, élément caractéristique de la *flore à glossopteris* du permo-trias de l'hémisphère indo-austral.

GLOSSOPTÔSE n. f. Chute de la langue en arrière, qui obstrue plus ou moins complètement l'arbre trachéo-bronchique et peut engendrer un arrêt respiratoire. (Elle s'observe au cours de l'anesthésie générale ou de tout coma.)

GLOSSOTOMIE n. f. Amputation de la langue.

GLOTTAL, E, AUX adj. Se dit des divers phonèmes qui mettent en jeu la glotte dans la phonation.

GLOTTALISATION n. f. Fait pour un phonème d'être glottalisé.

GLOTTALISÉE n. f. Phonème glottalisé.

GLOTTALISER (SE) v. pr., **ÊTRE GLOTTALISÉ** v. pass. En parlant d'un phonème, comporter dans son articulation un coup de glotte.

GLOTTE n. f. (gr. *glôtta,* langue). **1.** Ouverture de l'appareil pulmonaire dans le pharynx ou l'œsophage, chez les vertébrés. (Chez l'homme, la glotte est la partie du larynx comprise entre les deux cordes vocales inférieures.) — **2.** *Coup de glotte,* occlusive glottale, notée [ʔ], que l'on trouve dans le système consonantique de certaines langues (arabe, danois) [Syn. HAMZA.]

GLOTTIQUE adj. Relatif à la glotte.

GLOTTOCHRONOLOGIE [-kro-] n. f. Technique statistique utilisée pour dater le moment où deux langues apparentées se sont séparées ou pour mesurer l'intervalle de temps qui sépare deux états d'une même langue.
ENCYCL. Mise au point par Morris Swadesh en 1952, la glottochronologie s'appuie sur le principe d'une certaine persistance d'un fonds commun lexical qui « s'éroderait » approximativement à la même vitesse dans toutes les langues. La comparaison du « vocabulaire de base » (une centaine de mots-notions) permet de calculer un taux moyen d'évolution qui serait remarquablement constant : ainsi, deux langues apparentées (ou deux états de langue) qui auraient en commun 66 % de ce stock seraient séparées par un millénaire.

GLOTTOCHRONOLOGIQUE [-kro-] adj. Relatif à la glottochronologie.

GLOTTORER v. i. (bas lat. *glottorare*) [conj. 3]. Crier, en parlant des petits de la cigogne ou des cigognes en captivité.

GLOUCESTER, v. de Grande-Bretagne, ch.-l. du *comté de Gloucester* (ou *Gloucestershire*), sur la Severn ; 92 000 hab. Cathédrale remontant à la fin du XIe s., remaniée au XIVe s. dans le style gothique perpendiculaire (chœur) ; tombeau en albâtre d'Édouard II ; cloître à riches voûtes en éventail. Églises et maisons anciennes. Musées. Aéronautique.

GLOUCESTER (Thomas OF WOODSTOCK, *duc* DE) [Woodstock 1355 - Calais 1397], septième fils d'Édouard III. Partisan de la guerre contre la

France, il fut l'un des principaux opposants à son neveu Richard II, qui le fit arrêter en 1397. Il fut assassiné à Calais.

GLOUCESTER (Humphrey, *duc* DE) [1391-Bury Saint Edmunds 1447], quatrième fils d'Henri IV. Il fit partie du Conseil de régence à la mort d'Henri V (1422), où il s'opposa à son oncle, le cardinal Beaufort, jusqu'en 1430. Bien qu'il fût très populaire comme partisan de la guerre contre la France, Henri VI le fit arrêter en 1447.

GLOUCHKO (Valentine Petrovitch), ingénieur soviétique (Odessa 1908 - Moscou 1989). Pionnier des recherches sur les moteurs-fusées, il a mis au point les moteurs de la plupart des lanceurs spatiaux et des missiles de l'ex-U.R.S.S.

GLOUGLOU n. m. (onomat.). **1.** *Fam.* Bruit d'un liquide s'échappant du goulot d'une bouteille, ou tout bruit analogue. — **2.** Cri du dindon.

GLOUGLOUTER v. i. (conj. 3). **1.** *Fam.* Faire entendre, produire un bruit de glouglou. — **2.** Crier, en parlant du dindon.

GLOUSSANT, E adj. Qui fait un bruit de gloussement : *Rire gloussant.*

GLOUSSEMENT n. m. **1.** Rire étouffé. — **2.** Cri de la poule qui appelle ses poussins.

GLOUSSER v. i. (lat. pop. **clociare,* du lat. class. *glocire*) [conj. 3]. **1.** Rire en poussant de petits cris étouffés. — **2.** En parlant de la poule, appeler ses poussins.

GLOUTON, ONNE adj. et n. (bas lat. *glutto, -onis,* de *gluttus,* gosier). Qui mange beaucoup et avec avidité.

◆ adj. **1.** Qui témoigne d'avidité : *Un appétit glouton.* — **2.** Qui porte à désirer avec avidité : *Une joie gloutonne.*

◆ **glouton** n. m. Mammifère mustélidé brun, lourd et massif, à la démarche plantigrade, qui s'attaque aux cerfs, rennes et élans.

GLOUTONNEMENT adv. De façon gloutonne.

GLOUTONNERIE n. f. **1.** Avidité du glouton ; appétit glouton. — **2.** Excès des conduites alimentaires s'observant dans certaines démences.

GLOWACKI (Aleksander) → PRUS (Bolesław).

GLOXINIA n. m. Herbe (gesnériacée), d'Amérique tropicale, vivace, à feuilles vert velouté, à grandes fleurs tubulaires, cultivée dans les serres d'Europe.

GLOZEL, hameau de la commune de Ferrières-sur-Sichon (Allier), à 21 km au S.-E. de Vichy. La découverte, en 1924, de divers objets en céramique entraîna parmi les préhistoriens une vive polémique qui gagna même l'opinion publique. Leur attribution (paléolithique supérieur, néolithique, âge du fer, officine de sorcier gallo-romain, etc.) reste controversée malgré les analyses effectuées dans les années 1970 sur certains supports osseux et certaines céramiques par carbone 14 et thermoluminescence.

GLU n. f. (bas lat. *glus, -utis,* colle). **1.** Matière visqueuse et tenace obtenue notamment à partir du liber du houx ou des baies de gui. — **2.** *Fam.* Personne importune, indiscrète : *C'est une vraie glu.*

GLUANT, E adj. **1.** Qui a la consistance de la glu : *Une terre gluante.* — **2.** Qui colle ; visqueux : *Des mains gluantes.* — **3.** *Fam.* Qui est tenace, importun, dont on ne peut se débarrasser. — **4.** *Riz gluant,* variété de riz riche en amidon dont la consistance est visqueuse à la cuisson.

GLUAU n. m. (de *glu*). Petite branche enduite de glu que l'on place sur le sol en l'entourant de graines, pour prendre les oiseaux. (La chasse au gluau est interdite.) [Au pl., syn. PIPEAUX.]

GLUBB (*sir* John Bagot), dit **Glubb Pacha,** général britannique (Preston, Lancashire, 1897 - Mayfield, Sussex, 1986). Il succéda en 1939 au colonel Peake à la tête de la Légion arabe. Il fit de cette unité la meilleure formation militaire du Proche-Orient et l'engagea en Iraq contre Rachīd ʿAlī (1941) puis en Syrie contre les Français. Citoyen jordanien à partir de 1946, Glubb Pacha fut congédié en 1956 par le roi Ḥusayn.

GLUCAGON n. m. Hormone polypeptidique antagoniste de l'insuline, sécrétée par les cellules alpha des îlots de Langerhans du pancréas, douée d'une puissante activité hyperglycémique. (Extrait du pancréas de porc ou de bœuf, le glucagon, à action rapide mais brève, est employé dans les hypoglycémies avec perte de connaissance au cours des traitements par l'insuline.)

GLUCIDE n. m. Composant de la matière vivante contenant du carbone, de l'hydrogène et de l'oxygène et présentant, à côté de plusieurs fonctions alcool, un groupement réducteur, aldéhyde ou cétone. (Syn. HYDRATE DE CARBONE.)

ENCYCL. Les glucides se divisent en deux grands groupes fondamentaux, les oses et les osides.

Les oses comprennent des aldoses et des cétoses, qui sont des sucres non hydrolysables : glucose, galactose, arabinose, etc.

Les osides forment deux groupes : 1° les holosides, formés uniquement par association d'oses ; 2° les hétérosides, dont l'hydrolyse libère, à côté d'un ou de plusieurs oses, une molécule étrangère, généralement hydroxylée, sulfhydrylée ou aminée, nommée aglycone. Les glucides constituent pour l'organisme un facteur énergétique de première importance. Le glucose est indispensable à la contraction musculaire. La mise en réserve dans le foie des glucides sous forme d'osides (glycogène, amidon) maintient en circulation juste le taux convenable de glucose. L'organisme brûle en premier les glucides, avant les lipides et les protides, qui ne sont utilisés qu'en cas de baisse des réserves glucidiques. Les troubles du métabolisme des glucides constituent des maladies de gravité variable, dont la plus répandue est le diabète*.

GLUCIDIQUE adj. Relatif aux glucides.

GLUCIDOGRAMME n. m. Graphique obtenu après révélation par un colorant des glucoprotéines du sérum ayant migré à l'électrophorèse sur support (papier ou acétate de cellulose).

GLUCIDO-LIPIDIQUE adj. (pl. *glucido-lipidiques*). Qui se rapporte à la fois aux glucides et aux lipides.

GLUCINE n. f. Oxyde de béryllium BeO.

GLUCINIUM [-njɔm] n. m. (de *glucine*). Ancien nom du béryllium.

GLUCITE n. f. ou **GLUCITOL** n. m. Syn. de SORBITE ou SORBITOL.

GLUCK (Christoph Willibald, *chevalier* VON), compositeur allemand (Erasbach, près de Berching, Haut-Palatinat, 1714 - Vienne 1787). Il étudie avec Sammartini à Milan (1737), où il fait représenter son premier opéra (1741). Il séjourne à Londres, Dresde puis s'installe à Vienne (1747). Avec *Orfeo ed Euridice* (sur un livret de Calzabigi, 1762) commence ce qu'il appelle lui-même sa « réforme de l'opéra », poursuivie avec *Alceste* (1767). En 1774, il présente à Paris *Iphigénie en Aulide* et *Orphée et Eurydice,* version française d'*Orfeo ed Euridice.* En 1776, toujours à Paris, il donne la version française d'*Alceste.* C'est l'origine de la querelle des gluckistes et des piccinnistes, opposant les partisans de la musique française, soutenus par la cour, à ceux de la musique italienne. Suivront *Armide* (1777) et *Iphigénie en Tauride* (1779). Dans sa réforme de l'opéra, Gluck a simplifié ses livrets, dépouillé sa musique de tout ornement inutile, relié l'ouverture orchestrale au drame lui-même, humanisé le récitatif, fait participer le chœur à l'action et s'est attaché à la psychologie des personnages.

GLUCOCORTICOÏDE adj. Se dit des hormones de la glande corticosurrénale qui interviennent dans le métabolisme des glucides.

GLUCOFORMATEUR, TRICE adj. Se dit de tout composé qui peut conduire à la formation de glucose et de glycogène.

GLUCOMÈTRE n. m. Syn. de PÈSE-MOÛT.

GLUCONATE n. m. Sel ou ester de l'acide gluconique. (Le *gluconate de calcium* entre dans le traitement de la décalcification.)

GLUCONIQUE adj. *Acide gluconique,* acide obtenu par oxydation du glucose.

GLUCOPROTÉIDE, GLUCOPROTÉINE → GLYCOPROTÉINE.

GLUCOSE n. m. Aldohexose de formule $HOCH_2–(CHOH)_4–CHO$, ose principal chez l'homme et les animaux.

ENCYCL. **Agroalim.** Le glucose est obtenu par saccharification de l'amidon (maïs, blé) ou de la fécule (pomme de terre, manioc) en présence d'acide chlorhydrique. On obtient du *glucose cristal* par concentration d'un jus d'hydrolyse à teneur moyenne en glucose. Utilisé en confiserie, dans la fabrication des fruits confits, des liqueurs, du nougat, il contient 40 % de maltose, à côté du glucose. Le *glucose massé* (75 % de glucose) provient de la concentration d'un jus fortement hydrolysé. Il sert dans l'industrie chimique et la tannerie. Le dextrose est du glucose pur obtenu par hydrolyse complète.
— **Biol.** Produit principal de la photosynthèse dans les chloroplastes des végétaux, le glucose est utilisé dans les cellules végétales pour le stockage de l'énergie (amidon) et l'édification des parois cellulaires (cellulose). Chez l'animal, il est stocké dans le foie sous forme de glycogène et utilisé dans les muscles. Dans le sang, sa teneur est régulée par les hormones pancréatiques, l'insuline, qui la diminue, et le glucagon, qui l'augmente. (→ GLYCÉMIE.)
— **Chim.** Le glucose se présente à l'état solide sous la forme cyclique de glucopyrannose-α ou -β, anomères ayant des pouvoirs rotatoires différents. Le pouvoir rotatoire du glucose et son caractère réducteur sont mis à profit pour le doser dans l'urine (contrôle du diabète).
— **Méd.** Le glucose provient des glucides alimentaires (amidon, glycogène, saccharose). Il est utilisé par les cellules et constitue la forme naturelle du sucre circulant. La concentration sanguine est maintenue aux environs de 1 g/l (→ GLYCÉMIE) par un ensemble de mécanismes régulateurs nerveux et hormonaux. Selon les besoins, le glucose est mis en réserve sous forme de glycogène, libéré à partir du glycogène ou dégradé en produisant de l'énergie. C'est l'une des principales sources d'énergie de l'organisme. On l'emploie sous forme de solutions injectables massives pour lutter contre l'hypoglycémie (diabètes traités par l'insuline), pour l'alimentation par voie parentérale ainsi que pour rétablir le volume sanguin.

GLUCOSÉ, E adj. Additionné de glucose.

GLUCOSERIE n. f. **1.** Usine où l'on fabrique le glucose. — **2.** Industrie du glucose.

GLUCOSE-6-PHOSPHATE n. m. Dérivé phosphorylé du glucose, jouant un rôle essentiel dans le métabolisme des glucides dans l'organisme.

GLUCOSE-6-PHOSPHATE-DÉSHYDROGÉNASE (G-6-PD) n. f. *Glucose-6-phosphate-déshydrogénase érythrocytaire,* enzyme du métabolisme du glucose-6-phosphate. (Les déficits héréditaires en G-6-PD sont responsables d'anémies hémolytiques.)

GLUCOSIDE n. m. **1.** Nom générique des acétals du glucose, présents surtout dans les substances d'origine végétale. (Par hydrolyse les glucosides donnent du glucose et un autre composé, nommé aglucone.) — **2.** Syn. de HÉTÉROSIDE.

GLUCOSINOLATE n. m. Hétéroside souffré abondant dans les crucifères, ayant des effets néfastes sur les animaux qui consomment ces plantes.

GLUCOSURIE → GLYCOSURIE.

GLUME n. f. (lat. *gluma,* pellicule). Chacune des deux bractées verdâtres qui enveloppent un épillet de graminée.

GLUMELLE n. f. (de *glume*). Chacune des deux bractées verdâtres qui enveloppent directement chaque fleur de graminée.

GLUMELLULE n. f. Chacune des très petites paillettes qui occupent la position d'un périanthe dans une fleur de graminée.

GLUON n. m. Boson qui transmet l'interaction entre les quarks en chromodynamique quantique.

GLUTAMATE n. m. Sel ou ester de l'acide glutamique.
ENCYCL. Le *glutamate de sodium,* agent de sapidité, a la propriété de développer l'intensité gustative et la palatabilité de certains aliments non sucrés. On l'emploie comme condiment. Les *glutamates de calcium* et *de magnésium* ont les mêmes indications que l'acide glutamique. Le *glutamate ferreux* est un antianémique.

GLUTAMINE n. f. Amide de l'acide glutamique, dont l'antipode L, dextrogyre, joue un rôle métabolique important dans le transport de l'ammoniac.

GLUTAMIQUE adj. *Acide glutamique,* aminoacide, dont l'antipode L, dextrogyre, est un constituant essentiel des protéines.
ENCYCL. L'*acide glutamique* est un élément métabolique de nutrition pour toutes les cellules cérébrales et, au niveau de certaines structures cérébrales, il a un rôle de neuromédiateur excitateur. C'est le seul aminoacide directement utilisable par le tissu cérébral. Absorbé par voie orale, il produit une augmentation de l'efficacité intellectuelle sans phénomène d'excitation transitoire.

GLUTARIQUE adj. *Acide glutarique,* acide pentanedioïque, présent dans la betterave et le bois.

GLUTATHION n. m. Tripeptide hydrolysable en cystéine, glycine et acide glutamique et couramment rencontré dans les cellules végétales et animales. (Il joue dans l'organisme le rôle de transporteur d'hydrogène. Le *glutathion érythrocytaire* protège l'érythrocyte contre les agents oxydants. Son insuffisance est responsable d'anémies hémolytiques.)

GLUTEN [glytɛn] n. m. (lat. *gluten,* glu). Partie protéique de la farine des céréales, substance visqueuse jouant un rôle important dans le gonflement de la pâte lors de la fabrication du pain.

GLUTINEUX, EUSE adj. (lat. *glutinosus*). Se dit d'une plante ayant des organes gluants.

GLYBUTAMIDE n. m. Syn. de CARBUTAMIDE.

GLYCÉMIE n. f. Taux du glucose dans le sang.
ENCYCL. La glycémie normale est voisine de 1 g/l. Quand elle dépasse 1,8 g/l, une partie du glucose passe dans les urines (glycosurie). La régulation de la glycémie dépend surtout du pancréas, dont les îlots de Langerhans sécrètent une hormone, l'insuline, qui met en réserve le glucose en excès. L'*hyperglycémie* peut être d'origine pathologique (diabète*) ou alimentaire, auquel cas elle est en général passagère.
L'épreuve de l'*hyperglycémie provoquée* consiste à doser la glycémie après ingestion d'une certaine quantité de glucose. Chez le sujet sain, on observe une hyperglycémie passagère, de l'ordre de 1,5 à 2 g/l, qui dure environ une heure. Chez le diabétique, au contraire, l'hyperglycémie est beaucoup plus élevée et persiste plus longtemps.

GLYCÉRALDÉHYDE n. m. Dénomination courante du dihydroxy-2,3 propanal, le plus simple des aldoses contenant un atome de carbone chiral. (Le glycéraldéhyde peut se transformer en dihydroxyacétone, et le mélange de ces deux composés isomères joue un rôle important dans la dégradation du glucose et dans la biosynthèse à l'intérieur des êtres vivants.) [Syn. ALDÉHYDE GLYCÉRIQUE.]

GLYCÉRÉ → GLYCÉROLÉ.

GLYCÉRIDE n. m. (de *glycérine*). Nom générique des esters du glycérol et des acides gras. (Les *triglycérides* sont les constituants principaux des huiles et graisses alimentaires.)

GLYCÉRIE n. f. Graminée le plus souvent vivace, aquatique ou des lieux humides, aux fleurs réunies en panicules rameuses, aux épillets pédicellés, contenant jusqu'à 15 fleurs.

GLYCÉRINE n. f. **1.** Nom générique des différents produits à base de glycérol qui sont obtenus et commercialisés industriellement. (→ *encycl.*)

— **2.** *Glycérine (officinale),* liquide visqueux utilisé en thérapeutique pour son action antiseptique, laxative et émolliente. (Syn. GLYCÉROL.)
ENCYCL. La glycérine brute provient de l'hydrolyse industrielle des corps gras ou de la fabrication du savon par saponification des corps gras. Purifiée et distillée, elle sert à préparer la nitroglycérine et les glycérines pharmaceutiques. Elle est aussi utilisée dans les industries alimentaires et cosmétiques.

GLYCÉRINER v. t. (conj. 3). Enduire de glycérine.

GLYCÉRIQUE adj. *Acide glycérique,* acide-alcool formé par oxydation du glycéraldéhyde et du glycérol. ‖ *Aldéhyde glycérique,* syn. de GLYCÉRALDÉHYDE.

GLYCERIUS (Flavius), empereur d'Occident (473-474). Soldat proclamé empereur grâce à Gondebaud, roi des Burgondes, il fut renversé par Julius Nepos.

GLYCÉROL n. m. **1.** Trialcool de formule $HOCH_2—CHOH—CH_2OH$. — **2.** Syn. de GLYCÉRINE OFFICINALE.
ENCYCL. Découvert en 1779 par Scheele, le glycérol, liquide visqueux de densité 1,265, fut nommé glycérine par Chevreul à cause de sa saveur sucrée. Il donne des esters, les glycérides, dont les plus importants sont les lipides. Le triester dérivé de l'acide nitrique (nitroglycérine) est un explosif très puissant. Le glycérol est utilisé comme solvant, humectant, plastifiant, antigel, dans la production d'explosifs, de vernis, de médicaments et de solvants industriels.

GLYCÉROLÉ ou **GLYCÉRÉ** n. m. Préparation médicamenteuse à base de glycérine, utilisée surtout pour les fissures et les crevasses de la peau.

GLYCÉROPHOSPHATE n. m. Sel ou ester de l'acide glycérophosphorique. (Les *glycérophosphates de calcium* et *de sodium* sont utilisés en thérapeutique comme toniques et reconstituants.)

GLYCÉROPHOSPHOLIPIDE ou **GLYCÉROPHOSPHATIDE** n. m. Lipide composé contenant du glycérol et de l'acide phosphorique, seul ou combiné avec d'autres corps aminés.

GLYCÉROPHOSPHORIQUE adj. *Acide glycérophosphorique,* dénomination courante de deux monoesters phosphoriques du glycérol.

GLYCÉROPHTALIQUE adj. Se dit des résines synthétiques obtenues par polycondensation de l'anhydride phtalique avec les polyalcools.
ENCYCL. Les plus connues résultent de la polycondensation du glycérol avec l'anhydride phtalique. Elles résistent bien aux solvants organiques (huiles et essences) et sont surtout employées pour la fabrication d'objets moulés destinés à l'isolement électrique. Dans l'industrie des peintures, on emploie des résines modifiées aux huiles, dites *résines alkydes**.

GLYCIDOL n. m. Dénomination courante de l'époxypropanol, $C_3H_6O_2$, intermédiaire de la synthèse du glycérol à partir du propylène.

1. GLYCINE n. f. (lat. sc. *glycina,* du gr. *glukus,* doux). Arbuste (papilionacée) grimpant lianoïde, cultivé sur tonnelles ou grillages, pouvant atteindre 20 m de long, aux fleurs ornementales, en grappes pendantes bleu-violet, blanches ou rose pâle.

2. GLYCINE n. f. ou **GLYCOCOLLE** n. m. (var. de *glucine*). Aminoacide, constituant essentiel des protéines. (Symb. *gly.*)
ENCYCL. **Biochim.** La glycine est glucoformatrice et joue un rôle détoxifiant en se conjuguant à des acides aromatiques, tel l'acide benzoïque, pour former l'acide hippurique, qu'on retrouve dans l'urine. Elle est un précurseur des noyaux porphyrine et purine.
— **Neurol.** La glycine a un rôle métabolique au niveau de toutes les cellules cérébrales. En outre, au niveau de certaines structures neuronales de la moelle épinière et du tronc cérébral, elle est un neuromédiateur inhibiteur.

GLYCOGÈNE n. m. Polymère du glucose constituant la principale réserve glucidique (foie, muscles) des animaux et contribuant au maintien de l'équilibre glycémique.

GLYCOGENÈSE n. f. Formation de glucose circulant par hydrolyse du glycogène de réserve.

GLYCOGÉNIQUE adj. Qui se rapporte au glycogène ou à la glycogenèse.

GLYCOGÉNOGENÈSE n. f. Mise en réserve du glucose sous forme de glycogène ; formation du glycogène. (Syn. NÉOGLYCOGENÈSE.)

GLYCOGÉNOSE n. f. Maladie héréditaire due à l'absence d'une des enzymes du métabolisme du glycogène, qui ne peut plus être utilisé normalement par l'organisme.

GLYCOL n. m. (de *alcool*). **1.** Dénomination courante de l'éthanediol-1,2, $HOCH_2—CH_2OH$. (Syn. ÉTHYLÈNE-GLYCOL.) — **2.** Nom générique des dialcools.
ENCYCL. Découvert en 1855 par Wurtz, le glycol est un liquide visqueux, de densité 1,12, bouillant à 198 °C, miscible à l'eau. L'industrie le prépare par hydratation de l'oxyde d'éthylène. Il est employé comme solvant, antigel et dans la fabrication du glyoxal, d'explosifs, de plastifiants, de résines, de fibres et de cires synthétiques.

GLYCOLIPIDE n. m. Lipide dont la molécule contient des glucides.

GLYCOLIQUE adj. *Acide glycolique,* dénomination courante de l'acide hydroxyacétique, $HOCH_2—COOH$, employé dans l'industrie comme réactif acide.

GLYCOLYSE n. f. Dégradation du glucose, qui se produit par une suite de réactions catalysées chacune par une enzyme particulière et spécifique. (Elle peut se faire suivant la voie d'Embden-Meyerhof, qui aboutit à l'acide pyruvique, ou suivant la voie de Dickens-Horecker, où il y a formation d'anhydride carbonique.)

GLYCONIEN ou **GLYCONIQUE** adj. et n. m. (de *Glycon,* n. pr.). Se dit d'un vers composé d'un choriambe précédé d'une base dissyllabique et suivi d'un pied dissyllabique indifférent. (Ce vers fut employé par Horace.)

GLYCOPEXIE n. f. Mise en réserve du glucose circulant dans les tissus sous forme de glycogène.

GLYCOPHILE n. Collectionneur d'emballages de morceaux de sucre.

GLYCOPROTÉINE, GLUCOPROTÉINE ou **GLUCOPROTÉIDE** n. f. Hétéroprotéine formée d'une fraction glucidique et d'une fraction protéinique. (On trouve des glycoprotéines dans le plasma humain. On les classe selon leur mobilité électrophorétique : $\alpha1$, $\alpha2$ et β glycoprotéines.)

GLYCORACHIE n. f. Taux de glucose dans le liquide céphalo-rachidien, normalement égal à la moitié de la glycémie.

GLYCORÉGULATION n. f. Régulation du métabolisme des glucides, dont le mécanisme est soumis à l'activité du foie, du pancréas, des muscles, des glandes endocrines et du système nerveux. (Les troubles de la glycorégulation sont responsables d'affections telles que le diabète et l'hypoglycémie.)

GLYCOSURIE ou **GLUCOSURIE** n. f. Présence de glucose dans les urines, symptôme principal du diabète sucré. (Il existe des glycosuries non diabétiques, par exemple rénales, par baisse du taux de réabsorption du glucose.)

GLYCOSURIQUE adj. et n. Relatif à la glycosurie ; atteint de glycosurie.

GLYCOSYLÉ, E adj. Se dit de l'hémoglobine possédant un glucose fixé sur un aminoacide terminal. (Elle représente normalement 5 à 7 % de l'hémoglobine totale. Son taux augmente fortement au cours du diabète. Son dosage est utilisé pour apprécier l'efficacité du traitement antidiabétique.)

GLYCURO-CONJUGAISON n. f. (pl. *glycuro-conjugaisons*). Combinaison, principalement au niveau du foie, de l'acide β-glycuronique avec différentes substances, rendues ainsi plus faciles à éliminer.

GLYCURONIQUE adj. *Acide glycuronique,* acide uronique dérivé du glucose, présent sous forme d'ester dans l'organisme, où il participe au processus de détoxication hépatique.

GLYCYPHAGE n. m. Acarien minuscule, recouvrant souvent en foules les fruits secs, pruneaux, figues, etc.

GLYKAS (Michel), chroniqueur byzantin († v. 1204), auteur d'une *Chronique* qui va de la création du monde à la mort d'Alexis Ier Comnène (1118) et d'un poème adressé, en 1159, à l'empereur Manuel Ier Comnène.

GLYOXAL n. m. Dénomination courante de l'éthanedial, O=CH—CH=O, solide jaune, soluble et très réactif, qui polymérise facilement.

GLYOXYLIQUE adj. *Acide glyoxylique,* dénomination courante de l'acide éthanaloïque, O=CH—COOH, qui, chez les végétaux supérieurs, joue un rôle essentiel dans la synthèse du glucose.

GLYPHE n. m. (gr. *gluphê,* ciselure). **1.** Trait gravé en creux, canal dont la répétition, en parallélisme, constitue un ornement. — **2.** Signe graphique de l'écriture maya.

GLYPHÉIDE n. m. Crustacé connu par de nombreuses espèces fossiles de l'ère secondaire et par une seule espèce actuelle, pêchée en 1976, au large des Philippines, par 200 m de profondeur.

GLYPTAL n. m. Nom commercial des résines glycérophtaliques.

GLYPTE n. f. Insecte hyménoptère térébrant, parasite des teignes et des tordeuses, nuisible aux arbres fruitiers.

GLYPTIQUE n. f. (gr. *gluptikos,* propre à graver). Art de tailler les pierres fines ou précieuses, en creux (intailles) ou en relief (camées).

GLYPTODON ou **GLYPTODONTE** n. m. Énorme tatou fossile (jusqu'à 4 m), qui a abondé au quaternaire ancien dans toute l'Amérique et dont la carapace osseuse, très bombée, a pu servir d'abri à l'homme préhistorique.

GLYPTOGRAPHIE ou **GLYPTOLOGIE** n. f. Étude des pierres fines gravées.

GLYPTOTHÈQUE n. f. **1.** Collection de pierres gravées. — **2.** Musée de sculptures (ex. Glyptothèque de Munich).

G-MAN [dʒiman] n. m. (pl. *G-men*) [p.-ê. angl. *Government man*]. Agent du *Federal Bureau of Investigation* (FBI).

GMELINA n. m. (de J. G. *Gmelin,* n. pr.). Arbre (verbénacée) de la forêt tropicale, voisin du teck, utilisé pour le reboisement et dont le bois est surtout employé pour le déroulage, la fabrication des allumettes et de la pâte à papier.

G. M. P., abrév. de GUANOSINE MONOPHOSPHATE.

sans pied. — **2.** Petit cornet tronconique pour lancer les dés à jouer ou faire des tours d'escamotage. — **3.** Taille de la vigne dans laquelle les souches portent de 3 à 6 bras terminés par un ou deux coursons à un ou deux bourgeons. (Employée pour les vignes basses surtout dans le Midi, la taille en gobelet concerne 500 000 ha de vignobles.) — **4.** Taille des arbres fruitiers qui leur donne une forme de vase. — **5.** Petite plante grasse (crassulacée) des rocailles, aux fleurs pendantes verdâtres ou rougeâtres, aux feuilles charnues. — **6.** Premier office de la Maison du roi de France, créé sous Henri III et englobant la paneterie et l'échansonnerie.

GOBELETERIE n. f. **1.** Fabrication et commerce des gobelets, des verres à boire. — **2.** Catégorie de produits verriers comprenant la verrerie de table et culinaire.

GOBELETIER, ÈRE n. Industriel, ouvrier ou commerçant travaillant dans la gobeleterie.

GOBELET-TRAYEUR n. m. (pl. *gobelets-trayeurs*). Organe de machine à traire constitué d'un cylindre rigide entourant un manchon souple qui enserre le trayon de l'animal.

Gobelins *(les)*, manufacture royale (auj. nationale) installée dans les ateliers des teinturiers Gobelin, au bord de la Bièvre, à Paris. Créée et dirigée par des tapissiers flamands sous l'impulsion de Henri IV (début du XVIIe s.), la manufacture connaît son grand essor sous Louis XIV : Colbert lui donne le titre de « manufacture royale des meubles de la Couronne » en 1667. Le Brun, premier peintre du roi, dirige les ateliers de cartons de tapisseries (avec des spécialistes pour les figures, les paysages, les architectures, les animaux, les fleurs ou les natures mortes), d'orfèvrerie, d'ébénisterie et de sculpture. Il donne lui-même, notamment, l'*Histoire d'Alexandre* et l'*Histoire du roi,* tentures d'un grand intérêt décoratif, mais aussi historique. Fermée en 1694 à cause de l'état des finances royales, puis rouverte en 1699, la manufacture exécute quelques grandes œuvres d'après A. et C. A. Coypel, mais le caractère ornemental des tentures devient primordial, avec leurs alentours surchargés de motifs (*les Mois grotesques* de Cl. III Audran). Au contraire, l'assujettissement de la tapisserie à la peinture, voulu par Oudry (surintendant de 1736 à 1755) puis par Boucher (surintendant de 1755 à 1770), supprime l'invention ; cette situation s'aggrave au XIXe s., et il faut attendre 1935 pour qu'apparaisse un renouveau, qui se poursuit à Aubusson pendant la guerre. La manufacture, qui ne travaille que pour l'État, sollicite des artistes comme Lurçat, puis M. Prassinos et bien des artistes contemporains, mais se consacre également à la restauration des tapisseries anciennes. Un musée lui est annexé. Les mêmes locaux (XIIIe arrond.) abritent les manufactures de Beauvais (tapisseries) et de la Savonnerie (tapis).

GOBE-MOUCHES n. m. inv. **1.** Petit passereau (muscicapidé) de l'Ancien Monde, arboricole et insectivore. — **2.** *Gobe-mouches d'Amérique,* oiseau américain (tyrannidé), de mœurs voisines de celles du précédent, tel que les tyrans et les moucherolles. — **3.** *Fam.* Personne crédule et niaise, qui croit tout ce qu'on lui raconte ; gogo. — **4.** Récipient en verre contenant un liquide toxique, attirant les mouches, utilisé autrefois pour attirer et tuer les mouches nuisibles aux arbres fruitiers.

GOBER v. t. (rad. gaul. **gobbo-*, bec) [conj. 3]. **1.** Avaler qqch en aspirant et sans mâcher : *Gober une huître.* — **2.** *Fam.* Croire des propos facilement, sottement, sans examen : *Il gobe tout ce qu'on lui raconte.* — **3.** En parlant d'un poisson, engamer, et en partic. prendre un insecte à la surface de l'eau. — **4.** Fam. *Gober les mouches,* perdre du temps à rêvasser. ‖ Fam. *Ne pas gober qqn,* ne pas l'estimer.
◆ **se gober** v. pr. *Fam.* Avoir de soi une opinion flatteuse ; être prétentieux.

GOBER, royaume haoussa au S. de l'Aïr, qui paraissait l'emporter sur les autres royaumes haoussas lorsqu'il fut attaqué par les Peuls d'Ousmane dan Fodio (1808).

GOBERGER (SE) v. pr. (anc. fr. *gobert,* facétieux, de *se gober*) [conj. **17**]. *Fam.* **1.** Faire bonne chère, faire bombance. — **2.** Prendre ses aises, se prélasser.

GOBETAGE n. m. Dans la culture des champignons de couche, action de couvrir d'un mélange de tourbe et de sédiments calcaires la surface d'un substrat où s'est déjà développé le mycélium.

GOBETER v. t. (conj. 27). Garnir d'un gobetis.

GOBETIS ou **GOBETAGE** n. m. Dans le bâtiment, première couche d'enduit, préparatoire, projetée sur un ouvrage.

GOBEUR, EUSE n. **1.** Personne qui gobe. — **2.** *Fam.* Personne qui croit tout ce qu'on lui dit ; naïf, gogo.

GOBI, plateau désertique d'Asie centrale, d'une altitude moyenne de 1 000 m, froid et sec. Il s'étend sur le sud de la République populaire de Mongolie et sur les régions contiguës des provinces chinoises de la Mongolie-Intérieure, du Xinjiang et du Gansu. Ses bordures, montagneuses, sont couvertes de steppes (élevage nomade).

GOBIE n. m. (lat. *gobio, -onis,* du gr. *kôbios,* goujon). Petit poisson prédateur des côtes rocheuses de France, se fixant par une ventouse ventrale. (Les mâles aménagent un nid rudimentaire, y font pondre des femelles, puis gardent les œufs jusqu'à l'éclosion.)

GOBIÉSOCIDÉ n. m. (lat. *gobio, -onis,* goujon, et *esox, -ocis,* brochet). Petit poisson littoral à peau nue, portant deux ventouses ventrales, d'où ses noms de *porte-écuelle* et de *barbier.* (Les *gobiésocidés,* qui forment une famille, sont faciles à élever en aquarium. Les mâles gardent la ponte.)

GOBIIDÉ n. m. Nom d'une famille de petits poissons littoraux ou d'eau douce pourvus d'une ventouse pelvienne.

GOBILLE n. f. Bille en matière dure que l'on ajoute en grand nombre à des matières que l'on veut pulvériser ou triturer.

GOBINEAU (Joseph Arthur, *comte* DE), diplomate et écrivain français (Ville-d'Avray 1816 - Turin 1882). Journaliste et romancier (*les Pléiades,* 1874), nouvelliste (*Nouvelles asiatiques,* 1876), il fut surtout l'auteur de l'*Essai sur l'inégalité des races humaines* (1853-1855), qui établissait une hiérarchie entre les races, thèse dont les théoriciens du pangermanisme devaient plus tard s'emparer.

GOBISSON n. m. Étoffe matelassée qu'on mettait, au Moyen Âge, entre le plastron et le haubert pour amortir les coups de lance.

GOBLET (Albert Joseph), comte **d'Alviella,** général et homme d'État belge (Tournai 1790 - Bruxelles 1873). Après la révolution de 1830, il devint ministre des Affaires étrangères de Léopold Ier (1832-33), lieutenant général (1835), puis ministre plénipotentiaire à Lisbonne. Il reprit le portefeuille des Affaires étrangères de 1843 à 1845.

GOBLET (René), homme politique français (Aire, auj. Aire-sur-la-Lys, 1828 - Paris 1905). Député républicain (1871, 1877-1889, 1893-1898), ministre de l'Intérieur (1882), il fit voter la loi sur l'élection des maires. Ministre de l'Instruction publique (1885-86), il devint président du Conseil (1886-87), puis ministre des Affaires étrangères (1888-89).

GOBLOT (Edmond), philosophe français (Mamers 1858 - Labaroche, Haut-Rhin, 1935). Il a renouvelé la théorie de la démonstration et s'est intéressé à l'histoire des sciences (*Essai sur la classification des sciences,* 1898 ; *le Système des sciences,* 1922).

Gobseck, titre et principal personnage d'une nouvelle d'H. de Balzac (1830) [*les Dangers de l'inconduite*]. Cet usurier philosophe reparaît dans d'autres romans de *la Comédie* humaine.*

GODAGE n. m. Faux pli d'une étoffe qui gode.

GO-DAIGO → DAIGO II.

GODAILLER → GODER.

GODARD (Eugène), aéronaute français (Clichy, Hauts-de-Seine, 1827 - Bruxelles 1890). Il exécuta plus de 2 500 ascensions, notamment celle du *Géant,* avec Nadar (1863), et organisa la poste aérienne pendant le siège de Paris (1870-71).

GODARD (Benjamin), compositeur et violoniste français (Paris 1849 - Cannes 1895). Il a composé un opéra, *Jocelyn* (1888), célèbre par sa berceuse.

GODARD (André), architecte, urbaniste et archéologue français (Chaumont, Haute-Marne, 1881 - Paris 1965). Il a accompli la majeure partie de son œuvre en Iran (restauration de nombreux monuments ; inventaire des richesses artistiques. On lui doit *Bronzes du Luristân* (1931), *l'Art de l'Iran* (1962).

GODARD (Jean-Luc), cinéaste français (Paris 1930). Dès son premier long métrage, *À* bout de souffle* (1960), il devient l'un des principaux représentants de la nouvelle vague* française. Ses traits caractéristiques sont le tournage rapide, l'improvisation, la mobilité de la caméra, la nervosité du montage, les nombreuses références littéraires ou cinématographiques (*le Petit Soldat,* 1960 ; *Vivre sa vie,* 1962 ; *les Carabiniers,* 1963 ; *le Mépris,* 1963 ; *Une femme mariée,* 1964 ; *Bande à part,* 1964 ; *Alphaville,* 1965 ; *Pierrot le fou,* 1965 ; *Masculin féminin,* 1966 ; *Deux ou Trois Choses que je sais d'elle,* 1967 ; *la Chinoise,* 1967 ; *Week-End,* 1967). Après 1968, il s'« engage » politiquement et se coupe pour un temps de la production dite « commerciale ». Il signe ensuite *Tout va bien* (avec la collab. de J.-P. Gorin, 1972), *Sauve qui peut (la vie)* [1979], *Passion* (1982), *Prénom Carmen* (1983), *Je vous salue Marie* (1985), *Détective* (1985), *Soigne ta droite* (1987), *Nouvelle Vague* (1990), *Hélas pour moi* (1993), *JLG/JLG* (1995).

GODASSE n. f. (de *godillot*). *Pop.* Chaussure.

GODĀVARI (la), fl. de l'Inde, long d'environ 1 500 km et drainant un bassin de plus de 300 000 km². Il traverse le Deccan et se jette dans le golfe du Bengale en un vaste delta (riz).

GODBOUT (Jacques), écrivain et cinéaste québécois (Montréal 1933). Fondateur et directeur de la revue *Liberté,* il a publié une œuvre poétique et romanesque ouverte à tous les courants, du nouveau roman *(l'Aquarium,* 1962) à la théorie du « rapatriement » *(Salut Galarneau,* 1967) et au fantastique (*l'Isle au dragon,* 1976), non sans un arrière-plan d'humour qui fait surface dans *les Têtes à Papineau* (1981) et dans *Une histoire américaine* (1986), qui pourfend le mythe du « miracle californien ».

GODDARD (Robert Hutchings), ingénieur et physicien américain (Worcester, Massachusetts,

1882 - Baltimore 1945). Il est l'un des précurseurs de la propulsion par fusées. Il lança en 1926 la première fusée à ergols liquides.

GODEAU (Antoine), prélat et écrivain français (Dreux 1605 - Vence 1672). Écrivain précieux, évêque de Grasse (1636), il a laissé notamment une *Paraphrase des psaumes de David* qui fut souvent mise en musique. (Acad. fr., 1634.)

GODECHARLE (Gilles Lambert), sculpteur belge (Bruxelles 1750 - *id.* 1835), auteur du fronton du palais de la Nation à Bruxelles et de nombreuses statues pour les parcs.

GODEFROI IV DE BOULOGNE, dit **Godefroi de Bouillon** (Baisy, près de Genappe, v. 1061 - Jérusalem 1100), duc de Basse-Lorraine (1089-1095), avoué du Saint-Sépulcre (1099-1100). Fils d'Eustache II, comte de Boulogne, et héritier de son oncle Godefroi III le Bossu, duc de Basse-Lorraine (1076), il fut investi du duché de Basse-Lorraine par l'empereur Henri IV en 1089. Après avoir vendu son duché de Bouillon à l'évêque de Liège (1096), il participa à la première croisade, dont il fut l'un des principaux chefs. Fondateur du royaume de Jérusalem (1099) après la prise de cette ville, il gouverna son État avec le titre d'avoué du Saint-Sépulcre et le défendit contre le sultan d'Égypte (prise d'Ascalon, 1099). Preux chevalier, il a inspiré les trouvères *(Chanson d'Antioche).*

GODEFROID de Huy, orfèvre et émailleur mosan, auteur des châsses de saint Domitien et de saint Mengold à Notre-Dame de Huy (v. 1173). Il est peut-être cet « aurifaber G. » que l'abbé Wibald de Stavelot tenait en grande estime.

GODEFROY, famille de jurisconsultes et d'historiens français. — DENIS Ier (ou *l'Ancien*) [Paris 1549 - Strasbourg 1621], professeur d'histoire à Strasbourg (1591), est l'auteur d'une édition du *Corpus juris civilis* (1583). — THÉODORE (Genève 1580 - Munster 1649), fils du précédent, fut historiographe de France (1617) et édita plusieurs ouvrages sur l'histoire de Charles V, Charles VI, Louis XII et Charles VIII. — JACQUES (Genève 1587 - *id.* 1652), professeur de droit à l'université de Genève (1619), a laissé un commentaire sur le *Code théodosien.*

GODEFROY (Frédéric), lexicographe français (Paris 1826 - Lestelle-Bétharram 1897). Il est l'auteur d'un *Dictionnaire de l'ancienne langue française et de tous ses dialectes du* IXe *au* XVe *siècle* (1880-1902, 10 vol.).

GODEHEU DE ZAIMONT (Charles Robert), administrateur colonial français du XVIIIe s., né en Bretagne. Il succéda à Dupleix en Inde (1754) où il conclut un traité (dit *traité Godeheu,* 26 déc. 1754) par lequel les Compagnies française et britannique des Indes s'engageaient à renoncer à tous les avantages obtenus en dehors de leurs comptoirs.

GÖDEL (Kurt), logicien américain d'origine autrichienne (Brünn [auj. Brno] 1906 -Princeton 1978). Sa thèse *la Complétude des axiomes du calcul fonctionnel* (1930) et son livre *Sur les énoncés formellement indécidables des « Principa Mathematica » et des systèmes connexes* (1931) apportent des éléments fondamentaux dans l'histoire de la logique mathématique. Dans ces deux ouvrages, il a établi l'incomplétude de tout système formel capable de formaliser l'arithmétique élémentaire, résultat à partir duquel il a montré qu'une théorie mathématique ne peut être tenue pour consistante qu'à la condition de ne recourir qu'à des procédés formalisables à l'intérieur de celle-ci. En 1940, Gödel a également établi un résultat essentiel dans la théorie des ensembles : si l'on ajoute l'axiome du choix et l'hypothèse du continu à la théorie des ensembles, on obtient une théorie consistante, pour autant que la théorie des ensembles est elle-même consistante.

GODELIER (Maurice), anthropologue français (Cambrai 1934). Après avoir effectué de nombreux travaux sur le terrain, notamment en Papouasie-Nouvelle-Guinée, il a étudié dans une perspective marxiste les rapports économiques au sein des sociétés non industrielles. Il a écrit notamment *Rationalité et irrationalité en économie* (1966) et rassemblé divers articles dans *Horizons, trajets marxistes en anthropologie* (1973). Il a publié une étude spécifique des rapports de pouvoir à partir de ses travaux chez les Baruyas, *la Production des grands hommes* (1982).

GODELUREAU n. m. (onomat. *god-*, de l'anc. fr. *galureau,* galant). *Fam.* Jeune homme qui fait le joli cœur auprès des femmes.

GODEMICHÉ n. m. (p.-ê du lat. *gaudere,* jouir, et *Miché,* var. de Michel). Accessoire en forme de phallus en érection.

GODENDAC n. m. (de l'all. *guten Tag,* bonjour). Arme d'hast flamande en forme de massue (XIVe-XVe s.).

GODENDART n. m. (de *godendac*). Au Québec, grosse scie que l'on manie à deux, servant à tronçonner.

GODER ou **GODAILLER** v. i. (de *godron*) [conj. 3]. En parlant d'un tissu, d'un vêtement, faire des faux plis.

GODERVILLE (76110), ch.-l. de cant. de la Seine-Maritime, dans le pays de Caux ; 2 072 hab. *(Godervillais).*

GODESCALC → GOTTSCHALK d'Orbais.

GODET n. m. (moyen néerl. *kodde,* morceau de bois). **1.** Petit gobelet à boire, sans pied ni anse. – **2.** *Pop.* Contenu d'un verre : *Boire un godet.* • **Bât.** Ouverture de trop-plein en tête d'un tuyau de descente. – **Bx-arts.** Petite coupe pour délayer les couleurs, ou petit récipient pour l'huile ou l'essence, à l'usage des peintres. – **Cout.** Ondulation plus ou moins accentuée formée par un tissu taillé en biais ou en forme. – **Hortic.** Petit pot à fleurs. – **Manut.** Sorte d'auge de capacité et de forme variables, utilisée dans un certain nombre d'appareils de manutention (drague, élévateur, pelleteuse, etc.). – **Méd.** *Godet favique,* lésion caractéristique du favus.

GODETIA n. m. (de *Godet,* n. pr.). Nom commercial de certaines espèces d'œnothère de Californie, très ornementales, aux fleurs blanches ou rouges.

GODFRED († 810), roi de Danemark en 798. Il résista vers l'an 800 à la poussée des armées de Charlemagne et aurait commencé à édifier, entre le fjord de Sli, à l'E., et l'Eider, une ligne de fortifications, origine du Danevirke*.

GODFROY (René), amiral français (Paris 1885 - Fréjus 1981). Commandant en 1940 la force X en Méditerranée orientale, il signa (7 juill.), avec l'amiral anglais Cunningham, un accord qui évita à ses navires le sort de ceux de Mers el-Kébir. Il se rallia à Giraud en 1943.

GODICHE adj. et n. (de *Godon,* déformation de *Claude*). *Fam.* Qui est gauche, maladroit, niais : *Avoir l'air godiche.*

GODICHON, ONNE adj. et n. *Fam.* et *vx.* Un peu gauche, maladroit, emprunté.

GODILLE n. f. (mot dialect.). **1.** Aviron placé à l'arrière d'une embarcation et permettant de la propulser par un mouvement hélicoïdal de la pelle. – **2.** À skis, enchaînement de virages courts de part et d'autre de la ligne de plus grande pente. – **3.** Fam. et vx. *À la godille,* assez mal, de travers : *Travailler à la godille.*

GODILLER v. i. (conj. 3). Manœuvrer une embarcation à la godille.

GODILLOT n. m. (de A. *Godillot,* n. pr.). **1.** Ancienne chaussure militaire à tige courte, utilisée jusqu'à la Seconde Guerre mondiale. – **2.** *Fam.* Grosse chaussure. – **3.** *Fam.* Parlementaire inconditionnel d'un homme ou d'un parti politique, qui vote sans discuter.

GODIN (Louis), astronome français (Paris 1704 - Cadix 1760). Il dirigea, avec La Condamine et Bouguer, la mission envoyée par l'Académie des sciences au Pérou pour y mesurer un degré de méridien (1735-1742).

GODIN (Jean-Baptiste André), industriel et homme politique français (Esquéhéries 1817 - Guise 1888). Fouriériste, il a créé une entreprise qui devint à sa mort une coopérative ouvrière modèle, le *Familistère de Guise,* et qui ne disparut qu'en 1970.

GODIN TEPE, site archéologique d'Iran, à 60 km au S.-O. de Hamadhān. Occupé de façon intermittente depuis le chalcolithique ancien (5500 av. J.-C.) jusqu'à l'époque mède (v. 600 av. J. C.), il a notamment livré des tablettes (seconde moitié du IVe millénaire) portant des empreintes de sceaux attribuées à des marchands de Suse.

Godiva *(lady),* héroïne d'une légende anglaise du XIe s. (rapportée par R. de Wendover au XIIIe s.). Elle traversa nue sur un cheval la ville de Coventry, pour obtenir de son mari l'allégement des impôts. Elle est à l'origine d'une procession rituelle dans Coventry, tous les sept ans.

GODIVEAU n. m. (moyen fr. *gaudebillaux,* tripes de bœuf, avec l'infl. de *veau*). Quenelle de hachis de veau poché au bouillon.

Gododdin (Y), poème épique (900 vers) du barde gaélique Aneirin (VIe s.), qui célèbre les Bretons tombés à la bataille de Catraeth (auj. Catterick, Yorkshire).

GODOLPHIN (Sidney, 1er *comte* DE), homme politique anglais (Godolphin Hall, Cornwall, 1645 - Saint-Albans 1712). Ministre de Charles II, puis lord trésorier de Jacques II, ses connaissances financières le firent employer de nouveau par Guillaume III (1689-1696). Ami de Marlborough, il fut rappelé au gouvernement par la reine Anne comme lord trésorier (1702), mais il dut démissionner lors de la réaction tory de 1710.

GODOUNOV (Boris) → BORIS GODOUNOV.

GODOUNOV (Fedor) → FÉDOR II.

GODOY ÁLVAREZ DE FARIA (Manuel), homme d'État espagnol (Badajoz 1767 - Paris 1851). Grâce à l'appui de la reine Marie-Louise de Parme, dont il est le favori, il est nommé Premier ministre par Charles IV en 1792 et gouvernera en fait l'Espagne jusqu'en 1808 (sauf de 1798 à 1800). Hostile à la guerre contre la République française (1793), il y met fin en concluant le traité de Bâle (1795), ce qui lui vaut le titre de « prince de la Paix ». L'alliance qu'il signe avec la France (traité de San Ildefonso, 1796) entraîne l'Espagne dans deux guerres avec la Grande-Bretagne (1796-1802 et 1804-1805), marquées par la perte de la Trinité (1797) et le désastre de Trafalgar (1805). En 1807, il conclut avec Napoléon le traité de Fontainebleau, qui lui octroie une partie du Portugal et ouvre l'Espagne aux troupes françaises. Mais, l'intervention napoléonienne dans la Péninsule ayant provoqué l'émeute d'Aranjuez, il est destitué par Charles IV (mars 1808).

GODRON n. m. (de *godet*). 1. Ornement en relief ou en creux, en forme de gousse ou d'ove allongé, disposé verticalement ou obliquement. (Il se rencontre, employé en nombre, chaque godron parallèle aux autres, dans la décoration de chapiteaux, de vases de jardin, de pièces d'orfèvrerie.) — 2. Gaufrage rigide, à l'aide de fers, sur des toiles empesées.

GODRONNAGE n. m. Action de godronner ; fait d'être godronné.

GODRONNER v. t. (conj. 3). Décorer de godrons.

God save the King (ou **the Queen**), hymne national britannique. On ne connaît l'origine ni du texte ni de la musique. La première source imprimée date de 1744.

GODTHÅB → NUUK.

GODWIN → GODWINE.

GODWIN (Francis), évêque, écrivain et historien anglais (Hannington 1562 - Whitbourne, Herefordshire, 1633), auteur des *Annales of England* et surtout d'un *Catalogue des évêques d'Angleterre* (1601).

GODWIN (William), écrivain et théoricien politique britannique (Wisbech, Cambridgeshire, 1756 - Londres 1836). Pasteur animé de préoccupations sociales, il publia d'abord des *Recherches sur la justice politique et son influence sur la moralité et le bonheur* (1793), puis des romans à thèse (*les Aventures de Caleb Williams,* 1794) et enfin une réfutation des théories de Malthus, *Recherches sur la population* (1820). Partisan d'un rationalisme éclairé, il jeta les bases d'un communisme anarchiste et eut une grande influence sur les premiers socialistes du XIXe s. — Sa femme, MARY **Wollstonecraft** (près de Londres 1759 - Londres 1797), publia des *Revendications des droits de la femme* (1792).

GODWIN AUSTEN *(pic)* → K2.

GODWINE ou **GODWIN,** comte **du Wessex** († 1053). Nommé par Knud, il installa des membres de sa famille aux principaux comtés anglais ; après l'accession au trône d'Édouard le Confesseur, à qui il maria sa fille Edith (1042), il s'empara bientôt de la réalité du pouvoir.

GOEBBELS (Joseph Paul), homme politique allemand (Rheydt 1897 - Berlin 1945). Journaliste et polémiste talentueux, il fut gagné au national-socialisme par G. Strasser en 1922 et devint chef du parti à Berlin en 1926. Il y dirigea le périodique *Der Angriff* (1927-1933). Ministre de la Propagande et de l'Information du IIIe Reich (1933-1945), il orchestra en 1938 une vague de violences contre les juifs et devint un virtuose de la propagande mensongère, démagogique et haineuse. Chargé de la direction de la guerre totale en 1944, il suivit Hitler jusqu'au désastre et se suicida le 1er mai 1945.

GOÉLAND n. m. (breton *gwelan*). Gros oiseau marin à tête blanche, de l'hémisphère Nord, omnivore, très voisin des mouettes mais plus grand. (Le *goéland argenté* niche sur les côtes françaises en été et pénètre à l'intérieur en hiver ; le *goéland marin* reste littoral toute l'année.)

GOÉLETTE n. f. (de *goéland*). Navire à voiles auriques ou marconi à deux mâts, jaugeant de 50 à 200 tonneaux.

GOÉMON n. m. (breton *gwemon*). Ensemble des algues marines ramassées sur les plages *(goémon de laisse)* ou récoltées par coupe à marée basse *(goémon de coupe),* utilisées comme engrais.

GOÉMONIER, ÈRE adj. Qui concerne le goémon. ◆ **goémonier** n. m. Personne pratiquant la coupe et le ramassage des algues en mer, notamment en Bretagne.

GOEPPERT-MAYER (Maria), physicienne américaine d'origine allemande (Katowice 1906 - San Diego, Californie, 1972). Ayant observé que certains noyaux particulièrement stables possèdent des nombres de protons ou de neutrons bien déterminés (nombres magiques), elle donna une théorie selon laquelle le noyau serait formé de couches superposées. (Prix Nobel de physique 1963.)

GOERDELER (Carl Friedrich), homme politique allemand (Schneidemühl 1884 - Berlin 1945). Premier bourgmestre de Leipzig (1930-1937), il rejoignit dès 1935 l'opposition et fit connaître aux responsables des démocraties occidentales les véritables intentions du Führer. Il se rallia avec réticence au projet de Stauffenberg d'attentat contre Hitler et fut pressenti comme chancelier du futur gouvernement provisoire. Il fut arrêté et pendu après l'attentat manqué.

GOEREE, ancienne île des Pays-Bas, au N. de la Zélande, réunie depuis 1751 à Overflakkee. Elle a été reliée (après 1970) par des digues à Schouwen et à Voorne (plan Delta).

GOERG (Édouard), peintre et graveur français (Sydney, Australie, 1893 - Callian, Var, 1969). Longtemps marqué par un expressionnisme âpre et sarcastique, son art s'adoucit après 1940 (peintures de « filles-fleurs »). Importante œuvre de graveur (eau-forte, lithographie) et d'illustrateur.

GOERING (Hermann) → GÖRING.

GOES (Albrecht), écrivain allemand (près de Heilbronn 1908). Pasteur protestant marqué par la tragédie de la dernière guerre, il lui opposa les valeurs du christianisme et de l'humanisme

(*Jusqu'à l'aube,* 1950 ; *la Flamme du sacrifice,* 1954).

GOETHALS → HENRI de Gand.

GOETHE (Johann Wolfgang VON), écrivain allemand (Francfort-sur-le-Main 1749 - Weimar 1832). Fils d'un conseiller impérial, il termine à Leipzig et à Strasbourg des études de droit quand il publie ses premiers essais littéraires. Rentré malade à Francfort en 1768, il y donne ses *Nouveaux Lieder* (1769), puis après un nouveau séjour à Strasbourg ses drames *Prométhée* (1772) et *Götz von Berlichingen* (1774), qui font de lui un des chefs de la jeune école du « Sturm* und Drang ». Parallèlement, il tire d'un amour sans espoir la matière de son roman *les Souffrances du jeune Werther** (1774), et, devenu conseiller du duc de Weimar en 1775, il étudie la politique et l'économie tout en appliquant son esprit à la recherche scientifique (il prouve notamment l'existence de l'os intermaxillaire chez l'homme). Il passe en même temps de la fougue romantique à un génie plus discipliné (*Iphigénie,* 1779 ; *Egmont**, 1788), évolution qu'un voyage en Italie (1786-1788) porte à son terme (*Torquato Tasso,* 1789 ; *Élégies romaines,* 1790). À la suite du grand-duc Charles-Auguste, Goethe prend part aux guerres prussiennes contre la Révolution française en 1792 et 1793 et assiste à la bataille de Valmy, qu'il relatera dans *la Campagne de France* (1822). L'année 1794 marque le début de son amitié féconde avec Schiller (*Xénies,* 1796). Goethe est désormais guidé par un idéal classique d'ordre et de compréhension (*Années d'apprentissage de Wilhelm* Meister,* 1796 ; *Hermann* et Dorothée,* 1797 ; *l'Apprenti* sorcier,* 1797). Libéré de toute fonction officielle, il se consacre à son œuvre, assumant néanmoins la direction du théâtre de Weimar et s'intéressant à la géologie, à la biologie et à la botanique (*la Métamorphose des plantes,* 1790 ; *la Théorie des couleurs,* 1810) ; il oppose à l'analyse newtonienne et aux mathématiques sa saisie directe de la nature et des formes organiques. La mort de Schiller (1805) et une grave maladie accentuent sa tendance au repliement sur soi, au moment où paraît la première partie de *Faust** et où il rencontre Napoléon à Erfurt (1808). Alors que le nationalisme s'empare de la jeune génération allemande, Goethe élargit son inspiration apaisée (*les Affinités* électives,* 1809 ; *Voyage en Italie,* 1816-17) au domaine de l'exotisme lyrique (*Divan* oriental-occidental,* 1819). La sérénité et le détachement dominent dans les *Années de voyage de Wilhelm* Meister* (1821) et l'*Élégie de Marienbad* (1827), donnant à ses dernières œuvres un ton de plus en plus encyclopédique et symbolique (*Poésie* et Vérité,* 1811-1833 ; *Second Faust,* 1826-1833). Il mourut universellement honoré.

GOETHITE [gøtit] n. f. (de *Gœthe,* n. pr.). Oxyde naturel hydraté de fer FeOOH, orthorhombique.

GOÉTIE [gɔesi] n. f. (gr. *goêteia,* sorcellerie). Magie recourant à l'aide des mauvais esprits, par opp. à la *théurgie.*

GOEYVAERTS (Karel), compositeur belge (Anvers 1923). Il s'est affirmé comme le principal représentant flamand de l'avant-garde sérielle des années 50 : *Sonate pour 2 pianos* (1951) ; *N.6 aux 180 objets sonores* (1954) ; *Diaphonie* pour orchestre (1957) ; *Messe à la mémoire de Jean XXIII* (1968).

GOFF (Bruce), architecte américain (Alton, Kansas, 1904 - Tyler, Texas, 1982). Alliant les principes structuraux d'un R. B. Fuller à la poétique d'un F. L. Wright, voire d'un Gaudí, il a voulu briser le compartimentage rigide de l'habitation moderne. Par la complexité de ses ossatures, la liberté de ses formes décentrées ou obliques, la variété des matériaux employés, il exprime un lyrisme et une fantaisie qui côtoient le fantastique (nombreuses maisons à Oklahoma City, Kansas City, etc.).

GOFFIN (Robert), écrivain belge de langue française (Ohain 1898 – Overijse 1984). La rencontre du dadaïsme européen et la découverte du jazz ont marqué sa poésie, sorte de chronique de la vie moderne vécue avec intensité (*Jazz-band,* 1922 ; *la Proie pour l'ombre,* 1938 ; *Archipels de la Sève,* 1960).

GOFFMAN (Erving), sociologue canadien (Manville, Alberta, Canada, 1922 - Philadelphie 1982). Il a étudié l'interaction entre le comportement significatif et intentionnel de chaque individu (parole, geste, posture, regard) et le code social dans lequel il est perçu. Il a écrit notamment *Asiles* (1961), *les Rites d'interaction* (1967), *la Mise en scène de la vie quotidienne* (1973).

GOG et **MAGOG,** dans les textes juifs et chrétiens, personnification des puissances du Mal.

GOGA (Octavian), poète roumain (Răşinari 1881 - Ciucea 1938). Journaliste, engagé dans toutes les luttes politiques et sociales, il a chanté le village et ses traditions (*La terre nous appelle,* 1909) et dénoncé l'oppression en Transylvanie (*Poésies,* 1905).

GOGARTY (Oliver St John), chirurgien et poète irlandais (Dublin 1878 - New York 1957). Ami de Yeats et de Moore, il fut le mémorialiste de la renaissance irlandaise (*As I was going down Sackville Street,* 1937 ; *Tumbling in the Hay,* 1939).

GOGLU n. m. Au Canada, variété de passereau.

1. GOGO n. m. (de *Gogo,* n. pr.). *Fam.* Personne crédule, naïve, prête à croire n'importe quoi.

2. GOGO (À) loc. adv. (anc. fr. *gogue,* réjouissance). *Fam.* À volonté ; abondamment, à discrétion : *Servir du vin à gogo.*

GOGOL (Nikolaï Vassilievitch), écrivain russe (Sorotchintsy, gouvern. de Poltava, 1809 - Moscou 1852). Fils de hobereaux ukrainiens, adulé par une mère veuve, il débute à Saint-Pétersbourg comme modeste fonctionnaire puis comme professeur d'histoire dans une institution de jeunes filles. Il atteint d'emblée la célébrité avec son recueil de nouvelles *Veillées au hameau près de Dikanka* (1831). Si le recueil *Mirgorod* (1835), qui comprend *Tarass Boulba,* est encore d'inspiration romantique, *Arabesques* (1835), avec des textes comme *la Perspective Nevski* et *le Journal d'un fou,* affirme son génie de la caricature à travers la peinture d'un monde de médiocrité et d'ennui, art qui se confirme dans *le Nez* (1835), *le Revizor** (1836), *le Manteau* (1842). Cependant, en proie à une grave crise intérieure, Gogol quitte la Russie, séjourne en Allemagne, en Italie, à Vienne. De retour en 1841, les critiques qui accompagnent la publication de la première partie des *Âmes* mortes* (1842) le troublent profondément. Ses *Extraits d'une correspondance avec mes amis* (1847), où il affirme que la Russie ne sera réformée que par le moyen de la religion, font scandale. Tombé, après un pèlerinage à Jérusalem, sous l'emprise d'un prêtre fanatique, il brûle la deuxième partie des *Âmes mortes,* qu'il écrit une nouvelle fois et brûle encore avant de mourir, épuisé par les jeûnes. Visionnaire et mystique, Gogol a révélé le réalisme aux écrivains de son pays.

GOGOS, peuple bantou de Tanzanie (env. 300 000 membres).

GOGRA ou **GHĀGHRĀ** (la), riv. de l'Inde, affl. du Gange (r. g.), issue de l'Himālaya central et navigable à partir du Faizābād ; 1 030 km.

GOGUEL (Maurice), exégète et théologien luthérien français (Paris 1880 - *id.* 1955). Successeur de Loisy à la chaire d'exégèse de l'École des hautes études (1929), professeur en Sorbonne (1937), il a laissé un livre capital : *la Naissance du christianisme* (1946).

GOGUEL (François), juriste et sociologue français (Paris 1909), fils du précédent. Professeur à l'Institut d'études politiques de Paris (1948-1970), membre du Conseil constitutionnel (1971-1980), il a analysé les attitudes et les opinions politiques en s'appuyant sur la sociologie électorale : *la Politique en France* (1964, en collab. avec A. Grosser), *Géographie des élections françaises sous la IIIe et la IVe République* (1970).

GOGUENARD, E adj. (anc. fr. *gogue,* réjouissance). Qui manifeste une raillerie contenue, une certaine insolence narquoise ; moqueur : *Regarder quelqu'un d'un air goguenard.*

GOGUENARDISE n. f. *Litt.* Caractère de ce qui est goguenard.

GOGUENOTS ou **GOGUES** n. m. pl. (même rad. que *goguenard*). *Pop.* Lieux d'aisances.

GOGUETTE n. f. (anc. fr. *gogue,* réjouissance). Fam. *En goguette,* en léger état d'ivresse, émoustillé.

GOHELLE, plaine du nord de la France (Pas-de-Calais), au pied des collines de l'Artois.

GOÏ → GOY.

GOIÂNIA, v. du Brésil, cap. de l'État de Goiás, au S.-O. de Brasília ; 923 000 hab. Université. Centre administratif.

GOIÁS, État du centre du Brésil ; 356 000 km^2 ; 4 024 547 hab. Cap. *Goiânia.* Cultures du café et du coton dans le Sud. Élevage dans le Nord. Rizières dans la vallée de l'Araguaia. Gisements de nickel.

GOÏDÉLIQUE n. m. Syn. de GAÉLIQUE.

GOÏM n. pl. Pl. de GOY.

GOINFRE adj. et n. (mot dialect., p.-ê. gasc.). *Fam.* Qui mange avec avidité et d'une façon répugnante.

GOINFRER (SE) v. pr. ou, vx, **GOINFRER** v.i. (conj. 3). *Pop.* Manger (de qqch) avec avidité : *Se goinfrer de chocolat.*

GOINFRERIE n. f. Avidité goulue et répugnante.

Gois (le) ou **passage du Gois,** route, praticable à marée basse, qui relie l'île de Noirmoutier au continent (4,5 km).

GOITO, localité d'Italie, en Lombardie (prov. de Mantoue). Victoire des Piémontais sur les Autrichiens (30 mai 1848).

GOITRE n. m. (anc. provenç. *goitron,* du lat. pop. **gutturio,* du lat. class. *guttur, -uris,* gosier). Hypertrophie du corps thyroïde.

ENCYCL. **Pathol.** Les *goitres simples* réalisent une hyperplasie diffuse du tissu thyroïdien, sans anomalie quantitative de la sécrétion hormonale ni phénomène inflammatoire ; les *goitres nodulaires* sont caractérisés par l'existence d'un ou de plusieurs nodules individualisés au sein d'une thyroïde de volume normal ou hypertrophiée ; il existe enfin des *goitres compliqués* par un dysfonctionnement, par des phénomènes inflammatoires, néoplasiques ou compressifs. Le goitre simple se trouve à l'état endémique dans les régions montagneuses, où il peut être dû à une carence en iode. Les goitres nodulaires nécessitent une scintigraphie thyroïdienne. Les goitres compliqués peuvent se manifester par une insuffisance thyroïdienne, une hyperthyroïdie

(→ *maladie de* BASEDOW), une thyroïdite subaiguë ou chronique.

GOITREUX, EUSE adj. et n. Relatif au goitre ; atteint d'un goitre.

GOITSCHEL (Marielle), skieuse française (Sainte-Maxime 1945), championne olympique en 1964 (slalom géant) et 1968 (slalom spécial), championne du monde du combiné (1962, 1964 et 1966) et du slalom géant (1966). — Sa sœur CHRISTINE (Sallanches 1944) a été aussi championne olympique en 1964 (slalom spécial).

GOLAN *(plateau du),* plateau basaltique du sud-ouest de la Syrie, qui domine de 1 000 m la vallée du Jourdain.
— **Hist.** Il fut occupé par les Israéliens pendant la guerre « des six jours » (juin 1967). Point de départ de l'offensive syrienne de la guerre du Kippour (oct. 1973), puis occupé par Israël, le Golan a été annexé par Israël en 1981 à la suite d'un vote de la Knesset.

GOLBEY (88190), comm. des Vosges, banlieue nord d'Épinal ; 8 827 hab. *(Golbéens).* Textile. Matériel de climatisation.

GOLCONDE, forteresse et ville ruinée de l'Inde (Andhra Pradesh). Elle a été, de 1518 à sa dévastation (1687), la capitale de l'un des cinq sultanats musulmans du Deccan. Nombreux mausolées de cette époque.

GOLD adj. inv. et n. m. (angl. *gold*). Se dit d'une couleur jaune-orangé, dorée.

GOLD COAST, nom anglais de l'ancienne Côte-de-l'Or, aujourd'hui État du Ghana.

GOLDEN [gɔldɛn] n. f. (angl. *golden delicious,* délicieuse dorée). Pomme à peau jaune d'or, dont la qualité est très variable. (Elle est produite par la variété de pommier *Golden delicious,* originaire des États-Unis et la plus cultivée en France.)

GOLDEN GATE, détroit joignant la baie de San Francisco au Pacifique et franchi par un pont suspendu construit à 67 m au-dessus du niveau de la mer (1 280 m entre les deux piles).

Gold exchange standard, expression angl. signif. *étalon* de change or.*

GOLDFADEN (Abraham), écrivain russe d'expression yiddish (Staro Konstantinov, Ukraine, 1840 - New York 1908). Il créa, en 1876 en Roumanie, le spectacle considéré comme l'origine du théâtre yiddish, qu'il fit connaître en Russie (jusqu'à l'interdiction de 1883), en Europe et aux États-Unis. Il est l'auteur d'une soixantaine de comédies satiriques (*Shmendrik,* 1877) et de drames historiques et politiques (*Ben Ami,* 1907).

GOLDING (William), écrivain britannique (Saint Columb Minor, Cornouailles, 1911 -Tulimar, près de Falmouth, 1993). D'un pessimisme proche de la tradition calviniste (« L'homme produit le mal comme l'abeille le miel »), il a peint dans ses romans, qui mêlent réalisme et allégorie, le drame de l'homme pris au piège du péché originel (*Sa Majesté des Mouches,* 1954 ; *la Nef,* 1964 ; *le Dieu Scorpion,* 1971 ; *Rites de passage,* 1980 ; *Coup de semonce,* 1987). [Prix Nobel 1983.]

GOLDMAN (Emma), anarchiste américaine (Kovno, auj. Kaunas, 1869-Toronto 1940). Émigrée aux États-Unis, elle exprime ses idées féministes dans des revues (notamment *Mother Earth,* 1906-1917). Elle fut expulsée en Russie (1919) ; mais, déçue par le socialisme soviétique, notamment après la révolte des marins de Kronchtadt, elle revint en Occident. Elle a raconté son expérience dans *Living My Life* (1931).

GOLDMANN (Nahum), dirigeant sioniste (Wisznewo, Lituanie, 1895 - Bad Reichenhall 1982). Il milita dans des mouvements sionistes en Allemagne et était en Palestine au moment de l'arrivée de Hitler au pouvoir (1933). Il représenta l'Agence juive à la S. D. N. et organisa parallèlement le Congrès juif mondial (1936). Il gagna les États-Unis en 1940. Naturalisé américain, il contribua à l'établissement du plan de partage de la Palestine. Président du Congrès juif mondial de 1951 à 1977 et de l'Organisation mondiale sioniste de 1956 à 1968, il fut naturalisé israélien en 1962 ; en 1968, il prit aussi la nationalité suisse. Après la guerre « des six jours », il demanda la restitution par Israël des territoires conquis en 1967 et l'octroi à Israël d'un statut d'État neutre. Il a publié *Autobiographie* (1969), *Où va Israël ?* (1975) et *le Paradoxe juif* (1977).

GOLDMANN (Lucien), philosophe français (Bucarest 1913 - Paris 1970). Disciple de Lukács, il a placé le matérialisme dialectique à la base de son étude critique des œuvres littéraires classiques (*le Dieu caché,* 1956) et du roman contemporain (*Pour une sociologie du roman,* 1964), fondant le « structuralisme génétique ».

GOLDMARK (Peter Carl), ingénieur américain d'origine hongroise (Budapest 1906 - comté de Westchester, État de New York, 1977). On lui doit la mise au point du disque microsillon, de la télévision en couleurs, de la transmission des photographies par satellites, de la photocomposition, des vidéocassettes.

GOLDONI (Carlo), acteur, auteur et metteur en scène de théâtre italien (Venise 1707 - Paris 1793). Il substitua aux bouffonneries de la *commedia dell'arte* la peinture des mœurs et des caractères (*le Serviteur de deux maîtres,* 1745 ; *La Locandiera*,* 1753 ; *la Villégiature* [trilogie],

1761 ; *les Querelles de Chioggia,* 1762), puis il s'établit à Paris, où il poursuivit la défense et l'illustration de la comédie naturelle (*le Bourru bienfaisant,* 1771). Il a laissé des *Mémoires* (1784-1787).

GOLD-POINT [gɔldpɔjnt] n. m. (pl. *gold-points*) [angl. *gold point,* point de l'or]. Limites étroites que ne pouvait dépasser le taux de change d'une monnaie dans un régime d'étalon or.

GOLDSCHMIDT (Hans), chimiste et industriel allemand (Berlin 1861 - Baden-Baden 1923). Il inventa l'aluminothermie (1900), qu'il appliqua à la métallurgie du chrome et du manganèse ainsi qu'à la fabrication de bombes incendiaires.

GOLDSCHMIDT (Richard B.), biologiste américain d'origine allemande (Francfort-sur-le-Main 1878 - Berkeley, Californie, 1958), auteur d'importants travaux de biologie générale sur les papillons.

GOLDSCHMIDT (Victor Moritz), minéralogiste et pétrographe norvégien (Zurich 1888 - Oslo 1947). À l'origine de la géochimie moderne, il a découvert les grandes lignes du comportement de nombreux éléments, principalement dans les roches magmatiques et métamorphiques.

GOLDSMITH (Oliver), écrivain britannique (Pallasmore, Irlande, 1728 - Londres 1774). Fils de pasteur, il connut la célébrité avec *le Citoyen du monde* (1762), imité des *Lettres persanes* de Montesquieu, et le poème *le Voyageur* (1764). Il témoigna ensuite d'une sentimentalité tempérée d'ironie dans ses romans (*le Vicaire de Wakefield,* 1766), ses poèmes pastoraux (*le Village abandonné,* 1770). Sa pièce *Elle s'abaisse pour vaincre* (1773) connut un grand succès.

GOLDSTEIN (Eugen), physicien allemand (Gleiwitz 1850 - Berlin 1930). Il introduisit en 1876 l'expression de « rayons cathodiques » et signala la nature négative de leur charge. En 1886, il découvrit les rayons positifs, ou rayons canaux.

GOLDSTEIN (Kurt), neurologue et psychiatre américain d'origine allemande (Kattowitz, auj. Katowice, 1878 - New York 1965). Influencé par la théorie de la forme, il réagit contre une conception trop stricte des localisations cérébrales et considère que l'organisme fonctionne comme un tout que la maladie modifierait dans sa totalité. Ainsi, l'aphasie serait un processus général de défense par lequel l'organisme répond à une détresse particulière. Elle résulterait d'une atteinte des capacités d'abstraction.

GOLDWYN (Samuel GOLDFISH, dit **Samuel**), producteur de cinéma américain d'origine polonaise (Varsovie 1882 - Los Angeles 1974). Cofondateur en 1913 d'une société qui deviendra la Paramount, il créa en 1918 la « Goldwyn », qui se fondit dans la Metro Goldwyn Mayer en 1924.

GOLÉA (El) → MENIA *(El-).*

GOLEÏZOVSKI (Kassian), danseur et chorégraphe soviétique (Moscou 1892 - *id.* 1970). Il introduisit dans le ballet des mouvements acrobatiques et gymniques, créa la notion de collectif scénique et transforma l'espace scénique. Il a signé *la Légende de Joseph* (1925), des versions des « Danses polovtsiennes » du *Prince Igor* et de *la Fontaine de Bakhtchissaraï* (1939), *Leila et Mejnoun* (1964).

GOLEM n. m. (hébr. *gōlem,* embryon). Dans la culture juive, sorte d'automate à forme humaine que de saints rabbins avaient le pouvoir d'animer.

GOLESCU (Nicolas ou Nicolae), homme politique roumain (Cîmpulung 1810 - Bucarest 1878). Il fut l'un des chefs de la révolution de 1848 en Valachie.

Golestān ou **Gulistān** (« Jardin des roses »), œuvre en prose rimée de Sa'di (1258), traité de morale et de savoir-vivre.

GOLETTE n. f. Soie de qualité médiocre, qu'on tire des cocons percés par les chrysalides au moment où elles s'en échappent.

GOLF n. m. (angl. *golf,* du néerl. *kolf,* crosse). **1.** Sport consistant à envoyer une balle à l'aide de clubs dans les 18 trous successifs d'un vaste terrain avec le minimum de coups. (→ *encycl.*) — **2.** Terrain ou l'on pratique ce sport. — **3.** *Golf miniature,* jeu imitant le golf, dans lequel les parcours, de quelques mètres, sont jalonnés d'obstacles divers. ‖ *Pantalon de golf,* pantalon bouffant resserré au-dessous du genou par un bracelet de tissu. (Syn. KNICKERS.)

◆ **golfs** n. m. pl. Culotte, pantalon de golf.

ENCYCL. Le golf se joue sur un terrain (parcours ou links), coupé d'obstacles naturels ou artificiels, sur lequel ont été établis en des points divers 18 trous de 10,8 cm de diamètre. Le total du parcours est en moyenne de 6 à 7 km. Tout terrain de golf a son par (variant de 68 à 75), nombre de coups que mettrait normalement, pour le parcourir, un joueur de handicap zéro. Les grandes compétitions sont le Masters, l'US-PGA (organisée par l'Association des professionnels américains), l'Open britannique et l'Open américain. Une Coupe du monde se dispute chaque année par équipes nationales de deux joueurs.

GOLFE n. m. (ital. *golfo,* du gr. *kolpos,* ventre). Rentrant du littoral, de grande dimension, en principe plus grand qu'une baie. (Avec une majusc., désigne généralement le golfe Persique.)

Golfe (*Conseil de coopération du*) **[C. C. G.]**, groupement d'États arabes (Arabie Saoudite, Koweït, Bahreïn, Qaṭar, Oman et Émirats arabes unis) créé en 1981 pour promouvoir le développement économique de ces États et définir les problèmes liés à la sécurité.

Golfe (*guerre du*) [août 1990-févr. 1991], nom donné au conflit déclenché par l'invasion (1er-2 août 1990) et l'annexion du Koweït par l'Iraq et ayant opposé à ce pays une coalition d'une trentaine de nations conduite par les États-Unis. L'O.N.U. ayant condamné l'agression irakienne et autorisé le recours à tous les moyens nécessaires pour rétablir la souveraineté koweïtienne, une force multinationale à prépondérance américaine et à participation arabe (Égypte et Syrie notamm.), déployée dans le Golfe et en Arabie Saoudite, intervient contre l'Iraq (17 janv. 1991) et libère le Koweït (28 févr.).

GOLFECH (82400), comm. de Tarn-et-Garonne ; 559 hab. Centrale hydroélectrique sur une dérivation de la Garonne. Centrale nucléaire.

GOLFE-JUAN (06220 Vallauris), écart de la comm. de Vallauris (Alpes-Maritimes), sur le *golfe Juan.* Station balnéaire. Napoléon Ier y débarqua, le 1er mars 1815, à son retour de l'île d'Elbe.

GOLFEUR, EUSE n. Joueur(euse) de golf.

GOLFIQUE adj. Qui concerne le golf.

GOLGI (Camillo), médecin et histologiste italien (Corteno, près de Brescia, 1843 -Pavie 1926). Il est l'auteur de remarquables travaux sur l'histologie du système nerveux (méthodes de coloration, découverte de corpuscules tactiles spéciaux) et sur les fièvres paludéennes. (Prix Nobel de médecine, avec Ramón y Cajal, 1906.)

Golgi *(appareil de),* ensemble de granulations réunies en réseau, situées dans le protoplasma cellulaire, près du noyau, et réduisant les sels d'argent. L'appareil de Golgi se rencontre plus typiquement dans les cellules animales, et son rôle est controversé.

GOLGOTHA (nom dérivé de l'araméen *gulgolta,* lieu du crâne), site près de Jérusalem où, selon les Évangiles, Jésus fut crucifié. Constantin y fit édifier l'église du Saint-Sépulcre.

GOLIARD n. m. (anc. fr. *goliart,* débauché, p.-ê. de *gole,* gueule). Au Moyen Âge, clerc indiscipliné qui vivait en marge des lois de l'Église.

GOLIARDIQUE adj. Se dit de la littérature des goliards, comme les *Carmina Burana*.

GOLIATH n. m. (de *Goliath,* n. pr.). **1.** Nom donné parfois au rat de Gambie, qui atteint jusqu'à 80 cm de long. — **2.** Grenouille géante du Cameroun, pouvant atteindre 75 cm pour 3 kg. — **3.** Cétoine d'Afrique, qui atteint 10 cm de long et plus.

GOLIATH, guerrier philistin vaincu en combat singulier par David (I Samuel, XVII).

GOLITSYNE ou **GALITZINE** ou **GALLITZIN,** famille princière russe descendant du prince lituanien Gedymin, qui donna à la Russie de la fin du XVIIe s. et du XVIIIe s. d'éminents hommes d'État ou chefs militaires. Au XIXe s., elle s'illustra aussi en Occident, notamment en Allemagne, aux États-Unis (où la forme Gallitzin a prévalu) et en France (où fut adoptée la forme de Galitzine). — VASSILI VASSILIEVITCH, homme d'État (1643-Kologory, gouvern. d'Arkhangelsk, 1714), conseiller de Fédor III, puis favori de Sophie, joua un rôle important en politique extérieure pendant toute sa régence (1682-1689). — DIMITRI MIKHAÏLOVITCH, homme d'État (1665-Schlüsselburg 1737), membre du Haut Conseil secret (1726-1730), essaya d'instaurer un pouvoir aristocratique en Russie et de l'imposer à Anna Ivanovna, qui le fit condamner à mort (1736). Sa peine fut commuée en détention perpétuelle.

GOLL (Yvan), poète et auteur dramatique français (Saint-Dié 1891 - Paris 1950). Militant pacifiste avec R. Rolland (*Requiem pour les morts de l'Europe,* 1916), exilé ensuite aux États-Unis, il accueillit les poètes nouveaux dans sa revue *Hémisphères* (1943-1945). Auteur du *Nouvel Orphée* (1923), des *Poèmes d'amour* (1925), il recréa le mythe du juif errant dans le cycle inachevé de *Jean sans Terre* (1930-1949).

Goll *(faisceau de),* faisceau de fibres nerveuses ascendantes situé dans les cordons postérieurs de la moelle épinière. Il véhicule des messages somesthésiques qui, après relais dans la moelle, empruntent le lemniscus médian. (Syn. FAISCEAU GRACILE.)

GOLMOTE ou **GOLMOTTE** n. f. (de *colmelle,* lépiote, contraction de *columelle*). Nom usuel de l'*amanite rougeâtre,* distincte de l'amanite panthère, ou *fausse golmote.*

GOLO (le), fl. de Corse, le plus long de l'île (75 km). Il rejoint la mer à 20 km au S. de Bastia. Barré à Calacuccia, il alimente la centrale hydraulique de Castirla.

GOLOVINE (Fedor Alekseïevitch, *comte*), diplomate et homme d'État russe (1650-1706). Il négocia le traité de Nertchinsk (1689) avec la Chine, accompagna Pierre le Grand dans sa « grande ambassade » en Europe occidentale (1697-98) et devint un de ses plus proches collaborateurs.

GOLOVINE (Serge), danseur français d'origine russe (Monaco 1924). Il s'est illustré avec le

Grand Ballet du marquis de Cuevas, où il fut partenaire de Rosella Hightower. Chorégraphe, il a signé *la Mort de Narcisse* (1958) et une version du *Mandarin merveilleux.*

GOLOVKINE (Gavril Ivanovitch, *comte*), homme d'État russe (1660 - Saint-Pétersbourg 1734). Ami d'enfance de Pierre le Grand, il l'accompagna lors de sa « grande ambassade » en Europe occidentale (1697-98). Il dirigea la politique extérieure de la Russie après 1706. Membre du Haut Conseil secret sous Catherine Ire et Pierre II (1726-1730), il aida Anna Ivanovna à rejeter les « conditions » limitant son pouvoir.

GOLPĀYEGĀN, v. d'Iran, au N.-O. d'Ispahan, sur le versant nord du Zagros. Grande Mosquée à quatre īwān (v. 1115).

GOLTZ (Colmar, *baron* VON DER), dit **Goltz-Pacha,** maréchal prussien (Bielkenfeld bei Labiau 1843 - Bagdad 1916). Auteur de nombreuses études historiques, partisan de l'offensive, il réorganisa l'armée turque (1883-1896). Chef des Ire et VIe armées turques au Moyen-Orient (1915-16), son offensive en Mésopotamie empêcha une jonction anglo-russe en Perse.

GOLTZ (Rüdiger, *comte* VON DER), général allemand (Züllichau 1865 - Kinsegg, Bavière, 1946). À la fin de la Première Guerre mondiale, il soutint Mannerheim contre les bolcheviks et occupa Helsinki (mars-avr. 1918). Il mit sur pied une armée de volontaires, le *Baltikum* (févr. 1919), et occupa la Courlande. Rappelé en Allemagne sur injonction de Foch (oct. 1919), il participa au putsch de Kapp (mars 1920).

GOLTZIUS (Hendrick), peintre et graveur néerlandais (Mühlbracht, près de Venlo, 1558 - Haarlem 1617). Maniériste influencé par Dürer, par les Italiens et par Spranger, meilleur graveur de son pays entre Lucas de Leyde et Rembrandt (burins et camaïeux : sujets mythologiques ou religieux, portraits), plus froid dans ses peintures, il fut l'un des fondateurs de l'académie de Haarlem (1587) et connut une renommée européenne.

GOMA, localité du Zaïre, sur la rive nord du lac Kivu ; 49 000 hab. Plantations de café et de bananes. Aéroport.

GOMAR (François) ou **GOMARUS** (Franciscus), théologien protestant néerlandais (Bruges 1563 - Groningue 1641). Défenseur intransigeant de la théorie de la prédestination, il combattit les théories moins rigoristes d'Arminius ; il finit par faire triompher ses idées au synode national de Dordrecht (1618-19), qui condamna l'arminianisme.

GOMARISME n. m. Doctrine de Gomar, opposée à l'arminianisme.

ENCYCL. Le gomarisme ne provoqua pas seulement des controverses religieuses, mais eut des répercussions politiques, car il fut adopté par les gens du peuple en général et par la maison princière de Nassau, alors que les riches marchands se ralliaient à l'arminianisme.

GOMARISTE adj. Relatif à Gomar, au gomarisme ; partisan du gomarisme.

GOMBAULD (Jean OGIER DE), poète français (Saint-Juste-de-Lussac, Saintonge, 1590-Paris 1666). Favori de Marie de Médicis, il fut tenu dans une demi-disgrâce par Richelieu. On lui doit des poésies et des épigrammes. (Acad. fr., 1634.)

GOMBERVILLE (Marin LE ROY DE), écrivain français (Paris 1600 - *id.* 1674), poète dans la tradition de Malherbe et auteur de romans précieux (*l'Exil de Polexandre et d'Ériclée,* 1619 ; *la Carithée,* 1621). [Acad. fr., 1634.]

GOMBETTE adj. *Loi gombette,* loi rédigée en latin sur l'ordre du roi des Burgondes, Gondebaud (v. 501-515), et regroupant en un recueil les 109 articles des anciennes lois burgondes. (C'est le code barbare le plus imprégné de droit romain.)

GOMBO n. m. (amér. *gombo ;* du bantou *ngombo*). **1.** Plante (malvacée) à fleurs solitaires jaunes, à fruit allongé, cultivée dans toutes les régions chaudes pour ses fruits. — **2.** Fruit de cette plante, consommé comme légume ou comme condiment. (Syn. OKRA.)

GOMBRICH (sir Ernst Hans), historien d'art britannique d'origine autrichienne (Vienne 1909). Entré en 1936 au Warburg Institute de Londres, il en fut le directeur de 1959 à 1976. Après avoir publié en 1950 *l'Art et son histoire,* il a analysé dans *l'Art et l'illusion* (1960) les aspects techniques de la création et de la ressemblance artistiques et a montré l'importance de la psychologie de la perception chez le spectateur.

GOMBROWICZ (Witold), écrivain polonais (Małoszyce 1904 - Vence 1969). Surpris par la guerre en Argentine, il y vécut 23 ans avant de s'établir en France. Ses romans (*Ferdydurke,* 1938 ; *Transatlantique,* 1953 ; *la Pornographie,* 1960 ; *Cosmos,* 1965), son théâtre (*Yvonne, princesse de Bourgogne,* 1938, représentée en 1957 ; *le Mariage,* 1947, en polonais, 1953) et son *Journal* (1957-1966) ont cherché à saisir, à travers les comportements stéréotypés et les pièges de la culture, la réalité intime des êtres.

GOMEL, v. du sud-est de la Biélorussie, sur la Soj ; 503 000 hab. Port fluvial. Chantiers navals. Machines agricoles. Engrais.

GOMERA *(île de),* île de l'archipel espagnol des Canaries. Ch.-l. *San Sebastián.*

GOMES (Manuel Teixeira), homme d'État et écrivain portugais (Vila Nova de Portimão 1862 - Bougie 1941). Ambassadeur à Londres (1910-1923), il fut président de la République de 1923 à 1925.

GOMES LEAL (António Duarte) → LEAL (António Duarte Gomes).

GÓMEZ (Máximo), général cubain (Baní, Saint-Domingue, 1836 - La Havane 1905). Il participa à l'insurrection de 1868, devint ministre de la Guerre (1876) mais dut s'exiler à la Jamaïque après le pacte de Zanjón (1878). Passé aux États-Unis, il débarqua à Cuba (1895) et contribua à l'organisation de la République cubaine après la victoire des insurgés.

GÓMEZ (Juan Vicente), homme d'État vénézuélien (San Antonio, Táchira, 1859 -Maracay, Aragua, 1935). Auteur du coup d'État contre Cipriano Castro en 1908, il a imposé au Venezuela, de 1910 à sa mort, une dictature impitoyable.

GÓMEZ DE AVELLANEDA (Gertrudis), femme de lettres hispano-cubaine (Puerto Príncipe, auj. Camagüey, Cuba, 1814 - Madrid 1873). Elle publia en Europe, sous le pseudonyme de **la Peregrina,** des poèmes romantiques (*Poesías,* 1841), des romans (*Dolores,* 1860), des drames (*Saúl,* 1846) et des comédies (*Tres amores,* 1858).

GÓMEZ DE LA SERNA (Ramón), écrivain espagnol (Madrid 1888 - Buenos Aires 1963). Romancier (*El Rastro,* 1915 ; *La Hiperestésica,* 1931), il créa le genre des *greguerías,* petits poèmes en prose aux observations piquantes.

GÓMEZ DE MORA (Juan), architecte espagnol (Madrid 1586 - *id.* v. 1646-1648), élève de son oncle, l'architecte Francisco de Mora († Madrid 1610). Il est l'auteur principal de l'église des Jésuites de Salamanque, de la Plaza Mayor (1617) et d'autres monuments à Madrid.

GÓMEZ PALACIO, v. du Mexique (État de Durango), au N.-O. de Torréon ; 135 700 hab.

GOMINA n. f. (n. déposé, de l'esp. *goma,* gomme). Produit capillaire à base de gomme adragante, destiné à maintenir les cheveux en place.

GOMINER (SE) v. pr., **ÊTRE GOMINÉ** v. pass. (de *Gomina*) [conj. 3]. Se passer de la Gomina sur les cheveux.

GOMMAGE n. m. **1.** Action d'effacer avec une gomme : *Le gommage de remarques inutiles.* – **2.** Action d'atténuer les oppositions, les contrastes violents, les différences accentuées. • **Cosmét.** Nettoyage de la peau avec un produit destiné à éliminer en surface les cellules mortes. – **Impr.** Action de recouvrir d'une solution de gomme arabique la pierre lithographique ou la plaque offset pour conserver ses propriétés. – **Papet.** Application d'un adhésif approprié sur une feuille de papier ou de carton.

GOMME n. f. (bas lat. *gumma,* du lat. class. *gummis*). **1.** Substance glucidique visqueuse, collante, qui exsude du tronc de certains végétaux, naturellement ou par suite d'un traumatisme. (Les gommes sont utilisées en pharmacie, dans l'industrie des apprêts, des colles et des vernis.) – **2.** Article de bureau à base d'élastomère et servant à effacer les traits de crayon ou d'encre. – **3.** Friandise faite de gomme naturelle, de sucre et de sirop de glucose. – **4.** Fam. *À la gomme,* médiocre, de mauvaise qualité, sans valeur : *Chanteur à la gomme.* ‖ *Gomme à mâcher,* chewing-gum. ‖ Pop. *Mettre (toute) la gomme,* activer l'allure (d'un véhicule). • **Arbor.** *Gomme nostras,* gomme produite par certains arbres de la famille des rosacées, tels le cerisier, le prunier, l'abricotier. – **Mécan.** Dépôt qui se forme sur les soupapes d'admission des moteurs à explosion et qui est dû à l'oxydation des dioléfines contenues dans les essences. – **Pathol.** Production nodulaire de la peau d'origine infectieuse, évoluant vers le ramollissement et l'ulcération. (Les gommes s'observent dans les mycoses, les tuberculoses cutanées et surtout dans la syphilis tertiaire.) – **Polym.** *Gomme (élastique),* anc. désignation du caoutchouc brut.

Gommes *(les),* premier roman d'Alain Robbe-Grillet (1953). Banale histoire policière, dans un monde réduit à ses seuls contours, ce fut une des premières manifestations du Nouveau Roman.

GOMME-AMMONIAQUE n. f. (pl. *gommes-ammoniaques*). Oléo-gommo-résine produite par une ombellifère et utilisée pour la confection de mastics.

GOMME-GUTTE n. f. (pl. *gommes-guttes*) [lat. sc. *gummi gutta*]. Gomme-résine produite par un arbre du Nord-Est asiatique, employée comme laxatif.

GOMME-LAQUE n. f. (pl. *gommes-laques*). Résine fournie par une cochenille de l'Inde. Elle sert à la fabrication des vernis, encaustiques, isolants électriques, cires à cacheter, disques. [Syn. LAQUE.]

GOMMER v. t. [conj. 3]. **1.** Enduire une surface de gomme : *Gommer des timbres-poste.* – **2.** Effacer qqch avec une gomme : *Gommer un mot inexact.* – **3.** Ne pas appuyer sur qqch, l'atténuer, en effacer les aspects les plus saillants : *Les médias ont gommé les incidents les plus graves.* – **4.** Faire disparaître qqch (de qqch, d'un lieu) : *Gommer un mauvais souvenir.* – **5.** *Gommer une couleur,* délayer avec elle, dans l'eau, un peu de gomme, pour la rendre plus adhérente au subjectile (papier, vélin, ivoire).

◆ **être gommé** v. pass. **1.** Être recouvert d'une couche de gomme adhérente sèche, qui se dilue au contact d'un liquide et devient collante : *Papier gommé.* – 2. *Taffetas gommé,* tissu imperméabilisé, destiné à maintenir humides les pansements ou les cataplasmes.

GOMME-RÉSINE n. f. (pl. *gommes-résines*). Mélange naturel de gomme et de résine, produit par exsudation naturelle ou provoquée de plantes des régions chaudes (ombellifères ou térébinthacées).

GOMMETTE n. f. Petit morceau de papier gommé, de couleur et de forme variées.

GOMMEUX, EUSE adj. Relatif aux gommes végétales ou pathologiques.

◆ **gommeux** n. m. *Vx.* Jeune homme qui pousse le souci de l'élégance jusqu'au ridicule.

◆ **gommeuse** n. f. Machine utilisée pour la fabrication du papier gommé.

GOMMIER n. m. Arbre producteur de gomme.

GOMMO-RÉSINEUX, EUSE adj. (pl. *gommo-résineux, euses*). Qui se rapporte aux gommes-résines.

GOMMOSE n. f. Maladie des plantes, caractérisée par une production anormalement grande de gomme, qui atteint souvent les arbres fruitiers à noyau (pêcher, abricotier, cerisier, prunier).

GOMORRHE, anc. cité cananéenne du sud de la mer Morte, dont le livre de la Genèse rapporte la destruction avec Sodome*.

GOMORRHÉEN, ENNE adj. (de *Gomorrhe,* n. pr.). *Litt.* Qui relève de l'homosexualité féminine.

GOMPERS (Samuel), syndicaliste américain (Londres 1850 - San Antonio, Texas, 1924). Il fit triompher un syndicalisme professionnaliste au sein de l'American Federation of Labor, dont il fut l'organisateur.

GOMPHIA n. m. Très bel arbre ou arbrisseau d'Amérique, d'Afrique et d'Asie, cultivé en serre chaude dans nos régions.

GOMPHIDE n. m. (gr. *gomphos,* cheville). Champignon comestible, à lames épaisses et muni d'une cortine fugace, croissant sous les conifères.

GOMPHUS [-fys] n. m. Libellule aux yeux écartés et dont la couleur allie le noir, le jaune et le vert, très commune en France.

GOMUŁKA (Władysław), homme politique polonais (Krosno, Galicie, 1905 - Varsovie 1982). Secrétaire général du Comité central du parti ouvrier polonais (1943-1948), co-vice-président du gouvernement d'Union nationale (1945-1947), il se fait le défenseur d'une « voie polonaise vers le socialisme ». Exclu du parti (1948) puis du gouvernement (1949) par les staliniens, il est emprisonné (1951-1954). Réintégré dans le parti après les émeutes de Poznań (juin 1956), il devient premier secrétaire (oct. 1956-déc. 1970) et assure également la direction de l'État. Ses réformes répondent d'abord aux aspirations de la majorité des Polonais tout en consolidant le pouvoir communiste, mais les problèmes engendrés par la stagnation économique et la crise tchécoslovaque (1968) lui font perdre sa popularité. Les émeutes ouvrières de déc. 1970 provoquent sa destitution.

GON n. m. Syn. de GRADE (unité d'angle), utilisé surtout dans les pays germaniques.

GONADE n. f. (gr. *gonê,* semence). Organe sexuel au sein duquel s'élaborent les gamètes.

ENCYCL. Chez les vertébrés, selon le sexe génétique de l'individu, c'est soit la zone médullaire qui se développe et élabore des spermatozoïdes (sujet mâle), soit la zone corticale qui se développe, se creuse de follicules et élabore des ovules (sujet femelle) ; la gonade femelle est l'ovaire* ; la gonade mâle, le testicule*.

GONADIQUE adj. Relatif aux gonades.

GONADOSTIMULINE ou **GONADOTROPHINE** n. f. Syn. de HORMONE GONADOTROPE.

GONADOTROPE adj. *Hormone gonadotrope,* hormone qui intervient dans le développement et le fonctionnement des organes génitaux des deux sexes. (Syn. GONADOTROPHINE, GONADOSTIMULINE.)

ENCYCL. On distingue les *hormones gonadotropes hypophysaires* et les *hormones gonadotropes placentaires.* Les premières comprennent l'hormone folliculo-stimulatrice, ou FSH ; l'hormone lutéinisante, ou LH, appelée également hormone du tissu interstitiel, ou ICSH ; l'hormone lutéotrope, ou prolactine, ou LTH. La FSH agit sur la maturation du follicule et la sécrétion des œstrogènes. La LH déclenche l'ovulation et la formation du corps jaune. Chez l'homme, la FSH agit sur la spermatogenèse, et la LH règle la sécrétion de la testostérone.

Les hormones gonadotropes placentaires sont constituées par les hormones gonadotropes chorioniques humaines, ou HCG, qui sont abondantes dans l'urine et le sérum de la femme enceinte. Leur dosage par des techniques immunologiques est utilisé pour le diagnostic précoce de la grossesse.

GONAÏVES, port de la République d'Haïti, sur le *golfe de Gonaïves ;* 63 291 hab.

GONALGIE n. f. (du gr. *gonu,* genou). Douleur du genou.

GONALGIQUE adj. Relatif à la gonalgie.

GONARTHRITE n. f. Arthrite de l'articulation du genou.

GONARTHROSE ou, vx., **GONARTHRIE** n. f. Arthrose de l'articulation du genou, fréquente surtout chez la femme.

GONÂVE *(île de la),* île dépendant de la République d'Haïti, entre les deux péninsules du Nord et du Sud. Pêche.

GONBADH-E QĀBUS ou **GUNBADH-I QĀBŪS,** v. du nord de l'Iran, dans le Māzandarān, à l'E.-N.-E. de Gorgān. Mausolée, dit Gonbadh-e Qābus (1006), à l'est de la ville, haute tour prismatique, prototype des tours funéraires de l'Iran.

GONÇALVES (Nuno), peintre portugais, nommé peintre du roi Alphonse V en 1450. On lui attribue l'exécution, entre 1450 et 1470, du *Polyptyque de São Vicente,* dont il subsiste deux grands panneaux et quatre volets au musée de Lisbonne. Autour de la figure du saint sont réunis les représentants de la société portugaise du temps, dans une composition d'un réalisme, d'une vigueur et d'une monumentalité rares.

GONÇALVES DIAS (Antônio), poète brésilien (Caxias 1823 - mort dans un naufrage 1864). Grand poète romantique, il fonda l'école indianiste (*Os Timbiras,* 1857).

GONCELIN (38570), ch.-l. de cant. de l'Isère, sur l'Isère ; 1 783 hab. *(Goncelinois).* Traitement des métaux.

GONCOURT (Edmond et Jules Huot de), écrivains français (Edmond [Nancy 1822 - Champrosay, Essonne, 1896] ; Jules [Paris 1830 - *id.* 1870]). Convaincus des possibilités documentaires du roman, ils publièrent ensemble des œuvres scrupuleusement réalistes (*Renée Mauperin,* 1864 ; *Germinie* Lacerteux,* 1865 ; *Madame Gervaisais,* 1869) dont, après la mort prématurée de Jules, Edmond continua seul la tradition (*la Fille Élisa,* 1877). Amateurs et collectionneurs d'art, ils célébrèrent *l'Art du* XVIII*e siècle* (1875) ; Edmond publia également des études sur Utamaro et Hokusai. Leur *Journal* (1851-1896) a constitué une chronique de la vie littéraire et artistique du second Empire et du début de la IIIe République.

Goncourt *(Académie des),* société littéraire créée par E. de Goncourt dans son testament. Constituée officiellement en 1902, reconnue d'utilité publique en 1903, elle décerne chaque année depuis cette date le prix Goncourt par l'intermédiaire de son jury, composé de dix écrivains. L'Académie, qui compte cinq membres correspondants à titre étranger, attribue également des prix complémentaires : Goncourt de la nouvelle (depuis 1974), du récit historique (depuis 1974), de la biographie (depuis 1980), de la poésie (depuis 1985), du premier roman (depuis 1990).

PRIX GONCOURT

1903	John-Antoine Nau, *Force ennemie*
1904	Léon Frapié, *la Maternelle*
1905	Claude Farrère, *les Civilisés*
1906	Jérôme et Jean Tharaud, *Dingley, l'illustre écrivain*
1907	Émile Moselly, *Terres lorraines*
1908	Francis de Miomandre, *Écrit sur de l'eau*
1909	Marius et Ary Leblond, *En France*
1910	Louis Pergaud, *De Goupil à Margot*
1911	Alphonse de Châteaubriant, *Monsieur des Lourdines*
1912	André Savignon, *les Filles de la pluie*
1913	Marc Elder, *le Peuple de la mer*
1914	Adrien Bertrand, *l'Appel du sol* (prix décerné en 1916)
1915	René Benjamin, *Gaspard*
1916	Henri Barbusse, *le Feu*
1917	Henri Malherbe, *la Flamme au poing*
1918	Georges Duhamel, *Civilisation*
1919	Marcel Proust, *À l'ombre des jeunes filles en fleurs*
1920	Ernest Pérochon, *Nêne*
1921	René Maran, *Batouala*
1922	Henri Béraud, *le Vitriol de lune* et *le Martyre de l'obèse*
1923	Lucien Fabre, *Rabevel ou le Mal des ardents*
1924	Thierry Sandre, *le Chèvrefeuille, le Purgatoire, le Chapitre XIII d'Athénée*
1925	Maurice Genevoix, *Raboliot*
1926	Henri Deberly, *le Supplice de Phèdre*
1927	Maurice Bedel, *Jérôme, 60° latitude Nord*
1928	Maurice Constantin-Weyer, *Un homme se penche sur son passé*
1929	Marcel Arland, *l'Ordre*
1930	Henri Fauconnier, *Malaise*
1931	Jean Fayard, *Mal d'amour*
1932	Guy Mazeline, *les Loups*
1933	André Malraux, *la Condition humaine*
1934	Roger Vercel, *Capitaine Conan*
1935	Joseph Peyré, *Sang et lumières*
1936	Maxence Van der Meersch, *l'Empreinte du dieu*
1937	Charles Plisnier, *Faux passeports*
1938	Henri Troyat, *l'Araigne*
1939	Philippe Hériat, *les Enfants gâtés*

1940	Francis Ambrière, *les Grandes Vacances* (prix décerné en juin 1946)
1941	Henri Pourrat, *Vent de mars*
1942	Marc Bernard, *Pareils à des enfants*
1943	Marius Grout, *Passage à l'homme*
1944	Elsa Triolet, *Le premier accroc coûte deux cents francs*
1945	Jean-Louis Bory, *Mon village à l'heure allemande*
1946	Jean-Jacques Gautier, *Histoire d'un fait divers*
1947	Jean-Louis Curtis, *les Forêts de la nuit*
1948	Maurice Druon, *les Grandes Familles*
1949	Robert Merle, *Week-end à Zuydcoote*
1950	Paul Colin, *les Jeux sauvages*
1951	Julien Gracq, *le Rivage des Syrtes* (Gracq décline le prix)
1952	Béatrix Beck, *Léon Morin, prêtre*
1953	Pierre Gascar, *les Bêtes, le Temps des morts*
1954	Simone de Beauvoir, *les Mandarins*
1955	Roger Ikor, *les Eaux mêlées*
1956	Romain Gary, *les Racines du ciel*
1957	Roger Vailland, *la Loi*
1958	Francis Walder, *Saint-Germain ou la Négociation*
1959	André Schwarz-Bart, *le Dernier des justes*
1960	Vintila Horia, *Dieu est né en exil* (V. Horia décline le prix)
1961	Jean Cau, *la Pitié de Dieu*
1962	Anna Langfus, *les Bagages de sable*
1963	Armand Lanoux, *Quand la mer se retire*
1964	Georges Conchon, *l'État sauvage*
1965	Jacques Borel, *l'Adoration*
1966	Edmonde Charles-Roux, *Oublier Palerme*
1967	André Pieyre de Mandiargues, *la Marge*
1968	Bernard Clavel, *les Fruits de l'hiver*
1969	Félicien Marceau, *Creezy*
1970	Michel Tournier, *le Roi des Aulnes*
1971	Jacques Laurent, *les Bêtises*
1972	Jean Carrière, *l'Épervier de Maheux*
1973	Jacques Chessex, *l'Ogre*
1974	Pascal Lainé, *la Dentellière*
1975	Émile Ajar, *la Vie devant soi*
1976	Patrick Grainville, *les Flamboyants*
1977	Didier Decoin, *John l'Enfer*
1978	Patrick Modiano, *Rue des boutiques obscures*
1979	Antonine Maillet, *Pélagie la Charrette*
1980	Yves Navarre, *le Jardin d'acclimatation*
1981	Lucien Bodard, *Anne-Marie*
1982	Dominique Fernandez, *Dans les mains de l'ange*
1983	Frédérick Tristan, *les Égarés*
1984	Marguerite Duras, *l'Amant*
1985	Yann Queffélec, *les Noces barbares*
1986	Michel Host, *Valet de nuit*
1987	Tahar Ben Jelloun, *la Nuit sacrée*
1988	Erik Orsenna, *l'Exposition coloniale*
1989	Jean Vautrin, *Un grand pas vers le bon Dieu*
1990	Jean Rouaud, *les Champs d'honneur*
1991	Pierre Combescot, *les Filles du Calvaire*
1992	Patrick Chamoiseau, *Texaco*
1993	Amin Maalouf *le Rocher de Tanios*
1994	Didier Van Cauwelaert *Un aller simple*
1995	Andreï Makine, *le Testament français*
1996	Pascale Roze, *le Chasseur Zéro*

GÖNCZ (Árpád), écrivain et homme d'État hongrois (Budapest 1922). Ancien opposant au régime communiste, emprisonné de 1957 à 1963, il est président de la République depuis 1990.

GOND n. m. (bas lat. *gomphus,* du gr. *gomphos,* cheville de fer). **1.** Pièce métallique servant de support et de guide en rotation à une porte, un châssis, une persienne, etc. — **2.** *Mettre qqn hors de ses gonds,* faire perdre la maîtrise de soi ; exciter la vive colère de qqn. ‖ *Sortir de ses gonds,* être dans une grande colère, hors de soi.

GONDAR, v. d'Éthiopie, ch.-l. de la prov. de Begameder, au N. du lac Tana ; 88 000 hab. Alimentation. Elle fut la capitale de l'Éthiopie (1630-1860 env.). Vestiges de palais et d'églises des XVIIe et XVIIIe s.

GONDEBAUD ou **GONDOBALD** († Genève 516), roi des Burgondes (v. 480-516). Officier dans l'armée romaine, il choisit deux empereurs, Olybrius et Glycère. Allié d'Odoacre contre Théodoric, en 490, il résista à Clovis, malgré sa défaite sur l'Ouche (500). Il s'allia au roi franc, époux de sa nièce Clotilde. Devenu seul maître de la Bourgogne, il y promulgua la loi gombette*.

GONDEMAR ou **GODOMAR** († Autun 534), roi de Bourgogne (523-534). Second fils de Gondebaud, il succéda à son frère Sigismond.

GONDER v. t. (de *gond*) [conj. 3]. Munir de gonds une porte, un châssis.

GONDI (*maison* DE), famille florentine remontant au XIIe s. et dont une branche s'établit au début du XVIe s. en France. Cette branche est issue de ANTOINE **de Gondi** (Florence 1486 - Paris 1560), qui s'installa comme banquier à Lyon, fut appelé à la cour par Catherine de Médicis et devint maître d'hôtel du futur Henri II, puis de François II. — Son fils, ALBERT **de Gondi** (Florence 1522-1602), duc *de Retz* et marquis *de Belle-Isle,* fut conseiller d'État (1570), maréchal de France (1573) puis général des galères (1578). — PIERRE **de Gondi** (Lyon 1533 - Paris 1616), frère du précédent, fut évêque de Paris (1569) et cardinal (1587). — HENRI **de Gondi** (Paris 1572 - Béziers 1622), fils d'Albert, succéda en 1598 à son oncle Pierre comme évêque de Paris et fut cardinal de Retz en 1618. Il présida le Conseil des affaires de 1619 à 1622. — JEAN-FRANÇOIS **de Gondi** (1584 - Paris 1654), frère du précédent, fut le premier archevêque de Paris (1622). — PHILIPPE-EMMANUEL **de Gondi** (Limoges 1581 - Joigny 1662), marquis *de Belle-Isle,* fut général des galères (1598). Il encouragea les œuvres charitables de saint Vincent de Paul, qu'il choisit comme précepteur de ses enfants, parmi lesquels JEAN-FRANÇOIS PAUL **de Gondi** connu sous le nom de cardinal de Retz*. — PAULE-FRANÇOISE **de Gondi** (1655-1716), duchesse *de Retz,* petite-fille de Philippe-Emmanuel, fut la dernière représentante de la branche française.

GONDICAIRE ou **GUNTIARIUS,** roi des Burgondes (v. 385-436). Chef burgonde, il franchit le Rhin vers 413 et s'établit en Rhénanie. Il s'allia aux Romains et fut tué en luttant contre Attila.

GONDIOC ou **GONDERIC,** premier roi des Burgondes à s'établir en Bourgogne (457-v. 470). Il résida à Lyon à partir de 464. Gondebaud lui succéda.

GONDOIN (Jacques) → GONDOUIN.

GONDOLAGE ou **GONDOLEMENT** n. m. Action, fait de gondoler, de gauchir.

GONDOLANT, E adj. (de *se gondoler*). *Pop.* Qui fait rire à se tordre, tordant : *Histoire gondolante.*

GONDOLE n. f. (ital. *gondola*). **1.** Barque vénitienne aux extrémités très effilées, dont l'avant se relève par un large fer en forme de hache, et pilotée au moyen d'un seul aviron, à tribord arrière. — **2.** Meuble à plateaux superposés, utilisé dans les magasins en libre-service pour la présentation des produits. — **3.** *Siège en gondole,* siège dont le dossier se creuse en portion de cylindre et se raccorde en une ligne incurvée continue aux accotoirs ou à la ceinture. (Ce type connut son apogée sous la Restauration.) ‖ *Tête de gondole,* partie antérieure d'une gondole de libre-service, servant à la présentation en masse d'articles de consommation courante.

GONDOLER v. t. (de *gondole*) [conj. **3**]. Gauchir, déformer : *L'humidité a gondolé le papier.*

◆ v. i., **se gondoler** v. pr., **être gondolé** v. pass. Se gonfler, se déjeter, avoir une surface irrégulière : *Papier peint tout gondolé.*

◆ **se gondoler** v. pr. *Pop.* Rire à se tordre.

GONDOLIER, ÈRE n. (ital. *gondoliere*). **1.** Batelier(ère) qui conduit une gondole. — **2.** Employé(e) d'un libre-service chargé de remplir les gondoles.

GONDOUIN ou **GONDOIN** (Jacques), architecte français (Saint-Ouen-sur-Seine 1737 - Paris 1818). Néoclassique, il a donné son chef-d'œuvre avec l'École de médecine de Paris (1769-1786). Il est l'un des auteurs de la colonne Vendôme (1806).

GOND-PONTOUVRE (Le) [16160], ch.-l. de cant. de la Charente, banlieue nord d'Angoulême ; 6 100 hab. Constructions mécaniques et électriques.

GONDRECOURT-LE-CHÂTEAU (55130), ch.-l. de cant. du sud de la Meuse, sur l'Ornain ; 1 633 hab. Église des XIIe-XVIe s. Mobilier.

GONDREXANGE *(étang de),* vaste étang (700 ha) de la Moselle, dans un cadre forestier, à l'O.-S.-O. de Sarrebourg.

GONDS, une des plus importantes populations tribales de l'Inde, d'origine dravidienne, mais de langue tantôt dravidienne, tantôt indo-aryenne : ils sont env. 7 millions d'individus, répartis dans l'Orissa, l'Andhra Pradesh, le Madhya Pradesh et le Mahārāshtra.

GONDWANA, région de l'Inde qui a donné son nom à un vaste continent qui était constitué de l'Amérique du Sud, de l'Afrique, de Madagascar, de l'Inde, de l'Australie, de Sri Lanka et de l'Antarctique. Le Gondwana s'est fracturé il y a 240 millions d'années.

GONE n. m. (mot lyonnais, de *goner,* vêtir sans goût). À Lyon, enfant des rues, gamin.

GONELLE n. f. Poisson carnivore marin, au corps allongé et comprimé, à peau visqueuse et portant une dizaine d'ocelles noirs cerclés de clair à la base de la dorsale. (Mâle ou femelle, tour à tour, s'enroulent autour de la ponte pour la protéger.)

GONESSE (95500), ch.-l. de cant. du Val-d'Oise, au N. de l'aéroport du Bourget ; 23 346 hab. *(Gonessiens).* Église des XIIe-XIIIe s.

GONFALON ou **GONFANON** n. m. (frq. **gundfano,* étendard de combat). Étendard à deux ou trois fanons sous lequel se rangeaient, au Moyen Âge, les vassaux appelés par le suzerain, avant d'être réservé aux seigneurs ecclésiastiques.

GONFALONIER ou **GONFANONIER** n. m. **1.** Porteur de gonfalon. – **2.** Titre honorifique médiéval.

GONFLABLE adj. **1.** Qui prend sa forme véritable, utile, par gonflage. – **2.** *Structure gonflable,* application des enveloppes souples rigidifiées par gonflage (ballon captif, bateau pneumatique) à divers types de couvertures légères autoportantes susceptibles d'abriter des activités de stockage, d'exposition, sportives, etc.

GONFLAGE n. m. **1.** Action de gonfler ; fait d'être gonflé : *La vérification du gonflage des pneus.* – **2.** Opération de laboratoire consistant à agrandir les images d'un film sur un film de format supérieur.

GONFLANT, E adj. **1.** Se dit d'une coiffure qui a du volume. – **2.** Se dit d'un tissu souple dont on obtient des effets de volume. – **3.** Se dit d'un agent qui provoque ou facilite le gonflement d'un polymère.

◆ **gonflant** n. m. Qualité de qqch qui a du volume ; ce volume.

GONFLE n. f. En Suisse, congère.

GONFLEMENT n. m. **1.** État de ce qui est gonflé, rempli d'air : *Le gonflement d'un ballon.* – **2.** Enflure pathologique d'une partie du corps : *Gonflement de l'estomac.* – **3.** *Litt.* Accès d'un sentiment difficilement contenu : *Un gonflement de vanité.* – **4.** Accroissement important, exagéré de qqch : *Le gonflement des prix.* • **Arm.** Distension de l'âme d'une bouche à feu, due à une surpression accidentelle. – **Charb.** *Indice de gonflement,* caractéristique d'un charbon en rapport avec son aptitude à donner du coke. – **Pédol.** Propriété qu'ont certaines argiles des sols, comme les montmorillonites, d'absorber de l'eau en grande quantité (jusqu'à 500 %) dans les espaces entre les feuillets de leurs structures cristallines. – **Polym.** Augmentation de volume de réseaux polymériques lâches par absorption de certains solvants. (Le caoutchouc gonfle en présence de benzène.)

GONFLER v. t. (mot dialect., du lat. *conflare,* aviver par le souffle) [conj. 3]. **1.** Augmenter le volume de qqch en le remplissant d'un gaz, d'un fluide : *Gonfler les pneus d'une voiture.* – **2.** Bomber qqch ou en augmenter le volume : *Le vent gonfle les voiles. Les pluies ont gonflé le torrent.* – **3.** Augmenter le volume de la poitrine en aspirant beaucoup d'air, faire saillir un muscle : *Gonfler ses biceps.* – **4.** Augmenter le volume du visage, d'une partie du corps de façon maladive : *Cette piqûre m'a gonflé le dos de la main.* – **5.** Dilater l'estomac, faire qu'il se sente ballonné : *La bière me gonfle l'estomac.* – **6.** En parlant d'un sentiment, remplir le cœur, la poitrine de qqn jusqu'à l'exaltation : *Le premier succès le gonfle d'espoir.* – **7.** Augmenter qqch, accroître exagérément sa quantité, son degré, sa teneur, son impact, etc. : *Gonfler un scandale.* – **8.** *Pop.* Énerver, exaspérer qqn : *Il nous gonfle avec ses histoires.* – **9.** Procéder au gonflage d'un film.

◆ **être gonflé** v. pass. *Fam.* **1.** Être imprudent ou exagérer, dépasser les limites des convenances, avoir du culot : *Il est gonflé de refuser de payer ses dettes.* – **2.** *Être gonflé (à bloc),* être plein d'ardeur, d'élan, de courage.

◆ v. i. ou **être gonflé** v. pass. Augmenter de volume, enfler : *Le bois gonfle à l'humidité. Avoir les pieds gonflés.*

◆ **se gonfler** v. pr., **être gonflé** v. pass. **1.** Augmenter de volume sous l'effet de qqch, en se remplissant de qqch : *Éponge gonflée d'eau.* – **2.** Être envahi d'un sentiment : *Être gonflé d'enthousiasme.* – **3.** *Yeux gonflés de sommeil,* dont les paupières sont comme enflées sous l'effet du sommeil.

GONFLETTE n. f. *Fam.* Musculature saillante des culturistes.

GONFLEUR n. m. **1.** Petit compresseur mobile servant à gonfler les pneus. – **2.** Petit soufflet servant à gonfler matelas et coussins pneumatiques.

GONFREVILLE-L'ORCHER (76700), ch.-l. de cant. de la Seine-Maritime, à l'E. du Havre ; 10 227 hab. *(Gonfrevillais).* Raffinerie de pétrole, reliée au Havre par un oléoduc, et pétrochimie.

GONG [gɔ̃g] n. m. (malais *gung*). **1.** Instrument de musique à percussion, composé d'un disque en bronze, suspendu, frappé à l'aide d'une mailloche, d'un bâton ou au poing. – **2.** Ensemble instrumental de Bali. – **3.** Timbre annonçant le début et la fin de chaque reprise d'un match de boxe.

GÓNGORA Y ARGOTE (Luis DE), poète espagnol (Cordoue 1561 - *id.* 1627). Issu d'une famille noble de Cordoue, doté d'importants bénéfices ecclésiastiques qui lui permirent de se consacrer à la littérature, il ne se fit ordonner prêtre qu'à cinquante-six ans pour devenir chapelain du roi Philippe III. Il composa, en renouvelant profondément ces genres classiques, des *letrillas* et des *romances* dont les cercles littéraires de Cordoue et de Madrid se disputaient les manuscrits. En 1585, sa gloire était suffisamment établie pour que Cervantès le citât, dans sa *Galatée,* parmi les grands poètes espagnols. De même, Pedro de Espinosa introduisit 37 de ses pièces dans son *Anthologie des poètes illustres d'Espagne* (1605). Dans ses deux œuvres maîtresses, *la Fable de Polyphème et Galatée* (1612) et *les Solitudes* (1613), poème à demi hermétique sur la vie paysanne, il développa le « cultisme », style ornementé et métaphorique qui, bien que combattu par Lope de Vega, valut à Góngora, juste avant de mourir, de voir éditer ses poèmes sous le titre d'*Œuvres en vers de l'Homère espagnol* (1627).

GONGORISME n. m. (de *Góngora,* n. pr.). Syn. de CULTISME.

GONGORISTE adj. et n. Qui appartient au gongorisme ; partisan de Góngora.

GONIAQUE adj. Qui se rapporte au gonion.

GONIATITE n. f. Mollusque céphalopode ammonoïde de la seconde moitié de l'ère primaire, caractérisé par des cloisons à suture présentant seulement un ou deux lobes latéraux et un lobe ventral bifide. (Les *goniatites* disparaissent à la fin du permien pour laisser place, au cours du secondaire, aux véritables ammonites.)

GONIOCOTE n. m. (du gr. *kotis,* derrière de la tête). Pou des oiseaux de basse-cour, plat et large, à tête anguleuse en arrière.

GONIOGRAPHE n. m. Appareil qui, sur un canon antiaérien, donne la dérive et les corrections en direction.

GONIOMÈTRE n. m. **1.** Instrument servant à la mesure des angles. — **2.** Syn. de RADIOGONIOMÈTRE. — **3.** Instrument utilisé pour mesurer et repérer les divers angles de la face, du crâne, des os.
ENCYCL. Le goniomètre sert à mesurer l'angle dièdre formé par les deux faces d'un cristal ou d'un prisme et à déterminer l'indice de réfraction d'un prisme transparent en mesurant l'angle de déviation d'un faisceau qui le traverse. On utilise à titre militaire des *goniomètres boussoles* pour les opérations topographiques courantes et la préparation des tirs d'artillerie. Le *goniomètre panoramique* est l'actuel appareil de pointage d'un canon.

GONIOMÉTRIE n. f. **1.** Théorie et technique de la mesure des angles. — **2.** Syn. de RADIOGONIOMÉTRIE.

GONIOMÉTRIQUE adj. Relatif à la goniométrie.

GONION n. m. Repère anthropométrique situé à l'union des branches horizontale et verticale de la mâchoire inférieure.

GONIOSCOPIE n. f. Étude de l'angle formé par l'iris et la cornée, donnant des renseignements utiles dans le glaucome.

GONOCHORIQUE [-kɔrik] adj. (de *gonochorisme*). Qui présente le gonochorisme.

GONOCHORISME n. m. ou **GONOCHORIE** [-kori] n. f. (du gr. *khôrismos,* séparation). Caractère d'une espèce animale dans laquelle chaque individu n'a qu'un seul sexe. (Pour les végétaux, on dit dioïcité.) [Contr. HERMAPHRODISME.]

GONOCOCCÉMIE [-ksemi] n. f. Septicémie par dissémination de gonocoques dans le sang.

GONOCOCCIE [-ksi] n. f. Affection provoquée par le gonocoque (blennorragie, métrite, annexite, etc.).

GONOCOQUE n. m. Bactérie Gram négatif, aérobie stricte, agent de la blennorragie et de ses complications. (Le gonocoque se retrouve dans le pus à l'intérieur des polynucléaires. C'est un diplocoque intracellulaire. Il n'est pathogène que pour l'espèce humaine.) [Syn. DIPLOCOQUE DE NEISSER.]

GONOCYTAIRE adj. Relatif au gonocyte.

GONOCYTE n. m. **1.** Cellule de la lignée germinale mâle ou femelle des animaux, déjà différente selon le sexe, mais n'ayant pas encore subi les deux divisions cellulaires constituant la méiose. (→ *encycl.*) — **2.** *Gonocyte primordial,* cellule de la lignée germinale des animaux, située à l'origine de celle-ci. (Les gonocytes primordiaux engendrent les gonies [spermatogonies, ovogonies], qui, à leur tour, engendrent spermatocytes ou ovocytes.)
ENCYCL. Le gonocyte mâle est un spermatocyte ; le gonocyte femelle, un ovocyte. On appelle gonocyte de premier ordre (qui se note *gonocyte I*) celui qui n'a subi aucune des deux divisions de la méiose ; gonocyte de second ordre *(gonocyte II),* celui qui a subi la première de ces deux divisions.

GONOLOBUS [-bys] n. m. Arbuste ou sous-arbrisseau américain, couché ou volubile, souvent poilu. (La racine de *Gonolobus cundurango,* ou liane du Condor, habitant le Pérou, fournit une écorce amère et tonique.)

GONOPODE n. m. Appendice copulateur mâle des myriapodes, des insectes et des crustacés décapodes, ainsi que de certains poissons osseux vivipares.

GONOPTÈRE n. f. Noctuelle qui hiverne dans les caves ou les grottes et dont la chenille vit sur les saules et les peupliers.

GONORÉACTION n. f. Réaction sérologique capable de déceler la présence d'anticorps gonococciques dans le sang.

GONORRHÉE n. f. (du gr. *gonorrhoea,* perte séminale). Ancien nom de la blennorragie.

GONOSOME n. m. Syn. de ALLOSOME.

GONSETH (Ferdinand), mathématicien et philosophe suisse (Sonvilier, Jura bernois, 1890 - Lausanne 1975). Il professa une philosophie qu'il a voulue constamment ouverte, prête à accueillir tout concept nouveau provenant de l'expérience (*Qu'est-ce que la logique ?,* 1937 ; *Philosophie mathématique,* 1939).

GONTAUT-BIRON (Anne Armand Élie, *vicomte* DE), homme politique et diplomate français (Paris 1817 - *id.* 1890). Ambassadeur à Berlin (1871-1878), il a attaché son nom à la reprise des relations diplomatiques avec l'Allemagne et à la libération du territoire français.

GONTCHAROV (Ivan Aleksandrovitch), romancier russe (Simbirsk 1812 - Saint-Pétersbourg 1891). Le héros de son roman *Oblomov* (1859) est resté le symbole de la décadence intellectuelle et politique de la noblesse russe.

GONTCHAROVA (Natalia Sergueïevna), peintre russe (Ladychkino, gouvern. de Toula, 1881 - Paris 1962). Avec Larionov, son mari, elle prit part de 1907 à 1914 aux diverses phases de l'avant-garde russe (cubisme, néoprimitivisme, rayonnisme). Fixée ensuite à Paris, elle donna pour les Ballets russes de Diaghilev des décors et costumes qui conjuguaient souvenirs de l'art populaire et audace plastique.

GONTIER ou **GONTHIER,** famille de peintres verriers troyens du XVIIe s., dont le plus connu est LINARD (*Pressoir mystique* de la cathédrale de Troyes, 1625 ; vitraux civils émaillés ; ensemble de l'église St-Martin-ès-Vignes).

GONTRAN *(saint)* [v. 545 - Chalon-sur-Saône 592], roi de Bourgogne (561-592). Fils de Clotaire Ier, dont il hérita le royaume de Bourgogne, accru du Berry, de l'Orléanais et de la Provence méridionale (561), il favorisa la diffusion du christianisme dans ses États. Par le traité d'Andelot (587), il fit de son neveu Childebert II son successeur.

GONYAULAX n. m. Péridinien marin sécrétant une toxine redoutable, à l'origine du phénomène des « eaux rouges » en cas de pullulation. (La toxine se concentre le long des chaînes alimentaires.)

GONZAGUE (*saint* Louis DE) → LOUIS DE GONZAGUE (saint).

GONZAGUE, famille princière italienne qui régna sur Mantoue de 1328 à 1708. LOUIS Ier (1278-1360) fut proclamé capitaine général de Mantoue (1328) après avoir renversé Rinaldo Bonacolsi, puis fut nommé vicaire impérial par Louis IV de Bavière. — JEAN-FRANÇOIS (1395-1444), capitaine général (1407), devint marquis de Mantoue (1433), titre confirmé par l'empereur Sigismond de Luxembourg. — BARBE (1456-1503) épousa Eberhard V, duc de Wurtemberg (1474) et fonda l'université de Tübingen (1477). — FRANÇOIS II (1466-1519), marquis de Mantoue (1484-1519), époux (1490) d'Isabelle d'Este, fit de sa cour un centre littéraire et artistique. — FRÉDÉRIC II (1500-1540) fut créé duc de Mantoue en 1530 par Charles Quint et acquit le marquisat de Montferrat en 1536. — VINCENT II (1594-1627), cardinal (1615), duc de Mantoue et de Montferrat (1626-27), mourut sans héritiers et eut pour successeur CHARLES Ier* **de Gonzague,** duc de Nevers et de Rethel, qui régna sur les duchés de Mantoue et de Montferrat de 1627 à 1637. Père d'Anne*, princesse palatine, et de Louise-Marie*, reine de Pologne, il est le chef de la branche des **Gonzague-Nevers,** qui s'éteignit en 1708 avec FERDINAND CHARLES III (1652-1708). Allié à Louis XIV pendant la guerre de la Succession d'Espagne, ce dernier fut dépouillé de Mantoue et de Montferrat par la diète de Ratisbonne (1708).

GONZALÈS (Éva), peintre français (Paris 1849 - *id.* 1883), disciple de Manet (*la Loge aux Italiens,* 1879, musée d'Orsay).

GONZÁLEZ (Julio), sculpteur espagnol (Barcelone 1876 - Arcueil 1942). À Paris en 1899, d'abord orfèvre et peintre, il se met à la sculpture vers 1910, expérimentant le bronze repoussé puis la soudure autogène. Encouragé par Brancusi et Gargallo, il débute vers 1927 dans le fer soudé, abordant bientôt les grandes constructions de lignes, plans et volumes, à la limite de l'abstraction, qui fondent sa renommée : *Arlequin* (1927-1929, Kunsthaus, Zurich), diverses variantes de la *Femme se coiffant* (1930-1936), *la Montserrat* (1936, Amsterdam), *l'Homme cactus,* etc.

GONZALEZ (Victor), facteur d'orgues français (Hacinas, Burgos, 1877 - Paris 1956). Ancien harmoniste de Cavaillé-Coll, il fonda sa firme de facture d'orgues en 1925. Environ deux cents instruments témoignent de sa maîtrise dans l'esthétique néoclassique (Reims, St-Eustache, St-Merri, Chaillot, La Flèche, château de Versailles, etc.).

GONZÁLEZ DE CLAVIJO (Ruy), voyageur espagnol († Madrid 1412). Envoyé par Henri III, roi de Castille, comme ambassadeur auprès de Tīmūr Lang (1403-1406), il a laissé une relation de son voyage *(Embajada a Tamerlán).*

GONZÁLEZ MÁRQUEZ (Felipe), homme politique espagnol (Séville 1942). Secrétaire général du parti socialiste ouvrier espagnol (P. S. O. E.)

depuis 1974, il a été président du gouvernement de 1982 à 1996.

GONZÁLEZ PRADA (Manuel), écrivain péruvien (Lima 1848 - *id.* 1918). Réformateur, tant sur le plan politique et social (*Páginas libres,* 1894) que poétique (*Exóticas,* 1911), il s'est montré préoccupé par le problème indien (*Baladas peruanas,* 1935).

GONZALO de Berceo, poète espagnol (Berceo v. 1195 - *id.* apr. 1264). Il fut le premier poète castillan connu, les œuvres antérieures étant anonymes *(Vie de saint Dominique de Silos, Douleur de Notre-Dame).*

GONZALVE DE CORDOUE, en esp. **Gonzalo Fernández de Córdoba,** dit **le Grand Capitaine,** homme de guerre espagnol (Montilla 1453 - Grenade 1515). Après avoir participé à la prise de Grenade (1492), il fut envoyé par Ferdinand II le Catholique en Italie, où il défit les troupes françaises à Atella (1496), à Cerignola et sur le Garigliano (1503), s'emparant ainsi du royaume de Naples, qui fut rattaché au royaume d'Aragon (1504). Vice-roi de Naples (1504), il fut disgracié en 1507.

GONZE n. m. (ital. *gonzo,* lourdaud). *Arg.* Individu ; type, mec.

GONZESSE n. f. (de *gonze*). *Pop.* **1.** Femme, fille. — **2.** Nom injurieux donné à qqn qui se comporte comme un lâche.

GOODENIA [gu-] n. m. (de S. *Gooden,* n. pr.). Herbe ou sous-arbrisseau toujours vert d'Australie, à fleurs en tube, dont certaines espèces sont cultivées en serre.

GOODIS (David), écrivain et scénariste américain (Philadelphie 1917 - *id.* 1967), auteur de romans « noirs » (*le Casse,* 1953 ; *Vendredi 13,* 1954 ; *Tirez sur le pianiste,* 1955).

GOODMAN (Benjamin DAVID, dit **Benny**), clarinettiste et chef d'orchestre de jazz américain (Chicago 1909 - New York 1986). Il fonda en 1934 son premier grand orchestre et fut l'un des premiers musiciens blancs à intégrer des jazzmen noirs dans son orchestre. Controversé pour son talent de clarinettiste (dont il est pourtant un virtuose), il sut populariser le jazz en faisant appel aux meilleurs arrangeurs et solistes de son époque.

GOODWILL [gudwil] n. m. (angl. *goodwill,* biens incorporels). Capacité supplémentaire de bénéfices d'une firme par rapport à ses concurrents du fait de sa notoriété, de sa position sur le marché, etc. (Syn. SURVALOIR.)

GOODY (John Rankine), anthropologue britannique (Londres 1919). Il s'est intéressé aux formes culturelles (traditions orales, mythologie des sociétés sans structure de pouvoir centralisé), ainsi qu'aux formes que prend l'État dans les sociétés traditionnelles (*Production and Reproduction,* 1976 ; *la Raison graphique,* 1977).

GOODYEAR (Charles), inventeur américain (New Haven, Connecticut, 1800 - New York 1860). En 1839, il a découvert la vulcanisation du caoutchouc, qui permet de rendre celui-ci insensible aux variations de température.

Goodyear Tire and Rubber Company, société américaine fondée en 1898 à Akron (Ohio) et aujourd'hui premier fabricant mondial de pneumatiques.

GOOSE BAY, localité du Canada, dans l'est du Labrador (prov. de Terre-Neuve), au débouché du fleuve Churchill. Aéroport.

GOPAK → HOPAK.

GOPĪ n. f. inv. (mot sanskr. signif. *bouvière*). Nom donné aux femmes parmi lesquelles Kriṣṇa passa une partie de son adolescence. (Leur passion pour le dieu symbolise la relation de celui-ci avec ses dévots, qui cherchent à unir leur âme à la divinité dans l'adoration [*bhakti*].)

GÖPPINGEN, v. d'Allemagne (Bade-Wurtemberg), au pied du Jura souabe ; 53 000 hab. Carrefour routier et ferroviaire. Centre industriel.

GOPURA n. m. inv. Dans l'architecture hindoue du sud de l'Inde, édifice faisant fonction de porte d'entrée pour l'enceinte d'un temple.

GORAKHPUR, v. de l'Inde (Uttar Pradesh), au N. de Bénarès ; 489 850 hab. Centre industriel (engrais). Université.

GORAL n. m. Chèvre des montagnes d'Asie, vivant de l'Himālaya à l'Amour.

GORBATCHEV (Mikhaïl Sergueïevitch), homme d'État russe (Privolnoïe, territoire de Stavropol, 1931). Secrétaire du comité central du parti communiste de l'Union soviétique (P. C. U. S.) à partir de 1978, il entre en 1980 au Bureau politique et succède en mars 1985 à Tchernenko au poste de secrétaire général. À partir d'octobre 1988, il cumule cette fonction avec la présidence du Praesidium du Soviet suprême. En mars 1990, il est élu président de l'U. R. S. S. par le Congrès des députés du peuple. Soulignant, dès son arrivée au pouvoir, la nécessité pour son pays d'un tournant décisif et dénonçant la stagnation et le dogmatisme des deux décennies précédentes, Gorbatchev lance une série de réformes qui visent à la restructuration *(perestroïka)* de la société, à la réforme de l'économie, à la transparence *(glasnost)* et à la démocratisation. En politique extérieure, il inaugure un style dynamique et médiatique, multipliant les appels au désarmement (accord sur l'élimination des missiles à moyenne portée en Europe, signé avec

Reagan à Washington en déc. 1987). Après le putsch d'août 1991 qui tente de le renverser, il ne peut empêcher la désintégration de l'U. R. S. S. et démissionne en décembre. Candidat à la présidence de la Russie en 1996, il recueille moins de 1 % des voix. (Prix Nobel de la paix 1990.)

GORBATOV (Boris Leontievitch), écrivain soviétique (Pervomaïsk 1908 - Moscou 1954). Ses romans ont exalté le rôle des komsomols dans l'édification socialiste (*Ma génération,* 1933 ; *Donbass,* 1951) et leur héroïsme dans la résistance (*les Indomptés,* 1943).

Gorboduc ou **The Tragidie of Ferrex and Porrex,** la plus ancienne des tragédies anglaises, par Sackville et Norton (1560). Elle pose le problème de la succession, thème repris par Shakespeare dans *le Roi Lear.*

GORCHKOV (Sergueï Gueorguievitch), amiral soviétique (Kamenets-Podolski, près de Khmelnitski, 1910 - Moscou 1988). Il commanda pendant la Seconde Guerre mondiale une armée sur le front de Stalingrad. Il fut de 1956 à 1985 commandant en chef des forces navales soviétiques, qu'il dota d'une puissance comparable à celle de la marine américaine.

GORCY (54730), comm. de Meurthe-et-Moselle, à l'O. de Longwy ; 2 178 hab. Métallurgie. Électronique.

GORD n. m. (anc. fr. *gort,* du gaul. **gorto-,* haie). Pêcherie barrant le cours d'une rivière, constituée de deux rangs de perches en V et d'un verveux placé à la pointe du V.

GORDES (84220), ch.-l. de cant. de Vaucluse, au S. des monts de Vaucluse ; 2 045 hab. *(Gordiens).* Village perché, dominé par un château surtout de la Renaissance (musée Vasarely). Nombreuses bories aux environs.

gördes ou **ghiordès** *(nœud de),* nœud (dit aussi *nœud turc*) utilisé dans la fabrication de certains tapis d'Orient de haute laine, réalisé en entourant le fil de la trame sur chaque fil de la chaîne.

GORDIACÉ n. m. (de *gordien*). Ver rond, long et filiforme, dulcicole, dont les adultes s'accouplent en milieux aqueux, formant parfois des pelotons enchevêtrés à la façon du « nœud gordien ». (Les *gordiacés* forment un petit embranchement.)

GORDIEN adj. m. (de *Gordias,* n. pr.). **1.** *Nœud gordien,* nœud inextricable qui attachait le joug au timon du char du roi de Phrygie, Gordias. (La domination du monde était promise à celui qui le dénouerait. Alexandre le trancha.) — **2.** *Trancher le nœud gordien,* résoudre une difficulté qui paraissait insurmontable de manière radicale, par la force.

GORDIEN Ier, en lat. **Marcus Antonius Gordianus Sempronianus** (Rome v. 157 - Carthage 238), empereur romain (238). Proconsul d'Afrique, âgé de 80 ans, il fut proclamé empereur en 238. Vaincu par le légat de Numidie, il ne régna qu'un mois. — Son fils, **Gordien II** (v. 192-Carthage 238), fut associé au pouvoir impérial pour la même durée. — **Gordien III** *le Pieux* (Rome 225 ? - près de Doura-Europos 244), empereur romain (238-244). Petit-fils par sa mère de Gordien Ier, il reprit aux Perses la ville d'Antioche (242). Philippe l'Arabe, son préfet du prétoire, partagea le trône impérial avec lui puis le fit massacrer par ses soldats.

GORDIMER (Nadine), femme de lettres sud-africaine d'expression anglaise (Springs 1923). Ses romans et nouvelles reflètent sa lutte d'écrivain engagé contre l'apartheid (*Un monde d'étrangers,* 1958 ; *Fille de Burger,* 1979 ; *Ceux de July,* 1981 ; *Quelque chose là-bas,* 1984 ; *Un caprice de la nature,* 1987). Dans *Personne pour m'accompagner* (1994), elle s'interroge au travers de la fiction sur son identité et sur son pays en transition vers la démocratie. (Prix Nobel 1991.)

GORDIN (Jacob), auteur dramatique américain d'origine russe et d'expression yiddish (Mirgorod, Ukraine, 1853 - New York 1909). Empruntant ses thèmes au théâtre européen, il rénova la scène yiddish par ses drames historiques et moralisateurs (*Der Yidisher Kenig Lir,* 1892 ; *Mirele Efros,* 1898 ; *Got, Mensh und Tayvl,* 1900).

GORDINI (Amédée), constructeur automobile français d'origine italienne (Bazzano, prov. de Bologne, 1899 - Paris 1979). Ancien pilote automobile, il a construit des voitures de course ou à vocation sportive, seul ou plus souvent associé à de grandes firmes (Simca, puis Renault).

GORDION, anc. ville d'Asie Mineure, capitale des rois de Phrygie, sur le fleuve Sangarios, qui connut son apogée au VIIIe s. av. J.-C. Elle fut détruite au début du VIIe s. av. J.-C. par les Cimmériens. Alexandre le Grand y vint et dans le temple de Zeus trancha le *nœud gordien* (334 av. J.-C.). C'est l'actuel *Yassıhöyük.*

GORDON n. m. Nom d'une race de chien d'arrêt écossais.

GORDON (George), 4e comte **d'Aberdeen,** homme politique britannique (Édimbourg 1784 - Londres 1860). Ministre des Affaires étrangères (1828-1830, 1841-1846), il établit des relations amicales avec la France et régla à l'amiable les litiges frontaliers américano-canadiens. Il fut Premier ministre de 1852 à 1855.

GORDON (John Campbell), 1er marquis **d'Aberdeen and Temair,** homme politique britannique

(Édimbourg 1847 - Cromar, Écosse, 1934). Nommé en 1886 par Gladstone lord lieutenant d'Irlande, il fut de 1893 à 1898 gouverneur général du Canada.

GORDON (Judah Leib), écrivain russe de langue hébraïque (Vilna, auj. Vilnius, 1831 - Saint-Pétersbourg 1892). Figure dominante du renouveau juif en Russie, il lutta contre le conservatisme et laissa une poésie visionnaire (*Siḥat Ḥullin,* 1887-1889).

GORDON (Charles), dit **Gordon Pacha,** officier et administrateur britannique (Woolwich 1833 - Khartoum 1885). Il remporta de brillants succès en Chine contre la révolte des Taiping (de 1860 à 1864). Entré au service de l'Égypte, il fut gouverneur de la province soudanaise de l'Equatoria (1874-1876) puis gouverneur général du Soudan (1877-1880). Envoyé par le gouvernement britannique à Khartoum (1884), il y fut tué par les troupes mahdistes.

GORDYÈNE, en gr. **Gorduênê,** région montagneuse de l'Asie antérieure correspondant à l'actuel Kurdistān. Elle appartint à l'Empire romain, comme royaume allié, puis comme province.

GORÉE, île côtière du Sénégal, fermant la rade de Dakar ; 36 ha. Découverte par les Portugais en 1444, occupée au début du XVIIᵉ s. par les Hollandais, elle fut acquise par la France en 1677-78. Elle demeura jusqu'au début du XIXᵉ s. un des principaux centres de la traite des esclaves.

GÖREME, site de Cappadoce (prov. de Kayseri), vallon célèbre par son paysage de cheminées des fées et ses églises rupestres de l'époque byzantine (Tokalı, Elmalı, Karanlık, Çarıklı, datées du XIᵉ s.).

GORET n. m. (anc. fr. *gore,* truie). **1.** Jeune porc ou porcelet. — **2.** *Fam.* Homme, petit garçon malpropre.

GORE-TEX n. m. (n. déposé). Fibre textile synthétique, imperméable, dérivée du Téflon.

GORFOU n. m. (p.-ê dan. *goir-fugl,* pingouin). Petit manchot des régions subantarctiques portant de longues plumes dorées sur les côtés de la tête et se déplaçant par bonds.

GORGĀN ou **GURGĀN,** anc. **Astarābād,** v. d'Iran, près de la Caspienne, au pied de l'Elbourz ; 162 468 hab. Textile.

GORGĀNI (Fakhroddin As'ad), écrivain persan du XIᵉ s. Auteur de *Wis et Rāmin* (1054), à la structure proche de celle de *Tristan et Yseut.*

GORGE n. f. (bas lat. *gurga,* du lat. class. *gurges, -itis,* gouffre). **1.** Partie antérieure et latérale du cou d'un être humain, d'un oiseau : *Serrer la gorge à quelqu'un.* — **2.** Partie inférieure du cou ; gosier, larynx ou pharynx : *Avoir mal à la gorge.* — **3.** *Litt.* Seins, poitrine d'une femme. — **4.** Vallée encaissée, aux versants raides, creusée dans des roches dures et cohérentes. — **5.** *Avoir le couteau sur* ou *sous la gorge,* être forcé à s'exécuter immédiatement, à effectuer un paiement sans délai. ‖ *Ça m'est resté en travers de la gorge,* je ne peux pas l'admettre, l'oublier, ou je n'ai pas pu le dire. ‖ *Chanter, rire à gorge déployée, à pleine gorge,* chanter à tue-tête, gaiement, rire sans retenue, de bon cœur. ‖ *Chanter de la gorge,* chanter en étranglant le son. ‖ *Faire des gorges chaudes de qqch, de qqn,* se répandre en mauvaises plaisanteries sur leur compte, s'en régaler. ‖ *Faire rentrer à qqn ses paroles dans la gorge,* le forcer à rétracter ses paroles. ‖ *Monter à la gorge,* en parlant de larmes, venir étrangler la voix. ‖ *Prendre qqn à la gorge,* gêner sa respiration, le faire suffoquer ; le retenir ou le serrer violemment par le cou ; le tenir à sa merci après lui avoir enlevé tout recours (financier, moral). ‖ *Rendre gorge,* restituer sous la contrainte ce qu'on s'était approprié d'une manière illicite. ‖ *Serrer, nouer la gorge,* créer une difficulté à parler, à respirer. ‖ *Voix de gorge,* voix gutturale. • **Archit.** et **Arts décor.** Large moulure creuse de profil curviligne. (C'est le contre-profil du tore.) — **Chauss.** Face antérieure d'un talon. — **Manut.** Évidement semi-circulaire à la périphérie d'une poulie. — **Mécan.** Dans une pièce de révolution, rainure annulaire destinée à recevoir un autre élément (joint torique par ex.) ou à faciliter une opération d'usinage ultérieure (rectification d'une portée par ex.). — **Menuis.** Moulure concave. — **Pathol.** *Mal de gorge,* nom usuel de diverses inflammations (amygdalite, angine, pharyngite, laryngite, etc.). — **Serrur.** Pièce mobile soumise à l'action d'un ressort, qui immobilise le pêne dormant et le libère par action de la clef. — **Techn.** Partie d'un éventail constituée par l'ensemble des supports-brins entre la tête et la feuille.

GORGEBLEUE n. f. Petit passereau (muscicapidé) d'Eurasie, voisin du rossignol, dont le mâle porte sous la gorge une tache bleue à centre rouge ou blanc.

GORGE-DE-PIGEON adj. inv. Se dit d'une couleur à reflets changeants.

GORGÉE n. f. (de *gorge*). Quantité de liquide qu'on peut avaler en une fois : *Boire à petites gorgées.*

GORGEON n. m. (de *gorge*). *Pop.* Verre d'une boisson alcoolisée : *Boire un gorgeon.*

GORGER v. t. (de *gorge*) [conj. **17**]. **1.** Faire manger qqn avec excès : *Gorger un enfant de sucreries.* — **2.** *Litt.* Remplir, combler jusqu'à satiété : *Gorger quelqu'un d'honneurs.*

◆ **se gorger** v. pr., **être gorgé** v. pass. **1.** Se remplir de qqch, en consommer jusqu'à satiété : *Se gorger de romans policiers.* — **2.** Être plein de qqch, en déborder : *Terre gorgée d'eau.*

GORGERET n. m. (anc. fr. *gorgeret,* collerette). L'une des pièces postérieures de l'abdomen, terminée en pointe, formant la tarière chez les ichneumons et l'aiguillon chez les guêpes et les abeilles.

GORGERIN n. m. ou **GORGIÈRE** n. f. (anc. fr. *gorgiere*). **1.** Partie inférieure d'un casque fermé, destinée à protéger le cou. — **2.** Sorte de bandeau circulaire, lisse ou orné, formant la partie inférieure de certains chapiteaux ioniques, doriques romains, etc.

GORGET n. m. (de *gorge*). Rabot pour faire les moulures appelées *gorges.*

GÖRGEY ou **GÖRGEI** (Artúr), général hongrois (Toporec, Spiš, 1818 - Visegrád 1916). Devenu général commandant en chef de l'armée hongroise lors de la révolution, il reprit Buda le 21 mai 1849 mais dut capituler le 13 août 1849, à Világos, devant une armée russe venue au secours des Habsbourg.

Gorgias *ou De la rhétorique,* dialogue de Platon, composé probablement entre 395 et 391 av. J.-C. L'objet du dialogue est de rechercher ce que doit être la conduite de la vie.

GORGONE n. f. (lat. *Gorgon, -onis,* n. myth.). **1.** *Litt.* Femme monstrueusement méchante ou laide. — **2.** Colonie de cnidaires anthozoaires ramifiée en éventail dans un seul plan, les polypes étant disposés autour d'un axe squelettique corné. (Les gorgones, qui constituent l'ordre des *gorgonides,* sont surtout abondantes dans les mers chaudes entre 200 et 3 000 m. Les colonies peuvent dépasser 2 m.)

GORGONES, les trois sœurs Sthéno, Euryale et Méduse de la mythologie grecque, monstres dont la tête était entourée de serpents.

GORGONIDE n. m. Nom d'ordre donné aux *gorgones.*

GORGONZOLA n. m. (de *Gorgonzola,* n. pr.). Fromage italien à pâte crue, au lait de vache, à moisissures internes.

GORGONZOLA, v. d'Italie, en Lombardie (prov. de Milan) ; 15 000 hab. Fromages.

GORI, v. de Géorgie, sur la Koura, en amont de Tbilissi ; 48 000 hab. Conserveries.

GORILLE n. m. (lat. sc. *gorilla,* du gr. *gorillai,* êtres humains velus). **1.** Grand singe anthropomorphe des forêts de la partie occidentale de l'Afrique équatoriale. (→ *encycl.*) — **2.** *Fam.* Garde du corps chargé d'assurer la sécurité des personnages officiels en déplacement.

ENCYCL. Le gorille est le plus grand des primates : 1,80 m pour 200 kg chez le mâle, 1,50 m pour 120 kg chez la femelle. Le pelage est sombre, le crâne porte une forte crête médiane pour l'insertion des muscles masticateurs. L'animal marche en s'appuyant sur le dos des doigts des mains. Les adultes sont rarement arboricoles. Les gorilles forment des groupes sociaux comprenant un mâle, quelques femelles et leurs jeunes. Ils se nourrissent de fruits et de feuilles. Ce sont des animaux pacifiques, qui fuient le contact avec l'homme. Ils vivent une quarantaine d'années. On distingue les gorilles de plaine (Congo, Gabon, Cameroun ou Zaïre) des gorilles de montagne (autour du lac Kivu). Ces derniers sont menacés de disparition.

GORIN, mot jap. signif. *les cinq cercles* et désignant les cinq parties du corps, les cinq éléments, les cinq doigts du Bouddha, les cinq types de relations sociales (entre gouvernants et gouvernés, enfants et parents, mari et femme, cadet et aîné, entre amis) ainsi que les cinq vertus auxquelles elles correspondent, selon le confucianisme chinois.

GORIN (Jean), peintre français (Saint-Émilien-de-Blain, Loire-Atlantique, 1899 - Niort 1981). Les peintures, reliefs et constructions de ce membre de l'association Abstraction-Création (1931) sont dans la lignée du néo-plasticisme de Mondrian (M. N. A. M. et musée de Nantes).

GORING (George, *baron*), chef royaliste anglais (1608 - Madrid 1657), l'un des principaux généraux royalistes pendant la guerre civile.

GÖRING ou **GOERING** (Hermann), maréchal du Reich et homme politique allemand (Rosenheim 1893 - Nuremberg 1946). Il commande en 1918 l'escadre de chasse Richthofen et totalise 22 victoires. Entré au parti nazi en 1922, il devient rapidement un familier de Hitler. Député nazi (1928), président du Reichstag (1932), ministre-président de Prusse, où il dirige la Gestapo, il se consacre à la création de la Luftwaffe. Maréchal du Reich, successeur désigné de Hitler, qui lui confie la direction suprême de l'économie de guerre (1940), il perd peu à peu la confiance du Führer lors des premiers revers de la Luftwaffe. En avril 1945, il tente de prendre le pouvoir ; arrêté, démis de ses fonctions, pris par les Américains, condamné à la pendaison par le tribunal de Nuremberg, il s'empoisonne dans sa prison.

GORIS (Jan Albert) → GIJSEN.

GORIZIA, v. d'Italie, en Vénétie, sur l'Isonzo, à la frontière slovène ; 41 000 hab. Archevêché. Château. Musées. Centre agricole et industriel (en all. *Görz,* en serbe *Gorica*). Gorizia fut emportée le 9 août 1916 par les troupes italiennes.

Perdue après Caporetto (1917), elle fut reconquise en nov. 1918.

GORKHA ou **GURKHA,** v. du Népal, au N.-O. de Katmandou, ancienne capitale d'un royaume indépendant dont le roi Prithvi Narayan fonda la dynastie régnante du Népal (1769) et transféra sa capitale à Katmandou.

GORKI → NIJNI NOVGOROD.

GORKI (Alekseï Maksimovitch PECHKOV, dit **Maksim**), écrivain soviétique (Nijni Novgorod 1868 - Moscou 1936). Orphelin errant et autodidacte — Gorki signifie « l'Amer » —, il prit pour héros de ses premiers récits des marginaux en rupture de société (*Makar Tchoudra,* 1892) puis, se radicalisant, il dénonça dans ses romans (*Foma Gordeïev,* 1899) et ses drames à succès (*les Petits-Bourgeois,* 1901 ; *les Bas-Fonds,* 1902) la décomposition de la bourgeoisie et le mythe de l'apolitisme des intellectuels (*les Enfants du soleil,* 1905). La révolution de 1905 lui inspira une pièce (*les Ennemis,* 1906) et un roman (*la Mère**, 1906). Contraint à l'exil (il s'installa à Capri en 1906), il poursuivit dans son théâtre la satire du monde bourgeois (*les Derniers,* 1908) et l'évocation des luttes ouvrières (*Contes d'Italie,* 1911-1913), tandis qu'il entreprenait, avec son autobiographie (*Enfance,* 1913-14 ; *Mes universités,* 1923), la relation de son cheminement vers l'écriture et la révolution d'Octobre, malgré certains dissentiments et un long séjour en Italie (1921-1928). Collaborant aux nouvelles institutions culturelles soviétiques, il organisa l'Union des écrivains (1934), élabora le concept de réalisme socialiste, concluant sa réflexion sur la faillite de la bourgeoisie avec *les Artamonov* (1925) et *la Vie* de Klim Samguine* (1925-1936).

Gorki *(théâtre d'art),* théâtre de Moscou, fondé en 1898. Il exerça une grande influence sur le développement de l'art théâtral en Russie.

GORKY (Vosdanig ADOIAN, dit **Arshile**), peintre américain d'origine arménienne (Hayotz Dzore, Arménie turque, 1904 - Sherman, Connecticut, 1948), installé aux États-Unis en 1920. D'abord influencé par Cézanne, puis par Picasso et par le cubisme synthétique, il libéra, après la découverte du surréalisme, de Kandinsky, de Miró, et après sa rencontre avec Matta, une subjectivité et un lyrisme dont témoignent les contours mouvants, les couleurs éclatantes et la spontanéité automatique de ses toiles (*Le foie est la crête du coq,* 1944, musée de Buffalo). À partir de 1945, l'angoisse perce dans un graphisme nerveux suggérant des formes organiques (*les Fiançailles II,* 1947, musée Whitney, New York).

GÖRLITZ, v. d'Allemagne (Saxe), sur la Neisse ; 81 000 hab. Églises gothiques. Maisons gothiques, de la Renaissance et baroques. Matériel ferroviaire. Turbines. Optique.

GORLOVKA, en ukrainien **Horlivka,** v. d'Ukraine, dans le Donbass ; 337 000 hab. Houille. Chimie. Machines-outils.

GORM l'Ancien, roi de Danemark (v. 860 - v. 940). Il fit perfectionner les fortifications élevées par Godfred.

GORNA DŽUMAJA → BLAGOEVGRAD.

GORODETS, v. de Russie, sur la Volga, en amont de Nijni Novgorod. Barrage et centrale hydroélectrique.

GÖRRES (Joseph VON), écrivain et publiciste allemand (Coblence 1776 - Munich 1848). Avec les frères Grimm, il est l'un des plus brillants porte-parole du renouveau national allemand, ainsi que l'un des rénovateurs de l'étude du folklore (*Volksbücher,* 1807).

GORRON (53120), ch.-l. de cant. du nord de la Mayenne ; 2 851 hab. *(Gorronais).* Meubles. Constructions mécaniques. Chaussures.

GORSKI (Aleksandr Alekseïevitch), danseur et chorégraphe russe (près de Saint-Pétersbourg 1871 - Moscou 1924). Maître de ballet en 1896 au Théâtre impérial, Gorski introduisit à l'école de ballet un système de notation de la danse élaboré par Vladimir Stepanov.

GORT (John Standish Surtees Prendergast Vereker, *vicomte*), maréchal britannique (Londres 1886 - *id.* 1946). Chef de l'état-major impérial (1937), il fut placé à la tête du corps expéditionnaire britannique en France (1939-40). Gouverneur militaire de Gibraltar (1941), puis de Malte, il dirigea la défense de l'île. Maréchal en 1943, il fut haut-commissaire en Palestine et en Transjordanie de 1944 à 1945.

GORTCHAKOV (Mikhaïl Dmitrievitch, *prince*), général russe (Moscou 1793 - Varsovie 1861). Chef d'état-major de l'armée russe en Hongrie, il provoqua la capitulation de Világos, qui mit fin à l'insurrection hongroise (1849). En 1855, il prit la tête des forces russes en Crimée et réussit à s'échapper de Sébastopol, évitant ainsi la capitulation.

GORTCHAKOV (Aleksandr Mikhaïlovitch, *prince*), homme d'État russe (Haspal 1798 - Baden-Baden 1883). Ministre des Affaires étrangères de 1856 à 1882, il s'efforça d'abolir les clauses les plus humiliantes du traité de Paris (1856). La Russie ayant repris sa liberté de navigation en mer Noire, il fit entériner cette situation par la conférence de Londres (1871). Il accepta le rapprochement avec l'Allemagne et l'Autriche-Hongrie, proposé par Bismarck et scellé par l'alliance des trois empereurs (1873). Sur la question des Balkans, il ne put contrebalancer l'influence des milieux panslavistes et de l'ambassadeur de Russie à Constantinople, Ignatiev, qui poussèrent Alexandre II à déclarer la guerre à l'Empire ottoman (1877). Malgré la victoire russe, Gortchakov dut accepter les clauses du traité de Berlin (juin-juill. 1878).

GORTER (Herman), écrivain et philosophe néerlandais (Wormerveer 1864 - Bruxelles 1927). Son grand poème lyrique *Mai* (1889) constitue la charte de la jeune école littéraire de la fin du XIXe s. Son recueil *Pan* (1912) est d'inspiration socialiste.

GORTON (John), homme politique australien (Melbourne 1911). Sénateur libéral (1949), ministre de l'Éducation (1966), il est Premier ministre en 1968. Sa décision d'envoyer un contingent militaire au Viêt-nam aux côtés des Américains et la détérioration de la situation économique entraînèrent sa démission (1971).

GORTYNE n. f. (de *Gortyne,* n. pr.). Noctuelle jaune d'or, dont la chenille, d'un rose sale, est très nuisible aux artichauts. (N. usuels *hérissée, drap-d'or.*)

GORTYNE, en gr. **Gortunê,** anc. ville de la partie centrale de la Crète, dans l'actuelle plaine de Messará. Au Ier mill. av. J.-C., elle fut en rivalité constante avec Cnossos. À partir de 67 av. J.-C., Rome fit d'elle la capitale de la province de Crète-Cyrénaïque. Outre des vestiges importants, la ville est célèbre par une longue inscription juridique, datée du Ve s. av. J.-C., dite *lois de Gortyne.*

GÖRTZ (Georg Heinrich), baron **de Schlitz,** homme politique suédois d'origine holsteinoise (Gottorp 1668 - Stockholm 1719). Ministre des Finances sous Charles XII, il créa une « monnaie de crise » qui permit la levée d'une armée pour attaquer la Norvège (1715). Il fut exécuté après la mort de Charles XII.

GÓRY SOWIE (« monts des Hiboux »), montagne de Pologne, partie du massif des Sudètes, dominant la basse Silésie ; 1 015 m.

GÓRY ŚWIĘTOKRZYSKIE (« montagnes de la Sainte-Croix »), petit massif montagneux du sud de la Pologne, bordant, à l'E., le plateau de Petite Pologne ; 612 m.

GORZ (Gerard HORST, dit **André**), philosophe et écrivain français d'origine autrichienne (Vienne 1923). Il a tenté de fonder une morale qui respecte l'existentialisme husserlien et le marxisme (*Fondements pour une morale,* 1977), puis pris ses distances avec le marxisme (*Adieux au prolétariat,* 1980). Dans *Métamorphoses du travail, quête du sens [Critique de la raison économique]* (1988), il propose de remplacer l'éthique du travail par une éthique du temps libéré.

GORZÓW WIELKOPOLSKI, v. de Pologne, sur la basse Warta, ch.-l. de voïévodie ; 111 000 hab. Industries chimiques, textiles, métallurgiques et mécaniques.

GOSAINTHAN → XIXABANGMA.

Gosbank (abrév. des mots russes GOS[*soudarstvennyï*] BANK, banque d'État de l'U. R. S. S.), organe central de la planification économique soviétique, qui exerçait les fonctions d'une banque centrale (émission monétaire), celles assurées dans d'autres pays par le Trésor, et octroyait certains crédits à l'économie.

GOSCINNY (René), scénariste de bandes dessinées français (Paris 1926 - *id.* 1977), dont les plus célèbres sont *Lucky Luke* (à partir de 1955) et *Astérix* (à partir de 1959).

GOSHEN, ville située dans la partie orientale du delta du Nil. Au XVIIe s. av. J.-C. s'y installèrent des immigrants hébreux, parmi lesquels le clan de Joseph.

GOSHUN, peintre japonais (Kyōto 1725 - ? 1811). Élève de Buson, il fonda l'école de Shijō, qui fait la synthèse entre le « réalisme » de l'école Maruyama et l'« idéalisme » de la peinture lettrée.

GOSIER n. m. (bas lat. *geusiae,* du gaul.). **1.** Partie intérieure du cou (pharynx, arrière-bouche), par où les aliments passent de la bouche dans l'œsophage et qui contient certains organes de la voix. — **2.** Fam. *Avoir le gosier sec,* avoir soif. ‖ *Isthme du gosier,* orifice circulaire circonscrit par les piliers antérieurs du voile du palais et qui fait communiquer la bouche avec le pharynx.

GOSIER (Le) [97190], comm. de la Guadeloupe, sur la côte sud de la Grande-Terre ; 20 708 hab. Centre touristique.

GOSLAR, v. d'Allemagne (Basse-Saxe), au pied nord du Harz ; 53 600 hab. Centre touristique et industriel.
— **Bx-arts.** Ancienne ville impériale, Goslar conserve son palais en partie du XIe s. (très restauré), un hôtel de ville gothique (salle de l'Hommage, aux rares peintures d'env. 1500), des églises médiévales, de nombreuses maisons à colombages.

GOSPEL [gɔspɛl] ou **GOSPEL SONG** [-sɔ̃g] n. m. (angl. *gospel,* évangile, et *song,* chant). Chant religieux des Noirs des États-Unis.

Gosplan (abrév. des mots russes GOS[*soudarstvennyï*] PLAN[*ovyï komitet*]), Comité d'État du plan, créé en 1921 et qui était chargé de la planification de l'économie soviétique.

GOSPORT, port de Grande-Bretagne (Hampshire), sur la baie de Portsmouth ; 77 000 hab.

GOSSART (Jean) ou **GOSSAERT** (Jan), dit **Mabuse,** peintre des anciens Pays-Bas (Maubeuge ? v. 1478 - Middelburg ou Breda 1532). Sa production, complexe, à un carrefour des recherches européennes (il alla en Italie en 1508), est l'une de celles qui expriment les nouveaux concepts de la Renaissance dans l'art du Nord (*Saint Luc peignant la Vierge,* 1515, Prague ; *Neptune et Amphitrite,* Berlin-Dahlem ; *Diptyque de Jean Carondelet,* Louvre).

GOSSAU, comm. de Suisse (cant. de Saint-Gall), à l'O. de Saint-Gall ; 14 600 hab. Textile. Mécanique. Alimentation.

GOSSE n. (p.-ê. altér. de *gonze*). *Fam.* **1.** Petit garçon, petite fille : *Un gosse de huit ans.* – **2.** Fils ou fille, par rapport aux parents : *Ils ont trois gosses.* – **3.** *Beau gosse, belle gosse,* bel homme, belle femme.

GOSSEC (François Joseph GOSSÉ, dit), compositeur français (Vergnies, Hainaut, 1734 - Paris 1829). Fondateur du Concert des amateurs, réorganisateur du Concert spirituel, il passa ensuite à l'Opéra (1775), dont il devint directeur (1782). Directeur de l'École royale de chant (1784), il la transforma avec Sarrette en Conservatoire national (1795). Il a écrit des messes, des hymnes révolutionnaires, des œuvres instrumentales, des symphonies, une vingtaine d'opéras, dont *Philémon et Baucis* (1775). Gossec est également l'auteur d'ouvrages pédagogiques.

GOSSET (Antonin), chirurgien français (Fécamp 1872 - Paris 1944). On lui doit différentes techniques opératoires en chirurgie digestive. (Acad. des sc., 1934.)

GOSSYPARIE n. f. (lat. sc. *gossypium,* coton). Cochenille d'Arabie, dont une espèce vit sur le tamaris et provoque l'épanchement de la manne du Sinaï, tandis qu'une autre espèce est inféodée à l'orme.

GOSSYPIUM [-pjɔm] n. m. (lat. sc. *gossypium,* coton). Genre de malvacées qui comprend les cotonniers.

GOSSYPOL n. m. (lat. sc. *gossypium,* coton). Pigment jaune du cotonnier, toxique pour les animaux et les humains. (Il existe maintenant des cotonniers sélectionnés sans gossypol.)

ENCYCL. Le gossypol possède des propriétés contraceptives réversibles, par action sur la spermatogenèse, qui ont été expérimentées avec succès en Chine.

Gösta Berling *(la Saga de)* → SAGA DE GÖSTA BERLING (la).

GOSZCZYŃSKI (Seweryn), écrivain polonais (Ilińce, gouvern. de Kiev, 1801 - Lwów 1876). Membre de l'école romantique dite ukrainienne, il a laissé des poèmes patriotiques (*le Château de Kaniów,* 1828).

GÖTA ÄLV, fl. de Suède, émissaire du lac Vänern, qui se jette dans le Skagerrak. Production hydroélectrique. – Le *canal du Göta* relie les lacs Vänern et Vättern à la mer Baltique.

GÖTALAND ou **GOTHIE,** anc. **Götarike,** nom donné à la partie méridionale de la Suède, au S. des lacs Vänern et Vättern.

GÖTEBORG, port de Suède, sur l'estuaire du Göta älv, pratiquement libre de glace toute l'année ; 426 000 hab. C'est le principal port du pays (commerce et pêche) ainsi qu'un centre industriel (chantiers navals, mécanique, bois, textile), administratif et culturel (centres de recherche, importants musées).

1. GOTHA n. m. (de *Gotha,* n. pr.). Avion allemand triplace de bombardement (moteur de 540 ch), utilisé contre Paris en 1918.

2. GOTHA n. m. (de l'*Almanach de Gotha*). Ensemble de personnalités appartenant au monde de la haute finance, de l'aristocratie, de la politique, etc., considérées sur le plan de leur notoriété mondaine.

GOTHA, v. d'Allemagne (Thuringe), cap. de l'ancien duché de Saxe-Cobourg-Gotha, au pied du Thüringerwald ; 58 000 hab. C'est un ancien centre commercial et financier, auj. industrialisé (matériel agricole et ferroviaire, imprimerie). Institut géographique remontant à 1785 (collection de cartes). Hôtel de ville Renaissance. Château de Friedenstein (XVIIe s.) abritant théâtre, bibliothèque et musées.

Gotha *(Almanach de)* → ALMANACH DE GOTHA.

Gotha *(programme de),* programme élaboré lors du congrès de Gotha (mai 1875), qui marqua la création du parti social-démocrate allemand.

GOTHARD ou **GOTTHARD** → SAINT-GOTHARD.

GOTHARD *(saint),* évêque d'Hildesheim (Reichersdorf, Bavière, v. 960 - Hildesheim 1038). Évêque en 1022, il fit construire églises et hospices. C'est sous son patronage que fut édifié l'hospice du mont Saint-Gothard.

GOTHART (Mathis) → GRÜNEWALD.

GOTHIE, appellation carolingienne de la région occupée depuis le Ve s. par les Wisigoths (Languedoc, Roussillon, puis Catalogne).

GOTHIQUE adj. (bas lat. *gothicus*). **1.** Relatif aux Goths : *Les coutumes gothiques.* – **2.** Se dit d'une forme d'art qui s'est épanouie en Europe du XIIe s. jusqu'à la Renaissance. (→ *encycl.*) – **3.** *Litt.* Du Moyen Âge, archaïque, suranné. • **Aéron.** Se dit d'une forme d'aile pour vitesse supersonique. – **Bx-arts.** *Style gothique international,* style d'un grand raffinement en vigueur aux alentours de

1400, dans la peinture et les arts décoratifs surtout. (→ *encycl.*) — **Littér.** Se dit d'un courant littéraire apparu à la fin du XVIIIe s. et qui touche à la fois au roman noir et au fantastique, notamment dans les pays anglo-saxons. — **Paléogr.** Se dit d'une gamme de types d'écritures utilisées du XIIe au XVe s., dans lesquelles les traits courbes des lettres sont remplacés par des traits droits formant des angles les uns avec les autres. (Ce type d'écriture se maintint beaucoup plus longtemps dans les pays de langue germanique.)

◆ n. m. **1.** Art, style gothique. — **2.** Courant littéraire gothique.

◆ n. f. Écriture gothique.

ENCYCL. **Bx-arts.** Monopolisant l'activité artistique d'une grande partie de l'Europe pendant plusieurs siècles (près de quatre siècles en France), l'art gothique — ainsi nommé, de façon péjorative, par les humanistes italiens de la Renaissance — se constitue à travers un primat de l'architecture qui s'impose à la sculpture et aux arts décoratifs (vitrail, enluminure, orfèvrerie...) avant de susciter un renouveau de la peinture.

Les conséquences sur la structure de l'église de l'usage rationnel de la voûte sur croisée d'ogives — report des poussées aux angles, allégement des murs par rapport aux colonnes ou piles qui reçoivent ces poussées, généralisation de la brisure des arcs qui encadrent chaque travée ainsi que des fenêtres, agrandissement de celles-ci — apparaissent clairement dans le Saint-Denis de l'abbé Suger (déambulatoire du chœur), v. 1140.

La cathédrale de Sens est le premier grand édifice entièrement gothique. Celles de Noyon, Laon, Paris (transformée ensuite) donnent, dans la seconde moitié du XIIe s., le type complexe du gothique primitif : élévation à quatre étages du vaisseau principal (grandes arcades ouvrant sur les bas-côtés, tribune, triforium, fenêtres hautes), voûtes sexpartites impliquant l'alternance de supports plus et moins forts. La cathédrale de Chartres, après 1194, définit le type classique, articulé très lisiblement, avec voûtes barlongues et systématisation des arcs-boutants, qui remplacent la tribune dans sa fonction de contrebutement. C'est encore dans le domaine capétien que surgit, v. 1230-1240, le style *rayonnant* (Saint-Denis, Amiens, Sainte-Chapelle de Paris [1241]), caractérisé par une structure et des proportions donnant une plus grande unité spatiale, par le développement des vitrages, qui se décomposent en lancettes et en rosaces dont le réseau décoratif va se retrouver sur les contreforts, les balustrades, les portails. Ce style se répand dans le midi de la France (où il est concurrencé, au XIVe s., par un type autonome, à nef unique et contreforts intérieurs délimitant les chapelles [Albi]) et en Europe, où les moines cisterciens ont commencé, dès le XIIe s., à exporter l'art gothique. Celui-ci se combine en Espagne avec le décor mudéjar ; l'Angleterre connaît ses propres phases, originales, de gothique « primitif », « décoré » (v. 1270), puis « perpendiculaire » (v. 1350) ; l'Allemagne développe, au XIVe s., le type de l'église-halle, à trois nefs de même hauteur ; l'Italie est le pays qui accepte le moins bien le système gothique, son élancement vertical matérialisé par les faisceaux de colonnettes que l'œil voit s'épanouir dans les nervures des voûtes. L'accentuation de cet effet de continuité, allant jusqu'à la disparition des chapiteaux, l'effervescence graphique des voûtes, des fenestrages, des pinacles, des gables des portails caractérisent l'art *flamboyant,* qui apparaît en France et en Allemagne à la fin du XIVe s. et se prolonge — avec une variété de formules plus riche qu'à l'époque précédente — jusqu'à une date plus ou moins avancée du XVIe s., moment où la « Renaissance » venue d'Italie le supplante dans le goût des commanditaires. L'architecture civile, surtout représentée aux XIIe et XIIIe s. par les châteaux forts, ne cesse par la suite de progresser en élégance et agrément dans les édifices publics d'Italie, des Flandres, du domaine germanique et dans certains châteaux de France.

Les façades occidentales de Saint-Denis (très mutilée) et de Chartres inaugurent la rigueur — aussi bien plastique qu'iconographique — de la répartition de la statuaire et des reliefs sur les portails gothiques. À leur hiératisme encore proche de l'art roman succède, à Senlis, à la fin du XIIe s., puis à Chartres (transept), à Paris, à Reims, à Amiens, une tendance à la souplesse, à un naturalisme encore idéalisé qui évoluera vers plus d'expression et de mouvement (Reims, Amiens, Bourges, Strasbourg, Bamberg...). Statues isolées, Vierges à l'élégant hanchement, aux beaux drapés (différents selon les multiples écoles), gisants qui tendent au portrait se multiplient à partir du XIVe s. La violence de Sluter, dans le milieu bourguignon, transforme l'art du XVe s., où apparaissent des thèmes douloureux, comme celui de la Mise au tombeau. Détachée de l'architecture, la vogue des retables sculptés se développe en Europe centrale (Stwosz, Riemenschneider...), dans les Flandres, en Espagne.

On donne le nom de *style international* à une esthétique gracieuse, voire maniérée, qui se répand en Europe à la jonction des XIVe et XVe s., embrassant une grande partie de la sculpture, des arts décoratifs et surtout de la peinture (miniature et panneaux). Préparé par le raffinement du gothique d'Île-de-France, par l'évolution de l'enluminure parisienne ou anglaise et par celle, ininterrompue, de la peinture monumentale en Italie, et spécialement à Sienne (les Lorenzetti)

— alors qu'en France le vitrail a remplacé la peinture murale aux XIIIe et XIVe s. —, ce style se rencontre notamment en Allemagne, en Bohême (panneaux du Maître de Třeboň, Vierges peintes ou sculptées du « beau style »), en Espagne (Borrassá), dans l'école franco-flamande (Broederlam à Dijon, les Limbourg en Berry...), à Paris (miniaturistes), en Italie (L. Monaco, Gentile da Fabriano, Sassetta, Pisanello...). Cette page de suavité et de féerie décorative se tournera avec l'irruption d'un Masaccio à Florence, des Campin, Van Eyck et Van der Weyden en Flandre, porteurs de valeurs spatiales et réalistes qui, en Italie d'abord, vont marquer une ère nouvelle.

gothique *(ligne),* pendant la Seconde Guerre mondiale, ligne de défense établie par les Allemands à travers la péninsule italienne, entre Pise et Rimini. Attaquée par les Alliés le 25 août 1944, elle les contint jusqu'au 21 avr. 1945.

GOTHS ou **GOTS,** un des peuples de la Germanie ancienne. Venus de Scandinavie, les Goths étaient installés sur les bords de la Vistule au Ier s. av. J.-C. et au N. de la mer Noire au IIIe s. apr. J.-C., formant les royaumes des Ostrogoths à l'E. et des Wisigoths entre Dniestr et Danube. Attaquant l'Empire romain (251), ils pénétrèrent, en 269, jusqu'en Grèce. L'empereur Claude II le Gothique les écrasa à Naissus (Niš), et Aurélien les repoussa au-delà du Danube. Certains s'installèrent ensuite dans l'Empire comme mercenaires ou comme colons. Au IVe s., l'évêque Ulfilas les convertit au christianisme arien. L'invasion des Huns en 370 provoqua la pénétration définitive des Goths dans l'Empire romain.

GOTIQUE n. m. (de *gothique*). Langue morte parlée par les Goths, seul témoin connu du groupe germanique oriental.

ENCYCL. Le gotique nous est connu par une traduction de la Bible faite au IVe s. par l'évêque arien Ulfilas pour des tribus wisigothiques. Ce texte est capital pour la connaissance de l'état primitif commun des langues germaniques, car il précède de plusieurs siècles les autres textes du groupe (vieil anglais, vieux saxon, vieux haut allemand), qui n'apparaissent qu'à l'époque carolingienne.

GOTLAND, prov. et île suédoise de la Baltique ; 3 140 km^2 ; 56 000 hab. Ch.-l. *Visby.* L'agriculture (fleurs, maraîchage), l'élevage et la pêche sont complétés par le tourisme (églises médiévales).

— **Hist.** Peut-être pays d'origine des Goths, ce fut très tôt un carrefour commercial entre la Scandinavie, la Germanie et l'Europe orientale. La capitale, Visby, membre de la Ligue hanséatique, fut ruinée par le roi de Danemark Valdemar IV en 1361. Possession de l'ordre Teutonique au début du XVe s., danoise de 1436 à 1645, elle fut définitivement restituée à la Suède par le traité de Brömsebro.

GOTLIB (Marcel GOTLIEB, dit), dessinateur et scénariste français de bandes dessinées (Paris 1934). Collaborateur de *Pilote* et de *Pif,* auteur des séries humoristiques *Gai-Luron* (1964), *Dingodossiers* (1965, avec Goscinny), *la Rubrique-à-brac* (1968), il a développé la bande dessinée pour adultes en créant les revues *l'Écho des savanes* (1972) et *Fluide glacial* (1975).

GOTON n. f. (abrév. de *Margoton,* dimin. de *Margot*). *Pop.* et *vx.* Fille ou femme vulgaire, prostituée.

GOTTFRIED de Strasbourg, poète épique de langue allemande de la fin du XIIe s. et du commencement du XIIIe s. Il laissa inachevé son grand poème *Tristan* (20 000 vers).

GOTTHELF (Albert BITZIUS, dit **Jeremias**), écrivain suisse de langue allemande (Morat 1797 - Lützelflüh 1854). Pasteur à Lützelflüh, il a peint les paysans du canton de Berne (*Uli der Pächter,* 1849).

GÖTTINGEN, v. d'Allemagne (Basse-Saxe), sur la Leine ; 130 000 hab. Ancienne cité hanséatique, célèbre par son université (fondée en 1737). Églises et maisons médiévales. Mécanique de précision. Industrie pharmaceutique. Imprimerie. Aluminium. Alimentation.

GOTTMANN (Jean), géographe français (Kharkov 1915 - Oxford 1994). Formé en France, il a partagé sa carrière entre Paris, l'Amérique et Oxford. Il a montré dans *Megalopolis* (1961) l'émergence de formes urbaines nouvelles, à l'échelle de grandes régions.

Gott mit uns (« Dieu est avec nous »), devise de la couronne de Prusse et de son armée, puis, jusqu'en 1945, celle de l'armée allemande.

GOTTORP, anc. duché du Danemark, tirant son nom du *château de Gottorp* (environs de Schleswig).

GOTTSCHALK ou **GODESCALC d'Orbais,** théologien allemand (près de Mayence v. 805 - Hautvillers, Marne, v. 868). Ses positions théologiques (augustinisme rigoureux, symbolisme des personnages bibliques référés à la Trinité) lui valurent d'être condamné au fouet en 848 et emprisonné au monastère d'Hautvillers, où il vécut jusqu'à sa mort.

GOTTSCHED (Johann Christoph), écrivain et professeur allemand (Juditten 1700 - Leipzig 1766). Il voulut imposer à la littérature allemande les doctrines du classicisme français et illustra ses théories par ses tragédies régulières (*Caton mourant,* 1732).

GOTTWALD (Klement), homme politique tchèque (Dĕdice, Moravie, 1896 - Prague 1953). Secrétaire général du parti communiste tchécoslovaque à partir de 1929, il en devint le président à son retour d'U. R. S. S., où il avait vécu de 1938 à 1945. Vice-président du Conseil (1945) puis chef d'un gouvernement d'Union nationale (1946), il élimina en févr. 1948 les ministres non-communistes. Président de la République (1948-1953), il suivit fidèlement le modèle soviétique et mourut quelques jours après Staline.

GOTTWALDOV → ZLÍN.

GÖTZ ou **GOTTFRIED VON BERLICHINGEN** → BERLICHINGEN.

GOUACHE n. f. (ital. dialect. *guazzo,* du bas lat. *aquatio,* lieu où l'on trouve de l'eau). **1.** Peinture de consistance pâteuse, opaque, faite de couleurs détrempées à l'eau mêlée de gomme. — **2.** Œuvre, généralement sur papier, exécutée avec cette peinture.

GOUACHER v. t. (conj. 3). Peindre ou rehausser à la gouache.

GOUAILLE n. f. (de *gouailler*). Raillerie, attitude moqueuse et insolente.

GOUAILLER v. i. (mot d'argot, de même orig. que *gaver*) [conj. 3]. Plaisanter avec une vulgarité intentionnelle ; railler ironiquement.

GOUAILLERIE n. f. Plaisanterie ironique et vulgaire ; raillerie.

GOUAILLEUR, EUSE adj. et n. Qui gouaille, dénote un esprit railleur ; narquois : *Une verve gouailleuse.*

GOUALANTE n. f. (de *goualer,* var. de *gouailler*). *Pop.* Complainte populaire.

GOUALEUR, EUSE n. *Pop.* et *vx.* Chanteur, chanteuse (de rues) qui pousse la goualante. (Le masc. est rare.)

GOUAPE n. f. (esp. *guapo*). *Pop.* Voyou, vaurien, frappe.

GOUAREC (22570), ch.-l. de cant. du sud des Côtes-d'Armor, sur le Blavet ; 1 173 hab. *(Gouarecains).*

GOUBERT (Pierre), historien français (Saumur 1915). Professeur d'histoire moderne, il a publié, entre autres ouvrages, *Beauvais et le Beauvaisis de 1600 à 1730* (1960) [réédité sous le titre *Cent Mille Provinciaux au XVIIe siècle,* 1968], qui a servi de modèle d'histoire démographique, *Louis XIV et vingt millions de Français* (1966) et *Mazarin* (1990).

GOUBET (Claude Désiré), ingénieur français (Lyon 1838 - Paris 1903). Il construisit successivement deux petits sous-marins sans parvenir à intéresser le gouvernement.

GOUDA n. m. (de *Gouda,* n. pr.). Fromage hollandais de forme cylindrique, à pâte pressée et à croûte paraffinée et teintée de jaune, fabriqué avec du lait de vache.

GOUDA, v. des Pays-Bas (Hollande-Méridionale), au N.-E. de Rotterdam ; 58 600 hab. Église St-Jean, reconstruite au XVIe s. (ensemble exceptionnel de vitraux). Hôtel de ville des XVe et XVIIe s. Centre industriel : mécanique, alimentation (fromage), céramique.

GOUDEA, *ensi* (gouverneur) de Lagash (v. 2150 av. J.-C.). Il constitua un petit État sumérien dont les ressources ont servi notamment à restaurer et embellir le grand temple de Girsou. Goudea nous est connu par des statuettes déposées au Louvre.

GOUDELIN ou **GOUDOULI** (Pierre), poète de langue d'oc (Toulouse 1580 - *id.* 1649). Il composa en dialecte toulousain des poèmes réunis en 1617 sous le titre *le Ramelet Moundi (le Bouquet toulousain).* Ce recueil contient les fameuses stances *A l'hurouso memorio d'Henric le Gran.*

GOUDIMEL (Claude), compositeur français (Besançon v. 1520 - Lyon 1572). Il collabora au supplément musical des *Amours* de Ronsard (1552). Dès 1551, il fut attiré par les traductions des psaumes de Marot et de De Bèze et devint l'un des compositeurs les plus représentatifs de la religion réformée. Il fut tué lors de la Saint-Barthélemy. Sa production, essentiellement religieuse (messes, motets), comporte pourtant des chansons profanes. Il doit surtout sa célébrité à ses harmonisations de psaumes.

GOUDOULI (Pierre) → GOUDELIN (Pierre).

GOUDRON n. m. (ar. d'Égypte *qaṭrān*). **1.** Résidu provenant de la distillation destructive de matières organiques. — **2.** *Goudron de bois* ou *goudron végétal,* produit obtenu par la carbonisation des bois ou par leur distillation. (La distillation du hêtre donne la *créosote.*) ‖ *Goudron de houille,* sous-produit de la cokéfaction de la houille à haute température. ‖ *Goudron minéral,* sorte de bitume.

◆ **goudrons** n. m. pl. Ensemble des constituants de la phase particulaire de la fumée de cigarette.

ENCYCL. Le goudron est un produit dont la consistance varie de liquide visqueux à solide, noir ou brun foncé, d'odeur empyreumatique, plus lourd que l'eau, de composition complexe. Il contient des huiles, du noir de fumée, du phénol. Insoluble dans l'eau, il brûle avec une flamme fumeuse.

— **Pharm.** On utilise en dermatologie, pour leur action antiseptique et cicatrisante, les goudrons de bois de genévrier (huile de cade), de bois de pin ou de houille (coaltar).

GOUDRONNAGE n. m. Opération consistant à enduire la surface d'une chaussée avec du goudron ou du bitume.

GOUDRONNER v. t. (conj. 3). Enduire de goudron.

GOUDRONNERIE n. f. Lieu où l'on prépare, où l'on conserve le goudron.

GOUDRONNEUR, EUSE n. Ouvrier(ère) qui prépare ou qui emploie le goudron.
◆ **goudronneuse** n. f. Machine à goudronner.

GOUDRONNEUX, EUSE adj. De la nature du goudron : *Revêtement goudronneux.*

GOUDSMIT (Samuel Abraham), physicien américain d'origine néerlandaise (La Haye 1902 - Reno, Nevada, 1978). Il créa en 1925, avec Uhlenbeck, la théorie du spin de l'électron, attribuant à l'électron un moment magnétique pour rendre compte des données spectroscopiques.

GOUET n. m. (lat. pop. **gubius*). Nom usuel de l'*arum.*

GOUF n. m. Cañon sous-marin dont la tête est située à proximité immédiate du littoral.

GOUFFÉ (Jules), cuisinier français (Paris 1806 - Neuilly-sur-Seine 1877). Élève de Carême, chef des cuisines du Jockey Club, il écrivit un célèbre *Livre de cuisine* (1872), qui traite à la fois de la grande cuisine, dont il fixe les règles, et de la cuisine bourgeoise. Il a publié *le Livre de pâtisserie* (1873), *le Livre des conserves* et *le Livre des soupes et des potages* (1875).

GOUFFIER (Guillaume), seigneur **de Bonnivet** → BONNIVET.

GOUFFIER (Choiseul-) → CHOISEUL-GOUFFIER.

GOUFFRE n. m. (bas lat. *colpus,* du gr. *kolpos,* entrailles). **1.** Cavité béante d'une grande profondeur. (Les principaux gouffres se rencontrent dans les régions calcaires et résultent de l'effondrement du toit d'une cavité souterraine.) — **2.** Trou vertical effrayant par sa profondeur ; abîme : *Les gouffres sous-marins.* — **3.** *Litt.* Ce qui paraît insondable ; le niveau le plus bas du malheur : *Le gouffre de l'oubli.* — **4.** Ce qui engloutit d'énormes sommes d'argent ; personne qui fait dépenser énormément d'argent ou qui dilapide une fortune : *Cette maison est un gouffre.* — **5.** *Fam.* Personne qui mange énormément. — **6.** *Être au bord du gouffre,* être près de la ruine, de la catastrophe.

GOUGE n. f. (bas lat. *gubia*). **1.** Ciseau creusé en gouttière, dont se servent les menuisiers, les forgerons, les chaudronniers, etc. — **2.** Ancien outil tranchant à lame courbe du cordonnier, qui servait à façonner les surfaces concaves des talons ; outil de machine effectuant un travail analogue. — **3.** Ciseau de sculpteur, de section plus ou moins concave, pour la taille du bois ou de la pierre tendre. — **4.** Outil du graveur sur bois servant à vider les champs.

GOUGER v. t. (de *gouge*) [conj. **17**]. Trancher, creuser, pratiquer un évidement ou une goujure à l'aide d'une gouge.

GOUGÈRE n. f. Pâtisserie en pâte à chou salée, additionnée d'œuf et de gruyère et cuite au four.

GOUGEROT (Henri), dermatologiste français (Saint-Ouen 1881 - Paris 1955). Il a étudié les mycoses de la peau, les dermo-épidermites microbiennes, les allergies cutanées et il a laissé son nom à plusieurs maladies ou syndromes.

Gougerot-Sjögren *(syndrome de),* syndrome dû à une insuffisance généralisée de la sécrétion des glandes exocrines (lacrymales, salivaires et des voies digestives supérieures), se traduisant par une sécheresse de toutes les muqueuses, une atrophie des glandes salivaires, des altérations de la peau et des phanères. Il peut s'y associer des troubles viscéraux divers et, assez fréquemment, une polyarthrite inflammatoire chronique.

GOUGES (Marie GOUZE, dite **Olympe de**), femme de lettres et publiciste française (Montauban 1755 - Paris 1793). Adepte des idées révolutionnaires, elle réclama l'émancipation des femmes dans une *Déclaration des droits de la femme et de la citoyenne* (1792). Ayant pris la défense de Louis XVI, elle fut guillotinée.

GOUGETTE n. f. Petite gouge.

GOUGH (Hugh GOUGH, *vicomte*), feld-maréchal britannique (Woodstown, Limerick, 1779 - Saint Helen's, près de Dublin, 1869). Envoyé en Chine, il signa la paix de Nankin (1842). Commandant en chef aux Indes (1843), il écrasa la révolte des Marathes et celle des sikhs (1849).

GOUGH (*sir* Hubert DE LA POER), général britannique (Londres 1870 - *id.* 1963). Il commanda, sur le front français, pendant la Première Guerre mondiale, le 1er corps d'armée britannique, puis la Ve armée.

GOUGNAFIER n. m. (moyen fr. *goin,* lourdaud). *Pop.* Bon à rien, goujat.

GOUILLE n. f. En Suisse, mare, flaque d'eau.

GOUIN (Félix), homme politique français (Peypin, Bouches-du-Rhône, 1884 - Nice 1977). Député socialiste (1924-1958), il présida l'Assemblée consultative provisoire à Alger (1943), puis à Paris (nov. 1944-oct. 1945) et la première Assemblée nationale constituante (nov. 1945-janv. 1946). Il fut chef du Gouvernement provisoire de janv. à juin 1946.

GOUINE n. f. (mot norm., p.-ê. de l'hébreu *goï,* chrétien). *Pop.* Homosexuelle, lesbienne.

GOUJAT n. m. (anc. gasc. *gojat,* jeune homme). 1. Autref., valet d'armée. — 2. Homme grossier, mal élevé, manquant totalement de savoir-vivre.

GOUJATERIE n. f. Caractère, action de goujat.

1. GOUJON n. m. (bas lat. *gobio, -onis,* du gr. *kôbios*). 1. Petit poisson cyprinidé d'eau douce très commun en France dans les eaux chaudes, à dorsale et anale courtes, caudale fourchue, portant un court barbillon. (Le goujon aime les eaux claires à fond de gravier. Il se nourrit des vers et des larves d'insectes qu'il débusque en fouillant le fond.) — 2. Fam. *Taquiner le goujon,* pêcher à la ligne.

2. GOUJON n. m. (de *gouge*). 1. Pièce de métal ou de bois destinée à lier deux ou plusieurs pièces de machines ou de charpente, deux pierres de taille ou deux dalles de chaussées en béton. — 2. Tige métallique servant à assembler deux pièces, et dont les extrémités sont filetées. — 3. Pointe sans tête, à une ou deux extrémités pointues. — 4. Axe sur lequel tourne une poulie.

GOUJON (Jean), sculpteur et architecte français (? v. 1510 - Bologne v. 1566). Il est à Rouen en 1541, à Paris en 1544 (décor du jubé de St-Germain-l'Auxerrois [bas-reliefs au Louvre]). En 1547, artiste renommé, il participe à l'illustration de la première édition française de Vitruve et entreprend les décors pour l'entrée d'Henri II à Paris en 1549 (nymphes de la fontaine des Innocents). Il collabore ensuite avec Lescot au nouveau Louvre (façade, tribune des Caryatides). D'autres travaux sont hypothétiques. Son nom disparaît des comptes des bâtiments en 1562, et il est mentionné l'année suivante à Bologne, dans un milieu de réfugiés huguenots. Traitant les formes empruntées au maniérisme italien puis à l'Antiquité avec autant de vigueur que d'élégance complexe et raffinée, il est un des principaux promoteurs de la Renaissance classique et maniériste en France.

GOUJONNAGE n. m. Action de goujonner.

GOUJONNER v. t. (conj. 3). Assembler avec des goujons des pièces de bois, de pierre, des pièces de machines, de moteurs.

GOUJONNETTE n. f. (de *goujon 1*). Petit filet de poisson : *Goujonnettes de soles à la crème.*

GOUJONNIER n. m. Petit épervier utilisé pour la pêche du goujon.

GOUJONNIÈRE adj. f. *Perche goujonnière,* autre nom de la grémille.

◆ n. f. Seau pour transporter les vifs, et en particulier les goujons.

GOUJONNOIR n. m. Outil de tonnelier, servant à fabriquer les goujons en bois destinés à l'assemblage des traversins.

GOUJURE n. f. 1. Évidement pratiqué avec une gouge dans une pièce (bois, cuir, etc.). — 2. Cannelure se trouvant autour des caisses de poulies, caps de mouton, etc., et destinées à recevoir des estropes.

GOULACHE ou **GOULASCH** n. m. (all. *Gulasch,* du hongr. *gulyás*). Ragoût de bœuf mijoté avec des oignons, des aromates et du paprika. (Spécialité hongroise.)

GOULAG n. m. (abrév. du russe *Glavnoïe Oupravlenie Laguereï,* Direction générale des camps). 1. Organisme soviétique qui était chargé de l'administration des camps de redressement par le travail. (Avec une majusc.) — 2. Système concentrationnaire ou répressif de l'Union soviétique, ou des pays à régime totalitaire.

ENCYCL. Un réseau de camps de travail forcé fut organisé en Russie soviétique en 1919 tandis que s'élaborait une théorie du redressement par le travail, selon laquelle toute personne reconnue socialement dangereuse et privée de liberté doit travailler. Les camps, colonies ou autres établissements de redressement par le travail, dépendant de la Tcheka ou des commissariats du peuple (ou ministères) à la Justice ou aux Affaires intérieures, connurent un très grand développement à l'époque stalinienne. Les arrestations touchèrent diverses catégories sociales ou nationales dont les membres furent accusés de délits contre-révolutionnaires : anciens bourgeois, paysans riches ou koulaks (au début des années 30), membres des organisations communistes (1937-38), citoyens des pays rattachés à l'U. R. S. S. en 1940 (Polonais, Baltes, Ukrainiens de l'Ouest), et, après la Seconde Guerre mondiale, « traîtres à la patrie » (c'est-à-dire les soldats de retour de captivité ou les « collaborateurs »). Dix millions de personnes auraient été déportées au cours des années 1930. En dépit de la discipline rigoureuse, des grèves ou des mutineries éclatèrent à Norilsk (1953), à Vorkouta (1953, 1955) et au camp de Kinguir, dans le Karaganda (1954). Après la mort de Staline (1953), les effectifs des camps diminuèrent considérablement et le Goulag fut dissous en 1956. Par la suite, le système concentrationnaire perdure. Camps, prisons et hôpitaux psychiatriques abritent condamnés de droit commun et « prisonniers d'opinion ». Un réel changement se produit à partir du retour d'exil de Sakharov (1986). Les camps subsistent mais la grande majorité des détenus pour motifs politiques est libérée.

GOULART (João Belchior Marques), homme d'État brésilien (São Borja, Rio Grande do Sul, 1918 - Mercedes, Argentine, 1976). Leader travailliste, vice-président de la République en 1955, réélu en 1960, il accéda à la présidence en

1961. Sa tentative de réforme agraire lui valut d'être renversé par les militaires en avr. 1964.

GOULD (Benjamin Apthorp), astronome américain (Boston, Massachusetts, 1824 - Cambridge, Massachusetts, 1896). Fondateur de l'*Astronomical Journal* (1849), il entreprit à partir de 1865 de cartographier le ciel austral.

GOULD (Jay), financier américain (Roxbury 1836 - New York 1892). Il acquit une fortune énorme en spéculant sur les actions de chemins de fer et ses combinaisons provoquèrent une débâcle à la Bourse de New York (sept. 1869).

GOULD (Glenn), pianiste canadien (Toronto 1932 - *id.* 1982). Après des débuts très brillants dès 1955, il renonça à tout concert public à partir de 1964 pour se consacrer exclusivement au disque et à des émissions radiophoniques. Ses compositeurs d'élection sont Bach, Beethoven et Schönberg.

GOULD (Stephen Jay), paléontologue américain (New York 1941). Il est l'auteur, avec l'Américain Niles Eldredge, d'une théorie selon laquelle l'évolution des espèces serait une suite de périodes de stabilité entrecoupées de phases de spéciation brutale (par opposition au modèle graduel du néodarwinisme).

GOULD (Shane), nageuse australienne (Ryde, Nouvelle-Galles du Sud, 1956), championne olympique des 200 m et 400 m nage libre, du 200 m quatre nages en 1972.

GOULE n. f. (ar. *rhūl* ou *ghūl*). Sorte de vampire femelle, qui séduit les mâles vivants et qui hante les cimetières.

GOULED APTIDON (Hassan), homme d'État de Djibouti (Djibouti 1916). Il fonda en 1975 la Ligue populaire africaine pour l'indépendance (L. P. A. I.) et devint en 1977 le premier président de la République indépendante de Djibouti.

GOULÉE n. f. (anc. fr. *goule,* gueule). **1.** *Fam.* et *vx.* Grosse quantité de liquide qu'on avale d'un coup : *Avaler une assiettée de soupe en quelques goulées.* — **2.** Quantité d'air qu'on peut aspirer en une fois : *Une goulée d'air frais.*

GOULET n. m. (anc. fr. *goule,* gueule). **1.** Entrée étroite d'un port, d'une rade. — **2.** Syn. de CHENAL. — **3.** Chacune des ouvertures coniques des verveux, des nasses et de certains filets, par où le poisson pénètre sans pouvoir ensuite ressortir. (Syn. GOULOTTE.) — **4.** *Goulet abyssal,* couloir sous-marin reliant deux bassins océaniques. ‖ *Goulet d'étranglement,* syn. de GOULOT* D'ÉTRANGLEMENT. ‖ *Goulet de marée,* goulet littoral creusé dans les sédiments par le mouvement alternatif de la marée.

Goulet *(traité du)* [22 mai 1200], traité conclu entre Philippe II Auguste et Jean sans Terre. Ce dernier cédait le Vexin normand, le comté d'Évreux, la seigneurie d'Issoudun au roi de France, dont il se reconnaissait vassal pour ses fiefs continentaux.

GOULETTE (La), port de Tunisie, avant-port de Tunis, au débouché du lac de Tunis ; 62 600 hab. Pêche. Station balnéaire. Centrale électrique alimentant Tunis.

GOULEYANT, E adj. *Fam.* Se dit d'un vin agréable, frais et léger.

GOULIER (Charles Moyse), officier et savant français (Richelieu 1818 - Paris 1891). On lui doit des méthodes topographiques nouvelles et de nombreux appareils : l'équerre à prisme, des tachéomètres, un télémètre, le niveau à collimateur, etc.

GOULOT n. m. (anc. fr. *goule,* gueule). **1.** Col de bouteille ou de vase dont l'entrée est étroite. — **2.** *Pop.* Bouche, gosier. — **3.** *Goulot d'étranglement,* difficulté, obstacle, obstruction partielle, qui entrave un processus dans son évolution. (Syn. GOULET D'ÉTRANGLEMENT.)

GOULOTTE n. f. (anc. fr. *goule,* gueule). **1.** Couloir ou tuyau incliné permettant de guider la descente de matériaux liquides, pâteux, pulvérulents ou granuleux. — **2.** Étroit couloir de glace, subvertical, dans une paroi rocheuse. — **3.** Petite rigole pour l'écoulement des eaux. — **4.** Syn. de GOULET.

GOULU, E adj. et n. (anc. fr. *goule,* gueule). Qui se jette avidement sur la nourriture.
◆ adj. Qui manifeste une grande avidité : *Regards goulus.*

GOULÛMENT adv. De façon goulue, avec avidité.

GOUM n. m. (ar. maghrébin *gūm,* tribu, de l'ar. class. *qaum,* troupe). Formation militaire supplétive qui était recrutée en Afrique du Nord et en Afrique noire parmi les autochtones.
ENCYCL. Principaux artisans de la pacification du Maroc de 1908 à 1934, encadrés par les officiers français des affaires indigènes, les « goums marocains » furent alors formés de trois sections d'infanterie et d'un peloton de cavalerie (en tout 150 hommes). Réunis en bataillons appelés tabors, 22 000 goumiers s'illustrèrent en Italie et en France pendant la Seconde Guerre mondiale.

GOUMIER n. m. Cavalier ou fantassin supplétif faisant partie d'un goum.

GOUMILEV (Nikolaï Stepanovitch), poète russe (Kronchtadt 1886 - Petrograd 1921). Nourri de symbolisme, mais las des brumes métaphysiques, il fonde en 1912 l'école acméiste (→ ACMÉISME), prônant l'acceptation virile de la vie. L'aventure, la guerre sont les thèmes de très beaux poèmes, d'une forme admirable (*le Car-*

quois, 1916 ; *la Colonne de feu,* 1921). Accusé de complot antirévolutionnaire, il sera fusillé.

GOUNOD (Charles), compositeur français (Paris 1818 - Saint-Cloud 1893). Il obtient le prix de Rome en 1839 et l'Italie lui révèle la musique de Palestrina. Mendelssohn lui fait connaître Bach, Mozart, Beethoven. Il étudie la théologie et porte la soutane, mais s'aperçoit vite que sa véritable vocation est musicale. Ses premières œuvres lyriques (*Sapho,* 1851) sont accueillies avec tiédeur, mais *Faust** (1859), puis *Mireille** (1864) et *Roméo et Juliette* (1867) lui assurent une gloire que consacre sa nomination à l'Institut (1866). À partir de 1882, Gounod se consacre uniquement à la musique religieuse et compose des messes (*Messe solennelle de sainte Cécile,* 1855), des oratorios et un *Requiem* (posthume, 1895), sa dernière œuvre. On lui doit aussi des mélodies *(le Rossignol).* Il a marqué la musique française d'une sensibilité nouvelle et poétique.

GOUPIL [-pi ou -pil] n. m. (bas lat. *vulpiculus,* renard, du lat. class. *vulpes*). Ancien nom du renard.

GOUPILLE n. f. (de *goupil*). **1.** Petite pièce de métal qu'on passe dans l'extrémité de certains éléments pour que l'ensemble constitue un assemblage rigide démontable. — **2.** Syn. de CHEVILLE (horlogerie).

GOUPILLER v. t. (conj. 3). **1.** Fixer avec des goupilles. — **2.** *Fam.* Arranger qqch, le combiner, le faire : *Qu'est-ce qu'il est en train de goupiller ?*
◆ **se goupiller** v. pr., **être goupillé** v. pass. *Fam.* S'arranger, se dérouler de telle façon : *Ça se goupille mal.*

GOUPILLON n. m. (mot d'orig. norm., de l'anc. nordique *vippa,* avec l'infl. de *écouvillon*). **1.** Manche de bois ou de métal, muni d'une boule trouée qui sert à l'église pour prendre de l'eau bénite ou pour en répandre sur les fidèles ou sur les objets que bénit le prêtre. — **2.** *Fam.* Symbole péjor. du parti clérical. — **3.** Brosse cylindrique à long manche pour nettoyer les bouteilles. (Syn. ÉCOUVILLON.)

1. GOUR n. m. (mot auvergnat). Dépression circulaire de petit diamètre (50 à 100 m) résultant d'une explosion volcanique.

2. GOUR ou **GUR** n. m. Syn. de VOLTAÏQUE.

GOURA n. m. (javanais *gora,* tonnerre). Gros pigeon des forêts de Nouvelle-Guinée, au plumage bleu, portant une huppe en éventail de plumes décomposées. (Syn. PIGEON COURONNÉ.)

GOURAGUÉS, population sémitique d'environ 350 000 membres, vivant au sud de l'Éthiopie.

GOURAMI n. m. (mot malais). Poisson (anabantidé) des eaux douces et saumâtres d'Indo-Malaisie, possédant des organes labyrinthiformes de respiration aérienne. (Le mâle construit un nid de bulles d'air enrobées de mucus où sont gardés œufs et alevins.)

GOURANTE ou **GOURANCE** n. f. (de *se gourer*). *Pop.* Erreur.

GOURARA, dépression du Sahara algérien au S. du Grand Erg occidental. Oasis (Timimoune).

GOURAUD (Henri Eugène), général français (Paris 1867 - *id.* 1946). Il se distingue au Soudan, où il s'empare de Samory Touré. Adjoint de Lyautey au Maroc (1911-1914), il commande pendant la Première Guerre mondiale en Argonne et en Champagne avant de prendre la tête du corps expéditionnaire aux Dardanelles, où il est amputé du bras droit. Il commande la IVe armée en Champagne jusqu'à l'armistice, sauf pendant un court séjour au Maroc comme résident général (1917). Haut-commissaire en Syrie de 1919 à 1923, il réprime les révoltes de Damas et de Cilicie. Son corps a été inhumé en 1948 dans le monument de la ferme Navarin, en Champagne.

GOURBET n. m. Autre nom de l'*oyat.*

GOURBEYRE (97113), comm. de la Guadeloupe, à l'E. de Basse-Terre ; 6 578 hab.

GOURBI n. m. (ar. d'Alger *gurbi,* de l'ar. class. *qurbā,* parenté). **1.** Dans l'Afrique du Nord traditionnelle, habitation élémentaire, faite de pièces rectangulaires, uniquement éclairées par la porte. (Le gourbi est l'habitat des classes défavorisées.) — **2.** *Pop.* Habitation misérable et mal entretenue.

GOURD, E adj. (lat. *gurdus,* balourd). **1.** Qui est engourdi par le froid : *Les doigts gourds.* — **2.** Qui est maladroit, malhabile, gauche : *Avoir les gestes gourds.* — **3.** Se dit du blé gonflé par l'humidité.

1. GOURDE n. f. (anc. fr. *coorde,* citrouille, du lat. *cucurbita,* courge). **1.** Plante grimpante annuelle à vrilles rameuses, dont les jeunes fruits, dans les variétés douces, sont consommés comme légumes. (Le fruit mûr, renflé et dur, une fois évidé peut servir de boîte ou de bouteille sous le nom de *calebasse.* Plusieurs cucurbitacées, des genres *crescentia* et *lagenaria,* répondent à cette définition.) — **2.** Récipient servant à conserver la boisson au cours d'un déplacement, en camping, etc.
◆ adj. et n. f. *Fam.* Qui est stupide, d'une maladroite sottise : *Avoir l'air gourde.*

2. GOURDE n. f. (de *piastre gourde,* de l'esp. *gordo,* gros). Unité monétaire de la République d'Haïti.

GOURDIN n. m. (ital. *cordino,* dimin. de *corda,* corde). Bâton gros et court servant à frapper.

GOURDON (46300), ch.-l. d'arrond. de l'ouest du Lot ; 5 073 hab. *(Gourdonnais).* Deux églises et une chapelle d'époque gothique. Maisons anciennes. Marché. Industries alimentaires. – Aux environs, grottes de Cougnac.

GOUREN n. m. (mot breton). Variété de lutte pratiquée en Bretagne.

GOURER (SE) v. pr. (rad. péjor. *gorr-*) [conj. 3]. *Pop.* **1.** Se tromper, faire une erreur : *Se gourer dans un problème.* – **2.** Confondre deux choses, deux personnes, prendre l'une pour l'autre : *Je me suis gouré de quai dans le métro.*

GOURETTE (64440 Eaux-Bonnes), station d'altitude et de sports d'hiver (1 350-2 400 m) des Pyrénées (Pyrénées-Atlantiques), comm. d'Eaux-Bonnes), près du col d'Aubisque.

GOURGANDINE n. f. (mot dialect., de *gourer* et *gandin*). *Fam.* et *vx.* Femme de mauvaise vie.

GOURGAUD (Gaspard, *baron*), général français (Versailles 1783 - Paris 1852). Ancien officier d'ordonnance de Napoléon Ier, présent à Waterloo (1815), il accompagna l'Empereur à Sainte-Hélène, où il écrivit, sous sa dictée, deux volumes (sur huit) des *Mémoires pour servir à l'histoire de France sous Napoléon** (édités en 1822-23).

GOURIE, région de la Géorgie sur la mer Noire, au sud du cours inférieur du Rion.

GOURIEV, en kazakh **Atyraou,** v. du Kazakhstan, sur la Caspienne, à l'embouchure de l'Oural ; 156 700 hab. Raffinerie de pétrole. Pêcheries. Conserves.

GOURIN (56110), ch.-l. de cant. du Morbihan, au pied de la Montagne noire ; 4 906 hab. Église et chapelle des XVe-XVIe s. Centre commercial. Industries alimentaires.

GOURKO (Iossif Vladimirovitch), général russe (gouvern. de Moguilev, 1828 - Sakharovo, près de Tver, 1901). Il s'illustra lors de la guerre russo-turque en s'emparant de Tărnovo, en enfermant Osman Paşa dans Plevna (oct. 1877), et en pénétrant à Sofia (janv. 1878), puis à Philippopoli et à Andrinople. Il fut gouverneur de Saint-Pétersbourg (1879-1880), puis de la Pologne (1883-1894). – Son fils VASSILI IOSSIFOVITCH, général russe (1864 - Rome 1937), combattit dans le rang des Boers (1899-1902) et, pendant la Première Guerre mondiale, fut tour à tour chef d'état-major général (1916), commandant du front russo-roumain (janv. 1917), puis, en juin, du front sud-ouest, et enfin commandant des troupes alliées à Mourmansk (juill. 1918).

GOURMAND, E adj. et n. (même orig. que *gourmet*). **1.** Qui aime manger en quantité les bonnes choses : *Être gourmand comme un chat.* – **2.** Qui est amateur, friand de qqch : *Être gourmand de fruits.* – **3.** Qui est avide, passionné de qqch : *Je suis gourmand de romans policiers.*

◆ adj. **1.** Qui dénote la gourmandise, le vif désir de qqch : *Une bouche gourmande.* – **2.** Qui consomme beaucoup d'énergie : *Une voiture gourmande en essence.* – **3.** Qui concerne la gastronomie : *Chronique gourmande d'un hebdomadaire.* – **4.** *Branche gourmande,* syn. de GOURMAND.

◆ **gourmand** n. m. **1.** Rameau d'arbres fruitiers ou de vigne issu de bourgeons latents porté par du vieux bois et qui ne donne pas de fruits. – **2.** Rameau poussant après l'élagage des arbres d'émonde aux endroits où ont été coupées les vieilles branches. (Syn. BRANCHE GOURMANDE.)

GOURMANDER v. t. (de *gourmand*) [conj. 3]. *Litt.* Réprimander qqn avec sévérité : *Gourmander un élève coupable.*

GOURMANDISE n. f. **1.** Caractère, défaut du gourmand. – **2.** Mets appétissant, friandise : *Les enfants aiment les gourmandises.*

GOURMANTCHÉS ou **GOURMAS,** peuple des grandes plaines du sud-est du Burkina et du Niger.

GOURME n. f. (frq. **worm,* pus). **1.** Maladie infectieuse et contagieuse qui affecte principalement les jeunes équidés, caractérisée par une inflammation purulente des voies respiratoires supérieures et des ganglions correspondants. (La gourme est devenue bénigne grâce à l'emploi des antibiotiques.) – **2.** Fam. et vx. *Jeter sa gourme,* en parlant des jeunes chevaux, être affecté de la gourme ; en parlant de jeunes gens, se livrer à leurs premières frasques.

GOURMÉ, E adj. (de *gourme*). Caractérisé par un maintien raide et compassé : *Un air gourmé.*

GOURMET n. m. (anc. fr. *gromet,* valet, de l'anc. angl. *grom,* garçon). Personne qui sait distinguer et apprécier la bonne cuisine et les bons vins : *C'est un fin gourmet.*

GOURMETTE n. f. (de *gourme*). **1.** Chaînette réunissant les deux branches supérieures du mors du cheval et passant sous la barbe. – **2.** Bracelet formé d'une chaîne à mailles aplaties. – **3.** *Fausse gourmette,* petite lanière de cuir réglable, empêchant la gourmette de bouger.

GOURMONT (DE), famille d'imprimeurs français du XVIe s., dont le plus connu est GILLES (v. 1480 - apr. 1533). Établi à Paris en 1507, il fut le premier à publier des ouvrages grecs et hébreux. GILLES, JEAN II, FRANÇOIS ont également été graveurs et JEAN Ier à la fois graveur et peintre.

GOURMONT (Remy DE), écrivain français (Bazoches-au-Houlme, Orne, 1858 - Paris 1915). Collaborateur du *Mercure de France* en 1889, il écrivit un pamphlet (*le Joujou patriotisme,* 1891) qui provoqua sa révocation de la Bibliothèque nationale, où il était employé. Il fut dès lors le critique le plus écouté du groupe symboliste (*le Latin mystique,* 1892 ; *Esthétique de la langue française,* 1899 ; *les Promenades littéraires,* 1904).

GOURNAY [-nɛ] n. m. (de *Gournay-en-Bray,* n. pr.). Fromage de vache, à pâte molle, fabriqué à Gournay-en-Bray.

GOURNAY (Marie Le Jars de), femme de lettres française (Paris 1566 - *id.* 1645). « Fille d'alliance » de Montaigne, elle donna la première édition posthume des *Essais* (1595), suivie de onze autres (1595 à 1635).

GOURNAY (Jean-Claude Marie Vincent, *seigneur* de), économiste français (Saint-Malo 1712 - Cadix 1759). Intendant du commerce en 1751, il se montra partisan de la liberté de l'industrie et de la suppression des règlements et des monopoles.

Gournay *(race de),* race française de poules, originaire des pays de Caux et de Bray, très rustique, précoce, bonne pondeuse et d'une chair fine.

GOURNAY-EN-BRAY (76220), ch.-l. de cant. de la Seine-Maritime, près des sources de l'Epte ; 6 234 hab. Marché agricole (produits laitiers). Église romane et gothique (chapiteaux, mobilier).

GOUROS, peuple de Côte-d'Ivoire établi entre les fleuves Bandama et Sassandra et dont la langue appartient au groupe mandé.

GOUROU ou **GURU** n. m. (hindī *gurū,* vénérable). **1.** Maître spirituel hindou, autour de qui sont groupés des disciples. – **2.** Maître à penser, directeur de conscience.

GOUROU (Pierre), géographe français (Tunis 1900). Son expérience indochinoise (*les Paysans du delta tonkinois,* 1936) l'oriente vers les civilisations asiatiques (*la Terre et l'Homme en Extrême-Orient,* 1940) et lui fait comprendre la spécificité des *Pays tropicaux* (1946), thème développé, en 1982, dans *Terres de bonne espérance. Le monde tropical.*

GOUROUNSIS ou **GURUNSIS,** peuple habitant les plaines du sud-ouest du Burkina, dans l'est du Ghana et le centre du Togo. Leur langue du groupe kwa, le kasem, est considérée comme la langue mère des ethnies voisines et frontalières.

GOURSAT (Édouard), mathématicien français (Lanzac, Lot, 1858 - Paris 1936). Il a donné de nombreuses contributions originales à toutes les branches de l'analyse.

GOURVILLE (Jean Hérauld de), financier français (La Rochefoucauld 1625 - Paris 1703). Commissaire des vivres à l'armée de Catalogne (1655), puis receveur général des tailles de Guyenne (1658), il s'attacha à la fortune de Fouquet, fut poursuivi comme traitant par la chambre de justice et, condamné à mort (1661), il s'exila. En 1669, le prince Louis II de Condé obtint pour lui des lettres d'abolition et le prit pour intendant.

GOUSSAINVILLE (95190), ch.-l. de cant. du Val-d'Oise, à l'O. de l'aéroport de Roissy ; 24 971 hab. *(Goussainvillois).* Église du XVIe s. Raffinerie de sucre.

GOUSSE n. f. **1.** Fruit des plantes du groupe des légumineuses, à péricarpe sec et déhiscent, qui s'ouvre généralement à la maturité par deux fentes, ce qui partage le fruit en deux valves, dont chacune emporte avec elle une rangée de graines. (Syn. cosse.) – **2.** Ornement, en général triple, attaché aux volutes de certains chapiteaux ioniques, et qui rappelle une gousse de fève. – **3.** *Gousse d'ail, d'échalote,* tête ou partie (caïeu) d'une tête d'ail, d'échalote. ‖ *Gousse de vanille,* fruit capsulaire allongé du vanillier.

GOUSSET n. m. (de *gousse*). **1.** *Litt.* Creux de l'aisselle ; odeur qui s'en exhale. – **2.** Petite poche du gilet ou de l'intérieur de la ceinture du pantalon destinée à loger une montre. – **3.** *Avoir le gousset garni, vide,* avoir de l'argent, être sans argent. • **Arm.** Pièce de mailles ou d'acier fixée au défaut de l'épaule dans certaines armures. – **Bonnet.** Partie renforcée en forme de losange placée pour donner de l'aisance, en particulier à l'entrejambe. – **Charp.** Traverse oblique réunissant les bras au corps d'une potence. ‖ Pièce diagonale dans l'enrayure d'une croupe. ‖ Plaque, de forme généralement triangulaire, employée dans les assemblages de charpenterie métallique. ‖ En charpente moderne (charpente collée, par ex.), joue ou flasque servant d'organe d'assemblage ou de contreventement. – **Hérald.** Pièce formée par deux lignes diagonales partant des angles du chef, et qui rejoignent un pal. – **Menuis.** Console en bois supportant une tablette.

GOÛT n. m. (lat. *gustus*). **1.** Chez l'homme et les animaux, identification chimique des aliments ou du milieu immédiat, à l'aide de récepteurs sensoriels spécialisés. (Le goût d'un aliment dépend de facteurs liés à cet aliment [saveur] et des caractères de la fonction sensorielle [gustation] de chaque espèce.) [→ *encycl.*] – **2.** Saveur de qqch, caractéristique reconnaissable par le sens gustatif : *Un goût salé, amer. Un goût de brûlé.* – **3.** Capacité à discerner ce qui est beau ou laid selon les critères qui caractérisent un groupe, une époque, en matière esthétique : *Elle a du goût. Maison meublée avec goût.* – **4.** Attirance pour un aliment, une boisson, qqch ou qqn : *Il a le goût du risque.* – **5.** *Litt.* Impression qui reste de qqch : *Le goût amer des souvenirs.* – **6.** *À, selon mon goût,* selon ma manière personnelle d'apprécier les choses. ‖ *Au goût du jour,* selon la mode, les critères, les choix de l'époque. ‖ *Avoir un goût,*

avoir une saveur désagréable. ‖ *Avoir du goût,* avoir une bonne saveur. ‖ *Avoir du goût pour qqch, qqn,* être attiré par eux, les aimer, les apprécier. ‖ *Avoir, prendre, reprendre, etc., goût à qqch,* l'aimer, l'apprécier, se mettre à l'aimer, à l'apprécier, à s'y intéresser. ‖ Fam. *Dans ce goût-là, de ce goût-là,* de cette sorte, de cette espèce. ‖ *Dans le goût + adj.* ou *n.,* dans cette manière, ce genre, ce style : *Un opéra dans le goût italien.* ‖ *De goût, d'un goût + adj.,* dont l'ensemble des caractéristiques dénotent chez son auteur ou son possesseur telle ou telle appréciation du beau : *Des illustrations d'un goût exquis.* ‖ *De mauvais goût, d'un goût douteux,* qui heurte, choque les convenances ou les susceptibilités. ‖ *(Être) au (du) goût de qqn,* lui plaire, lui convenir. ‖ Fam. *Faire passer le goût de qqch à qqn,* faire qu'il n'ait plus envie de recommencer. ‖ *Homme, femme de goût,* personne qui sait apprécier et discerner ce qui est beau, ce qui convient. ‖ *N'avoir plus de goût,* n'être plus apprécié, désiré par qqn. ‖ *Trouver qqn, qqch à son goût,* avoir pour eux une attirance.
◆ **goûts** n. m. pl. Ensemble des penchants, des préférences qui correspondent à la personnalité de chacun : *Avoir des goûts simples.*

ENCYCL. Le goût est l'une des modalités de la chémoréception. Chez l'homme, la saveur, déterminée par le goût et encore plus par l'odeur, n'est perçue qu'au milieu de la bouche. Quatre grandes saveurs de base : sucrée, salée, acide et amère sont perçues par des récepteurs particuliers, les *bourgeons du goût,* situés sur la langue et groupés sur des organes complexes, les papilles. Le goût salé appartient surtout aux ions métalliques tels que Na^+, le goût sucré aux oses et diholosides, le goût acide aux ions H^+ et le goût amer aux alcaloïdes, mais il y a de nombreuses exceptions et d'importantes différences individuelles.
La distinction entre gustation et olfaction est difficile à faire chez les animaux aquatiques ; toutefois, les poissons ont souvent des chémorécepteurs proprement gustatifs au niveau des barbillons. Les insectes butineurs, papillons notamment, ont au bout de leurs pattes des récepteurs sensibles au goût sucré du nectar.
– **Neurol.** La perte des sensations gustatives, qui peut être totale (agueusie) ou relative (hypogueusie), s'observe dans les lésions du système nerveux périphérique. Le trouble siège soit au tiers postérieur de la langue, affectant surtout les saveurs amères, dans les atteintes du glossopharyngien, soit aux deux tiers antérieurs de la langue, affectant alors les saveurs salées, sucrées et acides, dans les atteintes du nerf facial, de la corde du tympan et du nerf lingual.

GOUTCHKOV (Aleksandr Ivanovitch), homme politique russe (Moscou 1862 - Paris 1936). Puissant industriel de Moscou, il fut l'un des fondateurs du parti octobriste (1905), qui regroupait l'aile droite du mouvement libéral. Il présida la troisième douma (1910-11). Ministre de la Guerre et de la Marine dans le premier Gouvernement provisoire (févr. mai 1917), il émigra en 1918.

1. GOÛTER v. t. (lat. *gustare*) [conj. 3]. **1.** Porter qqch à la bouche, pour le reconnaître au goût, pour en éprouver ou en vérifier la saveur : *Le cuisinier goûte la sauce.* – **2.** Apprécier un aliment, une boisson par le goût : *Il ne goûte même pas ce qu'il mange.* – **3.** Apprécier l'agrément de qqch ; savourer : *Goûter le calme du soir.* – **4.** Juger favorablement une œuvre, un auteur, un propos, les aimer, ou apprécier en connaisseur le contenu d'une œuvre, d'un propos : *Je n'ai guère goûté ce livre. Il n'a pas goûté la plaisanterie.*
◆ v. t. ind. **1.** Prendre d'un aliment, d'une boisson, en absorber une petite quantité, en partic. pour voir si c'est à son goût : *Goûtez donc à ce fromage.* – **2.** Faire l'expérience de qqch : *Il a goûté de la prison dans sa jeunesse.* – **3.** Faire l'expérience de qqch en appréciant, en aimant : *Goûter à l'indépendance.*

2. GOÛTER v. i. (de *goûter 1*) [conj. 3]. Faire un léger repas entre le déjeuner et le dîner : *Les enfants ont goûté à quatre heures.*
◆ v. t. ind. *Goûter d'un aliment,* le prendre, le consommer pour son goûter : *Goûter d'une tasse de thé et de gâteaux secs.*

3. GOÛTER n. m. Léger repas qu'on prend au milieu de l'après-midi.

GOÛTER *(dôme du),* sommet du massif du Mont-Blanc (Haute-Savoie) ; 4 304 m. En contrebas, refuge (3 817 m) près du sommet de l'*aiguille du Goûter* (3 863 m).

GOÛTEUR, EUSE n. Personne chargée de goûter une boisson, une préparation.

GOÛTEUX, EUSE adj. Qui a du goût, bon goût : *Viande goûteuse.*

GOÛTE-VIN n. m. inv. Robinet ou pipette servant à prélever du vin dans une cuve ou une barrique, pour le déguster.

GOUTHIÈRE (Pierre), fondeur et ciseleur français (Bar-sur-Aube 1732 - Paris 1813/14). Il est, dans le bronze d'ameublement, le représentant gracieux et parfait du style Louis XVI « à la grecque ».

GOUTIS, peuple qui occupait une partie de la Mésopotamie au XXIIe s. av. J.-C. Il constitua, après la chute de l'Empire akkadien (v. 2160), un royaume (le Goutioum) qui correspondait à la Babylonie.

1. GOUTTE n. f. (lat. *gutta*). **1.** Très petite quantité de liquide qui se détache sous forme plus ou moins sphérique : *Une goutte de pluie, de sueur.*

— **2.** Pluie qui tombe, en partic. du point de vue de sa force (surtout pl.) : *Il pleut à grosses gouttes. Il est tombé quelques gouttes hier.* — **3.** Très petite quantité d'un liquide : *Vous boirez bien une goutte de café.* — **4.** *Fam.* Eau-de-vie, marc. — **5.** Quantité minime de qqch : *Il n'a pas une goutte de bon sens.* — **6.** *Avoir la goutte au nez,* avoir le nez qui coule. ‖ *Boire la goutte,* en arg. de théâtre, être sifflé. ‖ *Goutte à goutte,* une goutte après l'autre ; petit à petit. ‖ *Jusqu'à la dernière goutte,* jusqu'au bout, jusqu'à la limite de ses forces. ‖ Litt. *N'y comprendre goutte,* ne rien y comprendre. ‖ *Suer à grosses gouttes,* transpirer au point que des gouttes de sueur ruissellent ; avoir peur. ‖ *Une goutte d'eau dans la mer,* un apport, une quantité insignifiants. • **Agroalim.** *Vin* ou *cidre de goutte,* vin ou cidre qui coule de la cuve ou du pressoir avant qu'on ait pressuré le raisin ou les pommes. — **Archit.** Chacun des petits ornements de forme tronconique suspendus sous les mutules du larmier et sous les triglyphes de la frise, dans l'entablement dorique. (Syn. LARME.) — **Météo.** Masse d'air isolée de sa région d'origine, et entourée par des masses plus chaudes *(goutte froide)* ou plus froides *(goutte chaude).* — **Pêch.** *Goutte d'eau,* syn. de BULDO. — **Pétr.** *Point de goutte,* température à laquelle les huiles et graisses industrielles passent de l'état semi-solide à l'état liquide.

◆ **gouttes** n. f. pl. Présentation en flacon d'un médicament liquide destiné à être dosé et administré par gouttes.

2. GOUTTE n. f. (de *goutte 1*). **1.** Maladie métabolique à manifestations articulaires, rénales, cutanées (tophus), liée à une surcharge organique en acide urique, et pouvant présenter deux aspects, aigu (inflammatoire) ou chronique (métabolique). [→ *encycl.*] — **2.** *Goutte militaire,* urétrite chronique, souvent aseptique, consécutive à une blennorragie.

ENCYCL. **Pathol.** Maladie de la nutrition, la goutte est due à une perturbation du métabolisme ou de l'élaboration des nucléoprotéides (les purines). Elle traduit une hyperproduction d'acide urique dans le sang et les urines, mais également au niveau des articulations (arthropathie goutteuse), du rein (lithiase rénale), des tissus cutanés (tophus goutteux).

1° La *goutte articulaire aiguë* a pour localisation la plus connue le gros orteil, mais elle peut aussi toucher le pied, la main, le genou, le coude ou plusieurs articulations à la fois. Le début est brutal, dominé par la douleur, la chaleur de la peau, la fièvre. Son évolution spontanée est en moyenne de 4 à 10 jours.

2° La *goutte articulaire chronique,* fréquente, est d'installation progressive. Elle est caractérisée par la présence permanente de dépôts d'urates *(tophi)* dans les articulations et dans les tissus sous-cutanés, principalement au niveau de l'oreille, du coude et du tendon d'Achille. Elle provoque des arthropathies chroniques avec lésions destructrices des articulations des pieds, des mains, des doigts, des genoux, plus rarement des hanches et du rachis. La colchicine est le traitement spécifique de la crise de goutte.

GOUTTE-À-GOUTTE n. m. inv. **1.** Administration contrôlée (une goutte après l'autre) et régulée (plus ou moins rapidement) des solutés de perfusion avec ou sans médicaments. (Elle est essentiellement utilisée par la voie veineuse, mais aussi rectale, rarement sous-cutanée.) [Syn. PERFUSION.] — **2.** Appareil servant à administrer le goutte-à-goutte.

GOUTTE-D'EAU n. f. (pl. *gouttes-d'eau*). **1.** Topaze incolore du Brésil. — **2.** Brillant serti sur une monture très fine et qui se porte en boucle d'oreille ou en pendentif. — **3.** Petite rainure dont un côté est arrondi, creusée sous le jet d'eau d'une fenêtre, d'une porte. (Syn. LARMIER.)

Goutte-d'Or, quartier du XVIIIe arrondissement de Paris, au N. de la gare du Nord. Sa partie méridionale, autour de la *rue de la Goutte-d'Or,* est habitée par de nombreux immigrés (Maghrébins essentiellement).

GOUTTELETTE n. f. Petite goutte d'un liquide : *Des gouttelettes de rosée.*

GOUTTER v. i. (conj. 3). **1.** Tomber goutte à goutte : *L'eau goutte du robinet.* — **2.** Laisser tomber des gouttes : *Un robinet qui goutte.*

GOUTTEREAU ou **GOUTTEROT** adj. m. et n. m. (de *gouttière*). Se dit du mur sur lequel s'appuie la base de l'égout d'un toit, avec ou sans gouttière ou chéneau. (Les murs gouttereaux s'opposent aux pignons.)

GOUTTEUX, EUSE adj. et n. (de *goutte 2*). Relatif à la goutte ; atteint de la goutte.

GOUTTIÈRE n. f. (de *goutte 1*). **1.** Canal en métal ou en matière plastique, fixé à la base de l'égout d'un toit pour recevoir et canaliser les eaux pluviales. — **2.** Dans une arme blanche, évidement allongé dans la lame. — **3.** Canal, sillon, ou région déprimée et allongée de l'organisme, tels que les *gouttières carotidienne, lacrymale, optique,* etc. — **4.** Appareil rigide, métallique, ou plâtré, destiné à immobiliser un membre fracturé ou malade. — **5.** Tranche de devant du livre relié. — **6.** *Chat de gouttière,* chat bâtard qui vit plus ou moins en liberté. ‖ *Gouttière jugulaire,* dépression le long de l'encolure des quadrupèdes de chaque côté de la trachée, dans laquelle on explore la veine jugulaire. ‖ *Gouttière œsophagienne,* canal qui réunit le cardia des ruminants à l'entrée du feuillet pendant la traversée du bonnet.

GOÛTU, E adj. *Fam.* Qui a beaucoup de goût, goûteux.

GOUVERNABLE adj. Qui peut être administré par une autorité.

GOUVERNAIL [-naj] n. m. (lat. *gubernaculum,* de *gubernare,* gouverner). **1.** Appareil mobile destiné à la manœuvre et à la conduite des bateaux. (→ *encycl.*) — **2.** Symbole du poste de direction d'une entreprise, d'un groupe, d'un État : *Quitter le gouvernail.* — **3.** *Gouvernail automatique,* servomécanisme qui, sous l'effet du vent, permet de maintenir un voilier au cap désiré, sans intervention humaine. ‖ *Gouvernail de profondeur,* plan mince horizontal et orientable disposé à l'avant et à l'arrière des sous-marins pour les mouvements dans un plan vertical.

ENCYCL. **Mar.** Dans sa forme la plus simple, le gouvernail est constitué par une large tôle plate, le *safran,* sur lequel agissent les filets liquides, et par un axe vertical, la *mèche,* dont la partie inférieure repose sur l'extrémité de la semelle d'étambot, tandis que la partie supérieure pénètre dans la coque. Le dispositif de manœuvre du gouvernail est la barre.

GOUVERNANT, E adj. Qui gouverne, qui a le pouvoir politique : *Classes gouvernantes.*
◆ n. Personne qui détient le pouvoir politique, qu'il s'agisse d'un parlementaire ou d'un membre du gouvernement, par oppos. à *gouverné* (le plus souvent au pl.).
◆ **gouvernante** n. f. **1.** Femme chargée de la garde et de l'éducation d'un ou de plusieurs enfants. — **2.** Femme qui a soin du ménage d'un veuf ou d'un célibataire.

GOUVERNE n. f. (de *gouverner*). **1.** Action de diriger une embarcation. — **2.** *Litt.* Ce qui doit servir de règle de conduite dans une affaire. ‖ *Pour ma (ta, sa, etc.) gouverne,* pour me (te, lui, etc.) servir de directive, de règle de conduite. — **3.** Chacun des organes utilisés pour obtenir la rotation d'un aéronef autour de ses trois axes : tangage (gouverne de profondeur), roulis (gouverne latérale), lacet (gouverne de direction). — **4.** *Aviron de gouverne,* aviron placé à l'arrière d'une embarcation et remplaçant le gouvernail. (Syn. AVIRON DE QUEUE.)

GOUVERNÉ, E n. Personne sur qui s'exerce le pouvoir politique (surtout pl.).

GOUVERNEMENT n. m. **1.** Action de gouverner, de diriger politiquement un pays : *Le gouvernement de cette nation devient difficile.* — **2.** Forme politique qui régit un État : *Gouvernement démocratique.* — **3.** Organes de l'État qui assurent la direction générale d'un pays : *Un gouvernement provisoire.* — **4.** Dans un État, organe qui détient le pouvoir exécutif. — **5.** Organismes administratifs chargés de veiller à l'exécution des lois et représentant le pouvoir exécutif : *Voyager aux frais du gouvernement.* — **6.** Litt. *Le gouvernement de soi-même,* la maîtrise de soi. • **Hist.** Dans la France d'Ancien Régime, circonscription territoriale embrassant plusieurs bailliages ou sénéchaussées et placée sous l'autorité d'un gouverneur. (→ *encycl.*) ‖ Charge de gouverneur. ‖ Organisme chargé de la direction administrative d'une colonie française. ‖ Division administrative de la Russie (du début du XVIIIe s. aux années 1924-1929). — **Mil.** *Gouvernement militaire,* circonscription territoriale placée sous les ordres d'un gouverneur militaire. (→ *encycl.*) — **Polit.** *Gouvernement des juges,* rôle politique du pouvoir judiciaire dans un État (ex. la Cour suprême aux États-Unis). ‖ *Gouvernement de législature,* dans un régime parlementaire, gouvernement que l'on cherche à faire durer pendant toute la législature, grâce à des mécanismes constitutionnels ou à un accord politique. — **Relig.** *Gouvernement des âmes,* direction morale ou religieuse des consciences.

ENCYCL. **Hist.** Créés à partir de la fin du XIIIe s., les gouvernements recouvraient l'ensemble du royaume à la fin du XVIe s. Leurs limites et leur nombre ont beaucoup varié sous l'Ancien Régime. La France comptait onze gouvernements au XVIe s., et quarante à la veille de la Révolution, qui les supprima le 22 déc. 1789.
— **Mil.** Institué par François Ier, le gouvernement militaire est l'ancêtre de la région* militaire actuelle. L'expression a été conservée pour les circonscriptions militaires formées par les places de Paris, Metz, Lyon et Strasbourg. Les officiers généraux commandants d'armes des garnisons de Paris, Marseille, Metz, Nancy, Strasbourg et Lille prennent le titre de gouverneurs militaires de ces villes.

Gouvernement provisoire de 1848 (24 févr.-10 mai 1848). Ce gouvernement fut constitué à l'issue de la révolution de févr. 1848 et mit fin à la monarchie de Juillet. Présidé par Dupont de l'Eure et composé de républicains modérés (Lamartine, Arago, Garnier-Pagès, Crémieux, Marie) et de socialistes (Louis Blanc, Albert), doté des pouvoirs exécutif et législatif, il proclama la république (24 févr.), instaura le suffrage universel (2 mars), la liberté de la presse et des réunions publiques, et organisa l'élection de l'Assemblée constituante (23 avr.) à laquelle il remit ses pouvoirs. La Commission* exécutive lui succéda (10 mai).

Gouvernement provisoire [Russie, 1917], organe central du pouvoir de l'État, constitué le 2 (15) mars 1917 après le succès de la révolution de février (→ RÉVOLUTION RUSSE DE 1917) et renversé le 25 oct. (7 nov.) par les bolcheviks. Il succéda au Comité provisoire de la douma.

Présidé par le prince Lvov, il tenta de poursuivre la guerre. Puis, un *premier ministère de coalition* (5 [18] mai-7 [20] juill.) entre les représentants de la bourgeoisie et ceux des soviets fut formé sous la présidence du prince Lvov. Lui succédèrent un *deuxième* (24 juill. [6 août]-1er [14] sept.) et un *troisième* (25 sept. [8 oct.]-27 oct. [8 nov.]) *ministère de coalition* présidés par Kerenski.

Gouvernement provisoire de la République algérienne (G. P. R. A.), organe exécutif du mouvement national algérien, constitué le 19 sept. 1958 par le F. L. N., présidé par Ferhat Abbās, puis (1961) par Ben Khedda. Il fut dissous lorsque l'Algérie accéda à l'indépendance (1962).

Gouvernement provisoire de la République française, gouvernement qui se substitua, en juin 1944, à Alger, au Comité français de libération nationale, et qui, installé à Paris à partir d'août, succéda à l'État français jusqu'au 16 janv. 1947. Reconnu officiellement par les Alliés (3 oct. 1944), présidé par le général de Gaulle, il poursuit la guerre, puis entreprend la reconstruction politique et matérielle du pays. Après l'épuration de l'Administration de Vichy et la suppression des autorités locales mises en place à la Libération, il organise les élections législatives d'oct. 1945. En novembre, le général de Gaulle, confirmé dans ses fonctions, forme un nouveau gouvernement où les diverses tendances sont représentées, y compris les communistes. À l'intérieur, le gouvernement pratique une politique de nationalisations (houillères, gaz, électricité, usines Renault, banques, assurances...) et crée des organismes tels que le Commissariat général du plan de modernisation et d'équipement, le Bureau des pétroles, le Commissariat à l'énergie atomique. À l'extérieur, le G. P. R. F. participe à la signature de la capitulation de l'Allemagne, signe un accord avec l'U. R. S. S. (déc. 1944), et s'engage dans la reconquête de l'Indochine. Après la démission du général de Gaulle en janv. 1946, le G. P. R. F. est présidé par F. Gouin, G. Bidault et L. Blum. Après la ratification de la Constitution (oct. 1946), le gouvernement est dissous pour laisser la place aux nouvelles institutions de la IVe République (janv. 1947).

Gouvernement révolutionnaire provisoire de la république du Viêt-nam du Sud **(G. R. P.),** organe central créé en juin 1969 au Viêt-nam du Sud pour diriger l'action du F. N. L. Après la victoire d'avr. 1975, il conserva ses fonctions provisoires jusqu'aux élections de 1976 qui précédèrent la réunification.

GOUVERNEMENTAL, E, AUX adj. **1.** Qui relève du gouvernement, du pouvoir exécutif : *L'équipe gouvernementale.* — **2.** Qui soutient le gouvernement en place, est inspiré par le gouvernement : *Journal gouvernemental.*

GOUVERNER v. t. (lat. *gubernare,* diriger un navire, du gr. *kubernân*) [conj. 3]. **1.** Exercer sur un pays, un peuple, le pouvoir politique, en partic. le pouvoir exécutif, diriger les affaires publiques, la vie politique d'un État : *Le président qui gouverne les États-Unis.* — **2.** Exercer le pouvoir exécutif, diriger les affaires de l'État : *Gouverner, c'est prévoir.* — **3.** *Vx.* Avoir la conduite, la gestion de qqch : *Gouverner une maison.* — **4.** En Suisse, s'occuper du bétail, le soigner. — **5.** Être maître de sa vie, de ses sentiments, etc., les diriger, les mener à son gré : *Apprendre à gouverner son imagination.* — **6.** Exercer son empire sur qqn, qqch, les dominer : *C'est la jalousie qui le gouverne.* — **7.** Diriger, manœuvrer une embarcation à l'aide d'un gouvernail. ◆ v. i. Obéir à l'effet de son gouvernail, en parlant d'un bateau.

◆ **se gouverner** v. pr. **1.** Exercer son pouvoir politique : *Le droit des peuples à se gouverner eux-mêmes.* — **2.** *Litt.* Contrôler, maîtriser sa conduite, sa vie, ses réactions : *Il n'a jamais su se gouverner.*

GOUVERNEUR n. m. (de *gouverner*). **1.** Titulaire du pouvoir exécutif dans les constitutions des divers États fédérés composant les États-Unis. (Le gouverneur détient des pouvoirs généralement comparables à ceux du président au niveau fédéral.) — **2.** Représentant de la Couronne britannique dans les dominions. — **3.** Haut fonctionnaire qui était placé à la tête d'une colonie pour y diriger l'administration et y représenter la métropole. — **4.** Fonctionnaire à la tête d'un gouvernorat. — **5.** Celui qui était chargé de l'éducation d'un jeune prince ou d'un jeune homme de famille noble. — **6.** Dans la France d'Ancien Régime, agent royal commandant un gouvernement. (→ *encycl.*) — **7.** Titre donné au directeur de certains établissements financiers publics (Banque de France, Crédit foncier de France). — **8.** Administrateur d'une province, dans l'Empire romain et l'Empire byzantin. — **9.** Ouvrier chargé de la surveillance de l'atelier de raffinage des pâtes à papier. — **10.** *Gouverneur militaire,* officier mis à la tête d'un gouvernement militaire. ‖ *Gouverneur de place,* officier responsable de la défense d'une place.

ENCYCL. *Les gouverneurs de la France d'Ancien Régime.* Commissaires institués par la royauté à partir de la fin du XIIIe s. dans les provinces frontières au-dessus des baillis et des sénéchaux, les gouverneurs étaient nommés par lettres de provisions temporaires et révocables. Issus de la haute noblesse, ils avaient des attributions essentiellement militaires. Aux XVe et XVIe s., ils accrurent leurs pouvoirs au détriment des officiers locaux et, lors des guerres de Religion, exercèrent toutes les prérogatives du roi dans leurs gouvernements. Henri IV et Richelieu réduisirent leur rôle. Dépouillés par Louis XIV de leurs pouvoirs, attribués aux intendants et aux lieutenants généraux, ils n'eurent plus qu'un rôle honorifique. Leurs charges furent supprimées le 22 déc. 1789.

• *Les gouverneurs des colonies françaises.* Au XVIIIe s., un *gouverneur* ou *commandant pour le roi* fut placé à la tête de chaque colonie. Investis de l'autorité militaire, les gouverneurs exerçaient aussi le contrôle de la justice. Supprimés par la Révolution, ils furent rétablis par le Consulat sous le titre de *capitaines généraux*. Ils retrouvèrent leur nom sous la Restauration qui les investit de la totalité des pouvoirs dans les colonies mais plaça auprès d'eux des conseils désignés par le roi. Remplacés par des *commissaires de la République* en avr. 1848, mais restaurés en mai 1854, ils se maintinrent, pour la plupart, jusqu'à l'indépendance des colonies.

GOUVERNEUR *(île du)* → GOVERNADOR *(ilha do).*

GOUVERNORAT n. m. (de *gouverneur*). Dans certains pays (Égypte, Tunisie, Libye), division administrative équivalente au département, à la province ou à la région.

GOUVIEUX (60270), comm. de l'Oise, au N. de la forêt de Chantilly ; 9 904 hab. *(Godviciens).* Équipement automobile. Centre culturel et hippique. (→ LYS-CHANTILLY [*le*].)

GOUVION-SAINT-CYR (Laurent, *marquis* DE), maréchal de France, pair de France (Toul 1764 - Hyères 1830). Vétéran des campagnes de la Révolution, ambassadeur en Espagne (1801), il fut colonel général des cuirassiers (1804), commandant de l'armée de Catalogne (1808) et chef de corps d'armée pendant la campagne de Russie. Ministre de la Guerre de Louis XVIII en juill. 1815 puis de nouveau en 1817, il fit voter la loi de 1818 sur le recrutement de l'armée par engagements volontaires et tirage au sort. Il dut se retirer en 1819 devant l'hostilité des ultras.

GOUY (Louis Georges), physicien français (Vals-les-Bains, 1854 - *id.* 1926). Il montra en 1888 que le mouvement brownien était dû à l'agitation moléculaire. Il énonça le théorème fondamental de la thermodynamique portant sur l'énergie utilisable. (Acad. des sc., 1913.)

GOUZI-GOUZI n. m. inv. *Fam.* Chatouillis.

GOVERNADOR *(ilha do),* en fr. **île du Gouverneur,** île de la baie de Guanabara (Brésil), dans l'agglomération de Rio de Janeiro. Aéroport international de Galeão.

GOVOROV (Leonid Aleksandrovitch), maréchal soviétique (Boutyrki, près de Viatka, 1897 - Moscou 1955). Commandant une armée sous Moscou en 1941, puis le front de Leningrad, il dégagea cette ville en 1944 après deux ans de combats. Il a été vice-ministre de la Défense de 1952 à 1955.

GOWER (John), poète anglais (dans le Kent v. 1330 - Southwark 1408), auteur de trois longs poèmes : *Speculum meditantis* ou *Miroir de l'homme,* qui dénonce l'immoralité ; *Vox clamantis,* en latin, inspiré par la révolte des paysans en 1381 ; *Confessio amantis,* en anglais, compilation de contes allégoriques.

GOWRIE → RUTHVEN.

GOY ou **GOÏ** [gɔj] adj. et n. (pl. *goyim* ou *goïm*) [hébr. *goï,* chrétien]. Terme par lequel, depuis l'époque biblique, les Juifs désignent les non-Juifs.

GOYA Y LUCIENTES (Francisco DE), peintre espagnol (Fuendetodos, Saragosse, 1746 - Bordeaux 1828). D'abord sensible à l'influence de la peinture italienne et baroque (il est à Rome en 1771), attiré par les thèmes galants et les scènes de la vie populaire (cartons de tapisseries pour la manufacture de Santa Bárbara, 1775-1791 ; *la Pradera de San Isidro,* 1781, Prado, d'une exquise légèreté), il parvient lentement à la réussite mondaine et officielle (peintre du roi en 1786, peintre de la Chambre en 1789). Il aborde le portrait des grands de la Cour, de leurs femmes ou de leurs enfants (*Don Manuel Osorio,* 1787, Metropolitan Museum, New York), avec un double souci de dépouillement et d'investigation psychologique. Mais, en 1792, une grave maladie qui le laissera sourd l'éloigne de la vie publique et, dans l'isolement et la souffrance, il ressent cruellement les dérisions et les hypocrisies de la société. Il grave alors les subtiles eaux-fortes des *Caprices* (1793-1799), dont l'intensité dramatique et satirique exprime sa vision de l'éternelle misère humaine. Mais, en même temps, il peint ses *Maja* vestida* et *desnuda,* à l'éclatante technique dont la liberté préfigure un Manet, les décors de S. Antonio de la Florida à Madrid (1798), des portraits d'une incroyable acuité comme *la Duchesse d'Albe* (Hispanic Society, New York) ou *Charles IV et sa famille* (1800, Prado).

Lorsque Napoléon s'empare de l'Espagne, Goya dénonce la violence et l'oppression par les gravures des *Désastres de la guerre* (1810-1814) et par deux toiles qui rompent avec toutes les règles classiques, le *Dos** et le *Tres de mayo.* De son angoisse naissent les décorations (auj. au Prado) de sa maison (la « Quinta del Sordo »), hallucinées, sombres, expressionnistes, et les planches des *Disparates.* En 1824, s'éloignant du climat répressif qui règne en Espagne, il vient en France (à Paris, puis à Bordeaux) trouver une sorte d'apaisement : il s'initie à la lithographie *(les Taureaux de Bordeaux)* et renoue avec la couleur (*la Laitière de Bordeaux,* 1828, Prado). À travers ses contradictions, Goya allie et exprime ainsi, avec une incomparable puissance d'invention, la grâce, l'ironie du XVIIIe s. et les déchirements du XIXe.

GOYAU (Georges), historien français (Orléans 1869 - Bernay 1939). Son œuvre, considérable, est surtout consacrée à l'histoire religieuse et à l'évolution du catholicisme social dans le monde contemporain. (Acad. fr., 1922.)

GOYAVE n. f. (arawak *guayaba*). Fruit du goyavier, sucré et rafraîchissant.

GOYAVIER n. m. Arbre ou arbuste (myrtacée) des régions chaudes de l'Amérique qui produit la goyave.

GOYIM n. pl. Pluriel de *goy.*

GO-YŌSEI TENNŌ (1571-1617), 107e empereur du Japon (1587-1611). Son règne commença alors que Hideyoshi était à l'apogée de sa puissance : le Japon était pacifié et la civilisation en plein essor. Puis eurent lieu les expéditions de Corée (1592 et 1597), la persécution des chrétiens (1597), la bataille de Sekigahara (1600), qui consacra le triomphe de Tokugawa Ieyasu, nommé shōgun en 1603.

GOYOT n. m. (mot picard). Compartiment du puits de mine, séparé de la circulation des cages par une cloison, équipé d'échelles de secours ou servant à l'aérage.

GOYTISOLO (Juan), écrivain espagnol (Barcelone 1931). Membre le plus marquant de la « génération du demi-siècle », il a peint le désarroi d'une société aux prises avec de multiples formes d'oppression et poursuivi une quête de sa personnalité et de celle de l'Espagne. Après une période d'esthétique réaliste, il s'est affirmé comme l'un des maîtres du « nouveau roman » (*Jeux de mains,* 1954 ; *Don Julían,* 1970 ; *Paysages après la bataille,* 1982 ; *Chasse gardée,* 1985 ; *les Royaumes déchirés,* 1986 ; *les Vertus de l'oiseau solitaire,* 1988 ; *Barzakh,* 1991 ; *la Longue Vie des Marx,* 1993).

GOZLAN (Léon), écrivain et auteur dramatique français (Marseille 1803 - Paris 1866). Brillant chroniqueur, il publia des romans, des comédies, ainsi qu'un livre de souvenirs sur Balzac, dont il avait été secrétaire (*Balzac en pantoufles,* 1865).

GOZO, anc. **Gaulos,** île de la Méditerranée, dépendance de Malte ; 67 km^2 ; 24 000 hab. Ch.-l. *Victoria.* Importants mégalithes.

GOZZI (Gasparo), écrivain italien (Venise 1713 - Padoue 1786). Chroniqueur humoristique, il publia une *Défense de Dante* (1758) qui contribua à réveiller en Italie le culte du poète. — Son frère CARLO (Venise 1720 - *id.* 1806) fut un défenseur de la tradition théâtrale italienne contre Goldoni ; il composa des « fables » théâtrales qu'il fit représenter de 1761 à 1765 *(l'Amour des trois oranges ; Turandot ; l'Oiseau vert).* Le merveilleux y côtoie la satire.

GOZZOLI (Benozzo DI LESE, dit **Benozzo**), peintre italien (Florence 1420 - Pistoia 1497). Collaborateur et élève de Fra Angelico, se souvenant de l'esprit narratif du Moyen Âge, minutieux et pittoresque, il a notamment exécuté à fresque le *Cortège des Rois mages* au palais Médicis de Florence (1459) et le vaste ensemble de l'Ancien Testament au Campo Santo de Pise (à partir de 1467). Il a aussi peint de nombreux tableaux d'autel, bannières ou tabernacles.

G. P. L. n.m. Abrév. de GAZ * DE PÉTROLE LIQUÉFIÉ.

G. P. R. A., sigle de GOUVERNEMENT* PROVISOIRE DE LA RÉPUBLIQUE ALGÉRIENNE.

G. P. R. F., sigle de GOUVERNEMENT* PROVISOIRE DE LA RÉPUBLIQUE FRANÇAISE.

GPS n. m. (abrév. de *Global Positioning System,* système global de positionnement), système de navigation par satellites utilisant les satellites américains Navstar. Système militaire à l'origine, il est aujourd'hui largement ouvert à des utilisations civiles (navigation de plaisance, positionnement des bus, etc.).

G. Q. G. n.m. Abrév. de GRAND QUARTIER GÉNÉRAL (du commandant en chef des armées en campagne).

G. R. n.m. Abrév. de SENTIER DE GRANDE RANDONNÉE.

gr, symbole du *grade,* unité d'angle.

GRAAF (Reinier DE) → DE GRAAF.

GRAAFF (VAN DE) → VAN DE GRAAFF.

Graal, nom donné par la tradition romanesque du Moyen Âge à l'objet précieux dont le mystère et la quête orientent l'aventure de quelques chevaliers de la Table ronde, depuis Perceval jusqu'à Galaad. Le mot lui-même, présent dans quelques dialectes (en provenç., *grazal*), est attesté dès le début du XIe s. sous sa forme latine *gradalis.* Vase qui aurait servi à Jésus-Christ pour la Cène, et dans lequel Joseph d'Arimathie aurait recueilli le sang qui coula de son flanc percé par le centurion, le Graal apparaît dans de nombreux romans de chevalerie des XIIe et XIIIe s. Les œuvres les plus connues sont celles de Chrétien de Troyes, de Robert de Boron et de Wolfram von Eschenbach, qui inspira Wagner dans *Parsifal.*

GRABAR (André), historien d'art français d'origine russe (Kiev 1896 - Paris 1990). Professeur au

Collège de France, il est l'auteur de nombreux ouvrages consacrés à la civilisation et à l'art de la fin de l'Antiquité et du Moyen Âge : *l'Empereur dans l'art byzantin* (1936), *Martyrium* (1947), *l'Iconoclasme dans l'art byzantin* (1958), *le Premier Art chrétien* (1966), *l'Âge d'or de Justinien* (1966). Il est le fondateur des *Cahiers archéologiques.*

GRABAR (Pierre), médecin français d'origine russe (Kiev 1898 - Paris 1986), frère du précédent. Auteur de travaux sur l'immunochimie des protéines, il a défini en 1953 le principe de l'analyse par immuno-électrophorèse, dont les applications sont très étendues pour les analyses médicales de routine. Il est considéré comme le créateur de l'immunologie en France.

GRABAT n. m. (lat. *grabatus,* du gr. *krabbatos*). Lit inconfortable, sur lequel on souffre : *Coucher sur un grabat.*

GRABATAIRE adj. et n. (de *grabat*). Se dit d'un malade qui ne peut pas quitter le lit.

GRABATISATION n. f. État d'un malade qui tend à devenir grabataire.

GRABBE (Christian Dietrich), écrivain allemand (Detmold 1801 - *id.* 1836). Ses deux drames historiques sur les Hohenstaufen et son œuvre la plus importante, *Don Juan et Faust* (1829), sont d'inspiration romantique.

GRABEN [grabən] n. m. (all. *Graben*). Syn. de FOSSÉ* D'EFFONDREMENT.

GRABMANN (Martin), théologien catholique allemand (Winterzhofen, Bavière, 1875 - Eichstätt 1949). Excellent historien de la scolastique et de la mystique médiévale, il a laissé notamment : *Histoire de la méthode scolastique* (1909-1911, 2 vol.).

GRABSKI (Stanisław), homme politique polonais (Borów 1871 - Varsovie 1949). Ministre de l'Instruction publique et des Affaires religieuses (1923-1925 et 1926), il négocia le concordat avec le Vatican (1924-25). Pendant la Seconde Guerre mondiale, il fut emprisonné par les Soviétiques (1939-1941). Libéré, il devint président du Conseil national polonais à Londres (1942-1944).

GRABSKI (Władysław), économiste et homme politique polonais (Borów 1874 - Varsovie 1938), frère du précédent. Président du Conseil et ministre des Finances (1923-1925), il obtint des pouvoirs exceptionnels afin de juguler la crise financière. Il stabilisa la monnaie en introduisant un nouveau système monétaire (1924) et créa la Banque de Pologne.

GRABUGE n. m. (p.-ê. anc. fr. *grabouiller,* faire du tumulte, du moyen néerl. *crabbelen,* égratigner, avec l'infl. de *déluge,* ou bien du vénitien *garbugio,* tumulte). *Fam.* Échauffourée, dispute bruyante accompagnée de discorde, et entraînant des dégâts : *Faire du grabuge.*

GRAÇAY (18310), ch.-l. de cant. de l'ouest du Cher ; 1 565 hab.

GRACCHUS (Tiberius Sempronius), général et homme politique romain (v. 220 - 153 av. J.-C.), père des Gracques. Tribun de la plèbe en 187, il défendit Scipion l'Africain. Préteur en Espagne Citérieure en 180-179, il pacifia le pays. Il fut consul en 177 et en 163.

GRACCHUS (Tiberius Sempronius), homme politique romain (Rome 162 - *id.* 133 av. J.-C.), le premier des Gracques. Élu tribun de la plèbe (134), il s'efforça de reconstituer une classe moyenne en rétablissant la petite propriété ; il proposa une loi agraire *(rogatio Sempronia)* qui limitait l'extension des propriétés des nobles romains ; ceux-ci opposèrent à Tiberius le tribun Octavius, qui arrêta le projet (printemps 133). Tiberius, à l'encontre de la coutume, fit déposer Octavius par le peuple et, après le vote de la loi agraire, demanda sa propre réélection au tribunat. Les nobles modérés le désavouèrent, tandis que la plèbe l'abandonnait. Au cours d'une émeute, Tiberius fut massacré avec 300 de ses partisans, et son cadavre jeté dans le Tibre (été 133). — CAIUS SEMPRONIUS **Gracchus,** tribun de la plèbe (Rome 154 - *id.* 121 av. J.-C.), frère du précédent. Désigné en 133 comme un des triumvirs chargés d'appliquer les réformes agraires préparées par son frère, tribun de la plèbe en 123 et en 122, il multiplia les lotissements dans les régions montagneuses de l'*ager publicus* et fit décider la fondation de colonies sur le territoire de Tarente, de Carthage et de Corinthe. Une loi frumentaire garantit aux prolétaires du blé à bas prix. Pour gagner l'appui des chevaliers, Caius leur réserva la ferme des impôts dans la province d'Asie et les fit entrer dans les jurys des tribunaux criminels. Voulant satisfaire les alliés, il proposa de donner aux Latins le droit de cité romaine, et à tous les autres alliés le statut des Latins domiciliés. La plèbe, qui ne voulait pas partager ces privilèges, se détacha de lui. Il ne fut pas réélu au tribunat. La suppression de ses fondations coloniales fut demandée. Les chevaliers abandonnèrent Caius ; une bataille s'engagea entre ses partisans rassemblés sur l'Aventin et les troupes du consul L. Opimius. 3 000 citoyens moururent avec lui (121).

GRÂCE n. f. (lat. *gratia,* de *gratus,* agréable). **1.** Faveur accordée à qqn pour lui être agréable : *Je vous demande cela comme une grâce.* — **2.** Remise de tout ou partie de la peine d'un condamné ou commutation de cette peine en une peine moins forte : *Obtenir la grâce d'un coupable.* — **3.** Agrément, charme indéfinissable d'un être animé, de son comportement : *Un geste plein de grâce.* — **4.** Agrément, attrait particulier de qqch : *Admirer la grâce d'un bouquet.* — **5.** Don ou secours surnaturel que Dieu accorde aux hommes pour leur salut. (→ *encycl.* Théol.) — **6.** *À la grâce de Dieu,* advienne que pourra, n'importe comment. ‖ *An de grâce,* se dit ironiq. ou plaisamment avant l'indication de l'année de l'ère chrétienne dont on parle. ‖ *Avoir mauvaise grâce à, de,* faire qqch contre la raison ou la convenance, être mal placé pour. ‖ *C'est la grâce que je vous souhaite,* c'est le bonheur que je vous souhaite. ‖ *Coup de grâce,* le dernier coup donné à un être vivant pour abréger ses souffrances ou pour l'achever ; le coup qui perd ou confond définitivement qqn ou qqch. ‖ *De bonne, de mauvaise grâce,* de bon, de mauvais gré, de bonne, de mauvaise volonté. ‖ *De grâce,* par pitié, je vous en prie. ‖ *Délai de grâce,* délai supplémentaire concédé à qqn pour l'exécution d'une obligation. ‖ *Demander, crier grâce* ou *grâce !,* faire appel à la pitié de qqn, du sort et, en partic., du vainqueur. ‖ *État de grâce,* état du fidèle uni à Dieu par la grâce (donc pur de péché grave) ; état exceptionnel où tout paraît possible et magnifique. ‖ *Être en grâce, rentrer en grâce,* être en faveur auprès de qqn, retrouver une faveur. ‖ *Faire grâce à qqn,* lui pardonner. ‖ *Faire grâce à qqn de qqch,* le lui épargner, l'en dispenser : *Je vous fais grâce des détails.* ‖ *Faire à qqn la grâce de,* avoir l'obligeance, l'extrême bienveillance de. ‖ *Faire trop de grâce à qqn, c'est trop de grâce,* formule de remerciement. ‖ *Grâce à Dieu,* par bonheur, heureusement. ‖ *Grâce à,* à la faveur de, par l'action heureuse de qqn, de qqch ; au moyen, à cause de. ‖ *Rendre grâce(s) à qqn, à Dieu,* le remercier, reconnaître ses bienfaits ; reconnaître l'œuvre de salut de Dieu. ‖ *Trouver grâce devant, auprès, aux yeux de qqn,* obtenir son indulgence, son pardon ; lui agréer, lui plaire. • **Dr.** *Droit de grâce,* prérogative régalienne appartenant, en France, au président de la République d'accorder la grâce. (→ *encycl.*) ‖ *Grâce amnistiante,* grâce accordée par le chef de l'État, et à laquelle sont attachés les effets de l'amnistie. ‖ *Recours en grâce,* recours formulé auprès du président de la République en vue d'obtenir une remise de peine. — **Théol.** *Grâce d'état,* secours particulier que Dieu accorde à chacun pour l'aider à remplir les fonctions auxquelles il l'a destiné.

◆ **grâces** n. f. pl. **1.** Prière que l'on fait après le repas, pour remercier Dieu. — **2.** *Action de grâces,* acte ou prière de reconnaissance à Dieu pour ses bienfaits ; prière de dévotion après la communion. ‖ *Faire des grâces,* chercher à plaire par un comportement affecté. ‖ *Les bonnes grâces de qqn,* les faveurs qu'on veut bien accorder, les bonnes dispositions dont on fait preuve.

ENCYCL. **Dr.** Le Conseil supérieur de la magistrature est tenu de donner son avis sur les *recours en grâce.* Cet avis, qui est secret, ne lie pas le président de la République. Chaque recours en grâce est instruit au ministère de la Justice avant d'être transmis au président de la République. Aucun recours juridique n'est possible contre le décret de grâce. La grâce dispense de l'exécution de la peine, mais laisse subsister la condamnation.

— **Théol.** Selon la doctrine catholique, le mot « grâce », dans le langage de la Bible, exprime d'abord l'idée d'un don gratuit ou gracieux fait par Dieu aux hommes. Cette manifestation de la grâce de Dieu trouve son accomplissement dans le Christ.

La gratuité et l'initiative de Dieu, qui appelle et qui sauve, produisent en l'homme la justification : libération du péché, accès à la vie de foi et de charité, suscitant l'espérance de la glorification, épanouissement de la grâce dans l'au-delà de cette vie. Le don de Dieu est gratuit et universel, dans le respect de la liberté de l'homme, mais indépendamment des œuvres de l'homme. Sur cette doctrine fondamentale se sont greffées différentes théologies. En fait, dès le Vᵉ s., avec Pélage et saint Augustin, s'instaura un interminable et capital débat portant sur le rôle réciproque de la grâce de Dieu et du libre arbitre humain. Après la Réforme, l'enseignement du concile de Trente sur la justification n'empêcha pas le débat de rebondir et d'alimenter, au XVIIᵉ et au XVIIIᵉ s., de violentes controverses sur la grâce : molinistes et jansénistes sont les adversaires les plus connus, la vision optimiste des premiers s'opposant à celle des seconds, qui estimaient que l'homme, foncièrement corrompu par le péché, ne peut se sauver que par la toute-puissance de la grâce de Dieu. Les théologiens actuels préfèrent redonner toute sa force à la grande vision johannique et paulinienne du dessein de salut de Dieu, qui « nous a prédestinés à être pour lui des fils adoptifs par Jésus-Christ » (Éphésiens, I, 5-6). Pour la réforme protestante, le problème de la grâce n'est plus de savoir comment jouent dans leurs rapports réciproques l'initiative divine et la liberté humaine, mais bien de *croire* qu'en Jésus-Christ toute la grâce de Dieu est concentrée pour le salut et la libération de l'humanité.

GRÂCE-HOLLOGNE, comm. de Belgique, banlieue O. de Liège ; 22 000 hab.

GRÂCES (les) → CHARITES.

GRACIABLE adj. Qui peut être gracié.

GRACIÁN Y MORALES (Baltasar), jésuite et écrivain espagnol (Belmonte 1601 - Tarazona 1658). Son ouvrage (*Art et figures de l'esprit,* 1642-1648), qui définit l'esthétique du cultisme* et éclaire le conceptisme*, fut le code de la vie littéraire et mondaine jusqu'à la fin du XVIIe s.

GRACIAS (Valerian), prélat catholique indien (Karachī 1900 - Bombay 1978), premier cardinal indien (1953).

GRACIER v. t. (de *grâce*) [conj. 9]. Accorder la grâce à un condamné ou commuer sa peine.

GRACIEUSEMENT adv. **1.** Avec grâce, aimablement : *Saluer gracieusement l'assistance.* – **2.** À titre gracieux, gratuitement : *La maison offre gracieusement ce livre.*

GRACIEUSETÉ n. f. **1.** *Litt.* Manière aimable, obligeante à l'égard de qqn ; action gracieuse, courtoise : *Nos parents vous font mille gracieusetés.* – **2.** *Vx.* Gratification donnée en plus de ce qu'on doit.

GRACIEUX, EUSE adj. (lat. *gratiosus*). **1.** Qui a de la grâce, du charme : *Avoir des gestes gracieux. Une gracieuse jeune fille.* – **2.** Qui est aimable et souriant : *Elle n'est pas très gracieuse ce matin.* – **3.** Qui est accordé bénévolement, gratuitement sans contrepartie : *Offrir à quelqu'un son concours gracieux.* – **4.** Se dit d'une procédure qui n'est pas contentieuse. – **5.** *Recours gracieux,* recours porté par un administré devant une autorité administrative en vue d'obtenir l'annulation ou la réformation d'un acte pris par cette autorité même.

◆ **gracieux** n. m. Syn. de GRACIOSO.

GRACILAIRE n. m. (p.-ê. lat. *gracilis,* grêle). Minuscule teigne brillante, richement colorée. (La chenille de *Gracilaria syringella* enroule et ronge les feuilles des troènes et des lilas ; *G. juglandella* est nuisible au noyer ; d'autres espèces vivent sur le peuplier, le bouleau, etc.)

GRACILE adj. (lat. *gracilis*). **1.** *Litt.* Qui est d'une délicatesse et d'une grâce fragiles ; mince et élancé. – **2.** *Faisceau gracile,* syn. FAISCEAU DE GOLL.

GRACILIE n. f. (lat. *gracilis,* grêle). Petit longicorne allongé et velu, dont la larve ronge les paniers d'osier et les cercles de tonneau.

GRACILISATION n. f. Processus de diminution de l'épaisseur du crâne humain, d'atténuation de ses reliefs (telle l'arcade sourcilière), de réduction de la face et de diminution de la robustesse du squelette. (Elle s'est produite depuis l'époque des pithécanthropiens jusqu'à l'*Homo sapiens.*)

GRACILISER v. i. ou **SE GRACILISER** v. pr. (conj. 3). Subir la gracilisation.

GRACILITÉ n. f. (lat. *gracilitas, -atis*). *Litt.* Caractère de ce qui est gracile, mince et délicat : *La gracilité de la taille.*

1. GRACIOSO [grasjozo] n. m. (esp. *gracioso,* du lat. *gratiosus,* gracieux). Bouffon de la comédie espagnole. (Syn. GRACIEUX.)

2. GRACIOSO → GRAZIOSO.

GRACQ (Louis POIRIER, dit **Julien**), écrivain français (Saint-Florent-le-Vieil, Maine-et-Loire, 1910). Ses récits (*Au château d'Argol,* 1938 ; *le Rivage des Syrtes,* 1951 ; *Un balcon en forêt,* 1958 ; *la Presqu'île,* 1970 ; *les Eaux étroites,* 1976 ; *la Forme d'une ville,* 1985 ; *Autour des sept collines,* 1988) et ses essais (*En lisant, en écrivant,* 1981), marqués par le surréalisme, ont exploré les correspondances entre le rêve et la réalité et évoqué, à travers les situations quotidiennes ou symboliques, l'angoisse spécifique de la condition humaine.

GRACQUES (les), nom désignant communément les deux frères Tiberius et Caius Sempronius Gracchus.

grad, abrév. de GRADIENT.

GRADATEUR n. m. **1.** Dispositif d'électronique de puissance, permettant de faire varier la valeur efficace d'une tension alternative tout en conservant la fréquence. – **2.** *Gradateur de lumière,* dispositif permettant de faire varier le flux lumineux des lampes d'une installation.

GRADATION n. f. (lat. *gradatio, -onis,* de *gradus,* degré). **1.** Progression par degrés, le plus souvent ascendants, d'un état à un autre : *La gradation insensible des dangers de guerre.* – **2.** Chacune des étapes de cette progression ; palier, degré. – **3.** En peinture, passage insensible d'un ton à un autre ; en peinture ou en sculpture (reliefs), procédé de composition qui consiste à faire ressortir les parties principales en affaiblissant insensiblement les parties secondaires, en fonction de leur éloignement. – **4.** En couture, syn. de GRADUATION. – **5.** Rapport entre la plus petite et la plus grande lumination qu'une couche photosensible est susceptible de traduire correctement. – **6.** Figure de rhétorique qui consiste à disposer les termes d'une énumération dans un ordre de valeur croissant ou décroissant.

GRADE n. m. (de *gradus,* degré, de *gradi,* marcher). **1.** Chacun des degrés de la hiérarchie militaire. (→ *encycl.*) – **2.** Chacun des degrés d'une hiérarchie quelconque : *Monter en grade.* – **3.** Fam. *En prendre pour son grade,* recevoir une vive remontrance. • **Abras.** Désignation conventionnelle, par une lettre de l'alphabet, de la dureté d'un abrasif aggloméré. – **Biol.** Degré d'évolution atteint par un ensemble d'espèces vivantes, exprimant le parallélisme, voire la convergence de certaines évolutions biologiques et contrastant avec l'aspect opposé ; diversification ou radiation évolutive. — **Dr.** Titre conférant aux fonctionnaires vocation à occuper l'un des emplois qui leur sont réservés. — **Enseign.** *Grade universitaire,* diplôme de bachelier, de licencié, de maître, de docteur délivré par les universités après examen. — **Math.** Phase positive dont la période est 400. (Abrév. GR.) — **Métrol.** Unité d'arc de cercle égale au quatre centième de la circonférence ; unité d'angle équivalant à l'angle au centre qui intercepte un arc de 1 grade sur la circonférence (symb. gr.). [Un grade vaut $\pi/200$ radian.] (Syn. GON.) — **Mil.** *Perte de grade,* peine qui entraîne les mêmes effets que la destitution, mais sans modifier les droits à pension et à récompense pour services antérieurs. — **Polym.** Nombre associé à une matière thermoplastique (surtout le polyéthylène) dans le but de caractériser sa fluidité à l'état fondu.

ENCYCL. **Mil.** La loi distingue le grade de l'emploi, le grade étant, contrairement à l'emploi, la propriété de l'officier. Le grade consacre l'aptitude à occuper des emplois d'un certain niveau, à assumer la responsabilité et à exercer l'autorité qui y est attachée.

GRADES	
Grades en usage dans l'armée de terre	
maréchaux	maréchal de France (dignitaire de l'État)
officiers généraux	général d'armée général de corps d'armée général de division général de brigade
officiers supérieurs	colonel lieutenant-colonel chef de bataillon ou chef d'escadron
officiers subalternes	capitaine lieutenant sous-lieutenant aspirant
sous-officiers	major adjudant-chef adjudant sergent-chef ou maréchal des logis-chef sergent ou maréchal des logis de carrière sergent ou maréchal des logis
hommes du rang	caporal-chef ou brigadier-chef caporal ou brigadier 1re classe
Grades en usage dans la Marine nationale	
officiers généraux	amiral vice-amiral d'escadre vice-amiral contre-amiral
officiers supérieurs	capitaine de vaisseau capitaine de frégate capitaine de corvette
officiers subalternes	lieutenant de vaisseau enseigne de vaisseau 1re classe enseigne de vaisseau 2e classe aspirant

officiers mariniers	major maître principal premier maître maître second maître
quartiers-maîtres et marins	quartier-maître de 1re classe quartier-maître de 2e classe matelot breveté
Grades en usage dans l'armée de l'air	
officiers généraux	général d'armée aérienne général de corps aérien général de division aérienne général de brigade aérienne
officiers supérieurs	colonel lieutenant-colonel commandant
officiers subalternes	capitaine lieutenant sous-lieutenant aspirant
sous-officiers	major adjudant-chef adjudant sergent-chef sergent de carrière sergent
hommes du rang	caporal-chef caporal 1re classe
Grades en usage dans la gendarmerie nationale	
officiers généraux	général d'armée général de corps d'armée général de division général de brigade
officiers supérieurs	colonel lieutenant-colonel chef d'escadron
officiers subalternes	capitaine lieutenant sous-lieutenant
sous-officiers	major adjudant-chef adjudant maréchal des logis-chef gendarme
gendarmes auxiliaires	maréchal des logis brigadier-chef brigadier 1re classe

GRADÉ, E n. et adj. (de *grade*). Personne qui, dans certains métiers ou professions, a un échelon supérieur au reste de l'équipe : *Infirmière gradée.* ◆ **gradé** n. m. Homme du rang pourvu d'un grade dans les armées de terre et de l'air (brigadier, caporal, brigadier-chef, caporal-chef).

GRADER [-dœr] n. m. (angl. *to grade,* régulariser). Niveleuse.

GRADIENT n. m. (lat. *gradus,* degré, avec l'infl. de *quotient*). **1.** Taux de variation d'un élément météorologique en fonction de la distance. (Dans le sens vertical, le gradient de température [*gradient thermique*] s'exprime en °C par 100 m [ex. gradient adiabatique]. Dans le sens horizontal, le *gradient de pression* s'exprime en hectopascals par 100 km ou par degré géographique [111 km].) — **2.** Mesure de la variation continue d'une grandeur physiologique ou biochimique d'un être vivant le long d'un axe privilégié, dont les extrémités sont appelées *pôles.* (→ *encycl.*) — **3.** En psychologie, relation quantitative entre un paramètre d'un comportement et une variable de l'environnement. — **4.** *Gradient d'une fonction* f, fonction définie d'un ouvert A d'un espace euclidien E de dimension 3 dans E qui, à *m* de coordonnées (*x, y, z*), associe

$$\text{grad}\, f(m) = \frac{\partial f(m)}{\partial x} \cdot i + \frac{\partial f(m)}{\partial y} \cdot j + \frac{\partial f(m)}{\partial z} \cdot k,$$ où *f* est une application continue de A dans $\mathbb{R}$ et (*i, j, k*) une base orthonormée de E.

ENCYCL. **Biol.** En embryologie, par exemple, un certain type de différenciation l'emporte de plus en plus sur un autre à mesure que l'on se rapproche d'un point particulier de l'embryon (*pôle animal* et *pôle végétatif* de l'œuf d'oursin). Les végétaux présentent aussi des gradients, le plus souvent longitudinaux le long de l'axe de la plante.

GRADIGNAN (33170), ch.-l. de cant. de la Gironde, banlieue S.-S.-O. de Bordeaux ; 22 115 hab. *(Gradignanais).*

GRADIN n. m. (ital. *gradino,* dimin. de *grado,* marche d'escalier). **1.** Chacune des dénivellations, chacun des bancs superposés d'un stade, d'un amphithéâtre, d'un cirque, etc. : *La foule s'entassait sur les gradins de l'arène.* — **2.** Chacun des degrés d'une construction, d'un terrain, d'une exploitation minière, qui sont en retrait les uns par rapport aux autres. — **3.** Ensemble d'étagères, niches et/ou tiroirs surmontant un bureau, en arrière de la table à écrire. — **4.** *Front à gradins droits,* front d'une exploitation minière disposé en marches d'escalier (exploitation à ciel ouvert). ‖ *Front à gradins renversés,* front dans lequel chaque gradin surplombe ceux qui sont au-dessous (exploitation souterraine des filons et des amas). ‖ *Pyramide à gradins,* dont les faces sont taillées comme une sorte d'escalier. (Syn. PYRAMIDE À DEGRÉS.)

GRADINE n. f. (ital. *gradina,* de *grado,* marche d'escalier). Nom générique de divers ciseaux dentelés du tailleur de pierre et du sculpteur.

GRADO, station balnéaire et port de pêche d'Italie, dans le Frioul-Vénétie Julienne (prov. de Gorizia), sur l'Adriatique ; 10 000 hab. Basilique S. Eufemia, consacrée en 579, et autres monuments.

GRADUALISME n. m. Attitude modérée, préconisant des changements graduels dans les structures sociales et politiques.

GRADUALISTE adj. et n. Relatif au gradualisme ; partisan du gradualisme.

GRADUAT n. m. En Belgique, cycle d'études techniques ou administratives immédiatement inférieur au niveau universitaire ; titre sanctionnant ces études.

GRADUATEUR n. m. Commutateur manœuvrable en charge, modifiant la tension de sortie d'un transformateur par variation discontinue du nombre de ses spires. (Syn. COMMUTATEUR DE RÉGLAGE EN CHARGE.)

GRADUATION n. f. (de *graduer*). **1.** Action de graduer un instrument de mesure, d'établir sa division en degrés : *La graduation d'un thermomètre.* — **2.** Ensemble des traits servant à repérer la position de la partie mobile d'un instrument de mesure ; chacun de ces traits. — **3.** Ensemble de traits marqués sur certains objets et qui permettent de mesurer des quantités : *Graduations d'un biberon.* — **4.** Établissement de patrons types, pour une fabrication en série, correspondant à des tailles normalisées, d'après un patron de base. (Syn. GRADATION.) — **5.** Bijection définie d'une droite D sur $\mathbb{R}$.

GRADUEL, ELLE adj. (lat. médiév. *gradualis,* du lat. class. *gradus,* degré). Qui va, qui progresse par degrés, par étapes : *Amélioration graduelle de la température.*

◆ **graduel** n. m. **1.** Psaume que l'on chantait sur le *gradus,* ou ambon, au cours des lectures de la messe. — **2.** Recueil contenant les différents chants destinés au propre de la messe.

GRADUELLEMENT adv. Par degrés ; peu à peu : *Remonter graduellement vers la tête du peloton.*

GRADUER v. t. (lat. scolast. *graduare,* du lat. class. *gradus,* degré) [conj. 7]. **1.** Marquer sur un axe, une droite, un instrument de mesure, etc., les points dont les positions correspondent à des valeurs entières successives. — **2.** Augmenter qqch par étapes, par degrés : *Graduer ses efforts.* — **3.** *Graduer une droite* D, définir une graduation sur D.

◆ **être gradué** v. pass. **1.** Comporter des graduations, en parlant d'un instrument : *Verre gradué.* — **2.** Comporter des étapes, des degrés, une progression : *Exercices gradués.* — **3.** En Belgique, avoir obtenu un diplôme de graduat. — **4.** *Droite graduée,* droite sur laquelle on a défini une graduation. (Syn. DROITE RÉELLE.)

GRAEBE (Carl), chimiste allemand (Francfort-sur-le-Main 1841 - *id.* 1927). Il a effectué la synthèse de l'alizarine en 1868 avec Liebermann.

GRAEBNER (Fritz R.), anthropologue allemand (Berlin 1877 - *id.* 1934). Fondateur, avec le père Wilhelm Schmidt, de l'école diffusionniste allemande, il en a formulé les grands concepts, notamment la notion de cercle culturel. Il a notamment écrit *Methode der Ethnologie* (1911).

GRÆLLSIA n. m. Grand et beau papillon (saturnidé) appelé usuellement *isabelle,* dont la chenille vit sur le pin sylvestre. (L'espèce, chassée à l'excès, doit être protégée.)

Graetz *(pont* ou *couplage de),* montage polyphasé complexe de mutateurs statiques.

GRAF (Urs), peintre, orfèvre, graveur et lansquenet suisse (Soleure v. 1485 - Bâle v. 1527). Son œuvre, essentiellement gravé, reflète avec un talent incisif son expérience d'aventurier et de soldat (cabinet des Estampes du musée de Bâle).

GRAF (Steffi), joueuse de tennis allemande (Brühl 1969). Vainqueur à Roland-Garros (1987, 1988, 1993, 1995, 1996), aux Internationaux d'Australie (1988, 1989, 1990, 1994), à Wimbledon (1988, 1989, 1991, 1992, 1993, 1995, 1996) et à Flushing Meadow (1988, 1989, 1993, 1995, 1996), elle a été championne olympique en 1988 (année où elle a réalisé le grand chelem).

GRAFF n. m. Composition picturale à base calligraphique bombée sur un mur, une paroi.

GRAFF (Anton), peintre suisse (Winterthur 1736 - Dresde 1813). Formé à Augsbourg, portraitiste, il fut appelé à Dresde, où il devint peintre de la Cour et membre de l'Académie.

GRAFFENSTADEN → ILLKIRCH-GRAFFENSTADEN.

GRAFFEUR, EUSE n. Personne, artiste qui réalise des graffs à la bombe de peinture.

GRAFFIGNY (Françoise D'ISSEMBOURG D'HAPPONCOURT, **M**me DE), femme de lettres française (Nancy 1695 - Paris 1758). Elle tint à Paris un salon fréquenté par les poètes et les philosophes. Ses *Lettres d'une Péruvienne* (1747), pastiche féministe des *Lettres persanes,* eurent un grand succès, ainsi que son drame *Cénie* (1750).

GRAFFIN (René), orientaliste français (Pontvallain, Sarthe, 1858 - Sainte-Radegonde, Indre-et-Loire, 1941). De 1894 à 1940, il fit paraître les 3 volumes de la *Patrologie syriaque* et les 25 tomes de la *Patrologie orientale.*

GRAFFIN (Daniel), créateur français en textile (Paris 1938). Ses œuvres des années 70 et 80 vont des structures faites de sangles tendues par des blocs de pierre aux grandes voilures de toile cousue (« sculptures pour le vent »).

GRAFFITER v. t. (conj. 3). Couvrir une surface de graffiti.

GRAFFITEUR n. m. Personne qui trace des graffitis sur les murs ; artiste qui s'exprime par le graffiti.

GRAFFITI n. m. (pl. *graffiti* ou *graffitis*) [ital. *graffiti,* pl. de *graffito*]. **1.** Inscription ou dessin griffonné par des passants sur un mur, un monument, etc. — **2.** Inscription ou dessin, de caractère souvent satirique ou caricatural, tracé dans l'Antiquité sur des objets ou des monuments. (Parmi les plus révélateurs, citons les inscriptions politiques de Pompéi, les comptes sur les tessons de la Graufesenque, etc.)

GRAFIGNER v. t. (p.-ê. du lat. *graphium,* stylet) [conj. 3]. Au Québec, égratigner, érafler.

GRAGELINE n. f. Nom usuel de la *lampsane.*

GRAHAM *(île),* la plus grande île de l'archipel de la Reine-Charlotte, au Canada, en Colombie britannique ; 6 450 km². Gisements aurifères.

GRAHAM *(terre de)* ou **PALMER** *(péninsule de)* ou **O'HIGGINS** *(terre de),* longue péninsule montagneuse de l'Antarctique, remontant (vers le N.) loin au-delà du cercle polaire antarctique (vers 62° de latitude S.), dans le prolongement de l'Amérique du Sud, entre la mer de Weddell et la mer de Bellingshausen.

GRAHAM (James), marquis **de Montrose,** général écossais (Montrose 1612 - Édimbourg 1650). Lieutenant général d'Écosse (1644), il souleva les Highlands pour Charles Ier. Exilé en Norvège (1646) après la défaite de l'armée royale, il revint en Écosse (1650) et tenta vainement un soulèvement en faveur de Charles II. Abandonné par ce dernier, il fut condamné à mort et pendu.

GRAHAM (George), horloger et astronome anglais (Rigg, Cumberland, 1673 - Londres 1751). Il inventa notamment des balanciers compensés à mercure et des échappements à cylindre, et fut un des premiers à construire de façon pratique les échappements à ancre imaginés par Hooke. Il réalisa aussi divers instruments astronomiques.

GRAHAM (Thomas), chimiste écossais (Glasgow 1805 - Londres 1869). Il a donné en 1846 la loi de la diffusion des gaz à travers une cloison poreuse : la vitesse de diffusion est, à pression et température données, proportionnelle à l'inverse de la racine carrée de la densité.

GRAHAM (Martha), danseuse et chorégraphe américaine (Pittsburgh, Pennsylvanie, 1894 - New York 1991). Elle étudie la danse à la Denishawn School et subit l'influence de la danse expressionniste de Mary Wigman. Elle présente ses premiers travaux à partir de 1926. Rejetant le vocabulaire du ballet traditionnel, elle fonde son langage sur la continuité du mouvement à partir d'un point central. Plus qu'une création, son style est une adaptation dansée de toute la gamme des gestes naturels (respiration, contraction, détente). D'abord adepte du dépouillement scénique, elle fait ensuite appel à des décorateurs de talent et à des compositeurs contemporains. Elle fonde son Dance Group en 1930 et constitue, à partir de 1938, une véritable compagnie (la Martha Graham Dance Company). Auteur de plus de 180 œuvres, elle donne rapidement à ses compositions une forme théâtrale qui atteint son expression la plus réussie dans ses transpositions des grands mythes de la tragédie antique (*Clytemnestra,* 1958 ; *Phaedra,* 1962 ; *Myth of a Voyage,* 1973). Chacune de ses chorégraphies est un jalon dans sa carrière (*Lamentation,* 1930 ; *Frontier,* 1935 ; *Letter to the World,* 1940 ; *Appalachian* Spring,* 1944 ; *Cave of The Heart,* 1946 ; *Seraphic Dialogue,* 1955 ; *Secular Games,* 1962 ; *The Witch of Endor,* 1965 ; *The Archaic Hours,* 1969). Après avoir quitté la scène (1969), elle reprend la composition chorégraphique avec *Mendicants of Evening* (1973), *Lucifer* (1975), *Acts of Light* (1981), *The Rite of Spring* (1984), *Temptations of the Moon* (1986). L'influence de cette figure majeure de la modern dance a été considérable. Elle a écrit *The Notebooks of Martha Graham* (1973).

GRAHN (Lucile), danseuse danoise (Copenhague 1819 - Munich 1907). Élève d'August Bournonville, elle fut une des meilleures danseuses romantiques. Célèbre par sa création de *la Sylphide* (1836), elle crée à Londres (1845) le fameux *Pas de quatre* de Jules Perrot, aux côtés de Maria Taglioni, Carlotta Grisi et Fanny Cerito.

GRAILLE [graj] n. f. (de *graillon 1*). *Arg.* Nourriture, repas.

GRAILLEMENT n. m. **1.** Cri de la corneille. — **2.** Son de voix rauque, enrouée.

1. GRAILLER [graje] v. i. (de *graille,* corneille) [conj. 3]. **1.** Crier, en parlant de la corneille. — **2.** Parler d'une voix rauque.

2. GRAILLER [graje] v. t. et v. i. (de *graillon 1*) [conj. 3]. *Arg.* Manger.

1. GRAILLON [grajɔ̃] n. m. (anc. fr. *graeillier,* griller). **1.** Odeur désagréable de graisse brûlée, d'aliments frits. — **2.** *Pop.* Cuisine de mauvaise qualité et grasse.

2. GRAILLON [grajɔ̃] n. m. (anc. fr. *craillon,* de *crailler,* cracher, du germ. **krakk*). *Pop.* Crachat épais.

1. GRAILLONNER [grajɔne] v. i. (de *graillon 1*) [conj. 3]. Dégager, exhaler une odeur de graillon : *Viande qui graillonne.*

2. GRAILLONNER [grajɔne] v. i. (de *graillon 2*) [conj. 3]. *Pop.* Expectorer des graillons en toussant.

GRAILLONNEUX, EUSE adj. *Fam.* Qui sent le graillon.

GRAILLY (Jean III DE), captal de Buch (1343 - Paris 1377). Connétable d'Aquitaine (1372), il fut l'un des plus grands capitaines de son temps, et se distingua aux côtés du Prince Noir pendant la guerre de Cent Ans, mais fut battu par du Guesclin à Cocherel (1364).

1. GRAIN n. m. (lat. *granum*). **1.** Fruit (caryopse) des céréales. — **2.** Nom donné à la semence de céréale ; céréale : *Silo à grain. Donner du grain aux poules.* (→ *encycl.*) — **3.** Petit fruit à pépins provenant d'une grappe : *Grain de raisin.* — **4.** Graine de quelques légumineuses (pois, lentilles, féverole, vesce, etc.) ou fruit, graine de certaines plantes : *Grains de café.* — **5.** Élément minuscule de matière : *Un grain de sel.* — **6.** Petit corps sphérique d'une matière quelconque : *Un collier à grains d'ambre.* — **7.** Aspérité grenue d'une surface, d'une matière : *Granit à gros grains.* — **8.** Texture d'une matière, d'un tissu, de la peau, etc., qui peut présenter de légères aspérités : *Une étoffe d'un grain très fin.* — **9.** Toute petite quantité de qqch : *Un grain de fantaisie.* — **10.** Fam. *Avoir un grain,* être un peu fou. ‖ *En grains,* qui se présente sous forme de grains, par oppos. à *moulu.* ‖ *Grain de sable,* petite parcelle de roche siliceuse ; élément, cause, intervention minimes qui peuvent enrayer une action importante. ‖ Fam. *Mettre, fourrer son grain de sel,* se mêler de ce qui ne vous regarde pas, faire sans en être prié des remarques généralement désobligeantes. ‖ *Poulet de grain,* poulet nourri exclusivement aux grains. • **Arm.** *Grain d'orge,* grain métallique soudé à la partie supérieure du guidon de certains fusils. — **Bijout.** Unité, non officielle, de mesure de masse pour les perles, valant 0,25 carat. — **Biol.** Tout organe qui apparaît comme une petite sphère solide et détachée ou presque détachée des organes voisins, mais accompagnée d'autres organes identiques. — **Bois.** Impression visuelle produite par la dimension des éléments du bois et spécialement des vaisseaux. (Le grain est *grossier, moyen* ou *fin.*) — **Bot.** *Grain d'amidon,* amyloplaste. ‖ *Grain de chlorophylle,* chloroplaste. ‖ *Grain de pollen,* prothalle mâle des angiospermes. — **Géol.** Élément détritique de petite taille que l'on trouve dans les roches sédimentaires, meubles ou consolidées. – **Grav.** Type de grenure donné à une planche. ‖ Dans la technique de l'aquatinte, ensemble des particules (généralement de résine) déposées à la surface de la planche de métal ; effet obtenu par ce grenage. ‖ Qualité requise d'une pierre lithographique. – **Impr.** *Procédé au grain de résine,* ancien procédé de photogravure. – **Méd.** *Grain de beauté,* syn. usuel de NÆVUS. – **Métall.** Chacun des éléments d'une phase métallique cristallisée, de composition chimique et d'orientation cristalline définies. (→ *encycl.*) – **Métrol.** Unité de masse légale, dans les pays anglo-saxons, pour les pierres et les métaux précieux, équivalant à environ 65 mg. ‖ La plus petite subdivision de l'unité de mesure de masse utilisée en France sous l'Ancien Régime et qui valait 0,053 g. – **Numism.** Autref., unité de poids de métal précieux égale au poids d'un grain de céréale (blé ou orge). – **Papet.** Impression subjective du type et du degré de la rugosité de la texture du papier. – **Peauss.** Dessin de la surface du cuir tanné, qui peut être accentué ou modifié par grainage ou impression. (Le grain *naturel* est obtenu par l'action du liège, le grain *imprimé* par pression du cuir, à chaud, sur une plaque d'acier gravé.) – **Phot.** Amas microscopique d'argent réduit au sein d'une image photographique. ‖ *Émulsion à grain fin,* surface sensible donnant des images aux amas d'argent particulièrement petits. ‖ *Photo ayant du grain,* photo dont la granulation est perceptible à l'œil nu.

ENCYCL. **Agric.** et **Zootechn.** Les grains de céréales (maïs et orge surtout) constituent la principale source d'énergie pour l'alimentation animale, en particulier pour les porcs et les volailles. Rarement consommés entiers, ils sont le plus souvent enrichis et conditionnés (flocons, par ex.).

– **Métall.** Tout objet métallique est formé d'une juxtaposition de grains (de 0,01 à 0,1 mm) très adhérents les uns aux autres. Leur frontière commune, ou joint de grain, a des propriétés différentes de celles de l'intérieur des grains. Les grains se forment, à partir de germes, soit par solidification ou condensation à partir d'une phase fluide, soit par recristallisation à partir d'une phase solide. S'il n'y a qu'un seul germe, il se forme un monocristal.

2. GRAIN n. m. (de *grain 1*). **1.** Coup de vent brusque et violent, lié au passage d'un front froid, et généralement accompagné d'averses de pluie ou de grêle. – **2.** Averse soudaine et brève, accompagnée de vent. – **3.** *Veiller au grain,* observer le temps pour ne pas être surpris par l'orage ; être sur ses gardes pour prévoir et éviter un danger.

GRAINAGE n. m. **1.** Formation de grains lors de la saponification. – **2.** Opération qui consiste à former des germes cristallins de sucre, au début de la cristallisation. – **3.** Syn. de GRENAGE. – **4.** Action de grainer du cuir. – **5.** Ensemble des opérations permettant d'obtenir les œufs, ou graines, de vers à soie ; production, vente et exportation de ces œufs.

GRAIN-DE-POUDRE n. m. (pl. *grains-de-poudre*). Tissu dont l'armure est un dérivé en surface de l'armure toile.

GRAIN-D'ORGE n. m. (pl. *grains-d'orge*). **1.** Sorte de burin à pointe biseautée. – **2.** Sorte de lime taillée sur les bords. – **3.** Moulure de profil triangulaire ou demi-circulaire ; fer servant à faire cette moulure. – **4.** Note de plain-chant en forme de losange.

GRAINE n. f. (lat. *grana,* pl. de *granum,* grain). **1.** Organe dormant qui résulte de la fécondation et du développement de l'ovule chez les plantes à fleurs (phanérogames), et qui est apte, après germination, à reproduire un nouvel individu. (→ *encycl.*) – **2.** Œuf du ver à soie. – **3.** *Vx.* Partie centrale de la Terre. – **4.** Bouton en forme de graine qui surmonte certains couvercles d'orfèvrerie. – **5.** Pop. *Casser la (une) graine,* manger. ‖ Fam. *En prendre de la graine,* en tirer une leçon pour réussir de la même façon ; prendre exemple, modèle. ‖ *(De la) graine de voyou, d'assassin, etc.,* terme exprimant ce que l'on pense qu'un jeune homme deviendra dans l'avenir. ‖ *Mauvaise graine,* enfant, jeune dont on pense qu'il tournera mal ; enfant turbulent. ‖ *Monter en graine,* prendre un développement subit au moment de produire des graines ; grandir, se développer très vite au moment de la puberté.

ENCYCL. **Bot.** La graine est portée à nu par une écaille fertile chez les gymnospermes et enfermée dans un fruit clos chez les angiospermes. Le nombre des graines contenues dans le fruit varie avec les plantes. La graine comprend une enveloppe, ou tégument, et une amande. Le tégument est tantôt lisse, tantôt muni de crêtes, de poils ou d'aigrette. Il porte une tache, dite hile, cicatrice du funicule qui le rattachait au fruit, et parfois une excroissance, dite caroncule (ricin). La partie essentielle de l'amande est l'embryon, formé d'une radicule, que prolonge la tigelle. Sur celle-ci sont insérés latéralement les cotylédons (ou le cotylédon unique dans le cas des monocotylédones). Au sommet de la tigelle est un bourgeon embryonnaire, dit gemmule. L'embryon est souvent plongé dans un tissu de réserve, dit albumen (graines albuminées). Chez certaines graines dépourvues d'albumen (haricot), les réserves nutritives sont accumulées dans les cotylédons, renflés et charnus. Les graines sont disséminées par le vent, par l'eau, par les

mammifères, les oiseaux ou les insectes, ou sont projetées à distance (ecballium). Certaines graines sont aptes à germer immédiatement (café), voire sur la plante mère (plante vivipare telle qu'*avicennia*). La plupart passent par une période plus ou moins longue de dormance*, avant de germer. (→ GERMINATION.)
Certaines graines sont alimentaires (céréales, légumineuses, amandes) ; d'autres fournissent de l'huile (colza, pavot, tournesol, arachide, noix, cocotier, etc.) ou sont utilisées comme condiments (poivre, cumin, etc.) ; le café, le cacao sont des graines torréfiées.

GRAINER v. t. (conj. 4). **1.** Modifier l'aspect d'un cuir en faisant apparaître le grain. — **2.** Réaliser le grenage d'une planche métallique.
◆ v. i. En parlant (surtout) des céréales, produire des grains. (Syn. GRENER.)

GRAINETERIE n. f. Magasin, commerce du grainetier.

GRAINETIER ou **GRAINIER, ÈRE** n. Commerçant en grains, graines, oignons, bulbes, etc.

GRAINEUR n. m. Exploitant agricole qui produit et vend des graines de vers à soie.

GRAINURE n. f. Syn. de GRENURE.

GRAINVILLE (Patrick), écrivain français (Villers 1947). La luxuriance du vocabulaire et le fracas des mots caractérisent son œuvre romanesque (*les Flamboyants,* 1976 ; *les Forteresses noires,* 1982 ; *la Caverne céleste,* 1984 ; *le Paradis des orages,* 1986 ; *l'Atelier du peintre,* 1988 ; *l'Orgie, la neige,* 1990 ; *le Lien,* 1996).

GRAISIVAUDAN → GRÉSIVAUDAN.

GRAISSAGE n. m. **1.** Action de graisser, d'enduire de graisse. — **2.** Interposition d'un lubrifiant entre deux surfaces frottantes, pour faciliter leur glissement.

GRAISSE n. f. (lat. pop. **crassia,* graisse, du lat. class. *crassus,* épais). **1.** Tissu adipeux du derme et surtout de l'hypoderme de l'homme et des animaux vertébrés, jouant le double rôle de réserve alimentaire et de couche protectrice contre le froid. (On dit aussi GRAISSE DERMIQUE ou GRAISSE DE COUVERTURE.) — **2.** Substance onctueuse d'origine animale employée en cuisine pour divers types de cuisson. — **3.** Produit de consistance semi-fluide à solide, obtenu par dispersion d'un agent épaississant ou gélifiant insoluble dans un liquide lubrifiant. — **4.** Triglycéride qui n'est pas fluide à la température ambiante. (Les graisses consistantes servent comme lubrifiants.) — **5.** Adiposité, embonpoint : *Elle est pleine de graisse.* — **6.** Détérioration des fromages à pâte molle, caractérisée par l'aspect jaunâtre et glaireux de leur surface, apparaissant en fin d'égouttage sous l'action d'une moisissure. — **7.** Altération des vins et des cidres donnant un aspect huileux et filant due à des bactéries lactiques. — **8.** Dans un caractère d'imprimerie, épaisseur des pleins de la lettre.

GRAISSER v. t. (conj. 4). **1.** Frotter qqch de graisse ou d'un autre corps onctueux, pour l'entretenir, le garder en bon état : *Graisser ses chaussures.* — **2.** Introduire un lubrifiant entre deux surfaces frottantes : *Graisser un moteur.* — **3.** Souiller qqch, le tacher, le salir de graisse : *Graisser son pull.* — **4.** Rendre gras qqch : *Crème qui graisse les mains.* — **5.** Renforcer les parties faibles d'un tracé lithographique. — **6.** Fam. *Graisser la patte à qqn,* lui donner de l'argent pour obtenir de lui quelque service.
◆ v. i. **1.** Devenir gras, huileux : *Ses cheveux graissent très vite.* — **2.** En parlant du vin ou du cidre, être altéré par la graisse.

GRAISSESSAC (34260), comm. de l'Hérault, près de l'Espinouse ; 698 hab. Petit bassin houiller.

GRAISSEUR, EUSE adj. Qui graisse, met de la graisse : *Palier graisseur.*
◆ n. Ouvrier(ère) qui opère le graissage.
◆ **graisseur** n. m. Appareil ou dispositif qui effectue le graissage des organes mécaniques.

GRAISSEUX, EUSE adj. **1.** Qui est de la nature de la graisse : *Tissu graisseux.* — **2.** Qui est taché de graisse : *Serviette graisseuse.* — **3.** Qui est formé de graisse : *Tache graisseuse.* — **4.** *Dégénérescence graisseuse,* souffrance cellulaire caractérisée par la présence d'enclaves lipidiques.

GRAISSIN n. m. (de *graisse*). Amorce composée de têtes de sardines hachées utilisée pour la pêche en mer.

GRAM n. m. inv. Coloration de Gram.

Gram *(méthode* ou *coloration de),* procédé de coloration des bactéries, servant à la différenciation de nombreuses espèces microbiennes. Les bactéries ayant pris une teinte rose sont dites *Gram négatif ;* celles qui restent colorées en violet sont dites *Gram positif.* Ce procédé est dû au médecin danois Hans Christian Joachim *Gram* (1853-1938).

GRAMAT (46500), ch.-l. de cant. du Lot, dans le Quercy, sur le *causse de Gramat ;* 3 640 hab. *(Gramatois).* Marché agricole. Nombreuses grottes et abîmes aux environs (Padirac).

GRAMICIDINE n. f. Antibiotique polypeptidique, isolé de *Bacillus brevis,* utilisé uniquement par voie locale.

GRAMINÉE ou **GRAMINACÉE** n. f. (lat. *gramineus,* de *gramen, -inis,* gazon). Plante monocotylédone, à feuilles engainantes simples et rubanées, à tige généralement creuse (chaume), à fleurs généralement hermaphrodites sans calice ni corolle, à inflorescences en épis, en grappes ou en panicules d'épillets. (Le fruit est un caryopse [« grain »] contenant une graine à albumen farineux. Les *graminées* forment une très nombreuse famille [6 000 espèces], de l'ordre des glumiflores.)

ENCYCL. La famille des graminées comprend des céréales (blé, riz, avoine, orge, maïs, sorgho, mil, millet), des espèces constituant les prairies naturelles et les pelouses (fétuques, pâturins, agrostis, crételle des prés, flouve odorante, brome des prés, ray-grass). La canne à sucre et le bambou sont également des graminées.

GRAMMAGE n. m. Masse en grammes d'un mètre carré de papier ou de carton.

GRAMMAIRE n. f. (lat. *grammatica,* du gr. *grammatikê,* de *grammatikos,* qui concerne l'art de lire ou d'écrire). **1.** Ensemble des règles qui président à la correction, à la norme de la langue écrite ou parlée : *Exercice de grammaire.* — **2.** Livre, manuel enseignant ces règles : *Acheter une grammaire.* — **3.** Ensemble des structures linguistiques propres à telle ou telle langue ; description de ces structures et du fonctionnement de cette langue. (→ *encycl.*) — **4.** Ensemble des règles d'un art : *La grammaire du cinéma.* — **5.** En informatique, description d'un ensemble de règles permettant de générer, à partir d'un ensemble de symboles, les suites ordonnées de ces symboles (chaînes) constituant les phrases autorisées dans le langage correspondant.

ENCYCL. **Ling.** La réflexion grammaticale des philosophes grecs part, chez Platon, de la distinction logique sujet (ce dont on dit quelque chose) *vs* prédicat (ce qui est dit de quelque chose) et aboutit à dégager huit parties du discours : l'article, le nom (nom commun, nom propre, adjectif), le pronom, le verbe, le participe, l'adverbe, la préposition et la conjonction, catégories fondées à la fois sur des critères formels (cas, conjugaison, genre, nombre) et sur des critères logico-sémantiques (substance et accident, signification et contenu des mots). Ces classifications sont adoptées par les Romains puis par les grammairiens médiévaux. Au XVIIᵉ s., la *Grammaire* générale et raisonnée* de Port-Royal réaffirme l'universalité des principes qui soustendent les langues, tandis que d'autres grammairiens comme Vaugelas s'adressent à un public soucieux du bon usage. Beauzée, au XVIIIᵉ s., différencie la « grammaire générale », science raisonnée des principes immuables des langues parlées et écrites, et la « grammaire particulière », art de concilier les institutions arbitraires et usuelles d'une langue particulière avec les principes généraux.

Cette double tradition (normative et philosophique) se perpétue au XIXᵉ s., tandis qu'apparaît un intérêt de plus en plus grand pour les langues particulières, considérées comme des systèmes complets de sons, de mots, de formes, de constructions, dont on peut décrire l'évolution (diachronie) ou l'état à une époque donnée (synchronie). La notion de parties du discours s'efface derrière celle de catégories grammaticales dégagées par une série de procédures formelles. Aujourd'hui, les linguistes se spécialisent en fonction du cadre théorique qu'ils ont élaboré : on parle de grammaire structurale, fonctionnelle, distributionnelle. D'autre part, si l'on ne s'attache qu'à la description des seuls morphèmes grammaticaux et aux règles qui régissent leur fonctionnement dans la phrase, la grammaire se confond avec la syntaxe. Si l'on adjoint à ces préoccupations la description des morphèmes lexicaux et l'étude de leur forme, la grammaire est synonyme de morphosyntaxe. Si l'on vise à la description complète de la langue, la grammaire se compose alors de plusieurs parties : la phonétique (étude des sons), la syntaxe (étude des combinaisons de morphèmes) et la sémantique (étude des sens des morphèmes et de leurs combinaisons). Depuis quelques années, un nouveau concept est apparu, celui de grammaire générative, où la grammaire est censée générer l'ensemble infini des phrases d'une langue à partir d'un ensemble fini de règles.

Grammaire générale et raisonnée, grammaire composée à Port-Royal par A. Arnauld et C. Lancelot (1660) sans indication d'auteur. Cette œuvre vise à formuler les principes auxquels obéissent toutes les langues et donc à définir le langage dont les langues ne sont que des réalisations particulières. Celui-ci est considéré comme le miroir de la pensée dont les lois sont universelles puisque ce sont celles de la logique et de la raison. Cette grammaire a eu jusqu'au XIXᵉ s. une énorme influence sur la réflexion grammaticale. Aujourd'hui, la grammaire générative y retrouve certaines de ses préoccupations (distinctions de la structure profonde et de la structure superficielle, problème des universaux du langage).

GRAMMAIRIEN, ENNE n. **1.** Spécialiste de grammaire ; personne qui enseigne la grammaire. — **2.** Personne qui connaît bien les règles de la grammaire.

GRAMMATICAL, E, AUX adj. (lat. *grammaticalis*). **1.** Relatif à la grammaire : *Règle grammaticale.* — **2.** Se dit d'une phrase qui est bien formée, qui est conforme aux règles de la grammaire. — **3.** *Mots grammaticaux,* ensemble des termes d'une langue qui, en nombre limité, dénotent les fonctions syntaxiques.

GRAMMATICALEMENT adv. Selon les règles de la grammaire, sous le rapport de la grammaire, de la norme : *Phrase grammaticalement correcte.*

GRAMMATICALISATION n. f. Transformation d'un morphème qui, de lexical, est devenu grammatical. (Ainsi, le mot latin *mens, mentis* [ablatif *mente*] est devenu, en français, un suffixe d'adverbe de manière [*douceMENT*].)

GRAMMATICALISER (SE) v. pr., **ÊTRE GRAMMATICALISÉ** v. pass. (conj. 3). En parlant d'un morphème, subir une grammaticalisation.

GRAMMATICALITÉ n. f. Propriété que possède toute phrase dont la construction est conforme aux règles de la grammaire d'une langue.
ENCYCL. Tout locuteur natif peut porter sur sa langue des jugements de grammaticalité ; ces jugements sont intuitifs : ils ne dépendent ni de l'expérience ni de la mémoire, mais du système de règles intériorisé lors de l'apprentissage de la langue ; ils servent de base à l'établissement de la grammaire générative.

GRAMMATOLOGIE n. f. Dans la terminologie de Jacques Derrida, science générale de l'écriture.
ENCYCL. La grammatologie n'est pas une « science de l'homme » au sens où cette notion s'appuie sur des présupposés métaphysiques : elle ébranle même le concept de « science », dans la mesure où elle met en question toute référence à ce sur quoi l'homme qui écrit s'appuie pour ce faire. Elle est d'une certaine manière une clé pour la quête psychanalytique.

GRAMME n. m. (bas lat. *gramma,* du gr. *gramma,* scrupule [poids]). Unité principale de masse du système métrique équivalant à un millième de kilogramme (symb. g) ; nom générique utilisé pour former les noms des multiples et sous-multiples du kilogramme dans le SI.

GRAMME (Zénobe), électricien et inventeur belge (Jehay-Bodegnée, prov. de Liège, 1826 - Bois-Colombes 1901). D'abord ouvrier modeleur, il imagina, vers 1870, l'induit en anneau qui porte son nom et qui a permis aux machines électriques tournantes — génératrices puis moteurs — d'entrer dans la pratique industrielle.

Gramme *(machine),* première génératrice industrielle de courant continu, construite par Z. Gramme en 1871.

GRAMMÈME n. m. Morphème grammatical, par oppos. à *lexème.*

GRAMMONT → GERAARDSBERGEN.

Grammont *(ordre* et *abbaye de)* → GRANDMONT.

GRAMMONT (Jacques DELMAS DE), général et homme politique français (La Sauvetat 1796 - Miramont 1862). Député à la Législative (1849), il fit voter une loi protectrice des animaux en 1850.

GRAMONT (Philibert DE), comte **de Guiche,** homme de guerre français (1552 - La Fère 1580). Favori d'Henri III, il épousa (1567) Diane d'Andoins, vicomtesse de Louvigny (Hagetmau 1554 - en Navarre 1620), dite la *Belle Corisande,* qui devint la maîtresse d'Henri IV (1576-1591). — ANTOINE III, duc **de Gramont** (Hagetmau 1604 - Bayonne 1678), petit-fils du précédent, fut maréchal de France (1641), gouverneur et lieutenant général de Bayonne, de la Navarre et du Béarn (1644), ambassadeur à la diète de Francfort puis à Madrid (1657) et colonel des gardes-françaises (1661). — PHILIBERT, chevalier puis comte **de Gramont** (1621 - Paris 1707), frère du précédent, époux (1663) d'Élisabeth Hamilton, fut lieutenant général en Béarn (1679). — ARMAND **de Gramont,** comte de Guiche (1638 - Kreuznach 1673), fils d'Antoine III, se distingua au passage du Rhin (1672), pendant la guerre de Hollande. Il fut exilé par Louis XIV de 1663 à 1671. — ANTOINE IV, duc *de Guiche* puis **de Gramont** (1671 - Paris 1725), neveu du précédent, fut vice-président du Conseil de la guerre (1715), conseiller au Conseil de régence (1718) et devint maréchal de France (1724). — ANTOINE AGÉNOR, duc **de Gramont** (Paris 1819 - *id.* 1880), descendant du précédent, fut ministre plénipotentiaire à Kassel, à Stuttgart (1852) et à Turin (1853), puis ambassadeur à Rome (1857) et à Turin (1861). Ministre des Affaires étrangères (mai 1870), il contribua à la déclaration de la guerre à la Prusse et fut renversé avec le gouvernement Ollivier (août).

GRAMOPHONE (n. déposé, angl. *gramophone*) n. m. Ancien phonographe à disques.

GRAMPIANS (les), massif cristallin de l'Écosse, entre la dépression du Glen More et les plaines côtières qui bordent la mer du Nord ; 1 344 m au Ben Nevis, point culminant des îles Britanniques. Élevage. Tourisme.

GRAMSCI (Antonio), philosophe et homme politique italien (Ales, Sardaigne, 1891 - Rome 1937). Originaire d'une famille bourgeoise sarde, il adhère en 1913 au parti socialiste. En 1919, il fonde avec Terracini et Togliatti le journal l'*Ordine Nuovo* et soutient le mouvement d'occupation d'usines que connaît Turin. Il théorise alors la pratique du conseil ouvrier. En janv. 1921, il contribue à la fondation du parti communiste italien. Parti pour Moscou en 1922-23, il rentre en Italie en 1924, est élu député la même année : le congrès de Lyon (janv. 1926) le place au poste de secrétaire général du P. C. I. En 1926, il est arrêté, condamné à la déportation deux ans plus tard. Il ne cessera d'écrire jusqu'en 1937. Malade, il est libéré sous condition et meurt quelques jours après.
L'influence de Gramsci a été considérable dès 1920. L'originalité de ses thèses réside en effet dans l'indépendance dont il fait preuve à l'égard

de la révolution d'Octobre, dans son approfondissement de la notion d'État, dans la substitution de la notion de dictature du prolétariat, suivie par Togliatti, par celle d'« hégémonie du prolétariat ». Le prolétariat doit en effet être à la fois classe dirigeante et dominante, et ce dès avant la révolution. Surtout, l'efficacité même, définie dans les termes machiavéliens et marxistes, exige que la direction intellectuelle et morale du mouvement l'emporte sur le pouvoir d'État. Enfin, Gramsci a mis en évidence le fait que toute arrivée au pouvoir ne pouvait se faire en Occident qu'avec des alliances : cette alliance entre ouvriers du Nord, paysans du sud de l'Italie constituera le « bloc historique », dont le travail actuel est d'abord politique et intellectuel. Les textes de Gramsci n'ont été publiés in extenso qu'en 1975 sous le titre *Cahiers de prison.* Les *Lettres de prison* (1947 et 1965) constituent un des chefs-d'œuvre de la littérature italienne.

1. GRANA n. m. (ital. *grana,* de *grano,* grain). Fromage italien à pâte dure, et saveur forte dont le type est le parmesan.

2. GRANA n. m. pl. Pl. de *granum.*

GRANADA, v. du Nicaragua, sur le Nicaragua ; 165 200 hab. Ancienne cité coloniale.

GRANADOS Y CAMPIÑA (Enrique), compositeur et pianiste espagnol (Lérida 1867 - en mer 1916). Élève à Barcelone de J.-B. Pujol (piano) et de F. Pedrell, il travailla à Paris sous la direction de C. de Bériot. Il fonda à Barcelone la Société de concert classique (1900) ainsi qu'une académie Granados (1901). Ses deux suites pour le piano, *Goyescas,* triomphèrent à Paris en 1914. On lui doit également de la musique pour orchestre, comme le poème symphonique *Dante,* des suites *(Navidad, Elisenda)* et des opéras (*Goyescas,* 1916).

GRANAIRE adj. *Feuillet granaire,* structure ultramicroscopique du grain de chlorophylle portant à sa surface les grana, siège de la photosynthèse.

GRANBY, v. du Canada (Québec), dans les cantons de l'Est ; 38 000 hab. Petit centre industriel.

GRANCEY (Jacques DE), général français (Paris 1894 - *id.* 1973). Chef d'état-major de l'armée des Alpes en 1940, il rejoignit la Résistance. Nommé en 1944 par de Gaulle chef militaire de la région Périgord-Limousin, il fut arrêté en mars 1944 par la Gestapo et déporté en Allemagne. Il a été gouverneur des Invalides de 1964 à sa mort.

GRAN CHACO → CHACO.

GRANCHER (Jacques Joseph), médecin français (Felletin, Creuse, 1843 - Paris 1907). Il a créé la fondation de l'Œuvre Grancher, qui plaçait à la campagne les enfants nés dans des milieux de tuberculeux.

GRAND, E adj. (lat. *grandis*). **1.** Indique une dimension relative en étendue, en hauteur ou en longueur : *C'est un jardin grand comme un mouchoir de poche.* — **2.** Dont les dimensions dépassent la moyenne de sa catégorie : *Une grande maison. Un enfant grand pour son âge.* — **3.** Dont la taille, l'importance, le nombre, la quantité sont relativement considérables : *Une grande avenue.* — **4.** Qui atteint un haut niveau, un haut degré ; dont l'importance, l'intensité, la durée ou la quantité sont considérables : *Une route à grande circulation. À grand renfort de publicité.* — **5.** Indique qu'une quantité est importante subjectivement : *La traversée dure trois grandes heures.* — **6.** Qui est remarquable par son élévation, sa noblesse : *Faire appel aux grands sentiments.* — **7.** Dont la croissance ou la maturité est avancée ou achevée : *Tu es grand, tu peux comprendre.* — **8.** Se dit d'un frère aîné ou d'une sœur aînée : *C'est mon grand frère.* — **9.** Qui se distingue par qqch d'exceptionnel, par ses qualités éminentes ou par le haut niveau qu'il atteint dans sa catégorie : *Un grand philosophe. Un grand amateur de vin. Les grandes dates de l'histoire de France.* — **10.** Indique un rang très élevé dans certaines hiérarchies : *Le grand rabbin de France.* — **11.** Qui est propre aux personnages importants, aux cérémonies auxquelles ils participent, etc. : *Être en grande tenue.* — **12.** Marque l'emphase : *Employer de grands mots.* — **13.** Indique l'intensité dans les loc. verbales *avoir faim, soif, peur, besoin, etc.* (reste inv.) : *Avoir grand faim.* — **14.** *Être assez grand pour,* être capable de faire qqch sans l'aide de personne. ‖ *Grand homme,* homme célèbre, qui a réalisé de grandes choses. ‖ *Grande classe,* classe supérieure dans les établissements scolaires. ‖ *Grand nom,* personne qui appartient à une famille noble ou célèbre ; personne influente dans son domaine. • **Hist.** *Grands Jours,* en France, au Moyen Âge, haute juridiction de certains grands feudataires de la Couronne ; sous l'Ancien Régime, assises judiciaires tenues par une délégation d'un parlement dans une grande ville de son ressort. (Dotés des mêmes pouvoirs que les parlements, ils étaient destinés à rapprocher la justice souveraine des justiciables et à réprimer les abus des officiers et des grands seigneurs dans les provinces. Les derniers Grands Jours, qui se tinrent à Clermont en 1665-66, furent relatés par Fléchier dans ses *Mémoires sur les Grands Jours d'Auvergne* [1844].) — **Math.** *Grand axe,* axe focal pour une ellipse. ‖ *Grand cercle d'une sphère* S, intersection de S avec un plan contenant son centre. — **Probab.** *Loi faible des grands nombres,* loi que suit une suite de variables aléatoires si la moyenne de ces variables converge en probabilité vers une variable aléatoire ou un nombre certain. ‖ *Loi forte des grands nombres,* loi que suit une suite de variables aléatoires si la moyenne de ces variables converge presque sûrement vers une variable aléatoire ou un nombre certain.

◆ n. 1. *Fam.* Dans les établissements scolaires, élève d'une classe plus avancée que d'autres : *La cour des grands.* – 2. Personne dont la taille est relativement plus grande que celle des autres : *Pour la photo on a placé les grands derrière.* – 3. Enfant, adolescent considéré du point de vue de son expérience, de sa relative autonomie, par oppos. au petit enfant : *Tu es une grande maintenant, tu peux aller à l'école seule.* – 4. *Les grands,* les adultes, les grandes personnes. ‖ *Mon grand, ma grande,* termes affectueux.

◆ **grand** adv. *Chausser, tailler grand,* être plus grand que la taille de référence (chaussure, vêtement). ‖ *Grand ouvert,* ouvert autant que possible (*grand,* quoique adverbe, s'accorde) : *Une fenêtre grande ouverte. Des yeux grands ouverts.* ‖ *Ouvrir grand qqch,* l'ouvrir le plus largement possible. ‖ *Voir grand,* prévoir qqch de plus important que ce qui est nécessaire ; faire des projets ambitieux.

◆ **grand** n. m. 1. Personnage, entreprise qui occupe une situation de premier plan dans un domaine déterminé : *Les grands du prêt-à-porter.* – 2. Puissance d'importance mondiale (souvent avec majusc.) : *Les cinq Grands.* – 3. Dans la France d'Ancien Régime, titre donné aux princes du sang et aux membres de la haute noblesse. ‖ *Monsieur le Grand,* titre du grand écuyer du roi de France. ‖ *Grand d'Espagne,* titre porté par chacun des membres de la haute noblesse espagnole. (Reconnus officiellement par Charles Quint en 1520, les Grands d'Espagne jouèrent un grand rôle politique dans la seconde moitié du XVIIe s. Leur titre n'a plus aujourd'hui qu'une signification honorifique.) – 4. *En grand,* à fond ou sur une grande échelle, dans de vastes proportions.

Grand Jeu *(le),* revue littéraire fondée par René Daumal, Roger Gilbert-Lecomte, Roger Vaillant et le peintre Josef Sima (1928), organe du groupe du même nom, proche du surréalisme.

Grand Meaulnes *(le),* d'Alain-Fournier (1913). Roman de l'initiation au merveilleux et au rêve, de la plongée dans un fantastique aux franges de la réalité où la quête de l'impossible trouve ses racines dans le quotidien et le conte éternel.

Grande Illusion *(la),* film français réalisé en 1937 par Jean Renoir, avec Pierre Fresnay, Jean Gabin et Erich von Stroheim. Dans un oflag, au cours de la Première Guerre mondiale, le noble de vieille souche (Fresnay) et le colonel allemand de même rang (Stroheim) s'opposent aux nouvelles élites, le mécanicien sorti du rang (Gabin) et le riche juif (Dalio).

GRAND (88350), comm. des Vosges, à l'O. de Neufchâteau ; 542 hab. Église du XVe s. Village bâti à l'emplacement d'une station gallo-romaine importante (théâtre-amphithéâtre, thermes, basilique au décor de mosaïques, remparts, nombreuses inscriptions).

GRAND (Toni), sculpteur français (Gallargues-le-Montueux 1935). Il a participé au groupe Support/Surface autour de 1970. Menant sur le bois un travail d'analyse des diverses transformations qui peuvent être apportées au matériau brut par fendage ou taillage, puis enrobant le bois, la pierre, etc., de résines synthétiques de couleur, il cherche « l'énigme de la forme plutôt que sa résolution ».

GRAND-ANGLE ou **GRAND-ANGULAIRE** n. m. (pl. *grands-angles, grands-angulaires*). Objectif dont l'angle de champ est supérieur à celui de l'objectif considéré comme normal.

GRAND BALLON, anc. **BALLON DE GUEBWILLER,** point culminant du massif des Vosges (Haut-Rhin) ; 1 424 m.

GRAND-BASSAM, anc. **Bassam,** port de la Côte-d'Ivoire, sur le cordon littoral limitant la lagune Ébrié, au S.-E. d'Abidjan ; 32 000 hab.

GRAND BASSIN, en angl. **Great Basin,** région de l'ouest des États-Unis, entre la sierra Nevada à l'O. et les monts Wasatch vers l'E., formée de cuvettes et de chaînons montagneux. De climat semi-désertique, c'est un pays d'élevage extensif au sous-sol minéralisé (cuivre, zinc, plomb, or, argent).

GRAND-BELT → BELT.

GRANDBOIS (Alain), écrivain canadien de langue française (Saint-Casimir-de-Portneuf 1900 - Québec 1975). Auteur de nouvelles (*Avant le chaos,* 1945), il a exercé par ses recueils lyriques une grande influence sur la génération des poètes de l'après-guerre (*les Îles de la nuit,* 1944 ; *Rivages de l'homme,* 1948).

GRAND-BORNAND (Le) [74450], comm. de la Haute-Savoie, dans le massif des Bornes ; 1 932 hab. *(Bornandins).* Station de sports d'hiver (alt. 950-2 100 m). Fromages (reblochons).

GRAND-BOURG (Le) [23240], ch.-l. de cant. de la Creuse, près de la Gartempe ; 1 406 hab. Église en partie du XIIe s.

GRAND-BOURG (97112), comm. de la Guadeloupe, sur la côte sud-ouest de l'île de Marie-Galante ; 6 268 hab.

GRAND CANYON, nom des gorges du Colorado (États-Unis, Arizona), en aval du confluent du

Little Colorado. Site touristique célèbre (parc national).

GRAND CAUCASE, massif montagneux s'étendant de la mer Noire à la Caspienne et culminant à l'Elbrous (5 642 m). [→ CAUCASE.]

GRAND CAYMAN, la plus grande des Cayman Islands ; 220 km² ; 8 900 hab.

Grand-Chambre, dans la France d'Ancien Régime, principale chambre du parlement de Paris. Appelée aussi *Chambre des plaids,* elle avait une compétence générale au civil et au criminel.

GRAND-CHAMP (56390), ch.-l. de cant. du Morbihan, à 15 km au N.-O. de Vannes ; 3 938 hab. Église romane et gothique.

GRAND-CHANTRE n. m. (pl. *grands-chantres*). Dignitaire d'une cathédrale, qui avait sous sa juridiction la maîtrise, ou petite école.

GRAND-CHARMONT (25200), comm. du Doubs, banlieue N.-E. de Montbéliard ; 5 647 hab. Outillage.

GRAND-CHOSE adv. *Pas grand-chose, plus grand-chose,* presque rien, presque plus rien.
◆ n. inv. Fam. *Un, une pas grand-chose,* personne de peu de valeur, peu estimable, sans grand intérêt.

GRAND COLOMBIER, massif du Jura méridional (Ain), point culminant du Bugey ; 1 531 m.

GRAND-COMBE (La) [30110], ch.-l. de cant. du Gard, sur le gardon d'Alès ; 7 206 hab. Ancien centre houiller.

Grand Coulee *(barrage de),* barrage des États-Unis (État de Washington), sur la Columbia, qu'il permet de régulariser. Il forme le lac Roosevelt (tourisme). Hydro-électricité. Irrigation.

GRAND-COURONNE (76530), ch.-l. de cant. de la Seine-Maritime, banlieue S.-O. de Rouen, sur la Seine ; 9 918 hab. *(Couronnais).* Industries mécaniques et chimiques. Papeterie.

Grand-Couronné *(bataille du)* [5-12 sept. 1914], bataille livrée sur des plateaux situés au S.-E. de Nancy, qui permit à la IIe armée du général de Castelnau de barrer la route de la ville aux troupes allemandes.

GRAND-CROIX n. f. inv. Dignité la plus haute de la plupart des ordres de chevalerie et des ordres de mérite.
◆ n. (pl. *grands-croix*). Personne revêtue de cette dignité.

GRAND-CROIX (La) [42320], comm. de la Loire, dans la vallée du Gier, au N.-E. de Saint-Chamond ; 5 021 hab. Métallurgie.

GRAND-DUC n. m. (pl. *grands-ducs*). **1.** Titre nobiliaire qui se situe entre le duc et le roi, porté par le souverain d'un grand-duché. — **2.** Titre donné aux membres de la famille impériale russe. — **3.** Fam. *Faire la tournée des grands-ducs,* aller dans les cabarets, les boîtes de nuit.

GRAND-DUCAL, E adj. (pl. *grands-ducaux, ales*). Relatif à un grand-duc ou à un grand-duché.

GRAND-DUCHÉ n. m. (pl. *grands-duchés*). Pays dont le souverain est un grand-duc.

GRANDE *(Rio)* ou **RÍO BRAVO,** fl. de l'Amérique du Nord, frontière entre les États-Unis et le Mexique, en aval d'El Paso. Il se jette dans le golfe du Mexique ; 3 060 km environ (bassin de 896 000 km²).

GRANDE *(río),* riv. des Andes (río *San Francisco* dans son cours inférieur), d'Argentine, affl. du río Bermejo ; 700 km.

GRANDE *(rio),* riv. du Brésil, née dans la serra de Mantiqueira, l'une des branches mères du Paraná ; 1 450 km env. Hydro-électricité.

GRANDE BARRIÈRE (la) → Ross (barrière de).

GRANDE-BRETAGNE ET D'IRLANDE DU NORD *(Royaume-Uni de),* État insulaire de l'Europe occidentale. CAP. *Londres.* LANGUE : *anglais.* MONNAIE : *livre sterling.* Le Royaume-Uni comprend quatre parties principales : l'*Angleterre* proprement dite et le *pays de Galles,* l'*Écosse* et l'*Irlande du Nord* (avec l'Irlande du Sud, ou République d'Irlande, ces régions forment les îles Britanniques). Le Royaume-Uni a 243 500 km² (230 000 km² pour la Grande-Bretagne proprement dite : Angleterre, Écosse, Galles) et 58 400 000 hab. *(Britanniques).*

Géographie. Première puissance industrielle et commerciale dans le monde au XIXe s. et alors à la tête d'un empire immense, la Grande-Bretagne n'est plus aujourd'hui qu'une puissance moyenne, d'un poids économique inférieur à celui de la France et surtout de l'Allemagne dans l'Union européenne.

• *Le milieu naturel.* La puissance passée devait peu au milieu naturel. La superficie est moyenne (moins de la moitié de celle de la France) et les hautes terres prédominent dans le Centre et surtout le Nord. Le climat, souvent humide et frais, est peu favorable à l'agriculture, sauf à l'élevage. Cependant, le sous-sol recèle de riches dépôts de houille. Ce sont surtout l'histoire et l'esprit d'entreprise des Britanniques, la nécessité de faire vivre une population dense qui ont joué un rôle prépondérant.

• *La population.* La Grande-Bretagne, avec 235 hab./km² en moyenne, demeure un pays densément peuplé. Cette population ne s'accroît plus guère en raison de la chute du taux de natalité (14 ‰), à peine supérieur au taux de mortalité, aujourd'hui accru par le vieillissement. L'émigration, traditionnelle, n'a pas disparu, mais elle a été compensée récemment par une immigration à partir des anciennes colonies. Son origine géographique (Asie méridionale, Antilles, Afrique) plus que son poids numérique (3 % de la population totale) pose localement de sérieux problèmes d'intégration, surtout dans un contexte de crise. L'urbanisation est ancienne et forte (plus de 90 % de citadins), avec, loin derrière Londres, quelques grandes villes (Birmingham, Glasgow, Liverpool, Manchester, Leeds, Sheffield, Édimbourg, Bristol, etc.).

• *L'économie.* L'industrie emploie moins de 30 % de la population active. La Grande-Bretagne dispose (dans le cadre occidental) de solides bases énergétiques. L'extraction houillère a toutefois fortement reculé et le pétrole est devenu la première source énergétique, en partie exporté. S'y ajoute une notable production de gaz naturel. Le nucléaire, tôt développé, assure plus de 20 % de la production totale d'électricité. La sidérurgie, ancienne, a décliné de même que la construction navale, tandis que l'automobile est sous contrôle étranger (américain et surtout japonais). La métallurgie des non-ferreux s'est effondrée. Le textile traditionnel (coton, laine), depuis longtemps en crise, s'est restructuré, tandis que la chimie reste florissante et diversifiée. Les industries de pointe (constructions électriques) ont été développées dans la région londonienne et dans les Lowlands écossais (d'Édimbourg à Glasgow). L'agroalimentaire valorise les produits de la pêche et ceux d'une agriculture qui emploie moins de 3 % des actifs, mais satisfait environ la moitié des besoins nationaux. Les cultures (céréales, betterave à sucre) sont localisées dans le Sud-Est au climat abrité, plus favorable. L'élevage bovin lui est souvent juxtaposé, et l'important troupeau ovin est présent sur les terres moins fertiles (Écosse, pays de Galles, Pennines).

Les services occupent plus de 60 % des actifs et, malgré le déclin de la livre, la Grande-Bretagne conserve en ce domaine un rôle notable (marché boursier, courtage et assurance, transport maritime et aérien). Le solde des revenus invisibles, positif, ne suffit pas néanmoins à combler le déficit de la balance commerciale. Aux importations dominent les matières premières et denrées alimentaires et aussi des produits élaborés concurrençant son industrie. Le recul de celle-ci a été partiellement la rançon de la précocité du développement industriel, de la vétusté de certaines branches et de certains équipements, de la mondialisation des échanges, avec un desserrement des liens privilégiés avec le Commonwealth (plus de 50 % des échanges se font avec l'Union européenne). Une reprise économique a été observée dans les années 1980 et au début des années 1990 mais elle s'est accompagnée d'une précarisation de l'emploi (même si le chômage a globalement diminué), d'une diminution de la protection sociale et d'une aggravation des inégalités sociales et régionales.

Histoire. La Grande-Bretagne prend officiellement naissance en 1707 par l'acte d'Union des royaumes d'Angleterre et d'Écosse (Angleterre, Écosse, Galles [pays de], Irlande).

• *La montée de la prépondérance britannique.*

1714 : Mort de la reine Anne, au pouvoir depuis 1702.

En vertu de l'acte d'Établissement de 1701, la Couronne passe des Stuarts aux Électeurs de Hanovre (George Ier, 1714-1727 ; George II, 1727-1760), les descendants de Jacques II, catholiques, ayant été écartés du trône. L'arrivée au pouvoir d'une dynastie allemande, peu concernée par les affaires britanniques, renforce le rôle du Premier ministre (tel Robert Walpole) et du Parlement. La vie politique est marquée par la lutte entre whigs, favorables au parlementarisme, et tories, et par la tentative de restauration des prérogatives royales menée par George III (1760-1820). L'expansion coloniale est réalisée au prix de nombreux conflits avec la France.

1763 : Le traité de Paris, au terme de la guerre de Sept Ans, assure à la Grande-Bretagne la possession du Canada et de l'Inde.

1783 : Après une guerre avec les colons américains, le traité de Versailles consacre l'indépendance des États-Unis.

À partir de 1793, l'œuvre du Premier ministre, le Second Pitt, est tournée vers la lutte contre la France révolutionnaire et napoléonienne, afin de préserver l'équilibre européen.

1800 : W. Pitt intègre l'Irlande au royaume, qui prend le nom de Royaume-Uni de Grande-Bretagne et d'Irlande.

1805 : La victoire de Nelson à la bataille navale de Trafalgar donne aux Anglais la suprématie maritime.

• *L'hégémonie britannique.* Commencée dès le XVIIIe s., la révolution industrielle, fondée sur l'exploitation du charbon, et l'essor du capitalisme donnent au Royaume-Uni une formidable avance sur tous les autres États. Au lendemain du congrès de Vienne (1815), la Grande-Bretagne apparaît comme la principale puissance mondiale.

Des réformes électorales (1832) favorables aux grandes villes industrielles, des réformes religieuses (émancipation des catholiques, 1829), l'abrogation en 1824 de la loi contre les trade-unions (syndicats) et l'adoption du libre-échange introduisent le libéralisme dans tous les domaines.

1837 : Avènement de la reine Victoria.

Son règne est caractérisé par la suprématie de l'économie et de la marine britanniques tandis que la diplomatie permet à la Grande-Bretagne d'éliminer ses rivaux politiques. Conservateurs (Benjamin Disraeli) et libéraux (William E. Gladstone) se succèdent au pouvoir, élargissant le droit de vote à l'occasion de deux réformes électorales. Le chartisme (mouvement favorable au suffrage universel et aux réformes sociales) permet au syndicalisme de se développer. L'impérialisme britannique met le Royaume-Uni à la tête d'immenses colonies, dont certaines (dominions) se voient accorder un statut d'autonomie (→ *Empire* BRITANNIQUE*).

1876 : Victoria prend le titre d'« impératrice des Indes ».

En 1882, l'Égypte est sous contrôle britannique. Le Royaume-Uni se heurte en 1898 aux ambitions territoriales de la France (Fachoda).

1899-1902 : Guerre des Boers.

L'accession au trône d'Édouard VII (1901-1910) permet un rapprochement avec la France (Entente cordiale, 1904).

1907 : Signature de la « Triple-Entente » anglo-franco-russe.

La fin de cette période est marquée par une crise économique (concurrences américaine et allemande) et par le rebondissement de la question d'Irlande. Malgré les réformes cherchant à mettre fin à leur très difficile situation économique et sociale, les Irlandais réclament l'autonomie *(Home Rule),* que Gladstone n'a pu leur accorder en 1886.

1910 : Avènement de George V.

• *D'une guerre à l'autre.*

1914-1918 : La Grande-Bretagne participe à la Première Guerre mondiale.

Affaiblie par le conflit, distancée par les États-Unis, l'économie britannique connaît un déclin irréversible. Les femmes obtiennent le droit de vote, et le parti travailliste, en plein essor, remplace le parti libéral dans sa lutte contre le parti conservateur.

1921 : L'État libre d'Irlande, ou Éire, est constitué (capitale Dublin).

Le pays prend le nom de Royaume-Uni de Grande-Bretagne (Angleterre, pays de Galles et Écosse) et d'Irlande du Nord (moitié des comtés de l'Ulster).

1924-25 : Les travaillistes accèdent au pouvoir (James R. MacDonald).

1929 : Revenus au pouvoir, ils se trouvent confrontés à la crise mondiale.

1931 : Création du Commonwealth.

1936 : À la mort de George V, son fils Édouard VIII ne règne que quelques mois et abdique au profit de son frère, George VI.

1939-1945 : Engagé dans la Seconde Guerre mondiale, le Royaume-Uni, dirigé par Winston Churchill, résiste victorieusement à l'invasion allemande (bataille d'Angleterre).

1945 : Churchill participe avec Staline et Roosevelt à la conférence de Yalta.

• *La Grande-Bretagne depuis 1945.*

1945-1951 : Le travailliste Clement Attlee réalise d'importantes réformes sociales et fait adhérer la Grande-Bretagne à l'O.T.A.N. Le processus de décolonisation est amorcé.

1952 : Élisabeth II succède à George VI.

La vie politique est caractérisée par l'alternance au pouvoir des conservateurs (W. Churchill, Anthony Eden, Harold Macmillan, Alexander F. Douglas-Home, entre 1951 et 1964 ; Edward Heath, de 1970 à 1974) et des travaillistes (Harold Wilson de 1964 à 1970, puis de 1974 à 1976 ; James Callaghan de 1976 à 1979). À partir de 1969, les catholiques et les protestants s'affrontent ouvertement en Irlande du Nord.

1973 : La Grande-Bretagne entre dans la C.E.E.

1979-1990 : Le Premier ministre conservateur, Margaret Thatcher, développe une politique de libéralisme strict, en rupture avec le passé. En politique extérieure, elle s'oppose à un renforcement de l'intégration européenne. En Irlande du Nord, le gouvernement doit faire face au conflit opposant catholiques et protestants (accord anglo-irlandais sur la gestion des affaires de l'Ulster, 1985).

1990 : Le conservateur John Major succède à M. Thatcher.

1993 : Le traité de Maastricht est ratifié en dépit d'une forte opposition à l'intégration européenne. Une déclaration commune anglo-irlandaise relance le processus de paix en Irlande du Nord.

GRANDE-CHARTREUSE *(massif de la)* → CHARTREUSE.

GRANDE-DUCHESSE n. f. (pl. *grandes-duchesses*). **1.** Femme d'un grand-duc ou souveraine d'un grand-duché. — **2.** Titre des princesses de la famille impériale russe.

GRANDE-GRÈCE, nom donné aux régions côtières de l'Italie méridionale et de la Sicile, où les Grecs avaient fondé de nombreuses cités.

• *Histoire de la colonisation.* À partir du VIIIe s. av. J.-C., les Grecs colonisent les riches terroirs d'Italie du Sud, où ils fondent Cumes v. 750, et de Sicile, où Naxos est établie en 735. Ce sont ensuite Syracuse et Zancle en 734, Mégare Hyblaia en 728, Rhêgion en 720. Les premiers colons, originaires d'Eubée (Chalcis), sont suivis par les Corinthiens, puis par les Péloponnésiens, qui fondent Sybaris, Crotone, Tarente. Les colonies elles-mêmes fondent des cités filles : en 444 av. J.-C., les habitants de la cité de Sybaris, détruite par les Crotoniates en 510, fondent avec l'aide d'Athènes la colonie de Thouriori.

• *Les Grecs et leurs voisins.* En Sicile, Sicules et Sicanes obligèrent des cités comme Syracuse et

Gela à se protéger par un réseau de postes militaires. Les Carthaginois, installés en Sicile occidentale, durent mener pendant plusieurs siècles des guerres très dures contre les Grecs. Le danger punique ne cessa qu'avec la victoire de Rome à la fin de la première guerre punique (241 av. J.-C.). En Italie, les Grecs se heurtèrent également aux Étrusques et furent menacés par la poussée de peuples italiques (Lucaniens, Bruttiens, Lapyges) et par la nouvelle puissance de Rome. C'est pourquoi Tarente fit appel à Pyrrhos, roi d'Épire, dont l'échec final laissa la voie libre au conquérant romain : en 272 av. J.-C., Tarente fut soumise, puis l'Italie tout entière et la Sicile (214-212 : prise de Syracuse par Marcellus).

• *L'hellénisme occidental.* Les territoires de Grande-Grèce étaient riches et la Sicile resta jusqu'à l'époque impériale un des greniers de Rome. Les cités ont développé une architecture grandiose qui explique le terme de « Grande-Grèce » donné à ces régions ; le luxe et le raffinement des Sybarites étaient légendaires. Riche en artistes et en penseurs (Zénon d'Élée, Empédocle d'Agrigente), la Grande-Grèce attira les philosophes : Pythagore de Samos vécut à Crotone, Platon lui-même séjourna deux fois à Syracuse.
Du fait des luttes hégémoniques et du danger permanent des peuples indigènes et des Carthaginois, la Grande-Grèce connut souvent des régimes personnels que l'on a désignés comme des tyrannies.

GRANDELET, ETTE adj. *Fam.* et *vx.* Qui devient grand ou qui est assez grand : *Elle est grandelette pour son âge.*

GRANDEMENT adv. **1.** Indique une quantité plus que suffisante, un degré au-delà de la mesure ordinaire : *Vous en avez grandement assez.* — **2.** Indique un haut degré : *Vous vous trompez grandement.* — **3.** *Faire les choses grandement,* sans regarder à la dépense, généreusement.

GRANDE MÈRE, autre nom de la Mère des dieux, Cybèle.

GRANDE-MOTTE (La) [34280], comm. (formée en 1974) de l'Hérault, sur la Méditerranée, à l'O. d'Aigues-Mortes ; 5 067 hab. Station balnéaire. Port de plaisance.

GRANDE RIVIÈRE (la), fl. du Canada, au Québec, rejoignant la baie James à Fort-George. Grands aménagements hydroélectriques (dits de la baie James).

Grandes Baigneuses *(les),* nom donné à chacune des trois grandes toiles de la fin de la carrière de Cézanne (v. 1898-1906), consacrées au thème des baigneuses : musée de Philadelphie, National Gallery de Londres, Fondation Barnes de Merion. Elles représentent l'effort ultime du peintre pour intégrer de façon monumentale la figure dans le paysage, pour transformer une grande composition « en un Poussin réel, de plein air, de couleur et de lumière [...] ».

GRANDES PLAINES, en angl. **Great Plains,** vaste région de plaines des États-Unis, partie ouest du Midwest, entre le Mississippi et les Rocheuses. Elle déborde au N., au Canada (dans la Prairie).

GRANDESSE n. f. (esp. *grandeza*). **1.** Dignité de grand d'Espagne. — **2.** Ensemble des grands d'Espagne.

GRANDE-SYNTHE (59760), ch.-l. de cant. du Nord, banlieue S.-O. de Dunkerque ; 24 489 hab. Gare de triage. Industrie chimique.

GRANDET, ETTE adj. *Fam.* et *vx.* Qui est assez grand.

GRANDE-TERRE, île, basse et plate, de 588 km², séparée de Basse-Terre (ou Guadeloupe proprement dite) par le bras de mer de la rivière Salée et faisant partie du département d'outre-mer de la Guadeloupe (Antilles).

GRANDEUR n. f. (de *grand*). **1.** Dimension de qqch, taille, étendue : *Deux tableaux de même grandeur.* — **2.** Caractère de ce qui est important : *La grandeur d'un projet.* — **3.** Importance politique, sociale ; puissance : *La grandeur de la France au XVIIIe s.* — **4.** Élévation morale, intellectuelle ; qualité exceptionnelle qui suscite le respect, l'admiration : *La pensée fait la grandeur de l'homme.* — **5.** *De première grandeur,* d'une importance exceptionnelle. ‖ *Grandeur nature,* se dit d'un dessin, d'une maquette, etc., dont les dimensions sont les mêmes que celles de l'objet représenté. ‖ *Ordre de grandeur,* dimension, quantité en valeur approximative. ‖ *Regarder qqn du haut de sa grandeur,* le toiser avec supériorité. • **Astron.** Nombre entier qui permettait de caractériser l'éclat apparent d'un astre visible à l'œil nu. (L'échelle des grandeurs, introduite par Hipparque, a été remplacée par celle des magnitudes* apparentes.) ‖ *Grandeur d'une éclipse,* valeur maximale de la fraction éclipsée du diamètre du Soleil ou de la Lune lors d'une éclipse de l'un de ces deux astres. — **Cybern.** *Grandeur d'entrée* ou *indépendante,* grandeur agissant sur un élément ou un système sans que celui-ci puisse réagir sur elle. ‖ *Grandeur réglée,* grandeur dont le réglage constitue l'objet principal d'un système de régulation automatique. ‖ *Grandeur de sortie,* grandeur élaborée par un système soumis à l'action d'une ou de plusieurs grandeurs d'entrée. — **Métrol.** *Grandeur (physique),* propriété physique à laquelle on peut faire correspondre une valeur numérique. — **Psychiatr.** *Idée de grandeur, délire de grandeur,* idée délirante dans laquelle le sujet s'attribue une puissance exceptionnelle (force physique ou sexuelle, beauté, intelligence, fortune, etc.).

– **Relig.** *Sa Grandeur, Votre Grandeur,* titre donné jusqu'en 1930 à un évêque ou un archevêque. (Depuis, on dit *Excellence.*)

◆ **grandeurs** n. f. pl. **1.** *Litt.* Honneurs, dignités qui symbolisent la puissance : *Avoir le goût des grandeurs.* – **2.** *Avoir la folie des grandeurs,* avoir des envies démesurées, le goût de ce qui en impose, avoir une ambition démesurée.

GRAND'EURY (François), paléobotaniste français (Houdreville, Meurthe, 1839 - Malzéville 1917). Il découvrit les *ptéridospermées,* ou « fougères à graines ».

GRANDE VALLÉE ou **VALLÉE CENTRALE,** en angl. **Great Valley** ou **Central Valley,** région de la Californie (États-Unis), entre la Sierra Nevada et les chaînes côtières (Coast Ranges).

GRAND FALLS, anc. nom des Churchill* Falls.

GRAND-FORT-PHILIPPE (59153), comm. du Nord, sur la mer du Nord, à l'embouchure de l'Aa ; 6 494 hab.

GRAND-FOUGERAY (35390), ch.-l. de cant. d'Ille-et-Vilaine, au N.-E. de Redon ; 2 003 hab. Donjon du XIVe s.

GRAND-GARDE n. f. (pl. *grand-gardes*). Autref., avant-poste.

Grandgousier, père de Gargantua, dans l'œuvre de Rabelais.

Grand-Guignol (le), théâtre montmartrois fondé sous le nom de « Théâtre Salon » (1895-1962). Les spectacles y étaient composés surtout de drames terrifiants destinés à créer l'horreur et l'épouvante.

GRAND-GUIGNOL n. m. sing. Fam. *C'est du grand-guignol,* cela relève du mélodrame le plus outré.

GRAND-GUIGNOLESQUE adj. (pl. *grand-guignolesques*) [de *Grand-Guignol*]. *Fam.* Qui est d'une horreur exagérée et invraisemblable.

GRANDI (Dino), homme politique italien (Mordano 1895 - Bologne 1988). Membre du Grand Conseil fasciste, il devint ministre des Affaires étrangères (1929-1932), président de la Chambre des faisceaux et des corporations (1939-1943). Hostile à la guerre, il contribua à la chute de Mussolini.

GRANDIDIER (Ernest), collectionneur français (Paris 1833 - *id.* 1912). Il donna son importante collection de porcelaines chinoises (du XIVe au XIXe s.) au Louvre (1894), et il en fut le premier conservateur. Cette collection est actuellement exposée au musée Guimet.

GRANDIDIER (Alfred), voyageur et naturaliste français (Paris 1836 - *id.* 1921). De 1865 à 1870, il explora Madagascar, dont il fit une remarquable description (*Histoire physique, naturelle et politique de Madagascar,* 1886-1901).

GRANDIER (Urbain), curé de Saint-Pierre-du-Marché et chanoine de Sainte-Croix de Loudun (près de Sablé 1590 - Loudun 1634). Des cas de « possession » s'étant produits au couvent des Ursulines, il fut accusé d'en être la cause. Il fut arrêté en 1633. Poursuivi pour sorcellerie, il fut brûlé vif.

GRANDILOQUENCE n. f. (lat. *grandiloquus,* qui a le style pompeux, avec l'infl. de *éloquence*). Caractère de ce qui est grandiloquent.

GRANDILOQUENT, E adj. (de *grandiloquence*). Qui a un caractère affecté, déclamatoire, pompeux, emphatique, ou de qqn qui s'exprime de cette manière.

GRANDIOSE adj. (ital. *grandioso,* du lat. *grandis*). Qui frappe l'imagination par son caractère de grandeur imposante : *Un spectacle grandiose.*

GRANDIOSEMENT adv. *Litt.* D'une manière grandiose, majestueuse.

GRANDIR v. i. (conj. 32). **1.** Devenir plus grand, augmenter en taille : *Cet arbre a grandi.* – **2.** Voir ses dimensions augmenter : *L'ombre grandissait.* – **3.** S'accroître en nombre, étendue, importance : *La foule grandit sur la place. Son influence a grandi.* – **4.** Devenir plus fort, plus intense : *L'inquiétude grandit.* – **5.** Gagner de la maturité, devenir plus mûr, plus adulte. – **6.** *Grandir en sagesse, en force, etc.,* devenir plus sage, plus fort, etc.

◆ v. t. **1.** Faire devenir ou paraître plus grand qqn, qqch : *Ses talons la grandissent de cinq centimètres.* – **2.** Donner à qqn plus de prestige, de grandeur morale : *Les épreuves l'ont grandi.* – **3.** Donner à qqch plus d'importance qu'il n'en a réellement : *Vous grandissez les dangers que nous courons.*

◆ **être grandi** v. pass. **1.** Avoir augmenté en taille, en dimension, en importance, etc. : *Je l'ai trouvée grandie après ces vacances.* – **2.** *Sortir grandi de qqch,* en retirer le bénéfice moral.

◆ **se grandir** v. pr. **1.** Se hausser, se faire paraître plus grand qu'on n'est : *Se grandir en s'élevant sur la pointe des pieds.* – **2.** S'élever en honneur, en dignité : *Il ne s'est pas grandi par de telles mesquineries.*

GRANDISSANT, E adj. Qui va croissant : *Une impatience grandissante.*

GRANDISSEMENT n. m. **1.** Action de devenir ou de rendre plus grand. – **2.** Pour un couple de plans conjugués dans un système optique, rapport des longueurs homologues de l'image et de l'objet.

GRANDISSIME adj. (lat. *grandissimus,* avec l'infl. de l'ital. *grandissimo*). *Fam.* et *ironiq.* Qui est très grand, très important.

GRANDJEAN n. m. Caractère d'imprimerie dû à Philippe *Grandjean* (fin du XVIIe s.), graveur de l'imprimerie royale. (Syn. ROMAIN DU ROI.)

GRAND LAC SALÉ, en angl. **Great Salt Lake,** marécage de l'ouest des États-Unis, dans le nord de l'Utah. Sa superficie varie fortement avec l'alimentation en eau (en moyenne 4 000 km²). Extraction du sel.

GRAND-LEMPS (Le) [38690], ch.-l. de cant. de l'Isère, dans les Terres-Froides du bas Dauphiné, à l'O.-N.-O. de Voiron ; 2 382 hab. Industrie textile.

GRAND-LIEU, parfois **GRANDLIEU** *(lac de),* vaste nappe d'eau de la Loire-Atlantique, au S.-O. de Nantes, alimentée par les rivières Boulogne, Ognon et Tenu. À marée haute, les eaux de la Loire y refluent en remontant l'Acheneau, son déversoir. Sa superficie varie entre 35 (en été) et 80 km² (en hiver).

GRAND-LIVRE n. m. (pl. *grands-livres*). **1.** Liste qui contient les noms de tous les créanciers de l'État, tous les éléments de la dette publique. (Créé par la loi du 24 août 1793, le *Grand Livre de la dette publique* porte mention notamment des titres d'emprunt d'État à long terme et des titres de pension.) — **2.** Document qui regroupe tous les comptes de l'entreprise. (Il est établi par report des écritures du journal, et sert à l'établissement de la balance, du bilan et du compte de résultats.)

GRAND-LUCÉ (Le) [72150], ch.-l. de cant. du sud-est de la Sarthe, près de la forêt de Bercé ; 1 969 hab. *(Lucéens).* Château du XVIIIe s.

Grand-Maison, aménagement hydroélectrique (centrale de pompage) du dép. de l'Isère, sur l'Eau-d'Olle (affl. de la Romanche).

GRANDMAISON (Louis LOIZEAU DE), général français (Le Mans 1861 - 1915). Chef du bureau des opérations à l'état-major de l'armée en 1908, il prit position, en 1911, pour une doctrine de combat résolument offensive, qui fut adoptée en 1914.

GRANDMAISON (Léonce LOIZEAU DE), jésuite et théologien français (Le Mans 1868 - Paris 1927). Son œuvre maîtresse, posthume, *Jésus-Christ, sa personne, son message, ses preuves,* est une réponse sereine à l'exégèse libérale et moderniste.

GRAND-MAMAN n. f. (pl. *grand[s]-mamans*). Grand-mère, dans le langage enfantin, comme appellatif.

GRAND-MÈRE n. f. (pl. *grand[s]-mères*). **1.** Mère du père ou de la mère. — **2.** *Fam.* Vieille femme.

GRAND-MÈRE, v. du Canada (Québec), dans les Laurentides, sur le Saint-Maurice ; 15 000 hab. Centre industriel.

GRAND-MESSE n. f. (pl. *grand[s]-messes*). **1.** Célébration de la messe, où l'on chantait l'ordinaire et le propre, par oppos. à la *messe basse.* (Elle était dite *solennelle* quand s'y ajoutait la présence du diacre et du sous-diacre.) — **2.** Manifestation spectaculaire visant à souder l'homogénéité d'un groupe.

Grandmont ou **Grammont** *(ordre* et *abbaye de).* Fondée, vers 1074, par saint Étienne de Muret, l'abbaye de Grandmont (Haute-Vienne) devint le noyau d'un ordre érémitique qui disparut un peu avant la Révolution française.

GRAND-ONCLE n. m. (pl. *grands-oncles*). Frère du grand-père ou de la grand-mère.

GRAND-ORGUE n. m. (pl. *grands-orgues*). Ensemble des jeux du clavier principal d'un instrument, par oppos. aux jeux d'un clavier secondaire de récit ou de positif.

GRAND-PAPA n. m. (pl. *grands-papas*). **1.** Grand-père, dans le langage enfantin, comme appellatif. — **2.** Fam. *De grand-papa,* qui est démodé, désuet.

GRAND PARADIS, en ital. **Gran Paradiso,** massif italien des Alpes occidentales entre la Doire Baltée et l'Orco, culminant à 4 061 m. Parc national. Jardin alpin.

GRAND-PEINE (À) loc. adv. Très difficilement.

GRAND-PÈRE n. m. (pl. *grands-pères*). **1.** Père du père ou de la mère. — **2.** *Fam.* Vieil homme.

GRAND-PRESSIGNY (Le) [37350], ch.-l. de cant. d'Indre-et-Loire, sur la Claisse ; 1 128 hab. Donjon du XIIe s. Dans le château Neuf, du XVIe s., musée préhistorique.
— **Préhist.** Centre de fabrication, au néolithique, d'une industrie de longues lames de silex blond obtenues, par une taille au gourdin proche de la technique Levallois, à partir de nucléus dit : « livre de beurre ».

GRAND-PRINCE n. m. (pl. *grands-princes*). Titre porté par le prince qui se plaçait hiérarchiquement au-dessus des autres princes qui gouvernent avec lui la terre russe. (Il fut porté par les princes de Kiev [à partir du Xe s.], puis par ceux de Vladimir [à partir du XIIIe s.] et enfin par ceux de Moscou, qui devinrent tsars de Russie en 1547.)

GRANDPUITS - BAILLY - CARROIS (77720), comm. de Seine-et-Marne, à 5 km au N.-O. de Nangis ; 921 hab. Raffinerie de pétrole et pétrochimie (ammoniac, engrais).

GRAND-QUEVILLY (Le) [76120], ch.-l. de cant. de la Seine-Maritime, sur la Seine, banlieue S.-O.

de Rouen ; 27 909 hab. *(Grand-Quevillais).* Métallurgie, engrais, papeterie.

GRAND RAPIDS, v. des États-Unis (Michigan), sur la Grand River ; 181 800 hab. Centre commercial et industriel (mobilier, métallurgie).

GRAND RHÔNE, principal bras du delta du Rhône, limite orientale de la Camargue, formé à proximité d'Arles et débouchant dans la Méditerranée à Port-Saint-Louis-du-Rhône ; 48 km.

GRAND-RUE n. f. (pl. *grand-rues*). Rue principale d'un village ou d'une bourgade.

GRAND-SAINT-BERNARD *(col du)* → SAINT-BERNARD.

GRANDS LACS, ensemble de cinq lacs du centre-est de l'Amérique du Nord (Supérieur, Michigan, Huron, Érié et Ontario), reliés entre eux et qui, à l'exception du lac Michigan, totalement inclus dans les États-Unis, se partagent entre ces derniers et le Canada. Résultant du surcreusement glaciaire, ils couvrent environ 246 000 km². Ils ont joué un rôle historique d'accès aux plaines intérieures, et ont acquis aujourd'hui une importance accrue par la voie maritime du Saint-Laurent (s'ajoutant aux liaisons avec New York et le système du Mississippi), leur émissaire. À l'exception de Toronto, les grandes agglomérations et ports riverains sont américains (Chicago, Detroit, Cleveland, etc.).

GRANDSON, v. de Suisse (cant. de Vaud), sur le lac de Neuchâtel ; 1 900 hab. Château en partie du XIIIe s. (musées). Église romane et gothique. Cigares.
— **Hist.** Le *château de Grandson,* occupé en 1475 par les Bernois, fut pris par Charles le Téméraire, qui en massacra la garnison pour se venger des Suisses, alliés de Louis XI. Mais ces derniers défirent l'armée bourguignonne (2 mars 1476).

GRANDS-PARENTS n. m. pl. Le grand-père et la grand-mère du côté paternel ou maternel.

GRAND-TANTE n. f. (pl. *grand[s]-tantes*). Sœur du grand-père ou de la grand-mère.

GRAND-TEINT n. m. inv. Propriété d'un tissu de couleur ayant une bonne résistance au lavage, à la lumière et au chlore.

GRAND TETON, point culminant de la Teton Range, aux États-Unis (Wyoming), au S. du lac de Yellowstone ; 4 190 m. Parc national.

GRANDVAL, écart de la comm. de Lavastrie (Cantal). Barrage sur la Truyère formant un lac de 800 ha. Centrale hydroélectrique.

GRANDVAUX, plateau calcaire du Jura (dép. du Doubs), à l'O. du Risoux.

GRANDVILLARS (90600), ch.-l. de cant. du Territoire de Belfort, sur l'Allaine ; 2 909 hab. Constructions mécaniques.

GRANDVILLE (Jean Ignace Isidore GÉRARD, dit), dessinateur français (Nancy 1803 - Vanves 1847). Ses vignettes et caricatures, où ses contemporains sont représentés sous les traits d'animaux, constituent une satire sévère de l'époque. Après avoir collaboré au *Charivari* et à *la Caricature,* il se consacra surtout à l'illustration (La Fontaine, Swift...), avec une égale richesse d'imagination, atteignant parfois une forme délirante que les surréalistes ont saluée (*Un autre monde,* 1844).

GRANDVILLIERS (60210), ch.-l. de cant. du nord-ouest de l'Oise, en Picardie ; 2 810 hab. Bonneterie.

GRAND-VOILE n. f. (pl. *grand[s]-voiles*). **1.** Voile carrée la plus basse du grand mât. — **2.** Voile principale sur les navires à gréement aurique ou marconi.

GRANET (François Marius), peintre français (Aix-en-Provence 1775 - *id.* 1849). Formé à Aix et à Paris, connaisseur de la peinture flamande et hollandaise, il travailla à Rome de 1802 à 1819. Son œuvre comporte des vues intérieures d'édifices religieux, d'esprit préromantique, et de remarquables aquarelles. Il fut conservateur au Louvre (1826) puis à Versailles (1830), et légua son atelier ainsi que sa collection à sa ville natale.

GRANET (Marcel), sinologue français (Luc-en-Diois, Drôme, 1884 - Paris 1940). Il fut l'un des fondateurs de l'Institut des hautes études chinoises de l'Université de Paris. Appliquant la méthode sociologique, il publia des ouvrages sur les mœurs paysannes, sur la féodalité, sur la religion de l'ancienne Chine (*la Pensée chinoise,* 1934).

GRANGE n. f. (lat. pop. **granica,* du lat. class. *granum,* grain). **1.** Bâtiment d'une exploitation agricole, où sont entreposées les récoltes de paille, de foin, etc. — **2.** Au Moyen Âge, exploitation rurale dépendant d'une abbaye ou d'un prieuré.

GRANGÉE n. f. Contenu d'une grange pleine.

GRANGEMOUTH, port de Grande-Bretagne, en Écosse, sur l'estuaire du Forth ; 24 700 hab. Terminal du pipeline du gisements de Forties. Raffinerie de pétrole.

Grangent *(barrage de),* barrage (irrigation et hydroélectricité) sur la Loire (dép. de la Loire), à son entrée dans la plaine du Forez.

GRANGER (Gilles Gaston), philosophe français (Paris 1920). Il a envisagé les sciences humaines, les problèmes du langage et la question du statut de la philosophie sous un angle épistémologique (*Pensée formelle et sciences de l'homme,* 1960 ; *Essai de la philosophie du style,* 1969 ; *Pour la connaissance philosophique,* 1988).

Grangers (les), mouvement fondé en 1867 par les fermiers nord-américains pour combattre les tarifs élevés des compagnies ferroviaires. Il représente aujourd'hui les exploitants aisés.

GRANGES, comm. de Suisse → GRENCHEN.

GRANIER *(col du),* col routier de la Chartreuse, entre Chambéry et Saint-Pierre-d'Entremont à 1 164 m.

GRANIER-DEFERRE (Pierre), cinéaste français (Paris 1927). Spécialisé dans les adaptations de romans, il a dirigé les acteurs populaires des années 1960 et 1970 (J. Gabin, S. Signoret, Romy Schneider, A. Delon...), réalisant notamment *les Aventures de Salavin* (1964), *le Grand Dadais* (1967), *la Horse* (1970), *le Chat* (1971), *la Veuve Couderc* (1971), *le Fils* (1973), *la Cage* (1975), *Adieu Poulet* (1975), *Une femme à sa fenêtre* (1976), *le Toubib* (1979). En 1981, *Une étrange affaire* a reçu le prix Louis-Delluc.

GRANIQUE, en gr. **Granikos,** fleuve côtier de l'Asie Mineure, se jetant dans la Propontide. Alexandre y remporta sa première grande victoire dans la conquête de l'Empire perse (334 av. J.-C.).

GRANIT (Ragnar), physiologiste suédois (Helsinki 1900 - † 1991). Il a étudié le traitement de l'information au niveau du réseau nerveux de la rétine et en a précisé les réactions, suivant la composition spectrale de la lumière. (Prix Nobel de physiologie et de médecine avec Hartline et Wald en 1967.)

GRANITE ou **GRANIT** n. m. (ital. *granito,* grenu, du lat. *granum,* grain). **1.** Roche magmatique plutonique formée essentiellement de quartz et de feldspaths, accessoirement de mica et éventuellement d'amphibole, de pyroxène. (→ *encycl.*) — **2.** Toute roche qui, une fois taillée et polie, est susceptible d'être utilisée en ornementation. — **3.** *Litt.* Symbole de la dureté : *Cœur de granit.* — **4.** Tissu de laine à grains quadrillés.
ENCYCL. De densité 2,6 à 2,8, le granite, roche acide, est le constituant principal de la croûte continentale. Il provient de la fusion partielle de celle-ci ou de la différenciation de magmas venant du manteau.

1. GRANITÉ n. m. (de *granit*). Tissu dont l'armure présente de très nombreuses petites brides de chaîne et de trame, réparties irrégulièrement à sa surface.

2. GRANITÉ n. m. (ital. *granita*). Sorbet granuleux, fait de glace au sirop, peu sucrée.

GRANITER v. t. (de *granite*) [conj. 3]. Peindre de façon à imiter le granite.
◆ **être granité** v. pass. Présenter des grains, comme le granite.

GRANITIER n. m. Ouvrier qui taille les blocs de granite destinés à la construction.

GRANITIQUE adj. (de *granit*). Qui rappelle le granite, qui en est formé.

GRANITO n. m. Béton de revêtement, de dallage, présentant en surface des morceaux de marbres, de pierres de couleur.

GRANITOÏDE adj. Qui a l'aspect du granite.
◆ n. m. Toute roche plutonique apparentée génétiquement aux granites.

GRANIVORE adj. et n. Se dit des animaux qui se nourrissent de graines.

Granja *(palais de La),* château de plaisance d'Espagne, construit à partir de 1721 pour Philippe V sur le versant nord de la sierra de Guadarrama (bourg de San Ildefonso). Architecte Teodoro Ardemans. Beaux jardins à la française.

GRANNUS ou **GRANNOS,** dieu guérisseur des Gaulois, assimilé à Apollon à l'époque romaine.

GRANNY-SMITH [granismis] n. f. inv. Variété tardive de pomme verte à chair ferme d'origine australienne.

GRANODIORITE n. f. Roche plutonique proche des granites, constituée de quartz, plagioclase et feldspath potassique, biotite et amphibole.

GRANOPHYRE n. m. (de *porphyre*). Granite à texture microgrenue dans lequel quartz et feldspaths ont syncristallisé sous forme de micropegmatites.

GRANOPHYRIQUE adj. Caractérisé par la présence de micropegmatites.

GRAN SASSO D'ITALIA, massif calcaire des Abruzzes et point culminant de l'Apennin (au Corno Grande, 2 914 m). Ski (Campo Imperatore). Élevage.

GRANT *(terre de),* partie septentrionale de la terre d'Ellesmere (archipel arctique canadien), se terminant au cap Columbia.

GRANT (Ulysses Simpson), général et homme d'état américain (Point Pleasant, Ohio, 1822 - Mount McGregor, près de Saratoga, New York, 1885), 18e président des États-Unis. Général au début de la guerre de Sécession, il bat les confédérés à Belmont et s'empare des forts Donelson et Henry (1862). En 1863, il occupe Vicksburg et la vallée du Mississippi. Chef de l'armée nordiste avec le grade de lieutenant général, il est nommé après la guerre général de l'armée des États-Unis (1868) et secrétaire à la Guerre. Passé dans les rangs des républicains radicaux, il est élu président des États-Unis en 1868 et réélu en 1872. Sa présidence vit le renforcement du capitalisme industriel et une politique de coercition dans le Sud.

GRANT (James Augustus), officier et voyageur britannique (Nairn, Écosse, 1827 - *id.* 1892). Après avoir exercé un commandement aux

Indes, il explora, avec le capitaine Speke, la région des sources du Nil (1860) et l'Abyssinie.

GRANT (Archibald Alexander LEACH, dit **Cary**), acteur américain (Bristol 1904 - Davenport 1986). Lancé par Mae West à Hollywood, il interpréta d'innombrables rôles, souvent pétillants et humoristiques (*l'Impossible M. Bébé,* 1938 ; *Seuls les anges ont des ailes,* 1939 ; *Soupçons,* 1941 ; *Chérie, je me sens rajeunir,* 1952 ; *la Mort aux trousses,* 1959 ; *Charade,* 1962).

GRANULAIRE adj. Qui se compose de petits grains ou granules.

GRANULARITÉ n. f. **1.** État d'un corps granulaire. — **2.** Composition ou distribution granulométrique d'un ensemble de grains (Syn. GRANULOMÉTRIE.) — **3.** Structure granulaire très fine observée dans l'image d'un objet diffusant quelconque, lorsque celui-ci est éclairé par un faisceau laser. (La granularité [en anglais « speckle »] de l'image est due aux interférences des figures de diffraction, que sont chacune des images des points de l'objet.)

GRANULAT n. m. Ensemble des constituants inertes (sables, fines, graviers, cailloux concassés) des mortiers et bétons.

GRANULATEUR n. m. **1.** Appareil permettant de mettre en grains sphériques une poudre humectée d'eau. — **2.** Appareil servant à agglomérer les poudres de certains produits alimentaires (poudre de lait). — **3.** Séchoir à tambour servant au séchage du sucre cristallisé.

GRANULATION n. f. (de *granuler*). Agglomération d'une substance en petits grains. • **Astron.** *Granulation solaire,* réseau formé par l'ensemble des granules observées sur le Soleil. — **Bijout.** Procédé décoratif consistant à fixer sur une surface métallique de minuscules grains d'or ou, plus rarement, d'argent. (Remonte à l'Antiquité.) — **Chim.** Agglomération en granules d'une poudre humide. — **Méd.** Inclusions en forme de grains caractéristiques de certains leucocytes. — **Métall.** Solidification fragmentaire d'un produit fondu (alliage, laitier, etc.), que l'on coule dans une cuve remplie ou sur un jet d'eau. — **Neurol.** *Granulations arachnoïdiennes* ou *granulations de Pacchioni,* expansions fongiformes de l'arachnoïde situées à l'intérieur de la dure-mère, à la partie médiane de la convexité cérébrale et au niveau desquelles le liquide céphalorachidien est résorbé. — **Pathol.** Formation nodulaire de petite taille, siégeant sur les muqueuses, les séreuses ou dans les viscères. — **Pédol.** Dans un sol, formation d'une structure en agrégats sous l'action des racines des graminacées et du brassage biologique. — **Phot.** Aspect subjectif de l'hétérogénéité apportée par la structure en grains d'une image photographique. — **Polym.** Production, à partir d'un matériau macromoléculaire, de grains en général de quelques millimètres.

1. GRANULE n. m. (lat. *granulum*). **1.** Petit grain d'une matière quelconque. — **2.** Nom donné aux particules dispersées dans les suspensions. (Leur dimension maximale dans une suspension assez stable est de l'ordre du micromètre.) — **3.** *Granule homéopathique,* petite sphère de saccharose et de lactose imprégnée par la dilution alcoolique médicamenteuse, puis séchée. ‖ *Granule médicamenteux,* petite pilule, destinée à faire absorber des substances très actives.

2. GRANULE n. f. (de *granule 1*). Élément brillant polygonal, irrégulier, de faibles dimensions (env. 1 000 km) et de courte durée de vie (8 min), observable en lumière blanche sur la photosphère du Soleil.

GRANULÉ n. m. Forme médicamenteuse constituée par du sucre et par la substance active que l'on fait ainsi absorber sous un goût agréable. (On dit aussi SACCHARURE GRANULÉ.)

GRANULER v. t. (de *granule 1*) [conj. 3]. **1.** Fabriquer des grains de minerai par concassage ou par agglomération. — **2.** Produire des granules. — **3.** Extraire le métal restant dans les scories par broyage et triage.

◆ **être granulé** v. pass. Présenter des granulations.

GRANULEUX, EUSE adj. **1.** Qui est divisé ou aggloméré en petits grains : *Roche granuleuse.* — **2.** Dont la surface est ou semble couverte de petits grains : *Un cuir granuleux.* — **3.** Syn. de GRANULOCYTAIRE. — **4.** Qui présente des granulations pathologiques. — **5.** *Méningite granuleuse,* syn. de MÉNINGITE TURBERCULEUSE*.

◆ **granuleux** n. m. Cellule granulocytaire.

GRANULIE n. f. (de *granule 1*). Forme aiguë et généralisée de la tuberculose, caractérisée par la présence de granulations grises dans tous les organes envahis, le poumon étant souvent le plus atteint. (Syn. TUBERCULOSE MILIAIRE.)

GRANULITE n. f. (angl. *granulite*). **1.** Ancien nom du granite à muscovite. — **2.** Roche métamorphique, de teinte claire et à grain fin, issue d'une transformation opérée sous hautes température et pression.

GRANULOCYTAIRE adj. Se dit des cellules ou lignées cellulaires hématologiques contenant des granulations. (Elles comprennent les granulocytes et leurs précurseurs médullaires.) [Syn. GRANULEUX.]

GRANULOCYTE n. m. Leucocyte caractérisé par un noyau polylobé et par son contenu en granulations. (Ces dernières font distinguer trois variétés de granulocytes, les polynucléaires neutrophiles, éosinophiles et basophiles.) [Syn. POLYNUCLÉAIRE.]

GRANULOMATOSE n. f. **1.** Affection caractérisée par l'existence de granulomes multiples. — **2.** *Granulomatose chronique familiale* ou *granulomatose septique de l'enfant,* affection héréditaire, caractérisée par la survenue d'accidents infectieux graves et répétés résultant d'un mauvais fonctionnement des cellules phagocytaires (polynucléaires neutrophiles et monocytes), qui sont incapables de tuer certains microbes. (Syn. MALADIE DE BRIDGES ET GOOD.)

GRANULOME n. m. **1.** Amas de cellules inflammatoires histiocytaires et lymphoplasmocytaires. — **2.** *Granulome annulaire,* dermatose bénigne siégeant sur le dos des mains, caractérisée par des nodules de couleur rose pâle disposés en anneaux. ‖ *Granulome dentaire,* réaction de prolifération des tissus épithéliaux et conjonctifs, siégeant généralement à l'apex d'une dent, sous la forme d'une petite tumeur sphérique. ‖ *Granulome éosinophile,* forme localisée d'histiocytose X. ‖ *Granulome éosinophile de la peau,* affection bénigne du visage, caractérisée par une plaque pourpre infiltrée, indolore, s'étendant lentement sans s'ulcérer. ‖ *Granulome de Hodgkin,* une des formes de la maladie de Hodgkin. ‖ *Granulome ulcéreux des organes génitaux, granulome inguinal, granulome vénérien,* syn. de DONOVANOSE.

GRANULOMÉTRIE n. f. **1.** Mesure des dimensions des grains d'un mélange, détermination de leur forme et étude de leur répartition dans différents intervalles dimensionnels. (On distingue les méthodes de *tamisage,* les méthodes *par élutriation* et les méthodes *microscopiques.*) — **2.** Syn. de GRANULARITÉ. — **3.** Évaluation, après destruction des agrégats, des pourcentages des particules élémentaires du sol, réparties en quatre catégories de diamètres : argiles 0-2 μm, limons 2-20 μm, sables 20-2 000 μm, et graviers. (Les proportions relatives en argiles, limons, sables, graviers constituent la texture du sol.)

GRANULOMÉTRIQUE adj. Qui se rapporte à la granulométrie.

GRANULOPÉNIE n. f. Diminution de la concentration sanguine en granulocytes.

GRANULOPOÏÈSE n. f. Ensemble de processus cellulaires qui, à partir des cellules souches, conduisent à la production des trois types de granulocytes.

ENCYCL. La granulopoïèse normale de l'adulte se fait dans la moelle osseuse hématopoïétique. À partir d'une cellule souche granuleuse, propre à chacun des trois types, dérivent successivement le myéloblaste, le promyélocyte, le myélocyte, le métamyélocyte et le polynucléaire, qui sont marqués par des modifications du noyau (communes aux trois types) et du cytoplasme (caractéristiques de chaque type).

GRANULOSA n. f. Partie du follicule ovarien qui se transforme en corps jaune.

GRANUM [-nɔm] n. m. (pl. *grana*) [lat. *granum,* grain]. Structure fine des chloroplastes, formée d'un empilement de 50 à 100 disques reliés à des lamelles et chargés de chlorophylle. (C'est au sein des grana que se fait la captation de l'énergie lumineuse par la plante.)

GRANVELLE (Nicolas PERRENOT DE), homme d'État au service du Saint Empire (Ornans, Franche-Comté, 1486 - Augsbourg 1550). L'un des principaux conseillers de Charles Quint à partir de 1530, il participa aux premiers débats du concile de Trente (1545) et élabora l'Intérim d'Augsbourg (1548). Il fit construire à Besançon le vaste palais qui porte son nom (1534-1540), auj. Musée comtois. — Son fils ANTOINE **Perrenot de Granvelle** (Besançon 1517 - Madrid 1586), évêque d'Arras (1540) lui succéda comme conseiller de Charles Quint (1550) puis passa au service de Philippe II. Archevêque de Malines (1560) et cardinal (1561), il gouverna les Pays-Bas au nom de Marguerite de Parme (1559-1564) et y défendit la politique absolutiste et catholique de Philippe II. Vice-roi de Naples (1571-1575), appelé à Madrid auprès de Philippe II (1579), il contribua à l'annexion du Portugal (1580). Disgracié (1583), il se retira à Besançon dont il devint archevêque (1584). Il avait réuni une importante collection de livres, d'objets d'art, de tableaux, dont une petite partie, seule sauvegardée, a constitué le noyau initial de la bibliothèque et du musée des Beaux-Arts de Besançon.

GRANVILLE (50400), ch.-l. de cant. de la Manche, sur la côte de la Manche ; 13 340 hab. *(Granvillais).* Ville haute fortifiée (église Notre-Dame, des XVIe et XVIIe s. ; musée). Station balnéaire (avec port de plaisance) et point de départ d'excursions (îles Chausey et Jersey, Mont-Saint-Michel, etc.). Industrie alimentaire. Électroménager. Musées.

GRANVILLE (John, 2e *baron* CARTERET, 1er *comte*) → CARTERET.

GRANVILLE (Granville George LEVESON-GOWER, 2e *comte*), homme politique britannique (Londres 1815 - *id.* 1891). Député whig (1836), il fut plusieurs fois ministre des Affaires étrangères (1851-52, 1870-1874 et 1880-1885).

GRAPE-FRUIT ou **GRAPEFRUIT** [grɛpfrut] n. m. (pl. *grape-fruits, grapefruits*) [amér. *grape-fruit*]. Syn. de POMELO.

GRAPETTE n. f. (anc. fr. *grappe,* crochet). **1.** Espèce de truble pour pêcher la crevette. – **2.** Croc multibranche pour pêcher les oursins.

GRAPHE n. m. (de *graphique*). **1.** Représentation graphique d'une fonction. – **2.** *Graphe d'une application,* ensemble des couples (*a,b*) formés par un élément *a* d'un ensemble A et son image *b* par application de A dans B. ‖ *Graphe d'une correspondance,* ensemble des couples (*a,b*) formés par élément *a* d'un ensemble A et l'un quelconque de ses correspondants dans un ensemble B. ‖ *Graphe orienté,* quadruplet (X, C, *o, e*) où X est un ensemble d'éléments appelés sommets, C une famille d'éléments appelés arcs, *o* une application de C dans X (origine) et *e* une application de C dans X (extrémité). ‖ *Graphe d'un réseau,* représentation graphique d'un réseau électrique à éléments localisés, dans laquelle les branches sont figurées par des segments de ligne et les nœuds par des points. ‖ *Graphe simple* ou *non orienté,* couple d'ensembles (X, C) où X est un ensemble d'éléments appelés sommets et C un ensemble d'éléments appelés arêtes. ‖ *Théorie des graphes,* branche des mathématiques qui permet de résoudre des problèmes compliqués dans leur écriture formelle à partir de représentations graphiques fondées sur des points, des arcs, des flèches, des boucles, des arêtes, etc.

GRAPHÈME n. m. (de *graphie,* avec l'infl. de *phonème*). **1.** Unité graphique minimale entrant dans la composition d'un système d'écriture. (Le graphème est un élément abstrait se réalisant concrètement par ses allographes : ainsi A, *A,* a, *a* sont des allographes du même graphème.) – **2.** Unité minimale de la forme écrite d'une langue ayant son correspondant dans la forme orale (*s, c, ss, sc, ç* sont des graphèmes correspondant au phonème |s| .)

GRAPHEUR n. m. Logiciel de gestion de graphiques.

GRAPHICIEN, ENNE n. Personne qui utilise la graphique dans la visualisation et le traitement de données.

GRAPHIE n. f. Toute représentation écrite d'un mot ou d'un énoncé.

GRAPHIOSE n. f. Maladie cryptogamique de l'orme qui se traduit par la destruction des vaisseaux, la fanaison et le dépérissement. (Cette maladie, dont la dissémination est favorisée par les scolytes, entraîne la disparition progressive des ormes en Europe.)

1. GRAPHIQUE adj. (gr. *graphikos*). **1.** Qui a rapport au graphisme, au dessin, à l'action ou à la manière de tracer qqch : *L'œuvre graphique d'un dessinateur.* – **2.** Qui est effectué au moyen de signes, du dessin, de la carte et surtout du dessin linéaire : *Représentation graphique d'un phénomène.* – **3.** Relatif à la graphie, à la représentation du langage par l'écrit. – **4.** *Arts graphiques,* le dessin, l'estampe, le design graphique. ‖ *Industries graphiques,* ensemble des techniques et des activités qui concourent à la production d'imprimés. • **Géol.** Se dit d'une texture évoquant une écriture cunéiforme et résultant de

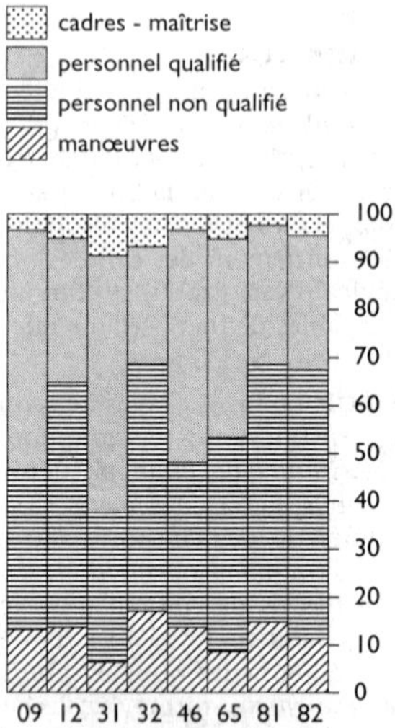

Fig. 1. Exemple de **graphique** à construction en colonnes : répartition (en pourcentage) des demandes d'emploi non satisfaites, en 1973, dans les départements de la région Midi-Pyrénées (09, Ariège ; 12, Aveyron ; 31, Haute-Garonne ; 32, Gers ; 46, Lot ; 65, Hautes-Pyrénées ; 81, Tarn ; 82, Tarn-et-Garonne).

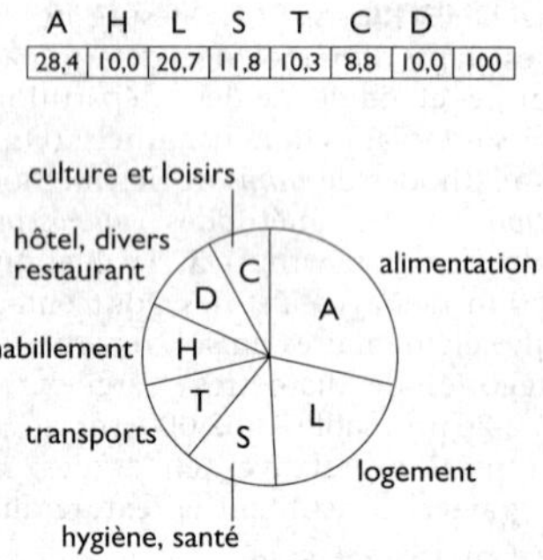

Fig. 2. Exemple de **graphique** à construction circulaire : répartition (en pourcentage) des dépenses dans un budget familial.

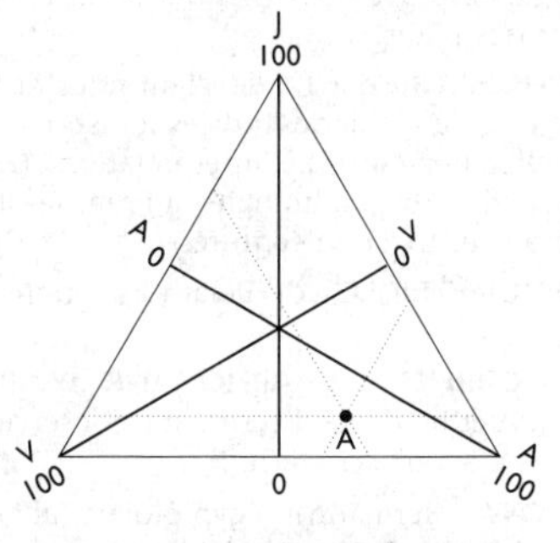

Fig. 3. Principe de construction triangulaire d'un **graphique** représentant la répartition d'une population entre jeunes (J), adultes (A) et vieux (V).

l'intercroissance de quartz et de feldspaths alcalins. — **Inform.** *Écran graphique,* écran de visualisation relié à un ordinateur, permettant d'afficher rapidement des graphismes. — **Math.** Se dit des méthodes de résolution de certains problèmes au moyen de figures géométriques généralement dessinées dans le plan (abaques, monogrammes, etc.). ‖ *Traitement graphique de données,* traitement de données, manuel ou automatisé, qui utilise les propriétés de la graphique.

2. GRAPHIQUE n. m. (de *graphique 1*). **1.** Représentation de données qualitatives, ordonnées ou quantitatives, par une construction utilisant les propriétés de la perception visuelle et appliquant les lois de la graphique. — **2.** Tracé décrit par un appareil enregistreur. — **3.** *Graphique de circulation des trains,* tracé des positions successives des trains sur une ligne, dans un système de coordonnées rectangulaires dont les abscisses représentent le temps, et les ordonnées, les distances. ‖ *Graphique Gantt,* graphique à échelle variable, destiné à mettre en évidence l'avancement d'un programme, la tâche à réaliser dans chaque période constituant l'unité de travail à l'intérieur de cette période. ‖ *Graphique Hijmans, graphique Planus,* graphique servant à représenter un circuit administratif de documents.

ENCYCL. **Math.** *Les graphiques à bandes, à barre, à bâton, en colonnes, en escalier* transcrivent des valeurs numériques par des dessins de longueur ou de hauteur proportionnelles ; ces constructions sont efficaces lorsqu'elles représentent les variations d'un *seul caractère* à travers différents objets (fig. 1).

Les graphiques cartésiens, rectangulaires permettent de représenter dans le plan les relations entre les éléments d'une composante, sur l'axe des abscisses en *x,* et les éléments d'une autre composante sur l'axe des ordonnées, en *y.*

Un graphique circulaire transcrit par un cercle, ou un demi-cercle, divisé en secteurs proportionnels, les valeurs numériques des différents éléments d'un ensemble statistique (fig. 2).

La construction triangulaire établit les relations qui existent entre trois caractères dont la somme peut être ramenée à cent (par exemple une population répartie entre jeunes, adultes et vieux) [fig. 3].

La construction des *courbes* pose le problème du choix de l'échelle à utiliser. L'échelle arithmétique visualise les nombres et exprime leurs relations en termes d'addition ou de soustraction (des longueurs égales expriment des différences). L'échelle logarithmique transcrit les rapports entre les nombres et leurs relations en termes de multiplication et de division (des longueurs égales expriment un rapport constant).

3. GRAPHIQUE n. f. (de *graphique 1*). Système de signes utilisant les propriétés du plan pour faire apparaître les relations de différence, d'ordre ou de proportionnalité dans un ensemble de données.

ENCYCL. La graphique moderne, que Jacques Bertin a définie dans les années 70, structure la construction des diagrammes, des cartes et des réseaux dans un ensemble unique, à partir d'une grammaire qui s'appuie sur les lois universelles de la perception visuelle. Elle remplace par une organisation logique la liste infinie des procédures de dessin (graphiques en escalier, en tuyaux d'orgue, etc.) ou des types de cartes (électorale, d'aménagement, etc.) et substitue la notion d'utilité (pourquoi dessiner ?) à la notion d'illustration (comment dessiner ?). Une construction graphique efficace fournit une réponse visuelle aux questions posées sur les relations qui existent entre des objets et les caractères qui les décrivent.

GRAPHIQUEMENT adv. **1.** Par des procédés graphiques. — **2.** Par l'écrit.

GRAPHIS [-s] n. m. (gr. *graphis,* dessin). Lichen crustacé très commun, qui forme à la surface des écorces de petites taches rappelant de fins caractères d'écriture.

GRAPHISME n. m. (de *graphique*). **1.** Caractère particulier d'une écriture individuelle ; manière d'écrire propre à qqn impliquant sa personnalité. — **2.** Manière de tracer un trait, de dessiner : *Le graphisme d'Albrecht Dürer.*

GRAPHISTE n. Professionnel(le) des arts et industries graphiques ; dessinateur.

GRAPHITE n. m. Variété de carbone, cristallisé en lamelles hexagonales. (Syn. MINE DE PLOMB, PLOMBAGINE.)

ENCYCL. Le graphite est un minéral gris-noir à l'éclat métallique. De densité 2,2, il est friable et laisse une trace sur le papier. Il est bon conducteur de la chaleur et de l'électricité. On trouve le graphite à l'état naturel, mais on le produit aussi artificiellement. Il a de nombreuses utilisations dans l'industrie : confection de creusets, mines de crayons, charbon des arcs électriques, ralentisseur ou réflecteur de neutrons (centrales nucléaires).

GRAPHITER v. t. (conj. 3). **1.** Transformer en graphite. — **2.** Enduire superficiellement de graphite.

GRAPHITIQUE ou **GRAPHITEUX, EUSE** adj. **1.** Qui contient du graphite. — **2.** *Balai graphitique,* balai pour machines électriques tournantes, constitué par de la plombagine comprimée après adjonction d'un agglomérant.

GRAPHITISATION n. f. **1.** Transformation de carbone amorphe en graphite, notamment pour la fabrication des électrodes. — **2.** Traitement thermique effectué sur les fontes, pour précipiter le carbone à l'état de graphite. (→ MALLÉABILISATION.)

GRAPHIUM [-fjɔm] n. m. Champignon imparfait, agent de la graphiose de l'orme.

GRAPHIURE n. m. (gr. *graphis,* pinceau, et *oura,* queue). Rongeur (gliridé) arboricole ou rupicole, se nourrissant de végétaux et d'insectes, présent dans toute l'Afrique au sud du Sahara. (Syn. LOIR AFRICAIN.)

GRAPHOLITHE n. m. Petite tordeuse dont la chenille attaque les graines, les bourgeons et les feuilles des arbres.

GRAPHOLOGIE n. f. Interprétation de l'écriture considérée comme une expression de la personnalité.

ENCYCL. La graphologie cherche à approcher la personnalité à ses différents niveaux, à travers un tracé considéré comme témoin fidèle du développement psychomoteur, intellectuel et affectif du sujet. Dans les premières années d'apprentissage jusqu'à l'adolescence, l'écriture montre une vive sensibilité aux influences éducatives. Plus tard, elle se personnalise : les diverses tendances de la personnalité rendent compte du décalage entre le modèle d'écriture imposé, le même pour tous, et l'écriture de chacun. Le plus ancien graphologue semble être Camillo Baldi (1547-1634) ; la graphologie française a été fondée par Jules Crépieux-Jamin (1858-1940).

GRAPHOLOGIQUE adj. Relatif à la graphologie.

GRAPHOLOGUE n. Spécialiste de la graphologie.

GRAPHOMANIE → GRAPHORRHÉE.

GRAPHOMÈTRE n. m. Instrument ancien d'arpentage, employé pour mesurer les angles dans le levé des plans.

GRAPHOMÉTRIE n. f. Étude scientifique de l'écriture qui se fonde sur des indices statistiques pour en rechercher ensuite l'interprétation. (Elle se différencie de la graphologie, qui repose sur une analyse intuitive de l'écriture.)

GRAPHOMÉTRIQUE adj. Relatif à la graphométrie.

GRAPHORRHÉE ou **GRAPHOMANIE** n. f. Besoin incessant et inadapté d'écrire qui s'observe dans certains états d'excitation.

GRAPOW (Hermann), égyptologue allemand (Rostock 1885 - Berlin 1967). Professeur à l'université de Berlin, membre de l'Académie de Prusse, il contribua à l'élaboration du monumental *Wörterbuch der ägyptischen Sprache* (12 vol., 1926-1963).

GRAPPA n. f. (ital. *grappa*). Eau-de-vie de marc produite dans le nord de l'Italie.

GRAPPA *(monte),* petit massif calcaire italien des Préalpes vénitiennes. — Après la percée de Caporetto, le monte Grappa fut le môle d'arrêt de l'offensive austro-allemande d'oct. 1917.

GRAPPE n. f. (germ. **krappa,* crochet). **1.** Inflorescence, généralement centripète et plus ou moins conique, dans laquelle les fleurs sont portées par des rameaux insérés isolément sur l'axe principal à différents niveaux (groseillier, cytise, glycine). [Il existe des grappes composées : lilas, raisin.] — **2.** Assemblage de fruits portés par des pédoncules sur un même axe : *Grappe de raisin, de groseilles.* — **3.** Groupe de personnes ou de choses serrées, réunies, plus ou moins étagées : *Des grappes humaines. Des grappes de saucissons suspendus au plafond.* — **4.** *En grappe(s),* en un assemblage serré.

GRAPPELLI (Stéphane), violoniste et pianiste de jazz français (Paris 1908). Il crée en 1934 avec Django Reinhardt le quintette de cordes du Hot Club de France, forme un groupe en Angleterre avec le pianiste G. Shearing (1939-1946) puis revient en France où il joue avec Django avant de commencer une carrière de soliste (1950). Parmi ses enregistrements, on peut citer *Dinah* avec (Django Reinhardt, 1934), *Willow weep for me* (1965), *Improvisations* (avec Martial Solal, 1980).

GRAPPILLAGE n. m. **1.** Action de grappiller, de cueillir des fruits de-ci, de-là. — **2.** *Fam.* Action de grappiller, de faire de petits profits illicites.

GRAPPILLER v. t. (de *grappe*) [conj. **3**]. **1.** *Litt.* Cueillir (des fruits, des fleurs), les ramasser çà et là : *Grappiller dans les champs.* — **2.** Faire un bénéfice, un profit, un gain illicites : *Grappiller un peu d'argent en travaillant au noir.* — **3.** Prendre çà et là au hasard : *Grappiller quelques idées dans ses lectures.* — **4.** Enlever les grappes restées sur les ceps après la vendange.

GRAPPILLEUR, EUSE n. Personne qui grappille, fait de petits profits illicites.

GRAPPILLON n. m. (de *grappe*). **1.** Partie d'une grappe de raisin. — **2.** Petite grappe.

GRAPPIN n. m. (anc. fr. *grappe,* crochet). **1.** Sorte d'ancre sans jas, à quatre ou cinq pattes, destinée aux petites embarcations. — **2.** Accessoire d'appareils de levage (grue, pont roulant, etc.) permettant de saisir des objets ou des matériaux. — **3.** Hameçon à trois ou quatre branches semblables réunies à une hampe unique. — **4.** Crochet qui se fixe au pied pour grimper sur les arbres. — **5.** Fam. *Mettre le grappin sur qqn, sur qqch,* les accaparer, s'en emparer ; se rendre maître de l'esprit ou des sentiments de qqn.

GRAPTOLITE n. m. (gr. *graptos,* gravé). Stomocordé colonial fossile, présent dans les terrains cambriens et siluriens. (Les *graptolites,* organismes marins coloniaux stolonifères, forment une classe, proche de celle des ptérobranches.)

GRAS, GRASSE adj. (lat. pop. **grassus,* du lat. class. *crassus,* épais). **1.** Qui est formé de graisse ou qui en contient : *L'huile, le beurre sont des matières grasses.* — **2.** Qui a beaucoup de graisse : *Une vache bien grasse.* — **3.** Qui contient de la graisse, qui comporte des couches de graisse, en parlant d'une viande : *Côtelette trop grasse.* — **4.** Se dit d'une préparation culinaire qui contient un excès de graisse. — **5.** Se dit de la peau ou des cheveux séborrhéiques. — **6.** Qui est taché, sali, enduit de graisse : *Ramasser des papiers gras.* — **7.** Qui a une consistance onctueuse, humide et collante : *Une boue grasse.* — **8.** Se dit d'un sol glissant, huileux : *La voiture a dérapé sur ce pavé gras.* — **9.** Se dit d'un crayon, d'une mine tendre, donnant un trait large, marqué : *Souligner un mot d'un trait gras.* — **10.** Qui est épais, qui a une consistance épaisse : *Encre grasse.* — **11.** *Fam.* et *vx.* Qui est licencieux, graveleux : *Des histoires grasses.* — **12.** Qui est abondant, en partic. en parlant d'une somme : *Recevoir de gras émoluments.* — **13.** *Litt.* Qui est fertile, en parlant d'un terrain ; plantureux : *De grasses prairies.* — **14.** *Avoir le parler gras, la voix grasse,* grasseyer. ‖ Fam. *Ce n'est pas gras,* c'est fort peu de chose, un profit médiocre. ‖ *Être gras à lard, gras comme un moine, comme un cochon, etc.,* être très gras. ‖ *Herbe grasse,* bien verte et bien développée, bien fournie. ‖ *Jours gras,* jours où l'Église catholique permettait de manger de la viande, en partic. les trois jours précédant le mercredi des Cendres, début du carême. ‖ *Régime gras,* composé d'aliments gras. ‖ *Rire gras,* rire fort et qui vient du fond de la gorge. ‖ *Toux grasse,* accompagnée d'expectorations. • **Bot.** *Plante grasse,* plante dont la tige, les rameaux et parfois les feuilles, gorgés d'eau, sont épais et charnus. (Syn. PLANTE SUCCULENTE.) [→ *encycl.*] — **Charb.** *Houille grasse* ou *charbon gras,* charbon ayant une teneur en matières volatiles de l'ordre de 20 à 30 % et qui, après une fusion pâteuse avec gonflement et le départ des matières volatiles, fournit du coke. — **Chim.** *Acides gras,* acides carboxyliques saturés, de formule $H-(CH_2)_n-COOH$, et composés analogues insaturés. (Ceux pour lesquels *n* est impair se rencontrent dans l'hydrolyse des corps gras.) ‖ *Corps gras, matières grasses,* substances d'origine animale ou végétale, donnant sur le papier une tache transparente et permanente, moins denses que l'eau, dans laquelle elles sont insolubles, peu solubles dans l'alcool, mais bien solubles dans l'éther, le benzène, l'éther de pétrole, les solvants chlorés. (→ *encycl.*) ‖ *Série grasse,* ensemble des composés aliphatiques. — **Impr.** *Caractère gras* ou *gras* (n. m.), caractère dont la graisse est importante par comparaison au caractère normal de la même famille et du même corps. — **Mar.** *Temps gras,* temps brumeux et humide. — **Matér.** *Chaux grasse,* chaux qui foisonne. ‖ *Mortier gras,* mortier qui contient beaucoup de chaux. — **Menuis.** *Tenon gras,* tenon dont les dimensions sont trop fortes. — **Minér.** Se dit de l'éclat onctueux que présentent certains minéraux. — **Œnol.** Se dit d'un vin présentant en bouche un certain corps ou un certain volume. (Syn. CHARNU, PLEIN.)

◆ n. Personne grasse, obèse : *Les gras et les maigres.*

◆ **gras** adv. **1.** D'une manière grasse, épaisse : *Peindre gras.* — **2.** *Faire gras,* manger de la viande. ‖ Fam. *Il n'y a pas gras à manger,* il n'y a pas beaucoup à manger. ‖ *Parler gras,* grasseyer. ‖ *Tousser gras,* tousser en expectorant d'épaisses mucosités.

◆ n. m. **1.** Substance grasse : *Taches de gras sur un papier.* — **2.** Partie grasse d'une viande, d'un jambon. — **3.** Endroit le plus charnu d'une partie du corps (avec un compl.) : *Le gras de la jambe, de la fesse.* — **4.** *Au gras,* se dit d'un mets préparé avec de la viande ou de la graisse. ‖ *Avoir du gras,* en parlant d'une pierre de taille, présenter des dimensions trop fortes pour l'endroit qui lui est assigné. ‖ Pop. *Tailler, discuter le bout de gras (avec qqn),* discuter d'une affaire.

ENCYCL. **Bot.** Les *plantes grasses,* issues par convergence de familles très diverses : cactacées, aizoacées, euphorbiacées, portulacacées, etc., sont adaptées aux climats et aux sols les plus secs et économisent l'eau par de nombreux moyens : racines développées, les unes en surface pour la récolte immédiate des eaux de pluie, les autres en profondeur atteignant une nappe éventuelle ;

réduction ou absence des feuilles ; faible transpiration, forte pression osmotique des cellules ; importantes réserves d'eau (3 000 litres pour un cierge haut de 15 m) ; ouverture nocturne des stomates, etc. Elles se protègent aussi de l'excès de lumière par l'enfouissement des grains de chlorophylle, et, chez de nombreuses espèces, de la dent des herbivores par des épines.
– **Chim.** Parmi les *corps gras,* on distingue les huiles, liquides à la température ordinaire, les beurres, les graisses et les suifs, fondant entre 20 et 50 °C, et les cires, fondant au-dessus de 60 °C. Les matières grasses sont en général des triglycérides*. Leur hydrolyse donne la glycérine et les acides gras, leur saponification en milieu alcalin donne les savons. Les corps gras rancissent au contact de l'air, par oxydation. Ils servent de réserve de matière et d'énergie chez les êtres vivants. On les emploie pour l'alimentation, l'industrie pharmaceutique, la fabrication des bougies et des savons, la lubrification des machines. (→ CIRE, HUILE, LIPIDE.)

GRAS *(plateau des),* région calcaire de la bordure du Massif central (Ardèche), dans le Vivarais, coupée par les gorges de l'Ardèche.

GRAS (Basile), général français (Saint-Amans-de-Pellagal, Tarn-et-Garonne, 1836 - Chablis 1901). Il mit au point le fusil modèle 1874, dit *fusil Gras.*

GRAS (Félix), écrivain français d'expression occitane (Malemort 1844 - Avignon 1901). Capoulié du félibrige (1891-1901), il fut le chef de la seconde génération des félibres. Imitateur de Mistral en poésie, c'est dans ses œuvres en prose (*li Rouge dou Miejour* [*les Rouges du Midi*], 1896) qu'il s'est le mieux illustré.

GRAS-DOUBLE n. m. (pl. *gras-doubles*). Produit de triperie préparé à partir de l'estomac du bœuf, échaudé et cuit à l'eau.

GRASPING REFLEX [graspiŋreflɛks] n. m. inv. (angl. *grasping,* de *to grasp,* s'agripper, et *reflex,* réflexe). Réflexe archaïque, existant en particulier chez le nouveau-né, caractérisé par une flexion permanente et solide des doigts sur un objet qui a touché la paume de la main (préhension forcée), et pouvant réapparaître au cours de certaines lésions cérébrales. (Syn. RÉFLEXE D'AGRIPPEMENT.)

GRASS (Günter), écrivain allemand (Dantzig 1927). Ses romans (*le Tambour**, 1959 ; *les Années de chien,* 1963 ; *Anesthésie locale,* 1969 ; *le Turbot,* 1977 ; *les Enfants par la tête,* 1980 ; *la Ratte,* 1986 ; *l'Appel du crapaud,* 1992 ; *Ein weites Feld,* 1995) et son théâtre (*Davor,* 1969) mêlent le réalisme et le fantastique dans la peinture satirique du monde contemporain. Ses essais (*Une rencontre en Westphalie,* 1979) témoignent de son engagement.

GRASSE (06130), ch.-l. d'arrond. des Alpes-Maritimes, en haute Provence ; 42 077 hab. *(Grassois).* Station climatique. Anc. cathédrale remontant à la fin du XIIe s. (retable de l'école des Bréa, trois tableaux de Rubens). Musées d'Art et Histoire, de la Parfumerie, de la Marine ; villa-musée Fragonard. Les cultures florales des environs alimentent l'industrie de la parfumerie.

GRASSE (François Joseph Paul, *marquis* **de Grasse-Tilly,** *comte* DE), marin français (Le Bar, Provence, 1722 - Paris 1788). Chef d'escadre lors de la Guerre d'Indépendance des États-Unis, il contribua aux batailles de la Dominique, de Sainte-Lucie (1780) et s'empara de l'île de Tobago (1781). Son intervention décisive dans la baie de Chesapeake lui valut le grade de lieutenant général. En 1782, il fut battu et fait prisonnier par les Anglais près de la Dominique.

GRASSÉ (Pierre Paul), biologiste français (Périgueux 1895 - Carlux, Dordogne, 1985). Il a notamment étudié les protistes, la symbiose et, surtout, les termites. Il est l'auteur d'un très important *Traité de zoologie.* (Acad. des sc., 1948.)

GRASSEMENT adv. **1.** D'un rire gras : *Rire grassement.* – **2.** Généreusement, largement : *Payer grassement.* – **3.** Dans un large bien-être, à l'aise : *Vivre grassement aux dépens de ses parents.*

GRASSERIE n. f. Nom générique de plusieurs maladies virales, très contagieuses, des vers à soie. (Syn. JAUNISSE.)

GRASSET n. m. (de *gras*). Région du membre postérieur des quadrupèdes située au niveau de l'articulation entre le fémur et le tibia.

GRASSET (Eugène), peintre, graveur, illustrateur et décorateur français d'origine suisse (Lausanne 1845 - Sceaux 1917). Fixé à Paris en 1871, il a donné des illustrations, des affiches, des cartons de vitraux, des modèles de meubles, d'étoffes, de bijoux, un caractère typographique, et a notamment écrit une importante *Méthode de composition ornementale* (1905).

Grasset *(éditions),* maison d'édition française fondée à Paris en 1907 par Bernard Grasset (Chambéry 1881-Paris 1955). À vocation surtout littéraire, elle a édité les jeunes auteurs d'entre les deux guerres et lancé la collection des « Cahiers verts » (1920). Elle publie aujourd'hui des romans, des essais, des ouvrages de sciences humaines et des livres pour la jeunesse. Elle fait partie du groupe Hachette.

GRASSETTE n. f. (de *gras*). Petite plante vivace des marais, à feuilles gluantes en rosette, qui permettent la capture des petits insectes qui s'y posent (genre *pinguicula*).

GRASSEYANT, E adj. Qui grasseye.

GRASSEYEMENT n. m. Action de grasseyer.

GRASSEYER v. i. (de *gras*) [conj. 12]. Parler en prononçant de façon gutturale certaines consonnes et particulièrement les *r*.

◆ v. t. Prononcer les *r* de façon gutturale.

◆ **être grasseyé** v. pass. En parlant d'un certain type de [R], être produit par les vibrations de la luette contre le dos de la langue, ce qui caractérise la prononciation dite « faubourienne » du français.

GRASSMANN (Herman Günther), mathématicien et philologue allemand (Stettin, auj. Szczecin, 1809 - *id.* 1877). L'un des fondateurs de l'algèbre multilinéaire, il est surtout connu pour avoir exposé un procédé de calcul opérant directement sur les grandeurs géométriques. Il a également contribué à une meilleure connaissance des rapports entre le grec ancien et le sanskrit.

GRASSOUILLET, ETTE adj. (de *gras*). *Fam.* Qui est un peu gras et potelé.

GRATICULAGE n. m. ou **GRATICULATION** n. f. (de *graticuler*). **1.** Division d'un dessin en carrés égaux (à la manière d'une mise au carreau) pour le reproduire sur le graticule en le réduisant ou, plus rarement, en l'agrandissant. — **2.** Procédé graphique de report à vue des détails d'une photographie aérienne ou d'un plan sur un document cartographique, à l'intérieur d'un réseau de mailles se correspondant sur les deux documents. (Syn. CRATICULAGE ou CRATICULATION.)

GRATICULE ou **CRATICULE** n. m. Feuille de papier tendue sur un châssis et comportant un quadrillage, destinée à recevoir la reproduction réduite ou agrandie d'un dessin.

GRATICULER ou **CRATICULER** v. t. (ital. *graticolare,* de *graticola,* du lat. *craticula,* petit gril) [conj. 3]. Procéder au graticulage.

GRATIEN, en lat. **Flavius Gratianus** (Sirmium, Pannonie, 359 - Lyon 383), empereur romain (375-383), fils aîné de Valentinien Ier. Auguste en 367, il partagea en 375 l'Empire d'Occident avec son jeune frère Valentinien II. Puis il confia le gouvernement de l'Orient à Théodose. Il fit enlever du sénat la statue de la Victoire, symbole du paganisme, confisqua les revenus des temples païens et poursuivit les hérétiques. Il fut vaincu et tué par l'usurpateur Maxime.

GRATIEN, moine et canoniste italien (Chiusi, Toscane, vers la fin du XIe s. -Bologne v. 1160). Son œuvre capitale, le *Décret de Gratien* (v. 1140), a servi de base à tous les canonistes jusqu'à la publication du Code de 1917.

GRATIFIANT, E adj. (de *gratifier,* par l'intermédiaire de l'angl.). Qui procure un plaisir, une satisfaction psychologique, et en particulier narcissique.

GRATIFICATION n. f. **1.** Somme d'argent donnée à qqn en plus de ce qui lui est dû ; pourboire. — **2.** Supplément de salaire versé spontanément en vertu d'un usage ou d'un engagement pris dans un contrat individuel ou dans une convention collective ; prime. — **3.** (par l'intermédiaire de l'angl. *gratification*) Satisfaction narcissique.

GRATIFIER v. t. (lat. *gratificari,* de *gratus,* agréable) [conj. 9]. **1.** Faire généreusement cadeau à qqn d'une somme d'argent : *Gratifier le garçon d'un bon pourboire.* — **2.** Donner, accorder à qqn qqch d'agréable : *Gratifier sa voisine d'un sourire.* — **3.** Donner à qqn qqch qui lui sera pénible, qui lui sera désagréable : *Gratifier un enfant d'une paire de gifles.* — **4.** (par l'intermédiaire de l'angl. *to gratify*) Procurer à qqn un plaisir, une satisfaction psychologique, et en partic. narcissique.

GRATIN n. m. (de *gratter*). **1.** Préparation recouverte de chapelure ou de fromage râpé et dorée au four ; ce type de préparation : *Gratin de pommes de terre.* — **2.** Croûte qui se forme à la surface de cette préparation. — **3.** *Fam.* Particules d'aliments qui restent attachées au fond du plat, en partic. quand elles sont croustillantes, à base de fromage, etc. — **4.** *Fam.* Personnes les plus distinguées, les plus choisies, les plus élégantes d'une société, d'un milieu. — **5.** Mélange de colle, de phosphore et d'eau, utilisé après séchage, pour constituer les frottoirs pour allumettes.

GRATINÉE n. f. Soupe à l'oignon au fromage que l'on fait gratiner.

GRATINER v. i. (conj. 3). En parlant d'un mets, être soumis à la chaleur de telle sorte qu'il se forme, à sa surface, une croûte dorée, croustillante : *Les pâtes gratinent dans le four.*

◆ v. t. Faire dorer, soumettre un mets à la chaleur, l'accommoder au gratin.

◆ **être gratiné** v. pass. *Pop.* Atteindre un haut degré dans un défaut ; comporter au plus haut point une série de maladresses, de fautes, de problèmes ou de difficultés : *Comme imbécile il est gratiné. Un problème gratiné.*

GRATIOLE [-sjɔl] n. f. (ital. *graziola,* du bas lat. *gratiola,* du lat. class. *gratia,* grâce). Herbe vivace (scrofulariacée) du bord des eaux ou des prairies très humides, aux fleurs à limbe rosé et à tube jaunâtre, fortement purgative mais d'un emploi dangereux. (N. usuel *herbe au pauvre homme.*)

GRATIS [-tis] adv. (lat. *gratis,* var. de *gratiis,* pour rien). Sans qu'il en coûte rien ; gratuitement : *Entrer gratis au cinéma.*

◆ adj. Dont on profite sans payer ; gratuit : *Un spectacle gratis.*

gratis pro Deo, expression lat. du Moyen Âge signif. *gratuitement pour l'amour de Dieu,* et qui s'emploie, ironiquement, avec le sens de gratuitement.

GRATITUDE n. f. (de *ingratitude*). Reconnaissance pour un service, pour un bienfait reçu ; sentiment affectueux envers un bienfaiteur : *Manifester sa gratitude à quelqu'un.*

GRATRY (Alphonse), oratorien et philosophe français (Lille 1805 - Montreux, Suisse, 1872). En 1852, il restaura l'Oratoire de France, dont il démissionna en 1869. Antihégélien, il élabora une théorie de la transcendance. (Acad. fr., 1867.)

GRATTAGE n. m. **1.** Action de gratter, de se gratter. – **2.** Action de gratter l'envers d'un tissu, pour le rendre plus duveteux et lui donner un toucher doux et moelleux. – **3.** Opération de finition ayant pour objet de parachever une surface constituant une glissière, une face ou une portée d'assemblage ou de guidage de précision, etc. – **4.** *Lésions de grattage,* écorchures de la peau provoquées par les ongles au cours des affections prurigineuses.

GRATTE n. f. (de *gratter*). **1.** *Fam.* Petit profit plus ou moins illicite. – **2.** *Fam.* Démangeaison ; gale. – **3.** *Pop.* Guitare.

GRATTE-BOSSE ou **GRATTE-BOESSE** n. f. (pl. *gratte-bosses, gratte-boesses*). Brosse métallique utilisée par les doreurs pour étaler l'amalgame d'or, brosser les pièces de métal, etc.

GRATTE-CIEL n. m. inv. (calque de l'angl. *skyscraper*). Bâtiment d'habitation ou de bureaux à grand nombre d'étages et à faible emprise au sol par rapport à sa hauteur. (On dit en langue administrative I. G. H. [immeuble de grande hauteur]. Le gratte-ciel est une création de l'architecture américaine, et spécialement de l'école de Chicago*, à la fin du XIXe s.)

GRATTE-CUL n. m. (pl. *gratte-culs*). Nom usuel du fruit de l'églantier *cynorhodon* contenant des poils végétaux irritants (« poil à gratter »).

GRATTE-DOS n. m. inv. Baguette portant à l'une de ses extrémités un petit grattoir en forme de main, pour se gratter le dos.

GRATTE-FOND n. m. (pl. *gratte-fonds*). Outil de métal à l'extrémité de formes variées, dentelée ou non, qui sert à travailler sur les parties renfoncées d'une sculpture, d'un ouvrage de maçonnerie.

GRATTEMENT n. m. Action de gratter, de se gratter ; bruit qu'on fait en grattant.

GRATTE-PAPIER n. m. inv. *Fam.* et *péjor.* **1.** Employé de bureau, scribouillard. – **2.** *Vx.* Mauvais auteur, plumitif.

GRATTE-PIEDS n. m. inv. Paillasson fait de lames métalliques, placé à l'entrée des habitations.

GRATTER v. t. (frq. **krattôn*) [conj. 3]. **1.** Entamer légèrement une surface en frottant avec qqch de rugueux, de pointu, qui racle : *Gratter le parquet avec de la paille de fer.* – **2.** Faire disparaître, enlever ce qui adhère à la surface de qqch en frottant, en raclant avec qqch de dur : *Gratter la vieille peinture.* – **3.** Accrocher qqch, entamer une surface au lieu de glisser dessus : *Plume qui gratte le papier.* – **4.** Frotter la peau de qqn avec les ongles, en partic. pour faire cesser une démangeaison : *Gratte-moi le dos.* – **5.** Irriter la peau, causer, provoquer des démangeaisons ; être le siège d'une démangeaison : *Cette cicatrice me gratte. Ce pull de laine me gratte.* – **6.** *Fam.* Prélever discrètement à son profit des sommes d'argent ou qqch ayant une valeur ; bénéficier habilement de qqch : *Il a gratté quelques centaines de francs sur les frais généraux. Gratter un quart d'heure sur son temps de travail.* – **7.** *Fam.* Devancer un concurrent dans une compétition. – **8.** Procéder au grattage d'une surface. – **9.** *Gratter la gorge,* l'irriter. ‖ Fam. *Gratter de la guitare, du violon,* en jouer. ‖ Fam. *Gratter (du papier),* écrire ; produire des œuvres littéraires le plus souvent médiocres.

◆ v. t. ind. *Gratter à la porte,* passer rapidement les ongles sur la porte pour signaler discrètement qu'on veut se faire ouvrir.

◆ v. i. **1.** Présenter des aspérités susceptibles de racler une surface : *Éponge double face dont un côté gratte.* – **2.** Être rugueux et susceptible de produire des démangeaisons : *Étoffe qui gratte.* – **3.** Produire le bruit d'un objet qui en racle légèrement un autre : *Le disque gratte.* – **4.** *Fam.* Aller plus loin que l'apparence : *Si on gratte un peu, il n'y a rien de solide derrière.* – **5.** *Pop.* Travailler.

◆ **se gratter** v. pr. **1.** Se frotter la peau avec les ongles, le bout des doigts pour faire cesser une démangeaison, ou en signe de perplexité, par habitude, etc. : *Le chien a des puces, il se gratte.* – **2.** Pop. *Pouvoir se gratter,* devoir se passer de qqch, devoir y renoncer ; se fouiller.

GRATTERON n. m. (anc. fr. *gleton,* avec l'infl. de *gratter*). Nom usuel de quelques espèces de gaillets, dont la tige porte de petits aiguillons.

GRATTEUR n. m. Appareil constitué par un bâti supportant des chaînes sans fin sur lesquelles sont fixés des godets, et utilisé pour la reprise au tas de matériaux en poudre ou en granulés.

GRATTEUX, EUSE n. *Pop.* Guitariste.

GRATTOIR n. m. **1.** Instrument à large lame utilisé pour gratter les taches d'encre ou les tracés erronés sur le papier ou le carton. – **2.** Outil à main plat en acier trempé, servant à effectuer le grattage des surfaces. – **3.** Pâte séchée formant l'enduit des frottoirs pour l'inflammation des allumettes. — **4.** Outil préhistorique façonné par une retouche semi-abrupte dégageant un front sur l'extrémité d'une lame ou d'un éclat. (Très fréquents dans les outillages du paléolithique supérieur, les grattoirs apparaissent dès l'acheuléen.)

GRATTON n. m. *Fam.* Très petite aspérité du rocher pouvant servir de prise permettant la progression du grimpeur.

◆ **grattons** n. m. pl. **1.** Résidus de la fonte de graisse (porc, oie, etc.) salés chauds et consommés froids. (Syn. FRITONS.) — **2.** Sorte de rillette grossière.

GRATTONNAGE n. m. Progression par l'utilisation de grattons.

GRATTOUILLER v. t. (conj. 3). *Fam.* Gratter légèrement, chatouiller.

GRATUIT, E adj. (lat. *gratuitus,* de *gratis*). **1.** Qui est fait ou donné sans qu'il en coûte rien, dont on jouit sans payer : *L'enseignement gratuit et obligatoire.* — **2.** Qui est accordé d'une manière désintéressée : *Il est rare que les éloges soient gratuits.* — **3.** Qui n'est ni motivé ni justifié : *Une accusation gratuite.* — **4.** *Acte gratuit,* acte étranger à tout système moral propre à une collectivité, individualiste, et qui n'a pour objectif que lui-même.

◆ **gratuit** n. m. Journal distribué gratuitement et financé exclusivement par des recettes publicitaires.

GRATUITÉ n. f. (lat. médiév. *gratuitas,* faveur). **1.** Caractère de ce qui est gratuit : *La gratuité de l'enseignement public.* — **2.** Caractère de ce qui est sans fondement, injustifié : *La gratuité d'une affirmation.* — **3.** Caractère de ce qui n'a pas un but défini, rationnel : *La gratuité d'un acte.*

GRATUITEMENT adv. **1.** D'une manière gratuite, bénévolement : *Soigner gratuitement les malades.* — **2.** Sans fondement, sans motif, sans preuve : *Avancer un fait gratuitement.* — **3.** D'une manière irrationnelle, sans but réel, par caprice : *Risquer sa vie gratuitement.*

GRAU n. m. (languedocien *grau,* du lat. *gradus,* degré). **1.** Chenal faisant communiquer un étang côtier avec la mer, sur la côte du Languedoc. — **2.** Estuaire d'un fleuve côtier dans le Languedoc.

GRAU (Jacinto), auteur dramatique espagnol (Barcelone 1877 - Buenos Aires 1958). Ses drames se sont inspirés des traditions légendaires et littéraires de l'Espagne (*Las Bodas de Camacho,* 1903 ; *El Conde Alarcos,* 1917).

GRAUBÜNDEN, nom allemand du canton des Grisons (Suisse).

GRAU-D'AGDE (le), petit port et centre de séjour de l'Hérault, au S. de la ville d'Agde, sur la Méditerranée, à l'embouchure de l'Hérault.

GRAU-DU-ROI (Le) [30240], comm. du Gard, sur la Méditerranée, au débouché du chenal (le *grau*) qui conduit à Aigues-Mortes ; 5 296 hab. Port de pêche. Station balnéaire. (→ PORT-CAMARGUE.)

GRAUFESENQUE (la), lieudit de la commune de Millau (Aveyron). C'est le site du plus important atelier de céramique sigillée de Gaule au Ier s. apr. J.-C. Reprenant la technique des potiers d'Arezzo, les céramistes de la Graufesenque fabriquèrent, à partir du règne d'Auguste, des pièces de vaisselle exportées dans tout le monde romain.

GRAU-GARRIGA (Josep), peintre et lissier espagnol (San Cugat del Vallès, Catalogne, 1929). Un des maîtres de la tapisserie contemporaine, aux effets de matière audacieux, au coloris puissant (noir, rouge, violet...), il est aussi l'auteur de tableaux rehaussés de collages et de peintures murales.

GRAULHET (81300), ch.-l. de cant. du Tarn, dans le Lauragais, sur le Dadou ; 13 655 hab. *(Graulhetois).* Mégisserie et maroquinerie.

GRAUN (Carl Heinrich), compositeur allemand (Wahrenbrück v. 1703 - Berlin 1759). Il entra au service de Frédéric de Prusse (1735) et devint directeur de l'Opéra de Berlin (1740). Ses œuvres religieuses eurent un succès durable : *Te Deum, Der Tod Jesu* (1755). Il a composé aussi une trentaine d'opéras.

GRAUNT (John), statisticien anglais (Londres 1620 - *id.* 1674). Considéré comme le fondateur de la démographie, son analyse de la population londonienne influença, notamment, les travaux de sir W. Petty. Frappé par la régularité de certains phénomènes relatifs à la mort, il mit en lumière la surmortalité masculine et urbaine et établit l'espérance de vie aux différents âges.

GRAUWACKE n. f. (all. *Grauwacke*). Variété de grès siliceux de couleur sombre, à ciment riche en chlorite et en éléments de roches volcaniques.

G. R. A. V., sigle de GROUPE DE RECHERCHE D'ART VISUEL*.

GRAVATIER n. m. Entrepreneur ou ouvrier qui enlève les gravats d'un chantier.

GRAVATIF, IVE adj. (lat. médiév. *gravativus,* qui alourdit, du lat. class. *gravare,* alourdir). Se dit d'une douleur qui s'accompagne d'une sensation de lourdeur.

GRAVATS n. m. pl. (anc. fr. *gravoi,* sable). **1.** Partie grossière du plâtre, qui ne traverse pas le crible. — **2.** Menus décombres d'une démolition. (Syn. GRAVOIS.)

1. GRAVE adj. (lat. *gravis,* lourd). **1.** Qui est d'une grande importance en soi ; sérieux : *C'est une grave question.* — **2.** Qui peut avoir des conséquences fâcheuses, qui peut entraîner des suites dangereuses : *Commettre une faute grave.* — **3.** Qui est critique, dramatique : *La situation est grave.* — **4.** Qui met en danger la vie de qqn : *Une maladie grave.* — **5.** Qui manifeste un grand sérieux, beaucoup de retenue, de solennité : *Une attitude grave.* — **6.** Qui agit avec réserve, avec circonspection : *Un homme grave et calme.* — **7.** Se dit d'une composition musicale de rythme lent et solennel. — **8.** Se dit d'un son dont la hauteur correspond à une fréquence audible inférieure à 200 Hz environ. — **9.** Se dit des phomènes dont le spectre est caractérisé par une prédominance des basses fréquences : formants (par ex. les voyelles [u] et [o]) ou bruits (par ex. les consonnes [p] et [f]). [Contr. AIGU.] — **10.** *Accent grave,* accent incliné en descendant de gauche à droite [`]. (En français, l'accent grave sert, en combinaison avec *e,* à noter la voyelle ouverte [ɛ] *(règlement)* ou bien, en combinaison avec *u* et *a,* à distinguer des homonymes (*où* vs ou, *là* vs *la*].

◆ n. m. **1.** Son de faible fréquence, situé au bas de l'échelle musicale (surtout pl.) ; registre des sons graves : *Augmenter les graves et baisser les aigus.* — **2.** Morceau musical ou partie d'un morceau, de mouvement lent et de caractère solennel. — **3.** Introduction lente de l'ouverture à la française, s'enchaînant à un mouvement rapide (Lully, Händel, Telemann). — **4.** *Vx.* Corps pesant.

2. GRAVE n. f. (var. de *grève,* de l'anc. fr. *grave,* sable). Mélange naturel à granularité continue, de cailloux, de graviers et de sable, utilisé dans la construction des chaussées et la confection du béton.

◆ **graves** n. f. pl. En Gironde, terrains formés par des épandages de graviers fluviatiles déposés au pliocène ou au quaternaire et portant des vignobles réputés.

GRAVE (La) [05320], ch.-l. de cant. des Hautes-Alpes, dans l'Oisans, au-dessus de la Romanche ; 459 hab. *(Graverots).* Station d'altitude (1 526 m) et de sports d'hiver, face à la Meije. Chapelle du XVIIe s. (peintures). Parc forestier (arboretum national).

GRAVE *(pointe de),* cap de la côte de l'Atlantique (Gironde), marquant la fin de l'estuaire de la Gironde ; le débarcadère du bac de Royan y est établi.

— **Hist.** En 1944, la pointe de Grave constitua un des réduits du front de l'Atlantique, où des forces allemandes résistèrent jusqu'au 20 avr. 1945.

GRAVELAGE n. m. (anc. fr. *gravel,* sable). **1.** Ouvrage en gravier. — **2.** Action d'étendre et d'égaliser une couche de gravier.

GRAVELEUX, EUSE adj. (de *gravelle*). **1.** Qui contient des gravelles : *Un calcaire graveleux.* — **2.** Qui est mêlé de graviers : *Une terre graveleuse.* — **3.** Se dit de fruits dont la chair contient de petits corps durs : *Poire graveleuse.* — **4.** Qui est très licencieux, proche de la pornographie : *Conte graveleux.*

GRAVELINE n.f. Nom usuel de la *lampsane.*

GRAVELINES (59820), ch.-l. de cant. du Nord, dans la Flandre, sur l'Aa ; 12 650 hab. *(Gravelinois).* Église de la fin du gothique. — Au N., sur la mer du Nord, centrale nucléaire.

— **Hist.** En 1558, les Espagnols, appuyés par les Anglais, y vainquirent les Français.

GRAVELLE n. f. (de *grève,* de l'anc. fr. *grave* ou *gravel,* sable). **1.** Petit grain calcaire arrondi ou émoussé entrant dans la composition de certains calcaires détritiques. — **2.** Tartre qui se dépose dans les bouteilles de vin sous l'effet du froid. — **3.** Ancien nom de la *lithiase rénale.*

GRAVELOT n. m. (de *gravelle*). Pluvier migrateur, grégaire, insectivore, caractérisé par un collier de plumes noires sous la gorge. (Trois espèces se voient en France en été.)

GRAVELOT (Hubert François BOURGUIGNON, dit), peintre, graveur et dessinateur français (Paris 1699 - *id.* 1773). En Angleterre de 1732 à 1745, il ouvrit une école que fréquenta Gainsborough, produisit illustrations de livres (Shakespeare) et caricatures. Rentré en France, il fut un des meilleurs vignettistes et illustrateurs de l'époque (*la Nouvelle Héloïse,* 1761, etc.).

GRAVELOTTE (57130), comm. de la Moselle, à 14 km à l'O. de Metz ; 534 hab. Musée militaire. — Bataille entre Français et Prussiens (16-18 août 1870).

GRAVELURE n. f. *Vx.* Caractère de ce qui est obscène, graveleux.

GRAVEMENT adv. **1.** Avec gravité, solennité, sérieux : *Il me regarda gravement.* — **2.** De façon considérable, importante, lourdement : *Il s'est gravement trompé.* — **3.** D'une manière dangereuse : *Être gravement blessé.* — **4.** En musique, avec un mouvement lent.

GRAVENCHE n. f. Variété de corégone du lac Léman.

GRAVENHAGE ('S-) ⟶ HAYE (La).

GRAVER v. t. (frq. **graban,* creuser) [conj. 3]. **1.** Tracer qqch sur un métal, sur du bois, du marbre, de la pierre, etc., en creusant ces matériaux à l'aide d'un outil : *Nous avions gravé nos noms sur les arbres.* — **2.** Creuser qqch sur un métal, une pierre en y inscrivant, en y traçant qqch : *Graver le décor d'une pièce d'orfèvrerie.* – **3.** Imprimer, fixer de manière inaltérable dans la mémoire, dans le cœur un événement, un souvenir : *Graver une scène dans sa mémoire.* – **4.** Tracer sur une planche de métal, de bois, etc., à l'aide d'un outil tranchant ou d'un acide, une image qui doit être multipliée par impression sous forme de gravure (estampe) ; graver les poinçons destinés à la frappe de caractères d'imprimerie, de médailles, etc. – **5.** Tracer sur un disque un sillon portant l'enregistrement. – **6.** *Machine à graver,* machine électrique ou électronique qui produit des clichés d'imprimerie sans l'intervention de la photographie (→ *encycl.* Impr.) ; machine destinée à la reproduction d'une gravure. (→ *encycl.* Mécan.)

◆ **être gravé** v. pass. Comporter une ou des gravures : *Montre gravée à son nom.*

◆ **se graver** v. pr., **être gravé** v. pass. **1.** Laisser qqpart son empreinte, sa marque : *Les soucis sont gravés sur son visage.* – **2.** Être inscrit qqpart : *Cette image est gravée dans sa mémoire.*

ENCYCL. **Impr.** Dans une machine à graver, l'analyse du document à reproduire, effectuée par une cellule photoélectrique, est interprétée par un ensemble électronique qui commande soit des organes sur la gravure mécanique (clichés typographiques, cylindres d'héliogravure), soit des dispositifss pour l'enregistrement photographique sur films (offset). [→ SCANNER.]

– **Mécan.** La machine à graver, qui peut reproduire à l'identique, agrandir, ou réduire, se compose essentiellement d'un parallélogramme supportant, d'une part un palpeur en contact avec l'élément à reproduire, et d'autre part une fraise usinant la pièce à graver.

1. GRAVES → GRAVE 2.

2. GRAVES n. m. (de *graves 1*). Vin d'appellation d'origine contrôlée, produit dans la région des Graves.

GRAVES (les), région du Bordelais (Gironde), formée de terrains caillouteux, sur la rive gauche de la Garonne, entre la Jalle de Blanquefort, au N. de Bordeaux, et les environs de Langon. Vins rouges au N. (dont le Haut-Brion). Vins blancs liquoreux (dont le Château-Yquem) au S. (Sauternes).

GRAVES (Robert James), médecin irlandais (Dublin 1797 - *id.* 1853). Il décrivit le premier le goitre exophtalmique, appelé parfois *maladie de Graves.*

GRAVES (Robert RANKE-GRAVES, dit **Robert**), écrivain britannique (Londres 1895 - Deya, Majorque, 1985). Poète, auteur de romans historiques (*Moi, Claude, empereur,* 1934), il est surtout l'analyste, à la fois érudit et lyrique, des grands mythes de l'Occident (*la Déesse Blanche,* 1948 ; *les Mythes grecs,* 1955). On lui doit aussi des contes (*Majorca Observed,* 1965).

GRAVESANDE (Willem Jacob **'S-**), physicien néerlandais (Bois-le-Duc 1688 - Leyde 1742). Il a imaginé l'anneau qui porte son nom, pour observer la dilatation volumétrique des solides, construit le premier héliostat (1720) et perfectionné les machines pneumatiques.

GRAVESEND, port de Grande-Bretagne (Kent), sur l'estuaire de la Tamise ; 55 000 hab.

GRAVETTE (la), gisement paléolithique de la commune de Bayac (Dordogne), qui a donné son nom au gravettien.

GRAVETTIEN ou **GRAVETIEN** n. m. (de la *Gravette,* n. pr.). Industrie lithique du paléolithique supérieur (le périgordien supérieur), contemporaine de l'aurignacien. (Elle se caractérise par une pointe de projectile en silex dont un bord est abattu et abrupt [pointe de la Gravette]). [On trouve également de nombreux burins et grattoirs. Avec le gravettien apparaissent les premières œuvres d'art. Ce faciès est connu en Europe centrale, en Russie, en Espagne, en France et en Italie.]

GRAVEUR, EUSE n. **1.** Artiste qui grave, réalise des gravures. – **2.** Professionnel dont le métier est de graver.

◆ **graveur** n. m. Transducteur électromécanique portant le burin de gravure et transformant les signaux électriques en déplacements du burin sur le support d'enregistrement.

GRAVEY (Fernand MERTENS, dit **Fernand**), acteur français de cinéma et de théâtre (Bruxelles 1904 - Paris 1970). D'abord acteur de théâtre en 1919, il entama sa carrière cinématographique en 1931 dans *Coiffeur pour dames.* Après *Toute la ville danse* (J. Duvivier, 1938), sa personnalité élégante et caustique put s'épanouir : *le Dernier Tournant* (1939), *la Nuit fantastique* 1942, *le Capitaine Fracasse* (1943), *la Ronde* (1950).

GRAVIDE adj. (lat. *gravidus*). **1.** Se dit d'un utérus contenant un embryon. – **2.** Se dit d'une femme enceinte ou d'une femelle pleine.

GRAVIDIQUE adj. Relatif à l'état de grossesse.

GRAVIDITÉ n. f. (lat. *graviditas, -atis*). Syn. de GROSSESSE.

GRAVIDOCARDIAQUE adj. Se dit d'un accident cardiaque survenant pendant la grossesse.

GRAVIER n. m. (anc. fr. *grave,* sable). **1.** Sable assez grossier, exploité le plus souvent dans les alluvions de rivières. – **2.** Petits cailloux dont on recouvre certains sols (allées, chaussées, terrasses, etc.). – **3.** Élément de 4 à 20 mm (rudite) que l'on trouve dans les roches sédimentaires détritiques. – **4.** Dans les salins, emplacement sur lequel est amassé le sel récolté.

GRAVIÈRE n. f. Exploitation de gravier.

GRAVIFIQUE adj. **1.** Qui concerne la pesanteur. – **2.** *Eau gravifique,* eau libre contenue dans les roches poreuses et circulant par gravité.

GRAVILLON n. m. (de *gravier*). Produit d'un triage d'une roche concassée ou d'un gravier, dont les éléments ont une grosseur comprise entre 5 et 25 mm.

GRAVILLONNAGE n. m. Action de répandre des gravillons sur une chaussée.

GRAVILLONNER v. t. (conj. 3). Répandre des gravillons.

GRAVILLONNEUR n. m. Engin de carrière destiné à produire des gravillons.

GRAVILLONNEUSE n. f. Appareil utilisé pour le gravillonnage.

GRAVIMÈTRE n. m. Instrument permettant de mesurer l'intensité du champ de la pesanteur.
ENCYCL. Les *gravimètres absolus* mesurent directement l'accélération du mouvement d'un corps pesant en chute libre. Les *gravimètres relatifs* l'évaluent indirectement en mesurant la déformation d'un ressort ou la période d'un mouvement pendulaire.

GRAVIMÉTRIE n. f. **1.** Mesure de la pesanteur, appliquée à la connaissance de la forme et de la structure de la Terre. – **2.** Analyse chimique quantitative effectuée par pesées. – **3.** Technique physique de séparation des minerais en fonction de leur densité. (Elle est utilisée efficacement pour des particules de plus de 100 µm présentant un contraste suffisant de densité.)

GRAVIMÉTRIQUE adj. Qui relève de la gravimétrie.

GRAVINA (Federico Carlos, *duc* DE), amiral espagnol (Palerme 1756 - Cadix 1806). Il participa à l'expédition française à Saint-Domingue (1802) et fut nommé ambassadeur à Paris (1805). Il commanda les vaisseaux espagnols au Ferrol et à Trafalgar.

GRAVIR v. t. (frq. **krawjan,* s'aider de ses griffes) [conj. 32]. **1.** Monter une pente, un escalier, etc., avec effort : *Gravir les étages quatre à quatre.* – **2.** *Gravir les degrés d'une hiérarchie,* les franchir un à un.

GRAVISPHÈRE n. f. (lat. *gravis,* lourd, d'apr. *atmosphère*). Espace dans lequel la force d'attraction d'un astre l'emporte sur celle de ses voisins.

GRAVISSIME adj. (lat. *gravissimus,* superl. de *gravis,* lourd). Qui est extrêmement grave : *La situation est gravissime.*

GRAVITATION n. f. (angl. *gravitation,* du lat. sc. *gravitatio, -onis*). Force attractive qui s'exerce entre tous les corps ayant une masse, et dont Newton a le premier formulé la loi : deux corps ponctuels de masses m et m', situés à une distance r l'un de l'autre, s'attirent avec une force dirigée selon la droite qui les joint, force dont l'intensité est proportionnelle aux masses et inversement proportionnelle au carré de la distance : $F = G \, . \, mm'/r^2$. ($G = 6{,}672 \, . \, 10^{-11} Nm^2kg^{-2}$ est la constante de gravitation.)
ENCYCL. La loi de gravitation a permis d'unifier les théories de la chute des corps, du mouvement des planètes et des astres, donnant ainsi à l'astronomie des fondements quantitatifs clairs. Dans la théorie de la relativité, le champ de gravitation est interprété comme une courbure de l'espace-temps produite par la présence de masse. La gravitation est le phénomène prépondérant qui commande l'évolution de la matière dans l'Univers. Ainsi, les nuages de gaz suffisamment massifs se contractent en formant des étoiles et des galaxies. La théorie de la relativité générale prévoit l'existence d'ondes gravitationnelles qui jusqu'à présent n'ont pas été observées, ainsi que la déviation des rayons lumineux passant au voisinage de masses, effet très faible mesuré dans le cas du Soleil.

GRAVITATIONNEL, ELLE adj. **1.** Qui concerne la gravitation. – **2.** *Écroulement* ou *effondrement gravitationnel,* événement cataclysmique de la vie d'une étoile, survenant lorsque la gravitation l'emporte sur les forces nucléaires au sein de cette étoile. ‖ *Lentille gravitationnelle,* astre de forte masse dont l'attraction gravitationnelle provoque une légère déflexion des rayons lumineux issus d'un astre plus lointain situé dans une direction voisine. ‖ *Mirage gravitationnel,* phénomène en vertu duquel on observe dans le ciel plusieurs images, angulairement très proches, d'un même astre dont les rayons lumineux ont été déviés par une lentille gravitationnelle.

1. GRAVITÉ n. f. (lat. *gravitas, -atis*). **1.** Qualité d'une personne grave, de son comportement, manière d'être de qqn qui considère les choses avec sérieux : *Expression pleine de gravité.* – **2.** Caractère de ce qui est important, de ce qui ne peut être considéré avec légèreté, de ce qui peut avoir des suites fâcheuses : *Il ne voit pas la gravité du problème.* – **3.** Caractère dangereux de qqch, en partic. d'une affection, d'une maladie qui menacent la vie ou laissent des séquelles permanentes : *Une blessure sans gravité.*

2. GRAVITÉ n. f. (de *gravité 1*). **1.** Accélération gravitationnelle newtonienne créée par la Terre ou, plus généralement, par un astre quelconque. – **2.** *Appareil à gravité,* appareil distributeur duquel le liquide s'écoule sous l'action de son propre poids. ‖ *Centre de gravité,* point d'application de la résultante des forces de pesanteur qui s'exercent sur l'ensemble des particules composant un corps ; en géométrie, syn. de CENTRE D'INERTIE. ‖ *Centre de gravité d'une action,* le point essentiel autour duquel s'organise l'ensemble de l'action. • **Géol.** *Tectonique de gravité,* tectonique dans laquelle la pesanteur intervient de façon prépondérante pour la mise en place de nappes de glissement.

GRAVITER v. i. (lat. sc. *gravitare*) [conj. 3]. **1.** Décrire une trajectoire autour d'un point central, en vertu de la gravitation. – **2.** Se mouvoir dans l'entourage de qqn qui dispose d'une autorité, dans la zone d'influence d'une grande puissance, en subissant leur attraction : *Graviter autour du pouvoir.*

GRAVITON n. m. (de *gravitation* et *électron*). Quanton du champ de gravitation.

GRAVLAX n. m. (mot suéd.). Saumon cru mariné avec de l'aneth, du sel et du poivre. (Spécialité scandinave.)

GRAVOIS n. m. pl. Syn. de GRAVATS.

GRAVURE n. f. (de *graver*). **1.** Art, manière ou action de graver. – **2.** Motif exécuté par incision sur un support quelconque. – **3.** Image, estampe obtenue par impression, après encrage, d'une matrice ou d'une planche gravée. (→ ESTAMPE.) – **4.** Nom parfois donné, également, à une lithographie. – **5.** Toute reproduction d'un dessin, d'un tableau : *Mettre des gravures au mur.* – **6.** Action de graver un disque ; l'enregistrement lui-même. – **7.** *Gravure de mode,* personne habillée de manière très recherchée, tirée à quatre épingles. • **Arm.** Ensemble des lettres ou signes gravés sur une arme pour en indiquer le modèle, la date de la fabrication, la manufacture d'origine, etc. – **Chauss.** Incision continue, pratiquée dans l'épaisseur de la première ou de la semelle pour y encastrer la couture. – **Électroacoust.** *Gravure directe,* gravure d'un disque effectuée directement lors de l'enregistrement, sans utiliser de support magnétique intermédiaire, en vue d'améliorer la qualité d'écoute. ‖ *Gravure universelle* ou *compatible,* gravure d'un disque effectuée de façon à en permettre l'audition sur des installations sonores monophoniques ou stéréophoniques. – **Grav.** *Gravure originale, gravure de reproduction,* estampe originale, estampe de reproduction obtenues à l'aide d'une planche gravée. – **Impr.** *Gravure sans poudrage,* procédé de gravure chimique des clichés typographiques en un seul bain. – **Métall.** Surface de travail d'une matrice de forgeage à chaud. ‖ Défaut d'une pièce métallique dû à l'incrustation d'une particule d'oxyde. – **Verr.** Décor du verre et du cristal obtenu en creusant légèrement, à la surface du matériau, les lignes du motif recherché. (Deux procédés de gravure sont surtout utilisés : à la roue d'acier, à l'acide fluorhydrique.)

GRAY n. m. (de Louis Harold *Gray,* n. pr.). Unité SI de dose absorbée lors d'une irradiation par des rayonnements ionisants. (Le gray est la dose absorbée dans un élément de matière de masse 1 kilogramme auquel les rayonnements ionisants communiquent de façon uniforme une énergie de 1 joule. 1 gray vaut 100 rads.) [Symb. Gy.]

GRAY (70100), ch.-l. de cant. de la Haute-Saône, sur la Saône ; 7 525 hab. *(Graylois).* Carrefour routier et marché agricole. Constructions mécaniques. Électronique. Textile. Hôtel de ville de 1568. Château surtout du XVIIIe s. (musée : dessins et pastels de Prud'hon).

GRAY (Stephen), physicien anglais (v. 1670 - Londres 1736). Il montra que les corps conducteurs peuvent être électrisés, pourvu qu'ils soient isolés (1727), et découvrit l'électrisation par influence et la conductibilité.

GRAY (Thomas), poète britannique (Londres 1716 - Cambridge 1771). Ami de Walpole, il a été l'auteur de vers élégants et mélancoliques (*Élégie écrite dans un cimetière de campagne,* 1751) qui annoncèrent le romantisme.

GRAY (Elisha), inventeur américain (Barnesville 1835 - Newtonville, Massachusetts, 1901). Il inventa le téléphone en même temps que Bell, mais c'est à ce dernier que la Cour suprême des États-Unis reconnut la priorité.

GRAY (Eileen), décoratrice et designer irlandaise (Enniscorthy 1879 - Paris 1976). Installée à Paris en 1902, elle a produit des meubles revêtus de laque, puis, dès 1925, des meubles fonctionnels en tubes d'acier, ou en acier et verre.

GRAZ, deuxième ville d'Autriche, capitale de la Styrie ; 243 000 hab. Dans un site montagneux, la ville est un carrefour sur les routes Vienne-Ljubljana-Trieste et Belgrade-Salzbourg-Munich. Centre industriel (métallurgie surtout).
– **Bx-arts.** La vieille ville est dominée par le *Schlossberg,* où ne subsiste, de l'ancienne forteresse, que le *Glockenturm,* du XVIe s. Cathédrale du XVe s. et autres églises. *Landhaus* (anc. siège de la diète de Styrie) du XVIe s., de style italien. *Mausoleum,* monument du XVIIe s. abritant la tombe de l'empereur Ferdinand II. Musées, dont ceux du *Joanneum* et du château d'Eggenberg.

GRAZIANI (Jean César), général français (Bastia 1859 - Paris 1932). Il commanda en 1917-18 les troupes françaises engagées sur le front italien.

GRAZIANI (Rodolfo), marquis **de Neghelli,** maréchal italien (Filettino, prov. de Frosinone,

1882 - Rome 1955). Vice-gouverneur de la Cyrénaïque (1930), commandant du front de Somalie pendant la campagne d'Éthiopie (1936), il fut vice-roi de ce pays (1936-37). Commandant en chef en Libye (1940), il fut battu par Wavell. Ministre de la Guerre dans la république de Mussolini, il fut condamné en 1945 et libéré en 1950.

Graziella, épisode des *Confidences,* de Lamartine (1849), publié isolément en 1852. L'auteur transforme ici en un drame d'amour le souvenir d'une petite liaison remontant à 1811.

GRAZIOSO ou **GRACIOSO** [gratzjozo ou grasjozo] adv. (ital. *grazioso*). Terme d'interprétation musicale indiquant un jeu léger et gracieux.

GRÉ n. m. (lat. *gratum,* chose agréable). *Au gré, selon le gré de qqn,* à la convenance, au caprice, à la fantaisie de qqn, selon ses désirs, ses sentiments : *Un jugement un peu trop dur à mon gré.* ‖ *Au gré de qqch,* selon son pouvoir capricieux ; suivant : *Ses opinions changent au gré des événements.* ‖ *Bon gré mal gré,* en s'y résignant, malgré soi. ‖ *Contre le gré de qqn,* contre sa volonté, sans son agrément. ‖ *De bon gré, de plein gré,* volontiers, en toute liberté. ‖ *De gré à gré,* à l'amiable, d'un commun accord. ‖ *De gré ou de force,* volontairement ou par contrainte. ‖ *Savoir gré, bon gré, un gré infini à qqn de qqch,* avoir de la reconnaissance pour lui. ‖ *Savoir peu de gré, mauvais gré à qqn de qqch,* se montrer plus ou moins satisfait ou mécontent des paroles, des procédés de qqn.

GREAT DIVIDING RANGE, ensemble de montagnes et de plateaux d'Australie, qui s'étendent parallèlement à la côte, dans le Queensland, la Nouvelle-Galles du Sud et l'État de Victoria, sur 3 700 km.

GREAT DYKE, chaîne de collines du centre du Zimbabwe. Mines de chrome, de platine et de nickel.

Great Eastern, paquebot à vapeur anglais, lancé en 1858 sur la Tamise. Long de 211 m, il déplaçait 28 500 t. Il fut pendant quarante ans le plus grand navire du monde. Inexploitable comme paquebot en raison de la puissance insuffisante de ses machines, il rendit de grands services comme poseur de câbles sous-marins.

GREATER WOLLONGONG → WOLLONGONG.

GREAT YARMOUTH ou **YARMOUTH,** port de Grande-Bretagne (Norfolk), sur la côte de la mer du Nord ; 53 000 hab. Pêche. Station balnéaire et touristique.

GRÉBAN (Arnoul), poète dramatique français (Le Mans v. 1420 - *id.* 1471). Il fit représenter avant 1452 un *Mystère de la Passion,* divisé en quatre journées et comptant 34 425 vers, chef-d'œuvre du théâtre du XVe s. — Son frère SIMON est l'auteur du mystère *les Actes des Apôtres.*

GRÈBE n. m. (mot savoyard). Oiseau (podicipédidé) à plumage terne, sauf au moment des parades nuptiales (aigrettes), aux doigts munis chacun d'une palmure lobée indépendante, aux pattes très postérieures rendant la marche difficile, mais qui nage avec aisance sur les étangs, se nourrissant de poissons et autres proies aquatiques. (En France, on rencontre le grèbe huppé, qui atteint 50 cm de long, le grèbe à cou noir et le grèbe castagneux, plus petits ; ces oiseaux nichent sur une plate-forme de roseaux.)

GRÉBICHE n. f. Pièce métallique destinée à renforcer le bord ou le coin d'une pièce de maroquinerie.

GRÉBIFOULQUE n. f. (de *grèbe* et *foulque*). Oiseau piscivore, à palmures digitales semblables à celles des grèbes et des foulques, mais qui se perche fréquemment et nidifie dans les buissons ou les arbres. (Trois espèces.) [Asie, Afrique et Amérique.]

GREC, GRECQUE adj. et n. (lat. *graecus*). **1.** De Grèce. — **2.** *Bonnet grec, calotte grecque,* sorte de bonnet à gland qui a la forme d'un fez. ‖ *Église grecque,* Église orthodoxe autocéphale de Grèce. (Désigne aussi, improprement, l'Église orthodoxe.) [→ *encycl.*] ‖ *Églises grecques catholiques, grecques unies,* syn. de ÉGLISES UNIATES. ‖ *Nez grec,* nez droit, formant une ligne continue avec celle du front, comme dans les statues grecques. ‖ *Patriarcats grecs melkites,* syn. de PATRIARCATS MELKITES. ‖ *Pied grec,* dans lequel le deuxième orteil est plus long que le gros orteil. ‖ *Profil grec,* visage qui a un nez grec.

◆ **grec** n. m. Langue indo-européenne parlée par les Grecs. (→ *encycl.*)

◆ **grecque** n. f. **1.** Ornement courant fait de lignes brisées formant une suite d'angles droits et revenant périodiquement sur elles-mêmes. — **2.** Entaille pratiquée, à l'aide d'une *scie à grecquer,* sur le dos des cahiers assemblés, avant couture. — **3.** *À la grecque,* se dit d'un apprêt de légumes, de champignons, etc., à base d'herbes aromatiques et d'huile d'olive.

ENCYCL. **Ling.** Le grec a été importé dans la péninsule balkanique par les Indo-Européens venus du nord au début du IIe millénaire. Les premiers documents écrits dans un syllabaire récemment déchiffré (le linéaire B des tablettes de Pylos, de Cnossos et de Mycènes) datent du XVe s. av. J.-C. et restituent la langue mycénienne, qui était sans doute celle des Achéens d'Homère. Un moment capital de l'histoire du grec a été l'emprunt aux peuples sémitiques d'un alphabet beaucoup plus précis et commode que le vieux syllabaire (début du Ier millénaire). Bien que

ALPHABET GREC

majuscule	minuscule	nom	valeur (grec ancien)	Transcription (grec moderne)
Α	α	alpha	a	a
Β	ϐ, β	bêta	b	v
Γ	γ	gamma	g	gh
Δ	δ	delta	d	dh
Ε	ε	epsilon	e *(bref)*	e
Ζ	ζ	dzéta	dz	z
Η	η	êta	ê *(long)*	i
Θ	θ	thêta	th (t *aspiré)*	th
Ι	ι	iota	i	i
Κ	κ	kappa	k	k
Λ	λ	lambda	l	l
Μ	μ	mu	m	m
Ν	ν	nu	n	n
Ξ	ξ	ksi *ou* xi	ks *ou* x	x
Ο	ο	omicron	o *(bref)*	o
Π	π	pi	p	p
Ρ	ρ	rhô	r	r
Σ	σ, ς	sigma	s	s *ou* ss
Τ	τ	tau	t	t
Υ	υ	upsilon	u	y
Φ	φ	phi	ph (p *aspiré)*	f
Χ	χ	khi	kh (k *aspiré)*	kh
Ψ	ψ	psi	ps	ps
Ω	ω	oméga	ô *(long)*	o *(long)*

perfectionné différemment par les Grecs de l'Ouest et ceux de l'Est, cet alphabet a été adopté par tous et s'est transmis jusqu'à nous par l'intermédiaire des Romains.

Le grec ancien existait sous la forme de nombreux dialectes répartis en 4 familles correspondant aux vagues successives des invasions indo-européennes dans le monde égéen : l'achéen (Mycènes et Cnossos, Arcadie, Chypre), l'éolien (Thessalie, Béotie, Asie Mineure), l'ionien (Attique, Eubée, Cyclades, Asie Mineure), enfin le dorien (Laconie, Crète, Rhodes, Thêra, Achaïe, Étolie, Épire, Sicile). Le dorien et l'ionien avaient une spécialisation littéraire, le premier servant exclusivement pour les chœurs de la tragédie, le second pour l'épopée. La prépondérance prise par Athènes explique que ce soit l'attique qui ait été introduit par Alexandre dans ses conquêtes orientales : langue officielle de l'Égypte à l'Indus, cette koinê se substituera progressivement à tous les autres dialectes grecs à partir du IVe s. av. J.-C. et les fera disparaître définitivement au début de notre ère, à l'exception du tsaconien. De cette koinê dérive à travers le grec chrétien et le grec byzantin la langue grecque moderne. Celle-ci existe sous deux formes concurrentes : le démotique, qui représente l'aboutissement naturel et vivace de l'ancienne koinê, est la langue parlée et celle de la littérature ; le katharevoussa, langue de l'État et de l'Église, est une langue archaïsante et puriste, qui prétend reconstituer l'ancienne koinê. Le grec se caractérise par une richesse lexicale exceptionnelle qui est due à son héritage historique et à de nombreux emprunts (en particulier au français à une époque récente), mais également à ses procédés très productifs de dérivation et de composition.

— **Littér.** On peut classer la *littérature grecque ancienne* en quatre grandes périodes.

• *Période ionio-dorienne* (IXe s.-début du IVe av. J.-C.). La littérature grecque, dont les origines sont obscures, est née en Ionie.

L'Iliade et *l'Odyssée* sont les premières œuvres parvenues jusqu'à nous. Elles marquent l'aboutissement de toute une poésie chantée par les aèdes et ont donné naissance à d'autres épopées, ayant trait à la légende de Troie et aux légendes thébaines. Vers 700, apparaissent la poésie didactique avec Hésiode et les différents genres de la poésie lyrique, tels le lyrisme choral (Alcman, Stésichore), l'élégie (Tyrtée, Théognis), l'iambe (Archiloque), l'épigramme (Simonide de Céos), tandis que l'école de Lesbos (Alcée, Sappho) chante la passion amoureuse. Avec l'éveil de la philosophie (Xénophane, Parménide, Empédocle), viennent à la fin du VIe s. les premières œuvres en prose (Anaximandre, Héraclite) et la littérature historique (Hécatée de Milet).

• *Période attique* (Ve-IVe s. av. J.-C.). Athènes devient la capitale artistique du monde hellénique. Cet âge d'or voit le triomphe du lyrisme, représenté par Pindare et Bacchylide. Il se manifeste aussi par l'essor du théâtre avec la tragédie (Eschyle, Sophocle et Euripide) et la comédie (Cratinos et surtout Aristophane). Le domaine de la prose s'élargit : l'histoire est représentée par Thucydide et Xénophon. L'éloquence judiciaire et politique révèle un peuple d'orateurs (Antiphon, Andocide, Lysias, puis Isocrate, Démosthène surtout, Eschine, Lycurgue), alors que la philosophie s'épanouit avec Platon et Aristote.

• *Période hellénistique* (fin du IVe s.-IIe s. av. J.-C.). À l'avènement d'Alexandre, Athènes voit disparaître sa primauté, bien que les écoles philosophiques soient florissantes, ainsi que la comédie (Ménandre).

Alexandre devient la capitale de l'hellénisme. La poésie dite « alexandrine » remet en honneur des anciens genres comme l'épopée (Apollonios de Rhodes), l'épigramme et l'hymne (Callimaque), tout en s'enrichissant de la création originale du mime (Hérondas) et de la découverte de la poésie bucolique (Théocrite). C'est aussi l'époque des grands travaux d'érudition et d'exégèse dans le domaine de la philologie et de la critique littéraire (Aristarque). La géographie mathématique (Ératosthène) et l'histoire (Polybe) témoignent également du goût pour l'activité intellectuelle.

• *Période romaine et byzantine* (Ier s. av. J.-C.-IVe s. apr. J.-C.). Avec l'établissement de l'Empire, Rome s'érige en capitale du monde civilisé, et le latin devient la langue littéraire par excellence. Cependant, c'est en grec que sont rédigés de nombreux ouvrages d'histoire (Denys d'Halicarnasse, Arrien, Appien, Dion Cassius), de philosophie morale (Plutarque, Épictète, Marc Aurèle), de géographie (Strabon, Pausanias). Si l'on excepte la satire morale représentée par Lucien, le déclin de la littérature grecque s'amorce dès le IIIe s. Le néoplatonisme apparaît avec Plotin et Porphyre. Les œuvres littéraires sont dues aux apologistes chrétiens du IVe s. (Eusèbe de Césarée, Grégoire de Nazianze, saint Basile, saint Jean Chrysostome). C'est à Byzance que se poursuivent les destins de l'hellénisme.

— **Relig.** *Église grecque.* La Grèce fut soumise au patriarcat de Constantinople jusqu'à ce que son autocéphalie soit proclamée en 1833 et reconnue en 1850 par Constantinople sous la forme d'une Église synodale présidée par l'archevêque d'Athènes.

GRÈCE, en gr. **Ellás** ou **Hellas,** État du sud-est de l'Europe ; 132 000 km^2 ; 10 500 000 hab. *(Grecs).* CAP. *Athènes.* LANGUE : *grec.* MONNAIE : *drachme.*

Géographie. C'est un pays au relief contrasté, opposant massifs parfois élevés (Pinde, Olympe, etc.) et bassins intérieurs ou plaines ouvertes sur une mer omniprésente, parsemée d'archipels. Le climat n'est véritablement méditerranéen (étés chauds et secs, hivers doux) qu'à basse altitude, sur le littoral et dans les îles, où il favorise les cultures. Le secteur est cependant en voie de modernisation : irrigation, mécanisation, emploi d'engrais et spécialisation des régions. On cultive les fruits (agrumes), les légumes, la vigne (souvent associée à l'olivier et au blé). L'élevage ovin survit dans l'intérieur accidenté, aux hivers souvent rudes. L'agriculture emploie environ un quart de la population active. La proportion est la même pour l'industrie, qui comprend essentiellement des activités extractives (lignite et bauxite, un peu de pétrole) et productions de biens de consommation, et qui est handicapée par l'émiettement des entreprises. Le taux de chômage est élevé. L'exode rural a été le principal moteur de l'urbanisation (60 % de la population totale), profitant surtout aux agglomérations de Thessalonique et d'Athènes qui regroupent près du tiers de la population grecque. Le lourd déficit commercial n'est pas compensé par les revenus du tourisme ou par ceux de la flotte marchande. Les exportations (fruits, vins, tabac, textiles) représentent, en valeur, environ 50 % des importations. La Grèce effectue la moitié de ses échanges avec ses partenaires de l'Union européenne.

DIVISIONS ADMINISTRATIVES DE LA GRÈCE

Régions	Superficie (en km²)	Population
Athènes	427	3 096 775
Grèce centrale et Eubée	24 400	1 235 558
Thessalie	14 000	731 230
Thrace	8 600	337 536
Macédoine	34 200	2 263 099
Épire	9 200	339 210
Péloponnèse	21 400	1 077 002
Crète	8 300	536 980
Îles Ioniennes	2 300	191 003
Îles Égéennes	9 100	455 763

Histoire.

• *La période achéenne et mycénienne.* Au VIIe millénaire, les premiers établissements humains apparaissent. Les Grecs (ou Hellènes), peuple indo-européen venu du nord par invasions successives, s'installent dans le pays au IIe millénaire. Vers 1600 av. J.-C., ils dominent les populations primitives de la Grèce (Crétois et Égéens) et s'imprègnent de leur civilisation : ainsi naît la civilisation mycénienne développée par ces premiers Grecs (appelés aussi *Achéens*) au contact de la civilisation minoenne crétoise (Crète), autour des villes qu'ils ont fondées (Mycènes, Argos, Tirynthe...). Groupés par familles, elles-mêmes groupées en tribus, ils établissent en Grèce une forme d'organisation sociale, le « clan » (ou *genos*).

• *Le « Moyen Âge » grec* (XIIe-VIIIe s. av. J.-C.). Au XIIe s., de nouveaux envahisseurs, les Doriens, détruisent les cités achéennes et chassent les anciens occupants de Grèce continentale ; ceux-ci fondent de nouvelles cités sur les côtes de l'Asie Mineure. L'invasion dorienne marque le début d'une période obscure, qui est surtout connue par les poèmes homériques, rédigés aux IXe-VIIIe s. Avec les Doriens apparaissent l'utilisation du fer et la pratique de l'incinération des morts. Le *genos* commence à se désagréger et la Grèce se morcelle en cités *(poleis)*. Cette période voit aussi l'élaboration d'une religion commune et la naissance de l'écriture.

• *La période archaïque* (VIIIe-Ve s. av. J.-C.). Les institutions de la cité sont précisées, et l'activité intellectuelle et artistique prend son essor. L'aristocratie se substitue à la royauté à la tête de la cité. À cette époque commence un vaste mouvement d'expansion et de colonisation. Des cités grecques sont fondées sur le pourtour de la Méditerranée et des mers voisines, du Pont-Euxin (mer Noire) à l'Espagne.

Ce mouvement entraîne l'essor économique de la Grèce et des transformations sociales qui menacent le régime oligarchique de l'aristocratie. Ces crises favorisent l'installation de monarques absolus, les tyrans, ou suscitent l'œuvre de législateurs comme Dracon, Solon (à Athènes). Dans certains cas, elles entraînent l'évolution de la cité vers la démocratie (Athènes, réformes de Clisthène, 508-507).

• *La période classique* (Ve-IVe s. av. J.-C.). La Grèce ne forme jamais un grand État unifié, mais est constituée de centaines de cités ; trois d'entre elles dominent la vie grecque : Athènes, Sparte et Thèbes. Ces cités rivales sont momentanément unies contre les Perses.

490-479 : Les guerres médiques opposent les Grecs et les Perses, qui doivent se retirer en Asie Mineure. Les Grecs sont victorieux à Marathon (490), Salamine (480), Platées (479).

476 : La ligue de Délos, dirigée par Athènes, est créée pour chasser les Perses de la mer Égée.

449-448 : La paix de Callias met fin aux hostilités avec les Perses.

La civilisation classique grecque s'épanouit dans l'Athènes de Périclès.

431-404 : La guerre du Péloponnèse oppose Sparte et Athènes, qui capitule en 404.

Sparte, victorieuse, substitue son hégémonie à celle d'Athènes.

371 : La bataille de Leuctres met fin à la prépondérance de Sparte, vaincue par les Thébains.

Thèbes établit à son tour son hégémonie sur la Grèce continentale.

362 : Victorieuse à Mantinée, Thèbes doit cependant renoncer à ses prétentions sur le Péloponnèse.

Toutes ces intrigues affaiblissent les cités qui, au IVe s., connaissent une crise grave, caractérisée par l'indifférence des citoyens devant la vie politique et la multiplication des conflits sociaux.

359-336 : Philippe II de Macédoine impose peu à peu sa suprématie à la Grèce, malgré l'intervention de Démosthène.

336-323 : Alexandre le Grand, fils de Philippe II, achève la conquête de la Grèce. Après avoir renversé l'Empire perse, il modifie, par ses conquêtes en Asie et en Afrique, les dimensions du monde grec : désormais la Grèce n'est plus qu'une petite partie d'un grand empire.

• *La Grèce hellénistique* (IV-Ier s. av. J.-C.)

323-301 : À la mort d'Alexandre (323), ses généraux se partagent son empire.

La Grèce n'arrive pas à s'affranchir de la domination étrangère et entre dans une longue période d'effacement politique, pendant laquelle elle sombre peu à peu dans l'anarchie. Mais sa civilisation reste brillante et se répand dans tout l'Orient, dont elle subit en retour l'influence enrichissante. Athènes demeure un grand centre intellectuel. Dès la fin du IIIe s., les Romains interviennent progressivement en Grèce et luttent contre les rois macédoniens.

• *La Grèce romaine* (146 av.-395 apr. J.-C.).

146 : Les cités grecques coalisées sont vaincues par Rome ; Corinthe est détruite. La Grèce devient une province romaine.

Après l'échec des entreprises de Mithridate (88-84 av. J.-C.), elle perd tout espoir de retrouver son indépendance.

Pendant les guerres civiles romaines, le pays sert de champ de bataille, avant de devenir, sous Auguste, la province d'Achaïe. Le christianisme y pénètre dès le Ier s., mais la civilisation grecque survit à la conquête romaine et Rome bénéficie de son influence.

330 : Constantinople est fondée et devient le nouveau centre culturel de l'Orient grec.

• *La Grèce byzantine.*

395 apr. J.-C. : À la mort de Théodose, la Grèce fait partie de l'Empire romain d'Orient.

V. 630 : Héraclius adopte le grec comme langue officielle de l'Empire byzantin.

1204 : La quatrième croisade aboutit à la création de l'Empire latin de Constantinople, du royaume de Thessalonique, de la principauté d'Achaïe (ou Morée) et de divers duchés.

Aux XIVe-XVe s., Vénitiens, Génois et Catalans se disputent la possession de la Grèce tandis que les Ottomans occupent la Thrace, la Thessalie et la Macédoine.

1456 : Les Turcs conquièrent Athènes et le Péloponnèse.

• *La Grèce moderne.* Les commerçants grecs forment une bourgeoisie influente au sein de l'Empire ottoman après la signature des capitulations. Le sentiment national se développe au XVIIIe s. en réaction contre la décadence turque et la volonté hégémonique de la Russie de prendre sous sa protection tous les orthodoxes.

1821-22 : L'insurrection éclate. Les Turcs réagissent par des massacres (dont celui de Chio).

1827 : La Grande-Bretagne, la France et la Russie interviennent et battent les Ottomans et la flotte d'Ibrāhīm Pacha à Navarin.

1830 : Le traité de Londres stipule la création d'un État grec indépendant sous la protection de la Grande-Bretagne, de la France et de la Russie.

1832-1862 : Le royaume de Grèce est confié à Otton Ier de Bavière.

1863 : Le roi Georges Ier est imposé par la Grande-Bretagne, qui cède à la Grèce les îles Ioniennes (1864).

La Grèce tente de récupérer les régions peuplées de Grecs mais est défaite par les Ottomans (1897) et se heurte aux aspirations des autres nations balkaniques.

1912-13 : À l'issue des guerres balkaniques, la Grèce obtient la plus grande partie de la Macédoine, le sud de l'Épire, la Crète et les îles de Samos, Chio, Mytilène et Lemnos.

1914-17 : Le gouvernement grec se partage entre germanophiles, groupés autour du roi, et partisans des Alliés, dirigés par Venizélos.

1917 : La Grèce entre en guerre aux côtés des Alliés.

1921-22 : La guerre gréco-turque se solde par l'écrasement des Grecs.

La Grèce qui avait obtenu la Thrace et la région de Smyrne aux traités de Neuilly et de Sèvres doit les céder à la Turquie.

1924 : La république est proclamée.

L'instabilité politique amène la restauration du roi Georges II (1935).

1940-1944 : La Grèce est envahie par l'Italie (1940), puis par l'Allemagne (1941). Un puissant mouvement de résistance se développe.

1946 : Georges II rentre en Grèce. Paul Ier lui succède (1947-1964).

1946-1949 : Le pays est en proie à la guerre civile, qui se termine par la défaite des insurgés communistes.
1952 : La Grèce est admise à l'O.T.A.N.
1964 : Avènement de Constantin II (1964-1973).
1965 : La crise de Chypre provoque la démission du Premier ministre Gheórghios Papandhréou.
1967 : Une junte d'officiers instaure « le régime des colonels ». Le roi s'exile.
1973 : La république est proclamée.
1974 : Fin du régime dictatorial des colonels. Constantin Caramanlis, fondateur de la Nouvelle Démocratie et Premier ministre, restaure les libertés. Il est ensuite président de la République (1980-1985).
1981 : La Grèce adhère à la C.E.E. La Nouvelle Démocratie perd les élections au profit du Mouvement panhellénique socialiste (PASOK) dont le leader, Andhréas Papandhréou, devient Premier ministre.
Une situation économique difficile et divers scandales financiers déstabilisent le gouvernement.
1990 : La Nouvelle Démocratie revient au pouvoir (Konstandínos Mitsotákis, Premier ministre ; C. Caramanlis président de la République).
1993 : Les socialistes remportent les élections et Andhréas Papandhréou redevient Premier ministre.
1995 : Kostís Stefanópoulos est élu à la présidence de la République.
1996 : A. Papandhréou démissionne. Le socialiste Kóstas Simitis lui succède à la tête du gouvernement (janv.) puis du PASOK (juin).

GRÈCE ANTIQUE *(religions de la)*. Selon la version dominante qu'a donnée la *théogonie* d'Hésiode (VIIIe s. av. J.-C.) sur l'origine des hommes et des dieux, ceux-ci sont nés, comme ceux-là, d'une seule mère, Gaïa, la Terre. Ainsi s'explique que, malgré leur différence radicale, il y ait entre les uns et les autres une certaine homogénéité.
• *La société des dieux.* Les dieux grecs ne sont ni des puissances transcendant le monde ni des créateurs maîtrisant souverainement les occupants du ciel, de la terre ou de la mer. Bien qu'immortels et habitants d'une demeure, l'Olympe, qui est soustraite aux changements saisonniers et domine l'Univers, ils frôlent parfois la mort et sont vulnérables dans leurs corps même. Quoique réputés bienheureux, ils sont constamment engagés dans les affaires des humains, ce qui les expose à la colère, à la pitié, au désir vis-à-vis de ces derniers. Formant entre eux une société, unis par de complexes relations de parenté, alliés par des mariages endogamiques, ils constituent, sur l'Olympe, un groupe fermé et distribué selon des générations différentes, que soulignent, par exemple, la barbe de Zeus, le maître du panthéon, et le visage imberbe du jeune Apollon.
• *Zeus et sa descendance.* Zeus, qui est le père des dieux et des hommes, s'impose à ses congénères comme étant plus fort que tous ces derniers réunis. Il a pris le pouvoir contre son père, Cronos, lequel avait acquis le sien en dépossédant son propre père, Ouranos, le Ciel. Mais Zeus a des frères et des sœurs. Avec celles-ci, il noue des alliances, épousant l'une d'elles, Héra, et donnant à une autre, Déméter, une fille, Perséphone. Avec ses frères, il établit, par le sort, un partage du monde : il obtient le ciel, d'où il domine ; Hadès reçoit les Enfers, le royaume des morts, et Poséidon l'univers des eaux, des rivières et des mers. La génération suivante est celle des enfants de Zeus et de Léto : Apollon, prophète inspiré et maître de la parole exacte ; Artémis, vierge et chasseresse ; Athéna, la préférée de Zeus, née de sa tête tout armée et vouée, elle aussi, à une totale chasteté (ce qui sera le lot d'une troisième déesse, Hestia, sœur de Déméter et d'Héra). D'Héra Zeus eut encore Héphaïstos — maître du feu et des volcans, époux d'Aphrodite, laquelle soumet tous les êtres à l'Amour — et Arès, dieu de la Violence et de la Guerre, qui lui aussi fait couple avec Aphrodite. Parmi les bâtards de Zeus, il faut mentionner Hermès, le dieu des Marchands, des Voleurs, messager et conducteur des âmes des morts, et Dionysos, dieu du Vin, de la Fécondité et du Théâtre. Le culte que les Grecs rendent à leurs dieux, et qui se déploie de manière spéciale dans des sanctuaires tels que Delphes, Olympie, Éleusis ou Épidaure, s'inscrit dans un système où le sacré est omniprésent, sans se distinguer vraiment de la sphère profane.
• *Des courants nouveaux.* À côté de ce culte civique, d'autres courants vont se développer qui, comme les mystères d'Éleusis, le dionysisme et l'orphisme, traduisent des aspirations religieuses différentes et recherchent en particulier un contact plus intime avec les dieux.

GRÈCE D'ASIE, ensemble des terres qui constituent la façade de l'Asie Mineure sur la mer Égée, et des îles qui leur font face. À partir du Xe s. av. J.-C., cette région a été presque totalement occupée par les Grecs.

GRECHETTO (Giovanni Benedetto CASTIGLIONE, dit **le**) → CASTIGLIONE.

GRÉCISER v. t. (conj. **3**). Donner la forme grecque à un mot d'une autre langue.

GRÉCITÉ n. f. Caractère de ce qui est grec.

GRECO (Dhomínikos THEOTOKÓPOULOS, dit **El,** en fr. **le**), peintre espagnol d'origine crétoise (Candie 1541 - Tolède 1614). Ses origines orientale et byzantine, sa formation vénitienne (sensible dans ses couleurs et ses jeux de lumière appris de Titien, et dans sa conception de l'espace héritée du Tintoret), l'influence de Michel-Ange, mais aussi des maniéristes, enfin son attachement à l'idéal de spiritualité de la Contre-Réforme déterminent les caractères dominants de son œuvre. Installé en Espagne (Madrid, puis Tolède en 1577), il montre, au-delà des leçons italiennes, une personnalité (*Espolio,* cathédrale de Tolède) qui s'affirme, par exemple, avec *l'Enterrement* du comte d'Orgaz* (1586) : torsion et allongement des corps, dessin nerveux, couleurs froides et heurtées, mélange de réalisme et de fantastique, d'une expression anxieuse de la vie terrestre et de l'élan mystique vers le surnaturel. Paysage angoissant et tragique (*Vue de Tolède,* Metropolitan Museum, New York) ou présence lointaine (*Laocoon,* Washington), Tolède, la capitale intellectuelle et religieuse, voisine dans l'œuvre du Greco avec les portraits, tendus vers l'essentiel, des grands de la société espagnole. Le mouvement qui emporte cette peinture (*le Christ au jardin des Oliviers,* version de l'église d'Andújar) atteint dans les dernières œuvres (*Vision de l'Apocalypse,* Metropolitan Museum) une force d'hallucination qui bouleverse les règles classiques et prend une dimension expressionniste.

GRÉCO (Juliette), chanteuse et actrice de cinéma française (Montpellier 1927). D'abord actrice, elle s'oriente vers la chanson, passant du style « rive gauche » à un répertoire plus large. Surnommée « la Muse de Saint-Germain-des-Prés », elle a aussi tourné dans quelques films. Parmi ses chansons, on peut citer : *Si tu t'imagines, les Blancs Manteaux, Jolie Môme, Déshabillez-moi.*

GRÉCO-BOUDDHIQUE adj. (pl. *gréco-bouddhiques*). Se dit de l'art d'inspiration bouddhique du Gāndhāra.

GRÉCO-LATIN, E adj. (pl. *gréco-latins, es*). Qui tient à la fois du grec et du latin : *La civilisation gréco-latine.*

GRÉCO-ROMAIN, E adj. (pl. *gréco-romains, es*). **1.** Qui se rapporte à la fois à la Grèce et à Rome : *La mythologie gréco-romaine.* — **2.** *Lutte gréco-romaine,* style de lutte n'autorisant que les saisies au-dessus de la ceinture, interdisant aussi l'action des jambes pour porter des prises. (Discipline olympique depuis 1896.)

gréco-turques *(guerres)* [1897 et 1921-22] → BALKANS (campagnes des).

GRECQUAGE n. m. Action de grecquer.

GRECQUE → GREC.

GRECQUER v. t. (de *grecque* n. f.) [conj. 4]. Pratiquer sur le dos des cahiers à relier, assemblés avant couture, des grecques, dans lesquelles seront logées les ficelles.

GREDIN, E n. (moyen néerl. *gredich,* avide). **1.** Personne dénuée de sens moral, vile, méprisable. — **2.** *Vx.* Bandit, malfaiteur.

GREDINERIE n. f. *Vx.* Caractère ou acte de gredin.

GREDOS *(sierra de),* massif d'Espagne, à l'O. de Madrid, qui sépare les vallées du Tage et du Duero ; 2 592 m.

GRÉEMENT [gremɑ̃] n. m. (de *gréer*). **1.** Action de gréer un navire. — **2.** Ensemble des mâts, des vergues, des voiles et des manœuvres nécessaires à la propulsion d'un navire à voiles. — **3.** Type des voiles d'un navire. — **4.** Sur un navire à moteur, ensemble du matériel nécessaire à la manœuvre et à la sécurité du navire. — **5.** *Gréement courant,* ensemble des manœuvres qui servent à mettre en place et à orienter la voilure (bras, drisses, cargues, etc.). ‖ *Gréement dormant,* ensemble des manœuvres qui maintiennent la mâture (haubans, étais, etc.).

GREEN [grin] n. m. (angl. *green,* pelouse). Espace gazonné aménagé autour de chaque trou du parcours d'un golf.

GREEN (George), mathématicien britannique (Sneinton, près de Nottingham, 1793 - *id.* 1841). Il introduisit la notion de potentiel sous forme d'une fonction (« fonction de Green ») fondamentale pour les équations aux dérivées partielles, et l'explicita dans le cas d'un potentiel électrique. Il étudia le mouvement des fluides.

GREEN (Julien), écrivain américain d'expression française (Paris 1900). Ses romans (*Mont-Cinère,* 1926 ; *Adrienne Mesurat,* 1927 ; *Un mauvais lieu,* 1977 ; *les Pays lointains,* 1987 ; *les Étoiles du Sud,* 1989 ; *Dixie,* 1995), son théâtre (*Sud,* 1953) et son *Journal* (à partir de 1938) expriment sa constante recherche de la pureté, à travers les deux fascinations de la grâce mystique et de la pesanteur charnelle. L'ensemble de son œuvre, où l'enfance tient une place privilégiée, reflète son amour de la langue (*le Langage et son double,* 1985). [Acad. fr., 1971.]

GREENAWAY (Peter), cinéaste britannique (Newport, pays de Galles, 1942). Son art foisonne de jeux intellectuels et plastiques raffinés, avec un goût marqué pour les références culturelles — voire l'ésotérisme — et pour la provocation (*Meurtre dans un jardin anglais,* 1982 ; *Z.O.O.,* 1985 ; *le Ventre de l'architecte,* 1987 ; *Drowing by Numbers,* 1988 ; *le Cuisinier, le voleur, sa femme et son amant,* 1989 ; *Prospero's Books,* 1991).

GREENBERG (Joseph Harold), linguiste américain (New York 1915). Ses recherches sur les universaux du langage et sur la typologie des langues sont liées par le recours qu'il fait, dans les deux cas, aux méthodes quantitatives. Dans *The Languages of Africa* (1955, éd. révisée en 1963), il renouvelle complètement le classement des langues africaines. On peut citer, parmi ses autres ouvrages, *Language in the Americas* (1987).

GREENE (Robert), écrivain anglais (Norwich v. 1558 - Londres 1592), l'un des initiateurs du théâtre élisabéthain (*Frère Bacon et frère Bongay,* v. 1591).

GREENE (Graham), romancier britannique (Berkhamsted 1904 - Vevey 1991). Son théâtre et ses romans révèlent une vision chrétienne de la destinée humaine, faite de foi et d'ironie (*le Rocher de Brighton,* 1938 ; *la Puissance et la gloire,* 1940 ; *le Troisième Homme,* 1949 ; *Notre agent à La Havane,* 1959 ; *Voyages avec ma tante,* 1969 ; *le Dixième Homme,* 1985).

GREENHEART [grinart] n. m. (angl. *green,* vert, et *heart,* cœur). Arbre (lauracée) des Guyanes au bois très dur et très lourd, employé dans les constructions navales et les travaux hydrauliques.

GREEN MOUNTAINS (« montagnes Vertes »), massif du Vermont (États-Unis). Tourisme.

GREENOCK, port de Grande-Bretagne, en Écosse, au N.-O. de Glasgow ; 70 000 hab.

Greenpeace, mouvement écologiste et pacifiste, né à Vancouver en 1971, qui mène des campagnes de protestation contre les essais nucléaires et leurs conséquences pour l'avenir des populations voisines des lieux d'essai. Greenpeace s'occupe également de lutter contre l'extermination systématique d'espèces animales. En 1985, un bateau lui appartenant *(Rainbow Warrior)* et devant participer à une campagne contre les essais nucléaires français à Mururoa fut coulé par les services spéciaux français, dans le port d'Auckland en Nouvelle-Zélande.

GREEN RIVER, riv. des États-Unis (Wyoming et Utah), affl. du Colorado (r. dr.) ; 1 175 km environ (bassin de 117 000 km²). Dans la vallée, gisements de schistes bitumineux.

GREENSBORO, v. des États-Unis (Caroline du Nord) ; 183 521 hab. Textile. Mécanique.

GREENWICH, borough du sud-ouest de Londres ; 212 000 hab. École pour les officiers de la marine (Royal Naval College). Musée national de la Marine dans Queen's House, œuvre d'Inigo Jones. Dans le *parc de Greenwich,* bâtiments (auj. musée) de l'ancien observatoire royal, dont la position a fixé le méridien origine international. L'observatoire, fondé en 1675, a été transféré à Herstmonceux, dans le Sussex, en 1958.

GREENWICH VILLAGE, quartier de New York, dans Manhattan, entre l'Hudson, à l'O., et Washington Square.

GREENWOOD (Arthur), homme politique britannique (Hunslet, Yorkshire, 1880 - Londres 1954). Représentant le parti travailliste au Parlement (1922-1931, 1932-1954), il fut ministre de la Santé publique de 1929 à 1931. Après avoir fait partie du cabinet de coalition de W. Churchill (1940-1945), il fut lord du Sceau privé (1945-1947) et contribua à l'élaboration du plan Beveridge.

GRÉER v. t. (anc. fr. *agreier,* de l'anc. scand. *greida,* équiper) [conj. **15**]. **1.** Garnir un navire de voiles, poulies, cordages, etc. ; disposer sa mâture d'une certaine façon. — **2.** Mettre en place un mât, une voile, une vergue, etc.

GRÉEUR n. m. Spécialiste de la pose des agrès d'un navire.

GREFFAGE n. m. **1.** Action, manière de greffer. — **2.** Multiplication artificielle des plantes par les greffes. — **3.** Fixation sur la chaîne principale d'un polymère de chaînes latérales appelées greffons. (Le greffage permet de conférer une ou plusieurs propriétés à un polymère, tout en lui conservant ses caractéristiques essentielles.)

1. GREFFE n. m. (de *greffier*). — **1.** Appellation courante de SECRÉTARIAT-GREFFE. — **2.** Ensemble des services administratifs d'une juridiction administrative. — **3.** *Droit de greffe,* émoluments perçus par le greffier du tribunal de commerce en rémunération des actes qu'il accomplit. ‖ *Greffe du tribunal de commerce,* ensemble des services administratifs du siège et du parquet du tribunal de commerce ; charge du greffier du tribunal de commerce.

2. GREFFE n. f. (lat. *graphium,* poinçon, du gr. *grapheion*). **1.** Procédé de multiplication végétative réalisé par l'union d'une partie d'une plante (greffon) et d'une partie d'une autre (porte-greffe ou sujet) en vue d'obtenir un seul individu. (La greffe est surtout utilisée pour reproduire les arbres fruitiers et certaines plantes ornementales [rosiers].) — **2.** Syn. de GREFFON. — **3.** Opération qui consiste à transférer sur un individu des parties de tissu ou d'organe prélevées sur lui-même ou sur un autre. (Pour un organe entier [rein, cœur...] dont il faut assurer la continuité vasculaire, on parle de transplantation.) [→ *encycl.*] — **4.** *Litt.* Ce qui s'ajoute, qui est ajouté pour enrichir, modifier, etc. — **5.** *Greffe de moelle,* injection intraveineuse de moelle osseuse hématopoïétique, utilisée pour le traitement des anémies aplastiques et des irradiations. (Elle ne peut être considérée comme une greffe que si elle colonise les lacunes osseuses hématopoïétiques.)

ENCYCL. **Chir.** Ce n'est que depuis l'ère de l'asepsie que les greffes ont pris une importance considérable en chirurgie. On nomme *autogreffes* les greffes prélevées sur l'individu lui-même, *homogreffes* (ou *greffes allogéniques*) celles qui sont prises sur un autre homme, et *hétérogreffes* celles qui proviennent d'un animal. Seules les autogreffes peuvent survivre sans préparation spéciale du sujet ; les homogreffes posent des problèmes difficiles du fait de l'existence de réactions immunologiques entre receveur et greffon : c'est le phénomène du *rejet** (seuls les jumeaux homozygotes ne présentent pas de rejet entre eux) ; les hétérogreffes ne servent que de matériel de prothèse provisoire, qui doit être entièrement réhabilité par les cellules du receveur.

GREFFÉ, E n. Personne qui a subi une greffe d'organe : *Les greffés du cœur.*

GREFFER v. t. (de *greffe 2*) [conj. 4]. **1.** Soumettre un végétal à une greffe : *Greffer un arbre.* – **2.** Transporter un greffon sur une plante par l'opération de la greffe : *Greffer sur sauvageon.* – **3.** Faire une greffe d'un tissu, d'un organe sur un individu différent ou sur le donneur lui-même : *Greffer un rein, une cornée.* – **4.** Insérer qqch sur ou à qqch, l'y ajouter, l'y introduire : *Greffer un nouveau chapitre à un roman.*

◆ **être greffé** v. pass. **1.** Avoir subi une greffe : *Rosier greffé.* – **2.** En parlant d'un copolymère, avoir subi le greffage.

◆ **se greffer** v. pr., **être greffé** v. pass. Être ajouté à qqch ; en être le développement : *Des menaces politiques se sont greffées sur le conflit.*

GREFFÉ-SOUDÉ n. m. (pl. *greffés-soudés*). Ensemble du greffon et du porte-greffe constituant un plant de vigne, et pouvant être planté tel quel.

GREFFEUR, EUSE n. Personne qui greffe les plantes.

GREFFIER, ÈRE n. (lat. médiév. *graphiarius,* du lat. class. *graphium,* stylet). **1.** Fonctionnaire qui assiste le greffier en chef. – **2.** *Pop.* Chat, chatte. – **3.** *Greffier en chef,* fonctionnaire qui dirige, sous l'autorité de la juridiction à laquelle il est rattaché, le secrétariat-greffe, et assiste les magistrats à l'audience. (Il est chargé notamment d'authentifier les actes judiciaires.) ‖ *Greffier du tribunal de commerce,* officier ministériel, titulaire d'une charge, qui dirige, sous l'autorité du président du tribunal et sous la surveillance du ministère public, l'ensemble des services du greffe, et assiste les magistrats à l'audience.

GREFFOIR n. m. Outil à lame très tranchante servant à greffer. (Syn. ENTOIR.)

GREFFON n. m. (de *greffe 1*). **1.** Œil, branche ou bourgeon implanté sur une autre plante (porte-greffe ou sujet) en vue de réaliser une greffe. – **2.** Partie de l'organisme prélevée afin d'être greffée. (Syn. GREFFE.) – **3.** Chaîne latérale fixée sur la chaîne principale d'un copolymère. – **4.** *Réaction de greffon contre hôte* ou *GVH* (de l'angl. *graft versus host reaction*), réaction observée après une greffe allogénique chez un receveur incapable de rejeter la greffe.

GRÉGAIRE adj. (lat. *gregarius,* de *grex, -egis,* troupeau). **1.** Se dit d'une espèce animale qui vit en groupe ou en communauté, mais sans structure sociale. – **2.** *Instinct, esprit grégaire,* tendance qui pousserait les individus à vivre en groupe, ou à adopter un même comportement. (Syn. GRÉGARISME.)

GRÉGARIGÈNE adj. Se dit d'une région où les acridiens migrateurs prennent leurs habitudes grégaires et migratrices.

GRÉGARINE n. f. (lat. *gregarius*). Très grand protozoaire (150 μm à près de 10 mm), ayant l'aspect d'une cellule ovoïde, dont le cytoplasme différencié est couvert par une cuticule épaisse et le plus souvent plissée longitudinalement. (Les *grégarines* vivent en parasites intestinaux de divers invertébrés ; elles forment un ordre de sporozoaires.)

GRÉGARISME n. m. **1.** Caractère des espèces animales chez lesquelles la vie en groupe persiste en dehors de la période de reproduction. – **2.** Syn. de INSTINCT GRÉGAIRE.

GRÈGE adj. et n. f. (ital. *greggio,* qui est à l'état naturel). Se dit de la soie telle qu'on l'a tirée du cocon, et aussi des fils que l'on fait avec cette soie.

◆ adj. inv. et n. m. Qui tient du gris et du beige.

GRÉGEOIS adj. m. (anc. fr. *grezois,* du lat. pop. **graeciscus,* du lat. class. *graecus,* grec). *Feu grégeois,* composition incendiaire à base de salpêtre et de bitume, utilisée dans l'Antiquité et au Moyen Âge. (Pouvant brûler sur l'eau, il servait dans les combats navals.)

GRÉGOIRE de Nazianze *(saint),* surnommé **le Théologien,** Père et docteur de l'Église grecque (Arianze, près de Nazianze, en Cappadoce, v. 330 - *id.* v. 390). Évêque de Constantinople (379-381), il fut l'ami de saint Basile* et de saint Grégoire* de Nysse. Il prit avec eux une part active au triomphe de la doctrine du concile de Nicée contre l'arianisme*. On a de lui de nombreux discours et des lettres.

GRÉGOIRE de Nysse *(saint),* Père et docteur de l'Église grecque (Césarée de Cappadoce v. 335 - Nysse v. 394). Frère de saint Basile, il devint évêque de Nysse (371) et joua un rôle capital au concile de Constantinople (381). Il a laissé de nombreux écrits contre l'arianisme*.

GRÉGOIRE de Tours *(saint),* prélat et historien français (Clermont-Ferrand v. 538 - Tours v. 594). Évêque de Tours (573), il propagea l'Évangile et développa la liturgie dans son diocèse. Conseiller de Childebert II, il s'efforça de maintenir la paix entre ce dernier et Gontran, roi de Bourgogne. Il a laissé deux ouvrages (*Sept Livres des miracles, Histoire des Francs**) qui sont des sources essentielles pour l'histoire de l'Église et celle de la Gaule.

GRÉGOIRE Ier le Grand *(saint)* [Rome v. 540 - *id.* 604], pape de 590 à 604, docteur de l'Église. Issu d'une vieille famille patricienne, il devint préfet de Rome (572). Ayant pris l'habit monastique (574), il fut nonce à Constantinople (579-585) avant d'être élu pape par acclamation (590). Son pontificat fut marqué par l'affirmation de la primauté de Rome, par une profonde réorganisation disciplinaire et liturgique de l'Église, par une politique visant à pacifier la Lombardie, à convertir les ariens et à évangéliser les Britanniques. Grégoire Ier a laissé une œuvre essentiellement pastorale.

GRÉGOIRE II *(saint)* [Rome 669 - *id.* 731], pape de 715 à 731. Il envoya saint Boniface comme missionnaire en Germanie et combattit les iconoclastes (727-730). Il a laissé quinze *Lettres* d'une grande importance historique.

GRÉGOIRE III *(saint)* [en Syrie ? - Rome 741], pape de 731 à 741, d'origine syrienne. Il condamna les iconoclastes au concile de 731, organisa l'Église en Bavière et en Alamannie.

GRÉGOIRE IV († Rome 844), pape de 827 à 844, Romain de naissance. Il introduisit la fête de la Toussaint dans le calendrier romain.

GRÉGOIRE V (Brunon DE CARINTHIE) [973-Rome 999], pape de 996 à 999. Premier pape allemand, il favorisa la réforme clunisienne et présida un important synode à Pavie (997).

GRÉGOIRE VI (Jean GRATIEN ou Giovanni GRAZIANO) [† Rhénanie 1048], pape de 1045 à 1046. Sa légitimité a été contestée.

GRÉGOIRE VII *(saint)* [HILDEBRAND] (Soana, Toscane, entre 1015 et 1020 - Salerne 1085), pape de 1073 à 1085. Moine bénédictin, conseiller de plusieurs papes, légat en Allemagne, il fut élu pape, par la volonté du peuple romain (avr. 1073). Il prit résolument en main la réforme de l'Église, condamnant la simonie, le trafic des bénéfices, le concubinage des clercs. Devant les exigences et les prétentions de l'empereur Henri IV, il affirma, dans son *Dictatus papae,* l'indépendance de l'Église par rapport au pouvoir laïc. Un long conflit — marqué un moment par la soumission d'Henri IV à Canossa (1077) — opposa alors les deux puissances : on l'appelle généralement la querelle des Investitures (1075-1122). Déposé en 1080, Henri IV répliqua en opposant à Grégoire VII un antipape, Clément III, qu'il vint installer à Rome (1084) : le pape légitime dut se retirer à Salerne, où il mourut. Canonisé en 1606.

GRÉGOIRE VIII (Alberto DI MORRA ou MORA) [Bénévent ? - Pise 1187], pape du 21 oct. au 17 déc. 1187.

GRÉGOIRE IX (Ugolino, de la famille des comtes DE SEGNI) [Anagni v. 1170 - Rome 1241], pape de 1227 à 1241. Tout son pontificat fut marqué par la lutte contre l'empereur Frédéric II, jalonnée par des réconciliations et des excommunications réciproques. La collection de *Décrétales* de Grégoire IX (1234) forme une des parties essentielles du droit canonique.

GRÉGOIRE X (le *bienheureux*) [Tebaldo ou Tedaldo VISCONTI] (Plaisance 1210 - Arezzo 1276), pape de 1271 à 1276. Il ne fut ordonné prêtre et sacré qu'en 1272. Le principal événement de son pontificat fut le IIe concile de Lyon (1274).

GRÉGOIRE XI (Pierre ROGER DE BEAUFORT) [Rosiers-d'Égletons, Corrèze, 1329 - Rome 1378], pape de 1370 à 1378. Poussé par sainte Catherine de Sienne et les Romains, il quitta Avignon (1376) et rétablit le siège de la papauté à Rome (1377).

GRÉGOIRE XII (Angelo CORRER) [Venise v. 1325 - Recanati 1417], pape de 1406 à 1415. Face à l'antipape Benoît XIII, il fut, comme lui, invité à abdiquer par le concile de Pise (1409), soucieux de mettre fin au grand schisme ; mais Grégoire XII n'abdiqua qu'en 1415.

GRÉGOIRE XIII (Ugo BONCOMPAGNI) [Bologne 1502 - Rome 1585], pape de 1572 à 1585. Il travailla à la mise en application des décrets du concile de Trente et favorisa les études et les séminaires (le Collège romain prendra de lui le nom d'« université Grégorienne »). Son nom est resté attaché à la réforme du calendrier (1582).

GRÉGOIRE XIV (Niccolo SFONDRATI) [Somma, Milanais, 1535 - Rome 1591], pape en 1590-91.

GRÉGOIRE XV (Alessandro LUDOVISI) [Bologne 1554 - Rome 1623], pape de 1621 à 1623. Il fonda la congrégation de la Propagande (1622).

GRÉGOIRE XVI (Bartolomeo Alberto, puis FRA MAURO CAPPELLARI) [Belluno 1765-Rome 1846], pape de 1831 à 1846. Religieux camaldule, orientaliste et théologien distingué, d'esprit très antirévolutionnaire en politique et, sur le plan religieux, défiant à l'égard des nouveautés, il combattit l'esprit libéral dans ses États. Par l'encyclique *Mirari vos* (1832), il condamna *l'Avenir* et La Mennais. Ancien secrétaire de la Propagande, il ranima l'œuvre des missions étrangères.

GRÉGOIRE, nom de plusieurs patriarches d'Arménie. Les plus connus sont : **Grégoire Ier** *l'Illuminateur (saint)* [v. 240-v. 326], qui joua un grand rôle dans la conversion massive de ses compatriotes. — **Grégoire II** *(saint)* [v. 1040-1105], patriarche d'Arménie (1065-1105), qui travailla à une nouvelle édition du *Martyrologe arménien,* d'où son surnom de *Vkayaser,* « Ami des martyrs ».

GRÉGOIRE (Henri, dit **l'abbé**), homme politique français (Vého, près de Lunéville, 1750 - Paris 1831). Prêtre, député du clergé aux États généraux de 1789, il prêta serment à la Constitution civile du clergé (1790) et fut à l'origine de l'émancipation des Juifs français. Évêque constitutionnel de Loir-et-Cher (1791), député à la Convention, il fit voter l'abolition de l'esclavage et contribua à la fondation de l'Institut, dont il allait être membre, ainsi que du Conservatoire des arts et métiers. Gallican convaincu, Grégoire s'efforça, après 1795, de redonner vie, dans un sens collégial, à l'Église constitutionnelle ; il réunit deux conciles nationaux (1797 et 1801), mais la politique romaine de Bonaparte ne lui permit pas de réussir. Membre des Cinq-Cents (1795-1798), du Corps législatif (1800), puis du Sénat (1802), il s'opposa au despotisme napoléonien et démissionna de son évêché après le Concordat. Il fut élu député de l'Isère en 1819, mais les ultraroyalistes l'empêchèrent de siéger. Son enterrement fut le prétexte d'une grande manifestation libérale. Ses cendres ont été transférées au Panthéon en 1989.

GRÉGOIRE (Jean Albert), ingénieur français (Paris 1889 - *id.* 1992). Il a réalisé le joint homocinétique Tracta (1926), qui permet à un véhicule à traction avant de virer en toute sécurité. On lui doit surtout, en 1947, la suspension à flexibilité automatiquement variable selon la charge, et, en 1959, la « suspension aérostable ».

GRÉGOIRE PALAMAS → PALAMAS (Grégoire).

GRÉGORIEN, ENNE adj. (bas lat. *gregorianus,* de *Gregorius,* Grégoire). **1.** Relatif à l'un des papes du nom de *Grégoire.* — **2.** Relatif au pape Grégoire XIII, au calendrier qu'il a réformé. — **3.** *Chant grégorien,* chant rituel de l'Église latine, qui a été à la base du chant ecclésiastique catholique. (→ *encycl.*) ‖ *Réforme grégorienne,* restauration de l'esprit religieux et de la discipline dans l'Église latine, à laquelle le pape Grégoire VII a donné l'impulsion décisive. ‖ *Rite grégorien,* rite attribué au pape saint Grégoire le Grand, pour la célébration de l'office et l'administration des sacrements. ‖ *Trentain grégorien,* série de trente messes pour un défunt.

ENCYCL. **Liturg.** et **Mus.** La refonte, entre 680 et 730, d'un répertoire dit « vieux romain » (utilisé par Grégoire Ier) aboutit à une nouvelle formule dite désormais *chant grégorien* dont la notation date du IXe s. Cette dernière donne des indications à la fois mélodiques et rythmiques. Car le chant grégorien, entièrement suggéré par la signification des mots, ne peut se dissocier de la prosodie d'un texte. Purement mélodique, il avance par degrés conjoints et trouve son rythme dans les accents toniques des mots. Ainsi il ne peut être chanté qu'à une voix ou à plusieurs voix à l'unisson. La production d'œuvres liturgiques dans le grégorien authentique a cessé vers la fin du XIe s. Le chant grégorien subit plus tard de graves atteintes. Les premières tentatives de sa réhabilitation datent du milieu du XIXe s. à l'abbaye de Solesmes. Mais le concile Vatican II (1965) a amené le chant grégorien à sa quasi-disparition en tant que chant d'Église.

Grégorienne, dénomination courante de la *Pontificia Università Gregoriana,* à Rome, fondée en 1551 par saint Ignace de Loyola et confiée aux jésuites. À l'université Grégorienne sont associés : l'*Institut biblique pontifical,* fondé par Pie X en 1909, et l'*Institut des études orientales,* érigé par Benoît XV en 1917.

GREGORY (James), mathématicien et opticien écossais (Drumoak, près d'Aberdeen, 1638 - Édimbourg 1675). Il conçut un télescope à miroir secondaire concave et participa à l'élaboration des méthodes infinitésimales de calcul des aires et des volumes. Il fut l'un des précurseurs de Newton dans l'étude des développements en série.

Gregory *(antigène),* antigène érythrocytaire public. (Abrév. Gy^a.)

GRÈGUES n. f. (provenç. *grega,* grecque). Haut-de-chausses peu bouffant, en usage en France de Charles IX à Louis XIII.

GREIFSWALD, port d'Allemagne, sur la Baltique, au S.-E. de Stralsund ; 62 000 hab. Université fondée en 1456. Cathédrale et église Notre-Dame, gothiques. Mécanique. Confection. Meubles.

GREISEN n. m. (all. *greis,* sénile). Roche constituée de quartz et de mica blanc, résultant de l'altération du granite par des fluides hydrothermaux et souvent minéralisés (cassitérite, wolframite).

GREKOV (Boris Dmitrievitch), historien soviétique (Mirgorod, gouvern. de Poltava, 1882 - Moscou 1953). Spécialiste de la Russie kiévienne et de l'établissement du servage en Russie, il entra à l'Académie des sciences de l'U. R. S. S. en 1935.

1. GRÊLE adj. (lat. *gracilis*). **1.** Qui est d'une longueur, d'une minceur ou d'une finesse un peu excessive : *La silhouette grêle d'un arbuste.* — **2.** Se dit d'un son aigu et faible : *La voix grêle d'un enfant.* — **3.** *Intestin grêle* ou *grêle* (n. m.), segment du tube digestif, allant du pylore au gros intestin.

2. GRÊLE n. f. (de *grêler*). **1.** Précipitation sous forme de grains de glace ou grêlons d'un diamètre moyen de 0,5 à 2 cm, accompagnant souvent les orages. — **2.** Grande quantité de choses qui tombent dru : *Une grêle de balles.*

GRELEAU n. m. Petit baliveau.

GRÊLER v. i. (frq. **grisilôn*) [conj. **4** ; seulem. 3e pers.]. **1.** *Il grêle,* la grêle tombe. — **2.** Tomber comme la grêle : *Les pierres grêlent sur les policiers.* ◆ v. t. Dévaster une végétation, un champ, les endommager, les mettre à mal par la grêle : *Les orages ont grêlé nos vignes.*
◆ **être grêlé** v. pass. *Litt.* Être criblé de petites cicatrices, de marques de petite vérole, en parlant d'un visage, du corps : *Un homme à la figure grêlée.*

GRÊLEUX, EUSE adj. Se dit d'un temps où la grêle est à redouter.

GRÊLIFUGE adj. Destiné à lutter contre la grêle. (Syn. PARAGRÊLE.)

GRELIN n. m. (néerl. *greling*). Ensemble de plusieurs cordages câblés ensemble en sens inverse des cordages correspondants, et qui sert à l'amarrage et au remorquage des navires.

GRÊLON n. m. Grain de grêle.

GRELOT n. m. (haut all. *grillen,* crier). **1.** Petite sphère de métal creuse, percée de trous, renfermant une masse de métal qui la fait résonner dès qu'on l'agite. — **2.** *Litt.* Cet objet considéré comme attribut des bouffons et symbole de la folie. — **3.** Fam. *Attacher le grelot,* prendre l'initiative d'une entreprise. ‖ Pop. *Avoir les grelots,* grelotter ; avoir peur.

GRELOTTANT, E adj. Qui grelotte, qui tremble : *Sortir de l'eau tout grelottant.*

GRELOTTEMENT n. m. **1.** Fait de grelotter, d'être secoué de légers tremblements. — **2.** *Litt.* Bruit de ce qui résonne comme des grelots.

GRELOTTER v. i. (de *trembler le grelot,* trembler de froid) [conj. 3]. **1.** Être agité de tremblements sous l'effet d'une très vive sensation de froid : *Elle grelottait de fièvre sous ses couvertures.* — **2.** Trembler sous l'effet d'une vive émotion : *Grelotter de peur.* — **3.** *Litt.* Faire entendre un bruit de grelots : *Une sonnerie grelottait dans les couloirs du collège.*

GRELUCHE n. f. *Fam.* et *péjor.* Femme.

GRELUCHON n. m. (anc. fr. *grelu,* gueux, de *grêle 1*). *Fam.* et *vx.* Amant de cœur d'une femme entretenue par un autre homme.

GRÉMILLE n. f. (mot dialect., du lat. pop. **grumellus,* grumeau). Poisson (percidé) des eaux douces, calmes et claires, caractérisé par ses deux dorsales confluentes. (Syn. PERCHE GOUJONNIÈRE.)

GRÉMILLON (Jean), metteur en scène français (Bayeux 1901 - Paris 1959). Il tourna d'abord des documentaires, puis des films de long métrage qui affirment une personnalité sensible : *Gueule d'amour* (1937), *Remorques* (1941), *Lumière d'été* (1943), *Le ciel est à vous* (1944), *le 6 Juin à l'aube,* l'un des meilleurs documentaires d'après-guerre (1946), *Pattes blanches* (1949), *l'Amour d'une femme* (1954).

GRENACHE n. m. (ital. *vernaccia,* de *Vernazza,* n. pr.). **1.** Cépage répandu dans le midi de la France. — **2.** Vin doux naturel fait avec ce raisin. (Syn. ALICANTE DE PAYS.)

GRENADAGE n. m. Action de grenader, de lancer des grenades.

1. GRENADE n. f. (anc. fr. *pome grenate,* à grains, du lat. *granatus,* grenu). **1.** Fruit comestible du grenadier, rond, à enveloppe coriace contenant de très nombreuses graines exalbuminées à tégument charnu, de couleur rose. (Certains cultivars donnent des fruits sucrés consommés frais, d'autres des fruits acides.) — **2.** Syn. de GRENADINE.

2. GRENADE n. f. (de *grenade 1,* par analogie de forme). **1.** Projectile léger qui peut être lancé à courte distance soit à la main, soit à l'aide d'un fusil. (→ *encycl.*) — **2.** Ornement représentant une grenade allumée, et placé sur les écussons de nombreux uniformes militaires. — **3.** *Grenade d'exercice,* grenade inerte utilisée à l'instruction. ‖ *Grenade sous-marine,* engin explosif conçu pour l'attaque des sous-marins en plongée.

ENCYCL. **Mil.** La grenade se compose d'une enveloppe de métal (préfragmentée dans la grenade défensive), remplie d'un mélange explosif (grenade offensive), incendiaire (thermite), fumigène (phosphore), lacrymogène, coloré ou éclairant. Pour être lancée plus loin, la grenade reçoit un manche. La grenade à fusil a la forme d'un projectile de mortier, avec corps et empennage.

GRENADE, en angl. **Grenada,** État insulaire des Petites Antilles ; 344 km^2 ; 92 000 hab. *(Grenadiens).* Il comprend l'*île de la Grenade* (311 km^2) et une partie des Grenadines. CAP. *Saint George's.* LANGUE : *anglais.* MONNAIE : *dollar des Caraïbes orientales.*

Géographie. L'île de la Grenade, volcanique, est surpeuplée et connaît une forte émigration. Les principales ressources du pays sont la production de cacao, de bananes et de noix de muscade ainsi que le tourisme.

Histoire. Découverte en 1498 par Christophe Colomb, l'île fut sous contrôle français à partir de 1650. Concédée aux Anglais lors du traité de Paris (1763), réoccupée par les Français en 1779, elle redevint colonie anglaise en 1783 (traité de Versailles).
Indépendante depuis 1974 dans le cadre du Commonwealth (et toujours dotée d'un gouverneur représentant la reine d'Angleterre), Gre-

nade connaît à partir de 1979 un régime marxiste. Lorsque celui-ci est renversé par des militaires radicaux, les États-Unis interviennent militairement pour mettre fin au processus révolutionnaire (oct. 83). L'île vit aujourd'hui dans la dépendance financière des États-Unis.

GRENADE (31130) ou, parfois, **GRENADE-SUR-GARONNE,** ch.-l. de cant. de la Haute-Garonne ; 5 042 hab. Bastide fondée en 1290. Église du XIVe s. (tableaux d'A. Rivalz et J.-B. Despax).

GRENADE, en esp. **Granada,** v. d'Espagne, en Andalousie, ch.-l. de prov., au pied de la sierra Nevada ; 255 212 hab. Archevêché. Université. Centre touristique (quartiers anciens) au centre d'une plaine *(vega)* irriguée.
— **Hist.** Située à proximité de la cité ibérique puis romaine d'Élvira (ou Illiberis) dont les habitants émigrèrent sur son sol en 1010, Grenade fut alors occupée par les Zīrides qui en firent la capitale d'un royaume. Passée sous la domination des Almoravides (1090) puis des Almohades (1156), elle fut prise par les Naṣrides (1238), sous le règne desquels elle devint une ville prospère (grâce notamment à l'industrie de la soie) et un grand foyer culturel et artistique. Capitale du royaume de Grenade, dernier bastion musulman d'Espagne (seconde moitié du XIIIe s.), elle fut prise par les Rois Catholiques en 1492 à l'issue de la Reconquista. En 1568 elle fut le théâtre de la révolte des morisques, qui en furent expulsés en 1609.
— **Bx-arts.** Ensemble prestigieux de l'Alhambra* : enceinte fortifiée, Alcazaba et palais mauresques (XIIIe-XIVe s.) ; palais de Charles Quint, par P. Machuca ; tout à côté, le Generalife, résidence d'été des Naṣrides (début du XVe s.), aux beaux jardins. Vestiges islamiques divers. Chapelle royale (1505) par E. Egas. Couvent des hiéronymites et cathédrale, riche en œuvres d'art, en partie par D. de Siloé. Chartreuse aux somptueux décors baroques (chapelle et sacristie, XVIIIe s.). Musées.

GRENADE (Nouvelle-), anc. nom de la Colombie.

GRENADER v. t. (conj. 3). Attaquer à la grenade.

GRENADE-SUR-L'ADOUR (40270), ch.-l. de cant. des Landes, en bordure du Marsan ; 2 200 hab. Bastide du XIIIe s.

GRENADEUR n. m. Appareil servant à lancer par l'arrière d'un navire des grenades sous-marines.

1. GRENADIER n. m. Petit arbre (punicacée) de 3 à 4 m de haut, dont le fruit est la grenade.

2. GRENADIER n. m. **1.** Soldat chargé de lancer des grenades. — **2.** Soldat appartenant à certaines unités d'élite (grenadiers de France [1749-1771], grenadiers royaux [1745-1789], grenadiers à pied ou à cheval de la Garde consulaire et des gardes impériales du premier et du second Empire). — **3.** *Fam.* Personne, en partic. femme, de haute taille, aux manières hardies et très viriles.

GRENADIÈRE n. f. **1.** Giberne à grenades. — **2.** Bague métallique qui réunit le canon au fût sur les armes portatives.

GRENADIER-VOLTIGEUR n. m. (pl. *grenadiers-voltigeurs*). Fantassin qui était spécialisé dans les missions de choc.

GRENADILLE n. f. (esp. *granadilla*). **1.** Espèce de passiflore dont le fruit, excellent, rappelle la grenade par sa forme et par son goût. — **2.** Bois de divers arbres d'Amérique tropicale, de l'ordre des légumineuses, tels que la cochenille et le cocobolo.

1. GRENADIN, E adj. Relatif à Grenade.

2. GRENADIN n. m. (de *grenade 1*). **1.** Tranche de veau peu épaisse, que l'on pique de lard et que l'on fait braiser. — **2.** Variété d'œillet dite aussi *œillet ratafia,* très odorante, utilisée en parfumerie et confiserie.

1. GRENADINE n. f. (de *grenade,* n. d'un tissu, de *grain*). Soierie légère réservée au deuil, tissée en fils du même nom. (Syn. GRENADE.)

2. GRENADINE n. f. (de *grenade 1*). Boisson à base d'un sirop de fruits divers, notamment de fruits rouges, et de vanille.

GRENADINES (les), archipel des Petites Antilles, dépendant de la Grenade et de l'État de *Saint-Vincent et les Grenadines.*

GRENAGE n. m. (de *grener*). **1.** Action de transformer la surface lisse d'une pierre, d'une glace ou d'une plaque de métal en une surface légèrement grenue. (Les pierres et les plaques de zinc lithographiques sont grenées pour retenir plus facilement les traits de crayon ou l'encre du rouleau.) — **2.** Préparation que le graveur fait subir à une planche de cuivre, à l'aide du berceau, pour graver à la manière noire. — **3.** Opération à laquelle, dans le procédé de l'aquatinte, on soumet la planche gravée pour obtenir à la surface du métal une grenure ou un grain. (Syn. GRAINAGE.) — **4.** Action de grener la poudre noire.

GRENAILLAGE n. m. Projection de grenaille à la surface d'une pièce à l'aide d'une turbine, à des fins de décalaminage, durcissement superficiel et protection contre la corrosion.

GRENAILLE n. f. (de *grain 1*). Métal réduit en grains. (La grenaille se fabrique par granulation, par traitement mécanique, ou en laissant tomber dans une cuve d'eau le métal fondu et divisé en fines gouttelettes.)

GRENAILLEMENT n. m. Action de réduire en grains.

GRENAILLER v. t. (de *grenaille*) [conj. 3]. **1.** Réduire en petits grains un métal ou une cire. — **2.** Procéder au grenaillage.

GRENAISON n. f. (de *grener*). Formation des grains dans les céréales.

GRENAT n. m. (anc. fr. *pome grenate,* grenade, du lat. *granatus,* grenu). Silicate naturel de composition variable, appartenant au système cubique, utilisé en joaillerie. (Leurs couleurs variées [rouge, rose, jaune, vert] reflètent les différentes compositions chimiques.)
◆ adj. inv. et n. m. Rouge sombre : *Soie grenat.*

GRENATITE n. f. Roche d'origine généralement métamorphique composée essentiellement par un grenat.

GRENAY (62160), comm. du Pas-de-Calais, à l'O. de Lens ; 6 230 hab.

GRENCHEN, en fr. **Granges,** comm. de Suisse (cant. de Soleure), au S.-O. de Soleure ; 17 000 hab. Horlogerie.

GRENÉ n. m. Aspect grené d'un dessin.

GRENELÉ (ÊTRE) v. pass. En parlant d'une surface (peau, papier), présenter de petites granulations.

Grenelle, quartier de Paris (XVe arrond.), anc. hameau de la comm. de Vaugirard, érigé en commune en 1830 et rattaché à Paris en 1860.

Grenelle *(accords de),* accords intervenus entre le gouvernement, le patronat et les syndicats réunis au ministère des Affaires sociales, rue de Grenelle (du 25 au 27 mai 1968), prévoyant diverses mesures sociales et professionnelles et la reconnaissance de la section syndicale dans l'entreprise.

GRENER v. t. (de *grain 1*) [conj. **19**]. **1.** Donner le grain à une pierre lithographique, à une plaque de métal ou à une glace. — **2.** Réduire en grains des morceaux de poudre noire.
◆ v. i. Syn. de GRAINER.
◆ **être grené** v. pass. **1.** En parlant d'un dessin, présenter de nombreux points très rapprochés, en raison, par exemple, de la nature du papier. — **2.** *Sel grené,* syn. de SEL GRENU*.

GRENETÉ n. m. (anc. fr. *greneter,* enrichir d'ornements en forme de grains). Travail d'orfèvrerie qui donne à la surface du métal un aspect grenu.

GRÈNETIS [-ti] n. m. (anc. fr. *greneter,* enrichir d'ornements en forme de grains). Suite de grains en relief qui, dans une médaille ou une monnaie, peut être substituée au listel, ou lui être surajoutée.

GRENETTES n. f. pl. Grains de poudre restant sur un tamis lorsqu'on passe une poudre sèche.

GRENIER n. m. (lat. *granarium,* de *granum,* grain). **1.** Partie d'un bâtiment de ferme, généralement l'étage supérieur, aménagée pour loger les grains et les fourrages. — **2.** Étage supérieur d'une maison, dans le comble, et qui sert en général de débarras. — **3.** *Litt.* Pays, région très fertile en blé, en céréales : *La Beauce est le grenier de la France.* — **4.** *De la cave au grenier,* depuis le bas de la maison jusqu'au haut, de fond en comble. ‖ *Grenier à sel,* magasin royal où le sel était entreposé, puis vendu à un prix fixé par l'État et incluant le droit de gabelle.

GRENIER (Albert), historien français (Paris 1878 - *id.* 1961). Fondateur de la revue *Gallia* (1942), il est l'auteur de nombreux ouvrages sur l'Antiquité romaine et gallo-romaine, dont le *Manuel d'archéologie gallo-romaine* (1931-1960).

GRENOBLE, ch.-l. du dép. de l'Isère ; 153 973 hab. *(Grenoblois)* [env. 400 000 dans l'agglomération].
— **Géogr.** Grenoble est, à l'articulation du Grésivaudan et de la cluse de Voreppe, entre la Chartreuse, le Vercors et la chaîne de Belledonne, au confluent de l'Isère et du Drac, à 214 m d'alt. seulement (mais près des champs de neige), la plus grande ville des Alpes. Dans une situation de carrefour (routier essentiellement), développée d'abord comme ville de garnison, puis centre de services (administration, justice, université, commerces, etc.), Grenoble s'est ensuite industrialisée (initialement grâce à l'hydroélectricité née à proximité). L'agglomération est dominée aujourd'hui par la métallurgie de transformation et les constructions électriques, l'électronique, la chimie, l'agroalimentaire. École des pupilles de l'air. Synchrotron.
— **Hist.** Ancien bourg des Allobroges, sous le nom de *Cularo,* puis ville romaine, Grenoble fut le siège d'un évêché dès le IVe s. Siège d'une université (1339), d'un Conseil delphinal (1340) érigé en parlement (1453), la ville devint en 1349 la capitale du Dauphiné, que le Dauphin céda à la France la même année.
— **Bx-arts.** Églises St-Laurent (construite audessus d'un oratoire de la fin du VIe s.) et St-André (XIIIe s.). Cathédrale remontant aux XIIe-XIIIe s. Palais de justice en partie d'époques gothique et Renaissance. Musée dauphinois dans un ancien couvent du XVIIe s. Musée Stendhal dans l'anc. hôtel de ville (beaux décors du XVIIIe s.). Muséum d'histoire naturelle. Maison de la Culture par André Wogenscky (1968). Musée de Peinture et de Sculpture (dans un nouveau bâtiment en béton, 1993), riche en art ancien, moderne et contemporain. Le Magasin, centre national d'art contemporain.

Grenoble *(Centre d'études nucléaires de),* l'un des quatre établissements civils de recherche du Commissariat à l'énergie atomique.

GRENOBLE *(cluse de),* expression servant parfois à désigner la *cluse de Voreppe**.

GRENOBLOIS, E adj. et n. De Grenoble.

GRENOIR n. m. **1.** Appareil servant au grenage de la poudre. — **2.** Atelier où se fait cette opération.

GRENOUILLAGE n. m. *Fam.* Ensemble d'intrigues douteuses, malhonnêtes ; magouille.

GRENOUILLE n. f. (altér. de l'anc. fr. *reinoille,* du lat. pop. *ranucula,* du lat. class. *rana*). **1.** Amphibien ranidé, très commun dans les eaux douces, caractérisé par son aptitude au saut et à la nage, sa peau nue, sa pupille horizontale et son cri, le coassement. (→ *encycl.*) — **2.** *Fam.* Tirelire ou caisse, fonds commun d'un groupe, d'une société. — **3.** *Fam.* Rubrique météorologique. — **4.** Engin, se déplaçant par bonds, utilisé pour le pilonnage et le compactage des terres. — **5.** *Cuisses de grenouille,* partie comestible de la grenouille que l'on apprête à l'anglaise, frite, en sauce, etc. ‖ Fam. *Manger la grenouille,* s'enfuir avec la caisse.

ENCYCL. Les grenouilles sont des amphibiens anoures plus aquatiques et meilleurs sauteurs que les crapauds. Elles pondent leurs œufs dans l'eau. Les larves ou têtards, herbivores et microphages, se métamorphosent en adultes prédateurs. Les grenouilles vivent plusieurs années : elles hibernent sous les pierres ou dans des terriers. On en connaît plus de 150 espèces. Les trois principales espèces de France sont la grenouille verte *(Rana esculenta),* la grenouille rousse *(R. temporaria)* et la grenouille agile *(R. dalmatina).*

Grenouilles *(les),* comédie d'Aristophane, représentée en 405 av. J.-C. : satire de l'art et des idées d'Euripide.

GRENOUILLER v. i. (de *grenouille*) [conj. 3]. *Fam.* Intriguer plus ou moins malhonnêtement auprès des uns et des autres : *Il grenouille dans les ministères.*

GRENOUILLÈRE n. f. **1.** Lieu marécageux rempli de grenouilles. — **2.** Combinaison pour bébés en tissu extensible et dont les jambes se prolongent par des chaussons. (Syn. GIGOTEUSE.)

GRENOUILLETTE n. f. (de *grenouille*). **1.** Tumeur liquide du plancher de la bouche, formée aux dépens des glandes salivaires. — **2.** Nom usuel de la *renoncule des eaux,* à fleurs blanches.

GRENU, E adj. (de *grain 1*). **1.** Dont la surface présente des petites aspérités en forme de grains : *Peau grenue. Marbre grenu.* — **2.** Se dit d'une roche (plutonique ou métamorphique) entièrement formée de cristaux de taille voisine, tous visibles à l'œil nu. — **3.** Se dit de la structure d'un sol en agrégats ovoïdes, très cohérents et peu poreux, de la taille de grains de blé, souvent abondants dans les sols cultivés humifères. — **4.** *Sel grenu* ou *grenu* (n. m.), par oppos. à *sel fin,* sel en grains plus ou moins volumineux. (Syn. SEL GRENÉ.)

GRENURE n. f. **1.** État d'une étoffe grenée. — **2.** État irrégulièrement grené d'une planche gravée, qui, à l'impression, servira à traduire les valeurs. (Syn. GRAINURE.)

GRENVILLE (*sir* Richard), navigateur britannique (v. 1541 - en mer près de Flores, Açores, 1591). En 1585, il commanda une flotte avec mission de coloniser la région de Roanoke Island (auj. en Caroline du Nord).

GRENVILLE (Richard), 1er comte **Temple,** dit **Grenville-Temple,** homme politique britannique (Wotton 1711 - 1779). Il entra dans le ministère Pitt comme Premier lord de l'Amirauté (1756-57), puis comme lord du Sceau privé (1757-1761). Il soutint la politique de son frère GEORGE (Wotton Hall, Buckinghamshire, 1712 - Londres 1770). Celui-ci, entré au Parlement en 1741, succéda à Bute comme Premier ministre (1763-1765). Il mécontenta les colonies américaines par sa politique de taxation (loi du timbre, 1765). — Son fils GEORGE **Nugent,** 2e comte **Temple** et 1er marquis **de Buckingham** (1753 - Stowe House, Buckinghamshire, 1813), fut lord-lieutenant d'Irlande en 1782-83 et 1787-1789. — WILLIAM WYNDHAM, 1er baron **Grenville** (1759 - Dropmore, Buckinghamshire, 1834), frère du précédent, député tory, allié de Pitt, fut ministre des Affaires étrangères de 1791 à 1801 ; il lutta alors contre l'expansionnisme français. Premier ministre (1806-07), il fit abolir la traite des esclaves (1807).

GRÉOUX-LES-BAINS (04800), comm. des Alpes-de-Haute-Provence, sur le Verdon ; 1 739 hab. Eaux thermales, sulfurées et radioactives (rhumatismes et maladies des voies respiratoires). — À l'E., barrage sur le Verdon, alimentant le canal de Provence.

GRÉPON (le), l'une des plus célèbres aiguilles de Chamonix, dans le massif du Mont-Blanc ; 3 482 m. Première ascension en 1881 par A. F. Mummery, A. Burgener, B. Venetz.

1. GRÈS n. m. (p.-ê. lat. pop. **gredius,* brut). Un des deux produits essentiels constituant la fibre de soie, formé de séricine.

2. GRÈS n. m. (frq. **greot,* gravier). **1.** Roche sédimentaire siliceuse résultant de la cimentation naturelle d'un sable, et où les grains de quartz sont dominants, utilisée dans la construction, l'empierrement et le pavage des routes et, lorsqu'il est très fin, comme pierre à aiguiser. (→ *encycl.* Géol.) — **2.** Céramique à pâte silicoargileuse, opaque, dure, capable de supporter une haute température de cuisson (1 200-1 400 °C) qui la vitrifie partiellement et la rend imperméable aux liquides ; objet fabriqué dans ce matériau. (→ *encycl.* Arts décor. et Céram.) – **3.** Canine supérieure du sanglier. (Les canines inférieures sont appelées *défenses* chez le mâle et *crochets* chez la laie.) – **4.** *Grès de plage,* grès résultant de la cimentation, par du calcaire, des sables de plage, le plus souvent sur les grèves des rivages tropicaux. ‖ *Grès rouge,* sédiment de couleur rouge d'origine continentale, à faciès lacustre, déposé sous climat aride, en bordure d'un continent septentrional au cours du dévonien *(vieux grès rouge),* puis du permien *(nouveau grès rouge).* ‖ *Grès vosgien,* base de la partie inférieure du trias de l'est de la France, très utilisé en construction.

ENCYCL. **Arts décor.** Né en Chine, vers le IIIe s. av. J.-C., l'art du grès s'est développé sous les Tang et il a atteint son apogée sous les Song avec une remarquable diversité d'aspect (céladons, grès bleutés, grès à décor noir, etc.). Au Japon, les grès se rencontrent à partir du XIIIe s. En Occident le grès demeura une spécialité des pays nordiques avec les ateliers allemands (Siegburg, Cologne, Raeren, etc.) actifs dès le XVIe s. Ceux du Beauvaisis, en France, ont été florissants au XVIe s. ; citons aussi les centres du Berry, de la Puisaye ou de la Nièvre. En Angleterre, l'influence des grès allemands a fait place à une production originale (Nottingham, Staffordshire, etc.) ; mais ce sont surtout les créations de Wedgwood qui ont retenu l'attention (« jasper ware ») et qui ont été souvent imitées en Europe. Au XIXe et au XXe s., des céramistes comme Carriès, Decœur, Delaherche, Lenoble, Artigas, etc., firent du grès leur matière favorite et l'ornèrent d'émaux au grand feu. De même, Henri-Paul Beyer, Jean et Jacqueline Lerat, etc., ont redonné vie au vieux centre de grès de La Borne (Cher) en activité depuis le XVIe s.

– **Céram.** Le grès naturel est composé d'argiles vitrifiables à la cuisson, sans addition de fondants. Le grès artificiel est composé d'argiles réfractaires et de fondants tels que le feldspath (production industrielle). Il peut être recouvert d'une glaçure (vernis au sel) ou d'une couverte (feldspath mêlé de potasse, de chaux), pour accentuer son étanchéité.

– **Géol.** Les grès sont des roches très courantes dans les séries sédimentaires. On les classe d'après la taille des grains, la nature du ciment (qui peut être siliceux, calcaire, ferrugineux, pélitique, etc.), et la présence d'éléments particuliers (grès micacés, feldspathiques, glauconieux, etc.).

GRÈS (Germaine CZEREFKOW, dite), couturière française (Paris 1903 - La Valette-du-Var 1993). Connue avant la Seconde Guerre mondiale sous le nom d'**Alix,** elle ouvrit la maison sous le nom de **Grès** en 1942. Ses robes aux lignes sculpturales témoignent d'une maîtrise parfaite du drapé et des lignes asymétriques.

GRÉSAGE n. m. Action de polir, avec une pierre de grès, les carreaux ou dalles d'un pavement.

GRÉSANT, E adj. Se dit d'une argile supportant une cuisson à haute température qui la vitrifie plus ou moins.

GRÉSER v. t. (de *grès 2*) [conj. **18**]. Effectuer un grésage.

GRÈSERIE n. f. Fabrique de grès cérame.

GRÉSEUX, EUSE adj. Qui est de la nature du grès ou qui en contient.

GRESHAM (*sir* Thomas), financier anglais (Londres 1519 - *id.* 1579). Devenu financier de la reine Élisabeth, créateur de la Bourse de Londres, il a surtout attaché son nom à la loi économique d'après laquelle, lorsque dans un pays circulent deux monnaies dont l'une est considérée par le public comme bonne et l'autre comme mauvaise, la mauvaise monnaie chasse la bonne.

Grésigne *(forêt de la),* forêt du sud-ouest de la France (Tarn), entre Montauban et Carmaux, couvrant près de 3 500 ha.

1. GRÉSIL [grezil] n. m. (de *grésiller 1*). Pluie congelée, formée de petits globules de glace spongieuse, friable et blanche, d'un diamètre de 1 à 3 mm.

2. GRÉSIL → GROISIL.

GRÉSILLEMENT n. m. **1.** Action de grésiller ; léger crépitement de ce qui grésille : *Entendre un grésillement dans la radio.* – **2.** Cri du grillon.

1. GRÉSILLER v. i. (moyen néerl. *grîselen*) [conj. **3**] ; seulem. 3e pers. du sing. *Il grésille,* il tombe du grésil.

2. GRÉSILLER v. i. (altér. de *grediller,* var. dialect. de *griller*) [conj. **3**]. Faire entendre un petit crépitement : *Le disque grésille.*

3. GRÉSILLER v. t. (de *grès 2*) [conj. **3**]. Éliminer les arêtes coupantes d'une pièce de verre.

GRÉSILLON n. m. (de *grès 2*). Patte servant à fermer un coffre.

GRÉSIVAUDAN ou, parfois, **GRAISIVAUDAN,** région des Alpes françaises du Nord (Savoie et Isère), correspondant à la vallée de l'Isère, dominée par les massifs des Sept-Laux et de Belledonne à l'E., et de la Chartreuse à l'O. Tronçon le plus large du Sillon alpin, c'est une véritable plaine (200 à 300 m d'alt.), empruntée aujourd'hui par l'autoroute Grenoble-Chambéry. Le fond partiellement inondable porte des prairies et des peupleraies. Le versant oriental, l'ubac, est souvent boisé. Le versant occidental, l'adret, plus ensoleillé, possède des cultures (vignobles parfois). L'industrie s'est développée sous l'influence de Grenoble à l'extrémité sud du Grésivaudan.

GRÉSOIR n. m. Pierre abrasive (grès) ou morceau de métal utilisés pour grésiller une pièce de verre.

GRESSET (Jean-Baptiste Louis), écrivain et auteur dramatique français (Amiens 1709 - *id.* 1777). Auteur de poèmes satiriques (*Ver-Vert, histoire d'un perroquet de Nevers,* 1734), il remporta un grand succès avec sa comédie du *Méchant* (1747), qui lui ouvrit l'Académie française (1748).

GRESSIN [gresɛ̃] n. m. (ital. *grissino*). Sorte de longuet d'origine italienne, dont la pâte contient généralement des œufs.

GRETCHANINOV (Aleksandr Tikhonovitch), compositeur russe (Moscou 1864-New York 1956). Il est l'auteur d'opéras, de cinq symphonies, de musique de chambre et de nombreuses mélodies.

GRETCHEN [grɛtʃɛn] n. f. (all. *Gretchen,* de *Grete,* dimin. de *Margarete,* Marguerite). *Fam.* Type de jeune femme allemande.

GRETCHKO (Andreï Antonovitch), maréchal soviétique (Golodaïevsk, région de Rostov, 1910 - Moscou 1976). Commandant les forces soviétiques en Allemagne de 1953 à 1957, il remplaça Malinovski à la tête des forces terrestres et fut nommé en 1960 chef des armées du pacte de Varsovie. Il fut ministre de la Défense (1967) et membre titulaire du bureau politique du parti communiste (1973).

GRÉTRY (André Ernest Modeste), compositeur français (Liège 1741 - Montmorency 1813). Après un long séjour à Rome (1759-1766) qui l'influença fortement, il s'installa à Paris (1768) où il connut le succès dans un genre nouveau : l'opéra-comique français (*Lucile,* 1769 ; *Zémire et Azor,* 1771 ; *Richard Cœur de Lion,* 1784).

GRETZ-ARMAINVILLIERS (77220), comm. de Seine-et-Marne, à l'O. de Tournan-en-Brie ; 7 265 hab. *(Gretzois).* — Aux environs, forêt d'Armainvilliers.

GREUZE (Jean-Baptiste), peintre français (Tournus 1725 - Paris 1805). Formé à Lyon puis à Paris, il est agréé à l'Académie en 1755, sans doute avec *le Père lisant la Bible à sa famille* (coll. priv.), déjà caractéristique de cette inspiration populaire et moralisante qui lui vaudra l'enthousiasme de Diderot. Son *Accordée* de village* (1761) est un grand succès. Cependant, il rêve des lauriers du peintre d'histoire et se brouille avec l'Académie quand celle-ci, en 1769, ne le reçoit que comme peintre de genre, malgré son *Septime Sévère et Caracalla* (Louvre), inspiré de Poussin. Il donne *la Cruche cassée,* d'une sensualité ambiguë, en 1773, *la Malédiction paternelle* en 1777 (toutes deux au Louvre), des portraits aussi, puis voit peu à peu son succès faiblir. À la Révolution, il se rallie à David, qui, avec des moyens bien différents, entend comme lui élever l'âme du spectateur.

1. GRÈVE n. f. (anc. fr. *greve*). Partie de l'armure qui couvre le tibia.

2. GRÈVE n. f. (prélatin **grava,* sable). **1.** Plage édifiée à l'aide de matériaux grossiers (graviers, galets ou blocs). — **2.** *Litt.* Terrain uni et sablonneux le long de la mer ou d'un cours d'eau. — **3.** Gros sable utilisé pour la construction.

3. GRÈVE n. f. (de *la Grève,* n. d'une place de Paris, où les ouvriers sans travail se réunissaient pour se faire embaucher). **1.** Cessation collective et concertée du travail. — **2.** *Comité de grève,* organisation que se donne l'assemblée générale des grévistes pour diriger la grève. ‖ *Faire grève, se mettre en grève,* cesser de travailler, interrompre le travail d'une manière concertée, en parlant de travailleurs ; cesser une action, une activité quelconque. ‖ *Grève bouchon* ou *grève thrombose,* cessation du travail par un petit nombre d'ouvriers placés à un point stratégique dans la production. ‖ *Grève de la faim,* refus de nourriture de la part d'une personne afin d'attirer l'attention des autorités sur ses revendications. ‖ *Grève de l'impôt,* refus concerté d'acquitter l'impôt. ‖ *Grève perlée,* succession de ralentissements concertés dans le travail. ‖ *Grève sur le tas,* grève avec occupation du lieu de travail. ‖ *Grève tournante,* arrêt de travail qui atteint tour à tour plusieurs ateliers d'une entreprise ou divers secteurs d'une même branche professionnelle. ‖ *Grève du zèle,* manifestation de mécontentement consistant à effectuer son travail avec une minutie excessive.

ENCYCL. La grève est un phénomène très ancien, que les Égyptiens auraient connu. Au Moyen Âge, des grèves éclatèrent en Europe, d'essence corporative. Ces actions, souvent violentes, étaient durement réprimées. La loi Le Chapelier (juill. 1791), en supprimant les corporations et en interdisant toute coalition ouvrière, rendit la grève illégale ; mais de très nombreuses grèves éclatèrent néanmoins en France au cours du XIXe s., la revendication salariale en étant, dans presque tous les cas, le motif. La naissance du syndicalisme (1884) a fait de la grève une arme essentielle de la lutte ouvrière.

Avec le préambule de la Constitution de 1946, repris par celle de 1958 — « le droit de grève s'exerce dans le cadre des lois qui le réglementent » —, la grève est reconnue comme un droit.

La loi du 11 févr. 1950 précise que la grève ne rompt pas le contrat de travail, sauf faute lourde du salarié. La grève est licite lorsque son objet principal concerne une augmentation des salaires, l'amélioration ou la modification des conditions de travail ou lorsqu'elle a pour but de contraindre l'employeur à remplir ses engagements, de s'opposer au licenciement d'un représentant du personnel ou à un licenciement collectif et de défendre l'emploi en général. Les grèves de protestation contre la politique économique et sociale du gouvernement sont, elles aussi, licites.

Grève *(place de),* à Paris. Nom donné, du XIIe s. à 1806, à une place, descendant à l'origine jusqu'à la Seine, dont l'actuelle place de l'Hôtel-de-Ville est le considérable agrandissement. Des exécutions y eurent lieu de 1310 à la Restauration. Les ouvriers sans travail s'y réunissaient, dans la partie haute. L'administration municipale s'y était établie en 1357 dans la *maison aux Piliers.*

GREVÉ, E n. Personne qui bénéficie d'une libéralité dans une substitution fidéicommissaire.

GREVENBROICH, v. d'Allemagne (Rhénanie-du-Nord-Westphalie), au S.-O. de Düsseldorf ; 57 000 hab. Aluminium. Textile. Alimentation.

GREVENMACHER, ch.-l. de district et de cant. du Luxembourg, sur la Moselle ; 3 000 hab. Port fluvial sur la Moselle.

GREVER v. t. (lat. *gravare,* alourdir) [conj. **19**]. **1.** Soumettre qqn, un groupe, un pays à des charges excessives : *Grever un pays de lourds impôts.* — **2.** En parlant d'une charge financière, peser lourdement sur qqch : *Mesures qui grèvent lourdement l'économie du pays.* — **3.** Charger qqn d'une substitution fidéicommissaire. — **4.** Frapper un immeuble d'une servitude, d'une hypothèque.

GREVILLEA n. m. (de C. F. *Greville,* n. pr.). Arbre ou arbuste (protéacée) toujours vert de la Nouvelle-Calédonie et de l'Australie, recherché en horticulture et utilisé pour le reboisement dans le midi de la France, en Algérie et au Maroc.

GRÉVIN (Jacques), médecin et écrivain français (Clermont-en-Beauvaisis 1538-Turin 1570). Il fit jouer deux comédies (*la Trésorière,* 1558 ; *les Ébahis,* 1560) au collège de Beauvais, et composa une tragédie (*César,* 1578), dans laquelle il se montra le rival de Jodelle et le précurseur de R. Garnier. Sa poésie reflète l'influence de la Pléiade.

GRÉVIN (Alfred), dessinateur et caricaturiste français (Épineuil, Yonne, 1827 - Saint-Mandé 1892). Il illustra des journaux humoristiques et satiriques et dessina des costumes de théâtre. Il participa à la création en 1882, boulevard Montmartre à Paris, du musée de figures de cire qui porte son nom, mais dont le véritable promoteur fut le journaliste Arthur Meyer.

GREVISSE (Maurice), grammairien belge (Rulles 1895 - La Louvière 1980). Observateur infatigable du français écrit, il a voulu adapter au XXe s. les principes de Vaugelas. *Le Bon Usage* (1936) a eu de son vivant 11 rééditions.

GRÉVISTE n. Personne qui participe à une grève, qui fait grève.

GRÉVY (Jules), homme politique français (Mont-sous-Vaudrey, Jura, 1807 - *id.* 1891). Élu aux Assemblées constituante (1848), puis législative (1849), il vota contre l'état de siège et s'opposa à l'expédition de Rome. Député du Jura (1868-1870), il s'opposa à la déclaration de guerre (1870). Il fut élu président de l'Assemblée nationale réunie à Bordeaux (1871), puis de la Chambre des députés (1876), et succéda à Mac-Mahon à la présidence de la République (1879). Réélu en 1885, il fut obligé de démissionner (1887) à la suite du scandale du trafic des décorations, dans lequel fut impliqué son gendre Wilson.

GREW (Nehemiah), botaniste anglais (Mancetter, Warwickshire, 1641 - Londres 1712). Correspondant régulier de Malpighi, médecin, microscopiste, il a décrit les vaisseaux ligneux réticulés et ponctués des plantes, reconnu la structure cellulaire des tiges et racines, introduit en botanique la notion de tissu et celle d'anatomie comparée, décrit divers pollens et établi leur caractère de cellules mâles.

GREWIA n. m. (de *Grew,* n. pr.). Plante (tiliacée) ligneuse velue, dressée ou grimpante, cultivée comme ornementale. (Le fruit de certaines espèces est comestible.)

GREY (*lady* Jane) → JEANNE GREY.

GREY (Charles GREY, 2e *comte*), homme politique britannique (Fallodon, Northumberland, 1764 - Howick House, Northumberland, 1845). Chef du parti whig à la Chambre des lords, il défendit l'émancipation des catholiques et fit partie du gouvernement Grenville de 1806-07. Premier ministre de 1830 à 1834, il parvint à faire passer, en 1832, malgré les Lords, la première grande réforme électorale. — Son neveu, sir GEORGE **Grey** (Lisbonne 1812-Londres 1898), fut gouverneur d'Australie-Méridionale (1841-1845), puis de la Nouvelle-Zélande (1845-1853), où il rétablit la paix avec les Maoris. Gouverneur de la colonie du Cap (1854-1860), il fut près de réaliser la fédération des États sud-africains. Il fut à nouveau gouverneur de la Nouvelle-Zélande (1861-1868), puis Premier ministre (1877-1879). — EDWARD, vicomte **Grey** (Londres 1862 - près d'Embleton, Northumberland, 1933), petit-fils du précédent. Député libéral (1885), il fut sous-secrétaire d'État (1892-1895) puis ministre (1905-1916) des Affaires étrangères. Favorable à l'Entente cordiale, il fut l'artisan de l'accord avec la Russie (1907). L'ultimatum allemand à la Belgique le décida à faire entrer le Royaume-Uni dans la guerre (4 août 1914).

GREYHOUND [grɛaund] n. m. (angl. *greyhound*). Lévrier anglais, de grande taille, à poils courts, dressé spécialement à la course.

Greyhound Lines, société de transports routiers, fondée aux États-Unis en 1925, la première entreprise américaine de transport de passagers par autocars interurbains.

GRÈZE n. f. **1.** Matériau ou sol très légèrement calcaire, constitué de graviers anguleux ou plus ou moins émoussés recouvrant fréquemment des portions de versants calcaires. – **2.** *Grèze litée,* syn. de ÉBOULIS* ORDONNÉ.

GRIAULE (Marcel), anthropologue français (Aisy-sur-Armançon, Yonne, 1898 - Paris 1956). Il s'est notamment intéressé aux Dogons (*Masques dogons,* 1938).

GRIBEAUVAL (Jean-Baptiste VAQUETTE DE), général français (Amiens 1715 - Paris 1789). Premier inspecteur de l'artillerie (1776), il réorganisa cette arme, perfectionna les arsenaux et créa un système d'artillerie moderne dit « système Gribeauval » : calibre des bouches à feu et des boulets soigneusement contrôlé ; système d'attelage des affûts amélioré ; création de caissons à munitions. Grâce à lui, l'artillerie française fut la première d'Europe en 1789. Le matériel Gribeauval fit toutes les campagnes de la Révolution et de l'Empire.

GRIBICHE adj. (p.-ê. norm. *gribiche,* femme méchante, du moyen néerl. *kribbich,* grognon). Se dit d'une sauce froide faite de jaunes d'œufs durs écrasés, émulsionnés à l'huile et au vinaigre, et de condiments hachés.

GRIBOÏEDOV (Aleksandr Sergueïevitch), diplomate et auteur dramatique russe (Moscou 1795 - Téhéran 1829). Sa comédie en vers *le Malheur d'avoir trop d'esprit* (1822-1824) est une peinture de caractères de la haute société moscovite.

GRIBOUILLAGE n. m. **1.** Dessin, peinture informe : *Les gribouillages d'un mauvais peintre.* – **2.** Inscription quelconque sans forme précise et sans signification : *Les enfants avaient fait des gribouillages sur les murs.* – **3.** Écriture illisible, informe : *Ton manuscrit est un gribouillage confus.* – **4.** Première manifestation graphique dans le dessin enfantin.

GRIBOUILLE n. m. (de *Gribouille,* n. pr.). **1.** *Vx.* Personne brouillonne, naïve et sotte qui se jette elle-même dans les ennuis. – **2.** *Politique de Gribouille,* attitude qui consiste à se précipiter dans les dangers qu'on veut éviter.

GRIBOUILLER v. t. (néerl. *kriebelen*) [conj. 3]. **1.** Peindre, dessiner, écrire qqch d'une manière confuse sur une surface : *Gribouiller quelques phrases sur un papier.* – **2.** Remplir qqch de gribouillages ; barbouiller : *Gribouiller un mur.* ◆ v. i. Faire des gribouillages : *Enfant qui gribouille sur les murs.*

GRIBOUILLEUR, EUSE n. Personne qui écrit, dessine ou peint mal ; barbouilleur.

GRIBOUILLIS n. m. Gribouillage.

GRIBOURI n. m. Nom usuel de l'*eumolpe.*

GRIEF [grijɛf] n. m. (anc. fr. *grief,* pénible, du lat. pop. **grevis,* du lat. class. *gravis ;* ou de *grever*). **1.** Sujet, motif de plainte que l'on estime avoir contre qqn ou son attitude ; doléances : *Avoir des griefs contre son mari.* – **2.** Préjudice subi par une partie en raison d'un vice de forme entachant un acte de procédure et lui permettant d'en demander la nullité. – **3.** *Faire grief de qqch à qqn,* le lui reprocher, lui en tenir rigueur.

GRIEG (Edvard), pianiste et compositeur norvégien (Bergen 1843 - *id.* 1907). D'abord chef d'orchestre, de la Société philharmonique, de la « Norsk Musik-Akademi », puis de l'« Harmonien » de Bergen, il se consacra ensuite à la composition. Il créa le premier festival de musique en Norvège (1898). Son œuvre comprend de la musique de chambre, des pages symphoniques, de la musique de scène dont celle écrite pour *Peer* Gynt,* drame d'Ibsen (1876), dont il tira deux suites d'orchestre. Mais Grieg doit surtout sa renommée à son *Concerto pour piano et orchestre* en *la* mineur (1868).

GRIEG (Nordahl), écrivain norvégien (Bergen 1902 - Berlin 1943). Ses romans (*Le navire poursuit sa route,* 1924), sa poésie (*la Norvège dans nos cœurs,* 1929) et son théâtre (*la Défaite,* 1937) ont témoigné de son engagement – il participa à la révolution chinoise et à la guerre civile espagnole – et de son humanisme héroïque et patriotique. Engagé dans l'armée de l'air britannique pendant la Seconde Guerre mondiale, il fut tué au cours d'un raid sur Berlin.

GRIERSON (John), cinéaste et théoricien du cinéma britannique (Kilmadock, comté de Perth, 1898 - Bath 1972). Il créa dans les années 30 une école de documentaristes à laquelle s'associèrent notamment R. Flaherty, A. Cavalcanti, P. Rotha, B. Wight, puis dirigea l'Office national du film canadien, favorisant l'éclosion d'une remarquable génération de documentaristes et de cinéastes d'animation.

GRIÈVEMENT adv. (anc. fr. *grief,* pénible, du lat. pop. **grevis,* du lat. class. *gravis*). De façon grave ; sérieusement : *Être grièvement blessé.*

GRIFFADE n. f. *Vx.* Coup de griffe.

GRIFFAGE n. m. **1.** Ameublissement du sol, réalisé par la griffe placée à l'arrière de la charrue. — **2.** Action de détacher un lambeau d'écorce avec une griffe lors d'un balivage, pour marquer les brins à couper.

1. GRIFFE n. f. (de *griffer,* ou frq. **grif,* action de saisir). **1.** Étui corné et pointu coiffant l'extrémité des doigts chez les vertébrés amniotes et chez divers arthropodes. (→ *encycl.*) — **2.** Ongle long et pointu de qqn (surtout pl.). — **3.** *Donner un coup de griffe à qqn,* l'attaquer par des paroles, des insinuations malveillantes. ‖ *Montrer ses griffes,* menacer. ‖ *Rentrer ses griffes,* se montrer plus conciliant après avoir montré une attitude belliqueuse, agressive. • **Agric.** Organe de préhension comportant des pointes recourbées formant mâchoire et servant à la manutention des produits en vrac (foins, pailles, fumiers). ‖ Pièce placée à l'arrière de la charrue, servant à rompre la semelle de labour. — **Archit.** Dans une base de colonne, chacun des éléments décoratifs, en général feuillagés, qui, au Moyen Âge surtout, peuvent relier le tore aux angles de la plinthe. — **Bât.** Outil pour découper les feuilles de zinc, de plomb, etc. — **Bijout.** Partie de métal rabattue en crochet sur la pierre d'un bijou pour la maintenir en place. — **Bot.** Nom donné, à cause de leur forme, aux rhizomes, caïeux ou racines de certaines plantes (anémones, renoncules, asperges, etc.). ‖ Nom donné aux crampons et aux vrilles de certaines plantes grimpantes, telles que le lierre, les bignones, la vigne, etc. — **Bouch.** Morceau du bœuf, situé à la partie antérieure de l'épaule. — **Chass.** Ongle du lièvre. — **Hortic.** Outil composé d'un manche et de trois à cinq dents métalliques recourbées, utilisé pour émietter la terre. — **Mar.** *Nœud de griffe,* nœud permettant de fixer le bout d'un cordage sur le croc d'un palan. — **Maroq.** Outil muni de dents, servant à marquer les points d'une couture devant être exécutée à la main. ‖ Impression faite avec cet outil sur une pièce de cuir. — **Méd.** *Maladie des griffes du chat,* syn. de LYMPHORÉTICULOSE* BÉNIGNE D'INOCULATION. — **Menuis.** Accessoire d'établi muni de pointes contre lesquelles on bute le bois à raboter ou à corroyer. — **Sylvic.** Outil à taillant recourbé pour réaliser le griffage. — **Techn.** Semelle métallique munie de courroies et de crampons, utilisée pour monter aux poteaux des lignes électriques.

◆ **griffes** n. f. pl. Symbole d'un pouvoir tyrannique, d'une domination cruelle, de l'agressivité (dans quelques expressions) : *Tomber sous les griffes de quelqu'un.*

ENCYCL. **Zool.** La griffe enveloppe complètement la phalange terminale. Les griffes sont rétractiles chez les félidés et chez la genette. On les appelle *serres* chez les rapaces.

2. GRIFFE n. f. (de *griffe 1*). **1.** Empreinte tenant lieu d'une signature ou d'un contreseing manuscrit, apposée au bas d'une circulaire, d'un document, d'un ouvrage, etc., pour en affirmer l'authenticité. — **2.** Marque caractéristique, empreinte personnelle qui fait reconnaître qu'une œuvre est de telle ou telle personne : *On reconnaît bien là sa griffe.* — **3.** Nom ou sigle propre à un créateur, un fabricant et destiné à marquer sa production. — **4.** Empreinte postale spéciale apposée sur les plis en franchise des ministères et des services publics.

GRIFFENFELD (Peder SCHUMACHER, *comte* DE), homme d'État danois (Copenhague 1635 - Trondheim 1699). Bibliothécaire du roi Frédéric III, il fut chargé de rédiger la « loi royale » instituant la monarchie héréditaire et absolue. Devenu chancelier, il organisa l'administration du pays.

1. GRIFFER v. t. (haut all. *grîfan,* du frq. **grîpan,* saisir) [conj. 3]. **1.** Marquer d'un coup de griffe, ou d'un coup d'ongle : *Elle l'a griffé au visage avec ses ongles.* — **2.** Égratigner, érafler avec un objet pointu : *Il griffa la carrosserie de la voiture avec un canif.* — **3.** Égratigner qqn, une partie du corps : *Les ronces ont griffé ses jambes.* — **4.** Pratiquer le griffage.

2. GRIFFER v. t. (de *griffe 2*) [conj. 3]. Mettre sa griffe sur un vêtement, un article.

GRIFFIN (Donald Redfield), biologiste américain (Southampton, État de New York, 1915). On lui doit la découverte de l'écholocation chez les chauves-souris et l'oiseau guacharo.

GRIFFITH (Arthur), homme politique irlandais (Dublin 1872 - *id.* 1922). Membre de la Fraternité républicaine irlandaise, il fut l'un des fondateurs du Sinn Féin (1902), et prit une part active à la constitution des Volontaires irlandais (1914). Élu vice-président de la République d'Irlande (1918), il conduisit les négociations avec le gouvernement britannique, et signa le traité de Londres (déc. 1921).

GRIFFITH (David Wark), cinéaste et producteur américain (Floydsfork, auj. Crestwood, Kentucky, 1875 - Hollywood 1948). Metteur en scène à la Biograph, il tourna de très nombreux films de 1908 à 1912, élaborant la plupart des principes de bases de la grammaire cinématographique : découpage préétabli, lumière artificielle, gros plan et *long shot,* principes du montage, flous et surimpressions, « retour en arrière ». En 1915, *la Naissance d'une nation* cristallisa tout cet acquis. En 1916, *Intolérance* déconcerta le public, mais décida de l'orientation d'Eisenstein. Griffith fonda les Artistes associés en 1919, avec Chaplin, Mary Pickford, Douglas Fairbanks. Griffith a signé de très nombreux films, dont *les Cœurs du monde* (1918), *le Lys brisé* et *le Pauvre Amour* (1919), *À travers l'orage* (1920), *la Rue des rêves* (1921), *les Deux Orphelines* (1922), *Pour l'indépendance* (1924), *l'Éternel Problème* (1928). Il réalisa deux films parlants : *Abraham Lincoln* (1930) et *The Struggle* (1931).

GRIFFITH-JOYNER (Florence), athlète américaine (Los Angeles 1959). Elle a été championne olympique à Séoul (1988) du 100 m et du 200 m, distances dont elle détient les records du monde.

1. GRIFFON n. m. (bas lat. *gryphus,* du gr. *grups*). **1.** Animal fantastique, ailé, à corps de lion et à tête d'oiseau de proie. – **2.** Chien au poil rêche et broussailleux, dont il existe diverses races de chasse et d'agrément. – **3.** Nom usuel du *vautour fauve.*

ENCYCL. **Myth.** L'effigie sculptée du griffon, gardien du temple, du palais ou de la tombe, apparut au IVe millénaire et se répandit dans l'Orient méditerranéen et jusqu'en Étrurie.

– **Zootechn.** Le *griffon d'arrêt à poil dur,* ou *korthals,* est un chien rustique qui excelle en terrains difficiles. Le *griffon vendéen* est un chien courant, puissant, au poil hirsute ; le *griffon nivernais,* à la robe grise, est apprécié pour la chasse au sanglier ; le *basset griffon vendéen* et le *basset griffon fauve de Bretagne* sont de bons chiens de chasse à tir. Comme chiens d'agrément il existe : le *griffon bruxellois,* petit chien à poil dur, roux ; le *griffon belge,* à poil dur également, noir, noir et feu, ou noir et roux mélangés ; le *brabançon,* à poil ras, roux ou noir et feu.

2. GRIFFON n. m. (provenç. *grifoul,* du bas lat. **grifoulus,* de *gryphus,* griffon). Ouverture par où jaillit une source d'eau minérale.

GRIFFONNAGE n. m. **1.** Action de griffonner ; écriture illisible. – **2.** Texte mal écrit, rédigé trop rapidement.

GRIFFONNER v. t. (de *griffe 1*) [conj. 3]. **1.** Dessiner rapidement qqch sans grande précision : *Griffonner des portraits de passants.* – **2.** Écrire rapidement, sans soin : *Griffonner un article de journal.*

◆ v. i. Écrire sans soin sur une surface : *Les enfants ont griffonné sur les murs.*

GRIFFONNEUR, EUSE n. Personne qui dessine sans grande précision.

GRIFFU, E adj. Qui a des griffes ou des ongles longs et crochus : *Une patte griffue.*

GRIFFUELHES (Victor), syndicaliste français (Nérac, Lot-et-Garonne, 1874 - Saclas, Essonne, 1922). Secrétaire général de la C. G. T. en 1901, il fut le principal représentant du courant révolutionnaire de cette centrale. Il démissionna en 1909 de son poste. Plus tard, il sympathisa avec les bolcheviks.

GRIFFURE n. f. (de *griffer 1*). Coup de griffe, égratignure.

GRIGNAN (26230), ch.-l. de cant. du sud de la Drôme, dans le Tricastin ; 1 304 hab. Château surtout du XVIe s. Église des XVIe et XVIIe s. (sépulture de Mme de Sévigné).

GRIGNAN (François Adhémar de CASTELLANE DE MONTEIL, *comte* DE), officier français (Grignan 1629 - *id.* 1714). Lieutenant général de la Provence de 1669 à 1714, il occupa la principauté d'Orange en 1673. En 1669, il épousa FRANÇOISE MARGUERITE **de Sévigné** (Paris 1646 - Mazargues 1705), fille de Mme de Sévigné, et destinataire de la plus grande partie de la correspondance de celle-ci.

GRIGNARD, E adj. Se dit d'un quadrupède dont les incisives ou le bourrelet dentaire de la mâchoire supérieure sont situés en arrière des incisives inférieures. (Contr. BÉGU.)

GRIGNARD (Victor), chimiste français (Cherbourg 1871 - Lyon 1935). Il a découvert en 1901 les dérivés organomagnésiens mixtes, qui ont permis la réalisation d'un nombre considérable de synthèses en chimie organique. (Prix Nobel de chimie 1912.)

GRIGNE n. f. (de *grigner*). **1.** Excroissance du pain après la cuisson. – **2.** Couleur dorée du pain bien cuit. – **3.** Inégalité du tissu feutré.

GRIGNER v. i. (anc. fr. *grignier,* grincer des dents, du frq. *grinân*) [conj. 3]. En parlant d'une couture, être mal assemblée et faire des faux plis.

GRIGNION DE MONTFORT → LOUIS-MARIE GRIGNION DE MONTFORT (saint).

GRIGNOLS (33690), ch.-l. de cant. de la Gironde, en bordure de la forêt landaise ; 1 068 hab. Château des XVe-XVIe s.

GRIGNON n. m. (de *grigner*). *Vx.* Morceau de pain du côté le plus cuit, et que l'on peut grignoter.

GRIGNON → THIVERVAL-GRIGNON.

GRIGNON (Claude Henri), écrivain canadien de langue française (Sainte-Adèle, Québec, 1894 - *id.* 1976). Auteur d'*Un homme et son péché* (1933), roman de l'avarice paysanne, il évolua vers la polémique (*Pamphlets de Valdombre,* 1936-1942).

GRIGNONS n. m. pl. (provenç. *grignoun*). Résidu encore riche en huile, obtenu après pressage des olives.

GRIGNOTAGE ou **GRIGNOTEMENT** n. m. **1.** Action de grignoter ; bruit fait en grignotant : *Le* *grignotement d'une souris.* — **2.** Action de gagner peu à peu du terrain, de s'approprier progressivement qqch : *Le grignotage d'une circonscription par l'opposition.* — **3.** Action de dépenser progressivement : *Le grignotage d'un capital.*

GRIGNOTER v. t. (de *grigner*) [conj. 3]. **1.** Manger un aliment par tout petits morceaux, du bout des dents : *Grignoter un morceau de pain.* — **2.** Manger des petites choses, de temps à autre : *Grignoter entre les repas.* — **3.** Gagner peu à peu sur qqn son avance : *Grignoter un concurrent qui vous devançait.* — **4.** S'approprier qqch : *Grignoter quelques sous.* — **5.** Détruire qqch, dépenser progressivement ; manger : *Grignoter un héritage.* — **6.** Découper suivant un profil sur une grignoteuse.

GRIGNOTEUSE n. f. Machine-outil utilisée au découpage par cisaillement des métaux en feuille ou au découpage des bois.

GRIGNOTIS [-ti] n. m. (de *grignoter*). *Vx.* Taille en traits courts que fait un graveur pour représenter des objets rugueux.

GRIGNY (69520), comm. du Rhône, près de Givors, sur le Rhône ; 7 537 hab. *(Grignerots).* Industrie chimique.

GRIGNY (91350), ch.-l. de cant. de l'Essonne, sur la Seine ; 24 969 hab. *(Grignois).*

GRIGNY (Nicolas DE), compositeur français (Reims 1672 - *id.* 1703). Organiste de la basilique de St-Denis (1693-1695), puis de la cathédrale de Reims (1697), il a composé un *Livre d'orgue...* (1699), qui fut recopié par J. S. Bach. Grigny est le plus grand classique de l'orgue au temps de Louis XIV.

GRIGORENKO (Petr Grigorevitch), général soviétique (Borissovka, près de Zaporojie, 1907 - New York 1987). Il sert sur les fronts d'Extrême-Orient (1939) et d'Ukraine (1941). Dénonçant le réveil du stalinisme, il est exilé en Sibérie (1962), puis mis à la retraite (1963). Fondateur d'une association pour la renaissance du léninisme, il est interné dans une clinique psychiatrique (1964-65), puis arrêté de nouveau (1969). Il a été libéré en 1974 à la suite d'une campagne internationale. Il est l'auteur de *Staline et la Deuxième Guerre mondiale* (1970) et de *Mémoires* (1980).

GRIGORESCU (Nicolae), peintre roumain (Pitaru 1838 - Cîmpina, Munténie, 1907). Passé de la peinture d'icônes au style occidental grâce à un séjour à Barbizon (1861), il a illustré avec grand succès la vie paysanne roumaine.

GRIGORIEV (Apollon Aleksandrovitch), critique littéraire et poète russe (Moscou 1822 - Saint-Pétersbourg 1864). Il formula la théorie d'une « critique organique », l'art et la littérature étant un produit du sol, et il insista sur la part irrationnelle de la création *(Mes vagabondages littéraires et moraux).*

GRIGOROVITCH (Dmitri Vassilievitch), romancier russe (Simbirsk 1822 - Saint-Pétersbourg 1899). Ses romans sont inspirés de la vie paysanne (*le Village,* 1846).

GRIGOROVITCH (Iouri Nikolaïevitch), chorégraphe et maître de ballet russe (Leningrad 1927). Chorégraphe du Ballet du théâtre Kirov de Leningrad (1961-1969), il a été de 1964 à 1995 directeur artistique du ballet du théâtre Bolchoï de Moscou. Il a remonté la *Belle au bois dormant* (1963) et la version intégrale de *Casse-Noisette* (1966) et signé de grandes mises en scène : *Spartacus* (1968, avec Maris Liepa), *Ivan le Terrible* (1975), *Roméo et Juliette* (1978).

GRIGOU n. m. (languedocien *grigou,* gredin, de *grec*). *Fam.* Personne d'une avarice sordide ; ladre.

GRI-GRI ou **GRIGRI** n. m. (pl. *gris-gris* ou *grigris*). En Afrique noire, amulette fabriquée par un sorcier pour porter bonheur et conjurer les mauvais sorts.

GRIJALVA (Juan DE), navigateur espagnol (Cuéllar, Vieille-Castille, 1490 - vallée d'Olancho, Amérique centrale, 1527). Il explora les côtes du Yucatán et fut le premier Espagnol à être en contact avec une délégation aztèque (1518).

GRIL [gril] n. m. (forme masc. de *grille*). **1.** Grille métallique ou plaque en fonte nervurée, qui permet de faire griller des aliments à feu vif. — **2.** Fam. *Sur le gril,* dans un état de vive impatience mêlée d'inquiétude, d'anxiété. • **Anat.** *Gril costal,* la cage thoracique, et spécialement l'ensemble des côtes. — **Ch. de f.** Petit faisceau de garage composé de plusieurs voies parallèles reliées à une ou deux de leurs extrémités. — **Mar.** *Gril de carénage,* plate-forme établie sur une rive, sur laquelle le navire se place en flottaison à marée haute pour y être caréné à marée basse. — **Ménag.** Syn. usuel de GRILLOIR. — **Théâtr.** Plancher à claire-voie, situé au-dessus du cintre, pour la manœuvre des décors.

GRILL → GRILL-ROOM.

GRILLADE n. f. **1.** Cuisson sur le gril. — **2.** Tranche de viande grillée ou à griller.

1. GRILLAGE n. m. (de *griller 1*). **1.** Action de griller un aliment, de torréfier du café ou de faire griller des fruits, des amandes dans du sucre. — **2.** Action d'un gaz sur un minerai à température élevée, visant à modifier sa composition chimique. — **3.** Syn. de FLAMBAGE.

2. GRILLAGE n. m. (de *grille 1*). **1.** Treillis métallique posé sur une fenêtre, une porte à jour, ou constituant une clôture. – **2.** En bonneterie, syn. de GRILLE 1.

GRILLAGER v. t. (conj. **17**). Garnir d'un grillage.

GRILLAGEUR n. m. Ouvrier qui fabrique ou pose des grillages.

1. GRILLE [grij] n. f. (lat. *craticula,* petit gril, dimin. de *cratis,* claie). **1.** Assemblage de barreaux, de lames, ou plaque percée d'évidements assurant la clôture à jour d'une ouverture ou établissant une séparation : *Grille devant les fenêtres d'une prison.* – **2.** Clôture formée de barreaux métalliques plus ou moins ouvragés. – **3.** Clôture séparant les détenus ou les moniales des visiteurs. – **4.** Sorte de claie métallique mobile, support d'une grillade ou d'un plat dans un four. – **5.** Dispositif ajouré supportant le combustible solide d'un foyer et permettant la pénétration de l'air comburant, ainsi que l'évacuation des cendres. • **Bonnet.** Défaut dans un tricot provenant de l'absence de l'un des fils composant le liage. (Syn. GRILLAGE.) – **Électron.** Électrode auxiliaire d'un tube électronique, formée d'une plaque métallique ajourée ou d'un fil enroulé en hélice, et généralement placée entre la cathode et l'anode, pour modifier la valeur du champ électrique entre ces deux électrodes. (Syn. GÂCHETTE, GATE.) – **Mécan.** *Grille d'aubes,* dans des turbopompes, des turbines, etc., ensemble d'obstacles régulièrement disposés, à travers lesquels s'écoule le fluide. – **Mil.** *Grille d'observation,* appareil pour l'observation d'un tir d'artillerie. ‖ *Grille de tir contre avions,* appareil de visée des armes antiaériennes de petit calibre. – **Trav. publ.** Ouvrage métallique ou en béton armé, destiné à arrêter les détritus charriés par les eaux, et situé en amont d'une vanne ou à l'entrée d'une conduite.

2. GRILLE n. f. (de *grille 1*). **1.** Quadrillage percé de trous conventionnels servant à écrire et à lire des cryptogrammes. – **2.** Figure divisée en cases blanches et noires dont le nombre est variable, au jeu des mots croisés. – **3.** Organisation et répartition d'un ensemble de faits représentables par un tableau ; ce tableau lui-même : *La grille des horaires d'un lycée.* – **4.** Système conceptuel qui permet l'analyse d'une œuvre : *Appliquer une grille de lecture structuraliste.* – **5.** Tableau de classement des emplois de la fonction publique, des postes d'une branche professionnelle suivant des indices de rémunération. – **6.** Formulaire servant à jouer au Loto national ou au Loto sportif. – **7.** Tableau rectangulaire à double entrée, permettant de comparer les variations statistiques d'un phénomène au cours du temps. – **8.** *Grille des programmes,* plan donnant l'ensemble des émissions et leur répartition horaire.

GRILLÉ n. m. Partie croustillante, dorée, d'un aliment rôti, cuit au gril, etc.

GRILLE-ÉCRAN n. f. (pl. *grilles-écrans*). Dans un tube électronique multigrille, électrode interposée entre certaines autres électrodes, servant à compenser ou à diminuer les effets de capacité entre elles.

GRILLE-PAIN n. m. inv. Appareil, le plus souvent électrique, qui sert à griller le pain.

1. GRILLER v. t. (de *gril*) [conj. **3**]. **1.** Cuire un aliment au gril ou sur de la braise, torréfier du café, etc. : *Griller des andouillettes.* – **2.** Faire éprouver à qqn une chaleur intense : *Le feu dans la cheminée nous grillait les jambes.* – **3.** Détruire une plante en la soumettant à une chaleur ou à un froid trop intenses : *Le soleil a grillé les boutures.* – **4.** *Fam.* Mettre hors d'usage une lampe, un appareil par un échauffement excessif, par une utilisation défectueuse, etc. : *Griller le moteur de la perceuse.* – **5.** *Fam.* Fumer une cigarette. *En griller une.* – **6.** *Fam.* Ne pas respecter un signal d'arrêt, le franchir : *Griller un feu rouge.* – **7.** *Fam.* Devancer un adversaire dans une compétition : *Griller quelqu'un à l'arrivée.* – **8.** Détruire un élément d'un montage radioélectrique par l'action d'un courant ou d'une tension de valeur excessive. – **9.** Syn. de FLAMBER. – **10.** Procéder au grillage d'un minerai.
◆ v. i. **1.** Rôtir sur le gril ; cuire ou dorer à chaleur vive : *Côtelettes qui grillent.* – **2.** Être exposé à une trop grande chaleur. – **3.** Être très impatient, avoir très envie de : *Il grille d'arriver le premier.*
◆ **être grillé** v. pass. **1.** Être cuit au gril. – **2.** Être devenue croustillante et dorée sous l'effet d'une vive chaleur, en parlant de la peau d'une volaille, d'une barde, etc. – **3.** *Fam.* Être démasqué : *Un agent de renseignement grillé.* – **4.** *Marrons grillés,* marrons cuits à feu vif dans leur coque.

2. GRILLER v. t. (de *grille 1*) [conj. **3**]. Munir, fermer qqch d'une grille, d'un grillage : *Griller une fenêtre.*
◆ **être grillé** v. pass. *Points grillés,* dans la dentelle aux fuseaux, points de dentelle croisés exécutés en opposition avec les points toilés.

GRILLEUSE n. f. Syn. de FLAMBEUSE.

GRILL-EXPRESS n. m. inv. Voiture ferroviaire de grande ligne conçue pour le service de restauration organisé en libre-service.

GRILLOIR n. m. Dans un four électrique ou à gaz, élément chauffant à la voûte et permettant d'effectuer des grillades. (Syn. GRIL.)

GRILLON n. m. (anc. fr. *grillet,* du lat. *grillus*). Petit insecte orthoptère fouisseur, omnivore, à grosse tête et élytres courts, dont le mâle possède un appareil stridulatoire puissant. (Le grillon domestique abonde dans les boulangeries. Le grillon des champs, plus gros, noir et brun, est commun partout.) [N. usuel *cricri*.]

GRILLPARZER (Franz), écrivain autrichien (Vienne 1791 - *id.* 1872). Directeur des archives du ministère des Finances, il fut un auteur dramatique fécond. Il donna des drames historiques (*Sapho,* 1818 ; *la Toison d'or,* 1821 ; *le Bonheur et la Fin du roi Ottokar,* 1825) et lyriques (*les Vagues de la mer et de l'amour,* 1831).

GRILL-ROOM [grilrum] ou **GRILL** n. m. (pl. *grill-rooms*) [angl. *grill-room,* de *to grill,* griller, et *room,* salle]. Restaurant spécialisé dans les grillades.

GRIMAÇANT, E adj. Qui grimace, est déformé par les grimaces : *Une figure, une expression grimaçante.*

GRIMACE n. f. (anc. fr. *grimuche,* du frq. **grima,* masque). **1.** Contorsion de certains muscles du visage qui traduit un sentiment de douleur, de dégoût, etc. : *Une grimace de désapprobation.* — **2.** Toute contorsion des muscles du visage qui enlaidit : *Enfant qui s'amuse à faire des grimaces.* — **3.** Faux pli d'un habit, d'une étoffe : *Couture mal montée qui fait une grimace.* — **4.** Figure grotesque sculptée sur les stalles d'église, surtout au XVe s. — **5.** *Faire la grimace,* marquer du mécontentement, du dépit, du dégoût, du mépris, etc. ; se renfrogner, faire la moue.
◆ **grimaces** n. f. pl. *Litt.* Manières affectées, minauderies.

GRIMACER v. i. (conj. **16**). **1.** Faire une grimace, des grimaces, volontairement ou non, présenter une déformation des traits : *Grimacer de colère. Le clown grimaçait pour faire rire les enfants.* — **2.** Faire un faux pli, en parlant d'un vêtement.
◆ v. t. *Grimacer un sourire,* s'efforcer de sourire malgré une douleur, une réticence.

GRIMACIER, ÈRE adj. et n. *Litt.* Qui fait habituellement des grimaces, qui exagère des démonstrations de sentiments.

GRIMAGE n. m. **1.** Action de grimer, de se grimer. — **2.** Maquillage de théâtre.

GRIMALDI *(maison),* famille noble de Gênes. Issue sans doute de Grimaldo (Grimaud), ambassadeur de Gênes auprès de Frédéric Ier Barberousse, cette famille s'enrichit par le commerce maritime. Membre du parti guelfe, elle disputa le pouvoir aux Doria et aux Spinola (XIIIe s.). Exclue de la direction de la république en 1339, elle devint cependant l'une des plus grandes familles nobles de Gênes aux XVe et XVIe s. Une de ses branches régna sur Monaco à partir de 1419 avec la *première maison de Grimaldi,* issue de GIOVANNI Ier, seigneur de Monaco de 1427 à 1454, et qui s'éteignit avec ANTOINE Ier, prince de Monaco de 1701 à 1731, la *deuxième maison de Grimaldi* (ou de *Grimaldi-Matignon*), fondée par JACQUES Ier, prince de Monaco de 1731 à 1733, et qui finit avec LOUIS II, prince de 1922 à 1949, et la *troisième maison de Grimaldi,* dont le fondateur est RAINIER III, prince depuis 1949.

Grimaldi *(ordre des),* ordre monégasque créé en 1954.

GRIMALDI (Francesco Maria), jésuite et physicien italien (Bologne 1618 - *id.* 1663). Il découvrit les interférences et la diffraction de la lumière et fit paraître en 1651 une carte de la Lune, dont la nomenclature est toujours utilisée par les astronomes.

Grimaldi *(homme de),* série de squelettes humains fossiles du type de Cro-Magnon, datant du début du paléolithique supérieur, et découverte à la fin du siècle dernier près de Menton.

GRIMAREST (Jean Léonor LE GALLOIS, *sieur* DE), écrivain français (Paris 1659 - *id.* 1713). On lui doit notamment une *Vie de M. de Molière* (1705).

GRIMAUD n. m. (frq. **grima,* masque). *Litt.* **1.** Dans les anciens collèges, élève des petites classes. — **2.** Homme pédant et ridicule ; mauvais écrivain.

GRIMAUD (83310), ch.-l. de cant. du Var, au pied des Maures, à l'O. de Saint-Tropez ; 3 330 hab. *(Grimaudois).* Ruines d'une forteresse des Grimaldi. Vieilles maisons. (→ PORT-GRIMAUD.)

GRIMAUD (Paul), maître cartier français (Brûlain, Deux-Sèvres, 1819 - Paris 1899). Il industrialisa la fabrication des cartes à jouer.

GRIMAULT (Paul), cinéaste d'animation français (Neuilly-sur-Seine 1905 - Le Mesnil-Saint-Denis, Yvelines, 1994). Dessinateur de vocation, il s'est imposé au cinéma avec *l'Épouvantail* (1943), *le Voleur de paratonnerres* (1945), *le Petit Soldat* (1947) et surtout *la Bergère et le Ramoneur* (1953, en collaboration avec Prévert), dont la version originale *(le Roi et l'Oiseau)* n'a été présentée qu'en 1979. Il a encore réalisé en 1988 *la Table tournante,* œuvre composée à partir de ses courts métrages.

GRIMBERGEN, comm. de Belgique, banlieue N. de Bruxelles ; 32 000 hab. Abbaye de prémontrés avec église baroque du XVIIe s. (beau mobilier).

GRIME n. m. (de *grimace*). Autref., au théâtre, rôle de vieillard ridé et ridicule ; acteur qui jouait ce rôle.

GRIMER v. t. (de *grime*) [conj. **3**]. Modifier le visage de qqn en le maquillant, en le fardant pour le théâtre, le cinéma, etc. : *Se grimer en vieillard.*

GRIMM (Melchior, *baron* DE), écrivain et critique allemand (Ratisbonne 1723 - Gotha 1807). Il vint en France comme précepteur, se lia avec Voltaire,

Diderot et Rousseau, avec qui il se brouilla (1757). En 1753, il succéda à l'abbé Raynal comme rédacteur de *la Correspondance* littéraire* et quitta Paris à l'époque de la Révolution.

GRIMM (Jacob), linguiste et écrivain allemand (Hanau 1785 - Berlin 1863). Membre de l'Académie des sciences de Berlin en 1841, il fut le fondateur de la philologie allemande, réunissant avec son frère WILHELM (Hanau 1786 - Berlin 1859) des textes du vieux fonds germanique. Ensemble, ils publièrent la *Poésie des maîtres chanteurs* (1811), les *Contes* d'enfants et du foyer* (1812), les *Légendes allemandes* (1816-1818), une *Histoire de la langue allemande* (1848), un *Dictionnaire allemand* (1854-1862, publication achevée en 1961). — La *loi de Grimm,* énoncée en 1822 par Jacob Grimm, établit le principe de la régularité des lois phonétiques, à partir duquel a pu se développer la grammaire comparée. Elle explique les correspondances entre les langues germaniques par une mutation des consonnes de l'indo-européen.

GRIMMELSHAUSEN (Hans Jakob Christoffel VON), romancier allemand (Gelnhausen v. 1622 - Renchen 1676). Sa *Vie de l'aventurier Simplicius Simplicissimus* (1669), tableau des mœurs allemandes à l'époque de la guerre de Trente Ans, a été une des œuvres les plus caractéristiques du baroque allemand. Brecht s'inspirera de son personnage de la Vagabonde Courage.

GRIMOALD ou **GRIMAUD** (v. 615 - Paris 662), maire du palais d'Austrasie. Fils et successeur (640) de Pépin de Landen, il gouverna l'Austrasie au nom de Sigebert III puis (656-662) de son fils Childebert.

GRIMOD DE LA REYNIÈRE (Alexandre Balthasar Laurent), gastronome français (Paris 1758 - Villiers-sur-Orge, Essonne, 1838). Sa notoriété, d'abord liée aux excentricités de ses déjeuners philosophiques, fut ensuite attachée à son *Almanach des gourmands ou Calendrier nutritif* (1803-1812). Il fonda le *Jury dégustateur,* qui jugeait les produits alimentaires soumis à son appréciation.

GRIMOIN-SANSON (Raoul), inventeur français et pionnier du cinéma (Elbeuf 1860 - Oissel 1941). Il imagina en 1896 le phototachygraphe et exploita en 1900, à l'Exposition universelle, le Cinéorama, anticipation du triple écran, du CinémaScope et du Cinérama.

GRIMOIRE n. m. (altér. de l'anc. fr. *gramaire,* grammaire). **1.** Livre de magie ou de sorcellerie. — **2.** *Litt.* Livre illisible, écrit indéchiffrable.

GRIMPANT, E adj. Se dit d'une plante dont la tige ne peut s'élever qu'en s'appuyant sur un mur, un rocher, une autre plante, etc.

◆ **grimpant** n. m. *Pop.* Pantalon.

GRIMPE n. f. *Fam.* Escalade, varappe : *Les as de la grimpe.*

GRIMPÉE n. f. *Fam.* Montée d'une côte ; pente accusée que l'on monte avec effort.

1. GRIMPER v. i. (de *gripper,* avec l'infl. de *ramper*) [conj. 3]. **1.** Monter en s'aggrippant, en s'aidant des mains, des pieds, etc. ; monter le long d'une surface verticale, en parlant d'une plante : *Grimper aux arbres, sur une paroi. Le lierre grimpe le long du mur.* — **2.** Accéder à un lieu, en partic. un étage élevé, en gravissant des marches, une pente assez raide : *Grimper au sixième étage chez des voisins.* — **3.** Accéder à un lieu élevé, au sommet de qqch, s'installer sur qqch, avec ou sans idée d'effort : *Grimper sur un tabouret.* — **4.** Suivre une pente assez raide qui s'élève : *Sentier qui grimpe dans la montagne.* — **5.** *Fam.* Monter, s'installer dans un véhicule (avec une idée de rapidité ou d'effort). — **6.** S'accroître (de tant), s'élever rapidement, monter : *La température grimpe.* — **7.** Fam. *Grimper au(x) rideau(x),* manifester un sentiment violent, notamm. la colère.

◆ v. t. Gravir qqch, le parcourir en montant ; escalader : *Grimper la côte.*

2. GRIMPER n. m. (de *grimpe 1*). **1.** Mode de déplacement vertical des animaux impliquant un contact incessant avec un support solide. (→ *encycl.*) — **2.** Exercice consistant à monter à la force des bras à une corde lisse ou à nœuds, ou à une perche.

ENCYCL. **Zool.** Le grimper est obtenu soit par la saisie du support au moyen de mains ou de pattes, de la queue, du corps entier enroulé (serpents), soit par le creusement au moyen de griffes pointues qui s'enfoncent dans le support (carnassiers, oiseaux, lézards, insectes), soit enfin par adhérence au moyen de ventouses (rainettes, mouches, poulpes, etc.).

GRIMPEREAU n. m. (de *grimper 1*). **1.** Petit passereau des bois ou des jardins ayant un long bec fin et courbe, une queue très raide et les mœurs du pic. — **2.** *Grimpereau des rochers,* nom usuel de l'*échelette* ou *tichodrome.*

GRIMPETTE n. f. (de *grimper 1*). *Fam.* **1.** Petit chemin en pente rapide. — **2.** Escalade, varappe.

GRIMPEUR, EUSE n. **1.** Cycliste particulièrement à l'aise dans l'ascension des côtes et des cols. — **2.** Alpiniste, varappeur.

GRIMSBY, port de Grande-Bretagne (Humberside), sur l'estuaire de la Humber ; 92 000 hab. Pêche (centre d'expédition de poisson frais, conserveries). Constructions navales. Chimie.

GRIMSEL ou **GRIMSELPASS,** col routier des Alpes bernoises, entre le haut Valais et l'Oberland bernois ; 2 165 m.

GRINÇANT, E adj. **1.** Qui produit un grincement : *Une porte grinçante.* — **2.** Qui manque d'harmonie : *Une voix grinçante.* — **3.** Se dit d'un propos féroce, aigre : *Humour grinçant.*

GRINCEMENT n. m. **1.** Fait de grincer ; bruit désagréable d'un objet qui grince : *Le grincement de la porte.* — **2.** *Grincement de dents,* mécontentement, dépit ou rage contenus : *Il y aura des pleurs et des grincements de dents.*

GRINCER v. i. (anc. fr. *grisser,* du frq. **kriskjan*) [conj. **16**]. **1.** Produire par frottement un bruit strident, aigu : *La girouette grince au vent.* — **2.** *Grincer des dents,* les frotter les unes contre les autres le plus souvent de manière convulsive ; éprouver un sentiment d'agacement, de colère.

GRINCHE ou **GRINGE** adj. (frq. *grisan,* crisser). En Suisse, se dit de qqn de grincheux, de mauvaise humeur.

GRINCHER v. i. (var. norm. de *grincer*) [conj. **3**]. *Fam.* Se montrer grincheux, récriminer.

GRINCHEUX, EUSE adj. et n. (de *grincher*). Qui est maussade, grognon, hargneux : *Un client grincheux.*

GRINDE n. m. Nom usuel du *globicéphale.*

GRINDELWALD, station touristique (à 1 065 m d'alt.) et centre d'alpinisme de Suisse (cant. de Berne) à proximité des sommets de l'Oberland bernois ; 3 500 hab.

GRINGALET n. m. (suisse **grängelli*). Homme ou garçon grêle, chétif, faible de constitution.

Gringalet, pseudonyme d'un farceur de la troupe de l'Hôtel de Bourgogne, au XVIIe s., puis nom d'un emploi tenu au Boulevard du Temple, entre 1810 et 1820.

GRINGE → GRINCHE.

GRINGO [gringo] n. m. (esp. *gringo*). *Péjor.* Nom donné, par les Mexicains, à un étranger (surtout un habitant des États-Unis).

GRINGOIRE (Pierre) → GRINGORE (Pierre).

Gringoire, hebdomadaire politique et littéraire fondé à Paris, en 1928, qui fut publié en zone Sud sous l'Occupation et qui défendit la politique du maréchal Pétain et la collaboration. Il cessa de paraître en mai 1944.

GRINGORE (Pierre), écrivain français (Thury-Harcourt vers1475 - en Lorraine 1539). Poète dans la tradition des Grands Rhétoriqueurs (*Notables Enseignements, adages et proverbes,* 1527), il se consacra surtout au théâtre : animateur de la troupe des « Enfants sans souci », pour laquelle il composa des sotties, il défendit la politique de Louis XII contre Jules II dans le *Jeu* du prince des sots,* représenté aux Halles de Paris le Mardi gras de 1512. V. Hugo a fait de lui le « Gringoire » de *Notre-Dame* de Paris.*

GRINGUE n. m. (p.-ê. de *grignon*). Pop. *Faire du gringue à qqn,* chercher à le séduire.

Grinnel *(système)* [du nom de son inventeur américain], installation d'extinction automatique d'incendie à eau, composée de tuyaux en charge munis de diffuseurs commandés par des détecteurs automatiques de chaleur.

GRIOLET n. m. (de *Griolet,* n. pr.). Système de palans utilisé jadis sur les vaisseaux à voiles pour soulever les canons.

GRIOT [grijo] n. m. (p.-ê. port. *criado,* serviteur). En Afrique noire, personnage qui a pour fonction de raconter des mythes, de chanter et/ou de raconter des histoires du temps passé. (À la fois objet de mépris et de crainte, il maintient, par sa fonction sociale, la « littérature orale africaine ».)

GRIOTTE n. f. (provenç. *agrioto,* de *agre,* aigre). **1.** Cerise acide dont on fait des liqueurs et qu'on prépare par macération dans l'eau-de-vie. — **2.** Marbre à taches rouges ou brunes de forme arrondie.

GRIOTTIER n. m. Cerisier à griottes.

GRIP n. m. **1.** Revêtement du manche d'un club, d'une raquette de tennis à l'endroit où on le prend en main, et qui permet une meilleure prise. — **2.** Pince mobile reliant une voiture de chemin de fer funiculaire au câble qui l'entraîne dans la montée ou qui le retient dans la descente.

GRIPENBERG (Bertel), écrivain finlandais de langue suédoise (Saint-Pétersbourg 1878 - Sävsjo, Suède, 1947). D'abord poète de la sensualité esthétique (*Poèmes,* 1903), il a chanté la guerre de l'Indépendance de 1918, à laquelle il participa dans le camp des « Blancs » (*Sous le drapeau,* 1918 ; *Après la bataille,* 1923).

GRIPPAGE n. m. (de *gripper*). **1.** Accident mécanique entre deux surfaces métalliques frottant l'une contre l'autre, lorsque des particules de métal se détachent de l'une d'elles et rayent l'autre plus ou moins profondément, en entraînant un échauffement, puis un soudage des surfaces en présence. — **2.** Mauvais fonctionnement d'un système : *Le grippage du système monétaire international.*

GRIPPAL, E, AUX adj. **1.** Relatif à la grippe. — **2.** *Virus grippal,* nom usuel de *Myxovirus influenzæ.*

GRIPPE n. f. (de *gripper,* au sens anc. de saisir brusquement, ou frq. **grip*). **1.** Maladie infectieuse épidémique, provoquée par *Myxovirus influenzæ.* (Syn. vieilli INFLUENZA.) [→ *encycl.*]

— 2. *Prendre qqn en grippe,* avoir de l'aversion, de l'antipathie. ‖ *Grippe maligne,* forme grave de la grippe entraînant notamment une atteinte pulmonaire diffuse nécessitant rapidement une assistance ventilatoire en réanimation.
ENCYCL. La grippe est une maladie hautement contagieuse, évoluant par petites épidémies, dont certaines ont été meurtrières. L'incubation dure de 2 à 5 jours. Le début est brutal, marqué par de la fièvre, des maux de tête, des douleurs musculaires. On note fréquemment un coryza et une toux sèche, tenace et douloureuse. La guérison se fait le plus souvent en quelques jours, avec cependant une nouvelle poussée fébrile au 3e-4e jour. Les complications peuvent être liées au virus lui-même ou à des surinfections microbiennes. La vaccination doit être de préférence pratiquée à l'automne. La durée de l'immunité obtenue étant de 6 à 8 mois, elle doit être renouvelée tous les ans.

GRIPPÉ, E n. Personne atteinte de la grippe.

GRIPPÉ (ÊTRE) v. pass. (de *grippe*) [conj. 3]. Être atteint de la grippe.

GRIPPER v. t. (frq. **gripan,* saisir) [conj. 3]. **1.** Provoquer l'arrêt, le mauvais fonctionnement d'un mécanisme par défaut de graissage. — **2.** Bloquer le fonctionnement d'un système. ◆ v. i. ou **se gripper** v. pr., **être grippé** v. pass. **1.** S'échauffer et adhérer par défaut de graissage : *Les rouages grippent.* — **2.** Ne plus fonctionner correctement, se bloquer : *Le système monétaire international commence à gripper.*

GRIPPE-SOU n. m. (pl. *grippe-sou*[*s*]). *Fam.* Avare qui fait de petits gains sordides.

GRIQUALAND, région d'Afrique du Sud, dans la province du Cap-Nord, habitée par les *Griquas,* population issue du métissage de Boers et de Hottentots.

GRIS, E adj. (frq. **grîs*). **1.** Qui est d'une couleur intermédiaire entre le noir et le blanc : *Des nuages gris anthracite.* — **2.** Où sont mêlés des cheveux ou des poils blancs et foncés ; se dit de qqn dont les cheveux sont tels : *Elle est déjà toute grise.* — **3.** Qui est triste, morne, terne, sans intérêt : *Des pensées grises.* — **4.** Qui est plus ou moins ivre : *Plusieurs convives étaient déjà gris.* — **5.** Fam. *Matière grise, cellules grises,* cerveau, intelligence, réflexion. ‖ *Tabac gris* ou *gris* (n. m.), tabac scarferlati caporal présenté en emballage cubique de papier gris. ‖ *Temps gris,* temps couvert. ‖ *Vin gris,* vin rosé de couleur très pâle à nuance saumon. • **Bours.** *Marché gris,* dans le cas d'une offre publique de vente, transactions qui s'effectuent entre la date de cette offre et la première cotation en Bourse. — **Neurol.** *Noyaux gris centraux,* ensemble des noyaux de substance grise situés à la partie médiane du cerveau. (Ils sont constitués par le noyau caudé, le putamen, le pallidum, le complexe nucléaire amygdalien, les noyaux sous-thalamiques et le locus niger. Ils contrôlent la motricité et leur atteinte entraîne l'apparition de mouvements anormaux.) ‖ *Substance grise,* sur une coupe de cerveau, région de couleur grise par opposition à la substance blanche, et qui est formée par l'amas des corps cellulaires des neurones. (Dans les hémisphères cérébraux, la substance grise constitue le cortex et les noyaux gris centraux. Dans le cervelet, elle forme le cortex cérébelleux et les noyaux profonds, tandis que, au niveau de la moelle, elle est centrale et se répartit en cornes antérieures et postérieures.) — **Papet.** *Carton gris,* carton fabriqué à partir de vieux papiers.
◆ **gris** adv. *Il fait gris,* le temps est couvert.
◆ n. m. **1.** La couleur grise : *S'habiller en gris.* — **2.** Matière colorante de couleur grise : *Une couche de gris.*
◆ **grise** n. f. Ligne, filet, formés de points fins, utilisés, dans l'imprimerie, pour la composition.

GRIS (Victoriano GONZÁLEZ, dit **Juan**), peintre espagnol (Madrid 1887 - Boulogne-sur-Seine 1927). Il arriva à Paris en 1906 et dessina d'abord pour les journaux. Interprète, dans une démarche très réfléchie, des découvertes du cubisme, il a manifesté dans la période analytique (*Hommage à Picasso,* 1912, Art Institute de Chicago) et, surtout, dans ses collages et ses peintures synthétiques d'env. 1913-1917 (*le Petit Déjeuner,* 1915, M. N. A. M., Paris) un goût affirmé pour la « mathématique picturale » à laquelle il confère un éclat incisif.

GRISAGE n. m. Couleur grise donnée industriellement aux textiles.

GRISAILLE n. f. (de *gris*). **1.** Ensemble de couleurs grisâtres, ternes : *La grisaille d'automne.* — **2.** Teinte, couleur qui tire sur le gris dans un paysage, dans un tableau. — **3.** Perte d'éclat d'un linge blanc qui tire légèrement sur le gris. — **4.** Caractère de ce qui est monotone, sans éclat, sans grand intérêt : *La grisaille de la vie quotidienne.* • **Bx-arts.** Peinture monochrome en camaïeu gris, ou de couleur proche du gris. (Le procédé a souvent été employé, notamment pour donner l'illusion du relief.) ‖ Procédé de l'émaillerie limousine du XVIe s., consistant à peindre avec de l'émail blanc sur fond noir. (Les Pénicaud.) — **Text.** Étoffe mélangée de noir et de blanc, ou à petits carreaux noirs et blancs. ‖ Tissu de laine qui se fait avec des chaînes coton chiné sur fil ou chiné coton. — **Vitr.** Couleur vitrifiable d'un ton brun pouvant aller jusqu'au noir, faite d'un mélange d'oxydes de fer et de cuivre et d'un fondant. (Elle a été employée dès les débuts du vitrail pour donner aux verres de couleur le modelé et les ombres ; les cisterciens ont exécuté des vitrages à dessins géométriques et floraux entièrement en grisaille sur verre blanc.) – **Zool.** Nom usuel de la *boarmie.*

GRISAILLER v. t. (de *grisaille*) [conj. 3]. **1.** Peindre qqch d'une couleur grisâtre : *Grisailler un mur.* – **2.** Rendre qqch grisâtre, sans éclat : *Le calcaire grisaille le linge.*

◆ v. i. **1.** Devenir grisâtre : *La peinture grisaille.* – **2.** En parlant du ciel, devenir gris, couvert.

GRISANT, E adj. (de *griser*). **1.** Qui enivre : *Vin grisant.* – **2.** Qui exalte, excite les sens, étourdit : *Odeur grisante. Succès grisant.*

GRISARD ou **GRISART** n. m. (de *gris*). Nom usuel du peuplier gris ou blanc.

GRISÂTRE adj. **1.** Qui tire sur le gris : *Ciel grisâtre.* – **2.** Qui est triste, monotone : *Une vie grisâtre, sans relief.*

GRISBI n. m. (de *griset,* pièce de six liards). *Arg.* Argent, magot.

GRISÉ n. m. **1.** Teinte grise. – **2.** Ensemble de réglures légères, droites ou ondulées, dans certaines impressions (factures, bordereaux, etc.), destinées ordinairement à porter un chiffre, qui devient ainsi intangible. – **3.** Fond tramé appliqué sur certaines parties d'un cliché ou d'un film destinés à l'impression.

GRISÉE n. f. Brique de qualité médiocre servant aux remplissages.

GRISÉOFULVINE n. f. Antibiotique antifongique, isolé de *Penicillum griseofulvum,* utilisé contre les champignons microscopiques parasites provoquant des mycoses de la peau, des ongles (onyxis) et des cheveux (teignes) ainsi qu'en rhumatologie.

GRISER v. t. (de *gris*) [conj. 3]. **1.** Donner une teinte, une nuance grise. – **2.** Enivrer qqn légèrement : *Un petit vin qui grise.* – **3.** Mettre qqn dans un état d'exaltation, d'excitation des sens : *L'air vif nous grise. Se laisser griser par le succès.*

◆ **être grisé** v. pass. Tirer sur le gris, en parlant d'une couleur : *Blanc grisé.*

◆ **se griser** v. pr. **1.** Devenir gris, à demi ivre : *Se griser avec du whisky.* – **2.** Être comme ivre de qqch, s'exalter : *Se griser d'émotions violentes.* – **3.** *Se griser de paroles,* s'écouter parler.

GRISERIE n. f. (de *griser*). **1.** État de qqn qui est à moitié ivre. – **2.** Excitation physique : *La griserie de l'action.* – **3.** Euphorie, excitation qui fait un peu perdre la notion de la réalité : *La griserie du succès.*

GRISET n. m. (de *gris*). **1.** Requin vivipare à 6 paires de fentes branchiales, commun dans l'Atlantique. (Syn. REQUIN À MAQUEREAUX.) – **2.** Nom donné parfois au *canthare.*

1. GRISETTE n. f. (de *gris*). *Fam.* et *vx.* Jeune ouvrière coquette.

2. GRISETTE n. f. (de *gris*). **1.** Fauvette nichant partout en Europe, hivernant en Afrique tropicale, insectivore. – **2.** Nom usuel de deux champignons : l'amanite vaginée et le clitocybe nébuleux. – **3.** Maladie cryptogamique du chêne.

GRISI (Carlotta), danseuse italienne (Visinada, Istrie, 1819 - Saint-Jean, près de Genève, 1899). Elle fut la créatrice du ballet romantique *Giselle,* dont elle inspira le scénario à Théophile Gautier (1841). Elle participa au *Pas de quatre* de Jules Perrot, présenté à Londres (1845) avec M. Taglioni, L. Grahn et F. Cerrito.

GRIS-NEZ *(cap),* promontoire du Boulonnais (Pas-de-Calais), à 50 m au-dessus du niveau de la mer. Phare.

GRISOLLEMENT n. m. (de *grisoller*). Chant de l'alouette.

GRISOLLER v. i. (onomat.) [conj. 3]. Chanter, en parlant de l'alouette.

GRISOLLES (82170), ch.-l. de cant. du sud du Tarn-et-Garonne, dans la moyenne vallée de la Garonne ; 2 791 hab. *(Grisollais).*

1. GRISON n. m. (anc. provenç. *grizon,* de *gris*). **1.** Mammifère carnivore mustélidé d'Amérique du Sud, proche du sconse. – **2.** *Litt.* Âne. – **3.** *Litt.* Vieillard, barbon.

2. GRISON, ONNE adj. et n. (romanche *Grischun*). Des Grisons.

GRISONNANT, E adj. Qui grisonne : *Être déjà grisonnant à quarante ans.*

GRISONNEMENT n. m. Fait de grisonner.

GRISONNER v. i. (de *gris*) [conj. 3]. Devenir gris : *Tempes qui grisonnent.*

GRISONS *(canton des),* en all. **Graubünden,** cant. de l'est de la Suisse ; 7 106 km^2 ; 173 890 hab. Ch.-l. *Coire.* On y parle l'allemand, l'italien et le romanche. C'est le plus étendu des cantons suisses. Plus des deux tiers du territoire sont situés au-dessus de 1 800 m. Les massifs alimentent les bassins du Rhin, du Danube (par l'Inn) et du Pô (par l'Adda), et sont reliés par des cols nombreux, mais élevés. À l'écart des grandes percées ferroviaires transalpines, longtemps isolé, le canton tire ses ressources de l'agriculture (polyculture et élevage) et surtout du tourisme, favorisé par un climat sec et ensoleillé. Par ailleurs, il fournit 20 % de la production hydroélectrique nationale.

– **Hist.** Conquise par Rome v. 15 av. J.-C., la région devint v. 20 apr. J.-C. une province romaine dénommée Rhétie. L'évêché de Coire, mentionné dès 451, fut rattaché à Milan (jusqu'en 843) puis à Mayence. Ses évêques détinrent, du milieu du IXe s. à 1526, le pouvoir temporel sur la région. Celle-ci appartint au Saint Empire romain germanique de 916 aux traités de Westphalie (1648), qui reconnurent son indépendance. Les ligues qui s'y constituèrent aux XIVe-XVe s. s'allièrent à la fin du XVe s. à la Confédération suisse, dans laquelle les Grisons entrèrent en 1803.

Grisons *(viande des),* viande de bœuf salée et séchée, consommée en tranches fines après une maturation de plusieurs semaines (spécialité suisse).

GRISOTTE n. f. (de *gris*). En bonnetterie, dessin de jours fait dans les bas sur le métier lui-même.

GRISOU n. m. (wallon *grisou,* grégeois). **1.** Gaz inflammable, constitué généralement de méthane presque pur, qui se dégage principalement dans les mines de charbon. (→ *encycl.*) – **2.** *Coup de grisou,* inflammation d'air grisouteux à teneur explosive, de caractère brutal.

ENCYCL. On peut trouver du grisou dans tous les terrains porteurs de matières organiques (charbons, schistes bitumineux, calcaires asphaltiques), et dans les terrains avoisinants. Dans les mines de charbon, le grisou se dégage surtout au cours de l'abattage, à l'arrière des travaux, par des fissures ouvertes dans les terrains et qui font communiquer les chantiers avec des couches de charbon encore inexploitées. Les mines grisouteuses exigent un aérage très soigné et puissant, capable de diluer le grisou à une teneur (1 %) très inférieure à la teneur explosive (6 %). En même temps, pour diminuer le risque d'inflammation, on n'utilise que du matériel de sécurité dit « antidéflagrant ». La teneur en grisou peut également être diminuée par un captage systématique. Le coup de grisou, toujours localisé, peut déclencher des « coups de poussière », beaucoup plus dangereux.

GRISOU-DYNAMITE n. f. (pl. *grisous-dynamites*). Explosif à base de dynamite dont la température de détonation a été abaissée par adjonction d'une substance inerte (chlorure de sodium) pour l'utilisation en atmosphère grisouteuse.

GRISOUMÈTRE n. m. Appareil servant à mesurer la teneur en grisou dans l'air des galeries et chantiers.

GRISOUMÉTRIE n. f. Détermination de la teneur en grisou de l'air des mines, afin de régler l'aérage.

GRISOUSCOPE n. m. Lampe de sûreté à flamme servant à la grisouscopie.

GRISOUSCOPIE n. f. Détermination visuelle approximative de la teneur en grisou.

GRISOUTEUX, EUSE adj. Qui dégage ou contient du grisou.

GRIVAS (Ghéorghios) → GHRÍVAS.

GRIVE n. f. (anc. fr. *griu,* grec). Passereau (muscicapidé) d'Eurasie, insectivore et granivore, au plumage brunâtre, aux formes élancées (taille 22 à 30 cm), au chant mélodieux. (Espèces françaises : draine, litorne, mauvis, grive musicienne.)

GRIVELAGE n. m. Action de griveler ; petit profit illicite.

GRIVELÉ, E adj. (de *grive*). *Litt.* Qui est tacheté, mêlé de gris et de blanc.

GRIVELER v. i. (de *grive*) [conj. **24** ; Littré **25**]. Consommer dans un café, un restaurant en sachant que l'on ne peut pas payer.

GRIVÈLERIE n. f. Infraction qui consiste à consommer dans un café, un restaurant en sachant que l'on ne peut pas payer.

GRIVELURE n. f. (de *grivelé*). *Litt.* Nuance mi-partie blanche et grise.

GRIVET n. m. (p.-ê. altér. de *gris-vert*). Cercopithèque gris verdâtre, des savanes d'Afrique. (Syn. SINGE VERT, VERVET.)

GRIVETON n. m. (arg. *grive,* guerre). *Arg. mil.* Simple soldat.

GRIVNA n. f. Unité monétaire principale de l'Ukraine.

GRIVOIS, E adj. (arg. *grive,* guerre). Qui est libre et hardi sans être obscène ; égrillard, licencieux : *Propos grivois.*

GRIVOISERIE n. f. Caractère de ce qui est grivois ; geste ou propos grivois : *Dire des grivoiseries.*

GRIZZLI ou **GRIZZLY** n. m. (pl. *grizzlis, grizzlys*) [amér. *grizzly bear,* ours grisâtre, de *grizzle,* gris]. Nom donné en Amérique à l'ours brun *Ursus arctos.*

GROCK (Adrien WETTACH, dit), artiste de variétés et clown suisse (Reconvilier, canton de Berne, 1880 - Imperia, Italie, 1959). Il fut le partenaire du fantaisiste Marius Galante *(Brick),* puis du grand clown Antonet, auprès de qui il acquit la maîtrise qui lui permit de s'imposer dans une entrée comique et musicale impeccablement réglée.

GRODDECK (Walter Georg, dit **Georg**), médecin allemand (Bad Kösen 1866 - Zurich 1934). Il a abordé les phénomènes inconscients à partir des maladies organiques et a posé que les symptômes y avaient une valeur symbolique. Il s'est éloigné de la théorie freudienne en considérant que l'inconscient était exclusivement somatique. Il a écrit notamment *le Livre du Ça* (1923).

GRODNO, v. de Biélorussie, près de la frontière polonaise ; 285 000 hab. Mécanique. Textile.

Engrais. Verrerie. – Occupée par les Allemands en 1915, puis en 1941, la ville fut libérée par les Soviétiques (juill. 1944).

GRŒNENDAEL [gronɛndal] n. m. (de *Grœnendael,* n. pr.). Chien de berger belge, à poils longs et noirs.

GROENER (Wilhelm), général allemand (Ludwigsburg 1867 - Bornstedt, près de Potsdam, 1939). Spécialiste des transports au grand état-major (1912-1916), il fut chargé par Hindenburg de la production d'armement et de l'emploi de la main-d'œuvre. Successeur de Ludendorff (oct. 1918), il contribua à l'abdication de Guillaume II. Ministre des Transports (1920-1923), il réorganisa les chemins de fer ; ministre de la Reichswehr (1928) et ministre de l'Intérieur de Brüning (1931), il s'opposa aux nazis et dut démissionner (1932). Il publia ses *Mémoires* en 1957.

GROENLAND, grande île (2 186 000 km²), située au nord de l'Amérique, dépendant du Danemark ; 55 117 hab. Cap. *Nuuk* (anc. *Godthåb*).
– **Géogr.** En dehors des montagnes bordières (culminant à 3 700 m), le Groenland est recouvert d'une calotte de glace (inlandsis) d'une épaisseur moyenne de 1 500 m. Le climat, rigoureux et venteux, présente, en raison de l'étirement en latitude (25 °C), des différences entre le Nord, où la température moyenne est de - 31 °C (banquise permanente), et le Sud où elle est de - 3 °C. La population vit sur la côte sud-ouest. L'élevage (ovins et rennes) et la pêche (crevette, morue, saumon) sont les principales activités, à côté de la présence de bases américaines (Thulé). La balance commerciale reste déficitaire.
– **Hist.** Découvert par Erik le Rouge (982), christianisé à partir de l'an mille, le Groenland est rattaché à la Norvège (1261), puis au Danemark (1380). Vers 1500, à la suite d'un refroidissement climatique, les Esquimaux restent seuls maîtres de l'île, vivant en économie fermée. Redécouvert en 1585 par l'Anglais John Davis, le Groenland est colonisé en 1721 par les Danois, et le traité de Kiel (1814) reconnaît le Danemark souverain sur le Groenland. Après les grands voyages d'exploration de Ross, Parry et Franklin, le centre de l'île est atteint en 1883 par Nordenskjöld et le Groenland est traversé dans toute sa longueur par Nansen en 1888. Base militaire des États-Unis pendant la Seconde Guerre mondiale, le pays est intégré au système militaire de l'O. T. A. N. en 1961. Département danois en 1953, le Groenland accède à l'autonomie interne le 1er mai 1979. Une nouvelle Constitution institue une assemblée groenlandaise *(Landsting)* de 21 membres, dont cinq forment un conseil régional *(Landsstyre),* dirigé par un président élu pour 4 ans. Le Groenland continue à être représenté au Parlement danois par deux élus. Le retrait du Groenland de la Communauté européenne, voté par référendum en 1982, est devenu effectif en févr. 1985.

GROENLAND *(courant du),* courant de décharge à composante méridionale, qui écoule le surplus d'eau et de glace de l'Arctique.

GROENLANDAIS, E adj. et n. Du Groenland.

GROG [grɔg] n. m. (angl. *grog,* du surnom de l'amiral anglais Vernon, *Old Grog,* habillé de gros-grain, qui obligea son équipage à étendre d'eau les rations de rhum). Boisson composée d'eau-de-vie ou de rhum, d'eau chaude sucrée et de citron.

GROGGY [grɔgi] adj. inv. (angl. *groggy,* ivre). **1.** Se dit d'un boxeur très éprouvé par les coups de l'adversaire, mais encore debout. – **2.** *Fam.* Qui est étourdi par un choc physique ou moral, ou par un excès de boisson.

GROGNARD n. m. (de *grogner*). **1.** Soldat de la Vieille Garde de Napoléon. – **2.** *Litt.* Vieux soldat en général.

GROGNASSE n. f. (de *grogner*). *Pop.* Femme laide et antipathique.

GROGNASSER v. i. (conj. 3). *Fam.* Grogner continuellement, sans motif. (Syn. GROGNONNER.)

GROGNE n. f. *Fam.* Mécontentement, insatisfaction collective : *C'est la grogne chez les élèves.*

GROGNEMENT n. m. **1.** Cri du cochon ou cri d'un animal (ours) ressemblant à celui du cochon. – **2.** Action de grogner.

GROGNER v. i. (anc. fr. *grognir,* du lat. *grunnire*) [conj. 3]. **1.** Émettre leur cri, en parlant du cochon, de l'ours. – **2.** Émettre un bruit sourd, un grondement qui manifeste de l'agressivité, en parlant d'un chien. – **3.** Manifester son mécontentement en protestant sourdement : *Il grogne, mais obéit.*
◆ v. t. ind. Protester, manifester son mécontentement sans vraiment l'exprimer clairement, contre qqn, qqch : *Il grogne sans cesse après la direction.*
◆ v. t. Murmurer qqch entre ses dents dans une attitude qui manifeste le mécontentement ou la réticence : *Grogner des insultes.*

GROGNEUR n. m. (de *grogner*). Nom donné à des poissons capables de produire des sons.

GROGNON adj. et n. Qui est toujours de mauvaise humeur, qui grogne, qui maugrée : *Un vieux grognon. Un enfant grognon.* (Le n. est inv. en genre ; pour l'adj., on rencontre parfois la forme GROGNONNE au fém.)

GROGNONNER v. i. (conj. 3). **1.** Grogner, en parlant des porcs. – **2.** *Fam.* Syn. de GROGNASSER.

GROIE n. f. (poitevin *groie,* de l'anc. fr. *groe,* gravier). Sol superficiel et caillouteux, constitué d'argiles de décalcification, de teinte brun rougeâtre. (On dit aussi TERRE DE GROIE.)

GROIN n. m. (bas lat. *grunium,* du lat. class. *grunnire,* grogner). **1.** Museau soutenu par un fort cartilage permettant le fouissage, notamment chez le cochon, le sanglier. — **2.** *Fam.* Visage laid, bestial.

GROISIL ou **GRÉSIL** [-zil] n. m. (var. de *grésil,* p.-ê. avec l'infl. du néerl. *gruis,* débris, gravier). Déchets de verre que l'on réintroduit dans le mélange vitrifiable.

GROIX *(île de)* [56590]. Île de Bretagne (Morbihan), au large de Lorient, formant une commune et un canton (15 km²) de 2 485 hab. *(Groisillons).* Pêche. Tourisme estival.

GROLIER (Jean), vicomte **d'Aiguisy,** trésorier de France et bibliophile (Lyon 1479 - Paris 1565). Il fit exécuter pour ses livres des reliures qui sont parmi les plus belles du XVIe s.

GROLLE ou **GROLE** n. f. (lat. pop. **grolla,* chaussure). *Pop.* Chaussure.

GROMAIRE (Marcel), peintre français (Noyelles-sur-Sambre 1892 - Paris 1971). Ses formes sont stylisées, puissamment cernées et construites, ses tons retenus, mais animés par le clair-obscur. Il a peint la guerre, le travail, la vie quotidienne, la femme. Il a pratiqué l'eau-forte et a participé au renouveau de la tapisserie *(les Bûcherons de Mormal,* Aubusson, 1940). Il est bien représenté au musée d'Art moderne de la Ville de Paris (legs du Dr Girardin).

GROMIE n. f. Amibe entourée d'une petite coque chitineuse ovoïde enveloppée d'un réseau irrégulier de cytoplasme, très commune dans les eaux douces.

GROMMELER v. i. (anc. fr. *grommer,* gronder, du moyen néerl. *grommen*) [conj. **24**]. **1.** Crier, en parlant du sanglier. — **2.** Se plaindre en murmurant ; émettre des paroles hostiles de manière indistincte : *Il obéit en grommelant.*

◆ v. t. Murmurer des paroles entre ses dents : *Grommeler des injures.*

GROMMELLEMENT n. m. **1.** Cri du sanglier. — **2.** Action de grommeler ; sons, paroles émis en grommelant.

GROMYKO (Andreï Andreïevitch), diplomate et homme d'État soviétique (Starye Gromyki, Biélorussie, 1909 - Moscou 1989). Ambassadeur aux États-Unis (1943) et représentant permanent de l'U. R. S. S. au Conseil de sécurité de l'O. N. U. (1946), vice-ministre des Affaires étrangères de 1949 à 1952, et de 1953 à 1957, il fut ministre des Affaires étrangères de 1957 à 1985. Entré en 1973 au Bureau politique, élu en 1985 président du Présidium du Soviet suprême, il quitta ces deux fonctions en 1988.

GRONCHI (Giovanni), homme d'État italien (Pontedera 1887 - Rome 1978). Fondateur, avec Luigi Sturzo, du parti populaire italien (1919), membre du premier ministère Mussolini, il s'opposa ensuite au fascisme. Ministre de l'Industrie et du Commerce (1944-1946), il présida la Chambre des députés de 1948 à 1955 et fut président de la République de 1955 à 1962.

GRONDANT, E adj. (de *gronder*). Qui gronde : *Une foule grondante.*

GRONDEMENT n. m. **1.** Bruit sourd et menaçant de certains animaux : *Les grondements d'un chien.* — **2.** Bruit sourd et prolongé de qqch à l'effet plus ou moins menaçant : *Les grondements du canon.*

GRONDER v. i. (anc. fr. *grondir,* du lat. *grundire,* grogner) [conj. 3]. **1.** Émettre un bruit sourd, plus ou moins menaçant : *Chien qui gronde.* — **2.** Produire un bruit sourd, plus ou moins effrayant : *L'orage gronde.* — **3.** *Litt.* Être menaçant, imminent, se manifester sourdement : *L'émeute gronde dans la rue.*

◆ v. t. ind. **1.** Manifester son hostilité par des grognements : *Le chien gronde après les passants.* — **2.** Exprimer de manière plus ou moins distincte, sourde, son mécontentement à l'égard de qqn ou de qqch : *La presse gronde contre le gouvernement.*

◆ v. t. **1.** *Litt.* Proférer des paroles avec mauvaise humeur : *Gronder quelques phrases inintelligibles.* — **2.** Réprimander avec une certaine familiarité : *Tu vas te faire gronder si tu rentres tard.*

GRONDERIE n. f. Action de gronder ; réprimande faite à un enfant.

GRONDEUR, EUSE adj. Qui gronde, qui est prêt à manifester son mécontentement par des réprimandes : *Ton grondeur.*

GRONDIN n. m. (de *gronder,* à cause du bruit que fait ce poisson quand il est pris). Poisson marin (triglidé), au corps triangulaire, dont certains rayons de la pectorale, libres, ressemblent à des doigts et servent d'organes locomoteurs. (Syn. TRIGLE.)

ENCYCL. Les grondins ont une tête forte, cuirassée de plaques osseuses et d'épines et un rostre aplati. Appréciés pour leur chair ferme et souvent appelés « rougets » pour leur couleur rouge, ils n'ont aucune parenté avec le vrai rouget ou *barbet.*

GRONINGUE, en néerl. **Groningen,** v. du nord des Pays-Bas, ch.-l. de la *province de Groningue,* reliée à la mer par plusieurs canaux ; 167 000 hab. Église St-Martin, des XIIIe et XVe s., et autres monuments. Musées. Bibliothèque académique riche en incunables, université fondée en 1614. Centre commercial et industriel (mécanique, chantiers navals, textiles, alimention, imprimerie).

GRONINGUE, en néerl. **Groningen,** prov. du nord des Pays-Bas ; 2 340 km² ; 553 862 hab. Ch.-l. *Groningue* (Groningen). Important gisement de gaz naturel (environ 80 Gm³, en grande partie exportés).

GROOM [grum] n. m. (angl. *groom*). Jeune employé d'hôtel, de restaurant, de cercle, chargé de faire les courses.

GROOT (Hugo DE) → GROTIUS.

GROOTE (Geert), dit **Gérard le Grand,** mystique néerlandais (Deventer 1340 - *id.* 1384). Il fut l'artisan d'un renouveau spirituel, la Devotio moderna, dont témoigne l'*Imitation de Jésus-Christ,* et qui exerça une influence considérable sur la spiritualité occidentale.

GROOTE EYLANDT, île d'Australie, dans le golfe de Carpentarie. Gisement de manganèse.

GROPIUS (Walter), architecte allemand (Berlin 1883 - Boston 1969). Soucieux de fonctionnalisme dès ses premières réalisations (usine Fagus à Alfeld, 1911 ; usine pour l'exposition du Deutscher Werkbund à Cologne, 1914), théoricien et pédagogue au Bauhaus, il eut pour préoccupations majeures les rapports de l'art et de l'industrie et la standardisation (lotissement Törten, Dessau, 1926-27). Aux États-Unis (1938), il collabora avec Breuer et enseigna à l'université Harvard. En 1945, il créa le groupe « The Architects Collaborative » (TAC), qui a donné, entre autres, le Harvard Graduate Center (1949-50) et, à New York, le Pan Am Building (1960).

GROS, GROSSE adj. (bas lat. *grossus,* épais, du lat. class. *crassus*). **1.** Indique le volume, l'épaisseur, la taille dans les comparaisons : *Un insecte gros comme une tête d'épingle.* — **2.** Qui dépasse la moyenne de sa catégorie, en volume, en épaisseur : *Un gros fruit.* — **3.** Qui a un certain volume relatif, qui est de grande taille par rapport à d'autres ou au reste : *Tenir un bâton par le gros bout.* — **4.** Qui a une étendue considérable : *Faire une grosse tache sur un livre.* — **5.** Qui est plus large et plus gras que la moyenne ; corpulent : *Le gros homme prenait toute la place.* — **6.** Qui est plus large que la moyenne ou que le reste du corps : *Avoir de gros bras.* — **7.** Qui dépasse la mesure prévue ou indiquée : *Donnez-moi un gros kilo de pommes.* — **8.** Se dit d'un organe dont le volume est relativement ou anormalement supérieur à la moyenne : *À l'examen, on constate une grosse rate.* — **9.** Dont la quantité, le nombre, l'abondance, etc., sont relativement considérables : *De gros effectifs. Un gros salaire.* — **10.** Dont le degré, le niveau, l'ampleur sont élevés : *C'est une grosse faute. Un gros chagrin.* — **11.** Dont la puissance, l'influence dans l'activité représentée sont importantes : *Un gros industriel. Une grosse affaire.* — **12.** Indique que qqn atteint un degré très élevé dans ce qu'il est ou fait : *Un gros bêta. Un gros malin.* — **13.** Qui manque de finesse, de raffinement : *De gros traits. Du gros drap.* — **14.** Qui est grossier, ordinaire : *Une grosse plaisanterie.* — **15.** Qui contient qqch en puissance : *Une décision grosse de conséquences.* — **16.** Fam. *C'est (un peu) gros, gros comme une maison, comme une montagne,* c'est exagéré, outré, forcé, fabriqué de toutes pièces ; se dit d'une allégation dont la fausseté est par trop évidente. ‖ Fam. et vx. *Être grosse,* être enceinte. ‖ Fam. *Gros bonnet, grosse légume,* personnage important, influent dans son milieu. ‖ *Gros bon sens,* bon sens élémentaire. ‖ *Gros mot,* mot grossier. ‖ *Grosse mer,* mer agitée, houleuse. ‖ *Gros temps,* tempête avec vent violent. ‖ *Gros murs,* murs périphériques, sur lesquels reposent les voûtes, les planchers et les charpentes de toiture. ‖ *Gros travaux,* les premiers travaux dans une construction ; travaux pénibles. ‖ *Gros vent,* vent très frais et très fort. ‖ *Yeux, regard gros de larmes,* au bord des larmes. ‖ *Yeux, regard gros de menace,* qui expriment la menace.

◆ n. **1.** Personne corpulente : *Les hommes préfèrent les grosses.* — **2.** *Fam.* Terme d'affection : *Ça va, ma grosse ?*

◆ **gros** adv. **1.** Indique une quantité élevée, beaucoup, cher : *Gagner gros. Il risque gros.* — **2.** *Écrire gros,* en caractères hauts et larges. ‖ *En avoir gros sur le cœur* ou (pop.) *sur la patate,* avoir du chagrin, du dépit. ‖ *En avoir gros sur la conscience,* avoir de lourdes fautes à se reprocher.

◆ n. m. **1.** *Fam.* Personne importante, influente ou riche : *Un projet qui vise à faire payer surtout les gros.* — **2.** La partie la plus considérable, l'essentiel de qqch : *Le gros de la troupe avait passé le pont.* — **3.** Achat de produits par quantités considérables chez le fabricant, et vente par quantités importantes aux commerçants détaillants. — **4.** *En gros,* dans les grandes lignes, pour l'essentiel : *En gros, il a raison.* ‖ *Prix de gros,* prix appliqué à de grandes quantités de marchandises (par oppos. à *prix de détail*) et, notamment, aux transactions effectuées dans le commerce de gros. • **Métrol.** Ancienne subdivision de la livre française, égale à la huitième partie d'une once, ou 3,824 g. — **Numism.** Ancienne monnaie française d'argent, instituée par Louis IX en 1266. — **Papet.** *Gros de rue, gros de magasin,* vieux papiers de qualité inférieure, réservés à la fabrication de papier d'emballage. — **Text.** *Gros de Tours, gros de Naples,* espèce de taffetas, mais dont le grain est plus épais (XVIIᵉ et XVIIIᵉ s.).

◆ **grosse** n. f. **1.** Douze douzaines de certaines marchandises (une grosse de boutons, par ex.). – **2.** Syn. de COPIE EXÉCUTOIRE*.

GROS (Antoine, *baron*), peintre français (Paris 1771 - Meudon 1835). Élève de David, puis officier d'état-major pendant la campagne d'Italie (*Bonaparte au pont d'Arcole,* 1796, Versailles), il a consacré de vastes compositions à l'épopée napoléonienne (*les Pestiférés de Jaffa,* Salon de 1804, Louvre ; *la Bataille d'Eylau,* 1808 ; *ibid.*) ; la violence des émotions, la force des coloris et la mise en scène y annoncent le romantisme. Pendant la Restauration, il dirigea à l'école des Beaux-Arts l'atelier de David, exilé ; il se réfugia dans une peinture mythologique plutôt académique, puis se donna la mort.

GROS-BEC n. m. (pl. *gros-becs*). Petit passereau (fringillidé) commun en France, à teinte dominante rousse, queue courte, bec énorme et pointu, avec lequel il ouvre les noyaux des fruits pour en dévorer l'amande.

GROSEILLE n. f. (anc. fr. *grosele,* du frq. **krusil*). **1.** Fruit comestible du groseillier, petite baie lisse et brillante, de couleur blanche ou rouge, de saveur acidulée, se présentant en grappe, utilisée pour fabriquer de la confiture et des sirops. – **2.** Sirop fait avec de la groseille. – **3.** *Groseille de Chine,* autre nom du *kiwi.* ‖ *Groseille à maquereau,* grosse groseille, baie solitaire, verdâtre, produite par le groseillier épineux, ou groseillier à maquereau.

◆ adj. inv. et n. m. Couleur rose vif proche du rouge.

GROSEILLIER [-zeje] n. m. (de *groseille*). Petit arbuste (saxifragacée) des régions tempérées et froides, cultivé pour son fruit. (On distingue le groseillier à grappes [fruits rouges ou blancs], le cassissier, le groseillier à maquereau, épineux.)

GROS-GRAIN n. m. (pl. *gros-grains*). **1.** Tissu de soie caractérisé par des côtes transversales plus ou moins ressorties. – **2.** Large ruban sans lisière, caractérisé par des côtes verticales plus ou moins grosses, surtout utilisé pour monter des jupes.

GROS-JEAN n. m. inv. Fam. *Être Gros-Jean comme devant,* ne pas être plus avancé qu'auparavant ; éprouver une désillusion.

GROSLIER (Georges), sculpteur, historien d'art et homme de lettres français († Phnom Penh 1945). Il a contribué à l'étude de l'art khmer (*Recherches sur les Cambodgiens,* 1921) et a été l'organisateur de l'actuel Musée national de Phnom Penh (1919).

GROS-MORNE (97213), comm. de la Martinique, dans le centre de l'île ; 10 197 hab.

GROSPIERRES (07120), comm. de l'Ardèche, sur le Chassezac ; 523 hab. Centre de vacances.

GROS-PLANT n. m. (pl. *gros-plants*). Vin blanc sec et léger produit dans le pays nantais.

GROS-PORTEUR n. m. (pl. *gros-porteurs*). Avion de transport de grande capacité. (Syn. JUMBO-JET.)

GROSSE → GROS.

GROSSER (Alfred), historien français (Francfort-sur-le-Main 1925). Professeur à l'Institut d'études politiques de Paris (1955-1980), il a notamment écrit : *l'Allemagne de l'Occident* (1953), *la Politique en France* (1964, avec F. Goguel), *le Sel de la terre. Pour l'engagement moral* (1981), *l'Allemagne en Occident* (1985).

GROSSERIE n. f. (de *gros*). **1.** Au XVIIIe s., ensemble de la production de gros objets d'orfèvrerie (vaisselle, accessoires d'éclairage, chapelles, etc.) par opposition à la *menuerie.* – **2.** Fabrication des coffres ou boîtes pour l'argenterie, des ménagères, des tiroirs de desserte ou de bahut, des tables à jeux, etc.

GROSSESSE n. f. (de *gros*). **1.** État de la femme entre la fécondation et l'accouchement. (Syn. GRAVIDITÉ.) [→ *encycl.*] – **2.** *Grossesse à haut risque,* celle qui est compliquée d'une maladie de la mère, ou d'une anomalie des annexes, d'un retard de croissance, ou qui survient chez une femme âgée de plus de 40 ans ou de moins de 18 ans. ‖ *Déclaration de grossesse,* déclaration que toute femme enceinte est tenue de faire dans les 3 premiers mois de sa grossesse à sa caisse de Sécurité sociale, pour pouvoir bénéficier de prestations sociales. ‖ *Grossesse nerveuse,* phénomène psychosomatique produisant des signes physiques évoquant une grossesse chez une femme qui n'est pas enceinte.

ENCYCL. La grossesse normale est dite « intra-utérine », la nidation de l'œuf fécondé se faisant dans la cavité utérine. Elle peut être unique, ou multiple (gémellaire, triple, quadruple, etc.). À partir de la sixième semaine après les dernières règles, l'examen échographique de l'utérus permet de voir l'œuf. Le diagnostic biologique de grossesse repose sur la mise en évidence, par des méthodes immunologiques, dans le sang et dans les urines de la femme enceinte, d'une hormone sécrétée précocement et en grande quantité par le trophoblaste, la gonadotrophine chorionique. La surveillance de la grossesse comporte les éléments habituels : poids, tension artérielle, recherche d'albuminurie et de glycosurie, groupe sanguin classique et Rhésus, sérodiagnostic de la syphilis, de la rubéole et de la toxoplasmose, voire cytobactériologie des urines et dosage d'hémoglobine. S'y ajoutent l'échographie, les dosages hormonaux, l'amnioscopie, l'amniocentèse, et la surveillance électronique de la

fréquence cardiaque fœtale. La durée de la grossesse normale est de 280 jours ou de 40 semaines après le début des dernières règles. La grossesse peut se terminer prématurément si l'accouchement survient avant le 259ᵉ jour, ou la 37ᵉ semaine. La prématurité demeure une des causes essentielles de mortalité et de morbidité fœtales.
— **Dr.** La grossesse ne peut être un motif de refus d'embauche. Une femme enceinte ne peut être licenciée pendant sa grossesse et 14 semaines après l'accouchement (sauf pour faute lourde ou motif économique). La femme salariée a droit au congé légal de maternité ; il est interdit d'employer une femme enceinte 2 semaines avant et 6 après l'accouchement. Certains travaux sont interdits aux femmes enceintes.

GROSSETESTE (Robert), philosophe anglais (Stradbroke, Suffolk, v. 1168 ou 1175 - Buckden, près d'Huntingdon, 1253). Franciscain, chancelier de l'université d'Oxford (v. 1215), puis évêque de Lincoln (1235), il pratiqua toutes les sciences de son temps. Sa philosophie assimile l'intelligibilité du monde à la démarche mathématique. En effet, l'intelligence est la « partie supérieure » de l'âme, et elle atteint son objet puisqu'elle est d'essence divine. Des textes de lui ont été publiés plus de deux siècles après sa mort (*Libellus de physicis unus,* 1503).

GROSSETO, v. d'Italie, en Toscane, ch.-l. de prov. sur l'Ombrone ; 69 000 hab. Centre principal de la Maremme. Rempart hexagonal du XVIᵉ s. Cathédrale de la fin du XIIIᵉ s. Musées archéologique et d'art sacré.

GROSSEUR n. f. **1.** Volume, dimension de qqch ; taille : *Un trou de la grosseur du poing.* — **2.** Volume, épaisseur relativement importants : *La grosseur du mur fait qu'on n'entend pas le voisin.* — **3.** État de qqn de gros ; corpulence : *Sa grosseur est un handicap.* — **4.** Enflure, tuméfaction, boule : *Avoir une grosseur au sein.*

GROSSGLOKNER, point culminant de l'Autriche, dans le massif des Hohe Tauern ; 3 796 m. Première ascension par les frères Klotz et l'abbé Horasch le 28 juill. 1800. Une route *(Grossglocknerstrasse),* allant de Heiligenblut à Zell am See, permet d'atteindre, grâce à un tunnel, l'altitude de 2 571 m.

GROSSIER, ÈRE adj. (de *gros*). **1.** Qui est rude et de mauvaise qualité, qui est fait de manière rudimentaire : *Du tissu grossier.* — **2.** Qui n'est qu'ébauché, qui n'est pas affiné, approfondi : *Je n'ai qu'une grossière idée de la question.* — **3.** Qui est fait sans soin, qui est mal fini : *Lavage grossier.* — **4.** Se dit d'une partie du corps qui est épaisse, lourde : *Des traits grossiers.* — **5.** Dont l'esprit et les mœurs manquent de raffinement, d'éducation, de culture ; qui dénote ces manques : *Un esprit grossier. C'est un grossier personnage. Il a commis une grossière erreur.* — **6.** Qui témoigne de peu de finesse d'esprit ou d'un manque d'élaboration : *Une ruse grossière.* — **7.** Qui choque les bienséances, la pudeur : *Un langage grossier.* — **8.** Se dit d'une roche dont la taille du grain dépasse 2 mm. — **9.** *Topologie grossière,* partie de $\mathcal{T}(E)$ formée de Ø et E, qui est une topologie sur l'ensemble E.

GROSSIÈREMENT adv. **1.** D'une manière grossière : *Des figures grossièrement dessinées.* — **2.** D'une manière sommaire, approximative : *Voici grossièrement le sujet de la pièce.* — **3.** D'une manière inconvenante : *Insulter grossièrement un passant.* — **4.** D'une manière brutale : *Se tromper grossièrement.*

GROSSIÈRETÉ n. f. (de *grossier*). **1.** Caractère de ce qui est grossier, épais : *Grossièreté des traits.* — **2.** Manque d'éducation, de finesse, de goût : *La grossièreté de ses manières est choquante.* — **3.** Caractère de ce qui choque la bienséance ; parole ou action inconvenantes : *Dire des grossièretés.* — **4.** Caractère de ce qui manque d'intelligence, de subtilité : *La grossièreté d'un mensonge.*

GROSSIR v. i. (conj. 32). **1.** Devenir plus gros, plus volumineux : *La tumeur a grossi.* — **2.** Prendre du poids ou de l'embonpoint : *Il a grossi de 5 kilos en deux mois. Grossir des hanches.* — **3.** Apparaître de plus en plus gros : *L'avion grossit en se rapprochant.* — **4.** Augmenter en nombre, en quantité, en intensité, en importance : *Le bruit grossit. Le scandale grossissait de jour en jour.*
◆ v. t. **1.** Rendre qqch plus gros, plus volumineux : *Les pluies ont grossi le torrent.* — **2.** Donner une image agrandie de qqch : *Microscope qui grossit dix fois les objets.* — **3.** Faire paraître qqn plus gros qu'il n'est : *Cette robe te grossit.* — **4.** Faire paraître un fait plus important qu'il n'est : *Les journalistes ont grossi l'incident à des fins politiques.* — **5.** S'ajouter à d'autres et en rendre ainsi le nombre plus important : *Les déserteurs vont grossir le nombre des rebelles.* — **6.** Rendre un son, un bruit plus forts, plus intenses : *Grossir sa voix pour se faire entendre.*

GROSSISSANT, E adj. **1.** *Litt.* Qui grossit, devient plus gros ou plus nombreux : *Un flot grossissant.* — **2.** Qui fait paraître plus gros : *Des verres grossissants.* — **3.** Qui fait grossir : *Les féculents sont grossissants.*

GROSSISSEMENT n. m. **1.** Action de rendre plus gros, d'agrandir. — **2.** Fait de devenir plus gros, de se développer : *Le grossissement d'un abcès.* — **3.** Fait de prendre du poids, de devenir gros : *Suivre un régime contre le grossissement.* — **4.** Amplification de qqch jusqu'à l'exagération, la déformation : *Le grossissement de l'affaire par les médias.* — **5.** Pour un instrument d'optique, rapport du diamètre apparent de l'image à celui de l'objet.

GROSSISTE n. (all. *Grossist*). Commerçant qui sert d'intermédiaire entre le producteur et le détaillant.

GROSSIUM [grɔsjɔm] n. m. (de *gros*). *Pop.* Personnage important, influent, riche.

GROSSMAN (Vassili Semenovitch), écrivain soviétique (Berditchev 1905 - Moscou 1964). Auteur de romans sur l'origine du bolchevisme (*Stepan Koltchouguine,* 1937-1940), il a tracé avec *Le peuple est immortel* (1942) et *Vie et Destin,* écrit en 1960, un tableau véridique de la guerre et s'est révélé un contestataire virulent dans *Tout passe.*

GROSSO MODO loc. adv. (lat. scolast. *grosso modo,* d'une manière grossière). Sans entrer dans les détails ; sommairement, en gros : *Expliquer grosso modo le fonctionnement d'une machine.*

GROSSULAIRE n. m. (lat. sc. *grossularia,* groseille). Silicate naturel d'aluminium et de calcium, appartenant à la famille des grenats.

GROS-VENTRES, Indiens Algonquins d'Amérique du Nord. Ils habitent aujourd'hui les réserves du Montana.

GROS-VERT n. m. (pl. *gros-verts*). Raisin de table, blanc, tardif, très cultivé dans le Midi.

GROSZ (Georg), dessinateur, graveur et peintre allemand (Berlin 1893 - *id.* 1959), naturalisé américain en 1938. Lié au groupe dada berlinois (1917), puis à la Neue Sachlichkeit (1925), caricaturiste féroce, il a donné une critique sociale non moins mordante par le style que par l'intention. Il s'exila aux États-Unis en 1933.

GROTEFEND (Georg Friedrich), linguiste allemand (Münden 1775 - Hanovre 1853), pionnier du déchiffrement de l'écriture cunéiforme.

GROTESQUE adj. (ital. *grottesca,* de *grotta,* grotte). **1.** Qui fait rire par son apparence bizarre : *Un nez grotesque.* — **2.** Qui est ridicule, absurde : *Tu es grotesque de vouloir toujours avoir raison.*

◆ n. Personne qui fait rire par son apparence bizarre.

◆ n. m. **1.** Caractère grotesque : *C'est d'un grotesque cette histoire !* — **2.** Genre littéraire et artistique caractérisé par le goût du bizarre, du bouffon et de la caricature. (→ *encycl.*)

◆ **grotesques** n. f. pl. Type d'ornements découverts à la Renaissance dans les restes enfouis de certains monuments antiques de Rome, et qui ont été une source d'inspiration pour l'art occidental depuis le XVIe s. (Giovanni da Udine) jusqu'à l'époque néoclassique. (Ce sont des compositions d'aspect capricieux, bien que souvent ordonnées autour d'axes de symétrie verticaux, mêlant arabesques, éléments architecturaux et végétaux et petites figures de fantaisie.)

ENCYCL. **Littér.** Attesté dès 1532 et illustré littérairement avec Rabelais, le grotesque est opposé au sublime par V. Hugo, dans la *Préface de Cromwell* (1827). Il se lit chez Swift, Hoffmann, Poe, Kafka, Jarry, Beckett, Ionesco pour marquer une discordance satirique, comique, absurde.

GROTESQUEMENT adv. De façon grotesque, ridicule.

GROTEWOHL (Otto), homme politique allemand (Brunswick 1894 - Berlin 1964). Député social-démocrate au Reichstag (1925-1933), il s'opposa au nazisme. Il fut, en zone soviétique, l'artisan de la fusion du SPD (social-démocrate) et du KPD (communiste) en un parti socialiste unifié (SED) [1946], dominé par les communistes. Il fut chef du gouvernement de la R. D. A. de 1949 à sa mort, en 1964.

GROTH (Paul VON), cristallographe et minéralogiste allemand (Magdeburg 1843 - Munich 1927). Il a étudié la structure des réseaux cristallins et proposé une classification des minéraux.

GROTHENDIECK (Alexander), mathématicien français d'origine allemande (Berlin 1928). Ses premiers travaux ont porté sur la théorie des espaces vectoriels. Depuis 1957, il a entrepris une vaste généralisation de la géométrie algébrique. En collaboration avec J. Dieudonné, il a publié un monumental traité : *Éléments de la géométrie algébrique* (1962-1965). Il a obtenu la médaille Fields en 1966.

GROTIUS (Hugo DE GROOT, dit), juriste et diplomate hollandais (Delft 1583 - Rostock 1645). Dans *De jure belli ac pacis* (1625), il combat principalement l'esclavage et s'efforce de prévenir et de réglementer les guerres. Véritable code de droit international public, cet ouvrage a valu à son auteur le titre de « Père du droit des gens ».

GROTOWSKI (Jerzy), metteur en scène et directeur de théâtre polonais (Rzeszów 1933). Animateur du Théâtre Laboratoire de Wrocław (1965-1985) puis d'un centre près de Pontedera, en Toscane, partisan d'un « théâtre pauvre », il a concentré ses recherches sur le jeu de l'acteur et la communication directe avec les spectateurs.

GROTTAFERRATA, v. d'Italie, dans le Latium (prov. de Rome) ; 15 000 hab. Abbaye du XIe s., de rite orthodoxe ; décors de fresques et de mosaïques dans l'église.

GROTTE n. f. (ital. *grotta,* du lat. *crypta,* crypte). **1.** Excavation naturelle ou artificielle, ouverte à la surface du sol, développée essentiellement dans les régions karstiques, où elle résulte de la dissolution du calcaire. (→ *encycl.*) – **2.** Dans un jardin, fabrique construite en rochers laissés au naturel ou en appareil rustique, souvent ornée de coquillages, de congélations, parfois agrémentée de jeux d'eaux. (Mode importée d'Italie en France au XVIe s.)

ENCYCL. **Géogr.** Les grottes constituent souvent des réseaux, qui peuvent atteindre des dimensions considérables (Flint Ridge Cave et Mammoth Cave dans le Kentucky). Curiosités naturelles (pour leurs draperies de concrétions) et musées (pour leurs peintures et gravures pariétales), parfois explorées par les spéléologues et visitées par les touristes, ce sont des milieux écologiques fragiles et menacés.

GROUCHEVSKI ou **HRUCHEVSKI** (Mikhaïl Sergueïevitch), historien et homme politique ukrainien (Kholm, auj. Chełm, 1866 - Kislovodsk 1934). Il milita à partir de 1905 pour l'autonomie de l'Ukraine au sein de l'empire tsariste et présida en 1917-18 la Rada centrale d'Ukraine. Il publia *l'Histoire de l'Ukraine-Rous* (1898-1937) et *l'Histoire de la littérature ukrainienne* (1923-1927).

GROUCHY (Marie DE), marquise de Condorcet → CONDORCET.

GROUCHY (Emmanuel, *marquis* DE), maréchal et pair de France (Paris 1766 - Saint-Étienne 1847). Sous-lieutenant des gardes du corps de Louis XVI (1786), il servit ensuite à l'armée de l'Ouest (1795-96), puis lors de l'expédition d'Irlande (1796-97) et en Italie (1799). Présent sur tous les fronts lors des campagnes de l'Empire, colonel général des chasseurs (1809), maréchal de France après la victoire de Ligny (16 juin 1815), il ne put empêcher, à Waterloo, la jonction de Blücher et de Wellington. Proscrit par la seconde Restauration (1815), il fut amnistié en 1819 et élevé à la pairie en 1832.

GROUCHY (Jean DE), médecin et généticien français (Deventer, Pays-Bas, 1926). Il est l'un des fondateurs de la cytogénétique humaine. Il a décrit un grand nombre de maladies chromosomiques nouvelles. Il a également établi les premières comparaisons entre les chromosomes de l'homme et ceux des grands primates : de ce fait, l'évolution des espèces peut être reconstituée par une série de remaniements chromosomiques. Il est l'auteur d'un *Atlas des maladies chromosomiques* (1975).

GROUILLANT, E adj. **1.** Qui grouille, fourmillant : *La viande est couverte de vers grouillants.* – **2.** Qui est plein de : *Une rue grouillante de monde.*

GROUILLEMENT n. m. Mouvement et bruit de ce qui grouille : *Le grouillement de la foule dans la rue.*

GROUILLER v. i. (anc. fr. *grouler,* s'agiter, avec l'infl. de *fouiller*) [conj. 3]. **1.** S'agiter en tous sens et en grand nombre : *Les enfants grouillent dans la cour de l'école.* – **2.** Se trouver qqpart en très grand nombre : *Les idées grouillent dans ce texte.* – **3.** Être plein d'une masse confuse et en mouvement : *La rue grouille de monde.* – **4.** Être plein de : *Ce texte grouille d'idées.*

◆ **se grouiller** v. pr. *Pop.* Se remuer, agir, faire vite ; se dépêcher : *Grouille-toi ! On va être en retard.*

GROUILLOT n. m. (de *se grouiller*). **1.** À la Bourse, jeune employé qui porte rapidement de l'un à l'autre les ordres d'achat et de vente. – **2.** *Fam.* Jeune employé chargé de faire les courses.

GROUIN *(pointe du),* cap de la côte nord de la Bretagne (Ille-et-Vilaine), au N. de Cancale.

GROUINER v. i. (lat. *grunnire*) [conj. 3]. Grogner, en parlant du cochon.

GROULT (Benoîte et Flora), femmes de lettres françaises (BENOÎTE [Paris 1920] ; FLORA [Paris 1924]). Ensemble, puis séparément, elles ont écrit une œuvre où la condition féminine est le thème dominant (*Journal à quatre mains,* 1962 ; *le Féminin pluriel,* 1963). Benoîte seule a publié *la Part des choses* (1972), *Ainsi soit-elle* (1975), *les Trois Quarts du temps* (1983), *les Vaisseaux du cœur* (1988), et Flora, *Mémoires de moi* (1975), *le Paysage intérieur* (1982), *Belle Ombre* (1989).

GROULX (*chanoine* Lionel), historien canadien d'expression française (Vaudreuil 1878 - *id.* 1967). Il a notamment publié *la Naissance d'une race* (1919), *Histoire du Canada* (1950).

GROUPAGE n. m. **1.** Action de grouper des colis et d'organiser leur acheminement. – **2.** Détermination des groupes sanguins.

GROUPAL, E, AUX adj. Qui concerne le groupe, les groupes.

GROUPE n. m. (ital. *groppo,* nœud, du germ. **kruppa,* masse arrondie). **1.** Partie homogène d'un ensemble dans une classification : *Division en groupes et en sous-groupes.* – **2.** Ensemble de choses, d'animaux ou de personnes, formant un tout et définis par une caractéristique commune : *Groupe ethnique. Le groupe des moyens et le groupe des forts.* – **3.** Ensemble formé par des choses ou des êtres de même nature et, en partic., ensemble défini par le nombre ou la quantité qui le constitue (par oppos. à *un*) : *Un groupe d'arbres dans le jardin. Marcher par petits groupes.* – **4.** Formation d'orchestre, de choristes, de chanteurs, etc. : *Aller écouter un groupe pop.* – **5.** Ensemble d'écrivains, d'artistes que réunissent des affinités et des objectifs communs : *Le groupe de la Pléiade.* – **6.** *De groupe,* qui est fait à plusieurs ou concerne plusieurs personnes (par oppos. à *individuel*) : *Travail de groupe. Billet de groupe.* ‖ *En groupe,* à plusieurs, par oppos. à *individuellement.* ‖ *Groupe de travail,* réunion de personnes qui étudient une même question. • **Astron.** Petit amas de galaxies. ‖ *Groupe local,* petit amas de galaxies auquel appartient la Galaxie. (Il comprend une trentaine de membres, parmi lesquels les Nuages de Magellan et la galaxie M31 d'Andromède.) — **Biol.** Subdivision usitée en classification zoologique ou botanique et dont on ne peut pas ou on ne veut pas préciser la valeur hiérarchique. (Syn. TAXON.) — **Bx-arts.** Réunion de figures et d'objets formant un ensemble ; en sculpture, en partic., réunion de deux ou plusieurs figures en ronde bosse sur un même support. — **Dr.** *Cabinet de groupe,* cabinet dont les locaux et parfois le personnel sont communs à deux ou plusieurs personnes exerçant une profession libérale. (Syn. CABINET GROUPÉ.) — **Écon.** Ensemble constitué par une société mère et les sociétés dans lesquelles celle-ci possède des intérêts. (Il n'y a pas, en France, de définition légale du groupe. Mais la consolidation des comptes, sur la base de certaines conventions, représente une reconnaissance officielle de l'existence des groupes.) — **Électr.** Ensemble de dispositifs de même type couplés de façon à agir simultanément. ‖ *Groupe générateur,* association de machines tournantes permettant de transformer l'énergie mécanique ou thermique en énergie électrique. (On distingue les groupes hydroélectriques et les groupes thermoélectriques.) ‖ *Groupe Ward-Léonard,* ensemble constitué d'un moteur à courant alternatif entraînant une génératrice de courant continu qui alimente directement l'induit d'un moteur à courant continu dont la vitesse et le sens de rotation sont réglés par le courant d'excitation de la génératrice. — **Enseign.** *Groupe scolaire,* ensemble d'établissements scolaires (écoles maternelle, primaire, éventuellement collège) qui sont contigus ou très proches l'un de l'autre. — **Éthol.** *Effet de groupe,* ensemble des modifications morphologiques, physiologiques et éthologiques que provoque le confinement de deux ou plusieurs individus de la même espèce dans un espace restreint. (→ *encycl.*) — **Frigor.** *Groupe frigorifique,* groupe motocompresseur, ou groupe compresseur-condenseur, ou système frigorifique préassemblé. — **Génét.** *Groupe de liaison* ou *de linkage,* groupe de gènes portés par un même chromosome et qui se combinent moins souvent que s'ils étaient portés par des chromosomes différents. — **Math.** Ensemble G muni d'une opération ⋆ interne dans G, associative, qui admet un élément neutre et telle que tout élément a un symétrique et un seul. [On note le groupe (G, ⋆).] (→ *encycl.*) — **Méd.** *Groupe sanguin,* ensemble d'antigènes portés par les éléments figurés du sang et certaines protéines sériques, génétiquement induits et génétiquement indépendants les uns des autres et se répartissant en systèmes. (L'identification de groupes leucocytaires, plaquettaires et d'immunoglobulines conduit à une définition plus extensive des groupes sanguins, définition limitée à l'origine aux seuls groupes érythrocytaires.) [→ *encycl.*] ‖ *Groupe sanguin érythrocytaire,* groupe sanguin spécifique aux érythrocytes. (Les groupes érythrocytaires se répartissent en systèmes*.) [On dit couramment GROUPE SANGUIN.] ‖ *Groupe tissulaire,* syn. de SYSTÈME HLA. — **Mil.** Unité militaire tactique généralement composée de plusieurs batteries, compagnies ou escadrons, et placée sous les ordres d'un officier supérieur. ‖ Formation élémentaire du peloton ou de la section, généralement composée d'une douzaine d'hommes. ‖ Anc. unité de combat de l'armée de l'air appelée auj. *escadron.* ‖ *Groupe d'armées,* réunion de plusieurs armées sous un même commandement pour une mission de caractère stratégique. — **Polit.** *Groupe parlementaire,* formation permanente réunissant au sein d'une assemblée politique les élus d'une même tendance. ‖ *Groupe de pression,* organe de défense d'intérêts ou de valeurs, qui essaie par divers moyens (campagnes, action directe, pressions, etc.) d'influencer la décision politique dans un sens qui lui soit favorable. (Syn. LOBBY.) — **Presse.** *Groupe de presse,* ensemble de journaux qui appartiennent à un même propriétaire ou à une société mère, qui détient la majorité des actions ou des parts des sociétés qu'elle contrôle. — **Psychan.** *Fantasme de groupe,* fantasme qui relie dans l'ordre imaginaire l'individu à un groupe ou à un corps social d'appartenance par lequel il échappe à sa finitude propre. ‖ *Imaginaire de groupe,* ensemble des fantasmes qui traversent un groupe à un moment donné. ‖ *Inconscient de groupe,* agencement de pulsions qui traversent un groupe, le constituent ou le détruisent. — **Psychol.** *Groupe d'aide psychopédagogique (G. A. P. P.),* structure mise en place par l'Éducation nationale, fonctionnant pendant les heures de classe, comprenant un psychologue scolaire, un psychorééducateur et un orthophoniste, prenant en charge individuellement ou en petits groupes des enfants ayant des difficultés scolaires. ‖ *Groupe de base, groupe centré sur le groupe, groupe de diagnostic, groupe d'évolution, groupe de formation, groupe de sensibilisation,* syn. de TRAINING* GROUP. ‖ *Groupe INRC,* selon J. Piaget, structure logique à la base de la pensée formelle de tout homme dans laquelle chaque opération identique (I) est à la fois l'inverse d'une autre (N) et la réciproque d'une troisième (R), celle-ci étant également la corrélative (C) [ou *duale*] de la première opération. (→ *encycl.*) ‖ *Groupe de rencontre,* groupe centré sur l'évolution personnelle de chaque sujet qui le compose et généralement dans une visée thérapeutique variable selon la technique mise en œuvre (bioénergie, Gestalt-thérapie, notamment). — **Sociol.** *Groupe primaire,* groupe restreint de personnes communiquant entre elles directement. ‖ *Groupe secondaire,* groupe généralement important dans lequel les relations se font le plus souvent par personnes interposées. — **Techn.** *Groupe hydraulique,* dans un circuit hydraulique, ensemble (filtres, pompes, etc.) permettant le conditionnement et la mise en circulation du fluide. (Syn. CENTRALE HYDRAULIQUE.) — **Télécomm.** *Groupe de voies,* ensemble de voies de transmission multiplexées pour être transmises, amplifiées et traitées comme un tout.

ENCYCL. **Éthol.** L'*effet de groupe* peut se traduire (criquet migrateur) par l'apparition de tendances grégaires et migratrices ou par des changements de forme et de couleurs du corps. Résultant non seulement de stimulations sensorielles entre individus, mais aussi de l'action des phéromones*, cet effet se fait aussi sentir chez divers insectes (blatte, grillon, cul-brun), les poissons et les souris.

— **Math.** Si (G, ⋆) est un groupe, alors l'opération ⋆ vérifie :

— quels que soient x et y, éléments de G, $x \star y \in G$;

— quels que soient x, y, z, éléments de G, $x \star y \star z = x \star (y \star z) = (x \star y) \star z$;

— il existe un élément noté e de G tel que, quel que soit x, élément de G,

$$x \star e = e \star x = x ;$$

— pour tout élément x de G, il existe un élément x' de G tel que $x \star x' = x' \star x = e$.

Si l'opération ⋆ est commutative, (G, ⋆) est un groupe commutatif ou abélien.

Quand l'opération ⋆ est notée additivement (+), le groupe est dit additif et le symétrique d'un élément x, ou opposé de x, se note $-x$ et $e = 0$.

Quand l'opération ⋆ est notée multiplicativement, le groupe est dit multiplicatif et le symétrique d'un élément x, ou inverse de x, se note x^{-1} et $e = 1$.

La structure de groupe intervient souvent en mathématique et sert de base aux autres structures (anneaux, corps, etc.). Les groupes les plus courants sont, en algèbre : $(\mathbb{Z}, +)$ groupe des entiers relatifs ; $(\mathbb{R}^\star, \times)$ groupe des réels non nuls ; groupe des substitutions ; groupe de transformations ; en géométrie, groupe des translations, groupe des rotations de même centre, groupe des isométries, etc.

La théorie des groupes a joué un rôle essentiel dans l'évolution de la géométrie*, ainsi que dans la résolution des équations algébriques ; elle intervient aujourd'hui de façon fondamentale dans presque toutes les branches des mathématiques modernes et en physique (cristallographie, mécanique quantique, théories des interactions entre particules fondamentales).

— **Méd.** Des antigènes identifiés par des anticorps spécifiques définissent les *groupes sanguins.* D'un individu à l'autre, au sein d'une même espèce, on constate des variations (allotypie). La découverte par Landsteiner, en 1900, du système* ABO constitue l'identification du premier système de groupes sanguins. De loin le mieux connu, il est à la base de la transfusion sanguine. Landsteiner et Levine découvrent, en 1927, les systèmes MN et P, puis Levine, en 1939, démontre l'existence du système Rhésus. Le nom de Rhésus, donné à cet antigène, résulte d'une confusion au début avec l'antigène LW, défini par Landsteiner et Wiener par hétéro-immunisation de lapins avec des hématies du macaque Rhésus. On compte actuellement plus de 20 systèmes de groupes érythrocytaires, dont les principaux sont, par ordre chronologique de leur découverte : ABO et Hh, MNS, P, Rh, LW, Lutheran, Kell, Duffy, Lewis. Depuis 1900 s'est ainsi développée l'immunohématologie, enrichie, entre 1955 et 1960, par la reconnaissance des antigènes portés par les leucocytes et les plaquettes. Dausset a montré qu'il s'agit d'un système d'histocompatibilité. En 1956 ont été découverts des groupes de protéines sériques.

• *Applications.* Les connaissances sur les groupes sanguins ont permis la réalisation, sans danger et efficace, de la transfusion sanguine en ajustant la compatibilité entre le donneur et le receveur. Les applications de l'immunohématologie à la pathologie ont également permis d'élucider les mécanismes physiopathologiques de l'incompatibilité fœto-maternelle aux antigènes du système Rhésus et à d'autres systèmes, et le traitement de la maladie hémolytique néonatale par l'exsanguino-transfusion a pu être réalisé. Les résultats des greffes d'organes sont aussi largement tributaires des connaissances approfondies des groupes sanguins.

La connaissance de ces groupes et de leur transmission héréditaire a permis d'asseoir scientifiquement la recherche de paternité. Elle a amené également la création d'une nouvelle discipline : l'hémotypologie, qui cherche à définir des groupes d'individus, c'est-à-dire des populations, en s'appuyant sur la répartition dans le monde des systèmes de marqueurs génétiques (groupes sanguins, tissulaires et de protéines). Cette discipline a montré qu'il n'existe pas de gènes marqueurs absolus d'une population et que la notion de race est très relative. La rareté ou la fréquence de certains gènes peuvent caractériser une population. Ces différences de fréquence peuvent avoir des conséquences sur le type de pathologie observée. Au Japon, par exemple, la maladie hémolytique néonatale Rhésus est pratiquement inconnue en raison de la rareté du groupe Rhésus négatif. — **Psychol.** Les quatre opérations du *groupe INRC* sont celles qui sont mises en œuvre par l'adolescent, sans qu'il puisse les formuler explicitement, mais que l'on peut mettre en évidence dans des situations expérimentales. Avant l'acquisition du groupe INRC, chacune des opérations est pratiquée par l'enfant sans qu'il soit capable de saisir le lien qui existe entre elles. Piaget a dégagé le groupe INRC en calquant le modèle qu'il implique sur le modèle mathématique du groupe de Klein.

Groupe de la Cité, groupe d'édition français créé en 1988 par le rapprochement à parité des activités d'édition de C. E. P. Communication (Larousse, Nathan) et de la Générale occidentale (Presses de la Cité, avec notamm. Bordas, Dunod, Gauthier-Villars, Julliard, Plon...). Après être passée à près de 100 % sous le contrôle de C. E. P. Communication en 1995, cette filiale a été absorbée par sa maison mère en 1996.

Groupe 47 *(Gruppe 47),* cercle littéraire qui a réuni, de 1947 à 1977, des écrivains de langue allemande d'Allemagne, de Suisse et d'Autriche. Soucieux de défendre toutes les formes de liberté, littéraire et politique, il a joué un rôle critique important, créé un prix en 1950 et fait découvrir des écrivains comme Günter Eich, Heinrich Böll, Günter Grass, Uwe Johnson, Ilse Ainchinger, Ingeborg Bachmann, Martin Walser.

Groupe de recherche d'art visuel (G. R. A. V.) ⟶ VISUEL.

Groupe des 7 ou **Groupe des Sept (G7),** groupe réunissant les sept pays les plus industrialisés du monde (Allemagne, Canada, États-Unis, France, Grande-Bretagne, Italie et Japon). Il organise depuis 1975 des sommets annuels, essentiellement consacrés aux questions économiques. La Russie est de plus en plus étroitement associée à ses travaux.

Groupe des 77 ou **Groupe des Soixante-dix-sept (G77),** groupe constitué en 1964 au sein de la C. N. U. C. E. D. et réunissant à l'origine 77 États pour la défense des intérêts du Sud. Il rassemble auj. la plupart des pays en voie de développement (env. 130).

GROUPEMENT n. m. **1.** Action de réunir en un groupe des choses ou des personnes ; fait d'être groupé : *Procéder au groupement des commandes.* — **2.** Organisation plus ou moins structurée constituée par un ensemble de personnes ayant mêmes intérêts, mêmes aspirations ou même idéologie : *Groupement de consommateurs.* — **Agric.** *Groupement agricole d'exploitation en commun (G. A. E. C.),* association entre plusieurs agriculteurs pour la réalisation d'un travail en commun dans des conditions comparables à celles d'une exploitation familiale. ‖ *Groupement foncier agricole (G. F. A.),* société civile formée entre personnes physiques qui détiennent sous forme de parts un capital social constitué par des apports en numéraire et/ou en propriété d'immeubles (terres et bâtiments, capital d'exploitation). ‖ *Groupement forestier,* société civile formée entre personnes physiques qui détiennent sous forme de parts un capital social constitué en propriété d'immeubles (bois, terrains) et/ou en argent. ‖ *Groupement de producteurs,* groupement volontaire d'agriculteurs créé pour contribuer à l'amélioration des conditions de la production et de la commercialisation des produits. • **Banq.** *Groupement professionnel,* organisme financier constitué au sein d'un secteur d'activité économique, et dont le but est de procurer à ses participants les capitaux dont ils ont besoin, notamment par les emprunts qu'il émet. — **Chim.** *Groupement fonctionnel,* radical dont la présence dans une molécule confère à celle-ci les propriétés caractéristiques d'une fonction. — **Comm.** *Groupement d'achats,* groupement de commerçants, de producteurs ou de consommateurs qui effectuent leurs achats en commun pour obtenir des conditions particulièrement favorables de la part de leurs fournisseurs. ‖ *Groupement d'exportateurs,* groupement ayant pour objectif une mise en commun de moyens propres à faciliter les exportations des entreprises qui en font partie. — **Dr.** *Groupement d'intérêt économique (G. I. E.),* personne morale constituée entre deux ou plusieurs personnes physiques ou morales, dans le but de faciliter ou de développer l'activité économique préexistante de ses membres. (Le G. I. E. ne peut pas faire de bénéfices.) — **Mil.** Réunion de plusieurs éléments de corps, d'unités ou d'armes différentes, placés sous le commandement d'un seul chef pour l'accomplissement d'une mission tactique déterminée. (On dit aussi GROUPEMENT TEMPORAIRE ou TACTIQUE.) ‖ *Groupement de gendarmerie (d'autoroute,* ou *départemental,* ou *mobile),* unité d'encadrement de la gendarmerie. — **Psychol.** Pour J. Piaget, structure d'ensemble de la pensée de l'enfant au stade des opérations concrètes. (Ce sont la sériation et la classification.) — **Stat.** *Groupement de données,* opération consistant à diviser le champ total de variabilité d'un phénomène en un certain nombre de classes d'égale étendue et à grouper ensuite toutes les observations qui tombent à l'intérieur d'une même classe, la valeur de la variable dans une classe étant supposée uniformément égale à celle qui correspond au centre de la classe.

GROUPER v. t. (de *groupe*) [conj. 3]. **1.** Réunir des personnes en groupe, mettre des choses ensemble : *Grouper des écoliers dans la cour. Grouper des faits. Grouper des marchandises.* — **2.** Rassembler, réunir des personnes en un ensemble, en un organisme : *Grouper les mécontents en un parti politique.* — **3.** Ranger, classer des personnes, des choses dans une même catégorie : *Grouper sous la même étiquette des gens très divers.* — **4.** Déterminer le groupe sanguin d'une personne, en vue d'une transfusion. — **5.** Dans un saut, ramener les genoux le plus haut possible, soit au cours du temps d'élévation, soit à la chute.

◆ **se grouper** v. pr., **être groupé** v. pass. **1.** Être rassemblé, réuni, organisé : *Se grouper autour d'un chef.* — **2.** Être rassemblé, disposé ensemble : *Les maisons se groupent autour de l'église.* — **3.** Former un groupe, une association : *Être groupé en un syndicat.* — **4.** Former avec d'autres êtres ou choses une même catégorie : *Articles qui se groupent sous le nom de produits de luxe.* — **5.** Ramasser ses membres, avoir le corps ramassé en boule. — **6.** *Cabinet groupé,* syn. de CABINET DE GROUPE. ‖ *Saut groupé,* saut exécuté en ramenant les genoux le plus haut possible.

GROUPEUR n. m. (de *grouper*). Commissionnaire ou transporteur qui procède au groupage des colis.

GROUPIE n. (angl. *groupie*). **1.** Personne qui admire un chanteur ou un groupe de musique pop ou rock et qui le suit dans tous ses déplacements. — **2.** *Fam.* Personne qui soutient de façon inconditionnelle qqn, un parti, une politique.

GROUPURE n. f. (de *grouper*). Défaut des étoffes, produit par le groupement accidentel de plusieurs fils.

GROUPUSCULAIRE adj. Relatif à un groupuscule : *Formations groupusculaires.*

GROUPUSCULE n. m. (dimin. de *groupe*). *Péjor.* Petit groupe politique, plus ou moins organisé : *Des groupuscules gauchistes.*

GROUSE [gruz] n. f. (angl. *grouse*). Lagopède d'Écosse.

GROUSSET (René), orientaliste français (Aubais, Gard, 1885 - Paris 1952). Conservateur des musées Cernuschi (1933) puis Guimet (1944), il publia notamment *Histoire de l'Asie* (1922), *Histoire des croisades et du royaume franc de Jérusalem* (1934-1936), *l'Empire des steppes* (1939). [Acad. fr., 1946.]

GROVE (*sir* George), musicographe britannique (Clapham, Londres, 1820 - Sydenham, Londres, 1900). Directeur d'un *Dictionary of Music and Musicians* (4 vol., 1879-1889), qui servit de base à des éditions amplifiées (5 à 20 vol., 1904 à 1981).

Grower *(rondelle),* rondelle élastique fendue, légèrement hélicoïdale, placée sous un écrou pour en empêcher le desserrage.

GROZA (Pétru), homme politique roumain (Bacia, Hunedoara, 1884 - Bucarest 1958). Président du Front des laboureurs à partir de 1933, il fut imposé par les Soviétiques en 1945. Premier ministre (1945-1952), il présida le Praesidium de la Grande Assemblée nationale (1952-1958).

GROZNYÏ, v. de Russie, cap. de la république de Tchétchénie ; 401 000 hab. (en 1989). Bombardée par les forces russes de 1994 à 1996, la ville est ravagée.

G. R. P., sigle de GOUVERNEMENT* RÉVOLUTIONNAIRE PROVISOIRE.

G. R. S. n. m. Abrév. de GYMNASTIQUE* RYTHMIQUE ET SPORTIVE.

GRUAU [gryo] n. m. (anc. fr. *gru,* du frq. **grût*). **1.** Partie granuleuse de l'amande du grain, obtenue par mouture, et qui n'est ni la farine ni le son. (Syn. SEMOULE.) — **2.** *Farine de gruau,* farine de blé de qualité supérieure. ‖ *Pain de gruau,* pain fait avec de la farine de qualité supérieure.

GRUBER (Francis), peintre français (Nancy 1912 - Paris 1948), un des fils du peintre verrier Jacques Gruber (1870-1936). Il a pratiqué un art expressionniste et coloré, marqué par la fusion d'éléments réels et imaginaires (*les Malheurs de l'amour,* 1937, coll. priv.). Au début des années 40, son style s'est fait plus dépouillé, voire âpre, et ses thèmes (nus maigres, ateliers vides, paysages) ont pris une dimension désenchantée qu'on a qualifiée de « misérabiliste » (*Nu au tricot rouge,* 1944, M. N. A. M.).

GRUDZIADZ, v. de Pologne, sur la basse Vistule ; 92 000 hab. Port fluvial. Caoutchouc. Mécanique.

1. GRUE n. f. (lat. pop. **grua,* du lat. class. *grus*). **1.** Grand oiseau de teinte grise ou blanchâtre marquée de noir, à longues pattes et long cou, aux ailes très larges. (Les grues, présentes dans le monde entier, sauf en Amérique du Sud, vivent dans les espaces découverts [marais, steppes, toundras] et nichent au sol.) — **2.** *Pop.* Femme de mœurs faciles et vénales ; prostituée. — **3.** Fam. *Faire le pied de grue,* attendre longtemps, debout à la même place.

2. GRUE n. f. (de *grue 1*). **1.** Appareil servant à lever des charges. (→ *encycl.*) — **2.** Appareil permettant le déplacement vertical d'une caméra, ce mouvement pouvant être combiné à une rotation de la caméra autour de son support ou à un déplacement de la grue elle-même. — **3.** *Grue d'armement* ou *de cale,* syn. de GRUE-MARTEAU. ‖ *Grue automotrice,* grue montée sur chenilles ou sur pneus. ‖ *Grue flottante,* grue montée sur ponton, d'une puissance de levage considérable.
ENCYCL. Une grue est composée essentiellement d'un bras, horizontal ou à inclinaison fixe ou réglable, appelé *flèche* ou *volée,* monté sur un support ou une charpente, et d'un, deux ou trois dispositifs permettant de modifier la portée, l'orientation de la flèche et la translation de l'ensemble. Certaines *grues hydrauliques* permettent de soulever des charges atteignant 800 t.

GRUE (en lat. *Grus, Gruis*), constellation australe au S. du Poisson austral et de l'étoile Fomalhaut. Son étoile la plus brillante, *Alnaïr,* située à 60 al, est de magnit. visuelle 2,2.

GRUE-MARTEAU n. f. (pl. *grues-marteaux*). Grue sur pylône avec une flèche horizontale, sur laquelle se déplace le chariot porte-charge, et une contre-flèche plus courte supportant un contrepoids. (Syn. GRUE D'ARMEMENT ou DE CALE, TITAN.)

GRUENTHER (Alfred), général américain (Platte Center, Nebraska, 1899 - Washington 1983). Adjoint d'Eisenhower en Angleterre (1941) et en Afrique du Nord (1941-42), chef d'état-major de Clark en Sicile et en Italie (1943-44), il commanda les troupes américaines en Autriche (1945-1947). Il fut commandant suprême des forces atlantiques en Europe (1953-1956).

GRUE-PORTIQUE n. f. (pl. *grues-portiques*). Grue fixe ou roulante, montée sur un portique, et utilisée notamment pour le chargement ou le déchargement des navires. (On distingue les grues *à crochet* et les grues *à benne preneuse.*)

GRUERIE n. f. (anc. fr. *gruier,* garde forestier, du frq. **grôdi,* vert). Ancienne juridiction féodale où les officiers forestiers jugeaient les délits.

GRUE-VÉLOCIPÈDE n. f. (pl. *grues-vélocipèdes*). Grue d'atelier pouvant se déplacer sur une voie formée de deux rails, l'un des rails étant établi sur le sol, l'autre fixé au plafond ou à la charpente.

GRUGEAGE n. m. Opération consistant à modifier localement, par découpage, la section d'un profilé, le bord d'une tôle.

GRUGEOIR n. m. (de *gruger*). **1.** Outil en forme de pince, servant à rogner le bord d'une pièce de verre. — **2.** Outil équipant une machine à gruger.

GRUGER v. t. (néerl. *gruizen,* écraser) [conj. **17**]. **1.** *Litt.* Dépouiller qqn de son bien ; duper, tromper : *Un naïf qui s'est laissé gruger par un beau parleur.* — **2.** *Vx.* Avaler : *Gruger une huître.* — **3.** Briser, avec un marteau à pointes de diamant, les parties d'un bloc de pierre trop dures pour être attaquées au ciseau. — **4.** Procéder au grugeage. — **5.** Rogner le bord des verres.

GRUIFORME n. m. (lat. *grus, gruis,* grue). Nom d'ordre des oiseaux tels que les grues, les agamis, les râles, les poules d'eau, les grébifoulques, les kagous, les outardes. (Syn. RALLIFORME.)

GRUISSAN (11430), comm. de l'Aude, sur le cordon littoral qui sépare l'*étang de Gruissan* de la mer ; 2 180 hab. — Au S.-E., station balnéaire de *Gruissan-Plage.* Port de plaisance. Aquaculture.

GRUITHUISEN (Franz VON), astronome et naturaliste bavarois (Haltenberg 1774 - 1852). Il émit, en 1840, l'hypothèse, désormais admise, selon laquelle les cirques lunaires résultent d'impacts de météorites.

GRUME n. f. (bas lat. *gruma,* écorce, du lat. class. *gluma,* cosse). **1.** Tronc de l'arbre abattu, écimé et débarrassé du houppier ainsi que des branches. — **2.** *Bois en grume,* tout bois abattu (tronc entier, bille ou billon), ébranché, écorcé ou non. (Syn. BOIS ROND.)

GRUMEAU n. m. (lat. pop. *grumellus,* du lat. class. *grumulus,* petit tertre). Petite boule formée par un liquide coagulé (lait) ou une substance pulvérulente (farine) mal délayée.

GRUMELER (SE) v. pr., **ÊTRE GRUMELÉ** v. pass. (anc. fr. *grumel,* grumeau) [conj. **24**]. Se mettre en grumeaux : *Le lait tourné se grumelle.*

GRUMELEUX, EUSE adj. (anc. fr. *grumel,* grumeau). **1.** Qui est en grumeaux, qui forme des grumeaux : *Une pâte grumeleuse.* — **2.** Se dit d'un fruit qui a des parties pierreuses : *Une poire grumeleuse.* — **3.** Qui présente des granulations : *Une peau grumeleuse.* — **4.** Se dit de la structure d'un sol en agrégats arrondis, irréguliers et très poreux, caractéristiques des sols forestiers de bonne fertilité.

GRUMELURE n. f. Petite cavité dans une pièce de fonderie.

GRUMIER n. m. (de *grume*). **1.** Camion conçu pour charger et transporter des grumes. — **2.** Cargo spécialisé dans le transport des grumes ou billes de bois.

GRÜN (Anastasius), pseudonyme littéraire de **Anton Alexander,** comte **von Auersperg,** écrivain et homme politique autrichien (Laibach 1806 - Graz 1876). Poète dans la lignée de Uhland (*le Dernier Chevalier,* 1830), il manifesta son opposition au gouvernement de Metternich (*Promenades d'un poète viennois,* 1831) et s'essaya dans le genre humoristique (*les Nibelungen en habit,*

1843). Il fut, à partir de 1848, député à l'Assemblée nationale puis au Reichstag autrichien.

GRÜN (Max VON DER), écrivain allemand (Bayreuth, Bavière, 1926). L'un des représentants les plus brillants de la « littérature prolétarienne », il a fondé le groupe 61 avec Fritz Hüser et publié des romans (*Irrlicht und Feuer,* 1963 ; *Flächenbrand,* 1979) et des essais (*Klassengespräche,* 1981).

GRUNDTVIG (Nikolai Frederik Severin), écrivain danois (Udby 1783 - Copenhague 1872). Pasteur, devenu évêque de Sjaelland (1861) et député, il fut un des principaux représentants du romantisme danois en même temps qu'un rénovateur de l'esprit national et religieux, par ses poèmes (*Roskilde-Rim,* 1814, histoire du Danemark écrite en vers ; *le Lys de Pâques,* 1817), ses cantiques (*Chants pour l'Église danoise,* 1837-1841) et ses études historiques. Ses conceptions religieuses luthériennes ont donné naissance au *grundtvigianisme.*

GRUNDTVIGIANISME n. m. Doctrine luthérienne, due à Grundtvig, qui fait du simple fidèle l'égal du théologien.

GRÜNEWALD (Mathis NITHART ou GOTHART, dit **Matthias**), peintre allemand (Würzburg ? v. 1475/1480 ? - Halle ? 1528 ?). Ses débuts restent obscurs ; une de ses premières œuvres connues, *la Dérision du Christ* (Pinacothèque de Munich), date de 1503, et l'on sait qu'il exerça la charge de peintre de la cour de l'archevêque de Mayence, à Aschaffenburg, d'env. 1508 à 1526. Ses tableaux religieux, ses retables, et d'abord le monumental polyptyque de l'église des antonites d'Issenheim (v. 1511-1516, auj. au musée d'Unterlinden à Colmar), manifestent un réalisme mêlé de fantastique, soutenu par une riche palette et poussé dans la violence pathétique jusqu'à l'horreur et au monstrueux. Il a souvent traité le thème de la *Crucifixion* (National Gallery de Washington, etc.).

GRUNITZKY (Nicolas), homme d'État togolais (Atakpamé 1913 - Paris 1969). Premier ministre (1956-1958), puis président de la République (1963-1967), il fut renversé par le coup d'État d'Eyadema.

Grunwald ou **Tannenberg** *(bataille de)* [15 juill. 1410], victoire remportée par Ladislas II Jagellon, roi de Pologne, et Vytautas, grand-duc de Lituanie, sur les chevaliers Teutoniques. Elle mit fin à la puissance de leur ordre.

GRUPPETTO [grupɛto] n. m. (pl. *gruppetti*) [ital. *gruppetto,* petit groupe]. Ornement musical formé d'un petit groupe de notes destiné à remplir un large intervalle dans une mélodie.

GRUSON (Claude), administrateur et économiste français (Paris 1910), directeur général de l'Institut national de la statistique et des études économiques (1961-1967).

GRUSS, dynastie banquiste française représentée par deux frères : ALEXIS (Briey 1909 - Paris 1985) et ANDRÉ (Lunéville 1919), et leurs enfants. Après avoir participé à plusieurs événements qui marquèrent l'histoire du cirque en France depuis 1945, les deux frères se séparèrent : l'aîné, Alexis senior, maître écuyer, se voua avec ses enfants ARLETTE, PHILIPPE, LUCIEN et leurs descendants au dressage, tandis que le cadet, André, l'auguste Dédé, anima, avec les siens, ALEXIS Junior, PATRICK et MARTINE, le Cirque à l'ancienne.

GRUTER v. t. (conj. 3). Lever, déplacer au moyen d'une grue.

GRUTIER n. m. Conducteur de grue.

GRÜTLI → RÜTLI.

GRUYÈRE [gryjɛr] n. m. (de *la Gruyère,* n. pr.). Fromage d'origine suisse, au lait de vache, affiné, à caillé découpé, cuit et pressé, à croûte lavée. (Il est fabriqué sous forme de meules de 20 à 45 kg. Les cavités (ou yeux) qu'il présente proviennent de fermentation pendant un séjour en cave chaude après qu'il a été égoutté, pressé et salé. L'*emmenthal* et le *comté* sont des variétés de gruyère.)

GRUYÈRE (la), pays et ancien comté de Suisse (cant. de Fribourg), drainé par la Sarine, aux environs du bourg de *Gruyères.* Ce pays a donné son nom au gruyère.

GRYLLE [gril] n. m. (lat. *gryllus,* du gr. *grullos,* caricature). Nom donné à des pierres gravées antiques au sujet étrange (par ex. tête humaine mêlée à des parties de corps d'animaux).

GRYPHE, en lat. **Gryphius,** famille d'imprimeurs et libraires d'origine allemande, établie à Lyon. — SEBASTIAN (Reutlingen 1493 - Lyon 1556) imprima à Lyon des livres hébreux, grecs, latins, italiens et français, parmi lesquels : les *Commentaria linguae latinae,* d'Étienne Dolet (1536), la *Bible latine* (1550), *Gargantua et Pantagruel,* de Rabelais, et les *Œuvres,* de Clément Marot (1538).

GRYPHÉE n. f. (bas lat. *grypus,* recourbé, du gr. *grups, grupos,* courbé). Mollusque bivalve d'Europe, voisin de l'huître, dont la valve gauche est pourvue d'un crochet très saillant et la droite est plate et petite.

GRYPHIUS (Andreas GREIF, dit), poète allemand (Glogau, Silésie, 1616 - *id.* 1664). Auteur baroque, il a laissé des comédies (*Horribilicribrifax,* 1663) et des tragédies (*Léon l'Arménien,* 1650 ; *Charles Stuart,* 1657).

GRYPHOSE ou **GRYPOSE** n. f. (gr. *grupôsis,* forme crochue, de *grupoûn,* rendre crochu). Incurvation en forme de griffe d'une formation anatomique, et notamment des ongles.

GRYTVIKEN, ch.-l. de la Géorgie du Sud. Base scientifique.

GSELL (Stéphane), archéologue et historien français (Paris 1864 - *id.* 1932). Il opéra des fouilles à Tipasa et explora plusieurs régions de l'Algérie. Directeur du musée d'Alger, professeur au Collège de France, il est l'auteur d'une *Histoire ancienne de l'Afrique du Nord* (1913 à 1929).

GSTAAD, station d'été et d'hiver (alt. 1 100-3 000 m) de la Suisse (cant. de Berne), dans la haute vallée de la Sarine ; 1 700 hab.

GUA (Pierre DU), sieur **de Monts** → MONTS.

GUACANAYABO *(golfe de),* large échancrure de la côte sud de Cuba.

GUACHARO [gwatʃaro] n. m. (esp. *guácharo*). Gros engoulevent cavernicole, nocturne, du nord de l'Amérique du Sud, qui se dirige par écholocation.

GUADALAJARA, v. d'Espagne (Castille-La Manche), ch.-l. de prov., sur le Henares ; 55 100 hab. Palais de l'Infantado, très restauré après l'incendie de 1936 (façade et patio, chefs-d'œuvre mudéjars de J. Guas, v. 1480), et autres monuments.
— **Hist.** Défaite en 1937 des milices italiennes engagées avec les troupes de Franco.

GUADALAJARA, v. du Mexique, la deuxième du pays, cap. de l'État de Jalisco, dans un bassin fertile, à 1 600 m d'alt., au N. du lac Chapala ; 1 906 000 hab. (2 468 000 dans l'aggl.). La ville a été fondée en 1529. Aéroport international. Universités. Archevêché. Cathédrale des XVIe et XVIIe s. Églises baroques. Musée de l'État de Jalisco et musée J. C. Orozco. Centre commercial et industriel (chimie, textile, électronique, chaussures).

GUADALAVIAR (le), fl. d'Espagne, tributaire de la Méditerranée ; 243 km (bassin de 6 250 km²). Issu des Montes Universales, il irrigue la huerta de Valence.

GUADALCANAL, île volcanique de l'archipel des Salomon, en Mélanésie, sur laquelle est située la cap. de l'archipel, Honiara ; 6 475 km² ; 47 000 hab.
— **Hist.** Les Japonais qui avaient occupé l'île en juill. 1942 en furent chassés par les Américains en févr. 1943, après six mois de durs combats.

GUADALQUIVIR (le), anc. en lat. **Betis,** fl. d'Espagne, en Andalousie, passant à Cordoue et Séville et se jetant dans l'Atlantique ; 680 km.

GUADALUPE *(sierra de),* chaîne montagneuse de l'Estremadure (Espagne centrale), entre le Tage et le Guadiana ; 1 603 m.

GUADALUPE, v. d'Espagne (Estremadure, prov. de Cáceres), sur le versant sud-est de la *sierra de Guadalupe ;* 3 100 hab. Monastère de hiéronymites fondé par Alphonse XI en 1340 (riche trésor, objets d'art, peintures de Zurbarán).

Guadalupe Hidalgo *(traité de)* [2 févr. 1848], traité conclu à la suite de la guerre entre les États-Unis et le Mexique, et qui obligea ce dernier à céder le Nouveau-Mexique, l'Arizona, la Californie et les territoires de l'Utah, du Nevada et du Colorado.

GUADARRAMA *(sierra de),* chaîne de montagnes du centre de l'Espagne, entre la Vieille- et la Nouvelle-Castille, prolongée à l'O. par la sierra de Gredos ; 2 430 m au *pico de Peñalara.* Élevage. Stations touristiques sur le versant sud.

GUADELOUPE (971), département français d'outre-mer situé dans les Petites Antilles. Il est formé des deux îles de Grande-Terre (588 km²) et de Basse-Terre, ou Guadeloupe proprement dite (848 km²) [séparées par l'étroit bras de mer de la rivière Salée], et de leurs dépendances proches (Marie-Galante, la Désirade, archipels des Saintes et de la Petite-Terre) et plus lointaines (Saint-Barthélemy et une partie de Saint-Martin) ; ch.-l. de dép. *Basse-Terre ;* ch.-l. d'arrond. *Pointe-à-Pitre, Marigot ;* 3 arrond. ; 42 cant. ; 34 comm. ; 1 780 km² ; 386 987 hab. *(Guadeloupéens).* Le dép. appartient à l'académie des Antilles et de la Guyane, à la cour d'appel de Basse-Terre, à la région militaire Antilles-Guyane.
— **Géogr.** La population, dense, est à dominante noire, issue des esclaves importés d'Afrique aux XVIIe et XVIIIe s., avec une forte minorité d'origine indienne, venue au XIXe s. pour remplacer les Noirs dans les plantations après l'abolition de l'esclavage. Les Blancs sont peu nombreux mais le métissage a accru la complexité de la structure ethnique (békés). L'agriculture de plantation (canne à sucre pour le sucre et le rhum, bananes) domine toujours, malgré des efforts de diversification (tourisme surtout, avec la création, en 1989, d'un parc national sur l'île de Basse-Terre). Elle s'explique par le caractère tropical (chaleur permanente) du territoire, au relief contrasté (volcanique) dans la Basse-Terre, la « mal nommée », bas et plat ailleurs et parfois ravagé par des cyclones. Toutefois, cette agriculture ne suffit pas à assurer le plein emploi, ni l'équilibre des échanges. L'émigration (qui a ralenti l'accroissement démographique) et l'aide massive de la métropole n'ont pas résolu les problèmes du chômage, du déficit commercial, des inégalités socio-économiques, créant une artificielle et

précaire société de consommation.
— **Hist.** Découverte par Colomb en 1493, l'île est occupée par les Français Duplessis et L'Olive (1635), qui en chassent les Indiens caraïbes, et rattachée à la Couronne en 1674. Pour cultiver la canne à sucre, principale richesse de l'île au XVIIIe s., les planteurs font appel à une abondante main-d'œuvre noire. Pendant la Révolution, l'abolition de l'esclavage provoque le ralliement des planteurs aux Anglais, qui occupent l'île, mais ils sont battus par le conventionnel Victor Hugues (1794). Rétabli sous le consulat (1802), l'esclavage ne sera aboli qu'en 1848. Devenus salariés, les journaliers noirs restent dominés par les békés (grandes familles créoles). La politique d'assimilation poursuivie depuis 1870 (statut de département d'outre-mer en 1946, conseil régional élu à la proportionnelle en 1982) ne peut résoudre les problèmes chroniques de surpeuplement et de chômage. Les mouvements indépendantistes, apparus en 1960, connaissent une certaine audience.

GUADELOUPE *(canal de la),* détroit unissant l'océan Atlantique proprement dit et la mer des Antilles entre la *Guadeloupe* (au S.) et les îles d'Antigua et de Montserrat (au N.).

GUADELOUPÉEN, ENNE adj. et n. De la Guadeloupe.

GUADET (Marguerite Élie), homme politique français (Saint-Émilion, Gironde, 1758 - Bordeaux 1794). Député girondin à l'Assemblée législative (1791) puis à la Convention (1792), il fut décrété d'accusation (2 juin 1793), puis guillotiné.

GUADET (Julien), architecte français (Paris 1834 - *id.* 1908), élève de Labrouste, grand prix en 1864. Alliant la tradition au rationalisme, il a eu une grande influence sur le plan professionnel et surtout à l'École des beaux-arts, comme chef d'atelier (il a formé, de 1871 à 1894, une génération d'architectes, dont A. et G. Perret), puis comme professeur de théorie (*Éléments et Théorie de l'architecture,* 4 vol., 1901-1904).

GUADIANA (le), fl. de la péninsule Ibérique, tributaire de l'Atlantique ; 780 km env. (bassin de 61 000 km²). Né sur le plateau de la Manche, il traverse Mérida, Badajoz, où plusieurs barrages fournissent de l'électricité et permettent l'irrigation (plan Badajoz), puis il gagne la plaine portugaise avant de servir de frontière entre l'Espagne et le Portugal.

GUADIX, v. du sud de l'Espagne, en Andalousie (prov. de Grenade), au pied nord de la sierra Nevada ; 19 800 hab. Alcazaba mauresque, reconstruite au XVe s. Cathédrale des XVIe-XVIIIe s. (chapelle circulaire par D. de Siloé ; façade baroque).

GUAIACOL → GAÏACOL.

GUAIRA (La), v. du Venezuela, port de Caracas ; 24 900 hab.

GUAÏTA (Stanislas DE), occultiste français (Alteville, Lorraine, 1861 - *id.* 1897). Il fonda l'ordre kabbalistique de la Rose-Croix (1888). Il a écrit de nombreux ouvrages.

GUAJIRA (la), presqu'île du nord de la Colombie, s'avançant dans la mer des Antilles. C'est une plate-forme basse, surmontée par trois petits massifs volcaniques.

GUAM, île de l'archipel des Mariannes (Micronésie) ; 541 km² ; 133 152 hab. Cap. *Agana.* D'origine volcanique et de climat tropical humide, elle est couverte de forêts et entourée de récifs coralliens. Base américaine d'Apra Harbor. Tourisme (Japonais surtout).
— **Hist.** Découverte par Magellan en 1521 et colonisée par les Espagnols, elle devint la propriété des États-Unis en 1898. Conquise par les Japonais en déc. 1941, l'île fut reprise par les Américains en août 1944.

GUANABARA, baie du Brésil, sur laquelle est établie Rio de Janeiro. Elle est parsemée d'îlots et traversée par un pont routier qui joint Rio de Janeiro à Niterói.

GUANACO [gwanako] n. m. (esp. *guanaco,* du quechua *huanaco*). Camélidé sauvage d'Amérique du Sud, ancêtre probable des lamas domestiques, domestiqué ou chassé pour sa chair, sa fourrure, son cuir.

GUANAJUATO, v. du Mexique, cap. d'État, au N.-O. de Mexico ; 73 108 hab. Ville pittoresque ; églises baroques. Université.

GUANCHE n. m. Langue chamito-sémitique parlée autrefois aux Canaries, qui s'est éteinte au XVIIe s. après l'arrivée des Espagnols.

GUANGDONG ou **KOUANG-TONG,** prov. côtière de la Chine du Sud ; 176 000 km² ; 62 800 000 hab. Cap. *Canton.* Sous un climat tropical chaud et humide, le Guangdong est densément peuplé, avec des ressources agricoles abondantes (parfois 2 à 4 récoltes par an) : fruits, légumes, céréales, tabac, soie, complétés par l'élevage et la pêche. Le sous-sol fournit du pétrole et du tungstène. Canton est le principal centre industriel, mais quatre zones économiques spéciales ont été créées pour les entreprises étrangères.

GUANGXI ou **KOUANG-SI** (Région autonome Zhuang du), région de la Chine du Sud ; 230 000 km² ; 42 200 000 hab. Cap. *Nanning.* Peuplée à 40 % par la minorité Zhuang, la région est montagneuse (paysages karstiques), drainée par le Xi Jiang. Cultures du riz, de la canne à sucre, du thé. Gisements d'étain, de manganèse et de bauxite (production d'aluminium).

GUANGZHOU ou **KOUANG-TCHEOU,** nom chinois de Canton.

GUANGZHOUWAN ou **KOUANG-TCHEOU-WAN,** territoire de Chine (Guangdong), cédé à la France en 1898 et restitué à la Chine en 1946.

GUAN HANQING ou **KOUAN HAN-K'ING,** auteur dramatique chinois (Dadu, Pékin, v. 1210 - v. 1298). Le plus grand dramaturge des Yuan, il mit en scène des héroïnes vertueuses et intelligentes brisées par la société (*Du'E yuan* [*l'Injustice faite à Du'E*]).

GUANIDINE [gwa-] n. f. Composé apparenté à l'urée, obtenu en oxydant la guanine. (Présente dans certains aliments [navets, champignons, germes de blé, moules], la guanidine, stimulant des muscles, est en outre importante par ses dérivés : créatine et arginine.)

GUANINE [gwa-] n. f. (de *guano*). Composé basique dérivé de la purine et découvert initialement dans le guano.

ENCYCL. La guanine est la forme d'excrétion azotée des arachnides ; chez divers poissons et reptiles, elle contribue à l'éclat chatoyant du tégument. Elle entre dans la constitution des acides ribo- et désoxyribonucléique et fait face à la cytosine dans la double hélice d'A. D. N. Sa forme biologique la plus active est le nucléoside triphosphate (G. T. P.).

GUANITE [gwa-] n. f. Nom technique de la nitroguanidine dans l'industrie des explosifs.

GUANO [gwano] n. m. (esp. *guano,* du quechua *huanu*). Matière utilisée autrefois comme engrais, provenant de l'accumulation, dans certaines zones (îles et rivages) au climat très sec, d'excréments et de cadavres d'oiseaux marins.

GUANOBIE [gwa-] adj. et n. m. Se dit des êtres (bactéries, champignons, insectes, etc.) qui vivent dans le guano.

GUANOSINE [gwa-] n. f. Nucléoside, de formule $C_{10}H_{13}N_5O_5$, résultant de la condensation de la guanine et du ribose, et dont les sels des esters mono-, di- ou triphosphorique jouent un rôle important dans le métabolisme cellulaire.

GUANTÁNAMO, v. du sud-est de Cuba, ch.-l. de prov. ; 216 000 hab. Imprimerie.
— **Mil.** Base navale cédée aux États-Unis par le traité américano-cubain de 1903, Guantánamo fut utilisée par la marine américaine lors de la Seconde Guerre mondiale. Elle est aujourd'hui une des bases de la IIe flotte américaine.

GUANYIN ou **KOUAN-YIN,** nom donné, en Chine, au bodhisattva Avalokiteśvara.

GUAPORÉ (le), riv. d'Amérique du Sud, qui naît dans le Brésil occidental et rejoint le Mamoré ; 1 750 km. Il forme la frontière entre le Brésil et la Bolivie.

GUARACHA [gwaratʃa] n. f. (esp. *guaracha*). Rumba de tempo rapide.

GUARANI [gwa-] adj. Relatif aux Guaranis.
◆ n. m. **1.** Langue indienne, proche du tupi, parlée au sud du Brésil, au nord de l'Argentine et surtout au Paraguay (où on la considère parfois comme la langue nationale) par environ 1 500 000 locuteurs. — **2.** Unité monétaire du Paraguay.

GUARANINE n. f. Syn. de CAFÉINE.

GUARANIS, Indiens tupi-guaranis de l'Amérique du Sud habitant surtout les réserves du Paraná, estimés à environ 7 000 représentants.

GUARDA, v. du Portugal, ch.-l. de district, à l'E. de la serra da Estrela ; 13 000 hab. Ville-forteresse perchée, à la frontière espagnole. Cathédrale des XVe-XVIe s. Montage automobile.

GUARDAFUI *(cap),* cap à l'entrée du golfe d'Aden, sur la côte de la Somalie.

GUARDI, nom de deux peintres vénitiens, GIOVANNI ANTONIO (Vienne 1699 - Venise 1760) et son frère FRANCESCO (Venise 1712 - *id.* 1793). Qu'ils soient de l'un ou l'autre ou des deux artistes associés — on l'ignore —, leurs tableaux à grandes figures, surtout l'*Histoire de Tobie* (église de l'Angelo Raffaele, Venise), frappent par leur brio, par une touche frémissante qui désintègre la forme. Quant aux célèbres « vues » de Venise et aux petites toiles de « caprices », images composites inspirées par la poésie de la lagune, elles reviennent à Francesco, qui a transformé la scénographie rigoureuse de Canaletto pour y faire vibrer les jeux fugitifs de l'atmosphère, de l'eau et y faire vivre une foule de petits personnages prestement campés de quelques touches de pinceau.

Guardian *(The),* quotidien anglais dont la création remonte à 1821. Principal organe du libéralisme, sa renommée lui a permis d'atteindre une audience internationale.

GUARDINI (Romano), prêtre et écrivain allemand (Vérone 1885 - Munich 1968). D'inspiration augustinienne, sa théologie est plus une évocation de la vie dans la foi qu'une doctrine dogmatique. Son ouvrage capital reste *l'Essence du christianisme* (1950).

GUARESCHI (Giovanni), journaliste et écrivain italien (Fontanelle, auj. Roccabianca, 1908 - Cervia 1968). Créateur du personnage de Don Camillo, auquel il consacra plusieurs romans *(le Petit Monde de Don Camillo).*

GUARINI (Giovan Battista), écrivain italien (Ferrare 1538 - Venise 1612). Il rivalisa avec l'*Aminta* du Tasse dans sa fable pastorale du *Pastor Fido* (1590), annonciatrice de la poésie baroque.

GUARINI (Guarino), architecte italien (Modène 1624 - Milan 1683). Moine théatin, philosophe et mathématicien, influencé par Borromini, il donne à Turin, où il s'installe en 1666, ses œuvres conservées les plus célèbres : coupole de la chapelle du Saint-Suaire à la cathédrale, église de plan central S. Lorenzo (1668-1680), palais Carignano, à façade ondulée. Maniant les figures géométriques selon un esprit gothique, il forme ses coupoles de réseaux d'arcs entrecroisés et fait s'interpénétrer les espaces dans une recherche de perspective et d'effets lumineux. Son traité *Architettura civile* a influencé le baroque germanique.

GUARINO Veronese (GUARINO DE' GUARINI, dit), écrivain italien (Vérone 1374 - Ferrare 1460). Humaniste et grammairien, il appliqua dans son école de Ferrare une importante réforme des études.

GUARNERI ou **GUARNERIUS,** famille de luthiers de Crémone dont le plus connu est GIUSEPPE ANTONIO (Crémone 1698 - 1744), surnommé Guarnerius del Gesù (marque JHS). Par leur facture très personnelle et leur superbe sonorité, ses instruments rivalisent en qualité avec ceux de Stradivarius.

GUARUJÁ, v. du Brésil, dans l'île homonyme, dans l'État de São Paulo, à l'E. de Santos ; 153 000 hab. Tourisme.

GUARULHOS, v. du Brésil, banlieue N.-E. de São Paulo ; 781 499 hab. Industrie pharmaceutique et électrotechnique.

GUAS (Juan), architecte et sculpteur espagnol († Tolède 1496), dont le père était d'origine française. Représentant d'un gothique tardif enrichi d'influence mudéjare, il a construit l'ensemble de S. Juan de los Reyes à Tolède (1476), le palais de l'Infantado à Guadalajara (v. 1480).

GUASTALLA, v. d'Italie, en Émilie (prov. de Reggio nell' Emilia) sur le Pô ; 13 000 hab.
— **Hist.** Propriété des Visconti (1347), devenue comté (1428), Guastalla fut achetée par une branche de la famille de Gonzague (1539) et érigée en duché (1621). Devenue autrichienne (1748), elle fut rattachée au royaume d'Italie (1806).

GUATEMALA, État de l'Amérique centrale, au sud-est du Mexique ; 109 000 km^2 ; 10 900 000 hab. *(Guatémaltèques)*. CAP. *Guatemala*. LANGUE : *espagnol*. MONNAIE : *quetzal*.

Géographie. Montagneux (en partie volcanique), en dehors du Nord (Petén) et de la plaine côtière pacifique, le pays a des paysages et des climats variés. L'agriculture domine, vivrière (maïs, haricots) chez les Indiens (plus de la moitié de la population), commerciale chez les *Ladinos* (de langue espagnole) : café, banane, coton, canne à sucre. Les plantations, contrôlées par des sociétés nord-américaines, assurent la moitié des exportations (les États-Unis étant le premier partenaire commercial). À un climat de violence et à une situation économique difficile (chômage important, forte inflation) s'ajoute une forte pression démographique (accroissement annuel de 3 %).

Histoire. Le territoire est, durant le Ier millénaire, l'un des lieux où s'épanouit la civilisation maya.
1524 : Conquête du territoire par les Espagnols.
1821 : Indépendance du Guatemala.
Uni au Mexique jusqu'en 1823, il se joint aux Provinces-Unies de l'Amérique centrale en 1824 et reprend son indépendance en 1839 sous la direction de Rafael Carrera. La vie politique est stable mais marquée par de longues dictatures. Les États-Unis renforcent leur emprise sur le pays par l'intermédiaire d'une compagnie bananière, la United Fruit, à la fin du XIXe s.
1954 : Un coup d'État renverse le gouvernement progressiste de Jacobo Arbenz.
Dirigé par des militaires, le pays est depuis lors en proie à une guerre civile opposant guérilleros d'extrême gauche et groupes paramilitaires d'extrême droite.
1985 : Les civils reviennent au pouvoir avec le président démocrate-chrétien Vinicio Cerezo Arévalo.
1991 : L'évangéliste Jorge Serrano est élu à la présidence de la République.
1993 : Il est destitué. Le Parlement désigne Ramiro de León Carpio pour lui succéder.
1996 : Álvaro Arzú Irigoyen est élu à la présidence de la République.
Les négociations avec la guérilla, engagées en 1989 et relancées en 1994 sous l'égide de l'O. N. U., ont abouti à plusieurs accords partiels (portant notamm. sur le respect des droits des peuples indigènes).

GUATEMALA, cap. du Guatemala, à environ 1 500 m d'alt. ; 1 400 000 hab. Centre administratif et commercial. Aéroport. Université. Industries agroalimentaire et textile.

GUATÉMALTÈQUE adj. et n. (esp. *guatemalteco*). Du Guatemala.

GUATTARI (Pierre Félix), psychanalyste français (Villeneuve-les-Sablons, Oise, 1930 - La Borde, comm. de Cour-Cheverny, Loir-et-Cher, 1992). D'abord influencé par la pensée lacanienne, il s'en démarque ensuite, reprochant à la psychanalyse la manière dont elle expulse tous les contenus sociopolitiques de l'inconscient. Il a développé avec G. Deleuze* la schizo-analyse.

GUAYAKIS, population indienne habitant la région forestière de l'est du Paraguay.

GUAYAQUIL, principal port de l'Équateur ; 1 508 444 hab. Créé en 1535 sur l'estuaire du Guayas, c'est un centre commercial (cacao, banane) et industriel (métallurgie, alimentaire, bois, chimie).

GUAYASAMÍN (Oswaldo), peintre équatorien (Quito 1919). Nourrie des exemples du muralisme mexicain et de l'expressionnisme allemand, sa peinture exprime le malheur des hommes avec une puissance austère (cycle « l'Âge de la colère », 1962-1971).

GUAYMAS, port du Mexique (État de Sonora), sur le golfe de Californie ; 57 500 hab. Pêche. Tourisme.

GUAYULE n. m. Arbrisseau (composée) à latex des régions tropicales sèches, cultivé aux États-Unis et au Mexique.

GUBBIO, v. d'Italie, en Ombrie, au N.-E. de Pérouse ; 32 000 hab. C'est l'antique *Iguvium,* étrusque et romaine : les « tables Eugubines », gravées sur bronze en caractères étrusques et latins, et traitant de questions religieuses, y ont été découvertes en 1444. Cathédrale et églises du XIIIe s. Palais des consuls, du XIVe s., auj. musée. Centre important de majoliques au XVIe s.

GUBERNACULUM TESTIS n. m. (lat. *gubernaculum,* gouvernail, et *testis,* testicule). Ligament fibreux qui fixe le testicule à la face profonde du scrotum.

GUDERIAN (Heinz), général allemand (Culm, auj. Chełmno, 1888 - Schwangau, Bavière, 1954). Il fut le créateur en Allemagne de l'arme blindée indépendante et, dès 1929, l'initiateur de son emploi en masse. Soutenu par Hitler, inspecteur des troupes rapides, il participa activement à l'élaboration de la doctrine de la « guerre-éclair ». En Pologne en sept. 1939, dans les Ardennes en mai 1940, il commanda ensuite en Russie la IIe armée blindée (1941) mais dut se retirer après l'échec devant Moscou (déc. 1941). Rappelé par Hitler (mars 1943) il fut, de juill. 1944 à mars 1945, chef d'état-major de l'armée de terre. Retiré en Bavière (1948), il écrivit plusieurs études sur la défense de l'Europe et le réarmement allemand ; ses *Mémoires* ont été publiés en 1951.

GUDMUNDSSON (Tómas), poète islandais (Grímsnes 1901 - Reykjavík 1983), un des plus grands de sa génération (*Belle Terre,* 1933 ; *Étoiles du printemps,* 1940 ; *la Rivière sainte,* 1950).

Gudrun ou **Kudrun,** épopée allemande du XIIIe s., transposition légendaire des expéditions vikings. Elle célèbre trois générations successives : 1o les exploits de Hagen, fils du roi d'Irlande, emporté par un griffon dans une île déserte ; 2o le mariage de Hetel, roi des Frisons, avec Hilde, fille de Hagen ; 3o l'enlèvement de Gudrun, fille de Hetel et de Hilde, et fiancée de Herwig, roi de Seeland, par Hartmut de Normandie.

GUDULE *(sainte)* [en Brabant, auj. Belgique, VIIe s. - Hamme 712]. Elle mena une vie de pénitence et de charité. Son corps fut transféré à St-Michel (1047), qui prit son nom. Bruxelles l'a choisie pour patronne.

1. GUÉ n. m. (frq. **wad*). Endroit d'un cours d'eau assez peu profond pour qu'on puisse le traverser sans nager : *Passer un gué à pied.*

2. GUÉ ! interj. (var. de *gai*). *Vx.* Mot qui, dans certaines chansons, exprime la joie : *La bonne aventure, ô gué !*

GUÉABLE adj. Qu'on peut passer à gué.

GUÉBISTE n. Agent du K. G. B.

GUEBLI n. m. Nom régional du sirocco (Algérie et Tunisie).

GUÈBRE adj. (pers. *gabr*). Relatif aux Guèbres.

GUÈBRES (persan *gabr*), Iraniens qui sont restés zoroastriens après la conquête musulmane. Ils habitent les provinces de Yezd, de Kermān et Téhéran. On évalue leur nombre à 28 000 environ.

GUÉBRIANT (Jean-Baptiste BUDES, *comte* DE), maréchal de France (Le Plessis-Budes, Côtes-du-Nord, 1602 - Rottweil 1643). Il contribua à la prise de Brisach (1638) par le duc Bernard de Saxe-Weimar puis vainquit les Impériaux à Wolfenbüttel (1641) et à Kempen (près de Krefeld) [1642].

GUEBWILLER *(ballon de)* → GRAND BALLON.

GUEBWILLER (68500), ch.-l. d'arrond. du Haut-Rhin, dans la région des collines sous-vosgiennes ; 11 280 hab. *(Guebwillerois).* Remarquables églises St-Léger (XIIe-XIVe s.) et Notre-Dame (XVIIIe s.). Musée dans l'anc. église des Dominicains (XIVe-XVe s.).

GUECHO, v. d'Espagne, sur le littoral du Pays basque, au N. de Bilbao ; 68 000 hab.

GUÈDE n. f. (germ. **waizda*). Nom usuel de l'*isatis,* crucifère tinctoriale, qui fournissait autrefois le pastel.

GUÉDOUFLE n. f. (provenç. *goudoufle,* de l'onomat. *god-* exprimant le gonflement). Huilier formé de deux récipients accolés et courbés en sens contraire.

GUÉDRON ou **GUESDRON** (Pierre), compositeur français (v. 1570 - 1620). Il fut le grand compositeur de musique vocale des ballets de cour de Henri IV et de Louis XIII (*la Délivrance de Renaud,* 1617 ; *Tancrède,* 1619).

GUÉGUERRE n. f. *Fam.* **1.** Guerre de faible importance, conflit limité. — **2.** Petit conflit, petite querelle : *La guéguerre entre les partis politiques.*

GUÉHENNO (Marcel, dit **Jean**), écrivain français (Fougères 1890 - Paris 1978). D'origine très modeste, il a incarné le type de l'humaniste de gauche, soucieux d'opposer à la culture égoïste bourgeoise la générosité de l'esprit populaire (*Caliban parle,* 1929 ; *Conversion à l'humain,* 1931 ; *Journal d'un homme de quarante ans,* 1934 ; *Jean-Jacques,* 1949-1952 ; *Changer la vie,* 1961 ; *Dernières Lumières, derniers plaisirs,* 1977). Il fut directeur de la revue *Europe* avant 1940 et fonda avec André Chamson le journal *Vendredi* (Acad. fr., 1962).

GUELDRE, en néerl. **Gelderland,** prov. de l'est des Pays-Bas ; 5 010 km^2 ; 1 804 209 hab. Ch.-l. *Arnhem.* Traversée par le Rhin et le Waal, c'est une province agricole (élevage, vergers) et industrielle (métallurgie, chimie, papeterie).

GUELDRE (*comté,* puis *duché* DE), fief impérial, compris entre la Frise, la Meuse, le duché de Juliers, le Rhin, le duché de Clèves, le comté de Hollande et le pays d'Utrecht. Après avoir appartenu à la maison d'Egmont (1423), la Gueldre fut acquise par Charles Quint en 1543, puis partagée en 1578 entre les Provinces-Unies et les Pays-Bas espagnols. Divisée entre l'Autriche et la Prusse au traité d'Utrecht (1713), la Gueldre fut incorporée aux Provinces-Unies en 1814.

GUELFE adj. et n. (all. *Welfe,* p.-ê. avec l'infl. de l'ital. *guelfo*). En Italie, aux XIIIe et XIVe s., partisan du pape et adversaire de l'Empereur. (Les guelfes s'opposaient aux gibelins.)

guelfes et gibelins, factions politiques qui s'opposèrent en Italie aux XIIIe et XIVe s. Elles tiraient leur nom de deux familles allemandes rivales, celle des Welfs, maison de Souabe, et celle des Hohenstaufen, seigneurs de Waiblingen (près de Stuttgart), qui se disputèrent le trône impérial à partir de 1125, et dont les partisans se nommèrent respectivement guelfes et gibelins. Ces dénominations apparaissent à Florence en 1215 pour désigner les partisans des Buondelmonti, qui soutenaient l'empereur Welf Otton IV de Brunswick (allié au pape), et ceux des Amidei, alliés à Frédéric II de Hohenstaufen. Guelfes et gibelins s'affrontèrent à Florence, puis dans la plupart des villes d'Italie où les gibelins prirent le parti de l'empereur, en lutte contre le pape ; les partisans de ce dernier, qui se rattachaient au souvenir d'Otton IV, se nommèrent guelfes. Les deux factions se réconcilièrent lorsque Jean Ier de Luxembourg, roi de Bohême, prit la tête du parti guelfe pour tenter d'imposer son autorité sur l'Italie (1330-1333).

GUELFISME n. m. Doctrine des guelfes.

GUELMA, v. de l'est de l'Algérie, ch.-l. de wilaya ; 78 000 hab. Cycles. Céramique. Alimentation.

GUELPH, v. du Canada (Ontario), à l'O.-S.-O. de Toronto ; 87 976 hab. Centre industriel (machines, appareillage électrique, textile, produits pharmaceutiques).

GUELTE n. f. (all. *Geld,* argent). Pourcentage accordé à un vendeur sur les ventes qu'il effectue.

GUELTSER ou **GELTSER** (Iekaterina Vassilievna), danseuse soviétique (Moscou 1876 - *id.* 1962). Fille du mime et maître de ballet Vassili Gueltser (coauteur du livret du *Lac des cygnes*), elle fut l'interprète idéale d'Aleksandr Gorski (dans le rôle-titre de *Salammbô,* 1910) et la première grande danseuse du nouvel État soviétique.

GUEMĀRĀH → GEMARA.

GUÉMENÉ-PENFAO (44290), ch.-l. de cant. de la Loire-Atlantique, à 20 km à l'E.-S.-E. de Redon ; 4 491 hab. *(Guémenois).*

GUÉMENÉ-SUR-SCORFF (56160), ch.-l. de cant. du Morbihan, à l'O. de Pontivy ; 1 434 hab. *(Guémenois).* Carrières. Spécialité d'andouilles.

GUÉNANGE (57310), comm. de la Moselle, au S.-S.-E. de Thionville, sur la Moselle ; 6 949 hab. *(Guénangeois).*

GUÉNÉGAUD (Henri DE), marquis **de Plancy,** financier et homme d'État français (1609 - Paris 1676). Secrétaire d'État à la Maison du Roi en 1638, il dut se démettre de cette charge en faveur de Colbert en 1668. Mansart construisit pour lui (v. 1648) un hôtel (futur hôtel de Conti) à l'emplacement duquel se trouve auj. l'hôtel des Monnaies.

Guénégaud *(hôtel de),* à Paris, rue des Archives (dans le Marais), demeure construite par Mansart (v. 1652) pour Jean-François de Guénégaud des Brosses. Restauré, il abrite la Maison de la chasse et de la nature (club et musée, ouverts en 1967).

Guenièvre, épouse du roi Arthur, dont est épris Lancelot, dans les romans de la Table ronde.

GUENILLE n. f. (anc. fr. *guenipe,* d'un rad. gaul. **wádana,* eau). *Litt.* Chose méprisable, sans valeur.

◆ **guenilles** n. f. pl. Vêtements en lambeaux ; haillons : *Être en guenilles.*

GUENILLEUX, EUSE adj. et n. *Litt.* Qui est vêtu de guenilles.

GUENON n. f. (p.-ê. gaul. **wádana,* eau). **1.** *Vx.* Singe cercopithèque, sans distinction de sexe. — **2.** Singe femelle de n'importe quelle espèce. — **3.** *Fam.* Femme très laide.

GUÉNON (René), philosophe et écrivain français (Blois 1886 - Le Caire 1951). Après un passage dans les cercles occultistes français, il s'établit en Égypte et s'y convertit à l'islām. Ses études sur les doctrines hindoues, musulmanes, sur l'ésotérisme chrétien, etc., visent à montrer, derrière les formes particulières de chaque tradition, l'unité fondamentale de la tradition primordiale (*le Symbolisme de la croix,* 1931).

GUÉPARD n. m. (ital. *gattopardo,* de *gatto,* chat, et *pardo,* léopard). Félin (félidé) haut sur pattes, à griffes non totalement rétractiles, très rapide, chassant antilopes et zèbres, facile à apprivoiser. (Le guépard n'abonde plus aujourd'hui qu'en Afrique orientale.)

Guépard *(le),* roman de Giuseppe Tomasi di Lampedusa (1958) qui évoque le déclin d'une grande famille de l'aristocratie sicilienne à l'époque du Risorgimento. — Film de L. Visconti (1963).

GUÊPE n. f. (lat. *vespa,* par l'intermédiaire du haut all. **Waspa*). **1.** Insecte hyménoptère social à l'abdomen annelé de jaune et de noir, dont la femelle est pourvue d'un aiguillon venimeux. (→ *encycl.*) — **2.** Nom donné à d'autres hyménoptères, en particulier à divers sphégiens. — **3.** Fam. *Pas folle la guêpe,* se dit de qqn qui agit avec prudence et habileté et qu'on ne trompe pas facilement. ‖ *Taille de guêpe,* très fine.
ENCYCL. Les guêpes construisent, sous terre ou dans les lieux abrités, des logements en fibres végétales mâchées (guêpier). Elles n'accumulent pas de provisions, car toute la colonie meurt à l'automne, à l'exception des femelles fertiles (ou fondatrices) qui seules hivernent. Elles se nourrissent d'aliments très variés. Les espèces françaises les plus communes sont le petit poliste, le gros frelon et la guêpe germanique, de taille moyenne.
— **Méd.** Les piqûres de guêpe sont généralement banales. Cependant, les sujets sensibilisés peuvent présenter des réactions générales d'allergie immédiate, parfois graves, pouvant aller jusqu'à un choc anaphylactique mortel.

Guêpes *(les),* comédie d'Aristophane, représentée en 422 av. J.-C. Cette satire du goût pour les procès des Athéniens inspira Racine dans *les Plaideurs.*

Guépéou ou **GPU,** administration politique d'État chargée de la sécurité de l'État soviétique. Créée en 1922, elle remplaça la Tcheka. Elle joua un rôle important dans la révolution entreprise par Staline à partir de 1929, envoyant dans les camps gérés par le Goulag les saboteurs, les koulaks, les membres du clergé ou de l'ancienne intelligentsia. Elle fut intégrée en 1934 au Commissariat du peuple aux affaires intérieures (NKVD).

GUÊPIER n. m. (de *guêpe*). **1.** Nid papyracé construit par les guêpes, principalement en vue de l'élevage de leurs larves ; population de guêpes habitant le même nid. (→ *encycl.*) — **2.** Position difficile, situation dangereuse dont on ne se tire pas sans dommage : *Tomber, se fourrer dans un guêpier.* — **3.** Oiseau vivement coloré des régions chaudes de l'Ancien Monde qui se nourrit d'insectes, surtout de guêpes.
ENCYCL. Un guêpier est formé d'étages généralement horizontaux, portant des alvéoles sur leur face inférieure seulement. Une enveloppe, ouverte en bas, protège l'ensemble. Il est souvent souterrain, mais celui du poliste est construit en plein air et sans enveloppe.

GUÊPIÈRE n. f. (de *taille de guêpe*). Sous-vêtement baleiné qui affine la taille.

GUÉPRATTE (Émile Paul), amiral français (Granville 1856 - Brest 1939). Il commanda, en 1914, la division navale qui, avec les Britanniques, tenta de forcer les Dardanelles. Préfet maritime de Bizerte, il fut député de 1919 à 1924.

GUER (56380), ch.-l. de cant. du Morbihan, au S. de la forêt de Paimpont ; 7 511 hab. — Au N., camp militaire de Coëtquidan.

GUÉRANDE (44350), ch.-l. de cant. de la Loire-Atlantique, à 6 km au N. de La Baule ; 12 001 hab. *(Guérandais).* Enceinte du XVe s., percée de quatre portes (musée dans la porte St-Michel). Collégiale des XIIe-XVIe s. Centre touristique et commercial. — On donne parfois le nom de *presqu'île de Guérande* à la région environnante couverte de marais salants au S.-O.

Guérande *(traité de)* [12 avr. 1365], traité qui mit fin à la guerre de la Succession de Bretagne* et par lequel Charles V reconnut Jean IV (V) de Montfort comme duc de Bretagne.

GUÉRANGER (*dom* Prosper), religieux français (Sablé 1805 - Solesmes 1875). Restaurateur de l'Ordre bénédictin en France et premier abbé de Solesmes (1837), il fut l'un des théoriciens de l'ultramontanisme et l'animateur du mouvement de restauration liturgique dans le sens du romanisme.

GUERASSIMOV (Aleksandr Mikhaïlovitch), peintre soviétique (Mitchourinsk 1881 - Moscou 1963). Portraitiste officiel des premiers personnages de l'État (*Lénine à la tribune,* 1930), il a été l'un des représentants majeurs du réalisme socialiste.

GUERCHE-DE-BRETAGNE (La) [35130], ch.-l. de cant. d'Ille-et-Vilaine, au N. de la *forêt de la Guerche ;* 4 153 hab. *(Guerchois).* Église des XVe-XVIe s. Marché (porcelets).

GUERCHE-SUR-L'AUBOIS (La) [18150], ch.-l. de cant. de l'est du Cher, dans l'est du Berry ; 3 247 hab. *(Guerchois).* Église romane et gothique. Constructions mécaniques.

GUERCHIN (Giovanni Francesco BARBIERI, dit **il Guercino,** en fr. **le**), peintre italien (Cento, près de Ferrare, 1591 - Bologne 1666). Formé par l'exemple des Carache, mais aussi attiré par le luminisme des Vénitiens et par l'art du Caravage, il préfigure dès 1621 l'expression baroque (plafond de *l'Aurore* au casino Ludovisi, à Rome), avant de retrouver les règles académiques. Recueillant l'héritage de G. Reni, à Bologne, en 1642, il atteint un grand raffinement dans des toiles comme le *Mariage mystique de sainte Catherine* (Modène).

GUÈRE adv. (frq. **waigaro,* beaucoup). **1.** *Ne... guère, ne plus... guère,* indique une quantité minime ou une fréquence faible ; peu, pas très, pas beaucoup, pas souvent : *Il n'aime guère cette peinture. Ces couleurs ne sont plus guère à la mode.* — **2.** *Ne... guère que,* presque uniquement : *Il ne me reste guère que cinq cents francs pour finir le mois.* — **3.** *Ne... guère de,* indique une faible quantité : *Je n'ai guère de loisirs.* — **4.** Sans négation, dans les réponses : *Vous aimez les artichauts ? — Guère.*

GUÉRÉNOUK → GÉRÉNUK.

GUÉRET n. m. (lat. *vervactum,* jachère). **1.** Terre qui a été labourée en attendant les semailles d'automne. — **2.** Dans un champ en cours de labour, partie non encore labourée.

GUÉRET (23000), ch.-l. de la Creuse, à 327 km au S. de Paris, dans la haute Marche ; 15 718 hab. *(Guérétois).* Hôtel de Moneyroux, des XVe-XVIe s. Musée dans un hôtel du XVIIIe s. Centre administratif et commercial avec quelques industries (mobilier, constructions électriques, bijouterie, industrie du pneumatique).

GUÉRÉZA n. m. Autre nom du *colobe à manteau.*

GUERICKE (Otto VON), physicien allemand (Magdeburg 1602 - Hambourg 1686). Bourgmestre de sa ville natale, il entreprit dès 1650 une série d'expériences sur les effets du vide. Celle des *hémisphères de Magdebourg* (1654) mit en évidence la pression atmosphérique. Il imagina la première machine électrostatique, ce qui l'amena à concevoir la nature électrique des phénomènes orageux.

GUÉRIDON n. m. (de *Guéridon,* n. d'un personnage de farce). **1.** Sorte de pilier destiné à supporter un flambeau, un candélabre, une girandole (XVIIe-XVIIIe s.) [souvent appelé auj. *torchère*]. — **2.** Table ronde (ou parfois ovale) le plus souvent à piétement central ou à trois pieds. (Guéridons légers d'époque Louis XVI, lourds du XIXe s.)

GUÉRIGNY (58130), ch.-l. de cant. de la Nièvre, sur la Nièvre ; 2 446 hab. *(Guérignois).* Métallurgie de transformation.

GUÉRILLA [gerija] n. f. (esp. *guerrilla,* dimin. de *guerra,* guerre). **1.** Forme de guerre caractérisée par des actions de harcèlement, d'embuscades ou de coups de main. — **2.** Groupe de soldats armés légèrement et chargés de harceler l'ennemi. — **3.** Combat mené par des groupes clandestins et caractérisé par des actions ponctuelles en vue de déstabiliser un régime : *Guérilla urbaine.* — **4.** Attaques continuelles, harcèlement : *La guérilla parlementaire de l'opposition.*

GUÉRILLERO [gerijero] n. m. (esp. *guerrillero*). Combattant faisant partie d'une troupe se livrant à la guérilla.

GUÉRIN (Gilles), sculpteur français (Paris 1606 - *id.* 1678). Il travailla pour de nombreux châteaux (le Louvre, Maisons, Versailles) et exécuta des sculptures religieuses et des tombeaux (priant du duc de La Vieuville, Louvre).

GUÉRIN (Pierre Narcisse, *baron*), peintre français (Paris 1774 - Rome 1833). Élève de J.-B. Regnault, il fut un des meilleurs artistes de la seconde période néoclassique — sévère et expressif d'abord, un peu mièvre ensuite — et assura par son professorat, à Paris puis à l'Académie de France à Rome, la transition avec la génération romantique ou éclectique (*Andromaque et Pyrrhus,* 1810, Louvre).

GUÉRIN (Eugénie DE), femme de lettres française (château du Cayla, près d'Albi, 1805 - *id.* 1848). Son *Journal* et ses *Lettres* ont révélé sa ferveur chrétienne et son émotion poétique. — Son frère, MAURICE **de Guérin,** écrivain (château du Cayla 1810-*id.* 1839), se destinait à l'état ecclésiastique mais y renonça sous l'influence de La Mennais. Il a mêlé dans son œuvre l'exaltation panthéiste de la nature à l'inspiration chrétienne (*le Centaure,* 1840 ; *la Bacchante,* 1861) ; *Journal ; Lettres,* 1861).

GUÉRIN (Camille), vétérinaire français (Poitiers 1872 - Paris 1961). Chef de service à l'institut Pasteur de Lille, puis à l'Institut Pasteur de Paris, il est l'auteur, avec Calmette, de la méthode de vaccination contre la tuberculose (B. C. G.).

GUÉRINIÈRE (La) [85680], comm. de la Vendée, dans l'île de Noirmoutier ; 1 413 hab. Tourisme estival.

GUÉRIR v. t. (frq. **warjan,* protéger) [conj. **32**]. **1.** Délivrer qqn d'un mal physique, lui rendre la santé : *Ce médicament m'a guéri de la grippe.* — **2.** Faire cesser une maladie : *Guérir une angine avec des antibiotiques.* — **3.** Débarrasser qqn d'un défaut, le lui ôter : *Elle m'a guéri de ma vanité en me ridiculisant.* — **4.** Faire cesser un défaut : *Il n'y a pas de secret pour guérir la timidité.*

◆ v. i. (auxil. *avoir*) ou **se guérir** v. pr., **être guéri** v. pass. **1.** Cesser, disparaître, en parlant d'un mal : *Blessure qui guérit.* — **2.** Sortir d'une maladie, se soigner pour en sortir, être rétabli : *Il s'est guéri de son rhume en prenant des grogs.* — **3.** Se débarrasser d'un défaut, d'une habitude, s'en corriger : *Être guéri de l'envie de fumer.*

GUÉRISON n. f. (de *guérir*). **1.** Suppression d'un mal physique ; fait de recouvrer la santé : *Être en voie de guérison.* — **2.** Disparition d'un mal moral, d'un défaut : *Guérison de la timidité.*

GUÉRISSABLE adj. Que l'on peut guérir.

GUÉRISSEUR, EUSE n. **1.** Personne qui prétend obtenir la guérison de certaines maladies par des procédés secrets, incommunicables, sans vérification scientifique démontrable et qui agit ainsi en contravention avec les lois sur l'exercice de la médecine. — **2.** *Litt.* Personne qui supprime un mal moral : *Il est le guérisseur de toutes mes peines.*

GUÉRITE n. f. (anc. fr. *garir,* protéger, p.-ê. avec l'infl. du provenç. *garida*). **1.** Abri pour un homme debout et servant aux factionnaires en cas d'intempéries. — **2.** Baraque aménagée pour servir de bureau sur un chantier. — **3.** Siège à capote, généralement en osier, pour s'abriter contre le soleil, le vent, etc.

Guerlédan *(lac de),* lac artificiel, formé dans les gorges du Blavet, extrémité occidentale de la partie encore en service du canal de Nantes à Brest. Plan d'eau (400 ha). Site touristique.

GUERLESQUIN (29650), comm. du Finistère, à 22 km à l'E.-S.-E. de Morlaix ; 1 643 hab. Marché du bétail. Abattoir de volailles.

GUERNES de Pont-Sainte-Maxence, poète français né à Pont-Sainte-Maxence (Beauvaisis), auteur d'une *Vie de saint Thomas le martyr* (Thomas Becket), 1175.

GUERNESEY, en angl. **Guernsey,** île de l'archipel Anglo-Normand (Manche) au N.-O. de Jersey ; 63 km² ; 53 000 hab. (avec Aurigny et Sercq) [*Guernesiais*]. Ch.-l. *Saint-Pierre* ou *Saint Peter Port.* Agriculture (fruits et légumes, fleurs). Tourisme.

Guernica, toile de Picasso (3,50 × 7,80 m), exécutée en 1937 sur commande du gouvernement espagnol pour son pavillon à l'Exposition internationale de Paris (auj. à Madrid, au Centre Reina Sofía). L'œuvre a pour thème initial le bombardement de Guernica y Luno en avr. 1937.

GUERNICA Y LUNO, v. d'Espagne, dans le Pays basque (prov. de Biscaye), au N.-E. de Bilbao ; 18 000 hab.
— **Hist.** Le 26 avr. 1937, pendant la guerre civile, Guernica fut détruite par l'aviation allemande au service des nationalistes.

GUÉROULT (Martial), philosophe français (Le Havre 1891 - Paris 1976). Historien de la philosophie, il considérait chaque système comme un noyau dont dérivent des excroissances nécessaires qu'il faut analyser. Il s'est intéressé à Leibniz, Descartes, Maimonide, Spinoza (*Descartes selon l'ordre des raisons,* 1953).

GUERRA (Ruy), cinéaste brésilien d'origine portugaise (Lourenço Marques, Mozambique, 1931). Il a réalisé *la Plage du désir* (1962), *les Fusils* (1964), *Tendres Chasseurs* (1969), *les Dieux et les Morts* (1970), *la Chute* (1977, avec Nelson Xavier), *Mueda, mémoire et massacre* (1979), *Erendira* (1983), *Xuarup* (1989).

GUERRAZZI (Francesco), écrivain et homme politique italien (Livourne 1804 - Cecina 1873). Avocat réputé, il siégea comme membre de l'opposition au premier Parlement italien. Il a exprimé les espérances du Risorgimento (*le Siège de Florence,* 1836 ; *Vies des hommes illustres d'Italie,* 1843-1847) et donné un roman social, proche du naturalisme (*Il Secolo che muore,* 1885).

GUERRE n. f. (germ. **werra,* dispute). **1.** Lutte armée entre États. (La guerre entraîne l'application de règles particulières dans l'ensemble des rapports mutuels entre États ; elle commence par une déclaration de guerre ou un ultimatum et se termine par un armistice et, en principe, par un traité de paix qui met fin à l'état de guerre.) — **2.** Lutte entre des groupes, entre des pays qui ne va pas jusqu'au conflit sanglant : *Une guerre économique, de propagande.* — **3.** Lutte entre des personnes, hostilité : *Entre lui et moi, c'est la guerre.* — **4.** Fam. *À la guerre comme à la guerre,* il faut s'accommoder des circonstances, si difficiles soient-elles. ‖ *(C'est) de bonne guerre,* se dit d'un comportement habile et rusé, qui répond à une attaque, une critique, une concurrence et qu'on considère comme légitime. ‖ *De guerre lasse,* à bout de résistance ; en renonçant par lassitude. ‖ *Entrer en guerre,* la commencer. ‖ *État de guerre,* situation d'une nation qui, avec ou sans déclaration de guerre, a ouvert les hostilités contre une ou plusieurs autres nations. ‖ *Faire la guerre,* participer à la lutte armée pendant la guerre ; adresser à qqn des reproches, s'attaquer à lui sur un point particulier de sa conduite. ‖ *Faire la guerre à, partir en guerre contre,* attaquer qqch avec violence pour le faire disparaître : *Faire la guerre aux préjugés.* ‖ *Fait de guerre,* action militaire méritoire. ‖ *Guerre froide,* état de tension internationale prolongée, dû à une politique d'hostilité entre deux adversaires, qui ne va pas jusqu'au conflit armé (l'expression est employée depuis le « coup de Prague » de 1948) ; état de tension, d'hostilité, sans manifestation violente, entre deux personnes, deux groupes. ‖ *Guerre nucléaire, biologique, chimique,* ou *guerre N. B. C.,* forme de guerre où seraient employés ces types d'armes. ‖ *Guerre ouverte,* hostilité déclarée. ‖ *Guerre privée,* guerre que les seigneurs se livraient pour régler leurs litiges ou réaliser une conquête. (Fréquentes et ruineuses, elles furent limitées par l'Église à partir de la fin du Xe s. par la paix* de Dieu et la trêve* de Dieu, puis interdites par la royauté [1258, 1311], interdiction qui ne fut respectée qu'au cours du XIVe s. avec l'affermissement de l'autorité royale.) ‖ *Guerre sainte,* guerre menée au nom de motifs religieux. ‖ *Guerre totale,* forme de guerre s'étendant à la totalité des activités de la nation et visant à l'anéantissement de l'adversaire. ‖ Litt. *Homme de guerre, gens de guerre,* soldat(s). ‖ *Lois de la guerre,* ensemble des conventions, règles et coutumes destinées à humaniser la guerre. ‖ *Nom de guerre,* pseudonyme sous lequel un écrivain, un artiste se fait connaître du public. ‖ *Petite guerre,* guerre d'escarmouches ; simulacre de combat, de conflit.

ENCYCL. **Dr.** Les règles essentielles du droit de la guerre résultent des conventions de La Haye* et de Genève*. L'état de guerre entraîne, entre États belligérants, la rupture de toute relation et la caducité des traités bilatéraux ; entre États belligérants et États tiers, les relations sont fondées sur le principe de la neutralité.

— **Mil.** De l'utilisation du cheval à des fins guerrières (XVIIIe s. av. J.-C.) à la bombe atomique (1945), la guerre a évolué également avec les structures politiques et sociales. Aux guerres menées jusqu'alors avec des armées peu nombreuses, auxquelles le citoyen ne participait pratiquement pas, succéda, avec la Révolution française, la *guerre des peuples ;* elle va aboutir au cours des deux guerres mondiales à la *guerre totale* dont le but, l'anéantissement de l'adversaire, s'accompagne d'une guerre idéologique et économique visant à anéantir les ressources morales et économiques de résistance. La menace de la *guerre nucléaire* domine, depuis Hiroshima, la stratégie internationale. Si l'aspect exorbitant de l'arme nucléaire a contenu l'éventualité de son emploi, il a favorisé, indirectement, la multiplication des conflits limités. À la *guerre-éclair* dont le fer de lance est le couple char-avion s'ajoute aujourd'hui la *guerre électronique,* qui s'efforce de ruiner les transmissions, les systèmes de guidage ou de détection. Plus récemment, le conflit Iran-Iraq a ravivé la menace de la *guerre chimique.* Avec les dimensions idéologiques des guerres est apparue au XXe s. la *guerre psychologique* qui tente, par tous les moyens, d'influencer le comportement des populations et des armées. La *guerre subversive,* menée à l'intérieur d'un territoire contre l'autorité politique en place, se définit par ses méthodes (propagande, guerre dans la foule) et par son enjeu (contrôle du pouvoir). Empruntant tout ou partie de ses méthodes aux deux types précédents, la *guerre révolutionnaire,* élaborée par les marxistes-léninistes, vise à provoquer et à exploiter tout mouvement de masse dans le but de prendre le pouvoir par un contrôle physique des populations ; en ce sens, elle se définit principalement par sa finalité et par la poursuite de cette finalité dans le cadre d'une stratégie globale.

guerre *(croix de),* décoration commémorant les citations ou les services rendus par des combattants. Il existe en France trois croix de guerre : celle de 1914-1918, celle de 1939-1945 et celle des théâtres d'opérations extérieures (T. O. E.).

guerre *(De la),* œuvre de Carl von Clausewitz (composée entre 1816 et 1830 et publiée en 1832-1834), dans laquelle il expose les rapports de la guerre et de la politique.

guerre *(École supérieure de)* **[E. S. G.],** école créée à Paris en 1876, sous le nom d'« École militaire supérieure ». Appelée depuis 1880 *École supérieure de guerre,* elle a pour mission de former les officiers de l'armée de terre destinés au commandement interarmées et au service d'état-major. La marine et l'armée de l'air disposent de la même façon d'une *École de guerre navale* et d'une *École supérieure de guerre aérienne.*

guerre *(médailles commémoratives de),* décorations créées en faveur des combattants ayant participé à une guerre : *médaille commémorative de la guerre 1870-71 ; de la Grande Guerre (1914-1918) ; de la guerre 1939-1945.*

Guerre civile en France *(la),* ouvrage de Karl Marx, rédigé en anglais et paru à Londres en juin 1871. L'auteur y analyse les positions de classe dans les enjeux politiques de la Commune, la relation entre guerre civile et guerre militaire qu'elles illustrent, et affirme la valeur annonciatrice de temps futurs de l'échec de la Commune.

Guerre folle (1485-1488), révolte des grands féodaux pendant la régence d'Anne de France (ou de Beaujeu). Provoquée par la décision des états généraux de 1484 de laisser la présidence du Conseil du roi à Pierre de Beaujeu, écartant ainsi du pouvoir Louis II duc d'Orléans (futur Louis XII), elle fut conduite par ce dernier, allié à Maximilien d'Autriche, à Richard III, roi d'Angleterre, et à François II, duc de Bretagne. Elle s'acheva par la défaite des coalisés à Saint-Aubin-du-Cormier (1488).

guerre froide, état de tension qui opposa, de 1945 à 1990, les États-Unis, l'U. R. S. S. et leurs alliés respectifs qui formaient deux blocs dotés de moyens militaires considérables et défendant des systèmes idéologiques et économiques antinomiques. Aux années 1948-1962, particulièrement conflictuelles, succédèrent une phase de détente (1963-1978), puis une nouvelle intensification des tensions (1979-1985) après l'intervention militaire soviétique en Afghānistān. La fin de la guerre froide correspond à l'effondrement du système communiste en Europe.

Guerre des mondes *(la),* roman d'anticipation de H. G. Wells (1897). Les Martiens envahissent la Terre et déciment les Terriens, mais succombent aux attaques des microbes et des chiens.

Guerre et Paix, roman de Léon Tolstoï (1865-1869, édité en 1878). Dans cette vaste fresque de l'aristocratie russe au temps des guerres contre Napoléon (1805 et 1812), Tolstoï révèle son penchant pour toute conception non agressive de l'existence.

guerre prolongée *(De la),* ouvrage de Mao Zedong (1938), où l'auteur élabore les principes de la stratégie de la guerre de libération nationale.

guerre de Troie n'aura pas lieu *(La),* pièce en deux actes de Giraudoux (1935). Toutes les ruses et toutes les concessions des diplomates ne peuvent empêcher le conflit que déclenche le poète officiel, qui ne veut pas avoir écrit son chant de guerre pour rien.

Guerre mondiale *(Première),* conflit qui, de 1914 à 1918, opposa l'Allemagne et l'Autriche-Hongrie, rejointes par la Turquie (1914) et la Bulgarie (1915), à la Serbie, à la France, à la Russie, à la Belgique et à la Grande-Bretagne, alliées au Japon (1914), à l'Italie (1915), à la Roumanie et au Portugal (1916), enfin aux États-Unis, à la Grèce, à la Chine et à plusieurs États sud-américains (1917).

La politique mondiale de l'Allemagne, son expansion économique et navale, notamment dans le Proche-Orient *(Drang nach Osten),* l'antagonisme germano-slave dans les Balkans et la course aux armements conduite par les deux blocs de la Triple-Alliance (Allemagne, Autriche-Hongrie, Italie) et de la Triple-Entente (France, Grande-Bretagne, Russie) ont créé en Europe, au lendemain des guerres balkaniques (1912-13), un état de tension que le moindre incident peut transformer en conflit armé. L'assassinat, par un étudiant bosniaque, le 28 juin 1914 à Sarajevo, de l'archiduc héritier François-Ferdinand d'Autriche fait office de détonateur. Le 28 juill., l'Autriche-Hongrie, poussée par Guillaume II, qui lui a accordé dès le 15 juill. un véritable « chèque en blanc », déclare la guerre à la Serbie. Le système des alliances entre alors en jeu : l'Allemagne déclare la guerre à la Russie (1er août) et à la France (3 août) ; l'Angleterre déclare la guerre à l'Allemagne (4 août) ; l'Autriche-Hongrie à la Russie (5 août) ; le Japon à l'Allemagne (23 août) ; la Russie à la Turquie (2 nov.) ; la France et l'Angleterre à la Turquie (3 nov.) ; l'Italie proclame sa neutralité. L'Allemagne croyant pouvoir mener une « guerre-éclair » a choisi (plan Schlieffen) de détruire en quelques semaines l'armée française et d'attaquer ensuite, toutes forces réunies, la Russie.

1914 : l'échec du plan allemand

Violant la neutralité belge, les Allemands s'emparent d'abord de Liège (7-16 août), puis de Charleroi (21-23 août) et de Mons (23 août). Ils gagnent ensuite la bataille des frontières françaises, notamment en Lorraine (Morhange) et dans les Ardennes (20-23 août), puis contraignent les armées françaises et l'armée britannique de French à battre en retraite sur l'Aisne, puis au sud de la Marne. Mais, du 6 au 13 sept., Joffre, aidé par Gallieni, gouverneur de Paris, réussit, par la victoire de la Marne, à stopper l'invasion, ce qui provoque le remplacement de Moltke par Falkenhayn (14 sept.). Après les combats de la *Course à la mer* et de la *mêlée des Flandres* (sept.), où se distingue Foch, qui coordonne au nom de Joffre la résistance des Belges, des Britanniques et des Français, un front de 750 km se stabilise de la mer du Nord à la Suisse.

• *Fronts russes.* En Prusse-Orientale, les Russes, qui ont pris l'offensive, sont arrêtés par Hindenburg à Tannenberg (26 août), mais, en Galicie, ils s'emparent de Lvov (3 sept.) et obligent les Austro-Hongrois à se replier sur les Carpates, où le front se stabilise (nov.). En Serbie, les Austro-Hongrois sont partout repoussés et les Serbes rentrent à Belgrade (13 déc.).

• *Guerre navale.* Les Alliés, qui ont la supériorité grâce à la Grande-Bretagne, acquièrent la maîtrise des mers et imposent un blocus aux Empires centraux, qu'ils veulent « asphyxier ». Après avoir battu les Britanniques au large du cap Coronel (1er nov.), l'escadre allemande du Pacifique (von Spee), qui reste seule à la mer, est détruite aux Falkland (8 déc.).

1915 : l'année indécise

Constatant l'échec du plan Schlieffen, Falkenhayn décide d'éliminer d'abord la Russie pour se retourner ensuite contre la France et la Grande-Bretagne. En mai, les Allemands, aidés au sud par les Austro-Hongrois, portent à Gorlice, en Galicie, un coup décisif aux Russes, qui doivent évacuer la Pologne, et se rétablissent en septembre sur une ligne allant de Riga à la frontière roumaine.

• *Dans les Balkans.* L'opération lancée en février et en mars par les Alliés, à la demande de la Grande-Bretagne, poussée par Churchill, pour forcer les Dardanelles, tendre la main aux Russes et isoler les Turcs, qui menacent un moment Suez, se traduit par un échec. L'entrée en guerre de la Bulgarie (5 oct.) entraîne l'effondrement de la Serbie, qui est conquise. Finalement, les Alliés débarquent à Salonique (oct.), dans une Grèce neutre, mais partagée entre sympathisants alliés (Venizélos) et sympathisants allemands (le roi Constantin est le beau-frère de Guillaume II).

• *À l'ouest.* Les Français veulent libérer leur territoire en opérant la « percée » d'un front qui passe à 90 km de Paris, mais les attaques menées en Champagne (févr.) et en Artois (mai, sept.) échouent. Elles sont très meurtrières, en particulier pour l'infanterie française, mais, en maintenant à l'ouest les deux tiers des forces allemandes, elles contribuent à éviter un effondrement des Russes.

• *Guerre navale et autres fronts.* L'offensive sous-marine allemande, amorcée en 1914 pour lutter contre le blocus et ruiner le commerce britannique, se déclenche officiellement en févr. 1915. Mais les protestations américaines, à la suite du torpillage, le 7 mai, du paquebot britannique *Lusitania,* transportant des passagers américains, obligent l'Allemagne à ajourner cette forme de guerre. L'entrée en scène de l'Italie, qui déclare la guerre à l'Autriche-Hongrie (23 mai) puis à la Turquie (20 août), entraîne la formation d'un nouveau front du Trentin au Karst. En juill., les Britanniques occupent le Sud-Ouest africain allemand.

1916 : l'année de Verdun

Laissant « pourrir » la situation en Russie, Falkenhayn décide d'éliminer l'armée française. Du 21 févr. à la mi-août, les Allemands recherchent la décision à Verdun par l'épuisement des ressources en hommes de l'armée française, qui, au cours d'une lutte sanglante, résiste victorieusement sous le commandement des généraux Pétain et Nivelle. D'octobre à décembre, les contre-offensives de Mangin dégagent la ville (reprise de Douaumont et de Vaux). Joffre et Haig déclenchent, de juillet à octobre, une offensive sur la Somme, où les Britanniques utilisent pour la première fois des chars à Flers (15 sept.). En décembre, Joffre cède la place à Nivelle.

• *À l'est.* Pour soulager les Alliés à l'ouest, les Russes, conduits par Broussilov, remportent en Galicie et en Bucovine (juin-août) une brillante victoire, qui sera la dernière de l'armée du tsar. L'entrée en guerre de la Roumanie aux côtés des Alliés, en août, menace le ravitaillement en blé et en pétrole de l'Allemagne. Hindenburg et Ludendorff relèvent Falkenhayn qu'ils chargent de conquérir la Roumanie (ce qu'il fait en trois mois). À Verdun, ils décident de passer à la défensive.

• *L'impasse de la guerre d'usure.* Dans les Balkans, l'armée serbe, reconstituée à Corfou, attaque avec les Alliés en Macédoine et s'empare de Bitola (19 nov.). Au Moyen-Orient, le roi du Hedjaz, Ḥusayn, conseillé par l'Anglais Lawrence, soulève l'Arabie contre les Turcs. Ces derniers contraignent les Britanniques à capituler à Kūt al-'Amāra (28 avr.) et renouvellent leur attaque sur Suez. En Allemagne, l'opposition du chancelier Bethmann-Hollweg, qui redoute de voir le nombre des ennemis du Reich augmenter, empêche la relance de la guerre sous-marine. La flotte de haute mer allemande de l'amiral Scheer affronte au Jütland (31 mai) la « Grand Fleet » britannique de Jellicoe. Malgré leur succès relatif, les Allemands n'oseront jamais plus faire sortir leur flotte : pour eux, désormais, seul l'emploi massif des sous-marins pourra être décisif.

1917 : l'année trouble

Face à l'attitude défensive des Allemands (févr.), Nivelle rallie les Britanniques à l'idée d'une grande offensive, qui, par la rupture du front français, amènerait enfin la décision de la guerre. Mais l'échec retentissant du Chemin des Dames (16 avr.) détermine en France une très grave crise dans l'armée et le pays. Pétain, qui remplace Nivelle le 15 mai, surmonte cette crise et peut lancer avec succès des attaques limitées devant Verdun (août) et à la Malmaison (oct.). Les Britanniques déclenchent de dures offensives autour d'Ypres (juin-nov.), puis à Cambrai (nov.), où ils engagent 400 chars. La crise morale et politique qui a suivi celle des armées conduit Poincaré à confier en novembre le gouvernement à Clemenceau.

• *Cessez-le-feu sur le front russe.* La première révolution de Petrograd se termine par l'abdication du tsar (15 mars). Les gouvernements du prince Lvov (mars) puis de Kerenski (août) cherchent à poursuivre la lutte aux côtés des Alliés, mais l'armée russe est défaite en Bucovine (juill.), et les Allemands prennent Riga (3 sept.). La prise du pouvoir par Lénine et les bolcheviks le 7 nov. provoque l'ouverture de négociations avec Berlin. Celles-ci aboutissent, le 15 déc., à la signature de l'armistice de Brest-Litovsk.

• *Caporetto.* Pour relancer dans la guerre une Autriche usée et ébranlée par l'offre alliée d'une paix séparée à l'empereur Charles (transmise par ses beaux-frères, les princes de Bourbon-Parme), les Allemands appuient de façon décisive son offensive contre les Italiens. Battus à Caporetto (24 oct.), ceux-ci se replient sur la Piave, où l'aide d'un corps franco-britannique (Fayolle) leur permet de se rétablir. Au Moyen-Orient, les Britanniques s'emparent de Bagdad (11 mars) et de Jérusalem (9 déc.).

• *L'offensive sous-marine allemande.* Pour mettre à genoux la Grande-Bretagne, Guillaume II déclenche le 1er févr. la guerre sous-marine à outrance, acceptant ainsi l'entrée en guerre des États-Unis, effective le 2 avr. Les pertes des marines de commerce alliées sont énormes (900 000 t en avril), et la victoire des sous-marins allemands (70 en mer sur 130 en service) se prolonge encore jusqu'à l'hiver, sans pour autant abattre la Grande-Bretagne.

1918 : la victoire des armées de Foch

Ludendorff veut obtenir l'avantage décisif en France avant l'engagement en nombre des Américains. Pour disposer des 700 000 hommes du front est, il contraint l'Ukraine et la Russie (traités de Brest-Litovsk des 9 févr. et 3 mars), puis la Roumanie (traité de Bucarest, mai) à signer la paix. L'offensive allemande en Picardie (21 mars) crée une brèche de 20 km entre les armées française et britannique, et menace Amiens. Lloyd George et Clemenceau confient, à Doullens, le 26 mars, le commandement unique à Foch, qui, coordonnant l'action de Haig et de Pétain, sauve Amiens. Le général en chef réussit ensuite à parer les nouveaux coups de boutoir lancés par Ludendorff dans les Flandres (avr.), du Chemin des Dames à la Marne (mai), sur le Matz (juin) et, enfin, en Champagne (15 juill.). Les Allemands ont perdu l'initiative. Foch, qui dispose maintenant des 16 divisions américaines du général Pershing, lance une série de contre-offensives à Villers-Cotterêts (18 juill.), en Picardie (8 août), puis de la Meuse à la mer (sept.), obligeant les Allemands à battre en retraite sur Gand, Cambrai et Sedan. Le 4 nov., Hindenburg, qui s'est séparé de Ludendorff, est contraint d'ordonner la retraite générale sur le Rhin et de demander, le 7, un armistice aux Alliés : celui-ci sera signé le 11 à Rethondes, après l'abdication de Guillaume II.

• *Victoire dans les Balkans et sur les autres fronts.* Franchet d'Esperey, placé en juin, à Salonique, à la tête des armées alliées d'Orient (Français, Serbes, Grecs, Britanniques et Italiens), déclenche le 15 sept. une offensive décisive en Macédoine. Après l'armistice imposé à la Bulgarie (29 sept.), ses forces entrent à Sofia (16 oct.) et à Belgrade (1er nov.), pénètrent en Roumanie et menacent la Turquie et l'Autriche. Ébranlée en outre par la victoire italienne de Vittorio Veneto (27 oct.), cette dernière signe le 3 nov. l'armistice de Padoue. La double monarchie se disloque : Hongrois et Tchèques proclament leur indépendance, tandis qu'à Vienne l'empereur Charles abdique et que la République d'Autriche est proclamée en même temps que son rattachement à l'Allemagne refusé par les Alliés.

En Palestine, les Britanniques prennent l'offensive (sept.) et s'emparent de Beyrouth, de Damas et d'Alep (25 oct.). Le 30, les Turcs doivent signer l'armistice de Moudros (Moúdhros).

Le 14 nov., les Allemands déposent les armes en Afrique orientale.

• *Fin de la guerre navale.* En 1918, les Alliés, qui ont adopté le système lent mais sûr des convois, luttent plus efficacement contre les *U-Boot* allemands, qui ne peuvent empêcher le transport en France de 2 millions de soldats américains. Cent soixante-seize sous-marins allemands sont remis aux Alliés, tandis que la flotte de haute mer allemande est conduite à Scapa Flow, où elle se saborde le 21 juin 1919.

• *Les traités de paix.* L'attitude des États-Unis, la mésentente entre les puissances alliées et les révolutions de l'Europe centrale retardent et compliquent les négociations de paix qui aboutissent aux traités suivants : traité de Versailles avec l'Allemagne (28 juin 1919) ; traité de Saint-Germain-en-Laye avec l'Autriche (10 sept. 1919) ; traité de Neuilly avec la Bulgarie (27 nov. 1919) ; traité de Trianon avec la Hongrie (4 juin 1920) ; traité de Sèvres avec la Turquie (10 août 1920) ; traité italo-yougoslave de Rapallo (12 nov. 1920). Les problèmes posés en Europe orientale par l'effondrement de l'Empire ottoman ne seront réglés qu'en 1921 (traité de Riga) et 1923 (traité de Lausanne), après les guerres polono-soviétique (1920) et gréco-turque (1921-22).

• *Les pertes humaines.* La France a compté 1 400 000 morts (27 % des hommes de 18 à 27 ans ont été tués) ; 2 800 000 hommes ont été blessés (dont 50 % deux fois), 10 % de sa population active masculine a disparu (9,8 % en Allemagne qui compte 1 800 000 morts, 9,5 en Autriche-Hongrie, 6,2 en Italie, 5,1 en Angleterre, 4,5 en Russie, 1,9 en Belgique et 0,2 aux États-Unis). On peut estimer à 8 millions de morts les pertes totales de la guerre.

Guerre mondiale *(Seconde),* conflit qui, de 1939 à 1945, opposa les puissances démocratiques alliées (Pologne, Grande-Bretagne et pays du Commonwealth, France, Danemark, Norvège, Pays-Bas, Belgique, Yougoslavie, Grèce, puis U. R. S. S., États-Unis, Chine, et la plupart des pays de l'Amérique latine) aux puissances totalitaires de l'Axe (Allemagne, Italie, Japon et leurs satellites, Hongrie, Slovaquie, etc.).

Son origine réside essentiellement dans la volonté d'Hitler d'affranchir le IIIe Reich du « Diktat » de Versailles (1919) et d'utiliser la force pour dominer l'Europe. Après avoir rétabli le service militaire obligatoire (1935) pour disposer d'une puissante armée (la Wehrmacht), Hitler réoccupe la rive gauche du Rhin (1936), puis annexe l'Autriche et une partie de la Tchécoslovaquie (1938). La faiblesse de la France et de la Grande-Bretagne, qui reconnaissent le fait accompli à Munich (1938), l'encourage à poursuivre cette politique de force. Hitler s'empare du reste de la Tchécoslovaquie (mars 1939), s'assure l'appui italien (mai) et obtient la neutralité bienveillante de l'U. R. S. S. avec son accord pour un partage de la Pologne (accords Ribbentrop-Molotov du 23 août).

L'affaire de Dantzig peut alors servir de prétexte au déclenchement du conflit. Bien qu'européen à ses débuts, celui-ci intéresse le monde entier dès la fin de 1941, date de l'entrée en guerre des États-Unis et du Japon. Séparées par l'automne de 1942, deux périodes en marquent le déroulement : celle des conquêtes allemandes et japonaises, suivie de celle des contre-offensives, puis des victoires des Alliés, qui entraîneront l'élimination de l'Italie en 1943 puis la capitulation de l'Allemagne et celle du Japon en 1945.

les conquêtes des puissances de l'Axe (1939-1942)

• *Guerre-éclair à l'est et à l'ouest (1939-1941).*

— *Pologne et Finlande.* En 26 jours (1er-27 sept. 1939), sans que la France réagisse autrement que par une timide démonstration en Sarre, la Wehrmacht parvient à anéantir l'armée polonaise. La Pologne, où l'Armée rouge est entrée le 17 sept., disparaît de la scène, et son territoire est partagé le 28 sept. entre le Reich et l'U. R. S. S., qui obtient le droit de s'installer dans les pays baltes. Mais, lorsque Moscou exige des bases (Hanko) en Finlande, celle-ci refuse de céder et est attaquée par l'U. R. S. S. le 30 nov. Après une résistance souvent victorieuse, observée avec sympathie par les Alliés, elle doit accepter les conditions de paix soviétiques (mars 1940). La résistance finlandaise, qui a surpris, conduit aussi bien les Alliés que les Allemands à sous-estimer la valeur de l'Armée rouge.

— *Pays-Bas, Belgique et France.* Débarrassé de toute menace à l'est, Hitler décide d'engager l'offensive à l'ouest. Elle s'applique d'abord au Danemark (9 avr. 1940), puis à la Norvège (avr.-mai) malgré une intervention franco-britannique à Namsos et à Narvik. Le 10 mai, la Wehrmacht passe à l'attaque générale des Pays-Bas et de la Belgique, perce le front français à Sedan et contraint les forces hollandaises et belges à capituler les 15 et 28 mai (→ *campagne de* FRANCE). Le 10 juin, l'Italie déclare la guerre à la France, et, le 14, les Allemands sont à Paris. Pétain, successeur de Reynaud, demande l'armistice, qui est signé le 22 à Rethondes avec les Allemands et le 24 à Rome avec les Italiens. De Gaulle proclame de Londres, le 18 juin, son refus de cet armistice et appelle à continuer la lutte aux côtés de la Grande-Bretagne. Durant l'été, il rallie au mouvement de la *France libre* les colonies françaises de l'Afrique équatoriale, du Pacifique et de l'Inde.

— *La bataille d'Angleterre.* La Grande-Bretagne, où Churchill a remplacé Chamberlain le 10 mai 1940, reste seule face à l'Allemagne. Après avoir attaqué la flotte française à Mers el-Kébir et à Dakar (3 et 8 juill.), pour l'empêcher de tomber aux mains des Allemands, elle se retranche dans son île et résiste victorieusement, au cours d'une coûteuse bataille aérienne (août-oct.), aux offensives répétées de la Luftwaffe.

— *L'évolution des alliances.* Après l'échec de l'expédition contre Dakar menée par de Gaulle avec l'aide de la marine britannique (sept. 1940), un modus vivendi (accord Chevalier-Halifax) est trouvé entre Pétain et la Grande-Bretagne. Les liens de cette dernière se resserrent encore avec les États-Unis, qui passent de l'état de neutralité à celui de non-belligérance, prêtent à Londres 50 destroyers et instituent le service militaire (sept.). Après la réélection de Roosevelt, Washington adoptera le 11 mars 1941 la loi prêt-bail, qui ouvre à la Grande-Bretagne un crédit illimité.

Du côté de l'Axe, l'Allemagne signe le 27 sept. 1940 avec l'Italie et le Japon un pacte tripartite, auquel la Hongrie adhérera en novembre. Mais, en octobre, Hitler ne peut obtenir de Franco, à Hendaye, le libre passage de la Wehrmacht à travers l'Espagne, ni de Pétain, à Montoire, l'alliance militaire de la France vaincue. L'occupation de la Roumanie par l'Allemagne, succédant à celle des pays baltes, de la Bessarabie et de la Bucovine par l'U. R. S. S., altère à la fin de 1940 le climat de cordialité entre Moscou et Berlin.

— *La campagne des Balkans.* Décidé à attaquer l'U. R. S. S., Hitler veut éliminer auparavant ses adversaires des Balkans et y reprendre l'initiative perdue par l'Italie. Cette dernière, en effet, sans prévenir Berlin, a attaqué le 28 oct. 1940 la Grèce, où elle se trouve bientôt en mauvaise posture et ne peut empêcher les Britanniques d'occuper la Crète ni d'infliger à sa flotte une grave défaite à Tarente (nov.). La Wehrmacht intervient donc en occupant la Bulgarie en mars 1941. Elle envahit ensuite le 6 avr. la Yougoslavie et la Grèce, qui doivent capituler en quelques semaines, tandis que les Britanniques évacuent la Crète, conquise en mai par les parachutistes allemands.

— *La guerre en Afrique et au Moyen-Orient.* Après avoir évincé les Britanniques des Somalies (août 1940), les Italiens perdent finalement leur empire de l'Afrique orientale : le Négus rentre à Addis-Abeba (avr. 1941) et le duc d'Aoste capitule à Amba Alagi (mai). En Libye, les Britanniques de Wavell, attaqués par Graziani (sept. 1940), refoulent ensuite les Italiens au-delà de Benghazi (déc. 1940 - févr. 1941). Hitler doit de nouveau soutenir son allié défaillant par l'envoi de l'*Afrikakorps* de Rommel, qui repousse les Britanniques à la frontière d'Égypte.

Au même moment, le soulèvement de l'Iraq, appuyé par Berlin, qui utilise les aérodromes français de Syrie (entrevue Hitler-Darlan, mai 1941), donne l'occasion aux soldats britanniques, aidés par les Français libres, de s'emparer de la Syrie et du Liban, défendus par les troupes du général Dentz, restées fidèles à Pétain (8 juin-14 juill.).

— *La situation en Extrême-Orient.* Le Japon, en guerre avec la Chine depuis 1937, a installé à Nankin en 1939 un gouvernement à sa solde. Jiang Jieshi dirige à Chongqing la résistance chinoise, mais ne peut empêcher le Japon de contrôler la façade maritime de la Chine ainsi que l'île de Hainan. Tōkyō impose en outre aux Français une occupation partielle du Tonkin (août 1940), puis de la Cochinchine (juill. 1941) ainsi que sa médiation dans le conflit franco-thaïlandais.

— *La guerre sur mer.* Après la neutralisation des flottes française et italienne, la prépondérance de la *Royal Navy* continue de s'affirmer. En dépit de quelques succès (torpillage des cuirassés britanniques *Royal Oak* [oct. 1939] et *Hood* [mai 1941]), la flotte allemande subit de graves échecs : sabordage du cuirassé *Graf von Spee* (Montevideo, déc. 1939), blocage du *Scharnhorst* et du *Gneisenau* en rade de Brest, perte du *Bismarck,* tandis que le *Prinz Eugen* doit se réfugier, lui aussi, à Brest (mai 1941).

• *Les dernières conquêtes de l'Axe (juin 1941-nov. 1942).*

— *De Moscou à Stalingrad : fin de la guerre-éclair.* Le 22 juin 1941, après avoir pris un mois de retard dans les Balkans, Hitler déclenche le plan Barbarossa. Douze armées allemandes renforcées d'unités italiennes, finlandaises et roumaines, appuyées par 3 000 chars et 3 000 avions, attaquent l'U. R. S. S. sur un front de plus de 1 500 km. La Russie blanche, l'Ukraine et les pays baltes sont occupés, et, le 5 déc., les chars allemands ne sont qu'à 22 km de Moscou, sauvée de justesse par une contre-attaque de l'Armée rouge et par la rigueur de l'hiver. Pour la première fois, l'armée allemande, dont Hitler prend le commandement direct (19 déc.), est bloquée, tandis que l'U. R. S. S. bénéficie, depuis septembre, de la loi américaine de prêt-bail. Dès le printemps de 1942, Hitler reprend l'offensive : la Wehrmacht conquiert la Crimée et le bassin du Donetz, progresse dans la boucle du Don et, le 21 août, atteint le Caucase au mont Elbrouz. La veille, la VIe armée allemande (Paulus) touchait la Volga et s'emparait d'une partie de Stalingrad (sept.). Alors qu'Hitler croit tenir la victoire, l'Armée rouge lance le 19 nov. une contre-offensive, qui, encerclant l'armée Paulus, la contraindra à capituler le 2 févr. 1943.

— *Libye et Égypte.* Après avoir refoulé l'Afrikakorps jusqu'à El-Agheila (déc. 1941), les Britanniques doivent de nouveau reculer devant Rommel, d'abord jusqu'à Tobrouk (févr. 1942), puis, après la prise de cette ville, retardée par le coup d'arrêt des Français libres à Bir Hakeim (28 mai-10 juin), jusqu'en Égypte à El-Alamein. C'est de cette position que Montgomery lance le 23 oct. la célèbre offensive qui contraindra Rommel à entamer une retraite stratégique qui se terminera en mai 1943 à Tunis.

— *La poussée japonaise dans le Pacifique.* En attaquant par surprise Pearl Harbor le 7 déc. 1941, le Japon entraîne les États-Unis dans la guerre et porte un coup sensible au potentiel de leur flotte. Le 10, les Nippons torpillent les deux cuirassés britanniques *Prince of Wales* et *Repulse* au large de la Malaisie. Ayant ainsi les mains libres, ils occupent la Thaïlande et les îles de Guam, de Wake et les Gilbert (déc.), conquièrent les Philippines et la Malaisie (janv. 1942), puis l'Indonésie (Java et Sumatra [mars]), base d'attaque en direction de l'Australie. Après les chutes de Singapour et de Rangoon (15 févr.-7 mars), les Japonais poussent au nord sur les Aléoutiennes (juin) et au sud sur les Salomon (Bougainville, puis Guadalcanal [juill.]) et sur la Nouvelle-Guinée. En huit mois, Tōkyō, maître du Pacifique, contrôle plus de 90 % de la production mondiale de caoutchouc et une immense réserve de pétrole. Cependant, les Américains réagissent, et la flotte de l'amiral Nimitz inflige aux Japonais dans la mer de Corail et aux îles Midway (mai-juin) deux défaites aéronavales, qui écartent la menace pesant sur l'Australie. Le débarquement américain à Guadalcanal marque, le 7 août, le début du retournement de la situation en Extrême-Orient.

— *L'offensive sous-marine allemande.* Comme en 1917, les Alliés doivent faire face dans l'Atlantique à la puissante attaque des sous-marins allemands, qui, en 1942, coulent plus de 8 millions de tonnes de navires. Mais la fin de l'année marque, là aussi, le tournant de la guerre, puisque, grâce à l'effort des chantiers américains, le tonnage allié construit va dépassser celui des navires coulés par les *U-Boot.*

— *Les relations entre les Alliés.* Avant l'entrée en guerre des États-Unis, Roosevelt a proclamé avec Churchill la *charte de l'Atlantique* (août 1941), qui affirme leur unité de vues sur tous les grands problèmes de l'avenir du monde. Moscou et Londres marquent de même leur solidarité en occupant conjointement l'Iran (25 août) et en obligeant Rezā Chāh Pahlavi, favorable à l'Axe, à abdiquer au profit de son fils Muḥammad, qui signe un traité avec les Alliés. Le 1er janv. 1942, la déclaration dite « des Nations unies » est signée par 26 États, qui s'engagent à ne pas conclure de paix séparée avec l'Axe. En dépit de l'ampleur de la victoire japonaise, Londres et Washington, qui ont mis sur pied une direction commune de la guerre (Comité mixte des chefs d'état-major), décident de donner la priorité à l'ouverture d'un second front en Europe, réclamé par Staline. Dans ce dessein, ils désignent le général Eisenhower comme commandant en chef allié dans l'Atlantique (août). Sa première mission est de s'assurer une base de départ en Méditerranée en préparant un débarquement allié en Afrique du Nord française.

la victoire des Alliés
(automne 1942 - sept. 1945)

• *De la fin 1942 à mai 1944.*

— *Les troupes de l'Axe chassées d'Afrique.* Le 8 nov. 1942, les Alliés débarquent au Maroc et en Algérie, et négligent la Tunisie, où les Allemands organisent aussitôt une tête de pont. Après des combats « pour l'honneur », notamment à Casablanca, et les armistices signés sur ordre de l'amiral Darlan le 10 à Alger et le 11 à Rabat, l'armée française d'Afrique reprend aussitôt la lutte avec les Alliés contre les Allemands et les Italiens en Tunisie. De son côté, Montgomery, à la suite de sa victoire d'El-Alamein (oct. 1942), parvient le 23 janv. 1943 à Tripoli, où les Français de Leclerc, venus du Tchad et du Fezzan, le rejoignent, et pénètre en février en Tunisie. La jonction des deux forces alliées entraîne la libération de Tunis et la capitulation des troupes germano-italiennes d'Afrique au cap Bon le 12 mai 1943.

— *La conduite de la guerre par les Alliés.* La capitulation sans condition des puissances de l'Axe est décidée comme but de guerre à la conférence tenue à Casablanca par Roosevelt et Churchill (13-24 janv. 1943). Les plans de débarquement en Europe et leur ajustement avec les offensives soviétiques exigent une coordination constante de l'action militaire et politique, qui s'exercera au cours de nombreuses réunions entre Alliés, notamment à Washington (mai), à Québec (août), à Moscou (oct.), au Caire (nov.) et à Téhéran (28 nov.-2 déc.), où Staline et Roosevelt arrêtent le programme de guerre de 1944.

— *La capitulation de l'Italie.* Le débarquement allié en Sicile (10 juill. 1943) provoque la chute de Mussolini (24 juill.), arrêté par le roi et remplacé par Badoglio. Ce dernier conclut le 3 sept. à Syracuse avec les Alliés un armistice secret équivalant à une capitulation et déclare le 13 oct. la guerre à l'Allemagne. Il faudra cependant plusieurs mois aux troupes alliées d'Alexander pour libérer Rome (4 juin 1944) [→ *campagne d'*ITALIE], et le front se stabilisera au mois d'octobre suivant sur une ligne allant de Pise à Ravenne.

— *De Stalingrad à Lvov : contre-offensive de l'Armée rouge.* La victoire de Stalingrad (févr. 1943) est suivie d'une contre-offensive générale des forces soviétiques, qui portent en un an leur front du Donetz (mars 1943) au Dniestr (avr. 1944). Après la libération de Rostov et la grande bataille de Koursk (été 1943), l'Armée rouge borde le Dniepr (oct.) et libère Kiev (6 nov.), mais la violence de la réaction allemande en Ukraine (Manstein) fait échouer le projet soviétique d'encerclement de l'aile sud de la Wehrmacht. Après avoir dégagé Leningrad (janv. 1944), les Soviétiques débouchent en mars des têtes de pont du Dniepr, franchissent le Bug et le Dniestr, pénètrent en Roumanie et en Galicie, atteignent Tarnopol et menacent Lvov (avr.).

— *Offensives alliées en Extrême-Orient.* Pour soutenir les Chinois, les Britanniques créent un front en Birmanie, tandis que les Américains partent à l'assaut des conquêtes japonaises dans le Pacifique. Ces derniers reprennent Guadalcanal en févr. 1943, débarquent aux Aléoutiennes (mai), en Nouvelle-Guinée (juin-sept.), où ils appuient l'action des Australiens, et aux îles Gilbert (nov.). MacArthur remonte ensuite vers l'ouest la côte nord de la Nouvelle-Guinée et y coupe la retraite des Japonais (début de 1944), tandis que les forces navales de l'amiral Nimitz reconquièrent les îles Marshall (Kwajalein, févr. 1944) et attaquent les îles Mariannes (juin).

• *La victoire des Alliés en Europe (juin 1944-mai 1945).*

— *Front ouest.* Le 6 juin 1944, les Alliés débarquent en Normandie : moins de trois mois après, ils sont à Paris (25 août) et dépassent en septembre la ligne Rouen-Compiègne-Reims-Saint-Dizier. Le 15 août, un second débarquement, en Provence, libère Marseille et Toulon. Remontant la vallée du Rhône, les forces américaines et françaises (Ire armée de Lattre) font leur jonction près de Châtillon-sur-Seine, le 12 sept., avec les forces venues de Normandie. Le 15 sept., la Belgique est libérée, et un front se stabilise sur la frontière belgo-hollandaise et devant la ligne Siegfried. En novembre, Metz, Strasbourg et Mulhouse sont libérées, mais, le 16 déc., la dernière offensive de la Wehrmacht dans les Ardennes retarde pendant un mois les Alliés. Après la liquidation de la poche de Colmar (févr. 1945), ces derniers, qui ont dépassé la ligne Siegfried, bordent le Rhin sur toute la longueur. Ils le franchissent le 7 mars à Remagen, encerclent la Ruhr, pénètrent en Bavière et en Saxe, atteignent l'Elbe et ne s'arrêtent, sur ordre, que le 18 avr., à 90 km de Prague.

— *Front est.* Alors qu'en Allemagne échoue le 20 juill. un putsch contre Hitler, l'offensive générale soviétique a repris depuis le 23 juin de la Finlande à la Galicie. Elle s'arrête sur la Vistule devant Varsovie, où les Polonais s'insurgent (août), tandis que Staline, rompant avec leur gouvernement réfugié à Londres, confie au Comité de Lublin les territoires polonais libérés par l'Armée rouge. Au sud, celle-ci conquiert la Roumanie et la Bulgarie (qui, après avoir signé un armistice, rallient le camp allié en septembre), rejoint les partisans de Tito à Belgrade (20 oct.), mais se heurte en Hongrie à une vigoureuse résistance des Allemands (nov.-déc.). Ce mouvement contraint la Wehrmacht à évacuer les Balkans, et les Britanniques débarquent en Grèce, où ils doivent maintenir un ordre précaire. En janv. 1945, les Soviétiques pénètrent en Prusse-Orientale, s'emparent enfin de Varsovie (17 janv.), conquièrent la Pologne, atteignent la Silésie et franchissent l'Oder. Budapest finit par tomber le 13 févr., suivie par Vienne le 12 avr. et par Dresde le 24. Le 2 mai, les forces de Joukov et de Koniev sont à Berlin, où Hitler s'est suicidé le 30 avril.

— *La capitulation allemande.* Les 25 avril et 3 mai 1945, Alliés et Soviétiques font leur jonction sur l'Elbe à Torgau et à Wismar. Le 7 mai à Reims et le 8 à Berlin, sur l'ordre de l'amiral Dönitz, éphémère successeur de Hitler, la Wehrmacht capitule sans condition, comme l'avaient fait quelques jours plus tôt (29 avr.) à Caserte les forces allemandes d'Italie et d'Autriche.

• *La victoire des Alliés sur le Japon (1944-45).* Dans le Pacifique, l'offensive américaine, qui a dépassé les Mariannes (juill. 1944), aboutit aux Philippines, reconquises au début de 1945 après la destruction de la flotte japonaise à Leyte (oct. 1944). Elle s'en prend ensuite aux approches mêmes du Japon (attaques des îles Iwo Jima et Okinawa, févr.-avr.). Sur le continent, les succès alliés sont aussi décisifs ; les forces du général Stilwell, qui ont opéré à Bhamo leur liaison avec les Chinois (été 1944), entrent à Akyab, à Mandalay (janv.-mars) et finalement à Rangoon (mai), chassant de Birmanie les Japonais, qui, pour couvrir leur retraite, ont mis la main le 9 mars sur l'Indochine française. La situation de Tōkyō est désespérée, et les deux bombes atomiques d'Hiroshima et de Nagasaki (6 et 9 août) entraînent le 14 août la capitulation du Japon ; le 8, l'U. R. S. S. lui avait déclaré la guerre, lançant l'Armée rouge sur la Mandchourie, où elle occupe Moukden. Le 26, les Américains débarquent au Japon, et, le 2 sept., en rade de Tōkyō, l'acte de reddition de l'Empire nippon est signé sur le cuirassé américain *Missouri*.

• *Yalta, Potsdam et les traités de paix (1945-1947).* Les deux conférences tenues par les trois grands vainqueurs — américain, britannique et soviétique — à Yalta (févr. 1945) et à Potsdam (juill.) pèseront de longues années sur la situation d'une Europe où s'annonce déjà la coupure du fameux « rideau de fer » que Staline abat derrière le front soviétique. Au cours de ces deux réunions, auxquelles la France n'est pas conviée, se décident le sort de la Pologne et celui de l'Allemagne d'après-guerre, dont les trois vainqueurs (auxquels ils ajoutent la France) se partageront l'occupation et la gestion avec un statut particulier pour Berlin. Le 25 avr. 1945, la conférence de San Francisco crée l'Organisation des Nations unies, dont la charte est promulguée en juin. Mais il faudra 18 mois de négociations pour que, le 10 févr. 1947, soient signés à Paris les traités de paix entre les Nations unies, la Finlande, la Hongrie, la Roumanie, l'Italie et la Bulgarie. Quant au Japon, il est démilitarisé et occupé par les États-Unis. Les Nations unies (sauf l'U. R. S. S. et la Chine) concluent avec lui en 1951 le traité de San Francisco ; le dernier traité de paix sera signé avec l'Autriche en 1955.

la France dans la guerre (1942-1944)

À la suite du débarquement allié en Afrique du Nord, les Allemands, violant l'armistice de 1940, envahissent la zone libre le 11 nov. 1942 et désarment l'armée d'armistice, tandis que les Italiens occupent Nice et la Corse, et que la flotte française doit se saborder à Toulon le 27 nov. Sous l'impulsion de Pierre Laval, président du gouvernement depuis avr. 1942, sont créés la milice et le service du travail obligatoire au profit de l'Allemagne (janv.-févr. 1943). La Résistance, dont un conseil national formé en mai 1943 coordonne les efforts, s'organise, et les maquis armés développent leur action, notamment aux Glières (févr. 1944) et dans le Vercors (mars-avr.). Mais les Allemands accentuent leur répression, conduite par la Gestapo (représailles, arrestations de résistants et d'Israélites, déportés dans les camps de concentration). Au moment du débarquement de Normandie, ils commettent de tragiques exactions, notamment à Tulle et à Oradour-sur-Glane (juin 1944). Cependant, le régime de Vichy s'effondre : Pétain et Laval sont contraints de gagner l'Allemagne (août).

À Alger, Darlan, qui a traité avec les Alliés, est assassiné le 24 déc. 1942 et remplacé par Giraud. Ce dernier partage bientôt avec de Gaulle la présidence du Comité français de libération nationale (3 juin 1943), puis abandonne cette coprésidence après avoir libéré la Corse (sept.) pour ne conserver, jusqu'en avr. 1944, que les fonctions militaires de commandant en chef. Seul maître, de Gaulle réunit une assemblée consultative (nov. 1943), reconnaît la souveraineté du Liban et de la Syrie, et définit le 30 janv. 1944 à Brazzaville les principes de l'émancipation des colonies françaises. À la veille du débarquement allié de Normandie, le Comité français de libération nationale se proclame à Alger Gouvernement provisoire de la République (3 juin 1944) ; le 31 août, il transférera son siège à Paris, qui vient d'être libéré.

pertes humaines militaires et civiles

Les estimations évaluent entre 40 et 52 millions de morts, dont 7 millions de déportés en Allemagne. Environ 5 100 000 Juifs ont péri, victi-

mes des déportations et des massacres de la guerre.
• *Allemagne :* 4,5 millions, dont 1 million de civils, soit 6 % de la population.
• *Belgique :* 89 000.
• *Chine :* 8 millions (depuis le début de la guerre contre le Japon).
• *Finlande :* 90 000.
• *France :* 535 000, dont 200 000 soldats et 180 000 déportés, soit 1,5 % de la population.
• *Grande-Bretagne :* 390 000, dont 326 000 militaires, soit moins de 1 % de la population.
• *Grèce :* 500 000, soit 8 % de la population.
• *Hongrie :* 450 000.
• *Japon :* environ 2 millions, dont 1 600 000 militaires.
• *Pologne :* 5 millions, soit 19,7 % de la population.
• *U. R. S. S. :* environ 20 millions, dont 9 millions de militaires, soit 10 % de la population.
• *États-Unis :* environ 300 000 soldats, soit 0,2 % de la population.
• *Yougoslavie :* 1,5 million, dont 1,2 million civils, soit 10,6 % de la population.

GUERRE-ÉCLAIR n. f. (pl. *guerres-éclairs*) [calque de l'all. *Blitzkrieg*]. **1.** Nom donné aux opérations menées par la Wehrmacht en Europe en 1939-1941 entraînant la décision en quelques jours. — **2.** Toute opération militaire présentant les mêmes caractéristiques.

GUERRERO, État du Mexique méridional, sur le Pacifique ; 63 800 km² ; 2 620 637 hab. Cap. *Chilpancingo de los Bravos.*

GUERRIER, ÈRE adj. **1.** *Litt.* Relatif à la guerre, aux armes : *Exploits guerriers. Marche guerrière.* — **2.** Qui a le goût de la guerre ; belliqueux : *Peuple guerrier.*
◆ **guerrier** n. m. *Litt.* Personne qui fait la guerre.

GUERRINI (Olindo), écrivain italien (Forli 1845 - Bologne 1916). Il s'attacha à donner de lui l'image d'un poète maudit (*Postuma,* 1877 ; *Rime di Argia Sbolenfi,* 1897).

GUERROYER v. t. ind. (conj. **13**). *Litt.* Faire la guerre à qqn, à qqch ; combattre, batailler : *Guerroyer contre les abus.*

GUERZÉS → KPELLÉS.

GUESCLIN (Bertrand DU), homme de guerre français (La Motte-Broons, près de Dinan, 1315 ou 1320 - Châteauneuf-de-Randon 1380). Noble breton, armé chevalier en 1357, il s'illustre par sa vaillance au combat, au service de Charles de Blois dans la guerre de la Succession de Bretagne, puis de Charles V dans la guerre de Cent Ans. Vainqueur à Cocherel (mai 1364) des troupes navarroises de Jean II de Grailly, captal de Buch, vaincu et fait prisonnier à Auray (sept. 1364) par les Anglais, mais libéré contre rançon payée par Charles V, il délivre le royaume des Grandes Compagnies, qu'il emmène en Espagne où, après avoir été défait à Nájera (1367), il remporte la victoire de Monteil qui donne la couronne de Castille à Henri II de Trastamare. Connétable de France (1370), il mène une guerre de harcèlement contre les Anglais qu'il chasse du royaume. Il est tué en assiégeant les routiers dans Châteauneuf-de-Randon (1380). Charles V le fera inhumer à Saint-Denis.

GUESDE (Mathieu Jules BASILE, dit **Jules**), homme politique français (Paris 1845 - Saint-Mandé 1922). Journaliste jacobin, il doit s'exiler en Suisse pour avoir fait l'apologie de la Commune. Rentré en France, il est gagné au marxisme et publie *l'Égalité,* journal collectiviste. Au congrès de Marseille en 1879, il fait adopter les principales thèses marxistes, mais l'opposition des autres familles socialistes l'oblige à entrer en contact avec des fédérations du parti, notamment celles des régions ouvrières textiles du Nord, pour convaincre les adhérents de la justesse des positions prises. Député du Nord (1893-1898, puis 1906-1922), il représente Lille aux congrès. Le congrès d'Amsterdam (1904) marque le triomphe de ses idées, et d'abord l'unité des familles socialistes, et permet la fondation du parti socialiste S. F. I. O. l'année suivante. Guesde condamne la participation des socialistes à un gouvernement bourgeois (Millerand). Jean Jaurès, son rival pour la direction de la S. F. I. O., le cantonne dans le rôle de gardien de la doctrine marxiste. Il se rallie en 1914 à l'Union sacrée et est ministre d'État d'août 1914 à déc. 1916.

GUESDISME n. m. Doctrine de Jules Guesde, caractérisée par l'adoption des principes fondamentaux du marxisme.

GUESDISTE adj. et n. Relatif au guesdisme ; partisan du guesdisme.

GUESNAIN (59287), comm. du Nord, banlieue E.-S.-E. de Douai ; 5 075 hab. *(Guesninois).*

GUET n. m. (de *guetter*). **1.** Action d'épier, de guetter, d'observer afin d'éviter d'être surpris : *Faire le guet.* — **2.** Surveillance de nuit que l'on établissait dans une place de guerre, dans les villes ; patrouille ou sentinelle chargée de cette surveillance. — **3.** *Guet aérien,* détection à vue d'appareils volant bas. ‖ *Service du guet,* service imposé, à partir de François Iᵉʳ, aux habitants des paroisses côtières pour surveiller la mer et le littoral. (Ce service est devenu au XVIIIᵉ s. celui des gardes-côtes.)

GUET-APENS [gɛtapɑ̃] n. m. (pl. *guets-apens* [gɛtapɑ̃]) [anc. fr. *guet apensé,* guet prémédité]. **1.** Embuscade préparée contre qqn pour l'assassiner ou exercer sur lui des actes de violence :

Attirer quelqu'un dans un guet-apens. — **2.** Dessein prémédité ou sournois de nuire à qqn ou de le mettre en difficulté : *Son invitation était en fait un guet-apens.*

GUÉTHARY (64210), comm. des Pyrénées-Atlantiques, entre Biarritz et Saint-Jean-de-Luz ; 1 109 hab. Station balnéaire.

GUÊTRE n. f. (frq. **wrist,* cou-de-pied). **1.** Sorte de bande de cuir ou de tissu autrefois utilisée pour couvrir le bas de la jambe et le dessus de la chaussure. — **2.** Syn. de JAMBIÈRE.

GUETTARD (Jean Étienne), naturaliste français (Étampes 1715 - Paris 1786). Il a étudié le volcanisme de la chaîne des Puys et l'érosion des sols, et laissé d'importants travaux sur le kaolin, contribuant au développement de la porcelaine en France.

1. GUETTE ou **GUÈTE** n. f. (anc. fr. *guaite,* du frq. **wahta,* garde). **1.** Au Moyen Âge, une des principales tours d'un château, celle où se tenait la sentinelle chargée de surveiller la campagne. — **2.** Trompette ou clairon dont on sonnait dans les alarmes de nuit ou pour assembler les gens du guet.

2. GUETTE ou **GUÈTE** n. f. (p.-ê. prononc. pop. de *guêtre*). Dans un pan de bois, pièce d'écharpe oblique, moins inclinée qu'une décharge.

GUETTER v. t. (frq. **wahtôn,* veiller) [conj. 4]. **1.** Épier qqn, un animal dans l'intention de le surprendre, de s'en saisir : *Le chat guette la souris.* — **2.** Rester attentif dans l'attente impatiente de l'arrivée de qqn, de qqch : *Guetter le facteur, l'occasion.* — **3.** Faire peser sur qqn une menace : *L'infarctus le guette.*

GUETTEUR, EUSE n. **1.** Personne qui fait le guet, qui surveille, épie. — **2.** Veilleur qui, du haut d'un beffroi ou d'une tour, surveillait les environs et sonnait l'alarme.

GUEUGNON (71130), ch.-l. de cant. de Saône-et-Loire, au S. du Morvan, sur l'Arroux ; 9 817 hab. Métallurgie. Bonneterie.

GUEULANTE n. f. (de *gueuler*). *Pop.* Clameur de protestation, parfois d'acclamation ; explosion de colère qui se manifeste par des paroles véhémentes : *Pousser une gueulante.*

GUEULARD, E adj. et n. *Pop.* **1.** Qui mange beaucoup ou aime manger bien. — **2.** Qui a l'habitude de crier fort et beaucoup ; braillard : *Un bébé gueulard.* — **3.** Qui a l'habitude de protester en criant ; rouspéteur : *Quel gueulard, ce type !*

◆ adj. *Pop.* **1.** Qui fait trop de bruit : *Musique gueularde.* — **2.** Se dit d'une couleur criarde : *Un rouge gueulard.*

◆ **gueulard** n. m. **1.** Pistolet à gueule évasée. — **2.** Pièce de la façade ou du dessus d'un poêle métallique recevant une porte ou un tampon. — **3.** *Fam.* Porte-voix de marine. — **4.** Partie supérieure d'un haut fourneau ou d'un four à cuve, par laquelle on effectue le chargement.

GUEULE n. f. (lat. *gula*). **1.** Bouche de certains animaux (loup, crocodile, reptile, etc.) quand elle peut s'ouvrir largement. — **2.** *Pop.* Visage, figure, en partic., son aspect ou son expression : *Avoir une sale gueule. Faire une gueule d'enterrement.* — **3.** *Pop.* Bouche : *Ferme ta gueule.* — **4.** *Pop.* Nourriture, bouffe : *Être porté sur la gueule.* — **5.** Ouverture béante de certains objets : *La gueule d'un four.* — **6.** *Pop.* Forme, aspect de qqch : *Cette ville a une drôle de gueule.* — **7.** Fam. *Avoir de la gueule,* avoir beaucoup d'allure, produire une forte impression. ‖ *Chasser de gueule,* chasser en aboyant, en parlant des chiens. ‖ Pop. *Coup de gueule,* cri exprimant la colère ; vive réprimande. ‖ Pop. *Crever la gueule ouverte,* mourir sans secours. ‖ Pop. *Donner de la gueule,* parler, crier très fort, intervenir avec éclat. ‖ Pop. *En prendre plein la gueule,* recevoir les pires affronts, les critiques les plus violentes, les pires avanies. ‖ Pop. *Faire la gueule,* bouder, avoir l'air mécontent, morose. ‖ Fam. *Fine gueule,* gourmet. ‖ Fam. *Fort en gueule, grande gueule,* qui parle fort, crie, se vante avec une audace qui n'est souvent qu'apparente. ‖ Fam. *Gueule d'amour,* séducteur. ‖ Fam. *Gueule de bois,* langue pâteuse et sensation de lourdeur dans la tête le lendemain d'un excès de boisson. ‖ *Gueules cassées,* nom donné depuis la Première Guerre mondiale aux grands blessés de la face. ‖ Fam. *Gueule noire,* mineur des houillères. ‖ Fam. *Gueule de vache,* personne brutale et autoritaire. ‖ Pop. *Se fendre la gueule,* s'amuser, rire. ‖ Pop. *(Se) foutre sur la gueule,* se battre, frapper qqn. ‖ Pop. *S'en mettre plein la gueule,* s'empiffrer ; se battre sans ménagement. ‖ Pop. *Se payer la gueule de qqn, se foutre de la gueule de qqn,* se moquer de lui. ‖ Pop. *Ta gueule !, vos gueules !,* tais-toi, taisez-vous.

GUEULE-BÉE (À) loc. adv. **1.** Se dit des écoulements dans les conduites qui se font librement et sans obstacle (vanne, robinet, etc.). — **2.** *Tonneau à gueule-bée,* tonneau à un seul fond.

GUEULE-DE-LOUP n. f. (pl. *gueules-de-loup*). **1.** Nom usuel du *muflier.* — **2.** Tuyau coudé orientable placé au faîte d'un conduit de fumée. (Syn. TOURNE-VENT.) — **3.** Scissure congénitale bilatérale de la lèvre supérieure et de la voûte du palais. (Syn. BEC-DE-LIÈVRE BILATÉRAL TOTAL.) — **4.** Gorge du battant de meneau d'un des vantaux d'une fenêtre à la française, dans laquelle vient se loger le battant mouton, arrondi, de l'autre vantail.

GUEULEMENT n. m. *Pop.* Hurlement ; cri de colère.

GUEULER v. i. (de *gueule*) [conj. 5]. *Pop.* **1.** Parler très fort, crier. — **2.** Chanter plus fort qu'il n'est nécessaire : *Il ne sait pas chanter, il gueule.* — **3.** Hurler de douleur ou de mécontentement : *Il gueulait tellement il avait mal.* — **4.** Crier contre qqn ou qqch ; râler, pester. — **5.** Avoir un son très fort (instrument, appareil) ; beugler : *Faire gueuler la radio.* — **6.** Avoir un aspect criard, peu harmonieux : *Un rouge qui gueule.*
◆ v. t. *Pop.* **1.** Hurler qqch : *Il a gueulé que j'étais un chauffard.* — **2.** Chanter un air en criant : *Gueuler « la Marseillaise ».*

GUEULES n. m. (de *gueule*). Une des couleurs (rouge) du blason. (En gravure, il s'indique par des tailles verticales.)

GUEULETON n. m. (de *gueule*). *Fam.* Repas copieux et excellent : *Faire un gueuleton.*

GUEULETONNER v. i. (conj. 3). *Fam.* Faire un gueuleton.

GUEULETTE n. f. (de *gueule*). Syn. de OUVREAU.

GUEULIN n. m. (de *gueule*). Syn. de FLEURETTE.

GUEULLETTE (Thomas Simon), écrivain, auteur dramatique et magistrat français (Paris 1683 - Charenton 1766). Auteur de contes exotiques (*les Mille et Un Quarts d'heure,* 1715 ; *les Mille et Une Heures,* 1733), de pièces de théâtre (*l'Amour précepteur,* 1726), il édita des textes anciens (Rabelais, Montaigne).

GUEULOIR n. m. (de *gueuler*). **1.** *Fam.* La bouche, quand elle est employée à de gros effets de voix. — **2.** *Pop.* Porte-voix.

1. GUEUSE n. f. (bas all. *göse,* pl. de *gos,* oie). Lingot de fonte de première fusion.

2. GUEUSE → GUEUX et GUEUZE.

GUEUSERIE n. f. *Litt.* **1.** Action vile, digne d'un gueux. — **2.** Misère, pauvreté.

GUEUX, EUSE n. et adj. (moyen néerl. *guit,* coquin). *Litt.* **1.** Personne qui vit dans la misère, qui est réduite à la mendicité. — **2.** Être méprisable ; coquin.
◆ **gueux** n. m. Nom donné aux gentilshommes flamands qui se liguèrent en 1566 contre l'administration espagnole et catholique de Philippe II. (Luttant contre l'envoyé du roi d'Espagne, le duc d'Albe [1567-1573], les plus célèbres furent les « gueux de la mer ». S'attaquant au commerce maritime des Pays-Bas, ils multiplièrent les coups de main contre les ports, entraînant en 1572 le soulèvement de la Hollande et de la Zélande.)
◆ **gueuse** n. f. *Vx.* **1.** Prostituée. — **2.** *Courir la gueuse,* courtiser les femmes. ‖ *La Gueuse,* nom donné à la République par les royalistes.

GUEUZE, GUEUSE ou **GUEUZE-LAMBIC** n. f. (pl. *gueuzes-lambics*). Bière belge fabriquée à partir de lambic additionné de bière jeune et subissant une deuxième fermentation.

GUEVARA (Antonio DE), écrivain espagnol (Treceño ? v. 1480 - Mondoñedo 1545). Franciscain, nommé confesseur et historiographe de Charles Quint, puis évêque, son œuvre, *l'Horloge des princes* (1529), portrait du prince idéal, *le Mépris de Cour* (1539), *Epístolas familiares* (1539-1541), connut un succès européen.

GUEVARA (Luis Vélez de) → VÉLEZ.

GUEVARA (Ernesto, dit **Che**), révolutionnaire argentin (Rosario 1928 - région de Valle Grande, Bolivie, 1967). Médecin, il participe à la révolution cubaine aux côtés de Fidel Castro (1956-1959). Il prend alors la nationalité cubaine. Directeur de la Banque nationale de Cuba, puis ministre de l'Industrie, il joue un rôle important dans la planification de l'économie cubaine. Cependant, ses conceptions révolutionnaires l'éloignent peu à peu du régime castriste qu'il juge trop proche du régime soviétique. La guerre du Viêt-nam l'amène à promouvoir une nouvelle stratégie de la guerre anti-impérialiste, ce qu'il appelle la « théorie des foyers », qui suppose que les peuples colonisés soutiennent la poignée de révolutionnaires en lutte. Il part alors en Bolivie où il organise et dirige la guérilla (1966-67) : sa tentative échoue et, fait prisonnier, il est exécuté. Il a exposé ses conceptions dans divers ouvrages (*la Guerre de guérilla,* 1960).

GUÈVREMONT (Germaine), femme de lettres canadienne de langue française (Saint-Jérôme, Québec, 1900 - Montréal 1968), auteur de contes rustiques (*En pleine terre,* 1942) et de romans de terroir (*le Survenant,* 1945).

GUEZ DE BALZAC → BALZAC.

GUÈZE n. m. Langue éthiopienne, parlée autrefois dans le royaume d'Aksoum et qui est encore aujourd'hui la langue liturgique de l'Église d'Éthiopie.

GUÉZO ou **GHÉZO** († Abomey 1858), souverain du Dahomey (1818-1858).

GUGGENHEIM (Solomon R.), industriel et collectionneur américain (Philadelphie 1861 - New York 1949). Magnat du cuivre, il a créé en 1937 la Fondation Solomon R. Guggenheim et a fait élever à New York, par F. L. Wright, le musée du même nom (1943-1959), pour abriter ses très riches collections d'art, surtout du XXe s. (cubistes, écoles de Paris, abstraits [Kandinsky], école américaine...). — Sa nièce, PEGGY **Guggenheim** (New York 1898 - Camposampiero, prov. de Padoue, 1979), également collectionneuse, après avoir dirigé à New York, pendant la guerre, une galerie consacrée à l'art contemporain, se fixa à Venise, installant sa collection dans un palais du

Grand Canal (1951). Cet ensemble, aujourd'hui géré par la Fondation Solomon R. Guggenheim, comprend des œuvres des plus grands artistes, dont Ernst, Pollock et les expressionnistes abstraits américains.

GUGGENHEIM (Paul), juriste suisse (Zurich 1899 - Genève 1977). Membre de la Cour permanente d'arbitrage de La Haye (1951), il est l'auteur d'un *Traité de droit international public* (1953-54).

Gugong ou **Kou-kong,** nom chinois de la *Cité* interdite* de Pékin.

GUGUSSE n. m. (de *guss,* abrév. pop. de *Auguste,* n. de clown). *Fam.* **1.** Clown. — **2.** *Faire le gugusse,* faire des pitreries.

1. GUI n. m. (lat. *viscum,* croisé avec *glu*). **1.** Plante au fruit blanc et visqueux, vivant uniquement sur les arbres, en semi-parasite, et caractérisée par son port en boule et ses feuilles associées en paires. — **2.** *Au gui l'an neuf,* fêtes du premier de l'an que l'on célèbre avec du gui.
ENCYCL. Le gui vit souvent sur le pommier, rarement sur le chêne. Sa dispersion est assurée par les oiseaux arboricoles (grive) qui dévorent le fruit et en rejettent la graine sur un autre arbre dans leurs excréments. En hiver, l'association avec le gui, qui reste toujours vert, est plutôt favorable à l'arbre porteur, mais, s'il est trop abondant, le gui épuise l'arbre.

2. GUI n. m. (néerl. *giek* ou *gijk*). Fort espar arrondi, placé horizontalement, sur lequel vient se border toute voile à corne. (Syn. BÔME.)

GUI, GUY *(saint)* [IVe s. ?]. Sa vie est légendaire. Protecteur des épileptiques et des malades atteints de la « danse de Saint-Guy ».

GUI, GUY ou **GUIDON d'Anderlecht** *(saint)* [en Brabant v. 950 - Anderlecht 1012 ?]. Sacristain obscur, menant une vie austère, il devint, après sa mort, extrêmement populaire.

GUI II († sur le Taro 894), duc **de Spolète,** roi d'Italie (889-894), empereur d'Occident (891-894), petit-fils de Pépin, roi d'Italie.

GUI d'Arezzo, en ital. **Guido d'Arezzo,** théoricien de la musique (Arezzo v. 990 - apr. 1033). Professeur à l'école de la cathédrale d'Arezzo, il a écrit d'importants traités. Il est considéré comme le fondateur du système actuel de notation musicale. Il inventa un système pour se rappeler le nom des notes (*ut, ré, mi,* etc.).

GUI de Ponthieu, prélat et poète (v. 1000-1074). Évêque d'Amiens (1058), aumônier de la reine Mathilde, il composa sur la bataille d'Hastings un précieux poème latin.

GUI d'Ussel, troubadour (Ussel v. 1170). Il fut le plus célèbre des « Quatre Troubadours d'Ussel ».

GUI DE DAMPIERRE (1225 - Pontoise 1305), comte de Flandre (1278-1305). Vassal de Philippe le Bel, il fut emprisonné par ce dernier, pour avoir voulu marier sa fille Philippine à Édouard, fils du roi d'Angleterre. Relâché, il fut entraîné, par l'attitude hostile de Philippe le Bel, dans une alliance anglaise contre le roi de France (1297). Mal soutenu par l'Angleterre, il dut se constituer prisonnier (1300), tandis que Philippe le Bel décrétait l'annexion de la Flandre au domaine royal.

GUI DE LUSIGNAN (Lusignan v. 1129 - Nicosie 1194), roi de Jérusalem (1186-1192), seigneur de Chypre (1192-1194). Marié à Sibylle d'Anjou (1180), fille aînée d'Amaury Ier, roi de Jérusalem, il fut vaincu et fait prisonnier par Saladin à Ḥaṭṭīn (1187). Libéré (1188), il fut dépouillé du royaume de Jérusalem par Conrad Ier, marquis de Montferrat (1192). En compensation, Richard Cœur de Lion lui vendit Chypre (1192).

Gui de Nanteuil, chanson de geste de la fin du XIIe s., qui fait suite à *Aie* d'Avignon.*

GUIART (Jean), anthropologue français (Lyon 1925). Il s'est intéressé aux Kanaks de la Nouvelle-Calédonie, puis à l'art de l'Océanie (*Océanie,* 1963).

GUIB n. m. Petite antilope africaine fauve et blanche, aux cornes (chez le mâle seulement) fortement spiralées.

GUIBAL (Barthélemy), sculpteur français (Nîmes 1699 - ? 1757). Premier sculpteur du duc de Lorraine, il exécuta, en 1750, les fontaines de la place Stanislas à Nancy et, en 1755, la statue de Louis XV (détruite).

GUIBERT de Ravenne → CLÉMENT III.

GUIBERT de Nogent, historien français (Clermont, Beauvaisis, 1053 - Nogent-sous-Coucy v. 1124 ou 1130). Abbé de Notre-Dame de Nogent-sous-Coucy (1104), il écrivit une histoire de la première croisade, *Gesta Dei per Francos.*

GUIBERT (François Apollini, *comte* DE), général et écrivain militaire français (Romans 1744 - Paris 1790). Il fut nommé en 1787 rapporteur du conseil d'administration de la Guerre. Son *Essai général de tactique* (1772), complété par sa *Défense du système de la guerre moderne* (1779), eut une influence sur la pensée militaire de Napoléon Ier. Ses *Œuvres militaires* (5 vol.) ont été publiées en 1803. Guibert est également connu pour sa liaison avec Mlle de Lespinasse. (Acad. fr., 1786.)

GUIBOLLE n. f. (norm. *guibon,* cuisse, p.-ê. de l'anc. fr. *giber,* gigoter). *Pop.* Jambe.

GUIBRE n. f. (lat. *vipera,* vipère). **1.** Sur les navires en bois, construction destinée à fournir les points d'appui nécessaires pour l'attache du beaupré. — 2. Sur les navires en acier, forme recourbée de l'étrave.

GUICHARDIN (François), en ital. **Francesco Guicciardini,** homme politique et historien italien (Florence 1483 - Arcetri 1540). D'une famille noble florentine attachée aux Médicis, il est ambassadeur de Florence auprès de Ferdinand II le Catholique (1512-1514). Appelé à Rome par le pape Léon X, il devient gouverneur de Modène (1516), de Reggio (1517), de Parme (1521) puis de Romagne (1524). Conseiller de Clément VII, il incite ce dernier à s'allier à François Ier contre Charles Quint (ligue de Cognac, 1526), puis commande les troupes pontificales en lutte contre les Impériaux. Rentré à Florence en 1530, il devient le conseiller d'Alexandre de Médicis, contribue à l'élection de Cosme comme duc (1537). Il a écrit (1537-1540) une *Histoire de l'Italie,* remarquable d'impartialité, qui va de la mort de Laurent le Magnifique (1492) à celle du pape Clément VII (1534).

GUICHE n. f. (du n. du marquis de *La Guiche,* n. pr.). Mèche de cheveux plaquée sur la tempe ou sur le front.

GUICHE (DE) → GRAMONT.

GUICHEN (35580), ch.-l. de cant. d'Ille-et-Vilaine, à 19 km au S.-O. de Rennes ; 5 960 hab. Carrières.

GUICHES (Gustave), écrivain français (Ablas, Lot, 1860 - Paris 1935). Disciple de Zola, il signa pourtant le manifeste des Cinq contre *la Terre* (1887). Observateur des mœurs provinciales, il a laissé *Céleste Prudhomat* (1886).

GUICHET n. m. (dimin. de l'anc. scand. *vik,* cachette). 1. Comptoir surmonté ou non d'une grille et permettant au public de communiquer avec les employés d'un bureau de poste, d'une banque, d'une administration, etc. : *Le guichet des renseignements.* — 2. *Vx.* Petite porte pratiquée dans une porte monumentale. — 3. Petite porte intérieure d'une prison, en arrière de la porte principale. — 4. Petite ouverture, en général grillagée, pratiquée dans une porte à hauteur d'homme pour reconnaître le visiteur. — 5. Endroit d'un établissement où l'on effectue les paiements ; caisse : *Les souscriptions sont reçues à tous les guichets du Trésor.* — 6. Ouverture grillagée du confessionnal. — 7. Passage étroit, à l'entrée d'un édifice, où ne peut passer qu'une personne à la fois : *Les guichets d'une exposition.* — 8. Fenêtre pratiquée sur le cadran d'un appareil horaire, pour l'affichage de la date et du jour. — 9. *Scie à guichet,* égoïne très étroite, employée pour le chantournage.

GUICHETIER, ÈRE n. 1. Employé préposé au guichet d'un bureau de poste, d'une banque, etc. — 2. *Litt.* Employé chargé d'ouvrir ou de fermer le guichet d'une prison ; geôlier.

GUIDAGE n. m. 1. Action de guider. — 2. Processus visant à imposer une trajectoire à un véhicule aéronautique ou spatial, à un missile, en référence à une trajectoire donnée, à un but assigné ou à une loi de mouvement. (Le guidage peut nécessiter une intervention humaine à distance [téléguidage] ou être assuré automatiquement à bord de l'aéronef, de la fusée ou du missile [autoguidage].) — 3. Ensemble des techniques et dispositifs utilisés dans le travail du bois pour obtenir la précision des traits de coupe. — 4. Ensemble des dispositifs (glissières, paliers, etc.) utilisés dans la construction mécanique pour obliger un organe mobile à se déplacer suivant une trajectoire déterminée. — 5. Ensemble des pièces verticales (bois, rails ou câbles) qui guident les cages ou les skips dans les puits de mine verticaux et dans les bures.

GUIDANCE n. f. *Centre de guidance infantile* ou *infanto-juvénile,* structure de soins pluridisciplinaire (psychologue, psychiatre, orthophoniste, psychorééducateur, assistant social) fonctionnant sur le modèle de la consultation, ayant pour objectif de venir en aide aux enfants ayant des problèmes affectifs et à leur entourage familial.

1. GUIDE n. (anc. provenç. *guida,* de *guidar,* conduire, du frq. **wîdan*). 1. Personne qui fait métier d'orienter et de renseigner les visiteurs dans des endroits réputés ou dignes d'intérêt. — 2. Alpiniste professionnel diplômé qui conduit une ou plusieurs personnes en montagne. (En France les diplômes d'*aspirant guide,* puis de *guide de haute montagne* sont décernés à l'École nationale de ski et d'alpinisme de Chamonix.)

◆ n. m. 1. Personne qui donne une direction morale, intellectuelle, qui dirige qqn, un pays, leurs actions, etc. : *Les nations n'ont pas besoin de guides.* — 2. Ce qui conduit les actes de quelqu'un : *L'ambition est son seul guide.* — 3. Ouvrage qui contient des renseignements classés sur tel ou tel sujet et, en partic., ouvrage destiné aux touristes pour les guider dans la visite d'un lieu. — 4. Soldat sur lequel s'alignent les autres dans les mouvements d'ordre serré. — 5. Cavalier d'une des formations militaires chargées du service d'escorte des généraux, et constituées en régiment dans la Garde de l'empereur Napoléon III (XVIIIe et XIXe s.). — 6. Joue fixe ou rapportée d'outils à fût, comme le bouvet, s'appuyant sur une face de la pièce à travailler, afin d'assurer la précision dans l'exécution. — 7. *Guide d'ondes,* dispositif destiné à guider des ondes électromagnétiques entre deux points (par ex. entre une antenne et un émetteur ou un récepteur) avec un minimum de perte d'énergie par rayonnement. ‖ *Guide d'ondes optiques,* syn. de FIBRE* OPTIQUE.

2. GUIDE n. f. (de *guide 1*). Jeune fille faisant partie de l'association des Guides de France.

3. GUIDE n. f. (de *guider*). **1.** Lanière de cuir qu'on attache au mors d'un cheval et qu'on tient dans les mains pour le diriger (le plus souvent pl.). – **2.** Litt. *Mener la vie à grandes guides,* vivre en dépensant sans retenue.

Guides de France, une des associations du scoutisme catholique français, réservée aux jeunes filles, fondée en 1923.

Guide *(le)* ⟶ RENI (Guido).

GUIDE-ÂNE n. m. (pl. *guide-âne*[*s*]). **1.** *Vx.* Recueil de règles pratiques, propres à diriger un débutant dans un travail. – **2.** Transparent réglé, aidant à écrire droit.

GUIDEAU n. m. (de *guider*). Filet conique utilisé pour prendre le poisson dans les endroits où il est entraîné par le courant.

GUIDE-COKE n. m. inv. Appareil mobile, que l'on place dans le prolongement d'une ou des parois d'une chambre de distillation horizontale, au moment de son défournement, afin de guider la sortie du coke.

GUIDE-FIL n. m. inv. Organe qui présente le fil aux aiguilles sur une machine de bonneterie.

GUIDE-GREFFE n. m. (pl. *guide-greffe*[*s*]). Instrument pour assurer la bonne coupe des rameaux destinés à être juxtaposés lors d'une greffe.

GUIDEL (56520), comm. du Morbihan, à 11 km au N.-O. de Lorient ; 8 342 hab.

GUIDE-LAME n. m. inv. **1.** Pièce métallique fixée sur le porte-lame d'une faucheuse pour empêcher la lame de se soulever dans son mouvement. – **2.** Dispositif maintenant la lame d'une scie à ruban au-dessus et au-dessous du trait de sciage.

GUIDER v. t. (anc. fr. *guier,* du frq. **wîtan,* montrer la direction) [conj. 3]. **1.** Accompagner qqn, un groupe de personnes, un troupeau ; diriger : *Guider un étranger dans le métro.* – **2.** Aider qqn à trouver son chemin, le mettre sur la voie ; mener : *Le clair de lune nous a guidés.* – **3.** Diriger, orienter le mouvement d'un véhicule, d'un cheval, etc. : *Guider son cheval avec les rênes. Le radar a guidé l'avion jusqu'à l'aéroport.* – **4.** Imposer à un organe, à un outil une trajectoire rigoureuse : *Guider le tissu sur une machine à coudre.* – **5.** Indiquer à qqn une voie morale, intellectuelle, l'aider à choisir une orientation : *Guider un enfant dans ses études.* – **6.** Pousser qqn à agir dans telle direction ou le déterminer à qqch, orienter ses actes : *Se laisser guider par son instinct.*

◆ **se guider** v. pr. Prendre qqn, qqch comme repères, comme indications pour trouver son chemin : *Se guider sur la position du soleil.*

GUIDEROPE [gidrɔp] n. m. (angl. *guiderope,* de *guide,* guide, et *rope,* corde). Long cordage que l'aéronaute laisse pendre de sa nacelle quand il approche du sol pour freiner son aérostat.

GUIDO ⟶ GUI D'AREZZO.

GUIDON n. m. (de *guider*). **1.** Tube métallique commandant la colonne de direction d'un véhicule à deux ou trois roues et dont les extrémités sont munies de poignées et de manettes de freins. – **2.** Petite pièce métallique fixée à l'avant du canon d'une arme à feu et qui, avec le cran de mire ou l'œilleton de la hausse, sert à prendre la ligne de mire. – **3.** Petit pavillon national, triangulaire ou à deux pointes, hissé en tête de mât d'un navire et servant d'insigne de commandement. – **4.** Petit étendard en usage dans l'armée d'Ancien Régime ; officier qui portait cet étendard. – **5.** *Guidon d'arrêt,* sur une voie ferroviaire, signal d'arrêt mobile constitué par une bande lumineuse rouge horizontale en signalisation lumineuse et en signalisation mécanique de nuit et par une petite aile rectangulaire rouge horizontale en signalisation mécanique de jour. ‖ *Guidon de départ,* petit signal à main, avec lequel le chef de service d'une gare donne au mécanicien le signal de départ.

Guidon de la mer *(le),* l'une des premières études sur le droit et l'assurance maritimes parue à Rouen au XVIe s. (auteur inconnu) et qui servit de base à l'ordonnance de 1681.

GUIFETTE n. f. (mot picard). Petite sterne vivant en colonies denses sur les étangs, et se nourrissant d'insectes aquatiques et de têtards. (Trois espèces en France : le leucoptère, la guifette noire et le moustac.)

GUIFFREY (Jules), écrivain d'art et administrateur français (Paris 1840 - *id.* 1918). Il participa à la promotion de la Société de l'histoire de l'art français et fut de 1903 à 1908 administrateur des Gobelins. Il a écrit notamment une *Histoire générale de la tapisserie* (1878-1885) et a publié les *Comptes des bâtiments du roi sous le règne de Louis XIV* (1882-1900).

GUIGNARD, E adj. et n. (de *guigne*). *Fam.* Qui a la guigne ; malchanceux.

GUIGNARDIA n. m. (de L. *Guignard,* n. pr.). Champignon ascomycète, agent du black-rot de la vigne.

1. GUIGNE n. f. (de *guignon*). *Fam.* Malchance persistante ; déveine, poisse : *Avoir la guigne.*

2. GUIGNE n. f. (frq. **wīhsila,* griotte). **1.** Cerise à chair ferme et sucrée, de couleur rouge foncé ou noire. – **2.** Fam. *Se soucier de qqch, de qqn,* *comme d'une guigne,* s'en désintéresser totalement.

GUIGNEBERT (Charles), historien français (Villeneuve-Saint-Georges 1867 - Clamecy 1939). Titulaire de la chaire du christianisme à la Sorbonne (1919), il traita de l'histoire du fait chrétien d'un point de vue rationaliste.

GUIGNER v. t. (gallo-roman **gwinyare,* du frq. **wingjan,* faire signe) [conj. 3]. *Fam.* **1.** Regarder qqn, qqch du coin de l'œil, à la dérobée : *Tu guignes mon jeu et tu triches.* — **2.** Regarder qqch avec envie, le convoiter : *Guigner une place.* ◆ v. t. ind. **1.** Regarder qqch du coin de l'œil, en biais : *Il guigne sur le jeu de son partenaire.* — **2.** Convoiter, avoir des vues sur qqn, qqch : *Guigner sur la femme du voisin.*

GUIGNETTE n. f. Petit oiseau du groupe des chevaliers, nichant dans les buissons au bord des eaux douces et hivernant dans la zone intertropicale.

GUIGNIER n. m. (de *guigne*). Cerisier qui produit les guignes.

GUIGNOL n. m. (lyonnais *Guignol,* n. d'un personnage de marionnettes). **1.** Pantin sans fil animé par l'index de l'opérateur. — **2.** L'opérateur lui-même. — **3.** Le théâtre où paraît ce personnage. — **4.** *Fam.* Personne qui fait rire par ses gestes, ses grimaces. — **5.** *Fam.* Personne dont le comportement ne peut pas être pris au sérieux : *Ce ministre est un guignol.* — **6.** Fam. *C'est du guignol,* c'est grotesque, burlesque. ‖ *Faire le guignol,* amuser les autres volontairement ou non.

ENCYCL. Venu d'Italie, le guignol français s'est installé dans un théâtre lyonnais en 1805. Guignol, ou Chignol, création de Laurent Mourguet, symbole de l'esprit populaire frondeur, était, comme son ami Gnafron, un canut.

GUIGNOLADE n. f. Farce, situation grotesque, burlesque, digne du guignol.

GUIGNOLESQUE adj. *Litt.* Digne de guignol.

GUIGNOLET n. m. (de *guigne 2*). Liqueur de cerise préparée à partir de guignes ou de griottes macérées dans l'alcool.

GUIGNON n. m. (de *guigner*). *Vx.* Malchance persistante, en partic. au jeu.

GUIGOU (Paul), peintre français (Villars, Vaucluse, 1834 - Paris 1871). Paysagiste ferme et intense, il a su rendre l'âpreté lumineuse de la campagne provençale (*la Route de la Gineste,* musée d'Orsay).

GUIGUE n. f. (angl. *gig*). Embarcation légère à fond plat, marchant à l'aviron ou à la voile, caractérisée par un étambot vertical et un platbord au ras de l'eau.

GUIL (le), torrent des Alpes du Sud (dép. des Hautes-Alpes), affl. de la Durance (r. g.) et dont le bassin forme le Queyras ; 56 km.

GUILBERT (Yvette), chanteuse française (Paris 1867 - Aix-en-Provence 1944). Son nom demeure attaché à deux de ses succès : *le Fiacre* et *Madame Arthur,* mais sa carrière internationale fut surtout vouée à chanter les poètes et à la renaissance des vieilles chansons populaires. Toulouse-Lautrec a fait d'elle plusieurs portraits et caricatures.

GUILDE, GHILDE ou **GILDE** [gild] n. f. (lat. médiév. *gilda,* du moyen néerl. *gilde,* corporation). **1.** Au Moyen Âge, association groupant des marchands exerçant une profession commune. (→ *encycl.*) — **2.** Association visant à procurer à ses adhérents de meilleures conditions commerciales.

ENCYCL. Apparues à la fin du VIIIe s. sous la forme d'associations de prières et de secours mutuel, les guildes devinrent, lors du renouveau économique de l'Occident (XIe s.), des associations de marchands d'une ville, dotées de juridictions et de privilèges (droit de fixer les prix et les salaires, de contrôler les poids et mesures, monopole du commerce, etc.) codifiés dans un statut. Les guildes les plus florissantes étaient celles des grandes villes du nord de l'Europe dont certaines se groupèrent pour former des hanses.

GUILDER → GULDEN.

GUILDFORD, v. de Grande-Bretagne (Surrey), au S.-O. de Londres ; 57 000 hab. Monuments anciens.

Guildhall *(salle de la Guilde),* hôtel de ville de la Cité de Londres, remontant au XVe s. et plusieurs fois rénové.

GUILELS ou **GHILELS** (Emil Grigorievitch), pianiste soviétique (Odessa 1916 - Moscou 1985). Professeur au conservatoire de Moscou (à partir de 1952), il se distingua dans le répertoire romantique.

GUILERS (29820), comm. du Finistère, banlieue N.-O. de Brest ; 6 905 hab.

GUILFORD (Joy Paul), psychologue américain (Marquette, Nebraska, 1897). Il s'est intéressé à l'inventaire des facteurs constitutifs de la personnalité à l'aide de l'analyse factorielle et à mis au point l'*inventaire de personnalité de Guilford,* qui repose sur dix facteurs. Il a écrit *The Analysis of Intelligence* (1971).

GUILHEM *(saint)* → GUILLAUME LE GRAND (saint).

GUILHEM ou **GUILLÉN DE CASTRO Y BELLVÍS** → CASTRO.

GUILHERAND-GRANGES (07500), comm. de l'Ardèche, banlieue O. de Valence ; 10 566 hab. Bonneterie. Constructions mécaniques.

GUILIAKS → GILYAKS.

GUILI-GUILI n. m. inv. (onomat.). *Fam.* Chatouillis.

GUILIN ou **KOUEI-LIN,** v. de Chine, dans le N.-E. du Guangxi, sur le Gui Jiang ; 250 000 hab. env. Centre commercial et industriel.
— **Bx-arts.** Dans les collines environnantes, plusieurs falaises sont gravées de calligraphies d'époques Tang, Song et Ming, et différentes grottes abritent des bouddhas sculptés.

GUILLAIN (Simon), sculpteur français (Paris 1581 - *id.* 1658). Après un séjour à Rome, il revint travailler pour les églises parisiennes. Il fut surtout un bronzier, au talent digne et véridique dans les statues royales du Pont-au-Change (auj. au Louvre).

Guillain et Barré *(syndrome de)* [du n. des neurologues français G. *Guillain* et J. A. *Barré*]. Polyradiculonévrite inflammatoire avec présence d'albumine dans le liquide céphalo-rachidien sans réaction cellulaire. Elle se manifeste par des paralysies qui affectent les racines des membres inférieurs puis gagnent de façon symétrique les membres supérieurs et les nerfs crâniens. Elle évolue favorablement en deux à trois mois.

GUILLARD (Achille), naturaliste et démographe français (Marcigny, Saône-et-Loire, 1799 - Paris 1876). On trouve pour la première fois le mot « démographie » dans ses *Éléments de statistique humaine ou Démographie comparée* (1855).

GUILLAUMAT (Marie Louis Adolphe), général français (Bourgneuf, Charente-Maritime, 1863 - Nantes 1940). Il commanda successivement une division (1914), la IIe armée avec laquelle il se distingua à Verdun (1916), puis les troupes alliées d'Orient (1917-18). Inspecteur général de l'armée (1919), il commanda les forces d'occupation en Allemagne (1924-1930).

GUILLAUME n. m. (anc. provenç. *guillaume,* rabot). Outil de menuiserie à fût, généralement étroit et dont le fer occupe toute la largeur du fût, le dégagement des copeaux s'effectuant sur le côté.

SAINTS

GUILLAUME le Grand *(saint),* comte de Toulouse et duc d'Aquitaine (v. 755 - Gellone, Languedoc, 812). Après avoir combattu les Arabes en Espagne, il se retira en 806 à l'abbaye bénédictine de Gellone, qu'il avait fondée et qui s'appellera « Saint-Guilhem-le-Désert » au XIIe s. Il est le héros d'un cycle de chansons médiévales qui en firent « Guillaume d'Orange », « Guillaume au Court Nez ».

EMPEREURS

GUILLAUME DE HOLLANDE (Leyde 1227 - en Frise 1256), roi des Romains (1247-1256). Élu roi des Romains en 1247 par des princes rhénans adversaires de Frédéric II, il prétendit à l'Empire après la mort de Frédéric II (1250) et de Conrad IV (1254). Il fut massacré par les Frisons, qu'il avait attaqués.

ALLEMAGNE

GUILLAUME Ier (Berlin 1797 - *id.* 1888), roi de Prusse (1861-1888) et empereur allemand (1871-1888). Deuxième fils de Frédéric-Guillaume III et de Louise de Mecklembourg-Strelitz, il reçut le titre de prince de Prusse à l'avènement de son frère Frédéric-Guillaume IV (1840). Il participa en 1848 à l'écrasement des révolutionnaires berlinois et, en 1849, conduisit la répression de la révolution badoise. Son frère souffrant de troubles mentaux, il assura la régence à partir de 1858 et devint roi en 1861. Ne pouvant obtenir les crédits militaires pour la réforme de Moltke, il appela à la présidence du Conseil Bismarck (1862). Celui-ci détint dès lors le pouvoir réel. À l'issue de la guerre franco-allemande (1870-71), il fut proclamé empereur d'Allemagne dans la galerie des Glaces, à Versailles (18 janv. 1871).

GUILLAUME II (château de Potsdam 1859 - Doorn, Pays-Bas, 1941), roi de Prusse et empereur d'Allemagne (1888-1918). Petit-fils de Guillaume Ier, fils de Frédéric III et petit-fils de Victoria par sa mère, il devint empereur en 1888. Il se heurta à Bismarck qu'il remplaça en 1890 par Caprivi. Impulsif, vaniteux, identifiant la grandeur de l'Allemagne à celle de sa propre personne, il ne sut pas s'entourer d'hommes capables de résoudre les problèmes intérieurs de l'Allemagne et s'appuya sur le camp conservateur. À partir de 1898, il lança un programme de construction navale dirigé par Tirpitz, afin de rivaliser sur mer avec la Grande-Bretagne. Il développa l'influence allemande dans l'Empire ottoman et tenta une politique d'intimidation contre la France et l'Angleterre en mars 1905 lorsque, débarquant à Tanger, il déclara garantir l'indépendance du Maroc. Après la conclusion de la Triple-Entente (1907), Guillaume II renforça ses liens avec l'Autriche selon le vœu du chancelier Bülow, et renouvela la Triplice (1912). Conscient de la dégradation de la situation internationale depuis la crise d'Agadir (1911), il était dès 1913 résigné à la guerre. Lorsque celle-ci éclata, il ne put imposer son autorité à l'état-major, dominé, après sept. 1914, par Hindenburg et Ludendorff. Il abdiqua après la proclamation de la République à Berlin (nov. 1918) et se réfugia aux Pays-Bas.

GUILLAUME (Frédéric-) [Potsdam 1882 - Hechingen 1951], prince de Prusse, appelé habituellement **le Kronprinz,** fils aîné de l'empereur Guillaume II. Commandant de la Ve armée (1914-1917) puis du groupe d'armées du Centre, il dut se réfugier aux Pays-Bas à la fin de 1918.

ANGLETERRE

GUILLAUME Ier le Conquérant (Falaise ? v. 1028 - Rouen 1087), duc de Normandie (Guillaume II le Conquérant, ou le Bâtard) [1035-1087] et roi d'Angleterre (1066-1087), fils illégitime du duc Robert le Diable à qui il succéda. Aidé de son suzerain, le roi de France Henri Ier, Guillaume écrase la révolte des barons de basse Normandie au Val-ès-Dunes (1047), et rétablit l'ordre, appuyant son pouvoir sur l'armée de ses vassaux et sur l'Église, favorisant la réforme clunisienne. Ayant ainsi acquis l'appui du Saint-Siège, il affirme sa position en épousant Mathilde, fille du comte de Flandre Baudouin V (v. 1053). Il resserre en outre son alliance avec Henri Ier pour écarter Geoffroi Martel, comte d'Anjou, à qui il reprend Alençon, puis Domfront (1049). À la mort de son cousin Édouard le Confesseur, roi d'Angleterre (1066), qui lui avait promis sa succession, il s'oppose au comte Harold, qui s'était emparé de la couronne. Il débarque en Angleterre et remporte la bataille d'Hastings (14 oct. 1066) où Harold est tué. Le jour de Noël, il est couronné à Westminster, selon les règles traditionnelles de la monarchie anglo-saxonne. La conquête achevée en 1070, il reçoit l'hommage du roi d'Écosse (1072), et déjoue une conspiration de nobles anglo-saxons. Dans les années qui suivent, il introduit en Angleterre un régime féodal rigoureusement organisé, et fait rédiger, en 1085, le *Domesday* Book.* En Normandie, il doit faire face à la révolte de son fils Robert Courteheuse, puis à celle de son demi-frère Odon, évêque de Bayeux. — Son fils et successeur **Guillaume II** *le Roux* (v. 1056 - près de Lyndhurst, Hampshire, 1100), roi d'Angleterre (1087-1100), lutta avec succès contre les Gallois et les Écossais (1093). Face aux révoltes des barons, il envahit la Normandie, où son frère Robert lui délégua son autorité (1096). À partir de 1098, il reconquit le Maine et le Vexin.

GUILLAUME III (La Haye 1650 - Kensington 1702), stathouder des Provinces-Unies (1672-1702), roi d'Angleterre, d'Écosse et d'Irlande (1689-1702), fils posthume de Guillaume II de Nassau, prince d'Orange, et de Marie Stuart, fille de Charles Ier d'Angleterre. Élu stathouder en 1672, après l'invasion des Provinces-Unies par les Français, il prend en main les destinées du pays et organise la résistance hollandaise. Il arrête l'invasion française par l'inondation volontaire des polders, s'allie à l'Angleterre par son mariage avec Marie, fille du futur Jacques II (1677) et obtient des conditions avantageuses à la paix de Nimègue (1678). Défenseur du protestantisme, il s'oppose pendant près de trente ans aux ambitions territoriales de Louis XIV. Inquiet de la politique profrançaise de Jacques II, s'appuyant sur l'opposition anglaise, il débarque en Angleterre, et, après avoir ratifié la Déclaration des droits (1689), Guillaume III et Marie II Stuart sont proclamés conjointement roi et reine d'Angleterre. Après s'être imposé par la force en Irlande (victoire de la Boyne, 1690), il se consacre à la guerre contre la France aux Pays-Bas. À la paix de Ryswick (1697), Louis XIV doit reconnaître Guillaume comme roi d'Angleterre. La présence presque continue du roi sur le continent contribue à étendre les droits du Parlement britannique. Après la mort du fils d'Anne Stuart, l'Acte d'établissement* (1701) résout le problème de la succession au trône d'Angleterre. Mais Guillaume meurt au moment où commence la guerre de la Succession d'Espagne (1702).

GUILLAUME IV (Londres 1765 - Windsor 1837), roi de Grande-Bretagne et d'Irlande, et de Hanovre (1830-1837), troisième fils de George III. Il fit voter la réforme électorale de 1832 et eut pour successeurs, en Grande-Bretagne, sa nièce Victoria et, au Hanovre, son frère Ernest.

AQUITAINE

GUILLAUME Ier le Pieux († 918), duc d'Aquitaine (898 ou 909-918) et comte de Toulouse (885 ou 886-918). Il fonda plusieurs abbayes dont celle de Cluny (v. 910). — **Guillaume III** *Tête d'Étoupe* (Poitiers, début du xe s. - *id.* 963), duc d'Aquitaine (951-963), fut le père d'Adélaïde, épouse d'Hugues Capet. — **Guillaume IV** *Fierebrace* (935 - Saint-Maixent 994) fut duc d'Aquitaine de 963 à 994. — **Guillaume V** *le Grand* (v. 960 - Maillezais 1030), comte de Poitiers et duc d'Aquitaine (994-1030), protégea les lettres et les arts. — **Guillaume VIII** ou **Gui-Geoffroi** (1027 - château de Chizé v. 1086), comte de Poitiers et duc d'Aquitaine (1058-1086), conquit la Saintonge (1062) et la Gascogne (1070). — **Guillaume IX** (1071-1127), comte de Poitiers et duc d'Aquitaine et de Gascogne (1086-1127), annexa à deux reprises (1098-1100 et 1114-1119) le comté de Toulouse à ses États, et participa à la croisade (1101). L'un des plus anciens troubadours, il a laissé une œuvre composée de chansons d'un lyrisme amoureux purifié et des pièces cyniques. — **Guillaume X** (Toulouse 1099 - Saint-Jacques-de-Compostelle 1137), duc d'Aquitaine et de Gascogne (1127-1137), fiança avant de mourir sa fille Aliénor* au futur Louis VII.

ÉCOSSE

GUILLAUME le Lion (1143 - Stirling 1214), roi d'Écosse (1165-1214), frère et successeur de Malcolm IV. Ayant lutté successivement contre Henri II, Richard Ier et Jean sans Terre, il laissa à sa mort un royaume pacifié, doté d'une solide organisation administrative et judiciaire.

HOLLANDE ET PAYS-BAS

GUILLAUME V (1333 - Le Quesnoy 1389), comte de Hollande (1349-1358) et (Guillaume III) comte de Hainaut (1351-1358), fils de Louis V de Bavière et de Marguerite d'Avesnes. Sa mère lui donna (1349) la propriété du comté de Hollande, sous certaines conditions qu'il ne respecta pas. Ce fut l'origine de la guerre des Hameçons et des Cabillauds.

GUILLAUME Ier DE NASSAU, dit **le Taciturne** (château de Dillenburg 1533 - Delft 1584), stathouder de Hollande (1559-1567, 1572-1584). Élevé dans le catholicisme, il entre dans l'entourage de Charles Quint (1549), mais les abus du gouvernement des Pays-Bas le détournent de Philippe II et le poussent à rejoindre les calvinistes dans l'opposition. Émigré en 1567, il revient en 1572 et prend la tête du soulèvement des Provinces-Unies contre la sanglante répression du duc d'Albe. Reconnu stathouder des dix-sept Provinces à la pacification de Gand, il ne peut empêcher les provinces méridionales, catholiques, de se replacer sous l'autorité des Espagnols (1579), qui le feront assassiner. — **Guillaume II de Nassau** (La Haye 1626 - *id.* 1650), stathouder de Hollande (1647-1650), fils du stathouder Frédéric-Henri et de Marie d'Angleterre, chef du parti orangiste, signa avec l'Espagne la paix de Münster (1648), reconnaissant l'indépendance des Provinces-Unies. Il conclut avec la France une alliance offensive contre l'Espagne et l'Angleterre (1650), que sa mort brutale empêcha d'être effective.

GUILLAUME III DE NASSAU → GUILLAUME III, roi d'Angleterre et d'Écosse.

GUILLAUME Ier (La Haye 1772 - Berlin 1843), roi des Pays-Bas et grand-duc de Luxembourg (1815-1840), fils de Guillaume V de Nassau, stathouder de Hollande. Désigné comme roi par le congrès de Vienne (1815), il accorda une Constitution libérale, mais s'aliéna les Belges en voulant imposer le monopole de l'État dans l'enseignement. Principal responsable de la révolution belge de 1830, il ne reconnut l'indépendance belge qu'en 1839. Ayant dû accepter l'instauration d'un régime parlementaire, il abdiqua en faveur de son fils Guillaume II (1840). — **Guillaume II** (La Haye 1792 -Tilburg 1849), roi des Pays-Bas et grand-duc de Luxembourg (1840-1849), fils du précédent, fut contraint, en 1848, d'accorder une Constitution parlementaire. — Son fils, **Guillaume III** (Bruxelles 1817 - château de Loo 1890), fut roi des Pays-Bas et grand-duc de Luxembourg (1849-1890).

LUXEMBOURG

GUILLAUME IV (Biebrich 1852 - Kolmarberg 1912), grand-duc de Luxembourg (1905-1912).

NORMANDIE

GUILLAUME Ier Longue-Épée († en Picardie 942), duc de Normandie (v. 930-932-942). Fils et successeur de Rollon, il imposa sa suzeraineté aux comtes de Rennes et de Vannes. — **Guillaume II** *le Conquérant,* duc de Normandie → GUILLAUME Ier, roi d'Angleterre. — **Guillaume III** *Cliton* (1101 - Aalst 1128), duc titulaire de Normandie, comte de Flandre (1127-28), fils de Robert II Courteheuse, tenta en vain, avec l'aide de Louis VI le Gros, de reconquérir le duché de Normandie que Henri Ier Beauclerc avait enlevé à son père en 1106. Il reçut de Louis VI le comté de Flandre (1127), dont il fut dépouillé par Thierry d'Alsace (1128).

SICILE

GUILLAUME Ier le Mauvais (1120-1166), roi de Sicile (1154-1166), fils de Roger II. Victorieux des grands féodaux soutenus par l'empereur byzantin Manuel Ier Comnène qui revendiquait l'Italie du Sud, et par le pape Adrien IV (1156), il se fit reconnaître comme roi par le pape (traité de Bénévent, 1156) puis par l'empereur (1158).

DIVERS

GUILLAUME de Champeaux, philosophe français (Champeaux, près de Melun, milieu du XIe s. - v. 1121). Il fut le maître d'Abélard et devint évêque de Châlons, en Champagne. Il s'opposa à Abélard dans la querelle sur l'universalité de la dialectique, et ouvrit une voie nouvelle dans la théologie, voyant une étroite relation entre la psychologie et la spiritualité individuelles.

GUILLAUME de Conches, philosophe et théologien français (Conches fin du XIe s. - v. 1154). Rattaché à l'école de Chartres, il réunit l'influence de la médecine arabe, la psychologie de Boèce et l'atomisme de Démocrite.

GUILLAUME de Tyr, historien français (Syrie v. 1150 - Rome 1185). Archevêque de Tyr (1175) et chancelier du royaume de Jérusalem sous le règne de Baudoin IV, il écrivit une histoire des États latins du Levant, intitulée *Historia rerum in partibus transmarinis gestarum,* qui va de 1095 à 1184.

GUILLAUME aux Blanches Mains, prélat français (1135 - Reims 1202), quatrième fils de Thibaud II le Grand, comte de Champagne. Archevêque de Reims, cardinal, il dirigea le conseil royal (1184-

1202) et assura à ses successeurs à Reims le privilège de sacrer les rois de France.

GUILLAUME le Clerc de Normandie, trouvère normand, auteur d'un *Bestiaire divin* (1210), du *Besant de Dieu* (1226-27) des *Trois Mots,* glose de la typologie chrétienne, et du roman *Fergus.*

GUILLAUME de Lorris (Lorris-en-Gâtinais v. 1200-1210 - apr. 1240), auteur de la première partie du *Roman* de la Rose* (1235), selon l'allusion du continuateur Jean de Meung. Il utilise la doctrine d'un art d'amour courtois pour construire un songe allégorique interprétant l'éveil du désir amoureux.

GUILLAUME de Saint-Amour, théologien français (Saint-Amour, Franche-Comté, 1202 - *id.* 1272). Professeur de théologie à Paris (v. 1250), il fut, après 1253, l'animateur de la polémique soutenue par les docteurs séculiers de la faculté de théologie contre les ordres mendiants.

GUILLAUME de Chartres, chroniqueur français (Chartres v. 1225 - v. 1281). Chapelain de Louis IX aux côtés de qui il participa à la septième et à la huitième croisade, il a laissé une *Vie de Saint Louis.*

GUILLAUME de Nangis, chroniqueur français († 1300). Moine de Saint-Denis, il écrivit une *Vie de Saint Louis,* une *Vie de Philippe III* et une *Chronique universelle* (des origines à 1300).

GUILLAUME d'Occam ou **d'Ockham,** en angl. **William of Ockham,** logicien, philosophe et théologien anglais (dans le Surrey v. 1285 - Munich v. 1349). Franciscain, il chercha à justifier les thèses de son ordre dans la controverse qui l'opposait à Jean XXII : il publia même des pamphlets contre le pape. Excommunié, il s'enfuit à Munich, où il rédigea ses œuvres les plus importantes, *Commentaire sur les sentences de Pierre Lombard* et une *Somme de toute logique.* Il prit parti dans la querelle des universaux en faveur du nominalisme. Il refusa en particulier d'accorder une existence mentale à des essences particulières et énonça un principe qui fut repris par Bertrand Russell : « Il ne faut pas multiplier les essences sauf nécessité » *(rasoir d'Occam).*

GUILLAUME de Digulleville, moine cistercien de l'abbaye de Chaalis, né à Digulleville v. 1285. Il composa *le Pèlerinage de la vie humaine* (1330), poème allégorique inspiré du *Roman de la Rose,* qu'il poursuivit avec *le Pèlerinage de l'âme* et le *Pèlerinage de Jésus-Christ.*

GUILLAUME de Machaut ou **de Machault,** musicien et poète français (Machault, près de Reims, v. 1300 - Reims 1377). Chanoine de la cathédrale de Reims, il fut secrétaire de Jean de Luxembourg, roi de Bohême. Il a laissé des œuvres musicales qui sont le point culminant de l'art du XIVe s. : lais, ballades, rondeaux, virelais, motets. Son œuvre la plus célèbre est la *Messe Nostre-Dame,* considérée comme la première messe polyphonique, comportant toutes les pièces de l'ordinaire et présentant d'une section à l'autre des motifs qui assurent son unité. Son œuvre poétique, riche de 80 000 vers, se compose de dits *(Dit du Verger, Dit de la Fontaine amoureuse, le Confort d'amis, le Voir dit),* de poésies didactiques *(le Remède de fortune)* ou allégoriques. Il fixa les règles musicales et littéraires du lai, du virelai, de la ballade, du rondeau et du chant royal.

GUILLAUME (Eugène), sculpteur et administrateur français (Montbard 1822 - Rome 1905). De tempérament classique (*le Mariage romain,* 1879, musée de Dijon), il eut tous les honneurs d'une carrière officielle. (Acad. des bx-arts, 1862 ; Acad. fr., 1898.)

GUILLAUME (Charles Édouard), physicien suisse (Fleurier 1861 - Sèvres 1938). Directeur du Bureau international des poids et mesures (1915), il codifia l'emploi du thermomètre à mercure et procéda à la fabrication des mètres-étalons. Il est surtout connu pour sa découverte de l'*Invar,* de l'*Élinvar* et de la *Platinite.* (Prix Nobel de physique 1920.)

GUILLAUME (Paul), psychologue français (Chaumont 1878 - Lannes, Haute-Marne, 1962). Il a enseigné la psychologie de la forme. Ses travaux ont porté sur la psychologie des enfants (*l'Imitation chez l'enfant,* 1924).

GUILLAUME (Gustave), linguiste français (Paris 1883 - *id.* 1960). Élève d'A. Meillet, il a élaboré une théorie linguistique originale, qu'il appelle la « psychosystématique » : étude de la langue dans ses rapports avec la structure mentale qui la sous-tend, au niveau des mécanismes universels de la pensée.

GUILLAUME (Paul), marchand de tableaux français (Paris 1893 - *id.* 1934). Il ouvrit sa galerie en 1914 et fut un promoteur inspiré de l'art moderne, découvrant, entre autres, Modigliani et Soutine. Il avait rassemblé une collection personnelle importante, que sa veuve, remariée à l'architecte Jean Walter, a augmentée avant de la céder à l'État (1959-1966). La collection est exposée depuis 1984 à l'Orangerie des Tuileries (144 œuvres de Cézanne, Renoir, Rousseau, Utrillo, Derain, Picasso, Soutine, etc.).

GUILLAUME (Augustin), général français (Guillestre 1895 - *id.* 1983). Il servit à l'armée d'Orient (1914) et organisa les goums et les tabors au Maroc. À la tête de la 3e division algérienne, il prit Pforzheim et Stuttgart (1945). Il fut chef d'état-major général des forces armées (1953-1956).

GUILLAUME (François), syndicaliste français (Ville-en-Vermois, Meurthe-et-Moselle, 1932). Président de la Fédération nationale des syndicats d'exploitants agricoles (F. N. S. E. A.) [1979-1986], il a été ministre de l'Agriculture de 1986 à 1988.

Guillaume de Dole *(le roman de),* œuvre de Jean Renart (v. 1212), sur le thème de la « gageure », qui eut d'abord pour titre *le Roman de la rose.*

Guillaume d'Orange, héros de tout un cycle de chansons de geste *(la Chanson* de Guillaume, le Couronnement de Louis, le Charroi* de Nîmes, la Prise d'Orange)* et d'un roman en prose du XVe s.

GUILLAUME TELL, héros légendaire helvétique, célèbre pour ses qualités d'arbalétrier (XIVe s.). Condamné à prouver son adresse par le bailli habsbourgeois Gessler, dont il avait refusé de saluer le chapeau exposé sous le tilleul d'Altdorf, il réussit à percer une pomme placée sur la tête de son fils ; cependant, il fut convaincu d'avoir préparé une seconde flèche destinée au bailli en cas d'échec, et fut emprisonné, mais réussit à s'échapper et tua Gessler. Il aurait péri lui-même plus tard dans une rivière.

Guillaume Tell, drame de Schiller (1804) qui suit la légende traditionnelle de Guillaume Tell. — Rossini en a tiré un opéra en 4 actes, sur un livret de Jouy et H. F. Bis (Opéra de Paris, 1829).

GUILLAUMET (Henri), aviateur français (Bouy, Marne, 1902 - disparu en Méditerranée 1940). Entré aux Lignes aériennes Latécoère en 1926, il s'illustra comme pilote de l'Aéropostale. Il fut un des pionniers de la traversée de l'Atlantique sud et l'organisateur, au-dessus de la Cordillère des Andes, de la liaison Rio de Janeiro-Santiago du Chili. En 1938, il effectua la première traversée commerciale de l'Atlantique nord.

GUILLAUMIN (Jean-Baptiste Armand), peintre et lithographe français (Paris 1841 - *id.* 1927). Membre du groupe impressionniste, paysagiste au coloris très haussé, il a travaillé dans la région parisienne, dans l'Yonne, dans l'Esterel, en Hollande puis dans la Creuse. Il est représenté au musée d'Orsay et dans de nombreux musées.

GUILLAUMIN (Émile), écrivain français (Ygrande 1873 - *id.* 1951). Écrivain-paysan (*la Vie d'un simple,* 1904), il fut un des premiers syndicalistes du monde rural.

GUILLEDOU n. m. (anc. fr. *guiler,* tromper, du frq. **wigila,* ruse, et *doux* adv.). Fam. *et* vx. *Courir le guilledou,* chercher des aventures galantes.

GUILLEM (Sylvie), danseuse française (Paris 1965). Formée à l'école de danse de l'Opéra de Paris, nommée étoile en 1984, elle quitte l'Opéra en 1989 pour effectuer une carrière internationale (privilégiant Londres, où elle est étoile invitée au Royal Ballet). Ballerine classique aux qualités techniques exceptionnelles *(le Lac des cygnes),* elle fascine les chorégraphes, qui règlent pour elle des variations originales (*In the Middle, Somewhat elevated,* W. Forsythe, 1987 ; *Épisodes,* M. Béjart, 1992).

GUILLEMET n. m. (de *Guillaume,* n. pr.). **1.** Signe double (« ») utilisé pour isoler un mot ou un groupe de mots à l'intérieur d'un énoncé (le plus souvent au pl.) : *Ouvrir, fermer les guillemets.* — **2.** *Entre guillemets,* expression indiquant qu'on ne prend pas à son compte une affirmation, qu'on souligne une intention ironique ou un euphémisme.

GUILLEMETER v. t. (conj. 27). Mettre entre guillemets.

GUILLEMIN (Amédée Victor), écrivain scientifique français (Pierre, Saône-et-Loire, 1826 - *id.* 1893), auteur d'un grand nombre d'ouvrages de vulgarisation d'astronomie et de physique appliquée.

GUILLEMIN (Roger), médecin américain d'origine française (Dijon 1924). Il a contribué à isoler et à déterminer la structure d'hormones présentes dans l'hypothalamus, puis a isolé plusieurs peptides du cerveau capables de se lier aux récepteurs du cerveau : les endorphines. Il a reçu pour cette découverte, en 1977, le prix Nobel de physiologie et de médecine avec A. Schally et R. S. Yalow.

GUILLEMOT n. m. (dimin. de *Guillaume*). Oiseau des mers boréales, brun-noir, à ventre blanc, à bec effilé, proche des pingouins. (Le guillemot vient en janvier sur les falaises de la Manche pour nicher et pondre un œuf unique.)

GUILLEMOT (Joseph), athlète français (Le Dorat 1899 - Oradour-Saint-Genest, Haute-Vienne, 1975), champion olympique du 5 000 m en 1920.

GUILLÉN (Jorge), poète espagnol (Valladolid 1893 - Málaga 1984). Professeur à Séville, puis, à partir de 1940, aux États-Unis, il mêle dans son œuvre poétique la tradition de Góngora et l'intellectualisme moderne (*Cántico,* 1928 ; *Maremagnum,* 1957).

GUILLÉN (Nicolás), poète cubain (Camagüey 1902 - La Havane 1989). Mulâtre, il s'est inspiré du langage et du folklore de l'île (*Motifs de son,* 1930), puis a proclamé son engagement politique (*Sóngoro cosongo,* 1931) qui lui a valu l'exil (*la Colombe au vol populaire,* 1958) et qu'il a confirmé à son retour (*le Grand Zoo,* 1967). Il a rassemblé ses plus belles élégies dans *Elegías* (1977).

GUILLERAGUES (Gabriel Joseph DE LAVERGNE, *comte* DE), diplomate et écrivain français (Bordeaux 1628 - Istanbul 1685), aujourd'hui reconnu comme l'auteur des *Lettres* portugaises.*

GUILLERET, ETTE [gij(ə)rɛ, -ɛt] adj. (anc. fr. *guiler,* tromper, du frq. **wigila,* ruse). **1.** Qui est vif, gai et éveillé : *Il est tout guilleret à la pensée de la revoir.* — **2.** Qui est un peu leste, un peu libre : *Une conversation guillerette.*

GUILLERI n. m. (anc. fr. *guiler,* séduire). Chant du moineau.

GUILLESTRE (05600), ch.-l. de cant. des Hautes-Alpes, à l'entrée du Queyras ; 2 049 hab. Église gothique du XVIe s. Centre du parc naturel régional du Queyras.

GUILLET (Pernette DU), poétesse française (Lyon v. 1510 - *id.* 1545). Liée à Maurice Scève, elle fut l'inspiratrice de la *Délie** et publia elle-même une poésie sensible au néoplatonisme (*les Rymes,* 1545).

GUILLEVIC (Eugène), poète français (Carnac 1907). Sa poésie, au style elliptique, a exprimé sa sensibilité immédiate aux objets et sa conscience aiguë des luttes sociales et politiques (*Terraqué,* 1942 ; *Carnac,* 1961 ; *Euclidiennes,* 1968 ; *Requis,* 1983 ; *Lexiquer,* 1986).

GUILLIERMOND (Marie Antoine Alexandre), botaniste français (Lyon 1876 - *id.* 1945). Il a étudié les levures, les champignons ascomycètes, les bactéries et la structure de la cellule végétale.

GUILLOCHAGE n. m. Action ou manière de guillocher ; résultat de cette action.

GUILLOCHER v. t. (ital. dialect. *ghiocciare,* dégoutter, du lat. *gutta,* goutte) [conj. 3]. Orner de guillochis.

GUILLOCHIS ou **GUILLOCHÉ** n. m. (de *guillocher*). **1.** Décor d'une surface, en général incisé, dessinant des lignes brisées ou onduleuses, entrecroisées ou non. — **2.** *Guillochis de parterre,* dessins entrelacés, faits avec des lignes de buis ou de gazon.

GUILLOCHURE n. f. (de *guillocher*). Entrecroisement de traits gravés en creux.

GUILLOIRE n. f. (néerl. *gijlen,* fermenter). Cuve où on laisse débuter la fermentation de la bière.

GUILLON n. m. En Suisse, fausset de tonneau.

GUILLOTIN (Joseph Ignace), médecin et homme politique français (Saintes 1738 - Paris 1814). Professeur d'anatomie à la Faculté de Paris, député aux États généraux de 1789 puis à la Constituante, il proposa à cette dernière la décapitation des condamnés par une machine dont il fit la description (oct. 1789) et qui porte son nom (guillotine).

GUILLOTINE n. f. (de *Guillotin,* n. pr.). **1.** Instrument qui servit à décapiter les condamnés à mort par la chute d'un couperet qui glisse entre deux montants verticaux. — **2.** Exécution capitale, peine de mort par décapitation. — **3.** Syn. de CISAILLE. — **4.** *Fenêtre à guillotine,* fenêtre à translation verticale du (ou des) châssis dans un bâti à rainures.

ENCYCL. La construction de la guillotine a été décidée par l'Assemblée législative le 20 mars 1792. Elle est restée le mode d'exécution de la peine de mort pour les condamnés de droit commun en France jusqu'à l'abolition de celle-ci, le 9 oct. 1981.

GUILLOTINÉ, E n. Personne décapitée par la guillotine.

GUILLOTINER v. t. (conj. 3). Décapiter qqn par la guillotine.

GUILLOTINEUR, EUSE n. Personne qui guillotine ou qui est responsable de condamnation à la guillotine.

GUILLOUX (Louis), écrivain français (Saint-Brieuc 1899 - *id.* 1980). D'inspiration populiste et sociale, il a peint dans de nombreux romans la vie quotidienne dans ses aspects les plus ternes (*la Maison du peuple,* 1921 ; *le Jeu de patience,* 1949 ; *Batailles perdues,* 1960). Il a également adapté pour le théâtre son œuvre maîtresse, *le Sang noir* (1935), sous le titre de *Cripure* (1962), et laissé des *Carnets* (1978 - 1982) prolongés par des souvenirs inachevés (*l'Herbe d'oubli,* 1984).

GUILMANT (Alexandre), organiste et compositeur français (Boulogne-sur-Mer 1837 - Meudon 1911). Organiste à la Trinité (1871-1901), il fonda en 1894, avec Bordes et d'Indy, la Schola cantorum, et occupa le poste de professeur d'orgue au Conservatoire de Paris à partir de 1896. Son goût pour la musique ancienne l'incita à publier avec A. Pirro *les Archives des maîtres de l'orgue* (10 vol., 1898-1914) et à révéler des œuvres des XVIe, XVIIe et XVIIIe s.

GUILVINEC (29730), ch.-l. de cant. du Finistère, sur la côte de Cornouaille ; 3 393 hab. *(Guilvinistes).* Port de pêche actif. Conserveries.

GUIMARÃES, v. du Portugal (distr. de Braga), au S.-E. de Braga ; 48 164 hab. Palais des ducs de Bragance (XVe s.) et autres monuments de l'époque romane au baroque. Musées.

GUIMARÃES ROSA (João), écrivain brésilien (Cordisburgo, Minas Gerais, 1908 - Rio de Janeiro 1967). Poète, usant d'une langue qui mêle les néologismes et les archaïsmes dialectaux (*Sagarana,* 1946), il a célébré le Nordeste dans ses romans et ses nouvelles (*les Nuits du Sertão,* 1956).

GUIMARD (Hector Germain), architecte et décorateur français (Lyon 1867 - New York 1942). Disciple de Viollet-le-Duc, admirateur de Horta, il est l'auteur des fameuses entrées de métro de Paris (fonte sur armature de fer), aux inflexions végétales, ainsi que de nombreux immeubles où il a utilisé (parfois sous forme d'éléments préfabriqués, interchangeables) le fer, le verre, la céramique (« castel Béranger », Paris, 1894-1898 ; maison Coilliot, Lille, 1898-1900 ; etc.). Jusqu'en 1914, il transforma les éléments architectoniques traditionnels et mania l'arabesque ornementale, non figurative, avec une énergie et une liberté étonnantes.

GUIMARD (Paul), journaliste et écrivain français (Saint-Mars-la-Jaille 1921). On lui doit *la Rue du Havre* (1957), les *Choses de la vie* (1967), porté à l'écran par Cl. Sautet, *l'Empire des mers* (1978), *Un concours de circonstances* (1990), *l'Âge de Pierre* (1992). De 1982 à 1986, il a été membre de la Haute Autorité de la communication audiovisuelle.

GUIMAUVE n. f. (de *gui,* du lat. *hibiscum,* mauve, et de *mauve,* n. f.). **1.** Herbe vivace (malvacée) des lieux humides, cultivée en grand dans le nord de la France pour sa racine et ses feuilles. (→ *encycl.*) — **2.** En confiserie, pâte molle faite de gomme et de sucre, le tout allégé par battage avec un agent aérateur. (On dit aussi PÂTE DE GUIMAUVE.) — **3.** *Fam.* Sentimentalité niaise, douceâtre : *Cette chanson, c'est de la guimauve.*
ENCYCL. La guimauve contient un mucilage utilisé en pharmacie et confiserie. Les feuilles et les racines sont utilisées en décoction. La fleur entre dans la composition des pâtes pectorales. (Les variétés ornementales de guimauve sont plutôt appelées de leur nom générique, *althæa.*)

GUIMBARDE n. f. (provenç. *guimbardo,* danse, de *guimbá,* sauter, du gotiq. **wimôn*). **1.** *Fam.* Vieille voiture, souvent en mauvais état. — **2.** Danse ancienne à deux temps (XVIIe-XVIIIe s.) — **3.** Instrument de musique dont le son, amplifié par la bouche du joueur, provient de la vibration d'une languette flexible fixée dans un cadre. — **4.** Petit rabot de menuisier, de graveur, pour aplanir le fond des entailles préalablement affouillées au ciseau.

GUIMERÁ (Ángel), écrivain catalan (Santa Cruz de Tenerife 1845 - Barcelone 1924). Partisan de la rénovation politique et littéraire de la Catalogne, il écrivit des drames réalistes (*Terre basse,* 1897).

GUIMET (Émile), industriel et érudit français (Lyon 1836 - Fleurieu-sur-Saône 1918). Il alla recueillir au Japon, en Chine, en Inde des collections qu'il groupa en un musée (1879) [v. art. suiv.] ; il donna celui-ci à l'État en 1884 et en resta le directeur.

Guimet *(musée),* département des Arts asiatiques des Musées nationaux. Fondé à Lyon, en 1879, par Émile Guimet, il a été transféré à Paris en 1885 et rattaché aux Musées nationaux en 1945.

GUIMILIAU (29400), comm. du Finistère, dans le Léon, au S.-E. de Landivisiau ; 797 hab. Riche enclos paroissial, avec son église surtout du XVIIe s. (mobilier, sculptures) et son calvaire aux 200 figures sculptées (1581-1588).

GUIMPE n. f. (anc. fr. *gimple,* du frq. **wimpil*). **1.** Au XIIIe s., pièce de toile blanche encadrant le visage et retombant sur le cou et la poitrine (conservée dans le costume de certains ordres religieux féminins). — **2.** Corsage léger et montant. — **3.** Simple plastron porté sous un décolleté.

GUINANDAGE n. m. (de P. L. *Guinand,* n. pr.). Brassage du verre (notamment du verre optique plombeux) en fin d'élaboration, au moyen d'un outil en matériau réfractaire *(guinand),* destiné à atténuer les hétérogénéités.

GUINCHER v. i. (var. de l'anc. fr. *guenchir,* obliquer) [conj. 3]. *Pop.* Danser.

GUINDAGE n. m. (de *guinder*). **1.** Action de guinder ; ensemble des cordages, poulies, etc., qui servent à guinder. — **2.** Élévation nécessaire pour guinder.

GUINDANT n. m. (de *guinder*). **1.** Sur les grands voiliers, partie du mât comprise entre les jottereaux et le pont supérieur. — **2.** Hauteur d'un pavillon, d'une voile. — **3.** Bord d'une voile situé au vent.

GUINDE n. f. (de *guinder*). **1.** Grue à bras pour élever les fardeaux. — **2.** Cordage qui, sur le plateau d'un théâtre, fixe les châssis ou les différents éléments d'un décor.

GUINDEAU n. m. (anc. fr. **guindas,* de l'anc. scand. *vindass,* cabestan). Treuil à axe horizontal, servant à mouiller et à virer les ancres des navires.

GUINDER v. t. (anc. scand. *vinda,* enrouler) [conj. 3]. **1.** Donner à qqn une allure rigide ou affectée : *Son costume le guinde.* — **2.** Donner à un mode d'expression un aspect ampoulé ; emphatique, pompeux : *Les inversions guindent son style.* — **3.** Lever, hisser qqch au moyen d'une grue, d'une poulie, d'un guindeau, d'une guinde, etc. ◆ **se guinder** v. pr., **être guindé** v. pass. **1.** Prendre une attitude rigide, affectée, ou témoigner de cette gêne : *Une tenue guindée.* — **2.** Être ampoulé, emphatique : *Un ton guindé.*

GUINDERESSE n. f. (de *guinder*). Fort cordage destiné à hisser un mât de hune ou à déborder un bout-dehors.

GUINDRAGE n. m. (de *guindre*). **1.** Longueur des écheveaux, dans l'industrie de la soie. — **2.** Opération du dévidage de la soie.

GUINDRE n. m. (mot. provenç., de l'ital. *guindola,* dévidoir). 1. Petit métier servant à doubler les soies filées avant de les passer à l'ourdissoir. – 2. Partie d'un dévidoir recevant les écheveaux de soie.

GUINÉE n. f. (angl. *guinea*). Anc. unité monétaire de compte anglaise, valant 21 shillings.

GUINÉE, nom donné autrefois au littoral de l'Afrique occidentale du sud du Sénégal jusqu'au Gabon.

GUINÉE, État de l'Afrique occidentale ; 250 000 km^2 ; 6 900 000 hab. *(Guinéens).* CAP. *Conakry.* LANGUE : *français.* MONNAIE : *franc guinéen.*

Géographie. Le massif du Fouta-Djalon sépare la plaine côtière, très humide, et la haute Guinée intérieure, juxtaposant région déprimée au N. (bassin de Siguiri) et moyennes montagnes au S.-E. (monts Nimba, Simandou). Le climat est chaud, mais parfois tempéré par l'altitude, et souvent avec une saison sèche marquée, expliquant la présence de la savane et l'extension de la forêt claire.
La population, formée d'ethnies variées, s'accroît à un rythme rapide (2,5 % par an), et est plus dense dans la moitié occidentale (Fouta-Djalon et, ponctuellement, sur le littoral). Malgré l'exode rural, elle est encore employée à près de 80 % dans l'agriculture ; les cultures vivrières (riz surtout) sont développées dans une perspective d'autosuffisance, tandis que les cultures de plantation (banane, café, ananas) fournissent quelques exportations. L'industrie, en dehors de l'agroalimentaire, se limite aux activités extractives (diamants, fer et surtout bauxite). Celle-ci, avec l'alumine, constitue l'essentiel des exportations, dirigées en majeure partie vers l'Union européenne.

Histoire. La haute Guinée, peuplée de Malinkés, appartient en partie à l'empire du Mali (XIIIe s.). Après l'arrivée des Portugais (1461-62), la traite des Noirs s'y développe. Au XVIe s., les Peuls, venus des régions périphériques, instituent dans le centre du pays (Fouta-Djalon) un État théocratique. Dans la seconde moitié du XIXe s., les Français créent leurs premiers établissements commerciaux, dits « des Rivières du Sud ».
1889-1893 : La Guinée devient une colonie française, englobée en 1895 dans l'Afrique-Occidentale française.
1958 : La Guinée est le seul pays de l'Afrique francophone à opter pour l'indépendance immédiate, rompant tout lien avec la France. Le président Sékou Touré impose un régime autoritaire.
1984 : À la mort de Sékou Touré, le colonel Lansana Conté prend le pouvoir.
1990 : Une nouvelle Constitution met fin au régime militaire et introduit le multipartisme.
1993 : Lansana Conté est confirmé à la tête de l'État en remportant la première élection présidentielle pluraliste.

GUINÉE *(bassin de),* bassin de l'Atlantique tropical, entre la côte africaine, les seuils de Sierra Leone et de Guinée, et les zones de fracture prolongeant la dorsale atlantique.

GUINÉE *(courant de),* terminaison du contre-courant équatorial à composante orientale.

GUINÉE *(golfe de),* grand rentrant décrit par la côte africaine à l'intérieur de la ligne cap des Palmes (Liberia) - cap Lopez (Gabon).

GUINÉE (Nouvelle-) → NOUVELLE-GUINÉE.

GUINÉE ESPAGNOLE → GUINÉE-ÉQUATORIALE.

GUINÉE-BISSAU, anc. **Guinée portugaise,** État d'Afrique occidentale, au sud du Sénégal ; 36 125 km^2 ; 1 100 000 hab. CAP. *Bissau.* LANGUE : *portugais.* MONNAIE : *peso.*

Géographie. Une plaine littorale très découpée, marécageuse (mangrove), précède des plateaux et des collines, plus secs, domaines de l'élevage. L'agriculture vivrière (riz, mil, maïs) est insuffisante. Le pays (qui exporte un peu d'arachides), très pauvre, est dépendant de l'aide internationale.

Histoire. Les Portugais abordent le pays en 1446 et y installent des comptoirs à la fin du XVIe s.
1879 : Le pays devient une colonie portugaise (Guinée portugaise).
Amilcar Cabral prend la tête du mouvement nationaliste en 1956. Une guérilla antiportugaise est déclenchée en 1962.
1973 : Luís de Almeida Cabral, frère d'Amilcar (assassiné), proclame l'indépendance de la Guinée-Bissau, qui est reconnue par le Portugal en 1974.
1980 : L. Cabral est renversé par un coup d'État. Le commandant João Bernardo Vieira lui succède.
1991 : Le multipartisme est instauré.
1994 : La première élection présidentielle pluraliste confirme J. B. Vieira à la tête de l'État.

GUINÉE-ÉQUATORIALE, en esp. **Guinea Ecuatorial,** État de l'Afrique équatoriale ; 28 100 km^2 ; 410 000 hab. CAP. *Malabo.* LANGUE : *espagnol.* MONNAIE : *franc C. F. A.*

Géographie. Composée d'une partie continentale, le Mbini, forestier, et de plusieurs îles (Bioco, Annobón), la Guinée-Équatoriale a vu ses ressources commerciales traditionnelles (café, cacao, bois) s'effondrer sous le régime de Macías Nguema. Le redressement économique dépend de l'aide extérieure.

Histoire. Noyau de la Guinée-Équatoriale, les îles sont cédées au XVIIe s. à l'Espagne par le Portugal, qui les occupait depuis le XVe s. En 1900, l'Espagne fixe avec la France les frontières de sa colonie guinéenne.
1968 : L'indépendance est proclamée. Francisco Macías Nguema établit un régime despotique.
1979 : Le colonel Teodoro Obiang Nguema Mbasogo prend le pouvoir.
1992 : Le multipartisme est instauré.
1996 : La première élection présidentielle pluraliste, qui confirme T.O. Nguema Mbasogo à la tête de l'État, ne modifie pas le caractère autoritaire du régime.

GUINÉEN, ENNE adj. et n. De Guinée.

GUINEGATTE, auj. **Enguinegatte** (62145), comm. du Pas-de-Calais, à l'O.-S.-O. d'Aire-sur-la-Lys ; 391 hab.
— **Hist.** Le 7 août 1479, les troupes de Louis XI et celles de Maximilien d'Autriche y livrèrent une bataille dont l'issue fut indécise. Le 16 août 1513, les troupes de Louis XII y furent vaincues par les armées d'Henri VIII d'Angleterre et de Maximilien d'Autriche.

GUÎNES (62340), ch.-l. de cant. du Pas-de-Calais, au S. de Calais ; 5 160 hab. *(Guînois).*

GUINGAMP (22200), ch.-l. d'arrond. des Côtes-d'Armor, à l'O.-N.-O. de Saint-Brieuc ; 8 774 hab. *(Guingampais).* Basilique N.-D.-de-Bon-Secours, surtout des XIVe-XVIe s. Fontaine de la Renaissance. Centre commercial avec quelques industries (constructions mécaniques et électriques, agroalimentaire).

GUINGOIS (DE) loc. adv. (anc. fr. *guinguer,* sautiller, de *giguer,* sauter). *Fam.* De travers : *Marcher de guingois. Tout va de guingois, la faillite n'est pas loin.*

GUINGUETTE n. f. (fém. de l'anc. fr. *guinguet,* étroit, de *guinguer,* sauter). Café de banlieue, où l'on va boire, manger et danser les jours de fête.

GUINIER (André), physicien français (Nancy 1911). Ses recherches en cristallographie l'ont amené à perfectionner les techniques de diffraction des rayons X ; en particulier, il a créé la « chambre de Guinier ». (Acad. des sc., 1974.)

GUINIZELLI (Guido), écrivain italien (Bologne v. 1235 - Monselice 1276). Sa poésie, exaltant la beauté féminine comme l'image de la beauté céleste, ouvre la voie au « dolce stil* nuovo » qu'illustrera Dante.

GUINNESS (*sir* Alec), acteur britannique (Londres 1914). À partir de 1936, il joue à l'Old Vic le répertoire shakespearien, débute au cinéma, en 1948, dans *Oliver Twist,* et connaît un grand succès avec *Noblesse oblige* (1949) où il interprète huit rôles différents. Il a tourné dans *De l'or en barres* (1951), *Tueur de dames* (1955), *le Pont de la rivière Kwaï* (1957), *Lawrence d'Arabie* (1962), *Dr Jivago* (1965), *Cromwell* (1970), *la Guerre des étoiles* (1977).

GUIOT de Provins, trouvère de la fin du XIIe s., auteur d'une *Bible* satirique, où il n'épargne aucun état ni aucun ordre.

GUIPAGE n. m. **1.** Action de guiper un tissu. — **2.** Revêtement isolant, disposé autour d'un conducteur ; pose de ce revêtement. — **3.** Opération consistant à entourer un fil, dit « d'âme », d'un ou de plusieurs autres fils.

GUIPAVAS (29490), ch.-l. de cant. du Finistère, dans le Léon, au N.-E. de Brest ; 12 076 hab. — Au N.-O., aéroport de *Brest-Guipavas.*

GUIPER v. t. (frq. **wīpan,* envelopper de soie) [conj. 3]. **1.** Travailler en façon de guipure. — **2.** Effectuer un guipage. — **3.** *Guiper des franges,* faire des franges torses.

GUIPERIE n. f. Fil dont on fait les galons, les épaulettes, etc.

GUIPIER n. m. Ouvrier conduisant une machine à guiper.

GUIPON n. m. (frq. **wisp,* bouchon de paille). Brosse fixée sous un certain angle au bout d'un long manche.

GUIPURE n. f. (de *guiper*). **1.** Autref., toute dentelle de fil ou de soie dépourvue de fond et faite de mailles larges. — **2.** Étoffe réticulaire imitant la dentelle, dont l'utilisation principale est la confection de rideaux et stores d'ameublement.

GUIPÚZCOA, une des trois provinces basques d'Espagne ; 1 997 km^2 ; 671 743 hab. Ch.-l. *Saint-Sébastien.*

GUIR ou **GHIR** *(oued),* oued du Maroc et de l'Algérie, né dans le Haut Atlas oriental ; 260 km.

GÜIRALDES (Ricardo), écrivain argentin (Buenos Aires 1886 - Paris 1927), auteur de *Don Segundo Sombra* (1926), véritable épopée de la vie des gauchos.

GUIRAUD (Ernest), compositeur français (La Nouvelle-Orléans 1837 - Paris 1892). Il obtint le prix de Rome en 1859 et enseigna la composition (1880) au Conservatoire. Il composa les récitatifs de *Carmen.*

GUIRAUT DE BORNEIL ou **DE BORNELH,** troubadour languedocien (Excideuil vers le milieu du XIIe s.). Considéré de son temps comme le « maître des troubadours », il a laissé une œuvre importante, caractérisée par la variété de son lyrisme et sa beauté.

GUIRAUT RIQUIER DE NARBONNE, troubadour languedocien du XIIIe s. Dernier représentant de la poésie courtoise, il renouvela de vieux genres tels que l'aube et la pastourelle.

GUIRLANDE n. f. (ital. *ghirlanda,* du frq. **wiera*). **1.** Chaîne de fleurs, de feuillage, que l'on utilise comme ornement : *Tresser une guirlande.* – **2.** Végétation ressemblant à cet ornement : *Les guirlandes du chèvrefeuille.* – **3.** Long ruban de papier découpé, ciselé, décoré, ou long fil agrémenté d'une succession d'ornements, servant à décorer un objet, une salle, un lieu, etc. : *Guirlandes de Noël.* – **4.** Motif ornemental fait d'une chaîne de feuillages, de fleurs, voire de fruits, retombant entre deux points, ou une série de points auxquels elle est accrochée. – **5.** Série de personnes ou d'objets disposés en forme de guirlande : *Guirlande de perles.* – **6.** *Guirlande lumineuse* (ou *électrique*), ensemble de lampes décoratives montées en série ou en parallèle sur un même câble.

Guirlande de Julie *(la),* recueil de 62 madrigaux que le duc de Montausier fit composer par la plupart des beaux esprits de son temps, et dont il rima lui-même 16 pièces, en l'honneur de Julie d'Angennes, fille de la marquise de Rambouillet. Le recueil, illustré par Nicolas Robert et calligraphié par Jarry, fut envoyé à sa destinatrice le 1er janv. 1634.

GUIRY-EN-VEXIN (95450), comm. du Val-d'Oise, à 9 km au S.-E. de Magny-en-Vexin ; 157 hab. Église des XVe-XVIe s., château du XVIIe s. Centre de fouilles archéologiques. Musée archéologique départemental, ouvert en 1983 (préhistoire, époques gallo-romaine et mérovingienne).

GUISAN (Henri), général suisse (Mézières, cant. de Vaud, 1874 - Pully, près de Lausanne, 1960). Commandant en chef en 1939, il organisa le réduit national ; sa vigilance dissuada Hitler d'envahir la Suisse.

GUISARME n. f. (frq. **wîsarm*). Arme d'hast portée, du XIIe au XVe s., par les gens de pied.

GUISARMIER n. m. Soldat armé d'une guisarme.

GUISCARD (60640), ch.-l. de cant. de l'Oise, dans le Noyonnais ; 1 576 hab.

GUISCARD → ROBERT GUISCARD.

GUISE n. f. (germ. **wisa,* manière). *À ma guise,* comme il me plaît : *Agis à ta guise.* ‖ *En guise de,* pour remplacer qqch ; en manière de, comme : *En guise de repas, on nous servit des sandwichs.*

GUISE (02120), ch.-l. de cant. de l'Aisne, dans la Thiérache, sur l'Oise ; 6 039 hab. *(Guisards).* Citadelle des XIe et XVIe s. Fonderie. Constructions mécaniques et électriques.
– **Hist.** Guise fut le centre d'un comté (XIIIe s.) possédé par la maison de Lorraine à partir de 1504. Érigé en duché en 1528, il passa à la maison de Condé en 1688 puis à la maison d'Orléans en 1830.

GUISE (Claude Ier DE LORRAINE, *comte,* puis 1er *duc* DE), prince français (Condé-Northen 1496 - Joinville 1550), fils de René II, duc de Lorraine. Gouverneur de Champagne et de Bourgogne (1522), il défit les Impériaux à Neufchâteau. En récompense, François Ier érigea le comté de Guise en duché (1528). – Son fils FRANÇOIS Ier **de Lorraine,** 2e duc **de Guise** (Bar 1519 - Saint-Mesmin, près d'Orléans, 1563), soutint victorieusement le siège de Metz contre Charles Quint (1552-53). Lieutenant général du royaume (1557), il reprit Calais aux Anglais (1558). Chargé avec son frère CHARLES (Joinville 1524 - Avignon 1574), cardinal de Lorraine, de gouverner le royaume au nom de François II, il poursuivit une politique de persécution du protestantisme. Écarté du pouvoir par Catherine de Médicis (1560), il constitua avec le maréchal de Saint-André et le connétable de Montmorency un triumvirat (1561) afin de contrecarrer la politique de tolérance de la régente. Instigateur du massacre de Wassy (1562) qui déclencha la première guerre de Religion, il fut mortellement blessé au siège d'Orléans (1563) par Poltrot de Méré. – HENRI Ier **de Lorraine,** 3e duc **de Guise,** dit *le Balafré* (1549 - Blois 1588), fils du précédent, contribua aux défaites des protestants à Jarnac et Moncontour (1569) et fut l'un des instigateurs de la Saint-Barthélemy (24 août 1572). Vainqueur des Huguenots à Dormans, il devint chef de la Ligue (1576) et, profitant de sa popularité (victoire de Vimory et d'Auneau [1587] sur les protestants), il entra dans Paris (9 mai 1588), malgré l'interdiction d'Henri III, et se rendit maître de la capitale après la journée des Barricades (12 mai). Henri III le fit assassiner (23 déc.) lors de la réunion des premiers états généraux à Blois. – LOUIS II **de Guise,** cardinal de Lorraine (Dampierre 1555 - Blois 1588), frère du précédent, l'un des principaux chefs de la Ligue, fut assassiné sur ordre d'Henri III à Blois (24 déc. 1588). – CHARLES **de Lorraine,** 4e duc **de Guise** (Joinville 1571 - Cuna, prov. de Sienne, 1640), fils d'Henri Ier, candidat au trône de France en 1593, se rallia à Henri IV en 1594.

GUISE (Jean D'ORLÉANS, *duc* DE) [Paris 1874 - Larache 1940], fils de Robert, duc de Chartres et petit-fils de Louis-Philippe Ier. Marié à Isabelle d'Orléans (1899), il devint prétendant au trône de France à la mort de Philippe, duc d'Orléans (1926). Il est le père d'Henri d'Orléans, comte de Paris.

GUITARE n. f. (esp. *guitarra,* du gr. *kithara,* cithare). **1.** Instrument de musique à cordes pincées, à manche garni de frettes, et dont la caisse plate est échancrée. – **2.** *Guitare électrique,* guitare à caisse pleine, dont les sons captés par des micros placés sous les cordes (métalliques) sont amplifiés et audibles par haut-parleur. ‖ *Guitare (de mer),* poisson sélacien vivipare, d'aspect intermédiaire entre un requin et une raie, et qui se nourrit de petites proies débusquées dans la vase.

GUITARISTE n. Musicien qui joue de la guitare.

GUITON (Jean), maire de La Rochelle (La Rochelle 1585 - *id.* 1654). Il dirigea la résistance de la ville contre Richelieu.

GUITOUNE n. f. (ar. maghrébin *gītūn*). **1.** *Arg. mil.* Tente de campement, abri de tranchée. — **2.** *Fam.* Tente de campeur.

GUÎTRES (33230), ch.-l. de cant. de la Gironde, au N. de Libourne, sur l'Isle ; 1 409 hab. Église romane et gothique, anc. abbatiale. Bonneterie.

GUITRY (Sacha), acteur, cinéaste et écrivain français (Saint-Pétersbourg 1885 - Paris 1957). Fils du comédien LUCIEN **Guitry** (Paris 1860 - *id.* 1925). Acteur habile, auteur de comédies (*Mon père avait raison,* 1919 ; *N'écoutez pas, mesdames,* 1943) et de films (*le Roman d'un tricheur,* 1936 ; *Remontons les Champs-Élysées,* 1938 ; *la Poison,* 1951 ; *Si Versailles m'était conté,* 1954), se mettant sans cesse en scène, il a incarné un certain esprit parisien, brillant et caustique.

GUITTON (Jean), philosophe français (Saint-Étienne 1901). Son œuvre est consacrée à la philosophie catholique (*la Pensée moderne et le catholicisme,* 1930-1955). [Acad. fr., 1961.]

GUITTON (Henri), économiste français (Saint-Étienne 1904 - Paris 1992), frère du précédent. Spécialiste des problèmes méthodologiques, il a notamment mis en valeur la notion de temps en économie.

GUITTONE d'Arezzo, écrivain italien (Arezzo v. 1235 - Florence 1294). Son œuvre poétique se caractérise par la complexité de sa métrique et l'intransigeance de son zèle politique et religieux.

GUIYANG ou **KOUEI-YANG,** v. de Chine, cap. du Guizhou ; 1 560 000 hab. Carrefour routier et ferroviaire. Métallurgie. Chimie. Électronique.

GUIZÈH → GIZEH.

GUIZERIX (Jean), danseur français (Paris 1945). Danseur étoile à l'Opéra de Paris (1972-1990), il s'est imposé dans les grands rôles du répertoire classique ainsi que dans des créations d'œuvres contemporaines. Il est également chorégraphe.

GUIZHOU ou **KOUEI-TCHEOU,** prov. de la Chine du Sud ; 170 000 km² ; 32 400 000 hab ; Cap. *Guiyang.* Très arrosée, souvent montagneuse et forestière, la province est principalement agricole (céréales surtout). Gisements de houille, de phosphates et de bauxite.

GUIZOT (François), homme d'État et historien français (Nîmes 1787 - Val-Richer, Calvados, 1874). Professeur d'histoire moderne à la Sorbonne (1812), secrétaire général au ministère de l'Intérieur (1814) puis de la Justice (1816), membre du groupe des doctrinaires, il inspire les mesures libérales du cabinet Decazes. Révoqué à la chute de ce dernier (1820), il écrit ses principaux ouvrages, dont *Des conspirations et de la justice politique* (1822) et surtout l'*Histoire de la révolution d'Angleterre* (1826-27). Député de Lisieux (1830), il contribue à l'établissement de la monarchie de Juillet. Rallié aux conservateurs et membre du parti de la Résistance, ministre de l'Intérieur (1830) puis de l'Instruction publique (oct. 1832 - févr. 1836 ; sept. 1836 - oct. 1837), il élabore la loi sur l'enseignement primaire (loi Guizot, 28 juin 1833) qui oblige chaque commune à entretenir une école élémentaire. Ministre des Affaires étrangères et chef du gouvernement (1840-1847) qu'il préside nominalement à partir de 1847, il pratique une politique favorable à la bourgeoisie. À l'extérieur, il ne peut conserver l'alliance anglaise et se rapproche de l'Autriche (1847) pour freiner les mouvements libéraux en Europe. Son hostilité à l'abaissement du cens électoral déclenche la campagne des banquets réformistes qu'il veut interrompre (22 févr. 1848). Renvoyé par le roi (23 févr.), il se consacre à son œuvre historique et à la défense de sa politique en publiant ses *Mémoires pour servir à l'histoire de mon temps.* (Acad. fr., 1836.)

GUJAN-MESTRAS (33470), comm. de la Gironde, sur le bassin d'Arcachon ; 11 484 hab. *(Gujanais).* Station climatique. Ostréiculture.

GUJARĀTĪ ou **GURJARĪ** n. m. Langue indo-aryenne parlée au Gujerat (où il a le statut de langue officielle) par environ 30 millions de locuteurs.

GŪJARS, population indo-aryenne vivant dans le Cachemire, le Jammu et l'Himāchal Pradesh, au nombre de 50 000 environ.

GUJERAT, État du nord-ouest de l'Inde ; 196 000 km² ; 41 174 060 hab. Cap. *Gāndhīnagar.* L'agriculture irriguée (céréales, coton, arachide, tabac), sur le golfe de Cambay, et les ressources en pétrole, lignite, hydroélectricité, ont permis le développement urbain et industriel (agroalimentaire, mécanique, chimie). Pêche et cabotage le long des côtes.

GUJRĀNWĀLA, v. du Pākistān (prov. de Lahore), au N. de Lahore ; 658 753 hab. Métallurgie. Textile.

GU KAIZHI ou **KOU K'AI-TCHE,** peintre chinois (Wuxi v. 345 - v. 406), le premier dont l'œuvre nous soit parvenue par une copie fidèle et très ancienne : le rouleau *Conseils de la monitrice aux dames de la cour,* où le souci d'individualisation des personnages ouvre de nouvelles perspectives.

GULAIRE adj. (lat. *gula,* gosier). *Plaque gulaire,* écaille de grandes dimensions que certains poissons ont sous la gorge.

GULBARGA, v. de l'Inde (Karnātaka), à l'O. d'Hyderābād ; 309 962 hab. Travail du coton. Anc. cap. (1347-1424) du royaume bahmanide. Grande Mosquée (1367), tombeaux des rois bahmanides d'un style voisin de ceux de Golconde ; fortification et palais.

GULBENKIAN (Calouste Sarkis), homme d'affaires britannique d'origine arménienne (Istanbul 1869 - Lisbonne 1955). Il s'associa avec Henry Deterding, de la Royal Dutch-Shell, en 1895. Naturalisé britannique en 1902, il contribua à l'exploitation du sous-sol de la région de Mossoul et céda ses droits au consortium irakien (France, Grande-Bretagne, Pays-Bas, États-Unis) [1920]. Il constitua une importante collection de tableaux et d'objets d'art, transférée à Lisbonne en 1960.

GULDBERG (Cato Maximilian), chimiste et mathématicien norvégien (Christiania 1836 - *id.* 1902). Il a énoncé en 1864, avec P. Waage, la loi d'action* des concentrations sur les équilibres physico-chimiques, lui donnant une forme quantitative.

GULDEN ou **GUILDER** n. m. (all. *Gulden*). Autre nom du florin, unité monétaire principale des Pays-Bas.

Gulf Oil Corporation, société américaine, établie en 1901 au Texas et qui porte son nom actuel depuis 1907. Ses activités recouvrent la prospection, le raffinage et la distribution du pétrole et du gaz, les produits chimiques, le charbon, l'uranium. Elle a été absorbée par la Standard Oil of California (auj. Chevron) en 1984.

GULF STREAM, principal système de courants de l'Atlantique occidental et le deuxième de l'océan mondial au point de vue du débit, estimé à 85 millions de m^3/s devant la baie de Chesapeake. Formé, en fait, à l'E. de la Floride, par la réunion de plusieurs masses d'eau (issues du golfe du Mexique [d'où son nom], de la mer des Sargasses, etc.), il se divise rapidement en plusieurs segments (de part et d'autre de 40° de latitude N.), aux tracés sinueux, variant en latitude et dirigés vers l'E. et le N.-E. Courant chaud (températures supérieures à 25 °C à sa naissance, liées à son origine tropicale et subtropicale), il joue un rôle climatique essentiel, compensant, partiellement, le déséquilibre thermodynamique entre les zones tropicale et polaire, réchauffant notamment (par le biais de son prolongement oriental, la dérive nord-atlantique) la façade nord-ouest de l'Europe.

Gulistān ⟶ GOLESTĀN.

Gulliver *(les Voyages de),* satire fantastique de Jonathan Swift (1726). Gulliver visite des contrées imaginaires : Lilliput, où les habitants ne dépassent pas six pouces ; Brobdingnag, peuplé de géants ; Laputa, île volante habitée par des savants fous ; le pays des Houyhnhnms, chevaux qui dominent les Yahoos, anthropoïdes dégradés. Ces fictions ont pour objet de prouver, à travers une critique de la société anglaise, la relativité des théories intellectuelles et des institutions politiques.

GUM [gœm] n. m. (angl. *gum*). Bois dur de *Liquidambar styraciflua,* arbre des États-Unis, très apprécié en menuiserie.

Gumboro *(maladie de),* syn. de BURSITE* INFECTIEUSE.

GUMMITE n. f. (lat. *gumma,* gomme). Produit d'altération de l'uranite (pechblende), exploité comme minerai d'uranium.

GUMPLOWICZ (Ludwig), juriste et sociologue autrichien d'origine polonaise (Cracovie 1838 - Graz 1909). Il fut l'un des représentants du darwinisme social (*la Lutte des races,* 1883 ; *Sociologie et politique,* 1892).

GUMRI, de 1837 à 1924 **Aleksandropol** ou **Alexandropol** et de 1924 à 1991 **Leninakan**, v. d'Arménie, au N.-O. d'Erevan ; 120 000 hab. Nœud ferroviaire et centre industriel (mécanique, textiles, électronique). La ville a été dévastée par un séisme en déc. 1988.

GUMTI (la), riv. de l'Inde (Uttar Pradesh), affl. du Gange (r. g.) ; 800 km.

GUNDERIC, roi vandale († Séville 428). Il franchit le Rhin en 407, et, fuyant devant la poussée des Wisigoths, s'établit dans le sud de l'Espagne (409 - 425).

GUNDULIĆ (Ivan), en ital. **Gondola,** poète ragusain (Raguse v. 1589 - *id.* 1638). Auteur d'un poème religieux (*les Larmes du fils prodigue,* 1622), d'une pastorale patriotique (*Dubravka,* 1628), il a célébré dans son poème épique, *Osman,* la première victoire des Slaves contre l'Empire ottoman.

GÜNEY (Yilmaz), cinéaste, scénariste et acteur turc (Adana 1937 - Paris 1984). Acteur populaire célèbre, il débute en 1966 dans la mise en scène. Il dénonce les inégalités et les injustices sociales. Emprisonné, il s'enfuit en 1981, puis est déchu de sa citoyenneté turque en 1983. Parmi ses nombreux films, citons : *l'Espoir* (1970), *l'Élégie*

(1971), *l'Ami* (1974), *le Mur* (1983). Il fut scénariste de *l'Inquiétude* (1975), du *Troupeau* (1978), de *l'Ennemi* (1979) et de *Yol* (1982, palme d'or au festival de Cannes), films tournés sous ses directives par des amis metteurs en scène.

GUNITAGE n. m. (de *guniter*). Procédé de revêtement, par projection de mortier fluide au moyen d'air comprimé.

GUNITE n. f. (angl. *gunite,* de *gun,* canon). Mortier projeté par air comprimé, à base de liants hydrauliques.

GUNITER v. t. (de *gunite*) [conj. 3]. Recouvrir de gunite.

Gunn *(effet),* phénomène découvert en 1963 par le physicien John B. Gunn et consistant en la création d'oscillations à hyperfréquences dans un semi-conducteur soumis à un champ électrique.

GUNNARSSON (Gunnar), romancier islando-danois (Fljótsdalur 1889 - Reykjavík 1975). Sa carrière littéraire débuta au Danemark par des romans en danois (*Histoire de la famille de Borg,* 1912-1914 ; *l'Église sur la montagne,* 1923-1928). De retour en Islande en 1939, il continua la publication de son œuvre en islandais.

GÜNTHER (Johann Christian), poète allemand (Striegau, Silésie, 1695 - Iéna 1723). Ses *Poésies,* publiées après sa mort, inaugurent par la nouveauté de leur style un lyrisme dégagé des conventions de l'art baroque.

GÜNTHER (Ignaz), sculpteur allemand (Altmannstein, Haut-Palatinat, 1725 - Munich 1775), un des maîtres de la plastique rococo en Allemagne du Sud (autels, groupes et statues en bois polychrome ou en stuc dans les abbayes et les églises de pèlerinage : Rott am Inn, Weyarn, etc.).

Gunther, personnage des *Nibelungen.* Il épouse Brunhild, grâce à l'appui de son beau-frère Siegfried.

GUNTŪR, v. de l'Inde (Andhra Pradesh), sur le delta de la Krishnā ; 471 020 hab. Centre agricole.

GÜNZ [gynz] n. m. (de *Günz,* n. pr.). Première glaciation alpine, datée d'un million d'années environ.

Guomindang ou **Kouo-min-tang** (« parti nationaliste »), parti politique chinois. Fondé en 1912 par Sun Yat-sen et ayant pour programme « les trois principes du peuple », nationalisme, démocratie et bien-être, il fut interdit en 1913. Reconstitué en 1919, il fut soutenu par l'U. R. S. S. et se rapprocha du parti communiste chinois avec lequel il conclut une alliance (1923-24). Celle-ci fut unilatéralement dénoncée en 1927 par Jiang Jieshi (qui avait succédé à Sun Yat-sen en 1925). De 1937 à 1946, la lutte contre le Japon rapprocha momentanément les deux partis. La défaite des nationalistes en 1949 réduisit à la seule Taiwan l'influence du Guomindang.

GUO MORUO ou **KOUO MO-JO** (nom de plume de GUO KAIZHEN), écrivain, savant et homme politique chinois (au Sichuan 1892 - Pékin 1978). Auteur de poèmes (*Déesse,* 1921), de récits autobiographiques, de travaux historiques, il fut président de l'Académie des sciences.

GUO XI ou **KOUO HI,** peintre chinois (né à Wenxian, Henan, actif entre 1020 et 1090). L'un des grands paysagistes de la dynastie des Song du Nord, il est à l'origine d'une conception dynamique de la composition et de la technique de perspective atmosphérique par le lavis (*Printemps précoce,* 1072, musée de Taibei).

GUPPY [gypi] n. m. (de R. P. *Guppy,* n. pr.). Petit poisson vivipare (cyprinodonte) d'aquarium (le mâle a parfois de belles et vives couleurs), qu'on élève dans les étangs pour détruire les larves de moustiques.

GUPTA, dynastie de l'Inde (v. 270 ?-550 apr. J.-C.). Les Gupta n'entrèrent réellement dans l'histoire qu'avec Candragupta Ier (v. 320-v. 330). Samudragupta (v. 330-v. 375), son fils, fut un grand roi conquérant. L'apogée de l'empire, qui s'étendait sur toute la moitié nord de l'Inde, se situe sous Candragupta II (v. 375-414), son fils. Il conquit (v. 390) Ujjayinī (auj. Ujjain), mettant un terme au pouvoir śaka.

GUR → GOUR.

GURDJIEFF (Georges Ivanovitch), philosophe ésotérique et écrivain français d'origine caucasienne (Aleksandropol, auj. Gumri 1887 ? - Paris 1949). Il a professé une philosophie de l'approfondissement de soi qui a fasciné de nombreux intellectuels (*Récits de Belzébuth à son petit-fils,* publié en France en 1956 ; *Rencontres avec des hommes remarquables,* publié en France en 1960).

GURDWĀRĀ n. m. Lieu de culte des sikhs, contenant une copie de leurs livres sacrés *(Ādi Granth).*

GURGĀN → GORGĀN.

GURI, localité du Venezuela (État de Bolívar), sur le río Caroní. Aménagement hydroélectrique.

GURJARA, nom d'une dynastie de l'Inde aussi appelée **Pratihāra.** Parmi les trois branches connues de Gurjara, celle dite des Gurjara-Pratihāra (v. 778-1027), en particulier sous Bhoja Ier (v. 836-892) et sous son fils Mahendrapāla Ier (v. 892-910), gouverna presque toute la plaine indo-gangétique.

GURJARĪ → GUJARĀTĪ.

GURK, localité d'Autriche, en Carinthie, au N. de Klagenfurt ; 1 500 hab. Église de l'Assomption, anc. cathédrale, édifice roman le plus important d'Autriche (1140-1220), à trois vaisseaux voûtés du XVIe s. (sculptures romanes, fresques gothiques, etc. ; additions d'époque baroque).

GURKHA → GORKHA.

GURKHAS, caste militaire du Népal. — Soldats népalais de l'armée britannique.

Gurrelieder, cantate dramatique en 3 parties, pour récitant, solistes, chœurs et orchestre, d'Arnold Schönberg, sur un texte de Jens Peter Jacobsen, d'après une légende médiévale danoise. Écrite en 1900, la partition fut créée à Vienne en 1913.

GÜRSEL (Cemal), général et homme d'État turc (Erzurum 1895 - Ankara 1966). Chef d'état-major de l'armée (1958), il organisa le coup d'État qui renversa Menderes (mai 1960). Il fut président de la République de 1961 à 1966.

GURU → GOUROU.

GURUNGS, population tibéto-birmane du Népal vivant sur le versant sud de l'Annapūrna, et dont le nombre est d'env. 600 000.

GURVITCH (Georges), sociologue français (Novorossisk, Russie, 1894 - Paris 1965). Il est le promoteur d'une sociologie « différentielle » : la réalité sociale s'appréhende comme un tout, mais en tenant compte de différents niveaux d'analyse et de la diversité des cadres sociaux. Il a écrit notamment : *Morale théorique et Science des mœurs* (1937), *la Vocation actuelle de la sociologie* (1949), *Dialectique et Sociologie* (1962), *Études sur les classes sociales* (1966).

GUS ou **GUSSE** n. m. (abrév. pop. de *Auguste,* n. de clown, ou provenç. *gus,* gueux). *Pop.* Individu, personne : *Il y avait trois gus dans la salle.*

GUSIIS, peuple habitant le sud-ouest du Kenya, et comptant plus de 940 000 membres.

GUSTATIF, IVE adj. (lat. *gustatum,* de *gustare,* goûter). **1.** Qui relève du goût : *Papilles gustatives.* — **2.** *Nerf gustatif,* nerf sensoriel de la langue.

GUSTATION n. f. (bas lat. *gustatio, -onis,* action de goûter). Fonction permettant, lorsque des molécules douées d'une saveur entrent en contact avec les cellules gustatives, d'en identifier le goût.

Gustav *(ligne),* position de résistance allemande en Italie (1943) entre l'embouchure du Garigliano et du Sangro. Elle fut enfoncée par les Alliés le 17 mai 1944.

GUSTAVE Ier VASA (Lindholm 1496 - Stockholm 1560), roi de Suède (1523-1560), fondateur de la dynastie nationale. Ayant soulevé la Dalécarlie, il chasse les Danois hors de Suède et se fait élire roi (1523). Il introduit le luthéranisme en Suède (1527-1529) et sécularise les biens de l'Église. Réprimant avec vigueur des révoltes populaires (1532), il pratique une politique centralisatrice, favorisant le développement industriel et commercial. Il fait reconnaître en 1544 la couronne héréditaire dans sa famille. À sa mort, la Suède est devenue une puissance de premier plan. — **Gustave II Adolphe** (Stockholm 1594 - Lützen 1632), roi de Suède (1611-1632). Prince intelligent et ambitieux, il réforme l'État de Suède avec l'aide du chancelier Oxenstierna et de la noblesse. Il rénove les structures économiques du pays, et développe l'enseignement par la création d'écoles gratuites et d'universités. Dans le même temps, il crée une armée nationale, d'une stricte discipline religieuse. Il la dote d'un matériel supérieur, et développe une tactique qui fera école. Luthérien convaincu, il se veut le défenseur de la foi protestante contre un catholicisme conquérant. Aussi s'empresse-t-il de liquider le conflit avec le Danemark (paix de Knäred, 1613) et la Russie (paix de Stolbova, 1617) pour se tourner contre la Pologne (1621). Il s'empare de Riga, de Dorpat, et des ports de la Prusse Occidentale (1625). Soutenu financièrement par la France (traité de Bärwalde, 1631), il prend part à la guerre de Trente Ans contre les Impériaux, occupe le Brandebourg et remporte la bataille de Breitenfeld (17 sept. 1631). Il s'empare du Palatinat, occupe la Bavière, mais trouve la mort au cours de la bataille de Lützen (16 nov. 1632), qui voit la victoire des Suédois sur les Impériaux de Wallenstein. — **Gustave III** (Stockholm 1746 - *id.* 1792), roi de Suède (1771-1792), fils d'Adolphe Frédéric et de Louise Ulrique de Hohenzollern. Après avoir imposé la constitution d'Août 1772, il gouverne d'abord en despote éclairé, abolissant la torture, la vénalité des grades, accordant la liberté de la presse (1774) et la tolérance religieuse (1781). Mais de graves troubles agraires et la guerre contre la Russie et le Danemark l'incitent à revenir à l'autoritarisme. Il impose en 1789 l'Acte d'union et de sécurité, qui lui réserve l'initiative des lois. Vainqueur des Danois, il signe avec la Russie la paix blanche de Varela (1790), et songe à intervenir en faveur de Louis XVI quand il est assassiné par un fanatique. — **Gustave IV Adolphe** (Stockholm 1778 - Saint-Gall, Suisse, 1837), roi de Suède (1792-1809), fils de Gustave III. Hostile à la Révolution française et à Napoléon, il s'allie avec l'Angleterre et la Russie (1805). Refusant d'adhérer au Blocus continental, il doit abandonner la Finlande à la Russie (1808). Cette attitude mécontente l'armée, qui le fait arrêter, et les États prononcent sa déchéance au profit de son oncle

Charles XIII (1809). — **Gustave V** (château de Drottningholm 1858 - *id.* 1950), roi de Suède (1907-1950), fils d'Oscar II, observa une stricte neutralité durant les deux guerres mondiales. — Son fils **Gustave VI Adolphe** (Stockholm 1882 - Hälsingborg 1973) fut roi de Suède (1950-1973), et le père de l'actuel roi Charles XVI Gustave.

GUSTAVIA, ch.-l. de l'île Saint-Barthélemy, dans les Antilles françaises. Port franc. Tourisme.

GÜSTROW, v. d'Allemagne (Mecklembourg - Poméranie-Occidentale), au S. de Rostock ; 38 000 hab. Cathédrale gothique ; château de la Renaissance. Musée E. Barlach. Petit centre industriel.

GUT n. m. (angl. *gut,* boyau). Fil de pêche formé de fibres de soie artificielle agglutinées avec du vernis.

GUTENBERG (Johannes GENSFLEISCH, dit), imprimeur allemand (Mayence entre 1397 et 1400 - *id.* 1468). C'est probablement de 1438 à 1440 qu'il mit au point le procédé de composition avec des caractères mobiles fondus en alliage d'imprimerie. Mais, à la suite de différends avec un associé, ce ne fut qu'en 1455 que la fameuse Bible latine « à quarante-deux lignes » put voir le jour. Grâce à la protection de l'archevêque de Mayence, Gutenberg put cependant au cours des dix dernières années de sa vie se consacrer de nouveau à ses activités d'imprimeur.

GÜTERSLOH, v. d'Allemagne (Rhénanie-du-Nord-Westphalie), au S. du Teutoburgerwald ; 91 634 hab. Centre industriel.

GUTFREUND (Otto), sculpteur tchèque (Dvůr Králové 1889 - Prague 1927). Élève de Bourdelle et pionnier du cubisme, il a fortement influencé la sculpture moderne de son pays (*Angoisse,* bronze cubiste, 1911 ; *la Jeune Fille au chien,* terre cuite polychrome de style populaire, 1920).

GUTH (Paul), écrivain français (Ossun 1910). Outre la série des « Naïfs » et celle de « Jeanne-la-Mince », il a publié des essais (*Lettre ouverte aux futurs illettrés,* 1980) et des romans (*la Tigresse,* 1985).

GUTHNICK (Paul), astronome allemand (Hitdorf am Rhein 1879 - Berlin 1947). Spécialiste de la photométrie et de la spectrographie, il fut le premier à mettre au point, en 1912, l'emploi des procédés photoélectriques.

GUTHRIE (Woodrow WILSON, dit **Woody**), guitariste, auteur-compositeur et interprète de folk américain (Ohemah, Oklahoma, 1912 - New York 1967). Sur des mélodies folk, il a composé de nombreuses chansons de protestation *(protest-songs),* des blues et des ballades aux textes incisifs, presque révolutionnaires, souvent agrémentés d'humour et d'ironie.

Guthrie *(test de),* test microbiologique utilisé pour le dépistage de la phénylcétonurie.

GUTIÉRREZ (Antonio GARCÍA) → GARCÍA GUTIÉRREZ.

GUTIÉRREZ (Gustavo), théologien péruvien (Lima 1928). Ordonné prêtre en 1959, il a continué ses études à Louvain et à Lyon, puis est devenu professeur de théologie et de sciences sociales à l'université catholique de Lima. Il est l'un des principaux fondateurs de la théologie de la libération. Il a écrit *Réinventer le visage de l'Église* (1968), *Théologie de la libération* (1971), *la Force historique des pauvres* (1979), *Job. Parler de Dieu à partir de la souffrance de l'innocent* (1986).

GUTLAND, région méridionale du Luxembourg. C'est le « bon pays », par rapport au massif ardennais, l'Ösling.

GUTTA-PERCHA [-ka] n. f. (pl. *guttas-perchas*) [angl. *gutta-percha,* du malais *getàh,* gomme, et *percha,* gommier]. Substance extraite du latex de diverses espèces de *palaquium* et *payena,* croissant dans l'archipel malais et qui présente des analogies importantes avec le caoutchouc. (Dure à la température ordinaire, la gutta-percha devient plastique par chauffage.)

GUTTATION n. f. (de *goutter,* d'apr. lat. *gutta,* goutte). **1.** Perte de liquide par les plantes, au moyen d'organes épidermiques appelés « hydatodes » ou stomates aquifères. (Ce phénomène apparaît surtout lorsque la transpiration est diminuée ou arrêtée.) [Syn. SUDATION.] — **2.** Perte de sève par une tige sectionnée. (On l'utilise pour mesurer le débit de sève dans les tiges.)

GUTTIFÉRALE n. f. Nom d'ordre de plantes aux fleurs à nombreuses étamines, possédant un appareil sécréteur, telles que les millepertuis et diverses plantes tropicales.

GUTTMAN (Louis), psychologue américain (New York 1916). Il a mis en évidence les variables latentes d'un comportement et proposé un modèle d'analyse mathématique des attitudes *(analyse hiérarchique).*

GUTTURAL, E, AUX adj. (lat. *guttur, -uris,* gosier). **1.** Qui est émis du fond de la gorge ; rauque : *Cris gutturaux.* — **2.** Vx. *Consonne gutturale* ou *gutturale* (n. f.), consonne postérieure comme les vélaires, les uvulaires et les pharyngales.

GUTTURALISATION n. f. Syn. anc. de VÉLARISATION.

GUTTUSO (Renato), peintre italien (Bagheria, Palerme, 1912-Rome 1987). Chef de file du mouvement réaliste dans son pays, il a défendu les principes d'un art engagé et populaire. Sa manière est expressive et colorée.

GUTZKOW (Karl), écrivain allemand (Berlin 1811 - Sachsenhausen 1878). Animateur du mouvement de la Jeune-Allemagne, il eut une grande influence sur le mouvement libéral par ses romans (*Wally la sceptique,* 1835) et son théâtre (*Uriel Acosta,* 1847).

GUY → GUI.

GUYANA (le ou la), anc. **Guyane britannique,** État de l'Amérique du Sud ; 215 000 km² ; 850 000 hab. CAP. *Georgetown.* LANGUE : *anglais.* MONNAIE : *dollar de Guyana.*

Géographie. Sous un climat équatorial, chaud et humide, le pays est aux trois quarts couvert de forêts, coupées de fleuves puissants, qui servent de voies de communication. L'altitude s'élève vers le S. (plus sec) et surtout dans l'Ouest (Roraima). La population, composée pour moitié d'Indiens et de près d'un tiers de Noirs (minorités de métis, d'Amérindiens et de Blancs), est concentrée pour le quart à Georgetown (pour plus de 75 % sur le littoral). En dehors de l'extraction de la bauxite, l'économie est presque exclusivement rurale : cultures céréalières (riz) et industrielles (canne à sucre), élevage bovin (dans le Sud). Le commerce extérieur (exportations de bauxite et d'alumine, de sucre) est déficitaire et le pays est lourdement endetté.

Histoire. Explorée par les Anglais au XVIe s., la région est exploitée par les Hollandais aux XVIIe et XVIIIe s.

1814 : La Grande-Bretagne reçoit la partie occidentale de la Guyane, bientôt baptisée British Guiana.

Le territoire se peuple de Noirs, d'Hindous et de Blancs.

1966 : Le pays obtient son indépendance. Forbes Burnham, Premier ministre à partir de 1964 puis président de la République à partir de 1980, domine jusqu'à sa mort (1985) la vie politique du pays, devenu une république en 1970.

GUYANAIS, E [gɥijianɛ, -ɛz] adj. et n. De Guyane.

GUYANCOURT (78280), comm. des Yvelines, au S.-O. de Versailles ; 18 540 hab. Aérodrome. Centre d'essais de l'industrie aéronautique.

GUYANE FRANÇAISE (973), département français d'outre-mer, dans le nord de l'Amérique du Sud, entre le Surinam et le Brésil, entre 2° et 5° 40′ N., occupant une partie de la région des Guyanes ; ch.-l. de dép. *Cayenne ;* ch.-l. d'arrond. *Cayenne, Saint-Laurent-du-Maroni ;* 2 arrond. ; 19 cant. ; 21 comm. ; 91 000 km² ; 114 678 hab. *(Guyanais).* Le dép. appartient à l'académie des Antilles et de la Guyane, à la cour d'appel de Fort-de-France, à la région militaire Antilles-Guyane.

— **Géogr.** Presque sous l'équateur, le territoire a un climat constamment chaud et humide qui explique l'extension de la forêt dense et aussi, malgré un notable accroissement récent, lié partiellement à l'immigration de réfugiés indochinois et surtout haïtiens et surinamiens, la faible densité de population. En fait, celle-ci se concentre ponctuellement sur le littoral, vers Cayenne et le centre spatial de Kourou ; l'intérieur est presque vide. La pêche (crevettes), l'exploitation de la forêt, le tourisme, assurent quelques exportations ou rentrées de devises. Ces dernières ne compensent pas l'énorme déficit commercial, comblé par une aide massive de la métropole, qui a aussi réalisé d'importants travaux d'équipement, notamment routiers et portuaires. L'exploitation de l'or, anarchique, connaît depuis 1989 une expansion spectaculaire, lourde de conséquences en termes économiques (travail clandestin, évasion fiscale) et d'environnement.

— **Hist.** Inaugurée par La Ravardière en 1604, l'occupation française de la région de Cayenne est contestée par les Hollandais. Reconquise par l'amiral d'Estrées en 1677, devenue terre de missions jésuites et de cultures tropicales, la région est sous Louis XV et Louis XVI le point de départ d'ambitieuses tentatives de colonisation qui se soldent toutes par des échecs. Insalubre et inhospitalière, la région sert de lieu de déportation politique de 1794 à 1805. Occupée par les Anglais (1809), convoitée par les Portugais, elle est rendue à la France en 1814. La Guyane française, ruinée par l'abolition de l'esclavage (1848), n'attire pas les colons en raison de l'établissement du bagne à Cayenne en 1852. En 1946, en même temps que le bagne est fermé, la Guyane devient un département d'outre-mer. Elle n'a pu sortir de son marasme économique chronique, en dépit de l'installation d'une base de lancement de fusées à Kourou en 1968. Le premier conseil régional a été élu en 1983 dans le cadre de la loi de décentralisation.

GUYANE HOLLANDAISE ou **NÉERLANDAISE** → SURINAM.

GUYANES (les), nom donné à la région de hauts plateaux et de moyennes montagnes (culminant à 2 810 m dans le Roraima) du nord de l'Amérique du Sud, entre l'Amazonie au S., le cours inférieur de l'Orénoque et l'Atlantique au N. et partagée politiquement entre le Venezuela, le Guyana, le Surinam, la France (Guyane française) et le Brésil (territoires du Roraima et de l'Amapá). La latitude équatoriale explique, malgré l'altitude, la chaleur (et l'humidité) du climat, l'extension de la forêt dense.

GUYANES *(bassin des),* bassin de l'Atlantique équatorial occidental, compris entre la dorsale océanique et la côte N.-E. de l'Amérique du Sud.

GUYANES *(courant des),* branche du courant sud-équatorial s'écoulant vers le N.-O., le long des côtes sud-américaines, après sa déviation devant le cap São Roque.

GUYAU (Marie Jean), poète et philosophe français (Laval 1854 - Menton 1888), un des précurseurs de la sociologie de l'art (*Esquisse d'une morale sans obligation ni sanction,* 1884 ; *l'Art au point de vue sociologique,* 1890).

GUYENNE, en lat. **Aquitania,** anc. prov. de France. Altération du mot Aquitaine, le nom de Guyenne apparaît pour la première fois dans les clauses du traité de Paris (1258-59) pour désigner les possessions des Plantagenêts en Aquitaine*. Confisquée à plusieurs reprises par le roi de France (1293, 1324, 1337, 1369), elle n'est reconquise sur les Anglais qu'en 1453. Divisée (1542) en deux généralités (celles de Bordeaux et de Montauban) et formant avec la Gascogne, le Béarn, la Saintonge et le Limousin un vaste gouvernement, elle est au XVIe s. un foyer artistique et intellectuel (collège de Guyenne, à Bordeaux) et un des principaux centres du protestantisme. Affaiblie par les guerres de Religion, elle retrouvera une certaine prospérité au XVIIIe s. grâce à l'activité commerciale de Bordeaux, sa capitale.

GUYÉNOT (Émile), biologiste français (Lons-le-Saunier 1885 - Genève 1963). On lui doit les premiers élevages d'animaux aseptiques, des études de génétique, d'endocrinologie et de physiologie, d'importants travaux sur la régénération chez les vertébrés. (Acad. des sc., 1951.)

GUYNEMER (Georges), officier aviateur français (Paris 1894 - région de Poelkapelle, Belgique, 1917). Appartenant à l'escadrille des Cigognes, il disparut au cours d'un affrontement aérien. Crédité de 54 victoires, Guynemer reste aujourd'hui une figure légendaire de l'aviation française.

GUYON (Félix), chirurgien français (Saint-Denis, La Réunion, 1831 - Paris 1920). Il a été le maître de l'école urologique française. (Acad. des sc., 1892.)

GUYON DU CHESNOY (Jeanne-Marie BOUVIER DE LA MOTTE, connue sous le nom de **Mme**), mystique française (Montargis 1648 - Blois 1717). Veuve en 1676, elle se consacra à la religion et à la mystique. La publication, en 1685, de son *Moyen court et très facile pour l'oraison* la fit taxer de quiétisme. Soutenue par Fénelon, elle subit la persécution, mais la fin de sa vie fut marquée par un rayonnement spirituel exceptionnel.

GUYONNET (Jacques), compositeur suisse (Genève 1933). Il a fondé un studio de musique électronique à Genève et y enseigne la composition, au conservatoire (depuis 1967). Il a écrit notamment *Stèle in memoriam J. F. Kennedy* pour orchestre de chambre et sons électroniques (1964).

1. **GUYOT** n. f. (de *Guyot,* n. pr.). Variété de poire sucrée, très cultivée en France.

2. **GUYOT** n. m. (de *Guyot,* n. pr.). Système de taille très utilisé dans lequel chaque souche de vigne porte deux rameaux.

3. **GUYOT** n. m. (de A. *Guyot,* n. pr.). Mont sous-marin, d'origine volcanique, en forme de cône tronqué, d'élévation kilométrique, dont le sommet présente une topographie plane et subhorizontale.

GUYS (Constantin), dessinateur et aquarelliste français (Flessingue, Pays-Bas, 1802 - Paris 1892). D'abord dessinateur des événements internationaux (révolution de 1848, guerre de Crimée) pour l'*Illustrated London News,* il se tourna vers la description de la vie du second Empire, celle des dandys et du demi-monde, dans des lavis où son art de la notation rapide fait merveille (musée Carnavalet, musée d'Orsay, Petit Palais).

GUYTON DE MORVEAU (Louis Bernard, *baron*), magistrat et chimiste français (Dijon 1737 - Paris 1816). Il liquéfia le gaz ammoniac et entreprit en 1782, avec l'aide de Lavoisier, de Berthollet et de Fourcroy, de créer une nomenclature chimique. Membre de l'Assemblée législative, puis de la Convention, il organisa le service d'aérostation des moyens de défense. (Acad. des sc., 1795.)

GUZMÁN (Martín Luis), romancier mexicain (Chihuahua 1887 - Mexico 1976). Son œuvre (*l'Aigle et le Serpent,* 1928 ; *l'Ombre du caudillo,* 1929) est consacrée à la révolution mexicaine.

Guzmán de Alfarache, roman picaresque de Mateo Alemán (1599), qui doit sa renommée en France à l'imitation que Lesage en a faite (1732).

GUZMÁN BLANCO (Antonio), homme d'État vénézuélien (Caracas 1829 - Paris 1899). Libéral, vice-président de la République (1863-1868), chef de l'insurrection libérale de 1870, il fut président provisoire de la République puis élu définitivement en 1873. Il modernisa le pays en gouvernant de manière autoritaire jusqu'en 1888.

GWĀLIOR, v. de l'Inde (Madhya Pradesh), au S. d'Āgrā ; 691 000 hab. Centre commercial et industriel. Mausolées de l'époque moghole. Ensemble de sculptures rupestres jaïna (XVe s.) ; temples, dont le Teli-ka-Mandir (IXe s.), palais fortifié du XVIe s. Musée archéologique.

GWERU, anc. **Gwelo,** v. du centre du Zimbabwe ; 79 000 hab. Nœud ferroviaire. Fonderie de chrome. — À proximité, mines (or, fer, chrome).

GWYNEDD, royaume gallois qui connut son apogée au XIIIe s. Il dirigea la résistance galloise à la conquête anglaise.

Gy, symbole du gray, unité SI de dose* absorbée.

GYANGZÊ ou **GYANGTSE,** v. du Tibet (Chine), dans la vallée du haut Brahmapoutre, sur la route de l'Inde au Tibet ; 10 000 hab. Importante cité monastique, capitale aux XIVe et XVe s., elle possédait des monuments essentiels (grand temple, chörten, etc.) aujourd'hui détruits.

GYARMATHI (Sámuel), linguiste hongrois (Kolozsvár, auj. Cluj-Napoca, 1751 - *id.* 1830), fondateur de la grammaire comparée des langues finno-ougriennes.

GYASSA n. m. Embarcation du delta du Nil, à l'étrave très relevée, gréée de deux ou trois mâts, et portant des voiles latines.

GYGÈS, roi de Lydie († v. 644 av. J.-C.). Il fonda la dynastie des Mermnades. Pour repousser les Cimmériens, il fit allégeance à Assurbanipal (v. 665) ; il périt en défendant Sardes, sa capitale, contre les Cimmériens. La légende lui attribuait la possession d'un anneau qui le rendait invisible.

GYLIPPOS, général spartiate (Ve s. av. J.-C.). Envoyé au secours de Syracuse, qu'assiégeaient les Athéniens, il força les généraux Démosthène et Nicias à capituler (413).

GYLLENSTEN (Lars), écrivain suédois (Stockholm 1921). Peintre satirique de toutes les attitudes sociales et littéraires (*Camera obscura,* 1946 ; *Infantilia,* 1952 ; *À l'ombre de Don Juan,* 1975), il est secrétaire perpétuel de l'Académie de Stockholm (qui décerne le prix Nobel de littérature).

GYM n. f. *Fam.* Gymnastique.

GYMKHANA [ʒim-] n. m. (angl. *gymkhana*). **1.** Ensemble d'épreuves en voiture ou à moto, où les concurrents doivent parcourir un itinéraire compliqué de chicanes et d'embûches. – **2.** *Fam.* Parcours hérissé de difficultés : *Quel gymkhana j'ai dû faire pour te rattraper !*

GYMNAMŒBIEN n. m. (gr. *amoibê,* changement). Nom d'ordre des amibes au sens strict, protozoaires sans thèque, aux pseudopodes épais. (Les *gymnamœbiens* se nourrissent de protozoaires, d'algues microscopiques, de bactéries, de petits métazoaires. Ils contribuent à l'épuration des milieux souillés et putrides.)

GYMNARCHE [-ark] ou **GYMNARQUE** n. m. (gr. *gymnos,* nu, et *arkhos,* rectum). Grand poisson du Nil, caractérisé par son nid flottant, ses alevins à branchies externes, sa chasse par localisation électrique des proies.

GYMNASE n. m. (lat. *gymnasium,* du gr. *gumnasion,* de *gumnos,* nu). **1.** Chez les Grecs, endroit ou local destiné aux exercices corporels et militaires. (→ *encycl.*) – **2.** Établissement ou local aménagés pour la pratique des exercices du corps et de certains sports en salle. – **3.** Lycée, en Suisse.

ENCYCL. **Antiq.** À l'origine (Ve s.), les gymnases étaient situés dans des lieux boisés et pourvus d'eau. À l'époque classique, philosophes et rhéteurs y recrutèrent des élèves (ainsi Socrate). À l'époque hellénistique, chaque cité possédait un gymnase, devenu centre de formation intellectuelle.

Gymnase *(théâtre du),* théâtre parisien construit en 1820, sur l'emplacement de l'ancien cimetière de Notre-Dame-de-Bonne-Nouvelle. De 1824 à 1830, il a porté le nom de « Théâtre de Madame ». Il a été dirigé par Marie Bell de 1959 à 1985.

GYMNASIAL, E, AUX adj. En Suisse, relatif au gymnase, au lycée.

GYMNASIARQUE n. m. (gr. *gumnasion,* gymnase, et *arkhos,* chef). Dans l'Antiquité, magistrat chargé de diriger et de surveiller les gymnases.

GYMNASTE n. (gr. *gumnastês*). Personne qui pratique la gymnastique sportive.

GYMNASTIQUE n. f. (lat. *gymnasticus,* du gr. *gumnastikê*). **1.** Ensemble des exercices physiques, pratiqués avec ou sans agrès et engins légers, et destinés à assouplir, développer ou rééduquer le corps. – **2.** Sport de compétition comportant des mouvements libres et imposés aux épreuves avec agrès (anneaux, barres asymétriques, barre fixe, poutre, cheval d'arçons) ou sans agrès (au sol). [→ *encycl.*] – **3.** Ensemble de mouvements plus ou moins acrobatiques imposés par une situation : *Je dois me livrer à toute une gymnastique pour attraper ce dossier.* – **4.** Action de tirer parti au maximum de toutes ses facultés intellectuelles pour faire face à une situation ; exercice imposé dans cette situation : *Ce jeu oblige à une gymnastique de l'esprit.* – **5.** *Gymnastique oculaire,* exercices des muscles de l'œil destinés à améliorer leur fonctionnement ou à corriger certaines imperfections. ‖ *Gymnastique orthopédique,* gymnastique médicale s'adressant aux déviations qui ne sont pas immédiatement réductibles par suite de la raideur des articulations vertébrales et de la rétraction de certains muscles (scolioses, cyphoses dorsales et lordoses lombaires, par ex.). [Le promoteur de ces techniques gymniques a été le Suédois Ling (1776-1839).] ‖ *Gymnastique rythmique,* éducation musicale, musculaire et respiratoire créée par Émile Jaques-Dalcroze et ayant pour but l'harmonisation des mouvements du corps et des facultés sensibles de l'individu. (Syn. RYTHMIQUE.) ‖ *Gymnastique rythmique et sportive* (G. R. S.), discipline (olympique depuis 1984) essentiellement féminine, se pratiquant avec accompagnement musical et utilisant des engins légers tels que ballons, cerceaux, cordes, massues, rubans. ‖ *Pas (de) gymnastique,* pas de course régulier et cadencé.

ENCYCL. La Fédération internationale de gymnastique (F. I. G.) organise notamment : les championnats du monde par équipes et individuels, qui ont lieu tous les 2 ans, les années impaires ; les jeux Olympiques, qui ont lieu tous les 4 ans. Ces deux compétitions comprennent 3 parties.

Le concours 1, compétition par équipes de nations avec quelques individualités, comporte des exercices imposés (6 agrès chez les hommes et 4 agrès chez les femmes) et des exercices libres. Il donne le titre par équipes et sert de qualification au concours 2 pour les 36 meilleurs individuels et au concours 3 pour les 8 meilleurs par agrès. Le concours 2 ne se déroule que sur des exercices libres. Il détermine le titre mondial ou olympique et les médailles individuelles du concours général individuel. Le concours 3 correspond aux finales par engin. La notation (tenant compte de la difficulté de l'exercice, de la qualité de son exécution, éventuellement des enchaînements) se fait selon le code de pointage F. I. G.

GYMNIQUE adj. (lat. *gymnicus,* du gr. *gumnikos*). Relatif à la gymnastique.

GYMNOBLASTIQUE ou **GYMNOBLASTIDE** n. m. Nom d'ordre des cnidaires coloniaux formant des anthoméduses.

GYMNOCARPE adj. Se dit des champignons dont les spores sont placées à l'extérieur dès le jeune âge (ex., la clavaire). [S'oppose à *angiocarpe.*]

GYMNOCÉRATE n. m. Syn. de GÉOCORISE.

GYMNOCLADUS [-dys] n. m. (gr. *klados,* rameau). Bel arbre (césalpiniacée) d'Amérique du Nord, planté dans les parcs sous le nom de *chicot.*

GYMNODACTYLE n. m. Gecko australien capable de marcher dressé sur ses pattes de derrière.

GYMNODINIUM [-njɔm] n. m. Genre de péridiniens dont les espèces marines peuvent, en cas d'eutrophisation, pulluler et répandre dans l'eau une toxine qui tue les poissons (phénomène des « eaux rouges »). [Vivant en surface, ces flagellés peuvent être emportés par le vent et occasionner une forte réaction allergique des voies respiratoires chez les habitants des rivages (Floride, Angola, etc.).]

GYMNOPÉDIES n. f. pl. (gr. *gumnopaidiai*). Fêtes spartiates en l'honneur d'Apollon Pythique.

GYMNOSOME n. m. Nom d'ordre de petits mollusques opistobranches marins sans coquille ni cavité palléale, répandus dans le monde entier.

GYMNOSPERME n. f. (gr. *gumnospermos,* dont les graines sont nues). Plante à graines (spermaphyte), dont les ovules, puis les graines, sont portés sur des écailles plus ou moins ouvertes et non dans un fruit clos. (Les *gymnospermes* constituent un sous-embranchement, presque uniquement formé, de nos jours, par les conifères : pins, cyprès, genévriers, etc.)

ENCYCL. Les gymnospermes actuelles sont presque toutes des arbres. La sève brute circule dans des trachéides aréolées, les feuilles sont généralement persistantes et souvent réduites à des aiguilles. De nombreuses espèces sont résineuses. Les inflorescences mâles et femelles sont séparées. On utilise les modalités de la fécondation pour la subdivision du groupe : chez les natrices (ginkgo, cycas), il se forme des spermatozoïdes nageurs et l'oosphère est entourée d'un liquide ; chez les vectrices, le tube pollinique atteint l'oosphère directement, comme chez les angiospermes. Toutefois, même chez les vectrices, la fécondation est simple, il n'y a pas d'albumen et c'est un endosperme, homologue d'un prothalle femelle, qui nourrit la graine.

GYMNOSPERMIE n. f. Caractère des espèces végétales dont l'ovule est nu. (La gymnospermie est dite « compensée » lorsque, après la pollinisation, les organes écailleux entourant la graine se resserrent de façon à enfermer celle-ci, comme chez les pins.)

GYMNOSPORANGIUM [-ʒjɔm] n. m. Champignon (urédinale) parasite à deux hôtes s'attaquant au genévrier et à des rosacées (poirier, pommier, aubépine) sur lesquels il cause les rouilles grillagées.

GYMNOTE n. m. (lat. sc. *gymnotus,* du gr. *gumnos,* nu, et *nôtos,* dos). Poisson cypriniforme des eaux douces d'Amérique tropicale, à peau nue, ressemblant à une grande anguille, et pourvu d'organes électriques capables, par une forte décharge, de paralyser ou de tuer de gros animaux (cheval, bœuf). [Syn. ANGUILLE ÉLECTRIQUE.]

GYNANDRIE n. f. Pseudohermaphrodisme chez la femme, qui présente certains caractères sexuels secondaires masculins, mais dont les caractères génétiques (caryotype XX) et gonadiques (ovaires) sont féminins.

GYNANDROÏDE adj. et n. f. Qui présente les caractères de la gynandrie.

GYNANDROMORPHE n. m. (gr. *gunandros,* hermaphrodite). Insecte atteint de gynandromorphisme.

GYNANDROMORPHISME n. m. Anomalie individuelle de certains insectes, qui juxtaposent des régions mâles et des régions femelles. (Le gynandromorphisme peut être *bilatéral* [un côté du corps est mâle, l'autre femelle] ou *en mosaïque,* avec des juxtapositions plus ou moins complexes.)

GYNÉCÉE n. m. (lat. *gynaeceum,* du gr. *gunaikeîon*). **1.** Dans la Grèce antique, appartement réservé aux femmes, situé à l'arrière de l'habitation. — **2.** Au Moyen Âge, atelier où travaillaient les vassales ou les serves, généralement sous la direction de la « dame ». — **3.** Syn. rare de PISTIL.

GYNÉCOLOGIE n. f. Étude des organes sexuels de la femme, de leur physiologie et de leurs maladies.

ENCYCL. La gynécologie se différencie de l'obstétrique, qui se restreint à l'étude de la procréation depuis la fusion des gamètes jusqu'au retour de l'organisme maternel à l'état physiologique, et avec laquelle elle a été confondue jusqu'au milieu du XIXe s.

C'est une spécialité à la fois chirurgicale et médicale (surtout endocrinologique). Ses moyens d'exploration se sont perfectionnés par l'apparition des dosages hormonaux plasmatiques radio-immunologiques, de la colposcopie, de la cœlioscopie, de l'hystéroscopie et de l'échographie.

GYNÉCOLOGIQUE adj. Relatif à la gynécologie.

GYNÉCOLOGUE n. Médecin spécialiste de gynécologie.

GYNÉCOMASTIE n. f. Développement exagéré des seins chez l'homme. (Physiologique chez certains adolescents, elle disparaît en 6 à 12 mois. Pathologique, elle est, le plus souvent, d'origine endocrinienne.)

GYNERIUM [-rjɔm] n. m. (lat. sc. *gynerium,* du gr. *gunê,* femelle, et *erion,* duvet). Graminée vivace, ornementale, formant d'énormes touffes (2 m de diamètre), à longues feuilles retombantes, aux grandes inflorescences soyeuses décoratives.

GYNOSTÈME n. m. (gr. *stêma,* pénis). Colonne portant à la fois les étamines et le pistil dans certaines fleurs (orchidacées).

GYŌGI (668-749), prêtre de la secte bouddhiste japonaise Hossō, disciple de Giyen.

GYÖNGYÖSI (István), poète hongrois (Ungvár, auj. Oujhorod, Ukraine, 1629 - Rozsnyó, auj. Rožňava, Slovaquie, 1704). Ses poèmes épiques (*Vénus de Murány,* 1664) le placent parmi les créateurs de la poésie hongroise.

GYŐR, v. du nord-ouest de la Hongrie, ch.-l. du *dép. de Győr-Sopron ;* 127 000 hab. (en all. *Raab*). Évêché depuis le XIe s. Centre industriel (matériel de transport).
— **Bx-arts.** Château fort et cathédrale, des XIIe-XIVe-XVIIe s., se dressent au milieu de la vieille ville aux importants monuments baroques. Musée des bastions (collection romaine), musée du château, trésor de la cathédrale.

GYP (Sibylle Gabrielle Marie-Antoinette DE RIQUETTI DE MIRABEAU, *comtesse* DE MARTEL DE JANVILLE, dite), femme de lettres française (château de Koëtsal, Morbihan, 1849 - Neuilly-sur-Seine 1932). Arrière-petite-nièce de Mirabeau, elle a fustigé dans ses écrits la société mondaine et politique de son temps (*Petit Bob,* 1882 ; *les Profitards,* 1918).

GYPAÈTE [ʒipaɛt] n. m. (gr. *gups, gupos,* vautour). Très grand rapace diurne (1,10 m) des hautes montagnes, surtout asiatiques, au bec fort et crochu, bordé de fortes vibrisses. (Le gypaète barbu se nourrit de charognes et de rongeurs. La chasse effrénée qui lui a été faite a abouti à sa quasi-extermination.)

GYPSAGE n. m. Addition de gypse au clinker de ciment portland pour régulariser la prise.

GYPSE n. m. (lat. *gypsum,* du gr. *gupsos*). Sulfate hydraté naturel de calcium monoclinique, de faible dureté, usuellement appelé *pierre à plâtre.* (Il se présente sous des aspects divers [gypse fer de lance, gypse saccharoïde, albâtre gypseux]. C'est un constituant essentiel des évaporites. En le chauffant, il produit le plâtre par déshydratation partielle ; il sert aussi d'ajout au clinker pour ciment.)

GYPSERIE n. f. Revêtement décoratif architectural, mouluré et moulé, souvent ciselé, réalisé en plâtre ou en stuc. (Syn. PLÂTRERIE.)

GYPSEUX, EUSE adj. De la nature du gypse ou qui en contient.

GYPSIFÈRE adj. Qui contient du gypse.

GYPSOPHILE n. f. Herbe annuelle ou vivace (caryophyllacée) à feuilles opposées et souvent linéaires, aux fleurs roses et blanches, poussant sur les rocailles et les murs. (C'est une gypsophile qui constitue le « brouillard » des fleuristes.)

GYRENCÉPHALE adj. Se dit des mammifères dont les hémisphères cérébraux sont disposés en circonvolutions. (Contr. LISSENCÉPHALE.)

GYRIN n. m. (gr. *guros,* cercle). Insecte coléoptère dont des groupes sillonnent rapidement la surface des eaux en décrivant des cercles, d'où leur nom de *tourniquets.*

GYROBROYEUR n. m. (n. déposé). **1.** Appareil destiné à broyer les pailles, constitué d'un dispositif coupant, tournant à grande vitesse dans un carter très enveloppant. — **2.** Syn. de DÉBROUSSAILLEUR.

GYROCOMPAS n. m. Gyroscope électrique à orientation constante, utilisé en marine et dans l'aéronautique.

GYROLASER [-zɛr] n. m. Gyroscope à usage aéronautique constitué par un laser qui émet deux ondes progressives parcourant en sens inverse un chemin optique triangulaire, dont les sommets sont constitués par des miroirs. (Lorsque l'ensemble tourne, un effet relativiste modifie les longueurs des trajets optiques, et une différence de fréquence apparaît entre les deux signaux ; enregistrée par un photodétecteur, elle permet de mesurer la rotation de l'ensemble avec une très bonne précision, et une insensibilité quasi totale aux conditions ambiantes.)

GYROMAGNÉTIQUE adj. **1.** Qui se réfère aux propriétés magnétiques des corps électriquement chargés. — **2.** *Rapport gyromagnétique,* quotient du moment magnétique d'un corps électriquement chargé au moment angulaire (ou cinétique) de ce corps. (En mécanique classique, le rapport gyromagnétique d'un corps de masse m et de charge q est $q/2m$; en mécanique quantique, pour un électron, par exemple, ce rapport est doublé ; il vaut e/m [e : charge de l'électron].)

GYROMÈTRE n. m. Appareil servant à indiquer les changements d'orientation d'un aéronef suivant ses trois axes. (Il se compose d'un gyroscope dont l'axe de rotation, mobile, est maintenu par des ressorts suivant l'axe de l'avion.)

GYROMITRE n. m. (gr. *mitra,* bandeau). Champignon ascomycète au chapeau en forme de cervelle, poussant en groupe dans les bois moussus et sablonneux de conifères. (Parfois toxiques à l'état frais, les gyromitres perdent leur toxicité en séchant.)

GYROPHARE n. m. Phare rotatif équipant le toit de certains véhicules prioritaires (voitures de police, ambulances, etc.).

GYROPILOTE n. m. Gyroscope permettant le pilotage automatique des navires, des avions.

GYROSCOPE n. m. Appareil inventé en 1852 par Foucault, formé d'un rotor de masse élevée, dont l'axe est suspendu à un support formé de deux cercles articulés entre eux et au rotor par des suspensions à cardan.

ENCYCL. Le principe du gyroscope découle du fait qu'un système en rotation et mécaniquement isolé conserve le même moment cinétique, de sorte que son axe de rotation garde une direction fixe par rapport à un repère galiléen. Une fois le rotor lancé, l'axe du gyroscope reste fixe par rapport à l'axe de la Terre et tourne donc autour de la verticale du lieu, en décrivant un cône de révolution. Si le rotor tourne vite, il est difficile de modifier l'orientation de son axe. Un gyroscope peut ainsi servir comme repère angulaire (gyrocompas, gyromètre, gyropilote, centrale inertielle) et comme stabilisateur.

GYROSCOPIQUE adj. **1.** Qui a rapport au gyroscope ou est équipé d'un gyroscope. — **2.** *Effet gyroscopique,* tendance qu'a tout corps lourd, en rotation rapide autour d'un axe (roue, volant de moteur, etc.), à s'opposer à tout effort visant à modifier la direction de son axe de rotation.

GYROSELLE n. f. Nom usuel du *dodécatheon.*

GYROSTAT n. m. Solide (volant, par ex.) animé d'un mouvement de rotation rapide autour de son axe, afin de permettre la stabilisation de la direction de cet axe.

GYROSTATIQUE adj. Qui concerne le gyrostat.

GYROTHÉODOLITE n. m. Ensemble instrumental composé d'un théodolite surmonté d'un gyroscope et permettant de déterminer la direction du nord.

GYROVAGUE adj. et n. m. (lat. ecclés. *gyrovagus*). Se disait de certains religieux, vagabonds, faisant des séjours successifs de couvent en couvent.

GYRUS [-rys] n. m. (lat. *gyrus,* circonvolution). Circonvolution cérébrale.

GYULAFEHÉRVÁR → ALBA IULIA.

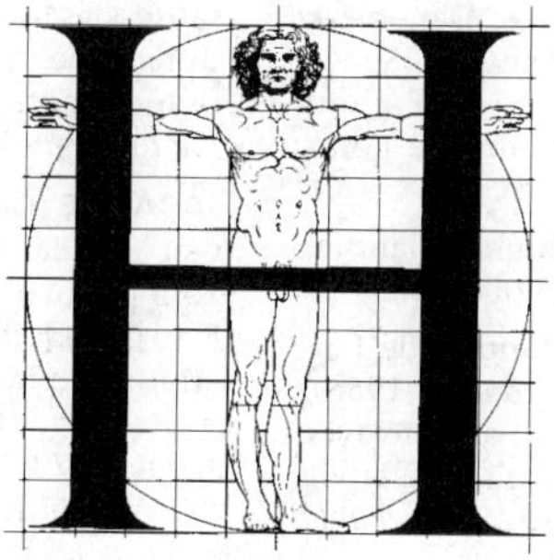

H [aʃ] n. m. **1.** Huitième lettre et la sixième des consonnes de l'alphabet français. — **2.** *Fam.* Haschisch. — **3.** *Bombe H,* bombe thermonucléaire. (Syn. BOMBE À HYDROGÈNE.) ‖ *L'heure H,* heure fixée à l'avance pour commencer une opération quelconque.

— REM. Le « h » aspiré est indiqué par un astérisque à l'initiale des noms communs.

ENCYCL. La lettre *h* ne sert à noter aucun son en français. Le *h muet,* en effet, ne correspond à rien dans la prononciation, comme dans *théâtre, l'héroïne, les habits ;* le *h aspiré* (qui ne correspond d'ailleurs à aucune aspiration, sauf dans certains mots onomatopéiques à valeur expressive : *hola !, hum !*) a pour seul effet d'interdire la liaison et l'élision, comme dans : *les héros, le hêtre,* etc. Le groupe *ph* note la consonne [f], comme dans *orthographe,* alors que le groupe *ch* note [k] *(chrome, chrétien)* ou, plus fréquemment, [ʃ], comme dans *cheval, achat.*

h Métrol. Symbole de l'*heure,* unité de temps. ‖ Symbole du préfixe SI *hecto.* — **Phys.** Désigne la constante fondamentale appelée constante de Planck. (h = 6,625 . 10^{-34} J . s. ; si l'action caractérisant un système physique est très supérieure à h, la mécanique classique suffit à décrire le système ; si l'action est comparable à h, le caractère quantique devient prédominant. h permet donc de délimiter le domaine de validité de la physique classique.)

H Biochim. *Vitamine H,* syn. de BIOTINE. — **Chim.** Symbole de l'hydrogène. — **Magnét.** Désigne le champ magnétique. — **Métrol.** Symbole du *henry,* unité SI d'inductance électrique. — **Mus.** Désigne, dans les pays germaniques, le septième degré de la gamme d'*ut,* soit la note *si* naturel.

Ha, symbole chimique du *hahnium.*

ha, symbole de l'*hectare.*

***HA !** interj. Variante rare de AH !

◆ n. m. inv. *Pousser un ha, des ha,* prononcer cette exclamation : *Pousser un ha de satisfaction.*

***HÂ** n. m. Syn. de MILANDRE.

HAACKE (Hans), artiste allemand (Cologne 1936), installé aux États-Unis en 1963. À travers les médias les plus divers (notamment technologiques), sa démarche a été tour à tour conceptuelle et sociologique.

HAAG (Den), nom néerlandais de La Haye.

HAAKON Ier le Bon (v. 920 - Fitje 960), roi de Norvège (v. 935-960). — **Haakon II** *Herdebred* (« aux larges épaules ») [1147-1162], roi de Norvège (1157-1162). — **Haakon III** *Sverresson* († 1204), roi de Norvège (1202-1204). — **Haakon IV** *Haakonsson* (près de Skarpsborg 1204 - Kirkwall, Orcades, 1263), roi de Norvège (1223-1263). Fils naturel et posthume de Haakon III, proclamé roi dès 1217, il ne fut reconnu comme souverain qu'en 1223. Il assura la prospérité et la paix intérieure, combattit les Écossais, et établit sa souveraineté sur l'Islande et le Groenland. — **Haakon V** *Magnusson* (1270-1319), roi de Norvège (1299-1319), fils de Magnus VI Lagaböte. Il lutta contre le Danemark, puis contre la Suède (1309) et défendit le commerce norvégien contre la concurrence des marchands de la Hanse. Il fit d'Oslo sa capitale. — **Haakon VI** *Magnusson* (1340-1380), roi de Norvège (1355-1380), fils et successeur de Magnus VII Eriksson. Son mariage (1363) avec Marguerite, fille du roi de Danemark, assura à son fils Olav les couronnes de Norvège et de Danemark. — **Haakon VII** (Charles) [Charlottenlund, Danemark, 1872 - Oslo 1957], roi de Norvège (1905-1957). Fils du roi de Danemark Frédéric VIII. Après la séparation entre la Suède et la Norvège, il fut élu roi de Norvège. En juin 1940, il se réfugia en Angleterre afin de poursuivre la lutte contre les Allemands.

HAALTERT, comm. de Belgique (Flandre-Orientale), au S.-S.-O. d'Aalst ; 17 000 hab.

HAANPÄÄ (Pentti), écrivain finlandais de langue finnoise (Piippola 1905 - Pyhäntä 1955). D'origine paysanne, autodidacte, il a traité avec humour les difficultés et les absurdités de la vie quotidienne (*Au long de la route,* 1925 ; *Lisakhi la taciturne,* 1953).

HAARLEM, en fr. **Harlem,** v. des Pays-Bas, ch.-l. de la Hollande-Septentrionale, à l'O. d'Amsterdam, près de la mer du Nord ; 158 000 hab. Centre résidentiel, commercial, touristique et industriel (métallurgie, chimie, textile, alimentaire). Cultures florales.
— **Hist.** Première capitale du comté de Hollande, la ville eut une activité commerciale considérable dès le Moyen Âge, mais déclina au XVIIIe s., concurrencée par l'essor des industries anglaises. Elle subit un siège mémorable en 1572-73, qui se termina par un massacre ordonné par le duc d'Albe.
— **Bx-arts.** Sur la place du Grand Marché, hôtel de ville et Grande Église, gothiques, anc. halle aux viandes de 1602. La ville fut un centre pictural majeur du XVe au XVIIe s. Musée Frans Hals dans l'hospice des vieillards du XVIIe s. Musée Teyler.

HAARLEMMERMEER, en fr. **lac de Harlem,** région de polders des Pays-Bas (Hollande-Septentrionale), au S.-E. de Haarlem.

HAAS (Wander Johannes DE) → DE HAAS.

HAAVELMO (Trygve), économiste et statisticien norvégien (Skedsmo 1911). Considéré comme un des pères fondateurs de l'économétrie, il a obtenu le prix Nobel en 1989 pour ses travaux sur le fondement de la théorie des probabilités en économie et sur les structures économiques. Son théorème sur les effets multiplicateurs d'un budget en équilibre tend à favoriser les politiques de relance par la dépense publique.

HAAVIKKO (Paavo), écrivain finlandais de langue finnoise (Helsinki 1931). Usant d'une technique inspirée du modernisme des années 50, il dénonce dans son œuvre poétique (*le Palais d'hiver,* 1959) et ses nombreuses œuvres dramatiques (*la Ligne d'Agricola,* 1975) le pouvoir et les sacrifices inutiles. *L'Âge de fer* (1982), synthèse moderne du Kalevala, a été porté à l'écran.

HÁBA (Alois), compositeur tchèque (Vizovice 1893 - Prague 1973). Il utilise un langage original par quart, voire sixième de ton et a fait réaliser des instruments à micro-intervalles. Il est l'auteur de nombreux écrits théoriques et a composé notamment des opéras (*la Mère,* 1929 ; *Que ton règne vienne,* 1942).

HABACHE (Georges), homme politique palestinien (Lydda, auj. Lod, 1925). Cofondateur du Front populaire pour la libération de la Palestine (F. P. L. P.) [1967], il organisa les premières opérations de piraterie aérienne qui furent une des causes du conflit jordano-palestinien (1970-71). Depuis 1973, il anima un front du refus, opposé à Y. ʻArafāt, qui s'est aligné progressivement sur la Syrie après le déclenchement de la guerre civile libanaise (1975). Il compte parmi les opposants les plus déterminés au processus de paix engagé entre l'O. L. P. et Israël en 1993.

HABACUC ou **HABAKUK,** prophète biblique (v. 600 av. J.-C.). Son livre, l'un des douze textes prophétiques courts placés à la fin de l'Ancien Testament, pose sur le plan de l'histoire le problème du mal.

***HABANERA** n. f. (esp. *habanera,* de *Habana,* La Havane). Danse d'origine cubaine ou afro-cubaine, de rythme binaire et syncopé. (Syn. CONTRE-DANSE CRÉOLE, HAVANAISE.)

ḤABBĀNIYYA, localité d'Iraq, sur l'Euphrate, au N.-E. du *lac Ḥabbāniyya* (réservoir du barrage d'al-Ramādi). Base aérienne. Tourisme.

HABEAS CORPUS [abeaskɔrpys] n. m. (loc. angl., abrév. du lat. jurid. *habeas corpus ad subjiciendum,* que tu aies ton corps pour le présenter [devant le juge]). Institution anglo-saxonne (dont l'origine remonte à 1679) qui a pour objet de garantir la liberté individuelle des citoyens en remédiant au danger des arrestations et des détentions arbitraires. (Toute personne arrêtée peut faire vérifier la légalité de son emprisonnement par le juge, qui confirme ou infirme le bien-fondé de l'arrestation, et décide dans le second cas la remise en liberté du détenu.)

HABENARIA n. m. (lat. *habenae,* bride). Orchidée très voisine des orchis. (Les 400 espèces du genre *habenaria* se rencontrent dans le monde entier.)

HABENECK (François Antoine), violoniste et chef d'orchestre français (Mézières 1781 - Paris 1849). Chef d'orchestre à l'Opéra (1821-1846), il révéla les symphonies de Beethoven aux Français. Il a été chef d'orchestre de la Société des concerts du Conservatoire (1828).

HABÉNULA n. f. (lat. *habenula,* lambeau de chair). Ganglion, et région s'y rapportant, situé latéralement de chaque côté de l'épiphyse et qui forme avec elle l'épithalamus. (C'est un système de relais qui transmet les informations olfactives aux noyaux du tronc cérébral.)

HABER (Fritz), chimiste allemand (Breslau 1868 - Bâle 1934). Il réalisa la synthèse industrielle de l'ammoniac, en opérant par voie catalytique sous très forte pression. En 1909, il montra qu'une réaction chimique violente peut être l'origine d'une émission d'électrons. (Prix Nobel de chimie 1918.)

HABERMAS (Jürgen), sociologue et philosophe allemand (Düsseldorf 1929). Il se rattache à l'école de Francfort. Il s'est intéressé à la sociologie de la connaissance (*Connaissance et Intérêt,* 1968) et aux apports et destins du marxisme (*Raison et Légitimité,* 1973 ; *Après Marx,* 1976 ; *Théorie de l'agir communicationnel,* 1981).

ḤABIB ALLĀH (Tachkent 1872 - Kallaguch, au N.-O. de Djalālābād, 1919), souverain d'Afghānistān (1901-1919).

HABILE adj. (lat. *habilis,* maniable, de *habere,* tenir). **1.** Qui exécute avec adresse et compétence qqch de ses mains : *Elle est très habile de ses mains.* — **2.** Qui agit avec ingéniosité, intelligence, qui sait trouver les moyens de parvenir à ses fins : *Un avocat plus habile vous aurait tiré de là.* — **3.** Qui est fait avec adresse et ingéniosité : *Voilà qui n'est pas très habile de votre part.* — **4.** Qui fait qqch avec adresse, intelligence et compétence, qui y excelle : *Être habile aux échecs. Habile à détourner la conversation.* — **5.** Qui agit avec ruse ; dont l'adresse vise à tromper : *Il est trop habile pour être honnête.* — **6.** Qui a la capacité d'agir d'un point de vue légal.

HABILEMENT adv. Avec habileté, adresse, astuce : *Tirer habilement son épingle du jeu.*

HABILETÉ n. f. (lat. *habilitas, -atis,* aptitude). **1.** Qualité de qqn qui est capable de réaliser un acte avec une bonne adaptation psychomotrice au but poursuivi : *Habileté manuelle.* — **2.** Qualité de qqn qui agit avec ingéniosité, intelligence : *L'habileté d'un homme d'affaires.* — **3.** Qualité de ce qui est fait avec adresse, ingéniosité, dextérité : *L'habileté d'une manœuvre.* — **4.** *Litt.* Acte, procédé habile : *Ses habiletés furent sans effet.*

HABILITANT, E adj. Qui rend capable d'accomplir un acte, d'un point de vue légal.

HABILITATION n. f. (lat. médiév. *habilitatio, -onis,* aptitude). **1.** Action d'habiliter ; fait d'être habilité. — **2.** Autorisation accordée par le ministère de l'Éducation nationale à une université de dispenser un enseignement supérieur et de le sanctionner par un diplôme national.

HABILITÉ n. f. (de *habile*). Qualité qui rend apte, capable sur le plan légal.

HABILITER v. t. (lat. médiév. *habilitare*) [conj. 3]. Rendre qqn apte à accomplir un acte, une action, d'un point de vue légal.
◆ **être habilité** v. pass. Avoir la capacité d'accomplir certaines actions, d'un point de vue légal : *Je suis habilité à signer pour elle.*

HABILLABLE adj. Qu'on peut habiller.

HABILLAGE n. m. **1.** Action d'habiller qqn, de s'habiller : *Salon d'habillage.* — **2.** Action d'habiller qqch, un appareil, un véhicule ; revêtement extérieur qui protège et décore qqch, un appareil, un véhicule, etc. : *L'habillage des sièges d'une voiture.* • **Agroalim.** Mise en place sur des bouteilles ou des emballages d'une décoration ou d'une information pour le consommateur. — **Arbor.** Élimination des parties inutiles ou endommagées d'un végétal lors de sa transplantation. — **Bouch.** Syn. de DÉPOUILLE. ‖ Préparation des carcasses à l'abattoir comprenant dépouille, éviscération, fente et parage des carcasses. — **Cartogr.** Ensemble des indications extérieures à la surface cartographiée. — **Horlog.** Ensemble constitué par le cadran, les aiguilles, la boîte, le bracelet des montres et pendulettes. ‖ Travail de montage de ces pièces. — **Impr.** Disposition de mise en pages qui consiste à répartir autour d'une illustration la composition du texte courant. ‖ Garnissage de l'élément de pression d'une presse à imprimer. — **Papet.** Ensemble des toiles et feutres d'une machine à papier ou à carton. — **Peauss.** Opération du tannage dans l'industrie de la mégisserie et de la chamoiserie. ‖ Pâte avec laquelle on prépare les peaux mégies. — **Text.** Action de monter une carde.

HABILLEMENT n. m. **1.** Action d'habiller, de fournir des vêtements : *L'habillement des troupes.* — **2.** Façon, manière de s'habiller ; ensemble des vêtements dont on est vêtu : *Les différentes pièces de l'habillement militaire.* — **3.** Ensemble des professions et des industries qui fabriquent des vêtements en série à partir des tissus à chaîne et trame ou des tissus à mailles, selon des méthodes d'exécution automatisées.

HABILLER v. t. (anc. fr. *abillier,* de *bille,* avec l'infl. de *habit*) [conj. 3]. **1.** Mettre à qqn un vêtement, lui faire revêtir des vêtements d'une certaine sorte : *Elle l'avait habillée d'une petite robe de velours.* — **2.** Fournir qqn en vêtements : *Habiller ses enfants pour la rentrée.* — **3.** Confectionner ou vendre des vêtements à qqn : *Elle habille elle-même entièrement ses enfants.* — **4.** Faire porter à qqn un costume, un déguisement typique de tel personnage : *Habiller un petit garçon en Pierrot.* — **5.** Convenir à qqn, être seyant : *Ce costume vous habille merveilleusement bien.* — **6.** Recouvrir, revêtir, garnir une surface, un appareil de qqch, pour le protéger et surtout le décorer : *Habiller ses murs de tissu.* — **7.** *Litt.* Envelopper, arranger qqch au moyen de qqch qui orne ou dissimule : *Habiller un refus de considérations élogieuses.* — **8.** Fam. *Un rien l'habille,* tout lui va. • **Bouch.** Pratiquer l'habillage (ou la dépouille*) des animaux de boucherie. — **Cuis.** Préparer une volaille, un gibier à plume ou un poisson avant de l'accommoder. — **Techn.** Pratiquer l'habillage d'une montre, d'une presse, etc.

◆ **être habillé** v. pass. **1.** Être élégant, convenir à une cérémonie : *Elle portait une robe très habillée.* — **2.** *Dîner, soirée, etc., habillé(e),* où les participants doivent venir en tenue élégante.

◆ **s'habiller** v. pr., **être habillé** v. pass. **1.** Mettre ses vêtements, en partic. ceux que l'on porte le jour : *Se coucher tout habillé.* — **2.** Mettre, porter tel type de vêtement : *Habille-toi plus chaudement, il fait froid dehors.* — **3.** Se déguiser en un personnage : *S'habiller en mousquetaire.* — **4.** Être vêtu d'une toilette qui convient à une soirée, à une cérémonie : *Il va falloir s'habiller pour aller à ce cocktail.*

◆ **s'habiller** v. pr. Se fournir en habits qqpart, chez qqn, de telle manière : *S'habiller sur mesure.*

HABILLEUR, EUSE n. Personne qui aide les comédiens, les mannequins à s'habiller et qui assure l'entretien des costumes.

HABIROU → HAPIROU.

HABIT n. m. (lat. *habitus,* manière d'être, tenue). **1.** Tenue particulière à une activité, une fonction ; costume : *Un petit garçon en habit de cow-boy.* — **2.** Costume masculin de cérémonie composé d'un pantalon sombre et d'une jaquette dont les devants s'échancrent pour former deux basques dans le dos. (Syn. vieilli FRAC.) — **3.** En France, au XVIIIe s. et au début du XIXe s., appellation du vêtement principal porté par tous les militaires, sauf par les hussards. — **4.** Vx. *Habit de chœur,* vêtement des ecclésiastiques et des religieux lorsqu'ils assistent à l'office. ‖ *Habit court,* habit que les ecclésiastiques portaient, particulièrement en voyage, au lieu de la soutane. ‖ *Habit long,* soutane des ecclésiastiques. *Habit rouge,* soldat anglais avant 1914. ‖ *Habit vert,* habit d'académicien. ‖ Vx. *Marchand d'habits,* fripier. ‖ *Prendre l'habit,* entrer en religion. ‖ *Prise d'habit,* cérémonie qui marque l'entrée en religion d'un postulant. ‖ *Quitter l'habit,* abandonner l'état ecclésiastique ou religieux.

◆ **habits** n. m. pl. Ensemble des pièces de l'habillement.

HABITABILITÉ n. f. Fait pour un local, un véhicule, etc., d'être habitable.

HABITABLE adj. (lat. *habitabilis*). **1.** Où l'on peut habiter, vivre. — **2.** Où il y a suffisamment de place pour les occupants : *Une voiture parfaitement habitable pour quatre personnes.*

HABITACLE n. m. (lat. *habitaculum,* demeure). **1.** Partie d'un avion ou d'un engin spatial où se trouve l'équipage. — **2.** Partie principale de la carrosserie d'un véhicule à moteur constituant l'espace réservé aux occupants. — **3.** Boîte cylindrique vitrée dans laquelle est logé le compas de route d'un navire.

HABITANT, E n. (lat. *habitans, -antis*). **1.** Personne qui habite, vit ordinairement en un lieu, qui y a sa résidence : *Ville de cent mille habitants.* — **2.** Personne qui habite une maison, un immeuble. — **3.** Être humain ou animal qui peuple un lieu : *Les habitants des cavernes. Les habitants des bois.* — **4.** Au Canada, aux Antilles, paysan, cultivateur. — **5.** *Loger chez l'habitant,* au cours d'un voyage, loger chez un particulier qui lui loue une partie de son habitation.

HABITAT n. m. **1.** Partie de l'environnement définie par un ensemble de facteurs physiques, et dans laquelle vit un individu, une population, une espèce ou un groupe d'espèces. — **2.** Ensemble de faits géographiques relatifs à la résidence de l'homme (forme, emplacement, groupement des maisons, etc.) : *L'habitat rural, urbain.* — **3.** Ensemble des conditions relatives à l'habitation, au logement : *Amélioration de l'habitat.* — **4.** Répartition spatiale des gisements d'hydrocarbures dans un bassin ou une province.

habitat *(Agence nationale pour l'amélioration de l')* **[A. N. A. H.],** établissement public administratif qui subventionne des opérations destinées principalement à améliorer les conditions d'habitabilité des immeubles à usage principal d'habitation.

HABITATION n. f. (lat. *habitatio, -onis*). **1.** Action d'habiter, de séjourner d'une manière durable dans une maison, un immeuble : *Locaux à usage d'habitation.* — **2.** Immeuble, maison où l'on demeure : *Changer d'habitation.* — **3.** *Droit d'habitation,* droit réel dont bénéficie une personne de loger dans un immeuble appartenant à autrui, et qui ne peut être ni cédé ni loué. ‖ *Habitation à loyer modéré (H. L. M.),* habitation destinée aux personnes physiques ayant des ressources modestes et construite grâce à une aide financière de l'État. (→ *encycl.*) ‖ *Taxe d'habitation,* impôt annuel dû par toute personne disposant d'une habitation meublée en qualité de propriétaire, de locataire ou à tout autre titre.

ENCYCL. **Dr.** Les H. L. M. peuvent être données en location ou faire l'objet d'une accession à la propriété. Le plus grand nombre d'H. L. M. est réalisé sur l'initiative d'organismes spécialisés, habilités à recevoir l'aide de l'État : offices publics d'H. L. M. (O. P. H. L. M.), offices publics d'aménagements et de construction (O. P. A. C.), sociétés anonymes d'H. L. M., etc.

habitation *(Fonds national de l'),* organisme institué en 1977 et chargé notamment du financement de l'aide personnalisée au logement.

HABITER v. i. (lat. *habitare,* de *habere,* se tenir) [conj. 3]. Loger qqpart ; résider, demeurer : *Habiter à l'hôtel.*

◆ v. t. **1.** Avoir son domicile qqpart, y résider de manière relativement permanente, y vivre : *Habiter la banlieue.* — **2.** En parlant d'animaux, se trouver, vivre dans tel lieu : *Les oiseaux qui habitent nos régions.* — **3.** *Litt.* Être présent chez qqn, qqpart, comme dans une demeure : *Une étrange passion l'habite.*

◆ **être habité** v. pass. **1.** Avoir des occupants, en parlant d'une maison : *Cette maison est habitée.* — **2.** Avoir des habitants : *Cette planète est-elle habitée ?* — **3.** En parlant d'un engin spatial, être occupé par une ou plusieurs personnes.

HABITUATION n. f. (angl. *habituation,* accoutumance). Processus simple d'apprentissage, observable de l'amibe à l'homme, et qui consiste en une diminution des réponses d'un individu à un stimulus lorsque celui-ci lui est présenté de façon permanente sans renforcement.

HABITUDE n. f. (lat. *habitudo, -inis,* manière d'être, de *habere,* être). **1.** Manière ordinaire, habituelle d'agir, de penser, de sentir, propre à qqn ou à un groupe de personnes : *Ils ont l'habitude de déjeuner au restaurant le dimanche.* — **2.** Aptitude à accomplir avec facilité et sans effort particulier d'attention tel ou tel genre d'actions, acquise par une pratique fréquente, l'exercice, l'expérience : *Habitude de la conduite automobile. L'habitude d'organiser.* — **3.** Adaptation de degré variable à certains états, qui fait qu'on les supporte plus aisément : *Prendre l'habitude de vivre seul. C'est une question d'habitude.* — **4.** Usage répété de qqch qui crée un besoin chez qqn : *Se défaire de l'habitude de fumer.* — **5.** Manière de faire, comportement créés chez qqn par une action répétée : *De mauvaises habitudes dans sa manière de taper à la machine.* — **6.** *À son habitude, selon, suivant son habitude,* comme il fait le plus souvent. ‖ *Délits d'habitude,* délits constitués par une série d'actes similaires (usure, exercice illégal de la médecine, etc.) qui ne deviennent punissables que par l'effet de leur réunion. ‖ *D'habitude,* de façon habituelle, ordinairement, dans la majorité des cas, généralement. ‖ *Par habitude,* de façon machinale, sans penser à ce que l'on a fait.

◆ **habitudes** n. f. pl. **1.** Mœurs, coutumes, usages propres à un milieu, à un pays, etc. : *Ce sont les habitudes du pays.* — **2.** Ensemble des manières de se comporter de qqn : *Habitudes de vieux garçon.* — **3.** *Avoir ses habitudes qqpart,* fréquenter régulièrement un endroit.

HABITUÉ, E n. Personne qui fréquente habituellement, assidûment un lieu : *Les habitués d'un café.*

HABITUEL, ELLE adj. (lat. médiév. *habitualis,* de *habitus,* manière d'être). **1.** Qui est passé en habitude, qui est devenu une habitude : *Un geste habituel.* — **2.** Qui est constant, fréquent, ordinaire, courant : *La chaleur habituelle en août.*

HABITUELLEMENT adv. D'une manière habituelle ; ordinairement, normalement.

HABITUER v. t. (bas lat. *habituari,* du lat. class. *habitus,* manière d'être) [conj. 7]. Faire prendre à qqn l'habitude d'accomplir telle ou telle action : *Habituer les enfants à être responsables, à la tolérance.*

◆ **être habitué** v. pass. *Prêtre habitué,* prêtre qui réside dans une paroisse ou une maison ecclésiastique, sans y exercer aucune fonction ni ministère officiel.

◆ **s'habituer** v. pr., **être habitué** v. pass. Prendre l'habitude de qqch, s'y accoutumer : *Je suis habitué à ses sautes d'humeur.*

HABITUS [-tys] n. m. (lat. *habitus,* aspect extérieur). **1.** Apparence du corps et du visage pouvant renseigner sur le bien-être ou la souffrance d'un sujet. — **2.** Comportement acquis, caractéristique d'un groupe social, quelle que soit son étendue, et transmissible au point de sembler inné.

***HÂBLERIE** n. f. (anc. v. *hâbler,* se vanter, de l'esp. *hablar,* parler). *Litt.* Discours plein d'exagération, de suffisance.

***HÂBLEUR, EUSE** adj. et n. (anc. v. *hâbler,* se vanter, de l'esp. *hablar,* parler). Qui a l'habitude de parler beaucoup et de se vanter, qui cherche à donner une haute idée de sa personne.

HABOMAI *(îles),* îles situées au nord de la péninsule de Nemuro (Hokkaidō) ; 165 km². Occupées par les Soviétiques en 1945, elles sont revendiquées par le Japon.

HABOUR, nom ancien du Khābūr.

HABRÉ (Hissène), homme d'État tchadien (Faya-Largeau 1936). Après avoir rejoint la rébellion du nord du Tchad (1972), il accepte de négocier en 1978 et est Premier ministre en 1978 puis ministre de la Défense en 1979. Renversé par Goukouni Oueddeï (1980), il reprend le pouvoir en 1982 et se fait reconnaître chef de l'État. En 1990, il est renversé par Idriss Déby.

HABRECHT (Isaac), horloger suisse (Schaffhouse 1544 - Strasbourg 1620). Il construisit de 1571 à

1574 la seconde horloge astronomique de la cathédrale de Strasbourg (la première datant de 1347).

HABROBRACON [-kɔn] n. m. (de *braconidé*). Insecte hyménoptère térébrant, parasite utile de la chenille des teignes de la pomme de terre et du cotonnier.

HABSBOURG, maison qui régna sur le Saint Empire romain germanique (1273-1291 ; 1438-1740 ; 1765-1806), sur l'Autriche (1278-1918), sur l'Espagne (1516-1700) et sur la Bohême et la Hongrie (1526-1918).
La famille s'établit vers l'an 1000 autour du château de l'Épervier *(Habichtsburg),* dans le canton d'Argovie. Landgraves en Haute-Alsace (1135), comtes dans le canton de Zurich (1170), les Habsbourg durent leur fortune à l'élection de Rodolphe Ier roi des Romains (1273). Celui-ci s'appropria la Basse-Autriche et la Styrie (1278). La maison acquit encore le Tyrol (1363) et s'identifia si bien à ses nouveaux domaines qu'elle prit au XVe s. le nom de *maison d'Autriche.* Frédéric III (1440-1493), en mariant son fils Maximilien à Marie de Bourgogne (1477), recueillit l'héritage bourguignon et acquit les Pays-Bas. Puis l'union de Philippe le Beau avec Jeanne la Folle (1496) donna à la maison d'Autriche la Castille et l'Aragon, tandis que le traité de Vienne (1515) préparait sa mainmise sur les royaumes de Bohême et de Hongrie. Charles Quint et Ferdinand Ier recueillirent cet héritage. À l'abdication de Charles Quint (1556), l'empire fut partagé entre : son fils Philippe II (1556-1598), qui reçut l'Espagne, les Pays-Bas, les Indes occidentales ainsi que les domaines italiens et fonda ainsi la *branche espagnole,* qui s'éteignit en 1700 ; son frère Ferdinand Ier (1556-1564), qui reçut la couronne impériale ainsi que les possessions allemandes et danubiennes, et fonda ainsi la *branche allemande.* Celle-ci acquit au terme de la guerre de la Succession d'Espagne (1701-1714) les Pays-Bas et les possessions italiennes de la branche espagnole. Avec Charles VI (1711-1740) s'éteignit la maison de Habsbourg, dont l'héritière, Marie-Thérèse (1740-1780), épousa en 1736 François de Lorraine, fondateur de la maison des Habsbourg-Lorraine qui régna sur l'Autriche, la Bohême et la Hongrie jusqu'en 1918.

HABSHEIM (68440), ch.-l. de cant. du Haut-Rhin, en bordure de la forêt de la Hardt ; 3 812 hab.

HABUBA KABIRA, site archéologique du moyen Euphrate syrien, entre Raqqa et Maskana. Il a livré un habitat urbain entouré d'un rempart à bastions de l'époque d'Ourouk IV (fin du IVe millénaire av. J.-C.).

HABYARIMANA (Juvénal), homme d'État ruandais (près de Kisenyi 1937 - près de Kigali 1994). Au pouvoir à partir du coup d'État de 1973, il est président de la République et chef du gouvernement. Il meurt dans un accident d'avion, probablement victime d'un attentat.

***HACHAGE** ou ***HACHEMENT** n. m. **1.** Action de hacher. — **2.** Morceau de gros du porc, correspondant à la portion inférieure des premières côtes, à la région du sternum et à celle du bras.

***HACHE** n. f. (frq. **hâppia*). **1.** Instrument formé d'un fer tranchant fixé à l'extrémité d'un manche, qui sert à couper, à fendre : *Hache de bûcheron.* — **2.** *Enterrer ou déterrer la hache de guerre,* faire la paix ou déclarer la guerre. ‖ *Fait, taillé à coups de hache,* se dit d'un ouvrage exécuté grossièrement, ou de qqn dont les traits manquent de finesse. ‖ *Hache d'argent,* poisson lumineux des profondeurs marines au corps comprimé, avec une forte carène ventrale. ‖ *Hache d'armes,* hache au large fer dont se servaient les chevaliers au Moyen Âge. ‖ *Hache de guerre,* tomahawk des Indiens d'Amérique du Nord.

HACHE (Jean-François), ébéniste français (Grenoble 1730 - *id.* 1801), le plus célèbre d'une lignée d'ébénistes. Souvent en noyer, ornés de marqueteries de bois des Alpes, ses meubles sont reconnaissables par l'emploi, rare à l'époque, de loupes et de ronces.

1. *HACHÉ → HACHER.

2. *HACHÉ n. m. *Fam.* Viande hachée.

***HACHE-LÉGUMES** n. m. inv. Appareil pour hacher finement les légumes.

***HACHEMENT** → HACHAGE.

HĀCHÉMITES ou **HĀCHIMITES,** famille qurayschite qui tient son nom de Hāchim, arrière-grand-père de Mahomet. Elle s'illustra par plusieurs lignées de chérifs ḥasanides, souverains de La Mecque du Xe s. à 1924 et par les rois qu'elle donna au XXe s. au Hedjaz (Ḥusayn* ibn 'Alī [1916-1924]), à l'Iraq (Fayṣal* Ier [1921-1933], Rhāzī [1933-1939], Fayṣal* II [1939-1958]), et à la Jordanie (Abdullah* [1949-1951], Ḥusayn* [au pouvoir depuis 1952]).

***HACHE-PAILLE** n. m. inv. Appareil comportant un volant dont les rayons sont munis de lames, servant à hacher la paille et d'autres matières végétales.

***HACHER** v. t. (anc. fr. *dehachier,* découper, de *hache*) [conj. 3]. **1.** Couper en petits morceaux avec un instrument tranchant : *Hacher de la viande avec un hachoir. Hacher des oignons.* — **2.** Tailler qqch, le mettre en pièces : *La grêle a haché le champ de blé.* — **3.** *Litt.* Mettre un groupe en pièces : *La mitraille a haché le bataillon.* — **4.** Parler en détachant fortement les syllabes, les mots, ou couper, entrecouper un discours : *Orateur qui hache trop ses phrases.* — **5.** Faire de légères entailles entrecroisées sur la surface d'un mur, afin de faciliter la prise de l'enduit que l'on va y appliquer. — **6.** Marquer, couvrir un dessin de hachures. — **7.** *Se faire hacher (en morceaux, menu, etc.),* se faire tuer jusqu'au dernier, en se défendant ; persister malgré tous les risques possibles.

◆ **être haché** v. pass. **1.** Être réduit en fins morceaux par hachage : *Viande hachée.* — **2.** Être coupé à l'excès, entrecoupé : *Discours haché d'applaudissements.* — **3.** *Bifteck haché,* morceau de bifteck réduit en menus morceaux par hachage et éventuellement reconstitué. ‖ *Débit haché, phrases hachées,* dont les syllabes sont détachées et fortement appuyées. ‖ *Style haché,* coupé en petites phrases.

***HACHETTE** n. f. ou ***HACHEREAU** n. m. Petite hache.

HACHETTE (Jeanne Laisné ou Fourquet, dite **Jeanne**) [Beauvais v. 1456 - *id.* ?]. Armée d'une hache, elle défendit victorieusement, avec ses concitoyens, Beauvais assiégée par Charles le Téméraire (juin-juill. 1472).

Hachette, groupe français d'édition et de communication dont les origines remontent à la *Librairie Hachette* créée en 1826 par Louis Christophe Hachette (Rethel 1800 - château du Plessis-Piquet, près de Sceaux, 1864). L. Hachette acquit, en 1826, la librairie Brédif, à laquelle il donna son nom. Il y publia des livres d'enseignement puis des collections diverses d'œuvres littéraires, d'ouvrages pour l'enfance et la jeunesse (« Bibliothèque rose »). La Librairie Hachette prit une extension croissante avec le *Dictionnaire de la langue française* d'É. Littré (1863), les guides touristiques *(Guides bleus),* le *Dictionnaire de l'Académie,* le fonds Hetzel (1886), etc. Aujourd'hui, les principales activités du groupe, qui en 1992 a fusionné avec Matra, sont : l'édition de livres (Hachette possède sa propre activité éditoriale et contrôle la Librairie générale de France [Livre de poche], Grasset, Fayard, Stock, Quillet, les éditions J.-C. Lattès, Calmann-Lévy, Hatier, etc.) ; l'édition de presse *(Télé 7 Jours, le Journal du dimanche, Elle, Première, etc.)* ; l'audiovisuel (Europe 1) ; la distribution de livres, de journaux et de produits informatiques (avec les Nouvelles Messageries de la presse parisienne [N. M. P. P.], contrôlées à 49 %, les Maisons de la presse, les Relais H dans les gares, etc.).

***HACHEUR** n. m. (de *hacher*). Dispositif électronique de puissance permettant de régler la valeur du courant continu débité par une source. (Il est utilisé sur les moteurs de traction ferroviaire.)

***HACHE-VIANDE** n. m. inv. Hachoir à viande.

HACHIMAN, dieu de la Guerre, dans la mythologie populaire japonaise.

HACHINOHE, port de pêche et centre industriel du Japon, dans le nord de Honshū, sur le Pacifique ; 241 000 hab.

HACHIŌJI, v. du Japon (Honshū), banlieue industrielle à l'O. de Tōkyō ; 470 000 hab.

***HACHIS** n. m. (de *hacher*). **1.** Préparation faite de viande de boucherie, de volaille, de gibier, de poisson, coupés menu, et qu'on apprête en l'assaisonnant ou en les liant avec une sauce. — **2.** Herbes aromatiques, champignons, etc., finement coupés.

***HACHISCH** → HASCHISCH.

***HACHOIR** n. m. (de *hacher*). **1.** Ustensile mécanique ou électrique utilisé pour hacher la viande, les légumes, etc. — **2.** Planche sur laquelle on hache les aliments à la main.

HACHOTTE n. f. **1.** Petite hache qui sert au tonnelier à tailler les douelles. — **2.** Marteau de couvreur.

***HACHURE** n. f. **1.** Chacun des traits parallèles ou croisés à l'aide desquels on peut indiquer, sur un dessin, une gravure, le modelé, les ombres, les valeurs. — **2.** Fragment de ligne de plus grande pente d'un terrain, dont la répétition à espacement convenable fournit, sur une carte, une représentation du relief. — **3.** En dessin industriel, chacun des traits, généralement obliques, parallèles et équidistants, utilisés dans une coupe pour mettre en évidence les parties coupées.

◆ **hachures** n. f. pl. **1.** En héraldique, traits ou points qui représentent conventionnellement les émaux. — **2.** Sur une tapisserie, sortes de très longues dents triangulaires de couleurs alternées, permettant d'obtenir un modelé sommaire ou de passer d'une couleur à une autre.

***HACHURER** v. t. (conj. 3). **1.** Tracer des hachures sur une carte ou un dessin. — **2.** Représenter au moyen de hachures.

HACIENDA [asjɛnda] n. f. (esp. *hacienda,* du lat. *facienda,* ce qui doit être fait). Grande propriété foncière en Amérique latine.

ENCYCL. Née autour de 1600 dans les colonies espagnoles à forte population indigène, l'hacienda employait une main-d'œuvre de péons théoriquement libres mais attachés à la terre par un endettement héréditaire. Souvent sous-exploitée, elle conférait moins la richesse que le prestige et le pouvoir social et politique. Elle a été la structure économique et sociale dominante jusqu'aux réformes agraires du XXe s.

HACILAR, site de Turquie, en Pisidie, à 24 km à l'O. de Burdur. Les niveaux les plus anciens (7000-6500) ont livré les vestiges d'un village du néolithique, sans céramique, où la pratique du culte des crânes témoigne d'une parenté avec la civilisation de Jéricho. Après abandon, on constate une réoccupation au néolithique récent (5800-5000). Remarquables figurines en terre cuite appartenant à la fin du néolithique.

HACKIN (Joseph), orientaliste et archéologue français d'origine luxembourgeoise (Boevange-sur-Attert, Luxembourg, 1886 - dans l'Atlantique, au large du cap Finistère, 1941). Nommé directeur de la délégation archéologique française en Afghānistān en 1929, il dirigea des équipes de chercheurs sur les chantiers de Bāmiyān, Kakrak, Fondukestān, Begram.

*__HACKLE__ [akl] n. m. (angl. *hackle,* plume de coq). Plume du cou du coq, servant au montage des mouches sur une ligne de pêche ; ensemble des fibres de plume qui garnissent une mouche.

*__HACKNEY__ n. m. (angl. *hackney,* du n. pr.). Race anglaise de chevaux trotteurs, encore appelée « trotteur de Norfolk ».

HACKS (Peter), auteur dramatique allemand (Breslau 1928). Influencé par Brecht, il a réinterprété des anecdotes populaires (*Der Müller von Sanssouci,* 1958).

*__HACQUEBUTE__ → HAQUEBUTE.

HADAD → ADAD.

*__HADAL, E, AUX__ adj. (de *Hadès,* n. pr.). Se dit des plus grandes profondeurs océaniques correspondant aux grandes fosses de plus de 6 000 m.

HADAMARD (Jacques), mathématicien français (Versailles 1865 - Paris 1963). Il anima un séminaire au Collège de France. Ses travaux portent sur les singularités des fonctions analytiques, le calcul fonctionnel et les interactions entre la théorie des nombres et l'analyse. (Acad. des sc., 1912.)

HADATOU → ARSLĀN TASH.

HADDA, ancien centre monastique bouddhique situé près de Djalālābād en Afghānistān. Quantité de sculptures en schiste et en stuc polychrome (musée de Kaboul et musée Guimet) démontrent l'alliance des traditions locales et de l'hellénisme entre la fin du IIe et la fin du VIe s. apr. J.-C.

*__HADDOCK__ n. m. (angl. *haddock*). Nom donné à l'églefin fumé.

HADÈNE n. m. (de *Hadès,* n. pr.). Noctuelle qui vit aux dépens des plantes fourragères et potagères. (La chenille est, en général, ornée de vives couleurs.)

HADÈS, dieu grec des Enfers. Fils de Cronos et de Rhéa, il reçut en partage le royaume souterrain et l'empire des morts. Dans la croyance populaire, Hadès se confond avec Pluton.

HADEWIJCH *(sœur),* religieuse brabantoise (XIIIe s.). Ses poèmes, ses traités spirituels prennent place parmi les chefs-d'œuvre mystiques du Moyen Âge.

*__HADFIELD__ [ad ld] n. m. (de *Hadfield,* n. pr.). Type d'acier à forte teneur en manganèse (12 %), élaboré vers 1880 par sir Robert Hadfield et caractérisé par sa grande dureté et sa résistance à l'usure.

ḤADĪTH n. m. pl. (mot ar. signifiant *récit*). Dans la religion islamique, recueil des actes et paroles de Mahomet et de ses compagnons, à propos de commentaires du Coran ou de règles de conduite. (Les ḥadīth, dont l'ensemble constitue la sunna, sont le second fondement du dogme de l'islām. Les ḥadīth jouissant de la plus grande autorité ont été recueillis, au IXe s., par al-Bukhārī et Muslim.)

HADJAR (El-), anc. **Duzerville,** v. d'Algérie, au S. d'Annaba ; 39 600 hab. Sidérurgie.

* __ḤĀDJDJ__ ou * __HADJ__ n. m. **1.** Grand pèlerinage rituel à La Mecque que tout musulman doit effectuer au moins une fois dans sa vie. – **2.** Syn. de ḤĀDJDJĪ.

* __ḤĀDJDJĪ__ ou * __HADJI__ n. m. Titre que prend tout musulman qui a effectué le ḥadjdj. (Syn. ḤĀDJDJ ou HADJ.)

ḤĀDJDJĪ GIRĀY ou **HACI GIRAY,** fondateur du khānat de Crimée (né à Troki, auj. Trakaï, en Lituanie - 1466). Il régna sur la Crimée de 1430 (ou 1428) à 1466.

ḤĀDJIB n. m. (mot ar.). Chambellan du calife. (Dans l'Espagne musulmane, il jouait le rôle de Premier ministre.)

HADJ OMAR (El-) → EL-HADJ OMAR.

HADLEY (John), mathématicien et physicien anglais (dans le Hertfordshire 1682 - East Barnet, Hertfordshire, 1744). Il mit au point en 1735, en prenant en compte l'action déviatrice de la rotation terrestre, une théorie thermique des vents alizés, qui reste classique.

Hadley *(cellule de),* composante de la circulation atmosphérique, participant en latitude au transfert d'énergie des basses latitudes vers les latitudes moyennes.

HADRAMAOUT, en ar. **Ḥaḍramawt,** région de l'Arabie méridionale, dans le Yémen, drainée par l'*oued Hadramaout* (dont la haute vallée est cultivée autour de Chibān, Say'ūn, Tarīm, la basse vallée étant déserte).

Hadriana ou **Adriana** *(villa),* la plus riche des villas impériales romaines, réalisée, de 117 à 138, par l'empereur Hadrien, près de Tibur (Tivoli), à 26 km à l'est de Rome. L'ensemble contenait de magnifiques collections dont les restes ont, notamment, alimenté les musées pontificaux aux XVIIIe et XIXe s.

HADRIANOPOLIS, ville de Thrace, fondée par l'empereur Hadrien en 125. (→ ANDRINOPLE.)

HADRIEN ou **ADRIEN,** en lat. **Publius Aelius Hadrianus,** empereur romain (Italica 76 - Baïes 138). Il succède à Trajan, qui l'adopte sur son lit de mort (août 117). Affirmant une politique défensive, il fait évacuer les territoires conquis au-delà de l'Euphrate, tout en conservant l'Arabie et la Dacie. Il renforce les défenses de l'Empire (*limes* germanique, mur d'Hadrien en Bretagne, *limes* de Numidie et de Mauritanie). Seule la révolte de Bar-Kokheba en Judée nécessite un effort militaire qui se termine par une brutale répression et le rétablissement, sur le site de Jérusalem, de la colonie militaire d'Aelia Capitolina. Désireux d'achever l'unification intellectuelle et administrative du monde romain, Hadrien parcourt, de 121 à 126 et de 128 à 134, les provinces pour mieux connaître les peuples et décider des réformes nécessaires. La *lex Hadriana de rudibus agris* permet aux cultivateurs d'acquérir des droits sur les terres en friche, s'ils les mettent en valeur. Le Conseil du prince est renforcé par la présence d'un noyau de grands fonctionnaires permanents. L'unification de la loi se poursuit par la codification de l'édit du préteur (édit perpétuel de Salvius Julianus en 131). Hadrien a multiplié les travaux dans toutes les provinces, mais son œuvre la plus caractéristique est sa *villa* de Tibur (Tivoli) [→ *villa* HADRIANA]. Avant sa mort, il adopta Antonin, son neveu par alliance, qui lui succéda.

Hadrien *(mur d'),* grand ouvrage militaire élevé de 122 à 126-127 en Angleterre, de l'embouchure de la Tyne au golfe de Solway, pour arrêter les Calédoniens et protéger la Bretagne romaine.

***HADRON** n. m. (gr. *hadros,* fort, et *électron*). Particule susceptible d'interactions fortes. (On distingue les *baryons* [ex. le nucléon] et les *mésons* [ex. le pion].)

***HADRONIQUE** adj. Relatif aux hadrons.

HADROSAURE n. m. (gr. *hadros,* fort). Reptile fossile ornithischien de la fin de l'ère secondaire (crétacé supérieur), encore appelé *dinosaure à bec de canard.* (Bipède, il mesurait jusqu'à 5 m. Il était peut-être amphibie et se nourrissait de plantes aquatiques.)

HADRUMÈTE, en lat. **Hadrumetum,** anc. v. d'Afrique, ancienne colonie phénicienne, sujette de Carthage. Ses ruines s'élèvent près de Sousse (Tunisie).

HAECKEL (Ernst), naturaliste allemand (Potsdam 1834 - Iéna 1919). Fervent darwiniste, éminent embryologiste, grand voyageur, spécialiste des animaux marins, Haeckel a proposé ce qu'il appelle la *loi biogénétique fondamentale :* « L'ontogenèse est une courte récapitulation de la phylogenèse » (1866).

HAEJU ou **HÄ-ČU,** port de la Corée du Nord, sur la mer Jaune ; 213 000 hab. Métallurgie du cuivre. Mécanique. Cimenterie.

HAEMANTHUS [-tys] n. m. Plante (amaryllidacée) du Cap, portant une ombelle de fleurs d'un rouge vif. (Quelques espèces se cultivent en serre chaude.)

HAEMATOCOCCUS [-kys] n. m. Algue (chlorophycée) unicellulaire, colorée en rouge et teintant ainsi la neige et parfois certains bassins. (Ordre des volvocales.)

HAEMATOXYLON n. m. Arbre (césalpiniacée) qui fournit le bois de campêche.

HAEMOPHILUS ou **HEMOPHILUS** [-lys] n. m. Genre bactérien comprenant des bacilles Gram négatif, aéro-anaérobies facultatifs, exigeant pour leur croissance en milieu synthétique du sang, de l'hémine et de l'extrait de levure. (L'espèce type, *Hæmophilus influenzae* [ou *bacille de Pfeiffer*], est un agent de surinfection bactérienne secondaire à la grippe.)

HAENDEL (Georg Friedrich) → HÄNDEL.

ḤĀFEẒ (Chamsoddin Mohammed) ou **ḤAFIẒ** (Chams al-Dīn Muḥammad), poète de langue persane (probablement Chirāz v. 1325 - *id.* 1390), maître du *rhazal* en Iran. Professeur d'exégèse du Coran, il ne quitta guère sa ville natale. Ses poèmes, où il mêla à l'inspiration bachique et à l'exaltation de la beauté des thèmes mystiques, font de lui le plus grand poète lyrique persan.

***HAFF** n. m. (mot all.). Grande lagune des côtes méridionales de la Baltique (Allemagne, Pologne, Russie, Lituanie), isolée de la haute mer par de longues langues de sable.

ḤĀFIẒ n. m. Musulman ayant appris le Coran par cœur.

ḤĀFIẒ (Chams al-Dīn Muḥammad) → ḤĀFEẒ (Chamsoddin Mohammed).

ḤAFĪẒ (Mūlāy), sultant 'alawīte du Maroc (Fès 1875 ou 1880 - Enghien-les-Bains 1937). Fils de Mūlāy Ḥasan, il entra en rébellion contre son frère 'Abd al-'Azīz (1907) et fut reconnu sultan par les puissances étrangères en 1909. Il abdiqua en 1912.

ḤĀFIẒ (Amīn **al-**), militaire et homme d'État syrien (Damas 1911). Premier ministre (1963-1965) et président de la République (1964-1966), il dirigea le premier régime baasiste de Syrie et fut destitué par le néo-Baath en 1966.

***HAFLINGER** n. m. Race de poney originaire d'Autriche, apte à toutes les disciplines équestres.

***HAFNIUM** [-njɔm] n. m. (de *Hafnia,* anc. n. lat. de Copenhague). Métal rare, analogue au zirconium. (Élément n° 72 de symbole Hf et de masse atomique 178,49.)

ENCYCL. Découvert dans les minerais de zirconium grâce aux méthodes d'analyse aux rayons X, le hafnium est un métal blanc, très réducteur. Sa forte section efficace d'absorption des neutrons le fait utiliser dans la fabrication des barres de contrôle pour les réacteurs de sous-marins nucléaires.

ḤAFṢA, fille d'Omar ('Umar), épousée par le Prophète en 624, puis répudiée, et reprise.

ḤAFṢIDES, dynastie d'Afrique du Nord (1229 - 1574). Elle fut fondée par ABŪ ZAKARIYYĀ YAḤYĀ (1229-1249), gouverneur de l'Ifrīqiya, qui se rendit indépendant des Almohades de Marrakech. Il conquit Bougie et Constantine (1230), puis Alger (1231) et se fit reconnaître suzerain des 'Abdalwādides de Tlemcen (1242), des Naṣrides de Grenade et des Marīnides du Maroc. Son fils AL-MUSTANṢIR (1249 -1277) mit en échec la croisade de Louis IX en 1270. Après une période d'anarchie et de déclin, l'Ifrīqiya fut à nouveau unifiée v. 1370 et les Ḥafṣides résidant à Tunis dominèrent jusqu'à la fin du XVe s. tout le Maghreb. Leur royaume, en proie aux attaques espagnoles, fut conquis par les pachas turcs de Tripoli (Kairouan, 1557) et d'Alger (Tunis, 1569).

HAFUN *(cap),* cap de l'Afrique du Nord-Est (Somalie), point le plus oriental de l'Afrique.

Haganah (mot hébr. signif. *défense*), organisation paramilitaire juive de Palestine. Créée sous la domination turque et tolérée sous le mandat britannique, elle assurait la protection des kibboutzim. Ses unités, engagées avec les Anglais pendant la Seconde Guerre mondiale, constituèrent en 1948 le noyau de l'armée du nouvel État d'Israël.

***HAGARD, E** adj. (moyen angl. *hagger,* sauvage). Qui est en proie à un trouble violent et qui a une expression égarée ; qui exprime ce trouble : *Des sinistrés hagards erraient dans les ruines.*

HAGEDORN (Friedrich VON), poète allemand (Hambourg 1708 - *id.* 1754). Il publia des *Fables et Contes* en vers (1738), inspirés de La Fontaine.

Hageman *(facteur),* protéine initiant le processus de coagulation du sang.

HAGEN, v. d'Allemagne (Rhénanie-du-Nord-Westphalie), dans la Ruhr ; 219 000 hab. Université. Métallurgie. Électrochimie.

Hagen, personnage du poème des *Nibelungen,* qui, au cours d'une chasse, tue Siegfried.

HAGETMAU (40700), ch.-l. de cant. du sud du dép. des Landes, dans la Chalosse ; 4 492 hab. *(Hagetmautiens).* Fabriques de sièges. Foie gras. Crypte romane de Saint-Girons (XIIe s. ; chapiteaux).

Haggada → AGGADA.

HAGGARD (*sir* Henry Rider), écrivain britannique (Bradenham Hall, Norfolk, 1856 - Londres 1925), auteur de nombreux romans d'aventures à résonance ésotérique (*les Mines du roi Salomon,* 1885 ; *Elle,* 1887).

***HAGGIS** [agis] n. m. (angl. *haggis*). Panse de mouton farcie avec la fressure de l'animal, hachée avec du gruau d'avoine et de la graisse de mouton, pochée à l'eau. (Plat traditionnel écossais.)

Hagia Triada ou **Ághia Triádha** (« la Sainte Trinité »), ensemble de bâtiments minoens voisins de Phaistos*, qui a notamment livré le *vase des Moissonneurs* et un sarcophage orné de scènes de rituel funéraire.

HAGIOGRAPHE n. (bas lat. *hagiographa*). **1.** Auteur d'une hagiographie. — **2.** Spécialiste de l'hagiographie. — **3.** Auteur de biographies qui embellit excessivement son personnage, son sujet.

Hagiographes (les), nom donné depuis saint Jérôme à la troisième partie de la Bible hébraïque (en hébr. *Ketoubim*), les deux premières étant le Pentateuque *(Torah)* et les Prophètes *(Nebīīm).*

HAGIOGRAPHIE n. f. **1.** Ouvrage sur des choses saintes. — **2.** Science qui concerne le récit de la vie des saints. (→ *encycl.*) — **3.** Biographie excessivement embellie.

ENCYCL. L'hagiographie, qui, au Moyen Âge, visait principalement l'édification des fidèles, est devenue, à partir de la Renaissance et de la Réforme, et notamment grâce à Baronius, une branche de l'histoire religieuse que les bollandistes* continuent à illustrer par la rédaction des *Acta sanctorum.*

HAGIOGRAPHIQUE adj. Relatif à l'hagiographie.

HAGIORITE adj. *Moine hagiorite,* moine du mont Athos, dans la péninsule de l'Ághion Óros.

HAGONDANGE (57300), comm. de la Moselle, dans la vallée de la Moselle, au N. de Metz ; 8 252 hab. *(Hagondangeois).* Centrale thermique. Cimenterie. Métallurgie.

HAGUE (la), péninsule constituant l'extrémité nord-ouest du Cotentin (Manche) et terminée par le *cap de la Hague.* — Au N.-O. du centre de Beaumont, usine de retraitement des combustibles usés provenant des réacteurs nucléaires. Conçue d'abord pour traiter les combustibles métalliques des réacteurs à uranium naturel, elle a été ensuite adaptée au retraitement des combustibles sous forme d'oxydes, issus des réacteurs à eau ordinaire sous pression (récupération d'uranium et de plutonium).

HAGUENAU (67500), ch.-l. d'arrond. du Bas-Rhin, sur la Moder, en bordure de la *forêt d'Haguenau ;* 30 384 hab. *(Haguenoviens).* Monuments civils et religieux du XIIe au XVIIIe s. Musée de préhistoire et d'histoire et Musée alsacien. Centre commercial et industriel (constructions mécaniques et électriques, textile, alimentation).

Haguenau *(forêt de),* forêt indivise entre l'État et la ville de Haguenau (Bas-Rhin), de 13 400 ha (pin sylvestre et chêne).

1. *HAHA ! interj. Exclamation marquant l'admiration, l'ironie, l'intérêt, etc.

2. *HAHA n. m. (de *haha 1*). **1.** Syn. de SAUT-DE-LOUP. — **2.** Petit fossé couvrant l'entrée d'un ouvrage fortifié.

HAHA ou **ḤĀḤA** *(plateau des),* région du Maroc occidental, entre l'océan Atlantique à l'O., les premiers contreforts du Haut Atlas au S.-E. et la vallée de l'oued Ksob au N.-E.

HAHN (Reynaldo), compositeur vénézuélien naturalisé français (Caracas 1875 - Paris 1947). Ami de Marcel Proust, il a composé des mélodies charmeuses, des ouvrages lyriques (*le Marchand de Venise,* 1935), des opérettes (*Ciboulette,* 1923).

HAHN (Otto), physicien et chimiste allemand (Francfort-sur-le-Main 1879 - Göttingen 1968). Il a découvert le radiothorium (1905), le mésothorium (1907) et, en collaboration avec Lise Meitner, le protactinium (1917) et le phénomène d'isomérie nucléaire. Le premier, avec Strassmann, il formula la théorie de la fission de l'uranium (1938). [Prix Nobel de chimie 1944.]

HAHNEMANN (Christian Friedrich Samuel), médecin allemand (Meissen, Saxe, 1755 - Paris 1843), fondateur de l'homéopathie. Après des études de médecine, déçu par l'inanité des thérapeutiques alors préconisées, il étudia la chimie, la minéralogie et la préparation des remèdes. Il constata que le quinquina prescrit chez un sujet malade de fièvre intermittente coupait la fièvre, et, au contraire, la provoquait chez un sujet sain. Il étudia ainsi les effets contradictoires des principales substances médicamenteuses de son époque et reprit à son compte la loi de similitude, déjà connue d'Hippocrate, dont il fit le fondement de la méthode homéopathique. Il exposa la doctrine homéopathique dans *l'Organon de l'art de guérir,* qu'il publia en 1810.

Hahnenkamm, en ski, nom désignant une célèbre piste de descente et la compétition s'y déroulant, à Kitzbühel (Autriche).

***HAHNIUM** [anjɔm] n. m. (de *Hahn,* n. pr.). Nom proposé par les Américains pour l'élément artificiel de numéro atomique 105. (Symb. Ha.]

HAÏDAS, Indiens des îles de la Reine-Charlotte (Colombie britannique) et de l'île du Prince-de-Galles (archipel Alexander), dont les dialectes appartiennent au groupe linguistique na-déné. Leur nombre n'atteint pas 2 000 aujourd'hui.

HAÏDOUK n. m. (hongr. *hajdú,* pl. *hajdúk,* du turc *haydut,* brigand). Membre de bandes armées luttant contre l'occupation ottomane en Hongrie et dans les Balkans (XVe-XIXe s.).

HAÏDRA, site archéologique de Tunisie, à la frontière algéro-tunisienne, sur l'emplacement de l'antique Ammaedara, qui fut le premier camp permanent de la 3e légion Auguste. Vestiges de la ville romaine, d'une citadelle byzantine du VIe s. et de cinq basiliques chrétiennes.

***HAIE** n. f. (frq. **hagja*). **1.** Alignement d'arbres et d'arbustes qui marque la limite entre deux parcelles, entre deux propriétés. (On dit aussi HAIE VIVE.) — **2.** *Litt.* File, rangée de choses verticales formant une suite continue : *Une haie de baïonnettes.* — **3.** Rangée de personnes le long d'une voie, d'une rue, etc., sur le passage de qqn : *Une double haie de curieux.* • **Agric.** *Haie fruitière,* système de culture du pommier et du poirier, dans lequel les arbres, plantés en ligne et serrés, peuvent être taillés facilement et se prêter aisément à la cueillette. ‖ *Haie morte* ou *sèche,* clôture formée de pieux, de branchages et, éventuellement, de fil de fer barbelé. — **Sports.** Barrière, en bois et en métal, qui constitue un obstacle dans certaines courses à pied (100 m et 400 m chez les femmes, 110 m, 400 m, 3 000 m steeple chez les hommes). — **Turf.** *Course de haies,* course de chevaux dans laquelle ceux-ci doivent franchir un certain nombre de haies (sept le plus souvent).

HAÏFA ou **HAIFFA,** principal port (trafic de 5 Mt env.) de l'État d'Israël, sur le flanc N.-E. du mont Carmel, au S. de la baie d'Acre ; 250 000 hab. Centre commercial et industriel (raffinerie de pétrole, mécanique), dont l'essor a débuté avec la colonisation juive à la fin du XIXe s.

HAIG (Douglas HAIG, 1er *comte*), maréchal britannique (Édimbourg 1861 - Londres 1928). Il exerça plusieurs commandements en France pendant la Première Guerre mondiale. Il se distingua, à la tête des forces britanniques, lors de la bataille de la Somme (1916) et à Cambrai (1917).

HAIG (Alexander), général américain (Philadelphie 1924). Il sert au Japon, en Corée et en Allemagne et est le collaborateur de Nixon et de Kissinger lors du cessez-le-feu au Viêt-nam (1972-73). Il est nommé commandant suprême des forces du pacte Atlantique en Europe (1974-1979). Secrétaire d'État du président Reagan (déc. 1980), il démissionne en juin 1982.

HAI HE ou **HAI-HO,** fl. de la Chine du Nord (prov. du Hebei et municipalité de Pékin), qui traverse Tianjin, avant de rejoindre le golfe de Bohai. Des barrages enrayent maintenant les inondations et ont permis d'étendre les surfaces irriguées.

***HAÏK** [aik] n. m. (ar. *hā'ik*). Pièce d'étoffe sans couture, qui, en pays musulman, recouvre les autres vêtements féminins.

ḤĀ'IK (Fardj Allāh), écrivain libanais de langue française (Bayt Chabāb 1909 - *id.* 1979). Il débuta par des plaquettes de vers puis publia des romans consacrés au terroir libanais (*De chair et d'esprit,* 1968).

***HAIKAI** [ajkaj] n. m. inv. (jap. *haikai*). Forme poétique japonaise.
ENCYCL. Abréviation de *haikai no renga* (« poème divertissant »), le haikai respecte la forme du renga, mais en diffère par la liberté du ton et du vocabulaire. Il se transforme à l'époque d'Edo de simple divertissement de quelques lettrés en une pratique populaire à la mode dans toutes les couches sociales. Bashō illustre brillamment le genre, pratiquant surtout le haiku*, c'est-à-dire ne retenant que le premier verset de 17 syllabes (5/7/5). À la fin du XIXe s., le haiku supplante presque entièrement le haikai et demeure une forme privilégiée d'expression poétique.

HAIKOU ou **HAI-K'EOU,** ch.-l. et principal port de l'île chinoise de Hainan, dans le nord de l'île ; 280 000 hab.

***HAIKU** [ajku] n. m. inv. (jap. *haiku*). Petit poème japonais issu du haikai.

HAILÉ SÉLASSIÉ Ier (Harar 1892 - Addis Abeba 1975), empereur d'Éthiopie (1930-1974). Fils du ras Makonnen, le ras Tafari Makonnen, désigné comme régent et héritier en 1916, fut proclamé roi (négus) en 1928 et couronné empereur en 1930 sous le nom d'Hailé Sélassié Ier. Lors de l'invasion italienne, il s'exila (1936) et gagna la Grande-Bretagne. Il revint en Éthiopie en 1941 avec les troupes alliées. L'armée le renversa en 1974.

HAILLAN (Le) [33185], comm. de la Gironde, à 10 km à l'O.-N.-O. de Bordeaux ; 6 995 hab. Électronique.

HAILLICOURT (62940), comm. du Pas-de-Calais, à 2 km à l'E. de Bruay-la-Buissière ; 5 180 hab. Constructions mécaniques. Confection.

***HAILLON** n. m. (moyen haut all. *hadel,* lambeau). Vêtement en loques ; guenille (surtout pl.) : *Des clochards vêtus de haillons.*

***HAILLONNEUX, EUSE** adj. *Litt.* **1.** Qui tombe en haillons. — **2.** Vêtu de haillons.

HAINAN ou **HAI-NAN,** île côtière de la Chine méridionale, constituant une province et fermant à l'E. le golfe du Tonkin ; 34 000 km² ; 6 600 000 hab. Cap. *Haikou.* Le Centre et le Sud sont montagneux ; le Nord est occupé par une plaine (riz, cocotiers, hévéas). Fer et uranium.

HAINAUT, région historique, à l'O. du massif de l'Ardenne, partagée aujourd'hui entre la Belgique *(province du Hainaut)* et la France (partie orientale du dép. du Nord [Valenciennois et Avesnois]). Elle doit son nom à un affluent de l'Escaut, la *Haine.*
Fondé par Gilbert († 846), gendre de l'empereur Lothaire Ier, le comté revient en 1029 à sa descendante Richilde. Celle-ci épouse Baudouin VI de Flandre (1055), qui devient Baudoin Ier de Hainaut. Accru au XIIe s. du comté de Namur, il passe en 1256 à la maison d'Avesnes. Augmenté des comtés de Hollande (1299) et de Zélande (1323), le Hainaut est cédé au duc de Bourgogne Philippe II le Bon par le traité de Delft (1428). Le traité des Pyrénées (1659) et celui de Nimègue (1678) céderont à la France le *Hainaut français,* inclus en 1790 dans le département du Nord. Le *Hainaut autrichien,* annexé par la France pendant la Révolution, devient en 1814 une province des Pays-Bas et en 1830 une province belge.

HAINAUT, en néerl. **Henegouwen,** prov. de Belgique ; 3 787 km² ; 1 278 791 hab. *(Hainuyers* ou *Hennuyers).* Ch.-l. *Mons* (7 arrond. : *Ath, Charleroi, Mons, Mouscron, Soignies, Thuin, Tournai,* et 69 comm.).
Au nord, sur le plateau limoneux, traversé par l'Escaut, la Dendre et la Senne, se pratiquent agriculture (blé, betterave, cultures industrielles) et élevage (industries alimentaires). Dans le Sud, l'extraction houillère a cessé, partiellement relayée par la mécanique, l'électronique et la chimie.

***HAINE** n. f. (de *haïr*). **1.** Sentiment qui porte une personne à souhaiter ou à faire du mal à une autre, ou à se réjouir de tout ce qui lui arrive de fâcheux : *Vouer à quelqu'un une haine implacable.* — **2.** Aversion profonde, répulsion éprouvée par qqn à l'égard de qqch : *Haine des armes et de la violence.* — **3.** Fam. *Avoir la haine,* éprouver un sentiment très vif de déception et de ressentiment.

HAINE (la), riv. de Belgique et de France, affl. de l'Escaut (r. dr.) ; 72 km. Elle a donné son nom au *Hainaut.*

***HAINEUSEMENT** adv. D'une façon qui manifeste, exprime de la haine.

***HAINEUX, EUSE** adj. (de *haine*). **1.** Qui est porté à la haine : *Un homme aigri, haineux.* — **2.** Qui manifeste, témoigne de la haine : *Regards haineux.* — **3.** Qui est empreint de haine, inspiré par la haine : *Des articles de presse haineux.*

HAIN-TENY n. m. inv. (mot du dialecte merina, signif. *richesse de paroles*). Genre poétique malgache, constitué de discussions feintes ou réelles, en vers rythmés ou assonancés.

***HAINUYER** ou ***HENNUYER, ÈRE** adj. et n. Du Hainaut.

HAIPHONG, port du Viêt-nam, à 15 km de la mer, sur un bras du delta du fleuve Rouge ; 1 279 000 hab. Principal centre industriel du Viêt-nam : coton, riz, constructions navales, cimenterie.
— **Hist.** Enjeu de violents combats entre Français et Viêt-minh (1946), rattaché à l'État nord-vietnamien (accord de Genève, 1954), le port d'Haiphong fut l'objet de nombreux bombardements américains lors du second conflit vietnamien.

***HAÏR** v. t. (frq. **hatjan*) [conj. **33**]. **1.** Avoir de la haine pour qqn, lui vouloir du mal, abhorrer, exécrer qqn : *Haïr les dictateurs.* — **2.** Avoir de la répugnance, de l'aversion, de l'horreur pour qqch : *Haïr l'hypocrisie.* — **3.** *Ne pas haïr qqch,* aimer assez, y prendre plaisir : *Je ne hais pas un bon repas de temps à autre.*

***HAIRE** n. f. (frq. **harja*). Petite chemise en étoffe de crin ou de poil de chèvre portée par les ascètes par esprit de pénitence.

***HAÏSSABLE** adj. Qui mérite d'être haï : *La guerre est haïssable.*

HAÏTI ou **SAINT-DOMINGUE,** en esp. **Hispaniola,** île des Antilles, la deuxième en étendue (75 000 km²) de l'archipel, partagée entre la République d'Haïti et la République Dominicaine.

Histoire. Découverte par Christophe Colomb, l'Hispaniola constitue le premier élément de l'Empire espagnol. Les Indiens Arawaks, réduits au travail forcé, sont vite décimés et les premiers esclaves noirs arrivent à Saint-Domingue au début du XVIe s. L'occupation par les Français, au XVIIe s., de la partie occidentale de l'île (Port-au-Prince) est reconnue par le traité de Ryswick (1697). La région, la plus prospère des colonies françaises au XVIIIe s., est peuplée à 90 % d'esclaves noirs et d'affranchis noirs et mulâtres. En 1791, Toussaint Louverture prend la tête de la révolte des esclaves, que stoppe l'abolition de l'esclavage (1794). Tandis que la France reçoit la partie espagnole d'Haïti au traité de Bâle (1795), Louverture établit sa dictature sur l'île. Après avoir vaincu le corps expéditionnaire français, un lieutenant de Toussaint, Dessalines, proclame l'indépendance de la partie occidentale (Haïti) en 1804, et règne en empereur jusqu'en 1806. Tandis que les Espagnols recouvrent l'est de l'île, l'opposition entre Noirs et mulâtres conduit à la partition, avec, au nord, le roi Henri Christophe de 1811 à 1820, et, au sud, le mulâtre Pétion, de 1807 à 1818. Jean-Pierre Boyer, qui succède à Pétion, réunifie Haïti (1820) et conquiert en 1822 la partie espagnole, peuplée en majorité de Blancs. Ceux-ci se libèrent de la tutelle d'Haïti en 1844 pour former la République Dominicaine.

HAÏTI *(République d'),* État des Grandes Antilles occupant l'ouest de l'île du même nom ; 27 750 km² ; 7 300 000 hab. *(Haïtiens).* CAP. *Port-au-Prince.* LANGUES : *créole et français.* MONNAIE : *gourde.*

Géographie. Tropical, le pays est plus arrosé à l'est qu'à l'ouest, souvent ravagé par des cyclones. Du N. au S. se succèdent chaînes montagneuses et fossés remplis d'alluvions. La pression démographique entraîne à la fois une émigration importante, liée aussi à des facteurs politiques (un million d'Haïtiens environ vivent à l'étranger), et une diminution et dégradation des terres cultivables (qui ne représentent que le tiers du territoire). En effet, l'agriculture occupe les deux tiers de la population active (la moitié des citadins vit à Port-au-Prince). En dehors de quelques grandes plantations (américaines) produisant de la canne à sucre et du sisal, les exploitations sont exiguës, consacrées à des cultures vivrières variées et à quelques cultures commerciales (café, cacao, coton, canne à sucre, plantes à parfum). Le sous-sol fournit seulement de la bauxite (exportée aux États-Unis). L'industrie, peu développée (agroalimentaire), s'est renforcée de branches de transformation, à capitaux étrangers, produisant pour l'exportation.
La pauvreté, la malnutrition, l'analphabétisme et le chômage sévissent. Le tourisme a décliné en raison des troubles, et le pays, tributaire de l'aide étrangère, est lourdement endetté.

Histoire.

1492 : Peuplée d'Indiens Arawaks, l'île est découverte par Christophe Colomb, qui lui donne le nom de Hispaniola.

1697 : L'occupation par la France de la partie occidentale de l'île est reconnue par le traité de Ryswick.

Au XVIIIe s., la colonie connaît une grande prospérité, grâce à sa production de sucre et de

café. Elle est peuplée à 90 % d'esclaves noirs, d'affranchis et de mulâtres.
1791 : Toussaint Louverture prend la tête de la révolte des esclaves.
1795 : L'Espagne cède la partie orientale de l'île à la France.
1804 : Un Noir, Dessalines, proclame l'indépendance d'Haïti, où il règne en empereur. Après sa mort (1806), les Espagnols recouvrent l'est de l'île tandis qu'une sécession oppose, à l'ouest, le royaume du Nord à la République du Sud.
1822 : Réunification de l'île d'Haïti.
1844 : La partie orientale se libère, pour former la République Dominicaine.
1915-1934 : Occupation militaire du pays par les États-Unis.
1957-1971 : François Duvalier, appelé «Papa Doc», exerce un pouvoir dictatorial.
1971-1986 : Son fils Jean-Claude Duvalier lui succède.
Après l'exil de celui-ci, les militaires sont au pouvoir de façon presque ininterrompue.
1990 : Le père Jean-Bertrand Aristide est élu président de la République (déc.).
1991 : Il est renversé par un coup d'état militaire.
1994 : J.-B. Aristide est rétabli dans ses fonctions, avec l'aide des États-Unis.
1996 : René Préval (élu en déc. 1995) devient président de la République.

***HAÏTIEN, ENNE** [aisjɛ̃, -ɛn] adj. et n. De Haïti. ◆ **haïtien** n. m. Créole français parlé à Haïti.

HAITINK (Bernard), chef d'orchestre néerlandais (Amsterdam 1929). Chef permanent et directeur musical du Concertgebouw d'Amsterdam (1964-1988), chef principal (1967-1979) et directeur artistique (1970-1978) de l'orchestre philharmonique de Londres, il a été nommé en 1986 directeur musical de Covent Garden. Il a enregistré les intégrales des symphonies de Bruckner et de Mahler, contribuant également à la redécouverte des œuvres de Liszt et de Chostakovitch.

HAJDU (Étienne), sculpteur français d'origine roumaine (Turda, prov. de Cluj, Roumanie, 1907 - Bagneux 1996). À Paris à partir de 1927, il découvrit les travaux de Léger et surtout de Brancusi. Il a abordé l'abstraction en 1933 et y a trouvé sa voie personnelle après la guerre, travaillant les métaux (en partic. l'aluminium), le marbre, etc., dans des formes stylisées, épurées (*Sept Colonnes à Mallarmé,* polyester, 1969-1971).

ḤAKAM Ier (al-), émir omeyyade de Cordoue (796-822). — **al-Ḥakam II,** dit *al-Mustanṣir Bi-llāh* († Cordoue 976), calife omeyyade de Cordoue (961-976), fils et successeur de 'Abd al-Raḥmān III, présida à l'épanouissement des arts, des sciences et des lettres andalous.

ḤĀKIM bi-amr Allāh (al-) [985-1021], sixième calife fāṭimide (996-1021). Il consentit à la proclamation de sa propre divinité (1017) et est vénéré par les Druzes.

ḤAKĪM (Tawfīq **al-**), écrivain égyptien (Alexandrie ? 1898 - Le Caire 1987). Auteur dramatique (*Œdipe-Roi,* 1949), il a peint dans ses romans (*Journal d'un substitut de campagne,* 1937) la vie quotidienne de son pays, empruntant souvent au dialecte local.

* **HAKKA** n. m. Dialecte chinois parlé principalement dans le nord et l'est du Guangdong.

HAKKAS, peuple du sud-est de la Chine, qui se rencontre principalement dans le Fujian, le Guangdong, le Guangxi, à Hainan et à Taiwan.

HAKODATE, port du Japon, dans le sud de Hokkaidō, sur le détroit de Tsugaru ; 307 000 hab. Pêche et traitement du poisson. Chantiers navals. Raffinerie de pétrole.

HÅKON, forme suédoise de Haakon*.

HAKONE *(mont),* volcan éteint du Japon, dans le centre de Honshū, entre la baie de Sagami et le Fuji-Yama ; 1 550 m. Il constitue une zone touristique (parc national, musée de sculpture moderne en plein air) et climatique (stations thermales).

HAL, v. de Belgique → HALLE.

HALACARUS [-rys] n. m. Acarien des mers tempérées et froides.

HALAF *(tell),* anc. **Gouzana,** site de haute Mésopotamie, aux sources du Khābūrn affluent de l'Euphrate. Durant le Ve millénaire (4900 à 4300 env.), l'établissement de tell Halaf a produit une belle céramique peinte, à décor humain, animal ou géométrique, qui a conduit à donner le nom de culture de Halaf à une période de la préhistoire mésopotamienne mieux connue d'après les fouilles de tell Arpachiyah*, près de Ninive. Réoccupé après un abandon de 300 ans, le site devint la capitale d'un royaume annexé par l'Assyrie.

***HALAGE** n. m. (de *haler*). **1.** Action de haler. — **2.** *Cale de halage,* plan incliné sur lequel on peut haler un bâtiment pour le mettre à sec. ‖ *Chaîne de halage,* chaîne tendue d'une extrémité à l'autre d'une taille et sur laquelle se hale la machine d'abattage du minerai. ‖ *Chemin de halage,* chemin aménagé le long d'une voie navigable pour permettre le halage des bateaux et qui sert de chemin de service pour l'entretien de la voie navigable. ‖ *Servitude de halage,* servitude imposée aux propriétaires riverains des cours d'eau navigables ou flottables, les obligeant à laisser un espace libre pour l'établissement d'un chemin de halage.

*__HÂLAGE__ n. m. (de *hâler*). Séchage du chanvre après son rouissage et avant son teillage.

*__HALAKA__ ou *__HALACHA__ n. f. (mot hébr. signif. *manière de marcher*). Réglementation religieuse, juridique et morale qui définit une observance correcte du judaïsme.

*__HALAL__ adj. inv. (ar. *ḥalāl,* licite, honnête). Se dit de la viande d'un animal tué selon les rites, et qui peut être consommée par les musulmans.

HALAS (František), poète tchèque (Brno 1901 - Prague 1949), considéré comme un des plus grands poètes modernistes. Lié à ses débuts au groupe des poétistes, il se révéla très tôt comme un poète d'inspiration tragique, liant la révolte sociale à la révolte métaphysique (*Le coq effraie la mort,* 1930 ; *la Face,* 1931-1941 ; *le Crève-cœur,* 1933 ; *Grand ouvert,* 1936). Pendant la guerre, il s'est engagé dans la Résistance et a donné des poésies à caractère patriotique (*Fragment d'espérance,* 1938 ; *Notre Dame Božena Němcová,* 1940).

Halatte *(forêt d'),* forêt domaniale de 4 300 ha, au nord de Senlis (hêtres, chênes et pins sylvestres).

HALBAN (Hans), physicien français d'origine autrichienne (Leipzig 1908 - Paris 1964). Il a montré, avec L. Kowarski, la possibilité de réaliser une réaction nucléaire en chaîne avec l'uranium naturel et l'eau (1940).

HALBE (Max), écrivain allemand (Guett-land, Poméranie, 1865 - Gut Neuötting, Bavière, 1944). Après des drames « naturalistes » (*Jugend,* 1893), il évolua vers le roman régionaliste et autobiographique.

HALBERSTADT, v. d'Allemagne (Saxe-Anhalt), au pied N. du Harz ; 47 000 hab. Cathédrale des XIIIe-XVe s. (sculptures ; trésor) et autres églises médiévales. Centre industriel.

*__HALBI__ n. m. (néerl. *haalbier,* bière légère). Boisson normande, faite d'un mélange de pommes et de poires fermentées.

*__HALBRAN__ ou **ALBRAN** n. m. (moyen all. **halberant,* demi-canard). Jeune canard de l'année.

*__HALBRENÉ, E__ adj. (anc. fr. *halebrener,* aller à la chasse au halbran). Se dit d'un faucon dont les pennes sont rompues, ce qui rend son vol difficile.

HALBWACHS (Maurice), sociologue français (Reims 1877 - Buchenwald 1945). Élève de Bergson et de Durkheim (dont il nuança certaines thèses), il s'attacha surtout à l'étude des conditions sociales de la mémorisation, jetant ainsi un pont entre la psychologie et la sociologie. Peu avant sa mort, en déportation, il avait été nommé au Collège de France. Il a écrit : *la Classe ouvrière et les niveaux de vie* (1913), *Morphologie sociale* (1938), *la Mémoire collective* (posthume, 1949).

HALCYON n. m. (de *alcyon*). Grand oiseau (martin-chasseur) des régions tropicales de l'Ancien Monde, se nourrissant d'insectes, de lézards, de rongeurs, etc.

HALDANE (John Scott), physiologiste et psychologue britannique (Édimbourg 1860 - Oxford 1936), frère du vicomte Haldane of Cloan. Il est l'auteur de travaux importants sur la physiologie de la respiration et les gaz du sang. Ses conclusions l'amenèrent à une attitude philosophique parente du vitalisme.

HALDANE (John Burdon Sanderson), biologiste et mathématicien indien d'origine britannique (Oxford 1892 - Bhubaneswar 1964), fils du précédent. C'est l'un des créateurs de la théorie synthétique de l'évolution. Installé en Inde en 1957, il prit la nationalité indienne et dirigea le service de génétique de l'université d'Orissa.

Haldane *(règle de),* règle selon laquelle un hybride viable appartenant au sexe homogamétique (femelle chez les mammifères, mâle chez les oiseaux) est toujours fécond, au moins avec l'un de ses parents. Tout hybride stérile appartient au sexe hétérogamétique.

HALDANE OF CLOAN (Richard BURDON, 1er *vicomte*), homme politique et philosophe britannique (Édimbourg 1856 - Cloan, comté de Perth, 1928). Député libéral (1885), ministre de la Guerre (1905-1912), il y réalisa un remarquable travail de réforme avant de devenir lord-chancelier (1912-1915). Il soutint l'alliance française.

*__HALDE__ n. f. (all. *Halde,* colline). Tas constitué avec les déchets de triage et de lavage d'une mine métallique.

HALDEN, anc. **Fredrikshald,** v. du sud-est de la Norvège (Östfold), sur la frontière de la Suède ; 26 700 hab. — Le roi Charles XII de Suède fut tué devant ses murs en 1718. Pâte à papier.

HALDER (Franz), général allemand (Würzburg 1884 - Aschau 1972). Chef d'état-major au départ de Beck (1938), en fréquent désaccord avec Hitler sur le plan opérationnel, il fut renvoyé (sept. 1942). Il échappa à la liquidation après le putsch manqué du 20 juill. 1944. Arrêté par les Américains, il fut témoin au procès de Nuremberg.

HALDIA, l'un des avant-ports de Calcutta (Inde), sur l'Hooghly. Raffinage du pétrole.

HALE (George Ellery), astrophysicien américain (Chicago 1868 - Pasadena 1938). L'un des fondateurs de l'astronomie solaire moderne, il inventa le spectrohéliographe (1891), indépendamment de H. Deslandres. Il a été à l'origine de la construction de plusieurs grands télescopes aux États-Unis, en particulier celui de l'Observatoire du mont Palomar (5,08 m).

***HÂLE** n. m. (de *hâler*). Couleur cuivrée ou brune que prend l'épiderme sous l'action des rayons solaires et de l'air vif.

***HÂLÉ** → HÂLER.

***HALE-BAS** ou ***HALEBAS** n. m. inv. **1.** Sur les voiliers anciens, manœuvre utilisée pour serrer un foc ou une voile d'étai. – **2.** Sur les voiliers de plaisance, câble ou cordage servant à faire descendre une voile. (Syn. CALEBAS.)

HALEBĪD, village de l'Inde (Mysore), sur le site de Dvārasamudra, capitale ruinée des Hoysaḷa (XIe-XIIIe s.). Vestiges de nombreux temples brahmaniques et jaina ornés de riches décors sculptés.

***HALE-BREU** n. m. inv. (de *haler* et *breu,* de l'anc. fr. *braiel,* ceinture). Petit cordage passant par une poulie et servant à hisser un objet léger.

***HALECRET** n. m. (moyen néerl. *halskleedt,* tour de cou). Corps d'armure articulé, fait de lames se recouvrant (XVIe et XVIIe s.).

***HALE-CROC** n. m. (pl. *hale-crocs*). Croc pour tirer à bord le gros poisson.

***HALEFIS** n. m. Chaque facette triangulaire de la couronne et de la culasse d'un diamant taillé en brillant.

***HALE-HAUT** n. m. inv. Manœuvre consistant à tirer vers le haut un espar ou une voile.

HALEINE n. f. (anc. fr. *alener,* respirer, du lat. pop. **alenare,* du lat. class. *anhelare,* avec l'infl. de *halare,* souffler). **1.** Air que renvoient les poumons pendant l'expiration et qui s'échappe par la bouche et le nez : *Une haleine qui sent le tabac.* – **2.** Souffle, mouvement, rythme de la respiration : *Haleine régulière d'un dormeur.* – **3.** *À perdre haleine,* au point d'être essoufflé. ‖ *Avoir mauvaise haleine,* sentir mauvais de la bouche. ‖ *De longue haleine,* qui exige un effort prolongé et soutenu : *Un programme de longue haleine.* ‖ Vx. *D'une (seule) haleine,* sans s'arrêter pour reprendre son souffle ou pour se reposer. ‖ *(Être) hors d'haleine,* être très essoufflé après un effort. ‖ *Haleine courte,* respiration rapide, fréquente, difficile. ‖ *Reprendre haleine,* interrompre un effort, un travail, une action, pour reprendre son souffle ou pour se reposer. ‖ *Tenir en haleine,* maintenir en éveil l'attention, la curiosité, l'inquiétude, etc.

HÁLEK (Vítěslav), poète tchèque (Dolínek 1835 - Prague 1874). Auteur de poésies lyriques (*la Vierge des Tatras,* 1871), il a été un des animateurs de la renaissance poétique tchèque.

***HALER** v. t. (anc. néerl. *halen,* ou germ. *halôn,* amener) [conj. 3]. **1.** Élever ou tirer un fardeau à l'aide d'un câble, d'une corde, tirer à soi avec force sur un filin, une amarre. – **2.** Remorquer un bâtiment le long d'une voie navigable ou d'un quai à l'aide d'un câble ou d'un cordage, à partir de la berge. – **3.** *Haler bas une voile, un signal, etc.,* les faire descendre.
◆ v. i. Raidir une manœuvre à la main.
◆ **se haler** v. pr. Syn. de SE DÉHALER.

***HÂLER** v. t. (lat. pop. **assulare,* griller, du lat. class. *assare,* avec l'infl. du néerl. *hael,* desséché) [conj. 3]. **1.** Brunir la peau de qqn, en parlant de l'action du soleil ou de l'air. – **2.** Sécher le chanvre roui au soleil.
◆ **être hâlé** v. pass. Avoir l'épiderme bruni par le soleil ; être bronzé : *Le teint hâlé des gens de mer.*

HALES (Stephen), chimiste et naturaliste anglais (Bekesbourne, Kent, 1677 - Teddington, près de Londres, 1761). Il eut le premier l'idée de recueillir les gaz sur la cuve à eau, mesura la pression sanguine et la force d'ascension de la sève dans les plantes.

***HALETANT, E** adj. (de *haleter*). Qui est essoufflé, qui a la respiration courte et précipitée : *Une voix haletante d'émotion.*

***HALÈTEMENT** n. m. **1.** Action de haleter ; respiration forte et saccadée ; bruit qui en résulte : *Le halètement d'un chien.* – **2.** *Litt.* Souffle saccadé : *Le halètement de la locomotive à vapeur.*

***HALETER** v. i. (anc. fr. *haler,* souffler, du lat. *halare,* exhaler) [conj. **28** ; Littré **27**]. **1.** Avoir une respiration précipitée et bruyante ; être hors d'haleine, à bout de souffle : *Haleter après une longue course.* – **2.** *Litt.* Émettre un souffle saccadé et rythmé : *La locomotive haletait.* – **3.** Être tenu en haleine : *Les spectateurs haletaient dans l'attente du dénouement.*

***HALEUR, EUSE** n. Personne qui hale les bateaux.
◆ **haleur** n. m. **1.** Remorqueur. – **2.** Treuil que les pêcheurs emploient pour ramener leurs filets à bord.

HA LEVI (Juda ben Samuel), poète et théologien juif (Tolède v. 1075 - en Égypte ? 1141). On lui doit un grand nombre de poésies en hébreu ainsi qu'un traité écrit v. 1130 en arabe, *al-Khazarī* (édité en 1506), apologie du judaïsme.

HALÉVY (Jacques Fromental LÉVY, dit), compositeur français (Paris 1799 - Nice 1862). Il fut professeur d'harmonie (1827), de contrepoint et fugue (1833) ainsi que de composition (1840) au Conservatoire de Paris. On lui doit plusieurs œuvres théâtrales, dont *la Juive* (1835).

HALÉVY (Ludovic), écrivain français (Paris 1834 - *id.* 1908), neveu du précédent. Il écrivit avec Meilhac les livrets des principales œuvres d'Offenbach (*la Belle Hélène,* 1864 ; *la Vie parisienne,* 1866), puis se consacra au roman de mœurs (*l'Abbé Constantin,* 1882). [Acad. fr., 1884.]

HALÉVY (Daniel), historien et essayiste français (Paris 1872 - *id.* 1962). Il se lia d'amitié avec Péguy et collabora dès 1898 aux *Cahiers de la quinzaine.*

HALEY (Bill), guitariste, chanteur et chef d'orchestre de rock and roll américain (Highland Park, Michigan, 1925 - Harlingen, Texas, 1981). Ancien chanteur de country and western, il devint soudain, en 1954, la première vedette mondiale du rock and roll avec *Shake, Rattle and Roll* et *Rock around the Clock.*

HALFFTER (Cristóbal), compositeur et chef d'orchestre espagnol (Madrid 1930). En 1962, il obtient la chaire de composition au conservatoire de Madrid, établissement qu'il dirigera de 1964 à 1966. Avec des œuvres comme *Líneas y Puntos* pour 20 instruments à vent et électroniques (1967) ou *Anillos* pour orchestre (1968), il est reconnu comme un des principaux représentants de la musique post-sérielle. Il se définit par un sens mystique très fort (*Noche pasiva del sentido,* 1970 ; *Requiem por la libertad imaginada,* 1971 ; *Tiento,* pour orchestre, 1980).

Half Ton Cup, en yachting, l'une des *Ton Cups,* disputée par des voiliers dont le rating est de 21,7 pieds.

*__HALF-TRACK__ [alftrak] n. m. (pl. *half-tracks*) [amér. *half-track,* semi-traction]. Véhicule semi-chenillé et blindé, d'origine américaine. (Initialement affecté au transport des fantassins [Seconde Guerre mondiale ; Algérie], il ne subsiste plus que comme véhicule de commandement.)

HALIBURTON (Thomas Chandler), écrivain canadien de langue anglaise (Windsor, Nouvelle-Écosse, 1796 - Isleworth, près de Londres, 1865). Il a donné une œuvre d'humoriste et créé le personnage de Sam Slick.

HALICARNASSE, en gr. **Halikarnasios,** anc. ville de Carie (Asie Mineure), au N. du golfe Céramique (golfe de Kós). Colonie dorienne de Trézène et d'Argos, elle fit d'abord partie de l'Hexapole dorienne. Elle est célèbre par le règne de Mausole, dynaste de Carie, qui en fit sa capitale, et par le monument funéraire (le « mausolée ») que lui éleva son épouse Artémise II (fragments au British Museum). C'est l'actuelle *Bodrum.*

HALICHONDRIE ou **HALICHONDRINE** [-kɔ̃-] n. f. Éponge siliceuse, abondante dans les eaux saumâtres ou polluées, et se nourrissant surtout de bactéries, ce qui fait d'elle un agent de dépollution.

HALICTE n. m. (lat. sc. *halictus*). Petite abeille qui établit son nid dans le sol et dont certaines espèces sont sociales. (Les halictes butinent les fleurs à corolle assez profonde.)

HALIEUTIQUE adj. (lat. *halieuticus,* du gr. *halieutikos,* de *halieus,* pêcheur). Qui relève de la pêche. ◆ n. f. Ensemble des disciplines ayant trait aux problèmes de la pêche.

HALIFAX, v. de Grande-Bretagne (West Yorkshire), sur le versant est des Pennines ; 87 000 hab. Textile. Mécanique. Musée régional.

HALIFAX, port du Canada, cap. de la Nouvelle-Écosse, sur l'Atlantique ; 115 000 hab. Terminus ferroviaire, port de commerce (conteneurs) et centre industriel (automobile, raffinerie de pétrole, alimentation). Université.

HALIFAX (Charles LINDLEY WOOD, 2e *vicomte* DE), homme politique britannique (Londres 1839 - Hickleton, près de Doncaster, Yorkshire, 1934). Président de l'English Church Union (1867), il travailla, avec le P. Portal et le cardinal Mercier, à l'union des Églises (conversations de Malines, 1921-1926).

HALIFAX (Edward Frederick LINDLEY WOOD, 1er *comte* DE), homme politique britannique (Powderham Castle, Devon, 1881 - Garrowby Hall, près d'York, 1959). Élu député conservateur en 1910, il fut nommé vice-roi des Indes (1925-1931) et succéda à Eden comme ministre des Affaires étrangères (1938-1940). De 1941 à 1946, il fut ambassadeur aux États-Unis.

Halim, aéroport international de Jakarta, à 15 km de la ville.

HALIMODENDRON [-dɛ̃drɔ̃] n. m. (gr. *halimos,* de mer, et *dendron,* arbre). Arbuste (papilionacée) ornemental à petites fleurs en grappes d'un rose pourpre, acceptant les terrains salés et calcaires.

HALIN, E adj. Relatif à la salinité marine.

HALIOTIDE n. f. (lat. sc. *haliotis, -idis*). Gros mollusque gastropode prosobranche à coquille en forme d'oreille, possédant une rangée de perforations et nacrée intérieurement. (Les haliotides, appelées aussi *oreilles-de-mer, ormeaux, ormets, ormiers,* vivent appliquées contre les rochers ou sous les pierres.)

HALITE n. f. Syn. de SEL GEMME.

*__HALL__ [ol] n. m. (angl. *hall,* du frq. **halla,* halle). **1.** Salle de grandes dimensions, haute de plafond, par où l'on accède dans certains édifices publics, dans les gares, dans les hôtels, etc., ainsi que dans les demeures importantes des particuliers. — **2.** Dans l'industrie, espace réservé à un type de travail : *Hall de montage.* — **3.** Salle de grandes dimensions à usage déterminé (bals, banquets, expositions). — **4.** *Hall d'accueil,* vaste salle à l'entrée d'un établissement public ou privé, servant de salle d'attente et abritant les bureaux de renseignements pour les visiteurs.

HALL (Per Adolf), peintre suédois (Borás Älvsborg 1739 - Liège 1793). Fixé à Paris de 1766 à 1791, il a renouvelé l'art du portrait en miniature par une technique plus libre et par la recherche d'expressions plus naturelles.

HALL (Charles Francis), explorateur polaire américain (Rochester, New Hampshire, 1821 - canal de Robeson 1871). Il conduisit une expédition vers le pôle Nord et parvint, sur le *Polaris,* à la latitude encore jamais atteinte de 82° 11′ (1871) à l'ouest du Groenland.

HALL (Asaph), astronome américain (Goshen, Connecticut, 1829 - Annapolis, Maryland, 1907). En 1877, l'observation systématique de Mars lui permit de découvrir ses deux satellites : Phobos et Deimos. On lui doit également de nombreuses recherches sur les planètes, sur la parallaxe stellaire et sur les étoiles doubles.

HALL (Edwin Herbert), physicien américain (Gorham, Maine, 1855 - Cambridge, Massachusetts, 1938). Auteur de travaux sur les conductivités thermique et électrique de l'acier, il a découvert, en 1880, l'effet qui porte son nom.

Hall *(effet),* effet observable sur un conducteur ou un semi-conducteur de faible épaisseur soumis à un champ magnétique. La création d'un champ électrique proportionnel au produit vectoriel de la densité de courant par l'induction magnétique se traduit par l'apparition d'une tension entre les bords du conducteur. Il est ainsi possible de connaître la topographie d'un champ magnétique en utilisant l'effet Hall qui apparaît dans un conducteur explorant ce champ. À une température proche du zéro absolu, l'effet Hall présente des discontinuités (effet Hall quantique) dont la mesure a un très grand intérêt en métrologie.

HALL (Charles Martin), chimiste américain (Thompson, Ohio, 1863 - Daytona, Floride, 1914). En 1886, en même temps que Héroult en France, il a inventé un procédé électrolytique pour la production industrielle de l'aluminium.

HALL (Edward Twitchell), anthropologue américain (Webster Groves, Missouri, 1914). Il s'est intéressé notamment aux différences du vécu quotidien entre les peuples et a cherché à faire de l'espace-temps une différence spécifique interethnique ayant la même valeur que la langue ou la religion (*le Langage silencieux,* 1959 ; *la Dimension cachée,* 1966 ; *Au-delà de la culture,* 1976 ; *la Danse de la vie,* 1983).

ḤALLĀDJ (Abū l-Murhīth al-Ḥusayn **al-**), théologien, mystique et prédicateur martyr islamique (858-922). Victime des intrigues de la cour 'abbāsside de Bagdad, il fut exécuté après neuf ans d'emprisonnement. Massignon a traduit et commenté son œuvre, qui est une des sources du soufisme.

***HALLAGE** n. m. Droit que paient les marchands, au profit des communes, pour vendre leurs marchandises à la halle.

HALLALI n. m. (anc. fr. *haler,* exciter les chiens, du frq. **hara,* par ici, et *à lui*). **1.** Cri poussé par les veneurs lorsque l'animal va être pris. — **2.** Fanfare de trompes annonçant l'événement : *Sonner l'hallali.*

***HALLE** n. f. (frq. **hala,* endroit couvert). **1.** Emplacement couvert où se tient un marché : *La halle d'Arpajon date du* XVII*e s.* — **2.** Grande salle, plus ou moins largement ouverte sur l'extérieur, hangar servant au stockage ou au commerce d'une marchandise. — **3.** *Dame de la halle,* marchande des anciennes Halles de Paris. ‖ *Le roi des Halles,* surnom donné à François de Bourbon, duc de Beaufort, en raison de la sympathie que lui témoignaient les dames de la halle.
◆ **halles** n. f. pl. Ensemble des bâtiments et des installations où se tient le marché central des denrées alimentaires d'une ville ; ce marché lui-même.
ENCYCL. **Archit.** La halle, qui constitue en France, depuis le Moyen Âge, le point de vente à la criée des denrées alimentaires, est un abri ventilé, charpenté et de plan basilical, construit entièrement en bois (à Arpajon, Milly, etc.) ou partiellement en pierre (à Dives) et, à partir du XIXe s., en charpente métallique. Parfois, elle forme le rez-de-chaussée d'un édifice municipal. Les grandes villes marchandes d'Occident avaient des halles spécialisées pour différents produits : halles aux draps, aux toiles, aux cuirs, au blé, aux viandes, aux vins, etc.

Halles (les), quartier de Paris (Ier arrond.), anciennement dit « des Champeaux », délimité par les rues de Rivoli, Croix-des-Petits-Champs, Étienne-Marcel et le boulevard de Sébastopol. Un marché s'y tint dès le début du XIIe s., agrandi au cours du XIIIe s. Reconstruit en 1553, il fut réservé aux denrées alimentaires. La halle au blé y fut adjointe en 1765, le marché des Innocents en 1788. Napoléon III fit construire par Baltard de nouvelles halles, ensemble de dix pavillons de construction métallique (1851-1857). Ce marché a été transféré à Rungis en 1968 (un des pavillons démoli a été remonté à Nogent-sur-Marne). Sur l'espace ainsi libéré ont été édifiés un centre commercial (*Forum des Halles,* 1979) et divers bâtiments publics.

HALLE, v. d'Allemagne (Saxe-Anhalt), sur la Saale ; 295 372 hab. Ancienne ville hanséatique (XIIIe-XVe s.), aux édifices religieux de la fin du

Moyen Âge et du XVIe s. Musées. Centre administratif et industriel, situé près de gisements de lignite, de potasse et de sel (métallurgie, mécanique, chimie). Université.

HALLE, en fr. **Hal,** v. de Belgique, ch.-l. d'arrond. (avec Vilvoorde) du Brabant flamand, sur le canal de Bruxelles à Charleroi ; 32 000 hab. Basilique Notre-Dame, bel exemple de gothique brabançon (XIVe-XVe s. ; œuvres d'art). Métallurgie. Textile. Papeterie.

HALLE (Morris), linguiste américain (Liepaïa, Lettonie, 1923). Professeur à l'Institut technologique du Massachusetts (MIT), il élabore avec Roman Jakobson une théorie phonologique universelle. Sa collaboration avec N. Chomsky fait de lui un des théoriciens de la grammaire générative et le fondateur de la phonologie générative.

HALLÉ, famille de peintres français. — DANIEL (Rouen 1614 - Paris 1675), établi à Paris, exécuta surtout des tableaux d'Église. — Son fils et élève CLAUDE GUY (Paris 1652 - *id.* 1736), académicien en 1682, eut une production éclectique et variée. — NOËL (Paris 1711 - *id.* 1781), fils du précédent, grand prix de l'Académie en 1736, fut inspecteur de la manufacture des Gobelins (1771) et directeur de l'Académie de France à Rome (1775). Il s'adonna à tous les genres, dans un style parfois maniéré, toujours rapide et fougueux (*Hippomène et Atalante,* Salon de 1765, musée de Saint-Étienne).

HALLÉ (Jean Noël), médecin français (Paris 1754 - *id.* 1822), fils du peintre Noël Hallé. Il prit la défense de Lavoisier devant la Convention. Il devint premier médecin ordinaire de Napoléon Ier. Il fut le principal rédacteur de la première édition du *Codex medicamentarius* en 1818, en usage jusqu'en 1972.

***HALLEBARDE** n. f. (haut all. *helm-barte,* de *helm,* hampe, et *barte,* hache). **1.** Arme d'hast, à fer pointu et tranchant, en usage du XIVe au XVIIe s. (Elle est portée encore auj. par la garde suisse et en service d'honneur dans la marine.) — **2.** Fam. *Il pleut, il tombe des hallebardes,* il pleut à verse.

***HALLEBARDIER** n. m. **1.** Fantassin qui était armé d'une hallebarde. — **2.** Marin armé d'une hallebarde, en service d'honneur à la porte d'un amiral.

HALLEIN, v. d'Autriche (prov. de Salzbourg), sur la Salzach ; 15 000 hab. Importantes mines de sel (que l'on visite). Industries du bois.

HALLE-NEUSTADT, v. d'Allemagne, banlieue O. de Halle ; 92 000 hab.

Haller *(réseau de),* syn. de RETE TESTIS.

HALLER DE HALLENBURG (Józef), général polonais (Jurczyce, près de Cracovie, 1873 - Londres 1960). Il participa avec Piłsudski à la création des légions polonaises. Commandant les forces polonaises engagées en France (1918), puis un groupe d'armées pendant la guerre polono-soviétique (1920), il fut ministre du gouvernement polonais de Londres.

***HALLEY** n. m. (onomat.). Bruit que fait un cheval atteint de cornage.

HALLEY (Edmond), astronome et physicien anglais (Haggerston, Londres, 1656 - Greenwich 1742). Auteur de nombreuses recherches concernant la géophysique, la météorologie et l'astronomie, il reste surtout connu pour son étude du mouvement des comètes. Dans son *Synopsis d'astronomie cométaire* (1705), il identifia les comètes apparues en 1531 et 1607 à celle qu'il avait lui-même observée en 1682, montrant ainsi qu'il s'agissait d'une comète périodique dont il prédit le retour en 1758.

HALLEY *(comète de),* célèbre comète périodique dont Halley calcula, le premier, l'orbite. Elle gravite dans le sens rétrograde à des distances du Soleil comprises entre 5 300 et 88 millions de kilomètres et sa période est, en moyenne, de 76 ans. Tous ses passages près du Soleil ont été observés depuis 240 av. J.-C. En 1986, elle a été, pour la première fois, survolée par des sondes spatiales.

HALLGRÍMSSON (Jónas), poète islandais (Hraun, Oxnadalur, 1807 - Copenhague 1845). Un des fondateurs de la revue *Fjölnir* (1835), il contribua au réveil du nationalisme islandais et à la création de la langue littéraire islandaise moderne (*Poèmes,* 1847).

***HALLIER** n. m. (anc. fr. *halot,* du frq. **hasal*). Gros buisson touffu, surtout composé de ronces, où se réfugie le gibier.

HALLIGEN, groupe d'une dizaine d'îles de la mer du Nord, sur la côte du Schleswig-Holstein (Allemagne), détachées du continent lors de tempêtes en 1362 et 1634.

HALL IN TIROL, anc. **Solbad Hall in Tirol,** v. d'Autriche (Tyrol), sur l'Inn, à l'E. d'Innsbruck ; 13 000 hab.

HALLOWEEN, dans certains pays anglo-saxons, fête annuelle, qui a lieu le 31 octobre, au cours de laquelle les enfants revêtent un déguisement et placent devant chaque porte un panier, pour que le chef de famille y dépose un cadeau.

HALLOYSITE n. f. (de O. *d'Halloy,* n. pr.). Silicate hydraté naturel d'aluminium, proche du kaolin, appartenant au groupe des argiles.

HALLSTATT, bourg d'Autriche (Haute-Autriche), dans le Salzkammergut, au bord du

Hallstättersee ; 1 500 hab. Petit centre de tourisme. Importantes mines de sel exploitées dès la préhistoire. Musée préhistorique. Station de sports d'hiver (alt. 511 m).
– **Archéol.** La découverte (1846) d'une vaste nécropole en a fait le site éponyme du premier âge du fer, qui a été divisé en deux périodes. Des environs de 800 à 600 av. J.-C., Hallstatt I est caractérisé par des épées de bronze et de grandes épées en fer. À l'époque de Hallstatt II (600-500 av. J.-C.) apparaît un glaive court. Pendant l'ensemble de la période, des courants commerciaux actifs avec les pays méditerranéens se traduisent par la présence d'objets importés ou imités.

***HALLSTATTIEN, ENNE** [alʃtatjɛ̃, -ɛn] adj. Relatif à la période protohistorique du premier âge du fer, dite « de Hallstatt ».

HALLSTEIN (Walter), juriste et homme politique allemand (Mayence 1901 - Stuttgart 1982). Secrétaire d'État aux Affaires étrangères (1951-1957), il travailla à l'édification des Communautés européennes. Il présida la Commission des Communautés européennes (1958-1967).

HALLSTRÖM (Per), écrivain suédois (Stockholm 1866 - *id.* 1960). Auteur de romans, de nouvelles (*Léonora,* 1928), de poésies (*Lyrisme et fantaisies,* 1891) et de drames (*le Comte d'Anvers,* 1899) de facture impressionniste, où la fantaisie romantique côtoie un sens aigu de l'observation.

HALLUCINANT, E adj. **1.** Qui obsède par son caractère proche de l'hallucination : *Un spectacle hallucinant.* — **2.** Qui frappe de saisissement : *Ressemblance hallucinante.*

HALLUCINATION n. f. (lat. *hallucinatio, -onis*). **1.** Perception sans objet entraînant la conviction entière du sujet. (→ *encycl.*) — **2.** Fam. *Avoir des hallucinations,* voir qqch que les autres ne voient pas, avoir des visions.
ENCYCL. **Neurol.** et **Psychiatr.** Les hallucinations s'observent dans des contextes cliniques variés :
1º hallucinations « hypnagogiques » des sujets réputés normaux en état de rêve ou de demi-sommeil ;
2º hallucinations de type onirique, essentiellement de nature visuelle, que l'on rencontre dans les états confusionnels d'origine toxique (delirium tremens, par ex.), après la prise d'hallucinogènes, au cours de bouffées délirantes, dans certaines formes d'épilepsie et dans les psychonévroses ;
3º hallucinations des délires chroniques avec troubles importants de la personnalité (forme paranoïde de la schizophrénie ou de la psychose hallucinatoire chronique dont elles constituent le phénomène morbide principal). Les hallucinations sont variées mais les hallucinations auditives ne manquent jamais ;
4º hallucinations liées à une pathologie neurologique corticale. Elles sont le plus souvent paroxystiques. Le type et la structure de l'hallucination dépendent du siège de la lésion. Les hallucinations visuelles sont les plus fréquentes.
La psychanalyse pose le problème de l'hallucination dans les termes de l'épreuve de la réalité et en rapport avec la notion de satisfaction imaginaire d'un désir.

HALLUCINATOIRE adj. **1.** Qui se rapporte à l'hallucination. — **2.** *Psychose hallucinatoire chronique,* forme de psychose délirante chronique, marquée par l'importance et la diversité des hallucinations essentiellement auditives.
ENCYCL. La *psychose hallucinatoire* se manifeste cliniquement le plus souvent brutalement, sous forme de voix venant tantôt de l'extérieur, tantôt de l'intérieur du corps et tenant des propos agressifs et insultants concernant en premier chef le sujet lui-même. L'impression que la vie psychique échappe au contrôle de la volonté constitue, selon G. G. de Clérambault, le noyau de cette psychose. L'activité délirante ne s'accompagne pas de désorganisation globale de la personnalité et reste longtemps compatible avec une vie sociale normale, si bien qu'elle passe assez souvent inaperçue de l'entourage du malade. Cela, outre l'âge relativement tardif (entre 30 et 50 ans) de l'éclosion des troubles, la distingue de la schizophrénie, de même que le manque de logique dans la production délirante la distingue de la paranoïa.

HALLUCINÉ, E n. (lat. *hallucinatus,* de *hallucinari,* divaguer). Personne hallucinée.

HALLUCINER v. t. (de *halluciné*) [conj. 3]. *Litt.* Provoquer une hallucination chez qqn.
◆ v. i. Avoir des hallucinations.
◆ **être halluciné** v. pass. **1.** Être en proie à des hallucinations. — **2.** Être hagard, comme sous l'effet d'hallucinations : *Il me regardait d'un air halluciné.*

HALLUCINOGÈNE n. m. Substance pharmacologique dont l'absorption induit chez l'homme des modifications importantes et transitoires de la perception, des processus de pensée et de l'humeur. (Les principaux hallucinogènes sont les indoles et leurs dérivés [LSD], la mescaline et le haschisch.)

HALLUCINOSE n. f. Perception sans objet, proche des hallucinations visuelles et que le sujet reconnaît d'emblée comme pathologique et n'intègre pas à un système délirant.

HALLUIN (59250), comm. du Nord, au N. de Tourcoing ; 17 687 hab. Constructions métalliques. Textile. Chocolaterie.

***HALLUX** n. m. (lat. *hallus,* gros orteil). *Hallux flexus,* orteil en marteau. ‖ *Hallux valgus,* déviation vers l'extérieur du pied de l'articulation métatarso-phalangienne, le gros orteil se mettant en abduction et le premier métatarsien en adduction. (Il se rencontre le plus souvent chez la femme et est fréquemment héréditaire.) ‖ *Hallux varus,* déviation en dedans du gros orteil. (Cette déformation est beaucoup plus rare que l'hallux valgus.)

HALLYDAY (Jean Philippe SMET, dit **Johnny**), chanteur français (Paris 1943). Il débute en 1959, obtient en 1961 un triomphe à l'Olympia et devient l'une des « idoles » de la chanson française. Après la vague « yé-yé », il évolue entre les variétés et le rock, en suivant les modes successives. C'est sur scène qu'il donne le meilleur de lui-même.

HALMAHERA, GILOLO, JILOLO ou **DJAILOLO,** principale île, montagneuse et forestière, des Moluques (Indonésie), séparée de Célèbes par le détroit des Moluques ; 15 722 km^2 ; 54 000 hab. Cultures du riz et du cocotier. Exportation d'épices et de coprah.

HALMSTAD, port de Suède, sur le Cattégat ; 76 000 hab. Église du XIVe s. Ville de garnison et centre industriel. Pêche. Tourisme.

***HALO** n. m. (lat. *halos,* du gr. *halôs,* disque). **1.** Zone circulaire blanche, parfois colorée autour d'une source de lumière : *Un halo de lumière entourait les réverbères.* — **2.** *Litt.* Rayonnement, auréole de qqch : *Être entouré d'un halo de gloire.* — **3.** Cercle lumineux qui entoure quelquefois le Soleil (résultant de la réfraction de la lumière solaire à travers les petits cristaux de glace en suspension dans l'atmosphère ou constituant les cirrus très élevés) et la Lune. — **4.** Volume sphérique autour d'une galaxie spirale, peuplé d'étoiles vieilles groupées en amas globulaires qui gravitent autour de la galaxie. — **5.** Auréole qui entoure l'image photographique d'un point lumineux du sujet (soleil ou lampe).

HALOBATE n. m. Insecte hétéroptère vivant en haute mer (régions tropicales et australes), courant rapidement à la surface des eaux et trouvant sa nourriture dans les sargasses flottantes, tropicales et australes. (Les *halobates* sont le seul groupe d'insectes franchement marins.)

HALOBIOS n. m. Ensemble des êtres vivants du milieu marin.

HALOCLASTIE n. f. Fragmentation des roches grenues due à la cristallisation des sels en solution dans les pores et fissures.

HALOCLINE n. f. Couche à fort gradient vertical de salinité, immergée au voisinage de la thermocline et développée essentiellement entre 0 et 500 m de profondeur.

HALOGÉNATION n. f. **1.** Substitution dans une molécule d'un atome d'halogène à un atome d'hydrogène. — **2.** Addition d'une molécule d'halogène à une molécule renfermant une liaison multiple.

HALOGÈNE adj. et n. m. **1.** Se dit des éléments de la colonne VII B du tableau périodique (fluor, chlore, brome, iode et astate). [→ *encycl.*] — **2.** *Lampe à halogène* ou *halogène* (n. m.), lampe à incandescence, à filament de tungstène, dont l'atmosphère gazeuse contient une certaine proportion d'halogène ou d'un composé organique halogéné dont le rôle est de régénérer le filament. (À puissance égale, les lampes à halogène ont des dimensions plus petites et des performances meilleures que celles des lampes à incandescence classiques.)

ENCYCL. Les molécules des halogènes sont diatomiques à température ordinaire. La chimie des halogènes est dominée par la facilité avec laquelle leurs atomes acquièrent un électron pour former des anions de charge - 1. Les énergies d'ionisation des halogènes sont élevées, mais diminuent notablement avec le numéro atomique. L'affinité électronique est maximale pour le chlore.

HALOGÉNER v. t. (conj. **18**). Soumettre à l'halogénation.

HALOGÉNURE n. m. **1.** Combinaison d'un halogène avec un autre élément. — **2.** Produit résultant de la substitution d'un atome d'halogène à un atome d'hydrogène dans un hydrocarbure ou à un groupe hydroxyle dans un alcool. (Les halogénures subissent facilement des réactions nucléophiles et radicalaires. Leur réactivité dépend de la nature de l'halogène : elle décroît de l'iode au fluor.) — **3.** *Lampe aux halogénures,* lampe à décharge utilisant le rayonnement d'un mélange d'une vapeur métallique (mercure, par ex.) et des produits de dissociation d'halogénures.

HALOÏDE adj. Se dit des sels résultant de la combinaison d'un halogène avec un autre élément très électropositif.

***HÂLOIR** n. m. (de *hâler*). **1.** Lieu où l'on fait sécher le chanvre après son rouissage et avant de le broyer. — **2.** Local destiné à l'affinage des fromages à pâte molle.

HALOMORPHE adj. Se dit de l'ensemble des sols dont l'évolution et les propriétés sont affectées par la présence de sels de sodium (et, secondairement, de magnésium et de calcium). [Syn. SALSODIQUE.]

HALON n. m. (de *halogène*). Nom industriel donné aux dérivés fluorés, chlorés et bromés des hydrocarbures, employés comme liquides extincteurs et frigorifiques.

HALOPÉRIDOL n. m. Neuroleptique appartenant au groupe des butyrophénones, utilisé pour ses propriétés antihallucinatoires et sédatives dans le traitement des psychoses.

HALOPHILE adj. Qui pousse naturellement dans les terrains imprégnés de sel.

HALOPHYTE n. f. Végétal (plante supérieure, algue ou champignon) vivant dans une eau sursalée ou sur un sol salé.
ENCYCL. La plupart des halophytes ont des tissus charnus, ce qui leur permet d'augmenter la dilution du sel dans leur milieu intérieur. Mais cela n'évite pas l'existence, dans leurs tissus, d'une pression osmotique élevée, d'où l'apparition de caractères adaptatifs : excrétion du sel par la surface des feuilles ; stockage dans les racines, etc. Toutes les halophytes peuvent, en l'absence de concurrents, se développer sur des terrains non salés ; elles perdent alors leurs caractères adaptatifs.

HALOTHANE n. m. Dérivé de l'éthane, employé comme anesthésique par inhalation, en particulier chez l'enfant.

HALPERN (Bernard), médecin français (Tarnos, Ukraine, 1904 - Paris 1978). Ses travaux ont porté sur la physiopathologie et la thérapeutique des maladies allergiques. On lui doit l'utilisation en médecine des premiers produits de synthèse à activité antihistaminique. (Acad. des sc., 1964.)

HALS (Frans), peintre néerlandais (Anvers v. 1580/1585 - Haarlem 1666). À Haarlem, où il fut élève de Van Mander, il se consacra au portrait, individuel ou collectif, affirmant son génie de coloriste, de dessinateur et de technicien dans la vie et la spontanéité des figures (*Banquet du corps des archers de Saint-Georges,* 1616, musée Frans Hals, Haarlem), jusqu'à un réalisme plein de verve, marqué par le caravagisme clair des peintres d'Utrecht (*la Bohémienne,* Louvre). S'orientant à partir de 1630 vers plus de sobriété (*Réunion des officiers du corps des archers de Saint-Adrien,* 1633, musée Frans Hals), il affina encore par la suite le rendu psychologique et parvint, par son extrême liberté de facture, à exprimer l'essentiel avec une implacable lucidité (*les Régents** et *les Régentes,* 1664, musée Frans Hals). – Son frère DIRCK (Haarlem 1591 - *id.* 1656) peignit des tableaux minutieux et colorés de joyeuses compagnies, de conversations élégantes.

HÄLSINGBORG, port de Suède (Malmöhus) ; 103 000 hab. Église des XIIe-XVe s. À l'entrée du Sund, c'est le troisième port de la Suède. Ancienne ville fortifiée. Centre industriel : chantiers navals, textile (coton), chimie.

***HALTE** n. f. (ital. *alto,* du frq. **halt*). **1.** Arrêt au cours d'une marche, d'une randonnée, d'un voyage, etc., pour se reposer, se détendre, se restaurer ; temps que dure cet arrêt : *Reprendre la route après une courte halte.* – **2.** Lieu où se fait cet arrêt : *Atteindre la halte à l'heure prévue.* – **3.** *Litt.* Suspension d'une action, d'un travail ou interruption dans un processus, une évolution : *Observer une halte dans la réalisation d'un programme.* – **4.** Station ferroviaire de faible importance. – **5.** *(Dire) halte à,* signifier à qqn qu'il doit cesser ses entreprises, manifester sa volonté de faire obstacle à qqch : *Halte à la guerre !* ‖ *Faire halte,* s'arrêter qqpart, en parlant de personnes ou de véhicules. ‖ *Halte !,* commandement par lequel on donne l'ordre à une troupe en marche, à qqn ou à un groupe de personnes, à des véhicules de s'arrêter. ‖ *Halte-là !,* cri d'un militaire en faction ou en patrouille pour enjoindre à qqn de ne pas aller plus avant ; injonction à cesser l'action en cours et, en partic., à cesser d'importuner ou d'exagérer.

***HALTE-GARDERIE** n. f. (pl. *haltes-garderies*). Petit établissement qui accueille les enfants de trois mois à cinq ans pour quelques heures, pour la demi-journée.

HALTÈRE n. m. (bas lat. *halteres,* du gr. *haltêres,* balanciers). **1.** Barre généralement métallique, supportant deux poids fixes ou des disques amovibles, utilisée en haltérophilie et en gymnastique. – **2.** *Poids et haltères,* syn. de HALTÉROPHILIE.

HALTÉROPHILE n. Sportif qui pratique l'haltérophilie.

HALTÉROPHILIE n. f. Sport qui consiste à lever des haltères. (Syn. POIDS ET HALTÈRES.)
ENCYCL. Les concurrents sont répartis en 10 catégories selon leur poids : jusqu'à 52, 56, 60, 67,5, 75, 82,5, 90, 100, 110 kg et au-dessus de 110 kg. Ils disposent de trois essais par mouvement (arraché et épaulé-jeté à deux bras). Le classement est établi à partir du total réalisé : meilleur arraché + meilleur épaulé-jeté. Ce total et chacun des deux mouvements sont l'objet de tentatives de records.

HALTIATUNTURI, en norv. **Reisduodarhaldde,** point culminant de la Finlande, en Laponie, à la frontière norvégienne ; 1 324 m.

HALTICA n. f. (lat. sc. *altica*). Nom générique des altises.

***HALVA** n. m. (turc *helvā,* de l'ar. *halwā*). Confiserie orientale à base de graines de sésame broyées et de sucres.

HALYS, auj. **Kızıl ırmak,** fleuve de l'Asie Mineure, qui constituait la frontière entre Lydiens et Mèdes (v. 585-550).

HALZOUN n. m. (ar. *ḥalazūn,* escargot). Distomatose due à une douve adulte, *Fasciola hepatica,* qui se fixe dans le pharynx. (L'halzoun s'observe dans les populations du Proche-Orient qui consomment du foie de chevreau cru.)

HAM (80400), ch.-l. de cant. de la Somme, sur la Somme ; 5 868 hab. Église des XIIe, XIIIe et XVIIe s., anc. abbatiale. Vestiges du château où furent détenus le prince de Condé au XVIe s., le prince de Polignac, les généraux Cavaignac et Changarnier, ainsi que Louis-Napoléon, qui s'en évada en 1846. Métallurgie. Robinetterie.

HAMA (Boubou), homme politique et écrivain nigérien (Fonéko-Dibilo 1909 - Niamey 1982). Président de l'Assemblée nationale jusqu'à la chute d'Hamani Diori (1974), il est considéré, avec Amadou Hampâte Bâ, comme l'un des meilleurs spécialistes de la tradition africaine (*Contes et légendes du Niger,* 1972-73 ; *Le double d'hier rencontre demain* 1973).

ḤAMĀ, v. de Syrie, ch.-l. de prov., sur l'Oronte, dans une oasis arrosée par des norias ; 253 000 hab. Musée archéologique dans un palais du XVIIIe s. Centre commercial. Artisanat textile. Métallurgie. Cimenterie.
— **Hist.** La ville ancienne, *Hamat,* atteignit son apogée au IXe s. av. J.-C. C'était alors la capitale d'un royaume néohittite, assiégée en vain par Salmanasar III (853) [→ QARQAR]. Puis elle fut la capitale d'un royaume araméen soumis par Sargon II en 720.

***HAMAC** [amak] n. m. (esp. *hamaca,* du caraïbe). **1.** Rectangle de toile ou de filet suspendu à ses deux extrémités, dans lequel on s'allonge pour dormir ou se reposer. — **2.** Chemise utilisée dans les meubles à classement suspendu et destinée à recevoir des dossiers.

***HAMADA** n. f. (ar. *hamāda*). Au Sahara, plateau constitué par des dalles rocheuses, le plus souvent formées par des calcaires lacustres ou des croûtes calcaires récentes.

HAMADA SHŌJI, potier japonais (Kawasaki, près de Tōkyō, 1894 - Mashiko 1978). Initié au Japon, il s'est perfectionné en Angleterre au contact de Bernard Leach. Ses grès, ornés de décors graphiques, sont revêtus de couvertes colorées par des cendres végétales.

HAMADHĀN, v. d'Iran, sur le versant septentrional du mont Elvend ; 349 653 hab. Hamadhān recouvre l'ancienne Ecbatane*. La ville antique n'a pu être explorée. Centre commercial. Tapis.

HAMADRYADE n. f. (lat. *hamadryas,* du gr. *hamadruas, -ados,* de *hama,* avec, et *drûs,* chêne). **1.** Nymphe des bois, qui naissait avec un arbre et mourait avec lui. — **2.** Autre nom du *cobra royal d'Asie.*

HAMADRYAS [-drijas] n. m. (même étym. que *hamadryade*). Babouin dont les mâles ont un magnifique pelage argenté et qui vit en harems très hiérarchisés.

HAMAMATSU, v. du Japon, dans l'île de Honshū (préf. de Shizuoka), sur le Pacifique ; 548 000 hab. Centre commercial. Textile. Chimie. Instruments de musique.

HAMAMÉLIS [-lis] n. m. (gr. *hamamêlis, -idos,* néflier). Arbrisseau ou petit arbre rustique à feuilles caduques, à fleurs jaunes, en bouquets, qui s'épanouissent en automne et au début de l'hiver. (On tire des feuilles et de l'écorce un extrait utilisé en médecine et en cosmétologie.)

HAMANN (Johann Georg), écrivain et philosophe allemand (Königsberg 1730 - Münster 1788). Il est à l'origine d'un courant hostile au rationalisme et au classicisme d'origine française du XVIIIe s.

***HAMAUX** n. m. pl. Nappes de filets à larges mailles, entourant, à l'extérieur, la nappe centrale du tramail.

Hambach *(fête de)* [27 mai 1832], manifestation au cours de laquelle furent réclamées l'unité nationale allemande et une Constitution démocratique républicaine.

HAMBOURG, en all. **Hamburg,** port d'Allemagne, constituant un Land ; 755 km² ; 1 626 220 hab. *(Hambourgeois).*
— **Géogr.** Sur l'estuaire de l'Elbe, à la confluence de l'Alster, Hambourg constitue le principal débouché maritime de l'Allemagne et demeure l'un des plus grands ports européens. L'industrie est représentée par les chantiers navals, le raffinage du pétrole, la métallurgie. Le rôle commercial (banques et assurances) et culturel (édition ; musées, dont la Kunsthalle [beaux-arts] ; université) est aussi notable.
— **Hist.** Née d'un petit fort bâti sur l'Alster par Charlemagne (v. 810), Hambourg devint un siège épiscopal (831) puis archiépiscopal (834). Dévastée par les Normands (845) et les Obodrites (983), la ville devint cependant un centre commercial important. En 1188, Adolphe III, comte de Holstein, fit bâtir une ville portuaire neuve qui obtint de Frédéric Barberousse une charte et des privilèges de navigation (1189). En 1216, les deux villes fusionnèrent. Hambourg participa à la Hanse pour s'imposer grâce à elle sur les marchés étrangers et supplanta Lübeck au XVIe s. Elle adhéra à la Réforme en 1529. Elle possédait

dès les XVIe-XVIIe s. un réseau postal, un Code de commerce, une Bourse et une banque et elle établit une ligne de navigation directe avec l'Amérique. Elle ne cessa de se développer jusqu'à la Révolution et fut gravement atteinte par les guerres napoléoniennes. Elle obtint le statut de ville libre et souveraine dans la Confédération germanique (1815) et adhéra à l'Empire allemand en 1871. Hambourg fut déclaré port franc en 1881. La ville subit en juill.-août 1943 des bombardements qui firent 41 000 morts.

Hambourg *(race de),* race de poule à plumage pailleté, bonne pondeuse.

***HAMBOURGIEN** n. m. (de *Hambourg,* n. pr.). Faciès culturel du paléolithique supérieur de l'Europe septentrionale, contemporain du magdalénien final (XIIe-XIe millénaire). [Le gisement principal est situé à Meiendorf, près de Hambourg (Allemagne).]

HAMBRAEUS (Bengt), compositeur, musicographe et organiste suédois (Stockholm 1928). Il émigra au Canada en 1972. Il n'a négligé aucun des courants actuels du néo-classique à l'électronique. On lui doit notamment *Rota I, II* et *III* pour orchestre et bande magnétique (1963), *Tetragon* (1965).

***HAMBURGER** [ɑ̃burgœr] n. m. (amér. *hamburger steak,* steak à la façon de Hambourg). **1.** Steak haché servi souvent avec un œuf à cheval. — **2.** Steak haché assaisonné, servi à l'intérieur d'un petit pain rond.

HAMBURGER (Jean), médecin français (Paris 1909 - *id.* 1992). Il est l'auteur de travaux importants sur la néphrologie, en particulier sur la greffe du rein et l'épuration extrarénale. (Acad. des sc., 1974 ; Acad. fr., 1985.)

ḤAMDĀNIDES, dynastie arabe qui régna au Xe s. à Mossoul et à Alep, où s'illustra l'émir Sayf al-Dawla († 967).

ḤAMDĀN QARMAT, paysan de la région de Kūfa, converti à la doctrine ismaélienne, qui fonda en 890, à l'E. de Kūfa, un refuge d'où furent lancées des révoltes contre les califes 'abbāssides.

HAMDI BEY (Osman), archéologue turc (Istanbul 1842 - *id.* 1910). Il a été le créateur du Musée impérial d'Istanbul, qu'il enrichit du produit des fouilles d'Asie Mineure et de Syrie.

***HAMEAU** n. m. (anc. fr. *ham,* du frq. **haim*). Groupe de maisons rurales situées hors de l'agglomération principale d'une commune.

Hameau de Marie-Antoinette, à Versailles, nom donné à un ensemble de constructions d'allure paysanne créé à la demande de la reine par l'architecte Mique, de 1783 à 1786, dans le parc du Petit Trianon.

HAMEÇON n. m. (anc. fr. *aim,* du lat. *hamus*). **1.** Crochet métallique que l'on place au bout d'une ligne, et sur lequel on fixe un appât pour prendre du poisson. (L'hameçon comprend la hampe terminée par une palette ou un œillet, la courbure et la pointe, munie d'un ardillon.) — **2.** *Mordre à l'hameçon,* se laisser séduire par des apparences trompeuses.

Hameçons (néerl. *Hoeken*), faction politique hollandaise, qui soutint Marguerite de Bavière dans sa lutte contre l'aîné de ses fils, Guillaume V, soutenu par les Cabillauds.

HÄMEENLINNA, v. du sud de la Finlande ; 42 000 hab. Maison natale de Sibelius. Musées.

***HAMÉLIA** n. m. Bel arbuste d'ornement (rubiacée), à fleurs jaunes, rougeâtres ou écarlates groupées en cymes.

HAMELIN (Octave), philosophe français (Le Lion-d'Angers, Maine-et-Loire, 1856 - Hucket, Landes, 1907). Il est l'un de ceux qui ont introduit Hegel en France (*Essai sur les éléments principaux de la représentation,* 1907).

HAMELN, port d'Allemagne (Basse-Saxe), sur la Weser ; 59 900 hab. Ancienne ville hanséatique (XVe-XVIe s.). Port de pêche et centre industriel. Église des XIe-XIVe s. Maisons de la Renaissance.

HAMERLING (Rupert HAMMERLING, dit **Robert**), poète autrichien (Kirchberg am Walde 1830 - Graz 1889), auteur de poèmes épiques (*Ahasverus in Rom,* 1866) et de romans historiques (*Aspasie,* 1876).

HAMERSLEY RANGE, chaîne montagneuse d'Australie, dans l'O. de l'Australie-Occidentale. Mines de fer.

HAMHUNG, v. de la Corée du Nord, dans le centre-est du pays ; 775 000 hab. Mécanique. Chimie.

HAMILCAR ou **AMILCAR,** général carthaginois, dont la défaite à Himère entraîna pour Carthage la perte de la Sicile (480 av. J.-C.).

HAMILCAR ou **AMILCAR,** surnommé **Barca,** chef carthaginois (v. 290 - Elche 229 av. J.-C.), père d'Hannibal. Lors de la première guerre punique*, il se battit en Sicile contre les Romains, où il se maintint sur le mont Éryx. Il réprima la révolte des mercenaires de Carthage (240 - 238). Il entreprit la conquête de l'Espagne (237-229), où il fonda Alicante.

HAMILTON (fl.) → CHURCHILL (fl.).

HAMILTON, v. du Canada (Ontario), sur la baie de Burlington (extrémité ouest du lac Ontario) ; 318 499 hab. Université. Métallurgie (à partir du fer et du charbon américains). Mécanique. Électrotechnique. Chimie. Alimentation.

HAMILTON, v. de la Nouvelle-Zélande (île du Nord), au S.-S.-E. d'Auckland ; 150 000 hab. Centre d'une région d'élevage. Université.

HAMILTON, ch.-l. des Bermudes, sur Main Island ; 3 000 hab.

HAMILTON (James, 1er *duc* DE), homme politique écossais (1606 - Westminster 1649). Devenu l'un des conseillers de Charles Ier, il prit la tête du parti royaliste en Écosse (1648). Vaincu à Preston, il fut exécuté par les Anglais.

HAMILTON (Antoine, *comte* DE), écrivain irlandais d'expression française (Roscrea, comté de Tipperary, 1646 - Saint-Germain-en-Laye 1720). Il suivit les Stuarts en exil, se fixa à Paris, où il consacra aux exploits guerriers et mondains de son beau-frère, ses ironiques *Mémoires de la vie du comte de Gramont* (1713).

HAMILTON (Alexander), homme politique américain (Nevis, Antilles, 1755 - New York 1804). Secrétaire au Trésor (1789-1795), il fut la tête de file du parti fédéraliste, partisan, contre les jeffersoniens, d'une politique de centralisation et de renforcement de l'État fédéral.

HAMILTON (*sir* William), philosophe écossais (Glasgow 1788 - Édimbourg 1856). Sa philosophie procède de celles de Kant et de Thomas Reid.

HAMILTON (*sir* William Rowan), mathématicien et physicien irlandais (Dublin 1805 - *id.* 1865). Devant l'impossibilité de trouver un équivalent algébrique aux vecteurs de l'espace à trois dimensions, il inventa, en 1843, les quaternions, premier exemple d'ensemble dans lequel la multiplication ne soit pas commutative. Sa théorie mathématique et déductive de l'optique, transposée ensuite à la dynamique, fit progresser le calcul des variations et la résolution des équations différentielles.

HAMILTON (Richard), peintre britannique (Londres 1922). D'abord abstrait, il a opéré dès le milieu des années 50 un retour à la réalité en puisant dans les images et les techniques de la culture de masse et de la civilisation urbaine. Admirateur de M. Duchamp et pionnier du pop art, travaillant à l'aide du collage, de la photographie, de la sérigraphie, etc., il a entrepris une exploration du quotidien individuel et collectif (série « Swingeing London », 1968-69).

HAMILTONIEN, ENNE adj. Se dit d'un graphe qui peut être décrit par un cycle contenant chaque sommet du graphe une fois et une seule.

◆ **hamiltonien** n. m. Grandeur exprimée à partir des paramètres définissant un système et représentant l'énergie totale du système. (Elle sert en mécanique classique et surtout en mécanique quantique à décrire l'état et l'évolution du système.)

HAMINA, en suéd. **Fredrikshamn,** port de Finlande sur le golfe de Finlande ; 11 000 hab. — Le *traité de Hamina* (1809) sépara la Finlande de la Suède pour en faire un grand-duché autonome rattaché à l'empire des tsars.

HAMKA (pseudonyme littéraire de HADJDJI ABDUL MALIK KARIM AMRULLAH), écrivain, juriste et théologien indonésien (Sungai Batang, Sumatra, 1908 - Jakarta 1981). Un des animateurs de l'association progressiste Muhammadiyyah, ses romans (*le Naufrage du Van der Wijk,* 1939), ses nouvelles (*Dans la vallée de la vie,* 1940), ses souvenirs et ses essais (*l'Influence de Muhammad Abduh en Indonésie,* 1961) sont entièrement centrés sur l'islām.

Hamlet ou **Amleth,** prince du Danemark, personnage légendaire d'un récit de l'historien Saxo Grammaticus (fin du XIIe s.). Il aurait simulé la folie pour venger son père assassiné par son propre frère Fengo.

Hamlet, drame en 5 actes de Shakespeare (1601). Prince rêveur, impulsif, velléitaire, Hamlet doit venger son père, dont le spectre lui apprend qu'il a été assassiné par son propre frère, Claudius. Cette mission entraînera successivement la mort de son futur beau-père, d'Ophélie, sa fiancée, de Claudius, de sa mère, avant qu'il ne meure à son tour, empoisonné par l'épée de Laerte, frère d'Ophélie.

HAMM, v. d'Allemagne (Rhénanie-du-Nord-Westphalie), dans la Ruhr ; 182 390 hab. Nœud ferroviaire et centre industriel (métallurgie).

ḤAMMĀD IBN BULUQQĪN († Qal'a 1028), souverain du Maghreb (1015-1028), fondateur de la dynastie des Ḥammādides. Il fit édifier dans les monts du Hodna (1007-1008) la Qal'a des Banū Ḥammād, leur future capitale.

ḤAMMĀDIDES ou **BANŪ ḤAMMĀD,** dynastie berbère ṣanhāda du Maghreb central (1015-1152). Branche collatérale des Zīrides de Tunisie, indépendante depuis la rébellion d'Ḥammād ibn Buluqqīn (1015), elle eut pour capitale la Qal'a des Banū Ḥammād, qu'elle abandonna en 1091 pour Bougie. Elle succomba aux assauts des Almohades (1152).

Hammaguir, siège, de 1961 à 1967, de la principale base du Centre interarmées d'essais d'engins spéciaux (C. I. E. E. S.) de Bechar, dans le Sahara algérien.

***HAMMAM** [amam] n. m. (ar. *ḥammām*). Établissement de bains, public ou privé, des pays musulmans.

HAMMAMET, station balnéaire et touristique de la côte orientale de Tunisie (gouvern. de Nabeul), sur le *golfe de Hammamet.*

HAMMAM-LIF, station balnéaire de Tunisie, dans la grande banlieue de Tunis.

HAMMARSKJÖLD (Hjalmar), homme politique suédois (Väderum, Kalmar, 1862 -Stockholm 1953). Spécialiste de droit international, il fut Premier ministre de 1914 à 1917. Il présida l'Institut de droit international (1924-1938) et la fondation du prix Nobel (1929-1947). — Son fils, DAG (Jönköping 1905 - Ndola, Zambie, 1961), spécialiste des questions financières, devint secrétaire général de l'O. N. U. en 1953. Réélu en 1957, il mourut dans un accident d'avion. (Prix Nobel de la paix 1961.)

HAMME, comm. de Belgique (Flandre-Orientale), au N. de Dendermonde ; 22 000 hab.

HAMMERFEST, port de la Norvège septentrionale (Finnmark), dans l'île Kvaløy ; 7 100 hab. Ville la plus septentrionale d'Europe. Pêche. Conserveries.

***HAMMERLESS** [amɛrlɛs] n. m. inv. (angl. *hammerless,* de *hammer,* chien de fusil, et *less,* sans). Fusil de chasse à bascule et à percussion centrale, sans chien apparent.

HAMMETT (Dashiell), écrivain et scénariste américain (dans le county de Saint Marys, Maryland, 1894 - New York 1961). Créateur et maître du roman policier « noir », dans lequel il imposa le personnage du détective privé dur et obstiné, il n'a cessé de dénoncer la corruption des milieux politiques et commerciaux (*le Faucon maltais,* 1930). On lui doit aussi un scénario de bande dessinée *(Agent secret X9).*

HAMMOURABI ou **HAMMOU-RAPÎ,** sixième roi (1793-1750 av. J.-C.) de la Ire dynastie de Babylone. Après avoir enlevé Our et Isin au roi de Larsa au début de son règne, il détruisit en quelques campagnes les autres royaumes de Mésopotamie : Larsa (1762), Mari (1758), Eshnounna (1755), Assour (1754 ?) et fonda une administration cohérente pour la gestion de son empire.

Hammourabi *(code de),* texte juridique babylonien gravé sur une stèle en diorite où Hammourabi est représenté adorant Shamash, dieu-soleil et maître de la justice. Découverte à Suse en 1901, la stèle est déposée au Louvre. Les 282 articles du code sont en fait un recueil de cas de jurisprudence.

HAMON (Jean), médecin et janséniste français (Cherbourg 1618 - Paris 1687). Solitaire de Port-Royal, il eut Racine comme élève aux Petites Écoles.

HAMPÂTÉ BÂ (Amadou) → BÂ.

HAMPDEN (John), homme politique anglais (Londres 1594 - Thame, Oxfordshire, 1643). Adversaire résolu de l'arbitraire monarchique, il s'opposa en 1637 au prélèvement du *ship-money.* Principal lieutenant de Pym dans le Long Parlement de 1640, il prit une part active à la rédaction de la « Grande Remontrance ».

1. *HAMPE n. f. (anc. fr. *hante,* du lat. *hasta,* lance, croisé avec le frq. **hant,* main). **1.** Fût en bois d'une arme d'hast. — **2.** Bois qui porte un drapeau. — **3.** Trait vertical caractérisant la graphie de certaines lettres (*t, h,* etc.). — **4.** Tige d'une crosse épiscopale. — **5.** Partie de l'hameçon. (Syn. TIGE.) — **6.** Manche d'un pinceau. — **7.** *Hampe florale,* axe allongé, dépourvu de feuilles mais portant tout un groupe de fleurs, portées chacune par un pédoncule distinct. ‖ *Hampe porte-torpille,* autref., bois portant à son extrémité une charge explosive destinée à crever la coque d'un navire ennemi.

2. *HAMPE n. f. (anc. all. *Wampa,* panse, croisé avec le frq. **hamma,* partie postérieure de la cuisse). Portion charnue périphérique du diaphragme du bœuf constituant un morceau à griller.

HAMPI, site archéologique de l'Inde (Karnātaka), nom actuel de la capitale du royaume de Vijayanagar*.

HAMPSHIRE, comté du sud de l'Angleterre, sur la Manche ; 3 777 km² ; 1 511 9000 hab. Ch.-l. *Winchester.*

HAMPSTEAD, quartier résidentiel du N.-O. de Londres (borough de Camden).

HAMPTON, port des États-Unis (Virginie), sur la *rade d'Hampton (Hampton Roads)* et relié à Norfolk par un tunnel sous-marin ; 122 600 hab. Pêche. Assemblage automobile.

HAMPTON (Lionel), batteur, vibraphoniste et chef d'orchestre de jazz (Louisville, Kentucky, 1909). Il introduisit le vibraphone dans les formations de jazz, dont il fut, dès 1936, considéré comme le premier grand spécialiste. Grande figure du jazz classique, c'est un étonnant swingman, à la personnalité explosive.

Hampton Court, résidence royale d'Angleterre, dans la banlieue sud-ouest de Londres. Ancien manoir reconstruit aux XVIe-XVIIe s., ce palais abrite une importante collection de peintures (série du *Triomphe de César* de Mantegna).

HAMPTON ROADS, rade des États-Unis (Virginie), débouchant dans la baie Chesapeake et sur laquelle sont situés Newport News, Norfolk, Portsmouth et *Hampton,* groupe portuaire actif.

ḤAMRIN *(Djabal),* chaîne montagneuse de l'Iraq, qui s'étend sur 300 km entre le piémont du Zagros et la plaine mésopotamienne.

***HAMSTER** [amstɛr] n. m. (all. *Hamster*). Rongeur (cricétidé) des régions tempérées d'Eurasie, au corps trapu, aux pattes et à la queue courtes, entreposant dans ses abajoues des aliments qu'il stocke ensuite dans de profonds terriers. (Le *hamster commun* vit en Europe et en Sibérie et cause de gros dégâts aux cultures. Le *hamster doré,* plus méridional, est devenu un animal de laboratoire, voire de compagnie.)

HAMSUN (Knut PEDERSEN, dit **Knut**), écrivain norvégien (Garmostraeet, Gudbrandsdal, 1859 - Nörholm 1952). Une enfance très dure, l'exercice de divers métiers, deux séjours aux États-Unis, où il végète, et la lecture de Strindberg, Jacobsen, Nietzsche et Dostoïevski éclairent les traits qui caractérisent l'œuvre poétique, dramatique et romanesque de Hamsun : intérêt passionné pour les mouvements les plus subtils du psychisme humain, exaltation du sentiment de la nature et de la vie aventureuse de l'homme délivré de toutes les entraves sociales, refus du naturalisme. Analyste subtil des effets de *la Faim* (1890), roman autobiographique qui le rend célèbre, créateur de personnages vivants, originaux, libres (*Pan,* 1894 ; *Victoria,* 1898 ; *Vagabonds,* 1927 ; *August,* 1930), satiriste féroce à l'égard de certains métiers (*Terre nouvelle,* 1893), il se livrera, sous le couvert du sentiment de la nature et de la vie paisible (*Benoni,* 1908), à la condamnation de la vie moderne, qui s'accentuera dans *le Village de Segelfoss* (1915) pour aboutir à la glorification du paysan (*les Fruits de la terre,* 1917), qui lui vaudra le prix Nobel en 1920.

HAMULE n. m. Crochet du rebord de l'aile arrière des insectes hyménoptères. (La rangée des hamules assure, pendant le vol, le battement synchrone des ailes du même côté.)

***HAMZA** n. m. (ar. *hamza*). Syn. de COUP DE GLOTTE*.

HAMZA, fils de 'Abd al-Muṭṭalib et oncle de Mahomet († Uḥud ? 625). Il fut un fervent défenseur de l'islām naissant.

ḤAMZA IBN 'ALĪ IBN AḤMAD, imām des Druzes*.

1. *HAN n. m. inv. (onomat.). Cri sourd et guttural de qqn marquant un violent effort.

2. *HAN [an] n. m. inv. (jap. *han,* brigade). Division territoriale (fief ou région autonome), gouvernée par un daimyō, dans le Japon jusqu'en 1868.

3. HAN adj. inv. Qui concerne les Han, les Chinois.

HAN → HAN SHUI.

HAN (la), fl. de la Corée du Sud, qui traverse Séoul et rejoint la mer Jaune ; 467 km.

HAN *(grottes de),* grottes de Belgique (prov. de Namur, comm. de Rochefort), formant un réseau souterrain de 3 km de long à l'E. de Dinant. Musée dans la localité de *Han-sur-Lesse.*

HAN, dynastie impériale chinoise (206 av. J.-C. - 220 apr. J.-C.), dont les empereurs les plus importants sont Han Gaozu (206-195 av. J.-C.) et Han Wudi (140-87 av. J.-C.). L'affermissement du pouvoir central et un essor économique sans précédent permirent à la Chine des Han son expansion militaire en Mandchourie, en Corée, en Mongolie, au Viêt-nam et en Asie centrale. L'usurpateur Wang Mang (9-23) ne parvint pas à résoudre la crise agraire et, après 23, les empereurs tentèrent également de limiter la puissance des grands propriétaires. À partir de 87, ils perdirent progressivement leur autorité.

HAN, peuple majoritaire de la Chine (94 % de l'ensemble).

***ḤANAFISME** n. m. École théologique, morale et juridique islamique, issue de l'enseignement de l'imām Abū Ḥanīfa, au VIIIe s. (Le ḥanafisme est le « rite » de la majorité des sunnites turcs.)

***ḤANAFITE** n. m. Adepte du ḥanafisme.

***HANAP** [anap] n. m. (bas lat. *anappus,* du frq. **hnapp,* écuelle). Vase à boire d'origine médiévale, le plus souvent en métal et muni d'un couvercle.

HANAU *(forêt de),* forêt domaniale de la Moselle, au S.-E. de Bitche, dans le massif vosgien (plus de 6 000 ha).

HANAU, v. d'Allemagne (Hesse), sur le Main, près de Francfort ; 86 000 hab. Joaillerie. Matériel électrique. Chimie. Combustibles nucléaires.

***ḤANBALISME** n. m. (de Aḥmad ibn *Ḥanbal,* n. pr.). École théologique, morale et juridique islamique issue de l'enseignement de Aḥmad ibn Ḥanbal. (Pour elle, il n'y a pas d'autres sources religieuses que le Coran et la sunna. Le ḥanbalisme est en vigueur en Arabie Saoudite.)

***ḤANBALITE** n. Adepte du ḥanbalisme.

***HANCHE** n. f. (germ. **hanka*). **1.** Région anatomique correspondant à l'articulation d'un membre inférieur au bassin ; cette articulation elle-même. (→ *encycl.*) — **2.** Région du corps à hauteur des os iliaques (au pl.) : *Être forte des hanches.* — **3.** *Mettre les poings sur les hanches,* prendre par cette posture un air provocateur et décidé. • **Équit.** *Être sur les hanches,* en parlant du cheval, baisser la croupe, avant d'exécuter un mouvement, pour dégager ses membres antérieurs. ‖ *Hanches en dedans,* exercice dans lequel le cheval progresse en déplaçant ses postérieurs sur une piste intérieure. ‖ *Mettre un cheval sur les hanches,* provoquer, par l'action des mains et des jambes, le reflux sur ses hanches d'une plus grande partie du poids du cheval. — **Mar.** Partie d'un navire comprise entre le travers et l'arrière. — **Zool.** Segment proximal de la patte des insectes, articulé directement au thorax. — **Zootechn.** Région de l'arrière-main des quadrupèdes, située en avant du train postérieur, à la jonction du rein, de la croupe, de la cuisse et du flanc.

ENCYCL. **Anat.** L'articulation de la hanche est constituée par la cavité cotyloïde de l'os iliaque, dans laquelle vient se loger la tête du fémur ; la cavité cotyloïde est agrandie par la présence d'un fibro-cartilage appelé bourrelet cotyloïdien. Au centre, le ligament rond relie directement la tête fémorale au fond du cotyle. L'articulation de la hanche, très robuste, peut être soumise à des mouvements très variés : flexion-extension, adduction-abduction, circumduction, rotation.

***HANCHEMENT** n. m. **1.** *Litt.* Mouvement faisant saillir la hanche. — **2.** Position d'une statue debout dans laquelle le poids du corps se trouve presque complètement reporté sur une seule jambe, qui demeure en extension pendant que l'autre est fléchie. (Un type « contrarié » de hanchement est appelé *contrapposto* par les Italiens.)

***HANCHER** v. t. (de *hanche*) [conj. 3]. Faire porter une figure sculptée sur l'une ou l'autre jambe, de manière à obtenir un hanchement.
◆ v. i. ou **se hancher** v. pr., **être hanché** v. pass. *Litt.* Prendre une position qui fait saillir la hanche.

***HANCORNIA** n. m. Petit arbre à latex utilisé autrefois pour la production d'un caoutchouc du Brésil.

HANDAN ou **HAN-TAN,** v. de Chine, dans le sud du Hebei ; 1 110 000 hab. Carrefour routier et ferroviaire. Métallurgie. Textile.

***HANDBALL** [ɑ̃dbal] n. m. (all. *Handball,* de *Hand,* main, et *Ball,* ballon). Sport d'équipe se jouant à la main avec un ballon rond.

ENCYCL. Le *handball à onze* (pratiqué en plein air) a pratiquement disparu et aujourd'hui subsiste le *handball à sept* (joué principalement en salle). Chaque équipe comporte six joueurs du champ et un gardien de but. Une rencontre se déroule en deux mi-temps de trente minutes chacune. Le but n'est pas validé si le tireur prend appui (avant d'avoir expédié le ballon) dans la surface de but. Les sanctions les plus graves (souvent pour accrochage d'un attaquant à proximité du but) sont le jet de 7 m, ou penalty, et l'exclusion (temporaire ou définitive). Le handball ne s'est universalisé qu'à partir de 1960 et n'est devenu discipline olympique qu'en 1972. Des championnats du monde sont régulièrement organisés, une coupe d'Europe des clubs champions se déroule annuellement.

***HANDBALLEUR, EUSE** [ɑ̃dbalœr, -øz] n. Joueur(euse) de handball.

HÄNDEL ou **HAENDEL** (Georg Friedrich), compositeur saxon, naturalisé anglais en 1726 (Halle 1685 - Londres 1759). Entré à l'université pour étudier le droit, il est en même temps organiste du dôme de Halle. Violoniste à l'Opéra de Hambourg (1703), il séjourne en Italie (1706-1710), où il compose et fait représenter deux opéras. Nommé maître de chapelle de la cour de Hanovre (1710), il part à la fin de cette même année pour Londres, où il se fixe définitivement (1712). En 1720, nommé directeur de la Royal Academy of Music, il écrit pour celle-ci une quinzaine d'opéras et essaie pendant 20 ans d'imposer l'opéra italien. Devant son insuccès, Händel se tourne vers l'oratorio, genre dans lequel il atteint le sommet de son art. Il est invité à Dublin en 1741 et y donne, en avr. 1742, la première audition du *Messie.* Puis il écrit des œuvres de circonstance. Händel a su assimiler les diverses tendances françaises et italiennes et se créer un style personnel. Avec lui se termine l'âge du style baroque européen. Ses œuvres importantes sont ses oratorios *(Saul, Israël en Égypte, le Messie, Judas Maccabée, Jephté)* ; ses opéras italiens *(Il Pastor fido, Giulio Cesare, Orlando, Alcina)* et ses œuvres instrumentales : suites de pièces pour le clavecin ; sonates pour soliste et sonates en trio ; 6 concertos grossos pour orchestre ; 20 concertos pour orgue et orchestre ; *The Water Music* et *Music for the Royal Fireworks* pour orchestre (œuvres de circonstance).

***HANDICAP** n. m. (angl. *handicap,* de *hand in cap,* main dans le chapeau). **1.** Épreuve, course ou concours, dans lesquels les concurrents reçoivent ou rendent une avance de temps, de distance, de poids ou de points, de manière qu'ils aient tous, malgré leur valeur différente, une chance égale à la victoire. — **2.** Désavantage en poids, distance, points, etc., imposé au concurrent qui a le plus de chances de gagner. — **3.** Désavantage quelconque supporté par un concurrent : *Le handicap d'une blessure au genou.* — **4.** Infirmité ou déficience, congénitale ou acquise, des capacités physiques ou mentales. — **5.** Désavantage souvent naturel, infériorité qu'on doit supporter : *Une mauvaise vue est un handicap sérieux.* — **6.** Infériorité économique, sociale, etc., d'un groupe, d'un pays par rapport aux autres : *Handicap dû à l'instabilité politique du pays.*

***HANDICAPANT, E** adj. Qui handicape : *Une blessure handicapante.*

***HANDICAPÉ, E** n. Personne atteinte d'une infirmité ou défavorisée sur un point quelconque : *Un handicapé moteur.*

***HANDICAPER** (conj. 3). **1.** Déterminer le handicap que doit avoir chaque concurrent dans une course, un match, etc. — **2.** Constituer pour qqn un désavantage physique, moral ou intellectuel : *Sa blessure le handicape pour la course de demain.* — **3.** Constituer pour un groupe, un pays, un désavantage, une infériorité, sur le plan économique, politique, social : *Le manque de pétrole handicape sérieusement certains pays industrialisés.* ◆ **être handicapé** v. pass. **1.** Être désavantagé : *Il voit mal, il est très handicapé pour conduire.* — **2.** Être atteint d'un handicap physique ou mental : *Centre pour les enfants handicapés.* (Est déclarée *travailleur handicapé* toute personne dont les possibilités d'obtenir ou de conserver un emploi sont effectivement réduites par suite d'une insuffisance ou d'une diminution de ses capacités physiques ou mentales et qui bénéficie de garanties spécifiques en matière d'emploi. En outre, tous les handicapés ont droit à la protection sociale : allocation d'éducation spéciale, allocation aux adultes handicapés, allocation compensatrice.

***HANDICAPEUR** n. m. Commissaire chargé d'établir les handicaps dans une épreuve sportive, dans une course.

***HANDISPORT** adj. Se dit de l'ensemble des activités sportives pratiquées par les handicapés physiques et visuels. (La *Fédération française handisport* compte une trentaine de disciplines, dont l'athlétisme, le basket-ball, le cyclisme, la natation, le ski et le tennis. Des compétitions nationales et internationales sont organisées.)

HANDKE (Peter), écrivain autrichien (Griffen, Carinthie, 1942). Son œuvre dramatique (*la Chevauchée sur le lac de Constance,* 1971) et romanesque (*le Colporteur,* 1967 ; *la Femme gauchère,* 1976 ; *Lent Retour,* 1979 ; *la Maladie de la Mort,* 1985 ; *l'Absence,* 1987) traduit l'angoisse de la solitude et de l'incommunicabilité en un style soucieux d'originalité et de créations verbales. Ses poèmes allient l'expression du quotidien à une écriture quasi onirique (*Poème bleu,* 1973).

Hand-Schüller-Christian *(maladie de),* forme d'histiocytose X atteignant les enfants.

Haneda, un des aéroports de Tōkyō, au S. de la ville, sur la baie de Tōkyō.

HAN FEI, philosophe chinois (env. 300-233 av. J.-C.), auteur du *Han Fei zi,* ouvrage dans lequel il expose les grands principes du système de pensée légiste.

HAN GAOZU ou **HAN KAO-TSOU,** de son nom personnel **Liu Bang,** empereur de Chine (206-195 av. J.-C.). Petit fonctionnaire de l'empire Qin, il réussit, après maints combats, à s'imposer et fonda la dynastie des Han. Il dut concéder des fiefs à ses anciens compagnons d'armes.

***HANGAR** n. m. (frq. **haimgard,* clôture autour de la maison). Construction formée d'un toit reposant sur des piliers ou des poteaux, destinée à abriter les récoltes, les marchandises, le matériel, les véhicules.

Hanger *(réaction de),* réaction sérologique permettant de déceler une atteinte inflammatoire ou dégénérative dans les affections du foie.

* **HANGUL** n. m. (mot coréen). Alphabet particulier servant à transcrire le coréen.

HANGZHOU ou **HANG-TCHEOU,** v. de Chine, cap. du Zhejiang, au S.-O. de Shanghai ; 1 340 000 hab. Centre industriel (textile, sidérurgie, mécanique, chimie, alimentation). — **Hist.** et **Archéol.** Anc. cap. des Song du Sud (1127-1276), elle connut une remarquable urbanisation et fut un centre artistique réputé (célèbre paysage du lac de l'Ouest ; pagode des Six Harmonies, fondée en 970 ; grottes bouddhiques de Yanxia Sandong, Xe s. ; falaise de Feilafeng ornée [XIIIe-XIVe s.] de bas-reliefs bouddhiques.)

***ḤANĪF** n. m. (pl. *ḥunafā',* collectif *ḥanīfiyya*) [ar. *ḥanīf*]. Dans la littérature islamique, adepte de la religion originelle, vraie, monothéiste, celle d'Abraham.

HANIGALBAT → MITANNI.

HANIWA n. m. inv. (mot japonais). Cylindre d'argile fiché dans la terre autour des tumuli de la période des grandes sépultures *(kofun)* au Japon. (À partir du Ve s., ils sont surmontés de personnages, d'animaux ou de modèles d'architecture.)

HAN JIANG → HAN SHUI.

HANKAR (Paul), architecte, décorateur et archéologue belge (Frameries 1859 - Saint-Gilles 1901). Influencé par Viollet-le-Duc, il fut un des promoteurs de l'Art nouveau (maison Ciamberlani, Bruxelles, 1897).

HAN-K'EOU → HANKOU.

HAN-KIANG → HAN SHUI.

HANKOU ou **HAN-K'EOU,** v. de Chine, au centre du Hubei, au confluent de la Han Shui et du Yangzi Jiang, partie de l'agglomération de Wuhan. Carrefour de communications et centre commercial important.

HANLEY (James), écrivain britannique (Liverpool 1901 - Londres 1985), chantre réaliste des quartiers populeux (*The Furys,* 1934) et des gens de la mer (*The Closed Harbour,* 1952).

***HANNETON** n. m. (frq. **hano,* coq). **1.** Insecte (scarabéidé) très commun en Europe, connu pour son vol lourd et pour les ravages de sa larve, ou *ver blanc.* — **2.** *Hanneton foulon,* hanneton aux élytres noir et blanc. ‖ *Hanneton de la Saint-Jean,* amphimalle ou rhizotrogue.

ENCYCL. Les hannetons sont des insectes lourds, ordinairement roux, avec des élytres plus clairs. Les larves vivent en terre et dévorent les racines ; elles mettent trois ans à se développer, puis se chrysalident jusqu'à 1,50 m de profondeur et passent deux mois en cet état ; arrivés à l'état parfait, les hannetons demeurent enfouis en se rapprochant de la surface, et sortent au printemps.

***HANNETONNAGE** n. m. Autrefois, chasse aux hannetons adultes.

***HANNETONNER** v. i. (conj. 3). Pratiquer le hannetonnage.

HANNIBAL ou **ANNIBAL,** général et homme d'État carthaginois (247 - Bithynie 183 av. J.-C.), fils d'Hamilcar Barca. Élevé dans la haine des Romains, il est proclamé chef par l'armée et accepté par le sénat de Carthage en 221. De 221 à 219, il élargit les conquêtes puniques à l'ouest de l'Èbre. Puis il attaque Sagonte, alliée de Rome (219 av. J.-C.) ; la deuxième guerre punique en est la conséquence (218-201 av. J.-C.). Hannibal laisse son frère Hasdrubal en Espagne et, avec une forte armée, gagne l'Italie par voie de terre. Franchissant les Pyrénées et les Alpes, il perd la moitié de cette armée et tous ses éléphants sauf un. Il bat pourtant les Romains au Tessin et à la Trébie (218), traverse l'Apennin et remporte les victoires de Trasimène (217) et de Cannes (216). Il tente vainement de surprendre Rome puis, après des combats dans le sud de l'Italie où il a soulevé les cités grecques contre Rome, il doit se rembarquer pour Carthage (203) à la suite du débarquement de Scipion en Afrique. Vaincu à Zama (202), Hannibal fait accepter les propositions de paix de Scipion. Nommé suffète, il entreprend la restauration de l'État carthaginois et noue des alliances en Orient contre Rome. Dénoncé par ses ennemis politiques aux Romains, il s'enfuit et se réfugie d'abord à la cour d'Antiochos III, qu'il pousse à la guerre contre Rome. Après sa défaite, il se rend en Crète, puis auprès de Prousias de Bithynie. Les Romains ayant obtenu qu'il leur soit livré, Hannibal s'empoisonne.

HANNON, roi et navigateur carthaginois qui aurait mené une expédition sur les côtes de l'Afrique occidentale vers 450 av. J.-C.

HANNON le Grand, général et homme d'État carthaginois (IIIe s. av. J.-C.). Il semble avoir dû son titre à des succès remportés en Afrique, qui donnèrent à Carthage une partie de la Tunisie méridionale. Chef du parti aristocratique adversaire des Barca, il se montra pacifiste et hostile à Hannibal, qu'il aurait voulu pouvoir livrer aux Romains.

HANNONG (les), famille de céramistes strasbourgeois. — CHARLES FRANÇOIS (Maastricht 1669 - Strasbourg 1739) fonda (1721) une faïencerie à Strasbourg. — PAUL ANTOINE (Mayence 1700 - Strasbourg 1760), fils du précédent, prit la direction de la fabrique strasbourgeoise en 1732. Il mit au point, entre 1744 et 1748, la fabrication des faïences de petit feu, et, en 1751, celle des porcelaines dures. Il fonda la manufacture de porcelaine de Frankenthal en 1755. Ses fils JOSEPH ADAM (1739-apr. 1800) et PIERRE ANTOINE (1739 - v. 1794) lui succédèrent. Ce dernier vendit le secret de la porcelaine dure à Sèvres, et fonda plusieurs manufactures de cette porcelaine dont une à Vincennes en 1765.

HANNONVILLE-SOUS-LES-CÔTES (55210), comm. de la Meuse, au pied des Côtes de Meuse ; 507 hab. Écomusée du parc naturel régional de Lorraine.

HANOI, cap. du Viêt-nam, à la tête du delta du Sông Koi (fleuve Rouge). Son territoire (2 134 km²) compte 2 591 000 hab. Centre administratif, culturel et industriel (alimentation, textile, pneumatiques, machines-outils).
— **Hist.** Hanoi fut la capitale du Tonkin sous domination chinoise au VIe s. puis du Dai Viêt jusqu'en 1802. Prise par Francis Garnier (1873) et Rivière (1882), elle devint le siège du gouvernement général de l'Indochine française (1887). Conquise par les Japonais (mars 1945), elle fut reprise par les troupes de Leclerc (mars 1946). Après le coup de force du 19 déc. 1946, elle fut souvent menacée par le Viêt-minh. Capitale de la République démocratique du Viêt-nam (1954), elle devint celle du pays réunifié (1975).

Hanoï (*tours de*), jeu d'origine chinoise, utilisé par les psychologues et les cogniticiens pour tester et formaliser certaines opérations mentales. Il est formé de trois bâtons verticaux (tours) sur l'un desquels sont empilés des disques de circonférence décroissant de la base au sommet. Il s'agit de transférer cet empilement d'un bâton à un autre en déplaçant un à un les disques de façon à toujours superposer un disque plus petit sur un plus grand.

***HANON** n. m. Mollusque bivalve très nuisible aux huîtres, dont il détruit la coquille.

HANOTAUX (Gabriel), homme politique et historien français (Beaurevoir, Aisne, 1853 - Paris 1944). Conseiller d'ambassade à Constantinople (1885), ministre des Affaires étrangères (1894-1898), il favorisa la conclusion de l'alliance franco-russe, encouragea la mission Marchand et consolida l'occupation française en Extrême-Orient. Il a laissé des ouvrages historiques dont : *Histoire de Richelieu* (1893-1943), *Histoire des colonies françaises et de l'expansion* de la France dans le monde (1930-1934). [Acad. fr., 1897.]

Hanoukka ou **Hanoucca,** mot hébr. signif. *inauguration* et désignant la fête de la *Dédicace,* appelée aussi *fête des Lumières,* qui se célèbre chez les juifs par des illuminations accompagnées de bénédictions, de prières et de lectures bibliques, pendant huit jours à partir du 25 kislev (fin déc.). Elle fut instituée en 164 av. J.-C. par Judas Maccabée, pour célébrer sa victoire sur Antiochos IV Épiphane. Le terme de *fête des Lumières* se rapporte au rétablissement du chandelier du Temple.

HANOVRE, en all. **Hannover,** v. d'Allemagne, cap. de la Basse-Saxe ; 524 823 hab. Sur la Leine et le Mittellandkanal (port fluvial), c'est un grand centre industriel (caoutchouc, chimie, automobile, mécanique, électrotechnique) et tertiaire (foire, assurances, banques, université). Elle adhéra à la Hanse en 1386 et devint une résidence princière en 1636.
— **Bx-arts.** Église du XIVe s. (Marktkirche). Ancien hôtel de ville du XVe s. Beaux jardins, notamment ceux (fin du XVIIe s.) de l'ancien château de Herrenhausen. Musées de Basse-Saxe.

HANOVRE, anc. principauté de l'Allemagne du Nord, devenue province prusienne, puis incorporée en 1945 à l'État de Basse-Saxe. Le duché, qui prit le nom de la ville de Hanovre, se constitua autour d'une petite principauté centrée sur le pays de Calemberg, réunie en 1495 avec celle de Göttingen. Il devint un électorat en 1692 grâce au duc Ernest-Auguste (1679-1698). Celui-ci épousa Sophie, petite-fille de Jacques Ier Stuart, et leur fils devint roi de Grande-Bretagne sous le nom de George Ier (1714). Après une période de prospérité pendant laquelle fut fondée l'université de Göttingen (1737), le Hanovre fut délaissé par ses souverains, qui, à partir de George III (1760-1820), se préoccupèrent davantage des affaires britanniques. À l'issue des guerres napoléoniennes, le Congrès de Vienne instaura un royaume de Hanovre (1814). Celui-ci fut conquis en 1866 par la Prusse, dont il devint une province.

HANOVRE (*dynastie* DE), dynastie issue d'Ernest-Auguste (1629-1698), duc de Brunswick-Lunebourg, et qui a régné sur le Brunswick-Lunebourg, puis sur l'électorat de Hanovre en 1692, et, enfin, conjointement sur la Grande-Bretagne et l'électorat (puis royaume en 1814) de Hanovre de 1714 à 1837. En 1837, les deux États sont de nouveau séparés pour respecter la loi salique. Après le mariage, en 1840, de la reine Victoria (1837-1901) avec Albert de Saxe-Cobourg-et-Gotha, la maison royale britannique devient alors la maison de HANOVRE-SAXE-COBOURG-ET-GOTHA. Afin de rompre tout lien avec ses attaches germaniques, le roi George V la proclame maison de WINDSOR en 1917, tandis que la branche cadette de Battenberg anglicise son nom en Mountbatten (1917).

***HANOVRIEN, ENNE** adj. et n. Du duché ou de la ville de Hanovre.

HANRIOT (François), révolutionnaire français (Nanterre 1761 - Paris 1794). Chef d'une section de sans-culottes, nommé commandant provisoire de la garde nationale (mai 1793), il fut chargé par la Commune d'assiéger la Convention (2 juin) pour que celle-ci livrât les Girondins. Il fut arrêté le 9 thermidor an II et guillotiné.

***HANSE** n. f. (haut all. *hansa,* troupe). Au Moyen Âge, association de marchands parfois groupés en guildes, dans le nord de l'Europe.

Hanse des XVII Villes, association de marchands drapiers des Pays-Bas et du nord de la France, organisant le commerce de ces marchands avec l'Île-de-France et surtout avec la Champagne*, dont les foires attiraient les Italiens (XIIIe-XIVe s.).

Hanse de Londres, union de guildes urbaines flamandes formée au XIIe s. et adonnée, sous la direction de Bruges, au trafic avec l'Angleterre et à l'animation des foires de Flandre. Se réservant le monopole de la laine anglaise sur le continent, elle disparut à la suite de l'acquisition par Bruges de l'étape des laines anglaises (fin du XIIIe s.-début du XIVe s.).

Hanse teutonique ou **Hanse** (la), association de cités marchandes de la Baltique et de la mer du Nord du XIIe au XVIIe s. Elle naquit, après la fondation de Lübeck (v. 1158), de la création de la « Communauté des marchands allemands saisonniers de Gotland » (1161). Les marchands de Lübeck, qui possédaient au XIIe s. une guilde à Londres, et ceux de Hambourg obtinrent du roi d'Angleterre, Henri III, en 1266-67, le droit d'y constituer des associations. Elles fusionnèrent avec la Hanse de Cologne (1281) pour former la Hanse teutonique. Celle-ci devint progressivement une association de villes marchandes, constituée v. 1350 et dotée d'une diète *(Hansetag)* en 1356. Elle regroupait 70 à 80 villes qui en formaient le noyau actif et plus d'une centaine qui entretenaient des relations avec elles, et comprenait les ports commerciaux de la mer du Nord et de la Baltique, les villes reliées à ces mers par voie fluviale, et les comptoirs de Novgorod, Bergen, Londres et Bruges. Après la conquête du Gotland par le roi du Danemark, Valdemar IV, qui détruisit la flotte de la Hanse en 1361, celle-ci constitua en 1367 la ligue de Cologne. Amorcé dans les dernières années du XVe s., le déclin de la Hanse s'accéléra après la défaite infligée à Lübeck par les Danois (1534-35). Elle survécut encore à la guerre de Trente Ans, et sa dernière diète, où six villes seulement étaient représentées, se tint en 1669.

***HANSÉATE** adj. et n. De la Hanse teutonique.

***HANSÉATIQUE** adj. Qui faisait partie de la Hanse teutonique.

***Hansen** *(bacille de)* [du n. du médecin et botaniste norvégien Gerhard Henrik Armauer *Hansen* (Bergen 1841 - *id.* 1912), qui l'a découvert en 1874], bacille de la lèpre. C'est un petit bâtonnet fin, qui ressemble par sa morphologie et ses propriétés histochimiques au bacille de la tuberculose. (Nom sc. *Mycobacterium leprae.*)

HANSEN (Martin Alfred), écrivain danois (Strøby, Sjaelland, 1909 - Copenhague 1955), auteur de romans sociaux (*la Colonie,* 1937) et historiques (*Heureux Christophe,* 1945), écrits dans un style coloré et fantaisiste.

HANSHIN, nom japonais de la conurbation formée par les agglomérations d'Ōsaka et de Kōbe. Regroupant environ 15 millions d'hab., c'est la deuxième région industrielle du Japon.

HAN SHUI ou **HAN-CHOUEI,** riv. de la Chine centrale, dite aussi **Hang Jiang** ou **Han-kiang,** affl. du Yangzi Jiang (r. g.) rejoint à Wuhan ; 1 700 km env.

HANSI (Jean-Jacques WALTZ, dit), écrivain, dessinateur et caricaturiste français (Colmar 1873 - *id.* 1951). Entièrement consacrée à l'Alsace, son œuvre en exalte, avec un parti pris antiallemand, les mœurs, le folklore, ainsi que l'identité française (album *l'Alsace racontée aux petits enfants par l'oncle Hansi,* 1912).

HAŃSKA (Ewelina RZEWUSKA, *comtesse*), noble polonaise (près de Kiev 1801 - Paris 1882). En 1832, elle engagea avec Balzac une correspondance et le rencontra dans plusieurs villes d'Europe. Veuve (1841), elle épousa l'écrivain à Berditchev en 1850, peu de temps avant la mort de celui-ci.

***HANSOKU-MAKE** [ɑ̃sokumake] n. m. inv. (jap. *hansoku,* pénalisation, et *make,* défaite). En judo, disqualification.

HANSON (Howard), compositeur américain d'ascendance suédoise (Wahoo, Nebraska, 1896 - Rochester, État de New York, 1981). Il prit la direction de l'Eastman School of Music de l'université de Rochester (1924-1964), dont il assura le renom international. Influencé par Franck, Brahms et Sibelius, il refuse l'intellectualisme musical (*Romantic Manifesto* des années 20). Son œuvre comporte 7 symphonies, des poèmes symphoniques, des concertos, l'opéra *Merry Mount* (1933).

HANSSON (Ola), écrivain suédois (Hönsinge, Sjaelland, 1860 - Büyükdere, près d'Istanbul, 1925). Chantre des paysages scaniens (*Poèmes,* 1884), auteur de nouvelles érotiques qui firent scandale (*Sensitiva amorosa,* 1887), il propagea les idées de Nietzsche dès 1890.

HANSSON (Per Albin), homme politique suédois (Fosie, Malmö, 1885 - Stockholm 1946). Social-démocrate, ministre de la Défense, il fut chef de gouvernement de 1932 à 1936 et de 1936 à 1946. Il s'efforça, pendant la Seconde Guerre mondiale, de maintenir la neutralité de la Suède.

Hanswurst (« Jean Saucisse »), personnage comique du théâtre populaire allemand, bien connu dès le XVIe s., enrichi aux XVIIe et XVIIIe s. de détails pris à l'Arlequin de la commedia dell'arte, réincarné en Kasperle le bouffon.

HANTAÏ (Simon), peintre français d'origine hongroise (Bia, près de Budapest, 1922). Passant de la prospection surréaliste (1950-1954) à la gestualité et à un informel foisonnant (1952-1959), puis à un constat dépouillé (œuvres obtenues par pliage de la toile/mise en couleurs/dépliage), il a manifesté le même lyrisme, la même autorité plastique teintée de maniérisme.

***HANTEI** n. m. inv. (jap. *hantei,* jugement). En judo, terme d'arbitrage par lequel l'arbitre central demande à ses deux juges leur décision pour l'attribution de la victoire.

***HANTER** v. t. (anc. scand. *heimta,* retrouver) [conj. 3]. **1.** *Litt.* Fréquenter habituellement un lieu, un milieu : *Hanter les salons à la mode.* – **2.** En parlant des fantômes, apparaître dans un lieu. – **3.** Occuper entièrement l'esprit : *Le désir de revoir ces paysages le hantait.*

◆ **être hanté** v. pass. Être fréquenté par des fantômes : *Maison hantée.*

***HANTISE** n. f. (de *hanter*). Obsession, préoccupation constante, qui provoque une forte inquiétude : *Avoir la hantise de la maladie.*

HANUMANT, dans la mythologie hindoue, le roi des singes. Il joue l'un des principaux rôles dans l'épopée du *Rāmāyaṇa.*

HAN WUDI ou **HAN WOU-TI,** de son nom personnel **Liu Che,** empereur de Chine (140-87 av. J.-C.), 6e souverain de la dynastie Han. Énergique, il agrandit la Chine dans toutes les directions et en particulier en Asie centrale. Il renforça considérablement la centralisation. Il protégea les arts et la poésie.

HANYANG ou **HAN-YANG,** v. de Chine (Hubei), au confluent de la Han Shui et du Yangzi Jiang, partie de l'agglomération de Wuhan. Textile.

HAN YU, écrivain chinois (Nanyang 768 - Changan 824). Confucianiste convaincu, il transforma la syntaxe et la fit gagner en précision.

HAO, atoll de l'archipel des Tuamotu, situé à 935 km à l'E. de Tahiti et à 450 km de Mururoa ; 1 333 hab. Base militaire (anc. base avancée du Centre d'expérimentation français du Pacifique).

***HAOUSSA** n. m. Langue chamito-sémitique du groupe tchadien, parlée par les Haoussas, et répandue comme langue de relation dans toute l'Afrique de l'Ouest. (La langue écrite, fondée sur le dialecte de Kano, était transcrite autrefois en caractères arabes ; depuis le début du XXe s., elle utilise l'alphabet latin. Le haoussa a fait de nombreux emprunts à l'arabe.)

HAOUSSAS ou **HAUSAS,** peuple du nord du Nigeria et du sud du Niger, groupant environ 30 millions d'individus. Ils sont fortement influencés par l'islām et les Peuls, qui habitent les mêmes régions.

HAOUZ, plaine du Maroc méridional, autour de Marrakech. Cultures irriguées.

***HAPALIDÉ** n. m. Syn. anc. de CALLITHRICIDÉ.

HAPARANDA, en finnois **Haaparanta,** v. de Suède (Norrbotten), fondée en 1812 sur le Torne, en face de la ville finlandaise de Tornio ; 9 000 hab. (de langue finnoise). Gare frontière. Observatoire météorologique.

HAPAX n. m. (gr. *hapaks legomenon,* chose dite une seule fois). Fait de langue (mot, expression, construction) dont il n'existe qu'une seule occurrence dans un corpus donné.

HAPAXÉPIE n. f. Fait d'omettre un phonème (ou un groupe de phonèmes) qui aurait dû être prononcé deux fois (par ex. *a'vous vu ?* pour *avez-vous vu ?*). [Syn. HAPLOLOGIE, HAPLOLALIE.]

HÂPÎ, nom égyptien du Nil considéré comme un dieu de la Fécondité. Hâpî est figuré comme un être androgyne, ventre replet, poitrine aux seins gonflés et pendants, présentant sur ses bras étendus des fleurs de lotus et des poissons.

HAPIROU, HABIROU ou **APIROU,** groupe social attesté du XXIe au XIIIe s. av. J.-C. au Proche-Orient, et qui rassemblait des marginaux tels que des cultivateurs et des esclaves fugitifs. On a souvent tenté de rapprocher de *hapirou* le mot désignant les Hébreux *('ibri).*

HAPLOBIONTE ou **HAPLONTE** n. m. Être vivant dont le cycle reproductif est entièrement, ou presque entièrement, haploïde.

HAPLOBIONTIQUE adj. Se dit du cycle reproductif d'une espèce vivante lorsque l'haplophase y est fortement dominante, ainsi que des espèces ayant un tel cycle.

HAPLODIPLOBIONTE n. m. Être vivant dont le cycle reproductif comporte la succession d'une phase diploïde et d'une phase haploïde, l'une et l'autre bien développées. (Les haplodiplobiontes les plus typiques sont des plantes bryophytes [hépatiques] ou thallophytes [certaines algues rouges].)

HAPLODIPLOBIONTIQUE adj. Se dit du cycle reproductif d'un haplodiplobionte ; se dit des espèces ayant un tel cycle.

HAPLODIPLOBIOSE n. f. Mode de reproduction des haplodiplobiontes.

HAPLOGRAPHIE n. f. Erreur graphique qui consiste à n'écrire qu'une fois un caractère ou un groupe de caractères qui aurait dû l'être deux fois (par ex. *haplogie* pour *haplologie*).

HAPLOGYNE n. m. Araignée possédant généralement six yeux et dont les organes génitaux externes sont très simples. (Les *haplogynes* forment l'une des deux sections, la moins nombreuse, des araignées écribellates.)

HAPLOÏDE adj. **1.** Se dit des cellules dont le noyau ne contient qu'un seul chromosome de chaque paire. — **2.** Se dit des organismes entièrement formés de telles cellules. (Contr. DIPLOÏDE.)

HAPLOÏDIE n. f. Caractère propre aux cellules ou aux organismes haploïdes. (L'haploïdie est l'état cellulaire propre à l'haplophase du cycle reproductif, c'est-à-dire aux gamètes dans les espèces animales, au gamétophyte chez les végétaux. On la rencontre aussi chez certains sujets engendrés par parthénogenèse, comme les mâles d'abeille.)

HAPLOLALIE ou **HAPLOLOGIE** n. f. Syn. de HAPAXÉPIE.

HAPLONTE → HAPLOBIONTE.

HAPLOPHASE n. f. Période du cycle reproductif d'un être pendant laquelle il est haploïde. (Chez les végétaux, l'haplophase, qui correspond au gamétophyte, commence avec la spore et se termine avec des gamètes. Elle est extrêmement variable mais comporte toujours plusieurs générations cellulaires.)

HAPLOSTOMATE n. m. Syn. anc. de ACALYPTÈRE.

***HAPPE** n. f. (de *happer*). Espèce de crampon à deux pointes qui sert à lier deux pierres ou deux pièces de bois. (En charpente, syn. CLAMEAU.)

***HAPPEMENT** n. m. *Litt.* Action de happer.

***HAPPENING** [apəniŋ] n. m. (angl. *happening,* événement). **1.** Forme de spectacle qui suppose la participation des spectateurs et qui cherche à faire atteindre à ceux-ci un moment d'entière liberté et de création artistique spontanée. — **2.** Apparition spontanée et désordonnée, dans un groupe, de mouvements divers, d'opinions inattendues, etc. : *La réunion s'est terminée en happening politique.*

*__HAPPER__ v. t. (onomat. *happ-*) [conj. 3]. **1.** Saisir brusquement qqch, un être vivant, avec la gueule, le bec, en parlant d'un animal : *L'hirondelle se nourrit de mouches qu'elle happe au vol.* — **2.** Saisir qqn avec force, l'attraper brusquement et avec violence : *Le train l'a happé et tué.* ◆ v. t. ind. *Happer à la langue,* en parlant d'une substance, y adhérer fortement.

*__HAPPY END__ [apiɛnd] n. m. (pl. *happy ends*) [angl. *happy end,* fin heureuse]. Dénouement heureux d'un film, d'un roman ou d'une histoire quelconque.

*__HAPPY FEW__ [apifju] n. m. pl. (angl. *happy few,* les quelques heureux). Les rares personnes privilégiées : *Un film réservé aux happy few.*

HAPTÈNE n. m. (gr. *haptein,* nouer). Substance incapable par elle-même de promouvoir une réaction immunitaire, mais capable de réagir avec des anticorps préformés.

HAPTOGLOBINE n. f. α_2-glycoprotéine sérique, qui peut se combiner à l'hémoglobine en formant un complexe à activité peroxydasique. (Le taux d'haptoglobine dans le sang varie autour de 1 g/l ; il s'élève dans les états inflammatoires.)

HAPTOTROPISME n. m. Courbure de croissance ou enroulement provoqué dans divers organes végétaux en cours de croissance par le contact avec un objet solide. (Syn. THIGMOTROPISME.)

ḤAQQĪ (Yaḥyā), écrivain égyptien (Le Caire 1905). Diplomate, rédacteur en chef de la revue *al-Madjalla* (1962-1970), il a consacré son œuvre romanesque à la description de la misère de son pays et aux contrastes entre l'Orient et l'Occident (*la Lampe à huile d'Umm Hāchim,* 1944).

*__HAQUE__ n. f. **1.** Outil utilisé pour mettre en terre les jeunes plants. — **2.** *Harengs à la haque,* harengs salés et préparés pour servir d'appâts.

*__HAQUEBUTE__ ou **HACQUEBUTE** n. f. (moyen néerl. *hakebusse,* avec l'infl. de *buter,* au sens anc. de « viser »). Au XVe s., arquebuse primitive ou pièce d'artillerie de petit calibre.

*__HAQUENÉE__ n. f. (moyen angl. *haquenei,* de *Hackney,* n. pr.). Petit cheval ou jument allant l'amble, et qui était jadis une monture de dame ou de voyage.

*__HAQUET__ n. m. (p.-ê. moyen fr. *haquet,* petit cheval). Charrette étroite, longue et sans ridelles, utilisée autrefois pour le transport des tonneaux.

*__HARA-KIRI__ n. m. (pl. *hara-kiris*) [jap. *hara,* ventre, et *kiri,* couper]. **1.** Mode de suicide particulier au Japon qui consiste à s'ouvrir le ventre. (Il était obligatoire pour les daimyō et pour les samouraïs après une sentence de condamnation à mort. Il était aussi pratiqué volontairement pour venger son honneur. Les Japonais utilisent plutôt le mot *seppuku.*) — **2.** Fam. *Se faire* ou *faire hara-kiri,* se suicider.

Hara-kiri, mensuel créé en 1960 par G. Bernier et F. Cavanna, qui tourne en dérision les valeurs établies par la société. Il a fait connaître de nombreux dessinateurs : Fred, Wolinski, Reiser, Gébé, Cabu, Topor, etc. Arrêté en 1987, il reparaît (après avoir fusionné avec *la Grosse Bertha*) depuis 1993.

HARALD → HAROLD.

HARALD Ier, roi de Danemark († v. 863). Il fut baptisé en 826. Ayant reconquis son royaume, il en favorisa l'évangélisation. — **Harald** *Blåtand* (« Dent bleue ») [v. 910 -v. 986], roi de Danemark (v. 940 - v. 986). Baptisé en 966, il implanta définitivement le christianisme, et imposa son protectorat au sud de la Norvège. — **Harald II** († 1018), roi de Danemark (1014-1018), frère de Knud Ier le Grand. — **Harald III** *Hen* (« Meule ») [† 1080], roi de Danemark (1074-1080).

HARALD Ier Hårfager (« À la belle chevelure ») [v. 850-933), roi de Norvège (872-933). Selon la tradition, il fut le premier souverain à unifier la Norvège. Il entreprit des expéditions dans les Shetland, les Orcades et les Hébrides. — **Harald II** *Gråfell* (« À la pelisse grise ») [v. 930 - au Danemark v. 970], roi de Norvège (961 - v. 970). — **Harald III** *Hårdråde* (« le Sévère ») [v. 1015 - Stamford Bridge 1066], roi de Norvège (1047-1066). Il contribua à la reconquête de la Sicile (1038) et épousa la fille du grand-prince Iaroslav (1045). De retour en Norvège, il lutta contre son neveu Magnus Ier le Bon, auquel il succéda (1047). Il tenta en vain de conquérir l'Angleterre, mais fut vaincu et tué par Harold II. — **Harald IV** *Gille* ou *Gillechrist* (en Irlande -1136), roi de Norvège (1130-1136). — **Harald V** (Asker, banlieue d'Oslo, 1937), roi de Norvège depuis la mort de son père, Olav V (1991).

ḤARAM n. m. (mot ar. signif. *interdit, sacré*). **1.** Territoire sacré, interdit aux non-musulmans, des villes saintes de La Mecque et de Médine. — **2.** Salle de prière de la mosquée.

Ḥaram al-charīf (al-), « le sanctuaire noble » ou troisième sanctuaire sacré de l'islām, après La Mecque et Médine, situé dans la vieille ville de Jérusalem. C'est une plate-forme sur laquelle se trouvent la mosquée al-Aqṣā, plusieurs sanctuaires et la Coupole du Rocher.

HARANGOZÓ (Gyula), danseur, chorégraphe et maître de ballet hongrois (Budapest 1908 - *id.* 1974). Chorégraphe en chef à l'Opéra de Budapest, il s'attacha à donner un important répertoire classique et folklorique à la troupe nationale.

***HARANGUE** n. f. (ital. *aringa,* de *aringo,* place publique, du gotiq. **hariggs,* cercle). **1.** *Litt.* Discours solennel prononcé devant une assemblée, une personnalité importante, des troupes, etc. : *Les harangues des orateurs de la Révolution.* — **2.** *Fam.* Discours quelconque, ou discours pompeux, ennuyeux ou moralisateur.

***HARANGUER** v. t. (ital. *aringare*) [conj. **3**]. Adresser la parole à des personnes assemblées, d'une manière solennelle, pompeuse ou insistante, dans une intention déterminée : *Haranguer des manifestants pour les inciter à l'action.*

***HARANGUEUR, EUSE** n. *Vx.* Personne qui tient des discours moralisateurs.

HARAPPĀ, site archéologique du Pākistān (Pendjab), sur l'ancien cours de la Rāvī, éponyme de la *civilisation de l'Indus**. Vaste citadelle dont ne subsistent que remparts, quartiers d'habitation ouvriers, ateliers et greniers (env. 2500 - 1500 av. J.-C.).

***HARAPPÉEN, ENNE** adj. Syn. de INDUSIEN.

HARAR, v. de l'Éthiopie, ch.-l. de prov., à l'E. d'Addis-Abeba ; 68 000 hab. Centre commercial (café) et principal centre musulman d'Éthiopie.
— **Hist.** Elle fut, à partir du XIVe s., un grand centre de commerce caravanier et l'avant-poste de l'islām dans l'Afrique subsaharienne. Elle fut conquise par Ménélik en 1887.

HARARE, anc. **Salisbury,** cap. du Zimbabwe ; 656 000 hab. Dans le haut Veld à 1 500 m d'alt., la ville est un centre administratif, culturel et industriel (tabac).

***HARAS** [ara] n. m. (p.-ê. anc. scand. *hârr,* au poil gris). Établissement où l'on élève des étalons et des juments de race en vue de la reproduction et de l'amélioration de l'espèce chevaline.
ENCYCL. En France, il existe des haras privés et des haras nationaux qui dépendent du ministère de l'Agriculture. Ces derniers orientent la production et l'amélioration du cheptel, contrôlent les organismes concourant à l'amélioration des races et les établissements hippiques, exercent une tutelle sur les courses et les paris.

***HARASSANT, E** adj. Qui harasse : *Une vie harassante.*

***HARASSE** n. f. (moyen fr. *harace*). Emballage en osier ou caisse à claire-voie, servant au transport du verre creux et de la porcelaine.

***HARASSEMENT** n. m. *Litt.* Fatigue extrême.

***HARASSER** v. t. (anc. fr. *harace,* poursuite, de **hare,* cri pour exciter les chiens) [conj. **3**]. Accabler qqn, un animal d'une grande fatigue ; exténuer, épuiser : *La longue côte avait harassé les coureurs.*
◆ **être harassé** v. pr. **1.** Être exténué, très fatigué : *Les chiens, harassés, ne pouvaient plus suivre le gibier.* — **2.** Témoigner d'une grande fatigue : *Visage harassé.*

HARĀT ou **HERĀT,** v. de l'O. de l'Afghānistān, ch.-l. de prov. ; 150 000 hab. Centre artisanal et commercial au débouché du Hari Rud.
— **Hist.** Érigée avant l'époque achéménide, la ville prit le nom d'Alexandrie d'Arie après la conquête d'Alexandre. Ville la plus importante du Khorāsān, elle fut dévastée par les Mongols (1221), puis par Tīmūr Lang (1380). Grand centre artistique et littéraire à l'époque tīmūride, elle passa aux mains des Afghans après leur révolte de 1716.
— **Bx-arts.** Elle abrite, à l'époque tīmūride, une célèbre école de miniaturistes sous l'autorité de Behzād. Grande Mosquée (reconstruite au XVe s.) ; madrasa Ḥoseyn Mirzā (XVe s.) ; tombeau d'al-Anṣāri (1425).

HARATINE n. m. (ar. *harātīn*). Esclave affranchi chez les Maures.

HARBEL, v. du Liberia, à l'E. de Monrovia, dans une région de grandes plantations d'hévéas ; 40 000 hab. Aéroport.

HARBIN ou **KHARBIN,** en chin. **Ha'erbin** ou **Ha-eul-pin,** v. de la Chine du Nord-Est, cap. du Heilongjiang, sur la Soungari ; 2 840 000 hab. env. Développé à partir d'un carrefour ferroviaire, c'est un grand centre industriel (métallurgie, chimie, textile, alimentaire) utilisant les ressources agricoles et minières (houille, plomb, cuivre, fer, tungstène) de la région.

***HARCELANT, E** adj. Qui harcèle, importune, obsède : *Des soucis harcelants.*

***HARCÈLEMENT** n. m. **1.** Action de harceler : *Attaques de harcèlement.* — **2.** *Harcèlement sexuel,* fait d'abuser de l'autorité conférée par des fonctions de travail pour tenter d'obtenir une faveur sexuelle par contrainte, ordre ou pression.

***HARCELER** v. t. (moyen fr. *herceler,* de *herser,* torturer) [conj. **25** ; d'après l'Académie **24**]. **1.** Soumettre qqn, un groupe à d'incessantes petites attaques : *Les partisans ont harcelé le convoi.* — **2.** Soumettre qqn à des demandes, des critiques, des réclamations continuelles : *Les journalistes harcelèrent le ministre de questions.*

HARCOURT (Henri DE LORRAINE, *comte* D'), surnommé **Cadet-la-Perle,** officier français (1601 - Royaumont 1666), fils de Charles Ier de Lorraine, duc d'Elbeuf. Commandant l'armée du Piémont (1639), puis vice-roi de Catalogne (1644), il se rallia aux Princes pendant la Fronde (1652-1654).

HARCOURT (Henri, *duc* D'), maréchal de France et diplomate (1654 - Paris 1718). Il contribua à la victoire de Neerwinden (1693). Ambassadeur à Madrid (1698-1701), il incita Charles II à léguer son héritage au duc d'Anjou (futur Philippe V).

HARCOURT (Robert, *comte* D'), écrivain français (Lumigny, Seine-et-Marne, 1881 - Pargny-lès-Reims 1965). Il s'est spécialisé dans l'étude littéraire et historique de l'Allemagne (*Évangile de la Force,* 1936 ; *l'Allemagne et l'Europe,* 1960). [Acad. fr., 1946.]

***HARD** [ard] adj. et n. m. inv. *Fam.* Hard-core, hard-rock ou hardware.

HARDANGERFJORD ou **HARDANGER FJORD,** long fjord de la côte occidentale de la Norvège (Hordaland), dominé par des falaises qui dépassent parfois 1 000 m de hauteur.

HARDANGERVIDDA, haut plateau de la Norvège occidentale, qui culmine au Hallingskarvet (1 933 m).

HARDAUMONT *(côte de),* côte allongée de la région de Verdun. Elle fut occupée par les Allemands (févr.-déc. 1916) pendant la bataille de Verdun.

***HARD-BOP** n. m. (amér. *hard-bop,* bop dur). Style de jazz apparu vers 1954 sur la côte est des États-Unis en réaction à la fois contre le style cool et le bop des années 40 et dont les principaux artisans ont été les batteurs Max Roach et Art Blakey.

***HARD-CORE** [ardkɔr] adj. inv. et n. m. (amér. *hard-core pornography,* pornographie dure, de *hard,* dur, et *core,* noyau). Se dit d'un film pornographique où sont représentés des actes sexuels non simulés.

1. *HARDE n. f. (frq. **herda,* troupeau). Troupe de chevaux sauvages, de cerfs, de daims, etc.

2. *HARDE n. f. (frq. **hard,* corde). **1.** Lien de corde tressée, avec lequel on attache les chiens courants par quatre ou par six. – **2.** Réunion de plusieurs couples de chiens courants attachés ensemble.

***HARDÉ** adj. m. *Œuf hardé,* œuf sans coquille.

***HARD-EDGE** [ardɛdʒ] n. m. (amér. *hard-edge,* de *hard,* dur, et *edge,* bord). Tendance de la peinture abstraite américaine, apparue dans les années 50, qui se caractérise par la rigueur géométrique, l'économie formelle et la netteté des surfaces de couleurs en aplat. (E. Kelly, K. Noland...)

HARDEKNUD, HARDICANUTE ou **HARDECANUTE** (v. 1019 - Lambeth 1042), roi de Danemark (1035) et d'Angleterre (1040-1042). Fils de Knud le Grand, il hérita du Danemark, puis, à la mort de son frère Harold (1040), de l'Angleterre. Dès 1038, il dut renoncer à la Norvège.

HARDELOT-PLAGE, écart de la comm. de Neufchâtel-Hardelot (Pas-de-Calais), sur la côte sud du Boulonnais. Station balnéaire.

HARDEN (*sir* Arthur), chimiste britannique (Manchester 1865 - Bourne End, Buckinghamshire, 1940). Il partagea le prix Nobel de chimie pour 1929 avec H. von Euler-Chelpin, pour ses travaux sur le mécanisme des fermentations, sur les enzymes et les vitamines.

HARDENBERG (Karl August, *prince* VON), homme d'État prussien (Essenrode, Hanovre, 1750 - Gênes 1822). Ministre des Affaires étrangères de Prusse (1804-1806), il dut, à la demande de Napoléon Ier, démissionner. Chancelier d'État (1810-1822), il fut l'un des principaux artisans du redressement de la Prusse. Par ses réformes du système social et politique (suppression des privilèges fiscaux, abolition du servage), il engagea l'État prussien dans une voie libérale, mais il ne parvint pas à fonder un régime constitutionnel.

HARDENBERG (Friedrich, *baron* VON) → NOVALIS.

***HARDER (SE)** v. pr. (de *harde 1*). **1.** Se réunir en harde (en parlant des biches et des cerfs.) – **2.** En parlant d'un cerf de meute, se mêler à une harde pour brouiller la voie.

***HARDER** v. t. (de *harde 2*) [conj. 3]. Accoupler les chiens de meute six par six ou quatre par quatre avec la harde.

***HARDES** n. f. pl. (mot gascon, de l'aragonais *farda,* habit). *Litt.* Vêtements usagés, en mauvais état, misérables : *Un ballot de vieilles hardes.*

***HARD GROUND** [ardgraund] n. m. (angl. *hard ground,* fond durci). Dans les sédiments marins, surface encroûtée d'oxydes de fer et de manganèse, traduisant un arrêt dans la continuité de la sédimentation.

HARDICANUTE → HARDEKNUD.

***HARDI, E** adj. (anc. fr. *hardir,* du frq. **hardjan,* rendre dur). **1.** Qui ose agir en dépit des risques, des difficultés, qui ne se laisse pas intimider : *Un hardi navigateur.* – **2.** Qui va au-delà des normes habituelles, qui va franchement de l'avant : *Une interprétation hardie d'un texte.* – **3.** Qui ne respecte pas les convenances : *Ce roman contient quelques passages un peu hardis.* – **4.** *Hardi !* sert à encourager : *Hardi ! les gars, tenez bon !*

HARDIE (James Keir), syndicaliste et homme politique britannique (Legbrannock, près de Holytown, comté de Lanark, 1856 - Glasgow 1915). Principal fondateur du parti travailliste écossais (1888) puis de l'Indépendant Labour Party (1893), il fut le premier député socialiste élu au Parlement britannique (1892).

***HARDIESSE** n. f. 1. Qualité de qqn qui est hardi ; courage, intrépidité, audace : *La hardiesse d'un alpiniste.* – 2. Caractère de ce qui dénote du courage, de l'audace : *La hardiesse d'une entreprise.* – 3. Action, parole hardie, courageuse, audacieuse : *Voilà une hardiesse qui peut être dangereuse.* – 4. Originalité, audace dans la conception, l'exécution d'une œuvre littéraire ou artistique : *Les hardiesses d'un metteur en scène.* – 5. Manière d'agir qui ne s'embarrasse pas des règles de la politesse, de la décence : *La hardiesse choquante d'un geste.* – 6. Acte, parole hardis (surtout pl.) : *Ce sont des hardiesses de langage.*

***HARDIMENT** adv. (de *hardi*). 1. *Litt.* Avec courage, audace : *Faire face hardiment à un adversaire.* – 2. Avec une audace inconsciente, impudente : *Nier hardiment l'évidence.*

HARDING (Warren Gamaliel), homme d'État américain (près de Blooming Grove, Morrow County, Ohio, 1865 - San Francisco 1923). Sénateur républicain, élu président des États-Unis en 1920, il se prononça contre la S. D. N. et signa une paix séparée avec les empires centraux (août 1921). En politique intérieure, il mena une politique de protectionnisme et restreignit l'immigration.

HARDOUIN-MANSART → MANSART.

***HARD-ROCK** (ardrɔk] n. m. (angl. *hard--rock,* rock dur). Forme violente du rock, caractérisée par une débauche d'énergie et un important volume sonore. (Abrév. fam. HARD ; syn. HEAVY METAL.)

HARDT (la), région de France (Alsace et Lorraine) et d'Allemagne (Rhénanie-Palatinat), à l'O. de la vallée du Rhin, formée de plateaux souvent boisés, aujourd'hui dépeuplés. – En France, le nom désigne aussi, fréquemment, la région du sud-est de l'Alsace (Haut-Rhin), englobant notamment la forêt domaniale de la *Harth.*

***HARD-TOP** n. m. (pl. *hard-tops*) [angl. *hard-top,* de *hard,* dur, et *top,* sommet]. Superstructure amovible destinée à se substituer, pendant la mauvaise saison, à la capote pliante d'une voiture ouverte.

HARDWĀR, v. de l'Inde (Uttar Pradesh), sur le Gange, à l'endroit où le fleuve pénètre dans la plaine ; 78 000 hab. Pèlerinage.

***HARDWARE** [ardwɛr] n. m. (angl. *hardware,* quincaillerie). En informatique, syn. de MATÉRIEL.

HARDY (Alexandre), auteur dramatique français (Paris v. 1570 - v. 1632). Sur les 600 pièces qu'il écrivit, 34 seulement furent publiées, parmi lesquelles des pastorales, des tragi-comédies et des tragédies *(Didon se sacrifiant, Mariamne).* Peu soucieux des trois unités, il unit la violence baroque aux thèmes du théâtre humaniste.

HARDY (Thomas), écrivain britannique (Upper Bockhampton, Dorset, 1840 - Max Gate, Dorchester, 1928). Violemment critiqué pour le pessimisme radical qui caractérise ses romans (*Loin de la foule insensée,* 1874 ; *le Maire de Casterbridge,* 1886 ; *Tess* d'Urberville,* 1891 ; *Jude* l'obscur,* 1895), il s'oriente vers un lyrisme sardonique (*Poèmes du Wessex,* 1896 ; *Poèmes passés et présents,* 1901 ; *The Dynasts,* 1903 - 1908), rageur et nostalgique (*Moments de vision,* 1917 ; *la Fameuse Tragédie de la reine de Cornouailles,* 1923).

HARDY (Godfrey Harold), mathématicien britannique (Cranleigh, Surrey, 1877 - Cambridge 1947). Il se consacra à des recherches en théorie des nombres, publiant plus de cent mémoires communs avec J. E. Littlewood. En 1913, il découvrit Ramanujan, brillant mathématicien autodidacte indien.

HARDY (Oliver) → LAUREL (Stan).

HARE (Robert), chimiste américain (Philadelphie 1781 - *id.* 1858). Il a obtenu à l'état métallique les métaux alcalinoterreux et inventé en 1802 le chalumeau oxhydrique.

Hare Krishna, secte moderne d'influence hindoue, fondée par Swani A. C. Bhaktivedanta (1896-1977) et dont le siège se trouve aux États-Unis.

HARELBEKE, comm. de Belgique (Flandre-Occidentale), au N.-E. de Courtrai ; 25 000 hab. Textile.

***HAREM** [arɛm] n. m. (ar. *ḥaram,* défendu et sacré). 1. Chez les musulmans, partie d'une maison dont l'accès est interdit, en partic. appartement réservé aux femmes ; ensemble des femmes qui y habitent. – 2. *Fam.* Groupe de femmes qui entourent ou fréquentent un homme : *Il était accompagné de tout un harem.*

***HARENG** [arɑ̃] n. m. (frq. **hâring*). 1. Poisson (clupéidé) marin effectuant des migrations de ponte et d'alimentation en bancs énormes. (→ *encycl.*) – 2. *Pop.* Proxénète. – 3. *Pop.* et *vx.* Gendarme.

ENCYCL. Le hareng est un poisson de l'Atlantique nord, rare au sud de la Gironde. On le distingue des sardines et des aloses à ses opercules lisses, et du sprat à ses pelviennes plus postérieures. Il recherche les eaux froides et peu salées ou saumâtres ; il gagne les eaux profondes moins chaudes en été et se rapproche des côtes en hiver pour frayer.

Harengs *(journée des)* [12 févr. 1429], défaite infligée aux Français, près de Rouvray-Saint-Denis, lors du siège d'Orléans, par John Fastoff. Elle fut ainsi appelée parce que le convoi anglais attaqué par les Français au cours de cette bataille se composait surtout de tonneaux de harengs.

***HARENGADE** n. f. 1. Filet pour prendre le hareng. – 2. Nom donné à une certaine quantité de harengs, de sardines salés et pressés les uns contre les autres dans de petits baquets.

***HARENGAISON** n. f. Pêche du hareng ; époque où elle a lieu.

***HARENGÈRE** n. f. 1. Autref., femme qui vendait au détail du hareng ou d'autres poissons. – 2. *Fam.* et *vx.* Femme querelleuse et grossière dans son langage et ses manières.

***HARENGUET** n. m. Syn. de SPRAT.

***HARENGUEUX** n. m. Syn. de HARENGUIER.

***HARENGUIER** n. m. 1. Navire de pêche spécialisé dans la pêche au hareng. (Syn. DRIFTER.) – 2. Pêcheur de hareng. (Syn. HARENGUEUX.)

***HARENGUIÈRE** n. f. Filet pour prendre le hareng.

***HARET** adj. et n. m. (anc. fr. *harer,* traquer). *Chat haret,* ancien chat domestique retourné à l'état sauvage et vivant dans les forêts.

***HARFANG** [-fɑ̃] n. m. (mot suéd.). Grande chouette à plumage blanc tacheté de sombre, de la toundra périarctique et de la Scandinavie, se nourrissant de lemmings, qu'elle suit dans leurs migrations.

HARFLEUR (76700), comm. de la Seine-Maritime, banlieue est du Havre, sur le canal de Tancarville ; 9 221 hab. *(Harfleurais).* Église des XVe-XVIe s. (flèche haute de 83 m).

HARGEISA, v. de la Somalie ; 400 000 hab. Centre administratif et commercial du nord du pays.

***HARGNE** n. f. (anc. fr. *hergner,* du frq. **harmjan,* injurier). Attitude désagréable, agressive, malveillante à l'égard d'autrui se traduisant par des paroles acerbes, blessantes : *Répondre avec hargne à la critique.*

***HARGNEUSEMENT** adv. De façon hargneuse, avec agressivité, méchanceté.

***HARGNEUX, EUSE** adj. 1. Qui montre de la hargne dans son comportement avec autrui : *L'âge et l'insuccès l'ont rendu amer, hargneux. Ton hargneux.* – 2. Se dit d'un sportif qui fait preuve d'un dynamisme agressif : *Footballeur hargneux.* – 3. Se dit d'un animal qui a tendance à être agressif, à mordre, à griffer, à ruer, etc.

HARGREAVES (James), mécanicien anglais (Blackburn ? v. 1710 - Nottingham 1778). Il construisit en 1764 le premier métier à filer mécanique dit « spinning jenny ». Il prit en 1770 un brevet qui fut annulé pour cause d'exploitation préalable. La jenny se répandit très vite, mais sans dépasser le cadre de l'industrie domestique.

1. *HARICOT n. m. (anc. fr. *harigoter,* couper en morceaux, du frq. **harijôn*). Vx. *Haricot de mouton,* autre nom du navarin.

2. *HARICOT n. m. (de *haricot 1*). 1. Plante annuelle ou vivace (papilionacée), grimpante, à feuilles trifoliolées dont on cultive de nombreuses variétés pour ses gousses (haricot vert) ou pour ses graines, qui sont des légumes très répandus. – 2. Fruit du haricot. – 3. Pop. *C'est la fin des haricots,* c'est la fin de tout, le désastre complet. ‖ Pop. *Courir sur (l') haricot à qqn,* l'importuner vivement. ‖ Pop. *Des haricots,* rien du tout, peu de chose. • **Bot.** *Haricot sec,* graine de haricot arrivée à maturité. ‖ *Haricot vert,* gousse de haricot non arrivée à maturité, que l'on consomme entière. – **Méd.** Petite cuvette dont la forme permet l'utilisation pour les soins (pansements, nettoyage de plaies, etc.). – **Mobil.** *Table haricot,* syn. de TABLE ROGNON*.

***HARIDELLE** n. f. (anc. scand. *hârr,* au poil gris). 1. *Vx.* Cheval mal conformé et maigre. – 2. *Fam.* et *vx.* Grande femme sèche et maigre.

HARIJAN n. (mot sanskr. signif. *créature de Dieu*). Nom donné par Gāndhī aux intouchables, qu'il voulait réhabiliter.

HARINGVLIET, bras septentrional de l'estuaire de la Meuse.

ḤARĪRĪ (al-), écrivain arabe (près de Bassora 1054 - *id.* 1122), auteur de tableaux de la vie arabe *(Maqāmāt)* en prose rimée mêlée de vers, célèbres pour leur style précieux.

HARI RUD, fl. d'Asie, long d'environ 1 100 km. Né en Afghānistān, il sépare ce pays de l'Iran, puis l'Iran et le Turkménistan, disparaissant, épuisé par les captages pour l'irrigation et l'évaporation, dans les sables du sud du Karakoum.

***HARISSA** n. m. Sauce faite de poudre de piment rouge piquant, malaxée avec de l'huile et utilisée pour relever le goût du couscous.

ḤĀRITH IBN ASAD AL-MUḤĀSIBĪ → MUḤĀSIBĪ (al-).

***ḤARKA** n. f. (ar. *ḥarka,* mouvement). En pays arabe, milice levée par une autorité politique ou religieuse.

***HARKI** n. m. (ar. *ḥarki*). Militaire servant dans une ḥarka. (Les harkis ont joué un rôle important comme auxiliaires des troupes françaises en Algérie de 1954 à 1962. Quelques milliers se réfugièrent en France après l'indépendance ; les autres furent massacrés.)

HARKNESS (Rebekah) [née SEMPLE], compositrice et mécène américaine (Saint Louis 1915 - New York 1982). Initiatrice (1961) de la Rebekah

Harkness Foundation, dont un des buts est de promouvoir la danse et d'aider les jeunes troupes américaines, elle fonda le Harkness Ballet à New York (1964-1970) et lui rattacha une école, la Harkness Ballet School, qui fonctionna jusqu'en 1976.

HARLAN (Veit), cinéaste allemand (Berlin 1899 - Capri 1964). Auteur de *la Sonate à Kreutzer* (1936), il tourna ensuite plusieurs films dont les thèmes s'identifient assez étroitement à l'idéologie nazie alors régnante (notamment *le Juif Süss,* 1940).

HARLAY (Achille DE), comte **de Beaumont,** magistrat français (Paris 1536 - *id.* 1619). Premier président du parlement de Paris (1582-1616), il s'opposa à la Ligue après la journée des Barricades (12 mai 1588) et se rallia à Henri IV, qui érigea en comté sa terre de Beaumont (auj. Beaumont-en-Gâtinais) [1592].

HARLAY DE CHAMPVALLON (François DE), prélat français (Paris 1625 - Conflans 1695). Archevêque de Paris (1671), il ordonna l'expulsion des solitaires de Port-Royal des Champs et y interdit le recrutement de novices (1679) ; il fut l'un des instigateurs de la révocation de l'édit de Nantes (1685). [Acad. fr., 1671.]

***HARLE** n. m. (mot dialect.). Gros canard piscivore, migrateur, au bec mince, allongé, recourbé en crochet à son extrémité. (Les harles [genre *mergus*] sont d'excellents plongeurs des mers froides. Trois espèces nichent ou hivernent en France : le bièvre, le piette et le harle huppé.)

HARLEM → HAARLEM.

HARLEM, quartier de New York, dans le N.-E. de Manhattan, habité essentiellement par des Noirs.

Harlem *(Dance Theatre of),* troupe de ballet classique fondée par Arthur Mitchell, danseur étoile au New York City Ballet, et composée d'artistes de race noire.

Harlem Globe Trotters, équipe de basket-ball américaine (créée en 1927), uniquement composée de Noirs. Devenue célèbre en raison des exploits techniques et des facéties de ses joueurs, cette équipe s'est transformée peu à peu en troupe de music-hall.

HARLEY (Robert), comte **d'Oxford,** homme politique anglais (Londres 1661 - *id.* 1724). Député whig (1689), rallié au torysme modéré (1701), il devint secrétaire d'État (1704-1708) et travailla à l'union avec l'Écosse. Chef du gouvernement de 1710 à 1714, il redressa la situation financière et joua un rôle capital dans la conclusion du traité d'Utrecht (1713).

***HARLING** n. m. (suéd. *harling*). Pêche au saumon en bateau, à la traîne, sur les rivières larges et profondes.

HARLOW, v. de Grande-Bretagne (Essex), créée en 1950, au N.-N.-O. de Londres ; 79 000 hab.

HARLY (02100), comm. de l'Aisne, banlieue est de Saint-Quentin ; 1 900 hab. Constructions électriques.

HARMATTAN [-tã] n. m. (d'une langue africaine *haramata*). Vent très sec qui souffle de l'est ou du nord-est sur le Sahara et l'Afrique occidentale.

HARMEL (Léon), industriel français (La Neuville-lès-Wassigny, Ardennes, 1829 -Nice 1915). Patron d'une filature, il y développa les œuvres sociales (notamment le conseil d'usine) que son père y avait créées. Il rejoignit en 1872 l'Œuvre des Cercles, créée un an plus tôt par Albert de Mun. Il évolua vers la démocratie chrétienne.

HARMEL (Pierre), homme politique belge (Bruxelles 1911). Député social-chrétien (1946), plusieurs fois ministre de 1950 à 1961, il forme en 1965 un gouvernement de coalition unissant sociaux-chrétiens et socialistes, mais doit démissionner en 1966, confronté au problème linguistique. Il sera ensuite ministre des Affaires étrangères (1966-1973), puis président du Sénat (1973-1977).

HARMODIOS, citoyen athénien († Athènes 514 av. J.-C.). Pour venger des injures personnelles, Harmodios complota, avec Aristogiton, la mort du fils de Pisistrate. En fait, ils tuèrent seulement Hipparque. La tradition athénienne en fit des héros morts pour la liberté de la cité.

HARMONICA n. m. (angl. *harmonica,* du lat. *harmonicus,* harmonieux). **1.** Instrument à air composé d'une double série d'anches libres logées dans des cavités ménagées dans un cadre en bois, mises en vibration par le souffle ou l'aspiration du joueur. — **2.** *Harmonica de verres,* instrument composé d'une série de verres contenant de l'eau et dont on frotte les bords avec un doigt humide.

HARMONICISTE n. Joueur(euse) d'harmonica.

HARMONICITÉ n. f. Qualité de ce qui est harmonique.

HARMONIE n. f. (lat. *harmonia,* du gr. *harmonia,* accord). **1.** Qualité d'un ensemble qui résulte de l'accord de ses parties ou de ses éléments et de leur adaptation à une fin : *L'harmonie de l'univers, du corps humain.* — **2.** Rapport d'adaptation, de conformité, de convenance existant entre les éléments d'un ensemble cohérent ou entre des choses soumises à une même finalité : *Une parfaite harmonie entre l'expression et la chose exprimée.* — **3.** Rapport heureux entre les parties d'un tout (formes, couleurs, sons, rythmes, etc.), en partic. d'une œuvre artistique ou littéraire : *Harmonie des masses colorées d'une peinture.* — **4.** État des relations entre des personnes ou dans un groupe humain, qui résulte de l'accord des pensées, des sentiments, des volontés : *Ces questions d'intérêts risquent de compromettre l'harmonie de la famille.* • **Littér.** *Harmonie imitative,* reproduction, par les sons ou par le rythme, de sensations diverses. (Ex. : *L'or des pailles s'effondre au vol siffleur des faux* [Verlaine].) — **Mus.** Chez les Grecs, coordination et combinaison de sons. ‖ Art et science de la formation et de l'enchaînement des accords. (→ *encycl.*) ‖ Ensemble des instruments à vent, dans l'orchestre. ‖ Orchestre formé essentiellement d'instruments à vent (cuivres et bois), de percussions et, quelquefois, de contrebasses à cordes. — **Phon.** Forme d'assimilation par laquelle le timbre d'un phonème tend à s'identifier à celui d'un phonème proche ou contigu. (L'*harmonie vocalique,* ou *harmonisation,* est particulièrement importante dans les langues finno-ougriennes et en turc ; on appelle *harmonie consonantique* l'assimilation qui a fait passer de l'ancien français *sercher* à *chercher.*)

ENCYCL. **Mus.** Les premières manifestations de l'harmonie consistèrent en une succession d'intervalles simples (octaves et quintes). Peu à peu, les musiciens employèrent d'autres intervalles. C'est au xve s. que la notion d'accord apparut. Mais les principes de l'harmonie moderne furent dégagés au xviiie s. et servirent de base aux compositeurs jusqu'à la fin du xixe s.

Les lois de l'écriture harmonique se réfèrent aux lois de la résonance naturelle des corps sonores. L'harmonie consiste donc en l'étude des accords (consonants ou dissonants) et diffère du contrepoint en ce qu'elle s'attache à l'étude des conjonctions verticales plutôt qu'à la superposition des lignes mélodiques.

L'enchaînement des accords est déterminé par les degrés de la gamme sur lesquels ils se placent. L'élargissement des règles de l'harmonie, voire leur transgression (Liszt, Wagner, Debussy), a amené, au début du xxe s., l'abandon par la plupart des compositeurs (les sérialistes en particulier) du principe de cette théorie.

Harmonies poétiques et religieuses, recueil de poèmes de Lamartine (1830), dont l'inspiration, plus spirituelle que lyrique, offre une vision pathétique de l'existence.

HARMONIEUSEMENT adv. **1.** De façon que tout soit en accord : *Intérêts harmonieusement conciliés.* — **2.** Dans des proportions bien choisies : *Un appartement harmonieusement disposé.*

HARMONIEUX, EUSE adj. (de *harmonie*). **1.** Qui est agréable à entendre : *Une musique harmonieuse.* — **2.** Dont les parties, qui s'accordent bien, forment un ensemble agréable : *Un assemblage harmonieux de couleurs.* — **3.** Se dit de personnes qui ont des affinités, qui s'entendent bien : *Couple harmonieux.*

HARMONIQUE adj. (lat. *harmonicus,* du gr. *harmonikos*). Se dit, en musique, de tout ce qui utilise les lois de l'harmonie : *Écriture harmonique.* • **Acoust.** *Son harmonique,* syn. de HARMONIQUE. — **Cybern.** et **Électr.** Analyse harmonique, étude et représentation des systèmes linéaires en régime sinusoïdal permanent. (→ *fonction de* TRANSFERT, TRANSMITTANCE.) — **Géom.** *Conjugué harmonique d'un point* M *par rapport à deux points* A *et* B, point N tel que A, B, M et N sont en division harmonique. ‖ *Pinceau* ou *faisceau harmonique,* pinceau ordonné dont le birapport vaut (–1). ‖ *Points en division harmonique,* ensemble de quatre points A, B, C et D, tels que trois d'entre eux sont confondus et le quatrième distinct, ou tels que tous sont distincts et alignés, leur birapport (A, B, C, D) valant (–1). — **Math.** *Analyse harmonique,* branche des mathématiques qui traite de la possibilité de représenter une fonction périodique par une série trigonométrique. ‖ *Division harmonique,* donnée de 4 nombres dont le birapport est égal à –1. ‖ *Fonction harmonique,* fonction f de n variables réelles $x_1, ..., x_n$, définie dans un ouvert, qui est deux fois continûment différentiable et qui vérifie $\frac{\partial^2 f}{\partial x_1^2} + ... + \frac{\partial^2 f}{\partial x_n^2} = 0$. ‖ *Moyenne harmonique de plusieurs nombres,* nombre dont l'inverse est la moyenne arithmétique des inverses de ces nombres. ‖ *Série harmonique,* série $\sum_{n \in \mathbb{N}^\star} 1/n$. (Elle est divergente.) ‖ *Série harmonique alternée,* série $\sum_{n \in \mathbb{N}^\star} (-1)^{n-1}/n$. (Elle converge vers ln 2.) — **Phys.** *Oscillateur harmonique,* point subissant, de part et d'autre d'une position d'équilibre, des vibrations sinusoïdales. ‖ *Régime harmonique,* régime sinusoïdal permanent.

◆ n. m. **1.** Son susceptible d'être émis par une source sonore et dont la fréquence est un multiple entier de celle correspondant au mode fondamental de vibration. (On dit aussi SON HARMONIQUE.) [→ *encycl.*] — **2.** En musique, son résultant de la résonance naturelle d'un corps sonore (corde, membrane, lame vibrante, etc.) ; sur les instruments à cordes, son obtenu à partir d'une note fondamentale autre que celle donnée par la corde à vide. — **3.** Oscillation sinusoïdale, composante spectrale ou terme d'une série de Fourier dont la fréquence est un multiple entier d'une fréquence dite « fondamentale ». — **4.** *Harmonique* n, $n^{ième}$ *harmonique,* harmonique dont la fréquence est n fois la fréquence fondamentale.

ENCYCL. **Acoust.** On numérote les harmoniques successifs d'une même série par fréquences croissantes, en convenant de prendre pour harmonique 1 le son fondamental lui-même. Ainsi, l'harmonique de rang *k* (*k* entier) du son fondamental de fréquence N a une fréquence égale à *k* fois N.

HARMONIQUEMENT adv. Suivant les lois de l'harmonie en musique.

HARMONISATION n. f. **1.** Action d'établir des proportions heureuses entre plusieurs choses, de les mettre en accord, de les harmoniser, fait d'être harmonisé : *Harmonisation des salaires du secteur public et du secteur nationalisé.* — **2.** Action d'harmoniser une mélodie, un instrument. — **3.** Syn. de HARMONIE* VOCALIQUE.

HARMONISER v. t. (conj. 3). **1.** Mettre qqch en harmonie, en accord avec qqch d'autre : *Harmoniser les rideaux avec la moquette.* — **2.** Ajouter à une mélodie donnée une ou plusieurs parties harmoniques. — **3.** Dans la facture d'orgues ou de clavecins, égaliser la sonorité des notes d'un même jeu et des jeux entre eux.
◆ **s'harmoniser** v. pr. S'accorder harmonieusement à, correspondre à : *Son maquillage discret s'harmonise avec sa toilette.*

HARMONISTE n. **1.** Personne qui connaît et pratique les règles de l'harmonie. — **2.** Personne chargée d'harmoniser les jeux d'orgue, ou un clavecin.

HARMONIUM [-njɔm] n. m. (de *harmonie*). Instrument à air, à anches libres, sans tuyaux, muni d'un système de soufflerie, d'un clavier et de registres.
ENCYCL. C'est en 1842 qu'Alexandre Debain inventa l'harmonium, dans lequel l'air emmagasiné dans un réservoir, grâce à deux soufflets manœuvrés au pied, et libéré par l'action exercée sur les touches du clavier fait vibrer des lames.

HARMONOGRAMME n. m. Graphique permettant de coordonner la production et d'obtenir une utilisation optimale de la main-d'œuvre et du matériel.

HARMOSTE n. m. (gr. *harmostês,* de *harmodzein,* régler). Nom des gouverneurs militaires que les Lacédémoniens, durant leur hégémonie, établirent dans les villes amies, pour les protéger et les surveiller.

HARMOTOME n. m. (gr. *harmos,* joint). Aluminosilicate, hydraté naturel de potassium et de baryum, appartenant au groupe des zéolites.

HARMSWORTH (Alfred), vicomte **Northcliffe,** journaliste britannique (Dublin 1865 - Londres 1922). Il édifia un véritable empire de la presse populaire, avec l'aide de son frère HAROLD, *lord* **Rothermere** (Londres 1868 - Hamilton, Bermudes, 1940) : *Evening News* (1894), *Daily Mail* (1896), *Daily Mirror* (1903), *Times* (1906).

***HARNACHEMENT** n. m. **1.** Action de harnacher un animal. — **2.** Ensemble des pièces de sellerie dont on équipe un cheval de selle (selle, bride et leurs accessoires). — **3.** *Fam.* Habillement, équipement lourd, bizarre et encombrant : *Le harnachement d'un campeur.*

***HARNACHER** v. t. (de *harnais*) [conj. 3]. Mettre le harnais à un animal : *Harnacher un cheval.*
◆ **se harnacher** v. pr., **être harnaché** v. pass. S'accoutrer d'une tenue lourde ou grotesque, d'un équipement encombrant : *Se harnacher de piolets et de cordes.*

HARNACK (Adolf VON), théologien luthérien allemand (Dorpat 1851 - Heidelberg 1930). Pour lui, le chrétien est libre de critiquer le dogme, qui est la traduction intellectuelle de l'Évangile, liée à une étape du développement historique de la pensée, et influencée par le platonisme et l'aristotélisme.

***HARNAIS** n. m. (anc. scand. **hernest,* matériel pour l'armée). **1.** Équipement complet d'un cheval d'attelage ou d'une bête de trait ou de bât, constitué par un ensemble de pièces de cuir et souvent de bois ou de métal. (→ *encycl.*). — **2.** *Harnais (de sécurité),* ensemble composé de sangles, assemblées par un bouclage aisément détachable, et qui, en entourant le torse de qqn, le protège contre les chutes ou les chocs. — **3.** *Fam.* Vêtement incommode, pénible ou ridicule à porter. • **Mécan.** *Au harnais,* se dit d'une machine-outil dans laquelle le harnais d'engrenages est en prise. ‖ *Harnais d'engrenages,* dans une machine-outil, ensemble de deux engrenages réducteurs introduit dans la transmission du mouvement de rotation de la broche, pour en réduire la vitesse. — **Pêch.** Large ceinture de cuir sur laquelle on fixe la canne dans la pêche aux grands poissons de mer. — **Text.** Ensemble des lisses ou lames d'un métier à tisser, au moyen desquelles les fils sont baissés ou levés pour livrer passage à la navette. (Syn. HARNAT.)
ENCYCL. Le harnais permet à l'animal de transmettre son effort de traction ou de portage. Chez le cheval de trait, il comprend la bride avec le mors et les guides pour le diriger, ainsi que le collier qui sert à la traction ; l'avaloire sert au recul de l'animal. Les bœufs de trait sont attelés au joug et sont guidés de la voix et au moyen de l'aiguillon.

***HARNAT** n. m. Harnais (d'un métier à tisser).

HARNES (62440), ch.-l. de cant. du Pas-de-Calais, au N.-E. de Lens ; 14 353 hab. *(Harnésiens).* Métallurgie. Chimie. Centrale thermique. Confection.

***HARNOIS** n. m. (forme anc. de *harnais*). Litt. *Blanchi sous le harnois,* qui a vieilli dans son métier, en partic. celui des armes.

HARNONCOURT (Nikolaus), chef d'orchestre allemand (Berlin 1929). En 1953, il fonda le « Concentus musicus » de Vienne, ensemble spécialisé dans l'interprétation de la musique ancienne (de 1200 à 1800) sur des instruments d'époque. Il s'est également orienté vers l'opéra (Monteverdi, Mozart) et le répertoire symphonique traditionnel, notamment à la tête de l'orchestre du Concertgebouw d'Amsterdam.

***HARO !** interj. et n. m. (anc. fr. *hare,* cri pour exciter les chiens). **1.** *Crier haro sur qqn, qch,* s'élever avec indignation contre eux, attirer sur eux la haine, la colère, la réprobation. – **2.** *Clameur de haro,* formule juridique prononcée autref. dans des cas d'urgence, pour arrêter une atteinte portée à la personne ou aux biens.

HAROLD Ier, dit **Harefoot** (« Pied de lièvre ») [† Oxford 1040], roi d'Angleterre (1035-1040). Fils illégitime de Knud le Grand, il lutta pour le pouvoir contre l'héritier légitime Hardeknud. – **Harold II** (v. 1020-Hastings 1066), roi des Anglo-Saxons (1066), fils de Godwine, comte de Wessex. Maître de l'Angleterre à la fin du règne d'Édouard le Confesseur, il se fit couronner roi à la mort de ce dernier. Vainqueur du roi de Norvège Harald III Hårdråde, il fut battu et tué à Hastings par Guillaume de Normandie (14 oct. 1066).

HAROUÉ (54740), ch.-l. de cant. de Meurthe-et-Moselle, au S. de Nancy, sur le Madon ; 492 hab. Château de Craon, construit par Boffrand en 1729 (décors rocaille, mobilier).

***HAROUELLE** n. f. Grosse ligne utilisée pour la pêche de la morue ou du maquereau.

HAROUN AL-RACHID → HĀRŪN AL-RACHĪD.

HARO Y SOTOMAYOR (Luis MÉNDEZ DE) → MÉNDEZ DE HARO Y SOTOMAYOR (Luis).

HARPACTE n. m. (gr. *harpaktês,* ravisseur). Petite araignée (dysdéridé) rose et gris, qui vit dans un fourreau soyeux sous l'écorce des arbres.

HARPACTICOÏDE n. m. (gr. *harpaktikos,* rapace). Nom de sous-ordre attribué à 2 000 espèces de crustacés copépodes minuscules vivant dans les interstices des sables fluviaux ou marins.

HARPACTOR n. m. Punaise carnassière, ordinairement noir et rouge, qui vit sur les fleurs et dont la piqûre est très douloureuse.

HARPAGE, noble mède (VIe s. av. J.-C.) qui favorisa la révolte de Cyrus contre Astyage. Quand il l'eut emporté, Cyrus chargea Harpage, après 547, de soumettre les Grecs d'Anatolie.

HARPAGON n. m. (de *Harpagon,* n. pr.). *Litt.* Homme d'une grande avarice.

Harpagon (du gr. *harpaks, -agos,* rapace), principal personnage de *l'Avare,* de Molière.

HARPAGOPHYTUM [fi-tɔm] n. m. (gr. *harpaks, -agos,* crochet). Plante d'Afrique australe dont les fruits munis de griffes s'accrochent à la toison des moutons, et dont les racines contiennent un glucoside, l'harpagoside, doué d'une puissante activité anti-inflammatoire, qui la fait utiliser dans les rhumatismes chroniques.

HARPAGOSIDE n. m. Glucoside extrait de l'harpagophytum, dont il constitue le principe actif.

***HARPAIL** [-paj] n. m. (moyen fr. *harpailler,* séparer, du lat. *harpé,* faucille, avec l'infl. de l'anc. scand. *harpa,* crampe). Harde composée de biches.

HARPALE n. m. (gr. *harpaleos,* ravissant). Carabe sombre ou métallique, ordinairement nocturne, vivant sous les pierres ou dans la terre. (L'harpale vert bronzé grimpe sur les ombellifères pour en ronger les graines.)

HARPALE, lieutenant d'Alexandre le Grand († en Crète 324 av. J.-C.). Alexandre lui confia le gouvernement de Babylone et la garde du trésor royal. Harpale le dilapida en partie et se réfugia à Athènes. Un procès fut intenté dans lequel Démosthène fut compromis.

***HARPAYE** [-paj] n. m. (gr. *harpaks, -agos,* rapace). Autre nom du busard des roseaux, oiseau accipitridé des étangs, dont il dévore la faune (campagnols, oiseaux, grenouilles et insectes).

1. *HARPE n. f. (bas lat. *harpa,* du germ. **harpa*). **1.** Instrument de musique à cordes pincées, de forme triangulaire et dont les cordes, tendues parallèlement à la table d'harmonie, sonnent à vide. (→ *encycl.*) – **2.** Symbole litt. de la poésie sacrée (par allus. à la harpe de David, auteur des Psaumes). – **3.** Mollusque gastropode des mers chaudes, à coquille ventrue, côtelée, sans operculе, de couleurs variées, ornementale. – **4.** *Harpe éolienne,* cithare dont les cordes sont mises en vibration par l'action directe du vent.
ENCYCL. Utilisée depuis la plus haute antiquité, la harpe était connue sur tous les continents. La *harpe triangulaire,* modèle typiquement occidental et médiéval, issue de la harpe dite « celtique », sera utilisée à partir des VIIIe ou IXe s. Elle se compose de trois parties : une caisse de résonance, une console, dans laquelle sont plantées les chevilles des cordes, et une colonne reliant ces deux parties. Au Moyen Âge, la harpe, sous sa forme triangulaire, connut un grand succès, qui s'amoindrit à la Renaissance en raison des seules possibilités diatoniques de l'instrument. Au XVIIIe s. cependant, la harpe possède un mécanisme permettant de faire des demi-tons en raccourcissant les cordes. Mais c'est seulement depuis l'invention du système à fourchettes par S. Érard (1811) que chaque corde peut produire sa note en bémol, bécarre et dièse.

2. *HARPE n. f. (anc. fr. *harper,* se courber, du germ. **harpa,* avec l'infl. du gr. *harpê,* crochet). **1.** Pierre qui, dans les chaînes des murs, est plus large que celles de dessus et de dessous. – **2.** Syn. de HARPON et de PIERRE D'ATTENTE*. – **3.** Pont basculant utilisé au Moyen Âge par les assiégeants pour franchir le fossé entourant le château.

***HARPE-CITHARE** n. f. (pl. *harpes-cithares*). Instrument de musique africain (Gabon, Congo), à cordes pincées.

Harper and Row, maison d'édition américaine, à New York, fondée en 1817 par James et John Harper, et qui, jusqu'en 1962, s'est appelée Harper and Brothers.

Harper's, revue mensuelle illustrée, publiée en 1850 sous le nom de *Harper's New Monthly Magazine* par les quatre frères *Harper,* éditeurs à New York, et qui est l'un des plus importants magazines littéraires américains.

***HARPETTE** n. f. (lat. *harpé,* objet crochu). Ligne constituée par un fil terminé par un plomb, au-dessus duquel sont fixés plusieurs hameçons.

***HARPIE** n. f. (de *Harpie,* n. pr., du gr. *Harpuia,* ravisseuse). **1.** Femme acariâtre ou méchante ; mégère. – **2.** En héraldique, sorte d'aigle à tête de femme. – **3.** Grand aigle aux serres puissantes et au bec fort des forêts d'Amérique tropicale, portant une huppe érectile et se nourrissant surtout de singes et de paresseux.

HARPIE, HARPYE ou **HARPYIE,** divinité grecque, fille de Thaumas et d'Électre. (Les Harpies sont trois sœurs, Aello, Ocypété et Celæno. Elles sont représentées comme des femmes ailées, méchantes, pourvues de serres. Divinités funéraires, elles ont été confondues avec les Furies.)

HARPIGNIES (Henri), peintre français (Valenciennes 1819 - Saint-Privé, Yonne, 1916). Paysagiste préimpressionniste, il a suivi les traces de Corot en Italie (1850-1853 et 1863-1865) et a beaucoup représenté la campagne française.

***HARPISTE** n. Musicien qui joue de la harpe.

***HARPE-LUTH** n. f. (pl. *harpes-luths*). Instrument de musique à cordes pincées d'Afrique occidentale, muni d'un manche et d'un plan de cordes perpendiculaires à la table d'harmonie.

***HARPOCERAS** [-seras] n. m. (gr. *harpê,* crochet). Ammonite à tours aplatis, ornés de côtés falciformes, très abondante dans le lias supérieur.

HARPOCRATE, transcription grecque du nom du dieu égyptien *Hor-pa-khered,* « Horus l'enfant », conçu par la déesse Isis après la mort d'Osiris. De nombreuses statuettes le représentent comme un enfant, nu, portant un doigt à sa bouche.

***HARPODON** n. m. (gr. *harpê,* crochet). Poisson phosphorescent de l'océan Indien, pêché en grand nombre au chalut pendant ses migrations vers les estuaires, et consommé séché et salé en Inde.

***HARPOISE** n. f. (lat. *harpé,* crochet). Fer recourbé qui termine le harpon.

***HARPON** n. m. (lat. *harpé,* crochet). **1.** Instrument barbelé et acéré, emmanché, dont on se sert pour la pêche des gros poissons et surtout pour la chasse de la baleine. – **2.** Pièce de fer coudée servant à relier les poteaux des pans de bois aux murs. (Syn. HARPE.) – **3.** Instrument préhistorique de pêche ou de chasse dont la pointe était en os ou en bois de renne, avec un ou deux rangs de barbelures. (Apparu au magdalénien, l'usage du harpon s'est conservé chez certains peuples du nord du Pacifique et de l'Atlantique.)

***HARPONNAGE** ou ***HARPONNEMENT** n. m. Action de harponner ; pêche au harpon.

***HARPONNER** v. t. (conj. 3). **1.** Atteindre un animal, l'accrocher avec le harpon. – **2.** *Fam.* Arrêter qqn au passage ; le circonvenir, l'accaparer entièrement : *Harponner un employé dans le couloir.* – **3.** *Fam.* Arrêter qqn, en parlant de la police.

***HARPONNEUR** n. m. Pêcheur qui lance le harpon.

Harpoon, missile surface-surface tactique d'une portée de 109 km, équipant la marine américaine depuis 1979.

***HARPYE** n. f. (var. de *harpie*). Nom de divers papillons de la famille des notodontidés (cérure, staurope, dicranure).

HARPYE → HARPIE.

HARRACH (El-), anc. **Maison-Carrée,** comm. d'Algérie, dans le S.-E. de l'agglomération d'Alger ; 182 000 hab. Centre commercial, universitaire et industriel.

HARRAN, ville ancienne de haute Mésopotamie (au S. d'Urfa, en Turquie), célèbre pour son temple de Sīn. Capitale d'un royaume araméen, elle fut annexée par les Assyriens (855-610) puis hellénisée sous le nom de *Carrhes.* L'armée de Crassus y fut détruite par les Parthes (53 av. J.-C.). En 1104 apr. J.-C., l'expansion des croisés vers l'est fut arrêtée à Harran.

***HARRIER** [ariər] n. m. (angl. *harrier,* de *hare,* lièvre). Chien courant anglais, ressemblant au foxhound, pour la chasse au lièvre.

HARRIS, partie sud de l'île de Lewis et Harris (Grande-Bretagne), dans l'archipel des Hébrides.

HARRIS (James), 1er comte **de Malmesbury,** diplomate britannique (Salisbury 1746 - Londres

1820). Ambassadeur à Saint-Pétersbourg (1777-1782), ministre à La Haye (1784-1788), il réussit, en 1788, à faire conclure la Triple-Alliance (Grande-Bretagne, Provinces-Unies, Prusse).

HARRIS (Joel Chandler), journaliste et écrivain américain (Eatonton, Géorgie, 1848 - Atlanta 1908). Il introduisit le thème de la négritude et le problème de l'esclavage dans ses contes et ses récits folkloriques nègres (*Gabriel Tolliver,* 1903).

HARRIS (Frank), écrivain irlandais (Galway, Irlande, 1856 - Nice 1931). Directeur de revues, ami de Wilde, Shaw et Wells, son autobiographie érotique (*My Life and Loves,* 1923-1927) fit scandale et fut interdite à la vente jusqu'en 1968.

HARRIS (*sir* Arthur Travers), maréchal de l'air britannique (Cheltenham, Gloucestershire, 1892 - Goring on Thames 1984). Il commanda en 1940 une escadre de bombardement. Maréchal de l'air en 1941, il fut, de 1942 à 1945, commandant en chef du bombardement stratégique de la RAF.

HARRIS (Roy), compositeur américain (Lincoln County, Oklahoma, 1898 - Santa Monica, Californie, 1979). Volontairement sans modèle européen, il reste l'expression vivante de l'âme populaire ouest-américaine sans pour autant négliger les techniques de composition modernes (*West Point Symphony,* 1952).

HARRIS (Zellig Sabbetai), linguiste américain (Balta, Ukraine, 1909). Disciple de Bloomfield, il pousse à leurs extrêmes conséquences les principes de l'analyse en constituants immédiats en vue d'une description de plus en plus formalisée des langues naturelles, et élabore la théorie distributionnelle exposée dans *Methods in Structural Linguistics* (1951 ; réédité en 1963 sous le titre *Structural Linguistics*). Il est le premier à avoir utilisé, en linguistique, la méthode hypothético-déductive. Il introduit la notion capitale de transformation, qui sera reprise par son élève Noam Chomsky dans le cadre de la grammaire générative (*Structures mathématiques du langage,* 1968). Harris fait également figure de précurseur par ses travaux sur l'analyse de discours. Appliquant au domaine du texte les principes distributionnels utilisés dans le cadre de la phrase, il montre que l'étude des récurrences de formes dans les énoncés longs permet de mettre en évidence des structures.

HARRISBURG, v. des États-Unis, cap. de la Pennsylvanie, dans les Appalaches ; 53 300 hab.

HARRISON (John), horloger anglais (Foulby, près de Pontefract, Yorkshire, 1693 - Londres 1776). Il a été le premier à réaliser pratiquement un chronomètre de marine pour la détermination des longitudes (1735).

HARRISON (William Henry), homme d'État américain (Charles City County, Virginie, 1773 - Washington 1841). Major général en 1812, sénateur (1825 -1828), élu président des États-Unis en 1840, il mourut un mois après son entrée en fonctions (1841). — Son petit-fils, BENJAMIN **Harrison** (North Bend, Ohio, 1833 - Indianapolis 1901), général de brigade pendant la guerre de Sécession, sénateur républicain de l'Indiana à partir de 1860, fut président des États-Unis de 1889 à 1893.

HARRISON (Wallace Kirkman), architecte américain (Worcester, Massachusetts, 1895 - New York 1981). À la fin de la Seconde Guerre mondiale, il constitua avec Max Abramovitz (né en 1908) une des plus importantes agences spécialisées dans l'immobilier de grande hauteur ; cette agence a supervisé, à New York, la réalisation du siège de l'O. N. U. (1947-1953) et celle du Lincoln Center (1962-1968) ; elle a édifié notamment l'Alcoa Building à Pittsburg (avec des panneaux de façade en aluminium, 1953).

HARROD (*sir* Henry Roy Forbes), économiste britannique (Londres 1900 - Holt 1978). Il a étudié, sur la base des travaux de Keynes, les conditions de la croissance harmonieuse de l'économie capitaliste et les facteurs d'instabilité qui peuvent l'affecter.

HARROGATE, v. de Grande-Bretagne (West Yorkshire) au N. de Leeds ; 64 600 hab. Station thermale (affections rhumatismales). Centre de congrès et de villégiature.

HARṢA, de son nom complet **Harṣavardhana** (v. 590-647), roi de l'Inde. Il étendit sa domination sur la majeure partie du nord de l'Inde. La *Geste de Harṣa* du poète Bāṇa nous est parvenue grâce au pèlerin chinois Xuan Zang.

HARSÁNYI (Tibor), compositeur, pianiste et musicologue hongrois (Magyarkanizsa, 1898 - Paris 1954). Il s'installa en France en 1923 et fit partie de l'école de Paris. Il laisse de nombreuses œuvres de tout genre, dans lesquelles se mêle le souvenir du terroir hongrois comme celui du jazz.

***HART** [art] n. f. (frq. **hard,* filasse). Corde avec laquelle on pendait les criminels ; la pendaison elle-même.

HARTE (Francis BRETT, dit **Bret**), écrivain américain (Albany, État de New York, 1836 - Camberley, Surrey, 1902). De son expérience californienne il a puisé l'inspiration de ses récits du « Far West » (*The Luck of Roaring Camp,* 1868), qui ont fixé les stéréotypes de l'Ouest.

HÄRTEL (Gottfried Christoph) → BREITKOPF HÄRTEL.

HARTFORD, v. des États-Unis, en Nouvelle-Angleterre, cap. du Connecticut ; 136 300 hab. Université. Centre industriel et siège de compagnies d'assurances. Musée des beaux-arts (Wadsworth Atheneum) ouvert en 1844.

Harth *(forêt de la),* forêt domaniale de 13 100 ha (Haut-Rhin) [chênes, pins sylvestres, espèces diverses].

HARTLEPOOL, agglomération de Grande-Bretagne (Cleveland), composée de *East Hartlepool* et de *West Hartlepool,* sur la mer du Nord ; 94 000 hab. Église de 1191. Chantiers navals.

HÄRTLING (Peter), écrivain allemand (Chemnitz 1933). Il s'est fait connaître par un triptyque romanesque centré sur une vision particulière de l'histoire et du temps (*Niembsch ou l'Immobilité,* 1964). Préoccupé par le problème de l'existence et de l'identité de l'homme au sein d'un monde collectiviste (*Janek, portrait d'un souvenir,* 1966), par son rôle au sein même de l'Histoire (*Zwettl,* 1973), auteur de biographies imaginaires (*Hubert ou le Retour à Casablanca,* 1978), Härtling soigne la composition et l'écriture, délaissant le maniérisme au profit de la précision.

HARTMANN (Johannes Franz), astronome allemand (Erfurt 1865 - Göttingen 1936). Il inventa un microphotomètre (1899) et le spectrocomparateur (1904).

HARTMANN (Nicolai), philosophe allemand (Riga 1882 - Göttingen 1950). Il a tenté de lier le néokantisme issu de l'école de Marburg et la phénoménologie husserlienne. Il a écrit notamment *Grundzüge einer Metaphysik der Erkenntnis* (1921).

HARTMANN (Heinz), médecin et psychanalyste américain d'origine autrichienne (Vienne 1894 - Stony Point, New York, 1970). Il est, avec E. Kris et R. Lœwenstein, un des représentants du courant psychoanalytique appelé *ego-psychology.*

HARTMANN (Karl Amadeus), compositeur allemand (Munich 1905 - *id.* 1963). Dès 1945, il fonda à Munich l'importante association « Musica viva », destinée à promouvoir la musique nouvelle. On lui doit surtout 8 remarquables symphonies, dont la première *(Symphonische Fragmente)* date de 1936 et les autres de 1946 à 1962.

HARTMANN VON AUE, poète allemand (en Souabe - † entre 1210 et 1220). Premier poète courtois de langue allemande, auteur de romans en vers (*Erec,* v. 1185 ; *Iwein,* av. 1205) inspirés de l'*Erec* et de l'*Yvain* de Chrétien de Troyes.

HARTMANNSWILLERKOPF, sommet des Vosges méridionales (Haut-Rhin) entre la Thur et la Lauch ; 956 m. Les observatoires de ce sommet, popularisé sous le nom de *Vieil-Armand,* furent l'objet de violents combats en 1915.

HARTSHORNE (Richard), géographe américain (Kitanning, Pennsylvanie, 1899), historien et théoricien de la géographie, auteur de *The Nature of Geography* (1939).

HARTUNG (Hans), peintre et graveur allemand, naturalisé français en 1946 (Leipzig 1904 - Antibes 1989). Installé à Paris en 1935, il s'est rendu dès cette époque maître de son style propre, qui conjugue, dans la voie abstraite, spontanéité lyrique et strict contrôle intellectuel. Variant les formes d'expression (graphismes, tachisme, halos de couleurs sourdes...), il a fait à partir des années 50 une carrière brillante.

HARTZENBUSCH (Juan Eugenio), écrivain espagnol d'origine allemande (Madrid 1806 - *id.* 1880), auteur de drames historiques (*les Amants de Teruel,* 1837), de comédies (*Juan de Viñas,* 1844) et de féeries (*La redoma encatada,* 1839).

HARTZVILLER (57870), comm. de la Moselle, à 9 km au S.-S.-E. de Sarrebourg ; 862 hab. Cristallerie.

HĀRŪN AL-RACHĪD (Rey, Perse, 766-Ṭus, Khorāsān, 809), calife ʿabbāsside (786-809). Personnage légendaire des *Mille et Une Nuits,* il entretint une cour fastueuse, et son règne est souvent assimilé à l'âge d'or de l'islām. L'empire connut pourtant de graves difficultés : rébellions des provinces (Iran, Égypte, Syrie, Yémen, Ifrīqiya) ou même sécessions (Maroc, Andalousie). Ses vizirs de la famille Barmakide jouèrent un rôle important jusqu'à leur disgrâce (803). Hārūn al-Rachīd conduisit personnellement plusieurs expéditions victorieuses contre les Byzantins.

HARUNOBU SUZUKI, maître japonais de l'estampe (Edo, auj. Tōkyō, 1725 - *id.* 1770). En 1765, il ouvre une nouvelle voie à l'estampe avec la polychromie et est célèbre pour ses portraits de femmes empreints d'une grâce fragile.

HARUSPICE n. m. (lat. *haruspex, -icis*). Devin qui interprétait la volonté des dieux exprimée par des prodiges ou par l'apparence des entrailles des victimes des sacrifices. (En Étrurie, les haruspices formaient une corporation spécialisée ; dans le monde romain, ils étaient constitués en collège.)

Harvard *(université),* établissement d'enseignement supérieur américain, fondé à Cambridge (Massachusetts) en 1636 et portant le nom de son premier grand bienfaiteur, John Harvard (1607-1638).

Harvard University Press, département d'édition de l'université Harvard, fondé en 1872.

HARVEY (Gabriel), poète anglais (Saffron Walden, Essex, 1545 - *id.* 1630). Ami de Spenser, il introduisit l'hexamètre dans la poésie anglaise.

HARVEY (William), médecin anglais (Folkestone 1578 - Londres 1657). Il fut chargé, en 1615, d'une chaire d'anatomie et de chirurgie au Collège royal. Jacques Ier et Charles Ier l'attachèrent à leur personne. Harvey a découvert la circulation du sang. Il compléta des données antérieures fragmentaires, les vérifia, et démontra le mécanisme de la grande et de la petite circulation. Le premier, il a posé l'axiome selon lequel tout être vivant provient d'un œuf.

HARYANA, État du nord de l'Inde, créé en 1966, qui entoure le territoire fédéral de Delhi ; 44 000 km^2 ; 16 317 715 hab. Cap. *Chandigarh.* L'agriculture irriguée domine (riz, millet, canne à sucre, coton), liée au secteur industriel (agroalimentaire, mécanique agricole, textile).

HARZ(le), massif cristallin boisé du centre de l'Allemagne, culminant au Brocken* (1 142 m). Ressources minières variées (auj. épuisées).

HARZBURGITE n. f. (de *Harzburg,* n. pr.). Péridotite à pyroxène orthorhombique.

ḤASĀ (« les Puits »), province d'Arabie Saoudite, sur le golfe Persique, entre le Koweït et le Qaṭar. Ch.-l. *Dammām.* Les agglomérations (Dammām, Dhahrān, Djubayl) industrielles ou portuaires, nées du pétrole, se sont ajoutées aux oasis traditionnelles (al- Hufūf).

HASAKEH (al-) ⟶ HASSETCHÉ.

ḤASAN, second imān des chī'ites (v. 624 - Médine 669). Fils de 'Alī et de Fāṭima, Ḥasan ibn 'Alī ibn Abī Ṭālib renonça au califat au profit de Mu'āwiya (661).

ḤASAN IBN AL-ṢABBĀḤ (ou **i-Ṣabbāḥ**), fondateur de la secte ismaélienne activiste, dite des Assassins († Alamut, Iran, 1124).

ḤASAN Ier, sultan 'alawīte du Maroc (1873-1894). — **Ḥasan II** (Rabat 1929), roi du Maroc (1961). Fils aîné de Muḥammad V, il suit son père en exil. Chef des forces armées du Maroc indépendant (1956), il est désigné en 1957 comme prince héritier, et devient roi en 1961. Il veut instaurer une royauté parlementaire. À la suite des émeutes de 1965, il décrète l'état d'urgence (1965-1970) puis, après les tentatives de complot de 1971-72, il fait une ouverture vers l'opposition. Celle-ci trouve un terrain d'entente avec le roi lorsque celui-ci organise la « Marche verte », en nov. 1975, pour recouvrer le Sahara occidental. Ḥasan II a approuvé la paix égypto-israélienne (1977-1979) et il soutient, depuis 1982-83, le plan de paix arabe pour le règlement du conflit israélo-arabe. Il s'efforce également de promouvoir la coopération entre les pays du Maghreb.

Ḥasan *(tour),* minaret de la mosquée inachevée du même nom, à Rabat (fin XIIe s.). Sur le plan carré, à un seul étage, elle offre un décor magistral.

ḤASANIDES, chérifs 'alides descendant de Ḥasan. Ils donnèrent au Maroc deux dynasties : les Sa'diens et les 'Alawītes.

HASANLU, site archéologique du Kurdistān iranien, près de la rive sud du lac d'Ourmia. Dix périodes ont été reconnues : de la fin du néolithique (v. 6000-5000 av. J.-C.) à l'époque islamique, avec quelques interruptions. L'âge du fer, de 1300 à 400 av. J.-C., est le mieux connu avec un ensemble politico-religieux organisé autour d'une salle à colonnes qui a livré un très riche matériel.

HASAN PAŞA CEZAYIRLI ⟶ CEZAYIRLI HASAN PAŞA.

***HASARD** n. m. (esp. *azar,* de l'ar. *az-zahr,* le dé). **1.** Puissance considérée comme la cause d'événements apparemment fortuits ou inexplicables : *Rien n'a été laissé au hasard.* — **2.** Circonstance de caractère imprévu ou imprévisible dont les effets peuvent être favorables ou défavorables pour qqn : *C'est un pur hasard que vous m'ayez trouvé chez moi à cette heure.* — **3.** *À tout hasard,* en prévision de toute éventualité ; dans le vague espoir que l'improbable se produira. ‖ *Au hasard,* n'importe où, sans but précis ; n'importe comment, sans ordre, sans réflexion ni intention : *Ouvrir un livre au hasard.* ‖ *Au hasard de qqch,* en fonction des circonstances imprévues de : *Prendre des notes au hasard de ses lectures.* ‖ *Comme par hasard,* comme si le fait rapporté était inattendu, alors qu'il était probable. ‖ Litt. *Les hasards de la guerre,* les risques des combats. ‖ *Par hasard,* de façon fortuite, accidentelle ; éventuellement ou, ironiq., selon une hypothèse tout à fait improbable : *Se croiser par hasard dans la foule. S'imagine-t-il, par hasard, que je suis à sa disposition ?* ‖ *Par le plus grand des hasards,* par un concours de circonstances tout à fait exceptionnel, contre toute attente. ‖ *Jeu de hasard,* jeu où le sort seul décide sans qu'intervienne l'habileté. ‖ *Échantillonnage au hasard,* constitution d'un échantillon, tel que chaque élément de l'ensemble parent ait la même probabilité d'apparaître dans l'échantillon. ‖ *Nombres au hasard,* nombres obtenus par un processus aléatoire.

***HASARDER** v. t. (de *hasard*) [conj. 3]. **1.** Exposer qqch à un risque, à un danger éventuel : *Hasarder sa vie dans un combat sans espoir.* — **2.** Tenter une action, l'entreprendre en risquant d'échouer ou de déplaire : *Hasarder une démarche.* — **3.** Placer sa main, son pied, etc., qqpart en courant un risque : *Il hasarde un pied dans l'eau froide de la mer.* — **4.** Avancer une idée, une demande, etc., la formuler au risque de déplaire : *Hasarder une question.*

◆ **être hasardé** v. pass. **1.** Être d'une hardiesse téméraire : *Une démarche hasardée.* – **2.** Être émis sans preuve, être téméraire, hasardeux : *Une hypothèse hasardée.*
◆ **se hasarder** v. pr. **1.** Se résoudre à faire qqch qui présente des risques : *Se hasarder à entreprendre une démarche.* – **2.** Se rendre dans un endroit où l'on peut courir un danger : *Se hasarder la nuit dans la forêt.*

***HASARDEUSEMENT** adv. De façon hasardeuse, en courant des risques.

***HASARDEUX, EUSE** adj. (de *hasard*). **1.** Qui expose à des risques, des dangers : *Un voyage hasardeux.* – **2.** Dont la conclusion, l'issue est douteuse ; aléatoire, problématique : *Une hypothèse hasardeuse.*

***HAS BEEN** [azbin] n. inv. (angl. *has been,* [il] a été). *Fam.* Artiste, sportif, personnalité dont la vogue réelle appartient au passé.

***HASCH** [aʃ] n. m. *Fam.* Haschisch.

***HASCHISCH, HASCHICH** ou **HACHISCH** [aʃiʃ] n. m. (ar. *ḥachīch,* chanvre indien). Psychodysleptique constitué de la résine dorée gluante (dite aussi charas) qui couvre les fleurs et les feuilles du sommet du cannabis.
ENCYCL. L'effet maximal se manifeste 30 minutes après l'absorption du produit (fumé, le plus souvent) par un certain degré d'affinement sensoriel, de distorsion des repères spatio-temporels en même temps que par un sentiment de bien-être. L'usage prolongé du haschisch peut conduire à un état de dépendance psychique. Il est considéré par la loi comme stupéfiant et son usage et/ou sa détention sont interdits en France.

HASDRUBAL, surnommé **le Beau,** général carthaginois (v. 270-221 av. J.-C.), beau-frère d'Hannibal. À la mort d'Hamilcar Barca (229 av. J.-C.), il consolida la conquête de l'Espagne et fonda Carthagène.

HASDRUBAL Barca, général carthaginois (v. 245-207 av. J.-C.), frère d'Hannibal. Il défendit les possessions puniques en Espagne, puis il gagna l'Italie pour renforcer Hannibal. Il fut battu et tué au Métaure.

HASDRUBAL ou **ASDRUBAL,** général carthaginois (fin du IIIe s. - début du IIe s. av. J.-C.), fils de Giscon. Il combattit Scipion en Afrique, l'écarta d'Utique avec l'aide de Syphax, roi des Numides, mais il fut vaincu (203 av. J.-C.).

HASDRUBAL ou **ASDRUBAL,** général carthaginois (IIe s. av. J.-C.). En 153 av. J.-C., il fut vaincu par Masinissa et s'enfuit. Rappelé pour défendre Carthage (début de 149 av. J.-C.), il exerça une tyrannie féroce, puis se rendit à Scipion Émilien lors de l'assaut final (146 av. J.-C.).

***HASE** n. f. (all. *Hase,* lièvre). Femelle du lièvre.

HASEGAWA TŌHAKU, peintre japonais (Nanao, prov. de Noto, 1539 - 1610). Éminent disciple de Sesshū, il s'illustra aussi bien dans la peinture monochrome (lavis) que dans les grandes compositions décoratives polychromes.

HAŠEK (Jaroslav), écrivain et journaliste tchèque (Prague 1883 - Lipnice nad Sázavou 1923). Auteur de nouvelles humoristiques, du récit satirique *Commandant de la ville de Bougoulma* (1921) et surtout des *Aventures du brave soldat Švejk** (1921-1923).

***HASIDIM** → HASSIDIM.

Haskala (la), terme hébreu (de *sekel,* raison, intelligence) désignant un mouvement social et culturel du judaïsme d'Europe centrale et orientale (fin XVIIIe et XIXe s.), inspiré de la philosophie des Lumières.

HASKELL (Arnold Lionel), écrivain et critique de danse britannique (Londres 1903 - Bath 1980). Il participa à la direction du Ballet de Marie Rambert, fonda en 1936 le Sadler's Wells (auj. Royal Ballet) Benevolent Fund et dirigea la Sadler's Wells School (1947-1964). Il a contribué à la diffusion du ballet en Grande-Bretagne et dans le Commonwealth. Il a publié de nombreux ouvrages et a été rédacteur en chef de *The Ballet Annual* (1946-1963).

HASKIL (Clara), pianiste roumaine (Bucarest 1895 - Bruxelles 1960). Sa carrière internationale débuta en 1910, mais elle ne devint célèbre qu'après 1949. Elle s'est produite avec Ysaÿe, Casals, Enesco et, plus tard, avec A. Grumiaux. Sa profonde musicalité la fit exceller dans le répertoire classique.

HASKOVO, v. de Bulgarie, dans le bassin de la Marica ; 81 000 hab. Centre agricole et industriel.

HASLITAL, vallée supérieure de l'Aar, en amont du lac de Brienz.

HASMONÉENS → ASMONÉENS.

HAṢŌR, auj. **Tell el-Qidāḥ,** cité ancienne de Palestine, à 14 km au nord du lac de Tibériade. Capitale d'un important royaume cananéen, elle aurait été détruite au XIIIe s. par Josué. Devenue la ville israélite de Haṣōr, forteresse royale, elle fut détruite par les Assyriens en 733. Il s'agit d'un des sites les plus complets dont disposent les archéologues (du bronze ancien II [v. 2900 av. J.-C.] à l'époque hellénistique).

HASPARREN (64240), ch.-l. de cant. des Pyrénées-Atlantiques, dans le Pays basque ; 5 659 hab. *(Haspandars).* Dans l'église, inscription romaine commémorant la formation de la Novempopulanie. Chaussures. Pompes à chaleur.

HASSAN → HASAN.

HASSE (Johann Adolf), compositeur allemand (Bergedorf, Hambourg, 1699 - Venise 1783). Élève de Porpora et de Scarlatti à Naples, il vient à Venise, où il épouse la célèbre chanteuse Faustina Bordoni. Le couple se fixe en 1731 à Dresde, ce qui marque le début de trente années d'activités dans cette ville. Tombé en disgrâce à la mort de Frédéric-Auguste II, il part pour Vienne (1764), puis Venise (1773). Le nom de Hasse symbolise la conquête des pays germaniques par l'opéra et le style italiens au milieu du XVIIIe s. Représentant typique (avec son librettiste principal Métastase) de l'*opera seria,* il écrivit près de 60 opéras, ainsi que des oratorios, des messes, etc.

HASSEL (Odd), chimiste norvégien (Oslo 1897 - *id.* 1981). Il a étudié la chimie des cyclanes et la conformation des molécules chimiques grâce à la diffraction des électrons. (Prix Nobel de chimie 1969.)

HASSELMANS (Alphonse), harpiste, compositeur et pédagogue français (Liège 1845 - Paris 1912). Professeur au Conservatoire de Paris à partir de 1884, il y a formé l'école de harpe contemporaine.

HASSELT, v. de Belgique, ch.-l. du Limbourg, sur la Demer ; 65 000 hab. Églises St-Quentin, gothique, et Notre-Dame, du début du XVIIIe s. (œuvres d'art). Musées. Centre commercial et administratif.

HASSETCHÉ ou **HASAKEH (al-),** v. du nord-est de la Syrie, dans la Djézireh, ch.-l. de prov., sur le Khābūr ; 72 000 hab.

***HASSIDIM** ou ***HASIDIM** n. m. pl. (hébr. *hasid,* pieux). **1.** Membres d'un groupe religieux juif refusant l'hellénisation d'Antiochos IV Épiphane et qui appuyèrent la révolte des Maccabées. (Syn. ASSIDÉENS.) — **2.** Membres du hassidisme médiéval et contemporain.

***HASSIDIQUE** adj. Qui relève du hassidisme.

***HASSIDISME** n. m. Nom donné à deux courants mystiques juifs, dont l'un, qui a fortement structuré le judaïsme allemand, s'est développé au Moyen Âge et l'autre au XIXe s.

ENCYCL. Le hassidisme moderne est né au milieu du XVIIIe s. en Ukraine. Délaissant les traditions de l'école talmudique, le hassidisme exalte un type de croyant à la fois prophète, voyant et parfois thaumaturge. La piété hassidique comporte comme élément essentiel la joie, et rejette toute forme d'ascétisme. De nos jours, le hassidisme forme des groupes très fervents au sein de la communauté juive.

Hassi Messaoud, gisement de pétrole du Sahara algérien à l'E.-S.-E. de Wargla, exploité depuis 1956, relié par oléoduc à Arziw, Alger, Bejaïa et Skikda.

Hassi R'Mel, gisement de gaz naturel du Sahara algérien, à l'O.-N.-O. de Wargla, expédié par gazoducs vers les usines de liquéfaction d'Arziw et Skikda, et vers l'Italie (par la Tunisie et la Méditerranée).

HASSIUM n. m. (du lat. *Hassia,* pays de Hesse). Élément chimique artificiel (Hs), de numéro atomique 108. (Anc. unniloctium.)

HASSLER (Hans Leo), compositeur allemand (Nuremberg 1562 - Francfort-sur-le-Main 1612). Il fut organiste à Notre-Dame de Nuremberg et directeur de la musique de la ville (1601) puis organiste de l'Électeur de Saxe, à Dresde (1608). Sa production est essentiellement religieuse et se réclame de l'esthétique vénitienne des Gabrieli.

HASSOUNA *(tell),* site archéologique du nord de l'Iraq, près de la rive droite du Tigre (30 km), en aval de Mossoul. Sa fouille a précisé l'évolution culturelle du nord de la Mésopotamie, lors de l'installation dans la plaine des populations agricoles venues des vallées du Zagros. Elle a permis de dater l'apparition de la céramique peinte, dite « de Sāmarrā », de suivre l'évolution de l'architecture de ce village du néolithique récent et du chalcolithique ancien (VIe millénaire) et de situer à la fin de la période l'apparition de l'irrigation.

HAST [ast] n. m. (lat. *hasta,* lance). *Arme d'hast,* arme dont le fer est monté sur une longue hampe ou fût.

HASTATI, mot latin (pl. de *hastatus*) désignant les légionnaires romains armés du *pilum* (lourd javelot) et combattant au premier rang avec les *principes.*

HASTE n. f. (lat. *hasta*). Lance dont étaient dotés dans la légion les *triarii.*

HASTÉ, E adj. (de *haste*). Se dit d'un organe végétal qui a la forme d'un fer de lance.

***HASTELLOY** [-ɔj] n. m. inv. (n. déposé). Dénomination courante d'alliages de nickel (45 à 82 %), de cobalt (15 à 25 %), de chrome (1 à 22 %) et de fer utilisés à cause de leur résistance à la corrosion en milieu acide concentré et chaud.

HASTINGS, v. de Grande-Bretagne (East Sussex), sur le pas de Calais ; 75 000 hab. Ruines du château fondé par Guillaume le Conquérant. Station balnéaire et touristique. — Aux environs (11 km N.-O.), restes de l'abbaye de Battle.

— **Hist.** C'est près d'Hastings que se déroula la bataille où fut tué le roi anglo-saxon Harold II, ce qui livra l'Angleterre au duc Guillaume de Normandie (14 oct. 1066).

HASTINGS, v. de Nouvelle-Zélande, dans le S.-E. de l'île du Nord ; 53 000 hab.

HASTINGS (Warren), administrateur britannique (Churchill, près de Daylesford, Oxfordshire, 1732 - Daylesford 1818). Au service de la Compagnie des Indes, il devint gouverneur général de l'Inde (1774), et entreprit une gigantesque œuvre d'organisation, en s'appuyant sur les traditions indigènes. Il dut combattre les nouvelles puissances indiennes et les Français (1778-1784). Après l'adoption d'une loi soumettant la Compagnie au contrôle de la Couronne (1784), Hastings démissionna et rentra en Angleterre où il dut faire face à une vaste campagne organisée par les whigs, qui l'accusaient de malversation. Il sortit acquitté, mais ruiné, d'un retentissant procès (1788-1795).

HATÁR (Gyözö HATÁR, dit **Victor**), écrivain hongrois (Budapest 1914). Romancier surréaliste (*Heliane,* 1947), établi à Londres depuis 1957, il a donné des poèmes, des œuvres dramatiques et des essais politico-philosophiques (*Déferlement de l'indifférence,* 1980).

***HÂTE** n. f. (frq. **haist,* violence). **1.** Grande promptitude à faire qqch, allant jusqu'à la précipitation : *Se préparer avec hâte au départ.* — **2.** *À la hâte,* avec précipitation, avec une rapidité trop ou très grande. ‖ *Avoir hâte de, que,* être très pressé de faire qqch. ‖ *En hâte, en toute hâte,* vivement, sans perdre de temps. ‖ *N'avoir qu'une hâte,* être très impatient de voir qqch arriver, se produire.

***HÂTELET** → ATTELET.

***HÂTER** v. t. (de *hâte*) [conj. 3]. **1.** Rendre une action plus rapide, en accélérer le rythme : *Hâter le pas.* — **2.** Faire qu'arrive plus vite un événement : *Ce deuil a hâté sa mort.*

◆ **se hâter** v. pr. **1.** Faire vite, aller vite, ne pas perdre de temps : *Hâte-toi, nous allons être en retard.* — **2.** Se presser, se dépêcher de, faire qqch très ou trop rapidement : *Il se hâte de finir ses devoirs pour pouvoir regarder la télévision.* — **3.** Aller qqpart d'un mouvement rapide, s'y précipiter : *Les gens se hâtent vers la sortie.*

***HÂTEREAU** → ATTEREAU.

HATHAWAY (Henry), cinéaste américain (Sacramento 1898 - Los Angeles 1985). Assistant de Frank Lloyd, il débuta dans la mise en scène en 1929. Son œuvre, inégale et disparate, compte néanmoins plusieurs réussites : *les Trois Lanciers du Bengale* (1935), *l'Impasse tragique* (1946), *le Carrefour de la mort* (1947), *Quatorze Heures* (1951), *la Conquête de l'Ouest* (en collab. avec J. Ford et G. Marshall, 1962), *Nevada Smith* (1966), *Cent Dollars pour un shérif* (1969).

***HAṬHA-YOGA** n. m. (mot sanskr. signif. *yoga de la force*). Forme du yoga qui attache une grande importance aux postures physiques et aux respirations destinées à la libération de toutes les contraintes physiques et mentales. (C'est celui qui est le plus pratiqué en Inde et en Occident.)

HATHOR, en gr. **Athyr,** déesse de l'Égypte ancienne, dont le nom signifie « Demeure d'Horus » (le Soleil). D'abord déesse du Ciel qui avait enfanté le dieu Horus, elle avait été identifiée à l'une des vaches célestes. Elle apparaît coiffée de deux cornes en forme de lyre enserrant le disque solaire. Déesse maternelle, elle accueille les morts, mais elle est aussi déesse de la Beauté et de l'Amour. Son grand temple de Dendérah présente encore des ruines imposantes.

***HATHORIQUE** adj. (de *Hathor,* n. pr.). Se dit d'un chapiteau décoré de la tête de la déesse Hathor.

Hatier, maison d'édition française fondée en 1880 par Alexandre Hatier (1856-1928), spécialisée dans les ouvrages scolaires. Elle fait partie du groupe Hachette.

***HÂTIER** n. m. (anc. fr. *haste,* broche). Grand chenet de cuisine, à crochets de fer superposés et sur lesquels on place les broches à rôtir.

***HÂTIF, IVE** adj. (de *hâte*). **1.** Qui est produit avant le temps : *Fruits hâtifs.* — **2.** Qui marque la hâte excessive avec laquelle l'action a été faite : *Précautions hâtives.*

HÂTIVEMENT adv. D'une manière hâtive.

HATOYAMA ICHIRŌ, homme politique japonais (Tōkyō 1883 - *id.* 1959). Fondateur (1945) du parti libéral, il fut Premier ministre (1954-1956).

HATRA, auj. **al-Ḥaḍr,** site archéologique de la Mésopotamie septentrionale, à une centaine de kilomètres au S. de Mossoul, sur l'emplacement de la cap. d'un royaume parthe aux IIe et IIIe s. de notre ère. La ville, entourée d'une puissante enceinte circulaire de briques crues renforcée de tours, abrite les ruines imposantes de plusieurs temples. Inscriptions et représentations figurées qui allient les divinités proprement grecques à celles de l'Anatolie et de la Syrie gréco-romaine, sans oublier les influences assyro-babylonienne et iranienne, font de ce site une des principales sources de documentation sur l'art parthe.

HATSHEPSOUT, reine de la XVIIIe dynastie égyptienne (1520 - 1484 av. J.-C.). Fille légitime de Thoutmosis Ier, elle épousa son demi-frère Thoutmosis II, lui permettant d'accéder au trône. Sa fille aînée épousa le futur Thoutmosis III, né d'une concubine de Thoutmosis II. Mais, à la mort de son époux, Hatshepsout usurpa le pouvoir pour 23 ans et légitima cet acte en se proclamant fille charnelle d'Amon. Elle fit construire, par l'architecte Senmout, son temple funéraire à Deir* el-Bahari.

HATTA (Mohamed), homme politique indonésien (Bukittinggi, Sumatra, 1902 - Jakarta 1980). Partisan de l'indépendance dès 1920, emprisonné par les Néerlandais, il gouverna avec Sukarno après 1945. Favorable à une démocratie à l'occidentale, il démissionna (1956). Il critiqua aussi le régime de Suharto instauré en 1965-66.

HATTERAS *(cap),* promontoire de la côte est des États-Unis (Caroline du Nord), formé par une flèche de sable séparant l'océan Atlantique de la lagune de Pamlico. Parc national. Station ornithologique.

***HATTÉRIA** n. m. Gros lézard terrestre de Nouvelle-Zélande, seul représentant actuel du groupe autrefois florissant des rhynchocéphales. (Le hattéria survit dans quelques îlots du détroit de Cook et se nourrit de divers invertébrés. Nocturne, il supporte bien le froid.)

***HATTI** n. m. Langue non indo-européenne parlée en Anatolie centrale avant l'arrivée des Hittites. (Syn. PROTOHITTITE.)

HATTI, nom ancien (III-IIe millénaire) du bassin de l'Halys (Anatolie) et du peuple qui l'habite. (→ HITTITES.)

HATTOUSA, anc. cap. de l'État hittite → BOĞAZKÖY.

HATTOUSILI, nom de trois rois hittites. — **Hattousili Ier** (v. 1640-1610) installa la capitale du royaume à Hattousa. — **Hattousili III** (v. 1288-1265), fils de Moursili II, succéda à son frère Mouwatalli (v. 1315-1295), le vainqueur de Qadesh, en déposant son neveu Moursili III (v. 1295-1288). Inquiet de l'expansion de l'Assyrie, il mit fin au conflit avec l'Égypte et conclut avec Ramsès II (1283) une paix qui partageait la Syrie.

HAT YAI, v. du sud de la Thaïlande, dans la péninsule malaise, sur la voie ferrée Bangkok-Singapour ; 142 351 hab.

***HAUBAN** n. m. (anc. scand. *höfudbenda,* câble principal d'un navire). **1.** Nom générique des câbles et cordages qui assurent le soutien latéral des mâts d'un navire à voiles. — **2.** Élément de renforcement de la structure d'un avion. — **3.** Cordage métallique ou textile servant à assurer la position d'un appareil, d'un élément de construction (chèvre, grue, etc.). — **4.** Câble soutenant le tablier d'un pont.

***HAUBANAGE** n. m. **1.** Action de maintenir par des haubans (un mât, un pylône, une cheminée, etc.). — **2.** Ensemble des haubans d'un avion.

***HAUBANER** v. t. (conj. 3). Fixer au moyen de haubans ; pourvoir de haubans.

HAUBENSTOCK-RAMATI (Roman), compositeur polonais naturalisé autrichien (Cracovie 1919). Il fut directeur musical de la radio de Cracovie (1947-1950), séjourna en Israël (1950-1957), se familiarisa à Paris avec la musique concrète (1957). Il a rendu hommage aux principes sériels puis s'est tourné vers les formes variables et a exploré plus avant la relation mobilité-stabilité dans *Amerika,* opéra d'après Kafka (1964), et dans des pages symphoniques comme *Nocturnes* I-III (1981-1986).

***HAUBERT** n. m. (frq. **halsberg,* de **hals,* cou, et **bergan,* protéger). Cotte de mailles portée par les hommes d'armes au Moyen Âge. (Le haubert fut remplacé au XVe s. par l'armure de plates.)

HAUBOURDIN (59320), ch.-l. de cant. du Nord, banlieue S.-E. de Lille, sur la Deûle ; 14 403 hab. *(Haubourdinois).* Chapelle des Crépins (XIVe s.). Industries alimentaires et textiles. Cimenterie. Céramique.

HAUFF (Wilhelm), écrivain allemand (Stuttgart 1802 - *id.* 1827). Un des représentants les plus caractéristiques de l'école souabe, son œuvre mêle le fantastique et l'humour. Ses nouvelles les plus connues sont *le Juif Süss* (1827) et *Die Bettlerin vom Pont des Arts* (1827).

HAUG (Émile), géologue français (Drusenheim 1861 - Niederbronn 1927). Il fut le premier à opposer clairement les aires continentales aux géosynclinaux, futures chaînes de montagne.

HAUGHEY (Charles James), homme politique irlandais (Castlebar 1925). Ayant participé à différents gouvernements Fianna Fáil (1960-1970, 1977-1979), il a ensuite été président du Fianna Fáil (1979-1992) et Premier ministre (1979-80, 1982, et 1987-1992).

HAUGWITZ (Christian, *comte* VON), homme d'État prussien (Peuke, auj. Byków, Silésie, 1752 - Venise 1832). Ministre des Affaires étrangères en 1792, il négocia le deuxième partage de la Pologne (1793) et conclut avec la France le traité de Bâle (1795).

HAUKSBEE → HAWKSBEE.

HAUPTMANN (Gerhart), écrivain allemand (Bad Salzbrunn, Silésie, 1862 - Agnetendorf 1946). Puisant son inspiration dans les problèmes sociaux ou familiaux de la vie quotidienne, dans la critique des bourgeois de province ou les légendes, il évolue, dans ses poèmes, ses romans et ses drames, du naturalisme (*Avant le lever du soleil,* 1889 ; *les Tisserands**, 1892 ; *le Roulier Henschel,* 1898) au symbolisme qui caractérise son drame *la Cloche engloutie* (1896) et ses poèmes épiques (*Till Eulenspiegel,* 1928) et cosmiques (*le Grand Rêve,* 1942). On lui doit aussi une des meilleures comédies allemandes modernes (*la Pelisse de castor,* 1893). [Prix Nobel de littérature 1912.]

HAURAN, en ar. **Ḥawrān,** plateaux volcaniques (400 à 600 m) du S.-O. de la Syrie, entre le Golan et le djebel Druze.

HAURIOU (Maurice), juriste français (Ladiville, Charente, 1856 - Toulouse 1929). Il est à l'origine d'une œuvre importante et originale en droit public, notamment sur la théorie de l'institution : *Principes de droit public* (1909 et 1916), *Précis de droit constitutionnel* (1923), etc.

HAUSDORFF (Felix), mathématicien allemand (Breslau 1868 - Bonn 1942). Synthétisant les différentes approches sur les espaces abstraits, il fonda la théorie des espaces topologiques et métriques sur la notion de voisinage. Il obtint d'importants résultats isolés en algèbre, en analyse, en topologie et en théorie des ensembles.

HAUSER (Kaspar), personnage énigmatique allemand (v. 1812 - Ansbach 1833). Apparu à Nuremberg en 1828, vêtu en paysan, il est généralement identifié au fils abandonné du grand-duc Charles de Bade.

HAUSER (Henri), historien français (Oran 1866 - Montpellier 1946), auteur d'importants ouvrages sur l'histoire économique de l'Ancien Régime.

HAUSMANN (Raoul), artiste allemand d'origine tchèque (Vienne 1886 - Limoges 1971). Membre du groupe dada berlinois, fondé en 1917, il a pratiqué dans un esprit critique et provocant le collage, l'assemblage, le photomontage, la poésie phonétique et typographique. Il s'est réfugié en France après 1933. (Œuvres au M. N. A. M., Paris.)

HAUSMANNITE n. f. (de *Hausmann,* n. pr.). Oxyde naturel de manganèse, de formule Mn_3O_4.

1. *HAUSSE n. f. (de *hausser*). **1.** Action de s'élever, d'atteindre un niveau plus élevé : *La hausse des eaux de la Seine.* — **2.** Augmentation de degré, de valeur, de prix : *La hausse de la température, des prix.* — **3.** *Être en hausse,* être en train d'augmenter de prix, de valeur, d'intensité, de force, etc. : *Le dollar est en hausse.* ‖ *Jouer à la hausse,* spéculer sur l'augmentation du cours des valeurs boursières. ‖ *Hausse illicite,* délit consistant à opérer ou tenter d'opérer frauduleusement la hausse artificielle du prix des marchandises ; infraction consistant, en cas de taxation des prix, à vendre plus cher que le prix fixé.

2. *HAUSSE n. f. (de *hausse 1*). **1.** Appareil placé sur le canon d'une arme à feu ou sur une pièce d'artillerie et qui, supportant un cran de mire (ou un œilleton), détermine, avec le guidon, la ligne de mire. — **2.** En apiculture, caisse sans fond ni couvercle, dont les côtés ont les mêmes dimensions que ceux de la ruche sur laquelle elle est posée. — **3.** *Angle de hausse,* angle que forme au moment du tir la direction du canon d'une arme avec la ligne joignant cette arme à l'objectif. (C'est l'angle formé par les lignes de tir et de site.)

***HAUSSE-COL** n. m. (pl. *hausse-col*[*s*]) [moyen néerl. **halskote,* habillement du cou, avec l'infl. de *hausser* et de *col,* cou]. Pièce d'acier ou de cuivre qui protégeait la base du cou, dans l'équipement militaire. (Il fut supprimé en 1881.)

***HAUSSEMENT** n. m. **1.** *Vx.* Action de hausser : *Le haussement d'un mur.* — **2.** *Haussement d'épaules, de sourcils,* action de hausser les épaules, les sourcils.

***HAUSSER** v. t. (lat. pop. **altiare,* du lat. class. *altus,* haut) [conj. 3]. **1.** Porter qqch à un niveau plus élevé, plus haut : *Hausser la main.* — **2.** Augmenter la hauteur de qqch, surélever : *Hausser une maison d'un étage.* — **3.** Porter qqch, qqn, à un niveau supérieur, augmenter sa valeur, son importance : *Hausser ses prétentions.* — **4.** Augmenter un prix, une valeur (de tant) : *Hausser le prix d'une denrée de 10 %.* — **5.** *Hausser les épaules,* les lever en signe d'impatience, d'indifférence, de mépris ou de résignation. ‖ *Hausser le(s) sourcil(s),* le(s) lever en signe d'étonnement ou pour montrer son mécontentement. ‖ *Hausser la voix, le ton,* parler avec force, par colère ou mépris ou pour affirmer son autorité.

◆ **se hausser** v. pr. **1.** Se porter à une hauteur supérieure : *Se hausser sur la pointe des pieds.* — **2.** S'élever à un niveau intellectuel, moral, social, etc., supérieur : *Se hausser au niveau des champions.*

***HAUSSE-REPÈRE** n. f. (pl. *hausses-repères*). Procédé d'utilisation de la hausse, permettant, après repérage, de donner à une arme automatique la position nécessaire pour atteindre un objectif situé hors de la vue du tireur.

***HAUSSIER, ÈRE** n. Personne qui, en Bourse, joue à la hausse.

◆ adj. Relatif à la hausse des cours : *Tendance haussière.*

***HAUSSIÈRE** → AUSSIÈRE.

HAUSSMANN (Jean Michel), chimiste et manufacturier français (Colmar 1749 - Strasbourg 1824). Il améliora les procédés de chimie tinctoriale. On lui doit la première application de la gravure lithographique à l'impression des étoffes. En 1788, il découvrit le trinitrophénol, ou acide picrique.

HAUSSMANN (Georges Eugène, *baron*), administrateur et homme politique français (Paris 1809 - *id.* 1891). Préfet de la Seine de 1853 à 1870, sénateur en 1857, il a attaché son nom à la transformation de Paris, qui, sous sa direction, a pris sa physionomie contemporaine. Ses adversaires lui ont reproché d'avoir sacrifié des édifices importants et d'avoir géré un budget énorme avec témérité. Mais son œuvre n'en est pas moins remarquable sur le plan des voies de circulation et de l'édilité (égouts et adduction d'eau, gares, hôpitaux, théâtres, parcs et promenades).

HAUST (Jean), linguiste belge (Verviers 1868 - Liège 1946). Spécialiste de dialectologie wallonne, il est l'auteur d'un *Dictionnaire liégeois* (1933) et d'un *Dictionnaire français-liégeois* (1948). Il est l'initiateur de l'*Atlas linguistique de la Wallonie.*

***HAUT, E** adj. (lat. pop. **haltus,* du lat. class. *altus,* avec l'infl. du germ. **hôh*). **1.** Qui a telle dimension dans le sens vertical : *Un mur haut de trois mètres. Sa maison est moins haute que la nôtre.* — **2.** Qui a une grande dimension dans le sens vertical par rapport à une valeur de référence : *Un homme de haute taille.* — **3.** Qui est situé à un niveau plus élevé que le niveau habituel : *Porter une robe à taille haute.* — **4.** Se dit de la partie supérieure, la plus élevée de qqch, de ce qui se situe dans cette partie : *La partie haute d'un arbre.* — **5.** Se dit, par oppos. à *bas,* de la partie d'une région qui est la plus éloignée de la mer ; de la partie d'un massif montagneux qui a la plus grande altitude ; de la partie d'un cours d'eau qui est la plus proche de la source ; de la partie d'une époque qui est la plus reculée dans le temps : *La haute Normandie. Le haut Moyen Âge.* — **6.** Se dit d'un son élevé dans l'échelle musicale : *Il a la voix très haute.* — **7.** Qui atteint un niveau élevé en grandeur, en intensité, en valeur, etc. : *À haute température.* — **8.** Qui est d'un degré, d'un niveau élevé dans une hiérarchie donnée ou dans une échelle de valeurs : *Des études de haut niveau. La haute finance.* — **9.** Qui est très grand, très important : *Des calculs d'une haute précision.* — **10.** *À haute voix, à voix haute,* en prononçant clairement, distinctement et assez fort pour que ce soit entendu. ‖ *Au plus haut,* au degré, au cours, etc., le plus élevé : *La livre est actuellement au plus haut.* ‖ *Avoir une haute idée de qqn ou de qqch,* avoir à leur endroit un jugement extrêment favorable. ‖ *Avoir le verbe haut,* parler d'une voix retentissante ; parler impérieusement. ‖ *Chapeau haut de forme,* syn. de HAUT-DE-FORME. ‖ *Haut allemand,* ensemble des dialectes germaniques parlés en Allemagne médiane et méridionale et en Autriche, et dont l'évolution a donné naissance à l'allemand moderne. ‖ *Haut comme trois pommes,* se dit de qqn de très petit. ‖ *Haute mer,* partie de la mer qui est éloignée de la côte. (Syn. PLEINE MER, LE LARGE.) ‖ *Hautes parties contractantes (H. P. C.),* membres de délégations engagées dans des négociations ; parties signataires d'un pacte, d'un accord, etc. ‖ *Marcher la tête haute, le front haut,* sans honte, avec fierté ; n'avoir rien à se reprocher, à cacher. ‖ *Marée haute, mer haute,* état de la marée qui est à son niveau le plus élevé. ‖ *Ne pas dire, n'avoir jamais un mot plus haut que l'autre,* parler avec calme, ne jamais élever le ton. ‖ *Voyelle haute* ou *haute* (n. f.), voyelle émise avec une élévation de la langue dans la partie supérieure de la cavité buccale (par ex. [i], [y] et [u]). [Contr. BAS.]

◆ **haut** adv. **1.** En un endroit, à un niveau élevé : *L'avion vole haut dans le ciel.* — **2.** À haute voix, sans baisser la voix (souvent précédé de l'adv. *tout*) : *Il a dit tout haut ce que chacun pensait.* — **3.** Sur un ton haut, dans l'aigu : *Prendre un chant trop haut.* — **4.** En un point reculé du temps ; anciennement, loin : *Aussi haut qu'on puisse remonter.* — **5.** Franchement, sans détours, sans ambages ou publiquement : *Il a parlé haut et clair.* — **6.** À un haut degré dans l'échelle sociale, dans une échelle de valeurs : *Des personnes haut placées.* — **7.** *Haut les cœurs !,* prenons, prenez courage. ‖ *Haut la main,* sans peine, sans effort, avec brio. ‖ *Haut les mains !,* injonction à ne pas résister. ‖ *Pendre qqn haut et court,* l'exécuter par pendaison. ‖ *Penser tout haut,* exprimer sa pensée en paroles ; ne pas garder pour soi ce que l'on pense. ‖ *Plus haut,* ci-dessus dans un texte.

◆ **haut** n. m. **1.** Partie la plus élevée de qqch, partie qui est au sommet : *Le haut de la colline est boisé.* — **2.** Partie de l'habillement qui couvre le haut du corps, le buste : *Une jupe bleue avec un haut assorti.* — **3.** *À son plus haut,* au degré, au niveau le plus élevé : *La Seine sera à son plus haut demain.* ‖ *Avoir des hauts et des bas,* une succession de moments où les choses vont mal. ‖ *De haut* indique, après l'indication d'une mesure, la dimension en hauteur. ‖ *De (du) haut en bas,* complètement, de la partie la plus élevée à la partie la plus basse. ‖ *D'en haut,* du ciel ; d'une autorité supérieure : *L'ordre venait d'en haut.* ‖ *En haut,* au sommet, à un niveau plus élevé de qqch : *Grimper en haut d'un arbre.* ‖ *Le prendre de haut,* parler avec hauteur, fierté. ‖ *Prendre, regarder, voir les choses de haut,* considérer les choses avec sérénité, sans en être touché, ou bien d'une manière superficielle. ‖ *Regarder, traiter de haut, de son haut, du haut de sa grandeur,* considérer avec dédain, mépris. ‖ *Tomber de haut, de son haut,* être très déçu ou très surpris.

◆ **haute** n. f. Fam. *La haute,* les classes riches de la société.

◆ **hauts** n. m. pl. **1.** Superstructures d'un navire, partie émergée de sa coque. — **2.** Partie supérieure du gréement d'un voilier.

Haute Autorité de la communication audiovisuelle → AUTORITÉ.

Haute Cour de justice → COUR DE JUSTICE *(Haute).*

hautes études *(École pratique des)* **[E. P. H. E.],** établissement d'enseignement supérieur fondé en 1868 par Victor Duruy pour développer en France la méthode d'enseignement par séminaires. Anciennement composée de 6 sections (la VIe ayant donné naissance en 1975 à l'E. H. E. S. S.), l'E. P. H. E. donne aujourd'hui aux étudiants, admis sans conditions, le choix entre 3 sections : sciences de la vie et de la terre ; sciences historiques et philologiques ; sciences religieuses. L'établissement, sous tutelle de l'Éducation nationale, assure la préparation d'un diplôme propre à l'école (thèse de recherche) et celle des diplômes nationaux de troisième cycle.

hautes études cinématographiques *(Institut des)* **[I. D. H. E. C.]** → CINÉMATOGRAPHIQUES.

hautes études commerciales *(École des)* **[H. E. C.],** établissement d'enseignement supérieur, fondé en 1881 par la Chambre de commerce et d'industrie de Paris, installé à Jouy-en-Josas.

hautes études de défense nationale *(Institut des)* **[I. H. E. D. N.],** institut créé en 1936 sous le nom de *Collège des hautes études nationales.* Il a pris son nom actuel en 1948. Il réunit des responsables de la fonction publique, des armées ou d'autres secteurs (entreprises par ex.) pour approfondir leurs connaissances en matière de défense et conduire des études concernant ce domaine.

hautes études en sciences sociales *(École des)* **[E. H. E. S. S.],** établissement d'enseignement supérieur créé en 1975, issu de la VIe section de l'École pratique des hautes études. Elle délivre un diplôme propre, plusieurs diplômes d'études approfondies (D. E. A.) et des doctorats. Elle a pour missions la recherche et l'enseignement de la recherche en sciences sociales ; elle inclut dans les sciences sociales les rapports que celles-ci entretiennent avec les sciences de la nature et de la vie.

hautes études militaires *(Centre des)* **[C. H. E. M.],** organisme d'enseignement militaire supérieur, créé en 1911 sous l'influence de Foch. Il a pour mission, aujourd'hui, de former les officiers appelés à exercer de hautes responsabilités, en étudiant la stratégie militaire française dans le cadre de la stratégie générale définie par le gouvernement.

Hauts de Hurlevent *(les),* roman d'Emily Brontë, publié sous le nom d'E. Bell (1847). C'est un hymne à l'amour fou et impossible qui déchire jusqu'à leur mort Heathcliff, enfant de prolétaire, et la fille d'un propriétaire, Catherine.

HAUT-ADIGE → TRENTIN-HAUT-ADIGE.

1. *HAUTAIN, E adj. (de *haut*). Qui est orgueilleux, arrogant, et d'un abord difficile : *Une attitude hautaine.*

2. *HAUTAIN → HAUTIN.

***HAUT-BAR** n. m. (pl. *hauts-bars*). Autre nom du *maigre* (poisson marin).

***HAUTBOIS** n. m. (de *haut* et *bois*). **1.** Instrument à air, à anche double, dont le tuyau, légèrement conique, se termine par un pavillon peu évasé. – **2.** Syn. de HAUTBOÏSTE. – **3.** Hautbois d'amour, variété de hautbois au pavillon piriforme, et sonnant une tierce plus bas.

ENCYCL. Le hautbois est un instrument très ancien (l'aulos grec serait un de ses ancêtres) et très répandu (Orient, Afrique, Occident). Dans les pays orientaux et islamiques, l'anche n'est pas pincée par les lèvres (comme en Occident) mais entre en vibration grâce au souffle de l'instrumentiste. Perfectionné au cours des XVIIIe et XIXe s., le hautbois d'orchestre comprend six trous et dix clés. Il couvre une étendue de deux octaves et une quarte.

***HAUTBOÏSTE** [obɔist] n. Musicien qui joue du hautbois. (Syn. HAUTBOIS.)

***HAUT-COMMISSAIRE** n. m. (pl. *hauts-commissaires*). Titre donné à un certain nombre de hauts fonctionnaires.

***HAUT-COMMISSARIAT** n. m. (pl. *hauts-commissariats*). **1.** Fonction de haut-commissaire. – **2.** Services dépendant d'un haut-commissaire.

Haut-Commissariat des Nations unies pour les réfugiés → RÉFUGIÉS *(Haut-Commissariat des Nations unies pour les).*

***HAUT-DE-CHAUSSE(S)** n. m. (pl. *hauts-de-chausse*[*s*]). Vêtement masculin qui couvrait le corps de la ceinture aux genoux.

***HAUT-DE-CÔTELETTES** n. m. (pl. *hauts-de-côtelettes*). Morceau de veau ou de mouton, constitué par la partie moyenne de la paroi thoracique et compris entre les côtelettes premières et secondes et la poitrine.

***HAUT-DE-CÔTES** n. m. (pl. *hauts-de-côtes*). Pour le veau, syn. de HAUT-DE-CÔTELETTES.

***HAUT-DE-FORME** n. m. (pl. *hauts-de-forme*). Chapeau dur à calotte de soie haute et cylindrique, à bord petit, porté lors des cérémonies par les hommes. (Syn. CHAPEAU HAUT DE FORME.)

HAUTECLOCQUE (Philippe DE) → LECLERC (général).

HAUTECŒUR (Louis), historien d'art et administrateur français (Paris 1884 - *id.* 1973). Il a enseigné à l'Institut français de Saint-Pétersbourg et à l'E. N. S. B. A., a été conservateur du musée du Luxembourg (1938-1940), puis secrétaire général des Beaux-Arts (1941-1944). Il est l'auteur d'une précieuse *Histoire de l'architecture classique en France* (10 vol., 1943-1957).

HAUTECOMBE, hameau de la Savoie, dans la comm. de Saint-Pierre-de-Curtille, sur le lac du Bourget. — L'*abbaye d'Hautecombe,* fondée au début du XIIe s. et rattachée à l'ordre de Cîteaux, fut protégée par la maison de Savoie, dont elle devint le lieu de sépulture (chapelle des Princes, XIVe s.). Luxueusement rénovée au XIXe s., elle est occupée depuis 1922 par les bénédictins de Solesmes.

***HAUTE-CONTRE** n. f. (pl. *hautes-contre*). **1.** Voix masculine située dans le registre aigu du ténor. — **2.** Chanteur possédant cette voix. (Syn. CONTRE-TÉNOR.)

HAUTE(-)FIDÉLITÉ n. f. (pl. *hautes*[-] *fidélités*). **1.** Qualité d'une chaîne d'enregistrement ou de reproduction de son, ou d'un récepteur de radiodiffusion, qui n'introduit que des altérations négligeables dans les signaux tels qu'ils ont été enregistrés ou transmis. — **2.** Ensemble des techniques qui concourent à la réalisation de matériels présentant cette qualité. (Abrév. HI-FI.)

HAUTEFORT (24390), ch.-l. de cant. de la Dordogne, en bordure du Limousin ; 1 057 hab. Important château du XVIIe s., conservant des parties du château fort antérieur.

HAUTEFORT (Marie DE), duchesse **de Schomberg** (Hautefort 1616 - Paris 1691). Favorite de Louis XIII, elle participa aux complots ourdis par Anne d'Autriche contre Richelieu et conspira contre Mazarin en entrant dans la cabale des Importants. Elle fut disgraciée en 1644.

HAUTELUCE (73620), comm. de la Savoie, dans le Beaufortin ; 824 hab. Station d'altitude (1 193 m) et de sports d'hiver. — Aux environs, *lac de la Girotte.*

***HAUTEMENT** adv. **1.** À un haut degré, de façon supérieure : *Événement hautement improbable.* — **2.** Tout haut et ouvertement, franchement : *Professer hautement des opinions révolutionnaires.*

HAUTERIVES (26390), comm. de la Drôme, dans le bas Dauphiné (plateau de Chambaran) ; 1 218 hab. Constructions étranges, œuvres du facteur Cheval* : *le Palais idéal* (1879-1912), et, au cimetière, son tombeau.

HAUTERIVIEN n. m. (de *Hauterive,* n. pr.). Étage du système crétacé.

***HAUTE-TIGE** n. f. (pl. *hautes-tiges*). Jeune arbre, haut de 1 m au moins.

***HAUTEUR** n. f. (de *haut*). **1.** Dimension de qqch de sa base à son sommet : *La hauteur du mât est de sept mètres.* — **2.** Élévation d'un corps au-dessus d'un plan de comparaison : *L'avion avait atteint la hauteur de 3 000 mètres.* — **3.** Qualité de ce qui est haut, élevé, de grande dimension : *La hauteur impressionnante de ces montagnes.* — **4.** Terrain ou lieu élevé : *Il y a de la neige sur les hauteurs.* — **5.** Qualité de ce qui est élevé, éminent dans l'ordre moral, intellectuel : *Hauteur de vues.* — **6.** Sentiment de supériorité condescendante : *Un refus plein de hauteur.* — **7.** *À (la) hauteur de qqch, de qqn,* à son niveau dans l'espace, sur une même ligne : *Arrivé à ma hauteur, il me salua.* ‖ *À la hauteur de,* au même niveau d'habileté, de connaissances, au même niveau moral, intellectuel, etc. ‖ Fam. *À la hauteur (d'une tâche, d'une situation, d'un sujet, etc.),* qui est capable de s'acquitter d'une tâche, de comprendre une situation ; qui peut y faire face. ‖ *À (la) hauteur de tant,* à cette valeur, à ce degré : *Nous serons remboursés à la hauteur de 5 000 francs.* ‖ *Prendre, perdre de la hauteur,* s'élever, descendre, en parlant d'un avion, d'un oiseau. ‖ *Tomber de toute sa hauteur,* tomber de tout son long par terre. • **Acoust.** Caractère de la sensation auditive liée à la fréquence d'un son périodique, qui fait dire que le son est aigu ou grave selon que cette fréquence est plus ou moins élevée. (En phonétique, les variations de hauteur assument des fonctions distinctives, culminatives et démarcatives dans le cadre du mot [tons, accents] ou de la phrase [intonation].) [On dit aussi HAUTEUR TONALE ou TONIE en physiologie.] — **Astron.** Distance angulaire entre la direction d'un astre (de son centre, s'il présente un diamètre apparent sensible) et le plan horizontal. — **Bât.** *Bâtiment à hauteur,* bâtiment dont les murs sont achevés. ‖ *Hauteur d'appui,* hauteur donnée communément aux balustrades, et qui est de 1 m environ. ‖ *Hauteur sous clef,* distance du sommet d'un arc, d'une voûte, au plan horizontal de naissance. — **Math.** Droite perpendiculaire à la base de certaines figures du plan (triangle) ou de l'espace (pyramide, cône, tétraèdre) et passant par le sommet associé (quand il existe). [Dans un triangle, les trois hauteurs concourent en l'orthocentre.] ‖ Segment porté par cette droite, compris entre le sommet et la droite (ou le plan) servant à la définir ; longueur de ce segment. ‖ Droite perpendiculaire aux deux plans parallèles qui limitent un cylindre ou un prisme. ‖ Droite perpendiculaire aux supports des petite et grande bases d'un trapèze. — **Métrol.** *Hauteur barométrique,* différence des niveaux d'affleurement du mercure dans la colonne et dans la cuvette d'un baromètre. — **Navig.** *Hauteur d'eau,* distance séparant le niveau de l'eau du plafond d'un chenal. — **Sports.** *Saut en hauteur,* épreuve d'athlétisme qui consiste à sauter le plus haut possible en franchissant une barre horizontale posée sur des taquets.

◆ **hauteurs** n. f. pl. *Litt.* ou *ironiq.* Régions de la pensée, du sentiment où n'atteignent que les esprits d'élite : *Il a bien voulu descendre des hauteurs et aller au marché.*

HAUTEVILLE (Tancrède de) → TANCRÈDE.

HAUTEVILLE-LOMPNES (01110), ch.-l. de cant. de l'Ain, dans le Bugey, sur l'Albarine ; 4 011 hab. [*Hautevillois*]. Station climatique, à 850 m d'alt. Sports d'hiver. Carrières de calcaire marbrier froid (cette pierre a été utilisée pour la construction de monuments parisiens).

HAUTE-VOLTA → BURKINA.

HAUT-FOLIN, point culminant du Morvan (901 m), aux confins des dép. de Saône-et-Loire et de la Nièvre.

***HAUT-FOND** n. m. (pl. *hauts-fonds*). Élévation sous-marine peu profonde et dangereuse pour la navigation.

***HAUT(-)FOURNEAU** n. m. (pl. *hauts*[-] *fourneaux*). Appareil à cuve, chauffé au coke, où s'effectuent la réduction puis la fusion réductrice des minerais de fer, et l'élaboration de la fonte ou de certains ferro-alliages.

ENCYCL. Dans le haut-fourneau, la chaleur et les gaz réducteurs nécessaires (principalement de l'oxyde de carbone) sont obtenus par la combustion du coke et d'air préchauffé à haute température. Dans le creuset de l'appareil, on recueille la fonte et le laitier silicaté fluide formé des oxydes non réduits de la gangue des minerais, des fondants et des cendres du coke. Le haut-fourneau comprend de haut en bas : les montées de gaz ; le gueulard, dispositif de chargement étanche et de répartition des matières ; la cuve, le ventre et les étalages surmontant l'ouvrage et la ceinture des tuyères, au-dessus du creuset. Ce dernier est percé d'un, ou de plusieurs, trou(s) de coulée pour la fonte et le laitier. La hauteur des charges au-dessus des tuyères est de 22 à 30 m, la profondeur du creuset est de 4 à 6 m. Les diamètres sont respectivement de 6 à 14 m pour le creuset, de 5 à 11 m pour le gueulard, pour des productions de fonte journalières de 1 000 à 10 000 t.

Un haut-fourneau est le siège de deux mouvements de sens contraires. Les gaz se répartissent dans la colonne des charges et montent au gueulard en cédant leur chaleur et en réduisant les oxydes. Les charges descendent au fur et à mesure de leur disparition par fusion ou combustion. L'installation annexe d'un haut-fourneau comprend des cowpers*, des installations de préparation des charges, des épurateurs de gaz, une centrale d'air suroxygéné et des installations de traitement du laitier.

***HAUTIN** ou ***HAUTAIN** n. m. (de *haut*). **1.** Vigne cultivée sur souches élevées, et dont les branches à fruits sont à une certaine distance du sol. — **2.** Grands échalas ou arbre qui soutiennent les vignes ainsi conduites.

***HAUT-JOINTÉ, E** adj. (pl. *haut-jointés, ées*). Se dit d'un cheval, en général long-jointé, à paturon se rapprochant de la verticale.

Haut-Kœnigsbourg *(château du),* château situé à l'O. de Sélestat (Bas-Rhin), sur un piton haut de 757 m. Édifié au XVe s. sur l'emplacement de deux châteaux du XIIe s., ruiné par les Suédois en 1633, il a été reconstruit de 1900 à 1908, sur l'ordre de Guillaume II, par l'architecte Bodo Ebhardt.

***HAUT-LE-CŒUR** n. m. inv. **1.** Spasme, soulèvement de l'estomac qui accompagne l'envie de vomir, la nausée : *Des haut-le-cœur dus au mal de mer.* — **2.** *Litt.* Sentiment de dégoût, de répulsion provoqué par ce qui est insupportable, révoltant, abject : *Sa lâcheté a provoqué des haut-le-cœur.*

***HAUT-LE-CORPS** n. m. inv. Mouvement brusque du corps, sursaut marquant la surprise, l'indignation, la révolte : *À cette révélation, il eut un haut-le-corps.*

***HAUT(-)LE(-)PIED** adj. inv. *Machine haut(-)le(-)pied,* locomotive circulant sans remorquer un train.

HAUTMONT (59330), ch.-l. de cant. du Nord, au S.-O. de Maubeuge, sur la Sambre ; 17 556 hab. *(Hautmontois).* Métallurgie. Constructions électriques.

***HAUT-PARC** n. m. (pl. *hauts-parcs*). Pêcherie formée d'un certain nombre de filets établis verticalement.

***HAUT-PARLEUR** n. m. (pl. *haut-parleurs*). Appareil qui rayonne dans l'espace environnant de l'énergie acoustique dans le domaine des fréquences audibles.

ENCYCL. Le haut-parleur convertit en sons audibles les variations d'un courant électrique. Il comprend un moteur qui transforme les vibrations électriques en vibrations mécaniques ; une membrane qui vibre sous l'action du moteur et qui communique à l'air ses vibrations ; un dispositif qui oriente le rayonnement des ondes émises (diffuseur ou pavillon) ; et un écran (baffle ou enceinte) qui empêche les interférences entre les ondes émises par les deux faces de la membrane vibrante.

***HAUT-RELIEF** n. m. (pl. *hauts-reliefs*). En sculpture, relief dont les parties principales, adhérant ou non au fond, offrent, toutes proportions gardées, un volume en saillie intermédiaire entre la moitié et les trois quarts du volume réel de la figure ou de l'objet représentés. (Dans le cas d'un volume saillant de moitié, on parle de *demi-relief*.)

HAUTS-DE-SEINE (92), dép. de la Région Île-de-France ; ch.-l. de dép. *Nanterre ;* ch.-l. d'arrond. *Antony, Boulogne-Billancourt ;* 3 arrond. ; 45 cant. ; 36 comm. ; 176 km² ; 1 391 658 hab. *(Alto-Séquanais* ou *Haut-Seinais*). Le dép. appartient à l'académie et à la cour d'appel de Versailles, à la région militaire Île-de-France.
En presque totalité urbanisé, le département comprend des banlieues centres d'industries et de services (la Défense), et des banlieues souvent résidentielles. Les premières sont situées en bordure de Paris et plus généralement le long de la Seine (Boulogne-Billancourt, Levallois, Clichy, Gennevilliers [port fluvial], Colombes). Les secondes, coupées d'espaces verts et souvent localisées en bordure des Yvelines et de l'Essonne, dominent dans l'ouest (Rueil-Malmaison) et le sud du département (Sèvres, Chaville, Meudon, Sceaux).

HAUT-SÉNÉGAL-NIGER, nom porté de 1904 à 1919-20 par la colonie française formée des territoires des États actuels du Mali et du Burkina.

***HAUTURIER, ÈRE** adj. (anc. fr. *hauture,* de *haut*). Se dit de la zone maritime éloignée des côtes, hors des eaux territoriales, de la navigation et de la pêche qui s'y pratiquent.

HAUT-VOLANT n. m. (pl. *haut-volants*). Race de pigeons capables de voler à grande hauteur.

HAUT-ZAÏRE, prov. du Zaïre, dans le N.-E. du pays ; 503 239 km² ; 5 073 000 hab. Ch.-l. *Kisangani.*

HAÜY (*abbé* René Just), cristallographe français (Saint-Just-en-Chaussée, Oise, 1743 - Paris 1822). Il a découvert l'anisotropie des cristaux ainsi que l'existence d'éléments de symétrie, montré que les divers cristaux d'une même espèce chimique dérivent d'une forme primitive, sur laquelle ont été effectuées des troncatures. Il est considéré comme le créateur de la cristallographie.

HAÜY (Valentin), pédagogue français (Saint-Just-en-Chaussée, Oise, 1745 - Paris 1822), frère du précédent. Il s'est consacré à l'instruction des aveugles. Il inventa les caractères en relief et fonda, en 1784, à Paris, un établissement qui deviendra l'Institution nationale des jeunes aveugles. Il a écrit un *Essai sur l'éducation des aveugles* (1786), imprimé en relief par des enfants aveugles.

***HAÜYNE** [oin] n. f. (de R. J. *Haüy,* n. pr.). Aluminosilicate naturel de sodium, appartenant au groupe des feldspathoïdes, présent dans les roches volcaniques en cristaux de couleur bleu ciel.

1. *HAVAGE n. m. (anc. fr. *havage,* de *havée 1*). Syn. de DROIT DE HAVÉE*.

2. *HAVAGE n. m. (de *haver*). **1.** Découpage ou abattage de la roche d'une mine à l'aide d'une haveuse. — **2.** Procédé de terrassement qui consiste à pratiquer dans les parois d'une fouille des saignées verticales et une saignée inférieure horizontale, puis à détacher le prisme de terre compris entre ces saignées.

***HAVANAIS, E** adj. et n. De La Havane.
◆ **havanaise** n. f. Nom parfois donné à la habanera.

***HAVANE** n. m. (de *La Havane,* n. pr.). **1.** Tabac produit à Cuba, très apprécié pour la confection des cigares. — **2.** Cigare fabriqué avec ce tabac.
◆ adj. inv. et n. m. Couleur marron clair.

HAVANE (La), en esp. **La Habana,** cap. de Cuba ; 2 119 000 hab. Port établi dans une rade bien abritée, à l'entrée du golfe du Mexique. Monuments civils et religieux des XVIIe et surtout XVIIIe s. Musées. La ville assure toujours la majeure partie des relations avec l'extérieur (port, aéroport) et reste le premier centre industriel (alimentation, tabac, raffinerie de pétrole, métallurgie, textile).
— **Hist.** Fondée en 1519 par Diego Velázquez, la ville a été pour l'Espagne, du XVIIe au XIXe s., une place forte et un entrepôt commandant le passage des marchandises et des soldats entre la métropole et ses colonies d'Amérique.

Havane (*charte de* **La**), texte institué lors de la conférence des Nations unies sur le commerce et l'emploi, le 24 mars 1948, et qui avait pour but de poser des règles concernant le commerce international. Elle n'entra pas en vigueur, mais une grande partie de ses règles furent incorporées dans l'Accord général sur les tarifs douaniers et le commerce (GATT).

Havane *(conférence de* **La***)* ou **conférence tricontinentale** → TRICONTINENTALE.

HAVANT, v. de Grande-Bretagne (Hampshire), dans le N.-E. de l'agglomération de Portsmouth ; 117 000 hab. (avec la localité de Waterloo). Centre industriel.

HAVARD (Henry), écrivain d'art français (Charolles 1838 - Paris 1921). Son œuvre capitale est le *Dictionnaire de l'ameublement et de la décoration depuis le XVIIIe s. jusqu'à nos jours* (1887-1890, 4 vol.).

Havas, société anonyme française, dont les origines remontent à la fondation, en 1832, par Charles Louis Havas, du bureau de traduction de dépêches étrangères qui devint l'Agence Havas (1835). La branche information, acquise en 1940 par l'État, devint en 1944 l'Agence France-Presse. Le groupe Havas est présent aujourd'hui dans les secteurs de la publicité, de l'audiovisuel, de la presse, de l'édition et du tourisme.

***HÂVE** adj. (frq. **haswa*, blême). Qui est pâle et amaigri par la maladie, la faim.

1. *HAVÉE n. f. (anc. fr. *havee,* de *hef,* crochet, du frq. **haf*). **1.** Anc. mesure de grains correspondant à une poignée prise à deux mains. — **2.** *Droit de havée,* droit d'un seigneur ou d'une ville de prélever une havée sur les céréales mises en vente sur le marché de leur territoire. (Syn. HAVAGE.)

2. *HAVÉE n. f. (de *haver*). Surface de taille dégagée par un passage de la haveuse, tout le long d'un front d'abattage de mine.

HAVEL, riv. d'Allemagne, affl. de l'Elbe (r. dr.) ; 341 km. Aménagée, elle assure la liaison entre Berlin et l'Elbe *(canal Elbe-Havel).*

HAVEL (Václav), auteur dramatique et homme d'État tchèque (Prague 1936). Écrivain dissident, l'un des fondateurs de la Charte 77, il critique dans ses œuvres les absurdités de la société contemporaine (*la Garden-Party,* 1963 ; *Difficulté accrue de se concentrer,* 1968). Son opposition au régime communiste lui vaut d'être condamné et emprisonné à plusieurs reprises pour délit d'opinion. En 1989, il prend la tête du mouvement de contestation qui aboutit à de profonds changements politiques dans son pays et il est élu (déc.) à la présidence de la République tchécoslovaque. Il démissionne de ses fonctions en 1992. Après la partition de la Tchécoslovaquie, il est élu à la présidence de la République tchèque (1993).

***HAVENEAU** ou ***HAVENET** n. m. (norm. *havenet,* de l'anc. scand. *hâfr,* engin de pêche, et *net,* filet). Syn. de CREVETTIER.

***HAVER** v. t. (wallon *haver,* creuser, du lat. *excavare*) [conj. 3]. Exécuter un havage.

Havers *(canaux de)* [du n. d'un médecin anglais du XVIIe s.], petits canaux cylindriques du tissu osseux compact.

***HAVEUR** n. m. (de *haver*). Ouvrier qui conduit une haveuse.
◆ adj. m. *Outil haveur,* outil qui fait une saignée dans le terrain.

***HAVEUSE** n. f. (de *haver*). **1.** Machine d'abattage mécanique qui réalise une saignée dans la roche. — **2.** Dispositif mécanique servant au déchargement par le dessous des silos-tours hermétiques. — **3.** *Haveuse intégrale,* machine portant une grosse fraise (tambour cylindrique garni de pics) qui permet la réalisation de saignées d'environ 1 m de profondeur et d'épaisseur métrique sur toute la longueur d'un front de taille. (En associant plusieurs tambours, on peut abattre intégralement une couche de minerai de plusieurs mètres d'épaisseur.) ‖ *Haveuse universelle,* sorte de grosse tronçonneuse dont le bras de coupe permet la réalisation de saignées de 2 à 4 m de profondeur et de 15 cm d'épaisseur, et qui est utilisée pour le découpage de blocs massifs ou pour faciliter le tir à l'explosif.

HAVILAND, famille d'industriels américains qui a contribué au développement de l'industrie porcelainière à Limoges en y établissant au XIXe s. une manufacture dont l'essor fut considérable jusqu'à nos jours. DAVID **Haviland** (North-Castle, État de New York, 1814 - Limoges 1879) fonda son propre atelier et exporta sa production vers les États-Unis. Ses fils CHARLES (New York 1839 -Limoges 1931) et THÉODORE (Limoges 1842 - *id.* 1919) lui succédèrent. À partir de 1919, WILLIAM (Limoges 1882 - *id.* 1967), fils de Théodore, et THÉODORE, deuxième du nom (Limoges 1906), font appel à de nombreux artistes comme Dufy, Suzanne Lalique, Cocteau, Lurçat, etc.

HAVILLAND (*sir* Geoffrey DE) → DE HAVILLAND (sir Geoffrey).

HAVÍŘOV, v. de la République tchèque, près d'Ostrava ; 91 000 hab. Cité résidentielle.

***HAVRAIS, E** adj. et n. Du Havre.

***HAVRE** n. m. (moyen néerl. *havene,* port). *Litt.* **1.** Port naturel ou formé d'une jetée aménagée. — **2.** Refuge sûr et tranquille : *Rêver d'un havre de paix à la campagne.*

HAVRE (Le), ch.-l. d'arrond. de la Seine-Maritime, sur la rive nord et à l'embouchure de la Seine, à 208 km de Paris ; 197 219 hab. *(Havrais)* [250 000 hab. dans l'agglomération].
— **Géogr.** Le développement de la ville a été lié à celui du port (fondé en 1517 par François Ier), qui demeure le deuxième de France (après Marseille), avec un trafic supérieur à 50 Mt (importations de pétrole principalement). L'industrie est essentiellement représentée (dans l'agglomération) par la production d'énergie (centrale thermique et surtout raffinage) et la métallurgie de transformation (construction automobile et navale). La faiblesse des services de haut niveau dans le plus grand ch.-l. d'arrond. de France a été partiellement palliée par la création d'une université (1984).
— **Bx-arts.** La ville a été en grande partie détruite en 1944. Deux églises des XVIe-XVIIe s. subsistent. Reconstruite selon des perspectives monumentales sous la direction d'A. Perret (église St-Joseph), elle se prolonge sur les plateaux du nord par des grands ensembles collectifs et, vers l'E., par une urbanisation lâche dans les villages du pays de Caux. Musées : des beaux-arts André-Malraux, de l'Ancien Havre, de Sculpture médiévale et d'Archéologie (anc. prieuré de Graville), d'Histoire naturelle. Maison de la culture par Niemeyer (1982).

***HAVRESAC** n. m. (all. *Habersack,* sac à avoine). Sac porté derrière le dos par les militaires (jusqu'en 1940) et les campeurs et contenant ce dont ils ont besoin.

***HAVRIT** [avri] n. m. (de *haver*). Ensemble des morceaux de minerai de petites dimensions abattus par une haveuse.

HAWAÏEN ou **HAWAIIEN, ENNE** [awajɛ̃, -ɛn] adj. et n. Des îles Hawaii.
◆ adj. Se dit d'un style effusif d'éruption volcanique.

HAWAII, archipel du Pacifique, en Polynésie, constituant un État des États-Unis ; 16 600 km² ; 1 108 229 hab. *(Hawaïens).* Cap. *Honolulu.*
– **Géogr.** L'archipel compte huit îles principales, montagneuses et volcaniques. Le climat est tropical et les côtes au vent (N.-E.), très arrosées, s'opposent aux côtes sous le vent (S.-O.), plus sèches. Dans la population, très mélangée, les autochtones sont en minorité. Les plantations (canne à sucre et ananas), l'activité de la base militaire de Pearl Harbor procurent aujourd'hui moins de ressources que le tourisme (4 millions de visiteurs par an).
– **Hist.** En 1778, le capitaine Cook débarque dans les îles, qu'il baptise îles Sandwich, en l'honneur du Premier lord de l'Amirauté. À partir de 1820 arrivent des missionnaires anglais, français, puis américains. Les incidents se multiplient, bien qu'en 1842-43 la Grande-Bretagne, la France et les États-Unis s'engagent à respecter l'indépendance de l'archipel. En 1849, les Américains obtiennent le libre accès des ports hawaïens, puis un traité de réciprocité commerciale en 1875, avant que ne leur soit concédé Pearl Harbor en 1887. En 1893, une république est proclamée, qui réclame son annexion aux États-Unis, acceptée en 1898. Siège d'une intense activité militaire dans la guerre du Pacifique après l'attaque japonaise sur Pearl Harbor (7 déc. 1941), les Hawaii sont devenues en 1959 le 50e État des États-Unis.

HAWAII, la plus grande île de *l'archipel des Hawaii ;* 10 400 km² ; 92 200 hab. Ses volcans sont parmi les plus grands du monde. Le Mauna Loa (4 168 m) et le Kilauea sont actifs. Le Mauna Kea, éteint (site d'un observatoire astronomique), atteint 4 208 m. V. princ. *Hilo.*

HAWAIITE n. f. (de *Hawaii,* n. pr.). Basalte alcalin à plagioclase sodique.

HAWARA, site archéologique du Fayoum, près du village Hawaret el-Makta, où se trouvent les vestiges de la pyramide du roi Amenemhat III (XIIe dynastie) et où fut édifié son immense temple funéraire rendu célèbre par les Grecs sous le nom de labyrinthe*.

HAWĀTMI (Nāyif), homme politique palestinien (Salt, Transjordanie, 1935). Chrétien grec-catholique, membre du F. P. L. P. de G. Habache, scissionniste en 1969, il fonda le Front démocratique populaire pour la libération de la Palestine (F. D. P. L. P.), qui devint le Front démocratique pour la libération de la Palestine (F. D. L. P.) en 1974. Il fut le premier à nouer un dialogue avec l'extrême gauche israélienne. Il soutint 'Arafāt jusqu'en 1983 puis s'aligna sur les positions syriennes.

Hawk, missile sol-air, d'une portée pratique de 40 km, en dotation dans les forces de l'O. T. A. N. et dans trois régiments d'artillerie sol-air français.

HAWKE (Robert, dit Bob), homme politique australien (Bordertown, Australie-Méridionale, 1929). Leader travailliste, il a été Premier ministre de 1983 à 1991.

HAWKES (John), écrivain américain (Stamford, Connecticut, 1925). Ses romans et nouvelles (*le Cannibale,* 1949 ; *Cassandre,* 1964 ; *les Oranges de sang,* 1971 ; *la Mort, le sommeil et un voyageur,* 1974 ; *l'Homme aux louves,* 1979 ; *Aventures dans le commerce des peaux en Alaska,* 1985 ; *le Photographe et ses modèles,* 1988) sont les meilleurs exemples de la littérature expérimentale américaine.

HAWKINS (*sir* John), amiral anglais (Plymouth 1532 - au large de Porto Rico 1595), il fut le premier Anglais à pratiquer le commerce des esclaves entre l'Afrique et les colonies espagnoles d'Amérique (1562) et combattit, en 1588, l'Invincible Armada.

HAWKINS (Coleman), saxophoniste ténor de jazz américain (Saint Joseph, Missouri, 1904 - New York 1969). Surnommé « Bean » (« haricot »), il a été le premier à transformer le saxophone ténor en un instrument majeur et soliste. Il débuta en 1922 dans l'orchestre de Fletcher Henderson, qu'il quitta en 1934 pour l'Europe. De retour à New York à la veille de la guerre, il dirigea pendant quelques mois un grand orchestre et grava avec lui son chef-d'œuvre, *Body and Soul* (1939). Puis il reprit une carrière indépendante, et joua avec la plupart des jazzmen de son temps.

HAWKS (Howard), cinéaste américain (Goshen, Indiana, 1896 - Hollywood 1977). Il se révéla, dès 1928, dans *Une fille dans chaque port* et confirma ses qualités dans *la Patrouille de l'aube* (1930). Il aborda ensuite tous les genres du cinéma américain. Il est, notamment, l'auteur de *Scarface* (1932), *l'Impossible M. Bébé* (1938), *Seuls les anges ont des ailes* (1939), *Air Force* (1943), *le Port de l'angoisse* (1944), *le Grand Sommeil* (1946), *la Rivière rouge* (1948), *la Captive aux yeux clairs*

(1952), *Les hommes préfèrent les blondes* (1953), *Rio Bravo* (1958), *Hatari* (1961), *El Dorado* (1967), *Rio Lobo* (1970).

HAWKSBEE ou **HAUKSBEE** (Francis), physicien anglais († v. 1713). Il a construit, en 1706, une machine électrostatique à cylindre de verre et a montré que le son se transmet dans l'eau.

HAWKSMOOR (Nicholas), architecte anglais (Nottinghamshire 1661 - Londres 1736). Il fut pour de nombreux édifices l'assistant ou le conducteur de travaux de Wren, puis de Vanbrugh. Éclectique et doué d'une imagination singulière, il a construit six églises à Londres (à partir de 1711), plusieurs bâtiments du collège All Souls à Oxford (d'inspiration gothique), le mausolée circulaire dorique du parc de Castle Howard (1729 et suiv.).

HAWKWOOD (*sir* John), condottiere d'origine anglaise, connu en Italie sous le nom de **Giovanni Acuto** (Hedingham Sibil, Essex, v. 1320 - Florence 1394). Rendu disponible par les préliminaires de Brétigny (1360), il mit sa *Compagnie blanche* au service de plusieurs États italiens.

HAWORTH (*sir* Walter Norman), chimiste britannique (Chorley, Lancashire, 1883 - Birmingham 1950). Il a réalisé la première synthèse de la vitamine C, ou acide ascorbique (1933), ce qui lui a valu de partager avec P. Karrer le prix Nobel de chimie pour 1937.

ḤAWRĀN → HAURAN.

ḤAWRĀNĪ (Akram **al-**), homme politique syrien (Ḥamāh 1914). Il fonda le parti socialiste arabe, qui fusionna avec le Baath en 1953. Il fut vice-président de la République arabe unie (1958-59) et démissionna en raison de son opposition à Nasser. Il s'exila en 1963.

HAWTHORNE (Nathaniel), écrivain américain (Salem, Massachusetts, 1804 - Plymouth, New Hampshire, 1864). Le puritanisme ancestral et la conception pessimiste de la nature humaine viciée par le péché originel ont imprégné son œuvre romanesque (*la Lettre* écarlate,* 1850 ; *la Maison aux sept pignons,* 1851) et ses récits (*Contes racontés deux fois,* 1837-1842 ; *les Mousses d'une vieille maison,* 1846).

HAWTREY (*sir* Ralph George), économiste britannique (Slough, Buckinghamshire, 1879 - Londres 1975). Il a mis en lumière la notion de vitesse de circulation de la monnaie et expliqué les fluctuations économiques par le fonctionnement du système bancaire.

HAXO (François Nicolas Benoît), général et ingénieur français (Lunéville 1774 - Paris 1838). Présent lors des campagnes de la Révolution et de l'Empire, il participa notamment à la fortification de Constantinople (1807) et à la défense de Paris (juin 1815). Il dirigea, en 1832, le siège de la citadelle d'Anvers.

HAY (John Milton), diplomate américain (Salem, Indiana, 1838 - Lake Sunapee, Newbury, New Hampshire, 1905). Ambassadeur à Londres (1897), secrétaire d'État (1898-1905). Il s'efforça de maintenir de bons rapports avec la Grande-Bretagne et conclut en 1903, avec la République de Panamá, un traité consacrant la mainmise des États-Unis sur le futur canal (traité *Hay-Bunau-Varilla*).

HAYA DE LA TORRE (Víctor Raúl), homme politique péruvien (Trujillo 1895 - Lima 1979). Fondateur, en 1924, de l'Alianza Popular Revolucionaria Americana (APRA), il en fit en 1930 un véritable parti politique de type populiste, mais perdit les élections présidentielles en 1931 et se heurta aux militaires en 1932. Leader charismatique, il fit de son parti la plus importante force politique du Pérou, mais l'hostilité de l'armée l'empêcha de jamais accéder au pouvoir.

HAYANGE (57700), ch.-l. de cant. de la Moselle, au S.-O. de Thionville, sur la Fensch ; 15 795 hab. *(Hayangeois).* Métallurgie.

ḤAYDAR 'ALĪ, fondateur de la dynastie musulmane du Mysore en Inde (Dodballāpur, près de Bangalore, 1721 - près de Chittoor 1782).

ḤAYDARĪ (Buland **al-**), poète irakien (Bagdad 1926 - Londres 1996). Existentialiste et surréaliste, il apparaît, dans ses recueils (*le Pouls de la boue,* 1947 ; *Pas d'exil,* 1965), comme le chantre du pessimisme désabusé et du fatalisme.

HAYDÉE (Marcia PEREIRA DA SILVA, dite **Marcia**), danseuse brésilienne (Niterói, 1939). Attachée au Ballet du Württenbergisches Staatstheater de Stuttgart, elle est l'interprète idéale des ballets que John Cranko monte pour elle (*Roméo et Juliette,* 1962 ; *Onegin,* 1965 ; *la Mégère apprivoisée,* 1969 ; *Carmen,* 1971 ; *Initialen RBME,* 1972). Elle a créé, entre autres, des œuvres de Kenneth MacMillan (*Las Hermanas, The Song of the Earth,* une version de *Mademoiselle Julie*), de John Neumeier *(Hamlet : Connotations)* et de Maurice Béjart *(les Chaises ; Wien, Wien, nur du Allein).* Depuis 1976, elle est directrice artistique du Ballet de Stuttgart.

HAYDN (Joseph), compositeur autrichien (Rohrau an der Leitha, Basse-Autriche, 1732 -Vienne 1809). Soprano dans la maîtrise de la cathédrale St-Étienne de Vienne (1740-1749 env.), il écrit vers 1757 ses premiers quatuors à cordes. Entré en 1761 au service des princes Esterházy, il restera jusqu'à sa mort attaché à cette famille, pour laquelle il écrira la musique des fêtes, des concerts, des représentations théâtrales et des opéras. Haydn acquiert peu à peu une renommée

internationale qui lui vaut d'importantes commandes, dont celles des 6 symphonies dites *parisiennes* (nos 82-87, 1785-86) et des *Sept Paroles du Christ* (1786-87). Au cours de deux séjours à Londres (1791-92 et 1794-95), il écrit notamment ses 12 dernières symphonies (nos 93-104, dites *londoniennes*). À partir de 1795, il vit à Vienne en musicien indépendant et couronne sa carrière par deux grands oratorios, *la Création* (1798) et *les Saisons* (1801).
• *Œuvres principales :* 104 symphonies, 3 concertos pour pianoforte, 5 pour orgue, 4 pour violon, 2 pour violoncelle, 1 pour trompette, 68 quatuors à cordes, environ 60 sonates pour pianoforte, *les Sept Paroles du Christ* (version pour orchestre, pour quatuor ; oratorio), 3 oratorios *(Il Ritorno di Tobia, la Création, les Saisons),* 14 messes, 13 opéras italiens dont *Il mondo della Luna* (1777).

HAYDN (Michael), compositeur autrichien (Rohrau an der Leitha 1737 - Salzbourg 1806), frère du précédent. Il a écrit de la musique religieuse (messes, requiem, vêpres, etc.) et instrumentale (notamment un célèbre concerto pour violoncelle).

Haye *(forêt de),* forêt domaniale de 6 500 ha (Meurthe-et-Moselle), hêtre (75 %) et chêne.

HAYE (La), en néerl. **Den Haag** et **'s-Gravenhage,** v. des Pays-Bas, ch.-l. de la province de Hollande-Méridionale, sur le revers des dunes littorales ; 444 242 hab. (695 000 dans l'agglomération).
— **Géogr.** Sans être la capitale, La Haye est le siège du gouvernement, de nombreuses administrations, des ambassades et d'organismes internationaux (Cour de justice). De multiples sociétés commerciales et industrielles y ont leur siège. Le bâtiment, la métallurgie et l'édition représentent le secteur industriel de l'agglomération, également centre culturel (musées, théâtres) et touristique (plage de Scheveningen).
— **Bx-arts.** Nombreux monuments : *Binnenhof,* ancien palais des comtes, remontant au XIIIe s. et maintes fois agrandi, comme l'hôtel de ville du XVIe s. ; *Mauritshuis,* palais royal et palais *Huis ten Bosch* (beaux décors peints), du XVIIe s. ; églises du XIVe au XVIIIe s. Musée municipal ; musée Bredius ; riche musée royal de Peinture du Mauritshuis* ; musée Mesdag (peintres français de l'école de Barbizon et peintres de La Haye de la fin du XIXe s.) ; etc.

Haye (*conférences de* **La**), conférences internationales de 1899 et 1907 qui ont adopté les conventions instituant la *Cour permanente d'arbitrage* et réglementé le droit de la guerre et les procédés pacifiques de règlements des conflits : interdiction de certaines armes, définition de la neutralité, déclaration de guerre devant précéder l'ouverture des hostilités, statut des prisonniers de guerre, etc.

HAYE-DESCARTES (La) → DESCARTES.

HAYE-DU-PUITS (La) [50250], ch.-l. de cant. de la Manche, dans le Cotentin ; 1 937 hab. *(Haytillons).*

HAYEK (Friedrich August VON), économiste britannique d'origine autrichienne (Vienne 1899 - Fribourg-en-Brisgau 1992). Un des principaux représentants du courant libéral, il partagea en 1974 le prix Nobel avec K. G. Myrdal.

HAYE-PESNEL (La) [50320], ch.-l. de cant. de la Manche, dans l'Avranchin ; 1 303 hab.

HAYES (Rutherford Birchard), homme d'État américain (Delaware, Ohio, 1822 - Frémont, Ohio, 1893). Gouverneur républicain de l'Ohio, élu président des États-Unis en 1876, il mena une politique d'apaisement à l'égard des États sudistes.

HAYEZ (Francesco), peintre italien (Venise 1791 - Milan 1882). D'abord néoclassique, il s'orienta vers des thèmes romantiques historico-littéraires (*les Proscrits de Parga,* 1831, pinacothèque de Brescia). Il fut le meilleur portraitiste de son temps.

HAYFORD (John Fillmore), géodésien américain (Rouse Point, New York, 1868 - Evanston, Illinois, 1925). Il étudia l'isostasie et en appliqua la théorie à la recherche des dimensions de l'ellipsoïde terrestre.

HAYKAL (Muḥammad Ḥusayn), écrivain égyptien (Tanta 1888 - Le Caire 1956). Auteur du premier roman arabe moderne (*Zaynab,* 1914), il joua un rôle littéraire important grâce à son hebdomadaire *al-Siyāsa.* On lui doit aussi une *Vie de Mahomet.*

***HAYLAGE** [ɛlaʒ] n. m. (angl. *hay,* foin). **1.** Conservation des fourrages par préfanage poussé, puis stockage en silo hermétique, aboutissant à un produit intermédiaire entre le foin et l'ensilage. — **2.** Fourrage obtenu par ce procédé.

HAŸ-LES-ROSES (L') [94240], ch.-l. d'arrond. du Val-de-Marne, dans la banlieue sud de Paris ; 29 841 hab. Roseraie.

HAYNAU (Julius, baron VON), général autrichien (Kassel 1786 - Vienne 1853). Il réprima l'insurrection de Brescia (1849) puis mena en Hongrie une politique de terreur (1849-50).

***HAYON** [ajɔ̃ ou ɛjɔ̃] n. m. (de *haie*). **1.** Panneau arrière d'un véhicule automobile, s'ouvrant de haut en bas ou de bas en haut, permettant le chargement. — **2.** Syn. de ÉCHELON (d'une charrette). — **3.** *Hayon élévateur,* plaque métallique fixée à l'arrière d'un camion et destinée à élever ou descendre des charges.

HAYTER (Stanley William), graveur et peintre britannique (Londres 1901 - Paris 1988). Installé à Paris en 1926, il y fonda l'« Atelier 17 », où de nombreux artistes s'initièrent à la gravure (aquatinte en couleurs, etc.). Lié aux surréalistes, il a expérimenté des effets de hasard, notamment les jeux de superposition, et le dessin automatique.

HAYWOOD (Eliza FOWLER, **Mrs.**), femme de lettres anglaise (Londres 1693 - id. 1756). Précurseur du roman de terreur, elle fonda la première revue féminine anglaise (*The Female Spectator,* 1744-1746).

HAYWORTH (Margarita Carmen CANSINO, dite **Rita**), actrice de cinéma américaine (New York 1918 - *id.* 1987). Danseuse et chanteuse de cabaret, elle devient célèbre avec le film *Gilda* (1946). Mais elle doit son meilleur rôle à Orson Welles (alors son époux) dans *la Dame de Shanghai* en 1948. Elle a aussi interprété *la Belle du Pacifique* (1953), *la Blonde ou la Rousse* (1957), *Ceux de Cordura* (1959), *le Plus Grand Cirque du monde* (1964).

HAZAËL, roi de Damas (v. 842 - 797). Usurpateur, il fit tuer son prédécesseur, Bar-Hadad II. Il triompha d'Israël et de Juda.

HAZĀRA, population du centre et du nord-ouest de l'Afghānistān. Les Hazāra se réclament de la descendance de Gengis Khān ; ils habitent principalement une région montagneuse de l'Afghānistān, le Hazāradjāt.

HAZARD (Paul), professeur français (Noordpeene, Nord, 1878 - Paris 1944). Comparatiste, auteur d'études sur le XVIIIe s. (*la Crise de la conscience européenne, 1680 - 1715,* 1935), il a dirigé, avec J. Bédier, une *Histoire de la littérature française illustrée* (1923 - 24). [Acad. fr., 1940.]

HAZAZ (Hayyim), écrivain israélien (Sidorowitchi, Ukraine, 1898 - Jérusalem 1973). Installé en Palestine depuis 1931, il a consacré une véritable épopée à la vie des Juifs yéménites en Israël (*Yaïsh,* 1947-1952) et publié un roman sur les luttes pendant les dernières années du mandat britannique en Palestine (*Dans un même carcan,* 1963). Au théâtre, il a fait représenter *À la fin des jours* (1950).

HAZEBROUCK (59190), ch.-l. de cant. du Nord, en Flandre ; 21 115 hab. *(Hazebrouckois).* Église St-Éloi, du XVIe s. Industries textiles, alimentaires et mécaniques.

HAZLITT (William), écrivain britannique (Maidstone, Kent, 1778 - Londres 1830). Journaliste, républicain, il fit de la critique littéraire une arme idéologique, exalta Shakespeare et les élisabéthains, réhabilita les humoristes, défendit Keats et Shelley. Sa *Vie de Napoléon* (1828 - 1830) lui valut l'admiration de Stendhal.

HAZOUMÉ (Paul), écrivain béninois (Porto-Novo 1890 - Cotonou 1980). Auteur de travaux ethnographiques (*le Pacte de sang au Dahomey,* 1937), il a publié le premier roman historique africain (*Doguicimi,* 1935).

HAZZAN n. m. (mot hébr.). Ministre du culte israélite, chargé de chanter les offices, d'instruire les enfants et, occasionnellement, d'assurer le secrétariat des communautés.

HBs. *Antigène Hbs,* autre nom de l'antigène* Australia.

H. C., abrév. de HORS CADRE, HORS CLASSE, HORS CONCOURS.

H. C. H., abrév. de HEXACHLOROCYCLOHEXANE.

H. C. R., sigle de HAUT-COMMISSARIAT DES NATIONS UNIES POUR LES RÉFUGIÉS*.

He, symbole chimique de l'*hélium.*

***HÉ !** interj. **1.** Sert à appeler, à attirer l'attention ou à marquer la surprise, l'indignation, etc. : *Hé ! là-bas, arrivez.* — **2.** Redoublé, indique l'hésitation, l'ironie.

HEAD (*sir* Henry), neurologue britannique (Londres 1861 - Reading 1940). Critiquant les positions extrémistes du courant des localisations cérébrales, il aborde l'étude de l'aphasie d'un point de vue global : le langage remplissant, selon lui, la fonction de formulation symbolique, tout acte nécessitant une formulation verbale préalable pourra être altéré chez le sujet aphasique. Il a écrit *Aphasia and Kindred Disorders of Speech* (1926).

HEANEY (Seamus), poète irlandais (Mossbawn, près de Castle Dawson, comté de Derry, 1939). D'un lyrisme tourmenté proche de celui de Frost ou de Thomas Hughes, il cherche à dégager les traits d'authenticité nationale et individuelle enfouis sous la civilisation (*Death of a Naturalist,* 1966 ; *Wintering Out,* 1972 ; *After Summer,* 1978 ; *Station Island,* 1984 ; *la Lanterne de l'aubépine,* 1987). [Prix Nobel 1995.]

HEARD *(île),* île volcanique de l'océan Indien, à 53° 6' de latitude S., dépendance de l'Australie. Station scientifique.

HEARN (Lafcadio), écrivain britannique naturalisé japonais (Leucade, Grèce, 1850 - Ōkubo, Tōkyō, 1904). Après une vie d'errance, il se fixa au Japon, où il se fit naturaliser sous le nom de **Koizumi Yakumo.** Il médita sur le *Japon inconnu* (1894) et donna au fantastique japonais son chef-d'œuvre, *Kwaidan* (1904).

HEARST (William Randolph), homme d'affaires américain (San Francisco 1863 - Beverly Hills, Californie, 1951). Propriétaire d'une chaîne de journaux à sensation (à tendances conservatrices et isolationnistes), Hearst fut membre de la

Chambre des représentants (1903-1907) mais fut battu aux élections de la mairie de New York en 1905 et 1909 et au poste de gouverneur de l'État en 1906.

HEARTFIELD (Helmut HERZFELD, dit **John**), artiste allemand (Berlin 1891 - *id.* 1968). Membre du groupe dada de Berlin, il donna à la technique du photomontage une remarquable efficacité politique.

HEATH (Edward), homme politique britannique (Broadstairs, Kent, 1916). Député conservateur, il fut plusieurs fois ministre avant de devenir le leader de son parti en 1965. Premier ministre (1970-1974), il fit entrer la Grande-Bretagne dans le Marché commun (1973).

HEATHROW, quartier de l'ouest de Londres. Principal aéroport de Londres.

*__HEAT-SET__ [itsɛt] adj. inv. (angl. *heat set,* qui prend à la chaleur). Se dit d'une encre séchant rapidement à la chaleur.

*__HEAUME__ n. m. (frq. **helm,* casque). **1.** Au Moyen Âge, grand casque des hommes d'armes enveloppant toute la tête et le visage. – **2.** En héraldique, syn. de CASQUE.

Heautontimoroumenos *(l')* [*le Bourreau de soi-même*], comédie de Térence, imitée de Ménandre (163 av. J.-C.). Ménédème, après avoir contraint son fils Clinia à s'expatrier, regrette sa conduite trop sévère.

HEAVISIDE (Oliver), mathématicien et physicien britannique (Londres 1850 - Torquay, Devon, 1925). Il a développé les méthodes d'analyse vectorielle et traduit la théorie de l'électromagnétisme de Maxwell en termes vectoriels. Il a mis en évidence la couche atmosphérique ionisée qui porte son nom.

Heaviside *(échelon-unité de),* fonction du temps γ nulle avant l'instant $t = 0$ et égale à 1 après cet instant.

HEBBEL (Friedrich), auteur dramatique allemand (Wesselburen, Holstein, 1813 - Vienne 1863). Rénovateur en Allemagne du sentiment tragique, il évoqua dans ses drames (*Judith,* 1840 ; *Marie-Madeleine,* 1843 ; *Gygès et son anneau,* 1855) la lutte de l'individu et de l'Idée, puis célébra dans sa trilogie des *Nibelungen* (1861-62) la victoire du christianisme sur le paganisme.

HEBDO n. m. *Fam.* Hebdomadaire.

HEBDOMADAIRE adj. (bas lat. *hebdomas, -adis,* semaine, du gr. *hebdomas, -ados*). **1.** Qui se fait en une semaine : *Travail hebdomadaire.* – **2.** Qui revient chaque semaine : *Repos hebdomadaire.* – **3.** Qui paraît chaque semaine : *Revue hebdomadaire.*

◆ n. m. Périodique qui paraît chaque semaine (abrév. fam. HEBDO).

HEBDOMADAIREMENT adv. Chaque semaine.

HEBDOMADIER n. m. (bas lat. *hebdomadarius*). Dans les chapitres et les monastères, celui qui est chargé de présider l'office pendant une semaine.

HÉBÉ, dans la mythologie grecque, personnification de la jeunesse, fille de Zeus et d'Héra.

HEBEI ou **HO-PEI,** prov. de la Chine du Nord, sur le golfe de Bohai ; 180 000 km^2 ; 61 100 000 hab. (municipalité de Pékin exclue). Cap. *Shijiazhuang.* Montagneuse au nord-ouest, partie de la Grande Plaine au sud-est, la province a un climat souvent froid, continental. Les céréales dominent localement et, grâce aux aménagements hydrauliques, le riz et le coton sont maintenant cultivés. Le sous-sol recèle de la houille, du fer et du pétrole, favorisant l'industrialisation et l'urbanisation.

HÉBÉPHRÈNE adj. et n. Atteint d'hébéphrénie.

HÉBÉPHRÉNIE n. f. (du gr. *hêbê,* jeunesse). Forme sévère de schizophrénie, touchant principalement les adolescents et marquée par la prédominance de la dissociation.

HÉBÉPHRÉNIQUE adj. Relatif à l'hébéphrénie.

Heberden *(nodosité d'),* épaississement de l'extrémité des doigts, principalement index et médius, dû à une arthrose des mains.

HÉBERGE n. f. (de *héberger*). Ligne sur un mur mitoyen séparant des bâtiments, formée par l'arête des constructions les moins hautes.

HÉBERGEMENT n. m. **1.** Action d'héberger : *Centre d'hébergement pour réfugiés.* – **2.** *Droit d'hébergement,* droit reconnu au parent divorcé qui n'a pas la garde de son enfant de le recevoir chez lui selon les modalités fixées par jugement.

HÉBERGER v. t. (frq. **heribergôn,* loger) [conj. 17]. **1.** Donner un logement provisoire à qqn, l'accueillir provisoirement : *Héberger des amis pour une nuit.* – **2.** En parlant d'un local, recevoir, abriter provisoirement un groupe, un service : *Baraquement qui héberge des sinistrés.*

HÉBERT (Louis), apothicaire français (Paris v. 1575 - Québec 1627). Il s'établit à Québec en 1617. On le considère comme le précurseur des colons français au Canada.

HÉBERT (Jacques), journaliste et homme politique français (Alençon 1757 - Paris 1794). Fondateur du *Père Duchesne* (1790), membre influent du club des Cordeliers (1791), substitut du procureur de la Commune de Paris (1792), il fut le chef de la faction hébertiste* et l'un des meilleurs porte-parole de la sans-culotterie. Il engagea la Convention dans la voie de la Terreur (1793) et préconisa la déchristianisation. Arrêté avec les chefs hébertistes, il fut condamné à mort et guillotiné (mars 1794).

HÉBERT (Ernest), peintre français (Grenoble 1817 - La Tronche, Isère, 1908). Un des représentants de l'art officiel, il fut directeur de l'Académie de France à Rome. (*Les Filles d'Alvito* [1855], musée national E. Hébert, Paris.)

HÉBERT (Georges), éducateur français (Paris 1875 - Deauville 1957), promoteur d'une méthode d'éducation physique dite *naturelle,* qu'il a opposée à la gymnastique suédoise et à la spécialisation sportive.

HÉBERT (Anne), femme de lettres canadienne d'expression française (Sainte-Catherine-de-Fossambault 1916). Si ses poèmes expriment l'angoisse de la solitude (*le Tombeau des rois,* 1953), puis sa réconciliation avec le monde et la vie (*Mystère de la parole,* 1960), ses romans *les Chambres de bois* (1958), *Kamouraska* (1970), dégagés du réalisme traditionnel, ont évolué vers une inspiration fantastique (*les Fous de Bassan,* 1982 ; *le Premier Jardin,* 1988).

1. HÉBERTISME n. m. Tendance politique de J. Hébert et de ses partisans.

2. HÉBERTISME n. m. Nom donné à la méthode naturelle d'éducation physique de G. Hébert et au mouvement qu'il a provoqué par ses actions et ses écrits, visant également la formation morale et sociale de l'individu.

HÉBERTISTE adj. et n. Relatif à l'hébertisme ; partisan de J. Hébert.

ENCYCL. Formant l'aile la plus radicale du mouvement révolutionnaire et la faction la plus extrémiste des Montagnards, les hébertistes apparurent à l'été de 1793. Conduits par Hébert, Chaumette, Bouchotte, Pache, et appuyés sur de nombreuses sections sans-culottes, ils reprirent le programme des Enragés. Satisfaisant les exigences terroristes des masses populaires, exaspérées par la vie chère et la disette, ils contraignirent la Convention à prendre les mesures extrêmes comme la loi du maximum général et celle des suspects (sept. 1793). Ayant lancé un appel à l'insurrection (4 mars 1794), leurs chefs furent arrêtés, condamnés à mort et guillotinés (24 mars) sur l'ordre du Comité de salut public, hostile à leur fanatisme ultrarévolutionnaire.

HÉBERTOT (André DAVIEL, dit **Jacques**), directeur de théâtre français (Rouen 1886 - Paris 1970). Il fut successivement directeur du théâtre de la Comédie des Champs-Élysées, des Mathurins, de l'Œuvre et, enfin, du théâtre des Arts (1940), qui devint le Théâtre-Hébertot.

HÉBÉTEMENT n. m. État de qqn qui est hébété : *L'hébétement dû à l'alcool.*

HÉBÉTER v. t. (lat. *hebetare,* émousser) [conj. **18**]. Faire perdre à qqn toute intelligence, tout sentiment de la réalité, rendre stupide, abrutir : *Le choc l'avait hébété.*

◆ **être hébété** v. pass. Être abasourdi, ahuri, stupide : *Avoir un air hébété.*

HÉBÉTUDE n. f. (bas lat. *hebetudo, -inis*). **1.** *Litt.* Hébétement, stupeur. — **2.** Sidération de la vie psychique que l'on rencontre dans certains états démentiels ou certains déficits intellectuels sévères.

HÉBOÏDOPHRÈNE adj. et n. Atteint d'héboïdophrénie.

HÉBOÏDOPHRÉNIE n. f. État pathologique caractérisé par la prédominance des comportements antisociaux violents et impulsifs sur un fond fait d'apathie, d'émoussement de l'affectivité, et d'activités stéréotypées.

HÉBRAÏQUE adj. (lat.*hebraicus,* du gr. *hebraikos,* de *Hébraîos,* Hébreu). Relatif à la culture des Hébreux : *Études hébraïques.*

ENCYCL. **Littér.** La Bible* est « le Livre » par excellence de la *littérature hébraïque.* Certains écrits apocryphes et pseudépigraphes ont été conservés. Entre 1946 et 1956, la découverte des manuscrits de la mer Morte* a enrichi ce fonds. Après la destruction de Jérusalem en 70, de multiples foyers de culture hébraïque se constituent à Rome, Antioche, Alexandrie, Athènes, etc. Le Juif Flavius Josèphe, au Ier s. apr. J.-C., transpose de l'araméen en grec sa *Guerre juive,* tandis que Philon d'Alexandrie tente, sur le modèle platonicien, une interprétation allégorique de la Bible. La composition du *Talmud** à partir de la Mishna* et de la Gemara* s'étage du IIe-IIIe s. au VIe s. Pendant le Moyen Âge, les foyers littéraires juifs se multiplient, représentés à Kairouan par le talmudiste Khananel ben Khoushiel ; à Grenade, par le poète Samuel Ha-Nagid ; à Tolède, par un des plus grands poètes juifs, Juda Halevi ; à Fès, par le grammairien Juda ben David Hayyuj, restaurateur de l'hébreu. Au XIIe s. se développe au grand jour un nouveau mode de raisonnement ésotérique : la *kabbale**. L'un des plus célèbres kabbalistes est le Portugais Isaac Abravanel. C'est au siècle des Lumières que la littérature hébraïque se libère des thèmes théologiques pour s'ouvrir aux mouvements de modernisation, sans pour autant abandonner le judaïsme. La poésie est brillamment illustrée par l'Italien Mosheh Hayyim Luzzatto. À la fin du XVIIIe et au XIXe s., le mouvement de la Haskala, dont l'initiateur fut Moses Mendelssohn, se fixe en Galicie et dans les provinces italiennes de l'Empire autrichien avec des écrivains tels que Joseph Perl, Nahman Krochmal et pénètre dans l'Empire russe : Judah

Leib Gordon et Abraham Dov Lebensohn sont considérés comme les pionniers de la poésie hébraïque moderne. Cependant, de jeunes écrivains se tournent vers le réalisme, tel Mendele Mocher Sefarim Abramovitz, père de la littérature hébraïque moderne, qui peint la vie des ghettos d'Europe orientale. M. L. Lilienblum est le chef de file des écrivains qui préconisent la renaissance nationale. Les idées socialistes se développent avec Aaron Samuel Libermann. Eliezer Ben Yehuda fait pénétrer la langue hébraïque dans la vie quotidienne. La seconde étape de l'évolution de la littérature hébraïque est nationale. Elle exprime les idées du mouvement « Amour de Sion ». Naphtali Herz Imber, Isaac Leib Peretz, David Frischmann, Nahum Sokolow favorisent l'implantation et la modernisation de la langue hébraïque. Les pogroms de Russie renforcent les tendances sionistes qui ont pour porte-parole l'écrivain Ahad Haam et le poète Bialik. La fin du XIXe et le début du XXe s. sont marqués par les œuvres de M. Z. Feuerberg, Berditchevski, Tchernikhovsky, I. Katzenelson, Yaacov Cohen, Samuel Joseph Agnon. Après la Première Guerre mondiale, le centre de l'hébraïsme se fixe en Palestine. Après la proclamation de l'État d'Israël (1948), le rayonnement de la littérature hébraïque se voit confirmé.

HÉBRAÏSANT, E n. Spécialiste de l'hébreu. (Syn. HÉBRAÏSTE.)

HÉBRAÏSME n. m. (de *hébraïque*). **1.** Mot, expression particuliers à l'hébreu. — **2.** Culture hébraïque.

HÉBRAÏSTE n. Syn. de HÉBRAÏSANT.

HÉBRARD (Adrien), journaliste et homme politique français (Grisolles, Tarn-et-Garonne, 1833 - Saint-Germain-en-Laye 1914). Directeur du *Temps* (1867), il en fit le défenseur des idées républicaines modérées. Il fut sénateur de 1879 à 1897.

HÉBREU adj. m. (lat. *Hebraeus,* du gr. *Hebraîos*). Relatif aux Hébreux. (Au fém., on dit HÉBRAÏQUE.)
◆ **hébreu** n. m. **1.** Langue sémitique parlée par les Hébreux et qui est aujourd'hui la langue officielle de l'État d'Israël. — **2.** Fam. *C'est de l'hébreu,* c'est un langage qu'on ne comprend pas.

ENCYCL. L'hébreu appartient au groupe nord-ouest des langues sémitiques et constitue avec le phénicien, le moabite et l'ougaritique le rameau cananéen. Il est attesté à partir du IXe s. av. J.-C. Fait unique, il est redevenu langue vivante après être sorti pendant deux millénaires de l'usage parlé. Historiquement, on distingue quatre périodes : 1° l'*hébreu ancien,* ou *biblique,* qui est la langue de la majorité des livres de la Bible et des manuscrits de la mer Morte ; 2° l'*hébreu mishnaïque* (langue de la Mishna), parlé en Palestine à partir du IVe s. av. J.-C. et qui cède le pas à l'araméen après la révolte de Bar-Kokhba (135 apr. J.-C.) ; 3° l'*hébreu médiéval,* ou *néohébreu,* qui, outre ses usages liturgiques, est une langue uniquement livresque (code de Maimonide, commentateurs du Talmud, etc.), les juifs empruntant pour la conversation parlée la langue du pays où ils vivaient ; 4° l'*hébreu moderne,* né à la fin du XIXe et au début du XXe s. avec le *Grand Dictionnaire de la langue hébraïque* de Ben Yehuda ; c'est aujourd'hui la langue officielle de l'État d'Israël (israélien). L'hébreu s'écrit grâce à un alphabet particulier de 22 signes consonantiques, les voyelles étant notées par des signes complémentaires.

HÉBREUX, peuple sémite de l'Orient ancien, installé en Palestine et dont la Bible retrace l'histoire.

Les Hébreux ont pour origine des tribus semi-nomades, venues de la bordure du désert syro-arabe et de la Mésopotamie, qui pénètrent dans le pays de Canaan (2000-1750 av. J.-C.). Les traditions nationales considèrent les patriarches Abraham, Isaac et Jacob comme les grands ancêtres du peuple hébreu. Selon les récits de la Genèse, Abraham descend en Palestine, où son clan mène autour d'Hébron la vie des pasteurs nomades. Son fils Isaac, installé dans la région de Beersheba, aura une vie plus sédentaire.

Le fils préféré d'Isaac, Jacob, est amené à s'installer dans le delta, en Égypte, et l'un de ses fils, Joseph, occupe même des fonctions importantes à la cour du pharaon, au temps des Hyksos (1770-1560 av. J.-C.) : l'expulsion de ces derniers par les princes de Thèbes s'accompagne de l'asservissement des étrangers, notamment des Hébreux. Aspirant à recouvrer leur liberté, ceux-ci se trouvent un chef, Moïse, qui, appuyé sur l'Éternel, protecteur de son peuple, sauve celui-ci à la suite d'une série de prodiges qui accablent les Égyptiens, probablement sous Ramsès II (1298-1235). Durant de longues années, les Hébreux, conduits par Moïse, mènent dans le désert de la péninsule sinaïtique une existence de pasteurs ; le séjour dans l'oasis de Cadès marque le début d'une sédentarisation qui, unie à une tradition religieuse originale qui fonde la religion mosaïque, prépare les Hébreux à la conquête de Canaan. Celle-ci, progressive, s'opère, probablement entre 1220 et 1030 av. J.-C., sous la conduite de Josué puis des Juges, chefs temporaires qui conduisent les 12 tribus israélites dans les guerres contre les Cananéens, contre les nomades établis de l'autre côté du Jourdain — notamment les Moabites — et surtout contre les puissants Philistins. La pression du péril philistin est telle que les Hébreux, fort désunis en dehors

ALPHABET HÉBREU

écriture carrée (imprimerie)	cursive moderne (manuscrite)	nom	Transcription
א	א	aleph	ʾ (esprit doux)
בּ ב	בּ ב	bet	b , v
גּ ג	ג	gimel	g , gh
דּ ד	ד	dalet	d , dh
ה	ה	he	h
ו	ו	waw *ou* vav	w , v
ז	ז	zayin	z
ח	ח	ḥet	ḥ
ט	ט	ṭet	ṭ
י	י	yod	y
כ כּ [ך]	כ כּ [ך]	kaf	k , kh
ל	ל	lamed	l
מ [ם]	מ [ם]	mem	m
נ [ן]	נ [ן]	nun	n
ס	ס	samek	s
ע	ע	ayin	ʿ (esprit rude)
פ פּ [ף]	פ פּ [ף]	pe *ou* phe	p , f
צ [ץ]	צ [ץ]	tsade	ṣ
ק	ק	qof	q
ר	ר	resh	r
שׂ שׁ	שׂ שׁ	sin *ou* shin	s , ch
ת תּ	תּ	taw *ou* tav	t , th

Les lettres entre crochets sont des variantes finales.

d'un culte commun de l'Éternel, éprouvent le besoin de se donner un chef permanent, un roi. Si le premier essai de royauté, avec Saül (v. 1030 - v. 1010), est un échec, l'unité nationale est fortement assurée, dans un pays complètement débarrassé des derniers adversaires d'Israël, sous le règne glorieux de David (v. 1010 - v. 970) et plus encore sous le règne fastueux de son fils Salomon (v. 970 - v. 931), grand constructeur et unificateur génial. Cependant, les charges fiscales liées à la politique grandiose de Salomon et les privilèges de fait dont il fait bénéficier les tribus du sud (Juda) provoquent dans le nord des mouvements de révolte qui, à la mort de Salomon et par la maladresse de son successeur Roboam, aboutissent à une scission en deux royaumes : le royaume de Juda (931-587), avec les tribus du sud (capitale Jérusalem), et le royaume d'Israël (931-721), avec celles du nord (capitale Samarie). Par leurs luttes fratricides, les deux royaumes se fragilisent face aux incursions de leurs puissants voisins, l'Égypte, l'Assyrie, la Babylonie. La destruction du royaume d'Israël en 721, par les Assyriens, celle du royaume de Juda en 587, par les Babyloniens, s'accompagnent de déportations massives. Le seul salut des Hébreux, constamment attirés par les cultes idolâtriques, réside dans leurs prophètes, véritables guides dont l'action détermine les lignes maîtresses de l'Ancien Testament : le monothéisme, l'Alliance, les grands impératifs moraux, le messianisme. La captivité de Babylone (587-538 av. J.-C.) donne au peuple juif une cohésion qui trouve son élément essentiel dans une religion approfondie et épurée : le judaïsme.

Rentrés en Palestine grâce à la magnanimité de leur nouveau maître, le roi des Perses, les Juifs reconstruisent Jérusalem et le Temple, Néhémie puis Esdras étant les meneurs d'une restauration nationale et religieuse qui s'échelonne entre 538 et 332 av. J.-C. Sans doute le pays des Hébreux tombe-t-il successivement aux mains d'Alexandre le Grand (332 av. J.-C.), des Lagides (281 av. J.-C.), puis des Séleucides (200 av. J.-C.), mais la cohésion interne du peuple juif est telle qu'elle lui permet de s'opposer efficacement aux tentatives d'hellénisation, particulièrement brutales sous Antiochos IV Épiphane (175-164 av. J.-C.), qui trouvent dans les Maccabées (167) des adversaires redoutables dont la résistance rend aux Juifs leur liberté religieuse et leur indépendance nationale.

Sous le gouvernement des princes asmonéens (134-37), l'État juif passe dans l'orbite de Rome ; seule la personnalité d'Hérode le Grand (37-4 av. J.-C.), qui rebâtit le Temple, assure au peuple de Dieu une relative autonomie. Après sa mort, son royaume est partagé et gouverné par des princes vassaux de Rome et des procurateurs romains. C'est l'époque où apparaît Jésus de Nazareth et où naît le christianisme. Des poussées de fièvre nationalistes et messianiques provoquent, de la part de la maladroite autorité romaine, des réactions brutales : après la révolte de 66-70 apr. J.-C., les légions de Titus détruisent Jérusalem et le Temple. L'échec de la révolte de Bar-Kokhba (132-135) met un point final à l'histoire ancienne d'Israël.

Hébreux *(Épître aux),* la dernière des épîtres canoniques (fin du Ier s.), que la tradition attribue à saint Paul. C'est une exhortation adressée à des Juifs convertis, nostalgiques de la liturgie du Temple.

HÉBRIDES *(îles)* ou **WESTERN ISLES,** îles de la Grande-Bretagne, au N.-O. de l'Écosse, formant deux archipels : les *Inner Hebrides* (avec Skye et Mull) et les *Outer Hebrides* (avec Lewis et Harris, North et South Uist), qui forment la *région administrative de Western Isles* (2 898 km² et 32 000 hab.). Le climat y est doux et humide. L'élevage, la pêche, le tissage (tweed de Harris) et le tourisme sont les principales activités.

HÉBRIDES (Nouvelles-) → VANUATU.

HÉBRON, auj. **al-Khalīl,** v. de Cisjordanie, à l'O. de la mer Morte ; 42 600 hab. Vieille cité cananéenne de Judée, elle est mentionnée dans la Bible dès l'époque d'Abraham. Les traditions juive, chrétienne et musulmane y situent le tombeau d'Abraham (grotte de Makpēlā). La ville est actuellement occupée par Israël. Mais son passage, pour partie, sous administration palestinienne est prévu par l'accord de 1995 sur l'extension de l'autonomie en Cisjordanie.

HEC n. m. (norm. *hec,* du germ. *hek,* clôture). Syn. approché de CONTRE-HUS.

H. E. C., sigle de ÉCOLE DES HAUTES* ÉTUDES COMMERCIALES.

HÉCAEN (Henry), neurologue français (Brest 1912 - Paris 1983). Ses recherches ont porté sur la représentation fonctionnelle cérébrale des gauchers et sur l'analyse des troubles du langage (définition des divers types d'aphasies). Il a collaboré avec J. de Ajuriaguerra (*le Cortex cérébral,* 1949 ; *les Gauchers,* 1963).

HÉCATE, divinité grecque lunaire infernale et marine à triple forme (souvent à trois têtes ou à trois corps). Le chien lui était consacré. Pour les marins, elle était tutélaire et assurait de bonnes traversées. En revanche, on la craignait comme la déesse de la sorcellerie et de la magie.

HÉCATÉE de Milet, historien et géographe d'Ionie (VIe s. av. J.-C.). Il parcourut l'Empire perse. Il a été le premier à rédiger en prose des informations historiques et géographiques.

HÉCATÉE d'Abdère, historien grec de la fin du IVe s. av. J.-C. Il vécut à Alexandrie et écrivit sur les Juifs et sur l'Égypte des ouvrages qu'a utilisés Diodore de Sicile.

HÉCATOMBAION n. m. (gr. *hekatombaiôn*). Septième, puis premier mois de l'année athénienne, où l'on célébrait les grandes panathénées (vers juillet).

HÉCATOMBE n. f. (gr. *hekatombê,* de *hekaton,* cent, et *boûs,* bœuf). **1.** Massacre, destruction d'un grand nombre de personnes ou d'animaux : *Les hécatombes des deux guerres mondiales.* – **2.** Grand nombre de personnes atteintes ou éliminées par qqch : *L'hécatombe annuelle des blessés de la route.* – **3.** Dans la Grèce antique, sacrifice de cent bœufs.

Hécatompédon, temple archaïque d'Athéna qui a précédé le Parthénon sur l'Acropole d'Athènes.

HECKEL (Édouard Marie), naturaliste français (Toulon 1843 - Marseille 1916). Ses recherches sur le *rouge de la morue* ont permis d'éradiquer cette maladie. Il a créé, en 1893, l'Institut colonial de Marseille.

HECKER (Isaac Thomas), prêtre catholique américain (New York 1819 - *id.* 1888). Rédemptoriste converti du protestantisme, il fonda (1858) la congrégation des Paulistes *(Paulist Fathers).* On l'a présenté, abusivement, comme le père de l'américanisme*.

HECTARE n. m. Mesure de superficie égale à cent ares, ou dix mille mètres carrés (symb. ha).

HECTÉ n. f. (gr. *hektos,* sixième). Monnaie pesant 1/6 du statère d'électrum, frappée aux Ve et IVe s. av. J.-C. en Asie Mineure.

HECTIQUE adj. (bas lat. *hecticus,* du gr. *hektikos,* continu). *Fièvre hectique,* fièvre prolongée, caractérisée par d'importantes oscillations de température, un amaigrissement progressif et un état cachectique à marche rapide.

HECTO-, du gr. *hekaton,* cent, préfixe SI qui multiplie par 100 l'unité devant laquelle il est placé.

HECTO n. m. *Fam.* Hectogramme ou hectolitre.

HECTOCOTYLE n. m. (gr. *kotulê,* cavité). Un des bras des céphalopodes mâles, qui est souvent modifié pour servir à transporter ses spermatophores dans la cavité palléale de la femelle.

HECTOGRAMME n. m. Mesure de masse valant cent grammes.

HECTOLITRE n. m. Mesure de volume valant cent litres.

HECTOMÈTRE n. m. Mesure de longueur valant cent mètres.

HECTOMÉTRIQUE adj. Relatif à l'hectomètre.

HECTOPASCAL n. m. (pl. *hectopascals*). Unité de mesure de pression (symb. hPa) équivalant à cent pascals. (L'hectopascal a remplacé le millibar pour la mesure de la pression atmosphérique).

HECTOR, héros troyen, fils de Priam et d'Hécube, époux d'Andromaque et père d'Astyanax. Chef de l'armée troyenne, il accomplit nombre d'exploits. Il tua Patrocle. Pour venger la mort de son ami, Achille combattit Hector, le tua et traîna son cadavre, attaché à un char, autour des murs de Troie.

HÉCUBE, épouse de Priam, mère d'Hector, de Pâris et de Cassandre. Pendant la guerre de Troie, elle perdit presque tous ses enfants, vit massacrer Priam sous ses yeux et devint finalement esclave d'Ulysse.

HEDA (Willem Claesz.), peintre hollandais (Haarlem 1594 - *id.* v. 1680). Ses natures mortes sont admirées pour la précision de leur facture, la sobriété de leur coloris et la densité de leur pâte (*Un dessert,* Louvre).

HEDĀYAT (Ṣādeq), écrivain iranien (Téhéran 1903 - Paris 1951). Pionnier dans l'étude du folklore iranien, nationaliste, il a exercé une influence majeure sur la prose persane (*la Chouette aveugle,* 1936).

Hedda Gabler, drame d'Ibsen (1891). Une femme, frustrée d'idéal et d'amour, joue, jusqu'au suicide, la comédie de l'héroïsme.

HÉDÉ (35630), ch.-l. de cant. d'Ille-et-Vilaine, au N.-E. de Rennes ; 1 592 hab. *(Hédéens).* Vestiges d'un château fort.

HEDEBY ou **HAITHABU,** site du sud-est du Jylland. Ce fut la plus grande ville commerçante viking (800 - 1000) pour le commerce transitaire entre la mer du Nord et la Baltique.

HÉDENBERGITE n. f. (de *Hedenberg,* n. pr.). Silicate naturel de fer et de calcium, du groupe des pyroxènes monocliniques.

HÉDÉRACÉE n. f. Syn. de ARALIACÉE.

HEDIN (Sven), explorateur suédois (Stockholm 1865 - *id.* 1952). Il explora l'Asie intérieure, étudiant notamment le Turkestan chinois et le Pamir (1893-1897), puis le Transhimālaya (1905-1908).

HEDJAZ, en ar. **Ḥidjāz,** province du nord-ouest de l'Arabie Saoudite, ch.-l. *La Mecque.* Les ports sur la mer Rouge (Yanbuʿ, Djedda) s'industrialisent (raffinage du pétrole, pétrochimie), tandis que les oasis de l'intérieur (Médine, La Mecque) conservent leur rôle traditionnel de centres religieux et commerciaux.
– **Hist.** Lieu de naissance de Mahomet et terre sainte des musulmans, le Hedjaz fut érigé en

royaume indépendant lorsque le chérif Ḥusayn rejeta la suzeraineté ottomane (1916). Conquis par ‘Abd al-‘Azīz III ibn Sa‘ūd (1924), il devint une province de l'Arabie Saoudite (1932).

Hedjaz *(chemin de fer du),* voie ferrée construite de 1900 à 1908, de Damas à Médine.

HEDLEY (William), ingénieur britannique (Newburn, près de Newcastle, 1779 - Lanchester, près de Durham, 1843). Il démontra la possibilité d'utiliser l'adhérence par simple frottement pour la traction des trains et construisit la première locomotive fondée sur ce principe (1813).

HÉDONISME n. m. (gr. *hêdonê,* plaisir). **1.** Système philosophique qui fait du plaisir le but de la vie. — **2.** Motivation de l'activité économique par la recherche du maximum de satisfaction par le minimum d'efforts.

HÉDONISTE adj. et n. Relatif à l'hédonisme ; partisan de l'hédonisme.

HÉDONISTIQUE adj. Syn. de HÉDONISTE.

HEDTOFT (Hans), homme politique danois (Århus 1903 - Stockholm 1955). Secrétaire général du parti social démocrate (1935), Premier ministre (1947-1950 et 1953-1955), il contribua à faire entrer son pays dans le pacte de l'Atlantique Nord.

HEDWIG (Johann), botaniste allemand (Kronstadt, auj. Brașov, Roumanie, 1730 - Leipzig 1799), créateur de la cryptogamie.

HEDWIGE D'ANJOU (Cracovie 1374 - *id.* 1399), reine de Pologne (1384-1399), fille cadette de Louis Ier, roi de Hongrie et de Pologne. Elle épousa en 1386 Jagellon, grand-duc de Lituanie, qui devint roi de Pologne sous le nom de Ladislas II.

HEDYCHIUM [-kjɔm] n. m. (gr. *hêdus,* doux, et *khiôn,* flocon). Herbe (zingibéracée) vivace rhizomateuse, aux fleurs très ornementales.

HEERLEN, v. des Pays-Bas (Limbourg), au N.-O. d'Aix-la-Chapelle ; 92 000 hab. Vestiges de thermes romains. Centre administratif. Mécanique, électrotechnique.

HEFEI ou **HO-FEI,** anc. **Luzhou** ou **Loutcheou,** v. de Chine, cap. de la province d'Anhui, à l'O. de Nankin ; 800 000 hab. Textile. Métallurgie. Mécanique. Chimie.

HEFNER-ALTENECK (Friedrich VON), électrotechnicien allemand (Aschaffenburg 1845 - Biesdorf, près de Berlin, 1904). Il est l'inventeur de l'induit en tambour de la machine électrique Siemens à courant continu (1873).

HEGANG ou **HO-KANG,** v. de la Chine du Nord-Est (Heilongjiang), à l'E. du Petit Khingan ; 592 000 hab.

HEGEDUŠIĆ (Krsto), peintre croate (Petrinja 1901 - Zagreb 1975). Il fonda en 1929 le groupe Zemlja (Terre), qui tendait à établir la primauté du fait social dans la création artistique ; avant d'être interdit en 1935, ce groupe marqua fortement l'art croate et slovène. En 1930-1933, l'artiste a organisé l'association des peintres-paysans de Hlebine. Son œuvre, aux accents bruegéliens, se veut un témoignage humain.

HEGEL (Georg Wilhelm Friedrich), philosophe allemand (Stuttgart 1770 - Berlin 1831). Il a enseigné à Tübingen, puis, après 1800, à Iéna, où il retrouva Schelling. Le système que Hegel se propose d'établir repose sur le projet de « penser la vie » — façon de poser l'être et la pensée en les opposant dans un premier temps puis en dépassant cette opposition — dans la mesure où le monde, la connaissance de ce monde et le discours par lequel s'exprime cette connaissance sont conçus comme le développement du Concept. Cette démarche est celle de l'ouvrage majeur de Hegel, *la Phénoménologie de l'esprit* (1807). En se proposant d'exposer ce développement du Concept, le système hégélien englobe la totalité : extériorité et intériorité se rejoignent, de même que sujet et objet, dans l'Absolu qui est celui du discours. Cette démarche par opposition et englobement des oppositions, sur le plan de l'entendement comme sur celui de l'histoire, Hegel la nomme « dialectique ». La dialectique n'est pas une méthode qui suppose l'extériorité de l'entendement par rapport à son objet, ni réciproquement, c'est au contraire le mouvement même du Concept, la vie même du système, car l'Absolu est le sujet. Hegel a écrit également *Science de la logique* (1812-1816), *Encyclopédie des sciences philosophiques* (1817), *Principes de la philosophie du droit* (1821).

HÉGÉLIANISME [ege-] n. m. **1.** Doctrine de Friedrich Hegel. — **2.** Ensemble des courants de pensée qui se réclament de Friedrich Hegel, parmi lesquels Bruno Bauer, Ludwig Feuerbach, Moses Hess, Karl Marx, Johann Rosenkrantz. (L'hégélianisme s'est transporté en Angleterre et en Écosse [McTaggart, Bosanquet], en France [Hamelin] ; puis il s'est prolongé, en France notamment grâce à A. Kojève.)

HÉGÉLIEN, ENNE [ege-] adj. et n. Relatif au système de Hegel ; partisan du système de Hegel.

HÉGÉMONIE n. f. (gr. *hêgemonia,* de *hêgemôn, -onos,* chef). **1.** Domination d'une puissance, d'un pays, d'un groupe social, etc., sur les autres : *L'hégémonie des supergrands.* — **2.** Direction des opérations militaires par une cité grecque faisant alliance avec d'autres.

HÉGÉMONIQUE adj. Relatif à une hégémonie, qui a pour but l'établissement d'une hégémonie : *Des ambitions hégémoniques.*

HÉGÉMONISME n. m. Tendances hégémoniques d'un État, d'un groupe.

HÉGIRE n. f. (ar. *hidjra,* fuite). Origine de l'ère musulmane, correspondant à l'an 622 de l'ère chrétienne, le 22 ou 23 sept., date du départ de Mahomet de La Mecque à Médine. (Mais la tradition situe l'événement le 16 juill. 622, premier jour de l'année lunaire en cours.)

HÉGOUMÈNE → HIGOUMÈNE.

HEIBERG (Peter Andreas), écrivain danois (Vordingborg 1758 - Paris 1841), auteur de romans (*Aventures d'un billet de banque,* 1787-1793) et de comédies satiriques (*les « Van » et les « Von »,* 1792). Exilé à Paris, il fut secrétaire de Talleyrand. — Son fils JOHAN LUDVIG, écrivain danois (Copenhague 1791 - Bonderup 1860), auteur de vaudevilles (*les Inséparables,* 1827) et de drames romantiques (*le Jour des Sept-Dormants,* 1840), appliqua à la critique la méthode dialectique de Hegel. Il fut le maître à penser des lettres danoises de 1830 à 1850.

HEIBERG (Gunnar), écrivain norvégien (Christiania, auj. Oslo, 1857 - *id.* 1929). Directeur du Théâtre-National de Bergen (1884-1888), il critiqua dans ses pièces la société de son pays (*Tante Ulrikke,* 1884 ; *le Roi Midas,* 1890 ; *le Gros Lot,* 1895) et exalta la puissance de l'amour (*Artistes,* 1893 ; *le Balcon,* 1894).

HEIDEGGER (Martin), philosophe allemand (Messkirch, Bade, 1889 - *id.* 1976). Il passa sous la direction de Husserl son doctorat de philosophie. Recteur de l'université de Fribourg (1933-34), il adhéra quelques mois au parti nazi, le soutint dans quelques articles, puis démissionna. À ses yeux, ce qui définit l'ontologie et son histoire est l'oubli de l'être comme lieu de questionnement. Or, l'être comme question définit un étant particulier, qui est l'être-là, le Dasein. Ce Dasein, c'est l'homme. Or, cet être-là, c'est celui qui peut à la fois exister et qui sait, à tout moment et en même temps, qu'il doit ne plus exister : c'est un « être-pour-la-mort ». Accepter cette situation, c'est le signe de l'authenticité pour l'homme. Poser la question de l'authenticité, pour l'homme, c'est soulever les différentes manières d'être : facticité, déréliction, historicité. Ce sont les thèmes fondamentaux que Heidegger aborde dans son ouvrage majeur, *Sein und Zeit* (1927 ; traduit en fr. sous le titre *Être et Temps*). La problématique heideggérienne est élargie dans *Qu'est-ce que la métaphysique ?* (1929), *Lettre sur l'humanisme* (1947), *Introduction à la métaphysique* (1952). D'autres textes ont été réunis sous le titre *Questions* (1968-1976).

HEIDEGGÉRIEN, ENNE adj. et n. Relatif à la philosophie de Heidegger ; partisan de la philosophie de Heidegger.

HEIDELBERG, v. d'Allemagne (Bade-Wurtemberg), sur le Neckar ; 133 000 hab. Vaste château des XIVe-XVIIe s., en partie ruiné, et autres monuments. Jardin botanique. Musée du Palatinat. Peu industrialisée, la ville est un centre résidentiel et tertiaire. Université. Institut agricole et forestier.
— **Hist.** D'abord simple château, puis résidence des Électeurs palatins du Rhin, la ville fut dotée d'une université (1386), qui eut un grand renom en Europe à partir de la fin du XVIe s.

Heidelberg *(Confession* ou *Catéchisme de),* le plus remarquable des livres symboliques réformés, rédigé sur l'ordre de Frédéric III, Électeur palatin, et publié en allemand en 1563. Il exprimait le point de vue de l'Électeur, qui avait pris parti pour Calvin et Zwingli contre le luthéranisme. Il eut une grande influence.

Heidelberg *(homme de),* autre nom de l'homme de Mauer*.

HEIDEN (Eric), patineur de vitesse américain (Madison, Wisconsin, 1958), qui a remporté les cinq titres olympiques (500 m, 1 000 m, 1 500 m, 5 000 m et 10 000 m) à Lake Placid, en 1980.

HEIDENSTAM (Verner VON), écrivain suédois (Olshammar, près d'Örebro, 1859 - Övralid, Stockholm, 1940). Son grand roman en vers, *Hans Alienus* (1892), marqua un retour au romantisme. Exaltant dans ses nouvelles des *Carolins* (1897-98) le passé glorieux de la Suède, il évolua vers une mystique de la grandeur dans ses romans historiques (*le Pèlerinage de sainte Brigitte,* 1901). Ses *Nouveaux Poèmes* (1915) marquent l'apogée de son art. (Prix Nobel de littérature 1916.)

HEIDER (Fritz), psychosociologue américain d'origine autrichienne (Vienne 1896 - † 1988). Il a développé la notion d'équilibre et la théorie de l'attribution, qui analyse l'observateur d'un comportement d'une personne et les motivations que cet observateur attribue à cette personne. Il a écrit *The Psychology of Interpersonal Relations* (1958).

HEIFETZ (Jascha), violoniste américain d'origine lituanienne (Vilnious 1901 - Los Angeles 1987). Il commença sa carrière en 1911 et quitta la Russie pour les États-Unis en 1917. Il mit son exceptionnelle virtuosité et la légendaire vivacité de son jeu au service d'un répertoire surtout romantique.

HEIJERMANS (Herman), auteur dramatique néerlandais (Rotterdam 1864 - Zandvoort 1924), fondateur d'un théâtre engagé, dirigé contre les esthètes et les formalistes (*Ghetto,* 1899).

Heiji monogatari, ouvrage épique japonais du XIIIe s., d'auteur inconnu, qui raconte les événements passés sous le gouvernement de Taira. L'œuvre, d'inspiration bouddhiste, a fourni de nombreux sujets à la littérature japonaise.

Heike monogatari, ouvrage épique japonais du XIIIe s., d'auteur inconnu, racontant les combats de la famille Taira. Récit très populaire, le *Dit de Heike* a marqué l'évolution de la littérature japonaise et est notamment à la source du théâtre du XVIIe s.

HEILBRONN, v. d'Allemagne (Bade-Wurtemberg), sur le Neckar ; 112 000 hab. Église St Kilian, des XIIIe-XVIe s. Port fluvial et centre industriel (mécanique, chimie, alimentation).

HEILIGENBLUT, village d'Autriche (Carinthie), sur le versant sud des Hohe Tauern ; 1 400 hab. Centre touristique à 1 300 m d'alt., au pied du Grossglockner.

HEILIGENKREUZ, village d'Autriche (Basse-Autriche), au S. de Vienne ; 1 000 hab. Abbaye cistercienne célèbre, fondée en 1135.

HEILLECOURT (54180), comm. de Meurthe-et-Moselle, banlieue sud de Nancy ; 6 409 hab. Zone de desserrement industriel et commercial.

HEILONG JIANG ou **HEI-LONG-KIANG,** nom chinois du fleuve Amour.

HEILONGJIANG ou **HEI-LONG-KIANG,** province de la Chine du Nord-Est, séparée de la Russie par l'Amour et l'Oussouri ; 460 000 km^2 ; 35 200 000 hab. Cap. *Harbin.* Occupant la moitié environ de l'ancienne Mandchourie, la province est formée d'une plaine bordée au nord-est par le Petit Khingan et à l'ouest par le Grand Khingan. Les défrichements, l'extraction du charbon et du pétrole et l'industrialisation (sidérurgie, bois, chimie, automobile) sont les principaux aspects de la mise en valeur, accélérée par l'immigration et le développement du réseau ferré.

HEIM (Albert), géologue suisse (Zurich 1849 - *id.* 1937), auteur d'importants travaux sur les Alpes.

HEIM (Roger), botaniste et mycologue français (Paris 1900 - *id.* 1979). Auteur d'importants travaux sur les champignons (systématique, phylogénie, relations avec les insectes, espèces hallucinogènes), il a aussi beaucoup œuvré pour la protection de la nature. (Acad. des sc., 1946.)

HEIMAEY, île volcanique au large de la côte S.-O. de l'Islande ; 16 km^2.

HEIMIN [ɛjmin] n. m. inv. (jap. *heimin,* gens du peuple). L'une des trois classes de la population roturière du Japon jusqu'en 1868, comprenant les paysans, les artisans et les commerçants.

***HEIN** [ɛ̃] interj. (onomat., p.-ê. du lat. *hem,* interj.). *Fam.* **1.** Sollicite d'une façon pressante une réponse à une interrogation : *Cela est bien écrit, hein ?* — **2.** Marque l'étonnement, la surprise, le doute, une demande d'explication : *Hein ? que dites-vous là ?* — **3.** Marque la satisfaction : *Hein ! Qu'est-ce que tu dis de ça ?* — **4.** Sert de renforcement à un ordre, un avertissement.

HEINE (Heinrich ou Henri), écrivain allemand (Düsseldorf 1797 - Paris 1856). Son oncle, riche banquier juif de Hambourg, finance ses études de droit à Bonn, à Berlin, à Göttingen, où il obtient son doctorat et se fait baptiser (1825) dans l'espoir, déçu, d'épouser sa cousine Thérèse. En 1821 paraissent ses premiers *Poèmes* et, en 1823, son *Intermezzo lyrique,* où aux thèmes romantiques se mêle déjà cette ironie qui transparaît dans la plupart de ses œuvres. Son *Livre des chants* (1827), qui réunit plusieurs publications antérieures, et ses *Reisebilder* (*Images* de voyage,* 1826-1831), où il expose ses idées politiques, le rendent célèbre. Censuré dans beaucoup d'États allemands à cause de son libéralisme, il passe en France après la révolution de 1830. Désireux de créer un courant de sympathie intellectuelle entre l'Allemagne et la France, il adresse à la *Gazette universelle d'Augsbourg* une série d'articles sur la France, qu'il réunira en volume sous le titre de *Französische Zustände* (1832), et publie en français une étude littéraire, *De l'Allemagne** (1834). Désormais intégré à la vie française, il fait paraître en 1843 *Atta Troll* et en 1844 des poèmes *(Zeitgedichte),* écrits sous l'influence de Marx, avec qui il s'est lié. À partir de 1848, atteint de paralysie, il compose encore quelques très beaux poèmes, réunis en 1851 dans le *Romanzero.*

HEINEMANN (Gustav), homme d'État allemand (Schwelm, Westphalie, 1899 - Essen 1976). Avocat, il fut un des organisateurs de l'Église confessante antinazie et présida le synode interallemand (1949-1955). Maire d'Essen, il participa à la fondation de l'Union démocrate-chrétienne (CDU) en 1945 et fut ministre de l'Intérieur dans le premier cabinet Adenauer. Ennemi du réarmement, il démissionna en 1950 et finit par adhérer au parti social-démocrate (SPD) en 1957. Il fut président de la R.F.A. de 1969 à 1974.

HEINESEN (Andreas William), écrivain féroïen d'expression danoise (Thorshavn 1900 - *id.* 1991). Ses poèmes, ses romans (*le Chaudron noir,* 1949) et ses nouvelles (*la Lumière enchantée,*

1957) peignent la nature et les coutumes de ses îles natales.

HEINKEL (Ernst Heinrich), ingénieur et industriel allemand (Grunbach, Wurtemberg, 1888 - Stuttgart 1958). Durant la Première Guerre mondiale, il dirigea la construction en série d'avions militaires, puis, en 1922, il fonda à Warnemünde sa propre firme de construction aéronautique. Après 1945, il se consacra à la construction d'engrenages de transmission et de moteurs pour automobiles.

HEINLEIN (Robert Anson), écrivain de science-fiction américain (Butler, Missouri, 1907 - Carmel, Californie, 1988). Il a traité avec brio tous les thèmes de la science-fiction « classique » et de la « fiction spéculative » (*Histoire du futur,* 1950-1963 ; *Une porte sur l'été,* 1957 ; *En terre étrangère,* 1961).

HEINRICH von Meissen, minnesänger allemand (Meissen v. 1260 - Mayence 1318). Il a laissé des lais religieux à la Vierge et des lieder. Il était surnommé **Frauenlob**.

Heinrich von Ofterdingen → HENRI D'OFTERDINGEN.

HEINSE (Johann Jakob Wilhelm), écrivain allemand (Langewiesen, près de Ilmenau, 1746 - Aschaffenburg 1803). Son roman *Ardinghello et les îles Fortunées* (1787), dans lequel il défend la passion contre les contraintes sociales, met en scène le type même du héros du Sturm* und Drang.

HEINSIUS ou **HEINS** (Daniël), humaniste et historien néerlandais (Gand 1580 - Leyde 1655). Secrétaire du synode national de Dordrecht (1618), il prit parti pour la majorité et désavoua ses relations avec Grotius. Il publia diverses poésies. — Son fils NICOLAAS (Leyde 1620 - La Haye 1681) fut diplomate et philologue.

HEINSIUS (Anthonie), grand pensionnaire de Hollande (Delft 1641 - La Haye 1720). Pensionnaire de Delft, puis grand pensionnaire de Hollande (1689-1720), il fut un adversaire acharné de Louis XIV et joua un rôle essentiel dans la réalisation de l'alliance de La Haye (1701). Exerçant réellement le pouvoir à la mort de Guillaume III (1702), il s'allia contre la France au prince Eugène de Savoie et à Marlborough.

HEINTZ (Joseph), dit **le Vieux,** peintre et architecte suisse (Bâle 1564 - Prague 1609). Il séjourna à Rome, où il fut élève de H. von Aachen. Peintre de Rodolphe II (1591), il est l'un des représentants du style maniériste pratiqué à la cour de Prague.

HEISEI → AKIHITO.

HEISENBERG (Werner Karl), physicien allemand (Würzburg 1901 - Munich 1976). Il fut l'un des fondateurs de la théorie quantique, dont il développa le formalisme matriciel. Outre divers travaux en physique quantique (théorie du ferromagnétisme, étude des formes allotropiques de l'hydrogène moléculaire), il formula en 1927 sous forme d'inégalités (qui portent son nom) l'incertitude inhérente à toute mesure physique. L'inégalité $\Delta p \cdot \Delta x \geqslant h$, où Δp est l'extension en quantité de mouvement d'un phénomène, Δx sa taille caractéristique et h la constante de Planck, traduit l'impossibilité de mesurer simultanément la position et la vitesse d'un objet quantique. Les relations de Heisenberg donnent ainsi les limites au-delà desquelles on ne peut employer les concepts de la physique classique. Heisenberg a aussi publié de nombreux ouvrages de vulgarisation et de réflexion : *la Nature dans la physique contemporaine* (1955) ; *la Science moderne en révolution* (1959), etc. (Prix Nobel de physique 1932.)

HEISKANEN (Veikko Aleksanteri), géodésien finlandais (Kangaslampi 1895 - Helsinki 1971). Il se consacra à l'étude gravimétrique de la Terre et s'efforça de déterminer la forme du géoïde.

HEIST-OP-DEN-BERG, comm. de Belgique (prov. d'Anvers), à l'E.-N.-E. de Malines ; 35 000 hab. Mécanique.

HEITLER (Walter Heinrich), physicien irlandais d'origine allemande (Karlsruhe 1904 - Zurich 1981). Avec F. London, il a attribué la liaison chimique covalente entre deux atomes identiques à une énergie d'échange. Il est aussi l'auteur, avec H. Bethe, de la théorie des gerbes d'électrons et de photons dans le rayonnement cosmique.

HEKLA, volcan actif du sud de l'Islande, à l'E. de Reykjavík ; 1 491 m.

HEL, presqu'île de Pologne, longue de 35 km, s'avançant dans le golfe de Gdańsk. Port de pêche et station balnéaire à son extrémité.

HÉLAS ! [elas] interj. (de *hé !* et anc. fr. *las,* malheureux). Exprime la plainte, la douleur, le regret.

HELD (Marc), designer français (Paris 1932). Il s'est imposé dans les années 70 avec du mobilier en plastique moulé. Il s'intéresse aux diverses formes du design industriel ainsi qu'à l'architecture intérieure.

HELDER (Le), en néerl. **Den Helder,** v. des Pays-Bas (Hollande-Septentrionale), en face de l'île Texel, sur le détroit de Marsdiep ; 64 000 hab. Instituts de recherches zoologiques. Pêche. Constructions navales. Tourisme.
— **Hist.** En 1673 eut lieu une bataille indécise entre la flotte hollandaise et les escadres franco-

anglaises. Pris par les Anglais (1799) puis par la France, Le Helder fut fortifié par Napoléon Ier (1811).

HELENA, v. des États-Unis, cap. du Montana, dans le N. des Rocheuses ; 23 900 hab.

HÉLÈNE, femme de Ménélas, une des principales héroïnes de *l'Iliade* et des cycles épiques. Fille de Zeus et de Léda, épouse de Tyndare, célèbre par sa beauté, elle fut enlevée par Thésée, puis délivrée et ramenée à Sparte par ses frères Castor et Pollux. Elle épousa ensuite Ménélas, roi de Sparte. Mais Pâris, fils de Priam, roi de Troie, enleva Hélène, provoquant la guerre de Troie. Il existe de multiples variantes de sa légende.

HÉLÈNE *(sainte),* en lat. **Flavia Julia Helena,** mère de l'empereur Constantin (Drepanum, Bithynie, milieu du IIIe s. - Nicomédie ? v. 335 ?). Concubine de Constance Chlore, elle fut répudiée en 289. Son fils Constantin la proclama *augusta.* Convertie au christianisme, elle visita les Lieux saints. La tradition ancienne lui attribue l'invention de la vraie croix.

HÉLÈNE, douzième satellite de Saturne, découvert en 1980. Demi-grand axe de son orbite : 377 420 km. Période de révolution sidérale : 2 737 j. Diamètre : environ 30 km.

HELENIUM [-njɔm] n. m. (lat. *helenium,* aunée). Composée rustique, annuelle ou vivace, originaire d'Amérique du Nord. (Diverses espèces sont cultivées dans les jardins comme ornementales.)

HÉLÉPOLE n. f. (gr. *helepolis,* de *heleîn,* prendre, et *polis,* ville). Grande machine de guerre des Romains, qui permettait aux assiégeants de combattre au niveau des remparts.

***HÉLER** v. t. (angl. [*to*] *hail,* saluer) [conj. **18**]. **1.** Appeler à l'aide d'un porte-voix, interroger l'équipage d'un navire, d'une embarcation. – **2.** Appeler qqn, un véhicule de loin pour le faire venir : *Héler un porteur, un taxi.*

HELFFER (Claude), pianiste français (Paris 1922), un des principaux interprètes de la musique d'avant-garde.

HELGAFELL, volcan actif de l'île d'Heimaey (Islande).

HELGOLAND, île allemande de la mer du Nord, en face de l'embouchure de l'Elbe, dans la *baie d'Helgoland ;* 25 ha ; 2 500 hab. Tourisme. Thalassothérapie.
– **Hist.** Danoise en 1714, l'île fut annexée par les Anglais de 1814 à 1890. Cédée à l'Allemagne contre Zanzibar, elle devint une importante base navale, démantelée par les Alliés en 1947. Elle a été rendue à la République fédérale d'Allemagne et est devenue parc naturel (1952).

HELGOLAND *(baie d'),* échancrure formée par le littoral allemand de la mer du Nord, au débouché de l'Elbe et de la Weser. Elle est parsemée d'îles, dont *Helgoland.*

HÉLI, prêtre de Yahvé au sanctuaire de Silo, considéré par la Bible (I Samuel, IV, 18) comme juge d'Israël (v. 1050 av. J.-C.).

HÉLIANTHE n. m. (lat. *helianthes*). Nom générique du tournesol et du topinambour.

HÉLIANTHÈME n. m. (lat. sc. *helianthemum*). Herbe (cistacée) aux fleurs jaunes à nombreuses étamines, des lieux secs et ensoleillés.

HÉLIANTHINE n. f. (de *hélianthe*). Colorant azoïque employé comme indicateur de pH. (L'hélianthine est rouge en dessous de pH 4, jaune au-dessus.) [Syn. MÉTHYLORANGE, ORANGÉ III.]

HÉLIAQUE adj. (bas lat. *heliacus,* du gr. *hêliakos*). Se dit du lever ou du coucher d'un astre qui a lieu sensiblement au même moment que celui du Soleil.

HÉLIAS (Pierre Jakez), écrivain français (Pouldreuzic, Finistère, 1914 - Quimper 1995). Pionnier du retour aux sources paysannes et celtiques, il a peint dans son recueil de souvenirs (*le Cheval d'orgueil,* 1975), ses contes (*Contes du vrai et du semblant,* 1984) et ses romans (*la Colline des solitudes,* 1984) la Bretagne et ses coutumes.

HÉLIASTE n. m. (gr. *hêliastês*). Juré athénien, membre du tribunal populaire de l'héliée.

1. HÉLICE n. f. (lat. *helix, -icis,* du gr. *heliks, -ikos,* spirale). **1.** Courbe dont les tangentes font un angle constant avec une direction donnée. (→ *encycl.*) – **2.** Conformation hélicoïdale de certaines macromolécules dont les atomes ont une configuration très régulière. – **3.** *Antenne en hélice,* antenne directive à hyperfréquences constituée d'un fil conducteur enroulé en hélice et d'une surface réflectrice perpendiculaire à l'axe de cette hélice. ‖ *Escalier en hélice,* escalier à vis. ‖ *Hélice foliaire,* courbe géométrique que l'on obtient en joignant, sur une tige, les insertions foliaires successives.
ENCYCL. **Géométr.** L'hélice cylindrique, incluse dans un cylindre, fait un angle constant avec les génératrices du cylindre. L'hélice circulaire correspond au cas où le cylindre est de révolution. Elle est caractérisée par son axe et son rayon (ceux du cylindre), son sens d'enroulement et son pas (longueur constante qui sépare deux points d'intersection consécutifs de la courbe avec une génératrice fixe).

2. HÉLICE n. f. (de *hélice 1*). **1.** Appareil de propulsion, de traction ou de sustentation, constitué par des pales dont les surfaces sont disposées régulièrement autour d'un moyeu actionné par un moteur et appliqué aux navires, aux torpilles, aux aéronefs. (→ *encycl.*) — 2. *Hélices jumelles,* hélices disposées par paire, une de chaque côté de l'étambot.

ENCYCL. **Aéron.** et **Mar.** Lorsqu'elle est animée d'un mouvement de rotation continu, une hélice tend à avancer dans le fluide au sein duquel elle est plongée, comme une vis dans un écrou. Elle propulse ainsi le véhicule qui la porte. Une hélice se caractérise par son diamètre, le sens de sa rotation, son pas, le nombre et la forme de ses pales.

• En aéronautique, éclipsée un temps par les turboréacteurs, l'hélice est l'objet d'études nouvelles visant à l'utiliser plus systématiquement sur les avions de transport, car son excellent rendement propulsif permet d'économiser le carburant. L'adoption de pales recourbées, de profils spéciaux et de matériaux composites permet d'envisager son utilisation à de vitesses de croisière de 700 à 750 km/h. Au-delà, la composition de la vitesse de translation et de la vitesse de rotation entraîne, sur les extrémités des pales, l'apparition des vitesses trop proches de celle du son, d'où une chute importante du rendement.

• Sur les navires, les hélices actuelles (en fonte, acier ou bronze très résistant) possèdent de 2 à 6 pales. Certaines sont d'une seule pièce ; d'autres possèdent des pales indépendantes rapportées sur le moyeu et dont l'orientation peut être fixée ou dépendre d'une commande appropriée. Les hélices à pales orientables ont permis d'améliorer le rendement des navires dont l'exploitation nécessite de fréquents changements d'allure, comme les remorqueurs. Pour les navires très rapides, on a mis au point des hélices supercavitantes*.

HÉLICICULTEUR, TRICE n. Personne qui pratique l'héliciculture.

HÉLICICULTURE n. f. Élevage des escargots. (L'héliciculture moderne est réalisée dans des cages placées dans des locaux climatisés et permet d'obtenir des animaux commercialisables à un an.)

HÉLICIDÉ n. m. Nom de famille attribué aux escargots et aux mollusques pulmonés voisins.

HÉLICIFORME adj. Qui à la forme d'une coquille d'escargot.

HÉLICOCENTRIFUGE adj. Se dit d'une turbomachine dans laquelle les particules fluides se déplacent, en s'éloignant de l'axe, sur des surfaces de révolution coaxiales à la roue.

HÉLICOCENTRIPÈTE adj. Se dit d'une turbomachine dans laquelle les particules fluides se déplacent, en se rapprochant de l'axe, sur des surfaces de révolution coaxiales à la roue.

HÉLICOÏDAL, E, AUX adj. 1. Qui a la forme d'une hélice : *Escalier hélicoïdal.* — 2. Se dit d'une inflorescence dans laquelle les rameaux florifères successifs naissent tous du même côté de l'axe principal. — 3. *Déplacement hélicoïdal,* isométrie hélicoïdale positive. (Syn. VISSAGE.) ‖ *Isométrie hélicoïdale,* isométrie composée, dans l'espace euclidien orienté, d'une rotation d'axe orienté et d'angle déterminé et d'une translation dont le vecteur est un vecteur directeur de l'axe. ‖ *Mouvement hélicoïdal,* mouvement d'un solide dont toutes les positions peuvent se déduire de l'une d'elles par des isométries hélicoïdales de même axe.

HÉLICOÏDE n. m. (gr. *helikoeidês,* roulé en spirale). Surface engendrée dans E_3 par une demi-droite $[OM_0]$, dont l'origine décrit une droite Δ et dont le point fixe M_0 décrit une hélice (H_0) d'axe Δ, (OM_0) restant orthogonale à Δ.

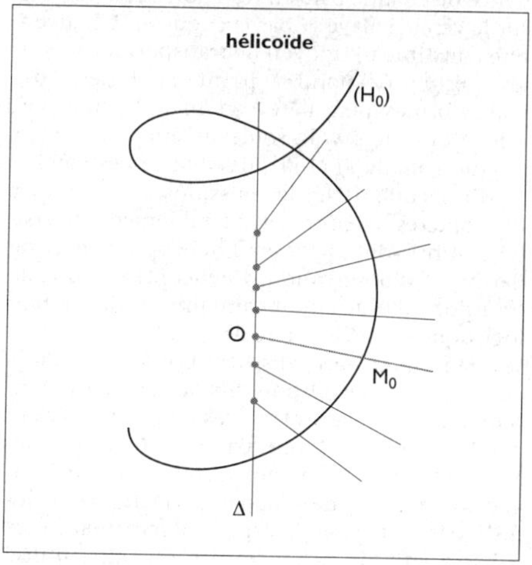

HÉLICON n. m. (gr. *helikos,* sinueux). Tuba contrebasse qui a la forme d'une volumineuse trompe de chasse que l'exécutant porte autour du corps.

HÉLICON, en gr. **Helikôn,** montagne de Béotie qui passait pour être la résidence des Muses ; sur ses flancs jaillissait la source *Hippocrène,* dont l'eau donnait l'inspiration poétique.

HÉLICOPTÈRE n. m. 1. Giravion dont la ou les voilures tournantes assurent la sustentation et la translation lors du vol. (→ *encycl.*) — 2. *Groupe d'hélicoptères légers (G. H. L.),* unité de l'A. L. A. T., composée d'aéronefs légers, destinée à faciliter l'exercice du commandement, notamment par ses possibilités en postes de commandement volants. ‖ *Régiment d'hélicoptères de combat (R. H. C.),* unité de l'A. L. A. T., composée d'aéronefs (notamment Alouettes III et Gazelles

342 M), dont l'emploi permet de rechercher le renseignement, d'attaquer les blindés et de redéployer rapidement, par héliportage, le dispositif des troupes au sol.

ENCYCL. La sustentation d'un hélicoptère est assurée par un ou plusieurs rotors, entraînés le plus souvent mécaniquement. Cet entraînement provoque l'apparition d'un couple qui tend à faire tourner le fuselage en sens inverse de celui du rotor ; d'où la présence, à l'arrière, d'une petite hélice, dite anticouple, utilisée également pour piloter l'hélicoptère en direction. Le ou les rotors sustentateurs comprennent un moyeu doté d'articulations qui permettent à chaque pale de prendre une position optimale et au pilote de faire varier à volonté l'incidence des pales ; le décollage s'effectue lorsqu'on augmente cette incidence (« pas collectif »). Les évolutions s'obtiennent en faisant varier l'incidence de chaque pale en fonction de sa position sur le cercle balayé (« pas cyclique »). L'hélicoptère constitue un moyen de transport idéal pour les liaisons de point à point, la desserte des plates-formes pétrolières en mer, le transport rapide des blessés, le soulèvement des charges (« grue volante ») et la surveillance des côtes.
— **Mil.** Depuis 1945, les missions militaires des hélicoptères se sont considérablement diversifiées. Ainsi sont apparus : l'hélicoptère léger de liaison et d'observation, l'hélicoptère lourd de transport, d'évacuation sanitaire ou de soutien logistique et l'hélicoptère de combat (mitrailleuses, lance-grenades, missiles) portant des détachements d'intervention dits *héliportés.* Cet emploi, inauguré par les Français en Algérie (1954 - 1962), a été développé par les Américains au Viêt-nam avec, outre l'héliportage d'assaut, l'engagement combiné d'appareils tactiques et logistiques et d'appareils légers de reconnaissance à basse altitude. L'hélicoptère est aussi utilisé dans les forces navales, notamment dans la lutte anti-sous-marine. Depuis le milieu des années 1970, le développement des forces héliportées a suivi deux directions principales : une arme défensive capable de s'opposer à une attaque massive de forces terrestres blindées ; une arme offensive permettant d'établir en quelques heures, à l'intérieur du dispositif adverse, des têtes de pont et des bases de ravitaillement destinées à appuyer l'action des unités terrestres engagées. En conséquence, l'autonomie, la capacité de transport et d'armement et la vision nocturne ont été développées.

HÉLICOSTAT n. m. (de *hélicoptère* et *aérostat*). Type d'hélicoptère stabilisé par un ballon fuselé.

HÉLIÉE n. f. (gr. *hêliaia*). Assemblée du peuple dans certaines cités grecques ; à Athènes, tribunal populaire.

ENCYCL. La création de l'héliée d'Athènes est attribuée à Solon. Au Vᵉ s. av. J.-C., le nombre des héliastes était de 6 000, tirés au sort chaque année à raison de 600 par tribu. Les débats étaient publics, la sentence étant prononcée par un vote au scrutin secret.

HÉLIGARE n. f. Ensemble des installations qui, dans un héliport, sont mises à la disposition du public et des passagers.

HELINAND de Froidmont, moine de la région de Beauvais (1160 - 1230). Il composa en 1195 un poème didactique, les *Vers de la mort,* en strophes de douze octosyllabes.

HÉLIO n. f. *Fam.* Héliogravure.

HÉLIOCENTRIQUE ou **HÉLIOCENTRISTE** adj. Relatif à l'héliocentrisme.

HÉLIOCENTRISME n. m. Système astronomique d'après lequel on considère le Soleil comme le centre de l'Univers (astron. anc.) ou comme l'astre autour duquel s'effectue la rotation des planètes. (S'oppose à *géocentrisme.*)

HELIOCOPRIS [-pris] n. m. Très long bousier (7 cm) de l'Asie et de l'Afrique tropicales.

HÉLIODORE n. m. (du gr. *dôron,* don). Béryl jaune, utilisé en joaillerie.

HÉLIODORE, Premier ministre de Séleucos IV Philopator, roi séleucide († 175 av. J.-C.). Il tenta en vain de s'emparer des trésors du Temple de Jérusalem. En 175, il assassina Séleucos et installa sur le trône son fils Antiochos IV Épiphane, qui le fit exécuter à son tour.

HÉLIODORE d'Émèse, romancier grec (Émèse, Syrie, IIIᵉ ou IVᵉ s. apr. J.-C.). Son roman, les *Éthiopiques* ou *Théagène* et Chariclée,* exerça une profonde influence sur les littératures européennes des XVIᵉ et XVIIᵉ s.

HÉLIOÉLECTRIQUE adj. Se dit d'un processus de conversion de l'énergie solaire conduisant à la production d'électricité.

HÉLIOFUGE ou **HÉLIOPHOBE** adj. Qui craint la lumière solaire. (Contr. HÉLIOPHILE ; syn. PHOTOPHOBE, SCIAPHILE.)

HÉLIOGABALE → ÉLAGABAL.

HÉLIOGÉOTHERMIE n. f. Technologie consistant à utiliser un gisement géothermique pour emmagasiner de la chaleur solaire. (On peut ainsi utiliser pendant les mois d'hiver, pour le chauffage résidentiel, la chaleur collectée pendant les mois d'été.)

HÉLIOGRAPHE n. m. **1.** Appareil destiné à la surveillance photographique ou cinématographique du Soleil. — **2.** Appareil qui enregistre le nombre d'heures d'ensoleillement.

HÉLIOGRAPHIE n. f. **1.** Système de reproduction d'originaux transparents ou translucides sur papier aux diazoïques. — **2.** Description du Soleil.

HÉLIOGRAPHIQUE adj. Qui relève de l'héliographie.

HÉLIOGRAVEUR, EUSE n. Professionnel(le) de l'héliogravure.

HÉLIOGRAVURE n. f. Procédé d'obtention de formes d'impression gravées en creux ; procédé d'impression utilisant ces formes. (Abrév. fam. HÉLIO.)

ENCYCL. L'héliogravure a été inventée en 1875 par Karl Klietsch. Le principe de l'impression en héliogravure est le même que celui de la gravure en creux du procédé artisanal de la taille-douce : les creux de la planche de métal sont remplis d'encre, la surface de la planche est essuyée et l'encre restant dans les creux est déposée sur le papier. Les formes d'impression sont très généralement des cylindres cuivrés, gravés en creux chimiquement dans le procédé traditionnel et actuellement par des procédés de gravure assistés par ordinateur et faisant appel aux technologies les plus avancées (laser, ultrasons...).

HÉLIOMARIN, E adj. Qui utilise simultanément le séjour au bord de la mer et l'héliothérapie.

HÉLIOMÉTÉOROLOGIE n. f. Partie de la météorologie traitant des rapports entre la circulation atmosphérique et l'activité solaire.

HÉLION n. m. Noyau d'hélium qui constitue la particule alpha.

HÉLION (Jean), peintre français (Couterne 1904 - Paris 1987). Abstrait dans les années 1930-1938, il a réintroduit ensuite la figure avec un vocabulaire schématique très personnel (*Au cycliste,* 1939, M. N. A. M.) et une liberté croissante (triptyque du *Dragon,* 1967, FRAC de Bretagne, Rennes).

HÉLIOPAUSE n. f. Limite de l'héliosphère.

HELIOPHILA n. m. Herbe (crucifère) aux fleurs bleues, qui sert à orner les corbeilles et à faire des bordures.

HÉLIOPHILE adj. Qui recherche la lumière du Soleil. (Contr. HÉLIOFUGE, SCIAPHILE.)

HÉLIOPHOBE → HÉLIOFUGE.

HÉLIOPHOTOMÈTRE n. m. Instrument destiné à mesurer l'intensité de la lumière envoyée par le Soleil.

HÉLIOPOLIS, nom antique de Baalbek.

HÉLIOPOLIS, nom donné par les Grecs à la ville égyptienne d'Iounou, à l'extrémité sud du Delta. Elle a joué un rôle religieux très important par son dieu, Rê, personnification du Soleil, auquel était consacré un temple célèbre.

HÉLIOPOLIS, village touristique de l'île du Levant (Var, comm. d'Hyères), dans le domaine réservé aux naturistes.

HÉLIOS (en gr. *Soleil*), divinité hellénique, personnification du Soleil. Dans la Grèce classique, il était nettement éclipsé par Phoibos (Apollon), avec lequel on le confondait. Il était le protecteur de Rhodes, où un colosse à son effigie figurait dans le port. On le représentait coiffé d'une couronne radiée. À partir du IIIe s. apr. J.-C., il acquit une nouvelle importance comme centre d'une pensée monothéiste inspirée par la philosophie néoplatonicienne.

HÉLIOSPHÈRE n. f. Région de l'espace dans laquelle la densité d'énergie du vent solaire est supérieure à celle du milieu interstellaire. (De dimensions variables selon l'activité solaire, elle s'étendrait, au minimum, jusqu'à 100 ua du Soleil.)

HÉLIOSTAT [-sta] n. m. Cœlostat à un seul miroir utilisé pour réfléchir la lumière du Soleil dans une direction donnée.

HÉLIOSYNCHRONE [-kron] adj. *Orbite héliosynchrone,* orbite d'un satellite dont le plan conserve une position fixe dans l'espace par rapport à la direction du Soleil. ‖ *Satellite héliosynchrone,* satellite qui décrit une orbite héliosynchrone.

HÉLIOTECHNIQUE n. f. Discipline qui étudie les méthodes de conversion de l'énergie solaire.

HÉLIOTHÉRAPIE n. f. Traitement des maladies par les rayons solaires.

HÉLIOTHÉRAPIQUE adj. Qui relève de l'héliothérapie.

HÉLIOTHERMIQUE ou **HÉLIOTHERMODYNAMIQUE** adj. Se dit de la production de la chaleur par l'énergie solaire.

HÉLIOTHIS [-tis] n. f. (gr. *hêliôtis, -idos,* du soleil). Noctuelle à ailes épaisses, tachetées, à abdomen terminé par un faisceau de poils et dont diverses espèces attaquent le maïs, la chicorée, la centaurée, etc.

HÉLIOTROPE n. m. **1.** Herbe ornementale (borraginacée) aux petites fleurs odorantes, bleues ou blanches, réunies en cymes. (Il lui faut de la chaleur et beaucoup d'eau.) — **2.** Variété de calcédoine vert foncé, tachée de rouge et opaque.

HÉLIOTROPINE n. f. Dénomination courante du méthylènedioxybenzaldéhyde $C_8H_6O_3$, doué d'une odeur d'héliotrope. (Syn. PIPÉRONAL.)

HÉLIOTROPISME n. m. Réaction à la lumière du tournesol, du topinambour, du souci, etc., dont les capitules s'orientent face au soleil tout au long de la journée. (C'est un cas de phototropisme.)

HÉLIOZOAIRE n. m. Protozoaire actinopode marin ou d'eau douce, à symétrie rayonnante, sphérique ou ovoïde, au corps, nu ou protégé par un squelette externe, constitué d'un ectoplasme et d'un endoplasme enrobés dans une mince enveloppe gélatineuse ou mucilagineuse. (Autour du corps rayonnent des pseudopodes et des axopodes, avec lesquels les héliozoaires peuvent se mouvoir en roulant, ou nager. Les *héliozoaires* forment une sous-classe.)

HÉLIPORT n. m. (angl. *heliport*). Ensemble des installations au sol autorisant l'exploitation civile ou militaire d'hélicoptères.

HÉLIPORTAGE n. m. **1.** Mouvement par hélicoptères d'éléments (troupes, matériel, etc.) destinés à être engagés au combat dès leur mise à terre. — **2.** Syn. de HÉLITRANSPORT.

HÉLIPORTER v. t. (conj. 3). Pratiquer l'héliportage.

◆ **être héliporté** v. pass. Être transporté ou effectué par hélicoptère (sur la zone des combats pour les troupes).

HÉLITRANSPORT n. m. Transport par hélicoptère de personnes ou de matériel. (Syn. HÉLIPORTAGE.)

HÉLITRANSPORTER v. t. (conj. 3). Pratiquer l'hélitransport.

HÉLITREUILLAGE n. m. Action de faire monter une personne ou un objet dans un hélicoptère en vol à l'aide d'un treuil.

HÉLITREUILLER v. t. (conj. 3). Effectuer un hélitreuillage.

HÉLIUM [-ljɔm] n. m. (lat. sc. *helium*, du gr. *hêlios*, soleil). Gaz rare le plus léger. (Élément de symbole He.)

Numéro atomique : 2
Masse atomique : 4,0026
Température de fusion : – 269,7 °C
Température d'ébullition : – 268,934 °C
Masse volumique : 0,126 g/cm^3

ENCYCL. L'hélium fut découvert dans le spectre solaire, en 1868, par J. Janssen et N. Lockyer. Sa présence fut ensuite décelée dans le dégagement gazeux de certains minerais d'uranium (le noyau d'hélium est émis par les corps radioactifs) et dans l'air, à raison de 5 cm^3 pour 1 m^3. Monoatomique, comme tous les gaz rares, l'hélium est le plus difficile à liquéfier de tous les gaz. Sa liquéfaction, réalisée en 1908 par K. Onnes, a permis d'obtenir des températures voisines du zéro absolu.
Ses deux isotopes stables (^{3}He et ^{4}He) ont, à basse température, des propriétés physiques qui sont la manifestation macroscopique de phénomènes quantiques. À cause de l'agitation quantique, l'hélium reste liquide jusqu'au zéro absolu, à la différence de tous les autres corps, qui sont solides dans les mêmes conditions. À partir du millikelvin pour le ^{3}He et de 2K pour le ^{4}He apparaît le phénomène de superfluidité* : le liquide se sépare en deux phases dont l'une se déplace sans frottement. L'hélium-4 est liquéfié à l'échelle industrielle et utilisé comme liquide cryogénique de base pour la production des très basses températures. La miscibilité du ^{3}He et du ^{4}He est exploitée dans les réfrigérateurs à dilution. Extrait de l'air par liquéfaction des autres gaz, l'hélium est employé pour son ininflammabilité au gonflement de ballons-sondes et, pour sa faible viscosité, dans le traitement de l'asthme et en plongée sous-marine.

HÉLIX n. m. (lat. sc. *helix*, du gr. *heliks, -ikos*, spirale). **1.** Repli dorsal de l'oreille externe des mammifères, formant chez l'homme et les singes le rebord convexe du pavillon auditif. — **2.** Nom générique de l'escargot.

HELLAAKOSKI (Aaro), écrivain et géologue finlandais de langue finnoise (Oulu 1893 - Helsinki 1952). Son recueil de poèmes *Miroir de glace* (1928), dans lequel l'influence d'Apollinaire est évidente, a introduit en Finlande les courants les plus modernes de l'époque.

HELLADE, en gr. **Hellas,** les provinces centrales de la Grèce ancienne, par oppos. au Péloponnèse, et, plus tard, à la Grèce dans son ensemble.

HELLADIQUE adj. Se dit des civilisations qui se sont épanouies dans le monde hellénique aux IIIe et IIe millénaires.

HELLANICOS de Mytilène, historien grec (Lesbos milieu du Ve s. av. J.-C. - Perperene, près de Lesbos, fin du Ve s.), auteur de la première histoire d'Athènes.

HELLÉBORE ou **ELLÉBORE** n. m. (lat. *helleborus*). **1.** Plante (renonculacée) herbacée vivace, telle la rose de Noël. (Les fleurs, de grande taille, sont blanches, verdâtres, jaunes ou pourpres. Le fruit est un follicule. Ces plantes, généralement toxiques, sont utilisées à faibles doses en pharmacopée.) — **2.** *Hellébore blanc,* nom usuel du *vératre blanc.*

HELLÊN, ancêtre et héros éponyme de la race hellénique, fils de Deucalion et de Pyrrha.

HELLÈNE adj. et n. (gr. *Hellên, -ênos*). De l'Hellade ; grec.

HELLÊNIKON → HELLINIKON.

HELLÉNIQUE adj. (gr. *hellênikos*). Relatif à la Grèce.

HELLÉNIQUE ou **ÉGÉEN** *(arc),* ensemble d'archipels et de hauts fonds, disposés en arc concave, limitant au S. la mer Égée, jalonné notamment par les îles de Crète et de Rhodes et bordé par la *fosse hellénique.*

Helléniques *(les),* ouvrage historique de Xénophon, qui fait suite à l'*Histoire* de Thucydide et va de la bataille de Cyzique, en 410 av. J.-C., à celle de Mantinée, en 362.

HELLÉNISATION n. f. Action de donner le caractère grec ; fait d'être hellénisé.

HELLÉNISER v. t. (gr. *hellênidzein,* rendre grec) [conj. 3]. Donner un caractère grec.

HELLÉNISME n. m. (gr. *hellênismos*). **1.** Ensemble de la civilisation grecque ; caractère de cette civilisation. — **2.** Mot, expression, construction particuliers au grec.

HELLÉNISTE ou **HELLÉNISANT, E** n. (gr. *hellênistês*). **1.** Spécialiste de la langue, de la littérature ou de la civilisation grecques. — **2.** Nom donné aux Juifs de la Diaspora, par oppos. aux Juifs nés en Palestine et dont la langue n'était plus l'arménien, mais le grec. — **3.** Dans l'Église primitive, fraction de la communauté chrétienne primitive de langue grecque.

HELLÉNISTIQUE adj. Se dit de la période historique qui va de la conquête d'Alexandre (331-323 av. J.-C.) à la domination romaine (31 av. J.-C.), caractérisée par de grandes monarchies et une civilisation grecque spécifique.

ENCYCL. Le monde hellénistique fut construit par Alexandre. Sa civilisation, qui a atteint l'Iran et le Turkestan, a imprégné tout le bassin de la Méditerranée et son héritage fut accepté et assumé par Rome. Les monarchies du monde hellénistique se sont livré des guerres hégémoniques : Lagides d'Égypte, Séleucides de Syrie et d'Asie Mineure, Antigonides de Macédoine, Attalides de Pergame. Les habitants des pays conquis par Alexandre ont été peu touchés par l'hellénisme. Les Grecs habitaient surtout les nombreuses cités construites par les souverains. C'est une époque de vive curiosité intellectuelle, encouragée par le mécénat des rois : Musée d'Alexandrie, bibliothèque de Pergame. Astronomes, physiciens, médecins multiplient les découvertes et publient des traités transmis par la science arabe au monde médiéval occidental. De même, cette époque a vu recueillir et recopier la totalité de la production littéraire de la Grèce antique.

HELLÉNOPHONE adj. et n. Qui parle grec.

HELLENS (Frédéric VAN ERMENGHEM, dit **Franz**), écrivain belge de langue française (Bruxelles 1881 - *id.* 1972). Romancier aimant à découvrir dans le réel un sens fantastique ou mystérieux (*Mélusine,* 1921), il est également l'auteur de recueils de poèmes et d'essais (*le Fantastique réel,* 1967).

HELLESPONT, détroit des Dardanelles, que les Grecs occupèrent à partir de 670 av. J.-C. — Province romaine dont le tracé a varié pendant l'Empire. Cap. *Cyzique.*

HELLEU (Paul), peintre et graveur français (Vannes 1859 - Paris 1927). Brillant observateur de la « bonne » société dans ses eaux-fortes et ses pointes sèches, il a également donné des toiles proches de l'impressionnisme (natures mortes, paysages).

Hellinikon, Hellênikon ou **Ellinikón,** aéroport d'Athènes (Grèce), au S. du centre de la ville.

***HELLO !** interj. (angl. *hello*). Sert à appeler ou à saluer qqn.

HELLO (Ernest), écrivain catholique français (Lorient 1828 - *id.* 1885). Son apologétique du christianisme est condensée dans son œuvre capitale, *l'Homme* (1872).

HELMAND ou **HILMAND,** fl. d'Afghānistān, né à l'O. de Kaboul et qui se perd dans la cuvette endoréique du Sistān, sur la frontière irano-afghane ; 1 200 km. Barrages (irrigation).

HELMERT (Friedrich Robert), géodésien allemand (Freiberg, Saxe, 1843 - Potsdam 1917). Initiateur des théories modernes de la géodésie, il a vu tout le parti que l'on pouvait tirer de la gravimétrie, de l'astronomie et du nivellement pour l'étude de la figure de la Terre.

HELMHOLTZ (Hermann Ludwig Ferdinand VON), physicien et physiologiste allemand (Potsdam 1821 - Charlottenburg 1894). Dans un mémoire de 1847, il affirma que les phénomènes physiques ne sont que des changements de forme de l'énergie, introduisit la notion d'énergie potentielle et donna l'énoncé du principe de conservation. En acoustique, il interpréta, le timbre des sons par l'existence d'harmoniques superposés et imagina les résonateurs qui portent son nom, permettant de faire l'analyse et la synthèse des sons complexes. Il eut, en 1854, l'idée de faire appel à la contraction progressive du Soleil pour expliquer l'origine de son énergie. Ses travaux sur la physiologie de la vue et de l'ouïe l'amenèrent à mesurer la vitesse de l'influx nerveux (1850).

HELMINTHE n. m. (gr. *helmins, -inthos,* ver). Ver parasite de l'homme et des vertébrés appartenant à l'embranchement des plathelminthes (vers plats) ou à celui des némathelminthes (vers ronds).

HELMINTHIASE ou **HELMINTHOSE** n. f. Maladie parasitaire provoquée par un helminthe.

HELMINTHIQUE adj. Relatif aux helminthes.

HELMINTHOÏDE adj. Syn. de VERMIFORME.

HELMINTHOLOGIE n. f. Étude des vers parasites (plathelminthes et némathelminthes).

HELMINTHOSPORIOSE n. f. Maladie du maïs, causée par un champignon du genre *helminthosporium.*

HELMOND, v. des Pays-Bas (Brabant Septentrional), à l'E. d'Eindhoven ; 70 000 hab. Textile. Construction automobile.

HÉLODÉE → ÉLODÉE.

HÉLODERME n. m. Grand lézard des déserts du Mexique, au corps lourd, à la queue épaisse, terrestre et nocturne, carnassier, à la morsure venimeuse. (N. usuel *monstre de Gila.*)

HÉLOÏSE, épouse d'Abélard (Paris 1101 - couvent du Paraclet, près de Nogent-sur-Seine 1164). Le chanoine Fulbert, son oncle, la plaça dans le monastère d'Argenteuil, puis la fit venir auprès de lui et lui donna Abélard pour précepteur. Elle épousa ce dernier secrètement, puis, séparée de lui, prononça ses vœux monastiques. Elle entretint alors avec Abélard une correspondance qui est un mélange étonnant de piété, de passion et de scolastique.

Héloïse *(la Nouvelle)* → JULIE.

HÉLOMYZE n. f. Mouche jaunâtre dont la larve attaque les truffes.

HÉLOPELTIS [-tis] n. m. (du gr. *peltê,* bouclier). Punaise (capsidé) au dos surmonté d'une épine tronquée. (Une espèce est très nuisible au thé, d'autres au cotonnier.)

HÉLOPHYTE n. f. Plante des marais enracinée et bourgeonnant dans la vase du fond de l'eau, mais dont le sommet émerge à l'air libre, telle que la sagittaire, la massette, divers roseaux, etc.

HÉLOU ou **ḤILŪ** (Charles), homme d'État libanais (Beyrouth 1911). Il fut président de la République de 1964 à 1970.

HÉLOUÂN, en ar. **Ḥilwān** ou **Ḥulwān,** v. d'Égypte (prov. de Gizeh), au S.-E. du Caire, sur le Nil ; 328 000 hab. Station thermale et centre industriel (sidérurgie).

HELPE, riv. de France et de Belgique. L'*Helpe Majeure,* ou *Grande Helpe,* forme quelque temps la frontière franco-belge, passe à Avesnes et rejoint la Sambre (r. dr.) ; 58 km. Plan d'eau dit l'Eppe-Sauvage ou lac du Val Joly. — L'*Helpe Mineure,* ou *Petite Helpe,* finit plus en amont sur la rive droite de la Sambre ; 45 km.

helper *(effet)* [de l'angl. *helper,* aide], coopération positive de certaines populations de lymphocytes T (lymphocytes T_4) avec des lymphocytes B pour la production d'anticorps ou avec d'autres lymphocytes T (lymphocytes T_8) intervenant dans la réaction immunitaire à médiation cellulaire.

HELPMANN (Robert), danseur, chorégraphe et acteur australien (Mount Gambier, Australie, 1909 - Sydney 1986). Partenaire de Margot Fonteyn dans le Sadler's Wells Ballet, il est également chorégraphe (*Hamlet,* 1942 ; *Miracle in the Gorbals,* 1944). Actif au théâtre (il monte des pièces de Shakespeare à l'Old Vic Theatre) et au cinéma (chorégraphie des *Chaussons rouges* et des *Contes d'Hoffmann*), il est codirecteur puis seul directeur artistique (1975-76) de l'Australian Ballet.

HELSINGØR, nom danois d'Elseneur.

HELSINKI, en suéd. **Helsingfors,** cap. de la Finlande ; 498 000 hab. (932 000 hab. avec les banlieues). La ville déborde (vers le nord surtout) le site originel de la presqu'île. D'un urbanisme aéré, c'est un port (trafic de 5 Mt env.) et un centre administratif, commercial et industriel (chantiers navals, mécanique, alimentation, textile, chimie). Monuments des XIXe et XXe s. Musées.
— **Hist.** Fondée par le roi de Suède Gustave Vasa en 1550, la ville devint la capitale du grand-duché de Finlande en 1812.

Helsinki *(accords d')* → ORGANISATION POUR LA SÉCURITÉ ET LA COOPÉRATION EN EUROPE.

HELTAI (Gáspár), humaniste hongrois (Nagydisznód, auj. Cisnădie, 1510 - Kolozsvár, auj. Cluj, 1574). Fondateur d'une imprimerie, il a contribué au développement de la langue magyare (*Cent Fables,* 1566).

HELVELLE n. f. (lat. *helvella,* petit chou). Champignon ascomycète comestible au chapeau constitué par trois ou quatre lames irrégulières.

HELVÈTES, peuple celtique qui habitait l'Helvétie au Ier s. av. J.-C. Sous la pression des Germains, ils émigrèrent en Gaule (58). Mais, vaincus par César, ils regagnèrent leur territoire, qui, sous le nom d'Helvétie, fut rattaché à la Gaule après la conquête romaine.

HELVÉTIE, partie orientale de la Gaule correspondant approximativement à la Suisse actuelle. Habitée par les Helvètes, elle avait pour principale ville Avenches *(Aventicum).*

HELVÉTIEN [-sjɛ̃] n. m. (de *Helvétie,* n. pr.). Étage du système néogène.

HELVÉTIQUE adj. (lat. *helveticus*). Relatif à la Suisse.

HELVÉTIQUE *(République),* régime politique de la Suisse de 1798 à 1815. Le Directoire lui imposa une Constitution unitaire (1798), puis Napoléon Ier rétablit, par l'Acte de médiation (1803), l'organisation fédérale.

HELVÉTISME n. m. (de *helvétique*). Mot, expression, construction particuliers au français parlé en Suisse romande.

HELVÉTIUS (Claude Adrien), philosophe français (Paris 1715 - *id.* 1771). Il a exposé son système matérialiste et antireligieux dans *De l'esprit,* publié anonymement en 1758, qui fit scandale, mais marqua profondément la pensée française au XVIIIe s.

HELXINE n. f. Plante (urticacée) naine et velue, utilisée pour couvrir les rochers humides dans les jardins japonais et alpins.

***HEM !** interj. (onomat.). Sert pour attirer discrètement l'attention ou exprimer un doute, une hésitation (souvent redoublé).

HEM (59510), comm. du Nord, au S. de Roubaix ; 20 254 hab. *(Hémois).* Chapelle moderne (1958) avec vitraux de Manessier. Textile.

HÉMANGIO-ENDOTHÉLIOME n. m. (pl. *hémangio-endothéliomes*). *Hémangio-endothéliome malin,* tumeur maligne formée de cellules endothéliales atypiques, construisant des conduits vasculaires atypiques. (Syn. ANGIO-ENDOTHÉLIOME MALIN.)

HÉMANGIOME [-ʒjom] n. m. Tumeur faite de vaisseaux sanguins (capillaires ou caverneux), parfois très cellulaire, affectant surtout le nourrisson.

HÉMARTHROSE n. f. Épanchement de sang dans une articulation, le plus souvent d'origine traumatique.

HÉMATÉMÈSE n. f. Rejet de sang par la bouche lors d'un vomissement, généralement dû à un ulcère gastro-duodénal, un cancer de l'estomac ou une rupture de varices œsophagiennes (cirrhose).

HÉMATIDROSE n. f. Chromhidrose de couleur rose ou rouge.

HÉMATIE [emasi] n. f. (gr. *haima, -atos,* sang). Cellule du sang circulant dépourvue d'organites et contenant, en solution, de l'hémoglobine à concentration presque saturante et différentes molécules assurant son intégrité fonctionnelle (transport de l'oxygène) et sa survie (120 jours environ). [L'hématie a une forme discoïde à contours réguliers (7,2 à 8 μm d'épaisseur). Le nombre des hématies par mm^3 de sang est de 4,5 à 6 millions chez l'homme et de 4 à 5 millions chez la femme.] (Syn. ÉRYTHROCYTE, GLOBULE ROUGE.)

HÉMATIMÈTRE n. m. Appareil permettant de faire des mesures sur les globules du sang.

HÉMATINE n. f. Combinaison de la protoporphyrine de l'hémoglobine avec un atome de fer à l'état ferrique. (Elle peut se former dans le sang au cours de certaines intoxications.)

HÉMATIQUE adj. (gr. *haimatikos*). Relatif au sang.

HÉMATITE n. f. (lat. *haematites,* sanguine). **1.** Oxyde ferrique naturel Fe_2O_3 qui constitue l'un des plus importants minerais de fer. (Syn. OLIGISTE.) — **2.** *Fonte hématite,* fonte très dure, ne renfermant que de très faibles proportions de phosphore et qui est élaborée à partir de l'hématite.

HÉMATOBIE n. m. Mouche piqueuse et suceuse de sang, susceptible de propager des trypanosomiases, qui tourmente l'homme, les chevaux et les bœufs. (Syn. LYPEROSIA.)

HÉMATOCÈLE n. f. Épanchement de sang enkysté, rencontré chez la femme dans le cul-de-sac de Douglas, à la suite d'une rupture de grossesse extra-utérine, ou, chez l'homme, à l'intérieur de la tunique vaginale qui entoure le testicule.

HÉMATOCOLPOS [-pɔs] n. m. (du gr. *kolpos,* vagin). Accumulation de sang menstruel dans le vagin par suite d'une imperforation de l'hymen.

HÉMATOCRITE n. m. Valeur en pourcentage du volume occupé par les globules rouges dans un volume de sang. (Valeur normale comprise entre 40 et 54 % chez l'homme et 35 à 47 % chez la femme.)

HÉMATODERMIE n. f. **1.** Atteinte cutanée au cours des affections malignes de l'appareil hématopoïétique. — **2.** Manifestation cutanée due à la prolifération dans la peau, sans passage dans le sang, d'éléments cellulaires dérivés des lignées hématopoïétiques et lymphopoïétiques.

ENCYCL. Les hématodermies comprennent notamment des affections malignes telles que le mycosis fongoïde, les lymphomes, les manifestations cutanées des leucémies, de la maladie de Hodgkin, de la maladie de Kaposi. Elles ont pour caractéristique commune d'être très prurigineuses.

HÉMATOGÈNE adj. **1.** Qui provient du sang ou qui le produit. — **2.** Relatif à la circulation du sang.

HÉMATOLOGIE n. f. Étude du sang, des organes hématopoïétiques et de leurs affections.

HÉMATOLOGIQUE adj. Relatif à l'hématologie.

HÉMATOLOGUE ou **HÉMATOLOGISTE** n. Spécialiste d'hématologie.

HÉMATOME n. m. Collection sanguine bien limitée, superficielle ou profonde.

ENCYCL. Un hématome superficiel réalise une tuméfaction plus ou moins importante qui, en dehors de toute thérapeutique, se résorbe au bout de douze à quinze jours ; les hématomes importants doivent être drainés chirurgicalement.

HÉMATOPHAGE adj. 1. Se dit des animaux qui se nourrissent du sang d'autres animaux vivants ; se dit d'un parasite ou d'un insecte vecteur de maladie parasitaire et qui se nourrit de sang. — 2. Se dit d'un gros leucocyte mononucléé (macrophage) qui englobe et détruit les globules rouges.

HEMATOPINUS [-nys] n. m. (du gr. *pinein,* boire). Grand pou hématophage des bovidés, équidés ou porcins, plus commun sur le cou et le tronc.

HÉMATOPOÏÈSE ou **HÉMOPOÏÈSE** n. f. (gr. *haimatôpoiein,* de *poiein,* faire). Ensemble des processus cellulaires qui, au niveau des organes hématopoïétiques et à partir des cellules souches indifférenciées, conduisent à la production des différentes cellules du sang (lignées érythrocytaire, granuleuse, plaquettaire, lymphocytaire et monocytaire).

HÉMATOPOÏÉTIQUE ou **HÉMOPOÏÉTIQUE** adj. Relatif à l'hématopoïèse. (La moelle osseuse, les ganglions lymphatiques et la rate sont les principaux organes hématopoïétiques de l'homme.)

HÉMATOPORPHYRINE n. f. Porphyrine qui renferme le squelette carboné de l'hémine.

HÉMATOSALPINX n. m. Accumulation de sang dans la trompe utérine, liée à une grossesse extra-utérine.

HÉMATOSE n. f. (gr. *haimatôsis,* de *haimatoûn,* convertir en sang). Pénétration de l'oxygène dans le sang circulant (au niveau de surfaces dites respiratoires) et rejet par celui-ci du gaz carbonique.

HÉMATOZOAIRE n. m. Protozoaire parasite du sang des vertébrés, dont il détruit les globules rouges. (Les principaux hématozoaires sont des hémosporidies, incluant le genre *plasmodium,* qui comprend les agents du paludisme humain.)

HÉMATURIE n. f. Émission d'urines contenant du sang.

ENCYCL. Les causes de l'hématurie peuvent être médicales (néphrite, purpura, traitement par les anticoagulants, etc.), urologiques (lithiase) ou traumatiques.
— **Vétér.** L'*hématurie essentielle des bovins* (encore appelée « cystite hémorragique », « pissement de sang »), due à des causes mal connues, sévit à l'état enzootique dans le centre de la France.

HÉMATURIQUE adj. et n. Relatif à l'hématurie ; atteint d'hématurie.

HÈME n. m. Composé ferreux dérivé de l'hématoporphyrine qui constitue le groupement prosthétique de certaines protéines telles que l'hémoglobine, la myoglobine, certains cytochromes, la catalase et les péroxydases.

HEMEL HEMPSTEAD, v. de Grande-Bretagne (Hertfordshire), au N.-O. de Londres ; 80 000 hab. Église du XIIe s. Constructions électriques.

HÉMÉLYTRE n. m. Aile supérieure des insectes hétéroptères, formée d'une base coriace et d'une extrémité membraneuse.

HÉMÉRALOPE adj. et n. Atteint d'héméralopie.

HÉMÉRALOPIE n. f. (lat. sc. *hemeralopia*). Diminution considérable de la vision dès que la lumière baisse. (Syn. HESPÉRANOPIE.)

HÉMÉRALOPIQUE adj. Qui relève de l'héméralopie.

HÉMÉROCALLE n. f. (lat. *hemerocalles,* du gr. *hêmerokalles,* belle-de-jour). Liliacée ornementale aux fleurs, jaunes ou orangées, réunies en grappe rameuse à l'extrémité d'une hampe nue.

HÉMÉROLOGIE n. f. (gr. *hêmerologêin,* compter jour par jour). Art de composer des calendriers.

HÉMÉROLOGUE n. (de *hémérologie*). 1. Auteur d'un calendrier. — 2. Personne qui s'occupe des calendriers.

HÉMÉROPÉRIODIQUE adj. et n. f. Se dit d'une plante qui a besoin d'être soumise à des jours longs (plus de 8 h) pour fleurir *(héméropériodiques absolues)* ou qui fleurit plus hâtivement et abondamment en jours longs *(héméropériodiques préférentes).*

HÉMI-, préfixe, du gr. *hêmi-,* à demi, à moitié.

HÉMIACÉTAL n. m. (pl. *hémiacétals*). Produit d'addition d'un alcool ROH sur un aldéhyde R'CHO ou une cétone R'R"CO, de formule R'CH(OH)OR ou R'R"C(OH)OR.

HÉMIANESTHÉSIE n. f. Perte de la sensibilité affectant un hémicorps.

HÉMIANGIOCARPE adj. et n. m. Se dit d'un champignon dont l'hyménium est d'abord caché par un voile, puis mis à nu avant maturité des spores. (C'est le cas de la plupart des agaricales.)

HÉMIANOPSIE n. f. Perte de la vision dans une moitié du champ visuel.

HÉMIBALLIQUE adj. et n. Relatif à l'hémiballisme ; atteint d'hémiballisme.

HÉMIBALLISME n. m. Affection caractérisée par des mouvements balliques affectant la moitié droite ou gauche du corps.

HÉMICELLULOSE n. f. Substance contenue dans la membrane des cellules végétales, soluble dans les alcalis et souvent associée à des gommes ou à des mucilages.

HÉMICORPS n. m. Moitié droite ou gauche du corps.

HÉMICRÂNIE n. f. Hémicrânie (pulsatile), syn. de MIGRAINE.

HÉMICRYPTOPHYTE n. f. Plante qui, en hiver, ne conserve que la partie de ses organes aériens située au contact direct du sol, de façon que la litière végétale et même la neige la protègent des gelées.

HÉMICYCLE n. m. (lat. *hemicyclium,* amphithéâtre, du gr. *hêmikuklion,* demi-cercle). **1.** Espace ou construction ayant la forme d'un demi-cercle : *Une dépression du relief en hémicycle.* — **2.** Salle ou lieu semi-circulaire, garni de gradins destinés à recevoir des spectateurs, des auditeurs, les membres d'une assemblée : *L'hémicycle de l'Assemblée nationale.*

HÉMICYLINDRIQUE adj. À moitié cylindrique.

HÉMIÈDRE adj. Caractérisé par l'hémiédrie.

HÉMIÉDRIE n. f. Propriété des cristaux dont la symétrie est moitié de celle de leur réseau cristallin.

HÉMIÉDRIQUE adj. Relatif à l'hémiédrie.

HÉMIGRAMMUS n. m. Nom générique d'un poisson d'aquarium usuellement nommé *feux-de-position.*

HEMIKSEM, comm. de Belgique (prov. d'Anvers), sur l'Escaut, au S. d'Anvers ; 10 000 hab. Métallurgie. Chimie. Cimenterie.

HEMILEIA n. m. (du gr. *leios,* lisse). Champignon urédinale, agent de la rouille du caféier.

HÉMIMÉTABOLE adj. (du gr. *metabolos,* changeant). Se dit des insectes dont la nymphe est mobile et ressemble aux larves (ex. : perles et libellules).

HÉMIMORPHITE n. f. Syn. de CALAMINE.

HÉMINE n. f. (lat. *hemina,* demi-setier). Substance obtenue quand on chauffe une solution d'hémoglobine avec de l'acide acétique et du chlorure de sodium. (Elle se présente sous forme de microcristaux [cristaux de Teichmann*] qui permettent de déterminer si les liquides ou les taches soumis à une analyse médico-légale contiennent ou non du sang.)

HÉMING (57830), comm. de la Moselle, au S.-O. de Sarrebourg ; 455 hab. Cimenterie.

HEMINGWAY (Ernest), écrivain américain (Oak Park, Illinois, 1899 - Ketchum, Idaho, 1961). Recherchant toute sa vie le risque et l'aventure, il est ambulancier volontaire sur le front italien en 1917 (*l'Adieu* aux armes,* 1929), assiste à la guerre civile d'Espagne (*la Cinquième Colonne,* 1938 ; *Pour* qui sonne le glas,* 1940) et, pendant la Seconde Guerre mondiale, est correspondant de guerre en France et en Angleterre. Passionné de chasse (*les Vertes Collines d'Afrique,* 1935) et de corridas (*Mort dans l'après-midi,* 1932), dans lesquelles il voit une épreuve et un moyen de connaissance de la mort, il évolue du désenchantement de son « exil » à Paris, au milieu de la génération* perdue des romanciers américains (*Le soleil se lève aussi,* 1926), vers une glorification de la force morale de l'homme qui se mesure au monde et aux êtres en un corps à corps solitaire (*En avoir ou pas,* 1937 ; *le Vieil* Homme et la mer,* 1952). Il se suicida. (Prix Nobel de littérature 1954.)

HÉMIONE n. m. (lat. sc. *hemionus,* du gr. *hêmionos,* mulet). Équidé sauvage d'Asie, semblable à un mulet, aux grandes oreilles, à la crinière sombre et courte, à la queue terminée par une touffe de crins. (Syn. HÉMIPPE.)

HÉMIOXYDE n. m. Composé binaire dans lequel un atome d'oxygène est uni à deux atomes de l'élément considéré. (Ex. hémioxyde d'azote N_2O.)

HÉMIPARASITE n. m. Parasite végétal possédant de la chlorophylle et prélevant chez l'hôte surtout de l'eau et des sels minéraux dissous. (Ex. : rhinanthe, gui).

HÉMIPARÉSIE n. f. Déficit incomplet de la force musculaire affectant la moitié droite ou gauche du corps.

HÉMIPARÉTIQUE adj. et n. Relatif à l'hémiparésie ; atteint d'hémiparésie.

HÉMIPERMÉABLE adj. Syn. de SEMI-IMPERMÉABLE.

HÉMIPHONIE n. f. Impossibilité de parler autrement qu'à mi-voix.

HÉMIPLÉGIE n. f. **1.** Perte de la motilité volontaire affectant la moitié droite ou gauche du corps et consécutive à une lésion de la voie pyramidale. (→ *encycl.*) — **2.** *Hémiplégie cérébrale infantile,* hémiplégie consécutive à une encéphalite infantile ou à un traumatisme périnatal. (On l'intègre actuellement dans le cadre de l'infirmité motrice cérébrale.)

ENCYCL. L'hémiplégie peut résulter d'une affection vasculaire (hémorragie, ramollissement cérébral), d'une tumeur, d'un traumatisme, d'un processus infectieux. Elle se caractérise par l'apparition d'un déficit moteur avec hypotonie *(hémiplégie flasque)* traduisant la lésion pyramidale, suivi d'une contracture pyramidale *(spasticité)* avec hypertonie élastique prédominant sur les muscles fléchisseurs au membre supérieur et sur les extenseurs au membre inférieur. Les caractères de l'hémiplégie et surtout les signes associés dépendent du siège de la lésion. Le faisceau pyramidal croisant la ligne médiane à la partie inférieure du bulbe rachidien, l'atteinte se fait du côté opposé à celle de la lésion quand celle-ci siège au-dessus du bulbe (hémiplégie encéphalique) et du même côté dans le cas contraire (hémiplégie spinale).

HÉMIPLÉGIQUE adj. et n. Relatif à l'hémiplégie ; atteint d'hémiplégie.

HÉMIPNEUSTIQUE adj. (du gr. *pneustikos,* qui concerne le souffle). Se dit du système respiratoire le plus répandu chez les larves d'insectes. (S'oppose à *holopneustique* et à *apneustique.*)

HÉMIPPE n. m. (du gr. *hippos,* cheval). Syn. de HÉMIONE.

HÉMIPTÈRE n. m. Ancien nom d'ordre donné aux insectes homoptères et hétéroptères, qui forment aujourd'hui le superordre des hémiptéroïdes.

HÉMIPTÉROÏDE n. m. Insecte hétérométabole aux pièces buccales piqueuses et suceuses, tel que les *homoptères* (cigales, pucerons, etc.) et les *hétéroptères* (punaises). [Les *hémiptéroïdes* constituent un superordre.]
ENCYCL. Les hémiptéroïdes (plusieurs dizaines de milliers d'espèces) ont une croissance graduelle, ordinairement cinq mues sans métamorphoses. L'alimentation est toujours liquide. Des glandes buccales venimeuses permettent aux prédateurs de tuer leurs proies par une simple piqûre. De nombreuses espèces nuisibles se nourrissent de sang ou de sève, injectant parfois des germes pathogènes dans les tissus de leurs proies.

HÉMISPHÈRE n. m. (lat. *hemisphaerium,* du gr. *hêmisphairion*). **1.** Chacune des deux moitiés du globe terrestre, d'un astre sphéroïdal ou de la sphère céleste, séparées par un plan diamétral, en particulier par l'équateur *(hémisphère Nord* ou *septentrional* ou *boréal ; hémisphère Sud* ou *méridional* ou *austral).* – **2.** Intersection d'une sphère avec un demi-espace dont la frontière passe par son centre. – **3.** *Hémisphère cérébelleux,* chacune des deux parties latérales et symétriques du cervelet, situées de chaque côté du vermis médian. ‖ *Hémisphère cérébral,* chacune des deux moitiés du cerveau antérieur, ou télencéphale. (Les deux hémisphères cérébraux sont réunis par des faisceaux de fibres blanches : le corps calleux, le trigone et la commissure blanche antérieure.) ‖ *Hémisphères de Magdeburg,* demi-sphères métalliques creuses dont Otto von Guericke se servit en 1654 pour mettre en évidence la pression atmosphérique.

HÉMISPHÉRIQUE adj. Qui a la forme d'un hémisphère.

HÉMISTICHE n. m. (lat. *hemistichium,* du gr. *hêmistikhion*). **1.** Moitié d'un vers (particulièrement de l'alexandrin) marquée par un repos ou par une césure. – **2.** Césure placée au milieu d'un vers.

HÉMISYNTHÈSE n. f. Procédé mixte d'élaboration associant une fermentation à une synthèse chimique.

HÉMITROPIE n. f. Mode d'association de cristaux identiques.

HEMMEL (Peter), dit **Peter d'Andlau,** peintre verrier alsacien (v. 1425 - début du XVIe s.). Établi à Strasbourg, il travailla à la tête d'un atelier de plus en plus important pour de nombreuses églises d'Alsace, de Lorraine, d'Allemagne et d'Autriche (*Arbre de Jessé* de St-Laurent de Nuremberg).

HÉMOBIOLOGIE n. f. Discipline médicale concernant les indications, les modalités, la surveillance, l'efficacité et les complications de la perfusion de sang ou de dérivés sanguins.

HÉMOBIOLOGISTE n. Médecin spécialiste en hémobiologie.

HÉMOCHORIAL, E, AUX [-kɔ-] adj. (gr. *khorion,* membrane). Se dit du placenta des mammifères décidués, lorsque les villosités fœtales du placenta baignent dans des « lacs sanguins » de l'utérus (rongeurs, insectivores, primates, y compris l'espèce humaine).

HÉMOCHROMATOSE [-kro-] n. f. Surcharge ferrique diffuse associée à une fibrose de nombreux tissus.

HÉMOCOMPATIBILITÉ n. f. Compatibilité sanguine.

HÉMOCOMPATIBLE adj. Dont le groupe sanguin est compatible : *Des donneurs hémocompatibles.*

HÉMOCONCENTRATION n. f. Diminution du volume plasmatique sans diminution proportionnelle du volume globulaire total.

HÉMOCULTURE n. f. Ensemencement d'un milieu de culture avec du sang, pour rechercher des microbes pathogènes.

HÉMOCYANINE n. f. Pigment respiratoire d'un bleu verdâtre, contenu dans le sang des mollusques et dont la molécule comprend un atome de cuivre.

HÉMODIALYSE n. f. Épuration extrarénale du sang grâce à un hémodialyseur.
ENCYCL. L'hémodialyse est très souvent un moyen de guérir (cas des néphrites aiguës) ou de prolonger la vie (cas des néphrites chroniques ou des néphrectomies doubles [ablation des deux reins]).

HÉMODIALYSÉ, E adj. et n. Se dit d'un sujet soumis à une hémodialyse.

HÉMODIALYSEUR n. m. Filtre en Cellophane ou en polyacrylonitrile permettant l'épuration du sang au cours de la séance d'hémodialyse.

HÉMODILUTION n. f. Augmentation de la quantité d'eau du plasma sanguin, par rapport aux substances en solution et aux globules. (Elle se produit après les hémorragies ou les perfusions.)

HÉMODYNAMIQUE n. f. **1.** Partie de la physiologie étudiant les lois d'écoulement de la masse sanguine dans les vaisseaux en fonction du débit cardiaque. — **2.** Recueil des pressions intravasculaires et intracardiaques ; mesure, par voie sanglante, du débit cardiaque. (L'étude hémodynamique comporte le cathétérisme des cavités droites et gauches. L'apparition de l'échocardiographie a restreint peu à peu ses indications.) ◆ adj. Relatif à l'hémodynamique.

HÉMOGLOBINE n. f. **1.** Pigment contenu dans les globules rouges du sang, qui transporte l'oxygène et l'anhydride carbonique. — **2.** *Fam.* Sang.
ENCYCL. L'hémoglobine est formée d'une partie protéique, la globine, et d'un groupement prosthétique, l'hème. Elle a pour fonction essentielle de véhiculer les gaz du sang sous forme de combinaisons réversibles, l'oxyhémoglobine (avec l'oxygène) et la carbohémoglobine (avec le gaz carbonique). Avec l'oxyde de carbone (CO), l'hémoglobine forme une combinaison (carboxyhémoglobine) prépondérante par rapport à l'oxygène, ce qui explique la toxicité de l'oxyde de carbone. Le taux de l'hémoglobine est d'env. 16 g par 100 ml de sang, à l'état normal.

HÉMOGLOBINÉMIE n. f. Concentration plasmatique en hémoglobine. (Normalement inférieure à 5 mg pour 100 ml.)

HÉMOGLOBINOPATHIE ou **HÉMOGLOBINOSE** n. f. Affection héréditaire du globule rouge due à une anomalie de l'hémoglobine, dont la structure est modifiée. (Ses manifestations sont plus graves chez les homozygotes et peuvent se traduire par la formation de méthémoglobine avec hémolyse.)

HÉMOGLOBINURIE n. f. **1.** Présence pathologique d'hémoglobine dans l'urine. (→ *encycl.*) — **2.** *Hémoglobinurie bacillaire,* maladie infectieuse due à *Clostridium hemolyticum,* observée surtout chez les bovins et caractérisée par une évolution suraiguë, le plus souvent mortelle.
ENCYCL. L'hémoglobinurie apparaît lorsque le taux de l'hémoglobine plasmatique dépasse le seuil rénal à la suite d'une destruction globulaire massive. Elle se rencontre au cours des anémies hémolytiques, d'infections (septicémie à perfringens), d'intoxications (champignons, hydrogène arsénié) ou après transfusion incompatible. L'*hémoglobinurie paroxystique,* qui se manifeste sous forme de crises aiguës répétées, peut être provoquée par le froid.

HÉMOGRAMME n. m. Résultat de l'étude quantitative et qualitative des cellules sanguines, comprenant la numération des hématies, des leucocytes et des plaquettes ; le taux des différents leucocytes ; l'aspect des différentes cellules observées.

HÉMOLACTATION n. f. Présence de sang dans le lait de la vache, due à un traumatisme ou aux suites de la mise bas.

HÉMOLYMPHE n. f. Sang des invertébrés, généralement incolore, mais qui peut être coloré en rouge, bleu ou vert, selon les espèces.

HÉMOLYSE n. f. Destruction des globules rouges.
ENCYCL. L'hémolyse physiologique est l'aboutissement du vieillissement normal des hématies, qui, après une durée de vie moyenne de 120 jours, sont détruites dans le système macrophagique. Les hémolyses pathologiques, où la mort des hématies est prématurée, entraînent le plus souvent une anémie (hémolyse décompensée).

HÉMOLYSINE n. f. (de *hémolyse*). Anticorps provoquant des lésions de la membrane des globules rouges et aboutissant à leur destruction.
ENCYCL. Les hémolysines apparaissent en général dans le sérum d'animaux auxquels on a injecté des hématies d'une autre espèce, sur lesquelles ce sérum produira l'hémolyse. Des hémolysines existent également dans diverses substances d'origine végétale, animale ou microbienne (venins de certains serpents, streptocoques hémolytiques, etc.).

HÉMOLYTIQUE adj. **1.** Relatif à l'hémolyse. — **2.** *Maladie hémolytique néonatale,* ensemble des accidents néonataux (ictère grave principalement) en relation directe avec une hyperhémolyse liée à une incompatibilité fœto-maternelle.

HÉMON (Louis), romancier français (Brest 1880 - Chapleau, Canada, 1913), auteur de *Maria* Chapdelaine, récit du Canada français* (1916).

HÉMOPATHIE n. f. Toute maladie du sang et des organes hématopoïétiques.

HÉMOPÉRICARDE n. m. Épanchement sanguin dans le péricarde.

HÉMOPÉRITOINE n. m. Épanchement de sang dans le péritoine.

HÉMOPHILE adj. et n. Atteint d'hémophilie.

HÉMOPHILIE n. f. Affection hémorragique héréditaire due à un déficit d'activité de certains facteurs de coagulation du sang.
ENCYCL. La tare portée par le chromosome X n'entraîne des manifestations cliniques que chez les hommes ; les femmes hétérozygotes sont des conductrices saines de la tare (transmission selon

un mode récessif). On distingue différentes formes d'hémophilie A ou B selon que l'absence d'activité coagulante est liée à l'absence de la protéine antihémophilique A (facteur A ou facteur VIII) ou B (facteur B ou facteur IX), ou seulement à l'absence de leur activité alors qu'elles sont immunologiquement décelables (hémophilie A : 85 % des cas ; hémophilie B : 15 % des cas).
L'hémophilie se manifeste par différents types d'hémorragie et surtout par des saignements dans les articulations (hémartrose) et des hématomes dans les muscles. Selon les familles, on observe des formes sévères (hémorragies dès l'enfance) ou modérées. Le diagnostic se fait par des tests de coagulation et par le dosage des facteurs en cause ; il est possible chez le fœtus pendant la grossesse. Le traitement de l'hémophilie comprend, outre le traitement des hémorragies, des injections de facteur VIII ou IX faites par le médecin ou par le malade lui-même (autotraitement).
Au milieu des années 1980, les hémophiles ont versé un lourd tribut à la transmission du sida par des produits sanguins contaminés.

HÉMOPHILIQUE adj. Relatif à l'hémophilie.

HEMOPHILUS → HAEMOPHILUS.

HÉMOPOÏÈSE, HÉMOPOÏÉTIQUE → HÉMATOPOÏÈSE, HÉMATOPOÏÉTIQUE.

HÉMOPTOÏQUE adj. (gr. *haimoptuikos,* qui crache le sang). Se dit d'un crachat teinté de sang.

HÉMOPTYSIE n. f. (bas lat. *haemoptyicus,* qui crache le sang, du gr. *haimoptuikos*). Expectoration de sang provenant du poumon ou des bronches.
ENCYCL. Depuis la régression de la tuberculose pulmonaire, les cancers broncho-pulmonaires, les kystes du poumon, la bronchiectasie, les embolies pulmonaires sont les lésions les plus fréquentes provoquant l'hémoptysie.

HÉMOPTYSIQUE adj. et n. Relatif à l'hémoptysie ; atteint d'hémoptysie.

HÉMORRAGIE n. f. (lat. *haemorrhagia,* du gr. *haimorragia*). **1.** Écoulement de sang hors des vaisseaux qui doivent le contenir. (→ *encycl.*) – **2.** Perte importante de vies humaines : *La guerre a causé de véritables hémorragies.* – **3.** Pertes importantes, fuite de qqch : *Une hémorragie de capitaux.* – **4.** *Hémorragie cérébrale,* épanchement de sang dans le tissu cérébral. (→ *encycl.*) ‖ *Hémorragie méningée,* épanchement de sang dans l'espace sous-arachnoïdien. (Elle se manifeste par l'apparition brutale d'une céphalée atroce, de vomissements et de vertiges puis d'un coma vigile avec un syndrome méningé.)
ENCYCL. L'hémorragie est externe quand le sang se répand à l'extérieur du corps et interne quand il s'épanche à l'intérieur des tissus ou entre les organes. Ses conséquences, nulles dans les petites hémorragies capillaires ou veineuses, peuvent être dramatiques dans les hémorragies artérielles importantes. Les plaies veineuses sont, en général, de faible gravité (rupture de varice) ; les plaies des gros troncs veineux (cou) sont, en revanche, rares, mais gravissimes. Les hémorragies internes posent des problèmes diagnostiques et thérapeutiques difficiles (rupture de grossesse extra-utérine, ulcères et cancers gastroduodénaux, cirrhose du foie, traumatismes).
– **Neurol.** Dans sa forme typique, l'*hémorragie cérébrale* débute brutalement par un ictus apoplectique : le patient ressent une céphalée intense, pousse un cri et perd connaissance. Le coma, qui s'installe alors, est profond et se caractérise par l'existence de signes neurologiques en foyer, l'hémiplégie controlatérale étant le plus caractéristique. L'évolution, lorsqu'elle est favorable, se fait au prix de lourdes séquelles, telles une hémiplégie spasmodique et une aphasie. Cependant, les signes cliniques varient en fonction de la localisation de l'hémorragie et de son caractère diffus ou restreint. Chez l'adulte, c'est surtout l'hypertension artérielle qui est responsable des hémorragies cérébrales. Chez les jeunes, on recherche toujours une malformation vasculaire ou un anévrysme.

HÉMORRAGIPARE adj. Qui est cause ou s'accompagne d'hémorragies.

HÉMORRAGIQUE adj. Relatif à l'hémorragie.

HÉMORRHÉE n. f. Moyen de défense de certains insectes consistant à rejeter par leurs articulations un sang toxique ou caustique.

HÉMORROÏDAIRE adj. et n. Relatif aux hémorroïdes ; atteint d'hémorroïdes.

HÉMORROÏDAL, E, AUX adj. *Artère hémorroïdale,* chacune des trois artères de la région ano-rectale. ‖ *Veine hémorroïdale,* chacune des veines accompagnant les artères hémorroïdales en formant un plexus qui est le siège des hémorroïdes.

HÉMORROÏDE n. f. (lat. *haemorrhoida,* du gr. *haimorrhoïs, -idos,* flux de sang). Varice des veines ano-rectales.
ENCYCL. Les hémorroïdes, favorisées par une vie sédentaire et la constipation, ont pour causes principales l'hypertension portale (grossesse, cirrhose, etc.) et l'atonie du sphincter anal. On distingue les hémorroïdes internes et les hémorroïdes externes, siégeant au-dehors de l'anus.

HÉMOSIDÉRINE n. f. Protéine participant avec la ferritine à la fixation tissulaire du fer non lié à l'hème.

HÉMOSIDÉROSE n. f. Accumulation anormale d'hémosidérine dans les tissus, soit localisée par hémorragie, soit généralisée, idiopathique ou post-transfusionnelle.

ENCYCL. On distingue les hémosidéroses pulmonaires secondaires à une cardiopathie (rétrécissement mitral) de l'hémosidérose pulmonaire primitive idiopathique, ou maladie de Ceelen. Cette dernière se voit chez le sujet jeune principalement et associe une symptomatologie respiratoire aiguë ou chronique à une anémie hypochrome.

HÉMOSPERMIE n. f. Présence de sang dans le sperme.

HÉMOSPORIDIE n. f. Nom de sous-ordre donné à des sporozoaires intracellulaires des vertébrés, transmis à ceux-ci par un arthropode piqueur, suceur de sang. (Les hémosporidies parasites de l'homme sont responsables du paludisme.)

HÉMOSTASE n. f. (gr. *haimostasis*). Arrêt de l'écoulement du sang, spontané (coagulation du sang) ou provoqué par différents moyens médicaux ou chirurgicaux.

HÉMOSTATIQUE adj. et n. m. (gr. *haimostatikos*). Se dit d'un agent mécanique (compresse, pince), physique (cautère) ou médicamenteux (produit coagulant ou vasoconstricteur) arrêtant les hémorragies.

HÉMOTHORAX n. m. Épanchement de sang pur dans la cavité de la plèvre, habituellement d'origine traumatique.

HÉMOTYPOLOGIE n. f. Étude des caractères génétiquement déterminés du sang et, plus particulièrement, des groupes sanguins.

HÉMOTYPOLOGIQUE adj. Relatif à l'hémotypologie.

HENAN ou **HO-NAN,** prov. de la Chine du Nord ; 167 000 km^2 ; 85 500 000 hab. Cap. *Zhengzhou.* Site des premières capitales royales, centre de la Chine classique, au carrefour des voies ferrées N.-S. et E.-O., la province est occupée essentiellement par la Grande Plaine, adossée à des hauteurs à l'O. et au S. Le climat est doux l'hiver, très chaud l'été, mais les pluies ne dépassent pas 700 mm/an. L'irrigation pour les cultures (blé, soja, kaoliang), la régularisation des cours d'eau (Huang He, Huai) pour la protection des populations sont indispensables. Plusieurs grandes villes sont aussi des centres industriels (machines agricoles, engrais, coton, sidérurgie à partir du charbon et du fer locaux).

HÉNAULT (Charles Jean François), magistrat et écrivain français (Paris 1685 - *id.* 1770). Fils d'un fermier général, il occupa de hautes fonctions dans la magistrature. Ami de Voltaire, il présida le salon de Mme du Deffand. Il a laissé des tragédies et des *Mémoires* (1855). [Acad. fr., 1723.]

HÉNAURME adj. *Fam.* Graphie plaisante de ÉNORME.

HENCH (Philip Showalter), médecin américain (Pittsburgh 1896 - Ocho Rios, Jamaïque, 1965). Il est, avec Kendall, à l'origine de la découverte de l'efficacité de la cortisone en thérapeutique (1948). [Prix Nobel 1950.]

HENDAYE (64700), ch.-l. de cant. des Pyrénées-Atlantiques, à la frontière espagnole (en face d'Irún), sur l'estuaire de la Bidassoa ; 11 744 hab. Église des XVIe-XVIIe s. Gare internationale. Sur le littoral, port de pêche et station balnéaire *(Hendaye-Plage).*

HENDÉCAGONAL, E, AUX adj. Qui a onze angles.

HENDÉCAGONE n. m. Polygone qui a onze angles et, par conséquent, onze côtés.

HENDÉCASYLLABE adj. et n. m. (lat. *hendecasyllabus,* du gr. *hendekasullabos*). Se dit d'un vers de onze syllabes.

HENDERSON (Arthur), homme politique britannique (Glasgow 1863 - Londres 1935). Député travailliste (1903), il fit partie du cabinet de 1915 à 1917. Ministre de l'Intérieur (1924), des Affaires étrangères (1929-1931), il présida la conférence du désarmement à Genève (1932-33). [Prix Nobel de la paix 1934.]

HENDERSON (James Fletcher), pianiste, arrangeur, compositeur et chef d'orchestre de jazz (Cuthbert, Géorgie, 1898 - New York 1952). Après avoir dirigé un orchestre au répertoire commercial, il s'imposa à partir de 1924 comme le précurseur du « big band » de jazz. Il a enregistré *The Stampede* (1926), *King Porter Stomp* (1928), *Henderson Stomp* (avec Benny Goodman, 1940).

HENDIADYS [ɛndjadis] ou **HENDIADYIN** [ɛndjadin] n. m. (gr. *hen dia duoîn,* une chose par deux mots). Figure de rhétorique qui consiste à remplacer un nom déterminé par un adjectif ou un complément par deux noms coordonnés (par ex. *Boire dans des patères et de l'or,* pour *Boire dans des patères d'or*).

HENDRIX (Jimi), guitariste et chanteur américain (Seattle 1942 - Londres 1970). Il s'imposa comme le guitariste le plus original dès la fin des années 1960, enregistrant notamment *Hey Joe, Up from the Skies, Red House, Angel.*

***HENEQUEN** n. m. Nom mexicain du sisal.

HENGELO, v. des Pays-Bas (Overijssel), près de la frontière ouest-allemande ; 77 000 hab. Métallurgie. Électronique. Chimie.

HENG SAMRIN, homme d'État cambodgien (province de Kompong Cham 1934). Khmer rouge, rallié au Viêt-nam, il présida le Front uni de salut national du Kampuchéa (F. U. N. S. K.) à la fin de 1978, puis fut placé par les Vietnamiens à la tête de l'État et du gouvernement (1979). Secrétaire général du parti populaire révolutionnaire khmer (P.P.R.K.) de 1981 à 1991, il est resté président du Conseil d'État jusqu'en 1992.

HENG SHAN ou **HENG-CHAN,** montagne de Chine (Hunan) au N.-N.-E. de Hengyang. C'est l'une des cinq montagnes sacrées du bouddhisme.

HENGYANG ou **HENG-YANG,** anc. **Hengzhou** ou **Heng-tcheou,** v. de Chine (Hunan), sur le Xiang Jiang ; 487 000 hab. Carrefour ferroviaire et centre commercial et industriel. Tête de navigation vers le Yanzi Jiang.

HENIE (Sonja), championne norvégienne de patinage artistique (Oslo 1912 - en avion, entre Paris et Oslo, 1969). Elle enleva dix championnats du monde (de 1927 à 1936) et triompha aux jeux Olympiques de 1928, 1932, 1936. Elle devint professionnelle en 1936 et actrice de cinéma.

HÉNIN-BEAUMONT (62110), anc. **Hénin-Liétard,** ch.-l. de cant. du Pas-de-Calais, à l'E. de Lens ; 26 494 hab. *(Héninois).* Industries textiles (confection) et mécaniques (équipement automobile).

Henle *(anse de)* [du n. de l'anatomiste all. F. G. J. *Henle* (1809-1885)], partie tubulaire du néphron située dans le cortex du rein, entre le filtre glomérulaire et le tube excréteur.

HENLEIN (Peter), artisan allemand (Nuremberg 1480 - *id.* 1542). En remplaçant les poids de l'horloge par un ressort, il rendit cet instrument transportable ; aussi le considère-t-on, quoique sans preuve formelle, comme l'inventeur de la montre.

HENLEIN (Konrad), homme politique allemand (Maffersdorf, près de Liberec, 1898 - Pilsen, auj. Plzeň, 1945). Fondateur du Front patriotique des Allemands des Sudètes (1933), il prépara la réunion des Sudètes au Reich (1938).

HENLEY-ON-THAMES, v. de Grande-Bretagne (Oxfordshire), sur la Tamise ; 11 900 hab. Point de départ de régates célèbres.

*__HENNÉ__ n. m. (ar. *ḥinnā*). **1.** Plante (lythracée) originaire d'Inde et d'Arabie, cultivée au Moyen-Orient et en Afrique du Nord. — **2.** Poudre fournie par les feuilles de henné, séchées et pulvérisées et que l'on utilise pour colorer et fortifier les cheveux.

HENNEBIQUE (François), ingénieur français (Neuville-Saint-Vaast 1841 - Paris 1921). Pionnier de la construction industrielle en béton armé, il résolut le problème de la répartition des contraintes entre les armatures métalliques tendues et le béton comprimé par l'emploi d'*étriers* (brevets de 1892-93). Il assura le succès durable de ses méthodes en constituant un réseau de concessionnaires.

HENNEBONT (56700), ch.-l. de cant. du Morbihan, au N.-E. de Lorient, sur le Blavet ; 13 813 hab. *(Hennebontais).* Enceinte avec porte du XVe s. Église de style gothique flamboyant (XVIe s.). Constructions mécaniques. Confection. Haras.

HENNE-MORTE (la), gouffre de 446 m de profondeur au S.-O. d'Arbas (Haute-Garonne), dans le massif de Paloumère.

HENNER (Jean-Jacques), peintre français (Bernwiller, Haut-Rhin, 1829 - Paris 1905). Prix de Rome (1858), il fut notamment le créateur d'un type féminin idéalisé, nudités ivoirines sur fond de ténèbres, qui eut un grand succès. Son hôtel parisien est aujourd'hui le musée Henner.

HENNIG (Willi), biologiste allemand (Dürrhennersdorf, près de Löbau, haute Lusace, 1913 - Ludwigsburg 1976). Il est le fondateur du cladisme, méthode de classification des êtres vivants qui a profondément modifié la systématique moderne.

*__HENNIN__ n. m. (p.-ê. néerl. *henninck,* coq). Haut bonnet pointu et rigide porté, avec des voiles, par les femmes au XVe s. en Occident.

HENNIQUE (Léon), écrivain français (la Basse-Terre, Guadeloupe, 1851 - Paris 1935). Ayant rejoint le groupe de Zola, il collabora aux *Soirées de Médan* (1880). Il a compté parmi les premiers membres de l'Académie des Goncourt et publié des romans naturalistes (*Minnie Brandon,* 1899) et des pièces de théâtre.

*__HENNIR__ v. i. (lat. *hinnire*) [conj. 32]. **1.** Pousser son cri, en parlant du cheval. — **2.** *Fam.* Rire, pleurer bruyamment.

*__HENNISSANT, E__ adj. **1.** Qui hennit. — **2.** *Fam.* Qui évoque un hennissement : *Rire hennissant.*

*__HENNISSEMENT__ n. m. **1.** Cri du cheval. — **2.** Cri ou bruit ressemblant à celui du cheval qui hennit.

*__HENNUYER__ → HAINUYER.

HÉNOCH ou **ÉNOCH,** patriarche antédiluvien, fils de Caïn et père de Mathusalem. Selon la Genèse (v, 24), il disparut mystérieusement, « enlevé par Dieu ». Il devint une grande figure de l'apocalyptique juive.

Hénoch ou **Énoch** *(livre d'),* une des grandes apocalypses juives (170 à 60 av. J.-C.), ensemble d'exhortations et de prophéties concernant la fin des temps.

HÉNOPHIDIEN n. m. (gr. *henos,* ancien, et *ophis,* serpent). Nom de sous-ordre donné à des serpents primitifs dépourvus de crochets venimeux et ayant conservé des vestiges de la ceinture pelvienne, tels que les boas et les pythons.

HENRI n. m. Monnaie d'or frappée en France sous Henri II et ses fils.

EMPEREURS

HENRI Ier l'Oiseleur (v. 875 - Memleben 936), roi de Germanie (919-936). Duc de Saxe (912), il fut désigné comme successeur par Conrad Ier et élu roi de Germanie en 919. Il adjoignit à la Francia orientalis, issue du partage de l'Empire carolingien, la Lorraine (925) et remporta des victoires sur les Slaves et les Hongrois.

HENRI II le Boiteux ou **le Saint** (Abbach, Bavière, 973 - Grone, auj. dans Göttingen, 1024), roi de Germanie (1002-1024) et empereur germanique (1014-1024). Arrière-petit-fils d'Henri Ier, duc de Bavière (995), il fut élu roi de Germanie (1002) et succéda à Otton III. Il rétablit l'autorité royale en Italie après la tentative de sécession de 1002. Très pieux il favorisa l'Église et intervint directement dans les querelles théologiques. Il fut canonisé en 1146.

HENRI III le Noir (1017 - Bodfeld, Harz, 1056), roi de Germanie (1039-1056) et empereur germanique (1046-1056). Fils de Conrad II, duc de Bavière (1027) [Henri VI] et de Souabe (1038), roi de Bourgogne (1038), il succéda à son père en 1039. Partisan de la réforme clunisienne, il s'imposa en Italie, où il obtint en 1046 la couronne impériale après avoir déposé les papes Grégoire VI, Sylvestre III et Benoît IX et favorisé l'élection de Clément II. Il obtint de la Bohême (1041), de la Pologne et de la Hongrie (1045) la reconnaissance de sa suzeraineté.

HENRI IV (Goslar ? 1050 - Liège 1106), roi de Germanie (1056-1106) et empereur germanique (1084-1105). Fils d'Henri III, il lui succéda en 1056 sous la tutelle de sa mère, Agnès de Poitiers, évincée en 1062 par l'archevêque Annon de Cologne et par Adalbert de Brême. Proclamé majeur en 1065, il tenta de restaurer le pouvoir royal et se heurta aux révoltes de la noblesse bavaroise (1070-71) et saxonne (1069, 1072). Lors de la lutte qui l'opposa à la papauté (querelle des Investitures*), il destitua le pape Grégoire VII, qui l'excommunia (1076). Les princes allemands le contraignirent à obtenir l'absolution (Canossa, 1077) et élirent un antiroi, Rodolphe de Souabe (1077-1080). De nouveau excommunié (1080), il fit élire un antipape, Clément III. Il s'empara de Rome (1084) et s'y fit couronner empereur par Clément III. Il fut contraint d'abdiquer (1105) par son fils, le futur Henri V.

HENRI V (1081 ou 1086 - Utrecht 1125), roi de Germanie (1106-1125) et empereur germanique (1111-1125). Fils d'Henri IV, il se révolta contre lui (1104) avec le soutien du pape Pascal II et lui succéda en 1106. Il fit rebondir la querelle des Investitures*, fut excommunié par Pascal II (1112), proclama l'antipape Grégoire VIII (1118) puis accepta le concordat de Worms (1122).

HENRI VI le Sévère ou **le Cruel** (Nimègue 1165 - Messine 1197), roi de Germanie (1190-1197) et empereur germanique (1191-1197). Fils et successeur de Frédéric Ier Barberousse, il poursuivit sa politique en Italie et en Sicile. Il épousa Constance de Hauteville, fille de Roger II de Sicile (1186), et se fit couronner roi de Sicile à Palerme (1194).

HENRI (VII) DE HOHENSTAUFEN (1211 - Martirano, Calabre, 1242), roi des Romains (1220-1235). Fils de Frédéric II, roi de Sicile (1212), il fut élu roi des Romains en 1220. Il se révolta contre son père (1234), qui le fit destituer (1235).

HENRI VII DE LUXEMBOURG (Valenciennes ? v. 1274 - Buonconvento, près de Sienne, 1313), empereur germanique (1312-13). Élu roi de Germanie en 1308 contre le frère cadet de Philippe le Bel, Charles de Valois, il inféoda la Bohême à son fils Jean (1310). Il se fit couronner à Rome en 1312.

EMPEREUR LATIN D'ORIENT

HENRI DE FLANDRE ET HAINAUT (Valenciennes 1174 - Thessalonique 1216), empereur latin d'Orient (1206-1216). Il participa à la 4e croisade avec son frère Baudouin Ier, à qui il succéda (1206). Il vainquit Jean II Kalojan, tsar des Bulgares, à Thessalonique (1207) et Philippopoli (1208) et se fit céder par l'empereur de Nicée, Théodore Ier Lascaris, la côte de Bithynie et la Mysie (traité de Nymphaion, 1214).

FRANCE

HENRI Ier (v. 1008 - Vitry-aux-Loges, près d'Orléans, 1060), roi de France (1031-1060), fils de Robert II le Pieux. Il dut céder le duché de Bourgogne à son frère Robert (Ier). Pour défendre le domaine royal, il lutta contre le duc de Normandie, le futur Guillaume le Conquérant, qui le vainquit à Mortemer (1054) et à Varaville (1058).

HENRI II (Saint-Germain-en-Laye 1519 - Paris 1559), roi de France (1547-1559). Second fils de François Ier et de Claude de France, il épouse en 1533 Catherine de Médicis, nièce du pape Clément VII. Dauphin en 1536, il succède à François Ier, dont il maintient les grands axes de la politique. Il poursuit la construction de l'État moderne centralisé et développe l'absolutisme monarchique : création de quatre secrétaires d'État (1547) et de 61 présidiaux (1552), surveillance des provinces par les commissaires départis, futurs intendants (1553). Il promulgue une rigoureuse législation contre les protestants (édits de Châteaubriant [1551], de Compiègne [1557], d'Écouen [1559]) et crée, la Chambre ardente qui ordonne plus de 500 exécutions (1547-1550). Fidèle aux ambitions italiennes des Valois, il porte aussi son effort sur la frontière du nord-est. Il s'empare du marquisat de Saluces (1548), reprend Boulogne aux Anglais (1550). Avec le soutien des princes protestants allemands (traité de Chambord), il occupe Metz, Toul, Verdun. Après l'échec de Charles Quint devant Metz (1552-53), il signe avec l'empereur la trêve de Vaucelles (1556). Mais il reprend la guerre avec Philippe II, roi d'Espagne. Marquée par la défaite de Saint-Quentin (1557) et la prise de Calais (1558), cette guerre s'achève par le traité du Cateau-Cambrésis (1559), par lequel Henri II renonce définitivement aux prétentions des Valois sur l'Italie mais garde Calais et les Trois-Évêchés. Mortellement blessé d'un coup de lance par le comte de Montgomery lors d'un tournoi (30 juin 1559), il laisse la couronne à son fils, François II.

Henri II et de Catherine de Médicis *(tombeau d'),* à la basilique de Saint-Denis, monument architecturé dont le dessin est attribué à Primatice (commande de la reine, 1560), les statues (gisants en marbre, priants et Vertus en bronze) à G. Pilon.

Henri II *(style).* Sous Henri II et ses fils (1547-1589), l'architecture voit se codifier les différents emprunts faits à l'Italie et à l'Antiquité, selon une doctrine classique que vont adopter les architectes Delorme et Bullant (ordres antiques, toits à la française, lucarnes), de même que les sculpteurs Goujon et Pilon, tandis que la peinture reste d'expression très italienne. Le mobilier Henri II (dressoirs, tables, cabinets), orné de colonnes et de médaillons décoratifs en relief, a fait l'objet de copies industrielles à la fin du XIXe s.

HENRI III (Fontainebleau 1551 - Saint-Cloud 1589), roi de Pologne (1573-74) puis de France (1574-1589), troisième fils d'Henri II et de Catherine de Médicis, dernier roi de la dynastie des Valois. Duc d'Anjou, il remporte sur les protestants les victoires de Jarnac et de Moncontour (1569). Élu roi de Pologne (1573), il renonce à son trône pour devenir roi de France à la mort de son frère, Charles IX (1574). Sacré à Reims (févr. 1575), il épouse Louise de Lorraine le lendemain. Il crée une unité de compte, l'écu d'or (1577), et promulgue, outre la grande ordonnance de Blois sur la « police générale du royaume » (1579), de nombreux textes législatifs, réunis aux autres lois en vigueur dans le *Code Henri III* (1587). Soucieux de l'unité du royaume, en proie aux guerres de Religion, il tente de concilier catholiques et protestants par une politique de tolérance (édit de Beaulieu, ou paix de Monsieur, 1576 ; édit de Poitiers, 1577) et parvient à conserver son autorité jusqu'en 1584. À cette date, la mort du duc d'Anjou fait de Henri de Bourbon, roi de Navarre, chef du parti protestant, l'héritier présomptif de la Couronne. En butte à l'hostilité de la Ligue, qui, sous la conduite de Henri Ier, duc de Guise, refuse l'éventualité d'un roi protestant, l'accuse d'être un défenseur trop tiède du catholicisme et dénonce les faveurs qu'il accorde à ses mignons (tels les ducs d'Épernon et de Joyeuse), Henri III prononce la déchéance du roi de Navarre (1585). Chassé de Paris après la journée des Barricades (12 mai 1588), il tente en vain de restaurer son autorité aux états généraux de Blois (1588-89), qui révèlent la toute-puissance du duc de Guise. Pour sauver le pouvoir monarchique, il fait assassiner le duc et son frère le cardinal de Lorraine (23-24 déc. 1588), puis s'allie au roi de Navarre (entrevue de Plessis-lez-Tours, 30 avr. 1589), avec lequel il entreprend le siège de Paris (juill.). Au cours de ce siège, il est poignardé par J. Clément (1er août) et meurt (2 août) après avoir reconnu le roi de Navarre comme son successeur légitime.

HENRI IV (Pau 1553 - Paris 1610), roi de Navarre (Henri III) [1572-1610], roi de France (1589-1610), second fils d'Antoine de Bourbon et de Jeanne III d'Albret. Chef du parti protestant dès l'âge de seize ans, il devient roi de Navarre à la mort de sa mère et épouse Marguerite de Valois (1572). Par une abjuration, il échappe au massacre de la Saint-Barthélemy (24 août 1572). Revenu au calvinisme (1576), il reprend la tête du parti protestant. À la mort du duc d'Anjou (1584), il devient l'héritier présomptif de la Couronne de France. Mais la Ligue, conduite par Henri Ier, duc de Guise, contraint Henri III à déclarer sa déchéance (1585) et lui oppose son oncle le cardinal de Bourbon. Allié aux puissances protestantes européennes (1584), il prend les armes contre les ligueurs, qu'il bat à Coutras (1587), puis se rapproche d'Henri III (entrevue de Plessis-lez-Tours, 30 avr. 1589), qui assiège Paris avec lui et le reconnaît comme son successeur légitime à sa mort (2 août 1589). Devenu roi de France mais reconnu seulement par cinq villes du royaume, il poursuit la lutte contre les ligueurs, qu'il bat à Arques (sept. 1589) et à Ivry (mars 1590), mais échoue devant Paris (août 1590). La lassitude générale l'incite à abjurer le protestantisme (Saint-Denis, 25 juill. 1593). Il se fait alors sacrer à Chartres (27 févr. 1594) et entre dans Paris (22 mars). Les dernières résistances de la Ligue cèdent (1595) ; les Espagnols, vaincus à Fontaine-Française (1595) et à Amiens (1597), doivent signer la paix de Vervins (1598). La paix intérieure qui clôt les guerres de Religion est scellée par l'édit de Nantes (13 avr. 1598), qui accorde aux protestants un statut de tolérance. Le réalisme politique d'Henri IV assure le respect de cet édit en donnant des gages aux catholiques : le roi épouse ainsi Marie de Médicis (1600), rappelle les jésuites (1603) et favorise la « renaissance catholique ».

Le règne d'Henri IV est une étape décisive dans l'instauration de l'absolutisme. L'autorité du monarque, qui gouverne seul, s'affirme contre le parlement. Dans les provinces, les gouverneurs sont confirmés dans leurs fonctions militaires. La haute noblesse est écartée du pouvoir et ses complots sont sévèrement réprimés (exécution du maréchal de Biron, 1602). Le relèvement économique et financier de la France, appauvrie par les guerres de Religion, est une tâche prioritaire du roi et de ses ministres. Sully parvient à équilibrer le budget (1601-1610) et à constituer des réserves, mais au prix de la création de la paulette (1604). La production agricole s'améliore grâce aux méthodes d'O. de Serres. Sous l'influence mercantiliste de B. de Laffemas, Henri IV prend des mesures protectionnistes, fonde des manufactures (dont celle des Gobelins) et perfectionne les voies de communication (routes, construction du canal de Briare, etc.). À l'extérieur, Henri IV jette les bases de la Nouvelle-France en soutenant Champlain, qui fonde Québec (1608). Une courte guerre contre la Savoie lui permet d'annexer la Bresse, le Bugey, le Valromey et le pays de Gex (traité de Lyon, 1601). Voulant abaisser les Habsbourg, il s'allie aux princes protestants allemands de l'Union évangélique (1608) et prépare la guerre contre l'Autriche et l'Espagne catholiques. La perspective de cette guerre explique son assassinat par Ravaillac (14 mai 1610), probablement pousssé par d'anciens ligueurs.

• *Les arts à l'époque d'Henri IV.* Le roi fit entreprendre à Paris de grands travaux d'urbanisme : places Royale (auj. des Vosges) et Dauphine, d'une sobre architecture de brique et de pierre. Mais le goût pour des édifices en pierre au riche décor sculpté ne se perdit pas (hôtel Sully, Paris). Les arts décoratifs ont bénéficié de l'intérêt du roi : c'est sur sa volonté que fut inauguré l'usage de loger dans la Galerie du Louvre des artistes et des artisans privilégiés, tels que lissiers, orfèvres et, plus tard, ébénistes. Le décor intérieur de l'époque est marqué par l'activité de la seconde école de Fontainebleau*.

HENRI-IV *(lycée)*, lycée parisien situé près du Panthéon, et pourvu de classes de préparation aux grandes écoles. Ses bâtiments occupent l'emplacement de l'ancienne abbaye Sainte-Geneviève. Il prit en 1815 son nom actuel.

HENRI V → CHAMBORD (comte de).

BAVIÈRE ET SAXE

HENRI IV, duc de Bavière → HENRI II, empereur.

HENRI VI, duc de Bavière → HENRI III, empereur.

HENRI le Lion (Ravensburg 1129 - Brunswick 1195), duc de Saxe (1142-1180) et de Bavière (1156-1180). Il étendit le duché de Saxe aux dépens de ses voisins slaves et enleva Lübeck à Adolphe de Holstein (1158). Il refusa d'aider Frédéric Ier Barberousse lors de l'expédition italienne de 1176. Mis au ban de l'Empire (1179), privé de ses possessions (1180) à l'exception de Brunswick, il s'exila en Angleterre. Profitant du départ de Barberousse en croisade (1189), il essaya vainement de reprendre ses États. Il se réconcilia avec Henri VI (1194).

CASTILLE ET LEÓN

HENRI Ier (1203 - Palencia 1217), roi de Castille (1214-1217), fils et successeur d'Alphonse VIII. — **Henri II** *le Magnifique* (Séville 1333 ou 1334 - Santo Domingo de la Calzada 1379), comte de Trastamare, roi de Castille et de León (1369-1379), fils naturel d'Alphonse XI. Disputant la couronne de Castille à son demi-frère, Pierre Ier le Cruel, il se proclama roi en 1366 puis sollicita l'aide de Charles V, roi de France, qui lui envoya Du Guesclin à la tête des Grandes Compagnies. Vaincu à Nájera (1367), il remporta la victoire de Montiel (1369), qui lui assura le trône castillan. — **Henri III** *le Maladif* (Burgos 1379 - Tolède 1406), roi de Castille et de León (1390-1406), fils et successeur de Jean Ier, poursuivit une politique d'expansion et entreprit notamment la conquête des Canaries (1402). — **Henri IV** *l'Impuissant* (Valladolid 1425 - Madrid 1474), roi de Castille et de León (1454-1474). Fils de Jean II et époux de Jeanne de Portugal, il déshérita sa fille Jeanne la Beltraneja (dont les Grands contestaient la légitimité) au profit de son frère Alphonse puis, après la mort de ce dernier, de sa sœur Isabelle (future Isabelle Ire la Catholique).

CHYPRE

HENRI Ier DE LUSIGNAN (Nicosie 1217 - *id.* 1253), roi de Chypre (1218-1253). Fils d'Hugues Ier de Lusignan, il reçut à Nicosie Louis IX (1248) aux côtés de qui il participa à la 7e croisade (1249). — **Henri II de Lusignan** (1271 - Strovils 1324), roi de Chypre et de Jérusalem (1285-1324), fils d'Hugues III de Lusignan, ne put empêcher les Mamelouks d'achever la conquête du royaume de Jérusalem (1291).

ANGLETERRE ET GRANDE-BRETAGNE

HENRI Ier Beauclerc (Selby, Yorkshire, 1069 - Lyons-la-Forêt 1135), roi d'Angleterre (1100-1135) et duc de Normandie (1106-1135), quatrième fils de Guillaume le Conquérant. Reprenant la politique de son père, il entreprit en Angleterre une importante œuvre législative et renforça l'efficacité de l'administration. Il conquit la Normandie sur son frère Robert Courteheuse (victoire de Tinchebray, 1106) et déjoua les entreprises du roi de France Louis VI (victoire de Brémule, 1119). Il s'assura l'alliance de la maison d'Anjou en mariant sa fille Mathilde à Geoffroi Plantagenêt (v. 1128).

HENRI II (Le Mans 1133 - Chinon 1189), fils de Geoffroi V Plantagenêt et de Mathilde, duc de Normandie (1150-1189), comte d'Anjou (1151-1189) et duc d'Aquitaine (1152-1189) [par son mariage avec Aliénor], roi d'Angleterre (1154-1189). Succédant à Étienne de Blois sur le trône d'Angleterre, il rétablit rapidement l'ordre et l'autorité monarchique et entreprend de donner une certaine unité à ses vastes domaines. Il réorganise l'administration anglo-normande et déploie une intense activité législative. Cette œuvre réformatrice heurte les privilèges des barons et de l'Église. S'appuyant sur les classes moyennes, il lutte contre l'opposition féodale et reprend l'Église en main. Un dramatique conflit l'oppose à l'archevêque de Canterbury, Thomas Becket, qui refuse d'approuver les constitutions de Clarendon (1164) ; le prélat est assassiné (1170) et le roi doit se soumettre à une pénitence publique. À l'extérieur, il lutte avec succès contre Louis VII et consolide son domaine français. Il tente de conquérir l'Irlande (1170) et oblige le roi d'Écosse Guillaume le Lion à lui prêter hommage (1173). La fin de sa vie sera assombrie par la révolte de ses fils Henri (1173 et 1183), Richard (1173 et 1188-89) et Jean (1189).

HENRI III (Winchester 1207 - Westminster 1272), roi d'Angleterre (1216-1272) et duc d'Aquitaine, fils aîné de Jean sans Terre. Pendant sa minorité, Guillaume de Pembroke puis Hubert de Burgh gouvernent jusqu'en 1232. Prince faible, influencé par son entourage d'origine française, trop docile envers Rome, il se laisse entraîner dans une politique continentale coûteuse. Battu par Louis IX à Taillebourg et à Saintes (1242), il perd le Poitou, la Saintonge et l'Auvergne au traité de Paris (1259). En 1258, les barons révoltés, dirigés par Simon de Montfort, imposent au roi les provisions d'Oxford, déclenchant une guerre civile. Battu et fait prisonnier à Lewes (1264), Henri III parvient à recouvrer son autorité après la défaite et la mort de Simon de Montfort à Evesham (1265).

HENRI IV (Bolingbroke, Lincolnshire, 1366 - Westminster 1413), duc de Lancastre, puis roi d'Angleterre (1399-1413). Exilé en 1398, il revint en Angleterre et, soutenu par une partie de la noblesse, obligea Richard II à abdiquer (1399) et lui succéda. Cette usurpation lui aliéna une partie de ses alliés, qui se révoltèrent à plusieurs reprises. Il dut également affronter le soulèvement des Gallois (1400-1408), soutenus par l'Écosse et par la France. Il réprima durement le lollardisme.

Henri IV, fresque historique en deux parties de W. Shakespeare (1597-98) sur l'avènement des Lancastre. La puissance tragique se mêle à la bouffonnerie de Falstaff, débauché, vantard et poltron.

HENRI V (Monmouth 1387 - Vincennes 1422), roi d'Angleterre (1413-1422), fils d'Henri IV. Il réprima avec vigueur l'opposition religieuse (lollards) et les factions. Exploitant la querelle des Armagnacs et des Bourguignons, il débarqua en haute Normandie, remporta la bataille d'Azincourt (oct. 1415) et acheva la conquête de la Normandie. Il obtint par le traité de Troyes (1420) la main de Catherine de France et la régence du royaume, avec la promesse de succession pour le fils né de ce mariage.

Henri V, drame patriotique de W. Shakespeare (1598-99). Le prince, devenu roi, impose par la force l'unité aux régions, comme aux élans et aux âmes.

HENRI VI (Windsor 1421 - Londres 1471), roi d'Angleterre (1422-1461 et 1470-71), fils d'Henri V et de Catherine de France. Il est proclamé roi de France à la mort de Charles VI. Pendant sa minorité, la régence est laissée à Bedford, qui réside en France pour mieux diriger les opérations militaires. D'abord victorieux, il échoue devant Orléans (1428-29), et la réconciliation de Charles VII avec Philippe de Bourgogne l'élimine de France, où il perd la totalité des possessions anglaises sauf Calais. Cependant, en Angleterre, la paix est troublée par l'agitation fomentée par son oncle Gloucester, combattu par le cardinal Henri de Beaufort. Ses échecs continentaux contribuent à disqualifier Henri, et ses droits à la couronne sont contestés en faveur de Richard d'York, provoquant la guerre des Deux-Roses. Détrôné par Édouard d'York (1461), restauré par Warwick (1470), il est vaincu peu après et emprisonné à la Tour de Londres, où il est assassiné.

Henri VI, drame historique de W. Shakespeare en trois parties (1589-1592). Cette œuvre décrit l'Angleterre déchirée par les luttes intestines.

HENRI VII (château de Pembroke 1457 - Richmond, Londres, 1509), roi d'Angleterre (1485-1509), fils d'Edmond Tudor, comte de Richmond, et de Marguerite Beaufort. Il vainquit Richard III, tué à Bosworth (1485). Dernier héritier des Lancastre par sa mère, son mariage avec Élisabeth d'York mit fin à la guerre des Deux-Roses. Il restaura l'autorité royale et assura à l'Angleterre une longue période de prospérité.

HENRI VIII (Greenwich 1491 - Westminster 1547), roi d'Angleterre (1509-1547) et d'Irlande (1541-1547), deuxième fils et successeur du précédent. Peu après son avènement, il épouse Catherine d'Aragon, veuve de son frère aîné, Arthur. La première partie de son règne est dominée par la personnalité du cardinal Wolsey, qui mène une politique extérieure active, où s'esquisse une idée d'équilibre entre les grandes puissances continentales. Henri VIII se joint à la Sainte Ligue (1511), bat les Français à Guinegatte (1513) puis, la même année, écrase les Écossais, alliés de Louis XII, à Flodden. Le danger français écarté, il se retire de la Ligue (1514). Inquiet des ambitions de François Ier (entrevue du Camp du Drap d'or, 1520), il s'engage aux côtés de Charles Quint jusqu'en 1527, puis se tourne momentanément vers la France. Décidé à répudier Catherine d'Aragon, qui ne lui a donné qu'une fille, Marie Tudor, il entre en lutte avec Rome. Wolsey est disgracié (1529) et, sous l'influence de ses conseillers Thomas Cromwell et Crammer, archevêque de Canterbury, le roi rompt avec la papauté et épouse Anne Boleyn (1533). En 1534, l'Acte de suprématie fait définitivement passer l'Église d'Angleterre sous l'autorité royale. Cela provoque l'opposition des catholiques, qu'il réprime sévèrement comme il pourchasse l'opposition des protestants. Dans le même temps, il détruit les derniers vestiges d'indépendance féodale et rattache en 1536 le pays de Galles à l'Angleterre. Il se fait proclamer roi d'Irlande en 1541 et vainc l'Écosse à Solway Moss (1542) sans parvenir à en évincer l'influence française. Son désir de donner un héritier à la Couronne explique en partie ses mariages successifs (après Catherine d'Aragon, répudiée en 1533, et Anne Boleyn, mère d'Élisabeth, décapitée en 1536, il a épousé Jeanne Seymour [mère du futur Édouard VI], Anne de Clèves, Catherine Howard [exécutée en 1542] et Catherine Parr). Son règne centralisateur a permis l'affermissement du pouvoir royal, et ses ambitions européennes, stimulant l'effort naval, font de lui le créateur de la puissance maritime anglaise.

Henri VIII, drame historique de W. Shakespeare, écrit sans doute en collaboration avec John Fletcher (1612-13).

PAYS-BAS

HENRI DE MECKLEMBOURG-SCHWERIN (Schwerin 1876 - La Haye 1934), prince des Pays-Bas (1911-1934), fils du grand-duc Frédéric-François II. Il épousa, en 1901, Wilhelmine, reine des Pays-Bas.

PORTUGAL

HENRI DE BOURGOGNE (Dijon v. 1057 - Astorga v. 1112), comte de Portugal (1097 - v. 1112). Petit-fils de Robert Ier, duc de Bourgogne, il épousa (1095) la fille d'Alphonse VI, roi de Castille et de León, qui lui donna le comté de Portugal. À la mort d'Alphonse VI, il se rendit indépendant.

HENRI le Navigateur, prince portugais (Porto 1394 - Sagres 1460). Fils du roi Jean Ier, il tenta de tourner les itinéraires tenus par l'islām pour atteindre l'Inde ou le royaume mythique du Prêtre Jean. Établi à Sagres, près du cap Saint-Vincent, il poursuivit l'exploration des côtes africaines. Il favorisa notamment la découverte de Madère (1418), des Açores (1432-1457), du Río de Oro (1436), du Sénégal (1445) et de la Gambie (1456).

HENRI le Cardinal (Lisbonne 1512 - Almeirim 1580), roi de Portugal (1578-1580), fils du roi Manuel Ier le Grand. Archevêque de Braga (1534) puis cardinal (1565), il succéda au roi Sébastien en 1578. À sa mort, Philippe II, roi d'Espagne, s'empara du Portugal (1580).

SICILE

HENRI Ier, roi de Sicile → HENRI VI, empereur germanique.

DIVERS

HENRI de Valenciennes, chroniqueur français du XIIIe s., auteur d'une *Histoire de l'empereur Henri de Constantinople,* qui relate les événements survenus dans l'Empire latin de Constantinople de 1206 à 1216.

HENRI d'Andely, poète ayant vécu à Paris entre 1220 et 1240, auteur du *Lai d'Aristote.*

HENRI de Gand, philosophe et théologien des anciens Pays-Bas (Gand 1217 ? - Tournai 1293). Platonicien, il participa à la condamnation de saint Thomas (1277) et mit en avant une théorie de la connaissance axée sur le concept d'idée*.

HENRI de Meissen → HEINRICH VON MEISSEN.

Henri d'Ofterdingen, roman inachevé de Novalis (1799). Inspiré par la légende d'Henri d'Ofterdingen, minnesänger du XIIIe s., Novalis développe dans cette œuvre l'image du poète à la recherche de l'idéal.

HENRICHEMONT (18250), ch.-l. de cant. du Cher, dans le Sancerrois ; 1 877 hab. *(Henriche-*

montais). Fondée en 1608 par Sully, la ville fut construite sur un plan régulier.

HENRICIA n. f. Belle étoile de mer rouge des côtes atlantiques françaises.

HENRIETTE-ANNE ou **HENRIETTE D'ANGLETERRE,** duchesse d'Orléans (Exeter 1644 - Saint-Cloud 1670). Fille de Charles Ier, roi d'Angleterre, et d'Henriette-Marie de France, épouse (1661) de Philippe Ier, duc d'Orléans, frère de Louis XIV, elle contribua à la conclusion du traité de Douvres (1670). Bossuet prononça son oraison funèbre.

HENRIETTE-ANNE DE FRANCE, princesse française (Versailles 1727 - *id.* 1752). Fille aînée de Louis XV et de Marie Leszczyńska, elle reçut le titre de *Madame Seconde* ou *Madame Henriette* (1739).

HENRIETTE-MARIE DE FRANCE, reine d'Angleterre (Paris 1609 - Colombes 1669). Fille cadette d'Henri IV et de Marie de Médicis, elle épousa (1625) Charles Ier, roi d'Angleterre, dont elle soutint la politique intransigeante. Son oraison funèbre fut prononcée par Bossuet.

HENRIOT (Émile), écrivain et critique littéraire français (Paris 1889 - *id.* 1961). On lui doit des romans (*Aricie Brun ou les Vertus bourgeoises,* 1924), des souvenirs et d'importants travaux de critique littéraire (*Courrier littéraire,* 1922-1959). [Acad. fr., 1945.]

HENRIOT (Philippe), homme politique français (Reims 1889 - Paris 1944). Député de Bordeaux (1932-1940), représentant de l'extrême droite, éditorialiste de Radio-Vichy, devenu l'un des chefs de la Milice, il fut secrétaire d'État à l'Information et à la Propagande en janv. 1944.

HENRI-ROBERT (Robert Henri, dit), avocat français (Paris 1863 - *id.* 1936). Bâtonnier du barreau de Paris en 1914, il plaidait avec une sobriété d'éloquence qui fit école (*l'Avocat,* 1923). [Acad. fr., 1923.]

HENRY n. m. (de J. *Henry,* n. pr.). Unité SI d'inductance électrique (symb. H), équivalant à l'inductance électrique d'un circuit fermé dans lequel une force électromotrice de 1 volt est produite lorsque le courant électrique qui parcourt le circuit varie uniformément à raison de 1 ampère par seconde.

HENRY (William), physicien et chimiste britannique (Manchester 1775 - Pendlebury 1836). Il découvrit en 1803 la loi approchée qui porte son nom : « La solubilité d'un gaz dans un liquide est, à température donnée, proportionnelle à la pression de ce gaz au-dessus de la solution. »

HENRY (Joseph), physicien américain (Albany, New York, 1797 - Washington 1878). Il est surtout connu pour sa découverte, en 1832, de l'auto-induction et de l'extracourant de rupture.

HENRY (Hubert Joseph), officier français (Pogny, Marne, 1846 - Mont-Valérien 1898). Affecté au Service des renseignements en 1877 puis en 1893, il fut accusé, en 1898, au cours du procès Zola, d'avoir « fabriqué », en oct. 1896, une lettre de l'attaché militaire italien à son collègue allemand, mettant en cause Dreyfus. Arrêté (30 août 1898), il se suicida.

HENRY (Paul) [Nancy 1848 - Montrouge 1905] et son frère Prosper (Nancy 1849 - Pralognan 1903), astronomes français, pionniers de la photographie de champs stellaires, célèbres pour leur habileté à tailler et polir les pièces optiques des instruments astronomiques.

HENRY (Charles), savant et érudit français (Bollwiller, Haut-Rhin, 1859 - Versailles 1926). On lui doit d'importants travaux de psychologie expérimentale, d'acoustique, d'optique et d'histoire des sciences. Avec des écrits comme l'*Introduction à une esthétique scientifique* (1884) et le *Cercle chromatique* [...] (1888), il a fortement influencé les peintres néo-impressionnistes.

HENRY (William Sydney Porter, dit **O.**) → O. Henry.

HENRY (Maurice), dessinateur, peintre et poète français (Cambrai 1907 - Milan 1984). Membre du groupe « le Grand Jeu », puis lié aux surréalistes, il a donné des dessins d'un humour insolite, des « objets surréalistes » et de nombreux poèmes.

HENRY (Louis), démographe français (Saint-Girons 1911 - Brunoy 1991). Spécialiste de l'analyse statistique des populations, il fut un pionnier de l'utilisation des registres paroissiaux.

HENRY (Pierre), compositeur français (Paris 1927). Il s'est entièrement consacré à la musique électroacoustique, genre dont il est un des pionniers. En 1949, il rejoint Pierre Schaeffer, avec qui il produit quelques œuvres marquantes : *Bidule en « ut »* (1949), *Symphonie pour un homme seul* (1950) et *Orphée 51* (1951). Chef des travaux (1950-1958) au Groupe de musique concrète fondé par P. Schaeffer, il fonde ensuite le studio Apsome. En 1955, il entame une collaboration suivie avec Maurice Béjart. Il conquiert un vaste public avec *la Noire à soixante* (1961) et *Variations pour une porte et un soupir* (1963). Suivront notamment *Messe pour le temps présent* (sur une chorégraphie de M. Béjart, 1967), *l'Apocalypse de Jean* (1968), oratorio en forme d'immense fresque (recréé en 1990 sous le titre *la Grande Apocalypse*), et *Ceremony* (1969), où se rejoignent pop music et électroacoustique, *Futuristie* (1975), *Noces chymiques* (1980), *Hugo-Symphonie* (1985), *le Livre des morts égyptien* (1990).

HENZADA, v. de Birmanie, sur l'Irrawaddy, au N.-O. de Rangoon ; 283 700 hab.

HENZE (Hans Werner), compositeur allemand (Gütersloh 1926). Après avoir travaillé avec R. Leibowitz et à Darmstadt, il s'installe en Italie (1953). Il utilise les techniques sérielles mais est un des premiers à les abandonner. Sa célébrité s'accroît grâce à une succession d'opéras : *Elegie für junge Liebende* (1961), *Die Bassariden* (1965). Parallèlement naissent ses 5 premières symphonies (de 1947 à 1962). À partir de 1967 environ, ses œuvres deviennent le reflet de ses engagements : c'est le cas, par exemple, de la 6e symphonie (La Havane, 1969), d'*El Cimarrón* (1970). Henze reste un grand compositeur d'opéras (*El Rey de Harlem,* 1980 ; *la Chatte anglaise,* 1982 ; *la Mer trahie,* 1990). Il a écrit la musique des films *les Désarrois de l'élève Törless* (1966) et *l'Honneur perdu de Katharina Blum* (1975) [de V. Schlöndorff].

***HEP !** interj. Sert à appeler, à héler : *Hep ! Taxi !*

HÉPARINATE n. m. Sel d'héparine.

HÉPARINE n. f. (gr. *hêpar,* foie). Substance anticoagulante naturelle, présente dans tous les tissus animaux et notamment dans le foie, d'où on l'extrait.
ENCYCL. L'héparine agit par inhibition de la formation et de l'action de la thrombine ; elle s'oppose aussi aux actions de la thromboplastine et des plaquettes. Elle est utilisée au cours des hémodialyses, de toute chirurgie comportant une circulation extracorporelle et dans tous les cas d'obstruction artérielle par thrombose ou embolie.

HÉPATALGIE n. f. Douleur au niveau du foie.

HÉPATECTOMIE n. f. Ablation chirurgicale, partielle ou totale, du foie.

1. HÉPATIQUE adj. (lat. *hepaticus,* du gr. *hêpatikos*). **1.** Relatif au foie. — **2.** *Artère hépatique,* une des trois branches du tronc cœliaque, donnant toute la vascularisation artérielle du foie. ‖ *Canal hépatique,* canal biliaire qui reçoit les canalicules biliaires par l'intermédiaire de deux branches (droite et gauche) et qui se continue par le canal cholédoque après avoir reçu le canal cystique. ‖ *Colique hépatique,* accès aigu dans la lithiase biliaire. ‖ *Insuffisance hépatique,* état caractérisé par une diminution d'activité des fonctions du foie.
◆ n. Personne qui souffre du foie.

2. HÉPATIQUE n. f. (de *hépatique 1*). **1.** Plante bryophyte vivant surtout dans les régions chaudes et humides, le plus souvent sur la terre, les rochers ou appliquée sur les troncs d'arbre. (On distingue dans cette classe les *hépatiques à thalle* [marchantiales, anthocérotales, sphaerocarpales] et les *hépatiques à feuilles,* à tiges feuillées, souvent couchées, les plus nombreuses [la plupart des jungermanniales].) [→ *encycl.*] — **2.** Herbe (renonculacée) très voisine des anémones, originaire de l'Europe, de la Sibérie et de l'Amérique du Nord. (*Hepatica triloba,* vivace, à floraison précoce, à feuilles persistant l'hiver, pousse dans les taillis et les rocailles, mais on l'utilise aussi dans les jardins.)
ENCYCL. L'intérêt phylogénétique des hépatiques est considérable, du fait de leurs ressemblances respectives avec les mousses, les algues et les lycopodes, selon l'espèce considérée, en particulier quant au développement respectif du sporophyte et du gamétophyte.

HÉPATISATION n. f. (gr. *hêpatidzein,* avoir l'apparence du foie). Lésion inflammatoire pulmonaire ayant l'apparence et la consistance du foie.

HÉPATISME n. m. *Vx.* Maladie chronique du foie.

HÉPATITE n. f. (lat. sc. mod. *hepatitis,* du gr. *hêpatitis*). Toute maladie inflammatoire du foie.
ENCYCL. **Pathol.** On distingue les hépatites toxiques, les hépatites infectieuses et les hépatites virales. Les *hépatites toxiques* résultent de l'ingestion d'un produit toxique médicamenteux (chlorpromazine, iproniazide) ou chimique (tétrachlorure de carbone, par ex.). Les *hépatites infectieuses* sont dues à des parasites ou à des bactéries (amibiase, leptospirose, etc.). Les *hépatites virales* peuvent être causées par cinq types de virus. Le *virus A,* transmis par les aliments et les boissons, est responsable de l'*hépatite endémique,* bénigne. Le *virus B,* transmis par le sang (transfusion, injection faite avec une aiguille contaminée), la salive et le sperme, est responsable de l'*hépatite d'inoculation,* qui donne davantage de complications et peut devenir chronique. Les *virus C, D* et *E* sont moins bien connus, bien que l'*hépatite C* semble très répandue. Bien qu'elle soit fréquemment presque asymptomatique, l'hépatite virale débute habituellement par un syndrome pseudogrippal et par quelques troubles digestifs suivis souvent d'un ictère (jaunisse), régressant en trois semaines et laissant parfois une asthénie durable. S'il n'existe pas de véritable traitement de la cause, la prévention est en revanche assurée par la vaccination, qui existe déjà pour les hépatites A et B.
— **Vétér.** L'*hépatite infectieuse du chien,* ou maladie de Rubarth, est causée par un ultravirus ; l'*hépatite infectieuse nécrosante des ovins* est due à des germes anaérobies ; l'*hépatite nodulaire nécrosante,* causée par un bacille, s'observe chez le bœuf, le mouton et le cheval ; l'*hépatite du poulet* est d'origine virale.

HÉPATO-BILIAIRE adj. (pl. *hépato-biliaires*). Relatif au foie et aux voies biliaires.

HÉPATOCARCINOME n. m. Cancer primitif du foie.

HÉPATOCYTE n. m. Cellule hépatique.

HÉPATOGRAPHIE n. f. Radiographie du foie.

HÉPATOLENTICULAIRE adj. *Dégénérescence hépatolenticulaire,* maladie héréditaire à transmission autosomique récessive portant sur le métabolisme du cuivre, associant à une cirrhose du foie des lésions des noyaux gris centraux, des troubles pigmentaires et dont l'évolution peut se faire vers la démence.

HÉPATOLOGIE n. f. Étude du foie et de ses maladies.

HÉPATOLOGUE n. Médecin spécialiste d'hépatologie.

HÉPATOME n. m. Tumeur du foie, bénigne ou maligne, constituée d'hépatocytes.

HÉPATOMÉGALIE n. f. Augmentation anormale du volume du foie.

HÉPATONÉPHRITE n. f. Affection grave d'origine toxique (plomb, phosphore, arsenic, etc.) ou infectieuse (leptospirose ictéro-hémorragique, fièvre jaune, etc.), touchant à la fois le foie et le rein.

HÉPATOPANCRÉAS [-kreas] n. m. Important organe digestif des mollusques et de divers invertébrés, leur servant à la fois de pancréas et de foie.

HÉPATORRAPHIE n. f. Suture d'une plaie du foie.

HÉPATOSCOPIE n. f. Forme de divination qui recourt à l'examen du foie d'un animal sacrifié.

HÉPATOTOMIE n. f. Incision du foie.

HEPBURN (James), comte **de Bothwell** → BOTHWELL.

HEPBURN (Katharine), actrice américaine (Hartford, Connecticut, 1907). Sous la direction de George Cukor, elle a tourné *les Quatre Filles du docteur March* (1933), *Sylvia Scarlett* (1935), *Vacances* (1938) et *Indiscrétions* (1940). Elle s'impose également avec d'autres réalisateurs dans *l'Impossible Monsieur Bébé* (1938), *African Queen* (1952), *Soudain l'été dernier* (1959), *Devine qui vient dîner* (1967), *Un lion en hiver* (1968), *la Folle de Chaillot* (1969), *la Maison du lac* (1981).

HEPBURN (Audrey), actrice de cinéma américaine (Bruxelles 1929 - Tolochenaz, près de Lausanne, 1993). Elle débute en 1950 et remporte un succès à Hollywood, en 1953, dans *Vacances romaines.* Son charme acidulé, son esprit et sa distinction s'affirment dans *Sabrina* (1954), *Guerre et Paix* (1956), *Drôle de frimousse* (1957), *le Vent de la plaine* (1960), *Diamants sur canapé* (1961), *la Rumeur* (1962), *Charade* (1963), *My Fair Lady* (1964), *la Rose et la Flèche* (1976).

HEPHAÏSTOS, dieu grec du Feu, à l'origine du feu souterrain, puis des foyers domestiques et artisanaux, maître des arts de la forge et du travail des métaux. Fils d'Héra, forgeron des dieux, boiteux, il eut le cruel destin d'aimer les créatures les plus belles : Charis, Aglaé et Aphrodite. C'est le *Vulcain* des Romains.

HÉPHESTION, général macédonien, fils d'Amyntor (en Macédoine - Ecbatane 324 av. J.-C.). Alexandre, qui avait fait de lui le second personnage de l'Empire, lui accorda des funérailles royales.

HEPHTHALITES, fraction orientale des Huns, appelés aussi Huns Blancs.

HÉPIALE n. m. Papillon allongé dont la chenille attaque les racines de nombreuses plantes.

HEPPLEWHITE (George), ébéniste et ornemaniste anglais († Londres 1786). Son atelier semble avoir été prospère. Il doit sa renommée à la parution posthume (1788) d'un recueil qui traduit en termes pratiques les modèles de meubles de style néoclassique conçus par J. et R. Adam.

HEPTAÈDRE n. m. Solide qui a sept faces.

HEPTAÉDRIQUE adj. Relatif à l'heptaèdre.

HEPTAGONAL, E, AUX adj. Qui a sept angles.

HEPTAGONE n. m. (bas lat. *heptagonus,* du gr. *heptagônos*). Polygone qui a sept angles et, par conséquent, sept côtés.

Heptaméron *(l'),* recueil de soixante-douze nouvelles, par Marguerite d'Angoulême, dans le goût du *Décaméron* de Boccace (1559). Dans le cadre de N.-D. de Sarrance, près de Cauterets, cinq seigneurs et cinq dames échangent des histoires tragiques ou joyeuses, suivies de commentaires moralisateurs.

HEPTAMÈTRE adj. et n. m. (bas lat. *heptametrum*). Se dit d'un vers de sept pieds.

HEPTAMINOL n. m. Corps synthétique dont le chlorhydrate est utilisé comme cardiotonique, dilatateur des coronaires et diurétique.

HEPTANAL n. m. Aldéhyde de formule $C_6H_{13}{-}CH{=}O$. (Sous-produit de la fabrication du polyamide 11 [Rilsan], il est employé à la fabrication de l'heptanol et de l'heptyne.)

HEPTANE n. m. Hydrocarbure saturé C_7H_{16}, utilisé comme étalon pour la définition de l'indice d'octane des essences.

HEPTANÈSE → IONIENNES (îles).

HEPTANOÏQUE adj. *Acide heptanoïque,* acide $C_6H_{13}{-}CO_2H$. (Son ester éthylique est employé pour parfumer des essences de fruits artificielles.)

HEPTANOL n. m. Nom générique des alcools C_7H_{15}—OH dérivant de l'heptane. (Les esters de l'hetpanol-1 sont employés comme plastifiants.) [Syn. ALCOOL HEPTYLIQUE.]

HEPTANONE n. f. Nom générique des cétones $C_7H_{14}O$ dérivant de l'heptane. (L'heptanone-2 est un constituant des essences de cannelle et de clou de girofle ainsi qu'un solvant industriel.)

HEPTAPERFORÉ, E adj. *Poudre heptaperforée,* poudre pyrotechnique en forme de cylindre percé de sept canaux parallèles à l'axe.

HEPTARCHIE n. f. Nom donné à l'organisation politique des Anglo-Saxons aux VIe-IXe s., parce que sept royaumes de quelque importance se formèrent successivement (Kent, Sussex, Wessex, East Anglia, Essex, Northumbrie, Mercie).

HEPTASYLLABE adj. et n. m. Se dit d'un vers de sept syllabes.

HEPTATHLON n. m. Épreuve d'athlétisme féminin remplaçant (depuis 1981) le pentathlon et combinant les résultats de sept courses ou concours (100 m haies, 200 m, 800 m, hauteur, longueur, poids et javelot).

HEPTÈNE n. m. Nom générique des hydrocarbures éthyléniques dérivant de l'heptane.

HEPTOSE n. m. Nom générique des oses dérivant de l'heptane.

HEPTYLIQUE adj. *Alcool heptylique,* syn. de HEPTANOL.

HEPTYNE n. m. **1.** Nom générique des hydrocarbures acétyléniques C_7H_{12} dérivant de l'heptane. (L'heptyne-1 est utilisé en parfumerie.) — **2.** Nom donné en parfumerie à l'heptynecarboxylate d'éthyle, à odeur prononcée de violette.

HEPWORTH (Barbara), sculpteur britannique (Wakefield 1903 - Saint Ives, Cornwall, 1975). Choisissant l'art abstrait vers 1934 (après son mariage avec le peintre Ben Nicholson), elle est passée de la géométrie à un lyrisme dépouillé pour créer, notamment dans le bois, souvent évidé, des formes d'un équilibre subtil et monumental.

HÉRA, divinité grecque du Mariage, symbolisant la grandeur et la souveraineté maternelles. Fille de Cronos et de Rhéa, elle épousa son frère Zeus, et cette union devint, malgré infidélités et querelles, le modèle des mariages humains. Héra était aussi une divinité de la Terre féconde, de la Végétation printanière et des Fleurs. À Rome, on l'identifia avec *Junon.*

HÉRACLÉE, en gr. **Hêrakleia,** en lat. **Heraclea,** nom de plusieurs villes antiques parmi lesquelles : **Heraclea Pontica,** auj. *Ereğli,* sur la mer Noire (Bithynie), fondée au VIe s. av. J.-C. ; — **Heraclea Minoa,** auj. *Platani,* située sur la côte sud de la Sicile, longtemps disputée entre Carthaginois et Syracusains ; — **Heraclée de Lucanie,** auj. *Policoro,* colonie de Tarente (v. 433 av. J.-C.) où Pyrrhos battit les Romains en 280 av. J. C.

HÉRACLÉOPOLIS, en gr. **Hêrakleopolis,** nom donné par les Grecs à la ville égyptienne de Het-nen-nesout (auj. Ahnas el-Médinet), située à l'entrée du Fayoum*. Le dieu de la ville, le bélier Herishef, fut identifié par les Grecs à Héraclès.

HÉRACLÈS, héros de la mythologie grecque, personnification de la Force. Il est apparenté et identifié à l'*Hercule** romain. Dans les versions légendaires classiques, il était fils de Zeus et d'Alcmène, femme d'Amphitryon. Héra envoya deux serpents pour le dévorer dans son berceau ; mais il les étouffa de ses mains. Après divers exploits, il se rendit à Thèbes, où il épousa Mégara, fille de Créon. Dans un accès de folie, il la tua avec leurs enfants communs. Pour expier ce crime, la Pythie l'envoya auprès du roi de Tirynthe, Eurysthée, qui lui imposa une série d'épreuves, les douze *travaux d'Héraclès :* 1° tuer le lion de Némée ; 2° tuer l'hydre de Lerne ; 3° s'emparer de la biche de Cérynie ; 4° capturer le sanglier d'Érymanthe ; 5° abattre les oiseaux du lac Stymphale ; 6° nettoyer les écuries d'Augias ; 7° capturer le taureau crétois de Minos ; 8° dompter les cavales de Diomède ; 9° s'emparer de la ceinture de l'Amazone Hippolyte ; 10° capturer les bœufs de Géryon ; 11° cueillir les pommes d'or du jardin des Hespérides ; 12° enchaîner Cerbère. Armé de sa massue, il avait aussi, à travers le monde, exterminé les tyrans, les brigands et les monstres, pris part à l'expédition des Argonautes, tué le géant Antée et le centaure Nessos, séparé les montagnes de Calpé et d'Abyla (les *colonnes d'Hercule*), délivré Prométhée, combattu les dieux eux-mêmes, etc. Il épousa Déjanire, qu'il délaissa, et celle-ci lui envoya une tunique trempée dans le sang de Nessos. Brûlé par le vêtement empoisonné, il dressa un bûcher sur le mont Œta et se jeta dans les flammes. Il fut admis dans l'Olympe et reçut l'immortalité en épousant Hébé.

Pythagoriciens, cyniques et stoïciens ont contribué à faire d'Héraclès un dieu juste et compatissant. Héraclès était honoré dans de nombreux sanctuaires du monde méditerranéen. Il était le protecteur des gymnases et le dieu qui écartait les dangers.

— **Iconogr.** Héraclès apparaît d'abord comme un guerrier armé de l'épée puis de l'arc et de la massue (fronton d'Égine). Il est revêtu de la peau du lion de Némée, dont le mufle est rabattu sur le front. Ses exploits ont été un des sujets de prédilection des peintres de vases, et le décor sculpté des monuments illustre souvent ses

« travaux » (frise et fronton du trésor de Siphnos et frise du trésor des Athéniens à Delphes ; métopes du temple de Zeus à Olympie). Lysippe fixe un type athlétique à la musculature un peu excessive (*Héraclès Farnèse* de Naples).
— **Littér.** Très populaire en Grèce et en Italie, Héraclès est représenté par les écrivains comme un héros à la fois athlétique et compatissant. Ses exploits sont évoqués dans *l'Iliade, l'Énéide, le Bouclier d'Héraclès* d'Hésiode, *les Épinicies* de Pindare. La légende de la tunique de Nessos a inspiré *les Trachiniennes* de Sophocle et *Hercule sur l'Œta* de Sénèque ; la folie du héros est le thème d'*Héraclès furieux* d'Euripide et d'*Hercule furieux* de Sénèque.

HÉRACLIDE DU PONT, philosophe grec (Héraclée du Pont 388 ? - 310 ? av. J.-C.). Il fut disciple de Platon, qui lui confia la direction de l'Académie. Il fut le premier astronome qui admit la rotation de la Terre autour de son axe.

HÉRACLIDES, nom patronymique des descendants mythiques d'Héraclès, et spécialement des chefs doriens. L'invasion dorienne est ainsi représentée dans la légende comme un retour d'héritiers dépossédés par Eurysthée.

HÉRACLITE d'Éphèse, philosophe grec (v. 550 - v. 480 av. J.-C.). Sa philosophie est fondée sur le changement, la transformation, qu'il appelle « flux ». L'être est fait tout entier de cette mobilité qui unit dans son élan les éléments contraires au moyen de ce que Héraclite appelle le « logos », qui est à la fois lutte et union des contraires.

HÉRACLIUS Ier (en Cappadoce v. 575 -641), empereur byzantin (610-641). Fils de l'exarque de Carthage, il renverse l'usurpateur Phokas (610), puis entreprend le redressement de l'Empire. Il réorganise l'armée, puis conclut la paix avec le khãn des Avars (620). Il refoule les Perses sur l'Euphrate, pénètre en Azerbaïdjan (623) et en Arménie (624-625). Les Perses le rejettent sur le Caucase et, avec l'appui des Avars, des Bulgares et des Slaves, attaquent Constantinople (626). Héraclius reprend l'offensive (627), occupe la Géorgie, détruit l'armée perse près de Ninive et marche sur Ctésiphon. Les Perses rendent à l'Empire leurs conquêtes et la vraie Croix, qu'Héraclius rapporte triomphalement à Jérusalem (630). Mais, tirant profit de l'épuisement des deux adversaires, les Arabes s'emparent de la Syrie (635), détruisent l'armée byzantine sur le Yarmouk (636), enlèvent Jérusalem (638) et conquièrent la Mésopotamie (639) et l'Égypte (639-642). À l'intérieur, Héraclius, cherchant un compromis entre monophysites et orthodoxes, soutient le monothélisme, aggravant la confusion. — Son fils, **Héraclius II** *Héraclonas* (618 - Rhodes ? 645), empereur byzantin (641), fut contraint de couronner son neveu, Constant II (sept. 641) ; une émeute le chassa peu après (nov. 641).

HÉRAÏON [erajɔn] n. m. (mot gr.). Sanctuaire d'Héra.

ENCYCL. L'*héraïon d'Argos,* lieu de culte national des Argiens, entre Mycènes et Argos, présente les restes d'un temple du VIIIe s. av. J.-C. et, plus bas, ceux du nouveau temple, construit après 420 av. J.-C., qui contenait la statue chryséléphantine de la divinité, œuvre de Polyclète ; des fragments des frontons et de la frise ont été retrouvés. L'*héraïon de Samos,* construit à l'emplacement d'un lieu de culte du IIe millénaire, est un des centres d'élaboration du temple ionique. D'autres sanctuaires d'Héra furent célèbres dans l'Antiquité, en particulier en Grande-Grèce (Crotone, Paestum).

HÊRAKLÊS → HÉRACLÈS.

HÊRAKLION → IRÁKLION.

HÉRALDIQUE adj. (bas lat. *heraldicus,* de *heraldus,* héraut). **1.** Relatif aux armoiries. — **2.** *Art héraldique,* exécution des armoiries par la peinture ou tout autre art graphique ou plastique, conformément aux règles.

◆ n. f. Discipline ayant pour objet la connaissance et l'étude des armoiries.

ENCYCL. Les armoiries sont soumises dans leur composition à des règles spéciales. Elles sont décrites suivant un ordre précis et des principes stricts qui sont ceux du *blason.* L'écu est le support des armoiries, qui peuvent exceptionnellement se réduire à lui seul. L'écu est considéré comme placé sur un buste humain ; la *dextre* apparaît à gauche de celui qui le regarde, la *senestre* à sa droite. Il est teinté d'émaux divisés en couleurs (*gueules* pour le rouge, *azur* le bleu, *sable* le noir, *sinople* le vert, *pourpre* le violet), en métaux (or et argent) et en fourrures (dessins conventionnels pour l'*hermine* et pour le *vair*). Le *champ* est la surface de l'écu sur laquelle sont représentées les *figures* (pièces, meubles, partitions). L'écu est généralement accompagné d'ornements extérieurs (timbres, décorations, colliers d'ordre, devises...).

L'apparition des armoiries en Occident au milieu du XIIe s. est liée à l'évolution des combattants. Ceux-ci, rendus méconnaissables sous leur équipement, avaient pris l'habitude de faire peindre sur leur bouclier des figures — animales, végétales, géométriques — servant à les identifier au cœur de la mêlée. D'abord individuelles et réservées aux seuls chevaliers, les armoiries devinrent progressivement héréditaires. À partir du XIIIe s, leur emploi s'étendit aux femmes, aux ecclésiastiques, aux « bourgeois » et aux artisans

et paysans ; enfin, par la suite, aux communautés civiles et religieuses et aux institutions.
Utile pour l'historien et l'archéologue dans la mesure où elle permet de dater ou de connaître l'appartenance de tout objet ou de tout monument orné d'un blason, voire de distinguer deux familles homonymes, l'héraldique forme en elle-même un art par l'extrême richesse de son écriture et de sa symbolique.

HÉRALDISTE n. Spécialiste d'héraldique.

HERĀT → HARĀT.

HÉRAULT, fl. du Languedoc, descendu de l'Aigoual ; 160 km (bassin d'env. 2 500 km²). L'Hérault traverse les Cévennes et les plateaux des Garrigues, dans des gorges sauvages, puis la plaine couverte de vignes, avant de rejoindre la Méditerranée par le grau d'Agde. Son régime est marqué par des crues subites qui ont nécessité l'aménagement de son bassin.

HÉRAULT (34), dép. de la Région Languedoc-Roussillon ; ch.-l. de dép. *Montpellier ;* ch.-l. d'arrond. *Béziers, Lodève ;* 3 arrond. ; 49 cant. ; 343 comm. ; 6 101 km² ; 794 603 hab. (*Héraultais*). Le dép. appartient à l'académie et à la cour d'appel de Montpellier, à la région militaire Méditerranée.
Le département s'étend à l'O. et au N. sur l'extrémité méridionale du Massif central et sur une partie de l'aride plateau des Garrigues, régions dépeuplées. Au S., en retrait d'un littoral bas et sablonneux, bordé d'étangs, il occupe la majeure partie de la plaine du Languedoc, grande région productrice de vins courants. Grâce à l'irrigation, les cultures fruitières et légumières ont progressé. En dehors des activités liées aux traitements des produits du sol, l'industrie est représentée par l'extraction de la bauxite, l'industrie chimique, l'électronique. L'importance du tertiaire est liée à celle de l'urbanisation (Montpellier regroupe plus du tiers de la population du département) et s'est accrue aussi avec le développement de stations balnéaires (dont La Grande-Motte).

HÉRAULT DE SÉCHELLES (Marie Jean), magistrat et homme politique français (Paris 1759 - *id.* 1794). Député à l'Assemblée législative (1791) puis à la Convention (1792), qu'il présida en 1793, il ne put empêcher l'arrestation des Girondins (2 juin). Membre du Comité de salut public, il fut arrêté et guillotiné à l'instigation de Saint-Just (1794).

***HÉRAUT** n. m. (frq. *heriwald,* de **hari,* armée, et **wald,* chef). **1.** En Grèce et à Rome, messager chargé de porter les ordres du prince, de faire les annonces dans les assemblées et de déclarer la guerre. — **2.** *Litt.* Personne qui annonce quelque événement remarquable. — **3.** *Héraut d'armes,* au Moyen Âge, officier d'une cour souveraine chargé de porter les déclarations de guerre, de donner le signal des combats, de publier la paix et de vérifier les titres nobiliaires.

HERBACÉ, E adj. (lat. *herbaceus*). **1.** Qui a l'aspect, qui est de la nature de l'herbe. (S'oppose à *ligneux.*) — **2.** *Plante herbacée,* syn. de HERBE.

HERBAGE n. m. (de *herbe*). Prairie permanente ou temporaire, pâturée par le bétail.

◆ **herbages** n. m. pl. Vieux filets auxquels sont fixés des chevrons et qui sont utilisés pour la pêche au corail.

1. HERBAGER, ÈRE n. Syn. de EMBOUCHEUR.

◆ **herbagère** n. f. Installation pour faire germer des graines et obtenir des plantules destinées à l'alimentation du bétail ou humaine (germes de soja).

2. HERBAGER v. t. (conj. **17**). Mettre des bestiaux à l'herbage.

HERBART (Johann Friedrich), philosophe et pédagogue allemand (Oldenburg 1776 - Göttingen 1841). Il pense que la vie psychique est constituée par le résultat des tensions contraires correspondant aux forces diverses que suscitent les représentations. L'éducation doit ainsi s'appuyer sur les mécanismes qui permettent la transmission des valeurs de civilisation auxquelles nous sommes attachés. Il a écrit *Allgemeine Pädagogik* (1806).

HERBAUDIÈRE (l'), petit port de pêche et de plaisance de l'île de Noirmoutier (Vendée).

HERBAULT (41190), ch.-l. de cant. de Loir-et-Cher, à 16 km à l'O. de Blois ; 1 024 hab. Château du XVIIIe s.

HERBE n. f. (lat. *herba*). **1.** Plante dont la tige molle et verte meurt chaque année. (Syn. PLANTE HERBACÉE.) — **2.** Petite plante qui pousse naturellement partout quand les conditions lui sont favorables. — **3.** Végétation naturelle de plantes herbacées diverses ; gazon : *Déjeuner sur l'herbe.* — **4.** *Fam.* Nom donné à la marihuana. — **5.** *Couper, faucher l'herbe sous le pied à qqn,* le supplanter en le devançant. ‖ *En herbe,* se dit d'une graminée qui n'a pas formé ses épis ; indique que qqn de jeune manifeste des aptitudes dans une activité : *Un avocat en herbe.* ‖ *Mauvaise herbe,* plante nuisible aux cultures ; adolescent plus ou moins proche de la délinquance ; mauvais sujet. ‖ *Pousser comme de la mauvaise herbe,* pousser rapidement, facilement.

◆ **herbes** n. f. pl. *Fines herbes,* assortiment de plantes aromatiques (cerfeuil, ciboulette, estragon, persil). ‖ *Herbes marines,* algues, goémon, etc. ‖ *Herbes médicinales* ou *officinales,* herbes employées en pharmacie. (Syn. anc. SIMPLES.)

HERBÉ (Paul), architecte et urbaniste français (Reims 1903 - Paris 1963). Les structures tendues de l'ingénieur Bernard Lafaille lui permirent de réaliser en 1935, avec Robert Camelot, le pavillon français de l'exposition de Zagreb. Associé dans l'après-guerre avec Jean Le Couteur, il a donné les plans de la cathédrale d'Alger, en paraboloïde de révolution (1958, René Sarger ingénieur-conseil).

HERBE-AUX-CHATS n. f. Nom usuel commun à la *chataire* et à la *valériane*.

HERBERAY DES ESSARTS (Nicolas D'), écrivain français (Picardie ? - 1552). Il a traduit de l'espagnol de nombreux romans, dont les huit premiers livres d'*Amadis de Gaule* (1540-1548).

HERBERT (William), 1er comte **de Pembroke** (v. 1501 - Twickenham, Middlesex, 1570). Le mariage de sa belle-sœur Catherine Parr avec Henri VIII (1543) assura sa fortune. Il servit Marie Tudor et garda son influence à la Cour après l'avènement d'Élisabeth.

HERBERT (George), poète anglais (Montgomery, pays de Galles, 1593 - Bemerton, Wiltshire, 1633), auteur du *Temple* (1633), chef-d'œuvre de la poésie religieuse anglaise.

HERBERT (George), comte **de Carnarvon** → CARNARVON.

HERBERT (Xavier), romancier australien (Port Hedland, Australie-Occidentale, 1901 - Alice Springs, Territoire-du-Nord, 1984). Outre son roman *Capricornia* (1938), féroce critique du racisme des Australiens à l'égard des aborigènes, il a publié *Sept Émeus* (1959), *Mon pauvre pays* (1975).

HERBERT (Frank), écrivain américain de science-fiction (Tacoma 1920 - Madison 1986). Dans *Dune* (1965-1985), il a créé de toutes pièces un univers sur une planète désertique. Il a aussi publié *la Ruche d'Hellstrom* (1973).

HERBERT (Zbigniew), écrivain polonais (Lwów 1924). Poète (*Monsieur Cogito,* 1974 ; *Rapport de la ville assiégée,* 1983), dramaturge (*la Caverne des philosophes,* 1956) et essayiste (*Un barbare dans le jardin,* 1962), il a placé l'homme dans sa tradition historique et culturelle.

HERBETTE n. f. *Litt.* Herbe courte et menue.

HERBEUX, EUSE adj. (lat. *herbosus*). Où pousse de l'herbe.

HERBICIDE adj. et n. m. Se dit d'un produit chimique utilisé pour détruire les mauvaises herbes. (Un herbicide est total s'il détruit toutes sortes de plantes ou sélectif s'il tue seulement les mauvaises herbes apparues dans une culture.) [Syn. DÉSHERBANT.]

HERBIER n. m. (de *herbe*). **1.** Collection de plantes ou de parties de plantes desséchées sous presse, étiquetées et nommées avec rigueur, qui servent pour les études de systématique. (→ *encycl.*) — **2.** Institut où sont conservées ces plantes séchées. — **3.** Prairie sous-marine du bas de la zone des marées, composée, sur les côtes françaises, de zostères et de posidonies.

ENCYCL. Les herbiers sont constitués par des échantillons, aussi complets que possible, de la plante considérée, desséchée, pressée et accompagnée d'une étiquette indiquant le lieu, la date de la récolte et le nom du collecteur. Cet échantillon ainsi préparé est dénommé « part d'herbier ». Quand il s'agit d'une plante nouvelle pour la science, l'échantillon est considéré comme le « type » de l'espèce. L'herbier du Muséum national d'histoire naturelle de Paris, par exemple, possède env. 6 500 000 parts et un très grand nombre de types (200 000).

HERBIERS (Les) [85500], ch.-l. de cant. de la Vendée, dans le Bocage vendéen ; 13 688 hab. (*Herbretais*). Église du XVe s. (clocher du XIIe). Centre commercial. Chaussures. Meubles. Bateaux de plaisance. Constructions mécaniques. Confection.

HERBIGNAC (44410), ch.-l. de cant. de la Loire-Atlantique, au N.-O. de la Brière ; 4 191 hab.

HERBIN (Auguste), peintre français (Quiévy, Nord, 1882 - Paris 1960). Complètement abstrait à partir de 1926, il a élaboré une sorte d'alphabet de formes géométriques rigoureuses, peintes de couleurs contrastées en aplats. Il a écrit *l'Art non-figuratif non-objectif* (1949).

HERBIVORE adj. et n. m. Se dit d'un vertébré qui se nourrit d'herbes et de plantes basses. (Pour les insectes, on dit plutôt *phytophage* et, pour l'homme, *végétarien.*)

ENCYCL. Les vertébrés herbivores ont toujours un intestin bien plus long que celui des carnivores, et ils abritent souvent une flore bactérienne qui leur permet de digérer la cellulose. Cette flore est logée dans un estomac compartimenté (panse des ruminants) ou dans un diverticule intestinal (cæcum). Les mammifères herbivores ont acquis une denture spécialisée : incisives coupantes ou bourrelet corné, dents jugales broyeuses à croissance continue ou prolongée, présentant chez l'adulte une « table d'usure » (surface d'abrasion) caractéristique des divers groupes.

HERBLAY (95220), ch.-l. de cant. du Val-d'Oise, sur la Seine ; 22 435 hab. *(Herblaysiens)*. Église des XIe-XVIe s.

HERBORISATION n. f. Action d'herboriser.

HERBORISER v. i. (de *herboriste*) [conj. 3]. Recueillir des plantes sauvages soit pour les étudier, soit pour en faire un herbier, des tisanes, etc.

HERBORISTE n. (du lat. *herbula,* petite herbe). Personne exerçant le commerce des plantes médicinales.

HERBORISTERIE n. f. **1.** Commerce des plantes médicinales ou hygiéniques. — **2.** Local où ces plantes sont conservées, conditionnées, délivrées.

HERBRAND (Jacques HERBRANT, dit), logicien français (Paris 1908 - Saint-Christophe-en-Oisans, Isère, 1931, dans un accident de montagne). Il est l'auteur d'un théorème fondamental dans la logique des prédicats. On a publié de lui *Écrits logiques* (1968).

HERBST (René), architecte et artiste décorateur français (Paris 1891 - *id.* 1982). Il a exécuté dès 1926 des meubles en acier et, en 1938, au Salon d'automne, a participé à la première présentation d'éléments d'architecture préfabriqués. Il fut un des fondateurs de l'Union des artistes modernes (1929) et de l'association Formes utiles (1949).

HERBU, E adj. Couvert d'une herbe abondante. ◆ **herbu** n. m. Fond marin recouvert de tangue fixée par la végétation.

HERCULANO (Alexandre), poète et historien portugais (Lisbonne 1810 - Vale de Lobos, près de Santarém, 1877). Représentant du mouvement romantique et libéral, il exposa son idéal politique dans des libelles en vers. Il étudia en outre l'histoire de son pays (*Historia de Portugal,* 1846-1853).

HERCULANUM, v. de la Campanie antique, à l'E. de Naples, sur les pentes du Vésuve (auj. *Ercolano*). Elle a été, comme Pompéi, Stabies et Oplontis, détruite par l'éruption du Vésuve, le 24 août 79 apr. J.-C. Du VIIIe au Ve s. av. J.-C., elle fut probablement habitée par une population mêlée d'Osques, d'Étrusques et de Grecs. Vers la fin du Ve s. av. J.-C., elle fut conquise par les Samnites puis transformée en municipe romain en 89 av. J.-C. Le site fut découvert en 1709, mais le dégagement complet avec conservation ne fut entrepris qu'au XIXe s., puis poursuivi à partir de 1927. Le centre de l'agglomération est constitué par une large rue est-ouest, le *decumanus maximus,* donnant accès à plusieurs édifices publics. Les maisons de la ville, pour la plupart à atrium central, avaient gardé leur décoration de peinture et de mosaïque, et souvent leur mobilier de bois, préservé par la boue. Les plus remarquables sont la « maison samnite » avec sa décoration de Ier style (stucs peints imitant des revêtements de marbre précieux), la « maison de l'atrium », à mosaïque, décorée en IIIe style sous le règne de Claude, la « maison de Neptune et d'Amphitrite » avec son nymphée revêtu de mosaïques murales. De nombreuses œuvres d'art et peintures murales sont conservées au musée de Naples.

HERCULE n. m. (de *Hercule,* n. pr.). **1.** Homme d'une très grande force physique. — **2.** *Hercule de foire,* lutteur qui s'exhibe dans les foires et les fêtes foraines, qui exécute des tours de force.

HERCULE, dieu romain. À Rome, il était un protecteur du sol et de la bonne foi commerciale ainsi qu'un dieu des armées. C'est par l'Étrurie et par les colonies grecques de l'Italie méridionale que la religion d'Héraclès fut connue des Latins. (Pour les travaux d'Hercule → HÉRACLÈS.)
— **Iconogr.** À la suite des artistes antiques (→ HÉRACLÈS), peintres et sculpteurs occidentaux ont souvent représenté le héros. Dans les œuvres médiévales, Hercule représente la Force, vertu cardinale ; ce symbolisme se retrouve dans l'iconographie des entrées royales françaises : Henri IV, Louis XIII et Louis XIV y sont représentés en Hercule, et de même sur certaines médailles. L'histoire et les travaux du héros ont fait l'objet de maintes suites iconographiques (peintures et sculpture des Pollaiolo*, peintures d'Annibal Carrache [palais Farnèse], G. Reni, Le Brun [hôtel Lambert à Paris], etc.).

HERCULE (en lat. *Hercules, -is*), constellation boréale, l'une des plus étendues du ciel, entre la Lyre et la Couronne boréale. Elle contient notamment l'amas globulaire M 13, découvert par Edmond Halley en 1714, visible à l'œil nu (magnit. 4 à 5).

HERCULÉEN, ENNE adj. Qui est digne d'un hercule ; titanesque : *Force herculéenne.*

HERCYNIEN n. m. (lat. *Hercynia silva,* forêt Hercynienne). Cycle orogénique du paléozoïque supérieur, compris entre le dévonien (– 400 MA) et la fin du permien (– 240 MA), défini en Europe, où la chaîne hercynienne est morcelée en massifs anciens.

HERCYNITE n. f. (de *hercynien*). Variété magnésienne de spinelle, dont la formule est $FeAl_2O_4$.

***HERD-BOOK** [œrdbuk] n. m. (pl. *herd-books*) [angl. *herd-book,* de *herd,* troupeau, et *book,* livre]. Livre généalogique des espèces bovine et porcine.

HERDER (Johann Gottfried), écrivain allemand (Mohrungen, Prusse-Orientale, 1744 - Weimar 1803). Fils d'un tisserand, disciple de Kant, il entra en relation avec Diderot et les Encyclopédistes, puis avec Goethe, sur qui il exerça une profonde influence. L'un des principaux promoteurs du *Sturm* und Drang,* hostile au classicisme et favorable aux littératures populaires et nationales (*Fragments sur la littérature allemande,* 1767 ; *Silves critiques,* 1769), il rassembla dans les *Chansons de tous les peuples* (1778-79) les grandes poésies primitives (la Bible, Homère, Shakespeare, Ossian). Il créa une théorie de l'évolution des organisations humaines (*Idées sur la philosophie de l'histoire de l'humanité,* 1784-1791 ; *Lettres sur les progrès de l'humanité,* 1793-1797).

1. *HÈRE n. m. (anc. fr. *haire,* malheureux). Litt. *Pauvre hère,* homme misérable, lamentable.

2. *HÈRE n. m. (néerl. *hert,* cerf). Faon mâle, de six mois à un an, avant la sortie des bois.

HÉRÉ DE CORNY (Emmanuel), architecte français (Nancy 1705 - Lunéville 1763). Élève de Boffrand, il a conduit, pour Stanislas Leszczyński, l'urbanisation du centre de Nancy (places Stanislas et de la Carrière, palais du Gouvernement). Il a publié plusieurs recueils d'architecture.

HEREDIA (José María DE), poète cubain (Santiago de Cuba 1803 - Toluca, Mexique, 1839). Exilé à la suite d'un complot contre l'Espagne, il se réfugia aux États-Unis puis au Mexique. Il célébra, dans une poésie de forme classique mais d'inspiration romantique, la beauté des paysages américains et sa nostalgie (*l'Ode au Niagara,* 1824).

HEREDIA (José Maria DE), poète français (La Fortuna, près de Santiago de Cuba, 1842 - château de Bourdonné, près de Houdan, 1905), cousin du précédent. Français par sa mère, il vint de bonne heure en France, où il fut élève de l'École des chartes puis conservateur de la bibliothèque de l'Arsenal en 1901. Il a donné avec *les Trophées* (1893) l'expression la plus parfaite de l'esthétique parnassienne. (Acad. fr., 1894.)

HÉRÉDITAIRE adj. (lat. *hereditarius*). **1.** Qui se transmet selon les lois génétiques de l'hérédité. — **2.** Se dit d'une disposition, d'une manière d'être héritée des parents et des ancêtres : *Un goût héréditaire du commandement.* — **3.** Qui se maintient de génération en génération par tradition, par habitude : *L'ennemi héréditaire de la famille.* — **4.** Qui se transmet par succession.

HÉRÉDITAIREMENT adv. D'une manière héréditaire.

HÉRÉDITÉ n. f. (lat. *hereditas, -atis,* succession). **1.** Transmission de caractères normaux ou pathologiques d'une génération aux suivantes. (La partie de la biologie qui étudie les lois de l'hérédité est la génétique.) — **2.** Ensemble des dispositions physiques ou morales transmises des parents à leurs descendants. — **3.** Fam. *Avoir une hérédité chargée, une lourde hérédité,* avoir hérité des défauts majeurs de sa famille. ‖ *Action en pétition d'hérédité,* action en justice par laquelle une personne qui se prétend héritière réclame la reconnaissance de son droit héréditaire.

HÉRÉDOSYPHILIS [-lis] n. f. *Vx.* Nom donné naguère à la syphilis, que l'on croyait transmise par hérédité.

HÉRÉDOSYPHILITIQUE adj. et n. *Vx.* Atteint d'hérédosyphilis.

***HEREFORD** [ɛrfɔrd] adj. et n. (de *Hereford,* n. pr.). Se dit d'une race de bovins à viande, d'origine anglaise, très répandue en Amérique du Nord.

HEREFORD, v. de Grande-Bretagne, à proximité du pays de Galles *(comté de Hereford and Worcester),* sur la Wye ; 47 700 hab. Remarquable cathédrale, reconstruite pour l'essentiel en style normand à partir de la fin du XIe s.

HÉRELLE (Félix Hubert D'), médecin et microbiologiste canadien (Montréal 1873 Paris 1949). Il a découvert l'importance du phénomène des bactériophages.

HÉRENS *(val d'),* vallée de Suisse (Valais), drainée par la Borgne, affl. du Rhône. Stations touristiques.

HERENT, comm. de Belgique (Brabant flamand), au N.-O. de Louvain ; 16 000 hab. Église des XIIe-XVIIe s.

HERENTALS, comm. de Belgique (prov. d'Anvers), sur le canal Albert ; 24 000 hab. Carrefour ferroviaire. Mécanique. Église surtout du XVe s. (œuvres d'art).

HEREROS, peuple habitant la Namibie et le Botswana, et parlant une langue bantoue. Ils sont au nombre de 30 000.

HÉRÉSIARQUE n. (gr. *hairesiarkhês,* de *hairesis,* hérésie, et *arkhos,* chef). Propagateur d'une hérésie ; chef d'une secte hérétique.

HÉRÉSIE n. f. (lat. *haeresis,* opinion, du gr. *hairesis,* choix, de *haireîn,* saisir). **1.** Selon la théologie catholique, conception erronée en matière de foi d'un élément essentiel du dépôt révélé, ou refus volontaire d'admettre comme telle une vérité définie par le magistère. — **2.** Dans une religion constituée, doctrine qui s'oppose à l'orthodoxie, au dogme. — **3.** Idée, opinion, pratique qui s'oppose aux idées, aux opinions généralement admises : *Une hérésie scientifique.*

HÉRÉTIQUE adj. et n. (bas lat. *haereticus,* du gr. *hairetikos*). **1.** Qui professe ou soutient une hérésie religieuse. — **2.** Qui professe ou soutient des opinions contraires à celles qui sont généralement considérées comme vraies ou justes dans un groupe déterminé : *Être un hérétique en littérature.*

◆ adj. Entaché d'hérésie, qui constitue une hérésie : *Une doctrine hérétique.*

HERFORD, v. d'Allemagne (Rhénanie-du-Nord-Westphalie) ; 63 400 hab. Églises gothiques. Constructions mécaniques et électriques. Mobilier.

HERGÉ (Georges REMI, dit), créateur belge de bandes dessinées (Etterbeek, près de Bruxelles, 1907 - Bruxelles 1983), auteur des aventures de *Tintin et Milou,* dont les premières parurent en 1929.

HÉRIAT (Raymond PAYELLE, dit **Philippe**), écrivain français (Paris 1898 - *id.* 1971). Auteur de la trilogie des Boussardel (1939, 1946, 1957), il a aussi publié des pièces de théâtre (*les Joies de la famille,* 1961).

HÉRIBAN n. m. (bas lat. *heribannum*). Convocation pour le service militaire, à l'époque mérovingienne ; taxe qui remplaçait le service militaire.

HÉRICOURT (70400), ch.-l. de cant. de la Haute-Saône, au N. de Montbéliard ; 9 937 hab. Industries mécaniques et textiles. Défaite du général Bourbaki par les Allemands en janv. 1871. (→ *guerre* FRANCO-ALLEMANDE.)

HÉRIMONCOURT (25310), ch.-l. de cant. du Doubs, au S.-E. de Montbéliard ; 3 983 hab. Constructions mécaniques.

Hering *(illusion de),* illusion optico-géométrique dans laquelle des droites parallèles semblent incurvées vers l'intérieur lorsqu'elles sont striées par des traits obliques rayonnant à partir d'un point.

HERISAU, v. de Suisse (cant. d' Appenzell), ch.-l. du demi-canton des Rhodes-Extérieures, au S.-O. de Saint-Gall ; 15 624 hab. Église surtout du XVIe s. Maisons anciennes. Textile. Chimie.

***HÉRISSEMENT** n. m. **1.** Action de hérisser ; fait d'être hérissé. — **2.** *Litt.* Fait pour qqn d'être irrité, énervé, en colère.

***HÉRISSER** v. t. (lat. pop. **hericiare,* du lat. class. *ericius,* hérisson) [conj. 3]. **1.** Dresser ses poils, ses plumes : *Le chat hérisse ses poils.* — **2.** Faire dresser les poils, les plumes, les cheveux : *La peur hérissait ses cheveux.* — **3.** Garnir qqch d'objets pointus, aigus, saillants : *Hérisser un mur de tessons de bouteilles.* — **4.** Se dresser sur une surface : *Des piquets qui hérissent le sol.* — **5.** Constituer un ensemble de difficultés, de détails piquants ou marquants : *Les difficultés qui ont hérissé son chemin ne l'ont pas arrêté.* — **6.** Mettre qqn de mauvaise humeur, l'irriter, l'horripiler : *Ses questions idiotes me hérissent (le poil).*

◆ **se hérisser** v. pr., **être hérissé** v. pass. **1.** Être droit et raide (poils, plumes, cheveux) : *Cheveux hérissés sur la tête.* — **2.** Se couvrir de choses dressées : *Rues qui se hérissent de barricades.* — **3.** Dresser son poil, ses plumes : *Le chat est hérissé de colère.* — **4.** S'irriter, prendre une attitude hostile : *À la moindre allusion, il se hérisse.* — **5.** Être parsemé de choses difficiles, rébarbatives : *Travail hérissé de difficultés.*

***HÉRISSON** n. m. (lat. pop. **hericio, -onis,* du lat. class. *ericius*). **1.** Mammifère insectivore d'Eurasie tempérée, caractérisé par ses piquants dorsaux et sa faculté de se rouler en boule. (Le hérisson, animal solitaire, nocturne, mange des insectes et des vers de terre, limaces, œufs d'oiseaux. L'hiver, il hiberne longuement.) — **2.** *Fam.* Personne qui a les cheveux qui se dressent sur la tête, qui est mal coiffée. — **3.** *Fam.* Personne qui a mauvais caractère ou qui est particulièrement de mauvaise humeur. • **Agric.** Organe rotatif muni de doigts radiaux servant à disperser le fumier transporté par une remorque épandeuse. — **Bât.** Assemblage de pointes de fer disposé sur le faîte d'un mur pour en empêcher l'escalade. ‖ Couche de blocs de pierre servant de fondations. — **Chauff.** Ustensile constitué d'une tige garnie de lames métalliques flexibles, servant à ramoner les cheminées. — **Ménag.** Ensemble de couronnes de métal étagées pour faire égoutter les bouteilles. (Syn. ÉGOUTTOIR À BOUTEILLES.) — **Mil.** Obstacle fait d'une poutre hérissée de pointes de fer, qui était utilisé comme cheval de frise. ‖ *Défense en hérisson,* autref., formation d'infanterie compacte pour résister, avec les piques ou avec les baïonnettes, aux charges de cavalerie ; auj., défense d'un point d'appui isolé face à toutes les directions. — **Text.** Petit cylindre métallique garni de dents inclinées, utilisé dans certaines cardes et machines d'étirage pour fibres longues. — **Trav. publ.** Couche de fondation de chaussée constituée de grosses pierres posées sur chant. — **Zool.** Nom commercial de diverses coquilles comestibles du genre *murex.* ‖ *Hérisson de mer,* autre nom de l'*oursin.*

***HÉRISSONNE** adj. f. (de *hérisson*). *Chenille hérissonne,* chenille de divers papillons nocturnes, couverte de longs poils dressés et serrés. (Syn. CHENILLE OURSONNE.)

HÉRITABILITÉ n. f. (angl. *heritability*). Ressemblance d'individus apparentés, pour un caractère donné, due à des causes génétiques ou environnementales.

HÉRITABLE adj. Qui est transmis selon les lois de l'hérédité.

HÉRITAGE n. m. (de *hériter*). **1.** Bien(s) acquis ou transmis par voie de succession : *Il a laissé à ses enfants un héritage important.* — **2.** Ce qu'on tient de prédécesseurs, de générations antérieures, sur le plan du caractère, de l'idéologie, etc. : *Un riche héritage culturel.* — **3.** Ce qui est laissé par les prédécesseurs et qui est pénible à assumer : *Le lourd héritage du gouvernement précédent.* – **4.** *Faire un héritage,* recueillir la succession de qqn. ‖ *Oncle, tante à héritage,* dont on escompte un héritage à leur décès.

HÉRITER v. t. ind. (bas lat. *hereditare,* du lat. class. *heres, -edis,* héritier) [conj. 3]. **1.** Être l'héritier de qqn : *Il a hérité d'un oncle éloigné.* – **2.** Être l'héritier d'un bien : *Hériter d'une fortune considérable.* – **3.** Avoir reçu qqch par hérédité : *Ton fils a hérité de ton sale caractère.* – **4.** Être marqué par qqn ou qqch, en avoir gardé certains caractères : *Hériter d'une longue tradition humaniste.* – **5.** Tenir qqch de qqn d'autre, en partic. des prédécesseurs : *J'ai hérité de son vieux réfrigérateur.* – **6.** Se voir doté de ce qui, antérieurement, était affecté ailleurs : *Le salon hérita des tentures de l'ancienne chambre.*

◆ v. i. Faire, recueillir un héritage ; recevoir des biens par voie de succession : *Ce sont ses enfants qui hériteront.*

◆ v. t. **1.** Recevoir de qqn qqch par voie d'héritage : *Il a hérité une grande maison de ses parents.* – **2.** Recevoir par hérédité un caractère de qqn : *Elle a hérité de son père ses magnifiques yeux bleus.*

HÉRITIER, ÈRE n. (lat. *hereditarius,* de *hereditas, -atis,* hérédité). **1.** Toute personne qui hérite d'un défunt, qui reçoit des biens en héritage : *L'unique héritière d'un riche industriel.* – **2.** *Litt.* Personne qui a en perspective un bel héritage : *Épouser une héritière.* – **3.** Personne marquée par le caractère d'un prédécesseur, d'un mouvement ou qui continue une doctrine, une pensée, etc. : *L'héritier spirituel d'un philosophe.* – **4.** *Fam.* Enfant : *Sa femme attendait un héritier.* – **5.** *Héritier apparent,* personne qui dispose des biens d'un défunt dont elle apparaît l'héritier le plus proche, alors que la succession revient en droit à un autre héritier. ‖ *Héritier par le sang,* parent auquel la loi donne vocation pour recueillir les biens d'une personne au décès de cette dernière.

HERLÈVE → ARLETTE.

HERMAN (Woodrow CHARLES, dit **Woody**), clarinettiste, saxophoniste, chanteur et chef d'orchestre de jazz américain (Milwaukee 1913 - Los Angeles 1987). Il a été l'un des plus importants chefs d'orchestre du jazz blanc. Parmi ses enregistrements, on peut citer *At the Woodchopper's Ball* (1939), *Four Brothers* (1947), *Mo-Lasses* (1962), *Opus de Funk* (1965).

HERMANARIC ou **ERMANRIC,** roi des Ostrogoths († 375). Il fonda entre le Dniestr et le Don un vaste empire ayant Kiev pour capitale.

Hermandad *(Santa)* ou **Sainte-Hermandad,** institution espagnole créée en 1476 par les Rois Catholiques pour veiller à la sécurité publique dans les royaumes de Castille et de León. Administrée par un conseil général établi à Tolède et dotée d'une milice de fantassins et de cavaliers, elle fut réduite à un rôle de police rurale en 1498. Elle subsista jusqu'en 1835.

HERMANN → ARMINIUS.

Hermann *(la Bataille d'),* poème dramatique de Klopstock (1769), le premier d'une trilogie consacrée à la gloire d'Arminius et qui se poursuit avec *Hermann et les Princes* (1784) et *la Mort d'Hermann* (1787). Le sujet a également été traité sous le même titre par Heinrich von Kleist (1808).

HERMANN de Salza (Salza v. 1170 - Salerne 1239). Grand maître de l'ordre Teutonique (1209-1239), il mena à partir de 1226 la conquête de la Prusse pour le compte de l'ordre.

Hermann et Dorothée, poème en 9 chants de Goethe (1797) : une idylle bourgeoise au temps de la Révolution française.

HERMANS (Willem Frederik), poète et romancier néerlandais (Amsterdam 1921 - Utrecht 1995). Marqué par Wittgenstein et le surréalisme, polémiste féroce, il a exprimé la révolte d'une génération sacrifiée par la guerre (*la Chambre noire de Damoclès,* 1958 ; *la Chevalière,* 1984).

HERMANT (Abel), écrivain français (Paris 1862 - Chantilly 1950). Chroniqueur des mœurs contemporaines (*les Transatlantiques,* 1897 ; *les Trains de luxe,* 1908), il défendit ses idées sur le bon langage sous le pseudonyme de **Lancelot** et fut le principal auteur de la *Grammaire de l'Académie française* (1932). Élu à l'Académie française en 1927, il en fut exclu en 1944, puis fut condamné en 1945 pour son attitude durant l'Occupation.

HERMANVILLE-SUR-MER (14880), comm. du Calvados, sur la Manche ; 2 115 hab. Station balnéaire.

HERMAPHRODISME n. m. (de *hermaphrodite*). **1.** Présence normale et fonctionnelle des deux sexes dans le même individu, animal ou végétal, qui produit les deux catégories de gamètes, mâles et femelles. (→ *encycl.* Bot. et Zool.) – **2.** État intersexué pathologique caractérisé par la présence d'organes génitaux internes et externes ambigus et des deux types de gonades, testiculaire et ovarien. (→ *encycl.* Génét.)

ENCYCL. **Bot.** et **Zool.** L'hermaphrodisme est la règle chez les animaux fixés ou parasites : plathelminthes, annélides, bryozoaires, crustacés, mollusques gastropodes, tuniciers. Dans d'autres groupes, il s'observe seulement chez quelques espèces. Selon l'espèce, l'hermaphrodisme est simultané (lombric, escargot), avec fécondation mutuelle, ou bien successif, l'indi-

vidu étant d'abord mâle, puis femelle, ou inversement. L'autofécondation reste exceptionnelle et réservée aux endoparasites (ténia). La limnée pratique un accouplement « en chaîne » de plus de deux individus.
Chez les végétaux, on ne parle d'hermaphrodisme que pour une fleur possédant à la fois étamines et pistil. Un pied est *polygame* lorsque certaines de ses fleurs seulement sont bisexuées ; *monoïque* lorsque les fleurs, chacune d'un seul sexe, sont les unes mâles et les autres femelles. — **Génét.** Dans l'hermaphrodisme, l'ambiguïté des organes génitaux est extrêmement variable et peut aller d'un type masculinisé à un type essentiellement féminisé. Lorsqu'il y a ambiguïté des organes génitaux externes, mais présence de gonades d'un seul type, mâle *ou* femelle, il y a *pseudo-hermaphrodisme,* mâle ou femelle selon le type de la gonade. De nombreux hermaphrodites ont un caryotype normal 46,XX (rarement 46,XY). Il s'agit alors probablement de mutations géniques ou de petits remaniements chromosomiques non détectables.

HERMAPHRODITE adj. (gr. *Hermaphroditos,* n. pr.). Qui relève de l'hermaphrodisme.
◆ adj. et n. Se dit d'une fleur ayant à la fois étamines et pistil, d'un individu végétal ou animal, d'une espèce ou d'un être humain présentant les caractères de l'hermaphrodisme. (Syn. BISEXUÉ.)

HERMAPHRODITE, dans la mythologie grecque, être de nature double, à la fois masculine et féminine. À l'époque hellénistique, Hermaphrodite n'est plus la personnification d'un symbole religieux, mais, fils d'Hermès et d'Aphrodite, le héros d'une fable.

HERMAS, un des Pères apostoliques (IIe s.). Son livre, le *Pasteur* (140 environ), a pour objet la réforme morale et la pénitence. C'est un témoignage intéressant sur la vie chrétienne à Rome au IIe s.

HERMELLE n. f. (gr. *herma,* rocher). Annélide polychète sédentaire des mers froides ou tempérées, édifiant des tubes de sable ou de gravier agglutinés pouvant former des masses importantes.

HERMÉNÉGILDE ou **ERMÉNÉGILDE** *(saint),* prince wisigoth († Tarragone 585), fils de Léovigild, roi arien des Wisigoths d'Espagne. Gouverneur de province (573), il se convertit au catholicisme (579) et fut exécuté pour avoir refusé de renier sa foi.

HERMÉNEUTIQUE n. f. (gr. *hermêneutikos,* de *hermêneuein,* expliquer). **1.** Théorie de l'interprétation des signes comme éléments symboliques d'une culture. — **2.** En exégèse biblique, ensemble des règles permettant de déterminer tout à la fois le sens littéral de l'Écriture et son sens existentiel, c'est-à-dire sa valeur universelle dans l'histoire de l'humanité.
◆ adj. Relatif à l'herméneutique.

HERMÈS [-mɛs] n. m. (de *Hermès,* n. pr.). **1.** Dans l'Antiquité, figuration du dieu Hermès en forme de pilier portant une tête barbue, des tenons en guise de bras et un phallus sculpté sur le devant du fût. — **2.** En sculpture, syn. de TERME.

HERMES (60370), comm. de l'Oise, sur le Thérain ; 1 973 hab. Brosserie et produits de toilette.

HERMÈS, dieu grec. Selon les mythes classiques fils de Zeus et de Maia, il naquit en Arcadie. Ingénieux et malin, protecteur des voyageurs, des commerçants, voire des voleurs, et aussi de la gymnastique, il a été assimilé au *Mercure* des Romains.

HERMÈS, astéroïde du type Apollo découvert en 1937. Diamètre estimé 800 m. Distance au Soleil variable entre 92 et 398 millions de km. En 1937, il est passé à moins de 800 000 km de la Terre.

Hermès, société française dont l'activité la plus connue est la maroquinerie et la sellerie de luxe. C'était à l'origine un atelier spécialisé dans la fabrication des harnais de luxe, fondé en 1837 par Thierry HERMÈS (1797-1878).

HERMÈS TRISMÉGISTE (« Trois fois grand »), nom donné par les Grecs à Thot, dieu de la Sagesse pour les Égyptiens, qui le considéraient comme l'inventeur de tous les arts et de toutes les sciences. Les Grecs en firent un très ancien roi d'Égypte, auteur, selon la tradition, de nombreux livres secrets, relatifs à la magie, à l'astrologie et à l'alchimie, à la base de l'hermétisme.

HERMÉTICITÉ n. f. Qualité de ce qui est clos ou de ce qui clôt d'une manière hermétique : *Herméticité d'un couvercle.*

HERMÉTIQUE adj. (de *Hermès Trismégiste,* n. pr.). **1.** Se dit de toute fermeture parfaitement étanche et de l'objet qui en est muni : *Autocuiseur hermétique.* — **2.** Qui est difficile à comprendre : *Une poésie hermétique.* — **3.** Relatif à l'hermétisme. — **4.** *Être hermétique à qqch,* ne rien y comprendre, y être fermé : *Être hermétique à la musique contemporaine.* ‖ *Visage hermétique,* qui ne laisse rien paraître, indéchiffrable.

HERMÉTIQUEMENT adv. D'une manière hermétique : *Boîte hermétiquement fermée.*

HERMÉTISME n. m. **1.** Doctrine ésotérique fondée sur des écrits de l'époque gréco-romaine attribués à l'inspiration du dieu Hermès Trismégiste. (→ *encycl.*) — **2.** Au Moyen Âge et à la Renaissance, doctrine occulte des alchimistes. — **3.** Qualité de ce qui est difficile à comprendre pour ceux qui ne sont pas initiés : *L'hermétisme de la poésie mallarméenne.* — **4.** Forme d'art poétique qui influença l'école italienne, baptisée *ermetismo* par le critique Francesco Flora, et qui se développa, de 1914 à 1945, avec Dino Campana, Montale, Saba, Ungaretti et Sereni.

ENCYCL. **Occult.** L'hermétisme s'institue comme religion, entre les gnosticismes, dont il refuse le dualisme, et le christianisme, dont il refuse le Sauveur. Le but est d'obtenir le salut ou la libération après la mort par la gnose acquise ici-bas. La philosophie, empreinte de stoïcisme et de platonisme, justifie les sciences occultes qui collaborent à l'initiation personnelle.

HERMÉTISTE adj. et n. Qui étudie ou professe l'hermétisme.

HERMINE n. f. (anc. fr. *hermin,* d'hermine, du lat. *armenius mus,* rat d'Arménie). **1.** Mammifère carnivore voisin de la belette, à fourrure renommée. — **2.** Cette fourrure. — **3.** Bande de cette fourrure, fixée au costume de cérémonie de certains magistrats. — **4.** Fourrure héraldique constituée par un champ d'argent semé de mouchetures de sable.

HERMINÉ, E adj. Se dit de la robe d'un cheval tachetée d'herminures.

HERMINETTE n. f. (de *hermine*). Hache à long manche et à fer recourbé du charpentier ou du tonnelier.

HERMINIERA n. m. Arbuste (légumineuse) qui abonde en Afrique centrale, dans le lit des rivières peu profondes, où il empêche la navigation.

HERMINURE n. f. (de *hermine*). Poils noirs regroupés en petites taches chez un cheval de robe plus claire. (Syn. MOUCHETURE.)

HERMIONE n. f. (de *Hermione,* n. pr.). Annélide (aphroditidé) polychète errante, à fortes soies et de forme aplatie, cosmopolite.

HERMIONE, fille de Ménélas et d'Hélène. Fiancée à Oreste, elle ne l'épousa qu'après qu'il eut tué Néoptolème, à qui son père l'avait donnée pour prix de son alliance.

HERMITAGE (l') ou, parfois, **ERMITAGE** (l'), coteau dominant la vallée du Rhône (Drôme, comm. de Tain-l'Hermitage), qui fournit des vins rouges ou blancs réputés.

HERMITE (Charles), mathématicien français (Dieuze 1822 - Paris 1901). À partir des travaux de Cauchy, Liouville et Jacobi, il a construit une théorie générale des fonctions elliptiques et abéliennes, qu'il appliqua à la théorie des nombres et à la résolution de l'équation générale du 5ᵉ degré. Ses études sur les fractions continues algébriques le conduisirent à établir dans un mémoire célèbre, *Sur la fonction exponentielle* (1873), la transcendance de *e*. Enfin, il découvrit un système de polynômes auxquels son nom reste attaché. (Acad. des sc., 1856.)

HERMITIEN, ENNE ou, vx, **HERMITIQUE** adj. (de Ch. *Hermite,* n. pr.). *Espace vectoriel hermitien,* espace vectoriel E sur le corps des nombres complexes muni d'une norme qui, à x, associe $\sqrt{f(x,x)}$, où f est une forme hermitienne de E. (Syn. ESPACE VECTORIEL PRÉHILBERTIEN COMPLEXE SÉPARÉ.) ‖ *Forme hermitienne sur un espace vectoriel* E *sur le corps des nombres complexes,* forme sesquilinéaire telle que, pour tout couple (x,y) de E × E, $f(y,x) = \overline{f(x,y)}$. ‖ *Matrice hermitienne,* matrice carrée à éléments complexes qui est égale à son adjointe.

HERMLIN (Stephan), écrivain allemand (Chemnitz 1915). Membre des jeunesses communistes, interné en 1933, puis exilé en 1936 pour son activité antinazie, il prit part à la guerre d'Espagne et s'établit en Allemagne de l'Est en 1947. Dans sa poésie (*les Rues de la peur,* 1946), ses romans (*le Temps de la communauté,* 1950) et son autobiographie « poétisée » (*Crépuscule,* 1979), il a insisté sur les droits et les devoirs de l'écrivain face à toute forme de pouvoir.

HERMON, en ar. **Ḥaramūn,** massif aux confins de la Syrie et du Liban, prolongement vers le S. de l'Anti-Liban ; 2 814 m au *djebel el-Cheikh.*

HERMONDURES, ancien peuple germanique, habitant entre le Danube et l'Elbe.

HERMOPOLIS, nom donné par les Grecs à la ville égyptienne de Khmounou (auj. *El-Achmounein*), métropole du 15ᵉ nome de Haute-Égypte, sur la rive gauche du Nil. Ruines du grand temple du dieu Thot, dieu de la ville. Son temple était consacré à Thot et aux huit dieux initiaux de l'Ogdoade.

HERMOSILLO, v. du Mexique, cap. de l'État de Sonora, sur le río Sonora ; 449 472 hab. Centre commercial. Cimenterie. — À proximité, mines de cuivre.

HERNÁD → HORNÁD.

HERNÁNDEZ ou **FERNÁNDEZ** (Gregorio), sculpteur espagnol (Sarria ?, Galice, v. 1576 - Valladolid 1636). Il s'imposa à Valladolid comme l'un des maîtres de la sculpture religieuse polychrome, dépassant les influences flamandes et italiennes dans un langage typiquement castillan, à la fois naturaliste et théâtral (thème du Christ mort ; retables ; *pasos*).

HERNÁNDEZ (José), poète argentin (Perdriel, San Martín, 1834 - Buenos Aires 1886), auteur du poème *Martín* Fierro* (1872-1879), épopée de la vie des gauchos.

HERNÁNDEZ (Mateo), sculpteur et graveur espagnol (Béjar 1888 - Meudon 1949). Établi en

France, travaillant les pierres et les bois durs et précieux, il a notamment excellé comme animalier dans un style qui rappelle l'Égypte ancienne (*Otarie, Hippopotame,* M. N. A. M., Paris).

HERNÁNDEZ (Miguel), écrivain espagnol (Orihuela 1910 - Alicante 1942). Poète et auteur dramatique engagé, combattant républicain pendant la guerre civile, il mourut dans les prisons franquistes (*Obra escogida,* 1952).

Hernani ou l'Honneur castillan, drame en 5 actes et en vers de Victor Hugo (1829). La vigueur provocante du style, l'audace des situations enthousiasmèrent la jeunesse et déclenchèrent le jour de la première (1830) la furieuse « bataille d'Hernani » entre classiques et romantiques.

HERNE, v. d'Allemagne (Rhénanie-du-Nord-Westphalie), dans la Ruhr ; 182 000 hab. Industrie métallurgique et chimique.

1. *HERNIAIRE adj. **1.** Relatif aux hernies : *Bandage herniaire.* — **2.** *Engouement herniaire,* étranglement herniaire incomplet. ‖ *Étranglement herniaire,* constriction du collet de la hernie, empêchant sa réduction et aboutissant à l'occlusion intestinale. (Syn. HERNIE ÉTRANGLÉE.) ‖ *Sac herniaire,* diverticule du péritoine qui contient les viscères prolabés.

2. *HERNIAIRE n. f. (de *herniaire 1*). Herbe (caryophyllacée) aux petites fleurs verdâtres, disposées en glomérules, parfois utilisée dans les jardins de rocailles.

***HERNIE** n. f. (lat. *hernia*). **1.** Tuméfaction formée par un organe, une partie d'organe ou plusieurs organes sortis de la cavité où ils siègent normalement, par un orifice naturel ou accidentel. (→ *encycl.*) — **2.** Saillie d'une chambre à air à travers la déchirure d'un pneu. — **3.** Maladie caractérisée par une hyperplasie et/ou une hypertrophie, comme la hernie du chou causée par un champignon. — **4.** *Hernie étranglée,* syn. de ÉTRANGLEMENT HERNIAIRE.

ENCYCL. **Méd.** La cavité abdominale est le siège le plus fréquent des hernies. Celles-ci contiennent le plus souvent une portion d'intestin grêle ou d'épiploon. Selon la localisation, on distingue les hernies *inguinale, crurale, ombilicale, diaphragmatique,* les autres variétés étant très rares. La principale complication des hernies est l'étranglement, caractérisé par une striction des organes, à la base de la hernie. En dehors de la cavité abdominale, on rencontre : les hernies *discales,* ou du disque intervertébral ; les hernies des *ménisques* du genou, à travers la capsule articulaire ; les hernies *musculaires,* à travers une aponévrose d'enveloppe amincie.

***HERNIÉ, E** adj. Qui fait hernie.

***HERNIEUX, EUSE** adj. et n. Provoqué par une hernie ; affecté d'une hernie.

HERNING, v. du Danemark, dans le centre du Jylland ; 56 000 hab. Carrefour routier et ferroviaire.

HERNIQUES, peuple d'Italie (Latium), au S.-E. de Rome. Rome les combattit à plusieurs reprises. Au IIIe s. av. J.-C., ils se confondirent avec les Latins.

HÉRODE Ier le Grand (Ascalon 73 av. J.-C. - Jéricho 4 av. J.-C.), roi des Juifs (37 - 4 av. J.-C.). Fils d'Antipatros l'Iduméen, il réussit à se faire attribuer par Rome (40) le titre de roi de Judée. De 39 à 37, il disputa le royaume au dernier des Asmonéens, Antigonos, et, avec l'aide des légions romaines, s'empara de Jérusalem. Mal accepté par les Juifs, il parvint néanmoins à s'imposer non seulement par son énergie brutale et sans scrupule, mais aussi par ses qualités d'homme politique, d'administrateur et de constructeur (second Temple de Jérusalem). — Son fils **Hérode Antipas** (v. 22 av. J.-C. - apr. 39 apr. J.-C.) fut tétrarque de Galilée et de Pérée (4 av. J.-C. - 30 apr. J.-C.). Il fonda Tibériade, fit emprisonner et mettre à mort Jean-Baptiste et c'est devant lui que comparut Jésus lors de son procès. — **Hérode Archélaos,** fils d'Hérode Ier le Grand → ARCHÉLAOS. — **Hérode Philippe** († Julias 34 apr. J.-C.), tétrarque juif (4 av. J.-C. - 34 apr. J.-C.), également fils d'Hérode Ier le Grand, régna sur la Batanée, la Gaulanitide, la Trachonitide, l'Auranitide et l'Iturée, régions peuplées surtout de païens. Il entreprit de nombreux travaux de construction : Bethsaïde et Césarée Panéas. — **Hérode Agrippa Ier** (10 av. J.-C. - 44 apr. J.-C.), roi des Juifs (41-44), petit-fils d'Hérode Ier le Grand. Protégé de Caligula, il reçut de l'empereur Claude le titre de roi et retrouva le royaume entier de son grand-père. Il fut le premier persécuteur de la communauté chrétienne. — Son fils **Hérode Agrippa II** (v. 27 - Rome v. 93 ou 100 apr. J.-C.), roi juif (50 - v. 93 ou 100), reçut l'héritage de son père mais amputé de la Judée. Sous son règne eut lieu la révolte juive (66-70). Ses rapports avec sa sœur, la princesse Bérénice, aimée de Titus, donnèrent lieu à des rumeurs.

HÉRODE ATTICUS (Tiberius Claudius), mécène et rhéteur grec (Marathon v. 101 - v. 177). Il organisa les premières Panhellénies (131) et s'occupa de l'éducation de Marc Aurèle et de Lucius Verus. Consul en 143, il utilisa son énorme richesse à des constructions publiques en Grèce, notamment un odéon à Athènes qui porte son nom.

HÉRODIADE ou **HÉRODIAS,** princesse juive (7 av. J.-C. - 39 apr. J.-C.), petite-fille d'Hérode Ier le Grand. Mariée d'abord à son oncle Hérode

Philippe, dont elle eut une fille, Salomé, elle le quitta pour épouser un autre oncle, Hérode Antipas. Cette union illégale scandalisa les Juifs. Hérodiade fut, selon les Évangiles, responsable de la mort de Jean-Baptiste.

HÉRODIEN, historien grec (en Syrie v. 165 apr. J.-C. - v. 255). Il vécut longtemps à Rome, y écrivant en grec une histoire des empereurs, de Commode (180) à Gordien III (238).

HÉRODOTE, historien grec (Halicarnasse v. 484 - Thourioi v. 420 av. J.-C.). Il entreprit de grands voyages en Asie (jusqu'au-delà de Suse), en Afrique (où il remonta le Nil jusqu'à l'île Éléphantine), en Europe, où il atteignit, au nord le Bosphore Cimmérien et où il visita la Grèce continentale et la Grande-Grèce. Vers 446-445, il se fixa à Athènes, où il devint l'ami de Périclès et de Sophocle. En 445, il partit avec des colons athéniens pour fonder Thourioi.
Ses *Histoires* (divisées en neuf livres depuis l'époque hellénistique) demeurent la source principale pour l'étude des guerres médiques et des peuples qui s'y sont trouvés mêlés ; elles se présentent comme un ensemble d'enquêtes menées par un esprit soucieux d'expliquer l'origine et le déroulement du conflit. Hérodote est traditionnellement désigné comme le « père de l'Histoire ».

HÉROET (Antoine), dit **de la Maisonneuve,** poète français (Paris v. 1492 - *id.* 1568). Évêque de Digne (1552), précurseur de la Pléiade, il fut en poésie le « doctrinaire » des idées platoniciennes (*l'Androgyne,* 1536 ; *la Parfaicte Amye,* 1542).

HÉROÏ-COMIQUE adj. (pl. *héroï-comiques*). **1.** Se dit d'un poème épique mêlé d'épisodes comiques (le *Roland furieux* de l'Arioste). — **2.** Se dit d'un sujet banal, traité, dans un but satirique, sur un ton épique (*la Batrachomyomachie, le Lutrin* de Boileau). — **3.** Qui comporte des épisodes à la fois tragiques et cocasses : *Une aventure héroï-comique.*

HÉROÏDE n. f. (lat. *herois, -idis,* du gr. *hêrôis, -idos,* qui concerne le héros). Épître en vers dans laquelle l'auteur fait parler des héros fameux. (Créé par Ovide [les *Héroïdes**], le genre connut un renouveau au XVIIIe s. avec Fontenelle, Dorat et la *Lettre d'Héloïse à Abélard,* de Pope [1717].)

Héroïdes *(les),* recueil poétique d'Ovide (v. 15 av. J.-C.), qui se compose de 21 lettres d'amour fictives, écrites par des héroïnes mythologiques (Pénélope, Phèdre, Hélène) à leurs maris ou à leurs amants.

1. HÉROÏNE → HÉROS.

2. HÉROÏNE n. f. (all. *Heroin*). Nom usuel de la diamorphine, la plus dangereuse des substances toxicomanogènes. (Utilisée le plus souvent par voie intraveineuse, l'héroïne engendre très rapidement un état de dépendance physique et psychique.)

HÉROÏNOMANE n. Toxicomane à l'héroïne.

HÉROÏNOMANIE n. f. Toxicomanie à l'héroïne.

HÉROÏQUE adj. (lat. *heroicus,* du gr. *hêrôikos*). **1.** Qui agit en héros, qui montre un très grand courage : *Les héroïques défenseurs de la ville.* — **2.** Qui témoigne d'un grand courage : *Une résistance héroïque.* — **3.** Qui coûte un très gros effort ; stoïque : *Opposer un refus héroïque à une offre alléchante.* — **4.** Qui raconte les exploits des héros : *La poésie héroïque.* — **5.** Se dit d'une époque où ont eu lieu des faits remarquables à quelque titre et qui font aujourd'hui figure de légende : *L'époque héroïque du cinéma.* — **6.** Se dit d'une substance toxique très active. — **7.** *Temps héroïques,* époque très reculée, assignée aux héros de l'Antiquité.

HÉROÏQUEMENT adv. De façon héroïque.

HÉROÏSATION n. f. Assimilation d'un homme à une divinité.

HÉROÏSER v. t. (de *héroïque*) [conj. 3]. Revêtir qqn du caractère de héros.

HÉROÏSME n. m. (de *héros*). **1.** Courage exceptionnel, grandeur d'âme hors du commun : *Acte d'héroïsme.* — **2.** Caractère de ce qui est héroïque : *L'héroïsme d'une vie consacrée aux autres.*

HÉROLD (Louis Joseph Ferdinand), pianiste et compositeur français (Paris 1791 - *id.* 1833). Chef de chant à l'Opéra (1826), il a écrit, notamment, *Zampa* (1831) et *le Pré-aux-Clercs* (1832) ainsi qu'un ballet, *la Fille mal gardée* (1828).

***HÉRON** n. m. (frq. **haigro*). Grand oiseau échassier (ardéidé), migrateur, à longues pattes et long cou, à bec pointu, se nourrissant surtout de poissons et vivant en colonies. (On trouve, en France, le bihoreau ou héron de nuit, le héron pourpré, le héron cendré, le héron crabier, le plus petit (45 cm), qui niche en Camargue, et le garde-bœufs.)

HÉRON l'Ancien ou **d'Alexandrie,** mathématicien et mécanicien grec du Ier s. apr. J.-C., né à Alexandrie. On lui attribue l'invention de plusieurs machines, dont la *fontaine de Héron* et l'*éolipile.* Outre de nombreux traités consacrés à la mécanique, Héron a laissé *la Dioptre,* contenant la description et les usages de ce premier instrument universel de mesure, qui fut longtemps le principal appareil de nivellement et dont on se servit comme théodolite pour les observations terrestres et astronomiques. Il a également étudié les phénomènes de réflexion de la lumière, tant sur les miroirs convexes ou concaves que sur les miroirs plans, et écrit des traités de mathématiques (mesure des aires et des volumes).

Héron *(fontaine de),* petit appareil dans lequel on obtient un jet d'eau par compression de l'air et de l'eau.

HÉRONDAS, poète grec (IIIe s. av. J.-C.). Contemporain de Théocrite, il a laissé des *Mimes,* rapides études de mœurs retrouvées sur un papyrus égyptien.

***HÉRONNEAU** n. m. Petit du héron.

***HÉRONNIER, ÈRE** adj. *Litt.* Qui a les membres inférieurs secs et longs.
◆ **héronnière** n. f. **1.** Lieu où nichent les hérons. – **2.** Colonie de hérons.

***HÉROS** n. m. (lat. *heros,* du gr. *hêrôs*). **1.** Personnage légendaire à qui sont attribués des exploits extraordinaires : *Les héros de « l'Iliade ».* – **2.** Nom donné par les Grecs aux grands hommes divinisés. (→ *encycl.*)
◆ **héros, héroïne** n. **1.** Personne qui se distingue par sa bravoure, ses mérites exceptionnels, etc. : *Des soldats morts en héros.* – **2.** Principal personnage d'une œuvre littéraire, dramatique, cinématographique : *Les héroïnes de Racine.* – **3.** Personne à qui est arrivée une aventure, qui a joué le principal rôle dans une certaine situation. – **4.** *Le héros, l'héroïne de la fête, du jour,* personne qui est le centre d'intérêt, la vedette.
ENCYCL. **Myth.** Dans le langage homérique, le héros est fils d'un dieu ou d'une déesse et d'un homme ou d'une femme. Il n'est pas immortel (Achille, Ajax, Ulysse). Dans la Grèce archaïque et classique, le héros est l'homme extraordinaire, honoré comme un dieu après sa mort, qui a fondé une famille, un temple, une cité (comme Thésée à Athènes). À l'époque hellénistique, l'héroïsation exprimait la reconnaissance d'une cité envers un homme vivant.

héros de notre temps *(Un),* recueil de cinq nouvelles de Lermontov (1840), un des classiques de la prose russe.

Héros du travail socialiste, titre soviétique, créé en 1938 en faveur des personnalités civiles particulièrement marquantes.

Héros de l'Union soviétique, titre soviétique, créé en 1934. Son attribution comportait celle de l'ordre de Lénine.

HÉROULT (Paul Louis Toussaint), métallurgiste français, créateur de la métallurgie de l'aluminium (Thury-Harcourt, Calvados, 1863 - baie d'Antibes 1914). Après de longs essais, il réussit, en 1886, à obtenir le métal pur par un procédé électrolytique, universellement adopté par la suite. En 1907, il inventa le four électrique pour l'acier qui porte son nom et grâce auquel la sidérurgie électro-métallurgique put se développer.

Herout (« Liberté »), parti israélien nationaliste, fondé en 1948 par M. Begin, héritier de l'Irgoun et du parti des Sionistes révisionnistes de Jabotinsky. Défenseur de l'idée d'un « Grand Israël » s'étendant jusqu'au Jourdain, il forma en 1965 une coalition (Gahal) avec les partis libéraux, qui participa au gouvernement de 1967 à 1970. Il est depuis 1973 au centre d'une nouvelle coalition : le Likoud*.

HÉROUVILLE-SAINT-CLAIR (14200), ch.-l. de cant. du Calvados, banlieue (surtout résidentielle) de Caen ; 25 061 hab.

HERPANGINE n. f. (de *herpès* et *angine*). Angine provoquée par des virus Coxsackie du groupe A. (Frappant électivement les jeunes enfants avant trois ans, elle réalise un aspect d'angine vésiculeuse.)

HERPÈS [ɛrpɛs] n. m. (lat. *herpes, -etis,* du gr. *herpês,* dartre). **1.** Affection aiguë de la peau due à un herpès virus (*Herpes virus hominis* ou *HVH*), caractérisée par une éruption vésiculeuse apparaissant sur fond rouge. (→ *encycl.*) – **2.** Nom donné à certaines formes de dermatoses qui n'ont pas de rapport avec l'herpès vrai : *herpès circiné,* mycose de la peau glabre due à des champignons dermatophytes ; *herpès crétacé,* variété de lupus érythémateux ; *herpès iris,* variété d'érythème polymorphe ; *herpès gestationis,* variété de maladie de Duhring observée chez la femme enceinte. – **3.** *Herpès virus,* groupe de virus incluant notamment les virus de l'herpès, de la varicelle et du zona. ‖ *Herpes virus hominis,* virus de l'herpès chez l'homme, qui comprend deux types, HVH 1 (donnant des lésions buccofaciales) et HVH 2 (donnant des lésions génitales). ‖ *Herpès zoster,* syn. de ZONA.
ENCYCL. L'herpès peut se manifester en n'importe quel endroit de la peau ou des muqueuses, la zone d'élection étant le pourtour de la bouche. L'éruption, précédée par une sensation de brûlure, débute par une tache rouge sur laquelle se développent des vésicules translucides, qui se rompent et se dessèchent au bout de quelques jours. Il se forme des croûtes brunâtres qui tombent sans laisser de traces.
L'herpès apparaît nécessairement après une primo-infection par le virus de l'herpès. Après, l'herpès entre dans une période de latence. Il peut ne plus jamais reparaître ou se manifester épisodiquement ou revenir très fréquemment, constituant ainsi l'*herpès récidivant.*

HERPÉTIFORME adj. Qui ressemble à l'herpès.

HERPÉTIQUE adj. et n. Qui se rapporte ou qui est dû à l'herpès ; qui est atteint de l'herpès.

HERPÉTOLOGIE, HERPÉTOLOGIQUE, HERPÉTOLOGISTE → ERPÉTOLOGIE, ERPÉTOLOGIQUE, ERPÉTOLOGISTE.

HERPÉTOMONADALE n. f. (gr. *herpeton,* reptile, et *monas, -ados,* unité). Nom d'ordre de protozoaires munis d'un seul flagelle dirigé vers l'avant, généralement parasites, tels que le *trypanosome.* (Syn. PROTOMONADALE.)

HERR (Lucien), érudit et socialiste français (Altkirch 1864 - Paris 1926). Bibliothécaire de l'École normale supérieure (1888 -1926), il eut une influence considérable sur tous les dirigeants de la S. F. I. O.

HERRADE de Landsberg ou **Landsperg,** abbesse et érudite allemande (v. 1125 -Sainte-Odile 1195). Elle fonda en 1181 une prévôté et un hôpital à Truttenhausen. Elle a laissé un traité, intitulé *Hortus deliciarum (le Jardin des délices),* destiné à l'instruction des novices.

HERRERA (Juan DE), architecte espagnol (Mobellán, Santander, v. 1530 - Madrid 1597). Il collabora à l'Escorial avec Juan Bautista de Toledo (1563), à qui il succéda en 1567, achevant l'édifice en 1584. On le trouve aussi à l'alcazar de Tolède (1571) et à la cathédrale de Valladolid (projets de 1585). Il est le créateur d'un style dépouillé qui s'imposa à l'architecture espagnole jusque vers le milieu du XVIIe s.

HERRERA (Fernando DE), poète espagnol (Séville 1534 - *id.* 1597). Auteur de nombreuses canciones dont les deux plus célèbres évoquent la victoire de Lépante (1571) et la défaite de Sébastien de Portugal (1578), il fut le chef de l'école sévillane. Grâce à lui, le vocabulaire espagnol s'enrichit et se fixa et les règles poétiques furent établies.

HERRERA (Francisco), dit **le Vieux,** peintre espagnol (Séville v. 1585/1590 - Madrid 1656). Maniériste à ses débuts, il évolua dans les années 1625-1630 vers un réalisme puissant, comme en témoignent ses quatre tableaux de l'*Histoire de saint Bonaventure* (Louvre ; Prado ; Greenville, États-Unis) ainsi que ses figures de vieillards, prophètes ou docteurs (*Saint Basile dictant sa doctrine,* 1639, Louvre). — Son fils FRANCISCO, dit *le Jeune* (Séville 1622 -Madrid 1685), formé à Rome, travailla à Séville (*Saint François,* 1657, cathédrale) avant de se fixer à Madrid, où il se consacra à l'architecture et à la décoration d'églises, laissant des œuvres d'un étonnant dynamisme baroque (*Triomphe de saint Herménégilde,* Prado).

HERRERA CAMPINS (Luis), homme d'État vénézuélien (Acarigua 1925). Après avoir organisé le parti social-chrétien selon le modèle européen de la démocratie chrétienne, il a été président de la République de 1979 à 1984.

HERRERA Y REISSIG (Julio), poète uruguayen (Montevideo 1875 - *id.* 1910). Représentant du mouvement moderniste, disciple de Góngora et des symbolistes, il a laissé des vers proches du surréalisme (*Los pianos crepusculares,* 1910).

HERREWEGHE (Philippe), chef de chœur et chef d'orchestre belge (Gand 1947). Explorant la musique chorale baroque de Monteverdi à Bach, il fonde le Collegium vocale de Gand (1969) puis l'ensemble vocal et orchestral la Chapelle royale (1977). Il élargit son répertoire à la musique classique et romantique, notamment à la tête de l'Orchestre des Champs-Élysées (qu'il a contribué à créer en 1991 et qu'il dirige). Il est également depuis 1982 le directeur artistique du festival de Saintes.

HERRICK (Robert), poète anglais (Londres 1591 - Dean Prior, Devon, 1674). Prêtre, chapelain de Buckingham, exilé sous Cromwell, il a laissé des *Rimes saintes* (1647) et des *Hespérides* (1648), tableaux de la vie rustique.

HERRIOT (Édouard), homme politique français (Troyes 1872 - Saint-Genis-Laval, Rhône, 1957). Élu dès 1905 maire de Lyon, il accomplit une œuvre municipale considérable. Sa grande popularité, sa culture encyclopédique, son éloquence firent de lui un des personnages marquants de la IIIe République. Sénateur (1912-1919), puis député radical du Rhône (1919-1940), il devint chef du parti radical (1919-1926, 1931-1935, 1945-1957). Président du Conseil (1924-25) après la victoire du Cartel des gauches, avec le portefeuille des Affaires étrangères, il fit évacuer la Ruhr et reconnut l'U. R. S. S. (1924). Par la suite, il assuma plusieurs portefeuilles avant de devenir président de la Chambre (1936-1940). Placé en résidence surveillée en 1942, puis déporté en Allemagne (1944-45), il fut président de l'Assemblée nationale en 1947. Il a laissé une œuvre littéraire importante, notamment *Dans la forêt normande* (1925), *la Vie de Beethoven* (1929), *Lyon n'est plus* (1937-1940). [Acad. fr., 1946.]

HERS, riv. du Sud-Ouest. — L'**Hers-Mort,** ou **Petit-Hers,** long de 90 km et dont la vallée est empruntée par le canal du Midi, rejoint la Garonne (r. dr.) à Grenade. — L'**Hers-Vif,** ou **Grand-Hers,** ou **Hers,** descend des Pyrénées ariégeoises, passe à Mirepoix et se jette dans l'Ariège (r. dr.) ; 120 km.

***HERSAGE** n. m. Travail de la couche superficielle du sol réalisé avec la herse et consistant à briser les mottes et à égaliser la surface.

Hersant, groupe de presse français, issu d'une société de publicité créée en 1945 et fondé en

1950 par Robert *Hersant* (Vertou 1920 - Paris 1996), qui le dirigea jusqu'à sa mort. Ses quotidiens représentent près du tiers de la presse nationale *(le Figaro, France-Soir...)* et régionale *(le Courrier de l'Ouest, le Dauphiné libéré, les Dernières Nouvelles d'Alsace, le Maine libre, Nord-Éclair, Nord-Matin, le Progrès de Lyon...).* Le groupe possède également d'importantes participations dans la presse étrangère (Belgique [*le Soir*], Pologne).

HERSCHEL, famille d'astronomes britanniques d'origine allemande. — Sir WILLIAM (Hanovre 1738 - Slough, Buckinghamshire, 1822), d'abord organiste et professeur de musique, réalisa en amateur de nombreux télescopes et devint un observateur très actif du ciel. En 1781, il découvrit Uranus, puis, en 1787, deux satellites de cette nouvelle planète, Titania et Obéron, et, en 1789, deux satellites de Saturne, Encelade et Mimas. Véritable fondateur de l'astronomie stellaire, il étudia systématiquement les étoiles doubles et, le premier, tenta de dénombrer les étoiles de la Galaxie. Vers 1800, il découvrit les effets thermiques du rayonnement infrarouge. — Sa sœur CAROLINE (Hanovre 1750 - *id.* 1848) fut sa collaboratrice et découvrit huit comètes. — Son fils, sir JOHN (Slough, Buckinghamshire, 1792 - Collingwood, Kent, 1871), se consacra surtout à l'étude des étoiles doubles, des étoiles variables et des nébuleuses.

1. *HERSE n. f. (lat. *hirpex, -icis*). **1.** Instrument agricole muni de pointes rigides ou souples, que l'on traîne sur le sol pour l'ameublir après le labour ou pour enfouir des engrais, des semences ou des mauvaises herbes. — **2.** Grille coulissant verticalement dans des glissières pour couper rapidement le passage d'entrée d'un ouvrage fortifié. (Elle est restée en usage jusqu'au XVIIIe s.). — **3.** Pièce munie de pointes servant à barrer une route. — **4.** Support muni de pointes pour piquer des cierges. — **5.** Appareil d'éclairage suspendu au cintre d'un théâtre et occupant toute la largeur du plateau, destiné à éclairer la partie haute des décors. — **6.** Épure en vraie grandeur, développée sur le sol, de toute la charpente d'un comble. — **7.** *Herse à grappins,* ensemble de crochets soudés à une armature, utilisé par les sapeurs-pompiers pour rechercher les noyés.

2. *HERSE [-se] n. m. (gr. *hersê,* rosée). Nom générique du sphinx du liseron (sphingidé), grand papillon gris et noir à bandes roses sur l'abdomen, à très longue trompe et dont la chenille vit sur le liseron.

HERSÉ, personnification grecque de la Rosée, fille de Cécrops.

***HERSER** v. t. (de *herse 1*) [conj. 3]. Passer la herse sur un champ.

***HERSILLON** n. m. (de *herse 1*). Chausse-trape en forme de herse, qui était utilisée pour barrer une brèche, un gué, etc.

HERSIN-COUPIGNY (62530), comm. du Pas-de-Calais, au S. de Béthune ; 6 716 hab. Confection.

HERSKOVITS (Melville Jean), anthropologue américain (Bellefontaine, Ohio, 1895 - Evanston, Illinois, 1963). Il est un des principaux représentants de l'école de l'anthropologie culturelle américaine (*les Bases de l'anthropologie culturelle,* 1948).

HERSTAL, comm. de Belgique (prov. de Liège), sur la Meuse, banlieue N.-E. de Liège ; 38 200 hab. Musée. Armurerie.
— **Hist.** Possédée par les Carolingiens (VIIIe s.), la ville fut leur résidence préférée.

HERSTMONCEUX, village de Grande-Bretagne (East Sussex), au N. d'Eastbourne. L'observatoire de Greenwich y a été transféré en 1958.

HERTEL (Rodolphe DUBÉ, dit **François**), écrivain canadien de langue française (Rivière-Ouelle 1905 - Montréal 1985). Longtemps jésuite, il a exercé une influence profonde sur la jeunesse, dont il a su exprimer l'angoisse (*Leur inquiétude,* 1936) et qu'il a cherché à orienter (*Nous ferons l'avenir,* 1944). Multipliant les poèmes (*Axes et parallaxes,* 1941 ; *Strophes et catastrophes,* 1943), il s'est fixé en France après avoir quitté le sacerdoce et a publié *Mes naufrages* (1951).

HERTEN, v. d'Allemagne (Rhénanie-du-Nord-Westphalie), dans la Ruhr ; 70 000 hab. Houille.

HERTFORD, v. de Grande-Bretagne, ch.-l. de comté (*Hertfordshire* ou, par abrév., *Herts ;* 951 500 hab.), au N. de Londres ; 28 000 hab.

HERTOGENBOSCH ('S-) → BOIS-LE-DUC.

HERTWIG (Oskar), biologiste allemand (Friedberg, Hesse, 1849 - Berlin 1922). Ses travaux ont contribué à établir que, chez les animaux, la fécondation nécessite l'union de deux noyaux, celui du gamète mâle et celui du gamète femelle (amphimixie). — Son frère RICHARD, également biologiste (Friedberg, Hesse, 1850 - Schlederloh, près de Munich, 1937), formula le principe du rapport nucléo-plasmique, qui décroît tout au long de la vie cellulaire, sauf dans la lignée germinale mâle.

***HERTZ** n. m. (de H. *Hertz,* n. pr.). Unité de fréquence (symb. Hz) équivalant à la fréquence d'un phénomène périodique dont la période est 1 seconde.

HERTZ (Heinrich), physicien allemand (Hambourg 1857 - Bonn 1894). En 1887, il produisit des ondes électromagnétiques et montra qu'elles possédaient toutes les propriétés de la lumière, confirmant ainsi la théorie de la lumière de

Maxwell et ouvrant la voie à la télégraphie sans fil. Il découvrit la même année l'effet photoélectrique et observa, en 1892, que les rayons cathodiques pouvaient traverser de minces feuilles métalliques. — Son neveu GUSTAV (Hambourg 1887 - Berlin-Est 1975) élucida le phénomène de fluorescence et introduisit, en 1913, le concept de niveau d'énergie des électrons dans l'atome. [Prix Nobel de physique 1925.]

***HERTZIEN, ENNE** adj. (de H. *Hertz,* n. pr.). Se dit des ondes électromagnétiques de fréquences inférieures à 3 000 GHz et de ce qui s'y rapporte. (Syn. RADIOÉLECTRIQUE.)

HERTZOG (James), homme politique sud-africain (Wellington, prov. du Cap, 1866 - Pretoria 1942). Il fonda le National Party (1913) et fut Premier ministre de 1924 à 1939.

HERTZSPRUNG (Ejnar), astronome danois (Frederiksberg, près de Copenhague, 1873 - Tølløse 1967). Il émit en 1905, en même temps que Russell, une théorie concernant la classification des étoiles* d'un même type spectral en plusieurs classes de luminosité. Le *diagramme de Hertzsprung-Russell* constitue, depuis lors, un outil précieux pour l'étude des propriétés intrinsèques des étoiles.

HÉRULES, ancien peuple germanique présent de la Scandinavie à la mer Noire et jusque sur le Rhin, aux IIe-IIIe s. Certains furent mercenaires au service de l'empire d'Orient.

HERVE, comm. de Belgique (prov. de Liège), dans le *pays* ou *plateau de Herve ;* 15 000 hab. Textiles.

HERVÉ (Florimond RONGER, dit), chef d'orchestre et compositeur français (Houdain 1825 - Paris 1892). Il écrivit des opérettes, dont les plus célèbres sont *le Petit Faust* (1869) et *Mam'zelle Nitouche* (1883).

HERVIEU (Paul), écrivain français (Neuilly-sur-Seine 1857 - Paris 1915). Influencé par le naturalisme, il a dénoncé les mœurs de la haute société dans ses romans (*l'Armature,* 1895) et ses pièces de théâtre (*les Tenailles,* 1895).

HERVIEU (Louise), peintre et écrivain français (Alençon 1878 - Versailles 1954). Elle se consacra d'abord à la peinture et au dessin, puis elle illustra des livres (*les Fleurs du mal,* 1920) et publia des romans : *Sangs* (1936), *Le malade vous parle* (1943).

HERWEGH (Georg), poète allemand (Stuttgart 1817 - Baden-Baden 1875). Militant de la Jeune-Allemagne, il tenta sans succès une révolution au pays de Bade après 1848. Réfugié en Suisse jusqu'en 1866, il exprima son idéal politique dans ses poésies de combat (*Poésies d'un vivant,* 1841).

Herxheimer *(réaction de),* exagération des manifestations cliniques de la syphilis, avec réaction fébrile, pouvant s'observer au début d'un traitement antisyphilitique institué sans précautions et dont les premières injections ont été faites à trop forte dose.

HERZBERG (Gerhard), physico-chimiste canadien d'origine allemande (Hambourg 1904). Il a déterminé la structure électronique et la géométrie de plusieurs molécules et radicaux libres et les a identifiés dans l'atmosphère des planètes et des comètes. (Prix Nobel de chimie 1971.)

HERZBERG (Frederick), économiste d'entreprise américain (Lynn, Massachusetts, 1923), spécialiste d'organisation du travail. Il préconise l'enrichissement des tâches dans les entreprises et les organisations.

HERZÉGOVINE, région des Balkans, partie de la Bosnie-Herzégovine. V. pr. *Mostar.*
— **Hist.** Le pays de Hum fut érigé en duché d'Herzégovine au profit d'Étienne Vukčić (1435) et fut occupé par les Ottomans en 1482. (→ BOSNIE-HERZÉGOVINE.)

HERZELE, comm. de Belgique (Flandre-Orientale), au S.-O. d'Aalst ; 16 000 hab.

HERZEN ou **GUERTSEN** (Aleksandr Ivanovitch), philosophe, critique littéraire, journaliste et écrivain russe (Moscou 1812 - Paris 1870), également connu sous le pseudonyme d'**Iskander.** Il publia en exil la revue politique et littéraire *la Cloche* et posa le problème du servage dans son roman *À qui la faute ?* (1841-1846). Partisan de la modernisation de la Russie, notamment au contact des idées occidentales, il conserve toute sa confiance aux valeurs traditionnelles russes. Il ne croit pas au déterminisme de l'histoire ; il exprime plutôt son espérance dans la force créatrice du devenir, dans le développement de la communauté villageoise (mir), qu'il considère comme la référence privilégiée.

HERZL (Theodor), écrivain hongrois, promoteur du sionisme (Budapest 1860 - Edlach, Autriche, 1904). Il exposa dans *l'État juif (Der Judenstaat)* [1896] sa conception du sionisme, proposant la reconstruction d'un État dont la possession permettrait seule, aux Juifs, de retrouver leur dignité et leur sécurité. Surtout entendu en Europe orientale, Herzl multiplia les démarches en faveur de sa cause, réunit à Bâle le premier congrès sioniste (1897), créa la Banque nationale juive et le Fonds national juif pour l'achat de terres en Palestine. Mais son plan ne se matérialisera qu'après sa mort. Son corps a été transféré à Jérusalem en 1949.

HERẒLIYA, v. d'Israël, fondée en 1924, sur le littoral au N. de Tel-Aviv-Jaffa ; 41 400 hab.

HERZOG (Chaïm), général et homme d'État israélien (Belfast 1918). Ancien ambassadeur d'Israël à l'O. N. U., travailliste, il a été président de l'État d'Israël de 1983 à 1993.

HERZOG (Maurice), alpiniste et homme politique français (Lyon 1919). Chef de l'expédition française dans l'Himālaya du Népal (1950), vainqueur, avec L. Lachenal, de l'Annapūrnā (8 078 m), premier sommet de plus de 8 000 m vaincu. Il a écrit *Annapurna, premier 8 000.* M. Herzog a été haut-commissaire, puis secrétaire d'État à la Jeunesse et aux Sports (1958-1966).

HERZOG (Roman), homme d'État allemand (Landshut 1934). Membre de la CDU, il est président de la République depuis 1994.

HERZOG (Werner STIPCTIC, dit **Werner**), cinéaste allemand (Sachrang, Bavière, 1942). Il débute dans la mise en scène avec *Signes de vie* (1967), suivi par *Les nains aussi ont commencé petits* (1970). Avec *Aguirre, la colère de Dieu* (1972), il acquiert une réputation internationale. *L'Énigme de Kaspar Hauser* (1974), *Cœur de verre* (1976), *la Ballade de Bruno* (1977), *Nosferatu, fantôme de la nuit* (1979), *Woyzeck* (1979), *Fitzcarraldo* (1982), *le Pays où rêvent les fourmis vertes* (1984) et *Cobra verde* (1987) l'imposent comme un auteur visionnaire, attiré par l'énigmatique, la démesure et l'irrationnel.

HESBAYE, en néerl. **Haspengouw,** région de grande culture (céréales, betteraves, fourrages) du nord-est de la Belgique, limitée au N. par la Campine, au S. par la Meuse.

Heschl *(circonvolution* ou *gyrus de),* partie de la première circonvolution temporale le long de son versant sylvien et qui correspond à l'aire auditive primaire. Elle est organisée suivant la fréquence des sons : chacun de ses neurones correspond à une tonalité particulière. (Syn. CIRCONVOLUTION TRANSVERSE, GYRUS TEMPORAL TRANSVERSE.)

HESDIN (62140), ch.-l. de cant. du Pas-de-Calais, sur la Canche ; 2 743 hab. *(Hesdinois).* Ville fondée en 1554 par Charles Quint à l'ouest de l'ancienne cité, qu'il avait rasée. Église gothique et Renaissance du XVIe s. Hôtel de ville des XVIe et XVIIe s. Matières plastiques. Laiterie. — On fit à Hesdin, aux XVIIIe et XIXe s., des faïences populaires décorées de scènes à personnages.

HÉSIODE, poète grec (Ascra, Béotie, milieu du VIIIe s. av. J.-C.). Tenu par les Grecs pour l'égal d'Homère et le père de la poésie didactique, il donna avec *les Travaux* et les Jours* un précieux document sur les techniques agricoles et les croyances populaires de l'époque archaïque. On lui a attribué aussi la *Théogonie** et *le Bouclier d'Héraclès.*

HÉSITANT, E adj. et n. Qui hésite habituellement ou temporairement, qui a de la peine à se décider : *Homme hésitant.*
◆ adj. Qui marque de l'hésitation, qui dénote un manque d'assurance : *Réponses hésitantes.*

HÉSITATION n. f. (lat. *haesitatio, -onis*). **1.** État d'incertitude, d'irrésolution ou de crainte qui retarde le moment d'une action, d'une décision : *Après quelques minutes d'hésitation, elle prit la parole.* — **2.** Doute, incertitude qui empêche qqn de se déterminer carrément : *Il lui confiait ses hésitations.* — **3.** Temps d'arrêt, interruption dans le cours d'une action, qui manifeste un doute, une défaillance, une difficulté : *Marquer une hésitation avant de sauter.*

HÉSITER v. i. (lat. *haesitare,* de *haerere,* être attaché) [conj. 3]. **1.** Être dans un état d'incertitude ou d'irrésolution qui empêche d'agir ou de parler : *J'ai longtemps hésité avant d'accepter.* — **2.** Être indécis entre plusieurs partis possibles : *Hésiter entre se taire et parler.* — **3.** Marquer son indécision, ses difficultés devant un obstacle par un moment d'arrêt, de flottement, de recul : *Hésiter en récitant sa leçon.*
◆ v. t. ind. **1.** Être incertain sur ce qu'on doit faire ou dire : *Hésiter sur la route à prendre.* — **2.** Retarder par crainte, par manque d'assurance le moment de faire qqch, ne pas oser : *J'hésite à m'engager dans cette entreprise.* — **3.** Buter sur un mot, marquer un temps d'arrêt avant de pouvoir le prononcer.

HESNARD (Angelo Louis Marie), psychiatre et psychanalyste français (Pontivy 1886 - Rochefort 1969). Il fut un des pionniers de la psychanalyse en France, en tant que membre fondateur de la Société psychanalytique de Paris (1926). Il a confronté la psychanalyse avec ses territoires limitrophes, sexologie et criminologie en particulier (*Morale sans péché,* 1954 ; *la Psychologie du crime,* 1962).

HESPERANGE, comm. du Luxembourg, au S.-S.-E. de Luxembourg ; 9 000 hab.

HESPÉRANOPIE n. f. Syn. de HÉMÉRALOPIE.

HESPÉRIDES, nymphes grecques du couchant. Elles étaient trois sœurs qui veillaient, aidées du dragon Ladon, sur les pommes d'or données par Gaia à Héra et qu'Héraclès déroba.

HESPÉRIDES, îles du couchant, marquant chez les Anciens les limites occidentales du monde. Elles ont été identifiées tantôt aux îles du Cap-Vert, tantôt aux Canaries.

HESPÉRIDINE n. f. Glucoside extrait des agrumes et dont l'action est celle des facteurs vitaminiques P (diminution de la fragilité des capillaires).

HESPÉRIE n. f. (gr. *hesperia,* fém. de *hesperios,* du soir). Petit papillon trapu, à ailes courtes. (Sa chenille se chrysalide dans un cocon soyeux entre les feuilles roulées des plantes basses.)

HESPÉROPHANE n. m. Longicorne allongé, gris, crépusculaire, dont la larve (« ver » des parquets et des meubles) vit sur le chêne, le figuier, l'amandier, le peuplier et dans les bois secs non résineux.

HESPERORNIS n. m. Oiseau fossile à dents, du crétacé d'Amérique du Nord, probablement aptère et aquatique.

HESS (Moses), théoricien politique allemand (Bonn 1812 - Paris 1875). Hégélien, fondateur de la Ire Internationale, il fut également un des précurseurs du sionisme.

HESS (Victor Franz), physicien autrichien naturalisé américain (Waldstein, Styrie, 1883 - Mount Vernon 1964). Il fut à l'origine de la découverte des rayons cosmiques (1912) et montra que l'intensité de ces rayons augmente avec l'altitude. (Prix Nobel de physique 1936.)

HESS (Rudolf), homme politique allemand (Alexandrie, Égypte, 1894 - Berlin 1987). Inscrit au parti nazi dès 1920, il devint officiellement le deuxième successeur désigné de Hitler (après Göring) en 1939. Pour des raisons non encore éclaircies, il s'enfuit en Écosse en 1941. Déclaré irresponsable en raison de son état mental par le tribunal de Nuremberg en 1945, il fut incarcéré à Spandau de 1946 à sa mort (par suicide).

HESSE, en all. **Hessen,** État (Land) d'Allemagne ; 21 114 km^2 ; 5 660 619 hab. Cap. *Wiesbaden.*
— **Géogr.** Partie de l'Allemagne moyenne (Mittelgebirge), formée en majeure partie de massifs forestiers, minéralisés (industrialisation précoce), la Hesse est ouverte vers la mer du Nord par les vallées de la Weser et surtout du Rhin et de son affluent le Main, zones de cultures (vignobles, fruits et légumes du fossé rhénan) et surtout axes de circulation et sites d'une vie urbaine dominée par Francfort. L'industrie, active, est représentée principalement par les constructions mécaniques (automobile) et la chimie.
— **Hist.** Habitée par les Chattes, que saint Boniface évangélisa (744, monastère de Fulda), la Hesse appartint au duché de Franconie, puis au landgraviat de Thuringe (1130). Elle fut érigée en landgraviat indépendant en faveur d'Henri Ier l'Enfant (1292) avec rang de principauté d'Empire. La Hesse atteignit sa plus grande superficie sous Philippe le Magnanime (1509-1567), qui y introduisit la Réforme (1526) et fonda l'université de Marburg (1527). Après sa mort et celle de deux de ses fils, la Hesse fut divisée en deux principautés :
• La *Hesse-Cassel,* qui se rangea avec son prince, Guillaume V (1627-1637), du côté protestant et suédois pendant la guerre de Trente Ans. Elle fut aux XVIIe-XVIIIe s. un des États du Saint Empire exportateurs de soldats. Le recez de 1803 lui conféra la dignité électorale mais Napoléon incorpora la *Hesse électorale* au royaume de Westphalie (1807). Reconstituée en 1815, elle prit le parti de l'Autriche et fut annexée en 1866 par la Prusse, qui l'incorpora dans la *Hesse-Nassau* (1868).
• La *Hesse-Darmstadt,* érigée en grand-duché de la Confédération du Rhin (1806), garda ce rang dans la Confédération germanique (1815). Elle prit le parti de l'Autriche et fut annexée par la Prusse en 1866. Elle fut incorporée dans l'Empire allemand en 1871.
La Hesse-Cassel et la Hesse-Darmstadt furent réunies en 1945 dans le Land de Hesse.

HESSE (Hermann), romancier allemand naturalisé suisse en 1923 (Calw, Wurtemberg, 1877 - Montagnola, Tessin, 1962). Né dans une famille de tradition piétiste, il la quitta dès l'âge de quatorze ans et exerça divers métiers. Avec *Peter Camenzind* (1904), son premier roman, puis *l'Ornière* (1906), il développa le thème de la révolte des enfants contre leurs parents. Dans le souci de bâtir une philosophie de l'humanité à partir de ses propres expériences, il publia *Gertrud* (1910) et *Rosshalde* (1914). Très affecté par la Première Guerre mondiale, en proie à de violents conflits intérieurs, il tenta une synthèse des systèmes de pensée occidentaux et orientaux dans *Siddharta* (1922), *le Loup* des steppes* (1927), *Narcisse et Goldmund* (1930), *le Jeu des perles de verre* (1943). [Prix Nobel de littérature 1946.]

HESSEL (Johann Friedrich Christian), minéralogiste allemand (Nuremberg 1796 -Marburg 1872), auteur d'une classification systématique des formes cristallines, dans laquelle il a montré qu'il ne peut exister que 32 classes.

HESSOIS, E adj. et n. De la Hesse.

HESTIA, divinité grecque du foyer, vierge à qui l'on présentait l'épouse et les nouveau-nés, fille de Cronos et de Rhéa.

HESTON (Charlton), acteur de cinéma américain (Evanston 1923). Il a débuté à Hollywood en 1950 et s'est fait remarquer dans *la Furie du désir* (1952), *les Dix Commandements* (1956), *Ben Hur* (1959), *le Cid* (1961), *Major Dundee* (1965), *la Planète des singes* (1968).

HÉSYCHASME [-kasm] n. m. (gr. *hêsukhia,* paix). École de spiritualité de l'Église orthodoxe.
ENCYCL. La « méthode » hésychaste utilise les rythmes de la respiration et du cœur ainsi que

certaines postures d'« enroulement » corporel. L'invocation du nom de Jésus, dans une attitude de confiance et d'humilité, permet à l'intelligence de « descendre » dans le « cœur », centre d'intégration de toutes les facultés humaines, qui devient ainsi l'organe de la connaissance de Dieu. L'hésychasme, né en Égypte au IVe s., connut un premier âge d'or au mont Athos, aux XIIIe et XIVe s., Grégoire Palamas en étant le représentant le plus fameux. Une seconde actualisation de l'hésychasme se produisit au XIXe s. grâce au renouveau de la spiritualité et de la mystique russes.

HÉSYCHASTE [-kast] adj. et n. Qui relève de l'hésychasme ; qui pratique l'hésychasme.

HESYCHIOS de Milet, philosophe grec d'Alexandrie (VIe s. apr. J.-C.), auteur d'une *Chronique universelle,* des origines à la mort d'Anastase, d'un lexique des mots grecs dialectaux, l'*Onomatologos,* et d'une *Histoire du règne de Justin Ier* (518-527).

HÉTAIRE [etɛr] n. m. (gr. *hetairos,* compagnon). Chez les anciens Grecs, compagnon d'armes ; adhérent d'une hétairie.

HÉTAÏRE [etair] n. f. (gr. *hetaira,* compagne). **1.** Dans l'Antiquité grecque, courtisane de bonne éducation. (Plusieurs furent célèbres : Phryné, Aspasie.) — **2.** *Litt.* Prostituée.

HÉTAIRIE n. f. (gr. *hetaireia,* compagnonnage). **1.** Dans la Grèce antique, groupement religieux honorant la mémoire d'un héros. (Dans l'Athènes classique, les hétairies étaient devenues des clubs aristocratiques, sociétés secrètes qui conspirèrent parfois contre les institutions démocratiques.) — **2.** Dans l'Empire byzantin, corps de la garde impériale, exclusivement composé de mercenaires étrangers, spécialement chargé de veiller sur la personne du basileus. — **3.** Dans la Grèce moderne, société littéraire ou politique. (→ *encycl.*)

ENCYCL. Parmi les sociétés qui, sous le couvert d'activités culturelles, préparèrent secrètement la Révolution nationale, l'*Hétairie,* ou *Société amicale,* fondée en 1814 à Odessa, fut la plus importante. Elle étendit son activité à toutes les colonies grecques d'Europe et à toute la Grèce. Dirigée à partir de 1820 par A. Ypsilanti, elle déclencha en 1821 la révolution en Moldavie, en Valachie et en Grèce.

HÉTÉRAKIS [-kis] n. m. (du gr. *akis,* aiguillon). Nématode (ascaridé) parasite des poules, très commun.

HÉTÉRO adj. et n. *Fam.* Hétérosexuel(le).

HÉTÉROATOME n. m. Atome d'un élément autre que le carbone ou l'hydrogène dans un composé organique.

HÉTÉROBRANCHE n. m. Poisson-chat des fleuves africains, pourvu d'organes de respiration aérienne lui permettant de s'aventurer sur les rives.

HÉTÉROCARYOTE adj. Se dit de jumeaux monozygotes qui diffèrent par une paire de chromosomes.

HÉTÉROCÈRE n. m. Papillon aux antennes non renflées à l'extrémité et aux ailes placées à plat sur le corps ou obliquement, en toit. (Cette division des lépidoptères renferme les *sphingidés,* les *sésiidés,* les *zygénidés,* les *bombycidés,* les *noctuelles,* les *phalènes,* etc. ; la plupart volent le soir ou la nuit.)

HÉTÉROCERQUE adj. Se dit de la nageoire caudale des poissons quand elle est dissymétrique par rapport au plan horizontal, la colonne vertébrale s'infléchissant vers le haut et allant jusqu'au bout du lobe dorsal. (Les requins, les esturgeons ont une caudale hétérocerque.) [Contr. HOMOCERQUE.]

HÉTÉROCHROMATINE [-kro-] n. f. Segment de chromosome, ou plus rarement chromosome entier, ayant une structure, une fonction, une réplication différentes de l'euchromatine.

HÉTÉROCHROMATIQUE [-kro-] adj. Formé d'hétérochromatine.

HÉTÉROCHROME [-krom] adj. **1.** Se dit de stimuli de couleur donnant des sensations colorées. — **2.** Qui utilise des couleurs différentes : *photométrie hétérochrome.*

HÉTÉROCHROMIE [-kromi] n. f. Coloration différente des iris des deux yeux, congénitale (œil vairon) ou acquise (après une inflammation ou un traumatisme).

HÉTÉROCHROMOSOME [-kro-] n. m. Syn. de ALLOSOME.

HÉTÉROCLITE adj. (bas lat. *heteroclitus,* irrégulier, du gr. *heteroklitos*). Qui est fait d'un mélange bizarre d'éléments disparates : *Un grenier où s'entassaient des objets hétéroclites.*

HÉTÉROCOTYLE n. m. Syn. de MONOGÈNE.

HÉTÉROCYCLE n. m. Chaîne fermée d'un composé organique cyclique, comportant un ou plusieurs hétéroatomes.

HÉTÉROCYCLIQUE adj. Se dit des composés renfermant un hétérocycle.

HÉTÉRODÈRE n. m. Nématode dont deux espèces sont gravement nuisibles à la betterave, aux crucifères et aux légumineuses.

HÉTÉRODON n. m. Serpent (colubridé) d'Amérique du Nord, fouisseur à museau retroussé.

HÉTÉRODONTE adj. et n. m. **1.** Se dit de tout mollusque bivalve aux dents cardinales peu nombreuses et de plusieurs types, présentant la structure branchiale typique de la classe et muni de siphons plus ou moins développés (coque, couteau, pholade, etc.). [Les *hétérodontes* forment une sous-classe.] — **2.** Se dit des vertébrés dont la denture comporte des dents diversifiées dans leur forme et leur fonction. (La plupart des mammifères sont hétérodontes.) [Contr. HOMODONTE.]

HÉTÉRODONTIE [-si] n. f. Caractère propre aux vertébrés hétérodontes. (Contr. HOMODONTIE.)

HÉTÉRODOXE adj. et n. (gr. *heterodoxos,* qui pense autrement). **1.** Qui soutient des opinions contraires à l'orthodoxie religieuse. — **2.** Qui s'écarte des opinions, des idées habituellement reçues.

HÉTÉRODOXIE n. f. (gr. *heterodoxia*). Caractère de ce qui est hétérodoxe, contraire à une opinion reçue : *Hétérodoxie d'un livre.*

HÉTÉRODYNE n. f. Générateur d'oscillations électriques sinusoïdales, généralement employé dans un récepteur radioélectrique en vue d'effectuer un changement de fréquence.

HÉTÉROFIBRE adj. Se dit des fibres textiles bicomposées ou biconstituées.

HÉTÉROGAMÉTIE [-si] n. f. Formation par la lignée germinale de deux catégories de gamètes différents, en nombre égal, les uns donnant au zygote une orientation mâle, les autres une orientation femelle. (Contr. HOMOGAMÉTIE.)

HÉTÉROGAMÉTIQUE adj. Se dit du sexe qui produit deux sortes de gamètes. (Contr. HOMOGAMÉTIQUE.)

HÉTÉROGAMIE n. f. **1.** Union sexuelle entre deux gamètes d'aspect différent. (On distingue l'*anisogamie,* dans laquelle les deux gamètes sont mobiles, et l'*oogamie,* où le gamète femelle, immobile, a l'aspect d'un œuf.) [Contr. ISOGAMIE.] — **2.** Caractéristique sociale propre aux mariages entre per sonnes de race, situation sociale, niveau d'éducation, etc., dissemblables.

HÉTÉROGÈNE adj. (gr. *heterogenês*). **1.** Qui manque d'unité, qui est composé d'éléments de nature différente : *Population hétérogène.* — **2.** Se dit d'un système chimique formé de plusieurs phases.

HÉTÉROGÉNÉITÉ n. f. Qui est hétérogène, hétéroclite, composite.

HÉTÉROGENÈSE n. f. Alternance de générations (par exemple, une forme sexuée et une forme asexuée, une phase haploïde et une phase diploïde).

HÉTÉROGONIE n. f. Alternance de reproduction parthénogénétique et sexuée, observée dans divers groupes d'animaux (rotifères, crustacés cladocères, certains hyménoptères et hémiptères [pucerons]).

HÉTÉROGRADE adj. Se dit de la distribution statistique des fréquences d'un attribut qualitatif.

HÉTÉROGREFFE n. f. Greffe dans laquelle le greffon est emprunté à une espèce différente.

HÉTÉROÏQUE adj. Syn. de POLYXÈNE.

HÉTÉROLÉCITHE adj. Se dit d'un œuf dont le vitellus est inégalement réparti.

HÉTÉROLYSE n. f. Rupture dissymétrique d'une liaison covalente, avec formation de deux ions de charges différentes.

HÉTÉROLYTIQUE adj. Qui résulte d'une hétérolyse. (Syn. IONIQUE.)

HÉTÉROMÉTABOLE adj. Se dit des insectes qui ont des métamorphoses progressives et qui ne présentent pas ordinairement de stade nymphal inerte. (Contr. HOLOMÉTABOLE.)

HÉTÉROMORPHISME ou **HÉTÉROMORPHIE** n. f. Caractère des espèces animales dans lesquelles d'importantes différences existent entre les formes adultes.

HÉTÉROMORPHOSE n. f. Anomalie de la régénération chez les invertébrés. (L'organe qui se reforme diffère de celui qui avait été amputé : patte au lieu d'une antenne, etc.)

HÉTÉROMYIDÉ n. m. Rongeur (sciuromorphe) d'Amérique, tel que les « souris à poches » et les « rats-kangourous ». (Les *hétéromyidés* sont fouisseurs et nocturnes.)

HÉTÉRONEURE n. m. Insecte lépidoptère, caractérisé par une nervation différente sur les ailes antérieures et postérieures, par un appareil buccal souvent développé en trompe et enroulé en spirale. (Le sous-ordre des *hétéroneures* comprend les neuf dixièmes des lépidoptères.) [S'oppose à HOMONEURE.]

HÉTÉRONOME adj. Qui reçoit sa loi du dehors, au lieu de la tirer de soi-même. (Contr. AUTONOME.)

HÉTÉRONOMIE n. f. Fait d'être hétéronome.

HÉTÉRONYME adj. et n. m. **1.** Se dit de mots formant ensemble une structure sémantique (par ex. *frère* et *sœur* ou bien *capitaine, lieutenant, général,* etc.). — **2.** Dans la traduction d'une langue à une autre, se dit de mots de sens très voisin mais ne dénotant pas exactement la même réalité (par ex. le français *fleuve* et l'anglais *river*). — **3.** Pseudonyme auquel un écrivain a cherché à donner une existence concrète, en lui prêtant une biographie, une œuvre, une évolution distinctes de la sienne propre.

HÉTÉRONYMIE n. f. Caractère des mots hétéronymes.

HÉTÉROPEPTIDE n. m. Substance peptidique dont l'hydrolyse complète libère des acides aminés et un groupement prosthétique non protéique.

HÉTÉROPHONE ou **HÉTÉROPHONIQUE** adj. **1.** Relatif à l'hétérophonie. — **2.** Se dit d'éléments graphiques similaires représentant des sons différents (par ex. *nous portions* [t] et des *portions* [s]).

HÉTÉROPHONIE n. f. Style musical qui superpose différentes versions d'une même mélodie.

HÉTÉROPHORIE n. f. Trouble fonctionnel de la vision binoculaire, en rapport avec les variations de l'équilibre des muscles moteurs des globes oculaires.

HÉTÉROPHYLLIE n. f. Caractère propre aux plantes qui ont normalement des feuilles de plusieurs formes.

HÉTÉROPHYTISME n. m. Caractéristique des espèces végétales dans lesquelles chaque pied (sporophyte) n'engendre que des gamétophytes d'un seul et même sexe. (Chez les angiospermes, ces espèces sont dites *dioïques*.) [S'oppose à HOMOPHYTISME.]

HÉTÉROPIQUE adj. Se dit de formations géologiques de même âge et de faciès différents.

HÉTÉROPLASIE n. f. Formation de structures anormales par leur situation au cours du développement embryonnaire d'un tissu ou organe.

HÉTÉROPOLAIRE adj. *Liaison hétéropolaire,* syn. anc. de LIAISON IONIQUE*. ‖ *Machine hétéropolaire,* machine dans laquelle les pôles qui se succèdent le long de l'entrefer sont de polarité contraire.

HÉTÉROPROTÉINE n. f. ou **HÉTÉROPROTÉIDE** n. m. Nom générique de composés formés par la combinaison d'une protéine avec une substance non protidique. (Leur hydrolyse fournit des acides aminés et un groupement prosthétique.)

HÉTÉROPROTHALLIE n. f. Caractère propre à certains cryptogames qui présentent deux sortes de prothalles différents (les uns mâles, les autres femelles).

HÉTÉROPTÈRE n. m. Insecte hémiptéroïde, tel que les punaises au sens large du terme, possédant des ailes supérieures ou hémélytres, coriaces dans leur première moitié, membraneux dans la seconde. (La base de la trompe est située sur la partie antérieure de la tête. Les *hétéroptères* forment un ordre.) [Contr. HOMOPTÈRE.]
ENCYCL. Les hétéroptères sont végétariens, prédateurs ou suceurs de sang. Ils se répartissent en deux groupes : 1° les *gymnocérates,* ou *géocorises,* généralement terrestres, dont les antennes, bien développées, sont visibles ; 2° les *cryptocérates,* ou *hydrocorises,* toujours aquatiques, à antennes petites et cachées.

HÉTÉRORGANIQUE ou **HÉTÉRORGANE** adj. Se dit de deux phonèmes qui ont des points d'articulation distincts.

HÉTÉROSEXUALITÉ n. f. Désir sexuel pour des individus de sexe opposé (par oppos. à *homosexualité*).

HÉTÉROSEXUEL, ELLE adj. Relatif à l'hétérosexualité.
◆ adj. et n. Se dit de qqn dont le désir sexuel le porte vers des individus de sexe opposé, et non vers des individus de même sexe que lui.

HÉTÉROSIDE n. m. Glucide formé par la combinaison d'un ose ou d'un holoside avec un composé d'origine différente (aglycone). [Syn. GLUCOSIDE.]
ENCYCL. **Pharm.** Les hétérosides existent dans un grand nombre de végétaux, localisés dans certaines cellules. Ils ont pour la plupart une activité physiologique intense, et, malgré leur toxicité, ils constituent une classe de médicaments précieux, la digitaline étant le plus remarquable.

HÉTÉROSIS [-zis] n. f. (gr. *heterôsis,* changement). Accroissement de vigueur générale, observé chez les produits de deux lignées, de deux races, de deux sous-espèces ou même de deux espèces distinctes. (Syn. VIGUEUR HYBRIDE.)

HÉTÉROSOME n. m. Syn. de ALLOSOME.

HÉTÉROSPHÈRE n. f. Zone de l'atmosphère d'une planète située au-dessus de la turbopause, dans laquelle les constituants principaux se stratifient sous l'influence du champ de gravitation.

HÉTÉROSPORÉ, E adj. Se dit d'un organisme végétal possédant plusieurs sortes de spores d'aspect différent, donnant les unes (microspores) des prothalles mâles, les autres (macrospores) des prothalles femelles. (Contr. ISOSPORÉ.)

HÉTÉROSPORIE n. f. Caractère des espèces végétales hétérosporées.

HÉTÉROSTRACÉ n. m. Sous-classe d'agnathes fossiles connus de l'ordovicien au dévonien, pourvus d'un bouclier dermique antérieur et d'écailles sur le corps et la queue. (Leurs plus proches parents actuels sont les myxines.)

HÉTÉROSTYLIE n. f. Caractère d'une espèce végétale (primevère, par ex.) qui possède deux sortes de fleurs, les unes à style court, les autres à style long. (Ce dispositif favorise la pollinisation croisée par les insectes butineurs.)

HÉTÉROTHALLIE n. f. ou **HÉTÉROTHALLISME** n. m. Caractère propre aux espèces de champignons qui possèdent des thalles de deux signes sexuels opposés malgré leur aspect identique.

HÉTÉROTHERME adj. et n. m. Syn. de PŒCILOTHERME.

HÉTÉROTHERMIE n. f. Syn. de PŒCILOTHERMIE.

HÉTÉROTOPIE n. f. Présence d'éléments anatomiques, en eux-mêmes normaux, en des points de l'organisme où ils n'existent pas normalement.

HÉTÉROTOPIQUE adj. Qui relève de l'hétérotopie.

HÉTÉROTRICHE n. m. Protozoaire cilié spirotriche portant deux sortes de cils.

HÉTÉROTROPHE adj. et n. m. Qui utilise pour se nourrir les matières organiques constituant ou ayant constitué d'autres organismes. (Toutes les espèces vivantes sont hétérotrophes, sauf les végétaux chlorophylliens [plantes vertes, algues], qui sont phototrophes, et quelques bactéries, chimiotrophes.)

HÉTÉROTROPHIE n. f. Mode de nutrition des organismes hétérotrophes.
ENCYCL. Parmi les modes d'hétérotrophie, on distingue la *prédation* (capture des proies), le *parasitisme,* (vie aux dépens d'un « hôte ») ; le *commensalisme* (récupération des débris de repas d'une autre espèce), la *saprophagie* (ingestion de matière organique morte) ; la *symbiose,* (échanges nutritifs mutuels entre deux espèces.)

HÉTÉROTYPIQUE adj. Se dit de la première des deux divisions cellulaires constituant la méiose. (Cette division présente de nombreuses différences avec une mitose normale.)

HÉTÉROZYGOTE adj. et n. m. Se dit des individus animaux ou végétaux dont le patrimoine génétique comprend des gènes paternels et maternels à caractères différents. (Contr. HOMOZYGOTE.)

HÉTÉROZYGOTIE n. f. ou **HÉTÉROZYGOTISME** n. m. Situation d'un individu qui est hétérozygote pour un caractère donné.

HETIAN ou **HO-T'IEN,** noms chinois de Khotan.

HETMAN [ɛtman ou -mɑ̃] n. m. (polon. *hetman*). **1.** Chef militaire, en Pologne et en Lituanie (XVe-XVIIIe s.), ainsi qu'en Moldavie. — **2.** En Ukraine, commandant en chef des cosaques, puis chef du gouvernement civil (fin du XVIe-XVIIIe s.).

HETMANAT n. m. Dignité et charge de l'hetman.

***HÊTRAIE** n. f. (de *hêtre*). Forêt à feuilles caduques des régions tempérées humides, dont les arbres les plus fréquents sont les hêtres. (La hêtraie se rencontre sur sol calcaire comme sur sol silicieux.)

***HÊTRE** n. m. (frq. **haistr*). Grand arbre (fagacée) des forêts tempérées, au tronc puissant et élancé, à écorce très fine, à petite feuilles ovales caduques.
ENCYCL. On trouve le hêtre presque partout en France jusqu'à 1 600 m d'altitude. Il prospère dans les climats où l'humidité de l'air est suffisante et craint la sécheresse et les grands froids. C'est l'espèce forestière la plus importante après le chêne. On la traite de préférence en futaie régulière à révolution de 150 à 180 ans. Sur les meilleurs sols, l'exploitation peut être plus intensive et se faire vers 80 ans. Le hêtre est peu sensible aux parasites.

HETTANGE-GRANDE (57330), comm. de la Moselle, à 6 km au N. de Thionville ; 5 976 hab.

HETTANGIEN n. m. (de *Hettange-Grande,* n. pr.). Étage du système jurassique.

HETTNER (Alfred), géographe allemand (Dresde 1859 - Heidelberg 1941). Il s'est attaché à déterminer les importances respectives des conditions naturelles et de l'évolution historique.

HETZEL (Jules), éditeur et écrivain français (Chartres 1814 - Monte-Carlo 1886). Il fonda une librairie pour la jeunesse en 1862, créa la revue *le Magasin d'éducation et de récréation,* publia des œuvres de J. Verne et de V. Hugo, ainsi que ses propres romans (*Maroussia,* 1878 ; *les Quatre Peurs de notre général,* 1881), sous le pseudonyme de **P.-J. Stahl.**

***HEU !** interj. Marque le doute, l'hésitation, la restriction, le dédain.

HEUCHERA n. m. (de *Heucher,* n. pr.). Herbe vivace (saxifragacée) d'Amérique du Nord, dont les fleurs forment des grappes ou des panicules blanc verdâtre ou pourpres, très décoratives.

Heugel et Cie, maison d'édition musicale française, fondée par Jacques Léopold HEUGEL (La Rochelle 1815 - Paris 1883), qui commença l'édition d'A. Thomas et L. Delibes. — Son fils HENRI (Paris 1844 - *id.* 1916) lui succéda et inscrivit au catalogue les œuvres d'Offenbach, L. Delibes, G. Fauré, G. Charpentier puis celles de Franck, Lalo, Massenet. La maison sera gérée ensuite par JACQUES (Paris 1890 - *id.* 1979), fils du précédent. Associé à ses deux fils FRANÇOIS (Paris 1922) et PHILIPPE (Paris 1924) à partir de 1947, il a édité Milhaud, Poulenc, Auric, et, à partir de 1948, Jolivet, Dutilleux, Boulez, Mihalovici, etc.

***HEULANDITE** n. f. (de H. *Heuland,* n. pr.) Aluminosilicate hydraté naturel de calcium, appartenant à la famille des zéolites.

HEUNEBURG, site du Bade-Wurtemberg, sur le haut Danube, près de Sigmaringen, occupé à la fin du VIe s. et au début du Ve s. av. J.-C. On y a mis au jour une enceinte de briques séchées sur fondations de pierre et dont la technique est d'inspiration grecque.

HEUR n. m. (lat. pop. **agurium*, du lat. class. *augurium*, augure). Litt. *N'avoir pas l'heur de plaire à qqn*, n'avoir pas la chance, le bonheur de lui plaire.

HEURE n. f. (lat. *hora*). **1.** Unité de temps (symb. h) valant 3 600 secondes, soit soixante minutes, contenue vingt-quatre fois dans un jour : *Vous avez deux heures pour faire ce travail.* — **2.** Période de temps correspondant approximativement à cette unité : *Ça fait une bonne heure que je vous attends.* — **3.** Mesure d'une distance en fonction de la durée du trajet correspondant : *Cette ville est à trois heures de Paris par le train.* — **4.** Période de temps correspondant plus ou moins à cette unité et affectée à un travail ; unité de travail ou de salaire : *Être payé à l'heure.* — **5.** Classe, cours d'une durée de 45 min à 1 heure : *Il était absent pendant l'heure de français.* — **6.** Organisation temporelle de la journée, permettant, par référence à un système conventionnel, de situer précisément chacun des moments de la journée : *Ils n'ont pas la même heure que nous aux États-Unis.* — **7.** Détermination précise de ce moment lui-même (suivi éventuellement des subdivisions *minutes* et *secondes*) : *Il est exactement 13 heures 24 minutes.* (On se fonde sur une division en 24 heures en langue administrative, en deux fois 12 heures en langue courante en précisant, si besoin est, *du matin, de l'après-midi, du soir : Il est 17 heures* ou *5 heures de l'après-midi.*) — **8.** Indication de ce moment, donnée par une montre, une horloge, etc., réglée de manière à être conforme au système conventionnel : *Remettez vos montres à l'heure.* — **9.** Moment de la journée déterminé par rapport à une activité, à qqch : *C'est l'heure du dîner.* — **10.** Moment ou période quelconque dans le cours d'une vie, d'un pays, d'une entreprise, etc. : *Nous avons connu des heures difficiles.* — **11.** L'heure fixée, déterminée à l'avance, prévue : *Arriver à l'heure, après l'heure.* — **12.** Vx. *À cette heure* [astœr], maintenant. ‖ *À l'heure*, en une heure (se dit d'une vitesse) : *Faire du cent à l'heure.* ‖ *À l'heure + adj.* ou *compl.*, à la manière des habitudes, des mœurs de, dans le contexte de : *La France se met à l'heure anglaise.* ‖ *À l'heure de*, à l'époque de : *À l'heure de l'électronique.* ‖ *À l'heure qu'il est, à l'heure actuelle, pour l'heure, à cette heure*, actuellement, en ce moment précis, dans les circonstances actuelles. ‖ *À la bonne heure*, marque l'approbation, voilà qui est bien, ou, ironiq., ne vous gênez pas, c'est parfait. ‖ *À la première heure*, très tôt le matin ; le plus tôt possible. ‖ *À mes heures*, de temps à autre, quand bon me semble : *Il est bricoleur à ses heures.* ‖ *À son heure*, au moment qui convient. ‖ *Avant l'heure*, avant le moment prévisible, prématurément : *Il est mort avant l'heure.* ‖ *Dans 48 heures*, dans deux jours. ‖ *De bonne heure*, tôt, en avance sur l'heure ou sur l'époque. ‖ *De dernière heure, en dernière heure*, se dit des informations qui arrivent sous forme de dépêche juste avant l'édition du journal ou des informations qui sont diffusées sur l'antenne peu de temps après leur réception. ‖ *De la dernière heure*, se dit des ralliés à une cause qui se joignent au dernier moment à ceux qui vont être vainqueurs. ‖ *D'heure en heure*, progressivement, au fur et à mesure. ‖ *D'une heure à l'autre*, d'un moment à l'autre. ‖ *De la première heure*, se dit de ceux qui ont combattu pour une cause dès le début. ‖ *(Dernière) heure, heure dernière, heure suprême*, dernier moment avant la mort. ‖ *Être à l'heure*, donner l'heure juste, en parlant d'une montre, d'une horloge. ‖ Fam. *Il faut se lever de bonne heure pour*, il est très difficile de. ‖ Fam. *Je ne te demande pas l'heure qu'il est*, mêle-toi de ce qui te regarde, je ne t'adresse pas la parole. ‖ *L'heure de qqn, son heure*, le moment de sa vie où se présentent des chances de réussite, de bonheur, ou un moment fatal. ‖ *L'heure est à qqch*, il s'agit maintenant de : *L'heure est à la concertation.* ‖ *N'avoir pas une heure à soi*, être surchargé de travail. ‖ *N'avoir pas d'heure*, être incapable de respecter un horaire régulier. ‖ Fam. *Remettre les pendules* (ou *les montres*) *à l'heure*, réajuster son comportement, ses actes à la situation actuelle. ‖ *Sur l'heure*, immédiatement, à l'instant même. ‖ *Tout à l'heure*, dans un petit moment ; il y a un petit moment. ‖ *Vingt-quatre heures sur vingt-quatre*, sans discontinuer, sans arrêt. • **Astrol.** *Heure planétaire*, douzième partie du jour ou de la nuit, comptée à partir du lever du Soleil et attribuée à l'un des sept astres traditionnels. — **Astron.** et **Mar.** Unité de mesure d'angle plan valant $2\pi/24$ radian, soit 15°. — **Dr.** *Heure d'été*, temps légal adopté au printemps et en été par certains pays, en vue de réduire les dépenses d'électricité, et qui avance en général de 60 minutes sur le temps légal en vigueur durant le reste de l'année *(heure d'hiver)*. ‖ *Heure légale*, heure avant ou après laquelle certains actes juridiques ne peuvent être accomplis (signification, perquisition, etc.) ; syn. de TEMPS LÉGAL. ‖ *Heure supplémentaire*, heure de travail accomplie au-delà de la durée légale du travail qui ouvre droit à rémunération ou au repos compensateur. — **Liturg.** *Heure sainte*, exercice de dévotion qui unit le fidèle à l'agonie du Christ dans une veillée de prières, généralement nocturne. — **Sports.** Course d'une durée d'une heure disputée en athlétisme et en cyclisme.

◆ **heures** n. f. pl. **1.** Partie de l'office qui se déroule suivant le cours de la journée. (La nouvelle *liturgie des heures* [1970] prévoit six heures, dont les deux pôles sont les *laudes* le matin et les *vêpres* le soir.) – **2.** *Heures canoniales,* heures où l'on récite les diverses parties du bréviaire ; ces diverses parties elles-mêmes ; prières en général. ‖ *Livre d'heures,* livre de dévotion privée, recueil de prières et d'éléments liturgiques choisis. (Beaux exemplaires enluminés aux XIVe et XVe s., par J. Pucelle, le Maître de Boucicaut, le Maître de Rohan, les Limbourg, J. Fouquet, etc.)

heure *(Bureau international de l')* **[B. I. H.],** organisme créé en 1911 afin d'unifier l'heure dans le monde, qui était installé à l'Observatoire de Paris. Il comprenait deux sections : l'une, chargée de l'élaboration de l'échelle du temps* atomique international, a été transférée en 1985 au Bureau international des poids et mesures ; l'autre, chargée de la détermination de la rotation terrestre, est devenue, depuis 1988, le Bureau central du service international de la rotation terrestre.

HEUREUSEMENT adv. **1.** D'une manière avantageuse, favorable : *L'affaire s'est heureusement terminée.* – **2.** D'une manière agréable, réussie : *Deux coloris qui s'associent heureusement.* – **3.** Par chance, par bonheur : *Heureusement que j'étais averti, sinon j'aurais commis l'erreur.*

HEUREUX, EUSE adj. (de *heur*). **1.** Qui jouit du bonheur, qui est durablement content de son sort : *Les gens heureux n'ont rien à dire.* – **2.** Qui manifeste le bonheur ou qui est marqué par le bonheur : *Montrer un visage heureux.* – **3.** Qui est très satisfait, très content de ce qui lui advient ou de ce qui se produit en général : *Je suis heureux de vous voir.* – **4.** Qui est favorisé par le sort dans une activité, un domaine, qui a de la chance : *Être heureux au jeu, en amour.* – **5.** Qui est favorable, avantageux : *C'est un coup heureux. Un heureux choix.* – **6.** Dont l'effet original, agréable, juste semble inspiré par la chance ; réussi : *Cet éclairage est d'un très heureux effet.* – **7.** Se dit à ou de qqn dont on pense qu'il bénéficie d'un sort extrêmement favorable : *L'heureux homme.* – **8.** *Il est heureux que, encore heureux que,* c'est une chance que : *Encore heureux que cet accident n'ait pas fait de victimes.* – **9.** *Heureux caractère, heureuse nature,* qui est porté à l'optimisme, qui prend toujours bien les choses. ‖ *Heureux comme un roi, comme un poisson dans l'eau,* très heureux.

◆ n. *Faire un, des heureux,* leur donner qqch qui leur convient, répondre à leurs désirs.

HEURISTIQUE ou **EURISTIQUE** adj. (gr. *heuriskein,* trouver). **1.** Qui consiste ou qui tend à trouver : *Méthode heuristique.* – **2.** Relatif à l'heuristique.

◆ n. f. **1.** Partie de la science historique qui consiste dans la recherche des documents. – **2.** Discipline qui se propose de formuler les règles de la recherche scientifique.

***HEURT** [œr] n. m. (de *heurter*). **1.** Fait pour deux choses d'entrer assez rudement en contact ; choc : *Ces verres sont fragiles : il faut éviter le moindre heurt.* – **2.** Opposition très forte entre des choses ; contraste : *Le heurt de deux sonorités.* – **3.** Conflit, opposition violente entre des personnes, des groupes (surtout pl.) : *Cette rivalité d'intérêts a provoqué des heurts entre eux.*

HEURTAUX (Alfred), général français (Nantes 1893 - Chantilly 1985). As de la chasse de la Première Guerre mondiale, où il commandait l'escadrille des « Cigognes », il entra dans la Résistance dès 1940. Arrêté en 1941, il fut interné à Düsseldorf puis à Buchenwald.

***HEURTER** v. t. (frq. **hurt,* bélier) [conj. 3]. **1.** Venir frapper qqch, qqn avec ce qu'on transporte ou d'une partie du corps, entrer rudement en contact avec qqch, qqn : *Je l'ai heurté avec mon parapluie. La voiture a heurté un arbre.* – **2.** Cogner des choses l'une contre l'autre : *Portez ces verres mais sans les heurter.* – **3.** S'opposer violemment, fortement à qqn, qqch, en partic. en se situant en dehors des règles, des usages habituels : *Heurter les convenances.* – **4.** Contrarier vivement qqn, l'irriter, le choquer : *Ses manières m'ont toujours heurté.*

◆ v. t. ind. **1.** Donner des coups à la porte, à la fenêtre, etc. pour signaler sa présence, pour se faire ouvrir. – **2.** Entrer rudement en contact avec qqch : *Le navire a heurté contre un rocher.*

◆ **être heurté** v. pass. Présenter des à-coups, des oppositions ou des différences marquées de rythmes : *Débit heurté de la voix.*

◆ **se heurter** v. pr., **être heurté** v. pass. S'opposer violemment, former contraste en parlant de choses : *Tons heurtés.*

◆ **se heurter** v. pr. **1.** Se cogner contre qqch, qqn : *Je me suis heurté à lui en descendant du bus.* – **2.** Buter contre un obstacle, ne pas réussir à surmonter qqch : *Se heurter à un refus.* – **3.** Avoir des heurts, des conflits avec qqn : *Se heurter à un concurrent pour le contrôle du marché.*

***HEURTOIR** n. m. (de *heurter*). **1.** Pièce métallique mobile, d'un certain poids, adaptée à la porte d'une maison, pour frapper. (Syn. MARTEAU.) – **2.** Syn. de BUTOIR. – **3.** Face verticale du busc d'une écluse ou de la paroi de la chambre des portes, sur laquelle la porte vient s'appuyer.

HEUSDEN, localité de Belgique (Flandre-Orientale), partie de la commune de Destelbergen, sur l'Escaut, au S.-E. de Gand. Abbaye cistercienne.

HEUSDEN-ZOLDER, comm. de Belgique (Limbourg), au N. de Hasselt ; 27 400 hab.

*__HEUSE__ n. f. (anc. fr. *hose,* guêtre, du germ. *hosa*). Syn. de HOUSEAU.

HEUSINGER (Adolf), général allemand (Holzminden 1897 - Cologne 1982). Membre du bureau des opérations du commandement de la Wehrmacht, il fut blessé aux côtés de Hitler lors de l'attentat du 20 juill. 1944. Trois ans prisonnier militaire des Américains, il devint conseiller militaire d'Adenauer en 1951, et fut président du comité des chefs d'état-major allemands, inspecteur général de la Bundeswehr (1957-1961) et président du comité militaire permanent de l'O. T. A. N. jusqu'en 1964.

HEUSS (Theodor), homme d'État allemand (Brackenheim, Wurtemberg, 1884 - Stuttgart 1963). Il adhéra au parti démocrate (1918), qu'il représenta au Reichstag (1924-1928, 1930-1933). Ses livres furent brûlés publiquement par les nazis. Il fut en 1948 l'un des fondateurs de la Freie Demokratische Partei (FDP) et présida la République fédérale d'Allemagne (1949-1959).

HEUYER (Georges), psychiatre français (Pacy-sur-Eure 1884 - Paris 1977). Il fut le premier titulaire de la chaire de psychiatrie infantile à la faculté de médecine de Paris (1948-1957). Ses travaux sont surtout orientés vers la délinquance juvénile.

HEUZÉ (Gustave), agronome français (Paris 1816 - Versailles 1907), auteur de nombreux ouvrages sur les techniques agricoles et les systèmes de culture.

HÈVE *(cap de la),* cap crayeux de la Seine-Maritime, fermant, au N., l'embouchure de la Seine ; 105 m. Phare.

HÉVÉA n. m. (quechua *hyeve*). Grand arbre (euphorbiacée) des régions chaudes, au tronc cylindrique portant à son sommet un bouquet de feuillages, et qui produit un latex qu'on extrait de l'arbre sur pied pour fabriquer le caoutchouc. (Le latex s'écoule par des incisions pratiquées sur le tronc, tous les six à huit jours, et est recueilli dans de petits godets. Il est ensuite coagulé par des coagulants ou par centrifugation.)

HÉVÉACULTURE n. f. Culture de l'hévéa.

HEVELIUS (Johannes HAVELKE ou HEWEL, dit), astronome allemand (Dantzig 1611 - *id.* 1687). Il étudia les taches solaires et en déduisit la période de rotation du Soleil ; il fut le premier à décrire les facules. En 1647, il publia la première carte détaillée de la Lune. On lui doit aussi un traité sur les comètes (1668).

HEVESY (George Charles DE), chimiste suédois d'origine hongroise (Budapest 1885 - Fribourg-en-Brisgau 1966). Il a préconisé l'emploi des marqueurs isotopiques, en particulier en biologie, et découvert le hafnium en 1923. (Prix Nobel de chimie 1943.)

HEWISH (Antony), radioastronome britannique (Fowey, Cornwall, 1924). Ses recherches effectuées à l'observatoire de Mullard l'ont conduit, avec son élève Jocelyn Bell, à découvrir, en 1967, les pulsars. (Prix Nobel de physique 1974.)

HEXACANTHE adj. Se dit de l'embryon d'un ver plathelminthe parasite (ténia, par ex.) pourvu de trois paires de crochets.

HEXACHLOROBENZÈNE [-klorobɛ̃zɛn] n. m. Composé solide C_6Cl_6, résultant de la substitution d'atomes de chlore à tous les atomes d'hydrogène du benzène, employé comme fongicide. (Syn. PERCHLOROBENZÈNE.)

HEXACHLOROCYCLOHEXANE [-klo-] n. m. Composé résultant de l'addition du chlore sur le benzène, utilisé comme insecticide de contact contre les poux et la gale (abrév. H. C. H.).

HEXACHLOROPHÈNE [-klo-] n. m. Antiseptique externe plus spécialement actif sur les germes Gram positif.

HEXACHLORURE [-klo-] n. m. Chlorure dont la formule contient six atomes de chlore.

HEXACORALLIAIRE n. m. Cnidaire anthozoaire dont le nombre de tentacules et de cloisons gastriques est égal à six ou à un multiple de six. (Les *hexacoralliaires* forment une vaste classe.)
ENCYCL. Les hexacoralliaires sont solitaires ou coloniaux. Certains sont nus ; les plus nombreux ont un squelette externe appelé *polypier.* Dans les pays tropicaux, les polypiers participent pour une grande part à l'édification des récifs coralliens.

HEXACORDE n. m. (lat. *hexachordus,* qui a six cordes). Groupe diatonique de six notes consécutives qui est à la base de la théorie musicale, du XIᵉ au XVIIᵉ s.

HEXACTINELLIDE n. m. (gr. *aktis, -inos,* rayon). Spongiaire dont le squelette est formé de spicules siliceux à six pointes, comme chez l'euplectelle. (Ces éponges forment une classe.)

HEXADÉCANE n. m. Hydrocarbure saturé $C_{16}H_{34}$.

HEXADÉCANOL n. m. Syn. de ALCOOL CÉTYLIQUE*.

HEXADÉCIMAL, E, AUX adj. Se dit d'un système de numération à base 16.
◆ **hexadécimal** n. m. Code à base 16, très souvent utilisé en informatique pour coder des nombres à l'aide de 4 bits.

HEXAÈDRE adj. et n. m. (bas lat. *hexahedrum,* du gr. *heksaedros*). Se dit d'un solide qui a six faces.

HEXAÉDRIQUE adj. Relatif à l'hexaèdre.

HEXAFLUORURE n. m. **1.** Composé dont la molécule contient six atomes de fluor. — **2.** *Hexafluorure d'uranium,* composé de l'uranium, UF_6, utilisé à l'état gazeux dans l'enrichissement de l'uranium naturel en isotope 235.

HEXAGONAL, E, AUX adj. (de *hexagone*). **1.** Qui a la forme d'un hexagone. — **2.** Dont la base est un hexagone. — **3.** Qui concerne l'Hexagone, la France : *Une politique étroitement hexagonale.* — **4.** Se dit de l'un des sept systèmes cristallins, caractérisé par l'existence d'un axe de symétrie d'ordre six.

HEXAGONE n. m. (lat. *hexagonum,* du gr. *heksagônos*). **1.** Polygone qui a six angles et, par conséquent, six côtés. — **2.** *L'Hexagone,* la France limitée au territoire métropolitain, par allusion à la figure géométrique formée en joignant les points extrêmes de sa représentation cartographique (souvent avec une majusc.).

Hexagone *(l'),* groupe littéraire québécois fondé à Montréal (1953) autour de Gaston Miron, qui a accueilli la majeure partie des poètes québécois contemporains.

HEXAGRAMME n. m. Chacune des soixante-quatre figures divinatoires des Chinois, formée de six lignes pleines ou interrompues, permettant d'interpréter la structure de l'univers et ses mutations.

HEXAHYDRITE n. f. Sulfate naturel de magnésium hydraté $MgSO_4$, $6H_2O$.

HEXAMÉTHYLÈNE n. m. Radical divalent $-(CH_2)_6-$.

HEXAMÉTHYLÈNEDIAMINE n. f. Composé $H_2N-(CH_2)_6-NH_2$, dont le sel avec l'acide adipique donne par chauffage le polyamide-6,6, ou Nylon. (Syn. DIAMINOHEXANE.)

HEXAMÉTHYLÈNETÉTRAMINE n. f. Syn. de MÉTHÉNAMINE.

HEXAMÈTRE adj. et n. m. (lat. *hexametrus,* du gr. *heksametros*). Se dit d'un vers, grec ou latin, qui a six pieds, et particulièrement de l'hexamètre dactylique, employé dans l'épopée.

HEXAMIDINE n. f. Antiseptique local, possédant un pouvoir bactéricide et bactériostatique puissant utilisé dans le traitement des lésions cutanées.

HEXANCHIFORME [-ki-] n. m. (gr. *agkos,* courbure). Sélacien primitif possédant plus de cinq paires de fentes branchiales. (Les *hexanchiformes* constituent un ordre.)

HEXANE n. m. Hydrocarbure saturé C_6H_{14}.

HEXANOL n. m. Nom générique des alcools dérivés de l'hexane. (L'hexanol-1 est utilisé dans la préparation d'antiseptiques et d'hypnotiques.) [Syn. ALCOOL HEXYLIQUE.]

Hexaples, ouvrage d'Origène, qui met en regard le texte hébreu de la Bible, sa translittération grecque et les quatre versions grecques alors en usage, notamment la version des Septante. C'est une étape importante dans l'histoire de l'exégèse biblique.

HEXAPODE adj. et n. m. Qui possède trois paires de pattes. (Se dit, en partic., des larves d'insectes munies de six pattes marcheuses également développées, dans les groupes où ce caractère est exceptionnel.)

HEXARÉACTEUR adj. et n. m. Se dit d'un avion propulsé par six turboréacteurs.

HEXASTYLE adj. et n. m. (gr. *heksastulos*). Se dit d'un édifice qui présente six colonnes de front.

HEXATÉTRAÈDRE n. m. Polyèdre à 24 faces, forme cristalline appartenant à l'une des hémiédries du système cubique.

HEXAVALENT, E adj. Qui possède la valence chimique 6.

HEXET [ɛgzɛt] n. m. Multiplet de 6 bits.

HEXI ou **HO-SI** *(corridor du),* région de Chine (Gansu), formant un couloir désertique parsemé d'oasis, à l'O. du Huang He. Large de 50 à 70 km, il s'étire sur une longueur de 1 000 km.

HEXITE n. f. ou **HEXITOL** n. m. Nom générique des dérivés de l'hexane renfermant six fonctions alcool. (Le *mannitol* et le *sorbitol* sont les stéréoisomères les plus importants.)

HEXOCTAÈDRE n. m. Polyèdre à 48 faces, forme cristalline appartenant au système cubique.

HEXOGÈNE n. m. Explosif utilisé dans certaines munitions militaires.

HEXOLITE n. f. Explosif constitué par un mélange d'hexogène et de tolite.

HEXOSE n. m. Nom générique des oses $C_6H_{12}O_{60}$, dérivant de l'hexane. (Ex. : glucose, galactose, etc.)

HEXYL n. m. Dénomination courante de l'explosif constitué d'hexanitrodiphénylamine.

HEXYLIQUE adj. *Alcool hexylique,* syn. de HEXANOL.

HEYDRICH (Reinhard), policier allemand (Halle 1904 - Prague 1942). Membre du parti nazi depuis 1932, il devint chef de la police (1934), puis commissaire général de la Gestapo pour les territoires occupés (1940). Nommé en 1941 « protecteur du Reich » en Bohême et Moravie, il se rendit odieux par ses crimes, et fut exécuté par des patriotes tchèques.

HEYMANS (Cornelius), pharmacologue belge (Gand 1892 - Knokke-le-Zoute 1968). Il a étudié le métabolisme des fonctions respiratoires et circulatoires. (Prix Nobel de médecine 1938.)

HEYRIEUX (38540), ch.-l. de cant. de l'Isère, dans le nord du bas Dauphiné ; 3 884 hab. *(Heyriards).*

HEYROVSKÝ (Jaroslav), chimiste tchèque (Prague 1890 - *id.* 1967). Ses études sur l'électrolyse l'ont amené à découvrir, en 1922, la polarographie*. (Prix Nobel de chimie 1959.)

HEYSE (Paul VON), écrivain allemand (Berlin 1830 - Munich 1914), auteur de nouvelles (*l'Arrabiata,* 1855 ; *Nouvelles du lac de Garde,* 1902) et de romans (*Au paradis,* 1875).

HEYTING (Arend), logicien néerlandais (Amsterdam 1898 - Lugano 1980). Il est l'auteur d'une logique de type intuitionniste, qu'il a axiomatisée en 1930.

HEYWOOD (John), écrivain anglais (Londres 1497 - en exil à Louvain ou Malines 1578 ?). Catholique, ami de More, il a laissé des *Interludes* (1533), dialogues écrits dans la tradition comique du Moyen Âge.

HEYWOOD (Thomas), écrivain anglais (Lincolnshire 1574 ? - Clerkenwell, Londres, 1641). Acteur et auteur, il a gratifié le théâtre élisabéthain de 220 pièces dont 23 sont connues. On lui doit des comédies, des drames historiques (*le Viol de Lucrèce,* 1608), des masques, une *Défense des acteurs* (1612).

Hezbollah (en ar. *ḥizb Allāh,* parti de Dieu), organisation libanaise fondée en 1982 avec l'aide de militants chī'ites iraniens regroupés dans le mouvement iranien également appelé *Hezbollah.* Son objectif est de créer une république islamique au Liban.

Hf, symbole chimique du *hafnium.*

Hg, symbole chimique du *mercure.*

Hh *(système),* système de groupes sanguins, uniquement représenté par l'antigène H, essentiellement présent sur les hématies du groupe O et en quantité réduite sur les hématies A2, B, A, A1B, et se trouvant également dans la salive des sujets sécréteurs.

HIA → XIA.

HIA-KOUAN → XIAGUAN.

HIA KOUEI → XIA GUI.

HIA-MEN → AMOY.

HIATAL, E, AUX adj. **1.** Qui concerne un hiatus anatomique. — **2.** *Hernie hiatale,* hernie diaphragmatique dans laquelle une partie de l'estomac pénètre dans le thorax à travers le hiatus œsophagien.

HIATUS [jatys] n. m. (lat. *hiatus,* ouverture, de *hiare,* s'entrouvrir). **1.** Succession de deux voyelles appartenant à des syllabes différentes à l'intérieur du mot *(ÉOlienne, rÉUssir),* ou à la frontière de deux mots *(il A OUblié).* — **2.** Manque de continuité, interruption posant problème, contradiction dans une œuvre, un discours, une suite logique, une suite d'événements : *Un hiatus entre les discours tenus et les réalisations concrètes.* — **3.** *Hiatus œsophagien,* orifice du diaphragme par lequel l'œsophage passe du thorax dans l'abdomen. ‖ *Hiatus de Winslow,* orifice unissant la grande cavité péritonéale à l'arrière-cavité des épiploons.

HIBERNACLE n. m. (lat. *hibernus,* d'hiver). Bourgeon qui, chez certaines plantes aquatiques, se détache et peut ainsi reproduire l'espèce.

HIBERNAL, E, AUX adj. (bas lat. *hibernalis,* du lat. class. *hibernus*). **1.** Qui a lieu pendant l'hiver : *Germination hibernale.* — **2.** Relatif à l'hibernation : *Sommeil hibernal.*

HIBERNANT, E adj. En hibernation ou pratiquant l'hibernation.

HIBERNATION n. f. (bas lat. *hibernatio, -onis,* du lat. class. *hibernare,* hiberner). **1.** Ensemble des phénomènes provoqués chez les êtres vivants par l'arrivée de la saison froide (ou de la saison sèche) et qui leur permettent d'y faire face en dépit de la rareté de l'eau et/ou des aliments. (→ *encycl.*) — **2.** Inactivité, inertie, improductivité, stagnation : *Industrie en état d'hibernation.* — **3.** *En hibernation,* en réserve, en attente : *Mettre un projet de loi en hibernation.* ‖ *Hibernation artificielle,* état de vie ralentie, provoqué par actions pharmacologiques (perfusion d'un mélange de drogues) et physiques (réfrigération par projection d'air froid et humide) chez un homéotherme, et comportant une diminution des métabolismes, des oxydations et de la température centrale, avec conservation de la vie et de l'excitabilité cellulaires ; ensemble des méthodes qui permettent d'obtenir cet état. (→ *encycl.*)

ENCYCL. **Biol.** Les différents aspects pris par l'hibernation sont : l'enfouissement ou le revêtement qui isole thermiquement l'être de son milieu (marmotte, escargot, bourgeons dormants, etc.), le ralentissement du cycle vital (« sommeil hibernal »), la dispersion et l'enfouissement des œufs, des graines, la formation d'organes souterrains (bulbes) qui écloront au printemps. Chez les mammifères, l'hibernation peut durer jusqu'à six mois, mais elle est entrecoupée de réveils temporaires, au cours desquels l'animal (écureuil, hamster) se nourrit, défèque ou simplement s'agite pour éviter que son refroidissement interne ne conduise jusqu'au gel. On l'observe chez les insectivores (hérisson), les chiroptères et les rongeurs (marmotte, loir, lérot par ex.). Des mammifères comme les ours, le blaireau, le castor ou le chien viverrin

s'endorment partiellement en hiver, sans baisse de la température corporelle.
— **Méd.** L'*hibernation artificielle* est indiquée soit lorsqu'on redoute des réactions organiques trop violentes lors d'une agression intense (cas des grands brûlés, par ex.), soit lorsque les possibilités réactionnelles sont trop faibles chez des sujets cachectiques, affaiblis ou anémiques, soit encore en cas d'intervention chirurgicale prolongée.

HIBERNER v. i. (lat. *hibernare,* de *hibernus,* d'hiver) [conj. **3**]. Passer l'hiver en état d'hypothermie ou hibernation.

HIBERNIE ou **HYBERNIE** n. f. (lat. *hibernus,* d'hiver). Phalène d'hiver, très nuisible aux arbres par sa chenille. (Les mâles, seuls, volent ; les femelles, aptères, grimpent sur les arbres et y pondent.)

HIBISCUS [ibiskys] n. m. (lat. *hibiscus,* sorte de mauve). Grand genre (150 espèces) d'arbres, d'arbustes ou d'herbes de la famille des malvacées. (Autre nom *ketmie.*)
ENCYCL. Les diverses espèces du genre *hibiscus* sont cultivées à des fins variées : fleurs ornementales, fruit comestible du gombo, huile d'ambrette, thé rose ou karkadé et surtout *kenaf,* succédané du jute.

***HIBOU** n. m. (pl. *hiboux*) [p.-ê. onomat.]. **1.** Nom donné à tous les rapaces nocturnes (strigidés) dont la tête porte des aigrettes de plumes, par opposition avec les chouettes, qui en sont dépourvues. — **2.** *Fam.* et *vx.* Homme qui fuit la société, le grand jour.
ENCYCL. Il existe une soixantaine d'espèces de hiboux, la plupart nocturnes, sédentaires. Grands consommateurs de rongeurs, la plupart sont de bons auxiliaires de l'agriculture. On trouve en France, outre le hibou brachyote, trois espèces différant notamment par la taille et appelées petit duc, moyen duc et grand duc.

***HIC** n. m. inv. (lat. *hic est quaestio,* ici est la question). Nœud de la question, difficulté essentielle : *Il y a un hic.*

***HIC ET NUNC** [ikɛtnɔ̃k] loc. adv. (lat. *hic et nunc,* ici et maintenant). Sans délai et en ce lieu même : *Payer hic et nunc.*

HICHĀM (Damas 691 - Ruṣāfa 743), dixième calife omeyyade (724-743). Son autorité sur l'Afrique du Nord et l'Espagne fut ébranlée par la révolte berbère et khāridjite de 740-741.

HICHĀM Ier (Abū al-Walīd, appelé **al-Riḍā**) [Cordoue 757 - *id.* 796], second émir omeyyade de Cordoue (788-796). — **Hichām II** *al-Mu'ayyad* (Cordoue 965 - ? 1013), troisième calife omeyyade de Cordoue (976-1013). — **Hichām III** *al-Mu'tadd* (v. 975 - Lérida 1036), dernier calife omeyyade de Cordoue (1027-1031).

***HICKORY** n. m. (angl. *hickory,* de l'algonquin *pohickery*). Arbre de l'Amérique du Nord, très voisin de nos noyers, au bois très lourd et très résistant servant à faire des manches d'outils, des bois de chaises, etc. (Syn. CARYA.)

HICKS (*sir* John Richard), économiste britannique (Leamington Spa, Warwickshire, 1904 - Blockley, Gloucestershire, 1989). S'inspirant de la théorie keynésienne, il éclaire les relations entre la politique monétaire et la politique budgétaire. (Prix Nobel de sciences économiques 1972, avec K. Arrow.)

HICKS (Sheila), créatrice textile américaine (Hastings, Nebraska, 1934). Elle a assimilé l'esthétique et les techniques des différentes civilisations qu'elle a rencontrées (lisse française, points noués marocains, enroulements de soie indiens, etc.), traitant à égalité la forme, la couleur et le matériau. Ses formats sont aussi variés que ses motifs : du monumental au miniature.

HIDA *(monts),* massif (appelé aussi « Alpes du Nord ») et région historique du Japon, dans l'île de Honshū, partie O. du Chūbu. C'est une région isolée ayant conservé d'anciennes traditions. V. princ. *Takayama.* Parc national.

HIDALGO n. m. (esp. *hidalgo,* contraction de *hijo de algo,* fils de quelque chose). *Litt.* Gentilhomme, noble espagnol.

HIDALGO, astéroïde découvert en 1920. Il s'approche à 300 millions de km du Soleil, et s'en éloigne à 1 450 millions de km.

HIDALGO, État du Mexique central, qui occupe le rebord oriental du plateau (sierra Madre orientale) ; 20 987 km² ; 1 888 366 hab. Cap. *Pachuca.*

HIDALGO DEL PARRAL, v. du Mexique (État de Chihuahua), en bordure de la sierra Madre occidentale ; 57 600 hab. Centre minier.

HIDALGO Y COSTILLA (Miguel), prêtre et héros de l'indépendance mexicaine (San Diego Corralejo, Guanajuato, 1753 - Chihuahua 1811). Curé créole gagné aux idées des Lumières, il donna en 1810, dans sa paroisse de Dolores (Guanajuato) le signal des luttes pour l'indépendance. À la tête d'une armée d'Indiens et de métis pauvres, il dirigea l'insurrection mais sans parvenir à rallier l'Église et les créoles qui redoutaient une révolution sociale. Il fut finalement écrasé par les Espagnols (janv. 1811) et exécuté.

HIDATSAS, Indiens appartenant au groupe des Sioux.

HIDDÉNITE n. f. (de W. E. *Hidden,* n. pr.). Variété verte de spodumène, utilisée en joaillerie.

HIDDEN PEAK → GASHERBRUM.

HIDETADA → TOKUGAWA HIDETADA.

***HIDEUR** n. f. (anc. fr. *hisde,* de l'anc. haut all. **egisida,* horreur). *Litt.* Aspect, nature de ce qui est hideux : *La hideur d'un visage.*

***HIDEUSEMENT** adv. D'une manière hideuse : *Des traits hideusement contractés.*

***HIDEUX, EUSE** adj. (de *hideur*). **1.** D'une laideur repoussante, affreux à voir : *Un monstre hideux.* — **2.** Qui provoque un grand dégoût moral, une répulsion : *Une guerre hideuse.*

HIDEYOSHI → TOYOTOMI HIDEYOSHI.

HIDRADÉNOME n. m. Petite tumeur épithéliale développée aux dépens des rudiments des glandes sudoripares.

HIDROSADÉNITE ou **IDROSADÉNITE** n. f. Abcès superficiel développé dans une glande sudoripare. (Il s'observe surtout à l'aisselle ou à l'anus.)

HIDROSE n. f. **1.** Trouble fonctionnel de la sécrétion sudorale. — **2.** Lésion organique primitive de l'appareil sudoripare.

***HIE** n. f. (moyen néerl. *heie*). Syn. de DAME (engin).

HIÈBLE ou **YÈBLE** n. f. (lat. *ebulum*). Nom usuel d'un petit sureau (2 m de haut) à fleurs blanches ou un peu rosées, sentant l'amande amère, à baies noires.

HIEI ou **HIEIZAN,** montagne du Japon (Honshū), au N.-E. de Kyōto ; 850 m. Centre du bouddhisme Tendai autour de monastères *(Enryakuji*)* fondés en 788, dont les moines-soldats constituèrent une féodalité puissante.

HIÉMAL, E, AUX adj. (lat. *hiemalis,* de *hiems, hiemis,* hiver). **1.** *Litt.* Qui concerne l'hiver. — **2.** Se dit d'une plante qui croît en hiver.

***HIEMENT** [imɑ̃] n. m. **1.** Action d'enfoncer des pavés à la hie. — **2.** Ébranlement, déformation d'une charpente.

HIEMPSAL, roi de Numidie (Ier s. av. J.-C.), petit-fils de Masinissa et père de Juba.

HIENGHÈNE, comm. de la Nouvelle-Calédonie, sur la côte N.-E. ; 2 122 hab.

HIEN-YANG → XIANYANG.

HIER adv. (lat. *heri*). **1.** Le jour qui précède immédiatement celui où l'on est (dans le discours direct) : *Je n'ai reçu la lettre qu'hier.* — **2.** Il y a peu de temps, à une date encore récente ou proche : *De nouvelles techniques, hier encore inconnues.* — **3.** *Comme si c'était hier,* comme si c'était extrêmement récent. ‖ *Ne pas dater d'hier,* être très ancien.

HIÉRACONPOLIS, en gr. **Hierakônpolis,** nom donné par les Grecs à plusieurs villes égyptiennes, notamment à Nekhen, Haute-Égypte (auj. *Kom el-Ahmar*). Un faucon Horus y était adoré.

HIÉRAPOLIS (« la Ville sacrée »), ville de l'ancienne Phrygie (auj. *Pamukkale,* en Turquie). Fondée probablement par le roi de Pergame Eumenês III (197-159 av. J.-C.), la cité est restée prospère jusqu'à la conquête turque. Eaux chaudes jaillissant en geysers.

HIÉRAPOLIS, anc. ville de Syrie, consacrée à Hadad, dieu du Ciel d'orage, et à Atargatis, déesse de la Fertilité.

***HIÉRARCHIE** n. f. (lat. ecclés. *hierarchia,* du gr. *hierarkhia,* de *hieros,* sacré, et *arkhein,* commander). **1.** Classification dans laquelle les termes classés sont dans une relation de subordination, chaque terme dépendant du précédent et commandant le suivant. — **2.** Dans une collectivité (société, institution), organisation qui classe les personnes, leurs états, leurs fonctions selon des échelons subordonnés les uns aux autres, chaque échelon correspondant à un degré de pouvoir, de responsabilité, de compétence, de dignité, etc., supérieur à celui de l'échelon immédiatement inférieur : *Hiérarchie sociale.* — **3.** Ensemble des personnes qui sont au sommet de la hiérarchie, qui décident, dirigent : *La hiérarchie l'a décidé ainsi.* — **4.** Classification dans laquelle les éléments sont ordonnés en une série croissante ou décroissante, selon un critère de valeur ou d'importance : *Hiérarchie des salaires.* • **Éthol.** *Hiérarchie sociale,* forme d'organisation sociale privilégiant le rôle de certains individus dans le groupe et leur assurant des avantages matériels (alimentaires, sexuels, territoriaux). [→ *encycl.*] — **Inform.** *Hiérarchie de mémoires,* classification des mémoires d'un ordinateur selon des critères de temps d'accès ou de capacité. — **Théol.** Ordre et subordination des différents chœurs des anges.

ENCYCL. **Éthol.** Chez la plupart des vertébrés, on observe dans un groupe déterminé que l'ordre hiérarchique s'établit au cours de l'ontogenèse parmi les jeunes appartenant au groupe. Il reste généralement stable jusqu'à l'introduction de nouveaux individus dans le groupe. Le vieillissement de l'individu est généralement une cause de modification de la hiérarchie. Le rang du dominant est alors remis en cause par des individus plus jeunes et plus vigoureux mais souvent moins expérimentés. La reconnaissance, par les membres du groupe, des différents statuts hiérarchiques est facilitée par des comportements (postures de dominance ou de soumission) et par des caractères morphologiques (taille, force, coloration).

***HIÉRARCHIQUE** adj. **1.** Qui repose sur la notion de hiérarchie ou sur une hiérarchie : *Société* *hiérarchique.* — **2.** Qui appartient, est propre à une hiérarchie, en partic. à la hiérarchie administrative ou militaire ; qui est considéré du point de vue d'une hiérarchie : *Supérieur hiérarchique. Passer par la voie hiérarchique.* — **3.** *Modèle hiérarchique,* modèle relatif à l'organisation des aptitudes, selon lequel on peut rendre compte des corrélations entre variables par un facteur général au niveau supérieur de la hiérarchie, des facteurs de groupe larges au niveau suivant et des facteurs de groupe de plus en plus étroits aux niveaux inférieurs.

***HIÉRARCHIQUEMENT** adv. De façon hiérarchique, selon une hiérarchie : *Série hiérarchiquement ordonnée.*

***HIÉRARCHISATION** n. f. Action de hiérarchiser, d'ordonner qqch.

***HIÉRARCHISER** v. t. (conj. 3). **1.** Soumettre un groupe, des fonctions, à une organisation fondée sur la hiérarchie, les ordonner selon un ordre hiérarchique : *Hiérarchiser fortement un service.* — **2.** Établir, faire varier le montant des rémunérations d'une indemnité, selon les degrés de la hiérarchie des fonctions. — **3.** Classer des choses abstraites, des notions en fonction de l'importance ou de la valeur qu'on leur attribue : *Hiérarchiser les besoins.*

***HIÉRARQUE** n. m. (bas gr. ecclés. *hierarkhês,* grand prêtre). **1.** Titre donné à certains hauts dignitaires des Églises orientales, notamment à un évêque. — **2.** Personnalité occupant une place importante.

HIÉRATIQUE adj. (lat. *hieraticus,* du gr. *hieratikos,* propre aux usages sacrés). **1.** Conforme aux normes d'une tradition liturgique. — **2.** Qui est raide, figé dans sa majesté ou sa solennité : *Gestes hiératiques.* — **3.** *Écriture hiératique* ou *hiératique* (n. m.), cursive égyptienne dérivée des hiéroglyphes et utilisée dans les manuscrits depuis la première dynastie (v. 3000 av. J.-C.), jusque vers 200 av. J.-C.

HIÉRATIQUEMENT adv. *Litt.* De façon hiératique.

HIÉRATISME n. m. *Litt.* Caractère, aspect hiératique, raide, figé.

***HIÉRODOULE** ou ***HIÉRODULE** n. m. (gr. *hierodoulos*). Esclave grec attaché au service d'un temple.

HIÉRODRAME n. m. Drame dont le sujet est tiré de l'Histoire sainte, oratorio.

HIÉROGAMIE n. f. Conjonction d'un dieu et d'une déesse, ou de deux principes complémentaires de sexe opposé, qui figure dans un grand nombre de religions.

HIÉROGLYPHE n. m. (de *hiéroglyphique*). Unité fondamentale du système idéogrammatique des anciens Égyptiens. (→ *encycl.*)

◆ **hiéroglyphes** n. m. pl. Écriture difficile à déchiffrer : *Je ne peux pas lire vos hiéroglyphes.*

ENCYCL. Déchiffrés par Champollion en 1822, les hiéroglyphes sont les signes de l'écriture monumentale égyptienne et se retrouvent, extrêmement simplifiés, dans l'écriture hiératique utilisée par les scribes. À l'origine purement pictographique (chaque signe représentant l'objet qu'il signifie), l'écriture égyptienne a eu recours, à côté des signes-mots (idéogrammes) à des signes ayant une valeur phonétique (phonogrammes) : ainsi le mot *bouche* se prononçant de la même manière que la préposition *vers,* on se sert de l'image de la bouche pour écrire cette préposition. Il existe également des idéogrammes déterminatifs qui ne se lisent pas, mais qui indiquent à quelle catégorie appartient le mot.

HIÉROGLYPHIQUE adj. (bas lat. *hieroglyphicus,* du gr. *hierogluphikos*). **1.** Relatif aux hiéroglyphes, écrit en hiéroglyphes : *Signe hiéroglyphique.* — **2.** *Litt.* Se dit d'un texte, d'une écriture incompréhensibles.

HIÉROMANCIE n. f. Ensemble des procédés divinatoires fondés sur l'observation des offrandes faites aux dieux (et spécialement des viscères des victimes des sacrifices).

HIÉROMNÉMON n. m. (gr. *hieromnêmôn*). **1.** Dans la Grèce antique, fonctionnaire chargé des intérêts matériels d'un culte. — **2.** Membre du conseil amphictyonique à Delphes.

HIÉRON n. m. (gr. *hieron*). Sanctuaire, enceinte consacrée, où s'élevait un temple grec.

HIÉRON Ier, tyran de Syracuse (478-466 av. J.-C.), frère et successeur de Gélon. Il détruisit la flotte étrusque à Cumes (474) et étendit les frontières du territoire syracusain. — **Hiéron II** (Syracuse v. 306-215 av. J.-C.), roi de Syracuse (265-215 av. J.-C.), chef de l'armée, refoula les Mamertins qui dévastaient la Sicile. Proclamé roi des Syracusains et des confédérés (265), il s'unit aux Carthaginois contre Rome, au début de la première guerre punique*. Battu en 264, Hiéron se reconnut tributaire de Rome et ravitailla son armée en blé (263). Il embellit et fortifia Syracuse avec l'aide d'Archimède.

HIÉRONYMIEN, ENNE adj. (lat. *Hieronymus,* du gr. *Hierônumos,* Jérôme). Relatif à saint Jérôme.

HIÉRONYMITE n. m. Membre d'un des ordres religieux d'ermites de Saint-Jérôme. (Les hiéronymites abandonnèrent très vite la vie érémitique pour adopter la règle de saint Augustin.)

HIÉROPHANTE n. m. (gr. *hierophantês*). Grand prêtre des mystères d'Éleusis.

HIÉROSOLYMITAIN, E adj. et n. (bas lat. *Hierosolymitanus,* du lat. class. *Hierosolyma,* Jérusalem). De Jérusalem.

HIERRO *(île de)* ou **FER** *(île de),* île la plus petite et la moins peuplée des Canaries ; 264 km² ; 3 500 hab. Ch.-l. *Valverde.*

*__HI-FI__ n. f. inv. (abrév. de l'angl. *high fidelity*). *Fam.* Haute-fidélité.

HIGASHIŌSAKA ou **HIGASHI-ŌSAKA,** v. du Japon, dans l'île de Honshū, près d'Ōsaka, formée par la réunion des anciennes villes de Fuse, Hiraoka et Kawachi ; 518 319 hab. Constructions mécaniques et électriques.

*__HIGH BULK__ [ajbœlk] n. m. (angl. *high,* grand, et *bulk,* volume). Fil composé, en partie, de fibres textiles rétractables qui, sous l'action de la chaleur, se rétrécissent, donnant au fil un gonflant important.

HIGH CHURCH, mots angl. désignant une des tendances de l'anglicanisme.

*__HIGHLANDER__ [ajlɑ̃dɛr ou ajlœndœr] n. m. (angl. *highlander,* montagnard). **1.** Montagnard écossais, habitant des *Highlands.* — **2.** Nom de certains régiments d'infanterie britanniques recrutés parmi les Écossais dont ils ont conservé le costume traditionnel.

HIGHLANDS, région géographique du nord de l'Écosse, qui a donné son nom à une région administrative. Elle est formée essentiellement de hautes terres, humides et venteuses, couvertes de landes et de tourbières, coupées de lacs, animées par le tourisme estival, mais la majeure partie de la faible population (200 000 hab.) se localise dans les ports (notamment à Inverness, seule ville notable).

HIGHSMITH (Patricia), femme de lettres américaine (Fort Worth, Texas, 1921-Locarno, Suisse, 1995). Après *l'Inconnu du Nord-Express* (1950), elle commença la publication de la série des Ripley (*Monsieur Ripley,* 1955), en orientant le roman policier vers l'enquête psychologique. Elle a décrit les mécanismes de la vie moderne (*l'Amateur d'escargots,* 1975 ; *l'Épouvantail,* 1979 ; *les Sirènes du golf,* 1984) dans un style souvent virulent.

*__HIGH-TECH__ [ajtɛk] adj. inv. (abrév. de l'angl. *high technology,* haute technologie). **1.** Se dit d'un style de décoration intérieure caractérisé par l'intégration de matériaux, de meubles ou d'accessoires conçus pour un usage professionnel, voire industriel. (Il s'est développé autour des années 1970.) — **2.** Se dit de l'architecture métallique de pointe, spécialement anglaise (N. Foster, R. Rogers, etc.). — **3.** Se dit des technologies de pointe, des industries utilisant ces technologies.

◆ n. m. Le style high-tech.

HIGHTOWER (Rosella), danseuse et pédagogue américaine d'origine indienne (Ardmore, Oklahoma, 1920). Du Ballet russe de Monte-Carlo au Grand Ballet du marquis de Cuevas (1947-1961), elle s'impose par ses qualités d'interprète et de technicienne hors de pair *(Giselle,* variation du « Cygne noir », *Petrouchka, Piège de lumière, l'Aigrette).* Elle a créé une école à Cannes (1961), et dirigé diverses compagnies de danse.

HIGH WYCOMBE, v. de Grande-Bretagne (Buckinghamshire), sur le revers des Chiltern Hills ; 60 000 hab.

HIGONNET (René), ingénieur français (Valence 1902). Il a inventé, avec Louis Moyroud, la première machine à composer photographique employée en exploitation commerciale, la *Lumitype 200,* exposée à New York en 1949, ouvrant ainsi l'ère de la photocomposition dans le monde.

HIGOUMÈNE ou, rare, **HÉGOUMÈNE** n. m. (gr. mod. *hêgoumenos*). Supérieur d'un monastère orthodoxe. (Syn. ARCHIMANDRITE.)

HIGUCHI ICHIYŌ (HIGUCHI NATSUKO, dite), poétesse et romancière japonaise (Tōkyō 1872 - *id.* 1896). Membre du groupe *Bungaku-kai,* originale par sa pénétration psychologique, sa sensibilité et la vivacité de son style à une période où le roman japonais se cherchait encore, elle a publié *Nigori-e (la Baie trouble)* [1895], *Takekurabe (Rivalité)* [1895-96]. Elle mourut à vingt-quatre ans, laissant un *Journal* de quarante volumes (1887-1896).

*__HI-HAN__ interj. et n. m. inv. Cri de l'âne.

*__HI HI__ interj. Exprime le rire ou les pleurs.

HIIUMAA → DAGO.

HIKMET (Nāsim HIKMET RAN, dit **Nazim**), écrivain turc (Salonique 1902 - Moscou 1963). Il fut le premier poète turc à user du vers libre (*la Joconde et Si Ya-U,* 1929). Militant communiste, il connut la prison et séjourna en U. R. S. S. Ses poèmes (*C'est un dur métier que l'exil,* 1957), ses romans et chroniques (*Paysages humains,* 1946-47 ; *De l'espoir à vous faire pleurer de rage — Lettres de prison,* 1968), ses drames ont évoqué pour une bonne part ses expériences.

HIKONE, v. du Japon, dans l'île de Honshū, sur le lac Biwa ; 90 000 hab. Château féodal avec remarquable jardin créé au XVIIᵉ s.

*__HILAIRE__ adj. Relatif au hile.

HILAIRE *(saint),* père et docteur de l'Église (Poitiers v. 315 - *id.* 367). Évêque de Poitiers (v. 350), il joua un rôle essentiel dans la lutte contre l'arianisme. Exilé en Phrygie, il y composa son principal ouvrage *Sur la Trinité.*

HILAIRE *(saint),* évêque d'Arles (v. 401 - Arles 449). Évêque d'Arles (429), il combattit la théologie de saint Augustin.

HILAIRE *(saint)* [en Sardaigne - Rome 468], pape de 461 à 468. Il combattit les doctrines d'Eutychès et de Nestorius.

HILĀL (Banū) ou **HILĀLIENS,** tribu arabe qaysite, qui émigra en Égypte au VIIIe s. et fut lancée par le calife fāṭimide al-Mustanṣir contre son vassal indocile d'Ifrīqiya. Les Banū Hilāl dévastèrent les campagnes d'Ifrīqiya à partir de 1050. Ils sont l'objet de légendes populaires dans toute l'Afrique du Nord.

HILARA n. f. (lat. *hilarus,* du gr. *hilaros,* joyeux). Moucheron orthoraphe carnassier qui tourbillonne par essaims au-dessus des eaux marécageuses.

HILARANT, E adj. (lat. *hilarans, -antis*). **1.** Qui provoque des éclats de rire : *Séance hilarante.* — **2.** *Gaz hilarant,* ancien nom de l'hémioxyde ou protoxyde d'azote N_2O.

HILARE adj. (lat. *hilarus,* gai, du gr. *hilaros*). **1.** Qui manifeste une joie béate, une douce euphorie : *Une face hilare.* — **2.** Qui rit franchement, très gaiement.

HILARION *(saint),* fondateur de la vie monastique en Palestine (Tabatha, près de Gaza, v. 291 - Chypre v. 371). Disciple de saint Antoine, il se retira près de Gaza (306) et se livra à l'ascétisme.

HILARION, métropolite de Kiev (1051-1054). Il fut le premier Russe à accéder à cette dignité, jusqu'alors réservée à des Grecs.

HILARITÉ n. f. (lat. *hilaritas, -atis*). Mouvement subit de gaieté ; explosion de rires : *Cette plaisanterie déclencha l'hilarité.*

HILBERT (David), mathématicien allemand (Königsberg 1862 - Göttingen 1943). Professeur à Königsberg (1892-1895), puis à Göttingen (1895-1929), il fut le chef incontesté de l'école mathématique allemande du premier tiers du XXe s. Ses travaux portent : sur les invariants algébriques, dont il conçut une approche nouvelle et plus générale, qui permet, sinon de les calculer, du moins de démontrer leur existence ; sur la théorie des nombres ; sur les fondements de la géométrie, qu'il chercha à établir à partir d'objets qui satisfont à des relations exprimées par des axiomes ; sur l'analyse dont il établit certains résultats qu'il appliqua ensuite à la physique. Il fut l'un des fondateurs de la méthode axiomatique et de la théorie de la démonstration ou métamathématique.

Hilbert *(axiomatique de),* système de vingt-sept axiomes pour la géométrie euclidienne.

Hilbert *(espace de),* syn. de ESPACE HILBERTIEN*.

HILBERT (Jaroslav), auteur dramatique tchèque (Loussy 1871 - Prague 1936). Il insuffla un courant naturaliste rénovateur au théâtre tchèque (*la Faute,* 1896 ; *le Nid dans la tempête,* 1919).

HILBERTIEN, ENNE adj. **1.** Relatif aux théories de D. Hilbert. — **2.** *Espace hilbertien,* espace hermitien complet.

HILDEBRAND, pape → GRÉGOIRE VII.

HILDEBRAND (Bruno), économiste et statisticien allemand (Naumburg an der Saale 1812 - Iéna 1878). Il fut l'un des fondateurs de l'école historique.

HILDEBRAND (Adolf VON), sculpteur allemand (Marburg 1847 - Munich 1921). Après vingt-cinq ans passés en Italie, il reparut à Berlin (1884), puis à Munich, où il exécuta la *Fontaine des Wittelsbach* (1895). Il a publié *Problème de la forme dans les arts plastiques* (1893).

Hildebrand *(la Chanson de),* le plus ancien poème épique allemand (v. 800). long de 70 vers, il raconte la confrontation tragique de Hildebrand, compagnon du roi des Ostrogoths Théodoric, et de son fils Hadubrand, au VIe s.

HILDEBRANDT (Johann Lucas VON), architecte autrichien de mère italienne (Gênes 1668 - Vienne 1745). Élève de C. Fontana à Rome, il fut l'un des meilleurs représentants du baroque autrichien : ensemble du Belvédère inférieur et du Belvédère supérieur (1714-1723), à Vienne ; interventions au château de Pommersfelden (galeries à arcades de l'escalier) et au château Mirabell à Salzbourg, etc.

HILDEGARDE *(sainte),* mystique bénédictine (Bermersheim, près d'Alzey, 1098 - Rupertsberg, près de Bingen, 1179). Abbesse en Allemagne, elle est restée célèbre pour ses visions et ses écrits mystiques.

HILDÉRIC ou **HILDIRIC** (463 ? - 533), roi vandale (523-530). De culture romaine, ayant vécu à Constantinople, il rendit aux catholiques la liberté de culte. Il fut déposé par l'armée (mai 530), puis exécuté par Gélimer.

HILDESHEIM, v. d'Allemagne (Basse-Saxe), au S.-E. de Hanovre ; 106 300 hab. Églises romanes, dont la plus vénérable est St-Michel, des XIe-XIIe s. (très restaurée ; porte de bronze du XIe s., plafond en bois peint du XIIIe s.). Maisons anciennes. — Un des plus beaux ensembles d'orfèvrerie de l'époque d'Auguste y a été recueilli en 1868 (château de Charlottenburg, Berlin).

***HILE** n. m. (lat. *hilum*). **1.** Partie généralement déprimée d'un viscère où se trouve le point de pénétration des vaisseaux et des nerfs de cet organe (hile du foie, du rein, du poumon, etc.). — **2.** Petite surface de l'ovule, puis de la graine d'une plante, où s'attache le funicule qui nourrit celle-ci jusqu'à sa dispersion.

HILFERDING ou **HILVERDING** (Franz Anton), danseur et chorégraphe autrichien d'origine néerlandaise (Vienne 1710 - *id.* 1768). Il vint se perfectionner à Paris auprès de Blondy (1734-1736). De retour à Vienne, il travailla dans le style classique traditionnel mais il conçut rapidement des réformes dans le ballet. Il alla à Dresde (1740), Vienne et Stuttgart, puis à Saint-Pétersbourg (1758), où il travailla avec Angiolini. Faisant sienne l'idée des Encyclopédistes en matière d'art, il tenta d'imiter la vie, la nature. Méconnu par ses contemporains, il fut revendiqué comme créateur du ballet d'action par Angiolini, qui, en assura la continuité.

HILFERDING (Rudolf), théoricien marxiste et homme politique allemand d'origine autrichienne (Vienne 1877 - Paris 1941). Il a écrit *le Capital financier* (1910), œuvre importante dans l'histoire du marxisme, dans laquelle il met en valeur la notion de capitalisme monopolistique.

HILI, site des Émirats arabes unis sur le territoire d'Abū Ẓabī, près d'al-'Ayn. Une séquence archéologique continue pour tout le IIIe millénaire y a été établie.

HILL (James), homme d'affaires américain (près de Guelph, Ontario, 1838 - Saint Paul, Minnesota, 1916). Il prit, l'un des premiers, conscience de l'importance des transports dans la mise en valeur du nord-ouest des États-Unis. Il participa, notamment, à la fondation du Canadian Pacific Railway, dont il compléta le réseau par une flotte de bateaux sur les Grands Lacs.

HILL (Carl Fredrik), peintre suédois (Lund 1849 - *id.* 1971). Installé en France en 1873, il se consacra à la peinture de paysage sous les influences successives de Corot, de Courbet et des impressionnistes. Frappé de schizophrénie en 1878, retiré à Lund en 1880, il produisit dès lors des dessins visionnaires et hallucinés.

HILL (Christopher), historien britannique (York 1912). Professeur à l'université d'Oxford (1965-1978), spécialiste de l'histoire de la révolution anglaise et du XVIIe s., il est notamment l'auteur de *The English Revolution, 1640* (1955) et *Society and Puritanism in Pre-Revolutionary England* (1964).

ḤILLA, v. d'Iraq, ch.-l. de prov. sur le *Chaṭṭ al-Ḥilla,* branche de l'Euphrate ; 215 300 hab. Centre d'excursions vers les fouilles de Babylone.

HILLARY (*sir* Edmund Percival), alpiniste et explorateur néo-zélandais (Auckland 1919), premier vainqueur de l'Everest (1953), avec le Sherpa Tenzing Norgay.

hillbilly *(musique),* musique jouée, entre les deux guerres, par les petits Blancs miséreux des collines des États du sud des États-Unis (Tennessee, Kentucky, Virginie).

HILLEL l'Ancien, docteur juif (Babylonie v. 70 av. J.-C. - Jérusalem v. 10 apr. J.-C.). Président *(nassi)* du sanhédrin, il fut le chef d'une école qui interprétait la loi d'une manière libérale.

HILLER (Johann Adam), compositeur, pédagogue et critique musical allemand (Wendisch Ossig, près de Görlitz, 1728 - Leipzig 1804). Il s'installa à Leipzig et, de 1762 à sa mort, y joua un rôle de premier plan comme directeur du Grosses Konzert (1763-1771), puis des concerts du Gewandhaus (1781-1785) ainsi que comme cantor de Saint-Thomas (1789-1801). Il est un des créateurs du singspiel allemand.

HILLIARD (Nicholas), miniaturiste anglais (Exeter v. 1547 - Londres 1619). Formé comme joaillier, il devint miniaturiste à la cour de la reine Élisabeth. Sa manière est d'un grand raffinement (*Jeune Homme parmi les roses,* v. 1590, Victoria and Albert Museum).

HILMAND → HELMAND.

HILO, port de l'île d'Hawaii ; 37 000 hab. Aéroport.

HILOIRE n. f. (néerl. *sloerie,* plat-bord). **1.** Raidisseur primaire longitudinal d'un pont de navire. (Les hiloires supportent les barrots.) — **2.** Bordure verticale entourant le pied d'un mât ou protégeant toute ouverture dans le pont.

HILOTE ou **ILOTE** n. m. (gr. *heilôs, -otôs*). **1.** Esclave public à Sparte. (→ *encycl.*) — **2.** *Litt.* Personne réduite au dernier degré d'ignorance ou de soumission.

ENCYCL. Les hilotes, esclaves de l'État attachés au lot de terre *(cléros)* attribué à chaque citoyen spartiate, assuraient le travail rural. Ils permettaient ainsi aux Spartiates de former une armée de citoyens toujours mobilisés. Si leur condition matérielle n'était pas mauvaise, ils étaient privés de tout droit politique et civil. Leur nombre effrayait les Spartiates, minoritaires, qui multipliaient les interdits, les humiliations et les génocides. Les révoltes ne furent pas rares. Les hilotes furent affranchis à partir du IIIe s. av. J.-C.

HILOTISME ou **ILOTISME** n. m. **1.** Condition d'hilote, à Sparte. — **2.** *Litt.* État d'asservissement, d'abaissement ou d'ignorance auquel est réduit qqn, un groupe.

HILSZ (Marie Antoinette, dite **Maryse**), aviatrice française (Levallois-Perret 1901 - dans un accident d'avion, Bény, près de Bourg-en-Bresse, 1946). Elle s'est rendue célèbre par ses raids à longue distance et ses records d'altitude (14 310 m le 23 juin 1936, sur Potez).

HILTON (Conrad Nicholson), homme d'affaires américain (San Antonio, Nouveau-Mexique, 1887 - Santa Monica, Californie, 1979), fondateur d'une des plus grandes organisations hôtelières et touristiques du monde.

HILTON (Rodney), historien britannique (Middleton, près de Manchester, 1916). Il a profondément renouvelé l'histoire économique et sociale du Moyen Âge anglais. Parmi ses œuvres, on peut citer *A Medieval Society* (1966).

HILVERDING (Franz) → HILFERDING.

HILVERSUM, v. des Pays-Bas (Hollande-Septentrionale), au S.-E. d'Amsterdam ; 90 000 hab. Station de radiodiffusion. Chimie. Électrotechnique. Tourisme. Hôtel de ville (1928) et autres édifices par l'architecte Willem Marinus Dudok. — Aux environs, châteaux et résidences du XVIIe s. dans un parc.

HILWĀN → HÉLOUÂN.

HIMĀCHAL PRADESH, État de l'Inde ; 55 700 km^2 ; 5 111 079 hab. Cap. *Simla.* État himalayen, forestier (plus du tiers du territoire) et agricole (blé, maïs, riz, fruits).

HIMĀLAYA (du sanskr. *hima alaya,* séjour des neiges), la plus haute chaîne de montagnes du monde, s'étendant sur le Pākistān, l'Inde, le Népal, la Chine (Tibet), le Bhoutan. Elle s'allonge sur 2 800 km entre l'Arakan et l'Hindū Kūch. Sa largeur, variable, atteint 280 km entre la plaine gangétique et la chaîne transhimalayenne du Kailās. Le point culminant est l'Everest, 8 846 m. — **Géogr.** L'Himālaya résulte de la collision du sous-continent indien et du bloc eurasiatique. Chaîne alpine, son relief actuel date du tertiaire. À partir de la plaine gangétique se succèdent : les Siwālik, crêtes érodées, entre 600 et 2 000 m ; le Moyen Himālaya, au relief escarpé, vers 3 000 m ; le Grand Himālaya, zone la plus élevée, souvent à plus de 6 000 m, dont les sommets dépassent 8 000 m ; et la zone transhimalayenne, composée du plateau du Tibet et, à l'ouest, du Karakorum. À une latitude subtropicale, l'Himālaya est humide à l'est, plus sec au centre et surtout à l'ouest ; la zone transhimalayenne est désertique. À ces grands contrastes régionaux se superposent les effets de l'altitude. Au-dessous de 2 500 m, les climats tempérés chauds permettent une agriculture intensive et une double récolte (blé, sarrasin, pomme de terre, maïs, riz) ; plus haut domine le type tibétain, avec ses cultures en terrasses à une seule récolte par an (blé, sarrasin, pomme de terre), et son élevage (moutons, chèvres, yacks). La limite supérieure des forêts se situe vers 3 900 m, et la limite inférieure des neiges permanentes vers 5 000 m. Environ 30 millions de personnes vivent dans l'Himālaya, représentant plusieurs cultures : tibétaine, hindoue, islamique. Dans cette zone de contact, le tracé des frontières est encore objet de contestation, entre l'Inde et la Chine, entre l'Inde et le Pākistān (Cachemire) — ce qui stimule, entre autres conséquences, la construction (à des fins militaires) de routes, désenclavant un peu ce monde très compartimenté.
— **Alp.** L'exploration systématique de l'Himālaya débute au XIXe s. ; les topographes du Service géodésique des Indes *(Survey of India)* font des travaux de triangulation à partir de 1830 sur l'ordre de G. Everest.
Les expéditions apparaissent après 1850, mais la Nanda Devi (7 816 m) demeure le plus haut sommet atteint avant la Seconde Guerre mondiale. Les conditions changent après 1945 : techniquement, avec une amélioration du matériel et un emploi plus rationnel de l'oxygène ; médicalement, avec une meilleure connaissance de l'acclimatement ; politiquement, avec la fermeture des frontières tibétaines et l'ouverture des frontières népalaises (1950). Les assauts viendront du Sud. Tous les « plus de 8 000 m » sont successivement gravis : Annapūrnā (1950), Everest et Nānga Parbat (1953), K2 et Cho Oyu (1954), Makālū et Kangchenjunga (1955), Manaslu et Lhotse (1956), Dhaulāgiri (1960), Xixabangma (1964). Ces conquêtes ont nécessité une lourde et coûteuse logistique (camp d'altitude, centaines de porteurs, etc.). Aujourd'hui, l'himalayisme est caractérisé par un « retour aux sources » (équipes légères ou même ascensions en solitaire, abandon de l'oxygène et des cordes fixes, tentatives hivernales), illustré notamment par R. Messner.

HIMALAYEN, ENNE adj. Relatif à l'Himālaya.

HIMALAYISME n. m. Type d'alpinisme de très haute altitude, pratiqué dans l'Himālaya.

HIMALAYISTE n. Alpiniste spécialiste de l'Himālaya.

HIMALIA, sixième satellite de Jupiter, découvert en 1904 par l'Américain C. Perrine. Demi-grand axe de son orbite : 11 480 000 km. Période de révolution sidérale : 250,566 j. Diamètre : 180 km.

HIMANTHALIA n. m. (gr. *himas, -antos,* lanière, et *halios,* marin). Algue marine brune, en forme de lanières, très commune.

HIMATION [-tjɔn] n. m. (gr. *himation*). Manteau que les Grecs des deux sexes drapaient très librement.

HIMEJI, v. du Japon, dans le sud de Honshū ; 459 000 hab. Vieux centre historique. Célèbre forteresse féodale : château dit *du Héron blanc* (XIVe-XVe s.) Centre militaire et industriel (sidérurgie, mécanique, pétrochimie, textile).

HIMERA n. f. Phalène brune d'automne dont la chenille, poilue, vit sur les arbres fruitiers, le chêne, le bouleau.

HIMÈRE, en lat. **Himera,** anc. ville de la Sicile septentrionale sur la mer Tyrrhénienne, à l'embouchure du fleuve *Himera,* fondée par des colons grecs en 648 av. J.-C. Gélon y brisa l'offensive d'Hamilcar. Elle fut détruite en 409 av. J.-C. par les Carthaginois.

HIMES (Chester Bomar), écrivain américain (Jefferson City, Missouri, 1909 - Benisa, Espagne, 1984). Enfant du ghetto, il fut condamné à la prison pour vol en 1928. Après des nouvelles dénonçant la violence blanche et la passivité des Noirs, il s'orienta vers le roman policier (*la Reine des pommes,* 1958 ; *Il pleut des coups durs,* 1958 ; *l'Aveugle au pistolet,* 1969).

HIMILCON, navigateur carthaginois du ve s. av. J.-C., qui atteignit peut-être la Bretagne et la Cornouailles pour organiser le trafic du plomb et de l'étain avec ces régions.

HIMMLER (Heinrich), homme politique allemand (Munich 1900 - Lüneburg 1945). Complice de Hitler dès le putsch de Munich (1923), il est nommé en 1929 Reichsführer SS. Il devient chef de la Gestapo (1934), chef suprême de la police (1938), puis ministre de l'Intérieur (1943). Il est à ces titres l'un des grands responsables de la vague de terreur, d'assassinats et d'extermination qui s'abat sur l'Europe occupée. Il est le créateur et l'inlassable pourvoyeur des camps de concentration. Après le complot manqué du 20 juill. 1944, il devient chef des forces armées de l'intérieur. Il cherche à négocier secrètement avec les Alliés. Révoqué par Hitler, il est arrêté par les Anglais (mai 1945) et se suicide peu après.

HINAULT (Bernard), coureur cycliste français (Yffiniac, Côtes-du-Nord, 1954). Il remporte cinq fois le Tour de France (1978 et 1979, 1981 et 1982, 1985), trois fois le Tour d'Italie (1980, 1982 et 1985), deux fois le Tour d'Espagne (1978 et 1983). Champion du monde sur route (1980), il a aussi gagné nombre de classiques, dont Paris-Roubaix (1981).

HĪNAYĀNA, mot sanskr. signif. *Petit Véhicule,* donné par les tenants de la tradition bouddhiste *mahāyāna* (Grand Véhicule) aux écoles plus conservatrices.

HINCMAR, prélat français (v. 806 - Épernay 882). Moine à l'abbaye de Saint-Denis puis archevêque de Reims (845), il devint conseiller de Charles II le Chauve, qu'il soutint contre Louis Ier le Germanique lorsque ce dernier envahit le royaume (859) et contre Lothaire II. Auteur de plusieurs traités politiques et théologiques, il continua, en outre, les *Annales* dites *de Saint-Bertin,* pour la période 861-882.

HIND (John Russell), astronome anglais (Nottingham 1823 - Twickenham 1895). Il calcula les orbites de plus de 70 astéroïdes et comètes, et découvrit 10 petites planètes.

HINDEMITH (Paul), compositeur allemand (Hanau, Hesse, 1895 - Francfort-sur-le-Main 1963). Il débuta sous le signe de l'avant-garde pour évoluer ensuite vers la tradition et vers un style plus spécifiquement germanique. Professeur de composition à Berlin (1927-1937), il fit scandale avec des opéras de chambre et l'opéra *Neues vom Tage* (*Nouvelles du jour,* 1929). Entré en conflit avec le nazisme à propos de son opéra *Mathis le Peintre* (1934), Hindemith quitta l'Allemagne en 1937 et s'établit aux États-Unis (1939), où il fut chef du département musical de l'université Yale. De son importante production se détachent l'opéra *Harmonie du monde* (1957) et des ballets.

HINDENBURG (Paul VON BENECKENDORFF UND VON), maréchal et homme d'État allemand (Posen 1847 - Neudeck, Prusse-Orientale, 1934). Il sert au grand état-major sous Moltke et Schlieffen, puis au ministère sous Verdy du Vernois. Retraité en 1911, il est rappelé en 1914. Vainqueur des Russes à Tannenberg, il prend le commandement en chef du front oriental. En août 1916, il succède, avec son chef d'état-major Ludendorff, à Falkenhayn comme chef d'état-major général. Écrasant d'abord la Roumanie (oct. 1916), il adopte délibérément une attitude défensive à l'Ouest, afin de secourir les Autrichiens en Galicie et sur la Piave. Il contraint Roumains et Russes à l'armistice (1917) et ramène en France ses divisions. Mais les quatre offensives d'envergure lancées du 21 mars au 15 juill. 1918 ne peuvent disloquer le front allié. Battu par Foch, Hindenburg doit signer l'armistice de 1918 qui consacre la défaite allemande. Successeur d'Ebert comme président de la République de Weimar (1925), il fait preuve d'un grand respect pour la Constitution. Il finira cependant par se laisser convaincre par von Papen d'appeler Hitler à la chancellerie (janv. 1933).

Hindenburg *(ligne),* ensemble des positions fortifiées établies par les Allemands au cours de la Première Guerre mondiale pour économiser leurs effectifs et consolider leur occupation du nord de la France. La position avancée — position Siegfried — servit au repli qui raccourcit le front de 70 km (1917) et freina les offensives alliées de sept. 1918. Dans la région de Sissonne, une partie de la seconde position opposa une forte résistance aux assauts français d'oct. 1918.

***HINDĪ** [indi] n. m. Langue indo-aryenne parlée en Inde du Nord et qui est la langue officielle de l'Union indienne.

◆ adj. inv. Qui se rapporte au hindī.

ENCYCL. **Ling.** Le terme « hindī » a d'abord désigné les diverses langues indo-aryennes de la plaine indo-gangétique parlées par les hindous. Or, à partir du sanskrit se sont développées plusieurs langues vernaculaires (prākrits) et littéraires (apabhraṃśa) qui sont à l'origine des langues du nord de l'Inde.

On s'accorde actuellement à diviser ces langues en deux grandes branches : le hindī de l'Ouest, qui regroupe le panjābī, le gujarātī, le rājastānī, le paharī et le hindī proprement dit, et le hindī de l'Est qui comprend l'avadhī et le bihārī. Chacun d'eux comporte des variétés dialectales. Dès le XIIe s., certains dialectes deviennent des langues littéraires (le braj, l'avadhī). Une variété de braj, le hindī khari boli, parlée dans la région de Delhi et d'Āgrā, se propagea rapidement en tant que langue de communication entre hindous et musulmans. Langue de l'administration, elle se charge progressivement de tout un vocabulaire arabo-persan. Au début du XIXe s., les Anglais cherchent à isoler les divers éléments qui composent cette langue hybride et font écrire des textes séparés, en caractères nāgarī (hindī) et en caractères arabo-persans (urdū). Actuellement, le hindī représente environ 350 millions de locuteurs. Il s'écrit en caractères devanāgarī. Son vocabulaire est constitué par un fonds provenant du sanskrit, par des mots d'origine locale et par des termes empruntés au persan, à l'arabe, au portugais et, surtout, de plus en plus à l'anglais.

HINDOU, E ou **HINDOUISTE** adj. et n. (pers. *hindū*). Relatif à l'hindouisme ; adepte de l'hindouisme.

HINDOUISATION n. f. Processus d'expansion de l'hindouisme.

HINDOUISER v. t. (conj. 3). Donner les traits caractéristiques de la civilisation indienne, de l'hindouisme.

HINDOUISME n. m. (de *hindou*). Terme dérivé de la nomenclature musulmane désignant le courant religieux majoritaire de l'Inde. (Les hindous se désignent traditionnellement comme les adeptes du *sanātana dharma,* « loi cosmique universelle sans origine ».)

ENCYCL. L'hindouisme se présente comme l'héritier authentique de la religion des envahisseurs aryens. Il est de ce fait organisé autour d'un corpus de textes sanskrits considérés comme « la révélation », *śrūti,* comprenant notamment les *Veda* et les *Upaniṣad,* compilés entre 2000 et 600 av. J.-C. Ces textes décrivent un ordre cosmique, *dharma,* qui est un subtil équilibre entre les dieux et les démons. Les rites et notamment les sacrifices sont destinés à préserver cet équilibre précaire. L'hindouisme se définit avant tout par un rituel minutieux qui marque les temps forts du jour, de l'année et du cycle de vie. Il se caractérise ensuite par : un ordre social, fondé sur le système des castes*, qui place le brahmane, spécialiste des rites, au sommet de la hiérarchie ; et par une théorie politique selon laquelle le roi, placé au second rang de la hiérarchie comme *kṣatriya,* est le protecteur du *dharma* et le garant de l'ordre social.

Ce noyau ancien fut profondément réinterprété entre 600 av. J.-C. et 300 apr. J.-C. dans les textes de la « tradition » *(smriti),* après l'apparition du bouddhisme et du jaïnisme. Au rituel et à la théorie sociale et politique de base fut adjointe une métaphysique qui admet la transmigration : cette doctrine justifie l'ordre existant, qui est fonction des mérites ou des fautes des vies antérieures. Elle ouvre en même temps la voie de la quête du salut, de la libération *(mokṣa),* des cycles des renaissances. Après avoir payé sa dette aux dieux et aux ancêtres comme étudiant *(brahmacārya),* puis comme maître de maison *(grihastha),* l'hindou pourra rechercher la libération en devenant renonçant *(sannyāsin).* L'idéal de renoncement du bouddhisme est intégré à l'hindouisme. Cette réinterprétation reste la base de l'hindouisme tel que nous le connaissons aujourd'hui.

Les siècles suivants y ajoutèrent seulement une floraison de commentaires et d'interprétations philosophiques, des représentations plus concrètes et des figurations nouvelles des dieux, ainsi que des formes de dévotion qui laissent plus de place à l'expression des sentiments humains que ne le faisait l'austère rituel de base.

HINDOUISTE → HINDOU.

HINDOU KOUCH → HINDŪ KŪCH.

HINDOUSTAN (mot persan signif. *terre des Indiens,* provenant du sanskr. *Sindhu*), région de l'Inde, correspondant à la plaine gangétique, par opposition à l'Inde péninsulaire, ou Deccan. — On appelle aussi **Hindoustan** la région où le hindī est la langue usuelle et, au sens large, l'Inde même, par opposition au Pākistān.

HINDOUSTĀNĪ ou **HINDUSTĀNĪ** n. m. (angl. *hindustani*). Nom donné par les Européens depuis le XVIe s. à la langue commune parlée par les Indiens du Nord aussi bien hindous que musulmans. (Il était écrit soit en caractères arabo-persans, soit en caractères devanāgarī.)

◆ adj. inv. **1.** Relatif à l'hindoustānī. — **2.** *Musique hindoustānī,* nom donné à la musique de l'Inde du Nord (par oppos. à la *musique karnatique*).

HINDŪ KŪCH ou **HINDOU KOUCH,** massif qui constitue le secteur nord-oriental de l'arc montagneux médian de l'Afghānistān ; 7 680 m au *Tirich Mir* (gravi en 1950). Il est traversé au N. de Kaboul par le col de Salang (tunnel routier à 3 300 m d'alt.).

HINE (Lewis Wickes), photographe américain (Oshkosh, Wisconsin, 1874 - Hastings-on-Hudson, New York, 1940). Il a été l'un des premiers à se servir de la photographie comme révélateur des difficultés et des injustices sociales de son temps : travail des enfants dans les mines ou dans les filatures de coton. Son action et son ouvrage *Child Labor in the Carolina* (1909) sont à l'origine des lois réglementant le travail des enfants aux États-Unis.

HINES (Earl « Fatha »), pianiste et chef d'orchestre de jazz américain (Duquesne, Pennsylvanie, 1905 - Oakland 1983). Il est un des pères du piano moderne et a développé le « trumpet-piano style », caractérisé par l'action de la main droite, qui joue des phrases exécutées en octaves, certaines notes étant prolongées par un trémolo correspondant au vibrato de la trompette.

HINGOL, fl. du Pākistān, qui traverse le Baloutchistan et aboutit à la mer d'Oman ; env. 560 km.

HINNØY, île norvégienne des Vesterålen, au N.-E. des îles Lofoten ; 2 200 km^2 ; 27 600 hab. Pêche et conserveries.

HINSHELWOOD (*sir* Cyril Norman), chimiste britannique (Londres 1897 - *id.* 1967). Il est l'auteur de recherches sur la cinétique des réactions chimiques. (Prix Nobel de chimie 1956.)

HINTERLAND [intœrlɑ̃d] n. m. (all. *Hinterland,* arrière-pays). Région desservie par un port, une voie navigable. (Syn. ARRIÈRE-PAYS.)

HINTIKKA (Jaakko), philosophe et logicien finlandais (Vantaa, près d'Helsinki, 1929). Il s'est intéressé à l'étude sémantique des propositions logiques ainsi qu'à la philosophie du langage (*Connaissance et croyance,* 1962).

HINTON (Christopher), ingénieur britannique (Tisbury, Wilshire, 1901 - Londres 1983). Il a conçu et réalisé la centrale nucléaire de Calder Hall (1956), qui fut la première au monde à fournir régulièrement une puissance électrique appréciable.

HIONG-NOU → XIONGNU.

***HIP !** interj. (onomat. angl.). *Hip, hip, hip, hourra !,* marque la joie, la victoire, les félicitations.

***HIP-HOP** adj. inv. et n. m. inv. Se dit d'un mouvement socioculturel contestataire apparu aux États-Unis dans les années 1980 et se manifestant par des graffs, des tags, des styles de danse (smurf) et de musique (rap).

HIPPARCHIE n. f. (gr. *hipparkhia*). Dans la Grèce antique, division de cavalerie (environ 500 hommes).

HIPPARION n. m. (gr. *hipparion,* petit cheval). Équidé fossile à trois doigts par patte, des terrains miocènes et pliocènes, qui s'est éteint au quaternaire ancien après s'être répandu dans le monde entier.

HIPPARQUE n. m. (gr. *hipparkhos*). Commandant d'une hipparchie.

HIPPARQUE, tyran d'Athènes (527-514 av. J.-C.), l'un des fils de Pisistrate. Il gouverna peut-être avec son frère Hippias. Il protégea Simonide, Anacréon et fit recueillir les poésies homériques. Il tomba victime du complot d'Harmodios et Aristogiton.

HIPPARQUE, astronome grec du IIe s. av. J.-C. Il fit à Rhodes, entre 161 et 127, la plupart de ses observations astronomiques. Ses travaux nous sont connus grâce à Ptolémée. Il peut être considéré comme le fondateur de l'astronomie de position. Il établit des tables précises du mouvement de la Lune et du Soleil, découvrit la précession des équinoxes et réalisa le premier catalogue d'étoiles, classant celles-ci par « grandeurs » suivant leur éclat. Il jeta aussi les bases de la trigonométrie, inventa la projection stéréographique et proposa la première méthode scientifique de détermination des longitudes.

HIPPELATES [-tɛs] n. m. (du gr. *elatês,* conducteur). Moucheron d'Amérique centrale, qui provoque chez l'homme une conjonctivite. (Syn. MOUCHE DES YEUX.)

HIPPIAS († 490 av. J.-C.), tyran d'Athènes (527-510 av. J.-C.), fils aîné de Pisistrate. Il gouverna seul ou avec son frère Hipparque. Ayant échappé au complot d'Harmodios et Aristogiton (514), il régna par la terreur. Attaqué par les Alcméonides unis aux Spartiates, il s'exila à la cour de Darios.

HIPPIATRIQUE ou **HIPPIATRIE** n. f. (gr. *hippiatrikos,* qui concerne l'art vétérinaire). *Vx.* Art de soigner les chevaux.

***HIPPIE** ou **HIPPY** n. (amér. *hippy*), adepte d'une morale fondée sur la non-violence et l'hostilité à la société industrielle, et d'un mode de vie prônant la liberté dans tous les domaines, ainsi que la vie en communauté. (Le mouvement des hippies est passé des États-Unis à l'Europe et a investi certains domaines culturels [musique, peinture].)

◆ adj. Relatif aux hippies : *Mode hippie.*

HIPPIQUE adj. (gr. *hippikos*). Relatif à l'hippisme.

HIPPISME n. m. (de *hippique*). Ensemble des activités sportives pratiquées à cheval (équitation, course, attelage, polo, etc.).

HIPPOBOSQUE n. m. (du gr. *boskein,* élever). Mouche plate, coriace, aux palpes allongés en un rostre bivalve. (Cette mouche pond des larves qui se métamorphosent immédiatement. Selon l'espèce, l'adulte suce le sang de l'homme, du cheval, du chameau, etc.)

HIPPOCAMPE n. m. (lat. *hippocampus,* du gr. *hippokampos,* de *hippos,* cheval, et *kampê,* sinuosité). **1.** Petit poisson (syngnathidé) marin au corps cuirassé, à la tête perpendiculaire à l'axe du corps, à la bouche tubiforme et aspiratrice, à la dorsale motrice, à queue vertébrale préhensile et sans nageoire, pratiquant la nage en position verticale et l'incubation nutricielle des œufs par le mâle, dans la poche ventrale duquel la femelle pond ses œufs. (Syn. CHEVAL MARIN.) — **2.** Cinquième circonvolution temporale. (L'hippocampe reçoit des informations optiques, acoustiques, tactiles, viscérales, et envoie des efférences vers l'hypothalamus, les noyaux du septum et le cingulum. Il jouerait un rôle important dans la pathogénie de certaines crises épileptiques, des états d'obnubilation et de certaines amnésies.) [On dit aussi CIRCONVOLUTION DE L'HIPPOCAMPE.]

HIPPOCAMPIQUE adj. Relatif à l'hippocampe du cerveau.

HIPPOCASTANACÉE n. f. (du gr. *kastenea,* châtaigne). Nom de famille d'arbres ou arbrisseaux, tel le marronnier d'Inde.

HIPPOCRATE, le plus grand médecin de l'Antiquité (île de Cos 460 - Larissa, Thessalie, v. 377 av. J.-C.). Initiateur de l'observation clinique, il a laissé un corps de doctrine des plus remarquables, dans de nombreux traités connus sous son nom, mais dont quelques-uns, sans doute, ne sont pas de lui. La théorie médicale d'Hippocrate repose sur les altérations des humeurs de l'organisme. Littré a donné une traduction française des œuvres complètes d'Hippocrate (1839-1861). Il est à l'origine du serment que prêtent les médecins français avant d'exercer leur art.

HIPPOCRATIQUE adj. **1.** Relatif à Hippocrate ou à son système. — **2.** *Calvitie hippocratique,* calvitie masculine avec sommet du crâne dénudé et persistance dans les régions pariétales et occipitale d'une couronne de cheveux périphérique. ‖ *Faciès hippocratique,* expression particulière que prend le visage d'un moribond. ‖ *Ongles* ou *doigts hippocratiques,* doigts dont la dernière phalange est élargie et dont les ongles présentent une convexité accentuée, observés dans les affections broncho-pulmonaires chroniques.

HIPPOCRATISME n. m. **1.** Médecine fondée sur la doctrine et les principes d'Hippocrate. — **2.** *Hippocratisme digital,* caractère des doigts ou ongles hippocratiques.

Hippocrène, fontaine de l'Hélicon, qui était consacrée aux Muses. Le cheval Pégase, selon les poètes, l'avait fait jaillir d'un coup de sabot.

HIPPOCREPIS [-krepis] n. f. (du lat. *crepis,* plante). Herbe (papilionacée) dont la gousse est formée d'une série d'articles séparés par des échancrures en fer à cheval.

HIPPODAMIE n. f. (de *Hippodamie,* n. pr.). Coccinelle rousse des plantes aquatiques, utile destructrice de pucerons.

HIPPODAMIE, fille d'Œnomaos, roi de Pise, en Élide, qui fut l'enjeu d'une course de chars entre son père et ses prétendants. Pélops, fils de Tantale, remporta le prix, grâce à la fraude du cocher Myrtilos.

HIPPODAMOS de Milet, architecte grec (Ve s. av. J.-C.). Il aurait rebâti Milet, construit le Pirée et Thourioi. Il est connu comme l'inventeur du plan orthogonal et, surtout, il a le premier défini les diverses zones de l'activité urbaine.

HIPPODROME n. m. (lat. *hippodromus,* du gr. *hippodromos*). **1.** Syn. de CHAMP* DE COURSES. — **2.** Dans l'Antiquité, lieu disposé pour la course des chars et des chevaux, ou pour les exercices d'équitation. (→ *encycl.*) — **3.** Lieu où se déroulaient des exercices et des pantomimes équestres, des numéros de dressage de fauves, des spectacles clownesques.

ENCYCL. **Antiq.** En Grèce, le plus grand hippodrome était celui d'Olympie*. À Rome, on préférait au terme hippodrome le mot de cirque*. À Constantinople, l'hippodrome, achevé sous Constantin, fut le centre de la vie byzantine jusqu'au XIIIe s. Les couleurs des cochers furent adoptées par les partis politiques ; la sédition Nika opposa ainsi les Verts et les Bleus sous le règne de Justinien (janv. 532).

HIPPOGRIFFE n. m. (ital. *ippogrifo,* de *grifo,* griffon). Animal fabuleux des romans de chevalerie, moitié cheval, moitié griffon.

HIPPOLOGIE n. f. Étude, connaissance de la morphologie du cheval appliquée à son emploi, son hygiène et son entretien.

HIPPOLOGIQUE adj. Relatif à l'hippologie.

HIPPOLOGUE n. Spécialiste d'hippologie.

HIPPOLYTE n. f. (de *Hippolyte,* n. pr.). Petite crevette (caride) commune dans les eaux marines peu profondes. (Sa couleur varie de façon à ressembler à celle des algues parmi lesquelles elle vit.)

HIPPOLYTÉ, reine des Amazones, fille d'Arès. Héraclès s'empara de sa ceinture, insigne de son pouvoir.

HIPPOLYTE, fils de Thésée, roi d'Athènes, et d'une reine des Amazones. Phèdre, seconde femme du roi Thésée, conçut pour lui une violente passion suscitée par Aphrodite, mais, repoussée, elle l'accusa d'avoir voulu attenter à son honneur. Le roi invoqua Poséidon. Hippolyte fut tué par ses chevaux, qu'avait épouvantés un monstre marin.

Hippolyte, tragédie d'Euripide (428 av. J.-C.), consacrée à la passion incestueuse de Phèdre pour son beau-fils Hippolyte et source de toutes les pièces sur *Phèdre.*

Hippolyte et Aricie, tragédie lyrique en 1 prologue et 5 actes de Rameau, sur un livret de l'abbé Pellegrin, tiré de *Phèdre* de Racine (Paris, 1733).

HIPPOLYTE *(saint),* exégète et théologien romain (entre 170 et 175 - en Sardaigne 235). En conflit avec le pape, il fonda une communauté schismatique. Son martyre le réhabilita. Il a écrit *Réfutation de toutes les hérésies* en 10 livres.

HIPPOMOBILE adj. Se dit d'un véhicule tiré par un ou plusieurs chevaux.

HIPPONE, en lat. **Hippo regius,** anc. ville de Numidie, sur la Méditerranée (près d'Annaba), colonie de Carthage, puis capitale de la Numidie. Colonie romaine, elle fut le siège d'un évêché, dont saint Augustin fut titulaire (396-430). Saccagée par les Vandales en 430, elle fut détruite au VIIe s. par l'invasion arabe. Nombreux vestiges antiques (théâtre à la riche décoration sculptée, maisons ornées de mosaïques) ; quartier chrétien ; grande basilique, vraisemblablement la cathédrale de saint Augustin.

HIPPOPHAÉ n. m. (gr. *hippophaes*). Nom générique de l'*argousier.*

HIPPOPHAGIE n. f. Consommation de viande de cheval.

HIPPOPHAGIQUE adj. **1.** Qui a rapport à la viande de cheval. — **2.** *Boucherie hippophagique,* syn. de BOUCHERIE CHEVALINE*.

HIPPOPOTAME n. m. (gr. *hippopotamos*). **1.** Gros mammifère herbivore des fleuves d'Afrique tropicale, au corps massif, aux pattes courtes, à peau dépourvue de poils, aux canines développées en boutoirs. (L'espèce principale pèse 4 t et mesure plus de 4 m, mais il existe une espèce naine, très rare.) — **2.** *Fam.* Personne énorme.

HIPPOPOTAMESQUE adj. *Fam.* Qui évoque la lourdeur d'un hippopotame : *Démarche hippopotamesque.*

HIPPOSANDALE n. f. Sandale en sparterie ou en fer, que l'on fixe au pied du cheval pour le protéger, lorsqu'il est blessé.

HIPPOTECHNIE [-tɛkni] n. f. Science de l'élevage et de l'exploitation du cheval.

HIPPOTRAGUE n. m. (lat. sc. *hippotragus,* du gr. *tragos,* bouc). Antilope de grande taille, à l'aspect chevalin, à grandes cornes annelées, vivant dans les savanes arbustives d'Afrique, mais menacée de disparition. (Syn. ÆGOCÈRE.)

HIPPURIE ou **HIPPURICURIE** n. f. Teneur de l'urine en acide hippurique.

HIPPURIQUE adj. *Acide hippurique,* acide résultant de la combinaison, avec élimination d'eau, de glycocolle et d'acide benzoïque. (C'est la forme d'élimination physiologique de l'acide benzoïque toxique.)

HIPPURITE n. f. (lat. *hippuris, -idos,* prêle des bois, du gr. *hippouris*). Rudiste des mers du crétacé supérieur, ayant constitué d'énormes récifs.

HIPPUS [-pys] n. m. Série de rétrécissements (myosis) et de dilatations (mydriase) de la pupille, se produisant d'une manière rythmique.

***HIPPY** → HIPPIE.

HIRABAYASHI TAIKO, femme de lettres japonaise (Nagano, Nakasumura, 1905 - Tōkyō 1972). Liée au mouvement anarchiste (*la Dérision,* 1927), elle fut arrêtée en 1937. Elle exprima son combat contre la maladie et la misère dans *Une femme comme ça* (1946).

HIRADO, île du Japon (préf. de Nagasaki), au S. du détroit de Corée, à proximité de la côte O. de Kyūshū ; 165 km². V. princ. *Hirado* (30 000 hab.)

HIRAGANA n. m. Syllabaire japonais, utilisé pour noter les formants grammaticaux.

HIRAKATA, v. du Japon (Honshū), dans le N.-O. de l'agglomération d'Ōsaka ; 393 000 hab. Sidérurgie. Mécanique.

HIRAM, nom de trois rois de Tyr. Le plus connu est **Hiram Ier** (v. 969 - v. 935 av. J.-C.), qui aida Salomon à édifier le Temple de Jérusalem en lui livrant du bois et en lui envoyant des artisans. Ses marins et ses bateaux participèrent aux voyages de la flotte du roi israélite à destination d'Ophir.

HIRATA ATSUTANE, érudit japonais (Akita 1776 - *id.* 1843), considéré comme le théoricien de l'école nationaliste. Dans son *Koshiden* (*Explication de l'histoire ancienne,* 32 vol.), il exalta les droits divins de la dynastie impériale, préparant ainsi la restauration de Meiji en 1868.

HIRATSUKA, v. du Japon, dans l'île de Honshū, sur la baie de Sagami ; 245 950 hab. Industries chimiques, mécaniques et alimentaires.

HIRCIN, E adj. (lat. *hircinus,* de *hircus,* bouc). *Litt.* Relatif au bouc : *Odeur hircine.*

HIRCUS [-kys] n. m. Éminence de l'oreille, près des tempes.

HIRN (Gustave Adolphe), industriel et physicien français (Logelbach, Haut-Rhin, 1815 - Colmar 1890). On lui doit la création d'une théorie expérimentale des machines à vapeur à piston qui, tenant compte des effets de paroi, permit pour la première fois de concilier les données de la thermodynamique et le fonctionnement réel des machines.

HIROHITO, empereur du Japon (Tōkyō 1901 - *id.* 1989). Régent de l'Empire (1921-1926), il accéda au trône en 1926 et inaugura l'ère Shōwa (« Paix éclairée »). Monarque absolu, il présida l'expansion nationaliste (intervention militaire en Chine et création du Mandchoukouo, 1932). Il quitta la S. D. N. (mars 1933) et déclara la guerre aux États-Unis (attaque sur Pearl Harbor, 7 déc. 1941). Contraint de capituler (14 août 1945) à la suite de l'explosion des premières bombes atomiques, il dut renoncer à ses prérogatives « divines » et consentir à l'établissement d'une monarchie constitutionnelle. Premier empereur à quitter le Japon, il entreprit, en 1971, la visite de plusieurs États européens. Il a pour nom posthume **Shōwa tennō**.

HIRONAKA HEISUKE, mathématicien japonais (Yoshiu, Yamaguchi, 1931). Il a travaillé sur la classification des singularités des courbes et des variétés algébriques, travaux pour lesquels il a obtenu la médaille Fields (1970).

HIRONDE n. f. (lat. *hirundo, -inis,* hirondelle). *Queue d'hironde,* fortification avancée constituée de deux flancs et d'un front tenaillé. (Syn. QUEUE D'ARONDE.)

HIRONDEAU n. m. Petit de l'hirondelle.

HIRONDELLE n. f. (anc. provenç. *irondela ;* du lat. pop. **hirunda,* du lat. class. *hirundo, -inis*). **1.** Oiseau (hirundinidé) migrateur, au plumage noir et blanc, à bec court et largement fendu, aux ailes longues et pointues, aux pattes courtes, se nourrissant d'insectes capturés en plein vol, commun dans tout l'hémisphère boréal. (→ *encycl.*) – **2.** *Fam.* Agent de police cycliste. – **3.** Navire léger de moyenne grandeur, employé par Richelieu au siège de La Rochelle. – **4.** *Hirondelle de mer,* nom donné à deux poissons, la grande castagnole et le grondin trigle, et à un oiseau, la sterne. ‖ *Nid d'hirondelle,* nid fait de gélose d'algue et de salive séchée d'une espèce de martinet, la salangane, que l'on consomme poché dans un potage. (Spécialité chinoise.)

ENCYCL. Les hirondelles sont des passereaux de faible taille (13 à 20 cm). Elles arrivent en France en mars ou avril, et repartent collectivement dès le début de l'automne vers l'Afrique intertropicale.

HIROSAKI, v. du Japon, dans l'île de Honshū, au pied du mont Iwaki ; 175 300 hab. Laques. Industries alimentaires.

HIROSHIGE (ANDŌ HIROSHIGE, dit), dessinateur, graveur et peintre japonais (Edo, auj. Tōkyō, 1797 - *id.* 1858). Les *Cinquante-Trois Étapes de la route du Tōkaidō* (1833-34) lui valent la célébrité. Jamais on n'aura traduit avec plus de poésie et de sensibilité la nature japonaise. En Europe, il sera connu vers 1870 ; sa conception du paysage, sa maîtrise des effets atmosphériques exerceront une influence certaine sur les impressionnistes. Ses disciples, qui signent **Hiroshige II** (1826 - 1869) et **Hiroshige III** (1843 ? - 1894), ont un style proche mais plus plat.

HIROSHIMA, port du Japon, ch.-l. de préfecture, dans le sud-ouest de Honshū, sur la mer Intérieure ; 1 085 705 hab. Centre industriel (automobile, chimie, électromécanique, alimentation).

– **Hist.** Quartier général de l'armée au cours des guerres sino-japonaise (1894-95) et russo-japonaise (1904-05), peuplée de 400 000 habitants au moment de la Seconde Guerre mondiale, Hiroshima fut rasée à 90 % par la première bombe atomique (bombe A), le 6 août 1945, à 8 h 15. 12 km² de la ville furent détruits et l'on dénombra 130 000 victimes, dont 80 000 tués.

Hiroshima mon amour, film français d'Alain Resnais (1959). Avec un dialogue très littéraire de Marguerite Duras, Resnais aborde, dans ce film, l'un de ses thèmes favoris : la prise de conscience d'un événement passé en surimpression sur l'instant présent.

HIRSCH (Maurice, *baron* DE), financier bavarois (Munich 1831 - Érsekújvár, Hongrie, auj. Nové Zámky, Slovaquie, 1896). Il acquit une fortune considérable en exploitant des chemins de fer. Il subventionna l'Alliance israélite universelle et organisa l'installation, en 1891, en Argentine, des Juifs russes expulsés de leur pays.

HIRSCHMANN (Albert), économiste américain d'origine allemande (Berlin 1915). Il quitte l'Allemagne en 1933 pour la France puis part aux États-Unis en 1941. Il s'est intéressé au développement économique en utilisant des concepts nouveaux (intérêt/passion, par exemple). Il a écrit *Stratégie du développement économique* (1956). Plusieurs de ses essais ont été réunis en français sous le titre de *Vers une économie politique élargie* (1986).

Hirschsprung *(maladie de)*, mégacôlon congénital responsable d'une constipation rebelle chez le nouveau-né.

HIRSINGUE (68560), ch.-l. de cant. du Haut-Rhin, dans le Sundgau, au S.-S.-E. d'Altkirch ; 2 023 hab.

HIRSON (02500), ch.-l. de cant. de l'Aisne, sur l'Oise ; 10 604 hab. *(Hirsonnais)*. Métallurgie. Constructions électriques.

HIRSUTE adj. (lat. *hirsutus,* hérissé, de *hirtus,* qui a des pointes). Qui a la barbe ou la chevelure hérissées : *Être hirsute le matin au réveil.*

◆ n. m. Membre d'un cénacle littéraire parisien (v. 1880-1882).

HIRSUTISME n. m. (de *hirsute*). Existence d'une pilosité dans des zones normalement glabres, surtout chez la femme.

HIRTIUS (Aulus), général romain (v. 90 - devant Modène 43 av. J.-C.), lieutenant de César dans la guerre des Gaules. On lui attribue le huitième livre du *De bello gallico.*

HIRUDINE n. f. (lat. *hirudo, -inis,* sangsue). Principe actif de l'extrait de sangsues, ayant une action anticoagulante.

HIRUDINÉE n. f. (lat. *hirudo, -inis,* sangsue). Annélide achète, telle que les sangsues.

HIRUDINICULTEUR, TRICE n. Personne qui élève et multiplie les sangsues.

HIRUDINICULTURE n. f. (lat. *hirudo, -inis,* sangsue). Élevage des sangsues à des fins médicales.

His *(faisceau de)*, groupe de fibres nerveuses du système autonome du cœur, qui prend naissance au nœud de Tawara (situé entre les oreillettes et les ventricules), descend dans la cloison interventriculaire, puis se divise en deux branches, droite et gauche, qui se ramifient dans chacun des ventricules. Ces fibres conduisent l'influx nerveux responsable de la contraction cardiaque, des oreillettes aux ventricules.

HISĀR, v. de l'Inde, dans l'Haryana, à l'O.-N.-O. de Delhi ; 181 255 hab.

HISINGÉRITE [-gerit] n. f. (de *Hisinger,* n. pr.). Silicate hydraté naturel et amorphe de fer et de magnésium, voisin de la nontronite.

HISPALIS, anc. nom latin de Séville.

HISPANIE, en lat. **Hispania,** nom donné par les Romains à la péninsule Ibérique.

HISPANIOLA, nom donné par Christophe Colomb à l'île d'Haïti.

HISPANIQUE adj. (lat. *hispanicus,* de *Hispania,* Hispanie). Relatif à l'Espagne ou à l'Amérique espagnole.

◆ adj. et n. Aux États-Unis, personne originaire d'Amérique latine.

HISPANISANT, E ou **HISPANISTE** n. Personne spécialisée dans l'étude de la langue et de la civilisation espagnoles.

HISPANISME n. m. Mot, locution, construction particuliers à l'espagnol.

HISPANITÉ n. f. Caractère de ce qui est hispanique.

HISPANO-AMÉRICAIN, E adj. et n. (pl. *hispano-américains, es*). De l'Amérique de langue espagnole.

◆ **hispano-américain** n. m. Nom donné aux formes de l'espagnol parlées en Amérique latine.

ENCYCL. **Ling.** Importé en Amérique du Sud et du Centre au XVIe s. par les conquérants, l'espagnol s'est imposé comme langue de l'administration coloniale, puis des États (le cas du Brésil mis à part). L'influence des langues amérindiennes est sensible dans le lexique : mots locaux dont plusieurs sont passés dans les langues européennes (*maíz, sabana, tabaco, cacao, tapioca,* etc.). Il existe des variantes régionales d'hispano-américain, mais, actuellement, la presse et la radio tendent à imposer le castillan comme une norme. D'autre part, la pression de la langue littéraire reste un solide facteur d'unité linguistique.

hispano-américaine *(guerre)* [1898], conflit qui opposa les États-Unis à l'Espagne, qui était en lutte contre ses colonies révoltées, à Cuba et aux Philippines. En 1895, Cuba se soulevait sous la direction de Gómez et de Betancourt, suivie en 1896 par les Philippines. L'explosion mystérieuse (15 févr. 1898) dans la baie de La Havane du cuirassé *Maine,* envoyé par les Américains pour assurer la protection de leurs intérêts dans la région, provoqua l'entrée en guerre des États-Unis contre l'Espagne. La flotte espagnole fut détruite à Santiago de Cuba et à Cavite (île de Luçon, Philippines). Par le traité de Paris (10 déc.), qui marqua la ruine de l'ancien Empire colonial espagnol, Cuba conquit son indépendance tandis que Porto Rico, les Philippines et l'île de Guam étaient cédés aux États-Unis.

HISPANO-ARABE, HISPANO-MAURESQUE ou **HISPANO-MORESQUE** adj. Se dit de l'art, de la civilisation islamiques à l'ouest du Bassin méditerranéen, au temps où les califes de Cordoue réunissaient sous leur autorité le Maroc et l'Espagne. (Surtout actifs entre le XIIIe et le XVe s., les principaux centres de fabrication de céramique hispano-mauresque étaient Málaga, Paterna, Manises et Valence. Ces céramiques sont caractérisées par leur décor orientalisant et par leur lustre à reflets métalliques.)

HISPANO-FLAMAND, E adj. Syn. de ISABÉLIN.

HISPANOPHONE adj. et n. Qui a l'espagnol pour langue.

Hispano-Suiza, société d'origine hispano-suisse, fondée en 1904, à Barcelone. En 1911, elle créa une filiale en France, qui se consacra à la production de voitures de luxe et construisit, pendant la Première Guerre mondiale, des moteurs d'avion. Filiale de la S. N. E. C. M. A., elle est aujourd'hui spécialisée dans les équipements aéronautiques, les turbomachines industrielles, les matériels pour l'industrie nucléaire, l'armement.

HISPIDE adj. (lat. *hispidus,* hérissé). Se dit d'organes végétaux couverts de nombreux poils raides et assez longs.

***HISSAGE** n. m. Action de hisser.

HISSAR *(Tepe),* site archéologique iranien près de Dāmrhān, au sud de la chaîne de l'Elbourz. Occupé au début du IVe millénaire, le site connut son apogée à la fin du IIIe millénaire et au début du IIe.

***HISSER** v. t. (bas all. *hissen*) [conj. 3]. **1.** Élever, dresser un mât. — **2.** Monter une voile, un drapeau, etc., au haut d'un mât. — **3.** Monter, porter, transporter qqch, qqn dans un lieu plus élevé (avec effort) : *Hisser un blessé dans l'ambulance.* — **4.** Faire accéder qqn, un groupe, un organisme, etc., à une position élevée : *Hisser une petite entreprise au niveau des plus grandes.*
◆ **se hisser** v. pr., **être hissé** v. pass. **1.** Monter avec effort sur un lieu élevé : *Se hisser sur une branche d'arbre.* — **2.** Arriver, grâce à des efforts, à occuper une position (plus) élevée ; s'élever : *Se hisser au sommet d'une hiérarchie.*

Histadrouth, confédération générale des travailleurs d'Israël. Fondée en 1920, elle regroupe environ les trois quarts de la main-d'œuvre israélienne et la quasi-totalité des salariés. Elle est le second employeur du pays, après l'État. L'influence travailliste y est prédominante.

HISTAMINE n. f. Amine dérivée de l'histidine et contenue en quantité variable dans tous les tissus des mammifères et dans l'ergot de seigle.
ENCYCL. **Neurol.** Les effets de l'histamine se manifestent par l'intermédiaire de sa fixation sur des récepteurs *histaminergiques.* Elle provoque une dilatation des capillaires avec augmentation de la perméabilité locale, elle contracte les bronches et l'intestin, et augmente les sécrétions gastriques, salivaires et médullosurrénaliennes. Elle joue un rôle important dans le mécanisme de l'inflammation.

HISTAMINIQUE ou **HISTAMINERGIQUE** adj. Relatif à l'histamine.

HISTER [-tɛr] n. m. (lat. *hister,* mime). Nom générique des escarbots.

HISTIDINE n. f. Aminoacide non essentiel pour l'homme, glucoformateur et précurseur de l'histamine, présent dans les protéines, les enzymes et l'hémoglobine.

HISTIÉE, tyran de Milet († 493 av. J.-C.). Il suivit Darios en Scythie, et en fut récompensé par le don d'un domaine en Thrace. Ses intrigues furent à l'origine de la révolte de l'Ionie (499), mais il fut capturé et exécuté.

HISTIOCYTAIRE adj. Relatif à l'histiocyte.

HISTIOCYTE n. m. Cellule libre du tissu conjonctif, dérivant du monocyte, exerçant une action macrophagique.

HISTIOCYTOME ou **HISTIOCYTOFIBROME** n. m. Petite tumeur cutanée conjonctive bénigne, arrondie, siégeant habituellement aux jambes.

HISTIOCYTOSE n. f. Accumulation tissulaire d'histiocytes, ou phagocytes mononucléés, observée au cours de nombreuses affections (granulome éosinophile, maladie de Hand-Schüller-Christian, maladie de Letterer-Siwe, maladie de Gaucher, maladie de Niemann-Pick). [Il existe aussi des *histiocytoses malignes.*]

HISTIOTEUTHIS [-tis] n. m. Grand poulpe des abysses portant un grand nombre d'organes lumineux.

HISTOCHIMIE n. f. Domaine de l'histologie qui analyse la composition chimique de coupes de tissus et l'activité des enzymes sur elles. (Elle permet de faire la liaison entre l'anatomie et l'histologie d'une structure et sa biochimie.)

HISTOCHIMIQUE adj. Relatif à l'histochimie.

HISTOCOMPATIBILITÉ n. f. Degré de similitude des caractères antigéniques de deux tissus qui font que l'un peut être greffé sur l'autre sans qu'il s'ensuive de réaction de rejet. (Syn. COMPATIBILITÉ TISSULAIRE.)
ENCYCL. L'histocompatibilité, qui détermine la survie d'une greffe, s'apprécie essentiellement par l'étude des systèmes ABO et HLA, et également par l'état immunitaire du receveur. Chez l'homme, le système principal est le système HLA *(Human Leucocyte Antigens).*

HISTOCOMPATIBLE adj. Se dit de tissus, d'organismes, chez lesquels a été déterminée une histocompatibilité.

HISTOGENÈSE n. f. Formation et développement des différents tissus de l'embryon à partir des feuillets de la gastrula.

HISTOGRAMME n. m. (angl. *histogram*). **1.** Graphique obtenu en portant sur un axe les intervalles de classes d'une distribution statistique et sur ces intervalles des rectangles ayant une aire proportionnelle à l'effectif ou à la fréquence de la classe. — 2. *Histogramme cumulé,* histogramme construit à partir des effectifs ou des fréquences cumulés.

Exemple d'**histogramme** :
régime mensuel des précipitations à Marseille.

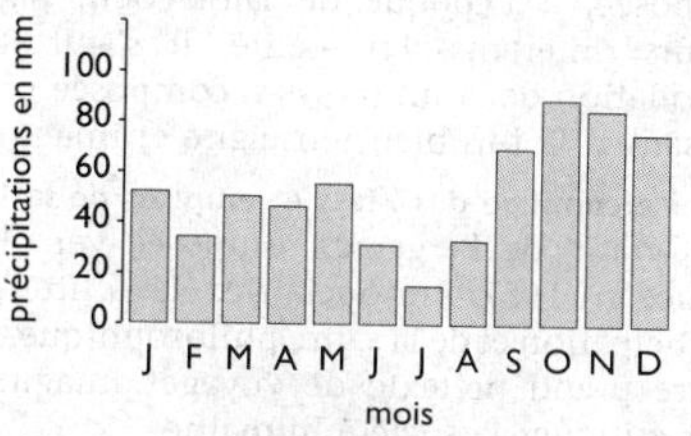

HISTO-INCOMPATIBILITÉ n. f. Ensemble des caractères antigéniques qui déterminent le rejet d'une greffe de tissu.

HISTO-INCOMPATIBLE adj. (pl. *histoincompatibles*). Qui présente une histo-incompatibilité.

HISTOIRE n. f. (lat. *historia,* du gr. *historia,* recherche, de *histôr,* qui sait). **1.** Connaissance du passé de l'humanité et des sociétés humaines ; discipline qui étudie ce passé et cherche à le reconstituer : *Les sources, les matériaux, les méthodes de l'histoire.* (→ *encycl.*) — **2.** Par oppos. à la préhistoire, période connue principalement par des documents écrits. — **3.** Le passé de l'humanité, la suite des événements qui le constituent, considérés en partic. dans leur enchaînement, leur évolution : *Des faits qui appartiennent à l'histoire.* — **4.** Mémoire que la postérité conserve des faits et des personnages du passé, sorte de jugement qui semble découler de cette sélection : *Un personnage dont l'histoire a retenu le nom.* — **5.** Suite des événements, des faits réels, des états marquant l'évolution d'un groupe humain, d'un personnage, d'un aspect de l'activité humaine, etc. : *S'intéresser à l'histoire d'une région, d'une ville.* — **6.** Ouvrage de caractère historique, relatif à telle chose, tel personnage, dû à tel auteur : *L'histoire de Tite-Live est inachevée.* — **7.** Récit portant sur des événements ou des personnages réels ou imaginaires, et qui n'obéit à aucune règle fixe ; anecdote visant à amuser, à divertir : *Raconter une histoire. Histoires drôles, scabreuses.* — **8.** Aventure que l'on raconte : *Il m'est arrivé une drôle d'histoire.* — **9.** Propos mensongers, récit fait pour abuser qqn, pour se justifier, etc. : *Ce sont des histoires.* — **10.** *Fam.* Ensemble d'événements, de faits, généralement fâcheux, complexes : *Sa nomination va faire toute une histoire.* — **11.** Problème, question : *Se fâcher pour une histoire d'héritage.* — **12.** *C'est de l'histoire ancienne,* il y a longtemps de cela, c'est oublié. ‖ *C'est toujours la même histoire,* la même situation amène toujours les mêmes conséquences ; les mêmes ennuis se répètent. ‖ *C'est toute une histoire,* c'est une chose compliquée, qui demande de longues explications ou une longue préparation. ‖ *C'est une (tout) autre histoire,* cela n'a rien à voir avec la question présente. ‖ *En faire (toute) une histoire,* donner à un fait sans importance des prolongements non justifiés. ‖ Fam. *Histoire de,* à seule fin de : *Il sortit dans la rue, histoire de prendre l'air.* ‖ *Histoire naturelle,* étude descriptive de la nature et des principaux « objets » qui la peuplent : animaux, plantes, minéraux et roches, etc. (On y distingue auj. les *sciences biologiques* et les *sciences de la terre.*) [Syn. SCIENCES NATURELLES.] ‖ *Histoire sainte,* nom donné autrefois aux récits bibliques. ‖ *Peinture d'histoire,* celle qui, prenant ses sujets dans la Bible, l'Antiquité, la fable ou l'histoire (ancienne ou contemporaine), occupait le premier rang dans l'ancienne hiérarchie académique des genres. (Syn. GRAND GENRE, GENRE HISTORIQUE.) ‖ *La petite histoire,* les petits événements, les anecdotes en marge d'une période historique.

◆ **histoires** n. f. pl. *Fam.* **1.** Embarras, complications, ennuis : *Faire des histoires pour un rien.* — **2.** Manières, chichis : *Que d'histoires ! Acceptez donc simplement.* — **3.** *Sans histoires,* sans fait marquant, sans rien d'exceptionnel ou sans problèmes, sans difficultés : *Une vie sans histoires.*

ENCYCL. Jusqu'à l'aube du XXe s., l'histoire se confond, pour l'essentiel, avec la description des événements, des faits : histoire des guerres, des révolutions, des règnes, des régimes politiques, des gouvernements. Bien que sacrifiant trop souvent à l'anecdotique, cette histoire événementielle (ou historisante) n'est pas dépourvue de préoccupations scientifiques. Dans le sillage du rationalisme scientiste du XIXe s., l'historien professe le souci du document, de son authenticité et de sa valeur intrinsèque. Soumettre les textes à l'analyse comparatiste pour les uns, à la critique philologique pour les autres est la règle qui précède l'élaboration d'ouvrages historiques devenus par le « label » académique ou universitaire des œuvres de référence pour des générations d'érudits ou d'étudiants. La méthodologie positiviste, érigée en dogme par C. Seignobos (*Introduction aux études historiques,* 1897), sacralise le fait historique, mais un « fait » préalablement choisi, discriminé, au sein d'une histoire purement politique, la seule alors reconnue, qui écarte toutes les autres sciences humaines. Cette vision réductrice laisse dans l'ombre le rôle des phénomènes monétaires ou celui des mutations techniques, la vie des masses, des humbles et le pourquoi des mouvements populaires collectifs, depuis les jacqueries médiévales jusqu'aux journées parisiennes de la Révolution. Certains grands esprits s'en inquiètent dès le début du XIXe s., notamment Guizot qui estime que les « faits cachés » de l'histoire n'en sont pas moins réels et déterminants, tandis que pour Chateaubriand la société des temps passés reste inconnue si l'on continue d'ignorer le prix du marc d'argent. Au début du XXe s., l'idée d'un décloisonnement de la science historique est lancée par H. Berr et sa *Revue de synthèse historique* (1900). À partir de 1929, les *Annales d'histoire économique et sociale,* sous la direction de M. Bloch et de L. Febvre, réhabilitent le rôle de l'économie et des groupes sociaux. Une « nouvelle histoire » naît alors, qui renouvelle complètement le champ d'action de ses praticiens. Désormais l'histoire s'attache aux mouvements de longue durée, séculaires et pluriséculaires, aux mouvements des prix, des salaires, aux phases et aux cycles longs ou courts avec notamment E. Labrousse. La science économique et la statistique viennent à son aide, sous la conduite de maîtres (tel F. Simiand) tout acquis à l'interdisciplinarité naissante. L'après-guerre voit l'école historique française reprendre et amplifier l'œuvre entamée. L'histoire quantitative ou sérielle se constitue alors autour de pionniers (P. Goubert, P. Chaunu) qui, théorisant le traitement systématique de séries statistiques à partir des registres paroissiaux, militaires, notariés ou fiscaux, restituent des populations et des cultures inconnues. Les disciplines sœurs de l'histoire (géographie, démographie, sociologie, psychologie, ethnologie, anthropologie, etc.) sont associées à la recherche historique. Ainsi naît par exemple la « géohistoire » avec F. Braudel (*la Méditerranée et le monde méditerranéen à l'époque de Philippe II,* 1949). Le document historique, jusqu'alors synonyme de texte, voit son sens s'élargir et désigner toute donnée de l'environnement naturel ou aménagé de l'homme : le climat, la végétation, la maison, le vêtement, l'outillage, etc. L'historien réhabilite des témoins jusque-là discrets ou ignorés, tels les outils du paysan. Il exhume des groupes marginaux, les vagabonds, les déclassés, voire les criminels. Il fait appel à la photographie aérienne pour lui restituer le parcellaire disparu. Son « territoire » s'étend ainsi à tout ce qui est perceptible à l'observateur social. L'histoire embrasse désormais le quotidien, le concret, mais aussi les mentalités. Avec notamment J. Le Goff, G. Duby, E. Le Roy Ladurie, R. Mandrou, P. Ariès, M. Vovelle, M. Agulhon, elle s'intéresse, en effet, aux attitudes devant la vie, la maladie, la mort, la famille, le mariage, la religion, etc., et la psychologie collective des peuples nourrit l'analyse.

À l'étranger, des historiens tels que le Néerlandais Johan Huizinga, les Britanniques Arnold Toynbee et Eric Hobsbawm ou l'Américain Bernard Baylin ont aussi apporté leur contribution au renouvellement des sciences historiques, également servi par l'apport des techniques récentes (dont l'informatique).

Histoire auguste, recueil de biographies des empereurs romains et de certains usurpateurs, de 117 à 284 apr. J.-C. Officiellement, elle a été composée, à l'époque de Dioclétien, par six auteurs différents. En réalité, il s'agit d'une compilation de la fin du IVe s. composée par un faussaire à la fois bien renseigné et imaginatif.

Histoire comique des États et empires de la Lune, par Cyrano de Bergerac, composée vers 1648, publiée en 1657. Annonciatrice de la littérature d'anticipation et de la satire philosophique, cette œuvre prend prétexte de voyages imaginaires pour critiquer la société humaine.

Histoire contemporaine, série de romans d'A. France comprenant *l'Orme du mail* (1897), *le Mannequin d'osier* (1897), *l'Anneau d'améthyste* (1899) et *Monsieur Bergeret à Paris* (1901) : un des meilleurs tableaux de l'époque d'une société déchirée.

Histoire d'un crime, par V. Hugo. C'est le récit du coup d'État de 1851, écrit en 1852 par le poète exilé à Bruxelles, et publié en 1877.

Histoire et conscience de classe, œuvre de György Lukács (1923). Elle a mis en avant la notion de conscience comme facteur décisif de l'appartenance de classe et comme élément actif dans la disparition ultérieure des classes.

Histoire générale, ouvrage collectif publié à partir de 1925, sous la direction de Gustave Glotz et consacré à l'histoire ancienne et à l'histoire du Moyen Âge.

Histoire naturelle, ouvrage écrit en grande partie par Buffon, et par ses collaborateurs. Publié à partir de 1749, ce monument de vulgarisation scientifique (36 volumes du vivant de son auteur) est l'œuvre d'un écrivain au style très travaillé et d'un observateur possédant un incomparable talent de description. Après la mort de Buffon (1788), cette œuvre a été continuée par Lacepède.

histoire universelle *(Discours sur l'),* de Bossuet
→ DISCOURS SUR L'HISTOIRE UNIVERSELLE.

Histoire vraie, œuvre de Lucien (IIe s. apr. J.-C.). Cette parodie burlesque des poètes et des historiens, mêlée de satire et de réflexion philosophique, inspira Rabelais, Swift et Voltaire.

Histoires, de Tacite, ouvrage qui embrassait l'histoire des empereurs romains de Galba à l'avènement de Nerva (69-96). Il n'en reste qu'une partie, correspondant à l'année 69 et à une partie de l'année 70. Les *Histoires* sont la suite chronologique des *Annales,* mais ont été composées antérieurement.

Histoires, recueil poétique de Prévert publié en 1948, avec André Verdet, revu en 1963 : « choses vues » dans le Paris populaire ou le monde magique de l'enfance.

Histoires extraordinaires, récits d'Edgar Poe (1840-1845). Outre leur caractère fantastique *(Ligeia),* grotesque *(le Système du docteur Goudron et du professeur Plume)* et terrifiant *(la Chute de la maison Usher),* ces nouvelles annoncent le roman policier *(le Double Assassinat de la rue Morgue).* La traduction de ces récits par Baudelaire (1856) assura leur renom en Europe.

Histoires naturelles, de Jules Renard (1896). Petits tableaux humoristiques de la vie des animaux. — M. Ravel a composé un cycle de mélodies sur ces textes (1906).

HISTOLOGIE n. f. Étude de la formation, de l'évolution et de la composition des tissus des êtres vivants.

HISTOLOGIQUE adj. Qui relève de l'histologie.

HISTOLOGISTE n. Spécialiste de l'histologie.

HISTOLYSE n. f. Destruction non pathologique de certains tissus au cours de la vie d'un animal ou d'une plante. (Chez les animaux, l'histolyse a pour agents les phagocytes, qui dissolvent et digèrent les tissus détruits : tissus larvaires lors de l'entrée en nymphose chez les insectes, racine des dents de lait, par ex., chez les mammifères.)

HISTOMONOSE n. f. Maladie infectieuse, contagieuse, due au développement d'un protozoaire, affectant surtout les jeunes dindonneaux.

HISTOPATHOLOGIE n. f. Étude des tissus malades.

HISTOPLASMOSE n. f. Maladie due à un champignon du genre *histoplasma.*

ENCYCL. L'*histoplasmose américaine,* due à *Histoplasma capsulatum,* provoque essentiellement des atteintes pulmonaires qui peuvent être confondues avec la tuberculose. Dans les formes graves s'y ajoutent des adénopathies, des atteintes cérébrales, méningées, endocardiques. C'est une des complications infectieuses du S. I. D. A. L'*histoplasmose africaine,* due à *Histoplasma duboisii,* se traduit essentiellement par des lésions cutanées. Il s'agit d'une maladie exceptionnelle en Europe.

HISTOPOÏÈSE n. f. Ensemble des phénomènes qui, partant d'une cellule initiale, la modifient et la différencient, pour donner naissance à un tissu doué de propriétés fonctionnelles spécifiques.

HISTORICISME n. m. (de *historique*). **1.** Doctrine suivant laquelle l'histoire, livrée à ses seules forces et sans le secours d'une philosophie, est capable d'établir certaines vérités morales ou religieuses. — **2.** Ressourcement de la pratique architecturale dans un ou plusieurs styles du passé. (Notion parente de celle d'*éclectisme.*) [Syn. HISTORISME.]

HISTORICISTE adj. et n. Relatif à l'historicisme ; partisan de l'historicisme.

HISTORICITÉ n. f. (de *historique*). Caractère de ce qui est historique, de ce qui est attesté par l'histoire.

HISTORIEN, ENNE n. **1.** Spécialiste des sciences historiques ; auteur d'ouvrages historiques. — **2.** *Fam.* Étudiant ou enseignant en histoire. — **3.** *Litt.* Personne qui raconte un événement ou une suite d'événements : *Se faire l'historien de la libération de Paris.*

HISTORIER v. t. (lat. scolast. *historiare,* raconter en détail) [conj. **9**]. Enjoliver qqch de petits ornements, de motifs décoratifs.

◆ **être historié** v. pass. **1.** En parlant d'un objet, d'une tapisserie, d'un manuscrit médiéval, être décoré d'« histoires », de scènes narratives, de vignettes. — **2.** *Chapiteau historié,* chapiteau sur lequel le sculpteur a figuré des « histoires » empruntées aux livres saints. (Art roman surtout.) [Syn. CHAPITEAU NARRATIF.] ‖ *Lettre historiée,* lettre capitale dans laquelle est représentée une scène.

HISTORIETTE n. f. Petit récit d'une aventure plaisante ; anecdote.

Historiettes, œuvre de Tallemant des Réaux écrite entre 1657 et 1675, et publiée en 1834. C'est une chronique du règne de Louis XIII et de la régence d'Anne d'Autriche.

HISTORIGRAMME ou **HISTORIOGRAMME** n. m. Histogramme dans lequel les intervalles de classes sont des intervalles de temps.

HISTORIOGRAPHE n. m. (bas lat. *historiographus,* du gr. *historiographos*). Écrivain qui était chargé officiellement d'écrire l'histoire de son temps ou d'un souverain.

HISTORIOGRAPHIE n. f. (gr. *historiographia*). **1.** Travail de l'historiographe. — **2.** Ensemble des documents historiques relatifs à une question.

HISTORIOGRAPHIQUE adj. Qui relève de l'historiographie.

HISTORIQUE adj. (lat. *historicus,* du gr. *historikos*). **1.** Relatif à l'histoire, en tant que discipline : *Études historiques.* — **2.** Attesté par l'histoire, dont l'existence est considérée comme objectivement établie : *Ce sont des faits historiques.* — **3.** Qui est resté célèbre dans l'histoire ou qui mérite de le rester : *Parole historique.* — **4.** Qui marque un moment particulièrement important dans l'histoire de telle ou telle personne ou chose : *Le napoléon a atteint hier le cours historique* *de 500 F.* — **5.** Qui se rapporte à la période sur laquelle on possède des documents écrits (par oppos. à *fabuleux, préhistorique*). — **6.** Se dit d'une œuvre de fiction dont le sujet s'inspire de près ou de loin d'événements historiques : *Roman historique.* — **7.** Fam. *C'est historique,* c'est arrivé vraiment. • **Archit.** *Colonne historique,* dont le fût est orné de bas-reliefs commémoratifs. — **Bx-arts.** *Genre historique,* syn. de PEINTURE D'HISTOIRE*. ‖ *Paysage historique,* paysage imaginaire, recomposé à l'aide d'éléments naturels divers et comportant des personnages de la fable, de l'histoire. (Syn. PAYSAGE COMPOSÉ.) ‖ *Peinture historique,* peinture d'histoire traitant plus particulièrement d'événements historiques, anciens ou contemporains. — **Écon.** *École historique,* conception de l'économie, fondée sur l'observation de l'histoire, mettant en valeur la relativité et la mobilité des phénomènes économiques. (Elle a été créée par les économistes allemands W. Roscher, B. Hildebrand et K. Knies, vers 1840-1860 ; après 1870 s'est constituée une nouvelle école historique avec G. Schmoller et Lujo Brentano.) — **Gramm.** *Passé historique,* nom donné parfois au passé simple du verbe français. ‖ *Présent historique,* nom donné à l'emploi du présent à la place du passé historique dans un récit. (Syn. PRÉSENT DE NARRATION.) — **Ling.** Syn. de DIACHRONIQUE.

◆ n. m. Exposé chronologique de faits ; récit : *L'historique d'un conflit.*

historiques de l'armée de terre, de la marine et de l'armée de l'air *(Services),* services des trois armées françaises qui ont, en particulier, mission de conserver les archives de leur armée (et, pour le Service historique de l'armée de terre, les archives du ministère de la Défense, du secrétariat général de la Défense nationale, de la Délégation générale pour l'armement, des services communs aux trois armées et de la gendarmerie), de rédiger les études historiques qui leur sont commandées par le ministre et par le commandement, et d'homologuer les insignes de leur armée.

HISTORIQUEMENT adv. Du point de vue historique, en historien : *Discuter un fait historiquement.*

HISTORISANT, E adj. **1.** Se dit d'une conception de l'histoire limitée à la description des événements et des conditions de leur enchaînement. — **2.** Se dit d'une conception épistémologique qui privilégie l'histoire aux dépens des fondements théoriques de la science étudiée. — **3.** Qui tend à l'historicisme architectural.

HISTORISATION n. f. Transformation de rites ou de mythes en récits historiques.

HISTORISME n. m. **1.** Étude des objets et des événements du point de vue de leur apparition et de leur développement historique. — **2.** Syn. d'HISTORICISME.

HISTRION n. m. (lat. *histrio,* comédien). **1.** Acteur antique qui jouait des farces grossières, avec accompagnement de flûte. — **2.** En France, jadis, jongleur, baladin. — **3.** *Litt.* Cabotin, charlatan ridicule : *Un histrion politique.*

HISTRIONIQUE adj. Relatif à l'histrionisme.

HISTRIONISME n. m. (de *histrion*). **1.** Attitude d'histrion, cabotinage. — **2.** Trait de personnalité hystérique où tout est mis en œuvre pour attirer l'attention et séduire.

***HIT** [it] n. m. (angl. *hit,* succès). *Fam.* Succès de qqch (disque, film, etc.).

HĪT, v. d'Iraq, sur l'Euphrate ; 65 000 hab.

HITACHI, v. du Japon, dans l'île de Honshū, sur le Pacifique ; 204 600 hab. Métallurgie du cuivre. Mécanique. Électrotechnique.

HITCHCOCK (Alfred), cinéaste britannique naturalisé américain (Londres 1899 - Hollywood 1980). Après un court stage dans la publicité, Hitchcock se tourna vers le cinéma, où sa personnalité n'éclata indiscutablement qu'avec le parlant. Jusqu'à la guerre de 1939, il tourna 15 films en Angleterre, parmi lesquels *Murder* (1930), *l'Homme qui en savait trop* (1934), *les 39 Marches* (1935), *Une femme disparaît* (1938). En 1940, il gagna les États-Unis. D'une très abondante production, retenons *l'Ombre d'un doute* (1943), *Lifeboat* (1944), *les Enchaînés* (1946), *la Corde* (1948), *l'Inconnu du Nord-Express* (1951), *Fenêtre sur cour* (1954), *l'Homme qui en savait trop* (2e version, 1956), *Sueurs froides* (1958), *la Mort aux trousses* (1959), *Psychose* (1960), *les Oiseaux* (1963), *Pas de printemps pour Marnie* (1964), *Frenzy* (1972), *Complot de famille* (1976). La plupart de ses films sont des drames de mystère et d'aventures policières : Hitchcock est devenu le plus célèbre des maîtres du « suspense ».

HITLER (Adolf), homme d'État allemand (Braunau, Haute-Autriche, 1889 - Berlin 1945). Fils d'un douanier autrichien, il se rend à Vienne (1907) pour faire des études artistiques. Refusé par l'Académie des beaux-arts, il y mène une existence misérable. Sa rancœur le rend sensible aux thèses pangermanistes de Georg von Schönerer, ainsi qu'à celles du mouvement social-chrétien de Karl Lueger. Installé à Munich en 1913, il s'engage dans l'armée bavaroise en 1914 et est à la fin de la guerre gazé et momentanément aveugle. De retour à Munich, il adhère en 1919 au parti ouvrier allemand qu'il rebaptise en févr. 1920 « parti ouvrier allemand national-

socialiste ». Il en élimine le président, Anton Drexler, en 1921, et impose le « *Führerprinzip* », c'est-à-dire sa dictature personnelle. Il crée alors avec Röhm l'organisation paramilitaire des sections d'assaut (SA). Il tente un putsch à Munich (9 nov. 1923) qui échoue et fait interdire son parti ; cet échec lui confère cependant une notoriété nationale. En prison durant neuf mois, Hitler y dicte *Mein Kampf,* écrit biographique et politique où il développe les idées fondamentales du national-socialisme*. Dès 1925, il est résolu à établir sa dictature par les voies combinées de la démocratie et de la terreur. Il met à profit le développement du chômage, la crise de 1929, l'humiliation de l'Allemagne par les vainqueurs de la Première Guerre mondiale et se pose en sauveur de la patrie. Il y a au *Reichstag* 12 députés nationaux-socialistes en 1928, 107 en 1930. Hitler, qui se présente à l'élection présidentielle contre Hindenburg (1932), échoue. Mais il est soutenu par 230 députés nazis élus cette année-là, et Hindenburg se résout à le nommer chancelier (30 janv. 1933). Hitler impose en une année la dictature nationale-socialiste, orchestrant une série de provocations dont, sans doute, l'incendie du *Reichstag* (27 févr.), qu'il impute aux communistes.
L'« ordre nouveau » instauré en Allemagne repose sur l'esprit de revanche contre les puissances occidentales, sur la volonté de conquérir à l'est l'« espace vital » nécessaire aux Allemands, considérés comme une « race supérieure », et sur la haine du marxisme et des Juifs. Hitler parvient à faire adhérer à un consensus nationaliste et chauvin toutes les classes de la société et à obtenir la collaboration de la grande bourgeoisie industrielle et financière, à laquelle il sacrifie les SA, qui représentaient encore la tendance « socialiste » de son parti : ceux-ci sont massacrés pendant la « Nuit des longs couteaux » (30 juin 1934). Il devient président du Reich à la mort de Hindenburg (août 1934). En politique extérieure, il impose aux puissances occidentales le réarmement de l'Allemagne et une série de coups de force dont la réoccupation de la Rhénanie (7 mars 1936). Fort de l'alliance avec l'Italie, il annexe l'Autriche (*Anschluss,* 13 mars 1938) et contraint les dirigeants occidentaux à signer les accords de Munich (29-30 sept. 1938) prévoyant l'annexion du territoire des Sudètes. Après la signature du pacte germano-soviétique (23 août 1939), il envahit la Pologne (1er sept.) et déclenche ainsi la Seconde Guerre mondiale. Servi par un état-major de grands stratèges, il remporte des succès rapides contre la Pologne, puis contre la France et dans les Balkans. Il acquiert peu à peu le sentiment qu'il est infaillible, ce qui le conduit à commettre de graves erreurs pendant la guerre germano-soviétique. Le revers de Stalingrad (2 févr. 1943) et l'ouverture d'un « second front » en Normandie (6 juin 1944) sonnent le glas de sa domination en Europe. Usé nerveusement, Hitler est alors dans un état proche de la folie. Il n'est que légèrement atteint par la bombe placée dans son Q. G. par les conjurés militaires qui veulent l'abattre pour éviter la destruction totale de l'Allemagne (20 juill. 1944). Encerclé par l'Armée rouge à Berlin et reclus dans l'abri bétonné aménagé sous la chancellerie, il épouse sa maîtresse, Eva Braun (29 avr. 1945), et lègue le même jour ses pouvoirs à l'amiral Dönitz. Il se suicide le 30 avril.

HITLÉRIEN, ENNE adj. et n. Relatif à Hitler ; partisan de Hitler, du nazisme.

HITLÉRISME n. m. Système politique de Hitler ou de ceux qui s'en inspirent.

***HIT PARADE** [itparad] n. m. (pl. *hit-parades*) [angl. *hit,* succès, et *parade,* défilé]. **1.** Palmarès des meilleurs succès de vente dans le domaine des disques de variétés et de rock. (Syn. PALMARÈS.) — **2.** Classement des films, spectacles, des ouvrages littéraires, etc., par ordre décroissant de popularité : *Ce roman est bien placé au hit-parade des livres à succès.* — **3.** Classement selon leur popularité, leur attrait, leur cote, etc., de personnes ou de choses : *Le hit-parade des hommes politiques.*

***HITTITE** adj. Relatif aux Hittites.
◆ n. m. Langue indo-européenne parlée par les Hittites.
ENCYCL. Le terme « hittite » désigne la langue officielle de l'empire, celle de la plupart des documents cunéiformes de Boğazköy, et qui a été déchiffrée par B. Hrozný en 1917. Les Hittites l'appelaient le « parler de Nesa », ville d'Anatolie centrale, mais, à côté du « nésite », ils ont employé d'autres idiomes : le hatti, langue sacrée ou rituelle, le palaïte au nord et le louvite au sud. Le hittite représente un rameau indépendant de l'indo-européen. Il a dû se séparer assez tôt de la communauté primitive, car il a conservé certains traits archaïques.

HITTITES, peuple ancien de l'Anatolie centrale, attesté du XIXe au XIIe s. av. J.-C.
Le terme « hittite » vient de *Hatti,* nom que portait, au IIIe millénaire, le bassin de l'Halys, son peuple et la langue qu'il parlait.
— **Hist.** Le plus ancien roi connu est Anitta (XVIIIe s. av. J.-C.), roi de Koussara. L'unification du Hatti est achevée lorsque Hattousili Ier (v. 1640 - 1610 av. J.-C.), roi de Koussara, installe sa capitale à Hattousa. Ce souverain tente d'imposer sa domination aux États de l'ouest de l'Anatolie et du nord de la Syrie. Moursili Ier

(v. 1610 - 1590) ruine le Yamhad (v. 1600) et va surprendre Babylone (1595). Telibinou (fin du XVIe s. av. J.-C.) tente de mettre fin aux crises internes qui éclatent à la fin de chaque règne en édictant une règle de succession claire. Le déclin se poursuit néanmoins. Le roi Souppilouliouma (v. 1371 - v. 1345 av. J.-C.) va récupérer les provinces perdues, avant de ruiner l'État du Mitanni (à partir de 1365). Il constitue alors un empire dominant le sud-ouest de l'Anatolie et le nord de la Syrie. Moursili II (v. 1344 - 1315) et Mouwatalli (v. 1315 - 1295 av. J.-C.) poursuivent son œuvre. En Syrie du Nord, les Hittites se heurtent à l'Assyrie, qui leur enlève le Mitanni, et à l'Égypte jusqu'à la paix de 1283, conclue entre Hattousili III (v. 1288 - 1265) et Ramsès II. C'est alors l'apogée de la culture hittite, surtout connue par les monuments et les archives de Hattousa, et où se mêlent les traditions de l'Anatolie, de la Mésopotamie et des Hourrites. Fragile, l'Empire hittite ne dure guère. Si Toudhaliya IV (v. 1265 - v. 1230) peut soumettre Alashiya et atteindre l'Égée, il n'en est pas moins tenu en échec par les révoltes de l'Arzawa. Sous Souppilouliouma II (v. 1210 - v. 1191), le royaume succombe, probablement sous la double attaque des populations de l'ouest de l'Anatolie et des Peuples de la Mer. La culture de l'Empire hittite va cependant survivre, aux confins de l'Anatolie, de la Mésopotamie et de la Syrie, avec les royaumes néohittites* (XIIe-VIIe s. av. J.-C.).

— **Archéol.** La première mission fut dirigée par le Français Chantre (1893), qui prospecta les sites de Boğazköy (l'ancienne Hattousa), Yazılıkaya. En 1906, une mission allemande étudia Boğazköy et découvrit des milliers de tablettes cunéiformes qui permirent un premier déchiffrement de la langue hittite.

— **Bx-arts.** En dehors des périodes préhistoriques, les manifestations de l'art hittite n'apparaissent plus avant la seconde moitié du IIe millénaire av. J.-C. L'architecture donnait une place importante à la pierre, en particulier dans les fondations. Les édifices appelés « bīt-hilani » étaient bâtis sur une terrasse et précédés d'un perron à auvent. La sculpture s'est principalement révélée par des bas-reliefs à flanc de rocher, ou sur les portes des villes. Un motif fréquent est le grand dieu de l'Orage, vêtu d'un pagne court. Après l'invasion de Peuples de la Mer, à l'époque dite « néohittite » (Ier millénaire), ont été sculptés des bas-reliefs décorant des palais (notamment celui de Karkemish) et des statues, dont le plus beau spécimen est celui du dieu Hadad (musée d'Istanbul). Dans la glyptique, on trouve fréquemment le motif de l'aigle à deux têtes, ainsi que des motifs composites avec des animaux-autels.

HITTORF (Johann Wilhelm), physicien allemand (Bonn 1824 - Münster 1914). Il a découvert les rayons cathodiques (1869), observé leur ombre portée et leur déviation par les champs magnétiques.

HITTORFF (Jacques Ignace), architecte français d'origine allemande (Cologne 1792 - Paris 1867). Élève de Percier (1810), puis de Bélanger, il alla étudier les temples de Sicile (dont il s'attachera à démontrer ce qu'était la polychromie), revint à Paris en 1824 et devint en 1830 architecte de la Ville et du gouvernement. Rationaliste et éclectique, il acheva l'église St-Vincent-de-Paul, au plan de basilique primitive, et construisit notamment la gare du Nord (1861), avec hall à charpente métallique ; il travailla aux Champs-Élysées, aux places de la Concorde et de l'Étoile, au bois de Boulogne.

HIUAN-TSONG → TANG XUAN ZONG.

HIU TAO-NING → XU DAONING.

HIV *(Human Immunodeficiency Virus),* dénomination internationale du virus V.I.H.

HIVA-OA, l'une des îles Marquises (Polynésie française) ; 400 km² ; 1 671 hab. Séjour de Gauguin, qui y est enterré.

HIVER n. m. (bas lat. *hibernum,* du lat. class. *hibernum tempus,* temps d'hiver). **1.** Saison qui succède à l'automne et précède le printemps, et qui, dans l'hémisphère boréal, commence le 21 ou le 22 décembre pour finir le 20 ou le 21 mars : *Hiver rigoureux.* — **2.** Période froide de l'année dans les climats tempérés : *Hiver précoce, tardif.* — **3.** *Hiver nucléaire,* en cas de conflit nucléaire généralisé, hypothèse selon laquelle les quantités de fumées, de poussières mises en suspension rendraient le ciel si opaque que les températures pourraient atteindre, pendant plusieurs mois, - 20 °C à - 30 °C. ‖ *Variété d'hiver,* cultivar dont l'accomplissement du cycle nécessite la vernalisation par le froid hivernal. (Semées à l'automne, les plantes passent l'hiver à l'état végétatif.)

Hiver *(cirque d'),* cirque parisien construit sur les plans de Jacques Hittorff et inauguré le 11 déc. 1852 par Napoléon III sous l'enseigne Cirque Napoléon. En 1871, le cirque Napoléon prit le nom de cirque d'Hiver. De 1907 à 1932, la salle fut alternativement exploitée comme cinéma et comme théâtre.

HIVÉRISATION n. f. (de *hiver*). Préparation d'un matériel ou d'un équipement pour lui permettre de fonctionner dans des conditions hivernales.

HIVERNAGE n. m. (de *hiver*). **1.** Période pendant laquelle les animaux d'élevage sont nourris avec des fourrages conservés. — **2.** Fourrage consommé pendant l'hiver. — **3.** Saison des pluies dans les régions tropicales. — **4.** Temps que les navires passent en relâche, pendant la saison des pluies, des glaces ou des ouragans. — **5.** Ensemble des opérations que l'on effectue pour permettre aux colonies d'abeilles de passer la mauvaise saison dans les conditions les plus favorables.

HIVERNAL, E, AUX adj. (bas lat. *hibernalis*). Propre à l'hiver : *Température hivernale.*

◆ **hivernale** n. f. Ascension d'hiver en haute montagne.

HIVERNANT, E n. Personne qui séjourne qqpart pendant ses vacances d'hiver, en partic. dans une station de sports d'hiver.

HIVERNATION n. f. Période indispensable pendant laquelle les œufs ou les graines de vers à soie subissent l'action du froid pour permettre aux embryons de reprendre leur développement.

HIVERNER v. i. (lat. *hibernare*) [conj. 3]. **1.** Passer à l'abri l'hiver, la mauvaise saison, en parlant de navires : *Hiverner dans un port.* — **2.** Passer la mauvaise saison à l'étable ou dans un lieu propice : *Rennes qui hivernent dans les forêts.* — **3.** Passer l'hiver en quelque lieu : *Hiverner dans le Midi.*

◆ v. t. Mettre le bétail à l'étable pendant la mauvaise saison.

HIZEN, ancienne région du Japon qui couvrait la péninsule occidentale de l'île de Kyūshū. C'est l'un des grands foyers de la porcelaine japonaise. V. princ. *Nagasaki, Sasebo* et *Saga.*

HJELMSLEV (Louis Trolle), linguiste danois (Copenhague 1899 - *id.* 1965). Fondateur avec V. Brøndal du Cercle linguistique de Copenhague (1931), il se situe dans la lignée de l'enseignement de F. de Saussure : il envisage l'étude de la langue comme celle d'une structure, d'un système qu'il s'agit de décrire en lui-même et pour lui-même (principe d'immanence). Sa théorie, la glossématique (*An Outline of Glossematics,* en collaboration avec H. Uldall [1936]), est une tentative de formalisation extrêmement rigoureuse des structures linguistiques, ainsi qu'un approfondissement de certains concepts saussuriens (expression/contenu, forme/substance). Son influence a été tardive mais importante, en particulier dans les domaines de la sémantique et de la sémiologie.

HLA *(système)* [de l'angl. *Human Leucocyte Antigens*], ensemble d'antigènes communs aux leucocytes et aux plaquettes, qui définissent des groupes leucocyto-plaquettaires.
Ces antigènes sont différents des antigènes portés uniquement par les lymphocytes, les granulocytes et les plaquettes. Ils sont également présents sur la quasi-totalité des cellules nucléées de l'organisme et méritent de ce fait le nom d'« antigènes tissulaires ». Ils sont produits par 5 séries de gènes alléliques, dont la transmission des parents aux enfants est autosomique, monofactorielle et obéit au mode mendélien classique. L'ensemble des 5 locus correspondants forme le complexe HLA, qui est situé sur le bras court du chromosome n° 6. Le système HLA joue un rôle important dans la compatibilité des greffes et des transplantations d'organes (le rein, en partic.) chez l'homme. Il fait partie d'un ensemble génétique plus important appelé « complexe majeur d'histocompatibilité », impliqué dans les phénomènes de rejet de greffes. Parmi les maladies plus ou moins fortement associées à un antigène HLA, on peut citer la spondylarthrite ankylosante, le syndrome de Reiter, la maladie de Behçet. (Le système HLA est aussi appelé GROUPE TISSULAIRE.)

HLINKA (Andrej), prêtre catholique et homme politique slovaque (Černova 1864 -Ružomberok 1938). Fondateur du parti populaire slovaque (1905), il se prononça pour l'union avec les Tchèques dans la République tchécoslovaque (1918) et milita à partir de 1919 pour l'autonomie de la Slovaquie.

H. L. M. n. m. ou n. f. **1.** Abrév. de HABITATION* À LOYER MODÉRÉ. — **2.** Grand immeuble moderne à appartements bon marché.

H. L. P., abrév. de HORMONE LACTOGÈNE* PLACENTAIRE.

***HO !** interj. Variante rare de OH !

Ho, symbole chimique de l'*holmium.*

***HOA** adj. et n. Se dit d'un Vietnamien d'origine chinoise. (Beaucoup de Hoas ont émigré après 1976 [boat-people].)

HOA BINH, v. du nord du Viêt-nam, à l'O.-S.-O. de Hanoi ; 4 000 hab.
— **Hist.** Centre important de communications, la ville fut l'objet d'une violente offensive du général de Lattre de Tassigny contre les troupes viêt-minh (14 nov. 1951 - févr. 1952).

Hoa Hao, secte politico-religieuse du Viêt-nam méridional. Fondée en 1939 par Huynh Phu So, un moine bouddhiste illuminé, soutenue tour à tour par les Japonais, par le Viêt-minh et par les Français (1947), elle se livra à des trafics profitables. Elle compta jusqu'à 1 million d'adeptes, et fut pratiquement démantelée par Ngô Dinh Diêm (1954-1956).

HOANG DAO, pseudonyme de **Nguyên Tuong Long,** écrivain et journaliste vietnamien (Hai Duong 1907 - près de Hongkong 1948). Un des principaux animateurs du groupe littéraire « Tu-luc » (« Par soi-même »), il a écrit notamment *Dans le box des accusés* (1939) et *Clair Chemin* (1940).

HOARE (Samuel John Gurney), 1er vicomte **Templewood,** homme politique britannique (Londres 1880 - *id.* 1959). Député conservateur (1910), secrétaire d'État à l'Inde (1931-1935), ministre des Affaires étrangères (1935), il fut ministre de l'Intérieur (1937), puis ambassadeur en Espagne de 1940 à 1944.

***HOAZIN** n. m. (mot aztèque). Oiseau très primitif d'Amazonie. (Le poussin possède deux griffes au bout des ailes.)

HOBART, v. d'Australie, cap. et principal port de l'île de Tasmanie ; 193 200 hab. Fondée en 1804 sur l'estuaire de la Derwent, Hobart est un port de pêche et un petit centre industriel.

HOBBEMA (Meindert), peintre néerlandais (Amsterdam 1638 - *id.* 1709). Élève de J. Van Ruisdael, il devint, en 1668, jaugeur juré de vins et d'huiles de sa ville natale et peignit dès lors beaucoup moins. Ses paysages sont baignés d'une lumière fine qui met en valeur la multiplicité des détails auxquels il s'attache (nombreuses versions du *Moulin à eau* ; *l'Allée de Middelharnis,* 1689, National Gallery de Londres).

HOBBES (Thomas), philosophe anglais (Westport, Wiltshire, 1588 - Hardwick Hall 1679). Après un voyage en France et en Italie, il est en contact avec le P. Mersenne et Galilée. Il s'intéressa à la physique, aux mathématiques et publia *De cive* (1642) et son œuvre majeure, *le Léviathan* (1651), dans lesquels il expose sa théorie du pouvoir politique. Hobbes professe un matérialisme mécaniste rigoureux ramenant toute la réalité à l'action et à la réaction de corps en mouvement. L'homme n'échappe pas à cette loi universelle, et, à l'état de nature, il est uniquement mû par le désir et la crainte, d'où une situation de conflit permanent (la « guerre de tous contre tous ») où « l'homme est un loup pour l'homme ». La raison, ou capacité de calculer les effets favorables ou défavorables des actions, impose que chaque individu, par un contrat passé avec tous les autres individus, renonce totalement aux droits qu'il possède naturellement sur toute chose, au profit d'un souverain qui sera doté de droits illimités lui permettant de faire régner l'ordre et la paix.

***HOBBY** n. m. (pl. *hobbies*) [angl. *hobby,* dada]. Passe-temps favori servant de dérivatif aux occupations habituelles ; violon d'Ingres.

***HOBBYSTE** n. Personne ayant pour hobby l'utilisation d'un micro-ordinateur.

***HOBEREAU** n. m. (anc. fr. *hobier,* du moyen néerl. *hobbelen,* sauter). **1.** Faucon à dos gris bleu, à l'œil bordé de noir. — **2.** *Péjor.* Petit gentilhomme campagnard vivant sur ses terres.

HOBIE CAT [ɔbikat] n. m. (n. déposé). Catamaran léger à caractère sportif, dont la construction s'inspire de formes polynésiennes traditionnelles.

HOBSBAWM (Eric), historien et économiste britannique (Alexandrie, Égypte, 1917). Il est l'auteur d'une trilogie consacrée à la révolution industrielle et à ses conséquences économiques et sociales : *l'Ère des révolutions, 1789-1848* (1962), *l'Ère du capital, 1848-1875* (1975), *l'Ère des empires, 1875-1914* (1987). Il a également étudié les mythes et les réalités liés au nationalisme (*Nations et nationalisme depuis 1780,* 1990).

***HOCCO** n. m. (caraïbe *hokko*). Gros oiseau arboricole des forêts d'Amérique tropicale, à la queue longue, portant une huppe frisée. (Connu pour son cri puissant, le hocco est chassé pour sa chair.)

HOCEIMA (Al-), port du Maroc, ch.-l. de prov., sur la Méditerranée ; 41 700 hab. Pêche. Centre administratif et touristique.

HOCHBRUCKER (Christian), harpiste et compositeur allemand (Tagersheim 1733 - Paris début XIXe s.). Il fut maître de harpe de la reine Marie-Antoinette (1781), et composa des sonates dans lesquelles il a déterminé une écriture spécifique à cet instrument.

HOCHDORF AN DER ENZ, localité d'Allemagne, située près de Stuttgart, où, en 1978, fut découvert un tumulus recouvrant une chambre funéraire princière du VIe s. av. J.-C. (Riche mobilier funéraire.)

HOCHE (Lazare), général français (Versailles 1768 - Wetzlar, Prusse, 1797). Engagé volontaire dans les gardes françaises en 1784, capitaine en 1792, il adressa au Comité de salut public un mémoire audacieux sur la situation militaire qui lui valut rapidement le grade de général (1793). Commandant en chef de l'armée de la Moselle, vainqueur des Autrichiens et des Prussiens (Geisberg, 26 déc. 1793), il délivra Landau assiégée. Dénoncé comme suspect par Pichegru, il fut incarcéré jusqu'au 9-Thermidor. Il parvint à réduire l'insurrection royaliste de l'Ouest et à pacifier la Vendée (1796). Ministre de la Guerre (1797), commandant en chef de l'armée de Sambre-et-Meuse, il battit les Autrichiens à Neuwied. Il mourut de maladie.

HOCHELAGA, nom de l'ancien village indien qui occupait le site actuel de Montréal (Canada).

***HOCHEMENT** n. m. Action de hocher (la tête) ; mouvement de tête qui en résulte.

***HOCHEPOT** n. m. Pot-au-feu à base de queue de porc, de poitrine de bœuf et de mouton, cuit et accompagné de légumes divers. (Spécialité flamande.)

***HOCHEQUEUE** n. m. (de *hocher* et *queue*). Nom donné parfois aux bergeronnettes.

***HOCHER** v. t. (frq. *hottisôn,* secouer) [conj. 3]. Remuer la tête de haut en bas en signe d'approbation, d'écoute ou d'hésitation ou la remuer de gauche à droite en signe de refus, de désaccord, de désapprobation ou de perplexité.

***HOCHET** n. m. (de *hocher*). **1.** Jouet de bébé à grelot, fixé à un manche ou à un anneau. – **2.** *Litt.* Chose futile qui amuse, qui flatte quelque passion. – **3.** Instrument de musique se composant de matériaux très divers (courge, poterie, vannerie) contenant des graines ou des petits cailloux heurtant les parois.

HOCHFELDEN (67270), ch.-l. de cant. du Bas-Rhin, sur la Zorn et le canal de la Marne au Rhin ; 2 796 hab. Brasserie.

HÔ CHI MINH, homme d'État vietnamien (Kim Liên, prov. de Nghê Tinh, 1890 ? - Hanoi 1969). Jeune, Nguyên Tat Thanh voyage comme marin. Installé à Paris en 1919-20, il se fait appeler Nguyên Ai Quôc (« le patriote ») : il est militant socialiste puis communiste. Fondateur du parti communiste indochinois (1930), il est condamné à mort par contumace (1931). Il participe en 1941 à la création du Viêt-minh. En 1945, après la défaite japonaise, il proclame l'indépendance de la République du Viêt-nam (2 sept.), dont il devient président. En 1946, les négociations avec la France débouchent sur un conflit sanglant qui s'achève par les accords de Genève partageant le pays (juill. 1954). Hô Chi Minh, président de la République démocratique du Viêt-nam, au nord, et secrétaire général du Lao Dông (1956-1960), organise un régime de démocratie populaire et, après 1960, joue un rôle essentiel dans la guerre contre le Sud et les États-Unis. Intraitable sur les principes, mais souple et réaliste dans la pratique, il était vénéré par son peuple et jouissait d'un réel prestige international.

Hô Chi Minh *(piste),* ensemble des itinéraires logistiques du Viêt-minh, puis de l'armée du Viêt-nam du Nord, qui furent utilisés pendant les deux conflits indochinois pour acheminer du nord au sud renforts et matériel de guerre par voie terrestre.

HÔ CHI MINH-VILLE, anc. **Saigon** (jusqu'en 1975), v. du sud du Viêt-nam, ch.-l. de prov., à environ 80 km de la mer, sur la rive droite de la *rivière de Saigon ;* 3 940 000 hab. Centre administratif, artisanal, commercial (port) et industriel (mécanique, caoutchouc, textile). La moitié du territoire est rural (cultures maraîchères et industrielles).
– **Hist.** Saigon fut mentionné pour la première fois en 1675, sous son nom vietnamien. Les commerçants chinois s'y établirent à partir de 1778 et fondèrent le faubourg de Cho Lon. Résidence du futur empereur Gia Long de 1788 à 1802, Saigon fut le siège du gouvernement de la Cochinchine à partir de 1859 et l'une des capitales de l'Indochine française. Capitale du Viêt-nam du Sud à partir de 1954, elle fut investie par l'armée nord-vietnamienne en 1975.

HÖCHSTÄDT ou **HÖCHSTÄDT AN DER DONAU,** v. d'Allemagne (Bavière), à 35 km au N.-O. d'Augsbourg, sur le Danube ; 8 300 hab.
– **Hist.** Pendant la guerre de la Succession d'Espagne, Villars y vainquit les Autrichiens (20 sept. 1703), et Tallard et Marsin y furent vaincus par les Austro-Anglais de Marlborough et du Prince Eugène (13 août 1704) [cette dernière bataille est appelée « bataille de Blenheim » par les Anglais].

HOCHWÄLDER (Fritz), auteur dramatique autrichien (Vienne 1911 - Zurich 1986). Issu de parents juifs, morts en déportation, ses drames traitent de problèmes politiques et religieux (*Sur la terre comme au ciel,* 1941 ; *Donadieu,* 1953 ; *1003,* 1963).

HOCKENHEIM, v. d'Allemagne (Bade-Wurtemberg), au S.-O. d'Heidelberg ; 17 000 hab. Circuit automobile.

***HOCKEY** [-kɛ] n. m. (angl. *hockey,* crosse). Sport d'équipe, pratiqué avec une crosse, et dont il existe deux variantes : le *hockey sur gazon* et le *hockey sur glace.*

ENCYCL. • le *hockey sur gazon,* discipline olympique depuis 1908, se pratique sur un terrain gazonné (91,40 m de long sur 55 m de large) entre deux équipes de 11 joueurs. À l'aide d'une crosse de bois, les joueurs doivent faire passer une balle entre les poteaux de but, espacés de 3,66 m et reliés par une barre horizontale placée à 2,14 m du sol. La partie comporte deux mi-temps de 35 minutes, séparées par un repos de 5 minutes. Seul le gardien de but peut renvoyer la balle d'un coup de pied.
• Le *hockey sur glace,* discipline olympique depuis 1920 et pratiqué exclusivement par les hommes, est originaire du Canada. Il se joue sur une patinoire entre deux équipes de 6 joueurs chacune, chaussés de patins, poussant ou lançant à l'aide d'une crosse un palet, qu'ils essaient de faire pénétrer dans le but adverse. La partie se joue en trois périodes de 20 minutes chacune. Chaque équipe dispose de 20 joueurs (dont 2 gardiens) se succédant. Les joueurs sont munis de casques et d'équipements très rembourrés pour se protéger des chocs.

***HOCKEYEUR, EUSE** n. Joueur(euse) de hockey sur glace ou sur gazon.

HOCKNEY (David), peintre, dessinateur et graveur britannique (Bradford 1937). Il a participé, dans un style faussement naïf, à l'élaboration du pop art anglais, puis s'est tourné vers un réalisme d'allure simple et élégante, mais non sans sophistication, appliqué à la série des « piscines », à des natures mortes, des portraits, etc.

HOCQUART (Gilles), administrateur français (Mortagne 1694 - *id.* 1783). Il fut intendant de la Nouvelle-France de 1731 à 1748.

HOCQUINCOURT (Charles DE MONCHY, *marquis* D'), maréchal de France (en Picardie 1599 - Dunkerque 1658). Battu par Condé à Bléneau (1652), il passa au service de l'Espagne, et fut mortellement blessé en défendant Dunkerque assiégé par Turenne (1658).

HODEÏDA, en ar. **al-Ḥudayda,** port du Yémen, sur la mer Rouge ; 155 100 hab. Exportation de café, coton, peaux.

HODENG-AU-BOSC (76340), comm. de la Seine-Maritime, sur la Bresle ; 576 hab. Verrerie.

HODES (Stuart), danseur, chorégraphe et pédagogue américain (New York 1924). Excellent danseur de la Martha Graham Dance Company, professeur dans diverses écoles, il collabore avec le City Center Joffrey Ballet et avec le San Francisco Ballet. Il assume la direction du département de la danse à l'université de New York (1972).

HODGE (*sir* William), mathématicien britannique (Édimbourg 1903 - Cambridge 1975), créateur de la théorie des intégrales harmoniques.

HODGES (Courtney Hicks), général américain (Perry, Géorgie, 1887 - San Antonio, Texas, 1966). Il commanda la Ire armée américaine qui rompit le front allemand d'Avranches, prit Cologne, avant d'opérer, à Torgau, sa jonction avec les Soviétiques (25 avr. 1945).

Hodgkin *(maladie de),* syn. de LYMPHOGRANULOMATOSE* MALIGNE.

HODGKIN (Dorothy CROWFOOT, **Mrs.**), chimiste britannique (Le Caire 1910 - Shipston-on-Stour, Warwickshire, 1994). Elle a déterminé les structures de nombreuses substances biochimiques très importantes, notamment celle de la pénicilline (1947) et celle de la vitamine B12 (1956). [Prix Nobel de chimie 1964.]

HODGKIN (Alan Lloyd), neurophysiologiste britannique (Banbury, Oxfordshire, 1914). Ses travaux ont permis d'éclairer les mécanismes ioniques qui régissent les états d'excitation des membranes nerveuses. Il a reçu le prix Nobel de médecine et de physiologie pour 1963, avec Eccles et Huxley.

HODGSKIN (Thomas), socialiste britannique (1787 - 1869). Officier de marine puis journaliste, il fut, avec R. Owen, un des principaux pionniers du socialisme en Grande-Bretagne.

Hodgson *(maladie de),* insuffisance aortique d'origine artérielle.

HODH, région déprimée du Sahara occidental, en Mauritanie et au Mali.

HODI-POTSY n. m. Syn. de TINEA FLAVA.

HODJA n. m. (turc *hoca*). Titre donné par les Turcs aux lettrés qui dispensent un enseignement coranique ou, plus généralement, aux enseignants.

HODJA (Enver) → HOXHA.

HODJATOLESLAM n.m. (ar. *hudjdja al-islām,* preuve de l'islām). Dans l'islām chī'ite, titre donné aux théologiens et aux docteurs en jurisprudence.

HODLER (Ferdinand), peintre suisse (Berne 1853 - Genève 1918). Il s'orienta vers une peinture symboliste aux tons clairs et froids, puissamment charpentée (*la Nuit,* 1890, musée de Berne ; *la Retraite de Marignan,* 1896-1900, peinture murale du Musée national suisse à Zurich), et exécuta des portraits ainsi que des paysages alpestres de plus en plus synthétiques.

HÓDMEZOVÁSÁRHELY, v. du sud de la Hongrie ; 54 400 hab. Traditionnel centre commercial, aujourd'hui industrialisé.

HODNA *(monts du),* montagnes d'Algérie, culminant à 1 890 m, coupant les hautes plaines du S. de Stif et dominant la *plaine* ou *bassin du Hodna,* région déprimée dont la partie la plus basse est occupée par le *chott el-Hodna.*

HODOGRAPHE n. m. Pour un point mobile sur une trajectoire représentée par (I, f), trajectoire du mobile P tel que, A étant un point fixe (pôle), $\overrightarrow{AP} = \vec{f}(t)$.

HODOTERME n. m. Termite marcheur d'Afrique et d'Asie, dont les troupes nombreuses commettent des dégâts dans les endroits cultivés.

HODŽA (Milan), homme politique tchécoslovaque (Sučany, Slovaquie, 1878 - Clearwater, États-Unis, 1944). Chef du parti agrarien slovaque, il fut président du Conseil (1935-1938). Il démissionna lors de la crise de Munich et s'exila.

Hoechst AG, société chimique allemande créée en 1863, l'une des plus importantes entreprises chimiques et pharmaceutiques mondiales.

HOECKE (Micha VAN) → VAN HOECKE.

HŒDIC ou **HOËDIC** (56170), île de Bretagne (Morbihan), entre Belle-Île et la côte de la presqu'île de Guérande ; 141 hab.

HOEI, nom néerlandais de Huy.

HOEL (Sigurd), écrivain norvégien (Nord-Odal 1890 - Oslo 1960). Professeur, puis journaliste et critique, rallié au groupe marxiste Mot Dag, il a fait connaître la littérature la plus moderne en Scandinavie. Il s'est intéressé à la jeunesse (*Rien,* 1929), à la psychanalyse (*Chemin du bout du monde,* 1933), à la déception et à la trahison (*Quinze Jours avant les gelées,* 1934). Mais la responsabilité de l'homme (*Rendez-vous près de la borne militaire,* 1947 ; *Au pied de la tour de Babel,* 1956), que seuls pourront guider la lucidité et le savoir (*Patrimoine d'acier,* 1941 ; *l'Anneau magique,* 1958), constitue l'essentiel de ses préoccupations.

HŒNHEIM (67800), comm. du Bas-Rhin, banlieue nord de Strasbourg ; 10 587 hab.

HOENTSCHEL (Georges), céramiste et décorateur français (1855-1915), disciple de Carriès, il travailla à Saint-Amand-en-Puisaye (Nièvre), puis à Clichy, dans l'atelier de Grittel. Il fut un des premiers à introduire l'Art nouveau dans la céramique.

Hoepli, maison d'édition italienne fondée à Milan en 1871 par Ulrico *Hoepli* (1847-1935), spécialisée dans les ouvrages techniques et scientifiques.

HOEPNER (Erich), général allemand (Francfort-sur-l'Oder 1886 - Berlin 1944). Spécialiste des chars, il commanda la IVe armée blindée en 1941. Chassé début 1942 pour avoir ordonné un repli, il participa au complot du 20 juill. 1944. Aussitôt arrêté, il fut condamné à mort et pendu le 8 août.

HOF, v. d'Allemagne (Bavière), dans le Frankenwald ; 54 200 hab.

HO-FEI → HEFEI.

HOFER (Andreas), chef populaire tyrolien (Sankt Leonhard 1767 - Mantoue 1810). Il dirigea la révolte de 1809 contre les Franco-Bavarois et fut condamné à mort et fusillé à Mantoue (1810).

Hoffmann *(liqueur d'),* mélange à poids égaux d'éther et d'alcool.

HOFFMANN (Friedrich), médecin allemand (Halle 1660 - *id.* 1742). Médecin particulier de Frédéric-Guillaume, roi de Prusse, il est le fondateur de l'organicisme.

HOFFMANN (Ernst Theodor Wilhelm, dit **Ernst Theodor Amadeus**), écrivain et compositeur allemand (Königsberg 1776 - Berlin 1822). Il est célèbre pour ses nouvelles fantastiques (*Contes* des frères Sérapion,* 1819-1821 ; *la Princesse Brambilla,* 1820), dont certaines inspirèrent à Offenbach son opéra *(les Contes* d'Hoffmann)* et à Tchaïkovski un ballet (*Casse-noisette**, 1892). Il a composé de nombreuses œuvres musicales, dont l'opéra *Ondine* (1816).

HOFFMANN (August Heinrich), dit **Hoffmann von Fallersleben,** poète et philologue allemand (Fallersleben, près de Brunswick, 1798 - Corvey, Westphalie, 1874). Il est surtout connu pour ses poésies (*Chansons pour la jeune Allemagne,* 1843) et pour son poème *Deutschland, Deutschland über alles* (1841), devenu l'hymne national allemand.

HOFFMANN (Josef), architecte et décorateur autrichien (Pirnitz, auj. Brtnice, Rép. tchèque, 1870 - Vienne 1956). Élève d'O. Wagner, il fut l'un des grands représentants du *Sezessionstil,* l'Art nouveau viennois. Fondateur, en 1903, des *Wiener Werkstätte,* ateliers artisanaux qu'il dirigea durant 30 années, il en vint rapidement à un dépouillement en partie inspiré de Mackintosh. Son œuvre principale est le palais Stoclet, à Bruxelles (1905-1911), aux lignes cubiques, mais au décor raffiné.

HOFFMANN (Roald), chimiste américain (Złoczow, Pologne, 1937). Il a formulé des règles, basées sur la symétrie des orbitales, permettant de comprendre les mécanismes d'une importante famille de réactions chimiques. (Prix Nobel de chimie 1981.)

Hoffmann-La Roche, société suisse fondée à Bâle en 1896, l'une des premières entreprises pharmaceutiques du monde.

HOFFNUNG (Gerard), musicien et humoriste britannique (Berlin 1925 - Londres 1959). Il est le créateur du genre original de la caricature symphonique et l'auteur de plusieurs livres de dessins humoristiques consacrés à la musique et aux musiciens.

HOFMANN (August Wilhelm VON), chimiste allemand (Giessen 1818 - Berlin 1892). Il a donné en 1849 un mode général de préparation des amines, isolé le benzène dans les goudrons de houille et réalisé, avec Fritzsche, la synthèse de l'aniline.

Hofmann *(violets),* matières colorantes du groupe du triphénylméthane, découvertes en 1863 par A. W. von *Hofmann.* Les violets Hofmann teignent la soie, la laine en bain neutre et le coton tanné.

HOFMANN (Hans), peintre allemand naturalisé américain (Weissemburg, Bavière, 1880 - New York 1966). Formé à Paris (1903-1914), émigré aux États-Unis au début des années 30, il fonda à New York une école dont le rôle fut déterminant pour la génération de l'expressionnisme abstrait. La peinture de sa période américaine explore les possibilités de la couleur, de la matière picturale et du geste.

HOFMANNSTHAL (Hugo VON), écrivain autrichien (Vienne 1874 - Rodaun, près de Vienne, 1929). Célèbre à dix-sept ans avec son premier drame lyrique *Hier* (1891), il s'attacha à défendre les droits d'une culture humaniste au milieu des bouleversements du monde moderne dont il analysa les problèmes intellectuels et moraux à la lumière des mythes antiques et médiévaux (*le Fou et la Mort,* 1893 ; *Jedermann,* 1911 ; *la Tour,* 1925). Il écrivit le livret de l'opéra *le Chevalier* à la rose* (1911) pour Richard Strauss.

HOFMEISTER (Wilhelm), botaniste allemand (Leipzig 1824 - Leipzig-Lindenau 1877). Il a étudié la sève et l'action de la pesanteur sur les diverses parties des végétaux, le mécanisme des flexions, etc.

HOFSTADTER (Robert), physicien américain (New York 1915 - Stanford, Californie, 1990). Étudiant la diffusion d'électrons par divers noyaux atomiques, il a montré que la charge du proton n'est pas ponctuelle et se répartit de façon non homogène. (Prix Nobel de physique 1961.)

HŌFU ou **BŌFU,** v. du Japon, dans le sud de Honshū ; 111 500 hab. Industries textiles, chimiques et alimentaires.

HOGAN n. m. (mot navaho). Habitation traditionnelle des Indiens Navahos faite d'une armature de bois et de branchages recouverte de terre tassée et de forme circulaire.

HOGARTH (William), peintre et graveur anglais (Londres 1697 - *id.* 1764). Rendu célèbre par ses séries, peintes puis gravées, d'études de mœurs alliant humour et esprit moralisateur (*la Carrière du roué,* 1735, Soane Museum, Londres ; *le Mariage à la mode,* 1743, National Gallery), il a également laissé de nombreux portraits à la touche délicate et spontanée (*la Marchande de crevettes,* 1759, National Gallery). Son œuvre inaugure l'âge d'or de la peinture britannique. Il a publié en 1753 un traité d'esthétique, *l'Analyse de la beauté.*

HOGARTH (Burne), dessinateur, peintre et graveur américain (Chicago 1911 - Paris 1996). Cofondateur de la School of Visual Arts, il succéda à Harold Foster en 1937 comme dessinateur de *Tarzan,* à qui il imprima son style expressionniste et tourmenté.

HOGBACK n. m. Syn. de CRÊT et de BARRE 1.

HOGENDORP (*comte* VAN) → VAN HOGENDORP.

Hōgen monogatari, ouvrage épique japonais (fin XIIe-début XIIIe s.) dont l'essentiel est consacré aux troubles qui suivirent la mort de l'empereur Toba (1156).

HOGGAR ou **AHAGGAR,** massif du centre du Sahara, dans le sud de l'Algérie. Partiellement volcanique, il culmine à 2 918 m, et est occupé par les Touareg Ahaggar.

Hohenlinden *(bataille de)* [3 déc. 1800], victoire de Moreau sur l'armée austrobavaroise de l'archiduc Jean. Elle entraîna l'armistice de Steyr (25 déc.) avec les Autrichiens et permit, après la victoire de Marengo (14 juin), la conclusion de la paix de Lunéville (1801).

HOHENLOHE (Chlodwig), prince **de Hohenlohe-Schillingsfürst,** puis prince **de Ratibor et Corvey,** homme d'État allemand (Rotenburg an der Fulda 1819 - Ragaz, Suisse, 1901). Ministre des Affaires étrangères et président du Conseil de Bavière (1866-1870), il favorisa l'unité allemande sous l'égide de la Prusse. Ambassadeur en France (1874-1885), puis statthalter en Alsace-Lorraine (1885-1894), il remplaça Caprivi comme chancelier du Reich et président du Conseil de Prusse (1894). Il se retira en 1900, Guillaume II lui préférant Bülow.

HOHENSTAUFEN ou **STAUFEN,** en all. **Staufer,** famille originaire de Souabe qui régna sur le Saint Empire romain germanique de 1138 à 1254. Elle tire son nom du château de Staufen construit près de Beuren (auj. Wäschenbeuren), sur une hauteur *(Höhe).* Ayant reçu le duché de Souabe en 1079, elle se constitua, après la mort de Henri V (1125), un domaine en Franconie et en Alsace. Puis les Staufen réussirent en 1138 à faire élire roi des Romains l'un des leurs, CONRAD III (1138-1152), neveu de Henri V, évinçant son rival Henri X le Superbe de la maison des Guelfes (ou Welfs). Ils donnèrent à l'Empire trois empereurs : FRÉDÉRIC Ier *Barberousse* (1155-1190), HENRI VI (1191-1197), qui devint roi de Sicile en 1194, et FRÉDÉRIC II (1220-1250). Avec CONRADIN, fils de Conrad IV, roi des Romains (1250-1254), mourut le dernier représentant mâle de la famille. Mais dès la mort de Frédéric II s'ouvrit une période d'anarchie : le Grand Interrègne (1250-1273).

HOHENZOLLERN, famille qui régna sur la Prusse (1701-1918), sur l'empire d'Allemagne (1871-1918) et sur la Roumanie (1866-1947). La famille descend de FRÉDÉRIC, comte de *Zollern* († v. 1201), qui devint burgrave de Nuremberg en 1191. À la suite du partage intervenu en 1214 entre ses deux fils, la famille se divisa en deux branches : la *branche franconienne,* dite aussi *évangélique,* acquit, grâce à FRÉDÉRIC III († 1297), le margraviat de Bayreuth. Un de ses membres, FRÉDÉRIC V († 1398), fut élevé au rang de prince d'Empire en 1363. La fortune de cette branche est liée à l'acquisition de l'électorat de Brandebourg (1417) par FRÉDÉRIC VI. ALBERT III *Achille* (1470-1480) déclara l'électorat indivisible (1473). FRÉDÉRIC III devint roi de Prusse en 1701 sous le nom de FRÉDÉRIC Ier (1701-1713). Lui succédèrent : FRÉDÉRIC-GUILLAUME Ier (1713-1740), FRÉDÉRIC II *le Grand* (1740-1786), FRÉDÉRIC-GUILLAUME II (1786-

1797), FRÉDÉRIC-GUILLAUME IV (1840-1861), GUILLAUME Ier (1861-1888), qui devint empereur d'Allemagne en 1871, et GUILLAUME II (1888-1918).
La *branche de Souabe,* restée catholique, fut éclipsée par la précédente. Elle se subdivisa elle-même en plusieurs rameaux, dont les plus importants sont celui des *Hechingen* et celui des *Sigmaringen,* qui donna à la Roumanie sa maison princière puis royale (1866-1947).

HOHE TAUERN → TAUERN.

HOHHOT → HOUHEHOT.

***HO ! *HISSE !** interj. Accompagne, pour l'encourager, un effort pour tirer, hisser.

HOHL (Ludwig), écrivain suisse d'expression allemande (Netstal, près de Glaris, 1904 - Genève 1980). Un des précurseurs de la littérature suisse contemporaine, son œuvre comprend surtout des aphorismes et des croquis (*Dass fast alles anders ist,* 1967).

HOHNECK (le), sommet des Vosges, au S. du col de la Schlucht ; 1 362 m. Sports d'hiver.

HOIR n. m. (lat. pop. **herem,* class. *heredem,* accus. de *heres, -edis,* héritier). **1.** Héritier d'un fief. — **2.** *Hoir de quenouille,* fille héritière d'un fief.

HOIRIE n. f. (de *hoir*). Syn. anc. de HÉRITAGE.

HOJEDA (Alonso DE) → OJEDA.

HŌJŌ, famille japonaise issue des Taira, et dont les chefs, sous le titre de *shikken* (régent) de Kamakura, ont gouverné réellement le Japon de 1200 à 1333. Sous la régence de Hōjō Tokimune (1268-1284), le Japon eut à subir deux tentatives d'invasion des Mongols (1274, 1281), qui furent repoussées mais ruinèrent les Hōjō.

HO-KANG → HEGANG.

HOKKAIDŌ, la plus septentrionale des îles du Japon, séparée de Honshū par le détroit de Tsugaru ; 78 500 km^2 ; 5 643 647 hab. Montagneuse et forestière, longée par des courants froids (Oyashio), l'île a des hivers longs et rudes, mais des étés chauds et humides et, dans les plaines, le riz se juxtapose aux cultures tempérées. Villes (Sapporo, Hakodate, Muroran, Kushiro, Otaru) et industries (agroalimentaire lié à une pêche active, papier, raffinage du pétrole, métallurgie) sont implantées sur le littoral ou à proximité.

HOKURIKU, région géographique du Japon, le long de la mer du Japon, du 36e au 38e degré de latitude N. Très enneigée l'hiver, elle a de belles plaines rizicoles. V. princ. *Kanazawa* et *Niigata.*

HOKUSAI KATSUSHIKA, peintre, dessinateur et graveur japonais (Edo 1760 - *id.* 1849). Il laisse une œuvre monumentale, d'une remarquable diversité, composée de plusieurs milliers de pièces. On lui connaît au moins trente signatures marquant chacune un style nouveau. Il connaît la perspective occidentale et adopte une perspective surbaissée et un point de fuite unique. Véritable encyclopédie en images, son *Hokusai Manga (Dessins foisonnants)* [13 volumes publiés entre 1814 et 1848 et 2 volumes posthumes] présente la vie quotidienne de tout un peuple tracée avec sûreté et humour. Grâce à lui, l'estampe de paysage connaît un remarquable essor : les *Trente-Six Vues du mont Fuji* (1831-1833), le *Circuit des cascades de toutes les provinces* (1833) et, surtout, les grandioses *Cent Vues du mont Fuji* (1834), chefs-d'œuvre de dessin, de composition et d'impression. C'est à Hokusai que bien des artistes français doivent la révélation de l'art japonais.

***HOLÀ !** interj. (de *ho !* et *là*). **1.** S'emploie pour appeler, attirer l'attention : *Holà ! vous autres, que faites-vous ?* — **2.** S'emploie pour arrêter qqn, modérer son ardeur, sa vivacité : *Holà ! doucement !*
◆ n. m. inv. *Mettre le holà,* faire cesser ce qu'on estime anormal : *Mettre le holà à des dépenses excessives.*

HOLACANTHE n. m. Nom d'ordre donné à des protozoaires actinopodes acanthaires, dépourvus de capsule centrale.

HOLAN (Vladimír), poète tchèque (Prague 1905 - *id.* 1980). Passant d'une poésie de facture hermétique (*l'Éventail chimérique,* 1926) à l'ouverture aux problèmes moraux et politiques du monde contemporain (*Septembre,* 1938 ; *la Ronde nocturne du cœur,* 1963), Holan, qui eut pour maîtres Rilke et Valéry, est revenu à ses préoccupations métaphysiques (*Douleur,* 1949-1953 ; *Un coq pour Asclépios,* 1966-67).

HOLANDRIQUE adj. *Hérédité holandrique,* forme d'hérédité sous le contrôle de gènes portés par le chromosome Y. (Cette forme d'hérédité est discutée dans l'espèce humaine.)

HOLARCTIQUE adj. Se dit de la région botanique formée par les régions froides et tempérées de l'hémisphère Nord.

HOLBACH (Paul Henri THIRY, *baron* D'), philosophe et écrivain français d'origine allemande (Edesheim, Palatinat, 1723 - Paris 1789). Dans son *Système de la nature,* il montra comment la nature matérielle est la cause première de tout ce qui existe et existe de toute éternité. Matérialiste et mécaniste, il a collaboré à l'*Encyclopédie* et a affirmé dans de nombreux ouvrages que toutes les religions mènent au despotisme.

HOLBEIN (les), famille de peintres, dessinateurs et graveurs allemands dont les plus importants sont Hans l'Ancien et son fils Hans le Jeune. — HANS l'Ancien (Augsbourg v. 1465 - Issenheim v. 1524), proche du style gothique tardif et sensible à la peinture flamande, a su, dans ses retables et ses portraits, créer un art original, caractérisé par l'hiératisme des figures, l'expression intense des visages et une palette à base de gris rehaussés de couleurs vives (*Scènes de la vie de la Vierge,* cathédrale d'Augsbourg). — HANS le Jeune (Augsbourg 1497/98 - Londres 1543) s'installe à Bâle vers 1515, très vite introduit auprès des cercles humanistes (Érasme) et de la bourgeoisie commerçante, dont il exécute les commandes : portraits, décorations murales et œuvres religieuses où se reflètent à la fois l'héritage réaliste de Grünewald et la leçon des maîtres de la Renaissance italienne (*Madone entre deux saints,* 1522, musée de Soleure). Fuyant la Réforme, il s'exile en 1526 à Londres, accueilli par Thomas More (portrait de 1527, Frick Coll., New York), regagne Bâle en 1528, puis se fixe définitivement en Angleterre en 1532, devenant quatre ans plus tard le portraitiste officiel de la Cour. Son activité, très diverse, se partage entre les travaux de décoration, la miniature et le portrait, où il excelle, transcrivant la personnalité du modèle avec une objectivité naturaliste (*Anne de Clèves,* v. 1539 ; Louvre ; nombreuses études préparatoires avec rehauts de sanguine et de gouache, au château de Windsor).

HOLBERG (Ludvig, *baron*), écrivain danois d'origine norvégienne (Bergen 1684 - Copenhague 1754). Professeur à l'université de Copenhague, auteur de satires imitées de Juvénal, puis de comédies héroï-comiques dans le goût du *Lutrin* de Boileau (*Peder Paars,* 1719-20), il a écrit une série de comédies *(Jeppe* de la montagne, la Chambre de l'accouchée)* philosophiques et satiriques à la manière de Plaute, Térence et surtout de Molière, ainsi qu'un roman fantastique *le Voyage souterrain de Niels Klim* (1741), qui font de lui le grand classique de la littérature danoise. Le « siècle de Holberg » caractérise le début du XVIIIe s. en Scandinavie.

HOLDEN (William F. BEEDLE Jr., dit **William**), acteur de cinéma américain (O'Fallon, Illinois, 1918 - Santa Monica, Californie, 1981). Il a notamment interprété *l'Esclave aux mains d'or* (1939), *Une petite ville sans histoires* (1940), *Boulevard du Crépuscule* (1950), *Comment l'esprit vient aux femmes* (1950), *Stalag 17* (1953), *Picnic* (1956), *le Pont de la rivière Kwai* (1957), *la Horde sauvage* (1969).

HÖLDERLIN (Friedrich), poète allemand (Lauffen, Wurtemberg, 1770 - Tübingen 1843). Ancien séminariste, il devient précepteur grâce à Schiller, notamment à Francfort (1795-1798) chez le banquier Gontard. Il vit avec l'épouse de celui-ci un amour partagé qui sera à l'origine de ses plus belles poésies lyriques. Mais il perdra peu à peu la raison (1802-1806) et finira ses jours chez un menuisier, Zimmer, à Tübingen. Considéré comme un des plus grands poètes allemands, il a laissé un roman (*Hyperion*,* 1797 et 1799), et surtout des odes et des hymnes qui élèvent au mysticisme l'inspiration romantique. Il a exercé une influence capitale sur la poésie moderne.

HOLDHEIM (Samuel), rabbin allemand (Kempno, près de Poznań, 1806 - Berlin 1860). Il a été, avec Abraham Geiger, un des principaux théoriciens du judaïsme réformé.

***HOLDING** [ɔldiɲ] n. m. ou f. (angl. *holding company,* compagnie qui possède). Société financière qui détient des participations dans d'autres sociétés, et dont la fonction est d'en assurer l'unité de direction. (Syn. anc. OMNIUM.)

***HOLD-UP** [ɔldœp] n. m. inv. (amér. *hold-up,* de *hold up your hands !,* haut les mains !). Agression à main armée, organisée en vue de dévaliser une banque, un bureau de poste, une bijouterie, etc.

HOLEČEK (Josef), écrivain tchèque (Stožice, près de Vodňany, Bohême, 1853 - Prague 1929). Outre son *Étude sur la paysannerie* (1928), sa fresque romancée *les Nôtres* (1898-1930) est une œuvre maîtresse de la littérature paysanne tchèque.

HOLGUÍN, v. de Cuba, ch.-l. de la *prov. d'Holguín,* dans le centre-est de l'île ; 237 000 hab. Centre commercial et carrefour de communications. Machines agricoles.

***HOLĪ** n. m. Grand festival célébré en Inde le jour de la pleine lune de févr.-mars. (Il est une occasion de réjouissances, avec levée des restrictions de castes, de sexe et d'âge.)

HOLIDAY (Eleanora HOLIDAY, dite **Billie**), chanteuse de jazz américaine (Baltimore 1915 - New York 1959). Elle débuta à New York en 1929. À partir de 1939, elle se produisit en soliste à part entière et participa aux concerts du Jazz at the Philharmonic. Elle a rédigé son autobiographie, *Lady sings the Blues* (1956). Son timbre acide et métallique, son phrasé nonchalant, sa liberté rythmique s'accordaient tout particulièrement avec le jeu de Lester Young. Elle a enregistré : *Billie's Blues* (1936), *Easy Living* (1937), *Strange Fruit* (1939), *God Bless the Child* (1941), *Don't Explain* (1945), *All of Me* (1949).

Holiday Corp., chaîne hôtelière américaine, premier groupe mondial dans l'hôtellerie, dont les origines remontent à 1951, et implantée dans le monde entier.

HOLISME n. m. (gr. *holos,* entier). **1.** Mot utilisé par le Sud-Africain J. C. Smuts en 1926 pour indiquer la tendance de l'univers à construire des unités de complication croissante : matière inerte, matière vivante, matière vivante et pensante. — **2.** Doctrine philosophique défendue notamment par Duhem, et selon laquelle ce n'est jamais un énoncé scientifique isolé, mais le corps tout entier de la science qui affronte le verdict de l'expérience.

HOLISTE adj. et n. Relatif à l'holisme ; partisan de l'holisme.

HOLISTIQUE adj. Syn. de HOLISTE.

HOLL (Elias), architecte allemand (Augsbourg 1573 - *id.* 1646). Après un séjour à Venise, il fut, de 1602 à 1635, l'architecte de la ville d'Augsbourg, où il éleva entre autres l'hôtel de ville, chef-d'œuvre de la Renaissance classique allemande (1615), et le grand hôpital (1623).

HOLLAND (John Philip), ingénieur irlandais (Liscannor, Irlande, 1840 - Newark, New Jersey, 1914). On lui doit les premiers sous-marins doués d'une autonomie suffisante en plongée. Le modèle qu'il réalisa en 1898, avec moteur à essence en surface et moteur électrique à accumulateurs en plongée, fut acquis par la marine américaine et construit en plusieurs exemplaires à partir de 1900.

HOLLAND (*sir* Sidney George), homme politique néo-zélandais (Greendale 1893 -Wellington 1961). Chef du parti national en 1940, il devint Premier ministre (1949-1957), chargé des Finances (1949-1957), puis de la Police (1954-1956).

***HOLLANDAIS, E** adj. et n. **1.** De la Hollande. — **2.** Se dit de bovins pie noir appartenant à la race française frisonne*. — **3.** Se dit de diverses races de pigeons d'agrément : *Culbutant hollandais, pigeon coquillé hollandais, pigeon grand boulant hollandais.* — **4.** *Lapin hollandais,* race de lapin domestique féconde, de petite taille. ‖ *Sauce hollandaise* ou *hollandaise* (n. f.), sauce émulsionnée chaude, à base de jaunes d'œufs et de beurre, additionnée d'un jus de citron.

◆ **hollandais** n. m. Nom donné parfois au néerlandais.

◆ **hollandaise** n. f. Reliure souple dans laquelle les plats se prolongent par des rabats recouvrant les trois tranches.

***HOLLANDE** n. m. (de *Hollande,* n. pr.). Nom générique donné aux fromages du type *édam* et *gouda.*

HOLLANDE, partie occidentale du royaume des Pays-Bas*, la plus peuplée du pays, et qui est divisée en deux provinces : *Hollande-Méridionale* et *Hollande-Septentrionale.* — On désigne souvent sous ce nom l'ensemble du royaume des Pays-Bas*.

— **Hist.** Pays des Bataves, la Hollande, restée aux marges de l'Empire romain, est évangélisée au VIIIe s. par saint Willibrord. L'octroi des biens de l'abbaye d'Egmont à un nommé Dirk par Charles le Simple (922) est à l'origine de la Hollande, qui s'agrandit aux dépens de l'évêché d'Utrecht et de la Flandre. Ses successeurs ne tardent pas à prendre le titre de comte (v. 1015), et doivent lutter jusqu'au XIIIe s. contre les Flamands et les Frisons. La Hollande connaît alors une période de prospérité, marquée par l'essor du commerce maritime, la pêche du hareng, et le travail de la laine anglaise à Dordrecht et à Leyde. Passé à la maison d'Avesnes, le comté échoit en 1345 à Marguerite de Bavière, puis au duc de Bourgogne Philippe le Bon (traité de Delft, 1428). Le mariage de Marie de Bourgogne avec Maximilien rattache la Hollande à la maison d'Autriche (1477). Au XVIe s., la Hollande s'assure le contrôle des pêcheries en mer du Nord, le commerce de cabotage en Baltique, puis, après 1580, se tourne vers les Indes. En même temps, l'activité intellectuelle s'éveille (Coster, Érasme), et les idées de la Réforme pénètrent rapidement la bourgeoisie hollandaise, facilitant l'insurrection du prince d'Orange Guillaume le Taciturne, reconnu stathouder par les États de Hollande en 1572. La proclamation de l'Union d'Utrecht (1579) permet l'établissement de la République des Provinces-Unies, au sein de laquelle la Hollande joue un rôle essentiel. Sa capitale, La Haye, est celle de la république, son stathouder est le commandant en chef des forces armées, et son pensionnaire, avec le titre de « Grand Pensionnaire », dirige les Affaires étrangères et les Finances (→ PAYS-BAS).

Hollande *(Gazette de)* ou **Gazette de Haarlem,** journal que les réfugiés protestants imprimaient en Hollande contre Louis XIV.

Hollande *(guerre de),* conflit qui opposa de 1672 à 1679 la France aux Provinces-Unies, puis à une coalition de puissances européennes. Guerre de conquête, elle fut aussi une guerre écono mique entreprise par Louis XIV à l'instigation de Colbert, qui menait contre les Provinces-Unies une lutte de tarifs douaniers (1664, 1667). Après avoir franchi le Rhin (12 juin 1672), l'armée française, conduite par Condé et Turenne, envahit la Hollande, prit Utrecht (20 juin), mais fut arrêtée : les Hollandais avaient inondé le pays en ouvrant les digues. Ils rejetèrent la paix exigeante imposée par Louis XIV et, après la prise de Maastricht par les Français (juin 1673), formèrent une puissante coalition européenne (Empire, Espagne, Danemark, Lorraine) [1673-74]. Marquée par la victoire de Condé à Seneffe (1674) et celle de Turenne à

Turckheim (1675), la lutte prit fin avec les traités de Nimègue et de Saint-Germain-en-Laye (1678-79).

HOLLANDE *(royaume de),* royaume créé en 1806 par Napoléon Ier, pour son frère Louis. Après son abdication (1810), son royaume fut annexé à l'Empire.

HOLLANDE-MÉRIDIONALE, en néerl. **Zuidholland,** prov. de l'ouest des Pays-Bas, la plus densément peuplée du pays ; 2 910 km² ; 3 219 839 hab. Ch.-l. *La Haye.* Le secteur tertiaire (commerce, tourisme, etc.) devance les activités industrielles (Rotterdam-Europoort) et agricoles (horticulture, élevage).

HOLLANDE-SEPTENTRIONALE, en néerl. **Noordholland,** prov. de l'ouest des Pays-Bas ; 2 670 km² ; 2 376 015 hab. Ch.-l. *Haarlem.* L'urbanisation (dominée par Amsterdam) et les activités tertiaires se concentrent dans le sud, le nord restant plus rural.

HOLLANDIA → JAYAPURA.

*__HOLLANDITE__ n. f. (de T. H. *Holland,* n. pr.). Oxyde naturel de manganèse et de baryum, du système monoclinique.

HOLLANDS DIEP (« Canal de Hollande »), le plus large des défluents du delta rhénan, aux Pays-Bas. Dans le cadre du plan Delta, il a été coupé par un barrage muni de trois grandes écluses et sur lequel passe la route de Bergen op Zoom à Rotterdam.

HOLLAR (Václav ou Wenzel), dessinateur et graveur tchèque (Prague 1607 - Londres 1677). Il quitta Prague vers 1627 pour travailler en Allemagne, entra en 1636 au service du comte d'Arundel (à Cologne, Londres, Anvers...) et se fixa à Londres en 1652. Son œuvre gravé comprend des vues urbaines, des paysages, des portraits, des scènes de genre, des illustrations de livres.

Hollekropper *(pigeon),* race de pigeons boulants, de petite taille, dite aussi *boulant d'Amsterdam.*

HÖLLENTAL ou **VAL D'ENFER,** gorge rocheuse d'Allemagne, dans la Forêt-Noire, parcourue par la Dreisam, et constituant un passage commode entre les versants du Rhin et du Danube. Tourisme.

HOLLERITH (Hermann), statisticien américain (Buffalo 1860 - Washington 1929). Il a inventé les machines à statistiques à cartes perforées, dont il construisit, de 1880 à 1889, les premiers exemplaires. Le succès de ces machines l'amena à fonder, en 1896, la Tabulating Machine Corporation, devenue IBM.

HOLLES (Denzil, *baron*), homme politique anglais (Houghton v. 1599 - Londres v. 1680). L'un des chefs de l'opposition parlementaire à Charles Ier, suspect pendant le protectorat de Cromwell, il contribua à la restauration de Charles II, qu'il servit ensuite.

HOLLIER-LAROUSSE (Jules), éditeur français (Toucy 1842 - Paris 1909). Il aida, dès 1869, son oncle, le lexicographe Pierre Larousse, à poursuivre la publication du *Grand Dictionnaire universel du XIXe siècle,* dont il assura seul l'achèvement en y ajoutant un supplément en 1878. Il fut un des directeurs et administrateurs de la Librairie Larousse jusqu'à sa mort.

HÖLLOCH *(grotte du),* caverne suisse du canton de Schwyz, dans les Alpes de Glaris, comportant un réseau de galeries souterraines long de plus de 120 km.

HOLLÝ (Ján), poète slovaque (Borsky Svätý Mikuláš, près de Bratislava, 1785 - Dobra Voda 1849). Auteur d'épopées romantiques *Svatopluk* (1833), *Cyrille et Méthode* (1835) et *le Slave* (1839), d'*Idylles* (1825-1836) et d'*Élégies* (1839), il a donné ses lettres de noblesse à la littérature slovaque.

HOLLYWOOD, v. des États-Unis (Floride), au N. de Miami ; 117 000 hab. Villégiature et tourisme.

HOLLYWOOD, localité des États-Unis au N.-O. de Los Angeles, au voisinage de laquelle plusieurs studios de cinéma vinrent s'établir vers 1910. Les principaux studios américains de cinéma y coexistent avec les luxueuses résidences des vedettes.

*__HOLLYWOODIEN, ENNE__ [-wu-] adj. **1.** Relatif à Hollywood, au cinéma de Hollywood. — **2.** Qui rappelle le luxe artificiel, tapageur de Hollywood : *Une salle de bains hollywoodienne.*

HOLM (Johanna ECKERT, dite **Hanya**), danseuse et pédagogue d'origine allemande naturalisée américaine en 1939 (Worms 1898 - New York 1992). À New York, elle fonda une « école Mary Wigman » (1931), qui devint, par la suite, sa propre école, où elle développa ses principes et sa technique (« Holm lyricism »), fondée sur la souplesse du corps.

HOLMENKOLLEN, station de sports d'hiver de Norvège, au N.-O. d'Oslo. Tremplin de saut à ski. Musée du ski.

HOLMES (Oliver Wendell), médecin et écrivain américain (Cambridge, Massachusetts, 1809 - *id.* 1894). Humoriste, poète élégiaque, essayiste, romancier (*l'Ange gardien,* 1867), il est connu pour ses causeries marquées d'un bon sens bostonien (*The Professor at the Breakfast Table,* 1860).

HOLMES (Oliver Wendell), juriste américain (Boston 1841 - Washington 1935), fils du précédent. Juge à la Cour suprême des États-Unis en

1902, un des plus grands juristes de son époque, il s'est interrogé sur la prééminence de la loi sur la jurisprudence et sur leur interaction (*The Common Law,* 1881).

HOLMES (Arthur), géologue et physicien britannique (Hebburn 1890 - Putney, près de Londres, 1965), auteur d'une des principales méthodes de datation des roches anciennes fondée sur les isotopes du plomb.

Holmes *(Sherlock),* personnage principal des romans de Conan Doyle et modèle du détective amateur.

HOLMINE n. f. Hydroxyde d'holmium Ho $(OH)_3$.

HOLMIUM [ɔlmjɔm] n. m. (de *Stockholm*). Métal du groupe des terres rares. (Élément de symbole Ho, l'holmium a pour numéro atomique 67 et pour masse atomique 164,93. Il a été découvert par P. T. Cleve dans l'erbine, en 1879.)

HOLOCAUSTE n. m. (bas lat. *holocaustum,* du gr. *holokaustos,* de *holos,* entier, et *kaustos,* brûlé). **1.** Dans l'ancien Israël, sacrifice religieux où la victime, un animal, était entièrement consumée par le feu ; la victime ainsi sacrifiée. — **2.** Sacrifice sanglant exécuté dans un but religieux. — **3.** Ensemble des persécutions, des sévices et des exterminations dont les Juifs furent les victimes de la part des nazis entre 1939 et 1945. (En ce sens, prend souvent une majusc.) [→ GÉNOCIDE.] — **4.** Massacre, grande destruction de personnes, de choses, inspirés par une idéologie. — **5.** Litt. *S'offrir en holocauste,* se sacrifier généreusement pour une cause.

HOLOCÈNE n. m. et adj. Partie supérieure du cénozoïque d'une durée approximative de 10 000 ans.

HOLOCÉPHALE n. m. Nom d'un ordre de poissons ne comprenant que les chimères.

HOLOCRINE adj. Se dit d'une glande, telle que les glandes sébacées, dont la sécrétion est le résultat de la séparation et de l'expulsion complète des cellules sécrétantes qui la constituent. (Contr. APOCRINE et MÉROCRINE.)

HOLOCRISTALLIN, E adj. Se dit d'un minéral entièrement constitué de cristaux.

HOLOÈDRE n. m. Cristal possédant l'holoédrie.

HOLOÉDRIE n. f. Caractère d'un cristal ayant la symétrie de son réseau cristallin.

HOLOGENÈSE n. f. Processus évolutif des êtres vivants qui serait l'équivalent, pour l'évolution de la lignée, de ce qu'est la croissance ou le vieillissement pour l'individu. (L'existence de l'hologenèse est contestée par presque tous les biologistes car contraire aux lois de la génétique. Ses principaux partisans furent l'Italien Daniele Rosa [1857-1944] et le Sud-Africain Jan Christiaan Smuts.)

HOLOGRAMME n. m. Cliché photographique transparent ayant enregistré un phénomène de diffraction de la lumière au contact d'un objet à trois dimensions, et qui, illuminé sous un certain angle par un faisceau de lumière, restitue une image en relief de l'objet photographié.

ENCYCL. Le principe de l'hologramme a été posé en 1947 par D. Gabor : il s'agit d'une plaque photographique ayant enregistré les interférences dues à la superposition d'une onde transmise ou diffusée par un objet et d'une onde indépendante de l'objet (« onde de référence »). La qualité des interférences dépendant de la monochromaticité de la source, il a fallu attendre la découverte du laser pour passer aux réalisations pratiques (1963). Le faisceau laser est divisé en deux parties à l'aide d'un miroir semi-transparent. La partie réfléchie par le miroir illumine un cliché photographique, tandis que la partie qui a traversé le miroir frappe l'objet à photographier. L'objet diffracte une certaine quantité de lumière, qui illumine également le cliché photographique, produisant un réseau de franges d'interférences. En illuminant l'hologramme par la seule onde de référence, on observe par transparence une image en relief de l'objet. La superposition d'hologrammes permet la mise en évidence d'objets en mouvement ou des petites déformations subies par un matériau soumis à une contrainte.

HOLOGRAPHE → OLOGRAPHE.

1. HOLOGRAPHIE n. f. Méthode de photographie en relief utilisant les interférences produites par la superposition de deux faisceaux laser, l'un provenant directement de l'appareil producteur, l'autre diffracté par l'objet à photographier.

2. HOLOGRAPHIE → OLOGRAPHIE.

HOLOGRAPHIER v. t. (conj. 9). Réaliser l'hologramme d'un objet.

HOLOGRAPHIQUE adj. Relatif à l'holographie.

HOLOMÉTABOLE adj. Se dit des insectes qui ont des métamorphoses complètes et dont la forme adulte est toujours précédée par un stade nymphal immobile. (Les holométaboles comprennent lépidoptères, coléoptères, hyménoptères, diptères, etc.) [Syn. ENDOPTÉRYGOTE ; contr. HÉTÉROMÉTABOLE.]

HOLOMÉTOPE n. m. Syn. de ACALYPTÈRE.

HOLOMÈTRE n. m. (lat. sc. *holometrum*). Instrument pour mesurer la hauteur angulaire d'un point au-dessus de l'horizon.

HOLOMÉTRIQUE adj. Relatif à l'holomètre.

HOLOMICTIQUE adj. Se dit d'un lac affecté dans toute sa masse par la circulation verticale de l'eau.

HOLOMORPHE adj. Se dit d'une fonction de la variable complexe, dérivable en un point d'un ouvert du plan complexe, sur lequel elle est définie.

HOLOMORPHIE n. f. Propriété pour une fonction d'être holomorphe.

HOLON, v. d'Israël, au S.-O. de Tel-Aviv-Jaffa ; 163 000 hab. Textile.

HOLOPHERNE, dans le livre de Judith, général assyrien qui fut tué par Judith.

HOLOPHRASTIQUE adj. Se dit parfois des langues polysynthétiques où un mot, combinaison d'une racine et d'affixes divers, peut avoir le sens d'une phrase.

HOLOPNEUSTIQUE adj. (gr. *pneustikos,* relatif au souffle, à la respiration). Se dit d'un insecte ayant ordinairement ses dix paires de stigmates fonctionnels. (S'oppose à HÉMIPNEUSTIQUE et APNEUSTIQUE.)

HOLOPROTÉINE n. f. ou **HOLOPROTÉIDE** n. m. Protéine dont l'hydrolyse complète ne libère que des acides aminés.

HOLOSIDE n. m. Nom générique des glucides formés par la combinaison de deux *(diholosides)* ou de plusieurs oses *(polyholosides).* [Contr. HÉTÉROSIDE.]

HOLOSTÉEN n. m. Poisson actinoptérygien de structure intermédiaire entre les chondrostéens, moins ossifiés, et les téléostéens, plus évolués, tels que le lépisostée et l'amie, ainsi que de nombreux genres fossiles de l'ère primaire.

HOLOTHURIE n. f. (lat. *holothurium,* du gr. *holothourion,* zoophyte marin). Échinoderme marin, allongé, au tégument relativement mou, dont la symétrie bilatérale masque souvent la pentamérie. (Les *holothuries* forment une classe.) [N. usuel *concombre de mer.*]
ENCYCL. Les holothuries ont une peau coriace, une bouche entourée d'une couronne de tentacules mobiles servant à l'animal à se nourrir. À l'autre bout, l'orifice anal reçoit des tubes compliqués (« poumons »). Quand l'animal est inquiété, il rejette par l'anus tout ou partie de ses viscères, qui se régénèrent ensuite. Les holothuries comptent parmi les animaux les plus abondants des grandes profondeurs. Fumées ou séchées, elles sont vendues sous le nom de « trépang » sur les marchés de Chine.

HOLOTRICHE [-triʃ] n. m. Protozoaire cilié, à ciliature formée généralement de cils simples. (La sous-classe des *holotriches* se divise en 8 ordres principaux.)

HOLSTEIN, ancienne principauté allemande formant aujourd'hui, avec le sud du Schleswig, dont le sépare l'Eider, l'État (Land) de Schleswig-Holstein.
– **Hist.** Situé au nord du domaine occupé par les Saxons au VIIe s., le pays fut conquis par Charlemagne en 804 avec l'aide des Slaves obodrites. La révolte de ces derniers (817) entraîna leur expulsion au profit des Saxons. Le Holstein fut érigé en comté (1110-11) et ses comtes, en conflit avec les Danois, favorisèrent sa christianisation et sa germanisation. Gérard III le Grand (1304-1340) établit sur le trône du Danemark son neveu, Valdemar III, en 1326 et ses fils obtinrent le duché de Schleswig en 1386. En 1460, le Holstein et le Schleswig furent attribués à Christian Ier, roi de Danemark et fondateur de la dynastie des Oldenburg.

Holstein *(cheval du),* race allemande de chevaux de selle, appréciée dans les épreuves de sauts d'obstacles, de dressage et d'attelage.

HOLSTEIN (Friedrich VON), homme politique et diplomate allemand (Schwedt 1837 - Berlin 1909). Conseiller des chanceliers Caprivi, Hohenlohe et Bülow, il joua un rôle important dans la diplomatie allemande de 1874 à 1906.

Holstein-Friesian *(race),* race de bovins pie noir d'Amérique du Nord, à très haute production laitière, provenant de sujets importés des Pays-Bas et d'Allemagne, très utilisée pour améliorer la production des troupeaux européens.

Holter *(méthode de),* enregistrement continu de l'électrocardiogramme pendant 24 heures, soit à l'hôpital, soit chez un sujet menant sa vie habituelle. Cette méthode permet de mettre en évidence des troubles du rythme ou de la circulation coronaire qui ne se manifestent que par courtes périodes.

HOLWECK (Fernand), physicien français (Paris 1890 - *id.* 1941). Il a établi en 1920 la continuité entre le rayonnement ultraviolet et les rayons X, créé une pompe à vide moléculaire et un pendule à lame oscillante pour la mesure du champ de pesanteur.

HOLYHEAD, port de Grande-Bretagne, sur l'*île Holy* (reliée par route et voie ferrée à Anglesey), au N.-O. du pays de Galles ; 10 600 hab. Port de passagers pour l'Irlande (Dublin). Aluminium. Tourisme.

HOLY LOCH, îlot d'Écosse, dans l'estuaire de la Clyde. Base navale mise à la disposition des États-Unis pour les sous-marins nucléaires américains.

Holyrood, abbaye écossaise, à Édimbourg, fondée en 1128 par David Ier. Au XVe s., les rois d'Écosse s'y firent couronner.

HOLZ (Arno), écrivain allemand (Rastenburg 1863 - Berlin 1929). D'abord poète lyrique, il se tourne bientôt vers le naturalisme dont il sera l'un des plus importants représentants allemands et décrit, dans *le Livre du Temps* (1886), la misère de la condition ouvrière. Puis, avec son ami Johannes Schlaf (1862-1941), il compose une série d'œuvres expérimentales (*Papa Hamlet,* 1889 ; *la Famille Selicke,* 1890). Pour illustrer ses théories sur le lyrisme, il écrit dès 1898 des poèmes qu'il réunit sous le titre de *Phantasus.*

HOLZKAMP (Klaus), psychologue allemand (Berlin 1927). Il est à l'origine d'un important mouvement visant à repenser les méthodes de la psychologie, notamment par la conception qu'il se fait des rapports entre les hypothèses et les expériences (*Theorie und Experiment in der Psychologie,* 1964 ; *Gesellschaftlichkeit des Individuums,* 1978).

HÔM n. m. Arbre de vie, souvent encadré symétriquement de deux animaux. (Motif des arts assyrien et perse, transmis à l'Occident chrétien par l'intermédiaire des étoffes orientales.)

Homais *(Monsieur),* un des personnages de *Madame Bovary* de Flaubert ; il personnifie une certaine sottise bourgeoise, anticléricale et scientiste.

***HOMARD** n. m. (anc. scand. *humarr*). **1.** Crustacé décapode marin de grande taille, à fortes pinces, voisin des écrevisses, vivant dans les eaux froides ou tempérées. — **2.** Fam. *Rouge comme un homard,* très rouge, écarlate.
ENCYCL. Le homard européen mesure au plus 60 cm, pour un poids de 9 kg environ. Le homard américain, au ventre rouge, pour une taille voisine, peut peser plus de 17 kg. On capture les homards dans des nasses, des casiers, en utilisant du poisson comme appât.

***HOMARDERIE** n. f. Vivier à homards.

***HOMARDIER** n. m. **1.** Bateau de pêche possédant une cale communicant avec la mer, et où sont conservés vivants les crustacés capturés dans des casiers. — **2.** Pêcheur spécialisé dans la pêche du homard.

HOMBERG (Wilhelm, dit **Guillaume**), chimiste et médecin français d'origine néerlandaise (Batavia, Java, 1652 - Paris 1715). Il a montré qu'un sel est obtenu par l'action d'un acide sur une base, établi l'identité chimique des diverses variétés de phosphore, et étudié les huiles essentielles végétales ainsi que l'acide borique.

HOMBOURG-HAUT (57470), comm. de la Moselle, à 7 km de Saint-Avold ; 9 614 hab. Anc. forteresse des évêques de Metz. Église du XIIIe s. Charpentes métalliques.

HOMBRE n. m. (esp. *hombre,* homme). Ancien jeu de cartes, d'origine espagnole, très en faveur en France au XVIIe s.

HOMBURG, v. d'Allemagne (Sarre) ; 41 300 hab. Centre industriel.

HOMBURG → BAD HOMBURG VOR DER HÖHE.

***HOME** [om] n. m. (angl. *home,* maison). **1.** Domicile, considéré sous son aspect familial, intime ; chez-soi. — **2.** *Home d'enfants,* centre d'accueil, pension pour enfants, en partic. pour des séjours de vacances.

HOME (John), poète écossais (Leith 1722 - Merchiston Bank, Édimbourg, 1808). Considéré comme le « Shakespeare écossais », il dut quitter les ordres après le succès de sa première pièce (*Douglas,* 1756).

HOME (*sir* Alexander DOUGLAS) → DOUGLAS-HOME.

HOMÉCOURT (54310), ch.-l. de cant. de Meurthe-et-Moselle, sur l'Orne, au S.-E. de Briey ; 7 134 hab. Métallurgie.

Home Fleet, nom donné par les Britanniques à la flotte chargée de la protection immédiate du Royaume-Uni.

Home Guard, garde nationale, créée en Grande-Bretagne en 1940 et recrutée par engagements volontaires parmi le personnel non mobilisable.

***HOMELAND** n. m. Syn. de BANTOUSTAN.

HOMÉLIE n. f. (bas lat. ecclés. *homilia,* du gr. *homilia,* conversation). **1.** Instruction familière sur la religion, et principalement sur l'Évangile. — **2.** Prédication faite au cours de la messe. (→ *encycl.*) — **3.** Lecture du bréviaire, extraite des homélies des Pères, et qui se dit à l'office des lectures. — **4.** *Litt.* Livre, discours ennuyeux, plein d'affectation moralisante ; sermon.
ENCYCL. Les homélies étaient des instructions familières que les Pères de l'Église grecque adressaient au peuple. Remise à l'honneur par le concile Vatican II comme partie intégrante de la liturgie de la Parole, l'homélie est une explication, à partir des lectures bibliques, des mystères de la foi et des normes de la vie chrétienne.

HOMÉOMORPHE adj. **1.** Se dit des corps présentant des analogies étroites dans leur réseau cristallin, donc dans leurs formes cristallines. (Les corps isomorphes sont toujours homéomorphes.) — **2.** Se dit de deux espaces topologiques entre lesquels on a défini un homéomorphisme.

HOMÉOMORPHISME n. m. **1.** Phénomène relatif aux analogies des formes cristallines de certains composés. — **2.** Bijection bicontinue définie entre deux espaces topologiques.

HOMÉOPATHE n. Docteur en médecine qui exerce l'homéopathie.

HOMÉOPATHIE [-ti] n. f. (all. *Homöopathie,* du gr. *homoios,* semblable). Méthode thérapeutique originale découverte et élaborée par S. Hahnemann.

ENCYCL. L'homéopathie repose sur une conception globale, à la fois somatique et psychologique de l'individu et de ses maladies. Tenant compte des facteurs liés à l'hérédité et de ceux liés à l'environnement, elle privilégie l'étude du terrain du malade à travers des concepts comme ceux de diathèse, constitution et tempérament. Les remèdes homéopathiques sont des substances appartenant aux règnes animal, végétal et minéral — peu différentes de nombre de médicaments courants — qui sont soumises à la dilution, méthode de préparation spécifique à l'homéopathie. Elle permet l'emploi de doses infinitésimales et, avec la dynamisation, confère aux remèdes homéopathiques leurs propriétés curatives spécifiques. Ainsi obtenus, les remèdes sont prescrits selon la loi de similitude à un patient présentant un ensemble de symptômes analogues aux signes observés chez un sujet sain et sensible à qui l'on a administré cette même substance. Les remèdes se trouvent alors en parfaite « résonance » avec le patient et le conduisent à la guérison.

HOMÉOPATHIQUE adj. **1.** Relatif à l'homéopathie. — **2.** *Dose, quantité homéopathique,* très faible dose.

HOMÉOSTASIE n. f. **1.** Principe général de régulation des organismes, énoncé par Cannon en 1926, suivant lequel tout organisme tend à maintenir constants un certain nombre de paramètres biologiques, en rétablissant leur valeur par compensations en cas de modification du milieu extérieur. (Elle est assurée par des moyens spécifiques sous la dépendance du système végétatif.) — **2.** Caractéristique d'un écosystème qui résiste aux changements (perturbations) et conserve un état d'équilibre.

HOMÉOSTAT n. m. Appareil construit dans les années 50 par W. R. Ashby, qui prétendait ainsi simuler la fonction d'homéostasie des organismes vivants.

HOMÉOSTATIQUE adj. Relatif à l'homéostasie.

HOMÉOTHERME adj. et n. m. Se dit des animaux caractérisés par l'homéothermie. (S'oppose à *pœcilotherme* et à *eurytherme.*)

HOMÉOTHERMIE n. f. Caractéristique des espèces animales (oiseaux, mammifères) dont le milieu intérieur (sang et lymphe) conserve une température constante, quelle que soit la température du milieu extérieur, dans de très larges limites. (Contr. PŒCILOTHERMIE et EURYTHERMIE.)

HOMÉOTYPIQUE adj. *Division homéotypique,* seconde division cellulaire de la méiose, au cours de laquelle la lignée cellulaire devient véritablement haploïde.

HOMER (Winslow), peintre américain (Boston 1836 - Prouts Neck, Maine, 1910). D'abord graveur et illustrateur de journaux, il vint à Paris en 1866-67 et y acquit la pratique d'une palette claire. Il voyagea en Angleterre, au Canada, aux Bermudes, à Cuba. Son œuvre constitue une chronique vivante de l'époque, en particulier de la vie des trappeurs et des pêcheurs.

HOMÈRE, poète épique grec à qui la tradition attribue la composition de *l'Iliade** et de *l'Odyssée**. D'après Hérodote, il aurait vécu au IXe s. av. J.-C. et aurait été ionien. On le disait aveugle, parcourant le monde méditerranéen en récitant ses poèmes. On lui attribuait également les *Hymnes homériques** et *la Batrachomyomachie.* Établis sous forme d'édition écrite à la fin du VIe s., les poèmes homériques jouirent d'une immense popularité dans l'Antiquité, servirent de base à l'enseignement et constituèrent un exemple incontesté pour tous les poètes épiques grecs ou latins. Si, à partir du XVIIe s. et des travaux de l'abbé d'Aubignac et de l'Allemand F. A. Wolf, on a douté de l'existence d'Homère, puis, distingué dans les deux épopées, avec Alfred et Maurice Croiset, un noyau central et primitif, augmenté par les Homérides, le doute ne concerne plus aujourd'hui l'existence du poète, mais tout au plus la possibilité qu'il y en ait eu deux. Quoi qu'il en soit, les épopées homériques n'ont pas cessé, depuis le XVIe s., d'occuper une place prépondérante dans la culture littéraire classique européenne.

HOMÉRIDE n. m. (gr. *homêridês*). Membre d'une famille ou groupe de familles qui prétendaient descendre d'Homère et étaient les détenteurs de ses poèmes.

HOMÉRIQUE adj. (lat. *homericus,* du gr. *homêrikos*). **1.** Qui a trait à Homère et aux poèmes qu'on lui attribue. — **2.** *Fam.* Se dit de qqch d'héroï-comique, de fabuleux : *Une lutte homérique.* — **3.** Se dit du grec artificiel des poèmes homériques. — **4.** *Rire homérique,* rire bruyant et inextinguible.

homériques *(Hymnes),* nom donné à 34 fragments épiques, que la tradition attribuait à Homère, mais qui furent composés par des auteurs différents. De longueur inégale, ces hymnes évoquent sur le ton narratif des épisodes de la vie des dieux.

HOMÉRISME n. m. Mot, tournure particuliers au grec homérique.

Home Rule (mots angl. signif. *autonomie,* de *home,* chez-soi, et *rule,* gouvernement), nom donné au régime d'autonomie revendiqué par les Irlandais pour leur pays, entre 1870 et 1914. Le mouvement pour le Home Rule, fondé par Isaac Butt (1870), prit une influence considérable avec Parnell, et finit par convertir à ses vues le Premier ministre Gladstone, qui déposa au Parlement un projet de Home Rule, rejeté en 1886, puis en 1893. Le Home Rule fut finalement voté par les Communes en 1912. En 1914, une loi accorda l'autonomie à l'Irlande, amputée de six comtés du Nord-Est, mais son application fut reportée à la fin de la guerre. L'Irlande, déçue, exigea son indépendance.

***HOME RULER** [omrulœr] n. (pl. *home-rulers*). Partisan du Home Rule.

***HOMESPUN** [omspœn] n. m. (angl. *homespun,* filé à la maison). Tissu de laine écossais, primitivement fabriqué par des ouvriers à domicile.

***HOME-TRAINER** [omtrɛnœr] n. m. (pl. *home-trainers*) [angl. *home,* chez soi, et *trainer,* appareil d'entraînement]. Appareil constitué d'une bicyclette sur rouleaux, qui permet de s'entraîner à domicile.

1. HOMICIDE n. (lat. *homicida,* de *homo,* homme, et *caedere,* tuer). *Litt.* Personne qui a tué un être humain.
◆ adj. Qui sert à tuer ou qui manifeste la volonté de tuer : *Pensées homicides.*

2. HOMICIDE n. m. (lat. *homicidium*). **1.** Action de tuer volontairement ou non un être humain. — **2.** *Homicide involontaire* ou *par imprudence,* délit commis par celui qui, sans intention de donner la mort, l'a néanmoins directement provoquée en commettant une maladresse, imprudence, inattention, négligence ou en n'observant pas les règlements. ‖ *Homicide volontaire,* crime punissable de peines différentes suivant sa qualification (meurtre, assassinat, parricide, infanticide).

HOMILÉTIQUE n. f. (bas lat. *homileticus,* du gr. *homilêtikos*). Éloquence propre à la prédication.

HOMILIAIRE n. m. (de *homélie*). Recueil de sermons.

HOMINEM (AD) → AD HOMINEM.

HOMINIDÉ n. m. (lat. *homo, -inis,* homme). Mammifère primate tel que l'homme actuel et les espèces fossiles les plus voisines considérées comme des ancêtres possibles de notre espèce. (Les *hominidés* forment une famille, du groupe des *hominoïdes.*)
ENCYCL. La famille des hominidés regroupe les trois espèces du genre *homo* (*H. sapiens, H. erectus* [pithécanthrope], *H. habilis*) et trois espèces d'australopithèques (*Australopithecus afarensis* [Lucy par ex.]), *A. africanus* et *A. robustus*), auxquelles on ajoutait naguère l'oréopithèque. On s'accorde aujourd'hui à penser que cette famille s'est individualisée il y a moins de 10 millions d'années. (→ HOMME.)

HOMINIEN n. m. Primate non arboricole, à attitude bipède, dépourvu de queue et de callosités fessières, à pilosité réduite, tel que les australopithèques et les hommes fossiles et actuels. (Pour certains paléontologistes, les *hominiens* sont une simple famille [syn. HOMINIDÉ] pour d'autres, une superfamille [syn. HOMINOÏDE].)

HOMINISATION n. f. Ensemble des changements anatomiques, physiologiques, écologiques et psychologiques à l'issue desquels certains mammifères primates ont acquis les caractères qui définissent l'homme. (Les processus d'hominisation semblent s'être principalement déroulés en Afrique orientale et en Asie.)

HOMINISÉ (ÊTRE) v. pass. En parlant d'un fossile de primate, présenter des marques d'hominisation.

HOMINOÏDE n. m. Primate supérieur dépourvu de queue, tel que les gibbons, l'orang-outan, le gorille, le chimpanzé, ainsi que l'homme actuel et ses ancêtres fossiles les plus proches. (Ainsi définis, les *hominoïdes* constituent un petit sous-ordre de primates, divisé en trois familles : hylobatidés, pongidés et hominidés. D'autres auteurs font des hominidés un sous-ordre distinct et incluent hylobatidés et pongidés dans le très vaste sous-ordre des simiens, au sein duquel ces deux familles forment le groupe des anthropomorphes.)

HOMMAGE n. m. (de *homme*). **1.** Don qui exprime le respect, l'admiration, la reconnaissance de qqn ; marque de respect : *Agréez cet hommage de ma sincère admiration.* — **2.** Acte par lequel le vassal se reconnaissait l'homme de son seigneur. (L'hommage était suivi du serment de foi.) — **3.** *Faire l'hommage d'un livre,* dédier un livre à qqn ou lui offrir un exemplaire dédicacé. ‖ *Hommage de l'éditeur,* livre distribué gratuitement par une maison d'édition. ‖ *Rendre hommage à qqn, à qqch,* saluer avec respect, proclamer hautement leur valeur, leur mérite, les reconnaître avec gratitude ou estime. ‖ *Rendre un dernier hommage à qqn,* saluer sa disparition par une cérémonie, l'évocation de sa vie, de son œuvre, etc.
◆ **hommages** n. m. pl. Respects, civilités ; compliments (dans les formules masculines de politesse à l'égard d'une femme) : *Recevez mes hommages.*

HOMMASSE adj. *Péjor.* Se dit d'une femme d'allure grossièrement masculine.

HOMME n. m. (lat. *homo, -inis*). **1.** Primate caractérisé par la station verticale, par le langage articulé, un cerveau volumineux, des mains préhensiles, etc. – **2.** Un des primates qui ont précédé l'espèce humaine actuelle ; hominien : *l'apparition des premiers hommes.* – **3.** L'espèce humaine considérée de façon générale : *Origine de l'homme.* – **4.** Être humain : *La vie des hommes en société.* – **5.** *Litt.* Être humain considéré du point de vue des qualités ou des faiblesses propres à la nature humaine : *Être homme c'est aussi savoir accepter l'inéluctable.* – **6.** Être humain du sexe masculin : *Y a-t-il plus d'hommes que de femmes, en France ?* – **7.** Adulte du sexe masculin par oppos. à *garçon, jeune homme : Un homme dans la force de l'âge.* – **8.** Individu de sexe masculin physiquement ou moralement adulte, considéré du point de vue des qualités habituellement attribuées à un adulte mâle : *Cette épreuve a fait de lui un homme.* – **9.** Adulte de sexe masculin considéré par rapport à son activité, son origine, etc. : *Homme du peuple. Homme de sciences.* – **10.** *Pop.* Mari ou amant : *Elle tient à son homme.* – **11.** Personne de sexe masculin attachée au service d'une autre personne ou travaillant pour elle : *Les hommes du président.* – **12.** Celui dont il est question, ou celui qui convient : *Voilà notre homme.* – **13.** S'emploie pour indiquer ou préciser le genre masculin comme apposition après des noms de professions ou de fonctions : *Tu as un professeur homme ou femme ?* – **14.** *Comme un seul homme,* avec un ensemble ou un accord parfait. ‖ *D'homme à homme,* en toute sincérité, sans aucune arrière-pensée et sans intermédiaire. ‖ *Être homme à,* être capable de faire telle chose : *Il n'est pas homme à supporter de telles critiques.* ‖ *Homme à femmes,* homme qui a de nombreux succès féminins. ‖ Fam. *Je suis votre homme,* je suis la personne que vous cherchez, j'accepte de faire ce que vous demandez. ‖ *Jeune homme,* individu de sexe masculin entre l'adolescent et l'âge adulte ; sert d'appellatif pour qqn qui est trop jeune pour être appelé « monsieur ». ‖ *Le premier homme,* Adam. ‖ Fam. *Trouver son homme,* trouver plus fort que soi. • **Bot.** *Homme pendu,* nom usuel d'une orchidée, l'acéras. – **Féod.** Vassal par rapport à son suzerain. ‖ *Homme d'armes,* combattant armé de toutes pièces et monté. ‖ *Homme de corps,* serf. ‖ *Homme de poesté,* paysan soumis au ban d'un seigneur. – **Mar.** *Homme de mer,* marin, matelot. ‖ *Un homme à la mer !,* exclamation poussée par un homme du bord qui voit quelqu'un tomber à l'eau.

ENCYCL. **Anthropobiol.** L'espèce humaine, *Homo sapiens sapiens,* est le produit de centaines de millions d'années d'évolution. La reconstitution de son histoire originelle et de son évolution est l'objet de la paléontologie humaine, qui étudie les vestiges de nos ancêtres fossiles.

• *L'origine des hominidés.* Le premier primate connu, *Purgatorius,* qui apparaît en Amérique du Nord à la fin du crétacé, il y a 67 millions d'années, ressemble encore à un insectivore. Les *propliothèques,* tels que *Aegyptothecus,* de l'oligocène d'Égypte (32 millions d'années), pourraient être, avec leurs 32 dents, les ancêtres des primates supérieurs. Parmi leurs descendants, les *dryopithèques,* hominoïdes du miocène, en particulier les formes africaines *Afropithecus* (miocène inférieur) et *Kenyapithecus* (miocène moyen, 16-12 millions d'années), s'inscrivent dans la lignée commune aux hominidés et aux anthropoïdes. D'après Y. Coppens et D. Johanson, la formation du Rift africain, il y a 6 millions d'années, et les changements climatiques qui s'ensuivirent, seraient responsables de la séparation entre la lignée des grands singes, à l'ouest, et celle de l'homme, à l'est. La récente découverte, au Tchad, à 2 500 km à l'ouest du Rift, d'un hominidé vieux de 3 millions d'années remet partiellement en cause cette théorie. Les premiers hominidés sont des australopithèques, *Ardipithecus ramidus* (4,4 millions d'années), de l'Éthiopie, et *Australopithecus anamensis* (4,1-3,5 m.a.), du Kenya. L'espèce *Australopithecus afarensis* (3,5 m.a.) est bien connue grâce à la découverte du squelette presque complet d'un petit bipède qu'on a prénommé Lucy. Un site de Tanzanie a livré des empreintes de pas, vieilles de 3,2 millions d'années, qui sont attribuées à cette espèce. Certaines formes d'*A. afarensis* donnent naissance, vers 3 millions d'années, aux australopithèques « graciles » *(A. africanus),* répandus en Afrique de l'Est et du Sud, parmi lesquels se trouvent probablement les ancêtres des premiers hommes, *Homo habilis,* apparus il y a 2,2 millions d'années. C'est vers 1,6 million d'années que l'on situe la transition avec *Homo erectus,* grâce à la découverte au Kenya du squelette complet d'un individu de grande taille, récemment baptisé *H. ergaster.*

• *Les caractères des hominidés.* L'homme marche redressé sur ses deux pieds. Ce mode de locomotion a permis des évolutions anatomiques : le centre de gravité se situe au niveau du bassin ; la colonne vertébrale présente quatre courbures ; le trou occipital occupe une position plus antérieure ; le bassin est large et évasé ; les orteils sont courts, le plus gros est en adduction ; le pied possède une voûte plantaire ; les membres supérieurs sont plus courts que les membres inférieurs ; le pouce, long, capable de s'opposer aux autres doigts, améliore la dextérité de la main. L'acquisition de la bipédie a été vraisemblablement un atout majeur, car elle a permis la libération des mains, ce qui entraîna probablement le développement du cerveau. Celui-ci a évolué à la fois en taille et en complexité. La capacité crânienne n'a cessé de croître des premiers hominidés à *Homo sapiens,* mais c'est surtout à partir de *Homo habilis* que cette augmentation devient vraiment significative. Les préhistoriens ont trouvé, associés à des restes fossiles d'hominidés, les premiers outils, des pierres taillées, qui traduisent l'existence d'une pensée conceptuelle. L'augmentation du volume des hémisphères cérébraux est spectaculaire : avec *Homo erectus,* le cerveau a presque doublé. D'autres modifications ont eu lieu au cours de l'évolution anatomique des hominidés : un système dentaire moins puissant, des canines réduites et des prémolaires à deux tubercules ; une face de moins en moins prognathe. Chez les *Homo sapiens sapiens,* les bourrelets sus-orbitaires disparaissent, le menton est bien marqué et le squelette est de constitution légère.

• *Les Homo sapiens.* Il y a 500 000 ans, les *Homo erectus,* originaires d'Afrique, s'étaient répandus en Europe et jusqu'en Extrême-Orient. Deux lignées principales se différencient alors : en Europe, celle des prénéandertaliens (de 500 000 à 150 000 ans) et, au Proche-Orient, celle, plus tardive, des « proto-Cro-Magnon » (100 000 ans). Dès l'avant-dernière glaciation, tous les caractères anatomiques néandertaliens sont en place ; les néandertaliens « classiques » *(Homo sapiens neandertalensis)* s'imposent en Europe il y a environ 70 000 ans, mais l'outillage perfectionné qui leur est associé, regroupé sous l'expression de « complexe moustérien », provient d'une souche néandertalienne installée au Proche-Orient il y a 120 000 ans et qui a coexisté avec les premiers *Homo sapiens sapiens* pendant 50 000 ans. Les derniers néandertaliens européens disparaissent il y a 35 000 ans et sont contemporains des premiers hommes modernes, arrivés de l'est. L'apparition de ces derniers n'a pas été un phénomène brutal et des métissages ont pu se produire.

— **Zool.** Au sens le plus restreint du terme, le mot « homme » ne s'applique qu'à l'espèce *Homo sapiens,* qui comprend toute l'humanité actuelle et les reste fossiles les plus récents du monde entier. Les traits anatomiques qui distinguent l'homme actuel des espèces vivantes les plus voisines, telles que le chimpanzé, sont les suivants : capacité crânienne élevée, front droit, nez proéminent, arcades dentaires paraboliques, menton, canines non dépassantes, prémolaires bicuspidées, trou occipital très avancé ; courbures cervicale et lombaire, bassin court et large, surtout chez la femelle ; bras court, main à pouce parfaitement opposable et long ; voûte plantaire, hallux peu écarté et nullement opposable ; fesses fortement musclées et adipeuses. Tous ces caractères ont un lien plus ou moins direct avec la station debout au repos et la bipédie. Il faut y ajouter la perte presque complète du pelage et la longue durée des étapes du développement : vie fœtale, enfance, vie adulte, ainsi qu'un cortège particulier de parasites propres à notre espèce (plasmodium du paludisme, ascaris). Les différences physiques entre groupes humains sont décrites à l'article POPULATION*. Les caractères sexuels secondaires portent sur la taille (l'homme mâle est un peu plus grand que la femme, en moyenne, à l'âge adulte), le développement ostéo-musculaire, la répartition de la pilosité (qui dépend également des races) et celle de la graisse sous-cutanée, la forme du bassin, etc.

Homme *(musée de l'),* musée créé en 1937 et installé dans l'aile droite du palais de Chaillot à Paris. Il dépend du Muséum national d'histoire naturelle.

Homme libre *(l'),* quotidien fondé, le 5 mai 1913, par G. Clemenceau, qui prit le titre de *l'Homme enchaîné* de 1914 à 1918. Il cessa de paraître en 1939 puis reparut comme hebdomadaire de 1951 à 1953.

Homme aux quarante écus *(l'),* conte de Voltaire (1768), écrit « dans un moment d'humeur » contre les physiocrates et les systèmes qui compromettent l'agriculture.

Homme qui rit *(l'),* roman de Victor Hugo (1869). Sous la reine Anne Stuart, un enfant volé au berceau et mutilé a la face déformée par un rictus ; recueilli par Ursus, un bateleur, reconnu puis intronisé comme pair, il se transfigure en prophète de la misère et de l'apocalypse. Ayant perdu sa fiancée, il se noiera de désespoir.

Homme sans qualités *(l'),* roman inachevé de Robert Musil (3 vol., 1930-1943) : l'aventure spirituelle d'un personnage qui ne trouve de sens à sa vie que dans la passion qu'il éprouve pour sa sœur.

Hommes de bonne volonté *(les),* cycle romanesque de Jules Romains (1932-1947) qui s'étend de 1908 à 1933. Vaste épopée de la camaraderie humaine et constat de l'impuissance de la bonne volonté des hommes devant les événements.

HOMME-GRENOUILLE n. m. (pl. *hommes-grenouilles*). Nageur expérimenté, équipé d'un appareil lui permettant de respirer et de travailler sous l'eau de façon autonome.

HOMME-MORT n. m. (pl. *hommes-morts*). Dispositif de sécurité installé sur certaines machines ou engins pour en provoquer l'arrêt en cas de défaillance du conducteur. (Sur les locomotives, ce dispositif s'appelle auj. VEILLE AUTOMATIQUE.)

HOMME-ORCHESTRE n. m. (pl. *hommes-orchestres*). **1.** Musicien ambulant jouant simultanément de plusieurs instruments fixés sur diverses parties de son corps. — **2.** Personnage ayant des compétences multiples, capable d'assumer des tâches très diverses.

HOMME-SANDWICH n. m. (pl. *hommes-sandwich*[*e*]*s*). Homme qui promène deux panneaux publicitaires, l'un sur son dos, l'autre sur sa poitrine.

1. HOMO adj. et n. *Fam.* Homosexuel(le).

2. HOMO n. m. (lat. *homo,* homme). Nom générique de l'espèce humaine et des espèces fossiles les plus voisines (→ HOMME).

HOMOCENTRIQUE adj. (lat. sc. *homocentricus,* du gr. *homokentros*). **1.** Se dit de courbes ou de surfaces qui ont le même centre. — **2.** Se dit d'un faisceau lumineux dont tous les rayons passent par un même point. (Syn. ISOGÈNE.)

HOMOCERQUE adj. Se dit de la nageoire caudale des poissons quand elle est apparemment symétrique par rapport au plan horizontal. (Contr. HÉTÉROCERQUE.)

HOMOCHROME [-krom] adj. Se dit de stimulus de couleur produisant des sensations colorées identiques.

HOMOCHROMIE [-kro-] n. f. Aptitude de certaines espèces animales à harmoniser leur coloration, de façon permanente ou temporaire, avec celle du milieu où elles vivent. (Cette coloration est alors dite *cryptique.*)

ENCYCL. L'homochromie est permanente chez les nombreuses espèces dont la couleur est en harmonie avec le milieu où elles vivent habituellement. Elle est variable, chez les espèces (caméléon, nombreux anoures, turbot) qui adaptent leur couleur à la coloration ambiante grâce à des cellules pigmentaires particulières, les chromatophores. Certaines des couleurs observées, le bleu notamment, résultent de phénomènes d'interférence lumineuse sur des couches minces de guanine, ou de diffusion de la lumière sur de très petites particules de mélanine.

HOMOCINÉTIQUE adj. **1.** Se dit d'une liaison entre deux arbres, telle que les vitesses de l'arbre menant et de l'arbre mené sont les mêmes à chaque instant, même si les deux arbres ne sont pas en ligne. (Les joints homocinétiques sont notamment utilisés pour transmettre le mouvement à chacune des roues avant des automobiles à traction avant.) — **2.** Se dit d'un faisceau de particules ayant toutes la même vitesse.

HOMOCYCLIQUE adj. Syn. de CARBOCYCLIQUE.

HOMODONTE adj. et n. m. Se dit de la denture des vertébrés quand toutes les dents ont même forme et même taille, ou des animaux qui ont une telle denture. (Parmi les mammifères, seuls les cétacés et les édentés sont homodontes ; reptiles amphibiens et poissons le sont généralement.) [Contr. HÉTÉRODONTE.]

HOMODONTIE [-si] n. f. Caractère propre aux animaux homodontes.

HOMO ECONOMICUS n. m. (mots lat. signif. *homme économique*). Sujet conçu par l'analyse économique comme un être agissant de manière parfaitement rationnelle. (Cette expression a été utilisée par les classiques comme A. Smith, mais également par l'école marginaliste, qui en fait la clé de voûte de son explication de l'activité économique.)

HOMOFOCAL, E, AUX adj. **1.** Qui a le même foyer optique. — **2.** Se dit de coniques ou de quadriques qui ont les mêmes foyers.

HOMOGAMÉTIE [-si] n. f. Formation, par la lignée germinale mâle ou femelle, d'une seule catégorie de gamètes, tous identiques. (Contr. HÉTÉROGAMÉTIE.)

HOMOGAMÉTIQUE adj. Se dit du sexe (mâle ou femelle) qui produit des gamètes semblables. (Contr. HÉTÉROGAMÉTIQUE.)

HOMOGAMIE n. f. Caractéristique sociale propre aux mariages entre personnes de race, de milieu social, de niveau culturel, etc., semblables.

HOMOGÈNE adj. (lat. scolast. *homogenaeus,* du gr. *homogenês*). **1.** Dont la composition et la structure sont les mêmes en tout point : *Un alliage homogène.* — **2.** Dont les éléments présentent une grande harmonie entre eux : *Une équipe homogène.* • **Algèbr.** *Équation homogène,* équation linéaire dont le second membre est égal à zéro. ‖ *Polynôme homogène de degré total* n, polynôme de $A[X_1, ..., X_p]$ (A anneau commutatif unitaire) qui est la somme de monômes de degré *n.* — **Chim.** Qui est formé d'une seule phase. — **Géom.** *Coordonnées homogènes de* m, système de coordonnées de la forme $(\lambda x_0, \lambda x_1, ..., \lambda x_n)$, où $\lambda \in K^*$, si m est l'image de x $(x_0, ..., x_n)$ par la projection canonique définie sur l'espace vectoriel considéré, de dimension $n+1$ sur le corps K. — **Math.** *Fonction positivement homogène de degré* n, fonction numérique définie sur la partie D d'un espace vectoriel E, vérifiant :
1° $\forall \alpha \in \mathbb{R}^+$, si $x \in D$, alors $\alpha \cdot x \in D$;
2° $\forall \alpha \in \mathbb{R}^+$, $\forall x \in D$, $f(\alpha \cdot x) = \alpha^n \cdot f(x)$.
(On dit aussi plus simplement que f est homogène.) [→ *encycl.*]

ENCYCL. **Math.** Le degré d'homogénéité d'une fonction est un nombre rationnel. Si f est homogène de degré n sur l'espace vectoriel $\mathbb{R}^p$, chacune de ses dérivées partielles, si elle existe, est homogène de degré $n-1$. Le théorème d'Euler donne une propriété des fonctions homogènes.

HOMOGÉNÉISATEUR, TRICE adj. et n. m. Se dit d'un appareil servant à l'homogénéisation de certains liquides.

HOMOGÉNÉISATION n. f. **1.** Action de rendre homogènes une substance, un mélange ou d'harmoniser entre eux les différents éléments d'un ensemble, de donner de l'unité, de la cohérence à un tout. – **2.** Action de soumettre certains liquides, comme le lait, à un traitement qui empêche dans leur masse la décantation des éléments constitutifs. – **3.** Action d'homogénéiser un produit pathologique tel que les crachats (qui sont fluidifiés puis centrifugés) pour faciliter la recherche des germes.

HOMOGÉNÉISER v. t. (conj. 3). **1.** Rendre homogène un ensemble, un tout, les éléments d'un ensemble, en rendre les parties cohérentes dans une structure régulière. – **2.** Procéder à l'homogénéisation d'un liquide.
◆ **être homogénéisé** v. pass. *Lait homogénéisé,* lait soumis à l'homogénéisation pour réduire la grosseur des globules gras.

HOMOGÉNÉITÉ n. f. (lat. scolast. *homogeneitas, -atis*). **1.** Propriété d'une substance homogène. – **2.** Qualité de ce qui est homogène ; cohérence, unité : *L'homogénéité d'une équipe.* – **3.** Propriété d'une fonction homogène.

HOMOGENTISIQUE adj. *Acide homogentisique,* syn. de ALCAPTONE.

HOMOGRADE adj. Se dit de la distribution statistique des fréquences d'un caractère quantitatif.

HOMOGRAPHE adj. et n. m. Se dit d'homonymes ayant la même forme graphique (par ex. des FILS *de laine*/des FILS *de famille*).

HOMOGRAPHIE n. f. **1.** Caractère des mots homographes. – **2.** Isomorphisme entre espaces projectifs, défini à partir d'une application linéaire bijective entre les deux espaces vectoriels correspondants. – **3.** *Homographie d'une conique* C, bijection de C qui conserve le birapport. (Une telle homographie possède un axe.)

HOMOGRAPHIQUE adj. **1.** Qui concerne les homographes. – **2.** *Divisions homographiques,* ensemble des points M et M' homologues dans une homographie définie entre deux lignes L et L', chacune portant la trajectoire d'un des points. ‖ *Fonction homographique,* fonction définie de $\mathbb{C}$ dans $\overline{\mathbb{C}}$ par :
$f(z) = (az + b)/(cz + d)$ si $z \neq \infty$
et $z \neq -d/c$
et $f(\infty) = a/c$, $f(-d/c) = \infty$.
(On précise *fonction homographique propre* lorsque $ad - bc \neq 0$, f étant alors bijective, ou *fonction homographique impropre* lorsque $ad - bc = 0$, f étant alors une fonction constante.) [→ *encycl.*]
ENCYCL. **Math.** Si $c = 0$, f est une similitude ou une translation ; si $c \neq 0$, la fonction homographique propre est composée d'un nombre fini d'applications prises parmi les types suivants : translation ($z \mapsto z + h$), similitude ($z \mapsto k \cdot z$), inversion-symétrie ($z \mapsto z^{-1}$). Les applications homographiques conservent le birapport.

HOMOGREFFE n. f. Syn. de ALLOGREFFE.

HOMO-IONIQUE adj. (pl. *homo-ioniques*). Se dit des électrolytes qui possèdent un ion commun.

HOMOLATÉRAL, E, AUX adj. Qui se trouve ou se produit d'un même côté du corps. (Syn. IPSILATÉRAL.)

HOMOLÉCITHE ou **HOMOLÉCITHIQUE** adj. Se dit d'un œuf dont le vitellus est également réparti dans tout son volume.

HOMOLOGABLE adj. Qui peut être homologué.

HOMOLOGATION n. f. **1.** Action d'homologuer qqch. – **2.** Entérinement, approbation d'un acte ou d'une convention, par une autorité judiciaire ou administrative, à laquelle est subordonnée l'exécution de cet acte. – **3.** Reconnaissance officielle d'une performance sportive par une ligue ou par une fédération, selon des critères établis.

HOMOLOGIE n. f. (gr. *homologia*). **1.** Qualité des organes homologues. – **2.** Caractère des composés chimiques homologues. – **3.** Transformation plane h définie à l'aide d'un point S (appelé centre, pôle ou sommet) et d'un axe Δ par : $h(M) = M'$ si et seulement si $M' \in (SM)$ et si, pour $\{I\} = (SM) \cap \Delta$, le birapport (S, I, M, M') est une constante ρ appelée rapport de l'homologie h. – **4.** *Homologie harmonique,* homologie dont le rapport est égal à (– 1).

HOMOLOGIQUE adj. *Triangles homologiques,* triangles ABC et A'B'C' vérifiant l'hypothèse $(AA') \cap (BB') \cap (CC') = \{S\}$.

HOMOLOGUE adj. (gr. *homologos,* concordant). **1.** Qui correspond à qqch d'autre, qui en a le même rôle, le même caractère dans un système différent : *Amiral est le grade homologue de général.* – **2.** Se dit d'organes qui ont même structure fondamentale, même origine embryonnaire et mêmes connexions, mais dont la fonction peut être différente. (S'oppose à *analogue.*) – **3.** Se dit, en mathématiques, du transformé d'un élément ou d'un ensemble, par une application donnée ; se dit d'éléments ou d'ensembles associés dans un transformation involutive. – **4.** *Composé homologue* ou *homologue* (n. m.), chacun des composés organiques possédant la même fonction chimique. (→ *encycl.*) – **5.** *Chromosomes homologues,* les deux chromosomes d'une même paire.

◆ n. Personne qui est dans les mêmes fonctions ou dans les mêmes conditions de vie, de travail, etc., qu'une autre : *Le ministre des Finances s'est entretenu avec son homologue allemand.*

ENCYCL. **Chim.** Le méthanol, de formule H–CH_2–OH, l'éthanol, de formule H—CH_2—CH_2—OH, le propanol-1, de formule H—CH_2—CH_2—CH_2—OH, sont des corps homologues : leurs formules développées ne diffèrent que par le nombre de groupes CH_2. La parenté des formules développées, que l'on peut dans ce cas représenter par H—$(CH_2)_n$—OH, entraîne un grande similitude des propriétés chimiques et physiques, à condition que les nombres *n* soient proches. (La notion d'homologie s'applique mal aux composés possédant plusieurs fonctions, la distance entre ces fonctions ayant une influence sur leurs propriétés.)

HOMOLOGUER v. t. (lat. scolast. *homologare,* du gr. *homologeîn,* être d'accord) [conj. **3**]. **1.** Reconnaître, déclarer qqch conforme aux règlements en vigueur, à certaines normes : *Homologuer une piscine.* — **2.** Confirmer une performance, un record, les enregistrer officiellement après vérification. — **3.** Entériner, approuver un acte juridique ou une convention afin de permettre son exécution.

HOMOLYSE n. f. Rupture symétrique d'une liaison covalente, avec formation de deux ions de même charge. (Par ex. : $Cl_2 \rightarrow 2Cl^-$).

HOMOLYTIQUE adj. Qui résulte d'une homolyse. (Syn. RADICALAIRE.)

HOMOMORPHE adj. **1.** Se dit des composés organiques possédant la même forme. (L'éthane CH_3—CH_3 et le méthanol CH_3—OH sont des composés homomorphes : leurs molécules ont des tailles comparables et présentent le même type de symétrie.) — **2.** Se dit d'une application ayant la propriété d'homomorphisme.

HOMOMORPHIE n. f. **1.** Identité de structure, de forme et de taille entre deux entités du monde vivant, par exemple deux organes animaux, la larve et l'adulte d'un insecte, un organe régénéré et celui qu'il remplace. — **2.** Syn. de HOMOTYPIE.

HOMOMORPHISME n. m. **1.** Application *f* définie d'un ensemble E muni d'une loi interne $\top$ dans un ensemble F muni d'une loi interne $\perp$ telle que : $\forall(x, y) \in E \times E,\ f(x \top y) = f(x) \perp f(y)$. [Syn. MORPHISME.] (→ *encycl.*) — **2.** Caractère des composés homomorphes.

ENCYCL. **Math.** Un homomorphisme défini de $(E, \top)$ dans $(F, \perp)$ est surjectif (épimorphisme), injectif (monomorphisme) ou bijectif (isomorphisme) suivant que l'application *f* est surjective, injective ou bijective. Des propriétés de la loi $\top$ sur E, on déduit celles de la loi $\perp$ définie sur *f*(E) :
— Si E et F sont deux ensembles munis de structures algébriques homologues, alors *f* est un homomorphisme de E dans F si, pour les lois internes correspondantes,
$\forall(x, y) \in E \times E,\ f(x \top y) = f(x) \perp f(y)$
et si, pour les lois externes correspondantes (Ω étant le domaine d'opérateurs communs aux deux ensembles E et F),
$\forall\, x \in E$ et $\alpha \in \Omega,\ f(\alpha\, x) = \alpha\, f(x)$.
On définit ainsi les homorphismes de groupes, d'anneaux, de corps, d'espaces vectoriels et d'algèbres. Le composé de deux homomorphismes est un homomorphisme.

HOMONCULE → HOMUNCULE.

HOMONEURE n. m. Papillon présentant une nervation presque identique aux ailes antérieures et postérieures, et dont les pièces buccales sont réduites ou très modifiées. (Le sous-ordre des *homoneures* ne comprend que le dixième des espèces de lépidoptères.) [Contr. HÉTÉRONEURE.]

HOMONYME adj. et n. m. (lat. *homonymus,* du gr. *homônumos*). Se dit de mots de signifié différent, mais dont le signifiant est identique. (On distingue les homographes, ayant la même orthographe et les homophones, ayant la même prononciation.)

◆ n. Personne, ville, etc., qui porte le même nom qu'une autre.

HOMONYMIE n. f. (lat. *homonumia,* du gr. *homônumia*). Caractère des mots homonymes.

HOMONYMIQUE adj. Qui concerne les homonymes.

HOMOPHILE adj. Relatif à l'homophilie.

◆ adj. et n. m. Qui pratique l'homophilie.

HOMOPHILIE n. f. Nom donné parfois à l'homosexualité masculine.

HOMOPHOBE adj. et n. Qui est hostile à l'homosexualité, aux homosexuels : *Législation homophobe.*

HOMOPHONE adj. (gr. *homophônos*). **1.** Se dit d'homonymes ayant la même prononciation (par ex., la séquence phonique [so] correspond à quatre homophones : *sot, saut, sceau, seau*). — **2.** Se dit de graphies qui servent à noter le même son (par ex. les lettres homophones *s, ç, c, ss* notent le même phonème [s]). — **3.** Relatif à l'homophonie musicale. (Syn. HOMOPHONIQUE.)

◆ n. m. Mot homophone.

HOMOPHONIE n. f. (gr. *homophônia*). **1.** Caractère des mots, des graphies homophones. — **2.** Exécution des différentes parties d'une musique, à l'unisson ou à l'octave. — **3.** Style qui associe en des plans verticaux les différentes parties d'une musique.

HOMOPHONIQUE adj. Qui concerne l'homophonie.

HOMOPHYTISME n. m. Caractéristique des espèces végétales dans lesquelles un même pied (sporophyte) peut engendrer soit deux sortes de gamétophytes, les uns mâles, et les autres femelles, soit des prothalles bisexués. (Contr. HÉTÉROPHYTISME.)

HOMOPOLAIRE adj. **1.** Se dit d'une molécule dont les atomes sont liés par une liaison covalente. – **2.** *Machine homopolaire,* machine électrique tournante dans laquelle les lignes d'induction ont toujours le même sens d'un élément à l'autre sur toute la surface d'un entrefer simple. (La première réalisation fut la roue de Barlow.)

HOMOPOLYMÈRE n. m. Polymère dont les chaînes ne renferment qu'une seule espèce de motif monomère. (S'oppose à COPOLYMÈRE.)

HOMOPROTHALLÉ, E adj. Se dit d'une plante à spore qui n'a qu'une sorte de prothalle, comme les fougères en général.

HOMOPTÈRE n. m. (gr. *homopteros,* qui a les ailes semblables). Nom d'ordre donné à des insectes hémiptéroïdes tels que les fulgores, les cigales, les membracidés, les pucerons, les coccidés. (S'oppose à HÉTÉROPTÈRE.)
ENCYCL. Les ailes antérieures des homoptères sont presque toujours de consistance uniforme, et manquent à bien des espèces. La trompe, inclinée en arrière, est placée entre les hanches antérieures. Les homoptères, toujours terrestres et végétariens, se divisent en deux groupes : les *auchénorhynques* et les *sternorhynques.*

HOMORGANIQUE ou **HOMORGANE** adj. Se dit des unités phoniques qui possèdent le même lieu d'articulation (par ex. les consonnes [p], [b] et [m], qui sont toutes les trois des bilabiales).

HOMOSEXUALITÉ n. f. Déviation du désir vers le même sexe, tant dans les fantasmes que dans la relation corporelle.
ENCYCL. **Dr.** L'homosexualité n'est pas punissable en elle-même, mais elle constituait un délit lorsque l'un des partenaires était mineur, avant la loi du 4 août 1982. Elle reste toujours punissable en cas d'outrage public à la pudeur, d'attentat à la pudeur avec violence et d'attentat à la pudeur sans violence (c'est-à-dire toute relation homosexuelle avec un mineur de moins de quinze ans).
– **Psychan.** et **Psychiatr.** L'homosexualité non rejetée par le sujet se manifeste vers l'âge de la puberté. On la distingue de l'homosexualité culpabilisée et compulsive des sujets qui en refusent consciemment les pratiques et de l'homosexualité mixte, allant de pair avec une activité hétérosexuelle satisfaisante. Pour Freud, l'homosexualité demeure avant tout une affaire de choix d'objet ; c'est un trait que l'on peut retrouver dans n'importe quelle structure, par ex., dans l'hystérie féminine qui fonctionne toujours par identification refoulée à l'autre femme, et dans la névrose obsessionnelle de l'homme.

HOMOSEXUEL, ELLE adj. Relatif à l'homosexualité.
◆ adj. et n. Se dit de qqn que son désir sexuel porte vers des personnes de même sexe.

HOMOSPHÈRE n. f. Zone de l'atmosphère d'une planète, entre le sol et la turbopause, dans laquelle le mélange des constituants principaux est homogène.

HOMOSPORÉ, E adj. Syn. de ISOSPORÉ.

HOMOTHALLISME n. m. Caractère d'un organisme dont les éléments reproducteurs des deux sexes sont produits par un seul et même gamétophyte. (Prothalle bisexué.)

HOMOTHERMIE n. f. Caractère d'une masse d'eau sans stratification thermique verticale. (L'homothermie résulte des mouvements verticaux produits par les brassages [courants] ou la plongée de l'eau superficielle.)

HOMOTHÉTIE [-si] n. f. (du gr. *thesis,* position). **1.** Transformation ponctuelle h d'un espace ponctuel affine E, attaché à un espace vectoriel réel ou complexe, définie à l'aide d'un point A de E, appelé centre d'homothétie, par : $h(\mathrm{M}) = \mathrm{M}'$ si et seulement si $\overrightarrow{\mathrm{AM}'} = k \cdot \overrightarrow{\mathrm{AM}}$, où k est un scalaire constant, appelé « rapport d'homothétie ». (Notation $h_{(\mathrm{A},\, k)}$.) – **2.** *Homothétie vectorielle de rapport* α, endomorphisme $h_{\alpha'}$ défini sur un K-espace vectoriel E (α scalaire non nul) par $\forall\, x \in \mathrm{E},\ h_\alpha(x) = \alpha x$.
ENCYCL. **Math.** L'homothétie de rapport 1 est l'identité de E. Quand $k \neq 1$, le seul point double de h est son centre A. Les droites passant par A sont globalement invariantes ainsi que toute surface conique de sommet A et tout plan contenant A. L'image d'une variété linéaire affine par une homothétie est une variété linéaire affine parallèle.
L'ensemble des *homothéties vectorielles* d'un K-espace vectoriel E, noté $\mathcal{K}(\mathrm{E})$, est un sous-groupe du groupe des automorphismes de E, soit le groupe linéaire de E, pour la composition des applications. L'identité sur E est l'homothétie vectorielle de rapport 1.
Si h_α et $h_{\alpha'}$ sont deux homothéties vectorielles, alors l'application composée $h_{\alpha'} \circ h_\alpha$ est l'homothétie vectorielle de rapport $\alpha'\alpha$.

HOMOTHÉTIQUE adj. **1.** Se dit d'un point (ou d'une figure) obtenu par homothétie à partir d'un autre point (ou d'une autre figure). – **2.** Se dit de deux points (ou de deux figures) homologues dans une homothétie.

HOMOTOPE adj. **1.** Se dit de deux chemins ayant même origine et même extrémité tels que l'on puisse passer de l'un à l'autre par une déformation continue. — **2.** Se dit de bases B et B' d'un espace vectoriel E telles qu'il existe une application continue F définie de [0,1] dans E, vérifiant F (0) = B et F (1) = B', et telles que, quel que soit *t* élément de [0,1], F(*t*) est une base.

HOMOTYPE adj. Se dit d'organes animaux ou végétaux semblables, soit par symétrie (les deux bras), soit par métamérie (les anneaux d'un mille-pattes).

HOMOTYPIE n. f. Ressemblance de formes entre un animal et le milieu sur lequel il vit (phyllie ressemblant à une feuille, par ex.). [Syn. HOMOMORPHIE.]

HOMOXYLÉ, E adj. *Bois homoxylé,* tissu conducteur des gymnospermes, constitué de vaisseaux imparfaits (trachéides) aréolés et de cellules ligneuses, mais dépourvu de fibres ligneuses.

HOMOZYGOTE adj. Se dit d'un individu animal ou végétal dont le patrimoine génétique comprend des gènes paternels et maternels ayant les mêmes caractères. (Deux homozygotes pour le même caractère, croisés entre eux, seront la souche d'une « race pure » dont tous les individus présenteront ce caractère.) [Contr. HÉTÉROZYGOTE.]

HOMOZYGOTIE [-ti] n. f. ou **HOMOZYGOTISME** n. m. État d'un individu homozygote.

HOMS, en ar. **Ḥimṣ,** v. de Syrie, ch.-l. de prov., au N. de l'Anti-Liban ; 644 200 hab. C'est l'antique Émèse. Centre commercial (agriculture irriguée) et industriel (égrenage du coton, engrais, cimenterie, raffinerie de pétrole, tissage de la soie).

HOMUNCULE ou **HOMONCULE** n. m. (lat. *homunculus,* dimin. de *homo, -inis,* homme). **1.** Homme de taille réduite auquel les sorciers ou les alchimistes prétendaient pouvoir donner la vie. — **2.** *Fam.* et *vx.* Homme très petit, nain, ou moralement méprisable. — **3.** Au XVIIIe s., nom donné par les spermatistes au petit homme qu'ils croyaient discerner au microscope dans le spermatozoïde. — **4.** Schéma indiquant la position occupée par l'image tactile ou motrice de chaque partie du corps dans le cerveau.

HO-NAN → HENAN.

Honda Motor Co Ltd, entreprise japonaise dont les origines remontent à 1946. Un des leaders mondiaux de la production de motocycles, elle produit également des automobiles, du matériel de jardinage, des moteurs.

HONDECOETER (Melchior D'), peintre néerlandais (Utrecht 1636 - Amsterdam 1695). Élève de son père, GIJSBERT **d'Hondecoeter** (1604 - 1653), et de son oncle J. B. Weenix, il connut le succès avec ses sujets d'oiseaux, d'un grand éclat décoratif (*Aigles attaquant des poules,* Louvre).

HONDŌ → HONSHŪ.

HONDSCHOOTE (59122), ch.-l. de cant. du Nord, en Flandre, près de la frontière belge ; 3 712 hab. *(Hondschootois).* Église-halle des XVe-XVIIe s. à haute flèche de pierre. Hôtel de ville de 1558. — Victoire d'Houchard sur les forces alliées du duc d'York (6-8 sept. 1793).

HONDURAS, État de l'Amérique centrale, sur la mer des Antilles ; 112 000 km² ; 5 800 000 hab. *(Honduriens).* CAP. *Tegucigalpa.* LANGUE : *espagnol.* MONNAIE : *lempira.*

Géographie. Pays montagneux qui s'ouvre largement sur la mer des Antilles, le Honduras reste à dominante agricole. Le maïs est la principale culture vivrière, la banane et le café sont les bases des exportations, bien inférieures aux importations (rendues nécessaires par l'inexistence de l'industrialisation). La rapide croissance démographique aggrave les problèmes de ce pays, dont la situation économique reste marquée par un chômage important, une forte inflation et un lourd endettement. L'influence des États-Unis, principal partenaire commercial et investisseur, possesseur de bases militaires, reste prépondérante.

Histoire. Découvert par Christophe Colomb en 1502, le Honduras, peuplé d'Indiens Mosquito, est conquis par les Espagnols à partir de 1523.
1821 : Indépendance du Honduras.
Uni au Mexique jusqu'en 1823, puis membre des Provinces-Unies d'Amérique centrale (1824-1838), il s'associe un temps au Salvador et au Nicaragua (1842-1844).
L'intégrité du Honduras est d'abord menacée par les Britanniques. Puis la compagnie américaine United Fruit prend une influence prépondérante dans la vie économique et politique du pays.
1932-1948 : Dictature de Tiburcio Carías Andino.
Après le renversement en 1963 du régime libéral établi en 1957, le pays est dirigé par le colonel Osvaldo López Arellano (1965-1971 ; puis 1972-1975).
1969-70 : « Guerre du football » avec le Salvador.
1981 : Les civils reviennent au pouvoir avec l'élection à la présidence du libéral Roberto Suazo Córdova.
1986-1990 : Le libéral José Simón Azcona lui succède à la tête de l'État.
La stabilité politique reste néanmoins fragile dans un pays que caractérise, en raison de son voisinage avec le Nicaragua, une coopération militaire très étroite avec les États-Unis.
1990-1994 : Présidence du conservateur Rafael Callejas. Un accord met fin au différend frontalier opposant le Honduras au Salvador (1992).
1994 : Le libéral Carlos Roberto Reina devient président de la République.

HONDURAS *(golfe du),* échancrure de la mer des Antilles sur le littoral de l'Amérique centrale, qui borde le Mexique, le Belize et le *Honduras.*

HONDURAS BRITANNIQUE → BELIZE.

*__HONDURIEN, ENNE__ adj. et n. Du Honduras.

HONECKER (Erich), homme d'État allemand (Neunkirchen, Sarre, 1912 - Santiago, Chili, 1994). Membre des Jeunesses communistes (1934), il lutte contre le nazisme. Nommé en 1958 secrétaire du Comité central du parti socialiste unifié (SED), il remplace Walter Ulbricht au poste de secrétaire général en 1971. Président du Conseil d'État (1976), il démissionne de toutes ses fonctions en oct. 1989, peu avant la chute du mur de Berlin (nov.). Son procès, ouvert à Berlin en nov. 1992, ayant rapidement été interrompu (janv. 1993), il s'exile au Chili.

HONEGGER (Arthur), compositeur suisse (Le Havre 1892 - Paris 1955). Il étudia au Conservatoire de Paris, où il eut pour maîtres Widor et Vincent d'Indy. Sous l'égide de son ami Jean Cocteau, il fonda le « groupe des Six ». Il connut le succès avec son oratorio *le Roi David* (1921). Ses œuvres les plus connues sont : *Judith,* opéra biblique (1926), *Antigone,* opéra (1927), *Jeanne d'Arc au bûcher,* oratorio (1938), *la Danse des morts,* oratorio (1938), *Sémiramis,* ballet-pantomime (1933). Honegger a composé encore 13 ballets, 5 symphonies, de la musique de chambre, des mélodies, 3 mouvements symphoniques, dont *Pacific 231* (1923), et de très nombreuses musiques de films *(Angèle, Regain).*

HŌNEN, fondateur de la secte bouddhiste japonaise Jōdo (1133 - Kyōto 1212), également connu sous le nom de **Genkū.**

Honeywell Incorporated, société américaine constituée en 1927, aujourd'hui tête d'un groupe international présent notamment dans les domaines des systèmes de contrôle, de l'aérospatiale, de la défense. À la fin des années 1980, Honeywell a cédé au groupe japonais NEC et au groupe français Bull le contrôle de ses activités informatiques civiles.

HONFLEUR (14600), ch.-l. de cant. du Calvados, sur la Manche et la rive gauche de l'embouchure de la Seine ; 8 346 hab. *(Honfleurais).* Port de pêche et de commerce. La ville possède quelques industries (électronique). Centre touristique fréquenté, grâce au charme de son port, de ses vieilles maisons de bois couvertes d'ardoise et de ses monuments, dont l'église Ste-Catherine, entièrement en bois (XVe s.). Musée municipal « Eugène-Boudin » (peintres, dont Boudin, ayant travaillé dans la région à partir de la 2e moitié du XIXe s.) ; musée du Vieux-Honfleur et de la Marine.

HÔN GAI ou **HONGAY,** port du Viêt-nam, sur la baie d'Along, centre d'un bassin houiller.

HONGKONG ou **HONG KONG,** en chin. **Xianggang,** ou **Hiang-kang,** territoire britannique comprenant, outre l'île de Hongkong, Kowloon et de petites îles formant les New Territories ; 1 077 km² ; 5 920 000 hab. Cap. *Victoria.* À une latitude tropicale, faisant partie de la Chine méridionale et ouverte sur la mer homonyme, Hongkong doit une part de sa fortune à son rôle d'intermédiaire entre la Chine communiste et le monde industrialisé. À la Chine, dont elle a reçu des émigrés (ou réfugiés) et d'où elle importe des compléments alimentaires, elle sert de port de transit, à la fois importateur et réexportateur. Ce rôle commercial est indissociable de l'essor d'une industrie de main-d'œuvre (à l'habillement, aux jouets se sont ajoutées l'horlogerie, l'électronique) stimulée par le poids accru de la place financière. 80 % de la production sont exportés, taux exceptionnel, expliqué naturellement par le volume et la nature d'une production sans rapport avec le marché local, montrant aussi une sensibilité excessive à la conjoncture extérieure, tant économique que politique.
— **Hist.** L'île de Hongkong fut cédée en 1842 à la Grande-Bretagne qui acquit la presqu'île de Kowloon en 1860 et obtint en 1898 un bail de 99 ans sur les New Territories et sur 235 îles au large de Hongkong. Les négociations entamées en 1982 entre la Chine et la Grande-Bretagne ont abouti en déc. 1984 à la signature d'un accord qui prévoit le retour de Hongkong à la Chine en 1997.

*__HONGKONGAIS, E__ adj. et n. De Hongkong.

HONGLI → QIANLONG.

*__HONGRE__ adj. et n. m. (all. *Ungar,* Hongrois, l'usage de châtrer les chevaux étant venu de Hongrie). Se dit d'un cheval ayant subi la castration.

*__HONGRER__ v. t. (de *hongre*) [conj. 3]. Châtrer un cheval.

*__HONGREUR, EUSE__ n. Personne qui hongre les chevaux.

HONGRIE, en hongr. **Magyarország,** État de l'Europe centrale ; 93 000 km² ; 10 070 000 hab. *(Hongrois).* CAP. *Budapest.* LANGUE : *hongrois.* MONNAIE : *forint.*

Géographie. Entre Alpes et Carpates, la Hongrie est un pays danubien. Le fleuve y sépare la grande plaine de l'Est, l'Alföld (où le paysage de puszta [steppe pastorale] a presque disparu), et la moitié occidentale (la Transdanubie), plus accidentée, notamment par les monts Bakony dominant le lac Balaton. Éloignée de l'océan, la Hongrie possède un climat continental aux hivers assez rigoureux mais aux étés chauds,

finalement assez favorable à l'agriculture, qui bénéficie dans l'Est du secours de l'irrigation à partir du Danube et de la Tisza.
Les céréales (blé et surtout maïs) sont associées à des élevages variés ; localement, la viticulture est présente. Le sous-sol fournit du lignite, du gaz naturel (mais peu de pétrole et de houille, importés) et de la bauxite. L'industrie est dominée par la métallurgie de transformation (à vocation exportatrice) devant la chimie et l'agroalimentaire. L'industrie et plus encore les services sont présents à Budapest, qui écrase les autres villes. La capitale concentre le cinquième d'une population caractérisée par un taux d'urbanisation moyen et une lente décroissance, tenant à la conjonction de la chute du taux de natalité et du vieillissement. Le tourisme culturel et climatique, développé, apporte un complément de ressources appréciable. Le passage à l'économie de marché s'effectue en priorité par la privatisation des entreprises. Il se traduit aussi par une forte inflation, un accroissement du chômage et un lourd endettement.

Histoire.

• *Les origines.* Entre 35 av. J.-C. et 9 apr. J.-C., la région est conquise par Rome, qui en fait la province de Pannonie. Celle-ci est envahie par les Huns (IVe s.), les Ostrogoths, les Lombards puis par les Avars (568).
896 : Les Hongrois (ou Magyars) arrivent dans la plaine danubienne, sous la conduite de leur chef Árpád.
La dynastie des Árpád (v. 904 - 1301) gouverne la Hongrie, la Slovaquie (ou Haute-Hongrie) et la Ruthénie subcarpatique, annexée au début du XIe s.
955 : La victoire d'Otton Ier au Lechfeld met fin aux raids des Hongrois en Occident.

• *Le royaume de Hongrie.*
1000 : Étienne Ier (997-1038) devient roi. Il impose le christianisme à ses sujets. Il maintient son royaume hors du Saint Empire.
1095-1116 : Kálmán (Coloman) obtient le rattachement de la Croatie et de la Slavonie au royaume de Hongrie.
1172-1196 : Sous Béla III, la Hongrie médiévale est à son apogée.
1235-1270 : Béla IV reconstruit le pays, ruiné par l'invasion mongole de 1241-42.
1308-1342 : Charles Ier Robert, de la maison d'Anjou, organise l'exploitation des mines d'argent, de cuivre et d'or de Slovaquie et de Transylvanie.
1342-1382 : Louis Ier d'Anjou poursuit son œuvre. À la fin du XIVe s. et au XVe s., le royaume de Hongrie est puissant et prend part aux croisades contre les Ottomans.
1456 : Jean Hunyadi arrête les Turcs devant Belgrade.
1458-1490 : Son fils, Mathias Corvin, conquiert la Moravie et la Silésie et s'installe à Vienne (1485). Il favorise la diffusion de la Renaissance italienne.
1526 : Les Ottomans remportent la victoire de Mohács, où meurt Louis II Jagellon. Ferdinand Ier de Habsbourg (1526-1564) est élu par la Diète roi de Hongrie.
1540 : Les Turcs occupent Buda et la Grande Plaine.
Dès lors et jusqu'en 1699, la Hongrie est divisée en trois : la Hongrie royale (cap. : Presbourg), gouvernée par la maison d'Autriche ; la Hongrie turque ; et la Transylvanie, vassale des Ottomans à partir de 1568.
1687 : La Diète de Hongrie doit reconnaître la monarchie héréditaire des Habsbourg.
1691 : La Transylvanie est annexée par la maison d'Autriche.
1699 : Les Habsbourg reconquièrent sur les Turcs la plaine hongroise (paix de Karlowitz). Au XVIIIe s., les magnats (membres de la haute noblesse) luttent pour la restauration et le maintien des libertés hongroises au sein de la monarchie autrichienne. Marie-Thérèse (1740-1780) poursuit le repeuplement. Son fils Joseph II (1780-1790) tente d'imposer un régime centralisé.
1848 : La Hongrie prend une part active au mouvement révolutionnaire.
1849 : Lajos Kossuth proclame la déchéance des Habsbourg. Les insurgés sont défaits à Világos (août) par les Russes, appelés par François-Joseph Ier.
1867 : Après la défaite de l'Autriche devant la Prusse (Sadowa, 1866), le compromis austro-hongrois instaure le dualisme.
Au sein de l'Autriche-Hongrie, la Hongrie est à nouveau un État autonome ; elle récupère la Croatie, la Slavonie et la Transylvanie.
1914 : L'Autriche-Hongrie entre dans la Première Guerre mondiale.

• *La Hongrie de 1918 à 1944.* La défaite des empires centraux entraîne la dissolution de l'Autriche-Hongrie.
1918 : Mihály Károlyi proclame l'indépendance de la Hongrie. Les Roumains occupent la Transylvanie ; les Tchèques, la Slovaquie.
1919 : Les communistes, dirigés par Béla Kun, instaurent la « République des Conseils », renversée par l'amiral Horthy.
1920 : Horthy est élu régent. Il signe le traité de Trianon, qui enlève à la Hongrie les deux tiers de son territoire (Slovaquie, Ruthénie, Transylvanie, Banat et Croatie).
À partir de 1938, sous l'influence de l'extrême droite nationaliste, la Hongrie s'allie aux puissances de l'Axe et récupère des territoires perdus en 1918-1920.
1941 : Elle entre en guerre contre l'U. R. S. S.

1944 : Hitler fait occuper le pays, et le parti fasciste des Croix-Fléchées prend le pouvoir, éliminant Horthy.
1944-45 : L'armée soviétique occupe le pays.
1946-47 : Le traité de Paris rétablit les frontières du traité de Trianon.
• *Le régime communiste et la démocratisation.*
1949 : Mátyás Rákosi proclame la République populaire hongroise et impose un régime stalinien.
1953-1955 : Imre Nagy, chef du gouvernement, amorce la déstalinisation.
1956 : Insurrection pour la libéralisation du régime et la révision des relations avec l'U. R. S. S. I. Nagy proclame la neutralité de la Hongrie. Les troupes soviétiques imposent un gouvernement dirigé par János Kádár.
1968-1988 : Tout en restant fidèle à l'alignement sur l'U. R. S. S., J. Kádár améliore le fonctionnement du système économique et développe le secteur privé.
1989 : La Hongrie ouvre sa frontière avec l'Autriche. Le parti, désormais dirigé par des réformateurs, renonce à son rôle dirigeant. La République populaire hongroise devient officiellement la République de Hongrie.
1990 : Vainqueur des premières élections libres, un parti de centre droit, conduit par József Antall (président du Conseil jusqu'à sa mort en 1993), dirige le pays. Le Parlement élit Árpád Göncz à la présidence de la République.
1991 : Les troupes soviétiques achèvent leur retrait du pays.
1994 : Les élections portent les socialistes (ex-communistes réformateurs) au pouvoir, Gyula Horn devient président du Conseil.

Hongrie (*point de*), en tapisserie à l'aiguille et en broderie, ensemble de points droits dessinant des chevrons.

***HONGROIERIE** n. f. Industrie et commerce des cuirs hongroyés. (Syn. HONGROYAGE.)

***HONGROIS, E** adj. et n. 1. De Hongrie. — 2. *Broderies hongroises,* broderies exécutées soit sur lin et destinées au linge de maison ou à certains éléments de costume, soit sur fourrure ou gros lainage. (Le passé empiétant est le point le plus utilisé, ainsi que le point de croix.)
◆ **hongrois** n. m. Langue finno-ougrienne parlée par 14 millions de locuteurs, principalement en Hongrie. (Syn. MAGYAR.) [→ *encycl.*]
◆ **hongroise** n. f. *À la hongroise,* se dit d'un apprêt du bœuf et des œufs, qui consiste notamment en une sauce à la crème et au paprika.
ENCYCL. Le hongrois est classé dans la branche ougrienne des langues finno-ougriennes (avec l'ostyak et le vogoul). La formation des mots est de type agglutinant. La déclinaison comporte un système de 17 cas dont 10 servent à l'expression d'un système locatif complexe. Le lexique hongrois a beaucoup emprunté aux langues avoisinantes (turc, ossète, slave, allemand, latin) mais sa phonologie et sa grammaire sont typiquement ouraliennes (phénomène de l'harmonie vocalique).

***HONGROYAGE** [ɔ̃grwajaʒ] n. m. 1. Syn. de HONGROIERIE. — 2. Méthode de tannage des cuirs au moyen de solutions très concentrées d'alun et de sel. (Les cuirs hongroyés, très résistants, étaient utilisés pour la confection de harnais et de traits.)

***HONGROYER** [ɔ̃grwaje] v. t. (conj. 13). Travailler et préparer le cuir à la façon des cuirs dits « de Hongrie ».

***HONGROYEUR** n. m. Ouvrier qui tanne les cuirs à l'alun et au sel.

HONG SIEOU-TS'IUAN → HONG XIUQUAN.

HONG-TSÖ → HONGZE.

HONGWU ou **HONG-WOU,** nom d'ère (1368-1398), du fondateur de la dynastie chinoise des Ming, dont le nom personnel est **Zhu Yuanzhang** et le titre posthume **Ming Taizu.** Moine mendiant au cours de sa jeunesse, il participa aux insurrections contre les Yuan, et ses qualités personnelles lui permirent de prendre l'avantage sur les autres rebelles. Il repoussa les Mongols dans les steppes du Nord et réunifia progressivement le pays, qu'il reconstruisit et dota de solides institutions.

HONG XIUQUAN ou **HONG SIEOU-TS'IUAN,** chef de la révolte des Taiping (dans le Guangdong 1814 - Nankin 1864). Devenu mystique au contact des missionnaires protestants, il se sentit une vocation de messie. Il commença à prêcher et fonda une association des Adorateurs de Dieu, les Taiping. À la faveur d'une famine dans le Guangxi, il déclencha avec le concours des sociétés secrètes une insurrection en 1851. Il se proclama empereur et fonda la dynastie Taiping. Il s'installa à Nankin en 1853 et contrôla la Chine centrale, mais il ne put s'emparer de Pékin. Son régime s'effondra après la chute de Nankin (juill. 1864), et Hong Xiuquan se suicida.

HONGZE ou **HONG-TSÖ** *(lac),* lac de la Chine orientale, traversé par la Huai, qui forme partiellement la limite entre le Jiangsu et l'Anhui.

HONIARA, cap. des îles Salomon, sur le littoral de l'île de Guadalcanal ; 33 749 hab.

***HONING** [oniɲ] n. m. (angl. *honing,* de *to hone,* affûter). Opération de finition d'une surface métallique, plus spécialement cylindrique intérieure, au moyen d'une matière abrasive agglomérée par un liant sous la forme d'un bâton rodoir. (Syn. RODAGE.)

Honiton *(dentelle de),* dentelle aux fuseaux originaire du Devon (Angleterre), s'inspirant des dentelles des Flandres pour les motifs. Elle se transforma vite en guipure.

HONNÊTE adj. (lat. *honestus,* honorable). **1.** Qui agit avec droiture et loyauté, et mène une existence conforme aux règles de la morale sociale et de la probité : *Un homme honnête.* — **2.** Qui se montre très scrupuleux dans les questions d'argent ou d'intérêts : *Un commerçant honnête.* — **3.** Qui agit, parle conformément à sa pensée, qui est de bonne foi : *Sois honnête, tu penses le contraire de ce que tu dis.* — **4.** Qui est convenable, situé à un niveau moyen, mais néanmoins suffisant : *Se classer dans une honnête moyenne.* ‖ Conforme aux règles de la morale et de la probité : *Mener une vie honnête.* — **5.** *Honnête homme,* homme du monde accompli, d'un esprit cultivé mais exempt de pédantisme, agréable et distingué tant dans son aspect physique que dans ses manières, idéal de l'époque classique (XVIIe-XVIIIe s.).

HONNÊTEMENT adv. **1.** De façon honnête, conforme aux règles de la morale sociale, de la probité : *Gagner honnêtement sa vie.* — **2.** De façon loyale, avec droiture, franchise : *Honnêtement, je ne puis vous approuver.* — **3.** De façon convenable, honorable ou suffisante : *S'acquitter honnêtement d'une tâche difficile.*

HONNÊTETÉ n. f. (anc. fr. *honestet,* du lat. *honestas, -atis,* avec l'infl. de *honnête*). **1.** Qualité d'une personne ou d'un comportement honnête : *Son honnêteté n'est pas en cause.* — **2.** Qualité de qqn qui est de bonne foi, qui est loyal : *Il a reconnu son erreur avec honnêteté.* — **3.** Litt. *Braver l'honnêteté,* aller à l'encontre de la décence, de la pudeur. ‖ *En toute honnêteté,* honnêtement, en toute franchise.

HONNEUR n. m. (lat. *honorem,* accus. de *honor, -oris*). **1.** Ensemble de principes moraux qui incitent à ne jamais accomplir une action qui fasse perdre l'estime qu'on a de soi ou celle qu'autrui nous porte : *Sens de l'honneur.* — **2.** Sentiment de sa propre dignité, réputation : *Attaquer l'honneur de quelqu'un.* — **3.** *Litt.* Vertu d'une femme, souci qu'elle a d'avoir une conduite irréprochable et de maintenir intacte sa réputation. — **4.** Considération, renom, gloire qui va à qqn dont le courage, le mérite, la valeur, le talent, etc., sont reconnus : *Il a accepté cette charge, et c'est tout à son honneur.* — **5.** Témoignage d'estime, de considération qui honore qqn : *Il a eu l'honneur d'être admis dans cette compagnie.* — **6.** Privilège, simple faveur ou obligeance : *Elle nous a fait l'honneur d'une visite.* — **7.** À certains jeux de cartes, nom donné aux cartes les plus fortes, en partic. au bridge l'as, le roi, la dame, le valet et le dix. — **8.** *Avec honneur,* avec mérite, d'une manière qui commande l'estime. ‖ *À vous l'honneur !,* se dit à qqn pour l'inviter à commencer qqch, à jouer, à se servir le premier. ‖ *C'est lui faire trop d'honneur,* il ne mérite pas qu'on le traite avec tant de faveur. ‖ *Cour d'honneur,* cour principale d'un château, d'un palais. ‖ *Dame d'honneur,* femme attachée au service d'une princesse, d'une reine. ‖ *Demoiselle, garçon, petite fille d'honneur,* jeunes gens qui assistent les mariés le jour du mariage et qui mènent avec eux le cortège. ‖ *Droit à l'honneur,* droit de la personnalité dont le respect est notamment assuré par la répression des délits de diffamation et d'injure. ‖ *En l'honneur de,* en vue de rendre hommage à telle personne, de célébrer tel événement. ‖ Fam. *En quel honneur ?,* à quel propos ?, pourquoi ?, à l'intention de qui ? ‖ *Être à l'honneur,* être célébré, fêté. ‖ *Être en honneur,* jouir d'une large estime, être entouré de considération. ‖ *Être l'honneur de,* être un motif de fierté, un titre de gloire : *Cette réalisation est l'honneur de la ville.* ‖ *Faire honneur à,* procurer à qqn, un groupe la considération, l'estime publiques ; se montrer digne de qqn, de qqch, lui demeurer fidèle ; reconnaître à qqn, qqch un mérite, une qualité, lui attribuer une chose flatteuse. ‖ *Faire honneur à ses engagements, à sa signature,* remplir, respecter ses engagements. ‖ *Faire honneur à un repas, à un plat, à un vin, etc.,* montrer qu'on l'apprécie en en reprenant, en en mangeant, en en buvant beaucoup. ‖ *Faites-moi l'honneur de...,* formule de politesse servant à introduire une invitation, une prière. ‖ *Garde d'honneur,* troupe dont on fait accompagner de hauts personnages. ‖ *Honneur à,* exclamation employée pour louer une personne ou une chose digne d'éloge : *Honneur au courage !* ‖ *Membre, président d'honneur,* membre, président honoraire. ‖ *Mettre en honneur qqch,* contribuer à le faire apprécier. ‖ *Mettre un point d'honneur à,* s'engager à faire qqch parce qu'on considère cette action comme touchant à son honneur, à sa réputation. ‖ *Parole d'honneur,* engagement solennel. ‖ *Place d'honneur,* place réservée, dans une réunion, à une personne qu'on veut particulièrement honorer. ‖ *Pour l'honneur,* sans autre profit que la satisfaction d'avoir fait ce que l'on devait. ‖ *Prix d'honneur,* récompense scolaire venant juste après le prix d'excellence. ‖ *Se faire honneur de qqch,* s'attribuer le mérite de qqch, par vanité, fatuité. ‖ *Sur l'honneur, sur mon honneur,* formules de serment pour attester qu'on dit vrai. ‖ *Tour d'honneur,* tour de piste ou de terrain effectué après la victoire par le gagnant ou l'équipe gagnante. ‖ *Votre Honneur,* titre donné, en Grande-Bretagne, à certaines personnes de qualité, quand on s'adresse à elles.

◆ **honneurs** n. m. pl. **1.** Marques de distinction, égards, cérémonies destinés à honorer qqn, en telle ou telle circonstance, du fait de sa personnalité, de sa fonction, de sa position sociale, de ses mérites, etc. : *Recevoir quelqu'un avec les honneurs dus à son rang.* — **2.** Distinctions qui récompensent, consacrent le mérite, la valeur, les services rendus, dans la société : *Rechercher les honneurs.* — **3.** *Avoir les honneurs de la première page,* figurer à la première page d'un journal, en parlant d'une nouvelle, d'une personne citée. ‖ *Faire les honneurs de la maison,* recevoir un hôte, des hôtes avec courtoisie et le ou les guider soi-même de pièce en pièce. ‖ *Honneurs funèbres,* honneurs qu'on rend aux morts, cérémonie des funérailles. ‖ *Honneurs de la guerre,* conditions honorables consenties par le vainqueur à une troupe qui s'est rendue après une valeureuse résistance. ‖ *Honneurs militaires,* cérémonial par lequel une formation des armées témoigne son respect à un chef, à un drapeau, aux morts, etc. (Aujourd'hui, ils comportent l'exécution de l'hymne national, précédé de la sonnerie « Aux champs » [chef de l'État] ou de la sonnerie « Au drapeau » [drapeaux et étendards].) ‖ *Honneurs du pied,* l'une des phases ultimes de la chasse à courre consistant à apporter le pied droit de l'animal qui a été tué à la personne qu'on veut honorer. ‖ *S'en tirer avec les honneurs de la guerre,* se tirer d'une façon très honorable d'une situation difficile.

***HONNIR** v. t. (frq. **haunjan*) [conj. **32**]. *Litt.* Blâmer qqn en lui faisant honte, le vouer au mépris public : *La population honnit ce dictateur.*
◆ **être honni** v. pass. *Honni soit qui mal y pense,* devise de l'ordre de la Jarretière, citée pour prévenir, de façon souvent ironique, les critiques de ceux qui seraient tentés de voir le mal sous les propos ou les actes les plus honnêtes.

HONOLULU, port de l'île d'Oahu, cap. de l'archipel et État américain des Hawaii, dans le Pacifique ; 365 272 hab. Port de commerce peu industrialisé, c'est surtout une escale aérienne et un centre touristique réputé. Université.

HONORABILITÉ n. f. Qualité de qqn, de qqch d'honorable.

HONORABLE adj. (lat. *honorabilis*). **1.** Qui est digne d'estime, dont la respectabilité est notoire : *Un commerçant honorable.* — **2.** Qui est conforme à l'honneur, à la dignité, qui donne droit au respect, à la considération d'autrui : *Vie honorable.* — **3.** Qui atteint un niveau, une valeur, une importance estimés suffisants, convenables : *Des résultats financiers plus qu'honorables.* — **4.** Fam. *L'honorable compagnie,* les personnes présentes à une réunion. ‖ *Mon honorable collègue, confrère, etc.,* formules de politesse usitées entre membres d'une assemblée, d'une même profession, etc. ‖ *Pièce honorable,* pièce héraldique qui occupe le tiers de la surface du champ (à savoir : la bande, la barre, le chef, le chevron, la croix, la fasce, le pal, le sautoir).

HONORABLEMENT adv. **1.** De façon honorable, digne : *Être honorablement connu dans le quartier.* — **2.** De manière suffisante, convenable : *Gagner honorablement sa vie.*

HONORAIRE adj. (lat. *honorarius*). **1.** Qui conserve le titre et les prérogatives honorifiques de ses anciennes fonctions. — **2.** Qui porte un titre honorifique sans exercer de fonctions : *Membre honoraire d'une association.* — **3.** *Droit honoraire,* à Rome, droit qui reposait sur les édits des magistrats, n'était applicable que dans leur ressort et pendant un an.

HONORAIRES n. m. pl. (lat. *honorarium*). Rétribution des personnes exerçant des professions libérales ; émoluments.

HONORARIAT n. m. (de *honoraire*). Titre accordé, lorsqu'ils abandonnent leurs fonctions (généralement lors de la retraite), à certains fonctionnaires ou membres des professions libérales (avocat, professeur honoraire, etc.).

HONORAT *(saint),* évêque d'Arles (Gaule Belgique v. 350 - 429 ou 430). Il fonda vers 410, dans une des îles de Lérins qui porte son nom, un monastère qui fut un des centres de science théologique et de rayonnement monastique en Gaule au Ve s. Il devint évêque d'Arles en 426 ou 427.

HONORÉ *(saint),* évêque d'Amiens (VIe s.). Culte attesté au Xe s. C'est le patron des boulangers.

HONORÉE n. f. Dans la correspondance commerciale, lettre reçue : *Par votre honorée du tant.*

HONORER v. t. (lat. *honorare*) [conj. **3**]. **1.** Marquer son respect, sa considération pour qqn, pour sa mémoire, rendre hommage à ses qualités, à son mérite : *Les membres du jury ont voulu cette année honorer un poète.* — **2.** Respecter qqch, le tenir en haute estime : *J'honore vos scrupules, mais je ne peux en tenir compte.* — **3.** Décerner une distinction à qqn, à qqch, leur accorder une marque d'attention flatteuse ou d'intérêt montrant l'estime ou la considération qu'on leur porte : *Honorer quelqu'un de sa confiance.* — **4.** Faire honneur à qqn, à une collectivité, à un état, etc., contribuer à leur bonne réputation ; être un motif d'estime pour qqn, qqch : *Un avocat qui honore le barreau. Cette sincérité vous honore.* — **5.** S'acquitter d'une obligation, faire face à un engagement : *Honorer un chèque.* — **6.** Vx. *Honorer sa femme,* accomplir l'acte sexuel avec elle.

◆ **être honoré** v. pass. *Mon (cher et) honoré collègue, confrère, etc.*, qualificatif que se donnent des personnes d'une même profession.
◆ **s'honorer** v. pr., **être honoré** v. pass. Être fier de qqch, en retirer un certain honneur : *Je suis très honoré que vous ayez pensé à moi.*
◆ **s'honorer** v. pr. *Litt.* S'attirer l'estime, la considération d'autrui pour une action donnée : *Il s'honore en restant fidèle à ses principes.*

HONORIA (Justa Grata), princesse romaine (v. 417 - apr. 452), fille de Constantius et de Placidie. Proclamée *Augusta* et corégente de son frère Valentinien III vers 437, exilée de la Cour pour inconduite (449), elle s'offrit en mariage à Attila.

HONORIFIQUE adj. (lat. *honorificus*). **1.** Qui procure des honneurs, de la considération sans aucun avantage matériel : *Distinctions purement honorifiques.* – **2.** *À titre honorifique,* sans aucun autre droit que le fait d'avoir ce titre, cette charge.

*__HONORIS CAUSA__ loc. adj. (lat. *honoris causa,* pour l'honneur). Se dit de grades universitaires conférés à titre honorifique et sans examen à de hautes personnalités.

HONORIUS (Flavius) [Constantinople 384 - Ravenne 423], premier empereur d'Occident (395-423), fils de Théodose Ier et frère d'Arcadius. Pendant sa minorité, il laissa la réalité du pouvoir au Vandale Stilicon, qui écrasa Alaric (402), puis les Goths (406). Mais il le fit périr en 408. Il ne put s'opposer à Alaric, qui saccagea Rome (410). Flavius Constantin, nouveau généralissime, réduisit les usurpateurs et accéda au trône à ses côtés (421). Sa mort laissa Honorius désemparé, incapable de refouler une nouvelle poussée barbare.

HONORIUS Ier († 638), pape de 625 à 638. Il poursuivit l'œuvre de Grégoire le Grand et développa la mission d'Angleterre.

HONORIUS II (Fagnano, Imola - Rome 1130), pape de 1124 à 1130. Cardinal-évêque d'Ostie, il négocia le concordat de Worms (1122). Il eut une action déterminante sur l'élection de Lothaire III à l'Empire.

HONORIUS III (Cencio SAVELLI) [Rome - 1227], pape de 1216 à 1227. La croisade qu'il suscita en 1217-1221 se solda par la perte de Damiette. Il couronna Frédéric II empereur (1220).

HONORIUS IV (Giacomo SAVELLI) [Rome 1210 - *id.* 1287], pape de 1285 à 1287. Il favorisa les ordres mendiants.

HONSHŪ, anc. **Hondō,** principale île du Japon ; 230 000 km^2 ; 99 254 194 hab. Elle couvre plus de 60 % de la superficie du pays, dont elle concentre 80 % de la population, avec une densité moyenne de l'ordre de 430 hab. au km^2. Étirée sur 1 300 km (et près de 10° de latitude), large au maximum de 240 km, l'île est pourtant souvent montagneuse, parfois volcanique (Fuji-Yama), plus froide au N. Elle oppose surtout une façade N.-O. (sur la mer du Japon), relativement peu peuplée et urbanisée, à une façade sur la mer Intérieure et le Pacifique, qui regroupe la quasi-totalité des centres majeurs du Japon historique et actuel. D'Hiroshima à la plaine du Kantō se succèdent grandes agglomérations et conurbations, dont Ōsaka-Kōbe, Nagoya et Tōkyō-Yokohama.

HONTAÑÓN (Rodrigo GIL DE) → GIL DE HONTAÑÓN.

*__HONTE__ n. f. (frq. **haunipa,* de même rad. que *honnir*). **1.** Sentiment d'abaissement, d'humiliation qui résulte d'une atteinte à l'honneur, à la dignité : *Couvrir quelqu'un de honte.* – **2.** Sentiment d'avoir commis une action indigne de soi, ou crainte d'avoir à subir le jugement défavorable d'autrui : *Rougir de honte.* – **3.** Sentiment de gêne dû à la timidité, à la réserve naturelle, au manque d'assurance, à la crainte du ridicule, etc., qui empêche de manifester ouvertement ses réactions, sa manière de penser ou de sentir : *N'avoir aucune honte à avouer ses sentiments.* – **4.** *À la (grande) honte de qqn,* à sa grande confusion, en provoquant son discrédit, son déshonneur. ‖ *Avoir honte,* éprouver un sentiment de honte du fait de telle chose, de telle personne ou de telle situation : *Avoir honte de sa conduite.* ‖ *Avoir perdu toute honte* ou, litt., *avoir toute honte bue,* être insensible au déshonneur ; avoir oublié toute pudeur, tout respect de soi-même. ‖ *C'est une honte !, Quelle honte !,* c'est une chose indigne, révoltante. ‖ *Être la honte de,* être une cause de honte, de déshonneur : *Être la honte de sa famille.* ‖ *Faire honte à qqn,* être un sujet de honte, de grave mécontentement pour qqn : *Sa conduite fait honte à tout le monde ici ;* lui inspirer un sentiment d'humiliation par une comparaison qui lui montre son infériorité : *Il nous fait honte par son ardeur au travail ;* lui faire des reproches pour l'amener à regretter une mauvaise action, à s'en repentir : *Fais-lui honte de son attitude.* ‖ *Fausse honte,* embarras, gêne, remords éprouvés par scrupule ou timidité pour ce qui n'est nullement indigne ou répréhensible.

HONTE ou **ESCAUT OCCIDENTAL,** estuaire de l'Escaut, partagé entre les Pays-Bas et la Belgique. (Le tirant d'eau varie entre 14 et 17 m.)

*__HONTEUSEMENT__ adv. D'une manière honteuse, qui mérite le déshonneur.

*__HONTEUX, EUSE__ adj. **1.** Qui éprouve un sentiment de honte, d'humiliation, de gêne, du fait d'une action ou d'une situation dont il est responsable : *N'êtes-vous pas honteux de mentir pareillement ?* — **2.** Qui éprouve de la honte du fait de la conduite d'une personne proche : *Être honteux de son fils.* — **3.** Qui, par pusillanimité, timidité, pudeur, n'ose pas avouer ouvertement ses convictions, ses opinions ou dévoiler la situation où il se trouve : *Des partisans honteux du colonialisme.* — **4.** Que l'on cache par honte : *De honteux secrets.* — **5.** Qui est une cause de honte, de déshonneur, qui est considéré comme dégradant pour son auteur : *Un honteux chantage.* — **6.** *Il est honteux de, que,* il est déshonorant, vil, scandaleux de, que : *Il est honteux de s'exprimer, qu'on puisse s'exprimer de la sorte.* — **7.** Se dit de divers éléments anatomiques (artères, plexus) en rapport avec les organes génitaux. — **8.** *Maladie honteuse,* maladie vénérienne.

HONTHEIM (Johann Nikolaus VON), dit **Justinus Febronius,** historien et canoniste allemand (Trèves 1701 - château de Montquentin, près d'Orval, Luxembourg, 1790). En attaquant, dans ses écrits, la primauté du pape et le caractère monarchique de l'Église romaine, il devint le maître à penser du *fébronianisme,* qui est une forme aiguë du gallicanisme.

HONVÉD, mot hongr. signifiant *défense de la patrie,* appellation, depuis 1848, de l'armée hongroise.

HOOD (Thomas), poète britannique (Londres 1799 - *id.* 1845), créateur de la devinette imagée (1826-27). Sa réputation d'humoriste éclipsera la veine sérieuse de ses poèmes sociaux (*le Pont des soupirs,* 1845).

HOOFT (Pieter Cornelisz.), écrivain hollandais (Amsterdam 1581 - La Haye 1647). Bailli de Muiden, acclamé comme poète élégiaque, connu pour ses *Histoires des Pays-Bas* (27 vol.), il a introduit la tragédie classique en Hollande et contribué à former la langue classique néerlandaise.

HOOGHLY ou **HŪGLĪ,** bras occidental du delta du Gange, en Inde (Bengale-Occidental) ; env. 250 km. L'ensablement entrave la navigation autour de Calcutta.

HOOGSTRATEN, comm. de Belgique (prov. d'Anvers), en Campine ; 15 778 hab. Église gothique de 1525-1550, par R. Keldermans (œuvres d'art).

HOOKE (Robert), astronome et mathématicien anglais (Freshwater, île de Wight, 1635 - Londres 1703). Il conçut le premier la possibilité d'utiliser le mouvement d'un pendule pour mesurer l'accélération de la pesanteur. Il énonça la loi de proportionnalité entre les déformations élastiques d'un corps et les efforts auxquels il est soumis *(loi de Hooke).* Il effectua de nombreux travaux en optique et en astronomie (observation des taches solaires, des anneaux de Saturne et des comètes).

Hooke *(joint de),* organe de transmission, constitué de deux cardans reliés par un arbre intermédiaire le plus souvent télescopique, utilisé pour l'articulation homocinétique de deux arbres concourants.

HOOKER (*sir* Joseph Dalton), botaniste britannique (Halesworth, Suffolk, 1817 - Sunningdale, près de Londres, 1911). Il fit partie de l'expédition de Ross dans l'Antarctique, explora l'Inde, l'Himālaya et le Tibet, et devint directeur des jardins et de l'herbier de Kew (1865-1885). Il a établi une remarquable classification des plantes.

HOOKER (John Lee), guitariste et chanteur de blues américain (Clarksdale, Mississippi, 1915). Figure majeure du blues d'après-guerre, il développe un style unique et envoûtant, qui se caractérise par un rythme obsédant et un jeu de guitare économe et dépouillé.

***HOOLIGAN, *HOOLIGANISME** → HOULIGAN, HOULIGANISME.

HOORN, v. des Pays-Bas (Hollande-Septentrionale), séparée du polder de Markerwaard par un canal ; 47 000 hab. Vieille cité conservant des édifices des XVIᵉ et XVIIᵉ s. Musée de la Frise occidentale. Pêche. Sports nautiques. Constructions électriques.

HOORNE → HORNES.

HOORNIK (Eduard), poète et auteur dramatique néerlandais (La Haye 1910 - Amsterdam 1970). Poète romantico-réaliste (*le Double,* 1963), il est surtout connu pour ses pièces de théâtre (*l'Eau,* 1959).

HOOVER (Herbert Clark), homme d'État américain (West Branch, Iowa, 1874 - New York 1964). Républicain, président des États-Unis en 1929, il fut confronté à la Grande Dépression et fut battu par le démocrate Roosevelt aux élections de 1932.

HOOVER (John Edgar), administrateur américain (Washington 1895 - *id.* 1972). Directeur du Federal Bureau of Investigation (FBI) de 1924 à sa mort, il a fait de ce service un moyen de lutte efficace contre le gangstérisme et l'espionnage.

Hoover Dam (de 1933 à 1947 **Boulder Dam**), barrage des États-Unis, sur le Colorado, à la frontière du Nevada et de l'Arizona (retenue de 42 milliards de m^3). Il est utilisé pour l'irrigation ainsi que pour l'approvisionnement en eau et en électricité d'une partie du Sud-Ouest américain (dont Los Angeles).

***HOP !** interj. (onomat.). Sert à attirer l'attention, à stimuler, à faire sauter ou à exprimer une action brusque.

***HOPAK** ou **GOPAK** n. m. Danse populaire masculine ukrainienne, de rythme vif à 2/4, avec pirouettes, sauts et marteaux.

HOPE (Thomas Charles), chimiste écossais (Édimbourg 1766 - *id.* 1844). Il découvrit la strontiane (1792) et montra que la densité de l'eau était maximale à 4 °C.

HOPE (Alec Derwent), poète et critique australien (Cooma, Nouvelle-Galles du Sud, 1907). Outre des poèmes dont les accents sensuels font parfois place à une verve satirique, on lui doit des études critiques (*Compagnons du pays,* 1974).

HO-PEI → HEBEI.

HOPEWELL, mot angl. désignant une phase culturelle du nord-est des États-Unis (500 av. J.-C. - 500 apr. J.-C.). Seconde période de la séquence appelée *burial* mounds,* elle forme avec la phase culturelle Adena* la tradition dite « des Régions boisées » (Woodlands). Elle est caractérisée par des tumulus très vastes, érigés sur des lieux d'inhumation ou de crémation où l'on a retrouvé un grand nombre d'offrandes funéraires. Les populations Hopewell devaient vivre en villages semi-permanents, dont l'économie reposait sur le maïs. La culture Hopewell doit son nom au premier site étudié : *Hopewell Farm,* dans la région de Hamilton (Ohio).

HOPF (Heinz), mathématicien allemand (Breslau 1894 - Zollikon 1971). Ses travaux, avec ceux de H. Poincaré, L. Brouwer, S. Lefschetz, W. Hurewicz, déterminent le passage de la topologie combinatoire à la topologie algébrique.

HOPIS, Indiens Pueblos de l'Arizona. Malgré plusieurs siècles d'acculturation, ils tentent de préserver leur mode de vie traditionnel.

HÔPITAL n. m. (lat. *hospitalis domus,* maison où l'on reçoit les hôtes). **1.** Établissement public ou établissement privé ayant passé certaines conventions avec l'État et où peuvent être admis tous les malades pour y être traités. (→ *encycl.*) — **2.** S'emploie comme apposition, avec ou sans trait d'union, à un nom désignant un bâtiment : *Navire-hôpital.* — **3.** *Hôpital auxiliaire,* formation sanitaire organisée par les sociétés d'assistance aux blessés pendant les deux guerres mondiales. ‖ *Hôpital de jour,* service hospitalier où les malades sont hébergés pendant la journée pour y recevoir les soins nécessaires à leur état et regagnent chaque soir leur domicile. ‖ *Hôpital maritime, militaire,* établissement sanitaire du service de santé des armées dans un port de guerre ou une ville de garnison. ‖ *Hôpital de nuit,* service hospitalier où les malades, qui poursuivent leur activité professionnelle dans la journée, sont hébergés la nuit pour y recevoir les traitements et la surveillance médicale qui ne peuvent être assurés chez eux. ‖ *Hôpital psychiatrique,* établissement hospitalier spécialisé dans le traitement des troubles mentaux, nommé *asile* avant 1938 et actuellement *centre psychothérapique* ou *centre hospitalier spécialisé.*

ENCYCL. Les premiers hôpitaux sont apparus à la fin du IVe s. sous l'influence du christianisme. Ils servent à la fois de refuge aux voyageurs et aux malades indigents. Les léproseries apparaissent au XIe s. Du XIIe au XVIe s., les hôpitaux sont dirigés par des prêtres et des religieux. À la fin du XVIIIe s. interviennent des réformes concernant l'hygiène et la réglementation intérieure. Au XXe s., on en vient à considérer l'hôpital non plus comme un établissement de charité, mais comme un établissement de soins ouvert à toutes les couches de la population, la médecine moderne nécessitant des installations coûteuses et d'une haute technicité.

HÔPITAL (L') [57490], comm. de la Moselle, au N.-N.-E. de Saint-Avold ; 6 414 hab. Industrie chimique.

***HOPJE** n. m. (néerl. *hopje*). Caramel dur composé de lait, de beurre salé et de saccharose, parfumé au café.

HOPKINS (Gerard Manley), poète britannique (Stratford 1844 - Dublin 1889). Jésuite, il est l'auteur de brefs poèmes (1885-1887), publiés en 1918 par R. Bridges et qui exercèrent, par leurs innovations métriques et leurs accents tragiques, une grande influence sur la poésie anglo-saxonne.

HOPKINS (Sam, dit **Lightnin'**), guitariste et chanteur de blues américain (Leona, Texas, 1912 - Houston 1982). Disciple de Blind Lemon Jefferson, il appartient à la lignée des grands chanteurs de blues rural texan. Il a notamment enregistré *Bad Luck and Trouble* (1950), *Penitentiary Blues* (1959), *Lonesome Dog Blues* (1965), *Slavery* (1967).

Hopkinson *(loi de)* [du n. de l'ingénieur angl. John *Hopkinson* (1849-1898)]. Loi selon laquelle, dans un circuit magnétique simple, comportant un enroulement de n spires parcourues par un courant i, la force magnétomotrice ni est égale au produit de la réluctance $\mathcal{R}$ par le flux d'induction magnétique φ : $ni = \mathcal{R}\varphi$.

HOPLIE n. f. Petit hanneton écailleux, bleuâtre ou jaune et dont la femelle est ordinairement brune.

HOPLITE n. m. (gr. *hoplitês,* armé). Soldat d'infanterie de la Grèce antique, pesamment armé. (L'armement complet comprenait le bouclier rond ou ovale, le casque, la cuirasse, les cnémides, l'épée à deux tranchants et la lance.)

HOPLOCAMPE n. m. (du gr. *hoplon,* arme). Insecte hyménoptère symphyte, dont la larve se développe à l'intérieur des fruits (prunes, poires, pommes), dont elle provoque la chute avant la maturité.

HOPLOPSYLLUS [-lys] n. m. (gr. *hoplon,* arme, et *psullos,* puce). Puce qui transmet la peste aux rongeurs et probablement à l'homme.

HOPLOPTÈRE n. m. Vanneau noir et blanc, à huppe courte, pourvu d'un éperon à l'aile, nichant en Asie et en Afrique.

HOPPER (Edward), peintre et graveur américain (Nyack, État de New York, 1882-New York 1967). Réaliste dans la mouvance du « groupe des Huit », il traduit l'univers urbain par des volumes lourdement structurés, figés, comme ses personnages, dans une lumière dure, conférant à son œuvre un aspect souvent angoissant.

HOPPNER (John), peintre britannique (Londres 1758 - *id.* 1810). Élève de Reynolds à la Royal Academy, il devint, après la mort de celui-ci, le portraitiste le plus recherché d'Angleterre à côté de Lawrence.

*__HOQUET__ n. m. (onomat. *hok-*). **1.** Spasme ou succession de spasmes subits du diaphragme, entraînant chez l'individu qui en est victime un bruit d'aspiration caractéristique. — **2.** Bruit rauque analogue à celui du hoquet, qui accompagne les sanglots. — **3.** Bruit produit par à-coups, en partic. dans un appareil : *Les hoquets d'un moteur.* — **4.** Procédé d'écriture musicale qui requiert au moins deux voix alternant de note en note ou toutes les deux ou trois notes. (Utilisé notamment par Pérotin et Guillaume de Machaut.)

*__HOQUETER__ v. i. (conj. 27). **1.** Avoir le hoquet. — **2.** Émettre de manière spasmodique des bruits analogues à ceux du hoquet : *Sangloter en hoquetant.* — **3.** Être secoué par des à-coups : *Moteur qui hoquète.*

*__HOQUETON__ n. m. (ar. *al-quṭun,* le coton). Vêtement en étoffe ou en cuir, porté par les hommes d'armes, et dont la robe était fendue par-devant, par-derrière et sur les côtés (XIIIe-XVe s.).

HORA (Josef), poète et journaliste tchèque (Dobříni, près de Roudnice, 1891 - Prague 1945). Attiré par le socialisme, il a livré une œuvre inspirée tour à tour par les sujets prolétariens (*la Journée de labeur,* 1920), les thèmes lyriques (*Italie,* 1925), la méditation métaphysique (*Variations sur Macha,* 1936), l'ardeur patriotique (*le Torrent,* 1946).

HORACE, en lat. **Quintus Horatius Flaccus,** poète latin (Venusia, Apulie, 65-Rome ? 8 av. J.-C.). Fils d'un affranchi qui lui fait faire de solides études littéraires et philosophiques à Rome et à Athènes, Horace sert comme tribun militaire dans l'armée de Brutus battue à Philippes en 42. Revenu à Rome, ruiné et suspect, il rencontre Virgile qui le présente à Mécène, auquel une profonde amitié va le lier jusqu'à sa mort. Épicurien délicat et artiste raffiné, resté indépendant, malgré la protection d'Auguste, Horace a doté les lettres latines d'une poésie à la fois familière, nationale et religieuse (*Satires**, *Épodes, Odes**, *Épîtres**) qui l'a fait considérer, par les humanistes, puis par les classiques, comme le modèle des vertus classiques d'équilibre et de mesure.

Horace, la première des grandes tragédies « régulières » de Corneille (1640), inspirée d'un récit de Tite-Live (I, 23-26). Au patriotisme du vieil Horace, Corneille oppose le courage plus humain de Curiace et l'amour exclusif de Camille, sœur d'Horace.

HORACES (les trois), légende romaine. Sous le règne de Tullus Hostilius (VIIe s. av. J.-C.), Rome et Albe, étant en guerre, résolurent de confier leur destinée à trois champions pris dans chaque armée. Le hasard désigna les trois frères Horace pour les Romains, les trois frères Curiace pour les Albains. Au premier choc, trois Curiaces furent blessés et deux Horaces furent tués. Le troisième, feignant de fuir, tua séparément les trois Curiaces. Au retour, le vainqueur, voyant sa sœur Camille pleurer un des Curiaces, son fiancé, la tua. Condamné à mort, il en appela au peuple, qui l'acquitta.

Horaces *(le Serment des),* toile de L. David (3,30 × 4,27 m ; peinte à Rome, 1784-85), conservée au Louvre. Œuvre clé de la peinture française, elle apparut, au Salon de 1785, comme le manifeste du nouveau style classique.

HORAIRE adj. (lat. médiév. *horarius,* du lat. class. *hora,* heure). **1.** Relatif à l'heure en tant que moment ou en tant que durée : *Fuseau horaire. Salaire horaire.* — **2.** Se dit d'un mouvement dans le sens des aiguilles d'une montre. (Contr. CONTRAHORAIRE.) — **3.** *Angle horaire d'un point (de la sphère céleste),* distance angulaire de la projection de ce point sur le plan équatorial, comptée dans le sens rétrograde, à partir du méridien, en un lieu donné. ‖ *Appareil horaire,* nom générique des appareils servant à indiquer l'heure. ‖ *Équation horaire,* pour un mouvement d'un mobile ponctuel, fonction qui, à chaque instant, fait correspondre l'abscisse curviligne du mobile sur sa trajectoire. ‖ *Lignes horaires,* lignes marquant d'heure en heure la position de l'ombre du style sur un cadran solaire. ‖ *Tableau horaire,* tableau détaillé comportant les heures de départ, de passage et d'arrivée des trains dans toutes les gares.

◆ adj. et n. Qui est rémunéré à l'heure : *Personnel horaire.*

◆ n. m. **1.** Organisation, indication, relevé des heures de départ, d'arrivée des services réguliers des transports publics : *Horaire des trains.* – **2.** Tableau, imprimé, recueil indiquant ces heures : *Consulter l'horaire dans une gare.* – **3.** Organisation, répartition des heures de travail, indication des heures où a lieu une activité : *Une profession dont l'horaire est contraignant.* (Les horaires de travail sont fixés collectivement et affichés sur les lieux de travail. Ils doivent être préalablement soumis, ainsi que toute modification éventuelle, à l'Inspection du travail.) – **4.** Emploi du temps, temps d'occupation de qqn : *Avoir un horaire bien rempli.* – **5.** *Horaire individualisé, flexible, variable, mobile, souple, à la carte,* mode d'organisation du temps de travail laissant au travailleur salarié la faculté de moduler ses horaires. (→ *encycl.*) ‖ *Horaire réduit,* possibilité de travail à temps partiel pour les salariés qui en font la demande.
ENCYCL. Dans l'*horaire individualisé,* la journée de travail comporte une plage d'horaires fixe, commune à tous les salariés, et une partie flexible pendant laquelle le salarié peut choisir et faire varier ses heures d'arrivée et de départ. Le salarié doit cependant effectuer le temps de travail réglementaire, hebdomadaire ou mensuel, et ne pas dépasser le maximum quotidien autorisé (amplitude). Il peut ainsi être, à un instant donné, en avance (crédit d'heures) ou en retard (débit d'heures) et doit régulariser la situation avant la fin de la période de référence.

HOR AL-HAMMAR → KHAWR AL-ḤAMMĀR.

HORATIUS COCLES (« le Borgne »), héros romain légendaire de la gens Horatia, qui défendit seul le pont Sublicius contre l'Étrusque Porsenna. Il perdit un œil dans la bataille.

HORDAIN (59111), comm. du Nord, entre Cambrai et Valenciennes ; 1 295 hab. Industrie automobile.

***HORDE** n. f. (turc *ordu,* camp). **1.** Troupe sauvage causant des dommages par sa violence : *Des hordes d'envahisseurs barbares.* – **2.** Troupe d'animaux sauvages : *Des hordes de loups affamés.* – **3.** Troupe nombreuse, indisciplinée et plus ou moins violente de personnes quelconques : *Une horde de gamins excités.* – **4.** Centre administratif des grands empires nomades médiévaux constitué par les campements de tentes des chefs de ces États. – **5.** *Horde primitive,* fiction avancée par S. Freud, selon laquelle il aurait existé à l'origine une horde dans laquelle un vieux mâle aurait eu le monopole des femelles. (Les fils révoltés auraient ensuite tué le père. Cette fiction fait du meurtre du père et de son refoulement le fondement des religions et plus généralement le fondement de la culture et du complexe d'Œdipe au niveau de l'individu.)

HORDE D'OR, khānat mongol, aussi appelé **khānat de Kiptchak,** formé par la partie occidentale de l'empire de Gengis Khān (XIIIe-XVIe s.). Cap. *Saray.* Elle régnait sur les territoires conquis par Djūtchí († 1227) et par Bātū à partir de 1236 : l'ancien royaume des Bulgares de la Volga, le sud de la Russie et la Crimée. Suzeraine des princes russes jusqu'en 1480, elle fut anéantie en 1502 par le khānat de Crimée qui s'en était rendu indépendant v. 1430. Les khānats de Kazan, d'Astrakhan et de Sibir, qui en étaient également issus, furent conquis par les Russes de 1552 à 1598.

HOREAU (Hector), architecte français (Versailles 1801 - Paris 1872). Visionnaire éclectique, il a fait diverses propositions de grandes halles en fer et verre (dès 1845 pour les Halles de Paris), et réalisé des salles des fêtes et « châteaux des fleurs » à Paris et à Lyon (1846-1848).

HOREAU (Alain), chimiste français (Nantes 1909 - Sceaux 1992). Il est l'auteur de travaux de stéréochimie et d'une méthode de détermination de la configuration absolue des alcools secondaires. (Acad. des sc., 1977.)

HOREB, autre nom biblique du Sinaï.

HOREMHEB, dernier roi de la XVIIIe dynastie égyptienne (1340-1314 av. J.-C.). Après les règnes de Toutankhamon et de ses faibles successeurs, Horemheb, général victorieux, prit le pouvoir et restaura l'autorité monarchique. Il adopta, pour lui succéder, le futur Ramsès Ier.

HORGEN, v. de Suisse (cant. de Zurich), sur la rive O. du lac de Zurich ; 16 600 hab. Centre industriel.

Horgen *(culture de),* faciès culturel du néolithique final en Suisse (fin du IIIe-début du IIe millénaire), appartenant au même groupe que ceux de Seine-Oise-Marne et de Vienne-Charente. La céramique comprend surtout de grands vases à fond plat sans décoration.

***HORION** n. m. (p.-ê. anc. fr. *orillon,* coup sur l'oreille). *Litt.* Coup violent donné à qqn.

HORIZON n. m. (lat. *horizon, -ontis,* du gr. *horidzôn, -ontos*). **1.** Ligne imaginaire circulaire dont l'observateur est le centre et où le ciel et la terre (ou la mer) semblent se confondre. – **2.** Partie de la terre, de la mer ou du ciel qui borne cette ligne : *Apercevoir une voile à l'horizon.* – **3.** Étendue de terre et de ciel qu'un observateur peut apercevoir autour de lui. – **4.** Lieu où l'on vit et qui borne l'existence : *Il faut changer d'horizon.* – **5.** Domaine qui s'ouvre à l'esprit et à l'activité de qqn : *Élargir son horizon.* – **6.** Perspectives d'avenir dans un domaine : *L'horizon politique s'éclaircit.* – **7.** *À l'horizon,* dans un avenir proche ou dans un avenir défini par telle date : *À l'horizon 2010.* ‖ *Faire un tour d'horizon,* soumettre successivement à la discussion tous les aspects d'un sujet, d'une question. ‖ *Ouvrir des horizons,* créer de nouvelles perspectives, de nouvelles possibilités d'action ou de réflexion. • **Aéron.** *Horizon artificiel,* instrument de pilotage d'un avion qui matérialise une référence de verticale terrestre et permet au pilote d'apprécier la position de son avion en roulis et en tangage. – **Astron.** Grand cercle de la sphère céleste, en un lieu donné, formé par l'intersection de cette sphère et du plan horizontal. ‖ Syn. rare de PLAN HORIZONTAL. ‖ *Horizon des événements,* limite à l'observation des phénomènes physiques au voisinage de puits de potentiel gravitationnels très intenses (trous noirs). – **Dess.** *Ligne d'horizon,* ligne horizontale qui résulte de l'intersection du plan d'horizon et du plan figuratif. (Toutes les droites contenues dans un plan horizontal quelconque ont leur point de fuite sur la ligne d'horizon.) ‖ *Plan d'horizon,* plan horizontal qui passe par l'œil de l'observateur. – **Écon.** *Horizon économique,* durée pour laquelle les producteurs, les consommateurs ou les épargnants établissent leurs prévisions et leurs plans. – **Géol.** Lit ou niveau très fin et bien distinct dans une séquence lithologique. – **Pédol.** Couche du sol plus ou moins épaisse et sensiblement parallèle à la surface. (L'ensemble des horizons d'un sol, ou *profil du sol,* résulte des transformations d'une même roche mère [horizon C] par simple altération [horizon B], incorporation de matière organique [litière végétale L et horizons humifères A_0a_1], appauvrissement [horizons éluviaux A_2 et E] ou, au contraire, par accumulation d'argiles, d'hydroxydes et de complexes organominéraux [horizons illuviaux B]. Les horizons, caractérisés par leur aspect morphologique, leur nature physico-chimique et minéralogique, et leurs relations réciproques, servent de fondement à la classification et au diagnostic agronomique des sols.) – **Pétr.** *Horizon productif* ou *producteur,* partie productive d'un gisement de pétrole ou de gaz naturel. – **Préhist.** Distribution de traits culturels identiques sur une vaste région, au cours d'une période limitée.

HORIZONTAL, E, AUX adj. (de *horizon*). **1.** Qui est perpendiculaire à une ligne, à une direction, à un axe qui représente conventionnellement la verticale : *Plan horizontal.* – **2.** *Position horizontale,* position couchée, allongée. • **Astron., Géod.** et **Topogr.** *Coordonnées horizontales,* coordonnées sphériques, pour un lieu donné, dans un système dont le plan fondamental est le plan horizontal, le pôle positif le zénith, et la direction origine l'intersection du plan horizontal avec le plan méridien. ‖ *Parallaxe horizontale,* parallaxe diurne d'un astre situé ou ramené dans le plan horizontal. – **Écon.** *Intégration horizontale,* opération par laquelle une entreprise en absorbe une autre s'adonnant à une fabrication du même type et se trouvant au même niveau de la filière considérée. (S'oppose à *intégration verticale.*) – **Math.** Se dit d'une droite ou d'un plan parallèle à H_0, plan horizontal de projection. ‖ *Plan horizontal de projection* H_0, un des deux plans de projection utilisés en géométrie descriptive. ◆ **horizontale** n. f. **1.** Droite horizontale. – **2.** *À l'horizontale,* dans une position horizontale, et en partic. couché, étendu, en parlant de qqn. ‖ *Horizontale d'un plan* P, droite obtenue en coupant P par un plan horizontal.

HORIZONTALEMENT adv. Parallèlement à l'horizon ; dans une direction horizontale.

HORIZONTALITÉ n. f. Caractère de ce qui est horizontal : *L'horizontalité d'un plan.*

HORKHEIMER (Max), philosophe et sociologue allemand (Stuttgart 1895 - Nuremberg 1973). Directeur de l'Institut pour la recherche sociale en 1930, il fonda et dirigea l'école de Francfort. En 1933, il fuit le nazisme et réinstalla l'Institut à New York. Ses travaux ont porté sur la sociologie marxiste, revue dans une perspective critique et humaniste. Son livre le plus remarquable est *Kritische Theorie I* et *II* (1968).

Horla *(le),* recueil de contes de Maupassant (1887), modèle du récit fantastique, dont le héros est obsédé par la présence diffuse d'un être surnaturel.

HORLIVKA → GORLOVKA.

HORLOGE n. f. (lat. *horologium,* du gr. *hôrologion,* de *hôra,* heure, et *legein,* dire). **1.** Appareil horaire fixe, de grandes dimensions, possédant un dispositif d'indication de l'heure sur un cadran, et souvent un dispositif de sonnerie des heures et des demi-heures. – **2.** *Être réglé comme une horloge,* être extrêmement régulier, ponctuel dans ses habitudes. ‖ Fam. *Heure d'horloge,* heure entière, considérée comme un temps très long. • **Bot.** *Horloge de Flore,* nom donné par Linné à une série de fleurs classées suivant l'heure du jour à laquelle s'épanouit chacune d'elles. – **Électron.** Dispositif électronique fournissant des impulsions, régulièrement espacées, qui constituent des signaux de synchronisation dans un système électronique. – **Éthol.** *Horloge interne* ou *biologique,* ensemble des mécanismes biochimiques et physiologiques internes qui déterminent chez un individu une répartition rythmique de l'activité de son organisme. – **Horlog.** *Horloge astronomique,* horloge monumentale à automates, affichant l'heure et diverses données astronomiques. ‖ *Horloge à eau,* appareil qui mesure le temps par un écoulement régulier de l'eau. ‖ *Horloge électrique,* horloge dont le mouvement est produit, entretenu et réglé par un courant électrique. ‖ *Horloge électronique,* horloge qui comporte des composants électroniques. ‖ *Horloge moléculaire* ou *atomique,* horloge de haute précision fonctionnant à partir de molécules d'ammoniac, d'atomes de césium, de rubidium, d'hydrogène, dont les vibrations servent d'étalon de temps. (→ *encycl.*) ‖ *Horloge parlante,* horloge et service donnant l'heure par téléphone, à l'aide de tops horaires. ‖ *Horloge de parquet,* horloge à poids et à balancier dont l'ensemble du dispositif est placé dans un meuble (cabinet) posé sur le sol. ‖ *Horloge à poids,* horloge dont le rouage est mû par la chute régulièrement ralentie d'un poids. — **Zool.** *Horloge de la mort,* nom usuel des *vrillettes,* en raison du bruit régulier qu'elles font en attaquant les bois des meubles.

ENCYCL. **Horlog.** *Horloge moléculaire* ou *atomique.* Lorsqu'un atome ou une molécule effectue, suivant les lois du phénomène de résonance, une transition entre deux états quantiques possibles, celle-ci s'accompagne de l'émission ou de l'absorption d'une onde électromagnétique, dont la fréquence est déterminée uniquement par les niveaux d'énergie de l'atome dans chacun des états considérés. La précision avec laquelle sont déterminés les niveaux d'énergie et par suite la fréquence peut être extrêmement grande.

L'utilisation de cette fréquence pour la construction d'une horloge implique la réalisation d'un oscillateur fonctionnant de façon continue. Une première solution consiste à réaliser un maser*. Une autre solution, plus couramment utilisée, consiste à exciter une collection d'atomes par un signal, issu généralement, après multiplication de fréquence, d'un oscillateur à quartz, et dont la fréquence est voisine de la fréquence de transition.

HORLOGE (en lat. *Horologium, -gii*), petite constellation australe, introduite par La Caille en 1752.

HORLOGER, ÈRE adj. (de *horloge*). Relatif à l'horlogerie.

◆ n. Personne qui fabrique, répare ou vend des horloges, des pendules, des montres.

HORLOGERIE n. f. (de *horloger*). **1.** Technique de la fabrication ou de la réparation des horloges, des pendules, des montres. (→ *encycl.*) — **2.** Commerce de ces objets ; magasin de l'horloger. — **3.** Ouvrages d'horloger.

ENCYCL. Après l'utilisation des gnomons, obélisques, sabliers, bougies graduées, cadrans solaires ou clepsydres dans l'Antiquité, les premières horloges mécaniques sont apparues au Moyen Âge (XIVe s.). Les premières montres, très volumineuses, datent de la Renaissance. Au XVIIe s., Huygens apporte des oscillateurs précis à l'horlogerie : le pendule et le balancier spiral. Au XVIIIe s., Graham invente l'échappement libre à ancre. Vers 1840 apparaissent les premières horloges électriques. Parmi les garde-temps très précis, les horloges à quartz datent de 1930 ; elles ont été remplacées à partir de 1955 par les horloges atomiques. La première montre électrique est réalisée en 1952. En 1967 apparaît la montre à quartz à aiguilles (analogique), puis en 1971 la montre numérique (chiffres), grâce à la réalisation des circuits intégrés et des afficheurs à diodes électroluminescentes et à cristaux liquides.

Un appareil horaire mécanique comprend : 1° l'*organe moteur* (poids, pour les horloges et les pendules, ressort pour les montres, les réveils, etc.) ; 2° l'*organe de transmission,* ou *rouage,* constitué par un train d'engrenage ; 3° l'*organe distributeur,* ou *échappement,* qui transforme le mouvement continu du rouage en mouvement circulaire alternatif, pour l'entretien des oscillations du pendule ou du balancier spiral, et permet le comptage de ces oscillations ; 4° l'*organe régulateur,* ou *oscillateur,* qui sert de base de temps ; 5° d'autres organes, pour le remontage manuel, la mise à l'heure, le réglage de l'oscillateur.

Dans les appareils horaires électriques, l'oscillateur est aussi l'organe moteur et entraîne le rouage utilisé pour l'affichage par des aiguilles. Il établit la commutation du courant nécessaire à l'entretien des oscillations et le coupe au moment opportun. L'énergie est fournie par des piles ou des accumulateurs sous forme de courant continu. Certaines pendulettes et horloges emploient des moteurs synchrones et asynchrones, et fonctionnent avec le courant alternatif du secteur (50 Hz).

L'*horlogerie électronique* utilise des composants électroniques.

Dans les appareils horaires à quartz, le résonateur est une lame de quartz, souvent taillée en forme de diapason, dont on utilise les propriétés piézoélectriques*, et qui vibre à une fréquence très stable.

Horlogerie *(musée international de l'),* musée installé à La Chaux-de-Fonds (Suisse), ouvert en 1973, qui renferme plus de 3 000 pièces représentatives de toute l'horlogerie à travers les âges et le monde.

HÖRMANDER (Lars), mathématicien suédois (Mjällby 1931), créateur d'une théorie générale des opérateurs différentiels linéaires. Il a obtenu la médaille Fields (1962).

HORME (L') [42152], comm. de la Loire, sur le Gier, près de Saint-Chamond ; 4 709 hab. *(Hormois).* Métallurgie.

***HORMIS** prép. (de *hors* et *mis,* part. passé de *mettre*). Excepté, sauf : *Il n'y avait presque personne hormis la famille.*

HORMISDAS *(saint)* [Frosinone - † Rome 523], pape de 514 à 523. Il obtint, en 519, du patriarche de Constantinople et de la majorité des évêques grecs la signature de la formule d'union dite *Formulaire d'Hormisdas,* qui rétablit l'unité de l'Église.

HORMONAL, E, AUX adj. Qui se rapporte aux hormones.

HORMONE n. f. (angl. *hormone,* du gr. *hormân,* exciter). **1.** Substance sécrétée par une glande endocrine ou élaborée par un tissu, déversée directement dans le sang et exerçant une action physiologique spécifique sur le fonctionnement d'un organe. (→ *encycl.*) — **2.** Substance sécrétée par une plante et qui agit sur sa croissance (auxine), sa floraison, etc.
ENCYCL. Le nom d'« hormone » ne fut créé qu'en 1905 par W. M. Bayliss et E. H. Starling. Mais Claude Bernard en connaissait l'action, dès 1851, lorsqu'il a mis en évidence la fonction glycogénique du foie. Les hormones sont sécrétées par des tissus ou par des glandes à sécrétion interne, dites « glandes endocrines » (hypophyse, thyroïde, parathyroïdes, pancréas, gonades, surrénales). Certaines glandes peuvent sécréter plusieurs hormones. L'hypophyse joue dans ce domaine un rôle de tout premier plan, c'est le « chef d'orchestre endocrinien ». Ses hormones exercent une action généralement stimulante sur les autres glandes. L'activité hypophysaire est elle-même sous contrôle neurohormonal de l'hypothalamus, par l'intermédiaire des « releasing factors ». Du point de vue chimique, on distingue les hormones de nature protidique ou polypeptidique (insuline, glucagon, hormones hypophysaires, hypothalamiques et parathyroïdiennes) ou dérivant du noyau stérolique (hormones sexuelles et corticosurrénaliennes) ou d'aminoacides (thyroxine, adrénaline, mélatonine).
La synthèse de certaines hormones a pu être réalisée.

HORMONOTHÉRAPIE n. f. Emploi, à des fins thérapeutiques, d'hormones naturelles ou de synthèse.

HORMUZ → ORMUZ.

HORN *(cap),* promontoire du Chili, marquant le point le plus austral de l'Amérique du Sud, à l'extrémité de l'*île Horn,* la plus méridionale de l'archipel de la Terre de Feu. C'est une falaise verticale, haute de 580 m, au milieu d'écueils et de hauts-fonds. La position vraie du cap Horn, aperçu par Drake dès 1578, a été reconnue, en 1616, par les navigateurs Schouten et Le Maire.

HORN *(îles de),* nom donné à l'ensemble des deux îles de Futuna et Alofi (territoire de Wallis-et-Futuna), en Océanie française.

HORN (Gustaf), comte **de Björneborg,** général suédois (Örbyhus 1592 - Skara 1657). Il fut un des meilleurs lieutenants de Gustave-Adolphe. Il devint grand maréchal (1641) et fut anobli.

HORN (Arvid, *comte*), homme politique suédois (Halikko, Finlande, 1664 - Ekebyholm, Suède, 1742). Premier ministre (1720-1738) de Frédéric Ier, chef du parti des Bonnets, il s'appuya sur l'Angleterre et la France contre la Russie. Sous son administration, le commerce et l'industrie se développèrent.

HORNÁD (le), en hongr. **Hernád,** riv. de Slovaquie et de Hongrie, affl. du Sajo (r. g.) ; 250 km environ.

***HORNBLENDE** [-blɛ̃d] n. f. (all. *Hornblende,* de *Horn,* corne, et *blenden,* briller). Silicate naturel d'aluminium, de calcium, de fer et de magnésium, appartenant au groupe des amphiboles. (On la trouve dans les roches plutoniques [diorites, gabbros], volcaniques [andésites, basaltes] et métamorphiques [amphibolites].)

HORNE → TOOKE (John Horne).

HORNEMANN (Friedrich Konrad), voyageur allemand (Hildesheim 1772 - Bokani, Nigeria, 1801). Il visita le Fezzan et parvint jusqu'au Bornou.

HORNES ou **HOORNE** (Philippe II DE MONTMORENCY, *comte* DE), seigneur des Pays-Bas (Nevele 1518 ou 1524 - Bruxelles 1568). Avec le comte d'Egmont et le prince d'Orange, il défendit les libertés des Pays-Bas contre Granvelle et la régente Marguerite de Parme, et fut décapité ainsi que le comte d'Egmont par ordre du duc d'Albe.

HORNEY (Karen), psychanalyste américaine d'origine allemande (Hambourg 1885 - New York 1952). Rejetant la théorie du développement libidinal et des névroses de S. Freud, elle met l'accent sur les facteurs culturels et environnementaux dans la genèse de celles-ci. Elle est considérée comme une des principales figures du culturalisme en psychanalyse et fut l'une des premières à aborder sous l'angle psychanalytique la sexualité féminine.

HORNOY-LE-BOURG (80640), ch.-l. de cant. de la Somme, à l'O.-S.-O. d'Amiens ; 1 465 hab.

***HORNPIPE** [ɔrnpajp] n. m. Danse anglaise ancienne, de rythme ternaire (devenu binaire par la suite), caractérisée par des syncopes systématiques.

HORODATÉ, E adj. **1.** Qui comporte l'indication de la date et de l'heure : *Titre de transport* *horodaté.* — **2.** *Stationnement horodaté,* stationnement payant qui se fait à l'aide d'horloges horodatrices.

HORODATEUR, TRICE adj. Qui imprime automatiquement la date et l'heure.

◆ **horodateur** n. m. Appareil horaire qui permet d'enregistrer un temps de travail, de présence, de dater un envoi, etc., en imprimant le jour, le mois, l'heure.

HOROGRAPHIE n. f. Art de faire des cadrans ; gnomonique.

HOROKILOMÉTRIQUE adj. Relatif au temps passé et à l'espace parcouru.

HOROMÉTRIE n. f. Art de diviser, de mesurer le temps.

HOROMÉTRIQUE adj. Qui relève de l'horométrie.

HOROSCOPE n. m. (lat. *horoscopus,* du gr. *hôroskopos*). **1.** Représentation conventionnelle du ciel à l'instant d'un événement, en partic. d'une naissance. — **2.** Ensemble des prédictions qu'on en tire.

HOROSCOPIQUE adj. (lat. *horoscopicus*). Relatif à l'horoscope.

HOROWITZ (Vladimir), pianiste russe naturalisé américain (Kiev 1904 - New York 1989). Avec sa femme Wanda, fille de Toscanini, il se fixa aux États-Unis en 1940. Il s'illustra particulièrement dans l'interprétation des œuvres de Chopin, Liszt, Skriabine, Debussy et Prokofiev.

HORREUR n. f. (lat. *horror, -oris,* de *horrere,* frissonner). **1.** Très vive impression, physique ou psychique, éprouvée par qqn à la vue ou à l'idée d'une chose affreuse, repoussante : *Un spectacle qui remplit d'horreur.* — **2.** Sentiment violent de dégoût, d'aversion, de forte réprobation : *La violence ne m'inspire que de l'horreur.* — **3.** *Litt.* Caractère de ce qui provoque une impression d'effroi, de répulsion, ou de ce qui suscite l'indignation, une très forte réprobation : *Une scène de carnage d'une horreur insoutenable.* — **4.** Chose qui inspire la répulsion ou le dégoût : *Ce journal est une horreur.* — **5.** *Fam.* Personne ou objet d'une grande laideur : *Il a épousé une véritable horreur.* — **6.** *Avoir horreur, avoir en horreur,* détester, exécrer qqn ou qqch, ne pas ou ne plus pouvoir les supporter : *J'ai horreur qu'on me dérange.* ‖ *Faire horreur,* inspirer de l'effroi, de la répugnance, de l'aversion. ‖ *Film d'horreur,* film destiné à faire naître chez le spectateur un effroi intense. ‖ *Prendre en horreur,* se mettre à détester qqn ou qqch, à ne plus pouvoir les supporter. ‖ *Quelle horreur !, Horreur !,* exclamations marquant un sentiment très vif de répulsion, dégoût, réprobation, indignation, etc.

◆ **horreurs** n. f. pl. **1.** Aspects, côtés horribles, effrayants, inadmissibles présentés par qqch : *Les horreurs de la guerre.* — **2.** Actes criminels ou abominables ; atrocités : *Comment peut-on commettre de telles horreurs ?* — **3.** Allégations déshonorantes, calomnies visant qqn ; propos indécents, obscénités : *Colporter des horreurs sur un homme politique.*

HORRIBLE adj. (lat. *horribilis*). **1.** Qui remplit d'horreur, cause de l'effroi, de l'épouvante : *Un horrible cauchemar.* — **2.** Qui suscite la répulsion, le dégoût, la réprobation morale : *Quelle horrible perfidie !* — **3.** Qui n'inspire que de l'antipathie par son caractère dur, méchant, etc. : *Il a été horrible avec moi.* — **4.** Qui est extrêmement laid : *Un mobilier horrible.* — **5.** Qui est extrêmement mauvais, infect : *Nourriture horrible, immangeable.* — **6.** Qui atteint un degré anormal, excessif dans le désagréable, le déplaisant : *Un horrible vacarme.*

HORRIBLEMENT adv. **1.** De manière horrible, épouvantable : *Un cadavre horriblement mutilé.* — **2.** Indique une très grande intensité, un très haut degré dans qqch de désagréable, de déplaisant, de mauvais : *C'est horriblement cher ici.*

HORRIFIANT, E adj. Qui cause de l'horreur : *Des cris horrifiants.*

HORRIFIER v. t. (lat. *horrificare*) [conj. 9]. Remplir qqn d'effroi, l'épouvanter, le frapper d'horreur : *Ce spectacle m'horrifiait.*

◆ **être horrifié** v. pass. **1.** Être scandalisé, indigné par qqch : *Être horrifié de l'augmentation des prix.* — **2.** Manifester de la stupeur, de l'effroi : *Il recula, horrifié.*

HORRIFIQUE adj. (lat. *horrificus*). *Litt.* Qui cause l'horreur.

HORRIPILANT, E adj. *Fam.* Qui est extrêmement agaçant, crispant, exaspérant : *Spectacle horripilant.*

HORRIPILATEUR adj. et n. m. Syn. de ARRECTEUR.

HORRIPILATION n. f. (bas lat. *horripilatio, -onis*). **1.** Érection des poils des téguments. (L'horripilation est due à la contraction des muscles horripilateurs.) [Syn. fam. CHAIR DE POULE.] — **2.** *Fam.* État d'agacement, d'irritation extrême.

HORRIPILER v. t. (lat. *horripilare,* avoir le poil hérissé) [conj. 3]. **1.** Produire l'horripilation des poils. — **2.** *Fam.* Agacer qqn, le mettre dans un état d'énervement, d'impatience extrêmes : *Ses remarques idiotes m'horripilent.*

***HORS** → HORS DE.

***HORSAIN** ou ***HORSIN** n. m. (mot norm.). Nom donné par les habitants d'un village à celui qui n'y habite pas en permanence, à un occupant d'une résidence secondaire.

***HORS-BORD** n. m. inv. (calque de l'angl. *out board*). **1.** Moteur fixé à l'arrière d'une embarcation, à l'extérieur du tableau arrière. – **2.** Canot léger propulsé par un moteur hors-bord.

***HORS-COTE** adj. inv. **1.** Se dit du marché des valeurs mobilières non inscrites à la partie officielle de la cote et figurant (pratiquement sans formalité) sur une liste spéciale, distincte de celle du « second marché ». – **2.** Se dit de ces valeurs elles-mêmes.
◆ n. m. inv. Marché des valeurs hors-cote.

***HORS DE** prép. Indique : **1.** L'extériorité par rapport à un lieu ou à un milieu (par oppos. à *dans*) : *Posséder une maison hors de la ville.* – **2.** L'extériorité, la différence ou le démarquage par rapport à un temps, à une époque (par oppos. à *dans*) : *Vivre hors du temps.* – **3.** Le fait de ne pas ou de ne plus être sous l'effet de qqch, dans telle ou telle situation : *Être hors de danger.* – **4.** Le dépassement, le franchissement d'une limite, l'extériorité, l'écart par rapport à un domaine, à un sujet défini : *Tout ce paragraphe est hors du sujet.* – **5.** *Être hors de soi,* être très en colère, exaspéré ou dans un état de grande agitation. ‖ *Hors d'ici !,* sortez d'ici. ‖ *Hors de là,* à part cela.
◆ **hors** prép. **1.** *Litt.* À l'exclusion de, hormis, sauf : *Ils y sont tous allés, hors deux ou trois.* – **2.** Suivi d'un nom sans article, indique l'extériorité, la supériorité, l'exclusion, l'écart : *Exemplaires hors commerce.* – **3.** Litt. *Hors que,* indique l'exclusion ; sauf que, excepté que : *Il lui a fait subir toutes sortes de mauvais traitements, hors qu'il ne l'a pas battu.* – **4.** *Hors tout,* se dit de la plus grande valeur de la dimension d'un objet.

***HORS-DE-COUR** n. m. inv. Jugement qui renvoie les plaideurs des fins d'une plainte.

***HORS-D'ŒUVRE** n. m. inv. **1.** Plat froid ou chaud servi au début du repas ; partie du repas où est servi ce plat. – **2.** Ce qui arrive, est fait, proposé avant qqch d'autre, de plus important ou d'essentiel, et qui l'annonce, en donne une idée : *Le chemin devenait très raide, mais ce n'était encore qu'un hors-d'œuvre.*
◆ n. m. pl. *Hors-d'œuvre variés,* assortiment de hors-d'œuvre (charcuterie, crudités, etc.).

***HORSE-GUARD** [ɔrsgard] n. m. (pl. *horse-guards*) [angl. *horse guard,* de *horse,* cheval, et *guard,* garde]. Soldat du régiment de cavalerie de la garde royale anglaise.

HORSENS, port du Danemark, dans le Jylland oriental, sur le *fjord d'Horsens ;* 52 200 hab. Pêche. Textile. Mécanique.

***HORSE POWER** [ɔrspɔwœr] n. m. inv. (angl. *horse power,* puissance de travail d'un cheval). Unité de puissance (symb. HP) utilisée en Grande-Bretagne, et qui vaut 0,745 7 kW.

***HORSIN** → HORSAIN.

***HORS-JEU** n. m. inv. **1.** Dans certains sports d'équipe, faute commise par un joueur qui se place sur le terrain d'une manière interdite par les règles. (Tant qu'il est dans cette position irrégulière, il n'a plus le droit d'intervenir dans le jeu, sous peine de sanction.) – **2.** *Hors-jeu de position,* au football, situation d'un joueur qui est hors jeu, mais ne participe pas à l'action. (Cette situation est sanctionnée [par un coup franc au football ; par un coup de pied de pénalité au rugby] si l'arbitre juge que ce joueur, par son placement, exerce une influence sur le jeu.)
◆ adj. inv. (sans trait d'union). Se dit d'un joueur en position de hors-jeu.

***HORS-LA-LOI** n. m. inv. (calque de l'angl. *outlaw*). Individu qui, par ses actions, se met hors la loi ; bandit.
◆ adv. (sans trait d'union). *Mettre qqn hors la loi,* déclarer qu'il ne jouit plus de la protection des lois et qu'il sera soumis, sans jugement, à une peine déterminée dès qu'il sera reconnu. ‖ *Se mettre hors la loi,* se placer délibérément en marge de la société en refusant de se soumettre à ses principes et à ses règles.

***HORS-LIGNE** n. m. inv. Parcelle de terrain restée en dehors de la ligne tracée pour la construction d'une voie publique.

***HORS-MARCHÉ** n. m. inv. Ensemble des activités économiques, en particulier domestiques, qui se situent en dehors de la sphère de production marchande.

***HORS-PISTE(S)** n. m. inv. Ski pratiqué en dehors des pistes balisées.
◆ adj. inv. (sans trait d'union). Se dit du ski ainsi pratiqué.

***HORS-SOL** adj. inv. et n. m. inv. Se dit d'un mode d'élevage où l'approvisionnement alimentaire des animaux ne provient pas, pour l'essentiel, de l'exploitation elle-même.

***HORST** n. m. (all. *Horst*). En tectonique, compartiment surélevé en bloc et limité par des failles normales.

HORST (Louis), musicien et pédagogue américain (Kansas City 1884 - New York 1964). Directeur musical à la Denishawn School et chez Martha Graham (1926-1948), auteur de la musique de plusieurs compositions chorégraphiques de Martha Graham, il enseigna la composition chorégraphique à la Bennington School of Dance (1934-1942). Il a écrit *Pre-Classic Dance Forms* (1937) et *Modern Dance Forms* (1961) et fondé en 1933 le *Dance Observer.*

***HORS-STATUT** n. inv. Catégorie de personnel vacataire ou à temps partiel, qui ne bénéficie pas du statut des autres salariés.

***HORS-TEXTE** n. m. Illustration de mêmes dimensions que les cahiers formant un livre, mais imprimée à part et intercalée dans l'ouvrage. ◆ adj. inv. (sans trait d'union). Se dit d'une illustration de ce type.

HORTA (*baron* Victor), architecte belge (Gand 1861 - Bruxelles 1947). Utilisant le fer dès 1889 dans l'architecture privée, ce pionnier de l'Art nouveau a fait intervenir la courbe aussi bien dans les structures (liberté du plan) que dans le décor (ligne « coup de fouet » d'inspiration végétale) [à Bruxelles : maison Tassel, 1893 ; hôtel Solvay, 1895 ; maison du peuple, 1896, détruite ; maison Horta, 1898, auj. musée Horta]. Ayant libéré l'architecture de toute attache académique, suivi par de nombreux émules, il est ensuite revenu à une simplicité plus classique.

HORTENSE DE BEAUHARNAIS → BEAUHARNAIS (Hortense de).

HORTENSIA n. m. (lat. sc. mod. *hortensia,* fém. du lat. class. *hortensius,* de jardin). Arbuste (saxifragacée) des régions tempérées et tropicales, dont les formes cultivées sont très décoratives par leurs corymbes aux nombreuses fleurs à sépales pétaloïdes bleus ou roses, d'un grand usage dans les parcs et jardins.

HORTENSIUS HORTALUS (Quintus), orateur romain (114-50 av. J.-C.). Défenseur de Nicomède III, roi de Bithynie, il fut longtemps le premier des orateurs romains. Lié au parti sénatorial, il défendit plusieurs gouverneurs de province ; il fut vaincu par Cicéron dans le procès de Verrès (70).

HORTHY DE NAGYBÁNYA (Miklós), amiral et homme d'État hongrois (Kenderes 1868 - Estoril, Portugal, 1957). Ministre de la Guerre dans le gouvernement contre-révolutionnaire de Szeged (1919), il fut, après la chute de la République des Conseils, élu régent (1920). Il conserva cette fonction jusqu'en 1944 et institua un régime autoritaire et conservateur. Son alliance avec l'Italie et l'Allemagne lui permit d'annexer le sud de la Slovaquie, la Ruthénie subcarpatique et une partie de la Transylvanie (1938-1940). Maintenu à la tête de l'État après l'occupation de la Hongrie par l'armée allemande (mars 1944), il fut renversé en octobre par le coup d'État des Croix-Fléchées.

HORTICOLE ou **HORTICULTURAL, E, AUX** adj. Relatif à l'horticulture.

HORTICULTEUR, TRICE n. Personne qui pratique l'horticulture.

HORTICULTURE n. f. (du lat. *hortus,* jardin). **1.** *Vx.* Art de cultiver les jardins. — **2.** Branche de l'agriculture comprenant la culture des légumes, des fleurs, des arbres et des arbustes fruitiers et d'ornement.

horticulture *(École nationale supérieure d')* **[E. N. S. H.],** établissement d'enseignement supérieur ayant son siège à Versailles (transfert prévu à Angers), qui assure, en deux ans, la formation d'ingénieurs agronomes spécialisés dans l'horticulture et la protection des plantes.

HORTILLON ou **HORTILLONNEUR** n. m. (anc. fr. *orteil,* jardin, du lat. *hortus*). Personne cultivant un hortillonnage.

HORTILLONNAGE n. m. En Picardie, marais entrecoupé de petits canaux, qu'on exploite pour la culture des légumes et des fruits ; mode de culture pratiqué dans ces marais.

HORTOBÁGY *(puszta* ou *steppe de l'),* partie de la Hongrie orientale. Autrefois domaine de l'élevage (chevaux et bœufs), cette steppe (subsistant dans un parc national) a été transformée par l'irrigation (cultures, fourrages artificiels, pisciculture).

HORTON (Lester), danseur et chorégraphe américain (Indianapolis 1906 - Los Angeles 1953). En 1934, il fonda son propre groupe de danseurs, qui devint le Lester Horton Dance Theatre en 1948. Créateur d'une technique et d'un style, son enseignement influença des danseurs tels que Alvin Ailey, Carmen De Lavallade, Bella Lewitsky, Joyce Trisler.

Horton *(maladie de),* syn. de ARTÉRITE* TEMPORALE.

HORUS, dieu-faucon de l'Égypte ancienne, aux attributions et aux lieux de culte multiples. Dans l'idéologie ancienne, Horus est confondu avec le ciel ou assimilé au Soleil (disque solaire flanqué de deux grandes ailes [Edfou]). Adoré à Hiérakonpolis, il est porté par le destin des princes de la ville, unificateurs de l'Égypte vers 3200. Son nom demeurera le premier de la titulature royale durant plus de 3 000 ans.
— **Iconogr.** Horus apparaît d'abord sous la forme d'un faucon (palette de la Ire dynastie, musée du Caire). Il est perché sur les épaules du pharaon Khephren (statue conservée au musée du Caire). Il est aussi figuré sous l'aspect d'un homme à tête de faucon dès le Moyen Empire.

HORVÁTH (Mihály), historien, homme politique et ecclésiastique hongrois (Szentes 1809 - Karlsbad 1878). Il fut ministre des Cultes et de l'Instruction publique (1849).

Hōryū-ji, le plus ancien sanctuaire bouddhique actuellement conservé au Japon, dans la région de Nara, et le plus ancien exemple d'architecture de l'Extrême-Orient. Fondé au VIIe s., le Sai-in (sanctuaire de l'Ouest) comprend un quadrilatère ceint de murs formant galerie à l'intérieur. On y pénètre par une grande porte, le Chūmon ; au centre se dressent sur des terrasses de pierre le Kondō (Pavillon d'or) et la pagode à cinq étages. Les peintures murales du Kondō, de l'époque Tang, ont été détruites par l'incendie de 1949. À l'est, ensemble du To-in avec le Yumedono (VIIIe s.).

HOS, population tribale du groupe mundā vivant au Bihār et dans l'Orissa, et dont le nombre est estimé à 1,3 million.

HOSANNA n. m. (bas lat. ecclés. *hosanna,* de l'hébr. *hoscha na,* sauve, nous t'en prions). **1.** Dans l'Ancien Testament, acclamation faisant partie du rituel de la pâque et de la fête des Tabernacles. (La liturgie juive en a conservé l'usage.) — **2.** Dans la liturgie chrétienne, acclamation qui a été ajoutée au VIIIe s. au chant du Sanctus et qui prend place à la cérémonie des Rameaux. — **3.** *Litt.* Cri de joie, chant de triomphe.

ḤOSEYN Ier ou **ḤUSAYN Ier** (v. 1668-Ispahan 1729), chāh séfévide de Perse (1694-1722). Il fut renversé en 1722 par les Afghans qui s'emparèrent d'Ispahan.

HOSIUS ou **OSSIUS,** évêque (Cordoue v. 257 - *id.* v. 358). Évêque de Cordoue (296), il fut le principal conseiller de Constantin dans les affaires ecclésiastiques, et joua un rôle prépondérant au concile de Nicée (325) et contre les ariens.

HOSIUS (Stanislaus), en polon. **Stanisław Hozjusz,** prélat polonais (Cracovie 1504 - Capranica, près de Rome, 1579). Nonce à Vienne, il présida le concile de Trente et fit reculer la Réforme protestante en Pologne.

HOSPET, v. de l'Inde, dans le Karnātaka ; 115 000 hab.

HOSPICE n. m. (lat. *hospitium,* hospitalité, de *hospes, -itis,* hôte). **1.** Maison d'assistance où l'on reçoit les vieillards démunis ou atteints de maladie chronique ; asile. — **2.** Maison religieuse établie pour donner l'hospitalité aux pèlerins et aux voyageurs.

HOSPITALET DE LLOBREGAT (L'), v. d'Espagne, dans la banlieue de Barcelone ; 272 578 hab. Métallurgie. Chimie. Textile.

1. HOSPITALIER, ÈRE adj. (de *hospital,* forme anc. de *hôpital*). **1.** Qui se rapporte aux hôpitaux, aux soins qui y sont donnés : *Établissement hospitalier.* — **2.** Se dit d'ordres religieux créés à l'origine pour le service des voyageurs, des pèlerins, des malades. (→ *encycl.*)

◆ adj. et n. **1.** Employé dans les services des hôpitaux : *Personnel hospitalier.* — **2.** Se dit des membres des ordres hospitaliers : *Sœur hospitalière.* — **3.** *Grand hospitalier,* dignitaire de l'ordre de Malte, qui avait la juridiction du grand hôpital de Malte.

ENCYCL. **Hist.** Les *ordres hospitaliers* les plus célèbres sont : les chanoines et chevaliers du Saint-Sépulcre, les hospitaliers de Saint-Jean-de-Jérusalem*, les hospitaliers du Temple, ou Templiers, les chevaliers de Saint-Lazare. Il faut y ajouter les frères de Saint-Jean-de-Dieu* et les hospitaliers du Grand-Saint-Bernard.

2. HOSPITALIER, ÈRE adj. (de *hospitalité*). **1.** Qui pratique l'hospitalité, accueille volontiers les étrangers, traite avec libéralité ses hôtes, ses invités : *Un peuple hospitalier.* — **2.** Où l'on trouve facilement l'hospitalité, où l'on est accueilli, traité avec générosité : *Demeure hospitalière.* — **3.** *Litt.* Qui a un aspect engageant, accueillant, qui semble se prêter à un séjour facile, agréable : *Rivage hospitalier.*

HOSPITALISATION n. f. **1.** Admission et séjour dans un hôpital. — **2.** *Hospitalisation à domicile (H. A. D.),* système de prise en charge permettant de soigner à leur domicile les malades dont l'état ne nécessite pas ou ne nécessite plus le séjour à l'hôpital. ‖ *Hospitalisation d'office,* mode d'hospitalisation d'une personne atteinte de troubles mentaux, sans son consentement, sur arrêté prononcé — au vu d'un certificat médical circonstancié — par le préfet (à Paris, le préfet de police) ou, en cas d'urgence, par le maire (à Paris, le commissaire de police), en cas de menace pour l'ordre public ou la sûreté des personnes. (Anc. PLACEMENT D'OFFICE.) ‖ *Hospitalisation sur demande d'un tiers,* mode d'hospitalisation d'une personne atteinte de troubles mentaux, sans son consentement, sur demande de la famille ou d'un proche et sur production de deux certificats médicaux. (Anc. PLACEMENT VOLONTAIRE.)

HOSPITALISÉ, E n. Personne hospitalisée.

HOSPITALISER v. t. (conj. 3). Faire admettre qqn dans un établissement hospitalier : *Hospitaliser un accidenté.*

HOSPITALISME n. m. Ensemble des troubles somatiques et psychiques atteignant un enfant de moins de 15 mois à la suite d'une hospitalisation prolongée qui le prive de toute relation affective avec sa mère ou un substitut maternel.

HOSPITALITÉ n. f. (lat. *hospitalitas, -atis*). **1.** Action de recevoir et d'héberger chez soi gracieusement qqn, par charité, libéralité, amitié : *Offrir l'hospitalité à quelqu'un.* — **2.** Générosité, bienveillance, cordialité dans la manière d'accueillir et de traiter ses hôtes : *Un peuple connu pour son hospitalité.* — **3.** Asile accordé à qqn, à un groupe par un pays : *Donner l'hospitalité à des réfugiés politiques.*

HOSPITALO-UNIVERSITAIRE adj. (pl. *hospitalo-universitaires*). **1.** Qui se rapporte à un hôpital en tant que lieu d'enseignement. — **2.** *Centre* *hospitalo-universitaire (C. H. U.),* grand centre hospitalier des villes de faculté de médecine, où sont réunis les services de soins médico-chirurgicaux, les services de recherche et les locaux et installations permettant un enseignement complet aux étudiants en médecine.

HOSPODAR n. m. (slave *gospodar,* souverain). Titre des princes de Moldavie et de Valachie du XIVe s. au XIXe s.

HOSSEGOR *(étang d'),* étang de la côte landaise, au N. de Capbreton et communiquant avec la mer. Station touristique de *Soorts-Hossegor.*

HOSSEIN (Robert HOSSEINHOFF, dit), metteur en scène de théâtre, acteur et cinéaste français (Paris 1927). Directeur du Théâtre populaire de Reims de 1971 à 1978, il monte à Paris de grandes fresques riches de vie et de fureur : *Potemkine* (1975), *Notre-Dame de Paris* (1978), *Danton et Robespierre* (1979), *les Misérables* (1980), *Un homme nommé Jésus* (1983), *Jules César* (1985), *l'Affaire du courrier de Lyon* (1987), *la Liberté ou la mort* (1988), *Dans la nuit, la liberté* (1989), *Je m'appelais Marie-Antoinette* (1993). À l'écran, il apparaît dans de nombreux films depuis 1953 comme réalisateur ou acteur (*le Vampire de Düsseldorf,* 1964 ; *les Misérables,* 1982).

Hossō ou **Hossō-shu,** secte bouddhique japonaise fondée au VIIIe s. Elle possède une quarantaine de temples au Japon, dont le principal est le Kōfuku-ji.

HOST → OST.

HOSTELLERIE [ɔstɛlri] ou **HÔTELLERIE** n. f. (anc. fr. *hostelerie*). Dénomination de certains hôtels ou restaurants de caractère élégant, confortable et traditionnel.

HOSTIE n. f. (lat. *hostia*). **1.** Pain eucharistique après la consécration. (Le mot latin [*hostia*] désigne la victime sacrifiée, en particulier le Christ dans le sacrifice eucharistique.) — **2.** Pain destiné au sacrifice eucharistique. (Syn. PAIN D'AUTEL.)

ENCYCL. L'hostie est un pain confectionné avec de la farine de froment, et, dans l'Église latine, contrairement à l'usage de l'Église grecque, ce pain est azyme, c'est-à-dire sans levain. Depuis le concile Vatican II, on a tendance à revenir à une forme et une couleur plus proches de ce que doit être le pain.

HOSTILE adj. (lat. *hostilis,* de *hostis,* ennemi). **1.** Qui se conduit en ennemi, qui manifeste des intentions agressives : *Une foule surexcitée, hostile.* — **2.** Qui désapprouve qqch ou qqn, qui le combat par la parole, par l'écrit, ou par des actes : *Être hostile à une réforme.* — **3.** *Litt.* Qui semble contraire à l'homme et à ses entreprises : *Rencontrer une nature hostile.* — **4.** Se dit d'un milieu, d'un environnement dans lequel l'homme est soumis à des agressions physiques (pression, bruit, température, rayonnement, etc.) ou chimiques.

HOSTILEMENT adv. D'une manière hostile, avec haine : *Regarder hostilement quelqu'un.*

HOSTILITÉ n. f. (bas lat. *hostilitas, -atis*). Sentiment d'inimitié à l'égard de qqn ; attitude d'opposition à l'égard de qqch : *Manifester de l'hostilité à un projet.*

◆ **hostilités** n. f. pl. Actions, manœuvres, opérations de guerre : *Engager les hostilités.*

HOSTILIUS → TULLUS HOSTILIUS.

HOSTISE → HÔTISE.

HOSTO n. m. *Pop.* Hôpital.

HOSTOVSKÝ (Egon), écrivain tchèque (Hronov 1908 - New York 1973). Auteur de romans psychologiques, exilé par deux fois aux États-Unis, il dénonce l'indifférence égoïste de la société (*la Maison sans maître,* 1937) et associe tous les « opprimés » à son drame personnel (*Lettres d'exil,* 1941 ; *la Cache,* 1943 ; *les Aventures littéraires d'un écrivain tchèque à l'étranger,* 1964).

***HOT** [ɔt] adj. et n. m. inv. (angl. *hot,* chaud). Se dit du jazz tel que le pratiquaient les musiciens noirs vers 1925-1930, qui utilisaient pour colorer le son les procédés les plus expressifs (gammes de vibratos, inflexions, portamenti, etc.). [Le premier orchestre de Louis Armstrong portait le nom de « Hot Five ».]

HOTCHKISS (Benjamin Berkeley), ingénieur américain (Watertown, Connecticut, 1828 - Paris 1885). Il créa en France (Saint-Denis, 1870) une usine d'armement que l'État acquit en 1875. Cette usine a donné son nom à la mitrailleuse française de 8 mm, à des canons et à des chars de combat, et à une marque d'automobiles.

***HOT DOG** [ɔtdɔg] n. m. (pl. *hot dogs*) [angl. *hot dog,* chien chaud]. **1.** Saucisse de Francfort chaude enduite de moutarde et glissée dans un petit pain. — **2.** *Fam.* Ski acrobatique (sur neige).

HÔTE, HÔTESSE n. (lat. *hospitem,* de *hospes, -itis*). Personne qui reçoit qqn chez elle, qui lui donne l'hospitalité gracieusement : *Prendre congé de ses hôtes.*

◆ **hôte** n. m. **1.** Personne qui est reçue chez qqn, à qui on donne l'hospitalité : *Bien traiter ses hôtes.* — **2.** Client d'un hôtel, d'une auberge. — **3.** *Litt.* Être qui vit habituellement qqpart : *Les hôtes des bois.* — **4.** Être vivant qui héberge un parasite. — **5.** Paysan qui, sur la terre d'un seigneur, venait défricher de petites tenures (ou hôtises) contre certaines redevances. — **6.** *Chambre d'hôte,* chambre louée au voyageur par un particulier. ‖ *Hôte payant,* personne logée et nourrie chez un particulier moyennant un prix de pension. ‖ *Ordinateur hôte,* ordinateur qui, dans une configuration d'informatique répartie, assure à un moment donné une partie du traitement de l'information.

◆ **hôtesse** n. f. **1.** Femme chargée d'accueillir et d'informer les visiteurs ou les clients dans des lieux publics ou privés, expositions, foires, entreprises, magasins, etc. : *Hôtesse des ventes, d'information, de tourisme.* (On dit aussi HÔTESSE D'ACCUEIL.) — **2.** *Hôtesse de l'air,* femme chargée d'assurer, à bord des avions commerciaux, les différents services utiles au confort et à la sécurité des passagers. ‖ *Robe d'hôtesse,* robe d'intérieur longue et confortable.

HÔTEL n. m. (bas lat. *hospitale,* auberge, du lat. class. *hospitalis,* d'hôte). **1.** Établissement commercial qui met à la disposition d'une clientèle itinérante des chambres meublées pour un prix journalier. — **2.** Autref., demeure urbaine d'un seigneur ou d'un grand bourgeois : *L'hôtel (de) Lauzun à Paris.* — **3.** Édifice occupé par certaines administrations : *L'hôtel des Monnaies.* — **4.** *Hôtel de ville,* mairie d'une localité assez importante. (→ *encycl.*) ‖ *Hôtel particulier,* en ville, maison entièrement occupée par un riche particulier et sa famille.

ENCYCL. *Hôtel de ville.* Les premiers édifices de ce genre qu'on ait construits en France remontent au XIe s. Leur beffroi devint symbole de liberté communale. Les hôtels de ville les plus remarquables sont ceux de Belgique (Bruges, Oudenaarde, Louvain, Bruxelles, Anvers, Liège), des Pays-Bas (Middelburg) et de certaines villes allemandes, sans oublier les palais communaux italiens du Moyen Âge.

Hôtel du Nord, roman d'Eugène Dabit (1929), qui inspira un des chefs-d'œuvre du cinéaste Marcel Carné (1938).

Hôtel de Ville de Paris, mairie principale de Paris, place de l'Hôtel-de-Ville (anc. place de Grève) [IVe arrond.]. L'édifice fut entrepris en 1533 par le Boccador, pour remplacer la *maison aux Piliers,* que le Bureau de ville occupait depuis 1357. Incendié en 1871, il a été reconstruit dans des formes et un style voisins, mais sur un plan beaucoup plus vaste, par les architectes Ballu et Deperthes (1873-1882) ; riches décors peints et sculptés.

HÔTEL-DIEU n. m. (pl. *hôtels-Dieu*). Dans certaines villes, hôpital principal, de fondation ancienne.

HÔTELIER, ÈRE n. **1.** Personne qui tient un hôtel, une hôtellerie, une auberge. — **2.** Dans les abbayes, religieux chargé de recevoir et de nourrir les hôtes.

◆ adj. Qui concerne l'hôtel et l'hôtellerie : *L'industrie hôtelière.*

HÔTELLERIE n. f. (de *hôtel*). **1.** Ensemble de l'industrie hôtelière et de ses activités ; la profession hôtelière : *Les métiers de l'hôtellerie.* — **2.** Autre forme de HOSTELLERIE. — **3.** Partie des bâtiments d'un monastère, d'une abbaye, réservée au logement des hôtes. — **4.** *Hôtellerie de plein air,* secteur de l'industrie hôtelière concernant les terrains de camping et de caravaning.

HÔTESSE → HÔTE.

***HOT-FLUE** [ɔtflu] n. f. (angl. *hot,* chaud, et *flue,* tuyau de cheminée). Enceinte chauffée et ventilée, utilisée pour le séchage en continu des tissus pigmentés, teints ou imprimés, ainsi que pour la fixation des apprêts ; le procédé de séchage lui-même.

HO-T'IEN → KHOTAN.

HOTIN → KHOTINE.

***HOTINUS** [-nys] n. m. Insecte homoptère (fulgoridé) indochinois d'assez grande taille, dont la tête se prolonge en avant en une masse cylindrique aussi longue que le corps. (N. usuels *porte-chandelle, porte-lanterne.*)

HÔTISE ou **HOSTISE** n. f. (anc. fr. *ostise*). Tenure de terre concédée au Moyen Âge à une catégorie de paysans appelés hôtes.

HOTMAN, HOTMANUS ou **HOTEMANUS** (François), sieur **de Villiers Saint-Paul,** jurisconsulte français (Paris 1524 - Bâle 1590). Il publia pendant les guerres de Religion un ouvrage intitulé *Franco-Gallia seu Tractatus isagogicus de regimine regum Galliae* (1573), dans lequel il s'élevait contre l'absolutisme et se montrait partisan d'une monarchie tempérée. — Son frère ANTOINE (v. 1525-1596), avocat général au parlement de Paris (1591), fut un ardent ligueur et soutint les droits du cardinal de Bourbon à la couronne de France.

***HOT MONEY** [ɔtmɔnɛ] n. f. inv. (angl. *hot money,* fonds brûlants). Syn. de CAPITAUX FÉBRILES*.

HOTON → OTON.

Hotot *(lapin blanc de),* race de lapins domestiques à pelage blanc, la seule qui ait les yeux noirs.

HOT SPRINGS, v. des États-Unis (Arkansas), dans les monts Ouachita ; 35 000 hab. Centre touristique et thermal en bordure du *Hot Springs National Park.* Aluminium.

***HOTTE** n. f. (frq. **hotta*). **1.** Grand panier qui se fixe sur le dos au moyen de bretelles et qui sert à transporter divers objets. — **2.** Partie d'un coffre de cheminée, diversement revêtue, située entre le manteau de cette cheminée et le plafond de la salle. — **3.** Tronc de pyramide, en maçonnerie ou en tôle, relié à un organe de tirage (cheminée de ventilation, aspirateur), servant à aspirer et à diriger vers l'extérieur d'un bâtiment des fumées de foyer, de four, ou des vapeurs. — 4. *Hotte aspirante* ou *filtrante,* appareil électrodomestique destiné à expulser ou à recycler l'air chargé d'odeurs et de vapeurs grasses à la suite d'une cuisson.

HOTTE *(massif de la),* massif du sud-ouest de la République d'Haïti. Il culmine à plus de 2 000 m.

*__HOTTÉE__ n. f. Contenu de la hotte d'un vendangeur.

*__HOTTENTOT, E__ adj. 1. Relatif aux Hottentots. — 2. *La Vénus hottentote,* femme bochiman (et non hottentote), morte à Paris en 1816, et dont le squelette et le moulage sur nature sont conservés au musée de l'Homme.

◆ **hottentot** n. m. Langue du groupe khoisan, proche du bochiman, parlée principalement en Namibie par environ 100 000 locuteurs.

HOTTENTOTS ou **KHOI-KHOIS,** ethnie du groupe khoisan de l'Afrique du Sud, du Botswana et de la Namibie.

HOTTETERRE, famille de musiciens français (XVIIe-XVIIIe s.), facteurs d'instruments et compositeurs, dont le plus connu est JACQUES, dit *le Romain* (1684 - Paris v. 1760). Il est à la fois un des premiers grands virtuoses de la flûte et un théoricien renommé. Parmi ses œuvres instrumentales, on peut citer : *Pièces pour la flûte traversière avec la basse* (1708-1715). On lui doit plusieurs traités dont *Principes de la flûte traversière..., de la flûte à bec..., et du hautbois* (1707).

HOTTINGUER, famille d'hommes d'affaires français originaire de Zurich. Leur banque, fondée à Paris en 1798, joua un rôle important dans les débuts des chemins de fer et des compagnies d'assurances en France.

*__HOTU__ n. m. (mot wallon, du moyen néerl. *houtic,* sorte de poisson). Poisson cyprinidé à bouche infère, affectionnant les eaux courantes. (Originaire d'Europe centrale, il a envahi la France par le Nord-Est au XIXe s.) [Syn. NASE.]

HÖTZENDORF → CONRAD VON HÖTZENDORF.

*__HOU !__ interj. (onomat.). Sert à faire peur, à faire honte, à conspuer. (Souvent répété.)

HOUA-CHAN → HUA SHAN.

*__HOUACHE__ ou *__HOUAICHE__ n. f. (moyen néerl. *wech,* sillage). Trace ou sillage d'un navire en marche, sur la mer.

*__HOUAGE__ n. m. Action de houer la terre.

HOUAI → HUAI.

HOUAÏLOU, comm. de la Nouvelle-Calédonie, sur la côte nord-est ; 3 671 hab.

HOUAI-NAN → HUAINAN.

HOUA KOUO-FONG → HUA GUOFENG.

HOUANG-CHE → HUANGSHI.

HOUANG-HO → HUANG HE.

HOUANG KONG-WANG → HUANG GONGWANG.

HOUANG PIN-HONG → HUANG BINHONG.

HOUANG-P'OU → HUANGPU.

*__HOUARI__ n. m. (angl. *wherry,* p.-ê. de l'islandais *hverfr*). Gréement longitudinal de petit voilier, constitué par une voile triangulaire, fixée à sa partie haute à une vergue presque verticale, hissable le long du mât.

Houari Boumediene, aéroport international d'Alger.

HOUASSE (Michel-Ange), peintre français (Paris 1680 - Arpajon 1730), fils du peintre RENÉ ANTOINE **Houasse** (1645-1710), un disciple de Le Brun. Il travailla à partir de 1715 en Espagne, au service de Philippe V. Il est l'auteur de portraits qui rappellent Velázquez (le Prince des Asturies, Prado), de paysages *(Vue de l'Escorial, ibid.),* d'œuvres religieuses et de tableaux de genre qui marquèrent Goya.

HOUAT (56170), île de Bretagne (Morbihan), entre Belle-Île et la presqu'île de Rhuys ; 393 hab.

HOUA YEN → HUA YAN.

*__HOUBLON__ n. m. (moyen néerl. *hoppe,* avec l'infl. de l'anc. fr. *homlon*). Plante (cannabinacée) grimpante aromatique cultivée pour ses inflorescences femelles en cônes, utilisées pour parfumer la bière.

*__HOUBLONNAGE__ n. m. Action de houblonner.

*__HOUBLONNER__ v. t. (conj. 3). Ajouter la lupuline produite par le houblon au moût, dans la fabrication de la bière.

*__HOUBLONNIER, ÈRE__ adj. Relatif au houblon.

◆ n. Personne qui cultive le houblon.

◆ **houblonnière** n. f. Champ de houblon.

HOUBRAKEN (Arnold), peintre, graveur et écrivain d'art néerlandais (Dordrecht 1660 - Amsterdam 1719). Son *Grand Théâtre des artistes et peintres néerlandais* (3 tomes, 1718-1721) contient de précieux renseignements, qui complètent l'œuvre de Van Mander.

HOUCHARD (Jean Nicolas), général français (Forbach 1738 - Paris 1793). Vainqueur des Anglais du duc d'York à Hondschoote (8 sept. 1793), il fut cependant accusé par le Tribunal révolutionnaire de ménagements envers l'ennemi et guillotiné.

HOU CHE → HU SHI.

HOUCHES (Les) [74310], comm. de la Haute-Savoie, sur l'Arve ; 1 955 hab. Station d'altitude et de sports d'hiver (alt. 1 008-1 900 m).

HOUDAIN (62150), ch.-l. de cant. du Pas-de-Calais, banlieue sud de Bruay-la-Buissière ; 7 960 hab. Église des XIIe et XVIe s.

HOUDAN (78550), ch.-l. de cant. des Yvelines, à l'E. de Dreux ; 2 925 hab. *(Houdanais)*. Église des XVe et XVIe s. Imposant donjon du XIIe s. Maisons anciennes.

Houdan *(poule),* race française de poules au plumage noir et blanc, caractérisée par une magnifique huppe.

HOUDAR DE LA MOTTE (Antoine), dit aussi **La Motte-Houdar,** écrivain français (Paris 1672 - *id.* 1731). Adversaire de la rime (*Discours sur la poésie,* 1709 ; *Homère,* 1713) et des règles classiques dans la tragédie, sa traduction abrégée de *l'Iliade* lui valut les foudres de Mme Dacier (*Causes de la corruption du goût,* 1714), auxquelles il répliqua par ses *Réflexions sur la critique* (1715). [Acad. fr., 1710.]

HOUDETOT (Élisabeth DE LA LIVE DE BELLEGARDE, *comtesse* D') [Paris 1730 - *id.* 1813]. Maîtresse de Saint-Lambert, elle rencontra Rousseau qui vit en elle la Julie de *la Nouvelle Héloïse.*

HOUDON (Jean-Antoine), sculpteur français (Versailles 1741 - Paris 1828). Pensionnaire de l'École royale des élèves protégés, puis de l'Académie de France à Rome (1764-1768), où il étudie les antiques et l'anatomie (*l'Écorché,* E. N. S. B. A., Paris), agréé à l'Académie en 1769, il conquiert rapidement une vaste clientèle par ses tombeaux (monuments Galitzine, Moscou, 1773) et ses grandes figures (*Diane chasseresse,* plâtre de 1776, reproduit en bronze et en marbre), qui rompent avec la rocaille, mais surtout par ses bustes, dans lesquels il s'attache à rendre toute la subtilité d'expression du visage humain. Il laisse ainsi de vivantes effigies des célébrités parisiennes, fournit à Catherine II une réplique de son *Voltaire assis* (auj. à la Comédie-Française), va aux États-Unis, en 1785, pour le *Washington* en pied du Capitole de Richmond, mais excelle plus encore dans les portraits familiers de ses proches (la petite *Louise Brongniart,* terre cuite, Louvre). Son opportunisme, qui lui fait, parfois, offrir deux versions d'un même buste, l'une en costume moderne, l'autre à l'antique, lui permet de s'adapter au changement de clientèle sous la Révolution et l'Empire.

HOUDRY (Eugène), ingénieur français naturalisé américain (Domont 1892 - Upper Darby, Philadelphie, États-Unis, 1962). Ingénieur des Arts et Métiers, il développa des procédés de craquage catalytique des hydrocarbures lourds, qui firent date dans l'industrie pétrolière.

***HOUE** n. f. (frq. **hauwa*). **1.** Instrument de labour à bras, à percussion lancée, dont la lame fait un angle de 90° au plus avec le manche. – **2.** Syn. de BINETTE. – **3.** Instrument à traction animale utilisé pour l'entretien des cultures en ligne. – **4.** Outil pour malaxer le mortier. – **5.** *Houe rotative,* instrument de travail superficiel du sol, à dents, actionné par la prise de force du tracteur.

HOUEI → HUI.

HOUEI-TSONG → SONG HUIZONG.

***HOUER** v. t. (conj. **6**). Labourer avec la houe.

HOUFFALIZE, v. de Belgique (Luxembourg), dans l'Ardenne ; 4 000 hab. Tourisme.

Hougue *(bataille de la)* [29 mai 1692], combat naval livré par Tourville pendant la guerre de la ligue d'Augsbourg, en face de la pointe de Barfleur, au N.-E. de la presqu'île du Cotentin. Opposant 44 vaisseaux français à 89 navires anglo-hollandais, cette bataille s'acheva par la destruction de la flotte française dans la rade de Saint-Vaast-la-Hougue.

HOUHEHOT ou **HOHHOT,** anc. **Kukuhoto** ou **Kouei-souei,** v. de Chine, ch.-l. de la Mongolie-Intérieure, sur la lisière sud du désert de Gobi, desservie par la voie ferrée Pékin-Baotou ; 830 000 hab. Centre commercial et industriel (métallurgie, textile).

***HOUILLE** n. f. (anc. liégeois *hulhe,* du frq. **hukila,* monceau). **1.** Combustible minéral fossile solide, provenant de végétaux ayant subi, au cours des temps géologiques, une transformation lui conférant un grand pouvoir calorifique. (On donne le nom de « houille » à tous les charbons minéraux qui ne sont pas de l'anthracite.) [→ *encycl.*] – **2.** *Houille blanche,* énergie des chutes d'eau. ‖ *Houille bleue,* énergie des marées et des vagues. ‖ *Houille incolore,* énergie du vent. ‖ *Houille d'or,* énergie solaire directe. ‖ *Houille rouge,* énergie géothermique. ‖ *Houille verte,* énergie des cours d'eau.

ENCYCL. L'une des bases de la première révolution industrielle, l'extraction de la houille s'est rapidement développée à la fin du XIXe s. et jusqu'à la Première Guerre mondiale (250 Mt en 1875, 1 215 Mt en 1913). La progression a été plus lente ensuite, arrêtée par la crise des années 1930, freinée après 1950 par la concurrence des hydrocarbures, du pétrole surtout, absorbant la totalité des besoins nouveaux d'une consommation énergétique cependant fortement croissante. Les chocs pétroliers des années 1970 et, plus accessoirement, les difficultés d'implantation du nucléaire ont redonné une certaine vigueur aux houillères. La production s'est sensiblement accrue dans les années 1980 (franchissant le seuil des 3,5 milliards de tonnes en 1988) et reste stable à ce niveau. La Chine, les

États-Unis (de 800 à 1 000 Mt chacun) et les pays de l'ex-U. R. S. S. (près de 500 Mt) fournissent pratiquement les deux tiers du tonnage mondial. Au contraire, la production a continué de décroître en Europe occidentale, tombant au-dessous de 100 Mt en Grande-Bretagne et en Allemagne, au-dessous de 10 Mt en France.

• *Classification des houilles.* Suivant leur teneur en matières volatiles et leur propriété agglutinante, on distingue : les *houilles maigres* (jusqu'à 14 % de matières volatiles) ; les *houilles quart-grasses* et *demi-grasses* (de 12 à 22 % de matières volatiles) ; les *houilles grasses à courte flamme* (de 18 à 27 % de matières volatiles) ; les *houilles grasses* (de 24 à 40 % de matières volatiles) ; les *houilles flambantes grasses* (plus de 30 % de matières volatiles) ; les *houilles flambantes sèches* (de 34 à 45 % de matières volatiles). Les houilles grasses sont les plus recherchées parce qu'elles peuvent être transformées en coke*. Les houilles maigres sont brûlées. Les houilles flambantes sont les plus aptes à subir la distillation*. (→ CARBOCHIMIE.)

• *Extraction de la houille* → MÉTHODES D'EXPLOITATION*, MINE.

***HOUILLER, ÈRE** adj. Qui contient de la houille, qui se rapporte à la houille.

◆ **houiller** n. m. Partie supérieure du carbonifère.

◆ **houillère** n. f. **1.** Mine de houille. (Syn. MINE DE CHARBON.) — **2.** *Houillère de bassin,* établissement public industriel et commercial, créé par la loi du 17 mai 1946 pour assurer l'exploitation des mines de charbon.

HOUILLES (78800), ch.-l. de cant. des Yvelines, à 11 km au N.-O. de Paris ; 30 027 hab. Constructions mécaniques.

***HOUKA** n. m. (hindī *ḥukka*). Pipe orientale analogue au narguilé.

***HOULE** n. f. (germ. *hol,* creux, ou anc. scand. *hol,* caverne). **1.** Oscillation régulière de la surface de la mer, indépendante du vent local. (→ *encycl.*) — **2.** Grosses vagues d'une mer agitée : *Il y a de la houle aujourd'hui, le vent s'est levé.* — **3.** *Litt.* Ondulations d'un champ de céréales, d'une foule, etc. — **4.** *Hauteur de la houle,* distance verticale d'une crête à un creux. ‖ *Longueur de la houle,* distance comprise entre deux crêtes. ‖ *La houle marque, est forte* ou *grosse,* elle commence à paraître, ou elle est formée.

ENCYCL. La houle est une onde résultant de la propagation des vagues hors de leur aire de génération. Elle est définie par une période (de l'ordre de la dizaine de secondes), une amplitude et une direction. Comme dans toute onde, il n'y a pas transport d'eau, mais propagation du mouvement d'oscillation verticale de cette eau. L'agitation décroît à mesure qu'on s'éloigne de la surface et est pratiquement nulle à une certaine profondeur.

HOULEH ou **HULA,** lac d'Israël, au N. de la Galilée. Entouré de marais en partie asséchés, il donne naissance au Jourdain.

***HOULETTE** n. f. (anc. fr. *houler,* jeter). **1.** Bâton de berger terminé soit par un crochet pour attraper les animaux par une patte, soit par une lame de fer pour leur lancer des mottes de terre. — **2.** *Vx.* Crosse d'un évêque. — **3.** *Sous la houlette de qqn,* sous sa direction.

***HOULEUX, EUSE** adj. **1.** Se dit d'une mer agitée par la houle. — **2.** Se dit d'une assemblée agitée de sentiments contraires qui échappent à toute discipline : *Une séance houleuse.*

HOULGATE (14510), comm. du Calvados, sur la Manche ; 1 707 hab. Station balnéaire.

***HOULIGAN** ou ***HOOLIGAN** [uligan] n. m. (russe *khouligan,* de l'angl. *hooligan*). **1.** En U. R. S. S. ou dans les pays de l'Est, jeune qui était jugé coupable de comportements asociaux et d'hostilité au régime. — **2.** Voyou qui se livre à des actes de violence lors des compétitions sportives.

***HOULIGANISME** ou ***HOOLIGANISME** n. m. Comportement des houligans.

HOULOUN NOR → HULUN NUR.

***HOULQUE** ou ***HOUQUE** n. f. (lat. *holcus*). Petite graminée dont les feuilles et les graines sont pubescentes. (Les fleurs sont réunies en panicules grêles, à épillets biflores.)

HOUMT-SOUK, v. de Tunisie, cap. de l'île de Djerba ; 6 000 hab. Artisanat. Musée des Arts et Traditions populaires.

HOU-NAN → HUNAN.

HOUNSFIELD (*sir* Godfrey Newbold), ingénieur britannique (Newark 1919). Il a partagé avec A. M. Cormack, en 1979, le prix Nobel de médecine pour leur contribution au développement des scanners.

***HOUP !** interj. Syn. de HOP !

HOU-PEI → HUBEI.

HOUPHOUËT-BOIGNY (Félix), homme d'État ivoirien (Yamoussoukro 1905 - *id.* 1994). Fondateur en 1945 du parti démocratique de Côte-d'Ivoire (P. D. C. I.), il devint en 1946 le président du Rassemblement démocratique africain (R. D. A.). Ministre des gouvernements français de 1956 à 1959, il fut élu président de la République de Côte-d'Ivoire lors de l'indépendance (1960). Régulièrement réélu, il pratiqua une politique modérée et entretint avec la France des relations privilégiées.

HOUPLINES (59116), comm. du Nord, banlieue d'Armentières, sur la Lys ; 7 676 hab. *(Houplinois).* Industrie textile et alimentaire.

HOUPPA n. m. (mot hébr.) **1.** Dais dressé, dans une synagogue, et sous lequel on place les fiancés, pendant un mariage israélite. — **2.** Cérémonie du mariage israélite.

***HOUPPE** n. f. (frq. **huppo,* touffe). **1.** Assemblage de poils, de filaments de soie, de laine, etc., formant une touffe. — **2.** Touffe de cheveux sur le devant de la tête. — **3.** Touffe ou tampon en duvet de cygne, en soie, etc., qui sert à se poudrer le visage. — **4.** Syn. de HOUPPIER. — **5.** Syn. de HUPPE. — **6.** *Houppe du menton,* un des muscles du menton.

***HOUPPELANDE** n. f. (p.-ê. anc. angl. *hoppâda,* pardessus). Vêtement de dessus ample et long.

***HOUPPETTE** n. f. Petite houppe pour se poudrer.

***HOUPPIER** n. m. ou ***HOUPPE** n. f. En sylviculture, syn. de CIMIER.

***HOUQUE** → HOULQUE.

***HOURD** [ur] n. m. (frq. **hurd,* claie). **1.** Estrade dressée pour les spectateurs des tournois. — **2.** Au Moyen Âge, galerie en charpente établie en encorbellement au sommet d'une muraille pour en battre le pied. (Il a été remplacé plus tard par le mâchicoulis permanent.)

***HOURDAGE** n. m. (de *hourder*). **1.** Maçonnage grossier en moellons ou en plâtras, notamment pour remplir un pan de bois. — **2.** Première couche de gros plâtre appliquée sur un lattis pour former l'aire d'un plancher. (Syn. HOURDIS.)

***HOURDER** (conj. 3) ou ***HOURDIR** (conj. 32) v. t. (de *hourd*). Exécuter un hourdage ou poser des hourdis.

***HOURDIS** [-di] n. m. (de *hourder*). **1.** Syn. de HOURDAGE. — **2.** Corps de remplissage, en aggloméré ou en terre cuite, posé entre les poutres ou nervures d'un plancher.

HOURGHADA ou **HURGHADA,** port et station balnéaire d'Égypte, sur la mer Rouge. — À proximité, gisements de pétrole.

***HOURI** n. f. (pers. *ḥuri,* de l'ar. *ḥūr,* pl. de *ḥawrā,* blancheur). **1.** Dans le Coran (III, 20), vierge du paradis, promise comme épouse aux croyants vertueux. — **2.** *Litt.* Très belle femme.

***HOURQUE** n. f. (moyen néerl. *hulke,* bateau de charge). Ancien voilier de transport hollandais, gréé en brick ou en trois-mâts, fortement arrondi de l'arrière et à flancs très renflés.

***HOURRA !** ou ***HURRAH !** interj. et n. m. (angl. *hurrah,* onomat.). **1.** Cri de guerre ou d'honneur en usage dans de nombreuses armées étrangères et réservé, dans la marine de guerre française, à l'accueil à bord des chefs d'État étrangers. — **2.** Cri d'acclamation et d'enthousiasme.

***HOURRI** ou ***HOURRITE** n. m. (de *Our,* n. pr.). Langue non indo-européenne parlée à partir du début du IIe millénaire dans le sud-est de l'Anatolie.

HOURRITES, peuple d'Asie occidentale attesté du XXIe au XIIe s. av. J.-C. et originaire des montagnes de l'est de l'Anatolie. Des migrations mènent les Hourrites, au début du IIe millénaire, aux confins de l'Anatolie centrale et de la Syrie, où ils fondent des royaumes. Ils s'imposent comme une noblesse guerrière dans l'est de l'Anatolie, en haute Mésopotamie et dans tout le couloir syrien, où ils créent de nouveaux États, dont le principal est le Mitanni. On connaît seulement leur culture par des cités périphériques (Nouzi, Alalah) ou par des villes étrangères (Ougarit, Hattousa) où ils résidèrent. Ils transmirent aux peuples de la Syrie et de l'Anatolie un trésor de mythes, de rites et de pratiques divinatoires, écrits en cunéiforme, où se mêlent les traditions suméro-akkadienne, nord-syrienne et anatolienne.
Les Hourrites ont rapidement disparu après la destruction du Mitanni par les Hittites (1365-1360) puis par les Assyriens (v. 1250).

HOURTICQ (Louis), écrivain d'art français (Brossac, Charente, 1875 - Neuilly-sur-Seine 1944). Parmi ses travaux, citons : *De Poussin à Watteau* (1921), *Encyclopédie des beaux-arts* (1925), *la Vie des images* (1927), *Génie de la France* (1943).

HOURTIN (33990), comm. de la Gironde, dans la forêt landaise, au N.-E. de *l'étang* (ou *lac*) *d'Hourtin et de Carcans* (environ 6 000 ha) ; 3 962 hab. — Phares sur le cordon littoral qui sépare l'étang de la mer.

***HOURVARI** n. m. (p.-ê. de *horva,* il sort, et *hari,* cri des chasseurs). **1.** Ruse qu'emploie le gibier lorsqu'il revient sur ses voies pour tromper les chiens. — **2.** *Litt.* Vacarme, tapage, agitation confuse.

***HOUSCHE** → OUCHE.

***HOUSEAU** n. m. (anc. fr. *hose,* guêtre, du germ. *hosa*). **1.** Guêtre lacée servant à protéger la jambe contre la pluie et la boue. (Syn. HEUSE.) — **2.** Jambière de cuir utilisée en équitation militaire. (Syn. FAUSSE BOTTE.)

***HOUSE-BOAT** [awzbot] n. m. (pl. *house-boats*) [angl. *house boat,* bateau maison]. Péniche avec cabine équipée, utilisée pour le tourisme fluvial ou comme habitation flottante.

***HOUSE MUSIC** ou ***HOUSE** [aws (mjuzik)] n. f. (mots angl., *musique faite à la maison*) [pl. *house musics*]. Courant musical apparu aux États-Unis au début des années 1980, influencé notamm. par la culture musicale noire américaine, le disco et le pop, et dont les airs, utilisés pour danser, sont créés à l'aide d'un sampler à partir d'éléments sonores préexistants et de sons et rythmes électroniques.

***HOUSPILLER** v. t. (anc. fr. *houcepignier,* de *housser,* battre avec un balai de houx, et *pignier,* peigner) [conj. 3]. Réprimander vivement qqn ; tancer : *Se faire houspiller par ses parents.*

***HOUSPILLEUR, EUSE** n. *Litt.* Personne qui houspille.

***HOUSSAGE** n. m. Action d'entourer d'une housse une charge logée sur palette.

***HOUSSAIE** → HOUSSIÈRE.

HOUSSAY (Frédéric), biologiste français (Dol-de-Bretagne 1860 - Lyon 1920). Lamarckien, il a cherché expérimentalement les facteurs capables de modifier dans leur forme les êtres vivants.

HOUSSAY (Bernardo Alberto), physiologiste argentin (Buenos Aires 1887 - *id.* 1971). Il a reçu en 1947 le prix Nobel de physiologie et de médecine (avec C. F. et G. Th. Cori) pour ses travaux sur les hormones.

HOUSSAYE (Arsène HOUSSET, dit **Arsène**), écrivain français (Bruyères, près de Laon, 1815 - Paris 1896). Ami de Gautier et de Nerval, intégré au petit groupe du Doyenné, il fut administrateur de la Comédie-Française (1849-1856) et aborda tous les genres littéraires (*Histoire de la peinture flamande et hollandaise,* 1844-1847 ; *Histoire du quarante et unième fauteuil de l'Académie française,* 1855 ; *Souvenirs d'un demi-siècle,* 1885-1891).

***HOUSSE** n. f. (frq. **hulftia,* couverture). **1.** Enveloppe de tissu, de plastique, etc., servant à recouvrir ou à protéger des meubles, des objets, etc. — **2.** Ébauche d'une pièce céramique combinant tournage et moulage dans un moule dit *à la housse.* — **3.** Enveloppe plastique destinée à recouvrir et maintenir en place les charges logées sur une palette de manutention. — **4.** Fourreau de papier collé sur le dos des cahiers et sur la carte du dos de la couverture du livre à relier.

***HOUSSER** v. t. (conj. 3). Couvrir un meuble, un objet, etc., d'une housse.

***HOUSSET** n. m. (de *housse*). Petite serrure de sac de voyage, de coffre, etc., qui se ferme toute seule lorsqu'on rapproche les deux côtés du sac ou qu'on abaisse le couvercle sur le coffre.

***HOUSSIÈRE** ou ***HOUSSAIE** n. f. Partie d'une forêt qui renferme beaucoup de houx.

***HOUST(E) !** → OUST !

HOUSTON, v. des États-Unis, au Texas, près du golfe du Mexique, auquel elle est reliée par un canal ; 1 630 553 hab. (3 301 937 dans l'aire métropolitaine). La ville est un grand port, exportant des céréales et des produits pétroliers, ainsi qu'un centre industriel (raffinage du pétrole et chimie, matériel pétrolier) et tertiaire (agences fédérales, sièges de grandes sociétés, université). Centre spatial. Musées, dont celui des Beaux-Arts et la collection Ménil (peinture du XXe s., arts primitifs, etc.).

HOUTHALEN-HELCHTEREN, comm. de Belgique (Limbourg), au N. de Hasselt, en Campine ; 25 000 hab. Charbonnages.

HOUTHULST, comm. de Belgique, en Flandre-Occidentale, au S.-E. de Dixmude ; 9 000 hab. — **Hist.** Entre Staden et Langemark, la forêt de Houthulst fut le théâtre de violents combats pendant la Première Guerre mondiale (1914, 1917, 1918).

***HOUX** [u] n. m. (frq. **hulis*). **1.** Arbre ou arbuste (aquifoliacée) des régions froides et tempérées, à feuilles persistantes dentées, épineuses ou entières, aux fruits rouges. (Le liber fournit la glu ; le bois, très dur et très pesant, facile à polir, sert en ébénisterie et en tournerie.) — **2.** *Petit houx,* syn. de FRAGON.

HOVE, station balnéaire de Grande-Bretagne (East Sussex), à l'O. de Brighton ; 82 500 hab.

***HOVEA** n. m. Arbuste (papilionacée) d'Australie, aux feuilles tomenteuses en dessous, aux fleurs bleues ou rouges réunies en grappes courtes. (Quelques espèces sont cultivées en serre froide.)

HOVERCRAFT [ɔvœrkraft] n. m. (angl. *hovercraft,* de *to hover,* planer, et *craft,* embarcation). Syn. de AÉROGLISSEUR.

HOVERPORT [ɔvœrpɔr] n. m. (de *hovercraft* et *port*). Partie d'un port formée d'un plan incliné et réservée à l'accostage des aéroglisseurs.

HOWARD (Thomas), comte **de Surrey,** 2e duc **de Norfolk** (1443-1524), seigneur anglais. Lieutenant général du Nord, il remporta sur les Écossais la grande victoire de Flodden (1513). — Son fils THOMAS, 3e duc *de Norfolk* (1473 - Kenninghall, Norfolk, 1554), participa à la victoire de Flodden. L'exécution de sa nièce, Catherine Howard (1542), ruina son crédit. — CATHERINE **Howard,** v. à son ordre alphabétique. — THOMAS, 4e duc *de Norfolk* (1538 - Londres 1572). Fils du 3e duc de Norfolk, il conspira avec les partis catholiques anglais et écossais contre la reine Élisabeth Ire, et fut exécuté.

HOWARD (Charles), baron **d'Effingham,** 1er comte **de Nottingham,** amiral anglais (Effigham 1536 - Harling, près de Croydon, 1624). Lord grand amiral en 1585, il vainquit l'Invincible Armada (1588) et conduisit une expédition victorieuse contre Cadix (1596).

HOWARD (Thomas), comte **d'Arundel,** grand seigneur anglais (v. 1585 - Padoue 1646). Grand amateur d'art, il collectionna les œuvres de Rubens, Holbein, Van Dyck, et acquit les célèbres marbres de Paros, appelés depuis marbres d'Arundel*.

HOWARD (Edward Charles), ingénieur britannique (Sheffield 1774 - Londres 1816). Il découvrit le fulminate de mercure (1799) et inventa l'évaporateur sous pression réduite, utilisé dans la fabrication du sucre.

HOWARD (Leland Ossian), entomologiste américain (Rockford, Illinois, 1857 - Bronxville, Eastchester, État de New York, 1950). Il a développé et organisé la recherche entomologique en vue de lutter contre les insectes nuisibles. Il a écrit *la Menace des insectes* (1931).

HOWARD (Robin), mécène britannique (Londres 1924). Fondateur de la London School of Contemporary Dance, d'où est né, dès 1967, le London Contemporary Dance Theatre, il a fait du théâtre *The Place* le haut lieu de la « danse contemporaine » en Grande-Bretagne.

HOWARDIE n. f. (de *Howard,* n. pr.). Cochenille qui attaque les théiers, les orangers et les citronniers de l'Amérique septentrionale et du Japon.

HOWE (Élias), mécanicien américain (Spencer, Massachusetts, 1819 - Brooklyn 1867). Il imagina, en 1846, la machine à coudre exécutant la couture à deux fils, qui devint le point de départ d'une application généralisée.

HOWE (Julia WARD), poétesse et philanthrope américaine (New York 1819 - Newport 1910). Elle consacra sa vie et son œuvre à des causes humanitaires. Son *Hymne des nordistes pendant la guerre de Sécession* (1862) est célèbre.

HOWELLS (William Dean), écrivain américain (Martins Ferry 1837 - New York 1920). Son rôle fut décisif dans le développement du réalisme américain, qu'il identifia à une peinture sociale modérée et moralisatrice. Ses romans (*Their Wedding Journey,* 1872 ; *Indian Summer,* 1886) évoquent l'Amérique moyenne, de manière intimiste.

HOWRAH, v. de l'Inde (Bengale-Occidental), sur l'Hooghly, en face de Calcutta ; 1 707 512 hab. Centre industriel.

HOXHA ou **HODJA** (Enver), homme d'État albanais (Gjirokastër 1908 - Tirana 1985). Il fut pendant la Seconde Guerre mondiale l'un des principaux organisateurs de la résistance à l'occupant italien, puis aux nazis et fonda le parti communiste du travail d'Albanie en 1941. Président du Conseil (1945-1954), secrétaire général du parti (1948-1985), il engagea l'Albanie dans l'édification du socialisme (à partir de 1946) et la révolution culturelle (1965-1970).

HÔ XUÂN HUONG, femme de lettres vietnamienne du début du XIXe s., originaire de Nghê An, auj. Nghî Tinh. Célèbre pour son nonconformisme, elle a laissé de courts poèmes en langue vernaculaire.

HOYA n. m. (de *Hoy,* n. pr.). Arbuste (asclépiadacée) à tiges sarmenteuses volubiles dont les fleurs, à l'aspect de porcelaine, disposées en ombelles, font l'ornementation des serres chaudes.

***HOYAU** [ɔjo ou wajo] n. m. (anc. fr. *hoe,* houe). Houe à lame aplatie en biseau.

***HOYÉ, E** [ɔje] adj. (moyen fr. *ohié,* malade). Se dit du poisson fatigué et meurtri dans le filet.

HOYERSWERDA, v. d'Allemagne (Saxe), sur l'Elster Noire ; 71 000 hab. Centre industriel et résidentiel (près du combinat de Schwarze Pumpe).

HOYLE (*sir* Fred), astrophysicien et mathématicien britannique (Bingley 1915). L'un des pionniers de l'astrophysique nucléaire, il s'est efforcé de développer des théories cosmologiques alternatives à celle du big bang (qui lui doit ce nom). Il est aussi connu comme vulgarisateur scientifique et comme auteur de science-fiction.

HOYSAḶA, dynastie de l'Inde du Sud (XIIe-XIVe s.).

HÖYÜK n.m. (mot turc). Terme désignant les tumulus en Turquie.

HOZIER (Pierre D'), seigneur **de la Garde,** généalogiste français (Marseille 1592 - Paris 1660), juge d'armes (1641) et conseiller d'État (1654), auteur de généalogies des principales familles françaises formant 150 volumes manuscrits, conservés à la Bibliothèque nationale. — LOUIS PIERRE **d'Hozier de Sérigny,** son petit-fils (Paris 1685 - id. 1767), également juge d'armes et conseiller d'État, publia avec son fils, ANTOINE MARIE (Paris 1721 - *id.* 1801), l'*Armorial général ou Registres de la noblesse de France* (1738-1768).

HP, symbole de *horse power,* unité de puissance en Grande-Bretagne.

H. P. C., dans le langage diplomatique, abrév. de HAUTES PARTIES CONTRACTANTES.

HRABAL (Bohumil), écrivain tchèque (Brno 1914). Il unit dans ses récits les thèmes surréalistes à l'inspiration populaire (*Trains étroitement surveillés,* 1965 ; *Moi qui ai servi le roi d'Angleterre,* 1971 ; *Une trop bruyante solitude,* 1976 ; *Un doux Barbare,* 1978 ; *les Noces dans la maison,* 1990).

Hradčany, château de Prague, dominant la rive gauche de la Vltava et formant un quartier fortifié qui renferme de nombreux édifices historiques, dont la basilique romane St-Georges et la cathédrale St-Gui.

HRADEC KRÁLOVÉ, v. de la République tchèque, ch.-l. de la Bohême-Orientale, sur la Labe (Elbe) ; 99 889 hab. Centre du Polabí. Cathédrale gothique en brique (XIVe-XVe s.). Monuments baroques, dont l'église Notre-Dame (XVIIe s.). Architecture moderniste du début du XXe s. Alimentation. Textile. Mécanique. – Aux abords fut livrée, en 1866, la bataille de Sadowa*, que les Allemands appellent *bataille de Königgrätz* (nom all. de Hradec Králové).

HRISTOV (Kiril), poète bulgare (Stara Zagora 1875 - Sofia 1944), auteur de *Chansons et Soupirs* (1896), *Frissons* (1897) et d'un poème épique *les Fils du Balkan* (1930).

HRON (le), riv. de Slovaquie qui atteint le Danube (r. g.) en face d'Esztergom ; 289 km.

HROTSVITHA → ROSWITHA.

HROZNÝ (Bedřich), archéologue et linguiste tchèque (Lysá nad Labem 1879 - Prague 1952). À partir des archives découvertes à Boğazköy (1906), il démontra l'appartenance du hittite à la famille indo-européenne, ainsi que l'existence d'autres langues non indo-européennes en pays hittite (le louvite et le hourrite).

HRUBÍN (František), écrivain tchèque (Prague 1910 - České Budějovice 1971). Il débuta avec des recueils d'un lyrisme mélodieux et méditatif (*Belle en misère,* 1935) et connut la célébrité, à la Libération, avec le poème *Nuit de Job* (1945), suivi de *Pain et acier* (1945) et *Hiroshima* (1948). Il revint par la suite à son inspiration initiale, celle de la réflexion métaphysique (*Métamorphose,* 1957).

HRUCHEVSKI (Mikhaïl Sergueïevitch) → GROUCHEVSKI.

H. S. [aʃɛs] adv. (abrév. de *hors service*). Fam. *Être H. S.,* être malade, épuisé.

HSINCHU → XINZHU.

H. T., abrév. de HORS TAXES et de HAUTE TENSION*.

HTLV, (abrév. de *Human T-Cell Lymphoma Virus*), nom du virus V.I.H. aux États-Unis.

HTR, abrév. de l'angl. *high temperature reactor,* qui caractérise un réacteur nucléaire dont le cœur peut fournir de l'énergie thermique à des températures atteignant, voire dépassant 800 °C.

***HUACA** n. f. (esp. *huaca,* du quechua). Chambre funéraire souterraine dans laquelle les Incas inhumaient leurs morts.

HUACHIPATO, centre sidérurgique du Chili, au N.-O. de Concepción, sur la baie de San Vicente.

HUACHO, port du Pérou, sur le Pacifique, au N. de Callao ; 36 700 hab.

HUA GUOFENG ou **HOUA KOUO-FONG,** homme politique chinois (Jiaocheng, Shanxi, 1921 ou 1922). Il rejoignit le parti et l'Armée rouge pendant la guerre de résistance contre le Japon (1937-1945). Il fut après 1949 secrétaire du parti dans le Hunan et entra au comité central en 1969. Premier ministre (1976-1980), président du parti (de la mort de Mao, en 1976, à sa démission en faveur de Hu Yaobang en 1981), il fut éliminé par le courant novateur animé par Deng Xiaoping.

HUA-HIN, station balnéaire de Thaïlande, sur la côte du golfe de Thaïlande.

HUAHINE, île de la Polynésie française, au N.-O. de Tahiti ; 4 479 hab.

HUAI ou **HOUAI,** fl. de l'est de la Chine, qui rejoint la mer Jaune, dans le Jiangsu, au S. de la péninsule du Shandong ; 1 080 km. Plusieurs barrages et des canaux de dérivation ont permis de régulariser le fleuve et d'irriguer 1,6 million d'hectares.

HUAINAN ou **HOUAI-NAN,** v. de Chine (Anhui), sur la Huai ; 704 000 hab. Houille.

HUALLAGA, riv. du Pérou, affl. du Marañón (r. dr.) ; 1 040 km.

HUAMBO, anc. **Nova Lisboa,** v. de l'Angola central ; 203 000 hab.

HUANCAVELICA, v. du Pérou, ch.-l. de dép. de la Cordillère occidentale, à 3 660 m d'alt. ; 29 000 hab. Anc. mines de mercure.

HUANCAYO, v. du Pérou, ch.-l. de dép., dans les Andes, à l'E. de Lima ; 257 000 hab. Centre commercial à 3 350 m d'alt.

HUANDOY, montagne des Andes du Pérou, dans la cordillera Blanca ; 6 395 m au *Huandoy Norte* (gravi en 1932 par les Autrichiens E. Hein et E. Schneider).

HUANG BINHONG ou **HOUANG PINHONG,** peintre chinois (Xixian 1863 - Hangzhou 1955). Il a su concilier classicisme et modernité, et a publié une monumentale anthologie des écrits classiques sur l'art : le *Meishukongshu* (1911).

HUANG GONGWANG ou **HOUANG KONG-WANG,** peintre chinois (Changshou 1269-1354). Aîné des *quatre grands maîtres yuan,* son art paysagiste marquera la production lettrée pour plus de cinq siècles. Intériorité et spontanéité rendent au quotidien sa saveur et son émotion.

HUANG HE ou **HOUANG-HO,** fl. de la Chine du Nord, long de 4 845 km, drainant un bassin de 745 000 km² (peuplé d'environ 300 millions d'hab.). Son nom de « fleuve Jaune » lui vient des alluvions lœssiques qu'il transporte (1,6 milliard de t/an) et qui ont construit la Grande Plaine du Nord. Né au Qinghai, il s'encaisse dans le plateau tibétain jusqu'à Lanzhou. Puis il décrit une très large courbe vers le nord avant de reprendre une direction ouest-est et d'entrer dans la Grande Plaine, au-dessus de laquelle il coule entre des digues, et d'atteindre le golfe du Bohai. Pour limiter des crues (violentes, malgré un faible débit moyen : 1 500 m^3/s), un plan global d'aménagement a été mis en œuvre (barrages et retenues, canaux de dérivation, digues), associant production hydroélectrique et irrigation.

HUANGPU ou **HOUANG-P'OU,** petit fleuve côtier de Chine (Jiangsu), qui débouche sur l'estuaire du Yangzi Jiang et sur les rives duquel est établie la ville de Shanghai.

HUANGPU ou **HOUANG-P'OU,** dit encore **Whampoa,** avant-port de Canton, en Chine dans le delta du Xi Jiang. Installations pour conteneurs. Pétrochimie.

HUANGSHI ou **HOUANG-CHE,** v. de Chine (Hubei), sur le Yangzi Jiang, en aval de Wuhan ; 111 000 hab.

HUÁNUCO, anc. **San León de Huánuco,** v. du Pérou, dans la Cordillère centrale, sur le rio Huallaga ; 118 814 hab.

***HUARD** ou ***HUART** n. m. (de *huer*). Au Canada, nom usuel du *plongeon arctique.*

HUARI ou **WARI,** site archéologique des hautes terres du Pérou, près d'Ayacucho, abritant les vestiges du centre cérémoniel et de la grande métropole de la culture Huari. Celle-ci, influencée par Tiahuanaco, s'est diffusée entre 600 et 1000 apr. J.-C., et de nombreux styles locaux portent son empreinte.

HUÁSCAR, empereur inca du Pérou († 1532), fils légitime de l'Inca Huyana Cápac. Souverain du sud de l'Empire (v. 1527), qui avait pour capitale Cuzco, il fut mis à mort par son demi-frère Atahualpa.

HUASCARÁN, point culminant des Andes du Pérou, dans la cordillera Blanca ; 6 768 m. Première ascension par une expédition austro-allemande : F. Bernhard, P. Borchers, E. Hein, H. Hœrlin, E. Schneider (1932).

HUA SHAN ou **HOUA-CHAN,** montagne de Chine (Shaanxi), au S. de Huayin ; c'est l'une des 5 montagnes sacrées de Chine.

HUAXTÈQUES ou **HUASTÈQUES,** Indiens du Mexique qui, depuis la période précolombienne, occupent une vaste région entre la Sierra Madre orientale et le golfe du Mexique. Les Huaxtèques appartiendraient à la famille linguistique maya mais ils se sont séparés vers la fin du IIe millénaire av. J.-C. des autres Mayas. Au nombre d'environ 19 000 en 1960. Ils se répartissent en trois groupes (Potosís, Tantoyucas, Sierra Otontepecs), qui vivent de l'agriculture et de l'artisanat.
C'est au postclassique (950-1500) que les Huaxtèques atteignirent leur apogée. Temples circulaires consacrés à Quetzalcóatl, stèles, statuaire ornée de gravures, céramiques aux formes anthropomorphes, et parures en nacre caractérisent la culture huaxtèque, qui fut de plus en plus sensible à l'influence aztèque.

HUA YAN ou **HOUA YEN,** peintre chinois (prov. Fujian 1682 - 1765), l'un des « huit excentriques de Yangzhou », le plus doué et le meilleur technicien, connu pour ses fleurs, oiseaux, insectes et paysages d'une admirable concision.

HUAYHUASH *(cordillère de),* massif des Andes du Pérou, au S. de la cordillera Blanca ; 6 634 m au *Nevado Yerupaya.*

HUAYNA CÁPAC, surnommé **le Grand** ou **le Conquérant** († v. 1527), Inca du Pérou (1493 - 1525). Il étendit les limites nord de l'Empire jusqu'à la frontière actuelle de la Colombie, conférant à l'Empire sa plus grande extension.

HUBBARD *(mont),* montagne du sud-est de l'Alaska, dans les monts Saint Elias ; 4 556 m.

HUBBLE (Edwin Powell), astrophysicien américain (Marshfield, Missouri, 1889 - San Marino, Californie, 1953). La mise en évidence d'étoiles dans la nébuleuse M 31 d'Andromède (1923) lui permit d'établir l'existence de systèmes stellaires extérieurs à la Voie lactée, les galaxies. Puis, se fondant sur le rougissement systématique du spectre des galaxies, interprété comme un effet Doppler-Fizeau, il formula une loi empirique selon laquelle les galaxies s'éloignent les unes des autres à une vitesse proportionnelle à leur distance (1929), et conforta ainsi la théorie de l'expansion de l'Univers.

Hubble *(télescope spatial),* télescope américano-européen de 2,40 m de diamètre, mis en orbite autour de la Terre en 1990 et réparé dans l'espace en 1993.

HUBEI ou **HOU-PEI,** prov. du centre de la Chine ; 180 000 km^2 ; 54 millions d'hab. Cap. *Wuhan.* C'est une province carrefour, parcourue du N. au S. par la voie ferrée Pékin-Canton, et d'O. en E. par le Yangzi Jiang. Le climat chaud (en été) et humide a favorisé le riz et le coton. L'industrie est développée à Wuhan.

HUBER (Wolf), peintre et graveur allemand (Feldkirch 1485 - Passau 1553). Au service de la cour épiscopale de Passau, il est, à côté d'Altdorfer, le dernier artiste important de l'école du Danube*.

HUBER (Jean), dit **Huber-Voltaire,** peintre suisse (Genève 1721 - Lausanne 1786). Il s'est fait connaître surtout par ses nombreuses et amusantes scènes de la vie de Voltaire (peintes, dessinées, gravées, etc.).

HUBER (Klaus), compositeur suisse (Berne 1924). Ses premières œuvres datent de 1952, mais il a surtout attiré l'attention avec *Sechs kleine Vokalisen* pour contralto, violon et violoncelle (1955). Sa production s'inscrit sous le signe d'un sentiment très poussé de la nature et de préoccupations religieuses et spirituelles. Citons *Tenebrae* pour orchestre (1967), *Erniedrigt-Geknechtet-Verlassen-Verachtet...,* oratorio en sept parties sur un texte d'Ernesto Cardenal (1981), *Spes contra spem,* pour chanteurs, acteurs et orchestre, d'après P. Weiss, E. Canetti et autres (1986-1988).

HUBERT *(saint),* évêque de Tongres, Maastricht et Liège († Liège 727). Il convertit la Belgique orientale. Une légende en a fait le patron des chasseurs.

Hubertsbourg *(traité d')* [15 févr. 1763], traité conclu à l'issue de la guerre de Sept Ans, par lequel Marie-Thérèse d'Autriche cédait définitivement la Silésie à la Prusse.

HUBLĪ ou **HUBLY,** v. de l'Inde (Karnātaka), à l'E. de Goa ; 647 640 hab. (avec la ville voisine de Dhārwār). Textile.

***HUBLOT** n. m. (p.-ê. altér. de *hulot,* du norm. *houle,* trou, p.-ê. avec l'infl. du poitevin *loubier,* lucarne). **1.** Fenêtre munie d'un verre épais et pouvant fermer hermétiquement, aménagée dans la coque d'un navire. — **2.** Fenêtre, hermétiquement close, aménagée dans le fuselage d'un avion ou dans la paroi d'un vaisseau spatial. — **3.** Partie de la porte d'un four ou d'une machine à laver, vitrée d'une glace épaisse et permettant de surveiller l'opération. — **4.** *Fam.* Verre de lunettes.

HUBRIS n. f. (mot gr.). Chez les Grecs, tout ce qui, dans la conduite de l'homme, est considéré par les dieux comme démesure, orgueil, et devant appeler leur vengeance.

HUC (Évariste Régis), lazariste français (Caylus, Tarn-et-Garonne, 1813 - Paris 1860). Missionnaire en Chine, il publia *Souvenirs d'un voyage dans la Tartarie, le Tibet et la Chine pendant les années 1844, 1845 et 1846* (1850).

HUCH (Ricarda), connue aussi sous le pseudonyme de **Richard Hugo,** femme de lettres allemande (Brunswick 1864 - Schönberg, Taunus, 1947). Un des meilleurs poètes lyriques d'Allemagne (*Nouvelles Poésies,* 1907), elle a également laissé des romans historiques, dont *la Grande Guerre en Allemagne* (1912-1914), tableau de la guerre de Trente Ans.

***HUCHE** n. f. (bas lat. *hutica,* du germ.). Coffre haut et étroit dans lequel on conserve le pain.

HUCHEL (Peter), écrivain allemand (Berlin 1903 - Laufen 1981). Rédacteur en chef de la revue littéraire de la R. D. A., *Sinn und Form* (1948-1962), il quitta la R. D. A. en 1971. Dans une poésie de forme rigpureuse, il a exprimé la solitude et la détresse de l'homme (*Jours comptés,* 1972).

***HUCHER** v. t. (lat. pop. **huccare*) [conj. **3**]. *Vx.* Appeler en criant, en sifflant.

***HUCHIER** n. m. (de *huche*). Nom des menuisiers et sculpteurs-décorateurs sur bois durant une partie du Moyen Âge.

ḤUDAYDA → HODEÏDA.

HUDDERSFIELD, v. de Grande-Bretagne (West Yorkshire), en bordure des Pennines ; 149 000 hab. Centre textile. Machines pour cette industrie.

HUDSON, fl. du nord-est des États-Unis (États de New York et de New Jersey) issu des Adirondacks et tributaire de l'Atlantique ; 500 km environ. Il est relié par un canal au lac Érié et au Saint-Laurent. Les matériaux de construction, les produits pétroliers et le charbon constituent l'essentiel de son trafic.

HUDSON *(baie d'),* mer intérieure du nord du Canada, communiquant avec l'Atlantique par le *détroit d'Hudson.*

Hudson *(Compagnie de la baie d'),* compagnie commerciale à charte, créée en 1670 par le roi Charles II, qui avait pour vocation le commerce des fourrures dans le nord du Canada. Elle fusionna en 1821 avec sa rivale, la Compagnie du Nord-Ouest. Elle rendit ses droits territoriaux au Canada en 1870, mais elle est demeurée une puissante compagnie foncière et commerciale.

HUDSON (Henry), navigateur anglais (milieu du XVIe s. - près de la baie d'Hudson ? 1611). Chargé par Jacques Ier de rechercher une route maritime vers la Chine (1607) au nord de l'Amérique, il découvrit le fleuve, le détroit et la baie auxquels il a donné son nom.

HUDSON (William Henry), écrivain britannique (Quilmes, près de Buenos Aires, 1841 - Londres 1922). Ornithologue amateur, il parcourut l'Amérique latine (*le Pays pourpre,* 1885) et évoqua de manière sensuelle la campagne anglaise (*Vertes Demeures,* 1904 ; *la Vie d'un berger,* 1910).

***HUE !** interj. (onomat.). **1.** S'emploie pour faire avancer un cheval ou pour le faire tourner à droite. — **2.** *À hue et à dia,* en des sens opposés, de manière contradictoire : *Tirer à hue et à dia.*

HUE (François, *baron*), officier de la chambre du roi Louis XVI, puis du roi Louis XVIII (Fontainebleau 1757 - Paris 1819). Il témoigna d'un grand dévouement à Louis XVI et à la famille royale, qu'il suivit dans la prison du Temple (1792), et fut premier valet de chambre de Louis XVIII (1799-1818). Ses *Souvenirs (1787-1815)* ont été publiés en 1904.

HUE (Robert), homme politique français (Cormeilles-en-Parisis 1946). Membre du parti communiste depuis 1963, il succède à G. Marchais à la tête du P. C. F., avec le titre de secrétaire national, en 1994. Il est candidat à l'élection présidentielle de 1995 (8,64 % des suffrages).

HUÊ, v. du Viêt-nam, ch.-l. de prov. sur la *rivière de Huê,* à 8 km de la mer de Chine méridionale ; 211 000 hab. La vieille ville (citadelle, palais, temples) est située sur la rive gauche de la rivière et le centre commercial, sur la rive droite. Textile, alimentation. Université.
— **Hist.** Résidence des seigneurs de Cochinchine, les Nguyên, de 1635 à 1775, Huê devint la capitale du Viêt-nam unifié de Gia Long (1802). Elle fut fortifiée d'après les plans de l'officier français O. de Puymanel. Sous le protectorat français depuis 1883, la ville passa sous l'autorité du Viêt-nam du Sud (1954) après les accords de Genève. Elle résista à l'offensive nord-vietnamienne du Têt (févr. 1968). Sa chute en 1975 marqua le premier succès de l'offensive finale du Viêt-nam du Nord.

*__HUÉE__ n. f. (de *huer*). Bruits ou cris que l'on fait dans une battue en huant.

◆ **huées** n. f. pl. Cris de réprobation, souvent moqueurs, poussés par un groupe : *Accueillir l'orateur par des huées.*

HUEHUETEOTL, dieu mexicain appelé aussi **Xiuhtecuhtli.** Il était le maître du feu, du tonnerre et des tremblements de terre.

HUELGOAT (29690), ch.-l. de cant. du Finistère, au S. des monts d'Arrée ; 1 748 hab. *(Huelgoatains).* Église et chapelle gothiques du XVIe s. — Chaos de rochers en bordure de l'*étang d'Huelgoat.* — Au N.-O., forêt.

HUELVA, v. d'Espagne, en Andalousie, ch.-l. de prov. à l'embouchure du río Tinto ; 142 547 hab. Raffinerie de pétrole. Fonderie de cuivre. Chimie. Port d'exportation.

*__HUER__ v. t. (onomat.) [conj. 7]. **1.** Accueillir qqn, un spectacle par des huées : *Se faire huer par une assemblée.* — **2.** Au cours d'une battue, effrayer le gibier en faisant du bruit, pour lui faire prendre une certaine direction ; crier pour indiquer qu'un sanglier est pris.

◆ v. i. Crier, en parlant du hibou, du héron, etc.

*__HUERTA__ [wɛrta] n. f. (esp. *huerta*). En Espagne, plaine irriguée couverte de cultures.

HUERTA (Victoriano), militaire et homme d'État mexicain (Colotlán, Mexico, 1854 - El Paso 1916). Militaire de carrière, il fit assassiner le président Madero (1913), ce qui provoqua des soulèvements dans tout le pays et l'intervention des États-Unis à Veracruz (1914). Il dut s'exiler en 1914.

HUESCA, v. d'Espagne, en Aragon, ch.-l. de prov., au pied des Pyrénées ; 44 165 hab. Nombreux monuments, dont l'anc. abbaye romane S. Pedro el Viejo et la cathédrale (XIIIe-XVIe s. ; retable en albâtre de D. Forment, 1520). Musée provincial.

HUET (Pierre Daniel), prélat et érudit français (Caen 1630 - Paris 1721). Nommé par Louis XIV sous-précepteur du Dauphin (1670), il devint évêque d'Avranches (1692-1699). La Fontaine lui a dédié une *Épître* célèbre. (Acad. fr., 1674.)

HUET (Christophe), peintre ornemaniste français († Paris 1759). Émule de Berain et de Gillot, il décora de chinoiseries le château de Champs (1740), peignit autour de 1750 les singeries de l'hôtel de Rohan à Paris.

HUET (Jean-Baptiste), peintre français (Paris 1745 - *id.* 1811). Son œuvre est surtout ornementale : vignettes d'illustration, cartons de tapisseries (pour Beauvais), dessins pour les toiles de Jouy.

HUET (Paul), peintre français (Paris 1803 - *id.* 1869). Ami de Bonington, de Delacroix, il fut un paysagiste romantique (*Inondation à Saint-Cloud,* 1855, musée d'Orsay) et un précurseur de l'impressionnisme.

HUEZ, comm. de l'Isère → ALPE-D'HUEZ (l').

HUFŪF (al-), v. d'Arabie Saoudite, à l'E. de Riyāḍ ; 101 000 hab. Très ancien centre commercial, c'est l'une des plus vastes oasis d'Arabie (dattes, blé, orge et légumes). Artisanat. Cimenterie.

HUGGINS (*sir* William), astronome britannique (Stoke Newington, Londres, 1824 - Londres 1910). Pionnier des recherches spectroscopiques, il établit la nature gazeuse de certaines nébuleuses (1864), confirma que les comètes émettent un rayonnement propre (1866), puis identifia dans le spectre de cette lumière la présence d'hydrocarbures (1868) et détermina les vitesses radiales de nombreuses étoiles.

HUGHES (David Edward), ingénieur américain d'origine britannique (Londres 1831 - *id.* 1900). En 1854, il construisit un appareil télégraphique imprimeur, dont le succès fut considérable. Il a joué un rôle important dans le développement de la téléphonie en imaginant, en 1878, le microphone.

HUGHES (William Morris), homme politique australien (Londres 1864 - Sydney 1952). Travailliste, il fut ministre de la Justice de 1908 à 1915 et Premier ministre de 1915 à 1922.

HUGHES (James Langston), écrivain américain (Joplin, Missouri, 1902 - New York 1967). Après des voyages en Afrique et en Europe, il revint à Harlem. Cette ville a formé l'inspiration essentielle de ses poèmes (*Shakespeare in Harlem,* 1942), de son théâtre, de ses romans et récits (*Simple's Uncle Sam,* 1965) et de ses autobiographies (*The Big Sea,* 1940).

HUGHES (Howard), homme d'affaires américain (Houston, Texas, 1905 - † dans un avion entre Acapulco et Houston 1976). Il s'adonna à de multiples activités industrielles (cinéma, aéronautique) et se fit connaître, en 1938, par un tour du monde réalisé, sur un avion de sa conception, en 3 jours et 19 heures.

HŪGLĪ → HOOGHLY.

HUGO d'Oignies (le *frère*), orfèvre mosan (Walcourt av. 1187 - Oignies ? v. 1233). Son style dérive de celui de Nicolas de Verdun (trésor des Sœurs de Notre-Dame, Namur).

HUGO (Joseph, Léopold Sigisbert, *comte*), général et écrivain militaire français (Nancy 1773 - Paris 1828). Il se signala, à l'armée d'Italie, par la capture de Fra Diavolo (1806), en Espagne, par sa victoire sur le chef des guérilleros, El Empecinado (1811), et lors de la défense de Thionville (1814 et 1815).

HUGO (Victor Marie), écrivain français (Besançon 1802 - Paris 1885), fils du précédent. Couronné dès l'âge de dix-sept ans aux jeux Floraux de Toulouse, poète classique et monarchiste influencé par La Mennais, Nodier et Chateaubriand (*Odes,* 1822), il montre déjà une rare maîtrise d'écriture et de composition dans *Bug-Jargal* (1826), bref récit colonial. Marié à Adèle Foucher (1822), il connaît bientôt le succès : il publie son roman *Han d'Islande* (1823), s'intègre au romantisme, est décoré de la Légion d'honneur par Charles X (1825) et donne successivement ses *Odes* et Ballades* (1826), son drame *Cromwell** (1827) précédé d'une préface-manifeste, *les Orientales** (1829) ainsi que le roman *le Dernier Jour d'un condamné* (1829), prélude de son « socialisme » et de son génie solitaire, populaire et scandaleux.
Les événements politiques de 1830, la mésentente conjugale, sa liaison avec Juliette Drouet (1833) déterminent de profonds changements dans les idées et la sensibilité de l'écrivain. Ainsi l'interdiction qui frappe sa pièce *Marion* de Lorme* (1829) mène-t-elle au drame d'*Hernani** et à sa « bataille », que suivront, au lendemain de la révolution de Juillet, la préface de *Marion de Lorme* (1831) et ses revendications. Au pessimisme tragique et critique de *Notre-Dame* de Paris* (1831) s'oppose, la même année, le lyrisme intime des *Feuilles* d'automne* qui, avec trois autres recueils lyriques (*les Chants du crépuscule,* 1835 ; *les Voix intérieures,* 1837 ; *les Rayons* et les Ombres,* 1840), jalonneront l'évolution vers la poésie métaphysique de l'exil. Entre-temps, exploitant la veine dramatique de manière analogue, Hugo donne *Le roi s'amuse* (1832), en vers, qui sera interdit, *Lucrèce Borgia* (1833) en prose, drame à succès, *Marie* Tudor* (1833) ainsi que *Ruy* Blas* (1838), qui marque, dans un climat de réprobation quasi unanime, le déclin du théâtre d'idées et d'art, au profit du drame bourgeois. La gloire du poète sera cependant consacrée en 1841 par son élection à l'Académie française.
Après la relation de ses voyages annuels avec Juliette Drouet, notamment *le Rhin** (1842), l'échec de la trilogie des *Burgraves** marque la fin de la carrière dramatique d'Hugo. Son rôle quasi officiel auprès de Louis-Philippe, la noyade tragique de sa fille Léopoldine (1843) tarissent momentanément toute création nouvelle jusqu'aux événements de 1848, où, ému par les souffrances du peuple, le poète se fait républicain. L'hostilité qui succède à l'attitude d'abord favorable envers Napoléon III le fait exiler (1852) et lui inspire *Napoléon le Petit* (1852), chef-d'œuvre du pamphlet. Sensible à tous les événements, enflammé par l'indignation, Hugo va composer la partie la plus riche et la plus personnelle de son œuvre à Jersey, puis, à partir de 1855, à Guernesey. Ainsi paraissent les recueils poétiques *les Châtiments** (1853), véritable appel au peuple, où le pamphlet se fait visionnaire et la violence prophétique, que suivent le chef-d'œuvre *les Contemplations** (1856) — reflet des divers registres d'émotion du poète qui traverse une période d'exaltation et de mysticisme due aux souffrances physiques et morales, mais aussi à la présence de Juliette —, *la Légende* des siècles* (1859), *les Chansons* des rues et des bois* (1865) et les romans *les Misérables**, récit mythique, réaliste, populaire qui connaîtra un succès foudroyant, *les Travailleurs* de la mer* (1866), *l'Homme* qui rit* (1869), une place à part revenant à *William* Shakespeare* (1864), dépositaire de l'ensemble de la théorie littéraire et de la philosophie militante de l'auteur.
La proclamation de la république ramène Hugo à Paris (1870) ; symbole de la résistance républicaine à l'Empire, il devient député de Paris, puis sénateur (1876), publie en 1872 *l'Année terrible,* au profit des opprimés, *Quatrevingt-Treize** (1874), *Actes et Paroles* (1875-76), véritable engagement politique, puis, en 1877-78, *l'Art d'être grand-père,* la seconde série de *la Légende des*

siècles, Histoire d'un crime* et *le Pape.* Victime d'une attaque, il cesse de composer, mais donne des œuvres inédites (*la Pitié suprême,* 1879 ; *Religions et Religion, l'Âne,* 1880 ; *les Quatre Vents de l'esprit,* 1881 ; *Torquemada* et la troisième série de *la Légende,* 1883) qui entretiennent sa gloire. Après sa mort — il repose au Panthéon —, ses héritiers ont poursuivi la publication de nombreux inédits (*Théâtre en liberté,* 1886-1888 ; *la Fin de Satan,* 1886 ; *Choses vues, Toute la lyre,* 1888-1893 ; *Voyages,* 1890-1892 ; *Dieu,* 1891 ; *les Années funestes,* 1898 ; *Dernière Gerbe,* 1902). Victor Hugo a laissé plus de 2 000 dessins (sépia, encre de Chine), où l'on retrouve ses dons de visionnaire.

Hugo (*musée municipal* **Victor-**), à Paris, place des Vosges. Installé dans un hôtel où l'écrivain résida de 1832 à 1848 et que la Ville a acquis en 1873, ce musée conserve une partie des dessins de Hugo, certains meubles exécutés par lui, des souvenirs, des illustrations de ses œuvres.

HUGO (Richard) → HUCH (Ricarda).

HUGONIOT (Henri), mathématicien et physicien français (Allenjoie, Doubs, 1851 - Nantes 1887). Outre des travaux sur la mécanique des turbines à vapeur (1884), l'élasticité et la balistique, il a laissé une importante œuvre théorique sur le mode de propagation des ondes dans les fluides, qui servit à formuler la théorie des ondes de choc.

***HUGUENOT, E** n. (all. *Eidgenosse,* confédéré, qui fut déformé en *eiguenotz* et qui désignait, au XVIe s., les réformés de Genève). Nom donné aux protestants français pendant les guerres de Religion.
◆ adj. Relatif aux huguenots.

Huguenots *(les),* opéra en 5 actes de G. Meyerbeer, sur un livret d'E. Scribe (Paris, 1836).

SAINT

HUGUES de Cluny *(saint),* abbé (Semur-en-Brionnais 1024 - Cluny 1109). Moine (1039) et abbé de Cluny (1049-1109), il développa son ordre et, conseiller des rois et des papes, il contribua puissamment à la réforme de l'Église.

FRANCE

HUGUES l'Abbé († 885), cousin de Charles le Chauve, investi, à la mort de Robert le Fort (866), du commandement entre Seine et Loire et de l'abbaye de St-Martin de Tours. Il devint archichapelain, gouverna en fait la France de 877 à 884 et présida l'assemblée des Grands, qui confia la couronne de la Francia Occidentalis à Charles le Gros (885).

HUGUES le Grand (v. 897 - Dourdan 956), duc des Francs (ou de France), comte de Paris. Fils du roi Robert Ier, il épousa Éthilde, sœur d'Æthelstan, roi des Anglo-Saxons (v. 927) puis (v. 938) Hedwige (ou Avoie), sœur d'Otton le Grand. Abbé laïque de plusieurs abbayes, il gouverna au nom de Louis IV d'Outremer puis s'opposa à lui. Il provoqua des troubles en Normandie (942-945) et en Vermandois (943), mais dut se soumettre au roi en 950. Ne s'étant pas opposé à l'élection de Lothaire (954), il reçut l'Aquitaine (954) et la Bourgogne (956).

HUGUES Ier Capet (v. 941 - 996), duc de France (956-987) puis roi de France (987-996), fils du précédent. Il défendit avec succès Paris contre Otton II (978). Soutenu par Adalbéron, archevêque de Reims, il fut élu roi à Senlis par les grands vassaux du nord de la Loire et sacré à Noyon (3 juill. 987) à la mort du dernier Carolingien, Louis V, évinçant ainsi Charles, duc de Basse-Lorraine. Fondateur de la dynastie des Capétiens, il assura le pouvoir héréditaire de sa maison en faisant élire et sacrer son fils, le futur Robert II le Pieux (987).

BOURGOGNE

HUGUES le Noir († 952), duc de Bourgogne (936 - 952), fils de Richard le Justicier, frère et successeur de Raoul de Bourgogne.

HUGUES Ier (v. 1056 - abbaye de Cluny v. 1093), duc de Bourgogne (1076-1079). Petits-fils du duc Robert Ier le Vieux. — **Hugues II Borel,** *le Pacifique* (v. 1085 - 1143), duc de Bourgogne (1102-1143). — **Hugues III** (v. 1148 - Tyr 1192), duc de Bourgogne (1162-1192), fils d'Eudes II, époux (1183) de Béatrice, dauphine de Viennois et comtesse d'Albon, participa à la troisième croisade (1190). — **Hugues IV** (1213-1272), duc de Bourgogne (1218-1272), roi de Thessalonique (1266-1272), fils d'Eudes III, participa à la septième croisade aux côtés de Louis IX.

CHAMPAGNE

HUGUES Ier, comte de Troyes et de Provins (1093-1125). Entré dans l'ordre du Temple en 1125, il laissa ses États à son neveu Thibaud IV de Blois (Thibaud II de Champagne).

CHYPRE

HUGUES Ier (v. 1195 - Tripoli 1218), roi de Chypre (1205-1218), fils d'Amaury II de Lusignan. — **Hugues II** (Nicosie 1252 - *id.* 1267), roi de Chypre (1253-1267), fils d'Henri Ier de Lusignan. — **Hugues III** († Tyr 1284), roi de Chypre (1267-1284) et de Jérusalem (1268-1284), petit-fils d'Hugues Ier. Il lutta pour restaurer la domination franque en Syrie (1278-1283). — **Hugues IV** (1299-1359), roi de Chypre et de Jérusalem (1324-1359). Neveu et successeur d'Henri II, il restaura l'autorité monarchique et lutta contre les Turcs auxquels il reprit Smyrne (1344).

ITALIE

HUGUES († Arles 947), comte d'Arles (898-947), comte de Provence (v. 911 - 946), roi d'Italie (926-947).

VERMANDOIS

HUGUES (1057 - Tarse, auj. Tarsus, Turquie, 1102), comte de Vermandois (v. 1068 - 1102), troisième fils d'Henri Ier, roi de France. Il conduisit l'armée royale de la première croisade et participa au siège de Nicée (1097) et à celui d'Antioche (1098).

DIVERS

HUGUES de Flavigny, bénédictin et chroniqueur français (Verdun 1065 - v. 1115). Abbé de Flavigny (1097), il rédigea une *Chronique* qui s'étend de la naissance du Christ à 1102.

HUGUES de Payns ou **de Pains,** fondateur de l'ordre des Templiers (château de Pains, près de Troyes, v. 1070 - en Palestine 1136). Il prit part à la première croisade, demeura à Jérusalem et, devenu grand maître du Temple, fit approuver son ordre par le concile de Troyes (1128).

HUGUES de Saint-Victor, philosophe et théologien mystique français (près d'Ypres fin du XIe s. - abbaye de Saint-Victor à Paris 1141). Il enseigna une philosophie proche de celle de saint Augustin et eut une grande influence sur la scolastique.

HUGUET (Jaume), peintre catalan (Valls v. 1415 - Barcelone 1492). Installé à Barcelone, il sacrifie au goût de sa clientèle pour les retables somptueux (fonds d'or). Cependant, sa sensibilité, son sens de la composition et ses recherches stylistiques lui confèrent une classe internationale (*la Flagellation du Christ,* Louvre).

HUHEHOT → HOUHEHOT.

HUI ou **HOUEI,** musulmans chinois, répandus dans toute la Chine, mais surtout dans les villes, avec trois concentrations majeures (Gansu, Henan et Ningxia, dans la boucle du fleuve Jaune). Actuellement, les Hui (env. 10 millions d'individus) ne parlent que chinois mais continuent à observer le tabou alimentaire du porc.

HUICHOLS, Indiens du Mexique (États de Jalisco et de Nayarit) parlant une langue de la famille uto-aztèque.

HUIDOBRO (Vicente), poète chilien (Santiago 1893 - Cartagena, près de Santiago, 1948). Il a introduit en poésie les techniques d'avant-garde en fondant le « créationisme » (*El espejo de agua,* 1916) et laissé des poésies, influencées par Apollinaire et P. Reverdy (*Altazor,* 1931), ainsi que des textes en prose (*Mio Cid Campeador,* 1929).

HUILA, volcan de la Cordillère centrale de Colombie ; 5 750 m.

HUILAGE n. m. Action de huiler ; fait d'être huilé.

HUILE n. f. (lat. *oleum*). **1.** Substance grasse, liquide à la température ordinaire et insoluble dans l'eau, d'origine végétale, animale ou minérale, employée à de nombreux usages. — **2.** *Huile (alimentaire),* matière grasse végétale ou animale, liquide à température ordinaire, utilisée dans l'alimentation, soit pour assaisonner, soit pour cuire ou pour conserver les aliments. (→ *encycl.* Agroalim.) — **3.** *Pop.* Personnage important, influent, haut placé. — **4.** *Huile de chauffage,* au Québec, syn. de MAZOUT. ‖ Fam. *Huile de coude,* énergie déployée dans l'exécution d'une tâche. ‖ *Jeter, verser de l'huile sur le feu,* attiser, envenimer une querelle. ‖ *Mer d'huile,* mer très calme, sans aucune vague. ‖ *Mettre de l'huile dans les rouages,* améliorer par des concessions les relations entre des personnes, des services. ‖ *Sentir l'huile,* en parlant d'un travail intellectuel, présenter tous les signes d'un gros effort ou d'une absence de talent. • **Bx-arts.** *Peinture à l'huile,* ou *huile* (n. f.), peinture dont le liant est fait d'une ou plusieurs huiles minérales ou végétales ; toile, tableau exécutés avec ce type de produit. — **Cosmét.** Préparation dont l'élément principal est une huile destinée à adoucir et à protéger la peau. — **Liturg.** *Huile sainte, saintes huiles,* huile consacrée, destinée à l'administration des sacrements ou utilisée dans certaines cérémonies comme le sacre des rois. — **Parfum.** et **Pharm.** *Huile essentielle* ou *volatile,* syn. de ESSENCE. — **Peauss.** *Cuir en huile,* cuir de tannage végétal, auquel on a incorporé des matières grasses (5 à 20 %) pour en augmenter la résistance à la traction, la flexibilité et l'imperméabilité. — **Peint.** *Huile cuite,* huile raffinée, traitée thermiquement à basse température (150-160 °C). — **Pétr.** Hydrocarbure utilisé, dans l'industrie, pour son onctuosité, au graissage des surfaces frottantes, et, dans l'industrie électrique, pour ses qualités d'isolant électrique. (→ *encycl.*) ‖ *Huile de base,* huile de pétrole lubrifiante, obtenue par raffinage. (Les bases sont ensuite mélangées en proportions convenables pour obtenir les huiles finies.) ‖ *Huile composée* ou *compoundée,* huile de pétrole lubrifiante, à laquelle a été incorporé un produit gras végétal ou animal, et qui sert au graissage des machines à vapeur et des compresseurs d'air, ainsi qu'à la trempe et à l'usinage des métaux. ‖ *Huile de coupe,* huile de pétrole lubrifiante, utilisée, dans l'usinage et la coupe des métaux, pour le refroidissement de l'outil. ‖ *Huile (pour) cylindre,* syn. de CYLINDER STOCK. ‖ *Huile d'engrenage* ou *huile E. P. (extrême pression),* huile de pétrole lubrifiante, contenant un additif spécial qui lui permet de résister aux pressions élevées et de graisser les engrenages sous carter. ‖ *Huile de fluxage,* huile peu volatile incorporée au bitume pour le ramollir. ‖ *Huile de graissage* ou *huile lubrifiante,* huile généralement raffinée, destinée à réduire le frottement entre les surfaces en mouvement. ‖ *Huile minérale,* mélange d'hydrocarbures, soit à l'état naturel, soit obtenus par traitement de produits d'origine minérale. ‖ *Huile (pour) moteur,* huile lubrifiante utilisée dans les moteurs à combustion interne. ‖ *Huile mouvement* ou *huile de transmission,* huile lubrifiante utilisée pour le graissage des organes mobiles de machines. ‖ *Huile noire,* huile de qualité inférieure, obtenue par mélange de résidus lourds, et réservée à des usages grossiers. ‖ *Huile de schiste,* huile minérale obtenue par pyrolyse de schistes bitumineux. ‖ *Huile soluble,* huile susceptible de former avec l'eau des émulsions stables ou des dispersions colloïdales, utilisée en particulier pour la lubrification et le refroidissement dans les opérations de travail des métaux. ‖ *Huile (pour) turbine,* huile lubrifiante pour machines du type turbines à vapeur. — **Pharm.** *Huile de foie de morue,* huile retirée des foies frais de morue, contenant des vitamines A et D qui sont des facteurs antirachitiques et de croissance. ‖ *Huile médicinale,* préparation à base d'huiles végétales, contenant des substances chimiques définies, ou les principes constituants de drogues végétales. (L'huile camphrée est une huile médicinale.) ‖ *Huile de vaseline* ou *de paraffine,* mélange purifié des hydrocarbures liquides saturés obtenus à partir du pétrole, et qui possède des propriétés laxatives.

ENCYCL. **Agroalim.** Les *huiles alimentaires* sont essentiellement constituées par des mélanges de triglycérides d'acides gras. Elles sont extraites des graines oléagineuses, des pulpes de fruits oléagineux et des tissus adipeux animaux. Les plus employées sont les huiles de soja, d'arachide et de tournesol. Les *huiles de graines* sont obtenues par broyage, aplatissage, cuisson, puis pression à chaud dans des presses continues. L'huile restant dans les graines sortant des presses (appelée tourteau) est ensuite extraite à chaud par un solvant organique. Avant d'être livrées à la consommation, les huiles sont raffinées (élimination des mucilages, neutralisation des acides gras libres par saponification, lavage, séchage, décoloration et désodorisation). Les *huiles de fruits* sont obtenues par broyage, pression à froid, puis décantation et filtration. Les huiles peuvent être modifiées par hydrogénation catalytique. L'oxydation (ou rancissement) des huiles est catalysée par la lumière, la chaleur et certains métaux (cuivre, fer, etc.).
En France, les huiles alimentaires sont soumises à une réglementation basée sur la teneur en acides linoléniques (facteur d'instabilité) qui distingue les huiles pour assaisonnements (huiles de table) des huiles pour cuisson et assaisonnements.
— **Pétr.** Les huiles minérales provenant de la distillation et du raffinage de pétroles bruts sont très utilisées dans l'industrie comme lubrifiants, huiles isolantes (en électrotechnique), fluides caloporteurs, fluides de trempe, etc., ainsi que dans la fabrication des graisses lubrifiantes dont elles constituent le principal élément.
Le raffinage des huiles comprend de nombreuses opérations : distillation sous vide ; traitement aux solvants ; déparaffinage ; neutralisation et élimination des impuretés. La mise au point d'additifs de synthèse a permis d'améliorer considérablement les propriétés des huiles.

HUILER v. t. (conj. 3). Frotter, imprégner qqch d'huile : *Huiler une serrure.*
◆ **être huilé** v. pass. *Être bien huilé,* bien fonctionner : *Mécanisme bien huilé.*

HUILERIE n. f. Fabrique d'huile végétale.

HUILEUX, EUSE adj. **1.** De la nature de l'huile : *Substance huileuse.* — **2.** Qui est gras et comme imbibé d'huile : *Cheveux huileux.*

HUILIER n. m. **1.** Accessoire de table réunissant les burettes d'huile et de vinaigre et parfois les salières et le moutardier. — **2.** Industriel fabricant de l'huile alimentaire.

***HUIPIL** n. m. (mot d'une langue indienne). Sorte de corsage brodé, porté par les femmes indiennes, en Amérique centrale.

***HUIR** v. i. (var. de *huer*) [conj. **32**]. Crier, en parlant du milan.

HUIS [ɥi] n. m. (bas lat. *ustium,* du lat. class. *ostium,* porte). *Litt.* Porte extérieure d'une maison : *On cogne à l'huis.*

***HUIS CLOS** n. m. **1.** Débats judiciaires hors de la présence du public. (Le huis clos peut être ordonné par le juge lorsque les débats présentent un danger pour l'ordre public ou les bonnes mœurs.) — **2.** *À huis clos,* toutes portes fermées, sans que le public soit admis ; en petit comité, en secret.

Huis clos, pièce en un acte de Jean-Paul Sartre (1944), dans laquelle l'auteur montre l'importance d'autrui pour chacun de nous, et chacun de nous refuse, finalement, l'image que les autres se font de nous, surtout dans un univers clos, l'enfer, auquel, sans doute, le monde se confond.

HUISNE, riv. du Perche, affl. de la Sarthe (r. g.), rejointe au Mans ; 130 km.

HUISSERIE n. f. (de *huis*). **1.** Bâti dormant limitant une baie ouverte dans une cloison pour permettre le passage, et recevant ou non une porte. – **2.** Châssis dormant d'une fenêtre.

HUISSIER n. m. (de *huis*). **1.** Employé chargé, entre autres fonctions, de l'introduction des visiteurs dans les ministères, les grands corps de l'État, certaines administrations. – **2.** *Huissier (de justice),* officier ministériel chargé de la signification des actes judiciaires ou extrajudiciaires et de l'exécution de ceux qui ont force exécutoire. (→ *encycl.*) – **3.** À l'époque des croisades, navire de transport, dont la coque, percée d'une large porte (ou *huis*), permettait de débarquer directement les hommes d'armes. – **4.** *Acte d'huissier,* syn. de EXPLOIT.

ENCYCL. **Dr.** Outre le monopole dont ils sont investis, les *huissiers de justice* peuvent procéder à certains constats, au recouvrement de toutes créances et, dans les lieux où il n'est pas établi de commissaires-priseurs, aux prisées et ventes aux enchères publiques de meubles, objets mobiliers corporels, etc. Ils peuvent faire des constats, soit en étant commis par justice, soit à la requête de particuliers (états de lieux, dommages divers...). Ils peuvent enfin rédiger des actes sous seing privé. Les huissiers de justice sont nommés par le ministre de la Justice.

HUISSIER-AUDIENCIER n. m. (pl. *huissiers-audienciers*). Huissier de justice chargé du service intérieur des tribunaux. (Syn. AUDIENCIER.)

***HUIT** [ɥit; ɥi devant un mot commençant par une consonne] adj. num. card. (lat. *octo*). **1.** Sept plus un. – **2.** S'emploie au sens de « huitième » dans une numérotation, l'expression d'un rang : *Chapitre huit.* – **3.** *Donner à qqn ses huit jours,* le congédier en lui donnant huit jours de salaire. ‖ *Huit jours,* une semaine.

◆ n. m. inv. **1.** Chiffre ou nombre huit (désigne aussi, selon les cas, le jour, les minutes, le numéro d'une chambre, d'un concurrent, un pourcentage, etc.) : *Rendez-vous le huit à 20 heures.* – **2.** Dessin, mouvement imitant la forme du chiffre huit : *Tracer un huit sur le sable.* – **3.** Carte marquée de huit points. – **4.** *Les trois huit,* division d'un horaire de travail ininterrompu de vingt-quatre heures entre trois équipes qui se succèdent, faisant chacune huit heures. ‖ *Lundi, mardi en huit,* lundi, mardi de la semaine prochaine. ‖ *Grand huit,* attraction de fête foraine dérivée des montagnes russes. (Elle doit son nom à la forme de son circuit.) – **5.** Embarcation à l'aviron à huit rameurs (et un barreur).

***HUITAIN** n. m. (de *huit*). **1.** Poème composé de huit vers. – **2.** Stance de huit vers dans un plus long ouvrage.

***HUITAINE** n. f. **1.** Huit jours ou environ huit jours consécutifs, une semaine approximativement : *Il doit s'absenter une huitaine.* – **2.** *À huitaine,* à pareil jour de la semaine suivante. ‖ *Sous huitaine,* dans un délai de huit jours ou environ.

***HUITANTE** adj. num. (lat. *octoginta*). *Vx.* ou *région.* Quatre-vingts.

***HUIT-EN-HUIT** n. m. inv. Papier de mise en carte des dessins Jacquard, dont les grands carrés sont divisés en huit cases verticales et huit horizontales, égales.

***HUIT-HUIT** n. m. inv. Chevron de 8 × 8 mm.

***HUITIÈME** adj. num. ord. **1.** Qui occupe le rang marqué par le nombre huit : *Au début du huitième siècle. Arriver le huitième.* – **2.** Qui est contenu huit fois dans un tout : *La huitième partie de ses revenus.*

◆ n. m. **1.** Partie contenue huit fois dans un tout : *Les quatre huitièmes.* – **2.** *Huitièmes de finale,* phase éliminatoire d'une compétition opposant deux à deux seize équipes ou concurrents qualifiés.

◆ n. f. Anc. nom du cours moyen première année ; ensemble des élèves de cette classe.

***HUITIÈMEMENT** adv. En huitième lieu.

HUÎTRE n. f. (lat. *ostrea,* du gr. *ostreon*). **1.** Mollusque marin bivalve, comestible, fixé par une valve, objet d'un élevage (ostréiculture). [→ *encycl.*] – **2.** *Fam.* et *vx.* Personne sotte, stupide.

ENCYCL. L'huître vraie, *Ostrea edulis,* vit à une dizaine de mètres de profondeur. Les bancs les plus importants sont dans la baie de Cancale. L'huître portugaise *(Crassostrea angulata),* très différente par sa forme et sa structure, vit près de la surface. Elle est aujourd'hui remplacée dans les élevages français par l'huître creuse *(Crassostrea gigas),* très rustique, à croissance rapide et réputée pour la qualité de sa chair. L'huître est ovipare. Riche en substance azotée, elle compte parmi les plus reconstituants et les plus légers des aliments.
Les huîtres se consomment le plus souvent crues. Leur consommation est à éviter à l'époque du frai (mai-septembre), tout au moins hors des régions de pêche.

***HUIT-REFLETS** n. m. inv. *Fam.* Chapeau de soie haut de forme, si brillant qu'on peut distinguer huit reflets sur le fond.

HUÎTRIER, ÈRE adj. Relatif aux huîtres, à leur élevage, à leur vente.

◆ **huîtrier** n. m. Gros oiseau de rivage noir et blanc, aux pattes rouges, au long bec rouge, mangeur de coquillages.

◆ **huîtrière** n. f. **1.** Parc à huîtres. – **2.** Banc d'huîtres.

HUITZILOPOCHTLI, dieu tribal des Aztèques, qui les a conduits au cours de leurs migrations. Fils de Coatlicue, déesse de la Terre, il était né tout armé et représentait les valeurs guerrières.

HUIZINGA (Johan), historien néerlandais (Groningue 1872 - De Steeg 1945). L'un des pionniers de l'histoire nouvelle, il intégra l'histoire littéraire (*Déclin du Moyen Âge,* 1919 ; *Érasme,* 1924) et l'histoire de l'art dans une histoire totale.

HŪLĀGŪ (v. 1217 - Marārha, Iran, 1265), premier souverain mongol de l'Iran (1256-1265), petit-fils de Gengis Khān. Il prit Bagdad et mit fin au califat ‘abbāsside (1258). Mais la défaite que lui infligèrent les Mamelouks à ‘Ayn Djalūt, en 1260, arrêta la conquête mongole au Proche-Orient.

HULIN (Pierre Augustin, *comte*), général français (Paris 1758 - *id.* 1841). Sergent aux gardes-suisses (1785), à la tête des émeutiers lors de la prise de la Bastille (14 juill. 1789), il servit ensuite en Italie (1795-1800). Général (1803), il présida la commission militaire qui condamna à mort le duc d'Enghien (1804). Il fut gouverneur de Paris de 1807 à 1814.

HULL, officiellement **KINGSTON-UPON-HULL,** port de Grande-Bretagne, sur l'estuaire de la Humber ; 268 000 hab. Port de pêche et de commerce et centre industriel.

Hull *(incident de)* [21-22 oct. 1904], épisode de la guerre russo-japonaise au cours duquel l'escadre russe de la Baltique ouvrit le feu par erreur sur des chalutiers britanniques dans le Dogger Bank.

HULL, v. du Canada (Québec), sur l'Outaouais et face à la capitale fédérale ; 60 707 hab. Musée canadien des Civilisations.

HULL (Cordell), homme politique américain (Olympus, Overton County, Tennessee, 1871 - Bethesda, Maryland, 1955). Démocrate, secrétaire d'État de 1933 à 1944, il fut l'un des créateurs de l'O. N. U. et reçut à ce titre le prix Nobel de la paix en 1945.

HULL (Albert Wallace), ingénieur et physicien américain (Southington, Connecticut, 1880 - Schenectady, État de New York, 1966). Il a perfectionné la lampe triode, créant la lampe à écran de grille, et construit le premier magnétron.

HULL (Clark Leonard), psychologue américain (Akron, New York, 1884 - New Haven, Connecticut, 1952). Il est l'auteur d'une théorie du comportement centrée sur l'apprentissage, qui a eu une grande influence sur le béhaviorisme (*Principles of Behavior,* 1943).

***HULOTTE** n. f. (anc. fr. *uler,* crier). Grande chouette nocturne des forêts, qui niche dans un arbre creux, utile prédatrice des rongeurs, musaraignes, escargots et insectes. (La hulotte est une espèce protégée.) [Autre nom *chat-huant.*]

HULSE (Russell A.), astrophysicien américain (New York 1950). Il est chercheur au laboratoire de physique des plasmas de l'université de Princeton. Avec J. H. Taylor, dont il fut l'élève, il a découvert (1974) puis étudié le premier pulsar binaire, grâce auquel tous deux ont pu établir de manière indirecte l'existence des ondes gravitationnelles, prévues en 1916 par la théorie de la relativité générale d'Einstein. (Prix Nobel de physique 1993.)

HULST (Maurice LE SAGE D'HAUTEROCHE D'), prélat français (Paris 1841 - *id.* 1896). Il fut l'organisateur et le premier recteur (1881) de l'Institut catholique de Paris.

HULTÉN (Karl Gunnar Pontus VOUGT, dit **Pontus**), historien de l'art et conservateur de musée suédois (Stockholm 1924). Directeur du Moderna Museet de Stockholm (1959), puis du M. N. A. M. de Paris au centre G.-Pompidou (1976-1981), fondateur et directeur du Museum of Contemporary Art à Los Angeles, il s'est efforcé de faire du musée d'art contemporain un lieu vivant de rencontres et d'échanges.

***HULULATION, *HULULEMENT, *HULULER** → ULULATION, ULULEMENT, ULULER.

HULUN NUR ou **DALAI NOR,** lac de Chine, dans le Heilongjiang, à l'O. du Grand Khingan. Salines. Pêcheries.

HUM ! [œm] interj. (onomat.). **1.** S'emploie simple ou répété pour marquer le soupçon, la réticence. — **2.** S'emploie répété pour signaler discrètement sa présence : *Hum, hum !*

HUMAIN, E adj. (lat. *humanus*). **1.** Qui possède les caractéristiques spécifiques de l'homme en tant que représentant de son espèce ; qui est composé d'hommes : *Être humain. Les races humaines.* — **2.** Qui est relatif à l'homme, qui lui est propre : *Corps humain. Une tâche qui excède les forces humaines.* — **3.** Qui porte sur un des aspects de l'individualité de l'homme ou de son activité : *Sciences humaines. Anatomie humaine.* — **4.** Qui manifeste à un haut degré la sensibilité, la compréhension propres à l'homme en tant qu'individu dans un groupe social : *Chercher des solutions humaines à un problème social délicat. Un magistrat humain.* — **5.** Qui est en accord, en harmonie avec tous les caractères de l'homme, qui les manifeste (tant du point de vue de la force que de la faiblesse, de la grandeur que de la petitesse, etc.) : *Une architecture humaine. C'est une réaction bien humaine.* — **6.** *C'est humain,* se dit pour justifier une action ou un mobile qui manque de grandeur, d'élévation. ‖ *La condition* *humaine,* la destinée de l'homme, telle qu'elle résulte de sa propre nature et de sa situation dans le monde. ‖ *Le genre humain,* l'ensemble des hommes, l'humanité. ‖ *Voix humaine,* jeu d'orgue à anche, dont les tuyaux sont raccourcis.

◆ **humain** n. m. *Litt.* Ce qui appartient à l'homme, ce qui est à sa mesure, à sa portée : *Perdre le sens de l'humain.*

◆ **humains** n. m. pl. *Litt.* Les hommes, l'humanité.

HUMAINEMENT adv. **1.** Pour l'homme, avec les forces, les moyens, les capacités de l'homme : *Faire tout ce qui est humainement possible.* — **2.** D'une façon qui manifeste des sentiments humains, généreux : *Traiter humainement des prisonniers.*

Humanae vitae, encyclique de Paul VI (25 juill. 1968), consacrée aux problèmes sexuels et à la contraception ; elle provoqua de vives polémiques.

HUMANE n. f. Caractère d'imprimerie dont les formes s'inspirent des lettres romaines, rénovées à la Renaissance. (Classification Vox [1954].)

HUMANISATION n. f. Action d'humaniser qqch ; fait d'être humanisé : *L'humanisation des conditions de détention.*

HUMANISER v. t. (conj. 3). **1.** Rendre qqch plus humain, plus supportable à l'homme : *Humaniser les conditions de travail.* — **2.** Rendre qqn accessible à la pitié, lui inspirer de l'intérêt, de la compassion : *Ses malheurs personnels l'ont un peu humanisé.*

◆ **s'humaniser** v. pr., **être humanisé** v. pass. **1.** Devenir plus sociable, plus courtois : *Un solitaire qui s'humanise.* — **2.** Prendre des caractères plus humains, plus proches de l'homme : *Architecture qui s'humanise.* — **3.** Devenir plus compréhensif, plus attentif aux autres : *Un homme dur qui s'est humanisé avec l'âge.*

HUMANISME n. m. **1.** Philosophie qui place l'homme et les valeurs humaines au-dessus de toutes les autres valeurs. — **2.** Mouvement intellectuel qui s'épanouit surtout dans l'Europe du XVIe s. et qui tire ses méthodes et sa philosophie de l'étude des textes antiques. (→ *encycl.*) — **3.** *Vx.* Méthode de formation intellectuelle fondée sur les humanités.

ENCYCL. **Littér.** Humanisme et Renaissance sont des termes inséparables, tant la période qui suit le Moyen Âge est marquée par un retour aux sources gréco-latines, et par l'établissement d'une nouvelle anthropologie philosophique qui se lit déjà chez les prédécesseurs, Dante, Pétrarque, Boccace. Au XVe s., les érudits italiens vont chercher dans l'Empire byzantin des manuscrits grecs et accueillent les savants chassés de Constantinople par les Turcs. La philologie et l'archéologie se développent ; les écrivains plagient Cicéron, Virgile, Horace. Les courants de la pensée antique ne sont plus étudiés à la lumière de la foi, mais pour eux-mêmes : de Florence, le platonisme de Marsile Ficin se répand dans toute l'Europe. L'érudition française s'applique aux textes sacrés et aux chefs-d'œuvre de l'Antiquité païenne. Lefèvre d'Étaples édite Aristote et donne une traduction de la Bible, tandis que Guillaume Budé décide François Ier à créer le Collège des « lecteurs royaux » (le futur Collège de France). Cependant, Luther et Calvin reprochent aux humanistes de substituer à la foi les idées philosophiques païennes. Les guerres de Religion vont détruire la confiance dans la sagesse et la bonté originelles de l'homme. D'autre part, les progrès de la littérature nationale (Marot, Rabelais, Marguerite de Navarre, Maurice Scève, Ronsard, Du Bellay, Amyot) rendent moins nécessaire l'imitation des poètes anciens, et les découvertes scientifiques (Copernic, Galilée) ébranlent le prestige des savants latins et grecs. L'humanisme fleurira encore dans les universités de Louvain, avec Juste Lipse, et de Leyde.

HUMANISTE n. (lat. de la Renaissance *humanista,* du lat. class. *humanus,* humain). **1.** *Vx.* Personne versée dans la connaissance des langues et littératures anciennes, dites « humanités ». — **2.** Partisan de l'humanisme philosophique. — **3.** Nom donné aux savants et littérateurs qui, au XVe et XVIe s., remirent en honneur les chefs-d'œuvre de l'Antiquité classique.

◆ adj. Relatif à l'humanisme philosophique ; qui met l'homme au centre de ses préoccupations.

HUMANISTIQUE adj. (de *humaniste*). Se dit d'une écriture employée par les humanistes italiens au XVe s., dans la transcription des œuvres des auteurs de l'Antiquité. (Elle a servi de base aux caractères d'imprimerie dits *ronde* ou *romain.*)

HUMANITAIRE adj. **1.** Qui s'intéresse au bien de l'humanité, qui cherche à améliorer la condition de l'homme : *Une mesure humanitaire. Organisations humanitaires.* — **2.** *Corridor, couloir humanitaire,* espace, voie de communication destinés à l'acheminement de l'aide humanitaire dans une région sinistrée ou en proie à une guerre.

◆ n. m. Ensemble des organisations humanitaires et des actions qu'elles mènent : *Privilégier l'humanitaire.*

HUMANITARISME n. m. Ensemble de conceptions humanitaires, jugées utopiques.

HUMANITARISTE adj. et n. Relatif à l'humanitarisme ; partisan de l'humanitarisme.

HUMANITÉ n. f. (lat. *humanitas, -atis,* de *humanus,* humain). **1.** Ensemble des êtres humains, considéré parfois comme un être collectif ou une entité morale : *Évolution de l'humanité. Agir par amour de l'humanité.* — **2.** Disposition à la compréhension, à la compassion envers ses semblables, qui porte à aider ceux qui en ont besoin : *Traiter quelqu'un avec humanité.* — **3.** *Litt.* Ensemble des caractères par lesquels un être vivant appartient à l'espèce humaine, ou se distingue des autres espèces animales : *Un forcené qui a perdu toute apparence d'humanité.*

◆ **humanités** n. f. pl. **1.** *Vx.* Étude de la langue et de la littérature grecque et latine : *Faire ses humanités.* — **2.** En Belgique, études secondaires.

Humanité *(l'),* quotidien fondé en 1904 par Jean Jaurès comme organe du parti socialiste et devenu en 1920 celui du parti communiste français. Suspendu en 1939, ce quotidien continue de paraître dans la clandestinité avant de reprendre sa publication le 21 août 1944, sous la direction de Marcel Cachin, qui l'aura dirigé de 1918 à 1958.

HUMANOÏDE adj. Qui présente une tendance humaine ou des caractères humains : *Découvrir un crâne humanoïde.*

◆ n. Dans le langage de la science-fiction, être ou robot à l'image de l'homme.

***HUMANTIN** n. m. Petit requin de la Méditerranée, au ventre plat et au dos en crête. (Syn. CENTRINE, COCHON DE MER.)

HUMĀYŪN, second empereur moghol de l'Inde (Kaboul 1508 - Delhi 1556), fils de Bāber à qui il succéda en 1530. Chassé de l'Inde en 1539 par Chīr Chāh, fondateur de la dynastie des Sūr, il reprit possession de son empire en 1555 avec l'aide du roi d'Iran.

HUMBER, estuaire formé sur la côte orientale de l'Angleterre par la confluence du Derwent, de l'Ouse, du Don et du Trent. Sur ses rives, ports de Grimsby et de Hull. Il forme le centre du *Humberside* (comté dont le ch.-l. est Hull).

HUMBERT Ier aux Blanches Mains (v. 980 ? - v. 1048), comte de Savoie (1003 - v. 1051). — **Humbert II** († 1103), comte de Savoie (1080-1103). — **Humbert III** *le Saint* († 1189), comte de Savoie (1148-1189).

HUMBERT Ier de La Tour du Pin († 1307), dauphin de Viennois (1281-1307). Il se reconnut vassal de Philippe IV le Bel en 1294. — **Humbert II** (1313 - Clermont 1355), dauphin de Viennois (1333-1349). Créateur du Conseil delphinal (1336), de l'université de Grenoble (1339) et de la Chambre des comptes (1340), il rendit le Dauphiné à Philippe VI de Valois (traité de Romans, 1349).

HUMBERT Ier le Bon (Turin 1844 - Monza 1900), roi d'Italie (1878-1900), fils et successeur de Victor-Emmanuel II. Il eut peu d'influence sur la politique de son règne, marqué par la conclusion de la Triplice (1882) et une tentative d'expansion coloniale. Il fut assassiné par un anarchiste. — **Humbert II** (Racconigi 1904 - Genève 1983), fils et successeur de Victor-Emmanuel III, roi d'Italie du 9 mai au 2 juin 1946.

HUMBERT (Georges Louis), général français (Gazeran, Yvelines, 1862 - Strasbourg 1921). Il commanda, en 1914, la division marocaine engagée à la bataille de la Marne. À la tête de la IIIe armée en Picardie, il arrêta à deux reprises l'offensive allemande. Il fut gouverneur militaire de Strasbourg (1919).

HUMBLE adj. (lat. *humilis,* bas, de *humus,* terre). **1.** Qui a conscience de ses limites, de ses faiblesses, et qui le manifeste par une attitude volontairement modeste et effacée : *Rester humble malgré les honneurs.* — **2.** Qui montre un grand respect à l'égard d'autrui, ou (péjor.) qui s'efface de façon exagérée, qui est servile devant les autres : *Être humble avec ses supérieurs.* — **3.** Qui dénote une humilité réelle ou affectée : *Un ton humble.* — **4.** Qui est de condition modeste, occupe une situation sociale peu élevée : *Un humble serviteur de l'État.* — **5.** Qui dénote une situation modeste ou médiocre : *Se contenter d'une humble fonction.* — **6.** Qui est d'un caractère simple, modeste, sans prétention ou sans importance : *L'humble réalité de tous les jours.* — **7.** *À mon humble avis,* formule introduisant l'expression de son opinion.

◆ **humbles** n. m. pl. *Litt.* Les personnes de modeste situation, les petites gens.

HUMBLEMENT adv. **1.** Avec humilité modestie, soumission : *Demander humblement pardon.* — **2.** Avec respect, déférence : *Je vous ferai humblement remarquer que...* — **3.** Dans une condition sociale modeste : *Vivre humblement.*

HUMBOLDT (Wilhelm VON), linguiste et homme politique allemand (Potsdam 1767 - Tegel 1835). Ambassadeur de Prusse à Rome, à Vienne et à Londres, directeur de l'Instruction publique et fondateur de l'université de Berlin (1810), plénipotentiaire au congrès de Prague (1815), enfin ministre d'État en janv. 1819, il se retire de la vie publique en déc. 1819 à cause de ses idées libérales et se consacre à la science. Partant de l'examen de langues aussi variées que le sanskrit, le chinois, le basque, le hongrois, le birman, le kawi, le japonais, les langues sémitiques, il a cherché à dépasser le cadre de la grammaire comparée pour constituer une anthropologie générale : chaque langue est, selon lui, un reflet et une projection de la vision du monde du peuple qui la parle. Le langage, d'autre part, est une propriété innée, inhérente à l'esprit humain : c'est « l'organe qui forme la pensée ». Son œuvre principale *Sur la différence de structure des langues humaines* ne sera publiée qu'après sa mort en 1836. Son influence, considérable de son vivant, s'est éteinte avec lui, mais son œuvre connaîtra un regain d'intérêt au XXe s. (Croce, Whorf, Cassirer, Chomsky).

HUMBOLDT (Alexander VON), naturaliste et voyageur allemand (Berlin 1769 - Potsdam 1859), frère du précédent. C'est en véritable encyclopédiste qu'il partit en 1799 avec A. Bonpland pour les possessions espagnoles de l'Amérique. Ils atteignirent le Venezuela (1799), découvrirent une liaison continue entre les bassins de l'Amazone et de l'Orénoque (1800), visitèrent la Jamaïque, Cuba, la Colombie (1801), firent en 1802 l'ascension du Chimborazo (6 272 m), étudièrent le courant du Pérou et du Chili et revinrent en Europe en 1804. Fixé à Paris en 1807, Humboldt dirigea la rédaction de son *Voyage aux régions équinoxiales du Nouveau Continent.* Revenu à Berlin en 1827, il visita la Dzoungarie et l'Altaï en 1829. Il joua un rôle de pionnier en biogéographie, en volcanologie et dans l'étude du magnétisme terrestre.

HUMBOLDT *(courant de)* → PÉROU ET DU CHILI *(courant du).*

HUMBOLDT *(glacier de),* glacier du nord-ouest du Groenland, l'un des plus vastes du monde, qui rejoint l'océan Arctique en face de la terre d'Ellesmere.

HUME (David), philosophe, historien et économiste écossais (Édimbourg 1711 - *id.* 1776). Il vint en France où il rédigea un *Traité de la nature humaine* (1739-40), qui ne rencontra aucun succès ; rentré dans son pays, il écrivit une *Histoire d'Angleterre* (1754), qui lui valut la gloire et la mission de secrétaire d'ambassade en France en 1763. Il se lia avec les encyclopédistes et se retira comblé d'honneurs en 1769 à Édimbourg. Ses principaux ouvrages sont *Essais moraux et politiques* (1741-42), *Essai sur l'entendement humain* (1748), *les Dialogues sur la religion naturelle* (1779). Il préconise l'empirisme en philosophie, qu'il énonce en ces termes : la certitude que nous avons de nos connaissances résulte de l'invariance des opérations intellectuelles qui sont à leur base. Nos idées ne naissent que des sensations ; le reste, par exemple la finalité de l'existence humaine, voire la réalité du monde extérieur, et même Dieu, ne sont qu'affaires de croyance. En politique, il n'existe aucune légitimité : l'État n'est qu'une convention sociale, utile aux hommes pour vivre ensemble.

HUMEA n. m. Composée d'Australie, assez souvent cultivée dans les jardins en été.

HUMECTAGE n. m. Action d'humecter ; fait d'être humecté.

HUMECTANT, E adj. Se dit d'une substance cosmétique qui absorbe l'eau ou aide une autre substance à retenir l'humidité au niveau cutané.

HUMECTER v. t. (lat. *humectare*) [conj. **4**]. Mouiller qqch, l'imprégner légèrement : *Humecter du linge.*

HUMECTEUR n. m. **1.** Appareil à l'aide duquel on pratique l'humectage d'étoffes, de papiers, etc. — **2.** Appareil, qui, dans les meuneries, les papeteries, les filatures, sert à augmenter l'humidité de l'air, au moyen de jets d'eau pulvérisés ou de vapeur.

***HUMER** v. t. (onomat.) [conj. **3**]. **1.** Absorber par le nez l'air, le vent, etc., l'inspirer avec insistance pour en jouir : *Humer l'air marin.* — **2.** *Litt.* Sentir qqch pour en apprécier l'odeur : *Humer un bouquet de fleurs.*

HUMÉRAL, E, AUX adj. **1.** Relatif à l'humérus ou au bras. — **2.** *Artère humérale,* artère prolongeant l'artère axillaire et divisée au pli du coude en artères radiale et cubitale. ‖ *Voile huméral,* voile dont le célébrant s'enveloppe les épaules et les mains pour donner la bénédiction ou porter le saint sacrement.

HUMÉRUS [-rys] n. m. (lat. *humerus*). Os long constituant le squelette du bras. (Son extrémité supérieure [*tête humérale*] s'articule avec l'omoplate ; son extrémité inférieure s'articule avec le radius et le cubitus. La diaphyse [*corps de l'humérus*] est triangulaire à la face postérieure.)

1. HUMEUR n. f. (lat. *humor, -oris,* liquide). **1.** Terme vieilli désignant tout liquide organique, tel le sang ou la lymphe. (Il n'est plus guère employé qu'en ophtalmologie [humeur aqueuse, humeur vitrée].) — **2.** *Humeurs (peccantes),* les quatre humeurs de l'ancien humorisme (sang, lymphe, bile, atrabile ou pituite), ainsi nommées à cause du rôle qui leur était attribué dans les maladies. ‖ *Mise en humeur,* humidification des cuirs avant certaines opérations de corroyage.

2. HUMEUR n. f. (de *humeur 1*). **1.** Disposition affective dominante et permanente d'une personne : *Une jeune fille d'humeur gaie. Incompatibilité d'humeur entre deux personnes.* — **2.** Disposition affective de base dont les variations entre une tonalité agréable (pôle du plaisir) et une tonalité désagréable (pôle de la douleur) seraient sous-tendues par une régulation neurohumorale. (Syn. THYMIE.) — **3.** Disposition affective passagère d'une personne, liée souvent aux circonstances : *Il est d'une humeur exécrable* *aujourd'hui.* – **4.** Mauvaise humeur : *Accès d'humeur.* – **5.** *D'humeur,* qui dépend de l'impulsion du moment, d'un jugement spontané ou irréfléchi. ‖ *Être d'humeur à,* être disposé à faire telle chose : *Ne pas être d'humeur à s'amuser.* ‖ *Humeur noire,* état de dépression, d'abattement, de profonde tristesse. ‖ *Trouble de l'humeur,* tout excès dans les variations de l'humeur, soit dans le sens dépressif, soit dans le sens expansif, comme dans la manie ou l'hypomanie.

HUMICOLE adj. (de *humus*). Qui vit dans l'humus ou les feuilles mortes.

HUMIDE adj. (lat. *humidus*). **1.** Qui est légèrement imprégné d'eau, d'un liquide : *Linge encore humide.* – **2.** Où il y a des infiltrations d'eau, dont les murs restent imprégnés d'humidité ; qui est chargé en vapeur d'eau : *Cave humide. Froid humide.* – **3.** Où il pleut souvent : *Région humide.* – **4.** Qui est chargé, mouillé, imprégné d'un liquide : *Front humide de sueur.* – **5.** *Œil, yeux, regard humide(s),* (chargé(s) de larmes ; regard plus ou moins voilé et qui exprime une émotion tendre. ‖ *Impression humide,* impression d'une encre sur la précédente qui vient d'être imprimée et reste encore humide. ‖ *Par voie humide,* se dit d'une réaction chimique effectuée en solution (dans l'eau, par ex.).
◆ n. m. *Mettre à l'humide,* humidifier les peaux dans une nappe avant de les travailler.

HUMIDIFICATEUR n. m. Appareil destiné à augmenter l'humidité d'une ambiance ou d'un produit.

HUMIDIFICATION n. f. Action d'humidifier ; fait d'être humidifié.

HUMIDIFIER v. t. (conj. 9). **1.** Mouiller légèrement qqch, le rendre humide : *Humidifier le linge avant de repasser.* – **2.** Augmenter la teneur en vapeur d'eau : *Humidifier l'air d'une pièce en disposant des soucoupes d'eau.*

HUMIDIMÈTRE n. m. Appareil destiné à apprécier la teneur en humidité d'un produit, d'une surface.

HUMIDITÉ n. f. (bas lat. *humiditas, -atis*). **1.** Teneur en eau, d'un sol, de l'atmosphère. – **2.** Caractère de ce qui est humide, légèrement mouillé ou infiltré d'eau, d'un liquide : *Humidité du linge.* – **3.** Caractère d'un climat, d'une région où l'atmosphère est chargée d'eau. – **4.** Présence plus ou moins anormale de vapeur d'eau dans l'air, dans un local, etc. – **5.** *Humidité absolue,* nombre de grammes de vapeur d'eau dans un mètre cube d'air. ‖ *Humidité relative,* rapport, en pourcents, de la pression effective de la vapeur d'eau à la pression maximale (saturante).

HUMIFÈRE adj. Se dit d'un sol à horizon A épais et riche en humus (5 % et plus).

HUMIFICATION n. f. Ensemble des transformations en humus de la matière organique incorporée au sol.

HUMILIANT, E adj. Qui humilie : *Refus humiliant.*

HUMILIATION n. f. (lat. ecclés. *humilatio, -onis*). **1.** Sentiment de qqn qui est humilié, atteint dans sa fierté, sa dignité : *Éprouver de l'humiliation à la suite d'un refus.* – **2.** Sentiment de honte qui résulte de telle cause : *L'humiliation de la défaite.* – **3.** Acte, situation qui humilie, blesse l'amour-propre : *Essuyer une humiliation.*

HUMILIÉ, E adj. et n. Qui a subi une humiliation.
◆ **humilié** ou **humiliate** n. Membre d'une secte religieuse italienne du XIIe s., vouée à la pratique de la pauvreté évangélique, et qui fut partiellement transformée en ordre religieux en 1201.

HUMILIER v. t. (lat. ecclés. *humiliare,* du lat. class. *humilis,* humble) [conj. 9]. Atteindre qqn dans son amour-propre, sa fierté, sa dignité, en cherchant à le déprécier dans l'esprit d'autrui ou à ses propres yeux : *Vos railleries vont finir par l'humilier.*
◆ **s'humilier** v. pr. S'abaisser, avoir une attitude servile devant qqn, qqch, par faiblesse, lâcheté, intérêt : *Refuser de s'humilier devant l'argent.*

HUMILITÉ n. f. (lat. *humilitas, -atis,* de *humilis,* humble). **1.** Sentiment, état d'esprit de qqn qui a conscience de ses insuffisances, de ses faiblesses et est porté à rabaisser ses propres mérites : *Avouer ses fautes avec humilité.* – **2.** *Litt.* Caractère de ce qui est modeste, peu important, sans prestige : *L'humilité d'une tâche.*

HUMINE n. f. (de *humus*). Composant du charbon qui a quelque ressemblance avec les acides humiques.

HUMIQUE adj. (de *humus*). **1.** Qui a rapport à l'humus. – **2.** *Acides humiques,* acides organiques contenus dans l'humus. ‖ *Amendement humique,* apports organiques incorporés au sol, dont la transformation aboutit à la formation d'humus.

***HUMITE** n. f. (de *Hume,* n. pr.). Silicate naturel de magnésium, avec du fer et du fluor, voisin des péridots.

HUMLEBAEK, v. du Danemark (Sjaelland), sur le Sund, au N. de Copenhague ; 5 400 hab. Musée Louisiana, dans un site remarquable (collections d'art contemporain ; manifestations culturelles diverses).

HUMMEL (Johann Nepomuk), pianiste et compositeur allemand (Presbourg 1778 - Weimar 1837). Élève de Mozart et de Salieri à Vienne, il fut de 1804 à 1811 maître de chapelle chez les Esterházy à Eisenstadt, puis à la cour de Stuttgart et à celle de Weimar. Ses œuvres, nombreuses, comportent notamment des sonates pour piano, 7 concertos pour piano, 1 pour trompette, de la musique de chambre, etc.

HUMORAL, E, AUX adj. (lat. médiév. *humoralis*, du lat. class. *humor*, humeur). Qui relève des humeurs, de l'humorisme.

HUMORESQUE n. f. (all. *Humoreske*). Pièce instrumentale d'origine romantique, généralement enjouée. (Schumann, puis Dvořák et Reger en écrivirent.)

HUMORISME n. m. (lat. *humor, -oris*, humeur). Doctrine médicale ancienne dans laquelle on rapportait aux altérations des humeurs les traits de caractère et les troubles morbides éprouvés par l'organisme. (Fondé par Galien, l'humorisme ne disparut qu'à la fin du XVIIIe s.)

HUMORISTE n. (angl. *humorist*). **1.** Personne qui a de l'humour, qui pratique l'humour. — **2.** Auteur d'œuvres (dessins, écrits) de caractère comique ou satirique.

HUMORISTIQUE adj. (angl. *humoristic*). **1.** Qui tient de l'humour, qui est empreint d'humour : *Une remarque humoristique.* — **2.** Qui concerne le dessin ou le texte d'humour : *Dessinateur humoristique.*

HUMOUR n. m. (angl. *humour*, de l'anc. fr. *humor*, humeur). **1.** Forme d'esprit qui s'attache à souligner le caractère comique, ridicule, absurde ou insolite de certains aspects de la réalité ; marque de cet esprit dans un discours, un texte, un dessin*, etc. : *Raconter ses propres mésaventures avec humour.* — **2.** Caractère d'une situation, d'un événement qui, bien que comportant un inconvénient, peut prêter à rire : *Il n'a pas été sensible à l'humour de la situation.* — **3.** *Humour noir*, humour cruel, grinçant, qui porte sur des situations tragiques et choisit de les présenter comiquement.

HUMPERDINCK (Engelbert), compositeur allemand (Siegburg 1854 - Neustrelitz 1921). Il fut le collaborateur de Wagner à Bayreuth. Son opéra le plus connu, *Hänsel und Gretel* (1893), s'inspire de chants populaires.

HUMPHREY (Doris), danseuse et chorégraphe américaine (Oak Park, Illinois, 1895 - New York 1958), une des « pionnières » de la modern dance. Disciple de Ruth Saint Denis et de Ted Shawn, elle fonda, en 1928, avec Charles Weidman, une école et une compagnie. Sa technique utilise les possibilités d'équilibre et de rythme du corps humain et est faite de l'alternance de chutes et de rétablissements. Directrice artistique de la José Limón Dance Compagny (1946-1957), elle créa *Lament for Ignacio Sánchez Mejías* (1946), *Ritmo Jondo* (1953). En 1955, elle fonda le Juilliard Dance Theatre. Elle a écrit *The Art of Making Dances* (posthume, 1959).

HUMPHREY (Hubert Horatio), homme politique américain (Wallace, Dakota du Sud, 1911 - Waverly, Minnesota, 1978). Sénateur du Minnesota (1949-1965, et de 1971 à sa mort), vice-président des États-Unis (1965-1969), il fut l'un des leaders du parti démocrate et soutint la politique de Kennedy et de Johnson.

HUMUS [ymys] n. m. (lat. *humus*, sol). **1.** Matière colloïdale du sol issue de la décomposition et de la transformation chimique et biologique des débris végétaux. — **2.** Ensemble des matières organiques se trouvant dans la couche superficielle d'un sol.

ENCYCL. **Pédol.** La décomposition des débris végétaux par les insectes, les vers de terre, les champignons, les bactéries, etc., aboutit à la minéralisation d'éléments (carbone, azote, phosphore, soufre, etc.) qui sont directement assimilés par les plantes ou qui donnent naissance à des composés humiques colloïdaux : les acides humiques, les acides fulviques et l'humine. Les deux premiers sont des acides organiques complexes riches en azote. L'humine, fraction la moins soluble, est formée de composés organiques variés proches de la matière organique fraîche, ainsi que d'acides humiques fortement liés aux argiles. Ces composés riches en azote constituent un véritable réservoir nutritionnel pour les plantes. L'humus stabilise la structure des sols, augmente leur aptitude à absorber les ions minéraux (potassium, ammonium, magnésium, calcium), régularise leur humidité. Il contient en outre des auxines. Il constitue ainsi un agent irremplaçable de fertilité et de conservation des sols. Mais l'humus se minéralise constamment. Dans les forêts, il se reconstitue à partir de la litière végétale ; dans les sols cultivés, sans élevage ni fumiers, l'appauvrissement organique est cependant fatal.

Suivant les conditions du milieu (aération, acidité, type de roche mère, végétation, etc.), on distingue : le *mull calcique*, humus des milieux biologiquement très actifs et aérés, au sol calcaire neutre ou basique ; le *mull forestier*, légèrement plus acide ; le *moder*, humus des sols nettement acides à humification lente. Sous les climats froids et humides, il se constitue, sur sol acide, un *mor*, avec accumulation des litières non décomposées.

HUNAN ou **HOU-NAN**, prov. de la Chine méridionale ; 210 000 km² ; 60 700 000 hab. Cap. *Changsha.* La vallée du Xiang Jiang, qui rejoint le lac Dongting et ouvre le passage vers le Guangdong, est encadrée de hauteurs approchant

2 000 m. Le climat tropical humide est favorable au riz et l'activité minière est importante (antimoine, manganèse, etc.).

HUNAUD ou **HUNALD** († Rome v. 756), duc d'Aquitaine (735-745). Révolté contre Charles Martel, il dut reconnaître la suzeraineté de l'Austrasie (736). Il abdiqua en faveur de son fils Waifre.

HUNAYN IBN ISḤĀQ, philosophe arabe (al-Ḥīra 808 - Bagdad 873). Chrétien, connaissant le syriaque et le grec, il est l'un des savants qui ont transmis la science grecque aux Arabes, et leur ont permis de constituer une langue scientifique.

HUNDERTWASSER (Friedrich STOWASSER, dit **Fritz**), peintre et graveur autrichien (Vienne 1928). Préoccupé par le rapport de l'homme à l'univers (et particulièrement de l'individu à l'environnement moderne), il a fait de son œuvre, dans ses thèmes symboliques (le labyrinthe) comme dans sa féerie polychrome, une quête de la liberté.

***HUNE** n. f. (anc. scand. *hûnn*). **1.** Plate-forme fixée à l'extrémité du bas-mât, qui servait à écarter convenablement les haubans et à entreposer les objets du service courant de la mâture. — **2.** *Mât de hune,* mât placé au-dessus de la hune.

HUNEDOARA, v. de Roumanie, en Transylvanie ; 86 000 hab. Imposant château féodal. Centre sidérurgique (à partir du fer et du charbon de mines proches).

HUNÉRIC ou **HUNIRIC** (« Puissant par la force ») [† 484], roi vandale (477-484), fils aîné de Geiséric. Envoyé comme otage à Constantinople, il épousa Eudoxie, fille de Valentinien III (455). Devenu roi, il persécuta les catholiques.

HUNGNAM, port de la Corée du Nord, sur la mer du Japon ; 260 000 hab. Centre industriel (métallurgie, chimie).

***HUNIER** n. m. **1.** Voile carrée gréée sur le mât de hune. — **2.** Carrelet que l'on manœuvre du bord d'un bateau au moyen de cordes et de poulies.

HUNINGUE (68330), ch.-l. de cant. du Haut-Rhin, près du Rhin, au N. de Bâle ; 6 274 hab. *(Huninguois).* Port fluvial. Stockage de céréales. Industrie chimique. Gare frontière.
— **Hist.** Fortifiée par Vauban (1679-1681), Huningue a subi plusieurs sièges célèbres, en particulier en 1815, lorsque le général Barbanègre, avec 135 hommes, y résista à 30 000 Autrichiens avant de se rendre.

***HUNNIQUE** adj. Relatif aux Huns.

HUNS, peuple nomade de la steppe qui, à partir de la fin du IVe s., fit de profondes incursions en Europe et en Asie jusqu'en Inde.
Ce sont probablement deux branches d'un même peuple, d'origine mongole, les Huns Blancs (appelés aussi Hephthalites), qui, vers la fin du IVe s. apr. J.-C., descendent l'une vers la vallée de la Volga et l'autre vers l'Oxus.
Ce n'est que vers 370 que la poussée des Huns en direction de l'Europe occidentale entraîne une vaste déstabilisation des peuples barbares. À la fin du IVe s., les Huns sont installés dans les plaines du Danube. Ils coexistent un certain temps sans problèmes avec l'Empire romain, qu'ils aident en combattant les Germains. Puis Attila* édifie un État hunnique cohérent et pille l'Empire romain. À sa mort, son empire se disloque (453).
La poussée des Huns à partir du Turkestan vers l'Inde et l'Iran commence à la fin du IVe s. apr. J.-C. Ils occupent la Sogdiane et la Bactriane ; puis ils attaquent l'Iran et pénètrent profondément en Inde du Nord-Ouest et en Inde centrale, en profitant de l'affaiblissement de l'Empire des Gupta à la fin du Ve s.
On a parfois donné également le nom de Huns aux populations que les Chinois ont appelées *Xiongnu** et qui constituèrent, à la fin du IIIe s. av. J.-C., un royaume en Chine.

HUNSRÜCK, région accidentée de l'Allemagne, rebord S.-E. du Massif schisteux rhénan, entre la Sarre, le Rhin et la Moselle. Surtout agricole (lait, blé, viande), il a une altitude moyenne de 500 m.

HUNT (James Henry LEIGH), écrivain britannique (Southgate 1784 - Putney 1859). Essayiste, fondateur de *The Examiner* en 1808, il devint après son emprisonnement en 1813 le héros du libéralisme. Ami de Shelley, il composa des poèmes (*les Riminis,* 1816) et une *Autobiographie* (1850).

HUNT (Richard Morris), architecte américain (Brattleboro, Vermont, 1827 - Newport, Rhode Island, 1895). Élève de Lefuel à Paris, il a construit, dans son pays, des maisons de campagne de style Renaissance et élevé la façade monumentale du Metropolitan Museum de New York. — Son frère WILLIAM MORRIS (Brattleboro 1824 - îles de Shoals, New Hampshire, 1879) était peintre et sculpteur.

HUNT (William Holman), peintre britannique (Londres 1827 - *id.* 1910). Les œuvres de ce préraphaélite, d'une facture minutieuse, ont pour base des préoccupations morales et religieuses exprimées à travers l'allégorie et le symbole (*le Mauvais Berger,* 1851, musée de Manchester ; *The Lady of Shalott,* 1886-1905, Hartford, É.-U.).

HUNT (Frederick Viton), ingénieur américain (Barnesville, Ohio, 1905 - Buffalo, New York, 1972). Il mit au point le sonar durant la Seconde Guerre mondiale.

*__HUNTER__ [œntœr] n. m. (angl. *hunter,* de *to hunt,* chasser). Cheval de selle anglais spécialisé dans le saut d'obstacles et le concours complet.

HUNTERSTON, port minéralier de Grande-Bretagne (Écosse), à l'entrée de l'estuaire de la Clyde. Centrale nucléaire. Matériel pétrolier.

HUNTINGTON (Ellsworth), explorateur et géographe américain (Galesburg, Illinois, 1876 - New Haven, Connecticut, 1947). Il participa à plusieurs expéditions en Asie centrale, en particulier au Turkestan chinois (1905-06). Il a proposé une explication générale de l'évolution historique par les variations climatiques.

HUNTINGTON BEACH, v. des États-Unis (Californie), au S.-E. de Long Beach ; 143 000 hab. Centre de recherches spatiales. Station balnéaire.

HUNTSMAN (Benjamin), horloger puis sidérurgiste anglais (Epworth, Lincolnshire, 1704 - Attercliffe, Yorkshire, 1766). À partir de 1740 environ, en fondant l'acier de cémentation dans des creusets, il produisit un acier plus homogène et propre à tous les besoins en horlogerie, en coutellerie, etc., que celui qui était alors en usage.

HUNTSVILLE, v. des États-Unis (Alabama), au N. de Birmingham ; 159 450 hab. Centre de recherches spatiales.

HUNTZIGER (Charles), général français (Lesneven, Finistère, 1880 - près du Vigan, Gard, 1941). À la tête de la IIe armée en 1940, il négocia les armistices avec les Allemands et les Italiens. Commandant de l'armée d'armistice, il fut ministre de la Guerre de Pétain.

HUNYADI, famille de boyards roumains originaires de Valachie, venus s'établir en Transylvanie. Ils donnèrent à la Hongrie des chefs militaires et un roi : Mathias Ier*. — JEAN (János) [Transylvanie v. 1407 - Zimony, auj. Zemun, 1456], voïvode de Transylvanie et capitaine de Belgrade (1439), organisa avec le soutien de Venise, de la papauté et de la Pologne, la croisade de 1443-44 contre les Turcs. D'abord victorieux, il fut défait à la bataille de Varna (10 nov. 1444), où périt Ladislas III Jagellon, roi de Hongrie. Régent de Hongrie (1446-1453), capitaine général du royaume, il défit les Ottomans qui assiégeaient Belgrade (juill. 1456). Il mourut peu après de la peste.

HUNZA, région du Cachemire, administrée par le Pākistān, limitée au N. par l'Afghānistān, au S. par la *Hunza,* affluent de l'Indus. Ch.-l. *Baltit* (appelé aussi *Hunza*).

Huon de Bordeaux, chanson de geste du XIIIe s. (1260). Huon, victime de l'injustice de Charlemagne, surmonte des épreuves grâce à l'aide du magicien Auberon.

HUOVINEN (Veikko), écrivain finlandais de langue finnoise (Simo 1927). Un des grands humoristes contemporains, il a excellé dans la satire et la parodie (*le Philosophe de Havukka-aho,* 1952 ; *les Hamsters,* 1957 ; *les Mangeurs de mouton,* 1969 ; *la Grippe,* 1978 ; *Oncle Joe,* 1989).

*__HUPPE__ n. f. (bas lat. *ūppa,* du lat. class. *upupa,* oiseau). **1.** Oiseau insectivore au plumage roux marqué de noir et de blanc, au long bec courbe, portant une forte huppe rose et noire. (La huppe niche dans les arbres creux.) — **2.** Bouquet de plumes dressées, nettement distinctes du reste du plumage, et que certains oiseaux portent sur la tête. (Syn. HOUPPE.) — **3.** Petit plumet que certains pigeons portent sur la tête.

*__HUPPÉ, E__ adj. **1.** Se dit d'un oiseau qui porte une huppe sur la tête. — **2.** Qui est d'un rang social élevé et qui est riche : *Les familles les plus huppées de la ville.*

HUPPERT (Isabelle), actrice française (Paris 1953). Après des débuts au théâtre — carrière de comédienne qu'elle poursuit auj. en parallèle —, elle a su composer des personnages denses dans des films comme *Violette Nozière* (C. Chabrol, 1978), *Loulou* (M. Pialat, 1980), *la Porte du paradis* (Michael Cimino, 1980), *la Cérémonie* (C. Chabrol, 1995).

*__HUQUE__ n. f. (moyen néerl. *huke*). Manteau de femme (XIIIe s.) puis casaque pour homme aux manches bouffantes (XVe s.).

HURAULT (Philippe), comte **de Cheverny** → CHEVERNY.

HURAULT (Louis), général français (Attray, Loiret, 1886 - Vincennes 1973). Directeur du Service géographique de l'armée (1937), il présida en 1940 à sa transformation en Institut géographique national, dont il fut le premier directeur jusqu'en 1956.

HURBAN (Jozef Miloslav), écrivain slovaque (Beckov 1817 - Hluboká nad Vltavou 1888). Patriote, il milita pour la séparation linguistique du slovaque et du tchèque. — Son fils SVETOZÁR **Hurban Vajanský** (Hluboká 1847 - Martin 1916), animateur du nationalisme slovaque, publia des poésies (*les Tatras et la mer,* 1879).

*__HURDLER__ [œrdlœr] n. m. (angl. *hurdler,* de *hurdle,* haie). Coureur spécialisé dans les courses de haies.

*__HURE__ n. f. (lat. pop. **hura,* tête ébouriffée, du germ.). **1.** Tête de certains animaux : *Hure de sanglier, de brochet.* — **2.** Tête coupée de sanglier utilisée comme trophée. — **3.** *Pop.* et *vx.* Figure, tête. — **4.** Produit de charcuterie à base de tête de porc.

HUREL (Maurice), officier de marine, ingénieur et pilote d'essai français (Cherbourg 1896 - Neuilly 1982). Il créa une vingtaine de prototypes d'hydravions. En 1947, il fonda avec Léon Dubois la société Hurel-Dubois pour exploiter la formule des ailes à grand allongement.

HUREPOIX, région historique de France, qui comprenait, au XIIe s., les pays entre Paris et Orléans ; le nom s'applique aujourd'hui à un ensemble de plateaux, buttes et vallées (Yvette, Orge, Essonne), au S.-O. et au S. de Paris, entre les forêts de Fontainebleau et de Rambouillet, occupant le centre du département de l'Essonne (débordant dans l'est des Yvelines).

HURGHADA → HOURGHADA.

HURIEL (03380), ch.-l. de cant. de l'Allier à 12 km à l'O.-N.-O. de Montluçon ; 2 623 hab. Église et donjon du XIIe s.

***HURLANT, E** adj. **1.** Qui hurle : *Une meute hurlante.* — **2.** Qui produit un effet violent, qui est très voyant.

***HURLEMENT** n. m. **1.** Cri prolongé, aigu et plaintif, que poussent parfois le chien, le loup. — **2.** Cri violent, prolongé, émis par qqn : *Pousser un hurlement de douleur.* — **3.** *Litt.* Bruit, son aigu et prolongé : *Les hurlements du vent.*

***HURLER** v. i. (lat. *ululare*) [conj. 3]. **1.** Pousser de longs cris, plaintifs ou furieux : *Chien qui hurle dans la nuit.* — **2.** Émettre des cris violents, sous l'effet de la douleur, de la terreur, de la colère : *Hurler de rage.* — **3.** Parler, chanter, émettre un appel en forçant sa voix, en criant : *Inutile de hurler, je ne suis pas sourd.* — **4.** Produire un bruit, un son puissant, ou impressionnant : *Les sirènes hurlent pour annoncer l'alerte.* — **5.** Produire un violent effet de contraste, une disparité choquante ; jurer : *Vert qui hurle.*
◆ v. t. **1.** Dire, prononcer, chanter qqch en criant de toutes ses forces : *Hurler des injures.* — **2.** Déverser très fort un flot de paroles, de musique, en parlant d'un appareil : *La radio hurle des slogans publicitaires.* — **3.** *Litt.* Exprimer ce qu'on ressent de façon bruyante : *Hurler son indignation.*

Hurler *(maladie de),* maladie congénitale à transmission autosomique récessive caractérisée par un nanisme, une déformation du crâne (faciès de gargouille), des lésions viscérales (foie, rate), des opacités cornéennes et une arriération mentale. (Syn. GARGOYLISME.)

***HURLEUR, EUSE** adj. et n. Qui hurle, qui a l'habitude de hurler.
◆ **hurleur** n. m. Nom usuel de l'*alouate.*

HURLUBERLU, E n. (p.-ê. anc. fr. **hurelu,* ébouriffé, et *berlu,* homme léger, ou angl. *hurly-burly,* tumulte). *Fam.* Personne étourdie, écervelée qui se comporte avec extravagance.

1. *HURON, ONNE n. (de *hure*). *Litt.* Personne grossière, malotrue.

2. *HURON, ONNE adj. Relatif aux Hurons.
◆ **huron** n. m. Langue du groupe iroquois, parlée au XVIIe s. par les Hurons.

HURON *(lac),* le deuxième des Grands Lacs américains par la superficie (60 090 km²), aux confins du Michigan et de l'Ontario. Il communique avec le lac Supérieur (Soo Canal), avec le lac Michigan (détroit de Mackinac) et avec le lac Érié (rivière Saint-Clair). Une série d'îles et de presqu'îles isolent la baie Géorgienne.

***HURONIEN, ENNE** adj. (du lac *Huron*). S'est dit de la partie inférieure du protérozoïque et, plus particulièrement, d'une phase de plissement contemporaine en Amérique du Nord.

HURONS, Indiens de l'Amérique du Nord. Ils vivaient près du Saint-Laurent. La guerre qu'ils livrèrent aux Iroquois au XVIIe s. pour la fourniture de fourrures de castors aux Français ne les laissa subsister qu'en petit nombre.

***HURRAH** → HOURRA.

***HURRICANE** [yrikan] n. m. (angl. *hurricane,* ouragan, de l'esp. *huricán*). Cyclone tropical aux Antilles.

HURST (Fannie), romancière américaine (Hamilton 1889 - New York 1968). Elle illustra un réalisme sociologique mêlé de conventions morales (*Back Street,* 1930).

HURTADO DE MENDOZA (Diego), historien et poète espagnol (Grenade 1503 - Madrid 1575). Chargé de diverses missions diplomatiques (1537-1547), il légua à la bibliothèque de l'Escorial une collection de manuscrits grecs et arabes. Le roman *Lazarillo* de Tormes* lui est attribué. Il a écrit une *Guerre de Grenade* (1627).

HURTADO IZQUIERDO (Francisco), architecte espagnol (Lucena, Cordoue, 1669 - Priego, Cordoue, 1725). Il a travaillé pour les sanctuaires de Cordoue, de Grenade, et a entrepris en 1718 la chapelle du tabernacle de la chartreuse du Paular (près de Ségovie). Son style, exubérant, a influencé le baroque mexicain.

Hurtebise *(ferme),* lieu-dit de la comm. de Craonne (Aisne), sur le Chemin des Dames. Violents combats en 1915 et en 1917.

HUS (Jan), réformateur religieux et écrivain tchèque (Husinec, Bohême, 1371 ? - Constance 1415). Recteur de l'université de Prague (1409), il s'attira l'inimitié du haut clergé — dont il dénonçait la médiocrité et le relâchement — au point qu'il fut excommunié (1412) : sanction qui ne fit que renforcer son prestige en Hongrie et dans les pays slaves, notamment en Bohême, le patriotisme des Tchèques trouvant à se renforcer dans les doctrines réformatrices de Jan Hus. Cité devant le concile de Constance (1414), Hus fut accusé de soutenir les thèses de John Wycliffe ; abandonné par l'empereur Sigismond, son protecteur, il fut brûlé comme hérétique. Sa vie, son martyre et ses œuvres (notamment celles écrites en tchèque) ont fait de lui un héros national de la Bohême.

HUSÁK (Gustáv), homme d'État tchécoslovaque (Bratislava 1913 - *id.* 1991). Membre du Comité central du parti communiste de Tchécoslovaquie (1945 et 1949-1951), il assura la présidence du gouvernement autonome de Slovaquie (1946-1950). Arrêté en 1951, accusé de « nationalisme bourgeois slovaque », il fut libéré en 1960 et réhabilité en 1963. Premier secrétaire du parti de 1969 à 1987, il mit en œuvre la « normalisation ». Président de la République à partir de 1975, il dut démissionner en 1989. En 1990, il fut exclu du parti.

ḤUSAYN (al-) ou **HUSSEIN** (Médine 626 - Karbalā' 680), deuxième fils de 'Alī, troisième imām, saint et martyr des chī'ites. À la mort de Mu'awiya (680), al-Ḥusayn fit valoir ses droits au califat. Marchant sur l'Iraq avec les 'Alīdes de Kūfa, il fut tué par les troupes ommeyades à Karbalā'. Son tombeau est un lieu saint chī'ite, et le jour anniversaire de sa mort, 'Āchūrā', est un grand jour de deuil.

ḤUSAYN Ier → ḤOSEYN.

ḤUSAYN ('Ammān 1935), roi de Jordanie (1952). En 1958, il obtient le départ des troupes britanniques, s'allie avec l'Iraq et déjoue plusieurs tentatives de coups d'État pronassériens. La « guerre des six jours » (1967) lui fait perdre la Cisjordanie. Il brise le contre-pouvoir de la résistance palestinienne dans son pays et, à l'issue des crises violentes de sept. 1970 et de 1971, il expulse les fedayins vers le Liban. En 1974, il reconnaît l'O. L. P. comme seul représentant des Palestiniens et, en 1988, il proclame la rupture des liens légaux et administratifs entre son pays et la Cisjordanie. En 1994, il signe un traité de paix avec Israël.

ḤUSAYN (Ṭaha), écrivain égyptien (Marhārha 1889 - Le Caire 1973). Aveugle à trois ans, il devint professeur à la faculté des lettres du Caire et ministre de l'Éducation. Il a exercé une influence considérable sur sa génération, par ses romans (*le Livre des jours,* 1929) et ses essais critiques (*la Poésie préislamique,* 1926), où il a concilié tradition arabe et culture européenne.

ḤUSAYN (Ṣaddām), homme d'État irakien (Tikrit 1937). Membre du Baath depuis 1957, il franchit rapidement les échelons de l'appareil de l'État et du parti après la prise du pouvoir par le Baath (1968). Il élimine Bakr en 1979 et cumule depuis lors la présidence de l'État, du Conseil de commandement de la révolution, du parti et de l'armée. Il mène une politique hégémonique : attaque de l'Iran en 1980 ; invasion du Koweït en 1990, à l'origine de la guerre du Golfe. À l'issue de cette dernière, il parvient — en dépit de la pression de la communauté internationale et d'une forte opposition intérieure — à se maintenir au pouvoir, se faisant confirmer à la tête de l'État par un référendum en 1995.

ḤUSAYNĪ (Amīn **al-**) ou **HUSSEINI** (Amine **al-**), dirigeant religieux et politique palestinien (Jérusalem 1893 - Beyrouth 1974). Muftī de Jérusalem (1921), président du « Haut Comité arabe », il incita et modéra en même temps la résistance passive (grèves) ou armée (émeutes, guérilla) des Arabes palestiniens contre la pénétration sioniste et contre le mandat britannique. Exilé en 1937, il diffusa la propagande nazie auprès des populations musulmanes (1942-1945). Opposé au plan de partage des Nations unies (1947), il fonda à Gaza un « gouvernement de toute la Palestine » (1948) et s'opposa au royaume hāchémite.

ḤUSAYN IBN AL-ḤUSAYN (Smyrne v. 1765 - Alexandrie 1838), dernier dey d'Alger (1818-1830). Après le débarquement français à Sidi-Ferruch (juin 1830), il signa la capitulation et s'exila.

ḤUSAYN IBN 'ALĪ (Istanbul v. 1856 - 'Ammān 1931), roi du Hedjaz (1916-1924). Il fut investi par les Ottomans chérif de La Mecque et émir du Hedjaz (1908). Fort des promesses de la Grande-Bretagne, il proclama en 1916 la « révolte arabe » contre les Turcs. Déçu dans ses ambitions panarabes, il ne régna que sur le Hedjaz (1916-1924) et fut renversé par 'Abd al-'Azīz ibn Sa'ūd (1924).

HU SHI ou **HOU CHE,** homme de lettres chinois (Shanghai 1891 - Taïbei 1962). En 1917, il prit la tête du mouvement de la « Révolution littéraire » et imposa l'usage de la langue vulgaire (dite *baihua*). Il joua un rôle fondamental dans la formation de la littérature de la Chine contemporaine et dans son ouverture vers l'extérieur.

***HUSKY** [œski] n. m. (pl. *huskies*) [angl. *husky,* enroué]. **1.** Race canadienne de chiens pour la traction des traîneaux. — **2.** *Siberian husky,* au Canada, chien de traîneau d'origine sibérienne.

HUSSAIN (Zakir), philosophe et homme d'État indien (Hyderābād 1897 - Delhi 1969). Musulman demeuré en Inde après la partition de 1947, il fut président de la République indienne de 1967 à 1969.

***HUSSARD** n. m. (all. *Husar,* du hongr. *huszar,* le vingtième). **1.** Militaire d'un corps de cavalerie légère, dont la tenue fut primitivement empruntée à la cavalerie hongroise. (→ *encycl.*) – **2.** *Hussard de la marine,* sous le premier Empire, marin de la Garde. ‖ *Hussards de la mort,* appellation de deux régiments de hussards allemands de la garde, créés par Frédéric II, l'un en 1741 et l'autre en 1758, et dont le colback était orné d'une tête de mort. (Ces régiments disparurent en 1918.)
ENCYCL. Le terme de « hussard » désigne à son origine, au XVe s., en Hongrie, les cavaliers recrutés dans les villages, à raison d'un homme pour vingt feux (d'où leur nom). En France, c'est à la fin du règne de Louis XIII que les cavaliers hongrois forment les premières compagnies de hussards qui conservent leur costume national. Les Russes recrutent également à partir de 1707 des régiments de hussards affectés à l'armée régulière. En France, engagés dans toutes les campagnes de la Révolution et de l'Empire, les hussards formaient encore 14 régiments en 1914. Depuis 1945, ils sont transformés en régiments blindés.

***HUSSARDE** n. f. Fam. *À la hussarde,* avec brutalité, sans délicatesse (en partic. dans un contexte de relations sexuelles).

HUSSEIN → HUSAYN.

HUSSEIN DEY, comm. d'Algérie, dans la banlieue sud d'Alger ; 211 200 hab. Elle doit son nom au dernier dey d'Alger.

HUSSERL (Edmund), philosophe et logicien allemand (Prossnitz, auj. Prostějov, Moravie, 1859 - Fribourg-en-Brisgau 1938). Il fut l'élève de Weierstrass, et rencontra le psychologue Brentano, à qui il emprunta la notion d'intentionnalité. Pour Husserl, toute connaissance est le fait d'une visée par la conscience d'une essence : sa philosophie est donc de type essentialiste. La conscience est déterminée par l'intentionnalité. Ainsi, les phénomènes se donnent à la conscience dans une série d'esquisses successives : la conscience est cet invariant qui reçoit cette série ; c'est elle qui leur donne son sens. Après avoir montré l'élaboration des significations dans le champ des idéalités logico-mathématiques, Husserl cherche à construire une philosophie de la vie et de la perception. Il a écrit *Idées* directrices pour une phénoménologie* (1913), *Méditations* cartésiennes* (1931), *Logique formelle et logique transcendantale* (1929), la *Crise* des sciences européennes et la phénoménologie transcendentale* (écrit en 1935-36).

***HUSSITE** adj. et n. Relatif à Jan Hus ; partisan de Jan Hus.
ENCYCL. Les hussites se divisèrent en deux groupes principaux, les modérés praguois et les radicaux taborites (autour de la ville de Tábor, en Bohême du Sud). Après la mort du roi Venceslas IV (1419), ils exigèrent la liberté de sermon, la communion sous les deux espèces, la pauvreté des ecclésiastiques et la punition des péchés mortels par les autorités civiles. Lorsque le roi Sigismond, frère de Venceslas, refusa de les accepter, les taborites se révoltèrent contre lui et entraînèrent tous les hussites dans la guerre (1419-1434). Généralement victorieux, les hussites obtinrent de Rome les *compactata* (1433) – notamment la communion sous les deux espèces – que rejetèrent les taborites. Vaincus par les catholiques et les hussites modérés à Lipany (1434), les taborites s'inclinèrent : Sigismond fut accepté comme roi de Bohême. Au XVIe s., le luthéranisme influença fortement les hussites.

HUSTIN (Albert), chirurgien belge (Ethe 1882 - Bruxelles 1967), pionnier de la transfusion sanguine. Il est le premier à avoir utilisé, en 1914, le citrate de sodium pour rendre le sang incoagulable.

HUSTON (John), cinéaste américain (Nevada, Missouri, 1906 - Newport, Rhode Island, 1987). Il débute comme réalisateur en 1941 avec *le Faucon maltais,* qui impose l'acteur Humphrey Bogart. Dans ses films suivants, on retrouve un ton très personnel, une constante « méditation sur la validité de l'effort et la fatalité de l'échec ». Citons, parmi les plus célèbres : *le Trésor de la sierra Madre* (1948), *Key Largo* (1948), *Quand la ville dort* (1950), *la Charge victorieuse* (1951), *African Queen* (1952), *Moby Dick* (1956), *le Vent de la plaine* (1960), *les Misfits* (1961), *la Nuit de l'iguane* (1964), *Reflets dans un œil d'or* (1967), *Fat City* (1972), *l'Homme qui voulut être roi* (1975), *le Malin* (1979), *Au-dessous du volcan* (1984), *l'Honneur des Prizzi* (1985), *Gens de Dublin* (1987).

Hutchinson *(triade de),* association de malformations dentaires (*dents de Hutchinson,* petites et d'un gris sale), de lésions oculaires (kératite interstitielle bilatérale) et de troubles auditifs (surdité labyrinthique), observée dans la syphilis congénitale.

HUTCHINSON (Ann), danseuse américaine (New York 1918). Spécialiste du système de notation chorégraphique créé par R. von Laban, elle est cofondatrice (1940) du Dance Notation Bureau, à New York. Elle a écrit *Labanotation* (1954).

HUTIA n. m. (esp. *hutia*). Nom usuel commun à plusieurs rongeurs capromyidés nocturnes des Antilles et des Bahamas, ressemblant à de gros rats. (Certains hutias sont arboricoles, d'autres terrestres, d'autres vivent dans un terrier.)

***HUTINET** ou **UTINET** n. m. (anc. fr. *hustin,* bruit). Batte de tonnelier.

***HUTTE** n. f. (frq. **hutta*). Cabane faite de branchage, de paille, de terre séchée, et pouvant servir d'abri ou d'habitation.

***HUTTEAU** n. m. (de *hutte*). Abri amovible pour chasser les limicoles des bords de mer.

HUTTEN (Ulrich VON), chevalier et humaniste allemand (château de Steckelberg, près de Fulda, 1488 - île d'Ufenau, sur le lac de Zurich, 1523). Dans ses écrits et notamment dans ses *Epistolae obscurorum virorum* (1515-1517), il exhorta la nation allemande à se débarrasser de la tutelle de Rome et à réformer l'Empire. Il offrit son soutien à Luther et participa en 1522-23 à la révolte des chevaliers, dirigée par Franz von Sickingen. Il dut s'exiler après leur échec.

HUTTON (James), chimiste et géologue écossais (Édimbourg 1726 - *id.* 1797). Dans sa *Théorie de la Terre* (1785), il soutient contre Werner et les neptuniens, la thèse plutoniste : les roches sont des produits de l'activité des volcans.

HUTTON (Charles), mathématicien britannique (Newcastle-on-Tyne 1737 - Londres 1823). Il évalua la densité moyenne de la Terre (1778) et effectua des expériences sur la vitesse des projectiles.

HUTUS, peuple d'Afrique orientale, démographiquement le plus important du Burundi et du Ruanda. Des luttes tribales les opposent aux Tutsis depuis la fin des années 1950.

HUVEAUNE, fl. côtier de Provence, né dans le massif de la Sainte-Baume, qui se jette, à Marseille, dans l'anse du Prado ; 52 km.

HUXELLES (Nicolas DU BLÉ, *marquis* D'), maréchal de France et diplomate (Chalon-sur-Saône 1652 - Paris 1730). Ministre plénipotentiaire aux conférences de Geertruidenberg (1710), puis au congrès d'Utrecht (1712-13) pendant la guerre de la Succession d'Espagne, il présida le conseil des Affaires étrangères (1715), devint conseiller au Conseil de régence (1718), puis ministre d'État (1726-1729).

HUXLEY (Thomas Henry), physiologiste britannique (Ealing, Middlesex, 1825 - Londres 1895). Ami de Darwin, il défendit vigoureusement la théorie de l'évolution. Parmi ses œuvres, citons : *Histoire des hydrozoaires de l'Océan* (1858) et *Place de l'homme dans la nature* (1891), ouvrage dans lequel il s'est efforcé de démontrer les affinités de l'homme avec les singes anthropoïdes.

HUXLEY (*sir* Julian Sorell), biologiste britannique (Londres 1887 - *id.* 1975), petit-fils du précédent. Il a été le premier directeur général de l'Unesco de 1946 à 1948. Il s'est intéressé au problème de l'évolution et à l'enseignement de la zoologie.

HUXLEY (Aldous), écrivain britannique (Godalming, Surrey, 1894 - Los Angeles 1963), frère du précédent. Poète, tenté par l'imagisme (*Leda,* 1920), il évolua dans ses essais et ses romans vers une vision satirique du monde, où se mêlent son ironie pessimiste et son attrait pour les philosophies orientales (*Contrepoint,* 1928 ; *le Meilleur* des mondes,* 1932 ; *la Paix des profondeurs,* 1936 ; *Île,* 1962).

HUXLEY (Andrew Fielding), neurophysiologiste britannique (Hampstead, près de Londres, 1917), demi-frère du précédent. Ses travaux, menés pour la plupart en collaboration avec Hodgkin, concernent les mécanismes ioniques de l'influx nerveux. (Prix Nobel de physiologie et de médecine 1963, avec Eccles et Hodgkin.)

HUY, en néerl. **Hoei,** v. de Belgique, ch.-l. d'arrond. de la prov. de Liège, sur la Meuse ; 18 197 hab. Collégiale Notre-Dame, reconstruite aux XIVe-XVIe s. (trésor). Musée dans un couvent du XVIIe s. Camp d'internement allemand (1941-1944).

HU YAOBANG ou **HOU YAO-PANG,** homme politique chinois (dans le Hunan, officiellement en 1915 - Pékin 1989). Vétéran de la Longue Marche et de la guérilla révolutionnaire, il se fit surtout connaître comme dirigeant de la Ligue des jeunesses communistes. Sa carrière fut parallèle à celle de Deng Xiaoping : destitué deux fois (pendant la Révolution culturelle et en 1976), réhabilité (1973, 1977). Il fut secrétaire général du P. C. C. de 1980 à 1987.

HUYGENS (Christiaan), mathématicien et astronome hollandais (La Haye 1629 - *id.* 1695). En mathématiques, il composa le premier traité complet de calcul des probabilités et donna la théorie des développées et développantes. En astronomie, il inventa un oculaire éliminant l'aberration chromatique. Il découvrit l'anneau de Saturne, et son premier satellite, Titan (1655), la rotation de Mars et sa période. Il fut le premier à indiquer que les étoiles sont d'autres soleils, extrêmement éloignés. En mécanique, il donna une théorie du pendule (composé et synchrone), qu'il utilisa comme régulateur du mouvement des horloges, imaginant l'échappement à ancre en 1657. Il introduisit les notions de forces vives (dont il montra la conservation lors des chocs), de force centrifuge et de moment d'inertie.
En optique, il adopta une théorie ondulatoire (1678) où il supposa que la lumière était constituée par les vibrations d'un milieu matériel très ténu, l'éther. Il expliqua ainsi la réflexion et la réfraction, mais ne put rendre compte de la propagation rectiligne de la lumière, à l'encontre des théories corpusculaires de l'époque.

Huygens *(principe de),* analyse du mécanisme de la propagation des vibrations, qui conduit à considérer les points atteints par un ébranlement comme des sources secondaires produisant un ébranlement semblable.

HUYGHE (René), historien d'art et esthéticien français (Arras 1906). Conservateur du département des peintures du Louvre (1937-1951), puis professeur au Collège de France, il a publié des ouvrages d'esthétique et de psychologie de l'art (notamment : *Dialogue avec le visible,* 1955 ; *l'Art et l'Âme,* 1960 ; *Formes et Forces,* 1971 ; *les Signes du temps et l'art moderne,* 1985) et a dirigé plusieurs ouvrages de synthèse, dont *l'Art et l'Homme* (1957-1961). [Acad. fr., 1960.]

HUYNH TINH CUA, dit **Paulus Cua,** écrivain vietnamien (Ba Ria 1834-1907). Cofondateur en 1865 du premier journal vietnamien, le *Gia Dinh bao (Journal de Gia Dinh),* il fut un des créateurs de la littérature moderne du Viêt-nam.

HUYSMANS (Georges Charles, dit **Joris-Karl**), écrivain français (Paris 1848 - *id.* 1907). Son premier essai poétique, le *Drageoir aux épices* (1874), et son roman *Marthe, histoire d'une fille* (1877) le font entrer en contact avec Zola et les naturalistes et donner aux *Soirées de Médan**, en 1880, une nouvelle *(Sac au dos).* Fidèle à cette tendance dans *les Sœurs Vatard* (1879), il se démarque avec *À* rebours* de toute la littérature existante et se rapproche des décadents, tout en se révélant un initiateur de l'art moderne. Attiré par l'expérience mystique (*Là-bas,* 1891), il se convertit au catholicisme sous l'influence de l'abbé Mugnier, traduisant dans ses dernières œuvres son besoin de surnaturel (*En route,* 1895 ; *la Cathédrale,* 1898 ; *l'Oblat,* 1903 ; *les Foules de Lourdes,* 1906).

HUYSMANS (Camille), homme politique belge (Bilzen, Limbourg, 1871 - Anvers 1968). Député du parti ouvrier belge à partir de 1910, secrétaire du bureau exécutif de la IIe Internationale de 1905 à 1921, il contribua à la scission définitive des socialistes belges avec les partis qui se rattachaient à l'Internationale communiste. Président de l'Internationale socialiste à Londres en 1940, il participa à plusieurs gouvernements. En 1966, il rompit avec le parti socialiste belge et fonda un nouveau parti socialiste.

HUYSSENS (le *frère* Peter), architecte flamand (Bruges 1577 - *id.* 1637). Il fut l'un des principaux architectes de la Compagnie de Jésus dans son pays, et l'initiateur du baroque flamand (St-Charles-Borromée d'Anvers, 1615-1621).

HVANNADALSHNJÚKUR, point culminant de l'Islande ; 2 119 m.

HVAR, île croate de l'Adriatique, en Dalmatie ; en ital. *Lesina ;* 289 km² ; 11 100 hab. Cultures fruitières. Tourisme. Dans la ville de *Hvar,* cathédrale Renaissance et baroque, couvent franciscain avec église du XVIe s. (mobilier, œuvres d'art) et autres témoignages du passé.

HVIEZDOSLAV (Pavol ORSZÁGH, dit), poète slovaque (Horní Kubín 1849 - Dolný Kubín 1921). Patriote ardent, il est l'auteur de poèmes épiques (*Ežo Vlkolinsky,* 1890) et lyriques (*Psaumes,* 1905).

HWANGE, anc. **Wankie,** v. de l'ouest du Zimbabwe ; 39 000 hab. Houille. Centrale thermique.

HYACINTHE n. f. (lat. *hyacinthus,* du gr. *huakinthos*). **1.** Anc. nom de la *jacinthe.* – **2.** Pierre fine de couleur orange à rouge, variété de zircon.

HYACINTHE ou **JACEK** *(saint),* dominicain polonais (Kamień, Silésie, 1183 - Cracovie 1257). Il installa les Dominicains en Pologne (1221). Canonisé en 1594.

HYADES, amas stellaire ouvert, en forme de V oblique, dans la constellation du Taureau*, au voisinage de l'étoile brillante Aldébaran. Distance moyenne 150 al environ.

HYALIN, E adj. (bas lat. *hyalinus,* du gr. *hualinos,* de verre). **1.** Qui est fait de verre d'origine magmatique ou qui en a l'apparence. – **2.** Se dit de toutes les substances tissulaires vitreuses. – **3.** *Maladie des membranes hyalines,* affection pulmonaire des nouveau-nés, caractérisée par la présence de membranes transparentes tapissant les alvéoles pulmonaires et s'opposant aux échanges gazeux. (Cette maladie, qui est une des causes importantes de détresse respiratoire aiguë du nouveau-né, atteint surtout le prématuré.)

HYALITE n. f. **1.** Variété transparente et vitreuse d'opale, présentant une structure globulaire. – **2.** Variété de verre noir fabriquée en Bohême depuis le XIXe s.

HYALOCLASTIQUE adj. Qui est formé de débris de verres volcaniques.

HYALOGRAPHIE n. f. Gravure sur verre.

HYALOÏDE adj. (bas lat. *hyaloïdes,* vitré, du gr. *hualoeidês*). Qui a l'apparence et la transparence du verre.

HYALONÈME n. f. Éponge siliceuse, des grandes profondeurs (500 à 5 000 m), en forme de coupe fixée par un long pédoncule.

HYALOPHANE n. f. Variété barytifère de feldspath, proche de l'orthose.

HYALOPLASME n. m. Substance fondamentale du cytoplasme, dans laquelle baignent des enclaves variées (protéines globulaires, molécules de glucides, de lipides et divers ions).

HYALOPTERUS [-rys] n. m. Puceron (aphididé) vert ou brun, pulvérulent, qui attaque les feuilles de prunier.

HYALOTHÈRE n. m. Instrument pour percer une plaque de verre, en faisant passer au travers une étincelle électrique.

HYALURONIDASE n. f. Enzyme de la dépolymérisation et de l'hydrolyse de l'acide hyaluronique, utilisée en thérapeutique pour augmenter la diffusion des substances injectées par voie sous-cutanée.

HYALURONIQUE adj. *Acide hyaluronique,* mucopolysaccharide acide isolé de nombreux liquides biologiques (liquide synovial, humeur vitrée de l'œil) et de tissus, où il serait un véritable cément intercellulaire.

HYATT (John Wesley), chimiste américain (Starkey, État de New York, 1837 - Short Hills, New Jersey, 1920). Il a inventé, en 1870, la première matière plastique synthétique, le Celluloïd.

HYBERNIE → HIBERNIE.

HYBLA, nom de plusieurs villes de Sicile, notamment **Hybla Hêraia,** au S. de Catane, qui est aujourd'hui *Raguse,* et **Hybla,** ville des Sicules, qui abandonnèrent le littoral aux Mégariens qui y fondèrent une colonie : *Mégare Hyblaia.*

HYBRIDATION n. f. **1.** Croisement entre deux variétés, deux races d'une même espèce ou entre deux espèces différentes. (→ *encycl.*) — **2.** Mélange entre deux magmas ou contamination d'un magma par son encaissant géologique ; syn. de ASSIMILATION. — **3.** Hybridation cellulaire, processus expérimental permettant la multiplication dans la même cellule de deux noyaux provenant d'espèces animales différentes. ‖ *Hybridation des orbitales,* méthode consistant à remplacer un certain nombre d'orbitales atomiques d'un même atome par un même nombre d'orbitales, dites hybrides, obtenues comme combinaisons des orbitales initiales. (L'hybridation permet d'expliquer la stéréochimie des molécules.)

ENCYCL. **Bot.** En général, l'hybridation est réalisable entre les différentes espèces végétales de la même espèce (métissage), voire du même genre. C'est grâce à l'hybridation qu'on a pu multiplier les variétés de fleurs et de fruits (cultivars). Pour pratiquer l'hybridation, on prive de ses étamines la fleur destinée à la production des graines (castration), et l'on apporte sur son stigmate le pollen de la plante choisie pour le croisement. L'hybride a souvent une croissance plus vigoureuse que ses parents (hétérosis) et une plus grande longévité.
— **Zool.** Certains hybrides interspécifiques sont indéfiniment féconds (croisement de la brebis et du mouflon, du chien et du loup, du canard pilet avec le canard sauvage). D'autres sont stériles. Lorsque les hybrides d'un seul sexe sont fertiles, il s'agit toujours du sexe homogamétique (règle de Haldane).

HYBRIDE adj. (lat. *hybrida,* de sang mêlé). **1.** Se dit d'un animal issu du croisement entre des lignées sélectionnées et plus ou moins consanguines à l'intérieur d'une même espèce. — **2.** Se dit d'une plante issue du croisement entre des parents nettement différents, appartenant à la même espèce (croisement entre lignées) ou à des espèces voisines (hybrides interspécifiques). — **3.** Qui est composé d'éléments disparates : *Une architecture hybride.* • **Astronaut.** *Moteur-fusée hybride,* moteur-fusée à lithergol. ‖ *Propergol hybride,* syn. de LITHERGOL. — **Chim.** Se dit d'une orbitale obtenue par hybridation d'autres orbitales. — **Électron.** Circuit hybride, circuit intégré formé d'éléments de fabrication différente (composants discrets actifs et passifs ou puces). — **Génét.** *Vigueur hybride,* syn. de HÉTÉROSIS. — **Géol.** Se dit d'une roche magmatique qui résulte d'un mélange de deux ou plusieurs magmas. — **Inform.** Se dit d'un calculateur composé de circuits analogiques et de circuits numériques. — **Ling.** Mot hybride ou *hybride* (n. m.), mot formé de constituants empruntés à des racines de langues différentes (par ex. *bicyclette* formé du latin *bis,* du grec *kuklos* et du suffixe français *-ette*).
◆ n. m. Animal ou plante hybride. • **Agric.** *Hybride double* (F2), produit de croisement entre deux hybrides simples. ‖ *Hybride simple* (F1), produit de croisement entre deux lignées pures obtenues par autofécondation artificielle. (La variété hybride simple est très homogène et permet d'exploiter pleinement l'effet d'hétérosis.) ‖ *Hybride trois voies,* produit de croisement entre un hybride simple (femelle) et une lignée pure (mâle). — **Biol.** *Hybride cellulaire,* résultat des expériences d'hybridation cellulaire.

ENCYCL. **Agric.** Les plantes hybrides peuvent servir, après autofécondation artificielle, de matériel de départ pour la sélection de lignées végétales nouvelles, ou constituer une semence commerciale (semence hybride), dont on ne conservera pas la descendance. Les semences hybrides ont pris une très grande importance commerciale pour la production de variétés de maïs et en auront aussi, dans l'avenir, pour d'autres plantes cultivées.

HYBRIDER v. t. (de *hybride*) [conj. 3]. Pratiquer le croisement de deux variétés ou de deux espèces différentes.

HYBRIDISME n. m. Situation génétique propre aux hybrides dont les lois ont été énoncées par Mendel en 1865.

HYBRIDITÉ n. f. Caractère hybride d'un être ou d'une chose.

HYBRIDOME n. m. Cellule résultant d'une fusion entre un lymphocyte secrétant un anticorps spécifique et une cellule cancéreuse « immortelle » qui se multiplie indéfiniment. (Les hybridomes permettent d'obtenir des anticorps monoclonaux.)

HYDANTOÏNE n. f. Uréide à noyau cyclide, principalement utilisé, ainsi que ses dérivés, comme antiépileptique.

HYDARTHROSE n. f. Épanchement de liquide séreux dans une articulation, se localisant le plus souvent au genou, qui est le siège d'une tuméfaction fluctuante. (Syn. anc. ÉPANCHEMENT DE SYNOVIE.)

HYDATIDE n. f. (gr. *hudatis, -idos,* poche emplie d'eau). **1.** Forme larvaire du ténia échinocoque *(Echinococcus granulosus),* plathelminthe cestode agent du kyste hydatique. (L'hydatide se développe dans le foie des ruminants.) – **2.** *Hydatides de Morgagni,* débris embryonnaires appendus au testicule et à la tête de l'épididyme.

HYDATIDOSE n. f. Syn. de KYSTE HYDATIQUE*.

HYDATIQUE adj. (de *hydatide*). **1.** Qui contient des hydatides ou qui est relatif aux hydatides. – **2.** *Kyste* ou *maladie hydatique,* kyste arrondi parfois volumineux, développé dans les tissus (foie, poumons, rate, etc.) par la larve hydatide et formé de deux membranes renfermant un liquide dans lequel baignent des vésicules produisant de nombreux scolex. (La rupture d'un kyste hydatique entraîne de graves complications avec très souvent un syndrome de choc.) [Syn. HYDATIDOSE.]

HYDE (Edward), comte **de Clarendon** → CLARENDON.

HYDE (Anne) [1637-1671], duchesse d'York, fille d'Edward, 1er comte de Clarendon. Elle épousa secrètement, en 1660, Jacques d'York, le futur Jacques II.

HYDE (Douglas), dit **An Craoibhin Aoibhinn** (« la Jolie Branche »), écrivain et homme d'État irlandais (Frenchpark 1860 - Dublin 1949). Fondateur de la Ligue gaélique (1893), collecteur de contes et de ballades traditionnels (*Chants d'amour du Connacht,* 1894), il milita pour le triomphe de la culture celtique et devint le premier président de la République d'Irlande (1938-1945).

Hyde Park, parc de Londres, très fréquenté, qui s'étend sur 146 ha dans la partie ouest de la ville.

HYDERĀBĀD, v. de l'Inde, cap. de l'Andhra Pradesh ; 4 280 261 hab. Elle forme une conurbation avec la ville de Secunderābād. C'est un centre administratif et universitaire, avec quelques industries (métallurgie, chimie). Monuments des XVIe et XVIIe s.
— **Hist.** Fondée en 1590 par le sultan de Golconde, siège d'un gouverneur moghol de 1687 à 1725, la ville devint la capitale d'une principauté indépendante en 1725 sous Niẓām al-Mulk. Soumis aux Britanniques en 1798, l'État d'Hyderābād fut la plus puissante principauté musulmane de l'Inde, qui l'annexa en 1948.

HYDERĀBĀD, v. du Pākistān, dans le Sind, près de l'Indus ; 800 000 hab. Centre commercial et universitaire. Textile.

HYDNE n. m. (gr. *hudnon,* tubercule). Champignon basidiomycète souvent comestible, présentant sous le chapeau une couche d'aiguillons, à la surface desquels naissent les spores. (Espèce principale : l'*hydne sinué.* N. usuel, *pied-de-mouton, barbe-de-chèvre.*)

HYDNOCARPUS [-pys] n. m. Arbre (flacourtiacée) des régions tropicales d'Afrique et d'Asie. (Les graines fournissent le chaulmoogra, utilisé contre la lèpre.)

HYDNOPHYTUM [-tɔm] n. m. Plante (rubiacée) épiphyte myrmécophile des îles de l'océan Indien et d'Océanie, qui héberge des fourmis dans les cavités de sa tige.

HYDRA ou **ÝDHRA,** île grecque de la mer Égée, en face de l'Argolide ; 50 km² ; 2 800 hab. Tourisme.

HYDRACHNE [-drakn] n. f. (du gr. *arakhnê,* araignée). Minuscule acarien d'eau douce, globuleux, ordinairement rouge. (La larve vit sur les nèpes.)

HYDRACHNELLE [-draknɛl] n. f. Acarien des eaux douces, dont la larve vit en parasite d'insectes aériens et dont l'adulte ressemble à une hydrachne.

HYDRACIDE n. m. Nom générique des acides ne renfermant pas d'oxygène et contenant l'hydrogène combiné à un ou plusieurs non-métaux. (Leur nom se forme avec le suffixe hydrique : acide chlorhydrique HCl, acide cyanhydrique HCN.)

HYDRAIRE n. m. (lat. *hydra,* hydre). Cnidaire hydrozoaire dont le cycle reproductif comporte toujours un polype, forme végétative fixée, et une méduse, forme sexuée généralement libre et nageuse. (Les *hydraires* forment une des quatre classes d'hydrozoaires.) [Syn. HYDROÏDE.]

HYDRALCOOLIQUE ou **HYDROALCOOLIQUE** adj. Se dit des extraits alcooliques que l'on redissout dans l'eau.

HYDRAMNIOS [-mnjos] n. m. Excès de liquide amniotique.

HYDRANTHE n. m. Chacun des polypes composant une colonie d'hydraires.

HYDRARGILITE n. f. Syn. de GIBBSITE.

HYDRARGYRISME n. m. (lat. *hydrargyrus,* du gr. *hudrarguros,* mercure). Intoxication lente par le mercure. (L'hydrargyrisme frappe ceux qui font un usage prolongé de la médication mercurielle, ainsi que ceux qui travaillent le mercure ou ses sels. Il figure sur la liste des maladies professionnelles.)

HYDRASTINE n. f. Alcaloïde de l'hydrastis, employé comme vasoconstricteur et hémostatique utérin.

HYDRASTIS [-tis] n. m. (lat. sc. mod. *hydrastis,* du gr. *hudrastina*). Petite renonculacée vivace du Canada et des États-Unis, dont le rhizome fournit des alcaloïdes et une teinture jaune.

HYDRATABLE adj. Qui peut être hydraté.

HYDRATANT, E adj. Qui produit une hydratation ; qui fournit de l'eau.

HYDRATATION n. f. **1.** Fixation d'eau sur une espèce chimique, soit par insertion des molécules d'eau dans un cristal, soit par transformation de l'espèce chimique, lors d'une véritable réaction chimique, s'accompagnant souvent d'un fort dégagement de chaleur. – **2.** Introduction d'eau dans l'organisme.

HYDRATE n. m. **1.** Combinaison d'un corps avec de l'eau. – **2.** *Hydrate de carbone,* syn. vieilli de GLUCIDE.

HYDRATER v. t. (conj. 3). **1.** Soumettre un corps ou l'organisme à l'hydratation. – **2.** Appliquer sur la peau un produit hydratant.
◆ **s'hydrater** v. pr., **être hydraté** v. pass. **1.** Être traité par hydratation. – **2.** Passer à l'état d'hydrate.

HYDRAULE n. f. (gr. *hudraulis*). Orgue à tuyaux de l'Antiquité dont le réservoir d'air était alimenté par des pompes à eau. (Syn. ORGUE HYDRAULIQUE.)

HYDRAULICIEN, ENNE adj. Spécialiste de l'hydraulique ou des installations hydrauliques.

HYDRAULICITÉ n. f. **1.** Rapport du débit moyen annuel (module) d'un cours d'eau lors d'une année déterminée au module calculé sur une longue période, destiné à caractériser l'abondance de l'écoulement pendant cette année particulière. – **2.** Qualité des mortiers, des chaux et des ciments hydrauliques.

HYDRAULIQUE adj. (lat. *hydraulicus,* du gr. *hudraulikos*). **1.** Qui se rapporte à l'eau. – **2.** Qui met en jeu un liquide sous pression (huile, notamment) : *Frein hydraulique.* – **3.** Relatif à la circulation de l'eau, à sa distribution, à son contrôle (canaux, adductions, fontaines, etc.) : *Travaux hydrauliques.* • **Matér.** *Chaux et liants hydrauliques,* matériaux en poudre à base de silicates ou d'aluminates de calcium, capables de prendre et de durcir sous l'eau. – **Mécan.** *Presse hydraulique,* presse mise en œuvre par un piston se déplaçant dans un cylindre sous l'effet de la pression d'un liquide. (→ *encycl.*) – **Min.** *Abattage hydraulique,* dislocation des roches par un jet d'eau sous pression. ‖ *Remblayage hydaulique,* remblayage par des matériaux transportés en suspension dans l'eau. – **Mus.** *Orgue hydraulique,* syn. de HYDRAULE. – **Techn.** Énergie hydraulique, énergie fournie par les cours d'eau.
◆ n. f. **1.** Branche de la mécanique des fluides qui traite des liquides, c'est-à-dire des fluides incompressibles. (→ *encycl.*) – **2.** Technique industrielle relative à la mise en œuvre de liquides sous pression (huile, notamment). – **3.** *Hydraulique agricole,* science et technique relatives à l'utilisation agricole de l'eau.

ENCYCL. **Phys.** À partir des lois générales de l'hydrodynamique*, l'hydraulique donne les éléments nécessaires au calcul des réseaux de distribution et d'évacuation des eaux, à la construction des canaux, à l'établissement des ouvrages destinés à la production de l'énergie hydraulique (barrages, réservoirs), au calcul des machines utilisant l'énergie hydraulique ou destinées à mettre l'eau en mouvement.

HYDRAVIATION n. f. Branche de l'aviation qui concerne les hydravions.

HYDRAVION n. m. Avion conçu pour prendre son essor sur la surface de l'eau et s'y poser après son vol. (Les hydravions sont munis de flotteurs ou d'une coque permettant le déjaugeage.)

HYDRAZIDE n. m. Composé se déduisant des acides en remplaçant le groupe OH par un groupe $NH-NH_2$ ou $NH-NR_2$.

HYDRAZINE n. f. **1.** Combinaison H_2N-NH_2 de l'azote et de l'hydrogène. – **2.** Composé organique résultant de la substitution d'un radical hydrocarboné à l'un ou à plusieurs des atomes d'hydrogène de ce corps.

ENCYCL. L'hydrazine est un liquide très toxique, corrosif et miscible à l'eau. Dans ses emplois d'ergol pour fusée, elle est en partie remplacée par la diméthylhydrazine. On l'utilise aussi comme désoxygénant pour l'eau des chaudières, comme agent gonflant des matières plastiques et comme combustible dans les piles à combustible.

HYDRAZOÏQUE n. m. Nom générique des hydrazines de formule générale Ar–NH–NH–Ar', où Ar et Ar' sont des radicaux aryles. (Ce sont des intermédiaires pour la fabrication de colorants azoïques.)

HYDRAZONE n. f. Nom générique des composés organiques résultant de la condensation d'un aldéhyde ou d'une cétone avec une hydrazine.

HYDRE n. f. (lat. *hydra,* du gr. *hudra*). **1.** Dans la mythologie grecque, animal fabuleux en forme de serpent d'eau. — **2.** *Litt.* Mal qui se renouvelle constamment et semble augmenter en proportion des efforts faits pour le détruire : *L'hydre de l'inflation.* — **3.** Petit hydraire solitaire et nu des eaux douces, en forme de sac allongé long de quelques millimètres, fixé par une sole à un support et portant à son extrémité libre une couronne de 6 à 10 tentacules munis de cnidoblastes.

ENCYCL. L'hydre se nourrit d'animalcules, en particulier de petits crustacés, paralysés par le poison des cnidoblastes. Elle peut se déplacer soit en rampant sur sa sole, soit en culbutant alternativement sur sa sole et sur sa bouche. Outre sa reproduction sexuée, l'hydre peut se couper spontanément en deux ou trois morceaux dont chacun régénère un animal entier. La couleur verte de l'hydre est due à des algues unicellulaires, les chlorelles, avec lesquelles l'hydre vit en symbiose permanente.

HYDRE de Lerne, selon le mythe d'Héraclès, serpent monstrueux, habitant le marais de Lerne, en Argolide. Héraclès réussit à abattre les nombreuses têtes du monstre.

HYDRE FEMELLE (en lat. *Hydra, -æ*), constellation la plus étendue du ciel, qui débute dans l'hémisphère boréal, au sud du Cancer, et se déploie dans l'hémisphère austral jusqu'à la Balance.

HYDRELLIA n. f. (gr. *hudrêlos,* humide). Moucheron cycloraphe nuisible au cresson, dont il creuse les tiges.

HYDRE MÂLE (en lat. *Hydrus, -i*), petite constellation australe, introduite par Bayer en 1603.

HYDREQUENT, écart de la comm. de Rinxent (Pas-de-Calais), à l'E. de Marquise. Carrière de calcaire marbrier.

HYDRIDE n. m. Hydraire sans méduse libre, tel que l'hydre d'eau douce. (Les *hydrides* forment un ordre.)

HYDRIE n. f. (lat. *hydria,* du gr. *hudria*). Dans l'Antiquité, vase utilisé pour puiser l'eau, ayant une grande anse verticale et deux anses horizontales.

HYDRIQUE adj. **1.** Relatif à l'eau. — **2.** *Diète hydrique,* diète au cours de laquelle seule l'eau peut être absorbée.

HYDROA n. m. Lésion cutanée caractérisée par une bulle.

HYDROAGRICOLE adj. Relatif à l'hydraulique agricole.

HYDROALCOOLIQUE → HYDRALCOOLIQUE.

HYDROBASE n. f. Base aérienne pour hydravions.

HYDROBENZOÏNE [-bɛ̃-] n. f. Dialcool $C_6H_5(CHOH)_2{-}C_6H_5$, obtenu par réduction de la benzoïne.

HYDROBIOLOGIE n. f. Étude scientifique des organismes vivant dans l'eau.

HYDROBORACITE n. f. Borate hydraté naturel de magnésium et de calcium.

HYDROCARBONATE n. m. Carbonate basique hydraté. (Le vert-de-gris est un hydrocarbonate de cuivre.)

HYDROCARBONÉ, E adj. **1.** Qui contient de l'hydrogène et du carbone. — **2.** *Liant hydrocarboné,* liant routier à base d'hydrocarbures (bitume ou goudron).

HYDROCARBURE n. m. Composé formé uniquement de carbone et d'hydrogène. (Syn. CARBURE D'HYDROGÈNE.)

ENCYCL. Les *hydrocarbures saturés* ne contiennent que des liaisons simples carbone-carbone. Ceux qui ne renferment pas de cycle sont les alcanes de formule générale $C_nH_{2n+2}(n \geqslant 1)$. Ceux qui sont cycliques sont les cycloalcanes ou cyclanes, de formule générale C_nH_{2n}.

Les *hydrocarbures insaturés* possèdent une ou plusieurs liaisons multiples carbone-carbone. Ceux qui renferment une double liaison sont les alcènes de formule générale C_nH_{2n}. Ceux qui contiennent une triple liaison sont les alcynes ; leur formule générale est C_nH_{2n-2}.

Les *hydrocarbures aromatiques* possèdent au moins un cycle benzénique dont les électrons délocalisés confèrent à ces composés le caractère aromatique*. Les hydrocarbures sont utilisés comme carburants, combustibles, huiles lubrifiantes et base de synthèses pétrochimiques. Leur principale source actuelle est constituée par le pétrole brut et les gaz naturels, mais le charbon, les sables et les schistes bitumineux représentent d'autres sources possibles.

HYDROCÈLE n. f. (lat. *hydrocele,* du gr. *hudrokêlê*). Épanchement séreux dans la tunique vaginale qui entoure le testicule, constituant une tuméfaction indolore, transparente, de volume parfois considérable.

HYDROCELLULOSE n. f. Nom générique de substances obtenues par hydrolyse partielle de la cellulose, à chaud, au moyen des acides étendus.

HYDROCENTRALE n. f. Centrale hydroélectrique.

HYDROCÉPHALE adj. et n. Atteint d'hydrocéphalie.

HYDROCÉPHALIE n. f. Dilatation des cavités ventriculaires intracérébrales consécutive à un excès de liquide céphalo-rachidien.
ENCYCL. On distingue l'hydrocéphalie par obstruction lorsqu'une lésion gêne la circulation normale du liquide céphalorachidien et l'hydrocéphalie communicante quand il existe un excès de sécrétion du liquide ou une gêne à sa résorption. L'hydrocéphalie peu accentuée, qui permet l'accouchement, est néanmoins grave pour l'avenir de l'enfant. L'augmentation de volume de la tête se poursuit après la naissance. Diverses interventions de neurochirurgie permettent l'écoulement du liquide céphalo-rachidien hors des ventricules cérébraux et des méninges.

HYDROCÉRUSITE n. f. Carbonate naturel de plomb hydraté.

HYDROCHARIDACÉE [-ka-] n. f. Nom de famille donné à des plantes monocotylédones aquatiques telles que l'hydrocharis, la vallisnérie, l'élodée, le stratiote.

HYDROCHARIS [-karis] n. f. (gr. *hudrokharis,* qui se plaît dans l'eau). Petite plante aquatique dioïque, à fleurs blanches flottantes et pollinisation aérienne. (N. usuel *morène.*)

HYDROCHORE [-kɔr] adj. Se dit d'une plante dont les diaspores sont transportées par les eaux courantes.

HYDROCLASSEUR n. m. Appareil de classification utilisé dans les laveries métalliques pour séparer en catégories de grosseur des produits fins entraînés en suspension dans l'eau.

HYDROCLASTIE n. f. Fragmentation provoquée par les variations de teneur en eau dans les roches cohérentes.

HYDROCOLLOÏDE n. m. Colloïde composé d'agar-agar utilisé comme matériau d'empreintes en chirurgie dentaire.

HYDROCORALLIAIRE n. m. Cnidaire hydrozoaire colonial, imprégné de calcaire, participant à la constitution des récifs coralliens. (On y trouve trois types de polypes ou hydranthes : des gastrozoïdes nourriciers, des dactylozoïdes défensifs et des gonophores libérant de petites méduses sexuées. Les *hydrocoralliaires* forment une classe.)

HYDROCORISE n. f. Punaise aquatique telle que la nèpe, la notonecte et la ranâtre. (Syn. CRYPTOCÉRATE.)

HYDROCORTISONE n. f. Syn. de CORTISOL.

HYDROCOTYLE n. f. Ombellifère vivant dans les lieux humides. (N. usuel *écuelle d'eau.*)

HYDROCRAQUAGE n. m. Procédé de craquage sous hydrogène, permettant généralement, dans le raffinage des pétroles bruts, de convertir un distillat sous vide en produits plus légers.
ENCYCL. Comme le craquage, l'hydrocraquage convertit les fractions hydrocarbonées lourdes en des coupes plus légères hautement valorisables. Mais les procédés d'hydrocraquage sont plus souples, car ils sont susceptibles de traiter des charges variées allant des essences lourdes aux coupes obtenues par distillation sous vide. Selon la nature de la charge, l'hydrocraquage est orienté soit vers la production de distillats moyens, soit vers l'obtention d'essence ; les rendements en produits liquides sont toujours bien supérieurs à ceux fournis par le craquage catalytique.

HYDROCUTÉ, E n. Personne victime d'une hydrocution.

HYDROCUTER v. t. (conj. 3). Provoquer l'hydrocution.

HYDROCUTION n. f. (de *électrocution*). Accident survenant lorsque le corps est plongé dans l'eau froide, et caractérisé par une perte de connaissance, qui fait couler à pic le nageur ou empêche le plongeur de remonter.

HYDROCYON n. m. Poisson (characidé) des eaux douces d'Afrique centrale, long de 1,5 m et dangereux pour l'homme. (N. usuels *chien d'eau, poisson-tigre.*)

HYDRODÉSULFURATION n. f. Procédé de raffinage qui utilise l'hydrogène pour désulfurer une essence, un gas-oil, en présence d'un catalyseur.

HYDRODYNAMIQUE n. f. Science du mouvement des liquides incompressibles et des résistances qu'ils opposent aux corps qui se meuvent par rapport à eux.
◆ adj. Relatif à l'hydrodynamique.
ENCYCL. Dans le cas particulier d'un fluide idéal (où les forces de viscosité sont négligeables), incompressible et en régime permanent (la vitesse en un point quelconque reste constante), le théorème de Bernoulli affirme que l'expression $p + \rho gz + \rho v^2/2$ est constante le long d'une ligne de courant (p est la pression du fluide, ρ sa masse volumique, v sa vitesse, z l'altitude du point considéré et g l'accélération de la pesanteur). Ce théorème a de nombreuses applications pour les fluides peu visqueux, comme l'eau, dont la viscosité ne se manifeste qu'au voisinage des obstacles.
Dans le cas des fluides visqueux, les équations de la dynamique mènent aux équations de Navier-Stokes, qui n'admettent des solutions que dans certains cas particuliers. Il est alors nécessaire d'avoir recours à des études expérimentales sur modèles.

HYDROÉLECTRICIEN, ENNE adj. et n. Spécialiste d'hydroélectricité.

HYDROÉLECTRICITÉ n. f. Énergie électrique obtenue par conversion, dans des centrales hydroélectriques, de l'énergie hydraulique des rivières et des chutes d'eau.
ENCYCL. La production mondiale est de l'ordre de 2 300 TWh, approximativement 20 % de la production totale d'électricité. Mais cette part varie considérablement, en fonction du relief et des précipitations, en raison aussi du niveau de développement des pays, l'investissement s'avérant souvent onéreux. Ainsi s'explique, par exemple, son importance considérable au Canada (2/3 de la production totale d'électricité) et en Norvège (plus de 95 %), pays industrialisés de hautes latitudes, en Autriche et en Suisse, pays alpins. De la même façon s'explique sa part réduite (à peine 2 %) en Grande-Bretagne ou en Belgique, aux faibles dénivelées, et dans la majeure partie du tiers monde, où des conditions naturelles favorables ne compensent pas la pénurie de capitaux et aussi l'absence de marchés proches (le transport augmentant sensiblement le coût du produit). Le Canada est le premier producteur mondial d'hydroélectricité (320 TWh), précédant les États-Unis (250 TWh) et le Brésil (218 TWh). Les centrales peuvent avoir des productibilités très variées (conditionnées par le débit et la hauteur de chute), allant de quelques centaines à plusieurs milliards, voire dizaines de milliards de kWh.

HYDROÉLECTRIQUE adj. Qui relève de l'hydroélectricité.

HYDROÉLECTROLYTIQUE adj. *Équilibre hydroélectrolytique,* état résultant de la régulation et de la répartition de l'eau et des électrolytes dans l'organisme, notamment en ce qui concerne les liquides extra- et intracellulaires.

HYDROFILICALE → HYDROPTÉRIDALE.

HYDROFINISSAGE n. m. ou **HYDROFINITION** n. f. Procédé consistant à améliorer la qualité finale d'un produit pétrolier par l'action de l'hydrogène.

HYDROFOIL → HYDROPTÈRE.

HYDROFUGATION n. f. Opération d'apprêt qui a pour but de rendre les articles textiles non mouillables par l'eau, tout en restant perméables à l'air. (Syn. IMPERMÉABILISATION.)

HYDROFUGE adj. Se dit d'un tissu ou d'un support traité par hydrofugation.
◆ n. m. Produit destiné à obturer les pores des mortiers et bétons afin d'en améliorer l'imperméabilité. (On distingue les *hydrofuges de surface,* employés comme enduits superficiels, et les *hydrofuges de masse,* incorporés dans les bétons lors de leur confection.)

HYDROFUGER v. t. (conj. **17**). Pratiquer l'hydrofugation.

HYDROGEL n. m. Gel dont le milieu de suspension est l'eau.

HYDROGÉNANT, E adj. **1.** Qui cède facilement de l'hydrogène. – **2.** Qui se rapporte à une fixation d'hydrogène.

HYDROGÉNATION n. f. **1.** Fixation d'hydrogène sur un corps simple ou composé. (→ *encycl.*) – **2.** Conversion du charbon en hydrocarbures par action de l'hydrogène sur le charbon (avec ou sans catalyseur) ou sur des composés carbonés issus de la vapo-gazéification du charbon).
ENCYCL. La molécule d'hydrogène étant très stable, il faut pour produire la réaction soit un amorceur (étincelle électrique ou élévation de température), soit un catalyseur. L'hydrogénation catalytique, d'une grande importance industrielle (production de l'ammoniac, du méthanol, pétrochimie, traitement des huiles alimentaires), se fait à partir de catalyseurs métalliques (cobalt, platine, etc.), par catalyse hétérogène, ou à partir de molécules dérivées des métaux de transition, par catalyse homogène.

HYDROGÈNE n. m. **1.** Corps simple, gazeux, qui entre dans la composition de l'eau. (Élément chimique de symbole H.) [→ *encycl.*] – **2.** *Bombe à hydrogène* ou *bombe H,* bombe thermonucléaire. ‖ *Hydrogène lourd,* syn. de DEUTÉRIUM. ‖ *Hydrogène phosphoré,* syn. de PHOSPHINE. ‖ *Hydrogène sulfuré,* syn. de SULFURE D'HYDROGÈNE. ‖ *Ion hydrogène,* atome d'hydrogène ayant perdu son électron et réduit à son proton. (Les propriétés des acides en solution aqueuse sont dues à la présence de ces ions [→ pH].) ‖ *Liaison hydrogène,* mode d'association entre deux molécules contenant de l'hydrogène et un élément très électronégatif, comme le fluor, l'oxygène, l'azote. (La liaison hydrogène explique la structure de l'eau et a une grande importance en biochimie.)
ENCYCL. L'hydrogène fut identifié par Cavendish en 1766. L'atome d'hydrogène ordinaire est constitué d'un unique proton, autour duquel gravite un seul électron. On connaît en outre deux isotopes de l'hydrogène : le deutérium et le tritium.

propriétés physiques

L'hydrogène, constitué de molécules H_2, est un gaz incolore et inodore ; il est le plus léger de tous les corps, sa densité par rapport à l'air étant 0,07. Il traverse, plus rapidement qu'aucun autre gaz, les parois poreuses et même certains métaux au rouge. Après l'hélium, c'est le gaz le plus difficile à liquéfier. L'hydrogène ordinaire est un mélange de deux isomères, l'*orthohydrogène* et le *parahydrogène*, dont les molécules ont des structures différentes. L'atome d'hydrogène s'ionise parfois sous la forme H^- (dans les tubes à décharge), mais surtout sous la forme H^+, c'est-à-dire sous forme de proton. Il ne peut exister seul dans une substance polarisable : il devient H_3O^+ dans l'eau.

Numéro atomique : 1
Masse atomique : 1,008 0
Température de fusion : – 259,14 °C
Température d'ébullition : – 252,87 °C
Masse volumique : 0,071 g/cm³

propriétés chimiques

Peu actif à froid, l'hydrogène donne à chaud ou au contact de catalyseurs de nombreuses réactions. Élément univalent, il présente un caractère nettement électropositif. Il se combine directement à la plupart des non-métaux ainsi qu'aux métaux alcalins et alcalinoterreux. Les halogènes donnent avec lui des hydracides. Il brûle avec une flamme bleue, et son mélange avec l'oxygène, détonant au contact d'une étincelle ou de mousse de platine, est employé dans le chalumeau oxhydrique. L'hydrogène se combine au soufre à chaud et à l'azote sous pression (préparation de l'ammoniac). Particulièrement avide d'oxygène et de chlore, il peut réduire beaucoup de leurs combinaisons. Il réduit les oxydes du soufre, de l'azote, de l'arsenic, etc. Il réduit aussi le monoxyde de carbone à chaud en donnant du méthane (en présence de nickel), des carbures saturés (synthèse de Fischer-Tropsch) ou du méthanol (en présence de ZnO). Les conditions de réduction sont améliorées lorsque le corps à réduire est placé dans le milieu même où l'hydrogène est produit (*l'hydrogène naissant*, vraisemblablement sous forme atomique). En soufflant de l'hydrogène dans un arc électrique, on obtient l'*hydrogène atomique* de Langmuir, qui réduit tous les oxydes et se combine à froid à la plupart des non-métaux.

Avec les métaux de transition, l'hydrogène donne des composés interstitiels, les atomes d'hydrogène se plaçant dans les vides du réseau cristallin. Certains métaux peuvent absorber ainsi des quantités importantes d'hydrogène : certains hydrures métalliques font l'objet d'études pour le stockage de l'hydrogène à bord de véhicules où il servirait de carburant.

Élément le plus abondant de l'Univers, l'hydrogène n'occupe pas sur Terre la première place. L'air atmosphérique en renferme de petites quantités (3/10 000 en volume) ; à l'état de combinaison, l'hydrogène figure dans l'eau, dans beaucoup de corps minéraux et dans tous les corps organiques. C'est à partir de l'hydrogène que se forment les éléments plus lourds dans les étoiles*, lors des réactions thermonucléaires.

préparation et usages

On prépare l'hydrogène industriellement à partir de l'eau (électrolyse ou réduction par le carbone) ou de mélanges gazeux qui en contiennent (gaz naturel, gaz des cokeries, gaz de pétrole). On procède principalement par décomposition catalytique des hydrocarbures (sous-produits du craquage du pétrole brut) par la vapeur d'eau. Au laboratoire, on prépare habituellement l'hydrogène par action de l'acide chlorhydrique dilué sur le zinc.

L'hydrogène est devenu un gaz industriel de première importance. À l'état libre, il fut longtemps utilisé pour le gonflement des aérostats ; il est aujourd'hui employé comme matière première dans un grand nombre d'opérations chimiques (synthèse de l'ammoniac et du méthanol, traitements en pétrochimie).

L'hydrogène liquide est souvent employé comme combustible pour la propulsion des lanceurs d'engins spatiaux. Produit par électrolyse de l'eau, il pourrait constituer un vecteur énergétique de l'avenir.

HYDROGÉNER v. t. (conj. **18**). Fixer de l'hydrogène sur un corps.

◆ **être hydrogéné** v. pass. Être combiné avec l'hydrogène ou contenir de l'hydrogène.

HYDROGÉNITE n. f. Mélange de ferrosilicium et de soude caustique qui dégage de l'hydrogène par chauffage.

HYDROGÉNOBACTÉRIE n. f. Bactérie chimiotrophe ou phototrophe capable de se procurer de l'énergie par oxydation de l'hydrogène libre.

HYDROGÉNOÏDE adj. et n. m. Se dit des ions qui, comme l'atome d'hydrogène, possèdent un seul électron autour du noyau et dont le spectre s'interprète de la même façon. (Ce sont He^+, Li^{++}, Be^{+++}, etc.)

HYDROGÉNOLYSE n. f. Rupture d'une liaison chimique par l'hydrogène. (Elle nécessite un amorçage ou une catalyse et intervient dans de nombreux procédés industriels.)

HYDROGÉOLOGIE n. f. Partie de la géologie qui s'occupe des processus de circulation de l'eau dans le sol et les roches, de la recherche des eaux souterraines, ainsi que de leur captage et de leur protection.

HYDROGÉOLOGIQUE adj. Relatif à l'hydrogéologie.

HYDROGLISSEUR n. m. Vedette à faible tirant d'eau propulsée par une hélice aérienne ou un moteur à réaction, et pouvant déjauger sous l'influence de la vitesse.

HYDROGRAPHE n. 1. Spécialiste en hydrographie. — 2. *Ingénieur hydrographe,* ingénieur appartenant au Service hydrographique de la marine. (Depuis 1970, les *ingénieurs hydrographes* ont intégré le corps des ingénieurs de l'armement.) ◆ n. m. Appareil enregistreur destiné à mesurer le niveau d'un cours d'eau. (Syn. LIMNIGRAPHE.)

HYDROGRAPHIE n. f. 1. Partie de la géographie physique qui traite des eaux marines ou douces. — 2. Ensemble des eaux courantes ou stables d'un pays. — 3. Topographie maritime qui a pour objet de lever le plan du fond des mers et des fleuves.

ENCYCL. L'hydrographie a deux domaines différents : elle étudie les cours d'eau (hydrologie fluviale) et les lacs (limnologie) ; elle détermine aussi la configuration des côtes et les profondeurs de la mer (domaines des ingénieurs hydrographes) ainsi que les eaux marines, l'amplitude des marées et des courants océaniques, etc. (océanographie*).

HYDROGRAPHIQUE adj. Qui relève de l'hydrographie.

hydrographique international(e) [*Bureau* ou *Organisation*], organisme international, fondé à Monaco en 1921, chargé de classer et de diffuser l'information relative à l'hydrographie et à la cartographie marine.

hydrographique et océanographique de la marine *(Service),* appellation, depuis 1971, du service de la Marine nationale chargé de l'établissement et de la mise à jour des cartes marines et autres documents nautiques.

HYDROHALITE n. f. Chlorure hydraté de sodium naturel, de formule $NaCl,2H_2O$.

HYDROÏDE n. m. Syn. de HYDRAIRE.

HYDROJET n. m. Système de propulsion par turbine refoulant de l'eau vers l'arrière d'un bâtiment de navigation.

HYDROLACCOLITE n. m. Colline de quelques mètres à quelques hectomètres de diamètre, haute de 1 à 10 mètres, résultant du soulèvement des formations superficielles par des lentilles de glace de ségrégation dues à la congélation d'eaux souterraines. (Syn. PINGO.)

HYDROLASE n. f. Enzyme catalysant la rupture d'une liaison chimique avec fixation des éléments d'une molécule d'eau.

HYDROLAT n. m. Eau distillée aromatisée.

HYDROLITHE n. f. Hydrure de calcium CaH_2, que l'eau décompose à froid en donnant de l'hydrogène.

HYDROLOGIE n. f. 1. Science qui traite des propriétés mécaniques, physiques et chimiques des eaux. — 2. Étude des eaux minérales et de leurs propriétés thérapeutiques. — 3. *Hydrologie fluviale,* branche de l'hydrologie dont l'objet essentiel est l'étude des régimes fluviaux, des débits et de leurs variations. (Syn. POTAMOLOGIE.) ‖ *Hydrologie lacustre,* syn. de LIMNOLOGIE. ‖ *Hydrologie marine,* syn. de OCÉANOGRAPHIE.

HYDROLOGIQUE adj. Relatif à l'hydrologie.

HYDROLOGISTE ou **HYDROLOGUE** n. Spécialiste d'hydrologie.

HYDROLYSABLE adj. Qui peut être hydrolysé.

HYDROLYSE n. f. 1. Rupture d'une liaison chimique par l'eau ; réaction au cours de laquelle se produit ce phénomène. (→ *encycl.*) — 2. Fixation d'eau sur un ester de monoalcool ou de polyalcool (glycéride) pour régénérer l'alcool et l'acide gras initiaux.

ENCYCL. On peut distinguer deux types d'hydrolyses : celles qui se font par transfert de protons, rapides, et celles qui se font par interaction de l'atome d'oxygène de l'eau avec un atome du substrat, beaucoup plus lentes. Font partie des premières : l'hydrolyse des acides, des bases (totale pour acides et bases fortes, limitée pour acides et bases faibles) et celle des sels, des hydrures ou des nitrures. Parmi les secondes, la plus importante industriellement est l'hydrolyse des esters carboxyliques, qui donne un alcool et un acide. Dans l'organisme, l'hydrolyse des esters et des protéines, catalysée par les enzymes, donne des aminoacides.

HYDROLYSER v. t. (conj. 3). Soumettre à l'hydrolyse.

HYDROMAGNÉSITE n. f. Carbonate hydraté naturel de magnésium.

HYDROMANCIE ou **HYDROSCOPIE** n. f. Divination qui consiste à observer le comportement d'objets lancés dans l'eau.

HYDROMÉCANIQUE adj. Se dit d'une installation mécanique dans laquelle un liquide (huile sous pression) est employé comme organe de transmission de puissance.

HYDROMÉDUSE n. f. (gr. *hudromedousa,* reine des eaux). Nom donné aux méduses des hydraires coloniaux.

HYDROMEL n. m. (gr. *hudromeli*). Boisson alcoolique obtenue par fermentation du miel dans de l'eau.

HYDROMÉTALLOPLASTIE → HYDROPLASTIE.

HYDROMÉTALLURGIE n. f. Ensemble des procédés et des techniques d'extraction des métaux contenus dans un matériau brut ou concentré, par dissolution dans une phase liquide.

HYDROMÉTÉORE n. m. Météore aqueux (nuage, brouillard ou brume, pluie ou neige, rosée, givre, verglas) déterminé par la condensation ou la congélation de la vapeur d'eau.

1. HYDROMÈTRE n. m. Appareil manométrique utilisé pour mesurer la hauteur de liquide dans un réservoir.

2. HYDROMÈTRE n. f. Punaise géocorise allongée, qui vit au bord des mares, marche à la surface des eaux, où elle se nourrit de petites proies.

HYDROMÉTRIE n. f. Science qui a pour objet de mesurer les propriétés physiques de l'eau, et spécialement le débit des eaux superficielles et souterraines.

HYDROMÉTRIQUE adj. Relatif à l'hydrométrie.

HYDROMICA n. m. Syn. de ILLITE.

HYDROMINÉRAL, E, AUX adj. Relatif aux eaux minérales.

HYDROMINÉRALURGIE n. f. Minéralurgie par voie chimique en phase liquide.

HYDROMODÉLISME n. m. Réalisation des modèles réduits de bateaux ou d'installations hydrauliques.

HYDROMORPHE adj. Se dit d'un sol soumis au processus de l'hydromorphie.

HYDROMORPHIE n. f. Évolution d'un sol, dépendant du régime hydrique, marqué par un engorgement, au moins saisonnier, de certains horizons ou du profil entier, provoquant une privation d'oxygène.

HYDRONÉPHROSE n. f. Distension du rein, surtout du bassinet et des calices, avec atrophie du parenchyme rénal par accumulation de l'urine, dont l'écoulement est entravé par un obstacle (calcul, tumeur) ou, plus souvent, par une anomalie congénitale des voies urinaires.

HYDRONÉPHROTIQUE adj. et n. Relatif à l'hydronéphrose ; atteint d'hydronéphrose.

HYDRONIUM ou **HYDROXONIUM** [-njɔm] n. m. Ion H_3O^+, provenant de la combinaison d'un ion H^+ avec une molécule H_2O.

HYDRONYMIE n. f. Partie de l'onomastique qui étudie les noms de cours d'eau.

Hydropathes (les), société littéraire, fondée à Paris en 1878 par Émile Goudeau, qu'assistaient M. Rollinat et Georges Lorin. Les poètes interprétaient eux-mêmes leurs vers devant un auditoire qualifié. Vers 1881, ce groupe se scinda en trois : les Hirsutes, les Décadents, le Chat-Noir.

HYDROPÉRICARDE n. m. Accumulation d'une sérosité dans le péricarde.

HYDROPEXIE n. f. Fixation d'eau dans les tissus de l'organisme.

HYDROPHIDÉ n. m. Nom de famille de serpents marins, venimeux et protéroglyphes, de l'océan Indien tropical.

ENCYCL. Les hydrophidés sont parfaitement adaptés à la vie marine : queue comprimée, narines à clapets. Certaines espèces viennent pondre à terre ; les autres sont vivipares et ne quittent pas le milieu marin. (Taille jusqu'à 2 m.)

1. HYDROPHILE adj. Qui a de l'affinité pour l'eau. (Les molécules hydrophiles sont souvent des systèmes ionisables.)

2. HYDROPHILE n. m. (lat. sc. *hydrophilus*). Grand insecte coléoptère noir et luisant, ovale, des eaux stagnantes, surtout végétarien à l'état adulte, mais carnassier à l'état larvaire.

HYDROPHILIE n. f. **1.** Propriété moléculaire résultant de l'existence de fortes attractions ou affinités entre certains groupements moléculaires et l'eau. — **2.** Propriété que possèdent les colloïdes d'absorber et de retenir une plus ou moins grande quantité d'eau. (Elle explique pourquoi la matière vivante, en état de vie active, contient plus des 9/10 de son poids d'eau.)

HYDROPHOBE adj. (lat. *hydrophobus,* du gr. *hudrophobos*). **1.** Qui évite l'eau. (Les molécules hydrophobes typiques sont des chaînes organiques saturées ou aromatiques.) — **2.** Se dit d'une fibre textile qui ne se laisse pas mouiller par l'eau.

HYDROPHONE n. m. Transducteur électroacoustique destiné à transformer, dans un liquide, des oscillations acoustiques en oscillations électriques.

ENCYCL. L'hydrophone est un détecteur immergé employé notamment pour la prospection pétrolière, lors de l'exploration sismique en mer, ou pour détecter les bruits émis par les sous-marins en plongée.

HYDROPHORE adj. *Tube hydrophore,* organe des échinodermes par lequel l'eau de mer pénètre ou s'écoule, permettant de gonfler ou de dégonfler les podia locomoteurs.

HYDROPHYTE n. f. Désignation scientifique des plantes des eaux douces.

HYDROPIQUE adj. et n. (lat. *hydropicus,* gr. *hudrôpikos*). *Vx.* Atteint d'hydropisie.

HYDROPISIE n. f. (bas lat. *hydropisis*). Syn. anc. de ANASARQUE.

HYDROPLANAGE n. m. **1.** Action d'hydroplaner. — **2.** Syn. de AQUAPLANNING.

HYDROPLANER v. i. (conj. 3). Glisser à la surface de l'eau en parlant d'un hydravion.

HYDROPLASTIE ou **HYDROMÉTALLOPLASTIE** n. f. Technique consistant à recouvrir un métal d'une couche d'un autre métal, par simple déplacement chimique en solution.

HYDROPNEUMATIQUE adj. Syn. de OLÉOPNEUMATIQUE.

HYDROPNEUMOTHORAX n. m. Épanchement de sérosité et accumulation de gaz dans la plèvre.

HYDROPONIQUE adj. Se dit de la culture des plantes avec des solutions nutritives renouvelées, sans le support d'un sol.

HYDROPORE n. m. Petit dytique brun ou fauve, qui vit dans les sources thermales.

HYDROPOTE n. m. (du gr. *potês*, grand buveur). Petit cerf des marécages de Chine et de Corée, sans bois, mais dont le mâle porte des canines.

HYDROPTÈRE ou **HYDROFOIL** [-fɔjl] n. m. Navire rapide muni d'ailes portantes reliées à la coque par des bras et capable, à partir d'une certaine vitesse, de naviguer en position déjaugée.

HYDROPTÉRIDALE ou **HYDROFILICALE** n. f. Nom d'ordre de quelques plantes vasculaires sans graines, voisines des fougères, mais aux spores mâles et femelles différentes, telles que les genres *azolla, marsilea* et *salvinia.*

HYDROPULSEUR n. m. Accessoire d'hygiène produisant un jet d'eau filiforme pour nettoyer les dents.

HYDROQUINIDINE → DIHYDROQUINIDINE.

HYDROQUINOL n. m. ou **HYDROQUINONE** n. f. Composé HO—C_6H_4—OH, dérivé du benzène. (Solide fondant à 169 °C, il est utilisé comme révélateur photographique et comme inhibiteur de polymérisation.)

HYDRORRHÉE n. f. **1.** Écoulement pathologique d'un liquide aqueux (liquide amniotique, écoulement nasal). — **2.** *Hydrorrhée amniotique,* écoulement de liquide amniotique survenant avant l'accouchement et dû à une rupture prématurée des membranes de l'œuf. ‖ *Hydrorrhée déciduale,* écoulement séromuqueux abondant et continu provenant de la muqueuse utérine à la fin de certaines grossesses. ‖ *Hydrorrhée nasale,* écoulement aqueux par les narines.

HYDROSALPINX [-salpɛ̃ks] n. m. Obturation kystique du pavillon de la trompe utérine.

HYDROSILICATE n. m. Silicate hydraté.

HYDROSKI n. m. Dispositif permettant à un hydravion de s'élever à partir du plan d'eau, sans posséder ni coque ni flotteur.

HYDROSOL n. m. Sol ayant l'eau pour milieu de dispersion.

HYDROSOLUBLE adj. Qui est soluble dans l'eau ou en milieu aqueux. (En biochimie, s'oppose à *liposoluble.*)

HYDROSPHÈRE n. f. Totalité des eaux de la planète, comprenant aussi bien les océans, les mers, les lacs, les cours d'eau que les eaux souterraines et les glaces.

HYDROSTATIQUE adj. **1.** Qui se rapporte à l'équilibre des liquides. — **2.** *Balance hydrostatique,* balance imaginée par Galilée pour déterminer la densité des corps.
◆ n. f. Étude des conditions d'équilibre des liquides. (→ *encycl.*)
ENCYCL. **Phys.** Déjà abordée par Archimède, l'hydrostatique prit sa forme définitive avec Galilée, Torricelli et Pascal. La formule fondamentale exprime que, entre deux points séparés par une hauteur h dans un fluide en équilibre de masse volumique ρ, la différence de pression vaut $\Delta p = \rho g h$, g étant l'accélération de la pesanteur. Cette relation permet d'expliquer l'horizontalité de la surface libre d'un liquide et le phénomène des vases communicants.

HYDROTACTISME n. m. Réaction des organismes mobiles, animaux ou végétaux, qui se dirigent vers l'eau, guidés par un gradient d'humidité, comme les myxomycètes.

HYDROTAXIE n. f. Comportement des animaux aquatiques qui, mis au sec, s'orientent de façon à retourner à l'eau.

HYDROTECHNIQUE adj. Qui concerne l'écoulement et la distribution des eaux.

HYDROTÉE n. f. Mouche grise ou noirâtre qui suce la sueur des bestiaux.

HYDROTHÉRAPIE n. f. **1.** Ensemble des méthodes thérapeutiques mettant à profit les propriétés physiques et chimiques de l'eau sous ses différentes formes. — **2.** Traitement par les bains, les affusions et les douches. (L'hydrothérapie comprend la crénothérapie, la balnéothérapie et la thalassothérapie.)

HYDROTHÉRAPIQUE adj. Relatif à l'hydrothérapie.

HYDROTHERMAL, E, AUX adj. Relatif à l'hydrothermalisme. (Les solutions hydrothermales enrichies en certains éléments sont responsables de nombreuses minéralisations filoniennes liées au magmatisme.)

HYDROTHERMALISME n. m. Ensemble de phénomènes liés aux circulations de fluides chauds et riches en eau, activées par des réservoirs magmatiques.

HYDROTHORAX n. m. Épanchement d'un liquide de transsudat dans la plèvre.
ENCYCL. L'hydrothorax diffère de la pleurésie par l'absence de fièvre, de point de côté, de frottement, par sa bilatéralité et sa mobilité, par l'absence de protéines dans le liquide ponctionné.

HYDROTIMÉTRIE n. f. (gr. *hudrotês,* qualité de ce qui est humide). Détermination de la dureté d'une eau par dosage de ses sels de calcium et de magnésium.

HYDROTIMÉTRIQUE adj. **1.** Relatif à l'hydrotimétrie. – **2.** *Degré hydrotimétrique d'une eau* (en abrégé *T. H.*), teneur de cette eau en sels calciques et magnésiens.

HYDROTRAITEMENT ou **HYDRORAFFINAGE** n. m. Ensemble des procédés d'épuration qui permettent d'éliminer, par action de l'hydrogène, les impuretés diverses contenues dans les coupes hydrocarbonées.

HYDROTROPIE n. f. Effet de solubilisation apparente de produits normalement peu solubles ou insolubles dans l'eau, par des solutions de sels et en particulier d'agents de surface.

HYDROTROPISME n. m. Croissance différentielle d'un organe végétal (racine par ex.) provoquée par une teneur inégale du sol en eau dans les diverses directions.

HYDROXOCOBALAMINE n. f. Dérivé de la cobalamine, ayant les mêmes propriétés que la vitamine B12. (Syn. VITAMINE B12b.)

HYDROXONIUM → HYDRONIUM.

HYDROXYANTHRAQUINONE n. f. Nom générique des dérivés hydroxylés de l'anthraquinone (colorants importants).

HYDROXYAZOÏQUE adj. Se dit des dérivés hydroxylés des azoïques, employés comme colorants.

◆ n. m. Syn. de AZOPHÉNOL.

HYDROXYBENZOÏQUE [-bɛ̃-] adj. Se dit des composés benzoïques renfermant un groupe hydroxyle sur le noyau. (L'isomère ortho est l'acide salicylique, utilisé dans les industries des colorants, de la parfumerie et de la pharmacie.)

HYDROXYBUTYRIQUE adj. *Acide hydroxybutyrique,* dérivé hydroxylé de l'acide butyrique, responsable avec l'acétone des accidents d'acidocétose chez les diabétiques.

HYDROXYDE n. m. **1.** Nom générique des bases qui renferment des groupements OH^-, comme NaOH. – **2.** Nom donné couramment aux hydrates d'oxydes.

HYDROXYLAMINE n. f. Dérivé hydroxylé de l'ammoniac, de formule $HO{-}NH_2$. (Solide fondant à 33 °C, très soluble dans l'eau, l'hydroxylamine n'est pas très stable. Elle réagit avec les aldéhydes et les cétones pour donner les oximes.)

HYDROXYLAMMONIUM [-njɔm] n. m. Cation $HO{-}NH^+_3$, provenant de la fixation d'un proton sur l'hydroxylamine.

HYDROXYLATION n. f. Fixation de groupes hydroxyles sur une molécule organique.

HYDROXYLE n. m. (de *hydrogène* et *oxygène*). **1.** Radical monovalent OH, présent dans l'eau, les alcools, les hydroxydes métalliques, les oxyacides, etc. (Syn. OXHYDRYLE.) – **2.** *Ion hydroxyle,* radical OH chargé négativement par suite de la capture d'un électron, et caractéristique des propriétés basiques (→ pH).

HYDROXYLÉ, E adj. Qui renferme le groupement hydroxyle.

HYDROXYLIQUE adj. Qui concerne un hydroxyle.

HYDROXYNAPHTALÈNE n. m. Syn. de NAPHTOL.

HYDROZOAIRE n. m. Cnidaire sans cloisons gastriques et dont le cycle reproductif comporte en alternance une phase polype fixée et une phase méduse mobile. (On subdivise le sous-embranchement des *hydrozoaires* en quatre classes : hydraires, hydrocoralliaires, siphonophores et automéduses.)

HYDRURE n. m. Combinaison de l'hydrogène avec un corps simple ou composé.

ENCYCL. Les *hydrures salins* (CaH_2, NaH) sont des solides cristallisés que l'eau décompose à froid pour donner de l'hydrogène et qui constituent de remarquables agents de synthèse. Il existe aussi des *hydrures métalliques,* partiellement ioniques, des *hydrures moléculaires,* tel NH_3, covalents, et des *hydrures polymérisés,* tel $(AlH_3)n$, à structure covalente avec ponts hydrogène.

HYÈNE [jɛn] n. f. (lat. *hyaena,* du gr. *huaina*). **1.** Mammifère carnivore nocturne et grégaire d'Afrique et d'Asie, à l'arrière-train surbaissé, à la fourrure fauve tachetée, à la denture puissante, prédateur d'animaux blessés et mangeur de charognes. – **2.** *Litt.* Personne qui s'attaque aux gens sans défense ou déjà abattus.

HYÈRES *(îles d'),* anc. **îles d'Or,** îles de Provence (Var), fermant la *rade d'Hyères* vers le sud, dépendance de la comm. d'Hyères. Elles forment deux groupes : à l'O., Porquerolles et l'îlot du Grand-Ribaud ; à l'E., Port-Cros, l'îlot de Bagaud et l'île du Levant. Centres touristiques.

HYÈRES (83400), ch.-l. de cant. du Var, en Provence, sur la bordure du massif des Maures ; 50 122 hab. *(Hyérois).* Restes d'enceinte et monuments médiévaux de la vieille ville. Musée. Centre de cure héliomarine et station balnéaire. Lycée agricole et horticole. – La *rade d'Hyères* est comprise entre la presqu'île de Giens et le cap Bénat, avancée des Maures. La station balnéaire d'*Hyères-Plage* est située sur cette rade.

HYGIAPHONE n. m. (de *hygiène ;* n. déposé). Dispositif perforé et transparent, équipant les guichets où des employés sont en contact constant avec le public (postes, banques, etc.).

HYGIÈNE n. f. (gr. *hugieinon,* santé). **1.** Ensemble des principes, des pratiques individuelles ou collectives visant à la conservation de la santé, au fonctionnement normal de l'organisme : *Avoir une bonne hygiène de vie. Hygiène alimentaire.* — **2.** Ensemble des soins apportés au corps pour le maintenir en état de propreté : *Hygiène du cuir chevelu.* — **3.** Qualité de qqn qui respecte les principes visant à conserver la santé et la propreté : *N'avoir aucune hygiène.* — **4.** Ensemble des conditions sanitaires des lieux publics et des lieux de travail. — **5.** *Hygiène mentale,* ensemble des moyens d'ordre éducatif, prophylactique ou psychothérapique mis en œuvre pour maintenir la santé mentale de la population et si possible prévenir l'apparition ou l'aggravation des troubles psychiques. ‖ *Hygiène publique,* ensemble des mesures de prévention et de lutte contre les maladies contagieuses.

Hygiène publique *(médaille de l')* → SANTÉ PUBLIQUE *(ordre de la).*

HYGIÉNIQUE adj. **1.** Relatif à l'hygiène : *D'un point de vue hygiénique, ceci est à déconseiller.* — **2.** Qui est bon pour la santé, sain : *Une promenade hygiénique.* — **3.** Qui a trait à l'hygiène du corps, en partic. des parties intimes du corps : *Papier hygiénique.*

HYGIÉNIQUEMENT adv. Conformément aux règles de l'hygiène.

HYGIÉNISTE n. Spécialiste des questions d'hygiène.

HYGIN *(saint),* pape de 136 à 140.

HYGROMA n. m. Épanchement liquidien des bourses séreuses situées aux points d'appui (genoux, coudes), dû à une irritation ou à un microtraumatisme.

HYGROMÈTRE n. m. **1.** Appareil qui sert à mesurer l'humidité de l'air. — **2.** Appareil servant à mesurer l'humidité du bois d'après sa résistance électrique ou sa constante diélectrique.

HYGROMÉTRICITÉ n. f. Teneur en humidité d'un gaz.

HYGROMÉTRIE n. f. Partie de la météorologie qui étudie la quantité de vapeur d'eau contenue dans l'air. (Syn. HYGROSCOPIE.)

HYGROMÉTRIQUE adj. **1.** Relatif à l'hygrométrie. — **2.** *État hygrométrique,* taux d'humidité relative.

HYGROPHILE adj. Se dit d'une plante qui aime l'humidité.

HYGROPHORE n. m. Champignon basidiomycète aux couleurs souvent vives, à lames épaisses, espacées, d'aspect cireux, à chapeau souvent visqueux et dont quelques espèces sont comestibles.

HYGROPHYTE n. f. Plante adaptée aux milieux humides mais non aquatiques.

HYGROSCOPE n. m. Instrument qui indique l'humidité de l'air en utilisant la propriété qu'ont certains corps de changer d'aspect en absorbant la vapeur d'eau.

HYGROSCOPIE n. f. Syn. de HYGROMÉTRIE.

HYGROSCOPIQUE adj. **1.** Relatif aux hygroscopes ou à l'hygroscopie. — **2.** Se dit d'un corps qui a des affinités avec l'eau et favorise la condensation. (Ex. : chlorures de magnésium, de sodium, de calcium ou acides sulfurique, nitreux, intervenant dans la formation de la pluie.)

HYGROSTAT n. m. Appareil mesurant l'humidité relative de l'air et agissant sur l'installation de conditionnement d'air pour maintenir cette humidité.

HYKSOS, en égyptien **Heka Khasout** (« chefs des pays étrangers »), populations asiatiques formées de groupes installés dans l'est du delta du Nil. Ils créèrent une capitale, Avaris, puis ils conquirent la vallée du Nil à l'exception de la Haute-Égypte. Les XVe et XVIe dynasties égyptiennes (1730-1580 av. J.-C.) ont été des dynasties Hyksos. Vers 1580, les princes de Thèbes expulsèrent les Hyksos d'Égypte, après les avoir défaits devant Avaris, et inaugurèrent le Nouvel Empire.

HYLASTE n. m. Scolyte nuisible aux racines des pins.

HYLASTINE n. m. Scolyte brun très nuisible aux trèfles.

HYLÉMYIE n. f. Mouche grise des fleurs, dont la larve, selon l'espèce, attaque les ails, les crucifères cultivées ou les semis.

HYLÉSINE n. m. (du gr. *sinein,* nuire). Petit scolyte cylindrique brun ou roux, très nuisible aux arbres (olivier, frêne, lilas, pin).

HYLÉTIQUE adj. Pour la phénoménologie, se dit de ce qui concerne la matière, la sensation.

HYLIDÉ n. m. Nom de famille attribué aux rainettes.

HYLLOS, fils d'Héraclès et de Déjanire. Il fut le chef des Héraclides et échoua dans sa tentative de conquête de l'Arcadie.

HYLOBATIDÉ n. m. (gr. *hulobatês,* qui parcourt les forêts). Nom de famille attribué aux gibbons.

HYLOBIUS [-bjys] n. m. Charançon des conifères.

HYLOCHÈRE n. m. Mammifère (suidé) voisin du potamochère, à la fourrure grossière, au groin énorme, aux canines développées en défense, des forêts denses d'Afrique équatoriale.

HYLOTRUPE n. m. (du gr. *trupân,* percer). Capricorne qui ronge l'intérieur des bois résineux ouvrés (charpentes, planches, meubles).

1. HYMEN [imɛn] n. m. (bas lat. *hymen,* du gr. *humên, -enos,* membrane). Membrane qui ferme plus ou moins complètement l'entrée du vagin chez la vierge.

2. HYMEN [imɛn] n. m. (lat. *Hymen,* du gr. *Humên,* Hymen, dieu du Mariage). *Litt.* Mariage. (Syn. HYMÉNÉE.)

HYMÉNÉAL, E, AUX adj. (de *hymen 1*). Relatif à l'hymen de la femme.

HYMÉNÉE n. m. (lat. *hymenaeus,* du gr. *humenaios,* chant nuptial). **1.** Chez les Grecs et les Romains, chant nuptial. – **2.** *Litt.* Syn. de HYMEN 2.

HYMÉNIAL, E, AUX adj. Relatif à l'hyménium.

HYMÉNIUM [-njɔm] n. m. (du gr. *humenion,* petite membrane). Chez un champignon, couche superficielle surtout constituée de basides ou d'asques, et qui donne naissance aux spores.

HYMÉNOMYCÈTE n. m. Champignon basidiomycète dont l'hyménium est externe, tel que les oronges, mousserons, girolles, russules, lactaires, bolets, etc. (Les *hyménomycètes* forment un superordre.)

HYMÉNOPTÈRE n. m. (gr. *humenopteros,* aux ailes membraneuses). Insecte à métamorphose complète qui, comme les abeilles, guêpes, fourmis, possède quatre ailes membraneuses, inégales, des mandibules faites pour broyer, les autres pièces buccales pour lécher et aspirer les liquides. (Les ailes antérieures et postérieures du même côté sont couplées par des crochets [hamules] ; elles peuvent être réduites ou absentes.)
ENCYCL. L'ordre des hyménoptères, qui forme, avec les coléoptères, le groupe d'insectes le plus important en espèces (plus de 100 000), se divise en deux sous-ordres : les symphytes, qui ont l'abdomen largement réuni au thorax et dont les larves sont munies de pattes (tenthrèdes et sirex), et les apocrites, dont le corps est étranglé en son milieu, en un étroit pétiole et dont la larve est sans pattes. On divise les apocrites en térébrants, ou porte-tarière, tous parasites (cynips, ichneumon, chalcidiens) et en aculéates, ou porte-aiguillon (fourmis, guêpes, abeilles), comprenant de nombreuses espèces sociales aux adultes polymorphes suivant le sexe et les fonctions. Les adultes se nourrissent presque exclusivement de nectar. La nourriture des larves est très variée : végétarienne chez les tenthrèdes et les cynips, qui produisent des galles, carnivore chez les térébrants, qui parasitent d'autres arthropodes, ou chez les guêpes prédatrices, omnivore chez beaucoup de fourmis, élaborée par les ouvrières chez l'abeille. Chez les hyménoptères sociaux la larve, incapable de se nourrir comme de sortir du nid, est alimentée par les adultes. Les térébrants pondent leurs œufs dans les œufs, les larves ou les nymphes d'autres insectes.

HYMETTE *(mont),* en gr. **Humêttos** ou **Ymittós,** montagne de Grèce, dans l'Attique, au S.-E. d'Athènes, gagnée par l'urbanisation ; 1 026 m. Anc. production de miel et de marbre.

HYMNAIRE n. m. (bas lat. ecclés. *hymnarium*). Recueil d'hymnes.

HYMNE n. m. (bas lat. ecclés. *hymnus,* du gr. *humnos*). **1.** Dans l'Antiquité, chant, poème à la gloire des dieux et des héros, souvent associé à un rituel religieux. – **2.** Chant, poème lyrique à la gloire d'un personnage, d'une grande idée, d'un grand sentiment. – **3.** *Litt.* Écrit, discours qui célèbre, vante qqch : *Ce livre est un hymne à la nature.* – **4.** *Hymne national,* chant patriotique adopté par chaque pays pour être exécuté lors des cérémonies de la vie publique. (→ *encycl.*)
◆ n. f. Chant latin ou poème religieux en vers ou en prose, composé en guise de louange à une divinité. (→ *encycl.*)
ENCYCL. **Mus.** Dans l'Église latine, l'hymne appartient à la liturgie et fait partie de l'office divin. Elle célèbre le Christ ou la Vierge. La plus ancienne est le *Te Deum.* Mais le véritable point de départ est marqué par saint Ambroise de Milan († 397), qui composa des hymnes pour le cycle annuel des fêtes religieuses. Cependant l'Église romaine ne les admit définitivement dans son cursus qu'au XIIe s. L'hymne est une composition personnelle qui, jusqu'à la fin du Moyen Âge, attira beaucoup de poètes chrétiens, mais dont on ignore le plus souvent l'origine de la mélodie. Jusqu'à la Révolution certains ordres religieux, certains papes, dont Urbain VIII, ont remanié le fonds ancien conservé à la basilique vaticane.

Les hymnes ont suggéré des commentaires polyphoniques à Dufay, Palestrina, Victoria, etc., et ont été l'objet de nombreuses paraphrases en vers français. La réforme de l'office (1969) a rétabli un grand nombre d'hymnes anciennes ou plus récentes, restauré le texte primitif et accueilli de nouvelles créations. La réalisation d'un office en français a provoqué la composition d'un hymnaire français.

La riche hymnologie des Églises issues de la Réforme (chorale de Luther, version métrique du psautier huguenot de Marot) a été d'une importance exceptionnelle pour le culte réformé.

• *Quelques grands hymnes nationaux.* France : *la Marseillaise*.* — Belgique : *la Brabançonne*.* — Grande-Bretagne : *God* save the King* ou *the Queen.* — U. R. S. S. : *l'Internationale** (1917-1944) — Allemagne : *Deutschland über alles,* hymne national (1922), puis, sous le titre de *Deutschlandlied*,* hymne de la République fédérale d'Allemagne (1952). — États-Unis : *Star-Spangled* Banner.*

Hymnes *(les),* titre de deux recueils poétiques de Ronsard (1555-56). Modèle de poésie scientifique et philosophique *(Hymne de la Justice, de l'Or, du Ciel).*

Hymnes à la nuit, recueil de six poèmes de Novalis, publiés dans l'*Athenäum* (1800). Inspirés par la mort de Sophie von Kühn, ils sont les plus caractéristiques de la jeune école romantique.

HYMNIQUE adj. Qui est caractéristique de l'hymne.

HYMNODIE n. f. Syn. de HYMNOLOGIE.

HYMNOGRAPHE n. m. (gr. *humnographos*). Auteur des paroles d'hymnes.

HYMNOGRAPHIE n. f. Art de composer des hymnes.

HYMNOGRAPHIQUE adj. Relatif à l'hymnographie.

HYMNOLOGIE n. f. **1.** Science ou étude des hymnes. — **2.** Ensemble des hymnes d'un rite ou d'une période donnée. (Syn. HYMNODIE.)

HYOGLOSSE adj. et n. m. Se dit d'un muscle pair de la langue.

HYOÏDE adj. et n. m. (gr. *huoeidês,* en forme d'Y). **1.** Se dit du petit os médian en forme de fer à cheval situé au-dessus du larynx. — **2.** *Arc hyoïde,* le second des arcs viscéraux des vertébrés, postérieur à l'arc mandibulaire. (Syn. ARC HYOÏDIEN.)

HYOÏDIEN, ENNE adj. *Arc hyoïdien,* syn. de ARC HYOÏDE.

HYOSCINE n. f. Syn. de SCOPOLAMINE.

HYOSCYAMINE n. f. (bas lat. *hyosciamus,* du gr. *huoskuamos,* fève de porc). Alcaloïde des solanées, isomère lévogyre de l'atropine, plus actif et moins toxique que celle-ci.

HYPALLAGE n. f. (gr. *hupallagê,* échange). Figure de rhétorique consistant à attribuer à certains mots d'une phrase ce qui convient à d'autres mots de la même phrase (par ex. *Ce marchand accoudé sur son comptoir avide* [V. Hugo]).

HYPARCHIE n. f. Territoire administré par un hyparque.

HYPARQUE n. m. (gr. *huparkhos,* gouverneur). **1.** Chez les Grecs, satrape du royaume achéménide. — **2.** Dans les royaumes hellénistiques, chargé de mission désigné pour une tâche particulière (par ex. l'administration d'un territoire ne ressortissant pas au droit commun).

HYPATIE, mathématicienne et philosophe grecque (Alexandrie v. 370 - *id.* 415). Elle édita et commenta les *Éléments* d'Euclide. Vers 400, elle était à la tête de l'école néoplatonicienne. Elle mourut assassinée par des chrétiens.

HYPÈNE n. f. (gr. *hypênê,* barbe). Noctuelle du houblon et de l'ortie, grise et brune, remarquable par la longueur de ses palpes.

HYPER-, préfixe, du gr. *huper,* sur, indiquant une position supérieure dans l'espace, une intensité ou une propriété supérieures à la normale.

HYPER n. m. *Fam.* Hypermarché.

HYPERA n. m. L'un des noms génériques du charançon de la luzerne.

HYPERACANTHOSE n. f. Syn. de ACANTHOSE.

HYPERACIDITÉ n. f. *Hyperacidité gastrique,* syn. de HYPERCHLORHYDRIE.

HYPERACOUSIE n. f. Sensibilité excessive au son et au bruit.

HYPERALCALIN, E adj. Se dit d'une roche magmatique dont les proportions moléculaires de soude et de potasse sont plus importantes que celles d'alumine.

HYPERALDOSTÉRONISME n. m. Sécrétion exagérée d'aldostérone par la glande surrénale.

HYPERALGIE ou **HYPERALGÉSIE** n. f. Exagération de la sensibilité douloureuse.

HYPERALGIQUE ou **HYPERALGÉSIQUE** adj. Relatif à la sensibilité douloureuse.

HYPERAZOTÉMIE n. f. Augmentation du taux de l'azote non protéique dans le sang, particulièrement de l'urée (au-dessus de 0,50 g/l), principalement observée dans l'insuffisance rénale. (Syn. URÉMIE.)

HYPERBARE adj. **1.** Se dit d'une enceinte où la pression est supérieure à la pression atmosphérique. — **2.** *Oxygène hyperbare,* oxygène administré sous une pression supérieure à la pression atmosphérique (jusqu'à 2 kg de pression absolue) soit en bloc opératoire, soit en caisson hyperbare.

HYPERBATE n. f. (gr. *huperbaton,* inversion). Figure de rhétorique consistant à renverser l'ordre habituel des mots (par ex. *Là coule un clair ruisseau*).

HYPERBOLE n. f. (gr. *huperbolê,* excès). **1.** Figure de rhétorique consistant à mettre en relief une idée en employant des mots qui vont au-delà de la pensée. (Ainsi, dire un *pygmée* pour qualifier un homme de petite taille.) — **2.** Ensemble des points d'un plan, dont la valeur absolue de la différence des distances à deux points fixes (foyers) de ce plan est constante. (→ *encycl.*)

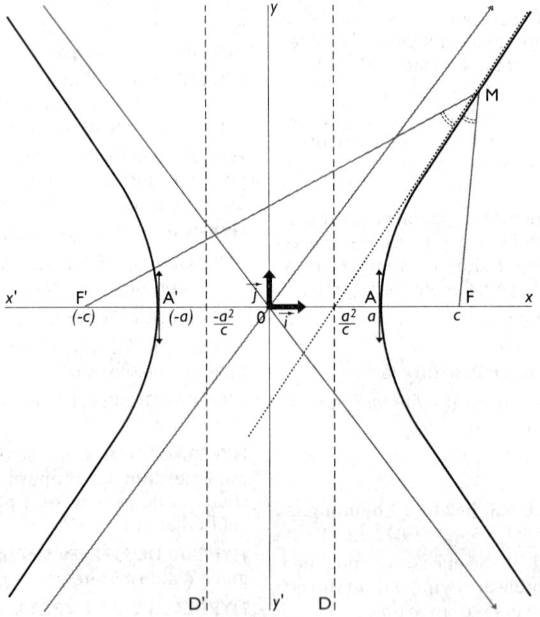

hyperbole
(on a également représenté sur la figure que la tangente [ligne en pointillé], en un point M de cette hyperbole, est la bissectrice des deux demi-droites d'origine M et de vecteurs directeurs $\overrightarrow{MF}$ et $\overrightarrow{MF'}$).

ENCYCL. L'hyperbole a deux axes de symétrie : la droite joignant les foyers F et F′ (axe focal), et la médiatrice de [FF′] ; elle a deux asymptotes sécantes au milieu de [FF′], centre de symétrie. À chaque foyer F ou F′ correspond une droite D ou D′, appelée directrice, telle que le rapport des distances d'un point de l'hyperbole au foyer et à la directrice est une constante, e ($e > 1$), appelée excentricité. En prenant comme axes de coordonnées les deux axes, l'équation de l'hyperbole est $x^2/a^2 - y^2/b^2 = 1$, en prenant les asymptotes : $xy = k$. Celles-ci ont pour équations : $y = bx/a$ et $y = -bx/a$. Pour $a = b$ l'hyperbole est dite équilatère. En posant $c^2 = a^2 + b^2$, on a les relations : $e = c/a$ et $FF' = 2c$.

HYPERBOLIQUE adj. (bas lat. *hyperbolicus,* du gr. *huperbolikos*). **1.** Se dit d'un style, d'une expression caractérisée par l'hyperbole. — **2.** Qui a la forme d'une hyperbole. — **3.** *Fonctions hyperboliques,* fonctions sinus hyperbolique, cosinus hyperbolique, tangente hyperbolique et cotangente hyperbolique.

HYPERBOLOGRAPHE n. m. Appareil permettant de tracer des hyperboles.

HYPERBOLOÏDE n. m. **1.** Quadrique à centre dont les asymptotes forment un cône réel. — **2.** *Hyperboloïde de révolution,* hyperboloïde engendré par la rotation d'une hyperbole autour d'un de ses axes de symétrie.

HYPERBOLOS, démagogue athénien, souvent raillé par les poètes comiques († Samos 411 av. J.-C.). Il s'associa à Cléon puis lui succéda à la tête du parti populaire. Contraint à l'exil en 417, il se retira à Samos, où les oligarques le firent mettre à mort.

HYPERBORÉEN, ENNE adj. (bas lat. *hyperboreanus,* du gr. *huperboreos*). *Litt.* De l'extrême nord.

HYPERBORÉENS, peuple mythique que les Grecs situaient dans l'extrême nord de l'Europe.

HYPERCALCÉMIE n. f. Augmentation de la quantité de calcium du sang au-dessus de 105 mg par litre.

HYPERCALCIURIE n. f. Augmentation anormale de la quantité de calcium éliminé par les urines.

HYPERCALORIQUE adj. Se dit d'un régime alimentaire riche en Calories.

HYPERCAPNIE n. f. (du gr. *kapnos,* vapeur). Augmentation de la pression partielle de gaz carbonique dans le sang artériel. (C'est un des accidents de l'anesthésie générale.)

HYPERCENTRALISÉ, E adj. Dont la centralisation est exagérée.

HYPERCHLORHYDRIE [-klɔ-] n. f. Teneur excessive du suc gastrique en acide chlorhydrique. (Syn. HYPERACIDITÉ GASTRIQUE.)

HYPERCHLORURIE [-klɔ-] n. f. Augmentation de la quantité de chlore dans les urines, s'observant dans l'insuffisance rénale.

HYPERCHOLESTÉROLÉMIE [-kɔ-] n. f. Augmentation de la quantité de cholestérol circulant dans le sang.
ENCYCL. Selon les techniques de dosage, le taux normal de cholestérol, croissant avec l'âge, varie de 2,20 à 2,70 g/l. Les œstro-progestatifs peuvent augmenter le taux de cholestérol. La cause de l'hypercholestérolémie réside souvent dans une insuffisance du nombre des récepteurs de cholestérol à la surface des cellules.

HYPERCHROME [-krom] adj. **1.** S'est dit des globules contenant un excès d'hémoglobine. — **2.** *Anémie hyperchrome,* nom anciennement donné à des anémies actuellement classées dans le cadre des anémies macrocytaires ou mégalocytaires.

HYPERCHROMIE [-kro-] n. f. Pigmentation exagérée de la peau.

HYPERCOAGULABILITÉ n. f. Augmentation anormale de la vitesse de formation de la thrombine au cours de la coagulation du sang. (Elle favoriserait les thromboses.)

HYPERCOMPRESSEUR n. m. Appareil permettant d'obtenir une très grande pression.

HYPERCORRECT, E adj. Qui présente une hypercorrection.

HYPERCORRECTION n. f. Phénomène consistant à reconstruire de manière erronée un mot en lui restituant un élément qu'on croit disparu. (C'est par hypercorrection que *savoir,* issu du latin *sapere,* fut au XVIe s. orthographié *sçavoir,* car on le supposait issu de *scire.*)

HYPERCORTICISME n. m. **1.** Sécrétion excessive d'une ou de plusieurs hormones corticosurrénales. — **2.** Ensemble des troubles provoqués par cette sécrétion excessive ou par l'administration excessive ou prolongée d'hormones corticosurrénales.

1. HYPERCRITIQUE adj. Se dit de l'état d'un fluide dont la température et la pression ont des valeurs supérieures aux valeurs critiques.

2. HYPERCRITIQUE adj. et n. Qui est critique à l'excès, toujours enclin à critiquer.

HYPERDIPLOÏDIE n. f. Présence d'un ou de plusieurs chromosomes en sus du nombre normal diploïde de chromosomes. (La trisomie est une hyperdiploïdie.)

HYPERDULIE n. f. (lat. médiév. *hyperdulia,* du gr. *huperdoulos,* plus qu'esclave). *Culte d'hyperdulie,* culte réservé à la Vierge Marie en raison de sa prééminence parmi les saints.

HYPERÉMIE ou **HYPERHÉMIE** n. f. Syn. de CONGESTION.

HYPERÉMOTIF, IVE adj. et n. Qui manifeste de l'hyperémotivité.

HYPERÉMOTIVITÉ n. f. Disposition à réagir de façon excessive aux événements dans le domaine émotionnel.

HYPERÉOSINOPHILIE n. f. Augmentation du nombre des polynucléaires éosinophiles du sang au-dessus de 500 par mm^3. (Ses principales causes sont l'allergie, les parasitoses, les connectivites caractérisées et certains cancers, intoxications, hémopathies et infections.)

HYPERERGIE n. f. Exagération de la faculté de réaction immunitaire à l'égard d'une substance.

HYPERESTHÉSIE n. f. Accentuation de la sensibilité qui transforme certaines sensations (tactiles, thermiques) en sensations de douleur.

HYPEREUTECTIQUE adj. et n. m. Se dit d'un alliage ayant une teneur en soluté supérieure à celle de l'eutectique.

HYPEREUTECTOÏDE adj. et n. m. Se dit d'un alliage ayant une teneur en soluté supérieure à celle de l'eutectoïde.

HYPERFIBRINÉMIE ou **HYPERFIBRINOGÉNÉMIE** n. f. Augmentation de la fibrinogénémie normale.

HYPERFIN, E adj. Se dit, en théorie quantique de l'atome, de toute forme d'interaction entre un électron et le noyau atomique qui ne se réduit pas à une simple interaction de type coulombienne. (Dans le spectre des niveaux d'énergie de l'atome, l'interaction hyperfine se traduit par l'apparition de plusieurs niveaux serrés là où il n'y en avait qu'un ; c'est la *structure hyperfine.*)

HYPERFOCAL, E, AUX adj. *Distance hyperfocale,* distance minimale du sujet à l'objectif à partir de laquelle la netteté de la photographie est assurée jusqu'à l'infini.

HYPERFOLLICULINIE n. f. Sécrétion exagérée, prolongée ou non contrebalancée par la progestérone, de folliculine. (Elle est le plus souvent la conséquence d'une absence d'ovulation.)

HYPERFRÉQUENCE n. f. Fréquence radioélectrique très élevée, supérieure à 1 000 MHz environ. (Les ondes radioélectriques correspondant aux hyperfréquences sont souvent appelées micro-ondes.)

HYPERGAMMAGLOBULINÉMIE n. f. Augmentation de la concentration sérique des gammaglobulines au-dessus de 18 g/l, qui se rencontre au cours de divers syndromes inflammatoires ou des proliférations plasmocytaires malignes.

HYPERGLOBULIE n. f. Syn. de POLYGLOBULIE.

HYPERGLYCÉMIANT, E adj. Qui provoque l'hyperglycémie.

HYPERGLYCÉMIE n. f. **1.** Élévation du taux sanguin de glucose au-dessus de 1 ou de 1,2 g/l (variation en fonction de la technique de dosage du glucose). [On distingue les hyperglycémies physiologiques (postprandiales par ex.) et les hyperglycémies pathologiques, dont la cause la plus fréquente est le diabète sucré.] — **2.** *Épreuve d'hyperglycémie provoquée,* appréciation des variations de la glycémie après surcharge de sang en glucose afin d'étudier la tolérance du sujet aux glucides ; elle permet de dépister les diabètes frustes, où la glycémie est presque normale.

HYPERGOL n. m. Propergol dont les ergols réagissent spontanément entre eux.

HYPERGOLIQUE adj. Se dit d'un diergol dont les deux constituants s'enflamment spontanément au contact l'un de l'autre.

HYPERGONAR n. m. (n. déposé). Dispositif optique anamorphoseur, inventé par H. J. Chrétien et qui fut à la base du CinémaScope.

HYPERHÉMIE → HYPERÉMIE.

HYPERHIDROSE ou **HYPERIDROSE** n. f. Sécrétion sudorale anormalement abondante.

HYPERHYDRATATION n. f. Excès d'eau dans l'organisme. (Elle se voit surtout au cours des perfusions de solutions salines ou glucosées.)

HYPÉRICACÉE n. f. (lat. *hypericon,* du gr. *huperikon,* herbe de la Saint-Jean). Nom de famille donné au millepertuis et aux plantes voisines.

HYPÉRIDE, orateur et homme d'État athénien (Athènes 390 - 389 env. - Cleonai ?, Péloponnèse, 322 av. J.-C.). Disciple de Platon et d'Isocrate, il acquit, comme logographe, une importante fortune. Il est célèbre par la défense de la courtisane Phryné, sa maîtresse, devant l'Aréopage. À partir de 347, il seconda l'action de Démosthène. À l'annonce de la défaite de Chéronée (338), il organisa la défense d'Athènes. Il se détacha de Démosthène au moment de l'affaire d'Harpale* (324) et fut l'un de ses premiers accusateurs. Les deux hommes se réconcilièrent pendant la guerre lamiaque. Victime de la répression macédonienne, Hypéride fut exécuté sur l'ordre d'Antipatros.

HYPERINFLATION n. f. Inflation d'une extrême intensité.

HYPERINSULINISME n. m. Augmentation de la sécrétion pancréatique d'insuline, entraînant des troubles hypoglycémiques et provoquant convulsions, syncope, coma, etc. (L'hyperinsulinisme peut être organique par tumeur, adénome ou exceptionnellement cancer du pancréas.)

HYPÉRION, Titan, fils d'Ouranos et de Gaia. Il a inspiré à F. Hölderlin un roman en deux parties (*Hyperion ou l'Ermite de Grèce,* 1797-1799), et à J. Keats un poème épique (*Hyperion,* 1820).

HYPÉRION, septième satellite de Saturne, découvert en 1848. Demi-grand axe de son orbite : 1 481 000 km. Période de révolution sidérale : 21 j 06 h 38 min. C'est un astéroïde de forme irrégulière, d'environ 410 km sur 220, à la surface criblée de cratères météoritiques.

HYPERKALIÉMIE n. f. Augmentation anormale du taux plasmatique de potassium au-delà de 200 mg/l. (Elle s'observe dans les cas d'insuffisance rénale ou corticosurrénale, de déshydratation grave et dans l'anoxémie.)

HYPERKÉRATOSE n. f. Épaississement considérable et anormal de la couche cornée de l'épiderme, qu'on observe dans de nombreuses affections et tumeurs cutanées (ichtyose, kératodermie, verrues, etc.).

HYPERKINÉSIE n. f. Augmentation anormale de la rapidité et de l'amplitude des mouvements.

HYPERLEUCOCYTOSE n. f. Augmentation du nombre des globules blancs du sang au-dessus de 10 000 par mm^3. (Syn. LEUCOCYTOSE.)

HYPERLIPIDÉMIE ou **HYPERLIPÉMIE** n. f. Surcharge sanguine en lipides. (Il n'existe aucune corrélation entre l'hyperlipidémie et l'obésité.)

HYPERLORDOSE n. f. Accentuation de la convexité antérieure du rachis, le plus souvent dans sa portion lombaire.

HYPERMARCHÉ n. m. Surface de vente au détail de plus de 2 500 m^2, exploitée en libre service, offrant un large assortiment de produits, établie le plus souvent à la périphérie des villes et dotée d'aires de stationnement. (Les hypermarchés pratiquent une politique de prix, que favorisent des achats en grosses quantités, une rotation rapide des stocks, des frais généraux réduits et des investissements légers.) [Abrév. fam. HYPER.]

HYPERMASTIGINE n. f. Syn. de TRICHONYMPHINE.

HYPERMÉDIA n. m. Technique ou système permettant, dans un système documentaire multimédia, de passer d'un document à un autre selon des chemins préétablis ou élaborés lors de la consultation.

HYPERMÉTAMORPHOSE n. f. Mode de développement de certains insectes, surtout parasites, qui passent par des formes larvaires plus nombreuses que celles des autres insectes.

HYPERMÈTRE adj. (gr. *hupermetros*). Se dit d'un vers qui a un pied de plus que la mesure normale.

HYPERMÉTRIE n. f. Exagération de l'amplitude du mouvement qui dépasse son but et qui est l'un des constituants du syndrome cérébelleux.

HYPERMÉTROPE adj. et n. Atteint d'hypermétropie.

HYPERMÉTROPIE n. f. (gr. *hupermetros* et *-opie*). Anomalie de la réfraction, dans laquelle les rayons lumineux parallèles forment leur foyer derrière la rétine, lorsque l'accommodation est insuffisante. (Elle se corrige par des verres convergents.)

HYPERMNÉSIE n. f. Acuité spéciale de la mémoire.

HYPERNERVEUX, EUSE adj. et n. Qui est nerveux à l'excès.

HYPÉRON n. m. (de *électron*). Nom parfois donné aux baryons d'étrangeté non nulle.

HYPERONYME n. m. Terme dont le sens inclut le sens d'un ou plusieurs autres termes, qui sont ses hyponymes. (Par ex. *animal* est l'hyperonyme de *chien, chat, oiseau,* etc.) [Syn. SUPERORDONNÉ.]

HYPERONYMIE n. f. Rapport d'inclusion entre des unités lexicales, considéré comme orienté du plus général au plus spécifique. (C'est l'inverse de l'*hyponymie*.) [*Chien* est dans un rapport d'hyperonymie avec *basset, caniche,* etc.]

HYPEROSTOSE n. f. **1.** Déformation constituée par l'épaississement plus ou moins étendu d'un ou de plusieurs os. — **2.** *Hyperostose corticale infantile,* ostéopathie curable du nourrisson, dont les tuméfactions intéressent à la fois les os (clavicule, omoplate, côtes, maxillaire, os long) et les parties molles.

HYPERPARASITE adj. et n. m. Se dit d'un parasite vivant aux dépens d'un autre parasite.

HYPERPARATHYROÏDIE n. f. Exagération de la sécrétion des glandes parathyroïdes.
ENCYCL. L'hyperparathyroïdie est habituellement une affection bénigne due à un adénome parathyroïdien. Mais il s'agit parfois d'une hyperperplasie glandulaire ou d'un cancer. Les manifestations peuvent être rénales ou digestives et surtout osseuses (déminéralisation diffuse).

HYPERPÈRE n. m. Monnaie d'or frappée à Byzance à partir de 1092.

HYPERPHALANGIE n. f. Caractère des vertébrés tétrapodes marins, chez lesquels le nombre de phalanges de certains doigts dépasse 3, ce qui permet au membre de fonctionner comme une nageoire.

HYPERPITUITARISME n. m. Exagération du fonctionnement hypophysaire, entraînant des troubles variés, tels qu'acromégalie, maladie de Cushing.

HYPERPLAN n. m. *Hyperplan d'un* K-*espace vectoriel* E, *de dimension* n, sous-espace vectoriel de E de dimension $n - 1$.

HYPERPLAQUETTOSE ou **HYPERTHROMBOCYTOSE** n. f. Augmentation du nombre des plaquettes sanguines au-dessus de 450 000 par mm^3.

HYPERPLASIE n. f. Augmentation de volume d'un tissu vivant ou d'un organe animal ou végétal due à une multiplication cellulaire.

HYPERPLASIQUE adj. Relatif à l'hyperplasie.

HYPERPNÉE n. f. Augmentation de l'amplitude et du rythme des mouvements respiratoires.

HYPERPROLACTINÉMIE n. f. Sécrétion exagérée de prolactine, hormone de lactation d'origine hypophysaire.

HYPERPROTÉINÉMIE n. f. Augmentation anormale du taux sanguin de protéines.

HYPERRÉALISME n. m. Courant des arts plastiques apparu aux États-Unis à la fin des années 60, et caractérisé par une interprétation quasi photographique du visible, avec ou sans intention critique. (Syn. PHOTORÉALISME.)
ENCYCL. L'hyperréalisme reprend la tradition réaliste du précisionnisme, de E. Hopper ou de A. Wyeth. Citons, entre autres, les cartes postales géantes de Malcolm Morley, les vitrines urbaines de Richard Estes, les enseignes lumineuses de Robert Cottingham, les automobiles de Don Eddy ou de Ralph Goings, les photos d'identité immensément grossies de Chuck Close, les sculptures-moulages de Duane Hanson.

HYPERRÉALISTE adj. et n. Qui appartient à l'hyperréalisme, ou s'y rattache.

HYPERRÉFLECTIVITÉ ou **HYPERRÉFLEXIE** n. f. Exagération des réflexes.

HYPERSÉCRÉTION n. f. Exagération de la sécrétion d'une glande.

HYPERSENSIBILISATION n. f. Traitement ayant pour but d'augmenter la sensibilité d'une couche photosensible.

HYPERSENSIBILITÉ n. f. **1.** Sensibilité exagérée ou extrême. – **2.** Réaction de défense de certaines plantes contre un parasite, caractérisée par une nécrose des cellules attaquées et une protection des tissus voisins. – **3.** Réaction immunitaire consécutive à un deuxième contact avec un antigène et caractérisée par une réponse amplifiée des mécanismes de l'immunité humorale ou de l'immunité à médiation cellulaire. (On distingue l'hypersensibilité immédiate, ou allergie, de l'hypersensibilité de type retardé, se traduisant par une réaction cellulaire au site d'introduction de l'antigène [par ex. cuti- ou intradermoréaction à la tuberculine].)

HYPERSENSIBLE adj. et n. Qui réagit avec une extrême sensibilité.

HYPERSIALIE n. f. Augmentation anormale du flux salivaire.

HYPERSIDÉRÉMIE n. f. Augmentation de la concentration plasmique en fer au-dessus de 1,7 mg par litre.

HYPERSOMNIAQUE adj. et n. Qui souffre d'hypersomnie.

HYPERSOMNIE n. f. Exagération pathologique de l'aptitude au sommeil qui peut être prolongé ou paroxystique comme la narcolepsie.

HYPERSONIQUE adj. (de *supersonique*). Se dit des vitesses correspondant à un nombre de Mach égal ou supérieur à 5 ainsi que des engins se déplaçant à de telles vitesses.

HYPERSTATIQUE adj. **1.** Se dit d'un système de corps ayant entre eux plus de liaisons qu'il peut en exister entre solides indéformables. (Pour déterminer son équilibre, il faut faire intervenir les déformations élastiques de chaque corps.) – **2.** Se dit d'une structure pour laquelle on ne peut déterminer les sollicitations qui résultent d'un système de charges donné à partir des seules équations de la statique. (Contr. ISOSTATIQUE.)

HYPERSTHÈNE n. m. (du gr. *sthenos,* force). Orthopyroxène contenant du fer et du magnésium en quantités équivalentes.

HYPERSTHÉNIE n. f. (du gr. *sthenos,* force). **1.** Fonctionnement exagéré de certains tissus et organes. – **2.** Exagération du tonus nerveux.

HYPERSUSTENTATEUR adj. et n. m. Se dit d'un dispositif destiné à assurer l'hypersustentation.

HYPERSUSTENTATION n. f. Accroissement momentané de la portance naturelle d'une aile d'avion, notamment au décollage et à l'atterrissage, à l'aide de dispositifs spéciaux (volets, fentes).

HYPERTÉLIE n. f. Développement exagéré de certains organes, rendant ceux-ci encombrants, voire franchement nuisibles (défenses de mammouth, bois de certains cervidés, mandibules de lucanes mâles).

HYPERTÉLIQUE adj. Atteint d'hypertélie.

HYPERTENDU, E adj. et n. Atteint d'hypertension artérielle.

HYPERTENSIF, IVE adj. Relatif à l'hypertension.

HYPERTENSINE n. f. Syn. de ANGIOTENSINE.

HYPERTENSION n. f. **1.** Augmentation anormale de la pression à l'intérieur d'une cavité ou d'un vaisseau. – **2.** *Hypertension artérielle,* pression artérielle supérieure à la normale. (→ *encycl.*) ‖ *Hypertension intracrânienne,* augmentation de la pression intracrânienne du liquide céphalo-rachidien (→ *encycl.*)

ENCYCL.

• *L'hypertension artérielle* est définie par des chiffres égaux ou supérieurs à 150/100 mm de mercure chez le sujet au repos et couché. Elle peut être permanente ou paroxystique. Dans l'immense majorité des cas, l'hypertension artérielle est dite essentielle, c'est-à-dire sans cause précise, même si on lui reconnaît un terrain et des circonstances favorisantes telles que l'hérédité, le sédentarisme, le tabagisme, les erreurs hygiéno-diététiques et le surmenage. Certaines affections métaboliques ayant un retentissement sur l'état cardiovasculaire, tels le diabète, la goutte et l'hyperlipidémie, sont, à long terme, presque constamment compliqués d'hypertension. Dans un nombre de cas beaucoup plus rares, l'hypertension a une cause qui peut être curable chirurgicalement (coarctation aortique, sténose de l'artère rénale.)

L'hypertension paroxystique est une affection rare, qui conduit à la recherche d'une tumeur surrénalienne (phéochromocytome) libérant des catécholamines ayant une action vasoconstrictrice très puissante.

Le traitement de l'hypertension comporte des règles d'hygiène et de diététique et des médicaments dont le mode l'action est très différent (diurétiques, bêta-bloquants, inhibiteurs de l'enzyme de conversion de l'angiotensine, etc.). Ce traitement doit être très prudent chez les personnes âgées.

• *L'hypertension intracrânienne* se manifeste par des céphalées matinales, des vomissements et, parfois, des crises convulsives. Le fond d'œil met en évidence un œdème papillaire avec stase. En l'absence de traitement, l'évolution est fatale. L'hypertension intracrânienne peut avoir plusieurs causes souvent concomitantes : augmentation de la masse cérébrale par tumeur et hématome avec ou sans œdème associé ; augmentation de la masse sanguine par obstacle sur la circulation de retour ; hydrocéphalie.

HYPERTEXTE n. m. Technique ou système permettant, dans une base documentaire de textes, de passer d'un document à un autre selon des chemins préétablis ou élaborés lors de la consultation.

HYPERTHERMIE n. f. Élévation de la température du corps au-dessus de la normale.

HYPERTHERMIQUE adj. et n. Relatif à l'hyperthermie ; atteint d'hyperthermie.

HYPERTHROMBOCYTOSE → HYPERPLAQUETTOSE.

HYPERTHYROÏDIE n. f. ou **HYPERTHYROÏDISME** n. m. Exagération de la sécrétion de la glande thyroïde, avec hypertrophie de cet organe, telle qu'on l'observe par ex. dans la maladie de Basedow.

HYPERTHYROÏDIEN, ENNE adj. et n. Relatif à l'hyperthyroïdie ; atteint d'hyperthyroïdie.

HYPERTONIE n. f. (gr. *hupertonos,* de *huperteinein,* tendre à l'excès). **1.** État d'une solution ou d'un milieu dont la concentration moléculaire est supérieure à celle d'un autre milieu de référence (le plus souvent le plasma sanguin). — **2.** Exagération de la tonicité des tissus. — **3.** Exagération du tonus musculaire qui se manifeste par une augmentation de la résistance du muscle à son allongement passif.

HYPERTONIQUE adj. et n. Relatif à l'hypertonie ; atteint d'hypertonie.

HYPERTRICHOSE [-koz] n. f. Exagération de développement en nombre et en volume des poils et des cheveux.

HYPERTRIGLYCÉRIDÉMIE n. f. Forme d'hyperlipidémie caractérisée par l'augmentation des triglycérides.

HYPERTROPHIE n. f. **1.** Augmentation de volume d'un tissu ou d'un organe due à un développement excessif de la taille de ses constituants. — **2.** Développement excessif, exagéré de qqch : *Une hypertrophie de la sensibilité.* — **3.** *Hypertrophie musculaire,* augmentation du volume des muscles. (Elle peut être physiologique chez les sportifs mais, lorsqu'elle s'accompagne d'un déficit de la force musculaire, elle constitue un signe de myopathie.)

HYPERTROPHIER v. t. (conj. 9). **1.** Produire l'hypertrophie d'un tissu, d'un organe. — **2.** Développer qqch à l'excès, lui donner une dimension excessive : *Politique qui tend à hypertrophier l'administration.*
◆ **s'hypertrophier** v. pr., **être hypertrophié** v. pass. **1.** S'accroître de manière excessive, en parlant d'un tissu, d'un organe. — **2.** Se développer à l'excès : *Banlieue hypertrophiée.*

HYPERTROPHIQUE adj. Qui a les caractères de l'hypertrophie.

HYPERURICÉMIE n. f. Augmentation au-dessus de 70 mg/l de la quantité d'acide urique et des urates contenus dans le sang. (C'est la cause des accès de goutte et de la lithiase rénale urique.)

HYPERVENTILATION n. f. *Hyperventilation provoquée,* augmentation des échanges gazeux entre les alvéoles et les capillaires pulmonaires provoquée par l'anesthésie.

HYPERVITAMINOSE n. f. Excès de vitamines dans l'organisme.
ENCYCL. Les hypervitaminoses concernent les trois vitamines liposolubles D, A, K. (Les vitamines hydrosolubles en excès sont éliminées par la voie rénale.)
L'*hypervitaminose D,* la plus fréquente, se manifeste par des signes d'hypercalcémie, à la fois digestifs, urinaires (éventuellement colique néphrétique) et neurologiques (hypotonie, léthargie). L'*hypervitaminose A* aiguë est une affection sévère pouvant conduire chez le nourrisson à des signes d'hypertension intracrânienne. L'hypervitaminose chronique s'observe chez l'enfant et l'adulte, et provoque des troubles digestifs, une coloration jaune de la peau, des douleurs osseuses et, plus rarement, chez l'enfant, une ossification prématurée. L'*hypervitaminose K* peut provoquer une anémie hémolytique.

HYPÈTHRE adj. (lat. *hypaethros,* du gr. *hupaithros,* découvert). À ciel ouvert, en parlant d'un édifice.

HYPHAENE n. m. Palmier caractérisé par son tronc divisé dichotomiquement. (Les feuilles, palmées, en forme d'éventail, sont engainantes. Le fruit est une grosse drupe fibreuse contenant un noyau de section triangulaire.)

HYPHASE, sous-affluent de la rive gauche de l'Indus, sur les bords duquel Alexandre le Grand, contraint par la mutinerie de ses soldats, arrêta sa marche victorieuse. C'est l'actuel *Biās.*

HYPHE n. f. (gr. *huphê,* tissu). Chacun des filaments à structure cellulaire, dépourvus de chlorophylle, dont l'ensemble constitue le mycélium d'un champignon supérieur ou d'un lichen.

HYPHOLOME n. m. Champignon basidiomycète lignicole, croissant souvent en touffes, à spores brun-pourpre, et muni d'une cortine dans le jeune âge. (Les hypholomes sont comestibles, mais amers.)

HYPNAGOGIQUE adj. Relatif à l'endormissement, précédant le sommeil véritable.

HYPNOGÈNE adj. et n. m. Se dit de tout ce qui peut induire le sommeil.

HYPNOGRAMME n. m. Diagramme obtenu par l'enregistrement continu de l'électroencéphalogramme pendant le sommeil, permettant de préciser les cycles de sommeil au cours de la nuit.

HYPNOÏDE adj. Se dit d'un état psychique survenant en dehors du sommeil, caractérisé par l'obscurcissement de la conscience, la diminution des perceptions et des contenus de pensée analogues à ceux du rêve. (Pour J. Breuer, cet état de conscience est analogue à celui obtenu par hypnose.)

HYPNOLOGIE n. f. Branche de la physiologie qui étudie le sommeil.

HYPNOLOGIQUE adj. Relatif à l'hypnologie.

HYPNOPOMPIQUE adj. Qui concerne l'état de réveil incomplet qui fait suite au sommeil.

HYPNOSE n. f. (gr. *hypnoûn,* s'endormir). État artificiel provoqué par suggestion, qui se caractérise par une susceptibilité accrue à l'influence de l'hypnotiseur et la diminution de la réceptivité aux autres influences.
ENCYCL. L'hypnose a été utilisée à des fins thérapeutiques au XIXe s., notamment par Liébault et Bernheim à Nancy, auprès de qui le jeune S. Freud ira se former. Pour eux, la valeur curative de l'hypnose résidait uniquement dans la suggestion, son but étant la levée du symptôme gênant. Pour Freud, l'hypnose est un état régressif où l'hypnotiseur occupe provisoirement la place de l'idéal du moi de l'hypnotisé. Ce n'est que lorsque Freud abandonnera l'hypnose qu'il pourra élucider la question du transfert.

HYPNOTIQUE adj. (bas lat. *hypnoticus,* du gr. *hupnôtikos*). Relatif à l'hypnose, à l'hypnotisme. adj. et n. m. Se dit de toute substance capable de provoquer le sommeil (barbituriques, tranquillisants, certains neuroleptiques sédatifs, par ex.). [Syn. SOMNIFÈRE.]

HYPNOTISER v. t. (conj. 3). **1.** Soumettre qqn, un animal à l'hypnose. — **2.** S'imposer avec force à l'esprit de qqn, l'obséder : *Son problème personnel l'hypnotise.*
◆ **s'hypnotiser** v. pr., **être hypnotisé** v. pass. Être absorbé, fasciné par qqch : *Ils s'hypnotisent sur ce détail absurde.*

HYPNOTISEUR, EUSE n. Personne qui provoque un état d'hypnose chez qqn.

HYPNOTISME n. m. Ensemble des techniques permettant de provoquer un état d'hypnose.

HYPNUM [-pnɔm] n. m. Mousse à sporogones latéraux, d'assez grande taille, formant des tapis lâches.

HYPO-, préfixe du gr. *hupo,* sous, exprimant une position inférieure dans l'espace, une intensité ou une propriété inférieures à la normale.

HYPOACOUSIE n. f. Diminution de l'acuité auditive.

HYPOALGÉSIE ou **HYPOALGIE** n. f. Diminution de la perception et de la réactivité à la douleur.

HYPOALLERGÉNIQUE adj. et n. m. Se dit d'une substance qui provoque peu de réactions allergiques : *Crème, savon hypoallergéniques.*

HYPOALLERGIQUE adj. et n. m. Qui, par sa composition, diminue les risques d'allergie.

HYPOBLASTE n. m. Cotylédon des graminées. (Syn. SCUTELLUM.)

HYPOBORE n. m. Scolyte dont la larve est nuisible au figuier.

HYPOCALCÉMIE n. f. Diminution de la quantité de calcium contenue dans le sang. (Elle peut provoquer la tétanie.)

HYPOCALORIQUE adj. Se dit d'un régime alimentaire pauvre en Calories.

HYPOCAPNIE n. f. Diminution de la pression partielle de gaz carbonique dans le sang artériel.

HYPOCAUSTE n. m. (gr. *hupokauston,* de *hupokaustos,* chauffé en dessous). Dans l'Antiquité, fourneau souterrain servant à chauffer une chambre voûtée ; salle des thermes ou de l'habitation chauffée par ce système. (En Gaule, la forme la plus courante comprend, sous le sol, des canalisations de maçonnerie dans lesquelles circule l'air chaud.)

HYPOCENTRE n. m. Point souterrain, qui est l'origine d'un séisme. (Syn. FOYER.)

HYPOCHLOREUX [-klɔ-] adj. m. Se dit de l'anhydride Cl_2O et de l'acide HClO.

HYPOCHLORHYDRIE [-klɔ-] n. f. Diminution de l'acidité normale du suc gastrique.

HYPOCHLORITE [-klɔ-] n. m. Sel de l'acide hypochloreux. (Les hypochlorites les plus employés sont ceux de sodium, de potassium [eau de Javel, eau de Labarraque, liqueur de Dakin] et le chlorure de chaux.)

HYPOCHOLESTÉROLÉMIANT, E [-ko-] adj. Se dit des substances ou des régimes qui ont la propriété de faire diminuer le taux du cholestérol sanguin.

HYPOCHOLESTÉROLÉMIE [-ko-] n. f. Diminution de la quantité de cholestérol contenue dans le sang circulant.

HYPOCHROME [-krom] adj. Se dit d'une anémie comportant des hématies ayant une teneur en hémoglobine inférieure à 20 %, et dont la cause est le plus souvent une carence en fer, mais parfois une anomalie d'incorporation du fer dans l'hémoglobine.

HYPOCHROMIE [-krɔ-] n. f. **1.** Diminution de la pigmentation cutanée. – **2.** Caractéristique des anémies hypochromes.

1. HYPOCONDRE n. m. (bas lat. *hypochondria,* du gr. *khondros,* cartilage). Chacune des deux parties latérales supérieures de l'abdomen, situées immédiatement sous les côtes.

2. HYPOCONDRE n. *Vx.* Hypocondriaque.

HYPOCONDRIAQUE adj. et n. (gr. *hupokhondriakos*). Relatif à l'hypocondrie ; atteint d'hypocondrie.

HYPOCONDRIE n. f. Inquiétude chronique pathologique concernant l'état de fonctionnement de ses organes et entraînant la recherche continuelle de soins.
ENCYCL. L'hypocondrie se traduit par des plaintes corporelles, des séries de croyances et d'attitudes irrationnelles vis-à-vis du corps, des préoccupations excessives concernant la maladie, la relation au médecin, qui est investi d'un pouvoir considérable mais voué à l'échec. Les manifestations hypocondriaques sont fréquentes dans de nombreuses affections psychiatriques : hystérie et névrose phobique notamment.

HYPOCORISTIQUE adj. et n. m. (gr. *hupokoristikos,* caressant). Se dit d'une forme linguistique exprimant une intention affectueuse. (Les hypocoristiques sont souvent formés grâce à des suffixes diminutifs [*frérot*] ou par redoublement [*fifille*] ; ce sont souvent des appellatifs.)

HYPOCORTICISME n. m. Insuffisance de sécrétion des hormones corticosurrénales.

HYPOCOTYLE n. m. (gr. *kotulê,* cavité). Partie de l'axe de la plantule située au-dessous des cotylédons. (Syn. AXE HYPOCOTYLÉ.)

HYPOCOTYLÉ, E adj. **1.** Se dit de la partie de la tige placée au-dessous des cotylédons, chez les espèces à germination épigée. – **2.** *Axe hypocotylé,* syn. de HYPOCOTYLE.

HYPOCRAS [-kras] n. m. (de *Hippocrate*). Boisson revigorante faite de vin où l'on mettait à infuser de la cannelle, de la vanille, du girofle et du sucre.

HYPOCRÉALE n. m. Nom d'ordre donné à des champignons ascomycètes pyrénomycètes, aux périthèces de couleur vive, tels que *Nectria galligena,* agent du chancre du pommier.

HYPOCRISIE n. f. (bas lat. *hypocrisis,* du gr. *hupokrisis,* action de jouer un rôle). **1.** Attitude consistant à dissimuler son caractère ou ses intentions véritables, à affecter des sentiments, des opinions, des vertus qu'on n'a pas, pour se présenter sous un jour favorable et inspirer confiance : *L'hypocrisie de la société mondaine.* – **2.** Caractère de ce qui est hypocrite dans l'attitude, les actes de qqn : *Hypocrisie de certaines promesses.* – **3.** Action, parole destinée à tromper sur les sentiments, les intentions véritables de qqn : *Assez d'hypocrisie, jouons cartes sur table.*

HYPOCRITE adj. et n. (bas lat. *hypocrita,* du gr. *hupokritês,* comédien). Qui fait preuve d'hypocrisie : *Je le crois un peu hypocrite.*
◆ adj. Qui est empreint d'hypocrisie, dénote l'hypocrisie : *Air hypocrite.*

HYPOCRITEMENT adv. De façon hypocrite.

HYPOCYCLOÏDAL, E, AUX adj. **1.** Qui a la forme d'une hypocycloïde. – **2.** Se dit d'un engrenage dans lequel le pignon tourne à l'intérieur de la roue.

HYPOCYCLOÏDE n. f. Courbe plane engendrée par un point fixé d'un cercle (C') roulant sans glisser à l'intérieur d'un cercle fixe (C), le rapport des rayons de (C) et (C') étant un nombre rationnel.

1. HYPODERME n. m. Partie profonde de la peau, située sous le derme, constituée par du tissu conjonctif plus lâche que dans celui-ci. (Il est cloisonné en logettes ou lobules remplis de cellules adipeuses.)

2. HYPODERME n. m. Mouche (calliphoridé) épaisse, velue, dont la larve provoque l'hypodermose.

HYPODERMIQUE adj. **1.** Relatif à l'hypoderme. – **2.** Syn. de SOUS-CUTANÉ.

HYPODERMITE n. f. Toute lésion inflammatoire de l'hypoderme.

HYPODERMOSE n. Affection due au développement des larves de l'hypoderme dans le tissu conjonctif des bovins, qui provoque la perforation des peaux. (La phase terminale sous-cutanée est appelée *varron.*)

HYPODIPLOÏDE adj. et n. Qui présente une hypodiploïdie.

HYPODIPLOÏDIE n. f. Absence d'un ou de plusieurs chromosomes dans le caryotype diploïde normal. (La monosomie en est la forme la plus habituelle.)

HYPOESTHÉSIE n. f. Diminution d'un ou des différents types de sensibilité.

HYPOEUTECTIQUE adj. et n. m. Se dit d'un alliage ayant une teneur en soluté inférieure à celle de l'eutectique.

HYPOEUTECTOÏDE adj. et n. m. Se dit d'un alliage ayant une teneur en soluté inférieure à celle de l'eutectoïde.

HYPOFIBRINÉMIE ou **HYPOFIBRINOGÉNÉMIE** n. f. Baisse de la fibrinogénémie normale.

HYPOFOLLICULINIE n. f. Insuffisance de sécrétion de folliculine. (Elle s'observe après la ménopause et entraîne des troubles de carence hormonale au niveau des organes récepteurs.)

HYPOGASTRE n. m. (gr. *hupogastrion*). Partie inférieure de l'abdomen.

HYPOGASTRIQUE adj. Qui relève de l'hypogastre.
ENCYCL. L'*artère hypogastrique,* branche de l'iliaque primitive, est destinée aux organes et aux parois du bassin. Elle donne des branches aux organes génitaux et aux régions fessières et ischiatiques. Il lui est annexé un système veineux qui aboutit à la *veine hypogastrique.* Le *plexus nerveux hypogastrique,* composé de fibres sympathiques, innerve la vessie, le rectum et les organes génitaux.

HYPOGÉ, E adj. (bas lat. *hypogeus,* du gr. *hupogeios,* souterrain). Se dit des végétaux ou organes végétaux qui restent en permanence sous la surface du sol (cotylédons de nombreuses espèces, truffes, etc.).

HYPOGÉE n. m. (bas lat. *hypogeum,* du gr. *hupogeion,* souterrain). Dans l'Antiquité, toute cavité souterraine (carrière, crypte, temple), et en partic. tombeau souterrain. (L'hypogée est un mode de sépulture utilisé surtout le long du littoral de la Méditerranée orientale ; les hypogées de la Vallée des Rois, à Thèbes, comptent parmi les plus remarquables.)

HYPOGLOSSE adj. et n. m. (gr. *hupoglôssios,* placé sous la langue). *(Nerf) grand hypoglosse,* XIIe paire de nerfs crâniens, dont le rôle est uniquement moteur pour tous les muscles de la langue.

HYPOGLYCÉMIANT, E adj. et n. m. Se dit d'un médicament qui abaisse le taux de la glycémie. (À côté de l'insuline, hormone hypoglycémiante naturelle, des substances de synthèse sont utilisées dans certaines formes de diabète. Ce sont les sulfamides hypoglycémiants et les biguanides.)

HYPOGLYCÉMIE n. f. Diminution de la glycémie.
ENCYCL. L'hypoglycémie thérapeutique est consécutive à l'administration des hypoglycémiants de synthèse ou d'insuline. Il existe aussi un état d'hypoglycémie « habituelle » chez des sujets qui présentent, assez loin des repas, une sensation d'asthénie avec somnolence et chez lesquels l'administration de sucre rétablit l'équilibre.

HYPOGLYCÉMIQUE adj. et n. Relatif à l'hypoglycémie ; qui présente une hypoglycémie.

HYPOGONADISME n. m. Insuffisance du fonctionnement des gonades.

HYPOGYNE adj. Se dit d'une étamine qui est insérée au-dessous de l'ovaire, comme chez les renoncules.

HYPOÏDE adj. **1.** Se dit d'un engrenage conique à denture spirale, dont les axes ne se rencontrent pas. — **2.** *Pont hypoïde,* pont d'une automobile dans lequel est utilisé ce type d'engrenage.

HYPOKALIÉMIE n. f. Diminution du taux du potassium dans le sang. (L'hypokaliémie s'observe au cours des vomissements, des diarrhées, des traitements diurétiques ; elle provoque des anomalies de l'électrocardiogramme.)

HYPOKHÂGNE n. f. *Arg. scol.* Classe de première année de lettres supérieures, précédant la khâgne.

HYPOKINÉSIE n. f. Diminution de l'activité motrice.

HYPOLAÏS [-lais] n. m. Petit passereau voisin des rousserolles, imitant le chant des autres oiseaux et nichant en France.

HYPOLIPIDÉMIANT, E adj. et n. m. Se dit d'un médicament intervenant dans le métabolisme des lipides et visant à normaliser le taux des lipides sanguins, des triglycérides et du cholestérol.

HYPOLIPIDÉMIE ou **HYPOLIPÉMIE** n. f. Diminution pathologique du taux des lipides contenus dans le sang.

HYPOLUTÉINE n. f. Insuffisance de sécrétion de lutéine, ou progestérone.

HYPOMANE n. Sujet atteint d'hypomanie.

HYPOMANIAQUE adj. Relatif à l'hypomanie.

HYPOMANIE n. f. Forme mineure d'état maniaque.

HYPONEURIEN n. m. Animal cœlomate et triploblastique dont le système nerveux est placé, pour une grande part, au-dessous du tube digestif. (Les *hyponeuriens* sont en même temps des protostomiens ; on range parmi eux la plupart des invertébrés.) [Contr. ÉPINEURIENS.]

HYPONOMEUTE ou **YPONOMEUTE** n. m. Petite teigne dont la chenille, dite *chenille fileuse,* cause de grands dégâts, notamment dans les vergers de pommiers.

HYPONOMEUTIDÉ n. m. Nom de famille donné à l'hyponomeute et aux papillons voisins. (Les chenilles des hyponomeutidés, très nuisibles à plusieurs espèces d'arbres, sont sociales et vivent dans un nid formé d'un tissu de soie entourant un rameau de l'arbre.)

HYPONYME n. m. Mot dont le signifié est dans un rapport d'hyponymie avec celui d'un autre.

HYPONYMIE n. f. Rapport d'inclusion entre des unités lexicales, considéré comme orienté du plus spécifique au plus général. (C'est l'inverse de l'*hyperonymie.*) [*Chien* est dans un rapport d'hyponymie avec *carnivore, animal,* etc.]

HYPOPARATHYROÏDIE n. f. Insuffisance des glandes parathyroïdes.

HYPOPHARYNX n. m. **1.** Portion inférieure du pharynx, en arrière du larynx. — **2.** Partie inférieure de la bouche des insectes, qui, chez les espèces piqueuses (mouche, moustique), est creusée en canal pour l'épanchement de la salive.

HYPOPHOSPHATE n. m. Sel de l'acide hypophosphorique.

HYPOPHOSPHITE n. m. Sel de l'acide hypophosphoreux.

HYPOPHOSPHOREUX adj. m. Se dit de l'acide le moins oxygéné du phosphore HPO_2H_2. (Liquide incolore et sirupeux, c'est un réducteur très énergique.)

HYPOPHOSPHORIQUE adj. Se dit de l'acide $H_4P_2O_6$. (C'est un solide fondant à 55 °C, préparé par oxydation lente du phosphore à l'air humide.)

HYPOPHYSAIRE adj. Qui a rapport à l'hypophyse.

HYPOPHYSE n. f. (gr. *hupophusis*). Organe glandulaire et nerveux, situé sous la face inférieure du cerveau, et jouant un rôle prédominant (« chef d'orchestre endocrinien ») dans de nombreux phénomènes physiologiques. (Syn. GLANDE PITUITAIRE.)

ENCYCL. L'hypophyse est un très petit organe, ayant chez l'homme à peine le volume d'une noisette, pesant environ 0,60 g, situé à l'intérieur de la boîte crânienne, dans une dépression osseuse, la « selle turcique ». Elle est formée de deux parties ou lobes, différant par leur structure, leur origine embryonnaire et leurs fonctions.

• *L'antéhypophyse* ou *adénohypophyse.* L'activité des cellules hypophysaires et la mise en circulation de leurs hormones sont sous la dépendance de centres nerveux situés à la base du cerveau, dans la région dite « hypothalamus ». Ces relations se font par l'intermédiaire de substances chimiques, les releasing factors, sécrétées par des amas cellulaires spécialisés de l'hypothalamus. Des sept hormones sécrétées par l'antéhypophyse, quatre exercent leur action par l'intermédiaire d'une autre glande endocrine : la thyréostimuline (TSH ou thyréotrophine), la corticostimuline (A. C. T. H. ou corticotrophine) et les deux hormones gonadotropes (FSH et LH [dite aussi ICHS] ou gonadotrophines), qui influencent respectivement la glande thyroïde, les glandes corticosurrénales et les gonades (ovaires ou testicules). La prolactine (hormone lutéotrophique ou LTH) tient sous sa dépendance la sécrétion lactée, tout en stimulant accessoirement l'ovaire. Les deux dernières hormones hypophysaires agissent directement sur les tissus effecteurs : l'hormone de croissance (ou hormone somatotrope ou STH), qui joue un rôle essentiel dans la croissance, et l'hormone mélanotrope (MSH ou intermédine), dont l'action physiologique ne s'exerce que sur les cellules pigmentaires.

• *La posthypophyse* ou *neurohypophyse.* Le lobe postérieur est constitué par des fibres nerveuses dépourvues de myéline et par des cellules névrogliques. Les hormones posthypophysaires sont la vasopressine ou hormone antidiurétique (A. D. H.) et l'ocytocine, de structure voisine. L'action de l'A. D. H. se situe au niveau du tube contourné et de la portion initiale du canal collecteur du glomérule rénal. L'ocytocine exerce son activité au niveau des muscles lisses des vaisseaux sanguins de l'utérus.

• *Pathologie.* L'hypersécrétion de l'hormone somatotrope (STH) provoque l'acromégalie et le gigantisme. Le syndrome de Cushing peut être parfois rattaché à une production exagérée d'A. C. T. H. À l'inverse, on peut assister à une insuffisance hypophysaire soit totale (syndrome de Simmonds), soit dissociée n'affectant qu'une ou deux fonctions de la glande. Au niveau de la posthypophyse, le défaut d'hormone antidiurétique réalise le syndrome du diabète rénal. Un excès d'A. D. H. peut se rencontrer dans certains cas de cancers bronchiques à petites cellules.

HYPOPHYSECTOMIE n. f. Ablation chirurgicale de l'hypophyse.

HYPOPITUITARISME n. m. Insuffisance de sécrétion de l'hypophyse.

HYPOPLASIE ou **HYPOPLASTIE** n. f. Réduction modérée du développement d'un viscère.

HYPOPROTÉINÉMIE n. f. Diminution du taux des protéines dans le sang.

HYPOPROTHROMBINÉMIE n. f. Diminution de la prothrombine pouvant provoquer un syndrome hémorragique. (Elle s'observe au cours des insuffisances hépatiques, des carences en vitamine K et des traitements par les antivitaminiques K.)

HYPORÉFLECTIVITÉ ou **HYPORÉFLEXIE** n. f. Diminution des réflexes, principalement ostéotendineux.

HYPOSÉCRÉTION n. f. Diminution de la sécrétion d'une glande.

HYPOSIDÉRÉMIE n. f. Diminution de la concentration plasmatique en fer au-dessous de 0,6 mg par litre.

HYPOSMIE n. f. Diminution de l'odorat.

HYPOSODÉ, E adj. Se dit d'un aliment de régime sans sel.

HYPOSPADE adj. et n. Atteint d'hypospadias.

HYPOSPADIAS [-djas] n. m. (gr. *hupospadias*). Malformation des voies urinaires dans laquelle l'urètre s'ouvre sur la face inférieure de la verge.

HYPOSTASE n. f. (bas lat. *hypostasis,* du gr. *hupostasis,* base). **1.** Chacune des trois personnes de la Sainte-Trinité considérées comme substantiellement distinctes. (Il y a en Dieu trois hypostases en une seule nature ; en Jésus-Christ une hypostase en deux natures.) — **2.** Substitution d'une catégorie grammaticale à une autre (nom propre devenant nom commun [*un harpagon*], verbe devenant substantif [*le boire*], etc.).

HYPOSTATIQUE adj. *Union hypostatique,* union en une seule hypostase (ou personne) des deux natures (divine et humaine) en Jésus-Christ.

HYPOSTHÉNIE n. f. (gr. *stenos,* force). **1.** Affaiblissement du fonctionnement de certains tissus ou organes. — **2.** Diminution du tonus nerveux.

HYPOSTOME n. m. Portion de la tête des insectes qui se trouve au-dessous de la lèvre inférieure.

HYPOSTYLE adj. (gr. *hupostulos*). Se dit d'une salle dont le plafond est supporté par des colonnes, en particulier dans les temples d'Égypte.

HYPOSULFITE n. m. **1.** Syn. de THIOSULFATE. – **2.** Hyposulfite de sodium, de magnésium, médicaments utilisés comme désensibilisants non spécifiques dans les maladies d'origine allergique.

HYPOSULFUREUX adj. m. Syn. de THIOSULFURIQUE.

HYPOSULFURIQUE adj. Syn. de DITHIONIQUE.

HYPOSYSTOLIE n. f. Diminution de la puissance des contractions cardiaques, qui s'observe avant la phase d'asystolie.

HYPOTACTIQUE adj. Qui concerne l'hypotaxe.

HYPOTAUPE n. f. *Arg. scol.* Classe de mathématiques supérieures.

HYPOTAXE n. f. (gr. *hupotaksis,* dépendance). Procédé syntaxique consistant à expliciter par une subordination ou une coordination le rapport existant entre deux phrases qui se suivent (par oppos. à la *parataxe*).

HYPOTENDU, E adj. et n. Atteint d'hypotension artérielle.

HYPOTENSEUR adj. m. et n. m. Se dit d'un médicament qui diminue la tension artérielle.

HYPOTENSIF, IVE adj. Qui se rapporte à ou est provoqué par l'hypotension.

HYPOTENSION n. f. Abaissement au-dessous de la normale de la tension artérielle.
ENCYCL. **Pathol.** L'hypotension se rencontre habituellement chez des sujets fatigués ou dépressifs, et volontiers chez les femmes. Mais elle peut relever d'une cause organique telle que l'infarctus du myocarde ; elle est un signe essentiel de la maladie d'Addison.

HYPOTÉNUSE n. f. (lat. *hypotenusa,* du gr. *hupoteinousa,* ligne sous-tendante). Côté d'un triangle rectangle opposé à l'angle droit, et qui est le plus grand des trois côtés.

HYPOTHALAMIQUE adj. Relatif à l'hypothalamus.

HYPOTHALAMO-HYPOPHYSAIRE adj. Qui concerne à la fois l'hypophyse et l'hypothalamus.

HYPOTHALAMUS [-mys] n. m. Région du diencéphale, située en avant du thalamus et au-dessus de l'hypophyse, considérée comme le centre de régulation du système nerveux végétatif et de plusieurs grandes fonctions.
ENCYCL. L'hypothalamus contrôle : l'hypophyse antérieure et intermédiaire par le biais de la sécrétion de neurohormones de stimulation (releasing factors) ou d'inhibition qui, véhiculées par voie sanguine jusqu'à l'hypophyse, y commandent la sécrétion des stimulines hypophysaires ; l'équilibre hydrique par la régulation du comportement de soif et par la sécrétion de l'hormone antidiurétique ; le comportement alimentaire par l'intermédiaire d'un centre de la satiété et d'un centre de la faim ; le système nerveux végétatif ; la régulation thermique par l'intermédiaire d'un centre de thermolyse et d'un centre de thermogenèse.

HYPOTHÉCABLE adj. Qui peut être hypothéqué.

HYPOTHÉCAIRE adj. (bas lat. *hypothecarius,* de *hypotheca,* hypothèque). **1.** Relatif à l'hypothèque. — **2.** Garanti par une hypothèque. — **3.** *Inscription hypothécaire,* mention faite aux registres du conservateur des hypothèques, de l'hypothèque dont une propriété est dûment grevée. ‖ *Marché hypothécaire,* marché secondaire sur lequel peuvent se négocier des effets représentatifs de créances hypothécaires et qui, assurant cette mobilisation, permet aux prêteurs de se refinancer.

HYPOTHÉCAIREMENT adv. Par hypothèque.

HYPOTHÉNAR adj. inv. (gr. *hupothenar,* creux de la main). *Éminence hypothénar* ou *hypothénar* (n. m.), saillie que forment, à la partie interne de la paume, les trois muscles courts moteurs du petit doigt.

HYPOTHÈQUE n. f. (lat. *hypotheca,* du gr. *hupothêkê,* gage). **1.** Droit réel, immobilier et indivisible, dont est grevé un bien immeuble pour garantir le paiement d'une créance. (→ *encycl.*) — **2.** Cause de dépréciation, de perte de valeur ; ce qui empêche l'accomplissement de qqch : *Cette décision fait peser une lourde hypothèque sur les discussions à venir.* — **3.** *Hypothèque mobilière,* hypothèque sur un bien mobilier que la loi autorise, à titre exceptionnel, sur les bâtiments de navigation intérieure *(hypothèque fluviale),* les navires *(hypothèque maritime)* et les aéronefs.

ENCYCL. **Dr.** Les hypothèques doivent faire l'objet d'une inscription au bureau du conservateur des hypothèques ; elles ne prennent effet qu'à la date de cette inscription. L'hypothèque inscrite ne conserve ses effets que pendant un certain délai, fixé, dans les limites de la loi, par le créancier en fonction de l'échéance de la dette. L'hypothèque donne au créancier un droit de préférence, et un droit de suite, qui lui permet de saisir le bien hypothéqué lorsqu'il est passé, par une aliénation, aux mains d'un tiers détenteur. Ce dernier peut alors payer la dette, délaisser l'immeuble, se laisser exproprier ou avoir recours à la purge d'hypothèque.

HYPOTHÉQUER v. t. (conj. **18**). **1.** Grever un bien d'une hypothèque pour garantir une créance. — **2.** *Hypothéquer l'avenir,* le faire dépendre très étroitement des conditions présentes.

◆ **être hypothéqué** v. pass. Faire l'objet d'une hypothèque : *Maison hypothéquée.*

HYPOTHERMIE n. f. **1.** Abaissement de la température centrale au-dessous de la normale (36,5 à 37,5 °C). [On observe l'hypothermie au cours des expositions prolongées au froid, dans certaines intoxications (en partic. alcoolique et barbiturique, ou par l'oxyde de carbone), et dans certaines maladies infectieuses (choléra, septicémies à bacilles Gram négatif avec état de choc).] — **2.** *Hypothermie provoquée,* abaissement de la température centrale du corps, réalisé dans un dessein chirurgical.

HYPOTHERMIQUE adj. Relatif à l'hypothermie ou caractérisé par l'hypothermie.

HYPOTHÈSE n. f. (gr. *hupothesis*). **1.** Proposition visant à fournir une explication vraisemblable d'un ensemble de faits, et qui doit être soumise au contrôle de l'expérience ou vérifiée dans ses conséquences. — **2.** Supposition, conjecture portant sur l'explication de faits passés ou présents ou sur la possibilité de survenue d'événements futurs : *Une hypothèse peu fondée.* — **3.** Dans la logique traditionnelle, proposition particulière, comprise comme implicite à la thèse, ou incluse à celle-ci ; dans la logique moderne, formule figurant en tête d'une déduction et qui, à la différence d'un axiome, n'a qu'un caractère transitoire. — **4.** *Dans l'hypothèse où,* au cas où. ‖ *En être réduit aux hypothèses,* n'avoir aucune certitude. ‖ *En toute hypothèse,* en tout cas, quoi qu'il arrive. ‖ *Hypothèse nulle,* hypothèse portant sur la ou les populations d'où sont issus le ou les échantillons statistiques, ou sur les lois de probabilité considérées comme les représentant et que l'on soumet à un test statistique (par oppos. à l'*hypothèse alternative*).

HYPOTHÉTICO-DÉDUCTIF, IVE adj. (pl. *hypothético-déductifs, ives*). Se dit d'un raisonnement dans lequel les principes adoptés sont considérés, les uns comme vrais et assurés, les autres comme purement hypothétiques et devant être vérifiés à partir des premiers ou en fonction d'eux.

HYPOTHÉTIQUE adj. (bas lat. *hypotheticus,* du gr. *hupothetikos*). **1.** Qui est fondé sur une hypothèse, qui est du domaine de l'hypothèse : *Raisonnement hypothétique.* — **2.** Qui n'est pas certain, qui ne se produira peut-être pas ; douteux, problématique : *Succès hypothétique.* — **3.** Se dit d'une proposition conditionnelle introduite par la conjonction *si.* — **4.** Se dit d'un jugement de la forme « si A, alors B ». (Chez Aristote et chez Kant, ce qui est hypothétique s'oppose à ce qui est catégorique.)

HYPOTHÉTIQUEMENT adv. Par hypothèse.

HYPOTHREPSIE n. f. (gr. *threpsis,* action de nourrir). État d'affaiblissement dû à la dénutrition chez le nourrisson, dont le dernier stade, l'athrepsie, aboutit à la mort.

HYPOTHYROÏDIE n. f. Insuffisance ou absence de la sécrétion tyroïdienne.

HYPOTONIE n. f. **1.** État d'une solution saline dont la concentration moléculaire est inférieure à celle du plasma sanguin. — **2.** Diminution du tonus musculaire. (Elle se traduit par une hyperextensibilité et une passivité lors de la mobilisation passive de segments de membre.)

HYPOTONIQUE adj. et n. Relatif à l'hypotonie ; atteint d'hypotonie.

HYPOTRÈME n. m. (gr. *trema,* orifice). Poisson chondrichtyen tel que les raies et les torpilles, dont les fentes branchiales sont en position ventrale et les yeux et les spiracles en position dorsale. (Syn. BATOÏDE.)

HYPOTROPHIE n. f. Développement insuffisant du corps tout entier.

HYPOTROPHIQUE adj. Se dit d'une insuffisance de développement d'un organe, d'un membre ou du corps tout entier.

HYPOTYPOSE n. f. (gr. *hupotupôsis*). Description animée et frappante de la chose dont on veut donner l'idée.

HYPOVENTILATION n. f. Diminution du volume des échanges gazeux entre le sang et les alvéoles au niveau des poumons.

HYPOVIGILANCE n. f. État de moindre vigilance.

HYPOVIGILANT, E adj. Qui présente une hypovigilance.

HYPOVITAMINOSE n. f. Forme atténuée d'avitaminose.

HYPOXÉMIE n. f. Diminution du taux de l'oxygène dans le sang.

HYPOXIE n. f. Diminution de l'oxygène délivré au niveau des tissus.

HYPSILOPHODON n. m. (gr. *hupsilophos,* au sommet élevé). Reptile fossile bipède ornithopode du crétacé de Grande-Bretagne, herbivore, probablement arboricole, dont on connaît des squelettes complets.

HYPSODONTE adj. Se dit d'une dent à couronne haute, dont la croissance prolongée ou continue compense une usure importante. (C'est le cas des dents jugales du cheval, des incisives du lapin par ex.) [Contr. BRACHYODONTE.]

HYPSOMÈTRE n. m. Instrument qui sert à mesurer la pression de l'air en altitude, d'après la température d'ébullition de l'eau pure.

HYPSOMÉTRIE n. f. **1.** Étendue respective des différentes zones d'altitude d'une région donnée. — **2.** Représentation des altitudes sur une carte.

HYPSOMÉTRIQUE adj. Qui se rapporte à l'hypsomètre ou à l'hypsométrie. ‖ *Courbe hypsométrique,* syn. de COURBE DE NIVEAU*.

HYPTIOTE n. m. Petite araignée brune ou fauve, à pattes courtes, vivant sur les branches basses des conifères, où elle tisse une toile triangulaire.

HYRACOÏDE n. m. (gr. *huraks, -akos,* souris). Nom d'ordre créé pour les damans.

HYRACOTHÉRIUM [-terjɔm] n. m. (gr. *huraks, -akos,* souris). Syn. de EOHIPPUS.

HYRCAN Ier ou **JEAN HYRCAN** († 104 av. J.-C.), grand prêtre et ethnarque des Juifs (134-104), prince de la dynastie des Asmonéens. Il débarrassa les Juifs de la domination séleucide. Sous son règne fut consacrée la rupture définitive avec les Samaritains. Par ailleurs, favorisant les Sadducéens, Hyrcan s'attira l'hostilité des pharisiens.

HYRCAN II (110-30 av. J.-C.), grand prêtre (76-67 et 63-40) et ethnarque des Juifs (47-41), fils et successeur d'Alexandre Jannée. Sans autorité réelle, il fut mis à mort sur l'ordre d'Hérode, le véritable maître du pays.

HYRCANIE, en gr. **Hurkania,** nom antique d'une région de l'Iran, au S.-E. de la mer Caspienne, entre la Margiane et la Médie.

HYSOPE n. f. (lat. *hyssopus,* du gr. *hussôpos*). Sous-arbrisseau aromatique (labiée) de la région méditerranéenne et de l'Asie centrale, aux feuilles linéaires, glanduleuses, aux fleurs violettes groupées en épi allongé. (Employée par les Juifs pour asperger rituellement les portes, la branche d'hysope sert dans l'Église catholique au cours des bénédictions et des aspersions solennelles.)

HYSTÉRECTOMIE n. f. Ablation de l'utérus. (L'hystérectomie peut être totale ou laisser en place le col de l'utérus.)

HYSTÉRÉSIMÈTRE n. m. Appareil de contrôle de qualité des fers, aciers et alliages ferromagnétiques, par la mesure de l'hystérésis magnétique.

HYSTÉRÉSIS [-zis] n. f. (angl. *hysteresis,* du gr. *husterêsis,* retard). **1.** Propriété présentée par un système dont les propriétés à un instant donné dépendent de toute son évolution antérieure et pas seulement des paramètres décrivant le système à cet instant. — **2.** *Hystérésis électrique,* dans un diélectrique, variation irréversible de l'induction électrique, associée à une variation du champ électrique. ‖ *Hystérésis magnétique,* dans une substance ferromagnétique ou ferrimagnétique, variation irréversible de l'induction magnétique associée à une variation du champ magnétique. (Le *cycle d'hystérésis* est la courbe d'aimantation établie à partir de variations cycliques du champ magnétique.)

HYSTÉRÉTIQUE adj. Qui concerne l'hystérésis.

HYSTÉRIE n. f. (de *hystérique*). **1.** Structure névrotique de la personnalité, caractérisée par la traduction en symptômes corporels variés de représentations et de sentiments inconscients. (→ *encycl.*) — **2.** Excitation exagérée : *L'hystérie d'une foule déchaînée.* — **3.** Fam. *C'est de l'hystérie,* c'est de la folie, de la rage. ‖ *Hystérie d'angoisse,* forme clinique de l'hystérie caractérisée par la prédominance de symptômes phobiques associés à des états d'angoisse et par l'absence de processus de conversion. (L'affect séparé de la représentation de l'hystérie est secondairement transformé en angoisse et celle-ci est secondairement liée par déplacement à un objet qui se constitue en objet phobique.) [Syn. NÉVROSE PHOBIQUE.] ‖ *Hystérie collective,* ensemble de conduites asociales d'un groupe qui peuvent dégénérer en comportements antisociaux et destructeurs (émeutes, lynchages, pogroms, etc.). ‖ *Hystérie de conversion,* forme clinique de l'hystérie caractérisée par la prédominance des manifestations de conversion et par l'absence d'angoisse.

ENCYCL. **Psychiatr.** et **Psychan.** Décrite pour la première fois par Hippocrate comme résultant de déplacements de l'utérus chez des femmes privées de relations sexuelles, l'hystérie, arrachée à la sorcellerie et au discours religieux dans lesquels la tenait le Moyen Âge, ne fera retour dans le champ médical qu'à partir du XVIIe s. Mais ce n'est qu'au XIXe s., surtout avec J.-M. Charcot, que commence son étude scientifique. À la recherche d'une lésion des nerfs comme cause de l'hystérie, celui-ci montre que les symptômes hystériques (anesthésies, contractures, paralysies, aphonies, cécités) peuvent être provoqués ou supprimés sous hypnose par la parole. Cela rend évident à S. Freud, qui suivit pendant quelques mois l'enseignement de Charcot, que la cause de l'hystérie ne saurait être que psychique : cette étiologie psychique, qui est responsable de l'atteinte corporelle, ne peut être dénouée qu'en étant exprimée avec des mots. Cette découverte et celle d'inconscient vont de pair avec l'invention de la psychanalyse. Freud décrit deux formes de la structure hystérique de la personnalité : l'*hystérie de conversion* et l'*hystérie d'angoisse.* Il montre l'importance du refoulement en tant que défense dans cette structure, de la dissociation entre représentation et affect. Celui-ci, séparé de la représentation, étant converti somatiquement dans l'hystérie de conversion ou transformé en angoisse dans l'hystérie d'angoisse. J. Lacan a montré que l'intérêt que l'hystérique éprouve pour la femme ne concerne pas un individu mais le mystère de sa propre féminité.

HYSTÉRIFORME adj. Qui rappelle l'hystérie.

HYSTÉRIQUE adj. et n. (bas lat. *hysterica,* du gr. *husterikos,* de *hustera,* utérus). **1.** Se dit d'un sujet dont la symptomatologie est celle de l'hystérie. – **2.** Se dit de qqn qui est extrêmement nerveux et excité.
◆ adj. **1.** Relatif à l'hystérie. – **2.** Qui est excité et nerveux jusqu'à l'irresponsabilité : *Une foule hystérique.* – **3.** Qui dénote une excitation extrême : *Rire hystérique.*

HYSTÉRISER v. t. (conj. 3). Exprimer qqch de façon hystérique.

HYSTÉROGRAPHIE n. f. Radiographie de l'utérus après injection d'un produit de contraste dans sa cavité.

HYSTÉROMÈTRE n. m. Instrument employé pour sonder et mesurer l'utérus.

HYSTÉROPEXIE n. f. Intervention chirurgicale consistant à replacer l'utérus en bonne position et à le fixer.

HYSTÉROSALPINGOGRAPHIE n. f. Hystérographie étendue aux trompes.

HYSTRICIDÉ n. m. (gr. *hustriks, -ikhos,* hérisson). Nom de famille attribué au porc-épic et aux rongeurs voisins.

HYSTRICOMORPHE n. m. Rongeur aux poils raides, aux griffes fortes, tel que le porc-épic, le cobaye, le cabiai, l'agouti, le chinchilla et le ragondin. (Le sous-ordre des *hystricomorphes* est divisé en 16 familles, surtout sud-américaines.)

HYWEL DDA (« le Bon ») [† 950], roi de Galles (942-950), il réunit sous son autorité une grande partie du pays de Galles.

Hz, symbole du *hertz,* unité SI de fréquence.

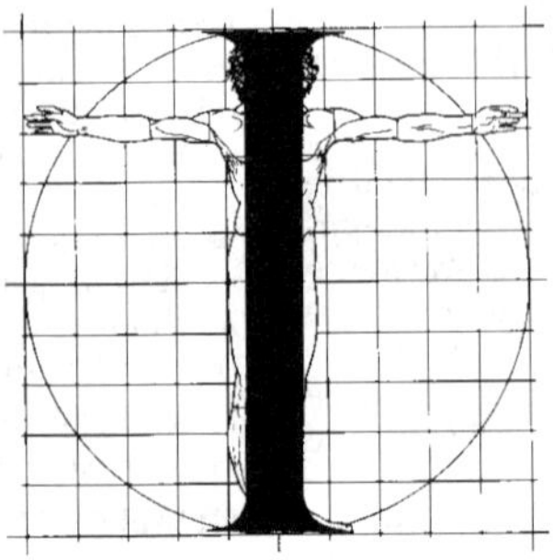

I n. m. **1.** Neuvième lettre de l'alphabet français servant à noter une voyelle orale, antérieure, fermée, non arrondie. (Le son [i] est noté par la lettre *i* ou, plus rarement, par la lettre *y ;* les graphies *in, im* sont notées par le son [ɛ̃] — **2.** *Droit comme un I,* qui se tient très droit. ‖ *I grec,* nom donné à la lettre Y. ‖ *Mettre les points sur les « i »,* s'expliquer d'une manière très claire et très précise pour éviter les ambiguïtés.

i, élément du corps $\mathbb{C}$ des nombres complexes défini par $i = \sqrt{-1}$. (Les électriciens utilisent souvent *j* à la place de *i,* qui est utilisé pour désigner un courant électrique.)

I **1.** Chiffre romain valant 1. — **2.** Symbole chimique de l'*iode.* — **3.** Symbole qui désigne un courant électrique. — **4.** *Antigène I,* antigène public du globule rouge humain.

I. A., abrév. de INTELLIGENCE ARTIFICIELLE.

I. A. A., abrév. de INDUSTRIES AGRICOLES ET ALIMENTAIRES. (→ AGROALIMENTAIRES.)

IABLONOVYÏ *(monts),* en russe **Iablonovyï Khrebet** (« monts des Pommiers »), montagnes de Russie, en Sibérie orientale, qui séparent le bassin du Vitim de celui de la Chilka, culminant à 1 680 m.

IACOPO da Bologna → JACOPO da Bologna.

IACOPO della Quercia → JACOPO della Quercia.

I. A. D. n. f. Abrév. de INSÉMINATION ARTIFICIELLE AVEC DONNEUR, méthode de procréation artificielle.

Iago, personnage d'*Othello**, de Shakespeare, responsable du meurtre de Desdémone.

IAGODA (Guenrikh Grigorievitch), homme politique soviétique (Łódź 1891 - Moscou 1938). Directeur des services de sécurité (Guépéou et NKVD) de 1930 à 1936, il fut destitué par Staline (1936) et exécuté (1938).

IAKOBSON (Leonid Veniaminovitch), chorégraphe soviétique (Saint-Pétersbourg 1904 - *id.* [Leningrad] 1975). S'étant orienté très tôt vers une plus grande liberté d'expression, il rejoignit les idées d'Isadora Duncan et les conceptions de Michel Fokine. Il collabora avec le Ballet du Kirov (*Spartacus,* 1956). C'était un spécialiste de la miniature chorégraphique (*Vestris,* 1971).

IAKOULOV (Gueorgui Bogdanovitch), peintre arménien (Tiflis 1884 - Erevan 1928). Il mit en pratique les principes du constructivisme dans son aménagement du « Café pittoresque » à Moscou (1917) et dans ses décors et costumes de théâtre (*Pas d'acier* [Prokofiev], pour les Ballets russes, Paris, 1927).

IAKOUTES ou **YAKOUTES,** peuple turco-mongol de Russie (env. 380 000 individus, habitant principalement la *république de Iakoutie*). Ils se reconnaissent sous le nom de Sakhas.

IAKOUTIE, république de la Fédération de Russie, en Sibérie orientale, occupant le bassin de la Lena ; 3 103 200 km^2 ; 1 081 000 hab. Cap. *Iakoutsk.* Immense par sa superficie (presque six fois la France) mais à peu près vide (climat très rude), la république est peuplée de Iakoutes, ou Sakhas (37 % de la population), éleveurs sédentarisés, et de Russes (50 % de la population) qui exploitent les ressources minières : or, étain, mica, diamants, pétrole et gaz, houille, fer.

IAKOUTSK, v. de Russie, cap. de la Iakoutie ; 187 000 hab.

IALOMITA, riv. de Roumanie, née dans les Carpates méridionales, affl. du Danube (r. g.) ; 414 km.

IAMAL *(presqu'île de),* région de Russie, dans le nord de la Sibérie occidentale, formée de terres basses et marécageuses.

IAMBE ou **ÏAMBE** n. m. (lat. *iambus,* du gr. *iambos*). Pied de vers grec ou latin composé d'une brève suivie d'une longue accentuée ; poème composé de vers iambiques.
◆ **iambes** ou **ïambes** n. m. pl. Pièce satirique violente, en alexandrins alternant avec des octosyllabes, et intitulée ainsi par allusion aux iambes des poètes anciens.

Iambes, poèmes satiriques écrits par André Chénier en 1794, pendant sa détention à Saint-Lazare. Ils furent publiés à titre posthume en 1819.

IAMBIQUE ou **ÏAMBIQUE** adj. (bas lat. *iambicus,* du gr. *iambikos*). **1.** Se dit d'un pied constitué d'iambes. — **2.** Se dit d'un vers composé d'iambes ou comprenant des iambes. — **3.** *Poésie iambique,* forme de la poésie lyrique grecque et latine, dont l'élément de base est l'iambe. (Créée par le poète Archiloque de Paros [VIIe s. av. J.-C.], elle fut brillamment illustrée par Hipponax d'Éphèse [VIe s. av. J.-C.], Callimaque et Hérondas, puis par Catulle et Horace.)

IANA, fl. de Russie, en Sibérie orientale, tributaire de l'océan Arctique ; 1 030 km.

IANTHINITE n. f. Oxyde naturel d'uranium hydraté de couleur noir-violet, exploité comme minerai.

IAPUDES ou **IAPYDES,** peuple illyrien de la côte de l'Adriatique. Ils ne furent soumis que sous Auguste (35-33 av. J.-C.).

IAPYGES, peuple originaire d'Illyrie, venu s'établir en Italie du Sud, en Apulie, où il se stabilisa au Ve s. av. J.-C.

IAROSLAV le Sage (v. 978 - Kiev 1054), grand-prince de Kiev (1019-1054), fils de Vladimir le Saint. Il battit les Petchenègues (1036) et entreprit la colonisation des steppes de la rive droite du Dniepr. Il conclut avec Byzance un accord au terme duquel Kiev devint le siège d'un métropolite de toute la Russie. Il fit construire la cathédrale Ste-Sophie à Kiev, et rédiger la première partie de la *Rousskaïa Pravda* (« le Droit russe »).

IAROSLAVL, v. de Russie, sur la Volga, au N.-E. de Moscou ; 638 100 hab. Raffinage du pétrole. Pétrochimie. Moteurs et accessoires automobiles.
— **Bx-arts.** Originales églises de la 2e moitié du XVIIe s., en forme de cubes coiffés de cinq bulbes sur hauts tambours, entourés de galeries et flanqués d'un clocher à couverture pyramidale.

IAȘI ou **JASSY,** v. de Roumanie, ch.-l. de dép. ; 342 994 hab. Elle fut à partir du XVIe s. l'une des résidences des princes de Moldavie, dont elle devint la capitale en 1653. Églises des Trois-Hiérarques et Golia, originales variations sur des types byzantins (XVIIe s.). Musées. Centre universitaire et industriel (textile, alimentation, mécanique, chimie).

IATROGÈNE ou **IATROGÉNIQUE** adj. (gr. *iatros,* médecin). Se dit des accidents morbides et des maladies provoqués par les médicaments et les traitements médicaux.

IAXARTE, en gr. **Iaxartês,** fleuve de Sogdiane, tributaire de la mer d'Aral. Il formait la frontière orientale de la Perse achéménide avec les steppes parcourues par les Scythes. C'est l'actuel *Syr-Daria.*

IAZYGES, peuple sarmate établi, vers le Ier s. av. J.-C., en Scythie puis à l'embouchure du Danube. Ils furent battus par Marc Aurèle.

IAZYKOV (Nikolaï Mikhaïlovitch), poète russe (Simbirsk 1803 - Moscou 1847). Lointain précurseur des symbolistes, il compte, avec Pouchkine et Baratynski, parmi les premiers maîtres de la langue russe.

IBADAN, v. du Nigeria, au N.-N.-E. de Lagos, cap. de l'État d'Oyo ; 1 295 000 hab. Centre commercial et artisanal, peu industrialisé. Université.

'IBĀDĀT n. m. pl. (mot ar.). Pratique rituelle consacrée par la tradition islamique. (Ce sont la purification rituelle, les prières, les aumônes, le jeûne, le pèlerinage et le djihād.)

IBĀḌITE n. m. (ar. *ibāḍiyya*). Membre d'une secte khāridjite du Maghreb, dont le nom vient de 'Abd Allāh ibn Ibāḍ, docteur de la fin du VIIe s.

IBAGUÉ, v. de Colombie, ch.-l. du dép. de Tolima, sur le versant est de la Cordillère centrale ; 334 000 hab. Centre commercial.

IBÁÑEZ (Blasco) → BLASCO IBÁÑEZ.

IBANS ou **SEA DAYAKS,** ethnie proto-malaise de 550 000 individus occupant les collines de la partie ouest de Bornéo.

IBARA SAIKAKU → IHARA SAIKAKU.

IBARAKI, v. du Japon (Honshū), banlieue nord d'Ōsaka ; 234 100 hab.

IBARBOUROU (Juana FERNÁNDEZ MORALES, dite **Juana de**), femme de lettres uruguayenne (Melo 1895 - Montevideo 1979). Chantre de l'amour et de la passion (*les Langues de diamant,* 1919 ; *la Passagère,* 1967), elle a également publié des contes et des récits (*Juan soldado,* 1971).

IBÁRRURI (Dolorès), dite **La Pasionaria,** femme politique espagnole (Gallarta, Biscaye, 1895 - Madrid 1989). Membre du Comité central du parti communiste espagnol en 1930, elle devint, grâce à sa fougue oratoire, l'un des leaders du camp républicain pendant la guerre civile espagnole (1936-1939).

IBAS, théologien de l'Église syriaque (v. 380-457), évêque d'Édesse (436). Il fut suspecté de nestorianisme mais réhabilité au concile de Chalcédoine (451). Par l'éclat de sa pensée, il contribua au rayonnement de l'école d'Édesse.

IBELIN, famille française issue des vicomtes de Chartres, qui s'illustra à Chypre et dans le royaume latin de Jérusalem et fut fondée par BALIAN Ier († av. 1155) devenu seigneur d'Ibelin (Yabna), au S. de Jaffa, par son mariage. — Son fils BALIAN II († apr. 1193), gendre d'Amaury Ier, roi de Jérusalem, ne put empêcher Saladin de prendre Jérusalem (1187). — JEAN Ier († 1236), seigneur de Beyrouth (1197-1236), régent du royaume de Jérusalem (1205-1210) puis régent de Chypre (1227-28 et 1229-1232), s'opposa à l'empereur Frédéric II qui le dépouilla de la régence de Chypre en 1228.

IBELS (Henri Gabriel), dessinateur, lithographe et peintre français (Paris 1867 - *id.* 1936). L'un des nabis, il a dépeint avec verve la vie de son temps, a donné des caricatures pour *le Cri de Paris, l'Escarmouche* de G. Darien et *le Sifflet,* publication dreyfusarde fondée par lui-même.

IBÈRE, IBÉRIEN, ENNE ou **IBÉRIQUE** adj. Relatif aux Ibères, à l'Ibérie.
◆ n. m. Langue non indo-européenne parlée dans l'Antiquité par les Ibères et transcrite grâce à un alphabet particulier de 28 lettres.

IBÈRES, en lat. **Iberi,** peuple qui occupait une partie de l'Espagne à l'époque de la conquête romaine, et qui a donné son nom à la péninsule Ibérique.
— **Archéol.** Influences anatolienne et phénicienne se retrouvent dans le bestiaire (lion, griffon, sphinx, etc.) de l'art ibérique qui trouve son originalité dans des statuettes en bronze au schématisme puissant ; citons également la Dame de Baza et la Dame d'Elche*. Remparts de petites villes, sanctuaires et sépultures sous tumulus témoignent d'une architecture parfois cyclopéenne.

Iberia, titre de quatre recueils de pièces pour piano composées par Albéniz entre 1906 et 1909. Le folklore espagnol en est la principale source.

Ibéria, œuvre symphonique de Claude Debussy, deuxième volet de la trilogie *Images.* Achevée en 1908, *Ibéria* se compose de trois pièces : *Par les rues et par les chemins, les Parfums de la nuit, le Matin d'un jour de fête.*

IBÉRIE, pays de l'Europe méridionale, habité par les Ibères.

IBÉRIE, pays de l'Asie antérieure, situé dans le Caucase, dans la haute vallée du Cyrus (Koura). Ses habitants, les *Sapires* d'Hérodote, prirent le nom d'« Ibères » au Ier s. av. J.-C.

IBÉRIQUE adj. (lat. (*Hibericus,* du gr. *Ibêrikos*). **1.** Syn. de IBÈRE. — **2.** Qui est relatif à l'Espagne et au Portugal : *La péninsule Ibérique.* — **3.** *Porc ibérique,* race de porc à peau pigmentée, originaire d'Espagne, élevée traditionnellement d'une manière extensive, à l'origine de nombreuses races actuelles et dont on tire un jambon cru d'excellente qualité.

IBÉRIQUE *(chaîne)* ou **CELTIBÉRIQUE,** ensemble de massifs espagnols, orientés du N.-O. au S.-E., séparant du bassin de l'Èbre les hautes plaines de Castille et culminant au Moncayo (2 393 m).

IBERIS [-ris] n. m. (lat. *iberis, -idis,* du gr. *ibêris, -idos,* sorte de cresson). Nom générique de la corbeille-d'argent, de la julienne, du thlaspi et d'autres crucifères, souvent utilisées comme plantes ornementales.

IBÉROCAUCASIEN, ENNE adj. et n. m. Se dit d'un groupe linguistique hypothétique constitué par l'ibère, le basque et les langues caucasiennes.

IBÉROMAURUSIEN n. m. Faciès culturel du paléolithique final et de l'épipaléolithique maghrébin contemporain du capsien. (Ses industries sont caractérisées par un abondant outillage sur lamelles.)

IBERT (Jacques), compositeur français (Paris 1890 - *id.* 1962). Grand prix de Rome en 1919, il se fit connaître avec le triptyque symphonique *Escales* (1922). Il fut directeur de la Villa Médicis à Rome de 1937 à 1940 et de 1946 à 1960. Artiste indépendant, il a écrit des ouvrages lyriques (*Angélique,* 1927 ; *le Roi d'Yvetot,* 1928), des ballets, des musiques de scène et de film (*Macbeth,* de O. Welles, 1948), de la musique de chambre, dont les célèbres *Trois Pièces brèves* pour quintette à vent (1930).

IBERVILLE (LE MOYNE D') ⟶ LE MOYNE D'IBERVILLE.

IBIBIOS, peuple du sud-est du Nigeria, groupant environ 2,5 millions d'individus, d'appartenance linguistique semi-bantoue.

IBIDEM [-dɛm] adv. (lat. *ibidem*). Au même endroit ; dans le même passage. (On se sert de ce mot dans les citations, pour exprimer que le mot ou le passage cité se trouve à l'endroit déjà indiqué dans une citation précédente.) [On écrit, par abrév., *ibid.*]

IBIS [ibis] n. m. (lat. *ibis,* du gr. *ibis*). Grand oiseau échassier (plataléidé) long de cou et de pattes (envergure jusqu'à 1,40 m), à bec mince et fortement recourbé, au plumage souvent d'un rouge orangé, se nourrissant d'insectes, grenouilles, mollusques et crustacés et nichant dans les arbres en colonies souvent nombreuses. (L'ibis sacré des Égyptiens, l'une des personnifications du dieu Thot, était vénéré à titre de grand destructeur de sauterelles.)

IBIZA, île des Baléares, à 100 km à l'E. du cap de la Nao ; 541 km² ; 57 000 hab. Ch.-l. *Ibiza* (29 935 hab.). Le tourisme (aéroport international), très important, complète l'agriculture (polyculture, vergers).

IBLEI *(monts),* massif d'Italie, dans le S.-E. de la Sicile ; 985 m au *mont Lauro.*

IBLĪS, le diable, chez les musulmans, appelé aussi *Chayṭān* (Satan).

IBM, sigle de *International Business Machines,* société américaine d'informatique. Fondée en 1911 pour exploiter les brevets de Herman Hollerith, inventeur des machines à cartes perforées, elle adopta sa raison sociale actuelle en 1924. IBM, un des leaders mondiaux des matériels d'informatique, est également présente dans le domaine de la Bureautique.

IBN, mot ar. signif. *fils,* et entrant dans la composition de nombreux noms propres au sens de « fils de... ». (On dit aussi BEN.)

IBN 'ABD AL-WAHHĀB → WAHHĀBITES.

IBN 'ABD RABBIH, poète arabe d'Espagne (Cordoue 860 - *id.* 940), panégyriste officiel des califes omeyyades d'Espagne et auteur de la célèbre encyclopédie *al-'Iqd al-Farīd,* guide des références littéraires et culturelles de l'honnête homme de l'époque.

IBN AL-'ARABĪ (Muhyi al-Dīn), philosophe arabe (Murcie 1165 - Damas 1240). Initié très tôt au soufisme, il voyagea dans tout le monde musulman. Influencé par le néoplatonisme islamique, notamment par al-Hallādj, il a développé une conception du voyage de l'homme vers Dieu et en Dieu, qui conduit à l'union avec Dieu. Son influence sur le soufisme a été très importante, surtout en Iran et en Anatolie.

IBN AL-FĀRIḌ ('Umar), poète mystique arabe (Le Caire 1181 - *id.* 1235). Il a laissé un *divan* de poésies panthéistiques comparables à celles des soufis persans.

IBN AL-HAYTHAM (Abū 'Alī al-Ḥasan ibn al-Ḥasan), connu également sous le nom de **Alhazen,** mathématicien et astronome arabe (Bassora 965 - Le Caire 1039). Il obtint géométriquement des solutions d'équations cubiques et quadratiques, énonça les lois de propagation rectiligne, de la réflexion et de la réfraction de la lumière. Il a écrit de nombreux traités d'astronomie.

IBN AL-MUQAFFA', écrivain arabe d'origine iranienne († Djur, auj. Firuzābād, v. 757). Il fut un des créateurs de la langue littéraire arabe, à travers ses traductions d'œuvres indo-iraniennes, dont l'une, *Kalīla wa Dimna,* inspira La Fontaine.

IBN AL-NADĪM, écrivain arabe († v. 995). Son *Fihrist,* index des ouvrages connus de son temps, est une source capitale sur la production littéraire et l'histoire du monde arabo-musulman.

IBN BĀDĪS ou **BEN BĀDIS** ('Abd al-Ḥamīd) [Constantine 1889 - 1940]. Fondateur du mouvement réformiste musulman en Algérie, il anima la revue *al-Chihāb (le Météore),* fonda et anima l'Association des ulémas algériens et lutta pour la défense de l'identité arabo-musulmane.

IBN BĀDJDJA → AVEMPACE.

IBN BAṬṬŪṬA (Abū 'Abd Allāh Muḥammad ibn 'Abd Allāh), voyageur arabe (Tanger 1304 - au Maroc entre 1368 et 1377). Il visita la Haute-Égypte, la Syrie, l'Arabie, l'Afrique orientale, la Perse, l'Asie Mineure, la Crimée, l'Asie centrale, l'Afghānistān, les Indes, Ceylan, Sumatra, la Chine, le Sahara, le Soudan, le Niger (de 1325 à 1353). Son *Journal de route* est un incomparable panorama de l'univers au XIVe s.

IBN EZRA ou **ABEN EZRA** (Abraham), poète, grammairien, philosophe, astronome juif (Tudela, Espagne, 1089 - Narbonne 1164). Ses ouvrages de grammaire, rédigés en hébreu, ont fait connaître à l'Occident les travaux des grammairiens d'Espagne et d'Orient.

IBN GABIROL → AVICÉBRON.

IBN ḤANBAL → AḤMAD IBN ḤANBAL.

IBN ḤAZM (Abū Muḥammad 'Alī), écrivain arabe d'Espagne, théologien et historien (Cordoue 994 - Manta Līcham, près de Séville, 1064). On lui doit, entre autres, un traité de l'amour platonique, *le Collier de la colombe.*

IBN KHALDŪN ('Abd al-Raḥmān), philosophe et historien arabe (Tunis 1332 - Le Caire 1406). Pendant la première moitié de sa vie et après de brillantes études au Caire, il mène la vie aventureuse de conseiller des princes et entre dans les intrigues de cour des souverains du Maghreb et d'Espagne (ce qui lui vaut une fois la prison). Il est à Tunis, au Maroc, à Grenade, à Bougie (1365), à Fès, à Tlemcen (1375). À cette date, lassé des aventures, il s'oriente vers une vie presque toute consacrée à l'étude d'abord à Tunis (1378), puis à Alexandrie. Il a rédigé ses *Prolégomènes* en prison ; c'est à Tlemcen qu'il a commencé sa grande œuvre, la *Chronique universelle,* achevée à Alexandrie. Ibn Khaldūn considère l'histoire non comme une suite d'événements successifs et imprévisibles, mais comme des ensembles différenciés, chacun cohérent, et qui reçoivent leur explication dans le déterminisme historique. Or ce qui rend certains événements nécessaires dans telle société et d'autres événements contingents dans d'autres sociétés, c'est la sociabilité, c'est-à-dire, en termes généraux, un ensemble articulé dont l'économie, la politique et la culture sont des aspects. C'est ainsi qu'il est amené à jeter les bases d'un savoir de la société comme science ou sociologie, qui implique une étroite liaison avec l'histoire. On le considère comme le fondateur de la sociologie dans le monde musulman.

IBN QUTAYBA (Abū Muḥammad ʻAbd Allāh ibn Muslim al-Dīnawarī), historien et philologue arabe (Kūfa 828 - Bagdad 889), le premier représentant de l'école des grammairiens de Bagdad.

IBN RUCHD → AVERROÈS.

IBN SAʻŪD → ʻABD AL-ʻAZĪZ III IBN SAʻŪD.

IBN SĪNĀ → AVICENNE.

IBN ṬUFAYL, philosophe et médecin arabe (Wādī Āch, auj. Guadix, début du XIIe s. - Marrakech 1185). Il a écrit un roman philosophique, *Vivant, fils d'éveillé,* dans lequel il montre comment la religion islamique et la philosophie sont les deux aspects d'une seule et même vérité inaccessible au plus grand nombre.

IBN ṬŪLŪN → AḤMAD IBN ṬŪLŪN.

IBN ṬŪMART (Muḥammad), réformateur musulman (dans l'Anti-Atlas, Maroc, entre 1078 et 1081 - † 1130), mahdī des Almohades. Disciple de Rhazālī, il s'éleva contre le relâchement des Almoravides et leurs doctrines juridiques. Il regroupa des partisans, dits « unitaires » (*al-Muwaḥḥidūn,* Almohades). Après sa mort, ʻAbd al-Mu'min fonda la dynastie des Almohades.

IBN YŪNUS (ʻAlī ibn Abī Saʻīd ʻAbd al-Raḥmān), astronome arabe (Le Caire? - *id.* 1009). Il établit les *Tables hākimites* (1007), dont les données furent utilisées pour la composition des *Tables alphonsines* (1252).

IBN ZAYDŪN (Abū al-Walīd Aḥmad), poète et homme politique de l'Espagne musulmane (Cordoue 1003 - Séville 1070). Ministre des ʻAbbādides de Séville, mort en disgrâce à Séville, il est célèbre par les poésies qu'il adressa à la poétesse Wallāda de sa prison.

IBOS ou **IGBOS,** peuple du sud-est du Nigeria, estimé à 16 millions de membres et parlant une langue kwa. (→ BIAFRA.)

IBOS (Pierre), général français (Toulouse 1871 - *id.* 1949). Il commanda en 1925 la division marocaine pendant les opérations franco-espagnoles dans le Rif et reçut la soumission d'Abd el-Krim (27 mai 1926).

IBRĀHĪM, forme arabe de ABRAHAM.

IBRĀHĪM Ier IBN AL-ARHLAB († Kairouan 812), gouverneur ʻabbāsside de l'Afrique du Nord (800-812) et fondateur de la dynastie des Arhlabides.

IBRAHIM (Istanbul 1615 - *id.* 1648), 18e sultan ottoman (1640-1648).

IBRĀHĪM (Muḥammad Ḥāfiẓ), poète égyptien (Dayrūt 1871 - 1932). Un des représentants de l'école égyptienne des réformateurs, il est l'auteur, entre autres, d'un imposant *Dīwān* (1922).

IBRĀHĪM PACHA (Kavála 1789 - Le Caire 1848), général et vice-roi d'Égypte (1848). Fils de Méhémet-Ali, il battit les wahhābites d'Arabie (1816-1819) et fut envoyé reconquérir la Morée pour le compte des Ottomans (1824-1827). Puis, chargé de campagne en Syrie (1831), il fut vainqueur du sultan Mahmud II à Konya (1832) et à Nizip (1839), mais dut, après l'intervention des grandes puissances européennes, évacuer la Syrie en 1840. Son père lui confia en 1848 le gouvernement de l'Égypte.

IBRAHIM PAŞA (Párgha 1493 - Istanbul 1536), grand vizir ottoman (1523-1536). Il perdit soudainement la faveur de Soliman le Magnifique qui le fit assassiner.

IBRĂILEANU (Garabet), critique littéraire roumain (Tîrgu Frumos 1871 - Bucarest 1936). Il est le théoricien de la spécificité nationale en littérature (*l'Esprit critique dans la culture roumaine,* 1909).

IBSEN (Henrik), poète et auteur dramatique norvégien (Skien 1828 - Christiania 1906). Après une adolescence difficile, marquée par une misère sporadique, il devient instructeur du théâtre national de Bergen (1851) et écrit des drames historiques qui lui valent une bourse d'études en Allemagne et au Danemark, où il fera sienne l'exigence de Kierkegaard, « tout ou rien », qu'il revendiquera plus tard dans *Brand**. Après avoir donné un drame psychologique (*Dame Inger d'Östråt,* 1855) et deux pièces lyriques, d'inspiration historique (*la Fête à Solhaug,* 1856 ; *Olaf Liljekrans,* 1856), il se marie, prend la direction du nouveau théâtre de Christiania, où il fait jouer *les Guerriers de Helgeland* (1858), drame historique tiré des sagas islandaises. L'échec de son mariage et ses déboires au théâtre lui inspirent un doute désormais fondamental qui s'exprime dans *les Prétendants à la couronne* (1863) et qui l'incite à vivre à l'étranger (Rome, Dresde, Munich, Rome), où il trouvera l'essence même de sa vocation : exalter la personnalité, la volonté, vilipender la lâcheté et le conformisme, ce qu'il illustrera dans *Brand* (écrit en 1866, joué en 1885) et, l'année suivante, avec un admirable mélange d'humour, de satire et de poésie, dans un de ses chefs-d'œuvre : *Peer* Gynt* (joué en 1876).
Désormais célèbre, Ibsen ne composera plus — à l'exception de son drame *Empereur et Galiléen*

(1903) – que des drames « contemporains » en prose qui s'inscrivent sur un registre social et éthique tel l'éveil du féminisme (*l'Union des jeunes,* 1869 ; *les Soutiens de la société,* 1877 ; *Maison* de poupée,* 1879 ; *les Revenants,* 1881 ; *Un ennemi* du peuple,* 1882). Peu à peu, la prédication se tempère au profit de la question ambiguë (« Cela vaut-il la peine d'exiger la vérité ? », *le Canard sauvage,* 1884) pour aboutir au pessimisme avec *Rosmersholm* (1886), *la Dame de la mer* (1888) et *Hedda* Gabler* (1890). Mondialement connu, Ibsen rentre en Norvège ; son obsession de la mort (*Solness le Constructeur,* 1892) se mue en drame de la culpabilité dans *Petit Eyolf* (1894) et *Jean-Gabriel Borkman* (1896) pour aboutir au pessimisme énigmatique qui mène à l'anéantissement de l'art et de l'amour dans *Quand nous nous réveillerons d'entre les morts* (1899). Considérable déjà de son vivant, l'influence d'Ibsen est toujours vivace.

IBUSE MASUJI, écrivain japonais (Fukuyama, préf. d'Hiroshima, 1898 - Tōkyō 1993). La diversité de ses sujets : contes d'animaux (*la Salamandre,* 1929), récits autobiographiques, fresques historiques (*Usaburō le naufragé,* 1954-55), romans de mœurs populaires (*Pas de consultation aujourd'hui,* 1949-50) ou d'après-guerre atomique (*Pluie noire,* 1966) et la richesse de son style ont fait de lui un écrivain très populaire.

IBYCOS, poète lyrique grec (VIe s. av. J.-C.). Né à Rhêgion, en Grande-Grèce, il vécut à Samos à la cour de Polycrate et composa des poèmes d'amour dont seuls subsistent quelques fragments.

IC, abrév. de INTERCITÉS utilisée pour désigner certains trains.

ICA, v. du Pérou, au S.-E. de Lima ; 163 000 hab. Centre commercial (coton, maïs).

ICAQUE n. f. (taïno *hicaco*). Fruit de l'icaquier, appelé aussi *prune d'icaque, prune des anses, prune de coton, prune de coco.*

ICAQUIER n. m. Arbrisseau (rosacée) des régions chaudes de l'Amérique, proche des pruniers, aux fleurs blanches en grappes, au fruit comestible. (L'écorce, riche en tanin, est un remède des dysenteries.)

ICARE, fils de Dédale. Avec son père, il s'évada du Labyrinthe, où Minos les avait enfermés, grâce à des ailes fixées aux épaules par de la cire. Il s'éleva si près du Soleil que la cire fondit, qu'il perdit ses ailes et fut précipité dans la mer.

Icare, ballet de Serge Lifar, mus. et rythmes de S. Lifar orchestrés par S. Szyfer, chorégr. de S. Lifar, déc. de Larthe. Créé à l'Opéra de Paris (1935).

ICARE, astéroïde du type Apollo, découvert en 1949. Son orbite, qu'il décrit en 1,12 an, se caractérise par une très forte excentricité (0,827) et une inclinaison importante sur l'écliptique (23°). Il peut s'approcher à 5 500 000 km seulement de la Terre. Diamètre estimé 1,6 km.

ICARIE, en gr. **Ikaría,** île grecque de la mer Égée, à l'O. de Samos ; 267 km² ; 9 000 hab. Selon la légende, Icare s'étant noyé près de cette île, Héraclès l'y enterra.

ICARIEN, ENNE adj. *Jeux icariens,* exercices de voltige acrobatiques.

ICARTIEN n. m. (de *Icart,* n. pr.). Ensemble de terrains métamorphiques, vieux d'au moins 2,5 milliards d'années (archéen).

ICAZA CORONEL (Jorge), romancier et diplomate équatorien (Quito 1906 - *id.* 1978). Auteur de romans réalistes (*la Fosse aux Indiens,* 1934 ; *Atrapados,* 1972), il fut un des chefs de file du courant indigéniste.

ICBM (sigle de *Intercontinental Ballistic Missile,* missile balistique intercontinental), missile balistique stratégique dont la portée est supérieure à 6 500 km.

ICEBERG [isbɛrg ou ajsbɛrg] n. m. (angl. *iceberg,* du norv. *ijsberg*). **1.** Bloc de glace de grande taille flottant à la surface de la mer. (→ *encycl.*) – **2.** *La partie immergée de l'iceberg,* la partie cachée, la plus importante, d'une affaire, en général délictueuse.

ENCYCL. Les icebergs sont constitués de glace continentale et proviennent de la rupture des fronts glaciaires sous l'effet du sapement et de la fonte opérés par les houles. Poussés par les vents et les courants, ils dérivent très loin des zones glaciaires et se dispersent sur une aire équivalente au cinquième de la surface océanique. La proportion immergée représente plus des trois quarts du volume total. Le tirant d'eau est de 3 à 4 fois plus grand que la hauteur au-dessus de la ligne de flottaison. Les icebergs arctiques, souvent produits par le Groenland, excèdent rarement 50 m de hauteur et quelques hectomètres de longueur. Pendant l'été polaire, ils constituent des dangers notables pour la navigation. Dans l'Atlantique du Nord-Ouest, principalement dans les parages du Grand-Banc de Terre-Neuve, une surveillance est exercée par des moyens de surface ou spatiaux.

ICE-CREAM [ajskrim] n. m. (pl. *ice-creams*) [angl. *ice-cream*]. Crème glacée.

ICE-FIELD [ajsfild] n. m. (pl. *ice-fields*) [angl. *ice-field,* champ de glace]. Vaste étendue de glace dans les régions polaires.

ICELAND, nom anglais de l'Islande.

ICÉRYE n. f. Cochenille végétarienne du monde entier, dont diverses espèces sont nuisibles au figuier, à la canne à sucre, au caféier, aux orangers et citronniers, etc. (On combat cette cochenille à l'aide d'une coccinelle, *Novius cardinalis.*)

ICHALKARANJI, v. de l'Inde, dans le Mahārāshtra, à l'E. de Kolhāpur ; 214 950 hab.

ICHANG → YICHANG.

ICHIHARA, v. du Japon (Honshū), à proximité de la baie de Tōkyō ; 257 716 hab. Aciérie. Chimie.

ICHIKAWA, v. du Japon (Honshū), à l'E. de Tōkyō ; 436 596 hab. Métallurgie.

ICHIKAWA KON, cinéaste japonais (Uji Yamada, auj. Ise, préf. de Mie, 1915). Parmi ses très nombreux films, on peut retenir *la Harpe de Birmanie* (1956) et *Feux dans la plaine* (1959), dénonçant les horreurs de la guerre, *l'Étrange Obsession* (1959), adaptation d'un roman de Tanizaki, *la Vengeance d'un acteur* (1963), *Seul sur l'océan Pacifique* (1964) et le film des jeux Olympiques de Tōkyō (*Tōkyō Olympiades,* 1965).

ICHIM, riv. de l'Asie centrale (Kazakhstan) et de la Sibérie occidentale (Russie), affl. de l'Irtych (r. g.) ; 2 450 km.

ICHINOMIYA, v. du Japon, au centre de Honshū ; 262 434 hab. Textile. Sanctuaire shintoïste fondé au VIIe s.

ICHNEUMON [iknømɔ̃] n. m. (lat. *ichneumon, -onis,* du gr. *ikhneumôn, -onos,* qui suit à la piste). **1.** Mangouste de l'Ancien Monde, nocturne et sociale, se nourrissant notamment de serpents venimeux, ce pour quoi elle était honorée chez les anciens Égyptiens. – **2.** Insecte hyménoptère térébrant dont les larves vivent dans le corps d'une chenille. (N. usuel *mouche vibrante.*)

ICHNOLOGIE [ik-] n. f. (gr. *ikhnos,* trace). Partie de la paléontologie qui étudie les traces laissées par les animaux fossiles (pistes, coprolithes, débris de repas, etc.).

ICHTHUS [iktys] n. m. (gr. *ikhthus*). Monogramme du Christ, composé des premières lettres des mots grecs : *Iêsous CHristos* (pour KHristos) *THeou Uios Sôtêr* (Jésus-Christ fils de Dieu, sauveur). [Les initiales réunies forment le mot *ikhthus,* poisson, d'où les représentations de poissons sur les murs des catacombes.]

ICHTYOCOLLE n. f. Colle de poisson utilisée notamment dans le collage des vins.

ICHTYOL ou **ICHTYOLAMMONIUM** n. m. Substance riche en soufre, employée en dermatologie, principalement pour le traitement de l'eczéma.

ICHTYOLOGIE [ik-] n. f. Étude scientifique des poissons.

ENCYCL. L'*Histoire naturelle des poissons* de Lacepède (1756-1825), publiée de 1798 à 1803, fut le premier ouvrage d'ensemble sur les poissons. Mais l'ichtyologie doit l'essentiel de son acquis à l'œuvre de Georges Cuvier (1769-1832) et d'Achille Valenciennes (1794-1865), qui étudièrent et classèrent les découvertes des grands voyageurs de la première moitié du XIXe s.

ICHTYOLOGIQUE [ik-] adj. Relatif à l'ichtyologie.

ICHTYOLOGISTE [ik-] n. Zoologiste qui étudie les poissons.

ICHTYOPHAGE [ik-] adj. (gr. *ikhtuophagos*). Syn. de PISCIVORE.

ICHTYOPHTIRIOSE [ik-] n. f. Maladie des poissons d'eau douce due à un protozoaire, caractérisée par des taches blanches sur l'épiderme et qui peut provoquer des pertes considérables dans les élevages.

ICHTYOPTÉRYGIE [ik-] n. f. Nom scientifique des nageoires paires des poissons (pectorales et pelviennes).

ICHTYORNIS [iktjɔrnis] n. m. Oiseau fossile du crétacé d'Amérique du Nord, de la taille d'une mouette, muni de dents, portant un bréchet puissant et qui se nourrissait certainement de poissons.

ICHTYOSAURE [iktjɔzɔr] n. m. (lat. sc. *ichtyosaurus*). Grand reptile fossile (de 1 à 10 m de long) de l'ère secondaire, ressemblant aux requins, espadons ou dauphins et adapté à la vie pélagique : crâne allongé, museau en forme de bec denté, palettes natatoires, nageoires dorsale et caudale, etc. (On pense que les *ichtyosaures* étaient vivipares. Leur nourriture paraît s'être composée de poissons, de crustacés et d'ammonites. Ils forment un ordre.)

ICHTYOSE [ik-] n. f. (lat. sc. *ichtyosis*). Affection cutanée, caractérisée par la formation d'écailles ou de lames sur la peau et la desquamation de l'épiderme, d'intensité et d'étendue variables.

ICHTYOSIQUE [ik-] adj. et n. Relatif à l'ichtyose ; atteint d'ichtyose.

ICHTYOSTÉGALIEN ou **ICHTYOSTÉGIDÉ** [ik-] n. m. Vertébré fossile du dévonien supérieur du Groenland, représentant le stade le plus primitif des amphibiens. (*Ichtyostega* ressemble aux crossoptérygiens rhipidistiens par le crâne et l'existence d'une nageoire caudale. Les membres à cinq doigts et la présence de côtes puissantes montrent que la conquête du milieu terrestre était acquise. Taille 1 m environ.)

ICI adv. (lat. pop. *ecce hic,* voilà ici). Indique : **1.** l'endroit précis où se trouve la personne qui parle (par oppos. à *là, là-bas*) : *Venez ici. Les* *personnes ici présentes doivent remplir ce questionnaire.* — **2.** un lieu quelconque, une localité, une région où se trouve la personne qui parle : *Il n'habite plus ici depuis longtemps.* — **3.** un endroit précis que l'on désigne : *Mettez votre signature ici.* — **4.** la situation ou les circonstances où l'on est placé, l'endroit où l'on est arrivé dans un développement (texte, exposé) : *Arrêtons ici notre commentaire.* — **5.** En tête de phrase, introduit l'identité de la personne qui parle au téléphone ou celle d'une station de radio : *Ici, France-Culture.* — **6.** *Ici..., là...,* marquent une opposition entre deux lieux ou une opposition entre deux cas, deux situations : *Ici des cultures, là des terrains en friche.* — **7.** *D'ici,* qui habite, réside dans le pays, la région, l'immeuble : *Les gens d'ici ;* qui provient de la région : *Les produits d'ici.* ‖ *D'ici (à)...,* indique un laps de temps qui commence au moment où l'on parle : *D'ici (à) la fin du mois. D'ici (à ce) qu'il revienne.* ‖ *D'ici à ce que (il y a loin, il n'y a pas loin, etc.),* indique qu'une éventualité est ou n'est pas probable. ‖ *D'ici là,* entre le moment présent et la date dont il a été question. ‖ *D'ici peu,* dans peu de temps, à brève échéance. ‖ *Ici !,* intime l'ordre de venir (notamment à un chien). ‖ *Ici et là,* de côté et d'autre, à divers endroits. ‖ Fam. *Je vois ça d'ici,* je l'imagine aisément sans avoir besoin d'y aller voir ou d'attendre que l'événement se produise. ‖ *Jusqu'ici,* jusqu'au moment présent, jusqu'à maintenant. ‖ *Par ici,* dans les environs, dans les parages ; dans cette direction, vers ce lieu, et, en partic., dans la direction de la personne qui parle : *Par ici les billets.*

ICI, sigle de IMPERIAL CHEMICAL INDUSTRIES.

ICI-BAS adv. Sur la terre, en ce bas monde : *Les choses d'ici-bas.*

ICICA n. f. Syn. de PROTIUM.

ICKX (Jacky), coureur automobile belge (Bruxelles 1945). Très complet, il s'est illustré en formule 1, en rallye (Paris-Dakar 1983) et en endurance (six victoires aux 24 Heures du Mans).

ICOM (sigle de *International Council of Museums,* en fr. Conseil international des musées), organisation professionnelle fondée en 1946, affiliée à l'Unesco et vouée à la promotion, à la conservation et au développement des musées et autres biens culturels du monde entier. L'ICOM agit à trois niveaux : celui de son secrétariat et de son centre de documentation, situés à Paris ; celui de ses divers comités nationaux ; celui de ses 25 organismes internationaux spécialisés, rassemblant les meilleurs spécialistes de tous pays.

1. ICÔNE n. f. (russe *ikona,* du gr. byz. *eikona,* du gr. class. *eikôn, -onos,* image). Image sacrée, portative ou fixe, qui orne les églises de rite chrétien oriental.

ENCYCL. L'origine des icônes remonte aux portraits funéraires de l'Antiquité gréco-romaine (Fayoum). Elles sont peintes sur bois, à l'encaustique ou à la détrempe. Très en vogue au début du christianisme, elles font partie intégrante de la liturgie (après la crise de l'iconoclasme) en prenant place sur l'iconostase. Les plus anciennes icônes sont conservées dans le monastère Ste-Catherine du Sinaï. L'époque des Comnènes se caractérise par une grande diversité de thèmes. Parmi les ateliers extérieurs à Byzance, citons ceux des Balkans et ceux de Russie avec Novgorod et Moscou, dont Andreï Roublev* fut au XVe s. le plus brillant représentant.

2. ICÔNE n. f. (angl. *icon,* de *icône 1*). **1.** Signe qui est dans un rapport de ressemblance avec la réalité extérieure. (Par ex., le dessin d'une maison est une icône par rapport à la maison qu'il représente.) — **2.** Symbole graphique affiché sur l'écran d'un ordinateur et correspondant, au sein d'un logiciel, à l'exécution d'une tâche particulière.

ICONIQUE adj. (angl. *iconic*). Qui se rapporte à l'icône, à l'image en tant que signe.

ICONIUM ou **IKONION** → KONYA.

ICONOCLASME n. m. (de *iconoclaste*). Dans l'Empire byzantin, doctrine des VIIIe et IXe s. qui a tenté de supprimer les icônes et d'interdire leur culte.

ENCYCL. Proclamé doctrine officielle par l'empereur Léon III en 730 et fermement appliqué par Constantin V (741-775) [la persécution des partisans des icônes commença en 765] puis par Constantin VI (790-797) et Léon V (813-820), l'iconoclasme déchira durant plus d'un siècle l'Église byzantine et prit fin réellement en 843 avec la restauration solennelle du culte des images à Sainte-Sophie.

ICONOCLASTE adj. et n. (gr. byz. *eikonoklastês,* briseur d'images). **1.** Relatif à l'iconoclasme ; partisan de l'iconoclasme. — **2.** Qui est ennemi de toute tradition, qui cherche à faire disparaître tout ce qui est le passé.

ICONOGRAPHE n. Personne qui s'occupe d'iconographie.

ICONOGRAPHIE n. f. **1.** Étude descriptive des différentes représentations figurées d'un même sujet ; ensemble classé des images correspondantes. — **2.** Étude de la représentation figurée dans une œuvre particulière. — **3.** Ensemble de l'illustration d'une publication (livre, revue, etc.).

ENCYCL. Le mot, apparu en Italie au XVIe s., a longtemps désigné des recueils de portraits de personnages célèbres. Aujourd'hui, il désigne le plus souvent l'ensemble des représentations connues se rapportant à un sujet déterminé (par ex. l'iconographie de la Révolution française).

Durant le XIXe s. s'est développée l'étude des représentations de l'art chrétien médiéval (*Iconographie chrétienne* d'A. Didron, 1844). Au XXe s., les principales œuvres traitant d'iconographie sont celles d'É. Mâle, auteur de l'*Art religieux du XIIIe s. en France* (1898), suivi d'ouvrages consacrés à d'autres époques ; de Raimond Van Marle, auteur de l'*Iconographie de l'art profane au Moyen Âge et à la Renaissance* (1931-32) ; et d'Anton Pigler, qui a donné, avec *Barokthemen* (1956), un répertoire des thèmes illustrés par les peintres et graveurs depuis la Renaissance jusqu'au début du XIXe s.

ICONOGRAPHIQUE adj. Relatif à l'iconographie.

ICONOLOGIE n. f. Étude de la formation, de la transmission et du contenu des images, des représentations figurées.
ENCYCL. Le terme fut répandu par la publication, en 1593, de l'*Iconologia* de l'Italien Cesare Ripa, dont le but était de fournir aux artistes un répertoire de figures allégoriques. Le jésuite Cl. F. Ménestrier poussa plus loin la recherche : dans sa *Philosophie des images* (1682), il analyse la valeur de propagande de celles-ci, leur influence sur les mentalités. Chez E. Panofsky, au XXe s., le mot « iconologie » a une signification plus ambitieuse : c'est l'étude de la formation des images, des archétypes figuratifs, de leur évolution à travers le temps et l'espace et de leur rôle symbolique (*Essais d'iconologie,* 1939).

ICONOLOGIQUE adj. Relatif à l'iconologie.

ICONOLOGISTE ou **ICONOLOGUE** n. Spécialiste de l'iconologie.

ICONOSCOPE n. m. L'un des premiers tubes électroniques analyseurs d'image, destiné aux caméras de télévision.

ICONOSTASE n. f. (russe *ikonostas,* du bas gr. *eikonastas*). Cloison élevée, couverte d'icônes, qui sépare la nef du sanctuaire chez les chrétiens orientaux.

ICONOTHÈQUE n. f. Dans un musée, une bibliothèque, collection d'images classées.

ICOSAÈDRE n. m. (bas lat. *icosahedrum,* du gr. *eikosaedros,* à vingt faces). Solide à vingt faces. (Il a 12 sommets et 30 arêtes. L'icosaèdre régulier a pour faces des triangles équilatéraux isométriques.)

ICOSAGONE n. m. (gr. *eikosagônos*). Polygone qui a vingt angles et, par conséquent, vingt côtés.

ICTÈRE n. m. (bas lat. *icterus,* du gr. *ikteros*). **1.** Coloration jaune de la peau et des muqueuses due à leur imprégnation par la bilirubine. (Syn. usuel JAUNISSE.) [→ *encycl.*] — **2.** Jaunissement des plantes sous l'influence du froid et de l'humidité, quelquefois par l'action des champignons.
ENCYCL. **Méd.** L'ictère devient appréciable quand le taux de bilirubine sanguine est supérieur à 20 mg/l. Selon que la bilirubine est conjuguée (transformée par le foie) ou non, on distingue les ictères à bilirubine conjuguée et les ictères à bilirubine libre.
Chez l'adulte et l'enfant, l'ictère à bilirubine libre vient le plus souvent d'un excès de destruction des globules rouges ; l'ictère à bilirubine conjuguée est un ictère par rétention provenant d'une obstruction de la voie biliaire principale par un calcul cholédocien, d'une tumeur ou, parfois, d'une hépatite virale ou toxique.
Chez le nouveau-né, l'ictère à bilirubine libre est lié la plupart du temps à l'imperfection des activités enzymatiques du foie pendant les quinze premiers jours. Il s'observe également dans le cas d'incompatibilité* fœto-maternelle (Rhésus, A, B, O) ; l'ictère à bilirubine conjuguée est dû à une malformation des voies biliaires ou à une atteinte des cellules hépatiques (toxoplasmose, syphilis, etc.).
Chez le prématuré, l'ictère, le plus souvent physiologique, est lié à l'immaturité de la cellule hépatique.

ICTÉRIDÉ n. m. (gr. *ikteros,* loriot). Nom de famille de passereaux d'Amérique tropicale, aux couleurs vives, au bec conique, doués d'un dimorphisme sexuel accusé, tels les cassiques, molothres, quiscales, sturnelles et troupiales.

ICTÉRIQUE adj. et n. (lat. *ictericus,* gr. *ikterikos*). Relatif à l'ictère ; atteint d'ictère.

ICTIDOSAURIEN n. m. (gr. *iktis, -idos,* fouine). Nom de sous-ordre de reptiles fossiles du trias, ayant déjà plusieurs caractères mammaliens.

ICTINOS, architecte grec, peut-être athénien (milieu du Ve s. av. J.-C.). Il élabora en collaboration étroite avec Phidias les plans du Parthénon.

ICTUS [-tys] n. m. (lat. *ictus,* coup). **1.** Dans le vers antique, battement de la mesure ; temps fort marqué sur une syllabe. — **2.** Manifestation neurologique morbide, d'installation brutale. (Syn. ATTAQUE.) — **3.** *Ictus apoplectique,* syn. de APOPLEXIE.

ID., abrév. de IDEM.

IDA, chaîne de montagnes de Mysie (Asie Mineure), voisine de la plaine de Troie et où la légende plaçait l'enlèvement de Ganymède, le jugement de Pâris. C'est l'actuelle *Kazdag* (alt. 1 767 m). — Montagne du centre de la Crète (2 460 m). On y situait le lieu de naissance de Zeus.

IDACE, prélat et chroniqueur espagnol (Lameca, Galice, v. 388 - † 470). Il a laissé une *Chronique* qui va de 378 à 469 et qui est une source précieuse sur les invasions wisigothiques.

IDAHO, État de l'ouest des États-Unis ; 216 412 km² ; 1 006 749 hab. Cap. *Boise.* Le Nord et le Centre appartiennent aux Rocheuses forestières (industrie du bois) et le Sud est formé par les plaines de la Snake, steppiques (élevage ovin), parsemées de périmètres irrigués. Gisements miniers (plomb, argent, zinc, cuivre, or).
— **Hist.** Créé en 1863 après la découverte de gisements aurifères, le territoire de l'Idaho, amputé du Montana puis du Wyoming, est devenu un État de l'Union en 1890.

'ĪD AL-AḌḤĀ, dite aussi, selon les régions, **'īd al-qurbān, 'īd al-naḥr,** fête religieuse islamique du sacrifice, ou Grande Fête ('īd al-kabīr), célébrée le 10 dhū l-ḥidjdja.

'ĪD AL-FIṬR, fête religieuse islamique, de rupture du jeûne de ramaḍān, ou Petite Fête ('īd al-ṣarhīr).

IDALION, cité ancienne (XIIIᵉ s. av. J.-C.-Iᵉʳ s. apr. J.-C.) de Chypre, au N.-O. de Cition. Centre de la métallurgie du bronze, peuplée de colons mycéniens, puis phéniciens, elle fut la capitale d'un royaume à partir du XIIIᵉ s. av. J.-C.

IDAR-OBERSTEIN, v. d'Allemagne (Rhénanie-Palatinat), au pied du Hunsrück ; 36 400 hab. *Felsenkirche,* église en partie rupestre des XIᵉ et XVᵉ s. Centre de la bijouterie : Bourse aux diamants et pierres précieuses, taille des pierres et orfèvrerie. Musée des gemmes.

IDE n. m. (lat. sc. *idus,* du suéd. *id*). Grand chevaine à dos vert-bleu, à ventre blanc, à nageoires rosâtres, d'Europe centrale et orientale, présent dans le Rhin et en Belgique. (On élève fréquemment sa variété rouge, appelée *orfe.*) [Syn. MÉLANOTE.]

1. IDÉAL, E, ALS ou **AUX** adj. (lat. médiév. *idealis,* du lat. class. *idea,* idée). **1.** Qui est conçu par l'esprit, qui a le caractère d'une idée : *La droite est une ligne idéale.* — **2.** Qui existe seulement en tant qu'idée, conception de la pensée, spéculation, et non dans le réel : *La société idéale décrite par Platon dans la « République ».* — **3.** Qui possède toutes les caractéristiques, toutes les qualités propres à son type, mais qui paraît difficilement réalisable : *Rêver d'une justice idéale.* — **4.** À qui on prête toutes les qualités, toutes les perfections, qui est considéré comme parfaitement adapté à son rôle, sa fonction : *L'ami idéal. Un lieu idéal pour le repos.*

2. IDÉAL n. m. (pl. *idéals* ou *idéaux*) [lat. médiév. *idealis,* idéal]. **1.** Ensemble de valeurs intellectuelles, morales, esthétiques, politiques considéré comme conforme aux aspirations les plus élevées de qqn, d'une collectivité et comme une fin qu'ils se proposent d'atteindre : *Une jeunesse sans idéal.* — **2.** Modèle qui correspond à ce que qqn, une collectivité estiment être parfait : *Sculpture qui représente l'idéal de beauté grecque.* — **3.** Personne apparaissant comme un modèle dans le genre d'activité qui lui est propre : *C'est l'idéal de l'employé.* — **4.** Fam. *Ce n'est pas l'idéal,* on pouvait certainement espérer mieux. ‖ *L'idéal est (serait) de, que,* la meilleure solution est (serait). — **5.** *Idéal à gauche* (resp. *à droite*) *d'un anneau unitaire* (A, +, ·), sous-groupe additif I de A tel que, pour tout élément x de l'anneau A et pour tout élément y de I, le produit xy (resp. yx) appartient à I. (Si A est un anneau commutatif, alors on dit simplement idéal.) [→ *encycl.*]

ENCYCL. **Math.** Si A est un anneau non commutatif et I un idéal à gauche et à droite, alors I est dit idéal bilatère. Tout idéal de A est un sous-anneau de A (la réciproque n'étant pas vraie). Les seules relations d'équivalence définies sur un anneau A et compatibles avec la structure d'anneau de celui-ci sont de la forme aRb si et seulement si $(a - b) \in I$, où I est un idéal bilatère de A ; l'ensemble quotient noté A/I a une structure d'anneau. Si A = $\mathbb{Z}$, anneau des entiers relatifs, tout idéal de $\mathbb{Z}$ est principal et l'on retrouve la relation de congruence $a \equiv b$ mod n, équivalente à $(a - b) \in n\mathbb{Z}$.

IDÉALEMENT adv. **1.** D'une façon idéale, qui réalise la perfection : *Une femme idéalement belle.* — **2.** Si l'on se place dans le domaine de l'imaginaire : *Idéalement, vous avez raison, mais...*

IDÉALISATEUR, TRICE adj. Qui idéalise.

IDÉALISATION n. f. **1.** Action d'idéaliser ; fait d'être idéalisé. — **2.** Processus psychanalytique par lequel l'objet du désir se trouve investi par le sujet de qualités qu'il ne possède pas objectivement.

IDÉALISER v. t. (conj. 3). Conférer à qqn, à qqch, un caractère, une perfection idéale ; embellir.

IDÉALISME n. m. **1.** Courant philosophique qui subordonne à la pensée toute existence, tout être objectif et extérieur à l'homme. (À l'idéalisme se rattachent des philosophes très divers, tels Platon, Berkeley, Hegel.) — **2.** Doctrine esthétique qui assigne comme but à l'art et à la littérature l'expression d'une réalité conçue comme belle, exemplaire ou idéale (par oppos. au *réalisme*). — **3.** Attitude, caractère de qqn qui se propose un idéal élevé, voire utopique, qui croit en des valeurs idéales, en partic. sur le plan social : *L'idéalisme de la jeunesse.*

IDÉALISTE adj. et n. **1.** Qui préconise l'une des formes de l'idéalisme philosophique. — **2.** Qui obéit à un idéal, qui croit à des valeurs absolues d'ordre moral, social, intellectuel, etc., pour améliorer la société ou l'homme : *Être trop idéaliste et tourner le dos au réel.* — **3.** Qui est attaché à l'idéalisme en art ou en littérature : *Peintres idéalistes et réalistes.*

◆ adj. **1.** Relatif à l'idéalisme philosophique ou esthétique. – **2.** Qui exprime un idéal, qui est conforme à une conception idéale de la conduite ou de l'activité humaine : *Une morale idéaliste.*

IDÉALITÉ n. f. **1.** Caractère de ce qui est idéal. – **2.** *Idéalité mathématique,* statut des objets mathématiques, définis dans le champ de leur utilisation par les règles de leur construction.

IDÉATION n. f. (angl. *ideation*). Formation des idées.

IDÉATIONNEL, ELLE adj. Relatif à l'idéation.

IDÉE n. f. (lat. *idea,* du gr. *idea,* forme visible, de *ideîn,* voir). **1.** Représentation abstraite, élaborée par la pensée, d'un être, d'un rapport, d'un objet, etc. ; concept, notion : *L'idée du beau. Les rapports du mot et de l'idée qu'il représente.* – **2.** Tout contenu de pensée, toute élaboration de l'esprit : *Mettre de l'ordre dans ses idées.* – **3.** Manière personnelle de voir les choses : *Nous n'avons pas la même idée de ce qu'est la liberté.* – **4.** Élaboration originale de la pensée, permettant, en partic., de répondre à une situation, d'être à l'origine d'une action, d'une œuvre ou d'une invention originale : *Il a toujours beaucoup d'idées. Avoir une idée de roman.* – **5.** Proposition, suggestion, indication données par qqch (parfois suivi d'un nom apposé avec ou sans trait d'union) : *Revue qui fourmille d'idées pour vos vacances. De nouvelles idées-cadeaux.* – **6.** Ce qui doit être envisagé par l'esprit, ce qui est virtuel, ce qui se propose à l'esprit comme possible : *Il avait du mal à accepter l'idée d'une séparation.* – **7.** Aperçu, vision sommaire, notion de qqch : *Tu as une idée du prix ?* – **8.** Le siège de la pensée ; tête, esprit : *Cela m'est sorti de l'idée.* – **9.** Pour Platon, modèle général de chaque chose concrète ou de chaque notion abstraite, qui est dans l'esprit de tout homme avant sa naissance et qui lui permet de concevoir la réalité. – **10.** *À l'idée que,* par le seul fait d'envisager cette éventualité ou cet événement. ‖ *À mon idée,* selon ma propre conception, à mon gré. ‖ *Avoir idée de qqch,* se le représenter, l'imaginer approximativement. ‖ *Avoir, se faire une haute idée de qqch, de qqn,* les tenir en grande estime. ‖ *Idée fixe,* pensée dont l'esprit ne peut se détacher, obsession ; représentation mentale qui s'impose avec ténacité à la conscience et dont le sujet méconnaît le caractère pathologique, car elle est conforme à ses préoccupations habituelles. ‖ *J'ai idée que,* je tiens pour probable que, je pense que. ‖ *Quelle idée !, en voilà une idée !,* marque l'étonnement devant qqch qui va de soi ou qu'on trouve parfaitement incongru.

◆ **idées** n. f. pl. **1.** Opinions et conceptions de qqn, d'un groupe : *Combattre pour ses idées. Avoir des idées larges.* – **2.** Tendances et orientations de la pensée à une époque, dans une société, une civilisation : *Évolution des idées.* – **3.** Manière d'être, humeur de qqn : *Faire un voyage pour chasser ses idées noires.* – **4.** *Donner des idées à qqn,* lui suggérer involontairement qqch, le faire rêver et en partic. éveiller ses désirs. ‖ *Se faire des idées,* imaginer des choses fausses.

Idées directrices pour une phénoménologie, œuvre de Husserl (1913), où l'auteur décrit sa doctrine de la phénoménologie transcendantale, c'est-à-dire celle qui décrit les essences.

IDÉE-FORCE n. f. (pl. *idées-forces*). Idée principale, pivot d'un raisonnement et germe d'action.

IDÉEL, ELLE adj. (de *idée*). Relatif au monde des idées, à la nature des idées.

IDEM [idɛm] adv. (lat. *idem*). De même. (Abrégé souvent en ID.)

IDEMPOTENCE [idɛm-] n. f. Propriété d'une loi de composition T telle que, pour tout élément x de l'ensemble sur lequel elle est définie, on ait $x \top x = x$.

IDEMPOTENT, E [idɛm-] adj. *Élément idempotent d'un ensemble muni d'une loi interne* T, élément de l'ensemble qui vérifie $x \top x = x$.

IDENTIFIABLE adj. Que l'on peut identifier : *Un cadavre difficilement identifiable.*

IDENTIFICATEUR ou **IDENTIFIEUR** n. m. Symbole formé d'une suite de caractères alphanumériques, employé en programmation informatique pour désigner ou utiliser une variable ou une fonction.

IDENTIFICATION n. f. (lat. scolast. *identificatio, -onis*). **1.** Action d'identifier, d'établir l'identité de qqn : *L'identification d'un tableau.* – **2.** Action de s'identifier à qqn, à qqch. • **Mil.** Opération consistant à déterminer la nature d'un élément détecté. – **Psychan.** Processus par lequel un sujet emprunte un représentant à l'existence expressive d'un autre sujet (qualifié pour cela d'objet). [Ce représentant est le plus souvent un trait unique, isolé, particulier à l'autre personne : vêtement, attitude, geste, pli de personnalité.] (→ *encycl.*) ‖ *Identification projective,* mécanisme psychique caractéristique du très jeune enfant et selon lequel il est possible de cliver des parties de la personnalité, de les projeter et de les introduire dans un objet externe. (→ *encycl.*) – **Psychol.** Activité d'un sujet qui rapproche une information actuelle avec une information précédente, déjà élaborée sous forme de schème, de schéma ou de percept. (L'identification est à la base de la perception.)

ENCYCL. **Psychan.** S. Freud distingue l'identification par incorporation des traits idéaux du père ; l'identification à l'objet perdu, tentative pour le préserver de la disparition en se mettant à sa place ; une identification à un trait emprunté à une autre personne, en général tout à fait indifférente au sujet.
L'*identification projective* se fonde dans le désir de ne pas se séparer de l'objet : la mère et, plus primitivement, le sein. L'enfant, en se mettant ainsi dans le corps de la mère, établit un des premiers liens qui l'unissent à elle. Si ce premier lien est empêché ou détruit, une identification projective excessive et pathologique s'ensuit, ainsi qu'une détérioration du développement. Chez le nourrisson, l'utilisation de l'identification projective entraîne une difficulté à distinguer le moi du non-moi. Cette confusion est normale à cet âge. Cependant, chez ceux qui utilisent l'identification projective dite « massive », les confusions sont plus graves et plus persistantes : confusions entre extérieur et intérieur de l'objet, entre réalité externe et réalité psychique, entre fantasme et objet réel sont à l'origine de troubles de nature psychotique.

IDENTIFICATOIRE adj. Relatif à l'identification.

IDENTIFIER v. t. (lat. scolast. *identificare,* du lat. class. *idem,* le même, et *facere,* faire) [conj. 9]. **1.** Établir l'identité de qqn, son état civil, pouvoir dire qui il est : *Identifier les victimes d'un accident.* — **2.** Préciser la nature de qqch, son type, sa catégorie, pouvoir dire ce que c'est : *Identifier une plante.* — **3.** Savoir l'origine de qqch, à qui il appartient, grâce à une marque, un signe caractéristique et, en partic., pour un véhicule, grâce à un numéro d'immatriculation : *Identifier une automobile.* — **4.** Considérer que qqn, qqch a des caractères identiques et comparables à qqn, qqch d'autre, et les assimiler l'un à l'autre : *Identifier un homme politique à un régime.*
◆ **s'identifier** v. pr. **1.** Devenir identique à une autre personne ou à une autre chose : *S'identifier à un parti politique.* — **2.** Se rendre, par la pensée, identique à une autre personne ou chercher à lui ressembler : *Il s'identifie à son père.*

IDENTIFIEUR → IDENTIFICATEUR.

IDENTIQUE adj. (lat. scolast. *identicus,* du lat. class. *idem,* le même). **1.** Qui est parfaitement semblable à qqn, qqch d'autre, qui présente exactement les mêmes caractères : *Par des méthodes différentes, ils sont parvenus à des résultats identiques.* — **2.** Qui est unique bien que se rapportant à deux ou plusieurs choses ou êtres ; même : *Deux termes d'origine identique.* — **3.** Qui demeure fondamentalement le même au cours de son évolution : *Un village qui est resté identique.* • **Log.** *Proposition identique,* syn. de TAUTOLOGIE. — **Math.** *Application identique,* syn. de IDENTITÉ. — **Phys.** *Particules* (ou *quantons*) *identiques* (ou *indiscernables*), ensemble de quantons ayant tous les mêmes caractéristiques (masse, spin, charges). [L'identité des quantons d'un système se traduit par la symétrie (le système obéit alors à la statistique de Bose-Einstein) ou l'antisymétrie (il obéit à la statistique de Fermi-Dirac) de leur état global par rapport aux permutations des constituants.]
◆ n. m. **1.** Ce qui est identique. — **2.** *À l'identique,* se dit d'une reconstruction, restauration ou copie qui reproduit fidèlement un original (monument, objet d'art, décor, etc.).

IDENTIQUEMENT adv. De façon identique, pareillement.

IDENTITAIRE adj. Qui concerne l'identité, la singularité de qqn, d'un groupe.

IDENTITÉ n. f. (bas lat. *identitas, -atis,* du lat. class. *idem,* le même). **1.** Rapport que présentent entre eux deux ou plusieurs êtres ou choses qui ont une similitude parfaite : *Identité de goûts entre personnes.* — **2.** Caractère de deux êtres ou choses qui ne sont que deux aspects divers d'une réalité unique, qui ne constituent qu'un seul et même être : *Reconnaître l'identité de deux astres.* — **3.** Caractère permanent et fondamental de qqn, d'un groupe, qui fait son individualité, sa singularité : *Personne qui cherche son identité. Identité nationale.* — **4.** Ensemble des données de fait et de droit qui permettent d'individualiser qqn (date et lieu de naissance, nom, prénom, filiation, etc.) : *Rechercher l'identité d'un noyé.* — **5.** *Pièce d'identité,* document officiel qu'une personne doit produire pour justifier de son identité (carte d'identité, passeport, etc.). • **Dr.** *Identité judiciaire,* service de police judiciaire ayant pour fonction, au cours d'une enquête ou d'une information judiciaire, d'identifier les personnes et les objets, d'analyser les traces, etc. ‖ *Vérification* ou *contrôle d'identité,* contrôle, effectué par les services de police, de la véracité ou de la justification de l'identité d'une personne. — **Log.** et **Philos.** Caractéristique de deux ou de plusieurs objets de pensée, qui, tout en étant distincts par le mode de désignation, par une détermination spatio-temporelle quelconque, présentent exactement les mêmes propriétés. ‖ *Principe d'identité,* principe qui affirme qu'une chose est entièrement et exclusivement égale à elle-même (« A = A »). — **Math.** *Identité d'un ensemble* E, application définie de E dans E qui, à tout élément de E, fait correspondre l'élément lui-même. (On la note I_E.) [Syn. APPLICATION IDENTIQUE.] — **Mil.** *Plaque d'identité,* plaque métallique portée en opération par les militaires et qui donne les indications nécessaires à leur identification. — **Psychol.** *Identité sociale,* conviction d'un individu d'appartenir à un groupe social, reposant sur le sentiment d'une communauté géographique, linguistique, culturelle et entraînant certains comportements spécifiques.

IDÉOCRATIE n. f. Toute forme d'organisation politique où il y a fusion entre le pouvoir et une idéologie donnée.

IDÉOCRATIQUE adj. Qui concerne l'idéocratie.

IDÉOGRAMME n. m. Caractère graphique qui, dans certains systèmes d'écriture (égyptien, chinois), dénote un morphème entier non décomposé en phonèmes.

IDÉOGRAPHIE n. f. Écriture idéographique.

IDÉOGRAPHIQUE ou **IDÉOGRAMMATIQUE** adj. Se dit d'une écriture qui utilise des idéogrammes. (Un exemple d'écriture idéographique est la série des chiffres, romains ou arabes : I, II, III, etc., ou 1, 2, 3, etc., qui représentent des notions identiques pour des locuteurs de langues différentes.)

IDÉOLOGIE n. f. **1.** Système philosophique des idéologues du XVIIIe s. et du début du XIXe, qui se proposaient d'étudier les idées en général et leur origine. — **2.** Système d'idées générales constituant un corps de doctrine philosophique et politique à la base d'un comportement individuel ou collectif : *L'idéologie marxiste. L'idéologie nationaliste.* — **3.** Ensemble des représentations dans lesquelles les hommes vivent leurs rapports à leurs conditions d'existence (culture, mode de vie, croyance) : *L'idéologie des romantiques allemands du XIXe s.* — **4.** *Idéologie (dominante),* pour les marxistes, production qu'opère dans le monde des idées une classe sociale dominante, qui se caractérise par son aspect chosifié, coupé de la réalité concrète et qui permet à cette classe d'étayer sa domination économique sur la classe dominée. — **5.** Système spéculatif vague et nébuleux.

Idéologie allemande *(l'),* ouvrage de Marx et d'Engels (1845-46) dans lequel sont jetées les bases du matérialisme historique.

IDÉOLOGIQUE adj. Relatif à l'idéologie, qui en relève : *Divergences idéologiques.*

IDÉOLOGIQUEMENT adv. D'un point de vue idéologique.

IDÉOLOGISATION n. f. Processus à la faveur duquel un groupe social se reconnaît dans un ensemble plus ou moins cohérent de représentations relatives à son rôle ou à son statut historique.

IDÉOLOGUE n. **1.** Personne qui est à l'origine de la doctrine d'un groupe. — **2.** Personne qui vit dans le monde des idées, qui ignore les réalités concrètes. — **3.** Nom donné à la fin du XVIIIe s. et au XIXe s. à un groupe de penseurs qui préconisaient une science des idées détachée de la métaphysique et s'appuyant sur la physiologie. (Les principaux idéologues furent Cabanis, Destutt de Tracy, Daunou, Chénier, Constant, Sieyès.)

IDÉOMOTEUR, TRICE adj. (angl. *ideomotor*). Se dit d'un processus qui participe à la fois de la représentation et de la motricité.

IDÉOVISUEL, ELLE adj. Qui concerne la représentation visuelle de la pensée.

IDES n. f. pl. (lat. *idus*). Dans le calendrier romain, quinzième jour des mois de mars, de mai, de juillet et d'octobre et treizième jour des autres mois. (J. César fut assassiné aux *ides de mars* [15 mars], en 44 av. J.-C.)

ID EST [idɛst], locution latine empruntée à l'anglais et signifiant *c'est-à-dire.* (Abrév. *i. e.*)

I. D. H. E. C., sigle de INSTITUT DES HAUTES ÉTUDES CINÉMATOGRAPHIQUES*.

I. D. I., sigle de INSTITUT DE DÉVELOPPEMENT* INDUSTRIEL.

IDIACANTHIDÉ n. m. Poisson des profondeurs marines, à long corps serpentiforme, pourvu d'organes lumineux. (La femelle mesure 25 cm, mais le mâle, néoténique, ne dépasse pas 4 cm ; la larve a des yeux fortement pédonculés.)

IDIE n. f. Mouche noire verdâtre, méditerranéenne, parasite actif des œufs du criquet marocain.

IDIOCERUS [-serys] n. m. Petite cicadelle allongée, à large tête transversale, très commune sur les peupliers et les saules.

IDIOLECTAL, E, AUX adj. Relatif à un idiolecte.

IDIOLECTE n. m. (amér. *idiolect,* de *dialect*). Ensemble des variantes d'une langue propres à un individu donné.

IDIOMATIQUE adj. Qui est caractéristique de tel ou tel idiome.

IDIOME n. m. (bas lat. *idioma, -atis,* du gr. *idiôma, -atos,* caractère propre). **1.** Tout instrument de communication linguistique utilisé par telle ou telle communauté. (C'est un terme très général qui recouvre aussi bien la notion de langue que les notions de dialecte, de patois, etc.) — **2.** *Communication des idiomes,* attribution, à la personne de Jésus-Christ, des propriétés de chacune de ses deux natures, humaine et divine, du fait de l'union hypostatique.

IDIOMORPHE adj. Se dit des cristaux qui, dans les roches, ont toutes leurs faces développées et qui possèdent leur forme propre.

IDIOPATHIQUE adj. *Maladie idiopathique,* syn. de MALADIE ESSENTIELLE*.

IDIOPHONE n. m. Instrument de musique, non pourvu de cordes ou de membranes, dont le corps solide suffit à produire un son (castagnettes, xylophone, hochet, guimbarde, etc.).

IDIOSYNCRASIE n. f. (gr. *idiosugkrasia,* tempérament particulier). **1.** Manière d'être particulière à chaque individu qui l'amène à avoir tel type de réaction, de comportement qui lui est propre. – **2.** Syn. anc. de ANAPHYLAXIE ou de ALLERGIE.

IDIOSYNCRASIQUE adj. Relatif à l'idiosyncrasie.

IDIOT, E adj. et n. (lat. *idiota,* du gr. *idiôtês,* ignorant). **1.** Qui est dépourvu d'intelligence, de bon sens : *Vous me prenez vraiment pour un idiot !* – **2.** Qui, dans une circonstance particulière, agit de façon irréfléchie ou maladroite : *Idiot ! tu m'as marché sur le pied.* – **3.** *Vx.* Se dit d'un sujet atteint d'idiotie. – **4.** Fam. *Faire l'idiot,* simuler l'idiotie, agir sottement dans une circonstance donnée. ‖ *L'idiot du village,* personne mentalement arriérée.
◆ adj. **1.** Qui manque de discernement, de perspicacité : *Il serait idiot de refuser cette offre.* – **2.** Qui marque la pauvreté ou la vulgarité d'esprit : *Un ricanement idiot.* – **3.** Qui marque la légèreté d'esprit, l'absence de réflexion, de maturité : *Des scrupules idiots.* – **4.** Dont les conséquences apparaissent injustes : *Trouver la mort dans un accident idiot.*

Idiot *(l'),* roman de Dostoïevski (1868). Construit sur un crescendo qui s'achemine vers la tragédie finale, le roman a pour thème les vains efforts du jeune prince Mychkine pour sauver de la médiocrité une jeune demi-mondaine, Nastassia Philippovna, en lui offrant de partager sa vie.

IDIOTEMENT adv. De façon idiote.

IDIOTIE [-si] n. f. **1.** Manque d'intelligence, de bon sens, défaut de compréhension de qqn : *L'idiotie du public.* – **2.** Caractère stupide, inepte de qqch : *Un spectacle d'une idiotie affligeante.* – **3.** *Fam.* Action, parole qui dénote un esprit obtus ou un manque de réflexion ; œuvre d'un niveau intellectuel très bas : *Dire des idioties.* – **4.** *Vx.* Déficit intellectuel très profond. – **5.** *Idiotie amaurotique,* maladie héréditaire de type récessif, caractérisée par une cécité, une absence de développement intellectuel et une dégénérescence des cellules du système nerveux central, envahies par une variété de lipides, les gangliosides.

IDIOTIQUE adj. Qui concerne un idiotisme.

IDIOTISME n. m. (lat. *idiotismus,* du gr. *idiôtismos,* de *idios,* particulier). **1.** Forme linguistique propre à une langue donnée et qui ne possède pas de correspondant syntaxique dans une autre langue. (Ainsi le français *Comment allez-vous ?* correspond à l'anglais *How do you do ?* On parle de gallicisme, d'anglicisme, de germanisme, d'hispanisme, de latinisme, d'hellénisme, etc.) – **2.** Fait de langue propre à telle ou telle région francophone et qui n'existe pas en français standard. (On parle, dans ce cas, d'africanisme, de belgicisme, de canadianisme, d'helvétisme, etc.)

IDISTAVISO, plaine de la Germanie, sur les bords de la Weser, chez les Chérusques. Victoire de Germanicus sur Arminius (16 apr. J.-C.).

IDISTE adj. et n. Qui concerne l'ido ; qui pratique l'ido.

IDITE n. f. ou **IDITOL** n. m. Hexitol dérivé de l'idose.

IDJIL *(Kedia d'),* massif de l'ouest du Sahara, en Mauritanie, à l'E. de F'Derick. Minerai de fer. Sel gemme.

IDJMĀʿ n. m. (mot ar.). Consensus des croyants, notamment des personnalités compétentes, à propos des décisions juridiques, qui constitue l'une des bases principales du droit musulman.

IDKŪ → EDKOU.

IDLEWILD, quartier de la banlieue S.-O. de New York. Aéroport international John F. Kennedy.

IDLĪB, v. de Syrie, ch.-l. de prov., au S.-O. d'Alep ; 51 000 hab.

IDO n. m. (mot espéranto signif. *fils*). Langue artificielle présentée en 1907, tentative de simplification de l'espéranto.

IDOCRASE n. f. (gr. *eidos,* forme, apparence, et *krasis,* mélange). Silicate hydraté naturel d'aluminium, de calcium, de magnésium et de fer, cristallisant dans le système quadratique. (Syn. VÉSUVIANITE.)

IDOINE adj. (lat. *idoneus*). *Fam.* et *ironiq.* Qui convient exactement à la situation : *C'est la solution idoine.*

IDOLÂTRE adj. et n. (bas lat. *idolatra,* du gr. *eidôlolatrês,* de *eidôlon,* image, et *latreuein,* adorer). **1.** Qui voue un culte à des représentations de la divinité ou à des créatures : *Les peuples idolâtres de l'Antiquité.* – **2.** *Litt.* Qui manifeste de l'adoration, de l'admiration pour qqn, une prédilection outrée pour qqch : *Une vedette fêtée par un public idolâtre.*
◆ adj. **1.** Qui relève de l'idolâtrie : *Culte idolâtre.* – **2.** *Litt.* Qui revêt un caractère exclusif et passionné : *Amour idolâtre.*

IDOLÂTRER v. t. (conj. 3). **1.** Adorer qqn, qqch comme une idole. – **2.** *Litt.* Aimer qqn, qqch avec passion, l'adorer jusqu'à l'excès : *Idolâtrer ses enfants.*

IDOLÂTRIE n. f. (bas lat. *idololatria,* du gr. *eidôlolatreia*). **1.** Culte rendu à des idoles ou à des créatures adorées comme la divinité même.

— 2. *Litt.* Passion ou admiration excessive vouée à qqn, attachement aveugle, quasi religieux, à qqch : *Aimer quelqu'un jusqu'à l'idolâtrie.*

IDOLÂTRIQUE adj. *Litt.* Idolâtre.

IDOLE n. f. (lat. ecclés. *idolum,* du gr. *eidôlon,* image). **1.** Représentation d'une divinité sous une forme matérielle (image, statue), qui est l'objet d'un culte d'adoration : *Idole de bronze. Culte des idoles.* — **2.** Personne qui est l'objet d'une tendresse ou d'une admiration passionnée de la part de qqn, et, en partic., vedette de la chanson ou du music-hall adulée par le public : *La nouvelle idole des jeunes.*

IDOMAS, ethnie du Nigeria parlant une langue du groupe kwa, estimée à 250 000 individus. Au XIXe s., les Idomas furent refoulés par les Peuls sur les rives du confluent du Niger et de la Bénoué.

IDOMÉNÉE, roi légendaire de Crète, petit-fils de Minos. Prétendant d'Hélène, il figure parmi les héros du siège de Troie.

Idoménée, roi de Crète, opera seria en trois actes de W. A. Mozart, sur un livret de l'abbé Varesco (Munich, 1781).

IDOMÉNÉE, historien grec (Lampsaque fin du IVe s.-IIIe s. av. J.-C.), élève d'Épicure. Il est l'auteur de biographies et d'histoires anecdotiques.

IDOSE n. m. Hexose, épimère du gulose sur l'atome de carbone n° 2.

IDRIA n. m. Plante du Mexique (tamaricacée) ayant l'aspect d'une colonne de 20 m de hauteur portant des feuilles, les unes épineuses et persistantes, les autres normales et caduques.

IDRIALITE n. f. Variété de cire fossile des gîtes de minerai de mercure d'Idrija (Slovénie).

IDRĪS, chez les musulmans, l'Hénoch biblique. Il fut initié aux sciences et fut le premier à avoir usé du *kalām* (plume).

IDRĪS Ier († Walīla [Volubilis] 791), fondateur de la dynastie idrīside. Ayant échappé au massacre de sa famille par les 'Abbāssides en 786, il gagna le Maghreb. Il se fit reconnaître imām par plusieurs tribus berbères de la région de Volubilis en 789. — **Idrīs II** (Wālila 791 - Wālila ou Fès 828), son fils posthume, s'établit à Fès en 808-809.

IDRĪS, nom de plusieurs princes du royaume du Bornou qui détinrent le pouvoir pendant le XVIe s., dont le plus célèbre est Idrīs Aloama.

IDRĪS Ier (Djaraboub 1890 - Le Caire 1983), roi de Libye (1951-1969). Chef de la confrérerie des Senousis en 1917, Muḥammad Idrīs al-Mahdī al-Sanūsī se réfugia en Égypte (1923) lors de l'occupation de la Cyrénaïque par les Italiens. Les Britanniques le rétablirent émir de Cyrénaïque en 1947. Roi de la Fédération libyenne depuis 1951, il fut renversé par Kadhafi en 1969.

IDRĪS (Yūsuf), écrivain égyptien (al-Bayrūm 1927 - Londres 1991). Médecin (1951), auteur de romans sur les problèmes sociaux et démographiques de son pays (*la Femme blanche,* 1970), il fut le chef de file d'une nouvelle école littéraire basée sur l'expression spontanée, parfois dialectale, l'analyse psychologique et la sensibilité.

IDRĪSĪ ou **EDRISI** (Abū 'Abd Allāh Muḥammad **al-**), géographe arabe (Ceuta v. 1100 - Sicile entre 1165 et 1186). Il étudia à l'université maure de Cordoue et, après des voyages (Afrique, Asie Mineure, Europe), vécut à la cour de Roger II de Sicile. Sa représentation circulaire de la Terre servit de base aux cartes des siècles suivants.

IDRĪSIDES, dynastie 'alide ḥasanide du Maroc (789-985). Fondée par Idrīs Ier, elle déclina après la mort d'Idrīs II (828). Après la soumission de Fès aux Fāṭimides (917), les derniers Idrīsides exercèrent le pouvoir jusqu'en 985, tantôt au nom des Fāṭimides, tantôt au nom des Omeyyades d'Espagne.

IDRUS, écrivain indonésien (Padang 1921 - Jakarta 1979). Ses *Notes souterraines* (1942-43), rédigées durant l'occupation japonaise, ainsi que ses récits (*Autre route pour Rome,* 1948) inaugurent le genre de la nouvelle courte et réaliste, au style incisif.

I. D. S., abrév. de INITIATIVE* DE DÉFENSE STRATÉGIQUE.

IDUMÉE ou **ÉDOM,** nom donné au territoire des Édomites* à partir de l'époque hellénistique. Après la ruine de l'État juif (70 apr. J.-C.), il disparut de l'histoire.

IDYLLE n. f. (lat. *idyllium,* du gr. *eidullion,* petite poésie lyrique). **1.** Petit poème chantant ordinairement l'amour dans un décor pastoral. — **2.** Amour tendre et naïf, généralement chaste. — **3.** Relation quelconque, en partic. d'ordre affectif, qui se déroule dans un climat d'harmonie.

Idylles *(les),* titre collectif sous lequel sont connues les 30 courtes pièces de Théocrite (IIIe s. av. J.-C.). Elles groupent des chansons d'amour, des mimes dialogués ou en monologues, des poèmes rustiques, des récits épiques et un épithalame mythique, où un art raffiné s'allie au réalisme.

Idylles du roi *(les),* suite de 12 nouvelles en vers d'A. Tennyson sur les thèmes arthuriens (1842-1885).

IDYLLIQUE adj. **1.** Relatif à l'idylle. — **2.** Qui est marqué par une entente parfaite, sans nuages : *Amour idyllique.* — **3.** Qui est merveilleux, idéal : *Se faire une idée idyllique de la situation.*

i. e., abrév.de ID EST.

IEGOROV (Aleksandr Ilitch), maréchal soviétique (1883-1939). Successeur de Toukhatchevski comme chef d'état-major général en 1931, il fut promu maréchal en 1935. Accusé de trahison, il fut victime de l'épuration ordonnée par Staline en 1938.

IEJOV (Nikolaï Ivanovitch), homme politique soviétique (Saint-Pétersbourg 1895 - ? 1940). Il remplaça Iagoda à la tête du NKVD (1936), présida aux grandes purges de 1937-38 et, rendu responsable des excès les plus graves, il disparut en 1939.

IEKATERINBOURG ou **EKATERINBOURG,** de 1924 à 1991 **Sverdlovsk,** v. de Russie, sur le versant occidental de l'Oural ; 1 367 000 hab. Grand centre industriel (constructions mécaniques lourdes, biens d'équipement industriels), principal nœud ferroviaire de l'Oural et centre administratif, scientifique et culturel.
— **Hist.** C'est là que Nicolas II et sa famille furent exécutés, dans la nuit du 16 au 17 juill. 1918.

IEKATERINOSLAV → DNIEPROPETROVSK.

IELETS ou **ELETS,** v. de Russie, sur le Don ; 112 000 hab. Centre agricole. Constructions mécaniques et électriques.

IELGAVA ou **ELGAVA,** en letton **Jelgava,** v. de Lettonie, au S.-O. de Riga ; 74 500 hab. Fondée par les chevaliers Teutoniques en 1226, la ville, appelée Mitau, fut la capitale du duché de Courlande (1561-1725). Construction automobile.

IELIZAVETGRAD → KIROVOGRAD.

IELIZAVETPOL → GANDJA.

IELTSINE ou **ELTSINE** (Boris Nikolaïevitch), homme d'État russe (Sverdlovsk 1931). Leader de l'opposition démocratique au temps de la perestroïka, il est élu président du Soviet suprême de la république de Russie (1990) puis, au suffrage universel, président de cette république en juin 1991. Après s'être opposé à la tentative de putsch contre Gorbatchev (août), il participe à la dissolution de l'U.R.S.S. (déc. 1991). Président de la Russie indépendante, il essaie de donner à son pays un rôle de leader au sein de la C.E.I. Confronté à une forte opposition intérieure (notamm. communiste) et critiqué pour son intervention en Tchétchénie, il est néanmoins confirmé à la tête de l'État lors de l'élection présidentielle de 1996.

IEMITSU → TOKUGAWA IEMITSU.

IEMOCHI → TOKUGAWA IEMOCHI.

IÉNA, en all. **Jena,** v. d'Allemagne, en Thuringe, sur la Saale ; 105 000 hab. Ancienne place forte. Église St-Michel, surtout du XVe s. Université (fondée en 1557). Optique et mécanique de précision. Électronique. Produits pharmaceutiques. Musées.

Iéna *(bataille d')* [14 oct. 1806], victoire française remportée par Napoléon Ier sur les 50 000 Prussiens du prince de Hohenlohe, au terme de la campagne de Saxe (8-14 oct. 1806). Avec la victoire de Davout à Auerstedt le même jour, la bataille d'Iéna entraîna la chute de Lübeck, Stettin, Küstrin et Magdeburg ; le 27 oct., Napoléon entrait à Berlin.

IENAKIEVO ou **ENAKIEVO,** de 1928 à 1935 **Rykovo** et de 1935 à 1943 **Ordjonikidze,** v. d'Ukraine, dans le Donbass ; 114 000 hab. Houille. Chimie et métallurgie.

IENISSEÏ ou **ENISSEÏ,** fl. de Russie, en Sibérie orientale ; 3 354 km (bassin de 2 600 000 km^2). Né aux confins de la Mongolie, l'Ienisseï traverse les monts des Saïan puis coule vers le nord, en bordure des plateaux de Sibérie orientale, recevant l'Angara et les Toungouska jusqu'à la mer de Kara. Des inondations printanières sont dues à la débâcle d'amont. Les navires empruntant la route maritime du Nord le remontent jusqu'à Igarka. Importants aménagements hydroélectriques.

IEPER, nom néerlandais d'Ypres.

IEREMENKO ou **IERIOMENKO** (Andreï Ivanovitch), maréchal soviétique (Markovka, près de Lougansk, 1892 - Moscou 1970). À la tête d'une armée lors de la bataille de Moscou (1941), puis d'un groupe d'armées à Stalingrad (1942-43), il dirigea les opérations de Crimée en 1944.

IEREVAN → EREVAN.

IERMAK TIMOFEÏEVITCH, ataman des cosaques du Don, chef de l'expédition contre le khānat de Sibérie († dans la Vagaï, affl. de l'Irtych, 1585). Il conquit la Sibérie occidentale (1582).

IESADA → TOKUGAWA IESADA.

IESI ou **JESI,** v. d'Italie, au S.-O. d'Ancône, sur l'Esino ; 41 800 hab. Monuments anciens. Musée et pinacothèque.

IESSENINE ou **ESSENINE** (Sergueï Aleksandrovitch), poète russe (Konstantinovo 1895 - Leningrad 1925). Chantre de la vie paysanne (*Transfiguration,* 1919), lié au groupe des Scythes, il célébra la révolution d'Octobre (*le Pays d'ailleurs,* 1918), devint le chef éphémère des « imaginistes », appartint un temps à la bohème esthétisante (*Moscou des bouges,* 1924), puis se suicida. Il avait épousé Isadora Duncan.

IEVPATORIA, anc. **Eupatoria,** port d'Ukraine , sur la côte de la Crimée ; 79 000 hab. Centre touristique.

IEVTOUCHENKO ou **EVTOUCHENKO** (Ievgueni Aleksandrovitch), poète russe (Zima, Sibérie, 1933). Porte-parole du désir de liberté de la jeunesse après la période du stalinisme (*la Troisième Neige,* 1955 ; *Babi Iar,* 1961), il est revenu à une inspiration plus nationale (*la Vedette de liaison,* 1966), chargée d'un message moral (*Debout,* 1977). Son roman *les Baies sauvages de Sibérie* (1981) est une vaste chronique de la société soviétique depuis la guerre civile.

IEYASU → TOKUGAWA IEYASU.

IF n. m. (gaul. *ivos). **1.** Arbre ou arbuste gymnosperme, à croissance très lente, à feuilles linéaires persistantes. (La graine, à maturité, est presque complètement enveloppée par un arille rouge vif. Le bois, rouge marron, veiné de brun, est recherché. Dans les jardins, on donne à l'if toutes sortes de formes. On le plante dans les cimetières.) — **2.** *If à bouteilles,* ustensile de forme conique garni de pointes pour égoutter les bouteilles après rinçage.

IF, îlot calcaire de la Méditerranée, en face de Marseille. Château fort construit sous François Ier (1524) et qui servit de prison d'État.

IFE, v. du Nigeria, à l'E.-N.-E. d'Ibadan ; 269 000 hab. Centre commercial et religieux. Université.
— **Archéol.** Ife fut pendant des siècles la capitale spirituelle des Yorubas du Nigeria et l'une de leurs principales villes. Parmi les têtes en bronze (musée d'Ife), les plus anciennes seraient du XIe s., les plus récentes du XVe s. Techniquement parfaites, elles ont été obtenues par la fonte à cire perdue. Comme pour les têtes en terre cuite, ces portraits réalistes, d'un classicisme serein, seraient ceux de rois et de dignitaires que l'on utilisait au cours de cérémonies de commémoration des défunts. Plusieurs de ces visages sont décorés de lignes parallèles serrées qui évoquent des scarifications d'identification ethnique. Leur présence, associée à d'autres éléments, confirme l'existence d'un grand foyer de civilisation yoruba.

IFF, abrév. de *identification friend or foe,* expression anglaise désignant le dispositif radar qui permet d'identifier des avions amis ou ennemis.

IFFLAND (August Wilhelm), acteur et auteur dramatique allemand (Hanovre 1759 - Berlin 1814). Ami et interprète de Schiller, très apprécié par Goethe, il devint directeur du Théâtre national de Berlin (1796-1814) et eut une influence considérable sur l'art dramatique en Allemagne.

IFNI, ancien territoire espagnol d'Afrique, rétrocédé au Maroc en 1969. Les Espagnols, dont les droits sur la région avaient été reconnus en 1860, l'occupèrent effectivement en 1934. Ifni fut en 1958 érigé en province espagnole, séparée du Sahara occidental.

I. F. O. P., sigle de INSTITUT FRANÇAIS D'OPINION* PUBLIQUE.

IFORAS *(adrar des),* ensemble de plateaux granitiques du Mali, au S.-O. du Hoggar.

IFR, abrév. de *instrument flight rule* (règle de vol aux instruments), symbole international servant à désigner, sur les plans de vol, un avion assujetti à naviguer aux instruments, ou à indiquer l'aptitude d'un aéronef à voler aux instruments.

IFREMER (sigle de *Institut Français de Recherche pour l'Exploitation de la MER*), organisme français né en 1984 de la fusion du CNEXO et de l'Institut scientifique et technique des pêches maritimes (I. S. T. P. M.).

IFRĪQIYA, nom donné par les Arabes à l'est de l'Afrique du Nord (Tunisie et est de l'ancien Constantinois).

'IFRĪT n. m. (mot ar.). Dans la mythologie arabe, sorte de djinn puissant et redoutable.

IFS (14123), comm. du Calvados, banlieue sud de Caen ; 6 997 hab.

IFṬĀR n. m. (mot ar. signif. *rupture du jeûne*). Repas du soir pendant le jeûne du ramaḍān, quand le soleil est couché.

IFUGAOS, peuple protomalais d'env. 120 000 individus groupés au nord de l'île de Luçon (Philippines).

IGAPO n. f. Forêt touffue marécageuse de l'Amazonie, inondée périodiquement et où dominent palmiers et lianes.

IGARAS ou **IGALAS,** peuple du Nigeria, établi sur la rive gauche du Niger, parlant une langue kwa.

IGARKA, port de Russie, en Sibérie, sur le bas Ienisseï ; 40 000 hab. Exportation de bois.

IGEL, village d'Allemagne (Rhénanie-Palatinat), sur la Moselle, à 8 km au S. de Trèves. Célèbre mausolée turriforme, orné de sculptures et de reliefs, témoin de la prospérité de la bourgeoisie trévire au début du IIIe s. apr. J.-C.

I. G. Farben (abrév. de *InteressenGemeinschaft Farbenindustrie*), trust créé à Francfort-sur-le-Main, en 1925, par la fusion des principales firmes allemandes de produits chimiques et qui réalisa un monopole de fait des fabrications chimiques en Allemagne. Le trust assura, pendant la Seconde Guerre mondiale, les fabrications synthétiques du pétrole et du caoutchouc et fabriqua des gaz de combat et des gaz toxiques. En 1946, le trust fut mis en liquidation en application de la loi de décartellisation et scindé en plusieurs sociétés (Bayer, BASF, Hoechst).

IGHIL IZANE → GHILIZANE.

IGHOUMENÍTSA, v. de Grèce, en Épire, sur la mer Ionienne ; 4 500 hab. Port de voyageurs.

IGLESIAS (Pablo), homme politique et syndicaliste espagnol (El Ferrol 1850 - Madrid 1925).

Ouvrier typographe, il contribua à la fondation du parti socialiste ouvrier (1879) et de l'Union générale des travailleurs, dont il fut président (1899).

IGLESIENTE, région du S.-O. de la Sardaigne, entre la mer et le Campidano. Mines (plomb, zinc).

IGLOO [iglu] n. m. (angl. *igloo,* de l'esquimau *iglo,* maison). Construction en neige, en forme de coupole, servant d'habitat saisonnier à certains groupes d'Esquimaux. (L'igloo est édifié de l'intérieur, par superposition de blocs de neige compacte, sur un plan circulaire.)

IGLS, station d'été et de sports d'hiver d'Autriche (Tyrol), au S. d'Innsbruck, sur la route du Brenner (alt. 870-1 951 m) ; 1 400 hab.

I. G. N., sigle de INSTITUT GÉOGRAPHIQUE* NATIONAL.

IGNACE *(saint),* évêque et martyr (Ier s. apr. J.-C. - Rome v. 107). Évêque d'Antioche (v. 69), il subit le martyre à Rome. Il nous reste de lui sept épîtres aux Églises d'Orient et de Rome, qui, bien que remaniées au IVe s., constituent un document important sur l'Église ancienne et l'histoire du dogme.

IGNACE DE LOYOLA *(saint),* fondateur de la Compagnie de Jésus (château de Loyola, près d'Azpeitia, 1491 - Rome 1556). Gentilhomme converti, il poursuit ses études à l'université de Paris (1528-1535). Il y recrute quelques disciples avec lesquels il jette les bases de la Compagnie de Jésus (1534). Celle-ci est véritablement fondée en 1540 quand Paul III donne à l'association le titre d'ordre religieux — dont Ignace, prêtre depuis 1537, est le premier supérieur général (1541) — et lui assigne comme but la reconquête catholique en pays protestant. Les jésuites vont, en effet, constituer l'aile marchante de la Réforme catholique, au service de la papauté, envers laquelle ils se lient par un vœu spécial d'obéissance. La fondation de missions, la prédication, les retraites, l'enseignement surtout (collèges, universités) sont, pour la Compagnie de Jésus, conduite par Ignace, les principaux instruments de cette reconquête. D'autre part, le fondateur modèle la spiritualité très élevée et très dynamique de ses religieux à partir des *Exercices spirituels,* ou art de disposer l'âme à la recherche de « la plus grande gloire de Dieu » : ce classique de la littérature spirituelle a connu une diffusion énorme, grâce surtout aux innombrables retraites prêchées et dirigées par les jésuites. Ignace de Loyola a laissé aussi des *Constitutions,* un *Journal spirituel* et une importante correspondance. Canonisé en 1622.

IGNACE MAGISTROS, écrivain byzantin (début du IXe s.). Diacre et scévophylax (gardien des vases sacrés) de Ste-Sophie, il devient ensuite métropolite de Nicée. On lui doit deux biographies de ses contemporains les patriarches Tarasios et Nicéphore.

IGNACIEN, ENNE adj. Relatif à saint Ignace de Loyola.

IGNAME [iɲam] n. f. et qqf m. (port. *inhame,* du bantou). Plante (dioscoréacée) vivrière des régions tropicales, à rhizomes tubérisés comestibles, riches en amidon. (Les ignames sont des lianes volubiles, grimpantes, cultivées sur butte avec tuteur ; leurs tubercules constituent une importante fraction de l'alimentation des populations rurales tropicales.)

IGNARE adj. et n. (lat. *ignarus*). Qui est scandaleusement ignorant ; sans culture ni instruction.

IGNATIEV (Nikolaï Pavlovitch, *comte*), diplomate et homme politique russe (Saint-Pétersbourg 1832 - domaine de Kroupodernitsy, gouvern. de Kiev, 1908). Ambassadeur à Constantinople (1864-1878), il mena une active politique panslaviste. À l'issue de la guerre russo-turque (1877-78), il négocia avec les Ottomans la paix de San Stefano (3 mars 1878).

IGNÉ, E [iɲe ou igne] adj. (lat. *igneus,* de *ignis,* feu). **1.** *Litt.* Qui est en feu. — **2.** Qui se fait sous l'action de la chaleur : *Fusion ignée.*

IGNICOLORE [igni- ou -ɲi-] n. m. Nom donné par les oiseliers à un oiseau africain du groupe des euplectes.

IGNIFUGATION ou **IGNIFUGEAGE** [igni- ou -ɲi-] n. f. Traitement d'une matière pour diminuer son inflammabilité.

IGNIFUGE [igni- ou -ɲi-] adj. et n. m. Se dit d'une substance qui rend difficilement inflammables les matériaux naturellement combustibles.

IGNIFUGEANT, E [igni- ou -ɲi-] adj. Qui est propre à ignifuger.

◆ **ignifugeant** n. m. Composé ajouté à un matériau macromoléculaire pour supprimer ou atténuer son aptitude à la combustion. (Ce sont surtout des composés du bore ou du phosphore, des composés organiques chlorés ou bromés.)

IGNIFUGER [igni- ou -ɲi-] v. t. [conj. **17**]. Imprégner ou enduire qqch d'un ignifuge.

◆ **être ignifugé** v. pass. En parlant d'une matière (tissu, bois, etc.), avoir subi un traitement la rendant peu inflammable.

IGNIGÈNE [igni- ou -ɲi-] adj. (lat. *ignigena,* né dans le feu). Se dit du sel raffiné obtenu au moyen d'une source de chaleur artificielle.

IGNIMBRITE [ignɛ̃-] n. f. (du lat. *imber, -bris,* pluie). Roche volcanique constituée de débris dacitiques à rhyolitiques soudés à chaud. (Elle résulte de l'éruption explosive d'un magma très visqueux et riche en gaz et présente un aspect hétérogène avec des niveaux compacts, vitreux, et des niveaux bréchiques.)

IGNIPUNCTURE [igni- ou -ɲi-] n. f. Dans la chirurgie ancienne, méthode de cautérisation profonde des tissus à l'aide d'un cautère ou d'une aiguille rougie à blanc.

IGNITION [ignisjɔ̃ ou -ɲi-] n. f. (bas lat. *ignitum,* de *ignire,* mettre en feu). État des corps en combustion vive, caractérisé par un dégagement de lumière.

IGNITRON [igni- ou -ɲi-] n. m. (angl. *ignitron,* de *électron*). Tube redresseur à gaz, dont la cathode est constituée par du mercure liquide et dans lequel l'amorçage est renouvelé à chaque période grâce à une électrode spéciale.

IGNITUBULAIRE [igni- ou -ɲi-] adj. Se dit d'une chaudière dans laquelle les gaz de combustion circulent à l'intérieur de tubes (par oppos. aux chaudières *aquatubulaires*).

IGNIVOME [igni- ou -ɲi-] adj. (bas lat. *ignivomus*). *Litt.* Qui vomit du feu.

IGNOBLE adj. (lat. *ignobilis,* de basse naissance). **1.** Qui est capable des actions les plus viles, les plus dégradantes ; se dit de ces actions elles-mêmes : *Il s'est montré ignoble avec ses anciens amis. Des accusations ignobles.* – **2.** Qui inspire du dégoût, de la répulsion, qui est très laid, très mauvais ou très sale : *Une nourriture ignoble. Un site défiguré par d'ignobles constructions.*

IGNOBLEMENT adv. De façon ignoble.

IGNOMINIE n. f. (lat. *ignominia*). **1.** Degré extrême du déshonneur ou de l'indignité, résultant d'un outrage public, d'une condamnation ou d'une action infamante : *Il s'est couvert d'ignominie pendant la guerre.* – **2.** Caractère de ce qui est une cause de déshonneur ou d'indignité pour qqn : *Connaître l'ignominie de la prison.* – **3.** Action déshonorante, dégradante pour son auteur : *Cette accusation, c'est une ignominie !*

IGNOMINIEUSEMENT adv. *Litt.* Avec ignominie.

IGNOMINIEUX, EUSE adj. *Litt.* Qui cause de l'ignominie, entraîne le déshonneur : *Une mort ignominieuse.*

IGNORANCE n. f. (lat. *ignorantia*). **1.** Fait de ne pas savoir qqch, de ne pas être au courant de qqch : *Être dans l'ignorance des projets de quelqu'un.* – **2.** Défaut de connaissances ou manque d'expérience portant sur un domaine donné : *J'avoue mon ignorance sur ce point.* – **3.** Insuffisance générale de l'instruction, du savoir intellectuel : *Le résultat de l'examen a montré votre ignorance.*

IGNORANT, E adj. (lat. *ignorans, -antis*). **1.** Qui n'est pas au courant de qqch, qui n'a pas la connaissance d'une chose déterminée : *Être ignorant des usages du monde.* – **2.** Qui est dépourvu de connaissances dans un domaine particulier : *Être ignorant en mathématiques.*
◆ adj. et n. **1.** Qui ne sait rien, qui manque d'instruction, de culture générale ou des connaissances élémentaires : *Tu n'es qu'un ignorant !* – **2.** *Faire l'ignorant,* faire semblant de ne pas savoir de quoi il s'agit.

IGNORANTIN n. m. et adj. (ital. *frati ignoranti,* frères ignorantins). Terme appliqué, dès le XVIIIᵉ s., aux frères des Écoles chrétiennes par une sorte d'admiration familière ou le plus souvent par dérision.

IGNORANTISME n. m. *Vx.* Attitude de ceux qui repoussent l'instruction comme nuisible.

IGNORER v. t. (lat. *ignorare*) [conj. 3]. **1.** Ne pas être au courant de qqch, ne pas en être informé : *On ignore quels sont les motifs de sa démission.* – **2.** Ne pas connaître qqch ou ne pas vouloir le connaître, ne pas en faire usage : *Il y a encore des gens qui ignorent la machine à écrire.* – **3.** Ne pas connaître qqch, n'en avoir jamais fait l'expérience, ne l'avoir jamais éprouvé : *Ignorer la faim.* – **4.** Refuser de constater l'existence de qqch, d'en tenir compte : *Il a ignoré mes avertissements.* – **5.** Faire comme si qqn n'existait pas : *Depuis cet incident, il m'ignore.* – **6.** Litt. *Afin que, pour que nul n'en ignore,* afin que tout le monde le sache bien, en soit bien informé.
◆ **être ignoré** v. pass. **1.** Ne pas être connu : *Un phénomène dont la cause demeure ignorée.* – **2.** Ne pas être reconnu comme ayant une valeur, être méconnu : *Un écrivain ignoré de son temps.*
◆ **s'ignorer** v. pr. **1.** Feindre de ne pas se connaître, n'entretenir aucune relation : *Des proches parents qui s'ignorent.* – **2.** *Qui s'ignore,* indique que qqn a toutes les caractéristiques attribuées à une qualité, sans en avoir conscience : *C'est un poète qui s'ignore.*

IGNY (91430), comm. de l'Essonne, sur la Bièvre, au S.-O. du bois de Verrières ; 9 874 hab. École d'horticulture.

Igor *(Poème d')* ou **Dit de la campagne d'Igor,** poème anonyme du Moyen Âge, un des chefs-d'œuvre de la littérature russe. C'est le récit de la campagne menée en 1185 contre les Polovtses par le prince de Novgorod-Severski, Igor.

IGOROTS, peuple de l'île de Luçon (Philippines), rassemblant 500 000 membres.

I.G.P.N., sigle de INSPECTION GÉNÉRALE DE LA POLICE* NATIONALE.

I.G.S., sigle de INSPECTION GÉNÉRALE DES SERVICES → POLICE* NATIONALE.

IGUAÇU, en esp. **Iguazú,** riv. du Brésil méridional (État du Paraná), affl. du rio Paraná (r. g.), qu'il rejoint à la frontière avec l'Argentine ; 1 320 km. Chutes (70 m) sur le cours inférieur (tourisme, réserve naturelle).

IGUANE [igwan] n. m. (esp. *iguana,* de l'arawak). Nom commun à un grand nombre de lézards de la famille des iguanidés.

ENCYCL. Les iguanes occupent les biotopes les plus variés : arbres, cours d'eau, déserts, petites îles, terriers, voire bord extrême de l'océan chez une espèce qui ne se nourrit que d'algues.
Les peaux d'iguanes sont commercialisées sous le nom de « lézard ».

IGUANIDÉ [igwa-] n. m. Lézard d'Amérique et de Madagascar, tels les iguanes, les anolis, les hoplures, etc. (Les *iguanidés* forment une famille.)

ENCYCL. On connaît plus de 300 espèces d'iguanidés, de taille et de forme très variées, adaptés aux modes de vie les plus divers. Les crapauds cornus, ou phrynosomes, des régions désertiques, sont insectivores, de même que les anolis, appelés parfois « faux caméléons » pour leur homochromie. Les iguanes proprement dits sont surtout herbivores ; il en va de même des basilics : Madagascar abrite les hoplures, rupicoles ou semi-arboricoles.

IGUANODON [igwa-] n. m. (de *iguane*). Grand reptile fossile ornithopode, du crétacé inférieur d'Europe. (L'iguanodon était bipède et herbivore avec un corps massif, équilibré par une queue énorme [longueur totale 12 m]. Les membres antérieurs, petits, portaient une grande griffe au pouce. La denture était précédée d'un bec.)

IGUANOÏDE [igwa-] n. m. Reptile lacertilien tel que les iguanes, les agames et les caméléons. (Les *iguanoïdes* forment une superfamille.)

IGUE n. f. (anc. rouergat *yga,* ravin). Dans les Causses du Quercy, dépression fermée où s'ouvre parfois un gouffre.

IGUVINIENS, peuple ombrien, dont la principale ville était *Iguvium* (auj. *Gubbio*), sur la via Flaminia. Sur leur territoire ont été trouvées, en 1444, les *Tables eugubines.*

IHARA SAIKAKU ou **IBARA SAIKAKU,** écrivain japonais (Ōsaka 1642 - *id.* 1693). Un des maîtres du roman de mœurs, il a décrit le monde des bourgeois viveurs et des courtisanes (*Cinq Femmes de plaisir,* 1686), des marchands (*les Trésors du Japon,* 1688) et des samouraïs *(Mémorial des hommes d'armes ; le Grand Miroir de la pédérastie,* 1687). Il a dominé, avec Chikamatsu, la littérature de l'époque de transition appelée « ère Genroku ».

I. H. E. D. N., sigle de INSTITUT DES HAUTES* ÉTUDES DE DÉFENSE NATIONALE.

IḤRĀM n. m. (mot ar. signif. *le fait de déclarer sacré*). 1. État de sacralisation dans lequel se trouve le musulman pendant la prière et le pèlerinage. — 2. Vêtement traditionnel du pèlerin musulman.

I. H. S., monogramme du Christ que l'Église latine a interprété : *Iesus, Hominum Salvator* (« Jésus, sauveur des hommes »).

II NAOSUKE, noble japonais (1815 - Tōkyō 1860). D'une famille issue des Fujiwara, Premier ministre du shōgun à partir de 1858, il conclut des accords avec les pays occidentaux. Il fut assassiné par des rōnin, partisans de l'empereur et hostiles à sa politique réformatrice.

IJ *(golfe de l'),* petit golfe étroit de l'ancien Zuiderzee, maintenant transformé en lac. Sur sa rive s'est développée l'agglomération d'Amsterdam.

IJEVSK, ville de Russie, cap. de la république des Oudmourtes, à l'O. de l'Oural ; 647 000 hab. Construction automobile.

IJMUIDEN, port des Pays-Bas, à l'O. d'Amsterdam, sur la mer du Nord ; 61 500 hab. Avant-port d'Amsterdam, à l'embouchure du canal de la mer du Nord, port de pêche, centre industriel (métallurgie, chimie, alimentation) et station balnéaire.

IJORIE → INGRIE.

IJOS ou **IJAWS,** peuple du delta du Niger parlant un dialecte kwa.

IJSSEL, riv. des Pays-Bas formée, en amont d'Arnhem, par un bras défluent du Rhin ; 116 km. Elle rejoint une dépendance de l'IJsselmeer, entre le polder du Nord-Est et le polder de Flevoland-Est.

IJSSELMEER ou **LAC D'IJSSEL,** lac d'eau douce des Pays-Bas, séparé de la mer des Wadden par une digue. C'est le vestige du Zuiderzee après l'endiguement et la création des polders. Pêche.

IKAT [ikat] n. m. 1. Procédé de décor du textile, par réserve, certaines parties d'un écheveau, ligaturées, étant préservées contre la pénétration d'un colorant. — 2. Tissu réalisé par ce procédé.

IKEBANA [-ke-] n. m. (jap. *ikebana,* arrangement des fleurs). Art de la composition florale suivant les traditions et la philosophie japonaises, obéissant à des règles et à une symbolique précises.

IKEDA HAYATO, homme politique japonais (Hiroshima 1899 - Tōkyō 1965). Ministre des Finances (1949-1952 et 1956-57) et du Commerce (1952-53), président du parti libéral-démocrate, il fut Premier ministre de 1960 à 1964.

IKEJA, banlieue de Lagos (Nigeria). Aéroport international.

IKE NO TAIGA, peintre japonais (Kyōto 1723 - *id.* 1776). Il fut à l'origine, avec Buson, du courant *bunjin-ga* (peinture de lettré). Son œuvre, dégagé des modèles chinois, est imprégné d'un lyrisme foncièrement japonais.

IKERE, v. du Nigeria (État d'Ondo), au S.-E. d'Oshogbo ; 221 400 hab. Centre commercial (cacao).

IKOPA, riv. de Madagascar, drainant la région d'Antananarivo, affl. de la Betsiboka (r. g.) ; 400 km.

IKOR (Roger), écrivain français (Paris 1912 - *id.* 1986). Il a évoqué les problèmes des Juifs dans ses cycles romanesques (*les Fils d'Avrom* [1955], comprenant *la Greffe de printemps* et *les Eaux mêlées ; Si le temps...* [6 vol., 1960-1969]) et les problèmes de la vieillesse dans *l'Éternité dernière* (1980). Il a aussi publié des essais (*Lettre ouverte aux Juifs,* 1970 ; *Molière double,* 1977 ; *Je porte plainte,* 1981).

1. IL, ILS pron. pers. masc. de la 3e pers. (lat. *ille,* celui-là). **1.** Sujet d'un verbe à la 3e personne, représentant un nom masculin singulier *(il)* ou pluriel *(ils),* qui a été ou qui va être exprimé, ou désignant une (ou des) personne(s) présente(s) ou non dans la situation : *Votre frère ne viendra pas, il est malade.* — **2.** Au sing., sujet des verbes impersonnels ou employés dans des constructions impersonnelles : *Il s'agit de votre avenir. Il tombe des grêlons.* — **3.** Au sing., comme pronom neutre, a la valeur de *ce, cela* (dans quelques expressions) : *Il est vrai. Il n'importe.* — **4.** Au pluriel, représente des noms de genres différents : *La colle, les ciseaux ? Ils sont dans le tiroir.* — **5.** Au pluriel, peut être utilisé comme indéfini et représenter un nombre indéterminé de personnes : *Ils ont encore augmenté les prix.*

2. IL n. m. (pl. *iller*). Division administrative de la Turquie.

Il faut qu'une porte soit ouverte ou fermée, proverbe en un acte, en prose, d'Alfred de Musset (1848). Un comte et une marquise essaient de se dissimuler un amour réciproque.

Il ne faut jurer de rien, comédie-proverbe en trois actes, en prose, d'Alfred de Musset (1848). Valentin, pour qui la vertu des femmes n'était qu'un mot, cède au charme de Cécile et l'épouse.

ILA, v. du Nigeria (État d'Oyo), au N. d'Oshogbo ; 239 000 hab.

ILĀH, divinité préislamique de La Mecque. Depuis l'islām, al-Ilāh s'est contracté en Allāh*, mais, dans la profession de foi du musulman, les deux mots sont associés.

ILĀHĀBĀD → ALLĀHĀBĀD.

ILANG-ILANG → YLANG-YLANG.

ILDEFONSE *(saint),* théologien et prélat espagnol (Tolède v. 607 - *id.* 667). Archevêque de Tolède en 657, il a laissé d'importants traités de théologie et de pastorale.

ÎLE n. f. (lat. *insula*). **1.** Espace de terre entouré d'eau de tous côtés. (→ *encycl.*) — **2.** *Île flottante,* œufs à la neige dont les blancs sont cuits au bain-marie dans un moule. • **Hydrol.** *Île de glace,* iceberg tabulaire de grandes dimensions, à la surface ridée ou onduleuse, formant un léger relief au-dessus de la banquise et dérivant avec elle.

◆ **îles** n. f. pl. **1.** *Les Îles,* autref., les Antilles. — **2.** *Bois des îles,* bois des essences précieuses tropicales utilisées en ébénisterie, comme l'ébène, le citronnier, etc.

ENCYCL. **Biol.** Une île isolée, volcanique par exemple, déserte à l'origine, est très rapidement peuplée : le vent apporte graines, spores et petites araignées ; oiseaux et insectes viennent en volant ; les courants marins et les bois flottés font accoster une faune parfois strictement terrestre (serpents) ou des fruits tels que la noix de coco. Les îles issues de la rupture d'un continent ont parfois une flore et une faune différentes de celles du continent, du fait d'une évolution indépendante. Les très petites îles peuvent souffrir du confinement*.

Île du Dr Moreau *(l'),* roman fantastique de H. G. Wells (1896). Un chirurgien fou métamorphose les bêtes en hommes sur une île déserte : critique de la biologie et de la « civilisation ».

Île au trésor *(l'),* roman de R. L. Stevenson (1883). Un fils d'aubergiste devance les pirates dans la découverte d'un trésor enfoui dans une île déserte : odyssée de la jeunesse et triomphe de l'innocence.

ILÉAL, E, AUX adj. Relatif à l'iléon.

ÎLE-AUX-MOINES (56780), comm. du Morbihan, correspondant à une île du golfe du Morbihan ; 624 hab. *L'île aux Moines,* la plus grande du golfe, est un centre de villégiature. Monuments mégalithiques.

ILEBO, anc. **Port-Francqui,** v. du Zaïre, sur le Kasai ; 48 831 hab. Tête de ligne de la voie ferrée vers Lubumbashi.

ÎLE-BOUCHARD (L') [37220], ch.-l. de cant. d'Indre-et-Loire, en Touraine, sur la Vienne ; 1 813 hab. Églises médiévales. Conserverie (champignons).

ÎLE-DE-FRANCE, anc. région historique de France, constituant aujourd'hui une Région regroupant Paris et les départements voisins (Essonne, Hauts-de-Seine, Seine-et-Marne, Seine-Saint-Denis, Val-de-Marne, Val-d'Oise et Yvelines) ; 12 012 km² ; 10 660 554 hab. Ch.-l. *Paris.*

– **Géogr.** L'agglomération parisienne regroupe plus de 85 % de la population de la Région, loin cependant d'être entièrement urbanisée. La forêt couvre plus de 20 % du territoire : grands massifs de Fontainebleau, Rambouillet, Saint-Germain et nombreuses forêts privées. L'agriculture, avec moins de 1 % des actifs, en occupe encore approximativement la moitié (Brie, Hurepoix, plateaux limoneux au N. de Paris). Elle juxtapose grandes cultures (blé, betterave) et productions plus délicates (légumes, fleurs), avec une haute productivité. Dans l'industrie, qui emploie à peine 30 % des actifs, toutes les branches sont pratiquement représentées (automobile, aéronautique, électronique, chimie fine, etc.), mais bien davantage aujourd'hui en banlieue qu'à Paris. La prépondérance de la capitale demeure, bien qu'atténuée, pour les services, surtout de haut niveau : administration, banques, commerce de luxe, enseignement supérieur, qui occupent les deux tiers des actifs. La Région (comptant de 1,2 à 1,5 million d'étrangers) concentre 18 % de la population française. Sa croissance démographique, un moment très ralentie, a repris dans les années 1980. Paris et les communes limitrophes se dépeuplent ou ne progressent guère. L'augmentation de population est beaucoup plus sensible dans tous les départements de la périphérie (Essonne, Yvelines, Val-d'Oise, Seine-et-Marne), sites des villes nouvelles (Cergy-Pontoise, Évry, Marne-la-Vallée, Melun-Sénart et Saint-Quentin-en-Yvelines). En 1990, les huit départements de la Région comptent chacun plus de un million d'habitants (neuf autres départements seulement dépassent ce seuil).
– **Hist.** Possédée par les Capétiens, l'Île-de-France formait le cœur du domaine royal et avait pour capitale Paris. Constituée en un gouvernement (1519), elle comprenait, à la veille de la Révolution, les bailliages de Chaumont-en-Vexin, Beauvais, Clermont, Senlis, Crépy-en-Valois, Villers-Cotterêts, Soissons, Laon, Melun, Nemours, Montfort-l'Amaury, Mantes et Meulan, soit les territoires actuels de la Région Île-de-France et le sud de la Région Picardie.

Île-de-France *(race de l'),* race ovine française, de forte taille, prolifique et possédant d'excellentes qualités laitières et bouchères ; les béliers sont utilisés en croisement industriel.

ILÉITE n. f. **1.** Inflammation de l'iléon. – **2.** *Iléite terminale,* syn. de MALADIE DE CROHN*.

ÎLE-NAPOLÉON, zone industrielle du Haut-Rhin, au N.-E. de Mulhouse. Construction automobile.

ILÉO-CÆCAL, E, AUX [-sekal, -ko] adj. **1.** Qui appartient à l'iléon et au cæcum. – **2.** *Valvule iléo-cæcale,* valvule qui existe au niveau de l'abouchement de l'intestin grêle dans le cæcum.

ILÉO-COLIQUE adj. **1.** Se dit de ce qui appartient à l'iléon et au côlon. – **2.** *Artère iléo-colique,* branche de la mésentérique supérieure se distribuant au côlon droit et à la partie terminale de l'intestin grêle.

ILÉON n. m. (lat. médiév. *ileum,* du gr. *eileîn,* rouler). Partie terminale de l'intestin grêle, faisant suite au jéjunum.

ILER n. f. Outil agricole polyvalent utilisé en Afrique sahélienne, constitué d'une lame arrondie à l'avant, possédant deux ailes latérales, et d'un long manche en bois.

ILERDIEN n. m. (lat. *Ilerda,* Lerida). Nom donné à des formations marines synchrones du sparnacien ou encore de la partie inférieure de l'yprésien.

ÎLE-ROUSSE (L') [20220], ch.-l. de cant. de la Haute-Corse, sur le littoral de la Balagne ; 2 350 hab. *(Isolani).* Port de voyageurs (surtout) et station balnéaire.

ÎLE-SAINT-DENIS (L') [93450], comm. de la Seine-Saint-Denis, sur une île de la Seine, à l'extrémité de la boucle d'Asnières ; 7 429 hab. Installations sportives. Entrepôts.

ILESHA, v. du Nigeria, au N.-E. d'Ibadan ; 342 000 hab. Mécanique. Alimentation.

ÎLET n. m. (de *île*). Aux Antilles, hameau.

ILÉUS [ileys] n. m. (lat. *ileus,* du gr. *eileos,* de *eileîn,* rouler). Syn. de OCCLUSION* INTESTINALE.

ILF (Ilia Arnoldovitch FAINZILBERG, dit) [Odessa 1897 - Moscou 1937) et **PETROV** (Evgueni Petrovitch KATAÏEV, dit) [Odessa 1903 - Sébastopol 1942], écrivains satiriques soviétiques. Ils dénoncèrent dans leurs romans l'univers d'affairisme prospérant à l'ombre du socialisme en construction (*les Douze Chaises,* 1928 ; *le Petit Veau d'or,* 1931).

ILHÉUS, anc. **Ilhéos,** port du Brésil (État de Bahia), sur l'Atlantique ; 133 400 hab. Exportation de cacao.

ILI, en chin. **Yili,** riv. de Chine et du Kazakhstan, affl. du lac Balkhach ; 1 439 km (avec le Tekes). La *passe de l'Ili* relie la Chine occidentale et l'Asie centrale (Kazakhstan).

Iliade *(l'),* poème épique grec en vingt-quatre chants, attribué à Homère. Le thème en est un épisode de la guerre de Troie. C'est le récit de la colère d'Achille, brouillé avec des chefs grecs qui lui ont enlevé sa captive, Briséis. Zeus, pour plaire à Thétis, la mère d'Achille, inflige une défaite aux Grecs. Achille accepte de prêter ses armes à Patrocle pour qu'il repousse les assaillants, mais ce dernier est tué par Hector. Achille reprend le combat pour venger Patrocle, tue Hector et promène son cadavre autour du tombeau de Patrocle, mais il le restitue à son père, Priam. Poème guerrier, *l'Iliade* contient aussi des scènes grandioses (funérailles de Patrocle) et émouvantes (adieux d'Hector et d'Andromaque).

ILIAQUE adj. (bas lat. *iliacus,* de *ilia,* flancs). **1.** Qui est en rapport avec les parois latérales du bassin. — **2.** *Artère iliaque,* chacune des artères issues de l'aorte et qui se divisent en artère iliaque externe et artère iliaque interne, ou hypogastrique. ‖ *Fosse iliaque,* chacune des deux régions latérales de la partie inférieure de l'abdomen, limitées en dehors par l'os iliaque. ‖ *Muscle iliaque,* muscle s'étendant de la face interne de l'os iliaque au petit trochanter du fémur. ‖ *Os iliaque,* os plat, large, pair, constituant la partie antérieure et latérale du bassin.
ENCYCL. L'*os iliaque* est constitué par trois éléments osseux soudés : l'ilion en haut, le pubis en bas et en avant, l'ischion en bas et en arrière. Il s'articule en arrière avec le sacrum. Il est creusé en bas et en dehors d'une cavité articulaire, la cavité cotyloïde, qui, avec le fémur, constitue l'articulation de la hanche ; en avant, les deux os iliaques sont unis par la symphyse pubienne.

ILICACÉE n. f. (lat. *ilex, -icis,* yeuse). Syn. de AQUIFOLIACÉE.

ÎLIEN, ENNE n. et adj. Habitant de certaines îles de l'ouest de la France.

ILIESCU (Ion), homme d'État roumain (Oltenița 1930). Ancien apparatchik, exclu du Comité central du parti communiste en 1984, il dirige le Front de salut national qui gouverne le pays après le renversement de N. Ceauşescu (déc. 1989). Il est élu président de la République en 1990 (réélu en 1992).

ILIGAN, port des Philippines, dans l'île de Mindanao, sur la *baie d'Iligan ;* 228 586 hab. Métallurgie. Engrais.

ILION n. m. (bas lat. *ilium,* ilion, du lat. class. *ilia,* flancs). Segment supérieur aplati et très large de l'os iliaque.

ILION, un des noms de Troie, de son fondateur, *Ilos,* fils de Tros. — Ville bâtie sur la côte de l'Hellespont au IVe s. av. J.-C.

ILIOUCHINE (Sergueï Vladimirovitch), ingénieur soviétique (Dilialevo, près de Vologda, 1894 - Moscou 1977). Mécanicien et pilote pendant la Première Guerre mondiale, il développa ensuite la firme qui porte son nom. Il créa plus de 50 modèles d'avions militaires et civils, dont un chasseur d'assaut, le IL-2 (construit à plus de 36 000 exemplaires entre 1941 et 1944), un bombardier à réaction, le IL-18 (1949), et le quadriréacteur IL-86 (1976).

ILKHĀNS, dynastie mongole qui régna sur l'Iran et sur la Mésopotamie de 1256 à 1335. Hūlāgū, son fondateur, et ses successeurs portèrent le titre d'*ilkhān* (khān subordonné), car ils reconnurent jusqu'en 1295 l'autorité du grand khān des Mongols.

ILL, riv. d'Alsace, affl. du Rhin (r. g.) ; 208 km. Elle traverse Altkirch, Mulhouse, Colmar, Sélestat et Strasbourg.

ILLAMPU, sommet des Andes de Bolivie, dominant (à l'E.) le lac Titicaca ; 6 550 m. Première ascension par les Autrichiens H. Pfann, A. Horeschowsky, H. Hörtnagel et E. Hein (7 juin 1925).

ILLANGE (57110), comm. de Moselle, à 4 km au S. de Thionville ; 2 087 hab. Port fluvial sur la Moselle canalisée.

ILLE, riv. bretonne confluant avec la Vilaine (r. dr.) à Rennes ; 45 km.

ILLE-ET-VILAINE (35), dép. de la Région Bretagne ; ch.-l. de dép. *Rennes ;* ch.-l. d'arrond. *Fougères, Redon, Saint-Malo* ; 4 arrond. ; 53 cant. ; 353 comm. ; 6 775 km^2 ; 798 718 hab. Le dép. appartient à l'académie et à la cour d'appel de Rennes, à la région militaire Atlantique. Occupant la partie orientale de la Bretagne, l'Ille-et-Vilaine, ouverte sur la Manche, est toutefois le moins maritime des départements bretons. L'agriculture est fondée sur l'élevage (porcin et surtout bovin), loin devant les céréales et les cultures légumières. L'industrie est implantée en priorité à Rennes, dont l'agglomération regroupe environ le tiers de la population totale. Plus que la pêche et l'ostréiculture (Cancale), le tourisme estival anime les villes de la Côte d'Émeraude : Dinard et Saint-Malo, de part et d'autre de l'estuaire de la Rance.

ILLÉGAL, E, AUX adj. (lat. médiév. *illegalis*). Qui est contraire à la loi.

ILLÉGALEMENT adv. De façon illégale.

ILLÉGALITÉ n. f. **1.** Caractère de ce qui est illégal : *L'illégalité d'une sanction.* — **2.** Acte contraire à la loi : *Commettre une illégalité.* — **3.** État de qqn que ses actes placent en dehors de la loi : *Vivre dans l'illégalité.* — **4.** Vice entachant un acte administratif et susceptible d'entraîner son annulation par le juge.

ILLÉGITIME adj. (bas lat. *illegitimus*). **1.** Qui se situe hors des institutions établies par la loi, et en partic. hors de l'institution du mariage : *Couple illégitime.* — **2.** Qui est contraire au bon droit, à l'équité, à la morale : *Mesure illégitime.* — **3.** Qui n'est pas fondé, à quoi l'on ne trouve aucune justification raisonnable : *Des craintes illégitimes.* — **4.** *Enfant illégitime,* enfant né hors mariage et qui n'a pas été légitimé.

ILLÉGITIMEMENT adv. De façon illégitime.

ILLÉGITIMITÉ n. f. Caractère de ce qui est illégitime : *L'illégitimité d'une mesure.*

ILLER n. m. pl. Pl. de IL 2.

ILLE-SUR-TÊT (66130), comm. des Pyrénées-Orientales, aux confins du Conflent et de la plaine du Roussillon, sur la *Têt ;* 5 132 hab. *(Illois).* Vestiges médiévaux. Église du XVIIe s. Cultures fruitières et maraîchères.

ILLETTRÉ, E adj. et n. (lat. *illitteratus*). **1.** Qui ne sait ni lire ni écrire ; analphabète. — **2.** *Vx.* Qui n'a pas de culture, qui n'a pas reçu d'instruction.

ILLETTRISME n. m. État de ceux qui, ayant appris à lire et à écrire, en ont complètement perdu la pratique.

ILLÍA (Arturo Umberto), homme d'État argentin (Pergamino, prov. de Buenos Aires, 1900 - Córdoba 1983), président de la République de 1963 à 1966.

ILLICH (Ivan), essayiste américain d'origine autrichienne (Vienne 1926). Prêtre, il fonde à Cuernavaca (Mexique) une université libre, puis revient à l'état laïque après un conflit avec le Vatican (1969). Selon lui, toutes les institutions (éducation, médecine, développement technique et industriel) contribuent à accentuer l'aliénation des hommes qui en bénéficient et à accroître le fossé culturel qui les sépare du tiers-monde (*Une société sans école,* 1971 ; *la Convivialité,* 1973 ; *Némésis médicale, l'expropriation de la santé,* 1975 ; *le Genre vernaculaire,* 1983).

ILLICITE adj. (lat. *illicitus*). Qui est défendu par la morale ou par la loi : *Des profits illicites.*

ILLICITEMENT adv. D'une manière illicite.

ILLICIUM [-sjɔm] n. m. (lat. *illicium,* appât). Filament, parfois terminé par un leurre lumineux, que la baudroie et les poissons voisins portent dorsalement au-dessus de la tête et qui leur sert à attirer leurs proies.

ILLICO adv. (lat. *illico,* de *in,* sur, et *loco,* lieu). **1.** *Fam.* Immédiatement, sur-le-champ, sans tarder (parfois renforcé par *presto*) : *Partir illico, illico presto.* — **2.** Terme de droit ancien qui s'inscrivait sur les reliefs d'appel, parce qu'il fallait interjeter appel aussitôt la sentence rendue.

ILLIERS-COMBRAY (28120), ch.-l. de cant. d'Eure-et-Loir, sur le Loir ; 3 408 hab. *(Isleriens).* Église du XIVe s. C'est le Combray de Marcel Proust.

ILLIMANI *(nevado de),* massif des Andes de Bolivie, dominant la haute plaine bolivienne et le lac Titicaca ; 6 458 m. Ses sommets furent escaladés en 1877 par C. Wiener, Ocampo et Grumkov, en 1898 par sir W. Conway et Maquignaz.

ILLIMITÉ, E adj. (bas lat. *illimitatus*). Qui n'est pas limité, qui est sans restriction ou sans terme fixé : *Congé illimité.*

ILLINOIS, riv. des États-Unis, affl. du Mississippi (r. g.), prenant sa source près de Milwaukee ; 440 km. Il est relié à Chicago par un canal.

ILLINOIS, État du Midwest américain ; 146 075 km² ; 11 430 602 hab. Cap. *Springfield.* L'État a pris son essor au XIXe s. en même temps que s'intensifiait la circulation sur les Grands Lacs. Il est à la fois agricole et industriel. Le climat continental, le relief calme, les sols limoneux ont permis une agriculture riche (maïs et soja, élevage bovin et porcin). Le sous-sol fournit plus de 50 Mt de charbon, un peu de pétrole. Les constructions mécaniques, électriques et électroniques, la chimie et l'agroalimentaire sont les principales branches d'une industrie implantée surtout dans l'agglomération de Chicago, qui concentre près de 70 % de la population de l'État. — **Hist.** Exploré par les Français Marquette et Joliet (1673), cédé aux Britanniques en 1763, il devint un État de l'Union en 1818.

ILLIPÉ n. m. Sapotacée arborescente d'Indo-Malaisie, du genre *bassia,* dont les graines contiennent une matière oléagineuse (beurre ou huile d'illipé) employée comme substitut du beurre de cacao.

ILLISIBILITÉ n. f. État, caractère de ce qui est illisible : *L'illisibilité d'un manuscrit.*

ILLISIBLE adj. **1.** Qu'on ne peut lire ou qu'on lit difficilement : *Une écriture illisible.* — **2.** Dont la lecture est insupportable ou incompréhensible : *Écrivain illisible.*

ILLISIBLEMENT adv. De façon illisible.

ILLITE n. f. (de *Illinois,* n. pr.). Minéral argileux de structure et de composition proches de celles des micas, abondant dans les sols des régions tempérées. (Syn. HYDROMICA.)

ILLKIRCH-GRAFFENSTADEN (67400), ch.-l. de cant. du Bas-Rhin, banlieue sud de Strasbourg, sur l'Ill ; 23 738 hab. Constructions mécaniques. Lycée hôtelier.

ILLOGIQUE adj. **1.** Qui n'est pas conforme à la logique ; absurde : *Une conclusion illogique.* — **2.** Qui manque de logique ; inconséquent : *Esprit illogique.*

ILLOGIQUEMENT adv. De façon illogique.

ILLOGISME n. m. Caractère de qqch qui est illogique ou de qqn qui manque de raison.

ILLOUD (52150), comm. de la Haute-Marne, à 23 km au S.-O. de Neufchâteau ; 356 hab. Fromagerie.

ILLUMINATEUR adj. m. (du lat. *illuminare,* illuminer). Se dit d'un radar émetteur puissant dont le rayonnement est dirigé vers une cible qui le réfléchit sous la forme d'un écho capté par un récepteur approprié situé sur un missile air-air tiré par l'avion équipé du radar émetteur.

◆ n. m. *Illuminateur laser,* système comportant un émetteur laser à infrarouge, utilisé pour diriger contre un objectif au sol un avion d'attaque ou une munition guidée (bombes, missiles air-sol).

ILLUMINATIF, IVE adj. (de *illuminer*). *Voie illuminative,* deuxième étape de la vie spirituelle, qui consiste dans l'imitation du Christ, lumière du monde.

ILLUMINATION n. f. (lat. médiév. *illuminatio, -onis*). **1.** Action d'illuminer, d'éclairer abondamment un édifice, une ville, etc., le plus souvent pour le mettre en valeur ; fait d'être illuminé : *L'illumination des fontaines de Rome.* – **2.** Inspiration, intuition soudaine qui procure à qqn la révélation d'une vérité, la réponse longtemps cherchée à une question : *Les illuminations du poète.* – **3.** Grâce de Dieu éclairant l'intelligence et qui donne la science des choses de la foi.

◆ **illuminations** n. f. pl. Dispositifs lumineux destinés à éclairer et à décorer une ville, des monuments publics : *Les illuminations du château de Versailles.*

Illuminations, recueil poétique d'Arthur Rimbaud, composé entre 1871 et 1875, publié dans *la Vogue* (1886) puis, la même année, en plaquette par Verlaine. Révolte poétique, dans la tonalité dense et fraîche des « enluminures » des livres enfantins, les *Illuminations* occupent une place privilégiée dans l'histoire de la poésie moderne.

ILLUMINÉ, E n. **1.** Personne dénuée d'esprit critique, qui soutient une doctrine avec une foi aveugle, un zèle fanatique. – **2.** Visionnaire en matière religieuse. – **3.** Membre de sectes religieuses qui, à l'époque moderne (XVIe-XVIIIe s.), se disait éclairé directement par Dieu, sans le secours des sacrements. (On cite particulièrement les illuminés d'Espagne [alumbrados].) – **4.** Grade suprême de l'ordre ancien de la Rose-Croix. – **5.** Syn. de ILLUMINISTE.

Illuminés *(les),* recueil d'essais de Gérard de Nerval (1852), consacrés à des personnages inspirés et excentriques : Restif de La Bretonne, Spifame, qui se prit pour le double d'Henri II, Cagliostro, l'abbé Bucquoy, Cazotte.

Illuminés de Bavière, société secrète philosophique et politique *(Illuminatenorden),* fondée à Ingolstadt, en 1776, par Adam Weishaupt, pour lutter contre l'État et l'Église catholique. Dissoute en 1785, cette société renaquit, sous des formes nouvelles, en 1896 puis en 1926.

ILLUMINER v. t. (lat. *illuminare,* de *lumen, -inis,* lumière) [conj. 3]. **1.** Éclairer vivement qqch : *Des éclairs illuminaient le ciel. Illuminer un monument, une place de village.* – **2.** Donner au visage, au regard, un vif éclat : *Un éclair de malice illumina son regard.* – **3.** *Litt.* Marquer de façon heureuse une situation, une période, y apporter un élément de joie, d'espoir : *Cet événement a illuminé la fin de sa vie.*

◆ **s'illuminer** v. pr., **être illuminé** v. pass. **1.** S'éclairer vivement, être abondamment éclairé : *Du trentième étage, on voit tout Paris illuminé.* – **2.** S'éclairer, prendre de l'éclat sous l'effet d'un vif sentiment : *Les visages des enfants s'illuminèrent au dessert.*

ILLUMINISME n. m. Doctrine mystique fondée sur la croyance à une illumination intérieure inspirée directement par Dieu. (Ce fut en particulier celle de Swedenborg, Saint-Martin, Böhme, Pasqualis et Weishaupt.)

ILLUMINISTE adj. Qui relève de l'illuminisme ; partisan de l'illuminisme. (Syn. ILLUMINÉ.)

ILLUSION n. f. (lat. *illusio, -onis*). **1.** Interprétation erronée d'une donnée sensorielle : *Illusion auditive. Illusion d'optique.* – **2.** Effet obtenu par le moyen de l'art, de l'artifice, du truquage et qui crée le sentiment du réel ou du vrai : *L'illusion de la vie donnée par un automate.* – **3.** Appréciation conforme à ce que qqn souhaite croire, mais fausse par rapport à la réalité : *Perdre ses dernières illusions.* – **4.** *Faire illusion,* tromper sur sa nature véritable en donnant une image flatteuse, mais surfaite. ‖ *Se faire des illusions,* concevoir de vaines espérances, surestimer ses possibilités, ses capacités. ‖ *Illusion optico-géométrique,* erreur de la perception visuelle de figures géométriques, se manifestant chez les individus par une surestimation ou une sousestimation systématiques de longueur, de surface, de direction ou d'incurvation des angles, de la verticale, etc. (illusions de Müller-Lyer, de Poggendorff, de Delbœuf, d'Oppel-Kundt, etc.).

Illusion comique *(l'),* comédie en 5 actes, en vers, de P. Corneille (1636). Un devin, Alcandre, fait croire à Pridament qu'il peut lui faire voir certains épisodes de la vie de son fils, qu'il recherche.

Illusions perdues, roman d'H. de Balzac, divisé en trois parties (*les Deux Poètes,* 1837 ; *Un grand homme de province à Paris,* 1839 ; *les Souffrances de l'inventeur,* 1843) [*Scènes de la vie de province*]. C'est une satire du monde de la presse et de l'édition, à travers le récit des désillusions de Lucien de Rubempré, qui finit par se vendre corps et âme au prétendu prêtre espagnol Carlos Herrera (Vautrin).

ILLUSIONNER v. t. (conj. 3). *Litt.* Créer chez qqn des illusions, le tromper : *Ce succès ne doit pas vous illusionner sur votre avenir.*
◆ **s'illusionner** v. pr. Se faire des illusions, se tromper sur qqch, qqn ; s'abuser : *Tu t'illusionnes sur tes possibilités.*

ILLUSIONNISME n. m. **1.** Art de tromper le regard du spectateur par dextérité manuelle ou à l'aide d'appareils spécialement conçus dans ce dessein et appelés « grands trucs ». — **2.** En beaux-arts, pratique d'effets accentués (perspective, modelé en trompe-l'œil, luminisme, etc.) dans l'imitation du visible.

ILLUSIONNISTE n. Artiste de variétés pratiquant l'illusionnisme (prestidigitation, « grands trucs », tours de magie).
◆ adj. Qui manifeste les caractères de l'illusionnisme artistique.

ILLUSOIRE adj. (lat. médiév. *illusorius,* du lat. class. *illudere,* se moquer de). Qui est propre à faire illusion : *Bonheur illusoire.*

ILLUSOIREMENT adv. De façon illusoire.

ILLUSTRATEUR, TRICE n. (bas lat. *illustrator,* celui qui éclaire). Artiste qui exécute des illustrations.

ILLUSTRATIF, IVE adj. Qui sert d'exemple caractéristique : *Un propos illustratif.*

ILLUSTRATION n. f. (lat. *illustratio, -onis*). **1.** Action d'éclairer par des exemples un développement abstrait ; ce qui a valeur d'application, de vérification, de démonstration : *« Candide », illustration plaisante de l'optimisme.* — **2.** Action d'illustrer un ouvrage destiné à l'impression. — **3.** Toute gravure, photographie, reproduction figurant dans un livre ou un périodique : *Dictionnaire comportant plus de cinq mille illustrations.* — **4.** Ensemble des gravures, des dessins, des reproductions, etc., documentaires ou artistiques, ajoutés au texte d'un ouvrage : *Une abondante illustration en noir et en couleurs.*

Illustration *(l'),* hebdomadaire illustré, fondé en 1843 par A. Paulin. Il cessa sa parution en 1944.

ILLUSTRE adj. (lat. *illustris*). **1.** Qui s'est acquis la renommée, la célébrité ou la gloire par ses actions : *Savant illustre.* — **2.** Dont le renom est considérable : *Une ville au passé illustre.* — **3.** *L'illustre compagnie,* l'Académie française. ‖ Ironiq. *Un(e) illustre inconnu(e),* qqn de tout à fait inconnu.

ILLUSTRÉ n. m. Journal, hebdomadaire, revue contenant des récits accompagnés de dessins, d'images, de photos.

ILLUSTRER v. t. (lat. *illustrare*) [conj. 3]. **1.** *Litt.* Rendre qqch illustre, lui procurer la renommée, la célébrité : *Illustrer son nom, son pays par de hauts faits.* — **2.** Appuyer une idée, une thèse, une argumentation, etc., par des exemples propres à la rendre plus évidente : *Les exemples doivent illustrer des définitions.* — **3.** Pourvoir un livre, un ouvrage d'images, de dessins, de reproductions, etc.
◆ **être illustré** v. pass. Comporter des illustrations en parlant d'un livre, d'un journal, etc. : *Édition illustrée.*
◆ **s'illustrer** v. pr. Se distinguer par des actions méritoires, exceptionnelles : *S'illustrer par ses travaux scientifiques.*

Illustre-Théâtre (l'), troupe de comédiens où Molière débuta comme acteur (1643-1645).

ILLUSTRISSIME adj. (ital. *illustrissimo*). Se dit d'un titre donné à certains personnages, principalement à de hauts dignitaires ecclésiastiques (cardinaux, légats du pape). (Parfois ironiq.)

ILLUTATION n. f. (de *luter,* enduire de boue). Bain de boue ; application de boue sur une partie du corps.

ILLUVIAL, E, AUX adj. Qui résulte des processus d'illuviation.

ILLUVIATION n. f. Phénomène d'accumulation de matière dans un horizon de sol, par apport vertical, oblique ou latéral.
ENCYCL. Au cours de l'altération météorique des roches, une fraction des produits d'altération peut s'accumuler dans certains horizons des sols, sous l'action de mécanismes complexes tels que la floculation ou la précipitation chimique. Il en résulte par exemple la formation de cuirasses, d'encroûtements calcaires, ou la silicification.

ILLUVIUM [-vjɔm] n. m. Horizon d'un sol résultant du processus d'illuviation.

ILLY (08200), comm. du dép. des Ardennes, à 10 km au N. de Sedan ; 414 hab. — Le 1er sept. 1870, le *calvaire d'Illy* fut le théâtre des sanglantes et vaines charges de cavalerie des chasseurs d'Afrique.

ILLYÉS (Gyula), écrivain hongrois (Rácegres 1902 - Budapest 1983). Admirateur de la culture française, lié aux surréalistes, chef de file de la poésie hongroise (*le Poids de la terre,* 1928) et directeur de la revue *Nyugat* (Occident), il prendra ses distances vis-à-vis du régime politique de son pays (*Nouveaux Poèmes,* 1961). Outre ses récits (*Radicelles,* 1971) et ses pièces de théâtre (*le Favori,* 1963), il a consacré un essai aux conditions de vie des paysans hongrois (*Ceux des pusztas,* 1936), publié un roman autobiographique (*Des Huns à Paris,* 1946) et donné à ses derniers recueils lyriques (*Patrie en haut,* 1973) une orientation plus réaliste et populaire.

ILLYRIE, région montagneuse de la côte orientale et septentrionale de l'Adriatique. Elle a été

occupée au IIe millénaire av. J.-C. par des peuples qui se sont répandus de l'Adriatique au Danube. Dès le VIIe s. av. J.-C., l'Illyrie connaît la colonisation grecque, mais la pression des invasions celtes refoule les Illyriens vers la côte et favorise la piraterie, contre laquelle Rome doit lutter à partir du milieu du IIIe s. av. J.-C. En 219 av. J.-C., Rome occupe une partie de l'Illyrie, correspondant à la Dalmatie, puis étend sa conquête vers le Danube, au nord-est, et vers l'actuelle Albanie, au sud.
Les territoires conquis sont rattachés à la Gaule Cisalpine et à la province de Macédoine (27 av. J.-C.). Après plusieurs révoltes, une province d'*Illyricum* est constituée en 9 apr. J.-C., comprenant la Dalmatie, la Mésie et la Pannonie. En 379, cette province sera divisée en *Illyricum occidental* (les Pannonies), rapidement occupé par les Barbares, et en *Illyricum oriental* (Dacie et Macédoine, capitale Thessalonique), qui survivra dans l'Empire byzantin jusqu'au VIIe s.

ILLYRIEN, ENNE adj. et n. D'Illyrie.
◆ **illyrien** n. m. Langue indo-européenne parlée à l'époque préromaine le long de la côte adriatique et dans le sud-est de l'Italie, peut-être lointain ancêtre de l'albanais.

ILLYRIENNES *(Provinces)*, gouvernement du premier Empire français (1809-1813), composé d'une partie de la Slovénie, de la Croatie au sud de la Save, de la Dalmatie et de Kotor.

ILLYRISME n. m. (de *Illyrie*, n. pr.). Mouvement culturel et politique qui se développa en Croatie et en Slavonie dans les années 1830-1840. (Il défendait l'unité de la langue et de la culture des Slaves du Sud et militait pour leur unification politique.)

ILLZACH (68110), ch.-l. de cant. du Haut-Rhin, banlieue nord de Mulhouse ; 15 936 hab. Textile.

I. L. M., abrév. de IMMEUBLE* À LOYER MOYEN.

ILMEN *(lac)*, lac du nord-ouest de la Russie, au S. de Novgorod ; 982 km².

ILMÉNITE n. f. (de *Ilmen*, n. pr.). Oxyde naturel de fer et de titane, cristallisant en rhomboèdres, de formule $FeTiO_3$.

I. L. N., abrév. de IMMEUBLE* À LOYER NORMAL.

ILOCANO n. m. Langue du groupe indonésien, parlée aux Philippines par plus de 3 millions de locuteurs.

ILOCANOS, ensemble ethnique habitant Luçon.

ILOILO, port des Philippines, sur la côte sud de l'île de Panay ; 309 505 hab. Université. Centre commercial.

ILOMBA n. m. Arbre d'Afrique tropicale, au bois blanc ocré à grain plutôt grossier, tendre et léger, utilisé en menuiserie intérieure.

ILONGO n. m. Langue du groupe indonésien parlée aux Philippines par env. 2 millions de locuteurs.

ILORIN, v. du Nigeria, cap. de l'État de Kwara, au N. d'Ibadan ; 431 000 hab.

ÎLOT n. m. **1.** Très petite île : *Les îlots sableux de la Loire.* — **2.** Élément ayant une unité, un caractère particulier, mais isolé au sein d'un ensemble plus vaste et de nature différente : *Désert parsemé de quelques îlots de végétation. Réduire les derniers îlots de résistance.* — **3.** Unité topographique minimale, délimitée par des rues et composée de parcelles construites mitoyennes. • **Comm.** Palette sur laquelle sont offertes des marchandises placée dans les allées de circulation dans un magasin en libre-service. — **Mar.** Bloc ou château formé par les éléments de la superstructure d'un porte-avions, qui, pour dégager la piste d'envol, sont rejetés en abord du bâtiment. — **Min.** *Exploitation par îlots*, exploitation limitée à l'intérieur de zones de dimensions restreintes délimitées par des gros piliers qui les isolent entre elles. — **Nucl.** *Îlot nucléaire*, dans une centrale nucléaire, ensemble de la chaudière nucléaire et des auxiliaires nécessaires à son fonctionnement. — **Urban.** *Îlot directionnel*, zone interdite aux véhicules et délimitant les voies affectées aux divers courants de circulation.

ÎLOTAGE n. m. **1.** Système de surveillance policière qui consiste à diviser une ville ou un quartier en îlots contrôlés par un îlotier. — **2.** Mesure de sauvegarde consistant à fractionner un réseau de transport d'énergie électrique en sous-réseaux dans chacun desquels l'équilibre des charges et des productions peut être obtenu et maintenu. — **3.** Régime de fonctionnement d'une unité électronucléaire dans lequel l'alternateur n'est pas couplé au réseau et n'alimente que les auxiliaires propres à l'unité.

ILOTE, ILOTISME → HILOTE, HILOTISME.

ÎLOTIER n. m. (de *îlot*). Agent de police chargé de la surveillance d'un îlot.

ILS → IL 1.

ILS (initiales de *Instrument Landing System*, système d'atterrissage aux instruments). Méthode radioélectrique utilisée pour l'atterrissage par mauvaise visibilité. (À l'ILS doit succéder le MLS [*Micro Waves Landing System*], qui utilise des ondes millimétriques de plus hautes fréquences.)

ILTUTMICH (Chams al-Dīn) [† 1236], sultan turc de Delhi (1211-1236). Ancien esclave de Quṭb al-Dīn Aybak, il fut le vrai fondateur de la dynastie dite des Esclaves.

IL Y A loc. v. impers. (conj. **1**). **1.** Indique que qqch, qqn existe, se trouve, est qqpart : *Y a-t-il quelqu'un ici ?* — **2.** Indique la mesure, la somme, le nombre, etc. : *Il y a deux kilomètres d'ici à la gare.* — **3.** Indique le temps écoulé d'un moment passé au moment pris pour référence : *Il y a trois mois que je ne l'ai pas vu.* — **4.** Indique la nécessité : *Il y a intérêt à agir vite. Il y a urgence.* — **5.** *Il y a + n. et + n.,* indique qu'il faut faire une distinction, qu'un même terme peut recouvrir deux réalités différentes : *Il y a chambre et chambre, celle-ci est vraiment un cagibi.* ‖ Fam. *Il y en a qui,* certaines personnes : *Il y en a qui exagèrent.* ‖ *Il n'y a pas à,* inutile de : *Il n'y a pas à discuter.* ‖ *Il n'y a qu'à,* il suffit de : *On n'a plus d'assiettes propres, il n'y a qu'à laver celles-ci.*

IMABARI, port du Japon, dans l'île de Shikoku, sur la mer Intérieure ; 123 200 hab. Centre textile.

'IMĀD AL-DĪN AL-IṢFAHĀNĪ (Muḥammad), écrivain et historien arabe (Ispahan 1125 - Damas 1201). Un des principaux historiens des croisades vues du côté des musulmans, il fut un familier de Saladin, dont il raconta les conquêtes de Syrie et de Palestine. Il a aussi laissé une histoire des Seldjoukides, une anthologie des poètes de son temps et un recueil de lettres.

IMAGE n. f. (lat. *imago, -inis*). **1.** Reproduction d'un objet matériel donnée par un système optique et, en partic., par une surface plane réfléchissante ou un miroir : *Regarder son image dans une glace.* — **2.** Reproduction d'un objet matériel par la photographie ou par une technique apparentée : *Image floue. Image radioscopique d'un organe.* — **3.** Représentation ou reproduction d'un objet ou d'une figure dans les arts graphiques et plastiques, et en partic. représentation des êtres qui sont l'objet d'un culte ou d'une vénération : *Image peinte de la Vierge.* — **4.** Représentation imprimée sur une petite carte ou une feuille de papier ; estampe populaire : *La maîtresse a donné une image à Henri.* — **5.** Illustration d'un livre, notamment pour enfants : *Livre d'images.* — **6.** Personne ou chose qui présente un rapport de ressemblance ou d'analogie avec une autre : *Un fils qui est l'image vivante de son père.* — **7.** Symbole ou représentation matérielle d'une réalité invisible ou abstraite : *L'eau qui coule, image du temps qui passe.* — **8.** Aspect sous lequel qqn ou qqch apparaît à qqn, manière dont il le voit et le présente à autrui, notamment dans un écrit : *L'image que les Français se font d'eux-mêmes.* — **9.** Représentation mentale élaborée à partir d'une perception antérieure : *Image visuelle. L'image d'un être cher.* — **10.** Expression évoquant la réalité par analogie ou similitude avec un domaine autre que celui auquel elle s'applique : *Un poème remarquable par la richesse des images.* — **11.** *À l'image de,* qui ressemble à qqn, qqch d'autre, y correspond : *Un chien qui est à l'image de ses maîtres.* ‖ *Image d'Épinal,* gravure à usage populaire, de style assez naïf, dont Épinal a été l'un des principaux centres de fabrication ; présentation qui donne d'un fait une version simpliste et exagérément optimiste. ‖ *Image (de marque),* représentation qu'une marque ou une firme commerciale essaie d'imposer au public, ou degré de réputation qu'elle acquiert effectivement ; manière dont une personnalité ou une collectivité est le plus couramment jugée dans l'opinion publique. ‖ *Sage comme une image,* se dit d'un enfant calme et posé. • **Math.** *Image d'une application* f *définie d'un ensemble* E *dans un ensemble* F, sous-ensemble de F, noté $f(E)$ ou $\mathrm{Im}(f)$, égal à $\{f(x), x \in E\}$. ‖ *Image d'un élément* x *par une application* f, élément y de l'ensemble d'arrivée de l'application f, tel que $y = f(x)$. ‖ *Image d'une partie* A *d'un ensemble* E *par une application* f *définie de* E *dans* F, sous-ensemble de F, noté $f(A)$, tel que $f(A) = \{f(x), x \in A\}$. — **Opt.** Ensemble de points ou d'éléments représentatifs de l'apparence d'un objet, formés à partir du rayonnement émis, réfléchi, diffusé ou transmis par l'objet. *Spécial.* Représentation d'un objet matériel donnée par un système optique. (→ *encycl.*) ‖ *Image réelle,* image visible directement sur un écran. ‖ *Image virtuelle,* image que l'on ne peut voir que par l'intermédiaire d'un appareil d'optique. — **Psychol.** *Image mentale,* représentation subjective, actuelle, d'un objet, d'une personne, d'une scène, etc., survenant durant l'activité de veille, en l'absence de cet objet, de cette personne ou de cette scène ; entité mentale dont on suppose l'existence en mémoire pour rendre compte de ce phénomène. — **Relig.** Syn. de ICÔNE. — **Télév.** *Fréquence d'images,* nombre d'images complètes transmises par seconde selon un système de télévision.

ENCYCL. **Opt.** L'image d'un objet peut être formée ou transmise par des rayonnements autres que la lumière visible (rayonnements X ou γ, faisceaux électroniques, ultrasons, etc.). Les informations portées par ces rayonnements peuvent être converties en une forme visible, par exemple par projection sur un écran ordinaire ou sur un écran de radar ou de télévision. Les signaux représentatifs d'une image peuvent, en outre, subir certaines opérations comme une mise en mémoire, une conversion sous forme numérique, pour faciliter leur transmission ou leur traitement* par ordinateur. L'holographie* permet de reconstituer des objets en trois dimensions.

Images de voyage, par Heinrich Heine (1826-1831), récits pleins de rêveries spirituelles, fantaisistes ou douloureuses *(Tambour Legrand, Voyage dans le Harz).*

IMAGÉ, E adj. Qui comporte de nombreuses images, comparaisons ou métaphores : *Style imagé.*

IMAGERIE n. f. **1.** Fabrication, commerce d'images à grande diffusion : *L'imagerie populaire.* (→ encycl. Bx-arts.) – **2.** Ensemble d'images sur un même thème : *L'imagerie napoléonienne.* – **3.** Technique permettant d'obtenir des images à partir de différents types de rayonnements ; images ainsi obtenues. (→ *encycl.* Méd. et Météo.)

ENCYCL. **Bx-arts.** Art populaire né au XVe s., l'imagerie recouvre la production de gravures sur bois (xylographies) ou sur métal (aux XVIIe et XVIIIe s.) et de lithographies, largement coloriées et destinées surtout au public illettré des campagnes. Jusqu'au XIXe s., les motifs religieux (ayant valeur de protection) ou à caractère didactique dominent, remplacés sous Napoléon par des sujets à résonance politique ou sociale, faisant de l'imagerie un puissant véhicule idéologique auprès des masses. Avec la diffusion, après 1815, de la « légende napoléonienne », Épinal s'imposa, en France, comme le centre le plus important, éclipsant la production de villes comme Strasbourg, Lille, Orléans, Chartres.

– **Méd.** L'imagerie médicale permet l'examen interne du corps humain et l'obtention d'une image pour le diagnostic médical. En plus de la radiographie et de la radioscopie utilisant les rayons X et qui ont fait l'objet de perfectionnements (tomographie [coupe d'organes], scintigraphie (injection de corps radioactifs), scanographie [utilisation de l'ordinateur]), on fait appel aux ultrasons (échographie) et aux champs magnétiques (imagerie par résonance magnétique, ou I.R.M. [→ RÉSONANCE]).

– **Météo.** Les images fournies par les satellites d'observation de la Terre font appel à des capteurs à radiomètres capables d'enregistrer les ondes électromagnétiques réfléchies (dans le visible) ou émises (dans l'infrarouge) par la surface terrestre et les nuages.

IMAGEUR, EUSE adj. et n. m. Se dit d'un instrument ou d'un appareillage qui permet d'obtenir une image : *Radar, radiomètre imageur.*

◆ n. m. Palette électronique ou graphique.

IMAGIER, ÈRE n. **1.** Personne qui fait, imprime, vend des images. – **2.** Au Moyen Âge, sculpteur en figures (statues, reliefs) ou, plus rarement, miniaturiste.

◆ adj. Relatif aux images, à l'illustration.

IMAGINABLE adj. (bas lat. *imaginabilis*). Qui peut être imaginé, conçu : *Hypothèse imaginable.*

IMAGINAIRE adj. (lat. *imaginarius*). **1.** Qui est créé par l'imagination, qui n'existe que dans l'imagination : *Des craintes imaginaires.* – **2.** Qui n'est tel que dans sa propre imagination : *Un malade imaginaire.* – **3.** Se dit de certaines coniques (cercles, ellipses) ou quadriques (cônes, ellipsoïdes) dont aucun des points n'a ses coordonnées réelles. – **4.** *Partie imaginaire d'un nombre complexe* $z = a + ib$, réel noté Im(z) et égal à *b*.

◆ n. m. **1.** Domaine de l'imagination. – **2.** *Imaginaire pur,* nombre complexe de la forme $z = ib$. (Sa partie réelle est nulle.) – **3.** Selon J. Lacan, ce qui reflète le désir dans l'image que le sujet a de lui-même, par oppos. à *symbolique.*

IMAGINAL, E, AUX adj. Relatif à l'imago chez les insectes.

IMAGINATIF, IVE adj. et n. (bas lat. *imaginativus*). Qui imagine aisément, qui est inventif ou qui se laisse emporter par son imagination.

IMAGINATION n. f. (lat. *imaginatio, -onis*). **1.** Faculté de l'esprit d'évoquer, sous forme d'images mentales, des objets ou des faits connus par une perception, une expérience antérieures : *Un événement qui demeure très vif dans l'imagination.* – **2.** Fonction par laquelle l'esprit voit, se représente, sous une forme sensible, concrète, des êtres, des choses, des situations dont il n'a pas eu une expérience directe : *Un récit qui frappe l'imagination.* – **3.** Capacité d'élaborer des images et des conceptions nouvelles, de trouver des solutions originales à des problèmes : *Manquer d'imagination.*

◆ **imaginations** n. f. pl. *Litt.* Choses imaginaires, constructions de l'esprit, créations plus ou moins chimériques : *Ses frayeurs sont de pures imaginations.*

IMAGINER v. t. (lat. *imaginari*) [conj. 3]. **1.** Se faire une image de qqch ou de qqn, se les représenter mentalement : *Imaginez cette ville sans automobiles.* – **2.** Concevoir, envisager, penser la réalité de qqch d'extérieur à soi-même : *J'imagine sa satisfaction.* – **3.** Inventer qqch, un personnage : *Imaginer un procédé de fabrication.* – **4.** Avoir l'idée, heureuse ou non, de faire telle chose : *C'est toi qui as imaginé d'inviter ensemble tous ces gens ?* – **5.** *J'imagine,* je suppose, je présume : *C'est un mouvement de dépit, j'imagine.* ‖ *Qu'allez-vous imaginer ?,* vous vous faites des idées.

◆ **être imaginé** v. pass. Être inventé : *Histoire entièrement imaginée.*

◆ **s'imaginer** v. pr. **1.** Se représenter qqch, qqn dans l'esprit : *Imaginez-vous un village et tous ses habitants dans la rue.* – **2.** Concevoir : *Il n'arrive pas à s'imaginer que les circonstances ont changé.* – **3.** Se figurer à tort qqch, croire sans raison valable que : *Elle s'imagine que tout lui est dû.*

IMAGISME n. m. (angl. *imagism,* de *image,* image). Courant poétique anglo-américain animé par E. Pound, H. Doolittle et T. E. Hulme, auquel participèrent Lawrence et Huxley (Londres, 1912). [Caractérisée par la brièveté et la précision, la poésie imagiste tentait de recréer physiquement la perception (surtout visuelle) qu'elle évoquait.]

IMAGISTE adj. et n. Relatif à l'imagisme ; partisan de l'imagisme.

1. IMAGO [-go] n. m. (lat. *imago, -inis,* image). Forme définitive de l'insecte adulte sexué, ou « insecte parfait ». (Les « ouvrières » et les « soldats » des espèces sociales ne sont pas considérés comme des imagos, bien qu'ils ne soient plus appelés à muer.)

2. IMAGO [-go] n. f. (de *imago 1*). Selon C. G. Jung, représentation élaborée dans une relation intersubjective qui se fixe dans l'inconscient du sujet et oriente ultérieurement sa conduite et son mode d'appréhension d'autrui.

Imago, modern dance work ; chorégr., mus. et scénographie d'Alwin Nikolais. Création mondiale à West Hartford (Connecticut) [1963] par le Alwin Nikolais Dance Theatre.

IMĀM [imam] n. m. (mot ar.). **1.** Chef religieux musulman. — **2.** Titre donné à des chefs des écoles juridiques et théologiques islamiques.

ENCYCL. Après la mort du Prophète († 632), l'imām fut le directeur suprême, le chef unique de la communauté islamique. Par la suite, la division de l'islām entre le sunnisme et le chī'isme vida peu à peu l'imāmat de son contenu spirituel chez les sunnites, au profit du califat, plus temporel. Pour les chī'ites, l'imām est un chef infaillible, guidé par Dieu. Les ismaéliens reconnaissent sept imāms, les duodécimains douze.

IMĀMAT n. m. **1.** Charge ou dignité d'imām. — **2.** Fonction de l'imām comme chef de la communauté musulmane.

IMĀMISME n. m. Doctrine et mouvement du chīisme duodécimain.

ENCYCL. L'imāmisme accorde aux douze imāms une valeur d'initiés supérieurs, transmettant le savoir ésotérique de 'Alī. Le dernier imām, le douzième, est considéré comme caché. Il est identifié au mahadī dont on attend la venue sur Terre avant la fin du monde.

IMĀMITE adj. et n. Partisan de l'imāmisme.

IMAMURA SHŌHEI, cinéaste japonais (Tōkyō 1926). Il a réalisé *Cochons et cuirassés* (1961), *la Femme insecte* (1963), *le Pornographe* (1965), *Profonds Désirs des dieux* (1968), *La vengeance est à moi* (1979), *Eijanaika* (1981), *la Ballade de Narayama* (1983) [palme d'or à Cannes], *Zegen* (1987), *Pluie noire* (1989).

IMAO n. m. inv. (abrév. de *inhibiteur de la monoamine-oxydase*). Classe d'antidépresseurs à laquelle appartiennent toutes les substances capables d'inhiber la monoamine-oxydase et donc de renforcer l'action des amines biogènes. (Les IMAO sont prescrits dans les dépressions sévères, mais leurs effets secondaires en ont restreint considérablement l'usage.)

IMAR → EMAR.

IMARI n. m. (de *Imari,* n. pr.). Porcelaine japonaise. (Les Japonais l'appellent *arita.*)

IMATRA, v. de Finlande, sur le lac Saimaa, à la frontière soviétique ; 36 000 hab. Centrale hydroélectrique. Pâte à papier. Métallurgie. Électronique.

IMBABA → EMBABÈH.

IMBATTABLE adj. **1.** Qui ne peut être battu, surpassé ou égalé : *Il est imbattable en mathématiques.* — **2.** Qui est très avantageux : *Prix imbattables.*

IMBÉCILE n. et adj. (lat. *imbecillus*). **1.** Personne dépourvue d'intelligence : *Cet imbécile va encore nous attirer des complications.* — **2.** *Vx.* Sujet atteint d'imbécillité. — **3.** Fam. *Faire l'imbécile,* faire le clown, se livrer à des pitreries pour se rendre intéressant ; faire des bêtises, agir sottement dans une circonstance donnée.

◆ adj. Qui manifeste un manque complet d'intelligence : *Des plaisanteries imbéciles.*

IMBÉCILEMENT adv. *Litt.* D'une manière imbécile.

IMBÉCILLITÉ n. f. (lat. *imbecillitas*). **1.** Absence complète d'intelligence, de compréhension ; bêtise, stupidité : *Son imbécillité est navrante.* — **2.** Action, parole, intention qui dénote cette absence d'intelligence : *Dire une imbécillité.* — **3.** *Vx.* Déficit intellectuel profond.

IMBERBE adj. (lat. *imberbis*). Qui n'a pas de barbe : *Adolescent imberbe.*

IMBIBER v. t. (lat. *imbibere,* absorber) [conj. 3]. Pénétrer d'eau, d'un liquide ; mouiller : *Imbiber d'eau une éponge.*

◆ **s'imbiber** v. pr., **être imbibé** v. pass. **1.** Absorber un liquide dans toutes ses parties, s'en imprégner par capillarité : *Des terres imbibées d'eau.* — **2.** *Fam.* Boire à l'excès (du vin, de l'alcool) ; être sous l'effet de l'alcool : *Il est passablement imbibé.*

IMBIBITION n. f. (lat. *imbibitio, -onis*). **1.** Action d'imbiber, de s'imbiber ; état d'un corps imbibé. (→ *encycl.*) — **2.** *Forces d'imbibition,* forces électrostatiques des colloïdes, qui attirent et retiennent l'eau dans les sols ou dans les cellules vivantes.

ENCYCL. **Phys.** L'imbibition est un phénomène de pénétration d'un liquide dans une matière solide, poreuse ou pulvérulente, dû à la capillarité. Elle est d'autant plus rapide que les pores sont plus étroits et peut produire des pressions considérables, atteignant 20 atmosphères.

IMBITABLE ou **IMBITTABLE** adj. *Pop.* Qui est incompréhensible.

IMBO, région du Burundi, correspondant à la plaine de la Ruzizi et aux basses terres littorales bordant le lac Tanganyika. Café, coton.

IMBRICATION n. f. (de *imbriquer*). **1.** État des choses qui se recouvrent mutuellement, à la façon des tuiles d'un toit : *L'imbrication des écailles d'un poisson.* – **2.** Enchevêtrement d'éléments divers : *L'imbrication des problèmes économiques et sociaux.* – **3.** Imitation sculptée de tuiles, bardeaux ou ardoises. (Décor, encore appelé *écailles,* de certaines flèches romanes.) – **4.** En informatique, syn. de ENTRELACEMENT.

IMBRIN n. m. (lat. *imber, -bris,* pluie). Grand plongeon d'Islande qui hiverne régulièrement sur les côtes françaises.

IMBRIQUER v. t. (bas lat. *imbricare,* du lat. class. *imbricatus,* de *imbrex, -icis,* tuile creuse) [conj. 3]. Engager qqch dans qqch d'autre ; enchevêtrer.
◆ **être imbriqué** v. pass. En parlant de feuilles ou d'écailles, se recouvrir comme les tuiles d'un toit.
◆ **s'imbriquer** v. pr., **être imbriqué** v. pass. **1.** En parlant d'objets, être engagés les uns dans les autres, être fortement enchevêtrés : *Tuiles imbriquées les unes dans les autres.* – **2.** Être lié de façon complexe, être étroitement dépendant : *Des problèmes politiques qui viennent s'imbriquer dans les questions économiques.*

IMBROGLIO [ɛ̃bro(g)ljo] n. m. (pl. *imbroglios*) [ital. *imbroglio,* de *imbrogliare,* embrouiller]. **1.** Situation confuse et d'une grande complexité ; affaire embrouillée : *Il se perd dans l'imbroglio de sa vie sentimentale.* – **2.** Pièce de théâtre dont l'intrigue est très compliquée.

ÍMBROS → IMROZ.

IMBRÛLABLE adj. Qui ne peut être brûlé ou qui ne peut l'être que difficilement.

IMBRÛLÉ, E adj. Se dit d'un corps combustible qui, dans une combustion, s'est imparfaitement combiné à l'oxygène de l'air.
◆ **imbrûlés** n. m. pl. **1.** Corps imbrûlés. (Les imbrûlés peuvent être gazeux [CO, carbures d'hydrogène], liquides [gouttelettes d'essence] ou solides [charbon].) – **2.** Résidus d'agent propulsif subsistant après extinction d'un moteur-fusée.

IMBU (ÊTRE) v. pass. (lat. *imbutus,* imprégné). **1.** Être profondément pénétré (d'un sentiment, d'une opinion), être plein de : *Être imbu de ses connaissances.* – **2.** *Être imbu de soi-même,* être intimement persuadé de sa supériorité.

IMBUVABLE adj. **1.** Qu'on ne peut boire : *Une eau souillée imbuvable.* – **2.** *Fam.* Se dit d'une boisson de mauvaise qualité : *Vin imbuvable.* – **3.** *Fam.* Qui est insupportable, inacceptable ou fastidieux : *Un individu imbuvable.*

I. M. C. n. Abrév. de INFIRME* MOTEUR CÉRÉBRAL.

I. M. E. sigle de INSTITUT* MONÉTAIRE EUROPÉN.

IMÉRÉTIE, région de Géorgie correspondant à la Colchide des Anciens.

IMERINA, partie des hautes terres centrales de Madagascar, autour d'Antananarivo. D'une altitude moyenne de 1 000 m, l'Imerina culmine à 2 636 m au Tsiafajavona, sommet de l'île. C'est une région agricole (riz et autres cultures vivrières, élevage), peuplée par les Merinas (avec des densités pouvant atteindre 100 hab/km²).

IMHOTEP, architecte égyptien, qui fut le Premier ministre du pharaon Djoser (IIIe dynastie). Il inaugura l'architecture en pierre, qui remplaça celle de brique et de bois, en créant la pyramide à degrés de Saqqarah et le complexe funéraire qui l'entoure. À la Basse Époque, Imhotep devint un dieu guérisseur, identifié à Asclépios.

IMIDAZOLE n. m. Composé hétérocyclique aromatique dont plusieurs dérivés sont utilisés pour traiter les mycoses cutanées.

IMIDE n. m. Nom générique des dérivés de l'ammoniac, de formule générale $(RCO)_2NH$, où deux atomes d'hydrogène ont été remplacés par des groupes acyles RCO.

IMINE n. f. (all. *Imine*). Nom générique des composés de formule générale RR'C=NR", produits par la condensation des aldéhydes et des cétones RR'C=O avec l'ammoniac ou les amines primaires H_2NR''.

IMIPRAMINE n. f. Antidépresseur tricyclique du groupe des dibenzoazépines, utilisé dans les dépressions sévères et dans le traitement de certaines douleurs chroniques.

IMITABLE adj. Qui peut ou doit être imité.

IMITATEUR, TRICE adj. et n. (lat. *imitator*). Qui imite, s'attache à imiter.
◆ n. Artiste de music-hall dont la spécialité est l'imitation.

IMITATIF, IVE adj. (bas lat. *imitativus*). Qui imite le comportement, la mimique, les goûts d'autrui : *Le pouvoir imitatif de l'enfant.*

IMITATION n. f. (lat. *imitatio, -onis*). **1.** Action d'imiter une personne, un son, un bruit, etc. ; résultat de cette action : *Une imitation de cris d'animaux.* – **2.** Action de prendre qqn pour modèle : *Imitation d'un maître.* — **3.** Œuvre composée dans le genre, le style d'un auteur ou inspirée directement d'une autre : *Des imitations de toiles célèbres.* — **4.** Action de reproduire artificiellement une matière, un objet ou de faire une copie d'un objet de valeur ; cette reproduction, cette copie : *Une imitation de marbre. Un sac en imitation cuir.* — **5.** *À l'imitation de,* à l'exemple de qqn, sur le modèle de qqch. • **Mus.** Procédé d'écriture qui consiste à répéter le même dessin mélodique d'une partie à l'autre. (Le canon représente son expression la plus stricte.) — **Philos.** et **Littér.** *Théorie de l'imitation,* théorie esthétique inspirée de Platon et d'Aristote et selon laquelle le principe de la création artistique est de s'inspirer exclusivement de la nature. — **Psychol.** Reproduction d'une mimique, d'un geste, d'une posture, d'une situation vécue. (L'imitation joue un rôle de premier plan dans le développement de l'enfant et tout spécialement dans la fonction sémiotique, ainsi que l'a souligné J. Piaget.) — **Spect.** Action de reproduire la gestuelle, la diction, les tics d'un acteur, d'un chanteur, d'une personnalité, d'un homme politique, etc. ; sketch qui s'y rapporte.

Imitation de Jésus-Christ, ouvrage de piété anonyme du XVe s., le plus lu dans le monde chrétien après la Bible. Son objet est de favoriser la prière et la piété personnelle grâce à une ascèse psychologique et intérieure. On l'attribue généralement à Thomas a Kempis.

IMITER v. t. (lat. *imitari*) [conj. 3]. **1.** Reproduire l'allure, le comportement de qqn, d'un animal, le bruit, le mouvement de qqch, essayer de restituer ce qu'ils ont de caractéristique : *Imiter le cri de la chouette.* — **2.** Faire comme qqn d'autre, faire pareil : *Il se leva et tous les autres l'imitèrent.* — **3.** Reproduire un texte, une œuvre, le plus souvent avec une intention frauduleuse : *Il a imité la signature de son frère.* — **4.** Être un calque de qqch, une reproduction, une imitation : *L'art n'imite pas la nature.* — **5.** Prendre qqn, son action pour modèles, s'en inspirer dans son propre comportement : *Imiter les Anciens.* — **6.** Fabriquer qqch qui ressemble à qqch d'autre, qui en a le même aspect sans en avoir pour autant la nature ; être une imitation de qqch d'autre : *Matière synthétique qui imite le bois.*

IMMACULÉ, E adj. (lat. *immaculatus,* de *macula,* tache). **1.** Qui n'a pas la moindre tache ou qui est d'une blancheur absolue : *Neige immaculée.* — **2.** Qui est sans souillure morale : *Une âme immaculée.*

IMMANENCE n. f. (de *immanent*). **1.** En philosophie, existence des fins du sujet dans le sujet lui-même ; qualité d'une cause qui agit sur ce dont elle fait partie. (Contr. TRANSCENDANCE.) — **2.** Caractère immanent de la langue.

IMMANENT, E adj. (lat. scolast. *immanens, -entis,* qui reste dans). **1.** Qui est contenu dans un être, qui résulte de la nature même de cet être et non pas d'une action externe : *L'idée de dépassement est immanente à l'homme.* — **2.** Se dit d'une étude du langage qui ne fait pas intervenir des phénomènes et des explications extralinguistiques (psychologiques, historiques, etc.) et s'en tient strictement à l'objet même qu'elle a circonscrit (principe d'immanence). — **3.** *Justice immanente,* justice qui découle naturellement des actes accomplis, sans intervention d'un agent extérieur.

IMMANENTISME n. m. Système philosophique fondé sur la notion d'immanence.

IMMANENTISTE adj. et n. Relatif à l'immanentisme ; qui en est partisan.

IMMANGEABLE [ɛ̃-] adj. Qui n'est pas bon à manger.

IMMANQUABLE [ɛ̃-] adj. Qui ne peut manquer d'atteindre son but, réussir : *Un moyen immanquable pour ne pas oublier.*

IMMANQUABLEMENT [ɛ̃-] adv. Sans manquer ; à coup sûr.

IMMARCESCIBLE adj. (bas lat. *immarcescibilis,* du lat. class. *marcescere,* se flétrir). *Litt.* Qui ne peut se flétrir : *Gloire immarcescible.*

IMMARIABLE [ɛ̃-] adj. Qui est très difficile à marier.

IMMATÉRIALISER v. t. (conj. 3). Rendre immatériel par la pensée ou par le raisonnement.

IMMATÉRIALISME n. m. Système philosophique idéaliste niant l'existence de la matière.

IMMATÉRIALISTE adj. et n. Relatif à l'immatérialisme ; qui professe l'immatérialisme.

IMMATÉRIALITÉ n. f. Qualité, état de ce qui est immatériel : *L'immatérialité des fantômes.*

IMMATÉRIEL, ELLE adj. (bas lat. *immaterialis*). **1.** Qui n'a pas de consistance corporelle : *Des êtres immatériels venus d'autres planètes.* — **2.** *Litt.* Qui ne semble pas de nature matérielle : *Un visage très pâle, immatériel.*

IMMATRICULATION n. f. **1.** Action d'inscrire sur un registre public le nom d'une personne, d'un animal ou d'une chose, ainsi que le numéro qui lui est attribué, en vue de faciliter son identification ; résultat de cette action. — **2.** Inscription obligatoire des commerçants, des sociétés civiles et commerciales et des groupements d'intérêt économique au registre du commerce et des sociétés. — **3.** Opération par laquelle toute personne ayant vocation à bénéficier des assurances sociales est inscrite sur la liste des assurés sociaux. — **4.** Acte d'identification des navires (nom, port d'attache, nationalité, tonnage) dressé par l'Administration sur des registres publics. — **5.** *Plaque d'immatriculation,* plaque de métal sur laquelle est inscrit le *numéro d'immatriculation* (dit aussi *numéro minéralogique*) d'un véhicule, d'une moto. (Ce numéro est enregistré à l'Administration des mines.) [Syn. PLAQUE MINÉRALOGIQUE.]

IMMATRICULE n. f. (de *immatriculer*). **1.** Inscription d'un huissier au nombre de ceux qui instrumentent dans le ressort d'un tribunal et dont la mention doit figurer sur les actes qu'il dresse. — **2.** Libellé d'un certificat d'actions nominatives.

IMMATRICULER v. t. (lat. médiév. *immatriculare*) [conj. 3]. Inscrire sur un registre public, sur la matricule.

IMMATURATION n. f. Trouble du processus de maturation, s'exprimant par un désordre intellectuel, affectif, émotionnel ou psychomoteur.

IMMATURE adj. et n. (lat. *immaturus*). Qui n'a pas atteint la maturité physiologique ou qui manque de maturité intellectuelle, affective.

IMMATURITÉ n. f. (lat. *immaturitas, -atis*). **1.** État de ce qui n'est pas mûr. — **2.** État de qqn qui manque de maturité psychologique, intellectuelle ou affective.

IMMÉDIAT, E adj. (lat. médiév. *immediatus*). **1.** Qui est en rapport direct dans une relation spatiale ou temporelle, qui ne comporte pas d'intermédiaire, ou d'intervalle dans l'espace ou dans le temps : *Voisinage immédiat. Succession immédiate. Collaborateur immédiat. Effet immédiat.* — **2.** Qui se fait sans intermédiaire entre le sujet connaissant et l'objet connu : *Une intuition immédiate de la vérité.* — **3.** Qui se produit dans l'instant même, ou doit se produire sans délai : *La mort a été immédiate.* • **Chim.** *Analyse immédiate,* analyse destinée à isoler les corps purs d'un mélange. — **Féod.** Se disait des fiefs relevant directement du souverain et, dans le Saint Empire, de l'empereur. — **Hist.** *Histoire immédiate,* histoire caractérisée par la proximité temporelle de sa rédaction par rapport aux événements traités. — **Méd.** *Contagion immédiate,* contagion qui se fait par contact direct.

◆ **immédiat** n. m. *Pour, dans l'immédiat,* pour le moment, dans la période proche.

IMMÉDIATEMENT adv. **1.** Sans intermédiaire, de quelque ordre que ce soit ; directement : *Dépendre immédiatement du directeur.* — **2.** Sans intervalle dans l'espace ou dans le temps : *Vous devez tourner immédiatement après le prochain feu.* — **3.** À l'instant même, sans délai, sur-le-champ : *Partez immédiatement.*

IMMÉDIATETÉ n. f. **1.** *Litt.* Caractère d'une relation immédiate. — **2.** Établissement de relations directes entre une institution des Communautés européennes et une personne physique ou morale, sans passer par l'intermédiaire des États membres. — **3.** Privilège d'un fief immédiat.

IMMELMANN [imәlman] n. m. (de *Immelmann,* n. pr.). Figure de voltige aérienne consistant en une demi-boucle (ou demi-looping) verticale suivie d'un demi-tonneau.

IMMELMANN (Max), officier aviateur allemand (Dresde 1890 - vers Douai 1916). Il mit au point avec Boelcke les tactiques de la chasse et a laissé son nom à une figure de voltige aérienne. Il fut abattu par erreur par l'artillerie allemande après sa 15e victoire.

IMMÉMORIAL, E, AUX adj. (lat. scolast. *immemorialis,* du lat. class. *memoria,* mémoire). *Litt.* Qui est si ancien qu'on n'en connaît plus l'origine : *Tradition immémoriale.*

IMMENSE adj. (lat. *immensus*). **1.** Qui est très vaste, présente une étendue considérable : *Une plaine immense.* — **2.** Qui est considérable, très grand par le nombre, la quantité, la force, la valeur, l'intensité : *Obtenir un immense succès.*

IMMENSÉMENT adv. D'une manière immense : *Être immensément riche.*

IMMENSITÉ n. f. (lat. *immensitas, -atis*). **1.** Caractère de ce qui est immense, très vaste ; étendue très vaste, difficilement mesurable : *L'immensité de la forêt amazonienne.* — **2.** *Litt.* Étendue immense, qui apparaît sans limites, et, en partic., le ciel, l'espace : *Contempler les étoiles qui scintillent dans l'immensité.* — **3.** Caractère de ce qui est immense, considérable en grandeur, valeur, importance, intensité : *Reculer devant l'immensité de la tâche.*

IMMERGER v. t. (lat. *immergere*) [conj. 17]. Plonger entièrement qqch, le corps de qqn dans un liquide et, en partic., dans la mer : *Immerger des blocs de béton pour construire une digue.*

◆ **être immergé** v. pass. **1.** Être au-dessous de la surface des eaux, de la mer : *Terres immergées.* — **2.** *Économie immergée,* ensemble représenté par les transactions non déclarées, les productions illégales, le travail noir, etc. (Syn. ÉCONOMIE SOUTERRAINE.)

◆ **s'immerger** v. pr. Se plonger totalement dans un milieu différent de son milieu habituel.

IMMÉRITÉ, E adj. (lat. *immeritus*). Qui n'a pas été mérité en mal ou en bien : *Reproches immérités.*

IMMERMANN (Karl), écrivain allemand (Magdeburg 1796 - Düsseldorf 1840). Dans ses romans

(*Épigones,* 1836 ; *Münchhausen,* 1838-39), il s'est révélé un moraliste attaché aux vertus paysannes.

IMMERSION n. f. (lat. *immersio, -onis*). **1.** Action d'immerger ; fait d'être immergé : *L'immersion d'un câble.* — **2.** Fait de se retrouver dans un milieu étranger sans contact direct avec son milieu d'origine : *Stage linguistique en immersion.* — **3.** Début de l'occultation d'un astre. — **4.** Un des trois modes valides de l'ablution baptismale, avec l'affusion et l'aspersion. (Le baptême par immersion, conservé par les orthodoxes et beaucoup d'Églises protestantes [baptistes], a retrouvé sa place dans le rituel de l'Église catholique [1969].)

IMMETTABLE [ɛ̃-] adj. Qu'on ne peut plus mettre : *Vieux costume immettable.*

1. IMMEUBLE adj. et n. m. (lat. *immobilis,* de *mobilis,* qui peut être déplacé). **1.** Se dit d'un bien fixe, d'un fonds de terre et de ce qui y est incorporé *(immeuble par nature).* — **2.** Se dit d'un bien meuble que la loi soumet au régime juridique des immeubles *(immeuble par détermination de la loi).* — **3.** *Immeuble par destination,* meuble servant soit à l'exploitation d'un immeuble, soit à sa décoration, à condition qu'il soit fixé de façon durable ou placé dans un endroit spécialement conçu pour le recevoir. ‖ *Immeuble par l'objet auquel il se rapporte,* droit immobilier.

2. IMMEUBLE n. m. (de *immeuble 1*). **1.** Bâtiment d'une certaine importance, en partic. bâtiment divisé en appartements pour particuliers ou aménagé à usage de bureaux. — **2.** *Immeuble à loyer moyen (I. L. M.),* habitation sociale destinée aux personnes dont les ressources ne dépassent pas un plafond déterminé. ‖ *Immeuble à loyer normal (I. L. N.),* habitation sociale pour laquelle aucun plafond de ressources n'est exigé de la part du bénéficiaire. ‖ *Vente d'immeuble à construire,* vente par laquelle le vendeur s'oblige à édifier un immeuble dans un délai déterminé par le contrat. ‖ *Immeuble de grande hauteur (I. G. H.),* tour (gratte-ciel) ou immeuble en bande (barre) à nombreux étages.

IMMIGRANT, E adj. et n. Qui immigre dans un pays étranger au sien : *Les immigrants irlandais aux États-Unis.*

IMMIGRATION n. f. Arrivée, dans un pays, d'étrangers venus s'y installer et y travailler.

IMMIGRÉ, E adj. et n. Qui a quitté son pays d'origine pour s'installer dans un autre pays.

IMMIGRER v. i. (lat. *immigrare,* de *migrare,* changer de résidence) [conj. 3]. Venir se fixer dans un pays étranger au sien.

IMMINENCE n. f. (lat. *imminentia*). Caractère de ce qui est imminent : *L'imminence d'une crise.*

IMMINENT, E adj. (lat. *imminens, -entis,* de *imminere,* menacer). Qui est sur le point de se produire : *Un départ imminent.*

IMMINGHAM, port pétrolier (raffinerie), charbonnier et minéralier (fer) de Grande-Bretagne (Humberside), sur la rive sud du Humber.

IMMISCER (S') v. pr. (lat. *immiscere,* de *miscere,* mêler) [conj. **16**]. **1.** Intervenir dans les affaires d'autrui d'une manière inopportune ; s'ingérer : *S'immiscer dans les affaires intérieures d'un autre État.* — **2.** *S'immiscer dans une succession,* faire acte de propriétaire sur les biens qui la composent.

IMMITANCE n. f. (angl. *immitance*). Impédance ou admittance, en théorie des réseaux électriques.

IMMIXTION n. f. (bas lat. *immixtio, -onis*). **1.** Action de s'immiscer dans les affaires d'autrui ; ingérence. — **2.** Acte accompli avec ou sans droit, dont l'auteur doit supporter toutes les conséquences. — **3.** *Acte d'immixtion dans une hérédité,* acte de disposition ou de jouissance valant acceptation tacite d'une succession.

IMMOBILE adj. (lat. *immobilis*). Qui ne se meut pas, ne fait aucun mouvement, n'est animé d'aucun mouvement : *Rester immobile en retenant son souffle. La surface immobile de l'eau.*

IMMOBILIER, ÈRE adj. **1.** Se dit de ce qui est immeuble, composé de biens immeubles. — **2.** Relatif à un bien immeuble, à des immeubles : *Action immobilière. Crédit immobilier.* — **3.** *Agence immobilière,* agence chargée de transactions immobilières. ‖ *Agent immobilier,* courtier d'immeubles, intermédiaire professionnel rémunéré qui met en rapport des vendeurs et des acheteurs d'immeubles ou de fonds de commerce. (C'est un commerçant auquel l'Administration délivre une carte professionnelle annuelle obligatoire.)

◆ **immobilier** n. m. **1.** Bien immobilier. — **2.** Ensemble des professions intervenant dans la commercialisation des immeubles.

IMMOBILISATION n. f. **1.** Action d'immobiliser des personnes ou des choses ; fait de s'immobiliser, d'être immobilisé : *Attendre l'immobilisation totale du véhicule avant de descendre.* — **2.** Arrêt ou extrême ralentissement d'une activité : *Immobilisation des affaires, d'un secteur d'activités.* — **3.** Procédé de traitement de certaines affections ou blessures qui consiste à maintenir dans une position d'immobilité, par divers moyens, tout ou partie du corps de qqn. — **4.** État de qqn qui subit ce traitement : *Une immobilisation complète de quinze mois.* — **5.** Fait d'immobiliser des capitaux. — **6.** Action d'immobiliser un véhicule sur décision administrative. — **7.** Attribution à un bien meuble de la qualité de bien immeuble. — **8.** En judo, en lutte, etc., action permettant de maintenir au sol un adversaire sans qu'il puisse se dégager. — **9.** *Immobilisation réflexe,* arrêt immédiat des mouvements chez un animal attaqué, qui fait le mort.

◆ **immobilisations** n. f. pl. Éléments de l'actif qui sont destinés à servir, de façon durable, comme outil de travail de l'entreprise. (→ *encycl.*)

ENCYCL. **Comptab.** Aux immobilisations incorporelles (frais d'établissement, brevets, licences, marques, fonds commercial, etc.) et corporelles (terrains, constructions, installations techniques, matériel et outillage industriel, matériel de transport et de bureau, etc.) viennent s'ajouter : les immobilisations financières (participations) et, dans le cas des entreprises concessionnaires, les immobilisations en concession.

IMMOBILISER v. t. (de *immobile*) [conj. 3]. **1.** Empêcher qqch de bouger, arrêter tout mouvement : *Immobiliser le balancier d'une pendule.* — **2.** Arrêter un véhicule en exécutant les manœuvres nécessaires : *Il immobilisa la voiture le long du trottoir.* — **3.** Empêcher qqn, un groupe, des véhicules de poursuivre leur mouvement, leur progression, les obliger à s'arrêter : *L'orage a immobilisé les voitures sur la nationale.* — **4.** Contraindre qqn à rester inactif, plus ou moins immobile, à rester en un lieu : *Sa maladie l'a immobilisé pendant un mois.* — **5.** Maintenir immobile une partie du corps par divers procédés : *Immobiliser par un plâtre un membre fracturé.* — **6.** Interdire toute activité à un groupe, à un secteur économique : *Grève qui immobilise l'industrie textile.* — **7.** Utiliser des capitaux à des investissements qui les rendent indisponibles. — **8.** Soumettre un meuble au régime juridique des immeubles.

IMMOBILISME n. m. Disposition à se satisfaire de l'état politique présent, se traduisant par l'opposition à toute modification de la situation ; politique d'attente et de maintien du statu quo.

IMMOBILISTE adj. et n. Qui relève de l'immobilisme ; partisan de l'immobilisme.

IMMOBILITÉ n. f. (lat. médiév. *immobilitas, -atis*). **1.** État de ce qui est ou paraît immobile, sans mouvement : *Immobilité d'un paysage sous la neige.* — **2.** État, attitude de qqn, d'un animal qui cesse de se mouvoir, ou d'une partie de son corps qui n'est animée d'aucun mouvement : *Un malade contraint à une immobilité totale.*

IMMODÉRÉ, E adj. (lat. *immoderatus*). **1.** Qui manque de modération, de mesure dans son comportement, ses sentiments : *Il s'est montré immodéré dans ses exigences.* — **2.** Qui excède la mesure normale, raisonnable : *Un usage immodéré du tabac.*

IMMODÉRÉMENT adv. De façon immodérée.

IMMODESTE adj. (lat. *immodestus*). *Litt.* Qui manque de modestie, de pudeur.

IMMODESTIE n. f. (lat. *immodestia*). *Litt.* Manque de pudeur.

IMMOLATEUR n. m. (lat. *immolator, -oris*). *Litt.* Sacrificateur.

IMMOLATION n. f. (lat. *immolatio, -onis*). Action d'immoler, de s'immoler.

IMMOLER v. t. (lat. *immolare,* sacrifier) [conj. 3]. **1.** Tuer qqn, un animal pour l'offrir en sacrifice à une divinité : *Immoler des victimes sur l'autel.* — **2.** *Litt.* Faire périr qqn, un groupe, concourir à la mort, au massacre d'un grand nombre de personnes : *Immoler d'innocentes victimes.* — **3.** *Litt.* Sacrifier qqn, qqch ou les abandonner dans un esprit de sacrifice, pour satisfaire une passion, une ambition, une exigence morale : *Immoler ses intérêts personnels à la défense de son pays.*

IMMONDE adj. (lat. *immundus*). **1.** *Litt.* Qui est considéré comme impur, ou comme contraire à la pureté morale, par certaines religions : *Animaux immondes.* — **2.** Qui suscite la répugnance par sa malpropreté, son état d'abandon, sa laideur : *Un immonde taudis.* — **3.** Qui atteint un degré extrême d'immoralité, de bassesse : *Intentions immondes.*

IMMONDICES n. f. pl. (lat. *immunditiae*). Ordures ménagères ; débris de toutes sortes : *Des tas d'immondices encombraient les trottoirs.*

IMMORAL, E, AUX adj. **1.** Qui viole les principes de la morale établie par sa conduite, sa pensée : *Cet homme est profondément immoral.* — **2.** Qui est contraire à la morale, aux bonnes mœurs : *Film immoral.*

IMMORALEMENT adv. *Litt.* De façon immorale.

IMMORALISME n. m. Doctrine qui nie toute obligation morale.

IMMORALISTE adj. et n. Qui concerne l'immoralisme ; partisan de l'immoralisme.

IMMORALITÉ n. f. Caractère de qqn, de son comportement, d'un ouvrage qui est immoral.

IMMORTALISATION n. f. Action d'immortaliser ; fait de s'immortaliser.

IMMORTALISER v. t. (conj. 3). **1.** Rendre immortel un être vivant. — **2.** Rendre qqn, qqch à jamais illustre, impérissable dans la mémoire des hommes : *Cette œuvre l'a immortalisé.*

IMMORTALITÉ n. f. (lat. *immortalitas, -atis*). **1.** Qualité surnaturelle d'un être qui ne meurt pas : *L'immortalité des dieux.* – **2.** Survivance éternelle dans la mémoire des hommes : *L'immortalité des œuvres de Mozart.* – **3.** Propriété de certaines cellules vivantes qui ne sont pas fatalement soumises à la mort par sénescence. (→ *encycl.*)

ENCYCL. **Biol.** August Weismann a opposé l'immortalité naturelle du *germen* (continuité génétique) à la mortalité du *soma :* un gamète qui s'unit au gamète de sexe opposé ne « meurt » pas, il devient, si l'on peut dire, la moitié d'un individu nouveau, qui, à son tour, produira des gamètes « immortels ». Mais aucune cellule, en revanche, ne meurt aussi vite qu'un gamète qui n'a pas rencontré de partenaire. Un deuxième cas d'immortalité génétique est fourni par tous les êtres doués de multiplication asexuée : amibe, bactérie, plantes supérieures à rhizomes, stolons, etc. Le troisième exemple est fourni par les cultures de tissus, tant animaux que végétaux, auxquels un repiquage régulier évite tout vieillissement.

IMMORTEL, ELLE adj. (lat. *immortalis*). **1.** Qui n'est pas sujet à la mort : *Dieux immortels.* – **2.** *Litt.* Qu'on suppose sans fin, qu'on voudrait voir durer toujours : *Espérer un bonheur immortel.* – **3.** *Litt.* Dont le souvenir est bien vivant et qui est assuré de durer dans la mémoire des hommes : *Gloire immortelle.*

◆ n. **1.** Dieu, déesse, de l'Antiquité : *L'Olympe, séjour des immortels.* – **2.** *Fam.* Membre de l'Académie française.

◆ **immortel** n. m. Fantassin perse du corps d'élite de l'armée achéménide. (Ce corps était composé de 10 000 hommes, ainsi nommés parce que les soldats morts étaient immédiatement remplacés.)

◆ **immortelle** n. f. Nom donné à diverses plantes utilisées dans la confection des bouquets secs et dont la fleur ou l'involucre ne change pas d'aspect après la mort. (Les immortelles sont réparties en quatre genres de composées : *helichrysum, anaphalis, ammobium, xeranthemum,* et un genre d'amarantacées : *gomphrena.*)

IMMOTIVÉ, E adj. **1.** Qui se produit sans motif apparent ou réel : *Un crime immotivé.* – **2.** Se dit d'un signe linguistique dont le signifiant ne possède pas de motivation par rapport au signifié.

IMMUABILITÉ n. f. *Litt.* Caractère de ce qui est immuable.

IMMUABLE adj. (de l'anc. fr. *muable,* sujet au changement). **1.** Qui, par nature, n'est pas sujet au changement et demeure identique à soi-même : *Vérités immuables.* – **2.** Qui demeure inchangé, ne subit pas ou ne paraît pas subir de modification pendant un temps relativement long : *Un ciel d'un bleu immuable.* – **3.** Qui ne varie pas dans ses opinions, ses sentiments, ses volontés : *Être immuable dans ses certitudes.*

IMMUABLEMENT adv. De façon immuable ; invariablement.

IMMUN, E adj. (lat. *immunis,* exempt). Se dit de l'organisme immunisé ou de l'un de ses constituants intervenant dans la réponse immunitaire.

IMMUN-COMPLEXE n. m. (pl. *immuns-complexes*). Complexe macromoléculaire formé par la combinaison de molécules d'anticorps et d'antigènes unis de façon spécifique. (Les immuns-complexes peuvent provoquer des réactions inflammatoires sévères. Ils pourraient être à l'origine de nombreuses maladies encore inexpliquées [maladie sérique, certaines glomérulonéphrites aiguës, etc.].) [Syn. COMPLEXE IMMUN.]

IMMUNISANT, E adj. Qui immunise : *Action immunisante d'un vaccin.*

IMMUNISATION n. f. **1.** Processus par lequel un être vivant acquiert une immunité spécifique ou élabore une réaction immunitaire contre des antigènes étrangers à ses constituants propres. (→ *encycl.*) – **2.** *Circuit d'immunisation,* dispositif de démagnétisation permettant aux navires de naviguer sans danger dans les champs de mines magnétiques.

ENCYCL. L'immunisation peut être active et naturelle par contact spontané avec l'antigène ou active et artificielle par la vaccination. Elle peut se transmettre passivement par sérothérapie (transfert d'anticorps d'un sujet immun à un sujet neuf).

IMMUNISER v. t. (lat. *immunis,* exempt) [conj. 3]. **1.** Rendre qqn, un animal réfractaire à une maladie : *Immuniser quelqu'un contre la variole en le vaccinant.* – **2.** Garantir qqn contre l'atteinte d'un mal, le mettre à l'abri d'un certain risque : *Cet accident l'a immunisé contre la peur.*

IMMUNISTE n. Personne qui avait reçu du roi le privilège de l'immunité.

IMMUNITAIRE adj. Relatif à l'immunité d'un organisme.

IMMUNITÉ n. f. (lat. *immunitas, -atis,* de *immunis,* exempt). **1.** Droit de bénéficier d'une dérogation à la loi commune ; privilège. – **2.** Ensemble des phénomènes qui traduisent la réaction de défense d'un organisme vivant contre l'introduction d'un agent étranger (micro-organismes, substances diverses) ; état d'un organisme bénéficiant d'une telle protection. (On distingue une *immunité non spécifique,* dont les modalités sont identiques quel que soit l'agent invasif, et une *immunité spécifique,* qui implique la reconnaissance d'antigènes de cet agent et qui se traduit soit par la production d'anticorps *[immunité humorale],* soit par la stimulation des cellules immunocompétentes *[immunité à médiation cellulaire].*) [→ *encycl.* Méd.] – **3.** Privilège concédé par le roi à une personne sur les terres de laquelle ses agents n'avaient pas accès. — **4.** *Immunité diplomatique,* immunité dont bénéficient les agents diplomatiques (inviolabilité des personnes et des locaux ; valise diplomatique ; privilèges fiscaux et surtout juridictionnels). ‖ *Immunité ecclésiastique,* droit en vertu duquel les personnes et les biens d'Église sont exemptés des charges jugées incompatibles avec la mission de l'Église. ‖ *Immunité parlementaire,* système de garanties juridiques accordées aux parlementaires en vue d'assurer le libre exercice de leur mandat. (→ *encycl.* Dr.)

ENCYCL. **Dr.** *Immunité parlementaire.* Aucun membre du Parlement ne peut être poursuivi, arrêté, détenu ou jugé à l'occasion des opinions ou votes émis par lui dans l'exercice de ses fonctions. Toute poursuite ou arrestation doit être, sauf flagrant délit, autorisée, pendant la durée des sessions, par l'Assemblée, hors session par le bureau de l'Assemblée.

— **Méd.** L'*immunité non spécifique* procède des mécanismes généraux qui protègent les organismes contre la pénétration de corps étrangers. Elle est assurée par des barrières mécaniques (la peau et les surfaces des muqueuses), par certaines sécrétions (sueur, larmes, mucus, salive), par la présence sur la peau et dans le gros intestin d'une flore naturelle (champignons et bactéries) qui empêche la prolifération des agents potentiellement pathogènes, par l'action de certains globules blancs capables de phagocyter les corps étrangers et par l'activité de certaines protéines présentes dans le sang (système du complément) ou élaborées par les cellules infectées par un virus (interférons).

L'*immunité spécifique* peut être spontanée ou induite, acquise activement et durablement dans des conditions naturelles (après guérison d'une maladie infectieuse, par ex.) ou par stimulation artificielle (vaccination). Elle peut être acquise passivement par injection d'anticorps (sérothérapie), mais n'est alors que temporaire (quelques semaines). L'immunité spécifique n'apparaît qu'après un temps de latence à la suite d'un premier contact avec l'antigène et elle est potentialisée par des contacts répétés avec cet antigène. Elle est assurée essentiellement par les lymphocytes (lymphocytes B pour la réponse humorale, lymphocytes T pour la réponse cellulaire). L'élaboration des réponses immunitaires, qu'elles soient spécifiques ou non, nécessite une véritable coopération entre les cellules par l'intermédiaire de signaux chimiques (lymphokines).

IMMUNOCOMPÉTENT, E adj. Se dit des cellules qui réagissent avec une substance immunogène et manifestent une capacité immunitaire.

IMMUNODÉFICIENCE n. f. Déficience des mécanismes immunitaires.

IMMUNODÉFICITAIRE adj. **1.** Relatif à une déficience des mécanismes immunitaires. — **2.** *Syndrome immunodéficitaire acquis* → SIDA.

IMMUNODÉPRESSEUR ou **IMMUNOSUPPRESSEUR** adj. m. et n. m. Se dit d'un médicament ou d'un traitement capables de diminuer, voire de supprimer, les réactions immunitaires d'un organisme vis-à-vis d'un antigène.

ENCYCL. Les immunodépresseurs sont utilisés dans le cas des greffes (entre deux individus génétiquement étrangers) pour éviter une réaction de rejet des cellules du donneur de la part des cellules immunocompétentes du receveur. Le plus fréquemment utilisé est la ciclosporine.

IMMUNODÉPRESSIF ou **IMMUNOSUPPRESSIF, IVE** adj. Relatif aux immunodépresseurs.

IMMUNODÉPRESSION ou **IMMUNOSUPPRESSION** n. f. Diminution, voire suppression, des réactions immunitaires.

IMMUNODÉPRIMÉ, E adj. et n. Se dit d'un sujet incapable d'avoir des réactions immunitaires normales.

IMMUNOFLUORESCENCE n. f. Technique de diagnostic immunologique basée sur la coloration par une substance fluorescente des anticorps qui, se combinant à l'antigène correspondant, permettent de le mettre en évidence à l'examen microscopique. (Elle est utilisée pour le diagnostic des collagénoses et de la syphilis.)

IMMUNOGÈNE adj. Qui induit une réaction immunitaire.

IMMUNOGÉNICITÉ n. f. Syn. de ANTIGÉNICITÉ.

IMMUNOGLOBULINE n. f. Protéine présente dans le sang et les sécrétions capable de se combiner spécifiquement à l'antigène qui est à l'origine de sa production.

ENCYCL. Les immunoglobulines sont les anticorps qui assurent l'immunité humorale. Elles sont sécrétées par les lymphocytes B. Un sérum humain normal contient 5 classes d'immunoglobulines. Les immunoglobulines G ou IgG, les IgA, les IgM, les IgD, les IgE. Certaines classes peuvent, par analyse plus fine, être subdivisées en sous-classes. On distingue par ex. 4 sousclasses d'IgG chez l'homme.

IMMUNOHÉMATOLOGIE n. f. Branche de l'immunologie concernant les cellules circulantes du sang (globules rouges, globules blancs, plaquettes) et les protéines plasmatiques.

IMMUNOLOGIE n. f. Partie de la biologie qui étudie les phénomènes d'immunité, leurs condi-

tions d'apparition, leurs mécanismes et les déductions prophylactiques et thérapeutiques qu'on peut en tirer.
ENCYCL. L'immunologie s'applique non seulement à l'étude de la résistance contre les maladies infectieuses ou parasitaires, mais également aux processus cancéreux, aux maladies auto-immunes ainsi qu'aux problèmes des greffes de tissus.

IMMUNOLOGIQUE adj. Relatif à l'immunologie.

IMMUNOLOGISTE n. Spécialiste en immunologie.

IMMUNOMODULATEUR, TRICE adj. et n. m. Se dit d'un produit qui modifie le déroulement des réactions immunitaires.

IMMUNOSTIMULANT, E adj. et n. m. Se dit d'un procédé ou d'un produit qui provoque une immunostimulation.

IMMUNOSTIMULATION n. f. Tout procédé visant à promouvoir ou à amplifier une réponse immunitaire.

IMMUNOSUPPRESSEUR, IMMUNOSUPPRESSIF, IMMUNOSUPPRESSION → IMMUNODÉPRESSEUR, IMMUNODÉPRESSIF, IMMUNODÉPRESSION.

IMMUNOTECHNOLOGIE n. f. Exploitation à des fins commerciales de la production d'anticorps monoclonaux par des hybridomes.

IMMUNOTHÉRAPIE n. f. Méthode de traitement fondée sur l'utilisation des réactions immunitaires consistant à injecter des anticorps ou des antigènes.

IMMUNOTOLÉRANCE n. f. État d'un organisme immunotolérant.

IMMUNOTOLÉRANT, E adj. Se dit d'un organisme qui ne réagit pas par la production d'anticorps correspondant à l'introduction d'un antigène donné.

IMMUNOTOXINE n. f. Substance utilisée dans le traitement des affections cancéreuses et plus particulièrement des leucémies, résultant de la combinaison d'un agent toxique pour les cellules cancéreuses avec un anticorps monoclonal se fixant électivement sur ces cellules.

IMMUN-SÉRUM [imœserɔm] n. m. (pl. *immuns-sérums*). Sérum de sujet immunisé, naturellement ou artificiellement, contenant des anticorps de spécificité connue. (Syn. ANTISÉRUM.)

IMMUTABILITÉ n. f. (lat. *immutabilitas*). *Immutabilité des conventions matrimoniales,* principe selon lequel les époux ne pouvaient pas, avant 1966, modifier leur régime matrimonial.

IMOLA, v. d'Italie, en Émilie (prov. de Bologne) ; 61 000 hab. Monuments anciens. Musées. Sources minérales. Faïencerie. Verrerie. Machines agricoles. Circuit automobile.

IMPACT n. m. (lat. *impactum,* de *impigere,* heurter). **1.** Fait pour un corps, un projectile de venir en frapper un autre ; choc : *L'impact a été très violent.* — **2.** Endroit où a frappé un projectile. (Syn. POINT D'IMPACT.) — **3.** Trace qu'un projectile laisse à l'endroit qu'il a heurté : *Relever plusieurs impacts.* — **4.** Point de chute d'une météorite. (À cet endroit, les roches terrestres subissent un *métamorphisme d'impact,* caractérisé par de très hautes pressions.) — **5.** Effet produit par qqch ; contrecoup, influence : *L'impact de la publicité.* — **6.** Influence exercée par qqn, par ses idées : *L'impact de M. Béjart sur la danse contemporaine.* — **7.** *Étude d'impact,* procédure qui vise à prévoir les conséquences d'un aménagement (route, installation industrielle, etc.) sur l'environnement et qui est obligatoire dans certains cas.

IMPACTITE n. f. Roche métamorphique exceptionnelle, de très haute pression, produite par la chute d'une météorite.

1. IMPAIR, E adj. (lat. *impar, -aris,* inégal). **1.** Qui n'est pas divisible par deux : *Trois, cinq sont des nombres impairs.* — **2.** Qui est en nombre impair ; qui est exprimé par un nombre, un chiffre impair : *Une année impaire n'est jamais bissextile.* — **3.** Se dit du côté d'une rue ayant des numéros impairs. • **Anat.** Se dit des organes qui sont uniques dans l'organisme et n'ont pas de symétrique. — **Ch. de f.** *Train impair,* train circulant sur voie impaire. ‖ *Voie impaire,* voie dont le sens de circulation s'éloigne de l'origine de la ligne. — **Math.** Syn. de NÉGATIF, pour les isométries vectorielles. ‖ Se dit d'une fonction f de $D \subset \mathbb{R}$ dans $\mathbb{R}$, vérifiant à la fois $\forall x \in D$, $(-x) \in D$ et $\forall x \in D$, $f(-x) = -f(x)$. (Sa représentation graphique est symétrique par rapport à l'origine du repère.) ‖ *Nombre impair,* entier de la forme générale $2n + 1$ ($n \in \mathbb{N}$). ‖ *Permutation impaire,* permutation dont la signature est égale à -1. — **Littér.** *Vers impair,* vers qui contient un nombre impair de syllabes.
◆ **impair** n. m. **1.** Ensemble des nombres impairs : *Jouer l'impair.* — **2.** Au jeu de la roulette, une des chances simples comprenant les numéros impairs de 1 à 35.

2. IMPAIR n. m. (arg. *parler pair,* parler juste). Maladresse choquante ou préjudiciable ; manque de tact, de goût : *Commettre un impair.*

IMPALA [im-] n. m. Antilope de taille moyenne (1 m pour 70 kg) de l'Afrique australe et orientale, vivant en grands troupeaux. (Le mâle seul porte des cornes, annelées et en forme de lyre.)

IMPALPABLE adj. (bas lat. *impalpabilis*). Qui ne peut être senti au toucher à cause de sa ténuité : *Une poussière impalpable.*

IMPALUDATION n. f. **1.** Infection par le parasite du paludisme. — **2.** *Impaludation thérapeutique,* inoculation du parasite du paludisme à un sujet (le plus souvent un malade atteint de paralysie générale) dans un dessein thérapeutique. (Syn. MALARIATHÉRAPIE.)

IMPALUDÉ, E n. Sujet qui a subi une impaludation.

IMPALUDER v. t. (conj. 3). Provoquer une impaludation.
◆ **être impaludé** v. pass. **1.** Avoir subi une impaludation naturelle ou thérapeutique. – **2.** En parlant d'une région, être contaminée par le paludisme.

IMPANATION n. f. (lat. ecclés. *impanatio, -onis,* du lat. class. *panis,* pain). Autre nom donné à la doctrine luthérienne de la consubstantiation.

IMPARABLE adj. (de *parer*). Qu'on ne peut éviter : *Un coup imparable.*

IMPARDONNABLE adj. Qui ne peut pas être pardonné ou excusé : *Vous êtes impardonnable d'avoir oublié ce rendez-vous.*

1. IMPARFAIT, E adj. (lat. *imperfectus*). **1.** Qui présente des lacunes, qui n'est pas achevé, complet : *Une connaissance imparfaite des problèmes.* – **2.** Qui présente des défauts, qui n'atteint pas la perfection absolue : *Une image imparfaite de la réalité.*

2. IMPARFAIT n. m. (de *imparfait 1*). Système de formes verbales constituées d'une racine verbale et d'un affixe exprimant le passé et situant l'énoncé dans un moment indéterminé avant le moment présent ou avant le moment du récit.
ENCYCL. Temps du passé, l'imparfait permet, d'une part, d'évoquer des actions qui, à un moment quelconque du passé, ont constitué l'actualité du locuteur : *Paul* AIMAIT *beaucoup les cours de géographie.* Il permet, d'autre part, de décrire des faits passés, dans leur déroulement, sans indication de début ni de fin (imparfait de narration). Son emploi avec des verbes imperfectifs peut évoquer l'habitude : *Il* S'ASSEYAIT *à cet endroit,* tandis qu'il présente une action concomitante dans : *Il* PLEUVAIT *quand je sortis.*

IMPARFAITEMENT adv. De façon imparfaite.

IMPARIDIGITÉ n. m. (lat. *impar, -aris,* impair, et *digitus,* doigt). Syn. anc. de MÉSAXONIEN.

IMPARIPENNÉ, E adj. (lat. *impar, -aris,* impair, et *penné*). Se dit des feuilles pennées qui se terminent par une foliole impaire, comme c'est souvent le cas chez les légumineuses.

IMPARISYLLABIQUE adj. et n. m. (lat. *impar, -aris,* inégal). En grammaire latine, se dit des noms et des adjectifs qui, dans leur déclinaison, ont une ou deux syllabes de plus aux autres cas qu'au nominatif.

IMPARITÉ n. f. Caractère de ce qui est impair.

IMPARTAGEABLE adj. Qui ne peut être partagé.

IMPARTIAL, E, AUX [-sjal, -sjo] adj. Qui ne favorise pas l'un aux dépens de l'autre ; qui n'exprime aucun parti pris : *Un jugement impartial. Historien impartial.*

IMPARTIALEMENT [-sja-] adv. De façon impartiale.

IMPARTIALITÉ [-sja-] n. f. Qualité, caractère de qqn qui n'a aucun parti pris ou de ce qui est juste, équitable : *Juger avec impartialité.*

IMPARTIR v. t. (bas lat. *impartire,* du lat. class. *impertinere,* faire part) [conj. 32]. **1.** Accorder un temps (à qqn), le lui donner (sur le plan administratif) : *On a imparti aux contribuables un délai pour les impôts.* – **2.** *Litt.* Accorder qqch à qqn : *Les dons que la nature nous a impartis.*
◆ **être imparti** v. pass. Pour un processus de production que doit assumer une entreprise, fait d'être confié à une autre entreprise, qui l'assurera.

IMPARTITION n. f. (lat. *impertitio, -onis,* action d'accorder). Opération par laquelle un producteur se procure à l'extérieur des biens matériels ou des services au lieu de se les assurer par ses propres moyens.

IMPASSE n. f. (de *passer*). **1.** Rue sans issue ; cul-de-sac : *S'engager dans une impasse.* – **2.** Situation qui paraît n'offrir aucune issue favorable : *Des négociations dans l'impasse.* – **3.** *Faire une impasse,* négliger d'étudier une des matières d'un examen, avec l'espoir d'être interrogé sur une autre ; prendre le risque de ne pas prendre en considération qqch, en faire abstraction ; à certains jeux de cartes, ne pas jouer la carte maîtresse lorsqu'on se trouve en troisième position, mais au contraire une carte plus basse pour ne pas affranchir la carte (ou les cartes) intermédiaire dans le cas où elle serait détenue par le joueur précédent. ‖ *Impasse budgétaire,* différence entre l'ensemble des dépenses publiques autorisées, y compris les comptes spéciaux du Trésor, et la totalité des recettes dont la rentrée est considérée comme certaine.

IMPASSIBILITÉ n. f. (lat. ecclés. *impassibilitas, -atis*). **1.** Caractère impassible : *L'accusé étonna par son impassibilité.* – **2.** En théologie, état de ce qui est soustrait à la souffrance.

IMPASSIBLE adj. (lat. ecclés. *impassibilis,* sans passions). **1.** Qui ne laisse pas voir son émotion, ses sentiments, qui montre un calme imperturbable : *Rester impassible devant le danger.* – **2.** Qui ne se laisse émouvoir par aucune considération étrangère au devoir : *Juge impassible.* – **3.** En théologie, qui ne peut pas souffrir.

IMPASSIBLEMENT adv. De façon impassible.

IMPASTATION n. f. (bas lat. *pasta,* pâte). Matériau fait de substances broyées et mises en pâte, tel le stuc.

IMPATIEMMENT [-sjamɑ̃] adv. Sans savoir ou pouvoir patienter, dans une attente fébrile : *Attendre impatiemment les résultats d'un concours.*

IMPATIENCE [-sjɑ̃s] n. f. (lat. *impatientia*). **1.** Trait de caractère d'une personne qui ne peut s'empêcher d'agir : *L'impatience de la jeunesse.* – **2.** État de qqn qui supporte avec difficulté les choses ou les personnes importunes : *Avoir un geste d'impatience.* – **3.** État de qqn qui ne sait ou ne peut pas patienter, attendre avec calme : *Il brûle d'impatience de revoir son vieil ami.*

◆ **impatiences** n. f. pl. Fam. et vx. *Avoir des impatiences dans les jambes,* des mouvements nerveux involontaires.

IMPATIENT, E [-sjɑ̃, -ɑ̃t] adj. et n. (lat. *impatiens, -entis*). Qui manque de patience ; qui supporte malaisément les désagréments, les contraintes, les déconvenues, etc. : *Être d'une nature impatiente.*

◆ adj. Qui dénote, exprime l'impatience chez qqn : *Un tapotement impatient.*

IMPATIENTANT, E [-sjɑ̃-] adj. (de *impatienter*). *Litt.* Qui impatiente.

IMPATIENTE [-sjɑ̃t] n. f. (lat. sc. *impatiens balsamina*). Autre nom donné aux *balsamines,* parce que leur fruit s'ouvre brusquement au moindre contact.

IMPATIENTER [-sjɑ̃-] v. t. (conj. 3). Faire perdre patience à qqn et l'énerver, l'agacer, l'excéder : *Il m'impatiente par son bavardage.*

◆ **s'impatienter** v. pr. Perdre patience et devenir nerveux : *Dépêchez-vous, il doit s'impatienter.*

IMPATRONISATION n. f. *Litt.* Action de s'impatroniser.

IMPATRONISER (S') v. pr. (de *patron*) [conj. 3]. *Litt.* S'établir avec autorité qqpart, s'y imposer en maître.

IMPAVIDE adj. (lat. *impavidus*). *Litt.* Qui ne manifeste aucune crainte, aucune peur : *Un air impavide.*

IMPAYABLE [ɛ̃pe-] adj. *Fam.* Qui étonne par son côté extraordinaire ou très comique, ridicule : *Une aventure impayable.*

IMPAYÉ, E [ɛ̃pe-] adj. Qui n'a pas été payé : *Factures impayées.*

◆ **impayé** n. m. Effet de commerce ou facture qui n'a pas été honoré à l'échéance.

IMPEACHMENT [impitʃmɛnt] n. m. (angl. *impeachment,* obstacle). **1.** Procédure apparue en Grande-Bretagne au XIVe s. et qui permettait de mettre en jeu la responsabilité pénale individuelle des ministres et officiers de la Couronne. – **2.** Procédé de mise en accusation, devant le Congrès, du président, du vice-président ou d'un haut fonctionnaire des États-Unis. (→ *encycl.*)

ENCYCL. Le président, le vice-président et tous les fonctionnaires civils des États-Unis peuvent être destitués de leurs fonctions sur mise en accusation (« impeachment ») suivie de condamnation, pour trahison, concussion ou autres crimes ou délits graves. La Chambre des représentants a seule le pouvoir d'impeachment, le Sénat celui de juger (le président de la Cour suprême présidant le Sénat en cas de procédure d'impeachment dirigée contre le président des États-Unis). La procédure a été utilisée douze fois depuis 1787, mais un seul président des États-Unis en a fait l'objet, Andrew Johnson (1868), qui ne fut d'ailleurs pas destitué, une voix ayant manqué au Sénat pour que la majorité des deux tiers y fût atteinte. Une procédure préparatoire à la mise en accusation du président Nixon fut arrêtée par la démission de celui-ci (août 1974).

IMPECCABLE adj. (lat. ecclés. *impeccabilis,* du lat. class. *peccare,* commettre une faute). **1.** Qui est sans défaut, à l'abri de toute critique : *Parler un français impeccable.* – **2.** Qui est très propre, très net : *Il est toujours impeccable.* – **3.** *Fam.* Qui convient parfaitement, qui est très bien : *Dimanche à 13 heures, ça vous va ? – Impeccable.* – **4.** Se dit de Jésus-Christ, en tant qu'il est incapable de pécher.

IMPECCABLEMENT adv. De façon impeccable.

IMPÉCUNIEUX, EUSE adj. (du lat. *pecunia,* argent). *Litt.* Qui a peu d'argent.

IMPÉCUNIOSITÉ n. f. *Litt.* Manque d'argent.

IMPÉDANCE n. f. (angl. *impedance,* du lat. *impedire,* empêcher). **1.** Grandeur scalaire égale, en régime sinusoïdal établi, au quotient de l'amplitude de la tension aux bornes d'un bipôle passif par l'amplitude du courant qui le parcourt. (L'impédance s'exprime en ohms, de symb. Ω.) – **2.** *Impédance acoustique,* pour une onde sinusoïdale et sur une surface donnée, quotient complexe de la pression acoustique, supposée uniforme, par le flux de vitesse à travers la surface. (La partie réelle de l'impédance est la résistance acoustique, la partie imaginaire est la réactance acoustique.) ‖ *Impédance caractéristique,* impédance complexe Z_c qui doit être connectée à la sortie d'un quadripôle passif ou d'une ligne de transmission uniforme pour que l'impédance d'entrée du quadripôle ou de la ligne soit égale à Z_c. ‖ *Impédance complexe,* grandeur scalaire complexe dont le module est égal à l'impédance d'un bipôle passif et l'argument à l'angle de phase de la tension sinusoïdale à ses bornes, diminué de l'angle de phase du courant correspondant qui le traverse. ‖ *Impé-*

dance intrinsèque d'un milieu, impédance d'onde pour une onde progressive dans un milieu donné. ‖ *Impédance d'onde,* quotient, en un point, des valeurs complexes du champ électrique et du champ magnétique d'une onde électromagnétique sinusoïdale. ‖ *Impédance du vide, impédance de l'espace,* impédance intrinsèque de l'espace vide, égale à 377 ohms.

ENCYCL. **Électr.** Dans une ligne homogène à constantes réparties, utilisée à la transmission d'énergie électrique, le régime des tensions et des courants en un point quelconque de la ligne peut, à tout instant, être considéré comme la superposition des régimes correspondant à deux couples d'ondes mobiles. Le premier couple, qui se propage dans le sens même de la transmission d'énergie en s'amortissant de façon exponentielle, constitue l'onde incidente. Le second couple, qui se propage dans le sens inverse de celui de la transmission d'énergie, en s'amortissant également de façon exponentielle, constitue l'onde réfléchie. Pour chacune de ces ondes, l'impédance du circuit est l'*impédance d'onde,* égale à l'*impédance caractéristique* Z_c d'un des quadripôles élémentaires constituant la ligne.

IMPÉDANCEMÈTRE n. m. Appareil destiné à la mesure des impédances.

IMPEDIMENTA [ɛ̃pedimɛ̃ta] n. m. pl. (pl. du lat. *impedimentum,* bagage). **1.** Charrois, bagages, etc., qui alourdissent la marche d'une armée. – **2.** *Litt.* Ce qui entrave l'activité, le mouvement.

IMPÉNÉTRABILITÉ n. f. **1.** Caractère d'un lieu où l'on ne peut pénétrer : *L'impénétrabilité d'une forêt.* – **2.** Caractère de qqn, de qqch qui ne se laisse pas deviner, connaître : *L'impénétrabilité de son interlocuteur.*

IMPÉNÉTRABLE adj. (lat. *impenetrabilis*). **1.** Où il est impossible ou très difficile de pénétrer, qui ne se laisse pas traverser : *Citadelle impénétrable.* – **2.** Qui ne laisse rien percevoir de ses pensées, de ses sentiments : *Un homme froid, impénétrable.* – **3.** Qu'il est impossible de connaître, de comprendre, à quoi l'esprit ne peut donner une explication : *Mystère impénétrable.*

IMPÉNITENCE n. f. (lat. ecclés. *impaenitentia*). *Litt.* Refus du repentir, endurcissement dans le péché.

IMPÉNITENT, E adj. (lat. ecclés. *impaenitens, -entis,* de *paenitere,* se repentir). **1.** Qui persiste dans ses habitudes, qui ne veut pas changer sa manière d'être : *Un buveur impénitent.* – **2.** Qui refuse de se repentir, qui est endurci dans le péché.

IMPENNE [ɛ̃pɛn] n. m. (du lat. *penna,* plume). Nom d'une petite sous-classe d'oiseaux ne comprenant que les manchots.

IMPENSABLE adj. Qui dépasse l'imagination, qu'on ne peut concevoir ou même imaginer : *Vous ne pouvez pas refuser ce poste, c'est impensable.*

IMPENSES [ɛ̃pɑ̃s] n. f. pl. (lat. *impensa,* de *impendere,* débourser). Dépenses faites sur une chose, pour son entretien ou son amélioration. (On distingue les *impenses nécessaires, utiles* ou *voluptuaires.*)

IMPER n. m. *Fam.* Imperméable.

IMPÉRATIF, IVE adj. (bas lat. *imperativus,* du lat. class. *imperare,* commander). **1.** Qui exprime un ordre absolu : *Les conditions impératives de l'armistice.* – **2.** Qui a le caractère du commandement : *Prendre un ton impératif.* – **3.** Qui s'impose avec nécessité, avec urgence : *Il est impératif de lutter contre l'alcoolisme.* – **4.** Se dit d'une phrase qui énonce un ordre ou une défense (par ex. *Sors. Qu'il s'en aille. Tu ne tueras point. Agiter avant usage*). – **5.** *Mandat impératif,* mandat qui oblige l'élu à exécuter strictement la volonté de ses électeurs, sous peine de révocation, par oppos. à *mandat représentatif.* (En France, il est prohibé par l'article 27 de la Constitution de 1958.)

◆ **impératif** n. m. **1.** Nécessité absolue qui impose certaines actions comme un ordre : *Ce sont les impératifs de la situation.* – **2.** Mode du verbe caractérisé par l'absence de pronoms de conjugaison et qui exprime un ordre (phrases affirmatives) ou une défense (phrases négatives). [→ *encycl.*] – **3.** Pour Kant, caractéristique de la loi morale, en tant qu'elle commande la conduite des hommes, et de façon inconditionnelle. (L'impératif est catégorique quand il s'applique à la loi morale et qu'il est à lui-même sa propre fin ; il est hypothétique quand il est subordonné à une autre action morale.)

ENCYCL. **Ling.** Le français possède un impératif présent et un impératif passé, ne comportant, tous deux, que la deuxième personne du singulier, la première et la deuxième personne du pluriel. L'impératif n'a pas de valeur temporelle : seul le contexte (adverbes) permet de situer le procès : *Pars tout de suite/demain.*

IMPÉRATIVEMENT adv. D'une manière impérative.

IMPERATOR n. m. (lat. *imperator,* de *imperare,* commander). Titre conféré, sous la République romaine, aux généraux en chef victorieux. (À partir d'Auguste, l'empereur, toujours associé à la victoire, en fit son prénom officiel.)

IMPÉRATRICE n. f. (lat. *imperatrix, -icis*). **1.** Femme d'un empereur : *L'impératrice Joséphine.* – **2.** Femme qui gouverne un empire : *Victoria, impératrice des Indes.*

IMPERCEPTIBILITÉ n. f. Caractère de ce qui est imperceptible.

IMPERCEPTIBLE adj. (lat. scolast. *imperceptibilis*). **1.** Qui ne peut être perçu par les récepteurs sensoriels, en partic. par la vue et l'ouïe : *Les microbes sont imperceptibles à l'œil nu.* – **2.** Qui est très petit, de valeur ou d'importance très faible, et que l'on peut à peine percevoir : *Tremblement imperceptible.* – **3.** Qui est très difficilement observable ou appréciable et échappe le plus souvent à l'attention : *Remarquer un changement à des détails imperceptibles.*

IMPERCEPTIBLEMENT adv. D'une manière imperceptible ; par une progression extrêmement lente.

IMPERDABLE adj. Qu'on ne peut perdre : *Pari imperdable.*

IMPERFECTIBLE adj. Qui ne peut pas être amélioré, qui n'est pas perfectible.

IMPERFECTIF, IVE adj. et n. m. Syn. de NON-ACCOMPLI.

IMPERFECTION n. f. (lat. ecclés. *imperfectio, -onis*). **1.** État de qqn ou qqch d'imparfait : *L'imperfection d'un ouvrage.* – **2.** Ce qui empêche qqn ou qqch d'être parfait : *Un roman qui présente peu d'imperfections.*

IMPERFORATION n. f. Occlusion congénitale d'une partie naturelle (bouche, nez, anus, etc.) qui devrait être ouverte.

IMPERFORÉ n. m. Nom donné autref. aux foraminifères dont la coquille ne présente pas de pores (orbiculine, alvéoline).

IMPERIA, v. d'Italie, en Ligurie, ch.-l. de prov., sur la rive ouest du golfe de Gênes ; 42 000 hab. Centre de villégiature. Floriculture.

IMPÉRIAL, E, AUX adj. (lat. médiév. *imperialis,* du lat. class. *imperium,* empire). **1.** Qui se rapporte à un empereur, à ses prérogatives, ou à un empire : *La couronne impériale.* – **2.** Qui est estimé de qualité supérieure : *Papyrus impérial.* – **3.** *Litt.* Qui est majestueux : *Allure impériale.* – **4.** *Conférences impériales,* réunions tenues, au début du XXe s., par le gouvernement britannique avec les représentants des États autonomes de l'empire, pour prendre l'avis de ces derniers sur des questions les intéressant tous. ‖ *Ville impériale,* dans le Saint Empire romain germanique, ville indépendante et ne relevant que de l'empereur.

◆ **impériale** n. f. **1.** Étage supérieur d'un omnibus, d'un tramway, d'un autobus, etc. – **2.** Dais ou ciel de lit façonné en dôme. – **3.** Série de cartes, as, roi, dame, valet de même couleur. (On dit aussi SÉRIE IMPÉRIALE.) – **4.** *Toit* ou *comble à l'impériale,* toiture de pavillon en forme de dôme galbé en doucine renversée ou en talon renversé, rappelant la forme d'une couronne fermée.

◆ **impériaux** n. m. pl. Nom donné de la fin du XVe s. jusqu'en 1806 aux soldats des empereurs germaniques.

Impérial *(canal)* ou **Grand Canal,** importante voie navigable artificielle de la Chine, commencée au Ve s. et terminée au XIIIe s., unissant Pékin à Hangzhou (Zhejiang) sur 1 782 km. Des travaux visent à le rendre accessible sur tout son parcours aux bateaux de 2 000 t.

Imperial *(canal),* canal de Californie → IMPERIAL VALLEY.

Imperial Chemical Industries Ltd. (ICI), société britannique née en 1926 et constituant l'un des principaux groupes mondiaux de l'industrie chimique. Elle s'est scindée en 1993 en deux branches distinctes, émanations de ses deux principaux domaines d'activité, la chimie (restée ICI) et la pharmacie (Zeneca).

IMPÉRIALEMENT adv. D'une manière impériale.

Imperial Group Public Limited Company, groupe industriel britannique dont les origines remontent à la création, en 1901, de l'Imperial Tobacco Company of Great Britain and Ireland, regroupant les principales manufactures anglaises de tabac. Il s'est depuis diversifié dans l'alimentation, les boissons, les plastiques, l'électronique, etc.

IMPÉRIALISME n. m. (angl. *imperialism*). **1.** Phénomène ou doctrine d'expansion et de domination collective ou individuelle. – **2.** Domination culturelle, économique, militaire, etc., d'un État ou d'un groupe d'États sur un autre État ou groupe d'États. – **3.** Selon les marxistes, phase supérieure de développement du capitalisme qui s'assure, par une politique d'expansion économique, politique et militaire, la dépendance économique et politique de populations ou d'États.

Impérialisme, stade suprême du capitalisme, ouvrage de Lénine, publié en 1916. L'impérialisme est caractérisé, selon l'auteur, par la disparition de la concurrence au profit des monopoles, le risque de guerre qui lui est joint et l'apparition des régimes autoritaires au détriment des démocraties bourgeoises.

IMPÉRIALISTE adj. et n. Qui relève de l'impérialisme ; partisan de l'impérialisme.

IMPERIAL VALLEY, dépression de Californie (Californie américaine et Basse-Californie mexicaine), située au-dessous du niveau de la mer (– 75 m) et dont la partie la plus basse est occupée par la Salton Sea. Zones irriguées (canaux « Imperial » et « All American ») : cultures maraîchères et fruitières, coton, élevage.

IMPÉRIEUSEMENT adv. De façon impérieuse, impérative, urgente.

IMPÉRIEUX, EUSE adj. (lat. *imperiosus*). **1.** Qui exige d'autrui soumission et obéissance, qui n'admet pas qu'on résiste à sa volonté : *Donner des ordres d'un ton impérieux.* – **2.** Qui s'impose avec le caractère d'une obligation, qu'il faut absolument satisfaire : *Besoins impérieux.*

IMPERIO (Pastora), née **Rojas Monje,** danseuse espagnole (Grenade 1885 - Madrid 1961), une des meilleures danseuses andalouses de la période 1908-1925. Manuel de Falla écrivit pour elle la partition de *l'Amour sorcier,* qu'elle créa en 1915.

IMPÉRISSABLE adj. Qui ne peut être détruit, qui dure très longtemps : *Un souvenir impérissable.*

IMPÉRITIE [-si] n. f. (lat. *imperitia,* de *peritus,* expérimenté). *Litt.* Incapacité dans l'exercice de sa profession ou de ses fonctions : *L'impéritie d'un ministre.*

IMPERIUM [-perjɔm] n. m. (lat. *imperium,* puissance publique). Dans l'Antiquité romaine, pouvoir de celui qui gouverne l'État.
ENCYCL. Sans doute d'origine étrusque, l'imperium fut donné aux rois, puis aux consuls et aux préteurs, sous la République. Il comportait le droit de procéder aux levées de troupes et de les commander en campagne, de nommer aux divers commandements subalternes, d'obtenir le triomphe après la victoire. Il s'y rattachait le pouvoir judiciaire. En 23, Auguste reçut l'imperium proconsulaire sans limite dans le temps ni l'espace ; ce fut une des bases juridiques essentielles du pouvoir impérial.

IMPERMÉABILIMÈTRE n. m. Appareil pour mesurer l'imperméabilité des tissus.

IMPERMÉABILISANT, E adj. et n. m. Se dit d'un produit qui permet d'imperméabiliser.

IMPERMÉABILISATION n. f. **1.** Action d'imperméabiliser ; fait d'être imperméabilisé. – **2.** Syn. de HYDROFUGATION.
ENCYCL. **Text.** L'imperméabilisation des tissus est réalisée par enduction d'une pâte à caoutchouc, par imprégnation de composés organiques d'acides gras ou par transformation chimique des fibres.

IMPERMÉABILISER v. t. (conj. 3). Rendre qqch, une matière imperméable : *Imperméabiliser des chaussures, un tissu.*

IMPERMÉABILITÉ n. f. **1.** État, qualité de ce qui est imperméable : *L'imperméabilité d'un sol.* – **2.** *Litt.* Incapacité de qqn à comprendre qqch, une situation.

IMPERMÉABLE adj. **1.** Qui par nature ou par traitement n'est pas perméable, ne se laisse pas pénétrer, imprégner par l'eau ou par un fluide : *Le caoutchouc est imperméable. Bâche goudronnée imperméable.* – **2.** Qui est indifférent à tel sentiment ou telle émotion, fermé à telle idée, telle culture : *Imperméable à la pitié, aux arts.*
◆ n. m. Vêtement de pluie imperméable.

IMPERSONNALITÉ n. f. Caractère de qqch ou de qqn qui est impersonnel.

IMPERSONNEL, ELLE adj. (bas lat. *impersonalis*). **1.** Qui n'appartient ou n'est destiné en propre à personne : *La loi est impersonnelle.* – **2.** Qui fait abstraction de toute marque personnelle pour exprimer un point de vue objectif : *Historien qui se veut impersonnel. Ton impersonnel.* – **3.** Qui n'a aucun caractère personnel, original, qui ne reflète pas la personnalité d'un individu : *Une décoration impersonnelle.* – **4.** Se dit d'une phrase dans laquelle le sujet est représenté par le pronom neutre *il,* substitué au sujet réel. (Par ex. *Il est arrivé un paquet.*) – **5.** *Mode impersonnel,* mode du verbe qui ne comporte pas de flexions indiquant la personne (en français, l'infinitif, le participe et le gérondif). ‖ *Verbe impersonnel,* verbe qui n'a pas d'autre forme que celle de la troisième personne du singulier avec pour sujet le pronom neutre *il* (par ex. *il neige, il faut,* etc.).

IMPERSONNELLEMENT adv. **1.** De façon impersonnelle, indépendante de la personne. – **2.** Comme verbe impersonnel.

IMPERTINEMMENT [-namɑ̃] adv. *Litt.* De façon impertinente, choquante.

IMPERTINENCE n. f. **1.** *Litt.* Manque de pertinence d'une remarque, d'une assertion, d'un raisonnement. – **2.** Attitude de qqn qui cherche à choquer par la liberté, le caractère déplacé, l'insolence de ses manières, de ses paroles ; caractère de ses actes : *Répondre avec impertinence.* – **3.** Parole ou action impertinente : *Se permettre des impertinences.*

IMPERTINENT, E adj. et n. (bas lat. *impertinens, -entis,* qui ne convient pas). Qui fait preuve d'impertinence : *Se montrer impertinent avec un supérieur.*
◆ adj. **1.** *Litt.* Qui est non pertinent : *Raisonnement impertinent.* – **2.** Qui, dans le comportement, marque l'impertinence : *Manières impertinentes.*

IMPERTURBABILITÉ n. f. État, caractère de qqn qui est imperturbable.

IMPERTURBABLE adj. (bas lat. *imperturbabilis,* du lat. class. *perturbare,* troubler fortement). Que rien ne trouble, n'émeut, n'ébranle : *Sérénité imperturbable.*

IMPERTURBABLEMENT adv. D'une manière imperturbable.

IMPESANTEUR n. f. Syn. de APESANTEUR.

IMPÉTIGINEUX, EUSE adj. (bas lat. *impetiginosus*). Qui a les caractères de l'impétigo.

IMPÉTIGO n. m. (lat. *impetigo, -inis,* de *impetere,* attaquer). Maladie cutanée contagieuse, due à une infection locale superficielle par des germes pyogènes (staphylocoque [*impétigo de Bockhart*] ou streptocoque [*impétigo vrai* ou *de Tilbury-Fox*]) développant une lésion bulleuse qui se transforme rapidement en pustule donnant naissance à une croûte jaunâtre. (L'impétigo atteint surtout les enfants en collectivité ; il affecte surtout la face et le cuir chevelu.) [Syn. anc. GOURME.]

IMPÉTRANT, E n. Personne qui obtient de l'autorité compétente quelque chose qu'elle a sollicité (charge, titre, diplôme).

IMPÉTRATION n. f. (lat. jurid. *impetratio, -onis*). Action par laquelle on obtient une charge, un bénéfice, un titre, etc.

IMPÉTUEUSEMENT adv. De façon impétueuse.

IMPÉTUEUX, EUSE adj. (bas lat. *impetuosus,* du lat. class. *impetus,* élan). **1.** *Litt.* Qui est animé d'un mouvement puissant, violent, rapide : *Torrent impétueux.* — **2.** Qui a du mal à maîtriser ses élans, qui agit et réagit avec fougue ou passion : *Un tempérament impétueux.*

IMPÉTUOSITÉ n. f. (bas lat. *impetuositas, -atis*). **1.** *Litt.* Caractère, nature de ce qui est impétueux : *L'impétuosité des flots.* — **2.** Fougue, vivacité extrême de qqn : *L'impétuosité de la jeunesse.*

IMPHĀL, anc. **Manipur,** v. de l'Inde, cap. de l'État de Manipur, au S.-E. du plateau de Shillong ; 200 615 hab. Carrefour routier. Centre commercial.

IMPHY (58160), ch.-l. de cant. de la Nièvre, au S.-E. de Nevers, sur la Loire ; 4 532 hab. *(Imphytois).* Aciers spéciaux.

IMPIE adj. et n. (lat. *impius*). *Litt.* Qui montre du mépris pour la religion.
◆ adj. *Litt.* Qui outrage la religion, la morale, la justice, etc. : *Ouvrage impie.*

IMPIÉTÉ n. f. (lat. *impietas, -atis*). *Litt.* **1.** Mépris pour la religion : *Impiété des philosophes du* XVIIIe *siècle.* — **2.** Caractère de ce qui exprime un tel mépris : *Un ouvrage jadis écarté pour impiété.* — **3.** Action, parole qui dénote un tel mépris : *Commettre des impiétés.*

IMPITOYABLE adj. **1.** Qui est inaccessible à la pitié, qu'aucune considération d'humanité n'arrête dans son action : *Une haine impitoyable.* — **2.** Qui ne montre aucune indulgence, ne passe rien dans ses appréciations : *Critique impitoyable.*

IMPITOYABLEMENT adv. De façon impitoyable.

IMPLACABILITÉ n. f. (bas lat. *implacabilitas, -atis*). *Litt.* Caractère implacable.

IMPLACABLE adj. (lat. *implacabilis,* de *placare,* apaiser). **1.** Qui manifeste un acharnement, une dureté, une violence que rien ne peut faire fléchir : *Ennemi implacable. Un combat implacable pour le pouvoir.* — **2.** *Litt.* À quoi on ne peut échapper, dont on ne peut modifier l'évolution ni les effets : *Une chaleur implacable. Une logique implacable.*

IMPLACABLEMENT adv. De façon implacable.

IMPLANIFIABLE adj. Que l'on ne peut pas planifier.

IMPLANT n. m. (de *implanter*). **1.** Comprimé médicamenteux (pellet), substance radioactive ou fragment de tissu frais introduit dans le tissu cellulaire sous-cutané par une petite intervention chirurgicale et destiné à se résorber lentement. — **2.** *Implant dentaire,* infrastructure métallique destinée à soutenir une prothèse dentaire.

IMPLANTABLE adj. 1. Se dit d'un organe qui peut être implanté. — **2.** Se dit d'un sujet sur lequel on peut pratiquer une implantation.

IMPLANTATION n. f. Action d'implanter, fait d'être implanté : *L'implantation d'une industrie dans une région.* • **Chir.** Anastomose de l'extrémité d'un organe sur la partie latérale d'un autre. (Ex. : uretère sur le côlon.) — **Coiff.** Manière dont les cheveux sont plantés. — **Écon.** Disposition des bâtiments, du matériel, du mobilier, etc., dans une entreprise. — **Électron.** Répartition des circuits intégrés sur une plaque de circuit imprimé. ‖ *Implantation ionique,* procédé de dopage du silicium à l'aide d'un faisceau d'ions accélérés sous haute tension, utilisé pour les circuits hautement intégrés dont la dimension des éléments est inférieure au micromètre. — **Méd.** Introduction d'un implant (pellet) dans le tissu cellulaire sous-cutané. ‖ Technique consistant à prélever des touffes de cheveux dans les régions temporales et occipitale pour les transporter dans les zones dénudées, chez les chauves. — **Odont.** Insertion d'un implant sous le périoste ou dans l'os du maxillaire supérieur ou de la mandibule.

IMPLANTER v. t. (lat. *implantare*) [conj. 3]. **1.** Planter, fixer, insérer qqch dans autre chose : *Le lierre implante ses crampons dans l'écorce des arbres.* — **2.** Mettre en place qqch, une entreprise, les installer à demeure qqpart : *Implanter une centrale nucléaire dans une région.* — **3.** Établir solidement un groupe, un produit, etc. : *Implanter un nouveau produit sur le marché.* — **4.** Introduire une idée, un usage, etc., qqpart et l'établir durablement dans l'esprit des gens, dans un milieu : *Implanter une mode.* — **5.** Matérialiser le tracé d'un bâtiment à construire, sur un sol aplani, à l'aide de cordeaux tendus entre des piquets. — **6.** Pratiquer une implantation chirurgicale.
◆ **s'implanter** v. pr., **être implanté** v. pass. 1. Se fixer dans qqch, s'y planter : *Un arbre aux racines profondément implantées.* — **2.** Se fixer qqpart, s'y installer de façon durable : *Les villes nouvelles qui*

sont implantées autour de la capitale. – **3.** S'établir qqpart : *Le parti est bien implanté dans cette région.*

IMPLANTOLOGIE n. f. Partie de l'odontostomatologie qui se rapporte aux implants dentaires.

IMPLÉMENTATION n. f. (angl. *implementation*). Mise en place sur un ordinateur d'un système d'exploitation ou d'un logiciel adapté aux besoins et à la configuration informatique de l'utilisateur.

IMPLÉMENTER v. t. (angl. *to implement*) [conj. 3]. Réaliser l'implémentation.

IMPLEXE adj. (lat. *implexus,* compliqué). *Vx.* Se dit d'un ouvrage littéraire à l'intrigue très compliquée.

IMPLICATION n. f. (lat. *implicatio, -onis*). 1. État de qqn qui est impliqué dans une affaire : *Son implication dans ce scandale n'est pas prouvée.* – **2.** Ce qui est impliqué par qqch ; conséquence attendue (surtout pl.) : *Les implications politiques d'une décision économique.* – **3.** Connecteur propositionnel noté $\rightarrow$, $\supset$ ou $\Rightarrow$ ($p \rightarrow q$ se lit « *p* implique *q* » ou « si *p,* alors *q* »), dont la définition est donnée par la table de vérité :

p	q	$p \rightarrow q$
V	V	V
V	F	F
F	V	F
F	F	V

(Syn. CONDITIONNEL.)

IMPLICITE adj. (lat. *implicitus*). Qui, sans être énoncé formellement, découle naturellement de qqch : *Une condition implicite.*

IMPLICITEMENT adv. De façon implicite.

IMPLIQUER v. t. (lat. *implicare,* envelopper) [conj. 3]. 1. Attribuer à qqn une part de responsabilité dans une affaire fâcheuse : *On vous a impliqués dans ce scandale.* – **2.** Supposer, contenir nécessairement l'existence de qqch d'autre, l'avoir pour cause : *La divergence des dépositions implique que l'un des deux témoins a menti.* – **3.** Avoir qqch pour conséquence nécessaire, logique : *Cette décision implique des investissements.*

◆ **s'impliquer** v. pr. Mettre beaucoup de soi-même dans ce qu'on fait : *S'impliquer dans son travail.*

IMPLORANT, E adj. *Litt.* Qui implore, marque l'imploration : *Un geste implorant.*

IMPLORATION n. f. (lat. *imploratio, -onis*). *Litt.* Action d'implorer.

IMPLORER v. t. (lat. *implorare,* de *plorare,* prier) [conj. 3]. 1. Demander qqch en suppliant, avec insistance : *Implorer de quelqu'un son pardon.* – **2.** *Litt.* Supplier qqn de : *Je vous implore d'aller à son secours.*

IMPLOSER v. i. (lat. *in,* dans, et *exploser*) [conj. 3]. Faire implosion, être le siège d'une implosion.

IMPLOSIF, IVE adj. (lat. *in,* dans, et *explosif*). *Consonne implosive* ou *implosive* (n. f.), consonne dépourvue de sa phase d'explosion (par ex. le [p] dans le mot *aptitude*). [Contr. EXPLOSIF.]

IMPLOSION n. f. (lat. *in,* dans, et *explosion*). 1. Phénomène physique dans lequel un milieu solide ou un corps creux, soumis à une pression externe supérieure à sa résistance mécanique, s'écrase violemment et tend à se concentrer en un volume réduit (implosion d'un tube à vide de téléviseur, implosion d'un sous-marin). – **2.** Ensemble d'explosions combinées de façon à faire sentir leurs effets vers un centre. – **3.** Phase initiale de l'articulation d'une consonne occlusive, correspondant à la mise en place des organes phonateurs. – **4.** *Fig.* Désagrégation, effondrement interne d'un système.

IMPLUVIUM [ɛ̃plyvjɔm] n. m. (lat. *impluvium,* de *in,* dans, et *pluere,* pleuvoir). 1. Dans les maisons romaines, espace découvert au milieu de l'atrium et qui contenait un bassin destiné à recevoir les eaux de pluie. – **2.** Le bassin lui-même.

IMPOLARISABLE adj. Qui ne peut être polarisé.

IMPOLI, E adj. et n. Qui manque de politesse, de courtoisie.

IMPOLIMENT adv. De façon impolie.

IMPOLITESSE n. f. 1. Manque de politesse ; caractère de qqn ou de son attitude qui va à l'encontre des règles du savoir-vivre : *L'impolitesse de son intervention.* – **2.** Parole, acte impolis : *Commettre de graves impolitesses.*

IMPOLITIQUE adj. Qui manque d'habileté dans une situation où des intérêts sont en jeu : *Médire de ceux dont on a besoin est impolitique.*

IMPONDÉRABILITÉ n. f. Caractère impondérable de qqch.

IMPONDÉRABLE adj. Dont l'importance peut difficilement être évaluée ; imprévisible : *Des facteurs impondérables.*

◆ n. m. Élément imprévisible qui influe sur la détermination des événements : *Les impondérables de la politique.*

IMPOPULAIRE adj. 1. Qui n'a pas la faveur de la population : *Lois impopulaires.* – **2.** Qui n'est pas aimé de tel ou tel groupe : *Un chef de service impopulaire auprès de ses subordonnés.*

IMPOPULARITÉ n. f. Manque de popularité ; caractère de ce qui est impopulaire : *L'impopularité d'une politique.*

IMPORT n. m. En Belgique, montant : *Une facture d'un import de mille francs.*

1. IMPORTABLE adj. (de *importer 2*). Qu'il est possible d'importer.

2. IMPORTABLE adj. (bas lat. *importabilis,* du lat. class. *portare,* porter). Se dit d'un vêtement impossible à porter.

IMPORTANCE n. f. (ital. *importanza*). 1. Degré de force, d'intensité, de valeur, d'intérêt, etc., de qqch ou de qqn : *Une agglomération d'importance moyenne.* — 2. Caractère de qqch ou de qqn qui est important, considérable par son rôle, son intérêt, son influence, etc. : *Il est conscient de l'importance qu'il a au sein du groupe.* — 3. *D'importance,* considérable, conséquent : *L'affaire est d'importance.* ‖ *Se donner de l'importance,* faire l'important.

IMPORTANT, E adj. (ital. *importante*). 1. Dont la place, le rôle, l'intérêt ou les conséquences possibles sont considérables : *Avoir une fonction importante dans un ministère.* — 2. À quoi on attache un intérêt particulier : *Il est important de noter ce fait.* — 3. Dont l'influence, le pouvoir est considérable : *Un important industriel.* — 4. Qui atteint des proportions, une grandeur, une quantité considérables : *D'importants capitaux ont été engagés.* — 5. *Avoir un air important,* chercher à persuader de son importance, faire l'important.
◆ n. *Faire l'important,* affecter une importance qu'on n'a généralement pas.
◆ **important** n. m. Ce qui importe le plus, l'essentiel, le principal : *L'important est qu'il guérisse.*

Importants *(cabale des),* complot de cour fomenté par le duc de Beaufort et dirigé contre le cardinal Mazarin. Ainsi appelé en raison de l'air prétentieux que se donnaient ses auteurs, ce complot visait à remplacer Mazarin par A. Potier de Gesvres, évêque de Beauvais. Il fut découvert par Anne d'Autriche, qui fit enfermer Beaufort et exila les autres conspirateurs (sept. 1643).

IMPORTATEUR, TRICE adj. et n. Qui fait des importations : *Les pays importateurs de sucre. Un importateur de café.*

IMPORTATION n. f. (angl. *importation,* de *to import,* importer). 1. Action d'importer, de faire entrer dans un pays des produits soumis ou non aux tarifs douaniers. — 2. Action de faire entrer dans un pays un usage, un produit, etc. : *L'importation de la pomme de terre, d'une mode.*
◆ **importations** n. f. pl. Marchandises importées.

1. IMPORTER v. t. ind. (ital. *importare,* du lat. *importare,* susciter) [conj. 3 ; seulem. à la 3e pers.]. 1. Avoir de l'importance, présenter de l'intérêt (pour qqn) : *Votre opinion m'importe peu. Il lui importait peu de tenir sa parole.* — 2. *N'importe,* indique qu'une circonstance n'influe en rien sur ce qui est décidé, fait : *Il a plu sans arrêt ; n'importe, je suis sorti.* ‖ *Qu'importe, peu importe,* indiquent que qqch est sans importance, sans conséquence : *On nous critique ? Qu'importe ! Peu importe !*

2. IMPORTER v. t. (angl. *to import,* du lat. *importare,* porter dans) [conj. 3]. 1. Faire entrer dans son pays qqch qui vient de l'étranger et qui entre dans le cycle de l'économie : *Importer des matières premières, de la main-d'œuvre, des brevets.* — 2. Introduire dans son pays, son milieu qqch qui vient de l'étranger, le faire adopter : *Importer une mode.* — 3. Introduire et acclimater dans son pays, sa région un animal, un végétal originaires d'ailleurs : *On a importé la pomme de terre au XVIIe siècle.*

IMPORT-EXPORT n. m. (angl. *import-export,* de *importation* et *exportation*). Activité commerciale qui a pour objet l'acquisition de produits en provenance de l'étranger et la vente des produits nationaux à l'étranger.

IMPORTUN, E adj. et n. (lat. *importunus*). *Litt.* Qui arrive mal à propos, qui gêne, fatigue, ennuie par sa présence : *Se débarrasser des importuns.*
◆ adj. *Litt.* Qui occasionne une gêne continue ou répétée ou qui arrive mal à propos : *Visite importune.*

IMPORTUNÉMENT adv. *Litt.* De manière importune.

IMPORTUNER v. t. (de *importun*) [conj. 3]. *Litt.* Fatiguer qqn d'une manière continue, par une action intempestive : *Je vous importune avec mes problèmes.*

IMPORTUNITÉ n. f. (lat. *importunitas, -atis*). *Litt.* Caractère de ce qui est importun : *L'importunité de certaines questions.*
◆ **importunités** n. f. pl. *Litt.* Actions, interventions importunes : *Poursuivre quelqu'un de ses importunités.*

IMPOSABLE adj. et n. Qui peut ou doit être soumis à l'impôt : *Bénéfices imposables.*

IMPOSANT, E adj. 1. Qui impressionne, inspire le respect par son caractère majestueux ou grandiose : *Un personnage imposant.* — 2. Dont les dimensions, les proportions sont hors du commun : *Un édifice imposant.* — 3. Qui s'impose comme supérieur aux autres par son nombre, sa quantité : *Disposer d'une imposante force armée.* — 4. *Ironiq.* Qui est de forte corpulence : *D'imposantes matrones.*

1. IMPOSÉ, E n. Personne soumise à l'impôt.

2. IMPOSÉ n. m. En gymnastique, exercice imposé.

IMPOSÉE n. f. En patinage artistique, figure imposée.

1. IMPOSER v. t. (anc. fr. *emposer,* mettre sur, francisation, d'après *poser,* du lat. *imponere*) [conj. 3]. 1. Obliger qqn à faire ou à subir telle action en se soumettant à un ordre, à un règlement : *Le directeur nous impose le silence.*

— **2.** Entraîner telle action, tel état par son existence, sa nature mêmes : *La situation impose qu'on fasse des sacrifices.* — **3.** Faire connaître, reconnaître, accepter son autorité, sa volonté, ses idées, sa valeur : *Il a réussi à imposer son point de vue. Couturier qui a imposé son nom aux États-Unis.* — **4.** Faire naître sans conteste le respect, l'admiration, etc., chez autrui : *Attitude héroïque qui impose le respect.* — **5.** Faire l'imposition pour l'établissement d'une forme d'impression. — **6.** *Imposer les mains,* en parlant du prêtre ou de l'évêque, pratiquer l'imposition des mains.

◆ v. t. ind. *En imposer,* impressionner (qqn), forcer le respect, l'admiration : *Il veut nous en imposer avec ses manières.*

◆ **être imposé** v. pass. **1.** Être obligatoire : *Travail imposé.* — **2.** *Prix, tarif imposé,* qu'un commerçant doit respecter strictement. ‖ *Exercices imposés, figures imposées,* exercices, figures obligatoires dans les concours de gymnastique, de patinage artistique, etc.

◆ **s'imposer** v. pr. **1.** Être de rigueur, être nécessaire : *La plus grande prudence s'impose.* — **2.** Se faire accepter de force qqpart : *Je ne voudrais pas m'imposer.* — **3.** Faire reconnaître ses qualités, son autorité, sa valeur : *S'imposer comme le chef d'un mouvement.* — **4.** Être reconnu comme vrai, fondé, incontestable : *La vérité s'imposait à moi.*

2. IMPOSER v. t. (de *imposer 1*) [conj. 3]. Soumettre à l'impôt : *Imposer les contribuables sur leurs revenus. Imposer les boissons alcoolisées.*

◆ **être imposé** v. pass. Être soumis, assujetti à l'impôt.

IMPOSEUR n. m. Typographe qui impose les pages de composition dans les formes d'impression.

1. IMPOSITION n. f. (lat. *impositio, -onis*). **1.** Détermination de la répartition des pages dans les formes d'impression. (→ *encycl.*) — **2.** *Imposition des cendres,* geste du prêtre qui, au début du carême, le mercredi des Cendres, met sur le front ou sur le sommet de la tête des fidèles un peu de cendres préalablement bénites, en signe de pénitence. ‖ *Imposition des mains,* geste du prêtre ou de l'évêque qui consiste à tenir les mains, ou une main, étendues sur une personne, une assemblée, un objet, comme pour les marquer de la puissance de bénédiction de Dieu.

ENCYCL. **Impr.** L'imposition tient compte : de la composition de l'ouvrage ; des formats des papiers en bobines, en feuilles et des formats finis des ouvrages imprimés ; de la nature du papier utilisé et notamment de la masse surfacique (grammage), afin d'arrêter le nombre de pages des cahiers ; des formats des machines à imprimer. Pour la préparation des formes d'impression, l'imposition consiste à disposer les pages selon le mode de pliage de telle façon que le cahier obtenu, après pliage de la feuille d'impression, présente une pagination suivie et des marges régulières.

2. IMPOSITION n. f. (de *imposition 1*). **1.** Impôt, contribution. — **2.** Procédé de fixation de l'assiette et de liquidation d'un impôt. — **3.** *Double imposition,* matière imposable imposée deux fois au titre du même impôt entre les mains d'un même contribuable par deux ou plusieurs États.

IMPOSSIBILITÉ n. f. (bas lat. *impossibilitas, -atis*). **1.** Caractère de ce qui est impossible à faire, à réaliser, à concevoir logiquement : *L'impossibilité d'une théorie.* — **2.** Chose impossible : *Se heurter à une impossibilité.*

IMPOSSIBLE adj. (lat. *impossibilis*). **1.** Qui ne peut exister, qui est hautement improbable : *Dans ces conditions, un incendie est impossible.* — **2.** Qui n'est pas réalisable, qu'il est très difficile de faire, de résoudre : *Ce problème est impossible à résoudre.* — **3.** Qui est très pénible, insupportable : *Il nous rend la vie impossible. Il nous a mis dans une situation impossible.* — **4.** *Fam.* Avec qui les relations sont très difficiles ; insupportable : *Des enfants impossibles.* — **5.** *Fam.* Qui sort des limites du bon sens, du raisonnable : *Il a un nom impossible.* — **6.** *Événement impossible,* dans un univers de possibles E, événement, noté $\emptyset$, ne contenant aucune éventualité de E et, ainsi, ne se réalisant jamais. (La probabilité de l'événement impossible est nulle.)

◆ n. m. **1.** Ce qui ne saurait exister, se produire, être réalisé : *Ne me demandez pas l'impossible.* — **2.** *Faire, tenter l'impossible,* mettre en œuvre tous les moyens pour parvenir à un résultat. ‖ *Si, par impossible,* en envisageant une éventualité des plus improbables.

IMPOSTE n. f. (ital. *imposta*). **1.** Pierre ou autre élément, ordinairement en saillie, qui surmonte le piédroit d'une arcade et reçoit la retombée de l'arc. — **2.** Châssis, fixe (syn. DORMANT) ou non, occupant le haut d'une baie, au-dessus du ou des vantaux qui constituent la porte ou la fenêtre proprement dite.

IMPOSTEUR n. m. (bas lat. *impostor,* du lat. class. *impositum,* de *imponere,* tromper). Personne qui trompe par de fausses apparences, qui se fait passer pour quelqu'un d'autre.

IMPOSTURE n. f. (bas lat. *impostura,* du lat. class. *imponere,* tromper). *Litt.* **1.** Action de tromper par de fausses apparences ou des allégations mensongères, de se faire passer pour ce qu'on n'est pas : *Dénoncer les impostures d'un escroc.* — **2.** Caractère de tromperie, de supercherie que revêt qqch : *Imposture d'une publication.*

IMPÔT n. m. (lat. *impositum,* placé sur). **1.** Prélèvement effectué d'autorité et à titre définitif sur les ressources ou sur les biens des individus ou des collectivités, et payé en argent pour subvenir aux dépenses d'intérêt général de l'État ou des collectivités locales. — **2.** *Impôt direct,* v. DIRECT. ‖ *Impôt indirect,* v. INDIRECT. ‖ *Impôt de solidarité sur la fortune (I. S. F.),* impôt sur le capital institué en France en 1988 et qui n'inclut pas les biens professionnels ni les œuvres d'art. (Il remplace l'*impôt sur les grandes fortunes* [*I. G. F.*], en vigueur de 1982 à 1986). ‖ *Impôt sur les plus-values* ou *sur les gains de fortune,* impôt frappant les accroissements exceptionnels du capital. ‖ *Impôt sur le revenu,* impôt qui frappe l'acquisition régulière par les personnes physiques des revenus tirés soit de la possession d'un actif (impôt sur les revenus des valeurs mobilières), soit d'une activité professionnelle (impôt sur les bénéfices industriels, commerciaux, agricoles, salaires, etc.). ‖ *Impôt sur les transactions,* impôt qui frappe la dépense du revenu soit à l'occasion de mutations mobilières ou immobilières, soit à l'occasion de transactions commerciales courantes

PRINCIPAUX IMPÔTS FRANÇAIS		
collectivité publique bénéficiaire	ressources fiscales directes	ressources fiscales indirectes
État **budget général** (donc hormis ressources des budgets annexes et taxes parafiscales)	• impôt sur le revenu des personnes physiques (I.R.P.P.) • impôt sur les sociétés (I.S.) • impôt sur les revenus des capitaux mobiliers • taxe sur les salaires • autres impôts perçus par voie de rôle • autres impôts directs	• taxe sur la valeur ajoutée (T.V.A.) • taxe intérieure sur les produits pétroliers • enregistrement, timbre et bourse • autres droits indirects (dont droits sur les alcools) • droits de consommation sur les tabacs • autres produits de douane
départements et communes	• taxe professionnelle • taxe d'habitation • taxe foncière sur les propriétés bâties • taxe foncière sur les propriétés non bâties	• dotation globale de fonctionnement (prélevée sur les recettes procurées à l'État par la T.V.A.) • fonds de compensation pour la T.V.A. (reversement de recettes procurées à l'État par la T.V.A. payée par les collectivités locales) • divers impôts indirects, dont notamment : – taxe additionnelle aux droits de mutation – taxe sur l'électricité – taxe sur les véhicules à moteur – certains droits de mutation sur les immeubles – taxe de publicité foncière
Régions	• taxe additionnelle aux quatre impôts locaux directs	• taxe sur les certificats d'immatriculation des véhicules à moteur • taxe sur le permis de conduire • taxe additionnelle aux droits de mutation

portant sur des biens de consommation (impôt sur le chiffre d'affaires, taxe sur les transactions). — **3.** Litt. *Impôt du sang,* obligation de servir à l'armée.

impôts *(Conseil des),* organisme consultatif créé en 1971, présidé par le premier président de la Cour des comptes, en vue d'étudier la répartition de la charge fiscale entre les différentes catégories de contribuables et de formuler des suggestions.

impôts *(École nationale des),* école créée en 1951 et qui a pour but de former les inspecteurs et les contrôleurs des impôts. Son siège est à Clermont-Ferrand. Elle compte également un établissement à Paris.

IMPOTENCE n. f. (lat. *impotentia*). **1.** État d'un individu impotent. — **2.** *Impotence fonctionnelle,* perte totale ou partielle des fonctions d'un membre ou d'un segment de membre, par suite de fracture, de paralysie, etc.

IMPOTENT, E adj. et n. (lat. *impotens, -entis,* impuissant). Qui est privé de l'usage d'un ou de plusieurs membres ou qui éprouve de grandes difficultés à se mouvoir : *Vieillard impotent.*

IMPRATICABILITÉ n. f. Caractère de ce qui est impraticable.

IMPRATICABLE adj. **1.** Par où l'on ne peut passer, ou que très difficilement : *Une route impraticable.* — **2.** Qu'on ne peut mettre à exécution ; inapplicable : *Cette méthode est impraticable.*

IMPRÉCATEUR, TRICE n. *Litt.* Personne qui profère des imprécations.

IMPRÉCATION n. f. (lat. *imprecatio, -onis,* de *imprecari,* prier). *Litt.* Malédiction proférée contre qqn ; parole ou souhait appelant le malheur sur qqn.

IMPRÉCATOIRE adj. Qui relève de l'imprécation.

IMPRÉCIS, E adj. **1.** Qui manque de précision, de netteté, qui est mal défini : *Forme imprécise. Témoignage imprécis.* — **2.** Qui n'a pas la précision désirable : *Appareil de mesure imprécis.*

IMPRÉCISION n. f. Manque de précision, d'exactitude, de netteté : *L'imprécision des souvenirs d'enfance.*

IMPRÉDICTIBILITÉ n. f. Caractère d'un phénomène imprédictible.

IMPRÉDICTIBLE adj. Qui échappe à la prévision.

IMPRÉGNATION n. f. (bas lat. *impraegnatio, -onis,* de *impraegnare,* féconder). **1.** Action d'imprégner qqch d'un fluide, d'un liquide ; fait d'en être imprégné : *Imprégnation d'un tissu à l'aide d'un mordant.* — **2.** Pénétration lente et profonde d'une influence intellectuelle, idéologique : *L'imprégnation des esprits par la propagande.* • **Bois.** Action d'introduire dans les bois d'œuvre ou dans les bois qui seront soumis aux intempéries une substance chimique afin de les rendre résistants aux attaques des insectes et des champignons. — **Éthol.** Acquisition de stimulus-signaux spécifiques au cours du processus d'empreinte. — **Métall.** Procédé qui consiste à remplir les pores d'un métal fritté avec un autre métal à plus bas point de fusion, porté à l'état liquide. (L'imprégnation permet d'obtenir des pièces plus denses possédant de meilleures caractéristiques mécaniques ; elle se fait par immersion dans le métal liquide, sous vide ou sous pression.) [Syn. INFILTRATION.] — **Min.** *Gîte d'imprégnation,* ou *imprégnation diffuse,* gîte plus ou moins diffus, interstratifié ou disséminé dans des terrains anciens, généralement métamorphiques (sulfures). — **Pathol.** *Imprégnation alcoolique,* état d'un sujet présentant un éthylisme aigu ou chronique. — **Trav. publ.** Pénétration, par la surface, d'un sol ou d'un sable au moyen d'un liant fluide.

IMPRÉGNER v. t. (anc. fr. *empreignier,* du bas lat. *impraegnare,* féconder) [conj. **18**]. **1.** Faire pénétrer dans une substance un fluide qui s'y répand, s'y diffuse : *Imprégner un bois d'un produit protecteur.* — **2.** Pénétrer une substance, un milieu, s'y répandre de façon diffuse : *L'odeur du tabac imprégnait ses vêtements.* — **3.** Marquer qqn, un groupe d'une influence durable : *La propagande imprégnait les esprits d'idées révolutionnaires.* — **4.** En éthologie, soumettre un individu à un modèle d'empreinte dans une situation d'isolement social.

◆ **être imprégné** v. pass. *Fam.* Être alcoolique.

◆ **s'imprégner** v. pr., **être imprégné** v. pass. **1.** Se pénétrer, s'imbiber d'un fluide : *Des murs qui s'imprègnent des vapeurs de cuisine.* — **2.** Se laisser pénétrer profondément de qqch : *S'imprégner de la pensée d'un auteur.*

IMPRENABLE adj. **1.** Dont on ne peut pas s'emparer : *Une ville imprenable.* — **2.** *Fam.* Qu'on ne peut gagner ou séduire : *Un cœur imprenable.* — **3.** *Vue imprenable,* qui ne risque pas d'être masquée par des constructions nouvelles.

IMPRÉPARATION n. f. Manque de préparation.

IMPRÉSARIO ou **IMPRESARIO** [ɛ̃presarjo] n. m. (pl. *imprésarios* ou *impresarii*) [mot ital.]. Personne qui négocie les contrats d'un artiste (comédien, chanteur, artiste de music-hall) moyennant un pourcentage sur les rémunérations obtenues.

IMPRESCRIPTIBILITÉ n. f. Qualité d'un droit ou d'une action qui ne peuvent être atteints par la prescription.

IMPRESCRIPTIBLE adj. 1. Qui ne peut être atteint par la prescription : *Le domaine public est inaltérable et imprescriptible.* — 2. Qui ne subit aucune atteinte du temps : *Les droits de l'homme sont imprescriptibles.*

IMPRESSIF, IVE adj. (angl. *impressive*). 1. *Litt.* Qui est propre à causer ou à traduire des impressions. — 2. Se dit de la qualité acoustique et auditive d'un son, qui le rend propre à évoquer certains bruits naturels.

1. IMPRESSION n. f. (lat. *impressio, -onis,* de *imprimere,* imprimer). 1. Marque laissée par un objet qui appuie ou est pressé sur un autre : *L'impression d'un cachet dans la cire.* — 2. Opération par laquelle on transfère sur un support les caractères disposés dans les formes, les dessins préparés sur les planches, les cylindres ou les pierres lithographiques ; dessin, motif reproduit par ce procédé : *Une robe avec des impressions à fleurs.* — 3. Action, manière d'imprimer un livre, un journal, un ouvrage graphique, etc. ; résultat de cette action : *Envoyer un manuscrit à l'impression. Impression soignée.* — 4. Édition d'un livre, d'un ouvrage graphique : *Dernière impression d'un roman.* — 5. *Faute d'impression,* défaut dans un texte imprimé qui apparaît au cours des procédés de fabrication. • **Bx-arts.** Couche de colle ou d'huile (colorée ou non) appliquée sur un subjectile, avant de peindre, pour en réduire le pouvoir absorbant. — **Électron.** *Impression des circuits,* procédé qui consiste à photographier un schéma dessiné et à le reporter sur un placage en métal conducteur qui recouvre une feuille isolante, comme de la Bakélite. — **Peint.** Première couche de peinture, de vernis appliquée sur un subjectile absorbant ; la peinture utilisée pour cette opération. — **Phot.** Action d'impressionner une surface sensible. — **Text.** Reproduction de dessins ou de motifs mono- ou polychromes sur la surface d'une étoffe, par applications localisées de couleurs épaissies. (Elle fait appel à des rouleaux métalliques gravés en creux et montés sur machines rotatives ou à un tamis à mailles fines partiellement obturé par un vernis suivant le dessin à reproduire [impression au cadre plat].) — **Zool.** Empreinte gravée par les muscles ou par le bord du manteau sur la face interne de la coquille chez les bivalves et les brachiopodes.

ENCYCL. **Impr.** Typographie*, héliogravure*, offset* sont les trois principaux procédés d'impression. L'offset traite un marché beaucoup plus large que les deux premiers.

• L'*impression électrostatique* est un procédé d'impression sans contact dont le principe est fondé sur l'attraction mutuelle de corps et de particules qui ont reçu des charges électriques de signes contraires. Le transfert de l'encre s'effectue par attraction sur le support passant devant les éléments imprimants.

• L'*impression par jet d'encre* est effectuée point par point, les points étant constitués par des gouttelettes d'encre formées par attraction électrostatique. Le générateur d'impulsions est commandé par l'unité de calcul d'un ordinateur à partir des informations mises en mémoire (textes, dessins).

• L'*impression tridimensionnelle* utilise le principe de la vision stéréoscopique. Le modelé lenticulaire de l'image est conservé pendant toutes les étapes de la reproduction : sélection des couleurs, confection des plaques offset, impression en quadrichromie. Sur l'imprimé, on lamine en repérage une feuille plastique transparente gaufrée lignée.

2. IMPRESSION n. f. (de *impression 1*). 1. Sentiment ou sensation résultant de l'effet d'un agent extérieur : *Un lieu qui donne une impression de sécurité.* — 2. Sentiment, opinion de caractère immédiat, superficiel qui naît du premier contact avec qqn ou avec qqch, antérieurement à toute réflexion : *Quelle est votre impression sur lui ?* — 3. *Avoir l'impression de, que,* avoir le sentiment de, estimer, croire que : *Il a l'impression qu'on le trompe.* ‖ *Donner l'impression de, que,* inspirer le sentiment, l'idée de, faire l'effet de : *Description qui donne l'impression du vrai.* ‖ *Faire impression, faire une forte impression,* frapper les esprits, les imaginations ; susciter l'intérêt, retenir l'attention. ‖ *Faire l'impression de,* donner l'apparence de : *Il m'a fait l'impression d'un homme heureux.*

IMPRESSIONNABILITÉ n. f. *Litt.* Caractère de qqn qui est d'une grande sensibilité, qui se laisse facilement impressionner.

IMPRESSIONNABLE adj. 1. Qui est doué d'une sensibilité extrême, qui réagit vivement aux impressions qu'il reçoit ; émotif, sensible. — 2. Se dit d'une surface sensible qui peut être impressionnée.

IMPRESSIONNANT, E adj. 1. Qui produit une forte impression sur l'esprit : *Un spectacle impressionnant de vérité.* — 2. Qui atteint une importance, une dimension considérables : *Il perd des sommes impressionnantes.*

IMPRESSIONNER v. t. (de *impression 2*) [conj. 3]. 1. Faire naître chez qqn un sentiment vif, une vive impression, frapper son imagination : *Il essaie de m'impressionner avec sa belle voiture. La* *vue du sang l'impressionne toujours.* — **2.** Agir sur un organe sensitif de façon à produire une sensation, une perception. — **3.** Pour un rayonnement, produire une transformation photochimique d'une surface sensible. (Il en résulte une image latente.)

IMPRESSIONNISME n. m. **1.** École picturale française, qui se manifesta notamment, de 1874 à 1886, par huit expositions publiques à Paris. (→ *encycl.*) — **2.** Ensemble des particularités techniques et stylistiques caractérisant une œuvre, un artiste qui se rattachent à cette école. — **3.** Tendance générale, en art, à noter les impressions fugaces, la mobilité des phénomènes plutôt que l'aspect stable et conceptuel des choses.

ENCYCL. Poursuivant les recherches à la fois de Delacroix, de Constable, de Turner, de Daubigny, de Boudin ou de Jongkind, mais aussi abordant de manière nouvelle les problèmes picturaux, ce mouvement artistique apporte, dans le dernier tiers du XIXᵉ s., les premiers bouleversements de l'art moderne. Avec le parti pris de travailler sur le motif, en plein air, et la primauté accordée à la sensation de l'artiste, le temps est introduit dans la peinture : tout ce qui est changeant (ciels, eaux, feuillages...), tout ce qui transforme les choses (lumière, saison, heure...), tout ce qui est transitoire (neiges, brouillards, aurores, crépuscules...) est au centre des préoccupations des impressionnistes. Renonçant à dessiner les contours et bannissant le noir, les « terres », les gris et le blanc pur, ils recherchent des « vibrations colorées » par juxtaposition de touches de plus en plus fragmentées de couleurs primaires et de leurs complémentaires ; le mélange n'est pas obtenu sur la palette, mais naît d'une sensation optique qui tend à dissoudre les formes. Si Manet (fidèle à une peinture moins claire) et Degas (fidèle au travail d'atelier) jouent un rôle important dans la nouvelle peinture, les impressionnistes à proprement parler (ils se disent d'abord « réalistes ») sont ceux qui, après l'académie Suisse (du nom de son promoteur, à Paris) [Monet, Pissarro, Cézanne] ou l'atelier Gleyre (Bazille, Sisley, Monet, Renoir), se retrouvent, en 1863, au Salon des refusés (où Manet, avec le scandale du *Déjeuner sur l'herbe,* fait figure, malgré lui, de chef de file), puis créent, en 1874, une société anonyme qui organise les expositions impressionnistes (c'est sans doute la toile de Monet *Impression, soleil levant* qui suggère à un critique le nom donné par dérision aux exposants). À ces artistes se joignent des peintres tels que B. Morisot, M. Cassatt, Guillaumin, Lebourg ou Forain. Malgré les efforts du marchand Paul Durand-Ruel, dès 1870, le mépris dans lequel critiques et public tiennent les impressionnistes dure longtemps et, en 1894 encore, l'État refuse une partie des toiles léguées par G. Caillebotte, bon peintre réaliste et soutien dévoué du groupe. Lorsque le succès commence à apparaître, déjà des divergences ont désuni le mouvement : certains renoncent aux expositions impressionnistes tandis que d'autres s'y introduisent (tels Gauguin dès la 4ᵉ exposition, en 1879, Seurat et Signac [→ NÉO-IMPRESSIONNISME] lors de la dernière exposition, en 1886). À vrai dire, l'impressionnisme n'a pas été une école, mais plutôt une recherche commune qui a marqué les plus fortes personnalités sans entraver l'expression de leur génie propre, qu'il s'agisse de Renoir, de Monet, qui porte à son point ultime la fluidité colorée avec ses séries de *Nymphéas* (1898-1926), ou de Cézanne, qui ouvre la voie à l'art du XXᵉ s. Enfin, pour Toulouse-Lautrec, Van Gogh ou Bonnard, comme pour de nombreux peintres à l'étranger, l'impressionnisme a été un point de départ.

— **Mus.** En musique, l'impressionnisme, dont Debussy reste le maître, s'attache à la recherche du timbre, à la vibration sensorielle et accorde la prédominance à l'harmonie. À cette tendance, on peut rattacher certaines œuvres de Ravel, F. Schmitt, Déodat de Séverac et A. Caplet.

IMPRESSIONNISTE adj. **1.** Relatif à l'impressionnisme : *Le mouvement impressionniste.* — **2.** Qui procède par petites touches : *Une critique impressionniste.*

◆ n. Peintre, musicien, sculpteur, écrivain qui pratique l'impressionnisme, une forme d'impressionnisme.

IMPRESSIVITÉ n. f. Qualité d'un son impressif.

IMPRÉVISIBILITÉ n. f. Caractère de ce qui est imprévisible.

IMPRÉVISIBLE adj. Qui ne peut être prévu, dont on ne peut prévoir les réactions : *Homme imprévisible dans ses colères.*

IMPRÉVISIBLEMENT adv. D'une manière non prévisible.

IMPRÉVISION n. f. **1.** Manque de prévision. — **2.** *Théorie de l'imprévision,* mécanisme permettant d'assurer l'exécution d'un contrat administratif en dépit des bouleversements affectant son équilibre et consécutifs à des circonstances extérieures aux parties, lesquelles partagent les conséquences financières.

IMPRÉVOYANCE n. f. Défaut, manque de prévoyance.

IMPRÉVOYANT, E adj. et n. Qui ne se soucie pas de prévoir les situations futures afin d'y faire face.

IMPRÉVU, E adj. Qui arrive de façon inattendue et souvent déconcerte : *Une pièce dont le dénouement est imprévu.*

◆ **imprévu** n. m. Événement qui n'a pas été prévu : *Faire face aux imprévus.*

IMPRIMABILITÉ n. f. Étude des relations physicochimiques de l'encre et du papier ou, plus largement, d'éléments imprimants et de supports d'impression.

IMPRIMABLE adj. Qui peut être imprimé, qui mérite de l'être.

IMPRIMANT, E adj. Qui imprime, qui sert à l'impression.

◆ **imprimante** n. f. Organe d'impression sur papier des résultats d'un traitement sur ordinateur. (→ *encycl.*)

ENCYCL. **Inform.** Dans les *imprimantes à impact,* les caractères, disposés sur une chaîne, sur des barres ou sur un tambour qui défile devant le papier, sont frappés par un marteau à l'instant où ils se trouvent devant l'emplacement où ils doivent être imprimés, ou bien *(imprimantes à aiguilles* ou *matricielles)* les caractères sont formés par une matrice de points, l'impression étant faite par l'impact sur le ruban encreur d'aiguilles correspondant à chacun de ces points et mises en mouvement selon le caractère à composer. Mais les meilleures performances sont fournies par des *imprimantes à laser* (un rayon laser excite une couche de sélénium sur un tambour pour que, par son électrisation, il attire les encres spéciales sur les zones touchées, ces encres étant ensuite transférées par contact sur le papier) ou par des *imprimantes à jets d'encre.* (→ IMPRESSION.)

IMPRIMATUR [ɛ̃primatyr] n. m. inv. (lat. *imprimatur,* qu'il soit imprimé). Permission d'imprimer donnée par le supérieur canonique après rapport favorable conclu par la mention *nihil obstat.*

IMPRIMÉ n. m. **1.** Livre, brochure, feuille ou formule administrative imprimés : *Imprimés pour la déclaration d'impôts.* — **2.** Papier, tissu comportant des motifs : *Choisir un bel imprimé pour une robe d'été.*

IMPRIMER v. t. (lat. *imprimere*) [conj. 3]. **1.** Communiquer, transmettre un mouvement à un corps, à un objet : *Imprimer un mouvement de va-et-vient à un balancier.* — **2.** Donner à qqch une impulsion, une direction : *Imprimer une orientation nouvelle à une politique.* — **3.** Produire ou laisser une marque, une empreinte sur une surface par pression de qqch sur cette surface : *Imprimer la marque de ses pas sur la neige.* — **4.** Reporter sur un support (papier, tissu) une empreinte, un dessin, des couleurs, un texte, etc. : *Imprimer des tissus.* — **5.** Reproduire un livre, un journal, un ouvrage graphique à un certain nombre d'exemplaires par un procédé d'impression : *Imprimer des livres scolaires.* — **6.** Publier un texte, l'éditer : *Un journal a-t-il le droit d'imprimer de tels propos ?* • **Impr.** *Imprimer en blanc,* imprimer un seul côté de la feuille. ‖ *Imprimer en retiration,* après le passage du premier côté, imprimer, en registre, le second côté. — **Peauss.** Donner à un cuir un grain artificiel. — **Peint.** Couvrir d'une première couche de couleur une boiserie, un mur enduit de plâtre.

◆ **être imprimé** v. pass. **1.** En parlant d'un papier, d'un tissu, comporter des motifs, des dessins, etc. : *Robe imprimée.* — **2.** *Verre imprimé,* verre plat sur lequel on a imprimé au cours du laminage un dessin en relief.

◆ **s'imprimer** v. pr., **être imprimé** v. pass. **1.** Se marquer sur, dans qqch : *La forme d'un pied imprimée dans le sable.* — **2.** Être reproduit, tiré par un procédé d'impression : *Livre imprimé en offset.* — **3.** Être publié, édité : *Un tel texte ne peut pas s'imprimer tel quel.* — **4.** Être gravé dans l'esprit de qqn : *Des souvenirs qui s'impriment à jamais dans la mémoire.*

IMPRIMERIE n. f. **1.** Ensemble des techniques et métiers qui concourent à la fabrication d'ouvrages imprimés. (Syn. INDUSTRIES GRAPHIQUES.) — **2.** Établissement où l'on imprime des livres, des journaux, etc. — **3.** Ensemble du matériel de cet établissement. — **4.** *Imprimerie intégrée,* atelier d'imprimerie fonctionnant dans le cadre d'une entreprise ou d'une administration.

ENCYCL. Les premières reproductions d'écriture remontent sans doute à Sumer avec l'usage des sceaux cylindriques. La Chine connut l'imprimerie au moyen de formes de bois gravé qu'on encrait et sur lesquelles on appliquait une feuille de papier de riz. L'invention de caractères mobiles (en terre cuite puis en métal) est attribuée à Bi Sheng (1041-1048). En Europe, l'essor de la gravure artistique au burin, sur bois, au XVe s., amena l'idée de graver séparément chacune des vingt-cinq lettres de l'alphabet latin, qu'on put ainsi assembler pour l'impression puis réutiliser pour un autre ouvrage. Tel fut le premier principe de l'imprimerie typographique. Le Hollandais Coster aurait imaginé ces lettres mobiles, ou *caractères d'imprimerie.*

C'est à Gutenberg que l'on attribue le mérite d'avoir conçu l'ensemble du procédé typographique : confection de matrices, fonderie de caractères, composition des textes, impression sur presse à bras. Après l'imprimerie typographique, avec éléments imprimants en relief, d'autres procédés sont nés : la *taille-douce,* l'*eau-forte* et leurs dérivés, éléments imprimants en creux ; la *lithographie,* avec éléments imprimants et non imprimants sur le même plan. La photographie a donné naissance à la *photogravure,* qui a rendu possible l'impression d'illustrations. Depuis le début du siècle, l'*offset* et l'*héliogravure* ont pris une rapide extension.

Imprimerie nationale, société nationale chargée des travaux d'impression demandés par l'État ou par les collectivités locales (actes administratifs, documents divers, ouvrages) ainsi que par toute personne physique ou morale. Son origine remonte à la désignation d'un « imprimeur du Roy » par François Ier, en 1538, et à la création d'un petit atelier typographique au Louvre, par Louis XIII, en 1620. L'atelier devint, en 1640, l'*Imprimerie royale,* puis l'*Imprimerie nationale* (1791), l'*Imprimerie de la République* (1795), etc. Tour à tour *Imprimerie impériale* ou *royale,* elle reprit son nom actuel en 1870. Devenue en 1910 un service rattaché au ministère des Finances, disposant d'un budget annexe, elle a été transformée en 1993 en société nationale.

IMPRIMEUR n. m. **1.** Directeur ou propriétaire d'une imprimerie. – **2.** Ouvrier travaillant dans une imprimerie.

IMPROBABILITÉ n. f. Caractère de ce qui est improbable ; événement improbable : *Espoir reposant sur des improbabilités.*

IMPROBABLE adj. Qui a peu de chances de se produire, d'arriver : *Événement improbable.*

IMPROBATION n. f. (lat. *improbatio, -onis,* de *improbare,* désapprouver). *Litt.* Action de blâmer.

IMPROBITÉ n. f. (lat. *improbitas, -atis*). *Litt.* Manque de probité, d'honnêteté.

IMPRODUCTIF, IVE adj. Qui ne produit rien, ne rapporte pas : *Un travail ingrat et improductif.*
◆ adj. et n. Qui ne participe pas à la production.

IMPRODUCTIVITÉ n. f. Caractère, état de qqn, de ce qui est improductif.

IMPROMPTU, E [ɛ̃prɔ̃pty] adj. (lat. *in promptu,* sur-le-champ). Qui n'est pas préparé ; improvisé : *Visite impromptue.*

◆ **impromptu** adv. *Vx.* À l'improviste, sans préparation : *Arriver impromptu chez un ami.*

◆ **impromptu** n. m. **1.** Petite pièce de vers improvisée, épigramme, madrigal ou couplet. – **2.** Pièce instrumentale, généralement pour piano, en usage à l'époque romantique et qui n'obéit à aucune règle de construction préétablie.

Impromptu de Versailles *(l'),* comédie en un acte et en prose de Molière (1663), où il répond aux attaques suscitées par le succès de *l'École des femmes* (1662).

IMPRONONÇABLE adj. Qui offre de grandes difficultés de prononciation.

IMPROPRE adj. (lat. *improprius*). **1.** Qui n'est pas propre à qqch, qui ne convient pas : *Produits impropres à la consommation. Être reconnu impropre à un poste de responsabilité.* – **2.** Se dit d'un mot qui n'exprime pas exactement la pensée, qui n'est pas juste.

IMPROPREMENT adv. De façon impropre.

IMPROPRIÉTÉ n. f. (lat. *improprietas, -atis*). Emploi incorrect d'un terme : *Écrit émaillé d'impropriétés.*

IMPROUVABLE adj. Qu'on ne peut prouver.

IMPROVISATEUR, TRICE n. Personne qui a le talent d'improviser.

IMPROVISATION n. f. **1.** Action d'improviser qqch : *Orateur qui a le talent de l'improvisation.* – **2.** Ce qu'on improvise : *Faire une improvisation.* – **3.** Exécution et création musicales spontanées, ni préparées ni notées. (→ *encycl.*) – **4.** Technique théâtrale visant à faire exécuter par l'acteur quelque chose d'imprévu.

ENCYCL. **Mus.** Dans l'improvisation intégrale, l'exécutant se substitue au compositeur, se fait créateur lui-même. Il invente sur-le-champ, dans sa totalité, une œuvre sur un thème original ou sur un thème imposé, en conçoit la forme, en détermine la durée. Si les chanteurs puis les violonistes semblent avoir été des maîtres de l'improvisation, celle-ci se réfugia, à partir du XVIIe s., dans le monde des clavecinistes et organistes (Bach, Scarlatti, Liszt, Franck, Messiaen, Cochereau). Au XIXe s., le goût des compositeurs pour la notation précise tend à faire disparaître l'esprit d'improvisation. Seuls Beethoven, Chopin et Liszt le maintiendront, mais pour leur propre compte, prescrivant aux interprètes de s'en tenir à ce qui est écrit. L'improvisation reviendra dans la musique savante au XXe s. avec la musique aléatoire*. L'improvisation est à la base des méthodes d'enseignement musical depuis le début du XXe s. (É. Jaques-Dalcroze, M. Martenot, C. Orff).

IMPROVISER v. t. (ital. *improvvisare,* du lat. *improvisus,* imprévu) [conj. 3]. **1.** Produire, élaborer un discours, un texte, un morceau de musique directement, sans préparation : *Les acteurs improvisent sur le scénario.* – **2.** Faire qqch d'emblée et sans préparation aucune, avec les moyens du bord : *Improviser un repas entre amis.* – **3.** Placer qqn dans une fonction dont il n'a pas l'habitude, à laquelle il n'est pas préparé : *On l'a improvisé trésorier de la nouvelle association.*

IMPROVISTE (À L') loc. adv. (ital. *all'improviso,* de *improvvisto,* imprévu). Soudainement, d'une façon inattendue : *Survenir à l'improviste.*

IMPRUDEMMENT [-damɑ̃] adv. De façon imprudente.

IMPRUDENCE n. f. (lat. *imprudentia*). **1.** Défaut de qqn d'imprudent : *Votre imprudence risque de vous coûter cher.* — **2.** Caractère d'une action imprudente : *Imprudence des paroles de quelqu'un.* — **3.** Action irréfléchie, accomplie sans souci des conséquences dangereuses qu'elle peut avoir : *Commettre une imprudence.*

IMPRUDENT, E adj. et n. (lat. *imprudens, -entis*). Qui manque de prudence : *Se porter au secours d'alpinistes imprudents.*
◆ adj. Qui dénote l'absence de prudence : *Une conduite imprudente.*

IMPUBÈRE adj. et n. (lat. *impubes, -eris*). Qui n'a pas atteint l'âge ou l'état de puberté.

IMPUBERTÉ n. f. **1.** État d'un enfant impubère, qui n'a pas encore l'aptitude physique pour le mariage. — **2.** En droit civil, état d'un enfant qui n'a pas encore atteint l'âge légal du mariage.

IMPUBLIABLE adj. Qu'on ne peut ou qu'on ne doit pas publier.

IMPUDEMMENT [-damɑ̃] adv. D'une manière impudente, effrontément.

IMPUDENCE n. f. (lat. *impudentia*). **1.** Caractère de celui ou de ce qui est impudent : *Répondre avec impudence.* — **2.** Action, parole impudente : *De telles impudences sont inacceptables.*

IMPUDENT, E adj. et n. (lat. *impudens, -entis*). Qui est d'une effronterie, d'une insolence extrême : *Geste impudent.*

IMPUDEUR n. f. **1.** Manque de pudeur, manque de discrétion : *L'impudeur de son décolleté.* — **2.** Manque total de honte : *Mentir avec impudeur.*

IMPUDICITÉ n. f. *Litt.* Caractère de qqn qui est impudique ; acte ou parole impudique.

IMPUDIQUE adj. (lat. *impudicus*). Qui blesse la pudeur : *Regards impudiques.*

IMPUDIQUEMENT adv. D'une manière impudique.

IMPUISSANCE n. f. **1.** Manque de puissance, inefficacité, faiblesse ; incapacité pour faire qqch : *Réduire un adversaire à l'impuissance.* — **2.** Difficulté ou impossibilité pour l'homme d'accomplir l'acte sexuel.
ENCYCL. L'impuissance relève parfois, mais rarement, de troubles organiques : troubles hormonaux, anomalie des organes génitaux, affection du système nerveux ; chez l'homme d'âge mûr, l'athérosclérose des artères honteuses peut être en cause, de même que le diabète.
Mais, en règle générale, une impuissance isolée chez un homme jeune est d'origine psychique. Freud, le premier, a montré que, si l'impuissance était un trouble qui frappait la sexualité de l'adulte, elle était en fait liée à une perturbation survenue dans la petite enfance. Si les relations à la mère, qui constituent le modèle des rapports que l'adulte entretient avec les femmes, ont été mauvaises, angoissantes ou culpabilisantes, un traumatisme affectif peut ébranler un équilibre psychique et provoquer l'impuissance. Chez certains hommes, l'élan vers les femmes est combattu par la peur et la culpabilité. La profonde angoisse névrotique, inconsciente de ses motivations réelles, surgit lors de toute tentative de rapprochement et inhibe l'érection. C'est l'impuissance névrotique.

IMPUISSANT, E adj. **1.** Qui, faute de la force ou des moyens nécessaires, ne peut agir, remplir le rôle qui devrait être le sien : *On est impuissant devant une telle catastrophe.* — **2.** Qui est dépourvu d'efficacité, qui n'a pas d'effet, de résultat utile : *Des efforts impuissants.* — **3.** Qui est incapable d'accomplir une action ou de produire un effet nécessaire : *Un ministre impuissant à enrayer l'inflation.*
◆ adj. et n. *Litt.* Qui est dépourvu d'esprit créateur, dans le domaine de la pensée, et surtout des arts et de la littérature : *Des esprits stériles, impuissants.*
◆ **impuissant** adj. et n. m. Qui est atteint d'impuissance sexuelle.

IMPULSER v. t. (bas lat. *impulsare,* du lat. class. *impellere,* pousser à) [conj. 3]. **1.** Pousser une activité, lui donner de l'élan, favoriser son expansion : *Le gouvernement cherche à impulser les exportations.* — **2.** Amener un groupe à agir, à réagir dans une certaine direction : *Minorités impulsant les masses.*

IMPULSIF, IVE adj. et n. (lat. médiév. *impulsivus,* du lat. class. *impellere,* pousser à). Qui agit comme sous la poussée d'une force irrésistible, en l'absence de toute volonté réfléchie : *Un impulsif qui ne sait pas se retenir de parler.*
◆ adj. Qui est fait par impulsion, qui relève de l'impulsion : *Geste impulsif.*

IMPULSION n. f. (lat. *impulsio, -onis,* de *impellere,* pousser à). **1.** Action d'une force qui agit par poussée sur qqch et tend à lui imprimer un mouvement ; mouvement ainsi produit : *Donner une impulsion.* — **2.** Action propre à accroître le développement, le dynamisme d'une activité, d'une entreprise ; effet qui en résulte : *L'impulsion donnée au tourisme dans cette région.* — **3.** Agent, cause qui pousse qqn à l'action : *Agir sous l'impulsion de la colère.* • **Arm.** *Impulsion électromagnétique,* onde électromagnétique de très courte durée et de forte amplitude créée par l'interaction des rayons gamma issus d'une explosion nucléaire et l'atmosphère. (Sans effet sur l'homme, les parasites électromagnétiques engendrés peuvent détruire tout matériel électrique ou électronique non protégé.) — **Astronaut.** *Impulsion spécifique,* rapport de la poussée d'un propulseur au produit du débit massique d'ergol par la valeur normale de l'accélération de la pesanteur. (Elle s'exprime en secondes.) — **Comm.** *Achat d'impulsion,* achat qui s'effectue sans délibération ni comparaison préalables. — **Électron.** *Code d'impulsions,* code qui donne l'équivalence entre la valeur quantifiée d'un échantillon d'un signal à variation continue et un groupe d'éléments de signal qui représente cette valeur en vue d'une transmission numérique. — **Math.** Fonction (généralisée) nulle, sauf en un point donné unique. — **Phys.** Produit d'une force par l'intervalle de temps pendant lequel elle agit. (Le terme est parfois employé comme syn. de QUANTITÉ DE MOUVEMENT, bien qu'il représente une variation de quantité de mouvement.) ‖ Phénomène caractérisé par une variation brusque d'une grandeur physique, suivie d'un retour rapide à sa valeur initiale. — **Psychiatr.** Acte incoercible et soudain qui échappe au contrôle du sujet et se déroule automatiquement et inéluctablement sitôt qu'il est commencé.

IMPULSIONNEL, ELLE adj. Se dit d'un phénomène, d'un signal, etc., constitué d'impulsions.

IMPULSION-OBSESSION n. f. (pl. *impulsions-obsessions*). Brutale réalisation d'une idée obsédante au terme d'une longue lutte intérieure, chez un sujet qui la reconnaît comme ridicule, sacrilège ou criminelle, et dont l'exécution est suivie de soulagement.

IMPULSIVEMENT adv. D'une manière impulsive.

IMPULSIVITÉ n. f. Caractère impulsif d'une conduite ou de qqn.

IMPUNÉMENT adv. (de *impuni*). **1.** Sans subir une punition, sans encourir de châtiment : *Franchir impunément un barrage de police.* — **2.** Sans s'exposer à des conséquences fâcheuses, à des inconvénients : *On ne peut pas impunément se passer de repos.*

IMPUNI, E adj. (lat. *impunitus*). Qui n'est pas puni : *Un crime impuni.*

IMPUNISSABLE adj. Qui n'est pas passible d'une punition, qui ne peut être puni.

IMPUNITÉ n. f. (lat. *impunitas, -atis*). Fait pour qqn de ne pas risquer d'être puni pour ses fautes : *Ses relations lui ont assuré l'impunité pour ses escroqueries.*

IMPUR, E adj. (lat. *impurus*). **1.** Qui n'est pas pur, dont la composition est altérée par la présence d'éléments étrangers : *Produit brut, impur qui doit être raffiné.* — **2.** Qui est souillé, infecté par des éléments corrompus, pathogènes : *L'air impur des grandes villes.* — **3.** *Litt.* Qui a un aspect trouble, impudique, indécent : *Pensées impures.* — **4.** Se dit de qqn, de qqch qui est frappé d'impureté par la loi religieuse. — **5.** *Les esprits impurs,* les démons.

◆ n. Personne qui est souillée au point de vue religieux ou moral.

IMPURETÉ n. f. (lat. *impuritas, -atis*). **1.** État d'un corps qui n'est pas pur : *Minerai d'une grande impureté.* — **2.** État de ce qui est impur, souillé, pollué : *Impureté de l'air d'une zone industrielle.* — **3.** Élément qui altère, corrompt, souille un liquide, une matière, un milieu : *Une eau contenant de nombreuses impuretés.* — **4.** *Litt.* Caractère des actions, des sentiments, des pensées considérés comme impurs moralement : *Impureté des mœurs d'une société.* • **Électron.** Atome étranger venant se situer dans un réseau cristallin semi-conducteur, à la place de celui-ci ou entre deux de ses atomes, et agissant comme donneur ou accepteur. — **Métall.** Faible quantité d'éléments de nature différente de celle des constituants du métal ou de l'alliage de base, introduits de manière aléatoire lors de son élaboration. — **Relig.** *Impureté légale,* dans certaines religions, souillure rituelle attachée à certains actes et à certains états.

IMPUTABILITÉ n. f. **1.** Possibilité d'attribuer à un individu la responsabilité d'une infraction. — **2.** Prise en charge par l'État ou une collectivité publique du dégrèvement d'un contribuable.

IMPUTABLE adj. **1.** Qui peut ou doit être imputé, attribué à qqn, à qqch : *Erreur imputable à l'étourderie.* — **2.** Qui peut être prélevé sur un compte, un budget, etc. : *Financement d'une mission imputable sur les crédits de fonctionnement.*

IMPUTATION n. f. (lat. *imputatio, -onis*). **1.** Action de mettre une accusation sur le compte de qqn ; l'accusation elle-même, fondée ou non : *Des imputations mensongères.* — **2.** Affectation d'une somme au débit ou au crédit d'un compte. — **3.** *Imputation de paiement,* déclaration, par le débiteur, de la dette qu'il entend régler lorsque la somme payée est insuffisante pour éteindre toutes ses dettes envers le même créancier. (Tout paiement doit, en principe, être imputé d'abord sur les intérêts.)

IMPUTER v. t. (lat. *imputare,* porter en compte) [conj. 3]. **1.** Attribuer à qqn, à qqch la responsabilité d'un acte répréhensible, d'un fait blâmable ou fâcheux : *Imputer divers délits à un malfaiteur. Imputer ses échecs à la malchance.* — **2.** Litt. *Imputer à crime à qqn,* reprocher à qqn comme une faute telle de ses actions : *On lui* *impute à crime d'avoir été indulgent.* — **3.** Porter une somme au débit ou au crédit d'un compte : *Imputer des frais sur un budget.* — **4.** Compter une somme comme déduction à faire sur qqch : *Imputer une avance sur un prêt.* — **5.** Appliquer les mérites de Jésus-Christ aux chrétiens.

IMPUTRESCIBILITÉ n. f. Qualité de ce qui est imputrescible.

IMPUTRESCIBLE adj. Qui ne peut se putréfier : *Bois imputrescible.*

IMROZ, en gr. **Ímbros,** île turque du N.-E. de la mer Égée, à proximité de l'entrée des Dardanelles ; 279 km^2 ; 6 800 hab. Ch.-l. *Imroz* (3 400 hab.).

IMRU' AL-QAYS, poète arabe de l'époque antéislamique († Ancyre, auj. Ankara, Turquie, v. 550), auteur d'une *mu'allaqa.*

IN [in] adj. inv. (angl. *in,* dedans). *Fam.* Qui est à la mode, dans le vent, dans le coup : *Un restaurant in.*

IN-, préfixe exprimant l'idée de négation, de contraire *(incapable). In-* devient IL- devant *l (illettré),* IM- devant *b, m,* et *p (imberbe, immoral, impoli),* IR- devant *r (irréel).*

In, symbole chimique de l'*indium.*

I. N. A., sigle de INSTITUT NATIONAL DE L'AUDIOVISUEL*.

INABORDABLE adj. **1.** Où l'on ne peut aborder : *Un îlot inabordable par gros temps.* — **2.** Qui est impossible ou très difficile à atteindre : *L'Everest, sommet longtemps inabordable.* — **3.** Qu'il est très difficile d'aborder ou d'approcher, en raison de sa qualité, de ses hautes fonctions ou de ses dispositions d'humeur : *Ses nouvelles responsabilités l'ont rendu inabordable.* — **4.** Dont le prix est exorbitant : *Les fraises sont inabordables.*

INABOUTI, E adj. Qui n'a pu aboutir, se réaliser : *Projet inabouti.*

INABRITÉ, E adj. Qui n'est pas abrité : *Rade inabritée.*

INABROGÉ, E adj. Qui n'est pas abrogé.

INABROGEABLE adj. Qui ne peut être abrogé.

IN ABSTRACTO loc. adv. (lat. *in abstracto*). Dans l'abstrait, sans tenir compte de la réalité.

INACCENTUÉ, E adj. Syn. de ATONE.

INACCEPTABLE adj. Qui ne peut ou qui ne doit pas être accepté.

INACCEPTATION n. f. Refus d'accepter.

INACCEPTÉ, E adj. Qui n'est pas accepté : *Proposition inacceptée jusqu'à ce jour.*

INACCESSIBILITÉ n. f. (bas lat. *inaccessibilitas, -atis*). **1.** Caractère de ce qui est inaccessible. — **2.** *Pôle d'inaccessibilité,* nom donné, pendant l'Année géophysique internationale (1957-58), au point de l'Antarctique qui était théoriquement le plus difficile à atteindre. (Les Soviétiques y établirent une station d'observation.)

INACCESSIBLE adj. (bas lat. *inaccessibilis*). **1.** Dont l'accès est impossible, hors d'atteinte : *Une forêt presque inaccessible.* — **2.** Qui ne peut être atteint, obtenu, réalisé : *Se fixer des objectifs inaccessibles.* — **3.** Qui n'est pas à la portée des facultés intellectuelles ou ne peut être que très difficilement connu, compris : *Un ouvrage inaccessible à la plupart des lecteurs.* — **4.** Avec qui toute relation semble ou est impossible du fait de sa position sociale ou de son comportement : *Elle me semblait inaccessible.* — **5.** Qui est incapable d'éprouver tel ou tel sentiment : *Être inaccessible à la compassion.*

INACCOMPLI, E adj. **1.** Qui n'est pas accompli ; inachevé : *Clause inaccomplie.* — **2.** Syn. de NON-ACCOMPLI.

INACCOMPLISSEMENT n. m. Absence d'accomplissement : *L'inaccomplissement d'une promesse.*

INACCORDABLE adj. Qu'on ne peut pas accorder.

INACCOUTUMÉ, E adj. Qui n'est pas habituel : *Montrer un zèle inaccoutumé.*

INACHEVÉ, E adj. Qui n'est pas achevé : *Un immeuble inachevé.*

INACHÈVEMENT n. m. Fait de ne pas être achevé : *L'inachèvement des travaux.*

INACTIF, IVE adj. **1.** Qui n'a pas d'activité, n'est marqué par aucune activité : *Elle ne peut pas rester inactive. Une existence inactive et inutile.* — **2.** Qui est sans activité ou très peu actif, qui ne fonctionne pas, ne produit pas : *Une période où le commerce est inactif.* — **3.** Qui est inefficace, qui n'a pas d'effet : *Un traitement qui s'est révélé inactif.* — **4.** Se dit d'un corps qui ne fait pas tourner le plan de polarisation de la lumière. — **5.** Se dit d'un volcan éteint ou d'un volcan actif en période de repos.
◆ adj. et n. Qui n'a pas d'activité professionnelle : *Un pourcentage anormal d'inactifs dans une population.*

INACTINIQUE adj. Se dit d'un rayonnement ou d'un éclairage qui n'agit pas sur un récepteur. (L'éclairage inactinique d'un laboratoire n'impressionne pas les films sensibles.)

INACTINISME n. m. Propriété d'un rayonnement inactinique.

INACTION n. f. **1.** Absence d'activité ou cessation de tout travail : *Être condamné à l'inaction par la maladie.* — **2.** État d'une personne qui n'use pas d'un droit qui lui appartient.

INACTIVATION n. f. **1.** Opération qui consiste à supprimer l'effet toxique d'un produit microbien (germe ou toxine) pour ne conserver que ses propriétés utiles à la thérapeutique. – **2.** Syn. de ATTÉNUATION.

INACTIVER v. t. (conj. 3). Produire une inactivation.

INACTIVITÉ n. f. Absence d'activité ; état de qqn qui n'a pas d'occupation : *Être réduit par la maladie à l'inactivité.*

INACTUALITÉ n. f. *Litt.* Caractère de ce qui est inactuel : *L'inactualité d'une question.*

INACTUEL, ELLE adj. Qui est sans rapport avec les circonstances actuelles, qui a cessé d'être actuel : *Discussions théoriques inactuelles.*

INADAPTABLE adj. Qui ne peut être adapté : *Roman inadaptable à l'écran.*

INADAPTATION n. f. **1.** Manque, défaut d'adaptation : *Inadaptation au milieu scolaire. Inadaptation de l'offre à la demande.* – **2.** Indifférence des tracés hydrographiques à l'égard de la lithologie ou de la tectonique.

INADAPTÉ, E adj. et n. Qui ne peut s'adapter à son milieu, à la société.
◆ adj. **1.** Qui n'est pas adapté : *Méthodes de travail inadaptées à la vie moderne.* – **2.** *Enfance inadaptée,* ensemble des enfants qui justifient des mesures éducatives différentes de celles en usage pour la majorité des enfants. (L'inadaptation peut tenir à l'enfant [handicap moteur ou sensoriel, déficience intellectuelle, troubles affectifs] ou à son milieu social [cas dits « sociaux », mineurs en danger, etc.].)

INADÉQUAT, E [-kwa, -kwat] adj. Qui n'est pas adéquat.

INADÉQUATION [-kwa-] n. f. Caractère de ce qui n'est pas adéquat.

INADMISSIBILITÉ n. f. Caractère de ce qui ne peut être accepté comme valable.

INADMISSIBLE adj. **1.** Qui ne peut ou ne doit pas être admis, accepté comme valable : *Votre proposition est inadmissible.* – **2.** Qu'on ne peut admettre, tolérer ou excuser : *Négligence inadmissible.*

INADVERTANCE n. f. (lat. médiév. *inadvertentia,* du lat. class. *advertere,* tourner son attention vers). **1.** Faute commise par inattention, étourderie. – **2.** *Par inadvertance,* à cause d'un défaut d'attention : *Commettre une faute d'orthographe par inadvertance.*

IN AETERNUM [inetɛrnɔm] loc. adv. (loc. lat.). Pour toujours.

INAFFECTÉ, E adj. Qui n'a pas reçu d'affectation.

INAFFECTIF, IVE adj. Qui présente de l'inaffectivité.

INAFFECTIVITÉ n. f. Absence apparente de sentiments.

INALIÉNABILITÉ n. f. **1.** Caractère de ce qui est inaliénable, résultant soit d'une disposition expresse de la loi, soit d'une clause insérée dans un acte juridique. – **2.** *Inaliénabilité du domaine public,* caractère des dépendances du domaine public, qui ne peuvent être vendues, se prescrire ou supporter de servitudes conventionnelles pendant la durée de leur affectation.

INALIÉNABLE adj. **1.** Qui ne peut être aliéné. – **2.** *Litt.* Qui est intangible : *Droit inaliénable.*

INALIÉNATION n. f. État de ce qui n'est pas aliéné (peu usité).

INALPAGE n. m. *Région.* Ascension des troupeaux aux alpages.

INALPER (S') v. pr. (valaisan *inalpa*) [conj. 3]. *Région.* Se rendre aux alpages avec les troupeaux.

INALTÉRABILITÉ n. f. Qualité de ce qui est inaltérable.

INALTÉRABLE adj. (lat. médiév. *inalterabilis*). **1.** Qui ne s'altère pas, ne s'abîme pas : *Revêtement en plastique inaltérable.* – **2.** Que rien ne peut changer : *Un espoir inaltérable dans la guérison.*

INALTÉRÉ, E adj. Qui n'a subi aucune altération, qui a conservé ses qualités.

INAMICAL, E, AUX adj. Qui fait preuve d'une attitude proche de l'hostilité, de la malveillance : *Mon conseil n'a rien d'inamical.*

INAMICALEMENT adv. D'une manière inamicale.

INAMISSIBLE adj. (lat. ecclés. *inamissibilis,* du lat. class. *ammittere,* perdre). Se dit de la grâce divine qui ne peut se perdre.

IN AMNAS, anc. **In-Amenas,** site de l'est du Sahara algérien (wilaya de Wargla) ; 4 200 hab. Point de départ d'un oléoduc vers La Skhirra.

INAMOVIBILITÉ n. f. Garantie statutaire de certains agents de l'État, en vertu de laquelle ils sont inamovibles.

INAMOVIBLE adj. **1.** Qui ne peut être révoqué, puni ou déplacé qu'en vertu d'une procédure spéciale offrant des garanties renforcées. (Les magistrats du siège sont inamovibles.) – **2.** Dont on pense qu'il ne sera jamais remplacé dans sa fonction.

INANALYSABLE adj. Qui ne peut être analysé, expliqué.

INANIMÉ, E adj. 1. Qui, par nature, n'est pas doué de vie : *Objets inanimés.* — 2. Qui a perdu la vie ou semble privé de vie : *Retrouver les corps inanimés des victimes.* — 3. Syn. de NON-ANIMÉ.

INANITÉ n. f. (lat. *inanitas,* de *inanis,* vide). 1. *Litt.* Caractère de ce qui est vide, sans contenu réel, ne présente aucun intérêt pour le cœur ou pour l'esprit : *Inanité d'une conversation mondaine.* — 2. Caractère de ce qui est vain, inutile, voué à l'échec : *L'inanité d'un effort.*

INANITION n. f. (bas lat. *inanitio, -onis,* du lat. class. *inanire,* de *inanis,* vide). 1. Privation d'aliments. — 2. *Mourir, tomber d'inanition,* mourir ou s'évanouir du fait du manque de nourriture ; avoir très faim.

INANNA, déesse de l'Amour et de la Fécondité, la première du panthéon sumérien, qui avait son plus grand temple à Ourouk. Elle fut assimilée à l'Ishtar des Akkadiens.

INAPAISABLE adj. *Litt.* Qu'on ne peut calmer : *Soif inapaisable.*

INAPAISÉ, E adj. *Litt.* 1. Qui ne peut être ramené au calme. — 2. Qui n'est pas satisfait, assouvi, exaucé.

INAPAISEMENT n. m. *Litt.* État de qqn qui n'est pas apaisé, calmé.

INAPERÇU, E adj. *Passer inaperçu,* échapper à l'attention, aux regards.

I. N. A. P. G., sigle de INSTITUT NATIONAL AGRONOMIQUE PARIS-GRIGNON (→ *École nationale supérieure* AGRONOMIQUE).

INAPPARENT, E adj. Qui n'est pas apparent ; invisible : *Une tumeur inapparente.*

INAPPÉTENCE n. f. 1. *Litt.* Diminution, affaiblissement d'un désir, d'une aspiration. — 2. Diminution de l'appétit.

INAPPLICABILITÉ n. f. État de ce qui ne peut être appliqué.

INAPPLICABLE adj. Qui n'est pas applicable : *Loi inapplicable.*

INAPPLICATION n. f. 1. Fait de ne pas avoir été appliqué : *L'inapplication d'un système.* — 2. *Litt.* Manque de soin, de sérieux, d'application dans ce qu'on fait.

INAPPLIQUÉ, E adj. 1. Que l'on n'a pas appliqué : *Règlement resté inappliqué.* — 2. Qui manque d'application, de soin, d'attention : *Élève inappliqué.*

INAPPRÉCIABLE adj. 1. Qu'on ne peut apprécier, évaluer, déterminer : *Une différence inappréciable.* — 2. Qu'on ne saurait trop estimer : *Rendre un service inappréciable.*

INAPPRÉCIÉ, E adj. Qui n'est pas apprécié à sa valeur.

INAPPRIVOISABLE adj. Qu'on ne peut pas apprivoiser.

INAPPRIVOISÉ, E adj. Qui n'a jamais été apprivoisé.

INAPPROCHABLE adj. Qu'on ne peut pas approcher.

INAPPROPRIÉ, E adj. Qui n'est pas approprié.

INAPTE adj. Qui manque totalement de qualités, de capacités nécessaires pour faire qqch : *Être inapte à l'enseignement.*
◆ adj. et n. Qui n'a pas les aptitudes physiques pour exercer tel service ou qui n'est pas apte au service national.

INAPTITUDE n. f. 1. Absence de capacités, de qualités nécessaires pour faire telle ou telle chose : *Inaptitude au travail intellectuel.* — 2. État d'une personne, constaté par certificat médical, qui ne peut plus exercer d'activité professionnelle du fait de l'âge, de l'état physique ou mental. — 3. État de qqn qui n'est pas apte au service national ou d'un militaire qui n'est pas apte à un emploi déterminé.

INARI, lac de la Laponie finlandaise, tributaire de l'océan Arctique par le Paatsjoki ; 118 m au-dessus du niveau de la mer ; 1 085 km². — La *ville d'Inari,* sur la rive S.-O., est un centre commercial et touristique.

INARI, kami (dieu) shintō du Riz au Japon ; ses temples sont gardés par deux statues de renards, d'où la croyance populaire que le renard est l'incarnation d'Inari.

INARRANGEABLE adj. Qu'on ne peut pas arranger, réparer.

INARTICULABLE adj. Qui ne peut être articulé, exprimé clairement.

INARTICULATION n. f. Impuissance à articuler, à faire entendre distinctement des sons.

1. INARTICULÉ, E adj. Qui n'est pas ou qui est mal articulé : *Des cris, des mots inarticulés.*

2. INARTICULÉ n. m. Brachiopode très primitif tel que la lingule. (Syn. ACARDINE.)

INASSIMILABLE adj. 1. Qui n'est pas assimilable pour l'organisme. — 2. Qui ne peut être assimilé à qqch, considéré comme semblable. — 3. Qu'on ne peut assimiler, comprendre intégralement. — 4. Qui ne peut pas se fondre dans une communauté nationale : *Population immigrée qui se révèle inassimilable.*

INASSIMILÉ, E adj. 1. Qui n'a pas été assimilé, compris. — 2. Qui n'a pas pu s'assimiler à une communauté nationale.

INASSORTI, E adj. 1. *Litt.* Mal assorti : *Mariage inassorti.* – 2. *Bois inassortis,* dans le commerce d'importation des bois du Nord, lots de bois non classés par qualité.

INASSOUVI, E adj. *Litt.* Qui n'est pas assouvi, satisfait : *Une vengeance inassouvie.*

INASSOUVISSABLE adj. *Litt.* Qui ne peut pas être assouvi, satisfait.

INASSOUVISSEMENT n. m. *Litt.* État de qqn qui n'est pas assouvi ou de qqch qui ne peut être assouvi.

INASSUJETTI, E adj. Qui n'est pas assujetti à une contrainte, un impôt, etc.

INATTAQUABLE adj. 1. Qui ne peut être sérieusement attaqué : *Forteresse inattaquable.* – 2. Qui échappe à toute critique ou contestation : *Jugement inattaquable.*

INATTENDU, E adj. 1. À quoi on ne s'attendait pas : *Une repartie inattendue.* – 2. Dont la présence, la visite était imprévue ; se dit de cette présence, de cette visite.

INATTENTIF, IVE adj. Qui n'est pas attentif : *Enfant inattentif en classe. Être inattentif aux préoccupations d'autrui.*

INATTENTION n. f. 1. Défaut d'attention : *Un moment d'inattention qui cause un grave accident.* – 2. Erreur commise par négligence, étourderie.

INAUDI (Giacomo), calculateur italien (Onorato, Piémont, 1867 - Champigny-sur-Marne, Val-de-Marne, 1950). Calculateur prodige, il obtint un vif succès de curiosité. Il parut aux Folies-Bergère en 1880, puis fit des tournées avec son propre chapiteau (en 1912 et 1913). Il a publié un *Calendrier perpétuel* (1899) et un manuel explicatif, *le Calcul facile pour tous.*

INAUDIBLE adj. (bas lat. *inaudibilis*). 1. Que l'on ne peut pas percevoir ou qu'on perçoit mal par l'ouïe : *Le pouls est quasiment inaudible.* – 2. Qu'on ne peut plus entendre ou dont on ne peut pas supporter l'audition (musique, enregistrement, etc.).

INAUGURAL, E, AUX adj. Qui concerne une inauguration : *Cérémonie inaugurale.*

INAUGURATION n. f. (bas lat. *inauguratio, -onis,* commencement). 1. Cérémonie, acte par lequel on procède officiellement à l'installation, à la mise en service d'un monument, d'un édifice, d'une construction, etc. : *Inauguration d'un établissement scolaire.* – 2. Début, commencement de qqch qui a des conséquences durables : *La fin du conflit marqua l'inauguration d'une période d'indépendance.*

INAUGURER v. t. (lat. *inaugurare,* prendre les augures) [conj. 3]. 1. Mettre qqch en place ou en service, ouvrir au public, par une cérémonie solennelle, un édifice, un monument, une exposition, etc. : *Le ministre a inauguré une autoroute.* – 2. Utiliser qqch pour la première fois : *Inaugurer un nouvel appartement.* – 3. Introduire, mettre en pratique une chose nouvelle, appelée à un certain avenir, à un certain retentissement : *Inaugurer un nouveau procédé de fabrication.* – 4. Marquer le début d'une évolution importante ou notable : *Le changement de gouvernement inaugurait une ère de liberté.* – 5. Fam. *Inaugurer les chrysanthèmes,* pour un chef d'État, avoir un rôle purement représentatif, sans pouvoir réel.

INAUTHENTICITÉ n. f. Manque d'authenticité.

INAUTHENTIQUE adj. 1. Qui n'est pas authentique, faux : *Document inauthentique.* – 2. Qui est factice, sans réalité profonde : *Un homme inauthentique.*

INAVOUABLE adj. Que l'on ne s'avoue pas ou que l'on ne peut pas avouer : *Motifs inavouables.*

INAVOUÉ, E adj. Qu'on ne veut pas déclarer à autrui ou s'avouer à soi-même : *Un amour inavoué.*

IN-BORD [inbɔrd] n. m. inv. Syn. de EN-BORD.

I. N. C., sigle de INSTITUT NATIONAL DE LA CONSOMMATION*.

INCA ou **INCASIQUE** adj. 1. Relatif aux Incas. – 2. *Os inca,* os surnuméraire au sommet de l'os occipital. (Il se rencontre plus fréquemment chez les populations amérindiennes.)

INCA (« Fils du Soleil »), nom du souverain qui régnait sur le peuple quechua, au Pérou.

INCA *(Empire),* empire de l'Amérique précolombienne, qui s'étendait depuis le sud de la Colombie jusqu'au río Maule au Chili, et à l'est jusqu'à la forêt amazonienne.

– **Hist.** Les Incas considéraient Ayar Manco, ou Manco Cápac, comme le premier des douze ou treize souverains de leur dynastie ; il aurait régné vers le XIIe s. L'Empire atteignit son apogée au XVe s. et Cuzco était son centre symbolique. L'un des éléments d'unification de l'Empire inca était la religion avec le culte imposé de Viracocha, le dieu créateur, et celui de Inti, le Soleil, père de l'Inca. La Lune et l'Éclair étaient aussi divinisés. L'autorité du souverain, l'Inca, était absolue et s'appuyait sur la caste dirigeante des nobles et des prêtres, et sur une organisation administrative très rigide. Un réseau de routes facilitait les communications avec les provinces ; besoins et production des forces de travail étaient comptabilisés par des comptables d'État sur la base d'un système décimal au moyen des quipus*.

L'expansion de l'Empire est poursuivie à partir de 1471 par Túpac Yupanqui, le fils de Yupanqui.

Mais à la mort de Huayna Cápac, vers 1527, ses fils s'entre-déchirent et l'Empire s'écroule en 1532 sous les coups de l'Espagnol F. Pizarro.
– **Archéol.** et **Bx-arts.** Des chasseurs-collecteurs peuplent, vers 10000 av. J.-C., les grottes des Andes ; vers 4000 av. J.-C., ils pratiquent l'agriculture, et, dès le IIe millénaire, on trouve des cultures avancées (Kotosh*). Quant aux traditions de civilisations anciennes (Chavín*, Nazca*, Paracas*, Moche*, Huari*, etc.), elles sont nombreuses dans cette région où vont se développer les Incas. L'expansion de l'Empire (v. 1438) coïncide avec un remarquable essor de l'architecture, caractérisée par la forme trapézoïdale de ses ouvertures et par la perfection de son appareil de blocs irréguliers ajustés à joints vifs (Cuzco, Machu Picchu). Les Incas réutilisent et aménagent quantité d'installations hydrauliques. Fabriquée sans tour, leur céramique est ornée de motifs géométriques ; un aryballe à anse en étrier est l'une des formes typiques. Ils maîtrisent parfaitement la métallurgie de l'or, de l'argent, du cuivre et de l'étain, avec lesquels ils réalisent divers alliages. Production quasi industrielle, le tissage est de belle qualité, mais sa décoration géométrique assez monotone.

INCALCULABLE adj. **1.** Qu'il est impossible de calculer : *Le nombre des étoiles est incalculable.* – **2.** Dont il est impossible d'évaluer l'importance exacte : *Conséquences incalculables d'une décision.*

INCANDESCENCE [ɛ̃kɑ̃dɛsɑ̃s] n. f. **1.** Émission de rayonnement visible d'origine thermique. – **2.** État d'un corps porté à haute température qui émet de la lumière.

ENCYCL. La température d'un corps conducteur traversé par un courant augmente lorsque l'intensité du courant croît (effet Joule). Le corps émet d'abord des radiations infrarouges puis il émet dans le rouge, l'orangé, le jaune et le blanc. Les lampes à incandescence sont constituées d'un filament de tungstène porté entre 2 600 et 3 200 K et placé dans une ampoule remplie d'un gaz rare (argon ou krypton) éventuellement additionné d'un composé halogéné.

INCANDESCENT, E adj. (lat. *incandescens, -entis,* de *incandescere,* s'embraser). **1.** Qui a été porté au blanc lumineux ou au rouge vif par une température élevée : *Des braises incandescentes.* – **2.** Qui émet de la lumière utilisée pour l'éclairage : *Filament incandescent des lampes électriques.*

INCANTATION n. f. (bas lat. *incantatio, -onis*). Emploi de formules magiques visant à produire un charme, un sortilège ; ces formules elles-mêmes.

INCANTATOIRE adj. Qui relève de l'incantation : *Formule incantatoire.*

INCAPABLE adj. **1.** Qui n'est pas en état ou en mesure de faire ou d'éprouver qqch : *Un enfant incapable d'attention.* – **2.** Qui n'est pas susceptible de produire tel ou tel effet : *Un bateau incapable de flotter.*

◆ adj. et n. **1.** Qui n'a pas les aptitudes, les compétences nécessaires : *C'est un incapable, il ne fera jamais rien.* – **2.** Personne frappée d'une incapacité légale ou judiciaire. – **3.** *Incapable majeur,* majeur qu'une altération de ses facultés mentales ou corporelles met dans l'impossibilité de pourvoir seul à ses intérêts, ou qui, par sa prodigalité, son intempérance ou son oisiveté, s'expose à tomber dans le besoin. ‖ *Incapable mineur,* mineur non émancipé.

INCAPACITANT, E adj. et n. m. Se dit d'un produit chimique non mortel qui provoque chez l'homme une incapacité immédiate et temporaire.

ENCYCL. Les incapacitants sont d'une part des composés neurochimiques ou physico-chimiques (gaz lacrymogènes), qui provoquent une gêne physiologique, et d'autre part des composés psychochimiques, qui modifient le comportement en agissant sur le système nerveux.

INCAPACITÉ n. f. **1.** État, situation de qqn qui n'est pas capable de faire qqch : *Être dans l'incapacité de remplir ses obligations.* – **2.** État de qqn qui n'a pas les aptitudes requises pour remplir telles fonctions : *Être écarté d'un poste pour incapacité.* – **3.** Inaptitude à la jouissance ou à l'exercice d'un droit, à l'accomplissement d'un acte juridique. (→ *encycl.*) – **4.** Impossibilité d'exercer une activité professionnelle, qui peut être temporaire ou permanente, totale ou partielle. (Selon la nature et le taux de l'incapacité, les droits et les aides varient.)

ENCYCL. **Dr.** On distingue : les incapacités de jouissance, qui empêchent un individu d'être titulaire d'un droit, et les incapacités d'exercice, qui, tout en lui permettant d'être titulaire de droits, lui en enlèvent le plein exercice ; les incapacités relatives aux droits civils et celles relatives aux droits politiques.

INCARCÉRATION n. f. **1.** Action d'incarcérer, de mettre en prison ; état de qqn qui est incarcéré : *Ordonner une incarcération.* – **2.** Fait, pour qqn, d'être prisonnier d'un véhicule accidenté.

INCARCÉRER v. t. (lat. médiév. *incarcerare,* du lat. class. *carcer, -eris,* prison) [conj. **18**]. Mettre qqn en prison ; emprisonner, écrouer : *Incarcérer des voleurs.*

INCARDINATION n. f. Incorporation d'un clerc à un diocèse ou à un institut religieux.

INCARDINER v. t. (du lat. *cardo, -inis,* pivot) [conj. 3]. Procéder à l'incardination d'un clerc.

INCARNADIN, E adj. et n. m. (ital. *incarnadino,* forme dialect. de *incarnatino*). *Litt.* De couleur légèrement incarnate.

INCARNAT, E adj. et n. m. (ital. *incarnato,* de *carne,* chair). D'un rouge clair et vif.

INCARNATION n. f. (lat. ecclés. *incarnatio, -onis*). **1.** Acte par lequel un être spirituel, une divinité s'incarne ; forme sous laquelle cet être apparaît. – **2.** Personne ou chose qui apparaît comme la représentation, la manifestation concrète d'une réalité abstraite : *Cet homme est l'incarnation de l'avarice.* – **3.** Union en Jésus-Christ de la deuxième personne de la Sainte-Trinité avec une nature humaine (avec une majusc.). [→ *encycl.*]

ENCYCL. **Théol.** Trois hérésies principales ont déformé le sens de l'Incarnation. L'arianisme nia la divinité du Verbe incarné, le Christ ne possédant qu'une divinité secondaire ou subordonnée. Le nestorianisme accentua la distinction des natures jusqu'à rendre impossible l'unité de personne. Le monophysisme exagéra l'unité de personne au point de rendre impossible la dualité des natures.

INCARNER v. t. (bas lat. *incarnare,* du lat. class. *caro, carnis,* chair) [conj. 3]. **1.** Apparaître comme la représentation matérielle ou sensible, le symbole vivant d'une réalité abstraite : *A. Breton a incarné le surréalisme.* – **2.** Interpréter un personnage, un rôle, à la scène ou à l'écran : *Incarner Alceste dans « le Misanthrope ».*

◆ **s'incarner** v. pr., **être incarné** v. pass. **1.** En parlant d'une divinité, avoir pris un corps de chair, revêtir une forme humaine ou animale : *Zeus s'incarna sous diverses apparences animales.* – **2.** Apparaître, se réaliser en qqn ou en qqch : *Les idéaux qui s'incarnent dans une personne.* – **3.** En parlant d'un ongle, pénétrer dans la gouttière unguéale, provoquant une inflammation siégeant au bord externe d'un orteil, généralement du gros orteil. – **4.** *C'est le diable incarné,* c'est qqn qui paraît incarner l'esprit du mal, ou c'est un enfant particulièrement turbulent. ‖ *Le Verbe incarné,* se dit de la deuxième personne de la Sainte-Trinité, qui a pris une âme et un corps d'homme en Jésus-Christ.

INCARTADE n. f. (ital. *inquartata,* coup d'épée servant à esquiver). Léger écart de conduite : *À la moindre incartade, vous serez puni.*

INCARVILLE (27400), comm. de l'Eure, banlieue nord de Louviers ; 1 462 hab. Produits pharmaceutiques.

INCARVILLEA n. m. Bignoniacée ornementale originaire de Chine.

INCAS, nom donné à la population du royaume de l'Inca.

INCASIQUE → INCA.

INCASSABLE adj. Qui ne se casse pas : *Verres incassables.*

INCE (Thomas Harper), acteur, cinéaste et producteur de cinéma américain (Newport 1882 - en mer, près d'Hollywood, 1924). Il réalise son premier film, avec Mary Pickford, en 1910, et participe, en 1914, avec Griffith et Mack Sennett à la fondation de la firme Triangle. Il travaille avec W. S. Hart lors du tournage de *Pour sauver sa race* (1916), et supervise *l'Homme aux yeux clairs* (1915), qui assurèrent le triomphe du genre « Far West ». En 1916, il met en scène *Civilization,* de tendance pacifiste. Il groupa sous sa direction de nombreux réalisateurs, qui tournèrent des films qu'on lui a parfois attribués.

INCENDIAIRE n. (lat. *incendiarius*). Personne qui allume volontairement un incendie ; pyromane : *La loi punit sévèrement les incendiaires.*

◆ adj. **1.** Qui est destiné ou est de nature à causer un incendie : *Matière incendiaire. Projectile incendiaire.* – **2.** *Vx.* Qui est propre ou vise à échauffer les esprits, à inciter à la révolte ou à la sédition : *Une propagande incendiaire.* – **3.** Qui vise ou est de nature à exciter la sensualité : *Une blonde incendiaire.* – **4.** Qui manifeste une agressivité, une critique virulente : *Des articles de presse incendiaires.*

INCENDIE n. m. (lat. *incendium,* de *incendere,* embraser). **1.** Grand feu qui, en se propageant, cause des dégâts importants : *Incendies de forêt.* – **2.** *Litt.* Lumière, lueur ardente, rougeoyante, qui illumine un vaste espace : *Soleil couchant qui allume un incendie sur la mer.* – **3.** *Litt.* Bouleversement social de caractère violent, sédition, conflit armé, etc. : *Des factieux toujours prêts à provoquer un incendie.*

INCENDIÉ, E adj. et n. Se dit de qqn dont les biens ont été ravagés par un incendie : *Prévoir l'indemnisation des incendiés.*

INCENDIER v. t. (de *incendie*) [conj. 9]. **1.** Mettre le feu à qqch, le détruire volontairement par le feu : *Un fou qui a incendié sa maison.* – **2.** *Litt.* Éclairer d'une lumière vive, rougeoyante : *Les rayons du soleil couchant incendiaient les feuillages.* – **3.** *Fam.* Faire de violents reproches à qqn : *À son retour, il va se faire incendier.* – **4.** Litt. *Incendier les esprits,* les enflammer, les exciter, les mettre en effervescence. ‖ *Incendier la gorge, le gosier,* y produire une sensation de brûlure.

INCERTAIN, E adj. **1.** Qui n'est pas établi avec exactitude, connu avec certitude : *S'appuyer sur des données incertaines.* – **2.** Qui n'est pas sûr, qui peut se produire ou non, être tel ou tel : *C'est* *beaucoup de travail pour un résultat incertain.* – **3.** Dont la nature ou la forme est vague : *Contours incertains des objets à la nuit tombante.* – **4.** Qui n'est pas assuré dans ses jugements ou ses volontés : *Être incertain sur ce qu'il convient de répondre.* – **5.** *Démarche incertaine, pas incertains,* mal assurés, hésitants. ‖ *Temps incertain,* dont on ne sait s'il sera beau ou pas.

◆ **incertain** n. m. *Coter l'incertain,* méthode permettant d'exprimer, en monnaie nationale, une quantité fixe de monnaie étrangère.

INCERTITUDE n. f. **1.** Caractère de ce qui est incertain : *L'incertitude de son avenir préoccupe ses parents.* – **2.** État de qqn qui ne sait quel parti prendre, ou état plus ou moins préoccupant de qqn qui est dans l'attente d'une chose incertaine : *Être dans une profonde incertitude et incapable de se décider.* • **Math.** Majorant de la valeur absolue de l'erreur Δ_a d'un nombre *a*. – **Métrol.** Défaut du résultat d'une mesure qui s'écarte de la valeur vraie d'une quantité inconnue, aléatoire, dont on peut estimer l'ordre de grandeur mais non le signe. – **Phys.** *Principe d'incertitude,* nom sous lequel on a longtemps désigné les relations (ou inégalités) de Heisenberg*.

◆ **incertitudes** n. f. pl. **1.** Points, éléments qui, dans qqch, ne peuvent être connus à l'avance, sont imprévisibles : *Les incertitudes qui pèsent sur une industrie.* – **2.** *Litt.* Hésitations, doutes par lesquels passe qqn qui est confronté à des difficultés qu'il ne peut résoudre : *Laisser quelqu'un à ses incertitudes.*

INCESSAMMENT adv. Sans délai ; sous peu ; d'un instant à l'autre : *Les travaux commenceront incessamment.*

INCESSANT, E adj. Qui ne cesse pas : *Incessantes récriminations.*

INCESSIBILITÉ n. f. Caractère de ce qui est incessible.

INCESSIBLE adj. Qui ne peut être cédé.

INCESTE n. m. (lat. *incestus,* impur). Relations sexuelles entre un père et sa fille, une mère et son fils, un frère et une sœur.

◆ adj. et n. *Litt.* Qui s'est rendu coupable d'inceste.

ENCYCL. **Dr.** Dans la famille légitime ou naturelle est prohibé le mariage entre ascendants et descendants et alliés dans la même ligne, entre frères et sœurs et alliés au même degré, entre oncle et nièce, neveu et tante. Toutefois des dispenses peuvent être accordées entre alliés en ligne directe, lorsque la personne qui a créé l'alliance est décédée, entre oncle et nièce, neveu et tante. L'inceste n'est pas puni pénalement, mais le Code pénal réprime plus sévèrement le viol et l'attentat à la pudeur lorsqu'ils sont commis par un ascendant légitime, naturel ou adoptif, de la victime.

– **Psychan.** L'interdit de l'inceste, loi de caractère universel réglant les échanges matrimoniaux, est fondateur du complexe d'Œdipe. Selon Freud, l'inceste est toujours inconsciemment désiré. Sa prohibition empêche pour l'être humain deux tendances fondamentales : tuer son père et épouser sa mère. Dans nos sociétés, son champ d'application est restreint au triangle père-mère-enfant et sa fonction est intériorisée.

INCESTUEUSEMENT adv. *Litt.* De façon incestueuse.

INCESTUEUX, EUSE adj. et n. (lat. *incestuosus*). Qui est coupable d'inceste : *Un couple incestueux.*

◆ adj. **1.** Qui est entaché d'inceste : *Désirs incestueux.* – **2.** Qui est né d'un inceste : *Un enfant incestueux.*

INCH'ALLĀH [inʃalla] interj. (ar. *in chā' allāh,* si Dieu le veut). Indique qu'on s'en remet au destin dans une situation donnée ; on verra bien, à Dieu vat !

INCHANGÉ, E adj. Qui n'a subi aucun changement : *Situation inchangée.*

INCHANGEABLE adj. Qu'on ne peut pas changer.

INCHANTABLE adj. Se dit d'une partie vocale mal adaptée à la voix à laquelle elle est destinée, pour des raisons d'écriture ou de tessiture.

INCHAUFFABLE adj. Qu'il est difficile ou impossible de chauffer.

INCHAVIRABLE adj. Qui ne peut chavirer.

INCHEVILLE (76117), comm. de la Seine-Maritime, à 12 km au S.-E. du Tréport ; 1 487 hab. Cycles.

INCHIFFRABLE adj. Qui ne peut être quantifié, chiffré.

INCHOATIF, IVE [-kɔ-] adj. et n. m. (bas lat. *inchoativus,* du lat. class. *inchoare,* commencer). Se dit d'une forme verbale qui indique que l'action est envisagée soit dans son commencement, soit dans sa progression. (En français, l'inchoatif peut être exprimé par un préfixe [*en-* dans *s'endormir*], par un suffixe [*-ir* dans *verdir*] ou encore par un auxiliaire modal suivi de l'infinitif [*Il se met à travailler*].) [Syn. INGRESSIF.]

INCHON ou **IN-Č'ŎN,** anc. **Chemulpo,** port de la Corée du Sud, sur la mer Jaune, ch.-l. de prov. ; 1 818 000 hab. Centre industriel (sidérurgie, raffinage du pétrole, verrerie, textile, etc.). – Site de débarquement des forces américaines en 1950.

INCICATRISABLE adj. Qui ne peut se cicatriser.

INCIDEMMENT [-damɑ̃] adv. **1.** D'une manière incidente ; accessoirement : *Traiter incidemment une question.* – **2.** Par hasard ; accidentellement : *Apprendre incidemment la mort de quelqu'un.*

INCIDENCE n. f. (angl. *incidence,* du lat. *incidere,* arriver). Répercussion plus ou moins directe de qqch ; conséquence : *Il est difficile de calculer les incidences de la dévaluation.* • **Aéron.** *Angle d'incidence,* angle formé par la corde d'un profil d'aile et l'axe longitudinal de l'avion. – **Écon.** *Incidence fiscale,* conséquence économique de l'impôt. – **Math.** *Axiome d'incidence,* nom donné à l'axiome « Par deux points distincts il ne passe qu'une droite » et à l'axiome d'Euclide. – **Phys.** Caractéristique géométrique d'un corps ou d'un rayon se dirigeant vers une surface, mesurée par l'angle *(angle d'incidence)* que fait la vitesse du corps ou la direction du rayon avec la normale à la surface au point de rencontre *(point d'incidence).*

1. INCIDENT, E adj. (lat. *incidens, -entis*). Qui a lieu d'une manière accessoire, qui rompt le cours normal de qqch : *Question incidente.* • **Dr.** *Demande incidente,* celle qui est formée au cours de l'instance. – **Ling.** *Proposition incidente* ou *incidente* (n. f.), syn. de INCISE. – **Phys.** Se dit d'un rayon lumineux, d'une onde, d'un corps, etc., qui se dirige vers un système avec lequel il va interagir.

2. INCIDENT n. m. (lat. scolast. *incidens, -entis,* du lat. class. *incidere,* tomber sur). **1.** Fait, événement de caractère secondaire, généralement fâcheux, qui survient au cours d'une action et peut en perturber le déroulement normal : *Incident technique qui interrompt une émission.* – **2.** Événement sans importance excessive, mais qui peut entraîner des complications, des difficultés dans les relations internationales ou dans le domaine social ou politique : *Incident de frontière.* – **3.** *L'incident est clos,* la dispute, le différend est terminé, n'en parlons plus. • **Dr.** *Incident de procédure,* contestation élevée au cours d'un procès, ayant pour effet de suspendre ou d'arrêter la marche de l'instance. (Les incidents de procédure sont relatifs soit à la compétence, soit à la régularité de la procédure, soit à la preuve, etc.) – **Littér.** Fait ou récit accessoire qui interrompt la marche de l'action principale dans un drame, un poème, un roman, etc. – **Nucl.** *Incident nucléaire,* processus anormal de fonctionnement d'un réacteur nucléaire, qui, grâce à l'intervention de mesures de protection appropriées, s'achève sans rupture d'aucune des barrières de confinement.

INCINÉRATEUR n. m. Appareil destiné à brûler des déchets.

INCINÉRATION n. f. (bas lat. *incineratio, -onis*). **1.** Action de réduire en cendres, de détruire par le feu : *L'incinération des ordures ménagères.* – **2.** Destruction des cadavres par le feu ; crémation.

ENCYCL. **Relig.** Longtemps interdite par l'Église romaine, l'incinération fut admise en 1964, à condition qu'elle ne soit pas demandée pour des motifs contraires à la foi chrétienne. L'incinération avait été admise plus tôt par les Églises protestantes.

INCINÉRER v. t. (bas lat. *incinerare,* du lat. class. *cinis, -eris,* cendre) [conj. **18**]. **1.** Réduire qqch en cendres, le détruire par le feu : *Incinérer les ordures ménagères.* – **2.** Faire brûler un cadavre.

INCIPIT [ɛ̃sipit] n. m. inv. (lat. *incipit,* il commence). **1.** Premiers mots d'un manuscrit, d'un ouvrage. – **2.** Premiers mots ou premières notes d'un ouvrage vocal ou instrumental. – **3.** Premiers mots d'un document ecclésiastique, d'une bulle, d'une encyclique, et par lesquels on désigne ce document.

INCIRCONCIS adj. et n. m. (lat. ecclés. *incircumcisus*). Dans le langage biblique, infidèle, païen.

INCISE n. f. (lat. *incisa,* coupée, de *incidere,* couper). Proposition, généralement courte, insérée dans une autre proposition (par ex. *Un jour,* JE PENSE, *il reviendra*). [Syn. PROPOSITION INCIDENTE.]

INCISER v. t. (anc. fr. *enciser,* couper, du lat. pop. **incisare,* avec l'infl. de *incision*) [conj. **3**]. Fendre qqch, l'entailler avec un instrument tranchant : *Inciser la peau d'un coup de bistouri.*

INCISIF, IVE adj. (de *incision*). Qui atteint profondément, qui touche, blesse : *Une ironie incisive.*

INCISION n. f. (lat. *incisio, -onis*). **1.** Action d'inciser ; coupure, entaille : *Faire une incision dans l'écorce d'un arbre.* – **2.** Section nette et franche d'un tissu organique, au bistouri ou aux ciseaux. – **3.** *Incision annulaire,* incision pratiquée sur un arbre ou un pied de vigne, destinée, selon les espèces, à aider à la mise à fruit, hâter la maturité, favoriser le grossissement des fruits. (Syn. BAGUAGE.)

INCISIVE n. f. (de *incisif*). Dent des mammifères, pourvue d'une seule racine, insérée dans la région antérieure du prémaxillaire et du dentaire, et dont la couronne est tranchante.

ENCYCL. Chez l'homme, les incisives (au nombre de 8) sont des dents aplaties et tranchantes, servant à appréhender et à couper. Elles sont situées à la partie antérieure de chacun des deux maxillaires, et limitées en dehors par les canines. Le nombre d'incisives de chaque côté de la bouche, égal à 3/3 chez les carnivores, les insectivores, le cheval ou le porc, subit diverses disparitions suivant les ordres : 0/3 chez les bovidés, 1/2 chez les damans, 2/1 chez les lagomorphes, 1/1 chez les rongeurs, 1/0 chez l'éléphant, 2/2 chez les primates ; l'incisive est à croissance continue chez les rongeurs et chez l'éléphant, chez lequel elle devient une énorme défense.

INCITATEUR, TRICE ou **INCITATIF, IVE** adj. **1.** Qui est propre à inciter : *Mesures incitatrices à l'épargne.* – **2.** *Stimulus incitateur,* stimulus qui suscite ou qui favorise l'apparition d'un comportement lié à une motivation.

INCITATION n. f. (lat. *incitatio, -onis*). **1.** Action d'inciter, de pousser à faire qqch : *Incitation au crime.* – **2.** Provocation d'un comportement économique jugé souhaitable, grâce à une politique adaptée à l'égard des agents économiques. (Les incitations sont, notamment, d'ordre fiscal.)

INCITER v. t. (lat. *incitare*) [conj. 3]. Pousser vivement qqn à qqch : *Publicité qui incite le client à acheter.*

INCITOMOTEUR, TRICE adj. Se dit de l'action des centres nerveux déterminant la contraction des muscles par l'intermédiaire des nerfs moteurs.

INCIVIL, E adj. (bas lat. *incivilis*). *Litt.* Qui manque de civilité, de politesse : *Il est incivil de ne pas répondre à son invitation.*

INCIVILITÉ n. f. (bas lat. *incivilitas, -atis*). *Litt.* **1.** Manque de civilité, de politesse : *Faire preuve d'incivilité.* – **2.** Attitude, propos qui manque de courtoisie, de politesse : *Commettre une incivilité.*

INCIVIQUE adj. Qui n'est pas civique, pas digne d'un citoyen : *Conduite incivique.*

◆ adj. et n. En Belgique, s'est dit d'un collaborateur des Allemands pendant la Seconde Guerre mondiale.

INCIVISME n. m. Manque de civisme.

INCLASSABLE adj. Qui ne peut être classé.

INCLÉMENCE n. f. (lat. *inclementia*). *Litt.* **1.** Manque de clémence, d'indulgence : *L'inclémence du sort.* – **2.** Rigueur du temps, des éléments : *L'inclémence de l'hiver.*

INCLÉMENT, E adj. (lat. *inclemens, -entis*). *Litt.* **1.** Qui manque de clémence, d'indulgence : *Critique inclément.* – **2.** Se dit du temps qui manque de douceur : *Un ciel inclément.*

INCLINABLE adj. Qui peut s'incliner : *Siège à dossier inclinable.*

INCLINAISON n. f. (de *incliner*). **1.** État de ce qui est incliné par rapport à l'horizon : *Inclinaison d'un terrain.* – **2.** Position inclinée du corps, d'une partie du corps par rapport à la verticale : *Inclinaison de la tête.* – **3.** Angle formé, en un point quelconque de la Terre, par le vecteur champ magnétique terrestre avec le plan horizontal. – **4.** Angle formé par le plan de l'orbite d'un astre ou d'un engin spatial, orienté dans le sens du mouvement, avec un plan de référence (écliptique, plan équatorial d'une planète, etc.).

INCLINATION n. f. (lat. *inclinatio, -onis*). **1.** Action d'incliner en avant la tête ou la partie supérieure du corps, en signe d'acquiescement, de respect, de politesse pour saluer : *Approuver une remarque d'une inclination de tête.* – **2.** Disposition naturelle, qui porte qqn vers qqch, vers un genre d'activité, d'occupation, etc. : *Avoir une inclination pour la musique.* – **3.** *Litt.* Mouvement spontané qui porte une personne vers une autre, inspiré par la sympathie, l'affection, l'amitié, l'amour : *Mariage d'inclination.*

INCLINER v. t. (anc. fr. *encliner,* du lat. *inclinare*) [conj. 3]. **1.** Mettre qqch dans une position qui forme un angle avec celle qu'il occupait, lui faire prendre une direction oblique par rapport à l'horizontale ou à la verticale : *Le vent incline les hautes herbes.* – **2.** Pencher la tête, le buste, etc., les diriger vers le sol. – **3.** Pousser, inciter qqn à qqch, à faire qqch, le disposer à penser ou à agir d'une certaine façon : *Cela m'inclinerait à croire qu'il se trompe.*

◆ v. t. ind. **1.** Être enclin à tel comportement, à telle disposition de pensée ou de sentiment : *Incliner à la rigueur.* – **2.** *Litt.* Tendre vers tel état, telle situation : *Régime qui incline au despotisme.*

◆ **s'incliner** v. pr., **être incliné** v. pass. **1.** Avoir une position oblique par rapport à un plan donné : *Le mât du voilier s'incline.* – **2.** Se courber en avant, pencher plus ou moins la partie supérieure du corps.

◆ **s'incliner** v. pr. **1.** Se courber devant qqn, qqch par politesse ou par respect : *S'incliner devant la dépouille mortelle de quelqu'un.* – **2.** Témoigner du respect, une admiration déférente à l'égard de qqn ou de qqch : *C'est un homme exceptionnel, devant qui il faut s'incliner.* – **3.** Reconnaître l'autorité de qqch, ne pas le contester : *S'incliner devant les faits.* – **4.** Être vaincu par qqn, un groupe, qqch, reconnaître leur supériorité : *Devant un ennemi supérieur, ils n'ont pu que s'incliner.*

INCLINOMÈTRE n. m. Appareil permettant de mesurer un angle ou des inclinaisons.

INCLURE v. t. (lat. *inclusus,* de *includere*) [conj. **96**, sauf au part. passé : *inclus, e*]. **1.** Introduire qqch dans autre chose : *Inclure deux exemplaires d'un contrat dans une enveloppe.* – **2.** Faire figurer dans un ensemble qqn, qqch : *On a inclus dans cette somme le capital et les intérêts.* – **3.** Comprendre qqch, le contenir en soi : *Le contrat inclut une nouvelle clause importante.*

◆ **être inclus** v. pass. **1.** Être contenu, compris dans qqch : *Les charges sont incluses dans le loyer.*

– **2.** *Dent incluse,* dent qui se trouve en situation d'inclusion dans le tissu osseux des maxillaires. ‖ *Ensemble* A *inclus dans un ensemble* B, ensemble dont tous les éléments appartiennent à B. (On dit que A est une partie ou un sous-ensemble de B.)

INCLUSIF, IVE adj. Qui contient en soi qqch d'autre.

INCLUSION n. f. (lat. *inclusio, -onis*). **1.** Action d'inclure qqch dans un tout, un ensemble ; état de qqch qui est inclus dans autre chose : *L'inclusion d'une clause nouvelle dans un contrat.* – **2.** Insecte, fleur, petit objet quelconque conservé dans un bloc de matière plastique transparente. • **Biol.** Élément cellulaire nettement délimité, mais incapable d'autoduplication, subissant une répartition plus ou moins inégale lors des mitoses. (Les inclusions sont soit des déchets, soit des réserves alimentaires.) ‖ Substance figurée intracellulaire n'appartenant pas aux constituants normaux de la cellule (par ex. inclusion virale). – **Math.** Relation binaire entre ensembles, notée $\subset$, définie par $A \subset B$ si et seulement si A est inclus dans B. (L'inclusion est une relation réflexive, transitive et antisymétrique. On peut donc définir une relation d'ordre [non total] sur la collection des ensembles.) – **Métall.** Matières métalliques ou non, en général indésirables, réparties dans un métal ou alliage. – **Min.** *Gîte d'inclusion,* gîte dans lequel le minerai est disséminé dans la roche endogène, au lieu d'être disposé en amas, filons, etc. (par ex. gîtes d'étain ou de diamants). – **Minér.** Corps étranger (solide [cristallisé ou vitreux], liquide ou gazeux) contenu dans la plupart des cristaux et des minéraux. – **Odont.** État d'une dent qui reste contenue dans le maxillaire ou dans les tissus mous voisins. – **Verr.** Hétérogénéité due à la présence d'un corps étranger dans le verre.

INCLUSIVEMENT adv. Y compris : *Jusqu'à telle date inclusivement.*

Inco Limited, société minière canadienne créée en 1902 sous le nom d'International Nickel Co. Premier producteur de nickel du monde, elle produit aussi du cuivre, des métaux précieux, du cobalt.

INCOAGULABLE adj. Qui ne coagule pas.

INCOERCIBILITÉ n. f. Caractère de ce qui est incoercible.

INCOERCIBLE adj. Qu'on ne peut contenir, arrêter : *Un rire incoercible.*

INCOGNITO [ɛ̃kɔɲito] adv. (ital. *incognito,* du lat. *incognitus,* inconnu). Sans se faire connaître en un lieu : *Voyager incognito.*

◆ n. m. Situation de qqn qui veut cacher son identité : *Garder l'incognito.*

INCOHÉRENCE n. f. **1.** État de qqch ou de qqn qui est incohérent, manque de logique : *L'incohérence d'un raisonnement.* – **2.** Action, parole, idée incohérente : *Un discours plein d'incohérences.* – **3.** Propriété des vibrations incohérentes.

INCOHÉRENT, E adj. **1.** Qui manque d'unité, de cohésion, dont les parties ne sont pas en accord : *Une majorité incohérente.* – **2.** Qui ne procède pas d'un ordre logique, qui manque de logique : *Un discours incohérent. Un comportement incohérent.* – **3.** Se dit des vibrations lumineuses ne présentant pas une différence de phase constante.

INCOIFFABLE adj. Très difficile à coiffer.

INCOLLABLE adj. **1.** Qui ne colle pas pendant la cuisson : *Riz incollable.* – **2.** *Fam.* Qui est capable de répondre à n'importe quelle question : *Il est incollable en histoire.*

INCOLORABLE adj. Que l'on ne peut colorer, qui ne donne pas prise à un colorant.

INCOLORE adj. (bas lat. *incolor, -oris*). **1.** Qui n'a pas de couleur : *L'eau pure est incolore.* – **2.** *Litt.* Qui manque de couleur, d'éclat, de brillant : *Style incolore.*

INCOMBER v. t. ind. (lat. *incumbere,* peser sur) [conj. 3]. Être imposé à qqn en tant que charge, peser sur lui, lui revenir, lui appartenir : *Il vous incombe de le recevoir.*

INCOMBUSTIBILITÉ n. f. Qualité de ce qui est incombustible.

INCOMBUSTIBLE adj. (lat. médiév. *incombustibilis*). Qui ne peut être dégradé par combustion, qui ne brûle pas.

INCOME TAX [inkɔmtaks] n. m. (pl. *income taxes*) [angl. *income tax,* de *income,* revenu, et *tax,* taxe]. Impôt sur le revenu, en Grande-Bretagne et aux États-Unis.

INCOMMENSURABILITÉ n. f. Caractère de ce qui est incommensurable.

INCOMMENSURABLE adj. (bas lat. *incommensurabilis*). **1.** Qui est d'une étendue, d'une grandeur si considérable qu'elle ne peut être mesurée : *Il est d'une bêtise incommensurable.* – **2.** *Quantité incommensurable,* en arithmétique, quantité qui n'est pas commensurable à une autre.

INCOMMENSURABLEMENT adv. De façon incommensurable.

INCOMMODANT, E adj. Qui incommode : *Odeur incommodante pour les voisins.*

INCOMMODE adj. (lat. *incommodus*). **1.** Qui n'est pas d'usage facile, pratique : *Un ouvrage difficile à consulter et incommode.* – **2.** Qui cause du désagrément, de la gêne : *Être assis de façon incommode.*

INCOMMODÉMENT adv. De façon incommode.

INCOMMODER v. t. (lat. *incommodare*) [conj. 3]. Mettre qqn mal à l'aise, lui causer de la gêne : *Vous incommodez tout le monde avec vos cigares !*

INCOMMODITÉ n. f. (lat. *incommoditas, -atis*). **1.** Caractère de ce qui est incommode, peu pratique : *La réunion est reportée en raison de l'incommodité de la date prévue.* — **2.** *Litt.* Gêne, malaise que cause qqch d'incommode : *Les incommodités de la vie commune.*

INCOMMUNICABILITÉ n. f. **1.** Caractère de ce qui ne peut pas être communiqué : *L'incommunicabilité d'une pensée.* — **2.** Situation dans laquelle on ne peut se comprendre, communiquer ses sentiments.

INCOMMUNICABLE adj. **1.** Qui n'est pas communicable, transmissible : *Biens incommunicables.* — **2.** Qui ne peut être exprimé, confié : *Des sentiments totalement incommunicables.*

INCOMMUTABILITÉ n. f. *Vx.* Qualité de ce qui est incommutable.

INCOMMUTABLE adj. (lat. *incommutabilis,* immuable). *Vx.* Se dit de ce qui ne peut être ou dont on ne peut être dépossédé.

INCOMPARABLE adj. (lat. *incomparabilis*). **1.** Qui n'est pas comparable à qqn ou qqch d'autre, qui est très différent : *Il s'agit de situations incomparables.* — **2.** Qui l'emporte par ses qualités ; inégalable, remarquable : *Un incomparable interprète de Chopin.*

INCOMPARABLEMENT adv. Sans comparaison possible ; infiniment : *Incomparablement plus intelligent que ses camarades.*

INCOMPATIBILITÉ n. f. Caractère de ce qui est incompatible ; impossibilité de s'accorder, de vivre ensemble : *Incompatibilité d'humeur.* • **Arbor.** Association impossible, fragile ou défavorable, entre un porte-greffe et un greffon. — **Biol.** Type de relation entre deux lots chromosomiques de sexe opposé qui ne peuvent pas s'unir par fécondation. (L'incompatibilité est fréquente entre deux espèces du même genre et constante pour deux genres différents, même voisins.) — **Bot.** Impossibilité pour le pollen de la fleur d'une plante d'une variété donnée d'assurer la fécondation de son propre pistil *(auto-incompatibilité)* ou celle du pistil de la fleur d'une autre variété de la même espèce *(interincompatibilité).* — **Méd.** État existant entre deux sujets porteurs, l'un, d'un antigène, et l'autre, de l'anticorps correspondant. (En transfusion sanguine, l'incompatibilité désigne l'état de deux sujets tel que les globules rouges de l'un ne peuvent être injectés à l'autre sans entraîner un accident hémolytique qui peut être très grave [globules rouges d'un donneur A hémolysés par l'anticorps anti-A d'un receveur O ou B, par ex.].) ‖ *Incompatibilité fœto-maternelle,* état existant entre la mère et le fœtus tel qu'un anticorps maternel puisse franchir la barrière placentaire, se fixer sur l'antigène érythrocytaire fœtal correspondant et avoir pour conséquence une maladie hémolytique néonatale. (Les antigènes les plus fréquemment en cause sont l'antigène D [antigène Rhésus standard] et les antigènes A et B du système ABO.) — **Pharm.** Impossibilité, sous peine d'accidents, d'administrer certaines associations médicamenteuses.

INCOMPATIBLE adj. (lat. médiév. *incompatibilis,* du lat. class. *compati,* souffrir avec). Qui n'est pas compatible avec qqch, qui ne peut s'accorder avec qqch : *Dépenses incompatibles avec l'état de nos finances.* • **Dr.** Se dit de fonctions qui ne peuvent être exercées par une même personne. — **Géol.** Se dit d'un élément sans affinité particulière pour la structure cristalline dans les processus magmatiques et ayant par conséquent tendance à se concentrer dans la phase liquide résiduelle (ex. : uranium, thorium, terres rares, etc.). — **Math.** Se dit d'un système d'équations dont l'ensemble des solutions est vide. — **Probab.** Se dit d'événements d'un univers n'ayant aucune éventualité commune et ne pouvant ainsi se réaliser simultanément. — **Relig.** Se dit de bénéfices ecclésiastiques demandant la résidence et qui ne peuvent être possédés en même temps par la même personne.

INCOMPÉTENCE n. f. **1.** Manque des connaissances ou de l'habileté pour faire qqch : *Collaborateur d'une rare incompétence.* — **2.** État d'une autorité quelconque, à laquelle la loi et les règlements ne donnent pas le droit de décider de certaines affaires. — **3.** Inaptitude d'un juge ou d'un tribunal à connaître d'un procès ou d'un incident de procédure.

INCOMPÉTENT, E adj. (bas lat. *incompetens, -entis*). **1.** Sans compétence, sans connaissances dans un domaine : *Je suis incompétent en la matière.* — **2.** Se dit d'une autorité, d'une juridiction qui ne sont pas compétentes pour effectuer certains actes ou statuer sur une affaire. — **3.** Se dit d'un matériau d'une couche ou d'un niveau géologique dont le comportement, lors de la déformation, se révèle plus plastique que celui des terrains avoisinants.

◆ adj. et n. Qui n'a pas la compétence, les connaissances exigées : *Être dirigé par des incompétents.*

INCOMPLET, ÈTE adj. (bas lat. *incompletus*). Qui n'est pas complet, auquel il manque qqch ; partiel, fragmentaire : *Renseignements incomplets.*

INCOMPLÈTEMENT adv. De façon incomplète.

INCOMPLÉTUDE n. f. (de *incomplet*). **1.** Propriété d'une théorie logique dans laquelle il existe une formule qui n'est ni démontrable ni réfutable. — **2.** Litt. *Sentiment d'incomplétude,* insatisfaction, manque éprouvés par qqn qui a le sentiment de ne pas s'être complètement réalisé. ‖ *Théorème d'incomplétude,* théorème établissant qu'un théorème est indécidable dans une arithmétique formalisée. (Gödel a mis en lumière l'importance de ce concept, en 1931, à propos de l'arithmétique.)

INCOMPRÉHENSIBILITÉ n. f. *Litt.* Caractère de ce qui est incompréhensible.

INCOMPRÉHENSIBLE adj. (lat. *incomprehensibilis*). **1.** Qu'il est impossible ou très difficile de comprendre, dont le sens reste obscur ; mystérieux : *Une phrase incompréhensible.* — **2.** À quoi on ne trouve pas d'explication : *Ces faits demeurent incompréhensibles.* — **3.** Dont on ne décèle pas ou dont on ne comprend pas les mobiles ; inexplicable : *Conduite incompréhensible.*

INCOMPRÉHENSIBLEMENT adv. De façon incompréhensible.

INCOMPRÉHENSIF, IVE adj. Qui ne cherche pas à comprendre les autres, à entrer dans leurs vues : *Se heurter à un employé incompréhensif.*

INCOMPRÉHENSION n. f. Incapacité ou refus de comprendre qqn, qqch, de l'apprécier : *Être victime de l'incompréhension de ses contemporains.*

INCOMPRESSIBILITÉ n. f. Caractère de ce qui est incompressible.

INCOMPRESSIBLE adj. **1.** Qui n'est pas compressible : *Dépenses incompressibles.* — **2.** Se dit d'un corps dont le volume ne peut être diminué par augmentation de la pression.

INCOMPRIS, E adj. et n. Qui n'est pas compris, estimé à sa juste valeur ; méconnu : *Un génie incompris.*

◆ adj. Dont le sens n'est pas compris : *Un texte jusqu'à ce jour resté incompris.*

INCONCEVABLE adj. **1.** Impossible ou difficile à comprendre, à imaginer, à expliquer : *Cette théorie était inconcevable pour les gens de l'époque.* — **2.** Qui ne peut être admis : *Agir avec un aplomb inconcevable.*

INCONCEVABLEMENT adv. *Litt.* De façon extraordinaire, incroyable.

INCONCILIABLE adj. Qui ne peut pas se concilier, s'accorder avec qqch d'autre : *Ceci est inconciliable avec vos obligations professionnelles.*

INCONDITIONNALITÉ n. f. Caractère de ce qui est inconditionnel.

INCONDITIONNÉ, E adj. **1.** Se dit d'un réflexe, d'une réaction qui sont suscités par un stimulus préalablement à tout conditionnement ou indépendamment de lui ; se dit d'un stimulus qui suscite un tel réflexe. (Syn. INCONDITIONNEL.) — **2.** Qui n'est soumis à aucune condition restrictive.

INCONDITIONNEL, ELLE adj. **1.** Qui ne dépend pas d'une condition : *Appui inconditionnel.* — **2.** Syn. de INCONDITIONNÉ.

◆ adj. et n. Qui se soumet sans discussion aux décisions de qqn d'autre, d'un parti, d'un mouvement ; qui est partisan sans réserve de qqch ou de qqn : *Les inconditionnels d'un chanteur.*

INCONDITIONNELLEMENT adv. De façon inconditionnelle.

INCONDUITE n. f. Mauvaise conduite ; dévergondage : *Une inconduite notoire.*

INCONEL n. m. inv. (n. déposé). Alliage complexe de nickel (46 à 80 %), de chrome (15 à 23 %) et de fer (3 à 40 %), contenant de petites quantités de carbone, de silicium et de manganèse. (On emploie certains alliages Inconel dans la construction des réacteurs nucléaires, en cryogénie et comme éléments de fours, de turbines à gaz ou de moteurs de fusée.)

INCONFORT n. m. **1.** Manque de confort matériel : *L'inconfort d'un vieil appartement sans salle de bains.* — **2.** Caractère désagréable, incommode d'un état dans lequel se trouve qqn, un groupe : *Un état d'inconfort moral.*

INCONFORTABLE adj. **1.** Qui manque de confort : *Un voyage inconfortable dans un train bondé.* — **2.** Qui donne un sentiment de gêne ; embarrassant : *Être dans une situation inconfortable.*

INCONFORTABLEMENT adv. D'une manière inconfortable.

INCONGELABLE adj. Qui ne peut être congelé.

INCONGRU, E adj. (bas lat. *incongruus,* qui ne convient pas). Qui n'est pas conforme aux exigences de la situation, aux règles du savoir-vivre : *Réponse incongrue.*

INCONGRUENCE n. f. Défaut d'adaptation de deux extrémités d'un os fracturé, des éléments d'une articulation disloquée, ou de deux portions de viscères au cours d'une anastomose.

INCONGRUENT, E adj. Se dit d'une anastomose, d'une fracture, d'une articulation qui n'ont pas une bonne congruence.

INCONGRUITÉ [-grɥite] n. f. (bas lat. *incongruitas, -atis*). **1.** Caractère de ce qui est incongru, de ce qui va contre le savoir-vivre. — **2.** Action, propos incongrus : *Dire des incongruités.*

INCONGRÛMENT adv. *Litt.* De manière incongrue.

INCONNAISSABLE adj. et n. m. Qui ne peut être connu : *Les limites de l'inconnaissable.*

INCONNU, E adj. (lat. *incognitus*). **1.** Qu'on ne connaissait pas jusqu'alors : *Découvrir les restes d'une civilisation inconnue. Recevoir un visiteur inconnu.* – **2.** Que l'on ne connaît pas, dont on ignore l'identité : *Un enfant né de père inconnu.* – **3.** Dont on ignore la nature, les caractères, etc. : *Partir pour une destination inconnue.* – **4.** Qui n'a pas acquis de notoriété : *Un jeune peintre encore inconnu.* – **5.** Dont on n'a jamais fait l'expérience ; nouveau : *Une joie inconnue s'empara d'elle.*

◆ n. **1.** Personne dont on ignore l'identité : *On a repêché le corps d'une inconnue.* – **2.** Personne que l'on n'avait jamais vue jusqu'alors ou dont on n'a jamais fait connaissance : *Ne jamais adresser la parole à des inconnus dans la rue.* – **3.** Personne qui ne fait pas partie des familiers, du groupe social ou familial auquel on appartient : *Laisser un inconnu faire la loi chez soi.* – **4.** Personne peu connue du public.

◆ **inconnu** n. m. Ce que l'on ne connaît pas, ce que l'on ignore, et qui souvent prend un caractère mystérieux : *L'attrait exercé sur certains par l'inconnu.*

◆ **inconnue** n. f. **1.** Élément d'une situation, d'une question qui n'est pas connu, sur lequel les informations sont insuffisantes : *Il y a trop d'inconnues dans ce projet.* – **2.** Nom donné à la ou aux variable(s) dans le cas d'équations ou d'inéquations.

INCONSCIEMMENT adv. De façon inconsciente.

INCONSCIENCE n. f. **1.** Perte de connaissance, momentanée ou permanente : *Sombrer dans l'inconscience.* – **2.** État de celui qui agit sans comprendre la gravité de ses actes : *Une telle légèreté frise l'inconscience.*

INCONSCIENT, E adj. **1.** Qui n'a plus conscience de son existence et de la réalité qui l'entoure, qui a perdu connaissance ; évanoui : *Demeurer plusieurs minutes inconscient après une commotion.* – **2.** Qui n'a pas conscience de qqch, qui ne s'en rend pas compte, par insouciance, légèreté d'esprit, etc. : *Enfant inconscient de ses actes.* – **3.** Se dit d'un acte qui se produit sans que celui qui le fait en ait conscience : *Mouvement inconscient.* – **4.** Relatif à l'inconscient ; dans la seconde topique freudienne, se dit aussi bien du ça, du moi, que du surmoi.

◆ adj. et n. Qui est dénué de jugement et de réflexion, qui parle, agit de façon inconsidérée : *Il faut être inconscient pour se lancer dans une telle affaire.*

◆ **inconscient** n. m. **1.** Ensemble des faits psychiques qui échappent à la conscience. – **2.** L'une des trois instances dans la première topique freudienne. (→ *encycl.*) – **3.** *Inconscient collectif,* selon C. G. Jung, inconscient identique chez tous les individus, indépendant de l'espace et du temps et qui est la stratification des expériences millénaires de l'humanité. (À l'origine de toute créativité, il s'exprime à travers les archétypes.) ‖ *Inconscient personnel,* chez C. G. Jung, fraction d'inconscient qui correspond à l'inconscient de la théorie freudienne. (Il s'exprime dans les rêves par le personnage de l'ombre.)

ENCYCL. **Psychan.** Si la notion d'inconscient n'est pas une découverte freudienne, c'est S. Freud qui lui a donné tout son poids au point d'en faire la spécificité théorique et technique de la psychanalyse. L'inconscient est chez Freud une hypothèse permettant de faire le lien, selon le principe du déterminisme psychique, entre les événements sexuels traumatiques de l'enfance du sujet et les effets du refoulement des représentations inacceptables qui en sont issues et que le sujet manifeste dans son symptôme. Les rêves, les actes manqués et les symptômes névrotiques témoignent pour S. Freud de l'existence de cet ordre inconscient, inséparable du refoulement qui en définit le fonctionnement. Les désirs refoulés n'en continuent pas moins d'avoir une existence dans l'inconscient et des désirs inconciliables peuvent y coexister. Un désir peut transférer sur un autre une partie de son énergie (déplacement) et l'énergie de plusieurs désirs peut se concentrer sur un seul (condensation). Les désirs inconscients ne sont modifiés ni par l'écoulement du temps ni par la réalité extérieure. Ces caractéristiques sont typiques du fonctionnement des processus primaires, l'inconscient n'obéissant qu'au principe de plaisir. Mais le système préconscient-conscient s'oppose activement au dynamisme de l'inconscient par la mise en place de résistances en face du retour du refoulé.

J. Lacan a proposé une nouvelle formalisation de la notion d'inconscient en énonçant qu'il était structuré comme un langage, c'est-à-dire qu'il fonctionne par enchaînement de signifiants constitutifs du sujet.

INCONSÉQUEMMENT [-kamɑ̃] adv. *Litt.* Avec inconséquence.

INCONSÉQUENCE n. f. (lat. *inconsequentia*). **1.** Manque de logique, de cohérence : *L'inconséquence de ses affirmations.* – **2.** Action, parole, idée illogique ou irréfléchie, imprudente : *Une suite de graves inconséquences.*

INCONSÉQUENT, E adj. (lat. *inconsequens, -entis*). **1.** Qui manque de logique avec soi-même, qui n'est pas cohérent : *Un raisonnement inconséquent.* – **2.** Qui agit, parle avec légèreté, étourderie, imprudence : *C'est être inconséquent que de se compromettre ainsi.*

INCONSIDÉRÉ adj. (lat. *inconsideratus*). Qui est fait ou dit sans avoir été considéré, examiné suffisamment ; irréfléchi, étourdi : *Remarque inconsidérée.*

INCONSIDÉRÉMENT adv. De façon inconsidérée.

INCONSISTANCE n. f. **1.** Manque de consistance, de dureté d'une matière : *L'inconsistance de la vase.* — **2.** Manque de solidité, de fondement de qqch : *L'inconsistance d'une accusation.* — **3.** Manque de fermeté, de vigueur, de poids chez qqn, dans son caractère. — **4.** Propriété d'une théorie logique dans laquelle une même formule est à la fois démontrable et réfutable.

INCONSISTANT, E adj. **1.** Sans consistance, sans dureté : *Boue inconsistante.* — **2.** Qui manque de solidité, qui ne repose sur rien de solide, de consistant : *Un roman inconsistant.* — **3.** Qui manque de cohérence, de logique : *Un esprit inconsistant.* — **4.** *Théorie inconsistante,* syn. de THÉORIE CONTRADICTOIRE*.

INCONSOLABLE adj. Qui ne peut être consolé : *Veuf inconsolable.*

INCONSOLÉ, E adj. et n. Qui n'est pas consolé : *Mère inconsolée.*

INCONSOMMABLE adj. Qui ne peut être utilisé dans l'alimentation.

INCONSTANCE n. f. (lat. *inconstantia*). **1.** Disposition à changer fréquemment d'idées, de sentiments, de résolutions, et, en partic., à manquer de fidélité dans les affections, les relations sentimentales : *Déplorer l'inconstance d'un ami.* — **2.** *Litt.* Tendance de qqch à changer, à devenir défavorable après avoir été favorable : *Inconstance du succès.*

INCONSTANT, E adj. et n. (lat. *inconstans, -antis*). Qui varie souvent dans ses opinions, ses sentiments, ses résolutions, et, en partic., qui manque de fidélité dans ses attachements, ses affections ; infidèle, versatile : *Être inconstant en amour.* ◆ adj. *Litt.* Peu assuré et sujet à des changements, des retournements subits : *Les modes sont inconstantes.*

INCONSTATABLE adj. Qu'on ne peut constater.

INCONSTITUTIONNALITÉ n. f. Non-conformité d'un texte ou d'une pratique avec la Constitution.

INCONSTITUTIONNEL, ELLE adj. Non conforme à la Constitution.

INCONSTITUTIONNELLEMENT adv. D'une façon inconstitutionnelle.

INCONSTRUCTIBLE adj. Où aucun permis de construire ne peut être légalement délivré : *Zone inconstructible.*

INCONTESTABLE adj. Qui n'est pas contestable : *Victoire incontestable.*

INCONTESTABLEMENT adv. De façon incontestable.

INCONTESTÉ, E adj. Qui n'est pas contesté : *Savant incontesté dans son domaine.*

INCONTINENCE n. f. (lat. *incontinentia*). **1.** Manque de modération dans les propos que l'on tient : *Incontinence verbale.* — **2.** *Litt.* Manque de tempérance dans les plaisirs sexuels. — **3.** Émission involontaire d'urine ou de matières fécales.

ENCYCL. **Pathol.** L'incontinence des matières fécales peut être provoquée par une destruction du sphincter anal ou par une lésion nerveuse. L'incontinence d'urine, plus fréquente, peut être due à une fistule vésicale, à une lésion du sphincter de la vessie, à une malformation urinaire.

1. INCONTINENT, E adj. (lat. *incontinens, -entis*). **1.** Qui manque de retenue, de modération dans son langage. — **2.** *Litt.* Qui fait preuve d'incontinence dans sa vie sexuelle. — **3.** Qui ne peut retenir les matières excrémentielles solides ou liquides, qui présente une incontinence.

2. INCONTINENT adv. (lat. *in continenti tempore,* dans un temps continu). *Litt.* Sans le moindre retard ; aussitôt, à l'instant : *Partir incontinent.*

INCONTOURNABLE adj. Dont il est impossible de ne pas tenir compte : *Argument incontournable.*

INCONTRÔLABLE adj. **1.** Dont on ne peut contrôler la réalité : *Des affirmations incontrôlables.* — **2.** Dont on ne peut contrôler les actes : *Des éléments incontrôlables se sont mêlés à la manifestation.*

INCONTRÔLÉ, E adj. **1.** Qui n'est pas, n'a pas été contrôlé : *Nouvelle incontrôlée.* — **2.** Dont les actes échappent au contrôle d'un chef : *Des groupes de manifestants incontrôlés.*

INCONVENANCE n. f. **1.** Caractère de ce qui est inconvenant : *Vos amis ont été d'une inconvenance choquante.* — **2.** Action, parole qui viole les convenances : *Dire des inconvenances.*

INCONVENANT, E adj. Qui n'agit pas conformément aux convenances, à la bienséance, aux bons usages : *Il serait inconvenant de ne pas se rendre à cette invitation.*

INCONVÉNIENT n. m. (bas lat. *inconveniens, -entis,* du lat. class. *convenire,* convenir). **1.** Conséquence fâcheuse, risque que comporte ou peut comporter une situation ou une action donnée : *Si vous n'y voyez pas d'inconvénients, je partirai plus tôt.* — **2.** Aspect désavantageux ou négatif de qqch, considéré par rapport à ses côtés avantageux ou positifs : *Peser les avantages et les inconvénients d'une décision.*

INCONVERTIBLE adj. 1. Que l'on ne peut pas convertir à une religion. – 2. Se dit d'une monnaie qui n'est pas convertible.

INCOORDINATION n. f. 1. Manque de coordination : *Incoordination des parties d'un plan.* – 2. Syn. de ATAXIE.

INCORPORABLE adj. Qui peut être incorporé.

INCORPORANT, E adj. Syn. de POLYSYNTHÉTIQUE.

INCORPORATION n. f. (lat. médiév. *incorporatio, -onis*). 1. Action d'incorporer une matière à une ou à plusieurs autres matières : *Opérer l'incorporation d'une poudre à un mélange.* – 2. Action d'incorporer, de faire entrer un élément dans un ensemble : *Incorporation d'un territoire à un État.* – 3. Opération de prise en compte par un corps de troupes des jeunes recrues qui lui sont affectées. – 4. En psychanalyse, mode de relation fantasmatique à l'objet caractéristique du stade sadique-anal consistant à faire pénétrer l'objet à l'intérieur du corps, l'y anéantir et l'y conserver pour s'en approprier les qualités. – 5. *Incorporation de réserves,* augmentation du capital social d'une société, réalisée grâce aux réserves figurant au bilan.

INCORPORÉ n. m. Jeune recrue affectée à un corps de troupes.

INCORPORÉITÉ n. f. Qualité des êtres incorporels.

INCORPOREL, ELLE adj. (lat. *incorporalis*). 1. *Litt.* Qui n'a pas de corps, n'est pas matériel. – 2. *Bien incorporel,* bien qui n'a pas d'existence matérielle mais représente une valeur appréciable en argent. ‖ *Propriété incorporelle,* droit patrimonial comportant pour son titulaire un monopole d'exploitation (propriété littéraire et artistique, droits de clientèle, etc.).

INCORPORER v. t. (bas lat. *incorporare,* du lat. class. *corpus, -oris,* corps) [conj. 3]. 1. Mêler intimement une matière à une ou plusieurs autres matières, de façon qu'elles forment un mélange homogène : *Incorporer peu à peu le beurre à la farine.* – 2. Faire entrer qqch dans un ensemble ; intégrer : *Incorporer des parcelles à une propriété.* – 3. Faire entrer qqn dans une collectivité en tant que membre constituant : *Incorporer les nouveaux venus dans le club.* – 4. Procéder à l'incorporation d'une recrue.
◆ **être incorporé** v. pass. En parlant d'un appareil, constituer une partie intégrante d'un autre appareil : *Appareil photo avec cellule incorporée.*

INCORRECT, E adj. 1. Qui n'est pas conforme aux règles : *S'exprimer dans une langue incorrecte. Une panne due au montage incorrect d'un appareil.* – 2. Qui ne se conforme pas aux règles de la politesse, à la bienséance : *Se présenter dans une tenue incorrecte.* – 3. Qui ne respecte pas les usages habituellement observés dans une activité ou un milieu : *Commerçant incorrect en affaires.*

INCORRECTEMENT adv. De façon incorrecte : *Écrire incorrectement.*

INCORRECTION n. f. 1. Caractère de ce qui n'est pas conforme à la correction grammaticale ; faute, impropriété : *Une copie d'élève pleine d'incorrections.* – 2. Attitude de qqn qui manque aux règles de la bienséance, de la politesse ; action ou parole incorrecte : *Faire preuve d'incorrection à l'égard de quelqu'un.*

INCORRIGIBLE adj. (bas lat. *incorrigibilis*). 1. Qu'on ne peut corriger, qui s'obstine dans ses erreurs : *Une incorrigible distraction.* – 2. Qui pousse à l'extrême une attitude : *Un incorrigible farceur.*

INCORRIGIBLEMENT adv. De façon incorrigible.

INCORRUPTIBILITÉ n. f. 1. Qualité de ce qui ne peut se corrompre, s'altérer. – 2. Qualité de qqn qui ne se laisse pas détourner de l'honnêteté, qui ne se laisse pas corrompre.

INCORRUPTIBLE adj. (lat. médiév. *incorruptibilis*). Qui n'est pas susceptible de se corrompre, de se décomposer : *Un bois rendu incorruptible à l'humidité.*
◆ adj. et n. 1. Qui ne se laisse pas corrompre, que l'on ne peut entraîner à agir contre son devoir, sa conscience, notamment par l'offre d'avantages matériels : *Magistrat incorruptible.* – 2. *L'Incorruptible,* surnom donné à Robespierre.

INCRÉDIBILITÉ n. f. (lat. *incredibilitas, -atis*). *Litt.* Caractère de ce qui est incroyable.

INCRÉDULE adj. et n. (lat. *incredulus*). 1. Qui est sceptique en matière religieuse ; incroyant : *Essayer de convaincre les incrédules.* – 2. Qui ne croit pas qqch, ou qui est naturellement porté au doute : *Hocher la tête d'un air incrédule.*

INCRÉDULITÉ n. f. (lat. *incredulitas, -atis*). 1. Absence de foi religieuse, scepticisme en matière de religion : *Une incrédulité proche de l'intolérance.* – 2. État d'esprit, attitude de qqn qui est incrédule, qui doute de ce qu'on lui dit : *Vaincre l'incrédulité de son auditoire.*

INCRÉÉ, E adj. (lat. ecclés. *increatus*). *Litt.* Qui n'a pas été créé.

INCRÉMENT n. m. (angl. *increment,* du lat. *incrementum,* augmentation). En informatique, quantité constante ajoutée à la valeur d'une variable à chaque exécution d'une instruction, généralement répétitive, d'un programme.

INCRÉMENTAL, E, AUX adj. (angl. *incremental*). Qui travaille par incréments, ou par comptage d'impulsions.

INCRÉMENTATION n. f. En informatique, augmentation de la valeur d'une variable, du contenu d'un registre ou d'une mémoire, d'une quantité constante à chaque exécution d'une instruction, généralement répétitive, d'un programme.

INCRÉMENTER v. t. (de *incrément*) [conj. 3]. Effectuer une incrémentation.

INCRÉMENTIEL, ELLE adj. Se dit d'un matériel ou d'un logiciel qui fonctionne par adjonctions successives d'incréments aux variables qu'il utilise.

INCREVABLE adj. **1.** Qui ne peut pas être crevé : *Un pneu increvable.* — **2.** *Fam.* Qui est d'une résistance à toute épreuve : *Un cheval increvable.*

INCRIMINABLE adj. *Litt.* Que l'on peut incriminer.

INCRIMINATION n. f. Action, motif, raison d'incriminer qqn.

INCRIMINER v. t. (du lat. *criminare,* accuser, de *crimen, -inis,* accusation) [conj. 3]. Mettre qqn, qqch en cause, les dénoncer comme responsables d'une action ou d'une situation blâmable ou dommageable : *Se plaindre d'une malfaçon et incriminer l'architecte.*

INCRISTALLISABLE adj. Qui n'est pas susceptible de cristalliser.

INCROCHETABLE adj. Qu'on ne peut crocheter.

INCROYABLE adj. **1.** Qui n'est pas ou qui est peu croyable par son manque de vraisemblance : *Un récit plein de péripéties incroyables.* — **2.** Qui suscite l'étonnement par son caractère excessif, démesuré ; extraordinaire, prodigieux : *Faire preuve d'une énergie incroyable.* — **3.** Qui sort du commun, dont le côté insolite ou extrême amuse, surprend, irrite : *Elle a toujours les coiffures les plus incroyables.* — **4.** *Être incroyable de qqch,* avoir une caractéristique poussée à un point extrême : *Ce cabotin est incroyable de prétention.*
◆ n. Sous le Directoire, membre de la jeunesse dorée qui était d'une élégance ostentatoire et se faisait remarquer par son langage affecté.

INCROYABLEMENT adv. De façon incroyable.

INCROYANCE n. f. État de celui qui ne croit pas ; absence de foi religieuse.

INCROYANT, E adj. et n. Qui n'a pas de croyance religieuse, de foi.

INCRUSTANT, E adj. Qui a la propriété de couvrir les corps d'une croûte minérale plus ou moins épaisse ; pétrifiant.

INCRUSTATION n. f. (lat. *incrustatio, -onis*). **1.** Procédé décoratif qui consiste à ménager dans un matériau (bois, métal, pierre, etc.) une série de cavités ou cuvettes afin d'y fixer des petites pièces d'un second matériau (ou de plusieurs matériaux) de nature différente (bois, métal, ivoire, nacre, pierre dure, porcelaine...). [Ex. : damasquinage ; plateaux de table italiens incrustés de pierres dures *(tarsia)* ; etc.] — **2.** Dépôt solide qui se forme sur les parois intérieures des conduites, des chaudières, etc., dans lesquelles circule, ou bout, une eau contenant certains sels. (Syn. TARTRE.) — **3.** Motif de broderie, de dentelle, etc., appliqué sur un tissu dont la partie située sous le motif sera découpée. — **4.** Action par laquelle un objet est recouvert par une croûte de matière minérale (calcaire ou silice) qui y adhère fortement ; croûte minérale ainsi déposée. — **5.** Syn. de INLAY. — **6.** Insertion, par un procédé électronique, d'une image électronique dans une autre ; image ainsi insérée.

INCRUSTEMENT n. m. Reprise faite à une construction en pierre déjà existante, et qui consiste à rapporter, en certains endroits, des parties d'assises, voire des assises entières neuves.

INCRUSTER v. t. (lat. *incrustare,* de *crusta,* croûte) [conj. 3]. **1.** Rehausser un objet, une surface d'une ornementation composée d'éléments d'une matière différente, généralement plus précieuse, insérés à des emplacements préparés en creux et selon le dessin d'un motif de décoration : *Incruster de nacre des panneaux de bois.* — **2.** Procéder à l'incrustation : *Incruster des bois précieux dans du bois commun.* — **3.** Recouvrir un corps, un objet d'un dépôt de matière minérale, adhérent et dur, en parlant de certaines eaux. — **4.** En parlant d'une matière minérale, se déposer en adhérant : *Le calcaire a incrusté les canalisations.* — **5.** Remplacer dans un mur une pierre défectueuse.
◆ **être incrusté** v. pass. **1.** En parlant d'une pierre, être ajustée dans le métal à l'aide de rainures dans lesquelles on la fait glisser. — **2.** En parlant d'un motif ornemental, être appliqué sur un tissu selon la technique de l'incrustation.
◆ **s'incruster** v. pr., **être incrusté** v. pass. Adhérer fortement sur, dans qqch : *Le calcaire s'est incrusté dans la tuyauterie.*
◆ **s'incruster** v. pr. *Fam.* Prolonger à l'excès son séjour chez qqn de façon inopportune : *Il s'est incrusté et est resté tout le week-end !*

INCUBATEUR, TRICE adj. Qui assure l'incubation.
◆ **incubateur** n. m. **1.** Appareil servant à l'incubation artificielle des œufs de poule, d'oie, etc. — **2.** Syn. de COUVEUSE.

INCUBATION n. f. (lat. *incubatio, -onis*). **1.** Période de la vie d'un jeune animal pendant laquelle il se développe dans un abri biologique (œuf, utérus, poche incubatrice, etc.) et bénéficie d'une protection parentale nécessaire à sa survie.

— **2.** Action protectrice des parents, ou de l'un des parents, lorsqu'ils couvrent leurs œufs de leur corps (couvaison des oiseaux) ou les abritent dans une cavité corporelle. (→ *encycl.*) — **3.** Intervention humaine remplaçant la couvaison maternelle par une source de chaleur artificielle, avec le même résultat. — **4.** Période de latence, de durée variable, qui s'écoule entre la pénétration des agents pathogènes dans l'organisme et l'apparition des premiers symptômes caractéristiques de la maladie. — **5.** Phase de la culture des champignons au cours de laquelle le mycélium envahit l'ensemble du substrat.

ENCYCL. **Zool.** Chez les oiseaux, la chaleur nécessaire à l'incubation est fournie par le soleil (autruche), les fermentations (mégapode) ou beaucoup plus souvent par le corps des parents (couvaison). Chez les vertébrés à sang froid, l'incubation n'a qu'un rôle protecteur et n'est pas générale. Elle peut se faire dans la bouche de l'un des parents ou dans une cavité dorsale ou ventrale (nombreux amphibiens). Dans quelques cas (mammifères marsupiaux, hippocampe, rhinoderme), les jeunes sont nourris dans la poche.

INCUBE n. (bas lat. *incubus,* du lat. class. *cubare,* coucher). Démon qui revêt une apparence mâle, généralement humaine, afin d'entretenir des rapports sexuels avec une femme.

INCUBER v. t. (lat. *incubare,* être couché) [conj. 3]. Mettre des œufs dans un incubateur.

INCUDINE (l'), sommet de la Corse, à la limite des deux départements de l'île ; 2 128 m.

INCUIT n. m. (de *cuit*). **1.** Partie d'une chaux, d'un ciment, d'un plâtre, qui n'a pas été portée à une température suffisante pour assurer les réactions accompagnant normalement la cuisson. — **2.** Partie du bois ou du végétal non délignifiée pendant la fabrication de la pâte à papier.

INCULCATION n. f. *Litt.* Action d'inculquer ; fait d'être inculqué.

INCULPABLE adj. Qui peut être inculpé.

INCULPATION n. f. Acte par lequel le juge d'instruction ouvre une information contre une personne soupçonnée d'un délit ou d'un crime. (On dit auj. en France *mise en examen.*)

INCULPÉ, E n. Personne qui fait l'objet d'une inculpation. (On dit auj. *mis, e en examen.*)

INCULPER v. t. (bas lat. *inculpare,* du lat. class. *culpa,* faute) [conj. 3]. Mettre en cause dans une procédure d'instruction une personne soupçonnée d'avoir commis un délit ou un crime. (On dit auj. *mettre en examen.*).

INCULQUER v. t. (lat. *inculcare,* fourrer) [conj. 3]. Faire entrer qqch dans l'esprit de qqn, le lui imprimer fortement : *Inculquer le goût de la lecture à ses enfants.*

INCULTE adj. (lat. *incultus*). **1.** Qui n'est pas cultivé : *Terre inculte.* — **2.** Se dit d'une chevelure, d'une barbe non peignée, non entretenue : *Une tignasse inculte.* — **3.** Qui n'a aucune culture intellectuelle : *Des esprits grossiers et incultes.*

INCULTIVABLE adj. Qui n'est pas cultivable ; stérile.

INCULTURATION n. f. Activité visant à intégrer le message chrétien dans une tradition culturelle particulière.

INCULTURE n. f. Manque de culture intellectuelle.

INCUNABLE adj. et n. m. (lat. *incunabula,* berceau, commencement). Se dit d'un livre imprimé avant 1500. (On distingue les incunables *tabellaires* ou *xylographiques,* obtenus au moyen de planches de bois d'une seule pièce, sculptées ou gravées, et les incunables *typographiques,* composés en caractères mobiles, d'abord en bois, puis en métal.)

INCURABILITÉ n. f. Caractère d'un mal ou état d'un malade qui ne peut être guéri.

INCURABLE adj. (lat. *incurabilis*). **1.** Qui ne peut se guérir : *Un mal incurable.* — **2.** Dont on ne peut se défaire, qui possède un défaut sans qu'on puisse l'en débarrasser : *Une incurable paresse. Un ivrogne incurable.*

◆ adj. et n. Qui souffre d'une maladie, d'un mal qu'on ne peut guérir.

INCURABLEMENT adv. De façon incurable : *Un homme incurablement stupide.*

INCURIE n. f. (lat. *incuria,* de *cura,* soin). Manque d'application ; négligence extrême : *Incurie administrative.*

INCURIEUX, EUSE adj. (lat. *incuriosus*). *Litt.* Qui n'a pas de curiosité.

INCURIOSITÉ n. f. *Litt.* Défaut de curiosité, indifférence à s'instruire.

INCURSION n. f. (lat. *incursio, -onis,* attaque). **1.** Invasion d'un groupe armé très mobile en territoire ennemi ou étranger, généralement rapide et de courte durée ; coup de main, raid : *Les incursions des Normands en Gaule.* — **2.** Entrée, arrivée inattendue et qu'on désapprouve de personnes dans un lieu : *Des incursions de braconniers.* — **3.** Fait de s'intéresser à un domaine que l'on connaît mal ou à ce qui est le domaine réservé de qqn : *Écrivain qui fait des incursions dans la science-fiction.*

INCURVATION n. f. (lat. *incurvatio, -onis*). Action d'incurver ; fait d'être incurvé.

INCURVER v. t. (lat. *incurvare,* de *curvus,* recourbé) [conj. 3]. Courber qqch de dehors en dedans : *Incurver une tige de fer.*
◆ **s'incurver** v. pr., **être incurvé** v. pass. Avoir une forme courbe, concave : *La côte s'incurve en ce point du littoral.*

INCUS, E adj. (lat. *incusus,* incrusté). Se dit d'une empreinte monétaire en creux ; d'une monnaie présentant au revers le même type qu'à l'avers, mais en creux et inversé (monnaies des cités grecques de l'Italie du Sud, à la fin du VIe s. av. J.-C. ; bractéates médiévales allemandes).

INDALS ÄLV, fl. de Suède (Norrland), émissaire du système lacustre du Storsjön et tributaire du golfe de Botnie ; 430 km. Hydroélectricité.

INDAMINE n. f. Composé résultant de l'oxydation d'une paradiamine en présence d'une arylamine. (Découvertes en 1877 par Nietzki, les indamines sont des composés bleus ou verts, intermédiaires essentiels dans l'industrie des colorants.)

INDATABLE adj. Qu'on ne peut dater : *Manuscrit indatable.*

INDAZINE n. f. Colorant se présentant sous forme de poudre blanche et utilisé dans la teinture du coton mordancé au tanin.

INDE n. m. (lat. *indicum,* indigo, de *Indicus,* Indien). **1.** Anc. nom de l'indigo. — **2.** Couleur bleue tirée de l'indigo.

INDE, en hindī **Bhārat,** État de l'Asie méridionale ; 3 268 000 km² ; 953 millions d'hab. *(Indiens).* CAP. *New Delhi.* La république est formée de 25 États (Andhra Pradesh, Arunachal Pradesh, Assam, Bengale-Occidental, Bihār, Goa, Gujerat, Haryana, Himāchal Pradesh, Jammu-et-Cachemire, Karnātaka, Kerala, Madhya Pradesh, Mahārāshtra, Manipur, Meghalaya, Mizoram, Nagaland, Orissa, Pendjab, Rājasthān, Sikkim, Tamil Nadu, Tripura, Uttar Pradesh), auxquels s'ajoutent 7 territoires. LANGUE (officielle) : *hindi.* MONNAIE : *roupie.*

Géographie. Deuxième pays du monde par la population, l'Inde occupe un rang plus modeste dans le domaine économique. Elle appartient toujours, globalement, au groupe des pays en voie de développement, avec une agriculture à prédominance vivrière occupant encore plus de la moitié des actifs, une industrie assez diversifiée, mais souvent peu dynamique et compétitive, des échanges déficitaires. Les inégalités sociales traditionnelles restent marquées.
• *L'économie.* Cette situation est liée davantage à l'histoire qu'aux conditions naturelles. L'Inde atteint l'Himālaya au N., mais le cœur du pays est la vaste plaine gangétique, valorisée par les pluies de la mousson (de juin à septembre), moins abondantes vers le S. (au-delà du tropique) dans l'intérieur du Deccan protégé par la barrière des Ghāts occidentaux. Plus de 50 % des terres sont cultivées, et l'irrigation permet parfois une deuxième récolte. Le blé et surtout le riz sont les bases de l'alimentation ; le coton, le jute, le tabac et le thé (premier rang mondial) sont les grandes cultures commerciales. L'énorme troupeau bovin (premier rang mondial) est peu productif, en raison d'interdits religieux tenant à la prépondérance de l'hindouisme (plus de 80 % d'une population comptant aussi plus de 10 % de musulmans). La pêche, en revanche, apporte localement un complément de protéines.
L'industrie bénéficie de ressources minérales et énergétiques notables : du charbon, surtout, mais aussi du pétrole et du gaz naturel, un certain potentiel hydroélectrique et quelques centrales nucléaires. Le sous-sol fournit encore de la bauxite, du manganèse et surtout du fer, à la base (avec le charbon) d'une sidérurgie qui alimente la métallurgie de transformation, principale branche industrielle, avec le textile et devant la chimie. L'industrie (avec le secteur minier), qui emploie environ 25 % des actifs, est orientée presque exclusivement vers la fourniture de biens de consommation, mais se développe souvent à l'abri de barrières protectionnistes. Cependant, plusieurs secteurs à haute technologie sont en expansion : énergie nucléaire, aéronautique, télécommunications, informatique.
• *La population et les échanges.* Le problème de l'emploi, déjà ancien, s'aggrave en raison du maintien de la pression démographique. L'Inde compte chaque année environ 18 millions d'habitants de plus. Dans un pays encore surtout rural, cette évolution accentue la parcellisation de terres déjà morcelées (20 % des paysans seulement ont plus de 2 ha) et précipite l'exode vers les villes. Celles-ci regroupent plus de 25 % de la population totale, souvent dans des conditions désastreuses (multiplication des bidonvilles). Six agglomérations, dont les plus grandes sont Calcutta, Bombay, Delhi, Madras, dépassent quatre millions d'habitants. Les échanges sont réduits (moins de 15 % du P.I.B.) du fait de l'énormité (quantitative) du marché national. Les importations sont dominées par le pétrole et les produits manufacturés (machines, matériel de transport, etc.), les exportations par les produits, parfois valorisés, de l'agriculture et de l'élevage (thé, coton, jute, tissus, cuirs, etc.). Le traditionnel et lourd déficit de la balance commerciale n'est pas comblé par les revenus du tourisme, ni par les envois de nombreux émigrés. Il s'agit souvent d'émigrés diplômés, illustrant le dualisme de la société indienne : une élite relativement nombreuse, mais aussi sans débou-

DIVISIONS ADMINISTRATIVES DE L'INDE				
	États et territoires	Superficie (en km²)	Population	Capitale
États	Andhra Pradesh	275 000	66 304 854	Hyderābād
	Arunachal Pradesh	84 000	858 392	Itanagar
	Assam	78 500	22 294 562	Dispur
	Bengale-Occidental	88 000	67 982 732	Calcutta
	Bihār	174 000	86 338 853	Paṭnā
	Goa	3 700	1 168 622	Panaji
	Gujerat	196 000	41 174 060	Gāndhīnagarh
	Haryana	44 000	16 317 715	Chandigarh
	Himāchal Pradesh	55 700	5 111 079	Simla
	Jammu-et-Cachemire	101 000	7 718 700	Srinagar
	Karnātaka	192 000	44 817 398	Bangalore
	Kerala	39 000	29 011 237	Trivandrum
	Madhya Pradesh	443 000	66 135 862	Bhopāl
	Mahārāshtra	308 000	78 706 719	Bombay
	Manipur	22 400	1 826 714	Imphāl
	Meghalaya	22 500	1 760 626	Shillong
	Mizoram	21 000	686 217	Aijal
	Nagaland	16 500	1 215 573	Kohīma
	Orissa	156 000	31 512 070	Bhubaneswar
	Pendjab	50 400	20 190 795	Chandigarh
	Rājasthān	343 000	43 880 640	Jaipur
	Sikkim	7 300	403 612	Gangtok
	Tamil Nadu	130 000	55 638 318	Madras
	Tripura	10 500	2 744 827	Agartala
	Uttar Pradesh	294 400	138 760 417	Lucknow
Territoires	Andaman et Nicobar	8 300	277 989	Port Blair
	Chandigarh	114	640 725	Chandigarh
	Dādra et Nagar Haveli	500	138 542	Silvassa
	Damān et Diu	110	101 439	Damān
	Delhi	1 485	9 370 475	Delhi
	Lakshadweep	30	51 681	Kavaratti
	Pondichéry	480	789 416	Pondichéry

chés suffisants sur place, et une masse d'illettrés, de paysans sans terres vivant dans des conditions misérables. Les stratifications sociales et même religieuses n'ont pas disparu, les inégalités régionales (parfois à base ethnique) demeurent et, malgré les progrès de l'alphabétisation, l'unification n'est pas véritablement achevée.

Histoire

• *L'Inde ancienne.* La plus ancienne civilisation connue en Inde se développa dans les sites de la vallée de l'Indus (7000-1800 av. J.-C.) et fut sans doute influencée par celle de la Mésopotamie.
L'Inde du Nord fut ensuite progressivement envahie au IIe millénaire par les Aryens, venus de l'O., qui introduisirent le cheval, la métallurgie du fer, une langue indo-européenne (le sanskrit) et un système social fondé sur les castes. C'est sous leur domination que furent rédigés les textes sacrés des *Veda* (à la base de l'hindouisme).
Au VIe s. av. J.-C. apparaissent deux religions nouvelles, le bouddhisme et le jaïnisme. À cette époque (VIe-IVe s. av. J.-C.), les Perses et les Grecs commencent à pénétrer en Inde : Cyrus, Darios Ier, qui occupe le bas Indus (fin du VIe s.), Alexandre le Grand, qui fonde des colonies, d'ailleurs éphémères.
v. 327 av. J.-C. : Chandragupta fonde la dynastie des Maurya. Elle atteint son apogée sous le règne d'Aśoka (v. 269-232 av. J.-C.), qui constitue un vaste empire englobant pratiquement toute l'Inde. La disparition de la dynastie maurya (v. 185 av. J.-C.) est suivie d'un nouveau morcellement du pays puis de l'invasion des Grecs de Bactriane et des Barbares dans le Nord-Ouest (v. 160 av. J.-C.-280 apr. J.-C.).
Au Ier siècle après notre ère, l'influence de la culture indienne commence à se répandre dans l'Asie du Sud-Est. Le bouddhisme se diffuse dans l'Asie centrale et orientale (jusqu'en Chine).
v. 320-v. 550 : Les Gupta favorisent la renaissance de l'hindouisme.
Du VIIe au XIIe s., l'Inde est de nouveau morcelée. Établis en Inde du Sud, les Pallava (seconde moitié du VIe s.-IXe s.) puis les Cola (Xe-XIIe s.) exportent la civilisation indienne en Asie du Sud-Est. Le Sind est dominé par les Arabes (VIIIe s.), et la vallée de l'Indus tombe aux mains des Rhaznévides (XIe s.), dynastie turque qui domine l'Afghānistān.

• *L'Inde musulmane.* Des dynasties turques d'Afghānistān conquièrent tout le nord de l'Inde.
1192-1204 : Conquête du bassin du Gange.
1206 : Fondation du sultanat de Delhi.
1298-1310 : Conquête du Gujerat et du Deccan.
1347-1526 : Division de l'Inde en de multiples sultanats.
1526 : Fondation de la dynastie des Grands Moghols.
Du XIVe au XVIe s., l'empire de Vijayanagar au sud se mobilise pour la défense de l'hindouisme. Puis l'Inde retrouve son unité dans le cadre de l'Empire moghol, qui atteint sa plus grande extension au XVIIe s. et décline au XVIIIe s. Les Moghols dominent l'Inde grâce à leur armée, à leur administration efficace et à leur attitude conciliante à l'égard de la majorité hindoue.
Après l'expédition de Vasco de Gama (1498), les Portugais s'assurent en Inde le monopole du commerce, qu'ils conservent au cours du XVIe s., puis sont concurrencés par les Hollandais, les Anglais et les Français, qui fondent des compagnies commerciales florissantes au XVIIe s.
1742-1754 : Dupleix soumet à l'influence française le Carnatic et six provinces du Deccan.
1757 : Clive remporte la victoire de Plassey sur le nabab du Bengale. Il fonde la puissance britannique en Inde.
1763 : Le traité de Paris laisse à la France cinq comptoirs : Pondichéry, Chandernagor, Yanaon, Kārikāl et Mahé.

• *La domination britannique.* La mainmise britannique se poursuit à la fin du XVIIIe s. et tout au long du XIXe s., partageant le pays entre des États protégés et des possessions directes.
1772-1785 : Warren Hastings organise la colonisation du Bengale.
1799-1819 : La Grande-Bretagne conquiert l'Inde du Sud, la vallée du Gange et Delhi.
1849 : Elle annexe le royaume sikh du Pendjab.
1857-58 : Les cipayes (soldats autochtones au service des Britanniques) se révoltent. Le dernier empereur moghol est destitué, la Compagnie anglaise des Indes orientales supprimée et l'Inde est rattachée à la Couronne britannique.
1876 : La reine Victoria est proclamée impératrice des Indes.
L'Empire britannique est rapidement troublé par les mouvements nationalistes et autonomistes, qui sont violemment réprimés.
1885 : Fondation du Congrès national indien.
1906 : Fondation de la Ligue musulmane. Entre les deux guerres mondiales, Gāndhī devient le chef de la résistance à l'Angleterre et fonde son mouvement sur la non-violence.
1935 : Les Anglais accordent à l'Inde une Constitution qui lui confère une certaine autonomie.
1947 : L'Angleterre doit accepter la « partition » de l'Inde.
L'Union indienne, hindouiste, et le Pākistān, musulman (séparé en deux parties), deviennent indépendants. Cette partition s'accompagne de massacres (300 000 à 500 000 victimes) et du déplacement de dix à quinze millions de personnes.

• *L'Inde indépendante.* Sous le gouvernement de Nehru, Premier ministre de 1947 à 1964, l'Inde s'engage dans la voie de la modernisation et du non-alignement.
1947-48 : Le problème du Cachemire provoque un premier conflit avec le Pākistān.
1948 : Gāndhī est assassiné.
1950 : La Constitution fait de l'Inde une fédération composée d'États organisés sur des bases ethniques et linguistiques.
1962 : Un conflit oppose la Chine et l'Inde au Ladakh.
1965 : Deuxième conflit avec le Pākistān à propos du Cachemire.
1966 : Indira Gāndhī, fille de Nehru, devient Premier ministre.
1971 : Un nouveau conflit avec le Pākistān aboutit à l'intervention de l'armée indienne au Pākistān oriental, qui se constitue en République indépendante du Bangladesh.
1977 : I. Gāndhī est remplacée par Morarjī Desai.
1980 : I. Gāndhī retrouve le pouvoir.
1984 : Assassinat de I. Gāndhī par des extrémistes sikhs. Son fils Rajiv lui succède.
1989 : Après l'échec du parti du Congrès aux élections, Rajiv Gāndhī démissionne, et une coalition de partis de l'opposition accède au pouvoir.
1991 : R. Gāndhī est assassiné. Narasimha Rao, son successeur à la tête du Congrès, remporte les élections et devient Premier ministre.
L'Inde s'en tient au principe de la laïcité inscrit dans sa Constitution. Cependant, le nationalisme hindou, qui milite, parfois de façon violente (destruction de la mosquée d'Ayodhyā en 1992), pour en faire un État hindou, monte en puissance. Les tensions régionales restent fortes, notamment en Assam, au Cachemire, au Kerala, au Pendjab (problème sikh) et en Uttar Pradesh.
1996 : Le Bharatiya Janata Party (BJP), parti nationaliste indien, arrive en tête aux élections mais ne parvient pas à former un gouvernement. Une coalition de centre gauche, conduite par Deve Gowda, dirige le pays.

INDE FRANÇAISE ou **ÉTABLISSEMENTS FRANÇAIS DANS L'INDE,** ensemble de territoires situés sur les côtes de l'Inde et formant une colonie française de 513 km², dont la capitale était *Pondichéry.* Le premier comptoir de l'Inde française fut Sūrat, fondé en 1668 par la Compagnie des Indes* orientales dont l'œuvre fut poursuivie par la Compagnie des Indes*. Des établissements furent créés à Pondichéry en 1674, à Chandernagor en 1686, à Mahé en 1721, à Yanaon en 1725, à Kārikāl en 1739, qui formèrent cinq circonscriptions auxquelles s'ajoutèrent huit comptoirs (ou loges) : Balasore, Kasimbazar (Cossimbazar) Yugdia, Dacca, Paṭnā, Masulipatam, Calicut, Sūrat. Ces territoires, dont l'ensemble formait l'*Inde française* ou *Établissements français dans l'Inde,* furent accrus par Dupleix, qui étendit l'influence française au Carnatic et au Deccan, mais dont l'œuvre fut annihilée par le traité de Paris (1763). Confisquée par les Anglais (1778/79-1783 et 1793-1814), l'Inde française fut placée sous l'autorité d'un gouverneur et représentée au Parlement (1871). Amputée de Chandernagor, annexé à l'Union indienne en 1949, elle fut tout entière transférée à l'Inde en 1954.

INDE PORTUGAISE, anc. prov. d'outre-mer du Portugal, formée des territoires de Goa, de Damão (Damān), et de l'île de Diu. Constituée à partir de 1498, elle fut occupée en 1961 par l'Inde qui l'annexa en 1962.

INDÉBOULONNABLE adj. Fam. Se dit de qqn qui ne peut être destitué, révoqué.

INDÉBROUILLABLE adj. Qu'on ne peut débrouiller.

INDÉCEMMENT [-samɑ̃] adv. D'une manière indécente : *Être vêtu indécemment.*

INDÉCENCE n. f. (lat. *indecentia*). **1.** Caractère de qqn, de son comportement qui ne respecte pas les convenances en matière sexuelle, qui manque de pudeur : *Se promener dans une pareille tenue : quelle indécence !* – **2.** Caractère de ce qui choque par son côté inopportun, ostentatoire, déplacé : *Un gaspillage qui frise l'indécence.* – **3.** Acte, propos contraires à la morale sexuelle : *Dire des indécences.*

INDÉCENT, E adj. (lat. *indecens, -entis*). **1.** Qui ne respecte pas les convenances en matière sexuelle, qui choque la pudeur : *Une robe indécente.* – **2.** Qui choque par son caractère inopportun, ostentatoire, déplacé : *Étalage indécent de luxe.*

INDÉCHIFFRABLE adj. **1.** Se dit d'un texte en chiffre que l'on ne peut décrypter, ou d'un texte dont le contenu échappe parce qu'on ne connaît pas le code avec lequel il est écrit : *Message indéchiffrable.* – **2.** Dont la lecture est très difficile, sinon impossible : *Un document altéré, devenu indéchiffrable.* – **3.** Qui est difficile à comprendre, dont la signification est insaisissable, dont la personnalité, l'attitude ou les mobiles restent mystérieux, impénétrables : *Visage au regard indéchiffrable.*

INDÉCHIFFRÉ, E adj. Qui n'a pas encore été déchiffré.

INDÉCHIRABLE adj. Qu'on ne peut pas déchirer.

INDÉCIDABILITÉ n. f. **1.** Propriété d'une formule indécidable. – **2.** Propriété d'une théorie dans laquelle il n'existe pas de procédé effectif permettant de décider, pour toute formule, si elle est ou non démontrable. (Une théorie assez puissante pour formaliser l'arithmétique est indécidable si elle est consistante ; le calcul des prédicats est indécidable.)

INDÉCIDABLE adj. **1.** Se dit d'une relation qui n'est ni vraie ni fausse. (Contr. DÉCIDABLE.) – **2.** *Formule indécidable,* dans une théorie mathématique, formule qui ne peut être ni démontrée ni réfutée. ‖ *Théorie indécidable,* théorie qui a la propriété d'indécidabilité.

INDÉCIDUÉ, E adj. (lat. *indeciduus,* qui ne tombe pas). Se dit d'un mammifère (chez les ruminants, porcins, équidés, cétacés, etc.) dont la femelle conserve l'endomètre utérin lors de la mise bas.

INDÉCIS, E adj. et n. (lat. médiév. *indecisus,* non tranché). Qui a de la peine à prendre une résolution ferme et à s'y tenir, qui hésite : *Être indécis sur ce qu'il convient de faire. Convaincre les indécis.*

◆ adj. **1.** Qui n'est pas décidé, résolu ou décisif, qui n'a pas reçu ou n'apporte pas de solution : *Une bataille dont l'issue est restée longtemps indécise.* – **2.** Qui n'apparaît pas nettement aux sens ou à l'esprit, qui est difficile à distinguer ou à définir : *Clarté indécise de l'aube.* – **3.** *Temps indécis,* dont on ne sait pas s'il sera beau ou pas.

INDÉCISION n. f. (de *indécis*). État, caractère de qqn qui est indécis ; irrésolution : *Ses hésitations marquent son indécision.*

INDÉCLINABILITÉ n. f. Caractère des mots indéclinables.

INDÉCLINABLE adj. (bas lat. *indeclinabilis*). Dans les langues à déclinaisons, se dit d'un mot qui ne se décline pas.

INDÉCODABLE adj. Impossible à décoder : *Logiciel indécodable.*

INDÉCOLLABLE adj. Qu'on ne peut pas décoller.

INDÉCOMPOSABLE adj. Qui ne peut être décomposé.

INDÉCROCHABLE adj. *Fam.* Qu'on ne peut pas décrocher, obtenir.

INDÉCROTTABLE adj. *Fam.* Qu'il est impossible d'améliorer : *C'est un indécrottable paresseux.*

INDÉFECTIBILITÉ n. f. **1.** Caractère de ce qui est indéfectible. – **2.** Propriété surnaturelle de l'Église de durer jusqu'à la fin des temps en restant immuable dans ses éléments essentiels.

INDÉFECTIBLE adj. (moyen fr. *défectible,* du bas lat. *defectibilis,* sujet à défaillance). Qui ne peut cesser d'être, qui dure éternellement : *Une indéfectible amitié.*

INDÉFECTIBLEMENT adv. De façon indéfectible.

INDÉFENDABLE adj. **1.** Se dit de qqn dont les actes sont condamnables ; se dit d'une conduite injustifiable : *Cette manière d'agir est indéfendable.* – **2.** Qui ne peut être soutenu : *Une théorie indéfendable.*

INDÉFINI, E adj. (lat. *indefinitus*). **1.** Qu'on ne peut délimiter, qui est sans limites : *Je serais demeuré un temps indéfini à l'écouter.* – **2.** Qui demeure vague : *Un trouble indéfini.* – **3.** Se dit de certains adjectifs et pronoms qui expriment une idée plus ou moins vague de quantité ou de qualité, d'identité, de ressemblance ou de différence. (→ *encycl.*) ‖ *Article indéfini,* article se rapportant, en principe, à un être ou à un objet indéterminé (en français *un* [masculin], *une* [féminin], *des* [pluriel]). ‖ *Inflorescence indéfinie,* celle où il n'existe pas de fleur terminale et où l'axe pourrait croître indéfiniment. (La grappe est une inflorescence indéfinie.) ‖ *Passé indéfini,* syn. anc. de PASSÉ COMPOSÉ.

◆ **indéfini** n. m. Adjectif ou pronom indéfini.

ENCYCL. **Ling.** On classe traditionnellement sous le nom d'indéfinis un certain nombre d'adjectifs et de pronoms qui ne sont ni des qualificatifs, ni des numéraux, ni des possessifs, ni des démonstratifs, ni des relatifs, ni des interrogatifs. Les principaux adjectifs indéfinis sont : *aucun, autre, chaque, certain, maint, même, quel, n'importe quel, nul, quelque, quelconque, tel, tout, plusieurs, divers, différents* ainsi que certains adverbes de quantité suivis de *de* ou *des* (*assez de, beaucoup de, bien des, peu de,* etc.). On classe dans les pronoms indéfinis : *chacun, le même, n'importe qui, quelqu'un, personne, peu de chose, n'importe quoi, rien, tout, tous,* etc.

INDÉFINIMENT adv. D'une manière indéfinie dans le temps ou dans l'espace : *Ajourner indéfiniment une solution.*

INDÉFINISSABLE adj. **1.** Que l'on ne peut définir : *Concept indéfinissable.* – **2.** Qu'on a du mal à définir, à expliquer : *Un homme complexe, silencieux, indéfinissable.*

INDÉFORMABILITÉ n. f. Caractère de ce qui est indéformable.

INDÉFORMABLE adj. Qui ne peut se déformer.

INDÉFRICHABLE adj. Qu'on ne peut défricher.

INDÉFRISABLE adj. Qui ne peut être défrisé.

◆ n. f. ou m. Syn. vieilli de PERMANENTE.

INDÉHISCENT, E adj. (de *déhiscent*). Se dit d'un fruit qui ne s'ouvre pas spontanément.

INDÉLÉBILE adj. (lat. *indelebilis,* de *delere,* détruire). **1.** Que l'on ne peut effacer : *Tache, encre indélébile.* – **2.** Qu'il est impossible de faire disparaître, qui ne s'efface pas : *Un souvenir indélébile.*

INDÉLÉBILITÉ n. f. Caractère de ce qui est indélébile.

INDÉLICAT, E adj. 1. Qui n'est pas délicat dans ses sentiments, ses manières, qui est fait ou dit sans délicatesse, qui manque aux bons usages : *Un procédé indélicat.* — 2. Qui est malhonnête, témoigne de malhonnêteté : *Renvoyer un employé indélicat.*

INDÉLICATEMENT adv. De façon indélicate.

INDÉLICATESSE n. f. 1. Absence de délicatesse morale ; acte indélicat, grossièreté : *Cette allusion à son infirmité montre son indélicatesse.* — 2. Malhonnêteté : *Commettre une indélicatesse.*

INDÉMAILLABLE adj. et n. m. 1. Se dit d'un tricot dont l'entrelacement est tel qu'une maille coupée n'entraîne pas le cou lage des autres mailles. — 2. Se dit des tricots à mailles jetées réalisés sur métier chaîne, dit métier indémaillable.

INDÉMÊLABLE adj. Qu'on ne peut démêler : *Une intrigue indémêlable.*

INDEMNE [ɛ̃dɛmn] adj. (lat. *indemnis*). 1. Qui n'a pas éprouvé de dommage physique : *Il est sorti indemne de l'accident.* — 2. Qui n'est pas atteint dans son intégrité morale : *Sortir indemne d'une vilaine affaire.*

INDEMNISABLE [-dɛm-] adj. Qui peut ou doit être indemnisé.

INDEMNISATION [-dɛm-] n. f. Action d'indemniser ; dédommagement.

INDEMNISER [-dɛm-] v. t. (conj. 3). Dédommager qqn de ses frais, de ses pertes, d'un préjudice : *On l'a indemnisé de tous ses frais de déplacement.*

INDEMNITAIRE adj. 1. Qui a le caractère d'une indemnité. — 2. *Obligations indemnitaires,* titres remis aux détenteurs d'actions d'entreprises nationalisées.

◆ adj. et n. S'est dit des émigrés français que la Restauration indemnisa pour leurs biens vendus sous la Révolution.

◆ n. Personne qui reçoit une indemnité.

INDEMNITÉ n. f. (bas lat. *indemnitas, -atis*). 1. Somme d'argent destinée à dédommager qqn d'un préjudice subi. (Dans le cadre de la responsabilité civile, l'indemnité prend le nom de *dommages et intérêts.*) — 2. Supplément au traitement des fonctionnaires destiné à couvrir certaines sujétions (indemnité de résidence, etc.). — 3. Élément d'une rémunération ou d'un salaire destiné à rembourser une dépense imputable à l'exercice de la profession. — 4. Somme, généralement forfaitaire, versée aux salariés pour compenser une augmentation du coût de la vie. — 5. *Indemnité de caractère personnel,* partie des dommages et intérêts allouée à la victime d'un accident, destinée à réparer le préjudice résultant des souffrances physiques ou morales et les préjudices esthétiques, et contre laquelle la Sécurité sociale ne peut exercer d'action récursoire. ‖ *Indemnité journalière,* prestation en espèces destinée à compenser la perte de salaire subie par l'assuré, incapable temporairement de travailler et versée au titre de l'assurance contre les accidents du travail ou des assurances maladie et maternité. ‖ *Indemnité de licenciement,* somme versée par l'employeur au salarié qui a un contrat à durée indéterminée et au minimum deux ans d'ancienneté (à défaut de convention collective plus favorable), et qui est licencié sans avoir commis de faute grave. (Le montant de l'indemnité est fonction du salaire et de l'ancienneté.) ‖ *Indemnité parlementaire,* traitement versé aux membres du Parlement, destiné à garantir leur indépendance et l'égal accès de tous à cette fonction. ‖ *Indemnité viagère de départ (I. V. D.),* aide de l'État aux agriculteurs âgés, destinée à encourager la libération des terres pour faciliter la restructuration des exploitations.

INDÉMODABLE adj. Qui ne risque pas de se démoder.

INDÉMONTABLE adj. Qui ne peut être démonté.

INDÉMONTRABILITÉ n. f. Propriété d'une formule indémontrable dans une théorie, c'est-à-dire dont il n'existe pas de démonstration. (On distingue l'indémontrabilité de la réfutabilité : une formule peut être indémontrable, mais non réfutable ; elle est alors indécidable.)

INDÉMONTRABLE adj. 1. Qui ne peut être démontré, prouvé. — 2. Se dit d'une formule qui a la propriété d'indémontrabilité.

INDÉMONTRÉ, E adj. Qui n'a pas encore été démontré.

INDÈNE n. m. Hydrocarbure aromatique bicyclique, C_9H_8, que l'on trouve dans les goudrons de houille. (Il est généralement copolymérisé sous forme de mélange avec la coumarone.)

INDÉNIABLE adj. (de *dénier*). Que l'on ne peut nier, réfuter : *Une preuve indéniable de sa culpabilité.*

INDÉNIABLEMENT adv. De façon indéniable : *Il a indéniablement raison.*

INDÉNOMBRABLE adj. Que l'on ne peut pas dénombrer.

INDÉNONE n. f. Cétone aromatique C_9H_6O, dérivée de l'indène.

INDENTATION n. f. (de *dent*). Échancrure d'une côte, d'un littoral : *Les indentations de la côte bretonne.*

INDÉPASSABLE adj. Qu'on ne peut pas dépasser : *Limite indépassable.*

INDÉPASSÉ, E adj. Qui n'a pas encore été dépassé, surpassé.

INDÉPENDAMMENT (DE) loc. prép. **1.** En considérant à part chacun des éléments : *Considérer les deux faits indépendamment l'un de l'autre.* — **2.** En plus de, par surcroît, en mettant à part qqch : *Indépendamment du confort, vous avez une vue superbe.*

INDÉPENDANCE n. f. (de *indépendant*). **1.** État de qqn qui n'est tributaire de personne sur le plan matériel, moral, intellectuel : *Son salaire lui assure une totale indépendance.* — **2.** Caractère de qqn qui ne se sent pas lié ou qui ne veut pas être soumis aux autres, à la discipline morale, aux habitudes sociales, etc. : *On lui reproche sa grande indépendance de caractère.* — **3.** État de qqn, d'un groupe qui juge, décide, etc., en toute impartialité, sans se laisser influencer par ses appartenances politiques, religieuses, par des pressions extérieures ou par ses intérêts propres : *Formuler une critique en toute indépendance.* — **4.** Qualité d'un groupe, d'un pouvoir, etc., qui n'est pas soumis à un autre, qui est libre de toute sujétion : *L'indépendance des syndicats par rapport aux partis politiques.* — **5.** Situation d'une collectivité dotée sur le territoire où elle vit d'organes non subordonnés aux organes d'une autre collectivité. (L'indépendance politique s'exprime juridiquement par la souveraineté étatique interne et internationale.) — **6.** État de plusieurs choses, phénomènes, actions, etc., qui n'ont entre eux aucune relation de subordination : *L'indépendance du judiciaire et de l'exécutif.* — **7.** Propriété d'un axiome qui ne peut pas être démontré à partir des autres axiomes de la théorie dans laquelle il figure.

indépendance américaine *(Déclaration d'),* déclaration adoptée par le Congrès continental le 4 juill. 1776. Rédigée par Thomas Jefferson, la déclaration proclame l'indépendance des treize colonies vis-à-vis de l'Angleterre, au nom des « droits naturels », en particulier de celui d'insurrection contre la tyrannie.

Indépendance américaine *(guerre de l'),* conflit armé qui opposa les treize colonies anglaises d'Amérique du Nord à l'Angleterre, d'avr. 1775 à nov. 1782 et qui aboutit à la formation d'*États unis* indépendants. Provoquée par les exigences économiques de l'Angleterre, jugées abusives par les treize colonies, la guerre de l'Indépendance commença en 1775 par des escarmouches entre les troupes royales et les milices américaines. Après les premières victoires du commandant en chef Washington (prise de Boston, mars 1776), les Insurgents, moins bien équipés que les Anglais, durent se chercher des alliés. En France, Benjamin Franklin trouva des volontaires, parmi lesquels La Fayette, mais c'est seulement après la victoire américaine de Saratoga (1777) que se conclut une alliance officielle entre la France et les Insurgents (1778), à laquelle se joignit l'Espagne. Avec l'aide des troupes de Rochambeau et de la flotte française, les Américains reprirent l'offensive et obtinrent la capitulation du général Cornwallis (19 oct. 1781). Après signature d'une paix séparée entre l'Angleterre et ses colonies (nov. 1782), le traité de Versailles ratifia l'indépendance des États-Unis (1783).

indépendance de l'Amérique latine *(guerres et mouvements d'),* ensemble des soulèvements qui aboutirent au démantèlement des Empires coloniaux espagnol et portugais d'Amérique latine et à la formation des États sud-américains actuels. Sensibles aux injustices du système colonial et imprégnés de l'esprit des Lumières, les élites créoles ont suivi avec intérêt le déroulement de la guerre de l'Indépendance américaine (1775-1782). De plus, la situation internationale créée par la Révolution française et l'Empire napoléonien joue en leur faveur. L'invasion de l'Espagne par les Français, qui détrônent les Bourbons, délient les colonies de leurs engagements envers la Couronne. En 1810-11 apparaissent les premiers mouvements séparatistes : Venezuela, avec Miranda, en 1811 ; vice-royauté du Río de la Plata, en 1810 ; Chili en 1811 ; divers mouvements au Mexique derrière les prêtres Hidalgo (1811) et Morelos (1813). Mais ces mouvements échouent. La restauration de Ferdinand VII (1814) et la violence de la réaction raniment la lutte dans les colonies, encouragée par les Anglais et les Américains. C'est l'heure des grands héros de l'indépendance : Bolívar fait de la Nouvelle-Grenade la Grande-Colombie (1819), à laquelle, après la victoire de Carabobo, il incorpore l'Équateur (1821). Après avoir proclamé l'indépendance du Río de la Plata (1816), José de San Martín libère le Chili (1817) et proclame l'indépendance du Pérou en 1821, au moment où triomphe au Mexique le général Iturbide. Dans les Andes, la victoire de Sucre à Ayacucho (1824) conduit le haut Pérou (Bolivie) à l'indépendance en 1825. Les guerres d'indépendance ont fait passer les anciennes colonies espagnoles sous l'influence de l'Angleterre, qui voit en elles des marchés à conquérir. Ce sont en partie les pressions conjointes de l'Angleterre et des États-Unis (soucieux de leur prééminence sur le continent) qui font échouer le projet de Bolívar visant à créer une vaste confédération latino-américaine. Après l'échec du Congrès de Panamá, réuni par Bolívar (1826), on assiste au morcellement de la Grande-Colombie. Les nouveaux États d'Amérique, ruinés par les conflits, sont à peine encore des nations. Les guerres ont favorisé la dispersion de l'autorité et du pouvoir, que se disputent désormais les caciques locaux et les caudillos appuyés par leurs troupes. Seul le

Brésil échappe à ce processus d'effritement : le roi de Portugal, réfugié dans la colonie pendant l'Occupation française, y laisse, en 1821, son fils Pedro qui prend le titre d'Empereur constitutionnel et, en l'absence de toute lutte civile, proclame l'indépendance en 1822.

INDÉPENDANT, E adj. (de *dépendant*). **1.** Qui n'est en aucune façon lié à autre chose, qui est sans rapport avec autre chose : *Ces deux phénomènes sont indépendants (l'un de l'autre).* – **2.** Qui a son autonomie, sa liberté d'action et, en partic., qui subvient lui-même à ses besoins : *Il gagne sa vie, il est maintenant indépendant.* – **3.** Qui jouit de l'indépendance politique. – **4.** Se dit d'un local qui a son entrée propre, qui est distinct d'un logement, d'un local contigu ou proche. – **5.** Se dit d'un axiome qui a la propriété d'indépendance. – **6.** *Événements indépendants,* événements A et B d'un même univers tels que la probabilité conditionnelle de A relative à B soit égale à la probabilité simple de A : $P_B(A) = P(A)$. ‖ *Proposition indépendante* ou *indépendante* (n. f.), proposition qui ne dépend d'aucune autre et dont aucune autre ne dépend. ‖ *Variables aléatoires indépendantes,* variables aléatoires conjointes X et Y susceptibles de prendre respectivement les valeurs x_i de probabilité p_i et y_j de probabilité q_j et telles que la probabilité pour que X soit égale à x_i et Y soit égale à y_j est $p_i q_j$. ‖ *Vecteurs linéairement indépendants,* famille finie (X_i) $i \in [1,p]$ d'éléments d'un K-espace vectoriel E telle que, pour tout $\lambda_1, ..., \lambda_p$ de K vérifiant

$$\lambda_1 X_1 + ... + \lambda_p X_p = 0,$$

on ait $\lambda_1 = \lambda_2 = ... = \lambda_p = 0$. [On dit que les (X_i) forment une famille libre* de E.]

◆ adj. et n. **1.** Qui n'est pas affilié à une association ou une école, un syndicat, un parti, etc. : *Candidat indépendant.* – **2.** Qui aime à se déterminer seul, sans être sous l'influence de qqn d'autre ou d'un milieu social, culturel quelconque : *Jeune fille très indépendante.* – **3.** Se dit d'un artiste qui œuvre à l'écart des courants esthétiques majoritaires (par ex. à l'écart des courants académiques au XVIIIe ou au XIXe s., des avant-gardes au XXe s.). – **4.** Se dit d'un travailleur non salarié, qui n'emploie pas habituellement de personnel salarié, ou d'un employeur, personne physique qui exerce une activité professionnelle non salariée. – **5.** Nom donné à divers groupes parlementaires français (et à leurs membres) constituant l'aile droite des républicains modérés, sous la IIIe et la Ve République. – **6.** Nom donné aux membres d'une secte politique et religieuse anglaise des XVIe et XVIIe s. et à ses membres. (Calvinistes stricts, ils constituèrent les groupes les plus dynamiques du mouvement puritain, notamment au XVIIe s.)

indépendants *(Société des artistes),* société fondée à Paris, en 1884, par un groupe de peintres non officiels, au premier rang desquels Signac. Sa principale manifestation fut, et demeure, une grande exposition annuelle (sans jury de sélection ni récompenses), dite *Salon des Indépendants.*

indépendants et paysans *(Centre national des)* **[C. N. I.],** groupement politique français fondé en 1948, dans le but de rassembler les divers courants de la droite traditionnelle, hostile au communisme et à tout dirigisme économique.

INDÉPENDANTISME n. m. Revendication d'indépendance de la part d'une province, d'une région, d'une colonie.

INDÉPENDANTISTE adj. et n. Qui est partisan de l'indépendantisme.

INDEPENDENCE, v. des États-Unis (Missouri), banlieue est de Kansas City ; 112 000 hab. Machines agricoles.

Independence Day, aux États-Unis, fête annuelle, le 4 juillet, commémorant la proclamation de l'indépendance (1776).

Independent Television (ITV), fédération formée de 16 compagnies britanniques privées de télévision, créée en 1954 et qui gère la chaîne du même nom.

INDÉRACINABLE adj. Qu'on ne peut déraciner, détruire, extirper : *Des préjugés indéracinables.*

INDÉRÉGLABLE adj. Qui ne se dérègle pas.

Indes *(Compagnie des),* porcelaines fabriquées en Chine et au Japon du XVIIe au XIXe s. pour l'exportation en Europe et transportées par les soins des compagnies occidentales de navigation.

Indes *(Compagnie française des),* association privilégiée, fondée en mai 1719. Issue de la Compagnie d'Occident, créée en sept. 1717 par le Régent à l'instigation de Law, elle reçoit en mai 1719, avec le nom de Compagnie des Indes, le monopole de tout le commerce maritime français. En 1722, ce monopole commercial est limité au Canada, au Sénégal, à la Guinée, à l'île de France (île Maurice) et à l'île Bourbon (la Réunion), aux établissements de l'Inde et aux comptoirs de Moka et de Canton. Ruinée par les guerres maritimes et coloniales (guerres de la Succession d'Autriche et de Sept Ans), qui lui font perdre ses principaux territoires et comptoirs (traité de Paris, 1763), elle est supprimée en août 1769. Louis XVI crée en avr. 1785 une nouvelle Compagnie des Indes, dotée du monopole du commerce avec tous les pays situés au-delà du cap de Bonne-Espérance, mais que la Convention nationale supprimera en avr. 1794.

Indes *(Conseil des),* en esp. *Consejo de Indias,* organisme espagnol constitué en 1524 et chargé de l'administration des Indes. Il était l'équivalent du Conseil de Castille. Il fut supprimé en 1834.

INDES *(Empire des),* ensemble des possessions britanniques de l'Inde rattachées à la Couronne (1858-1947).

Indes *(ordre de l'Étoile des),* **Indes** *(ordre de l'Empire des),* **Indes** *(ordre impérial de la Couronne des),* ordres britanniques fondés en 1861, 1877 et 1878.

Indes galantes *(les),* ballet héroïque de J.-Ph. Rameau, en un prologue et trois entrées sur un livret de Fuzelier (1735), archétype de l'opéra-ballet français.

INDES OCCIDENTALES, nom donné au Nouveau Monde par Christophe Colomb, qui, à la suite de son premier voyage, se crut arrivé aux rivages orientaux de l'Asie.

Indes occidentales *(Compagnie française des),* association privilégiée, créée en 1664 par Louis XIV à l'instigation de Colbert. Elle avait la propriété des possessions françaises du littoral atlantique de l'Amérique et de l'Afrique ainsi que le monopole du commerce américain. Mal gérée et acculée à la banqueroute par les Hollandais, elle fut dissoute en 1674.

Indes occidentales *(Compagnie hollandaise des),* association privilégiée qui, de 1621 à 1792, eut le monopole du trafic sur les côtes orientales de l'Amérique et sur les côtes occidentales d'Afrique. Elle fut dissoute en 1674. Une seconde lui succéda en 1675, dont l'activité fut essentiellement la traite des Noirs.

INDES-OCCIDENTALES *(Fédération des),* en angl. **West Indies,** unité politique qui, de 1958 à 1962, engloba les anciennes Antilles britanniques.

INDES ORIENTALES ou **INDES NÉERLANDAISES,** nom des anciennes colonies néerlandaises d'Indonésie.

Indes orientales *(Compagnie anglaise des),* en angl. *East India Company,* compagnie à charte fondée en 1600, à laquelle la reine Élisabeth Ire octroya le monopole du commerce avec les pays de l'océan Indien. Son activité se concentra sur l'Inde, où elle établit des comptoirs, dont les principaux furent Madras (1639), Bombay (1668) et Calcutta (1690). Au XVIIIe s., elle évinça la concurrence française (bataille de Wandiwāsh, 1760), mais, contrôlée par le gouvernement dès 1784, perdit ses privilèges en 1833 et disparut pratiquement en 1858, après la révolte des cipayes.

Indes orientales *(Compagnie française des),* association privilégiée, créée en août 1664 par Louis XIV à l'instigation de Colbert. Elle possédait le monopole du commerce et de la navigation dans les océans Indien et Pacifique depuis le cap de Bonne-Espérance jusqu'au détroit de Magellan. Elle échoua dans sa tentative de colonisation à Madagascar, mais fonda en Inde des comptoirs à Sūrat (1668), Masulipatam (1669), Pondichéry (1674) et Chandernagor (1686). Privée de son monopole en 1682, elle fut absorbée en mai 1719 par la Compagnie des Indes.

Indes orientales *(Compagnie hollandaise des),* association privilégiée, fondée en 1602 pour arracher au Portugal le monopole des mers des Indes. Elle connut une grande prospérité au XVIIe s. en trafiquant le riz de Java et de Célèbes, les muscades de Banda, la cannelle et le poivre de Ceylan. Son gouverneur général résidait à Batavia. La guerre hollando-anglaise (1780-1784) ruina la Compagnie, qui disparut en 1799.

Indes orientales *(Compagnie suédoise des),* association privilégiée qui, de 1731 à 1813, eut le monopole du commerce avec les pays à l'E. du cap de Bonne-Espérance et réalisa de fructueux bénéfices grâce à ses comptoirs de Chine.

INDESCRIPTIBLE adj. Qui ne peut être décrit en raison de sa complexité ou de son intensité : *Un désordre indescriptible.*

INDÉSIRABLE adj. Qui n'est pas souhaitable : *Une présence indésirable.*
◆ adj. et n. Que l'on ne désire pas accueillir dans un pays, dans un groupe quelconque.

INDÉSIRÉ, E adj. Se dit d'un enfant qui n'a pas été désiré.

INDESTRUCTIBILITÉ n.f. Caractère de ce qui est indestructible.

INDESTRUCTIBLE adj. Qui ne peut être détruit, aboli : *Amour indestructible.*

INDESTRUCTIBLEMENT adv. D'une manière indestructible.

INDÉTECTABLE adj. Qu'on ne peut détecter.

INDÉTERMINABLE adj. Qu'on ne peut déterminer.

INDÉTERMINATION n. f. **1.** Caractère de ce qui n'est pas déterminé, délimité, précisé : *L'indétermination d'une frontière.* – **2.** Caractère hésitant de qqn, manque de décision, de volonté. • **Math.** État d'une fonction en un point, lorsqu'on a affaire à une forme indéterminée. ‖ *Lever l'indétermination,* chercher la limite éventuelle dans les conditions considérées lorsqu'on a affaire à une telle forme. – **Philos.** Caractère d'un phénomène qui ne dépend pas d'un autre phénomène avec lequel il est en relation pour l'observateur.

INDÉTERMINÉ, E adj. (bas lat. *indeterminatus*). **1.** Qui n'est pas fixé, défini avec exactitude : *À une date indéterminée.* – **2.** Qu'on ne peut pas définir avec précision : *Mot de sens indéterminé.* — 3. Se dit des formes 0/0, ∞/∞, 0 × ∞, ∞ — ∞, 0^0, ∞^0, 1^∞, sous lesquelles se présenteraient à la limite certaines expressions mathématiques.

◆ **indéterminée** n. f. La ou les variable(s) dans le cas des fonctions polynômes.

INDÉTERMINISME n. m. Doctrine selon laquelle le déterminisme n'existe que partiellement.

INDÉTERMINISTE adj. et n. Relatif à l'indéterminisme ; qui en est partisan.

INDÉTRÔNABLE adj. À qui ou à quoi on ne peut ravir la prééminence.

INDÉVISSABLE adj. Qu'il n'est pas possible de dévisser.

1. INDEX n. m. (lat. *index, -icis,* indicateur). 1. Deuxième doigt de la main, le plus proche du pouce. — 2. Dans un mécanisme, repère servant au réglage de la position d'un élément mobile. — 3. Repère fixe ou mobile sur une graduation.

2. INDEX n. m. (de *index 1*). 1. Liste alphabétique d'auteurs, de matières, de mots clés, etc., apparaissant dans un ouvrage, avec des références permettant de les retrouver. — 2. Liste officielle des livres dont la publication, la lecture, la vente étaient interdites aux catholiques, sauf permission de l'autorité compétente. (Avec une majusc.) [Institué au XVIe s. par les papes, soucieux de lutter contre les doctrines hétérodoxes, l'Index a été supprimé par Paul VI en 1965.] — 3. *Mettre à l'index,* exclure qqn, qqch comme dangereux, le rejeter : *Son attitude le fit mettre à l'index ;* intimider un travailleur ou un employeur pour empêcher l'embauche d'un travailleur non syndiqué ou qui refuse de se syndiquer. ‖ *Congrégation de l'Index,* ancienne congrégation romaine qui, avant la réforme du droit canonique, était chargée de l'examen des livres.

3. INDEX n. m. (angl. *index,* indice). 1. En informatique, valeur fixe, permettant de compléter ou de corriger les valeurs de certaines adresses lors de l'exécution d'une instruction, et qui est conservée dans le *registre d'index* de l'ordinateur. — 2. Syn. de INDICE (d'un produit pétrolier). — 3. *Index de sélection,* estimation chiffrée de la valeur génétique d'un animal reproducteur.

INDEXATION n. f. ou **INDEXAGE** n. m. 1. Action d'indexer ; fait d'être indexé. — 2. Variation automatique, au cours du temps et en fonction d'un indice déterminé, du montant d'une dette (d'un loyer, d'un salaire, d'un prix).

INDEXER v. t. (conj. 4). 1. Lier la variation d'une valeur (titre, salaire, emprunt, etc.) à celle d'un élément (valeur ou grandeur) pris comme système de référence (or, coût de la vie, etc.) : *Indexer les loyers sur le coût de la vie.* — 2. Établir l'index d'un document, d'un ouvrage ; placer un mot (auteur, matière, etc.) à sa place dans un index. — 3. En programmation, indiquer dans une instruction que le contenu d'un registre d'index devra être ajouté à la valeur de la zone adresse de l'instruction pour obtenir l'adresse effective de l'opérande. — 4. Apposer sur l'enveloppe d'une lettre des barres fluorescentes représentant le code postal. — 5. Régler un mécanisme en plaçant un élément mobile en face d'un index.

INDEXEUR n. m. Personne qui réalise un index.

INDIANA, État du Midwest américain ; 94 000 km² ; 5 544 159 hab. Cap. *Indianapolis.* L'agriculture associe cultures (soja et maïs surtout) et élevages variés (porcins, aviculture). L'industrie, autre qu'extractive (charbon), est présente au N.-O. (près de Chicago) et dans la capitale.

— **Hist.** Territoire autonome en 1800, l'Indiana devint un État de l'Union en 1816.

Indiana, roman de George Sand (1832). Écrit après la séparation de l'auteur d'avec son mari et à la suite de *Rose et Blanche* (1831), c'est une charge violente contre le mariage.

INDIANAPOLIS, v. des États-Unis, cap. de l'Indiana, fondée en 1820, au centre de l'État ; 731 327 hab. Institut d'art John-Herron. Université. Carrefour ferroviaire et routier. Centre commercial et industriel (matériel de transport, produits pharmaceutiques, constructions électriques, robotique). Circuit automobile (course des *500 Miles d'Indianapolis*).

INDIANISATION n. f. Action d'indianiser ; fait d'être indianisé.

INDIANISER v. t. (conj. 3). Propager la culture, la religion de l'Inde hors du subcontinent indien.

INDIANISME n. m. 1. Ensemble des sciences humaines (ethnologie, linguistique, archéologie, etc.) appliquées à l'étude du sous-continent indien. — 2. Mot, expression, tournure propres aux langues de l'Inde, que l'on retrouve dans d'autres langues ayant été en contact avec elles. — 3. Tendance du XIXe s. de la littérature brésilienne, qui se caractérise par l'intérêt porté aux Indiens et à leur culture et par la célébration de la nature américaine. (Ses principaux représentants sont Gonçalves Dias et José de Alencar.)

INDIANISTE n. Spécialiste des civilisations et des langues du sous-continent indien.

◆ adj. et n. Se dit d'un écrivain se rattachant à l'indianisme.

INDIANOLOGIE n. f. Science qui a pour objet l'étude des Indiens d'Amérique.

INDIANOLOGUE n. Spécialiste de l'indianologie.

INDIC n. m. *Pop.* Indicateur de police.

INDICAN n. m. *Indican urinaire,* dérivé de l'indoxyle qui apparaît dans l'urine de l'homme en cas d'insuffisance hépatique et au cours de la maladie de Hartnup. ‖ *Indican végétal,* substance mère de l'indigo naturel dans les plantes à indigo (indigofera, isatis, polygonum).

INDICATEUR, TRICE adj. (lat. *indicator*). Qui indique : *Un poteau indicateur.* • **Bot.** *Plante indicatrice,* végétal dont les exigences écologiques sont assez strictes vis-à-vis d'un facteur pour que sa présence en un lieu soit significative de l'existence de ce facteur. — **Ch. de f.** *Tableau indicateur de vitesse-limite (T. I. V.),* signal mobile ou fixe prescrivant au mécanicien une limitation de vitesse au franchissement de certaines aiguilles ou au passage de certaines parties de voie. — **Géol.** *Élément indicateur,* élément permettant la détection des anomalies géochimiques, principe de base de la prospection géochimique.

◆ n. Personne qui dénonce à la police les agissements des malfaiteurs ; informateur, mouchard. (Abrév. pop. INDIC.)

◆ **indicateur** n. m. **1.** Livre, brochure contenant des renseignements divers : *L'indicateur des chemins de fer.* — **2.** Appareil, instrument servant à fournir des indications, des renseignements sur la valeur d'une grandeur : *Indicateur de vitesse, de consommation d'essence.* — **Ch. de f.** *Indicateur de pente et de rampe,* plaque placée le long d'une voie ferrée indiquant le profil en long et le rayon minimal des courbes. — **Chim.** *Indicateur coloré,* substance organique dont la couleur change suivant que le milieu où elle se trouve placée est plus ou moins acide ou basique. (→ *encycl.*) — **Écol.** *Indicateur biologique de pollution,* organisme vivant ou partie d'organisme utilisé pour détecter ou mesurer une pollution (lichens sensibles au dioxyde de soufre, algues aquatiques ou vertébrés sensibles aux impuretés de l'eau courante). — **Écon.** et **Stat.** *Indicateur avancé,* syn. de AVERTISSEUR. ‖ *Indicateur économique,* ensemble de données relatives à une situation économique et/ou à son évolution (population, produit national brut, budget, dette publique, commerce extérieur, etc.). ‖ *Indicateurs du plan* ou *d'alerte,* ensemble des données renseignant sur l'évolution économique par rapport aux objectifs du plan. ‖ *Indicateurs sociaux,* ensemble des données rendant compte d'une situation sociale, d'un progrès social. ‖ *Indicateur de tendance,* série de chiffres exprimant les variations des cours de Bourse et reflétant la tendance du marché financier. — **Ling.** *Indicateur syntagmatique,* en grammaire générative, représentation de la structure de la phrase, sous forme d'arbre ou de suite parenthétisée. (Syn. MARQUEUR SYNTAGMATIQUE.) — **Mécan.** *Indicateur dynamométrique,* appareil permettant de mesurer le travail du fluide évoluant dans le cylindre d'une machine thermique. — **Nucl.** *Indicateur radioactif,* syn. de TRACEUR* RADIOACTIF. — **Zool.** Petit oiseau pisciforme, parasite comme le coucou, des pays chauds d'Afrique et d'Asie, qui se nourrit de miel, de cire ou de larves d'abeilles sauvages, dont il signale, par ses cris, les nids à l'homme ou au ratel.

ENCYCL. **Chim.** Les *indicateurs colorés* sont généralement des acides ou des bases organiques faibles ; leur changement de couleur se produit dans un domaine de 1 à 2 unités de pH : le tournesol, bleu en milieu basique, devient rouge quand le pH est inférieur à 6-8 ; l'hélianthine, jaune en milieu basique, devient rose quand le pH est inférieur à 3-4,5 ; la phtaléine du phénol, rouge en milieu basique, devient incolore dès que le pH est inférieur à 8-10.

INDICATIF, IVE adj. (bas lat. *indicativus*). **1.** Qui sert à indiquer : *Signe indicatif.* — **2.** *À titre indicatif,* pour donner un renseignement d'ordre général, un renseignement qui puisse servir de repère. ‖ *Mode indicatif,* syn. de INDICATIF.

◆ **indicatif** n. m. **1.** Syn. de JINGLE. — **2.** Système de formes verbales dont l'emploi convient pour présenter un procès comme purement assertif. (→ *encycl.*)

ENCYCL. **Ling.** L'indicatif français présente dix séries de formes verbales : des formes (ou temps) simples : présent, imparfait, futur, passé simple, conditionnel présent, caractérisées par des affixes attachés au radical verbal, et des formes (ou temps) composées : passé composé, plus-que-parfait, passé antérieur, futur antérieur, conditionnel passé, qui font précéder le participe passé du verbe des auxiliaires *avoir* ou *être.* L'indicatif a pour propriété d'affirmer l'existence de la réalité. Il segmente le temps en 3 périodes, le verbe situant le procès dans une époque présente, passée ou à venir.

INDICATION n. f. (lat. *indicatio, -onis*). **1.** Action, fait d'indiquer qqch, de renseigner sur qqch : *L'étiquette comporte l'indication d'origine.* — **2.** Ce qui indique, fait connaître, révèle qqch ; indice : *La rougeur est une indication de son trouble.* — **3.** Ce qui est indiqué, donné comme renseignement, conseil, avis, information : *Suivre les indications de montage de la notice.* — **4.** Éléments d'un ensemble plus vaste qui donnent une information sur ce qu'est cet ensemble (surtout pl.) : *Voici quelques indications du plan qui sera publié.* — **5.** Attitude thérapeutique à prendre en présence d'une affection donnée et en fonction du malade et de la forme de la maladie. — **6.** *Indication opératoire,* ensemble des arguments permettant de juger de l'opportunité d'une intervention chirurgicale.

INDICE n. m. (lat. *indicium*). **1.** Objet, fait, signe qui met sur la trace de qqch : *Vous avez plusieurs indices pour résoudre cette énigme.* — **2.** Ce qui signale, dénote, annonce qqch ; signe, marque : *Son tremblement est un indice de grande nervosité.* — **3.** Fait établi, moyen de preuve sur lequel le juge fonde sa conviction. — **4.** Trace d'une substance, d'une matière, etc., qui laisse prévoir un gisement : *Des indices de pétrole.* — **5.** Caractère de petite taille qui se place en bas et à droite de la lettre qu'il caractérise (ex. a_1 se lit « *a* indice 1 »). — **6.** Nombre permettant de résumer et de caractériser la variation relative d'une grandeur simple ou complexe entre deux situations, dont l'une sert de base (temps ou lieu de référence). — **7.** Nombre affecté à une catégorie d'emploi permettant de calculer le montant de la rémunération correspondante. (Les indices sont regroupés dans une grille indiciaire.) • **Bours.** Expression de la variation des cours par rapport à une période de référence. (Aux États-Unis, on utilise l'indice Dow Jones et l'indice Standard and Poor, en France l'indice de la Compagnie des agents de change.) ‖ *Marchés à terme d'indices boursiers,* marchés sur lesquels se concluent des contrats portant non pas sur des titres mais sur des indices reflétant la valeur de ceux-ci. — **Climatol.** Grandeur remarquable ou quotient qui permet de mesurer un phénomène climatologique ou météorologique (*indice d'aridité, indice de refroidissement,* etc.). — **Écol.** *Indice biotique,* notation permettant d'apprécier la qualité d'une eau courante à partir du recensement de certains organismes vivants (invertébrés aquatiques sensibles à la pollution). — **Géol.** Minéral révélateur de la présence d'une substance utile. ‖ Toute information géochimique utilisable en prospection et fournie par les éléments indicateurs. — **Ling.** Signe qui est dans un rapport de contiguïté avec la réalité extérieure. (Par exemple, la fumée est un indice par rapport au feu, le symptôme par rapport à la maladie.) — **Pétr.** Résultat de diverses méthodes d'essai des produits pétroliers (*indice d'octane, indice de cétane, indice de viscosité,* etc.) [Syn. INDEX, NOMBRE.] — **Phys.** Nom donné à certaines grandeurs obtenues comme quotient (sans dimension) de deux grandeurs ou de deux produits de grandeurs de même espèce. ‖ Nom de certaines grandeurs non mesurables et seulement repérables sur une échelle conventionnelle. — **Stat.** *Indice agrégatif, composé* ou *composite,* indice groupant en une seule donnée numérique des indices de caractères différents ayant trait à un même phénomène que l'on veut repérer (ex. baromètre de la satisfaction matérielle, établi à partir d'indices relatifs aux prix, aux salaires, à l'emploi, aux grèves, à la consommation, etc.). ‖ *Indice particulier* ou *élémentaire,* indice exprimant les variations d'une seule grandeur. ‖ *Indice pondéré,* indice tel que les indices particuliers entrant dans sa construction sont affectés de poids différents, proportionnels à l'importance de chaque élément représenté dans l'ensemble qu'ils forment. (L'indice des 295 postes de dépenses est un indice pondéré, chaque poste n'ayant pas le même poids.) ‖ *Indice des prix,* rapport entre le prix d'un bien ou d'un service à une période donnée et le prix de ce même bien ou service à une période de référence donnée. ‖ *Indice simple,* indice calculé à partir d'indices particuliers dotés d'un poids identique. ‖ *Indice synthétique,* indice défini comme une certaine combinaison d'indices particuliers. — **Zootechn.** *Indice de consommation (I. C.),* rapport entre la quantité d'aliments consommée par un animal d'élevage au cours d'une période déterminée et le gain de poids vif réalisé pendant la même période.

INDICE-CHAÎNE n. m. (pl. *indices-chaînes*). Indice économique dont la valeur, à un moment donné, est obtenue à partir de celle de l'indice de la période précédente.

INDICIAIRE adj. **1.** Relatif à un indice : *Un classement indiciaire.* — **2.** Se dit d'un système de détermination de l'assiette d'un impôt direct au moyen de signes extérieurs considérés comme autant d'indices révélateurs de la richesse.

INDICIBLE adj. (lat. médiév. *indicibilis*). Qu'on ne saurait exprimer, qui dépasse toute expression : *Une peur indicible.*

INDICIBLEMENT adv. De façon indicible.

INDICIEL, ELLE adj. **1.** Relatif à un indice statistique, économique. — **2.** Se dit des déictiques qui renvoient à la situation (participants, circonstances) dans laquelle l'énoncé est émis *(je, ici, maintenant).*

INDICOLITE n. f. (du lat. *indicum,* indigo). Variété ferromanganésienne de tourmaline, présentant une belle coloration bleue.

INDICTION n. f. (lat. *indictio, -onis,* taxe extraordinaire). **1.** À Rome, publication du rôle des contributions foncières. (À partir de Dioclétien, elle fut déterminée pour des périodes de quinze ans.) — **2.** *Indiction (romaine),* rang qu'occupe une année dans une période de quinze ans, perpétuellement renouvelée. (Élément du comput ecclésiastique, l'indiction a pour valeur le reste de la division par 15 du millésime de l'année, augmenté de 3 ; mais, si ce reste est nul, elle vaut 15. Depuis le pape Grégoire VIII, la date prise pour origine des périodes de l'indiction est le 1er janv. 313.)

INDIEN, ENNE adj. et n. **1.** De l'Inde. — **2.** Qui appartient aux populations autochtones de l'Amérique (autref. les *Indes occidentales*). [Syn. AMÉRINDIEN.] — **3.** *Acier indien,* syn. de DAMAS.

◆ **indienne** n. f. **1.** Toile de coton peinte ou imprimée à décor de fleurs, feuillages et oiseaux provenant à l'origine des Indes, puis fabriquée en Europe. — **2.** *Peigne à l'indienne,* peigne d'os ou d'ivoire ayant des dents fines des deux côtés.

INDIEN (en lat. *Indus, -i*), petite constellation australe, introduite par Johann Bayer en 1603.

INDIEN *(océan),* la plus petite partie de l'océan mondial, entre l'Afrique, l'Asie, l'Australie et l'Antarctique.

L'océan Indien se distingue par des dimensions relativement réduites, une position en majeure partie australe et la fermeture au N. par l'Asie. Largement ouvert au S. à l'influence antarctique, il est soumis au N. à l'influence de la mousson asiatique. Il a la forme d'un triangle dont les lignes médianes sont formées par des dorsales océaniques, disposées en Y renversé, dont l'expansion a produit la fragmentation de l'ancien continent de Gondwana.

L'OCÉAN INDIEN EN CHIFFRES

Superficie d'ensemble (millions de km²)	74,5*
Superficie par étages bathymétriques (profondeurs en km)	
0-0,2	2,4
0,2-1	2,0
1-2	2,3
2-3	5,5
3-4	18,6
4-5	28,6
5-6	14,5
6	0,4
Volume (millions de km³)	292
Profondeur moyenne (m)	3 897
Profondeur maximale (m)	7 455 (fosse de Java)
Largeurs (km)	
Muqdisho-Sumatra	3 100
Port Elizabeth-Perth	4 600

* excluant la partie située au-delà de 55° de latitude S. (océan Austral).

Soumis à une double influence, le comportement des eaux est plus complexe que dans les autres océans. Le système austral (au S. de 10° de latitude S.) est caractérisé par la distribution régulièrement zonale des vents, des températures (de l'air et de l'eau), de la salinité et des courants superficiels. Le système « moussonique » occupe tout le reste de l'océan Indien. Son moteur est le renversement saisonnier des vents de mousson. La vitesse des vents et des courants, les températures de l'air et de l'eau et la salinité présentent de plus grandes variations, dont l'amplitude croît vers le continent asiatique. En hiver, l'alizé soufflant du N.-E. vers la convergence intertropicale crée une circulation superficielle comparable à celle des autres océans. En été, les vents chauds, humides et instables (cyclones), attirés par les basses pressions asiatiques, provoquent un réchauffement et une dessalure partielle des eaux, ainsi qu'une accélération des courants (singulièrement pour le courant de Somalie) qui portent en prédominance vers l'E. (courant de la mousson de S.-O.). L'océan Indien se distingue par la faible productivité des eaux de surface, privées d'échanges verticaux revitalisants. La température élevée des eaux favorise le développement des récifs et des plates-formes récifales, semées d'atolls (Maldives, Chagos, Laquedives, Seychelles, Comores). Au débouché des grands deltas, les eaux turbides entretiennent une productivité régionale. Fonds et rivages coralliens ou vaseux font l'objet d'une exploitation halieutique artisanale et faiblement productive. À partir du XVe s. (Vasco de Gama), les civilisations maritimes, souvent d'origine extérieure (Égyptiens, Phéniciens, Chinois, Arabes), ont été bouleversées par l'introduction du commerce colonial et l'implantation de comptoirs établis par les Portugais, les Hollandais, les Britanniques et les Français. Les routes commerciales actuelles sont fondamentalement exportatrices : à la route des Indes a succédé la route du Cap, évacuant les hydrocarbures du golfe Persique (V. planisphère OCÉAN.)

INDIEN *(territoire),* partie du territoire de l'Arkansas réservée aux Indiens de 1834 à 1907, auj. intégrée dans l'Oklahoma.

INDIENNERIE n. f. Fabrication des indiennes ; ces toiles elles-mêmes.

INDIENS ou **AMÉRINDIENS,** autochtones de l'Amérique.

principales ethnies

• AMÉRIQUE DU NORD. Au moment de la découverte du continent américain, les tribus les plus anciennes sont les Algonquins ; l'établissement des Iroquois et des Hurons a été plus tardif. Dans le Sud-Est, les Cinq Nations (Creeks, Cherokees, Choctaws, Chickasaws, Séminoles) seront déportées dans l'est de l'Oklahoma, qui devient un État en 1907. Dans les plaines vivent les Sioux (« aire du bison »), qui sont décimés au XIXe s. La ruée vers l'or sonnera le glas pour les Shoshones et les Nez Percés. Dans le Sud-Ouest, les Athabascans (Apaches, Navahos) avec les Pueblos (Zuñis et Hopis) essayent de résister.

• MEXIQUE ET AMÉRIQUE CENTRALE. Les communautés indiennes subsistent malgré un profond métissage avec les Européens. Ce sont notamment les Chols, les Chontales, les Miskitos, les Mixtèques, les Nahuas, les Otomis, les Zapotèques.

• AMÉRIQUE DU SUD. On peut distinguer quatre grandes aires culturelles :

1. *L'aire andine.* Trois ensembles ethniques dominent : les Quechuas, qui sont les plus nombreux, les Urus-Chipayas et les Aymaras.

2. *La forêt tropicale.* Les principaux Indiens sont les Arawaks, les Bororos, les Caribs, les Gés, les Guaranis, les Jivaros, les Tucanos, les Tupis, les Yanomamös.

3. *Le Chaco.* Il est occupé par les Guaicurus, les Matacos, les Guaranis, les Tupis, les Arawaks, les Maskois.

4. *Les chasseurs et collecteurs du Sud.* Ce sont notamment les Chonos, les Alakalufs et les Yamanas.

5. *Les agriculteurs des Andes.* Ce sont les Araucans, qu'on divise en trois groupes : Picunches, Mapuches et Huilliches.

langues

En Amérique du Nord, au moment de l'arrivée des Européens, env. 300 langues étaient parlées par quelque 1 500 000 personnes ; il en resterait actuellement moins de 200, dont certaines n'ont plus que quelques locuteurs. On distingue 8 ensembles : l'*esquimau-aléoute,* le *na-déné,* incluant le vaste groupe athabascan représenté au Nouveau-Mexique et en Arizona (navaho, en extension avec 100 000 locuteurs, apache), l'*algonquin,* disséminant une cinquantaine de langues à travers le continent (cree, ojibwa, cheyenne, micmac, delaware, natchez, muskogee), le *wakash,* le *penutia* et le *hoka,* langues de la côte ouest, le *sioux* des plaines centrales, rapproché de l'iroquois et du cherokee de l'est, et l'*uto-aztèque* (tano, ute, comanche, hopi), représenté en Oklahoma et au Nouveau-Mexique mais surtout au Mexique et en Amérique centrale.

En Amérique centrale, on a dénombré 70 langues parlées par env. 6 millions de locuteurs. Les plus importantes sont le nahuatl (ou aztèque), appartenant au groupe uto-aztèque et parlé par env. 1 million de personnes (Mexico, Hidalgo, Vera Cruz), les langues du groupe maya (Yucatán, Belize, Guatemala), parlées par près de 2 millions (yucatèque, quiché, cakchiquel, mam), et les langues du groupe otomangue (mixtèque, zapotèque, otomi), par près de 1 million.

En Amérique du Sud, le nombre total de locuteurs amérindiens est estimé à plus de 15 millions, dont plus de la moitié est localisée dans les Andes centrales (anciens foyers de civilisation précolombienne). Certaines langues sont parlées par des populations nombreuses et homogènes : le quechua (6 millions en Colombie, Équateur, Pérou et N. du Chili), l'aymara (600 000 au Pérou et en Bolivie), l'araucan (200 000 au Chili), le guarani (1,5 million, surtout au Paraguay).

INDIFFÉREMMENT [-ramɑ̃] adv. D'une manière qui ne marque aucune préférence ; sans qu'il y ait de différence : *Vous pouvez indifféremment prendre l'un ou l'autre.*

INDIFFÉRENCE n. f. (bas lat. *indifferentia,* du lat. class. *indifferens, -entis*). **1.** État, sentiment de qqn qui ne se sent pas concerné, touché par qqch, ou qui n'accorde aucune attention, aucun intérêt à qqn, à qqch : *Regarder un spectacle avec indifférence.* — **2.** État d'esprit de qqn qui ne se sent pas concerné par le problème religieux. — **3.** Absence d'amour chez qqn qui ne répond pas au sentiment qu'il inspire. — **4.** *Courbe d'indifférence,* figuration graphique illustrant le comportement d'un agent économique qui, en présence de combinaisons de choix qui lui sont offertes, ne marque pas de préférence. ‖ *Liberté d'indifférence,* type de liberté auquel on a affaire lorsque l'âme, au moment de prendre la décision d'agir, est attirée par plusieurs actions possibles de façon égale.

INDIFFÉRENCIATION n. f. État de ce qui est indifférencié.

INDIFFÉRENCIÉ, E adj. **1.** Qui ne présente pas de caractéristiques suffisantes pour se différencier. — **2.** Se dit du système de filiation dans lequel les deux lignées, paternelle et maternelle, sont substituables pratiquement et ont socialement les mêmes fonctions. — **3.** Syn. de ANAPLASIQUE.

INDIFFÉRENT, E adj. (lat. *indifferens, -entis*). **1.** Qui ne présente aucun motif de préférence, qui est neutre, égal : *Choix indifférent.* — **2.** Qui ne suscite chez qqn aucun sentiment particulier, aucune réaction précise, qui n'a à ses yeux aucun intérêt : *La politique le laisse indifférent.* — **3.** Qui n'éprouve aucun sentiment, aucun intérêt particulier pour qqn ou qqch : *Les gens sont indifférents ; rien ne les touche.* — **4.** *Équilibre indifférent,* équilibre présenté par un système quel que soit l'état dans lequel on le place.

◆ n. Personne qui ne manifeste aucune sensibilité, aucune réaction particulière aux choses et aux gens qui l'entourent : *Ne joue pas les indifférents, tu es ému.*

INDIFFÉRENTISME n. m. Conception préconisant l'indifférence et le refus à l'égard de tout engagement philosophique, religieux ou politique.

INDIFFÉRENTISTE adj. Relatif à l'indifférentisme ; partisan de l'indifférentisme.

INDIFFÉRER v. t. (de *indifférent*) [conj. 18]. Être indifférent à qqn : *Faites ce que vous voulez, cela m'indiffère.*

INDIGÉNAT n. m. Régime administratif spécial appliqué aux indigènes d'une colonie. (Instauré en Algérie, il fut peu à peu étendu à toutes les colonies françaises. Soumettant les autochtones à des pouvoirs administratifs exorbitants, il fut supprimé en 1945.)

INDIGENCE n. f. (lat. *indigentia*). **1.** État de qqn d'indigent : *Tomber dans l'indigence.* – **2.** État de pauvreté intellectuelle, morale : *Indigence d'idées.*

INDIGÈNE adj. et n. (lat. *indigena*). **1.** Originaire du pays où il vit. – **2.** Qui était implanté dans un pays avant la colonisation (par oppos. aux populations d'origine européenne).
◆ adj. **1.** Habité par les indigènes : *La ville indigène.* – **2.** Qui appartient aux indigènes : *Coutume indigène.* – **3.** Se dit d'une espèce animale ou végétale spontanée dans une région donnée. – **4.** *Troupes indigènes,* nom donné, jusqu'en 1945, aux unités de l'armée française recrutées parmi les autochtones des territoires français d'outre-mer.

INDIGÉNISME n. m. (esp. *indigenismo*). **1.** Mouvement politico-social qui s'est développé vers les années 1920 en Amérique latine, notamment dans les pays andins, pour plaider la cause des masses indigènes opprimées par le système semi-féodal hérité de la colonie. (Son grand théoricien fut J. C. Mariátegui. Ses principaux représentants sont Alcides Argüedas, Jorge Icaza, Ciro Alegría et José María Arguedas.) – **2.** Ensemble de doctrines et de politiques qui insistent sur le rôle primordial de la civilisation indienne en Amérique latine.

INDIGÉNISTE adj. et n. Qui appartient à l'indigénisme ; partisan de l'indigénisme.

INDIGENT, E adj. et n. (lat. *indigens, -entis,* de *indigere,* manquer de). Qui manque des choses les plus nécessaires ; nécessiteux : *Vieillard indigent.*
◆ adj. **1.** Qui est très pauvre, nettement insuffisant : *Une pensée indigente.* – **2.** Qui manque de force : *Une lumière indigente.*

INDIGESTE adj. (lat.*indigestus*). **1.** Difficile à digérer ; lourd : *Ce cassoulet trop gras est indigeste.* – **2.** Peu ou difficilement assimilable intellectuellement ; ennuyeux : *Pièce indigeste.*

INDIGESTION n. f. (bas lat. *indigestio, -onis*). **1.** Ensemble de troubles (nausées, vomissements, ballonnement, diarrhée) traduisant un fonctionnement digestif défectueux, faisant suite à un repas excessif ou mal toléré. – **2.** *Fam.* État de qqn qui a trop entendu, trop lu, trop vu, trop subi qqch et qui ne peut plus le supporter : *J'ai une indigestion de cinéma.*

INDIGÈTE adj. (lat. *indiges, -etis*). Se dit des dieux ou des héros romains propres à un pays, une région.

INDIGNATION n. f. (lat. *indignatio, -onis*). Sentiment de colère ou de révolte que provoque qqn ou qqch : *Protester avec indignation.*

INDIGNE adj. (lat. *indignus*). **1.** Qui n'est pas digne de qqch, qui ne le mérite pas ; qui ne mérite pas la confiance, l'amitié de qqn d'autre : *Ces gens sont indignes de votre confiance.* – **2.** Qui n'a pas la valeur d'un autre ou d'un groupe, qui est très au-dessous de lui par ses qualités, ses actes : *Être indigne de ses ancêtres.* – **3.** Se dit d'une action, d'un comportement qui n'est pas en rapport avec la valeur de qqn : *C'est indigne de vous d'avoir menti.* – **4.** Se dit d'une conduite avilissante, honteuse, déshonorante, méprisable : *Une action indigne.* – **5.** Qui n'est pas digne de sa fonction, de son rôle, en raison de la façon dont il s'en acquitte : *Un père indigne.*
◆ adj. et n. Se dit de qqn frappé d'indignité successorale.

INDIGNEMENT adv. De façon indigne.

INDIGNER v. t. (lat. *indignari,* s'indigner) [conj. 3]. Provoquer la colère, la révolte de qqn : *Il m'indigne avec son égoïsme.*
◆ **être indigné** v. pass. Manifester de l'indignation, de la révolte.
◆ **s'indigner** v. pr., **être indigné** v. pass. Éprouver un sentiment de colère, de révolte : *S'indigner contre l'injustice. Il s'indigne de cette condamnation.*

INDIGNITÉ n. f. (lat. *indignitas, -atis*). **1.** Caractère de qqn ou de qqch d'indigne, de méprisable, de vil : *L'indignité de sa conduite.* – **2.** Acte odieux, méprisable : *Le traiter ainsi est une indignité.* – **3.** *Indignité nationale,* peine appliquée à tout Français qui avait, postérieurement au 16 juin 1940, soit apporté une aide à l'Allemagne, soit porté atteinte à l'unité nationale ou à la liberté et à l'égalité des Français. ‖ *Indignité successorale,* exclusion d'une succession d'un héritier ayant commis contre le défunt une faute grave prévue par la loi (calomnie, meurtre ou tentative de meurtre...).

INDIGO n. m. (port. *indigo,* du lat. *indicum,* indigo, de *Indicus,* Indien). **1.** Colorant naturel bleu extrait de plantes. (→ *encycl.*) – **2.** Couleur bleu foncé. – **3.** *Carmin d'indigo,* dérivé disulfoné de l'indigo. ‖ *Indigo blanc,* composé $C_{16}H_{12}N_2O_2$, qui résulte de la réduction de l'indigotine. ‖ *Indigo bleu,* syn. de INDIGOTINE.
◆ adj. inv. Bleu foncé : *Des couleurs indigo.*

ENCYCL. Le colorant naturel est obtenu à partir des feuilles d'indigotier ; il contient jusqu'à 90 % d'indigotine, mêlée à des impuretés. L'indigotine peut être réduite en indigo blanc, dont la solution alcaline teint les tissus en blanc, puis en bleu par réoxydation à l'air. L'indigo est, depuis 1883, obtenu par synthèse.

INDIGOTIER n. m. (de *indigo*). **1.** Plante (papilionacée) ornementale ou tinctoriale des régions chaudes, aux fleurs ordinairement roses ou pourpres, dont la corolle possède un éperon de chaque côté (270 espèces). – **2.** Nom usuel du *bolet bleuissant.* (Sa chair bleuit intensément au toucher.)

INDIGOTINE n. f. **1.** Composé $C_{16}H_{10}N_2O_2$, qui est le constituant bleu de l'indigo. (Syn. INDIGO BLEU.) – **2.** Colorant alimentaire E 132, qui est le carmin de l'indigo.

INDIGUIRKA ou **INDIGHIRKA,** fl. de Russie, dans l'Extrême-Orient russe, qui rejoint l'océan Arctique par un delta ; 1 726 km (bassin d'environ 360 000 km^2).

INDIQUE-FUITES n. m. inv. Petit manomètre servant à constater l'existence de fuites dans les conduites de gaz.

INDIQUER v. t. (lat. *indicare*) [conj. 3]. **1.** Désigner qqch, qqn à qqn, attirer son attention sur qqch ou qqn par un geste, un signe précis : *Il m'indiqua du regard la personne que je cherchais.* – **2.** Montrer qqch à qqn, lui désigner, lui attribuer, etc., ce qui lui revient : *On nous a indiqué nos chambres à la réception.* – **3.** Marquer qqch, comporter tel renseignement : *Ma montre indique l'heure. Le panneau indique les horaires des trains.* – **4.** Donner à qqn tel renseignement, tel conseil : *Il m'a indiqué un bon moyen pour réussir.* – **5.** Révéler qqch, en être le signe ; dénoter : *Sa pâleur indiquait combien il était mécontent.* – **6.** En parlant d'un artiste, suggérer en se limitant à l'essentiel, esquisser.
◆ **être indiqué** v. pass. **1.** Être approprié à une situation donnée ; convenir : *Ce médicament est tout indiqué dans votre cas.* – **2.** *Moment, lieu indiqué,* convenu : *À l'heure indiquée, il était là.*

INDIRECT, E adj. (lat. *indirectus*). **1.** Qui ne conduit pas au but directement, qui fait des détours : *Un chemin indirect.* – **2.** Qui n'est pas exprimé directement, franchement : *Des reproches indirects.* – **3.** Qui agit par intermédiaire, par répercussion, qui ne se produit pas directement : *Influence indirecte.* – **4.** Se dit d'un complément qui se rattache au verbe par l'intermédiaire d'une préposition. (Il peut s'agir d'un complément d'objet [*Il obéit* À SES PARENTS] ou d'un complément circonstanciel [*Il viendra* À HUIT HEURES].) – **5.** *Discours, style indirect, interrogation indirecte,* énoncé qui reproduit les paroles de quelqu'un à l'intérieur d'un autre énoncé par l'intermédiaire d'un surbordonnant (par ex. *Il a dit qu'il ne viendrait pas. Il m'a demandé si je viendrais*). ‖ *Impôt indirect,* impôt non nominatif, perçu, notamment, sur les biens de consommation (par ex. les carburants, les alcools, les tabacs). ‖ *Suffrage indirect,* mode de suffrage à deux ou plusieurs degrés, les citoyens élisant ceux qui éliront eux-mêmes leurs représentants.

INDIRECTEMENT adv. D'une manière indirecte, détournée.

INDIRUBINE n. f. Isomère de l'indigotine. (Syn. ROUGE D'INDIGO.)

INDISCERNABLE adj. **1.** Qu'on ne peut discerner, distinguer d'une autre chose de même espèce ; indéfinissable : *Nuances de sens indiscernables.* – **2.** Syn. de IDENTIQUE.
◆ n. m. *Principe de l'identité des indiscernables,* principe énoncé par Leibniz, selon lequel rien ne se répète dans l'univers qui soit énonçable dans les mêmes termes ou qui dispose des mêmes propriétés.

INDISCIPLINABLE adj. Qui ne peut être discipliné.

INDISCIPLINE n.f. Manque de discipline, attitude de contestation de l'autorité.

INDISCIPLINÉ, E adj. et n. Qui n'est pas discipliné, qui est rebelle à la discipline.
◆ adj. *Cheveux indisciplinés,* cheveux en désordre ou qu'on a du mal à coiffer.

INDISCRET, ÈTE adj. et n. (lat. *indiscretus,* qu'on ne peut distinguer). **1.** Qui cherche à connaître avec une insistance choquante ce qu'on ne tient pas à dévoiler : *Nous sommes ici à l'abri des indiscrets.* – **2.** Qui révèle ce qui devrait rester secret : *Un ami indiscret nous a dit vos projets. Des bavardages indiscrets.*
◆ **indiscret** n. m. Siège du même genre que le confident, mais à trois places.

INDISCRÈTEMENT adv. D'une manière indiscrète.

INDISCRÉTION n. f. (bas lat. *indiscretio, -onis*). **1.** Manque de retenue, de réserve dans les relations sociales ; caractère déplacé, malséant de qqch : *Lire par indiscrétion une lettre qui ne vous est pas adressée.* – **2.** Défaut de qqn qui révèle des choses qu'il devrait garder secrètes : *Son indiscrétion est connue de tous.* – **3.** Action de révéler ce qui devait être secret : *J'ai appris la nouvelle par une indiscrétion de votre secrétaire.* – **4.** *Sans indiscrétion,* s'emploie comme préambule à une question qu'on pourrait trouver indiscrète : *Sans indiscrétion, combien gagnez-vous ?*

INDISCUTABLE adj. Qui n'est pas susceptible d'être discuté ; indéniable : *Il est indiscutable qu'il mérite de réussir.*

INDISCUTABLEMENT adv. De façon indiscutable.

INDISCUTÉ, E adj. Qui n'est pas discuté, contesté, qui ne peut être mis en doute : *Une supériorité indiscutée. Chef indiscuté.*

INDISPENSABLE adj. **1.** Dont on ne peut se dispenser, qui est obligatoire : *Il est indispensable que vous preniez rendez-vous avant de venir.* – **2.** Dont on ne peut se passer ; vital : *L'eau est indispensable à l'organisme.*
◆ n. m. Ensemble des choses essentielles : *N'emporter que l'indispensable.*

INDISPONIBILITÉ n. f. État de qqn, de qqch qui est indisponible.

INDISPONIBLE adj. **1.** Dont on ne peut pas disposer : *Marchandises actuellement indisponibles.* – **2.** Qui n'est pas libre en raison de contraintes indépendantes de sa volonté : *Je suis indisponible en ce moment.* – **3.** Se dit d'un droit, d'un bien dont la loi ne permet pas de disposer.

INDISPOSER v. t. (lat. *indispositus,* confus) [conj. 3]. **1.** Rendre qqn un peu malade, l'incommoder : *La chaleur m'indispose.* – **2.** Mettre qqn dans des dispositions peu favorables, le mécontenter : *Il m'a indisposé avec ses remarques acides.*
◆ **être indisposé** v. pass. **1.** Être légèrement souffrant. – **2.** Être dans la période des règles, en parlant d'une femme.

INDISPOSITION n. f. **1.** Légère altération de la santé. – **2.** État d'une femme indisposée.

INDISSOCIABLE adj. (bas lat. *indissociabilis*). **1.** Qui ne peut être dissocié d'une autre chose ou d'une autre personne. – **2.** Qui ne peut pas être divisé en parties.

INDISSOLUBILITÉ n. f. Caractère de ce qui ne peut être défait, dissous : *L'indissolubilité du mariage religieux.*

INDISSOLUBLE adj. (lat. *indissolubilis*). Qui ne peut être dissous : *Union indissoluble.*

INDISSOLUBLEMENT adv. D'une manière indissoluble.

INDISTINCT, E [-distɛ̃ ou -distɛ̃kt, -tɛ̃kt] adj. (lat. *indistinctus*). Que l'on distingue mal : *Un souvenir indistinct.*

INDISTINCTEMENT adv. **1.** De façon indistincte, confuse : *Des formes apparaissant indistinctement dans la brume.* – **2.** Sans distinction, sans faire de différence : *Ils furent tous indistinctement condamnés.*

INDISTINCTION n. f. État de ce qui est indistinct.

INDIUM [-djɔm] n. m. (lat. sc. *indium*). Métal rare, présentant des analogies avec l'aluminium. (Élément de symbole *In*.)

ENCYCL. Découvert en 1863 dans la blende, l'indium est un métal blanc, plus malléable que le plomb, qui brûle en donnant du sesquioxyde In_2O_3, analogue à l'alumine.

Numéro atomique : 49 Masse atomique : 114,82 Température de fusion : 156,6 °C Masse volumique : 7,3 g/cm^3

INDIVIDU n. m. (lat. scolast. *individuum,* indivisible). **1.** Être vivant ou végétal, distinct et délimité. (→ *encycl.*) – **2.** Être humain, personne par oppos. au groupe, à la société, à la collectivité : *Les rapports de l'individu et de l'État.* – **3.** Personne que l'on ne connaît pas ou que l'on ne veut pas nommer ; personne en général : *L'individu qui a commis le crime est recherché par la police.* – **4.** Personne dont on parle avec mépris : *Un sinistre individu.* – **5.** *Fam.* Ce qui constitue la personne physique de qqn, en partic. son corps : *La partie la plus intime de son individu.* – **6.** En logique, élément d'un domaine d'interprétation. – **7.** Élément d'une population statistique.

INDIVIDUALISATION n. f. **1.** Action d'individualiser, fait de s'individualiser, d'être individualisé : *Individualisation des horaires de travail.* – **2.** *Individualisation de la peine,* système qui consiste à faire varier, pour chaque infraction, la peine d'après la personnalité du délinquant.

INDIVIDUALISER v. t. (de *individuel*) [conj. 3]. Adapter qqch selon les individus : *Individualiser les peines en fonction des circonstances.*
◆ **s'individualiser** v. pr., **être individualisé** v. pass. Prendre des caractères distinctifs, se distinguer d'autre chose de même nature : *Groupe fortement individualisé.*

INDIVIDUALISME n. m. (de *individuel*). **1.** Doctrine qui fait de l'individu le fondement de la société et des valeurs morales. – **2.** Attitude favorisant l'initiative individuelle, l'indépendance et l'autonomie de la personne au regard de la société. – **3.** Tendance à s'affirmer indépendamment des autres, à ne pas faire corps avec un groupe.

INDIVIDUALISTE adj. et n. **1.** Qui relève de l'individualisme ; partisan de l'individualisme. – **2.** Qui a tendance a affirmer son indépendance vis-à-vis des autres.

INDIVIDUALITÉ n. f. (de *individuel*). **1.** Caractéristique d'un être (personne ou chose) qui le rend tel qu'il ne puisse être confondu avec un autre être. – **2.** Ce qui fait l'originalité, la particularité d'un individu et l'oppose aux autres : *Dans le groupe, chacun a su préserver son* *individualité.* — **3.** Personne douée d'un caractère particulièrement marqué et original : *Ce style témoigne d'une forte individualité.*

INDIVIDUATION n. f. (de *individu*). **1.** Ce qui distingue un individu d'un autre. — **2.** Processus par lequel l'enfant se différencie en tant que sujet distinct des autres. — **3.** *Principe d'individuation,* principe scolastique qui fait qu'un individu diffère de tout autre.

INDIVIDUEL, ELLE adj. (de *individu*). **1.** Qui concerne l'individu, par oppos. à la collectivité : *Propriété individuelle.* — **2.** Qui est le fait d'une personne seule, par oppos. à *collectif* : *Les initiatives individuelles seront encouragées.* — **3.** Qui est conçu pour une seule personne ou qui concerne une seule personne : *Convocation individuelle.* — **4.** *Ligne individuelle,* ligne d'abonné accessible par un numéro unique et exclusif. ‖ *Sport individuel,* sport qui peut être pratiqué seul ou qui oppose des concurrents isolés, par oppos. à *sport d'équipe* (athlétisme, cyclisme, gymnastique, tennis).
◆ n. Athlète qui participe à une compétition sans appartenir à une équipe, à un club.

INDIVIDUELLEMENT adv. **1.** De façon individuelle : *Vous êtes tous individuellement responsables de l'accident.* — **2.** Un à un, séparément : *Se présenter individuellement au contrôle.*

INDIVIS, E adj. (lat. *indivisus*). Qui est en état d'indivision : *Biens indivis.*
◆ n. m. *Par indivis, en indivis,* sans partage, en commun.

INDIVISAIRE n. Personne se trouvant en indivision.

INDIVISÉMENT adv. Par indivis.

INDIVISIBILITÉ n. f. *Litt.* Caractère, nature de ce qui est indivisible.

INDIVISIBLE adj. (bas lat. *indivisibilis*). **1.** Qui ne peut être divisé, séparé, distingué en parties ; qui ne peut être dissocié de qqch d'autre. — **2.** *Obligation indivisible,* obligation qui ne peut pas être exécutée partiellement et à laquelle chacun des obligés est tenu pour le tout.

INDIVISION n. f. (de *indivis,* d'apr. *division*). **1.** Situation juridique née de la coexistence de droits de même nature ayant des titulaires différents mais s'exerçant sur un même bien, sans qu'une division matérielle des parts soit réalisée. (En principe, nul n'est tenu de rester dans l'indivision.) — **2.** *Indivision forcée,* syn. de COPROPRIÉTÉ DIVISE*.

INDOANILINE n. f. Nom générique de colorants bleus résultant de l'oxydation d'un mélange d'une paradiamine et d'un phénol.

INDO-ANTARCTIQUE *(bassin),* bassin océanique du sud de l'océan Indien, dont la profondeur maximale dépasse 6 000 m. Il est limité par le continent antarctique, le plateau des Kerguelen et la dorsale Indo-Antarctique.

INDO-ANTARCTIQUE *(dorsale),* dorsale océanique du sud-est de l'océan Indien, allant du point triple de l'île Rodrigues au sud de la Nouvelle-Zélande et formée par l'ouverture entre les plaques Antarctique et Indo-Australienne.

INDO-ARYEN, ENNE adj. et n. m. (pl. *indo-aryens, ennes*). Se dit des langues indo-européennes parlées en Inde.

ENCYCL. Les langues indo-aryennes constituent une branche de l'indo-européen proche de l'iranien. Les plus anciens textes appartiennent au sanskrit, duquel se sont détachés les prākrits. Les langues indo-aryennes modernes, parlées par plus de 500 millions de locuteurs, se divisent en cinq groupes : le groupe de l'Est (assamais, bengalī, oriyā, népalais) ; le groupe du Nord-Ouest (langues dardes, dont la principale est le kāśmīrī) ; le groupe de l'Ouest (rājasthānī, panjābī, lahndā, gujarātī, sindhī) ; le groupe du Sud-Ouest (marāṭhī, konkānī, cinghalais, maldivien) ; le groupe central, le plus important, comprend le hindī et ses dialectes orientaux (avadhī, baghelī, chattīsgaṛhī) et occidentaux (braj, bundelī), l'urdū et le bihārī.

INDO-AUSTRALIENNE *(plaque),* plaque de lithosphère occupant l'est de l'océan Indien et le sud-ouest de l'océan Pacifique. (Elle a des frontières, en expansion à l'O. [dorsales Carlsberg et Indo-Antarctique], en subduction à l'E. [fosses du Pacifique occidental, de Java et de Sumatra] et en collision au N. [montagnes de l'Himālaya et de Birmanie].)

INDOCHINE, péninsule de l'Asie du Sud-Est, comprenant la Birmanie, la Thaïlande, le Laos, le Cambodge, le Viêt-nam et la Malaisie.
— **Géogr.** Couvrant plus de 2 millions de km² et peuplée d'env. 220 millions d'hab., l'Indochine est située entre l'équateur et le tropique, domaine de la mousson. Elle juxtapose montagnes (Arakan, Tenasserim, cordillère annamitique) et plateaux (Korat, Boloven, etc.) coupés de fleuves (Irrawaddy, Ménam, Mékong). Ceux-ci ouvrent des bassins intérieurs, édifiant surtout des deltas. C'est dans ces deltas, sous un climat chaud et humide, que se concentrent populations et grandes villes (Rangoon, Bangkok, Hô Chi Minh-Ville, Hanoi) ainsi que les cultures (riz prépondérant). Des conflits déchirent ou ont déchiré l'est de la région tandis que la moitié occidentale souffre surtout de l'opposition entre l'ethnie dominante (une par État) et les minorités, turbulentes.
— **Hist.** → BIRMANIE, CAMBODGE, LAOS, MALAYSIA, THAÏLANDE, VIÊT-NAM.

Indochine *(campagne d')* [1940-1954], ensemble des opérations menées par les Français en Indochine française, opposés d'abord, dans le cadre de la Seconde Guerre mondiale, au Japon et à la Thaïlande, puis, à partir de 1946, au mouvement révolutionnaire du Viêt-minh.

1940 - 1945

Dès la défaite française de 1940, le Japon occupe partiellement le Tonkin (sept.). En 1941, la Thaïlande attaque le Cambodge et impose, malgré la destruction de sa flotte (janv.), la présence de ses troupes à la suite d'un arbitrage japonais en sa faveur. Face à cette situation, l'amiral Decoux, avec 60 000 hommes à l'armement désuet, ne peut que temporiser. Le 9 mars 1945, les Japonais massacrent ou internent les garnisons françaises d'Indochine, à l'exception de celles qui, sous les ordres des généraux Sabattier et Alessandri, réussissent à gagner la Chine du Sud. Après la capitulation du Japon et aux termes des accords de Potsdam, l'Indochine est occupée par les Alliés : au nord du 16ᵉ parallèle par les Chinois, au sud par les Britanniques. Le 5 octobre, les premiers éléments français de Leclerc arrivent à Saigon, s'installent rapidement en Cochinchine et dans l'Annam du Sud et assurent la relève des troupes britanniques.

1946 - 1954

Après la consolidation de leur situation au sud du 16ᵉ parallèle, les Français négocient difficilement leur retour au nord avec les Chinois et le Viêt-minh d'Hô Chi Minh (qui exige la souveraineté sur le Tonkin, en Annam et en Cochinchine). Le 18 mars 1946, les troupes françaises arrivent à Hanoi, où elles relèvent les Chinois, tandis que Vo Nguyên Giap, collaborateur militaire d'Hô Chi Minh, organise avec l'appui américain une armée viêt-minh. Après l'échec des conférences franco-viêt-minh de Dalat (avr.-mai) et de Fontainebleau (sept.) et à la suite du bombardement d'Haiphong par les Français (nov.), Hô Chi Minh attaque (19 déc.) les garnisons du Tonkin et d'Annam : sans grand succès, certes, mais la rupture est consommée. En 1947, malgré les offensives françaises du général Valluy, des régions entières passent sous le contrôle d'Hô Chi Minh. À partir de 1948, la France commence à renforcer ses effectifs. Le delta du fleuve Rouge est contrôlé dès 1950. Cependant, la victoire de Mao Zedong en Chine, l'arrivée de ses troupes à la frontière du Tonkin et du Laos et le déclenchement de la guerre de Corée (juin 1950) portent le conflit sur le plan international : aide sino-soviétique à Hô Chi Minh et aide américaine aux Français, qui vont devoir évacuer, dans des conditions difficiles, leurs garnisons de la frontière chinoise (Lang Son, Cao Bang). Envoyé avec les pleins pouvoirs (1950-1952), de Lattre réussit un rétablissement spectaculaire en brisant successivement trois offensives contre le delta et obtient l'appui des forces vietnamiennes mobilisées par Bao Dai. Salan succède à de Lattre, élimine en 1952 les infiltrations dans le delta, bloque, à Na Sam, une attaque de Giap contre le Tonkin (nov.-déc. 1952) et fait échouer un raid contre le Laos (avr.-mai 1953). Le général Navarre, qui succède à Salan en 1953, crée le camp retranché de Diên Biên Phu, qui, investi par les forces du Viêt-minh, tombe le 7 mai 1954. Les pourparlers d'armistice, engagés le 28 juin dans le cadre de la conférence de Genève (ouverte le 26 avr.), aboutissent le 21 juillet à un accord séparant le Viêt-nam en deux zones, de part et d'autre du 17ᵉ parallèle. Hanoi et Haiphong sont évacués par la France en 1955, et Saigon en 1956.

Indochine *(médaille commémorative de la campagne d'),* décoration française créée en 1953 pour les combattants de cette campagne.

INDOCHINE FRANÇAISE, ensemble des colonies et protectorats français de la péninsule indochinoise. Créée en 1887, l'Union indochinoise (Annam, Tonkin, Cambodge, Cochinchine), complétée par le Laos (1893) et par le territoire chinois de Guangzhouwan, disparut après les accords d'indépendance de 1949-50.

INDOCHINOIS, E adj. et n. D'Indochine.

INDOCILE adj. (lat. *indocilis*). Qui n'est pas docile ; qui ne se laisse pas diriger, conduire.

INDOCILITÉ n. f. (lat. *indocilitas, -atis*). Caractère indocile de qqn, d'un animal.

INDO-EUROPÉEN, ENNE adj. (pl. *indo-européens, ennes*). Se dit des langues issues de l'indo-européen.

◆ adj. et n. Se dit des peuples qui ont parlé les langues indo-européennes.

◆ **indo-européen** n. m. Langue non directement attestée mais reconstituée par comparaison des diverses langues à l'origine desquelles elle se trouve.

ENCYCL. L'indo-européen est la langue commune dont sont issues les langues dites indo-européennes, qui recouvrent aujourd'hui la quasi-totalité de l'Europe et de l'Amérique et une partie importante de l'Asie : la moitié de l'humanité parle une langue issue de l'indo-européen.

Les langues indo-européennes se classent en douze groupes principaux : 1° le tokharien (VIᵉ - VIIᵉ s. de notre ère) ; 2° l'indo-aryen, du sanskrit védique (IIᵉ millénaire) aux diverses langues actuelles (hindī, bengalī, etc.) ; 3° l'iranien, d'où viennent l'avestique et le vieux perse (Iᵉʳ millénaire avant notre ère), est représenté aujourd'hui par de nombreux idiomes ; 4° l'arménien, connu depuis le vᵉ s. de notre ère ; 5° l'anatolien, qui n'est représenté que par des langues mortes (hittite, louvite lycien et lydien) ; 6° le grec, depuis le mycénien du IIe millénaire au grec moderne ; 7° l'albanais ; 8° les langues italiques, dont le latin, langue mère des langues romanes ; 9° le celtique ; 10° le germanique (anglais, allemand, scandinave) ; 11° le baltique : vieux prussien (disparu), lette et lituanien ; 12° le slave, du vieux slave aux langues slaves modernes. La grammaire comparée des langues indo-européennes, née au début du XIXe s. avec F. Bopp, s'efforce de restituer la langue commune dont elles sont issues : celle-ci nous apparaît non comme le sabir d'un conglomérat de populations hétérogènes, mais comme la langue d'un peuple dont nous connaissons les idéaux et les valeurs, attestés par la récurrence de nombreux schémas narratifs hérités, présents dans les Veda, les poèmes d'Homère, l'*Edda* nordique, etc. Les indications acquises sur les techniques, l'habitat, le cadre de vie nous aident à identifier les Indo-Européens parmi les néolithiques d'Asie et d'Europe. Un accord semble se réaliser aujourd'hui en faveur du site dit « des kourganes », qui s'étend entre l'Oural, la mer Caspienne et la mer Noire, du Ve au IIIe millénaire, et d'où, en direction de l'Europe et de l'Asie, sont parties trois vagues successives d'envahisseurs.

INDO-GANGÉTIQUE *(plaine),* région naturelle s'étendant entre l'arc himalayen et le Deccan. Vaste dépression comblée par des débris de l'Himālaya, c'est une région très densément peuplée, surtout dans l'Est, humide (Bengale fournissant du riz et du jute et comptant les grandes agglomérations de Calcutta et Dacca), et le Centre (de Delhi à Paṭnā), plus ponctuellement dans l'Ouest, plus sec (Pendjab et Rājasthān), voire aride (désert de Thar). L'Ouest est cependant le site des métropoles pakistanaises (Lahore et Karāchi).

INDO-GERMANIQUE adj. et n. m. Chez certains linguistes allemands, syn. de INDO-EUROPÉEN.

INDO-GRECS, nom donné par les historiens modernes à plusieurs lignées de souverains d'origine grecque qui, à partir du milieu du IIIe s. av. J.-C., régnèrent sur la Bactriane, puis étendirent leur pouvoir en Inde proprement dite, jusque dans le Pendjab (IIIe - Ier s. av. J.-C.).

INDO-IRANIEN, ENNE adj. et n. m. Se dit de l'ensemble linguistique formé par les langues indo-aryennes et iraniennes, considéré comme une même branche de la famille indoeuropéenne.

INDOLAMINE n. f. Substance organique présentant une fonction amine branchée sur un cycle indole. (Les principales indolamines sont la sérotonine et la tryptamine.)

INDOLAMINERGIQUE adj. **1.** Se dit d'un neurone synthétisant une indolamine — **2.** *Système indolaminergique,* syn. de SYSTÈME SÉROTONINERGIQUE*.

INDOLE ou **INDOL** n. m. (de *indigo* et lat. *oleum,* huile). Composé aromatique bicyclique C_8H_7N, apparenté au pyrrole.

ENCYCL. Obtenu par distillation de l'indigo, l'indole se rencontre dans les essences de jasmin et de fleurs d'oranger, dans les matières fécales et le pus, ainsi que dans les goudrons de houille. Il est employé en parfumerie.

INDOLE-ACÉTIQUE adj. *Acide indole-acétique (A. I. A.),* composé organique de formule $C_{10}H_9O_2N$, doué de propriétés d'hormone de croissance pour les végétaux. (Il amollit les jeunes parois cellulosiques, ce qui facilite l'élongation des cellules, et il les rend plus perméables, ce qui accélère l'absorption par la cellule, donc sa croissance.)

INDOLEMMENT [-lamɑ̃] adv. Avec indolence.

INDOLENCE n. f. (lat. *indolentia,* insensibilité). **1.** Caractère de qqn qui agit avec mollesse. — **2.** Caractère d'une lésion qui ne cause pas de douleur.

INDOLENT, E adj. et n. (lat. *indolens, -entis,* qui ne souffre pas). Qui évite de se donner de la peine, qui agit avec mollesse : *Un enfant indolent. Un geste indolent.*

INDOLIQUE adj. Qui se rapporte à l'indole.

INDOLORE adj. (bas lat. *indolorius*). Qui ne cause aucune douleur : *Opération indolore.*

INDO-MALAIS, E adj. Se dit d'une région zoologique et botanique (Indo-Malaisie) comprenant l'Inde, la presqu'île indo-chinoise, Sumatra, Java et Bornéo, limitée à l'est par la « ligne Wallace ».

INDOMÉTACINE ou **INDOMÉTHACINE** n. f. Dénomination courante d'un médicament antiinflammatoire utilisé principalement dans les affections rhumatismales.

INDOMPTABLE [ɛ̃dɔ̃tabl] adj. **1.** Qui ne peut être dompté : *Cheval indomptable.* — **2.** Dont on ne peut venir à bout : *Un indomptable courage.*

INDOMPTÉ, E [ɛ̃dɔ̃te] adj. **1.** Qui n'a pas encore été dompté : *Un cheval indompté.* — **2.** *Litt.* Qui n'a pas été soumis : *Nation indomptée.*

INDONÉSIE, État de l'Asie du Sud-Est. 1 900 000 km² ; 200 600 000 hab. *(Indonésiens).* CAP. *Jakarta.* LANGUE : *indonésien.* MONNAIE : *rupiah.*

Géographie

• *La population.* Étirée sur près de 5 000 km d'O. en E., se développant, de part et d'autre de l'équateur (mais surtout au S.), sur plus de 1 500 km du N. au S., l'Indonésie vient au quatrième rang mondial pour la population. La densité moyenne (105 hab. au km²) n'a guère de signification. Les plus grandes îles sont très peu peuplées (Kalimantan, Irian Jaya, qui ne sont d'ailleurs que partiellement indonésiennes) ou assez peu (Sumatra, Célèbes). En revanche, 60 % de la population se concentrent à Java, sur moins de 7 % de la superficie totale. Le problème du surpeuplement y est aggravé par une croissance démographique de l'ordre de 2 % par an et par la prépondérance d'une agriculture encore étroitement dépendante des conditions naturelles. D'origine ethnique variée (Deutéro-Malais, surtout, et Proto-Malais, auxquels s'ajoutent des minorités mélanésiennes et aussi chinoises), l'Indonésie est largement unifiée aujourd'hui grâce aux progrès de la langue nationale et à l'extension de l'islām. Religion de près de 90 % de la population, il en fait, et de loin, le premier pays musulman au monde.

• *Le milieu naturel.* La plupart des îles sont montagneuses, souvent volcaniques, et les plaines n'ont qu'une extension réduite. La latitude explique la chaleur constante (26 - 27 °C env.), la forte et presque permanente humidité (généralement plus de 3 000 mm de pluies par an). Associés, ces deux facteurs ont provoqué le développement de la forêt dense qui recouvre plus de 60 % du territoire.

• *L'économie.* Héritage de la colonisation néerlandaise, l'agriculture — où l'élevage tient une faible place alors que la pêche est relativement développée — juxtapose un secteur commercial et un secteur vivrier. Celui-ci est dominé par le riz (près de la moitié des terres cultivées), et l'Indonésie est autosuffisante depuis le début des années 1980. Parmi les cultures de plantation émergent le caoutchouc, puis la canne à sucre, le café, le thé, etc. Si l'agriculture occupe encore près de la moitié des actifs, c'est l'industrie, en plein essor, qui assure désormais la majeure partie du P.I.B. Elle le doit à l'extraction du pétrole et du gaz naturel (les hydrocarbures constituant un peu moins de la moitié des exportations). La production industrielle s'est diversifiée : valorisation des produits du sous-sol (hydrocarbures et minerais), produits de base (acier, ciment), biens d'équipement (avions, électronique) et de consommation (agroalimentaire, textiles), soutenue notamment par des investissements extérieurs (surtout japonais) et favorisée par des bas-salaires. La balance commerciale est excédentaire, mais la dette extérieure reste lourde. Toutefois, avec une croissance économique soutenue depuis plusieurs années, l'Indonésie est l'un des pays les plus dynamiques de l'Asie du Sud-Est.

Histoire

• *Des origines aux Indes néerlandaises.* La civilisation indienne pénètre très tôt dans les îles qui formeront l'Indonésie. Mais, à partir du XIIIe s., l'islām supplante l'hindouisme dans tout l'archipel, à l'exception de l'île de Bali. L'empire de Majapahit règne sur l'Indonésie au XIVe-XVe s.

1511 : Les Portugais prennent Malacca. Ils contrôlent le commerce des épices par l'intermédiaire de leurs comptoirs.

1602 : Fondation de la Compagnie hollandaise des Indes orientales.

Dès le milieu du XVIIe s., les Hollandais remplacent les Portugais.

1799 : La Compagnie hollandaise perd son privilège. Les Indes néerlandaises, principales colonies des Pays-Bas, sont administrées directement par la métropole. Celle-ci s'enrichit grâce au « système des cultures », reposant sur le travail forcé des autochtones.

• *L'indépendance.* L'occupation japonaise (1942-1945) renforce les mouvements nationalistes.

1945 : L'Indonésie se proclame république indépendante sous la présidence de Sukarno.

1949 : L'indépendance est reconnue par les Pays-Bas. Sukarno tente d'instituer un socialisme « à l'indonésienne » et se fait le champion de l'indépendance du tiers-monde (conférence de Bandung, 1955). Mais il doit lutter contre les tendances séparatistes de certaines îles (Sumatra).

1963 : Les Pays-Bas cèdent à l'Indonésie la Nouvelle-Guinée occidentale (ou Irian Jaya).

1965 : Coup d'État, à la suite duquel Sukarno remet ses pouvoirs au général Suharto.

1966 : L'Indonésie accepte la création de la Malaysia à laquelle elle s'était opposée.

1967 : Elle participe à la création de l'Association des Nations de l'Asie du Sud-Est (ASEAN).

Nommé président de la république en 1968, Suharto mène une politique anti-communiste et se rapproche de l'Occident.

1976 : L'Indonésie annexe le Timor Oriental. Les élections sont régulièrement remportées par le parti gouvernemental, le Golkar. L'ensemble des partis et des organisations socioreligieuses doit adhérer depuis 1982 à l'idéologie nationale, le *Pancasila.*

INDONÉSIE *(mer d'),* dans le Pacifique équatorial, mer interinsulaire formée par la plate-forme de la Sonde (mer de Java) et une série de bassins profonds (entre 3 000 et 7 000 m) ouverts par extension entre Bornéo-Célèbes et l'arc insulaire des Philippines (mers de Célèbes, de Sulu, de Banda).

INDONÉSIEN, ENNE adj. et n. D'Indonésie.

◆ **indonésien** n. m. **1.** Ensemble de langues constituant la branche occidentale de la famille malayo-polynésienne. — **2.** Forme du malais, qui est devenue la langue officielle de la République d'Indonésie. (Syn. BAHASA INDONESIA.)

ENCYCL. Le *groupe indonésien,* dit parfois *nousantarien,* s'étend à l'ouest jusqu'à Madagascar (malgache), au nord jusqu'à Taiwan (formosan) ; à l'est, il est limité par les langues mélanésiennes et micronésiennes appartenant à la branche orientale de la famille.

• *L'indonésien,* ou *bahasa indonesia,* est une forme évoluée du malais moderne, langue de relation adoptée comme langue nationale officielle de l'Indonésie en 1945 aux dépens du javanais, langue littéraire prestigieuse, mais de structure complexe. Parlé par plus de 100 millions de locuteurs, langue de l'enseignement secondaire et supérieur et diffusée par les médias, il progresse dans les campagnes et doit constituer un puissant moyen d'unification nationale.

INDOOR [indɔr] adj. inv. (angl. *indoor,* à l'intérieur). Se dit d'une compétition disputée en salle.

INDOPACIFIQUE adj. Qui concerne à la fois l'océan Indien et l'océan Pacifique.

INDOPHÉNOL n. m. Nom générique de colorants obtenus en oxydant le mélange d'un para-aminophénol et d'un phénol.

INDORE, v. de l'Inde (Madhya Pradesh), au pied des monts Vindhya ; 1 104 065 hab. Université. Nœud routier et ferroviaire. Centre commercial et industriel (chimie).

INDO-SCYTHES, nom donné par les historiens modernes à des populations nomades d'Asie centrale venues s'établir aux confins nord-ouest de l'Inde au Ier s. av. J.-C. (Elles contribuèrent à la disparition des principautés indo-grecques.)

INDOSÉ n. m. Ensemble des substances qui, dans une analyse chimique, échappent au dosage.

Indosuez, banque française née de la fusion, en 1975, de la Banque de l'Indochine (créée en 1875) et de la Banque de Suez et de l'Union des mines. Longtemps contrôlée par la Compagnie de Suez, elle a été reprise en 1996 par le Crédit agricole.

IN-DOUZE [in-] adj. et n. m. inv. Se dit du format déterminé par le pliage d'une feuille d'impression en 12 feuillets égaux, soit 24 pages, ou de tout livre de ce format.

INDOXYLE n. m. Dérivé hydroxylé C_8H_7NO de l'indole. (Isomère de l'oxindole, l'indoxyle se trouve dans la nature sous forme d'indican. C'est un précurseur de l'indigo.)

INDRA, le plus grand des dieux de l'Inde à l'époque védique. Son attribut est le foudre *(vajra)* et il est le maître de la pluie. Roi des dieux, il a pour monture l'éléphant Airāvata, qui symbolise le pouvoir royal.

INDRAPURA → KERINCI.

INDRE, riv. du sud du Bassin parisien, affl. de la Loire (r. g.), qui passe à Châteauroux ; 265 km (bassin d'env. 3 500 km²).

INDRE (36), dép. de la Région Centre ; ch.-l. de dép. *Châteauroux* ; ch.-l . d'arrond. *Le Blanc, La Châtre, Issoudun* ; 4 arrond. ; 26 cant. ; 247 comm. ; 6 791 km² ; 237 510 hab. Le dép. appartient à l'académie d'Orléans-Tours, à la cour d'appel de Bourges, à la région militaire Atlantique.
Le département occupe la partie occidentale du Berry, découpée par les vallées de la Creuse et de l'Indre. L'agriculture est fondée sur les cultures céréalières et l'élevage (bovins surtout). L'industrie joue un rôle peu important ; elle est représentée surtout à Châteauroux, qui est la seule ville notable, et à Issoudun.

INDRE (44610), comm. de la Loire-Atlantique, sur la Loire, en aval de Nantes, formée de *Basse-Indre, Haute-Indre* et *Indret ;* 3 295 hab. Métallurgie. Chimie.

INDRE-ET-LOIRE (37), dép. de la Région Centre ; ch.-l. de dép. *Tours* ; ch.-l. d'arrond. *Chinon, Loches* ; 3 arrond. ; 37 cant. ; 277 comm. ; 6 127 km² ; 529 345 hab. Le dép. appartient à l'académie d'Orléans-Tours, à la cour d'appel d'Orléans, à la région militaire Atlantique.
La vallée de la Loire et les basses vallées du Cher, de l'Indre et de la Vienne constituent les secteurs vitaux du département. Elles portent de riches cultures fruitières et légumières, des vignobles (Vouvray, Bourgueil), et sont jalonnées de châteaux (à Amboise, Azay-le-Rideau, Chenonceaux, Chinon), hauts lieux touristiques. Les plateaux, crayeux ou siliceux, dominant ces vallées, sont le domaine d'une agriculture moins intensive (céréales ou élevage bovin). L'industrie est surtout représentée dans l'agglomération de Tours, qui regroupe plus de la moitié de la population du département.

INDRI n. m. (malgache *indry,* le voilà). Grand prosimien à queue courte du nord-est de Madagascar.

INDU, E adj. (de *dû*). **1.** Qui est contre la règle, l'usage, la raison : *Réclamation indue.* – **2.** *Heure indue,* heure à laquelle il ne convient pas de faire qqch : *Rentrer à des heures indues.*
◆ **indu** n. m. **1.** Ce qui n'est pas dû. – **2.** *Répétition de l'indu,* remboursement de ce qui a été payé sans cause.

INDUBITABLE adj. (lat. *indubitabilis,* certain, de *dubitare,* douter). Dont on ne peut douter : *Une preuve indubitable.*

INDUBITABLEMENT adv. De façon indubitable.

INDUCTANCE n. f. (angl. *inductance*). *Inductance idéale,* bipôle élémentaire dans lequel la tension *u* est proportionnelle à la dérivée du courant *i* par rapport au temps ($u = L\,di/dt$). ‖ *Inductance mutuelle,* quotient M de la valeur du flux magnétique φ_{21} dans un circuit électrique C_1 par la valeur du courant i_2 qui, circulant dans un autre circuit C_2, produit ce flux. ‖ *Inductance propre,* pour un circuit électrique, syn. de AUTO-INDUCTANCE ; dans une inductance idéale, quotient L de la tension *u* par la dérivée du courant *i* par rapport au temps. (L'unité SI d'inductance est le *henry* [symb. H].)

INDUCTEUR, TRICE adj. *Effet inducteur,* syn. de EFFET INDUCTIF*.

◆ **inducteur** n. m. **1.** Partie d'une machine à courant continu ou d'une machine synchrone qui produit le flux d'excitation. – **2.** *Inducteur de l'ovulation,* corps ayant la propriété de créer la décharge ovulante de LH (hormone lutéinisante) et utilisé en cas de stérilité anovulatoire.

INDUCTIF, IVE adj. (lat. *inductivus,* de *inducere,* induire). **1.** Qui procède par induction. – **2.** Se dit d'un circuit électrique dont la grandeur essentielle est l'inductance. – **3.** *Effet inductif,* effet électronique provoqué par l'électronégativité d'un substituant, modifiant la répartition des électrons dans une liaison covalente. (Syn. EFFET INDUCTEUR.) ‖ *Logique inductive,* système codifiant les procédures principales de l'induction scientifique et qui traite des notions de confirmation, de prédiction et d'explication.

INDUCTION n. f. (lat. *inductio, -onis,* de *inducere,* conduire dans). Opération mentale par laquelle on passe d'observations données à une proposition qui en rend compte (→ *encycl.* Philos.). • **Électr.** *Induction électrique,* grandeur vectorielle $\vec{D}$ dont la divergence est égale à la charge électrique volumique δ. [Dans le vide, $\vec{D}$ est en tout point égal au produit du champ électrique $\vec{E}$ par la permittivité ε_0.] (Syn. DÉPLACEMENT.) ‖ *Induction électromagnétique,* phénomène qui se manifeste par une tension induite. (→ *encycl.*) ‖ *Induction magnétique,* grandeur vectorielle $\vec{B}$, de divergence nulle en tout point, qui détermine la composante de la force de Coulomb-Lorentz proportionnelle à la vitesse d'un porteur de charge. (Dans le vide, $\vec{B}$ est en tout point égal au produit du champ magnétique $\vec{H}$ par la perméabilité μ_0. L'unité SI est le *tesla* [symb. T].) ‖ *Induction mutuelle,* induction électromagnétique imputable, dans un circuit électrique, au courant qui circule dans un autre circuit. ‖ *Induction propre,* syn. de AUTO-INDUCTION. ‖ *Machine à induction,* syn. de MACHINE ASYNCHRONE*. ‖ *Régulateur à induction,* transformateur à champ tournant dont les enroulements primaires, en dérivation sur un réseau, et les enroulements secondaires, en série avec celui-ci, peuvent être déplacés les uns par rapport aux autres. (On obtient ainsi, à la sortie du secondaire, des tensions de module et de phase variables.) – **Embryol.** Processus qui commande la différenciation des cellules de l'embryon et contrôle la constitution de celui-ci. (→ *encycl.*) – **Méd.** Premier stade de l'anesthésie. – **Métall.** *Four à induction,* four utilisant le phénomène d'induction pour le chauffage de pièces, métaux ou alliages.

ENCYCL. **Électr.** Le phénomène de *l'induction électromagnétique,* découvert par Faraday, est à la base du fonctionnement de la plupart des convertisseurs d'énergie électrique. Étant donné un circuit placé dans un champ magnétique, tel que le flux d'induction φ embrassé par le circuit soit variable :

1° si le circuit est ouvert, il y a, entre les bornes de la coupure, création d'une force électromotrice ;

2° si le circuit est fermé, un *courant induit* apparaît ;

3° le *sens* du courant induit est tel que son flux propre s'oppose à la variation du flux inducteur.

Ces phénomènes se produisent soit lorsque le circuit est mobile dans un champ d'induction uniforme, soit lorsque le circuit, fixe, est soumis à un champ variable.

• *Lois numériques.* 1° La force électromotrice *e,* créée dans un circuit par induction, est donnée par la formule $e = -\,d\varphi/dt$. Sa valeur (en V) est numériquement égale à la dérivée du flux par rapport au temps (en Wb/s).

2° Le courant induit *i* est lié à la résistance R du circuit par la loi d'Ohm $i = e/R = -(1/R)\cdot(d\varphi/dt)$.

• *Auto-induction.* Un courant *i* circulant dans un circuit, d'inductance propre L, y engendre un flux magnétique $\varphi = Li$. Si le courant *i* est variable, le circuit est le siège d'une f. é. m. d'auto-induction

$$e = -\,d\varphi/dt = -\,L\,(di/dt).$$

• *Induction mutuelle.* Considérons deux circuits électriques C_1 et C_2, parcourus par des courants i_1 et i_2 et couplés, c'est-à-dire tels que chacun d'eux embrasse une partie du flux d'induction magnétique créé par l'autre. En désignant par M l'inductance mutuelle de C_1 et C_2, le flux embrassé par C_2 dans le champ de C_1 est $\varphi_{12} = Mi_1$, et le flux embrassé par C_1 dans le champ de C_2 est $\varphi_{21} = Mi_2$. M peut être positif, négatif ou nul, suivant les cas, et ne dépend que de la forme et de la position de C_1 et C_2.

– **Embryol.** Dans le processus d'induction, un groupe de cellules vivantes d'un embryon, voisin d'un autre groupe de cellules, « induit » ce dernier à se différencier et à constituer des organes. L'édification de ceux-ci constitue une partie du code génétique dont chaque cellule est porteuse. À son tour, le jeune organe induit d'autres différenciations, jusqu'à l'âge adulte. Il existe chez les vertébrés un véritable *centre organisateur* de tout l'embryon, sis à la lèvre dorsale du blastopore (futur anus) et qui agit par diffusion d'une substance active, de composition encore inconnue aujourd'hui mais qui garde ses propriétés après la mort du tissu qui l'a engendrée.

— **Philos.** C'est Aristote qui a posé le problème du nombre nécessaire d'observations et surtout le problème de leur cohérence, nombre et cohérence à partir desquels l'induction est légitime. Bacon a formulé cette problématique, et Hume l'a démolie en affirmant que c'est « par habitude » que nous finissons par céder à l'affirmation d'universalité. Au XXe s., Karl Popper a extrait l'induction de la panoplie intellectuelle du scientifique : selon lui, la science doit se passer de l'induction en procédant exclusivement par hypothèses et réfutations.

INDUCTOMÈTRE n. m. Appareil permettant de mesurer une induction produite par la rotation d'une bobine excitée par un champ magnétique extérieur.

INDUIRE v. t. (anc. fr. *enduire,* du lat. *inducere,* conduire dans) [conj. **98**]. **1.** Établir par voie de conséquence, par induction : *Que peut-on induire de ces constatations ?* — **2.** Entraîner qqch, conduire à qqch, à une action : *L'installation de cette usine a induit la création d'un grand nombre d'emplois.* — **3.** Conduire, mener qqn à une action, à un comportement : *Tout m'induisait à croire cela.* — **4.** *Induire qqn en erreur,* le tromper. ‖ *Induire qqn en tentation,* le tenter. • **Électr.** Produire les effets de l'induction. — **Log.** Établir par induction.

◆ **être induit** v. pass. Être entraîné comme conséquence : *Cette mesure aura des effets induits sur le plan économique.* • **Électr.** En parlant de la tension ou du courant, être produit par induction électromagnétique. — **Math.** *Loi induite sur une partie* A *d'un ensemble* E *muni d'une loi de composition interne* T, application définie de A × A dans A qui, à (x,y), associe x T y. — **Phys.** *Radioactivité induite,* radioactivité produite lors de l'irradiation des éléments naturels par des particules chargées ou des neutrons, due à la transformation d'atomes stables en atomes radioactifs. (Syn. RADIOACTIVITÉ ARTIFICIELLE.)

INDUIT n. m. (de *induire*). **1.** Partie d'une machine à collecteur ou d'une machine synchrone dans laquelle est induite une force électromotrice et dont les conducteurs sont parcourus par le courant de charge. — **2.** Rotor portant un enroulement relié à un collecteur. — **3.** *Réaction d'induit,* force magnétomotrice engendrée par le ou les courants d'induit ; modification du flux magnétique qui en résulte dans l'entrefer.

INDULGENCE n. f. (lat. *indulgentia*). **1.** Aptitude à excuser, à pardonner les fautes, à ne pas les sanctionner sévèrement : *Faire appel à l'indulgence du jury.* — **2.** Caractère de ce qui n'est pas sévère : *L'indulgence de la loi pour ce genre de délit.* — **3.** Rémission totale ou partielle, devant Dieu, de la peine temporelle due pour les péchés déjà pardonnés. (→ *encycl.*)

ENCYCL. **Théol.** La pratique des indulgences remonte aux premiers temps de l'Église ; elle est liée à la remise plénière ou partielle de la pénitence publique imposée aux pécheurs. Par la suite apparurent des barèmes et des tarifs appliqués aux peines ecclésiastiques encourues, en fonction d'aumônes, de messes, de prières, etc. Au XVIe s., les abus sécrétés par ce système furent violemment dénoncés par Luther. Le concile de Trente réaffirma pourtant la valeur des indulgences, qui se multiplièrent au XIXe s. Paul VI, en 1967, a révisé fortement la doctrine des indulgences et les règles de leur application.

L'indulgence est dite *plénière* ou *partielle* selon qu'elle libère totalement ou partiellement de la peine temporelle due au péché. Pour gagner les indulgences, le fidèle doit avoir l'intention d'en bénéficier et accomplir les conditions prescrites (confession, communion, visite d'une église, prières).

Indulgences *(querelle des),* conflit religieux qui fut à l'origine de la Réforme luthérienne. Le pape Léon X promulgua, le 31 mars 1515, une indulgence en faveur de ceux qui verseraient des aumônes pour l'achèvement de la basilique Saint-Pierre de Rome. La campagne en faveur des indulgences fut confiée pour une partie de l'Allemagne à Albert de Brandebourg, archevêque de Magdeburg et de Mayence, qui fut autorisé à conserver la moitié des sommes recueillies. Au cours de cette campagne, le dominicain Johannes Tetzel en vint à affirmer qu'une contribution pécuniaire sauvait infailliblement une âme du purgatoire. Ces abus scandalisèrent un certain nombre de contemporains, et Luther, à la veille de la Toussaint de 1517, afficha à la porte de l'église de Wittenberg 95 thèses les dénonçant. Après la riposte de Tetzel, la polémique se poursuivit. Elle remettait déjà en question, du moins implicitement, l'infaillibilité de l'Église. Luther comparut à la diète de Worms (1521), qui amorça le schisme.

INDULGENCIER v. t. (conj. 9). Attacher une indulgence à un objet de piété.

INDULGENT, E adj. (lat. *indulgens, -entis*). **1.** Qui pardonne aisément les fautes, qui n'est pas sévère, dur : *Être indulgent à l'égard des élèves.* — **2.** Qui manifeste l'indulgence : *Appréciation indulgente.*

◆ **indulgents** n. m. pl. Groupe politique de la Convention nationale qui s'opposa aux excès de la Terreur à partir de la fin de 1793. (Ses chefs étaient Danton et Desmoulins.)

INDULINE n. f. (de *indigo* et *aniline*). Nom générique de colorants bleus qui sont des safranines dont les groupements amino sont substitués par des noyaux phényle. (Ces dérivés de l'aniline sont utilisés en impression et pour la préparation des encres et des vernis.)

INDULT [ɛ̃dylt] n. m. (lat. *indultum,* de *indulgere,* être bienveillant). **1.** Toute faveur accordée par le Saint-Siège et qui dispense du droit commun de l'Église soit au bénéfice d'une communauté, soit pour le bien d'un particulier. — **2.** Usage, concédé principalement depuis la guerre de Crimée (1854), d'accorder, après la déclaration de guerre, un délai aux navires ennemis pour se retirer. (Syn. DÉLAI DE FAVEUR.)

INDÛMENT adv. De façon indue.

INDURÁIN (Miguel), coureur cycliste espagnol (Villava, Navarre, 1964). Coureur très complet, grand spécialiste des épreuves chronométrées mais à l'aise également en montagne, il a remporté cinq fois consécutivement le Tour de France (1991 à 1995) et deux fois le Tour d'Italie (1992 et 1993). Champion du monde (1995) et champion olympique (1996) du contre-la-montre individuel, il a également détenu le record du monde de l'heure.

INDURATION n. f. (bas lat. *induratio, -onis,* endurcissement, du lat. class. *indurare*). **1.** Durcissement d'un tissu organique, qui peut traduire une inflammation, une sclérose, une tumeur, une calcification ou une ossification. — **2.** Durcissement d'un sédiment meuble.

INDURER v. t. (lat. *indurare*) [conj. 3]. Rendre dur (un tissu organique).

◆ **être induré** v. pass. **1.** En parlant d'un tissu, devenir épais et dur. — **2.** En parlant d'un horizon, d'un sol ou d'une couche sédimentaire initialement meuble, devenir dur et compact. — **3.** *Chancre induré,* le chancre syphilitique.

INDUS, en sanskr. **Sindhu,** fleuve de l'Asie méridionale ; 3 040 km. Drainant un bassin de près de 1 million de km², né au Tibet, l'Indus traverse le Cachemire avant de sortir de l'Himālaya par des gorges gigantesques, coule ensuite dans une plaine alluviale, recevant le Panjnād (qui collecte les eaux du Pendjab) avant d'atteindre la mer d'Oman par un vaste delta. Le débit du fleuve est en moyenne de 6 600 m³/s et s'élève en juillet et août pendant la mousson. Des barrages, au Pendjab (dont Tarbela) et dans le Sind (Sukkur), fournissent de l'électricité et alimentent surtout un réseau d'irrigation qui est la pièce maîtresse de l'économie pakistanaise.

Indus *(civilisation de l')* ou **civilisation de Harappā** (du n. du premier site étudié), civilisation ancienne de l'Inde et du Pākistān, localisée dans la vallée de l'Indus (Mehrgarh*, Harappā*, Mohenjo-Dāro*, Amri...) et qui s'étend à l'ouest, à l'est et au sud-est dans le Kāthiāwār. Selon les régions, les niveaux culturels sont très différents : Mehrgarh — avec village, domestication de bovins et d'ovins et culture de céréales au VIIᵉ millénaire — présente un stade très avancé d'évolution ; la céramique y apparaît au VIᵉ millénaire. Urbanisation, cachets, poterie polychrome, figurines, outillage osseux et métallurgie du cuivre définissent la période (5000-2500) chalcolithique qui correspond à une phase préindusienne (Mehrgarh, Amri, Mundigak*...). La civilisation de l'Indus proprement dite, qui se développe entre 2400 et 1800 av. J.-C., connaît une vaste expansion et une grande homogénéité. Elle se caractérise par d'énormes cités (Mohenjo-Dāro, Harappā, Kalibangan*, etc.) comportant des aménagements défensifs et utilitaires, des cachets à décor pictographique, des figurines et une poterie peinte ainsi qu'une métallurgie du cuivre et du bronze. Vers 1800 av. J.-C., elle disparaît brutalement, avec cependant une phase dite postharappéenne (1800-1000 av. J.-C.) qui la prolonge — surtout dans le Kāthiāwār — avant de se fondre dans les cultures locales.

INDUSE ou **INDUSIE** n. f. (lat. *indusium,* chemise). Cocon ou coque construit par une larve d'insecte, en partic. de phrygane.

INDUSIE n. f. Petite lame très mince qui recouvre et protège les groupes de sporanges (sores) de certaines espèces de fougères.

INDUSIEN, ENNE adj. Relatif à la civilisation de l'Indus. (Syn. HARAPPÉEN.)

INDUSTRIALISATION n. f. **1.** Application des procédés de l'industrie à une activité : *L'industrialisation de l'agriculture.* — **2.** Développement de l'industrie dans un État, une région : *L'industrialisation d'une région agricole.* (Processus social et économique visant à accroître la rentabilité des moyens de production et d'échange en la faisant davantage dépendre des progrès techniques et scientifiques et de la hiérarchisation de la structure sociale, l'industrialisation se marque par la concentration urbaine, la spécialisation professionnelle, la stratification sociale, l'écart accru entre les revenus.)

INDUSTRIALISER v. t. (de *industrie*) [conj. 3]. **1.** Donner à une activité un caractère industriel : *Industrialiser l'agriculture.* — **2.** Équiper un pays, une région d'industries.

◆ **s'industrialiser** v. pr., **être industrialisé** v. pass. **1.** Prendre un caractère industriel : *Agriculture industrialisée.* – **2.** Avoir une économie où l'industrie tient une place dominante : *Région qui s'est industrialisée.* – **3.** *Architecture, construction industrialisée,* celle qui fait appel à la préfabrication. ‖ *Nouveaux pays industrialisés (N. P. I.),* pays en voie de développement qui, sous l'effet notamment de l'industrialisation, ont connu au cours des récentes années une croissance rapide.

INDUSTRIALISME n. m. **1.** Système économique dans lequel l'industrie est considérée comme le pivot de la société. – **2.** Prédominance sociale des industriels.

INDUSTRIALISTE adj. et n. Qui prône l'industrialisation, professe l'industrialisme.

INDUSTRIE n. f. (lat. *industria,* activité). **1.** Ensemble des activités économiques qui produisent des biens matériels par la transformation et la mise en œuvre de matières premières : *Développer l'industrie dans un pays.* – **2.** Chacune de ces activités économiques : *L'industrie textile, de la chaussure.* – **3.** Toute activité économique assimilable à l'industrie : *L'industrie du spectacle, des loisirs.* – **4.** Activité organisée de manière précise et sur une grande échelle (souvent péjor.) : *L'industrie du crime.* – **5.** *Litt.* Activité quelconque exercée par qqn pour vivre (souvent péjor.) : *Exercer sa coupable industrie.* – **6.** *Bois d'industrie,* rondins utilisés pour la papeterie, la trituration, les poteaux de lignes ou comme bois de mine. (Par oppos. au *bois d'œuvre.*)

ENCYCL. **Géogr.** L'expression *pays industrialisés* est souvent utilisée comme synonyme de pays développés, ce qui montre le poids de l'industrie dans l'économie, comme principal fournisseur de biens matériels et utilisateur d'une part notable de la population active. Toutefois, un peu paradoxalement, cette part est minoritaire (approximativement 30 % des emplois) et souvent même en recul dans les États d'Amérique du Nord et d'Europe occidentale et au Japon. C'est que l'industrie n'est plus le moteur unique du développement et surtout que la main-d'œuvre n'est plus (quantitativement) le facteur de production essentiel dans les secteurs de pointe. Les pays technologiquement les plus avancés ont en effet souvent facilité le transfert ou la création d'industries utilisatrices de main-d'œuvre à bon marché, peu qualifiée, dans le tiers monde. Cette politique, surtout réalisée par les multinationales dans le contexte d'une mondialisation des échanges, donc d'une concurrence accrue, alors même que la croissance se ralentissait, a favorisé l'apparition des *nouveaux pays industrialisés,* en particulier en Asie, contribuant à remodeler la géographie de l'industrie. Elle explique le recul, bien visible en Europe occidentale, de branches comme le textile, la sidérurgie ou la construction navale, les difficultés récentes de l'automobile, donc le déclin sectoriel de l'emploi, régionalement dramatique.

Industrie-patronat indépendant *(Syndicat national de la petite et moyenne)* **[S. N. P. M. I.],** syndicat professionnel, né en 1977 d'une scission d'avec la C. G. P. M. E. Il vise à regrouper les petits industriels, les professions libérales, les artisans, les commerçants, les agriculteurs.

industries agricoles et alimentaires *(École nationale supérieure des)* **[E. N. S. I. A. A.],** établissement d'enseignement supérieur délivrant, au terme de trois années d'études, le diplôme d'ingénieur des industries agricoles et alimentaires. L'E.N.S.I.A.A. comprend, outre son établissement principal, implanté à Massy, une section spécialisée dans les industries agroalimentaires des régions chaudes (Montpellier) et un cycle d'enseignement en industries alimentaires (Lille).

INDUSTRIEL, ELLE adj. **1.** Relatif à l'industrie : *Fabrication industrielle.* – **2.** Se dit d'un lieu où sont implantées des usines, des industries : *Zone industrielle.* – **3.** *Arts industriels,* nom parfois donné, au XIXe s., à des secteurs des arts décoratifs faisant l'objet d'une production industrialisée. ‖ Fam. *Quantité industrielle,* très grande quantité. ‖ *Révolution industrielle,* ensemble des phénomènes qui ont accompagné, à partir du XVIIIe s., la transformation du monde moderne grâce au développement du capitalisme, de la technique, du machinisme et des communications. (→ *encycl.*) ‖ *Société industrielle,* société caractérisée par l'industrialisation. ‖ *Véhicule industriel,* véhicule destiné au transport de charges plus ou moins élevées de matériel.

◆ **industriel** n. m. Chef d'une entreprise transformant des matières premières en produits ouvrés ou semi-ouvrés.

ENCYCL. L'expression *révolution industrielle* est contestée parfois par les historiens contemporains, qui lui préfèrent les termes « décollage » ou « take off ».

Alors que l'Angleterre réalise une véritable révolution industrielle pendant la seconde partie du XVIIIe s., la transformation économique est, en France, postérieure d'un demi-siècle à la transformation politique et juridique de 1789, qui fut une condition de la « révolution industrielle ». La production à grande échelle pour un marché élargi supposait que soient levées les multiples contraintes technologiques qui s'opposaient à la mécanisation et que des moyens de communication rapides facilitent la circulation des marchandises, les prix de celles-ci baissant assez pour en permettre une diffusion massive dans la population.

L'expansion des marchés s'accompagna de l'apparition d'une première société de consommation ; la période cruciale du « décollage » se situa, en France, sous la monarchie de Juillet et le second Empire ; elle fut assombrie par la cruelle médiocrité des conditions de vie de la classe ouvrière.
Une telle transformation a été permise par la présence de conditions propices à l'épanouissement d'un nouveau type de civilisation : la liberté d'initiative, issue de l'abolition des réglementations de l'Ancien Régime ; le désir d'action d'une bourgeoisie limitée jusqu'alors par les institutions ; l'amélioration des techniques. La révolution industrielle se propagea grâce à une rentabilité élevée des capitaux investis dans les entreprises : le profit (après amortissement) des capitaux investis put atteindre des taux de 20 à 30 %, de sorte que, même avec des moyens en capital initialement faibles, de nombreuses entreprises purent, par autofinancement, se développer rapidement.

INDUSTRIELLEMENT adv. Sur le plan industriel.

INDUSTRIEUSEMENT adv. De façon industrieuse.

INDUSTRIEUX, EUSE adj. (bas lat. *industriosus,* du lat. class. *industria,* activité). *Litt.* Qui montre de l'habileté, de l'adresse, de l'activité.

INDUTIOMARE, chef trévire († 54 av. J.-C.). Il souleva les Trévires contre César, mais fut vaincu et tué en attaquant le camp de Labienus.

INDUVIE n. f. (lat. *induviae,* vêtement). Organe annexe du fruit, tel que le calice membraneux de l'alkékenge, qui devient très important après la fécondation et entoure le fruit.

INDY (Vincent d'), compositeur, chef d'orchestre et pédagogue français (Paris 1851 - *id.* 1931). Élève de Franck, cofondateur de la Schola cantorum (1896), où il a professé un cours de composition, il a été également timbalier, chef de chœurs et chef d'orchestre, professeur au Conservatoire de Paris. Il a remis en valeur des compositeurs classiques (Monteverdi, Charpentier, Rameau). Il est l'auteur d'opéras (*Fervaal,* 1897 ; *l'Étranger,* 1903), de la *Symphonie sur un chant montagnard français* (1886), de variations chorégraphiques *(Istar),* d'ouvertures (*Wallenstein,* 1873-1881), de pages symphoniques (*Jour d'été à la montagne,* 1906), de musique de chambre. Il a réalisé une synthèse de l'esthétique française et de l'influence wagnérienne.

INÉBRANLABLE adj. **1.** Qu'on ne peut ébranler : *Un roc inébranlable.* — **2.** Qui ne se laisse pas abattre, fléchir : *Courage inébranlable.* — **3.** Qui est ferme dans ses desseins, qu'on ne peut faire changer d'avis : *Une résolution inébranlable.*

INÉBRANLABLEMENT adv. De façon inébranlable.

INÉBRANLÉ, E adj. Qui n'est pas ébranlé, intact : *Sa détermination reste inébranlée.*

INÉCHANGEABLE adj. Qu'on ne peut échanger.

INÉCLAIRCI, E adj. Qui reste obscur, non élucidé.

INÉCOUTABLE adj. Qu'on ne peut pas écouter parce que trop mauvais : *Musique inécoutable.*

INÉCOUTÉ, E adj. Qui n'est pas écouté, à qui on ne prête pas attention : *Les prédilections de la voyante restèrent inécoutées.*

I. N. E. D., sigle de INSTITUT NATIONAL D'ÉTUDES DÉMOGRAPHIQUES*.

INÉDIT, E adj. (lat. *ineditus*). **1.** Qui n'a jusque-là jamais été publié, édité, projeté, etc. : *Correspondance inédite.* — **2.** Dont les œuvres n'ont pas été éditées : *Auteur inédit.* — **3.** Qui est nouveau, qu'on n'a encore jamais vu : *Spectacle inédit.*
◆ **inédit** n. m. **1.** Œuvre ou ensemble d'œuvres non publiées : *Retrouver des inédits de Diderot.* — **2.** Ce qui est entièrement nouveau : *Faire de l'inédit.*

INÉDITABLE adj. Qui ne peut être édité, publié.

INÉDUCABLE adj. Qu'il est impossible ou difficile d'éduquer.

INEFFABLE adj. (lat. *ineffabilis,* de *effari,* parler). *Litt.* **1.** Qu'on ne peut exprimer par des mots en raison de son intensité ou de sa nature : *Un ineffable bonheur.* — **2.** Qui est d'un ridicule ou d'une extravagance qui dépasse les mots : *Une cravate ineffable.*

INEFFABLEMENT adv. *Litt.* De façon ineffable.

INEFFAÇABLE adj. Qu'on ne peut effacer, faire disparaître : *Une tache ineffaçable.*

INEFFICACE adj. (lat. *inefficax, -acis*). Qui n'est pas efficace : *Médicament inefficace.*

INEFFICACEMENT adv. De façon inefficace.

INEFFICACITÉ n. f. Manque d'efficacité : *L'inefficacité d'un traitement.*

INÉGAL, E adj. (anc. fr. *inequal,* du lat. *inaequalis,* avec l'infl. de *égal*). **1.** Qui n'est pas identique dans plusieurs choses, chez plusieurs êtres, qui diffère par l'importance, la grandeur, etc. : *Des élèves de force inégale. Ce triangle a trois côtés inégaux.* — **2.** Qui présente des irrégularités à sa surface : *Un sol inégal.* — **3.** Qui se fait sans qu'il y ait répartition égale : *Partage inégal des richesses.* — **4.** Qui ne reste pas semblable à soi-même, qui est irrégulier : *Un pouls inégal. Un écrivain inégal.*

INÉGALABLE adj. Qui ne peut être égalé : *Une sauvagerie inégalable.*

INÉGALÉ, E adj. Qui n'a pas d'égal, qui est supérieur à tout, à tous : *Un charme inégalé.*

INÉGALEMENT adv. De façon inégale.

INÉGALITAIRE adj. Qui est fondé sur l'inégalité politique, sociale : *Une société inégalitaire.*

INÉGALITÉ n. f. (anc. fr. *inequalité,* du lat. *inaequalitas,* avec l'infl. de *égalité*). **1.** Différence, disparité entre des personnes ou des choses dissemblables par quelque aspect : *Inégalité des salaires entre les hommes et les femmes.* — **2.** Défaut d'uniformité, de régularité d'un rythme, d'un travail, etc. : *Inégalité d'humeur. Inégalité du pouls.* — **3.** Saillie, creux rendant une surface inégale : *Inégalités d'un terrain.* — **4.** Ce qui constitue la différence, la disparité (surtout pl.) : *Lutter contre les inégalités.* — **5.** Expression mathématique qui traduit l'écart entre le mouvement observé d'un corps céleste et un mouvement idéal, circulaire et uniforme de ce corps autour d'un corps central. — **6.** *Signe d'inégalité,* nom donné à chacun des signes : $<$ strictement inférieur, $>$ strictement supérieur, $\leqslant$ inférieur, $\geqslant$ supérieur.

INÉLASTICITÉ n. f. État de la demande ou de l'offre d'un bien ou d'un service lorsqu'elle n'est pas affectée par un changement de prix de ce bien ou de ce service.

INÉLASTIQUE adj. **1.** Qui n'est pas élastique. — **2.** Se dit d'une collision ou d'une diffusion au cours de laquelle l'énergie cinétique totale n'est pas conservée.

INÉLÉGAMMENT adv. *Litt.* Sans élégance.

INÉLÉGANCE n. f. Manque d'élégance ; acte inélégant.

INÉLÉGANT, E adj. (lat. *inelegans, -antis*). **1.** Qui manque d'élégance : *Mise inélégante.* — **2.** Qui manque de délicatesse de sentiments dans son comportement, son expression : *Il serait inélégant d'insister.*

INÉLIGIBILITÉ n. f. Incapacité juridique à être élu.

INÉLIGIBLE adj. Qui ne peut être élu.

INÉLUCTABILITÉ n. f. Caractère de ce qui est inéluctable.

INÉLUCTABLE adj. (lat. *ineluctabilis,* de *electari,* surmonter). Contre quoi on ne peut lutter : *Un changement inéluctable.*

INÉLUCTABLEMENT adv. De façon inéluctable.

INÉMOTIVITÉ n. f. Absence de réaction émotionnelle.

INEMPLOI n. m. Situation des travailleurs non employés, au chômage.

INEMPLOYABLE adj. Qui ne peut être employé.

INEMPLOYÉ, E adj. Qui n'est pas employé : *Ressources naturelles inemployées.*

INÉNARRABLE adj. (lat. *inenarrabilis,* de *enarrare,* raconter en détail). Qui est d'un comique, d'une extravagance extaordinaires, difficiles à décrire : *Il m'est arrivé une aventure inénarrable.*

INENTAMÉ, E adj. Qui n'est pas entamé.

INENVISAGEABLE adj. Qu'on ne peut envisager.

INÉPROUVÉ, E adj. Qu'on n'a pas encore ressenti : *Sensation jusque-là inéprouvée.*

INEPTE adj. (lat. *ineptus,* de *aptus,* apte). Qui fait preuve d'une grande sottise : *Une réponse inepte.*

INEPTIE [-psi] n. f. (lat. *ineptia*). **1.** Caractère d'un comportement, d'un acte qui est sot. — **2.** Action ou parole stupide : *Dire des inepties.*

INÉPUISABLE adj. **1.** Qu'on ne peut épuiser : *Source inépuisable. Patience inépuisable.* — **2.** Qui ne se fatigue jamais et, en partic., qui ne s'arrête jamais de parler : *Il est inépuisable quand il parle de lui.*

INÉPUISABLEMENT adv. De façon inépuisable.

INÉPUISÉ, E adj. Qui n'est pas épuisé : *Ressources inépuisées.*

INÉQUATION n. f. Inégalité qui n'est vérifiée que pour certaines valeurs de l'inconnue ou des inconnues.

INÉQUIENNE adj. f. Se dit d'une forêt composée d'arbres d'âges différents.

INÉQUILATÉRAL, E, AUX [-kɥi-] adj. Se dit des mollusques bivalves dont les parties avant et arrière de chaque valve sont inégales (moule, pholade).

INÉQUITABLE adj. Qui n'est pas conforme à l'équité : *Répartition inéquitable.*

INÉQUITABLEMENT adv. *Litt.* D'une façon inéquitable.

INÉQUIVALVE [-kɥi-] adj. Se dit des mollusques dont les deux valves sont différentes de forme et de dimension (huître, pecten).

INERME adj. (lat. *inermis,* sans armes). Se dit de l'animal ou de la plante qui se distingue des espèces voisines par l'absence de crochets ou d'épines (ténia, acacia).

INERTAGE n. m. Enrobage d'un déchet dans un verre ou un liant hydraulique pour empêcher la dissémination de ses composés toxiques dans l'environnement.

INERTE adj. (lat. *iners, -ertis*). **1.** Qui est sans activité, sans mouvement propre : *La matière inerte.* — **2.** Dont le corps est sans mouvement, qui semble mort : *Le blessé soutenait son bras inerte.* — **3.** Qui est sans énergie : *Il faut réagir, ne pas rester inerte.* — **4.** *Gaz inerte,* gaz utilisé pour protéger les denrées alimentaires ou les boissons de l'oxydation de l'air lors de leur stockage ou de leur conditionnement ; syn. anc. de GAZ* RARE.

INERTIE [-si] n. f. (lat. *inertia*). **1.** Propriété de la matière qui fait que les corps ne peuvent d'eux-mêmes modifier leur état de mouvement. — **2.** Manque d'énergie, d'activité : *L'inertie des bureaux entrave toutes les initiatives.* — **3.** *Force d'inertie,* résistance passive qui consiste principalement à ne pas obéir. • **Math.** *Centre d'inertie d'un système de points matériels,* barycentre de ces points affectés de coefficients qui sont leurs masses respectives. (Syn. CENTRE DE GRAVITÉ.) ‖ *Moment d'inertie d'un système* S, somme ou intégrale, étendue à tous les points du système S, des quantités $m_i r^2_i$, *m_i étant la masse d'un point M_i* de S situé à la distance r_i d'un point O, d'une droite D ou d'un plan P. — **Méd.** *Inertie utérine,* état caractérisé par une absence ou une insuffisance de contractions utérines. — **Phot.** Valeur de l'énergie lumineuse en dessous de laquelle une surface sensible n'est pratiquement pas impressionnée. — **Phys.** *Force d'inertie,* dans l'étude du mouvement d'un objet dans un référentiel non galiléen, force qu'il faut ajouter aux forces d'interaction s'exerçant sur cet objet pour pouvoir appliquer les lois de la dynamique. ‖ *Principe d'inertie,* principe selon lequel, dans un repère galiléen, un point matériel qui n'est soumis à aucune force d'interaction est animé d'un mouvement rectiligne uniforme. ‖ *Référentiel d'inertie,* syn. de RÉFÉRENTIEL GALILÉEN*. — **Stat.** *Inertie d'un nuage de* n *points* x_i *de* $\mathbb{R}^p$ *par rapport à un point* y *de* $\mathbb{R}^p$, grandeur I(*y*) définie par la relation

$$I(y) = \sum_{i=1}^{n} p_i \, d^2(x_i, y),$$

où p_i, est le poids du point x_i, *et* $d^2(x_i,y)$ le carré de la distance entre x_i et *y*. (Cette notion intervient en analyse des données.) — **Techn.** *Navigation par inertie,* navigation reposant sur la mesure puis l'intégration des accélérations subies par un véhicule (aérien, maritime, spatial).

INERTIEL, ELLE [-sjɛl] adj. **1.** Qui se rapporte à l'inertie. — **2.** Relatif à la détermination de la position d'un mobile par la mesure de ses accélérations. (Le *guidage inertiel,* qui met en œuvre des centrales* à inertie, est utilisé sur les sous-marins, les avions à long rayon d'action, les engins balistiques et les lanceurs spatiaux.) — **3.** *Référentiel inertiel,* syn. de RÉFÉRENTIEL GALILÉEN*.

INESCOMPTABLE adj. Qui ne peut être escompté.

INÉS DE CASTRO (v. 1320 - Coimbra 1355). Maîtresse de l'infant Pierre de Portugal (futur Pierre Ier), qu'elle épousa secrètement en 1354, elle fut assassinée sur ordre de son beau-père, Alphonse IV. Son histoire inspira notamment Camões dans un épisode des *Lusiades* (1572) et Montherlant dans *la Reine morte* (1942).

INÉSITE n. f. (gr. *inê,* fibre). Silicate naturel de manganèse et de calcium hydraté.

INESPÉRÉ, E adj. **1.** Qu'on ne pouvait espérer ou qu'on n'espérait plus ; inattendu : *Succès inespéré.* — **2.** Qui dépasse toute espérance, extraordinaire : *Le résultat inespéré des ventes.*

INESTHÉTIQUE adj. Qui est contraire à l'esthétique.

INESTIMABLE adj. (lat. *inaestimabilis*). **1.** Dont on ne peut pas faire l'estimation : *Dommages inestimables faits aux cultures.* — **2.** Qu'on ne saurait trop estimer : *Un service inestimable.*

INÉTENDU, E adj. *Litt.* Qui n'a pas d'étendue.

INÉVITABLE adj. **1.** Qu'on ne peut éviter ; fatal, inéluctable : *Cet accident était inévitable.* — **2.** Qu'on rencontre nécessairement : *L'inévitable habitué des cocktails.*
◆ n. m. Ce qu'on ne peut éviter : *Et l'inévitable est arrivé.*

INÉVITABLEMENT adv. De façon inévitable.

INEXACT, E [inegza(kt), -akt] adj. **1.** Qui n'est pas conforme à la vérité : *Un calcul inexact.* — **2.** Qui n'est pas ponctuel : *Un employé inexact.*

INEXACTEMENT adv. De façon inexacte.

INEXACTITUDE n. f. **1.** Caractère de ce qui est inexact, erroné : *L'inexactitude d'un renseignement, d'un calcul.* — **2.** Faute, erreur commise : *Récit plein d'inexactitudes.* — **3.** Manque de ponctualité : *Employé d'une grande inexactitude.*

INEXAUCÉ, E adj. Qui n'a pas été exaucé : *Vœux inexaucés.*

INEXCITABILITÉ n. f. Caractère inexcitable d'une cellule, d'un tissu, d'un organe.

INEXCITABLE adj. Se dit d'une cellule, d'un tissu ou d'un organe qui ne répondent pas à une excitation.

INEXCUSABLE adj. Qui ne peut être excusé : *Faute inexcusable.*

INEXCUSABLEMENT adv. *Litt.* De façon inexcusable.

INEXÉCUTABLE adj. Qu'on ne peut exécuter : *Ordre inexécutable.*

INEXÉCUTÉ, E adj. Qui n'a pas été exécuté : *Travaux inexécutés.*

INEXÉCUTION n. f. **1.** Fait pour qqch de ne pas être exécuté : *L'inexécution des travaux.* — **2.** Fait de ne pas remplir (en tout ou en partie) l'obligation à laquelle on est tenu. (L'inexécution peut être fautive ou résulter d'une cause extérieure.)

INEXERCÉ, E adj. Qui n'a pas été exercé : *Une oreille inexercée.*

INEXHAUSTIBLE adj. (angl. *inexhaustible*). *Litt.* Inépuisable.

INEXIGIBILITÉ n. f. Qualité de ce qui est inexigible.

INEXIGIBLE adj. Qui ne peut être exigé : *Dette inexigible.*

INEXISTANT, E adj. **1.** Qui n'existe pas ; irréel : *Difficultés inexistantes.* — **2.** Qui n'a ni valeur ni substance ou qui ne remplit pas son rôle, qui ne compte pas : *Un service d'ordre inexistant.*

INEXISTENCE n. f. **1.** Défaut d'existence : *L'inexistence de preuves certaines.* — **2.** Absence de valeur de qqch, nullité de qqn : *L'inexistence d'une direction.* — **3.** Caractère qui s'attache aux actes administratifs entachés d'une irrégularité grossière. (L'acte est réputé nul et non avenu.) — **4.** Défaut d'apparence formelle d'un acte juridique.

INEXORABILITÉ n. f. *Litt.* État ou caractère de ce qui est inexorable.

INEXORABLE adj. (lat. *inexorabilis,* de *exorare,* obtenir par prière). **1.** Qui est insensible aux prières ; impitoyable : *Un juge inexorable. Une volonté inexorable.* — **2.** À quoi l'on ne peut se soustraire : *Un sort inexorable.*

INEXORABLEMENT adv. De façon inexorable.

INEXPÉRIENCE n. f. (bas lat. *inexperientia*). Manque d'expérience : *L'inexpérience de la jeunesse.*

INEXPÉRIMENTÉ, E adj. **1.** Qui manque d'expérience, novice : *Alpiniste inexpérimenté.* — **2.** Dont on n'a pas fait l'expérience : *Procédé inexpérimenté.*

INEXPERT, E adj. (lat. *inexpertus*). *Litt.* Qui manque d'habileté, de savoir-faire : *Ce produit est dangereux entre des mains inexpertes.*

INEXPIABLE adj. (lat. *inexpiabilis*). **1.** Qui ne peut être expié : *Crime inexpiable.* — **2.** *Litt.* Qui est sans merci, impitoyable : *Une lutte inexpiable.*

INEXPIÉ, E adj. Qui n'a pas été expié : *Crime inexpié.*

INEXPLICABLE adj. (lat. *inexplicabilis*). **1.** Qui est très difficile ou impossible à expliquer ; incompréhensible : *Un accident inexplicable.* — **2.** Qui n'est pas rationnel ; bizarre : *Ses réactions sont inexplicables.*

INEXPLICABLEMENT adv. De façon inexplicable.

INEXPLIQUÉ, E adj. Qui n'est pas expliqué, éclairci : *Phénomène inexpliqué.*

INEXPLOITABLE adj. Qu'on ne peut exploiter : *Mine inexploitable.*

INEXPLOITATION n. f. Fait de ne pas exploiter qqch ; état de ce qui est inexploité.

INEXPLOITÉ, E adj. Qui n'est pas exploité : *Ressources naturelles inexploitées.*

INEXPLORABLE adj. Qui est très difficile à explorer.

INEXPLORÉ, E adj. (lat. *inexploratus*). Qui n'est pas exploré : *Domaines scientifiques encore inexplorés.*

INEXPLOSIBLE adj. Qui ne peut faire explosion.

INEXPRESSIF, IVE adj. Dépourvu d'expression, qui ne reflète aucun sentiment : *Visage inexpressif.*

INEXPRESSION n. f. Absence d'expression.

INEXPRESSIVITÉ n. f. *Litt.* Caractère de ce qui est inexpressif.

INEXPRIMABLE adj. Qu'on ne peut exprimer, qu'il est difficile d'exprimer : *Une joie inexprimable.*

INEXPRIMABLEMENT adv. De façon inexprimable.

INEXPRIMÉ, E adj. Qui n'est pas exprimé ou qu'on n'ose pas exprimer.

INEXPUGNABLE adj. (lat. *inexpugnabilis,* de *expugnare,* prendre d'assaut). *Litt.* Qu'on ne peut prendre par force : *Forteresse inexpugnable.*

INEXTENSIBILITÉ n. f. Caractère de ce qui n'est pas extensible.

INEXTENSIBLE adj. Qui ne peut pas être allongé, étendu : *Fil inextensible.*

IN EXTENSO [inɛkstɛ̃so] loc. adv. (lat. *in extenso,* en entier). **1.** Tout au long, en entier : *Publier un discours in extenso.* — **2.** *Compte rendu in extenso,* compte rendu sténographique des séances des chambres, par oppos. au *compte rendu analytique.*

INEXTINGUIBLE adj. (bas lat. *inexstinguibilis,* de *exstinguere,* éteindre). **1.** *Litt.* Qu'il est impossible d'éteindre : *Feu inextinguible.* — **2.** Qu'on ne peut apaiser, arrêter : *Soif inextinguible. Rire inextinguible.*

INEXTIRPABLE adj. Qui ne peut être extirpé, enlevé.

IN EXTREMIS [inɛkstremis] loc. adv. (lat. *in extremis,* à l'extrémité). **1.** À la dernière limite ; à l'article de la mort : *Baptiser un enfant in extremis.* — **2.** Au tout dernier moment : *Monter dans le train in extremis.*

INEXTRICABILITÉ n. f. Caractère de ce qui est inextricable.

INEXTRICABLE adj. (lat. *inextricabilis,* de *extricare,* démêler). **1.** Qui ne peut être démêlé ; dont on ne peut reconnaître les éléments : *Fouillis inextricable.* — **2.** Embrouillé, complexe, qu'il est difficile de clarifier : *Problème inextricable.*

INEXTRICABLEMENT adv. De façon inextricable.

Inf, abrév. de BORNE INFÉRIEURE.

in-f°, abrév. de IN-FOLIO.

INFAILLIBILISTE adj. et n. Partisan de l'infaillibilité du pape.

INFAILLIBILITÉ n. f. **1.** Qualité de qqn qui ne peut se tromper : *Contester l'infaillibilité de la direction.* — **2.** Caractère de ce qui ne peut manquer de réussir : *L'infaillibilité d'une méthode.* — **3.** Attribut du magistère de l'Église, qui, lorsqu'il propose une doctrine de foi de façon définitive et obligatoire, est préservé par grâce de toute erreur. (→ *encycl.*)

ENCYCL. **Théol.** Chez les catholiques, l'infaillibilité appartient à tous ceux qui ont un pouvoir plénier et sans appel : 1° à l'ensemble de l'épiscopat quand, sous l'autorité du souverain pontife, il propose un point de doctrine comme faisant partie du dépôt de la Révélation ; 2° au concile œcuménique uni au pape ; 3° au pape seul lorsqu'il parle ex cathedra, c'est-à-dire lorsqu'il engage sa suprême autorité de pasteur de l'Église universelle. Le dogme de l'infaillibilité pontificale a été défini au premier concile du Vatican*, en 1870. Dans les Églises réformées, la seule infaillibilité admise est celle de l'Esprit saint.

INFAILLIBLE adj. (bas lat. *infaillibilis,* avec l'infl. de *faillible*). **1.** Qui ne peut se tromper : *Se croire infaillible.* — **2.** Qui obtient un résultat certain, qui est efficace à coup sûr : *Une méthode infaillible.* — **3.** Qui ne trompe pas : *C'est la marque infaillible d'une forte personnalité.*

INFAILLIBLEMENT adv. **1.** *Litt.* De façon infaillible, sans erreur. — **2.** Inévitablement, immanquablement : *Cela arrivera infailliblement.*

INFAISABLE [ɛ̃fa-] adj. Qu'on ne peut pas faire : *Un travail infaisable.*

INFALSIFIABLE adj. Non falsifiable.

INFAMANT, E adj. (anc. fr. *infamer,* déshonorer, du lat. *infamare*). **1.** Qui déshonore, qui nuit à la réputation de qqn : *Une accusation infamante.* — **2.** *Peine infamante,* peine criminelle politique soumettant le condamné à la réprobation publique. (Les peines infamantes sont le bannissement et la dégradation civique.)

INFÂME adj. (lat. *infamis,* de *fama,* réputation). **1.** Qui cause du dégoût par son caractère vil, bas, indigne : *Un crime infâme.* — **2.** Qui cause de la répugnance par sa saleté : *Un infâme taudis.*

INFAMIE n. f. (lat. *infamia*). **1.** État de honte, d'ignominie : *Vivre dans l'infamie.* — **2.** *Litt.* Caractère de qqn d'infâme. — **3.** Action vile, honteuse : *Commettre une infamie.* — **4.** Parole, acte capables de nuire à la réputation : *Dire des infamies.*

INFANT, E n. (esp. *infante,* du lat. *infans, -antis,* enfant). Titre donné aux enfants puînés des rois d'Espagne et de Portugal.

INFANTERIE n. f. (ital. *infanteria,* de *infante,* fantassin). **1.** Autref., ensemble des troupes combattantes à pied ; auj., arme chargée de conquérir, d'occuper et de défendre le terrain. — **2.** *Division d'infanterie,* grande unité où les formations d'infanterie sont en majorité. ‖ *Infanterie divisionnaire,* ensemble des corps d'infanterie d'une division blindée. ‖ *Infanterie légère,* nom donné, à la fin de l'Ancien Régime, sous la Révolution et sous l'Empire, aux bataillons de chasseurs et corps francs, par oppos. aux autres formations d'infanterie, qui constituaient l'*infanterie de ligne.* ‖ *Infanterie portée,* troupe d'infanterie dotée de véhicules qui servent à ses déplacements. (Suivant qu'il s'agit de véhicules de transport ou de véhicules de combat, l'infanterie est dite, en outre, *motorisée* ou *mécanisée.*)

ENCYCL. Dès l'Antiquité, on peut distinguer entre *infanterie lourde* (ou *de ligne*) et *infanterie légère.* La première comprend le gros des armées ; elle contient les assauts adverses et défonce les dispositifs ennemis : Rome, les cités grecques, la Perse disposent de soldats combattant en rangs serrés et armés, à cet effet, de casques, de glaives, de cuirasses, de lourds boucliers. La seconde est engagée dans toutes les opérations qui nécessitent vitesse et agressivité : harcèlement, couvertures des flancs ont été menés par les formations de peltastes des cités grecques, les unités d'archers des Scythes et les cohortes auxiliaires romaines.

Le haut Moyen Âge marque un recul de l'infanterie au profit de la cavalerie, mais l'intégration, à partir du XVe s., du feu à la manœuvre de l'infanterie lui rend la primauté. En France, organisée en régiments au XVIe s., l'infanterie est composée d'unités de piquiers et d'arquebusiers. Elle intègre progressivement le mousquet et le fusil. Dotée, vers 1700, du fusil à baïonnette, avec ses voltigeurs, ses grenadiers, ses tirailleurs et ses chasseurs, elle prend, sous le premier Empire, une physionomie qui ne changera guère jusqu'à la Première Guerre mondiale. Paradoxalement, le développement de l'infanterie à cette époque (67 % des effectifs des armées en 1914) lui interdit, par manque de mobilité, toute manœuvre de débordement. L'apparition du char va rétablir le mouvement sur le champ de bataille et diversifier les missions de l'infanterie. Entre 1939 et 1945, l'*infanterie de forteresse* sert les mitrailleuses et les armes antichars des ouvrages, l'*infanterie motorisée* se déplace en camions et combat à pied, l'*infanterie mécanisée,* transportée en véhicules tout terrain de plus en plus blindés, lie son action à celle des chars.

Depuis 1945, l'infanterie s'est adaptée à l'espace aérien (unités aérotransportées, héliportées, divisions aéromobiles, divisions parachutistes) et à la menace nucléaire (régiment Pluton). Elle dispose, aujourd'hui, de matériels spécifiques tels que les véhicules de l'avant-blindés (VAB), les véhicules amphibies (AMX 10 P), les véhicules de combat d'infanterie (VCI), de missiles sol-sol (Roland, Milan) ou sol-air (Stinger) relativement légers, très précis et très destructeurs, et met en œuvre, pour le combat de nuit, des appareils infrarouges et des intensificateurs de lumière.

1. INFANTICIDE adj. et n. (bas lat. *infanticida*). Qui tue un enfant nouveau-né.

2. INFANTICIDE n. m. (bas lat. *infanticidium*). Meurtre ou assassinat d'un nouveau-né dont la naissance n'est pas déclarée.

INFANTILE adj. (bas lat. *infantilis*). **1.** Qui est relatif à l'enfant : *Maladies infantiles.* — **2.** Qui a conservé à l'âge adulte certains caractères de l'enfance : *Visage infantile.* — **3.** Qui n'a pas l'attitude d'un adulte, qui manque de maturité : *Réactions infantiles.*

INFANTILISANT, E adj. Qui infantilise.

INFANTILISATION n. f. Action de rendre infantile.

INFANTILISER v. t. (conj. 3). Maintenir chez qqn un caractère ou une mentalité infantiles.

INFANTILISME n. m. **1.** État de qqn dont la conduite est infantile ; caractère de cette conduite. — **2.** État caractérisé par la persistance à l'âge adulte de caractères physiologiques (retard du développement de la croissance et de la puberté) ou psychiques propres à l'enfance. (Les causes sont génétiques, endocriniennes, etc.)

INFARCI, E adj. (lat. *infarcire,* farcir). Se dit d'un tissu organique en nécrose hémorragique.

INFARCISSEMENT n. m. Nécrose hémorragique viscérale consécutive à une obstruction veineuse.

INFARCTUS [ɛ̃farktys] n. m. (lat. sc. *infarctus,* du lat. class. *infartus,* de *infarcire,* farcir). **1.** Toute lésion viscérale où l'altération, généralement nécrotique, résulte d'une oblitération artérielle par thrombose ou embolie (par ex., infarctus du myocarde, infarctus pulmonaire). [→ *encycl.*] — **2.** *Infarctus cérébral,* syn. de RAMOLLISSEMENT* CÉRÉBRAL. ‖ *Infarctus médullaire,* syn. de MYÉLOMALACIE.

ENCYCL. L'infarctus se développe dans toute la région qui était irriguée par le vaisseau obstrué, cette région étant un tronc de cône dans le poumon, un faisceau de fibres musculaires dans le myocarde, etc. La lésion est d'autant plus étendue que l'obstruction touche un vaisseau plus gros, donc irriguant un territoire plus vaste.
• *Infarctus du myocarde.* Manifestation ultime de la maladie coronarienne, il est dû à l'oblitération d'une artère coronaire. Ces artères étant sans anastomose avec d'autres réseaux, leur obstruction entraîne la nécrose du territoire qu'elles irriguent. Dans sa forme la plus typique, l'infarctus du myocarde survient brutalement, parfois à l'occasion d'un effort, chez un angineux connu, et provoque une douleur thoracique intense, constrictive, irradiant vers le cou, les bras, souvent le dos et le creux épigastrique. Cette douleur angoissante s'accompagne parfois d'une perte de connaissance, d'une chute de la tension artérielle et de fièvre. Le diagnostic est fait sur l'élévation du taux sérique de la transaminase glutamino-oxaloacétique (G. T. O.) et de la créatine phosphokinase MB, et surtout par les altérations de l'électrocardiogramme, qui permettent de localiser le siège de l'infarctus. Tous les infarctus sont susceptibles d'entraîner des troubles du rythme, qui constituent la première cause de mortalité immédiate et justifient l'hospitalisation systématique en milieu spécialisé.
• *L'infarctus pulmonaire* est la nécrose du parenchyme pulmonaire après embolie pulmonaire. Décrit par Laennec, qui lui a laissé son nom, il se manifeste par des crachats tachés de sang, 24 à 48 heures après l'accident initial.

INFATIGABILITÉ n. f. Qualité de qqn qui est infatigable.

INFATIGABLE adj. (lat. *infatigabilis*). Qui ne connaît pas la fatigue ; inlassable : *Un travailleur infatigable.*

INFATIGABLEMENT adv. De façon infatigable.

INFATUATION n. f. Attitude de qqn qui est infatué de lui-même.

INFATUER (S') v. pr., **ÊTRE INFATUÉ** v. pass. (lat. *infatuare,* rendre sot) [conj. 7]. **1.** Avoir une trop bonne opinion de soi-même. — **2.** *Litt.* Se prendre d'un engouement pour qqn, qqch.

INFÉCOND, E adj. (lat. *infecundus*). **1.** Qui n'est pas fécond : *Femelle inféconde.* — **2.** Qui ne produit rien : *Pensée inféconde.*

INFÉCONDITÉ n. f. (lat. *infecunditas, -atis*). Manque de fécondité.

INFECT, E adj. (lat. *infectus,* de *inficere,* souiller). **1.** Qui exhale des émanations puantes : *Une odeur infecte.* — **2.** Qui est très mauvais : *Une nourriture infecte.* — **3.** Qui excite le dégoût : *Un livre infect.*

INFECTANT, E adj. Qui produit l'infection : *Virus infectant.*

INFECTER v. t. (de *infect*) [conj. 4]. **1.** Imprégner un lieu d'émanations puantes, malsaines : *Usine qui infecte toute une région.* — **2.** Contaminer qqch par des germes infectieux : *Infecter une plaie.*

◆ **s'infecter** v. pr., **être infecté** v. pass. Être contaminé par des germes infectieux : *La plaie risque de s'infecter.*

INFECTIEUX, EUSE [-sjø, -øz] adj. (de *infection*). **1.** Qui produit l'infection : *Germe infectieux.* – **2.** Qui résulte ou s'accompagne d'infection : *Maladie infectieuse.*

INFECTIOLOGIE [-sjɔ-] n. f. Branche de la médecine qui étudie les maladies infectieuses.

INFECTION n. f. (bas lat. *infectio, -onis,* de *inficere,* imprégner). **1.** Pénétration dans l'organisme des agents pathogènes microscopiques et vivants qui sont à l'origine des maladies infectieuses ; ensemble des manifestations cliniques et biologiques qui en résultent. (Syn. anc. INFESTATION.) [→ *encycl.*] – **2.** Ce qui dégage une odeur puante et malsaine : *Cette viande est une infection.*
ENCYCL. Parmi les agents pathogènes, on distingue : les bactéries, les virus et les champignons, à l'origine des mycoses. On parle également d'infection dans le cas des maladies parasitaires. L'infection peut rester localisée ou, au contraire, diffuser dans l'organisme, provoquant une septicémie. Dans la *toxi-infection,* les microbes déterminent indirectement la maladie infectieuse par l'intermédiaire des toxines qu'ils sécrètent (tétanos, diphtérie ou botulisme).

INFECTIVITÉ n. f. Pouvoir infectieux d'un agent pathogène.

INFÉODATION n. f. (de *inféoder*). **1.** Acte par lequel le seigneur donnait une terre en fief à son vassal. – **2.** Action de se soumettre, fait d'être soumis à qqch, à qqn, à un groupe : *Inféodation à des théories étrangères, à un parti.*

INFÉODER v. t. (lat. médiév. *infeodare,* de *feodum,* fief) [conj. 3]. Donner une terre en fief à un vassal.
◆ **s'inféoder** v. pr., **être inféodé** v. pass. **1.** Être attaché à qqn, à qqch par des liens d'étroite dépendance, par une subordination constante : *S'inféoder à un parti.* – **2.** Pour un animal parasite, dépendre vitalement d'un hôte déterminé.

INFÈRE adj. (lat. *inferus,* au-dessous). Se dit de l'ovaire d'une plante soudé sur tout ou partie de sa longueur avec le calice, par oppos. à *supère* et à *libre.* (Syn. ADHÉRENT.)

INFÉRENCE n. f. (de *inférer*). **1.** Opération par laquelle on passe d'une assertion considérée comme vraie à une autre assertion au moyen d'un système de règles qui rend cette deuxième assertion également vraie. – **2.** *Inférence statistique,* ensemble des méthodes permettant de formuler en termes probabilistes un jugement sur une population à partir des résultats observés sur un échantillon extrait au hasard de cette population. ‖ *Règles d'inférence,* règles qui permettent, dans une théorie déductive, d'arriver à la vérité d'une proposition à partir d'une ou de plusieurs propositions. – **Inform.** *Moteur d'inférence,* programme qui, dans un système expert, interprète les données de la base de connaissances et assure, suivant des stratégies générales ou particulières, l'enchaînement des étapes de la résolution d'un problème donné.

INFÉRER v. t. (lat. *inferre,* alléguer) [conj. **18**]. Tirer une conséquence de qqch, conclure, induire qqch de qqch : *Qu'avez-vous inféré de tels propos ?*

INFÉRIEUR, E adj. (lat. *inferior, -oris*). **1.** Qui, dans un ensemble linéaire et vertical, se trouve dans la partie basse, est situé au-dessous du reste : *Les membres inférieurs.* – **2.** Qui a un rang, un statut considéré comme secondaire, moins élevé : *Les classes inférieures de la société.* – **3.** Qui est plus petit, situé plus bas, qui a une valeur moindre : *Les soldes sont à un prix inférieur au prix normal.* – **4.** Qui ne parvient pas à égaler qqn d'autre par ses capacités : *Il est très inférieur à sa femme.* • **Astron.** Se dit d'une planète qui est plus proche du Soleil que la Terre. – **Bot.** *Végétaux inférieurs,* désignation usuelle des plantes non vasculaires (mousses, hépatiques, algues, champignons, protistes chlorophylliens). – **Géogr.** Se dit de la partie d'un pays la plus éloignée de la source d'un cours d'eau et la plus voisine de son embouchure. (Plusieurs départements français ont abandonné ce qualificatif, jugé péjoratif : Charente-Inférieure, Loire-Inférieure, Seine-Inférieure, appelées maintenant Charente-Maritime, Loire-Atlantique, Seine-Maritime.) [Syn. BAS.] – **Math.** *Élément* x *inférieur à un élément* y, élément x d'un ensemble ordonné (E, $<$) tel que $x < y$, y élément de (E, $<$). – **Zool.** *Animaux inférieurs,* nom usuel des ACŒLOMATES.
◆ n. Personne qui occupe une position subalterne, qui est à un moindre rang social, qui a moins de mérite, de valeur : *Je ne suis pas votre inférieur.*

INFÉRIEUREMENT adv. D'une manière inférieure.

INFÉRIORISATION n. f. Action d'inférioriser ; fait d'être infériorisé.

INFÉRIORISER v. t. (conj. 3). **1.** Mettre qqn à un rang inférieur, le minimiser. – **2.** Donner à qqn un sentiment d'infériorité.

INFÉRIORITÉ n. f. (de *inférieur,* d'apr. le lat. *inferior, -oris*). **1.** Caractère de ce qui est inférieur en rang, en valeur, etc. : *Leur infériorité en nombre ne les a pas empêchés de vaincre.* – **2.** Situation inférieure de qqn, état de dépendance, de subordination : *Maintenir quelqu'un dans un état d'infériorité.* – **3.** Faiblesse, handicap de qqn dans un domaine : *Avoir une infériorité intellectuelle.* – **4.** *Complexe d'infériorité, sentiment d'infériorité,* dévalorisation supposée du sujet sous le regard de l'autre. (Lié au sentiment de culpabilité, le sentiment d'infériorité est éprouvé par le moi déprécié sous le regard de l'idéal du moi.)

INFERNAL, E, AUX adj. (bas lat. *infernalis,* du lat. class. *infernus*). **1.** *Litt.* Qui appartient à l'enfer ou aux enfers : *Les puissances infernales.* – **2.** Qui inspire l'horreur : *Une cruauté infernale.* – **3.** Qu'il est très difficile de supporter : *Cet enfant est infernal ! Vacarme infernal.* – **4.** *Cycle infernal,* qu'on ne peut interrompre.

INFÉROFLUX [-fly] n. m. (lat. *inferus,* au-dessous, et *flux*). Écoulement qui se produit, sous une rivière, dans la masse de ses alluvions perméables. (Syn. SOUS-ÉCOULEMENT.)

INFÉROVARIÉ, E adj. Se dit des végétaux chez lesquels l'ovaire est infère.

INFERTILE adj. (bas lat. *infertilis*). Qui n'est pas fertile, qui ne produit rien ; stérile : *Terre infertile. Imagination infertile.*

INFERTILITÉ n. f. (bas lat. *infertilitas, -atis*). **1.** *Litt.* État, nature de ce qui est infertile. – **2.** État caractérisé par l'impossibilité pour une femme de mettre au monde un enfant viable.

INFESTANT, E adj. Se dit d'un parasite qui pénètre dans l'organisme.

INFESTATION n. f. (bas lat. *infestatio, -onis*). **1.** Syn. anc. de INFECTION. – **2.** Fixation, sur un hôte, d'arthropodes ectoparasites. – **3.** Présence en grand nombre de moustiques dans une région.

INFESTER v. t. (lat. *infestare,* ravager) [conj. 3]. **1.** *Litt.* Ravager un lieu par des actes de violence, des attaques brutales, en parlant de personnes : *Les bandits infestent les routes.* – **2.** En parlant d'animaux, envahir un lieu, y pulluler : *Les moustiques infestent ces marécages.* – **3.** Faire venir des animaux en grand nombre qqpart : *L'humidité et la chaleur ont infesté la région de moustiques.* – **4.** Produire une infestation chez qqn, un animal.

INFEUTRABLE adj. Se dit d'un étoffe qui ne feutre pas.

INFIBULATION n. f. (lat. *infibulatum,* de *infibulare,* attacher avec une agrafe). Opération qui consiste à faire passer un anneau *(fibule)* à travers le prépuce chez l'homme, à travers les grandes lèvres chez la femme. (L'infibulation est toujours pratiquée de nos jours sur les fillettes et les femmes dans certaines ethnies africaines.)

INFIBULER v. t. (lat. *infibulare*) [conj. 3]. Pratiquer l'infibulation sur qqn.

INFICHU, E adj. Pop. *Être infichu,* être incapable de faire qqch : *Il est infichu de retrouver son nom.* (Syn. INFOUTU.)

INFIDÈLE adj. (lat. *infidelis*). **1.** *Litt.* Qui ne respecte pas un engagement ; parjure : *Être infidèle à sa parole. Vassal infidèle à son seigneur.* – **2.** Qui commet une infidélité amoureuse : *S'il m'est infidèle, je le tue.* – **3.** Qui ne fait pas preuve de fidélité à l'égard de qqn d'autre : *Ami infidèle.* – **4.** *Litt.* Qui trahit la vérité, l'exactitude de qqch : *Mémoire infidèle. Témoignage infidèle.*
◆ adj. et n. **1.** Qui ne professe pas la religion considérée comme vraie. – **2.** *Belle infidèle,* traduction élégante mais inexacte.

INFIDÈLEMENT adv. De façon infidèle.

INFIDÉLITÉ n. f. (lat. *infidelitas, -atis*). **1.** *Litt.* Manque de fidélité, de respect à un engagement : *L'infidélité à la parole donnée.* – **2.** *Litt.* Déloyauté, trahison de la part de qqn qui est subordonné à qqn d'autre : *L'infidélité des sujets à leur roi.* – **3.** Manque de fidélité envers un ami, un être aimé : *Cet ami m'a fait une infidélité.* – **4.** Violation du devoir de fidélité entre époux, qui peut constituer une cause de divorce ou de séparation de corps. – **5.** Fait d'avoir recours à qqn d'autre que celui auquel on a habituellement recours : *Faire une infidélité à son boucher.* – **6.** Manque d'exactitude, de sûreté, de vérité : *L'infidélité de la mémoire.*

INFILTRAT n. m. **1.** Infiltration pathologique d'un tissu par des cellules. – **2.** En radiologie, opacité pulmonaire circonscrite, homogène et peu étendue. (C'est souvent un signe de la tuberculose pulmonaire.)

INFILTRATION n. f. **1.** Passage lent d'un liquide à travers les interstices d'un corps. – **2.** Pénétration lente et subreptice : *L'infiltration des idées révolutionnaires dans les syndicats.* – **3.** Injection faite de façon à répartir la substance médicamenteuse (anti-inflammatoire, anesthésique local, etc.) dans la région traitée. – **4.** Envahissement de certains tissus, et surtout du tissu conjonctif, par un liquide organique, sang ou sérosité, urine, pus, etc., ou par des cellules. – **5.** Syn. de IMPRÉGNATION. – **6.** Mode de progression plus particulier à l'infanterie, qui consiste à avancer le plus secrètement possible à l'intérieur du dispositif ennemi. – **7.** *Eaux d'infiltration,* eaux qui rejoignent une nappe aquifère à travers des roches perméables ou meubles.

INFILTRER v. t. (de *filtrer*) [conj. 3]. **1.** Faire pénétrer une substance dans un organe : *Infiltrer de la cortisone dans le genou.* – **2.** Pénétrer dans qqch, en partic. en parlant d'un liquide : *L'eau avait infiltré les murs.* – **3.** Introduire volontairement dans un autre groupe des éléments de son propre groupe dans un but subversif, de surveillance ou d'information : *La police a infiltré le réseau d'hommes à elle.* — **4.** Produire une infiltration, en parlant d'un liquide organique ou de cellules.

◆ **s'infiltrer** v. pr. **1.** Pénétrer peu à peu à travers les pores d'un corps solides : *L'eau finit par s'infiltrer dans le bois le plus dur.* — **2.** Pénétrer qqpart par des interstices : *Le froid s'infiltrait dans la pièce.* — **3.** Se glisser qqpart, y pénétrer furtivement : *La patrouille s'est infiltrée dans le dispositif ennemi.* — **4.** S'insinuer chez qqn, dans un groupe, en parlant d'idées : *Les doctrines révolutionnaires se sont infiltrées dans la population.*

INFIME adj. (lat. *infimus*). **1.** Qui est très petit par ses dimensions, sa valeur ; infinitésimal : *Une quantité infime de colorant.* — **2.** Qui n'a pas d'importance ; minime : *Un infime détail.*

IN FINE [in ne] loc. adv. (lat. *in fine,* à la fin). Désigne d'ordinaire les dernières lignes d'un paragraphe, d'un chapitre.

INFINI, E adj. (lat. *infinitus*). **1.** Sans limites dans le temps ou l'espace : *La suite infinie des nombres.* — **2.** Qui est d'une grandeur, d'une intensité si grande qu'on ne peut le mesurer : *Il est resté absent un temps infini.* — **3.** *Ensemble infini,* ensemble qui peut être mis en bijection avec l'une de ses parties propres.

◆ **infini** n. m. **1.** Ce qui est sans limites et ne peut être, par là, quantifié matériellement : *L'infini des nombres.* — **2.** Ce qui est plus grand que tout : *L'infini des cieux.* — **3.** *À l'infini,* sur un espace dont on ne voit pas la limite ; pendant un temps sans limites ; d'un nombre immense de manières : *La plaine s'étend à l'infini. Possibilités variables à l'infini.* ‖ *Axiome de l'infini,* axiome fondamental de la théorie des ensembles qui énonce qu'il existe un ensemble qui, s'il contient l'ensemble vide et s'il contient un élément y, contient aussi son successeur. ‖ *Plus l'infini, moins l'infini,* éléments, notés respectivement $+\infty$ et $-\infty$, que l'on introduit pour définir la droite numérique achevée et tels que $\forall x \in \mathbb{R}, -\infty < x < +\infty$. ‖ *Point à l'infini,* point de l'espace arguésien ou projectif de dimension n, dont la $(n+1)^{\text{ième}}$ coordonnée homogène est nulle. ‖ *Réglage d'un système optique sur l'infini,* mise au point de ce système donnant d'un sujet très éloigné une image nette.

INFINIMENT adv. **1.** Sans bornes, sans limites : *Dieu est infiniment grand.* — **2.** Indique une intensité, une quantité extrême : *Je vous suis infiniment obligé de me recevoir.* — **3.** *L'infiniment petit, l'infiniment grand,* ce qui peut toujours être plus petit ou plus grand qu'une quantité donnée. ‖ *Fonction infiniment grande* (resp. *petite*), fonction qui tend vers l'infini (resp. vers zéro) dans certaines conditions (On dit aussi INFINIMENT GRAND [resp. PETIT].)

INFINITÉ n. f. (lat. *infinitas, -atis*). **1.** Caractère de ce qui est infini : *L'infinité des mondes.* — **2.** Une très grande quantité, un très grand nombre : *On me posa une infinité de questions.*

INFINITÉSIMAL, E, AUX adj. (angl. *infinitesimal,* du lat. *infinitus,* infini). **1.** Extrêmement petit : *Une dose infinitésimale.* — **2.** Se dit de certaines notions étudiées dans le calcul infinitésimal. — **3.** *Analyse infinitésimale* ou *calcul infinitésimal,* branche de l'analyse* constituée par le calcul différentiel et le calcul intégral, fondée sur l'étude des infiniment petits et des limites. ‖ *Géométrie infinitésimale,* branche de la géométrie analytique où l'on utilise le calcul infinitésimal.

INFINITÉSIMALITÉ n. f. Principe d'homéopathie qui conduit à prescrire des remèdes dont la masse se situe dans l'infiniment petit.

INFINITIF, IVE adj. (bas lat. *infinitivus modus*). *Proposition infinitive* ou *infinitive* (n. f.), proposition subordonnée complétive dont le verbe est à l'infinitif (par ex. *j'entends* CHANTER LES OISEAUX).

◆ **infinitif** n. m. Forme nominale du verbe, exprimant l'état ou l'action, mais sans porter de marque de nombre et de personne.

ENCYCL. **Ling.** L'infinitif, invariable en personne et atemporel, a une certaine parenté avec les noms : il peut être sujet ou attribut (PERDRE *le rend agressif. Mon rêve, c'est d'*ACHETER *un chat*) ou complément d'objet (*Paul veut* MANGER), etc. Il peut devenir un nom à part entière (infinitif substantivé : *des* RIRES *agréables*). Il peut avoir une valeur exclamative *(Chanter si mal !),* injonctive *(Ne pas fumer),* interrogative *(Pourquoi laver ce linge à la main ?)* et même narrative *(Lui, de rire).*

INFINITISTE adj. Se dit d'un raisonnement qui fait appel à l'infini.

INFINITUDE n. f. *Litt.* Qualité de ce qui est infini, sans bornes.

INFIRMABLE adj. Que l'on peut infirmer : *Témoignage difficilement infirmable.*

INFIRMATIF, IVE adj. Qui infirme.

INFIRMATION n. f. (lat. *infirmatio, -onis*). Action d'infirmer.

INFIRME adj. et n. (lat. *infirmus*). **1.** Qui ne jouit pas de toutes ses facultés physiques. (Terme remplacé dans le langage médical par *invalide* ou *handicapé.*) — **2.** *Infirme moteur cérébral (I. M. C.),* sujet atteint d'infirmité motrice cérébrale.

INFIRMER v. t. (lat. *infirmare*) [conj. 3]. **1.** Enlever de son crédit, de sa valeur à qqch, le mettre en question : *Infirmer un témoignage.* — **2.** Annuler une décision de justice rendue en première instance. (Contr. CONFIRMER.)

INFIRMERIE n. f. **1.** Partie d'un établissement où sont traités les sujets atteints d'affections bénignes ou victimes d'accidents sans gravité. — **2.** *Infirmerie régimentaire,* local réservé, dans les corps de troupes, à la visite des malades et blessés légers par les médecins d'unité.

INFIRMIER, ÈRE n. (de *infirme*). **1.** Personne apte et habilitée à assumer la responsabilité de l'ensemble des soins nécessités par l'état des malades, la promotion de la santé et la prévention de la maladie. — **2.** Appellation de certains militaires ou civils affectés ou appartenant au service de santé des armées. — **3.** *Infirmier militaire,* sous-officier ou officier marinier d'active, appartenant au service de santé de chacune des trois armées. ‖ *Infirmière militaire,* infirmière qui appartient au personnel féminin des armées de terre, de mer ou de l'air et qui est affectée au service de santé des armées. ‖ *Infirmier du service de santé,* militaire d'active titulaire d'un brevet d'infirmier et qui appartient au service de santé des armées.
◆ adj. Relatif aux infirmiers ou aux soins dispensés par eux.

INFIRMITÉ n. f. (lat. *infirmitas, -atis*). **1.** Incapacité de l'organisme à remplir telle ou telle fonction. — **2.** Affection particulière qui attaque d'une manière chronique quelque partie du corps. — **3.** *Litt.* Imperfection ou faiblesse intéressant l'intelligence, l'organisation d'un État, etc. — **4.** *Infirmité motrice cérébrale,* ensemble des conséquences neurologiques, sans déficience intellectuelle importante, des encéphalopathies péri- et postnatales non évolutives, quelle qu'en soit la cause. (L'hémiplégie cérébrale infantile et le syndrome de Little entrent dans ce cadre.) [Syn. ENCÉPHALOPATHIE INFANTILE.]

INFIXE n. m. (lat. *infixus,* inséré). Affixe qui s'insère à l'intérieur de la racine d'un mot pour en modifier le sens et/ou la valeur grammaticale.

INFLAMMABILITÉ n. f. **1.** Caractère de ce qui est susceptible de s'enflammer : *L'inflammabilité d'un gaz.* (→ *encycl.*) — **2.** *Litt.* Tendance à se laisser emporter par la passion, par l'amour. — **3.** *Limite d'inflammabilité,* pourcentage en volume d'un gaz combustible en mélange avec un gaz comburant, en deçà ou au delà duquel le mélange ne peut pas propager une flamme.
ENCYCL. Pour mesurer l'inflammabilité d'un matériau, on soumet celui-ci à un rayonnement calorifique déterminé et on mesure le temps d'inflammation, le développement des flammes, leur hauteur, etc.

INFLAMMABLE adj. (lat. *inflammare,* allumer). **1.** Qui prend feu, s'enflamme facilement et brûle rapidement : *L'hydrogène est très inflammable.* — **2.** *Litt.* Qui se prend facilement d'une passion ardente : *Tempérament inflammable.* — **3.** *Atmosphère inflammable,* atmosphère d'une mine dans laquelle se trouvent des gaz inflammables (tel le grisou à une teneur supérieure à 6 %).

INFLAMMATEUR n. m. (de *inflammation*). **1.** Détonateur d'une torpille. — **2.** *Inflammateur électrique,* artifice pyrotechnique qui sert à la mise à feu des détonateurs sous l'influence d'un courant électrique. (Syn. ALLUMEUR ÉLECTRIQUE.)

INFLAMMATION n. f. (lat. *inflammatio, -onis*). **1.** *Litt.* Action par laquelle une matière combustible s'enflamme : *L'inflammation d'une nappe de pétrole.* — **2.** Ensemble des réactions tissulaires et humorales de l'organisme à toute agression venant perturber son équilibre biologique. (→ *encycl.*)
ENCYCL. Le terme d'« inflammation » recouvre à la fois des modifications réactionnelles locales, se traduisant par quatre signes : rougeur, chaleur, douleur, tuméfaction, et les réactions générales de l'organisme, se traduisant parfois par de la fièvre. Les facteurs les plus fréquents sont les germes microbiens pathogènes, mais il peut aussi s'agir d'agents physiques ou chimiques.

INFLAMMATOIRE adj. Caractérisé par une inflammation.

INFLATION n. f. (angl. *inflation,* du lat. *inflatio, -onis,* de *inflare,* gonfler). **1.** Situation ou phénomène caractérisé par une hausse généralisée, permanente et plus ou moins importante des prix. (→ *encycl.*) — **2.** Augmentation, accroissement excessif : *Inflation de fonctionnaires.* — **3.** *Inflation résiduelle,* tendance du niveau des prix sur le long terme, inhérente à l'existence d'une structure économique donnée, et non liée à des facteurs externes. • **Astron.** Phase d'expansion extrêmement rapide qu'aurait connue l'Univers une fraction de seconde après le big bang, selon certains théoriciens.
ENCYCL. **Écon.** Deux causes traditionnelles sont généralement attribuées à l'inflation. Un premier facteur, primordial, est l'intensification subite de la demande de biens ou de services face à un temps de réponse de l'économie insuffisamment rapide. Relevant du jeu de la loi de l'offre et de la demande, ce type d'inflation comporte des germes d'auto-entretien, la demande s'intensifiant face à la perspective de hausses futures des prix. Le second est l'élévation du coût des différents « facteurs » entrant dans le processus de production des biens et des services : salaires, loyer de l'argent, prix des matières

premières. Il entraîne un alourdissement des prix de revient se répercutant en hausses sur les prix de vente. Ce type d'inflation est lié au cercle vicieux des mécanismes cumulatifs (spirale des salaires et des prix). D'autres causes d'inflation sont propres à la période contemporaine : excès de crédit et création exagérée de monnaie ; internationalisation croissante des économies entraînant une inflation « importée » ; dérèglement du système monétaire international. La hausse brutale du prix du pétrole après 1973, créant une considérable inflation par les coûts, fut une des causes de la crise de la décennie 1970. Cependant, en partie grâce à la baisse des prix des matières premières, l'inflation s'est sensiblement atténuée dès le milieu des années 80 dans les pays industrialisés.

INFLATIONNISME n. m. Comportement inflationniste de l'économie.

INFLATIONNISTE adj. (angl. *inflationist*). Qui tend à provoquer l'inflation ou qui est lié au phénomène d'inflation.

INFLÉCHIR v. t. (de *inflexion*) [conj. **32**]. **1.** Incliner qqch, le plier de façon à produire une courbe : *L'atmosphère infléchit les rayons des astres.* – **2.** Influer sur l'évolution de qqch en en modifiant le cours : *Infléchir le cours des événements.*

◆ **être infléchi** v. pass. **1.** En parlant d'un phonème, avoir subi une inflexion. – **2.** *Arc infléchi,* en architecture, arc formé de deux branches convexes (vers le bas) se rejoignant en pointe au faîte.

◆ **s'infléchir** v. pr. **1.** Prendre une nouvelle direction, se dévier, se courber : *La route s'infléchit à cet endroit.* – **2.** Changer son orientation : *La politique s'est infléchie dans le sens d'un durcissement.*

INFLÉCHISSEMENT n. m. Modification peu accentuée d'une évolution, d'une orientation : *Infléchissement d'une politique.*

INFLEXIBILITÉ n. f. Caractère de qqn qui est inflexible : *L'inflexibilité d'un juge.*

INFLEXIBLE adj. (lat. *inflexibilis*). **1.** Qu'on ne peut fléchir, qui résiste à la pitié, à la persuasion : *Une volonté inflexible.* – **2.** Qui est dénué d'indulgence ou de souplesse : *Une logique inflexible.*

INFLEXIBLEMENT adv. *Litt.* De façon inflexible.

INFLEXION n. f. (lat. *inflexio, -onis*). **1.** Action de plier légèrement, d'incliner le corps ou la tête : *Saluer d'une légère inflexion de la tête.* – **2.** *Litt.* Courbe, déviation d'une route, d'un cours d'eau, etc. : *Une brusque inflexion de la route.* – **3.** Changement dans une orientation philosophique, morale, etc. : *Une légère inflexion d'orientation politique.* – **4.** Modulation, changement d'accent ou d'intonation, dans la voix : *Les inflexions choisies d'un avocat dans sa plaidoirie.* • **Math.** *Point d'inflexion,* point régulier d'une courbe plane où celle-ci traverse sa tangente. [Pour une courbe, représentation graphique de la fontion numérique $f(x)$, un point d'inflexion correspond à un changement de signe de $f''(x)$.] – **Phon.** Type d'assimilation caractérisé par la modification de timbre que subit une voyelle sous l'influence d'une voyelle voisine. (Ainsi en allemand le passage de [u + i] et de [a + i] à [ü] et [ä].) [Syn. MÉTAPHONIE, MUTATION VOCALIQUE, UMLAUT.]

INFLIGER v. t. (lat. *infligere*) [conj. **17**]. **1.** Appliquer une peine à qqn : *Infliger un blâme à un employé.* – **2.** Imposer qqch, qqn de pénible à qqn : *Infliger le récit de ses infortunes.* – **3.** *Infliger un démenti,* démentir fermement qqch.

INFLORESCENCE n. f. (bas lat. *inflorescere,* fleurir, avec l'infl. de *efflorescence*). Disposition des fleurs sur la tige d'une plante.

ENCYCL. **Bot.** On distingue : les *inflorescences définies,* ou cymes, dans lesquelles les rameaux, courts et égaux, portent tous une fleur, et les *inflorescences indéfinies,* dans lesquelles l'axe principal, plus gros que les pédoncules floraux, continue longtemps à croître : épi ou chaton si tous les pédoncules sont égaux entre eux, grappe si la base est plus développée, corymbe, ombelle ou capitule si l'ensemble des fleurs forme un plateau. (Certains capitules sont les fleurs composées, de la famille de même nom.)

INFLUENÇABLE adj. Qui se laisse facilement influencer ; docile, malléable.

INFLUENCE n. f. (lat. médiév. *influentia,* du lat. class. *influere,* couler dans). **1.** Action, généralement continue, qu'exerce qqch sur qqch ou sur qqn : *L'influence du climat sur la végétation. L'influence de la télévision sur les jeunes.* – **2.** Ascendant de qqn sur qqn d'autre : *Il a beaucoup changé sous l'influence de son ami.* – **3.** Pouvoir social et politique de qqn, d'un groupe, qui leur permet d'agir sur le cours des événements, des décisions prises, etc. : *On a vu grandir son influence dans le monde des affaires.* – **4.** Fam. *Le (la) faire à l'influence,* tenter d'obtenir qqch par intimidation, en vertu de la position que l'on occupe. ‖ *Sous influence,* complètement asservi à qqch (drogue, alcool, etc.), à un groupe ou soumis à une manipulation d'ordre idéologique, psychologique. • **Cybern.** *Facteur d'influence,* facteur caractérisant les effets des variations d'une grandeur sur une autre grandeur. – **Dr.** *Trafic d'influence,* délit commis par quiconque sollicite ou agrée des offres, promesses, dons ou présents pour abuser de son influence afin de faire obtenir une décision de l'autorité publique (décoration, faveur, marché...). – **Électr.**

Influence électrique, phénomène modifiant la répartition des charges d'un corps soumis à un champ électrique. — **Psychiatr.** *Syndrome d'influence,* manifestation de l'automatisme mental dans laquelle le sujet se croit soumis à une force extérieure qui lui impose pensées, actes et sentiments, ou qui lui vole sa pensée. — **Pyrotechn.** *Détonation par influence,* détonation d'une charge provoquée par l'onde de choc due à la détonation d'une charge excitatrice.

INFLUENCER v. t. (conj. **16**). Exercer une influence sur qqn, qqch : *Influencer l'opinion par la propagande. La Lune influence les marées.*

INFLUENT, E adj. (de *influer*). Qui a de l'influence, du crédit, du prestige : *Député influent.*

INFLUENZA [ɛ̃flyɑ̃za ou -ɛnza] n. f. (angl. *influenza,* de l'ital. *influenza*). Syn. vieilli de GRIPPE.

INFLUER v. t. ind. (lat. *influere,* couler dans) [conj. **3**]. Exercer sur qqn, qqch une influence, une action : *Ce climat humide influe sur sa santé.*

INFLUX n. m. (bas lat. *influxus,* du lat. class. *influere,* couler dans). *Influx nerveux,* signal électrique véhiculé le long de la membrane des neurones par l'intermédiaire des courants d'action. (Syn. POTENTIEL D'ACTION.)

ENCYCL. **Neurol.** L'arrivée de l'influx nerveux se manifeste par le passage de courants locaux qui dépolarisent la membrane. Des pompes ioniques rétablissent ensuite les concentrations d'ions initiales de part et d'autre de la membrane en faisant ressortir le sodium et réentrer le potassium. Les courants locaux qui se développent autour de la région membranaire excitée assurent la conduction de l'influx nerveux soit de proche en proche (conduction continue), soit de nœud de Ranvier en nœud de Ranvier (conduction saltatoire) pour les fibres myélinisées.

INFO n. f. *Fam.* Information.

INFOCENTRE n. m. Centre de traitement informatique d'une organisation, d'une entreprise.

INFOGRAPHIE n. f. (n. déposé ; de *informatique* et *graphie*). Application de l'informatique à la représentation graphique et au traitement de l'image.

INFOGRAPHISTE n. Spécialiste d'Infographie.

IN-FOLIO [infɔljo] adj. et n. m. inv. (lat. *in,* dans, et *folium,* feuille). Se dit du format déterminé par le pliage d'une feuille d'impression en 2 feuillets égaux, soit 4 pages, ou de tout livre de ce format.

INFONDÉ, E adj. Qui n'est pas fondé : *Craintes infondées.*

INFONDU n. m. Grain de matière vitrifiable incomplètement fondu et resté inclus dans le verre final.

INFORMATEUR, TRICE n. **1.** Personne qui donne des informations ou qui les recueille : *Informateur bien renseigné.* — **2.** Personne qui renseigne la police sur les agissements des malfaiteurs.

INFORMATICIEN, ENNE n. (de *informatique*). Personne dont le métier est d'étudier, de construire, de programmer, de réparer des systèmes informatiques.

INFORMATIF, IVE adj. Qui informe, vise à informer : *Publicité informative.*

INFORMATION n. f. **1.** Action d'informer qqn, un groupe, de le tenir au courant des événements : *La presse est un moyen d'information.* — **2.** Indication, renseignement, précision que l'on donne ou que l'on obtient sur qqn ou qqch : *Manquer d'informations sur les causes d'un accident.* — **3.** Tout événement, tout fait, tout jugement porté à la connaissance d'un public plus ou moins large, sous forme d'images, de textes, de discours, de sons. — **4.** *Journal d'informations,* qui met l'accent sur les nouvelles, les événements de l'actualité. ‖ *Sciences de l'information (et de la communication),* savoir et disciplines relatifs aux techniques d'information (bibliologie, documentation, journalisme, télématique, etc.). • **Cybern.** Mesure de la diversité des choix dans un répertoire de messages possibles. (→ *encycl.*) — **Dr.** Instruction préparatoire, diligentée par le juge d'instruction, en vue de rassembler les éléments de preuve d'une infraction et d'en découvrir l'auteur. — **Inform.** Élément de connaissance susceptible d'être représenté à l'aide de conventions pour être conservé, traité ou communiqué. — **Mil.** *Service d'information et de relations publiques des armées (S. I. R. P. A.),* organisme chargé de l'information relative aux armées et à la politique de défense.

◆ **informations** n. f. pl. Émission de radio ou de télévision qui donne des nouvelles du jour ; actualités, journal, nouvelles. (Abrév. fam. INFOS.)

ENCYCL. **Cybern.** Une source d'information émet un message en choisissant une combinaison particulière parmi l'ensemble des messages possibles formés à partir des symboles d'un répertoire (alphabet, mots, notes, code binaire, etc.). L'information est donc une mesure de notre liberté de choix quand nous choisissons un message dans l'ensemble, indépendamment du sens que nous y attachons. La réception correcte d'un message est tributaire du rapport signal/bruit (qui s'exprime en décibels, rapport du signal utile aux signaux parasites).

La *théorie de l'information* fait appel à la théorie du codage et à la statistique. Elle permet d'améliorer la qualité des liaisons en étudiant le codage des informations et la *quantité d'information* transmise par unité de temps, qui dépend de la largeur de la bande de fréquences utilisée. (Par ex. : téléphone, 0 à 3 kHz ; télévision, 25 Hz à 3 MHz.)

INFORMATIONNEL, ELLE adj. Relatif à l'information, à sa théorie.

INFORMATIQUE n. f. (de *information* et *automatique*). **1.** Science du traitement automatique et rationnel de l'information considérée comme le support des connaissances et des communications. — **2.** Ensemble des applications de cette science, mettant en œuvre des matériels (ordinateurs) et des logiciels.
◆ adj. **1.** Qui relève de l'informatique. — **2.** *Système informatique,* ensemble des moyens de saisie, de traitement et de transmission de l'information mis en œuvre pour une application donnée.
ENCYCL. Le traitement automatique de l'information nécessite de *capter* les informations par des organes d'entrée, de *transmettre* ces informations par des lignes de transmission, de les *stocker* dans des mémoires, de les *traiter* dans une unité de traitement (processeur ou unité centrale d'ordinateur, appelée parfois « unité logique ») grâce à un logiciel et, enfin, de les *restituer* à l'utilisateur par des organes de sortie. L'architecture globale du système informatique fait l'objet de nombreuses études pour définir, modéliser et évaluer le meilleur système appliqué au problème à résoudre, au système d'information à traiter.
On peut distinguer : 1° l'*informatique théorique :* analyse numérique, théorie de l'information, langages et grammaires, automates, etc. ; 2° l'*informatique des systèmes :* architecture des ordinateurs et des systèmes d'exploitation, hiérarchie des ressources, communication entre processeurs, réseaux, etc. ; 3° l'*informatique technologique,* qui se rapporte aux matériels : composants électroniques, semi-conducteurs, mémoires et mémoires auxiliaires, enregistrements sur supports magnétiques, organes périphériques d'entrée-sortie, etc. ; 4° l'*informatique méthodologique,* qui a trait surtout aux logiciels : compilation, langages, techniques d'exploitation, analyse, programmation structurée, etc. ; 5° l'*informatique appliquée,* qui couvre toutes les réalisations qui mettent en œuvre les ordinateurs et le traitement automatique de l'information.
En France, selon la loi du 6 janv. 1978, l'informatique ne doit, en aucun cas, porter atteinte ni à l'identité humaine, ni aux droits de l'homme, ni à la vie privée, ni aux libertés individuelles ou publiques. Aucune décision de justice, aucune décision administrative ou privée impliquant une appréciation sur un comportement humain ne peut donner lieu à un traitement automatisé. C'est la *Commission nationale de l'informatique* et des libertés* qui est chargée de veiller à ce que les traitements automatisés publics ou privés d'informations nominatives soient effectués conformément à la loi.
Toute personne justifiant de son identité a le droit d'interroger l'organisme traitant et d'obtenir les informations le concernant. Toutefois, lorsqu'il s'agit d'informations médicales, celles-ci ne peuvent être transmises à l'intéressé que par l'intermédiaire d'un médecin qu'il désigne à cet effet.

INFORMATIQUEMENT adv. Par des moyens informatiques.

informatique et en automatique *(Institut national de recherche en)* **[I. N. R. I. A.]**, établissement public à caractère administratif, créé en 1979, qui a pour objet d'effectuer dans le domaine de l'informatique et de l'automatique des études et recherches en liaison avec les organismes et entreprises publics et privés.

informatique et des libertés *(Commission nationale de l'),* autorité administrative indépendante, instituée en 1978 en vue de veiller au respect de la loi du 6 janv. 1978 sur l'informatique et les libertés. Elle dispose d'un pouvoir réglementaire.

INFORMATISABLE adj. Qui peut être informatisé.

INFORMATISATION n. f. Action d'informatiser ; fait d'être informatisé.

INFORMATISER v. t. (conj. 3). **1.** Doter un service, un organisme de moyens informatiques, en assurer la gestion par des moyens informatiques. — **2.** Assurer un service, résoudre un problème par l'informatique : *Informatiser la paye d'une société.*

INFORME adj. (lat. *informis*). **1.** Qui n'a pas de forme nette, déterminée, reconnaissable : *Il ne restait de la voiture que des débris informes.* — **2.** Qui a une forme lourde, inesthétique : *Une construction informe.* — **3.** Qui est insuffisamment élaboré, travaillé : *Projet informe.*

INFORMÉ n. m. **1.** Information pénale. — **2.** *Plus ample informé,* supplément d'instruction.

INFORMEL, ELLE adj. (angl. *informal*). **1.** Se dit d'une réunion sans règles fixes ni ordre du jour précis, mais qui s'ordonne d'une manière spontanée. — **2.** Se dit d'une œuvre, d'un artiste qui se rattachent à l'*art informel,* qui fut une des variétés de l'abstraction lyrique dans les années 50. (→ *encycl.*) — **3.** *Groupe informel,* groupe non institutionnel qui se constitue spontanément sur un objectif passager et dont l'existence est de courte durée.

◆ n. Artiste qui pratique l'art informel.

ENCYCL. **Art contemp.** *L'art informel* se fonde sur une spontanéité qui, répudiant les impératifs traditionnels de composition, peut s'exprimer dans la gestualité (Hartung, Mathieu), la richesse de la matière (Fautrier, Dubuffet), un jaillissement automatique (Wols, Michaux).

INFORMER v. t. (anc. fr. *enformer,* du lat. *informare,* décrire) [conj. 3]. **1.** Faire savoir qqch à qqn, le porter à sa connaissance, le lui apprendre : *Informer un fonctionnaire de sa mutation.* – **2.** Donner à qqn des informations, des renseignements au sujet de qqch ; renseigner : *Les journalistes sont là pour informer le public.* – **3.** Dans la doctrine scolastique, constituer qqch dans sa forme propre.

◆ v. i. Instruire un procès, accomplir des actes d'instruction ; procéder à une information judiciaire.

◆ **être informé** v. pass. **1.** Avoir des renseignements, des informations, être au courant de qqch : *Les consommateurs ne sont pas assez informés.* – **2.** *De source bien informée,* de qqn dont les informations sont sûres. ‖ *Milieux bien informés,* ensemble des personnes qui disposent des informations les meilleures.

◆ **s'informer** v. pr. Chercher, demander, prendre des renseignements, des informations : *Informez-vous auprès du notaire avant d'acheter.*

INFORMULÉ, E adj. Qui n'est pas formulé.

INFORTUNE n. f. (lat. *infortunium*). *Litt.* **1.** État, situation de qqn qui subit des événements malheureux : *Mon infortune attirait la pitié.* – **2.** Événement malheureux, revers de fortune : *Ma plus grande infortune est de t'avoir connu.* – **3.** Litt. *Compagnon d'infortune,* qui supporte les mêmes malheurs. ‖ *Infortune (conjugale),* situation d'un conjoint trompé par l'autre.

INFORTUNÉ, E adj. et n. (lat. *infortunatus*). *Litt.* Qui est dans l'infortune, le malheur : *L'infortuné ne savait plus à qui s'adresser.*

INFOUTU, E adj. *Pop.* Syn. de INFICHU.

INFRA adv. (lat. *infra,* au-dessous de). S'emploie dans un texte pour renvoyer plus loin, plus bas. (Contr. SUPRA.)

INFRACTION n. f. (lat. *infractio, -onis,* rupture, de *infrangere,* briser). **1.** Transgression, violation d'une règle : *Une infraction au code de la route.* – **2.** Action ou omission expressément prévue par la loi, qui la sanctionne par une peine en raison de l'atteinte qu'elle constitue à l'ordre politique, social ou économique. (Il y a 3 catégories d'infractions : les contraventions, les délits et les crimes.) – **3.** *Infraction politique,* infraction qui par sa nature même porte atteinte à l'organisation et au fonctionnement des pouvoirs publics. (Depuis la suppression de la Cour de sûreté de l'État et la loi du 21 juill. 1982 relative aux infractions en matière militaire et de sûreté de l'État, les infractions politiques relèvent en temps de paix des juridictions de droit commun.)

INFRADIEN, ENNE adj. Se dit d'un rythme biologique plus court que celui du jour et de la nuit. (Contr. ULTRADIEN.)

INFRALIMINAIRE adj. Se dit d'un stimulus dont l'intensité est trop faible pour entraîner une réponse de la part d'un organisme. (Syn. SOUS-LIMINAIRE, SUBLIMINAIRE.)

INFRALITTORAL, E, AUX adj. Se dit de la partie du domaine littoral submergée en permanence, au-dessous du zéro hydrographique. (Syn. AVANT-PLAGE.)

INFRAMICROBIOLOGIE n. f. Biologie des virus et des particules visibles au microscope électronique.

INFRANCHISSABLE adj. Qu'on ne peut franchir : *Difficulté infranchissable.*

INFRANGIBLE adj. (moyen fr. *frangible,* du lat. class. *frangere,* briser). *Litt.* Qui ne peut être brisé.

INFRAROUGE adj. et n. m. **1.** Se dit du rayonnement compris, dans le spectre électromagnétique, entre la lumière visible et les micro-ondes. (Abrév. I. R.) – **2.** *Émetteur infrarouge,* source à incandescence dont le rayonnement est riche en radiations infrarouges.

ENCYCL. C'est en 1800 que William Herschel découvrit dans le spectre solaire une zone située au-delà du rouge, dans laquelle existait un échauffement notable mais d'où ne provenait aucune radiation visible. Outre les radiations solaires, les flammes, les étincelles, les lampes à vapeur de mercure, au néon, les lampes à incandescence sous-voltées, certains lasers à gaz et des diodes sont des émetteurs infrarouges. On utilise ces radiations pour le chauffage, la photographie aérienne et spatiale, la transmission de signaux dans les fibres optiques et les techniques de thermographie*. En thérapeutique, les rayons infrarouges sont employés pour améliorer les troubles circulatoires cutanés et favoriser la cicatrisation, ainsi que pour calmer les douleurs rhumatismales.

– **Mil.** L'infrarouge est employé depuis 1950, pour éclairer un objectif, qu'on repère ainsi avec un appareil de visée comportant un transformateur d'images. On utilise aussi des têtes chercheuses infrarouges de proximité pour missiles, utilisées en association avec un illuminateur

laser. Vers 1960 sont apparus des lunettes de visée pour armes légères ou des épiscopes pour chars permettant le tir, l'envol et l'atterrissage de nuit des hélicoptères.
Depuis 1970, la détection de l'infrarouge provenant de sources de chaleur très diverses (personnes, moteurs, maisons, etc.) a permis de réaliser des équipements d'« imagerie thermique », ainsi que l'autoguidage (par autodirecteur infrarouge) des missiles, en particulier air-air et sol-air.

INFRASON n. m. Vibration de même nature que le son, mais de fréquence trop faible pour que l'oreille puisse la percevoir.

INFRASONORE adj. Relatif aux infrasons.

INFRASTRUCTURE n. f. **1.** Ensemble des ouvrages constituant la fondation et l'implantation sur le sol d'une construction ou d'un ensemble d'installations (par ex. routes, voies ferrées, aéroports). — **2.** Ensemble d'installations, d'équipements nécessaires à une collectivité : *L'infrastructure commerciale d'une ville nouvelle.* — **3.** Partie interne, sous-jacente à une structure (mentale ou matérielle). — **4.** Ensemble des parties inférieures d'un bâtiment, généralement enterrées (sous-sol ou vide sanitaire, fondations, etc.). — **5.** Domaine profond d'un orogène, caractérisé par des structures du niveau inférieur où règnent des conditions de pression et température propres à permettre des déformations plastiques, des structures d'écoulement, des phénomènes de fusion. — **6.** Pour les marxistes, structure économique de la société, base concrète sur laquelle s'élève une superstructure juridique et politique.

INFRÉQUENTABLE adj. Qu'on ne peut pas fréquenter.

INFROISSABILITÉ n. f. Propriété d'un tissu ou d'un tricot qui ne peut se froisser. (On l'obtient principalement sur le coton, la rayonne, la Fibranne et le lin, à l'aide des résines dites thermocondensables.)

INFROISSABLE adj. Se dit d'un tissu ou d'un tricot qui ne peut se froisser.

INFRUCTUEUSEMENT adv. *Litt.* De façon infructueuse.

INFRUCTUEUX, EUSE adj. (lat. *infructuosus*). Qui ne donne pas de résultat utile : *Efforts infructueux.*

INFUMABLE adj. Qui est désagréable ou impossible à fumer.

INFUNDIBULIFORME [ɛ̃fɔ̃-] adj. Se dit d'une corolle gamopétale en forme d'entonnoir (fleur de liseron).

INFUNDIBULUM [ɛ̃fɔ̃dibylɔm] n. m. (lat. *infundibulum,* entonnoir). **1.** Partie interne du canal crural, en dedans de la veine fémorale, où s'engagent les hernies crurales. — **2.** Partie d'organe en forme d'entonnoir.

INFUSE adj. f. (lat. *infusus,* de *infundere,* répandre). *Avoir la science infuse,* prétendre savoir qqch sans avoir besoin d'étudier.

INFUSÉ n. m. Liquide obtenu par l'infusion de plantes médicinales.

INFUSER v. t. (de *infusion*) [conj. 3]. **1.** Mettre du thé, du tilleul, etc., à macérer dans un liquide bouillant afin qu'il en prenne l'arôme et les principes actifs. — **2.** *Litt.* Communiquer un sentiment à qqn, introduire dans son esprit : *Infuser le doute dans l'esprit de quelqu'un.* — **3.** Litt. *Infuser un sang neuf à un groupe,* lui donner de la vitalité, de l'élan.
◆ v. i. ou **s'infuser** v. pr., **être infusé** v. pass. Communiquer à un liquide chaud ses sucs aromatiques : *Attendre que le thé soit infusé.*

INFUSETTE n. f. (n. déposé). Petit sachet contenant une dose individuelle de plantes séchées à infuser.

INFUSIBILITÉ n. f. Caractère de ce qui ne peut être fondu.

INFUSIBLE adj. Qui ne peut être fondu.

INFUSION n. f. (lat. *infusio, -onis*). **1.** Action d'infuser ; préparation liquide, boisson ainsi obtenue. — **2.** *Baptême par infusion,* forme de baptême qui consiste à verser de l'eau sur la tête de la personne que l'on baptise. ‖ *Infusion d'eau,* injection d'eau sous pression dans le front de taille d'une mine afin de réduire l'empoussièrement sur le chantier lors de l'abattage.

INFUSOIRE n. m. (lat. sc. *infusorius*). **1.** Syn. anc. de CILIÉ. — **2.** *Terre d'infusoires,* fine poudre provenant de diverses espèces de diatomées, utilisée comme catalyseur, agent de clarification, isolant thermique, etc.

INGA, site d'un barrage sur le Zaïre, au Zaïre, entre Kinshasa et Matadi.

INGAGNABLE adj. Qu'on ne peut pas gagner : *Un match ingagnable.*

INGAMBE adj. (ital. *in gambe,* en jambes). Qui se meut facilement, qui est dispos et alerte : *Un vieillard ingambe.*

INGEGNERI (Marco Antonio), compositeur italien (Vérone v. 1545 - Crémone 1592). Chanteur et maître de chapelle du Dôme (1581) à Crémone, il composa des messes à 5 et 8 voix (1573) et à 5 voix (1587), des *Sacrae Cantiones* (1589, 1591), des *Responsoria* (1588), un livre d'hymnes (1606) et des livres de madrigaux. Ces compositions influencèrent Monteverdi, qui fut son élève à Crémone.

INGEMANN (Bernhard Severin), écrivain danois (Thorkildstrup, Falster, 1789 - Sorø 1862). Après des œuvres dramatiques et lyriques d'un romantisme fantastique, il évolua vers le roman historique (*Valdemar le Victorieux,* 1826 ; *l'Enfance d'Eric Menved,* 1828 ; *le Roi Erik et les hors-la-loi,* 1833 ; *Otto de Danemark,* 1835).

INGEN-HOUSZ (Jan ou Johannes), biologiste néerlandais, (Breda 1730 - Bowood, Wiltshire, 1799). Il a exposé les principes de base de la photosynthèse*, effectué une expérience célèbre sur la conductibilité thermique des métaux et préconisé l'emploi des plateaux de verre dans les machines électrostatiques.

INGÉNIER (S') v. pr. (lat. *ingenium,* talent) [conj. 9]. Mettre en œuvre toutes les ressources de son esprit pour parvenir à son but : *Il s'ingéniait à me mettre en colère.*

INGÉNIERIE n. f. (de *ingénieur,* calque de l'angl. *engineering*). **1.** Étude d'un projet industriel sous tous ses aspects (techniques, économiques, financiers, monétaires et sociaux) et qui nécessite un travail de synthèse coordonnant les travaux de plusieurs équipes de spécialistes. (Syn. ENGINEERING.) — **2.** *Ingénierie assistée par ordinateur (I. A. O.),* ensemble des méthodes associées à la conception assistée pour les calculs de définition et de simulation de l'objet à concevoir. ‖ *Ingénierie génétique,* syn. de GÉNIE* GÉNÉTIQUE.

INGÉNIERISTE n. Spécialiste d'ingénierie.

INGÉNIEUR n. m. (anc. fr. *engeigneur,* de *engin,* machine de guerre, avec l'infl. de *s'ingénier*). **1.** Personne que ses connaissances rendent apte à occuper des fonctions scientifiques ou techniques actives en vue de prévoir, créer, organiser, diriger, contrôler les travaux qui en découlent, ainsi qu'à y tenir un rôle de cadre. — **2.** Titre donné à qqn qui a accompli certaines études et a obtenu un diplôme en vue de l'exercice de ce métier. — **3.** Autref., officier du génie. — **4.** *Ingénieur de bureau d'études, commercial, d'entretien, d'essai, de sécurité, etc.,* ingénieur exerçant un travail particulier bien défini dans son emploi. ‖ *Ingénieur chimiste, électricien, frigoriste, des travaux publics, etc.,* ingénieur diplômé d'une école spécialisée de chimie, d'électricité, etc. ‖ *Ingénieur civil,* ingénieur diplômé exerçant une activité dans le domaine privé. ‖ *Ingénieur de l'État,* ingénieur appartenant à un corps de l'État (Génie maritime, Mines, Ponts et Chaussées, etc.). ‖ *Ingénieur géographe,* ingénieur spécialisé dans les travaux cartographiques. ‖ *Ingénieur du son,* technicien responsable de l'enregistrement du son lors du tournage d'un film et qui assure ensuite le suivi des opérations techniques relatives à l'élaboration de la bande sonore. ‖ *Ingénieur système,* ingénieur informaticien spécialisé dans la conception, la production, l'utilisation et la maintenance de systèmes d'exploitation d'ordinateurs. ‖ *Ingénieur des travaux maritimes,* membre d'un corps militaire d'ingénieurs, créé par la loi du 23 juill. 1960 et chargé de la gestion et de l'entretien du domaine immobilier de la Marine nationale. ‖ *Ingénieur de l'armement (I. A.),* membre d'un corps militaire d'ingénieurs, chargé de l'élaboration et de la réalisation des programmes d'armement.

ingénieurs *(École nationale supérieure d')* **[E. N. S. I.],** nom d'une trentaine d'écoles nées de l'union d'instituts d'universités avec des écoles d'ingénieurs.

INGÉNIEUR-CONSEIL n. m. (pl. *ingénieurs-conseils*). Personne dont le métier est de donner, à titre personnel, des conseils, d'établir des projets, des expertises, de préparer et suivre des travaux dans les activités qui relèvent du métier d'ingénieur.

INGÉNIEUR-DOCTEUR n. m. (pl. *ingénieurs-docteurs*). Titre créé par l'État en 1923 et délivré par les universités aux ingénieurs diplômés ou aux techniciens possédant des titres particuliers suffisants, qui ont soutenu une thèse après deux années d'études et de recherches dans un laboratoire scientifique.

INGÉNIEUR-EXPERT n. m. (pl. *ingénieurs-experts*). Ingénieur ayant prêté serment et qui peut être chargé par une instance judiciaire d'instruire un différend technique ou de rechercher la cause d'un accident.

INGÉNIEUSEMENT adv. Avec ingéniosité.

INGÉNIEUX, EUSE adj. (anc. fr. *engignous,* du lat. *ingeniosus*). **1.** Qui possède un esprit inventif, qui trouve aisément des solutions appropriées à une situation quelconque : *C'est un bricoleur ingénieux.* — **2.** Se dit de ce qui témoigne d'un esprit inventif, imaginatif : *Un ingénieux procédé.*

INGÉNIOSITÉ n. f. (bas lat. *ingeniositas, -atis*). Caractère de qqn ou de qqch qui est ingénieux : *L'ingéniosité d'un nouveau système de fermeture.*

INGÉNU, E adj. et n. (lat. *ingenuus,* né de parents libres). Qui laisse voir librement et naïvement ses sentiments : *Un pauvre garçon ingénu et sans malice.*

◆ adj. Qui manifeste une grande naïveté : *Réponse ingénue.*

◆ **ingénue** n. f. Au théâtre, emploi de jeune fille simple et naïve.

Ingénu *(l'),* conte de Voltaire (1767). Un jeune « Huron » débarque à Saint-Malo et, au fil d'épreuves tragi-comiques, perd peu à peu de sa naïveté pour s'intégrer à la société française. L'auteur oppose aux préjugés et à la religion l'ingénuité décapante de son héros.

INGÉNUITÉ n. f. (lat. *ingenuitas, -atis*). Sincérité, simplicité excessive dans sa naïveté : *Une ingénuité désarmante.*

INGÉNUMENT adv. De façon ingénue.

INGENUUS (Decimus Laelius), gouverneur de la Pannonie sous Gallien, il fut proclamé empereur, en 258, par ses troupes. Aureolus le vainquit et le tua à Mursa.

1. INGÉRABLE adj. Qui peut être ingéré, avalé.

2. INGÉRABLE adj. Impossible à gérer.

INGÉRENCE n. f. (de *s'ingérer*). **1.** Action de s'ingérer dans les affaires d'autrui : *L'ingérence de l'État dans la gestion des entreprises.* — **2.** Intervention d'un État dans la politique intérieure d'un autre État.

1. INGÉRER v. t. (de *s'ingérer*) [conj. **18**]. Faire passer un aliment, un médicament par la bouche dans le tube digestif : *La malade n'a rien ingéré aujourd'hui.*

2. INGÉRER (S') v. pr. (lat. *ingerere,* porter dans) [conj. **18**]. S'introduire indûment dans qqch, intervenir sans invitation : *S'ingérer dans la vie privée de quelqu'un.*

INGERSHEIM (68040), comm. du Haut-Rhin, sur la Fecht ; 4 083 hab. Constructions mécaniques.

INGESTA n. m. pl. (lat. *ingesta,* choses introduites). Matières alimentaires introduites dans l'organisme.

INGESTION n. f. (bas lat. *ingestio, -onis*). Action d'ingérer, d'avaler.

INGHELBRECHT (Désiré Émile), compositeur et chef d'orchestre français (Paris 1880 - *id.* 1965). Fondateur de l'Orchestre national de la Radiodiffusion française (1934), il a donné, le premier en France, la version originale de *Boris Godounov* (1935). Il a composé des œuvres influencées par Debussy.

INGLENOOK [ingəlnuk] n. m. (écossais *inglenook,* de *ingle,* feu, et *nook,* coin). Type ancien de cheminée à feu nu, placée dans un angle d'une pièce.

INGLUVIE n. f. (lat. *ingluvies,* gésier). Pelote de régurgitation des oiseaux.

INGOLSTADT, v. d'Allemagne (Bavière), sur le Danube ; 88 700 hab. Vieille ville, située sur l'ancienne route romaine de la vallée du Danube. Château (XVe-XVIe s., musée) et églises anciennes (du gothique au baroque). Construction automobile. Machines textiles. Raffinage du pétrole et centrales thermiques.

INGOUCHES, peuple musulman du Caucase du Nord. Déportés en 1943-44, les Ingouches purent, après 1957, regagner leurs terres dans la partie occidentale de la *république des Tchétchènes-Ingouches.* À la suite de la sécession des Tchétchènes, le gouvernement russe créa (1992) une *république d'Ingouchie.*

INGOUCHIE, république de la Fédération de Russie ; 310 000 hab. Cap. *Nazran.*

INGOULETS, riv. d'Ukraine, qui passe à Krivoï Rog, affl. du Dniepr (r. dr.) ; 550 km (bassin de 13 700 km²). Elle alimente un important système d'irrigation.

INGOUVERNABLE adj. Que l'on ne peut gouverner.

INGRAISSABLE adj. Se dit d'un papier résistant à la pénétration des corps gras.

INGRAND (Max), décorateur et peintre verrier français (Bressuire 1908 - Neuilly-sur-Seine 1969). D'abord surtout spécialiste du luminaire, il se consacra spécialement au vitrail (figuratif) après la Seconde Guerre mondiale, exécutant de très nombreuses commandes (église d'Yvetot).

INGRANDES (86220), comm. de la Vienne, au N. de Châtellerault ; 1 803 hab. Église surtout romane, avec vestiges antérieurs. Fonderie. Bottes.

INGRAT, E adj. (lat. *ingratus,* déplaisant). **1.** Dont l'apparence physique n'est pas agréable à l'œil, qui manque de grâce : *Un visage plutôt ingrat.* — **2.** Se dit d'un terrain qui produit peu malgré le travail fourni : *Un sol ingrat.* — **3.** Difficile, pénible ou rebutant, qui exige de gros efforts sans résultats appréciables : *Tâche ingrate.*

◆ adj. et n. Qui ne témoigne aucune reconnaissance : *Avoir affaire à un ingrat.*

INGRATEMENT adv. *Litt.* D'une manière ingrate.

INGRATITUDE n. f. (bas lat. *ingratitudo, -inis*). **1.** Caractère de celui qui est ingrat ; acte, parole manifestant ce sentiment : *Payer quelqu'un d'ingratitude.* — **2.** Manquement grave au devoir de reconnaissance, à la suite duquel une donation ou un legs peuvent être révoqués.

INGRÉ (45140), ch.-l. de cant. du Loiret, à 6 km à l'O. d'Orléans ; 5 912 hab.

INGRÉDIENT n. m. (lat. *ingrediens, -entis,* qui entre). **1.** Produit qui entre dans la composition d'un mélange : *Les ingrédients d'une sauce.* — **2.** *Litt.* Ce qui a son rôle, sa part dans qqch, qui entre dans sa formation : *Les ingrédients du bonheur.*

INGRES (Jean Auguste Dominique), peintre français (Montauban 1780 - Paris 1867). Fils d'un sculpteur ornemaniste, il étudie le dessin à Toulouse puis entre, en 1797, dans l'atelier de David à Paris. Grand Prix de Rome en 1801, il est déjà lui-même, tout en manifestant son admiration pour Raphaël et pour Titien, dans ses portraits de la famille Rivière (Louvre), peints avant son séjour (1806-1810) à la villa Médicis. Il demeure dix-huit ans en Italie, peint des chefs-d'œuvre comme le portrait assez romantique du peintre *Granet* (1807, musée d'Aix-en-Provence) ou *la Grande Odalisque* (1814, Louvre). Le succès de son *Vœu de Louis XIII* (cathédrale de Montauban) au Salon de 1824 provoque son retour à Paris, où il ouvre un atelier et devient le chef, couvert d'honneurs officiels et de plus en plus intransigeant, de l'école classique face au romantisme (*l'Apothéose d'Homère,* 1827, Louvre). Ayant soulevé de fortes inimitiés, il se replie à Rome (1835-1841) comme directeur de l'Académie de France (*Stratonice,* 1840, Chantilly). Rentré à Paris en maître incontesté, il donne, après *l'Âge d'or,* inachevé, du château de Dampierre (Yvelines), son testament esthétique avec le *Bain* turc,* où se résume, dans un climat d'érotisme intellectuel, son obsession de l'arabesque. La recherche d'une beauté intemporelle s'exprime dans son œuvre, abondante et complexe, par la primauté accordée au dessin sur tout autre constituant de l'art de peindre (sans parler de la réussite de ses portraits au crayon). Très aimé de ses élèves, il ne pouvait cependant leur transmettre, à travers une doctrine trop froidement systématique, le secret de certaines étrangetés de sa production personnelle, qui l'ont imposé, en même temps que son amour de la ligne, sa volonté de synthèse et d'abstraction, à l'admiration d'artistes aussi divers que Degas, Cézanne, Gauguin ou Picasso.

INGRESQUE adj. Se dit d'une œuvre, d'une manière dont la souplesse et la pureté de lignes évoquent Ingres.

INGRESSIF, IVE adj. et n. m. (lat. *ingressum,* de *ingredi,* commencer). Syn. de INCHOATIF.

◆ **ingressive** n. f. Consonne réalisée par la formation d'un appel d'air orienté vers l'intérieur du conduit vocal (par ex. l'émission des clics).

INGRESSION n. f. (lat. *ingressio, -onis*). Transgression marine de faible importance.

INGRIE ou **IJORIE,** région de Carélie située sur les rives de la Neva et du lac Ladoga.

INGRISME n. m. Manière employée par les disciples d'Ingres et, en partie, par ses admirateurs. (Citons parmi les premiers H. Flandrin et Victor Mottez, parmi les seconds Puvis de Chavannes ou M. Denis.)

INGUÉRISSABLE adj. Que l'on ne peut guérir.

INGUINAL, E, AUX [-gɥi-] adj. (lat. *inguinalis,* de *inguen, -inis,* aine). **1.** Relatif à l'aine. – **2.** *Canal inguinal,* interstice de la paroi abdominale, à travers lequel passe le cordon spermatique chez l'homme, le ligament rond chez la femme.

ENCYCL. **Pathol.** La *hernie inguinale congénitale* est due à la persistance d'un récessus péritonéal qui traverse le canal inguinal ; la *hernie inguinale acquise* est due à une insuffisance des muscles abdominaux, au travers desquels saille le péritoine.

INGURGITATION n. f. (bas lat. *ingurgitatio, -onis*). Action d'ingurgiter.

INGURGITER v. t. (lat. *ingurgitare,* engouffrer, de *gurges, -itis,* gouffre) [conj. 3]. **1.** Avaler rapidement et en grande quantité des aliments, des boissons : *Il ingurgitait ses deux litres de vin par jour.* – **2.** Absorber qqch massivement, rapidement, sans pouvoir l'assimiler : *Ingurgiter des mathématiques avant l'examen.*

INHABILE adj. (lat. *inhabilis*). **1.** *Litt.* Dépourvu d'habileté pour qqch : *Inhabile au métier des armes.* – **2.** Qui manque d'habileté ou de savoir-faire : *Une déclaration inhabile.* – **3.** Qui n'a pas la capacité d'agir d'un point de vue légal.

INHABILEMENT adv. *Litt.* D'une manière inhabile.

INHABILETÉ n. f. Manque d'habileté.

INHABILITÉ n. f. État de qqn n'ayant pas la capacité légale de faire un acte juridique déterminé.

INHABITABLE adj. (lat. *inhabitabilis*). Où l'on ne peut pas habiter : *Pays inhabitable.*

INHABITÉ, E adj. Qui n'est pas habité : *Région inhabitée.*

INHABITUÉ, E adj. Qui n'est pas habitué à qqch : *Employé inhabitué à l'effort.*

INHABITUEL, ELLE adj. Qui n'est pas habituel : *Un geste inhabituel.*

INHALANT, E adj. *Pore inhalant,* orifice d'entrée de l'eau et des proies chez les spongiaires. (Les pores inhalants sont petits et très nombreux.)

INHALATEUR, TRICE adj. et n. m. **1.** Qui sert à des inhalations. – **2.** *Inhalateur d'oxygène,* masque utilisé à haute altitude par les aviateurs, relié à une réserve ou à un générateur d'oxygène dont le débit compense la diminution de pression de l'air ambiant.

INHALATION n. f. (bas lat. *inhalatio, -onis*). **1.** Action d'absorber qqch par les voies respiratoires : *Faire une profonde inhalation.* – **2.** Administration par voie respiratoire de vapeurs d'eau chaude chargées de principes médicamenteux volatils.

INHALER v. t. (lat. *inhalare*) [conj. 3]. Absorber qqch par inhalation : *Inhaler des vapeurs nocives.*

INHAMBANE, port du Mozambique, ch.-l. de prov., au N.-E. de Maputo ; 26 700 hab.

INHARMONIEUX, EUSE adj. Qui n'est pas harmonieux : *Des sons inharmonieux.*

INHÉRENCE n. f. (lat. scolast. *inhærientia*). Caractère de ce qui est inhérent à qqch.

INHÉRENT, E adj. (lat. scolast. *inhærens, -entis,* de *inhærere,* être fixé dans). Qui est lié d'une manière intime et nécessaire à qqch : *Responsabilité inhérente à une fonction.*

INHIBÉ, E adj. et n. Se dit de qqn qui est dans un état d'inhibition.

INHIBER v. t. (lat. *inhibere,* retenir) [conj. 3]. **1.** Mettre qqn dans un état d'inhibition : *Cette maladie inhibait chez lui toute volonté.* — **2.** Empêcher l'amorçage ou la propagation d'une réaction chimique.

INHIBITEUR, TRICE adj. Qui produit une inhibition ou s'y rapporte.

◆ **inhibiteur** n. m. **1.** Corps chimique qui agit par inhibition. — **2.** Substance ou dispositif qui empêche la germination d'une graine (tels les téguments imperméables à l'eau et à l'oxygène), le développement d'un bourgeon (tel le bourgeon apical vis-à-vis des bourgeons axillaires voisins). — **3.** Substance que l'on incorpore en faibles quantités dans un produit pétrolier, pour ralentir certains phénomènes indésirables. — **4.** *Inhibiteur conditionnel,* chez Pavlov, stimulus qui inhibe l'effet d'un stimulus conditionnel lorsqu'il est présenté avec celui-ci. ‖ *Inhibiteur de corrosion,* produit chimique ajouté en faible quantité à une solution corrosive pour diminuer son action sur un métal. ‖ *Inhibiteur de la monoamine oxydase,* syn. de IMAO. ‖ *Inhibiteur de l'ovulation,* médicament contraceptif qui suspend la périodicité de l'ovulation.

INHIBITIF, IVE adj. Qui s'accompagne d'une inhibition du point de vue physiologique ou immunologique.

INHIBITION n. f. (lat. médiév. *inhibitio, -onis*). **1.** Absence ou diminution d'un comportement qui, dans une autre situation semblable, avait été présent ou plus fort. — **2.** Processus interne qui est supposé empêcher ou freiner l'apparition d'une réponse et expliquer ce comportement : *La timidité provoque chez lui une inhibition de la parole.* — **3.** Phénomène par lequel des substances sont capables, même à très faible concentration, de ralentir ou d'arrêter certaines réactions chimiques (oxydation, polymérisation, dégradation, etc.). — **4.** Diminution de l'activité d'une cellule ou d'un ensemble de cellules nerveuses sous l'effet de la modification d'autres cellules nerveuses. — **5.** *Inhibition intellectuelle,* déficit de l'efficience des processus intellectuels, lié à un fonctionnement névrotique, souvent phobique. ‖ *Mort par inhibition,* mort due à l'action de certaines excitations périphériques sur les centres nerveux de la base du cerveau et ne laissant apparaître aucune lésion visible à l'autopsie. (L'inhibition peut être due à un choc sur l'abdomen ou sur le cou, provoquant un arrêt cardiaque.)

INHOMOGÈNE adj. Qui n'est pas homogène.

INHOSPITALIER, ÈRE adj. Qui n'est pas hospitalier : *Un accueil inhospitalier.*

INHUMAIN, E adj. (lat. *inhumanus*). **1.** Qui ne semble pas appartenir à la nature ou à l'espèce humaine et qui est perçu comme atroce, monstrueux : *Le caractère inhumain d'un crime.* — **2.** Qui semble au-dessus des forces humaines : *Tâche inhumaine.* — **3.** Qui est sans pitié, sans générosité : *Un traitement inhumain.*

INHUMAINEMENT adv. De façon inhumaine.

INHUMANITÉ n. f. (lat. *inhumanitas, -atis*). Manque d'humanité : *L'inhumanité d'un châtiment.*

INHUMATION n. f. Action d'inhumer. (Aucune inhumation ne peut avoir lieu sans un constat de décès par un médecin ou un officier d'état civil et en principe moins de 24 heures après le décès.)

INHUMER v. t. (lat. *inhumare,* de *humus,* terre) [conj. 3]. Mettre un mort en terre avec les cérémonies ordinaires.

INIMAGINABLE adj. Qui dépasse l'imagination.

INIMITABLE adj. Que l'on ne peut pas imiter : *Signature inimitable.*

INIMITÉ, E adj. Qu'on n'a pas encore pu imiter.

INIMITIÉ n. f. (lat. *inimicitia,* avec l'infl. de *amitié*). Sentiment d'antipathie, d'hostilité, de haine.

ININFLAMMABILITÉ n. f. Qualité de ce qui n'est pas inflammable.

ININFLAMMABLE adj. Qui n'est pas susceptible de prendre feu.

ININI, riv. de la Guyane française, affl. du Maroni (r. dr.), qui avait donné son nom à un arrondissement de ce territoire.

ININTELLIGEMMENT adv. De façon inintelligente.

ININTELLIGENCE n. f. Manque d'intelligence.

ININTELLIGENT, E adj. Qui manque d'intelligence.

ININTELLIGIBILITÉ n. f. Caractère de ce qui est inintelligible.

ININTELLIGIBLE adj. Qu'on ne peut pas comprendre : *Philosophe inintelligible.*

ININTELLIGIBLEMENT adv. De façon inintelligible.

ININTÉRESSANT, E adj. Qui n'offre pas d'intérêt.

ININTÉRÊT n. m. Absence d'intérêt.

ININTERPRÉTABLE adj. Qu'on ne peut pas interpréter.

ININTERROMPU, E adj. Qui ne s'interrompt pas : *Un bruit ininterrompu.*

INIQUE adj. (lat.*iniquus*). Qui manque à l'équité, qui est contraire à la justice : *Un juge inique. Une loi inique.*

INIQUEMENT adv. *Litt.* De façon inique.

INIQUITÉ [-kite] n. f. (lat. *iniquitas, -atis*). **1.** Caractère de ce qui est inique, injuste, de qqn qui est partial : *L'iniquité d'une sentence.* — **2.** *Litt.* Acte contraire à la justice : *Commettre des iniquités.*

INITIAL, E, AUX [-sjal, -sjo] adj. (lat. *initialis,* de *initium,* commencement). **1.** Qui est au début, qui commence : *Une erreur initiale.* — **2.** *Cellules initiales,* premières cellules des méristèmes des axes végétaux, qui se multiplient très activement.

◆ **initiale** n. f. **1.** Première lettre d'un mot : *Il faut mettre une majuscule à l'initiale de ce mot.* — **2.** Dans un mot ou un syntagme, phonème ou groupe de phonèmes (syllabe) prononcés en premier. — **3.** *Initiale ornée,* dans les manuscrits enluminés du Moyen Âge, grande lettre d'un début de livre, de chapitre, etc., enjolivée de motifs divers. (Syn. LETTRE ORNÉE.)

◆ **initiales** n. f. pl. Première lettre du prénom et du nom : *Signer de ses initiales.*

INITIALEMENT adv. Au commencement, au début.

INITIALISATION n. f. **1.** Action de commencer une opération technique. — **2.** Ensemble d'opérations préliminaires à la mise en service d'un ordinateur. (Elle peut s'effectuer en introduisant dans la machine un programme particulier [amorce].)

INITIALISER v. t. (conj. 3). Effectuer une initialisation.

INITIATEUR, TRICE n. (lat. *initiator, -trix*). **1.** Personne qui initie, qui fait connaître le premier qqch à qqn : *Elle a été son initiatrice en amour.* — **2.** Personne qui est à l'origine de qqch, qui ouvre une voie nouvelle : *Les initiateurs de la biologie.*

◆ adj. Se dit du rôle de qqn qui initie : *Elle a eu un rôle initiateur.*

INITIATION n. f. (lat. *initiatio, -onis*). **1.** Action de révéler ou de recevoir la connaissance de certaines pratiques : *Initiation à la peinture.* — **2.** Action de donner les premiers rudiments d'une discipline : *Cours d'initiation à la linguistique.* — **3.** Action d'initier une réaction, un processus physique ou chimique. — **4.** Cérémonie qui fait accéder un individu à un nouveau groupe d'appartenance, défini par le partage d'un savoir commun. (→ *encycl.*)

ENCYCL. **Anthropol.** L'initiation se distingue des autres rites de passage (mariage, funérailles) par la personnalisation du rituel, même s'il a lieu collectivement (marquage corporel, scarification, circoncision), et par l'accroissement de savoir, corrélatif de pouvoir, qu'elle confère. Les rites initiatiques les plus complexes se trouvent dans les sociétés non industrielles et sont liés aux mythes et aux symboles religieux considérés comme fondateurs de ces sociétés.

INITIATIQUE adj. Relatif à l'initiation : *Rite initiatique.*

INITIATIVE n. f. (de *initier,* d'apr. *expectative*). **1.** Action de proposer, d'organiser le premier qqch : *Sur son initiative, nous avons réuni ce colloque.* — **2.** Action de faire qqch de soi-même, sans recourir à l'avis, au conseil de qqn d'autre : *Employé qui sait prendre des initiatives.* — **3.** Qualité de qqn qui sait prendre spontanément la décision nécessaire : *Faire preuve d'initiative.* — **4.** Droit de proposer certaines choses, de les commencer : *L'initiative parlementaire.* — **5.** *Initiative de défense stratégique (I. D. S.),* programme d'études lancé par le président Reagan en 1983, couramment appelé « guerre des étoiles » et visant à l'élimination de la menace des missiles stratégiques, notamment à partir de systèmes spatiaux. (Très coûteux et ayant perdu son premier adversaire potentiel, l'U.R.S.S., le programme a été réorienté progressivement — puis officiellement en 1993 — vers un système de défense sans commune mesure avec le projet initial.) ‖ *Initiative gouvernementale,* droit du gouvernement de déposer des projets de lois. ‖ *Initiative parlementaire,* droit pour les membres du Parlement de déposer des propositions de lois. ‖ *Initiative populaire,* procédé de démocratie semi-directe permettant au peuple d'intervenir directement dans l'élaboration de la loi. (Soit le peuple rédige un projet de loi accompagné d'une pétition demandant qu'il soit soumis au Parlement ou fasse l'objet d'un référendum ; soit le peuple, par pétition également, demande un référendum pour s'opposer à une loi déjà votée [veto populaire]. La Suisse, l'Italie, certains États des États-Unis pratiquent l'initiative populaire.)

INITIÉ, E n. **1.** Personne qui est dans le secret, qui est au courant de certaines pratiques, qui est instruite dans quelque art : *Film qui ne s'adresse qu'aux initiés.* — **2.** Personne qui a subi le rituel initiatique. — **3.** *Délit d'initié,* infraction commise par ceux qui, à l'occasion de leurs fonctions, disposent d'informations privilégiées sur la marche d'une société et qui, grâce à elles, réalisent en Bourse des opérations bénéficiaires avant que le public n'en ait eu connaissance.

INITIER v. t. (lat. *initiare,* de *initium,* commencement) [conj. 9]. **1.** Admettre qqn à la connaissance, à la participation de mystères religieux, aux pratiques secrètes d'une association, d'une secte. — **2.** Donner à qqn les connaissances rudimentaires d'une science, d'une technique, d'un sport : *Initier un élève aux mathématiques.* — **3.** Mettre qqn au courant de choses secrètes ou connues de quelques personnes : *Initier un collaborateur au secret d'une négociation.* — **4.** Révéler une pratique à qqn, être le premier à la lui faire connaître : *Initier quelqu'un à la drogue.* — **5.** Faire démarrer un processus, une réaction, avoir l'initiative d'un projet.

◆ **s'initier** v. pr., **être initié** v. pass. Apprendre les premiers éléments de qqch : *S'initier à la planche à voile.*

INJALBERT (Jean Antoine), sculpteur français (Béziers 1845 - Paris 1933), grand prix de Rome en 1874 (fronton du Petit Palais, Paris ; *Fontaine des Titans,* Béziers).

INJECTABLE adj. Qui peut être injecté, en partic. dans l'organisme.

INJECTER v. t. (lat. *injectare,* de *injicere,* jeter dans) [conj. 3]. **1.** Introduire un liquide dans le corps par injection : *Injecter du sérum dans les veines.* — **2.** Faire pénétrer un liquide, un gaz dans qqch par jet ou par pression : *Injecter de la créosote dans du bois.* — **3.** Fournir des capitaux d'une manière massive afin de soutenir une activité : *Injecter quelques milliards dans l'économie d'une région.* — **4.** Pulvériser et homogénéiser des ergols liquides à l'intérieur de la chambre de combustion d'un moteur-fusée. — **5.** *Injecter sur orbite,* faire passer un engin spatial de sa trajectoire de lancement à une trajectoire orbitale.

◆ **être injecté** v. pass. *Fabrication injectée,* type de fabrication de chaussures dans lequel le semelage, ou la chaussure entière, est obtenu par pression de divers produits dans un moule.

◆ **s'injecter** v. pr., **être injecté** v. pass. Être coloré par l'afflux du sang.

INJECTEUR n. m. **1.** Appareil destiné à introduire un liquide ou un gaz dans une cavité du corps ou dans un tissu. — **2.** Dispositif réalisant l'injection du carburant ou du combustible dans un moteur-fusée, une chaudière, etc. (→ *encycl.*) — **3.** Appareil utilisant un fluide animé d'une grande vitesse pour entraîner un fluide ou un produit pâteux ou pulvérulent.

ENCYCL. **Mécan.** Dans les moteurs Diesel, le gazole est introduit directement, ou par l'intermédiaire d'une préchambre, dans la chambre de combustion. Les injecteurs sont commandés par la pression du combustible ou par l'action d'une soupape. Dans les moteurs à essence, les injecteurs sont composés d'une aiguille-pointeau et d'un électro-aimant qui la soulève pendant l'injection.

INJECTIF, IVE adj. *Application injective de* A *dans* B, application pour laquelle tout élément de B est l'image d'au plus un élément de A. (Syn. INJECTION.) ‖ *Consonne injective* ou *injective* (n. f.), consonne occlusive implosive (ou inspiratoire) dont l'émission est caractérisée par un brusque appel de l'air extérieur dans la cavité buccale.

INJECTION n. f. (lat. *injectio, -onis*). **1.** Opération qui consiste à injecter un produit dans une matière, un objet. — **2.** Introduction d'un liquide ou d'un gaz dans l'organisme ; la substance ainsi injectée. — **3.** Apport massif de capitaux pour renflouer une économie, aider une entreprise. • **Astronaut.** Action d'injecter des ergols dans la chambre de combustion d'un moteur-fusée. ‖ Action d'injecter sur orbite un engin spatial. — **Bois.** Opération qui consiste à imprégner les bois, sous pression, de produits antiseptiques pour améliorer leur conservation. — **Géol.** Pénétration d'un matériel liquide (magma) ou plastique (roche) dans une ouverture de la croûte terrestre. — **Math.** Syn. de APPLICATION INJECTIVE*. — **Mécan.** Introduction, sous pression, d'une quantité mesurée de carburant dans l'air d'admission pour former un mélange susceptible de brûler dans la chambre de combustion d'un moteur. (→ *encycl.*) ‖ *Injection directe,* injection de carburant dans la chambre de combustion du moteur. ‖ *Injection indirecte,* injection de carburant dans la tubulure d'admission du moteur ou dans une préchambre de combustion. — **Min.** Syn. de CIMENTATION. — **Pétr.** Introduction d'un fluide dans un gisement de pétrole afin d'obtenir une meilleure récupération des hydrocarbures en place. (→ encycl.) — **Polym.** *Moulage par injection,* technique de moulage des matières plastiques dans laquelle le produit est fluidifié, puis injecté dans un moule à deux matrices. (Le moulage des thermoplastiques et des thermodurcissables se fait dans des presses à injecter du type à piston [la matière est fluidifiée au contact des parois d'un cylindre et poussée dans le moule par un piston] ou à vis [une vis hélicoïdale porte le matériau au contact d'une paroi chauffée et le fait avancer vers la buse].) [Voir ill. p. 1631.] — **Trav. publ.** Consolidation ou étanchement d'un terrain ou d'un ouvrage d'art par introduction sous pression d'un coulis (ciment ou mortier) susceptible de faire prise.

ENCYCL. **Mécan.** L'injection, qui produit une pulvérisation du carburant, s'oppose à la carburation, qui produit une vaporisation. L'aérosol

obtenu par injection est plus stable et peut supporter de plus fortes compressions sans détoner. L'injection permet aussi de diminuer les émissions polluantes à l'échappement.
— **Pétr.** Les techniques d'injection les plus classiques sont celles d'eau (water flooding) ou de gaz. Leur but est de maintenir la pression du réservoir lorsque l'énergie d'expansion des fluides et de la roche devient insuffisante pour assurer un débit de production satisfaisant. (→ RÉCUPÉRATION ASSISTÉE.)

INJOIGNABLE adj. Que l'on ne peut joindre, contacter.

INJONCTIF, IVE adj. (de *injonction*). Qui renferme un ordre ou qui est relatif à l'expression d'un ordre. (L'infinitif peut avoir une valeur injonctive : *Ne pas stationner.*)

INJONCTION n. f. (bas lat. *injunctio, -onis*). **1.** Ordre formel d'obéir sur-le-champ sous menace de sanction : *Sur l'injonction du commissaire de police.* — **2.** *Injonction de payer,* procédure simplifiée de recouvrement des petites créances non payées à échéance et non contestées. (→ *encycl.*)
ENCYCL. **Dr.** Le juge peut rendre une *ordonnance portant injonction de payer,* qui devient exécutoire s'il n'y a pas de contredit formé dans le délai légal. Le juge n'a pas le droit d'adresser des injonctions à l'Administration : il ne peut que prononcer des annulations ou des condamnations à des dommages-intérêts.

INJOUABLE adj. **1.** Qu'on ne peut jouer, interpréter : *Musique injouable.* — **2.** Dans certains sports, se dit d'une balle difficile à utiliser, d'un terrain impraticable.

INJURE n. f. (lat. *injuria,* injustice). **1.** Parole qui blesse d'une manière grave et consciente : *Couvrir quelqu'un d'injures.* — **2.** *Litt.* Action, procédé qui offense : *Il m'a fait l'injure de refuser mon invitation.* — **3.** *Litt.* Dommage causé par le temps, les années : *Braver les injures du temps.* — **4.** Expression outrageante qui ne renferme l'imputation d'aucun fait précis. (L'injure publique est un délit.)

INJURIER v. t. (bas lat. *injuriare*) [conj. 9]. Adresser des injures à qqn : *Injurier un adversaire politique.*

INJURIEUSEMENT adv. De façon injurieuse.

INJURIEUX, EUSE adj. (lat. *injuriosus,* injuste). Qui constitue une injure, qui vise à offenser ou qui attente à la réputation : *Un article injurieux pour le président.*

INJUSTE adj. (lat. *injustus*). **1.** Qui n'est pas conforme à la justice, à l'équité : *Sentence injuste.* — **2.** Qui n'agit pas avec justice, équité : *Père injuste à l'égard de son fils aîné.*

INJUSTEMENT adv. **1.** D'une façon injuste : *Punir injustement.* — **2.** Sans raison, sans fondement : *Se plaindre injustement.*

INJUSTICE n. f. (lat. *injustitia*). **1.** Caractère de qqn, de qqch qui est injuste : *Une société fondée sur l'injustice.* — **2.** Acte, décision contraire à la justice : *Être victime d'une injustice.*

INJUSTIFIABLE adj. Que l'on ne peut justifier : *Procédés injustifiables.*

INJUSTIFIÉ, E adj. Qui n'est pas justifié : *Absence injustifiée.*

INKERMAN, v. d'Ukraine, en Crimée, faubourg oriental de Sébastopol. Victoire franco-anglaise sur les Russes pendant la campagne de Crimée* (5 nov. 1854).

INLANDSIS [inlɑ̃dsis] n. m. (scand. *inlandsis*). Vaste glacier occupant les hautes latitudes (Antarctique, Groenland). [Syn. GLACIER CONTINENTAL.]

INLASSABLE adj. Qui ne se lasse pas de faire qqch : *Une patience inlassable.*

INLASSABLEMENT adv. D'une manière inlassable : *Répéter inlassablement la même chose.*

INLAY [inlɛ] n. m. (pl. *inlays*) [angl. *inlay,* incrustation]. Bloc métallique coulé, inclus dans la préparation de la cavité dentaire qu'il sert à obturer tout en reconstituant exactement la forme anatomique de la dent. (Syn. INCRUSTATION.)

Inmarsat, organisation internationale de satellites maritimes, créée en 1979 et dont le siège est à Londres.

INN, riv. de l'Europe centrale, affl. du Danube (r. dr.), avec lequel elle conflue à Passau ; 510 km. Né dans les Grisons (drainant l'Engadine), l'Inn traverse le Tyrol (passant à Innsbruck) puis une partie de la Bavière avant de servir de frontière entre l'Allemagne et l'Autriche.

INNAVIGABILITÉ [ɛ̃-] n. f. État d'un bâtiment qui ne possède plus les qualités requises pour naviguer en sécurité.

INNAVIGABLE [ɛ̃-] adj. **1.** Non navigable. — **2.** Impropre à la navigation.

INNÉ, E adj. (lat. *innatus,* né avec). **1.** Qui existait chez qqn dès sa naissance, par oppos. à ce qu'il a acquis : *Un don inné.* — **2.** Qui appartient au caractère fondamental de qqn : *Avoir le sens inné des affaires.*

INNÉISME n. m. **1.** Système philosophique qui affirme l'existence d'idées innées. — **2.** Théorie psycholinguistique sous-jacente à la grammaire générative selon laquelle l'essentiel des connaissances permettant à l'homme de maîtriser une langue ne sont pas acquises, mais appartiennent à une structure cognitive qui est un caractère commun à l'espèce.

INNÉISTE adj. et n. Relatif à l'innéisme ; partisan de l'innéisme.

INNÉITÉ n. f. Caractère de ce qui est inné.

INNERVATION n. f. Distribution des nerfs dans une région anatomique.

INNERVER v. t. (du lat. *nervus,* nerf) [conj. 3]. Atteindre un organe, en parlant d'un nerf : *Région du corps relativement peu innervée.*

INNOCEMMENT [-samɑ̃] adv. Sans intention mauvaise ou maligne ; sans le vouloir : *Faire innocemment une gaffe.*

INNOCENCE n. f. (lat. *innocentia*). **1.** Qualité de qqn qui ignore le mal : *L'innocence d'un jeune enfant.* — **2.** État de qqn qui n'est pas coupable d'une faute déterminée : *L'avocat va établir l'innocence de l'accusé.* — **3.** Caractère de ce qui est exempt de malignité, de qqn qui est d'une ingénuité, d'une naïveté souvent excessives : *L'apparente innocence d'une réponse.* — **4.** *En toute innocence,* en toute simplicité. ‖ *État d'innocence,* état du premier homme avant la faute originelle.

INNOCENT, E adj. et n. (lat. *innocens, -entis,* probe). **1.** Qui n'a pas commis l'acte délictueux ou condamnable dont on le soupçonne : *Cet homme est innocent du meurtre dont on l'accuse.* — **2.** Qui n'est pour rien dans des événements néfastes dont il pâtit : *Les combats ont tué d'innocentes victimes.* — **3.** Dont l'ignorance des réalités de la vie, la candeur, la naïveté sont grandes : *Il est bien innocent de croire de telles fadaises.* — **4.** Qui est un peu simple d'esprit ; niais : *L'innocent du village.* — **5.** *Litt.* Se dit d'un tout jeune enfant : *Faire souffrir de pauvres innocents.* — **6.** *Faire l'innocent,* feindre l'ignorance, la naïveté.
◆ adj. **1.** Qui est fait sans intention maligne, en toute candeur : *C'était une farce bien innocente.* — **2.** Dépouillé de toute connotation sexuelle : *Un baiser innocent sur la joue.*

Innocents *(cimetière, église* et *fontaine des),* à Paris. Sur l'espace délimité aujourd'hui par les rues Berger, Saint-Denis et de la Ferronnerie (Ier arrond.) s'étendait le plus grand cimetière de la ville, attesté dès l'époque mérovingienne. Une église y fut bâtie aux XIIe et XIIIe s., dédiée à un enfant martyr, Richard. Le cimetière fut entouré au XIVe s. de galeries voûtées, surmontées de charniers où s'entassaient les ossements retirés des fosses communes ; une de ces galeries était peinte d'une célèbre *Danse macabre* (1424). Une fontaine à trois arcades, décorée de nymphes, fut construite pour l'entrée de Henri II (1549) par Lescot et Goujon à l'angle des rues Saint-Denis et aux Fers (auj. Berger). Le cimetière fut supprimé en 1780 et l'église laissa place à un marché au centre duquel la fontaine fut réédifiée en forme d'édicule carré, une face lui étant ajoutée au sud, sculptée par Pajou. L'ensemble, solidaire des Halles* et réaménagé à ce titre au milieu du XIXe s., l'a été de nouveau au début des années 1980.

Innocents *(massacre des),* meurtre des enfants de moins de deux ans ordonné, selon saint Matthieu (II, 16-18), par Hérode le Grand, par crainte de la rivalité d'un futur Messie.

INNOCENT Ier *(saint)* [Albano ? - Rome 417], pape de 401 à 417. Il condamna les pélagiens à la demande de saint Augustin.

INNOCENT II (Gregorio PAPARESCHI) [Rome - *id.* 1143], pape de 1130 à 1143. Malgré l'appui de saint Bernard, il vit se dresser devant lui plusieurs antipapes.

INNOCENT III (Giovanni Lotario, *comte* DI SEGNI) [Anagni 1160 - Rome 1216], pape de 1198 à 1216. Ayant imposé son autorité au sénat de Rome, aux villes toscanes et à l'empereur, il s'efforce en vain de redonner aux croisades leur esprit primitif. Mais la 4e croisade n'aboutit qu'au sac de Constantinople (1204). Quant à la croisade contre les albigeois, qu'il fait prêcher en 1208, elle dégénérera en expédition punitive. Aux jeunes royautés occidentales — sauf la France — il impose aussi sa suzeraineté spirituelle. Pape réformateur et austère, il soutient vigoureusement l'essor des ordres mendiants et, au IVe concile du Latran (1215), développe les principes d'un redressement disciplinaire indispensable dans l'Église. On a fait de lui le théoricien de la théocratie pontificale.

INNOCENT IV (Sinibaldo FIESCHI) [Gênes v. 1195 - Naples 1254], pape de 1243 à 1254. Canoniste de grande autorité, il poursuivit l'œuvre d'Innocent III, excommuniant Frédéric II au concile de Lyon (1245), puis le combattant en Italie, et faisant de son pontificat le sommet de la théocratie pontificale.

INNOCENT V *(bienheureux)* [PIERRE DE TARENTAISE] (Tarentaise v. 1225 - Rome 1276), pape en 1276.

INNOCENT VI (Étienne AUBERT) [Beyssac-en-Corrèze - Avignon 1362], pape de 1352 à 1362. Installé en Avignon comme ses prédécesseurs, il voulut reprendre ses domaines italiens, où fut rétablie pour un temps sa suzeraineté (1353-1360).

INNOCENT VII (Cosimo GENTILE DE' MIGLIORATI) [Sulmona 1336 - Rome 1406], pape de 1404 à 1406.

INNOCENT VIII (Giovanni Battista CYBO) [Gênes 1432 - Rome 1492], pape de 1484 à 1492. Il pratiqua un népotisme scandaleux et combattit les vaudois.

INNOCENT IX (Giovanni Antonio FACCHINETTI) [Bologne 1519 - Rome 1591], pape du 29 oct. au 30 déc. 1591.

INNOCENT X (Giambattista PAMPHILI) [Rome 1574 - *id.* 1655], pape de 1644 à 1655. Il condamna cinq propositions de l'*Augustinus* de Jansénius (bulle *Cum occasione,* mai 1653).

INNOCENT XI *(bienheureux)* [Benedetto ODESCALCHI] (Côme 1611 - Rome 1689), pape de 1676 à 1689. Pape vertueux et austère, ennemi du népotisme, il fut longtemps en conflit avec Louis XIV à propos, notamment, de la régale et des préséances à observer à Rome.

INNOCENT XII (Antonio PIGNATELLI) [Spinazzola, Basilicate, 1615 - Rome 1700], pape de 1691 à 1700. Il condamna le jansénisme et le quiétisme.

INNOCENT XIII (Michelangelo CONTI) [Rome 1655 - *id.* 1724], pape de 1721 à 1724. Il se montra hostile aux jésuites.

INNOCENTER v. t. (conj. 3). **1.** Déclarer qqn innocent : *Innocenter un accusé.* — **2.** Prouver, établir l'innocence de qqn : *Ce témoignage innocenta le malheureux.* — **3.** Excuser qqn, une action, les justifier : *Chercher à innocenter sa conduite.*

INNOCUITÉ n. f. (lat. *innocuus,* inoffensif). Caractère de ce qui n'est pas toxique, nocif : *L'innocuité d'un médicament.*

INNOMBRABLE adj. Qu'on ne peut dénombrer à cause de son grand nombre : *Une foule innombrable.*

INNOMÉ ou **INNOMMÉ, E** adj. **1.** Qui n'a pas reçu de nom. — **2.** *Contrat innomé,* contrat qui n'est pas réglementé par des dispositions légales particulières.

INNOMINÉ, E adj. (bas lat. *innominatus,* non nommé). *Ligne innominée,* éminence que présente la face interne de l'os iliaque et qui correspond au détroit supérieur.

INNOMMABLE adj. Trop détestable pour recevoir un qualificatif, un nom : *Une mixture innommable.*

INNOVANT, E adj. Qui innove, constitue une innovation : *Technologies innovantes.*

INNOVATEUR, TRICE adj. et n. (bas lat. *innovator*). Qui innove, cherche à innover : *Esprit innovateur.*

INNOVATION n. f. (bas lat. *innovatio, -onis*). **1.** Action d'innover ; son résultat : *L'innovation technique. Avoir horreur des innovations.* — **2.** Introduction, dans le processus de production et/ou de vente d'un produit, d'un équipement ou d'un procédé nouveau. — **3.** Ensemble du processus qui se déroule depuis la naissance d'une idée jusqu'à sa matérialisation (lancement d'un produit), en passant par l'étude du marché, le développement du prototype et les premières étapes de la production. — **4.** Processus d'influence qui conduit au changement social et dont l'effet consiste à rejeter les normes sociales existantes et à en proposer de nouvelles.

INNOVER v. t. ind. (lat. *innovare,* de *novus,* neuf) [conj. 3]. Introduire qqch de nouveau pour remplacer qqch d'ancien dans un domaine quelconque : *Innover en art.*
◆ v. t. *Vx.* Introduire qqch, une mode pour la première fois.

INNSBRUCK, v. d'Autriche, ch.-l. de la prov. du Tyrol, sur l'Inn ; 117 000 hab. Carrefour ferroviaire et routier entre la Bavière et l'Italie du Nord, la Suisse septentrionale et Vienne. Centre commercial et touristique (jeux Olympiques d'hiver en 1964 et 1976) avec quelques industries.
— **Bx-arts.** Hofburg, château de Maximilien Ier, très remanié par l'impératrice Marie-Thérèse. Église des franciscains, construite au XVIe s. pour abriter le cénotaphe de Maximilien, que veillent vingt-huit statues en bronze de ses ancêtres. Palais et églises baroques. Maisons gothiques et baroques. Musée régional du Tyrol *(Ferdinandeum)* et musée de l'Art populaire tyrolien. Dans les environs, château d'Ambras, ou Amras (surtout du XVIe s.), auj. musée.

INNTAL, partie de la vallée de l'Inn dans son cours tyrolien entre Landeck et Kufstein (Autriche).

INO n. m. (de *Ino,* n. pr.). Syn de PROCRIS.

INO, déesse marine grecque, qui fut la nourrice du jeune Dionysos.

INOBSERVABLE adj. **1.** Qui ne peut être observé, vu : *Comète inobservable.* — **2.** Qui ne peut être exécuté, suivi : *Prescription inobservable.*

INOBSERVANCE n. f. (lat. *inobservantia*). Fait de ne pas observer les prescriptions, les règlements, les usages, etc.

INOBSERVATION n. f. **1.** Manque d'obéissance à qqch : *Inobservation d'une loi.* — **2.** Inexécution des engagements qu'on a contractés : *Inobservation d'un contrat.*

INOBSERVÉ, E adj. *Litt.* Qui n'a pas été suivi, exécuté : *Règlement inobservé.*

INOCCUPATION n. f. État de qqn qui n'a pas d'activité, d'occupations régulières.

INOCCUPÉ, E adj. **1.** Qui ne fait pas l'objet d'une occupation militaire : *Territoire inoccupé par l'ennemi.* — **2.** Qui n'est pas habité, qui est laissé vide : *Appartement inoccupé. Siège inoccupé.* — **3.** Qui est oisif, désœuvré : *Laisser les enfants inoccupés le mercredi.*

IN-OCTAVO [inɔk-] adj. et n. m. inv. (lat. de la Renaissance *in octavo,* en huitième). Se dit du format déterminé par le pliage d'une feuille d'impression en 8 feuillets égaux, soit 16 pages, ou de tout livre de ce format.

INOCULABLE adj. Qui peut être inoculé : *Virus inoculable.*

INOCULANT n. m. Substance ajoutée à un métal ou un alliage fondu pour accélérer la solidification.

INOCULATION n. f. (angl. *inoculation,* du lat. *inoculatio, -onis*). **1.** Introduction dans l'organisme d'un germe vivant, bactérie ou virus. (→ *encycl.*) — **2.** Transmission, propagation d'opinions, de doctrines estimées dangereuses : *L'inoculation d'idées subversives.* — **3.** Addition d'un inoculant dans un métal ou un alliage fondu. (Généralement pratiquée avant la coulée, l'inoculation permet notamment d'améliorer les propriétés mécaniques des fontes.)
ENCYCL. L'inoculation est le plus souvent accidentelle. Elle est liée au franchissement du revêtement cutané par un germe vivant. Elle est la conséquence d'une blessure, d'une morsure d'animal ou d'une griffure. L'inoculation est préventive dans le cas de la vaccination antivariolique.

INOCULER v. t. (angl. *to inoculate,* du lat. *inoculare,* greffer en écusson) [conj. 3]. **1.** Opérer une inoculation sur qqn. — **2.** Communiquer par inoculation un virus, une maladie à qqn, à un animal : *Inoculer la peste à un cobaye.* — **3.** *Litt.* Communiquer qqch à qqn, lui transmettre par une sorte de contagion morale des idées, des opinions, des sentiments jugés dangereux : *Inoculer la passion du jeu.*

INOCYBE n. m. (gr. *is, inos,* fibre, et *kubos,* cube). Champignon basidiomycète à spores couleur ochracée et à chapeau couvert de fines fibrilles. (L'inocybe de Patouillard est gravement vénéneux.)

INODORE adj. (lat. *inodorus*). **1.** Qui ne dégage pas d'odeur : *Fleurs inodores.* — **2.** Qui est sans intérêt ; ennuyeux.

INOFFENSIF, IVE adj. **1.** Qui n'attaque pas l'homme, qui n'est pas dangereux : *Un animal inoffensif.* — **2.** Qui n'est pas agressif : *Un malade mental inoffensif.* — **3.** Qui est incapable de répondre à une attaque, qui manque de caractère : *Un être inoffensif.* — **4.** Qui ne risque pas de faire mal : *Plaisanterie inoffensive.* — **5.** Qui n'est pas nocif : *Remède inoffensif.*

INONDABLE adj. Qui peut être inondé.

INONDATION n. f. (lat. *inundatio, -onis*). **1.** Submersion des terrains avoisinant le lit mineur d'un cours d'eau ; eaux qui inondent. — **2.** Présence anormale d'une grosse quantité d'eau dans un local, due à une fuite, un incident, etc. : *Ferme le robinet, tu vas provoquer une inondation.* — **3.** Afflux considérable de qqch : *Inondation d'un marché par des produits étrangers.* — **4.** *Inondation péritonéale,* épanchement brutal d'une grande quantité de sang dans la cavité péritonéale, en cas de rupture de grossesse extra-utérine ou de rupture de la rate. ‖ *Inondation trachéo-bronchique,* envahissement de la trachée et des bronches par du liquide gastrique acide ou par du sang. (Elle se voit surtout au début et à la fin d'une anesthésie générale et chez les sujets comateux.) ‖ *Inondation ventriculaire,* hémorragie cérébrale se produisant dans les ventricules cérébraux et produisant un coma neurologique profond, de pronostic grave.

INONDÉ, E adj. et n. Qui a souffert d'une inondation.

INONDER v. t. (lat. *inundare*) [conj. 3]. **1.** Couvrir d'eau un lieu, provoquer une inondation : *La rivière en crue a inondé les prés voisins. Ferme le robinet, tu risques d'inonder la cave.* — **2.** Répandre trop d'eau, de liquide en un lieu, sur qqch, le mouiller trop abondamment : *En renversant le vase, il a inondé la moquette.* — **3.** Être abondamment répandu sur qqch : *Les larmes qui inondent ses yeux.* — **4.** *Litt.* Envahir (le cœur de) qqn, en parlant d'un sentiment : *La joie l'inonde.* — **5.** Se trouver, se répandre en grande quantité, en très grand nombre : *Les publicités inondent ce journal.* — **6.** Répandre abondamment : *Inonder le marché de camelote.*

INÖNÜ (Mustafa Ismet, dit **Ismet**), homme d'État turc (Izmir 1884 - Ankara 1973). Commandant du front contre les Grecs (1920), il remporta la victoire d'Inönü (janv. 1921). Ministre des Affaires étrangères (1922), il assura le succès de la conférence de Lausanne (1923). Premier ministre (1923-1937), il succéda en 1938 à Atatürk à la présidence de la République, qu'il conserva jusqu'en 1950. Président du parti républicain du peuple (CHP) de 1938 à 1972, il fut président du Conseil de 1961 à 1965.

INOPÉRABLE adj. Qu'il est impossible d'opérer : *Cancer inopérable.*

INOPÉRANT, E adj. Sans effet, inefficace : *Mesure inopérante.*

INOPINÉ, E adj. (lat. *inopinatus,* inattendu). Qui arrive sans qu'on s'y soit attendu : *Une arrivée inopinée.*

INOPINÉMENT adv. De façon inopinée.

INOPPORTUN, E adj. (lat. *inopportunus*). Qui se présente à un moment qui ne convient pas : *Une remarque inopportune.*

INOPPORTUNÉMENT adv. *Litt.* De façon inopportune.

INOPPORTUNITÉ n. f. (lat. *inopportunitas, -atis*). *Litt.* Caractère de ce qui est inopportun : *L'inopportunité d'une démarche.*

INOPPOSABILITÉ n. f. Caractère d'un acte qui est inopposable.

INOPPOSABLE adj. Se dit d'un acte qui ne produit pas d'effet juridique à l'égard des tiers.

INORGANIQUE adj. **1.** En chimie, syn. de MINÉRAL. — **2.** Syn. de EXTRAORGANIQUE et de ANORGANIQUE.

INORGANISABLE adj. Qu'on ne peut pas organiser.

INORGANISATION n. f. État de ce qui n'est pas organisé.

INORGANISÉ, E adj. et n. **1.** Qui n'est pas organisé. — **2.** Qui n'appartient pas à une organisation : *Syndiquer des inorganisés.*

INOSITOL n. m. (gr. *is, inos,* fibre). Facteur lipotrope appartenant au groupe des vitamines B et se trouvant dans les tissus cérébraux et musculaires.

INOTROPE adj. (gr. *is, inos,* fibre, et *tropein,* tourner). **1.** Se dit de la puissance de contraction des muscles. — **2.** Se dit de l'action de certains nerfs du cœur ou de drogues modifiant les contractions du muscle cardiaque. (L'effet *inotrope positif* est une augmentation des contractions, l'effet *inotrope négatif,* une diminution.)

INOUBLIABLE adj. Que l'on ne peut oublier.

INOUBLIÉ, E adj. Que l'on n'a pas oublié.

INOUE KAORU, homme politique japonais (Yamaguchi 1836 - Tōkyō 1915). Il fut, après 1868, plusieurs fois ministre et compta parmi les membres du *genrō* (sénat). Il pratiqua une politique d'européanisation à outrance et prépara l'expansion japonaise en Corée et en Chine.

INOUE YASUSHI, écrivain japonais (Asahikawa 1907-Tōkyō 1991). Il mena une longue carrière de journaliste avant de connaître le succès avec ses premiers romans, *Combat de taureaux* (1946) et *le Fusil de chasse* (1949). Son œuvre, très abondante, est aussi très variée : récits lyriques, souvenirs, poèmes, essais et romans historiques (*la Tuile de Tempyō,* 1957 ; *le Loup bleu,* 1960 ; *Histoire de ma mère,* 1974).

INOUÏ, E adj. (de *ouïr*). **1.** Qui est sans exemple, incroyable, extraordinaire : *Force inouïe.* — **2.** Qui dépasse la mesure et qui irrite : *C'est inouï, on ne me laisse jamais parler !*

INOWROCŁAW, v. de Pologne, au S.-O. de Toruń, principal centre urbain de la région de Kujawy ; 65 000 hab.

INOX n. m. inv. (nom déposé). Acier, métal inoxydable.

INOXYDABLE adj. et n. m. Se dit d'un métal ou d'un alliage remarquable par sa résistance à l'oxydation. (Les alliages inoxydables, surtout employés dans les industries chimique, aéronautique, navale et en coutellerie, sont constitués de 13 à 18 % de chrome, éventuellement additionné de nickel.)

IN(-)PACE [inpase] n. m. inv. (lat. médiév. *vade in pace,* va en paix). *Vx.* Prison, cachot souterrain d'un couvent destinés à enfermer jusqu'à leur mort des coupables scandaleux.

IN PARTIBUS [inpartibys] loc. adj. (lat. *in partibus infidelium,* dans les pays des infidèles). S'est dit d'un ancien siège épiscopal, généralement situé en pays devenu musulman, attribué fictivement à un évêque sans diocèse ; se dit de l'évêque lui-même, dit aussi *évêque titulaire.*

IN PETTO [inpeto] loc. adv. (ital. *in petto,* dans son cœur). **1.** À part soi ; dans son for intérieur. — **2.** Se dit de la nomination en consistoire d'un cardinal dont le nom est gardé secret pour diverses raisons.

IN-PLANO adj. et n. m. inv. (lat. *in plano,* en plan). Se dit du format de base d'une feuille d'impression, non pliée, qui représente 1 feuillet de 2 pages, ou de tout livre de ce format.

INPUT [input] n. m. (angl. *input,* entrée). **1.** Dans un système politique, facteur d'impulsion qui aboutit à une action, une décision. — **2.** Ensemble des facteurs entrant dans une production donnée (matières premières, énergie, main-d'œuvre, etc.). [Syn. INTRANT ; contr. OUTPUT.]

INQUALIFIABLE adj. Qui est si mauvais, si blâmable qu'on manque d'expression pour en rendre compte : *Conduite inqualifiable.*

IN-QUARTO [inkwarto] adj. et n. m. inv. (lat. *in quarto,* en quart). Se dit du format déterminé par le pliage d'une feuille d'impression en 4 feuillets égaux, soit 8 pages, ou de tout livre de ce format.

INQUIET, ÈTE adj. et n. (lat. *inquietus*). Qui est, par nature, agité par la crainte du danger, l'appréhension de ce qui va arriver : *Tempérament inquiet. C'est un éternel inquiet.*

◆ adj. **1.** Qui éprouve des craintes au sujet ou à cause de qqch : *Je suis inquiète de son retard.* — **2.** Qui marque la crainte, l'appréhension, l'incertitude : *Air inquiet.*

INQUIÉTANT, E adj. **1.** Qui fait naître l'inquiétude : *Un visage inquiétant.* — **2.** Qui fait craindre un événement malheureux : *Situation inquiétante.*

INQUIÉTER v. t. (lat. *inquietare*) [conj. **18**]. **1.** Rendre qqn inquiet, troubler son repos physique ou moral, sa tranquillité : *La santé de sa fille l'inquiète.* – **2.** Demander à qqn des comptes, lui créer des soucis, contrecarrer ses plans : *Il a pu faire son coup sans que personne ne l'inquiète.* – **3.** *Litt.* Tourmenter un pays, qqn, les harceler par des attaques ou des démonstrations hostiles. – **4.** *Fam.* Porter atteinte à la suprématie de qqn, d'une équipe au cours d'une compétition : *Inquiéter le champion du monde.*

◆ **s'inquiéter** v. pr. **1.** Éprouver du souci, de l'inquiétude, se faire du mauvais sang : *S'inquiéter de ne pas voir rentrer son fils.* – **2.** S'occuper de savoir, de connaître qqch, s'enquérir de qqch : *Je me suis inquiété de l'heure des trains.* – **3.** Tenir compte de qqch, s'en préoccuper, s'en soucier : *Il a agi sans s'inquiéter des conséquences de son acte.*

INQUIÉTUDE n. f. (bas lat. *inquietudo, -inis*). **1.** État affectif pénible causé par la crainte, l'appréhension, l'incertitude : *Être rempli d'inquiétude.* – **2.** Crainte, appréhension, souci : *Son état de santé nous a donné des inquiétudes.*

INQUILIN, E [ɛ̃kilɛ̃, -in] adj. Se dit d'une espèce qui vit fixée sur ou dans une autre espèce, qui ne lui sert que de support ou d'abri.

INQUILISME n. m. État, mode de vie des espèces inquilines.

INQUISITEUR,TRICE adj. (lat. *inquisitor*). Qui marque une curiosité indiscrète : *Un regard inquisiteur.*

◆ **inquisiteur** n. m. **1.** À Rome, commissaire nommé par le sénat pour diriger quelque affaire extraordinaire. – **2.** Membre d'un tribunal de l'Inquisition. – **3.** *Grand Inquisiteur,* chef suprême de l'Inquisition. ‖ *Inquisiteur d'État* ou *inquisiteur du conseil des Dix,* titre de trois magistrats de Venise, qui avaient tous pouvoirs contre ceux qui menaçaient la sûreté de l'État. (Ils firent régner la terreur jusqu'au XVIIIe s.) ‖ *Inquisiteur de la foi,* membre du tribunal de l'Inquisition.

INQUISITION n. f. (lat. *inquisitio, -onis*). **1.** *Litt.* Enquête indiscrète considérée comme arbitraire et vexatoire. – **2.** Mode de procédure consistant en une enquête [*inquisitio*] menée par le juge, qui interrogeait des témoins obligés par serment de dire la vérité sur eux-mêmes et sur les autres. – **3.** Tribunal, distinct de l'ordinaire, dirigé par l'évêque, et permanent, chargé par la papauté de lutter contre l'hérésie au moyen de la procédure d'inquisition. (Avec une majusc.) [→ *encycl.*]

ENCYCL. L'Inquisition naît de la volonté de combattre les hérésies populaires qui se multiplient en Europe occidentale à partir du milieu du XIIe s., particulièrement le catharisme. Tandis que princes et peuples réagissent par des massacres, conciles (depuis 1162) et papes se préoccupent d'organiser la lutte. Innocent III, qui cautionne la croisade, ou guerre, des albigeois (1209-1229), lui donne son efficacité par l'introduction de la procédure inquisitoriale (bulle *Vergentis in senium,* 1199, qui compare l'hérésie au crime de lèse-majesté).
D'abord confiée aux tribunaux ordinaires l'Inquisition devient, en 1231, par la volonté du pape, la spécialité des dominicains, auxquels Alexandre IV, en 1260, accorde une indépendance quasi totale en matière de répression des hérésies. Procédant généralement par tournées, le tribunal inquisitorial se livre, après une prédication publique, à un interrogatoire systématique de la population : la délation est encouragée, tandis que les suspects sont privés de l'aide d'un avocat et que la torture est fréquemment employée. Les sentences proclamées vont de la peine de mort, dont l'application est confiée au bras séculier, à la confiscation des biens, en passant par la prison perpétuelle ou temporaire. Après avoir étendu son action sur l'ensemble de la chrétienté romaine, l'Inquisition s'éteint peu à peu à partir du XVe s., sauf en Espagne, où les Rois Catholiques en font un élément essentiel de leur politique d'unification, et à Rome, où elle est canalisée par la congrégation de la Suprême et Universelle Inquisition, plus connue sous le nom de Saint-Office*.

INQUISITOIRE adj. Se dit d'une procédure dans laquelle le juge exerce un rôle prépondérant en ce qui concerne l'instruction préalable.

INQUISITORIAL, E, AUX adj. (lat. médiév. *inquisitorius*). **1.** Relatif à l'Inquisition. – **2.** *Litt.* Se dit de tout acte arbitraire : *Méthode inquisitoriale.*

I. N. R. A., sigle de INSTITUT NATIONAL DE LA RECHERCHE* AGRONOMIQUE.

INRACONTABLE adj. Qu'on ne peut pas raconter parce que c'est trop long ou trop compliqué, trop osé, grivois : *Une histoire inracontable devant des enfants.*

I. N. R. I., lettres initiales des mots latins *Iesus Nazarenus Rex Iudaeorum,* c'est-à-dire « Jésus le Nazaréen roi des Juifs », que Pilate avait fait mettre sur la Croix (Jean, XIX, 20). Elles figurent souvent sur les crucifix.

I. N. R. I. A., sigle de INSTITUT NATIONAL DE RECHERCHE EN INFORMATIQUE* ET EN AUTOMATIQUE.

INRŌ [inro] n. m. (jap. *inrō,* pharmacie de poche). Au Japon, boîte à médicaments en laque décorée, que l'on portait suspendue à la ceinture.

I. N. S. A., sigle de INSTITUT NATIONAL DES SCIENCES* APPLIQUÉES.

INSAISISSABILITÉ n. f. Qualité d'un bien que la loi interdit aux créanciers de saisir (ex. : pension alimentaire).

INSAISISSABLE adj. **1.** Que la loi défend de saisir. — **2.** Que l'on ne peut saisir, appréhender : *Voleur insaisissable.* — **3.** Qui ne peut être perçu nettement : *Nuances insaisissables de couleurs.* — **4.** Qu'on a du mal à cerner, sur qui on ne peut avoir prise.

IN SALAH, oasis du Sahara algérien (wilaya de Tamenghest), sur la piste d'Alger au Niger ; 18 800 hab.

INSALISSABLE adj. Qui ne peut être sali.

INSALIVATION n. f. Imprégnation des aliments par la salive.

INSALUBRE adj. (lat. *insalubris*). Qui est malsain, nuisible à la santé : *Logement insalubre.*

INSALUBRITÉ n. f. Caractère de ce qui est insalubre : *L'insalubrité d'un climat.*

INSANE adj. (angl. *insane,* du lat. *insanus,* qui a perdu la raison). Contraire au bon sens : *Une remarque insane.*

◆ adj. et n. *Litt.* Qui n'a plus son bon sens.

INSANITÉ n. f. (angl. *insanity*). **1.** Manque de bon sens, folie : *Il a eu l'insanité de refuser.* — **2.** Parole, action qui révèle cet état d'esprit : *Dire des insanités.*

INSAPONIFIABLE adj. et n. m. Se dit d'une matière liposoluble qui ne s'hydrolyse pas sous l'influence des alcalis, des acides ou des enzymes.

INSATIABILITÉ [-sja-] n. f. (bas lat. *insatiabilitas, -atis*). *Litt.* Caractère de qqn, de qqch qui est insatiable : *L'insatiabilité d'un conquérant.*

INSATIABLE [-sjabl] adj. (lat. *insatiabilis*). **1.** Qui ne peut être rassasié, assouvi : *Une curiosité insatiable.* — **2.** Dont les désirs ne peuvent être comblés : *Un homme insatiable de richesses.*

INSATIABLEMENT [-sja-] adv. De façon insatiable.

INSATISFACTION n. f. **1.** État de qqn qui n'est pas satisfait : *Un sentiment d'insatisfaction.* — **2.** Fait pour qqn de ne pas voir satisfait un souhait, un désir : *L'insatisfaction de sa soif de pouvoir.*

INSATISFAISANT, E adj. Qui ne satisfait pas.

INSATISFAIT, E adj. **1.** Qui n'est pas satisfait : *Je suis insatisfait de la manière dont cette affaire a été menée.* — **2.** Se dit d'un désir que l'on n'a pas satisfait : *Curiosité insatisfaite.*

◆ adj. et n. Qui n'est pas satisfait de son sort : *C'est un perpétuel insatisfait.*

INSATURATION n. f. Caractère des composés organiques non saturés et des fonctions organiques (liaisons multiples, cycle) qui font qu'une molécule ne contient pas le nombre maximal d'atomes d'hydrogène compatible avec le nombre des atomes présents de carbone, azote, oxygène, etc.

INSATURÉ, E adj. Non saturé.

INSCOLARISABLE adj. Qui n'est pas en état de suivre une scolarité normale.

INSCRIPTEUR, TRICE adj. Se dit d'un appareil qui inscrit.

INSCRIPTIBLE adj. Se dit d'une figure susceptible d'être inscrite.

INSCRIPTION n. f. (lat. *inscriptio, -onis*). **1.** Action d'inscrire qqch qqpart : *Inscription d'un décès sur les registres de l'état civil.* — **2.** Action d'inscrire qqn à qqch, fait de s'inscrire qqpart : *L'inscription d'un enfant à l'école.* — **3.** Ensemble de caractères écrits, gravés, peints sur un monument, une médaille, etc., pour consacrer le souvenir de qqn, de qqch : *Inscription hiéroglyphique.* — **4.** Renseignement, avis succinct placé dans un lieu apparent : *Inscriptions portées par des poteaux indicateurs.* — **5.** Graffiti portés sur les murs : *Des inscriptions injurieuses.* • **Bours.** Admission des titres d'une société à une cote de valeurs mobilières. — **Ch. de f.** *Inscription en courbe,* possibilité pour un véhicule de circuler dans une courbe de rayon donné. — **Dr.** Mention portée sur un registre public de certains actes ou faits juridiques concernant les personnes, les immeubles ou certains meubles. ‖ *Inscription de faux,* procédure principale ou incidente qui a pour but de contester la foi attachée aux énonciations d'un acte authentique. ‖ *Inscription d'office,* procédure qui permet à l'autorité de tutelle de faire figurer au budget de collectivités administratives décentralisées les dépenses obligatoires qu'elles refusent de prévoir. — **Fin.** *Inscription de rente, inscription sur le grand-livre,* titre de rente sur l'État certifié au grand livre de la dette publique. — **Mar.** *Inscription maritime,* institution créée par Colbert en 1668 sous le nom de classes, chargée de recenser les marins professionnels destinés à servir militairement dans la marine de l'État. (Elle est devenue en 1967 l'administration des Affaires* maritimes.) — **Polit.** *Inscription électorale,* obligation et fait de figurer sur une liste électorale.

INSCRIRE v. t. (lat. *inscribere,* avec l'infl. de *écrire*) [conj. 99]. **1.** Graver ou écrire qqch de manière qu'il demeure, qu'on ne n'oublie pas : *Inscrire ses initiales sur le tronc d'un arbre.* — **2.** Mettre (le nom de) qqn sur une liste pour qu'il fasse partie d'un groupe, d'un organisme, d'un établissement, etc. : *Inscrire son enfant à l'école. Inscrire un passager sur une liste d'attente.* — **3.** Faire entrer qqch dans un ensemble, l'y inclure, l'y placer : *Inscrire une question à l'ordre du jour. Il faut inscrire ce projet dans un cadre plus large.* — **4.** Construire ou déterminer graphiquement, quand elle existe, une figure telle qu'une courbe, un polygone, une surface ou un polyèdre lui soit circonscrit. — 5. *Inscrire qqch dans sa tête, dans sa mémoire,* enregistrer soigneusement.

◆ **être inscrit** v. pass. 1. Figurer parmi ceux qui possèdent une dignité : *Un élève inscrit au tableau d'honneur.* — 2. En parlant d'un monument, porter une inscription, gravée en général *(stèle inscrite).* — 3. En parlant d'un bâtiment ou d'un objet mobilier, être porté sur l'Inventaire supplémentaire des monuments historiques. — 4. En parlant d'une figure, être circonscrite dans une courbe, un polygone, une surface ou un polyèdre. — 5. *Angle inscrit dans un cercle* C, secteur angulaire ayant son sommet sur C et dont les côtés contiennent les cordes de C. ‖ *Banque inscrite,* figurant sur une liste tenue par le Conseil national du crédit. ‖ *Créancier inscrit,* créancier mentionné sur les registres de la conservation des hypothèques en raison d'un privilège ou d'une hypothèque dont il est titulaire.

◆ **s'inscrire** v. pr., **être inscrit** v. pass. 1. Accomplir les formalités pour figurer sur une liste ou être admis dans un groupe, un orgnisme, un établissement : *Je me suis inscrit aux cours du soir. Électeurs inscrits.* — 2. Prendre place dans qqch, s'y insérer : *Cette mesure s'inscrit dans le cadre de la campagne contre la hausse des prix.* — 3. S'enregistrer dans l'esprit, la mémoire. — 4. En parlant d'un état, d'un caractère, être marqué : *L'âge s'inscrit sur son visage.* — 5. *Orateur inscrit,* parlementaire qui s'est fait inscrire pour intervenir au cours d'un débat.

◆ **s'inscrire** v. pr. 1. Figurer dans le champ de vision d'un instrument : *Le bateau ennemi s'inscrit dans le périscope du sous-marin.* — 2. *S'inscrire en faux,* en terme de procédure, agir en inscription de faux ; opposer un démenti formel.

INSCRIT, E n. 1. Personne dont le nom est inscrit sur une liste. — 2. Personne qui a donné son adhésion à un parti, un syndicat, un club, etc. — 3. *Inscrit maritime,* marin français qui était immatriculé sur les registres de l'inscription maritime.

INSCRIVANT, E adj. et n. (de *inscrire*). Qui requiert l'inscription d'une hypothèque.

INSCULPATION n. f. (de *insculper*). 1. Action d'imprimer la gravure d'un poinçon sur un objet de métal. — 2. Marque ainsi imprimée dans l'ouvrage.

INSCULPER v. t. (lat. *insculpere,* graver) [conj. 3]. Pratiquer l'insculpation.

INSÉCABILITÉ n. f. Caractère de ce qui est insécable.

INSÉCABLE adj. (lat. *insecabilis,* de *secare,* couper). Que l'on ne peut couper.

INSECTARIUM [-rjɔm] n. m. Établissement scientifique où l'on élève et conserve des insectes.

INSECTE n. m. (lat. *insecta,* pl. de *insectum,* divisé en parties, calque du gr. *entomon*). Animal invertébré articulé, respirant par des trachées et dont la tête est indépendante du thorax, qui comprend trois anneaux portant chacun une paire de pattes. (Chez la plupart des espèces, l'adulte a des ailes, ce qui n'est le cas chez aucun autre animal invertébré. Les insectes constituent une immense classe d'arthropodes [1 million d'espèces environ].)

ENCYCL. Les insectes sont répandus sur tous les continents, où ils peuplent tous les milieux terrestres et aquatiques, à l'exception des milieux marins, où vit un seul genre, *halobates,* sur les algues flottantes. Le corps des insectes, divisé en segments articulés, ou métamères, est enveloppé dans un tégument coriace formé de chitine. On distingue trois parties du corps : la tête, le thorax et l'abdomen. La tête porte une seule paire d'antennes, des yeux à facettes, trois ocelles et trois paires de pièces buccales (mandibules, mâchoires et lèvre inférieure).

Le thorax est formé de trois segments : prothorax, mésothorax et métathorax, portant chacun une paire de pattes articulées, et, les deux derniers segments, chacun une paire d'ailes ou d'organes homologues. L'abdomen est formé de onze segments et renferme les principaux viscères. Les huit premiers segments abdominaux portent des stigmates, orifices des trachées respiratoires qui conduisent l'air dans tout le corps. La respiration est presque toujours aérienne chez l'adulte, même pour les insectes qui vivent dans l'eau. La taille d'un insecte adulte varie de 30 cm (certains phasmes) à 1/3 de mm (moucherons). La plupart des espèces pondent des œufs, mais certaines mouches engendrent directement des larves. Le jeune insecte, au sortir de l'œuf, peut ressembler à ses parents (insectes hétérométaboles) ou en différer absolument (insectes holométaboles) ; il lui faut alors parcourir une suite de transformations complexes pour arriver à l'état adulte. (→ MÉTAMORPHOSE.)

À l'exception d'un petit groupe de formes primitives (thysanoures, protoures, diploures, collemboles), les insectes sont ailés (ou descendent d'ancêtres ailés) et présentent des métamorphoses, incomplètes chez les *paurométaboles* et les *hémimétaboles,* complètes et comportant une nymphe* immobile chez les *holométaboles.* Principaux ordres parmi les hétérométaboles : orthoptères, hémiptéroïdes, libellules ; parmi les holométaboles : diptères (mouches et moustiques), lépidoptères (papillons), coléoptères, hyménoptères (abeilles, fourmis...).

Les ravages des insectes peuvent être considérables dans les cultures (phylloxéra, hanneton, carpocapse, mouche de Hesse, doryphore, cochenilles, etc.), dans les entrepôts (charançons, bruches), dans les vergers et les forêts par l'attaque du bois (insectes xylophages) ou du feuillage (chenilles défoliatrices). Les pucerons peuvent véhiculer et inoculer des virus pathogènes pour les végétaux.
Les poux, les puces, les moustiques et les mouches piquantes peuvent transmettre à l'homme ou aux animaux des maladies, dont plusieurs sont considérées comme des fléaux mondiaux (peste, typhus, paludisme, fièvre jaune, maladie du sommeil). Les moucherons vulnérants inoculent des germes pathogènes comme les leishmanioses, d'autres colportent des filaires. Certaines mouches pondent leurs œufs directement sur les animaux, et leur développement provoque des désordres variés. (→ MYIASE.)
D'autres espèces sont des auxiliaires de l'homme et de l'agriculture en limitant la prolifération des insectes nuisibles, soit comme prédateurs (carabes, staphylins, coccinelles, syrphes), soit comme parasites (hyménoptères chalcidiens, diptères tachinaires), propriété utilisée en lutte biologique.
Beaucoup d'insectes jouent un rôle dans les équilibres biologiques, en particulier dans la décomposition des matières organiques (coléoptères coprophages, diptères saprophages, collemboles). D'autres interviennent dans la fécondation des plantes cultivées par leur action pollinisatrice (abeille, bourdon, blastophage). Enfin, quelques espèces sont utiles à l'homme par leur production (abeille, ver à soie, cochenille du nopal, kermès du chêne) ou même parfois comme aliment dans les pays tropicaux (criquets, chenilles, ver palmiste, reines de termites).

INSECTE-VIOLON n. m. (pl. *insectes-violons*). Syn. de MORMOLYLE.

INSECTICIDE adj. et n. m. Se dit d'un produit utilisé dans la lutte contre les insectes, ou d'autres invertébrés (acariens, myriapodes), nuisibles à l'homme, aux cultures, aux denrées alimentaires.
ENCYCL. L'action des insecticides a lieu par pénétration dans le tube digestif *(insecticides d'ingestion)* ou dans le système respiratoire *(insecticides d'inhalation).* On parle d'*insecticide systémique* lorsque le produit est véhiculé par la sève après absorption par la plante et que l'insecte s'empoisonne en absorbant la sève. Les insecticides sont rarement spécifiques et la plupart sont capables de tuer une gamme plus ou moins large d'insectes. La plupart des insecticides sont maintenant des produits de synthèse : organohalogénés (D. D. T., H. C. H., lindane, chlordane) ; organophosphorés, plus toxiques que les précédents ; carbamates, pyréthrinoïdes.

INSECTIFUGE adj. et n. m. Se dit d'un produit qui éloigne les insectes.

INSECTIVORE adj. et n. m. Qui se nourrit d'insectes. (Ce mot s'emploie surtout pour les vertébrés ; pour les invertébrés, on dit plutôt *entomophage* ; les plantes insectivores sont dites *carnivores*.)
◆ n. m. Mammifère placentaire assez primitif et caractérisé notamment par des dents pointues. (Les *insectivores* forment un ordre.) [→ *encycl.*]
ENCYCL. Les insectivores sont de petits animaux d'un poids allant de 2 g *(Suncus etruscus)* à 2 kg *(Solenodon paradoxus).* Leur encéphale est primitif, mais possède des centres olfactifs et auditifs importants. La vision est faible ou nulle (taupes). Plusieurs espèces trouvent leur nourriture dans l'eau : desmans, crossope, potamogale, limnogale. Principaux types : taupes, hérissons, musaraignes, tenrecs.

INSÉCURISER v. t. (conj. **3**). Provoquer chez qqn un sentiment d'insécurité.

INSÉCURITÉ n. f. **1.** État d'un lieu qui n'est pas sûr, qui n'offre pas de sécurité : *L'insécurité qui règne en banlieue.* — **2.** État de qqch qui est instable, précaire : *L'insécurité de l'emploi.*

I. N. S. E. E., sigle de INSTITUT NATIONAL DE LA STATISTIQUE* ET DES ÉTUDES ÉCONOMIQUES.

IN-SEIZE [in-] adj. et n. inv. Se dit du format déterminé par le pliage d'une feuille d'impression en 16 feuillets égaux, soit 32 pages, ou de tout livre de ce format.

INSELBERG [insəlbɛrg] n. m. (all. *Inselberg,* de *Insel,* île, et *Berg,* montagne). Relief résiduel rocheux aux pentes abruptes, dominant une plaine d'érosion et résultant d'un recul continu et parallèle des versants ou de la mise au jour de noyaux rocheux épargnés par l'altération.

Insel-Verlag, maison d'édition allemande fondée à Leipzig en 1902 par Anton Kippenberg (1874-1950). Elle publie des ouvrages littéraires et philosophiques. En 1945, la firme s'établit à Wiesbaden, puis en 1960 à Francfort et, en 1963, elle s'associe avec Suhrkamp-Verlag.

INSÉMINATEUR, TRICE adj. et n. Qui pratique l'insémination artificielle.

INSÉMINATION n. f. (lat. *inseminare,* féconder, de *semen, -inis,* semence). **1.** Dépôt de la semence du mâle dans les voies génitales de la femelle. — **2.** *Insémination artificielle,* introduction de sperme dans les voies génitales d'une femme ou d'une femelle, pratiquée en vue d'une fécondation. (→ *encycl.*)

ENCYCL. **Méd.** L'*insémination artificielle* peut se faire avec le sperme du mari, en cas d'impossibilité mécanique de rapport complet. Elle se fait le plus souvent avec du sperme de donneur congelé en paillettes et conservé dans les banques du sperme.
— **Zootechn.** Les techniques de l'*insémination artificielle* consistent d'abord en la production de la semence : récolte du sperme puis dilution et conditionnement avant conservation par le froid. Elles supposent ensuite la répartition des doses de semence ainsi préparées entre les utilisateurs puis leur mise en place, l'insémination proprement dite. L'insémination artificielle est une pratique courante dans tous les pays développés, spécialement pour l'espèce bovine. En France, plus de 5 millions de vaches sont aujourd'hui inséminées, soit près des deux tiers du cheptel. Dans les autres espèces, les limitations technologiques (possibilités de dilution moins importantes, difficultés subsistant en matière de congélation) et économiques (coût du service) font que cette pratique est moins développée.

INSÉMINER v. t. (lat. *inseminare*) [conj. **3**]. Pratiquer une insémination artificielle.

INSENSÉ, E adj. et n. (bas lat. *insensatus*). Qui a perdu la raison.
◆ adj. **1.** Qui n'est pas conforme au bon sens, à la raison : *Projet insensé.* — **2.** Qui est excessif : *Fournir un travail insensé.*

INSENSIBILISATION n. f. **1.** Action d'insensibiliser une partie du corps. — **2.** Syn. usuel de ANESTHÉSIE* LOCALE.

INSENSIBILISER v. t. (conj. 3). Rendre une partie du corps insensible à la douleur ; anesthésier.

INSENSIBILITÉ n. f. (bas lat. *insensibilitas, -atis*). **1.** Absence de sensibilité physique : *L'insensibilité d'un organe.* — **2.** État, attitude de qqn qui est dépourvu de toute sensibilité, d'affectivité : *Insensibilité totale devant la souffrance des autres.* — **3.** Absence de réponse d'un élément aux variations de la grandeur d'entrée dans une certaine plage ; amplitude de cette plage. (Syn. ZONE MORTE.)

INSENSIBLE adj. (lat. *insensibilis*). **1.** Qui n'éprouve pas les sensations, les impressions physiques habituelles, normales : *L'anesthésie rend insensible à la douleur.* — **2.** Qui n'a pas de sensibilité morale, qui n'est pas touché, ému : *Rester insensible aux éloges, à la pitié.* — **3.** Qui n'est pas facilement perçu, remarqué par l'esprit : *Un progrès insensible.*

INSENSIBLEMENT adv. De façon insensible ou peu sensible ; peu à peu.

INSÉPARABILITÉ n. f. État de ce qui est inséparable.

INSÉPARABLE adj. (lat. *inseparabilis*). Qui ne peut être séparé : *L'effet est inséparable de la cause.*
◆ adj. et n. Se dit des personnes qui sont toujours ou presque toujours ensemble : *Les deux frères étaient inséparables.*
◆ **inséparables** n. m. pl. Petites perruches, originaires d'Afrique et de Madagascar, qui ne survivent en captivité que par couples.

INSÉPARABLEMENT adv. De façon inséparable.

INSÉRABLE adj. Qui peut être inséré.

INSÉRER v. t. (lat. *inserere*) [conj. **18**]. **1.** Mettre, glisser, introduire qqch sous ou dans qqch : *Insérer une feuille dans un livre.* — **2.** Introduire qqch dans un ensemble : *Faire insérer une clause dans un contrat.* — **3.** *Prière d'insérer,* formule par laquelle un éditeur, publiant un nouveau volume, prie les revues et journaux d'insérer dans leurs colonnes les indications qu'il leur envoie ; feuille contenant cette formule et jointe à l'envoi du volume (en ce sens, on dit *un prière d'insérer*).
◆ **s'insérer** v. pr., **être inséré** v. pass. **1.** S'introduire dans un texte, y être incorporé : *Un paragraphe qui s'insère entre deux chapitres.* — **2.** S'intégrer dans un groupe, y être admis : *Des étrangers mal insérés.*
◆ **s'insérer** v. pr. **1.** S'attacher sur, à qqch : *Les muscles s'insèrent sur les os.* — **2.** S'inscrire dans qqch, s'y intégrer, en faire partie : *Ces événements s'insèrent dans un contexte international.*

I. N. S. E. R. M., sigle de INSTITUT NATIONAL DE LA SANTÉ* ET DE LA RECHERCHE MÉDICALE.

INSERMENTÉ adj. et n. m. (de *serment*). Syn. de RÉFRACTAIRE.

INSERT [ɛ̃sɛr] n. m. (angl. *insert,* de *to insert,* insérer). **1.** Plan cinématographique inséré au montage pour mettre en valeur un élément nécessaire à la compréhension de l'action (titre de journal, lettre, gros plan d'un objet, etc.). — **2.** Brève séquence d'informations, introduite dans un programme de radio ou de télévision, dont le principe ou le contenu ne peut être déterminé à l'avance. — **3.** Pièce que l'on inclut dans une autre lors de l'obtention de cette dernière par moulage ou par fonderie.

INSERTION [-sjɔ̃] n. f. (bas lat. *insertio, -onis*). **1.** Fait de s'attacher, de s'insérer sur, dans qqch : *L'insertion des feuilles sur la tige.* — **2.** Fait d'être inséré dans un texte : *L'insertion d'une petite annonce dans le journal.* — **3.** Action, manière de s'insérer dans un groupe, de s'y intégrer : *La difficile insertion des immigrés.* — **4.** Pour un organe, fait de s'attacher sur un autre ; lieu où se fait cette attache. — **5.** Publication d'un texte envoyé par une personne mise en cause dans une publication périodique écrite, en application du droit de réponse. (Lorsqu'elle est requise par la loi, il s'agit d'*insertion forcée.*) — **6.** Syn. de PRISONNIER. — **7.** *Solution solide d'insertion,* syn. de SOLUTION SOLIDE INTERSTITIELLE*.

INSIDIEUSEMENT adv. De façon insidieuse.

INSIDIEUX, EUSE adj. (lat.*insidiosus,* de *insidiae,* embûches). **1.** Qui constitue un piège, qui cherche à tromper : *Question insidieuse.* — **2.** Qui se répand insensiblement, sournoisement : *Un poison insidieux.* — **3.** Se dit d'une maladie grave malgré sa bénignité apparente au début.

INSIGHT [insajt] n. m. (angl. *insight,* trad. de l'all. *Einsicht*). Fait d'apercevoir de façon soudaine la solution d'un problème, la structure d'une figure ou d'un objet perçu, etc.

1. INSIGNE adj. (lat. *insignis*). Qui est digne de s'imposer à l'attention (en bonne ou en mauvaise part) : *Une maladresse insigne.*

2. INSIGNE n. m. (lat. *insigne,* de *insignis,* remarquable). **1.** Marque distinctive de grades, de dignités, etc. : *Les insignes de la royauté.* — **2.** Signe distinctif arboré par les membres d'un groupement : *Porter au revers de sa veste l'insigne de son club.*

INSIGNIFIANCE n. f. Caractère de ce qui est insignifiant.

INSIGNIFIANT, E adj. **1.** Qui n'a rien de marquant, qui est sans intérêt : *Parler de choses insignifiantes.* — **2.** Qui manque de personnalité, de qualités : *Un acteur insignifiant.* — **3.** Qui est sans importance, sans valeur : *Un détail insignifiant.*

INSINCÈRE adj. *Litt.* Qui n'est pas sincère ; hypocrite.

INSINCÉRITÉ n. f. *Litt.* Manque de sincérité.

INSINUANT, E adj. *Litt.* Qui s'insinue auprès des gens, apte à les circonvenir : *Avoir des manières insinuantes.*

INSINUATION n. f. (lat. *insinuatio, -onis*). **1.** Manière adroite de faire entendre qqch sans l'exprimer formellement ; ce qui est ainsi suggéré : *Une insinuation malveillante.* — **2.** Publicité donnée, par inscription sur un registre spécial établi au greffe de chaque diocèse, de tous les actes concernant les promotions, nominations, etc., dans l'ordre ecclésiastique.

INSINUER v. t. (lat. *insinuare,* introduire en pliant, de *sinus,* pli) [conj. 7]. **1.** Introduire doucement, progressivement : *Insinuer son ongle dans une fente.* — **2.** Faire entendre qqch adroitement, par allusions, sans le dire expressément (surtout en mauvaise part) : *Il insinue que la mésentente règne au sein du ménage.*

◆ **s'insinuer** v. pr. *Litt.* **1.** Pénétrer doucement qqpart : *L'eau s'est insinuée par les pores du bois.* — **2.** Pénétrer adroitement qqpart, s'introduire en se glissant, en se faufilant : *S'insinuer dans la foule.* — **3.** Prendre place insensiblement dans l'esprit, la pensée de qqn : *Le doute s'insinuait en moi.* — **4.** Gagner la confiance de qqn par des façons habiles mais hypocrites : *S'insinuer dans les bonnes grâces de qqn.*

INSIPIDE adj. (bas lat. *insipidus*). **1.** Qui n'a pas de saveur, de goût : *L'eau pure est insipide.* — **2.** Qui rebute par sa fadeur, qui dégage l'ennui : *Un film insipide.*

INSIPIDITÉ n. f. Caractère de ce qui est insipide : *L'insipidité d'un poème.*

INSISTANCE n. f. **1.** Action d'insister : *Réclamer une chose avec insistance.* — **2.** *Accent d'insistance,* type d'accentuation à valeur expressive ou contrastive permettant d'attirer l'attention sur une syllabe ou un mot.

INSISTANT, E adj. **1.** Qui insiste : *Les appels insistants du téléphone.* — **2.** Se dit d'une odeur forte, d'un parfum qui agresse.

INSISTER v. t. ind. (lat. *insistere,* de *sistere,* s'arrêter) [conj. 3]. Souligner qqch avec force, mettre l'accent dessus, s'y arrêter, en prendre un soin particulier : *N'insistons pas sur ce point délicat.*

◆ v. i. Continuer à faire qqch, persévérer : *J'insiste pour être reçu immédiatement.*

IN SITU [insity] loc. adv. (lat. *in situ,* dans l'endroit même). **1.** Dans le lieu précis où qqch se trouve : *Traitement d'un minerai in situ.* — **2.** *Cancer in situ,* syn. de ÉPITHÉLIOMA INTRA-ÉPITHÉLIAL*.

INSOCIABILITÉ n. f. Caractère de qqn qui est insociable.

INSOCIABLE adj. (lat. *insociabilis*). Qui n'est pas sociable, difficile à vivre.

INSOLATION n. f. (lat. *insolatio, -onis,* de *insolare,* exposer au soleil). **1.** Action d'exposer qqn ou qqch aux rayons du soleil. — **2.** Action des rayons du soleil sur qqch. — **3.** État provoqué par une trop longue exposition au soleil. (→ *encycl.*) — **4.** Exposition à la lumière d'une surface photosensible. — **5.** Lors de la fabrication des formes imprimantes, exposition des couches photosensibles à la lumière au travers des films du montage, film positif ou négatif. — **6.** Syn. de ENSOLEILLEMENT.

ENCYCL. **Pathol.** L'insolation, ou « coup de soleil », est la forme la plus ordinaire du « coup de chaleur ». Outre les phénomènes locaux, assimilables à des brûlures, on peut observer, suivant l'intensité, différentes formes d'accidents généraux (fièvre, vertiges, syncope, délire, coma, etc.). L'hospitalisation s'impose pour les formes graves, afin d'assurer une rééquilibration hydroélectrolytique en perfusion.

INSOLEMMENT [-lamɑ̃] adv. Avec insolence.

INSOLENCE n. f. (lat. *insolentia*). **1.** Manque de respect ayant le caractère d'une insulte : *Élève d'une rare insolence.* — **2.** Parole, action insolente : *Dire des insolences.* — **3.** Orgueil offensant : *L'insolence de l'argent.*

INSOLENT, E adj. et n. (lat. *insolens, -entis,* excessif). **1.** Qui manifeste un manque de respect injurieux : *Un élève insolent.* — **2.** *Litt.* Qui est d'un orgueil offensant : *Un adversaire heureux et insolent.*
◆ adj. **1.** Qui marque l'insolence : *Réponse insolente.* — **2.** Qui atteint un tel degré qu'il prend un caractère de défi, qu'il est ressenti comme vexant par les autres : *Une chance insolente.*

INSOLER v. t. (lat. *insolare,* exposer au soleil) [conj. 3]. Pratiquer l'insolation d'une surface sensible.

INSOLITE adj. (lat. *insolitus,* de *solitus,* accoutumé). Qui est différent de l'habitude et qui surprend : *Objets insolites.*
◆ n. m. Ce qui est insolite : *Recherche de l'insolite.*

INSOLUBILITÉ n. f. (bas lat. *insolubilitas, -atis*). Caractère insoluble de qqch.

INSOLUBLE adj. (lat. *insolubilis*). **1.** Qui ne peut se dissoudre : *La résine est insoluble dans l'eau.* — **2.** Qu'on ne peut résoudre : *Un problème insoluble.*
◆ **insolubles** n. m. pl. Fractions d'un matériau qui sont réfractaires à une attaque donnée.

INSOLVABILITÉ n. f. **1.** État de la personne ou de la société qui ne peut pas payer ses dettes par insuffisance d'actif. — **2.** *Délit d'insolvabilité,* délit commis par le débiteur qui organise ou aggrave son insolvabilité pour se soustraite à l'exécution d'une condamnation civile ou pénale.

INSOLVABLE adj. et n. Qui est en état d'insolvabilité.

INSOMNIAQUE ou **INSOMNIEUX, EUSE** adj. et n. Qui souffre d'insomnie.

INSOMNIE n. f. (lat. *insomnia,* de *somnus,* sommeil). Impossibilité ou difficulté à s'endormir ou à dormir suffisamment.
ENCYCL. L'insomnie peut se manifester soit par un retard d'endormissement *(insomnie initiale),* soit par des éveils nocturnes, soit par un réveil précoce *(insomnie terminale).* Elle est liée essentiellement à l'anxiété et on la rencontre dans toute la pathologie psychiatrique. Dans les états névrotiques, elle se marque surtout par des difficultés d'endormissement. Elle est constante dans les états mélancoliques et maniaques.

INSOMNIEUX, EUSE adj. Qui est marqué d'insomnie : *Nuit insomnieuse.*

INSONDABILITÉ n. f. Caractère insondable : *Insondabilité des mystères.*

INSONDABLE adj. (de *sonder*). **1.** Dont on ne peut toucher le fond, connaître la profondeur : *Un abîme insondable.* — **2.** Dont l'intensité est extraordinaire : *Une insondable tristesse.* — **3.** Qu'il est très difficile ou impossible de comprendre : *Mystère insondable.*

INSONDÉ, E adj. **1.** Qui n'a pas été sondé : *Abîme insondé.* — **2.** Qui n'a pas été pénétré, compris : *Mystère insondé.*

INSONORE adj. **1.** Qui ne produit aucun son sous l'effet d'une percussion ou d'un frottement. — **2.** Qui transmet très peu de sons d'un point à un autre, qui les amortit : *Cloison insonore.* — **3.** Où l'on n'entend que peu de bruit : *Une pièce insonore.*

INSONORISANT, E adj. Qui amortit les sons.

INSONORISATION n. f. **1.** Action d'insonoriser ; fait d'être insonorisé. — **2.** Syn. de ISOLATION ACOUSTIQUE.

INSONORISER v. t. (conj. 3). Rendre un appareil, un lieu moins sonore ou insonore.

INSONORITÉ n. f. Manque de sonorité ; état de ce qui n'est pas sonore : *L'insonorité d'un matériau de construction.*

INSOUCIANCE n. f. Caractère, état de qqn qui est insouciant : *L'insouciance de la jeunesse.*

INSOUCIANT, E adj. **1.** Qui ne se préoccupe pas de qqch, ne s'en inquiète pas : *Insouciant du danger.* — **2.** Qui manifeste un esprit qui ne se soucie de rien : *Mener une vie insouciante.*
◆ adj. et n. Qui ne se soucie de rien : *Un jeune insouciant.*

INSOUCIEUX, EUSE adj. *Litt.* Qui ne s'inquiète pas de qqch, qui ne se fait pas de souci : *Insoucieux du lendemain.*

INSOUMIS, E adj. Qui est révolté contre l'autorité de fait : *Les tribus insoumises.*
◆ **insoumis** n. m. **1.** Militaire en état d'insoumission. — **2.** Syn. de RÉFRACTAIRE.

INSOUMISSION n. f. **1.** Fait de ne pas se soumettre à l'autorité. — **2.** Infraction commise par la personne qui, astreinte aux obligations du service national, n'a pas obéi à un ordre de route régulièrement notifié. (L'insoumission est un délit puni de peines de deux mois à un an de prison, en temps de paix, et de deux à dix ans de prison en temps de guerre ; avec possibilité de destitution s'il s'agit d'un officier.)

INSOUPÇONNABLE adj. Qui ne peut être soupçonné : *Caissier insoupçonnable.*

INSOUPÇONNÉ, E adj. Dont on ne peut estimer les limites ou entrevoir l'existence : *Une perspective insoupçonnée.*

INSOUTENABLE adj. **1.** Qu'on ne peut soutenir, poursuivre, mener sans fléchir : *Cadences insoutenables.* – **2.** Qu'on ne peut supporter, endurer : *Douleur insoutenable.* – **3.** Qu'on ne peut défendre, justifier : *Cause insoutenable.*

INSPECTER v. t. (de *inspecteur,* d'apr. le lat. *inspectare,* examiner) [conj. 4]. **1.** Examiner qqch, qqn avec soin pour le contrôler : *Inspecter des travaux.* – **2.** Faire passer à qqn une inspection, en partic. à un professeur. – **3.** Observer attentivement : *Inspecter l'horizon.*

INSPECTEUR, TRICE n. (lat. *inspector*). **1.** Dénomination de certains fonctionnaires et d'employés d'établissements privés, généralement chargés de contrôler des activités d'autres personnes, de divers organismes ou collectivités. – **2.** Fonctionnaire chargé par le ministère de l'Éducation nationale de surveiller l'enseignement. (On distingue notamment : 1° à l'échelon national, les *inspecteurs généraux ;* 2° à l'échelon local, les *inspecteurs pédagogiques régionaux* [*I. P. R.*], les *inspecteurs de l'Éducation nationale* [anciennement appelés inspecteurs départementaux de l'Éducation nationale, ou I.D.E.N.] et les *inspecteurs d'académie.*) – **3.** *Inspecteur d'armée,* appellation donnée jusqu'en 1940 aux généraux chargés d'un secteur d'inspection réunissant plusieurs corps d'armée. ‖ *Inspecteur général,* titre donné aux inspecteurs relevant directement du ministre de la Défense. (Conseillers du ministre, ils remplissent des missions d'inspection, d'étude et d'information.) ‖ *Inspecteur (des impôts),* agent de l'État chargé de collecter les renseignements lui permettant de fixer les bases d'imposition. ‖ *Inspecteur de la navigation,* fonctionnaire de la marine marchande chargé de l'application des règlements concernant la sauvegarde de la vie humaine en mer ainsi que des accords et lois sur le travail des équipages. ‖ *Inspecteur de police,* fonctionnaire de police en civil chargé de missions d'investigations ou de renseignements. (On dit, depuis la réforme de 1995, *lieutenant de police.*) ‖ Fam. *Inspecteur des travaux finis,* se dit par plaisanterie de qqn qui se présente lorsque les autres ont terminé le travail.

INSPECTION n. f. (lat. *inspectio, -onis*). **1.** Action d'inspecter, d'examiner, de contrôler des personnes, des choses : *Tournée d'inspection.* – **2.** Fonction d'inspecteur. – **3.** Corps des inspecteurs, de fonctionnaires investis d'une mission de contrôle. – **4.** Division ecclésiastique dans les pays luthériens. – **5.** *Inspection générale d'arme, de service technique,* administration organisée autour d'un inspecteur. ‖ *Inspection générale des Finances,* grand corps de l'État (remontant au Consulat) dont l'autorité, exercée par les inspecteurs généraux des Finances, s'étend sur toutes les administrations financières de l'État, sur des services financiers plus ou moins indépendants (Caisse d'épargne, Sécurité sociale, etc.), sur les agents des collectivités locales, et particulièrement sur les ordonnateurs secondaires. ‖ *Inspection du travail,* corps interministériel de fonctionnaires placés sous l'autorité du ministre chargé du Travail, qui a pour mission de veiller au respect et à l'application des dispositions législatives et réglementaires concernant le travail et l'emploi.

INSPECTORAT n. m. Charge d'inspecteur ; durée de cette charge.

INSPIRANT, E adj. Fam. *Ne pas être inspirant,* ne pas inspirer qqn, ne pas l'enthousiasmer, ne pas le tenter.

1. INSPIRATEUR adj. m. (de *inspirer*). Se dit des muscles qui concourent à l'inspiration de l'air dans les poumons.

2. INSPIRATEUR, TRICE n. (lat. *inspirator*). **1.** Personne ou chose qui inspire une action, qui en est l'instigateur : *Être l'inspirateur d'un complot.* – **2.** Auteur, œuvre dont un écrivain, un artiste s'inspire.

◆ **inspiratrice** n. f. Femme qui suscite l'inspiration d'un écrivain, d'un artiste.

1. INSPIRATION n. f. (lat. *inspiratio, -onis,* souffle). **1.** Mouvement intérieur, impulsion qui porte à faire, à suggérer ou à conseiller quelque action : *Suivre son inspiration.* – **2.** Enthousiasme, souffle créateur qui anime l'écrivain, l'artiste, le chercheur : *Chercher l'inspiration.* – **3.** Ce qui est ainsi inspiré : *De géniales inspirations.* – **4.** Influence exercée sur un auteur, sur une œuvre : *Une décoration d'inspiration crétoise.* – **5.** Influence charismatique de Dieu sur les auteurs des livres saints.

2. INSPIRATION n. f. (de *inspiration 1*). Phase de la respiration au cours de laquelle l'air atmosphérique pénètre dans les poumons par suite de la dilatation de la cage thoracique.

Inspiration du poète *(l'),* toile de Poussin (1,82 × 2,13 m ; Louvre). Des textes du XVIIIe s. mentionnent cette peinture comme « Apollon couronnant un poète, assisté par une muse » ou « Apollon qui couronne Virgile ». Apollon ne fait pas de doute ; comme la muse est Calliope (d'après l'*Iconologie* de Ripa) et que les livres à terre, au premier plan, portent les titres *Odyssée, Iliade* et *Énéide,* le poète pratique le genre *épique* et l'identification avec Virgile est possible. Datation difficile : peut-être v. 1627, en considération des personnages grandeur nature, d'une tendre luminosité issue de Véronèse et du premier Titien, d'un classicisme que nourrissent des emprunts au bas-relief antique (composition) et à Raphaël (figure d'Apollon).

INSPIRATOIRE adj. Relatif à l'inspiration de l'air dans les poumons.

1. INSPIRER v. t. (lat. *inspirare*) [conj. 3]. **1.** Créer chez qqn, en partic. chez un artiste, un état privilégié qui lui favorise la création, l'imagination, l'invention : *Paris inspire de nombreux poètes.* — **2.** Intéresser et donner l'occasion à qqn, à son imagination, à ses capacités intellectuelles de s'exercer facilement : *Le sujet de l'examen ne m'inspirait pas.* — **3.** Influencer, guider, dicter l'action de qqn, être à son origine : *C'est la peur qui m'a inspiré cette démarche.* — **4.** Susciter, provoquer, faire naître chez qqn un sentiment : *Inspirer à ses enfants le goût de la lecture. Inspirer le respect.* — **5.** *Fam.* Tenter : *Ce rendez-vous n'a pas l'air de l'inspirer.*

◆ **être inspiré** v. pass. **1.** *Fam.* Avoir été bien, mal avisé de faire qqch : *Tu as été bien inspiré de venir aujourd'hui.* — **2.** Être comme animé par une inspiration : *Un poète inspiré. Prendre un air inspiré.*

◆ **s'inspirer** v. pr. Prendre qqn pour modèle de son action, trouver des idées, des exemples chez qqn, dans qqch : *Un poète qui s'inspire des surréalistes.*

2. INSPIRER v. t. (de *inspirer 1*) [conj. 3]. Faire pénétrer l'air ou un gaz dans les poumons.

INSTABILITÉ n. f. (lat. *instabilitas, -atis*). **1.** Manque de stabilité, d'équilibre : *Instabilité d'un acrobate sur un fil de fer.* — **2.** Caractère de ce qui a tendance à changer continuellement : *Instabilité des prix. Instabilité gouvernementale.* — **3.** Caractère de qqn sujet à des variations continuelles de comportement : *Instabilité mentale.* — **4.** Caractère d'un système physique ou chimique en équilibre instable, d'un composé instable. — **5.** *Instabilité psychomotrice,* difficulté à se fixer dans une tâche avec surcroît d'activité motrice. (Chez l'enfant elle se manifeste dans des situations génératrices d'insécurité et apparaît comme une défense contre l'angoisse.) ‖ *Instabilité verticale,* état de déséquilibre dynamique ou thermique de l'atmosphère, qui détermine les mouvements verticaux ascendants.

INSTABLE adj. (lat. *instabilis*). **1.** Qui n'est pas stable : *Équilibre instable.* — **2.** Qui est changeant, variable : *Temps instable.* — **3.** Qui ne repose pas sur des bases solides, qui n'est pas durable : *Paix instable.* — **4.** Se dit d'un composé chimique qui se décompose facilement. — **5.** Se dit d'un équilibre présenté par un système qui, écarté légèrement de sa position d'équilibre, s'en éloigne pour retrouver un état d'équilibre différent.

◆ adj. et n. Qui n'est pas stable psychiquement.

INSTALLATEUR, TRICE n. Spécialiste qui assure l'installation d'un appareil (chauffage central, appareils sanitaires, appareils de télévision, etc.).

INSTALLATION n. f. **1.** Action d'installer qqn dans une charge, une fonction, de procéder à la mise en service d'un organisme : *L'installation d'un nouveau service.* — **2.** Action ou manière de placer les appareils en vue d'un usage déterminé : *L'installation du chauffage central a été mal faite.* — **3.** Ensemble des objets, des appareils, des éléments mis en place en vue de tel ou tel usage : *Des installations portuaires.* — **4.** Action de s'installer ou d'installer qqn qqpart, en partic. dans un logement ; manière dont on est installé : *Fêter son installation en pendant la crémaillère.* — **5.** Fait pour qqn qui appartient à une profession libérale de s'installer : *Son installation date de six mois.* — **6.** Œuvre d'art contemporain dont les éléments, de caractère plastique ou conceptuel, sont organisés dans un espace donné à la manière d'un environnement. — **7.** *Installation électrique,* ensemble du matériel et des circuits associés en vue de la production, de la conversion, du transport ou de l'utilisation de l'énergie électrique. ‖ *Installation nucléaire,* installation où sont produites, transformées, mises en œuvre ou stockées des substances radioactives. (Les plus importantes de ces installations sont dites *installations nucléaires de base.*)

◆ **installations** n. f. pl. Ensemble organique de biens meubles et immeubles confié à un établissement ou à un centre de coûts et qui figurent à l'actif du bilan parmi les immobilisations.

INSTALLER v. t. (lat. médiév. *installare,* établir, de *stallum,* stalle) [conj. 3]. **1.** Établir solennellement qqn dans sa charge, sa fonction, son emploi : *Installer le président d'un tribunal.* — **2.** Mettre qqn dans un logement pour qu'il y vive de façon habituelle : *Nous avons installé notre fille dans son nouvel appartement.* — **3.** Placer qqn confortablement qqpart (siège, lit, etc.) : *Installer un malade dans son lit.* — **4.** Placer qqch, le disposer, le mettre qqpart : *Où va-t-on installer le canapé ?* — **5.** Mettre en place un appareil, le poser, en faisant les travaux nécessaires : *Installer le téléphone dans un appartement.* — **6.** Aménager un local en y disposant tout ce qui est nécessaire : *Installer un appartement.* — **7.** Implanter qqch, qqpart, l'y établir : *La direction prévoit d'installer une usine en province.* — **8.** Pop. *En installer,* se vanter, la ramener.

◆ **être installé** v. pass. **1.** Être agencé, aménagé d'une certaine manière : *Les nouveaux bureaux sont très bien installés.* — **2.** *Fam.* S'incruster, être difficile à extirper : *C'est un préjugé bien installé.* — **3.** Être parvenu à une situation stable, vivre confortablement : *Les gens installés.*

◆ **s'installer** v. pr., **être installé** v. pass. **1.** Prendre possession d'un logement pour un certain temps : *Ils sont bien installés dans leur nouvelle maison.* — **2.** S'établir, s'implanter qqpart : *Une usine qui s'installe en province.* — **3.** Se mettre à un emplacement déterminé, en partic. dans une position confortable : *Trois consommateurs étaient installés au bar.* — **4.** S'établir dans une situation, un état d'esprit de façon durable : *Le pays s'installe dans la peur.* — **5.** S'imposer dans l'esprit de qqn : *Le doute s'installait en chacun de nous.*

INSTAMMENT adv. D'une manière instante.

INSTANCE n. f. (lat. *instantia,* de *instare,* presser vivement). **1.** Organisme, bureau qui exerce un pouvoir de décision, d'autorité : *Les plus hautes instances d'un parti.* — **2.** Série d'actes de procédure commençant avec la demande en justice et se terminant en principe par le jugement. — **3.** Toute structure de l'appareil psychique (le ça, le moi, le surmoi, etc.). — **4.** *En instance,* dont on attend la solution, qui est en cours : *Le traité est en instance près de l'Assemblée nationale.* ‖ *En instance de,* près de, sur le point de : *Être en instance de divorce.* ‖ *En dernière instance,* en dernière analyse. ‖ *Première instance,* instance au cours de laquelle une affaire est jugée en premier ressort.

◆ **instances** n. f. pl. Demandes pressantes : *Céder aux instances d'un ami.*

1. INSTANT, E adj. (lat. *instans, -antis*). *Litt.* Qui presse vivement : *Avoir un instant besoin d'argent.*

2. INSTANT n. m. (de *instant 1*). **1.** Durée très courte, très petit espace de temps : *Je ne resterai que quelques instants.* — **2.** Le moment présent : *Vivre dans l'instant.* — **3.** Moment précis dans le temps : *Attendre l'instant propice.* — **4.** *À l'instant (même),* tout de suite, sans attendre ; il y a juste un moment. ‖ *À l'instant où,* au moment précis où : *À l'instant où je vous parle.* ‖ *Dans l'instant (même),* tout de suite, aussitôt. ‖ *Dans un instant,* bientôt, sans tarder. ‖ *Dès l'instant que, dès l'instant où,* du moment que, dans la mesure où, puisque. ‖ *D'instant en instant,* de proche en proche, presque continuellement. ‖ *Par instant,* par moments, de temps en temps. ‖ *Pour l'instant,* pour le moment. ‖ *Un instant !,* attendez un peu.

INSTANTANÉ, E adj. (de *instant 2,* d'apr. *momentané*). **1.** Qui ne dure qu'un instant : *Lueur instantanée.* — **2.** Qui se produit subitement : *Riposte instantanée.* — **3.** Se dit d'un produit alimentaire déshydraté (boisson, potage, purée, etc.) qui, après adjonction d'eau, se trouve prêt à être consommé. — **4.** *Photographie instantanée,* photographie dont le temps d'exposition très court permet d'avoir, malgré le mouvement, une image nette (par oppos. à *pause*) ; procédé de photographie utilisant un film comportant les produits de traitement et qui se développe automatiquement dès sa sortie de l'appareil de prise de vue. • **Électr.** *Appareil à action instantanée,* disjoncteur, déclencheur ou relais qui fonctionne instantanément, dès qu'une grandeur caractéristique (courant, tension, etc.) a atteint une valeur prédéterminée. — **Math.** et **Phys.** Se dit de l'axe ou du centre de rotation, ou de l'axe hélicoïdal, pour un instant donné, lorsqu'on s'intéresse à l'aspect infinitésimal d'un mouvement. — **Phys.** Relatif à un instant déterminé.

◆ **instantané** n. m. **1.** Phototype obtenu par photographie instantanée. — **2.** Bref compte rendu d'information : *Un instantané de la situation politique.*

INSTANTANÉISATION n. f. Technique de séchage du lait qui permet d'obtenir la poudre du lait à solubilisation instantanée.

INSTANTANÉITÉ n. f. Qualité de ce qui est instantané.

INSTANTANÉMENT adv. D'une manière instantanée.

INSTAR DE (À L') loc. prép. (bas lat. *ad instar,* à la ressemblance de). *Litt.* À la manière de qqn, de qqch, à leur exemple : *À l'instar de ses parents, il sera enseignant.*

INSTAURATEUR, TRICE n. (bas lat. *instaurator*). *Litt.* Personne qui instaure : *Les instaurateurs de la liberté.*

INSTAURATION n. f. (lat. *instauratio, -onis*). Action d'instaurer ; fondation, institution : *L'instauration des jeux Olympiques.*

INSTAURER v. t. (lat. *instaurare*) [conj. 3]. Établir un régime, une institution, un état, un usage ; fonder : *Ce vote a instauré la République. Instaurer une nouvelle mode.*

INSTIGATEUR, TRICE n. (lat. *instigator*). Personne qui incite, pousse à faire qqch : *L'instigateur d'un crime.*

INSTIGATION n. f. (lat. *instigatio, -onis*). *Obéir aux instigations de qqn,* suivre ses conseils, ses suggestions. ‖ *Sur l'instigation, à l'instigation de qqn,* sur son incitation, ses conseils, son encouragement.

INSTIGUER v. t. (lat. *instigare*) [conj. 3]. En Belgique, pousser qqn à faire qqch ; inciter.

INSTILLATION [-lasjɔ̃] n. f. (lat. *instillatio, -onis*). Action d'introduire goutte à goutte une substance médicamenteuse dans un canal ou une cavité naturelle de l'organisme.

INSTILLER [-tile] v. t. (lat. *instillare,* de *stilla,* goutte) [conj. 3]. **1.** Pratiquer une instillation. – **2.** *Litt.* Faire ressentir peu à peu un sentiment chez qqn : *Instiller le doute dans l'esprit de quelqu'un.*

INSTINCT [ɛ̃stɛ̃] n. m. (lat. *instinctus,* impulsion, de *instinguere,* pousser). **1.** Ensemble des comportements animaux ou humains, caractéristiques d'une espèce, transmis par voie génétique et qui s'exprime en l'absence d'apprentissage. – **2.** Tendance, impulsion intérieure et personnelle de caractère irrationnel qui détermine l'individu dans ses jugements, ses actes, ses sentiments : *Son instinct l'avertit du danger.* – **3.** Avoir un don, une disposition naturelle, une aptitude à sentir ou à faire qqch : *Avoir l'instinct du beau.* – **4.** *Bas instincts,* instinct sexuel. ‖ *D'instinct, par instinct,* par une sorte d'intuition, d'une manière naturelle et spontanée : *D'instinct, il comprit la situation.*

INSTINCTIF, IVE adj. (de *instinct*). Qui procède de l'instinct : *Dégoût instinctif.*

◆ adj. et n. Qui agit impulsivement, sans réfléchir.

INSTINCTIVEMENT adv. De façon instinctive.

INSTINCTUEL, ELLE adj. En psychanalyse, syn. de PULSIONNEL.

INSTIT ou **INSTI** n. *Fam.* Instituteur ou institutrice.

INSTITUER v. t. (lat. *instituere,* établir) [conj. 7]. **1.** Établir qqch, le fonder d'une manière durable : *Instituer une nouvel impôt. Richelieu institua l'Académie.* – **2.** Désigner qqn comme héritier dans son testament.

◆ **s'instituer** v. pr. **1.** Se donner une fonction de sa propre autorité : *S'instituer l'ardent défenseur d'une cause.* – **2.** S'établir, s'installer de manière durable : *Des relations commerciales se sont instituées entre les deux pays.*

INSTITUT n. m. (lat. *institutum,* chose instituée). **1.** Corps constitué de gens de lettres, d'artistes, de savants. – **2.** Établissement de recherche scientifique, d'enseignement, etc. – **3.** *L'Institut,* en France, la réunion des cinq Académies. – **4.** Dénomination adoptée par des établissements divers. – **5.** Ensemble de personnes vivant sous une même règle religieuse ; titre porté par une « congrégation » de religieux non clercs ou de laïques. – **6.** *Institut de beauté,* établissement dans lequel on dispense les soins du visage, du corps à des fins esthétiques. ‖ *Institut d'émission,* banque chargée d'émettre la monnaie centrale (en France, la Banque de France). ‖ *Institut universitaire de formation des maîtres (I. U. F. M.),* établissement d'enseignement supérieur existant depuis 1991 et ayant pour mission, au sein de l'université, de former l'ensemble des maîtres : professeurs des écoles et professeurs du second degré de l'enseignement général, technique et professionnel. (Cette filière unique prend le relais des écoles normales d'instituteurs, des centres pédagogiques régionaux qui assuraient la formation des personnes titulaires du C.A.P.E.S. ou de l'agrégation, et des écoles normales nationales d'apprentissage qui formaient les professeurs de l'enseignement technique et professionnel.) ‖ *Institut universitaire professionnalisé (I. U. P.),* structure universitaire existant depuis 1991 et destinée à former des étudiants en étroite collaboration avec les milieux professionnels. ‖ *Institut universitaire de technologie (I. U. T.),* établissement d'enseignement supérieur, créé en 1966, assurant en deux années d'études la formation des cadres moyens de l'industrie, de l'Administration, du commerce.

Institut catholique de Paris, établissement libre d'enseignement supérieur, ouvert en 1875. Succédant à l'école des Carmes, il porta le titre d'« Université catholique » jusqu'en mars 1880. Reconnu d'utilité publique, il est constitué de facultés (théologie et sciences religieuses, droit canonique, philosophie, lettres) ainsi que de nombreuses écoles supérieures spécialisées ; il est dirigé par un recteur et contrôlé par l'association des évêques fondateurs.

Institut de développement industriel (I. D. I.) → DÉVELOPPEMENT.

Institut d'Égypte, association officielle de savants et d'artistes, constituée en Égypte par Bonaparte (1798). L'Institut, présidé par Monge, recueillit d'admirables collections qui furent publiées dans les *Mémoires sur l'Égypte* (Paris, 1800) et dans la grande *description de l'Égypte* (Paris, 1808-1825).

Institut d'études politiques, établissement public, qui a pour mission l'enseignement des sciences politiques, économiques et sociales, et qui prépare notamment aux grands concours administratifs. L'Institut d'études politiques de Paris, ou « Sciences-Po », a succédé en 1945 à l'École libre des sciences politiques, créée en 1872.

Institut de France, titre sous lequel la Constitution de l'an III reconstitua et répartit en trois classes les académies supprimées en 1793. L'ordonnance royale du 21 mars 1816 réorganisa l'Institut en quatre classes : Académie française, Académie des inscriptions et belles-lettres, Académie des sciences, Académie des beaux-arts. Une dernière ordonnance (1832) ajouta l'Académie des sciences morales et politiques. L'Institut siège dans l'ancien Collège des Quatre-Nations.

Institut français d'opinion publique (I. F. O. P.) → OPINION.

Institut français du pétrole → PÉTROLE.

Institut géographique national (I. G. N.) → GÉOGRAPHIQUE.

Institut des hautes études de défense nationale (I. H. E. D. N.) → HAUTES ÉTUDES.

Institut du monde arabe (I. M. A.), à Paris (V^e arrond.), fondation visant au développement de la connaissance du monde arabo-islamique en France ainsi que des échanges entre les deux cultures. L'Institut s'est ouvert en 1987 dans un édifice dû à J. Nouvel ; centre de documentation, bibliothèque, musée.

Institut monétaire européen (I. M. E.), institution européenne créée par le traité de Maastricht. Mis en place le 1er janvier 1994, l'I.M.E. a notamment pour missions de renforcer la coopération entre les banques centrales nationales et de coordonner les politiques monétaires en vue de l'établissement d'une monnaie unique (euro), ultime étape de l'Union économique et monétaire. Son siège est à Francfort.

Institut national agronomique Paris-Grignon (I. N. A. P. G.) → AGRONOMIQUE.

Institut national de l'audiovisuel (I. N. A.) → AUDIOVISUEL.

Institut national d'études démographiques (I. N. E. D.) → DÉMOGRAPHIQUES.

Institut national des jeunes aveugles (I. N. J. A.) → AVEUGLES.

Institut national des langues et civilisations orientales (I. N. A. L. C. O.) → LANGUES.

Institut national de la recherche agronomique (I. N. R. A.) → RECHERCHE.

Institut national de recherche en informatique et en automatique (I. N. R. I. A.) → INFORMATIQUE.

Institut national de recherche pédagogique (I. N. R. P.) → RECHERCHE.

Institut national de la santé et de la recherche médicale (I. N. S. E. R. M.) → SANTÉ.

Institut national des sciences appliquées (I. N. S. A.) → SCIENCES APPLIQUÉES.

Institut national des sciences et techniques nucléaires (I. N. S. T. N.) → NUCLÉAIRES.

Institut national du sport et de l'éducation physique (I. N. S. E. P.) → SPORT.

Institut national de la statistique et des études économiques (I. N. S. E. E.) → STATISTIQUE.

Institut Pasteur → PASTEUR.

INSTITUTES [-tɛs] n. f. pl. (lat. *instituta,* institutions). Manuel méthodique de droit romain, œuvre d'un jurisconsulte antique.
ENCYCL. Les *institutes de Gaius* (IIe s. apr. J.-C. ?), ou *Commentaires,* contiennent un exposé du droit romain du IIe s. et de ses origines historiques. Les *institutes de Justinien* (21 nov. 533 apr. J.-C.) sont un manuel élémentaire inspiré de l'œuvre de Gaius et destiné à l'enseignement.

INSTITUTEUR, TRICE n. (lat. *institutor, -trix*). Personne qui enseigne dans les écoles maternelles et élémentaires. (Les instituteurs, formés dans les anciennes écoles normales, sont appelés à être progressivement remplacés par les professeurs des écoles, formés depuis 1991 dans les instituts universitaires de formation des maîtres [I. U. F. M.].)

INSTITUTION n. f. (lat. *institutio, -onis*). **1.** Action d'instituer qqch : *L'institution des jeux Floraux date du Moyen Âge.* – **2.** Norme ou pratique socialement sanctionnée, qui a valeur officielle, légale ; organisme visant à les maintenir : *L'O. N. U. est une institution internationale.* – **3.** Établissement d'enseignement privé : *Institution religieuse.* – **4.** *Fam.* et *ironiq.* Habitude, coutume : *La mendicité est ici une véritable institution !* – **5.** *Fam.* et *ironiq.* Personnage très important, dont la pensée sert de référence irremplaçable et inattaquable : *À l'époque, Sartre était une institution !* ‖ *Institution contractuelle,* donation de biens à venir faite par contrat de mariage aux futurs époux ou à leurs enfants à naître. – **6.** Établissement ou structure où s'effectue un travail d'analyse institutionnelle. – **7.** *Institution canonique,* acte par lequel un supérieur ecclésiastique met en possession d'une charge ou d'un ministère une personne jugée compétente.

◆ **institutions** n. f. pl. Ensemble des formes ou des structures politiques, telles qu'elles sont établies par la loi ou la coutume et qui relèvent du droit public : *Des institutions démocratiques.*

Institution de la religion chrétienne, ouvrage de Calvin, publié d'abord en latin (1536) puis en français (1541), fortement augmenté jusqu'en 1560. C'est le premier et le plus important exposé de la foi réformée, ainsi qu'un chef-d'œuvre littéraire.

INSTITUTIONNALISATION n. f. Action d'institutionnaliser ; fait d'être institutionnalisé.

INSTITUTIONNALISER v. t. (conj. 3). Donner à qqch le caractère d'une institution, le transformer en une institution.

INSTITUTIONNALISME n.m. École de pensée économique américaine née dans les années 20 et qui, en réaction contre les études abstraites de l'« économie pure », met l'accent sur le rôle joué par les institutions dans l'économie. (Cette école a été illustrée par Thorstein Veblen, et, de nos jours, par J. K. Galbraith.)

INSTITUTIONNEL, ELLE adj. **1.** Qui concerne les institutions de l'État : *Réforme institutionnelle.* — **2.** En parlant d'un matériel, syn. de PROFESSIONNEL. — **3.** *Analyse institutionnelle,* dans certains établissements psychiatriques ou certains groupes scolaires, ensemble des opérations intellectuelles et matérielles que mène sur lui-même un groupe de personnes vivant ensemble, pour se remanier afin de débloquer les inhibitions individuelles. ‖ *Pédagogie institutionnelle,* ensemble de techniques, d'organisations, de méthodes, d'institutions internes nées de la pratique des classes coopératives. (→ *encycl.*) ‖ *Psychothérapie institutionnelle,* technique de soins s'adressant à des malades mentaux, pratiquée à l'intérieur d'une structure hospitalière, et consistant à prendre en compte le vécu quotidien des malades et à créer entre eux de nouvelles structurations, de façon à faciliter une nouvelle prise de conscience et à mieux satisfaire leurs demandes au sein même de l'institution. (→ *encycl.*)

ENCYCL. **Pédag.** La pratique de la *pédagogie institutionnelle* a été en 1958 sur le modèle de la psychothérapie institutionnelle par J. Oury. Elle se définit essentiellement par l'utilisation des techniques Freinet (classe coopérative) et par l'apport des sciences humaines (dynamique de groupe, psychanalyse) pour approfondir et dédramatiser les phénomènes inconscients se nouant dans la classe. Elle est surtout représentée dans les classes primaires et dans certains secteurs de l'Éducation nationale s'adressant à des enfants en situation d'échec scolaire.

— **Psychiatr.** La *psychothérapie institutionnelle* est née en France au lendemain de la Seconde Guerre mondiale d'une réflexion critique sur les hôpitaux psychiatriques. Ses instigateurs, psychiatres hospitaliers du secteur public ou privé (F. Tosquelles, J. Oury, G. Daumezon, P. Sivadon), ont appuyé leurs élaborations sur les travaux de K. Marx, S. Freud, J. Lacan.

INSTITUTIONNELLEMENT adv. De façon institutionnelle, dans le cadre des institutions.

INSTRUCTEUR, TRICE n. (lat. *instructor*). Personne qui est chargée de l'instruction de recrues, des nouveaux membres d'un organisme, d'une organisation.

◆ **instructeur** n. m. **1.** Pilote expérimenté chargé d'apprendre à un ou à plusieurs élèves le pilotage d'un avion, la navigation, la surveillance des moteurs et des instruments. (Syn. MONITEUR.) — **2.** *Juge instructeur,* juge chargé d'instruire un procès.

INSTRUCTIF, IVE adj. Qui instruit, qui est propre à informer : *Livre instructif.*

INSTRUCTION n. f. (lat. *instructio, -onis,* de *instruere,* instruire). **1.** Action d'instruire qqn, un groupe, de leur donner des connaissances, de leur délivrer un enseignement : *L'instruction que j'ai reçue à l'école.* — **2.** Ensemble des connaissances, en partic. des connaissances d'ordre général qu'on acquiert par l'école, les cours, etc. : *Avoir une solide instruction.* — **3.** Règlement militaire d'ordre général ou technique. — **4.** Phase préparatoire du procès pénal consistant à rechercher les preuves d'une infraction et à en découvrir l'auteur. (→ *encycl.*) — **5.** Dans un langage de programmation, expression qui spécifie une opération et, le cas échéant, identifie les opérandes (instruction d'affectation, de branchement, d'entrée-sortie, etc.). — **6.** *Instruction pastorale,* nom autref. donné à la LETTRE* PASTORALE. ‖ *Instruction publique,* nom donné jadis à l'enseignement dispensé par l'État. (Le ministère de l'Instruction publique, institué en 1824, est devenu en 1932 le ministère de l'Éducation* nationale.) ‖ *Jeu d'instructions,* ensemble des instructions correspondant à la totalité des actions élémentaires qui peuvent être exécutées par un ordinateur. ‖ *Mesure d'instruction,* mesure ordonnée à la demande d'une ou des parties ou ordonnée d'office afin de porter à la connaissance du juge tout élément de fait du procès.

◆ **instructions** n. f. pl. **1.** Ordres, explications pour la conduite d'une affaire, d'une entreprise : *Donner des instructions à ses subordonnés.* — **2.** Prescriptions données par le fabricant pour l'utilisation d'un produit, l'installation d'un appareil.

ENCYCL. **Dr.** L'instruction préparatoire du procès pénal, obligatoire en matière de crime, facultative en matière de délit, est confiée au juge d'instruction sous le contrôle de la chambre d'accusation. Le juge d'instruction ne peut se saisir lui-même et doit attendre le réquisitoire du procureur de la République. La procédure d'instruction est écrite, secrète à l'égard du public et non contradictoire. La personne mise en examen et la partie civile ont le droit d'être assistées de leur avocat, qui a accès au dossier et est présent aux interrogatoires. Le ministère public, peut, à tout moment, demander communication de la procédure et assister aux opérations d'instruction. Avant de clore l'instruction, le juge d'instruction doit lui communiquer le dossier. Lorsque les faits instruits constituent un crime, le dossier est transmis à la chambre d'accusation, qui prononce la mise en accusation devant la cour d'assises.

L'instruction d'un procès civil s'effectue sous le contrôle du juge de la mise en état.

Instruction chrétienne *(frères de l'),* dits **frères de Ploërmel,** institut religieux né en 1819 de la fusion de deux œuvres précédentes ayant pour objet l'éducation chrétienne de la jeunesse.

INSTRUIRE v. t. (lat. *instruere,* outiller) [conj. **98**]. **1.** Donner des connaissances, des renseignements, augmenter le savoir, l'expérience de qqn : *Instruire des jeunes enfants. Instruire des recrues.* – **2.** Former l'esprit de qqn, constituer pour lui un enseignement : *La vie et les malheurs l'ont instruit.* – **3.** Informer qqn, le mettre au courant de qqch : *On ne nous a pas instruits des conclusions du rapport.* – **4.** *Instruire une affaire, un procès,* rassembler les éléments de fait qui serviront à sa solution. ‖ *Instruire contre qqn,* ouvrir une information contre lui.

◆ **s'instruire** v. pr., **être instruit** v. pass. **1.** S'informer, se renseigner, se documenter : *S'instruire des circonstances exactes d'un événement.* – **2.** Développer son instruction, enrichir ses connaissances : *On s'instruit à tout âge.*

INSTRUMENT n. m. (lat. *instrumentum,* de *instruere,* outiller). **1.** Objet fabriqué servant à un travail, à une opération : *Instrument aratoire. Instrument de mesure, de travail.* – **2.** Personne ou chose par l'intermédiaire de laquelle est obtenu un résultat quelconque : *La télévision est un instrument de propagande.* – **3.** Acte écrit qui termine une négociation entre deux ou plusieurs États, constate l'accord des parties contractantes et les engage pour l'avenir. – **4.** *Instrument (de musique),* tout objet, brut ou fabriqué, capable de produire des sons utilisés à des fins musicales (→ *encycl.*) – **5.** *Instruments de bord,* appareils de contrôle du fonctionnement des divers organes d'une machine, d'un véhicule à moteur, d'un aéronef ou d'un vaisseau spatial. ‖ *Instrument de paix,* syn. de BAISER-DE-PAIX.

ENCYCL. **Mus.** Le Moyen Âge européen est resté la grande époque de l'élaboration des *instruments de musique.* Tous les procédés fondamentaux de résonances connus et employés depuis l'Antiquité sont alors repris (percussion ; frottement, pincement ou percussion de cordes ; insufflation d'air). La Renaissance et le XVIIe s. porteront la plupart d'entre eux à leur stade d'évolution actuel. À quelques exceptions près (invention du pianoforte et du saxophone), ils ne seront plus qu'améliorés aux XVIIIe et XIXe s. On crée, au XXe s., des instruments électriques et électroniques. En 1914, les ethnomusicologues Curt Sachs et Erich von Hornbostel ont élaboré la classification suivante.

• Les *instruments à cordes* (cordophones) comprennent les *instruments à cordes frottées,* soit par un archet (famille des violons), soit par une roue (vielle à roue) ; les *instruments à cordes pincées,* par les doigts, sans manche (lyre et harpe), avec manche (luth et guitare), ou par un mécanisme (épinette, clavecin) ; les *instruments à cordes percutées,* à la main (cymbalum) ou par un mécanisme (clavicorde, piano).

• Les *instruments à air* (aérophones) comprennent les *instruments à encoche,* latérale ou biseautée (flûte) ; les *instruments à anches* simples ou doubles (hautbois, clarinette, etc.) ; les *instruments à embouchure,* naturels (trompe de chasse) ou chromatiques à coulisse, à clefs ou à piston (trombone, flûte traversière, cornet à pistons) ; les *instruments à clavier* (orgues, harmonium).

• Les *instruments à membrane* produisent des sons soit déterminés (timbales) soit indéterminés (tambour).

• Les *instruments sans membranes* (idiophones) produisant des sons fixes (cloches, carillons, etc.).

• Les *instruments électroniques.*

INSTRUMENTAIRE adj. *Témoin instrumentaire,* témoin dont la présence est indispensable pour la validité de certains actes authentiques (ex. mariage).

INSTRUMENTAL, E, AUX adj. **1.** Relatif aux instruments de musique : *Partie instrumentale.* – **2.** Relatif aux instruments de mesure, d'analyse, etc. – **3.** *Conditionnement instrumental,* conditionnement caractérisé par l'absence de réaction et de stimulus conditionnels préalables, et par la dépendance qui existe entre la réaction que l'on conditionne et l'apparition d'un stimulus renforçateur.

◆ **instrumental** n. m. Dans certaines langues flexionnelles (russe, basque, etc.), cas exprimant le moyen ou l'instrument de l'action exprimée par le verbe.

INSTRUMENTALISATION n. f. Action d'instrumentaliser qqn ; fait d'être instrumentalisé.

INSTRUMENTALISER v. t. (conj. 3). Considérer qqn, qqch comme un simple instrument, sous son angle utilitaire.

INSTRUMENTALISME n. m. (amér. *instrumentalism*). Doctrine considérant les idées et les théories comme des outils nécessaires à l'action et dont Dewey est le principal représentant.

INSTRUMENTALISTE adj. Relatif à l'instrumentalisme ; qui en est partisan.

INSTRUMENTATION n. f. **1.** Affectation à tel ou tel instrument d'une musique ou d'une partie de musique donnée. – **2.** Ensemble des instruments de mesure, d'analyse, d'observation, etc. ; industrie qui les fabrique. – **3.** Ensemble des instruments et appareils permettant d'assurer la conduite d'une installation, d'un avion, d'un véhicule spatial, etc. ; technologie de la conception et de l'emploi de ces instruments. – **4.** Mise en place d'un équipement instrumental dans une structure de génie civil ou géologique en vue d'en connaître le comportement. – **5.** Repêchage d'une tige de forage.

INSTRUMENTER v. i. (de *instrument*) [conj. 3]. En parlant d'un officier public ou ministériel, établir un acte authentique.
◆ v. t. **1.** Confier chaque partie d'une œuvre musicale à un instrument. — **2.** Procéder à l'instrumentation d'une structure de génie civil.

INSTRUMENTISTE n. **1.** Artiste faisant partie d'un orchestre ou d'un groupe d'exécutants. — **2.** Infirmière qui prépare et présente au chirurgien les instruments au cours de l'opération.

INSTRUMENTUM [-tɔm] n. m. (pl. *instrumenta*) [lat. *instrumentum*]. En épigraphie latine, objet portant des inscriptions.

INSU DE (À L') loc. prép. (de *su,* part. passé de *savoir*). *À l'insu de qqn,* sans qu'il s'en doute, en échappant à son attention : *Sortir à l'insu de ses parents.*

INSUBMERSIBILITÉ n. f. Qualité de ce qui est insubmersible.

INSUBMERSIBLE adj. Qui ne peut couler : *Canot insubmersible.*

INSUBORDINATION n. f. **1.** Refus de se soumettre. — **2.** Infraction d'un militaire prévue par le Code de justice militaire (rébellion, refus d'obéissance, voies de fait et outrages envers des supérieurs, etc.).

INSUBORDONNÉ, E adj. et n. Qui a l'esprit d'insubordination : *Élèves insubordonnés.*

INSUBRES ou **INSUBRIENS,** peuple celtique, venu de Gaule en Italie septentrionale au vᵉ s. av. J.-C. et qui aurait fondé *Mediolanum* (Milan). Les Insubres furent battus et soumis par les Romains au IIIᵉ s. av. J.-C.

INSUCCÈS n. m. Manque de succès, de réussite : *L'insuccès d'une entreprise.*

INSUFFISAMMENT adv. De façon insuffisante, incomplète.

INSUFFISANCE n. f. **1.** Caractère, état de ce qui est insuffisant : *L'insuffisance de la récolte.* — **2.** Manque de capacités, d'aptitudes, de qualités : *Son insuffisance en anglais est manifeste.* — **3.** Impossibilité pour un organe ou une glande de remplir ses fonctions normales. (Par ex. insuffisance cardiaque, pulmonaire, rénale.) — **4.** *Insuffisance mentale,* syn. de DÉFICIENCE* MENTALE.
◆ **insuffisances** n. f. pl. Points sur lesquels on fait preuve d'incompétence, d'incapacité : *Ses insuffisances sont réelles.*

INSUFFISANT, E adj. (bas lat. *insufficiens, -entis,* avec l'infl. de *suffisant*). **1.** Qui ne suffit pas en quantité, en qualité : *Résultats insuffisants en maths.* — **2.** Qui n'a pas les aptitudes nécessaires : *Chef insuffisant.*

INSUFFLATEUR n. m. **1.** Instrument servant à faire des insufflations thérapeutiques. — **2.** Appareil destiné à envoyer de l'air comprimé, par ex. sous la grille d'une chaudière à vapeur, dans un gazogène, etc.

INSUFFLATION n. f. (bas lat. *insufflatio, -onis*). **1.** Introduction, à l'aide du souffle ou d'un appareil, d'un gaz, d'une poudre, etc. — **2.** Introduction d'air ou de gaz dans une cavité naturelle du corps dans un dessein diagnostique (trompes et utérus) ou thérapeutique (poumons).

INSUFFLER v. t. (bas lat. *insufflare*) [conj. 3]. **1.** Introduire de l'air, un gaz dans qqch en soufflant : *Insuffler de l'oxygène dans les poumons.* — **2.** Inspirer un sentiment, une force à qqn, les lui communiquer : *Ce succès lui insuffla un nouvel élan.* — **3.** *Litt.* Donner la vie à qqn par le souffle : *Dieu insuffla la vie à sa créature.* — **4.** Pratiquer une insufflation.

1. INSULA n. f. (mot lat.). À Rome, maison de rapport, divisée en logements (par oppos. à la *domus,* maison particulière), ou îlot urbain délimité par le réseau des rues. (L'insula était une vaste bâtisse, souvent en bois et torchis, de 7 à 8 étages avec des boutiques au rez-de-chaussée.)

2. INSULA n. f. (lat. *insula,* île). *Lobe de l'insula,* lobe du cerveau, situé au fond de la scissure de Sylvius.

INSULAIRE adj. (bas lat. *insularis*). Relatif aux îles : *Faune insulaire.*
◆ adj. et n. Qui habite une île.

INSULARISME n. m. Tendance d'un peuple insulaire à s'enfermer dans son île et à réduire ses relations internationales.

INSULARITÉ n. f. **1.** État, caractère d'un pays formant une île ou composé d'îles. — **2.** Esprit d'une population insulaire.

INSULINASE n. f. Enzyme qui catalyse l'hydrolyse de l'insuline. (Elle est surtout présente dans le foie, le rein et les muscles.)

INSULINDE, ensemble des îles d'Asie (Indonésie et Philippines) situées à l'O. de la Nouvelle-Guinée (Mélanésie), au N. de l'Australie et au S. de la mer de Chine méridionale.

INSULINE n. f. (angl. *insulin,* du lat. *insula,* île). Hormone polypeptidique du pancréas, douée d'une puissante activité hypoglycémiante, inverse de celle du glucagon.
ENCYCL. Découverte par Banting et Best en 1921, l'insuline est sécrétée par les cellules β des îlots de Langerhans du pancréas. Son action hypoglycémiante permet la régulation de la glycémie à son taux normal de 1 g/l. On l'emploie en injections sous-cutanées pour le traitement du diabète. L'insuline utilisée en thérapeutique est

préparée à partir de macérations de pancréas de cheval, de bœuf, de porc. Le génie génétique a permis d'obtenir de l'insuline en laboratoire. On dispose de trois types d'insulines, caractérisées en fonction de leur durée d'action : insuline d'action courte ou insuline ordinaire ; insuline d'action intermédiaire (insuline N. P. H., insuline semi-lente) ; insuline d'action prolongée (insuline zinc Protamine, insuline zinc mixte lente). L'insuline est titrée en unités physiologiques mesurées par son action hypoglycémiante sur le lapin.

INSULINÉMIE n. f. Taux sanguin d'insuline.

INSULINODÉPENDANCE n. f. État d'un diabétique dont l'équilibre glucidique ne peut être assuré que par des injections d'insuline.

INSULINORÉSISTANCE n. f. État d'un diabétique dont l'équilibre glucidique cesse d'être assuré malgré l'augmentation des doses d'insuline.

INSULINOTHÉRAPIE n. f. Emploi de l'insuline en thérapeutique, en partic. pour le traitement du diabète.

INSULTANT, E adj. Qui contient ou constitue une insulte : *Des propos insultants.*

INSULTE n. f. (de *insulter*). **1.** Parole ou acte qui offense, qui blesse la dignité : *Proférer des insultes. Sa conduite est une insulte.* — **2.** Ce qui constitue une grave atteinte à qqch : *Une insulte au bon sens.*

INSULTÉ, E n. Personne qui a reçu une insulte.

INSULTER v. t. (lat. *insultare,* attaquer) [conj. 3]. **1.** Proférer des insultes à l'égard de qqn : *Se faire insulter par un chauffeur ivre.* — **2.** Blesser la dignité de qqn, l'honneur : *Son attitude nous insulte tous.* — **3.** Porter une grave atteinte à qqch : *Insulter le bon sens.*
◆ v. t. ind. *Litt.* Traiter avec mépris, insolence, ce qui a droit au respect, à la pitié : *Insulter au malheur de quelqu'un.*

INSULTEUR, EUSE n. Personne qui insulte.

INSUPPORTABLE adj. (bas lat. *insupportabilis*). **1.** Qu'on ne peut supporter : *Douleur insupportable.* — **2.** Qui importune les autres par son caractère difficile : *Enfant insupportable.*

INSUPPORTABLEMENT adv. De façon insupportable.

INSUPPORTER v. t. (de *insupportable,* d'apr. *supporter*) [conj. 3]. *Fam.* Irriter qqn, l'énerver, être insupportable pour lui : *Elle m'insupporte avec ses airs de grandeur.*

INSURGÉ, E adj. et n. Qui se révolte.

INSURGENTS, mot angl. désignant les Américains du Nord qui, dans la guerre de l'Indépendance, prirent parti contre l'Angleterre.

INSURGER (S') v. pr. (lat. *insurgere,* se lever contre) [conj. 17]. Manifester son hostilité, son profond désaccord à l'égard de qqn, de qqch ; se dresser contre : *S'insurger contre l'injustice, contre un dictateur.*

INSURMONTABLE adj. **1.** Qu'on ne peut surmonter : *Des obstacles insurmontables.* — **2.** Qu'on ne peut maîtriser, dominer : *Une peur insurmontable.*

INSURPASSABLE adj. Qui ne peut être surpassé.

INSURRECTION n. f. (bas lat. *insurrectio, -onis*). **1.** Action de s'insurger, de se soulever contre le pouvoir établi pour le renverser : *L'insurrection de février 1848.* — **2.** *Litt.* Opposition vivement exprimée : *Insurrection de la diginité en face d'une humiliation.*

INSURRECTIONNEL, ELLE adj. Qui tient de l'insurrection, qui en a le caractère : *Mouvement insurrectionnel.*

INSURRECTIONNELLEMENT adv. De façon insurrectionnelle.

INSUSCEPTIBLE adj. Qui ne peut légalement se prêter à, donner lieu à qqch.

INTACT, E adj. (lat. *intactus,* pur, de *tangere,* toucher). **1.** Qu'on n'a pas touché, qui demeure dans l'état originel : *Une neige intacte sans traces de pas.* — **2.** Qui n'a souffert aucun dommage, aucune blessure, aucune altération : *Le colis est arrivé intact. Les passagers sont sortis intacts de la voiture accidentée.* — **3.** Qui n'a souffert d'aucune atteinte morale : *Sa réputation est restée intacte.*

INTACTILE adj. Qui, par sa nature (la lumière, par ex.), échappe au sens du tact.

INTAILLE n. f. (de *entaille,* avec l'infl. de l'ital. *intaglio*). Pierre fine gravée en creux, au contraire des camées. (Les intailles ont été très utilisées, comme cachets ou amulettes, en Mésopotamie, en Égypte, chez les Crétois, puis chez les Grecs et les Romains ; on en a gravé, à nouveau, de la Renaissance au XIXe s.)

INTAILLER v. t. (de *intaille*) [conj. 3]. Graver en creux une pierre fine.

INTANGIBILITÉ n. f. État de ce qui est intangible.

INTANGIBLE adj. À quoi l'on ne peut toucher, qui doit rester intact : *Des principes intangibles.*

INTARISSABLE adj. **1.** Qui ne peut tarir, être tari : *Source intarissable.* — **2.** Dont on ne peut épuiser les ressources : *Mine intarissable.* — **3.** Qui ne s'épuise pas : *Imagination intarissable.* — **4.** Dont il est difficile d'arrêter les paroles : *Bavard intarissable.*

INTARISSABLEMENT adv. De façon intarissable.

INTÉGRABILITÉ n. f. Propriété d'une fonction qui est intégrable.

INTÉGRABLE adj. Se dit d'une fonction numérique d'une ou de plusieurs variables, qui admet une intégrale. (Les classes importantes de fonctions intégrales sur une partie de ℝ sont les fonctions monotones, les fonctions continues, les fonctions bornées et continues par intervalles sur un segment $[a,b]$, les fonctions en escalier.)

INTÉGRAL, E, AUX adj. (lat. médiév. *integralis,* du lat. class. *integer, -gri,* entier). **1.** Qui ne fait l'objet d'aucune restriction : *Le remboursement intégral d'une somme.* – **2.** Qui ne fait l'objet d'aucune coupure : *L'édition intégrale d'un texte.* – **3.** *Fam.* Qui réalise pleinement une qualité, une caractéristique : *Un parasite intégral.* – **4.** *Bronzage intégral,* sur la totalité du corps nu. ‖ *Nu intégral,* nu total : *Spectacle de nu intégral.* ‖ *Calcul intégral,* branche du calcul infinitésimal où l'on détermine les grandeurs fonctionnelles à partir d'infiniment petits donnés. ‖ *Casque intégral* ou *intégral* (n. m.), casque de motocycliste, de coureur automobile qui protège la boîte crânienne, le visage et les mâchoires. ‖ *Courbe intégrale d'une équation différentielle* (E), courbe formée des points $M(x, \psi(x))$, où ψ est une solution de (E). ‖ *Équation intégrale,* équation fonctionnelle dans laquelle la fonction inconnue figure dans une ou dans des intégrales.

◆ **intégrale** n. f. **1.** Œuvre complète d'un écrivain, d'un musicien : *L'intégrale des cantates de Bach.* – **2.** Limite, lorsqu'elle existe, de sommes d'un nombre indéfiniment croissant d'éléments indéfiniment petits construits en divisant indéfiniment le domaine de définition d'une fonction. (→ *encycl.*) – **3.** *Intégrale double,* intégrale d'une fonction f définie et intégrable sur une partie quarrable A de $\mathbb{R}^2$. (On la note

$$\iint_A f(v) \cdot d\omega.)$$

‖ *Intégrale d'une équation différentielle,* solution de cette équation. ‖ *Intégrale indéfinie,* syn. vieilli de PRIMITIVE. ‖ *Intégrale multiple,* intégrale double, triple, etc. ‖ *Intégrale simple* ou, vx, *définie,* intégrale d'une fonction f définie et intégrable sur un segment $[a, b]$ de ℝ. (On la note

$$\int_a^b f(x) \cdot dx$$

et on lit « somme de a à b de $f(x) \cdot dx$ ».) ‖ *Intégrale de surface* ou *intégrale d'une fonction sur une surface,* flux de cette fonction à travers la surface. ‖ *Intégrale triple,* intégrale d'une fonction f définie et intégrable sur une partie cubable A de $\mathbb{R}^3$. (On la note

$$\iiint_A f(v) \cdot d\omega.)$$

ENCYCL. **Math.** Pour construire, par exemple, l'intégrale d'une fonction numérique $f(x)$ définie et bornée sur un intervable $[a,b]$, on divise celui-ci en un nombre N d'intervalles $[x_i, x_{i+1}]$. On prend une valeur λ_i quelconque dans l'intervalle $[x_i, x_{i+1}]$ et on forme le produit $p_i = f(\lambda_i)(x_{i+1} - x_i)$, représenté géométriquement par l'aire du rectangle hachuré (v. fig.). On fait la somme S_N de tous ces produits p_i. Si, lorsque N tend vers l'infini et $(x_{i+1} - x_i)$ tend vers 0, S_N a une limite S, celle-ci est l'intégrale de $f(x)$ sur $[a,b]$ notée $\int_a^b f(x)\,dx$, et est représentée, si f est toujours positive, par l'aire de la surface comprise entre le graphe de $f(x)$, l'axe Ox et les verticales en a et b. La fonction $f(x)$ est alors dite intégrable. La même construction est valable pour les intégrales doubles ou triples, en remplaçant les intervalles $[x_i, x_{i+1}]$ de ℝ par des domaines élémentaires de $\mathbb{R}^2$ ou de $\mathbb{R}^3$.

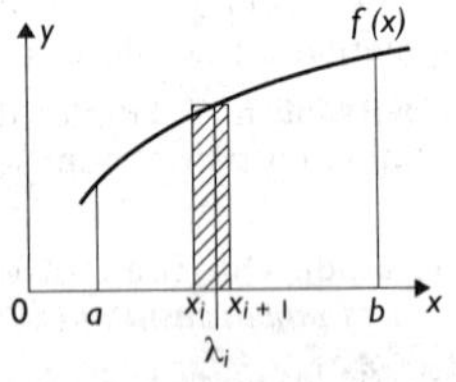

intégrale

Le calcul des intégrales a une importance capitale en mathématiques et dans les sciences et les techniques. Pour calculer les intégrales simples on se sert souvent de la propriété suivante : si F est une primitive de f, $\int_a^b f(x)dx = F(b) - F(a)$. Cette relation est valable si f est définie et continue sur $[a,b]$. Si on ne connaît pas de primitive, on utilise des intégrateurs ou des méthodes numériques aujourd'hui facilement mises en œuvre sur ordinateur.

INTÉGRALEMENT adv. De façon intégrale.

INTÉGRALITÉ n. f. Totalité de qqch, état de qqch qui est entier, complet : *La somme vous sera remboursée dans son intégralité.*

INTÉGRANT, E adj. (lat. *integrans, -antis*). *Partie intégrante de,* élément constituant essentiel d'un tout : *Cette région est une partie intégrante de la France.*

INTÉGRATEUR n. m. **1.** Appareil qui effectue une intégration, c'est-à-dire qui totalise des indications continues. – **2.** Machine de calcul scientifique de la famille des machines analogiques, adaptée à la résolution des intégrales, à la mesure des moments d'inertie, des moments statiques, etc. – **3.** Dispositif mécanique, hydraulique, pneumatique, électrique ou électronique, qui transforme une certaine grandeur d'entrée en une grandeur de sortie proportionnelle à l'intégrale de cette grandeur d'entrée par rapport au temps. — **4.** *Intégrateur différentiel,* machine adaptée à la résolution des équations différentielles.

INTÉGRATIF, IVE adj. *Action intégrative,* syn. de INTÉGRATION (en neurologie).

INTÉGRATION n. f. (lat. *integratio, onis*). **1.** Action d'intégrer ; fait pour qqn, un groupe, de s'intégrer à, dans qqch : *Fêter son intégration à Polytechnique.* — **2.** Fusion d'un territoire ou d'une minorité dans l'ensemble national. — **3.** Rattachement à une même unité de production, de toutes les opérations qui conduisent de la matière première à la réalisation ou même à la diffusion du produit fini. (L'intégration équivaut pratiquement à la concentration verticale.) — **4.** *Intégration raciale,* processus tendant à donner à une minorité raciale des droits égaux à ceux de la population dominante. • **Astronaut.** Assemblage des différentes parties constitutives d'un système, en veillant à leur compatibilité et au bon fonctionnement du système complet. ‖ *Modèle d'intégration,* modèle d'identification d'un engin spatial complet. — **Dr.** Action de nommer légalement un fonctionnaire dans un corps en dehors des règles normales de recrutement. — **Électron.** Opération réalisée par un dispositif qui calcule l'intégrale d'un signal. ‖ Élaboration d'un circuit intégré. — **Math.** Recherche d'une primitive. (Cette opération conduit à la connaissance de l'intégrale d'une fonction donnée.) ‖ Recherche d'une intégrale. ‖ Résolution d'une équation différentielle. (Pour ces 3 notions, syn. QUADRATURE). ‖ *Intégration par parties,* méthode particulière de calcul de primitives ou d'intégrales de certaines fonctions données sous la forme $u(x).v'(x)$. Elle s'exprime par $\int u.v' = uv - \int u'.v$. — **Neurol.** Coordination de l'activité de plusieurs organes ou fonctions, réalisée par les centres nerveux. (Syn. ACTION INTÉGRATIVE.) — **Phot.** *Intégration de la lumière,* accumulation des effets des rayonnements dans un récepteur photosensible.

intégration *(Association latino-américaine d')* **[A. L. A. D. I.],** association créée à Montevideo en 1980 par 11 pays d'Amérique latine en vue d'établir un marché commun sud-américain.

INTÉGRATIONNISTE adj. et n. Relatif à l'intégration politique ou raciale ; partisan de l'intégration politique ou raciale.

INTÈGRE adj. (lat. *integer, -gri,* entier). **1.** Qui est d'une très grande probité, qu'on ne peut corrompre : *Des juges intègres.* — **2.** *Anneau intègre,* anneau commutatif, non réduit à zéro, n'admettant pas de diviseurs de zéro. (Syn. ANNEAU D'INTÉGRITÉ.)

INTÈGREMENT adv. De façon intègre.

INTÉGRER v. t. (lat. *integrare,* rendre entier) [conj. **18**]. **1.** Insérer qqch dans qqch, l'y incorporer, le faire entrer dans un ensemble : *Intégrer un nouveau paragraphe dans un exposé.* — **2.** Placer qqch dans un ensemble de telle sorte qu'il semble lui appartenir, qu'il soit en harmonie avec les autres éléments : *L'architecte a essayé d'intégrer ces maisons dans le site.* — **3.** Faire que qqn, un groupe ne soit plus étranger à une collectivité, qu'il s'y assimile : *L'école essaie d'intégrer à la classe les nouveaux venus.* — **4.** Recevoir et comporter en soi un élément qui originellement était extérieur ou distinct : *Pays qui a du mal à intégrer les travailleurs immigrés.* — **5.** Avoir assimilé un savoir, des connaissances, etc. • **Dr.** Procéder à l'intégration d'un fonctionnaire. — **Math.** Procéder à une intégration.

◆ v. t. ou v. t. ind. Entrer à une grande école, en devenir l'élève : *Intégrer (à) Polytechnique.*

◆ **être intégré** v. pass. **1.** Être aménagé, construit de telle sorte que tous les éléments constituants forment un tout. — **2.** En parlant d'une entreprise, embrasser plusieurs stades de la production d'un bien ou d'un service. — **3.** En parlant d'un réacteur nucléaire, avoir le cœur et le circuit de refroidissement placés dans une même cuve étanche contenant le fluide caloporteur. — **4.** En parlant d'un circuit commercial, être caractérisé par l'absence de grossiste. — **5.** *Circuit intégré,* v. CIRCUIT. ‖ *Commerce intégré,* ensemble des formes de distribution qui opèrent un regroupement de toutes les fonctions gros et détail (sociétés à succursales multiples, grands magasins, magasins populaires, coopératives de consommateurs, chaînes volontaires, groupements d'achats de détaillants, centrales d'achat, organismes de vente sur catalogue).

◆ **s'intégrer** v. pr., **être intégré** v. pass. **1.** Entrer dans un tout, en faire partie, s'y incorporer : *Les maisons modernes s'intègrent mal dans ce paysage.* — **2.** S'assimiler à un groupe : *Les nouveaux arrivants sont bien intégrés dans le quartier.*

INTÉGRISME n. m. **1.** Attitude et disposition d'esprit de certains croyants qui, au nom du respect intransigeant de la tradition, se refusent à toute évolution. (→ *encycl.*) — **2.** Conservatisme intransigeant en matière de doctrine politique.

ENCYCL. Ce terme fut utilisé, sous le pontificat de Pie X (1903-1914), par les catholiques partisans d'une ouverture de l'Église au monde pour caractériser l'attitude d'un petit groupe de leurs coreligionnaires qui dénonçaient avec une extrême combativité le mouvement moderniste et s'opposaient à toute évolution de la recherche exégétique ou théologique. Par la suite, surtout depuis les années 1970, ce terme sert à désigner une semblable attitude globale — y compris politique — de durcissement et d'intransigeance à l'intérieur de quelque religion que ce soit (islām, hindouisme, catholicisme, judaïsme, etc.). Il est souvent utilisé comme synonyme de « fondamentalisme », bien que ce dernier terme caractérise très précisément la position de ceux qui s'attachent à une lecture littéraliste et fixiste des textes sacrés et en refusent toute interprétation critique (par exemple à propos du récit de la création dans le livre biblique de la Genèse.

INTÉGRISTE adj. et n. Relatif à l'intégrisme ; partisan de l'intégrisme.

INTÉGRITÉ n. f. (lat. *integritas, -atis*). **1.** État de qqch qui a toutes ses parties, qui n'a subi aucune diminution, aucun retranchement : *L'intégrité du territoire, d'une œuvre.* — **2.** État de qqch qui a conservé sans altération ses qualités, son état originels : *Conserver l'intégrité de ses facultés intellectuelles malgré l'âge.* — **3.** Qualité de qqn, de son comportement, d'une institution qui est intègre, honnête : *L'intégrité d'un juge.* — **4.** *Anneau d'intégrité,* syn. de ANNEAU INTÈGRE*.

INTELLECT [-lɛkt] n. m. (lat. *intellectus*). **1.** Dans la philosophie scolastique et classique, faculté de percevoir les choses de façon distincte. — **2.** *Fam.* Faculté de comprendre : *Il a l'intellect particulièrement lent.*

INTELLECTION n. f. (lat. *intellectio, -onis*). Activité de l'intellect.

INTELLECTUALISATION n. f. **1.** Action par laquelle qqch est intellectualisé ; fait d'être intellectualisé. — **2.** En psychanalyse, forme de résistance par laquelle un sujet substitue à la formulation spontanée de certaines représentations de ses conflits et fantasmes un discours théorique à leur propos afin d'en neutraliser les effets.

INTELLECTUALISER v. t. (conj. 3). **1.** Ramener un sentiment, un problème à des éléments purement conceptuels, le rationaliser en éliminant tout ce qui est affectif. — **2.** Donner à qqch une dimension plus intellectuelle, plus abstraite : *Intellectualiser des émissions de télévision.*

INTELLECTUALISME n. m. **1.** Tendance à affirmer la prééminence des phénomènes intellectuels sur l'affectivité. — **2.** Philosophie qui tend à réduire tous les phénomènes psychologiques à des idées, à des jugements et à des raisonnements abstraits.

INTELLECTUALISTE adj. et n. Relatif à l'intellectualisme ; qui en est partisan.

INTELLECTUALITÉ n. f. Qualité de ce qui est intellectuel.

INTELLECTUEL, ELLE adj. (bas lat. *intellectualis,* du lat. class. *intelligere,* connaître). **1.** Qui relève de l'intelligence, des fonctions cognitives : *Les facultés intellectuelles.* — **2.** Qui exige de la part du lecteur, du spectateur, etc., un effort de réflexion : *Film intellectuel.* — **3.** Qui fait appel exclusivement à l'activité de l'esprit, à la réflexion, aux manipulations abstraites, par oppos. aux activités manuelles, physiques : *Il a fourni un gros effort intellectuel.* — **4.** *Travailleur intellectuel,* par oppos. à travailleur manuel, personne dont l'activité fait surtout appel aux manipulations abstraites et au discours.

◆ adj. et n. **1.** Chez qui domine l'activité de l'esprit, qui est tourné vers les activités de l'esprit : *Cet enfant est très intellectuel.* — **2.** Dont la profession, l'activité principale fait exclusivement appel au travail intellectuel. (Abrév. pop. INTELLO.)

INTELLECTUELLEMENT adv. De façon intellectuelle.

INTELLIGEMMENT adv. De façon intelligente.

INTELLIGENCE n. f. (lat. *intelligentia,* de *intelligere,* connaître). **1.** Ensemble des fonctions mentales ayant pour objet la connaissance conceptuelle et rationnelle : *Les mathématiques sont-elles le domaine privilégié de l'intelligence ? Test d'intelligence.* (→ *encycl.*) — **2.** Aptitude d'un être humain à s'adapter à une situation, à choisir des moyens d'action en fonction des circonstances : *Ce travail réclame un minimum d'intelligence.* — **3.** Personne considérée dans ses aptitudes intellectuelles, en tant qu'être pensant : *C'est une intelligence supérieure.* — **4.** Qualité de qqn qui manifeste dans un domaine donné un souci de comprendre, de réfléchir, de connaître et qui adapte facilement son comportement à ces finalités : *Avoir l'intelligence des affaires.* — **5.** Capacité de saisir une chose par la pensée : *Pour l'intelligence de ce qui va suivre, rappelons la démonstration antérieure.* — **6.** *L'intelligence du cœur,* l'intuition que donne une sensibilité dominée. — **7.** *Être d'intelligence avec qqn,* s'entendre secrètement avec lui. ‖ *Intelligence artificielle (I. A.),* ensemble de théories et de techniques mises en œuvre en vue de réaliser des machines capables de simuler l'intelligence humaine. ‖ *Regard, sourire, signe d'intelligence,* marque de complicité, de connivence, de secrète entente. ‖ *Vivre en bonne (mauvaise) intelligence,* être en bons (mauvais) termes avec qqn.

◆ **intelligences** n. f. pl. Relations secrètes établies entre des personnes appartenant à des camps opposés : *Entretenir des intelligences avec l'ennemi. Avoir des intelligences dans la place.*

ENCYCL. **Psychol.** On peut essayer d'énoncer et de grouper entre elles les multiples définitions de l'intelligence.

1° *Définitions non expérimentales.* L'intelligence peut être conçue comme l'instrument le plus

général de la réussite ou de l'efficacité (D. Wechsler), comme instrument de la connaissance (Lalande). On peut envisager l'intelligence de manière globale ; elle caractérise alors un degré de développement (Spearman [facteur *g*], Binet [compréhension, invention, direction, censure]). On peut définir l'intelligence comme instrument d'abstraction (Terman), ou comme l'adaptation à des situations nouvelles (Piéron), ou comme instrument de combinaison, de synthèse (Ebbinghaus, Caroll). L'intelligence peut enfin être conçue de manière analytique ; elle prend alors des formes différentes suivant le domaine dans lequel elle s'exerce. Les objections qu'on peut faire à ce type de définitions se répartissent suivant deux directions : la multiplicité et l'aspect fragmentaire de chacune ; leur aspect théorique et univoque.
2° *Définitions expérimentales.* L'intelligence est définie comme la réussite à un certain nombre de tâches proposées. On peut y rattacher les épreuves d'intelligence utilisant les connaissances acquises (échelles de Binet-Simon, de Terman, de Wechsler [Wisc]), les épreuves comportant une appréciation du comportement social, et les épreuves de culture (Catell). On peut objecter, d'une part, que les tâches proposées procèdent toujours d'une définition implicite et préexistante, de type non expérimental, et, d'autre part, que la précision et l'objectivité d'une définition ne sont pas garantes de sa fécondité.
Nombre de psychologues constatent une interaction réciproque entre les deux types de définitions (Terman, Spearman) et en profitent pour procéder à des reconstructions successives. Dans ce sens, d'après Maurice Reuchlin, l'intelligence est une notion construite, l'élaboration de données empiriques dans des cadres de pensée fournis par un ensemble d'hypothèses s'exprimant en particulier par des variables théoriques. Cette élaboration ne peut donc pas fournir une conception stable de l'intelligence : elle n'est que processus.

Intelligence Service (IS), organisme chargé, en Grande-Bretagne, de recueillir tous les renseignements intéressant la conduite de l'action diplomatique, politique, économique et militaire du gouvernement, ainsi que du contre-espionnage.

INTELLIGENT, E adj. (lat. *intelligens, -entis*). **1.** Se dit de l'être humain en tant qu'il conçoit et saisit les rapports entre les choses : *L'homme est un être intelligent.* — **2.** Se dit, par analogie avec l'être humain, d'animaux, de machines automatiques, etc. — **3.** Qui fait preuve de discernement, de jugement, de bon sens : *C'est un type intelligent.* — **4.** Qui dénote l'intelligence : *Un regard intelligent.* — **5.** Se dit d'un bien dont la maintenance ou le fonctionnement sont assurés par un dispositif automatisé capable de se substituer, pour certaines opérations, à l'intelligence humaine : *Voiture, immeuble intelligents.* — **6.** Fam. et iron. *C'est intelligent !,* souligne qu'une action est stupide. ‖ *Terminal intelligent,* terminal interactif doté de moyens informatiques propres, qui le rendent apte au prétraitement ou au postraitement.

INTELLIGENTSIA [ɛ̃teliʒɛntsja ou -ʒɛ̃sja] n. f. (mot russe, du lat. *intelligentia*). **1.** Couche idéologique de la société russe de la seconde moitié du XIXe s. et du début du XXe, caractérisée par sa prise de conscience des problèmes de la Russie et ses aspirations révolutionnaires. — **2.** Dans la société soviétique, couche sociale dont les membres, ayant obtenu des diplômes d'éducation supérieure ou technique, occupaient des professions non manuelles. — **3.** Ensemble des intellectuels d'un pays quelconque.

INTELLIGIBILITÉ n. f. **1.** Caractère, état de ce qui est intelligible. — **2.** Degré de compréhension d'un message verbal ou d'une forme de parole (naturelle ou synthétisée), déterminé à l'aide de tests de perception.

INTELLIGIBLE adj. (lat. *intelligibilis*). **1.** Qui peut être compris, saisi aisément : *S'exprimer d'une manière intelligible.* — **2.** Pour Platon, se dit de ce qui est perçu par l'intelligence, par oppos. à ce qui est perçu par les sens. — **3.** *Parler à haute et intelligible voix,* d'une manière qui puisse être entendue et comprise.

INTELLIGIBLEMENT adv. De façon intelligible.

INTELLO adj. et n. *Pop.* Intellectuel.

INTELLOCRATE adj. et n. *Fam.* et *péjor.* Qui exerce un pouvoir du fait de sa position dans le monde des intellectuels.

Intelsat, organisation internationale de télécommunications par satellites. Créée en 1964 par 11 nations, sous l'impulsion des États-Unis, avec pour objectif la mise en place d'un réseau mondial de télécommunications assurées par des satellites géostationnaires, elle compte désormais plus de 130 États membres. Le système Intelsat représente les deux tiers environ des télécommunications intercontinentales (téléphone, télévision, transmission des données).

INTEMPÉRANCE n. f. (lat. *intemperantia,* excès). **1.** Manque de sobriété dans le manger ou le boire ; abus des plaisirs sexuels. — **2.** *Intempérance de langage,* liberté excessive de langage.

INTEMPÉRANT, E adj. (lat. *intemperans, -antis*). **1.** *Litt.* Qui n'est pas retenu, mesuré, modéré dans son comportement. — **2.** Qui fait preuve d'intempérance.

INTEMPÉRIES n. f. pl. (lat. *intemperies,* état déréglé). Mauvais temps (pluie et vent), rigueur du climat : *Agriculteurs victimes des intempéries.*

INTEMPESTIF, IVE adj. (lat. *intempestivus,* hors de saison, de *tempus,* temps). Qui est fait à contretemps, se produit mal à propos ou apparaît comme inconvenant : *Pas de zèle intempestif !*

INTEMPESTIVEMENT adv. De façon intempestive.

INTEMPESTIVITÉ n. f. État de qui est intempestif.

INTEMPORALITÉ n. f. Caractère de ce qui est intemporel.

INTEMPOREL, ELLE adj. (bas lat. *intemporalis*). Qui est indépendant du temps, qui ne varie pas avec lui : *Des vérités intemporelles.*

INTENABLE adj. **1.** Qu'on ne peut pas supporter ; intolérable, insupportable : *Odeur intenable. Situation intenable.* – **2.** Qu'on ne peut pas tenir, défendre : *Thérorie intenable.* – **3.** Qui ne tient pas en place, à qui l'on a du mal à imposer une discipline : *Un enfant intenable en classe.*

INTENDANCE n. f. **1.** Ensemble de l'infrastructure économique subordonnée à la politique considérée, elle, comme primordiale. – **2.** Ensemble des activités de gestion, d'économie et de budget de qqn, d'un groupe : *Résoudre ses problèmes d'intendance.* – **3.** Nom donné jusqu'en 1983 au service chargé de l'administration générale de l'armée de terre et de la satisfaction de certains de ses besoins matériels (solde, alimentation, habillement, campement, couchage, ameublement, chauffage, éclairage). [C'est auj. le *Commissariat* de l'armée de terre.*] – **4.** Service chargé de la gestion financière et de la surveillance du matériel d'un établissement du second degré. – **5.** Circonscription de l'intendant en France sous l'Ancien Régime. (Syn. GÉNÉRALITÉ.) – **6.** *L'intendance suivra,* les solutions économiques sont subordonnées aux décisions politiques.

INTENDANT, E n. (moyen fr. *superintendant,* chef, du lat. médiév. *superintendens, -entis*). **1.** Personne chargée d'administrer les affaires, le patrimoine d'une collectivité ou d'un particulier. – **2.** Fonctionnaire chargé de l'intendance d'un établissement scolaire.
◆ **intendant** n. m. **1.** Fonctionnaire de l'intendance militaire. – **2.** Sous l'Ancien Régime, commissaire royal établi dans une généralité. (On disait aussi INTENDANT DE JUSTICE, POLICE ET FINANCES.) [→ *encycl.*] – **3.** *Intendant de marine,* officier chargé, aux XVIIe et XVIIIe s., de l'administration de la marine de guerre (il appartenait au corps dit « de la Plume »).

ENCYCL. Les intendants étaient issus des commissaires* qualifiés de « commissaires départis » en 1551. Dotés de pouvoirs de justice, de police et de finances v. 1621-1628, ils furent installés à la tête des généralités à partir de 1635. Supprimés en 1648 lors de la Fronde, ils furent rétablis en 1653-54. Administrateurs recrutés parmi les maîtres des requêtes, assistés par des subdélégués, ils contrôlaient tous les tribunaux (hormis les parlements), maintenaient l'ordre public, répartissaient la taille, administraient les impôts nouveaux (capitation, vingtième), animaient l'économie provinciale. Ils furent les meilleurs instruments de l'absolutisme centralisateur. La Constituante les supprima en 1789.

INTENSE adj. (bas lat. *intensus*). **1.** Qui se fait vivement sentir, qui est extrême : *Froid intense. Joie intense.* – **2.** Se dit d'une couleur très vive : *Un rouge intense.* – **3.** Qui dépasse la mesure habituelle : *Vivre de manière intense.*

INTENSÉMENT adv. De façon intense.

INTENSIF, IVE adj. (de *intense*). **1.** Qui est porté à un très haut degré, à un fort rendement par des effort intenses ou des moyens considérables : *Entraînement intensif.* – **2.** Se dit d'une culture, d'un système de production agricole pour lesquels sont appliquées de fortes quantités de travail et de capital par unité de surface, et dont on obtient, en conséquence, de fortes quantités de produits par unité de surface. – **3.** Se dit d'un élevage dont les animaux reçoivent une alimentation qui leur permet de réaliser de hautes performances zootechniques (forte production laitière, croissance forte et rapide). – **4.** Se dit d'une forme linguistique (nom, adjectif, adverbe, verbe), le plus souvent dérivée, exprimant un degré élevé de la propriété contenue dans la racine. (Par exemple, les préfixes *extra-, hyper-, super-,* etc., servent à former des intensifs : *extradur, hypermarché.*) – **5.** Se dit d'un paramètre caractérisant l'état d'un système (pression, température, etc.) et dont la valeur reste inchangée lorsqu'on réunit deux systèmes identiques.
◆ **intensif** n. m. Mot intensif.

INTENSIFICATION n. f. Action de rendre plus intense ; fait de s'intensifier.

INTENSIFIER v. t. (conj. 9). Rendre plus intense, porter à un plus haut degré de rendement, d'efficacité : *Intensifier la lutte contre l'alcoolisme.*
◆ **s'intensifier** v. pr. Devenir plus intense : *Une agitation sociale qui s'intensifie.*

INTENSIONNEL, ELLE adj. Se dit de toute entité, de toute formulation qui ne satisfait pas à l'axiome d'extensionalité. (Par ex., les propositions sont des objets intensionnels, par oppos. aux théories, aux langages.) [Contr. EXTENSIONNEL.]

INTENSITÉ n. f. **1.** Force, puissance de qqch : *La crise atteint son maximum d'intensité. La tempête diminue d'intensité.* – **2.** Caractère de ce qui est intense, atteint un haut degré de puissance : *L'intensité dramatique d'un film.* • **Acoust.** *Intensité acoustique (physique),* pour une onde périodique, valeur moyenne, pendant la période, de la puissance surfacique acoustique instantanée. – **Électr.** *Intensité de courant,* syn. de COURANT. – **Géophys.** Force d'un séisme, mesurée par une échelle appropriée (généralement par l'échelle dite de Richter). – **Mécan.** Norme du vecteur représentant une force. – **Mus.** Sensation de force produite par un son et dépendant de l'amplitude des vibrations sonores. ‖ Terme d'interprétation relatif aux nuances et à la qualité du son. – **Opt.** Intensité énergétique *(d'une source dans une direction),* quotient du flux énergétique quittant la source et se propageant dans un élément d'angle solide contenant la direction par cet élément d'angle solide. (L'unité SI est le watt par stéradian.) ‖ *Intensité lumineuse (d'une source dans une direction),* quotient du flux lumineux quittant la source et se propageant dans un élément d'angle solide contenant la direction par cet élément d'angle solide. (L'unité SI est la candela [cd].) – **Phon.** *Accent d'intensité,* accent caractérisé par une augmentation de la force articulatoire.

INTENSIVEMENT adv. De façon intensive.

INTENTER v. t. (lat. *intentare,* fréquentatif de *intendere,* tendre vers) [conj. 3]. *Intenter une action en justice (contre qqn),* former une demande en justice.

INTENTION n. f. (lat. *intentio, -onis,* tension, de *intendere,* tendre vers). **1.** Disposition d'esprit par laquelle on se propose délibérément un but ; ce but lui-même : *Mon intention première était de le persuader de partir.* – **2.** *À l'intention de qqn,* spécialement destiné à lui. ‖ *Avec intention,* à dessein, volontairement. ‖ *Déclaration d'intention,* exposé du gouvernement définissant les intentions et les grandes lignes d'un programme dont les spécifications sont données ultérieurement. ‖ *Être plein de bonnes intentions,* être plein de bonnes résolutions. ‖ *Procès d'intention,* accusation fondée non pas sur les actes réels, mais sur les intentions, prêtées souvent injustement. ‖ *Mouvement d'intention,* ébauche d'un comportement animal rapidement interrompu en raison d'un niveau de stimulation trop bas pour en permettre le déroulement complet. ‖ *Intention de messe,* demande faite à Dieu par le prêtre célébrant la messe, de faire bénéficier les vivants ou les morts d'une famille des bienfaits de la grâce divine.

INTENTIONNALITÉ n. f. Pour Husserl, caractéristique de la conscience d'être toujours dirigée vers un objet.

INTENTIONNÉ, E adj. *Être bien, mal intentionné,* avoir de bonnes, de mauvaises dispositions d'esprit à l'égard de qqn.

INTENTIONNEL, ELLE adj. **1.** Réalisé à partir d'une intention préalable : *L'erreur n'était pas intentionnelle.* – **2.** *Faute intentionnelle,* syn. de FAUTE DOLOSIVE*.

INTENTIONNELLEMENT adv. De façon intentionnelle.

INTER n. m. Abrév. de INTÉRIEUR (au football) et de INTERURBAIN.

INTER-, préfixe, du lat. *inter,* entre, exprimant la réciprocité ou l'action mutuelle *(interdépendant),* l'intervalle *(interclasse).*

INTERACTIF, IVE adj. **1.** Se dit de phénomènes qui réagissent les uns sur les autres. – **2.** En informatique, doué d'interactivité, conversationnel. – **3.** Se dit d'un support de communication favorisant un échange avec le public : *Émission, exposition, livre interactifs.*

INTERACTION n. f. **1.** Réaction réciproque de deux phénomènes l'un sur l'autre. – **2.** Action réciproque qu'exercent l'un sur l'autre deux ou plusieurs systèmes physiques. (Syn. COUPLAGE.) – **3.** *Interactions fondamentales,* actions réciproques entre les constituants fondamentaux de la matière. (→ *encycl.*) ‖ *Interaction sociale,* relation interpersonnelle entre deux individus au moins, par laquelle les comportements de ces individus s'influencent mutuellement et se modifient chacun en conséquence.

ENCYCL. **Phys.** On connaît aujourd'hui trois types d'*interactions fondamentales,* dont l'étude constitue l'objet essentiel de la physique fondamentale et dont il n'est pas exclu d'envisager un jour l'unification en une interaction fondamentale unique. Les *interactions gravitationnelles,* infimes à l'échelle microscopique, se manifestent à l'échelle macroscopique par l'attraction newtonienne. Les *interactions électrofaibles* unifient les interactions faibles (responsables de la radioactivité bêta) et les interactions électromagnétiques (qui expliquent les phénomènes électriques et magnétiques). Les *interactions fortes,* qui se rencontrent au niveau nucléaire, expliquent la cohésion et les propriétés des noyaux atomiques.

INTERACTIONNEL, ELLE adj. Relatif à l'interaction sociale.

INTERACTIVITÉ n. f. **1.** Faculté d'échange entre l'utilisateur d'un système informatique et la machine par l'intermédiaire d'un terminal doté d'un écran de visualisation. — **2.** Caractère d'un média interactif.

INTERAFRICAIN, E adj. Qui intéresse l'ensemble du continent africain.

INTERAGIR v. t. ind. (conj. **32**). Avoir avec qqch d'autre une action réciproque.

INTERALLEMAND, E adj. Qui concernait les deux Allemagnes (avant la réunification).

INTERALLIÉ, E adj. Qui est commun à plusieurs alliés, concerne les alliés d'une coalition.

Interallié *(prix),* prix littéraire annuel, créé en 1930 pour couronner un roman ; il est décerné de préférence à un journaliste.

interalliée de la Guerre *(médaille commémorative),* dite *médaille de la Victoire,* décoration créée en 1922 par les puissances alliées et associées de la Première Guerre mondiale.

INTERAMÉRICAIN, E adj. Commun à l'ensemble du continent américain.

interaméricaine *(route),* partie de la route panaméricaine, comprise entre Nuevo Laredo (Mexique) et la ville de Panamá (entre l'Amérique du Nord et l'Amérique du Sud).

INTERANNUEL, ELLE adj. Se dit d'une phénomène qui concerne plusieurs années.

INTERARABE adj. Commun à l'ensemble des pays arabes.

INTERARMÉES adj. inv. Qui est commun aux armées de terre, de mer ou de l'air.

INTERARMES adj. Qui est commun à plusieurs armes de l'armée de terre (artillerie, infanterie, etc.).

INTERARS [ɛ̃tɛrars] n. m. Partie du corps des quadrupèdes comprises entre le bas du poitrail et le passage de sangle.

INTERATOMIQUE adj. Qui est situé ou qui s'exerce entre les atomes.

INTERATTRACTION n. f. Tendance à se regrouper que l'on observe entre les individus de certaines espèces.

INTERAURICULAIRE adj. Situé entre les deux oreillettes du cœur.

INTERBANCAIRE adj. **1.** Qui concerne les relations entre banques. — **2.** *Marché interbancaire,* marché de l'argent, assurant l'adéquation entre les excédents et les déficits de monnaie des établissements de crédit habilités à y accéder.

INTERBANCARITÉ n. f. Possibilité d'utiliser une même carte près des distributeurs de billets de différentes banques.

Inter caetera, nom donné à trois bulles du XVᵉ s. qui commencent par ces mots. La plus célèbre, celle d'Alexandre VI (1493), séparait les domaines espagnols et portugais par une ligne imaginaire passant à 100 lieues à l'ouest et au sud des Açores et du Cap-Vert.

INTERCALAIRE adj. Qui s'intercale dans une succession d'éléments : *Feuille intercalaire.* • **Bot.** Se dit de la croissance d'un végétal, lorsqu'elle se produit par allongement des entre-nœuds. — **Chronol.** Se dit du jour ajouté au mois de février, lors des années bissextiles. ‖ Se dit de la seconde périodiquement ajoutée à l'échelle de temps universel coordonné pour éviter que celle-ci ne s'écarte de plus de 0,9 seconde de l'échelle de temps universel. — **Versific.** Se dit d'un vers que l'on répète plusieurs fois, comme un refrain, dans des poèmes faits pour être chantés.

◆ n. m. **1.** Fiche d'un format ou d'une couleur particuliers, permettant de séparer des groupes de fiches dans un fichier. — **2.** Feuille ou feuillet ajouté à l'intérieur d'un fascicule, d'un livre etc. — **3.** Banc de roche stérile de faible épaisseur qui sépare deux bancs minéralisés.

INTERCALATION n. f. (lat. *intercalatio, -onis*). **1.** Action d'intercaler ; fait de s'intercaler, d'être intercalé : *L'intercalation d'un passage dans un texte.* — **2.** Mot, signe, lettre, etc., d'un caractère ou d'un corps autre que ceux qui sont employés dans la composition d'un ouvrage.

INTERCALER v. t. (lat. *intercalare*) [conj. **3**]. **1.** Introduire qqch dans un ensemble organisé, entre deux autres choses : *Intercaler un nom dans une liste.* — **2.** Placer par assemblage ou encartage un intercalaire à l'intérieur d'un cahier, d'un fascicule, d'un livre, etc.

◆ **s'intercaler** v. pr. Se placer entre deux personnes, deux choses : *La moto est venue s'intercaler entre le camion et la voiture.*

INTERCÉDER v. i. (lat. *intercedere*) [conj. **18**]. Intervenir en faveur de qqn, parler pour lui : *Intercéder pour un condamné.*

INTERCELLULAIRE adj. **1.** Qui est placé entre les cellules vivantes. — **2.** *Canaux intercellulaires,* cavités situées entre les cellules d'un organe contenant des produits de sécrétion (canalicules biliaires). ‖ *Substance intercellulaire,* matière située entre les cellules, formée de macromolécules, d'eau et d'électrolytes.

INTERCEPTER v. t. (de *interception*) [conj. **4**]. **1.** Arrêter qqch au passage, en interrompre le cours direct : *Le store intercepte les rayons du soleil.* — **2.** Prendre connaissance de qqch qui ne vous était pas destiné : *Intercepter une lettre.* — **3.** S'emparer de qqn, d'un véhicule, l'arrêter en l'empêchant d'atteindre son but : *Les services secrets ont intercepté un espion.* — **4.** Envoyer des avions de chasse ou des missiles sol-air sur des appareils ou des engins adverses, en vue de les détruire. — 5. Au football, basket-ball, rugby, etc., en parlant d'un joueur, s'emparer du ballon au cours d'une passe entre deux adversaires.

INTERCEPTEUR n. m. Avion de défense aérienne très rapide chargé d'assurer la sécurité de l'espace aérien national. (Syn. CHASSEUR D'INTERCEPTION.)

INTERCEPTION n. f. (lat. *interceptio, -onis,* de *intercipere,* enlever). 1. Action d'intercepter ; fait d'être intercepté : *L'interception d'une lettre. L'interception du ballon.* — 2. *Chasseur d'interception,* syn. de INTERCEPTEUR.

INTERCESSEUR n. m. (lat. *intercessor*). *Litt.* Personne qui intercède en faveur d'une autre personne.

INTERCESSION n. f. (lat. *intercessio, -onis*). *Litt.* Action d'intercéder auprès de qqn en faveur d'une personne.

INTERCHANGEABILITÉ n. f. Caractère de choses, de personnes interchangeables.

INTERCHANGEABLE adj. (angl. *interchangeable*). Que l'on peut mettre à la place les uns des autres.

INTERCHANGER v. t. (de *interchangeable,* d'apr. *changer*) [conj. 17]. Remplacer une personne, une chose par une autre.

INTERCIRCULATION n. f. Circulation entre les voitures d'un train.

INTERCITÉS adj. Se dit de certains trains rapides internationaux.

INTERCLASSE n. m. Intervalle qui sépare deux heures de classe.

INTERCLASSEMENT n. m. Réunion de plusieurs fichiers documentaires pour en former un seul.

INTERCLASSER v. t. (conj. 3). Effectuer un interclassement.

INTERCLASSEUSE n. f. Machine capable de faire des interclassements.

INTERCLASSISTE adj. Se dit d'un parti politique qui cherche à regrouper des adhérents sans en appeler à leurs intérêts de classe, mais sur le choix de valeurs culturelles ou morales.

INTERCLUBS [ɛ̃tɛrklœb] adj. inv. Où sont opposés les équipes de plusieurs clubs.

INTERCOMMUNAL, E, AUX adj. Qui concerne plusieurs communes.

INTERCOMMUNALITÉ n. f. Caractère de ce qui est intercommunal.

INTERCOMMUNAUTAIRE adj. Qui se fait entre plusieurs communautés sociales, linguistiques, etc.

INTERCOMMUNICATION n. f. 1. Communication établie entre plusieurs interlocuteurs. — 2. Liaison d'alarme entre les voitures d'un train et la locomotive, assurée généralement par le signal d'alarme. — 3. Communication, en général téléphonique, à courte distance, par ex. à l'intérieur d'un bâtiment ou entre les voitures d'un train.

INTERCOMMUNION n. f. Relations officielles entre plusieurs Églises ou groupes spirituels qui partagent l'eucharistie.

INTERCOMPRÉHENSION n. f. Capacité pour des sujets parlants de comprendre les énoncés émis par d'autres.

INTERCONFESSIONNALISME n. m. Ensemble des mouvements et organisations qui essaient de réunir les chrétiens divisés en des activités communes.

INTERCONFESSIONNEL, ELLE adj. Relatif à l'interconfessionnalisme.

INTERCONNECTABLE adj. Qui peut être interconnecté : *Réseaux interformatiques interconnectables.*

INTERCONNECTER v. t. (conj. 4). Réaliser une interconnexion.

INTERCONNEXION n. f. 1. Association, par connexion, de réseaux électriques distincts. (→ *encycl.*) — 2. Jonction de lignes ou de réseaux ferroviaires, exploités par des organismes différents avec circulation, sans rupture de charge pour les voyageurs, de trains composés d'un type unique de matériel. (Par ex. en région parisienne, jonction de lignes de banlieue R. A. T. P. et S. N. C. F. incluses dans le R. E. R.)

ENCYCL. **Électr.** Dans de nombreux pays, et notamment en France, les réseaux de transport d'énergie électrique sont interconnectés, ce qui assure la continuité du service en cas de défaut, la mise en commun des réserves et une production plus économique. Les interconnexions internationales se développent de plus en plus, car elles permettent de réduire la puissance de réserve de chaque pays, de tirer parti des décalages entre pointes de consommation et de réaliser des échanges économiques d'énergie.

INTERCONSONANTIQUE adj. Qui est situé entre deux consonnes.

INTERCONTINENTAL, E, AUX adj. Qui est situé, qui a lieu entre des continents.

INTERCORRÉLATION n. f. 1. Corrélation existant entre les valeurs de deux grandeurs variables dans le temps, au même instant ou à des instants différents. — 2. Opération consistant à calculer une fonction de corrélation entre deux signaux distincts. — 3. *Fonction d'intercorrélation,* moyenne temporelle du produit des valeurs de deux grandeurs variables dans le temps à deux instants séparés par un intervalle de temps déterminé en fonction de cet intervalle.

Intercosmos, programme de coopération spatiale institué en 1967 entre les pays du bloc socialiste. Il est auj. placé sous l'égide de l'Académie des sciences de Russie.

INTERCOSTAL, E, AUX adj. (du lat. *costa,* côte). **1.** Situé entre les côtes. (Dans l'espace intercostal cheminent les artères et les veines intercostales, ainsi que les nerfs intercostaux.) – **2.** *Muscles intercostaux,* muscles formés de trois bandes musculaires tendues entre deux côtes voisines. ‖ *Névralgie intercostale,* douleur tenace sur le trajet des nerfs intercostaux.

INTERCOTIDAL → INTERTIDAL.

INTERCROISSANCE n. f. Enchevêtrement plus ou moins géométrique de cristaux de deux minéraux différents provoqués par un cristallisation simultanée.

INTERCULTURE n. f. Espace de temps qui sépare la récolte d'une culture du semis de la culture suivante.

INTERCURRENT, E adj. (lat. *intercurrens, -entis*). Se dit d'une affection qui survient pendant la durée d'une autre maladie.

INTERDÉFINISSABLE adj. *Symboles interdéfinissables,* symboles dont l'un peut se définir à partir de l'autre et réciproquement. (Les quantificateurs $\exists$ et $\forall$ sont interdéfinissables.)

INTERDENTAIRE adj. **1.** Situé entre les dents. – **2.** Se dit d'un espace triangulaire ayant pour sommet le point de contact des dents et pour base la papille gingivale.

INTERDENTAL, E, AUX adj. et n. f. Se dit d'une consonne dentale réalisée en plaçant la pointe de la langue entre les incisives supérieures et inférieures (par ex. le [θ] de l'anglais *thin* ou de l'espagnol *cinco*).

INTERDÉPARTEMENTAL, E, AUX adj. Qui a lieu entre plusieurs départements ou d'un département à un autre.

INTERDÉPENDANCE n. f. **1.** Dépendance mutuelle, réciproque : *L'interdépendance des salaires et des prix.* – **2.** Dépendance réciproque qui définit les relations existant entre États.

INTERDÉPENDANT, E adj. Se dit de personnes ou de choses qui sont dans un rapport de dépendance mutuelle.

INTERDICTEUR, TRICE adj. Qui interdit.

INTERDICTION n. f. (lat. *interdictio, -onis*). **1.** Action d'interdire : *Interdiction du port d'armes. Interdiction de stationner.* – **2.** Chose interdite : *Lever une interdiction.* – **3.** Défense définitive ou temporaire, faite à qqn de remplir ses fonctions habituelles : *Interdiction d'un prêtre, d'un magistrat.* – **4.** *Interdiction des droits civiques, civils et de famille,* peine correctionnelle qui interdit à un condamné l'exercice de tout ou partie de ses droits civiques, civils ou de famille (capacité d'être électeur, tuteur, etc.). ‖ *Interdiction légale,* privation de l'exercice de tous les droits civils d'un condamné à une peine criminelle afflictive et infamante, ce qui le place dans la position du majeur en tutelle. ‖ *Interdiction professionnelle,* interdiction faite à certains délinquants, d'exercer une activité professionnelle déterminée. ‖ *Interdiction de séjour,* défense temporaire, faite à un condamné à une peine criminelle ou correctionnelle, de paraître dans certains lieux déterminés. ‖ *Mission d'interdiction,* action aérienne, au profit des forces terrestres, visant à interdire de manière momentanée toute activité ennemie. ‖ *Tir d'interdiction,* tir destiné à interdire à l'ennemi certains points de terrain.

INTERDIGITAL, E, adj. *Membrane interdigitale,* membrane tendue entre les doigts chez de nombreux vertébrés (loutre, canard) et favorisant la natation.

INTERDIRE v. t. (lat. *interdicere*) [conj. **103**]. **1.** Priver autoritairement qqn du droit de faire qqch : *Ses parents lui interdisent de sortir le soir.* – **2.** Défendre formellement à qqn d'user de qqch : *Le médecin m'a interdit l'alcool.* – **3.** En parlant de qqch (règlement, loi, principe), contenir telle interdiction : *Le règlement nous interdit de fumer.* – **4.** Rendre impossible qqch, l'exclure : *Son état de santé lui interdit le moindre effort.* – **5.** Constituer un obstacle à qqch : *La neige interdit l'accès des cols.* – **6.** Défendre, par voie d'autorité, l'accès d'un lieu à un véhicule : *Interdire la voie de gauche aux camions.* – **7.** Empêcher autoritairement qqch d'avoir lieu, de paraître, d'être diffusé, etc. : *Interdire un meeting.* – **8.** Défendre juridiquement à qqn d'user de certains droits déterminés. – **9.** Défendre la célébration du culte et l'administration des sacrements, soit à un prêtre, soit dans certains lieux. – **10.** *Interdire sa porte, sa maison à qqn,* ne vouloir en aucun cas le recevoir.

◆ **être interdit** v. pass. **1.** Être défendu par une loi, une autorité : *Stationnement interdit.* – **2.** Être privé du droit de faire, d'exercer, d'utiliser qqch : *Être interdit de séjour.* – **3.** Éprouver un grand étonnement et ne plus savoir ce qu'on doit comprendre ou faire : *La nouvelle nous laissa interdits.* – **4.** Pour une transition quantique entre niveaux d'énergie, ne pas satisfaire, dans les conditions ordinaires, aux règles de sélection. (Une transition interdite se manifeste par une *raie interdite* dans le spectre du système considéré, par ex., en astrophysique, dans le spectre du soleil et de certaines nébuleuses.)

◆ **s'interdire** v. pr. S'imposer l'obligation de ne pas faire qqch : *S'interdire de penser à quelque chose.*

INTERDISCIPLINAIRE adj. Qui relève des relations entre plusieurs disciplines, plusieurs sciences.

INTERDISCIPLINARITÉ n. f. Caractère de ce qui est interdisciplinaire.

1. INTERDIT, E n. (de *interdire*). Personne frappée d'une interdiction par décision judiciaire ou par une autorité religieuse : *Les interdits de séjour.*

2. INTERDIT n. m. (lat. *interdictum*). **1.** Condamnation absolue qui met qqn à l'écart d'un groupe : *Jeter l'interdit sur quelqu'un.* — **2.** Impératif institué par un groupe ou une société, qui prohibe un acte ou un comportement : *Il brave tous les interdits par non-conformisme.* (→ *encycl.*) — **3.** Censure religieuse qui prive les fidèles d'un certain nombre de biens spirituels, sans pour autant les couper de la communion avec l'Église.

ENCYCL. **Anthropol.** Pour les anthropologues, l'interdit est fondateur de religion. Les interdits portent sur les aspects fondamentaux de la vie quotidienne : consommation alimentaire (interdit de la consommation de la viande de porc pour les musulmans), rapports sexuels (interdit de l'inceste défini de façon variable selon les sociétés). La transgression de l'interdit entraîne une sanction (malheur, maladie, mort). Elle est donc de ce fait considérée dans les sociétés traditionnelles comme inhérente à l'interdit lui-même, ce qui distingue cette transgression du péché. La transgression est parfois ritualisée (fête d'un jour au cours de laquelle les enfants étaient libres de « tout » faire ; ou encore saturnales des Romains.)

INTERENTREPRISES adj. inv. Qui concerne les relations entre les entreprises.

INTÉRESSANT, E adj. **1.** Qui suscite l'intérêt : *Un conférencier intéressant.* — **2.** Qui retient l'attention par quelque trait particulier : *Avoir un visage intéressant.* — **3.** Digne de considération, qui mérite une attention bienveillante : *Ces gens-là ne sont pas intéressants.* — **4.** Qui sert les intérêts matériels ; avantageux : *Des prix intéressants.* — **5.** Péjor. *(Chercher à) se rendre intéressant,* essayer de se faire remarquer. ‖ Vx. *État intéressant, situation intéressante,* état de grossesse.

◆ n. *Faire l'intéressant,* chercher à attirer l'attention, à se faire remarquer.

INTÉRESSÉ, E n. Personne concernée par qqch : *Convoquer tous les intéressés.*

INTÉRESSEMENT n. m. Participation des salariés aux bénéfices de l'entreprise.

ENCYCL. L'intéressement est obligatoire dans les entreprises de plus de 50 salariés et se fait au moyen de la réserve de participation calculée à partir du bénéfice fiscal. La répartition entre les salariés est calculée proportionnellement au salaire perçu dans la limite d'un certain plafond. L'emploi des sommes en réserve est décidé par voie d'accord entre l'entreprise et les salariés (actions, obligations, fonds commun de placement, etc.).

INTÉRESSER v. t. (lat. *interesse,* importer) [conj. 4]. **1.** Concerner qqn, qqch : *Cette mesure intéresse les agriculteurs.* — **2.** Éveiller et retenir l'attention de qqn : *Le film m'a intéressé.* — **3.** Convenir aux besoins de qqn, à son désir, à ses moyens financiers : *Cet appartement m'intéresse.* — **4.** Faire naître chez qqn un intérêt pour qqch ou pour qqn : *Réussir à intéresser des élèves aux mathématiques.* — **5.** Associer qqn à qqch, à une entreprise, en le faisant participer à certains profits, bénéfices, en partic. financiers : *Intéresser les travailleurs aux bénéfices.* — **6.** Rendre un jeu, une partie plus intéressants par la perspective d'un gain ; jouer de l'argent. — **7.** Fam. *Continue, tu m'intéresses,* se dit, ironiq., à qqn pour lui faire savoir qu'on se moque de ce qu'il dit.

◆ **être intéressé** v. pass. **1.** Être concerné par qqch, y avoir un rôle, être en cause : *Les personnes intéressées.* — **2.** Se préoccuper d'abord de son intérêt propre ; en parlant d'une attitude, d'une action, être sous-tendue par cette préoccupation : *Cette visite est intéressée.* — **3.** Tirer un certain profit, un intérêt, en partic. financier, de qqch : *Associés intéressés dans une affaire.* — **4.** Dont l'esprit est retenu, captivé, mis en éveil : *Les enfants sont intéressés par les dessins animés.*

◆ **s'intéresser** v. pr. **1.** Porter de l'intérêt à qqch, se sentir concerné par qqch : *S'intéresser au sort de ses semblables.* — **2.** Éprouver de la sympathie, marquer de la bienveillance pour qqn : *Ce jeune homme mérite qu'on s'intéresse à lui.*

INTÉRÊT n. m. (lat. *interest,* il importe). **1.** Souci de ce qui va dans le sens de qqch, de qqn, qui leur est favorable, constitue pour eux un avantage : *Agir dans l'intérêt de la science.* — **2.** Ce qui importe, ce qui convient, est avantageux : *Il sait où est son intérêt.* — **3.** Souci de ce qui est avantageux pour soi, et en partic. attachement exclusif à l'argent : *Agir par intérêt. Mariage d'intérêt.* — **4.** Attention favorable, bienveillante, que l'on porte à qqn : *Témoigner de l'intérêt à ses collègues.* — **5.** État de l'esprit de qqn qui prend part à ce qu'il trouve digne d'attention ; sentiment de curiosité à l'égard de qqch, agrément qu'on y prend : *Exciter l'intérêt de ses lecteurs.* — **6.** Ce qui, dans qqch, chez qqn, retient l'attention par sa valeur, son importance : *Film sans aucun intérêt.* — **7.** Somme que paie le débiteur au créancier en rémunération de l'usage de l'argent prêté. (→ *encycl.*) — **8.** *Avoir intérêt, il y a intérêt à,* y trouver son compte, faire bien de ; en parlant de qqch, être avantageux : *Il a intérêt* *à se taire !* ‖ *Centre d'intérêt,* point sur lequel l'attention est sans cesse attirée. ‖ *Intérêt composé,* intérêt perçu sur un capital formé du capital primitif accru de ses intérêts accumulés jusqu'à l'époque de l'échéance. ‖ *Intérêt légal,* intérêt dont le taux est fixé par la loi. ‖ *Intérêt simple,* intérêt perçu sur le capital primitif, non accru de ses intérêts. ‖ *Taux d'intérêt,* intérêt produit par une somme de 100 F (ou d'une autre monnaie) placée pendant un an. ‖ *Intérêt conventionnel,* intérêt dont le taux est fixé par écrit par les cocontractants. ‖ *Prêt à intérêt,* prêt à consommation dans lequel l'emprunteur s'engage, outre la restitution du capital emprunté, au paiement d'une somme d'argent généralement calculée selon un taux périodique.

◆ **intérêts** n. m. pl. **1.** Part, somme d'argent que qqn a dans une affaire : *Avoir des intérêts dans une compagnie pétrolière.* — **2.** Ensemble des biens, des avantages qui appartiennent à qqn : *L'avocat chargé de la défense de nos intérêts.* — **3.** *Intérêts civils,* dédommagement alloué en matière pénale à celui qui a été lésé par l'infraction qu'on vient de réprimer.

ENCYCL. **Écon.** Le taux de l'intérêt est soumis à la loi de l'offre et de la demande. Il est spécifique de la nature des opérations ou de la solvabilité du débiteur. À défaut de convention entre les parties, la loi fixe un taux légal, égal, pour une année civile, au taux d'escompte de la Banque de France au 15 déc. de l'année précédente. Le taux d'intérêt applicable à l'escompte des effets de commerce ainsi que celui pour avances sur titres sont fixés par la Banque de France. Les prêts consentis à des taux excessifs sont soumis à la réglementation de l'usure.

INTERÉTAGES adj. Qui concerne deux étages successifs d'une fusée.

INTERETHNIQUE adj. Relatif aux échanges entre ethnies différentes.

INTERFAÇAGE n. m. Connexion par interface de plusieurs systèmes.

INTERFACE n. f. (angl. *interface*). **1.** Plan ou surface de discontinuité formant une frontière commune à deux domaines aux propriétés différentes et unis par des rapports d'échanges et d'interaction réciproques. — **2.** Limite commune à deux systèmes, permettant des échanges entre ceux-ci. — **3.** Surface séparant deux phases chimiques non miscibles. — **4.** Dispositif permettant la liaison de deux circuits électroniques ne devant pas avoir de répercussion l'un sur l'autre. — **5.** En informatique, jonction entre deux matériels ou logiciels leur permettant d'échanger des informations par l'adoption de règles communes ; module matériel ou logiciel permettant la communication d'un système avec l'extérieur.

INTERFÉCOND, E adj. Se dit de deux entités (individus, populations) pouvant se reproduire par croisement.

INTERFÉCONDITÉ n. f. Caractère de deux entités interfécondes.

INTERFÉRENCE n. f. (angl. *interference*). **1.** Phénomène qui résulte de la superposition d'ondes de même nature et de fréquences égales (ou voisines), et qui se manifeste par une variation dans l'espace ou dans le temps de l'amplitude de la résultante des ondes. (→ *encycl.*) — **2.** Rencontre, conjonction de deux séries de phénomènes distincts : *Interférence de la situation économique et de la crise politique.* — **3.** Rencontre de deux courants de perturbations, qui provoque une aggravation du mauvais temps. — **4.** Dans le domaine de la mémoire, influence, en principe négative, de la mise en mémoire d'un matériel sur la mise en mémoire ou la conservation d'un autre matériel, présenté antérieurement *(interférence rétroactive)* ou postérieurement *(interférence proactive).*

ENCYCL. Découvert par Th. Young, le phénomène des interférences lumineuses a été expliqué par Fresnel. Il se produit lorsque deux rayons lumineux issus d'une même source mais ayant suivi des chemins différents se superposent. Il se

INTERFÉRENCE

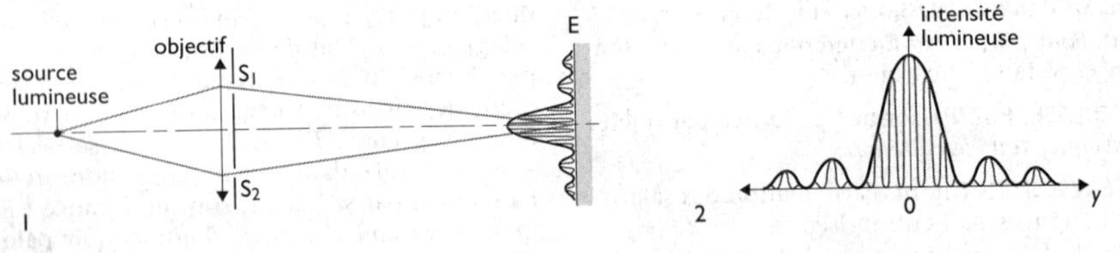

1. Phénomène d'interférence des rayons lumineux (S_1 et S_2 fentes; E, écran);
2. Modulations de l'intensité lumineuse sur l'écran (franges d'interférence).

traduit par une alternance de franges lumineuses et obscures, dont l'écartement est proportionnel à la longueur d'onde de la lumière. Ces franges, observables sur un écran, sont une portion de deux réseaux imbriqués d'hyperboloïdes homofocaux. On les obtient par partage des rayons lumineux dans l'espace (trous d'Young, miroirs de Fresnel, etc.) ou par partage de luminance au moyen de lames à faces parallèles (→ ANNEAUX* COLORÉS) ou de lames semi-transparentes (→ INTERFÉROMÈTRE).

INTERFÉRENT, E adj. (angl. *interfering,* avec l'infl. de *interference*). Qui présente un phénomène d'interférence.

INTERFÉRENTIEL, ELLE adj. **1.** Relatif aux interférences. — **2.** *Couleurs interférentielles,* couleurs des lames minces, des ailes d'insectes, etc., dues aux interférences. ‖ *Filtre interférentiel,* couche mince diélectrique (MgF_2 par exemple) ne transmettant que certaines radiations.

INTERFÉRER v. i. (angl. *to interfere*) [conj. **18**]. **1.** Produire une interférence. — **2.** Se mêler, se superposer à qqch d'autre : *La crise agricole interfère avec d'autres problèmes économiques.* — **3.** Intervenir, jouer un rôle dans qqch : *Il n'a pas le droit d'interférer dans nos affaires.*

INTERFÉROMÈTRE n. m. Appareil servant à mesurer des distances à l'aide des interférences lumineuses.
ENCYCL. **Métrol.** Les interféromètres permettent de mesurer des translations, des épaisseurs, des longueurs d'onde ou des indices de réfraction avec une grande précision. Les appareils les plus utilisés sont l'interféromètre de Fabry et Pérot et celui de Michelson. Dans ce dernier appareil, le faisceau incident est en partie transmis, en partie réfléchi par un miroir plan semi-transparent. Les faisceaux partiels, réfléchis par deux miroirs plans M_1 et M_2, reviennent sur eux-mêmes et sont de nouveaux réfléchis ou transmis par le premier miroir. Lorsqu'on éloigne (ou rapproche) M_2, le rayonnement reçu par un récepteur photoélectrique varie en fonction du déplacement, deux maximums successifs correspondant à une translation de M_2 égale à une demi-longueur d'onde. Si la source émet dans le visible, on peut ainsi détecter des déplacements d'environ 0,25 μm.

INTERFÉROMÉTRIE n. f. **1.** Technique de mesure de haute précision utilisant les interférences lumineuses, généralement obtenues à partir de lasers. — **2.** *Interférométrie optique (stellaire),* technique utilisant les interférences de la lumière de sources de petit diamètre apparent, en partic. des étoiles, en vue d'améliorer la résolution des observations effectuées au moyen de télescopes. (→ *encycl.*)
ENCYCL. **Astron.** L'interférométrie optique fournit un moyen de mesurer le diamètre des étoiles ou l'écartement des composantes d'étoiles doubles. Cette idée, envisagée dès 1868 par Fizeau, fut reprise aux États-Unis, en 1890, par A. Michelson, qui parvint à mesurer le diamètre de plusieurs étoiles à partir de 1920. Tombée ensuite dans l'oubli, en raison des difficultés de réalisation, l'interférométrie optique connaît à présent un regain de faveur, avec l'interféro métrie des tavelures*, développée depuis 1970 par A. Labeyrie. Pour obtenir des performances supérieures à celles d'un interféromètre monté sur un grand télescope, on songe désormais à combiner deux ou plusieurs télescopes indépendants. Cette méthode est déjà couramment employée en radioastronomie. (→ RADIO-INTERFÉROMÈTRE.)

INTERFÉROMÉTRIQUE adj. Relatif à l'interférométrie.

INTERFÉRON n. m. (de *interférer*). Substance protéique produite par de nombreuses cellules lorsqu'elles sont infectées par un virus, qui empêche sa propagation et sa prolifération en activant la synthèse par les cellules encore saines de différentes protéines antivirales non spécifiques. (On reconnaît au moins trois types d'interféron, élaborés par tous les leucocytes [interféron α], par les seuls lymphocytes [interféron γ], ou par les fibroplastes [interféron β].)
ENCYCL. L'interféron a été isolé, en 1957, par les biologistes britanniques A. Isaacs et J. Lindenmann, qui lui ont donné ce nom en raison du phénomène d'interférence biologique dont il est le substrat. L'interféron n'est pas spécifique du virus, mais il est propre à l'espèce animale dans laquelle il est formé et ne protège que celle-ci et les espèces très voisines. C'est une protéine de poids moléculaire allant de 20 000 à 63 000 suivant les espèces. Les virus sont inégalement sensibles à l'interféron.

INTERFLUVE n. m. (angl. *interfluve,* du lat. *fluvius,* fleuve). Région située entre deux cours d'eau.

INTERFRACTILE adj. *Intervalle interfractile,* différence entre deux fractiles, en général symétriques, d'ordre α et 1 – α.

INTERFRANGE n. m. Dans un phénomène d'interférence ou de diffraction, distance constante de deux franges consécutives.

INTERGALACTIQUE adj. Qui se situe ou se produit entre les galaxies.

INTERGLACIAIRE adj. et n. m. Se dit de ce qui se situe entre deux glaciations.

INTERGOUVERNEMENTAL, E, AUX adj. Qui concerne plusieurs gouvernements.

INTERGRANULAIRE adj. Se dit d'un phénomène (corrosion, diffusion, précipitation, rupture, etc.) qui se produit dans les joints de grains des milieux cristallisés.

INTERGROUPE n. m. Formation parlementaire composée de membres appartenant à différents groupes politiques et se retrouvant autour d'un problème.

INTERHÉMISPHÉRIQUE adj. **1.** Situé entre les deux hémisphères cérébraux. – **2.** *Scissure interhémisphérique,* espace séparant les deux hémisphères cérébraux et dans lequel est située la faux du cerveau.

INTÉRIEUR, E adj. (lat. *interior, -oris*). **1.** Qui est au-dedans, dans l'espace compris entre les limites de qqch : *Escalier intérieur.* – **2.** Qui concerne un pays, un territoire : *Commerce intérieur.* – **3.** Qui se fait au sein d'une collectivité, qui est relatif aux rapports de ses divers membres entre eux : *Les problèmes intérieurs d'un parti, d'un État.* – **4.** Qui concerne la vie psychologique de l'individu : *Notre vie intérieure.* – **5.** *Angle intérieur d'un polygone,* angle de deux demi-droites affines, ayant pour origine un même sommet du polygone. ‖ *Bissectrice intérieure d'un triangle,* chacune des bissectrices des demi-droites affines $[A_iA_j)$ et $[A_iA_k)$, pour $i \neq j$, $i \neq k$ et $\{i, j, k\} = \{1, 2, 3\}$. ‖ *Automorphisme intérieur d'un groupe* G, automorphisne de G qui, *a* étant un élément fixé de G, associe à *x*, axa^{-1}. ‖ *Mer intérieure,* vaste étendue d'eau complètement enfermée dans les terres, comme la mer Caspienne ; nom donné par les Anciens à la Méditerranée. ‖ *Point intérieur d'une partie* A *d'un espace topologique,* point dont un des voisinages est inclus dans A.

◆ **intérieur** n. m. **1.** Espace compris entre les limites de qqch ; la partie de dedans par oppos. à ce qui est au-dehors : *L'intérieur du coffret est en satin.* – **2.** Habitation de qqn, considérée du point de vue de sa décoration, de son mobilier, de la vie quotidienne : *Un intérieur confortable.* – **3.** Espace compris entre les frontières d'un pays ; le pays lui-même, ou sa partie centrale, par oppos. aux frontières ou aux côtes : *Lutter contre les ennemis de l'intérieur.* – **4.** Au football, joueur de la ligne d'attaque qui était placé entre l'ailier et l'avant-centre. (L'évolution du placement des joueurs sur le terrain, après 1960, a fait disparaître ce terme.) [Syn. INTER.] – **5.** Ensemble des points intérieurs d'une partie d'un espace topologique. (L'intérieur d'une partie A est souvent noté $\mathring{A}$. L'intérieur $\mathring{A}$ de A est le plus grand ouvert contenu dans A. D'ailleurs, A est ouverte si et seulement si $A = \mathring{A}$.) – **6.** *À l'intérieur,* dedans : *Restez à l'intérieur.* ‖ *À l'intérieur de,* au-dedans de, dans : *À l'intérieur de lui-même, il n'en pensait pas moins.* ‖ *De l'intérieur,* en faisant partie d'un groupe, d'une société, en participant à la chose même. ‖ *D'intérieur,* se dit de qqn qui sait et aime tenir sa maison ou qui aime à rester dans son foyer ; se dit d'un vêtement que l'on ne porte que chez soi. ‖ *Intérieur d'un cercle, d'une sphère,* intérieur du disque, de la boule, dont il, ou elle, est la frontière. ‖ *Intérieur d'une partie* V *d'un espace affine euclidien* E_n, celle des deux composantes connexes de E_n – V, qui est relativement compacte, V étant homéomorphe à la sphère unité S^{n-1}. ‖ *Scène d'intérieur,* tableau de genre représentant l'intérieur d'un édifice ou, plus spécialement, d'une habitation, généralement animé de personnages ; scène d'un film tournée en studio.

Intérieur *(ministère de l'),* ministère dont la création remonte au 7 août 1790 et qui assure la direction des affaires administratives en général, de la police et du maintien de l'ordre.

INTÉRIEURE *(mer),* autre nom de la Méditerranée japonaise, ou Seto* Naikai.

INTÉRIEUREMENT adv. **1.** Au-dedans : *Fruit gâté intérieurement.* – **2.** En soi-même, intimement, à part soi : *Rire intérieurement.*

INTÉRIM [-rim] n. m. (lat. *interim,* pendant ce temps-là). **1.** Temps pendant lequel une fonction est remplie par un autre que le titulaire : *Gouverner pendant un intérim.* – **2.** Exercice d'une fonction pendant l'absence du titulaire : *Assurer l'intérim de la présidence de la République.* – **3.** Travail temporaire : *Le secteur de l'intérim.* – **4.** *Par intérim,* de façon intérimaire : *Travailler par intérim.*

ENCYCL. **Dr.** En France, l'intérim des fonctions de président de la République, en cas d'empêchement de celui-ci constaté par le Conseil constitutionnel, de démission ou de décès, est confié au président du Sénat et, à défaut, au gouvernement. L'autorité intérimaire dispose de pouvoirs réduits (impossibilité, par ex., de dissoudre l'Assemblée nationale).

INTÉRIMAIRE adj. **1.** Qui n'existe que par intérim : *Fonction intérimaire.* – **2.** *Société* ou *entreprise intérimaire,* syn. de SOCIÉTÉ DE TRAVAIL TEMPORAIRE*.

◆ adj. et n. **1.** Qui assure un intérim. – **2.** Se dit d'un travailleur mis temporairement à la disposition d'une entreprise pour occuper un emploi ponctuel (remplacement, surcroît de travail, etc.) par une entreprise de travail temporaire.

INTERINDIVIDUEL, ELLE adj. Qui concerne les rapports entre individus.

INTERINDUSTRIEL, ELLE adj. Qui concerne les échanges entre secteurs de l'économie.

INTÉRIORISATION n. f. **1.** Fait d'intérioriser. – **2.** Processus psychanalytique qui consiste à transporter à l'intérieur de soi les conflits auxquels un sujet est confronté dans le monde extérieur. (Le moi cesse alors consciemment de se heurter à une réalité extérieure répressive ou conflictuelle pour se soumettre au contrôle du surmoi.)

INTÉRIORISER v. t. (de *intérieur,* d'apr. *extérioriser*) [conj. 3]. **1.** Garder pour soi un sentiment, une réaction, les contenir : *Intérioriser sa colère.* – **2.** Rendre plus intime, plus profond : *Un acteur qui intériorise son rôle.* – **3.** Faire siennes des opinions, des règles jusque-là étrangères ou extérieures, au point de ne plus les distinguer comme acquises : *Il a complètement intériorisé le règlement.*

INTÉRIORITÉ n. f. Caractère de ce qui est intérieur.

INTERJECTIF, IVE adj. (bas lat. *interjectivus,* intercalé). **1.** Qui concerne, exprime l'interjection. – **2.** *Locution interjective,* groupe de mots ayant la valeur d'une interjection (par ex. *Dieu du ciel !, Tout beau !*).

INTERJECTION n. f. (lat. *interjectio, -onis,* de *interjicere,* interposer). Mot invariable, isolé, formant une phrase à lui seul, et exprimant le plus souvent une réaction affective vive.

ENCYCL. Certaines interjections procèdent de cris (AH ! *il est enfin là.*), ou d'onomatopées (CLAC ! *J'ai dit ce que je pensais.*). D'autres sont devenues des formes invariables et figées, la signification particulière attachée aux mots qui les composent ayant disparu *(Ciel ! Mon œil ! Tiens ! Tu vois !).*

INTERJETER v. t. (conj. 27). *Interjeter appel,* faire appel d'une décision de justice rendue en premier ressort.

Interlagos, circuit pour course automobile, au Brésil, dans le sud de l'agglomération de São Paulo.

INTERLAKEN (« Entre les lacs »), station touristique de Suisse (cant. de Berne), entre les lacs de Thoune et de Brienz ; 4 900 hab. Église du Château, anc. abbatiale gothique.

INTERLANGUE n. f. Langue artificielle construite à partir de traits communs à plusieurs langues naturelles et destinée à servir à la communication internationale.

INTERLETTRER v. t. (conj. 4). Ajouter, en composition, une valeur supplémentaire d'espace entre chaque lettre.

INTERLEUKINE n. f. Substance élaborée par les leucocytes, capable d'assurer l'activation, la différenciation ou la prolifération de certains d'entre eux, et jouant un rôle essentiel dans la communication et la coopération entre les différents acteurs cellulaires (macrophages, lymphocytes) au cours des réactions immunitaires. (À ce titre, les interleukines, dont on connaît actuellement une douzaine de types différents, sont regroupées avec les interférons et quelques autres facteurs solubles sous le nom de *lymphokines.*)

INTERLIGNAGE n. m. Action ou manière d'interligner ; espace laissé entre deux lignes imprimées.

1. INTERLIGNE n. m. **1.** Blanc séparant des lignes composées, écrites ou dactylographiées : *Écrire dans les interlignes.* – **2.** Ce que l'on ajoute dans cet espace entre deux lignes normales : *Les actes notariés ne doivent comporter aucun interligne.*

2. INTERLIGNE n. f. **1.** Lame de métal, d'épaisseur variable, dont on se sert, en composition typographique, pour séparer les lignes. – **2.** Espace entre deux lignes de la portée musicale. – **3.** Espace entre deux surfaces articulaires, en partic. entre deux vertèbres.

INTERLIGNER v. t. (conj. 3). **1.** Séparer par des interlignes : *Interligner deux paragraphes.* – **2.** Écrire dans les interlignes : *Interligner un mot.*

INTERLINÉAIRE adj. (lat. médiév. *interlinearis,* du lat. *linea,* ligne). **1.** Qui est écrit dans l'interligne. – **2.** Se dit d'une traduction placée dans les interlignes du texte.

INTERLINGUA n. m. Langue artificielle, qui est une forme simplifiée du latin, proposée en 1903 par G. Peano.

INTERLINGUISTIQUE n. f. Mouvement ou recherche qui se donne pour but de créer ou de promouvoir des langues artificielles (dites aussi langues auxiliaires internationales ou interlangues).

INTERLOBAIRE adj. Qui est situé entre les lobes d'un organe, et notamment du poumon.

INTERLOCK n. m. (angl. *interlock,* de *to interlock,* entrecroiser). **1.** Tricot à mailles cueillies comportant deux liages de côte 1 et 1 entrelacés. – **2.** Métier circulaire double fonture conçu pour réaliser ce tricot.

INTERLOCUTEUR, TRICE n. (lat. mod. *interlocutor,* du lat. class. *interloqui,* interrompre celui qui parle). **1.** Toute personne conversant avec une autre : *Quand il parle, il évite de regarder son interlocuteur.* – **2.** Membre d'un parti adverse ou personne d'opinion contraire avec lesquels on peut être conduit à entamer des pourparlers, des discussions : *Un interlocuteur valable.* – **3.** Sujet parlant qui reçoit des énoncés produits par un locuteur ou qui y répond.

INTERLOCUTION n. f. Processus d'énonciation entre des interlocuteurs.

INTERLOCUTOIRE adj. (lat. médiév. *interlocutorius*). *Jugement interlocutoire,* jugement qui, avant de statuer sur le fond, ordonne des mesures propres à compléter l'instruction de l'affaire, en faisant pressentir la solution, mais sans lier le tribunal.

INTERLOCUTOIREMENT adv. En préjugeant du fond d'une affaire.

INTERLOPE adj. (angl. *interloper,* qui se glisse entre). **1.** Qui se fait en fraude : *Trafic interlope.* — **2.** Équivoque ; qui n'a que des apparences louches : *Un monde interlope.* — **3.** *Commerce interlope,* nom donné, aux XVIIe-XVIIIe s., à la contrebande étrangère dans l'Empire espagnol d'Amérique.

INTERLOQUER v. t. (lat. *interloqui,* couper la parole à qqn) [conj. 3]. Mettre brusquement qqn dans l'embarras, voire dans l'impossibilité de parler, par un élément de surprise : *Ma réponse l'a interloqué.*

INTERLUDE n. m. (angl. *interlude,* du lat. *ludus,* jeu). Divertissement dramatique, musical ou filmé, inséré dans un spectacle, une émission de télévision.

INTERMÈDE n. m. (ital. *intermedio*). **1.** Événement qui interrompt le cours, le développement de qqch : *Intermède de calme entre deux crises d'asthme.* — **2.** Divertissement accessoire (chœur, ballet, danse, cérémonie, ouvrage dramatique ou musical) qu'on donnait autrefois sur la scène pendant les entractes de la pièce principale.

INTERMÉDIAIRE adj. (lat. *intermedius*). Qui est entre deux choses et forme transition de l'une à l'autre, qui occupe une position moyenne : *Couleur intermédiaire entre le bleu et le vert.* • **Biol.** *Hérédité intermédiaire,* forme d'hérédité dans laquelle l'hybride présente un caractère intermédiaire entre le caractère dominant et le caractère récessif. — **Cin.** *Film intermédiaire,* film conçu pour le tirage des internégatifs ou des interpositifs. ‖ *Positif intermédiaire,* syn. de INTERPOSITIF. — **Écon.** *Bien intermédiaire,* produit fini, acheté à l'extérieur pour être incorporé tel dans un autre bien. — **Géol.** Se dit d'une roche magmatique contenant entre 52 et 66 % de SiO_2. — **Métall.** *Phase intermédiaire,* dans les alliages, phase de structure différente de celle des métaux de base, et de composition définie dans un intervalle de concentration, qui peut se former lorsque les métaux ne sont pas solubles en toutes proportions.
◆ n. **1.** Personne qui intervient entre deux autres pour leur servir de lien, pour les mettre en rapport : *Il a été leur intermédiaire dans cette négociation.* — **2.** Toute personne, physique ou morale, qui intervient dans les circuits commerciaux (grossiste, demi-grossiste, détaillant) ou pour faire conclure une affaire commerciale (représentant, commissionnaire, courtier).
◆ n. m. **1.** Ce qui est placé entre : *Passer d'un sujet à l'autre sans intermédiaire.* — **2.** *Par l'intermédiaire de,* par l'entremise, le truchement de qqn, par le moyen de qqch : *Agir par l'intermédiaire d'un ami auprès d'un ministre.*
◆ **intermédiaires** n. m. pl. Hydrocarbures de base qui sont le point de départ de la synthèse de produits pétrochimiques.

INTERMÉDIATION n. f. Fonction du système bancaire, consistant à collecter l'épargne pour la mettre à la disposition de ceux qui ont un besoin de financement.

INTERMENSTRUEL, ELLE adj. **1.** Qui se situe dans la période séparant deux menstruations, en partic. au milieu du cycle menstruel. — **2.** *Crise intermenstruelle,* syndrome clinique caractérisé par une douleur pelvienne et une petite métrorragie, apparaissant au moment de l'ovulation.

INTERMÉTALLIQUE adj. **1.** Se dit de la surface séparant deux métaux accolés par soudage, laminage, dépôt électrolytique ou tout autre procédé. — **2.** *Composé métallique,* dans les alliages, composé à caractère métallique marqué, qui, à l'état ordonné, est stable dans un domaine bien défini de concentrations.

INTERMEZZO [ɛ̃tɛrmɛdzo] n. m. (pl. *intermezzos*) [ital. *intermezzo,* intermède]. **1.** Divertissement musical inséré, en Italie, à la fin du XVIe s., entre les actes d'une œuvre théâtrale. — **2.** Pièce instrumentale tenant lieu d'un mouvement de sonate ou de concerto.

INTERMINABLE adj. (bas lat. *interminabilis*). Qui ne peut être terminé, dure très longtemps : *Discours interminable.*

INTERMINABLEMENT adv. De façon interminable.

INTERMINISTÉRIEL, ELLE adj. Qui relève de plusieurs ministères.

INTERMISSION n. f. (lat. *intermissio, -onis,* discontinuité). Période qui sépare deux accès dans une maladie : *Fièvre qui dure trente heures sans intermission.*

INTERMITTENCE n. f. **1.** Caractère de ce qui est coupé d'interruptions : *L'intermittence d'une source.* — **2.** *Par intermittence,* par moments, de façon discontinue.

INTERMITTENT, E adj. (lat. *intermittens, -entis,* de *intermittere,* discontinuer). **1.** Qui est coupé d'interruptions : *Un signal intermittent.* — **2.** *Fièvre intermittente,* fièvre dont les accès se reproduisent périodiquement, tel le paludisme. ‖ *Pouls intermittent,* pouls dont les pulsations laissent entre elles des intervalles inégaux.

◆ n. Salarié dont l'activité comporte une alternance de périodes travaillées et de périodes non travaillées : *Les intermittents du spectacle.*

INTERMOLÉCULAIRE adj. Se dit d'une réaction entre molécules.

INTERMONDE n. m. (lat. *intermundia*). Selon les Grecs, espace entre les mondes.

INTERMUE n. f. Intervalle entre deux mues d'un arthropode.

INTERMUSCULAIRE adj. Qui est situé entre les muscles.

INTERNALISATION n. f. **1.** Inclusion dans les charges d'une entreprise du coût de certains effets externes de son activité (nuisances, par ex.). – **2.** *Internalisation du recrutement,* recrutement par transfert ou promotion de personnes déjà employées à l'intérieur de la firme.

INTERNAT n. m. **1.** Situation d'un élève interne. – **2.** Établissement d'enseignement où l'on reçoit des internes. – **3.** Concours qui permet d'obtenir le titre d'interne des hôpitaux ; fonction d'interne ; temps pendant lequel un interne exerce ses fonctions (généralement 4 ans).

INTERNATIONAL, E, AUX adj. (angl. *international*). **1.** Qui a lieu entre plusieurs nations, qui concerne leurs relations : *Commerce international.* – **2.** Qui intéresse des groupes de personnes appartenant à diverses nations : *La solidarité internationale des dockers.* – **3.** *Droit international,* ensemble des règles qui régissent les relations dans la société internationale. (Le *droit international privé* s'applique aux relations entre les personnes privées, et le *droit international public,* aux relations entre les États et les autres sujets de la société internationale.) ‖ *Eaux internationales,* ensemble des mers au-delà des eaux territoriales et qui ne relèvent de la souveraineté d'aucun État. ‖ *Langue internationale,* langue servant ou ayant servi aux relations entre un grand nombre de pays dans une aire géographique définie. (Par exemple l'araméen au Proche-Orient entre le VIe s. av. J.-C. et le VIe apr. J.-C., le latin en Occident à l'époque de l'Empire romain et au Moyen Âge.) ‖ *Langue auxiliaire internationale,* nom que se donnent à elles-mêmes les langues artificielles. ‖ *Style international,* se dit de l'architecture fonctionnelle, aux formes cubiques asymétriques, sans moulurations ni ornements, créée par Le Corbusier, Gropius, Mies Van der Rohe, les architectes du groupe *De Stijl,* etc., et qui s'est répandue dans de nombreux pays au cours des années 1925-1935. (On dit aussi MOUVEMENT MODERNE.)

◆ adj. et n. Se dit d'un sportif qui représente ou a représenté son pays dans une épreuve contre d'autres nations.

◆ **internationaux** n. m. pl. Dans divers sports, dont le tennis, compétition ouverte entre des sportifs de diverses nationalités.

International Business Machines → IBM.

International Computers Ltd (ICL), société britannique de construction d'ordinateurs. Passée en 1984 sous le contrôle de Standard Telephones and Cables (STC), elle a été rachetée en 1990 par le groupe japonais Fujitsu. Elle est adonnée à l'informatique et à la Bureautique, aux télécommunications, à l'industrie des composants, etc.

Internationale *(l'),* hymne révolutionnaire sur un poème d'Eugène Pottier (1871), musique de Pierre Degeyter (1888). D'abord hymne national soviétique (1917-1944), il devint le chant des partis socialistes et communistes.

Internationale *(Ire),* nom donné rétrospectivement à l'*Association internationale des travailleurs (A. I. T.),* fondée à Londres en 1864 par un groupe d'ouvriers et d'intellectuels européens dont plusieurs étaient proscrits de leur pays. L'Association se proposait pour but, sous l'impulsion de Marx et Engels, d'unir les travailleurs de tous les pays pour leur émancipation et leur soutien mutuel dans leurs luttes pour une société sans classes. Elle s'implanta en France grâce à Tolain, Malon, Longuet ; en Belgique avec De Paepe ; en Allemagne avec Johann Philipp Becker. Elle soutint de nombreuses grèves mais fut minée dès 1866 par la lutte entre marxistes et anarchistes partisans de Bakounine. Ayant décidé de transporter son siège à New York, en 1872, l'Internationale perdit peu à peu de son influence et disparut.

Internationale *(IIe).* L'Internationale a été reconstituée au congrès de Paris (1889), qui réunit les socialistes de 23 pays à l'initiative du parti social-démocrate allemand. Elle regroupe alors les partis sociaux-démocrates de nombreux pays, et les socialistes français après 1905. Les questions qui y sont débattues sont celles que soulève l'actualisation du programme marxiste face à l'évolution du capitalisme. C'est dans ce cadre qu'apparaît le révisionnisme de Bernstein, qui remet en cause le marxisme. Le révisionnisme est plusieurs fois condamné, notamment au Congrès d'Amsterdam (1904) ; mais ses thèses sont mises en application. Le fait colonial est condamné au congrès de Stuttgart (1907). C'est le problème de la guerre qui entraîne l'échec le plus grave de la IIe Internationale. Les partis se révèlent incapables en 1914 d'empêcher son déclenchement. La plupart d'entre eux soutiennent l'effort de guerre de leur gouvernement. Les socialistes russes, qui n'ont pas accepté la guerre, se réunissent à Zimmerwald en 1915 et à Kienthal en 1916, notamment avec les dissidents socialistes allemands. Ils imposent la rupture avec les sociaux-démocrates qui n'acceptent pas la formation de la IIIe Internationale (mars 1919). La IIe Internationale disparaît en 1923 lors de la constitution de l'Internationale ouvrière socialiste.

Internationale *II et demie,* nom donné habituellement à la Communauté de travail des partis socialistes constituée à Vienne en février 1921.

Internationale *(IIIe)* ou **Internationale communiste (I. C.)** ou encore **Komintern** (abréviation de son nom russe). Fondée en 1919 à Moscou, elle est d'emblée dominée par le parti communiste de Russie (bolchevik) et, après 1926, par son secrétaire général, Joseph Staline. Elle impose une politique « classe contre classe » dirigée contre les socialistes jusque dans les années 30, puis une alliance avec les socialistes. Cette nouvelle politique permet en France l'expérience du Front populaire et, en Espagne, un combat commun contre le franquisme ; mais les purges staliniennes empêchent des rapprochements durables ; et surtout la IIIe Internationale ne pourra arrêter ni la montée des mouvements nazis et fascistes en Europe, ni la guerre. Le Komintern sera supprimé en 1943 par Staline.

Internationale *(IVe),* organisation politique fondée en sept. 1938 dans la région parisienne par les délégués de mouvements trotskistes venus de divers pays.

Internationale ouvrière socialiste (I. O. S.), organisation internationale née au congrès de Hambourg de 1923, qui regroupe les partis socialistes qui ont refusé le rattachement à la IIIe Internationale. Confrontée aux mêmes problèmes que cette dernière organisation, elle ne put pas davantage leur apporter de solutions et disparut en 1940.

Internationale socialiste (I. S.), organisation politique regroupant la plupart des partis socialistes du monde entier, constituée à Francfort-sur-le-Main en 1951.

INTERNATIONALEMENT adv. De façon internationale.

International Herald Tribune, quotidien d'informations de langue anglaise dont l'origine remonte à 1887. Édition internationale du *New York Herald Tribune* jusqu'en 1967, il est depuis coédité par le *New York Times* et le *Washington Post.*

INTERNATIONALISATION n. f. **1.** Action d'internationaliser. — **2.** Intervention d'un État ou d'un organisme international dans les affaires intérieures d'un autre État, en raison des incidences internationales de celles-ci. — **3.** Régime d'administration d'un territoire par une autorité internationale (cas de Dantzig, de la Sarre autref.).

INTERNATIONALISER v. t. (conj. 3). Rendre qqch international, faire en sorte qu'il concerne plusieurs nations ou l'ensemble des nations : *Internationaliser un conflit.*

INTERNATIONALISME n. m. **1.** Doctrine selon laquelle les divers intérêts nationaux doivent être subordonnés à un intérêt général. — **2.** *Internationalisme prolétarien,* selon les communistes, solidarité active entre les prolétaires des différentes nations du monde, et qui s'exerce sans considération d'appartenance nationale.

INTERNATIONALISTE adj. et n. Relatif à l'internationalisme ; qui en est partisan.
◆ n. Spécialiste de droit international.

INTERNATIONALITÉ n. f. État de ce qui est international.

International Nickel Company → INCO LIMITED.

International Telephone and Telegraph Corporation (ITT), groupe industriel américain, dont les origines remontent à 1910. Se développant surtout en Europe, il s'y adonne à la fabrication et à l'installation de réseaux téléphoniques, puis se redéploie, dès 1960, aux États-Unis. Il devient alors un conglomérat de sociétés aux activités diversifiées.

International Yacht Racing Union, autorité supérieure internationale administrant la voile de compétition.

INTERNAUTE n. Utilisateur du réseau télématique Internet.

1. INTERNE adj. (lat. *internus*). **1.** Qui concerne le dedans de qqch : *La structure interne du globe.* — **2.** Qui est tourné vers l'intérieur : *La face interne d'un dôme est appelée « coupole ».* — **3.** Qui relève de la nature profonde de qqch, qui a trait à sa structure : *Les difficultés internes d'un parti.* • **Électr.** *Angle interne,* dans un alternateur, décalage angulaire des axes des pôles inducteurs entre leur position en charge et leur position à vide, la fréquence restant constante. — **Hydrol.** *Onde* ou *marée interne,* fluctuation périodique de la température et de la salinité enregistrée à une immersion donnée, d'origine météorologique ou liée à l'influence de la marée. — **Math.** *Opération interne sur un ensemble* E, application de E × E dans E. — **Méd.** Se dit de la position d'un organe qui se trouve plus près du plan sagittal médian du corps qu'un repère donné ou qu'un autre organe. ‖ Se dit de tous les organes qui sont situés à l'intérieur de la cavité abdomino-thoracique (cœur, poumons, tube digestif, reins) et des maladies ou des symptômes qui les affectent. ‖ *Médicaments à usage interne,* médicaments à introduire dans l'organisme par voie buccale, rectale ou parentérale.

— **Métall.** *Contrainte* (ou *tension*) *interne,* syn. de CONTRAINTE LATENTE*.

2. INTERNE n. (de *interne 1*). **1.** Élève logé et nourri dans l'établissement d'enseignement où il fait ses études. — **2.** *Interne des hôpitaux,* étudiant(e) en médecine en fin d'études qui, à la suite d'un concours, devient le collaborateur direct d'un chef de service hospitalier pour assurer le traitement des malades et éventuellement l'enseignement des stagiaires. ‖ *Interne en pharmacie,* étudiant en pharmacie recruté par concours pour assurer dans les hôpitaux les services de pharmacie, de biologie et de toxicologie.

INTERNÉ, E n. **1.** Personne qui est emprisonnée dans un camp. — **2.** Malade mental qui est maintenu en hôpital psychiatrique.

INTERNÉGATIF n. m. Film négatif en couleurs établi à partir d'un original (négatif ou positif) en vue du tirage en série de copies.

INTERNEMENT n. m. **1.** Action d'interner qqn ; fait d'être interné : *Un internement abusif.* — **2.** Mesure d'hospitalisation forcée (loi du 30 juin 1838) en hôpital psychiatrique à l'initiative d'un proche (placement volontaire) ou du préfet du département (placement d'office). [La loi du 27 juin 1990 a consacré l'abandon de ce terme et substitué au placement volontaire et au placement d'office les procédures d'hospitalisation* sur demande d'un tiers et d'hospitalisation* d'office.] — **3.** *Internement administratif,* mesure consistant, pour l'Administration, à priver un administré de la liberté d'aller et venir en dehors de toute poursuite pénale.

INTERNER v. t. (de *interne 2*) [conj. 3]. Mettre qqn dans un camp, une prison, un hôpital, à la suite d'une décision d'internement : *Interner un condamné politique.*

INTERNET, réseau télématique international issu du réseau militaire américain Arpanet (créé en 1968) et constitué par l'interconnexion de milliers de réseaux ouverts. (On dit aussi *l'Internet* ou, en abrégé, *le Net.*)

INTERNEURONE n. m. Cellule nerveuse intervenant comme chaînon intermédiaire dans les circuits nerveux.

INTERNONCE n. m. (lat. *internuntius,* intermédiaire). Représentant du pape, qui a rang d'ambassadeur, sans avoir la qualité de doyen du corps diplomatique.

INTERNONCIATURE n. f. Charge, dignité d'internonce.

INTEROCÉANIQUE adj. Qui sépare ou relie deux océans.

INTÉROCEPTEUR n. m. (de *intérieur* et *récepteur*). Terminaison nerveuse libre ou récepteur associé à une autre terminaison nerveuse, qui capte et transmet au système nerveux les modifications du milieu interne (viscères et muscles).

INTÉROCEPTIF, IVE adj. *Sensibilité intéroceptive,* syn. de INTÉROCEPTION.

INTÉROCEPTION ou **INTÉROCEPTIVITÉ** n. f. (de *intérieur* et *perception*). Domaine de la sensibilité concernant la perception par le système nerveux des modifications ou des signaux provenant des viscères par le système nerveux végétatif, et des muscles, tendons et articulations par le système nerveux central.

INTEROSSEUX, EUSE adj. Qui est situé entre les os (ligament interosseux de l'avant-bras, artères interosseuses palmaires et plantaires ; nerfs interosseux, etc.).

INTERPELLATEUR, TRICE n. (lat. *interpellator, -oris*). **1.** Personne qui interpelle, adresse subitement et vivement la parole à qqn. — **2.** Membre d'une assemblée parlementaire qui fait une interpellation.

INTERPELLATIF, IVE adj. Qui contient une interpellation, une sommation.

INTERPELLATION n. f. (lat. *interpellatio, -onis,* interruption). **1.** Action d'interpeller qqn. — **2.** Sommation faite à qqn d'avoir à dire, à faire qqch. — **3.** Action de poser des questions à qqn au cours d'un contrôle de police ou d'un interrogatoire. — **4.** Demande d'explication adressée par un parlementaire au gouvernement sur un aspect de sa politique et qui pouvait, à l'issue d'un vote, mettre en jeu la responsabilité du gouvernement. (Le droit d'interpellation est supprimé par la Constitution de 1958. Toutefois, l'article 15 du règlement de l'Assemblée nationale dispose que le député désireux d'interpeller le gouvernement doit joindre à sa demande une motion de censure.)

INTERPELLER [-pəle ou -pɛle] v. t. (lat. *interpellare,* interrompre) [conj. 26]. **1.** Adresser vivement ou soudainement la parole à qqn pour lui demander ou lui dire qqch : *Interpeller un élève distrait.* — **2.** Poser un certain nombre de questions à qqn, vérifier son identité, au cours d'un interrogatoire ou d'une opération de police, etc. : *Les agents interpellèrent les consommateurs du bar.* — **3.** En parlant d'un fait, contraindre qqn à en prendre conscience, à réagir : *La misère de certaines populations nous interpelle.* — **4.** Faire une interpellation.

◆ **s'interpeller** v. pr. S'adresser la parole à distance, échanger de vifs propos.

INTERPÉNÉTRATION n. f. Pénétration mutuelle.

INTERPÉNÉTRER (S') v. pr. (conj. 18). Se pénétrer mutuellement : *Cultures qui s'interpénètrent.*

INTERPERSONNEL, ELLE adj. Qui concerne les relations entre deux individus.

INTERPHASE n. f. Période du cycle de multiplication d'une lignée de cellules pendant laquelle la cellule double la masse et le volume de chacune de ses structures par assimilation. (L'interphase alterne avec la mitose, étape beaucoup plus brève pendant laquelle la cellule se divise en deux, mais sans rien assimiler.)

INTERPHONE n. m. (n. déposé). Téléphone à haut-parleur permettant des communications à courte distance, en général à l'intérieur du même bâtiment.

INTERPLANÉTAIRE adj. Qui se situe, se produit ou se déplace entre les planètes du système solaire : *Engin interplanétaire.*

Interpol, abréviation constituant l'adresse télégraphique de l'*Organisation internationale de police criminelle (O. I. P. C.),* créée en 1923, qui assure la liaison entre les pays adhérents dans la recherche des malfaiteurs internationaux. Son siège est à Lyon.

INTERPOLATEUR, TRICE n. (bas lat. *interpolator, -oris*). Personne qui interpole.

INTERPOLATION n. f. (lat. *interpolatio, -onis,* altération). **1.** Action d'interpoler, d'introduire dans un texte un élément qui n'était pas dans l'original (glose, variante, scolie) ; ce qui a été interpolé. — **2.** Opération consistant à déterminer, à partir d'une série statistique succincte aux valeurs trop espacées, de nouvelles valeurs correspondant à un caractère intermédiaire pour lequel aucune mesure n'a été effectuée. — **3.** *Erreur d'interpolation sur un instrument de mesure,* erreur commise dans l'appréciation de la position du repère entre deux traits de la graduation. ‖ *Interpolation linéaire,* approximation de la valeur $f(x)$ d'une fonction f en un point x de $[a, b]$, par la valeur

$$f(a) + \frac{x-a}{b-a} \cdot [\,f(b) - f(a)\,].$$

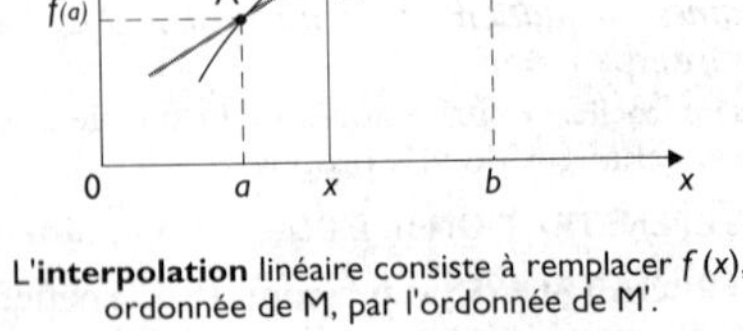

L'**interpolation** linéaire consiste à remplacer $f(x)$, ordonnée de M, par l'ordonnée de M'.

INTERPOLER v. t. (lat. *interpolare,* altérer) [conj. 3]. **1.** Intercaler, insérer qqch dans un texte : *Interpoler un passage dans un discours.* — **2.** Pratiquer une interpolation en mathématiques ou en statistiques.

INTERPOSER v. t. (lat. *interponere,* avec l'infl. de *poser*) [conj. 3]. **1.** Placer qqn, qqch entre deux choses ou deux personnes : *Interposer un barrage entre les deux groupes de manifestants.* — **2.** Faire intervenir qqch entre deux groupes, deux personnes : *Interposer ses bons offices entre les deux adversaires.*

◆ **être interposé** v. pass. *Par personne interposée,* par l'entremise, l'intermédiaire d'une autre personne.

◆ **s'interposer** v. pr. **1.** Survenir, se présenter comme obstacle entre deux choses : *Des obstacles se sont interposés entre ses projets et leur réalisation.* — **2.** Intervenir pour séparer des adversaires ou comme médiateur : *Des amis se sont interposés pour les réconcilier.*

INTERPOSITIF n. m. Copie positive de film, impropre à la projection, tirée à partir du négatif original, soit pour permettre la réalisation de certains truquages de laboratoire, soit comme étape dans l'établissement de l'internégatif. (Syn. MASTER, POSITIF INTERMÉDIAIRE.)

INTERPOSITION n. f. (lat. *interpositio, -onis,* intercalation). **1.** Action d'interposer, fait de s'interposer : *L'interposition de la Terre entre la Lune et le Soleil.* — **2.** *Interposition de personnes,* situation dans laquelle une personne apparaît bénéficiaire d'un acte qui, en réalité, a été conclu pour profiter à une autre.

INTERPRÉTABLE adj. (bas lat. *interpretabilis*). Qu'on peut interpréter.

INTERPRÉTARIAT n. m. (de *interprète,* avec l'infl. de *secrétariat*). Carrière, fonction d'interprète.

INTERPRÉTATIF, IVE adj. Qui sert d'interprétation, qui contient une interprétation.

INTERPRÉTATION n. f. (lat. *interpretatio, -onis,* explication). **1.** Action d'interpréter, d'expliquer un texte, de lui donner un sens ; énoncé donnant cette explication. — **2.** Action d'attribuer un sens symbolique ou allégorique à qqch : *L'interprétation d'un songe.* — **3.** Action ou manière d'interpréter un fait ou un comportement ; signification qu'on lui donne : *Quelle interprétation donnez-vous à cette volte-face ?* — **4.** Action ou manière d'exprimer, de jouer une pièce, un rôle, de représenter une œuvre : *Le texte est beau, mais l'interprétation est médiocre.* — **5.** Acte par lequel un exécutant, un groupe d'exécutants, ou leur chef, rend sensible au public ce qui n'existe qu'à l'état virtuel dans la partition écrite. ● **Bx-arts.** *Gravure d'interprétation,* syn. de GRAVURE ou

ESTAMPE DE REPRODUCTION. — **Inform.** Analyse et exécution immédiate d'un programme, instruction par instruction, sans passer par une phase de compilation. — **Mil.** *Interprétation photographique,* traduction sur des photographies, à l'aide de signes conventionnels, de renseignements découverts par la reconnaissance aérienne. — **Psychan.** Intervention du psychanalyste qui consiste à restituer à l'analysant, dans une dimension symbolique, le sens latent du matériel qu'il fournit au cours des séances et, par là même, à le mettre en présence de son désir inconscient. — **Psychiatr.** *Délire d'interprétation,* forme de délire chronique systématisé reposant sur une multiplicité d'interprétations délirantes, le plus souvent à thème de persécution.

Interprétation des rêves, ouvrage de S. Freud, publié en 1900 sous le titre allemand de *Traumdeutung* (1re trad. fr. 1926 ; nouvelle trad. fr. 1967). Le rêve est la voie royale d'accès à l'inconscient, ses mécanismes étant ceux de toutes les formations de l'inconscient.

INTERPRÈTE n. (lat. *interpres, -etis*). **1.** Personne qui transpose oralement une langue dans une autre ou qui sert d'intermédiaire, dans une conversation, entre des personnes parlant des langues différentes. — **2.** Personne qui rend intelligible un texte par des explications. — **3.** *Litt.* Personne qui fait connaître le sens mystique ou allégorique des choses : *Un interprète de la volonté de Dieu.* — **4.** Personne qui est chargée de faire connaître les volontés, les intentions, etc., de qqn : *Je suis l'interprète des sentiments de tous en disant cela.* — **5.** Personne qui traduit, exprime, représente de telle ou telle façon une œuvre artistique : *Un grand interprète de Wagner.*

INTERPRÉTER v. t. (lat. *interpretari,* expliquer) [conj. **18**]. **1.** Chercher a rendre un texte, un auteur intelligibles, les expliquer, les commenter : *Interpréter une loi, un écrivain.* — **2.** *Litt.* Attribuer à qqch un sens mystique ou allégorique : *Interpréter des oracles.* — **3.** Donner à des propos, à un événement, à un acte telle signification, les comprendre en fonction de sa vision personnelle : *J'interprétais son silence comme une acceptation.* — **4.** Exécuter une œuvre musicale, vocale : *Violoniste qui interprète excellement Liszt.* — **5.** Jouer un rôle, un personnage au cinéma, au théâtre, le danser dans une œuvre chorégraphique : *Interpréter Hamlet.*

◆ **s'interpréter** v. pr., **être interprété** v. pass. Être traduit, expliqué, compris d'une certaine manière : *Ce sourire pouvait s'interpréter de diverses façons.*

INTERPRÉTEUR n. m. Logiciel d'interprétation.

INTERPROFESSION n. f. **1.** Ensemble des professions regroupées dans une région au sein d'un organisme représentatif commun (syndicat interprofessionnel). — **2.** Groupe de professions concourant à un ensemble d'activités dans une filière donnée.

INTERPROFESSIONNEL, ELLE adj. Qui concerne plusieurs professions : *Salaire minimum interprofessionnel.*

Interprovincial, oléoduc canadien, long de 4 100 km, qui transporte le pétrole brut d'Edmonton (Alberta) à Toronto (Ontario).

INTERPSYCHOLOGIE n. f. Étude de l'interaction psychologique des divers individus d'une foule.

INTERQUARTILE adj. Se dit de la différence ou de l'écart entre le premier et le troisième quartile d'une série statistique.

INTERRACIAL, E, AUX adj. Qui se produit entre des gens de races différentes : *Conflits interraciaux.*

INTERRÉACTION n. f. Réaction réciproque.

INTERRÉGIONAL, E, AUX adj. Qui relève de plusieurs régions, de leurs relations.

INTERRÈGNE n. m. (lat. *interregnum*). **1.** Période entre la mort du roi et le sacre de son successeur. — **2.** Temps d'interruption, cessation momentanée d'une fonction par son titulaire.

Interrègne *(le Grand),* période de l'histoire du Saint Empire romain germanique (1250-1273). Entre la mort de Frédéric II (1250) et l'élection de Rodolphe Ier de Habsbourg (1273), aucun des rois élus : Guillaume de Hollande (1247-1256), Conrad IV (1250-1254), Richard de Cornouailles (1257-1272), Alphonse de Castille (1257-1275) ne fut reconnu simultanément par les Allemands et par le pape. Cette période d'anarchie favorisa le développement de principautés indépendantes au sein même de l'Empire.

INTERRELATION n. f. Relation réciproque existant entre choses, pays, etc.

INTERROGATEUR, TRICE n. (bas lat. *interrogator*). Personne qui pose des questions à un élève, à un candidat.

◆ adj. Qui manifeste, exprime une interrogation : *Un regard interrogateur.*

INTERROGATEUR-RÉPONDEUR n. m. (pl. *interrogateurs-répondeurs*). Dispositif de radar permettant d'identifier, en fonction d'un code préalable, un avion ou un navire décelés sur l'écran panoramique d'un radar de veille.

INTERROGATIF, IVE adj. (bas lat. *interrogativus*). Qui exprime ou marque l'interrogation : *Regard interrogatif. Adverbe interrogatif.*

◆ **interrogatif** n. m. Mot (adjectif, pronom, adverbe) interrogatif. (→ *encycl.*)

◆ **interrogative** n. f. Phrase ou proposition interrogative.

ENCYCL. **Ling.** La classe des mots interrogatifs rassemble, en français, des adjectifs (*quel ?* et ses variantes), des pronoms (*qui ? que ? quoi ? lequel ? duquel ? auquel ?* et leurs variantes), des adverbes (*où ? combien ? comment ?* etc.) et des locutions (*est-ce-que ? qui est-ce-qui ?* etc.).
La phrase interrogative se distingue de la phrase assertive par la présence d'une intonation montante, un ordre différent des mots (inversion du pronom sujet) et/ou la présence de termes interrogatifs.

INTERROGATION n. f. (lat. *interrogatio, -onis*). **1.** Action d'interroger, de poser des questions à qqn ; question ou série de questions : *Je voyais dans son regard une muette interrogation.* — **2.** Action de s'interroger, de se poser des questions : *Ses continuelles interrogations sur la nature humaine.* — **3.** Question ou série de questions posées oralement à un élève ou à un candidat. — **4.** Action d'interroger un ordinateur. — **5.** Type de phrase, marquée par certains procédés (intonation, ordre des mots, etc.), qui a pour objet de poser une question ou qui implique un doute. — **6.** *Interrogation écrite,* contrôle écrit des connaissances fait en classe. ‖ *Point d'interrogation,* signe de ponctuation (?) que l'on place à la fin de toute phrase d'interrogation directe ; problème dont la solution est incertaine : *L'emploi dans l'entreprise sera-t-il maintenu ? c'est un point d'interrogation.*

INTERROGATIVEMENT adv. D'une manière interrogative.

INTERROGATOIRE n. m. (bas lat. *interrogatorius*). **1.** Ensemble de questions posées à qqn et des réponses qu'il y apporte. — **2.** Mesure d'instruction consistant à interroger l'auteur présumé d'une infraction afin d'obtenir tous éclaircissements sur les faits qui lui sont reprochés et à en rédiger le procès-verbal.

INTERROGEABLE adj. Que l'on peut interroger : *Répondeur interrogeable à distance.*

INTERROGER v. t. (lat. *interrogare*) [conj. **17**]. **1.** Poser une ou des questions à qqn, lui demander un renseignement : *Pour les heures d'ouverture, interrogez le gardien.* — **2.** Poser des questions à un candidat, un élève, etc., pour vérifier ses connaissances, lui faire passer un examen, une épreuve : *En géographie, on nous a interrogés sur le climat canadien.* — **3.** Soumettre qqn à interrogatoire. — **4.** Examiner qqch avec attention pour en tirer une réponse aux questions que l'on se pose : *Le marin interroge le ciel.* — **5.** Entrer en communication, généralement à distance, avec un répondeur téléphonique, un serveur ou une base de données pour en obtenir des informations. — **6.** Consulter qqn, solliciter discrètement son avis en le regardant. — **7.** *Interroger son cœur, sa conscience,* essayer de trouver en soi-même la réponse à une question que l'on se pose. ‖ *Interroger sa mémoire, ses souvenirs,* essayer de se remémorer un fait.

◆ **s'interroger** v. pr. **1.** Se poser des questions sur qqch, qqn : *Je m'interroge sur cet homme.* — **2.** Hésiter à prendre une décision : *Est-ce que vous partez ? - Je ne sais pas, je m'interroge encore.*

INTERROI n. m. (de *roi,* d'apr. le lat. *interrex*). À Rome, titre porté par un sénateur en cas de disparition simultanée des deux consuls. (Pendant cinq jours, il pouvait réunir les comices pour procéder à l'élection des nouveaux consuls.)

INTERROMPRE v. t. (lat. *interrumpere*) [conj. **78**]. **1.** Empêcher qqn de continuer ce qu'il était en train de faire : *Le téléphone l'interrompit dans son travail.* — **2.** Cesser de faire ce qu'on était en train de faire : *Il a dû interrompre ses études pour trouver du travail.* — **3.** Couper la parole à qqn : *Ne m'interrompez pas tout le temps.* — **4.** Rompre la continuité d'un phénomène, le cours d'une action : *Un accident a interrompu la circulation.*

◆ **s'interrompre** v. pr., **être interrompu** v. pass. Être arrêté, suspendu pendant un certain temps : *La distribution d'eau sera interrompue de 10 h à 12 h.*

◆ **s'interrompre** v. pr. Cesser de faire ce qu'on faisait : *S'interrompre dans son travail.*

INTERRO-NÉGATIF, IVE adj. Se dit d'une phrase interrogative dont l'interrogation porte sur une phrase négative (par ex. *Ne viendra-t-il pas demain ?*).

INTERRUPTEUR, TRICE n. (lat. *interruptor*). *Litt.* Personne qui interrompt, empêche de parler, de continuer à faire qqch : *Imposer silence aux interrupteurs.*

◆ **interrupteur** n. m. **1.** Appareil mécanique de connexion électrique, permettant d'établir, de supporter et d'interrompre des courants dans les conditions normales du circuit, ainsi que de supporter, pendant une durée spécifiée, des courants dans des conditions anormales spécifiées (court-circuit). [Syn. COMMUTATEUR.] — **2.** *Interrupteur de fin de course,* interrupteur de position, qui provoque l'arrêt d'un mobile quand il atteint l'extrémité de sa course normale. ‖ *Interrupteur horaire,* interrupteur dont les contacts sont manœuvrés par une horloge.

INTERRUPTIF, IVE adj. Qui interrompt (une prescription, par ex.).

INTERRUPTION n. f. (lat. *interruptio, -onis*). **1.** Fait pour qqch de s'interrompre, d'être interrompu ; temps pendant lequel qqch est interrompu : *Aucune interruption dans le planning n'est possible.* — **2.** Action de couper la parole à qqn ; apostrophe, paroles lancées au milieu d'un discours : *Les interruptions fusèrent de toutes parts.* — **3.** *Sans interruption,* de façon continue, sans arrêt : *Parler sans interruption.* • **Dr.** Cessation d'une situation juridique avant qu'elle ait produit ses effets légaux. ‖ *Interruption de prescription,* incident qui arrête le cours du délai et anéantit rétroactivement, pour une nouvelle prescription, le temps déjà écoulé. — **Électr.** *Interruption d'un circuit,* résultat de l'ouverture d'un circuit. — **Inform.** Suspension provisoire de l'exécution d'un programme au profit d'un autre. — **Méd.** *Interruption volontaire de grossesse (I. V. G.),* interruption provoquée, de propos délibéré, d'une grossesse avant la période de viabilité fœtale, c'est-à-dire dans les six premiers mois. (La loi du 31 déc. 1979 autorise l'I. V. G. lorsqu'elle est pratiquée avant la fin de la 10e semaine sur une femme enceinte que son état place dans une situation de détresse, ou pour un motif thérapeutique.) [Syn. AVORTEMENT VOLONTAIRE.]

INTERSAISON n. f. Période qui se situe entre deux saisons, sur le plan de la mode, du sport, du tourisme.

INTERSCOLAIRE adj. Qui concerne plusieurs écoles.

INTERSECTÉ, E adj. Entrelacé, entrecroisé.

INTERSECTEUR n. m. Organisation commune à plusieurs secteurs psychiatriques.

INTERSECTING [-tiŋ] n. m. (angl. *intersecting,* entrecroisé). Abrév. courante de GILL-BOX* INTERSECTING.

INTERSECTION n. f. (lat. *intersectio, -onis*). **1.** Endroit où deux lignes, deux routes, deux chemins se croisent : *À l'intersection de la nationale et de la départementale.* — **2.** En géométrie, lieu où des lignes, des surfaces, des volumes se rencontrent et se coupent : *Point d'intersection.* — **3.** En logique, jonction entre deux relations s'exprimant par « et ». — **4.** Partie commune à des ensembles M et N, qui se note $M \cap N$ (et se lit « M inter N »), et qui comprend les éléments qui appartiennent à la fois à M et à N. — **5.** En topographie, méthode de détermination des coordonnées d'un point inconnu, éventuellement inaccessible, en le visant depuis des points connus.

INTERSECTORIEL, ELLE adj. Qui caractérise les relations entre des secteurs d'activité, entre des domaines de compétence.

INTERSESSION n. f. Temps qui s'écoule entre deux sessions d'une assemblée.

INTERSEX n. Individu présentant des caractères d'intersexualité.

INTERSEXUALITÉ n. f. **1.** Évolution individuelle des animaux d'espèce gonochorique, dont tout ou partie des caractères sexuels s'inversent au cours de la vie. (Chez les crépidules [mollusques] les individus sont d'abord mâles, puis femelles. Les femelles d'anguille se masculinisent avant l'état adulte en général.) — **2.** État d'un individu chez lequel coexistent des caractères sexuels mâles et femelles. (Dans l'espèce humaine, il s'agit de l'hermaphrodisme et du pseudohermaphrodisme.) [Syn. ÉTAT INTERSEXUÉ.]

INTERSEXUÉ, E adj. et n. **1.** Se dit d'un individu qui commence son développement avec son sexe génétique mais l'achève avec le sexe opposé, et qui, de ce fait, présente un aspect intermédiaire entre le mâle et la femelle de son espèce. — **2.** Se dit d'un individu présentant des caractères d'intersexualité. — **3.** *État intersexué,* syn. de INTERSEXUALITÉ.

INTERSIDÉRAL, E, AUX adj. Qui est situé entre les astres.

INTERSIGNE n. m. (anc. fr. *entreseing,* du lat. médiév. *intersignum*). Lien mystérieux qui se produit entre deux phénomènes apparemment dépourvus de tout rapport et dont l'un est considéré comme le signe télépathique de l'autre.

INTERSILLON n. m. Partie de la surface d'un disque comprise entre les bords de deux spires consécutives du sillon.

INTERSPÉCIFIQUE adj. Relatif aux rapports qui se produisent entre plusieurs espèces.

Interspoutnik, réseau international de télécommunications spatiales, créé en 1971 sous l'égide de l'U. R. S. S.

INTERSTADE n. m. Phase climatique correspondant à un réchauffement sensible au cours d'une glaciation.

INTERSTATION n. f. Portion de ligne de métro comprise entre deux stations.

INTERSTELLAIRE adj. **1.** Qui se situe ou se produit entre les étoiles. — **2.** *Matière interstellaire,* ensemble des gaz et des poussières situés entre les étoiles d'une galaxie.

ENCYCL. La *matière interstellaire* est répartie en nuages plus ou moins denses. Le gaz interstellaire neutre diffus se manifeste par des raies d'absorption dans le spectre des étoiles, observées dans le visible et l'ultraviolet. Le principal constituant (90 %) en est l'hydrogène, détecté surtout par sa raie d'émission à 21 cm de longueur d'onde. Ce gaz neutre est très dilué (un atome par cm^3 environ) et très froid (de quelques kelvins à 100 K).

Grâce à la radioastronomie, on a détecté aussi dans le milieu interstellaire neutre et froid une centaine de molécules, comportant jusqu'à 13 atomes. Toutes sont à base d'hydrogène, d'oxygène, de carbone, ou d'azote. Les *nuages moléculaires* denses dans lesquels on les rencontre constituent les sites de formation des étoiles. Le gaz interstellaire situé à proximité des étoiles chaudes est ionisé et se manifeste sous forme de *nébuleuses* brillantes,* ou régions H II, à des températures de quelques milliers de degrés. Enfin, des observations récentes ont mis en évidence entre les nuages de matière interstellaire un gaz chaud (1 000 K), mais neutre *(milieu interstellaire internuage).*

La poussière interstellaire se manifeste par l'absorption, la diffusion et la polarisation de la lumière des étoiles. Plus importante dans l'ultraviolet que dans l'infrarouge, l'absorption provoque le rougissement des astres observés. On estime généralement aujourd'hui que les grains de poussière interstellaire sont formés d'un mélange de glace et de graphite ou de silicates.

INTERSTICE n. m. (bas lat. *interstitum,* de *interstare,* se trouver entre). **1.** Petit espace vide entre les parties d'un tout : *Boucher les interstices des volets.* – **2.** Partie, de dimension le plus souvent microscopique, comprise entre les cristaux d'une roche.

INTERSTITIEL, ELLE adj. **1.** Qui est contenu dans les interstices d'une roche. – **2.** Se dit d'un atome ou d'un ion qui se trouve dans une structure cristalline en dehors d'un site normalement occupé. – **3.** Se dit des structures qui comblent les espaces entre les cellules parenchymateuses des organes. (Le tissu interstitiel est le plus souvent de nature conjonctive.) – **4.** Se dit des lésions inflammatoires, dégénératives ou tumorales développées dans le tissu interstitiel conjonctif et vasculaire des viscères. – **5.** *Faune interstitielle,* ensemble des animaux qui vivent dans l'intervalle des grains de sable des plages, cours d'eau et nappes phréatiques. (→ *encycl.*) ‖ *Néphrite interstitielle,* inflammation du rein prédominant sur le tissu interstitiel (ici conjonctif) de l'organe. ‖ *Porosité interstitielle,* pourcentage volumétrique des interstices d'une roche. ‖ *Site interstitiel,* dans une structure cristalline, volume dans lequel les atomes peuvent s'insérer. ‖ *Solution solide interstitielle,* composé monophasé où l'atome dissous occupe les sites d'insertion du réseau du solvant. (Syn. SOLUTION SOLIDE D'INSERTION.)

◆ **interstitiel** n. m. Défaut ponctuel correspondant à la présence d'un atome supplémentaire inséré dans le réseau d'un milieu cristallin.

ENCYCL. **Biol.** La *faune interstitielle* se nourrit de la matière organique déposée sur le fond des cours d'eau, des lacs ou de la mer, et participe ainsi très largement à l'autoépuration de ces milieux. Elle est très menacée par les pollutions et par le dragage des granulats destinés aux travaux publics.

INTERSTRATIFIÉ, E adj. **1.** Se dit de matériaux qui sont disposés entre deux ou plusieurs strates. – **2.** À l'échelle du minéral, se dit d'un cristal constitué de feuillets de nature différente (par ex. un mica où alternent muscovite et biotite).

INTERSUBJECTIF, IVE adj. Relatif à l'intersubjectivité.

INTERSUBJECTIVITÉ n. f. Communication entre deux personnes, considérée sur le plan de l'échange de contenus.

INTERSYNAPTIQUE adj. Se dit de l'espace compris entre deux synapses.

INTERSYNDICAL, E, AUX adj. Qui concerne plusieurs syndicats : *Réunion intersyndicale.*

◆ **intersyndicale** n. f. Regroupement de plusieurs syndicats.

INTERSYSTOLE n. f. Temps qui sépare la fin de la systole des oreillettes du début de la systole des ventricules du cœur.

INTERTEXTUALITÉ n. f. Relation établie par le lecteur ou le critique entre un texte littéraire et d'autres textes, et d'où procède le sens du texte.

INTERTEXTUEL, ELLE adj. Relatif à l'intertextualité.

INTERTIDAL ou **INTERCOTIDAL, E, AUX** adj. (angl. *intertidal,* de *inter,* entre, et *tide,* marée). Se dit de l'espace côtier compris entre les limites extrêmes atteintes par la marée.

ENCYCL. **Biol.** La zone intertidale est caractérisée par un étagement extrêmement précis, tant des espèces végétales (zones de laminaires) que des espèces animales (zones de littorines), chacune ayant sa durée optimale de séjour hors de l'eau. La violence des vagues, la brutalité des différences de température, et parfois de salinité près des estuaires, réduit d'ailleurs la diversité des espèces vivantes.

INTERTITRE n. m. **1.** Titre secondaire annonçant une partie ou un paragraphe d'un article. – **2.** Plan cinématographique assez bref, contenant uniquement du texte, intercalé au montage à l'intérieur d'une scène. (Dans le cinéma muet, les intertitres indiquaient le dialogue.)

INTERTRIBAL, E, AUX adj. Relatif aux échanges entre tribus différentes.

INTERTRIGO n. m. (lat. *intertrigo, -inis,* écorchure, de *inter,* entre, et *terere,* frotter). Dermoépidermite infectieuse siégeant dans un pli cutané naturel (aine, aisselle, etc.)

ENCYCL. Les intertrigos sont dus principalement au streptocoque ou à *Candida albicans.* Il y a souvent association, simultanée ou successive, de plusieurs germes. Le diabète doit être recherché devant un intertrigo rebelle au traitement.

INTERTROPICAL, E, AUX adj. Qui se rencontre entre les tropiques. (Syn. usuel TROPICAL.)

INTERURBAIN, E adj. Qui est établi entre plusieurs villes : *Communications interurbaines.* ‖ *Téléphone interurbain* ou *interurbain* (n. m.), téléphone permettant de communiquer de ville à ville, avant la généralisation des centraux automatiques. (Abrév. INTER.) ‖ *Chemin de fer interurbain* ou *interurbain* (n. m.), voie ferrée assurant une liaison entre plusieurs villes.

INTERVALLE n. m. (lat. *intervallum*). **1.** Distance plus ou moins grande entre deux choses, entre un point et un autre : *Planter des arbres à intervalles réguliers.* — **2.** Espace de temps entre deux instants : *Pendant un court intervalle, personne ne parla.* — **3.** *Dans l'intervalle,* entretemps. ‖ *Par intervalles,* de temps en temps, par moments, par intermittence. • **Acoust.** Rapport des fréquences de deux sons périodiques. — **Math.** *Intervalle d'un ensemble ordonné* (E, $\leqslant$), partie I de E, telle que, quels que soient x et y élément de I vérifiant $x \leqslant y$, tout élément z de E vérifiant $x \leqslant z \leqslant y$ est élément de I. (→ *encycl.*) — **Mus.** Distance entre deux sons successifs *(intervalle mélodique)* ou simultanés *(intervalle harmonique)*. [→ *encycl.*] — **Psychol.** *Échelle d'intervalles,* type d'échelle subjective utilisée en psychophysiologie pour mesurer les seuils différentiels. — **Stat.** *Intervalle de classe,* intervalle compris entre les limites supérieure et inférieure d'une classe. ‖ *Intervalle de distribution,* différence entre les deux valeurs extrêmes d'une série statistique rangée par valeur croissante. ‖ *Intervalle de variation,* écart entre les deux valeurs extrêmes d'un petit échantillon.

ENCYCL. **Math.** *Intervalle d'un ensemble ordonné.* Dans E, l'ensemble des éléments x tel que $a \leqslant x \leqslant b$ est un intervalle fermé noté $[a,b]$. L'ensemble des éléments x tels que $a < x < b$ est un intervalle ouvert noté $]a,b[$. L'ensemble des éléments x tels que $a < x \leqslant b$ (resp. $a \leqslant x < b$) est un intervalle semi-ouvert à gauche (resp. à droite) noté $]a,b]$ (resp. $[a,b[$).

— **Mus.** Un intervalle tire son nom du nombre de degrés qu'il contient. Les intervalles n'excédant pas l'étendue d'une octave forment la catégorie des intervalles simples ; un intervalle est redoublé quand il excède l'étendue d'une octave. Il se compose alors d'un intervalle simple, reporté à une ou plusieurs octaves. Les intervalles contenant le même nombre de degrés ne sont pas toujours égaux entre eux : ainsi *do-mi, do-mi* bémol, *do-mi* dièse sont bien des tierces, mais de qualifications diverses. Cinq qualifications différencient les espèces d'intervalles, à savoir, par ordre progressif : *diminué, mineur, majeur, juste, augmenté.*

INTERVENANT, E adj. et n. Qui intervient dans un procès.

◆ n. **1.** Personne qui intervient au cours d'un débat, d'une discussion. — **2.** Personne qui intervient au cours d'un processus quelconque. — **3.** Tiers qui honore l'une des signatures apposées sur un effet de commerce.

INTERVENIR v. i. (lat. *intervenire*) [conj. **40** ; auxil. *être*]. **1.** Se produire, avoir lieu, survenir : *Un accord est intervenu entre les syndicats et le patronat.* — **2.** Agir, jouer un rôle dans qqch : *Dans cette affaire, plusieurs facteurs interviennent.* — **3.** Se mêler d'une action, d'une situation en cours en vue d'influer sur le cours des événements : *Intervenir dans les affaires des autres.* — **4.** Agir, prendre part à une action pour régler un problème, faire cesser un phénomène néfaste, enrayer une situation dangereuse, etc. : *Les pompiers sont intervenus tout de suite pour stopper l'incendie.* — **5.** Envoyer des forces militaires dans un pays étranger pour soutenir une action politique ou diplomatique : *Intervenir pour soutenir un allié menacé.* — **6.** Procéder à une intervention chirurgicale : *Le chirurgien a décidé qu'il fallait intervenir.* — **7.** Agir pour qqn d'autre, demander une faveur à qqn pour lui : *Intervenir auprès d'un ministre.* — **8.** Prendre la parole dans un débat, une discussion, à la radio, à la télévision.

INTERVENTION n. f. (bas lat. jurid. *interventio, -onis*). **1.** Action, rôle, effet de qqch dans un processus : *Il n'y a aucune intervention de la volonté dans un acte réflexe.* — **2.** Action d'intervenir dans une situation critique : *L'intervention des pompiers a été rapide.* — **3.** Action d'intervenir dans un débat, une discussion, et sur les ondes ; paroles de celui qui intervient : *L'intervention télévisée du Premier ministre a été jugée bonne.* — **4.** Action d'intervenir dans les affaires intérieures d'un pays étranger, en partic., envoi de forces militaires en pays étranger : *Intervention armée pour rétablir l'ordre.* — **5.** Opération chirurgicale, acte opératoire. — **6.** Action d'intervenir en faveur de qqn ; intercession : *Je compte sur votre intervention en ma faveur.* • **Agric.** Opération d'achat (suivie de stockage ou de destruction) réalisée sur le marché d'un produit agricole pour limiter la baisse des cours en cas d'excédent de production. — **Art contemp.** Action qui prend comme matériau l'environnement sociologique et comme lieu l'espace public (rues par ex.). — **Banq.** *Payeur par intervention,* celui qui, en cas de lettre de change protestée, paie pour le tireur ou pour l'un des endosseurs. — **Dr.** Action d'intervenir dans une instance pendante. (Elle a pour résultat soit l'opposabilité de la décision au tiers intervenant, soit une condamnation à son encontre ou à son profit.) ‖ Acte illicite d'un État ou d'une organisation internationale qui porte atteinte à l'exclusivité de la compétence d'un autre État. (En vertu du principe coutumier de non-intervention, confirmé par une déclaration de l'O. N. U. en 1965, l'intervention est interdite, sauf si elle est expressément prévue par un accord ou demandée par l'État qui la subit.) ‖ *Intervention d'humanité,* intervention militaire d'un État sur le territoire d'un autre pour protéger une partie de la population en danger. — **Psychol.** *Intervention psychosociologique,* syn. de RECHERCHE-ACTION.

INTERVENTIONNISME n. m. **1.** Doctrine, attitude, politique préconisant une intervention des pouvoirs publics dans la vie économique d'un pays. — **2.** Doctrine préconisant l'intervention d'un État dans un conflit entre d'autres États.

INTERVENTIONNISTE adj. et n. Qui relève de l'interventionnisme ; qui en est partisan.

INTERVENTRICULAIRE adj. Situé entre les deux ventricules du cœur ou entre les ventricules cérébraux.

INTERVERSION n. f. (bas lat. *interversio, -onis,* interruption). Renversement, dérangement de l'ordre naturel ou habituel : *L'interversion des mots dans une phrase.*

INTERVERTÉBRAL, E, AUX adj. Placé entre deux vertèbres. (Les articulations intervertébrales unissent les vertèbres entre elles par l'intermédiaire des *disques intervertébraux.*)

INTERVERTIR v. t. (lat. *intervertere,* détourner) [conj. 32]. **1.** Renverser l'ordre naturel ou habituel des choses : *Vous avez maladroitement interverti les fiches.* — **2.** *Intervertir les rôles,* les renverser, chacun prenant la place de l'autre.

INTERVIEW [ɛ̃- ou intɛrvju] n. f. ou m. (angl. *interview,* du fr. *entrevue*). **1.** Entretien avec qqn, pour l'interroger sur ses actes, ses idées, ses projets, afin d'en publier ou diffuser le contenu : *Solliciter une interview.* — **2.** Compte rendu des questions et des réponses échangées au cours de cet entretien. — **3.** Méthode d'enquête sociologique qui a pour but d'établir un rapport de communication verbale entre l'interviewé et l'intervieweur.

INTERVIEWÉ, E [-vjuve] n. Personne qui est interviewée.

INTERVIEWER [-vjuve] v. t. (angl. *to interview*) [conj. 3]. Soumettre qqn à une interview : *Interviewer un ministre.*

INTERVIEWER [-vjuvœr] ou **INTERVIEWEUR, EUSE** n. (angl. *interviewer*). Journaliste, personne qui interviewe qqn.

INTERVILLES adj. Se dit d'un train rapide reliant des grandes villes, en général sur des distances importantes.

INTERVOCALIQUE adj. Se dit d'une consonne située entre deux voyelles.

◆ n. f. Position intervocalique d'une unité phonique.

INTERZONES adj. Qui concernait, pendant l'occupation allemande, les relations entre la zone non occupée et la zone occupée.

INTESTAT adj. inv. et n. (lat. *intestatus,* de *testari,* tester). Qui n'a pas fait de testament : *Mourir intestat.*

1. INTESTIN, E adj. (lat. *intestinus,* intérieur). *Litt.* Qui se produit à l'intérieur d'une collectivité, d'une organisation ou d'une nation : *Lutte intestine.*

2. INTESTIN n. m. (lat. *intestina,* intestins). **1.** Chez l'homme, portion du tube digestif qui va du pylore à l'anus, divisée en intestin grêle et gros intestin (cæcum, côlon, rectum). — **2.** Partie postérieure, d'origine endodermique et dépourvue de poches d'accumulation, du tube digestif des animaux. (Chez les vertébrés, la paroi intestinale est unistratifiée, glandulaire et absorbante ; seuls les mammifères ont un *duodénum* différencié, véritable organe chimiosensible.)
ENCYCL. **Anat.** L'*intestin grêle* mesure environ 7 m de long et comprend une partie relativement fixe, le duodénum, et une partie mobile, le jéjuno-iléon, qui décrit 15 ou 16 grandes flexuosités, appelées anses intestinales. Les anses sont reliées à la paroi par des replis du péritoine, les feuillets du mésentère. La muqueuse de l'intestin grêle est hérissée de villosités qui présentent des glandes à mucus et des cellules qui sécrètent le suc intestinal. L'intestin grêle est animé de contractions rythmiques qui assurent l'homogénéisation de son contenu, et de mouvements péristaltiques qui assurent la propulsion de celui-ci. La lumière de l'intestin grêle est le lieu d'action des enzymes du suc pancréatique et des enzymes intestinales. Les aliments sont ainsi dégradés en molécules assez petites qui passent dans le sang et la lymphe au niveau des villosités intestinales.

INTESTINAL, E, AUX adj. **1.** Qui appartient à l'intestin. (Syn. ENTÉRIQUE.) — **2.** Se dit du suc sécrété par les glandes de l'intestin, et servant à la digestion.

INTI, dieu-soleil, ancêtre de la dynastie inca vénéré dans tout l'Empire.

INTIFADA (en ar. *intifāḍa,* soulèvement), soulèvement populaire palestinien, déclenché en déc. 1987 dans les territoires occupés par Israël. Il opposait dans des heurts fréquents et meurtriers des groupes palestiniens à l'armée et aux colons israéliens.

INTIMA n. f. Syn. de ENDARTÈRE.

INTIMATION n. f. (bas lat. *intimatio, -onis*). Action d'intimer.

INTIME adj. (lat. *intimus*). **1.** Qui est au plus profond de qqn, de qqch, qui constitue l'essence de qqch et reste généralement caché, secret : *J'ai l'intime conviction qu'il est coupable.* – **2.** Qui atteint le fond des choses : *Mélange intime de deux corps.* – **3.** Avec qui on est étroitement lié : *Avoir un ami intime.* – **4.** Qui se passe entre un petit nombre de personnes plus ou moins étroitement unies par des liens d'amitié, d'amour : *Pour leur mariage, ils veulent une cérémonie intime.* – **5.** Qui est caché des autres et appartient à ce qu'il y a de tout à fait privé : *Sa vie intime ne nous regarde pas.* – **6.** Qui a trait à l'hygiène des parties génitales internes et externes : *Faire sa toilette intime.* – **7.** *Journal intime,* qui concerne la vie privée et dont on n'envisage pas la publication. ‖ *Rapports, relations intimes,* rapports sexuels.
◆ n. Personne intime, familier ou confident : *Dîner entre intimes.*

INTIMÉ, E n. Défendeur dans une instance d'appel.

INTIMEMENT adv. **1.** De façon intime : *Être intimement lié avec quelqu'un.* – **2.** Très profondément : *Être intimement persuadé de son droit.*

INTIMER v. t. (bas lat. *intimare*) [conj. 3]. **1.** Signifier un ordre à qqn en le lui déclarant avec autorité : *Il m'intima (l'ordre) de partir.* – **2.** Assigner qqn en appel. – **3.** *Intimer un concile,* assigner le lieu et le temps où ce concile devra se tenir.

INTIMIDABLE adj. Facile à intimider.

INTIMIDANT, E adj. Qui intimide : *Regard intimidant.*

INTIMIDATEUR, TRICE adj. Qui est propre à intimider.

INTIMIDATION n. f. Action d'intimider qqn par la force, la violence, la ruse : *Manœuvre d'intimidation.*

INTIMIDER v. t. (de *timide*) [conj. 3]. **1.** Inspirer à qqn une crainte, un trouble qui lui font perdre son assurance : *Les femmes l'intimident.* – **2.** Remplir qqn de peur en usant de la force, de menace : *Vos menaces ne l'intimident pas.*

INTIMISME n. m. Caractère, manière des écrivains, des peintres intimistes ; caractère de leurs œuvres.

INTIMISTE adj. et n. (de *intime*). **1.** Se dit d'un écrivain, d'un poète, qui exprime les émotions les plus intimes, les plus discrètes. (Parmi les intimistes, on peut citer M. Desbordes-Valmore, Sainte-Beuve, Joubert, Amiel, Senancour, F. Coppée, Sully Prudhomme et, au XXe s., Ch. Vildrac et J.-J. Bernard.) – **2.** Se dit d'un peintre qui peint des scènes d'intérieur de caractère intime, ou qui exprime une vision intime.
◆ adj. Se dit d'une œuvre ou d'une atmosphère de caractère familial ou intime.

INTIMITÉ n. f. **1.** *Litt.* Caractère de ce qui est intime, profond, intérieur : *Dans l'intimité de sa conscience.* – **2.** Familiarité qui unit des personnes liées par l'amitié, l'amour : *Ne troublez pas leur intimité conjugale.* – **3.** Vie privée : *Dans l'intimité, il est très simple.* – **4.** Qualité d'un cadre accueillant qui favorise les relations familières : *L'intimité d'un coin du salon.*

INTINCTION n. f. (du lat. *tinctus,* trempé). Manière de donner la communion en trempant une parcelle de pain consacré dans le calice. (C'est l'usage général chez les orthodoxes.)

INTINE n. f. Membrane interne du grain de pollen, par oppos. à *l'exine.*

INTITULÉ n. m. **1.** Titre d'un livre, d'une partie d'un ouvrage : *Un intitulé de chapitre.* – **2.** Nom, adresse, numéro de compte du titulaire d'un compte courant postal. – **3.** Formule qui se met en tête d'une loi, d'un jugement, d'un acte. – **4.** *Intitulé d'inventaire,* partie de l'inventaire où se trouvent indiqués les nom, profession, domicile et qualité des intéressés.

INTITULER v. t. (bas lat. *intitulare,* du lat. class. *titulus,* titre) [conj. 3]. Donner un titre à qqch.
◆ **s'intituler** v. pr., **être intitulé** v. pass. Avoir tel titre : *L'ouvrage s'intitule « À la lumière de l'avenir ».*
◆ **s'intituler** v. pr. S'attribuer tel titre (en général, auquel on n'a pas droit) : *Il s'intitule architecte-décorateur.*

INTOLÉRABLE adj. (lat. *intolerabilis*). **1.** Qu'on ne peut pas supporter : *Une douleur intolérable.* – **2.** Qu'on ne peut pas admettre, accepter : *Une conduite intolérable.*

INTOLÉRANCE n. f. **1.** Refus d'admettre l'existence d'idées, de croyances ou d'opinions différentes des siennes. (Le sujet va jusqu'à persécuter ceux qui les soutiennent.) – **2.** Réaction de l'organisme, anormale par ses manifestations pathologiques, à l'égard d'une substance médicamenteuse *(intolérance médicamenteuse)* ou d'un aliment *(intolérance alimentaire).*

Intolérance, film américain de David Wark Griffith (1916). Cette surperproduction hardie montre les conséquences de l'intolérance sociale, politique et religieuse à travers les âges. La version originale durait huit heures.

INTOLÉRANT, E adj. Qui manque de tolérance.

INTONATIF, IVE ou **INTONATOIRE** adj. Relatif à l'intonation.

INTONATION n. f. (lat. médiév. *intonnare,* entonner, avec l'infl. du lat. class. *intonare,* de *tonus,* ton). Ensemble des inflexions que prend la voix : *Prendre une intonation douce.* • **Mus.** Façon d'attaquer un son vocal. ‖ Partie initiale d'un chant liturgique réservée au célébrant. – **Phon.** Fonctionnement signifiant des variations de la fréquence fondamentale et de la mélodie dans l'énoncé. ‖ Mouvement musical de la phrase caractérisé par les variations de la hauteur des voyelles (→ *encycl.*)

ENCYCL. **Phon.** L'intonation est un système prosodique constitué d'unités abstraites, arbitraires et discrètes (intonèmes) dont les diverses fonctions linguistiques s'exercent dans le cadre d'unités supérieures au phonème et au mot. Elle se réalise physiquement par les variations de la fréquence fondamentale qui dépendent du rythme de vibration des cordes vocales. Ainsi, l'intonème interrogatif dans *Il neige ?* se réalise par une augmentation rapide de la fréquence fondamentale, alors que la réalisation de l'intonème affirmatif dans *Il neige* met en jeu le processus inverse. L'intonation sert à signaler la catégorie de base à laquelle appartient la phrase (affirmative, interrogative, impérative, etc.), ainsi que sa modalité expressive (affimation péremptoire, doute, surprise, etc.). Elle participe également à la structuration sémantique du message en permettant l'identification du thème (ce qui est donné par le contexte référentiel) et du rhème (ou apport d'information).

INTONÈME n. m. Unité intonative minimale définie par la conjonction d'un ensemble de traits prosodiques solidaires (± haut, ± montant, ± long, etc.).

INTOUCHABILITÉ n. f. En Inde, caractère des intouchables.

INTOUCHABLE adj. **1.** Qui ne peut être touché. – **2.** Que l'on ne peut jamais joindre, contacter. ◆ adj. et n. Qui ne peut être l'objet d'aucune critique, d'aucune sanction : *Les conseillers du président sont intouchables.*

◆ n. En Inde, membre des castes les plus basses, considérées comme si impures qu'elles peuvent transmettre la pollution par simple contact physique (ex. tanneurs, musiciens, balayeurs). [Les intouchables étaient relégués dans des quartiers extérieurs aux villes et l'accès des maisons, des fontaines, des temples leur était interdit. Ces discriminations, prohibées par la loi, subsistent en fait.]

INTOX ou **INTOXE** n. f. *Fam.* Intoxication.

INTOXICANT, E adj. Qui produit une intoxication.

INTOXICATION n. f. (lat. médiév. *intoxicatio*). **1.** Introduction ou accumulation de substance toxique dans un organisme vivant et à dose suffisante pour provoquer des troubles. (L'intoxication peut être aiguë, subaiguë après quelques semaines ou chronique après quelques mois ou années. Sa gravité dépend de la toxicité propre du produit en cause, du mode d'introduction, de la dose absorbée et de la résistance du sujet.) – **2.** Mise en condition des gens, visant à imposer des idées ou à exercer sur eux une influence qui diminue leur sens critique. (Abrév. fam. INTOX ou INTOXE.)

INTOXIQUÉ, E n. et adj. **1.** Qui use habituellement de drogues, de stupéfiants. – **2.** Se dit de qqn qui, imprégné par la propagande, perd tout sens critique.

INTOXIQUER v. t. (lat. *intoxicare*) [conj. **3**]. **1.** Empoisonner qqn, son organisme, par des substances toxiques : *S'intoxiquer avec des champignons.* – **2.** Imprégner qqn de certaines idées, au point de lui faire perdre tout sens critique : *Intoxiquer la population par la propagande.*

INTRA-, préfixe indiquant la présence à l'intérieur de qqch.

INTRA-ARTÉRIEL, ELLE adj. Qui concerne l'intérieur des artères.

INTRA-ARTICULAIRE adj. Qui concerne l'intérieur d'une articulation.

INTRA-ATOMIQUE adj. Qui est situé ou qui s'exerce à l'intérieur d'un atome.

INTRA-AURICULAIRE adj. Relatif à l'intérieur de l'oreille ou à l'intérieur des oreillettes du cœur.

INTRACARDIAQUE adj. **1.** Qui est à l'intérieur du cœur. – **2.** Se dit d'une injection d'adrénaline ou de chlorure de sodium faite, généralement lors d'un arrêt cardio-vasculaire, à travers le tissu myocardique dans une cavité ventriculaire.

INTRACELLULAIRE adj. Qui est à l'intérieur d'une cellule vivante.

INTRACÉRÉBRAL, E, AUX adj. Qui concerne l'intérieur du cerveau.

INTRACERVICAL, E, AUX adj. Qui est à l'intérieur du col utérin.

INTRACOMMUNAUTAIRE adj. Qui se fait à l'intérieur d'une communauté, et, en partic., à l'intérieur de la Communauté européenne.

INTRACONTINENTAL, E, AUX adj. Qui est à l'intérieur d'une zone continentale.

INTRACRÂNIEN, ENNE adj. Syn. de ENDOCRÂNIEN.

INTRADERMIQUE adj. **1.** Situé dans l'épaisseur du derme. – **2.** Se dit d'une injection faite dans l'épaisseur du derme avec une aiguille très fine.

INTRADERMO-RÉACTION ou, fam., **INTRADERMO** n. f. Réaction inflammatoire cutanée, se produisant au point où a été pratiquée une injection intradermique d'une petite quantité d'un antigène, capable de révéler l'état d'hypersensibilité (immédiate ou retardée) chez un sujet immunisé contre cet antigène.

INTRADOS [-do] n. m. **1.** Surface intérieure d'un arc, d'une voûte, d'une arche de pont. (Contr. EXTRADOS.) — **2.** Surface inférieure d'une aile d'avion.

INTRADUISIBLE adj. **1.** Qu'il est impossible de traduire dans une autre langue : *Texte intraduisible.* — **2.** Qu'il est impossible d'exprimer : *Un sentiment intraduisible.*

INTRA-ÉPITHÉLIAL, E, AUX adj. **1.** Qui est à l'intérieur d'un épithélium. — **2.** *Épithélioma intra-épithélial,* forme de cancer épithélial où la transformation maligne est localisée aux cellules de l'épithélium qui lui ont donné naissance. (Il se voit en particulier au niveau du col utérin.) [Syn. CANCER IN SITU.]

INTRAFIRME adj. *Commerce intrafirme,* syn. de COMMERCE CAPTIF*.

INTRAGLACIAIRE adj. Qui se trouve dans la masse d'un glacier.

INTRAGRANULAIRE adj. Qui se situe à l'intérieur des grains d'une roche.

INTRAITABLE adj. Qui n'accepte aucun compromis : *Il est intraitable sur tout ce qui touche à l'honneur.*

INTRAMÉDULLAIRE adj. Situé à l'intérieur de la moelle épinière ou osseuse.

INTRAMOLÉCULAIRE adj. Qui concerne l'intérieur des molécules.

INTRAMONTAGNARD, E ou **INTRAMONTAGNEUX, EUSE** adj. Qui est situé à l'intérieur d'une chaîne de montagnes.

INTRA-MUROS [-ros] loc. adv. et adj. (lat. *intra muros,* en dedans des murs). Dans l'enceinte des murs, des fortifications d'une ville : *Quartiers intra-muros.*

INTRAMUSCULAIRE adj. **1.** Situé dans l'épaisseur du muscle. — **2.** *Injection intramusculaire* ou *intramusculaire* (n. f.), injection faite dans l'épaisseur du muscle avec une aiguille longue.

INTRANSFÉRABLE adj. Qui ne peut être transféré.

INTRANSIGEANCE n. f. Caractère, attitude de qqn qui ne transige pas : *L'intransigeance de la jeunesse.*

INTRANSIGEANT, E adj. et n. (esp. *intransigente*). Qui ne transige pas, n'admet aucun compromis : *Être intransigeant sur les principes.*

Intransigeant *(l'),* quotidien politique fondé à Paris, en 1880, par H. Rochefort.

INTRANSITIF, IVE adj. (bas lat. *intransitivus*). **1.** Se dit d'un emploi, d'une construction caractérisés par la présence d'un verbe intransitif. — **2.** *Verbe intransitif* ou *intransitif* (n. m.), verbe exprimant une action limitée au sujet et qui n'admet pas de complément d'objet.

ENCYCL. **Ling.** On distingue parfois les verbes intransitifs *(mourir, briller, planer)* et les verbes transitifs indirects *(aller, parler, obéir).* La plupart de ces verbes ne peuvent être tournés au passif. Cependant, certains verbes transitifs peuvent être employés intransitivement *(Paul mange),* et certains verbes dits intransitifs peuvent être suivis d'un complément d'objet direct *(Il pense l'univers).*

INTRANSITIVEMENT adv. À la manière d'un verbe intransitif.

INTRANSITIVITÉ n. f. Caractère des verbes intransitifs.

INTRANSMISSIBILITÉ n. f. Qui est intransmissible.

INTRANSMISSIBLE adj. Qui ne peut être transmis, communiqué ou traduit.

INTRANSPORTABLE adj. Qui n'est pas transportable : *Malade intransportable.*

INTRANT n. m. (lat. médiév. *intrans, -antis*). Syn. de INPUT.

INTRANUCLÉAIRE adj. Situé à l'intérieur d'un noyau.

INTRAOCULAIRE adj. Qui est situé ou qui s'opère dans l'intérieur de l'œil.

INTRAPSYCHIQUE adj. Qui est interne à l'appareil psychique.

INTRARACHIDIEN, ENNE adj. **1.** Situé dans l'intérieur du rachis. — **2.** Se dit d'une injection faite dans le liquide céphalo-rachidien.

INTRASPÉCIFIQUE adj. Qui se passe à l'intérieur d'une même espèce biologique.

INTRATELLURIQUE adj. Qui a cristallisé ou qui s'est produit à grande profondeur dans la croûte ou le manteau terrestre.

INTRA-UTÉRIN, E adj. **1.** Qui concerne l'intérieur de l'utérus. — **2.** *Dispositif intra-utérin,* syn. de STÉRILET.

INTRAVASCULAIRE adj. **1.** Qui est à l'intérieur des vaisseaux. — **2.** Se dit d'une injection faite dans une artère ou une veine.

INTRAVEINEUX, EUSE adj. **1.** Qui concerne l'intérieur d'une veine. — **2.** *Injection intraveineuse* ou *intraveineuse* (n. f.), injection faite dans une veine.

INTRAVENTRICULAIRE adj. Qui concerne l'intérieur d'un ventricule du cœur ou d'un ventricule cérébral.

INTRAVERSABLE adj. Qui ne peut être traversé.

INTRAZONAL, E, AUX adj. Se dit d'un sol qui, par son évolution et ses propriétés, fait exception au schéma général de l'ordonnance zonale des sols.

IN-TRENTE-DEUX [in- ou ɛ̃-] adj. et n. m. inv. Se dit du format déterminé par le pliage d'une feuille d'impression en 32 feuillets égaux, soit 64 pages ou de tout livre de ce format.

INTRÉPIDE adj. et n. (lat. *intrepidus*). Qui ne craint pas le danger et affronte les obstacles sans avoir peur.
◆ adj. **1.** Qui marque du courage : *Résistance intrépide.* — **2.** *Vx.* Que rien n'arrête, infatigable, tenace, obstiné : *Buveur intrépide.*

INTRÉPIDEMENT adv. De façon intrépide.

INTRÉPIDITÉ n. f. **1.** Caractère, comportement de qqn d'intrépide, de courageux : *L'intrépidité des sauveteurs.* — **2.** *Litt.* Caractère de qqn que rien n'arrête : *Mentir avec intrépidité.*

INTRICATION n.f. (du lat. *intricare,* embrouiller). État de ce qui est emmêlé, de choses qui s'enchevêtrent.

INTRIGANT, E adj. et n. (ital. *intrigante*). Qui recourt à l'intrigue pour arriver à ses fins.

INTRIGUE n. f. (de *intriguer*). **1.** Machination secrète ou déloyale pour obtenir quelque avantage ou pour nuire à qqn : *Déjouer une intrigue.* — **2.** Liaison amoureuse passagère, plus ou moins secrète : *Nouer une intrigue.* — **3.** Succession de faits et d'actions qui forment la trame d'une pièce de théâtre, d'un roman, d'un film. — **4.** *Comédie d'intrigue,* celle dont le comique résulte de la multiplicité et de la variété des incidents.

INTRIGUER v. t. (ital. *intrigare,* du lat. *intricare,* embrouiller) [conj. **3**]. Exciter vivement la curiosité de qqn : *Il avait fini par m'intriguer avec ses cachotteries.*
◆ v. i. Faire, mener des intrigues : *Intriguer pour obtenir la place de quelqu'un.*

INTRINSÈQUE adj. (lat. scolast. *intrinsecus,* intérieurement). Qui est inhérent à qqn, à qqch, qui lui appartient en propre : *Reconnaître le mérite intrinsèque de quelqu'un.* • **Anat.** Se dit des muscles intérieurs à certains organes. ‖ Se dit aussi des formations nerveuses situées à l'intérieur même d'un tissu ou d'un organe. — **Électron.** Dans les semi-conducteurs, se dit de la conduction due uniquement à l'agitation thermique des atomes. ‖ Dans un dispositif à semi-conducteur (diode P. I. N.), se dit de la zone qui n'a pas été dopée. — **Matér.** *Courbe intrinsèque,* pour un matériau supposé homogène et isotrope, lieu géométrique des extrémités des vecteurs contraintes limites compatibles avec la résistance ou la déformabilité du matériau. ‖ *Équations intrinsèques,* ensemble des relations existant entre les sollicitations et les déplacements relatifs aux sections d'extrémité d'une poutre. — **Math.** Se dit d'une propriété d'un arc paramétré (I,*f*), qui est vraie pour toute autre représentation équivalente (J,*g*). — **Méd.** *Facteur intrinsèque,* substance sécrétée par la muqueuse gastrique, permettant l'absorption de la vitamine B12 au niveau de l'iléon. — **Opt.** Se dit de la puissance d'un instrument d'optique pour un observateur qui forme l'image à l'infini.

INTRINSÈQUEMENT adv. De façon intrinsèque.

INTRIQUER v. t. (lat. *intricare,* embrouiller) [conj. 3]. **1.** Emmêler des choses, les enchevêtrer les unes dans les autres : *Intriquer des fils, des motifs.*
◆ **s'intriquer** v. pr., **être intriqué** v. pass. Se mêler, se confondre, être enchevêtré : *Des faits complètement intriqués.*

INTRODUCTEUR, TRICE n. (bas lat. *introductor*). **1.** Personne qui introduit qqn auprès d'un autre : *Servir d'introducteur auprès d'un ministre.* — **2.** Personne qui introduit une idée, une chose nouvelle : *L'introducteur d'une mode.*

INTRODUCTIF, IVE adj. Qui sert à marquer le commencement : *Prononcer un discours introductif.*

INTRODUCTION n. f. (lat. *introductio, -onis*). **1.** Action d'introduire qqn dans un lieu, dans un groupe ; action de s'introduire dans un lieu : *L'introduction d'un visiteur. L'introduction dans la bande d'un nouveau membre.* — **2.** Action d'introduire, de faire entrer qqch qqpart : *L'introduction d'une sonde dans la vessie.* — **3.** Action d'insérer, d'intégrer qqch dans un ensemble : *L'introduction de termes étrangers dans la langue.* — **4.** Ce qui sert de préparation à une étude, à une science : *Les sciences naturelles sont une introduction à l'étude de la médecine.* — **5.** Discours, texte préliminaire au début d'un ouvrage, d'une dissertation : *Livre qui a six pages d'introduction.* — **6.** *Mot, carte, lettre d'introduction,* qui facilitent à qqn l'accès auprès de qqn d'autre. ‖ *Introduction en Bourse,* ensemble des formalités préalables à la cotation d'un titre admis à une Bourse de valeurs.

Introduction à la psychanalyse, ouvrage de S. Freud, écrit en 1916-17, où sont exposés les principaux concepts psychanalytiques.

INTRODUIRE v. t. (lat. *introducere,* avec l'infl. de *conduire*) [conj. **98**]. **1.** Faire entrer qqn dans un lieu : *L'huissier l'a introduit dans le bureau du ministre.* — **2.** Faire admettre qqn dans un groupe, une société, le présenter : *La comtesse l'introduisit dans le grand monde.* — **3.** Faire adopter qqch, être le premier à le faire admettre : *Introduire une mode.* — **4.** Faire entrer qqch, qqn qqpart de façon irrégulière : *Introduire en France des articles de contrebande. Introduire un ennemi dans la place.* — **5.** Faire entrer, faire pénétrer qqch dans qqch d'autre : *Introduire la clé dans la serrure.* — **6.** Ajouter qqch à un ensemble : *Introduire des mots nouveaux dans le dictionnaire.* — **7.** *Introduire une instance,* saisir un tribunal d'une affaire.

◆ **s'introduire** v. pr., **être introduit** v. pass. **1.** Entrer qqpart, y pénétrer : *Des voleurs se sont introduits dans l'appartement.* — **2.** Se faire admettre qqpart, s'y faire recevoir, y avoir ses entrées : *Il est bien introduit dans ce milieu.* — **3.** Être adopté, être installé dans l'usage : *Quand cette mode s'est-elle introduite en France ?*

INTROÏT [-trɔit] n. m. (lat. *introitus,* entrée). Chant grégorien très orné, et très souvent emprunté aux psaumes, qui accompagne l'entrée du célébrant à la messe.

INTROJECTER v. t. (conj. 3). Faire l'introjection d'un objet.

INTROJECTION n. f. (de *projection*). Processus qui consiste à transposer sur un mode fantasmatique les objets extérieurs et leurs qualités inhérentes dans les diverses instances de l'appareil psychique.

INTROMISSION n. f. (lat. *intromissum,* de *intromittere,* introduire). **1.** Action par laquelle un objet ou un organe est introduit dans un autre objet ou un autre organe. — **2.** Introduction du pénis dans le vagin.

INTRON n. m. Séquence non codante (ou zone de silence), contenue dans un gène d'eucaryote. (Elle sépare les séquences de codage, ou *exons.*)

INTRONISATION n. f. **1.** Action de faire asseoir un évêque, un abbé, une abbesse, un roi ou une reine sur le siège qui représente la fonction. — **2.** Avènement, établissement de qqch à quoi on donne une place éminente : *L'intronisation d'un nouveau système.*

INTRONISER v. t. (lat. ecclés. *inthronizare,* du gr. *enthronidzein,* placer sur un trône) [conj. 3]. **1.** Placer, installer un roi, un pape, etc. sur le trône, officialiser la prise de fonction par une cérémonie. — **2.** *Litt.* Établir qqch, l'installer de façon durable : *Introniser une mode.*

INTRORSE adj. Se dit d'une anthère ou d'une étamine dont les fentes de déhiscence sont orientées vers l'intérieur de la fleur. (Contr. EXTRORSE.)

INTROSPECTIF, IVE adj. Qui relève de l'introspection.

INTROSPECTION n. f. (du lat. *introspicere,* regarder à l'intérieur). Observation méthodique, par le sujet lui-même, de ses états de conscience et de sa vie intérieure.

INTROSPECTIONNISTE adj. Relatif à l'introspection.

INTROUVABLE adj. **1.** Qu'on ne réussit pas à retrouver : *J'ai perdu mes clefs, elles sont introuvables.* — **2.** Qui est très difficile à trouver : *Livre introuvable aujourd'hui.* — **3.** *La Chambre introuvable,* Chambre* des députés en 1815-16.

INTROVERSIF, IVE adj. et n. Chez qui la tendance à l'introversion est forte.

INTROVERSION n. f. (all. *Introversion,* du lat. *introversus,* vers l'intérieur). Tendance à se replier sur soi-même. (S'oppose à EXTRAVERSION.)

INTROVERTI, E n. Personne dont l'affectivité, les centres d'intérêts sont dirigés préférentiellement sur elle-même. (Contr. EXTRAVERTI.)

INTROVERTIR v. t. (conj. 32). Replier qqn sur lui-même : *Son éducation l'avait introverti.*

INTRUS, E [-try, -yz] adj. et n. (lat. ecclés. *intrusus,* du lat. class. *introtrudere,* introduire de force). Qui s'est introduit dans un groupe, chez qqn, sans avoir qualité pour y être admis, sans y être invité : *Elle considère son gendre comme un intrus.*

INTRUSIF, IVE adj. (de *intrusion*). Se dit de roches (filons magmatiques, roches salines) qui remontent en traversant des formations préexistantes.

INTRUSION n. f. (lat. *intrusio, -onis*). **1.** Fait de s'introduire de façon inopportune dans un groupe, un milieu, sans y être invité : *Son intrusion dans l'assemblée causa une grande gêne.* — **2.** Fait d'intervenir dans un domaine où il ne conviendrait pas de le faire : *L'intrusion de la politique dans le sport.* — **3.** Mise en place d'un magma dans des formations préexistantes ; ensemble de roches magmatiques mises en place en profondeur. — **4.** Contre-mesure électronique consistant à entrer dans un réseau radioélectrique ennemi en se faisant passer pour l'un des membres de celui-ci.

INTUBATION n. f. (angl. *intubation*). En réanimation et en anesthésie, introduction dans la trachée d'un gros tube assurant la liberté des voies aériennes supérieures, permettant la ventilation artificielle, la protection du poumon et l'aspiration des sécrétions bronchiques.

INTUBER v. t. (conj. 3). Pratiquer une intubation.

INTUITIF, IVE adj. (de *intuition*). Qui procède par intuition ; que l'on a par intuition : *Connaissance intuitive.*

◆ adj. et n. Qui pressent les choses au lieu de les découvrir en raisonnant.

INTUITION n. f. (lat. scolast. *intuitio, -onis,* du lat. class. *intuitum,* de *intueri,* regarder attentivement). **1.** Connaissance directe, immédiate de la vérité, sans recours au raisonnement, à l'expérience. — **2.** Sentiment irraisonné, non vérifiable qu'un événement va se produire, que qqch existe : *Avoir l'intuition d'un danger.* — **3.** *Avoir de l'intuition,* avoir du flair, deviner les choses.

INTUITIONNISME n. m. **1.** Doctrine logique selon laquelle on ne peut construire des entités mathématiques qu'à l'aide de l'intuition. (C'est la doctrine de Brouwer et de Heyting.) — **2.** Doctrine philosophique qui fait reposer la connaissance sur l'intuition.

INTUITIONNISTE adj. et n. **1.** Relatif à l'intuitionnisme ; partisan de l'intuitionnisme. — **2.** *Logique intuitionniste,* logique qui présente de notables différences par rapport à la logique classique. (La loi de la double négation : non-non $p \rightarrow p$ ($\neg\neg p \rightarrow p$), en particulier, n'y est pas admise.)

INTUITIVEMENT adv. De façon intuitive.

INTUITU PERSONAE loc. adv. (mots lat. signif. *en considération de la personne*). Se dit pour souligner qu'une convention n'a été passée qu'en raison des qualités du cocontractant.

INTUMESCENCE [-mɛsɑ̃s] n. f. (lat. *intumescere,* gonfler). **1.** Action par laquelle une chose enfle ; augmentation de volume. — **2.** Onde de surface qui se produit dans les canaux découverts de faible profondeur. (Créées par un obstacle, les intumescences peuvent modifier l'écoulement. Selon que leur célérité est inférieure ou supérieure à la vitesse de l'écoulement, celui-ci est *torrentiel* ou *fluvial.*)

INTUMESCENT, E adj. (lat. *intumescens, -entis,* de *intumescere,* gonfler). **1.** Qui commence à enfler, à se gonfler. — **2.** Se dit d'un vernis ou d'une peinture qui, sous l'action de la chaleur, forme une gangue épaisse ayant pour effet de retarder l'inflammation de l'objet peint.

INTUSSUSCEPTION n. f. (lat. *intus,* dedans, et *susceptio, -onis,* action de prendre). Mode d'accroissement des cellules vivantes par assimilation de nouveaux éléments dans la masse et qui oppose celle-ci aux cristaux, qui croissent par superposition.

INUIT adj. inv. Relatif aux Inuit.

INUIT, nom que se donnent les Esquimaux dans leur propre langue. (Au sing., on dit un *Inuk.*)

INUKTITUT n. m. Nom que les Esquimaux donnent à leur langue. (Syn. ESQUIMAU.)

INULA n. f. (lat. *inula,* aunée). Herbe (composée) vivace rustique à fleurs jaunes.

INULINE n. f. (lat. *inula,* aunée). Polyholoside présent dans le rhizome de diverses composées (aunée, topinambour, dahlia).
ENCYCL. L'inuline est éliminée au niveau rénal par simple filtration glomérulaire, sans réabsorption ni excrétion tubulaire. (Sa clearance sert de mesure de référence pour la filtration glomérulaire.)

INUPIK n. m. Ensemble de dialectes esquimaux de l'Alaska, du Canada et du Groenland.

INUSABLE adj. Qui dure très longtemps.

INUSITÉ, E adj. (lat. *inusitatus*). **1.** Qui n'est pas usité couramment ; rare : *Mot inusité.* — **2.** Qui n'est pas habituel, ordinaire ; anormal : *Bruit inusité.*

INUSUEL, ELLE adj. Qui n'est pas usuel.

IN UTERO [inytero] loc. adv. et adj. (lat. *in utero,* dans l'utérus). Se dit des phénomènes physiologiques et pathologiques qui affectent l'embryon et le fœtus.

INUTILE adj. (lat. *inutilis*) [après ou qqf avant le n.]. **1.** Qui ne sert à rien, qui n'apporte rien, qui est superflu : *Il s'embarrasse d'objets inutiles.* — **2.** Qui n'a aucun effet, qui ne remplit pas son but : *Ma démarche n'aura pas été inutile.* — **3.** Qui, dans une situation difficile, sait ou sent que tous ses efforts seront vains : *Se sentir inutile et impuissant devant un drame.*
◆ adj. et n. Qui ne rend pas de services : *Renvoyer les inutiles.*

INUTILEMENT adv. De façon inutile.

INUTILISABLE adj. Qui n'est pas utilisable : *Appareil inutilisable.*

INUTILISÉ, E adj. Qui n'est pas utilisé, non encore employé : *Ressources inutilisées.*

INUTILITÉ n. f. (lat. *inutilitas, -atis*). **1.** Caractère de ce qui est inutile : *L'inutilité d'une action.* — **2.** Chose superflue, inutile : *Un discours rempli d'inutilités.*

INUVIK, v. du Canada, dans les Territoires du Nord-Ouest, sur le bord du delta du Mackenzie ; 3 000 hab. Aéroport. Base pour l'exploitation du pétrole dans la mer de Beaufort.

INVAGINABLE adj. Qui peut s'invaginer.

INVAGINATION n. f. (lat. *in,* dans, et *vagina,* gaine). **1.** Reploiement d'une lame de tissu vivant à l'intérieur d'autres tissus. (L'invagination joue un rôle fondamental dans le développement embryonnaire des animaux : gastrulation, creusement de la gouttière neurale.) — **2.** Pénétration par retournement en doigt de gant d'un viscère creux (et plus spécialement de l'intestin) dans lui-même. (→ *encycl.*)
ENCYCL. **Chir.** L'invagination intestinale aiguë du nourrisson se manifeste par une intolérance

alimentaire absolue (refus du biberon, vomissements), l'arrêt du transit intestinal, l'apparition et la perception d'une tuméfaction abdominale (boudin d'invagination).

INVAGINER (S') v. pr., **ÊTRE INVAGINÉ** v. pass. (lat. *in,* dans, et *vagina,* gaine) [conj. 3]. En parlant d'une portion d'organe, s'engager dans une autre.

INVAINCU, E adj. Qui n'est pas encore vaincu : *Le cancer est un mal invaincu.*

INVALIDANT, E adj. Qui rend invalide, entraîne une incapacité de travail.

INVALIDATION n. f. Décision par laquelle une assemblée annule l'élection d'un de ses membres. (En France, ce pouvoir relève du Conseil constitutionnel.)

INVALIDE adj. et n. (lat. *invalidus*). **1.** Se dit de qqn qu'une infirmité rend incapable d'activité. (En droit, est invalide celui dont la capacité de travail est réduite au moins des deux tiers.) — **2.** *Grand invalide civil (G. I. C.), grand invalide de guerre (G. I. G.),* personne titulaire d'une carte d'invalidité et utilisant une voiture, à laquelle la préfecture peut délivrer un macaron lui permettant de bénéficier d'une plus grande tolérance en matière de stationnement.

Invalides *(hôtel des),* édifice parisien construit pour abriter l'Institution nationale des Invalides. Il fut commencé en 1670 sur les plans de L. Bruant. En 1680, J. H.-Mansart y ajouta la chapelle Saint-Louis, surmontée d'un dôme et où furent déposées, en 1840, les cendres de Napoléon Ier. Dans la chapelle se trouvent également les sépultures de Turenne, du duc de Reichstadt, de Foch et de Lyautey, et celles des généraux et amiraux ayant commandé en chef. L'hôtel des Invalides est le siège du musée de l'Armée* et du musée des Plans-Reliefs*.

Invalides *(Institution nationale des),* organisme créé en 1670 par Louis XIV pour prendre en charge les soldats devenus invalides à son service. Il comprend aujourd'hui deux centres : le *centre des pensionnaires,* qui reçoit en cette qualité, à titre permanent, des invalides et qui héberge pour des séjours de courte durée certains mutilés ou invalides ; le *centre médico-chirurgical,* comportant, en particulier, un service de rééducation fonctionnelle.

Invalides de la marine *(Établissement national des),* organisme créé par Colbert en 1673 sous le nom de *Caisse des invalides de la marine* pour subvenir aux besoins des marins nécessiteux ou infirmes. Actuellement, l'Établissement national des Invalides de la marine, ainsi dénommé depuis 1930, est chargé de la gestion du régime spécial de sécurité sociale des marins.

INVALIDER v. t. (conj. 3). Rendre ou déclarer non valable, nul.

INVALIDITÉ n. f. **1.** État de qqn d'invalide. — **2.** *Assurance invalidité,* assurance du régime général de la Sécurité sociale qui permet l'attribution d'une pension sous conditions aux invalides.

INVAR n. m. (n. déposé) [abrév. de *invariable*]. Alliage de fer à 36 % de nickel, dont le coefficient de dilatation est pratiquement nul. (Il est utilisé en horlogerie et dans tous les appareils dont les pièces doivent être soumises à des températures différentes.)

INVARIABILITÉ n. f. Caractère de ce qui est invariable.

INVARIABLE adj. **1.** Qui ne change pas, qu'on ne peut pas modifier : *L'ordre invariable des saisons.* — **2.** *Litt.* Qui ne varie pas, que rien ne peut troubler : *Je reste invariable dans mes opinions.* — **3.** Se dit des mots qui ne subissent pas de modifications de genre, de nombre, de personne ou de cas (par ex., les adverbes, les prépositions, les conjonctions, les interjections).

INVARIABLEMENT adv. De façon invariable.

INVARIANCE n. f. **1.** Propriété qu'ont certaines lois physiques d'être inchangées lors de transformations des grandeurs physiques qu'elles mettent en relation. — **2.** Propriété d'une variable de ne pas être changée par une transformation particulière. — **3.** *Invariance de jauge,* invariance des lois de la physique sous certaines transformations, dites de jauge, modifiant la phase des amplitudes des champs.

INVARIANT, E adj. (angl. *invariant*). **1.** Qui demeure constant, identique à soi-même dans une structure, un système. — **2.** Se dit d'un système chimique en équilibre dont la variance est nulle. — **3.** Se dit d'un point (ou d'une figure) qui est égal à sa propre image par une transformation affine. — **4.** Se dit d'une mesure ou d'une propriété d'une figure, que l'on retrouve dans l'image de celle-ci par une transformation donnée. — **5.** *Partie invariante par une application* f, partie X telle que $f(X) = X$. (X est invariante point par point si chaque élément est invariant ; sinon, elle est globalement invariante.) ‖ *Sous-groupe invariant d'un groupe,* syn. de SOUS-GROUPE DISTINGUÉ*.

◆ **invariant** n. m. **1.** Ce qui ne varie pas, ce qui est constant : *Un invariant économique.* — **2.** Point invariant ou figure globalement invariante. — **3.** *Invariant par un groupe de transformations,* invariant par chacune de celles-ci.

INVASIF, IVE adj. **1.** Se dit d'une méthode d'exploration médicale ou de soins nécessitant une lésion de l'organisme. — **2.** Se dit d'une tumeur qui s'étend et envahit les tissus voisins.

INVASION n. f. (bas lat. *invasio, -onis,* du lat. class. *invadere,* envahir). **1.** Action d'envahir un pays avec des forces armées : *Les réfugiés fuient l'invasion.* – **2.** Arrivée massive d'animaux ou d'insectes nuisibles : *Invasion de sauterelles.* – **3.** Irruption de gens qui occupent un lieu en grand nombre : *L'invasion des plages par les vacanciers.* – **4.** Diffusion massive d'idées, d'éléments, etc., que l'on juge nuisibles ou mauvais : *L'invasion des produits japonais sur le marché européen.* – **5.** *Période d'invasion,* période de début des maladies infectieuses succédant à la *période d'incubation* et précédant la *période d'état.*

Invasion *(médaille des victimes de l'),* décoration française créée en 1921, pour les personnes déportées, incarcérées, condamnées au travail forcé ou choisies comme otages par l'ennemi durant la Première Guerre mondiale.

INVECTIVE n. f. (bas lat. *invectivae orationes,* discours violents). Suite de paroles violentes et injurieuses : *Se répandre en invectives.*

INVECTIVER v. t. (conj. 3). Couvrir qqn d'invectives : *Se faire invectiver par un chauffard.*
◆ v. t. ind. Se répandre en invectives contre qqn, qqch : *Invectiver contre la cherté de la vie.*

INVENDABLE adj. Qui n'est pas vendable : *Marchandises invendables.*

INVENDU, E adj. et n. m. Qui n'a pas été vendu : *Journaux invendus. Brader les invendus.*

INVENGÉ, E adj. *Litt.* Non encore vengé.

INVENTAIRE n. m. (bas lat. jurid. *inventarium,* du lat. class. *invenire,* trouver). **1.** État, description et estimation des biens appartenant à qqn, à une collectivité, ou situés dans un lieu déterminé. – **2.** Revue détaillée, minutieuse, recensement de qqch : *Faire l'inventaire de ses souvenirs.* • **Comptab.** Recensement exhaustif des éléments patrimoniaux de l'entreprise à la date d'arrêté des comptes, avec l'estimation de leur valeur d'actif ou de passif ; document qui reprend ou récapitule cet état descriptif et estimatif. ‖ *Inventaire extracomptable,* récolement physique des existants en stocks à la fin d'un exercice. ‖ *Inventaire tournant,* organisation de l'inventaire extracomptable qui consiste à en réaliser le fractionnement par catégories d'articles au cours de l'exercice. ‖ *Livre d'inventaire,* document obligatoire sur lequel doivent être transcrits le document d'inventaire ainsi que les comptes annuels (bilan, compte de résultat, annexe). – **Mar.** État de tous les objets qui composent l'arrimage, la mâture, le gréement, la voilure, l'artillerie, les embarcations, l'ameublement, les vivres et autres approvisionnements d'un navire armé. – **Sylvic.** Détermination, par échantillonnage, du volume de bois disponible pour l'exploitation dans une forêt.

Inventaire général des monuments et richesses artistiques de la France, organisme créé par la loi du 4 août 1962 et qui doit recenser et décrire l'ensemble des constructions présentant un intérêt culturel ou artistique ainsi que l'ensemble des œuvres et objets d'art créés ou conservés en France depuis les origines. Cette entreprise conduit à la lente constitution des archives artistiques du pays (publication, notamment, de volumes canton par canton).

INVENTER v. t. (de *inventeur*) [conj. 3]. **1.** Trouver, réaliser qqch de nouveau, à quoi personne n'avait pensé auparavant, que personne n'avait fait : *Gutenberg inventa l'imprimerie.* – **2.** Imaginer qqch à des fins particulières, avoir l'idée de qqch : *Inventer un moyen de s'évader.* – **3.** Tirer qqch de son imagination, le créer de toutes pièces : *Inventer une histoire.* – **4.** Avoir recours à qqch de faux, en partic. afin de se disculper, de se sortir d'une situation difficile : *Il avait inventé une panne pour expliquer son retard.* – **5.** Découvrir qqch jusqu'alors inconnu (trésor, relique, objet perdu, etc.) : *Inventer le tombeau d'un pharaon.* – **6.** *Je n'invente rien,* ce que je dis est vrai bien que ce soit surprenant. ‖ *N'avoir rien inventé,* ne faire qu'imiter, que répéter ce que d'autres ont fait ou trouvé avant. ‖ Fam. *Ne pas avoir inventé la poudre, le fil à couper le beurre, l'eau chaude, etc.,* ne pas être bien malin.
◆ **s'inventer** v. pr., **être inventé** v. pass. Être le pur produit de l'imagination, être forgé, fictif : *Histoire inventée de toutes pièces.*

INVENTEUR, TRICE n. (lat. *inventor,* de *inventus,* trouvé). **1.** Personne qui par son ingéniosité invente, imagine, créé qqch d'original : *L'inventeur du téléphone.* – **2.** *Litt.* Personne qui imagine qqch de faux, de controuvé : *Un inventeur de fausses nouvelles.* – **3.** Personne qui découvre un trésor, un objet, etc. (L'inventeur d'un trésor en devient seul propriétaire s'il le découvre sur son propre fonds, et pour moitié avec le propriétaire du fonds s'il le découvre sur le fonds d'autrui.)

INVENTIF, IVE adj. **1.** Habile à inventer, à imaginer qqch d'original : *Esprit inventif.* – **2.** Qui trouve le moyen de se tirer d'affaire : *La nécessité l'a rendu inventif.*

INVENTION n. f. (lat. *inventio, -onis,* de *invenire,* trouver). **1.** Action d'imaginer, d'inventer, de créer qqch de nouveau : *L'invention de l'écriture.* – **2.** Ce qui est inventé, objet inventé : *Les dernières inventions de la technique.* – **3.** Faculté de trouver qqch de nouveau, de créer par l'imagination : *L'invention romanesque.* – **4.** Action de donner comme réel ce qui est de pure imagination ; fiction ainsi créée, mensonge : *Cette histoire est une invention de Paul.* — **5.** Découverte d'un trésor, de reliques, d'un gisement archéologique, etc. ; les objets ainsi découverts. — **6.** Œuvre purement inventive, hors des règles et conventions d'une forme ou d'un style. (Bach en fit un genre didactique : Inventions à deux voix pour clavier.) — **7.** *Invention de la sainte Croix,* fête religieuse qui se célébrait autref. le 3 mai, en souvenir du retour de la croix du Christ à Jérusalem, quand l'empereur Heraclius l'eut reprise aux Perses (3 mai 629).

INVENTIVITÉ n. f. Capacité à innover, à inventer, imagination créatrice.

INVENTORIER v. tr. (anc. fr. *inventoire,* du lat. médiév. *inventorium,* inventaire) [conj. 9]. Inscrire qqch dans un inventaire ; faire l'inventaire de qqch : *Inventorier des stocks.*

INVERCARGILL, v. de la Nouvelle-Zélande à l'extrémité méridionale de l'île du Sud ; 54 000 hab. Centre commercial. Industries textiles, mécaniques et alimentaires.

INVÉRIFIABLE adj. Qui ne peut être vérifié.

INVÉRIFIÉ, E adj. Qui n'est pas vérifié.

INVERNESS, port de pêche et de commerce de Grande-Bretagne, dans le nord de l'Écosse ; 35 000 hab. Centre touristique et industriel (mécanique, alimentaire).

INVERSABLE adj. Qui peut s'inverser.

INVERSE adj. (lat. *inversus,* de *invertere,* retourner). **1.** Qui est placé dans un ordre, une direction opposés à un autre ordre, une autre direction : *Venir dans le sens inverse d'une autre voiture.* — **2.** *En raison inverse,* se dit dans une comparaison entre deux objets, lorsque l'un est d'autant plus grand que l'autre est moindre, et réciproquement. • **Géogr.** *Relief inverse,* syn. de RELIEF D'INVERSION*. — **Géol.** *Faille inverse,* faille oblique dont le compartiment supérieur est relativement surélevé par rapport au compartiment inférieur qu'il chevauche, par oppos. à *faille normale.* ‖ *Flanc inverse,* dans un pli déversé ou couché, flanc au niveau duquel les couches les plus anciennes se trouvent au-dessus des couches les plus récentes, pour constituer une *série inverse* (ou *renversée*). — **Math.** Se dit du transformé d'un point ou d'une figure par inversion. ‖ Se dit de transformations affines réciproques l'une de l'autre. ‖ *Application inverse,* syn. de APPLICATION RÉCIPROQUE*. ‖ *Élément inverse d'un élément* x, dans un ensemble muni d'une loi de composition interne notée multiplicativement, élément noté x^{-1}, et tel que $xx^{-1} = x^{-1}x = e$ (e étant l'élément unité de l'ensemble considéré). ‖ *Matrice inverse d'une matrice* A, matrice (notée A^{-1}) qui, composée avec A, donne la matrice unité. ‖ *Opérations inverses,* opération dont l'une annule l'effet de l'autre.

◆ n. m. ou f. Point, figure ou transformation inverses.

◆ n. m. **1.** Le contraire de qqch : *C'est l'inverse qu'il fallait faire.* — **2.** *À l'inverse (de),* à l'opposé (de) : *Ce projet va à l'inverse de vos souhaits.* • **Chim.** *Inverse optique,* syn. de ÉNANTIOMÈRE. — **Math.** Symétrique d'un élément pour une loi de composition interne notée multiplicativement. (x^{-1} est l'inverse de x si $xx^{-1} = x^{-1}x = 1$.) ‖ *Inverse d'un réel non nul* x, réel non nul, noté x^{-1} ou $1/x$ tel que $xx^{-1} = 1$.

INVERSEMENT adv. De façon inverse.

INVERSER v. t. (de *inverse*) [conj. 3]. **1.** Changer la position relative de deux choses, de façon que chacune prenne la place de l'autre : *Inverser l'ordre des deux facteurs d'un produit.* — **2.** *Inverser les rôles, les situations, etc.,* attribuer à une personne ce qui est, était à l'autre, et réciproquement ; en parlant de deux personnes, se mettre à la place l'une de l'autre. — **3.** Réaliser l'inversion d'un film ou d'un papier photographique.

◆ **être inversé** v. pass. *Vol inversé,* vol d'un avion sur le dos.

INVERSEUR n. m. **1.** Dispositif destiné à changer le sens du courant dans une partie d'un circuit. — **2.** Mécanisme destiné à renverser le sens de marche d'un ensemble mécanique. — **3.** Dispositif de barres articulées qui permet de tracer des courbes inverses l'une de l'autre. — **4.** *Inverseur de poussée,* dispositif monté sur un turboréacteur d'avion à réaction, qui permet de dévier vers l'avant tout ou partie du jet gazeux et d'obtenir ainsi une inversion de la poussée, utilisée pour freiner l'avion.

INVERSIBLE adj. **1.** Se dit d'un élément d'un ensemble qui admet un inverse. — **2.** Se dit d'une émulsion sensible donnant une diapositive après inversion.

INVERSION n. f. (lat. *inversio, -onis,* de *invertere,* retourner). Renversement de l'ordre habituel des éléments. • **Aéron.** *Inversion de commande* ou *de gouverne,* ensemble des conditions de vol dans lesquelles les commandes font exécuter à l'avion la manœuvre inverse de celle que l'on désire. ‖ *Inversion des gouvernes,* substitution de la gouverne de profondeur à la gouverne de direction, et vice versa. (Ce phénomène a lieu lorsqu'un avion effectue un virage entraînant une inclinaison égale ou supérieure à 45° par rapport à l'horizontale.) ‖ *Inversion de poussée,* opération qui permet de freiner un avion à réaction à l'atterrissage sans solliciter les freins de roues de l'appareil ou en complément de ceux-ci. — **Anat.** *Inversion splanchnique,* anomalie par laquelle certains viscères sont placés en sens inverse par rapport au plan de symétrie de l'organisme. — **Biochim.** Transformation, par hydratation au moyen d'une enzyme ou des acides minéraux étendus, du saccharose dextrogyre en un mélange lévogyre de glucose et de lévulose. (Ce mélange s'appelle *sucre inverti.*) ‖ *Inversion de Walden,* substitution de l'un des radicaux liés à un carbone asymétrique, qui conduit à un nouveau dérivé ayant la configuration stérique inverse de celle du produit de départ. (Contr. RÉTENTION DE STRUCTURE.) — **Climatol.** *Inversion de température* ou *inversion thermique,* température plus élevée en altitude qu'au sol, phénomène relativement fréquent au-dessus d'un sol très froid, en hiver, notamment dans les vallées de montagne. — **Électr.** Changement du sens d'un courant. — **Génét.** *Inversion chromosomique,* remaniement chromosomique de structure dû à deux cassures survenant sur le même chromosome et suivies de recollement après inversion du segment intermédiaire. (→ *encycl.*) — **Géogr.** *Relief d'inversion* ou *inversion de relief,* relief dont l'allure topographique est en opposition avec la disposition structurale. (Il est caractérisé par la présence de vaux perchés et de combes, formes dérivées du relief dit jurassien, mais surtout présentes dans les Préalpes.) [Syn. RELIEF INVERSE.] — **Géol.** Anomalie du champ magnétique terrestre qui se produit lorsque le pôle N. magnétique occupe la place du pôle S. magnétique et inversement. (Les inversions magnétiques, dont la durée varie d'une trentaine de millions à moins d'un million d'années, sont conservées dans les formations géologiques et peuvent donc être repérées et utilisées d'un point de vue chronologique.) — **Ling.** Construction par laquelle on donne aux mots d'une phrase ou d'une proposition un ordre différent de l'ordre habituel, attendu ou considéré comme normal. (Par ex., dans *calme est le vallon,* il y a inversion de l'attribut : c'est une inversion facultative, emphatique, due à une recherche d'expressivité.) — **Math.** Permutation σ de l'intervalle $[1,n]$ telle que, si i et j sont deux éléments de $[1,n]$ vérifiant $i<j$, alors $\sigma(i)>\sigma(j)$. ‖ Transformation géométrique ponctuelle de l'espace euclidien E, définie à l'aide d'un point fixe A (pôle ou centre), et d'un réel non nul k (puissance), qui, à tout point M de E $-\{A\}$, associe le point M′ de (AM) tel que $\overline{AM} \cdot \overline{AM'} = k$. (→ *encycl.*) — **Phot.** Suite d'opérations permettant d'obtenir directement une image positive sur la couche sensible employée à la prise de vue. — **Psychiatr.** Syn. vx de HOMOSEXUALITÉ. — **Therm.** Changement du sens de circulation de la flamme dans un four, destiné à homogénéiser la température et à assurer le fonctionnement des régénérateurs.

ENCYCL. **Génét.** Si le centromère est inclus dans le segment intermédiaire, *l'inversion chromosomique* est dite péricentrique, sinon elle est dite paracentrique. Les inversions chromosomiques s'observent en pathologie humaine, soit chez les parents d'enfants malformés ayant un remaniement chromosomique par duplication ou délétion, soit chez des couples ayant eu des avortements à répétition. Les inversions, surtout péricentriques, ont joué un rôle très important au cours de l'évolution, et tout particulièrement chez les primates hominiens.

— **Math.** L'inversion peut être définie par la relation vectorielle

$$\overrightarrow{AM'} = \frac{k}{AM^2} \cdot \overrightarrow{AM},$$

de laquelle on tire la définition analytique. L'inversion est positive ou négative selon que k est positif ou négatif. Une inversion positive possède des points invariants réels. Dans l'espace (resp. le plan), leur ensemble est une sphère (resp. un cercle) de centre A et de rayon $\sqrt{k}$, appelée sphère (resp. cercle) d'inversion, ou sphère directrice (resp. cercle directeur) de l'inversion. Les droites ou plans passant par le pôle sont globalement invariants, de même que les cercles et sphères pour lesquels le pôle a une puissance égale à k. Les droites ou plans ne passant pas par le pôle A ont pour images des cercles ou des sphères passant par le pôle. Les cercles ou les sphères ne passant pas par le pôle ont pour image un cercle ou une sphère homothétique du cercle ou de la sphère de départ, par rapport à A.

INVERTASE n. f. (de *invertir*). Osidase sécrétée par la muqueuse intestinale qui dédouble le saccharose en glucose et en lévulose.

INVERTÉBRÉ, E adj. et n. m. Se dit d'un animal dépourvu de colonne vertébrale.

ENCYCL. La plupart des invertébrés, rassemblés dans le clade des *protostomiens,* possèdent un système nerveux ventral et une artère dorsale contractile d'arrière en avant. Mais il faut ajouter les échinodermes, qui sont des *deutérostomiens* tout comme les vertébrés, et les embranchements acœlomates (vers plats) ou diploblastiques (cnidaires), etc. Il s'agit donc d'un ensemble hautement hétérogène.

INVERTI, E adj. et n. *Vx.* Homosexuel(le).

INVERTIR v. t. (lat. *invertere,* retourner) [conj. 32]. **1.** *Vx.* Renverser symétriquement, inverser. — **2.** Hydrolyser le saccharose, dextrogyre, ce qui conduit à un mélange, lévogyre, de glucose et de fructose.

INVESTIGATEUR, TRICE adj. et n. (lat. *investigator*). Qui fait des investigations.

INVESTIGATIF, IVE adj. Qui vise à l'investigation : *Reportage investigatif.*

INVESTIGATION n. f. (lat. *investigatio, -onis*). Recherche attentive et suivie : *Investigations policières sans résultat.*

INVESTIGUER v. i. (conj. 3). Faire une recherche attentive et suivie.

1. INVESTIR v. t. (lat. *investire,* de *vestire,* vêtir) [conj. 32]. **1.** Mettre solennellement, officiellement qqn en possession de qqch (droit, pouvoir, dignité) : *On a investi le président de tous les pouvoirs.* — **2.** Encercler une place, une position militaire dont on veut faire le siège en coupant ses communications : *L'ennemi a investi Sedan.* — **3.** Se répandre en un lieu au point de l'occuper ou de paraître l'occuper complètement : *La police a investi tout le quartier.* — **4.** *Investir qqn de sa confiance,* lui accorder sa pleine confiance.

2. INVESTIR v. t. (angl. *to invest*) [conj. 32]. **1.** Placer des fonds dans qqch en vue d'en tirer un bénéfice : *Investir son argent dans des actions.* — **2.** Mettre toute son énergie dans une action, une activité : *Investir son temps libre dans le sport.* ◆ v. i. ou **s'investir** v. pr. Attacher une grande valeur affective à qqch : *Il investit beaucoup dans son travail.*

INVESTISON n. m. Volume de terrain qui doit rester stable pour ne provoquer aucun dégât sur des installations de surface du fait d'excavations minières souterraines.

1. INVESTISSEMENT n. m. (de *investir 1*). Action d'investir une place, une position militaire, un lieu.

2. INVESTISSEMENT n. m. (angl. *investment*). **1.** Acte par lequel un capital monétaire ou financier est transformé en des biens ayant la capacité de produire d'autres biens ou des services pendant un certain temps. (→ *encycl.*) — **2.** Décision par laquelle un individu, une entreprise ou une collectivité affecte ses ressources propres ou des fonds empruntés à l'accroissement de son stock de biens productifs. — **3.** Capitaux, bien investis (par ex., une machine, un équipement, etc.). — **4.** Fait pour un individu de mettre beaucoup de lui-même dans une action, un travail : *Un investissement insuffisant dans le travail scolaire.* — **5.** Résultat acquis constituant une valeur, un bien : *Ce diplôme, c'est un investissement pour l'avenir.* — **6.** Mobilisation et transformation par l'appareil psychique de l'énergie pulsionnelle, ayant pour conséquence d'attacher cette dernière à une ou plusieurs représentations inconscientes. — **7.** *Certificat d'investissement privilégié (C. I. P.),* titre démuni de droit de vote, mais bénéficiant des avantages pécuniaires des actions, émis par les sociétés nationalisées pour augmenter leur capital social en s'adressant à l'épargne privée. ‖ *Code d'investissement* ou *des investissements,* ensemble de textes, législatifs ou réglementaires, encadrant les opérations d'investissement effectuées dans les pays en voie de développement. ‖ *Société d'investissement,* société qui achète et gère des valeurs mobilières.

ENCYCL. **Écon.** L'*investissement brut* se décompose en investissements de renouvellement (ou amortissements) et investissements nouveaux. L'*investissement net* comprend le surplus d'investissements réalisé au cours d'une période, déduction faite de tous les frais d'entretien, de remplacement et de renouvellement.

INVESTISSEUR, EUSE adj. Qui réalise des investissements.

◆ **investisseur** n. m. **1.** Agent ou organisme qui réalise des placements financiers à des fins d'investissement. — **2.** *Investisseur institutionnel,* organisme effectuant des placements (notamment en valeurs mobilières) pour son compte ou pour le compte de tiers, à une grande échelle. (→ *encycl.*)

ENCYCL. Parmi les *investisseurs institutionnels,* on trouve la Caisse des dépôts et consignations ; les compagnies d'assurances (et notamment d'assurance-vie et de capitalisation) ; les caisses de retraites ; les sociétés d'investissement fermées et, surtout, les sociétés d'investissements à capital variable (S. I. C. A. V.), dont le rôle est d'investir les fonds recueillis exclusivement en valeurs mobilières.

INVESTITURE n. f. (lat. médiév. *investitura*). **1.** Acte par lequel un parti politique désigne son (ou ses) candidat(s) pour une élection, et qui confère au candidat le droit d'invoquer le patronage de cette formation. — **2.** Toute procédure qui tend, en régime parlementaire, à confier à un nouveau chef de gouvernement et/ou à un nouveau gouvernement la confiance du Parlement. — **3.** Acte faisant suite à l'hommage et au serment de foi, et par lequel le seigneur remettait au vassal un objet (gant, rameau, motte de terre, couteau) symbolisant la transmission du fief.

Investitures *(querelle des),* conflit entre la papauté et le Saint Empire (1075-1122) au sujet des nominations d'évêques et d'abbés. Ceux-ci étaient pourvus de fiefs d'Empire et, depuis le IXe s., les suzerains avaient l'habitude de nommer les évêques et les abbés et de leur conférer l'investiture, non seulement temporelle, mais aussi spirituelle. La papauté récusa le principe de leur investiture par l'autorité laïque (XIe s.) et Grégoire VII (1073-1085) mena une lutte acharnée contre Henri IV (1056-1106). Poursuivi par le fils de ce dernier, Henri V (1106-1125), cet affrontement aboutit au compromis du concordat de Worms (1122) : l'empereur renonçait à l'investiture des fonctions spirituelles, réservée à l'Église, et conservait la collation des biens et droits temporels qui y étaient attachés.

INVÉTÉRER (S') v. pr. (lat. *inveterare,* faire vieillir) [conj. **18**]. En parlant d'un état mauvais, s'affermir par le temps : *Laisser s'invétérer une mauvaise habitude.*
◆ **être invétéré** v. pass. **1.** S'être affermi, être enraciné par le temps : *Une habitude invétérée.* – **2.** Avoir laissé s'enraciner en soi telle manière, telle habitude : *Un buveur invétéré.*

INVIABLE adj. Qui n'est pas viable.

INVINCIBILITÉ n. f. Caractère de qqn, de qqch d'invincible.

INVINCIBLE adj. (bas lat. *invincibilis,* du lat. class. *vincibilis,* de *vincere,* vaincre). **1.** Qu'on ne peut vaincre : *Un héros invincible.* – **2.** Dont on ne peut triompher, qu'on ne peut surmonter : *Peur invincible.* – **3.** Qu'on ne peut réfuter : *Un argument invincible.* – **4.** *Litt.* À quoi on ne peut résister : *Avoir un charme invincible.*

INVINCIBLEMENT adv. De façon invincible.

IN-VINGT-QUATRE [in- ou ɛ̃-] adj. et n. m. inv. Se dit du format déterminé par le pliage d'un feuille d'impression en 24 feuillets égaux, soit 48 pages ; livre de ce format.

INVIOLABILITÉ n. f. **1.** Caractère de ce qui est inviolable. – **2.** Privilège des parlementaires de ne pouvoir, en principe, être arrêtés ni poursuivis pendant les sessions pour des actes étrangers à l'exercice de leur fonction, de nature criminelle ou correctionnelle. – **3.** Protection spéciale accordée à certaines personnes (représentants diplomatiques) et à certains biens (ambassade, archives diplomatiques et consulaires, correspondance, etc.). – **4.** *Inviolabilité du domicile,* principe général du droit français selon lequel personne, excepté certains fonctionnaires ou agents de la force publique agissant dans le cadre de la loi, ne peut s'introduire au domicile d'autrui contre son gré sans encourir de sanctions pénales.

INVIOLABLE adj. (lat. *inviolabilis*). **1.** Qu'on ne doit jamais violer, enfreindre, ou qui est toujours observé : *Une règle inviolable.* – **2.** Qui est comme sacré, à qui l'on ne peut porter atteinte : *Un magistrat inviolable.* – **3.** Se dit d'un lieu qu'on ne peut forcer : *Refuge inviolable.*

INVIOLÉ, E adj. *Litt.* **1.** Qui n'a pas été enfreint : *Loi inviolée.* – **2.** Se dit d'un lieu qui n'a pas été atteint par l'homme : *Sommets inviolés.*

INVISIBILITÉ n. f. (bas lat. *invisibilitas, -atis*). Caractère de ce qui est invisible.

INVISIBLE adj. (bas lat. *invisibilis*). **1.** Qui n'est pas perceptible par la vue : *Une étoile invisible à l'œil nu.* – **2.** Qui agit dans l'ombre : *Ennemi, menace invisible.* – **3.** Qu'on ne peut pas voir, rencontrer : *Le patron est invisible ; il est en conférence.*
◆ n. m. *Échanges d'invisibles,* partie non matérialisée des échanges internationaux, tels la recherche scientifique et technique, les revenus de capital, les salaires, les voyages, les dons, les transferts de revenus effectués par les travailleurs dans leurs pays respectifs.

INVISIBLEMENT adv. De façon invisible.

INVITANT, E adj. Qui fait une invitation : *Puissance invitante.*

INVITATIF, IVE adj. *Litt.* Qui invite : *Il leva le bras d'un mouvement invitatif.*

INVITATION n. f. (lat. *invitatio, -onis*). **1.** Action d'inviter, de prier de venir : *Lettre d'invitation.* – **2.** Action d'inciter qqn à faire qqch : *Ce film est une invitation au voyage.*

INVITATOIRE adj. et n. m. (bas lat. *invitatorius,* qui invite). Se dit du psaume qui se chante à chaque strophe au début de matines, ou du premier office de la journée.

INVITE n. f. **1.** Action de jouer une carte pour engager la partie. 2. Manière adroite de pousser qqn à faire qqch : *Céder aux invites de quelqu'un.*

INVITÉ, E n. Personne que l'on invite à un repas, à une cérémonie, à une fête, etc. : *Vous êtes mon invitée.*

INVITER v. t. (lat. *invitare*) [conj. 3]. **1.** Prier qqn de venir, de se trouver à un endroit donné, à participer à qqch : *Inviter une jeune fille à danser. Inviter un ami au restaurant.* – **2.** Payer le repas, la sortie, la consommation, etc. : *Bois autant que tu veux, c'est Paul qui invite.* – **3.** Demander à qqn de faire qqch en usant de la persuasion, de la douceur : *Il m'invita à le suivre dans son bureau.* – **4.** Inciter qqn à (faire) qqch, l'y porter : *Voilà qui invite à la méfiance.*
◆ v. i. Aux cartes, faire une invite.
◆ **être invité** v. pass. En parlant d'un danseur soliste être engagé par une compagnie autre que celle à laquelle il est attaché par contrat, et percevoir un cachet pour chaque représentation. (Syn. ÊTRE EN REPRÉSENTATION.)
◆ **s'inviter** v. pr. Aller chez qqn ou proposer d'y aller sans y avoir été convié : *Un parasite qui s'invite partout.*

IN VITRO [invitro] loc. adv. et adj. (lat. *in vitro,* dans le verre). Se dit de toute exploration ou expérimentation biologique qui se fait en dehors de l'organisme (études ou réactions sur culture cellulaire, recherches de la sensibilité des germes sur antibiogramme, fécondation, etc.).

INVIVABLE adj. **1.** *Fam.* Avec qui l'on ne peut vivre : *Un mari invivable.* — **2.** Où il est difficile ou impossible de vivre ; insupportable : *Un appartement invivable à cause du bruit.*

IN VIVO [invivo] loc. adv. et adj. (lat. *in vivo,* dans l'être vivant). Se dit de toute réaction physiologique qui se fait dans l'organisme.

INVOCATEUR, TRICE n. (bas lat. *invocator*). Personne qui invoque.

INVOCATION n. f. (lat. *invocatio, -onis*). **1.** Action d'implorer une divinité, un saint par de courtes prières, des formules, des cérémonies particulières : *L'invocation de la Vierge.* — **2.** Formule initiale des chartes ou diplômes demandant la bénédiction de Dieu. — **3.** *Sous l'invocation de,* en parlant d'une église dédiée à un saint protecteur, sous sa protection, sous son patronage.

INVOCATOIRE adj. Qui appartient à l'invocation : *Formule invocatoire.*

INVOLONTAIRE adj. (bas lat. *involuntarius*). **1.** Où la volonté n'a point de part : *Une erreur involontaire.* — **2.** Qui se trouve dans telle ou telle situation sans le vouloir : *Témoin involontaire d'un crime.* — **3.** Se dit des phénomènes qui ne sont pas soumis à la volonté. (La contraction du cœur est involontaire.) — **4.** *Mouvement involontaire,* activité motrice anormale et incoercible, survenant à l'état de veille, et persistant un temps donné chez le sujet qui en est atteint. (Par ex. les tremblements, les myoclonies, les hyperkinésies volitionnelles, les mouvements choréiques, athétosiques et balliques, les dyskinésies.)

INVOLONTAIREMENT adv. De façon involontaire.

INVOLUCELLE n. f. Petit involucre.

INVOLUCRE n. m. (lat. *involucrum,* enveloppe). Ensemble de bractées disposées en couronne autour de la base d'une ombelle ou d'un capitule.

INVOLUTÉ, E adj. (lat. *involutus*). Se dit d'un organe végétal qui est roulé en dedans.

INVOLUTIF, IVE adj. (lat. *involutus,* enveloppé). **1.** Se dit des phénomènes liés à l'involution. — **2.** Se dit d'un processus morbide en relation avec la vieillesse. — **3.** *Application involutive,* syn. de INVOLUTION. ‖ *Élément involutif,* élément d'un ensemble E muni d'une loi de composition interne, dont la composition avec lui-même donne l'élément neutre de E. (Un élément involutif est égal à son symétrique.)

INVOLUTION n. f. (lat. *involutio, -onis,* enroulement). **1.** Modification physiologique ou pathologique se faisant dans le sens d'une régression. — **2.** Mode particulier de vieillissement d'un organe, qui lui restitue plus ou moins l'aspect qu'il avait avant son plein développement. (Par ex. Involution du corps jaune en fin de cycle ovarien chez la femme non fécondée ; involution globale de l'ovaire à la ménopause ; involution du thymus chez l'enfant.) — **3.** Passage de l'hétérogène à l'homogène, du divers au même, du multiple à l'un. — **4.** Application définie de E dans E dont la composition avec elle-même donne l'application identique. [Syn. APPLICATION INVOLUTIVE.] — **5.** Homographie d'une droite projective, involutive et différente de l'identité. — **6.** *Involution sénile,* ensemble des modifications de l'organisme dues à la vieillesse. ‖ *Involution tumorale,* régression d'une tumeur après traitement.

INVOQUER v. t. (lat. *invocare,* de *vocare,* appeler) [conj. 3]. **1.** Appeler une puissance surnaturelle à son aide par des prières : *Invoquer Dieu, les saints, la Vierge.* — **2.** Solliciter de qqn de plus puissant, par des prières, une aide, l'expression d'un sentiment : *Invoquer l'aide de ses alliés.* — **3.** Donner qqch comme argument, comme justification pour qqch ou qqn : *Invoquer un prétexte pour ne pas venir.*

INVRAISEMBLABLE adj. **1.** Qui ne semble pas vrai ou qui ne peut être vrai : *Votre hypothèse est invraisemblable.* — **2.** *Fam.* Qui surprend par son côté extraordinaire, bizarre : *Un invraisemblable concours de circonstances.*
◆ n. m. Ce qui n'est pas vraisemblable : *L'invraisemblable peut être vrai.*

INVRAISEMBLABLEMENT adv. De façon invraisemblable.

INVRAISEMBLANCE n. f. **1.** Manque de vraisemblance : *L'invraisemblance d'un récit.* — **2.** Fait, chose invraisemblable : *Drame plein d'invraisemblances.*

INVULNÉRABILITÉ n. f. Caractère de ce qui est invulnérable.

INVULNÉRABLE adj. (lat. *invulnerabilis,* de *vulnerare,* blesser). **1.** *Litt.* Qui ne peut être blessé : *Achille était invulnérable, sauf au talon.* — **2.** Qui résiste à toute atteinte morale : *Être invulnérable aux coups du sort.* — **3.** Que l'on ne peut atteindre dans sa situation sociale : *Du fait de ses relations, ce ministre est invulnérable.*

INZINZAC-LOCHRIST (56650), comm. du Morbihan, au N.-N.-E. d'Hennebont ; 5 566 hab.

IO, prêtresse d'Héra, aimée par Zeus, changée par lui en génisse pour la soustraire à la jalousie d'Héra.

IO, premier satellite de Jupiter, découvert par Galilée en 1610. Diamètre : 3 630 km. Densité moyenne : 3,4. Demi-grand axe de son orbite : 422 000 km. Période de révolution : 1 j 18 h 27 min. Sa surface, révélée par les sondes américaines Voyager, en 1979, apparaît dominée par la présence de formations volcaniques, entre lesquelles s'étendent de vastes plaines.

IOÁNNINA, ou **JANNINA,** ou **YANINA,** v. de Grèce, en Épire, sur le *lac de Ioánnina ;* 56 496 hab. Anc. mosquée du XVIIe s. dans la citadelle. Monastères médiévaux dans l'île du lac. Musée. Travail du marbre et du bois. Industrie laitière.

IOCHKAR-OLA, v. de Russie, cap. de la république des Maris, au N.-O. de Kazan ; 242 000 hab. Mécanique de précision.

IODATE n. m. Sel de l'acide iodique. (Les iodates ont pour formule générale MIO_3, où M est un métal monovalent.)

IODATION n. f. **1.** Stérilisation, par l'iode, des eaux de consommation. – **2.** Substitution, dans une molécule, d'un atome d'iode à un atome d'hydrogène.

IODE n. m. (gr. *iôdês,* violet). **1.** Corps simple, quatrième non-métal de la famille des halogènes. (Élément de symb. I.) [→ *encycl.*] – **2.** *Indice d'iode,* pourcentage indiquant le degré d'insaturation d'une substance (huile, graisse, caoutchouc, etc.). ‖ *Lampe à iode,* lampe à halogène contenant de l'iode. (Première lampe à halogène, elle a d'abord été utilisée dans les projecteurs d'automobile.)

ENCYCL. **Chim.** Découvert par Courtois en 1811, l'iode est un solide gris-noir, à éclat métallique, cristallisé en paillettes orthorhombiques, doué d'odeur irritante. Chauffé, il donne des vapeurs violettes et il fond en donnant un liquide noir. L'iode est peu soluble dans l'eau (eau d'iode) mais très soluble dans les solutions d'acide iodhydrique et d'iodure de potassium, dans l'alcool, l'éther, le sulfure de carbone et le chloroforme. Une trace d'iode libre donne, avec l'empois d'amidon, une coloration bleu intense. Au point de vue chimique, l'iode ressemble aux autres halogènes*, mais est moins électronégatif. Sa combinaison avec l'hydrogène n'a lieu qu'à chaud, et elle aboutit à un équilibre.

Numéro atomique : 53
Masse atomique : 126,90
Masse volumique : 4,9 g/cm^3
Température de fusion : 114 °C
Température d'ébullition : 184 °C

L'iode donne, avec l'ammoniac, un solide instable, l'iodure d'azote, qui détone facilement. Avec les hydrocarbures et les composés organiques on observe souvent une lente action destructrice, qui explique les propriétés bactéricides de l'iode. Ce corps attaque les métaux à chaud mais a peu d'actions sur les non-métaux.

On le trouve sous forme d'iodures, dans l'eau de mer et dans les eaux salées des puits de pétrole ; il s'accumule dans certains végétaux marins (algues). La principale source d'iode est constituée par les eaux mères des nitrates du Chili qui renferment surtout de l'iodate de sodium.

L'iode sert à fabriquer le sel d'argent, utilisé en photographie, l'iodoforme, antiseptique, et certains colorants, telle la fluorescéine.

– **Méd.** L'iode est souvent associé à l'iodure de potassium dans différentes préparations antiseptiques pour usage externe telles que la teinture d'iode (solution alcoolique). Par voie interne il est prescrit dans les affections de la thyroïde. L'iode radioactif ^{131}I est employé pour le diagnostic et le traitement de l'hyperthyroïdie ou maladie de Basedow.

IODÉMIE n. f. Taux d'iode dans le sang. (Normalement il est compris entre 8 et $10 \cdot 10^{-9}$g/l.)

IODER v. t. (conj. 3). **1.** Procéder à l'iodation d'un composé. – **2.** Incorporer physiquement de l'iode à un liquide ou à un solide.

◆ **être iodé** v. pass. Contenir de l'iode.

IODEUX adj. m. Se dit des dérivés de l'iode trivalent.

IODHYDRIQUE adj. Se dit de l'acide HI, combinaison d'hydrogène et d'iode.

ENCYCL. C'est un gaz incolore, suffocant, fumant à l'air et très soluble dans l'eau. De forte densité (4,4), il se liquéfie à - 37 °C. et se dissocie dès 200 °C. Il est facilement décomposé par les halogènes, par l'oxygène et par les métaux. C'est un acide fort, donnant des sels, les iodures. On le prépare en chauffant doucement un mélange de phosphore rouge, d'iode et d'eau.

IODIDE n. f. Lésion cutanée (bulle, lésions analogues à l'acné) observée à la suite de l'ingestion d'iodure de potassium, ou d'un autre composé iodé.

IODIQUE adj. Se dit de l'anhydride I_2O_5 et de l'acide HIO_3, résultant de l'oxydation de l'iode.

IODISME n. m. Intoxication causée par l'iode et les iodures.

ENCYCL. Les iodures s'éliminent par les muqueuses et la peau, provoquant coryza, céphalée, larmoiement, salivation, irritation de la gorge, etc., puis éruptions cutanées (iodides), œdème des paupières, bourdonnements d'oreilles, diarrhée, et dans les cas graves phénomènes d'ivresse et vertiges.

IODLER → YODLER.

IODOBENZÈNE n. m. Dérivé iodé du benzène, $C_6H_5—I$, qui donne de nombreux dérivés.

IODOFORME n. m. Dénomination courante du triiodométhane CHI_3, solide jaune, formé par action de l'iode sur l'acétone en milieu basique. (Il était utilisé autrefois comme antiseptique.)

IODO-IODURÉ, E adj. Qui contient de l'iode et de l'iodure de potassium.

IODOMERCURATE n. m. Nom générique des complexes $M_2[HgI_4]$. (L'iodomercurate de potassium, ou « réactif de Nessler », permet de déceler les traces d'ammoniaque.)

IODOMÉTRIE n. f. Dosage de l'iode libre par emploi d'une liqueur titrée de thiosulfate de sodium, l'empois d'amidon servant d'indicateur de fin de réaction.

IODOMÉTRIQUE adj. Relatif à l'iodométrie.

IODOPHILE adj. Qui présente de l'iodophilie.

IODOPHILIE n. f. Affinité pour l'iode de certaines cellules ou bactéries, due à la présence de glycogène.

IODOTANNIQUE adj. Se dit d'une préparation obtenue par l'action de l'iode sur le tanin, telle que le sirop iodotannique (dépuratif et tonique).

IODOTYROSINE n. f. Précurseur des hormones thyroïdiennes, synthétisé à l'intérieur des cellules de la thyroïde par fixation d'iode sur la tyrosine.

IODURE n. m. **1.** Combinaison de l'iode avec un corps simple. (→ *encycl.*) — **2.** Composé organique dérivé d'un hydrocarbure par substitution d'un atome d'iode à un atome d'hydrogène.
ENCYCL. **Chim.** Parmi les iodures de nonmétaux, on peut signaler les iodures de phosphore et l'iodure d'azote, très explosif. Les iodures métalliques, sels de l'acide iodhydrique, présentent de grandes analogies avec les chlorures et les bromures, dont ils sont isomorphes. Plusieurs d'entre eux sont utilisés en photographie (iodures alcalins, d'argent) ou comme colorants en pharmacie (iodure de plomb et iodure mercurique).
— **Pharm.** Les iodures de potassium et de sodium sont employés dans certaines formes d'hyperthyroïdie ou sous forme de collyres en ophtalmologie (cataracte).

IODURÉ, E adj. **1.** Qui contient un iodure. — **2.** Qui est couvert d'une couche d'iodure.

IOFFE ou **JOFFE** (Adolf Abramovitch), homme politique et diplomate soviétique (Simferopol 1883 - Moscou 1927). Il adhéra à la fin des années 90 au P. O. S. D. R. et entra au Comité central du parti bolchevik (juill. 1917). Il fut ambassadeur à Berlin (avr.-nov. 1918), puis ambassadeur pour la Chine et le Japon (1922-1924). Partisan de Trotski, il se suicida après l'exclusion de ce dernier du Comité central.

IOLCOS, en gr. **Iôlkos,** anc. ville de Thessalie, située au pied du mont Pélion, près du golfe Pagasétique. C'est l'actuelle *Vólos*.

IOLÉ, fille d'Eurytos, roi d'Œchalie, enlevée par Héraclès. Après la mort du héros, Iolé épousa Hyllos, fils d'Héraclès.

ION [jɔ̃] n. m. (angl. *ion,* du gr. *ion,* part. neutre de *ienai,* aller). Particule chargée électriquement et formée d'un atome ou d'un groupe d'atomes ayant gagné ou perdu un ou plusieurs électrons.
ENCYCL. Pour expliquer les propriétés des solutions d'acides, de bases ou de sels et les phénomènes d'électrolyse, Arrhenius supposa que les molécules sont spontanément dissociées en ions. Les ions positifs, ou *cations,* sont des atomes d'hydrogène ou de métal ayant perdu un ou plusieurs électrons. Les ions négatifs, ou *anions,* sont constitués par le reste de la molécule qui a gagné des électrons. Cette ionisation, partielle et réversible pour des électrolytes « faibles », est caractérisée par le coefficient de dissociation ionique, rapport du nombre de molécules dissociées au nombre total de molécules, coefficient qui augmente avec la dilution. Pour des électrolytes « forts », la dissociation est quasi totale.
Si un champ électrique est établi dans la solution au moyen d'électrodes, les cations se dirigent vers la cathode et les anions vers l'anode. Les ions perdent leurs charges au contact des électrodes pour donner des atomes neutres ou des molécules, ce qui explique le phénomène d'électrolyse.
• Dans les cristaux ioniques*, les ions sont placés aux nœuds du réseau cristallin.
• Dans les gaz, des ions peuvent apparaître au voisinage d'une pointe conductrice, lors de collisions avec des particules de haute énergie (accélérées ou émises par radioactivité) ou par suite d'une forte agitation thermique. Les gaz totalement ionisés sont des plasmas (par ex. l'ionosphère, le vent solaire, etc.).

ION, héros grec, ancêtre mythique des Ioniens.

IONA, île de Grande-Bretagne, une des Hébrides, dans le nord-ouest de l'Écosse ; 10 km^2. Saint Colomba y fonda v. 563 un premier monastère, d'où partirent pour l'Écosse de nombreux missionnaires.

IONESCO (Eugène), auteur dramatique français d'origine roumaine (Slatina 1912 - Paris 1994). De père roumain et de mère française, il s'établit définitivement à Paris en 1938. Révélant l'imposture du langage, il a dénoncé l'absurdité de l'existence et des rapports sociaux (*la Cantatrice* chauve,* 1950 ; *la Leçon,* 1951 ; *les Chaises**, 1952 ; *Voyages chez les morts,* 1981) dans un univers parodique et symbolique (*Rhinocéros**, 1959 ; *Le roi* se meurt,* 1962 ; *le Piéton de l'air,* 1963 ; *la Soif* *et la Faim,* 1965 ; *l'Homme aux valises,* 1975) avant de s'en prendre aux paranoïaques de la politique (*Jeux de massacre,* 1970 ; *Macbett,* 1972). Auteur du *Journal en miettes* (1967) suivi de *Présent passé, passé-présent* (1968) et de *la Quête intermittente* (1988), de contes pour enfants, il a transposé ses thèmes favoris dans un roman (*le Solitaire,* 1973, adapté au théâtre par la suite [*Ce formidable bordel,* 1973]). [Acad. fr., 1970.]

ION-GRAMME n. m. (pl. *ions-grammes*). Masse d'une mole d'un élément pris à l'état d'ions.

IONIE, en gr. **Iônia,** anc. région comprise entre Milet et Phocée, située sur le littoral asiatique de la mer Égée et habitée par une population grecque. Selon la tradition grecque, les cités d'Ionie furent fondées (entre le XIIe et le IXe s. av. J.-C.) par des émigrants ioniens chassés de Grèce propre par les invasions doriennes. Douze grandes cités se disaient ioniennes : Samos, Chio, Milet, Éphèse, Colophon, Myonte, Priène, Lébédos, Téos, Clazomènes, Érythrées et Phocée. Les cités d'Ionie, auxquelles vint se joindre Smyrne, rendaient un culte à Apollon en un sanctuaire commun, le *Paniônion,* au cap Mycale. Milet fut très tôt une place de commerce importante, et Phocée le point de départ de navigations lointaines. L'Ionie était, en effet, l'intermédiaire entre les Barbares d'Anatolie et la Méditerranée. Aux VIIe et VIe s. elle tomba au pouvoir des rois de Lydie, Gygès, puis Crésus, puis des rois de Perse, après la conquête de Cyrus. En 499 av. J.-C., sa révolte fut le point de départ des guerres médiques*. Libérée des Perses, elle fut soumise à l'hégémonie athénienne en entrant dans la ligue de Délos. Reconquise par les Perses (IVe s.), elle passa sous la domination d'Alexandre et de ses successeurs, puis fit partie de la province romaine d'Asie.

Ionie *(école d'),* école philosophique grecque née à la fin du VIIe s. av. J.-C. Refusant le surnaturel, ses membres entreprirent une enquête sur la nature pour en chercher le principe fondateur : l'eau pour Thalès, l'infini pour Anaximandre, l'air pour Anaximène. Héraclite, Pythagore et Xénophane sont également rattachés à cette école.

IONIEN, ENNE adj. et n. **1.** D'Ionie. — **2.** Se dit d'un philosophe grec partisan de l'école d'Ionie. — **3.** Se dit du mode musical ecclésiastique d'*ut.* ◆ **ionien** n. m. Un des principaux dialectes du grec ancien, que l'on parlait en Ionie et dont l'attique est l'une des formes. (C'est la langue d'Homère, d'Héraclite, d'Hippocrate, d'Hérodote, etc.)

IONIENNE *(mer),* partie centrale de la Méditerranée, entre le sud des péninsules italienne et balkanique. Elle communique avec la mer Tyrrhénienne par le détroit de Messine, avec l'Adriatique par le canal d'Otrante.

IONIENNES *(îles),* anc. **Heptanèse,** en gr. **Iónioi Nísoi** ou **Eptánisos,** archipel grec de la *mer Ionienne,* comprenant sept grandes îles (Corfou et Paxí, au N., Leucade, Ithaque, Céphalonie, Zante et Cythère, au S.) et un grand nombre d'îlots ; 2 300 km² ; 191 003 hab.
— **Hist.** Dans l'Antiquité, Corinthe colonisa Corcyre (Corfou) et Leucade, et Vespasien les soumit à Rome. Conquises par Roger de Sicile (1148), elles appartinrent jusqu'en 1386 aux rois de Naples ou aux despotes d'Épire, et passèrent alors à Venise. Occupées par les Français (1797-1799), elles furent, à l'exception de Corfou, prises par les Britanniques (1809), qui y établirent leur protectorat en 1815 et les cédèrent au royaume de Grèce en 1864.

IONIENS, peuple grec qui s'était donné Ion pour ancêtre mythique. Installés en Eubée, en Attique, dans la plupart des îles de l'Égée, sur une grande partie du littoral asiatique *(Ionie),* ils parlaient un dialecte qui les différenciait des Éoliens et des Doriens.

1. IONIQUE adj. (lat. *Ionicus,* du gr. *Iônikos*). **1.** De l'ancienne Ionie. — **2.** *Chapiteau ionique angulaire,* chapiteau ionique d'une colonne d'angle, dont la volute d'angle, en saillie, est visible sur deux faces. ‖ *Ordre ionique,* un des cinq ordres d'architecture, originaire d'Asie Mineure, caractérisé par un chapiteau flanqué de deux volutes latérales, une colonne cannelée posée sur une base moulurée. ‖ *Poésies ioniques,* poésies licencieuses appelées aussi *sotadiques.* ‖ *Vers ionique,* vers composé de *pieds ioniques* (deux brèves et deux longues, ou inversement) employé dans les chansons amoureuses ou bachiques.

2. IONIQUE adj. (angl. *ionic*). **1.** Qui se rapporte aux ions. — **2.** *Courant ionique,* courant véhiculé par les espèces ioniques en solution de part et d'autre de la membrane des cellules nerveuses et musculaires. (→ *encycl.*) ‖ *Cristal ionique,* cristal composé exclusivement d'ions positifs et négatifs. (Ces cristaux sont de mauvais conducteurs de l'électricité et de bons isolants thermiques : chlorure de sodium, sulfate de baryum, nitrate de cuivre.) ‖ *Liaison ionique,* liaison qui unit entre eux, par attraction électrostatique, des ions de signes contraires dans des cristaux ioniques. ‖ *Moteur ionique,* moteur dont le fonctionnement repose sur le principe de la transformation de l'énergie nucléaire en énergie électrique. ‖ *Propulsion ionique,* mode de propulsion dans lequel l'agent propulsif est ionisé, accéléré par un champ électrique, puis éjecté à l'état électriquement neutre.

ENCYCL. **Neurol.** On décrit deux types de courants ioniques : les *courants de repos,* dus à la différence de composition ionique entre intérieur et extérieur des cellules, contrebalancés par des flux ioniques de sens inverse liés à l'activité métabolique de pompes consommant de l'énergie ; les *courants d'action,* liés à l'ouverture des ionophores et générant l'influx nerveux.

IONISANT, E adj. Qui produit l'ionisation.

IONISATION n. f. (angl. *ionization*). **1.** Processus au terme duquel un atome ou une molécule neutre devient porteur d'une charge électrique positive ou négative. — **2.** Effets produits par les rayonnements ionisants sur les organismes vivants. — **3.** *Chambre d'ionisation,* instrument de mesure des rayonnements ionisants, dans lequel les ions créés dans un gaz sont drainés par un champ électrique, ce qui se traduit par le passage d'un courant électrique qui sert à la mesure. ‖ *Énergie d'ionisation,* énergie nécessaire pour extraire un électron d'un atome, d'un ion ou d'une molécule sans lui communiquer d'énergie cinétique. (Elle s'exprime en électronvolts.) ‖ *Potentiel d'ionisation,* potentiel V tel que le produit eV (e, charge de l'électron) ait même mesure que l'énergie d'ionisation exprimée en électronvolts.

Ionisation, œuvre d'E. Varèse (1931) pour 13 percussionnistes et 2 sirènes. Cette composition fait présager les recherches électroacoustiques de l'après-guerre.

IONISER v. t. (angl. *to ionize*) [conj. 3]. Produire l'ionisation.

IONISME n. m. Doctrine des philosophes grecs de l'école d'Ionie.

IONOGRAMME n. m. Ensemble des concentrations (exprimées en milliéquivalent par litre) des divers anions et cations présents dans un liquide biologique.

IONOMÈRE n. m. Matière plastique obtenue par association d'un copolymère de l'éthylène et d'un acide carboxylique insaturé avec des ions métalliques. (Résistants aux huiles, bases, acides dilués et à la plupart des colorants, les ionomères sont utilisés dans l'emballage alimentaire, les articles ménagers et le revêtement de câbles et surfaces métalliques.)

IONONE n. f. (gr. *ion, ionos,* violette). Nom générique de plusieurs cétones isomères $C_{13}H_{20}O$, douées d'une puissante odeur de violette. (Elles sont utilisées en parfumerie et pour la synthèse de la vitamine A.)

IONOPHORE n. m. Molécule ou groupement de molécules présents dans les membranes des cellules nerveuses et musculaires qui régissent les transferts ioniques au travers des membranes.

IONOPLASTIE n. f. Technique de dépôt métallique par pulvérisation cathodique.

IONOSPHÈRE n. f. (de *atmosphère*). Zone de la haute atmosphère d'une planète, en particulier de la Terre, caractérisée par la présence de particules chargées (électrons et ions), formées par photo-ionisation sous l'effet du rayonnement solaire.

ENCYCL. La mise en évidence de l'ionosphère terrestre remonte à 1901. La théorie en a été développée par Appleton et Hartree vers 1925, puis par Chapman, en 1931. Depuis 1960, son étude a progressé grâce aux instruments de mesure embarqués sur des fusées ou des satellites. On partage traditionnellement l'ionosphère terrestre en trois régions qui diffèrent par la concentration et la nature des ions qu'elles renferment : D entre 60 et 85-90 km d'altitude (10^2 à 10^4 ions/cm^3, ions polyatomiques hydratés), E entre 90 et 120-140 km (10^3 à 10^5 ions/cm_3, ions NO^+, O_2^+ et ions métalliques) et F entre 140 et 600 km (10^5 à 10^6 ions/cm^3, ions

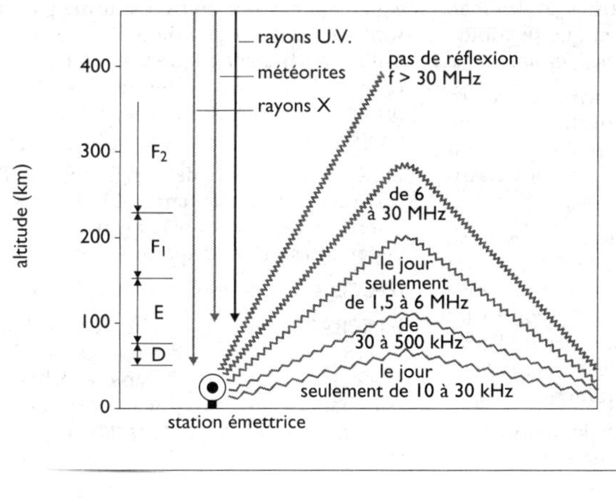

Réflexion des ondes hertziennes par l'**ionosphère**.

N_2^+, NO^+, O^+, H^+). L'ionosphère terrestre constitue un ensemble de couches conductrices sur lesquelles se réfléchissent les ondes hertziennes. Grâce aux sondes spatiales, on a pu détecter la présence d'une ionosphère autour d'autres planètes que la Terre : Vénus, Jupiter, Saturne, etc.

IONOSPHÉRIQUE adj. **1.** Relatif à l'ionosphère. — **2.** *Couche ionosphérique,* partie d'une région de l'ionosphère dans laquelle, en fonction de l'altitude, l'ionisation présente un maximum ou un palier.

IORD ou **JORD,** personnification de la Terre dans la mythologie scandinave ; c'est une des femmes d'Odin et la mère de Thor.

IORGA (Nicolae), historien et écrivain roumain (Botoşani, Moldavie, 1871 - Strejnicu, près de Sinaia, 1940). Il participa au mouvement du sămănătorism, qui prônait une littérature saine, inspirée des richesses du terroir. Président du Conseil, ministre de l'Instruction publique (1931-32), il devint en 1939 président du Sénat. Il fut assassiné par la Garde de Fer (1940). Il a publié une *Histoire des littératures romaniques* (1920) et une *Histoire des Roumains* (1936-1939).

ÍOS ou **NIÓS,** île grecque de la mer Égée (Cyclades), entre Náxos et Santorin ; 105 km² ; 1 200 hab. Tourisme. La tradition y fait mourir Homère.

I. O. S., sigle de INTERNATIONALE* OUVRIÈRE SOCIALISTE.

IOSSELIANI (Otar), cinéaste géorgien (Tbilissi 1934). Peintre subtil des êtres et du quotidien, il a réalisé *la Chute des feuilles* (1967), *Il était une fois un merle chanteur* (1970), *Pastorale* (1976), *les Favoris de la lune* (1984), *Et la lumière fut* (1989), *la Chasse aux papillons* (1992).

IOTA n. m. (lat. *iota,* du gr. *iôta*). **1.** Neuvième lettre de l'alphabet grec, dérivée du signe phénicien *yod,* et notant le *i* français. — **2.** *Un iota,* la moindre des choses ; aussi peu que possible : *J'ai lu votre rapport, ne changez pas un iota.*

IOTACISME n. m. (bas lat. *iotacismus,* du gr. *iôtakismos*). Évolution d'une voyelle ou d'une diphtongue vers le son [i]. (Ce phénomène est particulièrement important en grec postclassique.)

IOUDENITCH (Nikolaï Nikolaïevitch), général russe (Moscou 1862 - Cannes 1933). Il organisa en Estonie, avec l'appui des Anglais, une armée de 20 000 hommes qu'il conduisit, contre les bolcheviks, jusque dans les faubourgs de Petrograd (20 oct. 1919). Il dut reculer suite à la défection des Anglais et des Estoniens.

IOUJNO-SAKHALINSK, v. de Russie, dans le sud de Sakhaline ; 164 000 hab. Alimentation. Bois.

IOULER → YODLER.

IOURI DOLGOROUKI (v. 1090 - Kiev 1157), prince de Rostov-Souzdal, puis grand-prince de Kiev (1149-1151 et 1154-1157). La tradition lui attribue la création de Moscou en 1147.

IOUTKEVITCH ou **YOUTKEVITCH** (Serguei Iossifovitch), cinéaste soviétique (Saint-Pétersbourg 1904 - Moscou 1985). Fondateur avec Kozintsev et Trauberg de la FEKS (Fabrique de l'Acteur Excentrique), il réalisa ses premiers films à la fin du muet : *les Dentelles* (1928). À partir de 1930, il tourna *Montagnes d'or* (1931), *Contre-Plan* (1932), *l'Homme au fusil* (1938), *les Nouvelles Aventures du brave soldat Švejk* (1943), *la France libérée* (documentaire, 1944), *Skander Beg* (1954), *Othello* (1956), *Un amour de Tchekhov* (1968), *Maïakovski rit* (1976).

IOWA, État du Midwest américain ; 146 000 km² ; 2 776 755 hab. Cap. *Des Moines.* C'est un État encore largement agricole, associant notamment culture du maïs et élevage porcin (15 millions de têtes [12 en France]). — **Hist.** Possession française (1682-1762, 1800-1803), territoire autonome (1838), l'Iowa devint un État de l'Union en 1846.

IOWA CITY, v. des États-Unis (Iowa), sur l'*Iowa ;* 50 500 hab. Université. Centre agricole et médical. Capitale du territoire de l'Iowa de 1839 à 1857.

IPATINGA, v. du Brésil (Minas Gerais), au N.-E. de Belo Horizonte ; 179 696 hab. Sidérurgie.

I. P. C. S. (abrév. de *Installation Permanente de Contre-Sens*). Installation permettant, sur une section de ligne de chemin de fer à double voie, de faire circuler des trains, sans préavis, sur l'une des voies, en sens inverse du sens normal.

IPÉCA ou **IPÉCACUANHA** [-kwanja] n. m. (port. *ipecacuanha,* du tupi). Racine aux propriétés expectorantes et vomitives fournie par plusieurs rubiacées d'Amérique du Sud. (Les deux ipécas utilisés en thérapeutique sont *C. ipecacuanha* et *C. acuminata.* Ils contiennent trois alcaloïdes principaux : l'émétine, la céphéline et la psychotrine.)

IPEX n. m. (abrév. de l'angl. *Instant Purchase Excursion*). Type de tarif réduit pour un vol réservé seulement 24 h à l'avance et dont l'accès dépend des places disponibles.

IPHICLÈS, fils d'Amphitryon et d'Alcmène.

IPHICRATE, stratège athénien (Rhamnonte v. 415 av. J.-C. - 354). Il servit les rois de Thrace et de Perse avant de revenir à Athènes et de commander les opérations contre Sparte, puis Thèbes. Il fut l'organisateur des corps de peltastes.

IPHIGÉNIE, fille d'Agamemnon et de Clytemnestre sacrifiée à Artémis par son père, pour que la déesse fît souffler un vent favorable au départ de la flotte vers Troie. Selon une tradition, Artémis lui substitua une biche et la transporta en Tauride, où elle devint sa prêtresse. Elle a inspiré à Euripide deux tragédies : *Iphigénie à Aulis* (405 av. J.-C.) et *Iphigénie en Tauride* (414 av. J.-C.). Goethe écrivit la tragédie *Iphigénie en Tauride* (1779-1787) et Racine *Iphigénie* en Aulide.* Gluck composa sur le thème un opéra (*Iphigénie en Aulide,* 1774) et une tragédie lyrique (*Iphigénie en Tauride,* 1779).

Iphigénie en Aulide, tragédie de Racine (1674), inspirée d'Euripide. Alors qu'Iphigénie marche au sacrifice, le devin Calchas annonce qu'Ériphile, captive d'Achille, est aussi fille du sang d'Hélène et que c'est elle qui doit mourir. Ériphile se tue ; Iphigénie est sauvée. Ce dénouement choisi par Racine va dans le sens d'un vrai tragique, où l'unité d'action rejoint directement la nécessité tragique.

IPOH, v. de la Malaysia, en Malaisie, cap. de l'État de Perak ; 301 000 hab. Centre d'extraction de l'étain.

IPOMÉE n. f. (lat. sc. *ipomœa*). Nom générique de la patate douce et du volubilis.

IPOUSTEGUY (Jean Robert), sculpteur et dessinateur français (Dun-sur-Meuse 1920). D'abord peintre, il se consacre à la sculpture à partir de 1949, s'orientant vers des recherches abstraites avant de s'engager, au début des années 60, dans une œuvre complexe où se mêlent, sur un ton véhément, des composantes naturalistes, baroques et expressionnistes. (*Ecbatane,* bronze, 1965 ; *la Mort du père,* marbre et acier poli, 1968 ; *Un mangeur de gardiens,* céramique, 1970 ; *Val de Grâce,* bronze, 1977 ; *Louise Labbé,* pour Lyon, 1981.)

IPPEN (1239-1289), maître bouddhiste japonais, fondateur d'une des sectes de la Terre pure, *Jishū.*

IPPON [ipɔn] n. m. (jap. *ippon,* marquer un point). En judo, action décisive obtenue soit en projetant son adversaire sur le dos avec force et vitesse, soit en lui appliquant une technique de contrôle au sol (immobilisation pendant 30 secondes) ou en provoquant son abandon (étranglement, clé de bras).

IPS [ips] n. m. (gr. *ips,* ver qui ronge le bois). Nom scientifique du bostryche des forestiers, petit scolyte cylindrique très prolifique, redoutable ennemi des conifères.

IPSÉITÉ n. f. (lat. *ipse,* soi-même). Ce qui fait qu'un être est lui-même et non pas autre chose.

IPSILATÉRAL, E, AUX adj. (lat. *ipse,* même, et *lateralis,* latéral). **1.** Syn. de HOMOLATÉRAL. — **2.** *Effet ipsilatéral,* syn. de EFFET DE MASQUE*.

IPSO FACTO loc. adv. (lat. *ipso facto,* par le fait même). Par une conséquence obligée.

IPSOS, bourg de Phrygie où s'affrontèrent les successeurs d'Alexandre le Grand (301 av. J.-C.). Antigonos Monophtalmos et Démétrios Poliorcète y furent battus par Séleucos, Ptolémée, Cassandre et Lysimaque.

Ipsos, société française d'études et de conseil fondée en 1975, spécialisée dans les sondages d'opinion.

IPSWICH, port de Grande-Bretagne, ch.-l. du Suffolk, sur la mer du Nord ; 120 000 hab. Monuments anciens et musées. Matériel agricole. Industries alimentaires.

IQBAL (*sir* Mohammad), poète et philosophe musulman de l'Inde (Sialkot v. 1876 - Lahore 1938). Son œuvre en persan et en urdū a appelé les musulmans à redonner la primauté aux valeurs musulmanes dans le contexte de la société contemporaine. Il exerça une profonde influence sur l'élite qui créa le Pākistān (*le Message de l'Orient,* 1923 ; *le Dīwān,* 1924 ; *Javednama,* 1932 ; *l'Aile de Gabriel,* 1935).

IQUIQUE, port du nord du Chili, ch.-l. de région, sur le Pacifique ; 152 529 hab. Pêche.

IQUITOS, v. du Pérou, ch.-l. de dép. sur le Marañón ; 266 000 hab. Principal centre urbain de l'Amazonie péruvienne. Carrefour routier, aérien et fluvial (vers l'Atlantique), animé par le tourisme et l'extraction pétrolière dans la région (raffinage).

Ir, symbole chimique de l'*iridium.*

I. R. Abrév. de INFRAROUGE.

IRA, sigle de *Irish Republican Army* (« Armée républicaine irlandaise »), force paramilitaire irlandaise. Formée en 1919 pour mener la guerre d'indépendance contre les Anglais, l'IRA se réduit, après le traité anglo-irlandais de 1921, à une poignée d'irréductibles. Réactivée en 1969, et aidée du Sinn Féin, elle mène dès lors une lutte armée pour défendre la minorité catholique de l'Irlande du Nord et obtenir la réunification de l'île. Ayant proclamé un cessez-le-feu en 1994, elle reprend ses actions terroristes en 1996.

IRAK → IRAQ.

IRAKIEN ou **IRAQIEN, ENNE** adj. et n. D'Iraq. ◆ **irakien** n. m. Arabe dialectal d'Iraq.

IRAKLI II ou **HÉRACLIUS II** (Telavi 1720 - *id.* 1798), roi de Kakhétie à partir de 1744, puis roi de Karthli-Kakhétie (1762-1798). Il signa avec Catherine II le traité de Gueorguïevsk (1783), qui plaçait la Géorgie sous le protectorat russe.

IRÁKLION ou **HÉRAKLION,** anc. **Candie,** port de Grèce, sur la côte nord de la Crète dont elle est la plus grande ville ; 117 000 hab. Centre touristique. Riche musée, surtout connu pour sa collection de pièces minoennes.

— **Hist.** Fondée par les Arabes sous le nom d'*al-Khandaq,* v. 828, elle fut conquise par les Byzantins (960-961) puis passa aux Vénitiens (1204) qui durent la céder en 1669 aux Ottomans qui l'assiégeaient depuis 1647.

IRAN, État de l'Asie occidentale ; 1 650 000 km² ; 68 700 000 hab. *(Iraniens).* CAP. *Téhéran.* LANGUE : *persan.* MONNAIE : *rial.*

Géographie. D'une superficie triple de celle de la France, l'Iran est un peu plus peuplé. Il est formé en majeure partie de hauts plateaux (souvent plus de 1 000 m), arides, parfois désertiques (Kavir et surtout Lut), aux hivers froids, aux étés torrides. Ces plateaux sont dominés, au N. et à l'O., par de puissants massifs (l'Elbourz, dépassant 5 600 m) et chaînes (le Zagros, étiré sur 1 800 km), plus humides et encore largement boisés. Dans le Nord et l'Ouest, l'agriculture pluviale est possible, quoique souvent aléatoire. Ailleurs domine un élevage ovin très extensif, largement lié à un nomadisme en recul. Le blé est la céréale dominante. Le thé, la canne à sucre, le coton, le tabac sont les principales cultures de plantation, mais sont destinés en priorité au marché intérieur. L'agriculture (avec l'élevage) occupe encore plus du tiers de la population active, malgré les progrès de l'urbanisation liés à un exode rural qu'accélère le rapide accroissement naturel (supérieur à 3 % par an).

Cette population, constituée pour la moitié à peine de Persans (avec des minorités importantes à la périphérie, en Azerbaïdjan, au Kurdistān, au Khuzestān, au Baloutchistan), est urbanisée aujourd'hui à plus de 50 %. Ce chiffre est sans rapport avec l'industrialisation, qui demeure faible. L'ensemble de l'économie est toujours dominé par le secteur des hydrocarbures. L'Iran demeure un notable producteur de pétrole, mais dispose surtout d'énormes réserves (13 000 Mt de pétrole et 17 000 milliards de m³ de gaz naturel). Le pétrole nourrit presque à lui seul les exportations. Ses revenus, énormes entre 1974 et 1980, avant le déclin de l'extraction, avaient favorisé une amorce d'industrialisation (chimie, métallurgie de transformation, etc.), que la révolution islamique et la guerre avec l'Iraq ont arrêtée. Les champs, raffineries, terminaux pétroliers (souvent proches de l'Iraq) ont été atteints. Le sous-emploi, qui n'est pas nouveau, touche plusieurs millions d'Iraniens, les pertes humaines de la guerre ont été énormes, les techniciens et capitaux étrangers sont partis. La reprise massive de l'extraction et des exportations de pétrole, une relative normalisation des rapports avec les pays occidentaux doivent favoriser le redressement de l'économie.

Histoire.

• *L'Iran ancien.* Au IIᵉ millénaire av. J.-C., les Aryens, peuple indo-européen, s'installent sur le plateau iranien. Au IXᵉ s. av. J.-C., leurs descendants, les Mèdes et les Perses, atteignent la chaîne du Zagros.

Fin du VIIᵉ s. : Les Mèdes posent les bases de la puissance iranienne.

550 av. J.-C. : Cyrus le Grand, de la dynastie des Achéménides, détruit l'Empire mède et fonde l'Empire perse.

En vingt-cinq ans, Cyrus et son fils Cambyse conquièrent un immense territoire intégrant l'Asie Mineure (guerre contre Crésus, roi de Lydie, v. 546), la Mésopotamie (prise de Babylone, 539) et l'Égypte (525).

522-486 : Darios Iᵉʳ étend l'Empire de la Thrace au bassin de l'Indus.

Il le divise en provinces, les satrapies, liées par un réseau de routes royales et dirigées par des satrapes (gouverneurs). La civilisation perse connaît alors son apogée avec les monuments de Suse et de Persépolis, et la réforme de sa religion, le mazdéisme, par Zarathushtra au VIᵉ s. Mais les guerres médiques, qui se prolongent sous le règne de Xerxès Iᵉʳ (486-465), mettent un frein à l'expansion perse. L'Empire est par la suite affaibli par les luttes dynastiques et la révolte des satrapes.

331 : Le dernier Achéménide, Darios III, est battu près d'Arbèles par Alexandre le Grand, qui annexe ses États. Après la mort d'Alexandre (323), Séleucos, un de ses généraux, fonde la dynastie des Séleucides, qui perd rapidement le contrôle de l'Iran.

250 av. J.-C.-224 apr. J.-C. : Les Parthes règnent sur l'Iran et mettent en échec les armées romaines.

226 : Ardacher fonde l'État sassanide.

Redoutable adversaire de Rome puis de l'Empire byzantin, l'Empire sassanide a pour principaux souverains Châhpuhr Iᵉʳ (241-272) et Khosrô Iᵉʳ (531-579).

• *L'Iran après la conquête arabe.*

642 : Conquête arabe.

Intégré à l'empire musulman des Omeyyades, puis, à partir de 750, des ʿAbbāssides, l'Iran est islamisé. Il passe par la suite aux mains de dynasties turques (Seldjoukides, XIᵉ, XIIᵉ s.) et mongoles (XIIIᵉ-XVᵉ s.).

1501-1736 : La dynastie séfévide règne sur l'Iran et fait du chīʿisme duodécimain la religion d'État.

En conflit avec les Ottomans, elle est à son apogée sous ʿAbbās Iᵉʳ (1587-1629). Une brillante civilisation se développe.

1796 : La dynastie turque des Qādjārs monte sur le trône.

• *L'Iran contemporain.*

Au XIXe s., le territoire de l'Iran est amputé des provinces du Caucase, annexées par l'Empire russe, ainsi que de la région d'Harāt (Afghānistān).

1906 : L'opposition nationaliste, libérale et religieuse obtient l'octroi d'une Constitution.

1907 : Un accord anglo-russe divise l'Iran en deux zones d'influence.

La découverte d'importantes réserves de pétrole accentue la dépendance du pays à l'égard de l'étranger.

1925 : Le général Rezā Khān, au pouvoir depuis 1921, se proclame chāh et fonde la dynastie des Pahlavis.

Les Pahlavis mettent en œuvre la modernisation et l'occidentalisation du pays. Pendant la Seconde Guerre mondiale, Rezā Chāh abdique (1941) en faveur de son fils, Moḥammad Rezā, alors que l'occupation d'une partie de l'Iran par les Russes et par les Britanniques entraîne le développement d'un mouvement nationaliste.

1951 : Mossadegh, chef du parti nationaliste et Premier ministre, nationalise les pétroles iraniens.

1953 : Il est destitué par le chāh.

Le chāh entreprend des réformes (agraire, administrative), tout en instaurant un régime autoritaire qui réprime durement l'opposition. À la fin des années 1970, celle-ci se radicalise sous la conduite de l'ayatollah Khomeyni, chef spirituel des chī'ites.

1979 : Le départ du chāh (janv.) est suivi par la création d'une République islamique (mars), dirigée par Khomeyni. Crise avec les États-Unis à la suite de la prise d'otages à l'ambassade américaine à Téhéran (nov.).

1980-1988 : Guerre avec l'Iraq.

1989 : Mort de Khomeyni. 'Ali Khamenei est proclamé « guide de la République islamique » et Hāchemi Rafsandjani est élu président de la République.

Ce dernier s'efforce de relancer l'économie mais se heurte à l'hostilité de certains pays (dont les États-Unis) qui dénoncent le soutien de l'Iran au terrorisme international.

IRANCY (89290), comm. de l'Yonne, près de l'Yonne, en amont d'Auxerre ; 342 hab. Église des XIIe-XVIe s. Vins.

IRANIEN, ENNE adj. et n. **1.** D'Iran. — **2.** Se dit d'un groupe de langues de la famille indo-européenne, parlées sur le plateau d'Iran et dans les régions environnantes.

◆ **iranien** n. m. **1.** Ensemble des langues iraniennes. — **2.** Syn. de PERSAN.

ENCYCL. On distingue l'*iranien ancien* (avestique, vieux perse, mède, scythe) du début du Ier millénaire à l'ère chrétienne ; le *moyen iranien* (parthe, moyen perse, langue officielle de l'Empire sassanide à l'ouest ; sogdien, khotanais, chorasmien, bactrien à l'est) ; l'*iranien moderne* (persan, tadjik, dari, kurde, baloutchi à l'ouest ; pachto, yaghnobi, ossète à l'est).

Iran-Iraq *(guerre),* conflit qui opposa, de 1980 à 1988, l'Iran à l'Iraq. Les hostilités sont déclenchées en sept. 1980 par l'attaque de l'Iraq qui veut récupérer le Chaṭṭ al-'Arab et annexer le Khuzestān. Après la contre-offensive iranienne, l'Iraq décrète unilatéralement un cessez-le-feu (juin 1982). Mais les Iraniens pénètrent dans la région de Bassora (juill. 1982) et investissent en 1986-87 le territoire irakien au sud (presqu'île de Fao) et au nord (Kurdistān). Parallèlement, les belligérants s'engagent à partir de 1984 dans la « guerre des villes » et dans la « guerre des pétroliers » sur le golfe Persique, entraînant l'internationalisation du conflit (1987-88). Subissant de sérieux revers à partir d'avril 1988, l'Iran accepte un cessez-le-feu (août) et des négociations s'ouvrent alors à Genève. En août 1990, après le déclenchement de la guerre du Golfe, l'Iraq accepte officiellement de revenir à la frontière avec l'Iran fixée en 1975 par l'accord d'Alger.

IRANISANT, E n. Spécialiste de l'histoire, des civilisations et des langues iraniennes.

IRANISER v. t. (conj. 3). Marquer des traits propres à la civilisation iranienne.

IRANOPHONE adj. et n. Qui parle une langue iranienne.

IRAPUATO, v. du Mexique (État de Guanajuato), au S. de Guanajuato ; 362 471 hab. Nœud ferroviaire. Industries alimentaires.

IRAQ ou **IRAK,** en ar. **'Irāq,** État de l'Asie occidentale ; 434 000 km^2 ; 21 millions d'hab. *(Irakiens).* CAP. *Bagdad.* LANGUE : *arabe.* MONNAIE : *dinar irakien.*

Géographie. La Mésopotamie, avec la capitale, constitue le cœur du pays. Elle est bordée à l'O. par l'extrémité orientale du désert de Syrie, et au N., au-delà de la Djézireh, par la terminaison du Taurus, à laquelle succède le piémont du Zagros. L'ensemble du pays est aride et l'agriculture (mis à part un notable élevage ovin extensif) est tributaire de l'irrigation, tôt développée. Le blé et l'orge sont les principales céréales. Localement (vers Bassora) s'ajoute le palmier-dattier. Mais l'économie est depuis longtemps dominée par le pétrole. Avec près de 14 000 Mt de réserves, le pétrole demeure l'atout essentiel, dont les revenus peuvent seuls permettre la reconstruction et le développement de l'économie (ruinée par le conflit avec l'Iran et la guerre du Golfe, ainsi que par l'embargo imposé par l'O.N.U. depuis 1990). La croissance est indispensable pour absorber l'exode rural et plus généralement l'accroissement naturel, ainsi que le remboursement d'une lourde dette extérieure. La population augmente à un rythme annuel de l'ordre de 3 %. À dominante arabe, elle comporte une importante minorité kurde. Au problème ethnique s'ajoute la division entre sunnites et chī'ites.

Histoire. L'Iraq actuel est constitué par l'ancienne Mésopotamie.

224-633 : Les Sassanides dominent le pays, où est située leur capitale, Ctésiphon.

633-642 : Conquête du pays par les Arabes. Islamisé, l'Iraq est le théâtre de la lutte entre les Omeyyades et les descendants d''Ali.

750 : Les 'Abbāssides succèdent aux Omeyyades. L'Iraq devient le centre de leur empire, dont Bagdad, fondée en 762, est la capitale.

1055 : Les Turcs Seldjoukides s'emparent de Bagdad.

1258 : Destruction de Bagdad par les Mongols.

1515-1546 : Les Ottomans conquièrent l'Iraq.

1920 : Après l'occupation du pays par la Grande-Bretagne pendant la Première Guerre mondiale, l'Iraq est placé sous mandat britannique.

1921-1933 : L'émir Fayṣal est roi d'Iraq. L'exploitation du pétrole est confiée à l'Iraq Petroleum Company.

1930 : Le traité anglo-irakien accorde une indépendance nominale à l'Iraq.

1941 : La Grande-Bretagne occupe le pays, qui entre en guerre aux côtés des Alliés.

1958 : Coup d'État du général Kassem, qui proclame la république.

1961 : La rébellion kurde éclate.

1963 : Kassem est renversé.

1968 : Un coup d'État militaire place le général Bakr à la présidence de la République.

1972 : Le gouvernement nationalise l'Iraq Petroleum Company.

1979 : Ṣaddām Ḥusayn devient président de la République.

1980-1988 : Guerre avec l'Iran. (→ *guerre* IRAN-IRAQ.)

1990 : L'Iraq envahit et annexe le Koweït.

1991 : Une force multinationale à prépondérance américaine attaque l'Iraq et libère le Koweït. (→ *guerre du* GOLFE.)

Depuis la guerre du Golfe, l'Iraq est placé sous la surveillance étroite de l'O.N.U., qui assure la protection des Kurdes, au nord du pays, et des chī'ites, au sud. Bien que privé, de facto, de son autorité sur la moitié du territoire et en butte à l'hostilité internationale et à une notable opposition intérieure, Ṣ. Ḥusayn parvient à se maintenir au pouvoir.

1996 : Pour des raisons humanitaires, l'embargo imposé en 1990 par la communauté internationale est légèrement assoupli.

Iraq Petroleum Company Ltd (IPC), groupement de sociétés pétrolières qui fut constitué en 1925 sous le nom de *Turkish Petroleum Company,* associant l'Anglo-Persian (plus tard British Petroleum), Royal Dutch-Shell, Standard Oil (New Jersey), Socony-Vacuum, Gulf Oil, Compagnie française des pétroles et C. S. Gulbenkian, dans le but d'exploiter le pétrole au Moyen-Orient. Les sociétés d'exploitation reprenant, après la Seconde Guerre mondiale, leur liberté dans les domaines de la prospection et de l'exploitation, l'IPC joua le rôle de répartiteur des parts de production octroyées aux sociétés membres. En 1972, le gouvernement irakien décidant de nationaliser toutes les installations dépendant de l'IPC, ses droits et biens furent transférés à l'État ou exploités par la Compagnie nationale irakienne des pétroles.

IRASCIBILITÉ [-rasi-] n. f. Caractère de qqn qui se met facilement en colère.

IRASCIBLE [irasibl] adj. (bas lat. *irascibilis,* du lat. class. *ira,* colère). Qui est prompt à s'irriter : *La fatigue le rend irascible.*

IRAZÚ, volcan actif du Costa Rica, point culminant de la Cordillère centrale ; 3 432 m.

IRBID, v. de Jordanie, ch.-l. de prov., à l'E. du Jourdain, près de la frontière syrienne ; 385 000 hab. Marché agricole. Université. Nombreux réfugiés palestiniens.

IRBM n. m. (abrév. de *intermediate range ballistic missile*). Missile stratégique dont la portée est comprise entre 2 400 et 6 500 km.

I. R. C. A. M., sigle de *Institut de Recherche et de Coordination Acoustique-Musique,* organisme de recherche, de création et de diffusion musicales, créé en 1976 dans le cadre du Centre Georges-Pompidou à Paris et dirigé par Pierre Boulez (1976-1991) puis par Laurent Bayle (depuis 1992).

Par-delà une activité intense de concerts et de diffusion du répertoire contemporain, notamment par l'intermédiaire de l'Ensemble Intercontemporain qui lui est associé, l'I. R. C. A. M. a comme vocation essentielle la recherche, la composition, et la formation des compositeurs en mettant à leur disposition son matériel informatique.

IRE n. f. (lat. *ira*). *Litt.* Colère.

IREBOUNI ou **IREBUNI,** auj. **Arin-berd** (Arménie), cité ancienne d'Ourartou (VIIIe s. av. J.-C.), fondée par le roi d'Ourartou, Argisti Ier (v. 787-766 av. J.-C.), comme centre administratif de la plaine de l'Ararat. Cette forteresse abritait deux palais, dont l'un englobait un temple. Irebouni perdit de son importance au VIIe s. av. J.-C., après la fondation d'une nouvelle capitale, Teishebaini (actuellement Karmir-Blour).

IRELAND (David), écrivain australien (Lakemba, Sydney, 1927). Critiques féroces de la civilisation industrielle, ses romans sont faits de fragments disjoints qui font éclater la narration en une multitude d'épisodes souvent très courts (*l'Oiseau chanté,* 1968 ; *le Prisonnier d'usine inconnu,* 1971 ; *Une femme de l'avenir,* 1979).

IRÈNE *(sainte),* martyre († 304). Sœur des saintes martyres Agape et Chionie, elle fut emprisonnée, percée d'une flèche et brûlée.

IRÈNE (Athènes v. 752 - Lesbos 803), impératrice d'Orient (797-802). Épouse de l'empereur Léon IV (775-780), elle devient à sa mort régente de leur fils Constantin VI. Elle réunit le concile de Nicée, qui rétablit la vénération des images (787). À la majorité de son fils, elle doit abdiquer devant un soulèvement de l'armée (déc. 790). Rappelée par Constantin VI (792), elle le détrône et lui fait crever les yeux (juill. 797). Elle consent à payer tribut à Hārūn al-Rachīd (798) et laisse les Slaves pénétrer dans l'Empire. Pour rétablir l'unité impériale, un mariage est envisagé entre l'empereur Charlemagne et Irène, mais, en 802, l'impératrice est déposée et exilée à Lesbos.

IRÈNE DOUKAS ou **IRÈNE DOUKAINA,** impératrice byzantine (v. 1066 - v. 1123 ?). Fille d'Andronic Doukas et petite-nièce de l'empereur Constantin X, elle épousa Alexis Ier Comnène (1077), sur qui elle eut une grande influence.

IRÈNE DE MONTFERRAT (Yolande, dite), impératrice byzantine (1271 - Thessalonique 1315). Épouse (1284) d'Andronic II Paléologue, elle tenta en vain de partager l'Empire entre ses enfants.

IRÉNÉE *(saint),* évêque de Lyon, Père de l'Église (Smyrne ? v. 130 - Lyon v. 202). Prêtre à Lyon, il succéda à saint Pothin sur le siège de cette ville (178). Toute son œuvre théologique est dirigée contre le gnosticisme, auquel il oppose l'autorité collégiale et institutionnelle des évêques. Il mourut peut-être martyr.

IRÉNIQUE adj. (lat. ecclés. *irenicus,* du gr. *eirênikos,* pacifique). **1.** Qui veut éviter les excès d'une attitude purement polémique. — **2.** Relatif à l'irénisme.

IRÉNISME n. m. Attitude de compréhension et de charité, adoptée entre chrétiens de confessions différentes pour l'exposé et l'étude des problèmes qui les séparent.

IRETON (Henry), général anglais (Attenborough, Nottinghamshire, 1611 - Limerick 1651). Attaché à la fortune de Cromwell, dont il épousa la fille en 1646, il soutint l'armée dans son opposition au Parlement. Il commanda l'armée anglaise en Irlande comme *lord deputy* (1650) et s'empara de Limerick (1651).

Irgoun (abrév. de *Irgoun Zvaï Leoumi,* organisation militaire nationale), organisation clandestine juive fondée en 1937 en Palestine par le parti révisionniste. L'Irgoun mena une politique activiste tant à l'encontre des Arabes palestiniens que de la Grande-Bretagne. En sept. 1948, après la proclamation de l'État d'Israël, l'Irgoun fut dissoute et ses membres incorporés dans l'armée israélienne.

IRI, v. de la Corée du Sud, à l'E. du Kunsan ; 203 382 hab.

IRIAN, nom donné à la Nouvelle-Guinée par les Indonésiens.

IRIAN *(golfe d'),* anc. **baie de Geelvink,** golfe formé par l'océan Pacifique, à l'extrémité N.-O. de la Nouvelle-Guinée (Irian) ; il est parsemé d'îles volcaniques.

IRIAN JAYA, partie occidentale de la Nouvelle-Guinée, rattachée à l'Indonésie en 1969 et qui constitue une province ; 422 000 km² ; 1 648 708 hab. Ch.-l. *Jayapura.* Le Nord est montagneux et culmine à 5 039 m, tandis que le Sud est une grande plaine. Sous un climat équatorial, la forêt couvre pratiquement tout le territoire. Les Papous pratiquent l'agriculture sur brûlis, la chasse et la pêche. Extraction du pétrole et du cuivre.

IRIARTE (Tomás DE), écrivain espagnol (Puerto de la Cruz, Tenerife, 1750 - Madrid 1791). Défenseur du classicisme auprès des milieux littéraires de Madrid, il introduisit le mélodrame en Espagne, et prouva son talent avec ses *Fables littéraires* (1782).

IRIBE (Paul), caricaturiste et décorateur français (Angoulême 1883 - Menton 1935). Collaborateur de *l'Assiette au beurre,* fondateur des périodiques *le Mot* (1914-15) et *le Témoin* (1933-1935, nationaliste de droite), il a également créé des affiches, des meubles et des tissus d'un style élégant.

IRIDACÉE n. f. (de *iris*). Plante monocotylédone vivace, bulbeuse ou rhizomateuse, telle que les iris, les glaïeuls, les crocus, les ixias, etc. (La famille des *iridacées* compte environ 800 espèces.)

ENCYCL. Les iridacées, dont l'iris est le type, ont de très grandes fleurs vivement colorées et ordinairement régulières de type 3, aux sépales (et parfois aux carpelles) pétaloïdes, à l'ovaire fortement infère ; le fruit est une capsule.

IRIDECTOMIE n. f. Résection partielle de l'iris.

IRIDIÉ, E adj. Se dit d'un métal contenant de l'iridium comme élément d'alliage.

IRIDIUM [-djɔm] n. m. (angl. *iridium,* du lat. *iris, -idis,* arc-en-ciel). Métal rare, analogue au platine, qu'il accompagne dans ses minerais. (Élément de symb. Ir.)

ENCYCL. Découvert en 1804, l'iridium doit son nom aux colorations variées de ses solutions salines. Blanc-gris, insoluble dans les acides, il donne des composés analogues à ceux du platine. On l'emploie généralement allié au platine (platine iridié), dans la proportion de 10 %, dans les thermocouples et pour les étalons métriques.

Numéro atomique : 77
Masse atomique : 192,2
Masse volumique : 22,5 g/cm^3
Température de fusion : 2 443 °C

IRIDOCYCLITE n. f. Inflammation du tractus uvéal, affectant surtout le segment antérieur de l'uvée (iris et corps ciliaire). [Syn. UVÉITE ANTÉRIEURE.]

IRIDODIAGNOSTIC n. m. ou **IRIDOLOGIE** n. f. ou **IRIDOSCOPIE** n. f. Méthode qui prétend déterminer, par l'examen de l'iris, le siège et la nature de troubles et de lésions organiques existant dans les autres parties du corps humain. (Elle ne repose sur aucune base scientifique.)

IRIDOMYRMEX n. m. (du gr. *murmêks, -êkos,* fourmi). Petite fourmi très agile, omnivore, des régions subtropicales. (Certaines espèces du genre *iridomyrmex* élèvent des pucerons, d'autres pillent les maisons et les ruches, envahissent les termitières ou s'installent dans une plante myrmécophile pour habiter la tige bulbeuse.)

IRIDOSCOPIE n. f. 1. Examen de l'iris à la loupe ou au microscope cornéen. — 2. Syn. de IRIDODIAGNOSTIC.

IRIDOSMINE n. f. Alliage naturel d'iridium et d'osmium, du système hexagonal, se trouvant dans les gisements de platine. (Syn. OSMIRIDIUM.)

IRIEN, ENNE adj. Qui appartient à l'iris de l'œil.

IRIGARAY (Luce BAUDOUX, Mme), philosophe et psychanalyste française d'origine belge (Blaton, Hainaut, 1932). Après un doctorat de linguistique et une thèse de philosophie (1974), elle est l'une des premières à assurer un enseignement de la psychanalyse. En rupture avec le discours lacanien, elle s'est notamment interrogée sur les rapports de la langue maternelle avec celui qui parle (*Speculum,* 1974 ; *Parler n'est jamais neutre,* 1985).

IRIGNY (69540), ch.-l. de cant. du Rhône, sur le Rhône, en aval de Lyon ; 8 062 hab. Décolletage.

IRINGA, v. du sud de la Tanzanie ; 57 200 hab. Centre agricole (tabac, thé). Taille des diamants.

IRIS [iris] n. m. (lat. *iris,* du gr. *îris*). **1.** *Litt.* Arc-en-ciel, spectre des couleurs ; reflets, teintes imitant les couleurs de l'arc-en-ciel (fém. parfois). — **2.** Plante vivace bulbeuse ou rhizomateuse, à tige simple ou peu ramifiée, à grandes fleurs, dont on cultive de nombreuses variétés ornementales. (On distingue 160 espèces naturelles, auxquelles s'ajoutent de nombreux cultivars : iris des marais, iris nain, iris des jardins, iris de Florence cultivé pour le parfum de son rhizome.) — **3.** Membrane circulaire, contractile, diversement colorée, qui occupe le centre antérieur de l'œil et qui est percée en son milieu d'un orifice, la pupille. (Situé entre la cornée et la face antérieure du cristallin, l'iris, tel un diaphragme, règle la quantité de lumière qui pénètre dans l'œil.) — **4.** Ouverture circulaire à diamètre variable obtenue par un ensemble de lamelles réglables, utilisée comme élément de diaphragme ou comme cache.

IRIS, divinité grecque, fille de Thaumas et d'Électre, messagère des dieux. Elle était la personnification de l'arc-en-ciel.

IRISATION n. f. **1.** Propriété qu'ont certains corps de diffuser des rayons colorés comme l'arc-en-ciel. — **2.** Reflet rappelant les couleurs de l'arc-en-ciel, observable à la surface de ces corps. — **3.** Effet d'impression réalisé en partageant l'encrier en sections séparées remplies d'encres de diverses couleurs. (On dit aussi *impression en encrier* ou *en coupure d'encrier.*)

IRISER v. t. (de *iris*) [conj. 3]. **1.** Faire apparaître une irisation. — **2.** *Litt.* Nuancer qqch des couleurs de l'arc-en-ciel : *Les rayons du soleil irisant les facettes d'un cristal.*

◆ **s'iriser** v. pr., **être irisé** v. pass. *Litt.* Briller de toutes les couleurs de l'arc-en-ciel, avoir les nuances de l'arc-en-ciel.

IRISH (Cornell George HOPLEY-WOOLRICH, dit **William**), écrivain américain (New York 1903 - *id.* 1968), un des maîtres du genre policier aux énigmes venimeuses et à la morale cynique (*La mariée était en noir,* 1940 ; *la Sirène du Mississippi,* 1947).

IRISH COFFEE [ajriʃkɔfi] n. m. (pl. *irish coffees*) [angl. *irish coffee,* café irlandais]. Boisson composée d'un tiers de café brûlant, d'un tiers de whisky et d'un tiers de crème fraîche.

Irish Republican Army → IRA.

Irish Republican Brotherhood → FRATERNITÉ RÉPUBLICAINE IRLANDAISE.

IRISH STEW [ajriʃstju] n. m. (pl. *irish stews*) [angl. *irish stew,* ragoût irlandais]. Ragoût de morceaux de mouton avec des pommes de terre et des oignons. (Spécialité irlandaise.)

IRISH-TERRIER [ajriʃteriər] n. m. (pl. *irish-terriers*) [angl. *irish terrier,* terrier irlandais]. Chien terrier irlandais.

IRISH WATER SPANIEL [ajriʃwɔtərspanjəl] n. m. (pl. *irish water spaniels*) [angl. *irish,* irlandais, et *water spaniel,* épagneul d'eau]. Épagneul irlandais pour la chasse au marais et sur les étendues d'eau.

IRITIS [-tis] n. f. Inflammation de l'iris.

IRKOUTSK, v. de Russie, en Sibérie orientale ; 626 000 hab. Le Transsibérien y franchit l'Angara (centrale hydroélectrique) à 80 km du lac Baïkal. Fondée en 1661, Irkoutsk est devenue la principale ville (centre universitaire et industriel) de la Sibérie orientale.

IRLANDAIS, E adj. et n. D'Irlande.
◆ **irlandais** n. m. Langue parlée en Irlande, appartenant au groupe celtique insulaire. (Syn. GAÉLIQUE D'IRLANDE.)
ENCYCL. Langue nationale de l'Irlande, l'irlandais est la langue celtique qui possède les formes et la littérature les plus anciennes. Cependant, dans l'Irlande d'aujourd'hui, même si 700 000 personnes se disent capables de le parler, il n'est utilisé réellement que par environ 100 000 personnes groupées dans 7 districts de la côte ouest, et dont le nombre ne cesse de décroître.

Irlandais-Unis, association irlandaise, fondée en 1791 par W. Tone pour obtenir une réforme constitutionnelle et l'autonomie ; influencée par les idées de la Révolution française, son action aboutit au soulèvement de 1798.

IRLANDE, la plus occidentale des îles de l'archipel britannique, couvrant 84 000 km², divisée en *Irlande du Nord,* partie du Royaume-Uni, et en *République d'Irlande,* ou *Éire.*

IRLANDE, en gaél. **Éire,** en angl. **Ireland,** État de l'Europe occidentale ; 70 000 km² ; 3 600 000 hab. *(Irlandais).* CAP. *Dublin.* LANGUES : *irlandais* et *anglais.* MONNAIE : *livre irlandaise.*

Géographie. Terre au climat humide et aux sols souvent médiocres, et sans ressources minérales notables, l'Irlande demeure encore, à l'échelle ouest-européenne, un pays pauvre. La population est relativement peu dense et le taux d'urbanisation n'atteint pas 60 %. Dublin (face à l'Angleterre) demeure la principale ville, loin devant Cork. L'agriculture, même si elle n'emploie plus guère que 15 % des actifs, reste une ressource essentielle. Elle est dominée par l'élevage (bovins et ovins), base de l'agroalimentaire. Celui-ci est partiellement éclipsé par l'essor des constructions mécaniques et électriques ainsi que de la chimie, stimulées par des investissements étrangers (en provenance des États-Unis et des partenaires de l'Union européenne). L'industrie occupe environ 30 % des actifs (dont la majeure partie est donc employée dans les services). Le commerce extérieur, effectué principalement avec le reste de l'U .E ., Grande-Bretagne en tête, est aujourd'hui fréquemment excédentaire et le tourisme international apporte des revenus complémentaires. Le dynamisme économique est notable au début des années 1990, mais encore insuffisant pour résorber un taux de chômage toujours élevé, et la valeur de la production par habitant est toujours sensiblement inférieure à la moyenne communautaire.

Histoire

• *Les origines.*

L'Irlande est envahie au IVe s. av. J .-C . par une population celtique, les Gaëls, qui y fonde des royaumes, dominés à partir du IIe s. apr. J .-C . par celui de Connacht.

432-461 : Saint Patrick évangélise l'Irlande. Aux VIe et VIIe siècles, la civilisation irlandaise connaît un brillant épanouissement et rayonne sur l'Europe occidentale par l'intermédiaire de moines missionnaires, tel saint Colomban. À partir de la fin du VIIe siècle, l'île est envahie par les Scandinaves, dont l'expansion sera stoppée au début du XIe siècle.

• *La domination anglaise.*

1175 : Henri II d'Angleterre fait reconnaître sa suzeraineté sur toute l'île, dont le sort est désormais lié à celui de l'Angleterre.

1541 : Henri VIII prend le titre de roi d'Irlande. À partir de son règne, les Tudors pratiquent la « plantation », c'est-à-dire la colonisation rurale par les Anglais, dans le but de réduire les rébellions. La Réforme aggrave les antagonismes : l'Irlande catholique s'oppose à l'Angleterre anglicane. Aux XVIIe et XVIIIe siècles, les Irlandais multiplient les révoltes en s'appuyant sur les adversaires de l'Angleterre : Espagnols et Français puis partisans des Stuarts détrônés en Angleterre.

1649 : Cromwell mène une sanglante répression contre les Irlandais (massacre de Drogheda).

1690 : Jacques II est défait par Guillaume III d'Orange à la Boyne.

1796 - 1798 : Les Irlandais se révoltent sous l'influence des révolutions américaine et française.

1800 : L'échec de la révolte autonomiste aboutit à l'acte d'Union avec la Grande-Bretagne, proclamée par Pitt. L'Irlande est intégrée au Royaume-Uni et exploitée comme une véritable colonie par les propriétaires anglais.

Au cours du XIXe siècle, les Irlandais obtiennent quelques concessions (émancipation des catholiques de 1829, législation agraire de 1881). Mais leurs revendications essentielles (un Parlement national et une large autonomie, ou Home Rule), demandées par Charles Parnell, ne sont pas satisfaites. Les conditions lamentables de la vie économique (famine de 1846-1848) accélèrent l'émigration vers les États-Unis.
1902 : Arthur Griffith fonde le Sinn Féin, mouvement paramilitaire partisan de l'indépendance.
1916 : Une insurrection nationaliste est durement réprimée.
• *L'Irlande indépendante.*
1921 : Après deux ans de guerre civile, l'Irlande obtient son autonomie et devient l'État libre d'Irlande, le nord-est du pays, composé des six comtés de l'Ulster à majorité protestante, restant lié à la Grande-Bretagne. Leader du Fianna Fáil, Eamon de Valera, au pouvoir de 1932 à 1948, rompt avec la Grande-Bretagne et mène contre elle une guerre économique.
1937 : L'Irlande libre est dotée d'une Constitution et prend officiellement le nom gaélique de «Éire».
1948 : La république est proclamée. L'Irlande accède à l'indépendance totale et quitte le Commonwealth.
La vie politique du pays est marquée par l'alternance au pouvoir de Fianna Fáil (avec pour Premiers ministres : De Valera, 1951-1954 et 1957-1959 ; S .F . Lemass, 1959-1966 ; J. Lynch, 1966-1973 et 1977-1979 ; C. J. Haughey, 1979-1981, 1982 et 1987-1992 ; Albert Reynolds, 1992-1994) et du Fine Gael (J. A. Costello, 1948-1951 et 1954-1957 ; L. Cosgrave, 1973-1977 ; G. Fitzgerald, 1981-1982 et 1982-1987 ; John Bruton, depuis 1994).
1973 : L'Irlande entre dans la C .E .E .
1985 : Un accord est conclu entre la Grande-Bretagne et la République d'Irlande sur la gestion des affaires de l'Ulster.
1990 : Mary Robinson est élue à la présidence de la République.
1995 : les Irlandais se prononcent par Référendum en faveur de la législation du divorce.

IRLANDE *(État libre d'),* nom officiel de l'Irlande, diminuée des six comtés ulstériens, de 1921 à 1937.

IRLANDE *(mer d'),* mer bordière, peu profonde (– 272 m), formée par l'Atlantique entre la Grande-Bretagne et l'Irlande. Jalonnée de quelques îles (dont Man et Anglesey), la mer d'Irlande communique avec l'Océan par le canal du Nord (au N.) et le canal Saint George (au S.).

Irlande *(point d'),* sorte de guipure au crochet. Dans le point d'Irlande « gros », les motifs sont travaillés en hauts reliefs et, dans le point d'Irlande « fin », de petits motifs forment un jeu de fond. (On dit aussi *point de Curragh.*)

IRLANDE DU NORD, partie du Royaume-Uni située dans le nord-est de l'île d'Irlande ; 14 000 km^2 ; 1 570 000 hab. Cap. *Belfast.*

Géographie. Très dépendante de la Grande-Bretagne, la région connaît de sérieuses difficultés économiques : à l'industrie en crise (textile, construction navale) et au fort taux de chômage — malgré un secteur tertiaire prépondérant — s'ajoute une insécurité due au conflit opposant protestants (majoritaires) et catholiques, l'opposition religieuse se combinant à une inégalité de revenus.

Histoire.
1921 : Six comtés de l'Ulster sont maintenus au sein du Royaume-Uni avec un régime d'autonomie interne.
Les protestants doivent faire face au mécontentement et à l'agitation de la minorité catholique, sous-représentée dans les assemblées politiques.
1969 : Troubles réprimés par l'armée britannique.
1972 : Le gouvernement de Londres prend en main l'administration de la province.
L'IRA multiplie les attentats. Les gouvernements britannique et irlandais s'efforcent de trouver une solution politique au conflit (accord de 1985, relance du processus de paix en 1993).
1994 : L'IRA puis les loyalistes protestants réclament un cessez-le-feu.
1996 : La reprise des attentats par l'IRA rend difficiles les négociations de paix.

IRMINGER *(courant d')* [du n. de l'océanographe danois C. L. C. *Irminger* (1802-1888)], courant marin de l'Atlantique septentrional, extrémité nord-ouest de la dérive nord-atlantique, s'écoulant dans le sens contrahoraire aux parages méridionaux de l'Islande et du Groenland.

IRNERIUS, jurisconsulte italien (Bologne v. 1050 - *id.* av. 1130). Il enseigna le droit romain à Rome, fonda l'école de Bologne (v. 1084) et écrivit le premier traité médiéval de droit romain *(Summa codicis).*

IROISE *(mer d'),* petite mer bordière des côtes de Bretagne, entre Ouessant et l'île Molène, au N., et la chaussée de Sein, au S. Elle communique avec la rade de Brest par le goulet de Brest. — Le nom est aussi donné à la partie de la mer Celte située à l'O. de l'Iroise.

IROKO n. m. Grand arbre de la forêt tropicale africaine, dont le bois, brun-jaune à brun sombre, à grain plutôt grossier, léger à mi-lourd, se travaille facilement (charpente, parquets, construction navale).

IRONE n. f. Nom générique des cétones présentes dans l'essence de violette et dans l'essence d'iris.

IRONIE n. f. (lat. *ironia,* du gr. *eirôneia,* action d'interroger). **1.** Manière de railler, de se moquer en ne donnant pas aux mots leur valeur réelle ou complète, ou en faisant entendre le contraire de ce que l'on dit : *Savoir manier l'ironie.* — **2.** Opposition, contraste entre une réalité cruelle, décevante et ce qui pouvait être attendu : *Je ne goûte pas l'ironie de la situation.* — **3.** *Ironie socratique,* art par lequel Socrate interrogeait un disciple sur des points apparemment éloignés du sujet, et l'amenait, par un jeu de questions successives, à retourner au sujet initial en le mettant en face d'une contradiction majeure dans laquelle le disciple s'enferrait. ‖ *Ironie du sort,* événement qui survient si malencontreusement qu'il apparaît comme une moquerie du destin.

IRONIQUE adj. (lat. *ironicus,* du gr. *eirônikos*). **1.** Qui manifeste de l'ironie : *Réponse ironique.* — **2.** Qui emploie l'ironie : *Un écrivain ironique.* — **3.** Qui fait un contraste étrange, prend un caractère de dérision : *Un ironique retournement de la situation.*

IRONIQUEMENT adv. De façon ironique.

IRONISER v. t. ind. (conj. 3). Tourner qqn, qqch en dérision, les railler finement, user d'ironie à leur égard : *Ironiser sur les aventures de quelqu'un.*

IRONISTE n. Personne, en partic. écrivain, qui emploie couramment l'ironie.

IROQUOIS, E adj. et n. Qui appartient aux Iroquois.
◆ **iroquois** n. m. Famille de langues indiennes d'Amérique du Nord parlées dans la vallée du Saint-Laurent (Mohawks), sur les bords des lacs Érié et Ontario (Senecas) et dans le sud des Appalaches (Cherokees).

IROQUOIS, Indiens semi-sédentaires de l'Amérique du Nord qui peuplaient les rives du Saint-Laurent et des lacs Érié, Huron et Ontario. Ils luttèrent avec acharnement jusqu'en 1701 contre les Français du Canada, alliés des Hurons, pour le contrôle du commerce des fourrures. Ils vivent aujourd'hui au Québec et dans l'État de New York.

IROULÉGUY n. m. (de *Irouléguy,* n. pr.). Vin rouge ou rosé produit dans le Pays basque.

IRRACHETABLE adj. Qui ne peut être racheté.

IRRADIANCE n. f. *Litt.* Qualité de ce qui irradie ; rayonnement.

IRRADIATION n. f. (bas lat. *irradiatio, -onis,* du lat. class. *irradiare,* irradier). **1.** Action d'un rayonnement sur une matière vivante ou inanimée ; fait d'être irradié. — **2.** *Litt.* Fait d'irradier, de se propager, en parlant d'un sentiment : *L'irradiation de l'amour.* • **Agroalim.** Procédé de conservation des aliments par action des rayonnements ionisants qui inhibent l'action des enzymes et des micro-organismes. — **Anat.** Disposition de certaines fibres, de certains vaisseaux qui naissent à un centre commun, et s'éloignent de ce centre à la manière des rayons d'une circonférence. — **Méd.** *Irradiation douloureuse,* propagation d'une douleur, à partir du point où elle a débuté, vers les régions voisines. — **Phot.** Élargissement de l'image d'un point par diffusion de la lumière au sein de la couche photosensible.

ENCYCL. **Pathol.** L'irradiation d'un organisme par des rayonnements radioactifs peut provenir de sources situées hors de celui-ci (irradiation externe) ou à l'intérieur (irradiation interne), l'ensemble constituant l'irradiation totale. L'irradiation aiguë résulte d'une exposition de courte durée, assez forte pour qu'aucune restauration à long terme ne puisse réduire l'effet du rayonnement ; l'irradiation chronique résulte d'une exposition continue ou répétée pendant une longue période de temps. — **Polym.** L'irradiation des matériaux macromoléculaires par des radiations ionisantes (électrons accélérés, rayons α, β, X) se traduit par une dégradation (coupure de chaîne, arrachement d'atomes, etc.). Dans le cas d'un monomère, par contre, il se produit une polymérisation qui est mise à profit pour imprégner des matériaux lacunaires comme le bois.

IRRADIER v. i. ou **S'IRRADIER** v. pr. (lat. *irradiare,* rayonner, de *radius,* rayon) [conj. 9]. **1.** Se propager en s'écartant d'un centre, en rayonnant : *Les rayons d'un foyer lumineux irradient de tous côtés. La douleur du genou a irradié dans toute la jambe.* — **2.** *Litt.* Donner l'impression de se propager, de se répandre, en parlant d'un sentiment, d'une qualité : *La joie irradie autour d'elle.*
◆ v. t. **1.** Exposer qqn à l'action d'un rayonnement. — **2.** *Litt.* Répandre qqch autour de soi : *Elle irradie le bonheur.*

IRRAISONNÉ, E adj. Qui n'est pas raisonné : *Une crainte irraisonnée.*

IRRATIONALISME n. m. **1.** Attitude qui soutient que le fondement de la connaissance que l'homme a du monde n'est pas redevable de la raison, et qu'il est donc inexplicable. — **2.** Attitude qui soutient que les valeurs qui sous-tendent toute conduite humaine échappent à la raison, totalement ou partiellement.

IRRATIONALISTE adj. et n. Relatif à l'irrationalisme ; partisan de l'irrationalisme.

IRRATIONALITÉ n. f. Caractère, état de ce qui est irrationnel.

IRRATIONNEL, ELLE adj. (lat. *irrationalis*). **1.** Qui est inaccessible à la raison, qui est contraire à la raison : *Une décision irrationnelle.* – **2.** Relatif aux irrationnels.

◆ **irrationnel** n. m. **1.** Ce qui est en dehors du domaine de la raison ou qui s'y oppose. – **2.** Élément de l'ensemble ℝ des réels qui n'appartient pas à l'ensemble ℚ des rationnels. ($\sqrt{2}$, $\sqrt{5}$, *e*, π sont des irrationnels.)

IRRATIONNELLEMENT adv. De façon irrationnelle.

IRRATTRAPABLE adj. Qu'on ne peut pas rattraper, réparer : *Erreur irrattrapable.*

IRRAWADDY, fl. de Birmanie ; 2 100 km. Il traverse du N. au S. le pays dont il est l'axe vital, ouvrant notamment le bassin de Mandalay et s'achevant par un delta, importante région rizicole.

IRRÉALISABLE adj. Qui ne peut être réalisé.

IRRÉALISÉ, E adj. *Litt.* Qui n'est pas réalisé : *Espoir irréalisé.*

IRRÉALISME n. m. **1.** Manque du sens du réel. – **2.** Tendance à s'exprimer sans se conformer à une vision réaliste.

IRRÉALISTE adj. et n. Qui manque du sens du réel, de réalisme : *Projet irréaliste.*

IRRÉALITÉ n. f. Caractère de ce qui est irréel.

IRRECEVABILITÉ n. f. **1.** Caractère de ce qui n'est pas recevable : *L'irrecevabilité d'une demande.* – **2.** Sanction de l'inobservation d'une prescription légale, qui donne lieu au rejet de la demande en justice. – **3.** *Exception d'irrecevabilité,* moyen qui permet au gouvernement de s'opposer à l'examen, par les assemblées, d'une proposition de loi ou d'un amendement contraire à la Constitution.

IRRECEVABLE adj. Qui n'est pas recevable, acceptable.

IRRÉCONCILIABLE adj. (bas lat. *irreconciliabilis*). Qu'on ne peut réconcilier avec qqn d'autre.

IRRÉCOUVRABLE adj. Qu'on ne peut recouvrer : *Créance irrécouvrable.*

IRRÉCUPÉRABILITÉ n. f. Caractère irrécupérable de qqch, de qqn.

IRRÉCUPÉRABLE adj. (bas lat. *irrecuperabilis*). Qu'on ne peut récupérer.

◆ adj. et n. Qu'on ne peut pas réadapter à un groupe, réintégrer dans la société, dans un parti.

IRRÉCUSABLE adj. (bas lat. *irrecusabilis,* du lat. class. *recusare,* refuser). Qu'on ne peut pas contester, mettre en doute : *Des preuves irrécusables de sa culpabilité.*

IRRÉDENTE adj. f. Se dit de provinces réclamées par des irrédentistes.

IRRÉDENTISME n. m. (ital. *irredentismo,* de *irredento,* non racheté). **1.** Après 1870, mouvement de revendication italien sur les terres « non rachetées » restées à l'Autriche-Hongrie de 1866 à 1918 (Trentin, Istrie, Dalmatie), puis, par extension, sur l'ensemble des territoires considérés par lui comme italiens. – **2.** Tout mouvement nationaliste de revendication territoriale.

ENCYCL. L'irrédentisme fut lancé en 1877 par Matteo Renato Imbriani, fondateur de l'*Associazione pro Italia irredenta* qui créa des comités dans tout le pays. Soucieux de ne pas affaiblir la Triplice, les gouvernements (notamment celui de Crispi) réprimèrent ce mouvement qui se développa à la veille de la Première Guerre mondiale (en particulier sous l'impulsion de D'Annunzio) et dont les objectifs furent repris par le fascisme.

IRRÉDENTISTE adj. et n. (ital. *irredentista*). Qui appartient à l'irrédentisme.

IRRÉDUCTIBILITÉ n. f. Qualité, caractère de ce qui est irréductible.

IRRÉDUCTIBLE adj. **1.** Qu'on ne peut pas ramener à une expression, à une forme plus simple : *Fraction irréductible.* – **2.** Qu'on ne peut pas ramener, réduire à autre chose : *Un phénomène irréductible.* – **3.** Qu'on ne peut résoudre, faire cesser : *Conflit politique irréductible.* – **4.** Qui ne transige pas, qu'on ne peut fléchir : *Opposition irréductible.* – **5.** Se dit d'un corps qui ne peut être réduit chimiquement. – **6.** *Fraction irréductible,* fraction $\frac{a}{b}$ dont le numérateur et le dénominateur sont tels que le P. G. C. D. de $|a|$ et $|b|$ est 1. ‖ *Polynôme irréductible,* élément irréductible de l'anneau K[X] où K est un corps commutatif. (Syn. POLYNÔME PREMIER.) [→ *encycl.*] ‖ *Rente irréductible,* rente dont on ne peut abaisser le taux de revenu. ‖ *Souscription à titre irréductible,* droit qu'a l'actionnaire d'une société de participer à une augmentation de capital au prorata de la participation qu'il avait du capital avant l'opération.

◆ n. Personne farouchement opposée à qqch et qui n'accepte aucun compromis.

ENCYCL. **Math.** Si K est un corps algébriquement clos, alors les seuls polynômes irréductibles sont les polynômes du premier degré (par ex., dans ℂ[X]). Les seuls polynômes irréductibles de ℝ[X] sont les polynômes du premier degré et les polynômes du deuxième degré $ax^2 + bx + c$ tels que $b^2 - 4ac < 0$ (discriminant négatif).

IRRÉDUCTIBLEMENT adv. De façon irréductible.

IRRÉEL, ELLE adj. Qui n'est pas réel, qui paraît en dehors de la réalité : *Paysage irréel.*

◆ **irréel** n. m. **1.** Ce qui est irréel, imaginaire : *Le domaine de l'irréel.* – **2.** Construction ou forme verbale exprimant que le procès dépend d'une condition jugée irréalisable. (Cette condition peut se rapporter au présent : *Si tu voulais, tu réussirais* [irréel du présent] ; ou au passé : *Si tu avais voulu, tu aurais réussi* [irréel du passé]. Certaines langues distinguent l'irréel du potentiel.)

IRRÉFLÉCHI, E adj. **1.** Qui est fait ou dit sans réflexion : *Parole irréfléchie.* — **2.** Qui agit sans réflexion : *Élève irréfléchi.*

IRRÉFLEXION n. f. Manque de réflexion.

IRRÉFORMABLE adj. Qu'on ne peut réformer, qui n'est pas susceptible de correction.

IRRÉFRAGABLE adj. (bas lat. *irrefragabilis,* du lat. class. *refragari,* s'opposer à). *Litt.* Qu'on ne peut récuser : *Un témoignage irréfragable.*

IRRÉFRÉNABLE adj. Qu'on ne peut réfréner.

IRRÉFUTABILITÉ n. f. Caractère de ce qui est irréfutable.

IRRÉFUTABLE adj. (bas lat. *irrefutabilis*). Qu'on ne peut réfuter : *Preuve irréfutable.*

IRRÉFUTABLEMENT adv. De façon irréfutable.

IRRÉFUTÉ, E adj. Qui n'a pas été encore réfuté : *Une argumentation irréfutée.*

IRRÉGULARITÉ n. f. (bas lat. *irregularitas, -atis*). **1.** Manque de régularité, de symétrie, d'uniformité de qqch, de ponctualité chez qqn : *Avoir une certaine irrégularité dans ses horaires.* — **2.** Action irrégulière, contraire à la loi, au règlement : *On a relevé certaines irrégularités dans les comptes.* — **3.** Chose, surface irrégulière : *Irrégularités de terrain.* — **4.** Empêchement interdisant la collation, la réception et l'exercice d'un ordre sacré pour un défaut ou un délit incompatible avec le ministère.

IRRÉGULIER, ÈRE adj. (bas lat. *irregularis*). **1.** Qui n'est pas régulier, symétrique, uniforme : *Un visage irrégulier.* — **2.** Qui n'est pas constant, dont le rythme varie : *Respiration irrégulière.* — **3.** Qui n'est pas constant dans son travail : *Un élève irrégulier en mathématiques.* — **4.** Qui n'est pas conforme aux lois, aux règlements, à l'usage : *Situation de famille irrégulière.* — **5.** Qui n'est pas honnête, qui passe outre aux règles de la morale : *Il a été irrégulier dans cette affaire.* — **6.** Se dit de mots, de formes, de constructions qui s'écartent du type considéré comme constituant la norme. — **7.** *Fleur irrégulière,* fleur symétrique par rapport à un plan vertical, mais non par rapport à un axe (par ex., pois, muflier, orchis). [Syn. FLEUR ZYGOMORPHE.] ‖ *Oursin irrégulier,* oursin à symétrie bilatérale.

◆ **irrégulier** n. m. Partisan, groupe de partisans qui collaborent aux opérations d'une armée régulière.

IRRÉGULIÈREMENT adv. De façon irrégulière.

IRRÉLIGIEUSEMENT adv. De façon irréligieuse.

IRRÉLIGIEUX, EUSE adj. (lat. *irreligiosus*). **1.** Qui n'a pas de conviction religieuse. — **2.** Se dit de paroles, d'écrits, d'actes irrespectueux envers la religion.

IRRÉLIGION n. f. (bas lat. *irreligio, -onis*). Manque de conviction religieuse.

IRRÉMÉDIABLE adj. (lat. *irremediabilis*). À quoi l'on ne peut porter aucun remède : *Désastre irrémédiable.*

◆ n. m. Ce qui est irrémédiable.

IRRÉMÉDIABLEMENT adv. De façon irrémédiable.

IRRÉMISSIBLE adj. (bas lat. *irremissibilis*). **1.** Qui ne mérite pas de rémission, de pardon : *Une faute irrémissible.* — **2.** *Litt.* Qui est implacable, fatal : *Le cours irrémissible des événements.*

IRRÉMISSIBLEMENT adv. *Litt.* De façon irrémissible.

IRRÉMISSION n. f. *Litt.* Manque de rémission, de pardon : *L'irrémission d'une faute.*

IRREMPLAÇABLE adj. Qui ne peut être remplacé.

IRRÉPARABLE adj. (lat. *irreparabilis*). Qui ne peut être réparé : *Voiture irréparable.*

◆ n. m. Situation à laquelle on ne peut plus rien faire : *L'irréparable est arrivé.*

IRRÉPARABLEMENT adv. De façon irréparable.

IRRÉPÉTIBLE adj. Se dit des frais qui ne sont pas pris en compte dans les dépens d'un procès.

IRRÉPRÉHENSIBLE adj. (bas lat. *irreprehensibilis*). *Litt.* Qu'on ne peut blâmer.

IRRÉPRESSIBLE adj. Qu'on ne peut arrêter, réprimer : *Une peur irrépressible.*

IRRÉPROCHABILITÉ n. f. *Litt.* Qualité de ce qui est irréprochable.

IRRÉPROCHABLE adj. **1.** Qui ne mérite aucun reproche, qui n'offre rien à reprendre : *Une tenue irréprochable.* — **2.** Se dit d'un témoin contre lequel on ne peut alléguer aucune cause de reproche.

IRRÉPROCHABLEMENT adv. *Litt.* De façon irréprochable.

IRRÉSISTIBILITÉ n. f. *Litt.* Qualité de ce qui est irrésistible.

IRRÉSISTIBLE adj. (lat. médiév. *irresistibilis*). **1.** À quoi on ne peut résister : *Un charme irrésistible.* — **2.** Qui séduit par son charme, sa gaieté : *Un comique irrésistible.*

IRRÉSISTIBLEMENT adv. De façon irrésistible.

IRRÉSOLU, E adj. et n. Qui a de la peine à se déterminer, à prendre un parti.

◆ adj. Qui n'a pas reçu de solution : *Problème encore irrésolu.*

IRRÉSOLUTION n. f. État de qqn d'irrésolu.

IRRESPECT n. m. *Litt.* Manque de respect.

IRRESPECTUEUSEMENT adv. *Litt.* De façon irrespectueuse.

IRRESPECTUEUX, EUSE adj. *Litt.* Qui manque de respect.

IRRESPIRABLE adj. **1.** Où il est difficile ou dangereux de respirer : *Le centre de la ville est irrespirable.* – **2.** Se dit d'un milieu qui est difficile à supporter : *Atmosphère familiale irrespirable.*

IRRESPONSABILITÉ n. f. **1.** État de qqn qui n'est pas responsable : *Plaider l'irresponsabilité d'un accusé.* – **2.** Caractère de qqn qui agit à la légère : *Agir avec une totale irresponsabilité.* – **3.** Protection particulière de l'indépendance des élus les faisant échapper à toute poursuite judiciaire pour les opinions ou votes émis à l'occasion de l'exercice de leur mandat. – **4.** Privilège en vertu duquel le chef de l'État échappe à tout contrôle parlementaire ou juridictionnel pour ses actes accomplis dans l'exercice de ses fonctions, hormis cas exceptionnel prévu par la Constitution.

IRRESPONSABLE adj. et n. **1.** Qui n'est pas capable de répondre de ses actes, de sa conduite : *Être irresponsable en raison de son état mental.* – **2.** Qui agit avec une légèreté coupable : *Des éléments irresponsables ont provoqué des incidents.*

IRRÉTRÉCISSABILITÉ n. f. Propriété des tissus possédant une stabilité dimensionnelle au lavage. (Elle peut s'acquérir par fixation thermique ou par formation d'une résine synthétique sur le tissu.)

IRRÉTRÉCISSABLE adj. **1.** Qui ne rétrécit pas lorsqu'il est soumis à un lavage ou à une action mécanique. – **2.** Qui produit l'irrétrécissabilité.

IRRÉVÉLÉ, E adj. *Litt.* Qui n'est pas révélé : *Les secrets irrévélés de la magie.*

IRRÉVÉRENCE n. f. (lat. *irreverentia*). *Litt.* Manque de respect ; parole, action irrévérencieuse.

IRRÉVÉRENCIEUSEMENT adj. *Litt.* De façon irrévérencieuse.

IRRÉVÉRENCIEUX, EUSE adj. *Litt.* Qui manque de respect.

IRRÉVERSIBILITÉ n. f. **1.** Propriété, caractère de ce qui est irréversible. – **2.** Propriété d'une réaction chimique ou d'une transformation thermodynamique irréversibles. – **3.** Propriété d'un mécanisme transmettant un mouvement d'un organe à un autre, sans qu'il soit possible à ce dernier de provoquer le mouvement du premier. – **4.** *Loi de l'irréversibilité,* loi la plus générale de l'évolution, formulée en 1893 par le paléontologiste belge Louis Dollo (1857-1931) : « Lorsqu'un organe entre en régression, il ne peut plus faire retour en arrière et retrouver ce qu'il a perdu. »

IRRÉVERSIBLE adj. **1.** Qui suit un processus qu'on ne peut ni enrayer ni renverser : *Mouvement, maladie irréversible.* – **2.** Qu'on ne peut faire agir en sens inverse : *L'histoire est irréversible.* – **3.** Se dit d'une réaction chimique qui n'est pas limitée par la réaction inverse et se poursuit jusqu'à disparition d'un des corps réagissants. – **4.** Se dit d'une transformation thermodynamique qui n'est pas réversible. (→ *encycl.*) – **5.** *Appareil irréversible,* prise de courant, connecteur ou prolongateur multipolaire dont les deux parties ne peuvent s'assembler que dans une seule position relative.

ENCYCL. **Phys.** La plupart des systèmes évoluent spontanément et irréversiblement vers leur état d'équilibre ; au cours de cette évolution, l'entropie* totale de tous les corps interagissant augmente. Le second principe de la thermodynamique énonce l'impossibilité de la transformation inverse au cours de laquelle l'entropie totale de l'univers diminuerait. Certains systèmes évoluent cependant de façon irréversible vers des états qui ne sont pas des états d'équilibre macroscopique. (→ *structure* DISSIPATIVE.) On ne sait pas pourquoi les équations de la physique, réversibles au niveau microscopique, sont irréversibles à l'échelle macroscopique.

IRRÉVOCABILITÉ n. f. *Litt.* Caractère irrévocable : *L'irrévocabilité d'une décision.*

IRRÉVOCABLE adj. (lat. *irrevocabilis*). Qui ne peut être révoqué, sur quoi il est impossible de revenir : *Décision irrévocable.*

IRRÉVOCABLEMENT adv. De façon irrévocable.

IRRIGABLE adj. Qui peut être irrigué.

IRRIGANT n. m. Agriculteur pratiquant l'irrigation de ses cultures.

IRRIGATEUR n. m. Appareil servant à faire des lavements ou des irrigations.

IRRIGATION n. f. (lat. *irrigatio, -onis*). **1.** Apport d'eau réalisé sur un terrain cultivé ou une prairie en vue de compenser l'insuffisance des précipitations et/ou des réserves hydriques du sol et, ainsi, de permettre le plein développement des plantes. (→ *encycl.*) – **2.** Action de mettre une partie malade en contact prolongé avec un liquide (irrigation d'une plaie avec un drain perforé, irrigation d'une cavité naturelle avec une canule, etc.). – **3.** Apport du sang dans les tissus par les vaisseaux sanguins.

ENCYCL. **Agric.** 75 % de la surface terrestre reçoivent moins de 1 000 mm de précipitations annuelles et plus de la moitié, moins de 500 mm. Mais la superficie irriguée mondiale avoisine seulement 250 millions d'ha (moins de 5 fois la superficie de la France), et concerne moins de 20 % des terres cultivées. L'Asie méridionale et orientale concentre près des deux tiers des surfaces irriguées (dont environ 80 millions d'ha en Chine et plus de 30 en Inde). Il s'agit généralement d'une irrigation d'appoint (sous climat relativement arrosé), traditionnelle, consacrée en priorité au riz. Les techniques modernes, économes en eau, mais exigeantes financièrement demeurent l'apanage des pays développés. Elles sont consacrées en priorité, souvent sur des superficies réduites, à des productions spéculatives (fleurs, fruits, coton, etc.) dont la valeur ajoutée doit rentabiliser l'investissement.

• *Techniques d'irrigation.* L'eau provenant des cours d'eau, des lacs, des réservoirs (barrages) ou extraite du sous-sol est transportée par des canaux à l'air libre ou des conduites sous pression. Elle est distribuée soit en surface du sol : submersion des rizières, ruissellement sur des terrains à faible pente, infiltration dans des rigoles séparant billons et planches ; soit par aspersion à l'aide d'asperseurs ou de canons ; soit à l'aide de tuyaux percés de petits orifices, suspendus, placés au sol ou même enterrés.

IRRIGUER v. t. (lat. *irrigare*) [conj. 3]. **1.** Arroser un sol par des moyens artificiels : *Irriguer une prairie.* — **2.** En parlant du sang, circuler dans les vaisseaux en faisant vivre les tissus, les organes.

IRRITABILITÉ n. f. (bas lat. *irritabilitas, -atis*). **1.** Caractère, état de qqn qui s'irrite facilement. — **2.** Caractère d'un tissu, d'un organe irritable. — **3.** Syn. de RÉACTIVITÉ.

IRRITABLE adj. (bas lat. *irritabilis*). **1.** Qui s'irrite facilement : *Le malheur l'a rendu irritable.* — **2.** Se dit d'un tissu, d'un organe qui s'irrite facilement : *Une gorge irritable.*

IRRITANT, E adj. (de *irriter*). **1.** Qui met en colère, qui cause une irritation : *Des discussions irritantes.* — **2.** Dont on ne peut venir à bout et qui provoque de l'impatience : *Un problème irritant.* — **3.** Qui irrite la peau, un organe : *Gaz irritant.*

IRRITATIF, IVE adj. **1.** Qui se rapporte à une irritation. — **2.** *Épine irritative,* lésion localisée qui provoque ou qui entretient un phénomène pathologique à distance.

IRRITATION n. f. (lat. *irritatio, -onis*). **1.** État de qqn qui est irrité, en colère : *Son énervement devenait très vite de l'irritation.* — **2.** Inflammation légère de la peau, d'un organe.

IRRITER v. t. (lat. *irritare,* exciter) [conj. 3]. **1.** Mettre qqn en colère, l'énerver : *Ces retards continuels l'irritent.* — **2.** Déterminer une légère inflammation de la peau, d'un organe en provoquant une douleur ou une réaction : *La fumée irrite la gorge.*

◆ **s'irriter** v. pr., **être irrité** v. pass. **1.** Se mettre, être en colère à cause de qqch : *Il s'irrite de perdre son temps.* — **2.** S'enflammer, être enflammé : *Il a la gorge irritée.*

IRROTATIONNEL, ELLE adj. Se dit d'un écoulement dont le champ de vitesses a partout un rotationnel nul.

IRRUPTION n. f. (lat. *irruptio, -onis,* de *irrumpere,* se précipiter sur). **1.** Entrée soudaine et violente dans un lieu d'un grand nombre de personnes : *L'irruption de la foule sur le stade.* — **2.** Débordement brusque et violent de la mer ou d'un fleuve : *L'irruption des eaux dans les bas quartiers.* — **3.** Action de surgir soudainement dans un domaine d'activité : *L'irruption de la sémantique dans la philosophie.* — **4.** *Faire irruption qqpart,* y entrer soudainement et avec violence : *La police fit irruption dans la salle.*

IRTYCH, riv. de Russie et du Kazakhstan, née dans l'Altaï, affl. de l'Ob (r. g.), qui draine une grande partie de la plaine de Sibérie occidentale ; 4 248 km (bassin de 1 643 000 km^2). L'Ichim et le Tobol sont ses principaux affluents.

IRÚN, v. d'Espagne (prov. de Guipúzcoa), sur la Bidassoa, à la frontière avec la France ; 53 000 hab.

IRVING (Washington), écrivain américain (New York 1783 - Sunnyside, Tarrytown, État de New York, 1859). Considéré comme le premier écrivain américain authentique (*Esquisses,* 1819), il est surtout connu pour son *Histoire de New York par Diedrich Knickerbocker* (1809), à la fois satire du récit historique et évocation des colons hollandais. On lui doit encore *les Contes de l'Alhambra* (1829), le roman *la Conquête de Grenade* (1829) et une *Vie de Washington* (1855).

IRVING (Edward), théologien protestant écossais (Annan, Dumfries and Galloway, 1792 - Glasgow 1834). Destitué en 1833 de son poste de prédicateur, pour son enseignement (→ IRVINGIANISME), il organisa l'Église catholique apostolique.

IRVING (John), écrivain américain (Exeter, New Hampshire, 1942). Conjuguant burlesque et tragique, ses romans foisonnants, pourfendeurs de conformismes, proposent la vision d'un monde chaotique et tendre (*le Monde selon Garp,* 1976 ; *l'Œuvre de Dieu, la part du diable,* 1985 ; *Une prière pour Owen,*1989 ; *Un enfant de la balle,* 1994).

IRVINGIA n. m. (de E. *Irving,* n. pr.). Arbre équatorial (simarubacée), aux fleurs jaunes et odorantes, dont les fruits comestibles fournissent des corps gras (beurre de dika).

IRVINGIANISME ou **IRVINGISME** n. m. Doctrine d'une secte religieuse qui, sous le nom d'*Église catholique apostolique,* se réclame d'Edward Irving.

ENCYCL. L'irvingianisme déclare restaurer l'Église dans sa constitution (direction par des « apôtres ») et ses dons miraculeux des premiers temps. Les deux principales églises irvingiennes sont en Angleterre.

IRVINGIEN, ENNE ou **IRVINGISTE** adj. et n. Relatif à l'irvingisme ; adepte de l'irvingisme.

IRZYKOWSKI (Karol), écrivain polonais (Błaszkowa, près de Tarnów, 1873 - Żyrardów, près de Varsovie, 1944). Son roman *Pałuba. Les rêves de Maria Dunin* (1903) est une œuvre de précurseur par le « refus du style » et le recours à la psychanalyse. Critique influent, il dénonça le formalisme des avant-gardes et les fausses grandeurs (*la Lutte pour le fond,* 1929 ; *Beniaminek. Sur Boy-Żeleński,* 1933 ; *l'Éléphant dans la porcelaine,* 1934). Il fut aussi l'un des premiers à s'intéresser à l'esthétique du cinéma (*la Dixième Muse,* 1924).

I. S., sigle de INTERNATIONALE* SOCIALISTE.

ISAAC, patriarche biblique, fils d'Abraham et de Sara, père d'Ésaü et de Jacob. La Genèse rapporte qu'il fut exposé à la mort par son père, dont Dieu avait voulu éprouver la foi.

ISAAC JOGUES *(saint),* missionnaire jésuite au Canada (Orléans 1607 - Ossernenon, Canada, 1646). Évangélisateur des Hurons, il fut mutilé (1642) puis (1646) massacré par les Iroquois. Il a été canonisé avec ses compagnons, en 1930.

ISAAC Ier COMNÈNE (1005 ? - Stoudios 1061), empereur byzantin (1057-1059). Fils de Manuel Comnène, il renversa Michel VI avec l'appui de l'armée et du patriarche Michel Keroularios (avr. 1057). Vaincu par l'opposition de la bureaucratie, il abdiqua en faveur de Constantin X Doukas (1059).

ISAAC II ANGE (v. 1155-1204), empereur byzantin (1185-1195 et 1203-04). Il renversa en 1185 Andronic Ier, dont il avait été le favori. Ayant repoussé les Normands, il dut accepter de laisser passer les croisés de Frédéric Barberousse en Asie Mineure (1190). Battu par les Bulgares à Berroia (Vérria) [1190] et à Arcadiopolis (1194), il fut renversé par son frère Alexis III, qui le fit aveugler (1195). Rétabli après la prise de Constantinople par les Latins (juill. 1203), il s'associa à son fils, Alexis IV, mais tous deux furent assassinés par Alexis V Murzuphle, gendre d'Alexis III.

ISAAC (Jules), historien français (Rennes 1877 - Aix-en-Provence 1963). Admirateur de Péguy, directeur des célèbres manuels d'histoire dits « Malet-Isaac » (1923-1930), il consacra les vingt dernières années de sa vie à dénoncer l'antisémitisme chrétien.

ISAACS (Jorge), écrivain colombien (Cali 1837 - Ibagué 1895). Auteur à succès d'un roman (*María,* 1867), mêlant idylle champêtre et tableaux de mœurs.

ISAAK ou **ISAAC** (Heinrich ou Henricus), nommé parfois, en ital., **Arrigo il Tedesco,** compositeur flamand (v. 1450 - Florence 1517). Organiste à la cour de Laurent de Médicis à Florence, il quitte l'Italie et devient compositeur de la cour de Maximilien en 1497 avant de retourner à Florence, en qualité d'agent diplomatique de Maximilien. Il a laissé des messes, les motets du *Choralis Constantinus,* environ 80 chansons sur des textes allemands, italiens, français et flamands.

ISABEAU, ISABELLE ou **ÉLISABETH de Bavière** (Munich 1371 - Paris 1435), reine de France. Fille d'Étienne II, duc de Bavière, elle épousa en 1385 Charles VI et se lia avec son beau-frère Louis Ier, duc d'Orléans (1392). Exilée par le connétable d'Armagnac (1417), elle se rapprocha de Jean sans Peur avec qui elle s'empara du pouvoir (1418). Alliée à Philippe III le Bon, elle favorisa la conclusion du traité de Troyes (1420) qui donnait en mariage sa fille Catherine à Henri V de Lancastre et déshéritait son fils le futur Charles VII.

ISABELA, anc. **Albemarle,** principale île des Galápagos ; 5 825 km^2 ; 300 hab.

ISABÉLIN, E adj. Se dit du style ornemental caractéristique de l'architecture et de la sculpture espagnoles à la fin du Moyen Âge, sous le règne des Rois Catholiques. (Principaux représentants : Hanequin de Bruxelles [auteur de la porte des Lions de la cathédr. de Tolède et oncle d'E. Egas], J. Guas, S. de Colonia, G. de Siloé.) [Syn. HISPANO-FLAMAND, ISABELLE.]

1. ISABELLE n. f. Nom usuel du *grællsia.*

2. ISABELLE adj. inv. (du n. de *Isabelle la Catholique*). 1. D'une couleur café au lait. — 2. *Cheval isabelle* ou *isabelle* (n. m.), cheval dont la robe peut aller du blanc jaunâtre à la couleur café au lait.

ISABELLE *(sainte)* ⟶ ÉLISABETH.

FRANCE

ISABELLE DE HAINAUT (Lille 1170-1190), reine de France. Fille de Baudouin V, comte de Hainaut, elle épousa en 1180 Philippe II Auguste. Elle fut la mère de Louis VIII.

ISABELLE D'ARAGON (1247 - Cosenza, Calabre, 1271), reine de France. Fille de Jacques Ier, roi d'Aragon, et épouse (1262) de Philippe III le Hardi, elle fut la mère de Philippe IV le Bel.

ANGLETERRE

ISABELLE D'ANGOULÊME (1186 - Fontevrault 1246), reine d'Angleterre, fille du comte

Aimar III. Fiancée à Hugues X de Lusignan, elle fut enlevée par Jean sans Terre, qui l'épousa (1200). Après la mort de celui-ci (1216), elle épousa son ancien fiancé (1217), puis l'entraîna dans une coalition contre Saint Louis. Vaincus près de Taillebourg (juill. 1242), Isabelle et Hugues durent solliciter le pardon du roi.

ISABELLE DE FRANCE (Paris 1292 - Hertford 1358), reine d'Angleterre, fille de Philippe IV le Bel. Elle épousa Édouard II, mais, brouillée avec lui (1324), elle dut s'enfuir en France avec son amant Roger Mortimer (1325). Rentrée en Angleterre (1326), elle prit la tête du soulèvement contre Édouard II, qui abdiqua et fut assassiné (1327). Régente au nom d'Édouard III, elle fut écartée du pouvoir par son fils (1330), qui fit exécuter Mortimer.

ISABELLE D'ORLÉANS (Paris 1389 - Blois 1409), reine d'Angleterre, fille de Charles VI et d'Isabeau de Bavière. Mariée à 7 ans à Richard II d'Angleterre (1396), elle fut renvoyée en France après l'abdication de son mari (1399). Elle épousa en 1406 son cousin germain, Charles, comte d'Angoulême, puis duc d'Orléans.

BOURGOGNE

ISABELLE DE PORTUGAL (Évora 1397-Nieppe, Flandre, 1471), duchesse de Bourgogne. Fille de Jean Ier, roi de Portugal, elle épousa Philippe III le Bon qui, le jour de son mariage (10 janv. 1430), consacra en son honneur la création de l'ordre de la Toison d'or. Elle fut la mère de Charles le Téméraire.

ESPAGNE

ISABELLE Ire LA CATHOLIQUE (Madrigal de las Altas Torres 1451 - Medina del Campo 1504), reine de Castille (1474-1504). Fille de Jean II, roi de Castille, elle épousa, contre la volonté de son frère Henri IV, Ferdinand, héritier de la couronne aragonaise (1469), mariage qui prépara l'unité espagnole. Reine de Castille à la mort d'Henri IV (1474), elle contraignit Alphonse V, roi de Portugal, à renoncer à ses prétentions sur la Castille par le traité d'Alcáçovas (1479). Œuvrant en étroite collaboration avec Ferdinand, devenu roi d'Aragon en 1479, elle joua un rôle prépondérant dans la réforme du clergé castillan, la création de l'Inquisition (1478), l'expulsion des Juifs de Castille et l'achèvement de la Reconquista (1492). Le pape Alexandre VI attribua à Isabelle Ire et à Ferdinand le titre de « Rois Catholiques » (1496).

Isabelle *(style)*, syn. de STYLE ISABÉLIN*.

Isabelle-la-Catholique *(ordre royal d')*, ordre espagnol, créé en 1815 pour services rendus dans les colonies d'Amérique, puis, à partir de 1847, pour tous les mérites.

ISABELLE DE PORTUGAL (Lisbonne 1503 - Tolède 1539), reine d'Espagne et impératrice du Saint Empire romain germanique. Fille de Manuel Ier, roi de Portugal, elle épousa en 1526 Charles Quint. Elle fut la mère de Philippe II.

ISABELLE II (Madrid 1830 - Paris 1904), reine d'Espagne (1833-1868). Fille de Ferdinand VII et de Marie-Christine de Bourbon, elle succède à son père sous la régence de sa mère (1833-1840) puis celle du général Espartero (1840-1843). Déclarée majeure en 1843 et mariée en 1846 à son cousin François d'Assise, duc de Cadix, elle gouverne avec l'appui des modérés (1843-1854), des progressistes (1854-1856) puis de l'Union libérale (1856-1868) qui favorisent l'industrialisation et procèdent à la vente massive des biens de l'Église (1836) et des communes (1855). Contrainte par la révolution de 1868 de s'exiler en France, elle renonce à ses droits en faveur de son fils Alphonse XII.

ÉTATS LATINS D'ORIENT

ISABELLE D'ANJOU (1169-1205), reine de Jérusalem et de Chypre. Fille d'Amaury Ier, roi de Jérusalem, elle épousa successivement Conrad Ier, marquis de Montferrat, Henri II de Champagne (1192) puis (1197) Amaury II de Lusignan.

ISABELLE II ou **YOLANDE DE BRIENNE** († Andria 1228), reine de Jérusalem. Fille de Jean de Brienne, roi de Jérusalem, elle fut mariée par son père en 1225 à Frédéric II de Hohenstaufen qui s'octroya aussitôt la couronne de Jérusalem.

LORRAINE

ISABELLE DE LORRAINE (1410 ? - Launay, près de Saumur, 1453), duchesse de Lorraine. Fille du duc Charles II, elle épousa en 1420 René Ier le Bon, à qui elle apporta la Lorraine à la mort de son père (1431).

•

ISABELLE-CLAIRE-EUGÉNIE DE HABSBOURG (Balsaín, Ségovie, 1566 - Bruxelles 1633), infante d'Espagne, archiduchesse des Pays-Bas (1598-1621). Fille de Philippe II et d'Élisabeth de France, elle épousa son cousin, l'archiduc Albert d'Autriche, à qui elle apporta en dot les Pays-Bas et la Franche-Comté. À la mort de son époux (1621), elle gouverna seule les Pays-Bas espagnols.

ISABEY, peintres français. — JEAN-BAPTISTE (Nancy 1767 - Paris 1855) fut surtout un miniaturiste et un décorateur au service de Bonaparte, puis de la famille impériale, dont il a exécuté les portraits sur ivoire ; il maintint son succès sous les régimes suivants et donna des paysages lithographiés. — Son fils EUGÈNE (Paris 1804 - Montévrain, près de Lagny, 1886), peintre de marines romantiques, de paysages et de scènes de genre, pratiqua, lui aussi, la lithographie.

ISAGORAS, homme politique athénien (archonte en 508 av. J.-C.). Chef du parti oligarchique, il rechercha l'aide de Cléomène, roi de Sparte, pour s'installer au pouvoir ; le peuple, sous la conduite de Clisthène, se souleva et le chassa.

ISAHAKIAN → ISSAAKIAN.

'ĪSĀ IBN SALMĀN ĀL KHALĪFA (Manāma 1934), émir de Bahreïn depuis 1961. Il proclama en 1971 l'indépendance de Bahreïn, qu'il dota d'une Constitution et d'un Parlement.

ISAÏE ou **ESAÏE,** prophète biblique qui exerça son ministère dans le royaume de Juda entre 740 et 687 av. J.-C. Il fut le prophète de la sainteté de l'Éternel, de la foi et de la justice, mais l'originalité de son message réside surtout dans l'espérance messianique.

Isaïe *(livre d'),* écrit dont la première partie seulement concerne les oracles du prophète. Il comporte aussi le *Deutéro-Isaïe* ou *Second Isaïe* écrit vers la fin de l'Exil, et qui est un message d'espérance aux déportés de Babylone ; quatre poèmes évoquant le « Serviteur de Yahvé », en qui juifs et chrétiens ont vu une figure du Messie ; le *Trito-Isaïe* ou *Troisième Isaïe* datant du ve s.

ISAKSSON (Ulla), femme de lettres et scénariste suédoise (Stockholm 1916). L'oppression de la femme dans la société ancienne et moderne forme le thème principal de ses romans (*Paradis d'été,* 1973) et de ses scénarios pour Ingmar Bergman (*la Source,* 1959). On lui doit aussi des nouvelles (*les Fastes de la mort,* 1954).

ISALLOBARE n. f. (d'apr. *isobare* et gr. *allos,* autre). Courbe joignant les points de la Terre où les variations de la pression atmosphérique sont égales en un temps donné. (Syn. NOYAU DE BAISSE, NOYAU DE VARIATION DE PRESSION.)

ISALLOTHERME n. f. (d'apr. *isotherme* et gr. *allos,* autre). Courbe joignant les points de la Terre où les variations de la température de l'air sont égales en un temps donné.

ISAMBERT (François), magistrat et homme politique français (Aunay-sous-Auneau, Eure-et-Loir, 1792 - Paris 1857). Avocat, conseiller à la Cour de cassation, député (notamment en 1830 et 1848), il a publié un *Recueil des anciennes lois françaises depuis 420 jusqu'à la Révolution de 1789* (30 vol., 1822-1833).

ISANOMALE n. f. Courbe qui joint tous les points de la Terre présentant la même anomalie d'un élément météorologique par rapport à la moyenne calculée sur un cercle de latitude.

ISAR, riv. d'Autriche et d'Allemagne, issue des Alpes et qui passe à Munich, affl. du Danube (r. dr.) ; 295 km.

ISARD n. m. (prélatin *izar*). Nom donné au chamois dans les Pyrénées.

ISATINE n. f. Composé résultant de l'oxydation de l'indigo et conduisant par réduction à l'oxindole ou à l'indigo.

ISATIS [tis] n. m. (lat. *isatis,* laitue, du gr. *isatis,* pastel). **1.** Nom générique de la guède. – **2.** Petit renard des régions arctiques, aux oreilles courtes, et dont l'épaisse fourrure hivernale, d'un gris bleuâtre chez certains individus, est le « renard bleu », très recherché.

ISAURIE, en gr. et en lat. **Isauria,** région de Pisidie, en Asie Mineure, située entre le Taurus et la Méditerranée. Elle était, à la fin de l'époque hellénistique, une région de refuge pour de nombreux pirates.

ISAURIENS, dynastie byzantine fondée par Léon III, improprement appelé *l'Isaurien,* et qui occupa le trône de 717 à 802.

ISBA ou **IZBA** [isba ou izba] n. f. (russe *izba,* maison). Habitation des paysans russes, faite de rondins empilés horizontalement et équarris seulement sur la face intérieure.

ISBERGUES (62330), comm. du Pas-de-Calais, sur le canal d'Aire-sur-la-Lys à La Bassée ; 5 176 hab. Église du xve s. Sidérurgie.

ISBN (abrév. de *international standard book number*), numéro d'identification international attribué à chaque ouvrage publié.

ISCARIOTE (gr. *Iskariôtès*). Surnom donné à l'apôtre Judas.

ISCHÉMIE [iske-] n. f. (gr. *iskhaimos,* de *iskhein,* arrêter, et *haima, -atos,* sang). **1.** Interruption de l'irrigation sanguine d'un organe ou d'un tissu. – **2.** Aspect de l'électrocardiogramme traduisant le défaut d'oxygénation du myocarde.

ENCYCL. Toujours de cause artérielle, par oblitération (embolie, thrombose), compression ou spasme de l'artère, l'ischémie ne se produit que si la circulation est interrompue sur un tronc artériel ou sur une petite artériole terminale. L'ischémie provoque la mort du tissu, une diminution des capacités de l'organe (ralentissement psychique, insuffisance des fonctions hépatiques ou rénales, par ex.), ou des signes de souffrance (crise d'angine de poitrine, crampe de l'artéritique).

ISCHÉMIER [iskemje] v. t. (conj. 9). Provoquer une ischémie.

ISCHÉMIQUE [iskemik] adj. Qui relève de l'ischémie.

ISCHIA, île volcanique d'Italie, dans la mer Tyrrhénienne, qui ferme, au N., le golfe de Naples ; 46,4 km^2. Tourisme.

ISCHIA, v. d'Italie, principale agglomération de l'*île d'Ischia ;* 17 000 hab. Château remontant au XVe s. et ruines de plusieurs églises. Centre touristique.

ISCHIATIQUE [iskja-] adj. **1.** Qui se rapporte à l'ischion. — **2.** *Artère ischiatique,* branche de l'artère hypogastrique, se distribuant à la fesse et à la face postérieure de la cuisse. ‖ *Tubérosité ischiatique,* protubérance de l'os iliaque sur laquelle repose le corps dans la position assise.

ISCHION [iskjɔ̃] n. m. (gr. *iskhion,* hanche). L'un des trois os constitutifs de l'os iliaque, dont il forme la partie postéro-inférieure, et dont la partie principale forme la tubérosité ischiatique.

ISCHNURA [isknura] n. f. (gr. *iskhnos,* frêle, et *oura,* queue). Libellule (agrionidé) chez laquelle on observe deux types de femelles extrêmement différents l'un de l'autre (pœcilogynie).

ISE *(baie d'),* baie du littoral méridional de Honshū (Japon), au fond de laquelle est située Nagoya.

ISE, v. du Japon, dans l'île de Honshū, près de la *baie d'Ise ;* 105 600 hab. Célèbres sanctuaires (reconstruits tous les 20 ans) qui perpétuent l'architecture japonaise prébouddhique en bois.

ISÉE, orateur grec (Chalcis ?, Eubée, v. 420 av. J.-C.-v. 340). Sa vie est mal connue : il fut le maître de Démosthène. Une dizaine seulement de ses discours sont parvenus jusqu'à nous.

ISEION [izejɔn] n. m. (gr. *iseion*). Sanctuaire gréco-égyptien ou gréco-romain, dédié à la déesse Isis.

Ise monogatari *(les Contes d'Ise),* recueil anonyme de 125 contes japonais du Xe s., inaugurant semble-t-il les *uta monogatari,* ou « récits poétiques ».

ISENTHALPIQUE adj. Se dit d'une transformation thermodynamique au cours de laquelle l'enthalpie reste constante.

ISENTROPIQUE adj. Se dit d'une transformation thermodynamique au cours de laquelle l'entropie reste constante.

ISEO *(lac d')* [appelé parfois SEBINO], lac subalpin d'Italie, traversé par l'Oglio, en Lombardie ; 65,3 km². Tourisme.

ISERAN *(col de l'),* col des Alpes (Savoie), entre les vallées de l'Arc (Maurienne) et de l'Isère (Tarentaise) ; 2 762 m. Réserve naturelle. C'est l'un des plus hauts cols routiers de l'Europe.

ISÈRE, riv. des Alpes du Nord, affl. du Rhône (r. g.) ; 290 km (bassin d'environ 12 000 km²). Née au pied de l'Iseran, à la frontière italienne, elle parcourt la Tarentaise, passant à Bourg-Saint-Maurice et à Moûtiers. À Albertville, au confluent de l'Arly, l'Isère pénètre dans le Sillon alpin, y recevant l'Arc, traverse Grenoble (où elle reçoit le Drac), sort des Alpes par la cluse de Voreppe et rejoint le Rhône au N. de Valence. Le régime, nival vers l'amont, nivo-pluvial dans le cours inférieur, a été modifié par les multiples aménagements hydroélectriques du bassin.

ISÈRE (38), dép. de la Région Rhône-Alpes ; ch.-l. de dép. *Grenoble ;* ch.-l. d'arrond. *La Tour-du-Pin, Vienne ;* 3 arrond. ; 58 cant. ; 533 comm. ; 7 431 km² ; 1 016 228 hab. *(Isérois).* Le dép. appartient à l'académie et à la cour d'appel de Grenoble, à la région militaire Méditerranée.
Le sud-est du département, formé par une partie des Alpes du Nord, s'oppose au nord-ouest, constitué par les collines et les plateaux du bas Dauphiné. L'élevage bovin et l'exploitation forestière dominent dans la Chartreuse et le Vercors, les cultures de la vigne et des arbres fruitiers dans la vallée du Rhône, en aval de Lyon et dans le Grésivaudan, où elles sont associées aux céréales, au tabac et à l'élevage bovin. L'industrie, développée et partiellement liée à l'hydroélectricité dans les Alpes, est surtout représentée par l'électrochimie et l'électrométallurgie. Elle est principalement implantée dans l'agglomération de Grenoble, qui concentre près de la moitié de la population départementale. Le tourisme anime localement la montagne (l'Alpe-d'Huez, Chamrousse, Autrans, les Deux-Alpes, Villard-de-Lans, etc.).

ISERLOHN, v. d'Allemagne (Rhénanie-du-Nord-Westphalie), à l'E. de Dortmund ; 95 200 hab. Métallurgie. Industries alimentaires. Papeterie.

ISERNIA, v. d'Italie, en Molise, ch.-l. de prov. ; 21 000 hab.

Iseut, héroïne d'une légende médiévale → TRISTAN ET ISEUT.

ISEYIN, v. du Nigeria, au N.-O. d'Ibadan ; 197 100 hab. Textile.

I. S. F., abrév. de IMPÔT* DE SOLIDARITÉ SUR LA FORTUNE.

IṢFAHĀN → ISPAHAN.

ISḤĀQ, forme arabe de Isaac.

ISHBĪ-ERRA, premier roi d'Isin (2016-1984 av. J.-C.). Il conquit les cités du pays de Sumer en profitant de l'écroulement de la IIIe dynastie d'Our, dont lui et ses successeurs se prétendirent les héritiers.

ISHERWOOD (Christopher), écrivain américain d'origine britannique (High Lane, Cheshire, 1904 - Santa Monica, Californie, 1986). Impressionné par l'Allemagne préhitlérienne, il publie des romans d'un réalisme quasi documentaire : *M. Norris change de train* (1935), *Adieux à Berlin,* (1939), dont sera tiré le film *Cabaret* de Bob Fosse (1972), et écrit, avec W. H. Auden, des drames expressionnistes (*The Ascent of F-6,* 1937). Scénariste à la MGM à partir de 1940, de L. Turner et I. Bergman, etc., il se partage entre la recherche spirituelle (*My Guru and His Disciple,* 1980) et le combat pour l'homosexualité (*Christopher and His Kind,* 1976).

ISHIKARI, fl. du Japon, dans l'île d'Hokkaidō, ouvrant, au N. de Sapporo, la *plaine d'Ishikari ;* 262 km.

ISHIKAWA JUN, romancier et critique japonais (Tōkyō 1899 - *id.* 1987). Nourri dès l'enfance de pensée confucéenne, passionné de lettres françaises, Ishikawa a d'abord traduit Molière, Anatole France, Gide. Au sein d'un univers onirique, il peint, sans ironie, les contradictions de l'homme contemporain, sa violence, son désir d'absolu (*la Lumière qui ne s'éteint pas,* 1946 ; *le Jésus des ruines,* 1946 ; *le Dit des asters,* 1956 ; *Âmes déchaînées,* 1963-64 ; *Vent fou,* 1980). Il a notamment influencé Abe Kōbō, Fukunaga Takehiko et Ōe Kenzaburō.

ISHINOMAKI, port du Japon, dans le nord de Honshū, sur le Pacifique ; 120 700 hab. Pêcheries et conserveries.

ISHTAR → ASHTART.

Ishtar *(porte d'),* porte située à Babylone (VIe s. av. J.-C.) et formée de deux entrées monumentales séparées par une cour intérieure qui s'élève encore à 12 m de hauteur. Décor de briques émaillées (frises d'animaux sur fond bleu).

ISIAQUE adj. (lat. *isiacus,* du gr. *isiakos*). Relatif à Isis, à son culte.

ISIDORE de Séville *(saint),* le dernier Père de l'Église d'Occident (Carthagène v. 560-Séville 636). En tant qu'évêque de Séville (601-636), il exerça un rôle prépondérant dans l'Espagne wisigothique. Comme compilateur, son ouvrage encyclopédique le plus célèbre reste les *Étymologies* ou *Origines.*

ISIDORE le Laboureur *(saint)* [près de Madrid v. 1070 - Madrid 1130]. Ouvrier agricole, pieux et charitable, sa tombe devint un lieu de miracles. Canonisé par Grégoire XV (1622), il est le patron des laboureurs et des cités de Madrid, León, Saragosse et Séville.

ISIDORE de Milet, architecte byzantin actif au début du VIe s. Il fut choisi, avec Anthémios de Tralles, pour construire Ste-Sophie de Constantinople (532-537) suivant un plan tout à fait original.

ISIGNY-LE-BUAT (50540), ch.-l. de cant. de la Manche, dans l'Avranchin ; 3 222 hab.

ISIGNY-SUR-MER (14230), ch.-l. de cant. du Calvados, sur l'Aure, près de la Manche ; 3 104 hab. *(Isignais).* Mairie dans un château du XVIIIe s. Produits laitiers. Confiserie.

ISIN, auj. **Ichān Baḥrīyāt,** cité ancienne de Sumer (40 km au N.-O. d'Ourouk). La Ire dynastie d'Isin (2016-1793 av. J.-C.) fut fondée par Ishbī-Erra. La ville redevint prospère lorsque sa IIe dynastie (v. 1157-1027 av. J.-C.) remplaça à Babylone la lignée kassite et chassa les Élamites. (→ NABUCHODONOSOR Ier.)

ISIS, déesse égyptienne. Isis était, en tant que déesse-reine, la compagne du dieu-roi Osiris. La légende d'Isis, rendant la vie sur terre à Osiris, et concevant de lui un fils, Horus l'enfant, qui succéda à son père, fut très populaire. Associée à Osiris dans tous ses temples, Isis eut la première place dans ceux de Bouto, de Coptos, de Philae. À l'époque tardive, Isis et Hathor furent confondues en une seule divinité. Protectrice des mères et des enfants, gardienne de la maison, Isis était aussi une grande magicienne.
Le culte d'Isis fut tôt répandu et adopté hors d'Égypte. À l'époque hellénistique, la déesse acquit des caractères proprement gréco-romains, se confondit avec Déméter et s'associa à Zeus-Sérapis. Sous l'Empire romain, des temples d'Isis s'établirent en Gaule, en Espagne, sur le Rhin et le Danube, et les fidèles se recrutèrent en grand nombre parmi les légionnaires.

ISKANDAR, nom sous lequel Alexandre le Grand, successeur des Achéménides, fut appelé par les Persans. La tradition sassanide le considéra comme un destructeur et un hérétique maudit, tandis que les musulmans en firent un fidèle d'Allāh.

ISKĂR, riv. de Bulgarie, qui passe à Sofia, affl. du Danube (r. dr.) ; 370 km environ (bassin de 8 646 km²).

ISKENDERUN, anc. **Alexandrette,** port du sud-est de la Turquie, sur le *golfe d'Iskenderun ;* 154 807 hab. Base navale. Sidérurgie et terminal pétrolier (oléoduc venant d'Iraq).

ISLĀM n. m. (ar. *islām,* soumission à la volonté de Dieu). **1.** Religion des musulmans, de ceux qui adhèrent au message de Mahomet. — **2.** Ensemble des peuples qui professent cette religion.
ENCYCL. L'islām est la religion fondée en Arabie au VIIe s. par Mahomet, et dont la substance lui fut transmise du Ciel par l'intermédiaire de l'ange Gabriel *(Djabrā'īl),* ou Esprit divin, en révélations fragmentaires successives, dont l'ensemble est le Coran*, parole de Dieu. Les principaux dogmes de l'islām, exposés dans le Coran,

sont : la croyance et la soumission à un Dieu unique, créateur du monde, incréé, qui s'est révélé au monde et l'a invité au monothéisme par ses prophètes (parmi lesquels Abraham, Moïse et Jésus, et dont Mahomet est le dernier, le « sceau ») ; la croyance à la vie future, où les bons sont récompensés (paradis) et les méchants punis (enfer), à la résurrection et au jugement dernier.

Les obligations cultuelles des musulmans sont au nombre de cinq : la profession de foi (« Il n'y a de Dieu qu'Allāh, et Mahomet est son envoyé ») ; les cinq prières quotidiennes et la prière du vendredi à la mosquée, précédées d'ablutions rituelles et faites le visage tourné vers La Mecque ; l'aumône légale, ou impôt religieux ; le jeûne intégral du lever au coucher du soleil pendant le mois de ramaḍān ; le pèlerinage à La Mecque *(ḥadjdj)*. À ces cinq piliers *(arkān)* de l'islām, on ajoute la guerre sainte pour la défense de la foi *(djihād)* dans certaines sectes. Le culte ne comportant pas de liturgie, il n'y a pas de ministre du culte. Le muezzin appelle les fidèles à la prière du haut du minaret, l'*imām* est chargé de diriger la prière.

L'islām n'est pas seulement une religion ; c'est aussi une loi qui règle le comportement du musulman dans toutes les circonstances de la vie religieuse, politique, sociale et individuelle, le Coran étant complété par la Tradition du Prophète *(ḥadīth)*, qui a participé ainsi à l'élaboration de la loi *(charī'a)*. Ceux qui ont étudié, connaissent et enseignent la loi, les docteurs *(oulémas)*, jouent le rôle de directeurs de conscience et de jurisconsultes. Ils sont appelés *mollahs** en Iran et en Inde.

À côté d'une observation scrupuleuse et rigide de la loi religieuse et sociale s'est fait jour une autre tendance, celle des mystiques *(soufis)* et des confréries *(ṭarīqa)*, qui ont acquis une grande force dans les milieux populaires.

Très rapidement répandu dans le bassin méditerranéen, l'islām, quoique divisé par des schismes et territorialement morcelé par l'histoire, garde une grande unité morale, institutionnelle et économique. Il compte environ 950 millions de fidèles, les groupes les plus importants se trouvant en Asie et en Afrique.

ISLĀMĀBĀD, cap. du Pākistān ; 204 400 hab. Construite près de Rāwalpindī dans les années 1960, la ville est surtout un centre tertiaire (administration, université).

ISLAMIQUE adj. Relatif à l'islām.

ISLAMISATION n. f. Action d'islamiser.

ISLAMISER v. t. (conj. 3). **1.** Convertir à l'islām. — **2.** Appliquer la loi islamique dans divers secteurs de la vie publique et sociale.

ISLAMISME n. m. **1.** Syn. vieilli de ISLĀM. — **2.** Mouvement politico-religieux préconisant l'islamisation complète, radicale, du droit, des institutions, du gouvernement, dans les pays islamiques. (→ *encycl.*)

ENCYCL. L'islamisme veut relever le défi moderniste lancé par les sociétés occidentales en formulant la révélation divine en termes politiques définis grâce à un retour aux textes de base de l'islām (Coran et sunna). Pour lui, une société réellement islamique ne peut advenir que par l'établissement d'un État islamique. L'islamisme contemporain se divise en un courant modéré, qui poursuit un programme de réislamisation de la société par la prédication, en attendant d'accéder au pouvoir après s'être acquis la majorité de la population, et un courant radical, partisan de la prise du pouvoir d'État par la révolution.

• *Les premiers mouvements.* Le premier penseur islamiste est Djamāl al-Din al-Afghāni (seconde moitié du XIXe s.). L'islamisme s'incarne dans la seconde moitié du XXe siècle en trois mouvements : deux sunnites et un chī'ite. Les mouvements sunnites sont l'association des *Frères musulmans*, fondée en 1927/28 en Égypte par Ḥasan al-Bannā', et le *Djamā' at-i-Islāmī*, créé en 1941 en Inde, alors britannique, par Abūl-'Alā' Mawdūdī. Dans le monde chī'ite, l'imām Khomeyni, en exil, réclame dès le début des années 1970 le pouvoir des religieux sur l'État.

• *Le développement contemporain.* L'islamisme radical devient un véritable mouvement de masse en Iran, où la révolution islamique renverse le chāh en 1979, alors qu'à la même époque il reste confiné à des groupes épars dans le monde sunnite. Mais, à la fin des années 80, il s'y développe considérablement, trouvant de nombreux militants parmi les jeunes, soumis à des systèmes éducatifs modernes mais qui n'offrent pas de débouchés. Les mouvements islamistes contemporains sont actifs dans le Maghreb (Algérie principalement et Tunisie), en Égypte, au Soudan, en Jordanie, en Syrie, au Liban, dans les territoires palestiniens ainsi qu'en Afghānistān.

ISLAMISTE adj. et n. Relatif à l'islamisme ; partisan de l'islamisme.

ISLAMOLOGIE n. f. Discipline qui étudie l'islām dans ses divers aspects.

ISLAMOLOGUE n. Spécialiste d'islamologie.

ISLANDAIS, E adj. et n. D'Islande.

◆ **islandais** n. m. Langue germanique du groupe nordique occidental parlée en Islande.

ENCYCL. Langue nationale de l'Islande, l'islandais est très proche du norvégien, avec lequel il se confond pratiquement jusque vers 1350. C'est la plus conservatrice des langues nordiques, au point qu'il est possible pour un Islandais d'aujourd'hui de lire sans difficulté des textes en prose datant du Moyen Âge.

ISLANDE, île et République de l'Atlantique nord, au sud-est du Groenland ; 103 000 km^2 ; 270 000 hab. *(Islandais).* CAP. *Reykjavík.* LANGUE : *islandais.* MONNAIE : *couronne islandaise.*

Géographie. L'île est soumise de façon continue aux phénomènes volcaniques qui l'ont constituée : éruptions, sources chaudes, geysers, etc. Sous l'influence des vents océaniques et de l'air polaire, le climat est venteux, humide et froid (5 °C en moyenne à Reykjavík). Les glaciers occupent plus de 10 % du territoire. La population, peu nombreuse, vit sur le littoral, surtout dans la capitale. Les cultures occupent une partie infime de la superficie totale (pommes de terre, fruits et légumes sous serres chauffées). L'élevage bovin laitier dans le Sud est moins important que l'élevage ovin. Les ressources énergétiques sont représentées par un fort potentiel hydroélectrique et par la géothermie. Le secteur industriel fournit aluminium (exporté), ferroalliages, engrais et, surtout, produits de la pêche (capellan, morue, hareng), base des exportations.

Histoire. Abordée par les moines irlandais (VIIIe s.), puis par les Vikings (IXe s.), l'Islande se peuple peu à peu grâce à l'émigration scandinave. Aux XIe et XIIe s., le christianisme s'impose progressivement.

1262 : L'Islande passe sous la tutelle du roi de Norvège.

Devenue possession du Danemark (qui avait conquis la Norvège) en 1380, l'Islande connaît la réforme luthérienne (1550).

Sa population est décimée au XVIIIe s. par les épidémies, les éruptions volcaniques et la famine.

1903 : L'Islande obtient son autonomie.

1918 : Elle est reconnue comme État indépendant tout en conservant le même roi que le Danemark.

1944 : Elle se sépare du Danemark et devient une république.

1949 : Adhésion à l'O. T. A. N.

1958-1961 : Un conflit au sujet de la pêche l'oppose à la Grande-Bretagne.

1980 : Élection de Mme Vigdís Finnbogadóttir à la présidence de la République. (Elle est réélue en 1981, 1988 et 1992.)

1996 : Ólafur Ragnar Grímsson est élu à la présidence de la République.

ISLE, rivière du Sud-Ouest, affl. de la Dordogne (r. dr.) ; 235 km. Elle naît dans les monts du Limousin, draine le nord du Périgord (passant à Périgueux) avant de confluer à Libourne.

ISLE (87170), comm. de la Haute-Vienne, banlieue sud-ouest de Limoges ; 7 421 hab.

ISLE-ADAM (L') [95290], ch.-l. de cant. du Val-d'Oise, sur l'Oise, au pied de la *forêt de L'Isle-Adam ;* 10 027 hab. *(Adamois).* Église gothique et Renaissance (XVe-XVIe s.).

ISLE-D'ABEAU (L') [38080], comm. de l'Isère, à 7 km au N.-O. de Bourgoin-Jallieu ; 5 567 hab. *(Lilots).* À 35 km au S.-E. de Lyon, elle a donné son nom à une ville nouvelle, développée dans une position de carrefour entre Grenoble et Chambéry.

ISLE-D'ESPAGNAC (L') [16340], comm. de la Charente, banlieue est d'Angoulême ; 4 923 hab. *(Spaniaciens).* Industrie aéronautique.

ISLE-EN-DODON (L') [31230], ch.-l. de cant. de la Haute-Garonne, sur la Save ; 2 048 hab. Église des XIVe-XVIe s., à abside fortifiée.

ISLE-JOURDAIN (L') [32600], ch.-l. de cant. du Gers, sur la Save ; 5 068 hab. *(Lislois).* Église de 1785 ayant pour clocher une tour de l'ancien château. Marché. Textile.

ISLE-JOURDAIN (L') [86150], ch.-l. de cant. de la Vienne, sur la Vienne ; 1 280 hab.

ISLE-SUR-LA-SORGUE (L') [84800], ch.-l. de cant. de Vaucluse, dans le Comtat ; 15 911 hab. *(L'Islois).* Église aux décors du XVIIe s. (boiseries, tableaux, sculptures). Musée-bibliothèque René-Char. Industrie agroalimentaire, textile et chimique.

ISLE-SUR-LE-DOUBS (L') [25250], ch.-l. de cant. du Doubs, en bordure du Jura ; 3 216 hab. *(L'Islois).*

Islettes *(faïences des),* faïences fabriquées (1764-1848) aux Islettes, village de l'Argonne (Meuse). Au XIXe s., décors, en couleurs de petit feu, sont empruntés à l'imagerie populaire.

ISLY *(oued),* riv. du Maroc oriental, à l'O. d'Oujda, sous-affl. de la Tafna par l'oued Mouilah.

Isly *(bataille de l')* [14 août 1844], victoire remportée par Bugeaud sur les Marocains, gagnés à la cause d'Abd el-Kader.

ISMAËL (mot hébr. signif. *Dieu entend*), fils d'Abraham et de la servante égyptienne Agar. Une tradition populaire, consignée dans la Bible (Genèse, XXV), fait d'Ismaël l'ancêtre éponyme des Arabes du désert (ismaélites). La tradition islamique reconnaît en Ismaël (en arabe Ismā'īl) l'ancêtre des Arabes.

ISMAÉLIEN ou **ISMAÏLIEN, ENNE** ou **ISMAÏLITE** adj. et n. Relatif à l'ismaélisme ; qui professe l'ismaélisme.

ISMAÉLISME ou **ISMAÏLISME** n. m. Système religieux des chī'ites qui admettent comme dernier imām Ismā'īl, mort vers 760.

ENCYCL. L'ismaélisme est la branche du chī'īsme septimain pour laquelle le septième imām Ismā'īl* est bien le successeur de son père Dja'far al-Ṣadīq, désigné par lui et entré en occultation, au terme de laquelle il reviendra en mahdī parmi les vivants. À partir du IXe s., l'ismaélisme se développa en Iraq, au Yémen, en Égypte et en Afrique du Nord : il fut brillamment représenté, de 909 à 1171, par la dynastie fāṭimide.

Se perpétuant avec les nizārites et les Assassins, les ismaéliens ont aujourd'hui des communautés au Liban (Druzes), en Syrie, en Iran, en Afrique orientale et en Inde où l'imām de la communauté, qui porte le titre d'Agha Khān depuis 1834, a dû se réfugier en 1840.

ISMAÉLITE adj. et n. (de *Ismaël,* n. pr.). Se dit, dans l'histoire biblique, d'un ensemble de populations nomades, hostiles aux Hébreux, habitant la partie septentrionale et occidentale du désert arabique.

ISMĀ'ĪL († Médine v. 760), 7e et dernier imām infaillible des chīites ismaéliens (ou septimains).

ISMĀ'ĪL Ier ou **ESMĀ'IL** (Ardabil 1487 - *id.* 1524), chāh d'Iran (1501-1524), fondateur de la dynastie des Séfévides. Proclamé roi à Tabriz en 1501, il parvint en 1510 à dominer presque tout l'Iran, auquel il imposa le chī'isme duodécimain comme religion d'État. Il fut défait à Tchāldirān (1514) par le sultan ottoman Selim Ier.

ISMĀĪL (Abd al-Fattāḥ), homme d'État yéménite (Aden 1939 - *id.* 1986). Chef du Front national de libération (F. N. L.) qui lutta contre le protectorat britannique au Yémen du Sud de 1963 à 1967, il fut le chef de l'État et le secrétaire général du parti socialiste yéménite de 1978 à 1980. Instigateur en 1986 d'une tentative de coup d'État, il aurait été tué au cours des affrontements.

ISMAÏLIA, v. d'Égypte, ch.-l. de prov., sur le lac Timsah ; 236 000 hab. Siège de l'administration du canal de Suez. Centre industriel (agroalimentaire, engrais, aluminium).

ISMĀ'ĪL IBN AḤMAD (Abū Ibrāhīm) [au Fergana 849-907], souverain sāmānide de Transoxiane (892-907). Il annexa le Khorāsān (900), et fit de sa capitale Boukhara un grand centre culturel musulman.

ISMĀ'ĪL PACHA (Le Caire 1830 - Constantinople 1895), vice-roi (1863-1867), puis khédive d'Égypte (1867-1879), deuxième fils d'Ibrāhīm Pacha. Il négocia le percement du canal de Suez, qui fut inauguré en 1869. Il accrut dangereusement la dette égyptienne, vendit ses actions du canal aux Anglais (1875) et suspendit le paiement des intérêts de la dette (1876). Il dut accepter le contrôle financier et politique franco-anglais sur l'Égypte (1878). Il fut déposé par le sultan ottoman en 1879.

ISMAY (Hastings Lionel, 1er *baron*), général britannique (Naini Tāl, Uttar Pradesh, Inde, 1887 - Wormington Grange, Worcestershire, 1965). Il fut, pendant toute la Seconde Guerre mondiale, l'intermédiaire permanent de Churchill avec le commandement. Ministre du Commonwealth dans le cabinet conservateur en 1951, il fut, de 1952 à 1957, le premier secrétaire général de l'O. T. A. N.

ISMÈNE, fille d'Œdipe et de Jocaste, sœur d'Antigone.

ISNĀ → ESNÈH.

ISNARD (Maximin), homme politique français (Grasse 1755 - *id.* 1825). Député du Var à la Législative (1791) puis à la Convention (1792), il siégea parmi les Girondins. Président de l'Assemblée (1793), il prononça à la tribune un discours contre la prédominance de Paris (12 mai 1793) mais échappa à la proscription des Girondins. Député aux Cinq-Cents (1795-1797), il se rallia à Bonaparte.

ISO, abrév. de INTERNATIONAL ORGANIZATION FOR STANDARDIZATION *(Organisation internationale de normalisation).*

ISO *(échelle),* échelle de sensibilités des émulsions photographiques, adoptée comme standard international en remplacement des échelles ASA et DIN.

ISOBARE adj. (gr. *isobarês*). **1.** Se dit d'une surface d'égale pression atmosphérique. — **2.** Se dit de nucléides ayant même nombre de masse, mais différant par leurs numéros atomiques. — **3.** Se dit d'une transformation thermodynamique au cours de laquelle la pression reste constante.

◆ n. m. Nucléide isobare.

◆ n. f. Courbe joignant les points de la Terre où la pression, réduite au niveau de la mer, est la même à un instant déterminé. (→ *encycl.*)

ENCYCL. **Météo.** On appelle « champ isobarique », ou « topographie isobarique », l'ensemble des figures, ou individus isobariques, que les isobares dessinent sur la carte. Les principaux individus isobariques sont l'anticyclone, ou maximum (A), la dépression, ou minimum (D), le talweg, ou vallée (T), la dorsale, ou crête (*d*), le col, ou selle (C).

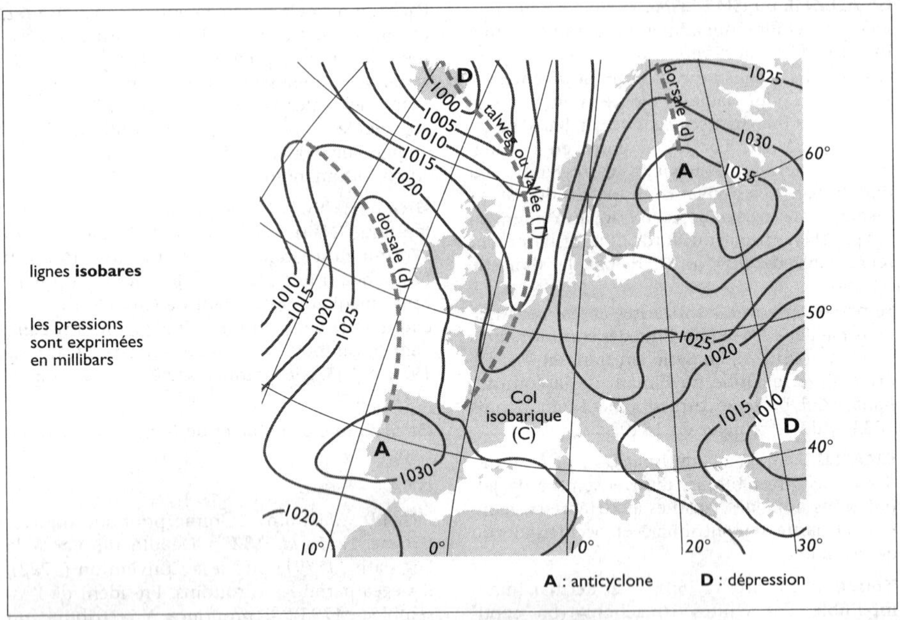

ISOBARIQUE adj. **1.** Relatif aux isobares. — **2.** *Spin isobarique,* syn. de ISOSPIN.

ISOBATHE n. f. Courbe reliant les points d'égale profondeur sous terre ou sous l'eau.

ISOBUTANE n. m. Hydrocarbure de formule $(CH_3)_2CH—CH_3$, isomère du butane. (Syn. MÉTHYLPROPANE.)

ISOBUTANOL n. m. Alcool de formule $(CH_3)_2CH—CH_2OH$, produit par fermentation des glucides. (Il est employé comme solvant et comme additif dans les carburants.)

ISOBUTÈNE ou **ISOBUTYLÈNE** n. m. Hydrocarbure éthylénique $(CH_3)_2C{=}CH_2$. (Gaz produit lors du craquage du pétrole, l'isobutène est employé pour la synthèse de nombreux polymères.)

ISOBUTYLE n. m. Radical univalent $(CH_3)_2CH—CH_2—$.

ISOBUTYRIQUE adj. *Acide isobutyrique,* acide $(CH_3)_2CH—CO_2H$, dérivé de l'isobutane.

ISOCALORIQUE adj. Se dit de deux aliments qui, à poids égal, apportent un même nombre de Calories.

ISOCARDE n. m. (lat. sc. mod. *isocardia*). Mollusque bivalve (cyprinidé) à coquille équivalve bombée ayant, en vue frontale, la forme d'un cœur.

ISOCARÈNE adj. Se dit de volumes de carène égaux mais de formes différentes.

ISOCÈLE adj. (bas lat. *isosceles,* du gr. *isoskelês,* qui a les côtés égaux). *Trapèze isocèle,* trapèze dont les deux côtés à supports non parallèles sont de même longueur. ‖ *Triangle isocèle,* triangle ayant deux côtés de même longueur et, par conséquent, les angles à la base de même mesure.

ISOCÉPHALIE n. f. Convention de certains arts archaïques ou primitifs, qui place sur un même niveau les têtes de tous les personnages représentés.

ISOCHIMÈNE [-ki-] adj. (du gr. *kheima,* hiver). **1.** Qui a la même température moyenne en hiver. — **2.** Se dit des isothermes moyennes d'hiver.

ISOCHORE [-kɔr] adj. (du gr. *khôra,* espace). Se dit d'une transformation thermodynamique au cours de laquelle le volume reste constant.

ISOCHROMATIQUE [-krɔ-] adj. **1.** Se dit de rayonnements ou de corps colorés ayant même chromaticité. — **2.** Se dit, dans un phénomène interférentiel en lumière blanche, de l'ensemble des points où la couleur est constante.

ISOCHROME [-krom] adj. *Ligne isochrome,* en élasticité plane, ligne telle qu'en chaque point la différence des valeurs des contraintes principales est constante.

ISOCHRONE [-kron] adj. (gr. *isokhronos*). **1.** Qui s'effectue dans des intervalles de temps égaux. — **2.** Se dit de formations géologiques ayant le même âge. — **3.** Se dit d'un arc de courbe sur lequel, quel que soit son point de départ, un mouvement périodique a la même période. — **4.** *Courbe isochrone* ou *isochrone* (n. f.), courbe joignant les points atteints dans le même temps à partir d'un lieu de départ donné.

ISOCHRONISME [-krɔ-] n. m. Caractère de ce qui est isochrone.

ISOCITRIQUE adj. *Acide isocitrique,* acide participant au cycle de Krebs et formant avec l'acide citrique un équilibre réversible. (Il est oxydé en acide α cétoglutarique.)

ISOCLINAL, E, AUX adj. **1.** En géologie, se dit d'un pli dont les deux flancs sont parallèles entre eux et à leur plan axial. — **2.** Se dit d'une structure caractérisée par la répétition de plis isoclinaux parallèles.

ISOCLINE adj. (gr. *isoklinês*). *Courbe isocline* ou *isocline* (n. f.), courbe, d'équation $F(x,y,m) = 0$, obtenue, à partir de l'équation différentielle (E) : $F(x,y,y') = 0$, comme ensemble des points M du plan où l'un des éléments de contact associés à M par la donnée de (E) a pour coefficient directeur le nombre donné m (on dit « courbe isocline relative à (E), pour la direction de coefficient directeur m ») ; en géophysique, courbe joignant les points de la Terre où l'inclinaison magnétique est la même.

ISOCORTEX n. m. Portion du cortex de l'homme et des mammifères qui est le point d'arrivée des voies sensitives et sensorielles épicritiques, le point de départ de toutes les voies de la motricité volontaire, d'une grande partie des voies motrices semi-automatiques et le siège des voies associatives les plus importantes. (L'isocortex est constitué de six couches cellulaires dont l'importance relative permet de distinguer les aires corticales.) [Syn. NÉOCORTEX, NÉOPALLIUM.]

ISOCRATE, orateur grec (Athènes 436 - *id.* 338 av. J.-C.). Il suivit l'enseignement des sophistes et de Socrate et ouvrit une célèbre école de rhétorique. Il prôna l'union des cités grecques contre les Perses, et célébra les conceptions intellectuelles du monde grec (*Panégyrique d'Athènes,* 380 av. J.-C. ; *Panathénaïque,* 342-339 av. J.-C.).

ISOCYANATE n. m. Sel ou ester de l'acide isocyanique.

ISOCYANIQUE adj. *Acide isocyanique,* acide HNCO, tautomère de l'acide cyanique.

ISOCYCLIQUE adj. Syn. de CARBOCYCLIQUE.

ISODACTYLIE n. f. Conformation anormale de la main, dont tous les doigts ont la même longueur.

ISODOME adj. (gr. *isodomos*). Se dit d'un appareil plein-sur-joint où toutes les pierres ont même hauteur et même longueur. (Syn. RÉGLÉ.)

ISODYNAME adj. (gr. *isodunamos*). Se dit des aliments qui ont, à poids différents, la même valeur énergétique.

ISODYNAMIE n. f. (gr. *isodunamia*). Équivalence entre certains aliments qui peuvent se substituer les uns aux autres parce qu'ils sont isodynames.

ISODYNAMIQUE adj. *Courbe isodynamique* ou *isodynamique* (n. f.), courbe qui relie les points de la Terre où la composante horizontale du champ magnétique est la même.

ISOÉDRIQUE adj. Se dit d'un cristal dont les facettes sont semblables.

ISOÉLECTRIQUE adj. **1.** Se dit d'un corps électriquement neutre. — **2.** *Point isoélectrique,* point auquel se coupent les courbes de dissociation acide et basique d'un électrolyte ampholyte. (La migration des particules s'annule en ce point.)

ISOENZYME ou **ISOZYME** n. f. ou m. Forme moléculaire différente d'une même protéine enzymatique, séparable par électrophorèse.

ISOÈTE n. m. (lat. *isoetes,* du gr. *isoetês*). Herbe aquatique vivace, rhizomateuse, sans fleurs ni graines, portant des sporanges de deux sortes et que l'on classe au voisinage des lycopodes et des sélaginelles.

ISOGAME adj. Se dit de la reproduction par union de deux gamètes identiques, et des espèces qui la présentent.

ISOGAMIE n. f. Mode de reproduction des espèces isogames. (L'isogamie parfaite, très rare, se rencontre chez des champignons de l'ordre des mucorales, chez des algues conjuguées telles que *mougeotia,* etc.)

ISOGAMME adj. et n. f. Se dit d'une courbe joignant les points d'égale valeur de la composante verticale du champ de la pesanteur terrestre.

ISOGÈNE adj. Syn. de HOMOCENTRIQUE.

ISOGÉOTHERME adj. et n. f. Se dit d'une courbe joignant les points de l'intérieur de la croûte terrestre qui ont la même température. (Syn. ISOTHERME.)

ISOGLOSSE n. f. Ligne séparant deux aires dialectales (dites *aires d'isoglosse*) qui offrent pour un trait donné des formes ou des systèmes différents. ◆ adj. Situé sur la même isoglosse.

ISOGLUCOSE n. m. Glucose tiré du maïs, utilisé dans l'agroalimentaire comme produit de substitution du sucre.

ISOGONAL, E, AUX adj. *Cercle isogonal à deux autres,* cercle qui fait le même angle avec chacun d'eux. ‖ *Couples de droites isogonales,* couples de droites qui ont la même direction de bissectrice.

ISOGONE adj. et n. f. (gr. *isogônios*). Se dit d'une courbe joignant les points ayant la même déclinaison magnétique.

ISOGRAMME n. m. Graphique obtenu en joignant les points de même intensité par des lignes analogues aux courbes de niveau.

ISOGROUPE adj. Qui est de même groupe sanguin.

ISOHALINE adj. f. **1.** Se dit de masses d'eau de mer ayant la même valeur de salinité. – **2.** *Courbe isohaline* ou *isohaline* (n. f.), ligne joignant les points où la salinité de l'eau a la même valeur.

ISOHUMIQUE adj. Se dit d'une classe de sols des climats continentaux et de certaines régions chaudes et sèches, sous végétation de steppe à graminées ou épineux, plus rarement de forêt claire. (Le sol isohumique est caractérisé par une teneur en matière organique presque constante dans tout le profil, ainsi limité à un seul horizon A, humifère [5 % de matière organique], remarquable par sa structure grumeleuse et sa fertilité.)

ISOHYÈTE adj. et n. f. (du gr. *huetos*, forte pluie). Se dit d'une courbe joignant les points recevant la même quantité de précipitations.

ISOHYPSE adj. et n. f. (gr. *isohupsês*, de *hupsos*, hauteur). *Courbe isohypse* ou *isohypse* (n. f.), syn. de COURBE DE NIVEAU*.

ISO-IONIQUE [izojɔnik] adj. Se dit de systèmes contenant les mêmes ions à la même concentration.

ISOLA (06420), comm. des Alpes-Maritimes, dans la vallée de la Tinée ; 577 hab. Centre touristique. – À 17 km à l'E., station de sports d'hiver dite *Isola 2000* (alt. 1 800-2 610 m).

ISOLA (les frères) : ÉMILE (Blida, auj. El-Boulaïda, 1860 - Paris 1945) et VINCENT (Blida 1862 - Paris 1947), illusionnistes et prestidigitateurs français. Créateurs de nombreux tours, ils gérèrent à Paris leur propre théâtre magique, le *Théâtre Isola* (1892), et furent ensuite directeurs de music-halls et de théâtres, dont l'Opéra-Comique.

ISOLA BELLA, la plus célèbre des îles Borromées (lac Majeur), en Italie. Palais et jardins.

ISOLABLE adj. Qui peut être isolé.

ISOLANT, E adj. **1.** Se dit d'un matériau assurant une isolation thermique ou acoustique. (→ *encycl.* Therm.) – **2.** Se dit d'un matériau généralement diélectrique, destiné à empêcher le passage d'un courant de conduction. (→ *encycl.* Électr.) – **3.** Se dit de certains vernis, peintures ou préparations assimilées ayant la propriété de faire obstacle à des échanges d'énergie (électrique, calorifique, acoustique ou autre) ou de constituer un écran inerte entre couches voisines. – **4.** *Langue isolante,* langue où les mots sont réduits à un radical, donc à une forme invariable et indécomposable. (Les langues isolantes, dites aussi analytiques, s'opposent aux langues dites synthétiques que sont les langues agglutinantes et les langues flexionnelles.)
◆ **isolant** n. m. **1.** Matériau isolant. – **2.** Syn. de DIÉLECTRIQUE.

ENCYCL. **Électr.** Les isolants gazeux sont toujours des gaz polyatomiques (air, N_2, H_2, SF_6). Les isolants liquides sont soit des huiles minérales dérivées du pétrole, soit des huiles de synthèse ininflammables. Les isolants solides sont soit minéraux, soit organiques, naturels ou synthétiques.
– **Therm.** On distingue, selon leur origine, trois catégories d'isolants. Les matériaux d'origine minérale (fibre de verre, laine de roche, matériaux pulvérulents, bétons cellulaires, etc.), les matériaux d'origine végétale (liège, balsa, varech) et les matériaux plastiques alvéolaires (polystyrène expansé ou extrudé, mousse de polyuréthanne, P. V. C. expansé, etc.). La structure cellulaire de ces derniers crée un obstacle à la propagation de la chaleur, qui peut être entièrement arrêtée si les cellules sont placées sous vide (*superisolants,* utilisés en technologie spatiale). L'isolation thermique peut également être obtenue grâce à des lames d'air entre deux couches de matériaux revêtues de feuilles d'aluminium.

ISOLAT n. m. (de *isoler,* avec l'infl. de *habitat*). **1.** Petit écosystème complètement isolé qui abrite une biocénose n'ayant aucun échange génétique avec le reste du monde et menacée par le confinement. (Par ex. une île, un lac, un massif montagneux, une oasis.) – **2.** Population humaine suffisamment isolée pour pouvoir être définie et qui a un effectif suffisamment petit pour que les divers paramètres qui la caractérisent puissent être évalués avec précision. – **3.** Groupe ethnolinguistique isolé du reste de la communauté, ou bien vestige d'une communauté disparue.

ISOLATEUR n. m. **1.** Composant destiné à maintenir et à isoler une pièce conductrice. (Les isolateurs utilisés dans l'appareillage à haute et moyenne tension et dans les lignes de transport sont en céramique, en résine, en porcelaine ou en verre.) – **2.** Dispositif à ferrite utilisant l'effet Faraday et ne transmettant une onde électromagnétique que dans un seul sens.

ISOLATION n. f. **1.** Ensemble des procédés mis en œuvre pour empêcher le bruit de pénétrer dans un milieu clos ou d'en sortir *(isolation acoustique* ou *insonorisation)* ou pour réduire les échanges thermiques entre une enceinte, l'intérieur d'un bâtiment, etc., et le milieu extérieur *(isolation thermique) ;* fait d'être ainsi isolé. – **2.** Ensemble des matériaux utilisés pour isoler un dispositif électrique. – **3.** Mécanisme psychique de défense qui consiste à rompre les liens associatifs existant entre une représentation et son affect et qui peut persister à l'état isolé dans la conscience.

ENCYCL. **Bât.** • *Isolation acoustique.* Plusieurs facteurs interviennent pour faire varier l'isolement* dans la construction. Un des plus importants est la masse de la paroi ou de l'obstacle qui est interposé sur le trajet du son. L'isolement augmente avec la masse, mais d'une manière assez lente ; il en est de même, en moyenne, avec la fréquence du son. De bons résultats ne sont obtenus que si la paroi est imperméable au flux d'air (pas de fissures, enduits posés sur les côtés de la paroi, bons joints aux portes et fenêtres) et que si les transmissions indirectes par les parois latérales, ou les tuyaux et conduits, sont réduites au minimum. Pour atteindre de fortes valeurs d'isolement, il est nécessaire d'utiliser des parois doubles avec le moins possible de liaisons rigides entre les deux éléments.

La protection contre les bruits de choc sur planchers ou contre les vibrations de machines s'obtient par l'interposition de matériaux élastiques.

• *Isolation thermique.* Dans tous les pays industrialisés où le chauffage est nécessaire, il existe une codification de l'isolation thermique des bâtiments. Dans la plupart des pays, la spécification se borne à fixer, paroi par paroi (mur, terrasse, etc.), le coefficient surfacique de transmission (ou coefficient K) maximal. En France, depuis 1974, la spécification est plus subtile et repose sur la notion de coefficient volumique de transmission (ou coefficient G). Ce coefficient, qui caractérise les déperditions d'un bâtiment ou d'un logement par mètre cube habitable, pour un degré d'écart de température entre l'intérieur et l'extérieur, ne peut dépasser certaines valeurs pour les logements neufs. Ces valeurs ont été abaissées en 1982. De meilleurs résultats peuvent être atteints par les techniques d'*isolation dynamique,* fondées sur une circulation d'air dans les parois : isolation *pariétodynamique* (l'air circulant dans une lame), *perméodynamique* (l'air circulant à travers l'isolant), *thermodynamique* (analogue à la précédente, mais avec rafraîchissement de cet air par une pompe à chaleur). [→ ISOLANT.]

ISOLATIONNISME n. m. (amér. *isolationism*). Politique extérieure d'un État désireux de ne pas prendre part aux affaires internationales. (Cette attitude a caractérisé, de 1823 [doctrine Monroe] à la fin du XIXe s., la politique étrangère des États-Unis, qui se désintéressaient de l'Europe et refusaient toute ingérence de celle-ci dans les affaires américaines. Cette attitude prévalut de nouveau entre les deux guerres mondiales.)

ISOLATIONNISTE adj. et n. (amér. *isolationist*). Relatif à l'isolationnisme ; partisan de l'isolationnisme.

Isolde, forme allemande de Iseut.

ISOLÉ, E n. **1.** Personne qui agit seule, qui n'appartient pas à un groupe : *Cet attentat est l'œuvre de quelques isolés.* — **2.** Personne qui vit seule, souvent délaissée par sa famille, la société. ◆ **isolé** n. m. Militaire momentanément sans affectation.

ISOLEMENT n. m. **1.** État d'une habitation, d'un lieu écarté, perdu : *L'isolement d'une ferme.* — **2.** État de qqn qui vit isolé ou qui est moralement seul : *Ressentir douloureusement son isolement.* — **3.** Action d'isoler un malade par mesure sanitaire, un prisonnier par mesure de sécurité, etc. (→ *encycl.*) — **4.** État d'un pays, d'une ville, d'une région qui est sans relation économique, politique avec les autres, qui ne fait partie d'aucun groupement, d'aucune alliance. • **Bât.** Intervalle entre deux constructions. ‖ Disposition adoptée pour prévenir la propagation du feu d'un local à un autre ou d'un bâtiment à un autre, soit au moyen d'espaces vides (cours d'isolement), soit par des murs (murs coupe-feu). ‖ *Isolement acoustique,* diminution de l'intensité acoustique entre deux points donnés situés, l'un, à l'extérieur d'un milieu clos, l'autre à l'intérieur de ce milieu. — **Biol.** Situation d'une population animale ou végétale isolée du reste de son espèce, ce qui, en accroissant l'endogamie, est un facteur de spéciation. (L'exemple le plus évident d'isolement est l'Australie, avec ses mammifères tous marsupiaux. Quant aux plantes, leurs facultés de dispersion sont telles que seules des espèces aux exigences écologiques très restrictives se cantonnent dans des stations isolées.) — **Électr.** Ensemble des qualités acquises par un dispositif conducteur du fait de son isolation. ‖ *Niveau d'isolement,* tension d'essai que doit pouvoir supporter, dans des conditions spécifiées, l'isolation d'un dispositif. ‖ *Résistance d'isolement,* résistance mesurée, dans des conditions spécifiées, entre deux corps ou dispositifs conducteurs séparés par des isolants. — **Hist.** *Splendide isolement,* expression employée par lord Salisbury pour désigner l'absence d'engagement de l'Angleterre envers les systèmes continentaux d'ententes. — **Méd.** Technique de culture des bactéries et des virus permettant de les séparer au sein d'un produit contaminé.

ENCYCL. **Méd.** L'isolement est une mesure de prophylaxie obligatoire pour un certain nombre de maladies (choléra, peste, variole), pour lesquelles il existe une durée légale d'isolement. Les maladies contagieuses infantiles ne comportent qu'un isolement scolaire (éviction).

ISOLÉMENT adv. De façon isolée, séparée.

ISOLER v. t. (ital. *isolato,* séparé, de *isola,* île) [conj. 3]. **1.** Séparer un lieu de ce qui l'entoure : *Les inondations ont isolé le village.* – **2.** Mettre qqn physiquement à l'écart des autres hommes par mesure de protection : *Isoler un prisonnier, des contagieux.* – **3.** Tenir qqn moralement à l'écart, lui empêcher toute relation : *Ses opinions l'isolent de sa famille.* – **4.** Considérer qqch à part, indépendamment du reste, l'en distinguer : *Isoler une phrase de son contexte.* • **Bât.** Procéder à l'isolation acoustique ou thermique d'un local. – **Chim.** Dégager un élément de ses combinaisons, un corps pur d'un mélange. – **Électr.** Empêcher, au moyen d'isolants, la conduction électrique entre des conducteurs différents. ‖ Déconnecter complètement un dispositif ou un circuit d'autres dispositifs ou circuits. ‖ Assurer, par séparation, un degré de protection spécifié par rapport à un circuit sous tension.

◆ **être isolé** v. pass. **1.** Être très éloigné, à l'écart d'autres habitations ou d'un secteur d'activité humaine : *Un village isolé au milieu des montagnes.* – **2.** Ne pas se reproduire, être rare, unique : *Un cas isolé.* – **3.** Être seul, solitaire, agir seul : *Un tireur isolé.* • **Archit.** *Colonne isolée,* qui n'est ni engagée ni adossée. – **Math.** En parlant d'un point adhérent à un ensemble, ne pas être un point d'accumulation. – **Phys.** En parlant d'un système mécanique, n'être soumis à aucune force extérieure ou, pour un système quelconque, ne pouvoir échanger ni énergie ni matière avec l'extérieur.

◆ **s'isoler** v. pr., **être isolé** v. pass. **1.** Se placer à l'écart des autres : *Vivre isolé du reste de sa famille.* – **2.** Ne plus être en communication avec d'autres villes, régions, pays, etc. : *Une ville isolée du monde depuis le tremblement de terre.* – **3.** Être bien protégé des bruits et des variations de la température extérieure : *Maison bien isolée.*

◆ **s'isoler** v. pr. **1.** Aller qqpart pour y être seul, tranquille, à l'écart des autres : *S'isoler dans un coin de la pièce.* – **2.** S'abstraire par la pensée : *S'isoler malgré le bruit.*

ISOLEUCINE n. f. Acide aminé essentiel, isomère de la leucine, présent dans de nombreuses protéines.

ISOLOIR n. m. Cabine dans laquelle passe l'électeur pour mettre son bulletin sous enveloppe et qui garantit le secret du vote.

ISOLOMA n. m. (du gr. *lôma,* bordure). Herbe (gesnériacée) vivace ornementale, aux fleurs en grappes rouges ou orangées.

ISOMÉRASE n. f. Enzyme qui catalyse des réarrangements intramoléculaires (par ex. la transformation d'une forme L en forme D ou d'une forme cis en forme trans).

ISOMÈRE adj. et n. m. (gr. *isomerês*). **1.** Se dit de deux composés chimiques formés des mêmes éléments dans les mêmes proportions, mais présentant des propriétés différentes. (Deux composés sont isomères s'ils ont la même formule brute, mais des formules développées différentes.) – **2.** Se dit des différents états stables d'un noyau atomique. (Syn. ISOMÉRIQUE.)

ISOMÉRIE n. f. **1.** Caractère des composés chimiques isomères. (→ *encycl.*) – **2.** Phénomène présenté par un noyau atomique qui peut exister sous forme d'isomères.

ENCYCL. **Chim.** On distingue trois types d'isoméries, dites de constitution. Dans l'*isomérie de squelette carboné,* les composés ne diffèrent que par le squelette de la molécule ; par exemple, les deux isomères du butane : $CH_3{-}CH_2{-}CH_2{-}CH_3$ et

$$\begin{array}{c} CH_3{-}CH{-}CH_3. \\ | \\ CH_3 \end{array}$$

Dans l'*isomérie de position,* un même groupe fonctionnel est placé à des points différents d'un même squelette carboné, tandis que l'*isomérie de fonction* se rencontre lorsque les molécules renferment des groupes fonctionnels différents tout en ayant la même formule brute. Les isoméries dues à des arrangements tridimensionnels différents de molécules ayant des formules développées identiques sont appelées *stéréo-isoméries* (isoméries de configuration* et de conformation*) et relèvent de la stéréochimie.

ISOMÉRIQUE adj. **1.** Relatif aux isomères. – **2.** Syn. de ISOMÈRE.

ISOMÉRISATION n. f. Transformation d'un composé chimique en composé isomère.

ISOMÉRISER v. t. (conj. 3). Transformer par isomérisation.

ISOMÉTRIE n. f. **1.** Application définie entre deux espaces affines euclidiens, telle que la distance entre les points images est la même qu'entre les antécédents correspondants. (On peut aussi définir l'isométrie affine dans un même espace affine comme application affine dont l'endomorphisme [ou isométrie vectorielle] associé est orthogonal. Si ce dernier est positif, on précise *isométrie positive* [ou *isométrie directe* ou *déplacement*] ; sinon, on parle d'*isométrie négative* [ou *isométrie non directe*].) [→ *encycl.*] – **2.** Bijection d'un espace métrique dans un autre telle que la distance des images de deux points du premier est égale à la distance de ces deux points. – **3.** *Isométrie vectorielle d'un espace vectoriel euclidien* $\vec{E}_n$ *de dimension finie* n, transformation orthogonale de $\vec{E}_n$ (ou automorphisme orthogonal de $\vec{E}_n$). [→ *encycl.*]

ENCYCL. **Math.** Parmi les *isométries affines* figurent les translations, dont l'endomorphisme

associé est l'identité de l'espace vectoriel associé, et les rotations, dont l'endomorphisme associé est une rotation vectorielle. L'ensemble des isométries d'un espace affine E constitue, pour la loi de composition des applications, un groupe, noté Is(E), dont le groupe des déplacements ou isométries positives, est un des sous-groupes, noté $Is^+(E)$. Sur la droite affine, les isométries positives sont les translations et les isométries négatives les symétries par rapport à un point. Dans le plan affine, les isométries positives sont les translations et les rotations ; les isométries négatives sont les symétries orthogonales et les composées de ces symétries avec les translations. Dans l'espace affine E_3, les isométries positives sont les vissages et les rotations ; les isométries négatives sont les composées d'une symétrie plane et d'une translation, les composées d'une symétrie plane et d'une rotation d'axe perpendiculaire au plan, les symétries centrales.
L'ensemble des *isométries vectorielles* d'un espace vectoriel euclidien $\vec{E}_n$ fini a une structure de groupe ; pour la composition des applications, c'est le groupe orthogonal de $\vec{E}_n$ noté O $(\vec{E}_n)$, sous-groupe du groupe linéaire GL $(\vec{E}_n)$. Une isométrie vectorielle est une application linéaire bijective qui laisse invariant le produit scalaire de deux vecteurs, qui transforme toute base orthonormée de E_n en une famille orthonormée, et qui conserve la norme de tout vecteur de E_n.
Dans un espace vectoriel de dimension 2, une isométrie est soit une rotation vectorielle, soit une symétrie orthogonale par rapport à une droite vectorielle. Dans un espace vectoriel de dimension 3, une isométrie est soit une symétrie par rapport à un plan, soit une rotation vectorielle ayant pour axe une droite vectorielle, soit la composée de 3 symétries orthogonales planes qu'on peut ramener à la composée d'une rotation vectorielle et d'une symétrie orthogonale vectorielle plane, l'axe de la rotation et le plan de la symétrie étant orthogonaux.
Dans toute base orthonormée, le déterminant d'une isométrie vectorielle est égal à 1 (isométrie positive) ou à − 1 (isométrie négative).

ISOMÉTRIQUE adj. **1.** Qui est homologue dans une isométrie. — **2.** Se dit d'une contraction musculaire telle que la longueur du muscle ne change pas alors que la force développée par le muscle augmente.

ISOMORPHE adj. **1.** Se dit de deux substances chimiques qui ont même structure cristalline. — **2.** Se dit de deux ensembles E et F munis de structures algébriques telles qu'il existe un isomorphisme de E sur F (et donc de F sur E).

ISOMORPHISME n. m. **1.** Caractère des corps isomorphes. (Les corps isomorphes ont généralement une grande parenté dans leur constitution chimique et ont la propriété de pouvoir se remplacer mutuellement dans la formation d'un même cristal, dit « solution solide ».) — **2.** Relation existant entre deux langues ou deux structures linguistiques quand elles présentent toutes deux le même type de relations combinatoires. — **3.** Homomorphisme bijectif. (→ *encycl.*) — **4.** *Isomorphisme d'espaces affines,* application affine dont l'application linéaire associée est un isomorphisme d'espaces vectoriels.

ENCYCL. **Math.** Si *f* est un isomorphisme de E dans F, alors l'application réciproque f^{-1} de F dans E est aussi un isomorphisme et $f_o f^{-1} = Id_F$. La composée de deux isomorphismes est un isomorphisme. Si les ensembles entre lesquels existe un isomorphisme ont une structure de groupe, d'anneau, d'algèbre, de corps ou d'espace vectoriel, on parle alors d'isomorphisme de groupe, d'anneau, d'algèbre, de corps ou d'espace vectoriel.

ISONIAZIDE n. m. Hydrazide de l'acide isonicotinique, qui possède un pouvoir bactériostatique sur les bacilles de la tuberculose et de la lèpre. (Abrév. INH.)

ISONICOTINIQUE adj. *Acide isonicotinique,* acide $C_6H_5NO_2$, dont l'hydrazide est l'isoniazide.

ISONITRILE n. m. Syn. de CARBYLAMINE.

ISONZO, en slovène **Soča,** fl. né en Slovénie, dans les Alpes Juliennes, et débouchant en Vénétie (Italie) ; 138 km. Son delta limite à l'O. le golfe de Trieste.
— **Hist.** Au cours de la Première Guerre mondiale, la région a été le théâtre de nombreux affrontements entre Italiens et Austro-Allemands (prise de Gorizia, août 1916 ; Caporetto, oct. 1917).

ISOPÉDINE n. f. Substance organique de consistance cornée, constituant essentiel des écailles chez les poissons.

ISOPENTÉNOL n. m. Syn. de ALCOOL ISOPENTÉNYLIQUE.

ISOPENTÉNYLE n. m. Radical univalent C_5H_9—.

ISOPENTÉNYLIQUE adj. *Alcool isopenténylique,* alcool C_5H_9—OH, dont un ester joue un rôle capital dans la biosynthèse des terpènes. (Syn. ISOPENTÉNOL.)

ISOPET → YSOPET.

ISOPIÈZE adj. et n. f. Se dit d'une courbe joignant les points où une nappe aquifère est à la même altitude.

ISOPIQUE adj. Se dit de formations géologiques de même âge et de même faciès.

ISOPLEXIS [-is] n. f. (gr. *pleksis,* action de tresser). Arbuste (scrofulariacée) ornemental à feuilles persistantes, à très nombreuses fleurs jaune d'or ou jaune-brun, en grappes denses.

ISOPODE n. m. Nom d'ordre de crustacés aquatiques ou terrestres (cloportes), sans carapace, au corps aplati, aux pattes très semblables entre elles. (Les isopodes comprennent plus de 5 000 espèces. Les formes parasites sont nombreuses et parfois profondément modifiées.)

ISOPRÉNALINE n. f. Médicament chimique possédant une action bronchodilatatrice.

ISOPRÈNE n. m. Dénomination courante du composé $CH_2{=}C(CH_3){-}CH{=}CH_2$. (On le prépare dans l'industrie par déshydrogénation de l'isopentane. Sa polymérisation donne un élastomère de synthèse proche du caoutchouc naturel.)

ISOPRÉNIQUE adj. Qui a trait à l'isoprène.

ISOPROPANOL n. m. Alcool de formule $CH_3{-}CHOH{-}CH_3$. (Liquide bouillant à 82 °C, miscible à l'eau et à tous les solvants organiques, l'isopropanol est employé comme antigel, solvant, intermédiaire de synthèse et comme antiseptique.) [Syn. ALCOOL ISOPROPYLIQUE.]

ISOPROPÉNYLE n. m. Radical univalent $-C(CH_3){=}CH_2$.

ISOPROPYLBENZÈNE n. m. Syn. de CUMÈNE.

ISOPROPYLE n. m. Radical univalent $-CH(CH_3)_2$.

ISOPROPYLIQUE adj. *Alcool isopropylique,* syn. de ISOPROPANOL.

ISOPTÈRE n. m. Nom d'ordre donné aux termites.

ISOQUINOLÉINE n. f. Composé aromatique bicyclique C_9H_7N, isomère de la quinoléine et apparenté à la pyridine.

ISORNI (Jacques), avocat français (Paris 1911-*id.* 1995). Il fut l'un des défenseurs du maréchal Pétain.

ISOSISTE ou **ISOSÉISTE** adj. et n. f. Se dit d'une courbe qui réunit tous les points où la secousse d'un séisme a été ressentie avec la même intensité.

ISOSOMA n. m. Minuscule insecte hyménoptère (chalcididé) producteur de galles sur diverses graminées (blé, riz, orge, etc.) et sur le cattleya.

ISOSPIN [-spin] n. m. Grandeur physique portée par les noyaux, les nucléons et plus généralement les hadrons, conservée au cours des interactions fortes. (La conservation de l'isospin traduit l'indépendance de charge de ces interactions.) [Syn. SPIN ISOBARIQUE.]

ISOSPORÉ, E adj. Se dit des espèces végétales ne formant en apparence qu'une seule sorte de spores, même si celles-ci, en germant, donnent les unes un prothalle mâle, les autres un prothalle femelle. (Syn. HOMOSPORÉ ; contr. HÉTÉROSPORÉ.)

ISOSPORIE n. f. Caractère propre aux espèces végétales isosporées.

ISOSTASIE n. f. (angl. *isostasy*). Théorie de l'équilibre de la croûte terrestre.

ENCYCL. Selon la théorie de l'isostasie, les irrégularités de la surface du géoïde sont compensées en profondeur. Ainsi les chaînes de montagne ont des racines profondes de croûte continentale de faible densité alors que sous les océans la croûte océanique est beaucoup plus mince et plus dense. Les anomalies isostatiques constatées actuellement correspondent à des régions en voie de soulèvement ou d'affaissement : ces mouvements de rajustement isostatique sont extrêmement lents.

ISOSTATIQUE adj. **1.** Qui se rapporte à l'isostasie. — **2.** Se dit de la structure d'un matériau quand les sollicitations relatives à une section quelconque peuvent être déterminées à partir des seules équations de la statique. (Contr. HYPERSTATIQUE.) — **3.** *Compression* ou *pressage isostatique,* procédé de densification de poudres métalliques permettant d'appliquer simultanément une pression égale dans toutes les directions par l'intermédiaire d'un fluide entourant le moule déformable où la poudre est disposée.

ISOSTÉMONE adj. (gr. *stêmôn, -onos,* trame). Se dit des fleurs dont les étamines sont en même nombre que les sépales ou les pétales.

ISOSTÈRE adj. ou n. m. Se dit de deux composés chimiques dont les molécules ont des volumes et des formes comparables. (L'eau H_2O et l'ammoniac NH_3 sont isostères.)

ISOSTÉRIE n. f. Caractère des composés isostères.

ISOSYLLABIQUE adj. Qui a le même nombre de syllabes.

ISOSYLLABISME n. m. Caractère des mots, des vers isosyllabiques.

ISOTACTIQUE adj. (gr. *taktos,* ordonné). Se dit d'une chaîne macromoléculaire dont tous les substituants sont situés d'un même côté du plan de la chaîne.

ISOTÈLE n. m. (gr. *isotelês*). Étranger ayant obtenu l'isotélie dans une cité grecque.

ISOTÉLIE n. f. (gr. *isoteleia*). En Grèce, droit qui était accordé à un étranger de ne payer dans la cité où il résidait que les impôts auxquels étaient soumis les citoyens.

ISOTHÉRAPIE n. f. Procédé thérapeutique fondé sur l'utilisation des isothérapiques.

ENCYCL. L'isothérapie diffère de l'homéopathie, car les produits qu'elle utilise n'ont pas été auparavant expérimentés chez l'homme sain, leurs effets étant attribués à l'identité (la substance responsable de l'affection est administrée comme thérapeutique, mais à faibles doses) et non plus à la loi de similitude.

ISOTHÉRAPIQUE n. m. Produit médicamenteux s'apparentant aux biothérapiques, préparé selon la méthode des dilutions hahnemanniennes à partir d'une souche endogène (urines, squames de peau, etc.) ou exogène (produit chimique ou insecte responsable de réactions allergiques) fournie par le malade.
◆ adj. Relatif à l'isothérapie.

ISOTHERME adj. **1.** Se dit de tout processus à température constante. — **2.** Qui est thermiquement isolé. — **3.** Se dit d'un wagon à forte isolation thermique, mais ne comportant pas d'installation de production du froid. — **4.** Syn. de ISOGÉOTHERME.
◆ n. f. **1.** Courbe qui joint les points de la Terre où la température moyenne de l'air est identique pour une période donnée. (Les climatologistes utilisent surtout les *isothermes réduites* au niveau de la mer : la correction uniforme appliquée aux températures vraies est de 0,56 °C par 100 m d'altitude.) — **2.** Courbe représentant, sur un diagramme, une transformation isotherme.

ISOTHERMIE n. f. Stabilité de la température du corps, quelles que soient les variations des conditions extérieures.

ISOTHIAZOLE n. m. Hétérocycle aromatique C_3H_3NS, isomère du thiazole.

ISOTOMA n. f. Petit insecte collembole cylindrique sans ailes ni écailles. (*Isotoma saltans,* ou puce des glaciers, peut se trouver, dans les Alpes, au niveau des neiges éternelles.)

ISOTONE adj. (gr. *isotonos*). **1.** Se dit des stimuli de couleurs qui ont même longueur d'onde dominante. — **2.** Se dit des nucléides qui possèdent le même nombre de neutrons, mais un nombre différent de protons.

ISOTONIE n. f. État de deux solutions ayant le même pouvoir osmotique et entre lesquelles aucun courant ne s'établit lorsqu'elles sont séparées par une membrane organique.

ISOTONIQUE adj. **1.** Se dit d'une contraction musculaire telle que la force développée par le muscle reste constante alors que sa longueur varie. — **2.** Se dit d'une solution qui a un pouvoir osmotique égal à celui d'un autre milieu (sang, larmes, etc.). — **3.** *Soluté isotonique,* eau distillée contenant de 7,5 à 8 g de chlorure de sodium (sérum physiologique ou soluté isotonique salé) ou 50 g de glucose par litre (soluté isotonique sucré). [En thérapeutique, on utilise des collyres et des solutés injectables isotoniques évitant l'hémolyse des globules rouges.]

ISOTOPE n. m. (gr. *isos topos,* même place). Chacun des différents types possibles de noyaux atomiques d'un même élément, différant par leur nombre de neutrons mais ayant le même nombre de protons. (Ils ont donc le même nombre d'électrons et possèdent les mêmes propriétés chimiques.)
ENCYCL. À la suite de la découverte des isotopes du néon par J. J. Thomson en 1912, on a observé 280 isotopes stables pour les 90 éléments existant dans la nature. La plupart des éléments dits « simples » sont ainsi des mélanges d'isotopes. En chimie, en biochimie et en médecine, l'usage de molécules « marquées » par des isotopes « traceurs » radioactifs a permis d'élucider de nombreux mécanismes. Pour séparer les isotopes radioactifs nécessaires à la recherche ou à l'énergie nucléaire, on utilise des méthodes fondées sur les différences de propriétés physiques de composés des isotopes de l'élément ; par ex., la diffusion gazeuse d'un composé volatil à travers une paroi poreuse permet d'enrichir l'uranium en isotope 235 (→ ENRICHISSEMENT).
— **Méd.** Les principaux isotopes utilisés pour « marquer » des molécules sont l'iode, le phosphore radioactif, le gallium, le technétium. Les isotopes servent soit à des fins diagnostiques (→ SCINTIGRAPHIE), soit à des fins thérapeutiques.

ISOTOPIE n. f. Propriété que présentent les noyaux isotopiques.

ISOTOPIQUE adj. **1.** Relatif à un isotope. — **2.** *Masse isotopique,* masse atomique d'un isotope particulier. ‖ *Teneur isotopique,* rapport du nombre des atomes d'un isotope donné au nombre total des atomes de cet élément contenus dans une matière.

ISOTROPE adj. **1.** Se dit d'un milieu dont les propriétés (macroscopiques) en un point ne dépendent pas de la direction. (Dans la plupart des liquides, des gaz et des solides amorphes [verres, résines...], les propriétés physiques sont les mêmes dans toutes les directions. Les corps cristallins sont généralement anisotropes ainsi que certains liquides [cristaux liquides].) — **2.** *Cône isotrope de sommet* M, ensemble des isotropes de M(a,b,c) de l'espace de dimension 3, dans tous les plans passant par M. [Son équation est $(x-a)^2+(y-b)^2+(z-c)^2=0$.] ‖ *Droite isotrope,* syn. de ISOTROPE.
◆ n. f. Droite d'un plan, passant par un point M(a,b), d'équation $y = b + i\,(x - a)$ ou $y = b - i\,(x - a)$. [L'ensemble des *isotropes du point réel* M a pour équation $(x - a)^2 + (y - b)^2 = 0$.]

ISOTROPIE n. f. Caractère d'un corps ou d'un milieu isotrope.

ISOTYPE adj. Qui est doué d'isotypie.

ISOTYPIE n. f. Caractère de composés cristallisés différents, qui présentent des arrangements identiques de leurs atomes, d'où il résulte certaines analogies dans les propriétés physiques.

ISOU (Isidore GOLDSTEIN, dit **Isidore**), poète français d'origine roumaine (Botoșani 1925), fondateur du lettrisme* (*Introduction à une nouvelle poésie et à une nouvelle musique,* 1947).

ISOXAZOLE n. m. Hétérocycle aromatique C_3H_3NO, isomère de l'oxazole.

ISOZAKI ARATA, architecte japonais (Ōita 1931). D'abord disciple de Tange, il s'est orienté ensuite vers les références historiques et les métaphores visuelles du postmodernisme (musée de Gumma, 1970-1974 ; bibliothèque de Kyta-Kyūshū, 1972-1976 ; centre civique de la ville nouvelle de Tsukuba, 1978-1983 ; musée d'Art contemporain de Los Angeles, 1981-1986).

ISOZYME → ISOENZYME.

ISPAGHUL n. m. Graine de *Plantago ovata* (famille des plantaginées), originaire de l'Inde, utilisée comme laxatif et pansement gastro-intestinal. (Elle possède une propriété émolliente due à un mucilage.)

ISPAHAN ou **ESFAHĀN,** v. d'Iran ; 1 127 030 hab. Oasis du piedmont nord-est du Zagros, c'est un grand centre touristique. Centre industriel (textile, métallurgie, raffinerie de pétrole).
— **Hist.** et **Bx-arts.** La ville a été capitale de l'Iran sous les Seldjoukides (XIe-XIIIe s.) et sous les Séfévides (1598-1722). La Grande Mosquée du vendredi est la plus haute expression du génie de l'Iran, ses plus belles parties datent des Seldjoukides (les deux coupoles) et des Mongols (le miḥrāb d'Oldjāytu). Presque tous les autres grands monuments relèvent de 'Abbās Ier et de ses successeurs : la place de l'Imām (Meydān-e Imām), la mosquée du Cheykh Lotfollāh, le Bāzār et le palais de 'Ali Qāpu (XVIIe s.).

ISPARTA, v. de Turquie, ch.-l. de prov., à l'O. de Konya ; 113 693 hab.

ISPRA, comm. d'Italie, près du lac Majeur ; 3 900 hab. Centre de recherches nucléaires de l'Euratom. École européenne.

ISRAËL, mot hébr. signif. *Que Dieu règne* et qui, dans la Bible, désigne : 1° Jacob ; 2° les douze tribus qui portent les noms des fils de Jacob et qui constituent le peuple juif ; 3° le territoire de ce même peuple ; 4° le peuple de Dieu de l'Ancienne et de la Nouvelle Alliance.

ISRAËL *(royaume d')* [931-721 av. J.-C.], l'un des deux royaumes issus de la séparation des douze tribus à la mort de Salomon. Caractérisé par l'instabilité politique, le royaume d'Israël compta dix-neuf rois de cinq dynasties différentes. Il succomba sous les coups des Assyriens (chute de Samarie en 722-721 av. J.-C.). L'élite de la population fut déportée en Assyrie et remplacée par des colons mésopotamiens.

ISRAËL, en hébr. **Medinat Yisrael,** État du Proche-Orient, sur la Méditerranée ; 21 000 km^2 ; 5 760 000 hab. *(Israéliens).* CAP. *Jérusalem* (selon la Knesset). LANGUES : *hébreu, arabe.* MONNAIE : *shekel.*

Géographie. De la Méditerranée au fossé du Jourdain et à la mer Morte se succèdent, en retrait d'un littoral rectiligne, une plaine côtière, puis une plus vaste région de collines (« monts » de Galilée et de Judée). Le climat, méditerranéen au N. (de 400 à 800 mm de pluies), devient plus sec vers le S., semi-désertique même dans le Néguev, qui couvre plus de la moitié de la superficie. La densité moyenne apparaît exceptionnellement élevée (plus de 230 hab. au km^2). Elle tient à une forte urbanisation (avec les deux pôles de Jérusalem et surtout de Tel-Aviv-Jaffa), qui concerne env. 90 % de la population. À une majorité juive se juxtapose une minorité arabe déjà notable (15 % du total), plus prolifique.
L'agriculture emploie 5 % des actifs. Elle est caractérisée par une haute productivité, en partie liée à l'irrigation, qui permet la culture des agrumes, de la vigne, du coton ainsi qu'un élevage intensif. L'industrie, malgré la pauvreté du sous-sol, est active et orientée vers des branches élaborées : électronique, matériel de précision et armement, chimie et taille des diamants. Le déficit de la balance commerciale (grevée notamment par les importations de matières premières) n'est pas comblé par les apports des services et du tourisme. Les dépenses militaires pèsent lourdement, expliquant partiellement une inflation élevée et un endettement important. Le sous-emploi est notable, aggravé depuis 1990 par l'afflux des immigrés.

Histoire. L'État d'Israël a pour origine les efforts entrepris à la fin du XIXe s. pour soustraire les Juifs des divers pays européens aux attaques de l'antisémitisme. Fondateur du mouvement sioniste, Theodor Herzl propose en 1897 la création d'un État juif en Palestine.
1917 : La déclaration Balfour préconise la création d'un « foyer national juif » dans cette région. À la suite des persécutions du régime hitlérien, de nombreux Juifs émigrent en Palestine, placée sous mandat britannique. Devant l'opposition des Arabes, les Britanniques ont recours à l'O. N. U. qui, en nov. 1947, décide le partage de la région entre un État arabe et un État juif.
14 mai 1948 : À la veille de l'expiration du mandat britannique en Palestine, les Juifs proclament l'indépendance d'Israël.
Israël résiste à l'offensive des pays arabes voisins. Il est dirigé jusqu'en 1977 par les gouvernements d'inspiration travailliste, qui instaurent le système des kibboutz.
1948-1963 : Ben Gourion, Premier ministre (sauf de 1953 à 1955), organise le nouvel État.

1956 : À la suite de la fermeture du canal de Suez aux navires israéliens, Israël occupe le territoire égyptien jusqu'au canal. Une décision de l'O. N. U. met fin à cette occupation.
1967 : Guerre des Six-Jours. Israël occupe de nouveau Gaza, le Sinaï et la rive orientale du canal de Suez ainsi que la partie de la Jordanie située à l'ouest du Jourdain (Cisjordanie) et le Golan (au sud-ouest de la Syrie).
1969-1974 : Golda Meir dirige le gouvernement.
1973 : Guerre du Kippour, opposant de nouveau Israël aux pays arabes.
Des accords aboutissent à la réouverture du canal de Suez en 1975.
1977 : Après la victoire d'une coalition de partis de droite et du centre (le Likoud), Menahem Begin devient Premier ministre. Il reçoit la visite à Jérusalem du président égyptien Sadate.
1979 : Traité de paix israélo-égyptien, qui prévoit la restitution du Sinaï (effective en 1982) ainsi que l'autonomie de Gaza et de la Cisjordanie.
1981 : Annexion du Golan.
1982 : Pour démanteler les forces palestiniennes, l'armée envahit le Liban jusqu'à Beyrouth puis se replie dans le sud du pays.
1983 : Yitzhak Shamir succède à Menahem Begin. De 1984 à 1990, des gouvernements d'union nationale se succèdent, dirigés, en alternance, par le travailliste Shimon Peres et le leader du Likoud, Y. Shamir.
1985 : L'armée israélienne se retire du Liban (à l'exception d'une zone de sécurité au sud).
1987 : Début du soulèvement populaire palestinien (Intifada) dans les territoires occupés (Gaza, Cisjordanie).
1990 : Y. Shamir forme un gouvernement de coalition avec les partis religieux et l'extrême droite.
1991 : Une conférence internationale réunit pour la première fois, à Madrid, les représentants d'Israël, des pays arabes limitrophes et des Palestiniens.
1992 : Le travailliste Y. Rabin forme un nouveau gouvernement.
1993 : Israël et l'O. L. P. signent, à Washington, un accord entérinant leur reconnaissance mutuelle et prévoyant un régime d'autonomie des territoires occupés, appliqué d'abord à Gaza et à Jéricho.
1994 : Israël et la Jordanie signent un traité de paix. Des pourparlers s'engagent avec la Syrie.
1995 : L'autonomie est étendue aux grandes villes arabes de Cisjordanie. Y. Rabin est assassiné par un extrémiste israélien. S. Peres lui succède au poste de Premier ministre.
1996 : Benyamin Netanyahou, chef du Likoud, devient Premier ministre (élu à ce poste — attribué pour la première fois au suffrage universel — en devançant S. Peres).

ISRAÉLIEN, ENNE adj. et n. De l'État d'Israël.

ISRAÉLITE adj. et n. (bas lat. *Israelita,* du lat. class. *Israel*). **1.** Relatif à l'Israël biblique, à son peuple. — **2.** Syn. de JUIF.

israélo-arabes *(guerres),* nom donné aux quatre conflits ouverts qui, depuis 1948, ont opposé l'État d'Israël à divers États arabes.
• *Première guerre israélo-arabe : 1948-49.* La Ligue arabe refuse de reconnaître le plan de partage de la Palestine arrêté par l'O. N. U. le 29 nov. 1947. Au départ des Britanniques et à la fondation de l'État d'Israël, le 14 mai 1948, les États arabes limitrophes (Égypte, Iraq, Syrie, Transjordanie et Liban) attaquent le nouvel État, tandis que, de l'intérieur, la lutte est menée par la Garde nationale arabe. Au cours de la campagne « des dix jours » (9-19 juill. 1949), les armées arabes sont refoulées. Après une trêve qui permet l'évacuation de 500 000 Arabes, Israël attaque l'Égypte (oct.), occupe le Néguev et rejette les Égyptiens sur El-Arich. Les lignes de cessez-le- feu deviennent les nouvelles frontières d'Israël.
• *Deuxième guerre israélo-arabe : 1956.* La nationalisation du canal de Suez par Nasser (juill. 1956), les alliances arabes offensives de l'Égypte et son nationalisme actif font peser sur Israël de réels dangers (blocage du trafic maritime du golfe d''Aqaba et du port d'Eilat). Israël, qui bénéficie alors de l'appui de la Grande-Bretagne et de la France, lance vers le Sinaï une « guerre éclair » qui surprend les Égyptiens (29 oct.). Le 3 nov., les forces israéliennes s'emparent de Charm el-Cheikh. Dès le 30 oct., Français et Britanniques avaient lancé aux gouvernements d'Israël et d'Égypte un ultimatum leur laissant douze heures pour retirer leurs troupes à 15 km de part et d'autre du canal. Le refus égyptien décide de l'intervention des forces franco-britanniques, qui débarquent à Port-Fouad et à Port-Saïd et occupent la zone du canal jusqu'à El-Kantara. Cette action tourne court devant la pression de l'O. N. U., de l'U. R. S. S. et des États-Unis. La police de l'O. N. U. relève les contingents français et anglais, réoccupe le Sinaï et rétablit entre Israël et l'Égypte la ligne d'armistice de 1949.
• *Troisième guerre israélo-arabe* ou *guerre des Six-Jours : juin 1967.* Le retrait des Casques bleus du Sinaï (19 mai 1967), leur remplacement par des troupes égyptiennes, qui réoccupent Charm el-Cheikh, ajoutent à la tension créée par les raids des fedayins égyptiens et des commandos de l'O. L. P. contre Israël. Dès lors, la crise s'accélère, l'Algérie décide l'envoi d'unités au Moyen-Orient, le roi Ḥusayn de Jordanie conclut un accord militaire avec l'Égypte, auquel l'Iraq adhère le 4 juin. La Syrie, à l'imitation de l'Égypte dans le Sinaï, masse ouvertement des contingents à sa frontière. Israël réagit par une

attaque préventive lancée le 5 juin. Après avoir éliminé les aviations arabes, les Israéliens encerclent et écrasent les divisions égyptiennes dans le Sinaï (5-8 juin), repoussent en Cisjordanie la Légion arabe du roi Ḥusayn et ne sont arrêtés sur la route de Damas que par le cessez-le-feu imposé par l'O. N. U. (6-10 juin). Israël occupe tout le Sinaï, Gaza, la Cisjordanie et le plateau du Golan. • *Quatrième guerre israélo-arabe* ou *guerre du Kippour : octobre 1973.* En Égypte, le président Anouar el-Sadate est au pouvoir depuis 1970. Le 6 oct. 1973, alors qu'Israël célèbre la fête de Yom Kippour, les forces égyptiennes attaquent le front israélien du canal de Suez, tandis que la Syrie porte massivement ses efforts sur le Golan ; l'Iraq, la Jordanie, le Maroc et l'Algérie participent également. Le 9 oct., les Égyptiens contrôlent la rive est du canal. Mais les forces israéliennes, la première surprise passée, lancent une contre-offensive sur le front syrien, puis sur le canal, où elles créent, le 15, une tête de pont au nord-ouest de Suez. De plus, le 17 oct., la décision des pays producteurs de pétrole de réduire leurs exportations vers l'Europe et les États-Unis complique un conflit déjà aggravé par les livraisons de matériels américains à Israël et soviétiques aux Arabes. Le 18 oct., les Israéliens attaquent Port-Saïd, renforcent leur percée à l'ouest du canal et contraignent (21-22 oct.) les Syriens à l'abandon de positions stratégiques dans la région du mont Hermon. À l'issue du séjour de H. Kissinger à Moscou (21 oct.), le Conseil de sécurité de l'O. N. U. adopte le 22, et renouvelle le 23, une résolution américano-soviétique pour un cessez-le-feu immédiat, accepté par Israël et l'Égypte et rejeté dans un premier temps par la Syrie, l'Iraq, l'O. L. P. et la Libye. Après une mise en état d'alerte de toutes les forces américaines (25 oct.), à la suite de l'avertissement soviétique à Israël sur le non-respect du cessez-le-feu, le Conseil de sécurité fait adopter le principe de l'envoi sur place d'une force de 7 000 Casques bleus, sans participation des contingents de pays membres permanents du Conseil.

ISRAËLS (Jozef), peintre néerlandais (Groningue 1824 - La Haye 1911). Formé à Amsterdam et à Paris, cet interprète de la vie des humbles (*Intérieur paysan,* musée de Dordrecht) eut beaucoup de succès en Europe du Nord et influença les débuts de Van Gogh. — Son fils Isaäc (Amsterdam 1865 -La Haye 1934) fut également peintre.

ISRĀFĪL, dans la religion islamique, archange de la Résurrection, variante du séraphin biblique.

ISSAAKIAN ou **ISAHAKIAN** (Avetik Saakovitch), poète arménien (Aleksandropol, auj. Gumri, 1875 - Erevan 1957). D'abord consacré aux thèmes de l'amour et de la nature, son lyrisme prit ensuite un accent désabusé dans son poème philosophique *Aboul Ala Mahari* (1909-1911).

ISSACHAR, cinquième fils de Jacob et de Lia, ou Léa, qui a donné son nom à l'une des douze tribus d'Israël.

ISSAMBRES (les) [83380], écart de la comm. de Roquebrune-sur-Argens (Var), sur la côte des Maures. Station balnéaire et port de plaisance.

ISSANT, E adj. (anc. fr. *issir,* sortir, du lat. *exire*). Se dit des animaux héraldiques qui paraissent sortir, plus ou moins à mi-corps, d'une partition, des bords de l'écu, d'une pièce ou d'un meuble. (Syn. NAISSANT.)

ISSARLÈS *(lac d'),* lac volcanique du dép. de l'Ardèche, au N. des Cévennes, couvrant 92 ha, à 997 m d'alt. Il alimente en partie la centrale hydroélectrique de Montpezat. Tourisme.

ISSAS → SOMALIS.

ISSN, abrév. de *International Standard Serial Number,* numéro d'identification international attribué à chaque publication périodique.

ISSOIRE (63500), ch.-l. d'arrond. du Puy-de-Dôme, en Auvergne, dans la *Limagne d'Issoire,* près de l'Allier ; 15 026 hab. *(Issoiriens).* Église, anc. abbatiale, caractéristique du roman auvergnat (XIIe s.) malgré les interventions abusives du XIXe s. Métallurgie. Industrie automobile.
— **Hist.** Ancienne bourgade gauloise, la ville fut le théâtre du martyre, au IIIe s., de saint Austremoine, apôtre de l'Auvergne. Capitale du Dauphiné d'Auvergne à partir du XIIIe s., elle souffrit durement des guerres de Religion.

ISSOS ou **ISSUS,** anc. ville de Cilicie, au fond du golfe d'Alexandrette. Dans la plaine qui entoure la ville, victoire d'Alexandre sur Darios III Codoman (333 av. J.-C.).

ISSOUDUN (36100), ch.-l. d'arrond. de l'Indre, dans la Champagne berrichonne, sur la Théols ; 14 432 hab. *(Issoldunois).* Anc. hospice St-Roch, des XIIIe-XVIe s. (auj. musée) et autres monuments. Constructions mécaniques. Confection.

ISSU (ÊTRE) v. i. (anc. fr. *issir,* sortir, du lat. *exire*). **1.** Provenir par descendance de qqn, d'une famille : *Issu d'une famille de paysans.* — **2.** Être la conséquence de qqch : *La révolte est issue du mécontentement général.* — **3.** En parlant d'une droite (resp. demi-droite), contenir (resp. avoir pour origine) un point donné.

ISSUE n. f. (anc. fr. *issir,* sortir). **1.** Lieu, passage, ouverture par où on peut sortir : *Fermer toutes les issues. Issues de secours.* — **2.** Manière dont une affaire se conclut, dont qqch aboutit : *L'issue d'un combat.* — **3.** Moyen de sortir d'une difficulté, d'une affaire dangereuse : *Il n'y a pas d'autre issue que de renoncer.* — **4.** *Donner issue à qqch,* être le lieu, l'endroit par où qqch peut sortir, s'échapper. ◆ **issues** n. f. pl. **1.** Parties non consommables des animaux abattus (cuir, cornes, etc.). – **2.** Produits autres que la farine provenant de la mouture des céréales.

IS-SUR-TILLE (21120), ch.-l. de cant. de la Côte-d'Or, au N. de Dijon ; 4 070 hab. *(Issois).* Électroménager.

ISSUS → Issos.

ISSYK-KOUL *(lac),* lac du Kirghizistan, à 1 608 m d'alt. ; 6 236 km^2.

ISSY-LES-MOULINEAUX (92130), ch.-l. de cant. des Hauts-de-Seine, dans la proche banlieue S.-O. de Paris ; 46 734 hab. *(Issisois).* Constructions électriques. Héliport (situé en fait sur le territoire de Paris).

ISSY-L'ÉVÊQUE (71760), ch.-l. de cant. de Saône-et-Loire, dans le sud du Morvan ; 1 017 hab. Église romane (beaux chapiteaux).

ISTANBUL, ancienn. **Byzance** puis **Constantinople,** principale ville de Turquie, sur le Bosphore et la mer de Marmara ; 6 620 241 hab.
– **Géogr.** Sur la route maritime reliant la Méditerranée à la mer Noire, contrôlant le passage terrestre entre l'Europe et l'Asie, la ville s'est développée de part et d'autre de la ria de la Corne d'Or avant de s'étendre sur la rive asiatique (atteinte aujourd'hui par deux ponts routiers). Centre commercial, universitaire et touristique, Istanbul regroupe le tiers environ de l'industrie turque (constructions électriques, métallurgie, chimie, alimentation, cuir).
– **Hist.** Succédant à Constantinople*, Istanbul devint à la fois turque et musulmane en 1453. Les Ottomans en firent la capitale de leur empire. Ils affirmèrent le triomphe de l'islām (transformation de la basilique Ste-Sophie en mosquée) et organisèrent la vie de leurs vassaux grecs, notamment en nommant un patriarche orthodoxe. Mehmed II permit aux Génois de demeurer à Galata et autorisa les Vénitiens à s'installer dans la ville (1454). Après la nomination d'un patriarche arménien (1461), la situation des chrétiens se trouva, à peu de chose près, fixée pour plusieurs siècles. Occupée par les Alliés de 1918 à 1923, Istanbul céda son rôle de capitale à Ankara en 1923.
– **Bx-arts.** Mosquées (Süleymaniye, 1550-1557 ; Şehzade, 1544-1548, toutes deux œuvres de Sinan ; Sultan Ahmet 1609-1616), madrasa (Rüstem Paşa, XVIe s.), palais (Topkapı, devenu musée), forts, bibliothèques, fontaines, hôpitaux, mausolées font d'Istanbul une des grandes villes d'art de l'islām, où règne une grande unité de style due au classicisme ottoman.

ISTAR → ASHTART.

ISTHME [ism] n. m. (lat. *isthmus,* du gr. *isthmos*). **1.** Bande de terre étroite, située entre deux mers et réunissant deux terres. – **2.** Nom donné à certaines parties rétrécies d'une région du corps ou d'un organe (par ex. l'isthme de l'encéphale, du gosier, de l'utérus, d'une vertèbre).

ISTHMIQUE [ismik] adj. (lat. *isthmicus,* du gr. *isthmikos*). **1.** Qui appartient à un isthme. – **2.** *Jeux isthmiques,* concours qui se célébraient dans l'isthme de Corinthe. (On en attribuait l'institution à Poséidon ou à Thésée.)

Istiqlāl, parti nationaliste marocain. Fondé en 1944 par les membres de l'ex-parti national, il publie le *Manifeste pour l'indépendance (istiqlāl)* [1944]. Il soutient le sultan Muḥammad V jusqu'à l'indépendance du Maroc (1956) et organise des émeutes (1952) et des attentats contre Muḥammad ibn 'Arafa, le « sultan des Français » (1953-54). Affaibli par des scissions après 1956, le parti rompt avec le trône en 1963 et revendique après 1965 la fin de l'état d'exception, l'arabisation et l'islamisation renforcées de l'enseignement. Il soutient le roi en 1976 dans l'affaire du Sahara occidental et se rallie au régime dans les années 1980 pour contrer l'extrémisme islamique et l'extrême gauche.

ISTRATI (Panait), écrivain roumain d'expression française (Brăila 1884 - Bucarest 1935). Après une vie de vagabondage à travers le monde, il composa une série d'ouvrages romanesques, à caractère autobiographique, qui constitue *la Vie d'Adrien Zograffi.*

ISTRES (13800), ch.-l. d'arrond. des Bouches-du-Rhône, entre l'étang de Berre et le petit étang de l'Olivier ; 36 516 hab. *(Istréens).* Base aérienne de l'École de l'armée de l'air. Industrie aéronautique.

ISTRIE, presqu'île de l'Adriatique (Slovénie et surtout Croatie). Le littoral est touristique (v. princ. Pula), l'intérieur, agricole (ovins, vignobles, céréales, oliviers). Gisements de houille et de bauxite.
– **Hist.** Conquise par les Romains (177 av. J.-C.), l'Istrie fut envahie aux VIe-VIIe s. par les Lombards, les Francs, les Slaves et les Avars. Comprise dans la marche de Frioul sous Charlemagne, elle entra dans le Saint Empire par son rattachement au duché de Bavière (952), puis à celui de Carinthie (976). Inféodée aux patriarches d'Aquilée (1208-1480), elle fut dominée par les Vénitiens (XVe-XVIIIe s.) jusqu'au traité de Campoformio (1797), qui la céda à l'Autriche. Annexée par l'Italie (1920), elle fut attribuée à la Yougoslavie par le traité de Paris (1947), qui fixa également le statut de Trieste.

ISTURITS (64240), comm. des Pyrénées-Atlantiques, à l'E. d'Hasparren ; 331 hab. Gisement préhistorique s'échelonnant du moustérien à l'azilien (nombreux os décorés, figures en bas relief, gravures et peintures du magdalénien).

ISURIDÉ n. m. Nom de famille donné à des requins pélagiques de grande taille, comme le requin à maquereaux, la touille, l'oxyrhine, le renard marin et le requin blanc. (Syn. LAMNIDÉ.)

ITAGUE n. f. (anc. scand. *ústag,* sorte de cordage). Sur un voilier, chaîne ou cordage employé pour transmettre l'effort d'un palan à une vergue ou à un autre objet susceptible d'être monté ou descendu.

ITAIPÚ, site d'un barrage sur le Paraná, construit conjointement par le Paraguay et le Brésil, en amont de Ciudad del Este. Centrale.

ITALIA n. m. Raisin de table à très grosses baies, de couleur jaune ambré.

ITALIANISANT, E n. **1.** Spécialiste de la langue et de la civilisation italiennes. — **2.** Artiste marqué par l'italianisme.
◆ adj. Marqué par l'italianisme.

ITALIANISATION n. f. Action d'italianiser.

ITALIANISER v. t. (conj. 3). Rendre italien ; donner un caractère, un aspect italien.

ITALIANISME n. m. **1.** Idiotisme propre à l'italien. — **2.** Mot, expression, tournure propre à l'italien et emprunté par une autre langue. — **3.** Tendance, chez des artistes étrangers, à l'imitation de la manière italienne, de modèles italiens. (Cette tendance a culminé de la Renaissance au XVIIIe s.)

ITALIANITÉ n. f. Caractère de ce qui est spécifiquement italien.

ITÁLICA, site d'Espagne, à 8 km au N.-O. de Séville. Ville romaine, fondée par Scipion l'Africain en 205 av. J.-C., elle devint municipe au temps de César et colonie sous Hadrien.

ITALIE, en ital. **Italia,** État d'Europe ; 301 000 km² ; 57 200 000 hab. *(Italiens).* CAP. *Rome.* LANGUE : *italien.* MONNAIE : *lire.*

DIVISIONS ADMINISTRATIVES DE L'ITALIE

régions	superficie (en km²)	population	capitale
Abruzzes	10 794	1 243 690	L'Aquila
Aoste (Val d')	3 262	115 397	Aoste
Basilicate	9 992	605 940	Potenza
Calabre	15 080	2 037 686	Catanzaro
Campanie	13 595	5 589 587	Naples
Émilie-Romagne	22 124	3 899 170	Bologne
Frioul-Vénétie Julienne	7 846	1 193 520	Trieste
Latium	17 203	5 031 230	Rome
Ligurie	5 416	1 668 078	Gênes
Lombardie	23 859	8 831 264	Milan
Marches	9 693	1 427 666	Ancône
Molise	4 438	327 893	Campobasso
Ombrie	8 456	804 054	Pérouse
Piémont	25 399	4 290 412	Turin
Pouille	19 347	3 986 430	Bari
Sardaigne	24 090	1 637 705	Cagliari
Sicile	25 708	4 961 383	Palerme
Toscane	22 992	3 510 114	Florence
Trentin-Haut-Adige	13 613	886 914	Trente
Vénétie	18 364	4 363 157	Venise

Géographie

• *Les conditions naturelles.* Étirée sur plus de dix degrés de latitude, l'Italie présente des paysages variés, avec prédominance des collines (42 % du territoire), devant la montagne (35 %) et la plaine (23 %). Trois ensembles naturels se dégagent. Au N., l'Italie possède le versant méridional de l'arc alpin, élevé mais coupé de nombreuses vallées. Il domine la plaine du Pô (50 000 km²), qui s'évase vers l'Adriatique. Au S., enfin, de la Ligurie à la Calabre, l'Apennin forme l'ossature du pays ; en Italie centrale, il est bordé de collines, de plateaux et de plaines alluviales. Le climat méditerranéen ne se manifeste véritablement que sur l'Italie centrale et méridionale (îles incluses), les Alpes ayant un climat plus rude et la plaine du Pô un climat à tendance continentale.

• *La population.* La population a subi des mutations importantes dans le dernier demi-siècle. Son dynamisme démographique s'est ralenti, avec un comportement proche des autres pays industrialisés : très faible natalité, vieillissement de la population. D'autre part, l'émigration s'est pratiquement arrêtée et, au contraire, un certain mouvement d'immigration s'est opéré (Égyptiens, Éthiopiens) ; mais les déplacements les plus significatifs ont eu lieu à l'intérieur même du pays, du sud vers le nord et des campagnes vers les villes (Rome, la Toscane et l'ensemble Milan-Turin-Gênes). Aujourd'hui, plus de la moitié de la population est urbanisée. En même temps, la structure de la population active se modifiait, passant de l'agriculture à l'industrie, puis se déplaçant vers les services.

• *L'économie.* L'industrialisation a été jusqu'à la fin des années 1960 le moteur d'une croissance économique spectaculaire. Cependant, malgré les efforts de développement concerté pour le Mezzogiorno, le déséquilibre a persisté entre le Nord, industrialisé, et le Sud, où quelques zones industrielles restent isolées au milieu de régions pauvres et dépeuplées. Le sous-sol est rare en ressources : un peu de pétrole, davantage de gaz naturel. Les autres gisements miniers sont dispersés et peu abondants. L'énergie hydroélectrique (surtout dans les Alpes) fournit environ 15 % de l'électricité.

L'industrie (qui occupe moins du tiers des actifs) se partage entre un secteur d'État puissant (notamm. dans la sidérurgie, l'électricité, la chimie et concentrant le quart des salariés de l'industrie), de grandes entreprises (Fiat, Olivetti, Pirelli) et une myriade de petites et moyennes entreprises, souvent dynamiques. S'y ajoutent des ateliers clandestins, très importants dans certains secteurs (confection, cuir), entraînant une sous-estimation du P. I. B. officiel. Toutes les branches industrielles sont représentées, mais les plus importantes sont la mécanique, la chimie, le textile, l'agroalimentaire. La sidérurgie reste puissante. Les établissements se situent en majorité dans le nord du pays, de Milan, Turin et Gênes à Trieste et Ravenne. L'agriculture n'occupe plus guère que 7 % des actifs. La taille moyenne des exploitations reste modeste. Cependant, la modernisation (mécanisation, engrais) a permis d'augmenter les rendements. Le blé arrive en tête, suivi du maïs, de la betterave à sucre. La production de légumes et surtout de fruits (agrumes, principalement) s'est développée. La production de vin vient au deuxième rang mondial (non loin derrière la France). L'élevage est moins important et la pêche, peu active. Globalement, l'agriculture reste déficitaire.

Le secteur tertiaire occupe plus de la moitié des actifs, dont une part notable dans les activités liées à un tourisme varié, climatique et culturel, qui enregistre plus de 50 millions de visiteurs par an. Les commerces de détail sont nombreux et l'artisanat spécialisé encore vivace (Florence). Le réseau routier (7 000 km d'autoroutes), qui a exigé la construction de nombreux ouvrages d'art, est globalement meilleur que le réseau ferroviaire. Près de la moitié des échanges (importants, puisque 20 % de la production sont exportés) se font avec les partenaires de l'Union européenne. Bien que les produits industriels (mécanique, automobile, confection) représentent en valeur la majeure partie des exportations, ils ne sont pas toujours concurrentiels sur le marché international et la balance commerciale reste déficitaire. On observe de fortes importations de matières premières industrielles et de compléments alimentaires. Grâce au tourisme notamment, la balance des paiements est moins déséquilibrée. Cependant, le pays s'est lourdement endetté, le chômage reste important de même que l'inflation.

Histoire

• *La préhistoire et l'Antiquité.* Primitivement peuplée de Ligures (dans la péninsule) et de Sicanes puis de Sicules (en Sicile), l'Italie vit s'installer au IIe millénaire dans la plaine du Pô la civilisation dite « des terramares », qui apporta le bronze, puis celle des Villanoviens, qui diffusèrent l'emploi du fer.

À partir du VIIIe s. av. J.-C., les Grecs fondent des colonies en Sicile et en Italie du Sud (Grande-Grèce). À la même époque, les Étrusques s'installent en Toscane. Leur empire, qui atteint son apogée aux VIe-Ve s. av. J.-C., s'étend à la Campanie. Au IVe s. av. J.-C., les Celtes occupent la plaine du Pô. (C'est l'origine de la Gaule Cisal-

pine.) Puis Rome conquiert progressivement toute la péninsule et, du IVe au IIe s. av. J.-C., chasse les Carthaginois de Sardaigne et de Sicile.
42 av. J.-C. : Avec l'incorporation de la Gaule Cisalpine, la conquête romaine est achevée. L'histoire de l'Italie antique se confond désormais avec celle de Rome. (→ ROME.)

• *Les invasions barbares et la période carolingienne.* Au Ve s., les Barbares (Wisigoths, Huns, Vandales) ravagent l'Italie (sac de Rome par Alaric en 410).
476 : Odoacre dépose le dernier empereur d'Occident, Romulus Augustule.
493-526 : Le roi ostrogoth Théodoric règne sur l'Italie entière. Mais son royaume se disloque après sa mort.
535-555 : La péninsule est en grande partie reconquise par les armées de Justinien Ier, empereur d'Orient.
568 : Les Lombards s'installent en Italie du Nord. Ils fondent au sud les duchés de Spolète et de Bénévent, et refoulent les Byzantins. L'Italie possède alors trois capitales : Rome, où siège le pape ; Ravenne, sous influence byzantine ; Pavie, résidence du roi lombard. Au VIIIe s., la papauté s'allie aux Carolingiens pour lutter contre les Lombards. C'est avec leur appui que sont constitués les États de l'Église.
774 : Charlemagne se proclame roi des Lombards.
800 : Charlemagne est sacré à Rome empereur d'Occident. L'Italie passe alors sous l'influence carolingienne.
Au IXe s., les invasions normandes et sarrasines bouleversent l'Italie du Sud. Cette période est caractérisée par un profond morcellement politique lié au développement de la féodalité.

• *L'Italie impériale.*
962 : Le roi de Germanie Otton Ier est couronné empereur à Rome.
L'Italie est dès lors intégrée au Saint Empire romain germanique. Les empereurs cherchent à y renforcer leur autorité ainsi qu'à contrôler la papauté, avec laquelle ils entrent à plusieurs reprises en conflit.
1075-1122 : Querelle des Investitures opposant notamm. le pape Grégoire VII à l'empereur Henri IV.
Alors que les Normands créent au XIe s. un royaume en Italie du Sud, une nouvelle force se constitue à partir du XIIe s., celle des cités, érigées en communes et enrichies principalement par le commerce (Pise, Gênes, Florence, Milan, Venise).
1154-1250 : La lutte du Sacerdoce et de l'Empire oppose les guelfes (partisans du pape) aux gibelins (qui soutiennent l'empereur). Elle se termine par le triomphe de la papauté.
1268 : Charles d'Anjou devient roi de Sicile, éliminant de cette île les Hohenstaufen.

• *Républiques et seigneuries.* L'Italie se trouve alors partagée entres des États régionaux, tandis que la papauté voit son rôle s'effacer.
1309-1376 : Les papes sont installés en Avignon.
1378-1417 : Le Grand Schisme divise la chrétienté. En Italie du Nord, le pouvoir passe aux mains de grandes familles (Visconti puis Sforza à Milan, Médicis à Florence), Gênes et Venise restant des républiques aristocratiques. Ces villes sont les principaux foyers de la Renaissance italienne.
1442 : Longtemps déchiré par des luttes entre Angevins et Aragonais, le royaume de Naples tombe entièrement sous le contrôle de la famille d'Aragon. Au XVe s., une nouvelle puissance se forme au nord-ouest de l'Italie, le duché de Savoie.

• *La domination étrangère.* Au XVIe s., l'Italie reste au centre du grand mouvement artistique et culturel de la Renaissance, inspiré de l'Antiquité gréco-latine. Mais, pendant cette période, affaiblie par son morcellement politique, elle subit les interventions continuelles de l'étranger.
1559 : Le traité du Cateau-Cambrésis met fin aux guerres d'Italie au cours desquelles s'opposent depuis 1494 la France et l'Espagne. Il confirme la prépondérance des Espagnols en Italie, qui va durer deux siècles (XVIIe-XVIIIe s.). La domination étrangère et le déplacement des voies maritimes vers l'Atlantique provoquent la décadence économique du pays. Les vieilles cités perdent progressivement de leur influence au profit du royaume de Piémont-Sardaigne (maison de Savoie).
1713 : L'empereur Charles VI devient maître de Naples et du Milanais.
1734 : Les Bourbons s'installent dans le royaume de Naples (puis à Parme en 1748).

• *Le Risorgimento et la marche vers l'unité.* À partir de 1792, l'Italie passe sous l'influence de la France révolutionnaire.
1796-97 : Campagne d'Italie de Bonaparte. D'éphémères républiques sœurs sont créées (républiques Cisalpine, Ligurienne, Parthénopéenne, Romaine).
1805 : Napoléon se proclame souverain du royaume d'Italie, créé au nord de la péninsule. L'Empereur étend la domination française au reste de l'Italie. En organisant le pays sur le modèle français, il prépare la voie à une révolution libérale et nationale.
1814-15 : Après l'effondrement du régime français, le congrès de Vienne restaure les anciennes monarchies. L'influence autrichienne s'exerce de nouveau en Italie du Nord et du Centre, à l'exception du royaume de Piémont-Sardaigne, foyer du libéralisme et du nationalisme italien.

1820-21 : Des sociétés secrètes (carbonari) fomentent des complots contre le retour de l'absolutisme.
1831-1833 : Nouvelles révoltes inspirées par le républicain Mazzini.
1848-49 : Tentative de libération nationale. Depuis 1830, divers mouvements militent pour la renaissance *(Risorgimento)* et l'unité du pays. Victor-Emmanuel II et son ministre Cavour travaillent à faire l'unité italienne autour du Piémont avec l'appui de la France (bataille de Solferino, contre les Autrichiens, 1859).
1860 : Expédition de Garibaldi dans le royaume des Deux-Siciles.
1861 : Les différentes annexions aboutissent à la création du royaume d'Italie, avec pour souverain Victor-Emmanuel II (jusqu'en 1878) et pour capitale Florence.
1866 : L'Italie acquiert la Vénétie.
1870 : L'unité italienne est achevée avec la prise de Rome, qui devient la capitale du royaume, malgré l'opposition de la papauté. Le pape interdit aux catholiques de prendre part à la vie politique.
• *L'Italie contemporaine.* La fin du XIXe s. est marquée par une crise économique importante (notamm. dans le Sud), le développement de l'émigration et de nombreuses insurrections.
1882 : L'Italie conclut la Triplice avec l'Allemagne et l'Autriche.
1887-1896 : Crispi gouverne presque sans interruption, soutenu par Humbert Ier (roi de 1878 à 1900).
1900 : Début du règne de Victor-Emmanuel III.
1903-1914 : Giolitti, président du Conseil, rétablit l'ordre et l'équilibre économique. Une importante législation sociale est élaborée et le suffrage universel est instauré. L'Italie se crée un empire colonial en Afrique (Érythrée, Somalie italienne, Libye).
1915-1918 : L'Italie participe à la Première Guerre mondiale aux côtés des Alliés.
Elle acquiert le Trentin et Trieste, mais toutes ses revendications territoriales ne sont pas satisfaites.
1922 : Mussolini s'empare du pouvoir et instaure le fascisme.
1929 : Accords du Latran entre le pape et l'État italien.
1935-36 : Conquête de l'Éthiopie.
1940 : L'Italie entre dans la Seconde Guerre mondiale aux côtés de l'Allemagne.
1943 : Le débarquement anglo-américain en Sicile entraîne l'effondrement du régime fasciste. Réfugié dans le nord de l'Italie, Mussolini est arrêté et exécuté en 1945.
1946 : La république est proclamée.
De Gasperi, chef du parti démocrate-chrétien et président du Conseil (1945-1953), assure le relèvement politique et économique du pays.
1957-58 : L'Italie adhère à la C. E. E. La vie politique est dominée par la Démocratie chrétienne (avec, notamment, comme présidents du Conseil : Amintore Fanfani, Aldo Moro, Giulio Andreotti). À partir de 1968, en dépit du « miracle économique », le pays connaît une certaine instabilité politique et est troublé par le développement du terrorisme de droite et de gauche, notamment des Brigades rouges. Les partis réagissent en cherchant à réaliser la plus grande alliance possible (« compromis historique » établi entre le parti communiste et la Démocratie chrétienne en 1978-79). L'Italie est ensuite dirigée par des gouvernements de coalition présidés par le socialiste Bettino Craxi (1983-1987), puis à nouveau par des démocrates-chrétiens (1987-1992).
1992 : Francesco Cossiga, président de la République depuis 1985, démissionne ; Oscar Luigi Scalfaro lui succède à la tête de l'État. Les élections législatives sont marquées par l'échec des grands partis traditionnels et par l'émergence des Ligues régionales (autonomistes et populistes) et du M. S. I.-Alliance nationale (néofasciste).
Les gouvernements engagent une politique de révision des institutions (réformant notamment les lois électorales) et de lutte contre la Mafia et la corruption.
1994 : Après la victoire d'une coalition de droite et d'extrême droite aux élections législatives, Silvio Berlusconi est nommé président du Conseil (avr.). Il doit démissionner quelques mois plus tard (déc.).
1996 : De nouvelles élections législatives sont remportées par une coalition de partis de gauche et du centre, dirigée par Romano Prodi, qui devient président du Conseil.

Italie *(guerres d')*, conflits dont l'Italie a été l'enjeu de 1494 à 1559. Elles résultent essentiellement des prétentions des Valois sur l'Italie, désireux de faire valoir les droits de la maison d'Anjou sur le royaume de Naples, droits légués en 1481 à Louis XI par Charles V, comte du Maine, neveu du roi René Ier d'Anjou.
• *Les expéditions françaises (1494-1516).* La première expédition est conduite par Charles VIII, qui, à la tête d'une puissante armée, descend en Italie (sept. 1494) et conquiert sans difficulté le royaume de Naples (févr. 1495). Mais une coalition, la Sainte Ligue (mars 1495), l'oblige à abandonner sa conquête et à rentrer en France, après avoir bousculé les coalisés à Fornoue (juill. 1495). La deuxième expédition est dirigée par Louis XII, héritier des prétentions sur Naples de Charles VIII et des droits sur le duché de Milan de sa grand-mère Valentine Visconti. Le roi s'empare du Milanais (déc. 1499), le perd, le

reconquiert (Novare, avr. 1500), capture Ludovic Sforza le More, duc de Milan, puis s'empare du royaume de Naples (sept. 1501). Mais il doit céder ce dernier à l'Espagne (1504) en dépit des exploits de Bayard (Garigliano, déc. 1503). En butte à la Sainte Ligue (oct. 1511), formée contre lui par le pape Jules II, il perd le Milanais (1512) malgré les succès de Gaston de Foix (Ravenne, avr. 1512). Mais, par la victoire de Marignan (sept. 1515), François Ier reconquiert le duché de Milan, reconnu possession de la France par le traité de Noyon (août 1516), qui laisse Naples à l'Espagne.

• *L'extension du conflit (1519-1559).* Jusqu'alors limitée à l'Italie, la lutte s'élargit aux dimensions d'un conflit européen après l'élection à l'Empire de Charles Quint (1519), qui convoite le Milanais mais aussi la Bourgogne et rêve, en outre, d'imposer son hégémonie sur le continent. Le conflit qui oppose désormais les Valois et les Habsbourg s'achèvera par les traités du Cateau-Cambrésis (avr. 1559), par lesquels la France renonce à l'Italie, où l'Espagne, maîtresse du royaume de Naples et du duché de Milan, sera désormais prépondérante.

Italie *(campagne d')* [1796-97], ensemble des opérations menées en Italie par Bonaparte en 1796 et 1797 contre l'Autriche, le Piémont et leurs alliés. Bonaparte, chargé par Carnot d'un effort secondaire en Italie contre les Autrichiens au profit de l'armée d'Allemagne de Jourdan, bat séparément les Autrichiens (Montenotte, 12 avr. 1796 ; Dego, 15 avr.), les Piémontais (Millesimo, 13 avr. ; Mondovi, 21 avr.) et oblige les Sardes à l'armistice de Cherasco (28 avr.), suivi, le 15 mai, de la paix de Paris. Il porte ses efforts sur Milan (14 mai) et défait de nouveau les Autrichiens (Castiglione, 5 août ; Arcole, 17 nov. ; Rivoli, 14 janv. 1797). Il marche alors sur Vienne, franchit le col de Tarvis (25 mars) et contraint l'Autriche à signer l'armistice de Leoben (13 avr.), prélude à la paix de Campoformio (18 oct.).

Italie *(campagne d')* [1800], ensemble des opérations menées en Piémont et en Lombardie (mai-juin 1800) par le Premier consul Bonaparte pour liquider la deuxième coalition et reprendre le terrain perdu en Italie depuis 1799. Alors que Masséna résiste dans Gênes (21 avr.-4 juin), Bonaparte, après avoir passé le Grand-Saint-Bernard (15-23 mai), bat les Autrichiens à Marengo (14 juin). La victoire de Moreau à Hohenlinden (3 déc.) complète ce succès et permet aux Français d'imposer à l'Autriche l'armistice de Trévise (15 janv. 1801) et le traité de Lunéville (9 févr.).

Italie *(guerre d')* [1859], guerre entreprise par Napoléon III pour libérer l'Italie du Nord de la domination autrichienne. Préparée par l'intervention du Piémont en Crimée (1855), la guerre d'Italie est décidée lors de l'entrevue de Plombières entre Napoléon III et Cavour (21 juill. 1858) et confirmée par le traité franco-sarde de Turin des 26 et 28 janv. 1859. Les forces françaises de Napoléon III, alliées des Piémontais, battent les Autrichiens à Montebello (20 mai), à Palestro (31 mai) et à Turbigo (3 juin). Après la victoire de Mac-Mahon à Magenta (4 juin), la rencontre des Autrichiens de François-Joseph Ier et des Franco-Piémontais à Solferino (24 juin) est particulièrement meurtrière. Bien que vainqueur, Napoléon III, sensibilisé par les pertes françaises et craignant une intervention militaire prussienne, décide de signer, au grand mécontentement des Italiens, l'armistice (8 juill.) et les préliminaires de la paix de Villafranca (12 juill.). Cette campagne aura déclenché le processus de l'unité italienne et rendu possible la réunion de la Savoie et de Nice à la France.

Italie *(front d')* [1915-1918]. L'entrée en guerre de l'Italie (mai 1915) ouvre un nouveau front, qui immobilise d'importantes forces austro-hongroises. Mais la nature montagneuse de la zone des combats contraint les états-majors à une guerre de positions, marquée de succès limités (Isonzo, Gorizia, Bainsizza). La rupture du front italien à Caporetto (24 oct. 1917) entraîne seule une modification profonde de la situation avant que la victoire de Vittorio Veneto (28 oct. 1918) ne mette fin aux combats (armistice de Villa Giusti, 3 nov. 1918).

Italie *(campagne d')* [1943-1945], ensemble des opérations menées par les Alliés en Italie pendant la Seconde Guerre mondiale. Après la libération de la Tunisie, le 15e groupe d'armées (Alexander) s'attaque à la péninsule italienne ; la Sicile est conquise (10 juill.-16 août 1943) et les Alliés portent leurs efforts sur l'Italie du Sud. Les généraux Montgomery et Clark débarquent respectivement en Calabre (3 sept.) et à Salerne (9 sept.). Mais, peu après l'annonce de la capitulation italienne, le 15e groupe d'armées, renforcé par les Polonais d'Anders et le corps expéditionnaire de Juin, est arrêté par les Allemands de Kesselring au nord de Naples, sur la ligne Gustav (nov.). Les Américains, tenus également en échec à Cassino, ne peuvent déboucher d'Anzio, où ils ont débarqué (22 janv. 1944). Le 12 mai, l'offensive générale est déclenchée : la percée du général Juin dans les monts Aurunci lui ouvre les portes de Rome, atteinte le 4 juin. Entre le 2 juillet et le 4 août, les Alliés progressent rapidement jusqu'à Sienne, Livourne et Florence, mais les Allemands se rétablissent sur la ligne Gothique et vont ralentir la progression sur le littoral. Ce n'est que le 9 avr. 1945 que Clark, qui a remplacé Alexander, peut lancer l'offensive générale : Bologne (le 21), Vérone (le 26) sont atteintes. Le 2 mai, les Allemands de Vietinghoff capitulent sans conditions, à la suite de à la convention de Caserte (29 avr.).

Italie *(médailles commémoratives françaises des campagnes d').* La première, créée en 1859, fut attribuée à tous les militaires ayant pris part à la campagne d'Italie de 1859. La seconde, créée en 1953, est accordée aux membres du corps expéditionnaire français en Italie (du 1er déc. 1943 au 25 juill. 1944).

ITALIE *(royaume d'),* État créé par Napoléon Ier (mars 1805) en remplacement de la République italienne. Il eut pour roi l'empereur et pour vice-roi Eugène de Beauharnais et dura jusqu'en 1814.

ITALIEN, ENNE adj. et n. D'Italie.

◆ **italien** n. m. Langue romane parlée principalement en Italie. (→ *encycl.*)

◆ **italienne** n. f. *À l'italienne,* à la manière italienne ; se dit d'une salle dont la hauteur correspond à celle de deux étages réunis (depuis le XVIIe s.) ; d'une salle de théâtre de plan plus ou moins ovoïde, à étages superposés ; se dit d'un format de livre, d'objet de maroquinerie dont la largeur est plus grande que la hauteur. (S'oppose à *à la française*.)

◆ **Italiens** n. m. pl. L'ancien Théâtre-Italien de Paris.

ENCYCL. **Ling.** Langue officielle d'un État depuis 1861 seulement, l'italien a longtemps vécu comme une langue se superposant aux dialectes et réservée à quelques groupes géographiques et à une élite socioculturelle très étroite, dans le cadre d'usages limités (littérature, actes administratifs, échanges commerciaux, voyages). Vers 1860, les italophones n'étaient qu'env. 600 000 (dont 400 000 Toscans) sur 25 millions d'habitants. Le rapide passage des dialectes à l'italien de millions de locuteurs, grâce à l'école, au service militaire, aux moyens de diffusion de masse, à l'émigration et aux migrations internes, a conduit à l'existence de plusieurs variétés d'italien, correspondant aux différentes zones dialectales.

Au XIIIe s., les concours de poésie de la cour de Frédéric II à Palerme et l'éclosion de la poésie religieuse ombrienne (saint François d'Assise) contribuèrent à l'élaboration d'une langue poétique « vulgaire ». L'essor économique de la Toscane, doublé de la démocratisation des structures politiques dans le cadre communal, développa le besoin d'une langue nouvelle, accessible à de plus larges couches sociales. Les œuvres de Dante, Boccace et Pétrarque aboutissent à la consécration du toscan comme langue littéraire commune de l'Italie. Le repeuplement de Rome par des Toscans après le sac de 1527 et l'entourage florentin des papes de la Renaissance ont achevé la « toscanisation » de Rome. Au XVIe s., le travail des grammairiens comme Pietro Bembo tend à normaliser et à codifier la langue au nom d'un « bel usage ». Aux XVIIIe et XIXe s., l'aspiration patriotique s'identifie à la quête d'une langue commune, moins rhétorique, répondant mieux aux exigences de la communication. Poètes et écrivains font aussi œuvre de linguistes en s'efforçant d'assouplir et d'enrichir la langue littéraire dans le domaine de la prose (Manzoni) ou dans celui de la poésie (Leopardi). L'italien contemporain est une langue en pleine évolution. Ouvert à toutes les influences, il emprunte aussi bien aux dialectes, encore très largement utilisés, qu'aux langues étrangères et s'enrichit également au moyen de procédés de composition et de dérivation très productifs.

italien *(Empire colonial),* ensemble des pays et des territoires colonisés par les Italiens. Ce n'est qu'à partir du milieu du XIXe s. que l'Italie manifeste des ambitions coloniales. Ses vues d'expansion se tournent d'abord vers la Tunisie – d'où elle est évincée par la France en 1881 – puis vers la rive occidentale de la mer Rouge. Après avoir acheté les territoires de la baie d'Assab à la société privée de navigation Rubattino (1882), elle occupe Massaoua (1885) mais subit à Dogali (janv. 1887) une grave défaite infligée à ses troupes par le ras Alula, vassal du négus d'Abyssinie. Cependant, elle se fait reconnaître par Ménélik la possession de l'Érythrée (traité d'Uccialli, 2 mai 1889) et céder par les sultans d'Obbia et de Midjoiten une vaste portion de la côte des Somalis, qui forme la Somalie italienne. Après l'échec de son expansion en Éthiopie (désastre d'Adoua, mars 1896), elle se tourne vers l'Afrique du Nord et la Méditerranée orientale : à l'issue d'un conflit avec l'Empire ottoman, elle obtient, en Libye, la Tripolitaine et la Cyrénaïque (traité d'Ouchy, 18 oct. 1912), mais doit évacuer les îles du Dodécanèse, qu'elle récupérera lors des accords de Londres (avr. 1915). Voulant faire de l'Italie une puissance coloniale, Mussolini fait envahir en oct. 1935 l'Éthiopie par les troupes italiennes, qui occupent Addis-Abeba le 5 mai 1936. Hailé Sélassié doit quitter son pays. Quatre jours plus tard, Victor-Emmanuel III est proclamé empereur d'Éthiopie. Mais, au cours de la Seconde Guerre mondiale, l'Italie va perdre ses colonies, qui lui seront définitivement enlevées par le traité de Paris (1947).

Italien *(Théâtre-),* genre théâtral introduit par les troupes d'acteurs italiens qui jouèrent à Paris du XVIe au XVIIIe s. et qui finirent par fusionner en 1762 avec l'Opéra-Comique. (→ COMÉDIE-ITALIENNE.)

ITALIENNE *(République),* État créé, en janv. 1802, en remplacement de la République Cisalpine, par Bonaparte, qui en fut le président et le transforma en royaume d'Italie en mars 1805.

ITALIOTES ou **ITALIQUES,** peuples de l'Italie ancienne, parlant des langues indo-européennes et dont la position devint à peu près définitive au Ier mill. av. J.-C.

ITALIQUE adj. (lat. *Italicus,* de *Italia,* Italie). **1.** Se dit des populations indo-européennes qui pénétrèrent en Italie au cours du IIe millénaire, ainsi que de leurs langues. — **2.** *Droit italique* (lat. *jus Italicum*), ensemble de privilèges accordés à des cités et colonies romaines, hors d'Italie, qui les dispense notamment (comme en Italie) de l'impôt foncier. ‖ *Guerre italique,* insurrection des Italiens contre Rome (91-89 av. J.-C.). [Syn. GUERRE SOCIALE.]

◆ **italique** n. m. **1.** Groupe de langues indo-européennes parlées en Italie au Ier millénaire av. J.-C. (On les regroupe en trois ensembles : l'osco-ombrien, le latin, probablement réuni au falisque, et le vénète.) — **2.** Se dit d'un caractère d'imprimerie penché vers la droite, adopté, à l'initiative d'Alde Manuce, vers 1500.

ITALO-AMÉRICAIN, E adj. et n. Se dit des Américains du Nord d'origine italienne.

ITALO-CELTIQUE adj. et n. m. (pl. *italo-celtiques*). Se dit de l'ensemble linguistique formé par les langues italiques et les langues celtiques, considéré comme une même branche de la famille indo-européenne.

ITALOPHONE adj. et n. Qui parle l'italien ou un dialecte italien.

ITALOS, héros éponyme de l'Italie. Il passait pour avoir régné sur l'Italie méridionale.

italo-turque *(guerre)* [1911-1912], guerre qui opposa l'Italie à la Turquie. Depuis la pénétration du Royaume-Uni en Égypte et de la France en Tunisie, l'Italie cherchait des compensations en Tripolitaine, sous contrôle turc. Prétextant le désordre qui régnait en Tripolitaine, l'Italie déclara la guerre à la Turquie (29 sept. 1911), bombarda Tripoli (oct.) et s'empara des principaux ports. En dépit de démonstrations navales en mer Égée et de la prise des îles du Dodécanèse (4 mai 1912), les opérations piétinaient. La guerre des Balkans obligea les Turcs à signer la paix d'Ouchy (15 oct.) ; ils conservaient les îles de la mer Égée, mais durent céder la Tripolitaine.

Italsider, groupe sidérurgique italien, l'un des premiers producteurs mondiaux.

ITAMI, v. du Japon ; 186 134 hab. Aéroport international d'Ōsaka. Sidérurgie.

ITAPICURU, fl. du Brésil du Nord-Est (État de Maranhão) ; 1 000 km environ.

ITARD (Jean Marc Gaspard), médecin français (Oraison 1775 - Paris 1838). Directeur de l'Institut des sourds-muets à Paris, il opta pour la démutisation contre la dactylologie. Les cinq années qu'il consacra à la rééducation intensive de Victor, « l'enfant sauvage de l'Aveyron », font de lui l'un des précurseurs dans le domaine de la pédagogie des enfants handicapés mentaux.

ITCHŌ HANABUSA, peintre japonais (Ōsaka 1652-1724). Avec Kōrin et Moronobu, il représente l'âge d'or de l'époque Edo et rénove la tradition académique en traitant avec verve des thèmes populaires.

ITÉA, port de Grèce, sur la côte nord du golfe de Corinthe ; 6 600 hab. Exportation de bauxite.

ITEM [itɛm] adv. (lat. *item*). De même, en outre, de plus. (Dans les comptes, les énumérations.)

◆ n. m. **1.** Tout élément d'un ensemble (lexical, grammatical, etc.) considéré en tant que terme particulier. — **2.** Élément ou question d'un test.

Ite, missa est, mots lat. signif. *Allez, c'est le renvoi,* formule de renvoi de l'assemblée par le prêtre ou le diacre à la fin de la messe. Le texte liturgique français (1964) a transposé la formule en « Allez dans la paix du Christ ».

ITÉRATIF, IVE adj. (bas lat. *iterativus*). **1.** Qui est fait ou répété plusieurs fois. — **2.** En informatique, se dit d'un processus de calcul ou d'une structure de programme qui met en œuvre des séquences d'instructions répétées plusieurs fois. — **3.** Syn. de FRÉQUENTATIF. — **4.** Qui procède par itération. — **5.** *Itératif défaut,* non-comparution d'une personne convoquée une seconde fois par le tribunal, après qu'elle a fait opposition à un jugement rendu par défaut. (L'itératif défaut entraîne la nullité de l'opposition.) ‖ *Système itératif,* mécanisme physiologique où des excitations répétées sont nécessaires pour provoquer une réponse donnée.

ITÉRATION n. f. (lat. *iteratio, -onis*). **1.** Action de répéter, de faire de nouveau ; fait d'être répété. — **2.** En informatique, procédé de calcul répétitif qui boucle jusqu'à ce qu'une condition particulière soit remplie. — **3.** Répétition d'un calcul, d'une opération, d'un raisonnement. — **4.** *Méthode d'itération,* méthode d'approximation de la solution d'équations de la forme $f(x) = x$, dans le cas où f est une fonction définie sur $[a, b]$ $(a < b)$, et dont la dérivée vérifie $\forall x \in [a, b], |f'(x)| \quad k \leqslant 1$.

ITHAQUE, en gr. **Itháki,** une des îles Ioniennes, séparée de Céphalonie par le *canal d'Ithaque ;* 96 km² ; 4 950 hab. Ch.-l. *Itháki* (2 300 hab.). Vignobles. — L'Ithaque moderne correspond peut-être à l'ancienne Ithaque, royaume d'Ulysse.

ITHÔME *(mont),* en gr. **Ithômê,** nom anc. d'une montagne calcaire de la Messénie (Péloponnèse) [805 m d'alt.], couronnée par l'acropole de la ville de Messène. C'est l'actuel *Vourkáno.*

ITHYPHALLIQUE adj. (gr. *ithuphallos,* phallus en érection). Se dit d'une statue qui présente un pénis en érection.

ITINÉRAIRE n. m. (lat. *itinerarius,* de *iter, itineris,* chemin). **1.** Indication du chemin à suivre ; trajet parcouru : *Choisir son itinéraire sur la carte.* — **2.** Chemin suivi par qqn dans sa carrière, dans ses opinions, son raisonnement : *L'itinéraire politique d'un homme d'État.* — **3.** Représentation graphique du chemin parcouru par un explorateur ou un topographe s'aidant de la boussole et appréciant les distances à vue, au pas ou à la montre. (On dit aussi *lever d'itinéraire.*) — **4.** Parcours ferroviaire situé dans la zone d'action d'un poste d'aiguillage, comprenant généralement plusieurs aiguilles et dont l'accès est protégé par un signal implanté à son origine. — **5.** *Bouton d'itinéraire,* dans un poste d'aiguillage électrique, bouton libre permettant, par une seule action la commande, la formation et la protection d'un itinéraire. ‖ *Levier d'itinéraire,* levier commandant simultanément toutes les aiguilles et tous les signaux concourant à la formation et la protection d'un itinéraire.

Itinéraire d'Antonin *(Itinerarium Antonini),* sorte de livret de poste, donnant, pour tout l'Empire romain, la liste des stations situées sur les grandes routes et la distance qui les séparait.

Itinéraire de Paris à Jérusalem, de Chateaubriand (1811). L'auteur y réunit les impressions d'un voyage entrepris (1806) en Grèce et en Judée.

ITINÉRANCE n. f. *Litt.* Caractère de ce qui est itinérant, de ce qui se déplace.

ITINÉRANT, E adj. (bas lat. *itinerans, -antis,* voyageur). **1.** Qui n'est pas sédentaire, qui exige des déplacements, des voyages : *Faire du camping itinérant.* — **2.** Qui se déplace dans l'exercice de ses fonctions, de son métier : *Troupe itinérante de comédiens.* — **3.** Au Moyen Âge, se disait d'un clerc qui allait de ville en ville pour prêcher.

ITŌ HIROBUMI, homme d'État japonais (Chōshū 1841 - Harbin, Chine, 1909). Il présida le premier « cabinet parlementaire » de style occidental (1885-1888), et fut Premier ministre en 1892-1896, 1898, 1900-1901) et leader du parti Seiyūkai (constitutionnel) [1900-1903]. Résident général en Corée (1905-1909), il fut assassiné par un nationaliste coréen.

ITŌ HITOSHI, dit **Sei,** romancier et critique japonais (dans Hokkaidō 1905 - Tōkyō 1969). Analyste de la création littéraire (*la Méthode du roman,* 1948), il posa le problème de la liberté de l'artiste.

ITON, riv. de Normandie, qui passe à Évreux, affl. de l'Eure (r. g.) ; 118 km.

ITOU adv. (anc. fr. *atut,* à tout, avec l'infl. de l'anc. fr. *itel,* tel). *Fam.* et *vx.* Aussi, de même, également : *Et moi itou.*

ITOUROUP, île russe des Kouriles, la principale de l'archipel ; 6 725 km². Ch.-l. *Kourilsk.*

Itsukushima, grand sanctuaire shintoïste japonais, sur l'île de Miyajima, face à Hiroshima. Le sanctuaire fut fondé au VIe-VIIe s., mais son état actuel remonte au XVIe s.

ITT, sigle de INTERNATIONAL* TELEPHONE AND TELEGRAPH CORPORATION.

ITTEN (Johannes), peintre suisse (Thun 1888 - Zurich 1967). Comme artiste et comme pédagogue (professeur notamm. au Bauhaus [1919-1923], directeur de l'école et du musée des Arts décoratifs de Zurich [1938-1954]), il a étudié le pouvoir expressif des couleurs et des rythmes plastiques. Il a publié, entre autres ouvrages, *l'Art de la couleur* (1961).

ITTIḤĀD (al-) → CHA'AB (al-).

ITURBI (José), pianiste espagnol naturalisé américain (Valence 1895 - Los Angeles 1980), virtuose réputé pour ses interprétations du répertoire espagnol (*Granada* d'Albéniz) et romantique.

ITURBIDE (Agustín DE), général et homme d'État mexicain (Valladolid, auj. Morelia, Mexique, 1783 - Padilla 1824). Noble créole, il combat au sein des troupes espagnoles les insurgés Hidalgo et Morelos (1810-1815). En 1821, il s'impose au vice-roi Juan O'Donojú (traité de Córdoba) et proclame l'indépendance du Mexique. Président du Conseil de régence, il se fait nommer empereur sous le nom d'Agustín Ier (1822), mais il doit abdiquer devant le soulèvement républicain du général Santa Anna (1823). Exilé à Livourne, il tente de rentrer, mais est arrêté et fusillé (1824).

ITURÉE, en gr. **Itouraia,** anc. région de la partie supérieure de l'Anti-Liban, sur le cours supérieur du Jourdain et qui, au temps du Christ (Luc, III, 1), relevait de la tétrarchie d'Hérode Philippe.

ITV, sigle de INDEPENDENT* TELEVISION.

I. U. F. M. n. m. Abrév. de INSTITUT* UNIVERSITAIRE DE FORMATION DES MAÎTRES.

IULE n. m. (lat. *iulus,* du gr. *ioulos*). Myriapode diplopode à corps cylindrique de teinte grise, s'enroulant en spirale lorsqu'on le saisit, très commun sous les pierres.

IULE, autre nom d'Ascagne.

I. U. P. n. m. Abrév. de INSTITUT* UNIVERSITAIRE PROFESSIONNALISÉ.

I. U. T. n. m. Abrév. de INSTITUT* UNIVERSITAIRE DE TECHNOLOGIE.

Ivain → YVAIN OU LE CHEVALIER AU LION.

IVAJLO († 1280), tsar usurpateur de Bulgarie (1278-1280). Porcher, il organisa la défense du pays contre les Mongols, tua Constantin Asen (1277), se fit proclamer tsar (1278) et fut renversé par Georges Ier Terter (1280).

IVAN, forme russe du prénom grec *Iohannês,* devenu *Jean* en français.

IVAN Ier KALITA (c'est-à-dire « l'Escarcelle ») [† 1340], prince de Moscou (1325-1340) et grand-prince de Vladimir (1328-1340). Fils de Daniel Nevski, il obtint des Mongols le titre de grand-prince de Vladimir (1328) et le privilège de réunir le tribut dû à la Horde d'Or. — **Ivan II** *le Doux* (1326-1359), grand-prince de Vladimir et de Moscou (1353-1359), second fils d'Ivan Ier Kalita. — **Ivan III** *le Grand* (1440-Moscou 1505), grand-prince de Vladimir et de Moscou (1462-1505). Fils de Vassili II l'Aveugle, il acquit les principautés de Iaroslavl (1463), de Rostov (1474) et de Tver (1485) et envahit Novgorod (1471). Il épousa en 1472 la nièce du dernier empereur byzantin, Zoé ou Sophie Paléologue, renforçant ainsi la doctrine de « Moscou, troisième Rome », héritière de Byzance. Ayant définitivement aboli la suzeraineté de la Horde d'Or (1480), il la détruisit en s'alliant au khān de Crimée (1502). Désormais « souverain de toute la Russie », il adopta le titre d'autocrate. Il organisa une nouvelle classe d'hommes de service, les *dvoriane,* et fit rédiger le Code de 1497. — **Ivan IV** *le Terrible* (Kolomenskoïe 1530-Moscou 1584), grand-prince (1533), puis tsar (1547-1584) de Russie. Fils de Vassili III, il fut couronné « tsar et grand-prince de toute la Russie » en 1547. Il poursuivit l'œuvre de centralisation de ses prédécesseurs et fit rédiger un nouveau Code (1550) et le *Stoglav,* qui consignait les travaux du concile de 1551. Il annexa le khānat de Kazan (1552) et celui d'Astrakhan (1556). Pour conquérir les côtes de la Baltique, il se lança dans la guerre de Livonie (1558-1583).
De caractère instable et violent, il laissa, après 1560, libre cours à ses tendances paranoïaques. À la fin de 1564, il annonça son intention d'abandonner le pouvoir à cause de la trahison et de l'infamie des grands. Alors, se faisant plébisciter par le « peuple orthodoxe » et confier des pouvoirs exceptionnels, il créa un territoire réservé, l'*opritchnina* (1565-1572), sur lequel il installa ses fidèles. Les anciens propriétaires et leurs paysans furent exterminés ou transférés sur les terres communes *(zemchtchina).* Au régime de terreur s'ajouta la désolation due aux raids des Tatars de Crimée (1571) et à la guerre de Livonie. Relancée en 1566, celle-ci aboutit à la reconquête, après 1575, de toute la côte baltique et de la Lituanie par les Polono-Lituaniens et les Suédois.

Ivan le Terrible, film soviétique de Sergueï M. Eisenstein (1942-1946), avec une musique de Prokofiev. Cette fresque historique (la lutte d'Ivan IV contre les boyards et le clergé) en deux parties (la première, tournée en 1942-43, est en noir et blanc ; la seconde, tournée en 1944-1946, comporte des séquences en Agfacolor et fut critiquée par Staline, qui en interdit la diffusion) constitue le testament cinématographique d'Eisenstein. Le film imite la forme d'un opéra, dont le déroulement tragique obéit aux règles d'un cérémonial symbolique.

IVAN BEG → CRNOJEVIĆ.

Ivan Soussanine → VIE POUR LE TSAR (la).

Ivanhoé, roman historique de W. Scott (1819). En l'absence du roi Richard Cœur de Lion, son frère Jean sans Terre pactise avec l'envahisseur normand, essayant d'usurper la couronne.

IVANO-FRANKOVSK, en ukrainien **Ivano-Frankivsk,** anc. **Stanislav,** v. d'Ukraine, au S.-E. de Lvov ; 226 000 hab. Alimentation. Mécanique.

IVANOV (Aleksandr Andreïevitch), peintre russe (Saint-Pétersbourg 1806 - *id.* 1858). Il travailla essentiellement en Italie, mais son œuvre est conservée à la galerie Tretiakov, à Moscou : monumentale *Apparition du Christ au peuple,* « Esquisses bibliques » visionnaires, modernes études d'après nature.

IVANOV (Lev Ivanovitch), danseur et chorégraphe russe (Moscou 1834 - Saint-Pétersbourg 1901). Assistant de Marius Petipa au Théâtre impérial de Saint-Pétersbourg, il composa une vingtaine de ballets, dont certains en collaboration. Il est coauteur, avec Petipa, du *Lac des cygnes* (actes II et IV) [1895] ; avec Cecchetti, de *Cendrillon* (acte II) [1893]. Seul, il est l'auteur (1890) d'une première version des « Danses polovtsiennes » du *Prince Igor* et de *Casse-Noisette* (1892).

IVANOV (Viatcheslav Ivanovitch), écrivain russe (Moscou 1866 - Rome 1949). Il fut le théoricien des symbolistes (*Sillons et Bornes,* 1916). En 1924, il émigra en Italie.

IVANOV (Vassili), rameur russe (Moscou 1938). Sous la bannière de l'U. R. S. S., il remporta l'épreuve de skiff aux jeux Olympiques de Melbourne (1956), de Rome (1960) et de Tōkyō (1964).

IVANOVO, v. de Russie, au N.-E. de Moscou ; 481 000 hab. Centre cotonnier. Mécanique. Chimie.

Ivato, aéroport international d'Antananarivo (Madagascar).

I. V. D. n. f. Abrév. de INDEMNITÉ* VIAGÈRE DE DÉPART.

IVE ou **IVETTE** n. f. (de *if*). Labiée aux fleurs jaunes des jachères des régions tempérées, très odorante, autref. utilisée en médecine.

IVENS (Joris), cinéaste néerlandais (Nimègue 1898 - Paris 1989). Documentariste, il a parcouru le globe à la recherche de témoignages sur l'évolution sociale du monde : *Zuyderzee* (1930-1933), *Komsomol* (1932), *Borinage* (en Belgique, 1933), *Terre d'Espagne* (1937), *Indonesia Calling* (1946), *La paix vaincra* (en Pologne, 1951), *le Chant des fleuves* (en R. D. A., 1954), *À Valparaíso* (1963), *Pour le mistral* (1965), *le Ciel, la Terre* (1965), *le 17e Parallèle* (1967), ces deux derniers films tournés au Viêt-nam, *le Peuple et ses fusils* (au Laos, 1968-69) et *Comment Yukong déplaça les montagnes* (en Chine 1971-1975 ; en collab. avec M. Loridan).

IVES (Charles), compositeur américain (Danbury, Connecticut, 1874 - New York 1954). Organiste, il mena parallèlement une carrière d'homme d'affaires en fondant, avec un ami, une compagnie d'assurance, qu'il dirigea de 1907 à 1930. Il s'est intéressé aux folksongs américains. Mais il se situe parmi les pionniers de la musique contemporaine. Il a écrit de la musique de piano (2 sonates, dont la célèbre *Concord Sonata,* 1915), de la musique de chambre, des œuvres pour chœurs et orchestre ainsi que cinq symphonies. L'œuvre de Ives a été découverte après 1950.

IVETTE → IVE.

I. V. G., n. f. Abrév. de INTERRUPTION* VOLONTAIRE DE GROSSESSE.

IVINDO, riv. du Gabon, principal affluent de l'Ogooué (r. dr.).

IVIREANUL → ANTIM IVIREANUL.

IVOI (Paul Philippe DELEUTRE D'IVOI, dit **Paul d'**), écrivain français (Paris 1856 - *id.* 1915). Son roman *les Cinq Sous de Lavarède* (1894), porté à la scène en 1903, reste la plus célèbre de ses œuvres.

IVOIRE n. m. (lat. pop. **eboreum,* du lat. class. *eboreus,* d'ivoire, de *ebur, -oris*). **1.** Partie dure des dents de l'homme et des mammifères, recouverte d'émail au-dessus de la couronne. (Syn. DENTINE.) — **2.** Substance osseuse, particulièrement dure, qui constitue les dents (ou défenses) de l'éléphant et de quelques autres animaux : *Un peigne en ivoire.* — **3.** Objet fabriqué avec de l'ivoire ; objet sculpté en ivoire. — **4.** Litt. *D'ivoire,* d'une blancheur ou d'un aspect comparables à ceux de l'ivoire. ‖ *Ivoire végétal,* syn. de COROZO.

ENCYCL. **Arts décor.** Travaillé dès la préhistoire (*Vénus de Lespugue,* musée de Saint-Germain-en-Laye), l'ivoire n'a cessé d'être employé au cours des siècles et dans la plupart des pays en tant qu'élément décoratif ou comme objet de culte. L'Égypte ancienne l'utilisa (meubles de luxe, objets de toilette), de même que les civilisations antiques du bassin méditerranéen : Mésopotamie babylonienne, Phénicie, Grèce (statues chryséléphantines), Rome (statuettes de divinités, diptyques consulaires ou impériaux : *ivoire Barberini,* Ve s., Louvre). À Byzance, aux objets de caractère profane des VIIe et VIIIe s. succédèrent, après la période iconoclaste, des œuvres à thèmes sacrés (diptyques ou triptyques, petits retables, coffrets). L'ivoirerie gothique est surtout française et, aux XIIIe et XIVe s., plus particulièrement parisienne (groupes du *Couronnement de la Vierge* et de la *Descente de Croix,* XIIIe s., Louvre). Le XVe s. voit se développer les ateliers flamands, allemands et italiens, qui domineront durant les siècles suivants. La production française revit au XVIIe s., à Saint-Claude et surtout à Dieppe, dont les créations artisanales se répandront largement sur le marché jusque vers 1850. L'ivoire a aussi joué un rôle important dans les arts islamique, extrême-oriental et africain.

IVOIRERIE n. f. Art de l'ivoirier ; produits de cet art.

IVOIRIEN, ENNE adj. et n. De Côte-d'Ivoire.

IVOIRIER, ÈRE n. Personne qui travaille, façonne l'ivoire ; sculpteur en ivoire.

IVOIRIN, E adj. *Litt.* Qui ressemble à l'ivoire par sa blancheur ou son éclat.

IVRAIE n. f. (lat. pop. *ebriaca,* du lat. class. *ebrius,* ivre). **1.** Graminée aux épis aplatis et distiques, qui envahit les champs de céréales, dont elle est difficile à extirper. (Les graines de l'ivraie commune sont vénéneuses, mais d'autres espèces constituent d'excellents pâturages [ray-grass].) — **2.** Litt. *Séparer le bon grain de l'ivraie,* séparer les bons des méchants, le bien du mal.

IVRE adj. (lat. *ebrius,* enivré). **1.** Qui a le cerveau troublé par l'effet de l'alcool : *Tituber comme un homme ivre.* — **2.** Qui est exalté par un sentiment, une idée, etc., au point de perdre le contrôle de ses actes : *Ivre de joie.* — **3.** *Ivre mort(e),* ivre au point d'avoir perdu toute connaissance.

IVRÉE, en ital. **Ivrea,** v. d'Italie, sur la Doire Baltée, au débouché de la vallée d'Aoste ; 28 000 hab. Monuments anciens et modernes. Centre de recherches en informatique. Machines de bureau.

— **Hist.** Cité des Salasses, devenue colonie romaine en 100 av. J.-C., Ivrée fut successivement la capitale d'un duché lombard (568 - 774), d'un comté franc (774 - 888) puis de la marche d'Ivrée. Possédée par Frédéric II (1238) puis par Guillaume VII de Montferrat (1266), elle passa sous la domination du duc de Savoie en 1313.

IVRESSE n. f. **1.** État d'excitation euphorique, avec troubles perceptifs, incoordination des mouvements, troubles de l'élocution et parfois libération de l'agressivité, dû à une ingestion massive de boissons alcoolisées ou de psychotropes sédatifs (barbituriques et éther en particulier). — **2.** Excitation euphorique provoquée par un sentiment, une émotion, une passion violents : *L'ivresse de la danse.* — **3.** *Ivresse des mots,* prolixité de qqn qui se laisse emporter par la griserie verbale. ‖ *Ivresse des profondeurs,* accident de la plongée autonome, se traduisant par un sentiment d'euphorie accompagné d'ébriété, se produisant généralement au-delà de 30 m de profondeur.

IVROGNE, ESSE n. (anc. fr. *ivroigne,* ivresse, du lat. pop. *ebrionia*). Personne qui a l'habitude de s'enivrer.

IVROGNERIE n. f. Habitude de s'enivrer.

IVRY-LA-BATAILLE (27540), comm. de l'Eure, sur l'Eure ; 2 575 hab. *(Ivryens).* Église des XVe - XVIe s.

— **Hist.** Le 14 mars 1590, Henri IV y remporta une victoire sur le duc de Mayenne et les ligueurs.

IVRY-SUR-SEINE (94200), ch.-l. de cant. du Val-de-Marne, banlieue S.-E. de Paris, sur la Seine (r. g.) ; 54 106 hab. *(Ivryens).* Centre industriel (constructions mécaniques et électriques, produits alimentaires et chimiques).

IWAKI, v. du Japon (Honshū), au N.-E. de Tōkyō ; 355 800 hab. Chimie.

IWAKUNI, v. du Japon (Honshū), au S.-O. d'Hiroshima ; 112 500 hab. Anc. cité féodale. Aéroport. Chimie.

ĪWĀN n. m. (pers. *iwān*). Élément essentiel de l'architecture islamique, constitué d'une grande salle voûtée en berceau brisé, fermée de trois côtés par des murs, mais béante de toute sa hauteur sur le quatrième, généralement en façade ou sur cour. (À partir du XIe s., il est introduit, en Iran, dans les madrasa, puis dans les mosquées, avant de se répandre dans tout le monde musulman.)

IWASZKIEWICZ (Jarosłaaw), écrivain et homme politique polonais (Kalnik, Ukraine, 1894 - Varsovie 1980). Il a exprimé dans ses poèmes (*la Carte du temps,* 1977) ses inquiétudes métaphysiques. Ses nouvelles *les Demoiselles de Wilko, le Bois de bouleaux* (1933) [filmés par A. Wajda], *Mère Jeanne des Anges* (1946), *Zarudie* (1976), ses romans (*les Boucliers rouges,* 1934) ont révélé sa conception de la vie face à l'histoire. Outre un récit autobiographique (*le Livre de mes souvenirs,* 1968), il a publié des essais de critique musicale et littéraire (*Causeries sur les livres,* 1968 ; *les Hommes et les livres,* 1971).

IWO, v. du sud-ouest du Nigeria, au N.-E. d'Ibadan ; 296 200 hab.

IWO JIMA ou **IWO SHIMA,** la plus importante des îles Volcano, dans le Pacifique occidental. Base aérienne japonaise dont l'importance stratégique sur la route du Japon provoqua le débarquement américain du 19 févr. 1945.

IXELLES, en néerl. **Elsene,** comm. de Belgique, banlieue S.-E. de Bruxelles ; 76 000 hab. Musées, dont celui des Beaux-Arts. Anc. abbaye de la Cambre*. Université. Mécanique. Textile.

IXER v. t. (conj. 3). Classer un film dans la catégorie X (pornographique).

IXIA n. f. (lat. *ixia,* du gr. *iksia*). Plante ornementale bulbeuse, proche de l'iris, aux inflorescences légères, de couleurs très vives, cultivée pour la production de fleurs coupées.

IXION, roi des Lapithes. Il séduisit Héra. Zeus le fit attacher par Hermès à une roue enflammée qui devait tourner éternellement aux Enfers.

IXODE n. m. (gr. *iksôdês,* gluant). Syn. de TIQUE.

IXORA n. m. Arbre ou arbuste toujours vert des régions tropicales, aux fleurs écarlates, roses ou blanches, très apprécié dans les serres chaudes.

IXTAPA, station touristique du Mexique (Guerrero), au N.-E. d'Acapulco.

'IYĀḌ IBN MŪSĀ, dit **Qāḍī 'Iyāḍ,** écrivain musulman (Ceuta 1083 - Marrakech 1149), auteur d'un ouvrage sur les devoirs du musulman envers le Prophète, *al-Chifā' (la Guérison).*

IZALCO, volcan actif du Salvador ; 1 830 m.

IZANAGI et **IZANAMI,** couple créateur du Japon. Ils donnèrent naissance aux montagnes, aux champs, aux aliments, au feu, au vent, etc., considérés comme des kami par la mythologie japonaise.

IZAPA, site archéologique du Mexique (côte du Chiapas). Vaste centre cérémoniel du préclassique récent (300 av. J.-C. - 250 apr. J.-C.), caractérisé par un style de sculpture original qui se retrouve aussi sur la côte pacifique du Guatemala et à Kaminaljuyú.

IZBA → ISBA.

IZEGEM, v. de Belgique (Flandre-Occidentale), à l'E.-S.-E. de Roeselare ; 27 000 hab. Musée de la chaussure.

IZESTE (64260), comm. des Pyrénées-Atlantiques, au S. d'Arudy ; 499 hab. Construction aéronautique.

IZETBEGOVIĆ (Alija), homme d'État bosniaque (Bosanski Šamac 1925). Président de la Bosnie-Herzégovine depuis 1990, défenseur des droits des Musulmans dans ce pays, il est l'un des cosignataires de l'accord de paix de 1995.

IZIEU (01300), comm. de l'Ain, près de Belley ; 163 hab. Une maison d'accueil y fut ouverte en 1943 par l'Organisation de secours aux enfants (O. S. E.) pour les enfants juifs qu'elle avait fait libérer des camps où ils avaient été internés avec leurs parents. Le 6 avril 1944, au cours d'une rafle de la Gestapo de Lyon commandée par Klaus Barbie, 44 enfants âgés de 4 à 17 ans et 7 adultes y furent arrêtés. Déportés, tous les enfants moururent dans les chambres à gaz d'Auschwitz ; un seul adulte (Sabine Zlatin [1907-1996]) survécut à ce drame. Un musée-mémorial a été ouvert en 1994 dans la maison d'Izieu.

IZIS (Israëlis BIDERMANAS, dit), photographe français (Mariampole, Lituanie, 1911 - Paris 1980). Il a été le chantre d'une atmosphère de magie poétique : *Paris des rêves* (1950), réalisé avec Cocteau, *le Cirque d'Izis* (1965), en collaboration avec Prévert.

IZMIR, anc. **Smyrne,** port de Turquie, au fond d'un golfe de la mer Égée ; 1 757 414 hab. Centre industriel (alimentation, textile, chimie, mécanique), commercial (foire internationale) et port d'exportation (tabac, coton, fruits).
— **Hist.** → SMYRNE.

IZMIT, anc. **Nicomédie,** v. de Turquie, ch.-l. de prov., sur la mer de Marmara ; 256 882 hab. Port militaire et commercial. Chimie.

IZNIK, v. de Turquie, au S.-O. d'Izmit, sur le *lac d'Iznik ;* 1 200 hab. C'est l'antique *Nicée**.
— **Bx-arts.** Remarquables remparts d'origine byzantine ; église Ste-Sophie avec mosaïques de pavement et fresques du XIe s. ; Mosquée verte (Yeşil cami 1378-1392 ; mausolée Çandarlı Hayreddin Paşatürbesi, 1378. Sous la dynastie ottomane, la ville a produit une céramique célèbre pour son décor floral stylisé et ses couleurs vives, surtout à la fin du XVIe s.

IZOARD *(col de l'),* col routier des Alpes (Hautes-Alpes), entre le Queyras et le Briançonnais ; 2 361 m.

ʻIZRĀʼĪL ou **AZRAËL,** nom de l'archange de la mort dans l'islām.

IZUMI, v. du Japon, au S. d'Ōsaka ; 146 105 hab. Textile. Métallurgie.

Izumo, sanctuaire shintoïste (préfecture de Shimane), au bord de la mer du Japon. Reconstruit en 1874, c'est un exemple de l'architecture japonaise prébouddhique.

IZU SHOTŌ, archipel volcanique du Japon, dans le Pacifique, au S. de la baie de Sagami. Tourisme.

Izvestia, quotidien russe. Fondé le 13 mars 1917 à Petrograd, il fut au temps de l'U. R. S. S. l'organe du Praesidium du Soviet suprême.

IZVOLSKI (Aleksandr Petrovitch), diplomate et homme politique russe (Moscou 1856 - Paris 1919). Ministre des Affaires étrangères (1906-1910), il régla en 1907 le contentieux asiatique avec le Japon et avec l'Angleterre et dut s'incliner devant l'annexion de la Bosnie-Herzégovine par l'Autriche-Hongrie (1908). Ambassadeur à Paris (1910-1917), il s'employa à renforcer la Triple-Entente.

ʻIZZ AL-DĪN (ʻAbd al-Salām ibn Rhānim), dit **al-Muqaddasī** (« de Jérusalem »), théologien et poète arabe († 1279 ?), auteur d'un ouvrage célèbre *(les Oiseaux et les Fleurs)* à la louange du Créateur.

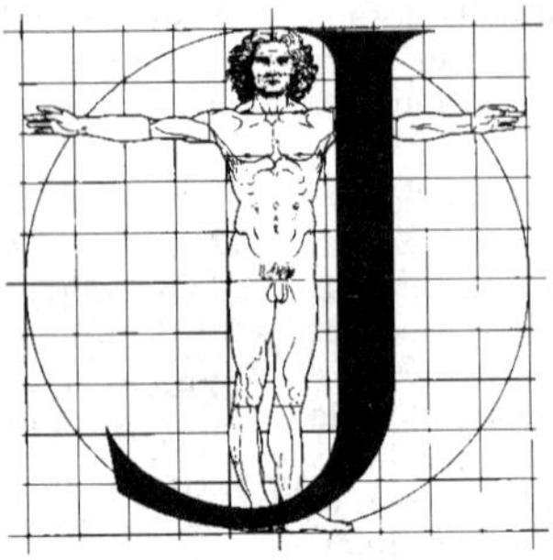

J n. m. **1.** Dixième lettre de l'alphabet français, servant à transcrire la consonne constrictive sonore prépalatale [ʒ]. – **2.** *Jour J,* jour où doit avoir lieu un événement important et prévu, où doit se déclencher une action, une attaque.

J Élément du corps ℂ des nombres complexes, défini par

$$j = -\frac{1}{2} + i\frac{\sqrt{3}}{2}.$$

(Dans ℂ, *j* est l'une des racines cubiques de 1, les deux autres étant 1 et j^2.) • **Électr.** Symbole du nombre complexe $\sqrt{-1}$ en remplacement de *i,* qui désigne le courant électrique. – **Métrol.** Symbole du *joule,* unité SI de travail, d'énergie et de quantité de chaleur. ‖ L'un des symboles admis pour le *jour,* unité de temps. ‖ *J/K,* symbole du *joule par kelvin.* ‖ *J/(kg.K),* symbole du *joule par kilogramme-kelvin.*

JABACH (Everhard), financier et collectionneur français d'origine allemande (Cologne v. 1610 - Paris 1695). De mauvaises affaires le forcèrent à se dessaisir de son extraordinaire collection, que Louis XIV fit acheter en 1671 : 101 tableaux (dont le *Concert champêtre* de Giorgione/Titien, le *Saint Jean-Baptiste* de Léonard de Vinci, l'*Érasme* d'Holbein) et 5 542 dessins, le tout auj. au Louvre.

JABALPUR ou **JUBBULPORE,** v. de l'Inde (Madhya Pradesh), près de la Narbadā ; 887 188 hab. Université. Carrefour routier et ferroviaire. Métallurgie. Alimentation.

JABBAR (Lew Alcindor, puis Karem Abdul), basketteur noir américain (New York 1947), le meilleur pivot de tous les temps.

JABÈS (Edmond), poète français (Le Caire 1912 - Paris 1991). Son œuvre pose le problème des rapports entre le judaïsme, le langage et l'histoire (*Je bâtis ma demeure,* 1959 ; *le Livre des questions,* 1963-1973 ; *le Livre des ressemblances,* 1976-1980 ; *le Livre du dialogue,* 1984 ; *le Livre du partage,* 1987).

JABIRU [ʒabiry] n. m. (angl. *jabiru,* du tupi). Cigogne noir et blanc des régions chaudes, à gros bec recourbé vers le haut.

JABLAGE n. m. Creusement du jable.

JABLE n. m. (lat. pop. **gabulum,* gibet). **1.** En tonnellerie, rainure pratiquée aux extrémités des douelles pour y emboîter le fond de la futaille. – **2.** Partie de la douelle qui dépasse le fond du tonneau.

JABLER v. t. (conj. 3). Réaliser le jablage.

JABLEUSE n. f. Machine utilisée en tonnellerie pour creuser le jable.

JABLINES (77450), comm. de Seine-et-Marne, sur la Marne, au N.-E. de Lagny-sur-Marne ; 334 hab. Base de loisirs (sports nautiques).

JABLOIR n. m. ou **JABLOIRE** n. f. Trusquin utilisé en tonnellerie pour creuser le jable des douelles.

JABOATÃO, v. du Brésil (État de Pernambouc), à l'O. de Recife ; 482 434 hab. Centre commercial.

JABORANDI n. m. (guarani *yaguarandi*). Arbuste aromatique de l'Amérique tropicale dont on extrait la pilocarpine.

JABOT n. m. (mot dialect. d'Auvergne, du prélatin **gaba,* gésier). **1.** Dilatation de l'œsophage des oiseaux, sans fonction digestive, mais où la nourriture est entreposée et d'où elle peut être régurgitée. (Chez les pigeons des deux sexes, à l'époque de la reproduction, le jabot sécrète un liquide blanchâtre qui sert à l'alimentation des poussins, le « lait de pigeon ».) – **2.** Renflement volumineux placé entre l'œsophage et le gésier des insectes. (Selon les espèces, il sert à aspirer les liquides [papillons, mouches piqueuses, etc.], à accumuler le miel [abeille]), à triturer les aliments solides.) — 3. Ornement de mousseline ou de dentelle qui s'adapte ou est fixé au plastron d'une chemise.

JABOTER v. i. (conj. 3). 1. En parlant d'oiseaux, pousser des cris en secouant le jabot. — 2. *Litt.* Bavarder à voix basse, en général pour médire des autres.

JABOTINSKY (Vladimir Ze'ev), idéologue et dirigeant sioniste (Odessa 1880 - Camp Betar, près de Hunter, État de New York, 1940). Il fut le fondateur de l'« Union mondiale des sionistes révisionnistes » (1925), mouvement extrémiste et activiste qui réclamait la création d'un État juif sur les deux rives du Jourdain et dont l'Irgoun fut l'organisation armée clandestine.

JABRON, nom de plusieurs rivières du sud-est de la France.

J. A. C., sigle de JEUNESSE* AGRICOLE CHRÉTIENNE.

JACA, v. d'Espagne (prov. de Huesca), sur l'Aragón ; 11 000 hab. Elle fut, au milieu du XIe s., la première capitale de l'Aragon. Cathédrale entreprise à cette époque, un des édifices les plus anciens de l'art roman en Espagne (sculptures, œuvres d'art).

JACAMAR n. m. (mot guarani). Oiseau vert voisin du pic, au bec long et pointu, à la queue allongée, des forêts de l'Amérique tropicale.

JACANA n. m. (mot guarani). Oiseau échassier (charadriiforme) aux doigts très longs, qui lui permettent de courir sur les végétaux aquatiques flottants des régions tropicales. (Le jacana édifie un nid flottant.)

JACAPUCAYO [-pu-] n. m. Arbre (myrtacée) d'Amérique tropicale dont le gros fruit, (marmite de singe) contient des graines oléagineuses comestibles.

JACARANDA n. m. (mot guarani). Arbre (bignoniacée), d'Amérique tropicale, au bois utile, à superbe floraison violette.

JACARÉ n. m. (mot tupi-guarani). Nom usuel d'un alligator d'Amérique du Sud.

JACASSEMENT n. m. 1. Action de jacasser, de piailler. — 2. Bavardage continuel et bruyant.

JACASSER v. i. (de *jacque,* n. dialect. du geai, du prénom *Jacques*) [conj. 3]. 1. Crier, piailler, en parlant de la pie. — 2. *Fam.* Parler très haut avec volubilité, en général pour dire des futilités.

JACASSERIE n. f. *Fam.* et *vx.* Bavardage bruyant.

JACASSEUR, EUSE n. *Fam.* Personne qui jacasse.

JACCOTTET (Philippe), écrivain suisse-romand (Moudon, canton de Vaud, 1925), établi en Provence depuis 1953. Traducteur recherché d'œuvres d'écrivains italiens et allemands, il est aussi l'auteur de recueils de poèmes (*l'Effraie et autres poésies,* 1954 ; *Pensées sous les nuages,* 1983 ; *Après beaucoup d'années,* 1994).

JACÉE n. f. (lat. *jacea*). Centaurée à fleurs mauves des prés et des chemins.

JACHÈRE n. f. (gaul. **ganskaria,* charrue, de **gansko,* branche). 1. Terre non ensemencée, subissant des labours de printemps et d'été pour préparer les semailles d'automne. — 2. Terre non cultivée temporairement pour permettre la reconstitution de la fertilité du sol. ‖ Litt. *Rester en jachère,* rester inexploité, improductif, en parlant des aptitudes, des qualités de qqn. — 3. *Jachère forestière,* en zone tropicale, dans le système de l'essartage, état d'une parcelle qu'on laisse en repos après l'avoir défrichée et cultivée et sur laquelle on laisse s'installer le recrû forestier.

JACINI (Stefano, *comte*), homme politique italien (Milan 1886 - *id.* 1952). Député du parti populaire (1919-1924), il fut écarté de la politique par son activité antifasciste. Ministre de la Guerre (1945) et ambassadeur extraordinaire en Argentine (1948), il a publié une *Histoire du parti populaire italien* (1951).

JACINTHE n. f. (lat. *hyacinthus,* du gr. *huakinthos*). 1. Liliacée bulbeuse à fleurs en grappe très décoratives, parfumées, printanières, dont de nombreuses variétés sont cultivées dans les jardins ou en appartement, parfois sans sol. — 2. *Jacinthe des bois* ou *jacinthe sauvage,* autre nom de l'endymion, petite plante qui fleurit en tapis abondants au printemps dans les forêts. ‖ *Jacinthe d'eau,* plante aquatique (pontédériacée) flottante, aux fleurs décoratives, introduite d'Amérique en Europe au début du XXe s., très envahissante du fait de sa multiplication rapide dans les eaux polluées, dont elle assure la purification. (On envisage l'utilisation énergétique de sa biomasse.) [N. sc. *eichhornia.*] ‖ *Jacinthe musquée,* muscari.

JACISTE n. Membre de la J. A. C.

JACK [(d)ʒak] n. m. (angl. *jack,* du prénom *Jack*). 1. Fiche mâle ou femelle (mâle le plus souvent) à deux conducteurs coaxiaux, utilisée notamm. en téléphonie. — 2. Petite pièce métallique servant, dans un métier à tricoter, à commander l'ascension des aiguilles qui doivent tricoter. — 3. *Jack d'abattage,* pièce d'un métier à tricoter favorisant la formation de la maille.

1. JACKET [dʒakɛt] n. m. (angl. *jacket*). Four à cuve à double paroi métallique à circulation d'eau, utilisé pour la fusion des mattes dans les métallurgies du cuivre, du plomb et du nickel. (Syn. WATER-JACKET.)

2. JACKET [ʒakɛt] n. f. (angl. *jacket*). En odontologie, syn. de JAQUETTE.

JACKPOT [ʒakpɔt] n. m. (angl. *jackpot*, gros lot). **1.** Dans certaines machines à sous, combinaison de symboles qui permet de remporter le gros lot ; montant en monnaie de ce gros lot. – **2.** Type de machine à sous fondée sur ce principe. – **3.** *Fam.* Grosse somme facilement et rapidement gagnée ; pactole.

JACKSON, v. des États-Unis, cap. de l'État du Mississippi, sur la Pearl River ; 196 637 hab. Université. Coton. Mécanique.

JACKSON (Andrew), homme d'État américain (Waxhaw, Caroline du Sud, 1767 -Hermitage, près de Nashville, Tennessee, 1845). Général lors de la deuxième guerre de l'Indépendance (1815), sénateur démocrate (1823), il fut élu président des États-Unis en 1828, puis réélu en 1832. Il inaugura le *spoils system* (système des dépouilles) en attribuant les principaux postes administratifs fédéraux aux membres de son parti. Son homme de confiance, Van Buren, ayant été élu à la présidence en 1836, Jackson continua d'exercer son influence sur la politique et marqua son époque (« ère de Jackson », 1825-1840) en accroissant l'autorité présidentielle et en renforçant la démocratie américaine.

JACKSON (Charles Thomas), chimiste et médecin américain (Plymouth, Massachusetts, 1805 - Somerville, Massachusetts, 1880). On lui doit la découverte des propriétés anesthésiques de l'éther.

JACKSON (John Hughlings), neurologue britannique (Green Hammerton, Yorkshire, 1835 - Londres 1911). Il est l'un des fondateurs de la neurologie moderne. Il a décrit le premier les épilepsies motrices unilatérales, analysé les troubles du langage et introduit la notion de localisation des lésions. Il a décrit également une hiérarchie dans le système nerveux, selon le rôle fonctionnel des éléments qui le constituent.

JACKSON (Chevalier), laryngologiste américain (Pittsburgh, Pennsylvanie, 1865 - Philadelphie 1958). Il mit au point, le premier, les techniques et le matériel nécessaires à la pratique de la bronchoscopie et créa l'œsophagoscopie.

JACKSON (Mahalia), chanteuse américaine (La Nouvelle-Orléans 1911 - Chicago 1972). Après avoir chanté (dès 1927) dans les églises de Chicago, elle connut le succès à partir de 1946. Elle fut l'une des plus grandes chanteuses de negro spirituals et de gospel songs.

JACKSON (Milt), vibraphoniste de jazz américain (Detroit 1923). Engagé en 1945 par Dizzy Gillespie, il rejoint en 1949 et 1950 le grand orchestre de Woody Herman. Après avoir joué avec Monk et la plupart des musiciens bop, il fonde en 1951 le Modern Jazz Quartet. Milt Jackson a joué en particulier avec Coleman Hawkins, John Coltrane, Ray Charles et Count Basie.

JACKSON (Michael), chanteur de funk américain (Gary, Indiana, 1958). Dernier-né des cinq frères qui composèrent le groupe Jackson Five, il mène au début des années 1980 une carrière en solo qui lui apporte un succès commercial inégalé dans la pop music. Il est aussi un danseur spectaculaire (breakdance).

JACKSONVILLE, v. des États-Unis (Floride), sur l'estuaire de la Saint John's River ; 635 230 hab. Université. Port (exportations de fruits, légumes et bois, importations de produits pétroliers et d'engrais). Centre commercial et touristique.

JACOB, le dernier des patriarches bibliques, fils d'Isaac et de Rébecca. Ses douze fils donneront leur nom aux douze tribus d'Israël (Genèse, XXXV). Frère jumeau d'Esaü, il lui déroba par ruse le droit d'aînesse. Après quelques années de vie nomade chez son beau-père, Laban, en haute Mésopotamie, il retourna dans le pays de Canaan, riche de nombreux troupeaux, de deux épouses (Léa et Rachel) et de plusieurs enfants. Il mourut en Égypte.
Le nom d'Israël, qui lui est donné surtout dans les écrits prophétiques, est la désignation ethnique du peuple d'Israël.

JACOB, menuisiers d'art et ébénistes français. GEORGES (Cheny, Yonne, 1739 - Paris 1814), maître à Paris en 1765, inventa des formes inédites de sièges et utilisa l'acajou, à l'imitation de l'Angleterre, vers 1785. Il était épris de sobriété, élaborant toutefois une riche ornementation « à la grecque » pour satisfaire aux commandes royales. En 1796, il laissa son atelier à ses fils, GEORGES II (Paris 1768 - *id.* 1803) et FRANÇOIS HONORÉ (Paris 1770 - *id.* 1841), qui définirent le style Directoire, comme il l'avait fait pour le Louis XVI. En 1803, François Honoré fonda, sous le nom de **Jacob-Desmalter,** une fabrique (jusqu'à 800 ouvriers) dont l'œuvre fut immense au service de l'Empire (sa tâche fut, notamment, de remeubler les anciens palais royaux). Son fils GEORGES ALPHONSE (Paris 1799 - *id.* 1870) continua cette production de 1825 à 1847, date à laquelle il vendit son fonds à la maison Jeanselme.

JACOB (Max), écrivain français (Quimper 1876 - Drancy 1944). Il mena une existence de bohème à Montmartre et se révéla dès ses premières publications, illustrées par son ami Picasso (*Œu-*

vres burlesques et mystiques de frère Matorel, mort au couvent de Barcelone, 1911), un précurseur du surréalisme (*le Cornet* à dés,* 1917). Il se convertit au catholicisme, voyagea à l'étranger et donna de nombreuses œuvres (*le Laboratoire central,* 1921 ; *le Roi de Béotie,* 1921 ; *le Terrain Bouchaballe,* 1922 ; *le Cabinet noir,* 1922). Il se retira à Saint-Benoît-sur-Loire, où il vécut de ses peintures et de ses gouaches. Interné à Drancy par les Allemands, il y mourut. On lui doit encore *l'Homme de cristal,* 1947.

JACOB (François), médecin et biologiste français (Nancy 1920). Avec J. Monod, il a conçu et démontré l'existence de l'A. R. N.-messager, puis a étudié la régulation génétique chez les bactéries, ce qui a conduit à la notion fondamentale d'opéron*. On doit à F. Jacob deux importants ouvrages scientifiques : *la Logique du vivant* (1970) et *le Jeu des possibles* (1981). [Prix Nobel de physiologie et de médecine 1965 (avec A. Lwoff et J. Monod) ; Acad. des sc., 1977.]

JACOBÉE n. f. (lat. *jacobaeus,* de Jacques). Espèce très commune de séneçon.

JACOBI (Moritz Hermann VON), physicien allemand (Potsdam 1801 - Saint-Pétersbourg 1874). Chargé, en 1832, d'établir un télégraphe électrique, il eut le premier l'idée de remplacer le fil de retour par la terre. En 1837, il inventa la galvanoplastie.

JACOBI (Carl), mathématicien allemand (Potsdam 1804 - Berlin 1851), frère du précédent. Comme Abel, il a étudié les fonctions elliptiques et découvert leur double périodicité, puis reconstruit la théorie à partir de séries exponentielles, les fonctions θ. Il a démontré le premier les lois de réciprocité biquadratique et cubique en théorie des nombres et défini les déterminants fonctionnels, ou « jacobiens ». Il donna, en outre, des travaux en dynamique, mécanique céleste et mécanique des fluides.

JACOBIEN, ENNE adj. **1.** Relatif aux idées et aux travaux mathématiques de Jacobi. — **2.** Se dit de la matrice des dérivées partielles de F, application différentiable d'un ouvert de $\mathbb{R}^p$ dans $\mathbb{R}^q$.

◆ **jacobien** n. m. Déterminant (fonctionnel) d'une matrice jacobienne, dans le cas où $p = q = n$.

JACOBIN, E n. (lat. médiév. *Jacobinus,* du bas lat. *Jacobus,* Jacob). Nom autref. donné aux dominicains. (→ *encycl.*)

◆ adj. Qui relève du jacobinisme.

◆ **jacobin** n. m. **1.** Membre du club des Jacobins. — **2.** Partisan ardent d'une démocratie centraliste et révolutionnaire.

ENCYCL. Les jacobins occupèrent trois couvents à Paris : celui de la rue Saint-Jacques (1218-1790) ; celui de la rue Saint-Honoré (1611-1810), où se tint, durant la Révolution française, le club des Jacobins ; celui du faubourg Saint-Germain (1632), dont la chapelle est devenue l'église Saint-Thomas-d'Aquin.

Jacobins *(club des)* [1789-1799], club révolutionnaire. Fondé à Versailles en mai 1789 par des députés bretons aux États généraux (tels Lanjuinais et Le Chapelier), d'où son nom de « Club breton », il vint avec la Constituante à Paris, où il s'établit dans le réfectoire du couvent dominicain de la rue Saint-Honoré, et prit alors le nom de « club des Jacobins ». Ouvert à toute personne payant une cotisation, il étudiait les questions à débattre à l'Assemblée. Privé de ses membres modérés (Barnave, La Fayette, Sieyès, etc.), qui fondèrent après la fuite à Varennes le club des Feuillants* (juill. 1791), il devint l'organe directeur de la Montagne et fut dès lors dominé par Robespierre. Fermé le 11 nov. 1794 après la chute de ce dernier, reconstitué en 1795 sous le nom de « club du Panthéon » par Babeuf, il fut dissous l'année suivante. Reformé en juill. 1799, il fut définitivement fermé sur ordre du Directoire le 13 août suivant.

JACOBINISME n. m. **1.** Doctrine politique des Jacobins. — **2.** Doctrine de ceux qui préconisent une démocratie intransigeante et centraliste.

1. JACOBITE adj. et n. (angl. *jacobite,* du lat. *Jacobus,* Jacques). Se dit d'un membre du parti légitimiste anglais qui soutint, après la révolution de 1688, la cause de Jacques II contre Guillaume de Nassau, puis celle des Stuarts contre la maison de Hanovre.

2. JACOBITE adj. et n. (de *Jacques* Baradée*, n. pr.). Membre de l'Église jacobite.

◆ adj. *Église jacobite,* Église orientale monophysite, appelée officiellement syrienne « orthodoxe ». (Au XVIIIe s., une branche jacobite s'est rattachée à Rome : elle forme le patriarcat syrien catholique d'Antioche.)

JACOBS (Edgar Pierre), dessinateur belge (Bruxelles 1904 - Lasne 1987). Créateur des aventures de Blake et Mortimer (1946), il mêla en un graphisme rigoureux science-fiction, fantastique et énigme policière.

JACOBSEN (Jens Peter), écrivain danois (Thisted, Jylland, 1847 - *id.* 1885), auteur de romans historiques (*Madame Marie Grubbe,* 1876). Ami de Brandes, il a profondément influencé le naturalisme allemand.

JACOBSEN (Arne), architecte et designer danois (Copenhague 1902 - *id.* 1971). Inspiré par le purisme de Mies van der Rohe, son œuvre bâti est d'une élégante rigueur : habitations, écoles, édifices administratifs, usines, hôtel de la compagnie SAS à Copenhague (1959), etc. Ses meubles (par ex. fauteuil et canapé « cygne », en plastique moulé) ont eu un vif succès.

JACOBSEN (Robert), sculpteur danois (Copenhague 1912 - Tagelund 1993). Il a longtemps travaillé à Paris, adoptant en 1948-49 le fer comme matériau, pour une œuvre où l'humour se mêle à la plastique pure (*Sculpture polychrome* 1960 ; *le Rêve de Suzanne,* 1974).

JACOBSON (Leonide) → IAKOBSON.

Jacobson *(organe de),* organe olfactif des vertébrés tétrapodes, s'ouvrant au plafond de la bouche. L'organe de Jacobson analyse les odeurs des aliments contenus dans la cavité buccale. Les serpents « sentent leur chemin » en introduisant dans l'organe de Jacobson les deux pointes de leur langue chargées de fines particules de terre.

Jacob's Pillow, ferme située sur une dépendance de la localité de Lee, au S. de Pittsfield (Massachusetts, États-Unis), lieu du premier (1933) et du plus important des festivals internationaux de danse.

JACONAS [-na] n. m. (p.-ê. altér. de *Jagganath,* n. d'une v. de l'Inde). Étoffe de coton, fine, légère, à duites serrées.

JACOPO da Bologna, compositeur italien du XIVe s. Son activité s'est exercée notamment à Milan, dans l'entourage des Visconti. On a conservé de lui des madrigaux.

JACOPO della Quercia, sculpteur italien (Sienne v. 1374 - Bologne ou Sienne 1438). Il travailla à Lucques (tombeau d'Ilaria Del Carretto, apr. 1405), à Sienne (reliefs et statues de la *Fonte Gaia,* 1409-1419) et à Bologne (bas-reliefs de la Genèse au portail de S. Petronio, à partir de 1425). La torsion des gracieuses figures féminines de Sienne rappelle, derrière l'habillage renaissant, les sources gothiques de son œuvre ; le style dépouillé et l'absence d'effets spatiaux des reliefs de S. Petronio, d'inspiration antique, conduisent à une monumentalité très éloignée des recherches florentines d'alors.

JACOPO DE' BARBARI → BARBARI.

JACQUARD n. m. (de J. M. *Jacquard,* n. pr.). **1.** Métier à tisser équipé d'un mécanisme, inventé par Jacquard, qui permet, en principe, la commande individuelle des fils de chaîne. — **2.** Métier à tricoter sur lequel, par une sélection individuelle des aiguilles, on peut obtenir des dessins Jacquard de plusieurs couleurs. — **3.** Tissu ou tricot présentant des dessins complexes réalisés sur la machine à tisser ou à tricoter.

JACQUARD (Joseph Marie), mécanicien français (Lyon 1752 - Oullins, Rhône, 1834). Peu après 1800, s'inspirant des travaux de Bouchon, Falcon et Vaucanson, il a donné sa forme définitive au système de sélection des fils de chaîne des métiers à tisser par un programme inscrit sur une série de cartons perforés. Grâce à ce dispositif, encore utilisé sous le nom de *mécanique* ou *métier Jacquard,* un seul ouvrier exécutait les étoffes aux dessins les plus compliqués aussi facilement qu'une étoffe unie.

JACQUARDÉ, E adj. Se dit d'une étoffe fabriquée à l'aide du métier Jacquard, d'un métier auquel on a appliqué le système de Jacquard.

JACQUELINE ou **JACOBA DE BAVIÈRE** (Le Quesnoy 1401 - Teilingen 1436), comtesse de Hainaut, de Hollande, de Frise et de Zélande (1417-1428). Fille du comte Guillaume VI de Bavière et de Marguerite de Bourgogne. Ayant fait annuler son mariage avec Jean IV, duc de Brabant, elle épousa le duc de Gloucester (1422), ce qui provoqua la guerre entre Hainaut et Bourgogne. Séparée du duc de Gloucester (1426), elle dut faire la paix avec Philippe le Bon, duc de Bourgogne, et lui promettre ses États (traité de Delft, 1428).

JACQUEMART → JAQUEMART.

JACQUEMART de Hesdin, enlumineur franco-flamand au service du duc de Berry, documenté de 1384 à 1409. Très influencé par la peinture italienne, il a tendu à traiter la page enluminée comme un tableau indépendant, doté de son propre espace et faisant place au paysage naturaliste. On compte parmi ses œuvres une partie des *Petites Heures* de Jean de Berry (B. N. F., Paris) et le grand *Portement de Croix* du Louvre (v. 1409).

Jacquemart-André *(musée),* musée de Paris, boulevard Haussmann, appartenant à l'Institut de France (legs N. Jacquemart, veuve d'É. André, 1912). Peintures, sculptures et objets d'art de la Renaissance italienne et du XVIIIe s. français, tableaux hollandais, manuscrits à peintures (*Heures de Boucicaut*), etc.

JACQUEMONT (Maurice), comédien et metteur en scène de théâtre français (Paris 1910). Il fut de 1945 à 1973 directeur du Studio des Champs-Élysées, où il a monté les grandes pièces de F. García Lorca.

JACQUERIE n. f. (de *Jacques*). **1.** Révolte des paysans français contre les nobles, pendant la captivité de Jean II le Bon. (Partie du Beauvaisis en mai 1358, elle se répandit en Picardie, dans le nord de l'Île-de-France et en Champagne, mais fut réprimée par Charles le Mauvais en juin.) [avec une majusc.] — **2.** Toute révolte paysanne.

JACQUES n. m. (du prénom *Jacques*). **1.** Anc. sobriquet du paysan français (avec une majusc.). [On disait aussi JACQUES BONHOMME.] — **2.** Membre de la Jacquerie de 1358. — 3. *Fam.* Imbécile, niais (avec une minusc.). — 4. Fam. *Faire le Jacques,* se vanter à tort et à travers ; faire l'imbécile. ‖ *Maître Jacques,* type du factotum chargé des emplois les plus divers.

SAINTS

JACQUES le Majeur *(saint),* apôtre, fils de Zébédée, frère de Jean l'Évangéliste (Bethsaïde, Galilée, - Jérusalem 44 apr. J.-C.). Selon les Actes des Apôtres (XII, 2), Hérode Agrippa Ier le fit mettre à mort. Il est honoré à Compostelle.

JACQUES le Juste ou **le Mineur** *(saint),* chef de la communauté judéo-chrétienne de Jérusalem (Ier s. apr. J.-C.). Membre de la famille de Jésus, il joua un rôle capital dans l'organisation de l'Église à Jérusalem. Selon Flavius Josèphe, il fut lapidé vers 62.

Jacques *(épître catholique de saint),* épître écrite de la fin du Ier s., attribuée à Jacques le Mineur, mais en fait anonyme. Elle engage les croyants à répercuter dans leur vie les exigences de la foi.

JACQUES de Voragine *(bienheureux),* en ital. **Iacopo da Varazze,** dominicain et écrivain italien (Varazze v. 1228 - Gênes 1298). Archevêque de Gênes (1292), il est l'auteur d'une Vie des saints, *la Légende dorée.*

ANGLETERRE

JACQUES Ier (Édimbourg 1566 - Theobalds Park, Hertfordshire, 1625), roi d'Angleterre et d'Irlande (1603-1625) et roi d'Écosse (JACQUES VI) [1567-1625], fils de la reine Marie Stuart et d'Henri Stuart, baron Darnley. Il rétablit l'autorité royale en Écosse, substituant une administration centralisée à l'ancienne organisation féodale. En 1603, il succède à Élisabeth Ire sur le trône d'Angleterre. Il soutient l'anglicanisme, persécutant également catholiques et puritains. Négligeant le Parlement, il s'attire l'hostilité des Anglais par son autoritarisme et son favoritisme (influence de Somerset, 1612-1615, puis de Buckingham, 1615-1625). À l'extérieur, après une politique populaire d'alliance avec les Provinces-Unies protestantes, il échoue dans sa tentative de rapprochement avec l'Espagne.

JACQUES II (Londres 1633 - Saint-Germain-en-Laye 1701), roi d'Angleterre, d'Irlande et d'Écosse (JACQUES VII) [1685-1688], frère et successeur de Charles II. Duc d'York depuis 1643, grand amiral, il se distingue contre les Hollandais. Converti au catholicisme en 1671, il s'attire l'hostilité des whigs et s'exile lors de la réaction protestante (1678-79), menacé à deux reprises par des « bills d'exclusion ». Il succède à Charles II en 1685, mais s'aliène rapidement l'opinion anglaise par son mépris du Parlement, les faveurs qu'il accorde aux catholiques et son rapprochement avec Louis XIV. À la naissance de son fils Jacques Édouard (1688), l'opposition whig, craignant l'implantation d'une dynastie catholique, fait appel au gendre de Jacques II, Guillaume d'Orange, qui débarque (nov. 1688). Jacques II s'enfuit en France et tente en vain de ressaisir le pouvoir en 1690 (désastre de la Boyne).

JACQUES ÉDOUARD STUART, connu sous le nom du **Prétendant** ou du **Chevalier de Saint-George** (Londres 1688 -Rome 1766), fils de Jacques II d'Angleterre. Reconnu roi par Louis XIV, sous le titre de Jacques III, à la mort de son père (1701), il fut exclu par les Anglais de la succession au trône par l'Acte d'établissement de 1701. Un parti jacobite subsista toutefois en Angleterre et en Écosse, qui échoua dans ses tentatives de débarquement (1708) ou de soulèvement (1719) en Écosse.

ARAGON

JACQUES Ier le Conquérant (Montpellier v. 1207 - Valence 1276), roi d'Aragon (1213-1276). Fils de Pierre II, il conquit les Baléares (1229-1235), les royaumes de Valence (1231-1238) et de Murcie (1265) mais renonça à toutes ses prétentions sur le sud de la France par le traité de Corbeil (1258), qu'il conclut avec Louis IX. — **Jacques II** *le Juste* (Valence v. 1267 - Barcelone 1327), roi d'Aragon (1291-1327), de Sicile (1285-1295) et de Sardaigne (1324-1327). Fils de Pierre III, il succéda en Aragon à son frère Alphonse III (1291), perdit la Sicile, donnée à son frère Frédéric II (1296), mais obtint du pape la Corse et la Sardaigne (1324).

CHYPRE

JACQUES Ier (1334 - Nicosie 1398), roi de Chypre et de Jérusalem (1382 - 1398), d'Arménie (1393-1398). — **Jacques II** (Nicosie 1440 - *id.* 1473), roi de Chypre, de Jérusalem et d'Arménie (1460-1473). Il reprit Famagouste aux Génois (1464) et épousa Catherine Cornaro (1472).

ÉCOSSE

JACQUES Ier (Dunfermline 1394 - Perth 1437), roi d'Écosse (1406/1424-1437), fils de Robert III. Il lui succéda en 1406, mais ne gouverna l'Écosse qu'à partir de 1424, après 19 ans de captivité en Angleterre. Il développa la législation ainsi que le rôle du Parlement, écrasa l'opposition féodale et, face aux Anglais, se rapprocha de la France. Il mourut assassiné. — **Jacques II** (Édimbourg 1430 - Roxburgh Castle 1460), roi d'Écosse (1437-1460), fils et successeur de Jacques Ier. Après une longue minorité, Jacques II commença à gouverner personnellement en 1449. Il triompha de la révolte nobiliaire (1455) et profita de la guerre des Deux-Roses pour tenter de reprendre les dernières possessions anglaises. Il fut tué accidentellement au siège de Roxburgh. — **Jacques III** (1452 - près de Stirling 1488), roi d'Écosse (1460-1488), fils et successeur de Jacques II. Son mariage avec Marguerite (1469), fille de Christian Ier de Danemark et de Norvège, lui apporta les îles Orcades et Shetland. Une partie de la noblesse s'étant révoltée, il fut vaincu au Sauchieburn (1488), puis assassiné. – **Jacques IV** (1473 - Flodden, Northumberland, 1513), roi d'Écosse (1488-1513), fils et successeur de Jacques III. Ayant assuré sa mainmise sur l'Écosse, il épousa, en 1503, Marguerite Tudor, fille d'Henri VII. Mais les prétentions d'Henri VIII le rapprochèrent de la France et la guerre reprit avec l'Angleterre (1513). Il fut vaincu et tué à Flodden (sept. 1513). – **Jacques V** (Linlithgow 1512 - Falkland 1542), roi d'Écosse (1513-1542), fils et successeur du précédent. Pendant sa minorité, les factions profrançaise et proanglaise s'opposèrent. S'étant libéré de la tutelle nobiliaire en 1528, il mena une politique catholique et francophile qui aboutit à une guerre avec l'Angleterre (1542). Vaincu à Solway Moss (24 nov.), il mourut peu après. De son mariage avec Marie de Lorraine (1538) naquit Marie Stuart (1542). – **Jacques VI,** roi d'Écosse (1567-1625) → JACQUES Ier, roi d'Angleterre. – **Jacques VII,** roi d'Écosse (1685-1688) → JACQUES II, roi d'Angleterre.

HAÏTI

JACQUES Ier, empereur d'Haïti → DESSALINES (Jean-Jacques).

MAJORQUE

JACQUES Ier ou **II** (Montpellier 1243 -Majorque 1311), roi de Majorque (1276-1311). Fils de Jacques Ier le Conquérant, roi d'Aragon, dont il hérita le royaume de Majorque, comprenant les Baléares, le Roussillon, la Cerdagne et Montpellier, il soutint le roi de France en conflit avec son frère Pierre III, roi d'Aragon (1285). – **Jacques II** ou **III** (Catane 1315 - Majorque 1349), roi de Majorque (1324-1343). Fils de Ferdinand d'Aragon Infant de Majorque, et successeur de son oncle Sanche Ier, il fut dépouillé des Baléares (1343) et du Roussillon (1344) par Pierre IV, roi d'Aragon, et vendit Montpellier au roi de France (1349). – **Jacques III** ou **IV** (Perpignan 1336 -Soria 1375), roi titulaire de Majorque (1349-1375), fils du précédent.

DIVERS

JACQUES de Vitry, historien et prédicateur français (Vitry-sur-Seine v. 1170 -Rome 1240). Évêque d'Acre (1216), cardinal-évêque de Tusculum (1229), il a écrit une *Historia orientalis seu Hierosolymitana.*

JACQUES, dit **le Maître de Hongrie,** cistercien hongrois (1190-1251). Chef des bandes de pastoureaux qui se constituèrent en 1250 pour délivrer Louis IX fait prisonnier à Mansourah, il fut tué lors de la répression qui dispersa ses bandes.

JACQUES de Stříbro, en tchèque **Jakub ze Stříbra,** en lat. **Jacobellus de Misa,** chef hussite (Bítov, près de Stříbro - Prague 1429), disciple et successeur de Jan Hus.

JACQUES BARADÉE → BARADÉE (Jacques).

JACQUES DE DIXMUDE (Jules Alphonse, *baron*), général belge (Stavelot 1858 -Bruxelles 1928). À la tête de la 3e division, dite « Division de fer », pendant la Première Guerre mondiale, il brisa l'attaque allemande sur Merkem et enleva la crête des Flandres (18 sept. 1918).

Jacques le Fataliste et son maître, roman de Diderot écrit en 1771, publié en 1796. Le récit des aventures picaresques de Jacques et de son maître est traversé par des réminiscences, des rencontres suscitant d'autres récits comme celui, célèbre, du marquis des Arcis et de Mme de La Pommeraye.

JACQUES-CARTIER, riv. du Canada (Québec), affl. du Saint-Laurent (r. g.) ; 110 km. Aménagement hydroélectrique.

JACQUES-CHARLES (Jacques CHARLES, dit), metteur en scène de revues français (Paris 1882 - *id.* 1971). Il dirigea de nombreuses salles à Paris. Célèbre par ses revues de music-hall à grand spectacle, il est aussi l'auteur de chansons populaires à succès (*Mon homme,* 1918 ; *Ça, c'est Paris,* 1928).

JACQUET n. m. (p.ê. dimin de *Jacques*). Version simplifiée du trictrac se jouant avec des pions et des dés sur une tablette divisée en quatre compartiments ; cette tablette.

JACQUET (Mathieu), dit **Grenoble,** sculpteur français (Avon v. 1545 - Paris v. 1613), le plus connu d'une famille de sculpteurs originaire de Grenoble. Il reçut d'Henri IV, en 1597, la commande de la *Belle Cheminée* de Fontainebleau (détruite ; bas-reliefs au Louvre, figure équestre du roi au château).

JACQUET (Élisabeth Claude), compositrice et claveciniste française (Paris v. 1664 - *id.* 1729). Elle vécut au service de Mme de Montespan (1682) avant son mariage, en 1684, avec l'organiste Marin de La Guerre. Elle devint une interprète et un professeur de clavecin de grand renom. Elle composa des *Pièces pour clavecin* (1707).

JACQUIER → JAQUIER.

JACQUOT n. m. (p.-ê. de *jacque,* n. dialect. du *geai,* ou onomat.). Perroquet gris parleur des forêts d'Afrique occidentale, fréquemment tenu en captivité.

Jacquou le Croquant, roman d'Eugène Le Roy (1899). Au début du XIXe s., la vengeance des paysans périgourdins contre leurs seigneurs.

1. JACTANCE n. f. (lat. *jactantia,* de *jactare,* vanter). 1. *Litt.* Vanité qui se traduit par des propos pleins de suffisance. — 2. Dans l'ancien droit, action provocatoire.

2. JACTANCE n. f. (de *jacter*). *Pop.* Bavardage, bagou, baratin.

JACTER v. i. et v. t. (de *jacquette,* pie) [conj. 3]. *Pop.* Parler : *Jacter l'anglais.*

JACUÍ (le), fl. du Brésil méridional (État du Rio Grande do Sul), sur l'estuaire duquel est situé Porto Alegre.

JACULATOIRE adj. (bas lat. *jaculatorius,* du lat. class. *jaculari,* lancer). *Oraison jaculatoire,* prière courte et ardente.

JACUPIRANGITE n. f. (de *Jacupiranga,* n. pr.). Pyroxénite à néphéline.

JACUZZI n. m. (n. déposé). Grande baignoire, souvent ronde, équipée de jets d'eau sous pression provoquant des remous.

Jadassohn-Lewandowsky *(kératose disséminée circonscrite* ou *pachyonychie de),* dermatose héréditaire de type dominant, atteignant surtout le sexe masculin, caractérisée par des troubles cutanés, unguéaux, oculaires et psychiques (déficit intellectuel).

JADE n. m. (esp. *piedra de la ijada,* pierre du flanc, car réputée soigner les affections rénales). 1. Roche métamorphique très dure, verte à blanche, constituée soit de jadéite, soit d'amphiboles fibreuses (variété appelée néphrite). [Susceptible d'un beau poli, elle fut utilisée dès la haute antiquité comme pierre d'apparat (bijoux, objets d'art).] — 2. Objet en jade.

JADE *(golfe du),* golfe de la mer du Nord, en Allemagne, sur lequel est établi Wilhelmshaven.

JADÉITE n. f. (de *jade*). Silicate naturel d'aluminium et de sodium, de couleur verte ou blanchâtre, appartenant au groupe des pyroxènes. (On la trouve surtout en Birmanie et en Chine, où elle est utilisée pour la fabrication d'objets d'art.)

JADIDA (El-), en ar. **al-Djadīda,** anc. **Mazagan,** port du Maroc, ch.-l. de prov., sur la côte de la plaine des Doukkala ; 81 455 hab. Station balnéaire.

JADIS [-dis] adv. (anc. fr. *ja a dis,* il y a de cela des jours). 1. Dans le temps passé, il y a longtemps : *Il y avait ici jadis un château.* — 2. *Le temps jadis,* une époque lointaine, très reculée, dans un temps mythique.

Jadis et naguère, recueil de poèmes de Paul Verlaine (1884), qui contient en particulier l'*Art poétique,* écrit en 1874, où le poète révèle sa préférence pour le vers impair.

JADOT (Jean Nicolas), architecte français (Lunéville 1710 - Ville-Issey, près de Commercy, 1761). Élève de Boffrand, il bâtit pour l'empereur d'Autriche François Ier la salle des fêtes de l'université de Vienne (1753).

JADOTVILLE → LIKASI.

JAÉN, v. d'Espagne, en Andalousie, ch.-l. de prov. ; 103 260 hab. Vestiges mauresques. Cathédrale reconstruite à partir de 1548 par A. de Vandelvira, un des chefs-d'œuvre de la Renaissance classique. Églises surtout gothiques et mudéjares. Marché rural (huiles).

JAFFA n. f. Type d'orange blonde, très cultivée.

JAFFA ou **YAFO,** anc. ville de l'État d'Israël, site portuaire aujourd'hui inclus dans l'agglomération de Tel-Aviv-Jaffa.
— **Hist.** De fondation très ancienne, Jaffa fut longtemps égyptienne, puis philistine, assyrienne, grecque, hébraïque, romaine. Conquise par les Arabes en 636, elle fut de nouveau chrétienne de 1099 à 1196 et de 1204 à 1268. Ruinée à l'époque des croisades, elle retrouva de l'importance à partir du XVIe s. Elle fut prise par les Français en mars 1799 et par les Anglais en 1917.

Jaffe-Lichtenstein *(maladie de),* envahissement fibreux des os, qui peut atteindre un seul ou plusieurs os. Cette affection se rencontre surtout chez la femme. Elle touche principalement les côtes, les fémurs, les tibias, les maxillaires.

JAFFNA, port du nord de Sri Lanka, peuplé en majorité de Tamouls ; 129 000 hab.

JAGDTERRIER n. m. (all. *Jagd,* chasse, et *Terrier,* terrier). Chien terrier allemand, apparenté au fox-terrier.

JAGELLONS, dynastie d'origine lituanienne qui régna en Lituanie (1377-1401, 1440-1572), en Pologne (1386-1572), en Hongrie (1440-1444 ; 1490-1526) et en Bohême (1471-1526). Grand-duc héréditaire de Lituanie (1377-1401), Jagellon fut élu roi de Pologne sous le nom de LADISLAS II JAGELLON (1386-1434). Après lui, LADISLAS III (1434-1444), CASIMIR IV JAGELLON (1445-1492), JEAN Ier ALBERT (1501-1506), SIGISMOND Ier le Vieux (1506-1548) et SIGISMOND II AUGUSTE (1548-1572) régnèrent sur la Pologne. Le fils de Casimir IV, VLADISLAV II JAGELLON, fut élu roi de Bohême (1471) et roi de Hongrie (1490).

JAGUAR [-gwar] n. m. (angl. *jaguar,* du tupi *jaguara*). Gros félidé d'Amérique du Sud, au pelage ocellé. (Taille 2 m de long pour 100 kg.) [Le jaguar vit dans la forêt humide, où il chasse, de nuit, cabiais, pécaris, tapirs, paresseux, alligators, tortues. Constamment chassé, le jaguar est devenu rare.]

JAGUARONDI n. m. (mot tupi). Chat sauvage des forêts d'Amérique tropicale, à la queue aussi longue que le corps.

JAHĀNGĪR → DJAHĀNGĪR.

JAHVÉ → YAHVÉ.

JAI ALAI [rajalaj] n. m. (mots basques signifiant *fête joyeuse*). Variété très spectaculaire de pelote basque.

JAILLIR v. i. (lat. pop. **galire,* lancer, du gaul. *gali,* bouillir) [conj. **32** ; auxil. *avoir*]. **1.** Sortir, s'élancer avec impétuosité, sous forme de jet : *Eau qui jaillit d'une fente de rocher. Une blessure d'où le sang jaillit.* — **2.** Se produire, se manifester de façon soudaine et avec vivacité : *La lumière jaillit du projecteur. Une idée jaillit de la discussion.* — **3.** Sortir soudainement d'un lieu, apparaître brusquement : *Des groupes de manifestants jaillissent de toutes les rues.* — **4.** Paraître surgir du sol ou de qqch : *Les tours qui jaillissent à la périphérie d'une ville.* — REM. On trouve parfois le part. passé *jailli* (sans auxil. *être*) : *Une pluie de cendres jaillies du volcan.*

JAILLISSANT, E adj. **1.** Qui jaillit : *Une eau jaillissante.* — **2.** *Source jaillissante,* source naturelle, puits artésien, geyser dont le niveau hydrostatique s'établit à un niveau supérieur à celui du sol.

JAILLISSEMENT n. m. **1.** Action de jaillir, jet violent sortant du sol, d'un lieu : *Le jaillissement d'une source.* — **2.** Mouvement de ce qui sort, se manifeste impétueusement : *Un jaillissement d'idées nouvelles.*

JAIME, forme espagnole du prénom Jacques.

JAIMES FREYRE (Ricardo), poète bolivien (Tacna, Chili, 1868 - Buenos Aires 1933). L'un des principaux représentants du modernisme, il fut un rénovateur de la métrique (*Leyes de la versificatión castellana,* 1912).

JAINA adj. et n. inv. ou **JAÏN, E** [ʒain ou dʒain] adj. et n. (de *jaïnisme*). Qui appartient au jaïnisme ; adepte du jaïnisme.

JAÏNISME [ʒai- ou dʒai-] ou **JINISME** n. m. L'une des trois grandes religions de l'Inde, dont le nom vient du terme « jina » (victorieux) appliqué à son fondateur Mahāvīra, contemporain du Bouddha, Mahāvīra étant considéré comme le 24e Tīrthaṅkara.

ENCYCL. Comme le bouddhisme, le jaïnisme fut une réforme dirigée contre le brahmanisme. Comme lui, il vise à libérer l'être humain de la souffrance inhérente à l'existence et à le délivrer de la réincarnation en fonction du *karma.* Il distingue deux catégories, celle du vivant *(jīva)* et celle du non-vivant *(ajīva),* entre lesquelles il n'y a pas d'autre différence que celle de la conscience. Son principe fondamental est donc la non-violence envers toutes les créatures *(ahiṃsā).* La morale jaina repose sur les « trois joyaux » de la juste vision, la juste connaissance et la juste conduite, la vie du laïc étant considérée comme une préparation progressive à la stricte vie de l'ascète.

Le jaïnisme connut dès ses origines divers schismes qui conduisirent en l'an 80 de notre ère environ à la constitution des deux grandes branches : celle des *śvetāmbara* (« vêtus de blanc ») et celle des *digāmbara* (« vêtus du ciel », c'est-à-dire nus), elles-mêmes subdivisées en de multiples sectes. Les *digāmbara* nient la possibilité de libération pour les femmes.

Initialement limitée à l'est de l'Inde, l'influence jaina s'étendit à partir de la fin du IIe s. av. J.-C. vers l'ouest et vers le sud, où le jaïnisme fut très prospère jusqu'au XIIe s. Au Ve s., un grand conseil réunit les śvetāmbara à Valabhī ; la rédaction définitive des textes sacrés y fut fixée *(Āgama).* Dans l'Ouest, le jaïnisme śvetāmbara semble avoir atteint le Gujerat et le Rājasthān vers le VIIe - VIIIe s. C'est là que s'élevèrent les grands sanctuaires du jaïnisme, surtout aux Xe et XIe s. L'Inde compte actuellement env. 3,5 millions de jaina, répartis surtout dans le Gujerat, le Rājasthān, le Mahārāshtra, le Mysore et le Tamil Nadu.

JAIPUR, v. de l'Inde, cap. du Rājasthān, au S.-O. de Delhi ; 1 514 425 hab. Anc. cap. rājpute fondée au XVIIIe s. pour remplacer Amber. Ensemble palatial (City Palace) du XVIIIe s. avec un célèbre observatoire. La ville a été le siège d'une école de miniaturistes contemporaine de celle des Moghols. Université. Carrefour routier, ferroviaire et aérien. Centre touristique.

JAIS [ʒɛ] n. m. (anc. fr. *jaiet,* du gr. *gagatês,* pierre de Gages, ville de l'Asie Mineure). **1.** Variété de lignite, compacte, noire et luisante, à cassure conchoïdale, pouvant être polie et taillée. (Syn. JAYET.) — **2.** *(Noir) de jais,* noir très brillant : *Des cheveux noir de jais.*

JAISALMER, v. de l'Inde (Rājasthān), dans le désert de Thar ; 16 600 hab. Anc. cap. rājpute, la ville abrite de beaux temples d'inspiration jaina ainsi que de nombreuses demeures (havelli) du XVIIIe s. ornées de peinture murales.

JAJA n. m. *Pop.* Vin rouge.

JAKARTA ou **DJAKARTA,** anc. **Batavia,** cap. de l'Indonésie, sur la côte nord de Java ; 7 636 000 hab. Fondée en 1619 par les Hollandais (à l'emplacement du village musulman de Jajakerta), Batavia fut la capitale des Indes néerlandaises. Lors de la proclamation de l'indépendance de l'Indonésie, elle demeura capitale en prenant le nom de Jakarta. Reliée au port de Tanjungpriok, la ville, entourée de bidonvilles, principal centre industriel du pays, est cependant surtout à dominante tertiaire (administration ; organismes internationaux). C'est la plus grande ville de l'Asie du Sud-Est.

JAKOBSON (Roman), linguiste américain d'origine russe (Moscou 1896 - Boston 1982). Après des études à Moscou, où il côtoie les formalistes, il se fixe à Prague en 1920 et participe à la fondation et aux travaux du Cercle linguistique de Prague. Fuyant les nazis, il émigre au Danemark, en Norvège, enfin aux États-Unis. Ses travaux ont porté sur tous les domaines de la linguistique : la phonologie (théorie du binarisme), la psycholinguistique (problèmes de l'acquisition du langage par l'enfant et de sa destruction dans l'aphasie), les rapports entre la théorie de la communication et la structure du langage (théorie des fonctions du langage), l'étude de la langue poétique. Homme de recherches interdisciplinaires, il n'a cessé de stimuler, depuis plus d'un demi-siècle, la réflexion linguistique. Son œuvre, considérable, consiste en un très grand nombre d'articles portant sur des points précis et dont les plus importants ont été regroupés dans quatre volumes de *Selected Writings.* Deux volumes de ses articles généraux ont été traduits en français en 1963 et 1973 (*Essais de linguistique générale,* 1 et 2).

JAKŠIĆ (Duro), poète serbe (Srpska Crnja, dans le Banat, 1832 - Belgrade 1878). Il célébra dans ses tragédies et ses nouvelles le passé glorieux de son pays (*la Migration des Serbes,* 1862).

JALAP n. m. (esp. *jalapa,* de *Jalapa,* n. pr.). Plante (convolvulacée) du Mexique, contenant une résine purgative. (Elle est employée en poudre ou sous forme de teinture appelée « eau-de-vie allemande ».)

JALAPA ou **JALAPA ENRÍQUEZ,** v. du Mexique, cap. de l'État de Veracruz, sur le versant de la sierra Madre orientale. dans une région productrice de café ; 288 331 hab. Cathédrale du XVIIIe s. Riche musée archéologique. Université.

JALE n. f. (anc. fr. *jalaie,* du bas lat. *galleta,* seau). Seau servant aux vendangeurs.

JALÈS ou **JALEZ** (*camp de*), camp organisé en 1790 à Jalès (Ardèche) par des royalistes et qui fut dissous en 1791.

JALGAON, v. de l'Inde (Mahārāshtra) ; C'est la plus grande ville de l'Asie du Sud-Est. 241 603 hab. Coton. Tissages artisanaux. Huilerie.

JALISCO, État du Mexique occidental, s'étendant du Pacifique au Plateau central ; 80 137 km² ; 5 302 700 hab. Cap. *Guadalajara.*

JALLE DE BLANQUEFORT, riv. du Bordelais, qui passe à Blanquefort avant de rejoindre la Garonne (r. g.) et qui constitue la limite entre les régions du Médoc (au N.) et des Graves (au S.).

JĀLNA, v. de l'Inde (Mahārāshtra), à l'E. d'Aurangābād ; 175 000 hab. Centre commercial.

JALON n. m. (p.-ê. de *jalir,* forme anc. de *jaillir*). **1.** Tige métallique ou de bois, peinte de bandes blanches et rouges, qui sert à prendre des alignements. — **2.** Ce qui sert de point de repère, d'étape dans un raisonnement, dans un processus : *Données qui serviront de jalons pour ces recherches.* — **3.** *Jalon d'arrêt,* signal d'arrêt constitué par un damier rouge et blanc ou un feu rouge la nuit, que l'on peut implanter sur la terre ou le ballast. ‖ *Planter des jalons,* préparer le terrain pour parvenir à qqch.

JALÓN, riv. d'Espagne, affl. de l'Èbre (r. dr.) ; 235 km. Elle alimente des canaux d'irrigation.

JALON-MIRE n. m. (pl. *jalons-mires*). Règle portant deux voyants fixes, et éventuellement un voyant coulissant, utilisée dans les mesures stadimétriques.

JALONNEMENT n. m. **1.** Action de jalonner. — **2.** Action qui consiste à déterminer la position exacte d'une troupe ennemie en marche pour renseigner le commandement. — **3.** *Bombe de jalonnement,* bombe utilisée pour marquer un objectif en l'éclairant et faciliter son repérage par les bombardiers. ‖ *Jalonnement d'une direction de tir,* procédé consistant à mettre des repères de place en place pour en indiquer le tracé. ‖ *Signalisation de jalonnement,* ensemble des dispositifs destinés à guider les usagers de la route.

JALONNER v. t. (conj. 3). **1.** Déterminer, matérialiser le tracé d'un lieu en y posant des jalons : *Jalonner une nouvelle route.* — **2.** Fixer un parcours, déterminer la direction de qqch : *Des bouées jalonnent le chenal.* — **3.** Se succéder en marquant des étapes dans le temps, le cours de qqch : *Les incidents qui ont jalonné son existence.* — **4.** Procéder au jalonnement d'une troupe, d'une direction de tir.

JALONNETTE n. f. Perche graduée, munie d'une potence mobile réglable en hauteur, qui permet de déterminer le niveau inférieur d'une fouille à partir de la cote d'un piquet voisin.

JALONNEUR n. m. **1.** Ouvrier chargé de jalonner.

JALOUSEMENT adv. **1.** Avec jalousie : *Regarder jalousement un rival.* — **2.** Avec soin : *Garder jalousement un secret.*

JALOUSER v. t. (conj. 3). **1.** Considérer qqn avec jalousie, éprouver à son égard un sentiment d'envie : *Jalouser un concurrent pour sa réussite.* — **2.** Désirer ardemment une chose possédée par un autre et que l'on regarde comme un avantage enviable : *Jalouser les qualités d'un ami.*

1. JALOUSIE n. f. (de *jaloux*). **1.** *Litt.* Vif attachement à qqch : *Garder un secret avec une* *extrême jalousie.* — **2.** Sentiment fondé sur le désir de posséder la personne aimée et sur la crainte de la perdre au profit d'un rival : *Être torturé par la jalousie.* — **3.** Dépit envieux ressenti à la vue des avantages d'autrui. — **4.** *Délire de jalousie,* conviction délirante d'être trompé par son conjoint ou son compagnon. (→ *encycl.*)

ENCYCL. **Psychiatr.** Le *délire chronique de jalousie* survient chez des sujets paranoïaques et il constitue une variété de délire passionnel. Le sujet a la conviction a priori d'être trompé, le plus souvent sans fondements réels. Il garde toutefois dans tous les autres domaines une pensée cohérente et un comportement adapté. Freud et J. Lacan ont montré ce que la jalousie exacerbée, comme dans le délire de jalousie, recèle de désirs d'infidélité projetés sur le partenaire et d'intérêt homosexuel pour le rival.

2. JALOUSIE n. f. (ital. *gelosia,* de *geloso,* jaloux). **1.** *Vx.* Treillis, en bois ou en métal, au travers duquel on pouvait voir sans être vu. — **2.** Dispositif de fermeture de fenêtre composé de lamelles mobiles, soit verticales, soit horizontales (store à lames, store vénitien).

Jalousie *(la),* roman d'Alain Robbe-Grillet (1957). Dans un décor exotique, le jaloux, derrière sa « jalousie », enquête sur l'infidélité de sa femme.

JALOUX, OUSE adj. et n. (lat. pop. **zelosus,* du lat. class. *zelus,* jalousie, du gr. *dzêlos*). **1.** Qui ne peut admettre le moindre partage dans ses affections et qui vit dans la crainte inquiète de l'infidélité de l'être auquel il est attaché : *Mari jaloux.* — **2.** Qui supporte mal les avantages, la supériorité ou les succès d'autrui, qui envie à chacun ce qu'il a : *Un enfant très jaloux.*

◆ adj. **1.** Se dit d'un sentiment exclusif qui ne supporte pas le moindre partage : *Un amour jaloux.* — **2.** Qui est très attaché à conserver ou à préserver ce qu'il possède : *Profession jalouse de ses prérogatives.* — **3.** Qui manifeste chez qqn le souci de défendre, de préserver ce qui lui tient à cœur : *Veiller sur ses livres avec un soin jaloux.* — **4.** Qui éprouve un vif sentiment d'envie devant l'avantage, le succès, le bien de qqn d'autre ; qui manifeste cet état d'esprit, cette envie : *Il est jaloux de votre réussite. Considérer un concurrent d'un œil jaloux.* — **5.** *Jaloux comme un tigre,* très jaloux, jusqu'à la férocité.

JALOUX (Edmond), romancier et critique français (Marseille 1878 - Lutry, Suisse, 1949). Analyste de l'amour dans ses romans (*Le reste est silence,* 1909 ; *Le vent souffle sur la flamme,* 1940), il publia des essais (*Du rêve à la réalité,* 1932) et des souvenirs (les *Saisons littéraires,* 1942).

JAMAÏQUAIN, E ou **JAMAÏCAIN, E** adj. et n. De la Jamaïque.

JAMAÏQUE, en angl. **Jamaica,** État constitué par une île des Grandes Antilles, au sud de Cuba ; 11 425 km² ; 2 500 000 hab. *(Jamaïquains).* CAP. *Kingston.* LANGUE : *anglais.* MONNAIE : *dollar de la Jamaïque.*

Géographie. Île au climat tropical maritime constamment chaud, mais plus arrosée au nord qu'au sud et parfois ravagée par les cyclones, la Jamaïque est montagneuse dans sa partie orientale (2 467 m dans les Montagnes Bleues), formée de plateaux calcaires au centre et à l'ouest, parsemée de plaines alluviales, souvent littorales. L'agriculture est dominée par les cultures de plantation (canne à sucre et bananiers surtout), alors que les productions vivrières (manioc, maïs, etc.) ne satisfont pas les besoins. Mais les ressources essentielles demeurent l'extraction de la bauxite (exportée brute ou sous forme d'alumine) et le tourisme international. Les revenus de ce dernier équilibrent la balance des paiements et comblent le traditionnel déficit commercial. Cela n'assure pas le plein-emploi dans un pays densément peuplé et à la croissance démographique encore notable, lourdement endetté, où l'influence des États-Unis reste prépondérante.

Histoire.

1494 : La Jamaïque est découverte par Christophe Colomb.

Les Espagnols occupent l'île, y introduisent des esclaves d'Afrique et exterminent les autochtones (Arawaks).

1655 : Conquête de l'île par les Anglais.

Ils y développent la culture de la canne à sucre et font de la Jamaïque le centre du trafic des esclaves noirs pour l'Amérique du Sud. Le début du XXᵉ s. voit l'installation dans l'île de grandes compagnies étrangères (United Fruit).

1938 : Des émeutes marquent le début du mouvement autonomiste.

1962 : L'île obtient son indépendance.

La vie politique est marquée par l'alternance au pouvoir du parti travailliste (Premiers ministres : Alexander Bustamante, 1962-1967 ; Hugh L. Shearer, 1967-1972 ; E. Seaga, 1980-1989) et du parti national populaire (M. N. Manley, 1972-1980 et 1989-1992 ; Percival J. Patterson, depuis 1992).

Jamaïque *(accords de la),* accords monétaires signés les 7 et 8 janv. 1976 entre les pays membres du F. M. I. Remettant en cause le contenu des accords de Bretton Woods, ils légalisèrent le système des changes flexibles pratiqué depuis 1973, rendirent officielle la démonétisation de l'or et consacrèrent les D. T. S., « numéraire de référence » international.

JAMAIS adv. (de *jà* et anc. fr. *mais,* davantage). **1.** Sans négation, indique un temps quelconque, dans le passé ou le futur : *Si jamais je te revois. Pire que jamais.* — **2.** Avec la négation *ne,* indique la continuité dans l'absence, l'inexistence ; en aucun temps : *Elle n'en a jamais rien su ;* sans *ne,* dans les réponses, avec un adjectif ou une coordination : *Fais-le maintenant ou jamais. Des leçons jamais sues.* — **3.** *À (tout) jamais,* dans tout le temps à venir ; pour toujours. ‖ *Ce n'est jamais que, cela ne fera jamais que,* indiquent que l'on considère ou qu'il faut considérer qqn, qqch d'une manière plus étroite, moins importante, moins grave. ‖ Fam. *Jamais, au grand jamais,* en aucun temps ; quoi qu'il arrive. ‖ *Jamais de la vie,* exprime un refus catégorique. ‖ *N'avoir jamais fait que,* diminue l'importance, la gravité d'un acte.

JAMBAGE n. m. **1.** Chacun des traits verticaux (ou légèrement inclinés) des lettres *m, n, u.* — **2.** Partie basse d'une lettre, symétrique de la hampe. — **3.** Pilier simple entre deux arcades. — **4.** Dans une baie, dans une cheminée, syn. de PIÉDROIT. — **5.** Partie d'un marteau-pilon ou d'un mouton qui guide la masse tombante.

JAMBE n. f. (bas lat. *gamba,* jarret des animaux, du gr. *kampê,* courbure). **1.** Partie du membre inférieur comprise entre le genou et le cou-de-pied. — **2.** Dans le langage courant, le membre inférieur tout entier. — **3.** Partie du pantalon recouvrant chacune des deux jambes. — **4.** *À toutes jambes,* en courant le plus vite possible. ‖ *Avoir de bonnes, de mauvaises jambes,* pouvoir marcher longtemps sans fatigue ; marcher avec difficulté du fait d'une faiblesse, de la maladie, de l'âge. ‖ Fam. *Avoir telle distance dans les jambes,* ressentir la lassitude d'une marche de tant de kilomètres. ‖ Fam. *Cela me fait une belle jambe,* cela ne m'avance en rien, ne présente pour moi aucune utilité. ‖ *Être (toujours) dans les jambes de qqn,* le gêner dans ses mouvements. ‖ *N'avoir plus de jambes, ne plus sentir ses jambes,* n'être plus en état de marcher du fait de la fatigue ou de l'âge. ‖ Fam. *Par-dessus (par-dessous) la jambe,* sans y prêter attention, sans le moindre égard, avec mépris ou insolence. ‖ Pop. *Partie de jambes en l'air,* ébats sexuels. ‖ Fam. *Prendre ses jambes à son cou,* s'enfuir en courant. ‖ *Se mettre en jambes,* faire un peu d'exercice, chauffer ses muscles pour se préparer à un effort physique. ‖ Fam. *Tenir la jambe à qqn,* l'importuner par un long discours, souvent ennuyeux. ‖ *Tirer dans les jambes de qqn,* l'attaquer d'une façon déloyale. • **Aéron.** *Jambe de train d'atterrissage,* élément reliant la roue de l'atterrisseur à la cellule de l'avion. — **Autom.** *Jambe élastique,* ensemble élémentaire de suspension, composé d'éléments cylindriques télescopiques, d'un ressort hélicoïdal et d'éléments de triangulation. — **Bât.** Pilier ou chaîne en pierre de taille que l'on intercale dans un mur en maçonnerie afin de le renforcer. ‖ *Jambe de force,* pièce de bois ou de fer oblique, posée vers l'extrémité d'une poutre pour la soulager en diminuant sa portée (syn. CONTREFICHE) ; dans un comble à entrait retroussé, pièce inclinée reliant soit les deux entraits, soit l'entrait principal avec l'arbalétrier. — **Bouch.** Gîte de derrière. — **Méd.** *Jambe artificielle articulée,* prothèse articulée qui remplace une jambe amputée. ‖ *Jambe de bois,* appareil en bois adapté au moignon de celui qui a perdu une jambe. (Syn. PILON.) — **Sports.** *Jeu de jambes,* aisance et habileté des jambes, permettant à l'athlète d'être toujours en bonne position. — **Zool.** Partie du membre du cheval correspondant à la jambe ou à l'avant-bras de l'homme.

ENCYCL. **Anat.** et **Pathol.** Le tibia et le péroné constituent le squelette de la jambe, qui sépare une *loge antéro-externe,* où se trouvent les muscles jambier antérieur, extenseurs des orteils, péroniers antérieur et latéraux, et une *loge postérieure,* qui présente la saillie du mollet, prolongée en bas par le relief du tendon d'Achille. Les fractures des deux os de la jambe sont fréquentes et évoluent vers la consolidation en trois ou quatre mois.

Les fractures de la mortaise tibio-péronière (fractures bimalléolaires, fractures de Dupuytren*) peuvent laisser des séquelles malgré une bonne réduction.

JAMBETTE n. f. (de *jambe*). **1.** Petite pièce verticale de charpente, soulageant, par ex., un arbalétrier. — **2.** Montant vertical servant de renfort à un pavois ou à un surbau.

JAMBIER n. m. **1.** Nom de certains muscles de la jambe. (Le *jambier antérieur* entraîne la flexion dorsale du pied ; le *jambier postérieur,* l'adduction et la rotation du pied en dedans.) — **2.** Courroie formant étrier que le couvreur ou le peintre s'attache aux jambes pour monter le long d'une corde à nœuds. — **3.** Pièce qui sert à tenir écartés, pendant l'habillage, les membres postérieurs d'une bête abattue.

JAMBIÈRE n. f. **1.** Autref., partie de l'armure qui protégeait la jambe. — **2.** Tube de tricot qui couvre la jambe de la cheville au genou ou à mi-cuisse et servant à garder les muscles chauds. (Syn. GUÊTRE.) — **3.** Courte guêtre placée sur le bas du pantalon. — **4.** Guêtre en cuir fixée par une courroie au-dessous du genou et pouvant remplacer la botte pour monter à cheval.

JAMBLIQUE de Syrie, écrivain grec (IIe s. apr. J.-C.). D'origine syrienne, il composa un roman, *les Babyloniques,* ou *Histoires babyloniennes,* sur les persécutions infligées à Rhodanès et Sinonis par Garmos, roi de Babylone.

JAMBLIQUE, philosophe grec (Chalcis, Cœlésyrie, v. 250 - 330). Les deux traités que nous avons gardés de lui le montrent partisan du platonisme et défenseur du panthéon grec classique. Mais son polythéisme est unifié par une vue rationaliste fondée sur l'idée de la toute-puissance des mathématiques. Il est l'un des derniers grands adversaires du christianisme.

JAMBOL, v. de Bulgarie, ch.-l. de distr., sur la Tundža ; 99 400 hab.

JAMBON n. m. (de *jambe*). **1.** Morceau de porc correspondant au membre postérieur, préparé cru ou cuit. — **2.** *Pop.* Cuisse.
ENCYCL. Le jambon est utilisé après salage. Il peut alors être cuit ou demeurer cru. Le jambon cuit peut être désossé et moulé (jambon de Paris) ou être présenté avec os (jambon d'York). Le jambon cru est séché et subit une maturation ; il peut être fumé. Il est souvent vendu en précisant son origine (jambon de Bayonne, de Parme).

JAMBONNEAU n. m. **1.** Portion inférieure du membre antérieur et du membre postérieur de la carcasse de porc. — **2.** Nom usuel des coquillages du genre *pinna.*

JAMBONNETTE n. f. Plat de viande de volaille présentée roulée, comme un jambonneau.

JAMBOREE [ʒɑ̃bɔre ou ʒambɔri] n. m. Réunion internationale de scouts.

JAMBOSE n. f. (port. *jambos*). Fruit du jambosier.

JAMBOSIER n. m. Arbre fruitier de l'Inde, du genre *eugenia,* cultivé pour son fruit comestible, la jambose.

JAMBYL → DJAMBOUL.

JAMES *(baie),* partie sud de la baie d'Hudson, partagée entre le Québec et l'Ontario. Ce nom désigne aussi un gigantesque complexe hydroélectrique sur la Grande* Rivière (Québec).

JAMES (William), philosophe américain (New York 1842 - Chocorua, New Hampshire 1910). Il a fondé le premier laboratoire de psychologie américain, à Harvard, en 1876. Sa conception philosophique repose sur l'anti-intellectualisme et le pragmatisme. Ses idées annoncent le courant béhavioriste. Il a écrit notamment *The Principles of Psychology* (1890), *The Varieties of Religious Experience* (1902).

JAMES (Henry), romancier britannique d'origine américaine (New York 1843 - Londres 1916), frère du précédent. Il se prit, au cours d'une adolescence cosmopolite, de passion pour l'Europe, où il choisit de se fixer. Auteur d'une œuvre importante, dont la technique s'apparente à Hawthorne dans ses romans, il joue de son appartenance à deux mondes contrastés pour définir une philosophie de la vie qui s'achève en méditation sur l'art de vivre, qui n'est pas autre chose que de vivre selon les exigences et les ambiguïtés de l'art (*Daisy Miller,* 1878 ; *Ce que savait Maisie,* 1897 ; *le Tour d'écrou,* 1898 ; *les Ailes* de la colombe,* 1902 ; *les Ambassadeurs*,* 1903 ; *la Coupe* d'or,* 1904).

JAMES (Elmore BROOKS, dit **Elmore**), chanteur et guitariste de blues américain (Richland, Mississippi, 1918 - Chicago 1963). Il a développé un style de guitare, hérité de Robert Johnson, d'une exceptionnelle force dramatique. D'une voix dure et éraillée, il chante le blues de la solitude avec une émotion profonde.

JAMES (Phyllis Dorothy, dite **P.D.**), romancière britannique (Oxford 1920). Une des reines du roman policier, elle a pour héros l'inspecteur poète Adam Dalgliesh et la détective Cordelia Gray (*Une folie meurtrière,* 1963 ; *Meutre dans un fauteuil,* 1975 ; *l'Île des morts,* 1982 ; *Un certain goût pour la mort,* 1986 ; *Par action et par omission,* 1989).

JAMESON (*sir* Leander Starr), médecin et homme politique britannique (Édimbourg 1853 - Londres 1917). L'un des meilleurs agents de la British South African Company, il conduisit le raid qui renversa le gouvernement Kruger (29 déc. 1895 -2 janv. 1896). Il devint ensuite Premier ministre du Cap (1904-1908), puis chef du parti majoritaire des unionistes sud-africains (1910-1912).

JAMES RIVER, riv. des États-Unis (Dakota du Nord et du Sud), affl. du Missouri (r. g.) ; 1 143 km (bassin de 56 980 km^2).

JAMES RIVER, riv. de l'est des États-Unis, née dans les Appalaches, qui passe à Richmond et rejoint la baie de Chesapeake ; 800 km environ.

JAMESTOWN, ch.-l. de l'île de Sainte-Hélène (Atlantique sud) ; 1 500 hab. Résidence du gouverneur.

JAMESTOWN ISLAND, île de l'estuaire de la *James River* (Virginie), site du premier établissement anglais permanent en Amérique. Parc national historique, haut lieu touristique.

JAMMES (Francis), poète et romancier français (Tournay, Hautes-Pyrénées, 1868 - Hasparren, Pyrénées-Atlantiques, 1938). Son goût de la poésie naïve et de la simplicité rustique (*De l'Angélus de l'aube à l'Angélus du soir,* 1898 ; *le Deuil des primevères,* 1901) s'unit à une sensibilité romanesque et romantique (*Clara d'Ellébeuse,* 1899). Converti au catholicisme par Claudel en 1905, il donna désormais à ses œuvres une atmosphère religieuse (*les Géorgiques chrétiennes,* 1911-12).

JAMMU, v. de l'Inde, au Cachemire, cap. (avec Srinagar) de l'État de Jammu-et-Cachemire ; 206 135 hab.

JAMMU-ET-CACHEMIRE, État le plus septentrional de l'Inde ; 101 000 km² ; 7 718 700 hab. Cap. *Srinagar* et *Jammu.* (→ CACHEMIRE.)

JAMNĀ → YAMUNĀ.

JĀMNAGAR, v. de l'Inde (Gujerat), près du golfe de Kutch ; 365 464 hab. Métallurgie. Chimie. Textile.

JAMNITZER, famille d'orfèvres et de graveurs ornemanistes allemands dont les plus illustres sont WENZEL (Vienne 1508 - Nuremberg 1585), maître à Nuremberg en 1534, et son petit-fils CHRISTOPH (Nuremberg 1563 - *id.* 1618).

JAMOIS (Marguerite), actrice française (Paris 1901 - *id.* 1964). Épouse de Gaston Baty, elle fut son interprète tant au Studio des Champs-Élysées qu'au théâtre Montparnasse, qu'elle dirigea à partir de 1943. Elle connut aussi de grands succès dans *Phèdre, la Mégère apprivoisée, Lady Macbeth,* etc. Elle mit en scène *le Journal d'Anne Frank.*

JAMOT (Paul), historien d'art français (Paris 1863 - Villerville 1939). D'abord archéologue, puis conservateur au Louvre, il a publié des monographies sur Degas, les Le Nain, Manet, etc. Il a légué ses collections personnelles au musée de Reims, au Louvre et au M. N. A. M.

JAM-SESSION [dʒamseʃən] n. f. (pl. *jam-sessions*) [angl. *jam,* foule, et *session,* réunion]. Réunion de musiciens de jazz improvisant librement pour leur propre plaisir.

JAMSHEDPUR, v. de l'Inde (Bihār) ; 834 535 hab. Centre sidérurgique, créé, en 1907, par D. J. Tata. Carrefour routier et ferroviaire.

JAMYN (Amadis), poète français (Chaource v. 1540 - Paris 1593). Disciple de Ronsard, il traduisit les treize derniers chants de *l'Iliade,* continuant l'entreprise de Hugues Salel, et les trois premiers chants de *l'Odyssée.*

JAN [ʒɑ̃] n. m. (de *faire jean,* faire deux points au trictrac, du prénom *Jean*). **1.** Au trictrac, chacune des deux tables de jeu. — **2.** Figure de jeu par laquelle on peut gagner ou perdre des points au trictrac.

JANÁČEK (Leoš), compositeur tchèque (château de Hukvaldy, Sklenov, 1854 - Moravská Ostrava, Moravie, 1928). Il enseigna la musique au lycée de Brno, dirigeant parallèlement l'école d'orgue de la ville (1881-1919). Il entreprit une collecte systématique de chants populaires, dont la sève alimenta toute son œuvre et sa pensée politique. Foncièrement nationale et ethnique, cette œuvre ouvre des horizons nouveaux par ses mélodies insolites, ses rythmes caractéristiques, ses harmonies et son instrumentation colorée. Les opéras de Janáček sont imprégnés de l'idéologie socialiste, depuis le romantique *Šárka* (1887) jusqu'aux chefs-d'œuvre de la maturité (*Kát'a Kabanová,* 1921), en passant par le réaliste *Jenůfa* (1904) et la poétique *Petite Renarde rusée* (1923). Janáček composa parallèlement de la musique religieuse, dont la *Messe glagolitique,* sur un texte en slavon (1926). Dans sa musique instrumentale, il évite la musique pure et, tout en conservant les formes traditionnelles, leur choisit un support littéraire (*Tarass Boulba,* 1915).

JANCSÓ (Miklós), cinéaste hongrois (Vać 1921). En 1958, il met en scène son premier long métrage *(Les cloches sont parties à Rome).* Après *Cantate* (1963), son talent éclate dans *Mon chemin* (1965) et dans *les Sans-Espoir* (1966). Ensuite, il réalise *Rouges et Blancs* (1967), *Silence et cri* (1968), *Ah ! ça ira* (1969), *Sirocco d'hiver* (1969), *Agnus Dei* (1971), *Psaume rouge* (1972), *Pour Électre* (1975), *Rhapsodie hongroise* (1979), *la Saison des monstres* (1987), *l'Horoscope de Jésus-Christ* (1990).

Jane Eyre, roman de Charlotte Brontë (1847). Une jeune gouvernante s'éprend de son employeur, lui-même prisonnier d'un mariage invivable dont le libérera un incendie où il perdra la vue.

JANEQUIN (Clément), compositeur français (Châtellerault ? v. 1485 - Paris 1558). Il réside à Bordeaux pendant 25 ans, protégé par deux grands personnages d'Église. De 1531 à 1549, il séjourne en Anjou, curé puis maître de la psallette de la cathédrale d'Angers (1534). À partir de 1549, il se trouve à Paris, où il rencontre le jeune Cl. Goudimel, et, grâce à lui, il participe au supplément musical des *Amours* de Ronsard (1552). En 1555, il entre à la chapelle royale sous l'autorité de Cl. de Sermisy. En 1558, il est nommé compositeur ordinaire du roi. La partie la plus représentative de son art est constituée par env. 250 chansons à 3 et 4 voix, parmi lesquelles ses chansons à programme dépassent toutes les tentatives contemporaines de musique imitative : citons *la Guerre,* dite « Bataille de Marignan », *le Chant des oiseaux, la Chasse, les Cris de Paris.* Janequin peut être tenu pour le chef de l'école « parisienne » de la chanson et symbolise les tendances les plus originales de la Renaissance.

JANET (Pierre), philosophe et psychiatre français (Paris 1859 - *id.* 1947). Il soutient en 1889 une thèse de doctorat de philosophie sur l'*Automatisme psychologique.* Il entreprend des études de médecine et soutient en 1893 une thèse sur *les Accidents mentaux des hystériques* à partir d'observations qu'il a pu faire à la Salpêtrière dans le service de Charcot, qui y avait créé pour lui le laboratoire de psychologie expérimentale. En 1902, il succède au Collège de France à Th. Ribot à la chaire de psychologie expérimentale. Pour Janet, hystérie et psychasthénie résultent d'un déficit de la *force psychologique,* entraînant notamment le développement d'idées fixes subconscientes qui sont la trace d'événements vécus traumatisants. Il ne suffit pas d'amener ces idées à la conscience pour guérir le patient, il faut les détruire en les dissociant ou en les transformant.

JANGADA n. f. (port. *jangada,* du tamoul). Radeau équipé d'une voile triangulaire, utilisé par les pêcheurs brésiliens de la région de Recife.

JANICKI (Klemens), poète polonais d'expression latine (Januszkowo 1516 - Cracovie 1542 ou 1543). Humaniste, il est l'auteur de poésies lyriques (*Tristium liber, Elegiarum liber, Epigrammatum liber,* 1542).

JANICULE *(mont),* en lat. **Janiculum,** colline située sur la rive droite du Tibre, dont elle est séparée par la plaine du Trastevere. Elle était consacrée à Janus.

JANIN (Jules), écrivain français (Saint-Étienne 1804 - Paris 1874). Romancier d'inspiration romantique (*l'Âne mort et la Femme guillotinée,* 1829), il tint à partir de 1830 la critique dramatique du *Journal des débats* et réunit ses feuilletons sous le titre d'*Histoire de la littérature dramatique* (1853-1858). [Acad. fr., 1870.]

JANINET (Jean-François), graveur français (Paris 1752 - *id.* 1814), un des meilleurs praticiens de la gravure en couleurs de son époque.

JANISSAIRE n. m. (ital. *giannizzero,* du turc *yeni çeri,* nouvelle troupe). Soldat d'une infanterie régulière turque, employée du XIVe au XIXe s.
ENCYCL. Corps de mercenaires institué par le sultan Orhan (1324/6-1359), l'*ocak des janissaires* était composé d'enfants chrétiens enlevés à leurs familles ou fournis en tribut par les peuples vaincus. Infanterie redoutable, elle joua un rôle important dans les conquêtes de l'Empire ottoman. En raison de l'ingérence croissante des janissaires dans le domaine politique, Mahmud II les fit massacrer presque tous (1826) et abolit l'institution.

JANKÉLÉVITCH (Vladimir), philosophe français (Bourges 1903 - Paris 1985). Sa réflexion s'est portée sur l'analyse existentielle (*la Mauvaise Conscience,* 1933 ; *Traité des vertus,* 1949 ; *la Mort,* 1966 ; *le Je-ne-sais-quoi et le Presque-rien,* 3 vol., 1981). Il s'est aussi intéressé à la musique (*Ravel,* 1939).

JAN MAYEN, île norvégienne de l'océan Arctique, à 71° de latitude N. ; 372 km² ; 30 hab. Elle fut découverte en 1611 par le navigateur hollandais Jan May. Station de radio et poste météorologique.

JANNE (Henri), sociologue belge (Bruxelles 1908). Partisan d'une « sociologie générale », il utilise conjointement des méthodes quantitatives et qualitatives (*le Système social,* 1968).

JANNINA → IOÁNNINA.

JANNINGS (Theodor Emil JANENZ, dit **Emil**), acteur allemand (Rorschach, Suisse, 1884 - Strobl, Wolfgangsee, Autriche, 1950). Engagé en 1906 par Max Reinhardt, il se consacra au théâtre jusqu'en 1917. Ernst Lubitsch lui confia alors son premier rôle à l'écran. Il tourna *Madame du Barry* (1919), *Danton* (1921), *les Frères Karamazov* (1921), *Othello* (1922), *le Cabinet des figures de cire* (1924) et surtout *le Dernier* des hommes* (1924), *Variétés* (1925) et *Tartuffe* (1925). Parti à Hollywood, il y interpréta, notamment, *Quand la chair succombe* (1927) et *le Patriote* (1928). Rentré en Allemagne, il triompha dans *l'Ange* bleu* (1930). Sa carrière se poursuivit dans plusieurs autres films, dont *les Deux Rois* (1935) et *le Président Kruger* (1941).

JANNIOT (Alfred), sculpteur français (Paris 1889 - Neuilly-sur-Seine 1969). Il est surtout l'auteur de hauts- et bas-reliefs monumentaux (musée des Colonies, auj. des Arts africains et océaniens, Paris, 1931 ; palais de Tōkyō, 1937).

JANNU, sommet de l'Himālaya du Népal, à l'O. du Kangchenjunga ; 7 710 m. Première ascension en 1962, lors d'une expédition conduite par L. Terray.

JANOT (Maurice Maire), pharmacien et médecin français (Plombières-les-Bains 1903 - Paris 1978). Ses travaux théoriques sur les alcaloïdes des pervenches indigènes et exotiques (vincamine, vincamédine) ont reçu des applications thérapeutiques en chimiothérapie anticancéreuse.

JANOWITZ (Gundula), soprano allemande (Berlin 1937). Elle a débuté en 1960 à Vienne. Son répertoire comprend l'opéra italien et allemand, mais, depuis 1970, elle se consacre également au lied.

JANSEN (Zacharias), opticien néerlandais (La Haye v. 1588 - Amsterdam 1628 ou 1631). On lui attribue parfois l'invention de la lunette d'approche.

JANSÉNISME n. m. (de *Jansénius,* n. pr.). **1.** Doctrine de Jansénius et de ses disciples ; mouvement religieux animé par ses partisans. — **2.** *Litt.* Piété et morale austères, parfois pédantes.
ENCYCL. Le jansénisme prend ses racines au XVIe s. dans les conflits qui opposent augustiniens et molinistes autour de la notion de grâce divine. Tandis que l'école de saint Augustin (augustinisme) donne une très large part à l'initiative divine face à la liberté humaine, les jésuites, et particulièrement Molina, accordent davantage à celle-ci. Le molinisme gagnant rapidement du terrain, à Louvain notamment, ses adversaires contre-attaquent avec, pour chef de file, Jansénius, dont l'ouvrage posthume, l'*Augustinus*

(1640), devient la bible de ceux qu'on va désormais appeler jansénistes. Ces derniers trouvent, en France, une audience très forte auprès des religieuses de Port-Royal, dirigées par l'abbé de Saint-Cyran et fortement influencées par la famille Arnauld. En 1642, puis en 1653, Rome condamne cinq propositions extraites de l'*Augustinus :* les jansénistes affirment qu'elles ne s'y trouvent pas ; Blaise Pascal mène pour eux la controverse dans les *Provinciales* (1656). Rome renouvelle sa condamnation. Dès lors, aux yeux de Mazarin, puis de Louis XIV, le jansénisme apparaît comme un élément de division de l'État : Port-Royal est particulièrement visé. En 1709, les religieuses sont définitivement expulsées. Cependant, le parti janséniste n'a pas disparu ; après la mort d'Antoine Arnauld (1694), son chef est l'oratorien Pasquier Quesnel, auteur, notamment, des *Réflexions morales* (1671-1699), qui font l'objet d'une nouvelle condamnation romaine (bulle *Unigenitus,* 1713). L'exil de Quesnel n'empêche pas le jansénisme de se répandre hors de France, notamment aux Pays-Bas, dans les Provinces-Unies et en Italie, tandis qu'en France un groupe très important du clergé *(appelants)* en appelle du pape à un futur concile général (1717). Allié au gallicanisme, le jansénisme a imprégné profondément la mentalité religieuse au XVIIIe s et même au-delà, un certain « esprit janséniste » caractérisant encore, à l'époque contemporaine, l'enseignement moral d'un nombre important de gens d'Église.

JANSÉNISTE adj. et n. **1.** Qui appartient au jansénisme, qui en est partisan. — **2.** *Litt.* Qui montre une vertu austère.
◆ adj. **1.** Relatif au jansénisme. — **2.** Se dit d'une reliure sans décor.

JANSÉNIUS (Cornelius JANSEN, dit), évêque d'Ypres (Acquoy, près de Leerdam, Hollande, 1585 - Ypres 1638). Partisan de l'augustinisme intégral face aux jésuites, ami de Du Vergier de Hauranne, abbé de Saint-Cyran, il vécut dix ans (1604-1614) en France avant de prendre la tête d'un collège à Louvain et de devenir (1635) évêque d'Ypres. Toute sa pensée - qui influença le jansénisme au point de lui donner son nom - est contenue dans l'*Augustinus,* ouvrage auquel il travailla toute sa vie et qui parut deux ans après sa mort (1640).

JANSKY (Karl Guthe), ingénieur américain (Norman, Oklahoma, 1905 - Red Bank, New Jersey, 1950). En recherchant les causes des parasites perturbant les radiocommunications transatlantiques sur ondes courtes, il découvrit l'émission radioélectrique du centre de la Galaxie (1931), ouvrant ainsi l'ère de la radioastronomie.

Jan Smuts, aéroport international de Johannesburg (Afrique du Sud), au N.-E. de la ville.

JANSSEN (Jules), astronome et physicien français (Paris 1824 - Meudon 1907). Il est surtout connu pour ses travaux de physique solaire. En 1868, il décela, en même temps que Lockyer, l'existence de l'hélium dans l'atmosphère solaire. En 1876, il fonda l'observatoire de Meudon, devenu la section d'astrophysique de l'Observatoire de Paris. (Acad. des sc., 1873.)

JANSSENS (Abraham), peintre flamand (Anvers v. 1574 - *id.* 1632). Formé dans l'ambiance du romanisme et des courants divers du maniérisme italien, mais progressivement influencé par son rival, Rubens, il a donné des peintures mythologiques, religieuses et allégoriques d'un style vigoureux.

JANSSENS (Jean-Baptiste), religieux belge (Malines 1889 - Rome 1964), général des jésuites de 1946 à sa mort.

JANTE n. f. (p.-ê. lat. pop. **cambita,* du gaul. *cambo-,* courbé). **1.** Partie circulaire à la périphérie d'une roue de véhicule, d'un volant, d'une poulie. — **2.** Roue d'un véhicule automobile, hormis les pneumatiques. — **3.** *Effort à la jante,* effort que peut fournir une locomotive pour la traction d'un train, machine comprise (par oppos. à *l'effort au crochet*). ‖ *Puissance à la jante,* puissance recueillie aux roues tractrices d'une automobile. (Elle est plus faible que la puissance du moteur, puisqu'il faut tenir compte des pertes par frottement dans la transmission.)

JANTHINE n. f. (gr. *ianthinos,* violet). Mollusque gastropode pélagique, qui sécrète un flotteur muqueux et écumeux sous lequel il pond ses œufs.

JANUS [-nys] n. m. (lat. *Janus*). **1.** Porte voûtée ou en forme d'arc, servant de passage sur une voie publique romaine. — **2.** Hyménoptère symphyte (« mouche à scie »), dont la larve vit en parasite des chênes, des peupliers, des rosiers et des poiriers.

JANUS, l'un des anciens dieux de Rome, représenté avec deux visages opposés, que l'on retrouve sur les plus anciennes monnaies romaines (début du IIIe s. av. J.-C.). Janus était le dieu des portes (en lat. *janua*) et plus généralement des passages, comme le passage d'une année à l'autre. Le premier mois de l'année (*januarius,* janvier) et le premier jour du mois lui étaient consacrés. Les portes de son sanctuaire, sur le Forum, étaient ouvertes en temps de guerre et fermées en temps de paix.

JANUS, dixième satellite de Saturne, découvert en 1966 par le Français Audouin Dollfus. Demi-grand axe de son orbite : 151 500 km. Période de révolution sidérale : 0,694 j. Dimensions : 220 × 200 × 160 km. Il décrit pratiquement la même orbite que le satellite Épiméthée et contrôle, par un effet de résonance gravitationnelle, la limite extérieure de l'anneau A de Saturne.

JANVIER n. m. (bas lat. *jenuarius,* du lat. class. *januarius,* de *Janus*). Premier mois de l'année.

Janvier *(édit de)* [17 janv. 1562], édit promulgué à Saint-Germain-en-Laye par Catherine de Médicis et qui accordait aux protestants la liberté de culte hors des villes closes.

JANVIER *(saint),* en ital. **Gennaro,** évêque de Bénévent (Naples ou Bénévent v. 250 -Pouzzoles 305). À Naples, dont il est le patron, sont conservés, dans le trésor de la cathédrale, son chef et deux ampoules de son sang. Lors des « miracles de saint Janvier », le sang coagulé se liquéfie et entre en ébullition dès qu'il est rapproché de la tête.

JANVIER (Antide), horloger français (Avignon, près de Saint-Claude, 1751 - Paris 1835). On lui doit des horloges parvenant à donner des indications très complexes (astronomiques, géographiques, etc.) au moyen de rouages relativement simples.

JANVILLE (28310), ch.-l. de cant. d'Eure-et-Loir, dans la Beauce ; 1 760 hab. *(Janvillois).*

JANZÉ (35150), ch.-l. de cant. d'Ille-et-Vilaine, à 25 km au S.-E. de Rennes ; 4 569 hab. *(Janzéens).* Marché. Zoo.

JAPET, huitième satellite de Saturne, découvert en 1671 par Jean Dominique Cassini. Période de révolution sidérale : 79,33 j. Demi-grand axe de son orbite : 3 561 300 km. Diamètre : 1 460 km. Densité : 1,2. Il tourne toujours la même face vers Saturne et, curieusement, son hémisphère arrière (par rapport à la direction du mouvement orbital) est très brillant, tandis que son hémisphère avant est extrêmement sombre.

JAPHET, patriarche hébreu, fils de Noé, frère de Sem et de Cham, un des ancêtres de l'humanité d'après le Déluge, selon la Bible.

JAPHÉTIQUE adj. (de *Japhet,* n. pr.). Se dit, dans la théorie de Marr, des langues caucasiennes.

JAPON n. m. **1.** Porcelaine du Japon. – **2.** *Papier japon* ou *japon* (n. m.), papier blanc ou légèrement jaune, soyeux, satiné, nacré, fabriqué autrefois au Japon avec l'écorce de mûrier et qui servait aux tirages de luxe ; papier fait en Europe à l'imitation du papier japon.

JAPON, en jap. **Nippon** ou **Nihon** (« pays du Soleil-Levant »), État de l'Asie orientale, formé essentiellement de quatre îles *(Honshū, Hokkaidō, Shikoku* et *Kyūshū) ;* 373 000 km^2 ; 125 400 000 hab. *(Japonais).* CAP. *Tōkyō.* LANGUE : *japonais.* MONNAIE : *yen.*

Géographie.

• *Le milieu naturel et la population.* Le Japon se situe au sixième rang dans le monde pour la population, mais au deuxième rang dans l'économie mondiale (son P. N. B. représentant environ 60 % de celui des États-Unis). Mais il ne doit guère sa prospérité aux conditions offertes par le milieu. La montagne domine, les plaines ne couvrant que 16 % du territoire ; la forêt en occupe les deux tiers. Le pays n'est pas à l'abri des tremblements de terre, des éruptions volcaniques, des typhons et raz de marée. Dans le domaine de la mousson, le Japon a des étés chauds et humides, mais l'hiver est rigoureux dans le nord, enneigé sur le versant ouest. En fait, à peine le quart du territoire est utilisé, si bien que le pays est l'un des plus densément peuplés du monde. Toutefois, en raison de la chute du taux de natalité, la population ne s'accroît plus que lentement (en dépit de la longue espérance de vie : près de 75 ans pour les hommes et de 81 ans pour les femmes). Cette population est fortement urbanisée (à près de 80 %) avec une dizaine de villes millionnaires (dont Tōkyō, Ōsaka, Yokohama, Nagoya).

• *L'économie.* L'industrie, moteur de la croissance économique depuis 1950, occupe le tiers des actifs. Elle se caractérise, d'une part, par le volume des importations de matières premières et celui des exportations (95 % des produits manufacturés), et, d'autre part, par la juxtaposition d'énormes sociétés et de multiples petites entreprises (souvent sous-traitantes des premières). Toutes les branches sont représentées, et une recherche active permet la mise sur le marché de produits nouveaux. Le pays se situe aux premiers rangs mondiaux dans la sidérurgie, la construction automobile (véhicules utilitaires et motos) et navale, les constructions électriques et électroniques (téléviseurs et magnétoscopes), la chimie (plastiques, caoutchouc, fibres synthétiques). L'énergie est importée, le sous-sol donne très peu de charbon, et le nucléaire, développé, ne fournit que 20 % de la production totale d'électricité.

L'agriculture emploie environ 7 % des actifs et satisfait moins de 75 % des besoins nationaux. Le riz demeure, et de loin, la principale culture. L'élevage (bovins et surtout porcins) occupe une place plus modeste, moindre que la pêche, qui est active sur toutes les mers du monde.

Les services occupent désormais près de 60 % de la population active, mais le traditionnel et important excédent de la balance commerciale résulte essentiellement des exportations industrielles. Les ventes représentent 15 % du volume de la production, part moyenne compte tenu de la dimension du marché intérieur. Elles sont dirigées pour une bonne part vers les autres pays développés (Europe occidentale et surtout États-Unis), qui, en raison d'un protectionnisme déguisé, peinent pour pénétrer sur le marché japonais. En outre, une stratégie d'implantations d'établissements industriels (surtout aux États-Unis et dans les pays de l'Union européenne, mais aussi dans les pays du Sud-Est asiatique) est mise en place. Les grands fournisseurs du Japon sont, après les États-Unis, les pays pétroliers. La balance des paiements est en partie rééquilibrée par les sorties de capitaux (investissements à l'étranger), destinés en fait à stimuler les exportations.

Ruiné à l'issue de la Seconde Guerre mondiale, le Japon a connu une croissance exceptionnellement rapide ensuite. Le niveau de vie moyen a fortement progressé et le produit par habitant a dépassé celui de la France. Il y a cependant quelques contreparties : une évidente dépendance vis-à-vis des marchés extérieurs (avec une concurrence accrue de pays récemment industrialisés et la périodique menace de protectionnisme des autres pays développés), une certaine négligence de l'environnement (pollution urbaine et industrielle), un malaise social plus nouveau (le traditionnel sacrifice de l'individu à l'entreprise ou à la nation est moins bien supporté). Le chômage est encore réduit, mais les coûts salariaux et la valeur du yen ont provoqué récemment une multiplication des délocalisations industrielles.

Histoire.

• *L'État antique.* Selon la tradition, le Japon a été créé en 660 av. J.-C. par l'empereur Jimmu tennō, descendant de la déesse Amaterasu (le Soleil). Mais, en fait, ce n'est qu'à partir du Ve s. de notre ère qu'existe dans l'archipel nippon une confédération de « royaumes », organisés en clans très hiérarchisés. Aux VIe et VIIe s., l'État du Yamato s'impose en adoptant les principes moraux et politiques du bouddhisme (introduit v. 538, date généralement admise comme début de la période historique du Japon) et du confucianisme venus de Chine.

710-794 : Période de Nara, ville où la cour de l'empereur s'établit.

794-1185 : Période de Heian (future Kyōto), où la cour est désormais installée. Cette période est marquée par l'affaiblissement progressif du clan des Fujiwara qui, depuis 858, avaient en main tous les pouvoirs. Deux familles aristocratiques, les Taira et les Minamoto, s'opposent en une lutte acharnée, d'où les Minamoto sortent vainqueurs.

• *Le shōgunat.*

1192 : Yoritomo, le chef du clan Minamoto, établit un gouvernement militaire, le shōgunat, à Kamakura. Le gouvernement impérial se maintient, mais sans pouvoir réel, à Kyōto, l'autorité réelle appartenant au shōgun (général) et à son gouvernement.

1205-1333 : Le clan des Hōjō détient le pouvoir effectif. Il triomphe des deux invasions mongoles (1274-1281).

1338 : Le clan Ashikaga s'empare du shōgunat. Le shōgunat des Ashikaga (1338-1573), établi à Kyōto, est une période d'anarchie politique au cours de laquelle la puissance croissante des grands daimyō (seigneurs féodaux) et des monastères bouddhiques provoque des luttes internes.

1542 : L'archipel japonais est atteint pour la première fois par les Européens (Portugais puis Espagnols). Viennent ensuite les missionnaires catholiques, dont le plus célèbre est François Xavier.

1585-1598 : Toyotomi Hideyoshi, Premier ministre de l'empereur, unifie le Japon.

1603-1605 : Tokugawa Ieyasu s'installe à Edo (Tōkyō), se déclare shōgun héréditaire et dote le Japon d'institutions stables.

Son accession au pouvoir inaugure la période d'Edo ou des Tokugawa (1603-1867). Le shōgunat devient de plus en plus autoritaire. Après la rébellion de 1637, au cours de laquelle les chrétiens sont massacrés, le pays est fermé aux étrangers (sauf aux Chinois et aux Hollandais). Cette époque se caractérise par la montée rapide de la classe des commerçants.

1854 : Le Japon est contraint par les armes de signer un accord de commerce avec les États-Unis. Des avantages semblables sont bientôt accordés à d'autres pays, ce qui provoque des mouvements xénophobes.

1867-68 : Le shōgunat disparaît. L'empereur Mutsuhito détient seul le pouvoir.

Commence alors l'ère Meiji ou « du gouvernement éclairé ».

• *L'ère Meiji (1868-1912) et l'expansion japonaise jusqu'en 1945.* Le nouvel empereur s'installe à Tōkyō. Le pays s'ouvre largement à l'influence occidentale.

1889 : Á l'exemple de l'Occident, une Constitution établit une monarchie parlementaire. La modernisation économique est très rapide. Des associations de marchands et de financiers *(zaibatsu)* procèdent à l'électrification de l'archipel, créent un réseau de voies ferrées et édifient de grandes industries. Á l'extérieur, le Japon pratique une politique d'expansion.

1894-95 : Après une guerre victorieuse contre la Chine, le Japon annexe Formose (auj. Taiwan).

1904-05 : Guerre russo-japonaise.

Le traité de Portsmouth (1905) qui met fin à cette guerre permet aux Japonais de s'installer en Corée, annexée en 1910, et leur donne la souveraineté sur une partie de l'île de Sakhaline et des droits sur la Mandchourie.

1912 : Début du règne de l'empereur Yoshihito, qui inaugure l'ère Taishō.
Durant la Première Guerre mondiale, le Japon se range aux côtés des Alliés.
1919 : Le traité de Versailles donne au Japon un mandat sur les anciennes possessions allemandes en Extrême-Orient. Les années de guerre ont donné une grande impulsion à l'industrie et au commerce japonais.
1926 : Hirohito devient empereur et renforce le pouvoir central.
1931-32 : L'extrême droite nationaliste fait occuper toute la Mandchourie.
1937-38 : Le Japon occupe le nord-est de la Chine.
1940 : Il signe le traité tripartite avec l'Allemagne et l'Italie. La Seconde Guerre mondiale lui permet de mettre pleinement en œuvre sa politique d'expansion.
Déc. 1941 : L'aviation japonaise attaque la flotte américaine à Pearl Harbor.
1926 : Hirohito devient empereur, inaugurant l'ère Shōwa, et renforce le pouvoir central.
1942 : Les Japonais sont les maîtres du Sud-Est asiatique et d'une partie du Pacifique.
Août 1945 : Les bombardements atomiques sur Hiroshima et Nagasaki contraignent le Japon à capituler.
• *Le Japon depuis la guerre.* Le général MacArthur, commandant en chef des troupes d'occupation, impose au Japon, resté fidèle à l'empereur, une Constitution parlementaire (1946) et entreprend la démocratisation du pays.
1951 : Le traité de paix de San Francisco redonne au Japon sa pleine souveraineté. La vie politique est dès lors dominée par une forte majorité conservatrice (parti libéral-démocrate, ou P. L. D.). Sur le plan extérieur, l'entrée à l'O. N. U. (1956), le traité d'alliance militaire nippo-américain (1960) et le traité de paix et d'amitié avec la Chine (1978) renforcent la position du Japon dans le monde. Mais, surtout, le Japon devient une puissance économique de tout premier plan.
1982-1987 : Nakasone Yasuhiro, Premier ministre, libéralise l'économie et pratique une politique favorable à un renouveau du nationalisme.
1989 : Á la mort de Hirohito, son fils Akihito lui succède, inaugurant l'ère Heisei.
1993 : Le parti libéral-démocrate (P. L. D.) perd pour la première fois la majorité absolue aux élections.
Tandis que s'amorce une recomposition du paysage politique, des gouvernements de coalition se succèdent (dans lesquels le rôle du P. L. D. reste important : le nouveau président du parti, Hashimoto Ryutaro, est nommé Premier ministre en 1996).

JAPON *(fosse du),* fosse du Pacifique, à l'E. de Honshū, entre 36° (latit. de Tōkyō) et 42° N. (latitude du sud de Hokkaidō), dans le prolongement de la fosse des îles Bonin.

JAPON *(mer du),* mer marginale du Pacifique occidental, entre la Sibérie et la Corée et l'arc insulaire formée par Honshū, Hokkaidō et Sakhaline. Elle communique avec la mer de Chine orientale par les détroits de Tsushima et de Corée, avec la mer d'Okhotsk par la manche de Tartarie, avec le Pacifique par les détroits de La Pérouse et de Tsugaru. Superficie : 1 008 000 km².

JAPONAIS, E adj. et n. **1.** Du Japon. (Syn. NIPPON.) – **2.** *Feu japonais,* petit artifice qui, au cours de sa combustion, présente des aspects variés. ‖ *Papier japonais,* matériau de décoration formé d'une texture (à base d'herbes, de fibres, de raphia, de jute), collée sur papier puis teint.

◆ **japonais** n. m. Langue parlée au Japon. (→ *encycl.*)

◆ **japonaise** n. f. Broderie exécutée en soies de couleurs et fils de métal.

ENCYCL. **Ling.** Le japonais est parlé sur toute l'étendue de l'archipel nippon par la quasi-totalité de la population. Sa parenté avec d'autres langues reste encore mal établie, mais il est probable que des liens existent avec le coréen. Les premières inscriptions en japonais, faites au moyen de caractères idéographiques empruntés à la Chine, datent du VIe s. apr. J.-C. Le japonais moderne connaît trois systèmes d'écriture qui coexistent de façon syncrétique : un système idéographique d'origine chinoise (les kanji) et deux syllabaires (les kana) comportant chacun 41 graphèmes de base et 25 graphèmes à signe diacritique. Tandis que les kanji permettent de représenter les unités lexicales, un des syllabaires, le hiragana, sert à noter les mots grammaticaux, et l'autre, le katakana, sert à transcrire les mots empruntés aux langues étrangères autres que le chinois. Le lexique du japonais contemporain contient une proportion considérable de termes d'origine chinoise (52 % contre 45 % de mots d'origine japonaise).

JAPONAISERIE ou **JAPONERIE** n. f. **1.** Caractère japonais de qqch. – **2.** Objet d'art ou de curiosité originaire du Japon.

JAPONISANT, E n. Spécialiste de la langue et de la civilisation japonaises.

◆ adj. Se dit d'un artiste, d'une œuvre qui s'inspirent des formes de l'art japonais traditionnel.

JAPONISER v. t. (conj. 3). Rendre japonais, s'inspirer de ce qui est japonais : *Japoniser les méthodes de travail.*

JAPONAIS

katakana

n	w	r	y	m	h	n	t	s	k		
	ワ	ラ	ヤ	マ	ハ	ナ	タ	サ	カ	ア	a
		リ		ミ	ヒ	ニ	チ	シ	キ	イ	i
		ル	ユ	ム	フ	ヌ	ツ	ス	ク	ウ	u
		レ		メ	ヘ	ネ	テ	セ	ケ	エ	e
ン	ヲ	ロ	ヨ	モ	ホ	ノ	ト	ソ	コ	オ	o

hiragana

n	w	r	y	m	h	n	t	s	k		
	わ	ら	や	ま	は	な	た	さ	か	あ	a
		り		み	ひ	に	ち	し	き	い	i
		る	ゆ	む	ふ	ぬ	つ	す	く	う	u
		れ		め	へ	ね	て	せ	け	え	e
ん	を	ろ	よ	も	ほ	の	と	そ	こ	お	o

Les deux syllabaires japonais

JAPONISME n. m. Mode et influence des œuvres et objets d'art du Japon en Occident (seconde moitié du XIXe s.).

ENCYCL. Favorisée par les Expositions internationales de 1862 à Londres et de 1867 et 1878 à Paris, la vogue de l'art japonais (des estampes notamment), célébré par la critique (Baudelaire, les Goncourt, Ph. Burty), a bouleversé la vision des maîtres occidentaux. Au-delà des emprunts directs faits au répertoire nippon (arts décoratifs ; en peinture, Whistler, Tissot...), une conception plastique nouvelle se fit jour (asymétrie, absence de profondeur, vues angulaires, aplats de couleur) et bien des aspects des mouvements artistiques de la 2e moitié du XIXe s., depuis l'impressionnisme jusqu'à l'Art nouveau, ne peuvent s'expliquer sans une référence aux modèles japonais (citons, parmi les peintres touchés : Manet, Degas, Van Gogh, Gauguin, Seurat, Bonnard, Mucha...).

JAPONISTE n. Amateur d'œuvres d'art du Japon.

JAPONOLOGIE n. f. Étude scientifique de la langue et de la civilisation japonaises.

JAPONOLOGUE n. Spécialiste de japonologie.

JAPPEMENT n. m. **1.** Aboiement des jeunes chiens, qui ont la voix aigre et perçante. – **2.** Cri du chacal.

JAPPER v. i. (onomat.) [conj. 3]. **1.** Aboyer, en parlant des petits chiens. – **2.** Crier, en parlant du chacal.

JAPRISOT (Jean Baptiste ROSSI, dit **Sébastien**), écrivain et scénariste français (Marseille 1931). D'abord attiré par le cinéma, il s'est tourné vers le roman policier, où il a introduit sa problématique personnelle (la recherche du père) et des éléments merveilleux (*Compartiment tueurs,* 1962 ; *l'Été meurtrier,* 1977 ; *la Passion des femmes,* 1986 ; *Un long dimanche de fiançailles,* 1991).

JAPURÁ → YAPURÁ.

JAPYX n. m. inv. Petit insecte diploure sans ailes, à l'abdomen terminé par une pince et qui vit sous les pierres dans les lieux chauds et arides.

1. JAQUE n. m. (port. *jaca,* du malayālam). Fruit du jaquier.

2. JAQUE n. m. ou f. (p.-ê. de *Jacques,* surnom des paysans français). Justaucorps à manches, de peau ou d'étoffe rembourrée et piquée, tombant à mi-cuisse (XIVe-XVe s.).

JAQUEMART ou **JACQUEMART** n. m. (anc. provenç. *jacomart,* de *Jaqueme,* Jacques). Automate frappeur du timbre ou de la cloche de certaines horloges monumentales. (Sous leur première forme, placés au sommet d'un beffroi, les jaquemarts remontent au XIVe s. [Courtrai] ; les *Mauri* de Venise sont du XVe s.)

JAQUERIO (Giacomo), peintre italien (Turin v. 1373 - ? 1453). Ses fresques reflètent les influences à la fois du gothique international et de l'art populaire local (église de Ranverso, près de Turin ; peut-être châteaux de Fénis et de la Manta).

JAQUES-DALCROZE (Émile), pédagogue et compositeur suisse (Vienne 1865 - Genève 1950). Son action dans la relance du folklore romand est essentielle. Mais son nom reste surtout attaché à sa théorie de la « gymnastique rythmique », système d'éducation né des rapports entre le mouvement et la perception musicale, dont se sont inspirés des danseurs et à laquelle la *modern dance* s'est également référée.

JAQUET-DROZ (Pierre), horloger suisse (La Chaux-de-Fonds 1721 - Bienne 1790). On lui doit notamment les trois célèbres automates conservés au musée de Neuchâtel : l'*Écrivain,* le *Dessinateur* et la *Musicienne.*

1. JAQUETTE n. f. (de *jaque 2*). **1.** Veste de l'habit masculin de cérémonie, ajustée à la taille et dont les pans, évasés par-devant, se prolongent dans le dos jusqu'à mi-jambes. — **2.** Syn. de VESTE TAILLEUR. — **3.** Manchon en métal qui renforce la partie antérieure du tube d'un canon ou bien est posé par-dessus les frettes. — **4.** Couronne de revêtement en céramique ou en résine synthétique, destinée à reconstituer l'émail et la dentine d'une dent lésée. (Syn. COURONNE-JACKET, JACKET.) — **5.** Enveloppe extérieure en tôle d'une chaudière.

2. JAQUETTE n.f. (angl. *jacket*). Chemise de protection imprimée d'un livre broché ou relié.

JAQUIER ou **JACQUIER** n. m. (de *jaque 1*). Arbre fruitier (moracée), voisin de l'arbre à pain, cultivé surtout en Malaisie, en Inde, aux Antilles pour ses énormes fruits qui pèsent jusqu'à 30 kg.

1. JAR ou **JARS** n. m. (abrév. de *jargon*). *Pop.* et *vx.* Argot du milieu.

2. JAR ou **JARD** n. m. (mot. dialect., du préceltique *carra,* pierre). Nom que les pêcheurs donnent à des amas de sable et de graviers qui se forment dans la Loire et sont balayés par les forts courants.

JARAIS ou **DJORAIS,** population malayo-polynésienne du Viêt-nam (plateau du Dac Lac), environ 200 000 personnes.

Jarama, circuit automobile d'Espagne, à une trentaine de kilomètres au N. de Madrid, d'un développement d'environ 3,4 km.

JARD → JAR 2 et JARRE 2.

JARDE n. f. ou **JARDON** n. m. (ital. *giarda*). Exostose de la région inféro-postérieure du jarret du cheval, faisant saillie et déformant son profil postérieur.

JARDIN n. m. (anc. fr. *gart* ou *jart,* du frq. **gart* ou **gardo*). **1.** Terrain, souvent clos, où l'on cultive des légumes, des fleurs, des arbres et arbustes fruitiers et d'ornement ou un mélange de ces plantes. — **2.** Espace aménagé pour la promenade ou le repos, dans un souci esthétique, et portant des pelouses, des parterres, des bosquets, des plans d'eau. (→ *encycl.*) — **3.** Plantation de théiers, fournissant un type de thé particulier. — **4.** *Litt.* Région particulièrement fertile en fruits, en fleurs : *La Touraine est le jardin de la France.* — **5.** *Côté jardin,* côté de la scène qui est à droite de l'acteur, donc à la gauche du spectateur, par oppos. à *côté cour.* ‖ *Jardin botanique* ou *jardin des plantes,* jardin où sont cultivées des espèces végétales munies d'une étiquette donnant leur nom scientifique, en vue de leur étude méthodique. ‖ *Jardin d'enfants* (calque de l'all. *Kindergarten*), établissement qui accueille les jeunes enfants entre la crèche et l'école maternelle ; dans certains établissements privés, classes enfantines avant le cours préparatoire. ‖ *Jardin familial,* parcelle de terre cultivée personnellement par l'exploitant agricole, en vue de subvenir aux besoins de sa famille, à l'exclusion de tout usage commercial. ‖ *Jardin de fourmi,* nid de certaines fourmis amazoniennes, édifié dans les buissons ou dans les tissus de plantes par apport de terre et de graines dont la germination fournira les aliments de la colonie. ‖ *Jardin d'hiver,* pièce munie de grandes verrières, aménagée pour la culture des plantes d'appartement. ‖ *Jardin japonais,* vase où l'on dispose et cultive des plantes grasses diverses. ‖ *Jardin ouvrier,* jardin potager situé soit à proximité de la maison d'habitation, soit sur un terrain spécialement aménagé en petites parcelles aux abords des villes, cultivé par une famille non paysanne. ‖ *Jardin public,* terrain planté mis à la disposition du public, et comportant éventuellement des aires de jeu pour les enfants. ‖ *Jeter une pierre dans le jardin de qqn,* lancer, directement ou indirectement, contre lui des paroles désagréables ; le dénigrer. ‖ *Velours* ou *lampas à jardin,* syn. de VELOURS OU LAMPAS À PARTERRE*.

ENCYCL. Des jardins les plus anciens, quelques textes et témoignages figurés nous sont parvenus (peintures des tombes égyptiennes, reliefs assyriens, tapis sassanides), auxquels s'ajoutent des relevés de plans au sol pour l'Antiquité classique, de la Grèce (jardins bordés de portiques, à caractère à la fois public et sacré, avec statues, tombes ou petits temples) à l'époque romaine (maison admettant progressivement des jardins à compositions complexes, de type alexandrin). La maîtrise des eaux permet le développement des jardins de la Rome impériale, où l'art *topiaire* fait des buis et des ifs des sculptures végétales, où l'imbrication des bâtiments et des terrasses, les surprises des points de vue se combinent à l'évocation de lieux mythologiques (villa Hadriana à Tivoli, 117-138). Inspiré par le Coran, l'islām des origines fait revivre la notion de « paradis » des Achéménides et des Sassanides : vaste parc sauvage, rythmé de forêts, de parterres de fruitiers et de canaux. Le jardin s'enclôt ensuite dans la demeure civile, qu'il agrémente, tandis que l'abstraction domine dans les parterres de broderies et les décors en céramiques des bassins (Alhambra de Grenade). Le plein épanouissement est atteint avec les créations des Moghols, où terrasses étagées, jeux d'eaux et massifs fleuris se répondent (Lahore, Āgrā et Srinagar).

Expression du mysticisme taoïste, le jardin chinois est un monde clos, propice à la contemplation, qui ne se découvre que graduellement le long de sentiers dont les courbes et les caprices entretiennent d'un espace à l'autre le charme et le mystère. « Montagnes et eaux » (rocailles, ruisseaux et lacs à signification cosmique) en sont les matériaux essentiels, qu'accompagnent une végétation variée, de caractère à la fois esthétique et symbolique, ainsi que de pittoresques *fabriques* (pavillons, portiques, ponts...). Cet art, élaboré dès le xe s., connaît son apogée à l'époque Ming (Pékin au nord, Nankin, Suzhou au sud). Émanation du jardin chinois et comme lui microcosme idéalisé, le jardin japonais n'en est pas moins création originale, comme le montre le fameux *Ryōan-ji* de Kyōto (1473), tout imprégné d'esprit zen.

Textes et, à partir du xve s., documents figurés laissent deviner la diversité des jardins de l'Occident médiéval, du *verger* (quadrangulaire, ceint de murs, de tonnelles ou de berceaux, de haies, planté d'arbres fruitiers, de fleurs et de simples, agrémenté de fontaines et de pavillons) au bocage irrégulier, tel le parc de Robert d'Artois à Hesdin (1295-1302), et au jardin *paysager,* naturel et pittoresque, imaginé au xve s. par le roi René en Anjou puis en Provence.

Les Italiens de la Renaissance recourent aux thèmes romains et jouent des découvertes de la perspective, des dénivellations pour faire du jardin un balcon sur la campagne (villa d'Este, aux célèbres jeux d'eaux, v. 1550-1580). Le site des châteaux français, en terrain plat, se prête rarement à ce type de scénographie ; modelé cependant par quelques décalages de niveaux, le jardin accueille des parterres de broderies polychromes qui assurent une transition avec l'ombre du parc. Ce type du *jardin à la française* atteint au xviie s. sa plus haute expression dans l'œuvre de Le Nôtre, qui use des plans d'eau (canaux) pour une dilatation de l'espace (Vaux-le-Vicomte [1656], Versailles). Mais, lassé par la solennelle régularité classique, le xviiie s. français tend à revenir aux antiques principes paysagers et, s'inspirant du *jardin anglais* créé outre-Manche sur le modèle chinois (parc de Holkham Hall par W. Kent, 1734), abandonne la stricte ordonnance et prône le retour aux formes naturelles – sans pour autant renoncer à l'artifice : témoin, jusqu'à une date avancée du xixe s., l'accumulation de grottes, ruines, fabriques égyptiennes, gothiques, etc. (désert de Retz, à Chambourcy, v. 1775-1785).

La seconde moitié du xixe s. voit la création de quelques parcs paysagers urbains (Paris, Lyon...), le début du xxe celle des *cités-jardins* anglaises. Parmi les réalisations contemporaines, citons les jardins écologiques — paysagers, ou d'une géométrie adaptée à l'architecture moderne — du Brésilien Roberto Burle Marx.

Jardin d'Acclimatation, jardin établi en 1860 au bois de Boulogne (Paris). Créé pour l'exposition de plantes et d'animaux exotiques, il est devenu un parc d'attractions.

Jardin des délices terrestres *(le),* titre donné depuis le xixe s. à un triptyque de J. Bosch, provenant de la collection de Philippe II et généralement daté des années intermédiaires 1500-1505 (panneau central de 2,20 × 1,95 m, deux volets latéraux de chacun 2,20 × 0,97 m ; musée du Prado). Le triptyque fermé (revers des volets) évoque, dans une fragile sphère transparente, le troisième jour de la Genèse. Ouvert, il présente, à gauche, le paradis terrestre (fontaine de vie ; présentation d'Ève à Adam par le Christ) ; à droite, des tourments infernaux (en bas, instruments de musique devenus instruments de supplice). Le panneau central est proprement ce « jardin des délices », féerie de joies sensuelles, cependant traversée d'un lancinant malaise, où Bosch figure une multitude d'hommes, d'animaux, de végétaux réels ou fabuleux, associés à d'innombrables symboles souvent alchimiques.

Jardin des Plantes, à Paris, nom actuel de l'ancien « Jardin des plantes officinales du Roi », ensemble de jardins publics entourant les laboratoires du Muséum national d'histoire naturelle et diverses installations éducatives : ménagerie, vivarium, serres, galeries d'exposition, etc.

JARDIN (Nicolas Henri), architecte français (Saint-Germain-des-Noyers 1720 - Paris 1799). Grand prix de l'Académie, à Paris, en 1741, il fut appelé à Copenhague en 1754. Il y devint professeur à l'académie et éleva des casernes, des palais, des châteaux (*Marienlyst,* près d'Elseneur), diffusant ainsi au Danemark le goût classique.

JARDINAGE n. m. **1.** Culture des jardins. — **2.** Traitement de la futaie, qui consiste à exploiter les arbres un à un, ou par bouquets, de façon à dégarnir le sol le moins possible. (On l'utilise surtout en montagne, pour le sapin, l'épicéa.)

JARDINER v. i. (conj. 3). Travailler dans un jardin, le plus souvent en amateur.
◆ v. t. Exploiter une forêt en jardinage ; enlever les arbres mal venants ou gênants.

JARDINERIE n. f. (n. déposé). Grand établissement commercial où sont vendus tous les articles concernant le jardin. (Syn. GARDEN CENTER, CENTRE JARDINIER.)

JARDINET n. m. **1.** Petit jardin. — **2.** *Piégeage en jardinet,* piégeage des mustélidés consistant à attirer l'animal dans une enceinte de branchages où se trouve un piège appâté.

JARDINIER, ÈRE n. **1.** Personne dont le métier est de cultiver et d'entretenir les jardins. — **2.** *Jardinière d'enfants,* enseignante spécialement formée pour encadrer les enfants fréquentant un jardin d'enfants.
◆ adj. **1.** Relatif aux jardins. — **2.** Relatif au jardinage d'une forêt. — **3.** *Centre jardinier,* syn. de JARDINERIE.
◆ **jardinière** n. f. **1.** Garniture composée d'un assortiment de légumes printaniers cuits à l'anglaise. — **2.** Récipient de forme souvent oblongue, en métal ou en céramique, destiné à présenter des fleurs coupées. — **3.** Bac de forme allongée pour la culture de fleurs, de plantes décoratives. — **4.** Petite table ou guéridon dont le plateau évidé présente un ou plusieurs bacs métalliques propres à recevoir plantes ou fleurs. (Typique de la fin du XVIIIe et du XIXe s.)

JARDINISTE n. Personne qui dessine des jardins. (Syn. ARCHITECTE PAYSAGISTE, JARDINIER PAYSAGISTE.)

JARDON → JARDE.

JARD-SUR-MER (85520), comm. de la Vendée ; 1 825 hab. Station balnéaire.

JARGEAU (45150), ch.-l. de cant. du Loiret, sur la Loire ; 3 586 hab. *(Gergoliens).* Église des Xe, XIIe et XVIe s. Victoire de Jeanne d'Arc sur les Anglais (1429).

1. JARGON n. m. (radical onomat. *garg-,* évoquant un bruit de gosier). **1.** Vocabulaire propre à une profession, à une discipline ou à une activité quelconques, généralement inconnu du profane, argot de métier : *Jargon judiciaire.* — **2.** *Fam.* Langage incorrect employé par qqn qui a une connaissance imparfaite, approximative d'une langue : *Une copie d'examen rédigée en jargon.* — **3.** *Fam.* Langue qu'on ne comprend pas (langue étrangère, patois, etc.) ; baragouin, charabia. — **4.** Syn. de PIDGIN.

2. JARGON n. m. (de *jargaud,* jars, mot dialect. de l'Ouest). Cri du jars.

JARGONAPHASIE n. f. (de *jargon 1*). Trouble du langage caractérisé par la substitution de termes inintelligibles ou inadéquats aux mots appropriés.

1. JARGONNER v. i. (de *jargon 1*) [conj. 3]. Parler en jargon ou parler de façon peu intelligible.
◆ v. t. Dire qqch en marmonnant de façon peu intelligible.

2. JARGONNER v. i. (de *jargon 2*) [conj. 3]. Crier, en parlant du jars.

JARGONNEUR, EUSE n. Personne qui jargonne.

JARL n. m. Titre de noblesse, au Moyen Âge, dans les royaumes scandinaves.

JARMO ou **QALAAT JARMO,** site préhistorique du Kurdistān irakien, à l'E. du Tigre. Vestiges d'un établissement (v. 5000 av. J.-C.) du néolithique mésopotamien. Sur huit niveaux, cinq antérieurs à la poterie présentent habitat, vaisselle de pierre, élevage et agriculture.

JARNAC (16200), ch.-l. de cant. de la Charente, sur la Charente ; 4 887 hab. *(Jarnacais).* Église romane et gothique. Musée (cadeaux officiels reçus pendant sa présidence par F. Mitterrand, inhumé dans la commune). Centre commercial (cognac), aux limites de la Grande et de la Petite Champagne.
— **Hist.** Le 13 mars 1569, le duc d'Anjou (futur Henri III), commandant l'armée catholique, y vainquit les protestants conduits par Condé.

JARNAC (Guy Ier CHABOT, *baron* DE), gentilhomme français (1509 - apr. 1584). Gouverneur de l'Aunis et de La Rochelle (1553) et premier gentilhomme de la chambre du roi (1555), il se battit en duel en juill. 1547 avec François de Vivonne, seigneur de La Châtaigneraie, qu'il blessa mortellement par un coup au jarret, inattendu mais loyal (d'où l'expression *coup de Jarnac*).

JÄRNEFELT (Arvid), écrivain finlandais de langue finnoise (Poulkovo, gouvern. de Saint-Pétersbourg, 1861 - Helsinki 1932). Il traita la question agraire dans ses romans (*Enfants de la Mère-Terre,* 1907) et sa pièce de théâtre *la Mort* inspira à son beau-frère Sibelius sa *Valse triste.*

JARNICOTON ! interj. (altér. de *je renie Coton,* nom du confesseur d'Henri IV). *Vx.* Juron plaisant.

JARNY (54800), comm. de Meurthe-et-Moselle, au S.-O. de Briey ; 8 703 hab. *(Jarnysiens).* Triage ferroviaire dit de *Conflans-Jarny.*

JAROSSE ou **JAROUSSE** n. f. (mot dialect. de l'ouest de la France ; du gaul.). Autre nom de la *gesse cultivée,* appelée aussi pois gras, pois breton, pois cornu.

JAROVISATION n. f. Syn. de VERNALISATION.

1. JARRE n. f. (anc. provenç. *jarra,* de l'ar. *djarra*). Grand vase pansu en terre cuite, à large ouverture, anses et fond plat qui servait autrefois à conserver les aliments.

2. JARRE, JARS ou **JARD** n. m. (frq. **gard,* aiguillon). Poil de couverture des mammifères, long et raide, de densité faible, dépassant les poils de bourre ou duvet, mais moins rigide que les épines. (Les crins sont des poils de jarre.)

JARRE (Maurice), compositeur français (Lyon 1924). Il fut nommé par Jean Vilar directeur de la musique au Théâtre national populaire. Il a composé de nombreuses musiques de films : *Mourir à Madrid* (1962), *le Docteur Jivago* (1965), *Jésus de Nazareth* (1976). — Son fils, JEAN-MICHEL **Jarre** (Lyon 1948), s'est fait connaître par des compositions de musique électronique et des concerts-spectacles destinés à un large public (*Oxygène,* 1976).

JARRES *(plaine des),* région naturelle du Laos, à près de 1 000 m d'alt., au S. du plateau du Trân Ninh et au N. de Xieng Khouang. — Base aéroterrestre lors de la campagne d'Indochine (1952), la plaine des Jarres fut aménagée pour résister à l'avance viêt-minh.

JARRET n. m. (gaul. **garra,* jambe). **1.** Partie postérieure du genou, située en arrière de l'articulation et correspondant, anatomiquement, au creux poplité. — **2.** Autre nom du *picarel.* — **3.** Fam. *Avoir du jarret, des jarrets d'acier,* être solide sur ses jambes. • **Bât.** Solution de continuité ou imperfection d'une partie de construction courbe. ‖ Coude formé par la jonction de deux tuyaux d'une conduite qui n'est pas rectiligne. — **Bouch.** Morceau du veau, correspondant à la région de la jambe et à celle de l'avant-bras. — **Zootechn.** Chez les quadrupèdes domestiques, articulation de la jambe et du canon (région du tarse). [On dit de jarrets qui convergent l'un vers l'autre qu'ils sont *clos,* inversement, qu'ils sont *cambrés ;* ils sont *coudés* si l'angle formé par la jambe et le canon est trop fermé, *droits* dans le cas inverse.]

JARRETELLE n. f. (de *jarretière*). Ruban élastique qui, d'un côté, s'accroche au corset ou au porte-jarretelles et, de l'autre, serre le bas par une pince pour le maintenir tendu.

JARRETER v. i. ou **ÊTRE JARRETÉ** v. pass. (conj. 27). Former un jarret, en parlant de l'intrados d'une voûte ou d'une pièce de bois ouvrée et courbe.

◆ **être jarreté** v. pass. En parlant d'un cheval, avoir les jarrets clos.

JARRETIÈRE n. f. (de *jarret*). **1.** Bande de tissu qui, entourant la jambe par-dessus le bas, servait autrefois à maintenir celui-ci tendu. — **2.** Autre nom de la *cépole.* — **3.** *Jarretière de la mariée,* ruban qui était enlevé symboliquement de la jambe de la mariée par le garçon d'honneur, puis coupé et vendu aux enchères ou distribué aux invités.

Jarretière *(très noble ordre de la),* ordre de chevalerie anglais fondé par Édouard III en 1348, composé de 24 chevaliers en plus du roi, grand maître de l'ordre, et du prince de Galles. Les dames ont accès à cette dignité. Devise : « Honni soit qui mal y pense. »

JARRETT (Keith), pianiste et compositeur de jazz américain (Allentown, Pennsylvanie, 1945). Son jeu sensuel se caractérise par un engagement physique et une ferveur mélodique et rythmique intenses (*The Köln Concert,* 1975).

JARREUSE adj. f. (de *jarre 2*). Se dit d'une laine qui contient du jarre.

JARRIE (38560), comm. de l'Isère, au S. de Grenoble ; 3 819 hab. Électrochimie.

JARRIE (La) [17220], ch.-l. de cant. de la Charente-Maritime, à l'E.-S.-E. de La Rochelle ; 2 437 hab.

JARRY (Alfred), écrivain français (Laval 1873 - Paris 1907). Son premier recueil poétique, *les Minutes de sable mémorial* (1894), définit son esthétique de la suggestion tout en annonçant la pataphysique*. Rendu célèbre par le scandale d'*Ubu* roi* (1896), il élabore une dramaturgie dont s'inspire tout le nouveau théâtre. Outre *César Antéchrist* (1895), le cycle se poursuit avec *Ubu enchaîné* (1900), *Ubu cocu,* et s'équilibre par un théâtre destiné aux marionnettes, écrit en vers de mirliton (*l'Objet aimé, Par la taille,* 1906 ; *le Manoir enchanté,* 1974). Ses récits développent le principe d'équivalence des contraires et retracent une quête de l'absolu : *Gestes et opinions du D*r *Faustroll, pataphysicien* (1898-1911).

1. JARS [ʒar] n. m. (frq. **gard,* aiguillon). Mâle de l'oie domestique.

2. JARS → JAR 1 et JARRE 2.

JARUZELSKI (Wojciech), général et homme d'État polonais (Kurów, près de Lublin, 1923). Ministre de la Défense (1968-1983), il devient chef du gouvernement en févr. 1981 et secrétaire général du parti ouvrier unifié polonais (P. O. U. P.) en octobre (poste qu'il conservera jusqu'en juill. 1989). Il instaure en déc. 1981 « l'état de guerre », qui ne sera suspendu qu'en juill. 1983, et met hors la loi le syndicat Solidarność (oct. 1982). En nov. 1985, il quitte ses fonctions de chef de gouvernement et devient président du Conseil d'État. En 1989, ayant entériné (avr.) le retour au pluralisme syndical et la démocratisation des institutions, il est élu président de la République par le nouveau Parlement (juill.) et accepte la formation d'un gouvernement de coalition dirigé par Solidarność. Son mandat prend fin avec l'élection présidentielle (au suffrage universel) de 1990.

JARVILLE-LA-MALGRANGE (54140), ch.-l. de cant. de Meurthe-et-Moselle, banlieue sud-est de Nancy, sur la Meurthe ; 10 392 hab. *(Jarvillois).* Musée du fer. Triage ferroviaire. Constructions mécaniques.

JAS [ʒa] n. m. (anc. provenç. *jas,* gîte, du lat. *jacium,* lieu où l'on est couché). **1.** *Région.* Bergerie, en Provence, Aunis, Vendée. – **2.** Pièce de bois ou de métal perpendiculaire à la verge de l'ancre et destinée à permettre aux pattes de crocher sur le fond. – **3.** Syn. de VASIÈRE.

JASER v. i. (onomat.) [conj. 3]. **1.** Crier, en parlant de certains oiseaux parleurs, tels la pie, le merle, le perroquet, etc. – **2.** Parler continuellement, et dire des choses futiles. – **3.** Parler de façon indiscrète, imprudente, révéler ce qu'on devrait tenir secret : *Un complice a jasé.*

◆ v. t. ind. Parler de façon médisante, tenir des propos désobligeants ou malveillants : *On a jasé sur ses fréquentations.*

JASERAN n. m. (de *al-Djazā'ir,* n. ar. d'*Alger*). Au Moyen Âge, cotte de mailles ou haubert.

JASEUR, EUSE adj. et n. Qui jase, parle à tort et à travers.

◆ **jaseur** n. m. Petit passereau huppé, insectivore et granivore, des forêts arctiques, qui hiverne en France. (L'espèce la plus commune est le *jaseur de Bohême.*)

JASIEŃSKI (Bruno), écrivain polonais (Klimontów 1901 - près de Vladivostok 1939). Auteur de manifestes futuristes (*Un couteau dans le ventre,* 1921 avec A. Stern), il émigra à Paris (1925) et publia des poésies à caractère révolutionnaire. Expulsé à la suite de son roman *Je brûle Paris* (1929), il partit en U. R. S. S. où il écrivit, en russe, *le Bal des mannequins* (1931) et *L'homme change de peau* (1933-34).

JASIONE n. f. (gr. *iasiônê,* grand liseron). Herbe (campanulacée) annuelle ou vivace à très petites fleurs, réunies en petits capitules sphériques.

JASMIN n. m. (catalan *gessami,* de l'ar. *yāsamīn*). **1.** Arbuste (oléacée) dressé ou sarmenteux aux fleurs très odorantes blanches, jaunes ou rougeâtres, à corolle tubuleuse, réunies en cymes ou en grappes. – **2.** Parfum qu'on tire de ces fleurs.

JASMIN (Jacques BOÉ, dit), poète français d'expression occitane (Agen 1798 - *id.* 1864). Il se proposa de relever la langue de son pays natal, en l'utilisant pour la composition de ses poésies lyriques (*les Papillotes,* 1835-1863).

JASON, héros thessalien, fils d'Eson, roi d'Iolcos. Il fut élevé par le centaure Chiron. Il réclama le trône paternel à son oncle, l'usurpateur Pélias, qui le chargea d'aller quérir la Toison d'or de Colchide. Ce fut l'expédition des Argonautes. Il en revint en compagnie de Médée qu'il épousa.

JASON, tyran de Phères (Thessalie) [† Delphes 370 av. J.-C.]. Successeur de Lycophron, il commanda la Confédération thessalienne au début du IVe s.

JASPAR (Henri), homme politique belge (Schaerbeek 1870 - Uccle 1939). Ministre catholique des Affaires étrangères de 1920 à 1924, il fit entrer la Belgique à la S. D. N. Premier ministre de 1926 à 1931, il stabilisa le franc belge et fit voter la flamandisation de l'université de Gand (1930).

JASPE n. m. (lat. *iaspis,* du gr. *iaspis*). **1.** Calcédoine impure, de couleur variée, quoique généralement rouge, utilisée en gemmologie et dans la fabrication d'objets précieux. (Le Louvre conserve une collection d'objets d'art en jaspe provenant de la Couronne.) – **2.** Roche sédimentaire siliceuse dérivant d'une vase à radiolaires et présentant une alternance de lits de couleurs variées. – **3.** *Jaspe sanguin,* calcédoine verte pointillée de rouge.

JASPER v. t. (de *jaspe*) [conj. 3]. **1.** Bigarrer qqch par bandes ou par taches : *Jasper un lambris.* – **2.** Projeter de fines gouttelettes de couleur sur les tranches ou les plats d'un livre à relier.

◆ **être jaspé** v. pass. **1.** Être marqué de bandes, de taches colorées : *Marbre jaspé.* – **2.** *Arme jaspée,* arme qui présente des jaspures sur sa surface. ‖ *Fil jaspé,* fil retors composé de fils simples ayant une couleur différente, un titre différent ou une composition différente.

Jasper *(parc national de),* parc national du Canada (Alberta), dans les montagnes Rocheuses ; 10 900 km².

JASPERS (Karl), philosophe et psychiatre allemand (Oldenburg 1883 - Bâle 1969). Il a enseigné à Heidelberg et à Bâle, où il s'était réfugié. Il considère la réflexion philosophique non comme une activité théorique, mais comme une pratique d'un genre unique, impliquant sagesse et expérience. Il pense que la politique et l'histoire font partie de cette réflexion car elles manifestent la présence de l'Être dans le monde. Il a écrit *Die geistige Situation der Zeit* (1931), *Existenzphilosophie* (1938), *Die Atombombe und die Zukunft des Menschen* (1958).

JASPINER v. i. et v. t. (de *jaser* et *japper*) [conj. 3]. *Pop.* Parler : *Jaspiner l'argot.*

JASPINEUR, EUSE adj. et n. *Pop.* Bavard.

JASPURE n.f. (de *jaspe*). **1.** Coloration spéciale donnée aux armes par suite de la trempe. — **2.** Couleur que présente un fil composé de plusieurs brins ayant des colorations différentes et qui est retors.

JASS ou **YAZZ** [jas] n. m. Jeu de cartes suisse qui se joue en levées, habituellement à quatre joueurs, et dont on note les points sur une ardoise.

JASSERIE n. f. (provenç. *jasso,* bergerie). Dans les montagnes d'estive du Forez, petite habitation utilisée l'été pour la fabrication du fromage.

JASSIDÉ n. m. Nom de famille des insectes homoptères tels que les cicadelles.

JASSIN (Hans Bague), critique littéraire indonésien (Gorontalo, Célèbes, 1917). Fondateur de revues littéraires, il a constitué à Jakarta un fonds littéraire, documentaire et iconographique qui tient pratiquement lieu de dépôt légal.

JASSY → IAȘI.

JASTRUN (Mieczysław), poète polonais (Korołówka 1903 - Varsovie 1983). Traducteur de Maïakovski, Mallarmé et García Lorca, il analysa dans ses essais (*Entre le verbe et le silence,* 1960) les problèmes de la littérature européenne, qu'il illustra dans ses recueils (*la Rencontre dans le temps,* 1929 ; *la Chose humaine,* 1945 ; *les Cendres ardentes,* 1956 ; *Plus grand que la vie,* 1960 ; *les Points lumineux,* 1980).

JASTRZĘBIE ZDRÓJ, v. de Pologne, en Silésie ; 104 200 hab. Station thermale. Houille.

JĀTĀKA n. m. inv. (mot sanskr. signif. *naissance*). Récit populaire et didactique des vies antérieures du Bouddha.

JĀTI n. m. inv. (mot sanskr.). En Inde, caste (subdivision du varna).

JATO, abrév. de l'angl. *Jet Assisted Take Off,* désignant une méthode de décollage assisté des avions comportant l'emploi de fusées à poudre *(fusée JATO)* pour diminuer le roulement au sol.

JATROPHA n. m. Nom générique d'euphorbiacées, herbacées ou arbustives, d'Amérique tropicale, aux fleurs le plus souvent unisexuées. (Le fruit est une capsule à trois coques. *Jatropha curcas,* encore appelé *médicinier* ou *ricin d'Amérique,* produit une huile utilisée en savonnerie, dans l'industrie textile, en médecine ; *Jatropha manihot* donne le manioc.) [Syn. MÉDICINIER.]

JĀTS, peuple nomade du Pākistān et de l'Inde du Nord peut-être apparenté aux Tsiganes, estimé à environ 13 millions de membres.

JATTE n. f. (lat. pop. **gabita,* du lat. class. *gabata,* assiette creuse). Récipient de forme ronde, relativement profond, sans rebord ni manche ou anse ; son contenu.

JAUBERT (Maurice), compositeur français (Nice 1900 - tué à Azerailles, Meurthe-et-Moselle, 1940). Il est connu pour ses musiques de scène (*La guerre de Troie n'aura pas lieu,* de Giraudoux) et de films (*Zéro de conduite,* 1933 ; *Drôle de drame,* 1937 ; *Un carnet de bal,* 1937 ; *Hôtel du Nord,* 1938 ; *le Quai des Brumes,* 1938).

JAUCOURT (Louis, *chevalier* DE), érudit français (Paris 1704 - Compiègne 1780). Il prit une grande part à la rédaction de l'*Encyclopédie* de Diderot.

JAUCOURT (François ARNAIL, *comte* DE), homme politique français (Tournan-en-Brie 1757 - Presles, Seine-et-Marne, 1852). Président du Tribunat (1802), sénateur (1803), il fut nommé par Louis XVIII ministre de la Marine (1815).

JAUFRÉ RUDEL, prince **de Blaye,** troubadour du XIIe s. Sa chanson d'un « amor de lonh » (amour lointain) fit naître, dès le XIIIe s., la légende de sa passion pour la comtesse de Tripoli, qu'il aurait aimée sans l'avoir jamais vue et dans les bras de qui il serait venu mourir.

JAUGE n. f. (frq. **galga,* perche). **1.** Dispositif propre à mesurer une quantité déterminée de liquide ou de grain. — **2.** Détermination de la quantité de produit stockée dans un réservoir. • **Agric.** Tranchée ouverte dans la terre par le labour à la bêche ou à la charrue. — **Arbor.** et — **Sylvic.** Tranchée remplie de sable et arrosée, dans laquelle on dispose des jeunes plants en attendant la plantation. — **Autom.** *Jauge (de niveau),* indicateur du niveau de l'essence dans le réservoir et de l'huile dans le carter du moteur. — **Bonnet.** Unité de mesure servant à déterminer la densité des aiguilles sur les machines à tricoter. (La jauge la plus utilisée exprime le nombre d'aiguilles par pouce.) — **Charp.** Règle graduée que les charpentiers emploient pour le tracé des assemblages. — **Mar.** Capacité totale ou partielle d'un bateau de commerce, évaluée au moyen de certaines règles précises. ‖ *Jauge brute,* capacité du navire obtenue en retranchant de sa capacité totale les espaces exclus (cuisine, claires-voies, etc.). ‖ *Jauge nette,* capacité du navire commercialement utilisable et sur laquelle sont fondées les taxes de port, de pilotage, etc., obtenue en retranchant de la jauge brute les espaces déduits (magasins, aménagements de l'équipage, etc.). — **Matér.** *Jauge de contrainte* ou *de déformation,* ou *jauge extensométrique,* instrument destiné à mesurer les variations dimensionnelles d'un élément de structure dans le but d'évaluer les contraintes qu'il subit. — **Mécan.** Instrument servant à contrôler ou à mesurer une cote intérieure. ‖ *Jauge de filetage,* petite plaque à profil dentelé que l'on présente le long d'un filetage pour en vérifier le pas. ‖ *Jauge de* *profondeur,* jauge servant à déterminer la distance de deux faces parallèles tournées dans le même sens. — **Métall.** Sorte de calibre pour apprécier le diamètre et la section d'un fil métallique rond. — **Métrol.** Nom donné à divers types de manomètres permettant d'évaluer de très basses pressions. — **Nucl.** *Jauge (à radioélément, radioactive, radiométrique),* ensemble de mesure comprenant une source radioactive scellée et un détecteur de rayonnement, qui permet de mesurer certaines caractéristiques d'un matériau interposé sur le trajet du rayonnement (position, forme, épaisseur, densité, pression, débit, composition). — **Pêch.** Pièce triangulaire pour mesurer les mailles d'un filet. — **Phys.** *Théorie de jauge,* théorie des champs dans laquelle il est possible de modifier en chaque point d'espace-temps la phase des champs de matière tout en effectuant simultanément une transformation (dite de jauge) sur un champ vectoriel de telle sorte que les grandeurs mesurables soient inchangées. (→ *encycl.*) — **Sports.** En yachting, dimension conventionnelle, s'exprimant en unités linéaires (mètres ou pieds), résultant de l'application d'une formule qui permet de comparer des bateaux de différents types participant à une course-croisière, au point de vue de leur vitesse et de leurs qualités nautiques, en tenant compte notamment de leur longueur et de la surface de la voilure.

ENCYCL. **Phys.** L'« invariance de jauge » prédite par les *théories de jauge* est due au fait que les champs dérivent de « potentiels » (scalaire et vecteur), mais que ces potentiels ne permettent pas de déterminer les champs de façon univoque. L'électromagnétisme est la plus simple des théories de jauge. Celle qui décrit les interactions électrofaibles (théorie de Weinberg-Salam) est aujourd'hui établie et les interactions fortes pourraient être décrites par une autre théorie de jauge, la chromodynamique quantique*.

JAUGEAGE n. m. **1.** Mesure directe ou indirecte de la quantité de produit stockée dans un réservoir. — **2.** Détermination du volume écoulé par seconde d'un cours d'eau, d'un canal, d'une conduite. — **3.** Action de jauger, d'apprécier qqn à son exacte valeur. — **4.** Droit à payer pour faire jauger qqch. — **5.** Action de jauger un navire. — **6.** *Marque de jaugeage,* bande horizontale surmontée d'un triangle inversé, tracée sur les flancs d'un navire, à une hauteur spécifiée.

JAUGER v. t. (de *jauge*) [conj. **17**]. **1.** Mesurer un contenant avec la jauge ; mesurer la quantité de produit stockée dans un réservoir. — **2.** Apprécier qqn, qqch, les juger à leur valeur : *Jauger les difficultés d'une entreprise.* — **3.** Mesurer la jauge d'un bâtiment ou, s'il s'agit d'un yacht, ses dimensions, pour calculer son rating à l'aide de la formule de jauge. — **4.** Déterminer le diamètre d'un fil à la jauge.

◆ v. i. En parlant d'un navire, avoir telle jauge : *Jauger 1 000 tonneaux.*

JAUGEUR n. m. Spécialiste du jaugeage des navires, des yachts.

JAULIN (Robert), anthropologue français (Le Cannet 1928). Il a mis en évidence l'anéantissement culturel que l'Occident faisait subir à un peuple colonisé (*la Paix blanche ; introduction à l'ethnocide,* 1970).

JAUMIÈRE n. f. (altér. de *haumière,* de *heaume,* barre du gouvernail). Ouverture pratiquée dans la voûte d'un navire pour permettre le passage de la mèche de gouvernail.

JAUNÂTRE adj. **1.** Qui tire sur le jaune ; d'un jaune atténué. — **2.** D'une couleur sale, plus ou moins jaune : *Une chemise au col jaunâtre.*

JAUNE adj. (lat. *galbinus*). **1.** Se dit de la couleur placée dans le spectre de décomposition de la lumière solaire entre le vert et l'orangé ; se dit de ce qui est de cette couleur : *Des renoncules jaunes.* — **2.** Avec un nom ou un adjectif qui en précise la nuance, *jaune* forme des adjectifs composés invariables : *Jaune pâle, jaune moutarde, jaune paille, jaune d'or,* etc. — **3.** Dont les traits communs sont principalement, mais non uniquement, caractérisés par une pigmentation jaune ou cuivrée de la peau, par oppos. à *blanc* ou *noir.* — **4.** *Être jaune comme un citron, comme un coing,* avoir le teint jaune. ‖ *Maillot jaune,* dans le Tour de France cycliste, premier du classement général, qui porte traditionnellement (depuis 1919) un maillot de cette couleur. ‖ *Métal jaune,* or. ‖ *Péril jaune,* menace que ferait peser l'Asie sur les autres continents en raison du nombre de ses habitants. • **Anat.** *Ligaments jaunes,* ligaments épais qui relient entre elles les lames des vertèbres voisines. — **Biol.** *Corps jaune,* masse cicatricielle qui se forme dans l'ovaire à la place du follicule de De Graaf après sa rupture et la libération de l'ovule. (Le corps jaune est la partie de l'ovaire qui sécrète la progestérone. Lorsque l'ovule est fécondé, il continue à se développer chez la femme jusqu'à la fin du 6e mois et persiste pendant presque toute la durée de la grossesse. Si l'ovule n'est pas fécondé, il se résorbe.) — **Hist.** *Syndicats jaunes,* organisations syndicales apparues en 1899 et en 1900, à Montceau-les-Mines et au Creusot, en vue de lutter contre les syndicats ouvriers. — **Œnol.** *Vin jaune,* vin du Jura vieilli en fût et qui « prend le jaune » grâce au développement à sa surface d'une levure. — **Pathol.** *Fièvre jaune,* arbovirose grave qui tire son nom de l'existence constante d'une atteinte hépatique responsable d'un ictère (ou jaunisse). [→ *encycl.*]

◆ n. 1. (avec majusc.) Personne caractérisée principalement, mais non uniquement, par une pigmentation jaune ou cuivrée de la peau (par oppos. à *Blanc, Noir*). — 2. *Fam.* Briseur de grève.
◆ adv. Fam. *Rire jaune,* rire d'une manière contrainte en dissimulant mal son dépit.
◆ n. m. 1. Couleur jaune : *S'habiller en jaune.* — 2. Matière colorante jaune : *Rajouter une couche de jaune.* — 3. *Jaune (d'œuf),* partie centrale (vitellus) de l'œuf des oiseaux et des reptiles, contenant les réserves nutritives issues de l'ovocyte (1/3 de protéines et 2/3 de lipides, dont 2 % de cholestérol). [Sa couleur jaune est due à des pigments caroténoïdes.] • **Fin.** Document annexe au projet de loi de finances, conçu comme un complément d'explications préparé par le gouvernement à la demande du Parlement. (Sa couverture est jaune.) — **Vitr.** *Jaune d'argent,* couleur de surface obtenue par la cémentation de sels d'argent avec de l'ocre sur la feuille de verre. (Son usage apparut au début du XIVe s. en France, puis en Angleterre.)

ENCYCL. La *fièvre jaune* sévit encore en Afrique tropicale et dans le nord de l'Amérique du Sud (Colombie, bassin de l'Amazone). Le virus amaril est transmis à l'homme par divers moustiques, notamment *Ædes ægypti.* Les trois premiers jours sont marqués par un érythème diffus et une tendance aux saignements (épistaxis, gingivorragies). L'ictère apparaît au 4e-5e jour et s'accompagne d'hémorragies surtout digestives puis d'insuffisance rénale. On ne dispose d'aucun traitement efficace contre le virus de la fièvre jaune ; d'où l'intérêt de la vaccination.
— **Peint.** Les *pigments jaunes* sont d'origine organique (*pigments laqués* obtenus par fixation de colorants organiques sur un support minéral) ou minérale (jaune de chrome, de zinc, de cadmium). Les *colorants jaunes d'origine végétale* (quercitron, bois jaune, fustel, cachou, gomme-gutte) sont de plus en plus remplacés par les colorants organiques.

JAUNE *(fleuve)* → HUANG HE.

JAUNE *(mer),* mer épicontinentale du Pacifique occidental, adjacente à la mer de Chine orientale, entre la Chine du Nord et la Corée. Elle est prolongée vers le N. par les trois grands golfes de Corée, de Liaodong et du Bohai. Superficie : 404 000 km². Gisements d'hydrocarbures.

JAUNET, ETTE adj. *Litt.* Un peu jaune.
◆ **jaunet** n. m. *Fam.* et *vx.* Pièce d'or.

JAUNI n. m. Teinte jaunâtre prise par qqch dont la couleur, la fraîcheur se sont altérées : *Produit qui enlève le jauni du linge.*

JAUNIR v. i. (conj. 32). Devenir jaune ou jaunâtre : *Les feuilles des arbres jaunissent. Les tentures ont jauni.*
◆ v. t. Rendre qqch jaune ou jaunâtre : *La nicotine jaunit les dents.*

JAUNISSANT, E adj. Qui jaunit.

JAUNISSE n. f. 1. Syn. usuel de ICTÈRE. — 2. Syn. de GRASSERIE. — 3. Fam. *En faire une jaunisse,* être très affecté par qqch, au point d'en être malade ; être très mécontent, très dépité.

JAUNISSEMENT n. m. Action de rendre jaune ; fait de devenir jaune.

JAUNISSURE n. f. Trace jaune sur un objet, en partic. sur du linge (surtout pl.).

JAUNPUR, v. de l'Inde (Uttar Pradesh), sur la Gumti ; 136 062 hab. Beaux monuments du XVe s. (Grande Mosquée, inachevée, v. 1470, et l'Atalā masdjid, 1408).

JAURÉGUIBERRY (Jean Bernard), amiral français (Bayonne 1815 - Paris 1887). Gouverneur du Sénégal (1869), présent à la bataille du Mans (1871) et ministre de la Marine en 1879-80 puis en 1882-83, il fut le précurseur de l'emploi à terre d'unités de marins.

JAURÈS (Jean), homme politique français (Castres 1859 - Paris 1914). Professeur de philosophie, il découvre le socialisme sous l'influence de Lucien Herr et de Jules Guesde. Il soutient les grèves des mineurs de Carmaux (1892), ce qui le décide à entrer dans la politique. Il est élu député sous l'étiquette de socialiste indépendant. Il s'engage à fond pour Dreyfus, puis adhère au Bloc des gauches, qui emporte les élections de 1902 ; il sera constamment réélu jusqu'à sa mort. En 1904, il lance le journal *l'Humanité.* En 1901, il a été l'un des fondateurs du parti socialiste français face aux socialistes guesdistes : mais il accepte de revenir dans le parti socialiste unifié fondé sous le nom de S. F. I. O. Sans adhérer à la totalité du marxisme, il en accepte les thèses principales. Il écrit *Histoire socialiste (1789-1900)* [1901-1908]. Les problèmes internationaux et coloniaux accaparent peu à peu son attention, et sa lutte contre la guerre, accompagnée de contacts avec les socialistes allemands, lui permet de préciser sa pensée, qui ne se confond pas avec celle d'une France désarmée face à un pays armé (*l'Armée nouvelle,* 1911). Sa culture, sa simplicité, sa conviction font de lui l'un des hommes les plus populaires, et, en même temps, l'homme le plus haï des nationalistes revanchards : l'un d'eux, R. Villain, l'assassine le 31 juill. 1914. Sa mort décapite le parti socialiste, qui se rallie à l'Union sacrée. En 1924, les cendres de Jaurès ont été transférées au Panthéon.

JAVA n. f. 1. Danse populaire parisienne, typique des bals musettes et très en vogue au début du XXe s. (Sur une mesure à 3/4, c'est une valse saccadée dansée à petits pas courus, sur la pointe des pieds et sans presque pivoter. La java fait partie du répertoire d'accordéon.) — **2.** Fam. *Faire la java,* s'amuser, danser, faire la fête, en partic. de manière bruyante.

JAVA, île d'Indonésie, étirée sur 1 000 km entre les détroits de la Sonde et de Bali, et bordée au N. par la mer de Java, au S. par l'océan Indien ; 130 000 km² ; 110 millions d'hab.
— **Géogr.** Proche de l'équateur, Java possède un climat toujours chaud, constamment humide dans l'ouest, relativement plus sec à l'est. Elle juxtapose plaines et plateaux littoraux et volcans (parfois actifs, comme le Semeru). Environ 60 % de la population du pays est concentrée sur le quinzième de sa superficie, avec une densité moyenne de 850 hab. au km² pour un territoire partiellement montagneux et à dominante rurale. L'agriculture (souvent irriguée) y est évidemment intensive (avec souvent plusieurs récoltes annuelles), associant cultures vivrières (riz puis maïs, manioc, etc.) et plantations (théiers, hévéas, tabac), celles-ci souvent héritées de la colonisation. Mais la pression démographique accélère l'exode rural vers des villes surpeuplées (Jakarta, Surabaya, Bandung) alors que l'industrie est peu active, à part l'agroalimentaire et l'extraction des hydrocarbures en mer de Java.
— **Hist.** Les nombreux fossiles humains, surtout les restes du pithécanthrope *(Homo erectus),* attestent la présence de l'homme à Java depuis au moins deux millions d'années. Touchée par la civilisation austro-asiatique (culture de Dông Son), l'île est indianisée à partir du IVe s. de l'ère chrétienne : vestiges bouddhiques, sanctuaires śivaïtes du plateau de Dieng (VIIe s.). À la fin du VIIIe et au IXe s., la dynastie bouddhique des Śailendra repousse dans l'Est les roitelets hindouistes et construit de grands monuments (Bārābudur). Le morcellement politique à partir du Xe s. ne freine pas l'essor commercial de la côte nord, fréquentée par les musulmans de l'océan Indien et les Chinois qui y achètent des épices et des bois précieux. L'influence de Java s'étend sur les îles de la Sonde.
À la fin du XIIIe s., le royaume de Majapahit, né après l'échec de l'expédition sino-mongole de 1292, se substitue rapidement à la thalassocratie sumatranaise décadente de Śrīvijaya. Le roi Hayam Wuruk (Rājasanagara, 1350-1389) confère à Java un rôle prépondérant dans l'archipel malais, que l'île conserve au XVe s., en dépit de son morcellement et de son islamisation.
Les sultanats, surtout Banten et Demak, concluent des traités de commerce avec les Portugais, qui abordent dès 1511. L'arrivée des Néerlandais (1596) et surtout la création de la Compagnie des Indes orientales (1602) conduisent Java vers une dépendance économique et politique croissante au prix de multiples conflits. Liée à la France à partir de 1795, l'île est conquise par les Anglais (1811). Les Néerlandais, revenus en 1816, se heurtent à une grande révolte (1825-1830). Le gouverneur Van den Bosch (1830-1833) rétablit et amplifie le système des cultures forcées destinées à l'exportation, qui dure jusqu'en 1870. Après 1903, les Javanais obtiennent une participation très limitée aux affaires locales. Libérée de l'occupation japonaise (1942-1945), l'île sera progressivement annexée par la République d'Indonésie (1948-1950).

JAVA *(mer de),* mer épicontinentale du Pacifique indonésien, entre Java, Sumatra et Kalimantan (Bornéo), qui communique avec la mer de Chine méridionale par le détroit de Karimata. Superficie : 433 000 km².

JAVANAIS, E adj. et n. De Java.
◆ **javanais** n. m. **1.** Langue du groupe indonésien, parlée sur la plus grande partie de l'île de Java par plus de 65 millions de locuteurs. (→ *encycl.*) — **2.** Argot codé, attesté depuis 1857, qui consiste à insérer les syllabes *av-* ou *va-* après chaque consonne *(bonjour → bavonjavour).* — **3.** *Fam.* Langage incompréhensible.
ENCYCL. Organe d'une civilisation ancienne et brillante, le javanais est attesté sans interruption depuis plus de onze siècles. Il s'est écrit successivement grâce à un alphabet dérivé de la devanāgarī (javanais ancien ou kawi), grâce à l'alphabet arabe (moyen javanais), enfin grâce à l'alphabet latin. Le javanais possède un lexique très riche, dû, d'une part, à des emprunts au sanskrit, au chinois, à l'hindoustānī, à l'arabe, au persan, au portugais, à l'espagnol, au néerlandais, à l'anglais et aux langues indonésiennes voisines, et, d'autre part, à l'existence de plusieurs niveaux de langue, ou registres stylistiques, dont l'emploi varie selon le rang, l'âge, la parenté de l'interlocuteur.

JAVARI, riv. de l'Amérique du Sud, affl. de l'Amazone (r. dr.), qu'elle rejoint près de Benjamin-Constant ; 1 000 km env. Elle sert de frontière entre le Pérou et le Brésil.

JAVART n. m. (occitan *gavarri,* du prélatin **gaba*). **1.** Ancienne dénomination de nécroses de l'extrémité inférieure des membres du cheval et du bœuf. — **2.** Maladie cryptogamique du châtaignier.

Javel *(eau de),* solution aqueuse d'hypochlorite de sodium et de chlorure de sodium, employée comme désinfectant ou pour le blanchissage.

JAVELAGE n. m. Action de mettre une céréale en javelles.

JAVELER v. t. (conj. 24). **1.** Mettre une céréale en javelles et la laisser quelques jours sur le champ pour que le grain achève de mûrir. – **2.** Mettre le sel en javelles.

JAVELEUSE n. f. Machine à traction animale utilisée autrefois pour couper les céréales et les mettre en javelles.

JAVELINE n. f. (de *javelot*). Arme de jet longue et mince, terminée par une pointe de fer.

JAVELLE n. f. (lat. pop. *gabella,* du gaul.). **1.** Petit tas de céréales coupées à la main ou par la javeleuse, et qu'on lie ensuite en gerbes. – **2.** Petit tas de sel constitué pour que l'eau entraînée par l'opération du battage s'égoutte avant un nouveau stockage. (Syn. GERBE.)

JAVELLISATION n. f. Action d'ajouter de l'eau de Javel à une eau, afin de la stériliser.

JAVELLISER v. t. (de *eau de Javel*) [conj. 3]. Pratiquer la javellisation.

JAVELOT n. m. (lat. *gabalus,* du gaul.). **1.** Arme de jet dont la taille est très réduite par rapport à la lance. – **2.** Engin en forme de lance (2,60 m et 800 g pour les hommes, 2,20 m et 600 g pour les femmes), muni d'une pointe aiguë, utilisé en athlétisme ; cette épreuve d'athlétisme. – **3.** Nom usuel de l'*éryx*.

JAVOUHEY → ANNE-MARIE JAVOUHEY (bienheureuse).

JAWARA (*sir* Dawda Kairaba), homme d'État gambien (Barajally 1924). Premier ministre à partir de 1962, il a été président de la République de 1970 à 1994. Il fut également vice-président de la Sénégambie de 1982 à 1989.

JAWLENSKY (Alexeï VON), peintre russe (gouvern. de Tver 1864 - Wiesbaden 1941). Installé en 1896 à Munich, où il rencontra Kandinsky, influencé par Van Gogh, Gauguin, Matisse, il a donné dans les années 1905-1913 des toiles d'une grande intensité, où le cerne exalte un coloris profond. Après 1918, à la suite d'une crise mystique, il se consacra à décrire toujours le même visage, de forme géométrisée. (Musées de Wiesbaden, Wuppertal, etc.)

JAWORZNO, v. de Pologne, en haute Silésie, dans la conurbation de Katowice ; 88 000 hab. Centre industriel (houille, métallurgie, chimie).

JAY (John), homme politique américain (New York 1745 - Bedford, New York, 1829). Président du Congrès continental (1778-79), ministre plénipotentiaire en Espagne (1779-1782), président de la Cour suprême fédérale (1789-1795), il fut le négociateur d'un traité qui porte son nom (traité Jay, 1794). Ce traité, destiné à régler l'important contentieux existant entre les États-Unis et l'Angleterre, a marqué un progrès décisif dans l'histoire de l'arbitrage international.

JAY (Antoine), journaliste et écrivain français (Guîtres 1770 - Chabreville 1854). Directeur du *Journal de Paris* (1810), il fonda *l'Indépendant* (1815), qui deviendra *le Constitutionnel* puis *la Minerve* (1818). Il ridiculisa Sainte-Beuve et la nouvelle école dans la *Conversion d'un romantique* (1830). [Acad. fr., 1832.]

JAYADEVA, écrivain indien (XIIe s.), auteur de la *Gīta Govinda,* qui célèbre les amours de Kriṣṇa et de la bergère Rādhā, et qui influença toute la littérature médiévale du nord de l'Inde.

JAYAPURA ou **DJAJAPURA,** anc. **Hollandia,** puis **Sukarnopura,** v. d'Indonésie, ch.-l. de l'Irian Jaya (Nouvelle-Guinée occidentale) ; 246 400 hab. Port de commerce.

JĀYASI (Malik Muhammad), poète indien de langue hindī (milieu du XVIe s.). Musulman, proche du soufisme, il est l'auteur de la *Padmāvata* (v. 1540) qui, dans le cadre historique de la prise de Cittor (1303) par l'empereur musulman 'Alā' al-Dīn, expose sa conception de la recherche du divin et de la vérité universelle.

JAYAWARDENE (Junius Richard), homme d'État sri-lankais (Colombo 1906 - *id.* 1996). Chef du parti conservateur, l'United National Party, il a été Premier ministre en 1977 et président de la République de 1978 à 1989.

JAYET n. m. *Vx.* Syn. de JAIS.

JAZY (Michel), athlète français (Oignies 1936). Deuxième du 1 500 m olympique à Rome (1960), il a détenu les records du monde du mile, du 2 000 m, du 3 000 m, du 2 miles et du relais 4 × 1 500 m.

JAZZ [dʒaz] n. m. (de l'amér. *jazz band*). Musique afro-américaine créée au début du siècle par les communautés noire et créole du sud des États-Unis, et fondée pour une large part sur l'improvisation, un traitement original de la matière sonore et une mise en valeur spécifique du rythme (swing).

ENCYCL. C'est à La Nouvelle-Orléans que se produisit, entre 1890 et 1910, une fusion entre trois courants musicaux jusqu'alors parallèles : la musique populaire des Noirs (musique religieuse, chants de travail et surtout le blues), le ragtime et la version « blanche », européanisée, de la musique populaire afro-américaine (chants des minstrel shows et musique de vaudeville). Cette synthèse s'opère grâce à la rencontre des musiciens noirs avec les musiciens « créoles de couleur », mulâtres d'expression française que le code législatif de Louisiane considérait comme des « nègres » (Jelly Roll Morton, Sidney Bechet, etc.).

le jazz Nouvelle-Orléans

La fermeture, en 1917, du quartier réservé de « Storyville » provoque un exode massif de musiciens vers Chicago. King Oliver s'y installe dès 1918 avec sa formation, l'Original Creole Jazz Band, dont fait partie Louis Armstrong. Il enregistre en 1923 les morceaux les plus caractéristiques du style Nouvelle-Orléans, fondé principalement sur l'improvisation collective et la recherche d'une polyphonie spontanée. En 1922, Jelly Roll Morton fonde les Red Hot Peppers. En 1925, Louis Armstrong dirige les premières sessions de son Hot Five. Parallèlement à l'activité des musiciens noirs, de jeunes musiciens blancs s'imposent, parmi lesquels les trompettistes Bix Beiderbecke, Muggsy Spanier, les saxophonistes et clarinettistes Frank Teschemacher, Benny Goodman et Mezz Mezzrow, ainsi que le batteur Gene Krupa. Peu à peu, New York prend le relais de Chicago. Dès 1920, Fletcher Henderson y fonde son premier grand orchestre et Louis Armstrong s'y impose comme la première « vedette de jazz ». Dès 1929, le style et la conception orchestrale de La Nouvelle-Orléans ont vécu. Ils ne retrouveront les faveurs d'un public qu'en 1940, avec la vogue du New Orleans Revival.

le middle-jazz

Le middle-jazz est encore appelé « mainstream » ou « jazz classique ». C'est la période où le jazz conquiert sa liberté, en même temps qu'une large audience. Les cadres étroits de l'improvisation collective Nouvelle-Orléans sont délaissés au profit de l'improvisation du soliste et de l'écriture orchestrale. Fletcher Henderson est le premier à tenter de renouveler le langage du jazz. Son orchestre, où s'illustrent de brillants solistes (en particulier Benny Carter et Coleman Hawkins), ouvre la voie à Duke Ellington, dont la première formation prend son essor en 1927. En 1928, Ellington joue au Cotton Club de Harlem où lui succèdent le grand orchestre de Cab Calloway et, en 1934, celui de Jimmie Lunceford. À la même époque la formation de Count Basie se produit à Kansas City. Cette période heureuse va recevoir le nom « d'ère du swing ». Entre 1936 et 1944, les grandes formations se multiplient. Tandis que, avec Coleman Hawkins, Johnny Hodges, Teddy Wilson, Benny Carter, Lionel Hampton et Fats Waller, le jazz s'invente un classicisme, le public proclame le clarinettiste blanc Benny Goodman « roi du swing ». Goodman impose pour la première fois dans un orchestre blanc des musiciens de couleur et ouvre au jazz les portes de Carnegie Hall, lors d'un concert historique, le 16 janvier 1938. Mais, si Benny Goodman règne sur le swing, c'est surtout chez Count Basie que le swing règne. C'est au sein de son orchestre que se révèle le saxophoniste Lester Young.

le jazz moderne

• *La révolution be-bop.* À la fin des années 30, refusant le conformisme croissant, toute une génération de jeunes musiciens décide de faire éclater les canevas traditionnels de l'improvisation. À partir de 1943 s'élabore un nouveau style : le be-bop. Kenny Clarke, Thelonious Monk, Dizzy Gillespie, Bud Powell, Fats Navarro et Charlie Parker innovent à la fois sur le plan rythmique, harmonique et mélodique.

• *Le jazz cool.* À la fin des années 40, un nouveau style se dessine : le jazz cool. Il est né de trois séries d'expériences autonomes. Dans l'orchestre de Claude Thornhill se révèlent deux arrangeurs de talent, Gil Evans et le saxophoniste baryton Gerry Mulligan. Ils se retrouvent en 1949 et 1950 dans la formation de Miles Davis, pour qui ils écrivent des arrangements sur des compositions be-bop. Une deuxième expérience est menée par le pianiste Lennie Tristano. La troisième tendance du cool est représentée par les Four Brothers (Herbie Steward, Stan Getz, Zoot Sims, Serge Chaloff, puis Jimmy Giuffre et Al Cohn), saxophonistes dans l'orchestre de Woody Herman qui réalisent une synthèse des jeux de Lester Young et de Charlie Parker.

• *Le hard-bop.* Au milieu des années 50, en réaction contre le cool, une nouvelle génération de musiciens noirs prêche un retour aux racines nègres du jazz : le blues, le gospel song et les chants de travail, dans une variante musclée du bop appelée « hard bop » ou « jazz funky ». Surtout illustré en quintette, le hard bop est mis en valeur par les formations de Max Roach, Sonny Rollins, Art Blakey, Horace Silver et Cannonball Adderley.

• *La révolution coltranienne.* Au début des années 60, le contrebassiste Charlie Mingus prolonge l'œuvre de Duke Ellington en créant une musique véhémente et colorée avec des solistes qui annoncent le free jazz (Eric Dolphy). Tout en se situant dans le prolongement direct des innovations parkeriennes, le saxophoniste alto Ornette Coleman bouscule ouvertement les principes établis de l'harmonie et de l'improvisation. Mais c'est incontestablement le saxophoniste John Coltrane qui révolutionne le jazz en 1960 avec une expérience modale qui le conduit en 1964 à participer à l'aventure du free jazz.

le free jazz

Au milieu des années 60 surgit un mouvement, autant politique que musical, de libération à l'égard des conventions et de l'« ordre établi ». C'est le *free jazz* (jazz libre) ou *new thing* (nouvelle chose). Brisant les critères traditionnels, les nouveaux défricheurs inventent une musique violente, chaotique, convulsive, faite d'improvisation collective. Les principaux responsables de cette tourmente sonore sont le pianiste Cecil Taylor, le trompettiste Don Cherry, les saxophonistes Albert Ayler, « Pharoah » Sanders et Archie Shepp.

• *Le post-free.* Au début des années 70, la vague free reflue ; Miles Davis, en électrifiant sa trompette, tente de jeter un pont entre le jazz et le rock. Il s'entoure de jeunes musiciens qui ensuite voleront de leurs propres ailes : Herbie Hancock, John McLaughlin, Tony Williams, Jack Dejohnette, Chick Corea et Keith Jarrett.

Dans le même temps, conduit par le saxophoniste Anthony Braxton, un nouveau courant recherche un « au-delà du jazz », en direction d'horizons qui le rapprochent de la musique contemporaine européenne.

À la fin des années 70, un important mouvement de retour au be-bop s'est amorcé.

Jazz At The Philharmonic (JATP), concerts organisés, à partir de 1944, par le producteur Norman Granz et qui réunissaient une pléiade de vedettes du jazz dans le contexte informel de la jam-session. Les premiers concerts eurent lieu au Philharmonic Auditorium de Los Angeles.

JAZZ-BAND [dʒazbɑ̃d] n. m. (pl. *jazz-bands*). Orchestre de jazz.

JAZZIQUE ou **JAZZISTIQUE** [dʒa-] adj. Relatif à la musique de jazz, propre au jazz.

JAZZMAN [dʒazman] n. m. (pl. *jazzmen* [-mɛn]) [mot amér.]. Musicien de jazz.

Jazz Messengers, formation de jazz moderne, fondée en 1955 par le pianiste Horace Silver et le batteur Art Blakey.

JAZZ-ROCK [dʒaz-] n. m. inv. Musique de jazz composée de divers éléments empruntés au rock.

ENCYCL. Apparu à la fin des années 60 en Angleterre avec le groupe « Soft Machine » et aux États-Unis avec « Chicago » et « Blood, Sweat and Tears », le jazz-rock (appelé « fusion music » par les Américains) mélange le principe de l'improvisation, les cuivres du jazz avec le rythme dansant, « binaire » du rock. Le véritable « inventeur » en fut le trompettiste Miles Davis, qui, dans son album *Bitches Brew* (1969), jeta les bases de la « fusion ». Tous les premiers spécialistes du jazz-rock ont fait leurs classes dans l'orchestre de Miles Davis : John McLaughlin et Tony Williams ; Chick Corea ; Joe Zawinul et Wayne Shorter, qui s'associèrent en 1971 pour former le groupe *Weather Report.*

JAZZY [dʒa-] adj. inv. (mot angl.). *Fam.* Qui rappelle, évoque le jazz.

J-BOX n. m. Chambre de stockage en forme de J, utilisée dans les installations de traitement des textiles en continu.

J.-C., abrév. pour JÉSUS-CHRIST.

JDANOV → MARIOUPOL.

JDANOV (Andreï Aleksandrovitch), homme politique soviétique (Marioupol 1896 - Moscou 1948). Membre du Bureau politique du parti (1939), responsable des affaires idéologiques et de l'agit-prop, il fixa les normes du réalisme socialiste (1934). Il dirigea en 1946 la réaction contre les tendances libérales des années de guerre et imposa à la vie culturelle des contraintes qui restèrent en vigueur jusqu'en 1953. Il dirigea la délégation de l'U. R. S. S. lors de la réunion constitutive du Kominform (sept. 1947).

JDANOVIEN, ENNE adj. Relatif à Jdanov, à ses conceptions esthétiques.

JE (j' devant un verbe commençant par une voyelle ou un *h* muet) pron. pers. (lat. *ego*). Forme atone du pronom personnel, sujet du verbe à la première personne du singulier, désignant le locuteur, la personne qui parle, sans distinction de sexe : *Je mange. J'aime. Que dis-je ? Qu'ai-je fait ?*

JE n. m. Principe de la connaissance chez Hegel, par oppos. au *moi* qui reflète la personnalité ; sujet qui parle, qui énonce, au titre de support de l'inconscient, chez Lacan.

Je suis partout, hebdomadaire fondé à Paris en 1930 par Arthème Fayard, avec P. Gaxotte comme rédacteur en chef. En 1937, avec R. Brasillach, le journal est nationaliste, antiparlementaire, antisémite. Suspendu de juin 1940 à févr. 1941, il devient un des principaux organes de la presse collaborationniste. Il cessa de paraître en août 1944.

JEAN [dʒin] n. m. (amér. *jeans,* treillis, grosse toile). **1.** Syn. de BLUE-JEAN. — **2.** Syn. de DENIM.

SAINTS

JEAN-BAPTISTE *(saint),* v. à son ordre alphabétique.

JEAN l'Évangéliste *(saint),* apôtre de Jésus († Éphèse v. 100). Il a été avec son frère Jacques le Majeur parmi les premiers disciples du Christ. La tradition ecclésiastique lui a attribué le quatrième Évangile, les trois épîtres catholiques qui portent son nom, ainsi que l'Apocalypse du Nouveau Testament. Mais il n'est pas certain que ces récits soient de l'apôtre Jean, ni que lui-même soit identifiable au « disciple bien-aimé » du quatrième Évangile. Jean aurait évangélisé l'Asie Mineure, aurait été exilé ensuite sous Domitien dans l'île de Patmos et aurait achevé sa longue existence à Éphèse sous Trajan. Il est souvent représenté sous la forme, ou accompagné, d'un aigle.

Jean *(Épîtres de saint),* nom donné à trois écrits du Nouveau Testament. La majorité des exégètes voient un lien très réel entre ces trois épîtres et l'esprit du quatrième Évangile : l'accent est mis sur l'identité de l'amour de Dieu et de l'amour du prochain.

Jean *(Évangile de saint),* le quatrième Évangile, dernier des écrits évangéliques. Il touche, au moins pour ses éléments essentiels, à un témoin direct de la vie de Jésus ; dans sa rédaction définitive, il doit remonter aux années 90-100. Cet Évangile diverge des trois autres par les perspectives théologiques : il se présente comme un approfondissement des événements centraux de l'histoire du salut qui apparaissent comme le sommet de la révélation divine.

JEAN Chrysostome *(saint)* [Antioche v. 344 - près de Comana de Cappadoce 407], évêque de Constantinople (397-404), Père de l'Église grecque. Réformateur rigoureux et austère mais théologien sans originalité, Jean Chrysostome fut avant tout un pasteur et un orateur prestigieux (ce qui lui valut son surnom de Chrysostome [« Bouche d'or »]). Il mourut en exil, poursuivi par la vindicte de l'impératrice Eudoxie.

JEAN Climaque *(saint),* auteur ascétique grec (v. 579 - v. 649). Moine du Sinaï, il a laissé un traité de vie spirituelle.

JEAN de Damas ou **Damascène** *(saint)* [Damas ? v. 650 - Saint-Sabas, près de Jérusalem, v. 749], le dernier des Pères de l'Église grecque. Il abandonna vers 700 ses hautes fonctions administratives pour la vie monastique. Sa *Source de la connaissance* est le premier traité synthétique raisonné du dogme chrétien. Ses chants liturgiques en font un des grands poètes de l'hymnologie byzantine.

JEAN DE MATHA *(saint),* fondateur de l'ordre des Trinitaires (Faucon, Provence, 1160 - Rome 1213). Il voua sa vie et son ordre au rachat des captifs.

JEAN de Capistran *(saint),* franciscain italien (Capestrano 1386 - Villacum, auj. Ilok, Croatie, 1456). Inquisiteur, il poursuivit les fraticelles puis les hussites avant de prêcher la croisade contre les Turcs (1456).

JEAN FISHER *(saint),* cardinal anglais (Beverley 1469 - Londres 1535). Humaniste réputé, évêque de Rochester (1504) et cardinal (1535), il fut décapité pour s'être opposé au divorce d'Henri VIII.

JEAN de Dieu *(saint),* religieux portugais (Montemor-o-Novo, Portugal, 1495 - Grenade 1550), fondateur (1537) de l'ordre des Frères hospitaliers dits « de Saint-Jean-de-Dieu ».

Jean-de-Dieu *(Frères hospitaliers de* **Saint-***)* → SAINT-JEAN-DE-DIEU.

JEAN de la Croix *(saint),* carme espagnol, docteur de l'Église (Fontiveros, prov. d'Ávila, 1542 - Ubeda 1591). En 1567, il connut sainte Thérèse et, avec elle, entreprit la réforme de l'ordre carmélitain (carmes et carmélites). Ses œuvres, notamment *la Nuit obscure,* sont des chefs-d'œuvre de la littérature mystique.

JEAN DE BRÉBEUF *(saint),* jésuite français (Condé-sur-Vire, Normandie, 1593 -Saint-Louis, Canada, 1649). Un des premiers jésuites arrivé en Nouvelle-France (1625), il fut martyrisé par les Iroquois.

JEAN FRANÇOIS RÉGIS *(saint),* jésuite français surnommé « l'Apôtre du Vivarais » (Fontcouverte, diocèse de Narbonne, 1597 - Lalouvesc, Ardèche, 1640). Il se spécialisa dans les missions populaires. Son tombeau est un centre de pèlerinage.

JEAN EUDES *(saint),* prêtre français (Ri, Orne, 1601 - Caen 1680). D'abord oratorien, il fonda à Caen (1643) la congrégation de Jésus-et-Marie, dite des eudistes, qui prit en charge plusieurs séminaires, en Normandie surtout. Jean Eudes fut l'un des initiateurs du culte du Cœur de Jésus.

JEAN DE LA LANDE *(saint),* jésuite français (Dieppe v. 1620 - Andagaron, Canada, 1646). Compagnon du P. Isaac Jogues, il fut tué avec lui par les Iroquois.

JEAN BOSCO *(saint),* prêtre italien (Becchi Castelnuovo d'Asti, auj. Castelnuovo Don Bosco, 1815 - Turin 1888). Prêtre dans un faubourg de Turin, il se préoccupa du sort des enfants pauvres et délaissés. Il fonda la congrégation des Prêtres de Saint-François-de-Sales, ou salésiens (1859), et la congrégation des Filles de Marie-Auxiliatrice, dites salésiennes (1872), toutes deux vouées à l'éducation et à l'instruction professionnelle des enfants du peuple.

BIENHEUREUX

JEAN CASSIEN *(bienheureux)* → CASSIEN.

JEAN RUYSBROECK ou **RUUSBROEC** *(bienheureux)* → VAN RUUSBROEC (Jan).

PAPES

JEAN Ier *(saint)* [Toscane 470 - Ravenne 526], pape de 523 à 526. Il couronna l'empereur Justin à Constantinople (525).

JEAN II (MERCURIUS) [Rome 470 - *id.* 535], pape de 533 à 535.

JEAN III (Catelinus) [Rome - *id.* 574], pape de 561 à 574.

JEAN IV (Salone v. 580 - Rome 642), pape de 640 à 642.

JEAN V (Antioche ? - Rome 686), pape en 685-686.

JEAN VI (en Grèce ? - Rome 705), pape de 701 à 705.

JEAN VII (en Grèce ? - Rome 707), pape de 705 à 707.

JEAN VIII (Rome 820 ? - *id.* 882), pape de 872 à 882. Sous la protection de Charles le Chauve puis de Charles le Gros, qu'il sacra empereurs (875 et 881), il s'efforça de lutter contre l'anarchie dans une Italie ravagée par les Sarrasins.

JEAN IX (Tivoli 840 - Rome 900), pape de 898 à 900.

JEAN X (Tossignano 860 - Rome 928), pape de 914 à 928.

JEAN XI (Rome 906 - *id.* 935), pape de 931 à 935.

JEAN XII (Ottaviano) [Rome 937 - *id.* 964], pape de 955 à 964. Il couronna empereur Otton de Saxe (962).

JEAN XIII (Rome ? - *id.* 972), pape de 965 à 972. Il encouragea les réformateurs, surtout le mouvement clunisien.

JEAN XIV (Pietro Canepanova), [Pavie ? -Rome 984], pape en 983-984.

JEAN XV (Rome ? - *id.* 996), pape de 985 à 996. On lui doit l'initiative de la *trêve de Dieu,* et la première canonisation (993).

JEAN XVI (Giovanni Filagato) [† Fulda 1013], antipape. Quoique Grégoire V ait été le pape légitime, Jean XVI, pape illégitime en 997-998, est compté dans la série des papes Jean.

JEAN XVII (Siccone) [Rome ? - *id.* 1003], pape en 1003.

JEAN XVIII (Fasano)[Rome ? - *id.* 1009], pape de 1004 à 1009.

JEAN XIX (Romanus) [Rome 1032], pape de 1024 à 1032.

Jean XX. Il n'y a pas de *Jean XX,* certains historiens ayant supposé, à tort, qu'un autre Jean avait régné quatre mois entre Benoît VII et Jean XIV.

JEAN XXI (Pietro Iuliani) [Lisbonne v. 1220 - Viterbe 1277], pape en 1276-77.

JEAN XXII (Jacques Duèse ou D'euze) [Cahors 1245 - Avignon 1334], pape de 1316 à 1334. Établi à Avignon, il reprit le rêve théocratique de ses prédécesseurs, ce qui lui valut de nombreux adversaires : les Franciscains spirituels qui l'accusèrent d'hérésie et lui opposèrent la pauvreté évangélique ; des théologiens, notamment Guillaume d'Occam et Marsile de Padoue ; surtout l'empereur Louis de Bavière qui, en 1328, maître de Rome, fit élire l'antipape Nicolas V. Juriste renommé, Jean XXII régularisa et centralisa l'administration et les finances pontificales.

JEAN XXIII (Baldassare Cossa) [Naples v. 1370 - Florence 1419], antipape de 1410 à 1415. Élu pape à la mort d'Alexandre V, il dut convoquer à Constance un concile destiné à mettre fin au Grand Schisme (1414) ; mais, s'étant enfui, il fut déposé (1415).

JEAN XXIII (Angelo Giuseppe Roncalli) [Sotto il Monte, près de Bergame, 1881 -Rome 1963], pape de 1958 à 1963. D'origine modeste, il occupa plusieurs postes diplomatiques avant de devenir cardinal et patriarche de Venise (1953). Élu pape à la mort de Pie XII, il convoqua (1962) le deuxième concile du Vatican, destiné à rendre l'Église plus proche d'un monde en pleine mutation et à ouvrir les voies à un œcuménisme dynamique. Il laissa deux encycliques qui sont parmi les plus marquantes des temps contemporains : *Mater et Magistra* (1961), sur les questions sociales ; et *Pacem in terris* (1963) pour promouvoir une paix fondée sur la vérité, la justice, la charité et la liberté. Celui qu'on a appelé « le bon pape Jean » connut une exceptionnelle popularité.

FRANCE

JEAN Ier le Posthume (Paris 15-19 nov. 1316), roi de France et de Navarre. Fils posthume de Louis X le Hutin, il lui succéda sous la régence de son oncle Philippe qui se fit proclamer roi, après sa mort, sous le nom de Philippe V.

JEAN II le Bon (château du Gué de Maulni, près du Mans, 1319 - Londres 1364), roi de France (1350-1364), fils aîné de Philippe VI de Valois, il épousa en 1332 Bonne de Luxembourg puis, en 1350, Jeanne de Boulogne. Après avoir soumis son gendre Charles le Mauvais, allié à Édouard III (1356), il est contraint de reprendre la lutte contre les Anglais. Au terme d'un combat héroïque livré près de Poitiers (19 sept. 1356), il est fait prisonnier par le Prince Noir et emmené à Londres, où il doit signer deux traités (janv. 1358 et mars 1359) dont les clauses sont rejetées par le dauphin Charles (futur Charles V). Il n'est libéré qu'en 1362 après la conclusion du traité de Brétigny (ratifié à Calais, 1360) par lequel il cède à l'Angleterre l'Aquitaine. Devant l'incapacité de payer sa rançon (4 millions d'écus d'or) et la fuite de son fils Louis d'Anjou, otage à Calais (1363), il regagne Londres, où il se constitue prisonnier (janv. 1364) et meurt.

Jean II le Bon *(Portrait de)*, peinture anonyme de l'école française, exécutée vers 1350, à la détrempe sur panneau de bois (0,598 × 0,446 m, Louvre). C'est le plus ancien tableau de chevalet conservé de la peinture française.

ANGLETERRE

JEAN sans Terre (Oxford 1167 - château de Newark, Nottinghamshire, 1216), roi d'Angleterre (1199-1216), cinquième fils de Henri II et d'Aliénor d'Aquitaine. En 1199, il succède à son frère Richard, et répudie Isabelle de Gloucester pour épouser Isabelle d'Angoulême (1200), fiancée à un Lusignan. Ce dernier fait appel au roi de France, Philippe Auguste, qui prononce la déchéance de Jean pour ses fiefs français (1202). Jean doit aussi faire face au soulèvement de la Bretagne et de l'Anjou pour avoir tué son neveu et rival Arthur Ier de Bretagne (1203). Il perd ensuite la Normandie (1204) et la Touraine (1205). Refusant la nomination de Stephen Langton comme archevêque de Canterbury, il est excommunié par Innocent III (1209). En 1213, il se réconcilie avec le pape, inféodant ses royaumes au Saint-Siège. Il organise un réseau d'alliances contre le roi de France, mais il est battu à La Roche-aux-Moines (1214), ainsi que ses alliés impériaux et flamands à Bouvines (1214). Ces échecs provoquent une vive opposition en Angleterre, et la révolte de ses barons le contraint à accepter la Grande Charte (1215). Il meurt au moment où éclate une nouvelle révolte, appuyée par la France (1216).

JEAN DE GAND → LANCASTRE.

ANGOULÊME

JEAN (Orléans 1399 - Cognac 1467), comte d'Angoulême et de Périgord, fils de Louis, duc d'Orléans. Fait prisonnier à Azincourt (1415), il fut captif à Londres avec son frère Charles d'Orléans pendant trente-deux années.

ARAGON

JEAN Ier (Perpignan 1350-1395), roi d'Aragon (1387-1395). Fils de Pierre IV le Cérémonieux, il eut pour successeur son frère Martin Ier l'Humain. — **Jean II** (Medina del Campo 1397 - Barcelone 1479), roi de Navarre (1425-1479) et d'Aragon (1458-1479), fils de Ferdinand Ier. Marié (1420) à Blanche (Ire) de Navarre, il s'empara du pouvoir après la mort de sa femme (1441), écartant ainsi son fils Charles IV, prince de Viane, qu'il déshérita (1455) et fit sans doute empoisonner (1461). Il eut pour successeurs en Navarre sa fille Éléonore et en Aragon son fils Ferdinand II, qu'il maria en 1469 à la future Isabelle Ire, unissant ainsi l'Aragon et la Castille.

AUTRICHE

JEAN DE HABSBOURG, dit **l'archiduc Jean** (Florence 1782 - Graz 1859), fils de Léopold II. À la tête de l'armée de Bavière, il fut battu par Moreau à Hohenlinden (1800). Très populaire pour son libéralisme, il fut chargé par Ferdinand Ier de former un ministère et de présider la Constituante. Il fut élu par l'Assemblée de Francfort vicaire impérial (juin - juill. 1848). À l'avènement de François-Joseph (déc.), il se retira.

BOHÊME

JEAN Ier DE LUXEMBOURG l'Aveugle (1296 - Crécy 1346), roi de Bohême (1310-1346). Fils de l'empereur Henri VII, il épousa en 1310 Élisabeth Přemyslide et devint roi de Bohême. Venu en France, il maria sa fille Bonne au futur Jean II le Bon (1332). Il fit élire son fils Charles roi de Germanie (1346) et fut tué à Crécy.

BOURGOGNE

JEAN sans Peur (Dijon 1371 - Montereau 1419), duc de Bourgogne (1404-1419), fils de Philippe II le Hardi. Comte de Nevers jusqu'en 1404, il gagne son surnom à Nicopolis (1396), où il est fait prisonnier par les Turcs. Supplanté au Conseil royal par Louis, duc d'Orléans, il le fait assassiner (1407). Chef de la faction des Bourguignons, il se rend maître de Paris (1408), qu'il soumet à un régime de terreur. Chassé de la capitale par Charles d'Orléans (1413), il reconquiert le pouvoir et Paris avec l'aide d'Henri V, roi d'Angleterre (1418). Mais, craignant d'être dépouillé du gouvernement par ce dernier, il se rapproche du dauphin Charles (futur Charles VII) qu'il rencontre sur le pont de Montereau, où il est assassiné par Tanneguy Duchâtel (sept. 1419).

BRETAGNE

JEAN Ier le Roux (château de l'Isle 1217-1286), comte (ou duc) de Bretagne (1237-1286). — **Jean II** (1239 - Lyon 1305), comte (ou duc) de Bretagne (1286-1297), premier duc et pair de Bretagne (1297-1305), fils du précédent. — **Jean III** *le Bon* (Châteauroux 1286 - Caen 1341), duc de Bretagne (1312-1341), fils d'Arthur II. À sa mort, s'ouvrit la guerre de la Succession de Bretagne*. — **Jean (IV) de Montfort** (1295 - Hennebont 1345), duc de Bretagne, fils d'Arthur II et frère consanguin de Jean III. Il se dressa contre Jeanne de Penthièvre, désignée comme héritière de Bretagne et qui reçut l'appui du roi de France Philippe VI. — **Jean IV (ou V)** *le Vaillant* ou *le Conquéreur* (v. 1340 - Nantes 1399), duc de Bretagne (1365-1399), fils du précédent. Il prit le titre de duc après le traité de Guérande (avr. 1365). Il s'allia secrètement à Édouard III (1372) et Charles V confisqua ses terres (1378). Il les recouvra en 1381, après avoir fait amende honorable auprès de Charles VI. — **Jean V (ou VI)** *le Sage* (château de l'Hermine, près de Vannes, 1389 - château de la Touche, près de Nantes, 1442), duc de Bretagne (1399-1442), fils du précédent. Il pratiqua une politique de bascule entre la France et l'Angleterre, et soutint la Praguerie (1440).

BULGARIE

JEAN Ier ASEN Ier, tsar de Bulgarie (1187-1196). Il fonda avec son frère Pierre le second Empire bulgare (1187). — **Jean II Kalojan** († Thessalonique 1207), tsar de Bulgarie (1197-1207), frère de Jean Ier. En conflit avec Baudouin Ier, empereur latin de Constantinople, qui rejetait ses prétentions sur la Thrace et la Macédoine, il le défit à Andrinople (1205). — **Jean III Asen II** († 1241), tsar de Bulgarie (1218-1241), fils de Jean Ier. Il remporta la victoire de Klokotnica (1230) sur le despote d'Épire, Théodore Ange. — **Jean VI Alexandre,** tsar de Bulgarie (1331-1371), de la dynastie des Šišmanides. Il divisa l'empire entre ses deux fils qui reçurent respectivement les principautés de Vidin et de Tărnovo en 1371.

BYZANCE

JEAN Ier TZIMISKÈS (Hiérapolis, Arménie, 925 - Constantinople 976), empereur byzantin (969-976). En 969, il assassina Nicéphore II Phokas et s'empara de l'Empire. Il sut se concilier le patriarche Polyeucte et le clergé. Il annexa la Bulgarie orientale après avoir chassé les Russes, combattit les musulmans (974-75), et soumit Beyrouth.

JEAN II COMNÈNE (1087 - Taurus 1143), empereur byzantin (1118-1143), fils et successeur d'Alexis Ier. Il écrasa définitivement les Petchenègues (1122-23), intervint en Hongrie et en Serbie (1124-1126), reconquit sur les Turcs une partie de l'Asie Mineure et rétablit la suzeraineté byzantine sur les Francs de Syrie.

JEAN III DOUKAS VATATZÈS (Didymotique, Thrace, 1193 - Nymphaion, auj. Kemalpaşa, 1254), empereur byzantin de Nicée (1222-1254), successeur de Théodore Ier Lascaris. Il s'efforça de reconstruire l'Empire byzantin, détruit par les croisés en 1204, mais ne parvint pas à reprendre Constantinople.

JEAN IV DOUKAS LASCARIS, né vers 1250, empereur byzantin de Nicée (1258, en droit 1258-1261). Fils de Théodore II Lascaris, il eut comme régent Michel VIII Paléologue, qui se fit associer au trône (fin 1258), et fut emprisonné et aveuglé par son tuteur.

JEAN V PALÉOLOGUE (1332-1391), empereur byzantin (1341-1354 ; 1355-1376 ; 1379-1391), fils d'Andronic III. Sa minorité fut troublée par l'action de Jean Cantacuzène, qui, après six ans de guerre civile, prit Constantinople et se fit associer à l'Empire (1347). La retraite de Jean VI Cantacuzène (1355), puis celle de Mathieu Cantacuzène (1357) laissèrent Jean V seul empereur. Homme d'État médiocre, il ne sut pas relever l'Empire. Renversé en 1376 par son fils Andronic IV, aidé des Génois, il fut rétabli, en 1379, par le sultan Murad Ier.

JEAN VI CANTACUZÈNE (Constantinople v. 1293 - Mistra 1383), empereur byzantin (1341-1355). Régent à la mort d'Andronic III (1341), Cantacuzène se fait reconnaître empereur par ses partisans. Rentré à Constantinople avec l'aide des Turcs, des Serbes et des Bulgares (3 févr. 1347), il doit faire face à une opposition populaire et religieuse tandis que les Turcs Osmanlis mettent la main sur l'Asie Mineure et les Serbes sur la Grèce du Nord. Il inaugure le système des apanages, divisant l'Empire en trois groupes : la Thrace, avec Constantinople, la Morée byzantine et Thessalonique, favorable aux Paléologues. Dès 1351, une nouvelle guerre civile l'oppose à Jean V Paléologue. Il l'emporte grâce à l'alliance des Turcs Osmanlis. Mais la rupture de cette alliance provoque sa ruine. Jean VI abdique, se fait moine au mont Athos, puis se retire à Mistra. Il rédige alors son *Histoire,* qui couvre les années 1320-1356.

JEAN VII PALÉOLOGUE (v. 1360 - mont Athos v. 1410), empereur byzantin (1399-1402), fils d'Andronic IV. Il s'empara de Constantinople (1390) avec l'aide du sultan Bayezid Ier, mais fut chassé par son oncle Manuel II, associé à Jean V.

JEAN VIII PALÉOLOGUE (1390-Constantinople 1448), empereur byzantin (1425-1448), fils aîné de Manuel II. Il chercha secours en Occident en concluant l'union des Églises (concile de Florence, 1439). Mais il ne put l'imposer à son peuple, et le désastre de Varna (1444) livra l'Empire au Turcs (1446).

CASTILLE ET LEÓN

JEAN MANUEL, prince castillan (Escalona, prov. de Tolède, 1282 - Cordoue 1348). Comte d'Escalona et de Villena, il exerça la régence du royaume de Castille pendant la minorité d'Alphone XI (1312-1325).

JEAN Ier (Epila 1358 - Alcalá de Henares 1390), roi de Castille et de León (1379-1390). Fils d'Henri II le Magnifique et époux (1383) de Béatrice de Portugal, il tenta de s'emparer de la Couronne de Portugal à la mort de son beau-père Ferdinand Ier, mais fut vaincu à Aljubarrota (1385) par le roi Jean Ier. — **Jean II** (Toro 1405 - Valladolid 1454), roi de Castille et de León (1406-1454), fils d'Henri III.

DANEMARK, SUÈDE ET NORVÈGE

JEAN Ier (Ålborg 1455 - *id.* 1513), roi de Danemark (1481-1513), de Norvège (1483-1513) et de Suède (1497-1501), fils et successeur de Christian Ier.

EMPIRE LATIN D'ORIENT

JEAN DE BRIENNE (v. 1148 - Constantinople 1237), roi de Jérusalem (1210-1225), empereur latin de Constantinople (1231-1237). Époux de Marie de Montferrat, reine de Jérusalem, il fut évincé par Frédéric II de Hohenstaufen, marié à sa fille Isabelle (1225). Proclamé régent et empereur latin de Constantinople (1231), il brisa le double assaut de l'empereur de Nicée Jean III Vatatzès et du tsar des bulgares Jean III Asen II contre Constantinople (1235-36).

EMPIRE DE TRÉBIZONDE

JEAN, nom de plusieurs empereurs de Trébizonde, notamment : **Jean Ier Axouch** (1235-1241) ; – **Jean II Comnène** (1280-1297) ; – **Jean III Comnène** (1342-1344) ; – **Jean IV Comnène** (1429-1458), qui devint le vassal de Mehmed II (1453).

HONGRIE

JEAN ZÁPOLYA (Szepesvár 1487 - Szászsebes 1540), roi de Hongrie (1526-1540). Élu roi de Hongrie en 1526, il eut pour rival Ferdinand Ier de Habsbourg et s'imposa avec le soutien des Ottomans en Hongrie orientale. – Son fils, **Jean Sigismond** (Buda 1540 - Alba Julia 1571), élu roi de Hongrie (1540), régna seulement sur la Transylvanie (1541-1571) sous la protection ottomane.

LUXEMBOURG

JEAN DE LUXEMBOURG (château de Berg, cant. de Mersch, 1921). Fils de la grande-duchesse Charlotte de Luxembourg, il lui succéda comme souverain du grand-duché lors de son abdication en nov. 1964.

NAVARRE

JEAN Ier, roi de Navarre → JEAN Ier *le Posthume,* roi de France. – **Jean II,** roi de Navarre → JEAN II, roi d'Aragon. – **Jean III** *d'Albret* († Moneins, Béarn, 1516), roi de Navarre (1484-1516), époux (1484) de Catherine de Navarre.

POLOGNE

JEAN Ier ALBERT (Cracovie 1459 - Toruń 1501), roi de Pologne (1492-1501), fils et successeur de Casimir IV Jagellon. – **Jean II Casimir** ou **Casimir V** (Cracovie 1609 - Nevers 1672), roi de Pologne (1648-1668). Frère et successeur de Ladislas IV Vasa, il ne put conjurer les périls qui s'abattirent sur la Pologne de 1648 à 1660 : révolte des cosaques qui placèrent l'Ukraine orientale sous l'autorité du tsar de Russie (1654), invasion suédoise (1655). Ne pouvant enrayer l'anarchie créée par l'application généralisée du *liberum veto,* il abdiqua en 1668. – **Jean III Sobieski** (Olesko, Galicie, 1629 - Wilanów 1696), roi de Pologne (1674-1696). Grand capitaine, il remporta sur les Ottomans la victoire de Chocim (Khotine) [1673] et fut élu roi de Pologne en 1674. Il conclut une alliance défensive avec Léopold Ier (1683) et repoussa les Turcs qui assiégeaient Vienne (12 sept. 1683). Il ne put signer une paix séparée avec les Ottomans qui aurait été avantageuse pour la Pologne, et s'allia avec l'Autriche et Venise pour former la Sainte-Ligue (1684).

PORTUGAL

JEAN Ier le Grand (Lisbonne 1357 - *id.* 1433), roi de Portugal (1385-1433), fils naturel de Pierre Ier le Justicier. Grand maître de l'ordre d'Aviz, il fut proclamé roi par les Cortes de Coimbra en 1385. Sa victoire sur Jean Ier, roi de Castille, à Aljubarrota (1385), lui assura la Couronne portugaise et consacra l'indépendance de son royaume, dont il favorisa l'expansion outre-mer (prise de Ceuta, 1415). – **Jean II** *le Parfait* (Lisbonne 1455 - Alvor 1495), roi de Portugal (1481-1495). Fils d'Alphonse V, il pratiqua une vigoureuse politique antinobiliaire et conclut le traité de Tordesillas (1494). – **Jean III** *le Pieux* (Lisbonne 1502 - *id.* 1557), roi de Portugal (1521-1557). Fils de Manuel Ier le Grand, il introduisit l'Inquisition au Portugal (1536) et fit appel aux Jésuites (1540). – **Jean IV** *le Fortuné* (Vila Viçosa 1604 - Lisbonne 1656), roi de Portugal (1640-1656). Fils de Théodore, duc de Bragance, il fut proclamé roi (1640) après avoir participé au soulèvement du Portugal contre Philippe IV, roi d'Espagne. – **Jean V** *le Magnanime* (Lisbonne 1689 - *id.* 1750), roi de Portugal (1707-1750), fils de Pierre II. – **Jean VI** *le Clément* (Lisbonne 1767 - *id.* 1826), roi de Portugal (1816-1826), fils de Pierre III et de la reine Marie Ire, il exerça la régence de 1792 à 1816. Son refus d'appliquer le blocus continental provoqua l'invasion des forces françaises (1807). Réfugié au Brésil, il en revint en 1821 et ratifia la première constitution portugaise (1822).

RUSSIE

JEAN → IVAN.

SUEDE

JEAN Ier Sverkersson (v. 1201 - Visingsö 1222), roi de Suède (1216). – **Jean II** → JEAN Ier, roi de Danemark, Norvège et Suède. – **Jean III Vasa** (château de Stegeborg 1537 - Stockholm 1592), roi de Suède (1568-1592), deuxième fils de Gustave Vasa. Ayant évincé son frère Erik XIV, il signa avec le Danemark le traité de Stettin (1570). En 1581, il rattacha l'Estonie à la Couronne suédoise. Il amorça le retour de la Suède au catholicisme, mais se heurta à l'opposition de la noblesse.

DIVERS

JEAN (le Prêtre), souverain chrétien légendaire régnant sur un puissant royaume situé en Asie ou en Afrique, au-delà des territoires connus de l'Europe médiévale. Son royaume fut, à partir du XVe s., identifié à l'Éthiopie.

JEAN d'Arras, prosateur français du XIVe s. Secrétaire de Jean de Berry, il fut l'auteur du roman de *Mélusine**.

JEAN BODEL, poète de la confrérie des jongleurs d'Arras († 1210). Il a marqué la chanson de geste avec *la Chanson des Saisnes,* la pastourelle, le jeu dramatique avec *le Jeu* de Saint Nicolas* et créé le genre poétique du congé.

JEAN de Cambrai, sculpteur français († Bourges 1438). Entré au service du duc de Berry, à Bourges, vers 1387, il travailla notamment au tombeau de celui-ci (gisant dans la cathédrale de Bourges, quelques pleurants au musée).

JEAN de Chelles, maître d'œuvre français du XIIIe s. Il est connu par une inscription sculptée au pied de la façade sud du transept de Notre-Dame de Paris. Celle-ci indique qu'il a élevé la façade nord et commencé la façade sud (v. 1250-1260).

JEAN de Holywood → SACROBOSCO.

JEAN HYRCAN → HYRCAN.

JEAN IV le Jeûneur († Constantinople 595), patriarche de Constantinople (582-595). Au concile de Constantinople (588), il s'intitula « patriarche œcuménique ».

JEAN de Leyde (Jan BEUKELSZ., dit), chef des anabaptistes de Münster (Leyde 1509 -Münster 1536). Maître de cette ville (1534), il y établit une constitution anabaptiste. Après la prise de Münster (1535), il fut supplicié.

JEAN de Liège, sculpteur liégeois († Paris 1381). À Paris dès 1361, il travailla pour Charles V. En 1367, il exécuta à Westminster le tombeau de la reine Philippa de Hainaut. Son œuvre est inégale, mais parfois d'une grande sensibilité (gisant de Bonne de France, musée Mayer Van den Bergh, Anvers).

JEAN MAILLART, notaire de l'hôtel du roi, mort en 1327, auteur du *Roman du comte d'Anjou.*

JEAN de Meung ou **de Meun,** écrivain français (Meung-sur-Loire v. 1240 - Paris 1305). Avant tout l'auteur de la seconde partie du *Roman* de la Rose,* il a laissé des traductions (la *Consolation,* de Boèce, *l'Art de Chevalerie,* de Végèce, les *Épîtres d'Abélard et d'Héloïse*). On lui a attribué aussi le *Testament de Jean de Meung.*

JEAN D'OUTREMEUSE, chroniqueur liégeois (1338 - 1400), auteur du *Miroir historial,* qui contient *Ogier le Danois* et *la Geste de Liège,* et d'un lapidaire, *le Trésorier de philosophie naturelle des pierres précieuses.*

JEAN PÉPIN de Huy, sculpteur mosan, connu de 1311 à 1329. Au service de la comtesse Mahaut d'Artois, il exécuta plusieurs tombeaux, dont le gisant de Robert d'Artois (Saint-Denis).

JEAN RENART, poète français (fin XIIe-début XIIIe s.). Auteur de deux romans, *l'Escoufle* (v. 1202) et *Guillaume* de Dole* (v. 1210), et d'un conte, *le Lai de l'ombre,* il a orienté le roman dans une voie réaliste, tout en conservant l'influence du lyrisme courtois.

JEAN-BAPTISTE *(saint),* chef d'une secte juive du Ier s. de notre ère, apparentée à l'essénisme. Contemporain de Jésus, il est considéré par la tradition chrétienne comme le précurseur du Messie. Il prêcha, sur les bords du Jourdain, un message de caractère eschatologique, fondé sur le rite baptismal (baptême de Jésus), l'appel vigoureux à la pénitence et l'espérance messianique. Suspect à Hérode Antipas, dont il critiquait la vie privée, il fut décapité dans sa prison.

JEAN-BAPTISTE DE LA SALLE *(saint),* prêtre français (Reims 1651 - Rouen 1719). Chanoine de Reims, il fonda en 1682 l'institut des frères des Écoles chrétiennes, pour l'instruction et l'éducation des enfants pauvres. Ses méthodes et ses ouvrages — la *Conduite des écoles* (1717) et les *Devoirs du chrétien* (1703) — font de lui l'un des précurseurs de la pédagogie moderne.

JEAN-BERNARD *(gouffre),* gouffre des Alpes françaises du Nord, ouvert à proximité de Samoëns (Haute-Savoie), dans le massif du Folly, et en cours d'exploration depuis 1963. La profondeur actuellement atteinte (–1 602 m sous la surface) constitue un record du monde.

JEANBON SAINT-ANDRÉ (André JEANBON, *baron*), homme politique français (Montauban 1749 - Mayence 1813). Député du Lot à la Convention (1792), membre du Comité de salut public (1793), il travailla à la réorganisation de la marine. Consul général à Alger puis à Smyrne (1798), il devint préfet du département du Mont-Tonnerre (1801-1813).

Jean-Charcot, navire océanographique français, lancé en 1966, d'un tonnage de 2 200 t, réaménagé en 1982. Il a réalisé de nombreuses campagnes dans l'Atlantique nord et central, ainsi qu'en Méditerranée.

Jean-Christophe, « roman-fleuve », en 10 volumes, de Romain Rolland (1904-1912), histoire d'un musicien pauvre et génial dont les expériences et les rêves sont en partie ceux de l'auteur.

JEAN(-)FOUTRE n. m. inv. *Pop.* Individu méprisable ou incapable.

JEAN-LE-BLANC n. m. inv. Syn. de CIRCAÈTE.

JEANMAIRE (Renée, dite **Zizi**), danseuse française (Paris 1924). Partenaire, interprète et épouse de Roland Petit, elle s'est fait remarquer notamment dans sa création de *Carmen* (1949) et de *la*

Croqueuse de diamants (1950). Tout en continuant à danser, elle poursuit ensuite une longue carrière de chanteuse et de meneuse de revues au music-hall.

JEAN-MARIE VIANNEY *(saint),* prêtre français (Dardilly, près de Lyon, 1786 -Ars-sur-Formans 1859). Curé du petit village d'Ars à partir de 1818, il convertit sa paroisse par sa prédication et sa sainteté. Ars devint même, du vivant de son curé, un centre de pèlerinage et de conversions.

SAINTES

JEANNE D'ARC *(sainte),* dite **la Pucelle d'Orléans,** héroïne française (Domrémy 1412 - Rouen 1431). Fille de Jacques d'Arc, laboureur aisé à Domrémy, et d'Isabelle Romée, elle témoigne très jeune d'une piété intense. À l'âge de 13 ans, elle entend des voix divines lui ordonnant de partir pour délivrer Orléans, assiégé par les Anglais. En févr. 1429, elle parvient à convaincre le capitaine de Vaucouleurs, Robert de Baudricourt, de lui donner une escorte pour se rendre à Chinon, où réside Charles VII. Arrivée le 23 févr., elle reconnaît ce dernier, dissimulé parmi les hôtes de la cour, et lui révèle qu'elle vient, au nom de Dieu, pour le faire sacrer à Reims légitime roi de France. L'authenticité de sa foi est reconnue et elle reçoit à Tours un équipement de capitaine banneret et une suite militaire. Avec la dernière armée de Charles VII, elle entre dans Orléans le 29 avr. et joue un rôle décisif dans la délivrance de la ville (8 mai). Plusieurs victoires sur les positions anglo-bourguignonnes (dont celle de Patay, 18 juin) lui permettent d'aviver le sentiment national et de conduire Charles VII à Reims où elle le fait sacrer (17 juill.). Mais dès lors, les lenteurs calculées de la diplomatie royale entravent l'action de Jeanne, qui échoue devant Paris (8 sept.), où elle est blessée, et voit son ardeur détournée vers des objectifs secondaires. Tentant de sauver Compiègne, elle est capturée par Jean de Luxembourg (23 mai 1430) qui la remet aux Anglais pour 10 000 écus. Enfermée au château de Rouen (déc.), puis déférée à un tribunal d'Inquisition présidé par l'évêque de Beauvais, Pierre Cauchon, tout dévoué à la cause anglaise, elle subit, sans avocat, un long procès d'hérésie (9 janv.-26 mars 1431). Déclarée hérétique et relapse, elle est brûlée vive sur la place du Vieux-Marché à Rouen le 30 mai 1431. En 1450, Charles VII décide une enquête sur les circonstances de son procès et de son supplice qui aboutit à une solennelle réhabilitation (17 juill. 1456). La sainteté de Jeanne a été reconnue par l'Église, qui l'a béatifiée en 1909 et l'a canonisée en 1920. Sa fête, devenue fête nationale, est fixée au dimanche suivant le 8 mai, jour anniversaire de la délivrance d'Orléans.

Jeanne d'Arc a inspiré des opéras, notamment à Verdi (1845), Tchaïkovski (1881) et A. Honegger, des drames (Schiller, Bernard Shaw [*Sainte Jeanne*], Paul Claudel [*Jeanne au bûcher*]), des pièces dramatiques (Charles Péguy), des films (C. Dreyer [*la Passion de Jeanne d'Arc*]).

Jeanne d'Arc, navire-école, école d'application des enseignes de vaisseau à leur sortie de l'École navale ou de l'École militaire de la flotte. Ce nom a été donné à un croiseur et, depuis 1964, à un porte-hélicoptères.

JEANNE DE FRANCE ou **DE VALOIS** *(sainte)* [1464-1505], reine de France. Fille de Louis XI et de Charlotte de Savoie, elle épousa en 1476 le futur Louis XII qui la répudia en 1498. Retirée à Bourges, elle y fonda l'ordre de l'Annonciade (1501).

FRANCE

JEANNE Ire DE NAVARRE, reine de Navarre et de France (Bar-sur-Seine v. 1272 -Vincennes 1305), fille d'Henri Ier le Gros, roi de Navarre et épouse (1284) de Philippe IV le Bel, à qui elle apporta ses droits sur la Navarre et sur les comtés de Champagne et de Brie.

JEANNE DE BOURGOGNE, reine de France (v. 1291 - Roye 1330), fille d'Otton IV, comte de Bourgogne et épouse (1307) de Philippe V le Long.

JEANNE DE BOULOGNE (1326 - 1360), reine de France et duchesse de Bourgogne. Fille de Guillaume XII comte d'Auvergne et de Boulogne, et épouse (1338) de Philippe de Bourgogne, elle se remaria en 1350 avec Jean II le Bon et fut régente de la Bourgogne (1349-1360) pendant la minorité de son fils Philippe Ier de Rouvres.

ANGLETERRE

JEANNE SEYMOUR (1509 - Hampton Court 1537), reine d'Angleterre (1536-37), troisième femme d'Henri VIII (1536), mère du futur Édouard VI (1537).

JEANNE GREY (*lady* DUDLEY) [Bradgate, Leicestershire, v. 1537 - Londres 1554], reine d'Angleterre (10 juill.-19 juill. 1553), arrière-petite-fille d'Henri VII. Grâce aux intrigues de John Dudley, elle succéda à Édouard VI (1553), mais fut rapidement détrônée par Marie Tudor et mise à mort.

BRETAGNE

JEANNE DE PENTHIÈVRE la Boiteuse (1319-1384), duchesse de Bretagne (1341-1365). Reconnue héritière de la Bretagne à la mort de son oncle Jean III, elle dut laisser le duché à Jean IV, fils de Jean de Montfort, par le traité de Guérande (1365) qui mit fin à la guerre de la Succession de Bretagne*.

CASTILLE

JEANNE (1439-1475), reine de Castille et de León. Fille d'Édouard, roi de Portugal, elle épousa en 1455 Henri IV, roi de Castille et de León, et fut la mère de Jeanne la Beltraneja.

JEANNE, dite **la Beltraneja,** princesse castillane (Madrid 1462 - Lisbonne 1530), fille d'Henri IV et de la précédente. Déclarée illégitime par les nobles qui prétendaient que son père était Beltrán de la Cueva* (d'où son surnom), et déshéritée par son père Henri IV, elle dut renoncer au trône castillan au profit d'Isabelle Ire (1479).

JEANNE la Folle (Tolède 1479 - Tordesillas 1555), reine de Castille (1504-1555). Fille de Ferdinand II d'Aragon et d'Isabelle Ire de Castille (les Rois Catholiques) et épouse (1496) de Philippe le Beau, elle perdit la raison à la mort de son époux (1506). Son fils Charles Ier (Charles Quint) fut reconnu roi de Castille conjointement avec elle.

NAPLES

JEANNE Ire D'ANJOU (Naples 1326 -Aversa 1382), reine de Naples et comtesse de Provence (1343-1382). Mariée à André d'Anjou (1333) puis à Louis d'Anjou-Tarente (1346), elle vendit Avignon au pape Clément VI pour être innocentée du meurtre de son premier époux. Ayant désigné pour héritier Louis Ier d'Anjou (1380), elle souleva le mécontentement de son cousin Charles (III) qui s'empara du royaume de Naples (1381) et la fit assassiner. — **Jeanne II** (Naples 1373 - *id.* 1435), reine de Naples (1414-1435). Fille de Charles III, elle choisit comme héritier René (Ier) le Bon (1434).

NAVARRE

JEANNE III D'ALBRET (Pau 1528 - Paris 1572), reine de Navarre (1555-1572). Fille d'Henri II d'Albret, et de Marguerite d'Angoulême, sœur de François Ier, elle épousa en secondes noces Antoine de Bourbon (1548) dont elle eut le futur Henri IV. Reine de Navarre à la mort de son père (1555), elle préserva l'indépendance de son royaume contre les ambitions de Charles IX (1569). Ayant adhéré à la Réforme (1560), elle imposa le calvinisme comme religion officielle et sécularisa les biens de l'Église (1570-71).

JEANNE-FRANÇOISE FRÉMYOT DE CHANTAL *(sainte),* religieuse française (Dijon 1572 - Moulins 1641). Veuve en 1601, elle se mit sous la conduite de saint François de Sales, avec qui elle fonda la congrégation de la Visitation de Marie (visitandines) [1610].

JEANNEL (René), naturaliste français (Toulouse 1879 - Paris 1965). On lui doit d'importants travaux sur les animaux cavernicoles, coléoptères en particulier.

JEANNERET (Charles Édouard) → LE CORBUSIER.

1. JEANNETTE n. f. (de *Jeanne d'Arc*). Nom donné aux filles de 8 à 11 ans dans les associations scoutes catholiques.

2. JEANNETTE n. f. (du prénom *Jeannette*). **1.** Petite planche montée sur un pied, dont la partie libre et arrondie facilite le repassage des manches, cols, etc. — **2.** Courte chaînette de cou portant une croix ; cette croix elle-même.

JEANNIN (Pierre), magistrat et diplomate français (Autun 1540 - Paris v. 1622). Président du parlement de Dijon (1581), membre du parti des catholiques royaux (ou politiques), il se rallia à Henri IV (1595), qui le nomma conseiller d'État (1601) et le chargea de négocier les principaux traités de son règne. Il a laissé un remarquable ouvrage d'histoire diplomatique (*Négociations,* 1656).

JEAN-PAUL → RICHTER.

JEAN-PAUL Ier (Albino LUCIANI) [Canale d'Agordo 1912 - Rome 1978], pape du 26 août au 28 sept. 1978.

JEAN-PAUL II (Karol WOJTYŁA) [Wadowice, diocèse de Cracovie, 1920], pape depuis 1978. Archevêque de Cracovie (1964) et cardinal (1967), il est devenu, après l'éphémère pontificat de Jean-Paul Ier, le premier pape non italien depuis Adrien VI (XVIe s.). Ouvert au monde et prônant une « nouvelle évangélisation », il s'est imposé par son dynamisme et ses voyages, malgré l'attentat dont il fut victime en 1981. Ses interventions touchant la discipline ecclésiastique et la morale sont très conservatrices, souvent en retrait par rapport à l'esprit du dernier concile.

JEANS [dʒins] n. m. Syn. de BLUE-JEAN.

JEANS (*sir* James Hopwood), astronome, mathématicien et physicien britannique (Londres 1877 - Dorking, Surrey, 1946). Il est l'auteur de travaux de dynamique stellaire et d'une théorie, à présent abandonnée, selon laquelle les planètes du système solaire auraient été arrachées au Soleil lui-même par effet de marée lors du passage d'une étoile à proximité. Il fut aussi un vulgarisateur scientifique.

JEANSON (Henri), dialoguiste de cinéma français (Paris 1900 - Équemauville, Calvados, 1970). D'abord journaliste et auteur dramatique, il se spécialisa dans le dialogue cinématographique : *Pépé le Moko, Un carnet de bal* (1937), *Hôtel du Nord, Entrée des artistes* (1938), *Copie conforme* (1947), *Aux yeux du souvenir* (1948).

JEAURAT (Edme), graveur français (Vermenton 1688 - Paris 1738). Artiste habile, il reproduisit les œuvres de son frère Étienne et de N. Vleughels. — Son fils NICOLAS HENRI **Jeaurat de Beltry** (Paris 1728 - Vermenton apr. 1796) fut peintre.

— ÉTIENNE **Jeaurat,** frère d'Edme (Vermenton 1699 - Versailles 1789), pratiqua la peinture d'histoire, entra en 1733 à l'Académie (dont il allait être plus tard recteur, puis chancelier), mais connut surtout le succès avec des peintures de genre et des scènes de la rue parisienne (musée Carnavalet).

JEBELEANU (Eugen), poète roumain (Cimpina 1911). Il est passé d'une poésie humaniste (*le Sourire d'Hiroshima,* 1958) à un lyrisme tragique (*Hannibal,* 1973 ; *l'Arme secrète,* 1980).

JEBEROS ou **XEBEROS,** population de la forêt tropicale amazonienne, localisée sur les rives du fleuve Huallaga près de Yurimaguas, regroupant 3 000 individus.

JÉBUSÉENS, anc. population amorrite de Canaan, habitant la ville ou la région de Jérusalem.

J. E. C., J. E. C. F., sigle de JEUNESSE* ÉTUDIANTE CHRÉTIENNE et de JEUNESSE* ÉTUDIANTE CHRÉTIENNE FÉMININE.

JÉCHONIAS → JOIAQIN.

JÉCISTE n. et adj. Membre de la J. E. C.

JEEP [dʒip] n. f. (n. déposé, mot amér. formé sur *G.P.,* initiales de *general purpose,* tous usages). Véhicule léger tout terrain, créé par la société américaine Willys Overland de Toledo (Ohio).
ENCYCL. La Jeep a été adoptée dès 1942 par l'armée américaine. Son emploi fut rapidement étendu aux Alliés et par la suite à la plupart des armées. Sa puissance est de 60 ch, et ses quatre roues peuvent être rendues motrices (100 km/h). Véhicule de reconnaissance et de liaison, la Jeep est souvent équipée d'un armement léger, voire d'engins sol-sol. On a cessé de la construire en 1986.

JEFFERIES (Richard), naturaliste et écrivain britannique (Coate, Wiltshire, 1848 -Goring, Sussex, 1887). Il a décrit minutieusement la vie rurale (*le Garde-Chasse chez lui,* 1878), s'annonçant comme un précurseur de l'écologie moderne (*Après Londres ou l'Angleterre sauvage,* 1885).

JEFFERSON (Thomas), homme d'État américain (Shadwell, Virginie, 1743 - Monticello, Virginie, 1826). Issu d'une grande famille de propriétaires virginiens, avocat et théoricien politique, il fut le principal rédacteur de la Déclaration d'indépendance (1776). Secrétaire d'État de G. Washington en 1790, il prôna une politique physiocratique qui ferait des États-Unis une république très décentralisée de petits agriculteurs. Il rencontra l'opposition du secrétaire au Trésor, Hamilton, partisan d'un gouvernement fédéral fort et du développement industriel, et démissionna (1793). Animateur du parti républicain-démocrate, il pratiqua comme vice-président des États-Unis sous John Adams (1797-1801), puis comme président (1801-1809) une politique de compromis avec les idées des fédéralistes. Durant son mandat, il consentit à l'achat de la Louisiane à la France (1803), ce qui étendit considérablement le territoire placé sous l'autorité fédérale, et favorisa, de fait, le renforcement du gouvernement central. Architecte amateur, il construisit le Capitole de l'État de Virginie à Richmond (terminé en 1796), sa propre maison à Monticello, etc.

JEFFERSON CITY, v. des États-Unis, cap. du Missouri; 34 000 hab. Université.

JEGUN (32360), ch.-l. de cant. du Gers, au N.-O. d'Auch ; 1 058 hab.

Jehan de Paris, roman anonyme en prose de la fin du XVe s. Jehan, roi de France, qui se fait passer pour un bourgeois de Paris, éclipse le roi d'Angleterre auprès de l'infante de Castille.

Jehan de Saintré, roman d'Antoine de La Sale (1456). Il glorifie l'idéal chevaleresque et le culte courtois de la dame, à l'occasion du récit d'une trahison féminine.

JEHOL ou **REHE** ou **JO-HO,** anc. prov. de la Chine septentrionale, qui s'étendait sur les plateaux du même nom, en bordure de la Mongolie, auj. partagée entre les provinces du Hebei et du Liaoning.

JÉHOVAH, prononciation déformée du nom de Yahvé*.

Jéhovah *(Témoins de),* groupe religieux fondé aux États-Unis, vers 1874, par Ch. Taze Russell. Les Témoins de Jéhovah affirment que la Bible, parole de Dieu, est la seule source de vérité, qu'ils sont les derniers représentants d'une longue série de *témoins,* d'Abel à Jésus. Ils annoncent une lutte entre Satan et Yahvé, qui triomphera, la terre devenant alors le séjour des survivants et des morts ressuscités. Ils ont des prêcheurs itinérants, dont le centre de ralliement est à New York (Brooklyn).

JÉHU, souverain du royaume d'Israël (841 - 814 av. J.-C.). Il ne put freiner le déclin de son royaume face aux entreprises araméennes et assyriennes.

Jéhu *(Compagnons de),* bandes d'anciens Girondins et de royalistes qui firent régner la Terreur blanche dans le Sud-Est après le 9-Thermidor.

JEITA ou **DJEITA** *(grotte de),* grotte du Liban, au N.-E. de Beyrouth, parcourue (à son niveau inférieur) par une rivière souterraine explorée à partir de la fin du XIXe s. On y a découvert plus de 6 km de galeries. Ornée de très belles concrétions calcaires, elle est aménagée (en partie) pour la visite.

JÉJUNO-ILÉON n. m. (pl. *éjuno-iléons*). Partie de l'intestin grêle, qui s'étend du duodénum au cæcum.

JÉJUNUM [-nɔm] n. m. (bas lat. *jejunum intestinum,* du lat. class. *jejunus,* qui est à jeun). Portion de l'intestin grêle, qui fait suite au duodénum.

JELAČIĆ (Josip) ou **JELATCHITCH** ou **IELLATCHITCH,** baron **von Bužim,** bán de Croatie-Slavonie (1848-1859) [Peterwardein, auj. Petrovaradin, 1801 - Zagreb 1859]. Nommé bán en 1848, il abolit le servage. Commandant en chef des régiments croates, il prit le parti des Habsbourg contre les révolutionnaires hongrois et autrichiens (1848-49), mais n'obtint pas de changement de statut pour la Croatie-Slavonie.

JELENIA GÓRA, v. du sud-ouest de la Pologne, ch.-l. de voïévodie, dans l'ouest des Sudètes ; 88 000 hab. Centre industriel et touristique.

JELEV (Jeliou) → ŽELEV *(Želju).*

JELGAVA → IELGAVA.

JELLICOE (John Rushworth JELLICOE, 1er *comte*), amiral britannique (Southampton 1859 - Londres 1935). Directeur de l'artillerie navale (1905), amiral dans la flotte de l'Atlantique (1907-1911), il fut à l'origine des études qui ont abouti à l'adoption du *fire-director.* Commandant de la Grand Fleet (1914-1916), il livra la bataille du Jütland (31 mai-1er juin 1916). Premier lord de l'Amirauté (1916-17), il dirigea la lutte anti-sous-marine et devint (1920) gouverneur de la Nouvelle-Zélande.

JELLINEK (Georg), juriste allemand (Leipzig 1851 - Heidelberg 1911). Dans sa *Théorie générale de l'État* (1900), il défend la thèse selon laquelle seul l'État serait titulaire de la souveraineté, la nation n'étant qu'un organe de l'État.

JÉLYOTTE (Pierre DE), chanteur français (Lasseube, Pyrénées-Orientales, 1713 -château d'Estos, près d'Oléron, 1797). Il fut le plus célèbre ténor français de son temps, assurant notamment les créations des opéras de Rameau à l'Académie de musique de Paris de 1733 à 1755.

JE-M'EN-FICHISME ou **JE-M'EN-FOUTISME** n. m. (de *je m'en fiche* ou *je m'en fous*). *Fam.* ou *Pop.* Attitude de qqn qui manifeste une indifférence totale à l'égard des événements.

JE-M'EN-FICHISTE ou **JE-M'EN-FOUTISTE** adj. et n. *Fam.* ou *Pop.* Qui fait preuve de je-m'en-fichisme ou de je-m'en-foutisme.

JEMEPPE-SUR-SAMBRE, comm. de Belgique (prov. de Namur), à l'O. de Namur ; 17 000 hab. Chimie.

Jemmapes *(bataille de)* [6 nov. 1792], victoire de Dumouriez sur les Autrichiens du duc Albert de Saxe-Teschen. La victoire de Jemmapes (auj. Jemappes, banlieue de Mons) assura à la France la possession des Pays-Bas autrichiens (Belgique) et de la Rhénanie, et fit naître l'idée de la levée en masse.

JENA, nom allemand de Iéna.

JENDOUBA ou **DJANDŪBA,** anc. **Souk el-Arba,** v. de Tunisie, ch.-l. de gouvernorat, sur la Medjerda ; 18 100 hab. — À 8 km au N.-O., vestiges très importants de la ville romaine de *Bulla Regia.*

JE(-)NE(-)SAIS(-)QUOI n. m. inv. Chose qu'on ne saurait définir mais dont l'existence est intuitivement appréhendée : *Elle avait un je-ne-sais-quoi de touchant.*

JENKINS (John), compositeur anglais (Maidstone 1592 - Kimberley, Norfolk, 1678). Virtuose des instruments à cordes, il a composé des fantaisies pour viole et des œuvres pour violon.

JENKINSON (Robert BANKS), 2e comte **de Liverpool,** homme politique britannique (Londres 1770 - *id.* 1828). Ministre des Affaires étrangères (1801-1804), il négocia le traité d'Amiens (1802), avant de devenir ministre de l'Intérieur (1804-1806), puis ministre de la Guerre (1809-1812). Premier ministre (1812-1827), il parvint à maintenir l'unité du parti tory, et prépara le triomphe du libéralisme économique.

JENNER (Edward), médecin britannique (Berkeley, Gloucestershire, 1749 - *id.* 1823). On lui doit la découverte de l'immunité contre la variole, conférée à l'homme par l'inoculation du *cow-pox.* Il publia en 1798 son premier ouvrage sur l'inoculation de la vaccine.

JENNÉRIEN, ENNE adj. (de E. *Jenner,* n. pr.). Se dit de la vaccination antivariolique.

JENNEVAL (Louis Alexandre DECHET, dit), acteur et poète belge (Lyon 1801 - Lierre 1830), auteur des couplets de *la Brabançonne,* l'hymne national belge.

JENNINGS (Sarah) → MARLBOROUGH.

JENNY [dʒeni] n. f. (pl. *jennys*) [angl. *Jenny,* Jeannette]. Machine à filer le coton, dont le principe fut imaginé par Hargreaves vers 1764 et qui fut perfectionnée par Arkwight, puis par Crompton, qui en fit la mule-jenny.

JENSEN (Georg), orfèvre danois (Rådvad 1866 - Copenhague 1935). Il fonda son premier atelier en 1904. D'une pureté de lignes révolutionnaire pour l'époque, sa production (objets et bijoux surtout en argent) connut rapidement une renommée internationale, que la maison Georg Jensen a conservé de nos jours.

JENSEN (Johannes Vilhelm), écrivain danois (Farsø, Jylland, 1873 - Copenhague 1950). Auteur d'essais d'anthropologie, il entreprit la glorification des races « gothiques » — anglo-saxonnes et germaniques (*la Renaissance gothique,* 1901) – et s'efforça de créer une nouvelle morale païenne (*le Long Voyage,* 1908-1922 ; *Fêtes de l'année,* 1925). [Prix Nobel 1944.]

JENSEN (Hans Daniel), physicien allemand (Hambourg 1907 - Heidelberg 1973). Il a donné une théorie relative à la structure en couches du noyau de l'atome, expliquant en particulier l'existence des nombres magiques, due à la saturation de ces couches.

JENSON (Nicolas), graveur et imprimeur français (Sommevoire, Champagne, 1420 - Venise 1480 ou 1481). D'abord graveur à la Monnaie de Tours, il alla à Mayence, envoyé par Charles VII, étudier la typographie (1458), puis fonda à Venise une imprimerie, d'où sortirent, à partir de 1469, plus de cent cinquante ouvrages. Le « jenson » est considéré comme le prototype des caractères de la période humanistique.

JEPHTÉ, un des juges d'Israël, pendant 6 ans (XIIe s. av. J.-C.). Vainqueur des Ammonites, il fut contraint par un vœu imprudent de sacrifier sa fille (Juges, XI, 30-40).

Jeppe de la montagne, comédie de Ludvig Holberg (1722) : les mésaventures d'un paysan naïf et paresseux, enlevé ivre par un baron facétieux.

JEQUITINHONHA, anc. **rio Belmonte,** fl. du Brésil (Minas Gerais, Bahia) qui rejoint l'Atlantique à Belmonte ; 805 km. Alluvions diamantifères.

JÉRADA, en ar. **Djirāda,** v. du Maroc, au S.-O. d'Oujda ; 30 600 hab. Charbon. Centrale thermique.

JÉRÉMIADE n. f. (de *Jérémie,* n. pr.). *Fam.* Plainte, lamentation persistante et importune (surtout pl.).

JÉRÉMIE, grand prophète biblique (Anatot, près de Jérusalem, v. 650-645 av. J.-C. - en Égypte v. 580 av. J.-C.). Témoin de la fin de Jérusalem en 587, il prépara la voie à une religion plus spirituelle, davantage détachée du Temple et de son culte. Le message de Jérémie permit à la religion d'Israël de traverser l'épreuve de l'Exil et de conserver sa cohésion et son âme.

Jérémie *(Lamentations de),* suite de cinq complaintes sur Jérusalem dévastée et sur le Temple en ruine, composées par un Juif demeuré en Juda après 587 et attribuées, par la suite, au prophète.

Jérémie (*livre de*), recueil établi à la fin de la période exilique (av. 538) par divers compilateurs des oracles du prophète, auxquels viennent s'ajouter des compléments tardifs.

JEREZ [rerɛs] ou **XÉRÈS** [kserɛs] n. m. Vin blanc alcoolisé, sec ou liquoreux, vieilli dans des tonneaux en présence de levures, produit en Espagne aux environs de Jerez de la Frontera (prov. de Cadix).

JEREZ DE LA FRONTERA, anc. **Xeres,** v. d'Espagne (Andalousie), au N.-N.-E. de Cadix ; 175 700 hab. Vestiges mauresques. Églises du XIIIe au XVIIIe s. Musée archéologique. Centre d'exportation des vins de la région. Verrerie. – À 5 km, chartreuse des XVe-XVIIe s., aux riches décors.

JÉRICHO, en ar. **Arīḥā,** v. de Palestine, dans la vallée du Jourdain, à l'extrémité septentrionale de la mer Morte ; 13 000 hab. Occupée par Israël à partir de 1967, comme le reste de la Cisjordanie, Jéricho a été dotée en 1994 d'un régime d'autonomie, conformément au plan fixé par l'accord israélo-palestinien de 1993.
– **Archéol.** *Tell al-Sultān,* le site ancien de Jéricho, est proche de la ville moderne. La première installation (Jéricho précéramique néolithique A), précédée de quelques traces protonéolithiques, remonte aux environs de 8000 av. J.-C. L'agriculture est peut-être déjà pratiquée. Un culte probable est confirmé par plusieurs dépôts de crânes. Après un niveau stérile, la période suivante, précéramique néolithique B, représente l'arrivée de nouvelles populations, sans doute venues de Syrie (v. 7600 av. J.-C.). L'agriculture est bien attestée, l'élevage de la chèvre également. Des crânes surmodelés en argile, connus ailleurs, sont toujours présents. Le site est ensuite à nouveau abandonné, vers 6000 av. J.-C. La période suivante, qui connaît la céramique, est surtout représentée par des puits (néolithique A et B). À la fin du IVe millénaire, le site est réoccupé (époque proto-urbaine, surtout connue par des tombes). Le bronze ancien (2900-2300 av. J.-C.) voit Jéricho devenir une ville florissante qui disparaît dans un incendie. Le bronze moyen est surtout connu par de très nombreuses tombes, pourvues d'un riche matériel. La cité est violemment détruite dans le milieu du XVIe s. av. J.-C. et abandonnée. Il est probable qu'elle ait été déjà en ruine lors de l'arrivée des tribus israélites (Josué, VI). La Jéricho du roi Hérode, avec son palais inspiré des villas romaines, se trouvait à 2 800 m au sud-ouest de l'ancienne ville.

Jéricho *(trompettes de),* expression populaire qui a trait au récit biblique de la prise de Jéricho. La ville serait tombée aux mains des Hébreux à la fin du septième tour opéré par ceux-ci autour de la cité, au son des cornes de bélier.

JERK [dʒɛrk] n. m. (angl. *jerk,* secousse). Danse qui consiste à imprimer à tout le corps un rythme saccadé, à la mode à partir de 1965.

JERKER [dʒɛrke] v. i. (conj. 3). Danser le jerk.

JÉROBOAM n. m. (angl. *jeroboam,* de *Jéroboam,* n. pr.). Grosse bouteille de champagne d'une contenance de 3 litres environ ou 4 champenoises.

JÉROBOAM Ier († 910 av. J.-C.), fondateur et premier souverain du royaume d'Israël (931-910 av. J.-C.). L'intransigeance de Roboam ayant provoqué la scission du royaume de Salomon et les tribus du Nord s'étant donné pour roi Jéroboam, ce dernier organisa avec habileté son nouvel État. Afin de contrecarrer l'influence unificatrice de Jérusalem, il organisa un culte et un sacerdoce distincts.

JÉROBOAM II († v. 743 av. J.-C.), 13e roi d'Israël (783 - 743 av. J.-C.) de la dynastie de Jéhu. Son long règne fut une période de prospérité. Les fouilles archéologiques de Samarie en portent témoignage.

JÉRÔME *(saint),* Père et docteur de l'Église latine (Stridon, Dalmatie, v. 347 - Bethléem 419 ou 420). Il passa la partie la plus active de sa vie en Orient, mis à part un séjour à Rome (382-384), où, à la demande du pape Damase, il entreprit la révision du texte latin du Nouveau Testament, révision qu'il poursuivit à Bethléem. Là il entretint une vaste correspondance et prit une part active aux controverses théologiques suscitées par les doctrines d'Origène et de Pélage. Abandonnant la simple révision du texte latin de la Bible, il donna une traduction nouvelle à partir du texte hébreu : c'est la Vulgate, qui devint la version officielle de l'Église latine.

JÉRÔME de Prague, réformateur religieux (Prague v. 1380 - Constance 1416). Adepte des thèses réformistes de Wycliffe, ami et disciple de Jan Hus, il fut brûlé vif comme hérétique et relaps après sa condamnation par le concile de Constance.

JEROME (Jerome Klapka, dit **Jerome K.**), écrivain britannique (Walsall 1859 - Northampton 1927), auteur de *Trois Hommes dans un bateau* (1889) et de *Tous les chemins mènent au calvaire* (1919), témoignage bouffon sur la Première Guerre mondiale.

JÉRÔME BONAPARTE → Bonaparte.

JERRICAN, JERRICANE ou **JERRYCAN** [ʒe- ou dʒerikan] n. m. (angl. *jerrican,* de *Jerry,* surnom donné aux Allemands par les Anglais, et *can,* bidon). **1.** Récipient métallique muni d'un bec verseur, et contenant environ 20 litres d'essence pour auto. — **2.** Récipient métallique ou plastique de 2 à 20 litres et destiné à contenir tous liquides.

JERROLD (Douglas William), écrivain britannique (Londres 1803 - *id.* 1857). Il connut le succès avec son mélodrame *Suzanne à l'œil noir* (1829), tandis que *Mrs. Caudle's Curtain Lectures* (1845) est resté un classique de l'humour anglais.

JERSEY n. m. (de *Jersey,* n. pr.). **1.** Tricot à mailles cueillies ne comportant que des mailles endroit sur une même face et obtenu sur une seule fonture d'aiguilles. — **2.** *Double jersey,* tricot à mailles cueillies obtenu sur les métiers à deux fontures. ‖ *Point de jersey,* point de tricot obtenu par l'alternance de rangs de mailles tricotées à l'envers et à l'endroit.

JERSEY, la plus grande (116 km²) des îles Anglo-Normandes, à 25 km à l'O. du Cotentin ; 84 000 hab. V. princ. *Saint-Hélier.* Les activités financières (siège de sociétés internationales) et touristiques devancent largement l'agriculture (fleurs, primeurs, élevage bovin).

JERSEY CITY, v. des États-Unis (État de New Jersey), sur la rive ouest de l'Hudson et de l'Upper Bay, en face de New York ; 223 500 hab. Centre ferroviaire, portuaire et industriel (raffinerie de pétrole, chimie, constructions électriques, confection).

JERSIAIS, E adj. et n. **1.** De Jersey. — **2.** *Race jersiaise,* race de bovins de petite taille, bonne laitière, originaire de Jersey et souvent utilisée en croisement dans les pays tropicaux en raison de sa résistance à la chaleur.

JERSILD (Per Christian), écrivain suédois (Katrineholm 1935). Il a fait la satire de la vie quotidienne suédoise, par le biais du fantastique (*la Chasse aux cochons,* 1968 ; *la Tour de Babel,* 1978 ; *Mon âme dans un bocal,* 1980).

JÉRUSALEM, en ar. **al-Quds,** v. de Palestine, sur les collines de Judée, au-dessus du fossé du Jourdain et proclamée cap. d'Israël par la Knesset en 1980 ; 544 260 hab. — **Géogr.** Juxtaposant une ville ancienne à l'est, des quartiers modernes à l'ouest et au nord, c'est un centre administratif et culturel (université, musées). C'est aussi un centre religieux pour les juifs, les musulmans et les chrétiens. Les Lieux saints sont placés sous la juridiction des trois confessions.

— **Hist.** Vieille ville cananéenne dont le nom apparaît au xixe s. av. J.-C., Jérusalem — dont le nom signifie étymologiquement « fondation de Shalem », divinité amorrite — conserve son autonomie lors de l'installation des Hébreux en Canaan (xiiie s. av. J.-C.). Vers 1000 av. J.-C., David s'empare de la ville et en fait sa capitale : le rôle religieux de Jérusalem est cautionné par l'édification du Temple, sous Salomon. Lors de la scission du royaume (931 av. J.-C.), la cité devient la métropole du royaume de Juda : elle est entraînée dans sa ruine en 587 av. J.-C. quand Nabuchodonosor la détruit. Cependant, dès 538 av. J.-C., l'édit de Cyrus permet le relèvement de la ville et du Temple. Disputée, après la mort d'Alexandre, entre Lagides et Séleucides, Jérusalem redevient capitale sous les Asmonéens ; mais, dès 63 av. J.-C., elle passe sous la tutelle romaine. La révolte juive des années 66-70

apr. J.-C. provoque de nouveau la destruction de Jérusalem et du Temple. Après l'échec de la seconde révolte juive (132-135), animée par Bar-Kokhba, la cité de David est rasée sur l'ordre de l'empereur Hadrien. Elle ne reprend vie qu'à l'époque byzantine et devient alors une métropole chrétienne ; mais la conquête musulmane (638) en fait aussi une cité sainte de l'islām. Redevenue deux fois chrétienne (1099-1187, 1229-1244) grâce aux croisades, Jérusalem passe aux mains des Mamelouks (1260-1517) puis des Turcs Ottomans (1517-1917) ; à un certain déclin de la présence chrétienne correspond le retour de communautés juives. Capitale de la Palestine placée sous mandat britannique (1922), Jérusalem est le théâtre d'affrontements sanglants entre Arabes et Juifs. Lors de la création de l'État d'Israël (1948), la ville est divisée en une zone israélienne et une zone jordanienne. Vainqueurs de la guerre « des six jours » (5-10 juin 1967), les Israéliens occupent toute la ville qui, réunifiée, devient, en 1980, la capitale proclamée, sinon reconnue, de l'État d'Israël.
— **Archéol.** et **Bx-arts.** C'est à partir du xe s. av. J.-C. que s'élèvent les grandes constructions (premier Temple, palais) de cette cité devenue centre religieux. Chaque époque y a laissé son empreinte : vestiges des constructions hérodiennes, dont l'imposant mur des Lamentations ; fondations de l'église du Saint-Sépulcre, crypte de l'église St-Jean-Baptiste, église St-Étienne et chapelle St-Georges, pour la période byzantine. Coupole* du Rocher, ou Qubbat al-Ṣakhra (691), un des plus anciens monuments de l'islām et l'une des premières réalisations des Omeyyades, de même que la mosquée al-Aqṣā, qui a subi de nombreux remaniements et dont l'aspect actuel remonterait au xie s. ; madrasa, caravansérails et fontaines des Mamelouks ; beaux monuments de l'époque des croisades, dont le « tombeau de Marie » et l'église Sainte-Anne ; intéressants édifices du xxe s., parmi lesquels le centre médical du mont Scopus, par E. Mendelsohn (1937), et le Musée national d'Israël (1965).

Jérusalem *(patriarcat de),* l'un des cinq grands patriarcats du monde chrétien (avec Alexandrie, Antioche, Rome, Constantinople), érigé en 451. Actuellement, le *patriarcat orthodoxe de Jérusalem* regroupe, outre l'archevêché du Sinaï, une cinquantaine de paroisses arabes en Israël et en Jordanie. Il existe aussi un patriarcat latin et un patriarcat melchite de Jérusalem.

Jérusalem *(royaume latin de),* État latin du Levant qui dura de 1099 à 1291. Fondé après la prise de Jérusalem (juill. 1099) par les croisés lors de la première croisade, et administré par Godefroi de Bouillon, avoué du Saint-Sépulcre, il fut définitivement constitué par Baudouin Ier, sacré roi de Jérusalem en 1100. Dominant les trois autres États latins, il atteignit son étendue maximale en 1186, allant de l'O. de Beyrouth à Ascalon, et à l'E. de Bāniyās jusqu'au golfe de ʻAqaba. Miné par les querelles intestines entre ses souverains et leurs vassaux et par la faiblesse du pouvoir royal exercé par Gui de Lusignan (1186-1192), il fut conquis en 1187 par Saladin à l'exception de Tyr. Restauré par la troisième croisade (1189/1190-1192) mais réduit à une frange côtière de Tyr à Jaffa, il eut dès lors pour capitale Acre (d'où son nom de « royaume d'Acre »), Jérusalem restant en possession des Ayyūbides. Passé aux mains de Frédéric II de Hohenstaufen, marié (1225) à Isabelle, fille de Jean de Brienne (1210-1225), il recouvrit Jérusalem, Nazareth, Bethléem, Sidon et la seigneurie de Toron (auj. Tibnīn), par le traité de Jaffa (1229) conclu entre l'empereur et le sultan Malik al-Kāmil. Affaibli par les luttes entre les barons syriens (tel Jean d'Ibelin) et les représentants de l'empereur, il ne put résister aux Turcs Khārezmiens qui s'emparèrent de Jérusalem (1244), de Tibériade et d'Ascalon (1247). En 1291, il tomba tout entier aux mains des Mamelouks d'Égypte (prise d'Acre).

Jérusalem délivrée *(la),* poème épique du Tasse publié en 1581. Au récit de la première croisade se mêlent des épisodes romanesques : les amours de Renaud et Armide ; la passion d'Herminie pour Tancrède ; la mort de Clorinde.

JERVIS (John), comte **de Saint-Vincent,** amiral britannique (Meaford 1735-1823). Amiral en 1787, il écrasa la flotte espagnole au large du cap Saint-Vincent (1797). Il fut Premier lord de l'Amirauté (1801-1804), puis commandant en chef de la flotte (1806-1807).

JESENÍKY, hauteurs boisées de la République tchèque, limite entre la Bohême et la haute Silésie ; 1 490 m. Tourisme.

JESI → Iesi.

JESPERS (Oscar), sculpteur belge (Borgerhout, près d'Anvers, 1887 - Woluwe-Saint-Lambert 1970). Marqué par l'expressionnisme, puis par le cubisme (*Nu assis,* 1925, musée d'Ostende), il a retrouvé dans les années 30 un classicisme dépouillé et monumental.

JESPERSEN (Otto), linguiste danois (Randers 1860 - Copenhague 1943). Jespersen est l'auteur d'une œuvre considérable portant sur les domaines les plus variés de la linguistique : la phonétique, la grammaire et l'histoire de l'anglais (*Modern English Grammar* en 7 volumes [1909-1949]), la pédagogie des langues, les langues auxiliaires internationales (création du novial). En linguistique générale, il est influencé par les théories évolutionnistes de Darwin et de Spencer, et met en avant l'idée de progrès dans le langage (notion d'économie linguistique). Bien que resté à l'écart du courant structuraliste, Jespersen a profondément influencé la linguistique du XXe s.

JESSÉ, père de David et ancêtre du Messie. Il est mentionné dans la généalogie de Jésus, dans les Évangiles de Matthieu (I, 5) et de Luc (III, 32).

JESSELTON → KOTA KINABALU.

JESSORE, v. du Bangladesh, près de la frontière indienne, au S.-O. de Dacca ; 160 198 hab.

JÉSUITE n. m. Membre de la Compagnie de Jésus*.

◆ adj. **1.** Relatif aux jésuites. — **2.** Se dit de l'architecture française d'église du XVIIe s., dérivant plus ou moins des types italiens de la Contre-Réforme (Gesū de Vignole) ou du baroque. (Les façades sont souvent à deux ordres superposés et ailerons latéraux ; celle de St-Paul-St-Louis, à Paris, des pères Martellange et Derand, superpose trois niveaux. La nef comporte parfois des tribunes, à la différence de l'Italie.)

◆ adj. et n. Qui agit de façon hypocrite, qui cache son jeu.

JÉSUITIQUE adj. **1.** Qui relève des jésuites. — **2.** *Vx.* Qui est hypocrite, jésuite.

JÉSUITIQUEMENT adv. *Litt.* D'une manière pleine d'équivoques.

JÉSUITISME n. m. **1.** Système moral, social, religieux attribué, souvent par dénigrement, aux jésuites. — **2.** *Vx.* Hypocrisie doucereuse, faite de restrictions mentales.

JÉSUS n. m. (de *Jésus,* n. pr.). **1.** Image, représentation de Jésus enfant. — **2.** *Fam.* Terme d'affection s'adressant à un petit enfant mignon. — **3.** *Litt.* Jeune homosexuel prostitué. — **4.** *Jésus !, Doux Jésus !, Jésus Marie !,* exclamations de surprise, de frayeur, d'admiration, etc. ‖ *Jésus de Lyon,* type de saucisson sec de gros diamètre emballé sous cæcum de porc. ‖ *Papier jésus,* format de papier de 56 × 72 cm *(jésus ordinaire),* 56 × 76 cm *(grand jésus)* ou 55 × 70 cm *(petit jésus)* dont la marge portait autrefois le monogramme de Jésus.

JÉSUS *(île),* île sur le Saint-Laurent (Canada), banlieue ouest de Montréal.

JÉSUS ou **JÉSUS-CHRIST,** Juif de Palestine, fondateur du christianisme, dont la naissance correspond théoriquement au début de l'ère chrétienne. Pour les chrétiens, il est le Messie, fils de Dieu né de la Vierge Marie, et Rédempteur de l'humanité.

La source principale dont disposent les historiens sur Jésus est constituée par les quatre Évangiles. Mais ces livres ne sont pas, à proprement parler, une histoire de Jésus : ils sont une annonce de la foi. Cependant on peut reconstituer pour l'essentiel son existence. Sa naissance, à Bethléem, se situe sous Hérode, probablement vers l'an 8 ou 7 précédant notre ère ; élevé à Nazareth (Galilée), berceau de sa famille, il y vit auprès de sa mère, Marie, et de son père putatif, Joseph, exerçant probablement le même métier que lui : charpentier. Les débuts de son activité apostolique se rattachent à celle de Jean-Baptiste et doivent se situer vers 27-28 de notre ère. La prédication de Jésus, désigné par Jean-Baptiste comme « l'Agneau de Dieu », a d'abord, et longtemps, pour cadre la Galilée et, plus particulièrement, les bords du lac du Tibériade. Ce qui est neuf dans la prédication christique, c'est l'abolition des distinctions et des frontières qui séparent les hommes et le lien existentiel entre l'amour de Dieu et l'amour du prochain.

La sublimité du message de Jésus, transmis en d'admirables discours et paraboles, et aussi sa réputation de thaumaturge provoquent d'abord l'adhésion vibrante d'un auditoire où dominent les petites gens : c'est essentiellement parmi ces derniers que celui que beaucoup considèrent comme le Messie, le « Christ », choisit ses apôtres et ses disciples. Mais Jésus se heurte aussi à nombre de ses contemporains, qui se méprennent sur la portée politique de son message, lequel est purement spirituel. Il dérange chefs religieux, pharisiens, sadducéens, etc., dans leur légalisme ou dans leur conception du messianisme. Finalement, après 2 ou 3 années d'apostolat itinérant, Jésus va être la victime d'une coalition entre certains éléments dirigeants juifs et l'autorité romaine, sensible à ce qui paraît favoriser le nationalisme juif. Arrêté à Jérusalem, aux approches de la Pâque — probablement de l'an 30 —, flagellé, Jésus est crucifié par ordre du procurateur Ponce Pilate, comme agitateur public. Après la mise au tombeau, ses disciples affirment avoir vu le Seigneur ressuscité. Cette résurrection de Jésus est du domaine de la foi. Comme telle, elle est, en même temps, un fait « transhistorique » et un dogme qui n'ont pas fini de diviser croyants et incroyants. Les évangélistes ont vu et senti la personne, la vie, l'œuvre et le message de Jésus à travers le prisme de la Résurrection. Le Christ de la foi a transfiguré le Jésus de l'histoire.

— **Iconogr.** Les représentations de Jésus dans l'art sont innombrables, une place notable revenant aux figurations liées à son enfance : Nativité, Adoration des bergers et des mages, Circoncision, Présentation, Fuite en Égypte, Sainte Famille, scène de *Jésus au milieu des docteurs.* Parmi les illustrations relatives à sa vie publique, citons *Jésus chassant les vendeurs du Temple,* ainsi que les multiples épisodes de la Passion et de la Résurrection ; à ce dernier thème se rattachent, entre autres, les types du Christ Pantocrator (art byzantin) et du Sacré-Cœur.

Jésus *(Compagnie* ou *Société de),* ordre fondé à Rome, en 1540, par quelques maîtres des arts de l'Université de Paris, groupés autour de saint Ignace de Loyola, élu général en 1541. La Compagnie est un ordre de « clercs réguliers », dont les membres se mettent à la disposition du pape, envers qui les profès se lient par un vœu spécial d'obéissance. Dès 1547, Ignace adopte, outre l'idéal missionnaire, le ministère de l'enseignement, rendu indispensable par les nécessités de la réforme catholique. Gouvernée par un *préposé général,* élu à vie par la *Congrégation générale,* la Compagnie comporte plusieurs classes, depuis le coadjuteur jusqu'au profès à vœux solennels. Sa spiritualité est celle que saint Ignace a développée dans ses *Exercices spirituels :* elle est caractérisée par l'abandon actif à la volonté de Dieu manifestée par l'obéissance. Mais il ne s'agit pas, comme le veut une légende, d'une obéissance de cadavre : aucun ordre religieux autant que la Compagnie de Jésus n'a une activité apostolique aussi diversifiée et aussi adaptée : de l'enseignement à la recherche scientifique, de la formation spirituelle à l'engagement missionnaire.
L'ordre comptait déjà 1 300 membres en 1600. Installés dans la plupart des pays européens, notamment dans ceux qui sont entamés ou menacés par le protestantisme, les jésuites s'adonnent très vite, à travers le monde, à une activité missionnaire dont saint François-Xavier reste le modèle. Leur influence considérable, tant en théologie que sur le plan politique, leur attire des jalousies, des oppositions, voire des persécutions. Adversaires décidés des jansénistes, les jésuites le sont aussi, au siècle des Lumières (XVIIIe s.), des philosophes et des Encyclopédistes. Expulsé du Portugal (1759), de France (1762), d'Espagne (1767) l'Ordre est dissous, en 1773, par Clément XIV, qui cède à la pression des Bourbons. Rétabli en 1814 par Pie VII, il connaît, au XIXe s., une nouvelle ère de prospérité, ponctuée, à diverses époques, par des expulsions de la part de gouvernements libéraux ou anticléricaux. En 1914, les jésuites sont 20 000 ; ils seront 34 000 un demi-siècle plus tard. La Compagnie de Jésus est sensible, par vocation, aux mutations contemporaines : ses orientations d'apostolat s'en ressentent et inquiètent Rome par leur nouveauté. En 1981, le R. P. Arrupe, général depuis 1965, démissionne et est remplacé par un délégué personnel du pape. En 1983, le R. P. Kolvenbach est élu préposé général.

JÉSUS BEN SIRA ou **SIRACH,** auteur du livre biblique l'*Ecclésiastique**, appelé aussi *Siracide.*

1. JET n. m. **1.** Action de jeter, de lancer qqch loin de soi, en partic. un projectile : *Un jet de pierres.* — **2.** Distance parcourue par un projectile lancé : *Un jet de 75 mètres au javelot. À un jet de pierre de cet endroit.* — **3.** Mouvement, projection d'un fluide qui sort avec force, jaillit de l'endroit où il est contenu, généralement par une ouverture réduite ; ce fluide lui-même : *Le jet puissant d'une lance d'incendie. Un jet de salive.* — **4.** Embout placé sur un tuyau, une arrivée d'eau, et permettant de projeter celle-ci avec force ; eau ainsi projetée : *Passer sa voiture au jet.* — **5.** Émission, projection de qqch de façon vive et soudaine : *Des jets de flammes. Des jets de lumière.* — **6.** Fam. *À jet continu,* de façon incessante, ininterrompue et souvent lassante. ‖ *D'un (seul) jet,* réalisé en une seule fois, d'un effort continu. ‖ *Jet d'eau,* filet ou gerbe d'eau qui jaillit d'une fontaine et retombe dans un bassin. ‖ *Premier jet,* première ébauche, première version d'une œuvre de l'esprit. • **Agroalim.** Étape de la cristallisation fractionnée du sucre cristallisé. — **Astron.** *Jet coronal,* structure mince, brillante, de la couronne solaire, approximativement radiale. (En période de minimum d'activité solaire, les jets sont localisés autour de l'équateur solaire ; en période de maximum d'activité, ils sont répartis tout autour du disque solaire.) — **Astronaut.** Écoulement de fluide à grande vitesse, par un orifice ou une tuyère, destiné à produire un effet propulsif. — **Autom.** *Jet d'eau,* gouttière posée au-dessus d'une glace pour écarter l'eau de pluie. — **Bât.** *Jet d'eau,* traverse saillante au bas d'un vantail de fenêtre ou d'une porte extérieure, moulurée en talon renversé pour écarter le ruissellement de la pluie. (Le jet d'eau est creusé, sur sa face inférieure, d'une goutte d'eau.) [Syn. REJETEAU.] — **Fauconn.** Entrave de cuir souple passée autour des tarses de l'oiseau. — **For.** Orifice calibré disposé sur un trépan, et destiné à diriger la circulation de boue sur le fond du puits, ce qui accroît la vitesse de pénétration du trépan. — **Métall.** Veine libre de métal liquide. ‖ Petite arête que laisse le moule sur la pièce fondue, aux points de jonction des diverses parties du moule. — **Papet.** Nappe fibreuse homogène formée sur la toile de la machine à papier ou à carton. — **Phys.** Faisceau parallèle d'atomes ou de molécules se propageant dans une enceinte vide. (Les jets atomiques, constitués d'atomes qui ne sont perturbés par aucune collision, sont utilisés dans les masers et certaines horloges atomiques.) — **Sculpt.** *Jet de coulée,* en fonderie d'art, canal de descente formant une partie du système d'alimentation d'un moule et qui permet le remplissage de l'empreinte par le métal liquide ; métal qui s'est solidifié dans le système d'alimentation d'un moule. — **Sylvic.**

Arbre de haut jet, dans une haie, arbre plus haut que les arbustes de la haie. — **Techn.** *Jet coupant,* jet d'eau de faible section, à très forte pression (de l'ordre de 4 000 bars), utilisé pour le découpage de matériaux divers. — **Text.** Appareil de teinture à tuyère, utilisé notamment dans l'industrie bonnetière, dans lequel on fait circuler à la fois la matière et le bain de teinture.

2. JET [dʒɛt] n. m. Abrév. de JET-STREAM.

3. JET [dʒɛt] n. m. (angl. *jet*). Avion à réaction.

JET (sigle de *Joint European Torus*), installation réalisée à Culham (Royaume-Uni), en vue d'étudier les conditions physiques requises pour produire de l'énergie thermonucléaire par la réaction deutérium-tritium. Inaugurée en 1984, elle est financée par Euratom, par les pays de l'Union européenne et par la Suisse. Le JET est un appareil à confinement magnétique du plasma du type Tokamak*. Un pas important a été franchi le 9 novembre 1991 avec l'obtention d'une puissance significative (1 MW) pendant un court instant (2 s).

JETABLE adj. et n. m. Se dit d'un objet utilitaire, conçu pour une ou quelques utilisations et que l'on jette après usage : *Rasoir jetable.*

JETAGE n. m. Chez les animaux atteints d'affections des voies respiratoires, écoulement morbide par les orifices nasaux.

JETÉ n. m. **1.** Tissu que l'on étend sur une table, un fauteuil, etc., en guise d'ornement. — **2.** Fil que l'on passe sans le tricoter sur l'aiguille pour faire une augmentation ou pour former un jour. — **3.** Mouvement transversal des barres à passettes guidant les fils arrivant aux aiguilles, sur les métiers de bonneterie à mailles jetées. (Syn. JETÉE.) — **4.** Dans le travail de la dentelle, fils qui supportent les points entre eux et solidarisent ainsi motifs et fond qu'ils constituent. (Syn. JETÉE.) — **5.** En haltérophilie, deuxième phase de l'épaulé-jeté, par laquelle la barre, préalablement épaulée, est propulsée à bout de bras, au-dessus de la tête, par une impulsion des jambes. — **6.** En chorégraphie, saut d'une jambe sur l'autre. (Les *petits jetés* permettent le passage d'une position dérivée à une autre position de même nature ; les *grands jetés* sont des sauts de parcours horizontaux ou verticaux, précédés d'un temps de préparation [passé, glissade].)

JETÉE n. f. (de *jeter*). **1.** Ouvrage enraciné dans le rivage et établi en vue de permettre l'accès d'une installation portuaire située au large, de faciliter les manœuvres des bateaux et navires dans les chenaux d'accès à un port. — **2.** Couloir reliant une aérogare à un satellite ou à un poste de stationnement d'avion. — **3.** Syn. de JETÉ.

1. JETER v. t. (lat. pop. **jectare,* du lat. class. *jactare,* de *jacere*) [conj. 27]. **1.** Envoyer qqch à travers l'espace ou le lancer dans une direction pour qu'il retombe qqpart : *Jeter son chapeau en l'air. Jeter des cailloux dans l'eau.* — **2.** Mettre rapidement qqch qqpart, l'y placer, l'y poser d'un mouvement rapide : *Jeter une lettre dans la boîte. Jeter son manteau sur un fauteuil.* — **3.** Projeter qqch ou qqn de telle sorte qu'ils heurtent qqch ou qqn : *Jeter sa voiture contre un arbre.* — **4.** Lancer qqch à qqn, à un animal, pour qu'il l'attrape : *Jeter des fleurs à un acteur, des graines aux oiseaux.* — **5.** Lancer qqch, le laisser tomber : *Jeter l'ancre. Jeter les dés.* — **6.** Se débarrasser de qqch, le mettre aux ordures : *Ces chaussures sont bonnes à jeter.* — **7.** Imprimer à une partie du corps un mouvement sec et rapide : *Jeter le buste en arrière.* — **8.** Répandre qqch sur une surface : *Projecteur qui jette une lumière vive sur un tableau.* — **9.** Établir un passage pour franchir qqch : *Jeter un pont sur un fleuve.* — **10.** Mettre qqn qqpart (avec une idée d'autorité, de violence, de force) : *Jeter un voleur en prison.* — **11.** Mettre brusquement qqch ou qqn dans un certain état : *Jeter le pays dans le désordre. Ça l'a jeté hors de lui.* — **12.** Susciter un sentiment ou un état d'esprit chez qqn, ou parmi un groupe de personnes : *Cela jeta la consternation dans la famille, le doute dans les esprits.* — **13.** Dire brusquement qqch de marquant, dire brutalement qqch de déplaisant à qqn : *Il me jeta à la figure que je n'étais bon à rien.* — **14.** Dire, écrire, établir rapidement et de manière succincte les grandes lignes de qqch : *Jeter les bases d'une négociation. Jeter sur le papier le plan d'un roman.* — **15.** *Jeter un regard, un sourire, un coup d'œil,* faire ce mouvement rapidement, sans insister ou subrepticement. — **16.** Pop. *En jeter,* avoir une allure, une élégance qui fait de l'effet. ‖ *Jeter qqn à terre, par terre,* le renverser, le faire tomber en le poussant violemment. ‖ *Jeter un sort à qqn,* l'ensorceler ou émettre une malédiction à son encontre. ‖ *Jeter un vif éclat,* être au sommet de sa renommée, de son prestige, de sa gloire. ‖ Pop. *Se faire jeter,* subir un échec ; se faire mettre à la porte. • **Pêch.** *Jeter une maille,* ajouter une maille à un filet. — **Sculpt.** *Jeter (une statue),* la couler dans un moule. — **Véner.** *Jeter sa tête,* en parlant du cerf, perdre ses bois.

◆ **se jeter** v. pr. **1.** Être jetable : *Briquet qui se jette.* — **2.** S'élancer, sauter, se laisser tomber qqpart : *Se jeter à l'eau. Se jeter par la fenêtre.* — **3.** Aller, se porter d'un mouvement rapide, impétueux vers qqch, vers un lieu : *Se jeter sur son lit.* — **4.** Venir, percuter qqn, qqch d'un mouvement violent : *La voiture s'est jetée contre un arbre.* — **5.** Se précipiter sur qqn, en partic. dans une intention hostile : *Un chien s'est jeté sur lui* *et l'a mordu.* — **6.** Consommer avec avidité qqch, vouloir absolument s'approprier qqch : *Dès qu'il rentre, il se jette sur la nourriture.* — **7.** S'engager avec détermination, à fond et parfois imprudemment dans une action, une occupation, ou s'abandonner avec complaisance à un état d'esprit, un sentiment : *Se jeter à corps perdu dans la politique.* — **8.** Déboucher, déverser ses eaux dans un autre cours d'eau ou dans la mer : *L'Allier se jette dans la Loire.* — **9.** Pop. *S'en jeter un (derrière la cravate),* boire un verre. ‖ *Se jeter aux genoux, aux pieds de qqn,* supplier, demander sa clémence, son pardon. ‖ *Se jeter à la tête de qqn,* se prendre de passion pour qqn.

2. JETER n. m. *Tir au jeter,* tir exécuté par surprise, à courte distance, sans employer les appareils de pointage.

JETEUR, EUSE n. *Jeteur de sorts,* personne qui lance des malédictions en usant de magie.

◆ **jeteur** n. m. Sur un métier à tricoter, guide-fil mobile, en particulier guide-fil des dispositifs rayeurs.

JETHOU, une des îles Anglo-Normandes, à l'E. de Guernesey.

JETON [ʒətɔ̃ ; ʃtɔ̃ (dans les emplois fam. et pop.)] n. m. (de *jeter 1*). **1.** Petite pièce de métal, d'ivoire, de nacre, utilisée autrefois pour calculer, ou donnée en cadeau (jetons d'or ou d'argent à frappe décorative), et dont on se sert aujourd'hui pour marquer et payer au jeu. — **2.** Petite pièce de métal en forme de pièce de monnaie, servant à faire fonctionner certains appareils. — **3.** *Pop.* Coup de poing : *Recevoir un jeton.* — **4.** *Fam.* Marque, trace d'un coup : *Carrosserie parsemée de jetons.* — **5.** Pop. *Avoir les jetons,* avoir peur. ‖ *Faux comme un jeton,* très hypocrite (le jeton imitant souvent la monnaie). ‖ Fam. *Faux jeton,* hypocrite, fourbe. ‖ Pop. *Fiche les jetons,* faire peur. ‖ *Jeton de présence,* somme perçue par les membres d'un conseil d'administration d'une société anonyme en rémunération de leur activité d'administrateur. ‖ Pop. *Vieux jeton,* vieillard.

JET-SOCIETY [dʒɛtsɔsajti] n. f. ou **JET-SET** [dʒɛtsɛt] n. m. (angl. *jet,* avion à réaction, et *society,* société, ou *set,* milieu). Ensemble des personnalités en vue du monde de la politique, du spectacle, des affaires, etc., qui constituent un milieu riche et international habitué des voyages en jet.

JET-STREAM [dʒɛtstrim] n. m. (pl. *jet-streams*) [angl. *jet,* jet, et *stream,* courant]. Vent d'ouest, très rapide (pouvant dépasser 500 km/h), circulant entre 10 000 et 15 000 m d'altitude, entre les 30e et 45e parallèles des deux hémisphères. (Abrév. JET ; syn. COURANT-JET.)

JETTE ou **JETTE-SAINT-PIERRE,** en néerl. **Sint-Pieters-Jette,** comm. de Belgique, banlieue industrielle du nord de Bruxelles ; 40 000 hab.

JEU n. m. (lat. *jocus,* plaisanterie). **1.** Activité d'ordre physique ou mental, non imposée, ne visant à aucune fin utilitaire, et à laquelle on s'adonne pour se divertir, en tirer un plaisir : *Participer à un jeu.* — **2.** Activité de loisir soumise à des règles conventionnelles, comportant gagnant(s) et perdant(s) et où interviennent, de façon variable, les qualités physiques ou intellectuelles, l'adresse, l'habileté et le hasard : *Jeu d'adresse. Jeu télévisé. Jeux d'argent. Jeux de cartes. Tricher au jeu.* — **3.** Ensemble des différents jeux de hasard, en partic. ceux où on risque de l'argent : *Se ruiner au jeu.* — **4.** Ensemble des règles qui régissent un divertissement organisé : *Se conformer au jeu.* — **5.** Lieu où se pratiquent certains jeux ; espace délimité où la partie doit avoir lieu : *Balle qui est sortie du jeu.* — **6.** Ensemble des éléments, des instruments nécessaires à la pratique d'un jeu : *Les 32 pièces d'un jeu d'échecs. Un jeu de 52 cartes.* — **7.** Ensemble des cartes, des jetons, des lettres, etc., distribués à un joueur : *Montrer son jeu. Avoir un mauvais jeu.* — **8.** Action ou manière de jouer, de pratiquer un divertissement organisé, un sport, de conduire une partie, un match : *Joueur de tennis au jeu puissant. La ligne d'avants a un jeu rapide.* — **9.** Manière dont un exécutant se sert de son instrument, dont un acteur joue ou interprète un rôle : *Le jeu brillant d'un pianiste.* — **10.** Manière d'agir de qqn, d'un groupe en vue d'obtenir un résultat : *Le jeu subtil d'un négociateur.* — **11.** Action, attitude de qqn qui n'agit pas sérieusement, qui cède au caprice ou à la fantaisie : *Contredire son interlocuteur par jeu.* — **12.** Manière dont qqn use de qqch, en partic. de ses moyens physiques, en vue d'obtenir un résultat : *Jeu de jambes d'un boxeur.* — **13.** *Litt.* Ensemble des mouvements des choses ou des êtres produisant un effet agréable ou curieux, ou libre exercice de qqch : *Le jeu des vagues, de la lumière. Les jeux du rêve.* — **14.** Mouvement régulier d'un mécanisme d'un organe : *Jeu du piston dans le cylindre.* — **15.** Fonctionnement normal d'un système, d'une organisation, des éléments d'un ensemble : *Le jeu de l'offre et de la demande. Par le jeu des circonstances.* — **16.** Intervalle entre deux pièces, deux surfaces : *Il y a trop de jeu.* — **17.** Latitude laissée à qqn dans son action : *Laisser du jeu dans un emploi du temps.* — **18.** Ensemble d'objets similaires destinés au même usage : *Un jeu de clefs.* — **19.** *Avoir beau jeu,* être dans des circonstances favorables, en profiter pour triompher aisément. ‖ *Avoir du jeu,* avoir reçu une série de bonnes cartes. ‖ *Ce n'est pas de jeu,* c'est contraire aux conventions, c'est irrégulier. ‖

C'est son jeu, c'est dans son intérêt. ‖ *Double jeu,* mode d'action de qqn, d'un groupe qui comporte deux aspects contradictoires, opposés, mais dont l'un reste volontairement caché. ‖ *Entrer dans le jeu,* y participer ; se mettre dans une entreprise déjà commencée. ‖ *Entrer dans le jeu de qqn,* s'associer à ses entreprises, prendre son parti. ‖ *Entrer en jeu (entrée en jeu),* intervenir (intervention) dans une affaire, une discussion, un combat, etc. ‖ *Être un jeu (d'enfant),* être facile, ne poser aucun problème. ‖ *Être en jeu,* intervenir, être en question, être exposé à un danger. ‖ *Être pris à son (propre) jeu,* être amené, à son insu, à devoir prendre au sérieux ce que, primitivement, on ne faisait que par jeu. ‖ *Faire, jouer le jeu de qqn,* agir volontairement ou non dans l'intérêt de qqn. ‖ *Faites vos jeux,* express. par laquelle le croupier incite les joueurs à miser. ‖ *Jeu d'eau,* configuration esthétique donnée à un ensemble de jets d'eau, selon la manière dont on les combine et selon la nature des ajutages. ‖ *Jeu de mots,* équivoque, plaisanterie fondée sur la ressemblance des mots. ‖ *Jeux de lumière,* effets produits par des faisceaux de lumière sur des surfaces ou des volumes immobiles ou en mouvement. ‖ Fam. *Jouer (faire) le grand jeu,* mettre en œuvre toutes ses ressources pour réussir, étaler toutes ses aptitudes. ‖ *Les jeux sont faits,* formule du croupier lorsque les joueurs ne peuvent plus miser ni modifier leur mise ; se dit quand une affaire est engagée et qu'il n'y a plus moyen de revenir en arrière. ‖ *Par jeu,* pour s'amuser, par plaisir. ‖ *Se faire un jeu de,* faire facilement qqch. ‖ *Se (laisser) prendre au jeu,* se passionner pour qqch auquel on ne portait d'abord aucun intérêt. ‖ *Vieux jeu,* qui a des habitudes, des manières d'une autre époque ; qui est démodé. ‖ *Voir clair, lire dans le jeu de qqn,* comprendre ses intentions cachées, percer à jour ses manœuvres. • **Comptab.** *Jeu d'écriture,* opération comptable purement formelle, n'ayant aucune incidence sur l'équilibre entre les recettes et les dépenses. — **Dr.** Contrat aléatoire par lequel les parties s'engagent réciproquement à un paiement en espèces ou en nature à celle d'entre elles qui obtiendra un résultat dépendant d'un fait à accomplir. ‖ Toute opération financière dont le résultat est indépendant de l'activité de la personne qui l'accomplit. ‖ *Exception de jeu,* fin de non-recevoir opposée à l'action pour dette de jeu. — **Écon.** *Jeu d'entreprise,* méthode de formation à la gestion des entreprises et d'entraînement à la prise de décision par l'étude de situations proposant des problèmes analogues à ceux que pose la vie de l'entreprise. — **Électr.** *Jeu de barres,* ensemble des conducteurs rigides auxquels se raccordent, par des appareils de coupure et de protection, les arrivées ou les départs de ligne dans un poste de transformation, dans une sous-station, etc. — **Mar.** *Prendre du jeu,* mollir, se relâcher, en parlant d'un cordage, d'une voile. (Syn. PRENDRE DU MOU.) — **Math.** *Théorie des jeux,* ensemble des méthodes mathématiques permettant la résolution de problèmes faisant intervenir règles de décision et notions abstraites de tactique et de stratégie. (→ *encycl.*) — **Mécan.** Dans un assemblage, intervalle séparant les surfaces de deux pièces en regard *(jeu positif).* [En horlogerie, on dit aussi ÉBAT.] ‖ Dans un serrage, mesure de la déformation des pièces par rapport à leur position à l'état libre *(jeu négatif).* — **Mus.** Totalité des cordes tendues sur un instrument. ‖ Sur un clavecin, ensemble des cordes pincées par une série de sautereaux. (Un clavecin moderne comprend six jeux qui permettent d'obtenir des changements contrastés d'intensité et de timbre.) ‖ *Jeu d'orgue,* suite ou série de tuyaux correspondant à un même timbre. (→ *encycl.*) ‖ *Jeu de timbre,* instrument à percussion composé de lames vibrantes frappées par des marteaux, manuels (jeu de timbre simple) ou actionnés par un clavier (célesta). — **Pêch.** Ligne de fond munie d'un nombre plus ou moins grand d'hameçons. (S'emploie surtout au plur.) — **Sports.** Au tennis, division d'un set. (Pour remporter un jeu, le joueur doit gagner, au minimum, quatre points.) ‖ À la pelote basque, chacune des divisions d'une partie. ‖ *En jeu,* dans différents sports, se dit de l'action en cours, après le service de la balle ou du ballon. ‖ *Faire le jeu,* prendre la direction de la partie, la dominer. ‖ *Jeu blanc,* au tennis, jeu dans lequel le battu n'a gagné aucun point. ‖ *Jeu décisif,* au tennis, jeu supplémentaire servant à départager, pour le gain d'un set, deux joueurs à égalité à six jeux partout. ‖ *Jeu à XIII,* syn. de RUGBY À TREIZE. — **Théâtr.** Forme dramatique du Moyen Âge. ‖ *Jeu dramatique,* pratique éducative, en rapport avec l'activité théâtrale, fondée sur la libre expression des participants et sur la communication. ‖ *Jeu d'orgue,* tableau de commande des éclairages d'un théâtre. ‖ *Jeu de scène,* mouvement ou attitude concourant à un certain effet, sans lien direct avec le texte.

◆ **jeux** n. m. pl. **1.** Ensemble de compétitions regroupant plusieurs disciplines sportives et souvent les représentants de divers pays : *Jeux Olympiques.* — **2.** Dans l'Antiquité, compétitions sportives ou dramatiques, de caractère liturgique à l'origine, et qui se déroulaient en présence de la foule. (→ *encycl.*)

ENCYCL. **Antiq.** Très populaires en Grèce, les jeux publics, auxquels prenaient part des représentants des cités, étaient à l'origine des concours athlétiques (lutte, course, pugilat, disque, courses de chars, etc.), auxquels s'ajoutèrent des concours musicaux et poétiques. Les plus

célèbres étaient les concours d'Olympie, de Delphes *(jeux Pythiques),* de Némée, de l'Isthme *(jeux Isthmiques).*
À Rome, les jeux, célébrés dans le cirque, l'amphithéâtre ou le théâtre (courses de chars, combats de gladiateurs, représentations scéniques), étaient l'accompagnement ordinaire des fêtes religieuses, des célébrations d'anniversaires, des funérailles, etc. Ils étaient offerts par des particuliers ou par les édiles, puis par les préteurs. L'empereur devait en reprendre le rôle. Les jeux furent supprimés par les successeurs de Constantin.
• **Math.** Le principe fondamental de la *théorie des jeux* a été découvert par le mathématicien J. von Neumann en 1928, mais c'est seulement en 1944 avec *la Théorie des jeux et du comportement économique* de J. von Neumann et de l'économiste Morgenstern qu'elle entre dans sa phase de maturité. Le jeu de base, appelé *duel,* se joue à deux personnes ou à deux équipes. Ce que perd l'un profite exclusivement à l'autre. Le gain ou la perte de chaque joueur dépend non seulement de ses propres initiatives, mais aussi de celles de son adversaire. Les règles du jeu doivent être traduites par une suite de possibilités pour le joueur qui est sur le point de décider du choix du coup suivant. Le point de vue adopté par la théorie des jeux consiste pour le joueur à se placer toujours dans une situation comportant le moindre risque et non pas à vouloir obtenir le plus gros gain.
La théorie des jeux aborde aussi des problèmes où il y a plus de deux joueurs (groupements d'intérêts, coalitions) et s'applique à divers domaines (militaires, économiques) où alliance et conflit interviennent. Pour de nombreuses applications, les ordinateurs sont indispensables.
— **Mus.** *Jeu d'orgue.* La hauteur du tuyau le plus grave de la série détermine le classement du jeu dans l'échelle sonore, suivant la terminologie ancienne : jeu de 16, de 8, de 4, de 2 pieds. Parmi les jeux d'orgue, on distingue les *fonds* groupant des jeux aux tuyaux cylindriques, ouverts ou bouchés ; *les mutations composées,* ou pleins jeux, groupant plusieurs tuyaux (en métal) par note, destinés à renforcer le son fondamental ; *les jeux d'anche* dans lesquels celle-ci vibre à l'intérieur du pied du tuyau en métal, parfois en bois.

Jeu d'Adam *(le),* drame semi-liturgique du milieu du XIIe s., le premier en langue française.

Jeu de l'amour et du hasard *(le),* comédie de Marivaux, en 3 actes, en prose (1730). Déguisés en domestiques pour mieux s'observer, Dorante et Silvia, fiancés par leurs parents, s'éprennent l'un de l'autre. La réalité de leur amour se confirmera une fois les masques levés.

Jeu de la feuillée *(le),* œuvre dramatique d'Adam le Bossu (1276), destinée au public d'Arras. Avant de quitter son pays, l'auteur donne libre cours à son ressentiment contre son père, sa femme et de nombreux citoyens d'Arras, en présence de trois belles fées assises sous une feuillée (tonnelle). L'œuvre est à l'origine du genre de la *sottie,* et de celui de la *moralité.*

Jeu de paume *(galeries du),* à Paris. Édifié en 1862, cet ancien jeu de paume des Tuileries a été utilisé comme musée de l'Impressionnisme de 1947 à 1986. Rouvert en 1991, après un réaménagement intérieur, ce lieu, rattaché aux Musées de France, a aujourd'hui pour vocation de promouvoir l'art moderne et contemporain sous la forme d'expositions temporaires.

Jeu de paume *(serment du)* [20 juin 1789], serment prêté par les députés du tiers état de ne pas se séparer avant d'avoir donné une Constitution au royaume. Le roi leur ayant interdit, à Versailles, l'accès à la salle des Menus-Plaisirs, où ils délibéraient habituellement, les députés s'étaient transportés dans une salle voisine, celle du Jeu de paume.

Jeu du prince des sots, trilogie dramatique de P. Gringore (1512), composée d'une sottie et d'une moralité, qui soutient la politique de Louis XII à l'égard du pape.

Jeu de Robin et Marion *(le),* pastorale dramatique d'Adam le Bossu (1275), où une bergère repousse les avances d'un chevalier.

Jeu de saint Nicolas *(le),* miracle dramatique de Jean Bodel (1200). Un émir sarrasin, rentré en possession d'un trésor dérobé grâce à l'intervention du saint, se convertit au christianisme. Des scènes de taverne apportent un réalisme pittoresque.

Jeux, ballet en 1 acte ; chorégr. de Vaslav Nijinski ; mus. de Debussy ; déc. et cost. de Léon Bakst. Création par les Ballets russes (Paris, 1913).

jeux Floraux, concours poétique annuel institué à Toulouse, en 1323, par un groupe de poètes désireux de maintenir les traditions du lyrisme courtois. D'abord appelée *Consistoire du Gai Savoir,* c'est la plus ancienne société littéraire connue. La légende de Clémence Isaure (dame toulousaine qui serait à l'origine du Consistoire), née vers la fin du XVe s., contribua beaucoup à la popularité des jeux. La compagnie prit le nom de *Collège de rhétorique* au XVIe s., admit la langue française à ses concours, d'abord conjointement avec la langue d'oc, puis de manière exclusive. Elle s'intéressa à la Pléiade, couronna Ronsard et Robert Garnier. En 1694, Louis XIV l'érigea en *Académie des jeux Floraux.* Favorable au romantisme, l'Académie revint en 1895, sous l'impulsion de Mistral, à ses anciennes traditions : de nouveau bilingue, elle recrute ses « mainteneurs » dans toutes les provinces de langue d'oc.

Jeux rustiques *(les),* par Joachim du Bellay (1558), « mélanges » de poésie légère où du Bellay essaie des rythmes nouveaux sur des petits genres : vœu, baiser, épigramme, etc.

JEUDI n. m. (bas lat. *Jovis dies,* jour de Jupiter). **1.** Quatrième jour de la semaine. — **2.** *Jeudi saint,* jeudi de la semaine sainte. ‖ Fam. et vx. *La semaine des trois, des quatre jeudis,* temps qui n'arrivera jamais.

ENCYCL. **Liturg.** Le *jeudi saint* comporte aujourd'hui une célébration solennelle : la messe « chrismale », concélébrée, le soir, à la cathédrale, par l'évêque et tous les prêtres présents, et au cours de laquelle sont consacrées les huiles saintes.

JEUMONT (59460), comm. du Nord, sur la Sambre, à la frontière belge ; 11 131 hab. Gare frontière et triage ferroviaire. Métallurgie.

Jeumont-Schneider, société française constituée en 1964 par la concentration des actifs industriels des Forges et Ateliers de constructions électriques de Jeumont et de la société le Matériel électrique S.-W., du groupe Schneider. Fortement diversifiée dans ses productions, la société s'est recentrée à partir du milieu des années 1980 sur la construction électrique (cédant notamment ses activités ferroviaires à Alsthom et son secteur téléphonie au groupe allemand Bosch).

JEUN (À) [aʒœ̃] loc. adv. (de *à* et anc. fr. *jeun,* du lat. *jejunus,* qui n'a rien mangé). **1.** Sans avoir rien mangé ou bu depuis le début de la journée : *Venez à jeun pour la prise de sang.* — **2.** *Fam.* Se dit d'un alcoolique qui n'a pas encore pris de boisson, ou de toute personne intoxiquée qui est en état de manque : *À jeun, il devient méchant.*

JEUNE adj. (lat. pop. **jovenis,* du lat. class. *juvenis*). **1.** Qui est peu avancé en âge : *Avoir de jeunes enfants. Rechercher les jeunes talents.* — **2.** S'emploie pour comparer les âges respectifs de deux personnes ou pour distinguer deux homonymes (notamment des personnages historiques) d'âge ou de génération différents (par oppos. à *aîné, père, ancien*) : *Elle est plus jeune que lui.* — **3.** Qui présente certains caractères de la jeunesse (vigueur, fraîcheur, spontanéité, etc.), ou qui les manifeste : *Être jeune de caractère. Faire de l'exercice, pour rester jeune.* — **4.** Qui est moins âgé que la moyenne des membres de la même profession, du même état : *Un jeune chercheur.* — **5.** Qui est débutant dans une carrière, un métier. — **6.** Qui est composé de personnes peu âgées : *Une population jeune. La jeune génération.* — **7.** Qui convient surtout à la jeunesse ou qui en donne l'aspect : *Une coiffure jeune. Couleurs jeunes.* — **8.** Qui n'a pas achevé sa croissance : *Jeune chat. Allée plantée de jeunes platanes.* — **9.** Qui existe depuis peu de temps : *L'informatique est une discipline encore jeune. Aimer les vins jeunes.* — **10.** *Fam.* Qui est à peine suffisant en quantité : *Une semaine pour faire ce travail, c'est un peu jeune.* — **11.** Fam. *Dans mon jeune temps,* quand j'étais jeune. ‖ *Être jeune dans le métier,* manquer d'expérience. ‖ *Jeune femme,* femme encore jeune. ‖ *Jeune fille,* adolescente ou fille non mariée. ‖ *Jeune homme,* adolescent ou homme jeune et non marié. ‖ *Jeunes gens,* sert de pluriel à *jeune homme,* ou désigne un groupe de garçons et de filles dans l'adolescence ou de jeunes adultes. ‖ *Jeunes mariés, jeune ménage,* couple qui s'est marié depuis peu. ‖ *Les jeunes années,* le temps de la jeunesse.

◆ n. **1.** Personne qui est dans la jeunesse, qui appartient à la jeune génération (surtout au pl., pour désigner collectivement la jeunesse) : *L'intransigeance des jeunes.* — **2.** Animal qui n'est pas encore adulte : *Race de chiens dont les jeunes sont fragiles.*

◆ adv. *S'habiller, se coiffer jeune,* à la manière des personnes jeunes ou de manière à paraître jeune, plus jeune.

Jeune Belgique *(la),* revue littéraire belge, née à Bruxelles (1881-1897), tribune des jeunes écrivains belges proches des parnassiens.

Jeune Captive *(la),* élégie d'A. de Chénier, écrite pendant sa captivité et inspirée par Mlle de Coigny.

Jeune Homme et la Mort *(le),* ballet en 2 tableaux ; chorégr. de Roland Petit ; mus. de J. S. Bach ; argum. de Jean Cocteau. Création à Paris (1946), par les Ballets des Champs-Élysées.

Jeunes Gens en colère *(Angry Young Men),* mouvement d'écrivains, de cinéastes et de critiques né en Grande-Bretagne (1955-1965). Dans une même critique des valeurs traditionnelles de la société britannique et de la civilisation moderne, il réunissait entre autres Kingsley Amis, Arnold Wesker, John Osborne, Alan Sillitoe, John Arden, Harold Pinter, Colin Wilson.

JEÛNE n. m. (de *jeûner*). **1.** Privation partielle ou complète de nourriture pendant un certain temps ; période pendant laquelle est observée cette privation. — **2.** Pratique religieuse consistant en une privation complète ou partielle de nourriture.

ENCYCL. **Relig.** Le *jeûne ecclésiastique* ou *pénitentiel,* pratique de pénitence, consiste à ne prendre qu'un repas par jour, ou même aucune nourriture. Il est actuellement réduit à deux jours par an : le mercredi des Cendres et le vendredi saint ; il est recommandé aussi le samedi saint. Le *jeûne* *eucharistique* consiste à s'abstenir de toute nourriture, pendant un temps déterminé, avant de communier. Jusqu'au XXe s., le temps du jeûne partait de minuit. Aujourd'hui, il se réduit à l'abstinence de nourriture et de boisson alcoolisée une heure avant la communion. (Pour le judaïsme, v. ce mot. Pour l'islām → RAMAḌĀN.)

Jeune-Allemagne, mouvement intellectuel né vers 1830, libéral et francophile, lancé par Heine et Börne, et soutenu en Allemagne par des écrivains comme K. Gutzkow, G. Herwegh, L. Wienbarg, qui s'inspiraient largement des théories saint-simoniennes. La diète de Francfort condamna (1835) le mouvement qui disparut avec la révolution de 1848.

Jeune-Allemagne nouvelle, mouvement créé vers 1878 contre les règles littéraires et les conventions sociales. Composé de plusieurs courants : naturalisme, modernisme, art décadent, symbolisme, il fut principalement illustré par D. von Liliencron, H. Sudermann et G. Hauptmann.

Jeune-France, groupe de quatre compositeurs français (O. Messiaen, A. Jolivet D. Lesur, Y. Baudrier), créé en 1935 pour s'opposer au groupe des Six et à une certaine esthétique tournée vers l'abstraction musicale.

Jeune-Irlande, mouvement créé vers 1840, et qui réclamait l'indépendance de l'Irlande.

Jeune-Italie, société secrète fondée à Marseille en 1831 par Mazzini, et dont le but était la libération et l'unification de l'Italie par la République. Elle organisa plusieurs soulèvements contre le régime de Charles-Albert (notamment en Sicile [1837] et en Calabre [1843-44]), qui échouèrent.

JEUNEMENT adv. (de *jeune*). *Dix cors jeunement,* cerf de six ans.

JEÛNER v. i. (bas lat. ecclés. *jejunare,* du lat. class. *jejunus,* qui n'a rien mangé) [conj. 3]. **1.** S'abstenir de manger ; pratiquer le jeûne, la diète. – **2.** Pratiquer le jeûne pour des raisons religieuses.

Jeunes-France *(les),* nom donné vers 1830 à un groupe d'écrivains et d'artistes excentriques qui exagéraient les théories de l'école romantique (Th. Gautier, G. de Nerval, P. Borel, etc.).

JEUNESSE n. f. (de *jeune*). **1.** Période de la vie humaine comprise entre l'enfance et l'âge mûr : *Les œuvres de jeunesse d'un écrivain.* – **2.** Fait d'être jeune ou d'être formé de personnes jeunes pour un groupe : *Jeunesse d'une équipe dirigeante.* – **3.** Ensemble des traits physiques et moraux propres aux personnes jeunes, mais dont certains peuvent subsister chez celles qui ne le sont plus : *Déborder de jeunesse. Garder sa jeunesse d'esprit.* – **4.** Période précédant l'âge adulte d'un animal, la production des premiers fruits d'un végétal. – **5.** *Litt.* Période de croissance, de développement de qqch ; état, caractère des choses nouvellement créées ou établies et qui n'ont pas encore atteint la plénitude de leurs qualités : *Science qui est dans sa jeunesse.* – **6.** Ensemble des jeunes, ou des enfants et des adolescents : *Émissions pour la jeunesse.* – **7.** Fam. *Une jeunesse,* une jeune fille ou une très jeune femme. – **8.** *La première, la prime jeunesse,* les années qui suivent immédiatement l'enfance. ‖ *Ne pas avoir eu de jeunesse,* ne pas avoir vécu les joies, l'insouciance, la liberté, etc., qui caractérisent habituellement la période de la jeunesse. ‖ *N'être plus de la première jeunesse,* avoir atteint ou dépassé l'âge mûr. ‖ *Seconde jeunesse,* renouvellement de vigueur et d'intérêt pour la vie amoureuse ou sentimentale, qui intervient dans l'âge mûr. • **Géogr.** Premier stade de la topographie d'une vallée dans la théorie davisienne du cycle d'érosion et caractérisé par la vigueur du relief. – **Hist.** *Chantiers de la Jeunesse,* organisation créée en zone libre (juill. 1940) en vue de regrouper les jeunes recrues de la classe 1940. (Ils furent dissous en 1944.)

◆ **jeunesses** n. f. pl. Groupement de jeunes organisé à une certaine fin : *Jeunesses hitlériennes.*

JEUNESSE *(île de la),* anc. **île des Pins,** île de la mer des Antilles, au large de la côte sud de Cuba ; 2 199 km² ; 70 900 hab. Centre d'enseignement, ouvert aux étudiants du tiers monde.

Jeunesse agricole chrétienne (J. A. C.), mouvement d'Action* catholique, créé en 1929, ayant pour but, à l'origine, la formation des consciences chrétiennes dans les campagnes, et dont les militants élargirent progressivement les objectifs à la prise en compte de la défense et du développement de la profession d'agriculteur. La J. A. C. est devenue, en 1964, l'une des trois branches du Mouvement rural de la jeunesse chrétienne (M. R. J. C.), qui comprend aussi les jeunes travailleurs salariés et les jeunes scolarisés.

Jeunesse étudiante chrétienne (J. E. C. et J. E. C. F.), mouvement d'Action catholique en milieu étudiant, créé en 1929.

Jeunesse française *(Association catholique de la)* **[A. C. J. F.],** groupement de piété, d'étude et d'action, né en 1886 à l'appel d'Albert de Mun, pour servir de cadre à la jeunesse catholique française, désireuse de se lancer dans l'action sociale. Plusieurs de ses membres se sont retrouvés dans les partis politiques se réclamant de la démocratie chrétienne. L'A. C. J. F. disparut en 1956.

Jeunesse indépendante chrétienne (J. I. C.), mouvement d'Action catholique, qui s'adresse aux éléments des classes moyennes et bourgeoises.

Jeunesse maritime chrétienne (J. M. C.), mouvement d'Action catholique fondé en janv. 1930, qui s'adresse aux jeunes marins.

Jeunesse ouvrière chrétienne (J. O. C. et **J. O. C. F.),** mouvement d'Action catholique particulier au milieu ouvrier. La J. O. C. fut fondée en 1925 par un vicaire de la banlieue de Bruxelles, l'abbé Cardijn. En 1927, elle s'implanta dans la région parisienne grâce à un vicaire de Clichy, l'abbé Guérin, et à Georges Quiclet. La J. O. C., qui, depuis 1956, se tient en position d'autonomie par rapport à la hiérarchie, a fourni de nombreux dirigeants et militants aux grandes organisations ouvrières. Elle forme une fédération internationale représentée dans le monde entier.

Jeunesse et des Sports *(médaille de la),* décoration française créée en 1969 et se substituant à la *médaille d'honneur de la Jeunesse et des Sports* et à l'ordre du *Mérite sportif**, eux-mêmes créés en 1956. Elle récompense ceux qui se sont distingués dans le développement des activités en rapport avec le sport, les mouvements de jeunesse et les activités socio-éducatives.

Jeunesses musicales de France (J. M. F.), association française fondée en 1940 par R. Nicoly dans le but de sensibiliser un jeune public à la musique.

JEUNET, ETTE adj. et n. *Fam.* Qui est très jeune, montre des qualités de fraîcheur, de vivacité, ou trop jeune, inexpérimenté.
◆ adj. Un peu jeune : *Un vin encore jeunet.*

JEUNE-TURC, JEUNE-TURQUE n. (pl. *jeunes-turcs, -turques*). Dans un parti, un mouvement, partisan d'une politique dynamique.

Jeunes-Turcs, société secrète ottomane fondée à Istanbul en 1865, qui se réfugia à Paris et à Londres de 1867 à 1871. On appelle communément « Jeunes-Turcs » les membres du comité Union* et Progrès, responsable de la révolution de 1908, dite révolution « jeune-turque », et qui présida aux destinées de l'Empire ottoman jusqu'à sa défaite (oct. 1918).

JEÛNEUR, EUSE n. Personne qui jeûne, qui observe un jeûne rituel.

JEUNOT, OTTE adj. et n. *Fam.* Qui est tout jeune et naïf.

JEU(-)PARTI n. m. (pl. *jeux-partis*). Variété de débat lyrique propre aux troubadours et aux trouvères des XIIe et XIIIe s. (*joc-partit* ou *partimen* en langue d'oc).

JEVONS (William Stanley), économiste et logicien britannique (Liverpool 1835 - Bexhill, près de Hastings, 1882). Cofondateur du courant marginaliste avec L. Walras et C. Menger, il introduisit le concept de « degré final d'utilité ». En logique, il approfondit la notion de somme logique. On lui doit notamment : *Pure Logic* (1863) et *The Principles of Science* (1874).

JEYAKĀNTAN, écrivain indien de langue tamoule (Cuddalore 1934). Militant marxiste, il est l'auteur à succès, dès 1960, de romans au style populaire et direct sur le prolétariat urbain. Son livre *Cila ṅēraṇkaḷil cila manitarkal* (1978) a été porté au cinéma.

JÉZABEL (IXe s. av. J.-C.), épouse d'Achab, roi d'Israël. Elle favorisa les cultes cananéens et persécuta les fidèles de Yahvé.

JÈZE n. m. *Fam.* Jésuite.

JÈZE (Gaston), juriste français (Toulouse 1869 - Deauville 1953). L'un des fondateurs de la science financière française, il fut membre du Comité des experts créé par Poincaré pour mettre en œuvre la stabilisation du franc (1926). Il présida l'Institut international de droit.

JEZRE'EL ou **YIZRE'ÊL** *(vallée de),* appelée aussi **plaine d'Esdrelon,** plaine de l'État d'Israël, entre la Samarie et la Galilée et qui fut le théâtre de nombreuses batailles à l'époque biblique.

JHANG MAGHIĀNA, v. du Pākistān, dans le Pendjab, à l'O.-S.-O. de Lahore ; 195 000 hab.

JHĀNSI, v. de l'Inde (Uttar Pradesh) ; 368 580 hab. Carrefour ferroviaire et routier. Métallurgie.

JHELUM ou **JHELAM** (la), riv. du Cachemire et du Pākistān ; 725 km. Elle traverse Srinagar, puis entre au Pendjab, où elle rejoint la Chenāb (r. dr.). Barrage (Mangla) pour l'irrigation.

JIAMUSI ou **KIA-MOU-SSEU,** v. de la Chine du Nord-Est (Heilongjiang), sur la Soungari ; 557 700 hab. Mécanique. Industries alimentaires.

JIANG JIESHI ou **TSIANG KIAI-CHE,** dit aussi **Tchang Kaï-chek,** généralissime et homme d'État chinois (dans le Zhejiang 1887 - Taibei 1975). Après des études classiques et militaires en Chine et au Japon, il rencontra Sun Yat-sen et participa à la révolution de 1911. Puis il séjourna en U. R. S. S. et, de retour en Chine (1924), il dirigea l'Académie militaire de Huangpu. Étant parvenu à contrôler l'armée du Guomindang, il décida la rupture avec les communistes (1927) et établit le gouvernement à Nankin. Il lutta contre le P. C. C. qu'il contraignit à la Longue Marche (1934), avant de former avec lui un front commun contre le Japon (1936) puis de s'engager dans la guerre civile. En 1949, il s'enfuit à Taiwan, où il présida le gouvernement jusqu'à sa mort en 1975. — Son fils aîné, **Jiang Jingguo, Tsiang King-kouo** ou **Kiang King-kouo** (dans le Zhejiang 1910 - Taibei 1988), lui succéda à la tête du Guomindang (1975) et fut président de la République de Taiwan de 1978 à sa mort.

JIANGMEN ou **KIANG-MEN,** anc. **Sunwui,** v. de Chine (Guangdong), sur le delta du Xi Jiang ; 110 000 hab. Mécanique. Papeterie.

JIANG QING ou **KIANG TS'ING** ou **CHIANG CH'ING,** femme politique chinoise (Shandong v. 1914 - Pékin 1991). Ancienne actrice, épouse de Mao Zedong qu'elle rencontra en 1938, elle n'intervint pas directement dans la vie politique avant 1965 et prit une part très active à la Révolution culturelle. Évincée du pouvoir à la mort de Mao (1976), elle fut arrêtée la même année et condamnée à mort lors du procès de la Bande des Quatre (1981). Sa peine fut commuée en 1983 en détention à perpétuité. Elle se suicida.

JIANGSU ou **KIANG-SOU,** prov. de la Chine centrale, sur la mer de Chine ; 100 000 km² ; 67 100 000 hab. Cap. *Nankin.* Plaine agricole (céréales, coton, soie), très densément peuplée, où le delta du Yangzi Jiang et la proximité de Shanghai (séparée administrativement) stimulent les échanges. Industries textiles et chimiques (phosphates).

JIANGXI ou **KIANG-SI,** prov. de la Chine méridionale, au S. du Yangzi Jiang ; 160 000 km² ; 37 700 000 hab. Cap. *Nanchang.* Les cultures (thé, agrumes et tabac) occupent les collines périphériques, le coton et le riz la dépression qui aboutit au lac Poyang. Riches ressources minières (tungstène, antimoine, wolfram, houille).

JIANG ZEMIN ou **TSIANG TSÖ-MIN,** homme d'État chinois (Yangzhou 1926). Secrétaire général du parti communiste chinois (depuis 1989), il est aussi président de la République (depuis 1993).

JIAXING ou **KIA-HING,** v. de Chine (Zhejiang), sur le Grand Canal, au N.-E. de Hangzhou ; 132 000 hab. Textile. Papeterie.

JIAYI ou **KIA-YI** ou **CHIAYI,** v. du centre-ouest de Taiwan ; 258 000 hab.

J. I. C., sigle de JEUNESSE* INDÉPENDANTE CHRÉTIENNE.

JIDAIMONO [-daj-] n. m. (mot jap.). Drame historique japonais, issu dans la majorité des cas du théâtre de poupées (ningyō-jōruri) avant d'être adapté au kabuki.

JIG [dʒig] n. m. (angl. *jig*). Appareil de concentration gravimétrique dans lequel la matière traitée est soumise à un mouvement vertical alternatif, appelé pistonnage.

JIGGER [dʒigœr] n. m. (angl. *jigger*). Appareil utilisé pour les traitements et la teinture des différents tissus au large, et dans lequel les pièces de tissu circulent alternativement dans les deux sens, entraînées par des cylindres enrouleurs.

JIJEL, anc. **Djidjelli,** v. d'Algérie, ch.-l. de wilaya, sur la côte de la Kabylie des Babors ; 69 300 hab. Ce fut une base des frères Barberousse au XVIe s. Station balnéaire. Port de pêche et de commerce.

JÍLEMNICKÝ (Peter), écrivain tchèque d'expression slovaque (Kyšperk 1901 - Moscou 1949). Un des représentants les plus significatifs du réalisme socialiste, sa *Chronique* (1947) constitue un tableau de l'insurrection nationale slovaque.

JILIN ou **KI-LIN** ou **KIRIN,** prov. de la Chine du Nord-Est ; 180 000 km² ; 24 700 000 hab. Cap. *Changchun.* Aux productions agricoles (millet, soja, betterave à sucre, riz) s'ajoute le bois des montagnes de l'Est. Industrie sidérurgique et chimique.

JILIN ou **KI-LIN** ou **KIRIN,** v. de la Chine du Nord-Est (prov. de Jilin), sur la Soungari ; 1 270 000 hab. Industrie du bois et du papier. Chimie. Matériaux de construction.

JILOLO, autre nom de Halmahera.

JILONG ou **KI-LONG** ou **KEELUNG,** port de Taiwan, à l'extrémité nord de l'île ; 360 000 hab. Base militaire. Chantiers navals. Chimie. Alimentation. Pêcheries.

JIMÉNEZ (Juan Ramón), poète espagnol (Moguer, Huelva, 1881 - San Juan de Porto Rico 1958). D'abord influencé par Rubén Darío et par le symbolisme (*Âme de violette,* 1901), il a cherché à parvenir, hors de tout engagement politique, philosophique ou social, à l'expression idéale de la pensée (*Éternités,* 1918 ; *Unité,* 1925). [Prix Nobel 1956.]

JIMÉNEZ DE QUESADA (Gonzalo), conquistador espagnol (Grenade ? 1509 - Mariquita, Colombie, 1579). Il remonta le río Magdalena (1536) dans l'actuelle Colombie et fonda Bogotá (1539).

JIMMA → DJIMMA.

JIMMU TENNŌ, nom posthume donné au premier empereur du Japon. La tradition le fait vivre de 711 env. à 585 av. J.-C., mais son règne devrait être placé vers le début de notre ère.

JIN ou **KIN** ou **TSIN,** dynastie d'origine jürchen, qui régna de 1115 à 1234 sur la Chine du Nord. Les Jürchen maintinrent dans leur empire, qui s'étendait jusqu'à la vallée de la Huai, leurs traditions guerrières, en dépit de leur forte sinisation. Ils durent leur chute à l'alliance des Song et des Mongols, au début du XIIIe s.

JINAN ou **KI-NAN** ou **TSI-NAN,** v. de Chine, cap. du Shandong, sur le Huang He ; 2 350 000 hab. Carrefour ferroviaire et centre industriel (raffinerie de pétrole, coton, minoterie, huilerie).

JINGDEZHEN ou **KING-TÖ-TCHEN** ou **TSING-TÖ-TCHEN,** v. de Chine (Jiangxi), à l'E. du lac

Poyang ; 611 000 hab. Métropole de la céramique chinoise (gisements de kaolin). Musée des porcelaines.

JINGLE [dʒingœl] n. m. (angl. *jingle,* tintement). Bref thème musical introduisant ou accompagnant une émission ou un message publicitaire et destiné à provoquer un réflexe de reconnaissance. (Syn. INDICATIF, SONAL.)

JINGOÏSME n. m. (angl. *jingoism*). Courant d'opinion exaltant la puissance et l'impérialisme britanniques, qui se manifesta dans les deux dernières décennies du XIXe s. et qui fut représenté par J. Chamberlain et R. Kipling.

JINGOÏSTE adj. et n. Relatif au jingoïsme ; partisan du jingoïsme.

JINGXI n. m. (mot chin. signif. *théâtre de la capitale*). Genre dramatique musical chinois, né au XVIIIe s., dans lequel les acteurs, outrageusement maquillés, déclament, chantent, dansent, miment et font parfois de l'acrobatie, accompagnés par un ensemble de plusieurs instruments. (Il est connu en Occident sous le nom d'« Opéra de Pékin ».) [On écrit aussi KIN-SI ou TSIN-SI.]

JINING ou **KI-NING** ou **TSI-NING,** v. de Chine dans le sud-ouest du Shandong ; 200 000 hab. Industries mécaniques, textiles et alimentaires.

JINISME → JAÏNISME.

JINJA, port de l'Ouganda, sur le lac Victoria, ch.-l. de l'Eastern Province ; 61 000 hab. Centrale hydroélectrique (barrage sur le Owen Falls). Fonderie de cuivre. Aciérie. Textile.

JINMENDAO → QUEMOY.

JINNAH (Muhammad Ali), homme d'État pakistanais (Karāchi 1876 - *id.* 1948). Il entra à la Ligue musulmane (1913) et présida le parti indépendant à l'Assemblée législative. Il publia en 1928 les quatorze garanties constitutionnelles réclamées par les musulmans, et milita à partir de 1937 pour la création d'un État musulman indépendant. Il devint le premier chef d'État du Pākistān (1947).

JIN NONG ou **KIN NONG** ou **TSIN NONG,** peintre chinois (Renhe, Zhejiang, 1687 - apr. 1764), l'un des plus éminents représentants des « huit excentriques de Yangzhou », dont il incarne l'amateurisme éclairé par une grande liberté de composition, une gaucherie voulue mêlée à une maladresse authentique.

Jin Ping Mei ou **Kin P'ing Mei,** roman anonyme chinois du XVIe s. Premier roman réaliste, célèbre pour ses pages érotiques, c'est l'histoire de l'irrésistible ascension sociale de Ximen Qing, marchand libertin et sans scrupules, entouré de ses six épouses.

JINZHOU ou **KIN-TCHEOU** ou **CHIN-CHOW,** v. de la Chine du Nord-Est (Liaoning), près du golfe du Liaodong ; 810 000 hab. Constructions mécaniques et électriques. Matériaux de construction. Alimentation. Raffinerie de pétrole.

JIPPENSHA IKKU, écrivain japonais (Shizuoka 1765 - Tōkyō 1831), maître du récit drolatique (*Par le Tokaido sur l'alezan Genou,* 1802-1822) sur la vie quotidienne du petit peuple de marchands et d'artisans.

JIRÁSEK (Alois), écrivain tchèque (Hronov, près de Náchod, 1851 - Prague 1930). Outre ses comédies et ses drames (*Monsieur Johanes,* 1919), ses romans historiques ressuscitent toutes les époques de l'histoire nationale (*Contre tous,* 1893).

JIREŠ (Jaromil), cinéaste slovaque (Bratislava 1935). Dès son premier film, *le Premier Cri* (1964), il est considéré comme l'un des plus talentueux représentants du « nouveau cinéma » tchèque. Il tourne ensuite *la Plaisanterie* (d'après le roman de Milan Kundera, 1968), *Valérie au pays des merveilles* (1969), *le Cas Lapin* (1979).

JITOMIR, en ukrainien **Jytomyr,** v. d'Ukraine, à l'O. de Kiev ; 298 000 hab. Métallurgie. — À proximité, gisement d'uranium.
— **Hist.** Position avancée à l'O. de Kiev, Jitomir fut occupée par les troupes de Rundstedt en août 1941, reprise par les Russes le 15 nov. 1943, mais reconquise par la contre-attaque de Manstein à la fin de novembre. Elle fut libérée le 31 déc. 1943.

JIU (le), riv. de Roumanie, née dans un fossé d'effondrement des Carpates méridionales (contenant le principal gisement de charbon du pays), affl. du Danube (r. g.) ; 331 km.

JIU-JITSU [ʒjyʒitsy] n. m. inv. (jap. *jūjitsu*). Méthode de combat d'origine japonaise, composée de projections, de luxations, d'étranglements et de coups frappés (atémi) sur les points vitaux du corps.

JĪVA n. m. (mot sanskr. signif *vivant*). Dans le jaïnisme et le bouddhisme, l'âme en tant que substance vivante, par oppos. à *ajīva,* la substance non vivante.

JIVAROS, Indiens des forêts tropicales du haut Amazone, occupant le versant oriental de la chaîne andine équatoriale et péruvienne. Les Jivaros sont estimés à env. 5 000 individus. Leur chamanisme est à l'origine de la pratique qui les amenait à couper la tête de leurs ennemis.

JIVKOV (Todor) → ŽIVKOV.

JIXI ou **KI-SI** ou **TSI-SI,** v. de la Chine du Nord-Est (Heilongjiang), au centre d'une région houillère ; 820 000 hab.

JKa, JKb *Anticorps anti-JKa, anticorps anti-JKb,* anticorps du système Kidd. ‖ *Antigène JKa, antigène JKb,* antigènes du système Kidd.

J. M. C., sigle de JEUNESSE* MARITIME CHRÉTIENNE.

JÑĀNA n. m. (mot sanskr. de *jñā,* connaître). Dans l'hindouisme et le bouddhisme, une des voies de libération, les deux autres étant le *yoga,* c'est-à-dire l'ascèse, et la *bhakti* (dévotion).

JÑĀNEŚVARA ou **JÑĀNADEVA,** écrivain indien de langue marāṭhī (Alandi, Mahārāshtra, 1271 - *id.* 1296), auteur de la *Jñāneśvāri* (v. 1290), œuvre en prose rythmique, paraphrase en marāṭhī de la *Bhagavad-Gītā,* qu'il destinait au peuple.

J. O., abrév. de JEUX OLYMPIQUES* et de JOURNAL* OFFICIEL DE LA RÉPUBLIQUE FRANÇAISE.

JOAB, personnage biblique, général du roi David, dont il fut le plus ferme appui. Il tua de sa propre main Absalon. Salomon le fit mettre à mort.

JOACHAZ, 11ᵉ roi d'Israël (814 - 798 av. J.-C.). Fils de Jéhu, il dut accepter la suzeraineté des rois araméens de Syrie.

JOACHAZ, nommé aussi **Sellum** († en Égypte), 17ᵉ roi de Juda (609 av. J.-C.). Après trois mois de règne, il fut déposé par le pharaon Nechao II.

JOACHIM *(saint),* époux de sainte Anne et père de la Sainte Vierge, selon la tradition. On ne sait rien de sa vie.

JOACHIM DE FLORE ou **GIOACCHINO DA FIORE,** mystique italien (Celico, Cosenza, v. 1130 - San Martino di Giove, Canale, 1202). Moine puis abbé de Corazzo, il fonda, en 1189, l'ordre dit « de Flore », qui disparut au XVIᵉ s. Joachim est surtout célèbre pour sa doctrine théologico-historique, exprimée dans de nombreux ouvrages, dont *Concorde des deux Testaments, Commentaire sur l'Apocalypse,* et selon laquelle le monde était arrivé, après le règne du Père et du Fils, à celui de l'Esprit. Défenseur des pauvres, il inspira les *spirituels* en révolte contre la papauté. Une compilation de ses œuvres a paru sous le titre : *l'Introduction à l'Évangile éternel.*

JOACHIM (Joseph), violoniste austro-hongrois (Kittsee, Pressburg, auj. Bratislava, 1831 - Berlin 1907). Professeur à la Hochschule de Berlin (1868), il fonda, en 1869, un quatuor qui deviendra célèbre.

JOACHIMITE [-ki-] n. Disciple de Joachim de Flore.

JOAD ou **JOIADA** ou **YEHAYADA,** chef des prêtres de Jérusalem (fin du IXᵉ s. - début du VIIIᵉ s. av. J.-C.). Il organisa un coup d'État contre Athalie et plaça sur le trône le jeune Joas.

JOAILLERIE [ʒɔajri] n. f. (de *joaillier*). **1.** Art qui consiste à mettre en valeur des pierres précieuses, des pierres fines, des perles ou des minéraux divers en tirant parti de leur éclat, de leur couleur et de leur forme. — **2.** Atelier, magasin du joaillier. — **3.** Articles vendus par le joaillier.

JOAILLIER, ÈRE [ʒɔaje, -ɛr] n. (anc. fr. *joel,* joyau). Personne qui crée, fabrique et/ou vend des bijoux en métal précieux ornés le plus souvent de pierreries.
◆ adj. Relatif à la joaillerie : *Production joaillière.*

JOALLAND (Jules), général français (Bonne-Terre, Guadeloupe, 1870 - Lorient 1940). Membre de la mission envoyée du Niger vers le Tchad sous les ordres des capitaines Voulet et Chanoine (1899), il en prit le commandement après leur assassinat. Il occupa Zinder, où il fut rejoint par Foureau et Lamy, puis par Gentil.

JOANNE (Adolphe), écrivain, voyageur et géographe français (Dijon 1813 - Paris 1881). À la suite de voyages en Suisse et en Allemagne, il entreprend la publication des *Guides Joanne,* contenant des renseignements historiques, archéologiques et touristiques. Il est l'auteur d'un *Dictionnaire des communes de France* (1864), qui, sous la direction de son fils Paul, est devenu le *Dictionnaire géographique et administratif de la France,* en 7 vol. (1890-1904).

JOÃO, forme portugaise du prénom Jean.

JOÃO BELO → XAI-XAI.

JOÃO PESSOA, anc. **Paraíba,** v. du Brésil, cap. de l'État du Paraíba, sur le Paraíba, à 5 km de la mer ; 497 214 hab. Université. Cimenterie. Chaussures. Cigares.

JOAS, 8ᵉ roi de Juda (835 - 796 av. J.-C.). Fils d'Ochozias, il fut sauvé du massacre de la famille royale ordonné par Athalie et proclamé roi par le chef des prêtres, Joad. Il restaura le culte de Yahvé. Il fut assassiné.

JOAS, 12ᵉ roi d'Israël (v. 798 - 783 av. J.-C.). Il vainquit les Araméens, mais ne put empêcher le démantèlement des murs de Jérusalem.

JOB [dʒɔb] n. m. (angl. *job*). *Fam.* **1.** Emploi rémunéré de caractère souvent provisoire, ponctuel : *Chercher un job pour les vacances.* — **2.** Tout travail rémunéré : *Avoir un bon job.*

Job *(livre de),* livre biblique composé au Vᵉ s. av. J.-C. Chef-d'œuvre de la poésie orientale, il pose, à travers l'histoire de Job, homme juste frappé par le malheur, le problème du mal : il y a des justes malheureux et des méchants heureux. Face à un mystère que la raison ne peut éclaircir, il est une invitation à la foi héroïque.

JOBARD, E adj. et n. (moyen fr. *jobe,* niais, de *Job,* n. pr.). *Fam.* Qui est très naïf, facile à tromper.

JOBARDER v. t. (de *jobard*) [conj. 3]. *Pop.* Tromper qqn, le berner.

JOBARDERIE ou **JOBARDISE** n. f. *Fam.* Crédulité excessive, niaiserie.

JOBELIN n. m. (moyen fr. *jobe,* niais). Argot des malfaiteurs du XVe s.

J. O. C., sigle de JEUNESSE* OUVRIÈRE CHRÉTIENNE.

JOCASTE, héroïne du cycle thébain, sœur de Créon. Elle avait épousé Laïos, roi de Thèbes. Son fils Œdipe, conformément à la prédiction d'un oracle, tua par hasard Laïos et épousa Jocaste. Quand l'inceste fut découvert, Jocaste se tua.

Jocelyn, poème en neuf époques d'Alphonse de Lamartine (1836). Journal en vers d'un prêtre, ce poème devait être le dernier d'une vaste épopée philosophique : *les Visions,* qui ne vit jamais le jour et dont le début est *la Chute* d'un ange.*

JŌCHŌ, sculpteur japonais (actif à Kyōto, mort en 1057). Son bouddha Amida (en bois laqué et doré), exécuté en 1053 pour le pavillon du Phénix du Byōdō-in à Uji, reste l'exemple classique du style national *(wa-yō)* et de la technique *yosegi* (par pièces assemblées), procédé impliquant travail en commun et création d'ateliers.

JOCHUM (Eugen), chef d'orchestre allemand (Babenhausen, Souabe, 1902 - Munich 1987). Directeur musical de l'Opéra (1934-1949) et chef de l'orchestre philharmonique de Hambourg, il a fondé l'orchestre de la Radiodiffusion bavaroise à Munich. Chef permanent de l'orchestre du Concertgebouw d'Amsterdam, il reste un éminent spécialiste de Bruckner.

JOCHUMSSON (Matthías), poète, pasteur et journaliste islandais (Skógar 1835 - Akureyri 1920). Outre ses *Poèmes,* I-V (1902-1906), où il utilise la difficile versification des *Eddas,* il est l'auteur de l'hymne national islandais.

JOCISTE n. et adj. Membre de la Jeunesse ouvrière chrétienne (J. O. C.).

JOCKEY n. (angl. *jockey,* dimin. de *Jock,* forme écossaise de *Jack*). **1.** Cavalier professionnel qui monte les chevaux de course. (→ *encycl.*) — **2.** Numéro de cirque exécuté par un acrobate qui mène une course en quittant fréquemment sa monture, qu'il rejoint en sauts divers (debout, à genoux, sur une jambe). — **3.** Fam. *Régime jockey,* jeûne forcé ou régime alimentaire amaigrissant.

ENCYCL. Les futurs jockeys sont d'abord apprentis, liés par contrat à un entraîneur ; lorsqu'ils ont gagné un certain nombre de courses, ils obtiennent leur licence de jockey. Le poids idéal du jockey se situe autour de 53 kg. Un jockey peut être indépendant ou lié par contrat avec une écurie. Il touche une somme fixe pour chaque course, et reçoit un pourcentage (10 %) sur les sommes gagnées par son cheval.

Jockey-club, cercle créé à l'origine pour l'amélioration de la race chevaline, et qui s'occupait de l'organisation des courses de chevaux. Il fut fondé en 1833, à l'imitation du Jockey-club anglais créé au milieu du XVIIIe s. Il a son siège à Paris.

Joconde *(la),* surnom donné à un tableau de Léonard de Vinci, peint v. 1503-1507 et acheté à l'artiste par François Ier (0,77 × 0,53 m, Louvre). C'est, si l'on en croit Vasari, le portrait d'une dame florentine, Mona Lisa, épouse d'un certain Francesco del Giocondo. Toujours selon Vasari, la carnation du modèle était d'un rose et d'un rouge délicats, donnant une impression de vie extrême, bien loin de la « princesse engloutie » (K. Clark) du Louvre.

JOCRISSE n. m. (de *Jocrisse,* n. pr.). *Litt.* Benêt ridicule qui se laisse mener par le premier venu.

Jocrisse, personnage du théâtre comique, type de niais à la logique absurde.

JODELET (Julien BEDEAU, dit), acteur français (v. 1590 - Paris 1660). Acteur comique du théâtre du Marais, en 1610, puis de l'hôtel de Bourgogne en 1634, il entra dans la troupe de Molière en 1659.

JODELLE (Étienne), poète française (Paris 1532 - *id.* 1573). Auteur à succès d'une tragédie : *Cléopâtre* captive* (1553), point de départ d'une forme dramatique d'où sortira la tragédie classique, il devint, sollicité par Ronsard, membre de la Pléiade. Tour à tour honoré, puis banni de la cour, il mourut dans la misère en laissant une œuvre lyrique en grande partie perdue, annonciatrice du baroque.

JODHPUR, v. de l'Inde (Rājasthān) ; 648 621 hab. Centre commercial (céréales, oléagineux, textiles), industriel et artisanal (ivoire, cuir, laque). Impressionnante forteresse en grès rouge et remparts du XVIe s.

JODHPURS [ʒɔdpyr] n. m. pl. (de *Jodhpur,* n. pr.). Pantalon d'équitation ample au niveau des cuisses et serré du genou à la cheville.

JODL (Alfred), général allemand (Würzburg 1890 - Nuremberg 1946). Il dirigea de 1938 à 1945 le bureau des opérations des forces armées, jouant un rôle majeur dans l'établissement des plans d'emploi des forces allemandes. Il signa à Reims l'acte de reddition des armées du Reich. Condamné par le tribunal de Nuremberg, il fut exécuté.

JODLER → YODLER.

Jōdo ou **Jōdo-shū,** secte bouddhiste japonaise, fondée au XIIe s. par *Hōnen.*

JŌDOKYŌ, mot jap. désignant les doctrines bouddhistes dites de la « Terre Pure ».

JOËL, prophète biblique du IVe s. av. J.-C. Il clôt la liste chronologique des prophètes d'Israël. Il annonce le jugement de Yahvé et l'effusion de l'Esprit divin à l'ère messianique.

JOE LOUIS (Joseph Louis BARROW, dit), boxeur noir américain (Lexington, Alabama, 1914 - Las Vegas 1981), champion du monde des poids lourds de 1937 à 1949.

JOENIIDÉ n. m. Nom de famille de grands protozoaires à nombreux flagelles et qui vivent dans le tube digestif des termites et autres insectes mangeurs de bois.

JOERGENSEN → JØRGENSEN.

JOETSU, v. du Japon (Honshū), au S.-O. de Niigata ; 128 000 hab. Sidérurgie.

JŒUF (54240), comm. de Meurthe-et-Moselle, sur l'Orne ; 7 920 hab. *(Joviciens).* Métallurgie.

JOFFE (Adolf Abramovitch) → IOFFE.

JOFFRE (Joseph), maréchal de France (Rivesaltes 1852 - Paris 1931). Il fait ses premières armes en 1870 dans la défense de Paris, puis se distingue au Tonkin (1885), au Soudan (1892), où il occupe Tombouctou, et à Madagascar (1900-1903). Chef d'état-major de l'armée (1911), il est nommé, le 2 août 1914, commandant en chef des armées du Nord et du Nord-Est. Il ordonne alors le repli stratégique qui permet aux armées du centre et de gauche d'échapper à l'encerclement, tout en préparant la reprise de l'offensive : grâce à cette double manœuvre, il remporte la victoire de la Marne (6-13 sept.). En 1915, son commandement est étendu à tous les fronts et il organise pour 1916, avec les Alliés, une coordination de l'ensemble des opérations (conférence de Chantilly). Ayant imposé ses vues aux Alliés, il favorise le dégagement de Verdun par la bataille de la Somme à partir de juill. 1916. Remplacé par Nivelle et promu maréchal (déc. 1916), il prépare, au cours d'une mission aux États-Unis (1917), l'engagement des forces américaines en France. Ses *Mémoires* ont été publiés en 1932. (Acad. fr., 1918.)

JOFFREY (Robert), danseur, chorégraphe et pédagogue américain (Seattle 1930 - New York 1988). Une des figures essentielles de la vie chorégraphique américaine, il fonda sa propre école (American Ballet Center), puis le Robert Joffrey Ballet (1954), troupe sans étoiles, enfin le City Center Joffrey Ballet (1966). Pédagogue, chorégraphe (*Pas des déesses,* 1954 ; *Gamelan,* 1963 ; *Astarte,* 1967), il déploya une ample activité dans le domaine du ballet amateur (non professionnel).

1. JOGGER [dʒɔgœr] ou **JOGGEUR, EUSE** n. Adepte du jogging.
◆ n. m. ou f. Chaussure spécialement adaptée au jogging.

2. JOGGER [dʒɔge] v. i. (angl. *to jog*) [conj. 3]. Faire du jogging.

JOGGING [dʒɔgiɲ] n. m. (angl. *jogging*). **1.** Course à pied pratiquée pour l'entretien de la forme physique, sur les terrains les plus variés (bois et campagne, routes, rues des villes). — **2.** Survêtement utilisé pour cette activité.

JOGJAKARTA ou **DJOKJAKARTA,** v. de l'Indonésie, dans l'île de Java, à environ 30 km de la côte méridionale ; 428 000 hab. Aéroport. Université. Centre culturel et artisanal.

JOHANNÈS IV (v. 1832 - Metemma 1889), négus d'Éthiopie (1872-1889). Il battit les Égyptiens (1875-1876), les Italiens (1887) et les mahdistes du Soudan (1889).

JOHANNESBURG, principale ville et métropole économique de l'Afrique du Sud, ch.-l. de la prov. de Gauteng ; 1 916 000 hab. Créée au XIXe s. près de gisements aurifères, elle est le centre d'une région industrielle, le Witwatersrand. C'est un centre financier, commercial, culturel (université) et industriel. Zoo. Au temps de l'apartheid, la population noire (environ 60 % de la population totale) vivait dans des quartiers distincts *(townships),* surtout au sud de la ville (dont Soweto).

JOHANNIQUE adj. (bas lat. ecclés. *Johannes,* Jean). Qui concerne l'œuvre et la pensée de Jean l'Évangéliste.

JOHANNOT (Tony), peintre et graveur français (Offenbach, Allemagne, 1803 - Paris 1852). Il dut sa renommée aux 3 000 vignettes et plus dont il orna quelque 150 volumes (W. Scott, Nodier, Cervantès, G. Sand, Lamartine, etc.), faisant de lui, parfois secondé par ses frères CHARLES (Offenbach 1798 - Paris 1825) et ALFRED (Offenbach 1800 - Paris 1837), l'un des meilleurs illustrateurs du livre romantique.

JOHANNSEN (Wilhelm Ludvig), généticien danois (Copenhague 1857 - *id.* 1927). Il définit la lignée pure et distingua le phénotype du génotype. Le premier, il utilisa le mot « gène ».

JOHANSSON (Christian), danseur et chorégraphe suédois (Stockholm 1817 - Saint-Pétersbourg 1903). Partenaire de la Taglioni, il a dirigé l'école de ballet de Saint-Pétersbourg et a influencé l'évolution de l'école russe de danse. — Sa fille, ANNA **Johansson** (Saint-Pétersbourg 1860 - Petrograd 1917), danseuse russe, triompha au théâtre Mariinski (1878-1899).

JOHN (Elton), compositeur et chanteur britannique (Londres 1947). Après avoir étudié le piano, il travaille avec divers groupes pop dont celui de Long John. Associé au parolier Bernie Taupin, il a écrit de nombreuses chansons : *My Song* (1970), *Rocket Man* (1972), *Honky Cat* (1972), *Candle in the Wind* (1973), *A Single Man* (1978), *A Word in Spanish* (1988), *Can You Feel the Love Tonight* (composée pour le dessin animé *le Roi lion* (1994).

John Bull → BULL.

JOHN FISHER *(saint)* → JEAN FISHER.

JOHNS (Jasper), peintre américain (Augusta, Géorgie, 1930). Il a exploré, depuis ses *Drapeaux américains* (1955), les relations d'ambiguïté entre l'objet et sa représentation, entre le signe et la matérialité de l'œuvre (séries de « cibles », de « chiffres », d'« alphabets »...). À partir des années 70, il a renouvelé ses recherches avec des toiles vivement colorées à « dallages » ou à hachures.

JOHNS HOPKINS (John), philanthrope américain (Anne Arundel County, Maryland, 1794 - Baltimore 1873). Après avoir accumulé une fortune considérable, il la légua à la ville de Baltimore pour y fonder l'hôpital et l'université qui portent son nom (1873).

JOHNSON (Samuel), écrivain britannique (Lichfield 1709 - Londres 1784). Clarté, discipline, volonté caractérisent celui qui, outre ses poèmes satiriques (*la Vanité des désirs humains,* 1749), ses romans (*l'Histoire de Rasselas, prince d'Abyssinie,* 1759) et ses œuvres critiques (*Vies des poètes anglais les plus célèbres,* 1779-1781), se fit le défenseur du classicisme et exerça, à travers son *Dictionnaire de la langue anglaise* (1755) et ses entretiens rapportés par son biographe et ami Boswell, une véritable dictature littéraire.

JOHNSON (Andrew), homme d'État américain (Raleigh, Caroline du Nord, 1808 - Carter's Station, Tennessee, 1875). Gouverneur du Tennessee (1853-1857), sénateur démocrate (1857), hostile à la Sécession en 1861, il se rallie aux Républicains et est élu vice-président des États-Unis (1864). Président à la suite de l'assassinat de Lincoln (1865), il entre en conflit avec les radicaux qui lui reprochent son indulgence à l'égard des sudistes et son refus de conférer aux Noirs l'égalité civique. Il sera jugé pour trahison et acquitté (1868). Sa présidence fut marquée par l'achat de l'Alaska à la Russie (1867).

JOHNSON (James Weldon), écrivain noir américain (Jacksonville, Floride, 1871 - Wiscasset, Maine, 1938). Il lutta contre les préjugés raciaux à travers son œuvre autobiographique (*Along This Way,* 1933), romanesque (*The Autobiography of an Excoloured Man,* 1912 ; *Manhattan noir,* 1930) et lyrique (*God's Trombones,* 1927).

JOHNSON (James PRICE, dit **James P.**), pianiste et compositeur de jazz américain (New Brunswick, New Jersey, 1891 - New York 1955). Archétype du pianiste de style « stride », il sut, à partir du blues et du ragtime, créer une musique de piano d'une mobilité et d'un swing inconnus avant lui, influençant notamment Fats Waller, Duke Ellington, Count Basie et Thelonious Monk.

JOHNSON (Eyvind), romancier suédois (Svartbjörnsbyn, Norrland, 1900 - Stockholm 1976). Autodidacte dont l'œuvre romanesque influencée par Gide, Joyce, Hamsun et Proust allie réalisme et ironie, sensibilité et psychologie, il est un des meilleurs représentants de la littérature « prolétarienne » suédoise (*Olof,* 1934-1937 ; *Krilon,* 1941-1943 ; *Heureux Ulysse,* 1946 ; *Quelques pas vers le silence,* 1973). [Prix Nobel 1974, avec Harry Martinson.]

JOHNSON (Philip), architecte américain (Cleveland 1906). Il a publié en 1932, avec l'historien H. R. Hitchcock, un livre sur le *Style international* et a dirigé de 1946 à 1954 le département d'architecture du musée d'Art moderne de New York. Comme bâtisseur, il est passé de l'esprit de Mies van der Rohe (sa propre maison « de verre » à New Canaan, Connecticut, 1949) à une sorte de néoclassicisme monumental (théâtre du Lincoln Center, New York, 1962), pour aboutir aux confins du postmodernisme.

JOHNSON (Lyndon Baines), homme d'État américain (Stonewall, Texas, 1908 - Johnson City, près d'Austin, Texas, 1973). Député démocrate du Texas (1937-1949) puis sénateur (1949-1961), vice-président (1961), il devient président des États-Unis après l'assassinat de Kennedy (1963). Réélu en 1964, il s'inspire des idées de Kennedy et impose son projet de « grande société » pour la lutte contre la pauvreté et la ségrégation raciale (loi sur les droits civiques, 1964). Mais sa popularité est entamée par de graves émeutes raciales et par la politique d'escalade au Viêt-nam.

JOHNSON (Daniel), homme politique canadien (Danville, prov. de Québec, 1915 - Manic 5, prov. de Québec, 1968). Député de Bagot (1946), élu chef de l'Union nationale en 1961, il fut Premier ministre du Québec de 1966 à 1968. — Son fils, PIERRE MARC **Johnson** (Montréal 1946), a été Premier ministre du Québec d'oct. à déc. 1985. — Son autre fils, DANIEL **Johnson** (Montréal 1944), chef du parti libéral, a dirigé le gouvernement québécois de janv. à sept. 1994.

JOHNSON (James Louis, dit **Jay Jay**), tromboniste de jazz américain (Indianapolis 1924). Inventeur du trombone be-bop, il a donné à cet instrument une vélocité jusqu'alors inimaginable.

JOHNSON (Virginia E.), sexologue américaine (Springfield, Montana, 1925), pionnier, avec son second mari W. H. Masters, de la recherche expérimentale en sexologie.

JOHNSON (Uwe), écrivain allemand (Cammin, Poméranie, 1934 - Sheerness, Angleterre, 1984). Écrivain politique mais non engagé, ses romans sont d'abord témoignage et interrogation passionnée devant la division de l'Allemagne en deux États et deux modes de pensée (*la Frontière,* 1959 ; *Deux Points de vue,* 1965 ; *Une année dans la vie de Gesine Cresspahl,* 1970-1984).

JOHNSON (Earvin), dit **Magic Johnson,** basketteur américain (Lansing 1959). Avec les Lakers de Los Angeles, il a remporté cinq fois le championnat de la NBA (National Basketball Association) [1980, 1982, 1985, 1987 et 1988]. Il a également conduit l'équipe des États-Unis au titre olympique en 1992 à Barcelone.

JOHNSON (Benjamin, dit **Ben**), athlète canadien d'origine jamaïcaine (Falmouth, Jamaïque, 1961), champion et recordman du monde du 100 m en 9 s 83/100 en 1987. Vainqueur de l'épreuve olympique du 100 m en 1988, il a été disqualifié pour dopage. Après avoir reconnu, en 1989, qu'il utilisait des produits interdits depuis 1981, il a été dépossédé de ses titre et record de 1987. Autorisé à reprendre la compétition en 1991, il a été radié à vie en 1993 après avoir été une nouvelle fois convaincu de dopage.

JOHNSON (Michael), athlète américain (Oak Cliff, Texas, 1967). Vainqueur du 200 m et du 400 m aux championnats du monde à Göteborg en 1995, il a réalisé le même doublé (assorti, sur 200 m, d'un record du monde) aux jeux Olympiques d'Atlanta en 1996.

JOHNSTONE *(détroit de),* bras de mer de l'océan Pacifique entre le littoral continental du Canada (Colombie britannique) et l'île de Vancouver.

JO-HO → JEHOL.

JOHORE, État de la Malaysia, à l'extrémité sud de la Malaisie ; 19 000 km² ; 2 106 700 hab. Cap. *Johore Bahru.*
— **Hist.** Le royaume de Johore fut créé par le sultan de Malacca, évincé par les Portugais en 1511. Il resta indépendant après la cession (1819) de Singapour à la Grande-Bretagne, dont il n'accepta le protectorat qu'en 1914. Il fut rattaché à la Fédération de Malaisie (1948) puis à la Malaysia (1963).

JOHORE BAHRU, v. de Malaysia, cap. de l'État du Johore, face à Singapour ; 250 000 hab.

JOIAQIM ou **ELIAQIM,** 18e roi de Juda (609-598 av. J.-C.).

JOIAQIN ou **JOACHIN** ou **JÉCHONIAS,** 19e roi de Juda (598-597). Il régna trois mois et fut détrôné par Nabuchodonosor.

JOICE → JOUASSE.

JOIDES (sigle de *Joint Oceanographic Institutions for Deep Earth Sampling*), association de cinq institutions océanographiques des États-Unis, qui a pour objectif la réalisation de forages en mer profonde.

Joides Resolution, navire de forage en mer profonde affrété par le programme international ODP.

JOIE n. f. (lat. pop. *gaudia,* pl. de *gaudium*). **1.** Sentiment de plaisir, de bonheur intense, caractérisé par sa plénitude et sa durée limitée, et éprouvé par qqn dont une aspiration, un désir est satisfait ou en voie de l'être : *Ressentir une grande joie. Être fou de joie.* — **2.** Ce qui provoque chez qqn un sentiment de vif bonheur ou de vif plaisir : *C'était une joie de les regarder.* — **3.** S'emploie comme intensif de « plaisir » dans des formules de politesse : *J'accepte avec joie.* — **4.** État de satisfaction qui se manifeste par de la gaieté, de la bonne humeur : *Travailler dans la joie.* — **5.** *Les joies de qqch,* les plaisirs qu'on en tire, les bons moments que cela procure ou, fam. et ironiq., les ennuis, les désagréments de qqch : *Cela fait partie des joies de l'existence. Les joies du service militaire.* — **6.** Fam. *C'est pas la joie,* c'est difficile, désagréable, insuffisant, etc. ‖ *Être tout à la joie de,* être pris, absorbé totalement par qqch dont on retire une vive satisfaction. ‖ *Faire la joie de qqn,* être une cause de satisfaction, de plaisir pour lui. ‖ *Fausse joie,* joie attendue, mais qui se révèle non fondée. ‖ *Joie de vivre,* plaisir à accomplir chacune des tâches de la vie. ‖ *Mettre qqn en joie,* le mettre en gaieté, le disposer au rire, à la bonne humeur. ‖ *Se faire une joie de,* être extrêmement heureux à l'idée de.

JOIGNABLE adj. Que l'on peut joindre, contacter.

JOIGNY (89300), ch.-l. de cant. de l'Yonne, sur l'Yonne ; 10 592 hab. *(Joviniens).* Trois églises des XVe-XVIIe s. (décors, statuaire). Maisons anciennes.

JOINDRE v. t. (lat. *jungere*) [conj. 82]. **1.** Assujettir deux choses l'une à l'autre par un moyen quelconque : *Joindre deux bouts de ficelle par un nœud.* — **2.** Rapprocher deux choses de telle sorte qu'elles se touchent : *Joindre les talons.* — **3.** Établir une liaison, une communication entre deux lieux : *Joindre deux agglomérations par une nouvelle voie routière.* — **4.** Ajouter qqch (à qqch d'autre), le mettre dedans, avec : *Joindre un timbre (à sa lettre) pour la réponse.* — **5.** Associer son action, son effort, etc., à ceux de qqn d'autre : *Joindre sa voix à celles de l'opposition.* — **6.** Posséder plusieurs qualités simultanément : *Un voyage qui joint l'utile à l'agréable.* — **7.** Parvenir à rencontrer qqn, à entrer en rapport, en communication avec lui : *J'essaierai de vous joindre par téléphone.* — **8.** Décider d'instruire ou de juger en même temps deux ou plusieurs causes. — **9.** Fam. *Joindre les deux bouts,* parvenir avec peine à couvrir ses dépenses, à boucler son budget. ‖ *Joindre le geste à la parole,* passer à l'action aussitôt après avoir parlé. ‖ *Joindre les mains,* les réunir paume contre paume, en entrecroisant ou non les doigts, attitude de la prière ou de la supplication.

◆ v. i. En parlant d'une fenêtre, d'une porte, être en contact parfait avec le châssis.

◆ **être joint** v. pass. **1.** Être avec qqch, l'accompagner : *Veuillez signer le formulaire ci-joint.* — **2.** *Compte joint,* compte ouvert à plusieurs titulaires, chacun ayant le droit de le faire fonctionner sous sa signature.

◆ v. i. ou **se joindre** v. pr., **être joint** v. pass. Se toucher sans laisser d'espace intermédiaire, en parlant de choses contiguës : *Planches mal jointes.*

◆ **se joindre** v. pr., **être joint** v. pass. **1.** En parlant des mains, des pieds, etc., être rapprochés de manière à se toucher : *Avoir les talons joints.* — **2.** S'associer à qqch, s'y ajouter : *Considérer les avantages joints à une fonction.*

◆ **se joindre** v. pr. **1.** S'associer à qqn, à un groupe pour une action commune : *Se joindre à des manifestants.* — **2.** Participer à une action collective : *Se joindre à la conversation.*

1. JOINT n. m. **1.** Endroit où deux éléments assemblés se joignent, sont contigus : *Masquer un joint avec du mastic.* — **2.** Garniture en diverses matières assurant l'étanchéité d'un assemblage : *Changer le joint d'un robinet qui fuit.* — **3.** Moyen de résoudre une difficulté, de se tirer d'affaire adroitement : *Chercher un joint pour payer moins d'impôts.* — **4.** *Faire le joint entre deux personnes,* agir en intermédiaire, en partic. pour résoudre une difficulté. • **Bât.** et **Trav. publ.** Espace, rempli de liant, entre deux éléments (pierres, briques, etc.), spécialement dans le sens vertical (dans le sens horizontal, on dit plutôt *lit*). ‖ Coupure entre deux parties d'un ouvrage pour permettre à chaque partie de se déplacer librement, sans fissuration. ‖ *Joint brut,* joint qui n'est pas dressé au ciseau. ‖ *Joint de chantier,* coupure ménagée provisoirement au cours des travaux. ‖ *Joint en coupe, de face, de tête,* syn. de LIT* RAYONNANT. ‖ *Joint creux,* joint dans lequel le mortier est en retrait par rapport au parement de la maçonnerie. ‖ *Joint debout,* dans les ouvrages de couverture, agrafure verticale double entre deux feuilles métalliques. ‖ *Joint de dilatation,* coupure dans une construction, permettant d'absorber les variations d'origine thermique. ‖ *Joint gras,* joint de mortier large. ‖ *Joint incertain,* joint entre pierres taillées en polygones irréguliers. ‖ *Joint maigre,* joint de mortier étroit. ‖ *Joint plat* ou *plein,* joint lissé au fer, qui affleure le parement de la maçonnerie. ‖ *Joint de retrait,* coupure (pouvant être remplie d'un matériau plastique d'étanchéité) ménagée afin d'éviter la formation de fissures aléatoires dues au séchage du béton. ‖ *Joint de rupture,* coupure disposée en vue de mouvements ou de déformations provenant soit de causes accidentelles (par ex. un inégal tassement des fondations), soit de causes normales. ‖ *Joint saillant,* joint dans lequel le mortier, découpé à la règle et au couteau, dépasse en épaisseur le parement des pierres ou des briques. — **Ch. de f.** Dispositif qui réunit et rend solidaires les extrémités voisines de deux rails contigus, à l'aide d'éclisses fixées sur l'âme des deux rails. ‖ *Joint isolant,* éclissage isolant servant à séparer électriquement deux sections de voie. — **Géol.** Surface de discontinuité dans une roche (diaclase), dans un terrain (sans amener un contact anormal). — **Mécan.** Dispositif permettant la transmission d'un mouvement de rotation entre deux arbres dont la position relative est mal définie, incorrecte, ou variable. ‖ *Joint de Cardan,* syn. de CARDAN. ‖ *Joint de dilatation,* raccordement permettant la dilatation et la contraction. ‖ *Joint homocinétique,* joint assurant l'égalité des vitesses instantanées des arbres menant et mené. — **Menuis.** Ligne formée par la réunion de deux pièces. (Deux pièces jointives sans assemblage sont dites *à plat joint.*) [Syn. PLAT-JOINT.] — **Métall.** En soudage, espace à remplir de métal déposé entre deux éléments dont les bords ont été préparés à cet effet. ‖ Surface de séparation entre deux parties adjacentes d'un moule de fonderie. ‖ *Joint de grain,* limite entre grains d'une même phase métallique d'un alliage. ‖ *Joint soudé,* syn. de SOUDURE. — **Techn.** Volume occupé par un adhésif dans un assemblage collé de deux surfaces. ‖ Pièce interposée entre deux surfaces en regard pour y assurer l'étanchéité. ‖ *Joint de culasse,* joint d'étanchéité interposé entre le bloc-cylindres et la culasse d'un moteur à combustion interne. ‖ *Joint tournant,* dispositif permettant la connexion étanche d'une ou plusieurs canalisations à une pièce tournante.

2. JOINT n. m. (amér. *joint*). *Arg.* Cigarette à base de chanvre indien.

JOINTAGE n. m. Dans la fabrication des contreplaqués, assemblage des feuilles destinées à former un pli du futur panneau.

JOINTÉ, E adj. (de *jointe,* au sens anc. de « paturon »). Se dit d'un cheval, dont on précise une caractéristique du paturon.

JOINTEMENT n. m. **1.** Action de joindre, de former un joint. — **2.** Syn. de JOINTOIEMENT.

JOINTER v. t. (de *joint 1*) [conj. 3]. **1.** Dans le travail des cuirs, réunir deux pièces placées bord à bord. – **2.** Rapprocher et coller les bords de deux feuilles de placage.

JOINTEUSE n. f. Machine à jointer les feuilles de placage.

JOINTIF, IVE adj. (anc. fr. *jointiz,* rapproché, de *joint 1*). Se dit de choses en contact par leurs bords : *Planches jointives.*

JOINTOIEMENT ou **JOINTEMENT** n. m. Action de jointoyer ; fait d'être jointoyé.

JOINTOYER [-twaje] v. t. (de *joint 1,* avec l'infl. de *jointure*) [conj. **13**]. Remplir et parfaire les joints d'un mur, d'un sol.

JOINTURE n. f. (lat. *junctura,* de *jungere,* joindre). **1.** Endroit où deux objets sont en contact : *La jointure de deux planches.* – **2.** Endroit où deux os se joignent : *Faire craquer les jointures de ses doigts.* – **3.** Assemblage par une couture de deux pièces placées bord à bord. – **4.** Syn. de JONCTURE.

JOINT-VENTURE [dʒɔjntvɛntʃər] n. m. (pl. *joint-ventures*) [angl. *joint-venture,* entreprise mixte]. Association de fait entre deux personnes physiques ou morales pour un objet commun mais limité, avec partage des frais et des risques.

JOINVILLE ou **JOINVILE,** v. du Brésil (État de Santa Catarina) ; 346 095 hab. Textile. Métallurgie. Plastiques.

JOINVILLE (52300), ch.-l. de cant. de la Haute-Marne, sur la Marne ; 5 050 hab. *(Joinvillois).* Château de plaisance du Grand-Jardin (1546), église Notre-Dame (surtout du XIIIe s., saint-sépulcre du XVIe s.) et autres témoignages du passé. Métallurgie. Bonneterie.

JOINVILLE (Jean, *sire* DE), chroniqueur français (v. 1224-1317). Sénéchal de Champagne, il participa à la septième croisade (1248) aux côtés de Louis IX. Devenu le confident du roi, il écrivit son histoire, intitulée *Livre des saintes paroles et des bons faits de notre roi Louis* (v. 1309), qui est une précieuse source historique.

JOINVILLE (François Ferdinand Philippe d'ORLÉANS, *prince* DE), prince français (Neuilly-sur-Seine 1818 - Paris 1900), troisième fils de Louis-Philippe Ier. Vice-amiral, il suivit son père en exil en 1848, rentra en France en 1871 et fut député de la Haute-Marne (1871-1876).

JOINVILLE-LE-PONT (94340), ch.-l. de cant. du Val-de-Marne, sur la Marne, à 6 km à l'est de Paris ; 16 908 hab. *(Joinvillais).* Centre hippique. Constructions électriques. Studios de cinéma.

1. JOJO adj. inv. *Pop.* Joli.

2. JOJO n. m. (du n. d'un héros de B. D.). Fam. *Un affreux jojo,* un drôle d'individu ; un enfant insupportable.

JOJOBA n. m. (esp. *jojoba*). Arbuste (buxacée) pérenne poussant à l'état naturel dans les régions désertiques du Mexique et de la Californie, et que l'on cultive pour ses graines. (Celles-ci produisent une cire liquide semblable à l'huile de spermaceti, qui est utilisée en pharmacie, cosmétique, savonnerie.)

JÓKAI (Mór), publiciste et écrivain hongrois (Komárom 1825 - Budapest 1904). Ancien révolutionnaire, député, rédacteur en chef de plusieurs journaux, il fut l'auteur fécond d'une œuvre romanesque d'inspiration romantique (*le Nabab hongrois,* 1853 ; *l'Homme en or,* 1872).

JOKER [ʒɔkɛr] n. m. (angl. *joker,* de *to joke,* plaisanter). Au poker et à divers jeux, carte qui prend la valeur que lui donne celui qui la possède dans son jeu.

JOKO-GARBI → YOKO-GARBI.

JOLAS (Betsy), compositrice française (Paris 1926). Elle a poursuivi une évolution solitaire, en évitant la musique électronique. On lui doit notamment *le Pavillon au bord de la rivière,* opéra chinois (1975), *Stances* pour piano et orchestre (1978), *Living Ballade* pour baryton et orchestre (1980), *le Cyclope,* opéra pour enfants (1986), *Trio à cordes* (1991), *Quatuor à cordes V* (1995).

JOLI, E adj. (anc. scand. *jôl,* n. d'une fête païenne). **1.** Dont la vue procure du plaisir, de l'agrément, qui séduit par sa grâce, son charme : *Un joli petit chat. Cette robe est très jolie.* – **2.** Qui procure un sentiment, une sensation agréable par ses qualités (surtout dans les domaines auditifs, intellectuels) : *Elle a une jolie voix. Un joli film.* – **3.** *Fam.* Qui est estimable, mérite qu'on y prête attention, qu'on le remarque : *Il a un joli coup de crayon. C'est déjà une jolie somme.* – **4.** *Ironiq.* Marque un côté déplaisant, désagréable de qqch ou insiste sur le caractère désagréable de qqch : *Embarquez-moi tout ce joli monde.* – **5.** Fam. *Ce n'est pas joli, joli,* se dit d'une action condamnable. ‖ *C'est très joli, mais...,* introduit une restriction. ‖ *Joli à croquer, joli comme un cœur,* très joli.

◆ n. *Mon joli, ma jolie,* exclamations de tendresse à l'adresse de qqn.

◆ **joli** n. m. Fam. *C'est du joli !,* se dit de ce qu'on déplore ou de ce qu'on réprouve.

JOLIESSE n. f. *Litt.* Caractère de ce qui est joli : *La joliesse des traits.*

JOLIET (Louis) → JOLLIET.

JOLIMENT adv. **1.** D'une façon jolie, gentille, agréable : *Un livre fort joliment illustré.* – **2.** *Fam.* Indique un haut degré ; beaucoup, extrêmement : *Être joliment content.* – **3.** *Ironiq.* Très mal, sévèrement : *Se faire joliment recevoir.*

JOLIOT-CURIE (Irène), physicienne française (Paris 1897 - *id.* 1956), fille de Pierre et Marie Curie, épouse de Jean Frédéric Joliot. Seule ou en collaboration avec son mari, elle effectua des travaux sur la radioactivité artificielle, couronnés par le prix Nobel de chimie en 1935. Ses recherches sur l'action des neutrons sur l'uranium furent une étape importante de la découverte de la fission nucléaire. Elle fut nommée sous-secrétaire d'État à la Recherche scientifique en 1936 et directrice de l'Institut du radium en 1946.

JOLIOT-CURIE (Jean Frédéric), physicien français (Paris 1900 - *id.* 1958). En collaboration avec sa femme Irène, il a découvert la radioactivité artificielle (1934) en observant la désintégration spontanée d'éléments obtenus par bombardement aux particules alpha d'autres éléments. Après avoir fait construire le premier cyclotron d'Europe occidentale, il a apporté une preuve physique du phénomène de fission puis étudié les réactions en chaîne et les conditions de réalisation d'une pile atomique à uranium et à eau lourde, qui fut construite en 1948. Directeur du C. N. R. S. en 1945, président du Conseil mondial de la paix, il fut le premier haut-commissaire à l'Énergie atomique. (Prix Nobel de chimie 1935.)

JOLIVET (André), compositeur français (Paris 1905 - *id.* 1974). Élève de Paul Le Flem, il est également le seul disciple direct d'Edgard Varèse. Il est, en 1935, un des fondateurs du groupe Jeune-France. Artiste pour qui la musique est « manifestation en relation directe avec le système cosmique... » (*Cinq Danses rituelles* pour orchestre, 1939), il continue après 1945 à faire graviter l'essentiel de sa production autour de deux sources fondamentales : la prière et la danse. Les œuvres les plus importantes de cette période sont 2 sonates pour piano (1945 et 1957), plus de 10 concertos, dont un pour ondes Martenot (1947), 2 pour trompette, un pour flûte et 4 percussions (1965) et un pour violon (1972) ; 3 symphonies (1953, 1959 et 1964) ; *Cérémonial* pour 6 percussions (1968) ; en hommage à E. Varèse, *Heptade* pour trompette et percussions (1971).

JOLLIET ou **JOLIET** (Louis), explorateur français (région de Québec v. 1645 - *id.* v. 1700). Il fut chargé en 1672 par le gouverneur du Québec, Frontenac, de chercher avec le missionnaire Marquette une voie d'accès au Pacifique par le Mississippi. Il explora le fleuve jusqu'à l'actuelle Memphis et put prouver qu'il rejoignait le golfe du Mexique.

Jolly *(corps de),* résidus nucléaires (débris de noyaux) anormalement présents dans les hématies, observés au cours de certaines anémies et après splénectomie.

JOLO, principale île de l'archipel philippin de Sulu ; 894 km² ; 360 000 hab. V. princ. *Jolo* (52 400 hab.), ch.-l. de la prov. de Sulu.

JOLY (Guy), historien français (XVIIe s.). Il a laissé des *Mémoires historiques* allant de 1648 à 1665, qui continuent ceux de Retz.

JOMINI (Antoine Henri, *baron* DE), général et écrivain suisse d'origine italienne (Payerne 1779 - Paris 1869). Il sert d'abord dans les rangs français à Ulm (1805) et en Russie (1812), mais en désaccord avec Berthier il passe au service de la Russie (août 1813). Conseiller du tsar Alexandre Ier, fondateur de l'Académie militaire de Saint-Pétersbourg (1837), il est chargé de l'éducation du futur Alexandre II. Il est également le conseiller de Nicolas Ier (guerre de Crimée, 1854) puis de Napoléon III (guerre d'Italie, 1859). Historiographe, stratège et auteur fécond (plus de 30 vol.), il est avec Clausewitz le fondateur de la pensée militaire moderne. Son *Précis de l'art de la guerre* (1837) a influencé tous les états-majors européens du XIXe s.

JOMMELLI (Niccolo), compositeur italien (Aversa 1714 - Naples 1774). Il dirigea l'*Ospedaletto degli incurabili* de Venise (1743-1747). À partir de 1753, il fut maître de chapelle à la cour de Stuttgart, où il contribua à la réforme de l'*opera seria,* ce qui fait de lui un prédécesseur de Gluck. En témoignent notamment *La clemenza di Tito* (1753) et *Pelope et Enea* (1755), ainsi que dans le domaine bouffe *Il matrimonio per concorso* (1766). Son *Miserere* pour 2 voix et orchestre est célèbre.

Jomo Kenyatta, aéroport international de Nairobi (Kenya).

Jōmon, mot jap. signif. *empreinte de cordes,* et désignant une culture néolithique japonaise (de 7500 env. à 300 av. J.-C.). Elle est caractérisée par des poteries montées à la main, portant des marques de cordes (île de Honshū) ou des impressions de coquillages (île de Kyūshū). Un certain baroquisme des formes et des décors caractérise la poterie, entre le IIIe et le IIe millénaire, qui est associée à des figurines cultuelles en argile.

JONAGE (69330), comm. du Rhône, sur un bras du Rhône (dit *canal de Jonage*), en amont de Lyon ; 5 088 hab. Centre de loisirs.

JONAS, prophète d'Israël qui vécut au temps de Jéroboam II (783-743). C'est par pseudonymie qu'on lui a attribué le livre de Jonas.

Jonas *(livre de),* livre biblique qui est un écrit didactique de la fin du IVe s. av. J.-C. Ce livre est bâti sur une fiction symbolique : Jonas, qui cherche à refuser la parole de Dieu lui ordonnant d'aller à Ninive, prend la mer, tombe à l'eau et est avalé par une baleine ; puis il est rejeté sur un rivage trois jours plus tard. Ce livre est lu en entier au 2e jour du Kippour.

JONAS (Franz), homme d'État autrichien (Vienne 1899 - *id.* 1974), président de la République de 1965 à 1974.

JONATHAN (Joseph Leabua), homme politique du Lesotho (Leribe, au N.-E. de Maseru, 1914 - Pretoria 1987). Premier ministre du Basutoland (1965), puis du Lesotho indépendant (1966-1986), il retira au roi tout pouvoir effectif. Il voulut résister aux pressions sud-africaines et fut renversé par un coup d'État.

JONATHAS ou **JONATHAN,** fils de Saül, tué à la bataille de Gelboé, où périt aussi son père (v. 1010 av. J.-C.). David composa à sa mémoire et à celle de Saül une élégie funèbre (II Samuel, I, 17-27).

JONC [ʒɔ̃] n. m. (lat. *juncus*). **1.** Herbe monocotylédone vivace très commune dans les lieux frais ou marécageux et caractérisée par ses longues tiges sans feuilles. — **2.** *Canne de jonc* ou *jonc,* canne de rotin. — **3.** *Pop.* Or ; somme d'argent ; fric. — **4.** Anneau ou bracelet dont le cercle est de grosseur uniforme. — **5.** Ficelle ou fil plastique enrobé destiné à décorer ou à renforcer une tige de chaussure, un ouvrage de maroquinerie, de sellerie, etc. — **6.** Monobrin de matière plastique de diamètre compris entre 1 et 4 mm. — **7.** *Jonc à balais,* plante papilionacée voisine des genêts (sarothamne). ‖ *Jonc des chaisiers,* scirpe. ‖ *Jonc d'Espagne,* syn. de GENÊT D'ESPAGNE. ‖ *Jonc fleuri,* butome. ‖ *Jonc marin,* ajonc.

JONCACÉE n. f. (de *jonc*). Plante monocotylédone des lieux humides, telle que le jonc et la luzule.

1. JONCHÉE n. f. (de *joncher*). *Litt.* **1.** Amas de fleurs, de branchages, qui sont éparpillés au hasard ou qui recouvrent le sol. — 2. Grande quantité d'objets abandonnés sur le sol : *Une jonchée de détritus.*

2. JONCHÉE n. f. (de *jonc*). Fromage frais de vache, de chèvre ou de brebis, présenté dans des vanneries de jonc tressé.

JONCHER v. t. (de *jonc*) [conj. **3**]. **1.** Couvrir un lieu de feuilles, de fleurs, de débris de végétaux : *Le vent avait jonché le sol de feuilles mortes.* — **2.** Être épars sur le sol en abondance : *Les cadavres jonchaient le champ de bataille.*

JONCHÈRE, JONCHAIE ou **JONCHERAIE** n. f. (de *jonc*). **1.** Lieu, marécage couvert de joncs. — **2.** Ensemble d'îlots flottants composés de joncs verts et desséchés, dans les marais et les étangs.

JONCHET n. m. (de *joncher*). Chacun des bâtonnets que l'on jette sur une table, pour jouer à les enlever un à un avec un crochet, sans imprimer le moindre mouvement aux bâtons voisins.

JONCTION n. f. (lat. *junctio, -onis,* de *jungere,* joindre). **1.** Action de joindre, d'unir deux choses séparées : *Opérer la jonction par un pont.* — **2.** Action de se joindre, de se réunir, en parlant de groupes, de troupes en mouvement : *Les deux manifestations firent leur jonction sur la place.* — **3.** *(Point de) jonction,* endroit où deux choses se joignent, se confondent : *À la jonction de la nationale et de la départementale.* • **Ch. de f.** *Gare de jonction,* gare où s'effectue la jonction de deux ou plusieurs lignes ou réseaux de chemin de fer. — **Dr.** *Jonction d'instance,* décision par laquelle deux ou plusieurs causes sont jointes. — **Électr.** Connexion de deux extrémités de conducteurs électriques. — **Électron.** Zone de transition d'un monocristal dont une région est du type P et l'autre du type N. (En créant dans le même fragment deux jonctions de sens opposé [par ex. P-N-P ou N-P-N], on obtient un transistor.) — **Inform.** et **Télécomm.** Frontière entre deux appareils où sont spécifiées les caractéristiques des connexions, des signaux échangés et des circuits d'interconnexion.

JONCTIONNEL, ELLE adj. Se dit d'un phénomène ou d'une lésion qui siège à la limite de deux tissus organiques différents.

JONCTURE n. f. (angl. *juncture*). Frontière linguistique à valeur démarcative, qui définit la limite entre deux unités consécutives (syllabes, morphèmes, syntagmes, phrases). [Syn. FRONTIÈRE, JOINTURE.]

JONES (Inigo), architecte anglais (Londres 1573 - *id.* 1652). À la suite d'un voyage à Rome et à Venise (1613), il introduisit dans son pays le style et la pensée classiques de Palladio, qui, par-delà un intermède baroque, y joueront de nouveau, à partir de Colen Campbell (1er quart du XVIIIe s.), un rôle décisif. Intendant des bâtiments royaux (1615-1642) après avoir été, à ses débuts, le décorateur plein de fantaisie des fêtes théâtrales de la Cour, il a donné ses meilleures œuvres avec *Queen's House* à Greenwich (1616 et suiv.) et *Banqueting House* dans l'ensemble de Whitehall (Londres, 1619 et suiv.).

JONES (Ernest), médecin et psychanalyste britannique (Gowerton, Glamorgan, 1879 - Londres 1958). Il a joué un rôle important dans la diffusion de la psychanalyse dans les pays anglo-saxons, mais il est surtout connu pour son importante biographie de S. Freud : *la Vie et* *l'œuvre de Sigmund Freud* (1953 à 1957). Il est aussi l'auteur de travaux sur les phases prégénitales.

JONES (*sir* Harold SPENCER) → SPENCER JONES.

JONES (James), écrivain américain (Robinson, Illinois, 1921 - Southampton, État de New York, 1977). Ses romans évoquent l'absurdité de la guerre : *Tant qu'il y aura des hommes* (1951), *Some Came Running* (1957), *The Pistol* (1959), *Mourir ou crever* (1962), *la Mer à boire* (1967), et les bouleversements contemporains (*The Merry Month of May*, 1971 ; *Whistle*, 1978).

JONES (Elvin), batteur de jazz américain (Pontiac, Michigan, 1927). Il a accompagné au début de sa carrière la plupart des solistes importants des années 50. À partir de 1960, il est devenu l'un des piliers essentiels du quartet de John Coltrane.

JONES (Everett **Le Roi**), écrivain noir américain (Newark, New Jersey, 1934). Il a pris en 1965 le nom de **Imamu Amiri Baraka.** Romancier, dans la lignée de Joyce et de Kerouac, poète militant, essayiste et dramaturge (*le Métro fantôme*, représenté en 1964), il devient dans les années 1950 une des figures dominantes de la négritude (*le Système de l'Enfer de Dante*, 1965 ; *A Black Mass*, 1966 ; *A Black Value System*, 1969 ; *Spirit Reach*, 1972).

JONGEN (Joseph), compositeur et pédagogue belge (Liège 1873 - Sart-lès-Spa 1953). Il dirigea le conservatoire de Bruxelles de 1925 à 1939. Son œuvre, apparentée à l'école française (d'Indy, Debussy), aborde tous les genres : musique de chambre, pages d'orchestre (dont une symphonie avec orgue), musique dramatique et œuvres religieuses.

JONGKIND (Johan Barthold), peintre et graveur néerlandais (Lattrop 1819 - Grenoble 1891). Peintre de l'atmosphère mouvante, particulièrement dans ses très fluides aquarelles (il étudia directement les effets de lumière et les miroitements de plans d'eau, en Normandie avec Boudin, puis dans le Dauphiné), doué d'une grande rapidité d'exécution, il a participé à la genèse de l'impressionnisme. Il est représenté dans de nombreux musées, surtout français et néerlandais.

JONGLAGE n. m. Technique manuelle du jongleur de cirque ou de l'antipodiste.

Jongleï *(canal de)*, canal d'irrigation du sud du Soudan, reliant Bor à Malakal.

JONGLER v. i. (anc. fr. *jogler*, se jouer de, du lat. *joculari*, dire des plaisanteries, avec l'infl. de l'anc. fr. *jangler*, plaisanter, du frq. **jangalôn*, bavarder) [conj. 3]. 1. Lancer en l'air, rattraper et relancer avec adresse, les uns après les autres ou simultanément, divers objets. — 2. Manier qqch avec une grande habileté, une grande aisance : *Jongler avec les chiffres, avec la loi.*

JONGLERIE n. f. 1. Action de jongler, art du jongleur. — 2. Tour d'adresse ou de passe-passe. — 3. Habileté hypocrite.

JONGLEUR, EUSE n. 1. Artiste qui, avec adresse et grâce, soutient en colonne ou lance en l'air et rattrape des objets. — 2. Personne qui jongle avec les mots et les idées.
◆ **jongleur** n. m. Poète-musicien du Moyen Âge qui allait de place en place réciter ses vers ou ceux des autres, en s'accompagnant d'un instrument.

JÖNKÖPING, v. de Suède, ch.-l. de prov., à l'extrémité sud du lac Vättern ; 107 000 hab. Ville de garnison et centre industriel (bois [allumettes], laine, papier, mécanique), c'est une des plus anciennes cités de Suède. Monuments du XVIIe s. Musées provincial et de plein air.

JONNART (Charles Célestin), homme politique français (Fléchin, Pas-de-Calais, 1857 - Paris 1927). Gouverneur de l'Algérie (1900-1911), il fonda l'université d'Alger (1909). Ministre des Affaires étrangères (1913), puis haut-commissaire des Alliés en Grèce (1917), il força Constantin Ier à abdiquer. Ambassadeur extraordinaire au Vatican (1921-1923), il renoua les relations rompues en 1905 avec le Saint-Siège. (Acad. fr., 1923.)

JONQUE n. f. (port. *junco*, du javanais *djong*). Bateau à fond plat, dépourvu de quille, muni de deux ou trois mâts, et gréé de voiles de toile ou de natte raidies par des lattes en bambou, servant au transport ou à la pêche en Extrême-Orient.

JONQUÈRES D'ORIOLA (Pierre), cavalier français (Corneilla-del-Vercol, Pyrénées-Orientales, 1920), champion olympique de jumping en 1952 et 1964.

JONQUIÈRE, v. du Canada (Québec), près du Saguenay, à l'O. de Chicoutimi ; 60 000 hab. Elle forme, avec Kénogami, un centre industriel (pulpe et papier, aluminium).

JONQUILLE n. f. (esp. *junquillo*, de *junco*, jonc). Narcisse printanier des prairies, caractérisé par ses fleurs jaunes à très grande coronule. (On en distingue deux espèces, d'inégale dimension.)
◆ n. m. et adj. inv. Couleur jaune clair.

JONSON (Benjamin, dit **Ben**), poète et auteur dramatique anglais (Westminster 1572 ? - Londres 1637). Maçon, soldat, comédien, pilier de tripot, il passe du « masque » (le futur opéra) à la comédie, puis à la tragédie à l'ancienne. *Chacun dans son caractère* (1598) est joué par la troupe de Shakespeare, dont Ben Jonson deviendra l'ami. Ses comédies de caractère, tel *Volpone** (1606), considérées comme les plus remarquables de la Renaissance anglaise, lui apportent la célébrité. Il s'attache aussi à rénover le masque en y introduisant l'antimasque, parodie préalable du thème glorieux *(le Masque de noirceur,* 1605 ; *le Masque irlandais,* 1613 ; *l'Âge d'or restauré,* 1616). Poète de mépris et de pureté, frappé d'attaques de paralysie en 1628, il a laissé inachevé un drame pastoral nostalgique, *le Berger triste* (1640).

JONTE (la), riv. du Massif central, qui descend de l'Aigoual et coule en gorges, entre le causse Méjean et le causse Noir, affl. du Tarn (r. g.) ; 40 km.

JONZAC (17500), ch.-l. d'arrond. de la Charente-Maritime, sur la Seugne ; 4 389 hab. *(Jonzacais).* Château des XIVe-XVIIe s. Ancien couvent des Carmes. Vins champagnisés. Eaux-de-vie. Construction de bateaux.

JOOSS (Kurt), danseur et chorégraphe allemand (Wasseralfingen, Wurtemberg, 1901 - Heilbronn 1979). Élève, puis assistant de Rudolf von Laban et l'un des maîtres de la modern dance, il est, entre autres, l'auteur de *la Table verte* (1932), œuvre caractéristique de l'expressionnisme allemand.

JOPLIN (Scott), pianiste et compositeur de ragtime américain (Texarkana, Texas, 1868 - New York 1917). Il débuta comme pianiste de bar dans le sud des États-Unis. Scott Joplin fut le premier musicien noir à prendre conscience du génie de son peuple. Il composa de très nombreux ragtimes, dont *Maple Leaf Rag* en 1899.

JOPLIN (Janis), chanteuse de rock américaine (Port Arthur, Texas, 1943 - Los Angeles 1970). Personnalité fiévreuse et tourmentée, douée d'une voix bouleversante, elle chantait avec la même ferveur la violence du rock que le désespoir du blues (*Summertime,* 1966).

JORAM, 9e roi d'Israël (852-841 av. J.-C.). Fils d'Achab, il succéda à son frère Ochozias. Vaincu par les Moabites, il fut assassiné par un de ses généraux, Jéhu, qui s'empara du pouvoir.

JORAM, 5e roi de Juda (848-841 av. J.-C.), époux d'Athalie. Comme elle, il favorisa les cultes cananéens.

JORAN ou **JURAN** n. m. (de *Jura,* n. pr.). Vent frais du nord-ouest, qui souffle sur le Jura du Sud et les rives du Léman.

JORASSES (Grandes-), sommets du massif du Mont-Blanc, à la frontière franco-italienne, entre le Val Ferret, au S., et les glaciers de Leschaux et du Mont-Mallet, au N., dont le plus élevé, la *pointe Walker* (4 208 m), a été conquis en 1868 par H. Walker, M. Anderegg, J. Jaun et J. Grange.

JORAT *(massif du),* hauteurs de Suisse (canton de Vaud), dominant le lac Léman au N. de Lausanne (932 m).

JORDAENS (Jacob), peintre flamand (Anvers 1593 - *id.* 1678). Il subit l'ascendant de Rubens, du Caravage, de Bassano, cultiva l'opulence des formes et de la couleur et, flamand par excellence, demeura profondément naturaliste, même dans ses nombreux tableaux d'autel (*les Quatres Évangélistes,* v. 1622-23, Louvre). Il aime les scènes et les types d'esprit populaire, exprimant la joie simple et sensuelle de vivre (*Allégorie de la Fécondité,* v. 1622, musées de Bruxelles ; *Le roi boit,* diverses versions). Il a également laissé un petit nombre d'excellents portraits.

JORDAN (Camille), homme politique français (Lyon 1771 - Paris 1821). Monarchiste, membre du Conseil des Cinq-Cents (1796), il s'opposa à l'Empire. Député de l'Ain (1816), il fut l'un des principaux doctrinaires.

JORDAN (Alexis), botaniste français (Lyon 1814 - *id.* 1897). Partisan d'une extrême subdivision des espèces végétales, il est à l'origine des expressions « espèce jordanienne » et « jordanon », désignant des variétés interféconds.

JORDAN (Camille), mathématicien français (Lyon 1838 - Paris 1922). Il a dégagé et étudié le concept de fonction à variation bornée et a approfondi la notion de courbe. Mais il fut surtout, et pendant quarante ans, le maître incontesté de la théorie des groupes où il reprit et développa les idées d'É. Galois. (Acad. des sc., 1881.)

JORDAN (Pascual), physicien allemand (Hanovre 1902 - Hambourg 1980). Élève et collaborateur de Max Born, il a été l'un des créateurs de la mécanique quantique.

JORDAN (Michael), basketteur américain (New York 1963). Quatre fois champion de la NBA avec les Chicago Bulls (1991, 1992, 1993 et 1996), meilleur marqueur du championnat professionnel américain, il a également été champion olympique avec l'équipe des États-Unis en 1984 à Los Angeles et en 1992 à Barcelone.

JORDANIA (Noé), homme politique géorgien (Ozourgueti, auj. Makharadze, 1869 - Paris 1953). Il organisa la social-démocratie géorgienne qui se confondit après 1903 avec le mouvement menchevik et fut président de la République de Géorgie (1918-1921). Il s'enfuit en Europe avec son gouvernement en 1921.

JORDANIE, en ar. **al-Urdunn,** État de l'Asie occidentale, à l'est d'Israël ; 92 000 km² ; 4 200 000 hab. *(Jordaniens).* CAP. *'Ammān.* LANGUE : *arabe.* MONNAIE : *dinar jordanien.*

Géographie. La majeure partie du pays est formée d'un plateau désertique parcouru par quelques nomades. Le Nord-Ouest, un peu moins aride, porte des céréales, mais le fossé du Jourdain irrigué (canal du Ghor oriental) a des cultures fruitières et légumières. Toutefois, une part notable de la population, rapidement croissante, est aujourd'hui urbanisée, concentrée surtout dans l'agglomération d''Ammān. L'industrie, en dehors de l'agroalimentaire et, surtout, de l'extraction des phosphates (base des exportations), est peu développée. La balance commerciale est très lourdement déficitaire. Les (maigres) revenus du tourisme et les envois des émigrés n'équilibrent pas la balance des paiements. Le pays, comptant une forte proportion de Palestiniens, malgré l'abandon de la Cisjordanie, doit encore faire face à un fort endettement extérieur.

Histoire. La Jordanie est issue de l'émirat de Transjordanie créé en 1921 à l'est du Jourdain et placé sous tutelle britannique. Érigé en royaume en 1946, cet État prend une part active à la guerre opposant à partir de 1947 Arabes et Israéliens, et annexe la Cisjordanie (territoire situé à l'ouest du Jourdain et faisant partie de l'État arabe prévu par le plan de partage de la Palestine adopté par l'O. N. U.).

1949 : Le nouvel État prend le nom de royaume hachémite de Jordanie.

1952 : Ḥusayn devient roi.

1967 : Au terme de la troisième guerre israélo-arabe, la Cisjordanie est conquise et occupée par Israël.

1970 : Les troupes royales interviennent contre les Palestiniens, qui sont expulsés vers la Syrie et le Liban.

Après la guerre israélo-arabe de 1973 et les accords de Camp David (1978) entre Israël et l'Égypte, la Jordanie se rapproche des Palestiniens.

1988 : Le roi Ḥusayn rompt les liens légaux et administratifs entre la Jordanie et la Cisjordanie.

1991 : Au plan intérieur, une charte nationale consacre le pluralisme.

1994 : Au terme de négociations engagées à la suite de l'accord israélo-palestinien de 1993, la Jordanie signe un traité de paix avec Israël.

1. JORDANIEN, ENNE adj. et n. De Jordanie.

2. JORDANIEN, ENNE adj. (de A. *Jordan,* n. pr.). *Espèce jordanienne,* syn. de JORDANON.

JORDANON n. m. (de A. *Jordan,* n. pr.). Subdivision d'une espèce végétale linnéenne (ou linnéon) se maintenant constante en culture et reconnaissable à de petits caractères de détail. (On distingue des jordanons morphologiques, des jordanons chimiques, des jordanons écologiques, des jordanons chromosomiques.) [Syn. ESPÈCE JORDANIENNE.]

J'ORDONNE ou **JORDONNE** *(Monsieur, Madame, Mademoiselle). Fam.* et *vx.* Appellation donnée aux personnes qui aiment à donner des ordres impérieux et fréquents.

JØRGENSEN (Adolf Ditlev), historien danois (Graasten 1840 - Copenhague 1897). Auteur d'une *Histoire des archives du royaume de Danemark* (1884) et de *Quarante Récits sur l'histoire de la patrie.*

JØRGENSEN (Johannes), écrivain danois (Svendborg, Fionie, 1866 - *id.* 1956). Auteur de poèmes et de récits de facture naturaliste puis symboliste, il se convertit au catholicisme (*Confessions,* 1894), renia sa vie passée (*le Jugement dernier,* 1897) et publia plusieurs ouvrages sur la vie des saints (*Saint François d'Assise,* 1907 ; *Sainte Catherine de Sienne,* 1915).

JØRGENSEN ou **JOERGENSEN** (Anker), homme politique danois (Copenhague 1922). Député social-démocrate (1964), secrétaire général (1962) puis président (1968) du plus important syndicat danois, celui des manœuvres et des ouvriers spécialisés, il a été Premier ministre de 1972 à 1973 et de 1975 à 1982.

JŌRI n. m. Système agraire japonais de redistribution périodique (tous les six ans) des terres cultivées (VIIe-Xe s.).

JORN (Asger JØRGENSEN, dit **Asger**), peintre danois (Vejrum 1914 - Århus 1973). Cofondateur de Cobra (1948), puis d'une des branches de l'Internationale situationniste, esprit aigu, expérimentateur aux initiatives multiples, il a laissé une œuvre plastique d'une grande liberté (*Atomisation imprévue,* toile de 1958, musée de Silkeborg).

JŌRURI n. m. (de *Jōruri,* n. d'un personnage fictif). Divertissement populaire japonais apparu au XVIe s. sous forme de déclamation épique accompagnée du shamisen et qui, au XVIIe s., avec l'introduction de marionnettes illustrant le récit, évolua vers une forme dramatique, le nyngyō-jōruri.

JOS, v. du centre du Nigeria, cap. de l'État du Plateau *(plateau de Jos),* à 1 300 m d'alt. ; 186 000 hab. Centre administratif d'une région minière (étain, colombite). Université. Centre de séjour.

JOSAPHAT, 4e roi de Juda (870-848 av. J.-C.). Le mariage de son fils Joram avec Athalie, fille d'Achab d'Israël, établit un pacte d'amitié entre les deux maisons royales rivales.

JOSAPHAT *(vallée de),* vallée où, selon le livre de Joël (IV, 2-12), Yahvé doit rassembler les peuples pour les juger au dernier jour. Une tradition tardive l'a identifiée à la vallée du Cédron*.

JOSAPHAT KUNCEWICZ *(saint),* prélat polonais (Włodzimierz, auj. Vladimir, Volhynie, v. 1580 -

Vitebsk 1623). Religieux basilien, évêque de Polotsk (1618), il mourut martyr.

JOSEFINO n. m. Syn. de AFRANCESADO.

JOSELITO (José GÓMEZ ORTEGA, dit), matador espagnol (Gelves, prov. de Séville, 1895 - mort dans l'arène à Talavera de la Reina 1920).

JOSEPH n. m. (de *Joseph* Montgolfier, n. pr.). Type de papier filtre.

JOSEPH, patriarche hébreu, avant-dernier fils de Jacob (dates indéterminées). Vendu par ses frères à des caravaniers, il occupa d'importantes fonctions dans l'administration égyptienne, ce qui lui permit de protéger les Hébreux.

SAINTS

JOSEPH *(saint),* époux de la Vierge Marie, ouvrier sur bois de son état, descendant de David et père nourricier de Jésus selon les trois premiers Évangiles. Il est honoré le 1er mai comme patron des travailleurs.

JOSEPH d'Arimathie *(saint)* [Ier s.], membre du sanhédrin, disciple secret de Jésus. Il intervint auprès de Pilate pour l'ensevelissement de Jésus ; il offrit son propre tombeau.

EMPIRE ET AUTRICHE

JOSEPH Ier (Vienne 1678 - *id.* 1711), roi de Hongrie (1687), archiduc d'Autriche et empereur (1705-1711). Fils aîné de Léopold Ier, il poursuivit la guerre de la Succession d'Espagne durant laquelle les coalisés remportèrent de 1704 à 1709 des victoires décisives sur la France. En Hongrie, il écrasa la révolte de Rákóczi et apaisa la noblesse en reconnaissant le calvinisme et les droits des États (1711).

JOSEPH II (Vienne 1741 - *id.* 1790), empereur germanique et corégent des États des Habsbourg (1765-1790). Fils aîné de François Ier et de Marie-Thérèse, il est dès sa jeunesse favorable aux idées des philosophes français. Associé au gouvernement par sa mère en 1765, il s'oppose à elle par sa volonté de réforme des États autrichiens. En 1772, il participe au premier partage de la Pologne (annexion de la Galicie) et, en 1775, obtient de l'Empire ottoman la cession de la Bucovine. En conflit depuis 1778 avec Frédéric II le Grand, qui rassemble contre lui une ligue de princes allemands (1785), il resserre son alliance avec la Russie. Après la mort de Marie-Thérèse (1780), il entreprend d'importantes réformes, telle l'abolition du servage (1781), et prend une série de mesures contre l'influence du pape sur l'Église autrichienne, autorisant la liberté de conscience et réglementant sévèrement les prérogatives du clergé. Despote éclairé, il veut rationaliser et moderniser le gouvernement de ses États et développe la centralisation et la bureaucratie, faisant de l'allemand la langue administrative unique. Hostile à cette politique, la Hongrie et les Pays-Bas se soulèvent en 1789.

JOSEPH DE HABSBOURG, archiduc d'Autriche (Alcsúth, Hongrie, 1872 - Ratisbonne 1962), fils de l'archiduc Joseph. Militaire à 18 ans, il sert, toute sa carrière, en Hongrie. Il combat contre les Serbes en 1914, puis contre les Russes à Lwów, et participe à la bataille de l'Isonzo. En 1917, il commande les troupes austro-hongroises engagées en Italie avant d'être nommé régent de Hongrie. Il prend alors la tête des forces contre-révolutionnaires, et, après le coup d'État d'août 1919, constitue un gouvernement modéré. L'archiduc Joseph place l'amiral Horthy à la tête des forces hongroises mais doit, sous la pression des Alliés, lui abandonner ses fonctions de régent.

PORTUGAL

JOSEPH Ier le Réformateur (Lisbonne 1714 - *id.* 1777), roi de Portugal (1750-1777), fils de Jean V. Despote éclairé, il s'efforça de régénérer le pays avec l'aide de son ministre le marquis de Pombal. Son règne fut marqué par un terrible séisme qui affecta Lisbonne (1755) que Pombal fit reconstruire. Malade (1774), il confia la régence à sa femme Marie-Anne Victoire de Bourbon.

JOSEPH (François Joseph LE CLERC DU TREMBLAY, dit **le Père**), capucin français (Paris 1577 - Rueil 1638), provincial de Touraine (1613), président des missions des capucins (1625) et conseiller intime de Richelieu, il joua un rôle majeur mais occulte dans la haute direction de la politique extérieure, ce qui lui valut le surnom d'*Éminence grise.* Partisan de la lutte contre les Habsbourg, il empêcha Ferdinand II de faire élire son fils roi des Romains (diète de Ratisbonne, 1630).

JOSEPH BONAPARTE → BONAPARTE.

JOSÈPHE (Flavius) → FLAVIUS JOSÈPHE.

JOSÉPHINE (Trois-Îlets, Martinique, 1763 - Malmaison 1814), impératrice des Français (1804-1809). Née Marie-Josèphe Rose Tascher de La Pagerie, elle était issue d'une famille installée depuis un demi-siècle en Martinique. Elle épousa en 1779 le vicomte Alexandre de Beauharnais dont elle eut deux enfants, qui devinrent le prince Eugène et la reine Hortense. Son mari mourut sur l'échafaud en 1794. Elle épousa en 1796 le général Bonaparte, et fut couronnée impératrice en 1804. Cependant, ne pouvant donner un héritier à l'Empereur, elle dut accepter le divorce (1809) et se retira à la Malmaison.

JOSÉPHISME n. m. (de *Joseph* II, n. pr.). Conception, inspirée du despotisme éclairé, qu'avait Joseph II des rapports entre l'Église catholique et l'État.

ENCYCL. Joseph II imposa la liberté de conscience dans ses États héréditaires (édit de tolérance de 1781) et voulut subordonner l'Église catholique à l'État et mettre ses moyens matériels au service de celui-ci. Il supprima les monastères qui ne pratiquaient ni l'enseignement ni la charité hospitalière (1781). Il imposa la formation des prêtres dans des séminaires contrôlés par l'État et combattit les formes de piété qu'avait favorisées la Réforme catholique. Pie VI se rendit à Vienne en 1782, mais l'empereur resta ferme sur ses positions.

JOSÉPHISTE adj. et n. Relatif au joséphisme ; partisan du joséphisme.

JOSEPHSON (Ernst), peintre suédois (Stockholm 1851 - *id.* 1906). Séjournant à plusieurs reprises à Paris, il fut influencé par l'art de Courbet, puis par les impressionnistes et, surtout dans ses portraits, par Manet. Atteint de schizophrénie à partir de 1888, il imprima à ses toiles et à ses dessins une intensité dramatique nouvelle.

JOSEPHSON (Brian David), physicien britannique (Cardiff 1940). Auteur de travaux sur la physique du solide, il a découvert en 1962 les « effets » qui portent son nom. (Prix Nobel de physique 1973.)

Josephson *(effets),* phénomènes découverts par B. D. Josephson en 1962. L'*effet Josephson continu* est un « effet tunnel » permettant à un courant continu de passer à travers une étroite discontinuité entre deux éléments supraconducteurs. La jonction Josephson utilisée dans les ordinateurs complexes permet un remarquable gain de temps de commutation ; elle trouve également des applications en métrologie de précision.

JOSIAS († 609), 16e roi de Juda (640-609 av. J.-C.). Durant son règne eut lieu une importante rénovation religieuse (622). La mort de Josias à la bataille de Megiddo fut vécue comme une catastrophe nationale.

JOSPIN (Lionel), homme politique français (Meudon 1937). Secrétaire national (1973-1981) puis premier secrétaire (1981-1988) du parti socialiste, il est ministre de l'Éducation nationale de 1988 à 1992. Candidat à l'élection présidentielle de 1995, il arrive en tête au premier tour mais est battu par J. Chirac au second tour. Son score (47,36 % des voix) lui confère toutefois une forte légitimité au sein du parti socialiste, dont il redevient le premier secrétaire en octobre 1995.

JOSQUIN DES PRÉS, en lat. **Jodocus** ou **Josquinus Pratensis,** compositeur français (Beaurevoir, Picardie, v. 1440 - Condé-sur-l'Escaut 1521 [ou 1524]). Comme la plupart de ses contemporains, il fit carrière en Italie, où il séjourna presque sans discontinuer entre 1459 (première date certaine) et 1505 : à Milan d'abord, à Rome ensuite, à la chapelle du cardinal et à la chapelle pontificale jusqu'en 1499; de nouveau à Milan, puis à Ferrare entre 1501 et 1505, au service d'Hercule Ier d'Este. Après la mort de celui-ci, il regagna la France, puis il fut nommé par l'empereur Maximilien Ier doyen prévôt de l'église collégiale de Condé-sur-l'Escaut (1509).
Il a laissé une importante production musicale : environ 20 messes complètes à 4, 5, 6 voix ; 104 motets, hymnes et psaumes ; 74 morceaux profanes (chansons, etc.). Ses chansons valent autant par leur esprit que par la science avec laquelle elles sont traitées. Le style toujours contrapuntique est plus ou moins strict *(Baisez-moi ma douce amie ; Adieu mes amours)*. Certaines s'apparentent au motet *(Mille Regrets),* à l'œuvre de circonstance *(Vive le roy),* au lamento (*Nymphes des bois,* déploration sur la mort d'Ockeghem). Mais Josquin est avant tout au service de l'Église.
Parmi ses œuvres religieuses les plus connues, il faut citer la messe *Hercules dux Ferrarie,* le motet *Miserere* et surtout les deux dernières messes composées après 1505, *De beata Virgine* et *Pange lingua.*

JOSSELIN (56120), ch.-l. de cant. du Morbihan, sur l'Oust ; 2 558 hab. *(Josselinais).* Château féodal d'Olivier de Clisson et des Rohan (fin XIVe - début XVIe s.), avec logis au remarquable décor flamboyant. Église Notre-Dame-du-Roncier (XIIe-XVIe s.).

JOSUÉ, personnage biblique, successeur de Moïse, qui conduisit les Hébreux dans la conquête de la Terre promise (fin du XIIIe s. av. J.-C.), selon le livre biblique qui porte son nom.

Josué *(livre de),* livre biblique qui décrit la conquête du pays de Canaan sous le commandement de Josué. Parmi les épisodes de ce livre, on trouve Josué arrêtant le Soleil, dans le combat contre les Amalécites, et la prise de Jéricho au son des trompettes.

1. JOTA [rɔta] n. f. (esp. *jota*). Lettre espagnole qui a la forme du *j* français, mais qui représente la constrictive vélaire [x].

2. JOTA [rɔta] n. f. (esp. *jota*). Danse et chant traditionnels espagnols, de rythme ternaire, répandus sous des formes diverses dans toute l'Espagne, ainsi qu'aux îles Baléares et aux Canaries.

JOTTEREAU n. m. (anc. fr. *joette,* petite joue). Pièce métallique ou de bois dur appliquée et fixée de chaque côté de la tête du mât d'un voilier, et supportant les élongis sur lesquels vient s'appuyer le mât supérieur.

JOTUNHEIM, massif du sud de la Norvège, à l'E.-N.-E. du Sognefjord ; 2 470 m au Glittertind, point culminant de la Scandinavie.

JOTUNI (Maria), femme de lettres et dramaturge finlandaise de langue finnoise (Kuopio 1880 - Helsinki 1943). Auteur de comédies acerbes (*la Côte de l'homme,* 1914) et de drames (*le Veau d'or,* 1918) devenus des classiques, elle excelle dans les rapides portraits féminins de ses nouvelles (*Cœurs de femmes,* 1929).

JOUABLE adj. **1.** Qui peut être joué, représenté : *Cette pièce n'est pas jouable.* – **2.** Dans un jeu, un match, se dit d'un coup qu'on peut essayer, tenter.

JOUAL n. m. (prononciation pop. de *cheval* au Québec). Parler populaire à base de français fortement contaminé par l'anglais, utilisé au Québec.

JOUAN-JOUAN → RUANRUAN.

JOUARRE (77640), comm. de Seine-et-Marne, dans la Brie, au-dessus du Petit Morin ; 3 292 hab. D'une abbaye mérovingienne de religieuses subsistent deux chapelles annexes, ou *cryptes,* dont l'une, funéraire, conserve des chapiteaux et des sarcophages sculptés des VIIe et VIIIe s. Église paroissiale des XVe-XVIe s. ; petit musée briard.

JOUASSE ou **JOICE** [ʒwas] adj. *Pop.* Content, heureux.

JOUBARBE n. f. (lat. *Jovis barba,* barbe-de-Jupiter). Herbe (crassulacée) des rocailles et des montagnes de l'Ancien Monde, aux feuilles épaisses et charnues, disposées en rosette d'où sort l'inflorescence. (N. usuel *mère de famille.*)

JOUBERT (Gilles), ébéniste parisien (v. 1689-1775). Fournisseur du Garde-Meuble de la Couronne de 1751 à 1774, ébéniste du roi en 1763, il a produit de superbes pièces, rarement signées. Pur représentant du goût « Louis XV », il évolua dans ses dernières années vers un style de transition.

JOUBERT (Joseph), moraliste français (Montignac, Corrèze, 1754 - Villeneuve-sur-Yonne 1824). Professeur, juge de paix, puis inspecteur de l'Université, il eut pour amis Bonald, Desèze et Chateaubriand, qui édita ses *Pensées, essais, maximes* (1838-1842).

JOUBERT (Barthélemy Catherine), général français (Pont-de-Vaux 1769 - Novi 1799). Officier à l'armée d'Italie (1792), général de brigade, il fut présent à Montenotte, Millesimo, Mondovi, Lodi et Castiglione (1796). Il s'illustra à la bataille de Rivoli (janv. 1797) avant de soumettre le Tyrol (mars 1797). Il occupa le Piémont et Turin puis commanda l'armée d'Italie (juill. 1799) où il trouva la mort, le 15 août, à Novi.

JOUBERT (Petrus Jacobus), général boer (colonie du Cap 1831 ? - Pretoria 1900). Général en chef des Boers, il écrasa les contingents britanniques du Natal à Majuba Hill (1881) et fit reconnaître l'indépendance de la République sud-africaine. Jugeant inévitable un nouvel affrontement avec l'Angleterre, il organisa les forces militaires du Transvaal dont il assura le commandement en chef à l'ouverture du conflit, le 11 oct. 1899. Il infligea de lourdes pertes aux Britanniques (Ladysmith, Mafeking), avant de démissionner.

JOUBIN (Louis), naturaliste français (Épinal 1861 - Avrillé, Maine-et-Loire, 1935). Il a participé à de nombreuses expéditions océanographiques et a publié *la Vie dans les océans* (1912). Ses travaux sur les céphalopodes font autorité. (Acad. des sc., 1921.)

JOUE n. f. (prélatin **gábota,* de **gaba,* gorge). **1.** Partie latérale du visage, limitée par la tempe, l'œil, le nez, la bouche, le menton et l'oreille. (→ *encycl.*) – **2.** *Coucher un fusil en joue,* ajuster le fusil horizontalement à l'épaule et contre la joue pour tirer. ‖ *Joue contre joue, joue à joue,* les deux visages se touchant au niveau des joues. ‖ *Mettre en joue,* viser avec une arme à feu pour tirer. ‖ *Tendre l'autre joue,* réagir à une humiliation, à un affront, en s'exposant à un nouvel affront. • **Bouch.** Morceau du bœuf correspondant à la région du maxillaire inférieur, vendu comme abat par les tripiers et servant à faire du pot-au-feu. – **Charp.** Épaisseur de bois restant de chaque côté d'une mortaise ou d'une rainure. ‖ *Joue de solive,* face latérale d'une solive. – **Mar.** Partie renflée de la coque d'un navire, immédiatement en arrière de l'étrave. ‖ *Joue de poulie,* chacun des deux côtés d'une poulie. – **Menuis.** Paroi longitudinale d'un outil à fût (rabot, bouvet), située d'un côté ou de l'autre de la lumière. – **Mobil.** Dans un fauteuil ou un canapé, espace compris entre un accotoir, le dossier et le siège. (La joue est soit ouverte, soit remplie par une *jouée.*)

ENCYCL. **Anat.** On distingue en avant la région génienne, qui englobe la saillie de la pommette, en arrière la région massétérine, dont le relief est constitué par le muscle masséter. La joue est parcourue par le canal de Sténon*, qui draine la parotide, les vaisseaux faciaux, les branches du nerf facial et le nef massétérin.

JOUÉE n. f. (de *joue*). **1.** Épaisseur du mur dans l'ouverture d'une baie. (La jouée peut se décomposer en *tableau,* externe, *feuillure* du dispositif de fermeture et *embrasure,* interne.) – **2.** Face latérale, triangulaire, d'une lucarne. – **3.** Remplissage de la joue d'un fauteuil ou d'un canapé, par ex. en tissu rembourré.

JOUEI-TCH'ENG → RUICHENG.

JOUÉ-LÈS-TOURS (37300), ch.-l. de cant. d'Indre-et-Loire, banlieue de Tours, au S. du Cher ; 37 114 hab. Industrie du caoutchouc. Machines-outils.

JOUER v. t. ind. (lat. *jocari,* badiner, de *jocus,* jeu) [conj. 6]. **1.** Se divertir en pratiquant un jeu, s'amuser avec un jeu, un jouet : *Jouer à la poupée, au train électrique.* — **2.** S'amuser en utilisant tel objet, telle activité comme jeu : *Jouer avec des boîtes de conserve.* — **3.** Pratiquer un jeu, un sport : *Jouer au tennis, aux échecs.* — **4.** Engager de l'argent dans un jeu de hasard : *Jouer aux courses.* — **5.** Spéculer sur les différences de cotation des valeurs boursières : *Jouer sur le coton.* — **6.** Manipuler qqch distraitement, machinalement : *Tout en parlant, elle jouait avec sa bague.* — **7.** Exposer qqch à des risques par inconséquence, par imprudence : *Jouer avec sa santé.* — **8.** N'accorder à qqn, à ses sentiments aucune importance, se moquer d'eux : *Ne jouez pas avec son amitié.* — **9.** Manier un instrument, une arme, ou faire mouvoir une partie du corps plus ou moins vivement ou vigoureusement : *Jouer du couteau. Jouer des coudes pour avancer dans la foule.* — **10.** Faire usage d'une qualité ou d'un défaut, miser sur qqch pour en tirer un avantage : *Jouer de son autorité sur quelqu'un. Jouer sur la lassitude des gens.* — **11.** Se servir d'un instrument de musique ou savoir s'en servir : *Jouer de la guitare.* — **12.** Chercher à se faire passer pour qqn que l'on n'est pas : *Jouer au grand seigneur.* — **13.** *À quoi jouez-vous ?,* quelles sont vos intentions, que voulez-vous ? ‖ *Jouer au plus fin, au plus malin,* chercher à se duper l'un l'autre. ‖ *Jouer de bonheur, de malchance,* avoir une chance ou une malchance durables. ‖ Pop. *Jouer des jambes, des flûtes, en jouer un air, jouer la fille de l'air,* courir, s'enfuir. ‖ Fam. *Jouer de la prunelle, de l'œil,* échanger des œillades, des regards complices. ‖ *Jouer sur les mots,* tirer parti des équivoques qu'ils peuvent présenter.

◆ v. t. **1.** Participer à une compétition sportive : *Jouer les quarts de finale d'un tournoi.* — **2.** Participer à une partie d'un jeu de société : *Jouer une partie d'échecs. Jouer la belle.* — **3.** S'efforcer de réussir un contrat, un coup, etc., au cours d'une partie : *Jouer un trois sans atout.* — **4.** Mettre en jeu, lancer, déplacer ce avec quoi on joue : *Jouer la balle de match. Jouer cœur.* — **5.** Miser une certaine somme, mettre qqch comme enjeu dans un jeu de hasard, un jeu d'argent : *Jouer gros jeu à la roulette. Jouer les consommations aux dés.* — **6.** Risquer qqch : *Jouer son avenir, sa réputation.* — **7.** Exécuter sur un instrument une œuvre musicale : *Pianiste qui joue admirablement Debussy. Jouer en mesure.* — **8.** En parlant d'une salle, représenter une pièce, projeter un film : *Théâtre qui joue « Hamlet ».* — **9.** Représenter une œuvre au théâtre, au cinéma, interpréter telle œuvre, avoir tel rôle : *La troupe joue Musset. Jouer les mauvais garçons au cinéma.* — **10.** Affecter le comportement d'un personnage : *Jouer les victimes.* — **11.** Feindre, simuler un sentiment : *Jouer la surprise.* — **12.** *Litt.* Tromper qqn, le duper : *Cet escroc vous a joué.* — **13.** *À vous de jouer,* c'est le moment pour vous d'agir. ‖ *Jouer franc jeu,* agir honnêtement. ‖ *Jouer gagnant, perdant,* prendre un risque, avec toutes les chances de gagner (ou en présumant qu'on perdra). ‖ *Jouer gros (jeu),* miser une somme importante, prendre beaucoup de risques. ‖ *Jouer le jeu,* participer à une action quelconque en respectant les conventions établies. ‖ *Jouer un jeu + adj.,* mener tel type d'action, agir de telle manière pour parvenir à ses fins : *Jouer un jeu dangereux.* ‖ *Jouer un rôle dans qqch,* y avoir une part, une influence : *L'amitié joue un rôle important dans sa vie.* ‖ *Jouer un sale tour, un tour de cochon à qqn,* commettre une action qui lui est préjudiciable. ‖ *Jouer le tout pour le tout,* prendre tous les risques pour obtenir le résultat recherché.

◆ v. i. **1.** Se mouvoir sans difficulté, sans résistance : *La clé joue dans la serrure.* — **2.** Fonctionner correctement : *Le dispositif de sécurité n'a pas joué.* — **3.** Être un facteur important dans telle ou telle circonstance : *L'argument ne joue pas en votre faveur.* — **4.** Changer de dimensions ou de forme sous l'effet de changements d'humidité, en parlant du bois, des éléments ou ouvrages en bois : *La porte a joué et ne ferme plus.* — **5.** Se divertir, se distraire, se livrer à des jeux : *Il ne pense qu'à jouer.* — **6.** Remuer, bouger, produire des effets variés de lumière et d'ombre, produire des sons d'intensité variable : *Le soleil jouait à travers les rideaux.* — **7.** *Faire jouer qqch, qqn,* les faire agir, intervenir, avoir recours à eux pour qu'ils agissent en faveur de qqn, qqch ou contre eux. ‖ *Jouer serré,* agir de façon à laisser peu de prise à l'adversaire ; agir avec prudence, circonspection.

◆ **se jouer** v. pr., **être joué** v. pass. **1.** En parlant d'un jeu, d'un sport, etc., être pratiqué : *Joué à deux, ce jeu n'a aucun intérêt.* — **2.** Être exécuté, représenté, voir son œuvre représentée : *Un auteur dramatique peu joué.* — **3.** Faire l'objet d'une décision importante ; être en jeu : *Votre sort n'est pas encore joué.* — **4.** *Bien joué !,* bravo, c'est réussi. ‖ *Être joué d'avance,* être déjà décidé, orienté, déterminé, ne plus pouvoir subir de modification. ‖ *La partie est jouée,* c'est fini, il n'y a plus rien à faire.

◆ **se jouer** v. pr. **1.** Ne pas se laisser arrêter par qqch ou n'en faire aucun cas : *Se jouer des lois, des difficultés.* — **2.** *Litt.* Tromper qqn, abuser de sa confiance ou de sa naïveté, le rendre ridicule : *Je vous dis qu'il s'est joué de nous !*

JOUET n. m. (de *jouer*). **1.** Objet conçu pour amuser un enfant. — **2.** Chaînette que l'on suspend au mors, pour inciter le cheval à décontracter ses mâchoires. — **3.** *Être le jouet de qqn, de qqch,* être victime de qqn, d'une volonté supérieure, de l'action d'éléments, etc. : *Être le jouet d'une hallucination.*

JOUEUR, JOUEUSE n. **1.** Personne qui pratique un jeu, un sport : *Un joueur d'échecs, de tennis.* — **2.** Personne qui joue d'un instrument de musique : *Un joueur de guitare.* — **3.** Personne qui a la passion des jeux d'argent : *Un joueur malheureux.* — **4.** Personne qui aime prendre des risques pour obtenir un gain important : *C'est un rude joueur dans la vie.* — **5.** *Beau joueur,* personne qui reste impassible devant une perte, qui accepte loyalement un revers. ‖ *Mauvais joueur,* personne qui accepte mal une défaite, qui s'en irrite.
◆ adj. **1.** Qui aime jouer, s'amuser : *Avoir un tempérament joueur.* — **2.** Qui aime à pratiquer les jeux d'argent, qui aime le risque : *Je ne suis pas joueur, j'ai horreur de perdre.*

Joueur *(le),* comédie en 5 actes et en vers, de Regnard (1696).

Joueur *(le),* roman de Dostoïevski (1867). Portrait d'un jeune homme qui devient joueur professionnel par désespoir d'amour, et d'une vieille femme qui se ruine par passion du jeu.

JOUFFLU, E adj. (anc. fr. *giflu,* avec l'infl. de *joue*). **1.** Qui a des joues pleines, rebondies : *Un enfant joufflu.* — **2.** *Litt.* Qui a des formes renflées : *Une commode joufflue.*

JOUFFROY D'ABBANS (Claude François, *marquis* DE), ingénieur français (Roches-sur-Rognon, Champagne, 1751 - Paris 1832). Il est le premier à avoir fait marcher un bateau à l'aide de la vapeur, sur la Saône, à Lyon, le 15 juill. 1783.

JOUG [ʒu] n. m. (lat. *jugum*). **1.** Pièce de bois servant à atteler une paire d'animaux de trait. (→ *encycl.*) — **2.** *Litt.* Dure sujétion, contrainte matérielle ou morale : *Subir le joug d'une armée d'occupation.* — **3.** Chez les Romains, javelot attaché horizontalement sur deux autres fichés en terre, et sous lequel le vainqueur faisait passer, en signe de soumission, les chefs et les soldats de l'armée vaincue.
ENCYCL. **Agric.** L'attelage au joug, le plus ancien des types d'attelage, s'utilise surtout pour les bœufs. Le joug repose sur le front (rare), sur la nuque (fixé rigidement aux cornes par des lanières) ou devant le garrot des animaux.

JOUGUET n. m. Joug adapté à l'attelage d'un seul animal à l'aide de deux traits et d'un palonnier.

JOUGUET (Émile), mathématicien français (Bessèges, Gard, 1871 - Montpellier 1943). On lui doit des vues pénétrantes sur la mécanique considérée comme dérivant de la thermodynamique, sur les mouvements des fluides et sur la propagation des ondes. Dès 1900, il donna l'essentiel de la théorie hydrodynamique de la détonation. (Acad. des sc., 1930.)

JOUHANDEAU (Marcel), écrivain français (Guéret 1888 - Rueil-Malmaison 1979). Dans une œuvre à la fois disséminée et très unie, tout entière habitée par le *moi,* Jouhandeau soigne l'anecdote, le propos, le conte bref, le trait, le portrait, la silhouette. Mêlant le mysticisme et l'ironie, l'observation réaliste et l'introspection, il cherche le secret de son salut ou de sa damnation dans ses romans (*la Jeunesse de Théophile,* 1921 ; *M. Godeau intime,* 1926), ses contes (*les Pincengrain,* 1924), ses chroniques (*Chaminadour,* 1934-1941), ses essais (*Algèbre des valeurs morales,* 1935 ; *De l'abjection,* 1939 ; *Réflexion sur la vieillesse et la mort,* 1956) et ses récits autobiographiques (*Journaliers,* 1961-1978). En 1980 a été publié son *Journal sous l'Occupation.*

JOUHAUD (Edmond), général d'aviation français (Bou-Sfer, Algérie, 1905 - Royan 1995). Entré dans la Résistance en 1942, il est chef de l'O. R. A. *(Organisation de résistance de l'armée)* et chef des F. F. I. pour la région de Bordeaux. Commandant de l'air en Indochine (juin 1954), il exerce en France entre 1955 et 1960 diverses responsabilités au sein des armées. Mis en disponibilité sur sa demande, il se retire (oct. 1960) en Algérie, où, en avr. 1961, il prend avec Challe, Zeller et Salan la tête d'une insurrection militaire qui échoue. Il devient alors l'un des dirigeants de l'O. A. S. mais, arrêté, il est condamné à mort. Sa peine est commuée en détention perpétuelle (1962). Libéré en 1967, il est réhabilité en 1982.

JOUHAUX (Léon), syndicaliste français (Paris 1879 - *id.* 1954). Il devient secrétaire général de la C. G. T. en 1909. Après l'exclusion de la minorité révolutionnaire (1921), il est le leader incontesté du syndicat. Délégué à la Conférence de la paix en 1919, il est un des fondateurs de l'Organisation internationale du travail. En 1935-36, après la réunification avec les exclus de 1921, il demeure secrétaire général. Arrêté par la police de Vichy en 1941, il est livré aux nazis et déporté (1943-1945). Il retrouve son poste en 1945 ; mais il est mis en minorité par la tendance que représente Benoît Frachon, démissionne (1947) et participe à la fondation de la C. G. T.-F. O., dont il devient président (1948). [Prix Nobel de la paix 1951.]

JOUIÈRE ou **JOUILLÈRE** n. f. (de *joue*). Chacun des deux montants d'une bride ou d'un licol.

JOUINOT-GAMBETTA (François Léon), général français (Paris 1870 - Antibes 1923). À la tête de la brigade de cavalerie de l'armée d'Orient (1918), il atteignit à marche forcée le Vardar et pénétra dans Skopje (29 sept.), réalisant une surprise complète qui brisa la résistance allemande.

JOUIR v. t. ind. (lat. pop. **gaudire*, du lat. class. *gaudere*) [conj. **32**]. **1.** Tirer un plaisir, un agrément, une satisfaction de la possession ou de la disposition de qqch : *Jouir de la vie, de sa victoire.* — **2.** Avoir la possession d'un bien, le bénéfice d'un avantage matériel ou moral : *Jouir d'une bonne réputation. Ne plus jouir de toutes ses facultés.* — **3.** Présenter telle caractéristique considérée comme avantageuse, favorable : *Appartement qui jouit d'une bonne exposition.*
◆ v. i. **1.** Atteindre l'orgasme. — **2.** Pop. *Faire jouir,* procurer une extrême satisfaction ou, au contraire, une vive douleur physique : *Un mal de dent qui fait jouir.*

JOUISSANCE n. f. (de *jouir*). **1.** Plaisir intense, intellectuel ou moral, que l'on tire de la possession de qqch ou de la connaissance : *Les jouissances de la poésie.* — **2.** Plaisir physique intense : *Les jouissances de l'amour.* — **3.** Libre disposition de qqch : *Avoir, garder la jouissance de son appartement.* — **4.** Perception des fruits naturels ou civils d'un bien. — **5.** *Entrer en jouissance,* pour le titulaire d'un droit, commencer à user d'une chose conformément à son droit ; être titulaire d'un droit. ‖ *Jouissance légale,* usufruit particulier des père et mère sur les biens de leur enfant mineur de 16 ans, à l'exception de ceux qui sont acquis par son travail ou exclus par legs ou donation.

JOUISSEUR, EUSE n. Personne qui recherche les jouissances matérielles, surtout sensuelles.

JOUISSIF, IVE adj. *Fam.* Qui procure un plaisir intense ou un vif déplaisir.

JOUJOU n. m. (pl. *joujoux*) [forme enfantine de *jouet*]. **1.** Petit jouet d'enfant. — **2.** Objet dont on se sert habituellement et que l'on apprécie : *Sa moto est un beau joujou.* — **3.** Fam. *Faire joujou (avec qqn, qqch),* jouer, s'amuser avec eux.

JOUJOUTHÈQUE n. f. Au Canada, syn. de LUDOTHÈQUE.

JOUKOV (Gueorgui Konstantinovitch), maréchal soviétique (Strelkovka, près de Kalouga, 1896 - Moscou 1974). Rallié à la révolution, il se bat contre Denikine et Wrangel, puis dirige les opérations contre les Japonais en Mongolie (1939). À la tête du groupe d'armées chargé de défendre Moscou, Joukov résiste victorieusement, passe à l'offensive et fait reculer les Allemands à 200 km de la capitale. En 1942-43, il dirige la défense de Stalingrad, commande en 1944-45 le premier front d'Ukraine, puis celui de la Russie Blanche à la tête duquel il conquiert Varsovie, Łódź et Poznań, et pénètre à Berlin, où il signe (8 mai 1945) l'acte de capitulation des forces allemandes. Écarté par Staline, il est, après la mort de celui-ci, ministre adjoint (1953), ministre de la Défense (1955) et membre du praesidium du Comité central du parti (1956-57).

JOUKOVSKI (Vassili Andreïevitch), poète russe (district de Michenskoïe, gouvern. de Toula, 1783 - Baden-Baden 1852). Directeur, en 1808, de la revue *le Messager de l'Europe,* il s'engagea dans la milice en 1812 et célébra la résistance à l'invasion napoléonienne (*le Chantre dans le camp des guerriers russes ; le Barde au Kremlin,* 1816). Plus tard, ses traductions de Schiller, Goethe, Uhland et Scott firent connaître aux Russes le romantisme allemand et anglais. Devenu précepteur du futur Alexandre II, il lui suggéra la libération des serfs et intervint en faveur des écrivains persécutés.

JOUKOVSKI (Nikolaï Iegorovitch), aérodynamicien russe (Orekhovo, gouvern. de Vladimir, 1847 - Moscou 1921). Il construisit l'un des premiers tunnels aérodynamiques (1902).

JOULE n. m. (de J. P. *Joule,* n. pr.). **1.** Unité de travail, d'énergie et de quantité de chaleur (symb. J), équivalant au travail produit par une force de 1 newton dont le point d'application se déplace de 1 mètre dans la direction de la force. — **2.** *Joule par kelvin,* unité SI de capacité thermique (ou calorifique) et d'entropie (symb. J/K) équivalant à l'augmentation de l'entropie d'un système recevant une quantité de chaleur de 1 joule à la température constante de 1 kelvin pourvu qu'aucun changement irréversible n'ait lieu dans le système. ‖ *Joule par kilogramme-kelvin,* unité SI de capacité thermique massique (chaleur massique) et d'entropie massique [symb. J/(kg.K)] équivalant à la chaleur massique d'un corps homogène de masse 1 kilogramme dans lequel l'apport d'une quantité de chaleur de 1 joule produit une élévation de température de 1 kelvin.

JOULE (James Prescott), physicien anglais (Salford, près de Manchester, 1818 - Sale, Cheshire, 1889). Il a formulé en 1841 la loi — qui porte son nom — relative au dégagement de chaleur dans un conducteur par passage du courant électrique, déterminé l'équivalent mécanique de la calorie et étudié, avec W. Thomson, la détente des gaz dans le vide.

Joule *(effet),* échauffement qui se produit lors du passage d'un courant électrique i dans un conducteur de résistance R. Dans un conducteur homogène, la quantité de chaleur W dégagée pendant un temps *t* est : $W = Ri^2t$.

Joule *(expérience de),* expérience destinée à vérifier l'équivalence du travail et de la quantité de chaleur. Le travail M*gh* du poids d'une masse M dans sa chute d'une hauteur *h* est transmis aux pales et transformé en chaleur : l'eau du récipient s'échauffe. La mesure de l'élévation de température permet de déterminer la quantité de chaleur apportée et de vérifier le principe de l'équivalence.

Joule *(loi de),* loi selon laquelle l'énergie interne d'un gaz parfait ne dépend que de sa température.

Joule-Thomson *(détente de),* détente adiabatique d'un gaz à travers une cloison poreuse ou un robinet à pointeau, qui s'effectue à enthalpie constante. Elle est utilisée pour atteindre les basses températures.

JOUMBLATT (Kamal), homme politique libanais (Moukhtara, dans le Chouf, 1917 - près de Baaklin 1977). Chef de la communauté druze et fondateur en 1949 du parti socialiste progressiste (P. S. P.), il milite pour l'arabisme pronassérien en 1958, puis propalestinien en 1968, en 1973 et en 1975-1977. Leader du Mouvement national en 1975, il engage une lutte révolutionnaire armée contre le Front libanais et contre la Syrie. Il est assassiné en 1977. — Son fils, WALID **Joumblatt** (Beyrouth 1947), lui succède à la tête de la communauté druze et du parti socialiste progressiste. Prosyrien, il participe aux gouvernements d'union nationale qui se succèdent au Liban.

JOUNIYÉ → DJOUNIYÉ.

JOUPA → ŽUPA.

JOUPAN → ŽUPAN.

JOUQUES (13490), comm. des Bouches-du-Rhône, au S. de la Durance ; 3 081 hab. — Au N.-N.-E., centrale hydroélectrique sur une dérivation de la Durance.

JOUR n. m. (lat. médiév. *diurnum,* du lat. class. *dies*). I. **1.** Clarté produite sur la Terre par la lumière du Soleil : *Les premières lueurs du jour. En plein jour. À la tombée du jour.* — **2.** Cette clarté en tant qu'elle pénètre, se répand dans un espace donné et permet de voir les objets : *Se placer face au jour.* — **3.** Ouverture, dans un espace plein, qui laisse passer la lumière : *Des jours entre des planches mal jointes.* — **4.** *Au grand jour,* au vu et au su de tous, ouvertement, sans rien dissimuler. ‖ *Beau comme le jour,* très beau, très élégant. ‖ *C'est le jour et la nuit,* se dit de deux choses, de deux personnes absolument différentes, ou qui s'opposent en tout. ‖ *Clair comme le jour,* tout à fait évident. ‖ *Déclin, tombée du jour,* le soir. ‖ *De jour,* pendant le jour. ‖ Litt. *Donner le jour à un enfant,* le mettre au monde. ‖ *Faux jour,* lumière mal dirigée sur un objet et qui empêche de le voir convenablement. ‖ *Il fait jour,* le soleil s'est levé, il fait clair. ‖ *Jeter un jour nouveau sur qqch,* le faire apparaître sous un aspect jusqu'alors inédit. ‖ *Jour artificiel,* clarté provenant d'une source de lumière autre que la lumière naturelle. ‖ *Mettre au jour,* sortir de terre, dégager une chose enfouie. ‖ *Percer à jour,* deviner, découvrir la nature cachée de qqn, ses intentions secrètes. ‖ *Le petit jour, le point du jour, la pointe du jour,* l'aube. ‖ *Se faire jour,* finir par apparaître, par être connu, notoire. ‖ *Sous un jour + adj.,* sous tel ou tel éclairage ; sous tel aspect, à tel point de vue : *Un projet présenté sous un jour trop favorable.* ‖ *Voir le jour,* venir au monde, naître ; être publié, édité, en parlant d'une œuvre écrite ; être montré, tiré de l'ombre ou de l'oubli. II. **1.** Intervalle de temps compris entre le lever et le coucher du soleil en un lieu donné de la Terre, d'une autre planète, ou d'un satellite naturel du système solaire : *Les jours commencent à diminuer. Une usine qui fonctionne jour et nuit.* — **2.** Période de rotation de la Terre, d'une autre planète ou d'un satellite naturel du système solaire sur eux-mêmes, rapportée à certains repères astronomiques (étoiles, Soleil, etc.) : *Mois de trente jours.* (→ encycl.) — **3.** S'emploie pour évaluer le temps vécu, pour indiquer une date, situer plus ou moins précisément un événement dans le temps : *Quel jour sommes-nous ? Ça fait plusieurs jours qu'il aurait dû me répondre.* — **4.** Partie de cette unité de temps consacrée au travail, à l'activité ; rémunération correspondante : *On me doit cinq jours.* — **5.** Intervalle de vingt-quatre heures, considéré en fonction des circonstances qui le marquent (température, événements, activité des personnes, etc.) : *Un jour de grande chaleur. Les jours de consultation d'un médecin.* — **6.** *À jour,* en conformité avec le moment présent : *Mettre à jour son courrier.* ‖ *Au jour le jour,* régulièrement, sans omettre un jour ; en ne considérant que le jour présent, sans s'occuper du lendemain : *Vivre au jour le jour.* ‖ Fam. *Ce n'est pas mon jour,* se dit lorsque rien ne vous réussit. ‖ *De jour en jour, jour après jour,* peu à peu, graduellement, avec idée de progrès ou d'effort. ‖ *De (pour) tous les jours,* qui est utilisé, fait chaque jour, qui est habituel, ordinaire. ‖ *Du jour,* du jour présent, de la journée en cours : *Les nouvelles du jour ;* du temps présent, de la mode actuelle : *Se mettre au goût du jour.* ‖ *Du jour au lendemain,* brusquement, sans transition. ‖ *D'un jour,* qui est de courte durée ; éphémère. ‖ *D'un jour à l'autre,* à tout moment, incessamment. ‖ *Être dans un bon, un mauvais jour,* être bien, mal disposé. ‖ *Homme du jour,* celui qui attire l'attention publique à un moment donné. ‖ *Jour pour jour,* situe précisément une date par rapport à un jour donné ou par rapport au jour où on parle. ‖ *L'autre jour, ces jours derniers,* il y a peu de temps, tout récemment. ‖ *Le grand jour,* le jour où doit avoir lieu un événement important. ‖ *Le jour de qqn,* celui où il est disponible pour faire qqch ; celui où il doit faire une chose importante. ‖ *Un de ces jours,* un jour prochain. ‖ *Un jour, un beau jour,* à une certaine époque (du passé ou de l'avenir). ‖ *Un jour ou l'autre,* à un moment indéterminé (dans le futur). • **Archit.** et **Arts décor.** *À jour, percé à jour,* se dit d'un élément d'architecture, d'un objet, d'un ornement percés de nombreux vides (ou *ajourés*). ‖ *Émaux cloisonnés à jour,* émaux cloisonnés formant une paroi translucide. — **Banq.** *Jour de valeur,* date à partir de laquelle une somme figurant dans un compte commence à porter intérêt, créditeur ou débiteur. — **Bât.** Petite baie donnant de la lumière ou jouant un rôle décoratif. ‖ Espace vide autour duquel se développe un escalier (dit *escalier à jour*). ‖ *Faux jour,* dans un local, fenêtre donnant sur un local contigu, et non sur l'extérieur du bâtiment. ‖ *Jour de souffrance,* baie donnant sur la propriété d'un voisin, et soumise de ce fait à une réglementation particulière. — **Bijout.** *À jour,* se dit d'un type de monture sans fond utilisée pour des pierres transparentes ou translucides. — **Brod.** Vide pratiqué dans une étoffe, soit par le retrait des fils, soit par l'écartement des fils à l'aide d'une grosse aiguille. (Syn. AJOUR.) ‖ Chacun des points divers regroupant les fils de différentes manières à l'aide d'un fil rapporté. ‖ Couture ajourée qui se fait dans la lingerie de soie. — **Liturg.** *Jour du Seigneur,* le dimanche, jour hebdomadaire du rassemblement des chrétiens, en mémoire de la résurrection du Christ. — **Mar.** *Jours de planche* ou *de starie,* délai accordé au capitaine d'un bâtiment pour opérer le déchargement ou le chargement d'une cargaison. — **Métrol.** Unité de temps (symb. d, le symbole j étant aussi admis en France) équivalant à 86 400 secondes. — **Min.** Ensemble des installations de surface d'une mine ou d'une carrière.

◆ **jours** n. m. pl. **1.** *Litt.* Époque, temps : *Nous allons traverser des jours difficiles.* — **2.** *Litt.* Vie, durée de la vie : *Couler des jours heureux. Finir ses jours à l'hôpital.* — **3.** *(De) nos jours,* (à) l'époque actuelle. ‖ *Les beaux jours,* le printemps, la belle saison ; le temps de la jeunesse. ‖ *Vieux jours,* période de la vieillesse (avec un possessif).

ENCYCL. **Astron.** La Terre tourne sur elle-même en 23 h 56 min 4 s environ par rapport aux étoiles *(jour sidéral).* Comme elle se déplace aussi autour du Soleil, il lui faut tourner un peu plus sur elle-même pour que le Soleil se retrouve dans une même direction : cette nouvelle période constitue le *jour solaire,* de durée variable selon l'époque de l'année, mais en moyenne plus long d'environ 4 min que le jour sidéral. Le *jour civil* est un jour solaire moyen dont la durée est de 24 h exactement, avec origine à minuit. (→ TEMPS.)

Jour de colère ou **Dies irae,** film danois, réalisé par Carl Dreyer (1943). C'est une œuvre austère, d'une grande rigueur, où l'auteur traite le drame d'une jeune fille accusée de sorcellerie, aux prises avec l'Inquisition.

JOUR-AMENDE n. m. (pl. *jours-amende*). Peine de substitution à l'emprisonnement ou peine complémentaire qui consiste en une amende dont le montant journalier est dû un certain nombre de jours.

JOURDAIN, fl. du Proche-Orient ; 360 km. Né au Liban, il traverse le lac de Tibériade puis draine le fossé du Ghor, avant de rejoindre la mer Morte. Il sépare Israël et la Syrie, puis la Cisjordanie et la Transjordanie. Ses eaux (débit moyen à l'embouchure de 37 m^3/s) sont utilisées pour l'irrigation (par la Jordanie et surtout Israël).

JOURDAIN (Frantz), dit aussi **Frantz-Jourdain,** architecte et écrivain français d'origine belge (Anvers 1847 - Paris 1935), naturalisé en 1870. Il pratiqua l'architecture de fer et de verre (anciens magasins de la Samaritaine à Paris, à l'ornementation délicate, 1906) et fut l'un des fondateurs du Salon d'automne (1903), où il réserva une large place aux arts appliqués. — Son fils FRANCIS (Paris 1876 - *id.* 1958), artiste décorateur, peintre et écrivain, fonda en 1912 les « Ateliers modernes » pour la fabrication de meubles et objets divers, rationnels et de grande diffusion. En 1930, il participa à la création de l'Union des artistes modernes. Il a laissé, entre autres, un livre de souvenirs, *Sans remords ni rancune* (1953).

Jourdain *(Monsieur),* principal personnage du *Bourgeois gentilhomme* de Molière.

JOURDAN (Jean-Baptiste, *comte*), maréchal de France (Limoges 1762 - Paris 1833). Capitaine dans la Garde nationale (1789), général dès 1793, il remporte la victoire de Fleurus (26 juin 1794). Remplacé par Hoche après sa défaite à Würzburg (3 sept. 1796), il est élu député aux Cinq-Cents et fait voter (sept. 1798) la loi sur la conscription (loi Jourdan). Battu à Stokach (25 mars 1799), de nouveau député, il prend position contre le 18-Brumaire. Gouverneur de Naples (1806), battu à Vittoria (21 juin 1813), il se rallie aux Bourbons et devient gouverneur des Invalides.

JOURDE (François), homme politique français (Chassagne, Puy-de-Dôme, 1843 - Nice 1893).

Membre de la Commune (mars 1871), chargé des finances, il fut arrêté et déporté en Nouvelle-Calédonie (1871-1879).

JOURNADE n. f. (de *jour*). Cotte à longues manches, qui se portait sur l'armure (XVe-XVIe s.).

1. JOURNAL n. m. (pl. *journaux*) [anc. fr. *journal*, du bas lat. *diurnalis*, journalier, du lat. class. *diurnus*]. Ancienne unité de surface pour les terres labourées, correspondant au terrain labourable par un attelage au cours d'une journée.

2. JOURNAL n. m. (pl. *journaux*) [de *journal 1*]. **1.** Écrit où l'on relate les faits de la vie quotidienne : *Journal de voyage.* — **2.** Publication quotidienne donnant des informations ou des opinions sur les nouvelles politiques, économiques, sociales, etc. : *S'abonner à un journal.* — **3.** Terme générique désignant diverses publications périodiques : *Ce journal satirique paraît tous les mercredis.* — **4.** Ensemble du personnel ; locaux qui abritent une entreprise de presse : *Le journal est en grève.* — **5.** *Journal intime,* notes journalières sur des événements personnels, des émotions, des sentiments et des réflexions intimes. ‖ *Journal lumineux, journal électronique,* dispositif visible de la rue, faisant apparaître des annonces par un procédé électrique ou électronique. ‖ *Journal parlé, télévisé,* bulletin d'actualités transmises par la radio, présentées à la télévision. ‖ *Le journal de qqch,* l'ensemble des événements qui s'y rapportent : *Le journal de la Bourse.* • **Comptab.** Syn. de LIVRE-JOURNAL. — **Dr.** *Journal d'annonces légales,* publication périodique départementale des avis imposés par la loi en matière de société, de vente de fonds de commerce, etc., et qui permet d'informer les commerçants et les créanciers. — **Enseign.** *Journal de classe,* en Belgique, cahier de textes. — **Mar.** *Journal de mer* ou *de bord,* cahier rédigé par le capitaine, qui y relate le voyage qu'il vient d'effectuer. (Syn. LIVRE DE BORD.) — **Mil.** *Journal des marches et opérations,* document tenu par tout corps de troupes et qui donne la relation journalière de ses activités. ‖ *Journal de mobilisation,* registre tenu par une formation militaire, où sont consignées les opérations à effectuer en cas de mobilisation. — **Papet.** *Papier journal,* papier destiné à l'impression des journaux.

Journal, de Gombrowicz (1957-1962). Une confession qui est aussi une confrontation critique avec le monde.

Journal de l'année de la peste, reconstitution romanesque de D. Defoe (1722). Exploitant la peur suscitée par l'épidémie de Marseille (1720) et ses souvenirs personnels, Defoe se livre à une évocation si réaliste de cette épidémie qu'elle constitue un modèle du genre.

Journal d'un curé de campagne, roman de Georges Bernanos (1936). Pauvre comme le Christ, le curé d'Ambricourt, comme lui, est peu aimé. Comme lui, il meurt seul. — Un film a été réalisé par R. Bresson (1950).

Journal des débats *(le),* quotidien fondé par Gaultier de Biauzat, député du tiers en 1789, pour rendre compte des débats et des décrets de la Constituante. Le journal réussit à vivre sous tous les régimes grâce aux frères Bertin, qui l'achetèrent en 1799. Libéral sous la Révolution, orléaniste après 1830, organe de l'opposition libérale sous le second Empire, républicain conservateur sous la IIIe République, le journal cessa de paraître en août 1944.

Journal d'un écrivain, publication mensuelle entièrement rédigée par Dostoïevski pour les années 1873, 1876-77, 1880-81 : les événements politiques vus à travers l'universalité du christianisme russe.

Journal de Genève, quotidien politique et littéraire, fondé en 1826 et l'un des principaux journaux de langue française.

Journal officiel de la République française (J. O.), publication officielle de la République française, qui a pour mission de porter à la connaissance des citoyens les textes — lois, décrets et arrêtés — qui leur sont opposables ou de les informer du fonctionnement des pouvoirs publics. Il succéda, en 1848, au *Moniteur* universel.* En déc. 1880, le *Journal officiel* fut pris en régie par l'État. Il comporte : 1° une édition « Lois et Décrets », comprenant la partie officielle (lois, décrets, arrêtés, circulaires) et la partie non officielle (avis, communications, informations, annonces) ; 2° une édition des « Débats parlementaires », comprenant le compte rendu in extenso des séances de l'Assemblée nationale et du Sénat, ainsi que les questions écrites et les réponses des ministres à ces questions ; 3° une édition des « Documents de l'Assemblée nationale et du Sénat » ; 4° une édition du « Conseil économique et social » (avis et rapports) ; 5° une édition des « Documents administratifs ».

Journal de Paris *(le),* premier quotidien publié à Paris, à partir du 1er janv. 1777. Il cessa de paraître en 1840.

Journal des savants *(le),* le plus ancien recueil littéraire de la France (1665). Depuis 1908, l'Académie des inscriptions et belles-lettres en assure l'existence et y publie des comptes rendus d'ouvrages sur l'archéologie, l'histoire ancienne et médiévale, ainsi que des notes plus courtes, des notices nécrologiques, etc.

Journal de Trévoux, ou *Mémoires pour servir à l'histoire des sciences et des arts,* publié par les jésuites à partir de 1701 à Trévoux (Ain). Le P. Berthier, qui en fut directeur de 1745 à 1762, combattit avec vigueur les Encyclopédistes. Après l'expulsion des jésuites, le *Journal de Trévoux* prit, en 1768, le titre de *Journal des sciences et des beaux-arts.*

JOURNALEUX n. m. *Fam.* et *péjor.* Journaliste.

JOURNALIER, ÈRE adj. (de *journal 1*). Qui se fait, se renouvelle chaque jour : *Travail journalier.* ◆ n. Ouvrier agricole payé à la journée.

JOURNALISER v. t. (de *journal 2*) [conj. 3]. Passer une écriture en comptabilité.

JOURNALISME n. m. (de *journal 2*). **1.** Ensemble des activités se rapportant à la rédaction d'un journal ou à tout autre organe de presse écrite ou audiovisuelle (collecte, sélection, mise en forme de l'information) ; profession du journaliste. — **2.** Manière d'écrire, de présenter les événements, propre aux journalistes.

JOURNALISTE n. Personne qui a pour occupation principale, régulière et rétribuée, l'exercice du journalisme dans un ou plusieurs organes de presse écrite ou audiovisuelle. (Titulaire de la carte d'identité professionnelle, tout journaliste peut se prévaloir de la clause de conscience.)

journalistes *(Centre de formation des)* **[C. F. J.],** école technique de journalisme à Paris, créée en 1946.

journalistes *(Centre de formation et de perfectionnement des)* **[C. F. P. J.],** centre créé en 1947, qui regroupe le C. F. J., le Centre de perfectionnement des journalistes, le Centre d'information sur les médias et le Centre international de journalisme.

JOURNALISTIQUE adj. Qui a trait au journalisme ou aux journalistes.

JOURNÉE n. f. (anc. fr. *jorn,* jour). **1.** Espace de temps compris approximativement entre le lever et le coucher du soleil : *Rencontrer quelqu'un en fin de journée. Il est rarement libre dans la journée.* — **2.** Cet espace de temps considéré du point de vue de la température, de l'état de l'atmosphère, des occupations, des activités auxquelles on le consacre : *Une belle journée d'automne. Une journée bien remplie.* — **3.** Jour marqué par un événement historique important : *La journée des barricades.* — **4.** Cet espace de temps consacré officiellement à célébrer un événement ou à mettre l'accent sur tel ou tel point considéré comme essentiel sur le plan national : *La journée des vieillards.* — **5.** Cet espace de temps considéré par rapport au travail effectué par qqn dans l'exercice de sa profession ; rémunération correspondante : *Combien de journées vous doit-on ?* — **6.** Syn. de JOUR, indiquant, de façon imprécise, une durée de vingt-quatre heures : *Trois journées d'émeute.* — **7.** *À longueur de journée* ou (fam.) *toute la sainte journée,* durant toute la journée, sans discontinuer. ‖ *Journée(s) d'étude,* réunions, colloques, débats, etc., qui se déroulent dans le cadre d'une discipline sur une ou plusieurs journées.

journée d'Ivan Denissovitch *(Une),* récit de Soljenitsyne publié dans la revue *Novyï Mir* en 1962 : la première évocation des camps de travail soviétiques.

JOURNELLEMENT adv. **1.** Chaque jour, quotidiennement : *Prendre journellement son café au bar.* — **2.** D'une manière fréquente, continue : *Ça se voit journellement.*

JOURNET (Marcel), chanteur français (Grasse 1867 - Vittel 1933). Il réalisa une des plus grandes carrières internationales de basse (Metropolitan Opera, 1900-1908 ; Scala de Milan, 1917-1927). Il participa à la divulgation de l'œuvre de Wagner.

JOUSSE (Mathurin), ingénieur et architecte français (La Flèche 1607 - ? apr. 1642). Il travailla dans sa ville natale, notamment pour les jésuites, et publia plusieurs traités, dont le *Théâtre de l'art du charpentier* (1627, réédité en 1702).

JOUTE n. f. (de *jouter*). **1.** Combat à cheval et à la lance, d'homme à homme, auquel la noblesse guerrière du Moyen Âge se livrait par plaisir. — **2.** *Litt.* Lutte, assaut où l'on rivalise de talent ; rivalité : *Une joute oratoire.* — **3.** Activité sportive où deux adversaires, debout chacun sur l'arrière d'un bateau, cherchent, au moment où les embarcations se croisent, à se faire tomber à l'eau au moyen d'une longue perche munie d'un tampon.

JOUTER v. t. ind. (lat. pop. **juxtare,* toucher à, du lat. class. *juxta,* près de) [conj. 3]. **1.** Pratiquer la joute à cheval ou la joute nautique contre qqn. — **2.** *Litt.* Rivaliser, se mesurer avec qqn en quelque domaine.

JOUTEUR, EUSE n. **1.** Personne qui prend part à une joute nautique. — **2.** *Litt.* Personne qui lutte, rivalise avec une autre : *Avoir affaire à un rude jouteur.*

JOUVE (Pierre Jean), écrivain français (Arras 1887 - Paris 1976). D'abord influencé par le symbolisme et l'esthétique du groupe de l'Abbaye (*Présence,* 1912), il connaît une longue crise morale (*Voyage sentimental,* 1922) qui aboutit, en 1924, à un reniement de l'œuvre passée et à une nouvelle conception poétique qui, à la lumière de la psychanalyse, approfondit dans ses romans (*Paulina 1880,* 1925 ; *Aventure de Catherine Crachat,* 1947) et ses recueils lyriques (*Paradis perdu,* 1929 ; *les Noces,* 1931 ; *Sueur de sang,* 1933 ; *Diadème,* 1949 ; *Moires,* 1962 ; *Ténèbre,* 1965) la double nature de l'homme prisonnier de ses instincts, mais attiré par la spiritualité.

JOUVENCE n. f. (altér. d'apr. *jouvenceau* de l'anc. fr. *jovente,* du lat. *juventa,* jeunesse). *Eau, bain de jouvence,* ce qui fait rajeunir qqn, lui redonne de la vitalité. ‖ *Fontaine de Jouvence,* source fabuleuse de la mythologie dont les eaux avaient la propriété de rajeunir (avec majusc.).

JOUVENCEAU, ELLE n. (lat. pop. **juvencellus,* du lat. class. *juvencus,* jeune). *Ironiq.* Adolescent, adolescente.

JOUVENEL des Ursins (Henry DE), journaliste et homme politique français (Paris 1876 - *id.* 1935). Sénateur de la Corrèze (1921-1935), plusieurs fois délégué de la France à la Société des Nations, il fut haut-commissaire au Levant (1925-26). Sous son gouvernement, le Liban, pacifié, fut organisé en république (mai 1926).

JOUVENEL DES URSINS → JUVÉNAL DES URSINS.

JOUVENET (Jean-Baptiste ou **Jean III**), peintre français (Rouen 1644 - Paris 1717), le plus connu d'une famille d'artistes d'origine rouennaise. Meilleur représentant, en France, de la peinture religieuse de son temps (*Descente de Croix,* 1697, Louvre ; *la Pentecôte,* 1709, chapelle du château de Versailles), il a aussi exécuté des ensembles décoratifs, des tableaux mythologiques et des portraits. L'ordonnance grandiose, la clarté de l'agencement caractérisent son classicisme, que renouvellent la franchise de l'exécution et l'attention au détail réaliste.

JOUVET (Louis), acteur et metteur en scène français (Crozon, Finistère, 1887 - Paris 1951). Formé au Vieux-Colombier par Jacques Copeau, il devient directeur de la Comédie des Champs-Élysées en 1924 et fonde le Cartel* avec Gaston Baty, Charles Dullin et Georges Pitoëff. Directeur de l'Athénée (1934), il crée plusieurs pièces de Giraudoux et de Jules Romains (*Knock,* 1923) et renouvelle quelques personnages classiques (Don Juan, Tartuffe). Au cinéma, il a également joué des rôles importants dans *Topaze* (1931), *la Kermesse héroïque* (1935), *Drôle de drame* (1937), *Entrée des artistes, Hôtel du Nord* (1938), *Volpone* (1939), *Quai des Orfèvres* (1947).

Joux *(forêt domaniale de la),* forêt du dép. du Jura, au S.-E. de Clairvaux ; 2 659 ha. Peuplée de sapins (80 %) et d'épicéas avec quelques feuillus, elle est traitée en futaie régulière.

JOUX *(vallée de),* partie suisse (cant. de Vaud) de la haute vallée de l'Orbe, entre le Risoux et le mont Tendre.

JOUXTER v. t. (anc. fr. *joster,* réunir, avec l'infl. du lat. *juxta,* près de) [conj. 3]. *Litt.* Être situé à côté d'un lieu, lui être contigu : *Le jardin jouxtait l'église.*

Jouy *(manufacture de),* célèbre manufacture française de toiles imprimées, fondée à Jouy-en-Josas, au bord de la Bièvre, par Christophe Philippe Oberkampf en 1759. Plusieurs artistes créèrent des cartons inspirés par la vie champêtre, tel J.-B. Huet (*l'Escarpolette, les Occupations villageoises, les Délices des quatre saisons*). En 1797, la manufacture adopta la machine à imprimer au rouleau. L'établissement ferma ses portes en 1843.

Jouy *(toiles de),* toiles imprimées fabriquées à la manufacture de Jouy ; toute toile d'ameublement similaire. Un musée leur est consacré à Jouy-en-Josas.

JOUY-EN-JOSAS (78350), comm. des Yvelines, sur la Bièvre, au S.-E. de Versailles ; 7 701 hab. *(Jovaciens).* Mairie dans la maison d'Oberkampf, créateur de l'anc. manufacture de toiles de Jouy*. Musée Léon-Blum. Dans l'église, statues de la Vierge assise (XIIe s.) et de saint Sébastien (XVIIe s.). Annexe de l'Institut Pasteur. Centres de l'Institut national de la recherche agronomique (I. N. R. A.) [zootechnie, biotechnologie]. École des hautes études commerciales (H. E. C.).

JOUY-LE-MOUTIER (95000), ch.-l. de cant. du Val-d'Oise, sur l'Oise, partie de la ville nouvelle de Cergy-Pontoise ; 16 928 hab.

JOVE (Paul), nom francisé de **Paolo Giovio,** historien et humaniste italien (Côme 1483 - Florence 1552). Il a laissé des *Histoires* (*Historiarum sui temporis libri,* 1550-1552) qui vont de l'invasion de Charles VIII jusqu'en 1547.

JOVELLANOS (Gaspar Melchor DE), homme politique espagnol (Gijón 1744 - Vega 1811). Dans ses écrits, il préconisa le libéralisme et une réforme de l'enseignement. Ministre de la Justice (1797), il fut destitué à l'instigation de Godoy.

JOVIAL, E, ALS ou **AUX** adj. (ital. *giovale,* du bas lat. *jovialis,* né sous la planète Jupiter). **1.** Qui est d'une gaieté simple et communicative, gentille, souriante : *Un caractère jovial.* — **2.** Qui exprime la gaieté ; épanoui ; hilare : *Figure joviale.* — **3.** *Être d'humeur joviale,* être gai, prêt à prendre toutes les choses du bon côté.

JOVIALEMENT adv. De façon joviale.

JOVIALITÉ n. f. Humeur joviale, tendance à la bonne humeur.

JOVIEN, ENNE adj. (lat. *jovis,* génit. de Jupiter). Relatif à la planète Jupiter.

JOVIEN, en lat. **Flavius Claudius Iovianus** (Singidunum, Mésie, v. 331 - Dadastana, Bithynie, 364), empereur romain (363-364). À la mort de Julien (363), il fut proclamé empereur par les légions d'Illyrie et conclut la paix avec Châhpuhr, roi de Perse.

JOVIN, en lat. **Flavius Iovinus** († 370), général et consul du IVe s. apr. J.-C. qui combattit en Gaule sous Julien et Valentinien. Converti au christianisme, il fit bâtir à Reims une basilique où se trouve encore son tombeau.

JOVKOV (Jordan), écrivain bulgare (Žeravna 1880 - Plovdiv 1937), un des maîtres de la prose bulgare, régionaliste (*la Ferme près de la frontière,* 1934) et patriote ardent (*Légendes de la Stara Planina,* 1928).

JOXE (Louis), homme politique français (Bourg-la-Reine 1901 - Paris 1991). Ambassadeur à Moscou (1952-1955) puis à Bonn (1955-56), il fut secrétaire général aux Affaires étrangères de 1956 à 1959. Ministre d'État chargé des Affaires algériennes (1960-1962), il joua un rôle important dans la préparation des accords d'Évian (1962). Il fut membre du Conseil constitutionnel de 1977 à 1989.

JOYAU [ʒwajo] n. m. (anc. fr. *joiel,* du lat. *jocus,* jeu, avec l'infl. de l'anc. fr. *joi,* joie). **1.** Objet fait de matières précieuses, servant en partic. à la parure. — **2.** Ce qui est beau et d'une grande valeur : *Cette statuette est un véritable joyau.* — **3.** Ce qu'il y a de plus remarquable dans son genre : *La Sainte-Chapelle, joyau de l'art gothique.* — **4.** *Joyaux de la Couronne,* en France, ensemble des emblèmes et bijoux hérités de la monarchie et dont la plupart des pièces conservées sont au Louvre (galerie d'Apollon ; le diamant *le Régent* en fait partie).

JOYCE (James), écrivain irlandais (Rathgar, Dublin, 1882 - Zurich 1941). Né dans une famille catholique, il fait ses études chez des jésuites, puis s'inscrit à l'université. À l'écart des luttes politiques — l'Irlande a trahi son héros, Parnell — et fasciné par Ibsen, il publie des poèmes et des articles de revues (*le Nouveau Drame d'Ibsen,* 1900). Rejetant d'un seul coup sa famille, sa foi et les aspirations gaéliques de ses compatriotes, il quitte en 1904 l'Irlande, qui sera toujours au cœur de son œuvre, pour s'établir successivement à Paris, à Trieste et à Zurich. D'abord poète (*Musique de chambre,* 1907), il passe à des nouvelles réalistes, pétries de compassion (*Gens* de Dublin,* 1914 ; *Dedalus, portrait de l'artiste jeune par lui-même,* 1916), qui forment une introduction à son œuvre maîtresse *Ulysse** (1922), interdite en Grande-Bretagne et aux États-Unis pour pornographie. Libéré des intimidations collectives (culpabilité, héroïsme, honte, pudeur), il veut recréer ironiquement à la fois « sa » ville, sa langue, son peuple. De 1922 à 1939, Joyce s'absorbe dans *Finnegans* Wake,* doué comme *Ulysse* d'un symbolisme multiple et dont le personnage principal est en définitive le langage.

JOYEUSE (07260), ch.-l. de cant. de l'Ardèche, au S.-S.-O. de Largentière ; 1 435 hab. *(Joyeusains).* Anc. château des ducs de Joyeuse, auj. mairie. Église gothique du XVIIe s.

JOYEUSE (Anne, *duc* DE), homme de guerre français (Joyeuse 1561 - Coutras 1587). Mignon d'Henri III (1578), qui lui fit épouser Marguerite de Lorraine, sœur de la reine (1581), et le nomma amiral de France (1582), il fut vaincu et tué à Coutras. — Son frère FRANÇOIS (1562-1615), cardinal (1583), négocia la réconciliation d'Henri IV avec le pape. — HENRI (1567 - Rivoli 1608), frère des précédents, capucin (1587), devint lieutenant général du Languedoc pour la Ligue (1592) mais se soumit à Henri IV (1596).

JOYEUSEMENT adv. De façon joyeuse.

JOYEUSETÉ n. f. *Fam.* Mot, acte pour rire ; plaisanterie.

JOYEUX, EUSE adj. (de *joie*). **1.** Qui éprouve de la joie, qui est gai : *Une table de joyeux convives. Il semble d'humeur joyeuse aujourd'hui.* — **2.** Qui, par nature, est porté à rire, à s'amuser, à prendre gaiement la vie : *Un joyeux luron.* — **3.** Qui exprime la joie, s'accompagne de joie, est inspiré par la joie : *Des visages joyeux.* — **4.** Dans des formules de souhait, bon, heureux : *Joyeux anniversaire.* — **5.** *Mener joyeuse vie,* mener une vie de plaisirs. ‖ Fam. *Ne pas être joyeux,* ne pas être une source de plaisir, de gaieté.
◆ **joyeux** n. m. *Arg. mil.* Syn. de BAT' D'AF'.
◆ **joyeuses** n. f. pl. *Pop.* Testicules.

Joyeuses Commères de Windsor *(les),* comédie en 5 actes de Shakespeare (v. 1600-01). Courtisant deux bourgeoises de Windsor, Falstaff devient leur jouet. Le héros de *Henri IV* n'est ici que le pédant des comédies populaires italiennes.

JOYSTICK n. m. (angl. *joystick,* de *joy,* plaisir, et *stick,* bâton). Manette utilisée dans certains jeux vidéo pour commander le déplacement d'un spot sur l'écran.

JÓZSEF (Attila), poète hongrois (Budapest 1905 - Balatonszárszó 1937). Malgré une enfance miséreuse, il acquiert une grande culture, traduit Villon et Apollinaire et débute dans la revue *Nyugat* à l'âge de 17 ans. Militant du mouvement ouvrier clandestin, objet de persécutions perpétuelles, il se suicida, laissant une œuvre d'inspiration sociale qui domine le lyrisme hongrois moderne (*le Mendiant de la beauté,* 1922 ; *Il n'y a pas de pardon,* 1936).

J.T. n. m. Abrév. de JOURNAL TÉLÉVISÉ.

JUAN *(golfe),* golfe de la Côte d'Azur (Alpes-Maritimes), entre le cap de la Croisette et le cap d'Antibes. (→ GOLFE-JUAN et JUAN-LES-PINS.)

JUAN D'AUTRICHE *(don),* prince espagnol (Ratisbonne 1545 - Bouges, près de Namur, 1578), fils naturel de Charles Quint et de Barbe Blomberg (ou Plumberger). Il réprima la révolte des morisques d'Andalousie (1568-1570). Vainqueur des Turcs à Lépante* (1571), il occupa Tunis et Bizerte (1574). Lieutenant général à Naples, il fut nommé gouverneur général des Pays-Bas à la mort de Requesens (1576). Il dut accepter, par l'Édit perpétuel (1577), d'évacuer les provinces du Sud ; mais après l'arrivée d'Alexandre Farnèse, il reprit l'offensive. Vainqueur à Gembloux (1578), il mourut peu après, vraisemblablement empoisonné.

JUAN *(don),* comte **de Barcelone,** prince espagnol (San Ildefonso 1913), fils du roi Alphonse XIII. Prince des Asturies (1933-1941), puis prétendant au trône d'Espagne (1941), il est le père de Juan Carlos Ier, roi d'Espagne.

JUAN Y SANTACILIA (Jorge), chef d'escadre espagnol (Novelda 1713 - Madrid 1773). Il fit partie de l'expédition de La Condamine pour la reconnaissance d'un degré du méridien (1736-1743), et créa l'observatoire astronomique de Cadix (1753).

JUAN CARLOS Ier (Rome 1938), roi d'Espagne (1975), fils de don Juan de Bourbon, comte de Barcelone, et petit-fils d'Alphonse XIII. Il épouse en 1962 Sophie, princesse de Grèce. Le 22 juill. 1969, il est désigné comme héritier du trône d'Espagne par le général Franco. Devenu roi à la mort de ce dernier (1975), il instaure un régime démocratique en se portant garant de l'unité et de la liberté du pays. Sa fermeté fera ainsi échouer en févr. 1981 le putsch du commandant Tejero.

JUAN DE COLONIA → COLONIA.

JUAN DE FLANDES, peintre flamand (? v. 1465 - Palencia v. 1519). Il entra en 1496 au service d'Isabelle la Catholique et diffusa en Espagne, où la peinture des Flandres était très appréciée, le style de Van der Goes (grand retable de la cathédrale de Palencia, v. 1510).

JUAN DE FUCA *(détroit de),* bras de mer formé par le Pacifique, entre la péninsule des monts Olympic (État de Washington) et l'île de Vancouver (Canada).

JUAN DE JUANES (Vicente Juan MASIP NAVARRO, dit), peintre espagnol (Fuente La Higuera, Valence, av. 1523 - Bocairente, Valence, 1579), le plus célèbre d'une famille d'artistes. Il adoucit le style de son père, VICENTE MASIP, et s'inspira de l'œuvre de Raphaël, surtout dans des sujets religieux empreints de candeur (*Paradis terrestre* et *Péché originel,* église S. Nicolás, Valence).

JUAN DE JUNI, sculpteur espagnol d'origine française (Joigny ? 1507 ? - Valladolid 1577). Il fit un voyage en Italie avant de travailler à León (1533) et de s'établir à Valladolid (1541), où ses œuvres, mouvementées, ont influencé la sculpture castillane (*Mise au tombeau, Vierge aux épées,* bois polychrome).

JUAN DE NOVA, petite île française du canal de Mozambique, dépendance de la Réunion ; 15 km². Aérodrome. Station météorologique.

JUAN FERNÁNDEZ *(îles),* archipel chilien du Pacifique méridional, dont les deux principales îles sont Más a Tierra (ou Alejandro Selkirk) et Más Afuera (ou Robinson Crusoe).
— **Hist.** Ces îles furent découvertes avant 1572 par l'Espagnol Juan Fernández.

JUAN JOSÉ D'AUTRICHE *(don),* prince espagnol (Madrid 1629 - *id.* 1679), fils naturel de Philippe IV et de l'actrice María Calderón. Légitimé par son père en 1641, il intrigua contre la régente Marie-Anne d'Autriche et s'opposa au gouvernement du père Nithard qu'il fit exiler (1669) et à celui de Valenzuela. Après avoir contribué à la chute de ce dernier (1677), il devint Premier ministre de Charles II.

JUAN-LES-PINS (06160), station balnéaire de la Côte d'Azur (Alpes-Maritimes), sur la côte est du *golfe Juan,* au S. d'Antibes, dont elle dépend administrativement.

JUANTORENA (Alberto), athlète cubain (Santiago de Cuba 1951), premier coureur au monde à remporter les titres olympiques sur 400 m et 800 m (Montréal, 1976).

JUÁREZ GARCÍA (Benito Pablo), homme d'État mexicain (San Pablo Gueletao, près d'Oaxaca, 1806 - Mexico 1872). Secrétaire d'État après la révolution d'Ayutla, qui donna le pouvoir aux libéraux (1855), il fut l'un des inspirateurs des lois de réforme contre l'Église et de la Constitution de 1857. En 1858, succédant à Comonfort à la présidence de la République, il se heurta à l'opposition des conservateurs (guerre des Trois Ans, 1858-1860). Élu en 1861, il s'opposa à l'expédition française (1863) et au régime instauré par Maximilien d'Autriche (1864-1867). Il fut de nouveau président du Mexique de 1867 à sa mort.

JUAZEIRO DO NORTE, v. du Brésil, dans le sud de l'État de Ceará ; 138 400 hab. Sucrerie. Coton. Artisanat.

JUBA → DJOUBA.

JUBA Ier, roi de Numidie († Zama 46 av. J.-C.), fils d'Hiempsal. Il prit, par tradition familiale, le parti de Pompée. Battu par César à Thapsus (46), il se donna la mort. — Son fils, **Juba II** (v. 52 av. J.-C. - 23 ou 24 apr. J.-C.), se vit attribuer par Auguste la Mauritanie (25 av. J.-C.) dont il fut roi jusqu'à sa mort. Étroitement dépendant de

Rome, il fut un souverain lettré, et embellit sa capitale, Iol, rebaptisée *Caesarea* (Cherchell).

JUBARTE n. f. (angl. *jubartes,* du moyen fr. *gibbar,* bossu). Grande baleine (balénoptère) cosmopolite des océans du monde entier, aux longues pectorales (5 m chez un individu de 15 m de long) et à la forme massive, peu profilée. (Autres noms *baleine à bosse, mégaptère, rorqual longimane.*)

JUBBULPORE → JABALPUR.

JUBÉ n. m. (lat. *jube,* ordonne, premier mot de la prière *Jube, Domine, benedicere*). Clôture monumentale, portant généralement une plate-forme ou une coursière, qui sépare le chœur de la nef dans certaines églises médiévales. (Le jubé, qui procède du chancel et des ambons des basiliques paléochrétiennes, forme une sorte de tribune transversale du haut de laquelle se faisait la lecture de l'épître et de l'évangile. Il fut remplacé, au plus tard au XVIIe s., par la chaire à prêcher, installée dans la nef.)

JUBEA [-bea] n. m. (lat. sc. *jubæa*). Palmier du Chili dont le stipe atteint 20 m de haut. (Son fruit contient une graine à albumen comestible. Il est très souvent cultivé en serre froide ou en orangerie.

JUBILAIRE adj. Qui relève du jubilé.

JUBILANT, E adj. *Fam.* Qui exprime une vive satisfaction.

JUBILATION n. f. (bas lat. *jubilatio, -onis,* du lat. class. *jubilare*). Joie vive, intense.

JUBILATOIRE adj. *Fam.* Qui provoque une joie intense : *Spectacle jubilatoire.*

JUBILÉ n. m. (bas lat. ecclés. *jubilaeus,* de l'hébr. *yobel,* sonnerie de cor). **1.** Dans la Bible, année privilégiée, dite *année jubilaire,* revenant tous les cinquante ans et marquée par une volonté d'égalité sociale. — **2.** Dans la religion catholique, année sainte, revenant tous les vingt-cinq ans, où les pèlerins de Rome bénéficient d'une indulgence plénière en visitant les sanctuaires désignés et où le pape ouvre la porte sainte aux quatre basiliques majeures de Rome ; ensemble des pratiques imposées pour gagner cette indulgence. — **3.** Anniversaire important du mariage (noces d'argent, noces d'or), de la profession religieuse, de l'ordination sacerdotale ou de la consécration épiscopale. — **4.** Cinquantième année d'exercice, et, en partic., cinquantième année de règne.

Jubilés *(livre des),* livre apocalyptique juif connu aussi sous le nom de *Petite Genèse.* Il fut écrit dans sa rédaction définitive vers l'an 100 av. J.-C. Utilisé par les esséniens de Qumrān, il s'intéresse plus aux prescriptions rituelles qu'à la vie morale.

JUBILER v. i. (lat. *jubilare*) [conj. 3]. Manifester une joie intense, souvent intérieure : *Il jubile de voir son équipe gagner.*

JUBY *(cap),* promontoire de la côte occidentale du Sahara, au Maroc (prov. de Tarfaya).

JÚCAR, fl. d'Espagne, tributaire de la Méditerranée, qui irrigue la huerta de Valence ; 498 km.

JUCHÉE n. f. Lieu où juchent les faisans.

JUCHER v. i. (anc. fr. *joschier,* avec l'infl. de *percher* et de l'anc. fr. *hucher,* du frq. **hûkôn,* s'accroupir) [conj. 3]. **1.** Se mettre sur une branche, sur une perche pour dormir, en parlant des poules et de quelques oiseaux : *Les faisans juchent sur les arbres.* — **2.** *Fam.* et *vx.* Loger très haut qqpart : *Jucher au sixième étage.*

◆ v. t. Placer qqn, qqch en un lieu plus élevé, à une hauteur relativement grande : *Il jucha l'enfant sur une chaise.*

◆ **se jucher** v. pr. Grimper et s'installer en un point élevé.

JUCHOIR n. m. Perche, bâton, endroit préparés pour faire percher des oiseaux de basse-cour.

JUDA, personnage biblique, fils de Jacob, qui a donné son nom à une tribu située au sud de la Palestine et dont le rôle fut prépondérant dans l'histoire du peuple hébreu.

JUDA *(royaume de),* royaume hébreu constitué par les tribus du Sud lors du schisme du royaume de Salomon, rival du royaume d'Israël. Créé en 931 av. J.-C., ce royaume fut détruit, en même temps que Jérusalem, par Nabuchodonosor, en 587 av. J.-C. : l'élite de sa population fut déportée à Babylone.

JUDA HA-NASSI (le Prince), rabbin réputé pour sa science et sa sainteté (135-220). Il rassembla dans la Mishna les traditions et les enseignements de la Loi orale.

JUDAÏCITÉ n. f. Fait d'être juif.

JUDAÏQUE adj. (lat. *judaicus,* du gr. *ioudaikos*). Relatif au judaïsme : *Loi judaïque.*

JUDAÏSANT, E adj. et n. **1.** Qui se soumet en tout ou en partie aux pratiques de la Loi juive. — **2.** Se dit d'un juif converti au christianisme durant l'époque apostolique.

JUDAÏSATION n. f. **1.** Action d'adopter l'observance juive. — **2.** Action de judaïser un territoire.

JUDAÏSER v. i. (conj. 3). Se soumettre à l'observance de la Loi juive.

◆ v. t. Peupler un territoire de colons juifs.

JUDAÏSME n. m. (lat. ecclés. *judaismus,* du gr. *ioudaismos*). Ensemble de la pensée religieuse et des institutions religieuses du peuple d'Israël.

ENCYCL. Le fondateur de la religion juive est Abraham, dont les descendants, les Hébreux*, après un temps d'exil en Égypte, s'installent, probablement au XIIIe s. av. J.-C., dans le pays de Canaan, qui est la Terre promise par Dieu. Mais, avant d'y pénétrer, ils restent quarante ans dans le désert, conduits par celui qui est le législateur d'Israël : Moïse. Successivement gouvernés par des juges et par des rois, constamment attirés par les cultes idolâtriques, les Hébreux sont rappelés à leurs devoirs par les prophètes. Après la destruction, en 70 apr. J.-C., par les Romains, du second Temple, au culte du Temple (sacrifices) se substitue le culte synagogal (prières) qui avait déjà été institué en Babylonie à l'époque de l'Exil.

sources

Pour les juifs, la Bible*, formée uniquement de livres hébraïques, correspond, pour l'essentiel, à l'Ancien Testament des chrétiens. Elle comprend : la Loi de Moïse ou Pentateuque* *(Torah),* les Prophètes *(Nebiim)* et les Hagiographes *(Ketoubim).* La première partie, la Torah (« doctrine »), est la plus importante. Il existe aussi une Loi dite « orale », dont la tradition fait remonter l'origine à Moïse. Elle a été mise par écrit par Rabbi Juda Ha-Nassi, vers 200, et a reçu le nom de *Mishna* dans les écoles rabbiniques de Palestine et de Babylonie. Avec les commentaires qui en furent donnés *(Gemara),* la Mishna forme le Talmud*.

doctrine

Le plus grand théologien juif, Maimonide (1135-1204), a fixé à treize les articles de foi du judaïsme, qui sont les suivants : 1. Dieu est le Créateur et la Providence du monde ; 2. Il est un et unique ; 3. Il est esprit et ne peut être représenté sous aucune forme ; 4. Il est éternel ; 5. à lui seul nous devons adresser nos prières ; 6. toutes les paroles des prophètes d'Israël sont vérité ; 7. Moïse a été le plus grand de tous les prophètes ; 8. la Loi, telle que les Juifs la possèdent, a été donnée par Dieu à Moïse ; 9. nul homme n'a le droit de la remplacer ni de la modifier ; 10. Dieu connaît toutes les actions et toutes les pensées des hommes ; 11. Il récompense ceux qui accomplissent ses commandements et punit ceux qui les transgressent ; 12. Il enverra le Messie, annoncé par les prophètes ; 13. Il rappellera les morts à la vie.

La profession de foi juive est la parole de Moïse : « Écoute Israël, l'Éternel notre Dieu, l'Éternel est Un. » C'est l'affirmation fondamentale, celle du monothéisme.

La religion juive se présente donc comme une alliance de Dieu avec les patriarches et leur postérité, choisis par Dieu pour répandre son culte parmi les peuples, et cette alliance comporte de la part des enfants d'Israël l'engagement d'être fidèles à Dieu et à sa Loi, à la Torah. Celle-ci n'est pas seulement un recueil de préceptes religieux et moraux, mais aussi une législation qui contient des lois relatives à l'application de la justice, au traitement des esclaves, à la conduite de la guerre, etc.

fêtes et jeûnes

Les jours fériés du judaïsme sont : le sabbat, ou samedi ; les fêtes du pèlerinage, Pâque *(Pessaḥ),* Pentecôte *(Shabouot),* les Tabernacles *(Soukkot),* chacune d'elles perpétuant un souvenir historique (Pâque, la sortie d'Égypte ; Pentecôte, la proclamation du Décalogue sur le mont Sinaï ; les Tabernacles, le séjour de quarante ans dans le désert après la sortie d'Égypte) ; les solennités austères, le jour de l'an *(Rosh ha-Shana)* et le jour de l'Expiation ou Grand Pardon *(Yom Kippour),* ce dernier étant entièrement consacré à la prière et au jeûne. Le travail est interdit le sabbat et les jours de fêtes juives. Il existe aussi deux fêtes mineures : la fête des Sorts *(Pourim),* anniversaire de la délivrance miraculeuse des Juifs de Perse ; la fête de l'Inauguration *(Hanoukka),* commémorant la purification du Temple de Jérusalem, rendu au culte de Dieu à la suite des victoires de Judas Maccabée.

culte

La liturgie israélite prescrit trois offices quotidiens pour les jours ouvrables. Les sabbats, les jours de fête et de néoménie, un office supplémentaire *(moussaf)* suit immédiatement *shaharit.*

judaïsme réformé, mouvement dissident du judaïsme traditionnel, dont le but est d'insérer la religion et la culture juives dans la vie moderne. Né en Allemagne, au début du XIXe s., des idées libérales de la Révolution française, ce mouvement a, par la suite, gagné la France où, depuis 1906, il inspire l'Union libérale israélite dont s'est séparé, en 1975, le Mouvement libéral juif.

JUDAÏTÉ → JUDÉITÉ.

JUDAS n. m. (de *Judas,* n. pr.). **1.** Traître (souvent avec majusc.). — **2.** Petite ouverture, guichet pratiqués dans un vantail de porte, une cloison, etc., permettant de regarder, de surveiller sans être vu. — **3.** *Judas optique,* petite ouverture dans une porte dotée d'une lentille.

JUDAS, dit **l'Iscariote,** un des douze apôtres ; il livra Jésus à ses ennemis et se donna ensuite la mort (Matthieu, XXVII, 5 ; Actes des Apôtres, I, 15-19).

JUDAS MACCABÉE → MACCABÉE.

JUDD (Donald JUDD, dit **Don**), sculpteur et théoricien américain (Excelsior Springs, Missouri, 1928 - New York 1994). Rigoureuse et sans ambiguïté (superposition ou alignement, selon des lois mathématiques, de volumes parallélépipédiques), son œuvre a été, à partir du début des années 60, une des plus caractéristiques de l'art minimal.

JUDE *(saint),* un des douze apôtres, surnommé **Thaddée,** frère de Jacques le Mineur et cousin de Jésus. L'*Épître de Jude* (env. 90), que lui attribue la tradition, sans raison aucune, est une invitation à garder la foi traditionnelle.

Jude l'Obscur, roman de Thomas Hardy (1895) qui illustre les vues pessimistes de l'auteur : l'homme est, par son hérédité et son milieu, soumis étroitement à son destin.

JUDÉE, en ar. **al-Yahūdiyya,** région de collines et de plateaux du sud de la Palestine, qui fut dans l'Antiquité le cœur du pays juif. Polyculture céréalière. — Les *monts de Judée* constituent la région principale de la Cisjordanie.
— **Hist.** La province du sud de la Palestine, qui reçut à l'époque gréco-romaine le nom de *Joudaia,* recouvrait approximativement l'ancien territoire du royaume de Juda. Sa ville principale est Jérusalem.

JUDÉEN, ENNE adj. et n. Du royaume de Juda ou de la province de Judée.

JUDÉE-SAMARIE, dénomination israélienne de la Cisjordanie.

JUDÉITÉ ou **JUDAÏTÉ** n. f. Identité juive définie par un ensemble de caractères religieux, sociologiques et culturels.

JUDELLE n. f. Autre nom de la *foulque.*

JUDÉO-ALLEMAND, E adj. et n. m. (pl. *judéo-allemands, es*). Syn. de YIDDISH.

JUDÉO-ARABE adj. et n. m. (pl. *judéo-arabes*). Se dit de la langue arabe moyenne parlée et écrite, essentiellement au Moyen Âge, par les Juifs des pays arabophones.

JUDÉO-CHRÉTIEN, ENNE [-kre-] adj. (pl. *judéo-chrétiens, ennes*). Se dit des valeurs morales communes au judaïsme et au christianisme.
◆ n. Partisan du judéo-christianisme.

judéo-chrétienne de France *(Amitié),* association fondée en 1948 dans le but de faire progresser le respect, l'amitié et la compréhension mutuels entre le judaïsme et le christianisme.

JUDÉO-CHRISTIANISME n. m. **1.** Doctrine professée par les chrétiens d'origine juive, sur la nécessité de la pratique des observances mosaïques dans l'Église primitive. — **2.** Ensemble des éléments constitutifs de la civilisation judéo-chrétienne, qui a modelé les sociétés occidentales.

JUDÉO-ESPAGNOL, E adj. et n. m. (pl. *judéo-espagnols, es*). Syn. de LADINO.

JUDICAËL, roi de Bretagne (Domnonée) [† v. 638]. Il est vénéré comme un saint par les Bretons.

JUDICATURE n. f. (lat. *judicatum,* de *judicare,* juger). Dans l'ancienne monarchie, condition et profession des personnes chargées de rendre la justice. (Les charges de judicature devinrent des offices.)

JUDICIAIRE adj. (lat. *judiciarius,* de *judicium,* jugement). **1.** Qui relève de la justice, de son administration. — **2.** Qui se fait en justice, par autorité de justice. — **3.** Se dit de l'astrologie qui juge la qualité d'un individu et les péripéties de sa carrière. — **4.** *Acte judiciaire,* acte lié au déroulement d'une procédure gracieuse ou contentieuse ou qui vise à réaliser une exécution forcée. ‖ *Circonscription judiciaire,* base territoriale de l'organisation judiciaire. ‖ *Éloquence judiciaire,* un des trois genres d'éloquence que distingue la rhétorique. (Syn. ÉLOQUENCE DU BARREAU.) ‖ *Organisation judiciaire,* ensemble des juridictions et des règles qui les régissent. ‖ *Pouvoir judiciaire,* capacité de rendre la justice ; organes exerçant la fonction judiciaire. (Dans la théorie de la séparation des pouvoirs, le pouvoir judiciaire s'oppose au pouvoir législatif et au pouvoir exécutif. En France, la Constitution de 1958 parle d'*autorité judiciaire* indépendante.)

JUDICIAIREMENT adv. Au point de vue judiciaire.

JUDICIARISATION n. f. Syn. de JURIDICTIONNALISATION.

JUDICIEUSEMENT adv. De façon judicieuse, avec pertinence ; intelligemment.

JUDICIEUX, EUSE adj. (lat. *judicium,* jugement). **1.** Qui a le jugement bon, droit, juste : *Un esprit judicieux.* — **2.** Qui témoigne d'un jugement sain, pertinent, rationnel : *Une judicieuse remarque.*

JUDITH, héroïne juive du livre biblique de Judith. Après avoir rendu le courage aux gens de la ville de Béthulie assiégée par les troupes de Nabuchodonosor, elle s'introduisit par ruse sous la tente du général ennemi Holopherne et, profitant de son sommeil, lui trancha la tête, provoquant ainsi la débandade de ses troupes.

Judith *(livre de)* [milieu du IIe s. av. J.-C.], petit récit qui s'apparente au genre apocalyptique, la délivrance de Béthulie par Judith représentant le triomphe de Yahvé sur ses ennemis.

JUDITH DE BAVIÈRE (v. 800 - Tours 843), seconde femme de Louis Ier le Pieux, qu'elle épousa en 819, et mère de Charles II le Chauve, pour qui elle obtint de l'empereur un accroissement de sa part d'héritage (829).

JUDO n. m. (jap. *jūdō,* de *jū,* souple, et *dō,* méthode). Sport de combat, où la souplesse et la vitesse d'exécution jouent un rôle prépondérant.

ENCYCL. Le judo, dérivé du jiu-jitsu, a été créé par le Japonais Kanō Jigorō. Sport olympique en 1964 (en démonstration, à Tōkyō), et depuis 1972 (pour les hommes) et 1992 (pour les femmes), le judo est aussi régulièrement l'objet de compétitions continentales (championnats d'Europe : depuis 1951 pour les hommes et depuis 1975 pour les femmes) et mondiales (championnats du monde : depuis 1956 pour les hommes et depuis 1980 pour les femmes). La valeur (classement) du judoka est définie par la couleur de la ceinture* portée sur le judogi. Les combats, qui se disputent sur un tapis, le tatami (toile de bâche tendue sur un feutre épais ou sur des nattes), durent de 2 à 5 min (selon les catégories). Le vainqueur est celui qui, à l'issue de la rencontre, marque l'avantage technique le plus net (à moins que le combat ne se termine par un ippon) ; parfois, la victoire peut être obtenue par décision de l'arbitre, quand aucun avantage technique ne départage les adversaires (il est alors tenu compte des attitudes et du style des attaques). Il est interdit de donner des coups, et certaines prises sont prohibées. Les prises utilisées sont classées en projections, immobilisations, clés et strangulations. Sept catégories de poids sont reconnues ; chez les hommes : super-léger (moins de 60 kg), mi-léger (moins de 65 kg), léger (moins de 71 kg), mi-moyen (moins de 78 kg), moyen (moins de 86 kg), mi-lourd (moins de 95 kg), lourd (au-dessus) ; chez les femmes : super-légère (moins de 48 kg), mi-légère (moins de 52 kg), légère (moins de 56 kg), mi-moyenne (moins de 61 kg), moyenne (moins de 66 kg), mi-lourde (moins de 72 kg), lourde (au-dessus). Il existe également des compétitions « toutes catégories ».

JUDOGI n. m. (jap. *jūdōgi*). Vêtement pour la pratique du judo, qui se compose d'une veste et d'un pantalon de toile solide. (Syn. KIMONO.)

JUDOKA n. (jap. *jūdōka*). Personne qui pratique le judo.

JUGAL, E, AUX adj. (lat. *jugalis,* de *jugum,* joug). **1.** Relatif à la joue. – **2.** *Arcade jugale,* arcade osseuse de la joue. (Syn. ARCADE ZYGOMATIQUE.)

◆ **jugal** n. m. L'un des os de la joue dans divers groupes de vertébrés.

JUGE n. m. (lat. *judex, -icis,* de *jus,* le droit, et *dicere,* dire). **1.** Magistrat chargé de rendre la justice en appliquant les lois. – **2.** Personne qui a le pouvoir de juger, d'apprécier ou de décider qqch, qui est appelée à servir d'arbitre dans une contestation ou à donner son avis dans tel ou tel cas : *Je vous fais juge de la situation.* – **3.** Personne que sa compétence ou son expérience rend plus ou moins apte à apprécier les choses dans un certain domaine : *Être bon juge en matière de gastronomie.* – **4.** *Être (à la fois) juge et partie,* être amené à se prononcer sur un différend dans lequel on est soi-même impliqué et manquer d'impartialité. • **Dr.** Magistrat du siège exerçant ses fonctions au tribunal d'instance, de grande instance ou de commerce. ‖ Syn. de JURIDICTION. ‖ Tout individu, corps ou personne morale chargés par des États de régler leurs différends sur la base du respect du droit. ‖ Membre d'un organe permanent constitué en vue de trancher les conflits juridiques auxquels sont parties un ou plusieurs sujets du droit international (par ex., les membres de la Cour internationale de justice). ‖ *Juge aux affaires matrimoniales (J. A. M.),* juge désigné pour connaître des affaires de divorce et de séparation de corps. (Il est spécialement chargé de veiller à la sauvegarde des enfants mineurs.) ‖ *Juge de l'application des peines,* juge du tribunal de grande instance chargé de suivre et d'individualiser l'exécution des peines des condamnés. (Il préside le comité de probation et d'assistance aux libérés.) ‖ *Juge des enfants,* juge du tribunal de grande instance chargé en matière civile de tout ce qui concerne l'assistance éducative, et, en matière pénale, de juger les contraventions de 5e classe et les délits commis par des mineurs. ‖ *Juge de l'exécution,* juge du tribunal de grande instance connaissant de ce qui a trait à l'exécution des jugements et autres actes, y compris des demandes en exequatur. ‖ *Juge d'instance,* juge du tribunal d'instance. ‖ *Juge d'instruction,* juge du tribunal de grande instance chargé de l'instruction préparatoire en matière pénale, qui est à la fois officier de police judiciaire et juridiction d'instruction du premier degré. ‖ *Juge des loyers,* juridiction compétente en matière de baux. ‖ *Juge de paix,* magistrat qui formait à lui seul la juridiction appelée « justice de paix », à laquelle a succédé le tribunal d'instance. ‖ *Juge rapporteur,* juge chargé par le tribunal d'établir un rapport sur une affaire. ‖ *Juge des référés,* juge qui, sans être saisi au principal, a le pouvoir d'ordonner des mesures urgentes qui ne se heurtent à aucune contestation sérieuse ou que justifie l'existence d'un différend. ‖ *Juge des tutelles,* juge du tribunal d'instance chargé principalement de surveiller la gestion des biens des incapables. ‖ *Juge unique,* juge qui rend des décisions seul. – **Hist.** À Rome, personne privée choisie selon la loi des Douze Tables pour juger une certaine matière. ‖ Chez les Hébreux, chacun des chefs temporaires et héros locaux qui, après l'installation en Canaan, exercèrent leur autorité sur un groupe de tribus. (Cette période dite « des juges » [de 1200 à 1030 env.] aboutit à l'institution de la monarchie.) — **Myth.** *Juges des Enfers,* chez les Grecs, Minos, Éaque et Rhadamante, qui jugeaient les âmes des morts. — **Sports.** Commissaire chargé, dans une course, de constater l'ordre des arrivées ou de réprimer les irrégularités qui pourraient se produire au cours de l'épreuve. ‖ Dans certains sports (patinage, gymnastique notamment), personne chargée de noter les concurrents. ‖ *Juge de ligne,* au tennis, adjoint de l'arbitre placé sur le prolongement d'une ligne et chargé de signaler que la balle a dépassé les limites du court. ‖ *Juge de touche,* personne chargée principalement d'indiquer, dans certains sports d'équipe, l'endroit où le ballon a franchi la ligne de touche et les hors-jeux. (Au football, on dit auj. *arbitre auxiliaire.*)— **Turf.** Spécialiste des courses à qui incombe le contrôle du départ *(juge au départ,* ou *starter)* et de l'arrivée *(juge à l'arrivée)* des épreuves et, pour le trot, de la régularité des allures *(juge aux allures).*

Juges *(livre des),* livre biblique qui fait suite au livre de Josué et qui retrace la période de l'installation des Hébreux en Canaan, de 1200 à 1030 av. J.-C. environ.

JUGÉ → JUGER.

JUGEABLE adj. Qui peut être mis en jugement ; qui peut être décidé par un jugement.

JUGE-ARBITRE n.m. (pl. *juges-arbitres*). Au tennis, officiel chargé de l'organisation d'une rencontre et de l'application des règlements.

JUGE-COMMISSAIRE n. m. (pl. *juges-commissaires*). Juge désigné par le tribunal pour diriger certaines procédures (enquête, redressement et liquidation judiciaires des entreprises). [Syn. JUGE COMMIS.]

JUGEMENT n. m. (de *juger*). **1.** Action de juger qqn, une affaire, de prononcer une sentence à leur endroit, en conformité avec le droit. — **2.** Décision rendue par un tribunal, et plus particulièrement par un tribunal d'instance, de grande instance, de commerce ou un conseil de prud'hommes. — **3.** Activité de l'esprit permettant de juger, d'apprécier les êtres, les choses, les situations de la vie pratique et de déterminer sa conduite : *Une éducation qui vise à former le jugement.* — **4.** Aptitude à bien juger, à former des appréciations lucides, justes : *Un homme dépourvu de jugement.* — **5.** Action de se faire une opinion sur qqn ou sur qqch ; manière de juger : *Je m'en remets à votre jugement.* — **6.** Appréciation, favorable ou défavorable, portée sur qqn ou sur qqch : *Formuler un jugement sur un ouvrage.* — **7.** Activité de la pensée qui affirme ou nie une proposition, pour faire apparaître le vrai. — **8.** *Jugement dernier, jugement universel,* acte par lequel, à la Parousie, le Christ manifestera le sort de tous les humains. ‖ *Jugement de Dieu,* volonté divine, décret de la Providence ; ensemble d'épreuves (ordalie) auxquelles on soumettait autrefois les accusés pour les innocenter ou démontrer leur culpabilité. ‖ *Le jugement de l'histoire, de la postérité,* appréciation d'un fait ou de l'action de qqn portée par les générations suivantes en fonction de leur importance au regard de l'histoire.

JUGENDSTIL n. m. (mot all.). Style végétal-ornemental qui s'épanouit en Allemagne, de 1896 à 1910, dans les arts décoratifs, graphiques, textiles, ainsi que dans certains édifices, et qui correspond à l'Art nouveau en France. (La mode en fut lancée par la revue munichoise *Jugend.* Principaux représentants : le décorateur Hermann Obrist [1863-1927], l'architecte August Endell [1871-1925].)

JUGEOTE n. f. (de *juger*). *Fam.* Jugement, bon sens : *Il n'a pas deux sous de jugeote.*

1. JUGER v. t. (lat. *judicare*) [conj. **17**]. **1.** En parlant d'un tribunal, d'un juge, prononcer une sentence à propos de qqn, d'une affaire. — **2.** Prendre, en qualité d'arbitre, une décision au sujet d'un litige : *Être appelé à juger un différend.* — **3.** Évaluer la valeur de qqn, de qqch selon certains critères afin de les classer, de décider à leur sujet : *Jury qui juge les candidats à un concours.* — **4.** Porter sur qqn, qqch un jugement de valeur : *On juge les hommes d'après leurs actes. On l'a jugé incompétent.* — **5.** Penser, estimer, avoir tel avis sur qqch ; trouver : *Tous jugeaient cette solution impossible.* — **6.** Se déterminer, prendre position sur qqch : *À vous de juger s'il vaut mieux partir ou rester.* — **7.** *Avoir jugé qqn, qqch,* s'être fait sur eux une opinion défavorable et définitive. ‖ *Juger mal qqn,* avoir sur lui un jugement, une opinion défavorable. ‖ *Juger (soi-même, par soi-même),* se faire soi-même une idée. ‖ *L'histoire jugera,* elle décidera de la valeur de qqch, de qqn.

◆ v. t. ind. **1.** Se faire une opinion sur qqch ou sur qqn, porter une appréciation, un jugement de valeur à leur sujet : *Si j'en juge par mon expérience.* — **2.** Se faire une idée de qqch, l'imaginer : *Jugez de ma surprise.*

◆ **se juger** v. pr., **être jugé** v. pass. Passer en jugement : *L'affaire se juge le 10 mars.*

◆ **se juger** v. pr. **1.** S'estimer, se considérer comme : *Se juger compromis, offensé.* — **2.** Pour un cheval, poser les postérieurs sur les empreintes laissées par les antérieurs au pas et au trot.

2. JUGER ou **JUGÉ** n. m. (de *juger 1*). *Au juger* ou *au jugé,* d'après une estimation sommaire, rapide de la situation.

JUGERIE n. f. Sous l'ancienne monarchie, ressort, juridiction d'un juge.

JUGEUR, EUSE n. Personne qui prétend juger de tout.

JUGLANDACÉE n. f. (lat. *juglans, -andis,* noix). Nom d'une petite famille d'arbres, dont l'espèce principale est le noyer.

JUGLAR (Clément), économiste français (Paris 1819 - *id.* 1905). Il a établi la périodicité des crises économiques, mis en valeur un cycle d'une durée de l'ordre de sept à huit années auquel fut donné son nom et a éclairé le rôle de la monnaie dans la genèse des crises.

JUGON-LES-LACS (22270), ch.-l. de cant. des Côtes-d'Armor, sur l'Arguenon ; 1 295 hab. Maisons anciennes.

1. JUGULAIRE adj. (lat. *jugulum,* gorge). **1.** Qui appartient à la gorge ou au cou. — **2.** Se dit des nageoires pelviennes de certains poissons, situées sous la gorge, plus en avant que les pectorales ; se dit de ces poissons eux-mêmes.

2. JUGULAIRE n. f. (de *jugulaire 1*). **1.** Chacune des quatre grosses veines situées de chaque côté des parties latérales du cou. (→ *encycl.*) — **2.** Courroie de cuir ou bande métallique servant à assujettir la coiffure (casque, shako, bombe, etc.) sous le menton. — **3.** *Fausse jugulaire,* galon fixe d'or ou d'argent, placé au-dessus de la visière du képi ou de la casquette. ‖ Fam. *Jugulaire-jugulaire,* indique que qqn ne badine pas avec la discipline, qu'un règlement est appliqué à la lettre.

ENCYCL. **Anat.** La *jugulaire externe* se termine en se jetant dans la veine sous-clavière. La *jugulaire antérieure* se termine dans la sous-clavière ou la jugulaire externe. La *jugulaire postérieure* se termine dans le tronc brachio-céphalique veineux. La *jugulaire interne* commence au trou déchiré postérieur, reçoit le sang veineux de la cavité crânienne de la région orbitaire et se termine en se réunissant à la veine sous-clavière pour former le tronc brachio-céphalique veineux.

JUGULER v. t. (lat. *jugulare,* égorger, de *jugulum,* gorge) [conj. 3]. Arrêter qqch dans son développement, l'étouffer, le maîtriser : *Juguler la crise.*

JUGURTHA (v. 160 av. J.-C. - Rome 104), roi de Numidie. Petit-fils de Masinissa, il partagea le pouvoir avec ses cousins Adherbal et Hiempsal (118), qu'il fit assassiner alors qu'ils étaient protégés par Rome. Il obtint des sénateurs, à prix d'argent, d'échapper à une condamnation. Mais quand il prit Cirta (112) et en massacra les défenseurs numides et romains, le sénat lui déclara la guerre. Marius, élu consul en 107, réorganisa l'armée romaine et prit Capsa (Gafsa) [107]. Enfin Bocchus, roi des Maures, livra Jugurtha à Sulla, questeur de Marius (105). Jugurtha orna le triomphe de Marius (104) avant de mourir étranglé. La *guerre de Jugurtha* a été écrite par Salluste (42-40 av. J.-C.).

JUHÁSZ (Gyula), poète hongrois (Szeged 1883 - *id.* 1937). Un des fondateurs du groupe littéraire Holnap (Demain) de Nagyvárad, il devint membre, à partir de 1907, de la société Petőfi. Son œuvre, empreinte de mélancolie, évoque son pays natal (*Vendanges tardives,* 1908 ; *C'est mon sang,* 1919 ; *Testament,* 1925). Poursuivi pour ses idées politiques, il se suicida.

JUIF, IVE n. (lat. *Judaeus,* de Judée). **1.** Dans l'Antiquité, habitant du royaume de Juda. — **2.** Personne qui professe la religion judaïque : *Un juif pratiquant.* — **3.** Personne appartenant à la communauté israélite, au peuple juif. (Avec une majusc. en ce sens.) — **4.** *Péjor.* et *vx.* Usurier, avare.

◆ adj. **1.** Relatif à la Judée ou à ses habitants. — **2.** Relatif aux Juifs.

ENCYCL. Après la destruction de Jérusalem (70 apr. J.-C.), l'histoire des Juifs est celle d'un peuple dispersé, conservé par sa foi, sa loi et son esprit, grâce à ses « patriarches » installés d'abord à Yabné (ou Jabné), puis en Babylonie. C'est là que le judaïsme se purifie et se rénove : de grandes écoles s'y créent ; on y étudie attentivement la Torah ; les rabbins y poursuivent l'élaboration du Talmud, ensemble très riche de commentaires sur la loi mosaïque. Par contre, dans l'Empire romain, puis dans l'Empire byzantin, où le christianisme prédomine, le sort des Juifs est médiocre. Dans l'Espagne musulmane, du VIIe s. au XIIIe s., les Juifs peuvent donner libre cours à leur génie propre, avec, notamment, le grand poète et philosophe Avicébron (v. 1021 - v. 1058), auteur de *la Source de vie,* et le médecin, théologien et philosophe Maimonide (1135-1204) qui tente de rapprocher la Bible et l'aristotélisme. C'est à cette époque que fleurit la kabbale et qu'est rédigé le *Zohar.* Après la Reconquista sévit une redoutable persécution dont l'instrument privilégié est l'Inquisition. Celle-ci oblige les Juifs à se convertir au moins selon les apparences (les « marranes ») ou à fuir la péninsule : ces « Espagnols » ou *Séfarades* s'installeront dans les pays du bassin méditerranéen, dans les Pays-Bas ou en Angleterre. Le reste de l'Occident chrétien, lui, pratique presque systématiquement ce qu'on appellera plus tard l'antisémitisme ; les Juifs y sont, périodiquement, l'objet d'expulsions, de discriminations, voire de massacres : la caricature du Juif déicide, usurier, empoisonneur de fontaines et amateur de sang chrétien s'y fixe pour plusieurs siècles. Seuls l'Italie, qui s'honore d'avoir été la patrie du grand philosophe et théologien Isaac Abravanel (1437-1508), et le Comtat Venaissin, où vivent les « Juifs du pape », pratiquent une certaine tolérance. Les pays non chrétiens, notamment l'Empire ottoman, et les Pays-Bas protestants sont, aux XVIe et XVIIe s. surtout, des havres pour les communautés juives. Des noms comme Joseph Caro (1488-1575) à Safad, dans la Palestine turque, et Baruch de Spinoza (1632-1677), en Hollande, témoignent de la vitalité de la pensée juive en ces régions. En France, grâce à la protection royale, des communautés juives sont tolérées, à la même époque, dans le Sud-Ouest (« marranes »), à Paris, dans les Trois-Évêchés, puis en Alsace et en Lorraine. En Pologne, la population juive s'enfle d'abord de l'arrivée des persécutés d'Allemagne ; mais, à partir du XVIIIe s., les pogroms russes poussent un nombre important d'entre eux à grossir les communautés occidentales. Car, en Occident, à l'époque des Lumières, s'enracine l'idée d'une émancipation des Juifs : si bien que, lorsque éclate la Révolution française, les partisans de cette libération triomphent : parmi eux, l'abbé Henri Grégoire, promoteur de la loi du 27 sept. 1791 qui fait des Juifs français des citoyens à part entière ; Napoléon Ier met en place une législation consistoriale qui existe toujours. Sous l'influence de la France, les pays européens, avec parfois des restrictions abusives, entrent dans la même voie. Partout dans l'Europe occidentale et aussi aux États-Unis — où l'on compte, en 1914, 3 500 000 Juifs venus d'Europe centrale et orientale — les Juifs émancipés s'européanisent, prenant leur place dans le développement intellectuel, économique et social des nations. Mais c'est précisément cette assimilation rapide et efficace qui, après 1880, et alors qu'en Europe orientale les Juifs restent suspects, contribue à la résurrection d'un antisémitisme qu'un Gobineau, un Drumont, un Maurras érigent en doctrine. L'affaire Dreyfus exaspère un mépris, voire une haine qu'on retrouve partout, mais surtout en Allemagne, entre les deux guerres. Le sionisme, né grâce à Theodor Herzl (*l'État juif,* 1896), s'il nourrit l'espérance des Juifs européens persécutés, devient à son tour un élément qui alimente l'antisémitisme.

Celui-ci, mêlé à des théories raciales, atteint son paroxysme avec le nazisme (1933-1945) qui amène Adolf Hitler et ses affidés à la « solution finale », c'est-à-dire à l'élimination du peuple juif : à la fin du conflit, 6 millions de Juifs auront péri dans les camps d'extermination nazis. Après la guerre, les communautés israélites se reconstituent ; mais, tandis que l'idée sioniste se concrétise avec la création de l'État d'Israël (1948), l'antisémitisme, parfois sous le couvert de l'antisionisme, se réveille dans nombre de pays. (→ ANTISÉMITISME.)

Juif errant *(le)* → AHASVÉRUS.

Juif errant *(le),* d'Eugène Sue (1844-45), un des premiers grands romans-feuilletons, adapté à la scène en 1849.

juive *(Agence),* en angl. *Jewish Agency,* en hébr. *ha-Sokhnut,* organisme exécutif et représentatif de l'Organisation sioniste mondiale. Créée officiellement en 1929, elle fut, jusqu'en 1948, l'organisme responsable pour les négociations des sionistes en Palestine. Depuis la création de l'État d'Israël, beaucoup de ses attributions ont été dévolues au gouvernement israélien, mais l'agence garde des responsabilités, notamment en matière d'immigration.

Juives *(les),* tragédie de Robert Garnier (1583) : les épreuves du peuple de Juda, emmené en captivité à Babylone par Nabuchodonosor. L'auteur conjugue à l'influence de Sénèque le réalisme de l'Ancien Testament.

JUIFS *(région autonome des),* en russe **Ievreïskaïa Avtonomnaïa Oblast,** territoire de Russie, sur l'Amour (r. dr.) ; 36 000 km^2 ; 217 800 hab. Cap. *Birobidjan.* Exploitations forestières. La région compte environ 10 000 « recensés Juifs ».

JUILLAC (19350), ch.-l. de cant. de la Corrèze, à 31 km au N.-O. de Brive-la-Gaillarde ; 1 120 hab. Marché.

JUILLET n. m. (anc. fr. *juil,* du lat. *Julius,* du n. de *Julius* Caesar, né dans ce mois). Septième mois de l'année.

Juillet *(monarchie de),* régime monarchique constitutionnel instauré en France après les journées des 27, 28, 29 juill. 1830 (les Trois Glorieuses) et dont le souverain fut Louis-Philippe Ier, qui fut renversé par la révolution de févr. 1848.

• *L'installation d'une monarchie bourgeoise (1830-1840).* Le régime de Juillet repose sur la Charte de 1814 révisée, à laquelle Louis-Philippe Ier prête serment le 9 août 1830, et qui consacre la victoire du système représentatif. Le principe de la souveraineté nationale remplace celui de droit divin ; le roi, investi du pouvoir exécutif, partage le législatif avec la Chambre des pairs et la Chambre des députés ; le système électoral, organisé par la loi du 19 avr. 1831, attribue à 168 000 bourgeois (en majorité des propriétaires fonciers) le monopole de la représentation nationale. Le régime s'appuie sur la bourgeoisie qui occupe les ressorts de l'État et de l'administration. Confronté à de graves difficultés économiques (faillites, chômage) et à l'agitation, Louis-Philippe fait appel au banquier J. Laffitte (2 nov. 1830), chef du courant le plus libéral, le Mouvement. Discrédité par les manifestations anticléricales à Paris (févr. 1831), par ses expédients (augmentation des impôts), par son soutien aux insurrections polonaise et italienne, Laffitte est renvoyé et remplacé par Casimir Perier (13 mars

1831), chef du courant conservateur, la Résistance. Perier réduit les fonctionnaires à l'obéissance, poursuit les révolutionnaires, réprime l'insurrection des canuts de Lyon (nov. 1831), retire le soutien de la France aux carbonari. La mort de Perier (16 mai 1832) ouvre une période de troubles : les légitimistes organisent en Vendée un soulèvement en faveur du fils de la duchesse de Berry mais échouent (avr.-nov. 1832) ; les républicains, renforcés par les premières associations ouvrières, tentent un coup de force à l'occasion des funérailles du général Lamarque (juin 1832), puis organisent contre le roi l'attentat de Fieschi (juill. 1835) ; mais les lois de sept. 1835 jugulant la presse et réorganisant les cours d'assises brisent le parti républicain. Enfin, la volonté de Louis-Philippe d'exercer une autorité active engendre une succession de dix ministères, dont ceux de Molé (1836-1839) et de Thiers (mars-oct. 1840). Ce dernier réprime une série de grèves dues à la misère ouvrière et provoque la conclusion du traité de Londres (15 juill. 1840) entre la Grande-Bretagne, la Russie, l'Autriche et la Prusse contre l'Égypte, alliée de la France. Son bellicisme entraîne son renvoi (29 oct.) par Louis-Philippe, qui charge le maréchal Soult de constituer un cabinet qui sera, en fait, dirigé par Guizot.

• *Le ministère Guizot et la stabilité (1840-1848).* Cette stabilité s'explique par la parfaite entente entre le roi et Guizot, dont le souverain appuie la politique tout entière acquise au conservatisme, et par la désagrégation des partis à la Chambre, qui permet au gouvernement de se créer une majorité par des faveurs personnelles. L'« ère Guizot » est celle des lois d'affaires, favorables à la haute bourgeoisie et à l'expansion économique. C'est l'époque du démarrage de la révolution industrielle, stimulé par les économistes libéraux (J.-B. Say et F. Bastiat) qui font voter la loi du 11 juin 1842 sur les chemins de fer (1 930 km de voies ferrées en 1848 contre 570 en 1842). Mais le protectionnisme et l'insuffisante organisation du crédit freinent le progrès économique. À l'extérieur, le gouvernement conquiert l'Algérie (1847) ; après avoir pratiqué une politique de concessions à la Grande-Bretagne, il rompt avec cette dernière (1846) et se rapproche de l'Autriche de Metternich pour enrayer l'agitation libérale en Europe, ce qui accroît le nombre des opposants au régime.

• *La chute de la monarchie (févr. 1848).* À partir de la fin de 1846, la question de la réforme électorale cristallise les efforts de l'opposition qui réclame un abaissement du cens électoral. Le roi et Guizot refusant toute modification de la loi de 1831, l'opposition fait appel à l'opinion par une campagne de banquets tenus à Paris et dans les grandes villes (à partir de juill. 1847) alors que la crise économique jette à la rue près d'un million de chômeurs. L'interdiction du banquet qui devait se tenir à Paris le 22 févr. 1848 provoque la révolution* de 1848 qui renverse Louis-Philippe, met fin à la monarchie de Juillet et instaure la république, proclamée le 24 févr. par le Gouvernement provisoire. (→ *deuxième* RÉPUBLIQUE.)

juillet 1789 (*journée du* **14**) → BASTILLE *(prise de la).*

juillet 1830 *(journées de),* ou **les Trois Glorieuses,** journées révolutionnaires des 27, 28, 29 juillet 1830, qui renversèrent Charles X et mirent fin à la Restauration. Elles furent déclenchées par les quatre ordonnances de Saint-Cloud, signées par Charles X le 25 juill. Les insurgés élevèrent des barricades dans tous les quartiers de Paris et, victorieux des troupes commandées par le maréchal Marmont, se rendirent maîtres de la capitale. Mais la bourgeoisie libérale empêcha l'instauration de la république. Le 30 juill., les députés, sous l'impulsion de Thiers, confièrent à Louis-Philippe la lieutenance générale du royaume. Replié sur Rambouillet, Charles X abdiqua le 2 août. (→ *monarchie de* JUILLET.)

JUILLETTISTE n. Personne qui prend ses vacances au mois de juillet.

JUILLY (77230), comm. de Seine-et-Marne, à 16 km au N.-O. de Meaux ; 1 833 hab. *(Juliaciens).* Collège fondé par les oratoriens en 1638.

JUIN n. m. (lat. *Junius,* p.-ê. de *Junius* Brutus, un des fondateurs de la République). Sixième mois de l'année.

juin 1792 (*journée du* **20**), journée révolutionnaire provoquée par le veto de Louis XVI aux décrets sur les prêtres réfractaires et l'établissement du camp des fédérés, et par le renvoi des ministres brissotins. Le peuple des faubourgs envahit les Tuileries, où le roi, refusant de céder, maintint son veto.

juin 1793 (*journée du* **2**) → MAI 1793 *(révolution du 31).*

juin 1832 (*journées des* **5** *et* **6**) → SAINT-MERRI *(rue du Cloître-).*

juin 1848 *(journées de),* journées révolutionnaires par lesquelles s'acheva la révolution de 1848. Déclenchée par la dissolution des ateliers nationaux, l'insurrection ouvrière éclata à Paris, où elle se déroula du 23 au 26 juin. Sévèrement réprimée par Cavaignac, elle fit de nombreuses victimes (env. 4 000), parmi lesquelles Mgr Affre.

juin 1940 (*appel du* **18**), discours prononcé par le général de Gaulle à la radio de Londres, invitant les Français à refuser l'armistice et à continuer le combat aux côtés de l'Angleterre. Son message marquait le début de la « France libre ».

JUIN (Alphonse), maréchal de France (Bône, auj. Annaba, 1888 - Paris 1967). Il combat d'abord au Maroc. Blessé au cours de la Première Guerre mondiale (Champagne, 1915), il retourne au Maroc auprès de Lyautey. Il devient, en 1931, chef du cabinet militaire du résident général à Rabat et inspire le plan des dernières opérations dites « de pacification ». En 1940, à la tête de la 15e division motorisée, il se bat en Belgique et à Lille où il est fait prisonnier. Libéré par les Allemands à la demande de Pétain en 1941, il rallie Giraud après le débarquement allié en Afrique du Nord. Il commande alors les forces françaises engagées en Tunisie (1942-43), se distingue à la tête du corps expéditionnaire en Italie et, après la victoire du Garigliano (mai 1944), entre à Rome (juin 1944). Chef d'état-major de la Défense nationale, il est ensuite résident général de France au Maroc (1947-1951). Maréchal en 1952, il commande de 1951 à 1953 les forces terrestres atlantiques du secteur Centre-Europe, commandement étendu, de 1953 à 1956, aux forces aériennes et maritimes. Opposé en 1961 à la politique algérienne de De Gaulle, il est mis à la retraite en 1962. Auteur de *Mémoires* (1959-60), il publia également plusieurs ouvrages sur ses campagnes. (Acad. fr., 1952.)

JUIN (Hubert **LOESCHER**, dit **Hubert**), écrivain et journaliste belge de langue française (Athus, Ardennes, 1926 - Paris 1987). Établi à Paris, il fut à la fois un critique influent et un romancier régionaliste avec le cycle des *Hameaux* (1968). On lui doit aussi des essais (*les Bavards,* 1956 ; *les Libertinages de la raison,* 1968 ; *Victor Hugo,* 1981-1986) et des poèmes (*la Destruction des remparts,* 1987).

JUIVE → JUIF.

JUIVERIE n. f. **1.** Terme péjor. et raciste désignant les Juifs. — **2.** Autref., quartier juif, ghetto. — **3.** *Vx.* Rapacité, avarice.

JUIZ DE FORA, v. du Brésil (Minas Gerais), au N. de Rio de Janeiro ; 385 756 hab. Bonneterie. Université. Constructions métalliques et électriques. Alimentation.

JUJUBE n. m. (lat. *zizyphum,* du gr. *dzidzuphon*). Fruit du jujubier, drupe rouge à maturité, à pulpe blanche et sucrée, légèrement laxative, qui sert à fabriquer les « fruits pectoraux » et la « pâte de jujube ».

JUJUBIER n. m. Arbre (rhamnacée) épineux aux feuilles coriaces (haut jusqu'à 8 m), cultivé dans les régions méditerranéennes pour son fruit (jujube).

JUKE-BOX [dʒukbɔks] n. m. (pl. *juke-boxes* ou inv.) [amér. *juke box*]. Électrophone automatique permettant, après introduction d'une pièce ou d'un jeton, d'écouter un disque sélectionné.

JULEP n. m. (esp. *julep,* de l'ar. *djulāb*). En pharmacie, préparation liquide, sucrée et aromatisée, servant de base aux potions (julep simple et julep gommeux).

JULES n. m. (du prénom *Jules*). *Pop.* **1.** Vase de nuit. — **2.** Petit ami, amant, mari : *Elle vient avec son jules ?* — **3.** Souteneur appartenant au milieu. (Syn. JULOT.) — **4.** *Se faire appeler jules,* se faire réprimander.

JULES Ier *(saint)* [Rome 280 - *id.* 352], pape de 337 à 352.

JULES II (Giuliano DELLA ROVERE) [Albisola, près de Savone, 1443 - Rome 1513], pape de 1503 à 1513. Désireux de faire du Saint-Siège la première puissance italienne, il combattit Venise (1508-09) puis forma la Sainte Ligue (1511) contre Louis XII et chassa les Français du Milanais (1512). Mécène fastueux, il fut le protecteur de nombreux artistes de la Renaissance, notamment de Bramante et de Michel-Ange. Il convoqua (1512) le cinquième concile du Latran qui échoua dans la réforme de l'Église.
— **Bx-arts.** Son tombeau monumental, conçu par Michel-Ange, ne fut pas entièrement exécuté (arrangement simplifié à l'église S. Pietro in Vincoli ; Esclaves* au Louvre).

JULES III (Giovan Maria DE' CIOCCHI DEL MONTE) [Rome 1487 - *id.* 1555], pape de 1550 à 1555. Il présida la deuxième partie du concile de Trente (1551-52) et favorisa l'essor de la Compagnie de Jésus.

JULIA ou **IULIA** *(gens),* illustre famille de Rome, à laquelle appartenait Jules César, et qui prétendait descendre d'Iule, fils d'Énée.

JULIA (Gaston), mathématicien français (Sidi-bel-Abbès 1893 - Paris 1978). Ses recherches ont porté sur la théorie des nombres, la géométrie, et principalement sur l'analyse : théorie des fonctions, calcul fonctionnel. (Acad. des sc., 1934.)

JULIANA (Louise Emma Marie Wilhelmine) [La Haye 1909], reine des Pays-Bas (1948-1980). Elle a épousé en 1937 le prince Bernard de Lippe-Biesterfeld. En 1980, elle a abdiqué en faveur de sa fille Béatrice.

Juliana *(canal),* canal des Pays-Bas, latéral à la partie non navigable de la Meuse, entre Maasbracht et Borgharen, au N. de Maastricht.

JULIANUS (M. Didius Severus) [† 193], empereur romain (193). À la mort de Pertinax (28 mars 193), il fut proclamé empereur ; ses soldats l'abandonnèrent pour Septime Sévère.

JULIBRISSIN n. m. Très bel arbuste de Provence (mimosacée du genre *albizzia*), aux fleurs blanches et soyeuses. (N. usuels *arbre de soie, acacia de Constantinople.*)

JÜLICH → JULIERS.

JULIE n. f. *Pop.* Femme, épouse, compagne.

JULIE, fille d'Auguste et de Scribonia (Ottaviano 39 av. J.-C. - Reggio di Calabria 14 apr. J.-C.). Successivement épouse de Claudius Marcellus (25), d'Agrippa (21), puis de Tibère (11), son inconduite lui valut d'être abandonnée par Tibère et exilée par Auguste (2 av. J.-C.). — D'Agrippa, elle avait eu **Julie** (19 av. J.-C. - Tremiti 28 apr. J.-C.), épouse de L. Aemilius Paullus. Celle-ci eut la même inconduite que sa mère et fut exilée en 8 apr. J.-C.

JULIE, en lat. **Julia Domna,** princesse romaine d'origine syrienne (Émèse v. 158 - Antioche 217), seconde épouse de l'empereur Septime Sévère, et mère de Caracalla. Elle eut un grand ascendant sur son mari et s'entoura d'écrivains et de philosophes (Philostrate, Diogène Laërce, Élien). — Sa sœur **Julie,** en lat. *Julia Maesa* ou *Moesa* (Émèse - v. 226), fut, par ses deux filles, la grand-mère d'Élagabal et de Sévère Alexandre.

Julie ou **la Nouvelle Héloïse,** ou *Lettres de deux amants d'une petite ville au pied des Alpes,* roman épistolaire de J.-J. Rousseau (1761). En contrepoint de l'intrigue amoureuse (la passion de Julie d'Étanges et de son précepteur, Saint-Preux, contrariée par le préjugé social) plusieurs lettres consacrent de longs développements au débat religieux, à la critique de la vie sociale et aux problèmes moraux et pédagogiques.

JULIEN, ENNE adj. (lat. *Julianus,* de *Julius,* Jules). *Année julienne,* année de 365,25 jours. ‖ *Calendrier julien,* calendrier issu de la réforme de Jules César en 46 av. J.-C., où l'année compte 365 jours, sauf les années bissextiles qui en comptent 366. ‖ *Ère* ou *période julienne,* période de 7 980 années juliennes utilisée pour la chronologie des phénomènes astronomiques. (L'origine en a été fixée au 1er janvier de l'an 4713 av. J.-C., à 12 h temps universel.)

JULIEN de Brioude ou **d'Auvergne** *(saint),* soldat romain martyrisé au IIIe s. (Vienne-en-Dauphiné ? - Brioude ?). Il fut l'un des saints les plus vénérés de la Gaule.

JULIEN l'Hospitalier *(saint).* D'après sa légende, c'était un chasseur à qui un cerf aurait prédit qu'il tuerait ses père et mère. Après avoir fui son pays pour éviter ce crime, il les aurait tués par erreur ; en expiation, il aurait fondé un hôpital dans un lieu retiré. Patron des bateliers, des voyageurs et des aubergistes.

JULIEN, dit **l'Apostat** (Flavius Claudius Julianus) [Constantinople 331 apr. J.-C.-en Mésopotamie 363], empereur romain (361-363), fils de Julius Constantinus et neveu de Constantin Ier. Bien que chrétien, il est instruit des traditions païennes et de la philosophie néoplatonicienne. Il étudie à Constantinople, Milan et Athènes. À Éphèse, il abjure secrètement le christianisme et pratique le culte du Soleil. Constance II le nomme César (355) et l'envoie défendre la Gaule contre les Germains. Julien s'installe à Lutèce, remporte la victoire de Strasbourg (357) et améliore l'administration de la Gaule. Les légions le proclament Auguste. Constance marche contre lui, mais meurt de la fièvre (361). Julien, maître de l'Empire, aide à la renaissance du paganisme. Les temples se relèvent ; l'enseignement est interdit aux chrétiens ; les emplois élevés sont souvent réservés aux païens. Il meurt lors d'une campagne contre les Perses (363). Julien l'Apostat a laissé des écrits philosophiques, satiriques et politiques.

JULIEN (Pierre), sculpteur français (Saint-Paulien, près du Puy-en-Velay, 1731 - Paris 1804), élève de Guillaume II Coustou. On lui doit notamment une statue de La Fontaine (1785, Louvre) et d'aimables groupes, comme *la Chèvre Amalthée,* marbre placé en 1787 dans la laiterie de Marie-Antoinette à Rambouillet.

JULIEN (Charles André), historien et socialiste français (Caen 1891 - Paris 1991). Secrétaire général du Haut Comité méditerranéen et de l'Afrique du Nord à la présidence du Conseil (1936-1939), doyen de la faculté des lettres de Rabat (1957-1961), il a publié : *Histoire de l'Afrique du Nord* (1931) ; *Histoire contemporaine de l'Algérie, 1827-1871* (1964) ; *le Maroc face aux impérialismes (1415-1956)* [1978].

JULIÉNAS n. m. Vin produit dans la commune de Juliénas (Rhône), une des plus célèbres appellations d'origine du beaujolais.

JULIENNE n. f. (du prénom *Julien*). **1.** Nom usuel commun à quelques espèces de crucifères parfumées des genres *hesperis* (julienne des dames, des jardins, d'Orient), *malcomia* (julienne de Mahon, des bordures), *barbarea* (julienne jaune). — **2.** Manière de tailler certains légumes en fins bâtonnets ; potage fait et servi avec des légumes ainsi taillés. — **3.** Autre nom de la *lingue.*

JULIENNES *(Alpes),* extrémité S.-E. des Alpes, en Slovénie, entre les vallées supérieures de la Save et de l'Isonzo ; 2 863 m au *Triglav.*

JULIERS *(duché de),* anc. principauté de l'Empire germanique, sur la rive gauche du Rhin, incorporée à la Rhénanie-Westphalie. Cap. *Juliers* (en allem. *Jülich*) ; v. princ. *Aix-la-Chapelle.*
— **Hist.** Fief de l'Empire, entre Rhin et Meuse, Juliers fut un comté héréditaire dès le XIe s., puis un duché (1356), qui passa aux ducs de Berg en 1423, et qui fut réuni à celui de Clèves de 1511 à 1609. La guerre de la Succession de Juliers entre les princes protestants Philippe Louis, comte

palatin de Neubourg, Jean-Sigismond, Électeur de Brandebourg, et l'Électeur de Saxe se termina par le traité de Xanten (1614), qui donna Clèves à l'Électeur de Brandebourg, et Juliers et Berg au comte de Neubourg. En 1742, Charles-Théodore, comte palatin de Sulzbach, hérita de Juliers à l'extinction de la maison de Neubourg. En 1815, la Bavière récupéra Clèves et Berg ; Juliers passa à la Prusse.

JULIET, onzième satellite d'Uranus, découvert en 1986 par la sonde américaine Voyager 2. Demi-grand axe de son orbite : 64 350 km. Période de révolution sidérale : 11 h 50 min. Diamètre estimé : 80 km.

JULIO-CLAUDIENS, membres de la première dynastie impériale romaine issus par César de la *gens Julia* et de la *gens Claudia :* Auguste, Tibère, Caligula, Claude et Néron.

JULIUS FLORUS, Trévire qui, avec l'Éduen Sacrovir, essaya de soulever la Gaule contre Tibère (21 apr. J.-C.).

JULIUS NEPOS → NEPOS.

JULLIAN (Camille), historien français (Marseille 1859 - Paris 1933). Professeur au Collège de France (1905), il a exalté dans son *Histoire de la Gaule* (1907-1928) l'originalité de la civilisation gauloise. (Acad. fr., 1924.)

Julliard, maison d'édition française, fondée en 1931 par René Julliard (1900-1962) et spécialisée dans la publication de romans et d'essais. Elle fait aujourd'hui partie de C. E. P. Communication.

JULLIENNE (Jean DE), collectionneur et historiographe français (Paris 1686 - *id.* 1766). Ami de Watteau, il fit graver l'œuvre de l'artiste (278 peintures et 350 dessins) par les plus habiles burins du temps (*Figures de différents caractères,* 4 vol.).

JULLUNDUR, v. de l'Inde (Pendjab), au pied des premiers contreforts de l'Himālaya ; 519 530 hab. Carrefour routier et ferroviaire. Travail du cuir. Articles de sport.

JULODIS [-dis] n. m. (gr. *ioulôdês*). Bupreste des régions chaudes de l'Ancien Monde.

JULOT n. m. *Pop.* Syn. de JULES.

JUMBO [dʒœmbo] n. m. (amér. *jumbo,* surnom de l'éléphant). Chariot à portique supportant des perforatrices et servant au forage des trous de mine pour l'abattage des roches ou au forage des trous de boulonnage pour le soutènement.

JUMBOÏSATION n. f. Action de jumboïser.

JUMBOÏSER v. t. (conj. **3**). Allonger un navire pour accroître sa capacité.

JUMBO-JET [dʒœmbodʒɛt] n. m. (pl. *jumbo-jets*) [amér. *jumbo-jet,* de *jumbo,* géant, et *jet,* avion à réaction]. Syn. de GROS-PORTEUR.

JUMEAU, ELLE adj. (lat. *gemellus*). **1.** Se dit de deux ou plusieurs frères ou sœurs qui sont nés du même accouchement. (→ *encycl.* Génét.) – **2.** Se dit de deux personnes qui se ressemblent énormément. – **3.** Se dit de deux choses semblables, symétriques ou faites pour aller ensemble : *Les flèches jumelles de la cathédrale.* – **4.** *Lits jumeaux,* se dit de deux lits à une place de même forme, placés parallèlement l'un à côté de l'autre.
◆ n. **1.** Frère jumeau ou sœur jumelle ; enfants jumeaux (au pl.) : *Il parle comme son jumeau.* – **2.** Personne ou chose qui est en tout point identique à une autre.
◆ **jumeau** n. m. **1.** Chacun des quatre muscles pairs de la fesse et de la jambe. (→ *encycl.* Anat.) – **2.** Morceau du bœuf situé dans l'épaule dont on tire des biftecks et un morceau pour pot-au-feu.

ENCYCL. **Anat.** Les *jumeaux supérieur* et *inférieur* sont deux petits muscles situés à la face profonde de la fesse. Les *jumeaux externe* et *interne* sont deux muscles larges et épais, entrant dans la constitution du triceps sural de la jambe, avec le soléaire.

– **Génét.** Les jumeaux les plus fréquents sont les *jumeaux fraternels* ou dizygotes (appelés *faux jumeaux*), dus à la fécondation simultanée de deux ovules par deux spermatozoïdes. Ils peuvent être du même sexe ou de sexe opposé. Les *jumeaux vrais* ou monozygotes résultent de la fécondation normale d'un seul ovule par un seul spermatozoïde ; mais l'œuf ainsi fécondé se clive ensuite en deux embryons distincts. Les jumeaux monozygotes sont deux copies identiques d'un même individu. Ils possèdent les mêmes groupes sanguins. La seule preuve absolue de monozygotisme demeure néanmoins la greffe réciproque de peau qui n'est pas rejetée. Les jumeaux monozygotes ont souvent, contrairement aux jumeaux dizygotes, une grande similitude dans leur résistance ou leur sensibilité à l'endroit des maladies de toute nature.
Le diagnostic de l'existence de jumeaux se fait grâce à l'échographie à partir de la 12e semaine de grossesse. La fréquence des jumeaux (comme celle des autres naissances multiples) s'est fortement accrue depuis quelques années du fait du recours aux traitements contre la stérilité.

JUMEL adj. m. (de *Jumel,* n. pr.). Se dit d'un coton égyptien à longues fibres.

JUMEL (Louis Alexis), ingénieur français (Breuil-le-Sec, Oise, 1785 - Le Caire 1823). Il est à l'origine de la culture de la variété de coton égyptien à longues fibres qui porte son nom et dont dérivent toutes les variétés à longues fibres d'Égypte.

JUMELAGE n. m. **1.** Action de jumeler, de grouper deux objets ou appareils semblables.

— **2.** Création et développement de liens entre des villes de pays différents : *Le jumelage de Nantes et de Cardiff.* — **3.** Affût commun à plusieurs armes, permettant leur tir simultané. — **4.** Groupe de deux ou plusieurs autorails commandés chacun par un conducteur, par oppos. à *couplage*.

JUMELER v. t. (de *jumeau*) [conj. **24**]. **1.** Réunir deux objets, deux appareils semblables ou symétriques en vue d'une utilisation conjointe : *Jumeler des moteurs électriques.* — **2.** Associer deux villes de pays différents, en vue d'établir entre elles des liens et des échanges culturels et touristiques. — **3.** Atteler ensemble des autorails pour constituer un jumelage.
◆ **être jumelé** v. pass. **1.** Être double : *Aiguille jumelée d'une machine à coudre.* — **2.** Pour des éléments architecturaux soit identiques, soit similaires, être groupés ensemble, accouplés. (Ex. colonnes, pièces de charpente ; pour les baies, on dit plutôt GÉMINÉ.) — **3.** *Pari jumelé* ou *jumelé* (n. m.), pari consistant à désigner les chevaux arrivés premier et deuxième d'une course. (Le pari jumelé peut être fait dans l'ordre ou sans ordre.) ‖ *Roues jumelées,* roues pourvues chacune d'un pneumatique individuel, montées par paire de chaque côté de l'essieu du train arrière des véhicules lourds.

1. JUMELLE → JUMEAU.

2. JUMELLE n. f. (de *jumelle 1*). **1.** Syn. de JUMELLES : *Une belle jumelle marine.* — **2.** Pièce héraldique constituée par une paire de fasces très rétrécies. — **3.** Pièce de bois appliquée sur une autre pour la renforcer ou la doubler.
◆ **jumelles** n. f. pl. **1.** Instrument d'optique formé de deux lunettes identiques associées de façon à permettre la vision binoculaire. (Les jumelles de théâtre [grossissement de l'ordre de 2] sont généralement formées de deux lunettes de Galilée. Les jumelles à grossissement supérieur sont dotées d'un ensemble objectif-oculaire dans lequel on introduit deux prismes pour redresser l'image.) — **2.** Pièces en bois ou en métal entre lesquelles est enserré le mât d'un yacht et qui lui permettent en pivotant autour d'un axe de se replier à l'horizontale sur l'arrière. — **3.** Outil de mouleur, servant à régulariser les noyaux dans un moulage.

JUMENT n. f. (lat. *jumentum,* bête de somme). Femelle adulte dans l'espèce chevaline.

JUMENTERIE n. f. Élevage spécialisé dans la production des juments poulinières.

JUMIÈGES (76480), comm. de Seine-Maritime, près de la Seine, à 28 km à l'O. de Rouen ; 1 644 hab.
— **Hist.** et **Bx-arts.** C'est vers 654 que saint Philibert fonda l'abbaye de Jumièges qui, décadente au XVIIIe s., fut dévastée pendant la Révolution. Il en reste surtout les ruines imposantes (façade à deux tours) de l'abbatiale du milieu du XIe s., monument majeur de l'art roman en Normandie.

JUMILHAC-LE-GRAND (24630), ch.-l. de cant. de la Dordogne, sur l'Isle ; 1 302 hab. *(Jumilhacois).* Château de la fin du XIVe s. et du XVIIe s.

JUMP [dʒœmp] n. m. (angl. *jump,* saut). Au bridge, saut d'un palier dans la réponse à l'annonce d'un partenaire.

1. JUMPER [dʒœmpe] v. i. (conj. 3). Faire un jump.

2. JUMPER [dʒœmpœr] n. m. (angl. *jumper*). En hippisme, syn. anc. de SAUTEUR.

3. JUMPER [dʒɛmpœr] n. m. (angl. *jumper,* p.-ê. de l'anc. angl. de *jump,* manteau court). Corsage en forme de chasuble.

JUMPING [djœmpiɲ] n. m. (angl. *jumping,* de *to jump,* sauter). En hippisme, concours de saut d'obstacles.

JUMRUKČAL → BOTEV *(pic).*

JUNĀGADH, v. de l'Inde (Gujerat), dans le Kāthiawār ; 120 000 hab. Centre agricole et artisanal. Produits pharmaceutiques.

JUNDIAÍ, v. du Brésil méridional, au N.-O. de São Paulo ; 312 517 hab. Textile et métallurgie.

JUNEAU, cap. de l'Alaska, sur la côte sud-est ; 26 751 hab. Centre administratif, touristique et commercial.

JUNG (Carl Gustav), psychiatre suisse (Kesswil, Turgovie, 1875 - Küsnacht, près de Zurich, 1961). C'est E. Bleuler, dont il était l'assistant, qui lui fit connaître les travaux de Freud. Jung occupa dès sa rencontre avec S. Freud (1907) une place prépondérante dans le mouvement psychanalytique et fut même un moment considéré comme le dauphin de Freud. Cependant, dès 1912, des divergences fondamentales se firent jour entre leurs pensées : pour Jung, la libido devenait synonyme d'énergie vitale ; il introduisait la notion d'un inconscient collectif s'exprimant par des archétypes. Jung a promu une thérapie dont l'objectif est de permettre au sujet de prendre conscience, à travers ses rêves, des exigences des archétypes en lui et de retrouver ses racines.

JÜNGER (Ernst), écrivain allemand (Heidelberg 1895). Ancien combattant, il publie des témoignages nietzschéens sur la guerre (*Orages d'acier,* 1920 ; *Feu et sang,* 1925). La sauvegarde de l'individu contre la civilisation du machinisme (*le Cœur aventureux,* 1929 ; *le Travailleur,* 1932), son antinazisme (*Sur les falaises de marbre,* 1939), ses nouveaux témoignages de la campagne de France (*Jardins et routes de France,* 1942), sa conception de la vie comme une aventure esthétique (*le Nœud gordien,* 1953 ; *Chasses subtiles,* 1967 ; *Approches, drogues et ivresse,* 1970 ; *Eumeswil,* 1977 ; *le Problème d'Aladin,* 1983) forment les multiples facettes d'un talent qui s'est également essayé avec succès au roman policier (*Une dangereuse rencontre,* 1985).

JUNGERMANNIALE n. f. (de *Jungermann,* n. pr.). Nom du plus important des ordres de la classe des hépatiques. (Certaines *jungermanniales* ont des feuilles, d'autres un simple thalle.)

JUNGFRAU, sommet des Alpes suisses, dans l'Oberland bernois, dans le massif de l'Aar-Gothard ; 4 166 m. Première ascension par J. R. et H. Meyer, A. Völker et J. Bortis le 3 août 1811. En contrebas, station d'altitude et de sports d'hiver sur le *plateau du Jungfraujoch* (3 457 m). Laboratoires de recherches scientifiques en haute montagne.

JUNGIEN, ENNE adj. et n. Relatif à Jung ou à ses conceptions ; partisan de Jung.

JUNGLE [ʒœ̃gl ou ʒɔ̃gl] n. f. (angl. *jungle,* de l'hindī *jangal,* steppe). **1.** En Inde, formation végétale arborée qui prospère sous un climat chaud et humide avec une courte saison sèche. — **2.** Milieu où règne la loi du plus fort : *La jungle du monde des affaires.* — **3.** *La loi de la jungle,* la loi du plus fort ; celle qui préside aux règlements de compte. ‖ *Style jungle,* style de jazz caractérisé par des effets de growl et des modulations de cuivres (sourdine wa-wa) qui évoquent les bruits et les cris de la forêt vierge, illustré dès 1925 par Duke Ellington.

jungle *(le Livre de la)* → LIVRE DE LA JUNGLE *(le).*

JUNGMANN (Josef), écrivain tchèque (Hudlice 1773 - Prague 1847). Professeur à Prague, défenseur de la langue tchèque et créateur d'une nouvelle langue poétique, il est l'auteur d'un *Dictionnaire tchèque-allemand* (1835-1839).

JUNG-STILLING (Johann Heinrich JUNG, dit), écrivain allemand (Grund, près de Hilchenbach, 1740 - Karlsruhe 1817). Piétiste, teinté d'illuminisme, ami de Goethe et de Herder, il a publié des romans autobiographiques (*la Jeunesse d'Henri Stilling,* 1777) qui donnent une image sentimentale du Sturm und Drang.

Junimea (« la Jeunesse »), société littéraire roumaine, fondée en 1863 et dirigée par T. Maiorescu et P. Carp dans le but de fixer la langue littéraire. À la fin du XIXe s., la Junimea se transforma en un parti politique, les néoconservateurs.

JUNIOR adj. inv. (lat. *junior,* plus jeune). **1.** Après un patronyme, distingue, dans la langue commerciale, dans celle du spectacle, etc., le fils du père (ou le frère cadet du frère aîné), en particulier quand ils ont le même prénom. — **2.** Qui concerne les jeunes de 12 à 16 ans, qui leur est destiné : *Mode junior.* — **3.** Débutant, sur le plan professionnel : *Ingénieur junior.*
◆ adj. et n. Se dit d'une catégorie d'âge, variable selon les sports, intermédiaire entre les cadets et les seniors (de 16 à 20 ans).

JUNIOR ENTREPRISE n. f. (nom déposé). Association créée par des étudiants dans le cadre de leurs études et au sein de laquelle ils accomplissent des travaux spécialisés et rémunérés pour le compte d'entreprises.

JUNIUS BRUTUS → BRUTUS.

JUNKER [junkœr] n. m. (all. *Junker*). **1.** En Allemagne, fils de propriétaires terriens nobles quand il prenait du service comme simple soldat. — **2.** Gentilhomme terrien qui, au XIXe s., a été membre, surtout en Prusse, d'un parti traditionaliste conservateur et nationaliste.

JUNKERS (Hugo), industriel allemand (Rheydt 1859 - Gauting, près de Munich, 1935). On lui doit les premiers tunnels aérodynamiques, et le premier avion entièrement métallique (1915). En 1929, ses usines présentèrent le premier moteur Diesel destiné à l'aviation.

JUNKIE ou **JUNKY** [(d)ʒœnki] n. (pl. *junkies*) [arg. amér. *junkie,* de *junk,* drogue dure]. *Pop.* Héroïnomane.

JUNON, divinité italique, puis romaine, fille de Saturne et de Rhéa, femme de Jupiter et reine du Ciel, déesse de la Femme et du Mariage. Junon a été assimilée à l'*Héra* grecque.

JUNON, astéroïde découvert en 1804. Demi-grand axe de son orbite : 399 millions de km. Période de révolution sidérale : 1 593 j. Diamètre estimé : 250 km.

JUNOT (Jean Andoche), duc **d'Abrantès,** général français (Bussy-le-Grand, Côte-d'Or, 1771 - Montbard 1813). Aide de camp de Bonaparte, il participa aux campagnes d'Italie et d'Égypte, puis fut ambassadeur à Lisbonne (1804) et gouverneur général de Parme et Plaisance (1806). Commandant l'armée du Portugal, il remporta le succès d'Abrantès, entra à Lisbonne (nov. 1807), mais, battu par les Anglais, il dut capituler à Sintra (1808). Il combattit ensuite en Espagne (1810-11), puis fut gouverneur de l'Illyrie (févr. 1813), mais, devenu fou, il se suicida. — Sa femme LAURE **Permon,** duchesse *d'Abrantès* (Montpellier 1784 - Paris 1838), a publié des *Mémoires* ou *Souvenirs historiques sur Napoléon* (1831-1835).

JUNTE [ʒœ̃t] n. f. (esp. *junta,* de *junto,* joint). **1.** Autrefois, dans les pays ibériques, conseil politique ou administratif, régulier ou révolutionnaire. — **2.** Gouvernement à caractère autoritaire et le plus souvent militaire, issu d'un coup d'État (par ex. en Amérique latine).

JUPE n. f. (ar. *djoubba*). **1.** Vêtement féminin qui enserre la taille et descend jusqu'à la jambe. — **2.** Partie d'une robe au-dessous de la taille. • **Astronaut.** Élément de la structure d'un lanceur qui sert à raccorder deux étages successifs, ou bien à caréner les moteurs-fusées du premier étage. — **Autom.** *Jupe d'aile,* panneau vertical additionnel masquant parfois les roues arrière. — **Ch. de f.** Carénage de tôle placé à la partie inférieure d'un véhicule pour améliorer l'aérodynamisme. — **Mécan.** *Jupe de piston,* surface latérale d'un piston, qui assure son guidage à l'intérieur du cylindre. — **Passem.** Partie inférieure, pendante, d'une frange ou d'un gland. — **Techn.** Partie cylindrique verticale d'un réservoir de stockage. (Syn. ROBE.) ‖ Dans les véhicules à coussin d'air, paroi limitant une chambre dans laquelle règne une surpression permettant la sustentation du véhicule.

◆ **jupes** n. f. pl. **1.** *Vx.* Ensemble formé par la jupe et le (ou les) jupon(s) : *Retrousser ses jupes.* — **2.** *Être toujours dans les jupes de sa mère,* en parlant d'un enfant, ne pas la quitter.

JUPE-CULOTTE n. f. (pl. *jupes-culottes*). Jupe formant culotte dont l'entrejambe est dissimulé par un pli.

JUPÉON → XU BEIHONG.

JUPETTE n. f. Jupe très courte.

JUPIN, dimin. de JUPITER.

JUPITER, dieu romain, fils de Saturne et de Rhéa. Homologue de la divinité étrusque Tinia, il était à la fois dieu père et dieu du Ciel. Devenu le dieu principal et souverain, il fut assimilé au Zeus grec. Ses pouvoirs étaient définis par de nombreuses épithètes : *Jupiter Fulgur,* dieu du Tonnerre et de la Foudre ; *Jupiter Stator,* qui arrêtait les ennemis ; *Jupiter Capitolin,* auquel était consacré le grand temple du Capitole de Rome et où il était adoré avec Minerve et Junon. Avec deux autres divinités, il a aussi formé une autre triade : Jupiter, Mars, Quirinus.
Au culte de Jupiter présidait le *flamen dialis* (flamine de Jupiter). On célébrait de nombreuses fêtes, outre celles de *Jupiter Optimus Maximus* (« très grand et très bon »), qui étaient l'occasion de jeux solennels. Les sacrifices étaient offerts à Jupiter par les consuls entrant en charge, par les triomphateurs et les empereurs nouvellement proclamés, et dans toutes les circonstances solennelles. Jupiter a été associé par syncrétisme à divers dieux suprêmes de l'Orient : Sabazios, Amon, Dolichenos, etc.

JUPITER, la plus grosse des planètes du système solaire. Elle a été survolée et étudiée à faible distance par les sondes américaines Pioneer 10 (1973), Pioneer 11 (1974), Voyager 1 et Voyager 2 (1979). En décembre 1995, la sonde américaine Galileo s'est placée en orbite autour de la planète afin de l'étudier, ainsi que ses principaux satellites, pendant près de deux ans, tandis qu'un module qui s'était séparé de la sonde quelques mois auparavant a plongé dans l'atmosphère de Jupiter en transmettant des résultats de mesures pendant quelques dizaines de minutes.
Sa surface visible est une épaisse atmosphère constituée de 82 % d'hydrogène, de 17 % d'hélium et de 1 % de composés divers (méthane,

CARACTÉRISTIQUES PHYSIQUES DE JUPITER	
diamètre équatorial	142 796 km (11,2 fois celui de la Terre)
diamètre polaire	133 540 km
aplatissement	0,062
masse par rapport à celle de la Terre	317,95
densité moyenne	1,31
période de rotation sidérale	9 h 50 min à 9 h 56 min
inclinaison de l'équateur sur l'orbite	3°4'
albédo	0,45
CARACTÉRISTIQUES ORBITALES DE JUPITER	
demi-grand axe de l'orbite	778 300 000 km, soit 5,202 6 ua
distance maximale au Soleil	816 000 000 km
distance minimale au Soleil	740 000 000 km
excentricité	0,048
inclinaison sur l'écliptique	1°18'28"
période de révolution sidérale	11 ans 314,84 j
vitesse orbitale moyenne	13,06 km/s

ammoniac, etc.). On y voit des bandes, alternativement sombres et brillantes, parallèles à l'équateur, qui correspondent en fait à des formations nuageuses d'altitudes différentes étirées longitudinalement par la rotation rapide de Jupiter et ceinturant la planète. Au sein de ces bandes, de nombreuses taches changeantes témoignent d'une extrême turbulence. Les zones brillantes sont gouvernées par des courants ascendants, les bandes sombres par des courants descendants. À cette circulation verticale se superposent des courants horizontaux très rapides, entre lesquels s'établissent d'énormes tourbillons. La grande tache rouge, qui s'étend dans l'hémisphère Sud sur 28 000 à 40 000 km en longitude et 13 000 km en latitude, est un ouragan géant, émergeant au-dessus de la couche nuageuse environnante. En juillet 1994, la chute sur Jupiter d'une vingtaine de fragments de la comète Shoemaker-Levy 9 a provoqué d'importantes perturbations atmosphériques qui ont été observées pendant plusieurs mois. La descente du module Galileo dans l'atmosphère, le 7 décembre 1995, s'est effectuée dans une région de forte turbulence ; l'engin a observé que la température augmentait rapidement avec la profondeur, que l'atmosphère absorbait relativement peu de chaleur et que sa teneur en vapeur d'eau (0,2 %) était sensiblement plus faible qu'on ne le pensait.

La faible densité moyenne de Jupiter (1,31 par rapport à l'eau) implique une structure à base d'hydrogène et d'hélium. Gazeux dans l'atmosphère, l'hydrogène, en profondeur, serait liquide, puis métallique. La migration progressive de l'hélium, plus lourd, vers le centre de la planète constitue une source de chaleur susceptible d'expliquer le rayonnement interne de la planète (2,5 fois supérieur à celui qu'elle reçoit du Soleil). Au cœur de Jupiter existerait un noyau rocheux dense (10 à 20 fois la masse de la Terre).

Jupiter possède une magnétosphère très étendue, liée à un champ magnétique dipolaire dont l'axe est incliné d'environ 11° par rapport à l'axe de rotation de la planète. L'analyse des photographies prises par les sondes Voyager a conduit à la découverte autour de Jupiter d'un système d'anneaux, constitués de particules dont la nature et les dimensions restent inconnues. L'anneau principal, large de 6 000 km, se prolonge vers la planète par un halo diffus et à l'opposé par un large anneau extérieur, extrêmement ténu.

Du fait de sa forte masse, Jupiter a pu s'entourer d'un imposant cortège de satellites. On lui connaît 16 satellites. Parmi ceux-ci, quatre (Io*, Europe*, Ganymède* et Callisto*) ont des dimensions planétaires et jouent un rôle prépondérant. Les autres sont très probablement des astéroïdes qui ont été capturés par l'attraction de la planète.

Jupiter *(trait de),* en charpente et menuiserie, type d'enture de traction faite avec des entailles à ressauts, et serrée avec une clef.

JUPITÉRIEN, ENNE adj. Qui tient de Jupiter, en a le caractère impérieux, dominateur.

JUPON n. m. (de *jupe*). **1.** Sous-vêtement féminin, maintenu à la taille, qui soutient l'ampleur d'une jupe, d'une robe ou atténue l'effet de transparence. — **2.** *Fam.* Fille ou femme : *Dès qu'un jupon passe il est émoustillé.* — **3.** Fam. *Coureur de jupons,* celui qui court après les filles.

JUPONNAGE n. m. Action de juponner.

JUPONNER v. t. (conj. 3). **1.** Soutenir l'ampleur d'une jupe, d'une robe avec un jupon. — **2.** Habiller une table ronde d'un tissu, d'un tapis descendant jusqu'au sol.

JUPPÉ (Alain), homme politique français (Mont-de-Marsan 1945). Secrétaire général (1988-1994) puis président du R. P. R., ministre du Budget (1986-1988) puis des Affaires étrangères (1993-1995), il est nommé Premier ministre en 1995. La même année, il est élu maire de Bordeaux.

JUR ou **DJOUR,** riv. du Soudan méridional, affluent principal du Bahr el-Arab qui devient alors le Bahr el-Ghazal.

JURA, ensemble de chaînes plissées et de plateaux qui s'étendent en France, Suisse et Allemagne, formant un arc de cercle de 400 km de long, sur moins de 80 km de large, et culminant à 1 718 m au *crêt de la Neige.*

Le Jura est limité au N.-O. par la plaine de la Saône et la porte d'Alsace, et relayé vers le N.-E., au-delà de Schaffhouse, par des plateaux, improprement appelés *Jura souabe* et *franconien.* Au S., il se termine sur les Préalpes de Savoie et l'île Crémieu. Essentiellement calcaire et formé au secondaire *(jurassique),* le Jura se compose de deux zones de plis, difficilement franchissables, qui enserrent des plateaux, élargis au centre. Perché face aux vents d'ouest, le Jura a un climat froid pour son altitude, avec des précipitations abondantes (1 200 mm). Forêts et prairies dominent. L'élevage fromager (encore souvent organisé en fruitières) et la sylviculture sont complétés par l'artisanat (bois, horlogerie, lunetterie et plastiques). Les bordures portent localement des vergers et des vignobles.

JURA (39), dép. de la Région Franche-Comté ; ch.-l. de dép. *Lons-le-Saunier ;* ch.-l. d'arrond. *Dole, Saint-Claude ;* 3 arrond. ; 34 cant. ; 545 comm. ; 4 999 km² ; 248 759 hab. *(Jurassiens).* Le dép. appartient à l'académie et à la cour d'appel de Besançon, à la région militaire Nord-Est.

En dehors du Nord (traversé par l'autoroute), occupant une partie des plateaux de la haute Saône, couverts de forêts ou de cultures de céréales, le département s'étend sur la montagne jurassienne. L'exploitation de la forêt, l'élevage bovin (fromages) et, localement, le vignoble (Arbois, Poligny) y constituent les ressources essentielles. L'industrie, autour de Saint-Claude et de Morez (travail du bois, horlogerie, lunetterie), et le tourisme (Les Rousses) sont surtout développés dans la montagne.

Jura *(vins du),* vins produits dans le Jura, comprenant quatre appellations d'origine contrôlée : côte-du-jura, arbois, l'étoile et château-chalon.

JURA, canton de Suisse, à la frontière française ; 838 km² ; 66 163 hab. (de langue française). Ch.-l. *Delémont.* Ce 23ᵉ canton est né, en 1979, d'un long effort local pour une séparation linguistico-religieuse de 3 districts (Delémont, Franches-Montagnes, Porrentruy) du canton de Berne. Formé de la retombée du Jura plissé vers le N., il est surtout industriel (horlogerie).

Jura (*parc naturel régional du* **Haut**-), parc régional créé en 1986 dans le dép. du Jura, à la frontière suisse ; env. 62 000 ha.

JURABLE adj. **1.** Se disait, en droit féodal, des choses pour lesquelles était dû le serment de fidélité. — **2.** *Fief jurable et rendable,* fief qui devait faire provisoirement retour au seigneur à toute réquisition.

JURAJ DALMATINAC, dit en ital. **Giorgio da Sebenico,** architecte, urbaniste et sculpteur croate (Zadar début du XVᵉ s. - Šibenik 1473). Il se forma à Venise dans l'atelier de B. Bon. Sa manière est caractérisée par l'alliance du gothique « fleuri » vénitien et de formes renaissantes, voire baroquisantes, souvent inspirées par le palais de Dioclétien à Split. Il a surtout travaillé à Šibenik, Split et Ancône.

JURAN → JORAN.

JURAN ou **KIU JAN,** peintre chinois (originaire de la région de Nankin, actif v. 960-980). Moine bouddhiste, disciple de Dong Yuan, il marque le paysage chinois par son style impressionniste.

JURANÇON n. m. **1.** Vin d'appellation d'origine contrôlée du Sud-Ouest, rouge ou blanc, produit dans le Béarn. (Le blanc, très parfumé, est obtenu à partir de raisins récoltés à surmaturité.) — **2.** Cépage blanc des Pyrénées-Atlantiques, qui n'entre pas dans la fabrication du jurançon.

JURANÇON (64110), comm. des Pyrénées-Atlantiques, banlieue S.-O. de Pau ; 7 867 hab. *(Jurançonnais).* Vins blancs. Fromagerie.

JURANDE n. f. (de *jurer 1*). Sous l'Ancien Régime, groupement professionnel autonome, avec personnalité juridique propre et discipline collective stricte, composé de membres égaux unis par un serment (d'où son nom de *jurande* ou *métier juré*).

JURASSIEN, ENNE adj. et n. **1.** De la région ou du département du Jura. — **2.** *Relief jurassien,* relief adapté à la structure plissée, caractérisé essentiellement par l'association de chaînons anticlinaux, les monts, et de gouttières synclinales, les vaux, auxquels s'ajoutent les formes dégagées par l'érosion (combes, cluses, etc.).

JURASSIQUE adj. et n. m. (de *Jura,* n. pr.). Se dit d'une période de l'ère secondaire, ayant duré 60 millions d'années environ. (Le jurassique est marqué par le début du morcellement du Gondwana : le départ de Madagascar, de l'Inde, de l'Australie et de l'Antarctique crée l'océan Indien.)

ENCYCL. **Paléont.** La faune marine du jurassique est dominée par les hexacoralliaires, les oursins, les crinoïdes (calcaire à entroques), les ammonites, les brachiopodes, les ichtyosaures. Sur terre, c'est le règne des dinosaures de toutes tailles, parmi lesquels l'archéoptéryx, et celui des reptiles volants (ptérodactyles). Les mammifères sont peu nombreux.

JURAT n. m. (mot occitan, du lat. *juratus*). Sous l'Ancien Régime, magistrat municipal de certaines villes du midi de la France, et notamment de Bordeaux.

JURATOIRE adj. (bas lat. jurid. *juratorium,* du lat. class. *jurare,* jurer). *Caution juratoire,* serment fait en justice de se représenter en personne, ou de rapporter une chose dont on s'est chargé.

JÜRCHEN ou **DJURTCHETS,** tribus toungouses de la Mandchourie orientale qui attaquèrent dès la fin du XIᵉ s. les Liao et conclurent avec les Song une alliance qui leur permit de substituer, en Chine du Nord, leur domination à celle des Kitan. Elles y fondèrent la dynastie Jin (1115-1234).

JURÉ n. m. (lat. *juratus*). **1.** Citoyen désigné par voie de tirage au sort en vue de participer au jury d'une cour d'assises. — **2.** Membre d'un jury quelconque.

ENCYCL. **Dr.** Tout Français, sans distinction de sexe, âgé de 23 ans au moins, qui jouit de ses droits politiques, civils et de famille, peut (sauf cas particuliers) être désigné par le tirage au sort pour faire partie d'un jury criminel. Une commission, réunie au siège de la cour d'assises, établit la liste annuelle des jurés de son ressort, par tirage au sort de noms inscrits sur une liste préparatoire, elle-même établie par tirage au sort effectué par les maires à partir des listes électorales.

JURÉE n. f. Autref., syn. de SERMENT.

JUREMENT n. m. *Vx.* Parole offensante pour Dieu ou ce qui est sacré ; blasphème.

1. JURER v. t. (lat. *jurare,* faire serment) [conj. 3]. **1.** Prononcer solennellement un serment en prenant à témoin, en engageant un être ou une chose que l'on tient pour sacré : *Il jure sur la tête de ses enfants qu'il est innocent.* — **2.** Affirmer qqch avec vigueur, le promettre par serment : *Ils ont juré le secret.* — **3.** Décider par un engagement ferme qu'on fera telle ou telle chose ; s'engager à respecter ou à ruiner qqch ou qqn : *Jurer de se venger. Jurer fidélité à un ami. Jurer la perte de quelqu'un.* — **4.** *Je vous jure, je te jure,* je vous l'assure, je te l'assure ; c'est vrai. ‖ *Ne jurer que par qqn, qqch,* reconnaître leur mérite et les citer sans cesse en exemple. ‖ Fam. *(Non mais) je vous (te) jure !,* indique l'agacement, l'énervement, l'exaspération.

◆ v. t. ou t. ind. Affirmer, soutenir catégoriquement la réalité, la véracité ou la possibilité de qqch (surtout au conditionnel et dans des phrases négatives) : *Il était là, j'en jurerais. Il ne faut jurer de rien.*

◆ **être juré** v. pass. **1.** Avoir prêté le serment exigé par sa fonction (seulem. épithète) : *Un expert juré.* — **2.** Litt. *Foi jurée,* promesse faite sous serment. ‖ Litt. *Maître juré filou,* qui est passé maître dans l'art de voler.

◆ **se jurer** v. pr. **1.** Se promettre à soi-même de faire qqch : *Se jurer de triompher.* — **2.** Se promettre réciproquement qqch : *Se jurer fidélité.*

2. JURER v. i. (de *jurer 1*) [conj. 3]. Proférer des jurons ; blasphémer : *Jurer comme un charretier.*

◆ v. t. ind. **1.** Proférer des jurons, des blasphèmes, pour marquer son irritation, son mécontentement à l'égard de qqn ou de qqch : *Jurer après un maladroit.* — **2.** Être mal assorti avec qqch ; produire un effet disparate ; détonner : *Une construction moderne qui jure avec le reste du quartier.*

JUREUR n. m. **1.** *Vx.* Personne qui jure à tout propos. — **2.** Prêtre constitutionnel.

JURIDICTION n. f. (lat. *jurisdictio, -onis,* de *jus, juris,* justice, et *dicere,* dire). **1.** Pouvoir de juger, de dire le droit, de rendre la justice ; étendue du pouvoir du juge. — **2.** Organisme institué pour trancher les litiges qui lui sont soumis. — **3.** Ensemble des tribunaux de même ordre, de même nature ou de même degré hiérarchique. (Syn. JUGE.) — **4.** Pouvoir d'exercer dans le domaine ecclésial une mission de gouvernement réservée aux clercs. — **5.** *Juridiction administrative,* ensemble des organismes juridictionnels relevant en dernier ressort du contrôle du Conseil d'État ; ensemble des règles de procédure contentieuse applicables en matière administrative. ‖ *Juridiction de droit commun,* juridiction ayant vocation à connaître des affaires relevant normalement de son ordre et de son degré et dont la connaissance n'a pas été expressément attribuée par la loi à une autre juridiction. ‖ *Juridiction d'exception,* juridiction à laquelle la loi attribue compétence pour juger certains litiges. ‖ *Juridiction judiciaire,* ensemble des organismes juridictionnels qui statuent en matière civile et répressive ; ensemble des règles de procédure contentieuse applicables en matière judiciaire. ‖ *Juridiction de jugement,* tribunal répressif qui statue sur la culpabilité du prévenu ou de l'accusé (par oppos. à la *juridiction d'instruction,* chargée de décider si un inculpé doit être jugé ou faire l'objet d'un non-lieu). ‖ *Juridiction militaire,* ensemble des tribunaux militaires, dont les attributions sont fixées dans le Code de justice militaire. ‖ *Juridiction du premier degré,* juridiction statuant en première instance, en premier ressort. ‖ *Juridiction du second degré,* juridiction d'appel. ‖ *Pleine juridiction,* compétence juridictionnelle du juge administratif pour certaines affaires. ‖ *Plénitude de juridiction,* principe selon lequel une juridiction de droit commun a une compétence générale pour connaître d'une affaire qui relèverait d'une autre juridiction.

JURIDICTIONNALISATION n. f. Fait de confier à une juridiction le contrôle d'une situation. (Syn. JUDICIARISATION.)

JURIDICTIONNEL, ELLE adj. Relatif à une juridiction.

JURIDICTIONNELLEMENT adv. Par décision émanant d'une juridiction.

JURIDIQUE adj. (lat. *juridicus*). **1.** Qui relève du droit : *Langue juridique.* — **2.** *Vx.* Qui s'exerce en justice, judiciaire.

JURIDIQUEMENT adv. **1.** De façon juridique. — **2.** Du point de vue du droit.

JURIDISME n. m. (de *juridique*). Attachement étroit à la règle juridique ; tendance à considérer les questions de manière formelle, sous le seul angle juridique.

JURIEN DE LA GRAVIÈRE (Pierre Roch), amiral français (Gannat 1772 - Paris 1849). Il se distingua contre les Anglais devant Les Sables-d'Olonne (févr. 1809) et reprit possession de la Réunion en 1814. — Son fils JEAN EDMOND, amiral et historien (Brest 1812 - Paris 1892), commanda les forces françaises du Mexique (1861), devint aide de camp de Napoléon III et fut mis à la tête de l'escadre de Méditerranée. Nommé directeur des Cartes et Plans de la marine en 1871, il a laissé de nombreux ouvrages historiques sur la marine. (Acad. des sc., 1866 ; Acad. fr., 1888.)

JURIEU (Pierre), théologien et controversiste protestant (Mer, Orléanais, 1637 - Rotterdam

1713). Après avoir enseigné à l'académie de Sedan (1674-1682), il dut se réfugier en Hollande d'où il développa, avec les catholiques français et notamment avec Bossuet, d'âpres polémiques. Il fut l'âme de la résistance protestante contre Louis XIV.

JURIN (James), médecin et physicien anglais (Londres 1684 - *id.* 1750). Il a donné, en 1718, la formule de la hauteur d'ascension des liquides dans les tubes capillaires.

JURISCONSULTE n. m. (lat. *jurisconsultus*). **1.** Personne qui, ayant acquis une connaissance approfondie du droit, donne des consultations en cette matière. — **2.** À Rome, personne privée spécialiste du droit qui intervenait devant les magistrats pour résoudre des questions juridiques.

JURISPRUDENCE n. f. (bas lat. *jurisprudentia,* de *jus, juris,* justice, et *prudentia,* connaissance). **1.** Ensemble des décisions des tribunaux, qui constitue une source du droit. — **2.** *Faire jurisprudence,* faire autorité et servir d'exemple dans un cas déterminé ; créer un précédent.

JURISPRUDENTIEL, ELLE adj. Qui résulte de la jurisprudence.

JURISTE n. (lat. médiév. *jurista,* du lat. class. *jus, juris,* justice). Personne qui, ayant fait des études de droit, le connaît, le pratique ; auteur d'ouvrages juridiques.

JURON n. m. (de *jurer 2*). **1.** Expression grossière traduisant sous forme d'interjection une réaction vive de dégoût ou de colère. — **2.** Dans la religion chrétienne, parole offensante pour Dieu ou pour qqch de sacré pris, mal à propos, à témoin.

JURONG, banlieue industrielle de Singapour.

JURUÁ, riv. de l'Amérique du Sud (Pérou et Brésil), affl. de l'Amazone (r. dr.) ; 3 000 km env.

JURUENA, riv. du Brésil, l'une des branches mères du Tapajós ; 1 036 km.

JURY n. m. (angl. *jury,* de l'anc. fr. *jurée,* serment). **1.** Ensemble des jurés appelés à titre temporaire à participer à l'exercice de la justice en cour d'assises. — **2.** Commission de personnes qualifiées, réunies officiellement pour évaluer et noter des candidats à un examen, à un concours : *Le jury du baccalauréat.* — **3.** Ensemble de personnes chargées de juger des œuvres, de décerner un prix, etc., dans une réunion prévue à cet effet : *Le jury du prix Goncourt.* — **4.** *Jury d'honneur,* commission chargée, à la demande de celui dont l'honneur est en cause, de délibérer exceptionnellement sur des accusations ne relevant pas directement de la justice.

1. JUS [ʒy] n. m. (lat. *jus, juris,* sauce). **1.** Liquide extrait de la pulpe, de la chair de certains fruits ou légumes ; boisson constituée par ce liquide. (→ *encycl.*) — **2.** Suc résultant de la cuisson d'une viande, d'une volaille, qui, déglacé, sert de sauce d'accompagnement. — **3.** *Pop.* Café noir. — **4.** *Fam.* Courant électrique. — **5.** *Fam.* et *vx.* Laïus, exposé. — **6.** *Fam.* Eau (dans laquelle on se baigne) : *Allez, tout le monde au jus !* — **7.** Pop. *Ça vaut le jus,* ça vaut la peine. ‖ Pop. *Jeter du jus,* avoir de l'allure, faire de l'effet. ‖ Pop. *Mijoter, cuire dans son jus,* rester seul dans une situation difficile, inconfortable ; avoir très chaud. ‖ Pop. *Tant de jours au jus,* tant de jours de service militaire restent à effectuer. • **Bx-arts.** Couleur très diluée que l'on passe uniformément, notamm. pour exécuter les dessous d'un tableau. — **Min.** *Jus d'attaque,* solution aqueuse de réactifs utilisée pour l'attaque chimique d'un minerai (syn. LIQUEUR D'ATTAQUE) ; solution enrichie après cette attaque chimique (syn. LIQUEUR MÈRE). — **Peauss.** *Jus tannant,* solution de tanin végétal. (Syn. JUSÉE.)

ENCYCL. **Agroalim.** Les jus de fruits de fabrication industrielle (pomme, raisin, orange, pamplemousse, ananas, tomate, etc.) sont obtenus par pressurage, clarification du moût qui en résulte, pasteurisation. Ils peuvent recevoir des conservateurs, des colorants, du sucre. Au niveau de l'étiquetage, l'emploi des qualificatifs est réglementé : « frais » désigne un jus sans aucun traitement ; « pur » un jus sans addition à l'exception de 15 g de sucre au litre pour corriger une acidité éventuelle ; « sucré » un jus additionné de 50 à 100 g de sucre par litre. Les jus de fruits sont présentés liquides ou surgelés ou encore donnent lieu à une concentration en poudre pour constituer ensuite des boissons instantanées.

2. JUS [ʒys] n. m. (lat. *jus, juris,* droit). **1.** À Rome, ensemble des règles qui régissaient les rapports des hommes entre eux (par oppos. au *fas* qui règlait les rapports des dieux et des hommes). [→ *encycl.*] — **2.** *Jus cogens,* ensemble des normes impératives du droit international général, acceptées et reconnues par la communauté des États dans son ensemble, en tant que normes auxquelles aucune dérogation n'est permise, et qui ne peuvent être modifiées que par une nouvelle norme de droit international général ayant le même caractère. (Convention de Vienne sur le droit des traités du 23 mai 1969.) ‖ *Jus sanguinis,* titre qui résulte du lien de sang et qui est pris en considération pour attribuer à un individu la nationalité d'un État. ‖ *Jus soli,* titre qui résulte du lieu de naissance et qui est pris en considération pour attribuer à un individu la nationalité d'un État.

ENCYCL. **Antiq.** Le *jus honorum* est le droit à l'admission au sénat municipal, à l'éligibilité aux magistratures. Ce droit est propre aux citoyens et va de pair avec le *jus suffragii* (droit de vote). Le *jus civile* est composé de toutes les règles en usage à Rome et qui s'appliquent au citoyen romain. Il est formé du *jus quiritium* (droit verbal et coutumier), de la loi des Douze Tables et de son interprétation, des lois postérieures votées par les *comices* et de leur interprétation. Le *jus gentium* est le nom donné par les Romains aux institutions des peuples étrangers, qu'ils reconnaissent, acceptent et appliquent, soit à la suite d'un traité, soit sur le fondement de la *fides*.

JUSANT n. m. (mot dialect. de l'Ouest, de l'anc. fr. *jus*, en bas). Marée descendante.

JUSÉE n. f. (de *jus 1*). **1.** Liqueur acide obtenue par lessivage du tan et utilisée au début du tannage à l'écorce de chêne. – **2.** Jus tannant.

JUSQU'AU-BOUTISME n. m. Attitude d'un jusqu'au-boutiste.

JUSQU'AU-BOUTISTE adj. et n. (pl. *jusqu'au-boutistes*). Qui pousse à prendre des mesures extrêmes, quelles qu'en soient les conséquences.

JUSQUE adv. (abrév. de l'anc. fr. *enjusque,* du lat. pop. *inde usque,* de là jusqu'à). Devant une préposition, un adverbe, indique : **1.** Une limite, un seuil, une période qui ne sont pas dépassés, le terme d'une action : *La fièvre est montée jusqu'à 40°. Dormir jusqu'à midi. Il est venu jusqu'ici.* – **2.** Un moment qui sert de repère : *Jusqu'ici tout s'est bien passé.* – **3.** Un degré extrême, un point limite où parviennent une action, un état : *Crédule jusqu'à la bêtise.* – **4.** *Jusqu'à,* indique l'inclusion ou la mise en relief d'un terme dans un tout, une série : *Tous, jusqu'à ses proches, le désapprouvent.* – **5.** *Jusques et y compris* [ʒyskəze-], exprime avec insistance l'inclusion dans un ensemble de la limite indiquée : *Vous lirez jusques et y compris la page trente.* – **6.** *Aller jusqu'à + inf.,* atteindre, franchir un seuil, une limite intolérables : *Ainsi il est allé jusqu'à les dénoncer ?* ‖ Fam. *En avoir jusque-là (de qqn, de qqch),* en avoir plus qu'assez ; être excédé. ‖ *Jusqu'à ce que, jusqu'au moment où* indiquent une limite temporelle : *Restez allongé jusqu'à ce que le médecin vienne.* ‖ Fam. *S'en mettre jusque-là,* manger gloutonnement.

JUSQUIAME [ʒyskjam] n. f. (bas lat. *jusquiamus,* du gr. *huoskuamos,* fève de porc). Herbe (solanacée) vénéneuse aux fleurs réunies en épis unilatéraux. (Le fruit est une capsule entourée par le calice persistant.)

ENCYCL. La feuille de jusquiame sert à préparer la poudre avec laquelle on fait la teinture et l'extrait alcooliques, antispasmodiques et hypnotiques. L'*huile de jusquiame composée,* ou baume Tranquille, est appliquée localement contre les douleurs rhumatismales.

JUSSAC (15250), ch.-l. de cant. du Cantal, à 11 km au N.-N.-O. d'Aurillac ; 1 877 hab.

JUSSEY (70500), ch.-l. de cant. de la Haute-Saône, sur l'Amance ; 1 918 hab. *(Jusséens).* Église reconstruite au XVIIIe s.

JUSSIEU (DE), famille de botanistes français. – ANTOINE (Lyon 1686 - Paris 1758) est l'auteur d'un *Traité des vertus des plantes.* – BERNARD (Lyon 1699 - Paris 1777), frère d'Antoine, créa un jardin botanique à Versailles (Trianon). – JOSEPH (Lyon 1704 - Paris 1779), frère des précédents, membre de l'expédition La Condamine au Pérou, introduisit en France l'héliotrope et d'autres fleurs. – ANTOINE LAURENT (Lyon 1748 - Paris 1836), neveu des trois précédents, fut directeur du Muséum et créa la « méthode naturelle » de classification des plantes (*Genera plantarum secundum ordines naturales disposita,* 1789). – ADRIEN (Paris 1797 - *id.* 1853), fils du précédent, fut également botaniste. – Tous les Jussieu ont siégé à l'Académie des sciences.

JUSSIEUA n. m. (de B. de *Jussieu,* n. pr.). Herbe (œnothéracée) des lieux marécageux ou inondés de toutes les régions tropicales.

JUSSION n. f. (lat. *jussio, -onis,* de *jussum,* ordre). *Lettre de jussion,* lettre patente par laquelle le roi, sur le refus d'une cour souveraine d'enregistrer un acte législatif, lui ordonnait de procéder à l'enregistrement.

JUSTAUCORPS n. m. (de *juste, au* et *corps*). **1.** Pourpoint ajusté à la taille, à basques et à manches, en usage au XVIIe s. – **2.** Sous-vêtement de tricot d'un seul tenant, dont le bas se termine en slip. (Syn. BODY.) – **3.** Vêtement collant d'une seule pièce porté à même la peau, utilisé pour la danse et dans certains sports.

JUSTE adj. (lat. *justus*). **1.** Qui a le souci de la justice, qui respecte le droit et l'équité : *Se montrer juste à l'égard de ses subordonnés.* – **2.** Qui est conforme au droit, à l'équité : *Une décision juste. Il est juste qu'il soit dédommagé de sa peine.* – **3.** Qui apparaît fondé, légitime : *De justes revendications.* – **4.** Qui est conforme à une exigence, à une règle : *Observer en tout la juste mesure.* – **5.** Se dit d'un appareil qui fonctionne avec précision, exactitude, d'un instrument qui est doué de la qualité de justesse : *Une balance juste.* – **6.** Qui est exact, conforme à un système conventionnel, à une norme : *Avez-vous l'heure juste ?* – **7.** Qui apprécie les faits, les choses avec exactitude et pertinence : *Avoir l'oreille juste. Avoir l'esprit juste.* – **8.** Se dit de données de la pensée, d'expressions conformes à la réalité ou à la vérité : *Ses prévisions se sont révélées justes. Trouver* *le mot juste.* – **9.** Se dit d'une pièce d'habillement étroite, trop ajustée : *Des chaussures un peu justes.* – **10.** Qui est à peine suffisant en quantité : *Des rations trop justes, mal calculées.*

◆ adv. **1.** Avec justesse, de façon exacte : *Chanter juste. Il avait vu juste.* – **2.** Avec précision, dans des proportions exactes : *Tirer juste.* – **3.** Exactement, précisément : *Il est minuit juste. C'est arrivé juste au coin de la rue.* – **4.** Seulement : *J'écris juste trois mots et j'arrive.* – **5.** De façon insuffisante, trop étroite, trop stricte : *Être logé un peu juste.* – **6.** *Juste* ou *tout juste,* seulement, à peine : *Il peut tout juste tenir debout.* – **7.** Fam. *Comme de juste,* comme il se doit, naturellement ; comme on pouvait le prévoir, évidemment : *Vous serez indemnisé, comme de juste.* ‖ *Frapper, toucher juste,* évoquer, aborder la question essentielle ou qui fait difficulté. ‖ *Partir juste,* en parlant d'un cheval, partir au galop sur le bon pied.

◆ n. **1.** Personne qui pratique la justice, observe exactement ses devoirs moraux ou religieux. – **2.** *Dormir du sommeil du juste,* d'un sommeil profond et tranquille.

◆ n. m. **1.** Ce qui est juste, conforme au droit ou à l'équité : *Le sentiment du juste et de l'injuste.* – **2.** *Au juste,* avec exactitude : *Que s'est-il passé au juste ?* ‖ *Au plus juste,* de façon parcimonieuse : *Calculer ses dépenses au plus juste.*

JUSTE de Gand, en ital. **Giusto di Gand,** peintre flamand, mentionné à Urbino de 1473 à 1475 et vraisemblablement identifiable avec le Gantois Joos **Van Wassenhove,** connu de 1460 à 1469. Il est sans doute l'auteur d'une partie des *28 Portraits d'hommes célèbres* (Louvre et Urbino) exécutés avec la participation de P. Berruguete pour le studiolo de Federico da Montefeltre à Urbino.

JUSTE (les Betti, dits), surnom francisé d'une famille de sculpteurs italiens établie en France en 1504. Leur œuvre la plus importante, essentiellement due à Jean Ier (San Martino a Mensola, Florence, 1485-Tours 1549), un des fils de Giusto **Betti,** est le tombeau de Louis XII et d'Anne de Bretagne à Saint-Denis, achevé en 1531.

JUSTEMENT adv. **1.** Avec justice, équité : *Châtiment justement infligé.* – **2.** Avec raison, vérité, légitimement : *Comme on l'a dit si justement.* – **3.** Précisément, exactement : *On parlait justement de vous.*

JUSTESSE n. f. (de *juste*). **1.** Qualité d'un instrument de mesure dont la moyenne des indications qu'il donne pour une grandeur mesurée est très voisine de la valeur vraie de cette grandeur. – **2.** Qualité d'un mécanisme qui est bien réglé, exact, juste et qui peut ainsi bien remplir sa fonction : *Justesse d'une montre.* – **3.** Qualité de qqch, en partic. d'une expression, qui convient exactement à son objet : *Justesse de ton dans un discours.* – **4.** Qualité d'un organe sensoriel, d'une faculté permettant d'apprécier les choses avec exactitude : *Justesse de l'oreille.* – **5.** Manière d'agir, de penser permettant d'atteindre un résultat qui ne présente ni erreur ni écart ; qualité du résultat obtenu : *S'exprimer avec justesse. Tir d'une grande justesse.* – **6.** *De justesse,* de fort peu : *Gagner de justesse.*

JUSTICE n. f. (lat. *justitia*). **1.** Principe moral qui exige le respect du droit et de l'équité : *Faire régner la justice.* – **2.** Qualité morale qui invite à respecter les droits d'autrui : *Agir en tout avec justice.* – **3.** Droit de dire ce qui est légalement juste ou injuste, condamnable ou non, ce qui est le droit : *Exercer la justice avec rigueur, impartialité.* – **4.** Action par laquelle le pouvoir judiciaire, une autorité, reconnaît le droit ou le bon droit de qqn : *Demander justice pour un préjudice subi.* – **5.** Institution chargée d'exercer le pouvoir judiciaire, d'appliquer le droit : *Poursuivre quelqu'un en justice.* – **6.** *Faire justice de qqch,* le récuser, le réfuter : *Il a fait justice des accusations portées contre lui.* ‖ *Rendre, faire justice à qqn,* réparer le tort qui lui a été fait, reconnaître ses mérites. ‖ *Rendre la justice,* exercer le pouvoir de juger. ‖ *Se faire justice (à soi-même),* se venger ou se suicider. • **Dr.** Fonction souveraine de l'État consistant à trancher les litiges entre sujets de droit et à définir, sur le fondement des lois de la société, les comportements antisociaux. (→ *encycl.*) ‖ *Justice constitutionnelle,* les tribunaux chargés du contrôle de constitutionnalité ; la fonction que ces tribunaux assument. ‖ *Ministre de la Justice,* syn. de garde* des Sceaux. – **Hist.** Justice déléguée, justice dont le roi déléguait l'exercice à certains organismes (cours souveraines, présidiaux, bailliages et sénéchaussées, etc.). ‖ *Justice ecclésiastique,* justice exercée par les évêques et les abbés sur leurs domaines et par les officialités. ‖ *Justice retenue,* justice que le roi se réservait de rendre lui-même. ‖ *Justice seigneuriale,* justice que le seigneur exerçait dans l'étendue de sa seigneurie. – **Mil.** *Justice militaire,* justice applicable aux militaires ainsi qu'aux personnes assimilées à ces derniers, conformément aux dispositions du Code de justice militaire. (→ *encycl.*)

ENCYCL. **Dr.** En France, la justice est une autorité dont l'indépendance est garantie (article 64 de la Constitution de 1958). Quant à son organisation, la justice est un service public de l'État et présente en France l'originalité d'obéir au principe de la dualité de juridiction ; lequel conduit à distinguer les tribunaux judiciaires (civils et pénaux) et les tribunaux administratifs ; le Tribunal des conflits étant chargé entre ces deux ordres de la régulation des compétences.

La justice entre les particuliers est rendue par 473 tribunaux d'instance (tribunaux de police pour les contraventions) et 181 tribunaux de grande instance (tribunaux correctionnels pour les délits) [au moins un par département]. Certains litiges sont portés devant des tribunaux d'exception : tribunal de commerce, conseil de prud'hommes, etc. Les affaires d'une certaine importance peuvent être jugées une seconde fois par l'une des 33 cours d'appel. La Cour de cassation, juridiction suprême de l'ordre judiciaire, qui siège à Paris, juge en droit et non en fait, c'est-à-dire qu'elle juge les arrêts ou jugements, et les casse, s'il y a lieu, pour non-conformité à la loi ; elle juge également les pourvois en révision. Les cours d'assises, composées de juges et d'un jury populaire (9 jurés), jugent les crimes. La justice administrative est rendue par des tribunaux administratifs et, en appel, par des cours administratives d'appel et/ou par le Conseil d'État, juridiction suprême de l'ordre administratif. Le Tribunal des conflits tranche les conflits de compétence entre les tribunaux judiciaires et les tribunaux administratifs. La Cour des comptes juge les comptes des comptables publics et des chambres régionales des comptes.

— **Mil.** C'est en 1347 que le premier texte soustrayant les hommes d'armes aux juridictions ordinaires apparaît, et c'est au milieu du XIVe s. qu'est créé le *tribunal de la connétablie,* première en date des juridictions pénales particulières aux armées. La Révolution de 1789 supprime les juridictions de l'Ancien Régime : juridiction des *prévôts des maréchaux, présidiaux, tribunal des maréchaux de France* et *conseils de guerre* de Louis XIV. Mais, dès 1790, sont créés des *cours martiales,* des *tribunaux criminels militaires* et des *conseils militaires.* Plusieurs systèmes sont ensuite mis à l'épreuve (1857, 1928, 1938), mais bien qu'ils aient progressivement réorganisé la justice militaire dans le sens du droit commun, ils ne paraissent plus adaptés, après la Seconde Guerre mondiale, aux réalités et perspectives de l'époque moderne. Ainsi un code unique de justice militaire, commun aux trois armées, est réalisé par la loi du 8 juill. 1965. L'évolution vers le droit commun s'est poursuivie en 1982 par l'adoption d'un nouveau Code de justice militaire. En temps de paix et sur le territoire de la République, les juridictions militaires *(haut tribunal* et *tribunaux permanents des forces armées)* sont supprimées, et les infractions qui étaient de leur compétence relèvent désormais des juridictions de droit commun. La justice militaire est rendue sous le contrôle de la Cour de cassation : en temps de paix, hors du territoire de la République, par des *tribunaux aux armées ;* en temps de guerre, par un *haut tribunal des forces armées,* des *tribunaux territoriaux des forces armées* et des *tribunaux militaires aux armées.*

Justice *(ministère de la),* département ministériel ayant à sa tête le garde des Sceaux et quelquefois dénommé « Chancellerie ». L'administration centrale du ministère comporte cinq directions : services judiciaires, affaires civiles et sceau, affaires criminelles et grâces, administration pénitentiaire, éducation surveillée, ainsi que le service de l'administration générale et de l'équipement.

JUSTICIABILITÉ n. f. Condition de justiciable.

JUSTICIABLE adj. et n. (de *justicier*). Qui relève de certains juges ou tribunaux.

◆ adj. **1.** Qui appelle telle mesure appropriée, relève de tel traitement : *Maladie justiciable d'une cure thermale.* — **2.** Qui doit répondre de ses actes devant tel groupe, telle institution, etc. : *Pour ses électeurs, il est maintenant justiciable de sa politique.*

JUSTICIALISME n. m. (esp. *justicialismo*). Doctrine politique dont s'est réclamé le régime établi en Argentine en 1946-1955 par le président Perón. (Elle visait à réunir, contre l'oligarchie terrienne soutenue par le capital nord-américain, les couches les plus défavorisées de la population et la bourgeoisie industrielle nationaliste.)

JUSTICIALISTE adj. et n. Relatif au justicialisme ; partisan du justicialisme.

JUSTICIER, ÈRE n. (de *justice*). Personne qui agit en redresseur de torts sans en avoir reçu le pouvoir.

◆ adj. *Litt.* Qui symbolise l'action du justicier, du redresseur de torts : *Doigt justicier.*

◆ **justicier** n. m. **1.** Seigneur qui avait le droit de rendre la justice. (On distinguait le *seigneur haut justicier,* qui jugeait les causes les plus graves, et le *seigneur bas justicier,* compétent pour les autres causes.) — **2.** Officier royal de justice.

JUSTIFIABLE adj. Qui peut être justifié.

JUSTIFIANT, E adj. Se dit de la grâce qui rend juste.

JUSTIFICATEUR, TRICE adj. (bas lat. ecclés. *justificator*). Qui apporte une justification, tend à justifier : *Témoignage justificateur.*

JUSTIFICATIF, IVE adj. Qui sert à justifier qqn ou à prouver qqch : *Pièces justificatives.*

◆ **justificatif** n. m. **1.** Document apportant la preuve matérielle que qqch a bien été fait. — **2.** Exemplaire ou extrait du journal prouvant l'insertion d'un article ou d'une annonce, et envoyé à l'auteur ou à l'annonceur. — **3.** Liste des emplacements où ont été posées des affiches, avec leurs dimensions.

JUSTIFICATION n. f. (bas lat. ecclés. *justificatio, -onis*). **1.** Action de justifier qqn ou de se justifier ; défense : *Ouvrage qui vise à la justification d'un condamné politique.* – **2.** Action de produire des arguments qui établissent la légitimité de qqch ; apologie : *La justification de la violence.* – **3.** Action de prouver la réalité, la matérialité, l'exactitude de qqch : *Justification d'identité.* – **4.** Raison, preuve servant à justifier qqch : *Exiger des justifications.* • **Bur.** Alignement des caractères à l'extrémité gauche ou droite d'un texte dactylographié. – **Dr.** Syn. de ÉCLAIRCISSEMENT. – **Impr.** Dimension préalable sur laquelle est effectuée la composition des lignes d'un texte. ‖ Mise de longueur des lignes composées sur une dimension prédéterminée. ‖ *Justification du tirage,* mention indiquant les différents papiers utilisés pour le tirage et qui peut comporter aussi la numérotation des exemplaires de l'édition originale. – **Théol.** Dans la théologie de saint Paul, acte par lequel Dieu fait passer l'homme pécheur de l'état de péché à celui de justice, c'est-à-dire de salut par la foi.

JUSTIFIER v. t. (bas lat. ecclés. *justificare,* du lat. class. *justus,* juste, et *facere,* faire) [conj. 9]. **1.** Défendre, disculper qqn d'une accusation, le mettre hors de cause : *Justifier quelqu'un devant ses accusateurs.* – **2.** Appuyer la réalité, l'exactitude de qqch par des preuves, des documents : *Vous aurez à justifier le versement de cette somme.* – **3.** Faire admettre qqch, en établir le bien-fondé, la nécessité : *Le gouvernement a justifié sa décision par la situation économique.* – **4.** Faire apparaître qqch comme légitime, l'autoriser : *La fin ne saurait justifier les moyens.* – **5.** Montrer après coup que qqch n'était pas faux, mal fondé : *Ce garçon a pleinement justifié la confiance qu'on lui a témoignée.* – **6.** Mettre entre chaque mot d'une ligne à composer l'espacement nécessaire pour qu'elle ait la longueur requise. – **7.** Mettre au nombre des justes.

◆ v. t. ind. Fournir ou constituer la preuve concrète de qqch : *Justifier de son identité.*

◆ **se justifier** v. pr. Réfuter une allégation, donner des preuves de son innocence : *Il tente de se justifier des calomnies dont il est l'objet.*

JUSTIN *(saint),*philosophe et martyr (Flavia Neapolis, Samarie, v. 100 - Rome v. 165). Il fut le maître d'une apologétique *(Apologies, Dialogue avec Tryphon)* qui tend à harmoniser la foi chrétienne et la sagesse des philosophes.

JUSTIN, historien romain qui vécut sous les Antonins. Son œuvre est le résumé de l'*Histoire universelle* de Trogue Pompée, aujourd'hui perdue.

JUSTIN Ier (Bederiana, Illyrie, v. 450 - Constantinople 527), empereur byzantin (518-527). Officier illyrien, proclamé empereur, il fut secondé par son neveu Justinien, associé au trône en 527. Il persécuta les monophysites. – Son neveu, **Justin II** († 578), succéda à Justinien comme empereur byzantin (565-578). Son règne fut une période de recul devant les Lombards, les Avars, les Slaves et les Perses. Il persécuta les monophysites.

JUSTINE, femme romaine (Sicile-Thessalonique 388). Épouse de l'empereur Magnence, puis de l'empereur Valentinien Ier († v. 375), elle exerça une régence de fait sous le règne de son fils Valentinien II (375), et favorisa les ariens.

Justine et **Juliette,** héroïnes de romans de Sade, notamment de *la Nouvelle* Justine, suivie de l'Histoire de Juliette, sa sœur* (1797), incarnations symétriques de la vertu persécutée et du vice triomphant.

JUSTINIEN Ier, en lat. **Flavius Petrus Sabbatius Justinianus** (Tauresium ?, près de l'actuelle Skopje, 482 - Constantinople 565), empereur byzantin (527-565). Il collabore avec son oncle Justin dès 518, lui est associé (avr. 527) et lui succède (août). Très secondé par l'impératrice Théodora, il entreprend de rétablir le territoire de l'ancien Empire romain, de faire de la Méditerranée un lac byzantin et d'extirper l'arianisme. En 532, il conclut avec le souverain perse Khosrô la « paix éternelle » et écrase à Byzance la sédition Nika. Il poursuit la réforme de l'État dans le sens de la centralisation et de l'absolutisme impérial : il fait réviser et classer, dans le *Code Justinien,* des lois promulguées depuis Hadrien (528-29 et 534) ; la jurisprudence romaine est reprise et codifiée dans le *Digeste** ou *Pandectes ;* un manuel de droit, les *Institutes** est publié en 533. Il encourage le monachisme, condamne d'abord le monophysisme (528) et ferme l'université d'Athènes, foyer de paganisme (529). Mais, sous l'influence de Théodora, favorable aux monophysites, il fait déporter le pape Silvère en Asie Mineure, fait céder Vigile, résidant à Constantinople, et impose à l'Église l'autorité impériale par la pragmatique de 554. La reconquête de l'Occident sur les Barbares ariens est menée par de grands généraux, Bélisaire puis Narsès. En Afrique, les Vandales sont vaincus et leur territoire est réuni à l'Empire romain en 534. La conquête de l'Italie sur les Ostrogoths demande des années de dures campagnes (535-561) ; aux Wisigoths est enlevé le sud-est de l'Espagne (v. 550-554). L'engagement de Byzance en Occident a incité Khosrô à rompre la paix (540) ; bousculant Bélisaire, les Perses envahissent la Syrie, et Justinien doit leur payer tribut (562). La frontière du Danube est constamment violée par les Huns

et les Slaves, ce qui oblige Justinien à payer leur départ.
Sous le règne de Justinien, Byzance fut le centre d'un actif trafic commercial entre l'Europe et l'Asie. Ce fut aussi un foyer intellectuel, et artistique remarquable qu'illustrent l'historien Procope et le poète Romanos le Mélode. Justinien fit élever la basilique Sainte-Sophie, à Constantinople. La pénétration de l'art byzantin en Occident (Thessalonique, Ravenne) témoigne de la grandeur de cette période.

JUSTINIEN II Rhinotmète (*Rhinotmêtos,* « Nez coupé ») [669 - Sinope 711], empereur byzantin (685-695 et 705-711). Fils et successeur de Constantin IV, il laissa proclamer par le concile Quinisexte (692) l'égalité du patriarche de Constantinople et du pape, décision qu'il laissera plus tard rapporter. Renversé par un soulèvement populaire (695), puis exilé, il reprit le pouvoir avec l'aide des Bulgares (705). Sa politique de répression provoqua une nouvelle insurrection. Chassé par Philippikos Bardanès (711), Justinien fut tué peu après.

JUTE n. m. (angl. *jute,* du bengalī *jhuto*). **1.** Fibre textile extraite de la tige du corchorus (tiliacée). — **2.** Étoffe faite avec cette fibre. — **3.** *Jute bâtard,* fibre textile analogue au jute extraite de l'hibiscus.
ENCYCL. Le corchorus est une plante tropicale annuelle dont la culture demande des sols fertiles et une bonne pluviosité. Les fibres élémentaires, courtes (2 à 8 mm), sont utilisées en les laissant groupées en longs brins de filasse. La fibre est de couleur blanc perlé, mais sa forte incrustation en lignine la rend sensible à la lumière, qui la fait jaunir. Les utilisations traditionnelles du jute (sacs, emballages, linoléum) sont en régression devant les fibres artificielles. La production mondiale de jute se situe entre 3 et 3,5 Mt, assurée pour près de la moitié par l'Inde et pour un quart par le Bangladesh.

JUTER v. i. (conj. 3). **1.** Rendre du jus, en parlant de fruits, de viandes, etc. — **2.** *Pop.* Faire bon effet, en jeter. — **3.** *Pop.* Rapporter beaucoup d'argent.

JUTES, anc. peuple germanique du Jylland (Jütland) méridional. Des Jutes s'établirent dans le sud-ouest de l'Angleterre au Ve s.

1. JUTEUX, EUSE adj. **1.** Se dit d'un fruit, d'une viande qui rend beaucoup de jus. — **2.** *Pop.* Se dit d'une affaire qui rapporte beaucoup.

2. JUTEUX n. m. (de *premier-jus,* sous-officier de première classe). *Arg.* Adjudant.

JUTIER, ÈRE adj. Qui concerne la culture et l'industrie du jute.

JÜTLAND, nom allemand du Jylland.

Jütland *(bataille navale du)* [31 mai-1er juin 1916] Seul grand choc naval de la Première Guerre mondiale, la bataille du Jütland vit s'affronter, au large des côtes du Danemark, la Grande Flotte anglaise de l'amiral Jellicoe et la flotte allemande de l'amiral Scheer. En dépit de pertes moins lourdes que celles des Anglais, la flotte allemande fut découragée de reprendre l'offensive.

JUTURNE, en lat. **Juturna** ou **Diuturna,** nymphe romaine du Latium. Elle passait pour une divinité guérisseuse. Le nom de *fontaine de Juturne (lacus Juturnae)* est donné à un bassin du Forum.

JUVARRA ou **JUVARA** (Filippo), architecte et scénographe italien (Messine 1678 - Madrid 1736). Il se forma en Sicile, puis à Rome chez les Fontana (1703). Premier architecte du roi de Sicile Victor-Amédée II de Savoie (1714), il travailla à Messine, puis au Piémont. À Turin, il se montre plutôt classique à la basilique de Superga (1715-1731), baroque à l'église du Carmine (1732) et au château de Stupinigi. Appelé en Espagne par Philippe V (1735), il dressa les plans du palais royal de Madrid.

JUVEIGNERIE n. f. (de *juveigneur*). En droit féodal, avantage accordé à un puîné par rapport à l'aîné.

JUVEIGNEUR n. m. (lat. *juvenior,* compar. de *juvenis,* jeune). Dernier-né d'une famille, devant hériter de la tenure paternelle.

JUVÉNAL, en lat. **Decimus Junius Juvenalis,** poète latin (Aquinum, Apulie, v. 60 apr. J.-C. - v. 130). Il est l'auteur de *Satires** à la verve puissante, opposant à la Rome dissolue de son temps l'image de la République idéalisée par Cicéron et Tite-Live.

JUVÉNAL ou **JOUVENEL DES URSINS** (Jean Ier), magistrat français (Troyes 1360-Poitiers 1431). Prévôt des marchands de Paris (1389-1400), il prit parti pour les Armagnacs (1407) et fut nommé par le dauphin Charles (futur Charles VI) président du parlement de Poitiers (1418) puis de celui de Toulouse (1420). — Son fils JEAN II (Paris 1388 - Reims 1473), chapelain de Charles VII, archevêque de Reims (1449), a rédigé une *Chronique* du règne de Charles VI. — GUILLAUME (Paris 1401 - *id.* 1472), frère du précédent, fut chancelier de France de 1445 à 1472. Son portrait a été peint par Fouquet (v. 1460 ?).

JUVÉNAT n. m. (lat. *juvenis,* homme jeune). **1.** Stage en usage chez certains religieux, durant lequel on revoit les études classiques pour se préparer au professorat. — **2.** Syn. de ALUMNAT.

JUVÉNILE adj. (lat. *juvenilis*). **1.** Qui appartient à la jeunesse, qui en a l'ardeur, la vivacité : *Ardeur juvénile.* — **2.** Se dit d'une concentration minérale produite par la circulation de fluides magmatiques ; se dit des fluides (eau, gaz) dérivant directement d'un magma. — **3.** Se dit d'une hormone qui s'oppose à l'apparition des caractères adultes chez les insectes.

JUVÉNILITÉ n. f. (lat. *juvenilitas, -atis*). *Litt.* Caractère de ce qui est juvénile.

JUVIGNY-SOUS-ANDAINE (61140), ch.-l. de cant. de l'Orne, près de la forêt d'Andaine ; 1 109 hab. *(Juvignasiens).*

JUVISY-SUR-ORGE (91260), ch.-l. de cant. de l'Essonne, près du confluent de l'Orge et de la Seine ; 11 852 hab. *(Juvisiens).* Pont des Belles-Fontaines, d'époque Louis XV. Observatoire fondé par C. Flammarion. Triage ferroviaire (en quasi-totalité sur le territoire de la comm. d'Athis-Mons). Constructions électriques.

JUXTALINÉAIRE adj. Se dit d'une traduction dans laquelle le texte et la version occupent deux colonnes contiguës se correspondant ligne à ligne.

JUXTAPOSABLE adj. Qui peut être juxtaposé : *Éléments juxtaposables.*

JUXTAPOSER v. t. (de *juxta-* et *poser*) [conj. 3]. Placer des choses immédiatement l'une à côté de l'autre : *Juxtaposer une phrase à une autre.*
◆ **être juxtaposé** v. pass. *Propositions juxtaposées,* propositions qui se succèdent dans une phrase sans lien de subordination ni de coordination (par ex. *Je suis venu, j'ai vu, j'ai vaincu*).

JUXTAPOSITION n. f. **1.** Action de juxtaposer des éléments ; état de choses juxtaposées : *Meuble qui se monte par simple juxtaposition.* — **2.** Syn. de PARATAXE.

JYLLAND, en all. **Jütland,** péninsule formant la partie continentale du Danemark, dont elle regroupe 46 % de la population sur près de 70 % de la superficie. L'Ouest est sableux et peu fertile, l'Est est enrichi d'apports glaciaires. L'élevage domine la vie rurale. Les principaux centres urbains sont des ports : anciennes cités d'Århus et Ålborg, port de pêche d'Esbjerg, port pétrolier de Fredericia.
— **Hist.** Habité dès la préhistoire, le Jylland a été occupé par les Cimbres et les Teutons au IIe s. av. J.-C. Les Romains le soumirent sous Auguste, et il fut ensuite envahi par les Saxons, les Angles et les Jutes, qui attaquèrent l'île de Bretagne à partir du IVe s. Disputé entre les comtes de Holstein et les rois de Danemark, le pays devint la base continentale de la puissance danoise.

JYVÄSKYLÄ, v. de la Finlande centrale, à l'extrémité nord du lac Päijänne ; 64 000 hab. Centre universitaire (bâtiments d'A. Aalto) et industriel. Musées.

K n. m. Onzième lettre de l'alphabet français servant à noter une consonne occlusive sourde [k]. (Le *k* est surtout utilisé dans les mots savants et dans les emprunts.)

K Chim. Symbole du *potassium.* — **Inform.** Abrév. de KILO. — **Méd.** *Anticorps anti K, antigène K,* anticorps, antigène du système Kell. ‖ *Cellule K* (de l'angl. *K cell* pour *killer cell,* cellule tueuse), cellule lymphoïde intervenant dans la réponse immunitaire par une action cytotoxique vis-à-vis de cellules cibles. ‖ *Vitamine K,* vitamine liposoluble jouant un rôle capital dans les phénomènes de la coagulation du sang. (On distingue les *vitamines K1* [ou phylloquinone*], *K2* [ou ménaquinone*], *K3* [ou ménadione*].) — **Métrol.** Symbole du *kelvin.*

k Métrol. Symbole du préfixe SI *kilo.* — **Thermodyn.** Désigne la constante de Boltzmann*.

K2, DAPSANG, GODWIN AUSTEN ou **CHOGORI** (« la Grande Montagne »), sommet du massif du Karakorum, dans le nord du Cachemire (au Pākistān), près de la frontière chinoise. Deuxième sommet du monde (8 611 m), conquis par L. Lacedelli et A. Compagnoni en 1954.

1. KA n. m. (mot égyptien signif. *double*). Dans la religion égyptienne, ensemble des énergies vitales animant les dieux et les hommes.

2. KA n. m. Syn. de KAON.

KAARTA, royaume fondé à la fin du XVIIe s. au nord du haut Sénégal par le clan bambara des Massassis venu du haut Niger. Il fut occupé par Archinard entre 1890 et 1893.

Ka'ba ou **Kaaba** (mot ar. signif. *dé à jouer,* et désignant toute maison de forme cubique), édifice cubique, à peu près au centre de la Grande Mosquée de La Mecque. La Ka'ba est le point d'orientation vers lequel tous les musulmans se tournent pour prier et le lieu du grand et du petit pèlerinage. Dans sa paroi est scellée la Pierre noire. Selon le Coran, les fondements de la Ka'ba ont été établis par Abraham (la Pierre noire fut apportée à Abraham par l'ange Gabriel) ; l'édifice actuel, souvent restauré, remplace, depuis la fin du VIIe s., celui, plus ancien, détruit au cours du siège de 683.

KABALEVSKI (Dimitri Borissovitch), compositeur soviétique (Saint-Pétersbourg 1904 - Moscou 1987). Professeur au conservatoire de Moscou de 1925 à 1941, il est l'auteur de cinq opéras, dont *Colas Breugnon* (1938), de symphonies et de concertos.

KABARDES ou **KABARDINES,** peuple musulman du Caucase du Nord, habitant la partie centrale la plus élevée de la chaîne caucasienne (env. 400 000 individus, dont la plupart vivent dans la *république de Kabardino-Balkarie*).

KABARDINO-BALKARIE, république de la Fédération de Russie ; 12 500 km² ; 760 000 hab. Cap. *Naltchik.* Cette république s'étend sur le versant nord du Grand Caucase. La population autochtone, musulmane, est formée des Kabardes, de langue caucasienne (45 % des effectifs), et des Balkars, éleveurs de langue turque (9 %). Les Russes représentent une minorité importante (35 %), concentrée dans les villes.

KABBALE ou **CABALE** n. f. (hébr. *qabbala,* tradition). Ensemble des commentaires mystiques et ésotériques juifs des textes bibliques et de leur tradition orale.

ENCYCL. La doctrine de la kabbale part de l'idée que Dieu ne saurait être reconnu que dans la perspective de la Création. Dieu, l'Être infini, est inaccessible dans son essence. Les deux moyens de réalisation de la recherche mystique sont la Torah et la langue hébraïque avec les lettres qui la composent. Né au Moyen Âge, simultanément en Provence, dans le Languedoc et en Espagne, le courant kabbaliste trouva à s'exprimer, au XIIIe s., dans le *Zohar* (Livre de la splendeur), document littéraire fondamental. Il s'élargit et se répandit autour du bassin méditerranéen du XVe au XVIIe s. Son représentant le plus significatif fut Isaac Luria (1534-1572), dont l'enseignement, fondé sur la contemplation et centré sur une perspective messianique, exerça une influence déterminante dans la vie religieuse juive. À partir du XVIIIe s., la kabbale trouva une inspiration nouvelle avec le hassidisme.

KABBALISTE ou **CABALISTE** n. Personne versée dans la connaissance de la kabbale.

KABBALISTIQUE ou **CABALISTIQUE** adj. Relatif à la kabbale.

KABELÁČ (Miloslav), compositeur tchèque (Prague 1908 - *id.* 1979). Il s'est imposé par ses 8 symphonies (1942-1970) et ses *Huit Inventions* pour percussion (1963).

KA'B IBN ZUHAYR, poète arabe (1re moitié du VIIe s.), auteur d'un célèbre poème à la louange de Mahomet *(Bānat Su'ād).*

KABIG ou **KABIC** n. m. (mot breton). Veste tissée dans une laine qui est imperméable.

KABĪR, poète et prédicateur indien de langue hindī (Bénarès 1440 - v. 1518). Enfant abandonné d'une veuve brahmane, il fut recueilli par un couple de tisserands musulmans. Il étudia les textes hindouistes et devint disciple de Rāmānanda et du sage soufi Chaykh Taqi. Influencé par la bhakti, il dénonça le formalisme et l'hypocrisie des brahmanes et préconisa une osmose entre l'hindouisme et l'islām.

KABOUL ou **KĀBUL,** cap. de l'Afghānistān ; 1 424 000 hab. La ville est établie à 1 800 m d'alt., sur la *rivière de Kaboul,* qui ouvre le passage vers le Pākistān, tandis que le tunnel de Salang facilite l'ouverture vers le Nord. C'est un centre administratif et commercial (bazar), mais la ville a été fortement endommagée par les divers conflits qui affectent le pays depuis 1979.
— **Hist.** Identifiée à la *Cabura* d'Alexandre le Grand, la ville fut la capitale de l'empire des Grands Moghols de 1504 à 1526. Conquise par Nāder Chāh (1738), elle remplaça Kandahar comme capitale de l'Afghānistān en 1774.

KABOUL *(rivière de),* riv. de l'Afghānistān et du Pākistān ; 700 km environ. Issue du Kuh-e Bābā, elle traverse Kaboul, puis entre au Pākistān et conflue avec l'Indus (r. dr.).

KABRÉS, population voltaïque du Togo comptant environ 200 000 individus.

KABUKI [kabuki] n. m. (jap. *kabuki,* art du chant et de la danse). Genre théâtral japonais dans lequel le dialogue alterne avec des parties psalmodiées ou chantées, et des intermèdes de danse.

ENCYCL. Spectacle dont les rôles féminins sont joués par des acteurs spécialisés, le kabuki adapta le répertoire et la technique du théâtre de marionnettes au cours du XVIIIe s., puis il élabora, toujours au XVIIIe s., une dramaturgie spécifique, illustrée par Tsuruya Namboku et Kawatake Mokuami. Au XXe s. le kabuki a adopté les thèmes du roman moderne d'Okamato Kidō.

Kabuto-Cho, nom donné à la Bourse de Tōkyō (du nom du quartier [« Quartier des Guerriers »] où elle est installée.)

KABWE, anc. **Broken Hill,** v. du centre de la Zambie ; 167 000 hab. Centre minier (plomb, zinc, cobalt, vanadium) et métallurgique.

KABYLE adj. et n. De Kabylie.
◆ n. m. Langue berbère parlée en Grande Kabylie et dans l'ouest de la Petite Kabylie. (Syn. TAMAZIGHT.)

KABYLES, peuple berbère sédentaire de Kabylie. Les Kabyles de Grande Kabylie ont gardé leur langue, leur organisation sociale traditionnelle (système clanique). Ils ont longtemps résisté à l'influence française et leur pays a été l'un des sièges principaux de l'insurrection de 1954 qui a abouti à l'indépendance de l'Algérie.

KABYLIES (les) ou **KABYLIE** (la), ensemble de massifs (Djurdjura), de vallées (Soummam) et de bassins littoraux du nord-est de l'Algérie. À l'Ouest, en *Grande Kabylie,* l'arboriculture (figuiers, oliviers) est complétée par l'artisanat. La langue et les coutumes berbères y sont restées plus vivaces qu'à l'Est, en *Petite Kabylie* (céréales, élevage). Une très forte émigration, autrefois lointaine, renforce actuellement les villes proches (Tizi-Ouzou, Bejaia, Jijel, Skikda, Annaba). La densité reste cependant élevée (souvent 100 à 200 hab./km²).

KACHA n. f. (russe *kacha,* bouillie). Plat russe à base de semoule de sarrasin mondé, cuite à l'eau ou au gras.

KĀCHĀN, v. d'Iran, au S.-E. de Mechhed ; 115 188 hab. Artisanat (tapis). Beaux jardins de Barh-e Chāh.

KACHGAR ou **KASHI,** v. de Chine, dans une oasis de l'ouest du Xinjiang ; 146 300 hab. Très ancien centre commercial et caravanier. Artisanat (textile et cuir). Agroalimentaire.

KACHGAR DARIA → KAXGAR HE.

KACHGARIE, région historique d'Asie centrale, dans l'actuel Xinjiang, située dans le bassin du Tarim, autour de l'oasis de Kachgar.

KACHINS ou **CHINGPAWS,** population tibéto-birmane dispersée en Chine du Sud (Yunnan), en Birmanie (États kachin et chan) et en Inde (Assam), estimée à 1,5 million de personnes.

KACHKADARIA (le), fl. d'Ouzbékistan, formé dans l'ouest du Tadjikistan et qui se perd dans l'oasis de Karchi, au S.-E. de Boukhara.

KACHKAVAL n. m. (bulgare *kaškaval*). Fromage de brebis des Balkans, obtenu par cuisson du caillé dans l'eau.

KACHOUBES, Slaves poméraniens établis à l'ouest de Gdańsk.

KADAI n. m. Groupe de langues, apparenté au thaï, parlées dans le sud-ouest de la Chine.

KADAÏF n. m. Pâtisserie orientale faite d'amandes et de noix broyées ensemble.

KÁDÁR (János), homme d'État hongrois (Fiume, auj. Rijeka, 1912 - Budapest 1989). Membre du parti communiste clandestin à partir de 1931, il devint ministre de l'Intérieur en 1948. Arrêté et interné de 1951 à 1953, il fut élu premier secrétaire du parti des travailleurs hongrois en oct. 1956. Il constitua au début de novembre un contre-gouvernement qui élimina celui de I. Nagy et fut imposé par l'armée soviétique. Président du Conseil (jusqu'en 1958, puis de 1961 à 1965), Kádár demeura à la tête du parti (avec, à partir de 1985, le titre de secrétaire général) jusqu'en 1988. Sa politique de réformes fit progresser l'économie.

KADARÉ (Ismail), écrivain albanais (Gjirokastër 1936). Journaliste, critique littéraire, essayiste, poète, il est surtout un maître de la nouvelle (*l'Emblème de naguère,* 1977) et du roman (*le Général de l'armée morte,* 1963 ; *Chronique de la ville de pierre,* 1970 ; *le Grand Hiver,* 1973 ; *le Palais des rêves,* 1981 ; *le Concert,* 1988 ; *l'Ombre,* 1994), où le fantastique et l'humour côtoient le réalisme quotidien et historique.

KADDISH n. m. (araméen *qaddish,* saint). Prière juive récitée à la fin de chaque partie de l'office synagogal. (C'est une exaltation de la toute-puissance divine.)

KADEN-BANDROWSKI (Juliusz), écrivain polonais (Rzeszów 1885 - Varsovie 1944). Romancier engagé, il a dépeint la vie des mineurs (*les Ailes noires,* 1928-29) et attaqué violemment le parlementarisme polonais (*Mateusz Bigda,* 1933).

KADESH → QADESH.

KADHAFI (Muammar **al-**), homme d'État libyen (Syrte, au S.-E. de Misourata, 1942). Fondateur du Groupe des officiers unionistes libres (1964), il participe au coup d'État de sept. 1969 qui renverse le roi Idrīs Ier. Il préside le Conseil du commandement de la révolution (1969-1977) et est le commandant en chef de l'armée. Renonçant à ses fonctions officielles (1979), mais restant en fait le véritable chef de l'État, il se consacre à l'idéologie et à l'organisation de la révolution, ainsi qu'à une politique étrangère qui peut recourir à la force armée (Tchad) ou au terrorisme. Cette politique a abouti en 1986 à des actions de représailles menées par les États-Unis et à l'expulsion de nombreux diplomates libyens en Europe.

KADHIMAIN → KĀẒIMAYN *(al-)*.

KADIEVKA → STAKHANOV.

KADIRI → KEDIRI.

KADOMA, v. du Japon (Honshū), banlieue d'Ōsaka ; 138 900 hab. Constructions électriques.

KADUNA, v. du Nigeria, cap. de l'*État de Kaduna* (70 000 km² et 7 847 000 hab.), sur la *Kaduna* (affl. du Niger), à la jonction des voies ferrées de Lagos et de Port Harcourt ; 310 000 hab. Aéroport. Textile. Automobile. Raffinerie de pétrole.

KAECHON, centre minier (houille et minerai de fer) de la Corée du Nord, au N.-N.-E. de Pyongyang.

KAÉDI, v. de la Mauritanie, sur la rive droite du Sénégal ; 21 000 hab. Centre zootechnique et agroalimentaire.

KAESONG, v. de la Corée du Nord, à la frontière de la Corée du Sud, au N.-O. de Séoul, ch.-l. d'un district urbain et industriel (textile) ; 346 000 hab. Musée (porcelaines). Palais et pagodes. Kaesong fut la capitale du royaume coréen de Koryo (918-1392).

KAFFAS, population d'Éthiopie, groupant un million d'individus environ.

KĀFIR n. m. (mot ar.). Nom donné par les musulmans dans le Coran à l'infidèle, et, en théologie islamique, au musulman hétérodoxe.

KĀFIRISTĀN → NURESTĀN.

KĀFIRS → NURESTANIS.

KAFKA (Franz), écrivain tchèque de langue allemande (Prague 1883 - sanatorium de Kierling, près de Vienne, 1924). Destin paradoxal que celui de cet homme qui réunit les caractéristiques de toutes les minorités (juif en pays chrétien, écrivain dans une famille hostile à toute activité artistique, choisissant d'écrire en allemand dans la capitale tchèque de la Bohême) et dont le nom évoque aujourd'hui l'angoisse du monde moderne : une situation sans issue, une atmosphère oppressante. Employé de bureau, rongé par la tuberculose, il laissera inachevée une grande partie de son œuvre, dans laquelle il décrit, passant du fantastique au réalisme, des parcours à l'origine et au but insaisissables. Méconnu de son vivant (*la Métamorphose**, 1915 ; *la Colonie pénitentiaire,* 1919), il est devenu célèbre grâce à son ami Max Brod qui publia après sa mort son œuvre inédite : *le Procès** (1925), adapté à la scène et au cinéma, *le Château** (1926), *Amérique* (1927).

KAFKAÏEN, ENNE adj. **1.** Relatif à Kafka, à son œuvre. — **2.** Dont l'absurdité, l'illogisme rappellent l'atmosphère des romans de Kafka : *Une situation kafkaïenne.*

KAFR EL-CHEIKH, v. d'Égypte, ch.-l. de prov., dans le delta du Nil ; 102 910 hab.

KAFR EL-DAWAR, v. d'Égypte, au S.-E. d'Alexandrie ; 223 000 hab. Textile.

KAFUE (la), riv. de Zambie, affl. du Zambèze (r. g.) ; 950 km. — Le *parc national de la Kafue* couvre 22 400 km^2.

KAGAMÉ (Alexis), philosophe, poète et théologien ruandais (Kiyanza 1912 - Nairobi 1981). On lui doit le maintien et la sauvegarde des traditions orales en ruanda (*Icara Nkumare Irungu,* 1947) et des études portant sur la *Poésie dynastique au Rwanda* (1951), la politique et les organisations socio-familiales de son pays.

KAGAN ou **KHAGHAN** n. m. Titre porté par les souverains turcs d'Asie centrale. (Il équivaut à peu près à « empereur ».)

KAGEL (Mauricio), compositeur argentin (Buenos Aires 1931). En 1957, il s'installe en Allemagne (Cologne). Il dirige depuis 1969 l'Institut pour la musique nouvelle et les Cours de musique nouvelle de Cologne. Kagel cultive l'humour, et reste un de ceux qui ont le plus contribué à élargir le matériau sonore (sons électroacoustiques et d'origines très diverses) et à relier la musique aux autres arts. Parmi ses œuvres, souvent empreintes d'une sorte de néodadaïsme et comportant un élément visuel (« théâtre instrumental »), on peut citer : *Hétérophonie* pour orchestre (1961) ; *Staatstheater,* antiopéra (Hambourg, 1971) ; *Mare nostrum* (1975), qui imagine la conquête du bassin méditerranéen par une tribu d'Amazonie ; *Die Erschöpfung der Welt* (1978) ; *Aus Deutschland* (1981) ; *Mitternachtstück* (1981), sur des textes du journal de Robert Schumann ; *la Tradition orale* (1983) ; *Quolibet* (1986-1988), pour voix de femme et orchestre ; *Idées fixes* (1989), rondo pour orchestre de chambre. On lui doit aussi un film, *Ludwig van* (1969), hommage corrosif à Beethoven pour son bicentenaire.

KAGEMNI, vizir et gouverneur du Sud, sous le règne du roi d'Égypte Teti (v. 2400 av. J.-C.). À Saqqarah, son mastaba est accompagné d'une chapelle de culte et de stèles dressées par des fidèles.

KAGERA (la), riv. de l'Afrique centrale, née au Burundi, qui forme la frontière du Ruanda (où elle donne son nom à un parc national) puis (partiellement) celle de l'Ouganda avec la Tanzanie, avant de rejoindre le lac Victoria ; 400 km. Elle est souvent considérée comme une section supérieure du Nil.

Kagerō-(no-)nikki *(Journal d'une Éphémère),* l'un des chefs-d'œuvre du journal poétique *(nikki)* japonais (3 vol., 954-974), écrit par la mère du puissant homme politique Fujiwara Michitsuna. Témoignage sur la vie des femmes de l'aristocratie de l'époque, il exerça une forte influence sur le *Genji** *monogatari.*

KAGOSHIMA, port du Japon, ch.-l. de préf., dans le sud de l'île de Kyūshū ; 536 752 hab. Métallurgie et textile. Tourisme. — À Uchinoura, en bordure du Pacifique, est implanté le *centre spatial Kagoshima,* de l'université de Tōkyō.

KAGOU → CAGOU.

KĀHINA (DIHYA ou DAMYA, dite **al-**) [« la Devineresse »], héroïne berbère semi-légendaire († Tabarga v. 702). Elle dirigea la résistance berbère aux envahisseurs arabes dans l'Aurès et mourut au cours d'un ultime combat.

Kahlenberg *(bataille du)* [12 sept. 1683], victoire remportée sur les Ottomans par les forces chrétiennes commandées par Jean III Sobieski, qui obligea les Turcs à lever le siège de Vienne.

Kahler *(maladie de),* syn. de MYÉLOMATOSE.

KAHN (Gustave), poète, romancier et essayiste français (Metz 1859 - Paris 1936). Membre du groupe symboliste, un des fondateurs des revues *la Vogue* et *le Symboliste* (1886), il fut le théoricien du vers libre (*les Palais nomades,* 1887), qu'il illustra par ses recueils (*Livre d'images,* 1897).

Kahn (*jardins* **Albert-**), jardins créés à Boulogne-Billancourt, à partir de 1893, par le banquier Albert Kahn. Ils réunissent de nombreuses essences rares et divers exemples de paysages et de styles de jardins ; ils renferment la photothèque départementale des Hauts-de-Seine, créée également par A. Kahn et conservant 72 000 clichés autochromes du monde entier et des kilomètres de films.

Kahn *(réaction de),* réaction de floculation pratiquée pour le diagnostic de la syphilis.

KAHN (Louis Isadore), architecte et urbaniste américain d'origine estonienne (île de Sarema, auj. Saaremaa, 1901 - New York 1974). La monumentalité (Yale University Art Gallery à New Haven, 1951), l'audace et la rigueur des formes alliées à des réminiscences antiques ou médiévales (Richards Medical Research Center, Philadelphie, 1958 ; Capitole de Dacca, 1962 et suiv.) caractérisent son œuvre. La recherche de l'espace et de la lumière, l'équilibre des volumes pleins et des vides, le rapport des espaces « servants » et « servis » ont été ses principales préoccupations.

KAHNWEILER (Daniel Henry), marchand de tableaux, écrivain d'art et éditeur d'origine allemande (Mannheim 1884 - Paris 1979). Fixé à Paris en 1902, il y ouvrit une galerie en 1907, s'intéressant à Derain, Vlaminck, Picasso, Braque, Juan Gris, Léger. Il a publié des livres sur plusieurs de ces artistes, sur le cubisme, ainsi que des *Confessions esthétiques* (1963). Une partie de sa collection est passée au M. N. A. M. en 1984, grâce à la donation Louise Leiris (sa belle-sœur) et Michel Leiris.

KAHRAMANMARAŞ, anc. **Maraş,** v. de Turquie, en bordure du Taurus oriental ; 228 129 hab.
— **Hist.** Née aux confins de l'Anatolie, de la Syrie et de Mésopotamie, elle fut la ville de *Marqasi,* capitale du royaume néohittite du Gourgoum (jusqu'en 711 av. J.-C.).

KAI ou **EWAB** *(îles),* archipel indonésien de l'est de la mer de Banda. Ch.-l. *Tual.*

KAIFENG ou **K'AI-FONG,** v. de Chine, dans le Henan, sur le Huang He ; 508 000 hab. Centre commercial et industriel (métallurgie, engrais). Artisanat textile. Capitale impériale sous les Cinq Dynasties et les Song du Nord (907-1126). Monuments anciens, dont la pagode de Fer (1049) ; musée.

KAILĀS, en sanskr. **Kailāsa,** en chin. **Gangdise Shan,** chaîne de montagnes du Tibet, au S.-O. du Transhimālaya, où sont situées les sources de l'Indus et du Brahmapoutre ; 6 714 m au *pic Kailās* (Kangriboqe Feng), considéré par les hindous comme une montagne cosmique et inaccessible, au sommet de laquelle résident le dieu Śiva et son épouse Śakti.

KAÏNITE n. f. Chlorosulfate hydraté naturel de magnésium et de potassium. (La kaïnite est utilisée comme engrais potassique et comme source de potassium.)

KAINJI, barrage sur le Niger, au Nigeria. Irrigation. Pêche. Hydroélectricité.

KAI QUBĀD Ier → KEYKUBAD Ier.

KAIROUAN, en ar. **al-Qayrawān,** v. de Tunisie, ch.-l. de gouvernorat, à l'O. de Sousse ; 72 300 hab. Centre artisanal (tapis), l'une des grandes cités saintes du Maghreb.
— **Hist.** Camp militaire arabe fondé en 670 par ‘Uqba ibn Nāfi', Kairouan servit de résidence aux gouverneurs omeyyades puis ‘abbāssides. Capitale de l'Ifrīqiya des Arhlabides (800-909), elle déclina à la fin du xe s. Ruinée par l'invasion des Banū Hilāl (1057), elle fut reconstruite aux XVIIe-XVIIIe s.
— **Bx-arts.** La Grande Mosquée de Sīdī ‘Uqba, chef-d'œuvre d'équilibre et de puissance, a été fondée dès 670, mais sa forme définitive date de 800 à 909 ; minbar (IXe s.) et maqṣūra (XIIe s.). Mosquée des Trois Portes (866, restaurée) ; monuments des XVIIIe-XIXe s.

KAISER [kajzœr ou kezɛr] n. m. (mot all., du lat. *Caesar*). Empereur d'Allemagne, en partic. l'empereur Guillaume II.

KAISER (Georg), auteur dramatique allemand (Magdeburg 1878 - Ascona, Suisse, 1945). Ses drames historiques et philosophiques, de facture expressionniste (*les Bourgeois de Calais,* 1914 ; *le Corail,* 1917 ; *Gaz,* 1918-1920), allient la bouffonnerie satirique à la prophétie pessimiste.

KAISER (Henry John), industriel américain (Sprout Brook, New York, 1882 - Honolulu 1967). Producteur de ciment, il appliqua durant la Seconde Guerre mondiale les techniques de la préfabrication à la construction maritime, et construisit le tiers de la flotte qui permit le débarquement en Europe. Il est le créateur de la Jeep.

KAISERSLAUTERN, v. d'Allemagne (Rhénanie-Palatinat), sur le bord ouest de la Hardt ; 102 000 hab. Université. Centre industriel.

KAISERSTHUL, petit massif volcanique d'Allemagne, dans le Brisgau (pays de Bade), culminant à 557 m et dont les pentes portent des vergers et des vignobles.

KAJMAK n. m. (turc *kajmak,* crème). Fromage de brebis fabriqué en Serbie à partir de crème recueillie après ébullition du lait.

KAKAPO n. m. Perroquet grimpeur, nocturne et frugivore des forêts de Nouvelle-Zélande, en voie de disparition.

KAKAWIN, n. m. (mot javanais). Genre littéraire javanais, long poème épique obéissant aux mètres indiens *kāwya* et dont la langue est le kawi.

KAKEMONO [kakemono] n. m. (jap. *kakemono,* chose suspendue). Peinture ou calligraphie d'Extrême-Orient, que l'on suspend verticalement.

KAKHÉTIE, région historique de la Géorgie, à l'E. de Tbilissi, entre la Koura et l'Alazan.

1. KAKI n. m. (jap. *kaki*). Baie comestible, pulpeuse et sucrée, du plaqueminier. (Syn. PLAQUEMINE.)

2. KAKI adj. inv. et n. m. (angl. *khakee,* du hindī *khākī,* couleur de poussière). D'une couleur brun clair tirant sur le verdâtre, utilisée dans la confection des vêtements de chasse ou des uniformes militaires.

kaki-campbell *(race),* race de canards domestiques caractérisée par une aptitude remarquable à la ponte.

KAKIEMON ou **SAKAIDA KAKIEMON,** potier japonais (1596 - 1660 ou 1666). Établi à Arita (prov. de Hizen), il a « japonisé » la porcelaine qui portera son nom en créant des décors légers à la riche polychromie, qui mettent en valeur une couverte laiteuse.

KĀKINĀDA ou **COCANĀDA,** port de l'Inde (Andhra Pradesh), sur le delta de la Godāvari ; 327 000 hab. Exportation de coton, d'arachides, de soierie et de tabac. Métallurgie. Alimentation.

KAKINOMOTO NO HITOMARO, poète japonais († v. 710). Attaché à la cour impériale, maître du *chōka,* il est un des plus grands poètes du *Manyō-shū.* La forme du *tanka* acquit grâce à lui la force de maturité.

KAKOGAWA, v. du Japon, dans le sud de Honshū ; 239 803 hab. Sidérurgie. Textile. Chimie.

KĀLA n. m. (mot sanskr.). Monstre léonin fréquemment représenté dans l'art de l'Indonésie et dans celui de la péninsule indochinoise, et qui dans les Veda représente le temps destructeur, la destinée, la mort.

KALA-AZAR n. m. Leishmaniose viscérale.

KALABCHAH, village de Haute-Égypte (prov. d'Assouan). Grand temple, fondé par Aménophis III et reconstruit à l'époque romaine ; pour être préservé de l'ennoyage, il a été réédifié à 1 km au sud du barrage.

KALACHNIKOV n. m. Fusil soviétique de 7,62 mm, à chargeur circulaire de 30 cartouches.

KALAHARI *(désert du),* vaste plaine aride d'Afrique australe, gréseuse ou sableuse, s'étendant notamment sur la majeure partie du Botswana, vers 1 300 m d'altitude, entre les fleuves Orange et Zambèze. La végétation dominante est une formation de taillis à buissons épineux (thornveld).

KALĀM, mot arabe désignant la parole de Dieu *(kalām Allāh).*

KALAMÁTA, port et station balnéaire de Grèce, ch.-l. de nome, dans le sud du Péloponnèse ; 42 000 hab.

KALANCHOE [kalãkoe] n. m. Plante (crassulacée) charnue aux fleurs jaunes ou pourpres disposées en cymes, ornementale.

KALATOZOV (Mikhail Konstantinovitch), cinéaste soviétique (Tbilissi 1903 - Moscou 1973). Après *le Sel de la Svanétie* (1930), *le Clou dans la botte* (1932) lui vaut d'être écarté des studios pendant sept ans. En 1939, il tourne *le Courage,* suivi d'un film d'aviation, *Valeri Tchkalov* (1941). Après la guerre, il met en scène : *le Complot des condamnés* (1950), *Amis fidèles* (1954). En 1957, *Quand passent les cigognes* est couronné à Cannes. Kalatozov signe ensuite *la Lettre inachevée* (1960), *Je suis Cuba* (1964) et *la Tente rouge* (1971).

Kaldo *(procédé),* procédé d'élaboration de l'acier par convertissage de la fonte à l'aide d'un soufflage à l'oxygène pur.

KALDOR (Nicholas), économiste britannique (Budapest 1908 - Papworth Everard, Cambridgeshire, 1986). S'inspirant de la théorie keynésienne, il a proposé un modèle de croissance mettant en valeur le rôle de la répartition, et dans lequel il a intégré une explication du cycle économique.

KALECKI (Michał), économiste polonais (Łódź 1899 - Varsovie 1970). Ses recherches ont notamment porté sur les cycles et sur la croissance en économie socialiste.

KALÉIDOSCOPE ou **CALÉIDOSCOPE** n. m. (gr. *kalos,* beau, *eidos,* aspect, et *skopein,* regarder). **1.** Appareil formé d'un tube contenant plusieurs miroirs disposés de façon que de petits objets colorés placés dans le tube y produisent des dessins variés. — **2.** Suite rapide d'impressions, de sensations vives et variées.

KALÉIDOSCOPIQUE adj. Relatif au kaléidoscope.

KALÉMIÉ, anc. **Albertville,** port du Zaïre, sur le lac Tanganyika ; 62 300 hab. Tête de la navigation sur le lac Tanganyika et de la voie ferrée vers Kindu.

KALENDER n. m. Syn. de QALANDARĪ.

Kalevala (le), épopée populaire finnoise, composée par Elias Lönnrot avec les fragments qu'il recueillit, de 1828 à 1834, lors de ses randonnées en Finlande orientale, et de la bouche de bardes caréliens. La première édition (1833) comptait 5 052 vers, groupés en 32 poèmes, ou *runot.* L'édition définitive (1849) comprenait 50 *runot* et 22 795 vers. Élevée, dès sa parution, au rang d'épopée nationale, cette œuvre monumentale d'inspiration pacifiste, célébrant les hommes du Nord et glorifiant les vertus familiales, la sagesse en même temps que la puissance et la magie du Verbe, inspira notamment le dramaturge Aleksis Kivi, le peintre Gallen-Kallela et le compositeur Jean Sibelius.

KALF (Willem), peintre néerlandais (Rotterdam 1619 - Amsterdam 1693). Après avoir peint, notamment en France (1642-1646), des intérieurs rustiques, il se consacra à la nature morte, faisant ressortir un amoncellement d'objets précieux dans un clair-obscur à la Rembrandt. À partir de son installation à Amsterdam (1653), ses compositions se sont allégées, la science du groupement des objets le disputant à la virtuosité des jeux de reflets et des textures, au raffinement de la palette.

KALGAN n. m. (de *Kalgan,* n. pr.). Fourrure bouclée et soyeuse de l'agneau de Chine, notamment du Tibet.

KALGAN, en chin. **Zhangjiakou** ou **Tchang-kia-k'eou,** v. de Chine (Hebei), sur l'ancienne route caravanière de Mongolie ; 750 000 hab. Elle est desservie par la voie ferrée de Pékin à Baotou. Mécanique. Cuir. Alimentation.

1. KALI n. m. (ar. *qalī,* soude). Carbonate de potassium extrait des cendres de bois.

2. KALI n. m. (de *kali 1*). Plante (chénopodiacée) du littoral, riche en soude. (Genre *salsola.*)

KĀLĪ, mot sanskr. signif. *noir* et désignant une déesse féroce qui, comme *Durgā,* avec qui elle est parfois identifiée, a un aspect terrifiant de *Dēvī* (la Grande Déesse).

KALIBANGAN, site archéologique de l'Inde (Rājasthān), à 190 km au S.-O. de Harappā. Une céramique préharappéenne (env. 2370 à 2100 av. J.-C.) y précède des vestiges (citadelle, nécropole) de l'époque harappéenne (v. 1900-1750 av. J.-C.).

KĀLIDĀSA, poète et auteur dramatique indien de langue sanskrite (IVe-Ve s.). Auteur d'une élégie célèbre pour sa perfection lyrique (*Meghadūtam* [*le Nuage messager*]), d'épopées et de comédies, il a marqué l'apogée du drame sanskrit avec son chef-d'œuvre *Śakuntalā.*

KALIÉMIE n. f. (ar. *qalī,* soude). Taux de potassium dans le sang. (La kaliémie normale chez l'homme est de 0,21 g par litre de plasma.)

Kalīla wa Dimna, titre arabe d'un recueil de fables d'animaux appartenant à la littérature sanskrite (IIIe s.).

KALIMANTAN, partie indonésienne de l'île de Bornéo. Couvrant 28 % de l'Indonésie (environ 539 000 km²), elle n'abrite qu'à peine 5 % de sa population (9 099 874 hab.). Couverte en majeure partie par la forêt dense équatoriale, Kalimantan exporte du bois, du caoutchouc et du rotin par Pontianak et Banjermassin, et surtout des hydrocarbures, extraits sur et dans le détroit de Macassar, raffinés à Balikpapan.

KALINGAS, CALINGAS ou **KALINGGAS,** peuple indonésien de l'île de Luçon (Philippines), regroupant quelque 75 000 membres.

KALININE → TVER.

KALININE (Mikhaïl Ivanovitch), homme d'État soviétique (Verkhniaïa Troitsa, près de Tver, 1875 - Moscou 1946). Membre du P. O. S. D. R. depuis 1898, il entra au Comité central du parti en 1919. Président du Tsik (Comité exécutif central des soviets) de Russie (1919-1922) puis de l'U. R. S. S. (1922-1936), il fut président du Soviet suprême de 1938 à 1946. Après la défaite de l'opposition de droite (1929), son rôle ne fut plus qu'honorifique.

KALININGRAD, v. de Russie, dans la banlieue N.-E. de Moscou ; 169 000 hab.

KALININGRAD, anc. **Königsberg,** port de Russie, dans l'ancienne Prusse-Orientale, sur le golfe de la Vistule ; 408 000 hab. Cathédrale du XIVe s. Pêche. Constructions navales. Accessoires automobiles. Bois et papier.
— **Hist.** → KÖNIGSBERG.

KALISZ, v. de Pologne, ch.-l. de voïévodie, sur la Prosna ; 102 000 hab. Industries textiles et mécaniques.

KALIUM [-ljɔm] n. m. (ar. *qalī,* sonde). Anc. nom du potassium.

KALLÉONE n. f. Hormone circulatoire d'origine pancréatique, possédant une action vasodilatatrice périphérique.

KALLIDINE n. f. Kinine augmentant la perméabilité vasculaire et ayant un pouvoir vasodilatateur.

KALLIMA n. m. Papillon (nymphalidé) des régions tropicales de l'Ancien Monde, simulant une feuille sèche.

KALLIO (Kyösti), homme d'État finlandais (Ylivieska 1873 - Helsinki 1940). Membre du parti agrarien (1904), il fut plusieurs fois Premier ministre (1922-1924, 1925-26, 1929-30, 1936-37) avant de devenir président de la République (1937-1940).

KÁLMÁN ou **COLOMAN Ier** (1068-1116), roi de Hongrie (1095-1116). Il fut reconnu en 1102 roi de Croatie et en 1105 roi de Dalmatie.

KALMAN (Rudolf E.), automaticien américain (Budapest 1930). Il a, dans les années 60, fait évoluer l'automatique par ses contributions sur les concepts fondamentaux de gouvernabilité et d'observabilité.

KALMAR, port de Suède, ch.-l. de prov., sur le *détroit de Kalmar ;* 54 000 hab. Château des XIIIe-XVIe s., cathédrale du XVIIe s. Chantiers navals.

Kalmar *(Union de),* union de la Suède, de la Norvège et du Danemark sous un même sceptre. Elle fut réalisée, sous l'impulsion de Marguerite Valdemarsdotter, en la personne d'Erik de Poméranie, couronné à Kalmar (1397) pour les trois royaumes. Une diète commune établit un statut d'union royale dans le cadre d'institutions traditionnelles et indépendantes pour chaque royaume. Cette union fut rompue par l'insurrection suédoise de Gustave Vasa (1521-1523).

KALMIA n. m. (de Per *Kalm,* n. pr.). Bel arbuste (éricacée) rustique toujours vert d'Amérique du Nord, aux fleurs roses, pourpres ou blanches et au fruit vénéneux.

KALMOUK, E adj. Relatif aux Kalmouks.

◆ **kalmouk** n. m. Langue mongole du groupe occidental, parlée par les Kalmouks. (Il s'écrit en cyrillique depuis 1937.) [Syn. OÏRAT.]

KALMOUKIE, république de la Fédération de Russie, à l'O. de la basse Volga ; 75 900 km² ; 322 000 hab. (dont env. 40 % de Kalmouks). Cap. *Elista* (anc. *Stepnoï*).

KALMOUKS, OÏRATS, OÏROTS ou **MONGOLS OCCIDENTAUX,** peuple mongol (env. 190 000 individus) vivant en Russie *(république de Kalmoukie)*, en Mongolie et dans le Xinjiang chinois. Ils sont en majorité bouddhistes lamaïstes. Au cours du XVe s. ils acquirent l'hégémonie sur toute la Mongolie. Après une éclipse au XVIe s., ils furent les maîtres, aux XVIIe-XVIIIe s., d'une grande partie de l'Asie centrale, mais les Chinois les anéantirent en Dzoungarie (1754-1756). Une de leurs tribus, les Torgouts, s'établit en 1643 dans la région de la basse Volga, où le khānat kalmouk se maintint jusqu'en 1771. Les Kalmouks de la rive occidentale de la Volga furent intégrés à l'Empire russe. Accusés de collaboration et déportés en 1943, ils furent réhabilités en 1957 et leur république fut restaurée l'année suivante.

KALMTHOUT, comm. de Belgique (prov. d'Anvers), au N. d'Anvers ; 15 000 hab. Musée de l'apiculture. — Aux environs, réserve naturelle.

KALMUS (Herbert Thomas), ingénieur et inventeur américain (Chelsea, Massachusetts, 1881 - Los Angeles 1963). En 1915, il fonda la Technicolor Company et parvint, en 1935, en collaboration avec sa femme Nathalie, à mettre au point et à imposer le procédé Technicolor.

KALOCSA, v. du sud de la Hongrie, au centre d'une riche région agricole de l'Alföld ; 19 200 hab. Elle a été fondée vers l'an mille. Centre d'art populaire. Dentelles et broderies. Paprika.

KALOJAN → JEAN II KALOJAN.

KALOMÍRIS (Manólis), compositeur grec (Smyrne 1883 - Athènes 1962). Directeur-fondateur du Conservatoire national (1926-1948) d'Athènes, il a écrit des opéras, parmi lesquels *le Contremaître* (1915, révisé en 1929 et en 1940), considéré comme le premier opéra national grec, trois symphonies, un *Concerto symphonique* pour piano et orchestre (1935).

KALOUGA, v. de Russie, au S.-S.-O. de Moscou ; 312 000 hab. Monuments du XVIIe s. Industries mécaniques et électriques. Matériel ferroviaire. — À proximité, gisements de pétrole.

KALPACK n. m. Syn. de COLBACK.

KALUNDBORG, v. du Danemark, dans l'ouest de l'île de Sjaelland, sur le *fjord de Kalundborg ;* 11 800 hab. Église du XIIe s., en croix grecque surmontée de cinq tours. Pêche.

KÁLYMNOS ou **KALIMNO,** île de Grèce, dans l'archipel des Sporades, près de la côte de Turquie ; 109 km² ; 9 500 hab.

KAMA n. m. (turc *kama*). Grand et large poignard, sans garde, utilisé par les Géorgiens, les Tcherkesses et les Kurdes.

KAMA (la), riv. de Russie, affl. de la Volga (r. g.), qui draine l'est de la plaine russe et la bordure ouest de l'Oural ; 2 032 km (bassin de 521 700 km²). Centrales hydroélectriques.

KĀMA, dieu indien de l'Amour.

KAMAKURA, v. du Japon (Honshū), au S. de Tōkyō ; 172 600 hab. Capitale du Kantō et berceau de la famille des Minamoto, Yoritomo en fit le siège de son shōgunat (1192). Grande cité de la période de Kamakura (1192-1333), plusieurs fois détruite entre 1333 et 1526, elle conserve de nombreux monuments, notamment un *daibutsu* (grand bouddha), statue en bronze de 14 m de haut, fondue en 1252.

KAMĀNTCHE ou **KEMANCHA** n. m. (pers. *kamān,* instrument à archet). Instrument de musique iranien à cordes frottées et à caisse sphérique.

KAMARAJ (Kumaraswami), homme politique indien (Virudhunagar 1903 - Madras 1975). Disciple de Gāndhī, il fut Premier ministre de l'État de Madras de 1954 à 1963, puis président du Congrès de 1963 à 1968.

KAMARAN, en ar. **Qamarān,** petit archipel de la mer Rouge, au large de la côte du Yémen (dont il est une dépendance).

KĀMĀRHĀTI, v. de l'Inde, sur l'Hooghly, banlieue nord de Calcutta ; 266 889 hab.

Kāma-sūtra, traité des règles de l'amour, écrit en sanskrit par Vātsyāyana au IVe-Ve s. Malgré son caractère érotique, il entre dans la littérature religieuse de l'Inde.

KAMBAS ou **AKAMBAS,** population bantoue des plateaux du Kenya, groupant plus de 1,5 million de membres.

KAMECHLIYÉ, KAMECHLIÉ, KAMICHLI ou **AL-QAMICHLIYE,** v. du nord-est de la Syrie, sur la frontière turque ; 126 000 hab.

KAMEHAMEHA, grande dynastie des îles Hawaii (1779-1874), composée de cinq rois, dont le premier fut le fédérateur de l'archipel.

KAMEL (Georg Joseph), dit **Camellus,** pharmacien et botaniste autrichien (Brno 1661 - Manille 1706). Jésuite, envoyé aux Philippines, il fit connaître en Europe la flore de ces îles, en particulier la « fève de Saint-Ignace » qui fournit la strychnine, et la « rose du Japon » appelée plus tard *camellia.*

KAMENEV (Sergueï Sergueïevitch), général soviétique (Kiev 1881 - Moscou 1936). Colonel de l'armée tsariste en 1917, rallié aux bolcheviks, il fut nommé, par Lénine, à la tête de l'Armée rouge (1919-1924). Il dirigea la lutte contre les armées blanches et contre la Pologne (1920).

KAMENEV (Lev Borissovitch ROZENFELD, dit), homme politique soviétique (Moscou 1883 - *id.* 1936). Il est à partir de 1902-03 l'un des principaux collaborateurs de Lénine. En 1917, il s'oppose aux *Thèses d'avril* de Lénine et à sa décision de passer à l'insurrection armée dès octobre. Président du soviet de Moscou (1918-1926), membre du Politburo (1919-1925), vice-président du Conseil des commissaires du peuple (1922-1925), il se rapproche de Staline dès 1923, formant avec lui et Zinoviev la troïka, qui s'oppose à la gauche et à Trotski. Mais à la fin de 1925, il attaque la concentration du pouvoir dans les mains de Staline. Éliminé de presque tous ses postes, il se rapproche de Trotski et fait partie de l'opposition de gauche, définitivement vaincue en 1927. Il est jugé en 1935 moralement responsable de l'assassinat de Kirov. À nouveau jugé en 1936, il est exécuté. Il a été réhabilité en 1988.

KAMENSK-OURALSKI, v. de Russie, en Sibérie occidentale ; 211 000 hab. Mines de fer et de bauxite. Métallurgie. Constructions électriques.

KAMERLINGH ONNES (Heike), physicien néerlandais (Groningen 1853 - Leyde 1926). Il a créé le laboratoire du froid de l'université de Leyde où il a réalisé, en 1908, la liquéfaction de l'hélium. Étudiant les phénomènes physiques au voisinage du zéro absolu, il découvrit la supraconduction. (Prix Nobel de physique 1913.)

KAMES, dernier roi thébain de la XVIIe dynastie égyptienne (v. 1590 av. J.-C.). Il fut le vainqueur des Hyksos, qu'il refoula dans le Delta.

KAMI n. m. inv. (mot jap. signif. *Dieu, Créateur*). Au Japon, nom générique donné à des divinités, à des ancêtres divinisés, des objets ou à des éléments naturels. (Ce polythéisme extrêmement vague, codifié à partir du VIIe s., reçut le nom de *shintō.*)

KAMICHI n. m. (mot indien du Brésil). Grand oiseau (anhimidé) à longues pattes des forêts inondées d'Amazonie. (Le kamichi porte à chaque aile deux éperons carpiens. Sa tête s'orne d'une longue baguette cornée. Il édifie un nid de roseaux.)

KAMICHLI → KAMECHLIYÉ.

KAMIKAZE [kamikaz ou -kaze] n. m. (jap. *kamikaze,* vent providentiel, de *kami,* dieu, et *kaze,* vent). **1.** En 1944-45, pilote japonais volontaire pour écraser sur son objectif un avion chargé d'explosifs ; cet avion lui-même, dit aussi *avion-suicide.* (Au nombre d'un millier environ, les kamikazes causèrent de très lourdes pertes à la marine américaine.) — **2.** Personne très téméraire, qui se sacrifie pour une cause.

KĀMIL (al-) → MALIK AL-KĀMIL.

KAMINALJUYÚ, centre cérémoniel des hautes terres mayas du Guatemala, à proximité de l'actuelle capitale et dont l'occupation remonte à 1500 av. J.-C. La phase Miraflores du préclassique récent (300 av. J.-C. - 250 apr. J.-C.) est caractérisée par une nécropole au riche mobilier funéraire, une poterie aux formes exubérantes, des stèles et une écriture hiéroglyphique différente de celle des basses terres. Tombée sous l'hégémonie (400-600 apr. J.-C.) de Teotihuacań, Kaminaljuyú connut une nouvelle splendeur avec la culture Esperanza.

KAMLOOPS, v. du Canada (Colombie britannique), au N.-E. de Vancouver ; 64 000 hab. Carrefour ferroviaire et centre industriel.

KAMMERER (Jakob Friedrich), industriel allemand (Ehingen, Wurtemberg, 1796 - Ludwigsburg 1857). Il est considéré en Allemagne comme l'inventeur, en 1832, des allumettes chimiques à friction, qui remplacèrent les allumettes dites oxygénées.

Kammerspiel, mot all. signif. *théâtre de chambre.* Technique dramatique visant à créer sur scène une plus grande intimité en s'attachant à la simplification du décor. Max Reinhardt en Allemagne et Strindberg en Suède en donnèrent le meilleur exemple. Au cinéma, le Kammerspiel se développa en Allemagne à partir de 1921 avec le scénariste Carl Mayer et le cinéaste Lupu-Pick.

KAMOSH → KÉMOSH.

Kampaku, titre d'une fonction japonaise équivalant à celle de régent.

KAMPALA, cap. de l'Ouganda, vers 1 200 m d'alt. ; 773 000 hab. Nœud routier sur la voie ferrée de Mombasa, centre commercial et industriel (agroalimentaire, mécanique, plastiques).

KAMPEN, v. des Pays-Bas (Overijssel), à l'O.-N.-O. de Zwolle ; 31 000 hab. Ancienne ville hanséatique. Portes fortifiées ; anc. hôtel de ville des XVᵉ et XVIᵉ s. Cigares.

KAMPINOS ou **KAMPINOSKA PUSZCZA,** petite région naturelle de Pologne, à l'O. de Varsovie. Marécageuse et dunaire, elle constitue en grande partie un parc national.

KAMPTOZOAIRE n. m. (gr. *kamptos,* recourbé). Syn. de ENTOPROCTE.

KAMPUCHÉA, nom porté de 1979 à 1989 par le Cambodge.

KAMPUNG ou **KAMPONG** [kɑ̃pɔ̃g] n. m. (malais *kampung*). En Indonésie et en Malaisie, village clos par une enceinte.

KAMSAR, port minéralier de Guinée, exportant la bauxite de Boké et de Sangaredi.

KAMTCHADALES ou **ITELMÈNES,** peuple de Sibérie orientale, établi dans le Kamtchatka.

KAMTCHATKA, grande presqu'île située à l'extrémité orientale du territoire de la Russie, entre la mer d'Okhotsk et la mer de Béring. La région administrative couvre 472 300 km². Montagneuse et volcanique, elle a un climat rude et enneigé (forêts). Les côtes sont jalonnées de ports de pêche (crabe et saumon). Petropavlovsk-Kamtchatski regroupe plus de la moitié de la faible population totale (406 000 hab.).

KAMYCHINE, v. de Russie, sur la Volga, entre Saratov et Volgograd ; 112 000 hab. Centre industriel.

KANA n. m. inv. Signe de l'écriture japonaise, à valeur syllabique. (Il existe deux systèmes de kana : le hiragana, qui sert à noter les formants grammaticaux, et le katakana, qui sert à transcrire les mots empruntés aux langues étrangères autres que le chinois.)

KANĀ → KÉNÈH.

KANAK, E ou **CANAQUE** adj. Relatif aux Kanaks.

KANAKS ou **CANAQUES,** groupe ethnique océanien. Les autochtones, habitant la Grande Terre (Nouvelle-Calédonie), sont environ 85 000. Ils furent contraints dès le milieu du XIXᵉ s. d'abandonner leurs terres aux Français, Tahitiens et Wallisiens. Regroupés dans diverses organisations politiques, ils revendiquent l'indépendance de la Nouvelle-Calédonie*. Les autres Kanaks se trouvent à Vanuatu, en Australie et en Papouasie-Nouvelle-Guinée.

KANALA → CANALA.

KANAMI (YŪSAKI SABURŌ KIYOTSUGU, dit), acteur et auteur dramatique japonais (1333-1384), pionnier, avec son fils Zeami, du nō et créateur de l'une de ses plus célèbres écoles, *Kanze.*

KANAMYCINE n. f. Antibiotique isolé de *Streptomyces kanamyceticus,* actif sur les germes Gram + et Gram –, le bacille tuberculeux et les mycobactéries.

KANANGA, anc. **Luluabourg,** v. du Zaïre, ch.-l. de prov., sur la Lulua ; 298 693 hab. Centre commercial sur la voie ferrée d'Ilebo à Lubumbashi. Industries textiles, alimentaires et chimiques.

KANÁRIS ou **CANARIS** (Konstandínos), amiral et homme d'État grec (Psará 1790 - Athènes 1877). Il participa à la guerre d'indépendance de 1822 à 1825. Chef du gouvernement en 1848-49, il s'associa au soulèvement contre le roi Otto (1862). Il fut de nouveau chef du gouvernement en 1864-65 et en 1877.

KANAUJ, l'une des plus célèbres cités de l'Inde du Nord médiévale, située près du Gange, dans le Doāb, au S.-E. de Delhi. Elle fut la capitale du royaume de Harṣa (VIIᵉ s.).

KANAZAWA, port du Japon, ch.-l. de préf., sur la côte ouest de Honshū ; 442 868 hab. Ancienne cité féodale. Sidérurgie. Textile. Artisanat.

KĀNCHĪPURAM ou **CONJEEVERAM,** v. de l'Inde (Tamil Nadu), au S.-O. de Madras ; 169 813 hab. Capitale des Pallava puis des Cola, elle fut occupée ensuite par les musulmans. C'est une des sept villes saintes de l'Inde. Nombreux temples de Śiva, de Viṣṇu et jaina des VIIIᵉ-XVIᵉ s.

Kandahar, grande épreuve de ski alpin, consistant en un combiné descente-slalom qui se dispute dans différentes grandes stations alpestres. — Le *K de diamant* récompense le skieur classé cinq fois dans les trois premiers de la descente, du slalom ou du combiné.

KANDAHAR ou **QANDAHĀR,** v. du sud de l'Afghānistān, ch.-l. de prov. ; 209 000 hab. Oasis de la vallée de l'Arrhandāb (ou Arghandāb), à 1 020 m d'altitude. Centre commercial. Aéroport.
— **Hist.** Disputée aux XVIᵉ et XVIIᵉ s. entre les Moghols et les Séfévides, elle devint en 1709 le centre de l'État afghan indépendant.

KANDINSKY (Wassily), peintre russe, naturalisé allemand, puis français (Moscou 1866 - Neuilly-sur-Seine 1944). Installé à Munich en 1896, d'abord tributaire de l'impressionnisme puis du fauvisme (paysages expressionnistes de Murnau, 1908-09), il parvient rapidement à se détacher de l'élément figuratif et de l'illusionnisme spatial traditionnel pour élaborer, à travers ses extraordinaires « Improvisations » et « Compositions » (1909-1914), une peinture de plus en plus abstraite qu'il définit en 1911, année même où il fonde le Blaue* Reiter, dans *Du spirituel dans l'art.* À Moscou (1914-1921), puis de nouveau en Allemagne, où il enseigne au Bauhaus (1922-1933), il se fait prospecteur de la géométrisation constructiviste (il publie, en 1926, *Point, ligne,* *surface*), mais retrouve, avec la couleur, une vitalité pleine de poésie. À Paris, où il fuit le nazisme en 1933, il développe son système de signes sur un mode toujours lyrique, dans des toiles d'une gaieté sereine, où le foisonnement organique s'accorde à la résurgence d'éléments d'inspiration orientale (*Composition IX,* 1936, M. N. A. M., Paris). Sa conception antinaturaliste de l'art, sa recherche d'un langage pur ont ouvert une des voies majeures de la peinture moderne.

KANDJAR n. m. (ar. *khandjar*). Poignard oriental à grand pommeau et à lame étroite et recourbée.

KANDLA, port de l'Inde (Gujerat), sur le golfe de Kutch, zone franche industrielle ; 17 500 hab.

KANDY, v. de Sri Lanka, ch.-l. de la Province-Centrale ; 103 000 hab. Capitale de Sri Lanka de la fin du XVIe s. au début du XIXe s. Kandy est un centre de pèlerinages bouddhiques. Temple du Dalada Maligawa (XVIe-XXe s.) abritant une dent du Bouddha, arrivée dans l'île au IVe s. Dans les environs, temples du XIVe s. : Laṅkātilaka Vihāra et Gadaladeniya ; jardin botanique.

KANE (Elisha Kent), explorateur américain (Philadelphie 1820 - La Havane 1857). En 1853, il dirigea une expédition dans le Smith Sound, entre le Groenland et l'île d'Ellesmere, où son navire resta prisonnier des glaces dans la baie de Rensselaer.

KANE (Cheikh Hamidou), écrivain et haut fonctionnaire sénégalais (Matam 1928). D'ascendance noble peule, musulman fervent, il suit les cours de l'école coranique, puis de l'école française avant d'achever ses études de droit et de philosophie à Paris. Son roman *l'Aventure ambiguë* (1961) montre la difficulté de choix entre l'Afrique tournée vers le passé et les valeurs spirituelles et l'Occident enragé de progrès.

KANEM, royaume africain situé à l'est du lac Tchad. Les Kanouris formèrent un peuple individualisé vers le IXe s. La dynastie des Sefawa, islamisée dès le XIe s., créa un État couvrant peut-être les régions du Kanem et du Bahr el-Ghazal et qui s'étendit au XIIIe s. vers le Fezzan et le Niger. Les Kanouris furent refoulés au Bornou (XIVe s.) et leur roi reconquit le Kanem au XVIe s. Le Kanem-Bornou connut alors son apogée.

KANESH → KÜLTEPE.

KANGCHENJUNGA ou **KANGCHENDZÖNGA** (« les Cinq Trésors de la grande neige »), montagne de l'Himālaya, à la frontière du Népal et du Sikkim, et qui comprend, outre le sommet principal (8 598 m, troisième sommet du globe, gravi pour la première fois par les Britanniques G. Band et J. Brown, le 25 mai 1955), des sommets secondaires, dont le sommet ouest (Yalung Kang, 8 496 m), le sommet médian (8 496 m) et le sommet sud (8 490 m).

KANGGYE, v. de la Corée du Nord, près de la frontière chinoise, ch.-l. de prov. ; 130 000 hab. Mines de graphite.

K'ANG-HI → KANGXI.

KANGHWA *(île de),* île de Corée du Sud, dans la mer Jaune et l'estuaire du Han ; 422 km² ; 118 500 hab.

KANGOUROU n. m. (angl. *kangaroo,* d'une langue indigène d'Australie). **1.** Mammifère marsupial (macropodidé) d'Australie et de Tasmanie, qui se déplace par sauts bipèdes puissants. (→ *encycl.*) — **2.** *Technique kangourou,* technique de transport combiné rail-route.

ENCYCL. Les kangourous possèdent de longs membres postérieurs adaptés au saut et une grande queue, puissante, servant de balancier pendant la course. Ils vivent en troupeaux. Ils sont herbivores ; estomac et denture présentent des convergences avec ceux des ruminants. On distingue 40 espèces. Les plus petites sont appelées *wallabies,* les formes arboricoles *dendrolagues.*

KANGOUROUS *(île des),* en angl. **Kangaroo Island,** île de l'Australie (Australie-Méridionale), au S.-O. d'Adélaïde ; 4 350 km². Élevage du mouton. Réserves naturelles.

KANGWANE, anc. bantoustan d'Afrique du Sud, à proximité du Swaziland. Il couvrait 3 800 km² et comptait 161 000 hab. *(Swazis).* Cap. *Louisville.*

KANGXI ou **K'ANG-HI** (Pékin 1654 - *id.* 1722), deuxième empereur de la dynastie Qing (1662-1722) [nom personnel **Xuan Ye**, nom posthume **Qing Shenzu**]. Monté sur le trône à 8 ans, il prit six ans plus tard les rênes du gouvernement. Il agrandit le territoire contrôlé par la Chine en Mongolie, conquit Taiwan (1683) et signa avec les Russes le traité de Nertchinsk (1689) afin de contenir leur avance vers l'est. Grand chasseur, il fut aussi un homme de lettres tolérant, acceptant à sa cour des jésuites et patronnant plusieurs éditions de dictionnaires et d'encyclopédies.

KANG YOUWEI ou **K'ANG YEOU-WEI,** philosophe et homme politique chinois (Qingdao, Shandong, 1858 - *id.* 1927). Il est l'auteur d'une utopie sociale *(le Livre de la Grande Concorde),* publié après sa mort ; ses idées sur la modernisation de la Chine attirèrent nombre d'intellectuels et d'aristocrates.

KANIA (Stanisław), homme politique polonais (Wrocanka, près de Przemyśl, 1927). Premier secrétaire du parti ouvrier unifié (P. O. U. P.) en sept. 1980, il ne put conjurer la crise et fut remplacé par Jaruzelski (oct. 1981).

KANINE *(presqu'île de),* presqu'île de Russie, dans la mer de Barents ; 10 500 km².

KANIṢKA ou **KANISHKA,** empereur kuṣāṇa qui aurait régné de 78 à 120. Sous son règne, l'empire fondé v. 30 par Kujula (Kadphisês) s'étendit au moins sur toute l'Inde du Nord, sur l'Afghānistān oriental et sur la Transoxiane.

KANJI n. m. inv. Signe idéographique de l'écriture japonaise, d'origine chinoise.

KANKAN, v. de l'est de la Guinée, terminus de la voie ferrée de Conakry ; 89 000 hab. Marché régional. Rizerie. Conserverie d'agrumes. Briqueterie.

KAN-KIANG → GAN JIANG.

KANMON *(détroit de),* détroit séparant les îles japonaises de Honshū et de Kyūshū.

KANNARA, KANARA ou **CANARA** n. m. Langue dravidienne parlée par plus de 20 millions de locuteurs dans l'État de Karnātaka, dont c'est la langue officielle.

KANNON, nom donné au Japon au bodhisattva Avalokiteśvara.

KANO, v. du nord du Nigeria, cap. de l'*État de Kano ;* 699 900 hab. Elle fut la capitale du royaume de Kano. Marché agricole (bétail, cuir, arachides) et centre industriel. Université. Aéroport.

KANO *(royaume de),* royaume haoussa qui avait Kano pour capitale. Cité-État fondée sans doute au XIe s., elle est connue par la chronique de Kano. Déjà prospère au XIVe s., elle adopta l'islām sous le règne de Muḥammad Rumfa (1463-1499). Située près des voies commerciales reliant les régions du nord et de l'est du Sahara aux pays du Sud, fournisseurs d'esclaves, elle développa le grand commerce et devint un important centre culturel. Elle lutta contre l'Empire songhaï (XVIe s.), puis contre le royaume de Katsina (XVIIe s.). Affaibli, le royaume de Kano tomba aux mains des Peuls d'Ousmane dan Fodio en 1807.

KANŌ, lignée de peintres décorateurs japonais travaillant pour les shōgun entre le XVe et le XIXe s. — **Kanō Masanobu** (1434-1530), le premier laïc ayant pratiqué le lavis monochrome tout en se souvenant du *yamato-e,* créa un nouveau style national et est considéré comme le fondateur de l'école. — **Kanō Motonobu** (Kyōto 1476 - *id.* 1559), fils du précédent, domina l'art de l'époque en donnant à l'école de solides assises artistiques et sociales tant à la cour impériale que shōgunale. Ses vastes peintures murales, aux coloris brillants, empreintes d'un lyrisme décoratif et d'un dynamisme nouveau, sont parfaitement adaptées aux palais et aux temples (Daitoku-ji et Myōshin-ji, à Kyōto) qu'il décore. — **Kanō Eitoku** (Yamashiro 1543 - Kyōto 1590), son petit-fils, associe le lavis monochrome et le *yamato-e.* Ses compositions révèlent un sens de l'espace et une vigueur de trait qui rehaussent des fonds dorés, alors que la spontanéité et la verve animent ses scènes de genre (paravents de *la Vie à Kyōto,* coll. priv., Yonezawa). — **Kanō Sanraku** (Ōmi 1559 - Kyōto 1635), fils adoptif d'Eitoku, fut avec son propre fils adoptif, Sansetsu (1590-1651), le dernier grand représentant du brillant style de l'époque Momoyama. Patronné par le shōgun Hideyoshi, il assura la continuité de l'école Kanō à Kyōto. Ses œuvres (beautés de la nature, scènes historiques) témoignent de l'étendue de son talent, du lavis cursif à la grande composition décorative en couleurs. — **Kanō Tannyū** (1602-1674), petit-fils de Eitoku, dirigea l'académie officielle du shōgunat d'Edo (Tōkyō). Ses décorations murales, polychromes sur fond or (château Nijō, Kyōto), sur le thème traditionnel des pins et des oiseaux, sont l'unique témoin des fastes décoratifs de l'époque Tokugawa.

KANŌ JIGORŌ, sportif japonais (Mikage, préf. de Hyōgo, 1860 - en mer 1938), créateur du judo.

KANOURIS, population de la province du Bornou, au nord du Nigeria, groupant environ 2 millions d'individus.

KĀNPUR ou **CAWNPORE,** v. de l'Inde (Uttar Pradesh), sur le Gange ; 2 111 284 hab. Développé à l'époque coloniale, c'est un centre commercial et industriel (premier centre indien pour la laine et le cuir ; chimie et métallurgie).

KANSAI ou **KINKI** (le), région historique du Japon, dans l'île de Honshū, à l'E. de la mer Intérieure. Berceau de la civilisation japonaise, elle est limitée au N. et au S. par des massifs montagneux, à l'E. par le lac Biwa. Elle possède quelques-unes des grandes métropoles du pays (Ōsaka, Kōbe, Kyōto).

KANSARA (El-) → KANSERA *(El-).*

KANSAS, État des Grandes Plaines américaines ; 213 063 km² ; 2 477 574 hab. Cap. *Topeka.* État agricole, où les céréales (blé [1er rang de l'Union], sorgho, maïs), le soja sont complétés par l'élevage bovin. L'aéronautique, l'extraction du pétrole, la pétrochimie et l'agroalimentaire sont les grandes branches industrielles.
— **Hist.** Rattaché à la Louisiane par Cavelier de La Salle (1682), possession espagnole de 1762 à 1800, il fut vendu aux États-Unis en même temps que la Louisiane (1803) et devint un État de l'Union en 1861.

KANSAS ou **KONSAS,** Indiens sioux de l'Amérique du Nord,

KANSAS CITY, nom de deux villes jumelles des États-Unis (Missouri et Kansas), sur les deux rives de la *Kansas River* (affl. du Missouri) ; 435 146 hab. pour la ville du Missouri et 149 767 hab. pour celle du Kansas (1 566 280 hab. pour la conurbation). Important musée d'art. Aéroport. Nœud ferroviaire et centre industriel (alimentation, constructions automobiles et aéronautiques, chimie).

KANSERA (El-) ou **KANSARA (El-),** en ar. **al-Qanṣira,** localité du Maroc, site d'un barrage sur l'oued Beht (irrigation, électricité).

KANSHI n. m. (mot jap.). Genre poétique d'origine chinoise, introduit au Japon vers le VIIe s., cultivé jusqu'au début de notre siècle.

KANSK, v. de Russie, en Sibérie centrale, sur le Transsibérien ; 101 000 hab. Centre industriel. Lignite.

KAN-SOU → GANSU.

KANT (Immanuel ; en fr. **Emmanuel**), philosophe allemand (Königsberg 1724 - *id.* 1804). Professeur, il ne quittera jamais sa ville natale. À trente et un ans, il obtient son habilitation de professeur libre. Il enseigne presque toutes les disciplines, écrit un *Essai pour introduire en philosophie le concept de grandeur négative* (1763) puis une *Dissertation sur la forme et les principes du monde sensible et du monde intelligible* (1770). Ses recherches le conduisent à s'interroger sur « les limites de la sensibilité et de la raison ». En 1781, il publie la *Critique* de la raison pure* et, en 1785, les *Fondements de la métaphysique des mœurs.* Il rectifie alors sa première critique puis écrit *Premiers Principes métaphysiques de la science de la nature* (1786), *Critique* de la raison pratique* (1788), *Critique du jugement* (1790), *la Religion dans les limites de la simple raison* (1793). En 1797, il fait paraître une *Métaphysique des mœurs.*
Le criticisme kantien est une philosophie qui tente de répondre aux questions « Que puis-je savoir ? » ; « Que dois-je faire ? » ; « Que puis-je espérer ? », et qui remet la raison au centre du monde, comme Copernic remettait le Soleil au centre du système planétaire — démarche qualifiée de « révolution copernicienne ».
Pour qu'une connaissance universelle et nécessaire soit possible, il faut, puisqu'elle ne peut dériver de l'expérience, que ce soient les objets de la connaissance qui se règlent sur la nature du sujet pensant et non l'inverse. La *Critique de la raison pure* accomplit cette révolution de la méthode et montre comment l'entendement, en légiférant sur la sensibilité et l'imagination, rend possible une physique a priori. Mais, si la nature est soumise au déterminisme, l'homme peut-il être libre ? C'est en postulant l'existence d'une âme libre animée d'une volonté autonome que Kant met en œuvre la révolution copernicienne dans le domaine pratique.
Que dois-je faire alors ? « Agis uniquement d'après la maxime qui fait que tu peux vouloir en même temps qu'elle devienne une loi universelle. » Que puis-je espérer ? Pour l'espèce humaine, le règne de la liberté garantie par une constitution politique ; pour l'individu, le progrès de sa vertu et une meilleure connaissance de l'autre et de lui-même par la médiation de l'art.

KANTARA (El-), localité d'Algérie (wilaya de Batna), au débouché sur le Sahara de la dépression menant vers Batna ; 9 900 hab. Oasis. Célèbres gorges ouvertes, selon la légende, par un coup de pied d'Hercule.

KAN-TCHEOU → GANZHOU.

KANTHAL n. m. Nom commercial d'une famille d'alliages réfractaires à base de fer (75 %) de chrome (20 %), de cobalt et d'aluminium, surtout utilisés pour confectionner des résistances électriques.

KANTIEN, ENNE [-sjɛ̃, ɛn] adj. et n. Qui concerne la philosophie de Kant ; partisan de cette philosophie.

KANTISME n. m. Doctrine de Kant et de ses disciples.

ENCYCL. Le kantisme s'est prolongé chez les disciples immédiatement contemporains de Kant, comme L. H. von Jakob, K. L. Reinhold. Il s'est renouvelé en s'étendant en France à la fin du XIXe s. avec Renouvier. Il s'est approfondi avec Heidegger, dont les disciples français ont repris les idées. De nos jours, l'idéalisme kantien sert de référence à certains penseurs déçus du marxisme et du freudisme, tels Deleuze ou Lyotard.

KANTŌ ou **KWANTŌ** (le), région du Japon regroupant la conurbation de Tōkyō et les préfectures environnantes, juxtaposant activités industrielles autour de la capitale et agriculture intensive (riz, polyculture) sur la plus vaste plaine du pays.

KANTOR (Tadeusz), artiste polonais (Wielopole, Cracovie, 1915 - Cracovie 1990). Animateur de l'avant-garde polonaise, il a été influencé par le surréalisme, puis par l'art informel, qui a marqué aussi bien sa peinture et ses assemblages que ses recherches théâtrales (*Manifeste du théâtre zéro,* 1963), ses happenings et les spectacles du « théâtre de la mort » de son groupe « Cricot 2 » (créé en 1956), fondés sur les pièces de Witkiewicz (*la Classe morte,* 1975).

KANTOROVITCH (Leonid Vitalievitch), mathématicien et économiste soviétique (Saint-Pétersbourg 1912 - Moscou 1986). Il a introduit dans l'économie soviétique la programmation linéaire et le concept d'efficacité, en restaurant une certaine idée de profit. En 1975, il a partagé avec l'Américain T. C. Koopmans le prix Nobel de sciences économiques.

KĀṆVA, nom, selon les *Purāna,* de la dernière dynastie héritière de l'empire des Maurya. Les Kāṇva auraient régné entre 72/63 et 27/19 av. J.-C.

KANYĀ KUMĀRĪ → COMORIN *(cap).*

KAO-HIONG → GAOXIONG.

KAOHSIUNG → GAOXIONG.

KAO K'I-PEI → GAO QIPEL.

KAO K'Ö-KONG → GAO KEKONG.

KAOLACK, v. du Sénégal, ch.-l. de région, au S.-E. de Dakar ; 152 000 hab. Centre commercial (arachide) et industriel (textile, cycles, alimentation).

KAOLIANG n. m. (mot chin.) Variété de sorgho à panicule lâche, cultivée en Extrême-Orient.

KAOLIN n. m. (chin. *kao-ling,* de *Gaoling* ou *Kaoling,* n. pr.). Roche argileuse blanche et friable contenant de la kaolinite et parfois un peu de quartz, résultant de l'altération des granites. (C'est la matière première des porcelaines et des faïences fines.)

KAOLINIQUE adj. Qui contient du kaolin ou qui ressemble à du kaolin.

KAOLINISATION n. f. Processus géochimique de formation du kaolin, par altération des feldspaths alcalins des granites.

KAOLINISER v. t. (conj. 3). Transformer en kaolin.

KAOLINITE n. f. Silicate d'aluminium hydraté, appartenant au groupe des argiles, de composition $Al_2Si_2O_5(OH)_4$, constituant principal du kaolin.

KAON ou **KA** n. m. Méson neutre ou chargé d'étrangeté non nulle.
ENCYCL. La masse des kaons est environ 965 fois celle de l'électron. D'abord observés dans les rayons cosmiques, ils sont aujourd'hui produits en grande quantité par les accélérateurs de particules. Leur production est assujettie aux interactions fortes, leur désintégration aux interactions faibles.

KAPILAVASTU, auj. **Lumbinī,** site du Népal, à 250 km à l'O. de Katmandou. Lieu de naissance présumé de Siddhārtha Gautama (VIe s. av. J.-C.), il fut détruit par Virūdhaka, roi de Kośala, peu avant la mort du Bouddha.

KAPITSA (Petr Leonidovitch), physicien soviétique (Kronchtadt 1894 - Moscou 1984). Ses premiers travaux, réalisés en Angleterre, qui concernaient la magnétostriction et la production de champs magnétiques intenses, le menèrent à des recherches sur la fusion thermonucléaire contrôlée. Il a aussi étudié les très basses températures et découvert la superfluidité de l'hélium liquide. (Prix Nobel 1978.)

KAPLAN (Viktor), ingénieur autrichien (Mürzzuschlag, Styrie, 1876 - Unterach 1934). On lui doit les turbines hélices à pas variables qui portent son nom.

KAPLAN (Jacob), grand rabbin de France (Paris 1895 - *id.* 1994). Rabbin à Mulhouse (1922), puis à Paris (1928), auxiliaire du grand rabbin de France en 1939, grand rabbin de Paris en 1950, il a été grand rabbin de France de 1955 à 1981. Il a écrit de nombreux ouvrages.

KAPNIST (Vassili Vassilievitch), écrivain russe (Oboukhovka 1758 - *id.* 1823), célèbre pour sa comédie satirique (*la Chicane,* 1798) sur des juges et des officiers de loi.

KAPO n. (abrév. des mots all. *Kamerad Polizei*). Dans l'argot des camps de concentration nazis, détenu chargé de commander les équipes de codétenus travaillant à l'extérieur ou dans les services du camp.

KAPOK n. m. (néerl. *kapok,* du malais *kapuk*). Bourre végétale qui remplit les fruits du kapokier et qu'on utilise pour son imperméabilité et sa légèreté dans les ceintures de sauvetage et les vêtements tropicaux ou polaires.

KAPOKIER n. m. Arbre (bombacacée), au tronc souvent épineux, et dont le fruit contient le kapok. (L'huile de la graine est comestible et les tourteaux sont utilisés pour l'alimentation du bétail.)

Kaposi *(maladie* ou *sarcome de),* affection naguère rare, observée surtout en Europe centrale et sur le pourtour du bassin méditerranéen, et qui est maintenant la complication la plus grave et la plus fréquente du sida. (Il s'agit d'une maladie maligne de type sarcomateux débutant sur les membres inférieurs par des nodosités de couleur variée. Alors que le Kaposi viennois atteint les hommes âgés de plus de 40 ans et évolue en une dizaine ou même une vingtaine d'années, le Kaposi du sida atteint les hommes jeunes et a une évolution mortelle en 2 ans. Il existe également une forme africaine intermédiaire.)

KAPOSVÁR, v. de Hongrie, ch.-l. du dép. de Somogy, au S. du lac Balaton ; 74 000 hab. Centre industriel.

Kapoustine Iar, base russe de lancement de missiles et d'engins spatiaux, au nord-ouest de la mer Caspienne, en bordure de la Volga.

KAPPA n. m. Dixième lettre de l'alphabet grec (Κ, ϰ), dérivée du signe phénicien *kaph.*

KAPPEL ou **CAPPEL,** village de Suisse (cant. de Zurich), au S. de Zurich. Zwingli y trouva la mort, le 11 oct. 1531, dans une bataille où les troupes zurichoises furent vaincues par celles des cinq cantons catholiques.

KAPRUN, station d'alpinisme et de sports d'hiver d'Autriche (prov. de Salzbourg), sur le *Kaprun,* affl. de la Salzach (r. dr.) ; 2 800 hab. — À proximité, aménagement hydroélectrique.

KAPTEYN (Jacobus Cornelius), astronome néerlandais (Barneveld 1851 - Amsterdam 1922). Il s'efforça de préciser la structure de la Galaxie par des dénombrements d'étoiles en fonction de leur magnitude dans une série de régions du ciel *(Selected Areas)* régulièrement réparties sur la sphère céleste. Il développa ainsi les études de statistique stellaire.

KAPUAS, principal fleuve de Bornéo, dans la partie indonésienne de l'île, qui rejoint le détroit de Karimata par un delta marécageux au S. de Pontianak ; 1 150 km.

KAPUT [kaput] adj. inv. (all. *kaputt,* abîmé). *Fam.* **1.** Qui est cassé, hors d'usage. — **2.** Qui est épuisé, mort, hors de combat.

KARA *(détroit de),* détroit des côtes de Russie, reliant la mer de Barents et la mer de Kara.

KARA *(mer de),* mer épicontinentale de l'océan Arctique, entre les archipels de la Nouvelle-Zemble (Novaïa Zemlia), François-Joseph, Severnaïa Zemlia et les côtes sibériennes ; 883 000 km². En hiver, la mer est couverte par une mince banquise. Amderma et Dickson sont, en été, des ports-relais sur la route maritime du Nord.

KARABAKH (Haut-), en russe **Nagorno-Karabakh,** région de l'Azerbaïdjan, sur le versant N.-E. du massif arménien ; 4 400 km² ; 193 000 hab. Cap. *Stepanakert.*
— **Hist.** Le Haut-Karabakh, peuplé majoritairement d'Arméniens, est érigé en 1923 en région autonome de la R. S. S. d'Azerbaïdjan. Son rattachement à la R. S. S. d'Arménie est régulièrement revendiqué par les Arméniens d'U. R. S. S., et de graves troubles s'y produisent à partir de 1988. Après l'accession de l'Arménie et de l'Azerbaïdjan à l'indépendance, les combats s'intensifient et les Arméniens du Haut-Karabakh y proclament unilatéralement une république (1991). En 1993, leurs forces armées prennent le contrôle du sud-ouest de l'Azerbaïdjan.

KARA-BOGAZ ou **KARA-BOGAZ GOL,** golfe des côtes est de la mer Caspienne, entouré par le Turkménistan. Salines (chimie).

KARABÜK, v. du nord de la Turquie, au S.-E. de Zonguldak ; 105 373 hab. Centre sidérurgique. Chimie.

KARACA DAĞ (« Montagne noirâtre »), nom donné à plusieurs massifs de Turquie.

KARĀCHI, anc. capitale (jusqu'en 1959), principale ville et port du Pākistān ; 5 103 000 hab. Sur le bord du delta de l'Indus, c'est un port (15 Mt) et un centre commercial et bancaire, qui regroupe aussi près de la moitié des industries pakistanaises (textile, métallurgie, cimenterie, raffinerie de pétrole).

KARA DAĞ (« la Montagne noire »), nom porté en Turquie par des sommets ou massifs montagneux en raison de leur revêtement forestier.

KARA DAGH ou **QARĀ DARH,** massif du N.-O. de l'Iran, le long de la frontière avec l'Azerbaïdjan ; 2 941 m.

KARADJORDJE → KARAGEORGES.

KARADJORDJEVIĆ, dynastie serbe fondée par Karageorges, qui a donné à la Serbie le prince ALEXANDRE KARADJORDJEVIĆ (1842-1858), et le roi Pierre Ier (1903-1921), puis à la Yougoslavie les rois ALEXANDRE Ier (1921-1934) et Pierre II (1934-1945) dont PAUL KARADJORDJEVIĆ assuma la régence (1934-1941).

KARADJORDJEVIĆ (Alexandre) [Topola 1806 - Temesvár 1885], prince des Serbes (1842-1858), fils de Karageorges. Il fut déposé par l'Assemblée, qui rappela Miloš Obrenović (1858).

KARADZIĆ (Vuk Stefanović), écrivain serbe (Tršić 1787 - Vienne 1864). Auteur de recueils de poésie populaire et de la première édition du *Dictionnaire serbe* (1818), il recueillit les contes populaires de son pays et s'employa à la réforme de la langue serbe.

KARAFUTO, nom japonais de la partie méridionale de l'île de Sakhaline.

KARAGANDA, en kazakh **Karagandy,** v. du Kazakhstan, au N. du lac Balkhach ; 600 000 hab. Établi sur un grand bassin houiller, utilisé en partie par la sidérurgie, c'est aussi un centre administratif et culturel.

KARAGEORGES ou **KARADJORDJE** (Djordje Petrović), fondateur de la dynastie des Karadjordjević (Viševac Šumadija v. 1768 ? -Radovanje, près de Smederevo, 1817). D'origine paysanne, il fut élu chef suprême de haïdouks serbes lors de l'insurrection de 1804 contre les Ottomans. Proclamé prince héréditaire des Serbes (1808), il dut s'exiler lors de l'invasion turque (1813). Revenu en Serbie (1817), il fut dénoncé par Miloš Obrenović et assassiné par les Turcs.

Karageorges *(ordre de l'étoile de),* ordre serbe fondé en 1904 par Pierre Ier de Serbie, en l'honneur de la nouvelle dynastie des Karadjordjević.

Karagöz ou **Karagueuz** (« œil noir »), personnage principal d'une sorte de théâtre turc, puis grec, et nom de ce théâtre, aux origines contestées.

KARAÏSME ou **CARAÏSME** n. m. Doctrine des karaïtes.

KARAÏTE, CARAÏTE ou **QARAÏTE** adj. et n. (hébr. *qaraïm,* fils des Écritures). Membre d'une secte issue du judaïsme qui ne reconnaît que la seule autorité de la Loi écrite, la Torah. (Quelques milliers de karaïtes subsistent en Crimée, en Pologne, en Turquie, en Égypte et en Palestine.)

KARAJAN (Herbert VON), chef d'orchestre autrichien (Salzbourg 1908 - *id.* 1989). D'abord chef permanent du Philharmonia Orchestra de Londres (1950), il fut nommé en 1954 chef à vie de l'Orchestre philharmonique de Berlin (poste dont il démissionna en 1989). Il fut également directeur artistique de l'Opéra de Vienne (1956-1964 et à partir de 1976).

KARAK (al-) ou **KERAK (al-),** v. de Jordanie, ch.-l. de prov., à l'E. de la mer Morte, à 950 m d'altitude ; 8 200 hab. Centre administratif et commercial. Château des Croisés (Krak de Moab) à proximité.

KARAKALPAKIE, république autonome de l'Ouzbékistan ; 165 600 km² ; 1 245 000 hab. *(Karakalpaks).* Cap. *Noukous.*

KARAKALPAKS, peuple musulman de l'Ouzbékistan (env. 550 000 individus). La nation karakalpak fut créée sous le régime soviétique à partir d'un conglomérat de tribus nomades d'origine turque et mongole.

KARAKHĀNIDES, QARAKHĀNIDES ou **KARAHANIDES,** dynastie turque musulmane d'Asie centrale (Xe-XIIIe s.).

KARA-KIRGHIZ → KIRGHIZ.

KARA KITAY, nom donné par les sources islamiques aux Kitan des confins septentrionaux de la Chine, qui fondèrent au XIIe s. et au début du XIIIe s. un empire en Asie centrale.

KARAKORUM ou **KARAKORAM** (mot d'orig. turque signif. *éboulis noirs*), massif montagneux du Pākistān (inclus dans le territoire du Cachemire), confinant au nord avec la Chine et l'Afghānistān, limité au sud par la vallée de l'Indus. Partiellement pénétré par une route sino-pakistanaise, le massif a de très hauts sommets (K2, Gasherbrum) et de très vastes glaciers (Siachen, Baltoro). Les hautes pentes, arrosées, portent des forêts claires, alors que les vallées, très encaissées, ont un climat désertique et une agriculture d'oasis.

KARAKORUM, capitale de l'Empire mongol de 1220 à 1264, sur le haut Orkhon. Ses ruines ont été découvertes dans un site partiellement occupé par le monastère bouddhique d'Erdenidzou.

KARAKOUM (« les Sables noirs »), région désertique occupant la plus grande partie du Turkménistan, au S.-O. de l'Amou-Daria. Dans le sud, le *canal du Karakoum* relie l'Amou-Daria à Bakharden, au N.-O. d'Achkhabad, et devrait atteindre à terme la Caspienne. Cultures irriguées.

KARAKOYUNLU (mot turc signif. *Ceux du Mouton Noir*), fédération de tribus turkmènes (Turcs nomades), formée dans l'est anatolien et le nord de l'Iraq (de Van à Mossoul) au début du XIVe s. Elle conquit au XVe s. l'Azerbaïdjan, l'Iraq, l'Iran occidental et le Khorāsān (1458) qu'elle dut céder aux Akkoyunlu (1468).

KARAKUL → CARACUL.

KARALIJČEV (Angel), écrivain bulgare (Stražica 1902 - Sofia 1972). D'origine paysanne, auteur de recueils de contes pour enfants, de nouvelles et de récits sur les luttes sociales et politiques qui ont conduit à la formation de la Bulgarie moderne (*Contes populaires bulgares,* 1948, *Bâtisseur de la République,* 1950 ; *le Petit Laboureur,* 1963), il est un des meilleurs prosateurs de la littérature bulgare du XXe s.

KARAMAI ou **KARAMAY,** district pétrolifère (extraction et raffinage) de Chine, dans le N.-O. du Xinjiang, en Dzoungarie ; 80 000 hab.

KARAMAN, v. de Turquie (prov. de Konya), au S.-E. de Konya ; 51 900 hab. C'est l'antique *Larande.* Citadelle et monuments anciens (XIVe, XVe, XVIe s.).

KARAMANLÍS (Konstandinos) → CARAMANLIS (Constantin).

KARAMÉ ou **KARĀMĪ** (Rachid), homme politique libanais (Miriata 1921 - dans un attentat 1987). Plusieurs fois Premier ministre de 1955 à 1969, il le fut de nouveau en 1975-76 et de 1984 à sa mort. Pronassérien et propalestinien modéré, il représentait dans la guerre civile libanaise la tendance sunnite pacifique.

KARAMOJA (le), région peu peuplée (par les *Karamojongs*), du N.-E. de l'Ouganda.

KARAMOJONGS, population nilo-charienne du Kenya et du nord-est de l'Ouganda, au nombre d'env. 100 000 membres.

KARA MUSTAFA PAŞA (« Mustafa le Noir »), grand vizir de l'Empire ottoman (Merzifon 1634 - Belgrade 1683). Grand vizir en 1676, il mit le siège devant Vienne (1683), et dut battre en retraite. Il fut mis à mort sur l'ordre du sultan Mehmed IV.

KARAMZINE (Nikolaï Mikhaïlovitch), écrivain, publiciste et historien russe (Mikhaïlovka, gouvern. de Simbirsk, 1766 - Saint-Pétersbourg 1826). Il a introduit le sentimentalisme inspiré de Rousseau dans ses romans (*la Pauvre Lise,* 1792) et ses récits (*Lettres d'un voyageur russe,* 1791-92). Fondateur du *Messager de l'Europe* (1802), il est l'auteur du premier grand ouvrage historique publié en Russie (*Histoire de l'État russe,* 1816-1829).

KARANA n. m. inv. (mot sanskr.). Pas ou figure de base des danses de l'Inde. (Unité de mouvement, un karana combine mouvement des mains, pose du corps et déplacement au sol et dans l'espace.)

KARANOVO, tell du S.-E. de la Bulgarie. Appelé la « Troie bulgare », il constitue une énorme masse de vestiges (12 m de haut sur près de 4 ha). L'origine de l'occupation remonterait à 5000 av. J.-C.

KARAOKÉ n. m. (mot jap. formé de *kara,* vide, et *oke,* orchestration). Appareil permettant de chanter sur un fond orchestral préenregistré sur une cassette et d'obtenir simultanément une autre cassette mixée de sa voix et du fond ; divertissement individuel ou collectif consistant à chanter sur une musique préenregistrée.

KARASOU ou **KARASU** (« rivière Noire »), appellation de nombreuses rivières des pays turco-tatares, en Turquie et en Asie centrale.

KARATAOU, chaîne de montagnes du Kazakhstan et de l'Ouzbékistan, au N. du Syr-Daria ; 2 176 m.

KARATCHAÏS, peuple turc musulman de Russie *(république des Karatchaïs-Tcherkesses) ;* env. 155 000 hab. Déportés en 1943, ils furent réhabilités en 1957 et autorisés à revenir sur leurs terres.

KARATCHAÏS-TCHERKESSES *(république des),* république de la Fédération de Russie, dans le Caucase septentrional ; 14 100 km² ; 418 000 hab. Ch.-l. *Tcherkessk.*

KARATÉ n. m. (jap. *karate,* de *kara,* vide, et *te,* main). Sport de combat et art martial d'origine japonaise, visant à mettre hors de combat son adversaire de manière fictive, les coups étant arrêtés avant de toucher.

ENCYCL. Le combat se dispute sur un carré de 8 m de côté, en un combat d'une durée de 3 minutes. Peuvent être attaqués : la tête, le cou, la poitrine et l'abdomen. Comme au judo, il existe des catégories de poids. Des championnats du monde, d'Europe et par pays sont régulièrement organisés.

KARATÉKA n. (jap. *karateka*). Personne qui pratique le karaté.

KARATEPE, site archéologique de Turquie, en Cilicie, découvert en 1946. On y a retrouvé des vestiges monumentaux et une grande inscription en phénicien et en hiéroglyphes louvites.

KARAVELOV (Ljuben), écrivain bulgare (Koprivštica, près de Plovdiv, 1834 - Ruse 1879). Journaliste, auteur de nouvelles pittoresques sur la société bulgare à la fin du régime ottoman, il a joué un rôle déterminant dans le Comité Central révolutionnaire bulgare de Bucarest.

KARAWANKEN, en slovène **Karavanke,** massif calcaire des Alpes, entre les vallées de la Drave et de la Save. Il est suivi par la frontière austro-slovène.

Karawiyyīn → QARAWIYYĪN.

KARBALĀ' ou **KERBELA,** v. de l'Iraq, ch.-l. de gouvernorat, au S.-O. de Bagdad ; 185 000 hab. C'est l'une des cités saintes des chī'ites (tombeau de Ḥusayn, mosquée d'al-'Abbās).

KARCHI, v. d'Ouzbékistan, dans l'*oasis de Karchi,* au S.-E. de Boukhara ; 168 000 hab.

KARDEC (Denisard Léon Hippolyte RIVAIL, dit **Allan**), occultiste français (Lyon 1804 - Paris 1869), fondateur de la doctrine du spiritisme (*le Livre des esprits,* 1857).

KARDELJ (Edvard), homme politique yougoslave (Ljubljana 1910 - *id.* 1979). Membre, à partir de 1928, du parti communiste clandestin, il fut, dès 1941, un des organisateurs de l'Armée nationale de libération en Slovénie, puis le premier vice-président du Comité national de libération en 1943. Il soutint avec fidélité Tito et fut ministre des Affaires étrangères (1948-1953). Il fut le principal théoricien de l'autogestion et écrivit *le Socialisme et la guerre* (1960).

KARDHÍTSA ou **KARDITSA,** v. de Grèce, en Thessalie, ch.-l. de nome, à l'E. du Pinde ; 28 000 hab.

KARDINER (Abram), anthropologue et psychanalyste américain (New York 1891 - Easton, Connecticut, 1981). Il se situe à la jonction de la psychanalyse et de l'anthropologie (*They studied Man,* 1961).

KĂRDŽALI, v. de Bulgarie, ch.-l. de distr., au pied du Rhodope oriental ; 51 000 hab.

KAREN *(État)* → KAWTHOOLEI.

KARENNI *(État)* → KAYAH.

KARENS, KAYAHS ou **KARIENGS,** population tibéto-birmane de Birmanie et de Thaïlande, estimée à 3 millions de personnes.

KARGAMISH → KARKEMISH.

KARIBA *(gorges de),* gorges du Zambèze, aux confins du Zimbabwe et de la Zambie. Grand barrage créant une vaste retenue *(lac de Kariba),* qui alimente une importante centrale.

KARIERAS, population aborigène de l'Ouest australien.

KĀRIKĀL, v. de l'Inde (territoire de Pondichéry), ancien établissement français sur la côte de Coromandel ; 61 875 hab. – La ville fut cédée en 1738 à B. Dumas par le souverain de Tanjore.

KARIMATA, petite île indonésienne de Bornéo. Elle donne son nom au *détroit de Karimata,* qui relie la mer de Chine et la mer de Java.

KARISIMBI, montagne volcanique, point culminant des monts Virunga, à la frontière du Zaïre et du Ruanda, dans le parc national des Volcans ; 4 507 m.

KARITÉ n. m. (mot ouolof). Arbre (sapotacée) de l'Afrique tropicale, dont le fruit fournit un oléagineux comestible, le *beurre de karité,* succédané du beurre de cacao.

KARIYA, v. du Japon (Honshū), au S.-S.-E. de Nagoya ; 105 600 hab. Mécanique.

KARJALA, nom finnois de la Carélie.

KARKADÉ n. m. Nom usuel d'une malvacée, le « thé rose » *(Hibiscus sabdariffa),* qui fournit une boisson rafraîchissante.

KARKAVÍTSAS (Andhréas), écrivain grec (Lékhaina, Élide, 1865 - Amaroússion 1922). Ses romans (*l'Archéologue,* 1904) et ses nouvelles (*Vieilles Amours,* 1900) en font un des plus grands prosateurs grecs.

KARKEMISH ou **KARGAMISH,** cité ancienne de Syrie, auj. en Turquie, près de la ville syrienne de Djarabulus. Fondée à très haute époque (Ve mill.), la cité fut, au IIe millénaire, capitale d'un royaume hourrite. Saccagée par les Peuples de la Mer, Karkemish fut ensuite la capitale d'un important royaume néohittite, finalement annexé par Sargon II (717 av. J.-C.). Ce lieu stratégique vit la victoire de Nabuchodonosor sur les Égyptiens (605 av. J.-C.).
– **Archéol.** Vestiges de la citadelle à double enceinte. Les nombreux orthostates recueillis dans les édifices témoignent, en ce début du Ier millénaire av. J.-C., de courants d'influences assyrienne et hittite.

KARKONOSZE, en tchèque **Krkonoše,** en all. **Riesengebirge,** nom polonais des monts des Géants, aux confins de la Pologne et de la République tchèque (1 602 m à la Sněžka). Parc national.

KARLFELDT (Erik Axel), poète suédois (Folkärna, Dalécarlie, 1864 - Stockholm 1931). Il a transposé avec réalisme et humour les traditions et les peintures naïves des paysans à travers ses poèmes dalécarliens (*Chansons de Fridolin,* 1898). [Prix Nobel 1931.]

KĀRLĪ, KARLE ou **KĀRLĀ,** site archéologique de l'Inde (Mahārāshtra), entre Bombay et Poona, le plus vaste et le plus bel exemple de sanctuaire bouddhique excavé de type caitya (env. 120 apr. J.-C.).

KARL-MARX-STADT → CHEMNITZ.

KARLOFF (Charles Edward PRATT, dit **Boris**), acteur de cinéma britannique naturalisé américain (Dulwich, près de Londres, 1887 - Midhurst, Sussex, 1969). *Frankenstein* (1931) orienta sa carrière vers le film fantastique et d'épouvante : *le Masque de Fu Manchu* (1932), *la Fiancée de Frankenstein* (1935), *le Mort qui marche* (1936), *Arsenic et vieilles dentelles* (1944), *The Raven* (1963). On le vit aussi dans *Scarface* (1932), *la Patrouille perdue* (1934), *les Conquérants du Nouveau Monde* (1947), *la Cible* (*Targets* 1969).

KARLOVAC, v. de Croatie , au S.-O. de Zagreb ; 54 900 hab. Enceinte étoilée des XVIe - XVIIIe s. Monuments de style baroque. Carrefour routier et ferroviaire.

KARLOVY VARY, v. de la République tchèque (Bohême-Occidentale), au pied des Krušné Hory, en all. *Carlsbad* ou *Karlsbad ;* 60 000 hab. Grande station thermale (troubles digestifs), fondée au XIVe s. par l'empereur Charles IV, et centre administratif et industriel. Cathédrale baroque du XVIIIe s.

Karlowitz *(traité de)* [26 janv. 1699], traité signé entre les Ottomans et les États membres de la Sainte Ligue, aux termes duquel les Habsbourg se faisaient céder la Transylvanie et la Hongrie moins le banat de Temesvár ; la Pologne, la Podolie et l'Ukraine occidentale ; Venise, la Morée et la Dalmatie. C'était le début du retrait des Ottomans en Europe.

KARLSBAD, nom all. de Karlovy Vary.

KARLSBURG, nom all. de Alba Iulia.

KARLSHAMN, port de Suède (Blekinge), sur la Baltique ; 32 000 hab. Chantiers navals. Construction automobile. Centrale thermique.

KARLSKOGA, v. de Suède (Örebro) ; 36 000 hab. Centre industriel dont dépendent les usines d'armement de Bofors.

KARLSKRONA, port de Suède, sur la Baltique, ch.-l. de la prov. de Blekinge ; 60 000 hab. Port militaire, de pêche et centre industriel.

KARLSRUHE, v. d'Allemagne (Bade-Wurtemberg), près du Rhin et de la frontière française ; 275 000 hab. Château du XVIIIe s. (musée régional). Musée des beaux-arts. Carrefour routier et ferroviaire, port sur le Rhin, centre industriel (mécanisme, électrotechnique, raffinage du pétrole, alimentation), commercial et culturel.

KARLSTAD, v. de Suède, ch.-l. de prov., près du lac Vänern ; 74 000 hab. Mécanique. Bois. Pâte à papier.

KARLSTADT (Andreas BODENSTEIN, dit) réformateur religieux allemand (Karlstadt v. 1480 - Bâle 1541). Chanoine et professeur à Wittenberg, il prit, contre le catholicisme, des positions beaucoup plus tranchées que celles de Luther.

KARLŠTEJN ou **KARLŮV TÝN,** village de la République tchèque, en Bohême, au S.-O. de Prague. Château construit par Charles IV de 1348 à 1367 (dans la chapelle Ste-Croix, ensemble de 129 panneaux peints sous la direction de Maître Théodoric).

KARMA ou **KARMAN** n. m. (sanskr. *karman,* acte). Principe fondamental reconnu par les trois grandes religions indiennes et reposant sur la conception de la vie humaine comme maillon d'une chaîne de vies *(saṃsāra),* chaque vie particulière étant déterminée par les actions de la personne dans la vie précédente.

KĀRMAL (Babrak), homme d'État afghan (près de Kaboul 1929). Chef du Parcham, une des branches du parti démocratique et populaire d'Afghānistān (P. D. P. A.) de 1967 à 1977, il devient, à la faveur de l'intervention soviétique de 1979, chef d'État et secrétaire général du P. D. P. A. En 1986, il est écarté de ces deux postes.

KARMAN (Theodor VON), ingénieur américain d'origine hongroise (Budapest 1881 - Aix-la-Chapelle 1963). À son initiative, les Américains, en 1938, construisirent le premier tunnel aérodynamique supersonique et entamèrent un programme de développement de moteurs à réaction et de fusées. En 1944, il participa à la création du *Jet Propulsion Laboratory,* qui joue à présent un rôle majeur dans l'astronautique américaine. Il a résolu de nombreux problèmes intéressant l'aérodynamique, l'hydrodynamique et la thermodynamique.

Karman *(raccord),* pièce profilée, placée au raccordement de l'aile et du fuselage d'un avion, destinée à éviter la formation de tourbillons, en canalisant l'écoulement de l'air.

Karman *(méthode de),* technique d'interruption de grossesse, utilisant une canule d'aspiration, ne nécessitant pas d'anesthésie, mais ne pouvant s'effectuer qu'en tout début de gestation.

KARMATES → QARMATES.

KARNAK, site de Haute-Égypte, sur la rive est du Nil, à l'emplacement de l'ancienne Thèbes, l'une des capitales des phararons. L'ensemble religieux — le plus grand d'Égypte — se compose de trois complexes, du nord au sud : l'enceinte du dieu Montou, dont le temple est l'œuvre d'Aménophis III ; l'enceinte du grand temple d'Amon, à l'extraordinaire enchevêtrement de constructions, où se décèle la marque de presque tous les souverains d'Égypte, jusqu'à l'époque romaine ; enfin l'enceinte de la déesse Mout, dont le temple, comme ceux d'Aménophis III et de Ramsès III, est en ruine. L'énorme salle hypostyle (102 × 53 m) du sanctuaire d'Amon, commencée sous Aménophis III, est l'œuvre majeure de la XIXe dynastie. Le plafond est soutenu par une forêt de colonnes, historiées, comme les parois, de textes religieux et de cérémonies rituelles ; les murs extérieurs décrivent les exploits guerriers de Seti Ier et de Ramsès II.

KARNAPHULI (le), fl. de l'Inde et du Bangladesh, qui traverse Chittagong et atteint le golfe du Bengale ; 270 km (irrigation et électricité).

KARNĀTAKA, anc. **Mysore,** État de l'Inde, s'étendant sur une partie du Deccan central jusqu'à la mer d'Oman ; 192 000 km^2 ; 44 817 398 hab. Cap. *Bangalore.* Région à prépondérance agricole (riz, coton, café) où l'irrigation a été développée. Mines d'or et de chrome.

— **Hist.** La région fut unifiée au sein de l'empire de Vijayanagar (1336-1565), détruit par les Moghols en 1565. Après les règnes de Ḥaydar ʿAlī (1761-1782) et de Tippoo Sahib (1782-1799), les Anglais restaurèrent la dynastie hindoue, et le royaume du Mysore demeura, jusqu'à l'indépendance de l'Inde (1947), un État princier sous tutelle britannique. Agrandi lors de la réorganisation territoriale de 1953-1956, l'État prit le nom de Karnātaka en 1973.

KARNATIQUE ou **CARNATIQUE** adj. Se dit de la musique de l'Inde du Sud (par oppos. à la musique hindoustānī).

KÄRNTEN, nom all. de la Carinthie.

KAROKS, Indiens d'Amérique du Nord, localisés au nord-ouest de la Californie, regroupant 1 400 individus.

KÁROLYI, famille noble hongroise dont les membres les plus connus sont : SÁNDOR (1668-1743) qui négocia la paix de Szatmár (1711) et fut fait comte (1712). — MIHÁLY, comte (Budapest 1875 - Vence 1955), Leader du parti de l'Indépendance (1913), il se prononça dès 1916 contre l'alliance allemande et pour une paix séparée. Président du Conseil national (oct. 1918), président de la République (janv. 1919), il ne voulut pas entériner les frontières fixées par les Alliés, démissionna (mars 1919) et s'exila (juill.).

KARPAS, en gr. **Karpasía,** péninsule formant l'extrémité nord-est de Chypre.

KÁRPATHOS, usuellement **Kárpatho,** île grecque de l'extrémité sud du Dodécanèse ; 280 km^2 ; 6 800 hab. Ch.-l. *Pighádhia.*

KARPIŃSKI (Franciszek), poète polonais (Hołoskowo 1741 - Chorowszczyźna 1825). Outre ses poésies « sentimentalistes » (*les Jeux dans les vers et des exemples moraux,* 1780), il est l'auteur d'un essai à la manière de J.-J. Rousseau (*Du bonheur de l'homme. Lettre à Rosine,* 1783).

KARPOV (Anatoli Ievguenievitch), joueur d'échecs russe (Zlatooust, Oural, 1951). Il remporta le championnat du monde en 1975, 1978 et 1981 et dut s'incliner face à Kasparov en 1985, 1986, 1987 et 1990.

KARR (Alphonse), journaliste et écrivain français (Paris 1808 - Saint-Raphaël 1890). Romancier d'inspiration romantique, il brossa, à travers ses pamphlets publiés à partir de 1839 dans la revue *les Guêpes,* un tableau satirique de la vie politique et littéraire sous la monarchie de Juillet.

KARRER (Paul), chimiste suisse (Moscou 1889 - Zurich 1971). Ses travaux ont porté sur les sucres et les polysaccharides, les aminoacides, les substances tinctoriales d'origine végétale. Il a fait des recherches sur les vitamines A, B2 et E. (Prix Nobel de chimie 1937.)

KARROO [-ru] n. m. (hottentot *harrô,* sec). Plateau aride d'Afrique du Sud, qui s'étage en gradins séparés par des chaînes orientées de l'O. à l'E.

KARS, v. du nord-est de la Turquie, ch.-l. de prov., dans l'ancienne Arménie ; 58 700 hab. Forteresse ; ancienne église arménienne du XIe s. transformée en musée.
— **Hist.** Kars fut dominée par les Turcs Seldjoukides à partir de la seconde moitié du XIe s. Conquise par les Ottomans en 1534, elle fut rattachée à l'Empire russe de 1878 à 1918.

KARSAVINA (Tamara), danseuse russe naturalisée britannique (Saint-Pétersbourg 1885 - Beaconsfield, près de Londres, 1978). Danseuse, puis étoile dans le ballet du Théâtre impérial de Saint-Pétersbourg elle entra aux Ballets russes, où elle fut la partenaire de Nijinski. Elle se fixa à Londres en 1917. Créatrice des œuvres de Fokine (*Cléopâtre,* 1909 ; *Schéhérazade,* 1910 ; *l'Oiseau de feu* [composé à son intention], 1910 ; *Petrouchka,* 1911) douée d'une technique exemplaire, d'une grande beauté et d'une présence scénique incontestable, elle concourut au prestige des Ballets russes.

KARST n. m. (de *Karst,* n. pr.). Région de relief karstique, présentant des formes liées à la sensibilité, à la dissolution de certaines roches sédimentaires (calcaires surtout, gypse, sel gemme, etc.)

KARST, en slovène *Kras,* nom allemand d'une région de plateaux calcaires de Slovénie, à l'E. de Trieste, où l'érosion a créé une topographie caractéristique, le *relief karstique.*
— **Hist.** Le plateau du Karst fut, de 1915 à 1918, l'un des principaux théâtres des opérations menées par les troupes austro-hongroises contre les troupes italiennes.

KARSTIFICATION n. f. Processus de formation d'un karst.

KARSTIQUE adj. **1.** Relatif au karst. — **2.** *Relief karstique,* ensemble de formes développées dans une région où prédominent des roches sédimentaires sensibles à la dissolution, calcaires en premier lieu. (Syn. RELIEF CALCAIRE.)
ENCYCL. Le *relief karstique* typique est caractérisé par l'association de trois grandes catégories de formes : formes de surface (avens, dolines et ouvalas, lapiés, poljés) ; formes souterraines dues à la circulation de l'eau, conformément à un canevas de discontinuités linéaires dont l'élargissement donne un réseau de galeries, de cavités, de grottes (avec des parois tapissées de stalactites ou de stalagmites) ; formes fluviatiles subaériennes de signification diverse (vallées sèches héritées d'un épisode antérieur à l'enfouissement des eaux de surface ; résurgences ou exsurgences des eaux souterraines à la faveur de sources vauclusiennes ; cañons liés aux cours d'eau allogènes qui abordent le karst avec un débit suffisant).

KART [kart] n. m. (amér. *kart*). **1.** Petit véhicule automobile monoplace de compétition, à embrayage automatique, sans boîte de vitesse, ni carrosserie, ni suspension. — **2.** Syn. de KARTING.

KARTALA ou **KARTHALA,** volcan actif de l'île de Ngazidja (anc. Grande Comore), point culminant de l'archipel des Comores ; 2 361 m.

KARTHLI, région de Géorgie , ayant pour centre Mtskheta puis Tbilissi. Elle correspond à l'Ibérie des Anciens.

KARTING [kartiŋ] n. m. (amér. *karting*). Sport automobile pratiqué avec le kart sur circuit. (Syn. KART.)

KARTVÈLE ou **KARTVÉLIEN, ENNE** adj. Se dit des langues de la famille sud-caucasienne comprenant, outre le géorgien, le mingrélien, le svane et le tchane.

KĀRUN, riv. d'Iran, formée par un groupe de torrents du Zagros, qui rejoint le Chaṭṭ al-'Arab ; 830 km environ. Barrage pour l'irrigation et la fourniture d'eau à Ispahan.

KARVAŠ (Peter), écrivain slovaque (Banská Bystrica 1920). Romancier satirique et engagé (*le Pont,* 1945), il affirme dans son théâtre son idéal humaniste (*la Grande Perruque,* 1964).

KARVINÁ, v. de la République tchèque, en haute Silésie, près de la frontière polonaise ;

78 000 hab. Partie de la conurbation industrielle d'Ostrava. Houille.

KARWENDEL, massif des Préalpes calcaires du Tyrol (Autriche), au N. d'Innsbruck, culminant à la *Birkkarspitze* (2 756 m).

KARYOTÁKIS (Kóstas) → CARYOTAKIS.

KASAÏ ou **KASSAÏ,** riv. (en port. *Cassai*) d'Afrique équatoriale, née sur le plateau de Benguela en Angola, qui sert de frontière entre ce pays et le Zaïre, puis rejoint le fleuve Zaïre (r. g.), sous le nom de Kwa ; 2 200 km. Elle donne son nom à deux provinces du Zaïre (ch.-l. *Kananga* et *Mbuyi-Mayi*).

KASAVUBU (Joseph), homme d'État zaïrois (au Mayombe 1917 - Boma 1969). Il prit part aux négociations sur l'indépendance du Congo dont il fut le premier président de la République (1960-1965). Il fut renversé lors du coup d'État du général Mobutu.

KASHER, CASHER ou **CACHÈRE** [kaʃɛr] adj. inv. (mot hébr.). Se dit d'un aliment, en partic. de la viande, conforme aux prescriptions rituelles du judaïsme, ainsi que du lieu où il est vendu. (Pour la viande, une des principales prescriptions est l'ablation du nerf sciatique de l'animal et l'élimination du sang qui peut rester après l'abattage.)

KASHI → KACHGAR.

KASHIMA → KASHIWARA.

KASHIWA, v. du Japon, banlieue (surtout résidentielle) de Tōkyō ; 305 058 hab.

KASHIWARA ou **KASHIMA,** agglomération industrielle (sidérurgie, pétrochimie, centrale nucléaire) du Japon, au N.-E. de Tōkyō ; 166 400 hab.

KASHMIR → CACHEMIRE.

KASHROUT, CASHROUTH ou **CACHEROUT** n. f. Ensemble des prescriptions alimentaires rituelles du judaïsme.

KĀŚĪ, ancien nom de la ville indienne de Vārāṇasī (Bénarès).

KĀŚMĪRĪ n. m. Langue indo-aryenne du groupe darde, parlée au Cachemire par environ 3 millions de personnes.

KASOLITE n. f. (de *Kasola,* n. pr.). Silicate naturel d'uranium et de plomb hydraté, de couleur jaune-brun.

KASPAR (Jean), syndicaliste français (Mulhouse 1941). Succédant à Edmond Maire, il a été secrétaire général de la C. F. D. T. de 1988 à 1992.

KASPAROV (Garry WEINSTEIN, dit), joueur d'échecs russe (Bakou 1963). Champion du monde des juniors, en 1980, il remporte, en 1985, le titre de champion du monde détenu depuis 1975 par A. Karpov et le défend victorieusement contre celui-ci en 1986, 1987 et 1990.

KASPROWICZ (Jan), poète polonais (Szymborz 1860 - près de Poronin 1926). Poète naturaliste à ses débuts, engagé dans le mouvement littéraire « Jeune Pologne », il donne son credo philosophique, social et religieux dans *Pour le monde qui meurt* (1902). La fougue et l'âpreté font place à une sérénité stoïque dans ses derniers recueils (*Mon univers,* 1926).

KASSAÏ → KASAÏ.

KASSÁK (Lajos), peintre et écrivain hongrois (Ersekújvár 1887 - Budapest 1967). Ouvrier militant antifasciste, il parcourut à pied la moitié de l'Europe. Fondateur en 1916, de la revue *Ma (Aujourd'hui),* qui publia des œuvres de Tzara, Picasso et Léger, il s'opposa à l'ingérence du communisme dans le domaine de l'art. Poète influencé par le collectivisme de Walt Whitman (*Ma terre, ma fleur,* 1937), puis libéré des conventions sociales et littéraires (*les Feuilles du chêne,* 1964), il appartient par son œuvre plastique à l'école constructiviste.

KASSALA, v. de l'est du Soudan, ch.-l. de prov., sur le Gash ; 106 000 hab. Centre commercial relié par la route à Khartoum, par le rail à Port-Soudan et Sennar.

KASSEL, v. d'Allemagne, dans le nord-est de la Hesse ; 202 158 hab. Lieu de passage entre la Rhénanie et la Basse-Saxe, c'est un centre culturel ancien, industrialisé (constructions mécaniques et électriques, textile, confection, chimie).
— **Bx-arts.** Parc du château de la Wilhemshöhe (cascades et jeux d'eaux ; Hercule colossal). Musées, dont la riche Galerie de peinture (Rembrandt, Rubens, Van Dyck, etc.) et le musée des Tentures et Papiers peints. Depuis 1955, exposition quadriennale d'art contemporain *Documenta.*

KASSEM ou **QĀSIM** ('Abd al-Karīm), homme d'État irakien (Bagdad 1914 - *id.* 1963). Il dirigea le coup d'État du 14 juill. 1958, et fut Premier ministre et commandant en chef (1958-1963). Il ne put ni faire aboutir ses revendications sur le Koweït (1961) ni réduire l'insurrection kurde qui éclata en 1961. Renversé par un coup d'État pronassérien qui porta au pouvoir Aref (1963), il fut exécuté.

KASSERINE, v. de l'ouest de la Tunisie, ch.-l. de gouvernorat, au pied du djebel Chambi ; 22 600 hab. Cellulose (à partir de l'alfa).
— **Hist.** Le *col de Kasserine* fut pris par les Allemands de Rommel le 15 févr. 1943 et reconquis par les Britanniques le 21 février.

KASSITES, anc. peuple de Mésopotamie. D'origine encore inconnue, ils apparurent au XVIIIe s. av. J.-C., sur les confins de la Mésopotamie et de l'Iran. Leurs rois succédèrent à la Ire dynastie de Babylone, anéantie par les Hittites (1595 av. J.-C.). Ils adoptèrent assez vite la culture de Babylone. Après la prise de Babylone par les Élamites (1160-1159), la noblesse kassite passa au service des lignées royales suivantes.
— **Archéol.** Les Kassites semblent avoir gardé la tradition des Babyloniens, dont ils relevèrent les ruines. Ils avaient pour capitale Dour-Kourigalzou. Les koudourrous (bornes ornées d'inscriptions) restent l'une des caractéristiques de leur civilisation.

KASTALSKI (Aleksandr Dmitrievitch), compositeur, musicologue et chef de chœur russe (Moscou 1856 - *id.* 1926). Il devint, en 1923, professeur de chant choral au conservatoire de Moscou. Son action dans le domaine du chant a été considérable. Outre ses écrits musicologiques, il laisse de nombreuses œuvres religieuses, un opéra, des compositions chorales et symphoniques.

KASTLER (Alfred Henri Frédéric), physicien français (Guebwiller 1902 - Bandol 1984). Spécialiste de l'électronique quantique et de l'optique physique, il est surtout connu pour avoir réalisé en 1950, avec son collaborateur Jean Brossel, l'inversion des populations d'électrons dans un atome. Ce procédé, dit « pompage optique », est à l'origine des masers et des lasers. (Acad. des sc., 1964 ; prix Nobel de physique 1966.)

KÄSTNER (Erich), écrivain allemand (Dresde 1899 - Munich 1974). Évocateur de la fantaisie de l'enfance (*Émile et les détectives,* 1929), il critiqua avec férocité la société allemande pronazie (*Fabian,* 1931).

KASTORIÁ, v. de la Grèce, en Macédoine, ch.-l. de nome, sur le *lac de Kastoriá ;* 21 000 hab. Églises intéressantes du XIe au XIVe s. Travail des fourrures.

Kastrup, aéroport de Copenhague.

KASUGAI, v. du Japon (Honshū), banlieue nord de Nagoya ; 266 599 hab. Papier.

KASUKABE, v. du Japon, au N. de Tōkyō ; 188 809 hab.

KASŪR, v. du Pākistān (Pendjab), au S. de Lahore ; 155 000 hab. Textile. Alimentation.

KASURI n. m. (mot jap.). Tissu japonais indigo, à motifs blancs de paysages ou de fleurs, fabriqué d'abord pour la cour des Tokugawa, puis standardisé.

KASZUBY, en fr. **Cachoubie,** région de collines de Pologne, partie orientale de la Poméranie, culminant à 329 m (Wiezyca) et dominant le golfe de Gdańsk et le delta de la Vistule.

KAT → QĀT.

KATA n. m. (jap. *kata,* prise). Au judo, au karaté, etc., succession de mouvements codifiés mimant un combat et réalisant une démonstration technique. (Les katas sont demandés au judoka pour obtenir les grades à partir de la ceinture noire 1er dan.)

KATABATIQUE → CATABATIQUE.

KATAÏEV (Valentine Petrovitch), écrivain soviétique (Odessa 1897 - Peredelkino, près de Moscou, 1986). Humoriste (*l'Île d'Ehrendorf,* 1924), dénonciateur des mentalités bourgeoises à travers sa comédie *la Quadrature du cercle* (1928), il écrivit, sous l'influence de Maïakovski, des romans qui illustrent le réalisme socialiste (*Ô temps, en avant,* 1932 ; *le Fils du régiment,* 1945), avant de revenir sur son passé (*le Cimetière de Skouliany,* 1975).

KATAKANA n. m. Syllabaire japonais utilisé pour transcrire les mots empruntés aux langues étrangères autres que le chinois.

KATANGA → SHABA.

KATAR → QATAR.

KATCHINA n. m. **1.** Chez les Pueblos, esprit des ancêtres qui, annuellement, revient parmi les vivants apporter la pluie et la fécondité. — **2.** Masque personnifiant cet esprit. — **3.** Petite poupée de bois peint, représentant ces masques, qui sont sculptées par les parents pour leurs enfants.

KATEB (Yacine), écrivain algérien d'expression française (Constantine 1929 -La Tronche 1989). Son œuvre romanesque (*Nedjma,* 1956) comme son théâtre (*le Cadavre encerclé,* 1955 ; *Les ancêtres redoublent de férocité,* 1967 ; *la Guerre de 2 000 ans,* 1974 ; *Palestine trahie,* 1978) développent le drame de l'identité nationale.

KATERÍNI ou **KATERINÊ,** v. de Grèce, en Macédoine, ch.-l. de nome ; 38 000 hab.

KATHAK n. m. Forme de danse de l'Inde du Nord, née au XVIIe s. du rapprochement entre les cultures hindoue et musulmane.

KATHĀKALI n. m. (du tamoul *katha,* histoire, et *kali,* jeu). Forme de théâtre dansé du sud de l'Inde, qui allie au théâtre proprement dit la danse, la musique, le mime et le chant et dont les thèmes sont tirés du *Rāmāyaṇa* et du *Mahābhārata.*

KATHAREVOUSSA n. m. (gr. mod. *katharévoussa,* de *katharos,* pur). Forme de la langue grecque écrite puriste utilisée dans les documents publics, la justice, au Parlement, par opposition au *démotique.*

KĀTHIĀWĀR, péninsule de l'Inde, dans le Gujerat, limitée par les golfes de Kutch et de Cambay. Cultures (riz, blé, palmiers-dattiers) sur la plaine littorale. Marais salants. Pêche et cabotage le long de la côte.

KĀTHRĪNA *(djebel)* → SAINTE-CATHERINE (mont).

KATIOUCHA n. f. Syn. de ORGUE* DE STALINE.

KĀTIP ÇELEBI (Mustafa, dit), savant et écrivain turc (Istanbul 1609 - *id.* 1657). Érudit, il est notamment l'auteur d'un grand dictionnaire bibliographique.

KATMANDOU ou **KĀTMĀNDU,** cap. du Népal ; 419 000 hab. Dans une haute plaine, à environ 1 300 m d'alt., centre administratif, commercial, touristique (aéroport international) et universitaire. Capitale du pays depuis 1769, elle doit un pittoresque exceptionnel à ses temples bouddhiques et brahmaniques, à l'ensemble du palais royal (1576) et à sa belle architecture civile. Aux environs, stūpa très vénérés : Bodnāth, Svayambhunāth.

KATONA (József), auteur dramatique hongrois (Kecskemét 1791 - *id.* 1830). Il est le créateur de la tragédie nationale magyare *(Bánk Bán)* [publié en 1821, joué pour la première fois en 1833], inspiré d'un épisode historique du Moyen Âge hongrois.

KATOWICE, v. du sud de la Pologne, au centre du plateau de haute Silésie ; 366 900 hab. Grand centre industriel (charbon, métallurgie, constructions mécaniques et électriques), pôle culturel et scientifique, c'est surtout le cœur d'une conurbation fournissant environ 40 % de l'énergie et de la métallurgie du pays.

KATSINA, v. du nord du Nigeria ; 186 900 hab. Centre commercial (arachide), artisanal et culturel.

KATSINA *(royaume de),* cité-État haoussa fondée sans doute au XIe s. Le peuple fut converti à l'islām avant l'aristocratie. Katsina mena une lutte très âpre contre Kano, avant de l'emporter à la fin du XVIIe s. Le royaume connut son apogée au XVIIIe s. Il tomba aux mains des Peuls d'Ousmane dan Fodio au début du XIXe s.

Katsura, villa impériale japonaise près de Kyōto, construite par Kobori Enshū à la fin du XVIe s., pour un prince impérial, sur l'ordre de Hideyoshi. Célèbre jardin.

KATTARA *(dépression de),* vaste cuvette tectonique du nord du désert occidental (libyque) égyptien à l'O. du Nil, et dont le fond est à – 135 m. Projet d'installations hydroélectriques utilisant les eaux de la Méditerranée.

KATTEGAT → CATTÉGAT.

KATUNAYAKE ou **KATUNAYAKA,** localité de Sri Lanka, au N. de Colombo. Aéroport international. Zone franche industrielle.

KATYN, village de Russie, à l'O. de Smolensk. Près de ce village, les Allemands découvrirent (avr. 1943) huit fosses contenant les cadavres d'environ 4 500 officiers polonais tués d'une balle dans la nuque. Ils accusèrent les Soviétiques, qui rejetèrent la responsabilité du crime sur l'Allemagne. La responsabilité des Soviétiques fut établie par la suite et reconnue officiellement par l'U. R. S. S. en 1990.

KATZ (Nathan), écrivain français (Waldighofen, dans le Sundgau, 1892 - Sentheim, Haut-Rhin, 1981). Considéré comme le plus grand poète alsacien, il a aussi donné des contes philosophiques, un opéra et des pièces de théâtre *(Annele Baltasar).*

KATZ (Elihu), psychosociologue américain (Brooklyn 1926). Dans *Personal Influence : The Part Played by People in the Flow of Mass Communication,* ouvrage écrit en 1955 avec P. Lazarsfeld, il développe la thèse selon laquelle l'action des médias s'exerce à travers les guides d'opinion.

KATZIR (Efraïm Katchalski, dit **Ephraïm**), homme d'État israélien (Kiev 1916), président de l'État d'Israël de 1973 à 1978.

KAUAI, une des îles de l'archipel des Hawaii, au N.-O. d'Oahu ; 1 437 km^2 ; 39 100 hab. V. princ. *Kapaa* et *Lihue.*

KAUFFMANN (Angelika), peintre suisse (Coire 1741 - Rome 1807). Formée d'abord par son père, un décorateur d'églises ambulant, elle travailla à Londres de 1765 à 1781 et entra à la Royal Academy dès 1768. Portraitiste des célébrités européennes, elle peignit aussi vers la fin de sa carrière, à Rome, des tableaux d'histoire d'un néoclassicisme gracieux.

KAUNAKÊS n. m. (gr. *kaunakês,* pelisse). Vêtement fait de mèches pendantes, probablement constitué par la toison d'un mouton ou d'une chèvre, qui était porté par les hommes et les femmes à la haute époque sumérienne.

KAUNAS, v. de Lituanie, sur le Niémen ; 423 000 hab. Centre culturel (écoles, musées) et industriel.

KAUNDA (Kenneth Davis), homme d'État zambien (Lubwa 1924). Premier président de la République de Zambie, il a été au pouvoir de 1964 à 1991.

KAUNITZ-RIETBERG (Wenzel Anton, *comte* puis *prince* VON), homme d'État autrichien (Vienne 1711 - *id.* 1794). Ambassadeur à Versailles (1750-1753), chancelier d'État (1753-1792), il dirigea la politique extérieure de l'Autriche. Il conclut avec la France le premier traité de Versailles (1756), que l'invasion de la Saxe par Frédéric II transforma en alliance offensive (1757). Malgré les revers essuyés pendant la guerre de Sept Ans, il se maintint à son poste et jouit de la confiance de Marie-Thérèse. Il inspira à Joseph II sa politique intérieure et extérieure. Son influence déclina sous François II et il se retira en 1792.

KAUŚĀMBĪ, site archéologique de l'Inde, dans l'actuelle localité de *Kosam**, près d'Allāhābād. C'est l'ancienne capitale d'Udayana, roi du Vatsa Janapada. Grand centre de communications, elle était alors l'une des six cités les plus importantes de l'Inde. Puissantes fortifications (Ier millénaire av. J.-C.) ; vestiges de monastères et de stūpa ; pilier d'Aśoka.

KAUṬILYA, auteur, selon la tradition, de l'*Arthaśāstra,* le plus ancien et le plus important traité de politique et d'économie de l'Inde ancienne.

KAUTSKY (Karl), homme politique autrichien (Prague 1854 - Amsterdam 1938). Membre du parti social-démocrate autrichien (1875), secrétaire d'Engels (1881), il créa la *Neue Zeit,* revue officielle du SPD (1883). Il fit triompher contre Bernstein, au congrès d'Erfurt (1891), le marxisme intégral et condamna la participation des sociaux-démocrates aux ministères bourgeois. Il privilégia l'action parlementaire par rapport à la pratique révolutionnaire, et se rallia aux sociaux-démocrates partisans de la guerre. Critiqué par Rosa Luxemburg et par Lénine, il attaqua le bolchevisme (*Terrorisme et communisme,* 1919).

KAUTZSCH (Emil), exégète protestant libéral allemand (Plauen 1841 - Halle 1910). Professeur à Bâle (1872), Tübingen (1880), et Halle (1888), c'est un des maîtres de la philologie hébraïque.

KAVĀD Ier, roi de Perse (488-531), fils de Pérôz Ier. Il appuya le réformateur religieux Mazdak. Déposé v. 497, il recouvra son trône avec l'aide des Huns (v. 499).

KAVÁFIS (Konstandínos) → CAVAFY.

KAVÁLA, port de Grèce, dans l'est de la Macédoine, ch.-l. de nome ; 56 000 hab. Remparts byzantins. Centre commercial (tabac). Engrais. C'est l'antique *Neapolis.*

KAVANAGH (Patrick Joseph), écrivain irlandais (Inneskeen, comté de Monaghan, 1905 - Dublin 1967). Chantre de la paysannerie irlandaise, il dénonce l'emprise cléricale (*Life before Death,* 1979).

KAVERINE (Veniamine Aleksandrovitch), écrivain soviétique (Pskov 1902 - Moscou 1989). Lié au groupe des Frères Sérapion (*Maîtres et apprentis,* 1923), passionné de recherches formelles, il s'attacha à la peinture de milieux sociaux (*la Fin du repaire,* 1925 ; *le Faiseur de scandales,* 1928), donna des romans réalistes (*Peintre inconnu,* 1931 ; *Deux Capitaines,* 1938-1944) et des satires sur les arrivistes de l'art et de la science (*Pluie oblique,* 1962), avant de revenir à son moi intime (*Devant le miroir,* 1971) et à ses souvenirs littéraires (*Jour vespéral,* 1980).

KAVI → KAWI.

KAVIR → DACHT-E KAVIR.

KĀVIRI, KAVERĪ ou **CAUVERY,** fl. de l'Inde ; 764 km. Né dans les Ghāts occidentaux, il gagne le golfe du Bengale après avoir franchi les Ghāts orientaux.

KAVIRONDO, golfe de la rive orientale du lac Victoria, au Kenya. Ses rivages, fertiles, sont très peuplés.

KAVIRONDOS, population, principalement du Kenya, dont une partie est luo et l'autre bantoue. (Les Bantous Kavirondos sont aussi appelés Luhyas.)

KĀVYA n. m. (mot sanskr.). Style poétique, épique ou lyrique, en vogue dans les cours indiennes des premiers siècles de notre ère et illustré par Kālidāsa.

1. KAWA [kawa] n. m. *Pop.* Café (boisson).

2. KAWA [kawa] n. m. (mot polynésien). **1.** Espèce de poivrier commune aux îles Marquises et Hawaii. — **2.** Boisson enivrante tirée de ce poivrier.

KAWABATA YASUNARI, écrivain japonais (Ōsaka 1899 - Zushi, près de Yokosuka, 1972). Se recommandant d'une esthétique marquée par les classiques bouddhiques (*Autobiographie littéraire,* 1934), il traduit aussi bien dans ses nouvelles que dans ses romans l'angoisse de la solitude, l'obsession de la mort, la fatalité des amours tragiques (*Pays de neige,* 1935-1948 ; *Nuée d'oiseaux blancs,* 1949-1951 ; *le Grondement de la montagne,* 1949-1954 ; *les Belles Endormies,* 1961 ; *Kyōto,* 1962). Une langue classique, un impressionnisme raffiné, des personnages très vivants caractérisent son œuvre. (Prix Nobel 1968.)

KAWAGOE, v. du Japon, au N.-O. de Tōkyō ; 304 854 hab. Textile. Alimentation.

KAWAGUCHI, v. du Japon, au N. de Tōkyō ; 438 680 hab. Métallurgie. Textile.

KAWAI KANJIROS, potier japonais (Yasugi 1890 - Kyōto 1963). Il a contribué avec Hamada Shōji, vers 1920, à faire revivre la céramique nippone sous l'influence de la tradition rustique nationale et des productions coréennes.

KAWALEROWICZ (Jerzy), cinéaste polonais (Gvozdets, Ukraine, 1922). Son premier film important, *Cellulose* (2 volets, 1953-54), rompait avec le cinéma traditionnel de la Pologne de l'immédiat après-guerre. Il affirmera sa personnalité dans ses œuvres suivantes : *l'Ombre* (1956), *Train de nuit* (1959), *Mère Jeanne des Anges* (1961), *Pharaon* (1966), *la Mort du Président* (1977), *Austeria* (1982), *les Enfants Bronstein* (1990).

KAWANISHI, v. du Japon, au N. d'Ōsaka ; 130 000 hab.

KAWASAKI, v. du Japon, entre Tōkyō et Yokohama ; 1 173 603 hab. Grand centre d'industries (métallurgie, chantiers navals, chimie, textile), implantées sur des terre-pleins gagnés sur la mer. Port actif (surtout aux importations).

KAWATAKE MOKUAMI, auteur dramatique japonais (Edo, auj. Tōkyō, 1816 - *id.* 1893). Auteur de quelque 360 pièces, dont certaines dansées et adaptées du nō, Kawatake reste avant tout apprécié pour la poésie de son évocation des quartiers populaires du vieil Edo.

KAWI ou **KAVI** n. m. Nom donné au javanais ancien par les érudits javanais des XVIIIe et XIXe s.

KAWTHOOLEI ou **KAWTHULE** *(État),* anc. **État Karen,** État « périphérique » de l'est de la Birmanie ; 28 726 km² ; 1 057 505 hab. *(Karens).* Cap. *Pa-an.*

KAXGAR HE ou **KACHGAR DARIA,** fl. de Chine (Xinjiang), né dans les hauts massifs du nord-est du Tadjikistan, qui traverse l'oasis de Kachgar avant de se perdre dans les sables du bassin du Tarim.

KAY (John), inventeur britannique (Walmersley, Lancashire, 1704 - en France ? v. 1780). Il conçut et fit breveter en 1733 la navette volante, premier dispositif de mécanisation de l'industrie textile.

KAYAH *(État),* anc. **État Karenni,** État « périphérique » de l'est de la Birmanie, à la frontière thaïlandaise ; 11 700 km² ; 168 355 hab. Cap. *Loikaw.*

KAYAHS → KARENS.

KAYAK n. m. (angl. *kayak,* de l'esquimau *qayaq*). **1.** Embarcation individuelle des Esquimaux, à carcasse de bois recouverte de peaux cousues qui entourent l'emplacement du rameur. — **2.** Embarcation propulsée à l'aide d'une pagaie double et dont l'étanchéité est assurée par une jupe imperméable serrée autour de la taille du pagayeur ; sport pratiqué avec cette embarcation. (Le kayak pour la course en ligne sur eau calme est propulsé par un, deux ou quatre pagayeurs. En slalom et en descente de rivière, il est utilisé par un seul pagayeur.)

KAYAKISTE n. Personne qui pratique le kayak.

KAYEM n. m. (n. déposé). Marque d'origine anglaise, qui désigne le même alliage que la Kirksite d'origine américaine.

KAYES, v. du Mali, sur le Sénégal, au terminus de la navigation, ch.-l. de région ; 45 000 hab.

KAYL, comm. du Luxembourg au S.-E. d'Esch-sur-Alzette ; 6 400 hab. Métallurgie.

KAYQUBĀD Ier → KEYKUBAD Ier.

KAYSERI, v. de Turquie, ch.-l. de prov., au S.-E. d'Ankara, près du site de l'antique Césarée ; 421 362 hab. Citadelle seldjoukide et monuments anciens des XIIe-XVe s. Centre commercial et industriel.

— **Hist.** Kayseri est l'ancienne capitale de la Cappadoce, appelée *Césarée* sous le règne de Tibère. Métropole chrétienne qu'illustra au IVe s. saint Basile, elle perdit sa primauté au profit de Constantinople. (→ KÜLTEPE.)

KAYSERSBERG (68240), ch.-l. de cant. du Haut-Rhin, dans la région des collines sous-vosgiennes, au N.-O. de Colmar ; 2 763 hab. Ruines d'un château fort et pont fortifié. Église des XIIe-XVe s., hôtel de ville Renaissance, vieilles maisons. Vignoble.

KAYSONE PHOMVIHANE, homme d'État laotien (Savannakhet 1920 ou 1925 - Vientiane 1992). Il joua à partir de 1950 un rôle de premier plan à la tête du mouvement communiste du Laos. Secrétaire général du parti populaire révolutionnaire lao (P.P.R.L.), il devint Premier ministre en 1975 et s'affirma comme l'homme fort du régime. Après l'adoption d'une nouvelle Constitution (1991), il fut élu à la présidence de la République.

KAZAKH, E adj. et n. Qui appartient aux Kazakhs.

◆ **kazakh** n. m. Langue turque, très proche du kirghiz, parlée par les Kazakhs.

KAZAKHS, peuple musulman de langue turque habitant un immense territoire de steppes entre la mer Caspienne, la mer d'Aral, la Sibérie occidentale et la Chine (7 600 000 individus au Kazakhstan, plus de 500 000 au Xinjiang).

KAZAKHSTAN, État de l'Asie centrale, entre la mer Caspienne et la Chine ; 2 717 000 km² ; 17 200 000 hab. *(Kazakhs).* CAP. *Alma-Ata* (ou *Almaty*). LANGUE : *kazakh.* MONNAIE : *tenge.*

Géographie.

Le pays est cinq fois plus vaste que la France, mais un climat à dominante semi-aride est la raison d'une faible densité moyenne de population. Grâce à la mise en valeur des terres vierges, c'est une grande région céréalière. L'industrie (métallurgie surtout), aujourd'hui prépondérante, grâce à la houille de la région de Karaganda et aux minerais non ferreux, a accéléré une urbanisation expliquant une minorité importante de Russes (à peine moins nombreux que les Kazakhs).

Histoire.
La région est progressivement intégrée à l'Empire russe à partir du XVIIIe s.
1920 : Elle est érigée en république autonome de Kirghizie, au sein de la R.S.F.S. de Russie.
1925 : Cette république prend le nom de Kazakhstan.
1936 : Le Kazakhstan devient une république fédérée de l'U.R.S.S.
1991 : Le pays accède à l'indépendance. Noursoultan Nazarbaïev est élu président de la République.

KAZAKOV (Iouri Pavlovitch), écrivain soviétique (Moscou 1927 - *id.* 1982). Ses nouvelles, d'inspiration tchékhovienne, et ses essais peignent la vie quotidienne des gens simples et des petites villes (*la Petite Gare,* 1959 ; *Deux en décembre,* 1966).

KAZAN, v. de Russie, cap. de la république du Tatarstan (ou Tatarie) ; 1 107 300 hab. Kremlin de 1555, renfermant la cathédrale de l'Annonciation. Musée central du Tatarstan. Point de franchissement de la Volga par la voie ferrée, sur l'itinéraire d'oléoducs et de gazoducs. Centre industriel (chimie et mécanique) et culturel.
— **Hist.** Fondée dans la seconde moitié du XIIIe s. par les Bulgares de la Volga, la ville devint la capitale du khānat gengiskhānide de Kazan (1438-1552). Elle fut annexée par Ivan IV en 1552.

KAZAN (Elia KAZANJOGLOUS, dit **Elia**), cinéaste américain (Constantinople 1909), né de parents grecs. Il fait plusieurs mises en scène théâtrales et réalise son premier film en 1945, *le Lys de Brooklyn,* puis *Boomerang* (1947), *le Mur invisible* (1947), *Pinky* (1949), *Panique dans la rue* (1950), *Un tramway nommé désir* (1951), *Viva Zapata* (1952), *Sur les quais* (1954) et *À l'est d'Eden* (1955), *Baby Doll* (1956), *Un homme dans la foule* (1957), *le Fleuve sauvage* (1960), *la Fièvre dans le sang* (1961), *America, America* (1963), *l'Arrangement* (1969), *les Visiteurs* (1972), *le Dernier Nabab* (1976). Technicien solide, il a un sens aigu de l'image, sait décrire les paysages et les caractères avec force. Au théâtre, il a monté à New York *Un tramway nommé Désir* (1948) et *Mort d'un commis voyageur* (1949). Il a écrit plusieurs romans.

KAZANLĂK, v. de Bulgarie, dans la vallée de la Tundža (vallée des roses) ; 65 000 hab. Kazanlăk est un centre de cultures irriguées (barrage sur la Tundža) et d'industries diversifiées. Distillerie d'eau et d'essence de roses. Eaux thermales. Célèbre tombe d'un chef guerrier thrace, ornée de peintures murales.

KAZANTZÁKIS ou **KAZANDZÁKIS** (Níkos), écrivain grec (Iráklion 1883 - près de Fribourg-en-Brisgau 1957), l'un des grands créateurs de la littérature néohellénique. En 1945, il crée l'Union ouvrière socialiste et entre au gouvernement. Dans ses poèmes (*Serpent et Lys,* 1906 ; *Odyssée,* 1938), ses essais, ses drames (*Ulysse,* 1928) et ses romans (*Alexis Zorba,* 1946 ; *le Christ recrucifié,* 1954), Kazantzákis use des thèmes antiques et populaires pour définir une sagesse moderne et universelle. On lui doit aussi une traduction de *l'Iliade* (1955). Il a écrit en français son roman et journal de voyage (*le Jardin des rochers,* 1959).

KAZBEK *(mont),* volcan éteint du Caucase, à la frontière de la Russie et de la Géorgie ; 5 033 m. Première ascension par les Britanniques D. W. Freshfield, A. W. Moore, C. C. Tucker avec le guide F. Devouassoud (1868).

KĀẒIMAYN (al-) ou **KADHIMAIN,** v. d'Iraq, sur le Tigre, banlieue de Bagdad ; 99 100 hab. La Grande Mosquée abrite les tombeaux de deux imāms chī'ites (pèlerinage).

KAZINCZY (Ferenc), écrivain hongrois (Érsemlyén 1759 - Széphalom 1831). Le plus actif des réformateurs des lettres magyares (fin XVIIIe s., début XIXe s.), il préconisa l'imitation des modèles allemands et français.

KAZOKU → HEIMIN.

KAZVIN → QAZVIN.

KCHESSINSKAÏA (Mathilde), danseuse russe (Ligovo, près de Saint-Pétersbourg, 1872 - Paris 1971), épouse morganatique du grand-duc André Romanov, cousin du tsar Nicolas II. « Prima ballerina assoluta » du Théâtre impérial, elle fut la première artiste russe à s'imposer par sa virtuosité face aux étoiles italiennes *(Cendrillon, la Belle au bois dormant, le Petit Cheval bossu).*

K. D. → CONSTITUTIONNEL-DÉMOCRATE *(parti).*

KÉA n. m. (onomat.). Grand perroquet vert de Nouvelle-Zélande, mangeur de fruits, attaquant les moutons.

KÉA ou **KEÔS,** île grecque de l'archipel des Cyclades ; 131 km² ; 6 300 hab.

KEAN (Edmund), tragédien britannique (Londres 1789 - Richmond, Surrey, 1833). Le Drury Lane Theatre de Londres lui confia, en 1814, le rôle de Shylock dans *le Marchand de Venise* de Shakespeare. Son triomphe l'imposa comme l'interprète idéal des personnages romantiques.

KEATING (Paul John), homme politique australien (Sydney 1944). Leader du parti travailliste, il a été Premier ministre de 1991 à 1996.

KEATON (Joseph Francis KEATON, dit **Buster**), acteur et cinéaste américain (Piqua, Kansas, 1895 - Woodland Hills, près de Los Angeles, 1966). Il a créé un type de comique au visage impassible, qui ne rit ni ne sourit jamais. Il reste l'un des acteurs burlesques les plus inventifs de toute l'histoire du cinéma. Ses œuvres les plus mémorables sont *les Trois Âges* (1923), *les Lois de l'hospitalité* (1923), *la Croisière du « Navigator »* (1924), *Sherlock Junior* (1924), *Go West, Ma vache et moi* (1925), *Fiancées en folie* (1925), *le Mécano de la « General »* (1926), *Cadet d'eau douce* (1928), *le Cameraman* (1928). Il apparut encore dans *Boulevard du Crépuscule* (1950), *Limelight* (1952) et *Film* (1964) d'après S. Beckett.

KEATS (John), poète anglais (Londres 1795 - Rome 1821). Jeune orphelin, issu d'un milieu modeste, il abandonne ses études de médecine pour se consacrer à la poésie. Encouragé par Leigh Hunt et Shelley, il publie *Endymion* (1818) puis *Hyperion** (1820), poèmes mal accueillis par la critique. Atteint de tuberculose, il publie ses chefs-d'œuvre *(la Veille de la Sainte-Agnès, Ode à un rossignol, Ode à une urne grecque)* et meurt au cours d'un voyage en Italie. Précurseur de l'esthétisme, Keats dit, avant Rilke, son amour pour la mort qui le guette. Il a influencé, à travers Swinburne et Rossetti, aussi bien la peinture que la poésie, jusqu'à S. George et Faulkner.

KEBAB n. m. (mot turc). Syn. de CHICHE-KEBAB.

KEBAN, village de Turquie au N.-O. d'Elaziğ. — À proximité, barrage et aménagement hydroélectrique, sur l'Euphrate.

KEBLE (John), poète et théologien britannique (Fairford, Gloucestershire, 1792 - Bournemouth 1866). Curé d'Hursley, il participa activement au mouvement d'Oxford, mais resta fidèle à l'anglicanisme.

KEBNEKAISE, point culminant de la Suède, en Laponie ; 2 117 m. Sports d'hiver.

KECK *(télescopes),* nom de deux télescopes américains mis en service sur le Mauna Kea à Hawaii en 1993 et 1996. Avec une surface équivalente à celle d'un miroir circulaire de 10 m de diamètre, leur miroir principal en fait les plus grands télescopes optiques et infrarouges du monde.

KECSKEMÉT, v. de Hongrie, ch.-l. de dép., au centre des grandes plaines entre le Danube et la Tisza ; 96 000 hab. Marché agricole (fruits).

KEDAH, État du nord de la Malaysia, en Malaisie, sur le détroit de Malacca ; 9 425 km² ; 1 412 000 hab. Cap. *Alor Setar.*
— **Hist.** Très ancien royaume, le Kedah fut fréquenté aux XVIᵉ-XVIIᵉ s. par les marchands portugais, néerlandais et anglais. Le sultanat passa sous contrôle siamois (1821) puis britannique (1909). Annexé par la Thaïlande (1943-1945), il entra dans la Fédération de Malaisie (1948), et fait partie depuis 1963 de la Malaysia.

KEDIA D'IDJIL → IDJIL et F'DERICK.

KEDIRI ou **KADIRI,** v. d'Indonésie, dans l'est de Java, sur le Brantas ; 250 000 hab.

KEELING *(îles)* → Cocos (îles).

KEELUNG → JILONG.

KEEPSAKE [kipsɛk] n. m. (angl. *keepsake,* de *to keep,* garder, et *sake,* amour). Livre-album que l'on offrait (au milieu du XIXᵉ s.) en cadeau, à Noël et au jour de l'an, dans les milieux aisés.

KEESOM (Willem Hendrik), physicien néerlandais (île de Texel 1876 - Leyde 1956). Spécialiste des cryotempératures, il a atteint en 1932 la température de 0,71 K. Il réussit à solidifier l'hélium et signala l'existence de deux variétés d'hélium liquide, dont l'une est superfluide.

KEEWATIN, district du Canada, partie des Territoires du Nord-Ouest, limité à l'E. par la baie d'Hudson ; 590 000 km² ; 4 300 hab.

KEF (Le), v. du nord de la Tunisie, ch.-l. de gouvernorat, dans le haut Tell ; 28 000 hab.

KEFFIEH n. m. Coiffure des Bédouins, constituée d'un morceau de tissu plié et maintenu sur la tête par un cordon.

KÉFIR → KÉPHIR.

KEFLAVÍK, v. d'Islande, à l'O. de Reykjavík ; 8 000 hab. Base aérienne et aéroport international.

KEFTEDES [kɛftedɛs] n. m. (mot magyar). Boulette aplatie faite de viande hachée, de lard et d'épices, farinée et sautée. (Spécialité hongroise.)

KEFTIOU, en hébr. **Kaphtor,** anc. pays et peuple de la Méditerranée orientale, avec lesquels les Égyptiens ont entretenu d'actifs échanges commerciaux et artistiques de 2000 à 1200 av. J.-C. Ce sont essentiellement des Crétois.

Kegon, école philosophique bouddhiste d'origine chinoise, introduite au Japon au VIIIᵉ s., et selon laquelle tous les êtres et l'univers entier forment une unité interdépendante au centre de laquelle figure *Bouddha Vairocana.*

KÉGRESSE (Adolphe), ingénieur français (Héricourt 1879 - Croissy-sur-Seine 1943). Il est l'inventeur de la propulsion des automobiles par chenilles.

KEHL, v. d'Allemagne (Bade-Wurtemberg), sur le Rhin, en face de Strasbourg ; 29 600 hab. Port fluvial. Ponts sur le fleuve.

Keidanren (abrév. de *Keizai Dantai Rengokai*), fédération japonaise d'organisations économiques, fondée en 1946. Le Keidanren, la plus importante des associations patronales, est essentiellement un organisme de défense des grandes sociétés.

KEIHANSHIN, région urbaine du Japon (Honshū), regroupant Kyōto, Ōsaka, Kōbe et les villes ou grands ensembles qui les séparent.

KEIHIN, région urbaine du Japon, groupant Tōkyō, Kawasaki et Yokohama.

KEIKOKU [-ku] n. m. (jap. *keikoku,* avertissement). En judo, avertissement qui sanctionne le combattant pour une infraction grave du règlement. (Il équivaut [pour l'adversaire] à l'avantage technique nommé waza-ari.)

Keiō, université japonaise fondée à Tōkyō en 1868 par Fukuzawa Yukichi.

KEIRIN n. m. En cyclisme, course de vitesse sur piste, où les concurrents en file indienne (dans un ordre déterminé par le tirage au sort) sont entraînés dans le sillage d'un cyclomoteur qui s'écarte à la cloche, les laissant se départager en sprintant sur le dernier tour.

KEISER (Reinhard), compositeur allemand (Teuchern, près de Weissenfels, 1674 - Hambourg 1739). Directeur de l'Opéra de Hambourg (1702), il y sera aussi cantor de la cathédrale (1728). Il a écrit de la musique religieuse, mais son importance lui vient de ses opéras écrits dans un style influencé notamment par Lully.

KEITA (Modibo), homme d'État malien (Bamako 1915 - *id.* 1977). Vice-président du Conseil du gouvernement du Soudan français (1956), il présida en 1959-60 la Fédération du Mali et, après son éclatement, devint président de la République du Mali (1960). Il fut renversé par un coup d'État militaire en 1968.

KEITEL (Wilhelm), maréchal allemand (Helmscherode, Harz, 1882 - Nuremberg 1946). Il participa de 1925 à 1933 à la résurrection militaire allemande dans le cadre du *Truppenamt.* Chef du commandement suprême de la Wehrmacht de 1938 à 1945, il signa à Berlin la capitulation du IIIe Reich (8 mai 1945). Reconnu coupable de crimes de guerre, il fut condamné et pendu à Nuremberg.

KEITH (George), théologien écossais (Aberdeen 1639 - Edburton, Sussex, 1716). La secte de quakers qu'il fonda à Philadelphie en 1692 porte le nom de *Keithians* ou *Christian Quakers.*

KEITH *(lord)* → ELPHINSTONE.

Keith et Flack *(nœud de)* partie initiale du faisceau nerveux primitif du myocarde, jouant un rôle important dans la coordination des contractions des différentes cavités cardiaques.

KEKCHI n. m. Langue de la famille maya, proche du quiché, parlée par environ 300 000 locuteurs au Guatemala.

KEKKONEN (Urho Kaleva), homme d'État finlandais (Pielavesi 1900 - Helsinki 1986). Député agrarien (1936), il occupa différents postes ministériels avant de devenir Premier ministre (1950-1953 ; 1954-1956). Élu président de la République en 1956, réélu en 1962 et en 1968, il mena une action diplomatique personnelle importante, et vit ses pouvoirs prorogés en 1973. Réélu en 1978, il démissionna en 1981.

KEKULÉ VON STRADONITZ (August), chimiste allemand (Darmstadt 1829 - Bonn 1896). Il eut le premier l'idée d'employer des formules développées en chimie organique ; il créa en 1857 la théorie de la tétravalence du carbone, fit l'hypothèse des liaisons multiples du carbone et distingua entre composés à chaîne ouverte et composés cycliques. Il proposa en 1865 la formule hexagonale du benzène.

KELANG, v. de Malaysia, au S.-O. de Kuala Lumpur ; 192 080 hab. Centre administratif et commercial. Travail du caoutchouc.

KELANTAN, État de Malaysia, en Malaisie, à la frontière thaïlandaise ; 14 931 km² ; 1 221 700 hab. Cap. *Kota Bharu.*

— **Hist.** Ancien royaume, puis sultanat, le Kelantan devint vassal du Siam (1780) puis fut protégé de l'Angleterre (1909). Annexé par la Thaïlande (1943-1945), il entra dans la fédération de Malaisie (1948) et appartient depuis 1963 à la Malaysia.

KELDERMANS (les), famille d'architectes brabançons de la fin de l'époque gothique, dont le plus connu est ROMBOUT (Malines v. 1460 - Anvers 1531). Il acheva la cathédrale de Malines (tour) et, dans la même ville, construisit à partir de 1507 le palais de Marguerite d'Autriche. Architecte de Charles Quint, il travailla à la maison du roi de Bruxelles, au château d'Anvers (1519). Avec D. de Waghemakere, il collabora aux chantiers de Notre-Dame d'Anvers et de l'hôtel de ville de Gand. Il est l'auteur de l'église gothique Ste-Catherine à Hoogstraten (à partir de 1525).

KELEMEN (Milko), compositeur croate (Podravska Slatina 1924). Il a créé et organisé, à partir de 1961, le festival de musique contemporaine de Zagreb. D'abord influencé par Bartók, il adopte ensuite les techniques les plus modernes dans des œuvres pour orchestre (*Mirabilia II,* 1977 ; *Grand Jeu,* 1982), des ballets (*Ubu roi,* d'après Jarry 1965), des opéras (*l'État de siège,* d'après Camus, 1970), *Opéra-Bestial* (d'après Arrabal, 1974).

Kell *(système),* ensemble complexe de groupes sanguins érythrocytaires représenté essentiellement par trois couples d'antigènes antithétiques : K (ou Kell), k (ou Cellano), Kp^a, Kp^b, Js^a (ou Sutter), Js^b. L'antigène Kell, seul déterminé dans le groupage courant, est particulièrement immunogène. En France, 91 % des sujets sont K négatif.

KELLER (les), fondeurs du XVIIe s. L'aîné, JEAN-JACQUES (Zurich 1635 - Colmar 1700), fut commissaire de l'artillerie à la Fonderie royale de Paris. Il appela près de lui son frère JEAN BALTHASAR (Zurich 1638 - Paris 1702). On leur doit la plupart des statues en bronze des jardins de Versailles.

KELLER (Gottfried), écrivain suisse de langue allemande (Zurich 1819 - *id.* 1890). Ses poèmes, ses romans (*Henri le Vert,* 1854-55 ; *Martin Salander,* 1886) et ses nouvelles (*les Gens de Seldwyla,* 1856-1873) mêlent l'observation réaliste à l'évocation des légendes et des croyances populaires.

KELLERMANN (François Étienne Christophe), duc **de Valmy,** maréchal de France (Strasbourg 1735 - Paris 1820). Commandant de l'armée du Centre (août 1792), il remporta la victoire de Valmy (20 sept.). Chef de l'armée des Alpes, il réprima l'insurrection de Lyon (août 1793) et réoccupa la Savoie. Nommé maréchal par Napoléon en 1804, puis duc de Valmy (1808), il devint gouverneur de la principauté de Hanau (1809). Il se rallia aux Bourbons en 1814. — Son fils FRANÇOIS ÉTIENNE **Kellermann,** duc de Valmy (Metz 1770 - Paris 1835), général, fut l'un des artisans de la victoire de Marengo (1800). Il combattit au Portugal (1808) et en Espagne (1809-1811) puis se distingua à Lützen et à Waterloo. Il se rallia à Louis-Philippe.

KELLES-KRAUZ (Kasimir), socialiste polonais (Szczebrzeszyn, près de Lublin, 1872 - Vienne 1905). Il a donné des bases théoriques au mouvement socialiste polonais en lui apportant les thèses marxistes et les liant aux revendications d'indépendance nationale (*l'Indépendance nationale dans le programme socialiste,* 1900).

KELLGREN (Johan Henrik), poète, journaliste et critique suédois (Floby 1751 - Stockholm 1795). Fondateur à Stockholm, en 1778, du journal *Stockholmsposten,* éminent critique littéraire, il versifia le plan des tragédies que le roi Gustave III lui fournit (*Gustave Wasa,* 1783 ; *la Reine Christine,* 1785, etc.). Admirateur de Voltaire, il publia des satires mordantes (*Mes rires,* 1778), et évolua vers une poésie qui annonçait le romantisme suédois (*la Nouvelle Création ou le Monde de l'imagination,* 1789).

KELLINE → KHELLINE.

KELLOGG (Frank Billings), homme politique américain (Potsdam, État de New York, 1856 - Saint Paul, Minnesota, 1937). Secrétaire d'État sous Coolidge (1927-1929), il négocia avec Aristide Briand un pacte de renonciation perpétuelle à la guerre, dit pacte Briand-Kellog, signé par soixante nations (1928). [Prix Nobel de la paix 1929.]

KELLY (Eugene Curran, dit **Gene**), acteur, chorégraphe et cinéaste américain (Pittsburgh 1912 - Los Angeles 1996). Il s'imposa à la scène dans la comédie musicale puis travailla pour le cinéma, tour à tour acteur, scénariste et réalisateur. Avec l'aide des metteurs en scène Vincente Minnelli et Stanley Donen, il a renouvelé l'esprit de la comédie musicale filmée (*Ziefgeld Follies,* 1946 ; *Un jour à New York,* 1949 ; *Un Américain à Paris,* 1951 ; *Chantons sous la pluie,* 1952 ; *Beau fixe sur New York,* 1955 ; *les Girls,* 1957). En 1968, il a réalisé *Hello Dolly !*

KELLY (Ellsworth), peintre et sculpteur américain (Newburg, État de New York, 1923). Formé en partie à Paris (1948-1954), il a abordé au début des années 50 des recherches dont les caractéristiques définissent le *hard-edge :* emploi de couleurs plates et de formes rigoureusement géométriques, identification totale de la surface picturale et du support, notamment dans ses tableaux découpés (*Yellow Red,* 1972, M. N. A. M., Paris).

KELOWNA, v. du Canada, en Colombie britannique, sur l'Okanagan ; 59 000 hab.

KELP n. m. (mot angl.). Grande algue brune (laminariale) des mers australes.

KELSEN (Hans), philosophe du droit autrichien naturalisé américain (Prague 1881 - Orinda, Californie, 1973), fondateur de l'école normativiste. En 1920, il fut chargé de rédiger la constitution autrichienne. Pour Kelsen, la science n'énonce pas le droit, elle le décrit sans se prononcer sur sa valeur. Le droit est un ensemble de normes juridiques hiérarchisées, que Kelsen identifie à l'État. Au sommet est la Constitution, norme fondamentale qu'il faut poser à titre d'hypothèse.

KELUT ou **KELUD,** volcan actif de Java (Indonésie) ; 1 731 m.

KELVIN [kɛlvin] n. m. (de *Kelvin,* n. pr.). Unité SI de température (symb. K) équivalant à la fraction 1/273,16 de la température thermodynamique du point triple de l'eau. (Le kelvin est l'une des sept unités de base du système SI.)

KELVIN *(lord)* → THOMSON (William).

KELVINOMÈTRE n. m. Appareil servant à mesurer la température de couleur de la lumière. (Syn. PHOTOCOLORIMÈTRE, THERMOCOLORIMÈTRE.)

KEMAL (Yachar) → YAŞAR KEMAL.

KÉMALISME n. m. Courant politique se réclamant de Mustafa Kemal.

KÉMALISTE adj. et n. Relatif au kémalisme ; partisan du kémalisme.

KEMAL PACHA ATATÜRK → MUSTAFA KEMAL PAŞA.

KEMANCHA → KAMĀNTCHE.

KEMBS (68680), comm. du Haut-Rhin, sur le grand canal d'Alsace ; 3 028 hab. Aménagement hydroélectrique.

KEMÉNY (Zsigmond, *baron*), écrivain hongrois (Alvinc, auj. Vințul de Jos, Roumanie, 1814 - Rusztakamarás 1875). Maître du roman historique (*Paul Gyulai,* 1847 ; *Temps lugubres,* 1858), il traita aussi des sujets modernes.

KEMEROVO, v. de Russie, en Sibérie, dans le Kouzbass ; 520 000 hab. Mines de charbon. Cokeries. Carbochimie. Mécanique. Textile.

KEMI, port de Finlande (prov. de Laponie), sur le golfe de Botnie ; 27 000 hab. Industries et exportation du bois.

KEMIJOKI, fl. de la Laponie finlandaise, tributaire du golfe de Botnie ; 547 km. Aménagements hydroélectriques.

KEMMEL *(mont),* hauteur de la Flandre-Occidentale (Belgique), culminant à 156 m, au S.-S.-O. d'Ypres.

Kemmel *(bataille du mont)* [9 avr.-25 avr. 1918], l'une des dernières grandes offensives allemandes pour briser le front britannique des Flandres. Déclenchée par Ludendorff, elle aboutit, après la prise du mont Kemmel (25 avr.), à la création d'une nouvelle poche dans le dispositif allié. Le Kemmel fut repris par les Anglais en sept. 1918.

KÉMOSH, KAMOSH ou **CHAMOS,** divinité suprême des Moabites, que l'on identifie avec Baal.

KEMPE (Rudolf), chef d'orchestre allemand (Niederpoyritz, auj. rattachée à Dresde, 1910 - Zurich 1976). Directeur de la musique à l'opéra de Munich (1952-1954), il devint chef permanent de l'orchestre Philharmonique de Munich (1967-1976), chef permanent du Royal Philharmonique Orchestra en 1970, puis directeur de l'Orchestre symphonique de la BBC (1975).

Kempeïtaï, gendarmerie japonaise, chargée autrefois de maintenir l'ordre dans les pays annexés ou occupés depuis 1910.

KEMPFF (Wilhelm), pianiste allemand (Jüterbog 1895 - Positano 1991). Directeur de la Musikhochschule de Stuttgart (1924-1929), il assura aussi des cours d'été à Potsdam au palais de Marbre (1931-1941). Il fut l'un des plus grands interprètes du romantisme allemand.

KEMPIS (Thomas **a**) → THOMAS A KEMPIS.

KEN [kɛn] n. m. inv. (jap. *ken*). Division administrative au Japon.

KENAF n. m. (mot d'orig. perse). Plante textile *(Hibiscus cannabinus)* fournissant une fibre dont les caractéristiques sont proches de celles du jute. (Syn. DAH.)

KENAI *(péninsule),* péninsule montagneuse de la côte sud de l'Alaska. Pétrole et gaz naturel.

KENDALL (Edward Clavin), chimiste américain (South Norwalk, Connecticut, 1886 - Princeton 1972). Il a isolé la thyroxine et a été à l'origine de la découverte de la synthèse des hormones corticosurrénales, en particulier de la désoxycorticostérone (1937), de la cortisone et de la corticotrophine hypophysaire (1949). [Prix Nobel de physiologie et de médecine 1950.]

KENDO [kɛndo] n. m. (jap. *kendō,* voie du sabre). Art martial d'origine japonaise, dans lequel les combattants, protégés par un casque et un plastron rigide, luttent avec un sabre de bambou.

KENDOKA n. Sportif qui pratique le kendo.

KENDREW (John Cowdery), chimiste britannique (Oxford 1917). Il établit, avec Perutz, la structure de l'hémoglobine et celle de la myoglobine. (Prix Nobel de chimie 1962.)

KENEALLY (Thomas), romancier australien (Sydney 1935). Ancien séminariste, il est l'auteur de romans historiques à caractère psychologique et moral sur la colonisation, les conflits raciaux et la guerre (*Rumeurs de la forêt,* 1975).

KÉNÈH, KANĀ ou **QENA,** v. d'Égypte, en Haute-Égypte, ch.-l. de prov., sur le Nil ; 68 500 hab. Centre commercial. Poteries. Base aérienne.

KENITRA, anc. **Port-Lyautey,** port du Maroc, ch.-l. de prov., sur l'oued Sebou, à 17 km de l'Atlantique ; 139 000 hab.

KENKŌ HŌSHI (Urabe Kaneyoshi, dit), poète et penseur japonais (v. 1283-1350). Poète de *waka,* attaché à la cour de Kyōto, devenu ermite en 1324, il s'orienta vers le genre du *zuihitsu,* qu'il illustra par un chef-d'œuvre, *les Heures oisives (Tsurezuregusa*),* où il déplore la disparition de la civilisation courtoise.

KENNEDY *(cap)* → CANAVERAL *(cap).*

KENNEDY *(détroit de),* partie du détroit séparant le Groenland et la terre d'Ellesmere, au N. du bassin de Kane.

KENNEDY (Margaret), femme de lettres anglaise (Londres 1896 - Adderbury, Oxfordshire, 1967). Historienne de formation, elle est l'auteur à succès d'un roman, *la Nymphe fidèle* (1924), qui, adapté à la scène, deviendra en France *Tessa, la nymphe au cœur fidèle* (1934).

KENNEDY (John Fitzgerald), homme d'État américain (Brookline, près de Boston, Massachusetts, 1917 - Dallas 1963). Député (1946) puis sénateur démocrate (1952), il est le premier catholique à être élu président des États-Unis (1960). Pour relancer l'expansion économique, il pratique une politique keynésienne. Contre la pauvreté, il lance le projet de « Nouvelle Frontière », et impulse une législation contre la discrimination raciale. Après l'échec du débarquement, dans la baie des Cochons, des exilés cubains, soutenus par les États-Unis (avr. 1961), J. Kennedy s'oriente à l'extérieur vers une politique de « coexistence pacifique » (rencontre avec Khrouchtchev, juin 1961), un moment compromise par la « crise des missiles » à Cuba (oct. 1962). Pour éviter la contagion révolutionnaire en Amérique latine, il lance un programme de coopération et d'aide au développement, appelé « Alliance pour le progrès », mais il amorce l'intervention militaire américaine au Viêt-nam. Il est assassiné à Dallas par Lee H. Oswald. — ROBERT **Kennedy** (Brookline, près de Boston, Massachusetts, 1925 - Los Angeles 1968) frère du précédent, fut, comme attorney général, un artisan de la politique d'intégration raciale (1961-1964). Sénateur démocrate après 1964, candidat à la présidence, il fut assassiné après avoir remporté les primaires de Californie.

Kennedy *(J. F.),* nom donné, après 1963, à l'aéroport d'Idlewild, à New York.

Kennedy Round, négociations commerciales menées par les principaux pays développés au sein du General Agreement on Tariffs and Trade (GATT) de 1964 à 1967 et visant à promouvoir le commerce international par une réduction des tarifs douaniers.

KENNETH Ier Mac Alpin († Forteviot 858), roi des Scots de Dalriada (834), puis roi des Scots et des Pictes. — **Kenneth II** († Fettercairn, Grampian, 995), roi d'Alba (971-995), fils de Malcolm Ier. Il chercha à refouler ses voisins, Brittoniques et Anglo-Saxons au sud, Norvégiens au nord. — **Kenneth III,** roi d'Alba (997-1005).

KENNY (Paul), pseudonyme sous lequel GASTON **Vandenpanhuyse** (Bruxelles 1913) et JEAN **Libert** (Bruxelles 1913) signent leurs romans d'espionnage dont le héros est l'agent secret FX 18, Francis Coplan.

KÉNOGAMI *(lac),* lac du Canada (Québec), dont les émissaires, la rivière aux Sables et la Chicoutimi, rejoignent le Saguenay.

KÉNOTRON n. m. (gr. *kenos,* vide, et *électron*). Valve à deux électrodes, l'une chaude, l'autre froide, employée pour l'alimentation des tubes à rayons X et pour le redressement des courants alternatifs de faible intensité et de haute ou très haute tension.

KENSINGTON AND CHELSEA, borough de l'ouest de Londres, entre Kensington Gardens (prolongement de Hyde Park) et la Tamise. Le quartier de Kensington possède d'importants musées : d'Histoire naturelle, des Sciences et surtout Victoria* and Albert Museum.

KENT, royaume jute fondé dans la seconde moitié du Ve s., avec pour capitale *Cantwaraburg* (Canterbury). Christianisé sous le règne d'Æthelberht (560-616), ce royaume fut, jusqu'au VIIe s., le premier grand foyer de civilisation anglo-saxonne.

KENT, comté de Grande-Bretagne, sur le pas de Calais ; 3 730 km² ; 1 486 000 hab. Ch.-l. *Maidstone.*

Kent *(race de),* race anglaise de moutons, rustique et productive, utilisée dans le monde entier.

KENT (William), architecte, architecte paysagiste, décorateur et peintre anglais (Bridlington, Yorkshire, 1685 - Londres 1748). Il seconda lord Burlington (rencontré à Rome) dans ses réalisations de goût palladien (Holkham Hall, Norfolk, 1734 et suiv.), donna également des œuvres néogothiques et fut un des créateurs du jardin paysager à l'anglaise (Rousham, Oxfordshire, v. 1740).

KENT (James Tyler), homéopathe américain (Woodhull, État de New York, 1849 - Evanston, Illinois, 1916). Il enrichit les principes thérapeutiques énoncés par Hahnemann. En particulier, il n'admet la prescription que d'un remède à la fois, couvrant l'ensemble du tableau pathologique.

KENTIA [kɛntja ou kɛ̃sja] n. m. (de *Kent,* n. pr.). Beau palmier originaire de Nouvelle-Guinée et des îles Moluques.

KENTUCKY, riv. des États-Unis (Kentucky), affl. de l'Ohio (r. g.) ; 417 km.

KENTUCKY, État du centre-est des États-Unis, entre les Appalaches et l'Ohio ; 104 623 km² ; 3 685 296 hab. Cap. *Frankfort.* Importante région d'agriculture (tabac, maïs, soja) et d'élevage (bovin, ovin, porcin), elle est au premier rang pour l'extraction du charbon (150 Mt). Principaux centres industriels : Louisville et Lexington. — Colonisé à partir de 1774, le pays forma un État de l'Union dès 1792.

KENYA *(mont),* massif volcanique de l'Afrique orientale, à l'E. du lac Victoria, presque sous l'équateur ; 5 199 m. Parc national de près de 60 000 ha. Première ascension en 1899 par H. J. Mackinder, C. Ollier et J. Brocherel.

KENYA, État de l'Afrique orientale, donnant sur l'océan Indien ; 583 000 km² ; 29 150 000 hab. *(Kenyans).* CAP. *Nairobi.* LANGUE : *swahili.* MONNAIE : *shilling du Kenya.*

Géographie. Le Kenya oppose les hauts massifs volcaniques du Sud-Ouest, bien peuplés, humides mais où l'altitude modère les températures à une latitude équatoriale, aux bas plateaux et plaines du Nord et du Nord-Est, steppiques,

presques vides. Il est traversé par la zone d'effondrement de l'Afrique orientale (la Rift Valley), jalonnée de lacs.
La population est formée de groupes variés parmi lesquels émergent les Masais et les Kikuyus. Elle s'accroît à un rythme annuel énorme, proche de 4 %. Elle vit pour les trois quarts d'une agriculture associant cultures vivrières (maïs surtout), élevage bovin et ovin (mais à la finalité encore parfois plus sociale qu'économique) et plantations, café et thé principalement (bases des exportations). L'industrie, peu développée, se limite pratiquement à quelques branches de consommation (agroalimentaire surtout). Elle est présente à Nairobi et surtout à Mombasa, les seules véritables villes. Sa faiblesse contribue à expliquer le lourd déficit commercial (que ne comblent pas les revenus du tourisme international), à la base d'un endettement extérieur notable, pesant, avec la poussée démographique, sur l'avenir de l'économie.

Histoire. Pays où ont été découverts les restes les plus anciens des préhominiens (ancêtres de l'espèce humaine), le Kenya est occupé, après des peuplements successifs, par les Bantous et les Nilotiques (dont font partie les Masais). Dominée depuis le VIIe s. par les Arabes, la côte du Kenya tombe sous le contrôle des Portugais à la fin du XVe s.
1888 : La Grande-Bretagne obtient du sultan de Zanzibar une concession sur la majeure partie du pays.
1895 : Création d'un protectorat britannique.
1920 : Le Kenya devient une colonie britannique.
1952-1956 : Révolte nationaliste des Mau-Mau.
1963 : Le Kenya devient un État indépendant, membre du Commonwealth.
1964-1978 : Jomo Kenyatta est président de la République.
1978 : Daniel Arap Moi lui succède à la tête de l'État.
1982 : Instauration d'un système de parti unique.
1991 : Retour au multipartisme.
1992 : Face à une opposition divisée, le président et son parti remportent les élections pluralistes.

KENYAN, E adj. et n. Du Kenya.

KENYAPITHÈQUE n. m. Primate hominoïde fossile ayant vécu il y a 14 millions d'années au Kenya, où L. S. B. Leakey l'a découvert en 1961. (Il s'agit peut-être d'un ancêtre de l'homme.)

KENYATTA (Kamau JOHNSTONE wa Ngengi, dit **Jomo**), homme d'État du Kenya (Ichaweri v. 1893 - Mombasa 1978). Il milite dès 1925 pour la restitution des terres des plateaux à l'ethnie kikuyu, à laquelle il appartient. En 1938, il publie à Londres *Facing Mount Kenya,* dénonciation du régime colonial britannique. Président de la Kenya African Union (1947), il est accusé d'être l'instigateur du mouvement mau-mau. Arrêté en 1952, relâché en 1961, il devient Premier ministre du Kenya indépendant (1963), puis président de la République (1964-1978).

KENYON (Kathleen Mary), archéologue britannique (Londres 1906 - Erbistock, Wrexham, 1978). Elle a participé aux travaux de Mortimer Wheeler et notamment à la mise au point de sa technique de fouilles, qu'elle a contribué à introduire dans l'archéologie orientale.

KENZAN, de son vrai nom **Ogata Shinsei,** céramiste, peintre et calligraphe japonais (région de Kyōto 1663-1743). Il est, avec Ninsei, l'initiateur d'un nouvel art céramique très décoré, pour lequel son frère KŌRIN a dessiné des croquis.

KEÔS → KÉA.

KÉPHIR, KÉPHYR ou **KÉFIR** n. m. (mot caucasien). 1. Boisson fermentée gazeuse, acide et légèrement alcoolisée, d'origine caucasienne, fabriquée à partir du lait. — 2. Alcool résultant d'une distillation de lait fermenté.

KÉPI n. m. (suisse all. *Käppi,* de l'all. *Kappe,* bonnet). Coiffure militaire légère, munie d'une visière en cuir et d'une fausse jugulaire en galon métallique, portée essentiellement par les officiers de l'armée de terre française.

KEPLER (Johannes), astronome allemand (Weil, auj. Weil der Stadt, Wurtemberg, 1571 - Ratisbonne 1630). Partisan convaincu du système héliocentrique de Copernic, il découvrit, grâce aux observations précises de Tycho Brahe, dont il fut l'assistant puis le successeur, les lois du mouvement des planètes : 1° les orbites des planètes sont des ellipses dont le Soleil occupe l'un des foyers (1609) ; 2° les aires balayées par le rayon vecteur joignant le centre du Soleil au centre d'une planète sont proportionnelles aux temps employés à les décrire (1609) ; 3° les carrés des périodes de révolution sidérale des planètes sont proportionnels aux cubes des grands axes de leurs orbites (1619). On lui doit aussi des tables du mouvement des planètes, les *Tables rudolphines* (1627).

KÉPLÉRIEN, ENNE adj. Se dit du mouvement d'un corps céleste qui s'effectue selon les lois de Kepler, ou de l'orbite correspondante.

KER n. m. Noyau d'un homomorphisme de groupe, d'anneau ou d'espace vectoriel. (Notation Ker f.)

KÉRABITUME n. m. Produit naturel dérivant de la matière organique, insoluble dans les solvants usuels et disséminé dans les roches.

KERAK (al-) → KARAK (AL-).

KERALA, État de l'Inde méridionale, dans le S.-O. de la péninsule du Deccan, sur la mer d'Oman ; 39 000 km² ; 29 011 237 hab. Cap. *Trivandrum.*
— **Géogr.** Occupant la plaine côtière et une frange des Ghāts occidentaux, le Kerala a un climat chaud, très humide. Sa population est très dense. L'agriculture vivrière (riz) et commerciale (noix de coco, caoutchouc, épices) est importante. Les principales villes sont des ports (pêche active). Le textile, le matériel agricole, la chimie et l'électronique sont les principales industries.
— **Hist.** La première mention de cette région de l'Inde se rencontre sur un édit d'Aśoka (IIIe s. av. J.-C.). Aux IXe et Xe s., le pays connut une sorte d'âge d'or au cours duquel apparut le malayālam. Après 1314, il fut morcelé en petites principautés dont les plus importantes étaient Calicut au nord et Travancore au sud. Vasco de Gama aborda à Calicut en 1498 et les marchands portugais supplantèrent les marchands arabes de la côte de Malabār. Ils furent éliminés par les Hollandais (XVIIe s.), puis les Britanniques annexèrent Cochin en 1791 et Travancore en 1795. Les États de Travancore et de Cochin furent réunis en 1949 et, en 1956, l'actuel État du Kerala fut constitué sur une base linguistique (régions de langue malayālam).

KÉRATECTOMIE n. f. Excision de la cornée.

KÉRATINE n. f. Scléroprotéine fibreuse, riche en soufre, qui est un constituant essentiel de la laine et qui entre dans la constitution de certains tissus de revêtement (téguments et phanères).

KÉRATINISATION n. f. Processus par lequel les cellules de l'épiderme et les phanères s'imprègnent de kératine.

KÉRATINISÉ, E adj. **1.** Qui devient semblable à la corne ou qui se transforme en corne. — **2.** Qui a subi une kératinisation. — **3.** *Pilule kératinisée,* pilule pharmaceutique ayant été soumise à un procédé d'enrobage par de la kératine pour la soustraire à l'action du suc gastrique, de façon qu'elle n'agisse que dans l'intestin.

KÉRATIQUE adj. Qui concerne la cornée.

KÉRATITE n. f. **1.** Inflammation de la cornée. (→ *encycl.*) — **2.** *Kératite contagieuse des bovins,* maladie transmise par des mouches et provoquant une cécité passagère des bovins.
ENCYCL. **Méd.** Les kératites sont soit d'origine traumatique, soit surtout d'origine infectieuse ou allergique. La *kératite superficielle* atteint uniquement la couche la plus antérieure de la cornée (épithélium). La *kératite profonde* atteint le stroma central et même les couches les plus postérieures. Toute kératite qui ne guérit pas complètement laisse comme séquelle une taie blanche.

KÉRATO-ACANTHOME n. m. (pl. *kérato-acanthomes*). Tumeur cutanée bénigne, siégeant habituellement sur le visage, et ayant la forme d'un nodule dont le centre déprimé en cratère est comblé par un amas grisâtre de cellules kératinisées.

KÉRATOCÔNE n. m. Modification progressive de la courbure de la cornée, qui, tout en restant transparente, prend la forme d'un cône, entraînant un important astigmatisme irrégulier.

KÉRATO-CONJONCTIVAL, E, AUX adj. Qui appartient à la fois à la cornée et à la conjonctive.

KÉRATO-CONJONCTIVITE n. f. (pl. *kérato-conjonctivites*). Inflammation simultanée de la cornée et de la conjonctive.

KÉRATODERMIE n. f. Kératose diffuse ou partielle des paumes des mains ou des plantes des pieds.

KÉRATOLYSE n. f. **1.** Décollement pathologique de la couche cornée de l'épiderme. — **2.** Ramollissement de la couche cornée de l'épiderme, effectué par des substances chimiques à des fins thérapeutiques.

KÉRATOLYTIQUE adj. et n. m. **1.** Relatif à la kératolyse. — **2.** Qui a la propriété de dissoudre la kératine et de ramollir la couche cornée de l'épiderme. (Les kératolytiques les plus employés par voie locale sont l'acide salicylique, la résorcine, l'huile de cade, l'urée, la vitamine A acide, etc.)

KÉRATOME n. m. Kératose cutanée d'aspect tumoral.

KÉRATOMÉTRIE n. f. Mesure des rayons de courbure de la cornée.

KÉRATOPHYRE n. f. Roche à texture volcanique et à composition de trachyte sodique riche en albite, résultant de l'altération hydrothermale d'une lave acide.

KÉRATOPLASTIE n. f. Remplacement d'un fragment de cornée malade par un fragment de cornée saine et transparente. (Syn. GREFFE CORNÉENNE.)

KÉRATOPLASTIQUE adj. et n. m. Se dit d'une substance qui a la propriété d'agir sur la régénération de l'épiderme en favorisant la kératinisation normale des cellules.

KÉRATOPROTHÈSE n. f. Remplacement du centre d'une cornée opaque par un matériel synthétique transparent.

KÉRATOSCOPIE n. f. Examen des déplacements de l'ombre pupillaire, pour déterminer le degré de la réfraction.

KÉRATOSE n. f. **1.** Épaississement de la couche cornée de l'épiderme. — **2.** *Kératose sénile,* tache brunâtre, sèche, rugueuse, plus ou moins épaisse, apparaissant après la cinquantaine sur la peau des régions exposées au soleil, le plus souvent au visage. (Les kératoses séniles se voient surtout chez les personnes ayant vécu au grand air : marins, cultivateurs, etc. Ce sont des lésions précancéreuses.) [Syn. CRASSE SÉNILE.]

KÉRATOTOME n. m. Petit couteau très mince, employé pour sectionner la cornée.

KÉRATOTOMIE n. f. Incision de la cornée.

KERBELA → KARBALĀ'.

KÉRÉKOU (Mathieu), général et homme d'État du Bénin (Kouarfa, prov. d'Atakora, v. 1933). Il s'empare du pouvoir en 1972 et instaure dans son pays un régime marxiste-léniniste. Devenu président de la République en 1980, il doit accepter en 1990 la démocratisation des institutions et le retour au pluralisme. Battu lors de l'élection présidentielle de 1991, il quitte le pouvoir mais il revient à la tête de l'État en remportant l'élection présidentielle de 1996.

KERENSKI (Aleksandr Fedorovitch), homme politique russe (Simbirsk 1881 - New York 1970). Député travailliste à la quatrième douma (1912-1917), il est élu vice-président du soviet de Petrograd en févr. 1917. Il participe au gouvernement provisoire en tant que ministre de la Justice (mars-mai), puis de la Guerre (mai-juill.). Après l'échec de l'offensive en Galicie (juin), et les journées d'émeutes de juillet, il préside les deuxième et troisième gouvernements de coalition mais ne peut exercer le pouvoir dans une société en pleine décomposition. Renversé par l'insurrection d'octobre, il tente avec Krasnov de reprendre Petrograd, puis s'enfuit sur le Don. Il émigre en France, puis, après 1940, aux États-Unis.

KERGOMARD (Pauline), pédagogue française (Bordeaux 1838 - Saint-Maurice, Val-de-Marne, 1925), une des fondatrices de l'école maternelle en France.

KERGUEHENNEC *(domaine de)*, parc et château du Morbihan, à l'E. de Locminé, acquis par le département en 1972 et devenu depuis le milieu des années 1980 un actif centre d'art contemporain (parc de sculptures et d'installations, expositions temporaires).

KERGUELEN *(îles)*, anc. **îles de la Désolation,** archipel français du sud de l'océan Indien, partie des Terres australes et antarctiques françaises, entre 48° 27' et 50° de latitude S. ; 7 000 km² env. — **Géogr.** Formé de plus de trois cents îles ou îlots, cet archipel comprend une terre principale (la *Grande Terre*) qui couvre plus de 6 000 km². Le climat est frais en été (7,4 °C en moyenne) et assez doux en hiver (2,6 °C), très humide et venteux.
— **Hist.** Découvert le 12 févr. 1772 par Kerguelen de Trémarec, l'archipel fut reconnu par Cook en 1776. Par la suite, il fut visité par de nombreuses expéditions scientifiques.

KERGUELEN DE TRÉMAREC (Yves Joseph DE), marin français (Quimper 1734 - Paris 1797). Envoyé dans les mers australes, il découvrit l'archipel qui porte son nom. Une seconde expédition se solda par un échec complet (1775). Rallié à la Révolution, il fut promu contre-amiral (1793), puis destitué en 1795.

KÉRILLIS (Henri Adrien CALLOC'H DE), journaliste et homme politique français (Vertheuil, Gironde, 1889 - New York 1958). Fondateur du Centre de propagande des républicains nationaux (1926), député de la Seine en 1936, il fut le seul député de droite à voter contre les accords de Munich. Après juin 1940, il se réfugia aux États-Unis.

KERINCI *(mont)* ou **PIC D'INDRAPURA,** point culminant de l'île de Sumatra (Indonésie) ; 3 801 m.

KÉRION n. m. *Kérion de Celse,* teigne suppurative du cuir chevelu chez l'enfant et de la barbe chez l'homme, due en milieu rural à des champignons du genre trichophyton (propagés par le cheval ou les bovidés) et plus rarement en milieu urbain à *Microsporum canis* (propagé par le chat).

KERJOUANNO, station balnéaire de Bretagne (Morbihan), au S. du centre communal d'Arzon.

KERKENNAH ou **KERKENNA** *(îles),* archipel de la Tunisie, en face de Sfax, à 30 km de la côte ; 180 km² ; 15 000 hab.

KÉRKIRA ou **KÉRKYRA** → CORFOU.

KERMA n. m. (initiales de l'angl. *Kinetic E*nergy *R*eleased in *MA*terial). Grandeur employée en physique nucléaire dans l'étude des effets des rayonnements ionisants sur la matière.

KERMA, site archéologique du Soudan, sur le Nil, en amont de la troisième cataracte. Vestiges de la capitale d'un royaume nubien. Malgré son caractère guerrier, cette civilisation ne résista pas aux armées de Thoutmosis Ier, qui établit la frontière égyptienne au-delà de la quatrième cataracte. Nécropole (abondant mobilier funéraire).

KERMADEC *(îles),* petit archipel du Pacifique, à 1 000 km au N. de la Nouvelle-Zélande, à laquelle il appartient depuis 1887 ; 33 km² ; 9 hab. — La *fosse des Kermadec,* à l'E., a 10 047 m de profondeur.

KERMĀN ou **KIRMĀN,** v. d'Iran, ch.-l. de prov., au S. du désert de Dacht-e Lut ; 311 643 hab. Créé

par les Sassanides, c'est le principal carrefour commercial du sud-est du pays et centre textile (cotonnades, lainages et tapis).
— **Bx-arts.** Monuments anciens, dont la mosquée du roi (1074), restaurée ; la Grande Mosquée (XIVe s.) et le Mausolée vert (XIIe s.). La ville a donné son nom à des tapis « à figures » (paons, animaux s'abreuvant à une fontaine, etc., cyprès symbolisant l'arbre de vie).

KERMĀNCHĀH ou **KIRMĀNCHĀH** anc. **Bākhtarān,** v. d'Iran, dans le Kurdistan ; 624 084 hab. Cité commerciale et militaire (près de la frontière irakienne).

KERMEL n. m. (n. déposé). Fibre thermostable et constituée de polyamide-imide.

KERMÈS n. m. (ar. *qirmiz,* d'orig. persane). **1.** Cochenille dont la femelle, grosse comme un pois, se rend nuisible aux arbres sur lesquels elle vit fixée et pond ses œufs. (→ *encycl.*) — **2.** *Chêne kermès,* petit chêne à feuilles persistantes, épineuses, spontané dans la région méditerranéenne et dans les garrigues du midi de la France. ‖ *Kermès minéral,* syn. de KERMÉSITE.

ENCYCL. Les kermès servaient jadis à fabriquer une teinture rouge. *Kermes ilicis* vit sur l'yeuse, ou chêne vert, et sur le chêne kermès. Le *kermès coquille* se trouve sur les troncs des poiriers et le *kermès virgule* sur les ramilles du pommier. Le *kermès de la vigne* est la pulvinaire.

KERMÉSITE n. f. (de *kermès*). Oxysulfure naturel d'antimoine. (Syn. KERMÈS MINÉRAL.)

KERMESSE n. f. (néerl. *kerkmisse,* messe d'église). **1.** Dans les Flandres, fête paroissiale et foire annuelle. — **2.** Œuvre graphique ou picturale représentant une kermesse. (Les Bruegel, Rubens, Teniers le Jeune...) — **3.** Fête en plein air comportant des jeux et des stands de vente, et organisée le plus souvent au bénéfice de qqch : *La kermesse du patronage.*

KERNASCLÉDEN (56540), comm. du Morbihan, au S.-O. de Guémené-sur-Scorff ; 382 hab. Chapelle gothique du XVe s., chef-d'œuvre de l'art flamboyant breton (ensemble de sculptures et de peintures murales).

KERNER (Justinus), écrivain allemand (Ludwigsburg, Wurtemberg, 1786 - Weinsberg 1862). Poète alliant à la mélancolie un humour très personnel (*Poésies,* 5 vol., 1826-1854), il fut un des cofondateurs de l'école souabe.

KERNOS [-nɔs] n. m. (gr. *kernos*). Vase à offrandes constitué de godets accolés. (Il fut utilisé dès le bronze cycladique, puis en Grèce dans les cultes à mystères.)

KÉROGÈNE n. m. (gr. *kêros,* cire). Matière organique complexe contenue dans les schistes bitumineux et susceptible de donner, par pyrogénation, des hydrocarbures analogues à ceux d'un pétrole lourd.

KÉROSÈNE n. m. (gr. *kêros,* cire). Produit pétrolier liquide, incolore ou légèrement jaune, principalement utilisé pour la constitution de carburéacteurs et pour l'éclairage (pétrole lampant).

KEROUAC (Jack), écrivain américain (Lowell, Massachusetts, 1922 - Saint Petersburg, Floride, 1969). Auteur de *Sur* la route* (1957), bible de la *Beat Generation,* il a donné en outre une œuvre d'inspiration tantôt familiale et catholique (*Satori à Paris,* 1966), tantôt « beat » (*les Souterrains,* 1958 ; *Big Sur,* 1963 ; *les Anges Vagabonds* [*Desolation Angels*], 1965), ainsi que des poèmes (*Mexico City Blues,* 1959) et des souvenirs (*le Vagabond solitaire,* 1960).

KÉROUALLE (Louise DE), duchesse **de Portsmouth** (près de Brest 1649 - Paris 1734). Demoiselle d'honneur d'Henriette d'Angleterre, duchesse d'Orléans, qu'elle accompagna en Angleterre (1670), elle devint la maîtresse de Charles II et mit son influence au service de la France.

KEROULARIOS (Michel), en fr. **Cérulaire** (Constantinople v. 1000 - *id.* 1059), patriarche de Constantinople (1043-1059). Très populaire, il se refusa à reconnaître la primauté de Rome ; excommunié par le pape Léon IX, il répliqua par un anathème qui consacra le schisme entre l'Église d'Orient et l'Église d'Occident (24 juill. 1054).

KEROULEN (le), riv. de l'est de la Mongolie, tributaire de l'Hulun Nur ; 1 250 km.

KERR (John), physicien britannique (Ardrossan, Ayrshire, 1824 - Glasgow 1907). Il découvrit en 1875 le phénomène qui porte son nom et qui se traduit par la biréfringence des diélectriques transparents soumis à un champ électrique. Il fut l'un des collaborateurs de W. Thomson.

KERR (Alfred KEMPNER, dit **Alfred**), écrivain et critique dramatique allemand (Breslau 1867 - Hambourg 1948). Dans ses articles, réunis dans *le Monde dans le drame* (1917), il défendit Ibsen et G. Hauptmann.

KERRIA n. m. Bel arbuste (rosacée) à fleurs jaunes cultivé comme ornemental.

KERRY *(comté de),* en gaél. **Chiarraighe,** comté du S.-O. de la République d'Irlande, qui englobe les *monts de Kerry* (1 041 m au Carrantuohill, point culminant de l'île).

KERRY-BLUE TERRIER [keribluterje] n. m. (mots angl.). Race de chiens terriers irlandais.

KERSCHENSTEINER (Georg), pédagogue allemand (Munich 1854 - *id.* 1932). Il est l'un des précurseurs de l'« école du travail » et expérimenta des techniques pédagogiques centrées à la fois sur une autodiscipline par le travail en groupe et sur une éducation approfondie par le travail manuel.

KERSTINGIELLA n. m. Légumineuse cultivée d'Afrique tropicale dont les graines comestibles sont contenues dans des gousses enterrées.

KERTCH, port d'Ukraine, en Crimée, dans la *presqu'île* et sur la rive du *détroit de Kertch ;* 178 000 hab. Mine de fer. Chantiers navals. Pêche. Travail du coton. — La *presqu'île de Kertch* limite la mer d'Azov au S. ; le *détroit de Kertch* relie la mer d'Azov et la mer Noire.

KERTÉSZ (André), photographe américain d'origine hongroise (Budapest 1894 - New York 1985). Sensibilité poétique et sens de l'humour alliés à l'invention formelle dominent son œuvre, qui a profondément marqué le langage photographique (*Enfants,* 1933 ; *Paris vu par André Kertész,* 1934 ; *Soixante Ans de photographie, 1912-1972*).

KERUING n. m. Arbre (diptérocarpacée) d'Asie tropicale dont le bois rouge-brun à gris-rouge, à grain plutôt grossier, dur et lourd, est employé en charpente, traverses, contreplaqué.

KERVER, famille de libraires et d'imprimeurs parisiens, dont l'un des membres, JACQUES (1535-1583), donna une traduction française du *Songe de Poliphile* (1546), un des plus beaux livres illustrés de la Renaissance.

KÉRYGMATIQUE adj. Qui concerne l'étude du message évangélique.

KÉRYGME n. m. (gr. *kêrugma, -atos,* proclamation). **1.** Annonce de l'Évangile faite au nom de Dieu, en vertu d'une mission légitime, aux non-croyants en vue de leur conversion. — **2.** Contenu de la première prédication du message évangélique aux non-croyants.

KESEY (Ken), écrivain américain (La Hunta, Colorado, 1935). À la fois homme des bois de l'Oregon et figure de la bohème de San Francisco, il a exprimé sa révolte et sa volonté de retrouver les grands mythes américains dans *Vol au-dessus d'un nid de coucou* (1962), *Garage Sale* (1973), *The Day Superman Died* (1980), *Demon Box* (1986).

KESI ou **K'O-SSEU,** nom donné à la tapisserie au petit point (d'origine copte), introduite en Chine vers le XIe s. par les Turcs ouigours.

KESSEL (Joseph), écrivain et journaliste français (Clara, Argentine, 1898 - Avernes, Val-d'Oise, 1979). Auteur de *la Steppe rouge* (1922), grand reporter *(Journal des débats, le Matin),* il conte l'aventure des pilotes en 1914-1918 (*l'Équipage,* 1923). Résistant (*l'Armée des ombres,* 1944), parolier avec M. Druon du *Chant des partisans,* il reprend ses voyages (*le Lion,* 1958 ; *les Cavaliers,* 1967), relate ses rencontres (*Des hommes,* 1972) et dresse le bilan de sa vie (*les Temps sauvages,* 1975). [Acad. fr., 1962.]

KESSELRING (Albert), maréchal allemand (Marktsteft, Franconie, 1885 - Bad Nauheim, près de Francfort, 1960). Chef d'état-major de la Luftwaffe (1936), il dirigea l'appui aérien en Pologne (1939), à l'ouest (1940) et en Russie (1941). Il fut chargé de protéger les convois de Rommel en Méditerranée et commanda les forces allemandes en Italie (1943-44). En mars 1945, il remplaça Rundstedt sur le front ouest et dut capituler le 1er mai. Il fut condamné à mort par un tribunal britannique (1947) pour le massacre de la fosse Ardéatine et gracié (1952).

KET, riv. de Russie, en Sibérie occidentale, affl. de l'Ob (r. dr.) ; 1 625 km (bassin de 94 200 km^2).

KÉTANSÉRINE n. f. Substance inhibant les récepteurs périphériques de la sérotonine, utilisée dans le traitement de l'hypertension artérielle.

KETCH n. m. (pl. *ketchs*) [angl. *ketch*]. Voilier à gréement longitudinal doté de deux mâts, le grand mât et le mât d'artimon, ce dernier étant implanté en avant de la mèche de gouvernail.

KETCHIKAN, port de l'Alaska, dans l'île Revillagigedo ; 7 200 hab. Centre de la pêche du saumon (conserverie).

KETCHUP [kɛtʃœp] n. m. inv. (angl. *ketchup,* de l'hindī *kitjap*). Condiment d'origine anglaise, qui se présente sous forme d'une sauce épaisse, à base de tomate, de saveur à la fois piquante et sucrée.

KETEL (Cornelis), peintre néerlandais (Gouda 1548 - Amsterdam 1616). Il travailla à Londres, puis à Amsterdam et à Gouda (portraits individuels et collectifs, notamm. d'arquebusiers).

KETELBEY (Albert), compositeur, organiste et chef d'orchestre britannique (Birmingham 1875 - Cowes, île de Wight, 1959). Il écrivit *Sur un marché persan* (1920).

KETELEERIA n. m. (de J. B. *Keteleer,* n. pr.). Arbre voisin du sapin, originaire du Sud-Est asiatique, parfois cultivé dans le midi et l'ouest de la France.

KETMIE n. f. (lat. sc. mod. *ketmia,* de l'ar. *hitmi,* guimauve). Nom donné à certaines espèces du genre *hibiscus.*

KETTELER (Wilhelm Emmanuel, *baron* VON), prélat allemand (Münster 1811 - Burghausen, Bavière, 1877). Fonctionnaire prussien devenu prêtre (1844) et député au Parlement de Francfort (1848), il fut nommé, en 1850, évêque de Mayence. Il combattit le Kulturkampf et s'illustra comme l'un des leaders du parti du Centre. Il fut l'instigateur d'un catholicisme social basé sur le mouvement associatif ouvrier (*la Question ouvrière et le christianisme,* 1864).

KETTLER (Gotthard), duc **de Courlande** (Eggeringshausen, Westphalie, 1517 - Mitau 1587). Grand-maître de la branche livonienne des chevaliers Porte-Glaive (1559), il sécularisa l'ordre pour devenir duc de Courlande sous la suzeraineté de la Pologne (1561).

KEUF n. m. (verlan de flic). *Fam.* Policier.

KEUPER [køpɛr] n. m. (all. *Keuper*). Étage de la partie supérieure du système triasique, sous faciès germanique (c'est-à-dire à faciès lagunaire et continental).

KEVLAR n. m. (n. déposé). Fibre aramide, caractérisée par son grand module spécifique (40 MJ/kg). [Les propriétés du Kevlar (robustesse, légèreté, résistance au feu et à la corrosion) lui valent d'être utilisé pour la fabrication de carcasses de pneumatiques, de câbles, de vêtements de protection, de coques de voiliers ainsi que dans les industries automobile, aéronautique et spatiale.]

KEWEENAW *(péninsule de),* péninsule de la côte S. du lac Supérieur (Michigan, États-Unis), bordant au N. la *baie de Keweenaw.*

KEY (les), peintres flamands du XVIe s. — WILLEM (Breda v. 1520 - Anvers 1568) exécuta des compositions religieuses et des portraits. — Son neveu ADRIAAN THOMASZOON (Anvers v. 1544 - *id.* v. 1589) fut l'un des portraitistes attitrés de la bourgeoisie anversoise.

KEY (Ellen), femme de lettres suédoise (Sundsholm, Småland, 1849 - près du lac Vättern 1926). On lui doit des essais consacrés à la cause ouvrière et à l'émancipation des femmes (*le Siècle de l'enfant,* 1900).

KEYES (Roger John BROWNLOW), 1er baron **de Zeebrugge** et **de Douvres,** amiral britannique (Tundiani Fort, Pendjab, 1872 - Buckingham 1945). Chef d'état-major de l'amiral Robeck aux Dardanelles (1915), il se distingua le 23 avr. 1918 en dirigeant un raid très audacieux pour embouteiller Zeebrugge et Ostende. Membre du Parlement (1934-1943), il reprit du service, de 1940 à 1941, comme chef des opérations combinées confiées aux commandos.

KEYKUBAD Ier (Alâeddin) ou **KAYQUBĀD Ier** ('Alā' al-Dīn) [† Kayseri 1237], sultan seldjoukide de Rūm (1221-1237). Il porta le sultanat de Rūm à son apogée. Il enleva Kalonoros (auj. Alanya) et annexa Erzurum et la principauté d'Erzincan. Il fut un grand constructeur et un mécène.

KEYNES (John Maynard, 1er *baron*), économiste britannique (Cambridge 1883 - Firle, Sussex, 1946). Élève à Cambridge d'A. Marshall*, puis conseiller, durant la Première Guerre mondiale, du Trésor britannique, il étudie *les Conséquences économiques de la paix* (1919). Auteur d'un *Traité sur la monnaie* (1930), puis de la *Théorie générale de l'emploi, de l'intérêt et de la monnaie* (1936), Keynes s'attaque au problème du sous-emploi qui règne en Grande-Bretagne après 1930, dans lequel il voit un état de sous-équilibre permanent qu'aucun mécanisme automatique n'est appelé à corriger. Keynes prône, en conséquence, une relance de la consommation, une baisse du taux d'intérêt, un accroissement des investissements publics, toutes mesures impliquant l'intervention de l'État. Son rôle à la conférence de Bretton Woods* (1944) sera très important.

KEYNÉSIANISME n. m. Ensemble des théories économiques de J. M. Keynes.
ENCYCL. Courant de pensée économique dominant pendant le troisième quart du XXe s., le keynésianisme s'appuie sur la constatation d'un chômage involontaire permanent — mis en lumière par la crise de 1929 — qui ne se résorbera pas par le jeu des mécanismes « classiques » de retour à l'équilibre. Le sous-emploi provient d'une trop grande faiblesse de la demande effective, et, par ailleurs, d'une insuffisance de l'investissement productif. Il convient donc de redistribuer des revenus au profit des classes disposant des ressources les plus faibles, et de baisser le taux d'intérêt de manière à rendre l'investissement plus attractif. Ces idées se retrouveront chez de nombreux auteurs : on a pu parler de « révolution keynésienne » en raison de l'influence déterminante des idées de Keynes sur les politiques économiques de très nombreux pays.

KEYNÉSIEN, ENNE adj. Relatif à J. M. Keynes, au keynésianisme.

KEYS → FLORIDA KEYS.

KEYSERLING (Hermann VON), philosophe allemand (Könno, Livonie, 1880 - Innsbruck 1946). Il voyagea beaucoup et fonda une « école de sagesse » à Darmstadt. Il combattit le rationalisme étroit (*Journal de voyage d'un philosophe,* 1919).

KEY WEST, v. des États-Unis (Floride), à l'extrémité ouest de l'archipel des Florida Keys ; 24 000 hab. Station balnéaire. Port militaire et de pêche.

kF, abrév. de *kilofranc.*

kg, symbole du *kilogramme.*

KGB, sigle de *Komitet Gossoudarstvennoï Bezopasnosti* (Comité de sécurité d'État), nom donné aux services de sécurité soviétiques, qui étaient chargés du renseignement et du contre-espionnage à l'intérieur et à l'extérieur de l'U. R. S. S. Créé en 1954, le KGB avait pris la suite du MGB, ministère de la Sécurité d'État, dont les infractions aux normes de la légalité socialiste furent dénoncées après la mort de Staline. Le KGB a été dissous en 1991. (Une partie de ses pouvoirs ont été repris, en Russie, par le Service fédéral de sécurité, ou FSB.)

KHABAROVSK, v. de Russie, dans l'Extrême-Orient russe, à la confluence de l'Amour et de l'Oussouri ; 601 000 hab. Poste militaire établi en 1858, la ville, nœud de communications sur le Transsibérien, est un centre administratif et industriel (mécanique, chimie, bois et fourrures).

KHĀBŪR (le), riv. de Syrie utilisée pour l'irrigation de la Djézireh, affl. de l'Euphrate (r. g.) ; 405 km. On y a retrouvé de grands sites archéologiques : tell Halaf, tell Brak, Chagar Bazar, tell Khuera. Cette région a eu, au IIIe millénaire, une céramique caractéristique, à décor géométrique.

KHĀDI n. m. (mot hindī). Étoffe de coton tissée à la main, de couleur neutre, dont sont vêtus en Inde les hommes de condition sociale modeste et dont Gāndhī et ses disciples firent, en la portant, un symbole de leur lutte pour la revalorisation de l'économie artisanale traditionnelle.

KHADĪDJA, première femme de Mahomet († La Mecque 619). Riche veuve quraychite, elle épousa Mahomet. Mère de Fātima, elle fut la protectrice de la mission du Prophète à La Mecque. Elle est considérée par les musulmans comme l'une des « quatre mères des croyants ».

KHAFADJE, site mésopotamien, sur la rive gauche de la Diyālā, affluent du Tigre. Restes de plusieurs temples, dont celui du dieu Sin avec dix états successifs depuis l'époque d'Ourouk (fin du IVe millénaire) jusqu'à l'époque protodynastique III.

KHAGHAN → KAGAN.

KHÂGNE ou **CAGNE** n. f. *Arg. scol.* Classe préparatoire aux Écoles normales supérieures (lettres) dans les lycées.

KHÂGNEUX ou **CAGNEUX, EUSE** n. *Arg. scol.* Élève de khâgne.

KHAI HUNG (TRĀN KHANH DU, dit), écrivain vietnamien (Hai Duong 1896 - Nam Dinh 1947). L'un des principaux animateurs du groupe littéraire Tu-luc văn-doan (1931), il s'est fait le chantre de la liberté *(Hôn buom mo tiên).*

KHAÏR-EDDINE (Mohammed), écrivain marocain de langue française (Tafraout 1941 - Rabat 1995). Son œuvre de révolte est avant tout exigence de vérité et luxuriance de l'imaginaire (*Une vie, un rêve...*, 1978).

KHAJURĀHO, site de l'Inde (Bundelkhand, Madhya Pradesh), anc. capitale de la dynastie Candella. Quelque 30 temples, hindous et jaina, y subsistent (X^{e}-XIe s.) ; sculpture abondante (thèmes érotiques).

KHAKASSES, peuple altaïen (env. 80 000 individus) habitant, à l'E. du Kazakhstan, la *république de Khakassie* (Russie).

KHAKASSIE, en russe **Khakasskaïa,** république de la Fédération de Russie, en Sibérie, à l'E. du Kouzbass ; 61 900 km^{2} ; 569 000 hab. Ch.-l. *Abakan.*

KHALDÉ, localité au sud de Beyrouth (Liban). Une villa romaine y a été mise au jour, ainsi que deux basiliques paléochrétiennes à trois nefs avec mosaïques de pavement.

KHĀLID ou **KHALED** (Riyạd 1913 - Ṭā'if 1982), roi d'Arabie Saoudite. Il succéda à son frère Fayṣal, assassiné en 1975.

KHALĪFA IBN AḤMAD AL-THĀNĪ' (al-Dawha 1932), émir du Qaṭar depuis 1972.

KHALIFAL, KHALIFAT, KHALIFE → CALIFAL, CALIFAT, CALIFE.

KHALĪL (al-), nom actuel d'Hébron.

KHALISTAN, nom donné par les indépendantistes sikhs à l'État dont ils revendiquent la création.

KHALKHA n. m. Langue mongole parlée par les Khalkhas, langue officielle de la République de Mongolie. (Syn. MONGOL.)

KHALKHAS, peuple mongol vivant essentiellement autour de Oulan-Bator, évalué à 900 000 personnes (1970).

KHALKÍS ou **KHALKIDIA,** anc. **Chalcis,** v. de Grèce, ch.-l. du nome de l'Eubée, sur la côte est de l'île ; 45 000 hab. Centre commercial et industriel. Station balnéaire.

KHAMA *(sir* Seretse), homme d'État du Botswana (Serowe 1921 - Gaborone 1980), premier président de la République indépendante du Botswana (1966-1980).

KHAMENEI ('Ali Hoseyn), religieux et homme d'État iranien (Mechhed 1938). Chef du parti républicain islamique (1980-1987), il est président de la République de 1981 à 1989. Après la mort de Khomeyni, il est investi des fonctions de guide spirituel de l'Iran (avec le titre d'ayatollah, « guide de la République islamique »), mais il doit laisser le pouvoir politique au président de la République, 'Ali Rafsandjani.

KHAMSĪN [ramsin] ou **CHAMSIN** n. m. (ar. *khamsīn,* cinquantaine). Vent brûlant et chargé de sable, qui sévit d'avril à juin en Égypte, venant du désert et attiré vers le N. par les dépressions qui passent en Méditerranée.

1. KHĀN ([kɑ̃ ou ran] n. m. (turc *han*). Titre turc, équivalant à l'origine à « empereur », et porté ultérieurement par des dynastes vassaux ou des nobles du Moyen-Orient ou de l'Inde.

2. KHĀN [kɑ̃ ou ran] n. m. (pers. *khāna*). En Orient, lieu préparé pour le repos des caravanes ; marché public.

KHĀNAT n. m. (de *khān 1*). **1.** Charge, fonction, juridiction d'un khān. — **2.** Pays soumis à cette juridiction.

KHĀNDEKAR (Vishnu Sakhārām), écrivain indien de langue marathe (Sāngli 1898 - Miraj 1976). Critique et nouvelliste (*Kalika,* 1943), il est l'auteur de romans et d'essais à caractère idéaliste et au style élégant (*Priticha Sodh,* 1952).

KHANGAÏ *(chaîne de),* massif montagneux de la partie O. de la Mongolie, au N.-E. de l'Altaï ; 4 031 m.

KHANH HUNG → SOC TRANG.

KHANIÁ ou **LA CANÉE,** port de Grèce, ch.-l. de nome, sur la côte N.-O. de la Crète *(baie de Khaniá) ;* 47 000 hab. Musée archéologique.

KHANSĀ' (al), poétesse arabe (v. 575 -† v. 660), auteur d'élégies funèbres qui restent des modèles du genre.

KHAN-TENGRI, montagne de la chaîne du Tianshan, aux confins du Kirghizistan et du Kazakhstan, près de la frontière chinoise ; 6 995 m.

KHANTYS-MANSIS *(arrondissement autonome des),* région de Russie, en Sibérie occidentale ; 523 100 km^2 ; 1 312 600 hab. Ch.-l. *Khanty-Mansiisk* (25 000 hab.) au confluent de l'Ob et de l'Irtych.

KHĀQĀNI, poète lyrique persan (1126-1199). Originaire du Caucase, il fut panégyriste à la cour de Chirvān (Azerbaïdjan).

KHARĀDJ n. m. (mot ar.). Tribut auquel étaient soumis les infidèles en terre d'islām.

KHARAGPUR, v. de l'Inde (Bengale-Occidental) ; 279 736 hab. Carrefour ferroviaire. Ateliers de chemin de fer. Produits chimiques. Chaussures.

KHARBIN → HARBIN.

KHĀREZM, ancien État de l'Asie centrale, situé sur le cours inférieur de l'Amou-Daria (Oxus). À l'époque d'Alexandre le Grand, la Chorasmie devient indépendante de la Perse. Elle est conquise par les armées omeyyades en 712. La langue et la culture chorasmiennes survivront plusieurs siècles après la conquête arabe (jusqu'au XIVe s. dans certaines régions). Avec la domination des Rhaznévides (XIe s.) puis des Seldjoukides, la turquisation ethnique et linguistique s'accélère ; elle se développe au sein de l'Empire mongol (XIIIe-XVe s.) et sous la domination des Tīmūrides (XIVe-XVe s.) et des Ouzbeks (XVIe s.). Souvent désignée sous le nom de khānat de Khiva, la région passe sous le protectorat russe en 1873. La république populaire du Khorezm qui y est instituée par les bolcheviks en 1920 a été partagée entre l'Ouzbékistan et le Turkménistan.

KHĀREZMCHĀH, titre des souverains du Khārezm, usité jusqu'aux invasions mongoles.

KHĀREZMĪ ou **KHĀRAZMĪ** (Muḥammad ibn Mūsā **al-**), mathématicien de langue arabe de la fin du VIIIe s. et du début du IXe s. Il vécut à la maison de la Sagesse, à Bagdad, sous le règne du calife 'abbāsside al-Ma'mūn et est l'auteur du *Précis sur le calcul de al-djabr et de al-muqābala,* qui enseigne comment résoudre les équations du premier et du second degré. Le mot « al-djabr » s'est étendu rapidement à toute la théorie des équations et est à l'origine du mot « algèbre ». On trouve dans l'ouvrage d'al-Khārezmī tous les éléments d'une théorie des équations quadratiques dans l'ensemble des nombres positifs. Son nom, déformé par la latinisation, a fourni le terme « algorithme ».

KHARG, île iranienne du golfe Persique. Terminal pétrolier, gravement endommagé par le conflit irano-irakien.

KHARGUÈH, EL-KHARGA ou **AL-KHĀRIDJA,** oasis du désert occidental égyptien ; ch.-l. *Kharguèh.* Dépression profonde de près de 300 m, longue de 180 km et large de 15 à 30 km, jalonnée de villages et de sources artésiennes (céréales, légumes, dattes, agrumes). Phosphates. — **Archéol.** La capitale de l'oasis était l'*Hibis* des Grecs, près de laquelle fut édifié, au Ve s. av. J.-C., un grand temple dédié à Amon, remarquable par sa taille (42 × 20 m), son état de conservation (restauré au début du siècle).

KHARIĀS, population munda de l'Orissa et du Bihār (250 000 membres).

KHAṚI BOLI n. m. (hindī *khaṛi boli,* langue montante). Variété de braj qui était parlé à l'époque moderne en Inde du Nord. (Langue commune aux hindous et aux musulmans, c'est l'ancêtre du hindī et de l'urdū actuels.)

KHĀRIDJISME n. m. Secte musulmane intransigeante et rigoriste, qui se constitua en 660.

KHĀRIDJITE adj. et n. (ar. *kharadja,* sortir). Relatif au khāridjisme ; adepte du khāridjisme.

ENCYCL. Les khāridjites sont, à l'origine, les partisans de 'Alī qui se séparèrent de lui après l'arbitrage proposé par Mu'āwiya. Au point de vue politique, ils admettent comme seuls califes ceux qui sont restés dans la voie droite. Au point de vue religieux, ils rejettent la justification par la foi sans les œuvres. Ils ont fondé d'importantes communautés en Afrique du Nord (Ibāḍites, Mzābites).

KHARKOV, en ukrainien **Kharkiv,** v. d'Ukraine ; 1 623 000 hab. Nœud ferroviaire entre le Donbass et Moscou, au cœur d'une riche région agricole, Kharkov est un pôle industriel (machines agricoles, matériel de transport, turbines de centrales nucléaires) et un centre administratif et commercial.
— **Hist.** Proclamée capitale de la République soviétique d'Ukraine, créée en déc. 1917, elle le demeura, aux dépens de Kiev, jusqu'en 1934. Elle fut occupée par les Allemands d'oct. 1941 à févr. 1943 et de mars à août 1943.

KHARTOUM, en ar. **Khurṭūm** (« Trompe d'éléphant »), cap. du Soudan et ch.-l. de prov., à la confluence du Nil Bleu et du Nil Blanc ; 600 000 hab. (plus d'un million dans la conurbation, englobant Omdurman et Khartoum North). Centre politique, administratif, universitaire, bancaire et industriel du pays (travail du coton, constructions mécaniques, cimenterie).
— **Hist.** Fondée par Méhémet-Ali v. 1821 au carrefour des routes du Soudan et de l'Éthiopie, la ville tomba en 1884-85 aux mains des mahdistes, qui établirent leur capitale à Omdurman. Reprise par les Anglais en 1898, elle fut reconstruite et redevint la capitale du Soudan.

KHAT → QĀT.

KHATANGA, fl. de Russie, en Sibérie centrale, long de 227 km et dont les branches mères sont la Kotouï et la Kheta. L'ensemble draine un bassin de 364 000 km². Il rejoint la mer des Laptev par un estuaire très profond.

KHATCHATOURIAN (Aram), compositeur soviétique (Tiflis 1903 - Moscou 1978). Il parvint à concilier des traits du folklore avec un développement symphonique élaboré. Ses partitions les plus célèbres sont les ballets *Gayaneh* (1942) — qui contient la célèbre « Danse du sabre » —, et *Spartacus* (1952-1954). Il a aussi écrit de la musique symphonique et de film (*Vladimir Ilitch Lenine,* 1949 ; *la Bataille de Stalingrad,* 1950).

KHAWR AL-ḤAMMĀR ou **HŌR AL-ḤAMMĀR,** lac marécageux d'Iraq, qui reçoit les eaux de l'Euphrate, peu en amont du Chaṭṭ al-'Arab.

KHAYBAR ou **KHYBER** *(passe de),* défilé reliant la vallée de la rivière de Kaboul (Afghānistān) à Peshāwar (Pākistān), suivi par une piste caravanière, une route carrossable et une voie ferrée.

KHAYR AL-DĪN → BARBEROUSSE.

KHAYYĀM (Omar ou 'Umar), philosophe, poète et mathématicien persan (Nichāpur v. 1047 - *id.* v. 1122). Il a écrit un traité sur les équations cubiques, *Démonstrations de problèmes d'al-djabr et de al-muqābala,* qui comprend une classification des équations. Pour chaque type d'équation cubique, Omar Khayyām indique une construction géométrique des racines. En voulant prouver le 5e postulat d'Euclide, il a reconnu le lien entre ce postulat et la somme des angles du quadrilatère et par conséquent du triangle.
Maître du quatrain persan (*robā'iyāt,* poème de deux vers à deux hémistiches), Omar Khayyām fut le premier à utiliser cette forme poétique ancienne et populaire pour exprimer la réflexion sceptique. Sous son nom, la tradition de ces quatrains s'est développée, surtout à l'époque mongole.

KHAZARIE, ensemble des territoires qui constituaient l'Empire khazar (VIIe-Xe s.). Après sa chute, le terme a longtemps désigné la Crimée orientale.

KHAZARS, peuple turc qui construisit un immense Empire qui s'étendait au VIe s. de l'Asie centrale aux confins de la Chine. Il apparut au VIIe s. dans les steppes entre la mer Caspienne et la mer Noire, puis occupa la Crimée et les steppes entre le Don et le Dniepr. Les Khazars assurèrent le commerce entre la Russie, l'Empire byzantin et l'Orient arabe. Refoulés en Crimée par le prince de Kiev Sviatoslav (969), ils succombèrent en 1016 sous les coups des Byzantins.

KHAZARS *(mer des),* anc. nom de la mer Caspienne.

KHÉDIVAL ou **KHÉDIVIAL, E, AUX** adj. Qui relève du khédive.

KHÉDIVAT n. m. Dignité de khédive ; temps pendant lequel elle s'exerce.

KHÉDIVE n. m. (pers. *khadiw,* seigneur). Titre équivalant à celui de vice-roi, conféré par le sultan Abdülaziz au pacha d'Égypte Ismā'īl (1867), et comportant des prérogatives de souveraineté. (Ce titre fut porté par les descendants d'Ismā'īl jusqu'en 1914.)

KHEIFITS (Iossif), cinéaste soviétique (Minsk 1905 - Saint-Pétersbourg 1995). Il réalisa, en collaboration avec Aleksandr Zarkhi, l'un des films les plus connus des années 30 : *le Député de la Baltique* (1937), suivi de *Membre du gouvernement* (1940) et de *On l'appelle Soukhe-Bator* (1942). Il tourna ensuite *la Dame au petit chien* (1960), suivi de plusieurs films académiques (de *Assia,* 1977, à *l'Autobus errant,* 1990).

KHELLA n. f. Grande herbe (ombellifère) qui croît sur le pourtour sud de la Méditerranée et dont sont extraits la khelline et le khelloside. (N. sc. *Ammi visnaga ;* n. usuel *herbe aux cure-dents.*)

KHELLINE ou **KELLINE** n. f. Substance extraite des fruits de la khella ou obtenue par synthèse, et utilisée pour son action antispasmodique et vasodilatatrice sur les muscles lisses.

KHELLININE n. f. ou **KHELLOSIDE** n. m. Glucoside de la khella possédant un puissant pouvoir dilatateur coronarien et une action tonicardiaque.

KHEMIS EL-KHACHNA, anc. nom de Khmis El-Khachna.

KHEMIS MELYANA, anc. **Affreville,** puis **Khemis Miliana,** v. d'Algérie (wilaya d'Ech-Cheliff), dans la vallée du Cheliff ; 57 800 hab. Sucrerie.

KHEMISSET, v. du Maroc, ch.-l. de prov., dans la région des Zemmour ; 21 800 hab.

KHENCHLA, anc. **Khenchela,** v. d'Algérie au débouché du passage entre l'Aurès et les monts des Nemencha ; 50 300 hab.

KHENIFRA, v. du Maroc occidental, ch.-l. de prov., sur l'Oum er-Rebia ; 25 500 hab.

KHEOPS, deuxième souverain de la IVe dynastie égyptienne (v. 2600 av. J.-C.). Fils de Snefrou, il est connu surtout par sa pyramide, la plus grande de celles élevées sur le plateau de Gizeh. Sous son règne, Héliopolis commença à jouer le rôle d'une capitale religieuse, à côté de Memphis, capitale politique.

KHEPHREN, quatrième souverain de la IVe dynastie égyptienne (v. 2500 av. J.-C.). Il fit élever une autre pyramide près de celle de son père Kheops. Il est le premier à avoir porté le titre de « fils de Rê ». De son règne date le Sphinx de Gizeh, gardien de la nécropole, à l'image de Khephren, et l'admirable statue en diorite du souverain protégé par le faucon Horus (musée du Caire).

KHEPRI, dieu-scarabée de l'Égypte ancienne, adoré à Héliopolis comme une des formes du soleil levant.

KHERSON, port d'Ukraine, sur le Dniepr inférieur ; 355 000 hab. Constructions navales. Raffinerie de pétrole. Mécanique. Coton.

KHE SANH, ville du Viêt-nam contrôlant l'accès à la frontière du Laos à proximité du 17e parallèle. Lors de l'offensive du Têt en janv. 1968, la base américaine résista 77 jours durant à l'offensive des Nord-Vietnamiens, qui durent lever le siège après avoir subi de fortes pertes.

KHETI, nom de plusieurs pharaons des IXe et X^e dynasties de Héracléopolis (env. 2200 à 2080 av. J.-C.). — **Kheti III** (Ouahkaré) est l'auteur des *Enseignements Mérikarê,* adressés à son fils.

KHI n. m. Vingt-deuxième lettre de l'alphabet grec (Χ, χ) notant une gutturale sourde aspirée.

KHIBINY *(massif de),* massif de Russie, dans la presqu'île de Kola ; 1 191 m. Gisements d'apatites.

KHIEU SAMPHAN, homme d'État cambodgien (Svay Rieng 1931). Ministre du Commerce (1962-63) sous Sihanouk, il prend le maquis (1967) puis soutient le prince déchu après le coup d'État du 18 mars 1970. Il est un des dirigeants des Khmers rouges et devient chef de l'État du Kampuchéa démocratique (1976-1979). Il représente les Khmers rouges au sein du Conseil national suprême (1991-1993).

KHINGAN *(Grand),* en chin. **Da Xingan Ling,** massif montagneux de la Chine qui sépare le désert de Gobi de la plaine de la Chine du Nord-Est.

KHINGAN *(Petit),* en chin. **Xiao Xingan Ling,** massif ancien, cristallin, de la Chine du Nord-Est, séparant la plaine, au S., de la vallée du Heiling Jiang (Amour), au N.

KHÍOS → CHIO.

KHITANS ou **KHITAÏS** → KITAN.

KHIVA, v. d'Ouzbékistan, dans le Khārezm ; 26 000 hab. Ville traditionnelle musulmane dont les principaux palais et mosquées ont été élevés au XIXe s.
— **Hist.** Elle fut une des principales villes du Khārezm et connut son apogée au début du XIIIe s. En 1221, elle fut pillée par Gengis Khān. Capitale d'un khānat indépendant depuis 1512, elle fut occupée en 1873 par les Russes.

KHLEBNIKOV (Viktor Vladimirovitch KHLEBNIKOV, dit **Velimir**), poète russe (Toundoutovo 1885 - Santalovo 1922). D'abord symboliste, il fut avec Maïakovski le fondateur du futurisme. Ses œuvres complètes ont été publiées en 1928-1933.

KHMELNITSKI ou **CHMIELNICKI** (Bogdan ou Bohdan) [v. 1595 - Tchiguirine 1657], hetman des cosaques (1648-1657). S'alliant aux Tatars de Crimée, il mena une campagne victorieuse en Galicie et obligea le roi de Pologne à signer le traité de Zborów (1649) satisfaisant les revendications cosaques de « liberté ». Mais, défait par les Polonais en 1651 et 1653, il reconnut en 1654 la suzeraineté du tsar Alexis Mikhaïlovitch au traité de Pereïaslav, qui fit basculer du côté russe l'Ukraine orientale.

KHMER, ÈRE adj. et n. Qui appartient aux Khmers, au Cambodge.
◆ **khmer** n. m. Langue môn-khmer parlée par les Khmers. (Syn. CAMBODGIEN.)
ENCYCL. Ancienne grande langue de civilisation au XIIIe s., le khmer a reculé devant le siamois et le lao (langues thaï), puis, à partir du XVIIe s., devant le vietnamien. Il s'écrit grâce à un

système alphabétique emprunté à l'Inde du Sud, et qui a donné naissance aux écritures siamoise et laotienne.

KHMERS, population majoritaire du Cambodge, débordant en Thaïlande et au Viêt-nam, évaluée à 9 millions.

Khmers rouges, appellation donnée par le prince Sihanouk aux résistants communistes khmers au cours des années 60 et désignant par la suite les partisans de Pol Pot et de Khieu Samphan.

KHMIS EL-KHACHNA, anc. **Fondouk,** puis **Khemis El-Khechna,** v. d'Algérie, dans la Mititdja ; 41 400 hab. — Aux environs, barrage du Hamiz.

KHMUS, population palaung-wa dispersée au Laos, au Cambodge, au Viêt-nam et en Thaïlande, estimée à 300 000 personnes.

KHNOPFF (Fernand), peintre belge (Grembergen-lez-Termonde 1858 - Bruxelles 1921). Membre des Salons des Vingt et, à Paris, de ceux de la Rose-Croix, il est une des personnalités majeures du symbolisme belge (*Portrait de la sœur du peintre,* 1887, coll. priv. ; *Secret-Reflet,* pastel, 1902, musée des Bx-Arts de Bruges).

KHNOUM, dieu égyptien créateur et générateur de vie, figuré comme un homme à tête de bélier, parfois sous la forme de l'animal lui-même.

KHODJENT, de 1936 à 1991 **Leninabad,** v. du Tadjikistan, sur le Syr-Daria ; 165 000 hab. Vieille ville musulmane, centre d'une oasis agrandie par les travaux d'irrigation. Industrie textile. Constructions mécaniques. Agroalimentaire. Uranium.

KHOISAN ou **KHOIN** n. m. Famille de langues parlées dans le sud de l'Afrique par les Bochimans et les Hottentots.
ENCYCL. Le khoisan n'a cessé de reculer devant l'extension des langues bantoues et des langues européennes. Le trait caractéristique le plus important des langues khoisan est la présence d'une série de clics consonantiques. Ce trait existe aussi dans certaines langues bantoues d'Afrique du Sud (zoulou, xhosa), mais il s'agit dans ce cas d'un phénomène de contact.

KHÔL ou **KOHOL** n. m. (ar. *kuhul*). Substance noire provenant de la carbonisation incomplète de différentes matières grasses, utilisée pour le maquillage des yeux.

KHOMEYNI (Ruhollāh), chef spirituel et homme politique iranien (Khomeyn, près de Qom, 1902 - Téhéran 1989). Il succède en 1962 à l'ayatollah Kāchāni comme autorité (*mardja-e taqlid,* source d'imitation) des chī'ites. Il mène des campagnes contre le chāh et est arrêté (1963) et exilé (1964). Il écrit à Nadjaf son œuvre la plus populaire, *le Gouvernement du religieux* (1971). En France, en 1978-79, il enregistre, sur des cassettes qui seront diffusées en Iran, ses prêches en faveur de la révolution islamique. Après son retour triomphal à Téhéran (févr. 1979), il devient le chef charismatique de l'Iran, qu'il dote d'une Constitution, d'un Parlement élu, d'un président de la République, d'une police des mœurs et d'un parti dominant, gardant pour lui-même la fonction de guide suprême.

KHOMIAKOV (Alekseï Stepanovitch), écrivain russe (Moscou 1804 - Ivanovskoïe 1860). L'un des chefs du mouvement slavophile, il est l'auteur de poésies lyriques, de tragédies et d'écrits théologiques orthodoxes.

KHONDS, peuple dravidien de l'Orissa (Inde) estimé à 700 000 individus et parlant le kui.

KHONSOU, dieu égyptien considéré, dans la théologie thébaine, comme le fils d'Amon et de la déesse Mout. Il est figuré sous l'aspect d'un homme à tête de faucon portant sur la tête le disque lunaire.

KHOPER, riv. de Russie, affl. du Don (r. g.) ; 979 km (bassin de 61 100 km^2).

KHORANA (Har Gobind), physiologiste américain d'origine indienne (Raipur 1922). Il a reçu, en 1968, le prix Nobel de physiologie et de médecine, qu'il a partagé avec M. W. Nirenberg et R. W. Holley pour leurs travaux sur l'élucidation du code génétique.

KHORĀSĀN ou **KHURĀSĀN** (« Lieu du soleil »), région du nord-est de l'Iran. Le cœur en est un long fossé tectonique, où coulent en sens inverse l'Atrek vers le N.-O. et le Kachaf Rud vers le S.-E. Cultures irriguées (coton, betterave à sucre). V. princ. *Mechhed.*

KHORRAMĀBĀD ou **KHURRAMĀBĀD,** v. d'Iran, dans le Zagros ; 249 258 hab.

KHORRAMCHAHR ou **KHURRAMCHAHR,** port d'Iran (Khuzestān), au confluent du Kārun et du Chaṭṭ al-'Arab ; 146 700 hab. Enlevée par les Irakiens fin oct. 1980, transformée en véritable camp retranché, la ville fut reprise par les Iraniens en mai 1982.

KHORSABAD → KHURSABĀD.

KHOSRÔ ou **OSROÊS,** roi parthe de la dynastie arsacide (v. 110 - 127). Après la conquête de l'Arménie par les Romains (114), il s'opposa à Trajan, qui le chassa de sa capitale, Ctésiphon. Mais, devant la révolte générale de l'Orient, Trajan renonça à annexer le royaume parthe que Khosrô reconquit sur le souverain imposé par Rome.

KHOSRÔ Ier Anôchirvân ou **CHOSROÊS Anouchirvan,** roi de Perse sassanide (531-579), fils cadet de Kavâd. Il déclara la guerre à Justinien en 540 puis tenta de subjuguer les Lazes du Caucase. La paix fut conclue en 562. À l'est, Khosrô Ier porta jusqu'à l'Oxus les frontières de l'Empire en battant les Hephthalites avec l'aide des Turcs. En 570, il s'empara du Yémen. Les Arméniens se révoltèrent en 572 et appelèrent à leur aide l'empereur Justin II. Les Byzantins occupèrent alors une partie de l'Arménie perse. Khosrô Ier fut le plus grand souverain sassanide ; justice, sagesse et tolérance ont marqué son règne.

KHOSRÔ II Abharvêz ou **CHOSROÊS Parvîz,** roi de Perse sassanide (591 - 628), fils d'Ohrmizd IV. Il lutta contre un usurpateur avec l'appui de Maurice, empereur byzantin. Après l'assassinat de Maurice (602) par Phokas, il déclara la guerre aux Byzantins (603), conquit l'Orient byzantin, prit Jérusalem (614), emportant la sainte Croix. Mais Héraclius, successeur de Phokas, prit l'offensive et sa victoire provoqua la chute de Khosrô II puis son assassinat.

KHOTAN, en chin. **Hotan,** v. de Chine (Xinjiang), dans une oasis irriguée par le Khotan Daria ; 134 000 hab. Arbres fruitiers. Textile (coton et soie). La ville fut un centre de culture bouddhique. À proximité, vestiges archéologiques découverts dans l'ancienne Yotkan.

KHOTINE, en polon. **Chocim,** en roum. **Hotin,** v. d'Ukraine, sur le Dniestr, au N. de Tchernovtsy ; 12 000 hab. Place forte de Moldavie, la ville fut le théâtre des victoires polonaises sur les Ottomans de 1621 et de 1673.

KHOURIBGA, v. du Maroc, ch.-l. de prov., sur les plateaux du Tadla ; 127 000 hab. Centre d'extraction des phosphates.

KHOUZISTAN → KHUZESTĀN.

Khovanchtchina, drame musical populaire en 5 actes de Moussorgski, sur un livret du compositeur, en collaboration avec le poète Stassov, créé en 1886 dans une version profondément remaniée et abrégée par Rimski-Korsakov.

KHROUCHTCHEV (Nikita Sergueïevitch), homme d'État soviétique (Kalinovka, prov. de Koursk, 1894 - Moscou 1971). Fils de paysans pauvres, ouvrier spécialisé, il adhère au parti bolchevik en 1918 et participe à la guerre civile. Il entre au Comité central du P. C. de l'Ukraine puis de l'U. R. S. S. (1934). Premier secrétaire du parti de l'Ukraine (1938-1949), il applique la politique stalinienne d'épuration et de russification. Membre du Politburo du P. C. de l'U. R. S. S. (1939), il entre en 1949 au secrétariat du Comité central, où il s'occupe des questions agricoles. Après la mort de Staline (1953), il est nommé premier secrétaire du parti (sept.) alors que Malenkov devient chef de l'État. La réconciliation avec la Yougoslavie intervient en 1955, année où Khrouchtchev participe à la conférence au sommet de Genève. Au XXe Congrès (1956), la coexistence pacifique est adoptée comme ligne générale de la politique extérieure soviétique et Khrouchtchev, se faisant le champion de la déstalinisation, révèle les crimes de Staline dans le « rapport secret » qu'il lit aux délégués soviétiques. Critiqué par la majorité des membres du Praesidium, qui réclament sa démission (juin 1957), Khrouchtchev se fait confirmer dans ses fonctions par le plénum du Comité central. Il remplace en 1958 Boulganine à la présidence du Conseil. À l'intérieur du pays, il entreprend de vastes réformes, en particulier dans le domaine agricole (campagne de défrichement des Terres vierges lancée en 1954), et oriente la gestion de l'économie vers la déconcentration et la décentralisation (à partir de 1957). À l'extérieur, il se prévaut de la supériorité de l'U. R. S. S., première puissance à posséder la bombe H (mise au point en 1953). Il intervient dans la crise de Suez (1956), développe les relations de l'U. R. S. S. avec le tiers monde, l'Inde et les pays arabes. Mais les revers de sa politique : l'insurrection de Budapest (1956), la rupture avec la Chine (1961), l'affaire de Cuba (1962), les difficultés agricoles et le désordre né des réformes de 1962-1963, sont attribués à son volontarisme impulsif et à son aventurisme. Il est destitué en 1964.

KHULNĀ, v. du Bangladesh, ch.-l. de la prov. de Khulnā (33 000 km² ; 19 966 600 hab.) au S.-S.-O. de Dacca ; 877 000 hab. Travail du jute. Pâte à papier. Réparation navale.

KHURĀSĀN → KHORĀSĀN.

KHŪRĪ (al-), famille syro-libanaise — BICHĀRA ʿABDALLĀH (Beyrouth 1885 - *id.* 1968), fondateur du journal *al-Barq* (1908), couronné prince des poètes arabes (1961), signa *al-Akhtal al-Ṣarhīr* ses poèmes influencés par le romantisme occidental (*la Corde blessée,* 1961). — BICHĀRA KHALĪL (Beyrouth 1890 - Djuniya 1964), fut président de la République libanaise (1943-1952).

KHŪRIYĀ MŪRIYĀ ou **KURIA MURIA** *(îles),* archipel côtier de l'Arabie, en face de l'Oman, dont il dépend.

KHURRAMĀBĀD → KHORRAMĀBĀD.

KHURRAMCHAHR → KHORRAMCHAHR.

KHURSABĀD ou **KHORSABAD,** village d'Iraq, à 15 km au N.-N.-E. de Mossoul, où le consul de France P. E. Botta, en 1843, crut avoir retrouvé Ninive. Il s'agissait en réalité de la ville de Dour-Sharroukên, bâtie en sept ans par Sargon II d'Assyrie, à partir de 713 av. J.-C. et abandonnée v. 705 av. J.-C. Les reliefs et les inscriptions cunéiformes sont au département assyrien du Louvre (1847). Vestiges du palais de Sargon, de temples et de la ziggourat.

KHUTBA n. m. (mot ar.). Chez les musulmans, prêche prononcé au service du vendredi.

KHUZESTĀN, KHŪZISTĀN ou **KHOUZISTAN,** nom donné à la partie iranienne de la plaine mésopotamienne et à la bordure S.-O. du Zagros. V. princ. *Ahvāz.* C'est la région des puits de pétrole et des grands centres industriels et portuaires, très touchée par la guerre avec l'Iraq. On appelle aussi cette région l'Arabistan.

KHYBER → KHAYBAR.

KIA-HING → JIAXING.

KIA-MOU-SSEU → JIAMUSI.

KIANG-MEN → JIANGMEN.

KIANG-SI → JIANGXI.

KIANG-SOU → JIANGSU.

KIAROSTAMI (Abbas), cinéaste iranien (Téhéran 1940). Également scénariste, il manifeste dans ses films un intérêt particulier pour le monde de l'enfance et pour une réflexion sur l'articulation entre le réel et la fiction (*Où est la maison de mon ami ?,* 1987 ; *Et la vie continue,* 1992 ; *Au travers des oliviers,* 1994).

KIBBOUTZ [kibuts] n. m. (pl. inv. ou *kibboutzim*) [mot hébr. signif. *collectivité*]. Exploitation agricole collective dans l'État d'Israël. (Les premiers kibboutz, créés par les sionistes socialistes à partir de 1909, avaient un caractère militaire et agricole. Après 1948, les kibboutz constituèrent un secteur de pointe de l'agriculture israélienne. Ils ne constituent plus qu'un secteur très minoritaire.)

KIBLA → QIBLA.

KICHENOTTE → QUICHENOTTE.

KICHINEV → CHIŞINĂU

KICHM ou **KECHM,** île de l'Iran, à l'entrée du golfe Persique ; 1 200 km² ; 15 000 hab. Pêche. Gisement de gaz naturel.

KICHMICH n. m. Nom donné à la sultanine au Moyen-Orient.

KICKERS [kikœrs] n. m. pl. (angl. *to kick,* donner un coup de pied). Nom déposé d'un type de chaussure à tige mi-haute monté sur semelle épaisse.

KICKING HORSE PASS ou **COL DU CHEVAL-QUI-RUE,** col des Rocheuses, à la frontière de l'Alberta et de la Colombie britannique ; 1 628 m. Il est emprunté par le Canadian Pacific Railway.

KICK-STARTER [kikstartɛr] ou **KICK** n. m. (pl. *kick-starters*) [angl. *kick,* coup de pied, et *starter,* démarreur]. Dispositif de mise en marche d'un moteur de motocyclette, constitué par une pédale commandée au pied.

KID n. (mot angl.) *Fam.* Enfant, gamin.

KIDD (William), dit **le Capitaine Kidd,** pirate anglais (Greenock, Strathclyde, v. 1645 - Londres 1701). Adversaire des Français aux Antilles, chargé, en 1695, d'y réprimer la piraterie, il ne tarda pas à devenir le pirate le plus redoutable de l'océan Indien. Démasqué, il fut condamné et pendu par les autorités anglaises.

Kidd *(système),* ensemble de groupes sanguins érythrocytaires représentés par deux antigènes principaux antithétiques Jk^a et Jk^b produits par deux gènes alléliques Jk^a et Jk^b. L'anticorps anti-Jk^a, dangereux, est pratiquement aussi immunogène que l'antigène Fy^a. Il est relativement en cause en matière de réactions transfusionnelles et peut être responsable d'une maladie hémolytique néonatale.

KIDNAPPER v. t. (angl. *to kidnap,* de *kid,* enfant, et *to nap,* enlever) [conj. 3]. **1.** Opérer un kidnapping. — **2.** *Fam.* Voler qqch subrepticement : *Qui m'a kidnappé mes lunettes ?*

KIDNAPPEUR, EUSE n. (angl. *kidnapper*). Auteur d'un kidnapping.

KIDNAPPING [-piŋ] n. m. (angl. *kidnapping*). Enlèvement de qqn, en partic. pour extorquer une rançon ; rapt.

KIEF [kjɛf] n. m. (ar. *kaif,* plaisir). *Litt.* Repos absolu, au milieu du jour, chez les Orientaux.

KIEFER (Anselm), peintre allemand (Donaueschingen 1945). Monumentales, ses toiles chargées de matière, de collages, d'inscriptions, interrogent l'histoire, la culture et les mythes de l'Allemagne sur un mode sombre et dramatique.

KIEL, v. d'Allemagne, cap. du Schleswig-Holstein, sur la Baltique, au débouché du canal de Kiel ; 250 000 hab. Chantiers navals et industries (moteurs, électronique, matériel pour les forages pétroliers). Industries alimentaires. Aux environs, Musée régional de plein air.

Kiel *(canal de)* ou **Nord-Ostsee Kanal,** anc. **Kaiser-Wilhelm Kanal,** canal qui coupe le sud de la péninsule du Jylland, depuis Kiel jusqu'à l'embouchure de l'Elbe, et fait communiquer la Baltique avec la mer du Nord (99 km). Trafic de charbon, produits pétroliers, fer et engrais.

KIELCE, v. de Pologne, ch.-l. de voïévodie, dans l'est du plateau de Petite Pologne ; 215 000 hab. Riche palais épiscopal du XVIIe s., cathédrale en partie de la même époque. Nœud ferroviaire et centre industriel (constructions mécaniques et électriques).

KIELLAND (Alexander), écrivain norvégien (Stavanger 1849 - Bergen 1906). Grand bourgeois, industriel, journaliste politique radical (*Travailleurs,* 1880), il a opposé dans ses *Nouvelettes*

(1879), ses *Nouvelles Nouvelettes* (1880) et ses chefs-d'œuvre, les romans *Garman et Worse* (1880) et *Capitaine Worse* (1882), les générations, la morale individuelle à la morale conventionnelle, la soif de liberté aux contraintes familiales.

KIELY (Benedict), écrivain irlandais (Dromore, comté de Tyrone, 1919). Un des meilleurs stylistes de sa génération, il dénonce, dans ses nouvelles et ses romans, le « terrorisme » en Ulster (*Land Without Stars,* 1947 ; *A Cow in the House,* 1978).

KIENHOLZ (Edward), artiste américain (Fairfield, État de Washington, 1927 - Hope, Idaho, 1994). À partir de la fin des années 50, il a élaboré des assemblages-environnements grandeur nature (peuplés de figures plus ou moins symboliques associées à des objets de rebut), « tableaux » porteurs d'un constat sociologique impitoyable (*Roxy's,* 1961 ; *The Art Show* [*l'Exposition*], 1967-1977).

K'IEN-LONG → QIANLONG.

KIEOU-LONG → KOWLOON.

K'IEOU YING → QIU YING.

KIERKEGAARD (Søren Aabye), écrivain et théologien danois (Copenhague 1813 - *id.* 1855). Marqué par un père austère et dévot et par la rupture de ses fiançailles avec Regine Olsen, il ne médita sur l'existence qu'afin de changer la sienne. Il a écrit : *Ou bien... ou bien* (1843), *Crainte et tremblement* (1843), *la Répétition* (1843), *Miettes philosophiques* (1844), *le Concept d'angoisse* (1844), *les Stades sur le chemin de la vie* (1845), *le Traité du désespoir* (1849). Toutes ses œuvres ont pour thème : « La vérité est la subjectivité ». Cette conception de la vérité le conduit à critiquer la philosophie, surtout Hegel, et à analyser ses rapports à Dieu. Au lieu d'ordonner l'homme selon les idées, Kierkegaard ordonne les idées par rapport à l'existence humaine. D'après lui, l'existence humaine passe par les stades esthétique (la spontanéité et le libertinage), éthique (la bonne conscience) et religieux (« la résignation infinie »). La religion (le christianisme) est ainsi l'état le plus élevé de l'existence. Sa pensée est considérée comme le premier modèle de l'existentialisme.

KIESELGUHR [kizɛlgur] n. m. (all. *Kieselgur*). Variété de diatomite à fort pouvoir absorbant.

KIESÉRITE [kiserit] n. f. (de *Kieser,* n. pr.). Sulfate hydraté naturel de magnésium $MgSO_4$ H_2O.

KIESINGER (Kurt Georg), homme politique allemand (Ebingen 1904 - Tübingen 1988). Avocat, député chrétien-démocrate au Bundestag (1949), il présida le Bundesrat (1962-63). Chancelier (1966-1969), il dirigea un gouvernement de « grande coalition » avec le SPD et la CSU. Il fut président de la CDU de 1969 à 1971.

KIEŚLOWSKI (Krzysztof), cinéaste polonais (Varsovie 1941 - *id.* 1996). Narrateur exemplaire, il réalise une œuvre caractérisée par la vérité des personnages et le lyrisme de la mise en scène : *le Personnel* (1975), *le Hasard* (1981), *le Décalogue* (1988), *la Double Vie de Véronique* (1991), et la trilogie *Trois Couleurs : Bleu, Blanc, Rouge* (1993-94).

KIEV, cap. de l'Ukraine, sur le Dniepr ; 2 635 000 hab. Endommagée pendant la Seconde Guerre mondiale, la ville a été reconstruite et son patrimoine architectural restauré. Centre administratif et culturel, la ville est aussi industrialisée (constructions mécaniques, fabrications chimiques, textiles et cuirs, industries alimentaires).

— **Hist.** Capitale du premier État des Slaves de l'Est, (IXe-XIIe s.), Kiev dut sa fortune à sa situation privilégiée sur la voie « des Varègues aux Grecs » (de la Baltique à Constantinople). Elle devint la métropole religieuse de la Russie après l'adoption du christianisme (v. 988-89). Elle fut conquise par les Mongols en 1240. Incorporée au grand-duché de Lituanie (1362), elle passa à la Pologne lors de l'Union de Lublin (1569). Rattachée en 1654 à la Russie, elle joua un rôle important dans la renaissance culturelle du XIXe s. et le mouvement nationaliste ukrainiens. Capitale de la République populaire d'Ukraine instituée en nov. 1917 et proclamée indépendante de la Russie en janv. 1918, Kiev, où le pouvoir soviétique ne fut définitivement instauré qu'en 1920, devint en 1934 la capitale de la R. S. S. d'Ukraine. Pendant la Seconde Guerre mondiale, sous l'assaut des blindés de Guderian et de Kleist, Kiev tomba le 19 sept. 1941. Elle ne fut reprise que le 6 nov. 1943 par Vatoutine. Kiev est auj. la capitale de l'Ukraine indépendante (1991).

— **Bx-arts.** Berceau de l'art et de l'architecture russes, Kiev voit se développer son architecture de pierre au XIe s. La cathédrale Ste-Sophie est élevée à partir de 1037 selon des normes byzantines, décorée de mosaïques et de fresques, puis transformée aux XVIIe et XVIIIe s. dans le style baroque ukrainien. Au XIe s. également est fondé le « monastère des Grottes », foyer spirituel de la ville, dont les multiples églises sont construites et modifiées jusqu'au XIXe s. (transformé en musée national et restitué à l'Église en 1988). Rastrelli donne au milieu du XVIIIe s. les plans de l'église St-André, que suivent d'autres églises dues à l'Ukrainien Grigorovitch-Barski. L'université (1837-1843) illustre le style néoclassique. Un mouvement pictural se développe au XIXe s. ; l'« Union des peintres du Sud » est créée en 1890.

Musées consacrés aux arts ukrainien, russe, occidental et oriental.

KIEV *(État de)* ou **RUSSIE KIEVIENNE,** premier État des Slaves de l'Est (IXe-XIIe s.), qui se développa sur le cours moyen du Dniepr, autour de Kiev. Il s'étendait aux Xe-XIe s. du Dniestr et du Boug occidental, à l'ouest, à la haute Volga, à l'est, de Beloïe Ozero (Lac blanc), au nord, jusqu'à la mer Noire. Bien que, au milieu du XIIe s., cet État se soit désintégré en principautés indépendantes, celles-ci conservent, chez certains historiens, l'appellation de « Russie kievienne » jusqu'à la conquête mongole (1236-1240). Les Slaves de l'Est occupent au début du IXe s. les steppes et les forêts comprises entre les Carpates et le cours supérieur du Don. Leurs tribus, ainsi que les populations baltes ou finnoises autochtones, sont intégrées dans l'État de Kiev, selon un processus à peu près achevé au milieu du XIe s. Ils se diviseront par la suite en Russes, Ukrainiens et Biélorusses.
La tradition des chroniques attribue la création de la Russie kievienne au prince semi-légendaire Riourik, qui s'installe à Novgorod à la suite de « l'appel aux Varègues » (862). Avec l'installation d'Oleg à Kiev (882) commence, à proprement parler, l'histoire politique de la Russie kievienne. Le grand-prince de Kiev est entouré de sa *droujina,* troupe de guerriers avec laquelle il soumet les populations sur lesquelles il lève le tribut. Des relations commerciales régulières, codifiées par les traités de 907-911, 945 et 971 sont établies avec Byzance. Les règnes de Vladimir le Grand (v. 980-1015) et de Iaroslav le Sage (1019-1054), marquent l'apogée de l'État de Kiev. L'adoption du christianisme par Vladimir et le « baptême de la Russie » qu'il impose à ses sujets (988-89) resserrent les liens avec Byzance. La victoire de Iaroslav le Sage sur les Petchenègues (1036) met un terme aux raids incessants des nomades. Mais les luttes de succession entre les fils et petits-fils de Iaroslav, et les assauts répétés des Coumans ou Polovtses, apparus v. 1054 dans les steppes méridionales, ruinent les régions de Kiev et de Pereïaslav, qui se dépeuplent. Les immigrants gagnent principalement l'Ouest (Galicie et Volhynie) ou le Nord-Est (Souzdalie). Vladimir Monomaque (1113-1125) et ses fils réussissent à vaincre les Polovtses et à freiner les tendances au morcellement de la Russie kievienne. Mais, après 1150, elle se désintègre en principautés indépendantes.

KIEVIEN, ENNE adj. **1.** De Kiev. — **2.** *Russie kievienne,* nom donné par certains historiens à l'État de Kiev et aux principautés indépendantes qui en sont issues.

KIF n. m. (ar. maghrébin *kif,* état agréable). Nom du haschisch en Afrique du Nord.

KIF-KIF adj. inv. (ar. maghrébin *kif,* comme). Fam. *C'est kif-kif, kif-kif bourricot,* c'est pareil, c'est la même chose.

KIGALI, cap. du Ruanda ; 234 000 hab. Créée par les Allemands en 1908 à 1 560 m d'alt., seule ville importante du pays (aéroport international et quelques industries).

KIGOMA, v. de Tanzanie occidentale, ch.-l. de région, sur le lac Tanganyika ; 50 000 hab. Point d'aboutissement du chemin de fer venu de Dar es-Salaam. Centre commercial.

KII *(péninsule de),* péninsule montagneuse du Japon, dans le sud de Honshū, séparée de Shikoku par le *détroit de Kii* (qui ouvre la mer Intérieure sur le Pacifique).

KIKAJON n. m. (moyen fr. *kikajon,* ricin). Sorte de kiosque, dans la Suisse romande.

KIKI n. m. (onomat.). **1.** *Fam.* et *vx.* Cou, gorge : *Serrer le kiki à quelqu'un.* — **2.** Pop. *C'est parti, mon kiki !,* ça y est, c'est en marche, cela commence.

KIKUCHI KAN, romancier japonais (Takamatsu 1888 - Tōkyō 1948). Fondateur de la revue littéraire *Bungei Shunjū,* il fut considéré, après 1920, comme le maître du roman populaire.

KIKUYUS, population bantoue des plateaux du Kenya groupant environ 4 millions de membres.

KIKWIT, port du Zaïre, sur le Kwilu ; 346 000 hab. Centre commercial. Terminus de la navigation. Musée ethnographique.

KIL n. m. (de *kilo*). *Pop.* Litre de vin.

KILDARE, en gaél. **Cill Dara,** v. de la République d'Irlande (prov. de Leinster), ch.-l. de comté, au S.-O. de Dublin ; 7 750 hab. Cathédrale protestante sur l'emplacement d'un monastère qu'aurait fondé sainte Brigide.
— **Hist.** Le comté de Kildare fut attribué à une branche de la famille Fitzgerald ; le titre fut créé en 1316 au profit de John Fitzthomas. La famille de Kildare joua au Moyen Âge un rôle très important dans la politique irlandaise jusqu'à sa chute, au XVIe s.

KILIM [-lim] n. m. (turc *kilim*). Tapis d'Orient en laine, tissé en basse lisse, produit artisanal spécifique des peuples nomades musulmans, en particulier d'Anatolie, d'Iran et du Caucase.

KILIMANDJARO ou **UHURU,** plus haut sommet d'Afrique, volcan actif du nord de la Tanzanie, à la frontière du Kenya ; 5 895 m. Première ascension en 1889 par H. Meyer et L. Purtscheller.

KI-LIN → JILIN.

KILKENNY, en gaél. **Cill Choinnigh,** v. de la République d'Irlande (prov. de Leinster), ch.-l. de comté, sur la Nore ; 10 000 hab. Château fort. Cathédrale surtout des XIIIe et XIVe s.

Kilkenny *(statuts de)* [1366], législation votée par le Parlement d'Irlande, pour empêcher l'assimilation des colonies anglaises d'Irlande.

KILLARNEY, en gaél. **Cill Airne,** v. de la République d'Irlande, au N. des monts de Kerry, près du *lac de Killarney ;* 7 000 hab. Constructions mécaniques (grues). Centre touristique. Parc national.

KILLY (Jean-Claude), skieur français (Saint-Cloud 1943). Champion du monde de la descente et du combiné en 1966, il renouvelle aux jeux Olympiques de Grenoble, en 1968, l'exploit de Sailer (1956), en remportant les trois titres olympiques (descente, slalom spécial et slalom géant), conservant en outre son titre mondial du combiné.

KILMARNOCK, v. de Grande-Bretagne, en Écosse, au S.-O. de Glasgow ; 50 200 hab. Musée consacré à Burns. Centre industriel.

1. KILO-, du gr. *khilioi,* mille, préfixe SI qui multiplie par 1 000 l'unité devant laquelle il est placé (symb. k).

2. KILO-, en informatique, préfixe qui multiplie par 2^{10}, soit 1 024, la quantité d'information désignée par le mot qu'il précède (abrév. K) : *Kmots, Koctets, Kbits.*

KILO n. m. Abrév. de KILOGRAMME.

KILOBASE n. f. Unité de mesure de la distance entre les gènes sur un chromosome, représentée par un millier de bases de l'A. D. N. (Abrév. kb.)

KILOFRANC n. m. Unité de compte équivalent à 1 000 francs. (Abrév. KF.)

KILOGRAMME n. m. **1.** Unité SI de masse (symb. kg). — **2.** *Kilogramme par mètre,* unité SI de masse linéique (symb kg/m), équivalant à la masse linéique d'un corps homogène de section uniforme dont la masse est 1 kilogramme et la longueur 1 mètre. ‖ *Kilogramme par mètre carré,* unité SI de masse surfacique (symb. kg/m²), équivalant à la masse surfacique d'un corps homogène d'épaisseur uniforme dont la masse est 1 kilogramme et la surface 1 mètre carré. ‖ *Kilogramme par mètre cube,* unité SI de masse volumique (symb. kg/m³), équivalant à la masse volumique d'un corps homogène dont la masse est 1 kilogramme et le volume 1 mètre cube ; unité SI de concentration d'un échantillon homogène contenant 1 kilogramme du corps considéré dans un volume total de 1 mètre cube.
ENCYCL. Le kilogramme est l'une des sept unités de base du système international d'unités (SI). C'est la masse du prototype international en platine iridié qui a été sanctionné par la Conférence générale des poids et mesures à Paris en 1889 et qui est déposé au pavillon de Breteuil à Sèvres.

KILOMÉTRAGE n. m. **1.** Action de kilométrer une route. — **2.** Mesure en kilomètres d'une distance parcourue.

KILOMÈTRE n. m. **1.** Unité pratique de distance (symb. km) valant 1 000 mètres. — **2.** *Kilomètre lancé,* en ski, épreuve de descente dans laquelle on recherche la vitesse maximale (mesurée en fait sur 100 m seulement). [Abrév. KL.] — **3.** *Kilomètre par heure,* unité pratique de vitesse, égale à la vitesse moyenne d'un mobile parcourant un kilomètre pendant une heure (1 km/h = 1/3,6 m/s). [On dit aussi KILOMÈTRE À L'HEURE et KILOMÈTRE-HEURE.] ‖ *Saisie au kilomètre,* saisie de texte, à l'aide d'un clavier, par un opérateur ne se préoccupant ni de la justification ni des éventuelles coupures de mots en fin de lignes.

KILOMÈTRE-PASSAGER n. m. (pl. *kilomètres-passagers*). Unité de mesure du trafic aérien correspondant à 1 passager transporté sur une distance de 1 kilomètre. (Syn. PASSAGER-KILOMÈTRE.)

KILOMÉTRER v. t. (conj. **18**). Marquer les distances kilométriques à l'aide de bornes, de pieux, etc. : *Kilométrer une route.*

KILOMÉTRIQUE adj. **1.** Qui est évalué en kilomètres : *Distance kilométrique.* — **2.** Qui marque une distance de 1 kilomètre : *Borne kilométrique.* — **3.** Se dit d'ondes radio dont la longueur d'onde est comprise entre 1 et 10 km. — **4.** *Point kilométrique,* désignation de l'emplacement d'un point considéré par sa distance mesurée à partir de l'origine d'une ligne de chemin de fer, d'une autoroute, etc.

KILOMÉTRIQUEMENT adv. En kilomètres ; par kilomètre.

KI-LONG → JILONG.

KILOTONNE n. f. Unité d'énergie des explosifs nucléaires, égale à l'énergie dégagée par l'explosion de 1 000 tonnes de T. N. T. (trinitrotoluène).

KILOTONNIQUE adj. **1.** Se dit d'un explosif nucléaire qui peut dégager une énergie de l'ordre de 1 kilotonne d'équivalent T.N.T. — **2.** S'emploie pour désigner l'armement nucléaire d'une énergie comprise entre une fraction de kilotonne (∼ 0,5 kt) et quelques kilotonnes (∼ 5 kt).

KILOWATTHEURE n. m. Unité d'énergie ou de travail (symb. kWh) équivalant au travail exécuté pendant une heure par une machine dont la puissance est de 1 kilowatt. (1 kWh = $3{,}6.10^6$J.)

KILPATRICK (William Heard), pédagogue américain (White Plains 1871 - New York 1965). Collaborateur de J. Dewey, il développa la méthode des projets, selon laquelle tout enseignement doit procéder de l'expérience et s'organiser autour du travail productif.

KILPI (Volter), écrivain finlandais de langue finnoise (Kustavi 1874 - Turku 1939). Son roman épique *Dans la salle d'Alastalo* (1933) est un des chefs-d'œuvre de la littérature finlandaise.

KILT n. m. (angl. *kilt,* du scand.). **1.** Jupe courte, en tartan, portée par les montagnards écossais, et dont les couleurs symbolisent les clans auxquels ils appartiennent. — **2.** Jupe portefeuille plissée, en tissu écossais.

Kim, roman de R. Kipling (1901). À travers les aventures de Kimball O'Hara, orphelin irlandais doué d'un tel sang-froid qu'il deviendra agent secret, l'auteur décrit l'Inde sous la domination anglaise.

KIMBANGUISME n. m. Mouvement religieux fondé par Simon Kimbangu (1889-1951), messie venu délivrer le peuple noir et réaliser l'unité des Kongos.

KIMBERLEY, v. d'Afrique du Sud, ch.-l. de la prov. du Cap-Nord ; 167 000 hab. Centre du diamant.

KIMBERLEY, district d'Australie, dans le nord de l'Australie-Occidentale ; 360 000 km². Gisements miniers (uranium, diamants).

KIMBERLITE n. f. (de *Kimberley,* n. pr.). Roche ultrabasique mise en place dans des cheminées d'explosion, ou pipes. (D'origine très profonde [150 à 200 km], les kimberlites contiennent des minéraux de très haute pression, tels la coésite et le diamant, dont elles constituent l'unique gisement.)

KIMCHAEK, anc. **Songjin,** port de Corée du Nord, sur la mer du Japon ; 281 000 hab. Centre industriel.

KIM HONG-DO, peintre coréen connu sous le nom de **Tanwon** (1745 - ?). Il fait preuve d'un grand éclectisme à partir de l'école chinoise de Wu et passe des grandes compositions lyriques à un style plus dépouillé et plus intime.

KIM IL-SUNG ou **KIM IL-SŌNG,** homme d'État coréen (Man'gyongdae, près de Pyongyang, 1912 - Pyongyang 1994). Réfugié en Mandchourie en 1927, il entre au parti communiste et organise l'armée populaire de libération en lutte contre l'occupant japonais (1931-1945). Il revient en Corée en 1945 et fonde, en 1946, le parti du travail (dont il sera secrétaire général à partir de 1966). Président du Comité populaire provisoire de la Corée du Nord (1946), il mène campagne contre le gouvernement de Syngman Rhee. Après la fondation de la République démocratique populaire de Corée (sept. 1948), il en est le Premier ministre (jusqu'en 1972) puis le président jusqu'à sa mort.

KIMITSU, v. du Japon, sur la baie de Tōkyō ; 77 300 hab. Sidérurgie.

Kimmelstiel et Wilson *(syndrome de),* syndrome néphropatique des diabétiques, caractérisé par une glomérulopathie. Les mêmes lésions des capillaires se retrouvent au niveau des vaisseaux de la rétine.

KIMMÉRIDGIEN n. m. (de *Kimmeridge,* n. pr.). Étage du jurassique supérieur.

KIM MYONG-GUK, peintre et calligraphe coréen (actif dans la première moitié du XVIIe s.). Il est connu pour sa cursive très libre sous l'influence de la secte Sŏn (zen) et pour ses compositions au graphisme plein d'humour.

KIMONO n. m. (jap. *kimono*). **1.** Dans le costume traditionnel japonais, long vêtement, à manches carrées et amples, croisé devant, et maintenu fermé par une large ceinture, l'obi. — **2.** Nom usuel du judogi. — **3.** Tenue des karatékas. — **4.** *Manche kimono,* manche ample en deux parties taillées, chacune, d'un seul tenant avec le dos ou le devant du vêtement.

Kim-P'o, aéroport international de Séoul, à l'O. de la ville.

KIMURA MOTOO, généticien japonais (Okazaki 1924 - Mishima, préf. de Shizuoka, 1994). Spécialiste de génétique des populations, il est l'auteur du modèle neutraliste de l'évolution.

Kim Vân Kiêu, poème vietnamien de Nguyên Du (1765-1820), composé de 3 254 vers. L'auteur relate l'existence de Kieû, jeune fille d'une grande beauté, vouée à une suite d'aventures douloureuses en expiation des fautes commises durant ses vies antérieures.

KIM YOUNG-SAM, homme d'État sud-coréen (Kojae, prov. de Kyongsang-Sud, 1927). Principal chef de l'opposition de 1961 à 1990, il est élu président de la République en 1992.

KIN → JIN.

KINA n. m. Unité monétaire de la Papouasie-Nouvelle-Guinée.

KINABALU, point culminant de Bornéo, dans le Sabah ; 4 175 m.

KINASE n. f. **1.** Enzyme qui catalyse la formation d'une autre enzyme à partir de son précurseur. — **2.** Enzyme qui catalyse le transfert d'une liaison riche en énergie provenant de nucléosides triphosphates, le plus souvent de l'adénosine triphosphate ou A. T. P., sur un accepteur qui est alors activé.

KINCK (Hans), écrivain norvégien (Øksfjord, Finnmark, 1865 - Oslo 1926). Analyste subtil, à travers ses romans (*la Houldre,* 1892) et ses nouvelles (*Oiseaux migrateurs et autres,* 1899), de l'individu au sein d'un monde impitoyable et de la culture paysanne opposée à celle des citadins, il exalte, dans ses essais, le passé national (*l'Ère de la grandeur,* 1922).

Kindertotenlieder *(Chants des enfants morts),* cycle de cinq lieder avec orchestre, de Gustav Mahler, sur des poèmes de Rückert.

KINDĪ (Abū Yūsuf Ya'qūb ibn Isḥaq **al-**), philosophe arabe (fin du VIIIe s. - milieu du IXe s.). Il a fait de la philosophie mutazilite la doctrine officielle de l'État. Il distingue, pour les harmoniser et non pour les opposer, la « science humaine », c'est-à-dire logique et philosophie, de la « science divine », qui n'est révélée qu'aux prophètes. Il s'est intéressé aux problèmes de la traduction (grec-arabe), qui l'a amené à écrire une épître *Sur les définitions.* Il a laissé sept ouvrages sur l'art musical.

KINDIA, v. de Guinée, ch.-l. de région ; 80 000 hab. Extraction de la bauxite transportée par voie ferrée jusqu'à Conakry.

KINECHMA, v. de Russie, sur la Volga, au N.-E. de Moscou ; 101 000 hab. Centre industriel.

KINEMACOLOR n. m. (marque déposée). Procédé britannique de cinéma en couleurs par synthèse additive bichrome (1907), qui fut le premier procédé commercialisé visant à restituer les couleurs naturelles.

KINESCOPE n. m. Appareil, constitué d'un récepteur d'images de télévision associé à une caméra, qui permet d'enregistrer les images de télévision sur pellicule cinématographique. (Syn. VIDIGRAPHE.)

KINÉSIE n. f. Activité musculaire, mouvement.

KINÉSIMÉTRIE n. f. Art ou manière de mesurer le mouvement.

KINÉSIMÉTRIQUE n. f. Relatif à la kinésimétrie.

KINÉSIQUE n. f. (amér. *kinesics*). Étude des gestes et des mimiques utilisés comme signes de communication, soit en eux-mêmes, soit comme accompagnement du langage parlé.

KINÉSITHÉRAPEUTE n. Auxiliaire médical titulaire d'un diplôme d'État qui exerce la kinésithérapie.

KINÉSITHÉRAPIE n. f. Traitement de certaines affections de l'appareil de soutien (os, ligaments, articulations) et de l'appareil locomoteur (muscles, nerfs) par des mouvements imposés aux différents segments des membres ou du tronc.
ENCYCL. La kinésithérapie est dite *passive* lorsque le malade ne pouvant faire de mouvements par ses propres forces doit être aidé de forces extérieures apportées soit par le kinésithérapeute, soit par une machine (mécanothérapie), soit par des systèmes de suspension ou de poulies (pouliethérapie). Elle est dite *active* lorsque le sujet exécute les mouvements par ses propres moyens. On utilise le plus souvent la kinésithérapie active, en raison de son efficacité dans la restauration des forces musculaires et des capacités fonctionnelles d'un malade.

KINESTHÉSIE ou **CINESTHÉSIE** n. f. Perception consciente de la position et des mouvements des différentes parties du corps.

KINESTHÉSIQUE ou **CINESTHÉSIQUE** adj. Relatif à la kinesthésie.

KINÉTINE n. f. Substance organique qui active la division cellulaire chez les végétaux. (D'abord extraite du sperme de hareng, la kinétine est maintenant obtenue par synthèse.)

KINÉTOSCOPE n. m. (n. déposé). Appareil à vision individuelle inventé par Thomas A. Edison et W. Dickson en 1889 (breveté en 1891) permettant la projection de photographies prises à très courts intervalles, et dont le déroulement rapide donnait une impression de mouvement.

KING (Gregory), économiste anglais (Lichfield, Staffordshire, 1648 - 1712). Précurseur de l'économétrie et de la comptabilité nationale, il a formulé la loi qui porte son nom : les prix des denrées agricoles variant en sens inverse du volume de la récolte, mais dans des proportions plus fortes que celui-ci, les recettes des agriculteurs sont plus grandes, finalement, lorsque la récolte est mauvaise que lorsqu'elle est bonne.

KING (William Lyon MACKENZIE), homme politique canadien (Kitchener, Ontario, 1874 - Kingsmere, près d'Ottawa, 1950), petit-fils de William Lyon Mackenzie. Leader du parti libéral (1919), Premier Ministre (1921-1930), il renforça l'autonomie du Canada vis-à-vis de Londres. De nouveau au pouvoir en 1935, il décida l'entrée en guerre du Canada (1939) et obtint en 1947 la reconnaissance d'une citoyenneté canadienne propre avant de renoncer aux affaires (1948).

KING (Ernest Joseph), amiral américain (Lorain, Ohio, 1878 - Portsmouth, New Hampshire, 1956). À la tête de la flotte de l'Atlantique au début de la Seconde Guerre mondiale, il fut choisi par Roosevelt, après Pearl Harbor, comme commandant en chef de toutes les forces navales américaines.

KING (Riley Ben KING, dit **B. B.**), guitariste et chanteur de blues américain (Itta Bena, Mississippi, 1925). Après avoir chanté le gospel dans les églises de sa ville natale, il débute en tant que guitariste en 1949. Il est doté d'une voix puissante et bien timbrée et son jeu de guitare est le prolongement naturel de son chant.

KING (Martin Luther), pasteur noir américain (Atlanta, Géorgie, 1929 - Memphis 1968). À partir de 1955 il fut en Alabama, puis à l'échelle nationale, le leader de la lutte non violente contre la discrimination raciale. Il fut assassiné. Pour lui rendre hommage, une journée fériée a été instituée aux États-Unis. (Prix Nobel de la paix 1964.)

KING (Phillip), sculpteur britannique (Tunis 1934). Il a été l'élève d'A. Caro. Agencements rigoureux de formes élémentaires, ses œuvres ont évolué vers la complexité de l'organisation spatiale, l'utilisation des matériaux les plus divers, la monumentalité.

KING-CHARLES [kiɲ-] n. m. inv. Épagneul nain anglais au long poil soyeux.

KINGERSHEIM (68260), comm. du Haut-Rhin, au N. de Mulhouse ; 11 291 hab.

King Kong, film américain de Merian Cooper et Ernest B. Shoedsack (1933). Deux explorateurs accompagnés d'une jeune fille ayant découvert en Malaisie un gorille géant le capturent et l'exhibent à New York. L'animal s'échappe en enlevant la frêle jeune fille terrorisée et se réfugie au sommet de l'Empire State Building, avant d'être abattu. Cet archétype du « film de monstres » doit beaucoup aux décors et aux trucages de W. O'Brien.

KINGO (Thomas), évêque et poète danois (Slangerup 1634 - Odense 1703). Un des maîtres de la poésie baroque danoise, il a écrit, en collaboration, le premier livre de cantiques luthériens danois (*le Livre de cantiques prescrit,* 1699).

KINGSLEY (Charles), réformateur social et écrivain britannique (Holne, Devon, 1819 -Eversley, Hampshire, 1875). Pasteur, il préconisait l'amélioration de la condition ouvrière par une pratique effective de l'idéal chrétien dans une société hiérarchisée et fraternelle (*le Ferment,* 1851). Il a aussi écrit des romans historiques (*Vers l'ouest,* 1855) et des récits pour enfants (*les Bébés d'eau,* 1863).

KING'S LYNN, port de Grande-Bretagne (Norfolk), à l'embouchure de l'Ouse ; 30 000 hab. Église gothique St-Nicolas et autres monuments. Demeures anciennes. Musée municipal. Pêche. Alimentation.

— **Hist.** Lynn était, au Moyen Âge, le principal centre des relations avec la Baltique. Il devint en 1537 propriété du roi Henri VIII, qui lui donna son nouveau nom de King's Lynn.

KINGSTON, port du Canada (Ontario), sur le Saint-Laurent, au débouché du lac Ontario ; 53 000 hab. Archevêché catholique. École militaire. Université Queen. Centre industriel. Kingston a été la capitale du Canada de 1841 à 1844.

KINGSTON, cap. de la Jamaïque, sur la côte sud ; 662 000 hab. (dans l'agglomération). Centre commercial et portuaire. Exportation de bauxite. Textile. Alimentation. Tabac. Engrais. Raffinerie de pétrole. Aéroport.

KINGSTON-UPON-HULL → HULL.

KINGSTOWN → DUN LAOGHAIRE.

KINGSTOWN, cap. de l'État de Saint-Vincent et les Grenadines, dans les Petites Antilles ; 26 000 hab.

KING-TÖ-TCHEN → JINGDEZHEN.

KININE n. f. Substance de nature peptidique apparaissant dans le plasma au cours des réactions inflammatoires aiguës, et responsable de phénomènes vasomoteurs. (Les deux principales kinines sont la bradykinine et la kallidine, douées de puissantes propriétés vasodilatatrices.)

KINKAJOU [kɛ̃kaʒu] n. m. (algonquin *gwing,* glouton, croisé avec *carcajou,* blaireau d'Amérique). Mammifère (procyonidé) arboricole, frugivore, d'Amérique tropicale, aux oreilles rondes, au museau court, à la queue préhensile.

KINKI → KANSAI.

KIN NONG → JIN NONG.

KINO n. m. *Kino du Bengale,* résine de l'arbre à laque ou butea. ‖ *Kino de la Jamaïque,* extrait rouge tannifère du coccoloba.

KINOIS, E adj. et n. De Kinshasa.

KINOPANORAMA n. m. (n. de marque). Procédé soviétique de cinéma sur grand écran, similaire au Cinérama.

KINOSHITA JUNJI, auteur dramatique japonais (Tōkyō 1914), rénovateur du théâtre japonais contemporain (*Une grue au crépuscule,* 1949 ; *Entre Dieu et l'homme,* 1972).

KINOSHITA KEISUKE, cinéaste japonais (Hamamatsu 1912). Il est l'auteur d'*Un matin avec la famille Osone* (1946), *la Tragédie du Japon* (1953), *Vingt-Quatre Prunelles* (1954), *la Ballade de Narayama* (1958).

KI NO TSURAYUKI, écrivain japonais (? 883 - ? 945). Sa préface au *Kokin-shū (Recueil de poèmes de jadis et naguère)* est le premier art poétique du *waka.*

Kin P'ing Mei → JIN PING MEI.

KINSELLA (Thomas), poète irlandais (Dublin 1928). S'il peint, à la manière d'Eliot et d'Auden, une intériorité douloureuse (*Nightwalker,* 1968), il est aussi un poète engagé (*Butcher's Dozen,* 1972).

KINSHASA, anc. **Léopoldville,** cap. du Zaïre ; 3 740 000 hab. (*Kinois*). Fondée en 1881 par Stanley sur la rive sud du Pool Malebo, la ville s'est beaucoup étendue vers le S. et l'E., sous l'effet de l'accroissement naturel et de l'exode rural. Port fluvial, centre commercial, administratif et universitaire et principal pôle industriel du pays (métallurgie, textile, mécanique, alimentation).

KIN-SI → JINGXI.

KINTA (la), riv. de Malaisie, affl. du Perak. Gisements d'étain.

KIN-TCHEOU → JINZHOU.

KINUGASA TEINOSUKE, cinéaste japonais (Tōkyō 1896 - Kyōto 1982). Réalisateur de films à partir de 1922 après avoir été acteur (spécialiste des rôles féminins tenus à cette époque par des travestis), il a tourné environ 150 films parmi lesquels *Une page folle* (1926), *Bataille d'été à Ōsaka* (1937), *la Porte de l'enfer* (1953), *le Héron blanc* (1958).

KINZIGITE n. f. (de *Kinzig,* n. pr.). Roche métamorphique gneissique, à quartz, feldspath, grenat, biotite, appartenant au faciès des granulites.

KIOSQUE n. m. (ital. *chiosco,* pavillon de jardin, du turc *kyöchk*). **1.** Petite boutique sur la voie publique, édicule pour la vente de journaux, de fleurs, etc. — **2.** Pavillon ouvert de tous côtés, installé dans les jardins, sur les promenades publiques, etc. — **3.** Abri vitré installé sur le pont d'un navire pour protéger le personnel contre les embruns, la pluie, etc. — **4.** Superstructure d'un sous-marin. (Il sert d'abri de navigation pour la marche en surface, et, pendant la plongée, de logement pour les mâts et de poste d'observation au périscope.) — **5.** (N. déposé.) Système ouvrant l'accès à certains services vidéotex à partir d'un Minitel *(Kiosque télématique)* ou à des messages diffusés par des répondeurs téléphoniques *(Kiosque téléphonique)* et permettant leur facturation. — **6.** *Kiosque à musique,* abri recevant les musiciens pour un concert public en plein air.

KIOSQUIER, ÈRE ou **KIOSQUISTE** n. Commerçant qui tient un kiosque à journaux.

KIOWAS, Indiens tanos des Grandes Plaines d'Amérique du Nord, estimés à 2 200 individus.

KIP n. m. Unité monétaire du Laos.

KIPLING (Joseph Rudyard), écrivain britannique (Bombay 1865 - Londres 1936). Élevé en Angleterre, il regagne les Indes à 17 ans. Journaliste à Lahore et à Allāhābād, il retourne en Angleterre et se met au service de la mystique de l'impérialisme anglais dans une série de romans ayant l'Inde pour cadre (*Simples Contes des collines,* 1887 ; les deux *Livres* de la jungle,* 1894-95 ; *Capitaines courageux,* 1897 ; *Kim*,* 1901). Plus tard, la rudesse de son nationalisme s'atténuera avec ses *Lettres de voyage* (1920), ses *Contes de terre et de mer* (1923) et *Fins et recommencements* (1932). [Prix Nobel 1907.]

Kipp *(appareil de)* [du n. du chimiste hollandais J. B. *Kipp* (1808-1864)], appareil de laboratoire utilisé pour la fabrication continue d'hydrogène, de gaz carbonique, d'hydrogène sulfuré, etc.

KIPPA n. f. (hébr. *kippa,* calotte). Calotte dont les juifs pratiquants se couvrent la tête.

KIPPER [kipœr] n. m. (angl. *kipper*). Hareng ouvert, légèrement salé et fumé.

Kippour → YOM KIPPOUR.

Kippour *(guerre du)* → ISRAÉLO-ARABES (guerres).

KIPRENSKI (Orest Adamovitch), peintre russe (Koporïe 1782 - Rome 1836), représentant de l'art du portrait de veine romantique.

KIPTCHAKS ou **QIPTCHAQS,** peuple turc et confédération de tribus parmi lesquelles les Coumans* jouèrent un rôle dominant. Ils occupèrent au XIe s. les steppes qui s'étendent du lac Balkhach et de la vallée du Syr-Daria au Danube, qui furent appelées steppe des Kiptchaks. La Horde d'Or, qui domina ces régions, fut appelée *khānat de Kiptchak.*

KIR n. m. (nom déposé, du n. du chanoine *Kir*). **1.** Apéritif composé d'une faible quantité de liqueur de cassis complétée de vin blanc aligoté de Bourgogne. (Syn. VIN BLANC CASSIS). — **2.** *Kir royal,* Kir où le vin blanc est remplacé par du champagne.

KIRCHHOFF (Gustav Robert), physicien allemand (Königsberg 1824 - Berlin 1887). Il imagina en 1859 le concept de « corps noir », corps capable d'absorber intégralement les radiations qu'il reçoit. Il inventa le spectroscope, créa, avec Bunsen, l'analyse spectrale et découvrit le césium et le rubidium. En optique, il développa la théorie ondulatoire de Fresnel et, en électricité, énonça des lois applicables aux courants dérivés. (→ CIRCUIT.)

KIRCHNER (Ernst Ludwig), peintre et graveur allemand (Aschaffenburg 1880 - Frauenkirch, près de Davos, 1938). Cofondateur de *Die Brücke,* il s'exprime par la couleur pure et un trait d'une nervosité croissante (*Autoportrait avec modèle,* 1907, musée de Hambourg ; *la Tour rouge à Halle,* 1915, Essen). Ses paysages de Suisse (à partir de 1917) sont plus apaisés. Son œuvre gravé (les bois notamment) est exemplaire de l'expressionnisme allemand.

KIRDIS, important groupe ethnique du nord et du centre du Cameroun.

KIRGHIZ, E adj. et n. Qui appartient aux Kirghiz.

◆ **kirghiz** ou **kirghize** n. m. Langue turque très proche du kazakh, parlée par les Kirghiz.

KIRGHIZ, peuple musulman de langue turque (env. 3 millions d'individus), vivant au Kirghizistan, en Ouzbékistan, au Tadjikistan, et en Chine (Xinjiang, Pamir, Tian Shan). Autrefois, en Russie, on les appelait Kara-Kirghiz pour les distinguer des Kazakhs, à qui les Russes donnaient le nom de Kirghiz.

KIRGHIZISTAN ou **Kirghizie,** État de l'Asie centrale, à la frontière du Xinjiang chinois ; 199 000 km² ; 4 820 000 hab. *(Kirghiz).* CAP. *Bichkek.* LANGUE : *kirghiz.* MONNAIE : *som.*

Géographie. Presque entièrement montagneux (Tian Shan, Alataou), le pays est peuplé surtout de Kirghiz (mais avec de notables minorités d'Ouzbeks et surtout de Russes), maintenant sédentarisés et au fort dynamisme démographique. Les régions de Bichkek et d'Och sont des zones d'agriculture intensive et irriguée, à côté d'un élevage ovin extensif sur des terres arides.

Histoire. Conquise par les Russes, la région est intégrée au Turkestan organisé en 1865-1867.
1924 : Elle est érigée en région autonome des Kara-Kirghiz, au sein de la R. S. F. S. de Russie.
1926 : Elle devient la république autonome du Kirghizistan.
1936 : Le Kirghizistan reçoit le statut de république fédérée de l'U. R. S. S.
1991 : Il accède à l'indépendance.

KIRIBATI, anc. **îles Gilbert,** État de la Micronésie, au cœur de l'océan Pacifique, de part et d'autre de l'équateur ; 900 km² (terres émergées dispersées) ; 80 000 hab. *(Kiribatiens).* CAP. *Tarawa.* LANGUES : *anglais* et *gilbertain.* MONNAIE : *dollar australien.*

Géographie. Il comprend l'archipel principal des Gilbert (16 atolls), auquel s'ajoutent les îles de la Ligne, ou Line Islands (Christmas [auj. Kiritimati], Tabuaeran et Teraina), l'archipel des Phoenix (12 atolls isolés) et l'île corallienne soulevée d'Ocean (ou Banaba).

Histoire. Devenus protectorat anglais en 1892, puis colonie de la Couronne en 1915, les deux archipels des Gilbert et Ellice se sont séparés en 1975, les Ellice constituant le petit État de Tuvalu et les Gilbert celui de Kiribati (indépendant en 1979).

KIRIKKALE, v. de Turquie, à l'E. d'Ankara ; 178 000 hab. Centre commercial et industriel.

KIRIN → JILIN.

KIRITIMATI, anc. **Christmas,** atoll du Pacifique (Sporades équatoriales), dépendance de Kiribati.

KIRK (Rahsaan Roland), saxophoniste et flûtiste de jazz américain (Columbus, Ohio, 1935 - Bloomington, Indiana, 1977). Doué d'une imagination débordante, baroque et imprégnée de l'esprit du blues, il est l'un des swingmen les plus inventifs.

KIRKCALDY, port et station balnéaire de Grande-Bretagne, en Écosse, sur l'estuaire du Forth ; 50 200 hab. Ruines d'un château fort du XVe s. Constructions électriques. Mobilier.

KIRKPATRICK (Ralph), claveciniste américain (Leominster, Massachusetts, 1911 - Guilford, Connecticut, 1984). Il a publié l'intégrale des sonates de Scarlatti pour clavier et lui a consacré une importante étude (1953).

KIRKSITE n. m. (n. déposé). Alliage à base de zinc, contenant une faible proportion d'autres métaux comme l'aluminium, le cuivre et le magnésium. (Les Kirksites sont utilisés pour la fabrication de moules pour matières plastiques, de garnitures de paliers, de cylindres, etc.)

KIRKŪK, v. d'Iraq, ch.-l. de prov., entre Mossoul et Badgad ; 208 000 hab. Marché agricole du Kurdistān. Centre pétrolier relié par pipe-line aux environs d'Iskenderun (Turquie).

KIRKWALL, port de Grande-Bretagne, en Écosse, ch.-l. des îles Orcades ; 4 300 hab. Cathédrale romane et gothique.

KIRMĀN → KERMĀN.

KIRMĀNCHĀH → KERMĀNCHĀH.

KIROV → VIATKA.

KIROV (Sergueï Mironovitch KOSTRIKOV, dit), homme politique soviétique (Ourjoum, gouvern. de Viatka, 1886 - Leningrad 1934). Ambassadeur de la Russie soviétique en Géorgie (1920-21), il devint premier secrétaire du P.C. d'Azerbaïdjan (1921-1925) et fut placé à la tête de l'organisation du parti de Leningrad en 1926. Il entra au secrétariat du Comité central en 1934. Le 1er déc., il fut abattu par le jeune communiste Nikolaïev. Cet assassinat ouvrit l'ère des répressions massives de Staline.

Kirov *(théâtre national académique),* théâtre de Saint-Pétersbourg, connu avant 1917 sous le nom de théâtre Mariinski (Marie) et dont la troupe de ballet était restée la gardienne de la tradition classique. Après la révolution de 1917 et jusqu'en 1935, le ballet du GATOB (nom du théâtre Kirov durant cette période) innova et devint même par certains aspects une troupe expérimentale. Après la Seconde Guerre mondiale, le Kirov s'est produit dans le monde entier. Le ballet du Kirov compte env. 200 danseurs et danseuses.

KIROVABAD → GANDJA.

KIROVAKAN, v. d'Arménie, au N.-O. du lac Sevan ; 159 000 hab. Industries chimiques. La ville a été dévastée par un séisme en déc. 1988.

KIROVOGRAD, anc. **Ielizavetgrad,** v. d'Ukraine, fondée en 1764 ; 263 000 hab. Constructions mécaniques, (tracteurs) et électriques. Industries alimentaires. Chaussures.

KIRSCH [kirʃ] n. m. (abrév. de l'all. *Kirschwasser,* eau de cerise). Eau-de-vie extraite de cerises ou de merises fermentées.

Kirschner *(broche de),* broche métallique utilisée en orthopédie pour réduire les fractures par une extension continue.

KIRŞEHIR, v. de Turquie, ch.-l. de prov., en Cappadoce ; 74 500 hab. — Mausolées d'époque seldjoukide et mosquée Cacabey, ancien observatoire du XIIe s.

KIRSTEIN (Lincoln), chorégraphe et écrivain de la danse américain (Rochester, État de New York, 1907 - *id.* 1996). Cofondateur (1934) avec Balanchine et directeur de la School of American Ballet, il créa les Dance Archives (1940) du Museum of Modern Art de New York et fut à l'origine de la création du New York City Ballet. Il est l'auteur, entre autres, de *Fokine* (1934), *The Classic Ballet, Basic Technique and Terminology* (1952), *Nijinsky Dancing* (1975).

KĪRTHAR *(monts),* chaîne de montagnes du Pākistān, aux confins du Sind et du Baloutchistan, dominant à l'O. la plaine de l'Indus.

KIRUN → JILONG.

KIRUNA, v. de la Suède du Nord (Norrbotten) ; 29 000 hab. Minerai de fer. Base de lancement de ballons et de fusées-sondes.

KIRYŪ, v. du Japon, dans le centre du Honshū ; 133 000 hab.

KIŠ (Danilo), écrivain serbe (Subotica 1935 - Paris 1989). Il s'est souvent inspiré dans ses romans (*le Sablier,* 1971) et ses nouvelles (*Un tombeau pour Boris Davidovitch,* 1976) de faits réels, témoignant d'un grand souci de recherche formelle (*la Leçon d'anatomie,* 1978).

KISAENG n. f. inv. En Corée, jeune femme spécialement entraînée à danser, à chanter et à réciter des poésies dans des maisons de thé ou chez de riches particuliers.

KISALFÖLD (« Petite Plaine »), riche région agricole (blé, maïs, betterave, pomme de terre, élevage) du nord-ouest de la Hongrie. Elle est limitée au N. par le Danube, à l'O. par la retombée des Alpes autrichiennes et au S. par le massif de Transdanubie. V. princ. *Györ.*

KISANGANI, anc. **Stanleyville,** v. du Zaïre, sur le Zaïre, ch.-l. de région ; 577 000 hab. Université. Aéroport. Port fluvial. Pêche. Industries textiles et alimentaires.

KISARAZU, v. du Japon, près de Tōkyō ; 123 433 hab. Aciérie.

KISFALUDY (Károly), écrivain hongrois (Tét 1788 - Pest 1830). Il fut le fondateur de la littérature dramatique et du romantisme en Hongrie (*les Tatars en Hongrie,* 1819 ; *les Prétendants,* 1819 ; *les Conjurés,* 1820 ; *Désillusions,* 1828). — Son frère SÁNDOR (Sümeg 1772 - *id.* 1844) écrivit surtout des poèmes.

KISH, cité ancienne de Mésopotamie (à 15 km à l'E. de Babylone), habitée de la fin du IVe millénaire au Ve s. apr. J.-C. Ses rois ont dû, vers le XXVIIe s. av. J.-C., dominer toute la basse Mésopotamie. Éclipsée par sa voisine, Akkad, au XXIIIe s. av. J.-C., Kish commença alors à décliner. Nécropole et ruines.

KISHIWADA, v. du Japon, sur la baie d'Ōsaka ; 180 300 hab. Centre commercial et industriel.

KISIELEWSKI (Stefan), écrivain et compositeur polonais (Varsovie 1911 - *id.* 1991). Un des chefs de l'opposition intellectuelle, il a publié, à l'étranger, sous le pseudonyme de **T. Staliński,** des romans sur l'histoire de la Pologne contemporaine (*les Hommes dans l'aquarium,* 1976).

KISLING (Moïse), peintre polonais naturalisé français (Cracovie 1891 - Sanary-sur-Mer 1953), fixé à Paris en 1910. Ses portraits féminins et ses natures mortes se caractérisent par un dessin ferme et précis, une matière transparente, un coloris frais, voire acide (*Jeune Fille au châle polonais,* 1928, M. N. A. M., Paris).

KISLOVODSK, v. de Russie, sur le versant nord du Caucase ; 101 000 hab. Station thermale.

KISMAAYO ou **KISMAYOU,** en ital. **Chisimaio,** port de la Somalie, près de l'embouchure du Djouba ; 70 000 hab. — À proximité, parc national.

KISSELEVSK, v. de Russie, dans le Kouzbass ; 124 000 hab. Centre houiller.

KISSINGER (Henry), homme politique américain (Fürth, Bavière, 1923). Conseiller personnel de Nixon pour la politique extérieure de 1968 à 1973, il réalise le rapprochement des États-Unis avec la Chine (1971-72) et est l'artisan de la paix avec le Viêt-nam (1973). Secrétaire d'État sous Nixon (1973) et G. Ford (1974-1977), son action diplomatique s'oriente vers le réglement du conflit israélo-arabe (conférence de Genève, 1974), mais subit des échecs en 1975 (faillite des régimes de Saigon et de Phnom Penh). L'élection de Jimmy Carter mettra fin à ses fonctions. (Prix Nobel de la paix 1973.)

KISSIS, population nigéro-congolaise du groupe atlantique occidental située en Guinée et groupant plus de 150 000 personnes.

KISTNĀ → KRISHNĀ.

KISUMU, port du Kenya, sur le lac Victoria ; 185 100 hab. Nœud routier et ferroviaire. Centre agricole.

KIT [kit] n. m. (angl. *kit*). Ensemble des pièces détachées constitutives d'un objet, vendues avec un plan de montage, et que l'on assemble soi-même. (Syn. PRÊT-À-MONTER.)

KITAJ (Ronald), peintre américain naturalisé britannique (Cleveland 1932). Il a pris une part décisive, dès la fin des années 50, à l'élaboration du pop art anglais. À partir de 1975, il a évolué vers une facture plus classique, fondée sur un retour au travail d'après le modèle vivant.

KITA-KYŪSHŪ, v. du Japon, à l'extrémité nord de Kyūshū, formée en 1963 de la réunion des villes de Moji, Kokura, Yahata, Tobata et Wakamatsu ; 1 065 000 hab. Grande agglomération industrielle (métallurgie et chimie lourdes).

KITAMI, v. du Japon, dans le nord de l'île d'Hokkaidō ; 103 000 hab.

KITAN ou **KHITANS,** tribus turco-mongoles nomades, originaires du bassin du Liao He, établies en Chine du Nord depuis le IVe s. Profondément sinisés grâce à la multiplicité des échanges commerciaux et à la présence d'agriculteurs sédentaires sur les territoires qu'ils contrôlaient, les Kitan fondèrent la dynastie Liao (947-1124).

KITCHENER, de 1830 à 1916 **Berlin,** v. du Canada (Ontario), à l'O.-S.-O. de Toronto ; 140 000 hab. Centre industriel.

KITCHENER (Horatio Herbert, *lord*), comte **de Khartoum** et **d'Aspell,** maréchal britannique (Bally Longford, Kerry, 1850 - en mer 1916). Après avoir servi dans l'armée française (1870-71), il réorganisa l'armée égyptienne. Il atteignit Fachoda peu après l'arrivée de la mission française de Marchand. Commandant en chef britannique à la fin de la guerre des Boers, il réorganisa ensuite l'armée des Indes et devint résident général en Égypte. Ministre de la Guerre (1914), il mit sur pied les divisions britanniques engagées sur le front français. Le navire qui le conduisait en mission en Russie fut coulé par une mine près des Orcades.

KITCHENETTE n. f. (angl. *kitchenette,* de *kitchen,* cuisine). Petite cuisine souvent intégrée à la salle de séjour. (Syn. CUISINETTE.)

Kitchin *(cycles),* cycles économiques mineurs, d'une durée de l'ordre de quarante mois, s'intercalant à l'intérieur des cycles majeurs et mis en évidence par l'économiste américain Kitchin en 1923.

KITEGA → GITEGA.

KITIMAT, localité du Canada (Colombie britannique). Usine d'aluminium. Papeterie.

KITION → CITION.

KITSCH [kitʃ] adj. inv. (all. *kitsch,* toc). Se dit d'un objet, d'un décor, d'une œuvre d'art dont le mauvais goût, voire la franche vulgarité, voulus ou non, réjouissent les uns, dégoûtent les autres. ◆ n. m. inv. Style kitsch.

KITTEL (Rudolf), archéologue et exégète allemand (Eningen, Wurtemberg, 1853 - Leipzig 1929). Son œuvre principale est l'édition critique du texte hébreu de la Bible, *Biblia hebraica* (1905-06).

KITTIKACHORN (Thanom), homme d'État et maréchal thaïlandais (prov. de Tak 1911). Il a gouverné la Thaïlande de 1963 à 1973, comme Premier ministre, puis, de nov. 1971 à oct. 1973, comme membre d'un directoire militaire.

KITWE-NKANA, agglomération de Zambie, près de la frontière du Zaïre ; 495 000 hab. Mines et traitement du cuivre.

KITZBÜHEL, v. d'Autriche (Tyrol), entre Innsbruck et Salzbourg ; 8 000 hab. Grande station estivale et de sports d'hiver (alt. 762 m-2 000 m).

KITZBÜHEL *(Alpes de),* partie des Préalpes du Nord, en Autriche, entre le Salzach et l'Inn.

KIU JAN → JURAN.

K'IU YUAN → QU YUAN.

KIVA n. f. (mot hopi). Chambre cérémonielle, secrète, semi-souterraine, caractéristique des villages pueblos.

KIVI (Aleksis STENVALL, dit **Aleksis**), écrivain finlandais de langue finnoise (Nurmijärvi 1834 - Tuusula 1872). Fondateur de la littérature finnoise, il fut incompris de ses contemporains et sombra dans la folie. Précurseur, avec près d'un siècle d'avance, de la poésie moderne (*Pays de bruyère,* 1866), il donna, après avoir composé deux tragédies (*Kullervo,* 1859 ; *Lea,* 1869) et une comédie (*les Cordonniers de la lande,* 1864), son chef-d'œuvre, le roman *les Sept Frères* (1870), chacun des sept garçons étant un archétype de l'homme finnois.

KIVU *(lac),* lac d'Afrique, entre le Zaïre et le Ruanda, dans le fossé tectonique qui s'allonge entre le lac Tanganyika et le lac Mobutu ; alt. 1 500 m ; 2 700 km². Il donne son nom à une région du Zaïre (256 662 km² ; 6 728 000 hab. Ch.-l. *Bukavu*).

1. KIWI [kiwi] n. m. (angl. *kiwi,* du maori). **1.** Oiseau (aptérygidé) presque sans ailes, sans queue, au plumage grossier et brunâtre, au long bec courbé, des forêts de Nouvelle-Zélande. (N. sc. *aptéryx.*) — **2.** *Fam.* Joueur de l'équipe nationale néo-zélandaise de rugby.

ENCYCL. L'olfaction du kiwi, très fine, lui permet de trouver sa nourriture dans le sol des forêts, de nuit. Le kiwi niche au sol ou en terrier, et dépose un ou deux énormes œufs (jusqu'à 500 g), que le mâle couve.

2. KIWI [kiwi] n. m. (de *kiwi 1*). Fruit de l'actinidia, baie recouverte d'un duvet brun-roux, originaire de Nouvelle-Zélande et cultivé dans le bassin méditerranéen. (Syn. GROSEILLE DE CHINE.)

KIYONAGA → TORII KIYONAGA.

KIYONOBU → TORII KIYONOBU.

KI-ZERBO (Joseph), historien burkinabe (Toma 1922), auteur d'une *Histoire de l'Afrique noire* (1978).

KIZIL DAĞ (« Montagne Rouge »), nom donné à plusieurs petits massifs de Turquie, dont une montagne (culminant à 3 025 m) dominant les sources du Kızıl Irmak et un chaînon, partie sud-ouest de l'Amanos.

KIZIL IRMAK (« le Fleuve Rouge »), fl. de Turquie, tributaire de la mer Noire ; 1 400 km. Aménagements hydrauliques (électricité et irrigation). C'est l'antique *Halys**.

Kjeldahl *(méthode de),* méthode d'analyse chimique inventée en 1883 par le chimiste danois J. G. *Kjeldahl* (1849-1900) pour doser l'azote des composés organiques.

KJELKE n. m. (mot norv.). Petit traîneau dont on se sert sur les pentes glacées et que l'on gouverne à l'aide d'une perche.

KJÖKKENMÖDDING n. m. (du dan. *kjökken,* cuisine, et *modding,* amas de détritus). Amas de débris culinaires et ménagers (essentiellement formés de coquillages) de populations mésolithiques et néolithiques, de la Baltique, de l'Écosse, de France, du Portugal, d'Amérique du Sud, etc.

KJØLEN, en suéd. **Kölen,** chaîne de montagnes du massif scandinave, en Suède et en Norvège, parallèle à la côte de Norvège, et culminant au Kebnekaise.

KJUSTENDIL, v. de Bulgarie, ch.-l. de distr., près des frontières yougoslave et macédonienne ; 51 000 hab. C'est l'antique *Pautalia* (vestiges). Station thermale. Industries alimentaires (eaux-de-vie). Préparation du tabac.

KLADNO, v. de la République tchèque, à l'O. de Prague, au centre d'un bassin houiller ; 72 000 hab. Métallurgie et mécanique.

KLAFT n. m. (mot copte). Coiffe rayée utilisée par les pharaons.

KLAGENFURT, v. d'Autriche, cap. de la Carinthie, au centre d'un bassin (entre les Alpes au N. et les Karawanken au S.) drainé par la Drave ; 87 000 hab. Monuments anciens. Musées. Centre commercial. Université. Textile. Station estivale et de sports d'hiver (alt. 441 m).

KLAGES (Ludwig), philosophe allemand (Hanovre 1872 - Kilchberg 1956). Il est l'auteur d'une philosophie humaniste et le fondateur de la graphologie (*Handschrift und Charakter,* 1917).

KLAÏPEDA, port de Lituanie, sur la Baltique ; en all. *Memel* ; 208 000 hab. Pêche. Constructions navales.

— **Hist.** Le *territoire de Memel* fut détaché de Prusse-Orientale en 1919 et placé sous administration internationale. Occupé par les Lituaniens (1923), le territoire demeura rattaché à la Lituanie et il fut doté d'une large autonomie administrative (convention de 1924). Occupé par les troupes allemandes (mars 1939), il fut libéré par les forces soviétiques (oct. 1944 - janv. 1945).

KLAMATH, fl. des États-Unis (Oregon et Californie) qui se jette dans le Pacifique ; 400 km.

KLAMATH, région des États-Unis, située aux confins de l'Oregon et de la Californie, englobant les *monts Klamath* et les *lacs Klamath.* Parcs nationaux.

KLANG, v. de Malaysia, à l'O. de Kuala Lumpur ; 113 000 hab. Engrais.

KLAPROTH (Martin Heinrich), chimiste et minéralogiste allemand (Wernigerode 1743 - Berlin 1817). Il découvrit le zirconium et l'uranium (1789), le titane (1795) et le cérium (1803).

KLAPROTH (Heinrich Julius), linguiste et explorateur allemand (Berlin 1783 - Paris 1835). Son œuvre maîtresse, *Asia polyglotta nebst Sprachatlas* (1823), est une des premières études des langues d'Orient, en particulier des langues caucasiennes.

KLARSFELD (Serge), avocat français (Bucarest 1935). Avec sa femme *Beate* (Berlin 1939), il poursuit inlassablement au plan international les criminels de guerre nazis ayant opéré en France.

KLAUS (Václav), économiste et homme politique tchèque (Prague 1941). Ministre des Finances (1989) et vice-Premier ministre (1991) de la Tchécoslovaquie, nommé en 1992 à la tête du gouvernement tchèque, il négocie avec son homologue slovaque la partition de la Fédération et devient en 1993 Premier ministre de la République tchèque indépendante.

KLAUSENBURG, nom all. de Cluj. (→ CLUJ-NAPOCA.)

Klavierübung ou **Clavierübung,** recueil de pièces pour clavier de J. S. Bach (1726-1742), qui contient notamment le *Concerto italien* et les *Variations Goldberg.*

KLAXON (klaksɔn] n. m. (n. déposé). Type d'avertisseur sonore pour les automobiles, les bateaux.

KLAXONNER v. i. (de *Klaxon*) [conj. 3]. Faire fonctionner un avertisseur sonore.
◆ v. t. Attirer l'attention de qqn d'un coup de Klaxon.

KLÉBER (Jean-Baptiste), général français (Strasbourg 1753 - Le Caire 1800). D'abord architecte (1775), il sert comme officier dans l'armée autrichienne jusqu'en 1785. Engagé en 1792, il participe activement à la défense de Mayence, puis, commandant de l'avant-garde des Mayençais en Vendée il se signale à Cholet (17 oct. 1793), au Mans et à Savenay (déc. 1793). À l'armée du Nord il se bat à Fleurus (26 juin 1794) et, passé à l'armée de Sambre et Meuse, il est vainqueur à Altenkirchen (4 juin 1796) et reçoit la capitulation de Francfort (juill.). En désaccord avec Jourdan, il démissionne (déc.) puis reprend du service en Égypte (1798), où il commande l'armée après le départ de Bonaparte (août 1799). Signataire de la convention d'El-Arich avec les Anglais (24 janv. 1800), il bat ensuite les Turcs à Héliopolis (18 mars) et réprime la révolte du Caire (avr.) où il est assassiné (14 juin).

KLEBS (Edwin), médecin allemand (Königsberg 1834 - Berne 1913), auteur de travaux d'anatomie pathologique et de bactériologie (bacille de la diphtérie ou bacille de Klebs-Löffler).

Klebs-Löffler *(bacille de)* → LÖFFLER.

KLEBSIELLA n. f. Genre bactérien de la famille des *enterobacteriaceæ,* caractérisé par des bactéries immobiles et pourvues d'une capsule. (*Klebsiella pneumoniæ,* anciennement nommée *pneumobacille,* commensal habituel des voies aériennes supérieures de l'homme, peut être isolée au cours d'infections urinaires ou de septicémies chez des sujets immunodéprimés.)

KLEE (Paul), peintre suisse (Münchenbuchsee, près de Berne, 1879 - Muralto-Locarno 1940). La découverte de Cézanne (1909), puis du cubisme (1912) après la rencontre, à Munich, de Kandinsky et des peintres du *Blaue Reiter* (1911), et la révélation décisive, en Tunisie, de la lumière et de la couleur (1914) marquent toute son œuvre. Proche de l'abstraction (*Villa R,* 1919, musée de Bâle), se référant à la nature, au cosmos par des allusions oniriques ou humoristiques, il multiplie les manières (« carrés magiques » : *Air ancien,* 1925, Bâle ; mosaïque divisionniste : *Ad Parnassum,* 1932, musée de Berne), les techniques et les recherches. Il enseigne au Bauhaus de 1921 à 1930. Une volonté d'économie plastique le conduit à un graphisme qui va jusqu'à l'idéogramme, constamment empreint d'une charge poétique et lyrique (*Mine grave,* 1939, Berne). Il a laissé un *Journal* et d'autres écrits. Important ensemble de son œuvre au musée de Berne (fondation Paul Klee).

KLEENE (Stephen Cole), logicien et mathématicien américain (Hartford, Connecticut, 1909). On lui doit une importante contribution à la théorie des fonctions récursives et à la théorie des automates. (*Introduction to Metamathematics,* 1952.)

KLEENEX n. m. Nom déposé de mouchoirs en ouate de cellulose.

KLEIN (Christian Felix), mathématicien allemand (Düsseldorf 1849 - Göttingen 1925). Dans le « programme d'Erlangen » (1872), il donna une classification de la géométrie* dans laquelle le concept de groupe joue un rôle central. Ses autres travaux concernent la théorie des fonctions de la variable complexe, les fonctions modulaires, le groupe de l'icosaèdre régulier.

KLEIN (Melanie), psychanalyste britannique d'origine autrichienne (Vienne 1882 - Londres 1960). Analysée par S. Ferenczi puis par K. Abraham, elle s'installa au décès de celui-ci à Londres, où elle résida jusqu'à sa mort. À partir de son travail avec les jeunes enfants et poursuivant l'œuvre de Freud dans cette direction, M. Klein a défini un monde intérieur dans lequel projection et introjection, liées au clivage de l'objet et du self, ont permis de différencier objets partiels puis objets totaux. Elle a montré comment l'enfant passe d'un monde dominé par la projection des pulsions destructrices dans l'objet à un monde constitué d'objets totaux, où la synthèse des parties clivées entraîne l'émergence des angoisses dépressives (*Développement de la psychanalyse,* 1952 ; *Envie et Gratitude,* 1957).

KLEIN (Lawrence Robert), économiste américain (Omaha, Nebraska, 1920). Conseiller du président Carter (1976-77), il a reçu en 1980 le prix Nobel de sciences économiques pour ses travaux sur la modélisation économétrique.

KLEIN (Yves), artiste français (Nice 1928 -Paris 1962). Cherchant le *Dépassement de la problématique de l'art* (titre d'un écrit de 1959) et l'accès à une « sensibilité immatérielle » dans une libération de la couleur (*monochromes* bleus ou roses), dans une appropriation des énergies élémentaires (*peintures de feu, cosmogonies)* et vitales (*anthropométries :* empreintes de corps nus enduits de peinture) ou dans le rêve d'une *architecture de l'air,* il fut l'un des grands éveilleurs de l'avant-garde européenne.

KLEIN (William), photographe et cinéaste américain (New York 1928). Rapidité d'écriture, lecture multiple de l'image, flou parfois au premier plan mettent en exergue le rythme désordonné de la vie dans les mégalopolis du XXe s. (*New York,* 1956 ; *Tōkyō,* 1964). Son sens du mouvement en a fait un rénovateur de la photographie de mode. Il a aussi réalisé des films de fiction (*Qui êtes-vous, Polly Maggoo ?,* 1965) et des documentaires (*Cassius le Grand,* 1964).

KLEIST (Ewald Christian VON), poète allemand (Zeblin, Poméranie, 1715 - Francfort-sur-l'Oder 1759). Lessing lui adressa ses *Lettres sur la littérature* (1759). On lui doit surtout *le Printemps* (1749).

KLEIST (Heinrich VON), écrivain allemand (Francfort-sur-l'Oder 1777 - Wannsee, près de Berlin, 1811), petit-neveu du précédent. Il abandonne en 1799 la carrière militaire pour le théâtre, et compose, lors d'un voyage en France puis en Suisse, une comédie, *la Cruche cassée,* et un drame, *Robert Guiscard, duc des Normands* (1803), tentant d'unir la tragédie grecque au drame shakespearien. Arrêté comme espion lors de l'invasion napoléonienne (1806), il est interné au fort de Joux. Relâché, il s'installe à Dresde, où il fréquente les milieux romantiques. Il écrit des nouvelles, une comédie (*Amphitryon,* 1807), des tragédies (*Katherine de Heilbronn,* 1808-1810), et deux drames, inspirés des malheurs de sa patrie (*la Bataille d'Hermann**, 1808 ; *le Prince* de Hombourg,* 1810). Ruiné et découragé, il se donne la mort, en compagnie d'une jeune femme, Henriette Vogel. Annonciateur d'un art réaliste, Kleist fut incompris de son temps.

KLEIST (Ewald VON), maréchal allemand (Braunfels, Hesse, 1881 - Vladimir 1954). Il a été, avec Guderian, le créateur de l'arme blindée allemande. Capitaine de hussards à Tannenberg (1914), il sert ensuite en état-major et dans la Reichswehr. Il conduit en 1940 la percée du front français dans les Ardennes puis sert dans les Balkans, où il enlève Thessalonique et Athènes (avr. 1941). Il se signale à Kiev (1941), devant Stalingrad (1942) et à la tête d'un groupe d'armées germano-roumain. Il mourut en captivité en U. R. S. S.

KLEMPERER (Otto), chef d'orchestre allemand naturalisé israélien (Breslau 1885 - Zurich 1973). En 1927, il prit la direction musicale du Kroll-Oper de Berlin. Il s'installa aux États-Unis en 1933, et devint chef de l'orchestre philharmonique de Los Angeles (1933-1939). De retour en Europe, il fut chef principal de l'orchestre philharmonique de Londres (1955). Il a été un des spécialistes du répertoire austro-allemand, de J. Haydn à G. Mahler.

KLENZE (Leo VON), architecte allemand (Brockenem, près d'Hildesheim, 1784 - Munich 1864). Élève de Gilly, puis de Percier et Fontaine, il a fait l'essentiel de sa carrière au service de Louis Ier, à Munich, à partir de 1816. Son goût est surtout néogrec (Glyptothèque, 1816-1834), mais il sait aussi interpréter les styles Renaissance et byzantin.

KLEPHTE ou **CLEPHTE** n. m. (gr. mod. *klephtês,* brigand). Montagnard libre de la région de l'Olympe et du Pinde, qui, dans la Grèce ottomane, vivait surtout de brigandage. (Les klephtes luttèrent pour l'indépendance du pays au début du XIXe s.)

KLEPTOMANE, KLEPTOMANIE → CLEPTOMANE, CLEPTOMANIE.

KLESTIL (Thomas), diplomate et homme d'État autrichien (Vienne 1932). Candidat du parti populiste, il est élu président de la République en 1992.

KLEVE, nom allemand de Clèves.

KLIAZMA (la), riv. de Russie, affl. de l'Oka (r. g.) ; 686 km (bassin de 42 500 km²).

KLIETSCH ou **KLÍČ** (Karl ou Karel), photographe, dessinateur, peintre et graveur autrichien d'origine tchèque (Arnau, auj. Hostinné, Bohême, 1841 - Vienne 1926). Il entra en relation avec les frères Storey, imprimeurs à Lancaster, et, dans leurs ateliers, mit au point, entre 1890 et 1895, l'héliogravure tramée.

KLIMT (Gustav), peintre autrichien (Baumgarten, auj. dans Vienne, 1862 - Vienne 1918). Il est parmi les fondateurs de la Sécession viennoise en 1897, parvenant, au tournant du siècle, à un art spécifique qui associe réalisme et féerie ornementale au service de thèmes érotico-symbolistes (*le Baiser,* 1907-08, Gal. autrichienne, Vienne). La rigidité de sa stylisation s'adoucit à partir de 1910.

Klincksieck, maison d'édition française fondée en 1842, spécialisée dans les ouvrages d'érudition et les travaux universitaires et de recherche.

KLINE (Franz), peintre américain (Wilkes Barre 1910 - New York 1962). D'abord figuratif, il fut à partir de 1950 une des principales personnalités de l'expressionnisme abstrait, projetant sur la toile d'intenses balafres sombres, dans une tension spatiale continue.

Kline *(réaction de),* réaction de floculation pratiquée pour le diagnostic de la syphilis.

KLINEBERG (Otto), psychosociologue canadien (Québec 1899 - Bethesda, Maryland, 1992). Il a étudié la personnalité de base, puis s'est intéressé à la santé mentale. Il a écrit *Psychologie sociale* (1940), *États de tension et compréhension internationale* (1950).

Klinefelter *(syndrome de),* syndrome associant chez le garçon un développement anormal des seins (gynécomastie), une atrophie testiculaire, une absence de formation des spermatozoïdes (azoospermie) et une élévation du taux des hormones hypophysaires FSH. Le caryotype le plus fréquent est 47,XXY. Dans sa forme habituelle, le syndrome de Klinefelter peut s'accompagner de déficience intellectuelle, mais ce n'est pas la règle. Les autres variantes chromosomiques sont responsables d'une débilité mentale beaucoup plus grave.

KLINGER (Friedrich Maximilian VON), écrivain allemand (Francfort-sur-le-Main 1752 - Dorpat 1831). Il fut, avec Goethe, un des promoteurs du mouvement appelé, d'après une de ses pièces, *Sturm* und Drang* (1776) qui fut une réaction contre le classicisme. On lui doit aussi *Othon* (1775), *la Femme souffrante* (1775), *les Jumeaux* (1776).

KLINGER (Max), peintre, graveur et sculpteur allemand (Leipzig 1857 - Grossjena 1920). La part du fantasme dans son œuvre apparaît dès 1880 avec la suite d'eaux-fortes *Paraphrase sur la découverte d'un gant.* Son *Heure bleue* (1890, musée de Leipzig) est une peinture de l'extase, tandis que sa statue de *Beethoven* (1886-1902, *ibid.*), en matériaux polychromes, participe d'une tendance héroïque du symbolisme.

Klingsor, magicien qui paraît dans le *Parsifal* de Wagner.

KLIOUNE (Ivan Vassilievitch KLIOUNKOV, dit **Ivan**), peintre russe (Bolchie Gorki, région de Vladimir, 1873 - Moscou 1943). Disciple de Malevitch, il a créé une œuvre originale, qui synthétise suprématisme et constructivisme.

KLIOUTCHEVSKI (Vassili Ossipovitch), historien russe (Voznessenskoïe, gouvern. de Penza, 1841 - Moscou 1911). Ses *Cours d'histoire de la Russie* furent publiés de 1904 à 1918.

KLIPPE n. f. (all. *Klippe,* écueil). Lambeau de recouvrement isolé du corps principal d'une nappe de charriage. (Syn. LAMBEAU DE CHARRIAGE.)

K. L. M. Royal Dutch Airlines → KONINKLIJKE LUCHTVAARTMAATSCHAPPIJ N.V.

KLOBB (Jean François Arsène), officier français (Ribeauvillé 1857 - Dankori 1899). Organisateur des premières unités méharistes au Soudan, il refoula les Touareg en 1898. Il se porta au-devant de la mission des capitaines Voulet et Chanoine, accusés de brutalité envers les indigènes. Voulet, refusant de se soumettre, fit ouvrir le feu sur le colonel Klobb, qui fut tué.

KLONDIKE, riv. du Canada, affl. du Yukon (r. dr.), à Dawson ; 150 km environ. Elle a donné son nom à une région qui a été le théâtre de l'une des plus célèbres « ruées vers l'or ».

KLONG n. m. (mot thaï). En Thaïlande, canal, voie d'eau navigable.

KLOOS (Willem), poète néerlandais (Amsterdam 1859 - La Haye 1938). Animateur du renouveau littéraire de 1880, il fonda la revue *De Nieuwe Gids (le Nouveau Guide)* et composa des sonnets impressionnistes.

KLOPSTOCK (Friedrich Gottlieb), poète et auteur dramatique allemand (Quedlinburg 1724 - Hambourg 1803). Luthérien convaincu, il est l'auteur d'une vaste épopée biblique, *la Messiade**. Ses drames (*la Bataille d'Hermann**, 1769 ; *la Mort d'Hermann,* 1787), inspirés des mythes de la vieille Germanie, font de lui l'initiateur d'une littérature puisant aux propres sources nationales. Ce cosmopolite, qui vécut de 1751 à 1770 au Danemark et fut fait, en 1792, citoyen d'honneur de la République française, est un précurseur de l'idée nationale (*la République allemande des savants,* 1774).

KLOSSOWSKI (Pierre), écrivain et dessinateur français (Paris 1905). Influencée par Sade et Bataille, son œuvre est une réflexion sur l'articulation du corps et du langage (*Roberte, ce soir,* 1953 ; *le Baphomet,* 1965 ; *Nietzsche et le cercle vicieux,* 1969). Ses grands dessins colorés sont autant de simulacres visuels du fantasme.

KLOSSOWSKI DE ROLA (Balthasar), peintre français, frère du précédent → BALTHUS.

KLOSTERNEUBURG, v. d'Autriche, dans la banlieue de Vienne, sur le Danube ; 23 300 hab. Célèbre couvent d'augustins, aux bâtiments construits du XIIe au XIXe s. (œuvres d'art, dont le « retable de Klosterneuburg », fait de plaques émaillées à thèmes bibliques, dues à Nicolas de Verdun [1181]). Vignobles. Institut viticole.

KLOSTER ZEVEN ou **CLOSTERSEVEN,** village d'Allemagne (Basse-Saxe), au S.-O. de Stade. Pendant la guerre de Sept Ans, le maréchal de Richelieu y contraignit le duc de Cumberland à signer une capitulation (8 sept. 1757).

KLOTEN, v. de Suisse, au N.-E. de Zurich ; 16 000 hab. Aéroport de Zurich.

KLUCK (Alexander VON), général allemand (Münster 1846 - Berlin 1934). À la tête de la Ire armée, il commit une faute de manœuvre, aussitôt exploitée par l'offensive française de la Marne (sept. 1914).

KLUGE (Hans Günther VON), maréchal allemand (Posen, auj. Poznán, 1882 - près de Metz 1944). Il commanda la IVe armée en Pologne (sept. 1939), en France (1940) et en Russie. Il remplaça Bock à la tête du groupe d'armées Centre (déc. 1941) puis Rundstedt sur le front ouest (juill. 1944). Bien qu'en contact avec la résistance allemande, il ne participa pas à la conjuration du 20 juillet. Son échec devant Mortain provoqua son rappel et son suicide.

KLYSTRON n. m. (gr. *kludzein,* s'agiter). Tube à modulation de vitesse, servant à engendrer ou à amplifier des courants d'hyperfréquences.

km, symbole du *kilomètre,* unité de longueur.

KMETY (György), dit **Ismail Paşa,** général hongrois (Pokorágy 1810 - Londres 1865). Après avoir participé à la révolution hongroise de 1848, il passa dans l'armée turque (1849), se convertit à l'islām et défendit Kars (1855) contre les Russes pendant la guerre de Crimée. Il émigra ensuite à Londres.

km/h, symbole du *kilomètre* par heure.*

KNAUS (Hermann), médecin gynécologue autrichien (Sankt Veit an der Glan, Carinthie, 1892 - Graz, Styrie, 1970). Il a mis au point, en 1930, avec le médecin japonais Ogino Kiusaku, la méthode de contraception, dite « Ogino-Knaus ».

KNAUTIA n. m. (de G. *Knaut,* n. pr.). Plante voisine de la cardère.

KNEIPP n. m. Type de chaussure légère comportant une fermeture à bride.

KNELLER (*sir* Godfrey), peintre anglais d'origine allemande (Lübeck 1646 - Londres 1723). Formé en Hollande, il arriva à Londres en 1674, devint le portraitiste à la mode et fut nommé premier peintre du roi en 1691.

Knesset (la), Parlement de l'État d'Israël.

KNIASEFF (Boris), danseur, chorégraphe et pédagogue d'origine russe (Saint-Pétersbourg 1900 - Paris 1975), créateur de la « barre* à terre ».

KNIAZIEWICZ (Karol), général polonais (près de Mitau, Courlande, 1762 - Paris 1842). Il participa à l'insurrection polonaise de 1794 contre les Russes et rejoignit les armées françaises de la Révolution et de l'Empire où il se distingua notamment à la Moskova et à la Berezina. Il représenta à Paris le gouvernement insurrectionnel polonais (1830-31).

KNICKERS [nikœrs] n. m. pl. (angl. *knickers,* abrév. de *knickerbockers*). **1.** Pantalon de sport moulant, s'arrêtant au-dessous du genou. — **2.** Syn. de PANTALON DE GOLF*.

KNIE (les), dynasties de banquistes d'origine autrichienne naturalisés suisses en 1900. Les premières générations, dès 1802, s'imposèrent comme funambules, puis leurs descendants s'orientèrent vers le dressage des chevaux et des fauves.

KNIGGE (Adolf VON), écrivain allemand (Bredenbeck, près d'Hanovre, 1752 - Brême 1796). Membre de la secte des Illuminés, il écrivit des ouvrages de polémique (*Du commerce des hommes,* 1788).

KNIT-DEKNIT n. m. (angl. *to knit,* tricoter). Procédé de texturation consistant à tricoter et détricoter des fils thermoplastiques ayant subi un thermofixage entre les deux opérations.

KNIVSKJELLODDEN, cap de l'île Magerøy (Norvège), extrémité septentrionale de l'Europe (71° 11'8").

KNOBELSDORFF (Georg Wenzeslaus VON), peintre et architecte allemand (Kuckädel 1699 - Berlin 1753). Ami de Frédéric II jusqu'en 1746, un des rares représentants du rococo dans l'architecture prussienne, il construisit l'Opéra de Berlin (1741-1743, à façade palladienne), travailla à d'autres édifices berlinois et pour Potsdam (parc et château de Sans-Souci, sur la conception duquel il entra en conflit avec le roi).

KNOB LAKE, lac du Canada, au Québec, près de la frontière du Labrador et de la ville de Schefferville. Dans la région, gisements de minerai de fer.

Knock *ou le Triomphe de la médecine,* comédie en trois actes de Jules Romains (1923). Écrite dans la tradition moliéresque, c'est une satire du dogmatisme médical, à travers les agissements du docteur Knock dont la devise est que « tout homme bien portant est un malade qui s'ignore ». L. Jouvet en fut l'inoubliable interprète.

KNOCK-DOWN [nɔkdaun] n. m. inv. (angl. *to knock down,* faire tomber à terre). État d'un boxeur envoyé à terre, mais qui n'est pas mis hors de combat. (Il dispose de 8 secondes pour reprendre le combat.)

◆ adj. inv. Se dit d'un boxeur en état de knock-down.

KNOCK-OUT [nɔkaut] n. m. inv. (angl. *to knock out,* faire sortir en frappant). **1.** Mise hors de combat du boxeur qui reste à terre après un coup adverse plus de 10 secondes comptées par l'arbitre prononçant alors le mot « out ». (Syn. K.-O.) — **2.** *Knock-out technique,* défaite concédée avant la limite par abandon, blessure, etc.

◆ adj. inv. Se dit d'un boxeur en état de knock-out, mis hors de combat. (Syn. K.-O.)

KNÖDEL n. f. Boulette de pâte à nouilles, accommodée avec de la crème ou du beurre fondu. (Spécialité alsacienne.)

KNOKKE-HEIST, comm. de Belgique (Flandre-Occidentale), au N. de Bruges ; 29 000 hab. Stations balnéaires (Knokke-sur-Mer, Le Zoute, Albert-Plage).

KNOLLES (*sir* Robert), chevalier anglais (dans le Cheshire v. 1325 - Sculthorpe, Norfolk, 1407). L'un des plus fameux capitaines de la guerre de Cent Ans, il participa à la campagne de Castille (1366-1369). Mais sa marche vers Paris (1370-1372) fut déjouée par une mutinerie et par la tactique de Du Guesclin.

Knoll International, société productrice de mobilier fondée à New York en 1938, sous le nom de *Knoll,* par Hans G. **Knoll** (Stuttgart 1914 - La Havane 1955). En 1943, celui-ci créa avec l'architecte Florence Schust (Saginaw, Michigan, 1917), épousée la même année, la société *Knoll International,* qui fit appel pour le design de ses sièges et meubles à E. Saarinen, Mies van der Rohe, M. Breuer, H. Bertoia, Charles Pollock, etc.

Knop *(liquide de),* milieu nutritif destiné à la culture des plantes à chlorophylle. Inventé par le chimiste allemand Johann *Knop* (1817-1891), il contient les 4 éléments dont les symboles chimiques mis à la suite forment le nom de celui-ci : K (potassium), N (azote), O (oxygène), P (phosphore).

KNORR (Ludwig), chimiste allemand (Munich 1859 - Iéna 1921). Il fut l'un des pionniers de la chimie organique et découvrit en 1883 l'antipyrine.

KNOSSÓS → CNOSSOS.

KNOUT [knut] n. m. (russe *knout*). **1.** En Russie, fouet constitué de plusieurs lanières de cuir. – **2.** Châtiment corporel, qui consistait à frapper le dos avec ledit fouet.

KNOW-HOW [noaw] n. m. inv. (amér. *know-how,* de *to know,* savoir, et *how,* comment). **1.** Ensemble des notions, des connaissances et de l'expérience concernant des opérations ou des procédés utiles à la réalisation d'un produit ou d'un service. (Syn. SAVOIR-FAIRE.) – **2.** *Contrat de know-how,* cession de tous moyens de fabrication et, en général, de toutes connaissances permettant la mise en œuvre d'une technique ou d'un procédé, qu'il s'agisse de moyens industriels brevetables ou non.

KNOWLES (Michael CLIVE, en religion **David**), historien britannique (Studley 1892 - Cambridge 1974). Bénédictin à l'abbaye de Downside de 1914 à 1939, professeur à l'université de Cambridge de 1947 à 1963, il est le meilleur historien du monachisme anglais.

Knox *(Fort),* camp militaire des États-Unis (Kentucky), au S.-O. de Louisville, utilisé comme école pour les blindés. Un abri contient les réserves d'or des États-Unis.

KNOX (John), réformateur écossais (près de Haddington ? 1505 ou 1514 - Édimbourg 1572). Il établit en Écosse la Réforme selon les positions de Calvin. Exilé, en 1554, par Marie Tudor, il rentra, en 1559, sous Élisabeth Ire, dans sa patrie, où il contribua à l'établissement du presbytérianisme. Son œuvre principale est un ouvrage posthume : *Histoire de la Réformation en Écosse* (1586).

KNOXVILLE, v. des États-Unis (Tennessee), dans la « Grande Vallée » des Appalaches ; 183 000 hab. Carrefour ferroviaire. Centre touristique et industriel. Université.

KNUD Ier ou **II** ou **KNUD le Grand** ou **CANUTE** ou **CNUT** (995 - Shaftesbury 1035), roi d'Angleterre (1016-1035), de Danemark (1018-1035) et de Norvège (1028-1035). Il lutta contre les Anglo-Saxons, et devint roi d'Angleterre à la mort d'Edmond II Côtes de Fer (1016). Respectueux des lois anglo-saxonnes, il favorisa la fusion entre les deux peuples. Héritier du Danemark à la mort de son frère Harald (1018), il vainquit Olav le Saint, roi de Norvège, et s'empara de son État (1028). La mort de Knud entraîna la dislocation de son empire. – **Knud Hardeknud** → HARDEKNUD. – **Knud II** ou **IV** *le Saint* (1040 - Odense 1086), roi de Danemark (1080-1086). Succédant à son frère Harald Hen (1080), il établit un pouvoir royal puissant, et combattit les Estoniens. Très pieux, il favorisa l'extension de l'Église. Il fut massacré dans l'église St-Alban d'Odense. Canonisé en 1101, il est le patron du Danemark. – **Knud III** ou **V** *Magnusson* (†Roskilde 1157), roi de Danemark (1146-1157). Élu roi en Jylland à la mort d'Érik Lam (1146), il combattit Svend III pour la possession de la Scanie et du Sjaelland. Allié à Valdemar, il reçut le Sjaelland (1157), mais il fut assassiné par Svend III. – **Knud IV** ou **VI** *Valdemarsson* (1163 - Ringsted 1202), roi de Danemark (1182-1202). Fils et successeur de Valdemar le Grand (1182), il abandonna le pouvoir à l'évêque Absalon. Sous son règne, son frère, le futur Valdemar II, s'empara du Holstein et de Lübeck.

KNUD, roi de Suède → KNUT.

KNUDSEN (Aanon Gunnar), homme politique norvégien (Salteröd, près d'Arendal, 1848-Borgestad, Telemark, 1928). Premier ministre de 1908 à 1910 et de 1919 à 1920, il préserva la neutralité du pays durant la Première Guerre mondiale.

KNUT ou **KNUD Eriksson** († 1196), roi de Suède (1167-1196). Fils d'Erik le Saint, il introduisit la culture allemande en Suède. Sous son règne commencèrent l'exploitation minière et la frappe des monnaies.

K.-O. [kao] n. m. Syn. de KNOCK-OUT.
◆ adj. inv. **1.** En boxe, syn. de KNOCK-OUT. – **2.** *Fam.* Qui est épuisé par un effort ou

assommé par un choc violent : *À la fin de la journée, je suis K.-O.*

KOALA n. m. (mot d'une langue indigène d'Australie). Mammifère marsupial (phalangéridé) d'Australie, dépourvu de queue, à la fourrure dense, arboricole et nocturne. (Les koalas se nourrissent des bourgeons d'eucalyptus. Décimés au XIXe s. pour leur fourrure, ils font aujourd'hui l'objet d'un élevage.)

KOB n. m. Antilope africaine des marais dont les mâles portent des cornes à anneaux transverses, recourbées vers l'avant.

KOBAYASHI MASAKI, cinéaste japonais (Otaru 1916 - Tōkyō 1996). Assistant de Kinoshita Keisuke, il réalise son premier film en 1952 *(la Jeunesse du fils).* Il tourne en 1959-1961 *la Condition humaine* (plus de neuf heures de projection), puis réalise *Harakiri* (1962), *Kwaidan* (1964), *Rébellion* (1967), *Pavane pour un homme épuisé* (1968), *Kaseki* (1974), *les Procès de Tōkyō* (1984), *la Table vide* (1985).

KOBAYASHI TAKIJI, romancier japonais (Akita 1903 - Tōkyō 1933), un des principaux artisans de la jeune littérature prolétarienne (*le Bateau-Usine,* 1929).

KŌBE, port du Japon, ch.-l. de préf., sur la côte nord de la baie d'Ōsaka ; 1 477 410 hab. C'est un des premiers ports (170 Mt env., surtout à l'exportation) et centres industriels (sidérurgie, mécanique, construction navale, chimie, alimentation) du pays. Mais la ville a été gravement endommagée par un séisme en 1995.

KØBENHAVN, nom danois de Copenhague.

KØBKE (Christen), peintre danois (Copenhague 1810 - *id.* 1848). Formé auprès d'Eckersberg, il a peint des scènes d'intérieur, des portraits et des paysages d'un art sobre et sensible, marqués par la qualité de la lumière et du coloris.

KOBLENZ, nom allemand de Coblence.

KŌBŌ DAISHI, titre posthume donné au grand maître bouddhiste japonais **Kūkai** (774-835). À la recherche de la doctrine authentique, il partit pour la Chine en 804 et il y étudia les textes canoniques. Il revint au Japon en 806 et y fonda la secte *Shingon* (Parole vraie), ainsi que le monastère du mont Kōya (816), qui est encore aujourd'hui l'un des principaux du Japon. On lui attribue l'invention du syllabaire *hiragana.*

KOBOLD n. m. (all. *kobold,* gnome). **1.** Dans le folklore germanique, génie familier, protecteur de la maison, capable aussi de jouer de mauvais tours. — **2.** Gnome, habitant et protecteur des mines, dont il paraît surveiller les travaux.

KOCH (Joseph Anton), peintre autrichien (Obergiblen, Tyrol, 1768 - Rome 1839). Il a surtout vécu à Rome. À côté de tableaux d'histoire, il a peint des paysages qui exaltent la splendeur de la nature et la force des éléments. Nombreux dessins, notamment d'après *la Divine Comédie* de Dante.

KOCH (Robert), médecin allemand (Clausthal 1843 - Baden-Baden 1910). Il a publié en 1882 ses études sur la tuberculose et la découverte du bacille auquel son nom est resté attaché. Il réussit ensuite à le cultiver hors de l'organisme et à reproduire la maladie chez les animaux avec les produits de cette culture. Il découvrit également le bacille virgule, agent du choléra. On lui doit encore la préparation de la tuberculine. (Prix Nobel de médecine 1905.)

Koch *(bacille de),* bacille de la tuberculose.

Koch *(phénomène de),* phénomène qui se produit lorsque, sous la peau de cobayes tuberculisés, on introduit à nouveau une petite quantité de bacilles tuberculeux ou de tuberculine : les animaux réagissent aussitôt contre cette seconde inoculation. Il se produit une inflammation locale très vive, à laquelle fait suite l'élimination des tissus mortifiés, avec les microbes qu'ils contiennent. Ce phénomène a servi à l'étude de l'allergie tuberculeuse.

KOCH (Lauge), géologue et explorateur danois (Kjaerby, près de Kalundborg, 1892 - Copenhague 1964). Il participa, à partir de 1913 à plusieurs expéditions au Groenland, notamment avec Rasmussen (1920-1923).

KOCHANOWSKI (Jan), poète polonais (Sycyna 1530 - Lublin 1584), créateur de la poésie lyrique en Pologne. Il composa des *Odes,* le drame *le Renvoi des messagers grecs* (1565-66), des *Épigrammes,* un pamphlet, *Gallo crocitanti* (1576), riposte à l'*Adieu à la Pologne* de Desportes. Son chef-d'œuvre est un recueil d'élégies, *Thrènes* (1580), dédié à sa fille décédée, Ursule. Il a aussi traduit des psaumes.

KÖCHEL (Ludwig VON), musicographe autrichien (Stein, Basse-Autriche, 1800 -Vienne 1877). Il a publié, en 1862 le Catalogue chronologique et thématique des œuvres complètes de W. A. Mozart.

KOCHELSEE, lac de cirque glaciaire des Alpes bavaroises (Allemagne), près de la station touristique de *Kochel ;* 59 km². Aménagement hydroélectrique entre le Walchensee et le Kochelsee.

KOCHER (Theodor Emil), chirurgien suisse (Berne 1841 - *id.* 1917). Il créa la chirurgie des goitres. On lui doit aussi les pinces hémostatiques à griffes, dites « pinces de Kocher ». (Prix Nobel de médecine 1909.)

KOCHERSBERG (le), région limoneuse d'Alsace (Bas-Rhin), entre les basses vallées de la Bruche et de la Zorn. Houblon. Betterave à sucre.

KŌCHI, port du Japon, dans l'île de Shikoku, ch.-l. de préf. ; 317 069 hab. Pêche. Conditionnement du poisson. Sidérurgie.

KOCHNO (Boris), écrivain et homme de théâtre français (Moscou 1904 - Paris 1990). Principal collaborateur de Diaghilev aux Ballets russes, il participa à la fondation des Ballets des Champs-Élysées. Auteur de nombreux livrets et arguments de ballet, il a publié *le Ballet* (avec Maria Luz, 1954) et *Diaghilev et les Ballets russes* (1971, 1973).

KOCHOWSKI (Wespazjan), poète polonais (Gaj 1633 - Cracovie 1700). Historiographe de la cour de Jean Sobieski, il fut également un poète baroque.

KOCHTANTAOU ou **KOSHTAN-TAU,** sommet du Caucase central ; 5 151 m. Première ascension par le Britannique H. Wooley avec le guide C. Joss (1889).

KOCK (Charles Paul DE), écrivain français (Paris 1793 - Romainville 1871), auteur à succès de nombreux romans et pièces de théâtre dont *Gustave le mauvais sujet* (1821), *l'Homme aux trois culottes* (1842).

KODAIRA KUNIHIKO, mathématicien japonais (Tōkyō 1915). Il a reçu, en 1954, la médaille Fields pour sa théorie des intégrales harmoniques et ses applications aux variétés algébriques.

Kodak → EASTMAN KODAK COMPANY.

KODÁLY (Zoltán), compositeur, folkloriste et pédagogue hongrois (Kecskemét 1882 - Budapest 1967). Il entreprit avec Béla Bartók une collecte de chants populaires. En 1908, il devint professeur de composition à l'académie Franz Liszt. Son œuvre embrasse tous les genres : motets, messes, oratorios (*Psalmus hungaricus,* 1923), œuvres dramatiques, symphoniques, musique de chambre. Kodály s'est illustré aussi par sa volonté de promouvoir le chant folklorique pour l'enseignement de la musique.

Kodansha, maison d'édition japonaise fondée en 1909. Outre des ouvrages encyclopédiques, scientifiques et des livres pour les jeunes, elle possède un département international et un secteur audiovisuel.

KODIAK n. m. (de *Kodiak,* n. pr.). Race locale de l'ours grizzli d'Amérique, atteignant 3,60 m de long et 500 kg.

KODIAK *(île),* île dépendant de l'Alaska, limitant vers l'O. le golfe d'Alaska. Ch.-l. *Kodiak,* port de pêche et base navale et aérienne ; 4 800 hab.

KŒCHLIN (André), industriel français (Mulhouse 1789 - Paris 1875). Il créa à Mulhouse des usines de construction de machines textiles et de locomotives, qui devinrent, en 1872, la Société alsacienne de constructions mécaniques.

KŒCHLIN (Charles), compositeur et pédagogue français (Paris 1867 - Rayol-Canadel-sur-Mer, Var, 1950). Il a été un des premiers, en France, à exploiter la technique sérielle, mais son éclectisme l'entraîna autant vers la modalité que vers l'orientalisme. Son inspiration sollicite tous les genres : symphonies, poèmes symphoniques (*la Nuit de Walpurgis,* 1907), chorals pour orchestre dans les modes du Moyen Âge (1933), ballets (*l'Âme heureuse,* 1947), musiques de film, compositions pour orchestre d'harmonie, musique de chambre (*Paysages et Marines,* 1917). Parmi ses ouvrages didactiques figure un important traité d'orchestration (1944).

KOEKELBERG, comm. de Belgique, banlieue nord de Bruxelles ; 17 000 hab.

KOENIG (Friedrich), imprimeur et inventeur allemand (Eisleben 1774 - Oberzell 1833). Dès 1802, il chercha à fabriquer une presse mécanique. Il passa en Angleterre en 1806, et le *Times* commença en 1814 à être imprimé au moyen de la presse à cylindre qu'il avait mise au point.

KŒNIG (Karl Rudolph), physicien français d'origine allemande (Königsberg 1832 - Paris 1901). Spécialiste des mouvements vibratoires, il a inventé la *capsule manométrique* et le *trombone de Kœnig,* pour l'étude des interférences acoustiques.

KŒNIG (Marie Pierre), maréchal de France (Caen 1898 - Neuilly-sur-Seine 1970). Engagé volontaire en 1917, il participe ensuite aux opérations du Rif et sert en Norvège. Rallié à de Gaulle, il permet par sa résistance à Bir Hakeim le repli des troupes britanniques vers l'Égypte (1942). Commandant en chef des Forces françaises libres en Grande-Bretagne, puis des Forces françaises de l'intérieur, il est nommé gouverneur de Paris après la libération de la capitale (août 1944). Il commande la zone d'occupation française en Allemagne (1945-1949) et devient inspecteur des forces d'Afrique du Nord. Il sera ministre de la Défense nationale pendant quelques mois dans les cabinets Mendès France en 1954 et Edgar Faure en 1955. Maréchal de France à titre posthume en 1984.

Koepe *(poulie),* poulie d'une machine d'extraction minière de grand diamètre, sur laquelle le câble fait un simple demi-tour et qui assure l'entraînement de celui-ci par simple adhérence.

KOEPPEN (Wolfgang), écrivain allemand (Greifswald 1906 - Munich 1996). Son œuvre, au lyrisme épique et douloureux, a exercé une profonde influence (*Un amour malheureux,* 1934 ; *Mort à Rome,* 1954).

KOESTLER (Arthur), écrivain hongrois de langue anglaise naturalisé britannique (Budapest 1905 - Londres 1983). Ses romans montrent l'homme aux prises avec les systèmes politiques et scientifiques modernes (*le Zéro et l'Infini,* 1940 ; *Janus,* 1978).

KŌETSU, peintre, calligraphe et décorateur japonais (région de Kyōto 1558-1637). Laqueur, céramiste, maître de la cérémonie du thé, poète et peintre, mais aussi superbe calligraphe s'inspirant du style Heian et enfin grand mécène, il a réalisé avec son beau-frère, le peintre Sōtatsu, des œuvres d'une harmonie parfaite. Ils furent les inspirateurs de Kōrin.

KOFFKA (Kurt), psychologue américain d'origine allemande (Berlin 1886 - Northampton 1941). Il a été avec W. Köhler et M. Wertheimer un des fondateurs de la Gestalttheorie.

KOFMAN (Sarah) philosophe française (Paris 1934 - *id.* 1994). Lectrice de Platon, de Sartre, elle tenta de se définir, après une psychanalyse, comme un être double au travers de l'écriture (*l'Enfance de l'art,* 1970 ; *Autobiogriffures,* 1976 ; *le Respect des femmes,* 1982).

KOFORIDUA, v. du Ghana, ch.-l. de la Région-Orientale, au N. d'Accra ; 69 800 hab. Commerce du cacao.

KŌFU, v. du Japon, à l'O. de Tōkyō ; 200 626 hab. Centre commercial. Textile. Bijoux en cristal de roche.

KOFUN [kofun] n. m. inv. (jap. *kofun,* ancien tombeau). Tumulus funéraire protohistorique caractéristique des populations guerrières qui s'installèrent au Japon, venant de Corée, du IIIe au VIe s. (La *période des kofun* correspond à l'âge du fer.)

KOGĂLNICEANU (Mihail), historien et homme politique roumain (Iași 1817 - Paris 1891). Il dut s'exiler après l'échec de la révolution de 1848. Il milita à partir de 1855 pour l'union des principautés de Valachie et de Moldavie et pour leur autonomie. Alexandre-Jean Ier Cuza l'appela à la présidence du Conseil (1863-1866).

KOGURYO ou **KO-GU-RYŎ,** ancien royaume nord-coréen (37 av. J.-C. - 668).

KOH-I BABA → KUH-E BĀBĀ.

Koh-i-Noor ou **Kuh-i-Nur** (nom indien signif. *montagne de lumière*), célèbre diamant qui appartint à plusieurs souverains indiens avant d'être offert à la reine Victoria, qui le fit tailler, réduisant son poids de 800 à 279 carats.

KOHISTĀN → KUHESTĀN.

KOHL (Helmut), homme politique allemand (Ludwigshafen, Rhénanie-Palatinat, 1930). Président de l'Union chrétienne-démocrate (CDU) depuis 1973, il devient chancelier de la R. F. A. en 1982. Il est confirmé dans ses fonctions après la victoire de son parti allié aux libéraux en 1983 et en 1987. Après les bouleversements intervenus en R. D. A. en 1989, il s'emploie à mettre en œuvre l'unification rapide des deux États allemands, qui — réalisée en oct. 1990 — fait de lui le chancelier de l'Allemagne unie. Il est reconduit au terme des élections de 1990 (déc.) et de 1994.

KÖHLER (Wolfgang), psychologue américain d'origine allemande (Reval, auj. Tallinn, 1887 - Enfield, New Hampshire, 1967), l'un des principaux représentants de la Gestalttheorie : *Problèmes psychologiques* (1933).

KOHLRAUSCH (Rudolf Hermann Arndt), physicien allemand (Göttingen 1809 - Erlangen 1858). Il mesura, avec Weber, le rapport des unités électrostatiques et électromagnétiques, trouvant une valeur voisine de la vitesse de la lumière (1832). En électricité, il introduisit la notion de résistivité (1848). — Son fils FRIEDRICH (Rinteln 1840 - Marburg 1910) détermina la conductivité des électrolytes et en déduisit les valeurs des mobilités des ions.

KOHOL → KHÔL.

KOHOUT (Pavel), écrivain tchèque (Prague 1928). Il incarne dans ses romans (*l'Exécutrice,* 1978), ses poèmes (*le Temps de l'amour et du combat,* 1954), son théâtre (*les Nuits de septembre,* 1955 ; *Auguste, Auguste, Auguste,* 1967) et ses récits (*Journal d'un contre-révolutionnaire,* 1969) les espérances et les épreuves de son pays, de l'occupation hitlérienne à l'écroulement du « printemps de Prague ».

KOÏLONYCHIE [-niki] n. f. Déformation souvent congénitale de l'ongle, dont la surface devient concave.

KOINÈ [kɔjnɛ] n. f. (gr. *koinê dialektos,* langue commune). **1.** Dialecte attique mêlé d'éléments ioniens qui est devenu la langue commune de tout le monde grec à l'époque hellénistique et romaine. — **2.** Langue commune se superposant à un ensemble de dialectes ou de parlers sur une aire géographique donnée.

KOIVISTO (Mauno Henrik), homme d'État finlandais (Turku 1923). Député social-démocrate, Premier ministre (1968-1970 et 1979-1981), il a été président de la République de 1982 à 1994.

KOJÈVE (Aleksandr KOJEVNIKOV, dit **Alexandre**), philosophe français d'origine russe (Moscou 1902 - Paris 1968). Toute son œuvre constitue une introduction au système hégélien, à partir duquel il a repensé l'histoire de la philosophie grecque (*Introduction à la lecture de Hegel,* 1947).

Kojiki *(Relation des choses anciennes),* histoire du Japon compilée en 712 par Ō no Yasumaro sur l'ordre de l'impératrice Gemmei. Elle propose une généalogie impériale remontant jusqu'à l'âge des dieux ainsi qu'un ensemble de mythes et de récits.

KOK (Wim), homme politique néerlandais (Bergambacht, Hollande-Méridionale, 1938). Leader du parti du travail à partir de 1986, il est nommé Premier ministre en 1994.

KOKA n. m. inv. (jap. *kōka*). En judo, avantage technique obtenu soit en projetant son adversaire sur le côté du corps, sur la cuisse ou sur le ventre, soit en l'immobilisant au sol pendant au moins 10 secondes.

KOKAND, v. d'Ouzbékistan, dans le Fergana ; 175 000 hab. Centre commercial et industriel. Elle fut de 1732 à la conquête russe (1876) la capitale d'un khānat.

KŌKEN TENNŌ (718-770), impératrice du Japon (749-758 et 765-770). Fervente bouddhiste, elle fit ériger le Daibutsu du Tōdai-ji à Nara (749). Elle abdiqua en 758 puis, sur les conseils du moine Dōkyō, elle remonta sur le trône sous le nom de « Shōtoku tennō » (765).

KOKHTLA-IARVE, en estonien **Kohtla-Järve,** v. d'Estonie, sur le golfe de Finlande ; 70 000 hab. Engrais.

KO-KIEOU → GEJIU.

KOKKO (Yrjö), écrivain finlandais de langue finnoise (Sortavala 1903 - Helsinki 1977). Ses romans, consacrés en grande partie à la Laponie (*Pessi et Illusia,* 1944 ; *la Montagne lapone,* 1961), font de lui un précurseur de la réflexion écologique.

KOKOS ou **BAKOKOS,** population bantoue du Cameroun occidental (env. 300 000 individus).

KOKOSCHKA (Oskar), peintre et écrivain autrichien, naturalisé britannique en 1947 (Pöchlarn 1886 - Montreux 1980). Ses portraits, à l'expression soulignée par les déformations de la ligne, ses compositions aux couleurs épaisses et rauques (*la Fiancée du vent,* 1914, musée de Bâle) manifestent, tout comme son œuvre théâtrale, un expressionnisme angoissé, qui prendra au contraire un éclat lumineux dans ses paysages et particulièrement dans ses nombreux panoramas de villes.

KOK-SAGHYZ n. m. Composée originaire du Turkestan dont on tire un caoutchouc analogue à celui de l'hévéa.

KOKSIJDE, comm. de Belgique (Flandre-Occidentale), sur la mer du Nord ; 14 000 hab. Station balnéaire.

KOKTCHETAV, v. du nord du Kazakhstan ; 114 000 hab.

KOLA → COLA 1.

KOLA *(presqu'île de),* péninsule de Russie, au-delà du cercle polaire, dans le Grand Nord de la partie européenne correspondant à la région administrative de Mourmansk ; 144 900 km² ; 1 146 000 hab. Mines : apatites-néphélines (Kirovsk et Apatity), fer (Olenegorsk), cuivre et nickel (Montchegorsk) ; bases aérienne et sous-marine.

KOŁAKOWSKI (Leszek), écrivain et philosophe polonais (Radom 1927). Il s'est éloigné du marxisme et en a proposé une importante histoire critique (*les Principaux Courants du marxisme,* 1976-1978), tout en développant une réflexion originale sur les données spirituelles de la vie sociale (*la Conscience religieuse et le lien de l'Église,* 1965 ; *la Présence du mythe,* 1972).

KOLAMBA → COLOMBO.

KOLÁŘ (Jiří), poète et artiste tchèque (Protivín 1914). Il s'est consacré d'abord aux poèmes « trouvés » (extraits de presse), de « rebut », de « couleurs », d'« images », puis au collage.

KOLĀR GOLD FIELDS, v. de l'Inde (Karnātaka), à l'E. de Bangalore ; 156 398 hab. — À proximité, exploitation de minerais d'or et d'argent. Matériaux de construction.

KOLARIEN, ENNE adj. et n. m. *Langues kolariennes,* autre nom des langues du groupe mundā.

KOLAROV (Vasil), homme d'État bulgare (Šumen 1877 - Sofia 1950). Secrétaire du comité central du parti communiste bulgare (1919-1923) et membre du comité exécutif et du praesidium de l'Internationale communiste (1922-1943), il devint président du Conseil en 1949.

KOLAS (Konstantine Mikhaïlovitch MICKIEWICZ, dit **Iakoub**), écrivain biélorusse (Akintchitsy 1822 - Minsk 1956), auteur de poésies patriotiques (*la Nouvelle Terre,* 1923 ; *Simon le musicien,* 1917-1925) et de romans sociaux (*la Cabane du pêcheur,* 1947).

KOLATIER → COLATIER.

KOLBE (Hermann), chimiste allemand (Elliehausen, près de Göttingen, 1818-Leipzig 1884). Il réalisa la synthèse de l'acide acétique (1845), découvrit les dérivés organométalliques et synthétisa l'acide salicylique à partir du phénol (1873).

KOLBE (Maksymilian) → MAXIMILIEN KOLBE.

KÖLCSEY (Ferenc), poète et homme politique hongrois (Sződemeter 1790 - Cseke 1838), auteur des paroles de l'hymne national hongrois (1823).

KOLDEWEY (Karl), explorateur allemand (Bücken, Hanovre, 1837 - Hambourg 1908). Il dirigea des expéditions le long des côtes orientales du Groenland (1868 ; 1869-70).

KOLDEWEY (Robert), archéologue allemand (Blankenburg 1855 - Berlin 1925). Il a fait plusieurs campagnes de fouilles en Grèce et en Mésopotamie (1887-1917) [*la Porte d'Isthar à Babylone,* 1918].

KOLDING, v. du Danemark, dans le Jylland oriental ; 56 000 hab.

KOLDITZ → COLDITZ.

KOLEPOM, anc. **Frederik Hendrik,** île de la Nouvelle-Guinée indonésienne, à proximité de la côte sud de la Nouvelle-Guinée.

KOLHĀPUR, v. de l'Inde (Mahārāshtra), au N. de Goa ; 417 286 hab. Marché agricole. Textile. Constructions mécaniques et électriques. Industrie cinématographique.

KOLHÖRSTER (Werner), astronome et physicien allemand (Schwiebus 1887 - Munich 1946). Il est connu pour ses travaux sur le rayonnement cosmique, qu'il étudia notamment lors d'une ascension en ballon à 9 300 m d'altitude (1913).

KOLINGBA (André), général et homme d'État centrafricain (Bangui 1936). Devenu chef de l'État à la faveur du putsch de 1981, il accepte à partir de 1991 une certaine démocratisation du régime. Battu lors de l'élection présidentielle pluraliste de 1993, il quitte le pouvoir.

KOLINSKI [kɔlɛ̃ski] n. m. (mot russe). Variété de martre de Sibérie, au pelage brillant et jaune. (Il est utilisé pour la fabrication de pinceaux et, teint en imitation zibeline, en pelleterie.)

KOLKHOZ n. m. inv. ou **KOLKHOZE** [kɔlkoz] n. m. (russe *kolkhoz,* abrév. de *kollektivnoïe khoziaïstvo,* exploitation collective). En U. R. S. S., exploitation agricole fondée sur la propriété collective des moyens de production, développée surtout à partir de 1930.

ENCYCL. À l'exception de la terre, propriété de l'État, dont le kolkhoz a la jouissance gratuite et perpétuelle, les autres moyens de production sont la propriété indivise des membres de l'exploitation coopérative, qui disposent librement d'un lopin de terre. Les kolkhoz, d'une superficie moyenne proche de 7 000 ha, occupaient le tiers des terres agricoles de l'U. R. S. S. (près de la moitié des seules surfaces labourées).

KOLKHOZIEN, ENNE adj. et n. Relatif à un kolkhoz ; membre d'un kolkhoz.

KOLLÁR (Ján), poète slovaque de langue tchèque (Mošovce 1793 - Vienne 1852). Dans *la Fille de Slava* (1824-1852), apologie de l'idée panslave, il a idéalisé le passé et l'avenir plein d'espoir des Slaves.

KOLLONTAÏ (Aleksandra Mikhaïlovna), révolutionnaire russe (Saint-Pétersbourg 1872 - Moscou 1952). Féministe convaincue (*les Fondements sociaux de la question féminine,* 1909), elle fut de 1920 à 1922, avec Chliapnikov, un des leaders de l'Opposition ouvrière ; puis elle se rallia à Staline et devint représentante de son pays en Norvège, au Mexique et en Suède.

KOLLWITZ (Käthe), graveur et sculpteur allemand (Königsberg 1867 - Moritzburg 1945). Marquée par Klinger et par Munch, elle a fondé son œuvre sur la recherche expressive et sur le témoignage social et humain (eaux-fortes de *la Révolte des tisserands,* 1894-1898 ; cycle de *la Guerre,* lithographies, eaux-fortes et bois, 1923 ; *les Parents endeuillés,* sculpture pour le tombeau de son fils, près de Dixmude, 1914-1932 ; etc.).

KOLMOGOROV (Andreï Nikolaïevitch), mathématicien russe (Tambov 1903 - Moscou 1987). Il a explicité en 1933 l'axiomatisation de la théorie des probabilités, après qu'É. Borel en eut donné une définition précise.

KÖLN, nom allemand de Cologne.

KOLO n. m. Danse nationale yougoslave exécutée par une chaîne alternée de danseurs et de danseuses, rythmée à l'unisson par les pas et les frappements de pieds de tous les exécutants.

KOLOKOTRÓNIS (Theódhoros) ou **COLOCOTRONIS** (Théodore), homme politique grec (Ramavoúni, Messénie, 1770 - Athènes 1843). Chef militaire pendant la guerre d'Indépendance (1821-1831), il soutint Capo d'Istria (1827-1831).

KOLOMNA, v. de Russie, au S.-E. de Moscou, sur l'Oka ; 153 000 hab. Monuments anciens. Métallurgie.

KOLOZSVÁR, anc. nom hongrois de Cluj. (→ CLUJ-NAPOCA.)

KOLTCHAK (Aleksandr Vassilievitch), amiral russe (Saint-Pétersbourg 1874 - Irkoutsk 1920). Explorateur des régions polaires avant 1914, commandant de la flotte russe de la Baltique puis de celle de la mer Noire pendant la Première Guerre mondiale, il prend parti contre les bolcheviks en mai 1917. En oct. 1918, il organise, avec l'appui des Alliés, un gouvernement russe à Omsk et prend la tête d'une armée composée en majorité d'anciens prisonniers tchèques. Après quelques succès, il est attaqué par l'Armée rouge de Kamenev et doit battre en retraite en Sibérie où il est livré par les Tchèques aux bolcheviks et fusillé.

KOLTÈS (Bernard-Marie), auteur dramatique français (Metz 1948 - Paris 1989). Son théâtre, rendu célèbre à partir de 1983 par les mises en scène de P. Chéreau, repose sur la rencontre, les échanges et l'affrontement d'individus en proie à l'exclusion, au désir et à la haine *(Combat de nègres et de chiens, Quai Ouest, Dans la solitude des champs de coton, le Retour au désert, Roberto Zucco).*

KOLTSOV (Alekseï Vassilievitch), poète russe (Voronej 1809 - *id.* 1842). Ses poésies et ses chansons sont inspirées par le folklore populaire *(Doumy).*

KOLVENBACH (R. P. Peter-Hans), jésuite néerlandais (Druten, Gueldre, 1928). Supérieur de la vice-province du Proche-Orient (1974-1981), il est préposé général de l'ordre depuis 1983.

KOLWEZI, v. du Zaïre, dans le Shaba ; 80 000 hab. Extraction de minerai de cuivre. Métallurgie.
— **Hist.** Le 19 mai 1978, une attaque des membres du Front national de libération y fut repoussée avec l'aide de parachutistes français.

KOLYMA (la), région du Grand Nord de l'Extrême-Orient russe, qui doit son nom au *fleuve Kolyma* (2 129 km), tributaire de la mer de Sibérie orientale, et aux *monts de la Kolyma.* Pôle du froid, mais recelant des mines d'or, dont l'exploitation fut confiée au Goulag sous Staline.

KŌM n. m. (ar. *kawma,* tas, du gr. *kômê,* village). En Égypte, butte constituée de décombres et de vestiges antiques.

KOMÁRNO, v. de Slovaquie (Slovaquie-Occidentale), au confluent du Váh et du Danube ; 29 000 hab. Fortifications des XVIe-XVIIe s. Églises baroques orthodoxe et catholique. Constructions navales.

KOMATSU, v. du Japon, dans l'île de Honshū, sur la mer du Japon ; 104 300 hab. Station thermale. Textile.

KOMBU [kɔ̃bu] n. m. (jap. *konbu*). Algue comestible séchée, utilisée dans la cuisine japonaise, réhydratée en particulier pour les fonds de bouillons.

KOMENSKÝ (Jan Ámos) → COMENIUS.

Kominform (en russe *Informbiouro*), abrév. de « Bureau d'information des partis communistes et ouvriers », organisation créée en 1947 par 9 partis communistes dont 7 étaient au pouvoir (les deux autres étant le français et l'italien) : U. R. S. S., Bulgarie, Hongrie, Pologne, Roumanie, Tchécoslovaquie et Yougoslavie. L'objectif de ces partis était de constituer un groupe de pays et de partis communistes (la IIIe Internationale était dissoute depuis 1943) face au bloc des pays occidentaux que les États-Unis cherchaient à créer par la doctrine Truman (mars 1947) et le plan Marshall (juin). Le Kominform disparut en 1956.

Komintern (abrév. russe de « Internationale communiste »), nom russe de la IIIe Internationale.

KOMIS ou **ZYRIANES,** peuple finno-ougrien de la toundra russe (env. 340 000 individus, vivant principalement dans la *république des Komis*).

KOMIS *(république des),* république de la Fédération de Russie, s'étendant sur l'Oural septentrional et les plaines du nord-est de la Russie ; 415 900 km^2 ; 1 263 000 hab. (moins de 25 % de Komis de souche et près de 60 % de Russes). Cap. *Syktyvkar.* Pétrole.

KOMIS-PERMIAKS *(arrondissement autonome des),* territoire de Russie, englobé dans l'oblast de Perm ; 32 900 km^2 ; 173 000 hab.

KOMMANDANTUR [-tur] n. f. (all. *Kommandantur*). **1.** Services et locaux d'un commandant d'armes allemand. — **2.** Commandement militaire local en région occupée par les Allemands, lors des deux guerres mondiales.

KOMMOUNARSK, anc. **Vorochilovsk,** v. d'Ukraine, dans le Donbass ; 122 000 hab. Métallurgie. Chimie.

KOM-OMBO, v. d'Égypte, en Haute-Égypte (prov. d'Assouan), 28 400 hab. Grand temple fondé par Thoutmosis III, reconstruit à l'époque ptolémaïque et dédié à Sobek et Haroëris, bien conservé.

KOMOROWSKI (Tadeusz, dit **Bór**) → BÓR.

KOMOTINÍ, v. de Grèce, ch.-l. de nome, en Thrace ; 37 000 hab. Minorité turque importante. Tabac.

KOMOVI, massif de Yougoslavie, dans le Monténégro ; 2 484 m au *Kučki Kom.*

KOMPONG CHAM, v. du Cambodge, ch.-l. de prov., sur le Mékong ; 34 700 hab.

KOMPONG SOM → SIHANOUKVILLE.

Komsomol (abrév. des mots russes signif. Union communiste léniniste de la jeunesse), organisation de masse chargée de former la jeunesse de l'U. R. S. S. dans l'esprit du communisme. Elle comprenait quelque 35 millions de jeunes de 14 à 28 ans et coiffait les organisations des pionniers (jeunes de 10 à 15 ans) et des octobristes (moins de 10 ans).

Komsomolskaïa Pravda, quotidien de Moscou, créé en 1925. C'était l'organe du Comité central de la jeunesse communiste.

KOMSOMOLSK-SUR-L'AMOUR, en russe **Komsomolsk-na-Amoure,** v. de Russie, en Extrême-Orient, sur l'Amour ; 319 000 hab. Ville fondée en 1932 par des volontaires komsomols. Métallurgie. Raffinerie de pétrole. Combinat du papier. Exploitations de minerai de fer et de houille dans la région.

KŌMYŌ TENNŌ (1322-1380), empereur du Japon (1336-1348). Il fut élevé au trône par Ashikaga Takauji, qui avait déposé l'empereur Go-Daigo, provoquant un schisme dynastique qui devait durer près de soixante ans (période des deux cours).

KONARAK, site archéologique de l'Inde, à 25 km à l'E. de Puri (Orissa), célèbre pour les vestiges du temple brahmanique consacré à Sūrya, le dieu du Soleil, édifié le long du rivage vers 1250.

KONCHALOVSKI (Andreï) → MIKHALKOV-KONTCHALOVSKI.

KONDHÝLIS (Gheórghios), général et homme politique grec (Proussós 1879 - Athènes 1936). Ministre de la Guerre, puis de l'Intérieur, il est arrêté par le général Pángalos et exilé. Le 22 août 1926, il renverse celui-ci par un coup d'État et conserve le pouvoir jusqu'en déc. 1926. En 1935, il favorise la restauration monarchiste, se fait nommer régent, mais Georges II, au retour de qui il a contribué, l'écarte du pouvoir.

KONDŌ n. m. inv. (jap. *kondō,* pagode d'or). Bâtiment d'un monastère bouddhique japonais, qui abrite l'image de la divinité principale. (Un des plus célèbres est celui du Hōryū-ji de Nara, fondé au VIIe s. apr. J.-C.)

KONDOZ ou **KUNDUZ,** v. du nord de l'Afghānistān, ch.-l. de prov. ; 53 000 hab. Coton.

KONDRACHINE (Kirill Petrovitch), chef d'orchestre soviétique (Moscou 1914 - Amsterdam 1981). Il dirigea de 1943 à 1956 au théâtre Bolchoï de Moscou. De 1960 à 1975, il fut directeur artistique de la Philharmonie d'État de Moscou. À partir de 1979, il devint chef du Concertgebouw d'Amsterdam. Il a défendu l'œuvre de Chostakovitch.

KONDRATIEV (Nikolaï Dmitrievitch), économiste russe (1892-1931?). Il est l'auteur d'études sur les cycles économiques qui mirent en valeur l'existence des cycles de longue durée, dits « cycles Kondratiev ».

KONDROTI n. m. Syn. de ALONE.

KONÉ, comm. de la Nouvelle-Calédonie, près de la côte S.-O., sur la rivière *Koné ;* 2 909 hab. Plantations de caféiers.

KONESKI (Blaže), écrivain et linguiste macédonien (Nebregovo 1921). Il a apporté une contribution décisive à la fixation de la langue littéraire macédonienne (*Histoire de la langue macédonienne,* 1965).

KONG *(royaume de),* royaume dioula (centré dans la savane de l'actuelle Côte-d'Ivoire) qui contrôla au XVIIIe le commerce de la côte vers le Mandé et le Haoussa.

KONGFUZI ou **K'ONG-FOU-TSEU** → CONFUCIUS.

KONGO adj. Relatif aux Kongos ou au royaume du Kongo.

◆ n. m. Langue bantoue parlée par les Kongos. (Elle sert aussi de langue de relation sur tout le cours inférieur du Zaïre.)

KONGO ou **CONGO** *(royaume du),* royaume probablement fondé dans le courant du XIVe s aux confins du bas Congo et de l'Angola septentrional. Diverses expéditions portugaises eurent lieu entre 1482 et 1494. Le premier roi durablement catholique, Affonso Ier (1506-1543), voulut moderniser son pays avec l'aide des Portugais. Son successeur Pedro Ier fut renversé par un usurpateur, Diego, qui entretint de mauvaises relations avec l'Église et les Portugais. Le Kongo déclina après 1568 au profit du jeune royaume d'Angola.

KONGOS ou **BAKONGOS,** population bantoue située au Zaïre, au Congo et dans le nord de l'Angola, groupant environ 6 millions d'individus.

KONGSBERG, v. du sud de la Norvège, à l'O.-S.-O. d'Oslo ; 21 000 hab. Centre de séjour et ville industrielle. Hôtel des Monnaies de la Norvège. Église consacrée en 1761.

KONGUR TAGH ou **KONGUR SHAN,** sommet du Pamir chinois, point culminant de la chaîne du Pamir ; 7 719 m. Première ascension par les membres d'une expédition britannique : P. Boardman, C. Bonington, A. Rouse, J. Tasker (12 juill. 1981).

KONGZI ou **K'ONG-TSEU** → CONFUCIUS.

KONIEV ou **KONEV** (Ivan Stepanovitch), maréchal soviétique (Lodeïno 1897 - Moscou 1973). Il conduisit la contre-offensive victorieuse sur Kharkov (1943) puis, en liaison avec Joukov, s'empara de la Pologne méridionale (1944). Après avoir franchi la Vistule, atteint l'Oder, ses troupes firent leur jonction avec les Américains à Torgau (25 avr. 1945) et participèrent à la bataille de Berlin. Il fut placé à la tête des forces du pacte de Varsovie (1955-1960), puis des forces soviétiques en Allemagne orientale (1961).

Königgrätz *(bataille de)* → SADOWA *(bataille de).*

KÖNIGSBERG, auj. **Kaliningrad*,** v. de l'ancienne Prusse-Orientale.

— **Hist.** Développée autour de la forteresse de l'ordre Teutonique (1255), la ville entra dans la Ligue hanséatique (1340) et devint la résidence du grand maître de l'ordre (1457), puis celle des ducs de Prusse (1525-1618). Occupée par l'armée soviétique (avr. 1945), elle fut attribuée à l'U. R. S. S. à la conférence de Potsdam (juill.-août 1945).

KÖNIGSHÜTTE, nom all. de Chorzów.

KÖNIGSMARCK ou **KÖNIGSMARK** (Hans Christoffer, *comte* VON), général suédois d'origine allemande (Kötzlin, Altmark, 1600 - Stockholm 1663). Entré en 1630 au service du roi de Suède Gustave-Adolphe, il devint gouverneur de Brême et Verden, feld-maréchal (1655). — Sa petite nièce, AURORA (Stade 1662 - Quedlinburg 1728), fut la favorite du roi de Pologne Auguste II, dont elle eut un fils, Maurice de Saxe. — FILIP CHRISTOPH (Stade 1665 - Hanovre 1694), frère de la précédente, soupçonné d'être l'amant de Sophie Dorothée, épouse de l'Électeur (futur George Ier d'Angleterre), fut assassiné dans des circonstances mystérieuses. Pierre Benoit a fait de lui le héros transposé d'un de ses romans (1917).

KÖNIGSSEE, lac d'Allemagne (Bavière), dans les Alpes de Salzbourg ; alt. 601 m. Site touristique.

KONIN, v. de Pologne, ch.-l. de voïévodie, dans l'est de la plaine de Grande Pologne, sur la Warta ; 71 500 hab. Centre industriel créé à partir de l'exploitation du lignite (centrales thermiques, aluminium).

KONINCK (Salomon), peintre néerlandais (Amsterdam 1609 - *id.* 1656), élève et imitateur de Rembrandt.

KONINCK (Philips), peintre néerlandais (Amsterdam 1619 - *id.* 1688). Influencé par Rembrandt, portraitiste et surtout paysagiste, il a peint des vues panoramiques qui tirent de leur effet d'immensité une grande poésie.

Koninklijke Luchtvaartmaatschappij N. V. (K. L. M.), auj. **K. L. M. Royal Dutch Airlines,** compagnie aérienne néerlandaise. Contrôlée partiellement par l'État néerlandais, elle se classe parmi les principales compagnies aériennes européennes.

KONITZ (Lee), saxophoniste alto de jazz américain (Chicago 1927). Précurseur du jazz cool, il travaille avec Miles Davis, Lennie Tristano, Stan Kenton, puis fonde ses propres groupes. Il possède une sonorité lisse et évanescente, et l'un des phrasés les plus originaux du jazz d'après C. Parker.

KÖNIZ, comm. de Suisse dans la banlieue de Berne ; 33 000 hab. Centre de recherches agronomiques. Service topographique.

Konjaku monogatari *(Histoires d'hier et d'aujourd'hui),* le plus important recueil japonais de contes (début du XIIe s.). D'auteur inconnu, il se divise en trois grandes parties consacrées à l'Inde, à la Chine et au Japon.

KŌNKĀNĪ n. m. Langue indo-aryenne proche du marathe, parlée dans la région de Goa par environ 1 600 000 locuteurs.

KONOE FUMIMARO *(prince),* homme politique japonais (Tōkyō 1891 - *id.* 1946). Président de la Chambre des pairs (1933), président du Conseil (1937-1939 et 1940-41), il se donna la mort après la défaite du Japon.

KONOPNICKA (Maria), femme de lettres polonaise (Suwałki 1842 - Lwów 1910). Elle compte parmi les meilleurs représentants de la poésie positiviste de son époque. Elle s'est attachée à la défense des libertés et des opprimés (*le Serment,* devenu un chant national). Son épopée *Monsieur Balcer au Brésil* (1910) retrace l'émigration en Amérique.

KONRAD von Würzburg, poète allemand (Würzburg v. 1220 ou 1230 - Bâle 1287). Il passa du genre épique *(Guerre de Troie)* à la nouvelle en vers (*l'Empereur Otton, la Récompense du monde, Lohengrin* [version allemande du *Chevalier au cygne*]).

KONRAD von Soest, en fr. **Conrad de Soest,** peintre allemand (Dortmund v. 1370 - *id.* apr. 1422), représentant majeur de l'école de Westphalie. À la fois suave et rigoureux, son art révèle des affinités avec le milieu franco-flamand (grand retable de la Passion de Bad Wildungen, v. 1400-1404 ; scènes de la vie de Marie de Notre-Dame de Dortmund, v. 1420) ; il exerça une influence dans toute l'Allemagne du Nord.

KONRADS (John), nageur australien (Riga, Lettonie, 1942). Il détint en 1959 tous les records du monde de nage libre, du 200 au 1 500 m, distance sur laquelle il fut champion olympique en 1960.

KONSOS, population couchitique du Sud-Est éthiopien comptant 400 000 personnes.

KONSTANTINOVKA, v. d'Ukraine, au N. de Donetsk ; 114 000 hab. Métallurgie. Chimie.

KONTARSKY (Aloys et Alfons), pianistes allemands (Iserlohn 1931 et 1932). Ces deux frères jouent la plupart du temps en duo de la musique d'avant-garde.

KONTICH, comm. de Belgique (prov. d'Anvers), au S. d'Anvers ; 18 000 hab. Industrie alimentaire.

Kon Tiki, radeau en balsa avec lequel le Norvégien Thor Heyerdahl traversa le Pacifique du Sud-Est, entre le Pérou et l'Océanie (1947). Le but de la mission était de démontrer l'origine amérindienne des populations océaniennes.

KONWICKI (Tadeusz), écrivain et cinéaste polonais (Nowa Wilejka 1926). Témoin du désarroi d'une génération inadaptée à la Pologne populaire (*la Clé des songes de notre temps,* 1963), romancier jouant sur différents plans du temps (*l'Ascension,* 1967), il se fait le témoin et le juge de son temps (*Levers et Couchers de la lune,* 1982). Au cinéma, où il s'est fait remarquer dès 1959 avec *le Dernier Jour de l'été,* il a imposé un style original dans *la Toussaint* (1961), *Salto* (1965), *Si loin, si près* (1972) et *la Vallée de l'Issa* (1982).

KONYA, v. de Turquie, ch.-l. de prov., en Anatolie, au pied nord du Taurus ; 513 346 hab. Centre religieux, commercial, administratif, touristique, avec quelques industries (textile, travail du cuir).
— **Hist.** La ville appartint au royaume de Phrygie, à l'Empire perse, aux Séleucides sous le nom d'*Ikonion,* aux Romains (capitale de la Lycaonie) et à Byzance. Elle fut un centre important du christianisme primitif. Tombée aux mains des Turcs Seldjoukides (1069), elle fut au XIIe s. la capitale du sultanat de Rūm et fut annexée par les Ottomans en 1475.
— **Bx-arts.** Beaux monuments de l'époque seldjoukide : mosquée d''Alā' al-Dīn (v. 1220) avec un splendide minbar en bois ; medrese (Ince minareli, 1265 ; Karatay, 1251 ; Sirçali, 1242) ; mosquée Sahipata (1269-1283). Le tombeau Djalāl al-Dīn Rūmī, fondateur des derviches tourneurs, se trouve dans le couvent qu'il a fondé auj. transformé en musée. Important musée de céramique dans la medrese Karatay.

KONZERN [kɔntsɛrn] n. m. (all. *Konzern,* consortium). Groupe d'entreprises liées entre elles par des participations financières.
ENCYCL. Principalement utilisés dans la métallurgie allemande au lendemain de la Première Guerre mondiale, les konzerns cherchaient, par la voie de l'intégration, à obtenir des gains de productivité ; mais cette méthode toucha des entreprises sans lien technique entre elles et déboucha sur des formes de conglomérat.

KOOKABURRA n. m. (mot indigène d'Australie). Martin-chasseur géant des forêts d'Australie, dont le cri ressemble à un rire. (Il pille les nids des autres oiseaux, s'attaque aux serpents, mais s'habitue au voisinage de l'homme.)

KOONING (Willem DE) → DE KOONING.

KOOPMANS (Tjalling C.), économiste américain ('s-Graveland, Hollande-Septentrionale, 1910 - New Haven 1985). Ses travaux économétriques sur la formation des prix et l'équilibre monétaire s'inscrivent dans le renouveau de la pensée néoclassique. Il a partagé le prix Nobel de science économique en 1975 avec L. K. Kantorovitch.

KOOTENAY, lac du Canada (Colombie britannique), où se déverse la rivière *Kootenay.* Parc national (1 383 km²). Cultures fruitières. Houille et minerais variés.

KOOTENAYS ou **KUTENAIS,** Indiens Algonquins des Grandes Plaines d'Amérique du Nord, établis au sud-est de la Colombie britannique, au nord de l'Idaho et dans le nord-ouest du Montana.

KOPA (Raymond KOPASZEWSKI, dit **Raymond**), footballeur français (Nœux-les-Mines 1931). Dribbleur exceptionnel et, au poste d'avant-centre, remarquable meneur de jeu, il a enlevé quatre titres de champion de France avec Reims (1953, 1955, 1960, 1962) et trois Coupes d'Europe avec le Real Madrid (1957 à 1959). Il a compté deux sélections dans l'équipe du continent et 45 en équipe nationale, menant celle-ci à la troisième place de la Coupe du monde 1958.

KOPAÏS ou **COPAÏS,** ancien lac de Grèce, en Béotie (250 km²), asséché et mis en culture.

KOPAONIK, massif montagneux de Yougoslavie (Serbie occidentale), découpé par l'Ibar et ses affluents ; 2 017 m. Gisements de plomb et de zinc. Sports d'hiver.

KOPAR → KOPER.

KOPECK n. m. (russe *kopeïka*). **1.** Ancienne unité monétaire divisionnaire de la Russie (et de l'U. R. S. S.), valant 1/100 du rouble. (Monnaie d'argent créée au XVIe s., le kopeck, progressivement dévalué, fut frappé en cuivre après 1704.) — **2.** *Pop.* Un sou (seulem. sing.) : *Ça ne vaut pas un kopeck.*

KOPEÏSK, v. de Russie, à l'E. de l'Oural, près de Tcheliabinsk ; 134 000 hab. Extraction du lignite. Centre industriel.

KOPER, en croate **Kopar,** anc. en ital. **Capodistria,** port de Slovénie, sur la côte de l'Istrie ; 12 000 hab. Située sur un îlot rattaché au continent, la ville conserve une cathédrale des XIIIe-XVIe s. Musée (peintures italiennes) dans un palais du XVIe s. Montage d'automobiles. Raffinerie de pétrole.

KOPET-DAG, chaîne de montagnes située à la frontière de l'Iran et du Turkménistan, au S. d'Achkhabad ; 2 942 m.

KOPITAR (Jernej), linguiste slovène (Repnje, Slovénie, 1780 - Vienne 1844). Auteur de la première grammaire scientifique du slovène (1809), il est un des fondateurs de la slavistique.

Koplik *(signe de),* signe de l'invasion de la rougeole, consistant en un semis de petites taches blanc bleuâtre reposant sur un fond érythémateux et apparaissant à la face interne des joues avant l'éruption.

KOPP (Hermann), chimiste allemand (Hanau 1817 - Heidelberg 1892). Il a déterminé les points d'ébullition, coefficients de dilatation et chaleurs spécifiques de divers fluides, ainsi que les variations de volume accompagnant la fusion.

KÖPPEN (Wladimir), en russe **Vladimir Petrovitch Keppen,** climatologue allemand d'origine russe (Saint-Pétersbourg 1846 - Graz 1940). Il a élaboré, entre 1900 et 1931, plusieurs classifications climatiques du globe.

KÖPRÜLÜ, famille d'origine albanaise, dont cinq membres furent, de 1656 à 1710, vizirs de l'Empire ottoman, parmi lesquels : MEHMED (Rudnik, Albanie, v. 1578 - Edirne 1661). Grand vizir (1656-1661), jouissant d'un pouvoir exceptionnellement étendu, il releva la situation militaire et pécuniaire de l'Empire. – Son fils FAZIL AHMED (Vezirköprü 1635 - Çorlu 1676), grand vizir (1661-1676), rendit à l'Empire sa puissance antérieure et y rétablit l'ordre. Il commanda la campagne de 1664 contre l'Autriche et fut arrêté à Saint-Gotthard. Il conquit la Crète (1667-1669). Après la victoire remportée à Khotine (1673) par les Polonais, il mena une campagne réussie en Ukraine (1674). – Son frère, FAZIL MUSTAFA (Vezirköprü 1637 - Slankamen, près de Belgrade, 1691), fut grand vizir de 1689 à 1691. Il reconquit Belgrade en 1690.

KOR (sigle de *Komitet Obrony Robotników*), organisation polonaise créée en sept. 1976 par un groupe d'intellectuels pour la défense des ouvriers. Son action se poursuivit en faveur du syndicat Solidarité.

KORA n. f. Harpe-luth à 21 cordes des Malinkés (Guinée, Mali méridional), en usage également au Sénégal et en Gambie.

KORAÏCHITES → QURAYCHITES.

KORAÍS (Adhamandios) → CORAÏ.

KORAT *(plateau de),* région de la Thaïlande orientale, limitée au N. et à l'E. par le Mékong.

KORÇË, v. d'Albanie centrale ; 63 000 hab.

KORČULA, v. de Croatie, dans l'île homonyme (273 km^2) ; en ital. *Curzola* ; 3 000 hab. Cathédrale gothique et Renaissance, palais de la Renaissance. Station balnéaire.

KORDA (Sándor, devenu *sir* **Alexander**), cinéaste britannique d'origine hongroise (Pusztaturpaszto, près de Túrkeve, 1893 -Londres 1956). Il tourna dans son pays natal, en Allemagne, aux États-Unis, dirigea en France plusieurs films, dont *Marius* (1931). Fixé en Angleterre, il renouvela le film historique avec *la Vie privée de Henry VIII* (1933), *la Vie privée de Don Juan* (1934), *Rembrandt* (1936) et, aux États-Unis, *Lady Hamilton* (1941).

KORDOFAN ou **KURDUFĀN,** région du Soudan central, à l'O. du Nil Blanc et à l'E. du Darfour. La partie nord est semi-désertique (gomme arabique). Céréales et élevage dans le centre et le sud.

KORÊ ou **CORÊ** n. f. (gr. *korê*). Statue représentant une jeune fille debout, dans l'art grec archaïque (VIIe-VIe s. av. J.-C.).

KORHOGO, v. du nord de la Côte-d'Ivoire, ch.-l. de dép., 109 000 hab. Textile. Noix de cajou.

KORIAKS ou **KORYAKS,** peuple de Sibérie orientale.

KORIAKS *(arrondissement autonome des),* en russe **Koriakski Avtonommyï Okroug,** arrond. autonome de Russie, dans l'Extrême-Orient ; 301 500 km^2 ; 37 000 hab. Ch.-l. *Palana.* Il correspond au bassin de l'Anadyr.

KŌRIN, de son vrai nom **Ichinojô,** peintre japonais (Kyōto 1658 - *id.* 1716). Frère du céramiste Kenzan, il est surtout connu pour ses grandes compositions décoratives qui ressuscitent, dans l'esprit élégant et raffiné du XVIIIe s., le génie ample et vigoureux de Sōtatsu, mais aussi de Kōetsu. Il compte de nombreux disciples, dont Hōitsu, qui le fera connaître.

KŌRIYAMA, v. du Japon (Honshū), au S.-S.-O. de Sendai ; 314 642 hab. Industries chimiques, textiles et mécaniques.

KORN n. m. (all. *Korn,* blé). Eau-de-vie de grain allemande, qui se boit traditionnellement en même temps que la bière.

KORN (Arthur), physicien allemand (Breslau 1870 - Jersey City 1945). Il est connu pour ses expériences de phototélégraphie, dont les premières furent effectuées à Paris en 1903 ; en 1907, il réalisa une transmission d'images entre Munich et Berlin.

KORNBERG (Arthur), biologiste américain (Brooklyn 1918). Dès 1956, il isola une enzyme, l'A. D. N. polymérase, chez *Escherichia coli* (le colibacille), et montra qu'elle a pour fonction d'assembler les nucléotides en prenant pour modèle la molécule d'A. D. N. en voie de duplication. (Prix Nobel de médecine 1959.)

KORNEITCHOUK (Aleksandr Ievdokimovitch), auteur dramatique et homme d'État ukrainien (Khristinovka, gouvern. de Kiev, 1905 - Kiev 1972), auteur de drames historiques ou sociaux (*la Fin de l'escadre,* 1933).

KÖRNER (Karl Theodor), poète et auteur dramatique allemand (Dresde 1791 - près de Gadebusch 1813). Il composa une série de pièces à succès (*la Gouvernante,* 1818) qui firent de lui le poète officiel du Burgtheater de Vienne. Il prit part au soulèvement national de 1813 (*Lyre et Épée,* 1814) et fut tué au combat.

KORNÉRUPINE n. f. (de A. N. *Kornerup,* n. pr.). Borosilicate naturel d'aluminium et de magnésium.

KORNILOV (Lavr Gueorguievitch), général russe (Oust-Kamenogorsk, Sibérie, 1870 - Iekaterinodar, auj. Krasnodar, 1918). Nommé généralissime par Kerenski (1er août 1917), il tenta de marcher sur Petrograd (10 sept.), échoua devant l'opposition bolchevique et fut arrêté avec Denikine. Libéré, il forma, avec Alekseïev, en Ukraine, une armée de volontaires pour combattre les bolcheviks et fut tué au combat.

KOROLENKO (Vladimir Galaktionovitch), écrivain russe d'origine ukrainienne (Jitomir 1853 - Poltava 1921). Exilé en Sibérie, il se fit connaître par *le Songe de Makar* (1833), suivi de récits sur la vie des petites gens et d'une autobiographie, *Histoire de mon contemporain* (1906-1922).

KOROLEV (Sergueï Pavlovitch), ingénieur soviétique (Jitomir, Ukraine, 1906 - Moscou 1966). Il s'intéressa aux travaux de Tsiolkovski et participa à la création du Groupe pour l'étude de la propulsion par réaction. En 1932, il devint directeur de cet organisme, qui, l'année suivante, réalisa et lança la première fusée soviétique à propergol liquide. Puis, sous sa direction, fut réalisée la première fusée intercontinentale du monde, qui, le 4 oct. 1957, plaça sur orbite le premier satellite artificiel.

KOROR, cap. de Palau (sur l'île de *Koror,* 8 km^2) ; 10 000 hab. Centre commercial. Aéroport.

KÖRÖS (le), en roum. **Criş,** riv. de Roumanie et de Hongrie composée de trois branches qui forment le Hármas Körös, affl. de la Tisza (r. g.) au N.-O. de Szentes.

KOROŠEC (Anton), prêtre et homme politique yougoslave (Biserjani, près de Sveti Jurij, 1872 - Belgrade 1940). Chef du parti du peuple slovène, il devint le président du Conseil national des Serbes, Croates et Slovènes, réuni à Zagreb en 1918. Vice-président du premier gouvernement du royaume des Serbes, Croates et Slovènes formé en 1919, président du Conseil (1928), il rallia l'opposition et fut emprisonné en 1932. Il participa au gouvernement de conciliation formé en 1935.

KORRIGAN, E n. (breton *korrigan,* lutin). Nain facétieux des légendes bretonnes.

Korsakov *(syndrome de)* [du n. du neurologue russe Sergueï Sergueïevitch *Korsakov* (1854-1900)], trouble de la mémoire associant une amnésie généralisée, une désorientation dans le temps et dans l'espace, ainsi qu'une tendance à la fabulation pour masquer les lacunes amnésiques. Il survient le plus souvent dans le cadre de l'alcoolisme chronique par le biais d'un déficit en thiamine.

KORSCH (Karl), théoricien marxiste allemand (Tostedt, Basse-Saxe, 1886 - Belmont, Massachusetts, 1961). Député communiste ultragauchiste, il fut exclu en 1926 du parti communiste. Il a écrit *Marxisme et Philosophie* (1923) et *Karl Marx* (1936).

KORTHALS n. m. Chien de chasse du type des griffons, rustique, fidèle et joueur.

KORTRIJK, nom néerl. de Courtrai.

KORUNA n. f. (pl., jusqu'à quatre inclus, *koruny ;* pour plus de quatre, *korun*). Unité monétaire de la République tchèque et de la Slovaquie (symb. KČS). [Syn. COURONNE TCHÈQUE et COURONNE SLOVAQUE.]

KORYO ou **KO-RYŎ,** dynastie coréenne (918-1392).

KORYUSAI, de son vrai nom **Isoda Masakatsu,** maître japonais de l'estampe (actif à Edo dans la seconde moitié du XVIIIe s.). Il est réputé pour ses figures féminines dans les tons orangés, proches de Harunobu.

KÓS ou **COS,** île grecque du Dodécanèse (Sporades du Sud), près de la Turquie, en face du *golfe de Kós* (ou d'Istanköy) ; 290 km^2 ; 17 900 hab. Ch.-l. *Kós,* à l'extrémité de l'île (7 800 hab.). Cultures variées. Monuments anciens.
— **Hist.** Kós fut peuplée par des colons doriens ; elle fut l'alliée d'Athènes. Sa richesse égala celle de Cnide, sa voisine. Patrie d'Hippocrate.

KOSAM, localité de l'Inde (Uttar Pradesh), sur la Yamunā, à environ 50 km O.-S.-O. d'Allāhābād, sur l'emplacement de l'anc. Kauśāmbī*.

KOSCIUSKO *(mont),* massif de la Cordillère australienne, point culminant de l'Australie (2 228 m). Sports d'hiver.

KOŚCIUSZKO (Tadeusz), patriote polonais (Mereczowszczyźna, Lituanie, 1746 -Soleure, Suisse, 1817). Après une solide formation militaire complétée à Paris (1769-1774), il rejoint les insurgents d'Amérique. Colonel du génie (1776), il fortifie West Point et est nommé par le Congrès général de brigade (1783) et citoyen des États-Unis. Rentré en Pologne, il y est nommé général (1789) et s'illustre dans la guerre contre la Russie (1792). Il se réfugie en France, où la République le fait citoyen d'honneur (août 1792). Il dirige l'insurrection polonaise de 1794 contre l'occupant russe mais ne peut obtenir la neutralité de Berlin et de Vienne. Capturé en oct. 1794, il est gardé prisonnier à Saint-Pétersbourg jusqu'en 1796. Il se fixe à Paris en 1798 et devient le chef des Polonais en exil.

KOSHIGAYA, v. du Japon, dans la grande banlieue nord de Tōkyō ; 289 000 hab.

KOSHTAN-TAU → KOCHTANTAOU.

KOSĪ (la), riv. du Népal et de l'Inde (Bihār), issue de l'Himālaya, affl. du Gange (r. g.) ; 550 km.

KOŠICE, v. de Slovaquie, ch.-l. de la Slovaquie-Orientale ; en hongr. *Kassa ;* 234 840 hab. Monuments anciens, dont une belle cathédrale gothique du style des Parler, des hôtels des XVIIe et XVIIIe s. Musée technique. Nœud routier et ferroviaire. Sidérurgie. — Le programme de renaissance de l'indépendance et de l'unité tchécoslovaques y fut proclamé en avr. 1945.

KOSINSKI (Jerzy), écrivain américain d'origine polonaise (Łódź 1933 - New York 1991). Émigré aux États-Unis, il donna des romans (*l'Oiseau bariolé,* 1965 ; *Bienvenue Mister Chance* [*Being There*], 1971 ; *Cockpit,* 1975 ; *Pinball* [*Flipper*], 1982) où il dépeint la vie américaine, alliant érotisme et cruauté.

KOSMA (Jozsef, dit **Joseph**), compositeur hongrois naturalisé français (Budapest 1905 - Paris 1969). Il travailla avec Hanns Eisler et Kurt Weill. Fixé à Paris en 1933, il allait écrire avec J. Prévert plus de 80 chansons (dont *les Feuilles mortes, Barbara, En sortant de l'école, la Pêche à la baleine*). Kosma a écrit la partition musicale de plus de cent films, dont *la Grande Illusion* (1937), *la Bête humaine* (1938), *les Enfants du paradis* (1945), *les Portes de la nuit* (1946). On lui doit aussi les opéras *les Canuts* (1959) et *les Hussards* (1969).

KOSOVO, anc. **Kosovo-Metohija,** en albanais **Kosova,** région du Sud de la Serbie (Yougoslavie) ; 10 887 km² ; 1 954 745 hab. Ch.-l. *Priština.* Malgré le désenclavement et la création d'industries (métallurgie du plomb et du zinc, mines de lignite), la forte croissance des Albanais (77,5 % de la population) fait persister un niveau de vie très bas et un chômage important. Ces Albanais, réclamant le statut de république pour le Kosovo, se soulèvent à plusieurs reprises (1968, 1981, 1989-90). La Serbie s'oppose à ces prétentions et adopte en 1990 une nouvelle Constitution enlevant au Kosovo le statut d'autonomie dont il bénéficiait jusqu'alors.

Kosovo *(bataille de)* [15 juin 1389], bataille qui opposa Lazare Hrebeljanović, prince de Serbie, allié à la Bosnie et à la Valachie, aux Turcs. Murad Ier y fut tué et son fils Bayezid Ier remporta la victoire qui permit aux Ottomans de vassaliser la Serbie.

KOSOVSKA MITROVICA → TITOVA MITROVICA.

KOSSEL (Walther), chimiste allemand (Berlin 1888 - Kassel 1956). En 1916, il signala la stabilité des couches externes de huit électrons dans les atomes et créa la théorie de l'électrovalence.

K'O-SSEU → KESI.

KOSSOU, site d'un barrage de la Côte-d'Ivoire, sur la Bandama (retenue de 1 750 km²). Pisciculture et irrigation.

KOSSUTH (Lajos), homme politique hongrois (Monok, comtat de Zemplén, 1802 - Turin 1894). Chef de l'opposition radicale à la Diète de 1847, il lutte pour l'indépendance politique et économique de la Hongrie. Ministre des Finances dans le cabinet de Batthyány (mars 1848), il crée l'armée nationale pour lutter contre les Croates de Jelačić. Il devient le président du Comité de défense nationale (sept. 1848) que l'armée autrichienne oblige à se replier à Debrecen (janv. 1849). En avr. 1849, il proclame la déchéance des Habsbourg et l'indépendance totale de la Hongrie. Il démissionne deux jours avant la capitulation de Világos (13 août 1849) imposée par l'intervention des troupes russes et se réfugie en Turquie, puis à Londres.

KOSSYGUINE (Alekseï Nikolaïevitch), homme d'État soviétique (Saint-Pétersbourg 1904 - Moscou 1980). Membre du Politburo du parti (1948-1952) puis de son praesidium à partir de 1960, il fut le premier vice-président du Conseil de 1960 à 1964. Après l'éviction de Khrouchtchev en 1964, il devint président du Conseil et assura la direction collégiale de l'U. R. S. S. avec Brejnev et Podgornyï. Après l'ascension de Brejnev au premier rang de la scène politique soviétique dans les années 1970, il se consacra exclusivement à l'économie.

KOSTENKI, village de Russie, dans la vallée du Don, près de Voronej. Aux environs, dix-huit sites constituent un ensemble de gisements de plein air du paléolithique supérieur avec vestiges d'habitats circulaires. De l'outillage lithique et des statuettes féminines en ivoire ont été recueillis.

KOSTI, port du Soudan central, sur le Nil Blanc ; 65 000 hab. Il dessert par voie fluviale le sud du pays.

KOSTROMA, v. de Russie, au confluent de la Kostroma et de la Volga ; 282 000 hab. Cathédrale de l'Assomption, fondée au XIIIe s. Centre industriel (mécanique et agroalimentaire).

KOSTRZEWSKI (Józef), archéologue et préhistorien polonais (Sobięcin 1885 - Poznań 1969). Il a conduit de nombreuses fouilles, dont celle de Biskupin.

KOSUTH (Joseph), artiste américain (Toledo 1945). Pionnier de l'art conceptuel*, il a élaboré une analyse de l'art en tant qu'objet de connaissance constitué par un système de relations et de références (propositions formées par la juxtaposition d'un objet usuel réel, de sa représentation photographique et de sa définition lexicographique : *Une et trois chaises,* 1965). Dans les années 70, ses « Investigations » ont mis en relations divers éléments de réflexion sur l'écriture, la langue et le langage.

KOSZALIN, v. de Pologne, ch.-l. de voïévodie, proche de la Baltique ; 109 800 hab. Centre industriel (électronique, pièces automobiles, équipement pour le bâtiment, industrie du bois et du meuble).

KOSZTOLÁNYI (Dezsõ), écrivain hongrois (Szabadka, auj. Subotica, 1885 - Budapest 1936). Sa poésie s'est inspirée du symbolisme de Rilke et de Baudelaire (*Entre quatre murs,* 1907) avant d'évoluer vers un certain dépouillement (*Bilan,* 1935). Il a publié aussi des romans (*Néron, le poète sanglant,* 1922) et des nouvelles (*Soirées ensorcelées*).

KOTA n. m. Langue dravidienne du groupe méridional, proche du kannara, parlée par plus de 800 000 locuteurs dans les monts Nīlgiri (Tamil Nadu).

KOTA, v. de l'Inde (Rājasthān), sur la Chambal ; 536 444 hab. À proximité d'un carrefour ferroviaire, centre commercial et industriel (textile, électronique, mécanique).

KOTA BHARU ou **KOTA BAHRU,** v. de Malaysia, en Malaisie, cap. du Kelantan ; 171 000 hab. Industrie textile et alimentaire. Artisanat.

KOTAE ACHRO ou **KOWT-E ASHROW,** anc. **Meydan,** v. d'Afghānistān, ch.-l. de la prov. de Wardak, à l'O. de Kaboul ; 56 000 hab.

KOTA KINABALU, anc. **Jesselton,** v. de Malaysia, cap. et principal port du Sabah, sur la mer de Chine méridionale ; 56 000 hab.

KOTARBIŃSKI (Tadeusz), philosophe et logicien polonais (Varsovie 1886 - *id.* 1981). Il est, avec Łukasiewicz, l'un des principaux représentants du cercle de Vienne (*Leçons sur l'histoire de la logique,* 1957).

KOTAS ou **BAKOTAS,** population bantoue de l'est du Gabon, groupant environ 40 000 membres.

KOTKA, port de Finlande, ch.-l. de prov., sur le golfe de Finlande ; 61 000 hab. Industries et exportation du bois.

KÖTLUM (Jóhannes Jónasson úr), poète islandais (Dalir 1899 - Reykjavík 1972). Rompant avec le style traditionnel de ses premier vers, il se tourna vers le modernisme européen (*Sjödaegra,* 1955).

1. KOTO n. m. Arbre (sterculiacée) d'Afrique tropicale, au bois blanc brillant, à grain moyen, mi-dur et mi-lourd, utilisé en menuiserie intérieure, ameublement, placage.

2. KOTO n. m. (jap. *koto*). Longue cithare japonaise, à cordes en soie et à chevalets mobiles.

KOTOKOS, terme d'origine arabe désignant des populations situées dans les régions de N'Djamena et Kousseri, groupant environ 60 000 personnes.

KŌTOKU TENNŌ, empereur du Japon (645-654). S'inspirant des institutions chinoises, il organisa une administration fonctionnarisée, destinée à battre en brèche les clans privilégiés.

KOTOR, port de Yougoslavie (Monténégro) ; en ital. *Cattaro* ; 6 000 hab. Chapelles préromanes ; cathédrale romane St-Tryphon, des IXe-XIIe s. ; demeures anciennes. Centre touristique. — Les *bouches de Kotor,* en serbe *Boka Kotorska,* forment un golfe profond dominé par des montagnes et comprenant deux bassins séparés par un détroit. La pêche y est active. Site stratégique (constructions et réparations navales et port de guerre) et touristique.

KOTOSH, site archéologique de la région de Huánuco, dans les Andes centrales du Pérou. 10 édifices superposés ont été repérés. Les plus anciens, précéramiques (2500-1800 av. J.-C.), comprennent les vestiges du temple des Mains croisées. La céramique apparaît entre 1800 et 1150 av. J.-C. À partir du Xe s. av. J.-C. poteries et constructions sont d'influence Chavín*.

KOTRI, v. du Pākistān, sur l'Indus, en face d'Hyderābād ; 20 300 hab. Centre commercial et industriel. Barrage sur l'Indus (irrigation).

KOTT (Jan), écrivain polonais (Varsovie 1914). Ses essais de critique dramatique ont renouvelé la conception du théâtre élisabéthain, dans une perspective freudienne (*Shakespeare, notre contemporain,* 1961), et celle de la tragédie antique (*Manger les dieux,* 1975).

KOTTO (la), riv. de la République centrafricaine, affl. de l'Oubangui (r. dr.) ; 600 km env.

KOTZEBUE (August VON), écrivain allemand (Weimar 1761 - Mannheim 1819). Espion à la solde du tsar de Russie en Allemagne, son action politique, surtout dirigée à partir de 1815 contre la jeunesse libérale, lui valut d'être assassiné. Il est l'auteur de 216 pièces nourries de l'esprit bourgeois et de la sentimentalité propres à la fin du XVIIIe s. (*Misanthropie et Repentir,* 1789 ; *les Ruines d'Athènes,* 1811).

KOTZEBUE (Otto VON), navigateur russe d'origine allemande (Tallinn 1788 - *id.* 1846), fils du précédent. Il explora la mer de Béring et l'ouest de l'Alaska (1815-1818).

KOUANG-SI → GUANGXI.

KOUANG-TCHEOU → CANTON.

KOUANG-TCHEOU-WAN → GUANGZHOUWAN.

KOUANG-TONG → GUANGDONG.

KOUAN-HOUA [kwanwa] n. m. Syn. de MANDARIN.

KOUAN T'ONG → GUAN TONG.

KOUAN-YIN → GUANYIN.

KOUAOUA, localité de Nouvelle-Calédonie, au N.-O. de Canala. Extraction du nickel.

KOUBA → QOBBA *(El-)*.

KOUBA, royaume africain, fondé au début du XVIIe s. entre le Sankuru et la Lulua (dans le sud-ouest de l'actuel Zaïre). Vivant du commerce, ce royaume disparut au XIXe s. à la suite des effets de la traite arabe.

KOUBAN (le), fl. de Russie, qui draine le versant nord du Caucase occidental et se jette dans la mer d'Azov par un delta (riziculture) ; 906 km (bassin de 57 900 km^2).
– **Hist.** Après la chute de Rostov (14 févr. 1943), la tête de pont du Kouban, organisée par les forces allemandes du Caucase, résista jusqu'en oct. 1943.

KOUBAS ou **BAKOUBAS,** population bantoue du Zaïre, groupant environ 100 000 individus établis dans le Kasaï.

KOUBBA → COUBBA.

KOUBILAY → KŪBĪLĀY.

KOUCHANS → KUṢĀNA.

KOUDOU → COUDOU.

KOUDOUGOU, v. du Burkina, ch.-l. de dép., sur la voie ferrée Abidjan-Niger ; 42 000 hab. Marché rural. Textile.

KOUDOURROU n. m. En Mésopotamie, borne de pierre qui servit d'abord à limiter un domaine puis qui, déposée dans les temples, joua ensuite le rôle d'un acte de propriété. (La plupart datent de l'époque kassite [IIe millénaire].)

KOUEI-LIN → GUILIN.

KOUEI-SOUEI → HOUHEHOT.

KOUEI-TCHEOU → GUIZHOU.

KOUEI-YANG → GUIYANG.

K'OUEN-LOUEN → KUNLUN.

K'OUEN-MING → KUNMING.

KOUEN TS'AN → KUN CAN.

KOUFFA ou **COUFFA** n. m. Bateau spécial à la navigation du Tigre, constitué par une sorte de panier rond, recouvert de bitume.

KOUFRA, en ar. **Kufra,** oasis de Libye, dans le sud de la Cyrénaïque ; en ital. *Cufra ;* 7 500 hab.
– **Hist.** Koufra, occupée en 1931 par Graziani, fut enlevée le 1er févr. 1941 par un raid de Leclerc.

KOUGLOF, KOUGELHOF ou **KUGELHOPF** n. m. (mot alsacien, de l'all. *Kugel,* boule). Gâteau alsacien en pâte levée garnie d'amandes effilées.

KOUÏ → KUĪ.

KOUÏBYCHEV → SAMARA.

KOUIF (El-), anc. **Le Kouif,** v. d'Algérie dans les monts de Tbessa, près de la Tunisie ; 16 000 hab. Phosphates.

KOUILOU (le), riv. du Congo, rejoignant l'Atlantique au N.-O. de Pointe-Noire. Son cours supérieur porte le nom de *Niari.*

KOU K'AI-TCHE → GU KAIZHI.

KOUKOU NOR → QINGHAI.

KOUKRI n. m. Coutelas massif utilisé comme arme au Tibet et au Népal.

KOULAK n. m. Paysan enrichi de la Russie de la fin du XIXe s. et du début du XXe s.
ENCYCL. Au lendemain de la réforme de 1861, une minorité de paysans racheta la terre des nobles ou des paysans ruinés et, se lançant dans la production commerciale, s'enrichit. Malgré la redistribution périodique des terres par l'assemblée paysanne du mir, le koulak, ainsi désigné par référence à son poing (en russe *koulak*) fermé sur l'argent gagné, s'enrichit aux dépens du paysan pauvre. Menacés par le communisme de guerre, les koulaks furent tolérés par le gouvernement soviétique à l'époque de la NEP (1921-1929). La « liquidation des koulaks en tant que classe » fut entreprise en 1930-31. Les koulaks, auxquels furent assimilés bien des paysans moyens, furent privés de leurs biens, expulsés sans pouvoir adhérer aux kolkhoz ou déportés dans les camps du Goulag.

KOULDJA, en chin. **Yining,** oasis de Chine (Xinjiang), sur la route entre Ouroumtsi et Alma-Ata (Kazakhstan).

KOULECHOV (Lev Vladimirovitch), cinéaste soviétique (Tambov 1899 - Moscou 1970). Il réalisa son premier film en 1918 (*le Projet de l'ingénieur Pright*). En 1920, il fonda à Moscou le Laboratoire expérimental et, en 1921, devint professeur à l'Institut du cinéma, tout en réalisant quelques films, dont *les Aventures extraordinaires de Mr. West au pays des Bolcheviks* (1924), *le Rayon de la mort* (1925), *Selon la loi (Dura Lex)* [1926], *Horizon* (1933) et *le Grand Consolateur* (1933). Il publia en 1929 *l'Art du cinéma* et en 1941 *les Fondements de la réalisation filmique.*

KOULIBIAC ou **COULIBIAC** n. m. (russe *koulebiaka*). Pâté en croûte servi chaud, généralement à base de saumon ou de volaille et garni d'œufs durs.

KOULIKORO, v. du Mali (région de Bamako), terminus du chemin de fer Dakar-Niger et départ de la navigation sur le Niger moyen ; 16 000 hab.

KOULIKOV (Viktor Gueorguievitch), maréchal russe (Verkhniaïa Liovbovcha, prov. d'Orel, 1921). Il termina la Seconde Guerre mondiale à 24 ans, avec le grade de lieutenant-colonel. Commandant les forces soviétiques en Allemagne (1969), nommé en 1971 chef d'état-major général des armées, il a été de 1977 à 1989 commandant en chef des forces du pacte de Varsovie.

Koulikovo *(bataille de)* [8 sept. 1380], bataille remportée par les troupes russes du grand-prince de Moscou, Dimitri Donskoï, sur l'armée tatare de Mamaï, chef de la Horde d'Or.

KOUL-OBA, important kourgane en Ukraine, au S. de Kertch, en Crimée, abritant la sépulture d'un aristocrate scythe. Riche mobilier funéraire où se côtoient objets de facture grecque et orfèvrerie scythe.

KOULOUNDA *(steppe de),* région semi-aride de Russie et du Kazakhstan, entre l'Irtych et l'Ob, partiellement mise en valeur par l'irrigation. Canal (long de 182 km) dérivant les eaux de l'Ob.

KOUMA (la), fl. de Russie, utilisé pour l'irrigation, né au N. du Caucase, qui rejoint la Caspienne ; 802 km (bassin de 33 500 km^2).

KOUMASSI ou **KUMASI,** v. du Ghana, ch.-l. de la région achanti ; 488 991 hab. Commercialisation du cacao. Mécanique. Alimentation.
— **Hist.** Centre de la puissance militaire des Achantis aux XVIIIe et XIXe s., la ville fut détruite par les Anglais en 1874. Elle connut un nouveau développement au XXe s.

KOUMBI-SALEH, site du sud-est de la Mauritanie, à la frontière malienne. Ruines d'une ville importante, remontant sans doute à la dernière période du royaume de Ghāna.

KOUMYKS, peuple musulman de Russie, habitant les plaines du Daguestan (env. 290 000 individus).

KOUMYS, KOUMIS ou **KOUMISS** [kumis] n. m. (turc *kimiz*). Boisson fermentée, fabriquée par les nomades de l'Asie centrale avec du lait de jument, d'ânesse, de chamelle ou de vache.

KOUNDOURIÓTIS (Pávlos), amiral et homme d'État grec (Hydra 1855 - Athènes 1935). Régent après l'abdication du roi Georges (déc. 1923), il fut président de la République de 1924 à 1929, avec une brève interruption en 1926.

KOUNTCHÉ (Seyni), homme d'État nigérien (Fandou, près de Filingué, 1931 - Paris 1987), chef de l'État de 1974 à sa mort.

KOUO HI → GUO XI.

Kou-kong → GUGONG.

KOUO-MIN-TANG → GUOMINDANG.

KOUO MO-JO → GUO MORUO.

KOUPRINE (Aleksandr Ivanovitch), écrivain russe (Narovtchat, gouvern. de Penza, 1870 - Leningrad 1938). Célèbre en 1905 avec *le Duel,* satire des milieux militaires, il se fit l'héritier de la tradition réaliste (*la Fosse,* 1909).

KOURA (la), fl. de Géorgie et d'Azerbaïdjan, au S. du Caucase. Né en Turquie, il passe à Tbilissi, traverse la grande plaine aride de l'Azerbaïdjan et confond son delta, sur la Caspienne, avec celui de l'Araxe ; 1 510 km (bassin de 188 000 km^2). Hydroélectricité. Irrigation.

KOUREIKA (la), riv. de Russie, en Sibérie, affl. de l'Ienisseï (r. dr.) ; 888 km (bassin de 44 700 km^2).

KOURGAN, v. de Russie, en Sibérie occidentale, sur le Transsibérien ; 356 000 hab. Industries alimentaires. Construction de véhicules. Appareils médicaux. Chimie.

KOURGANE n. m. (russe *kourgan,* du turc *kurğan*). En Russie, tumulus abritant des sépultures collectives, de la fin du néolithique jusqu'au Xe s. (Ils se multiplièrent à l'âge du fer. Dans les steppes de la Russie du Sud, ils sont d'origines scythe ou cimmérienne.)

KOURILES *(arc* et *fosse des),* édifice sédimentaire plissé et volcanisé, dont la partie émergée forme une guirlande de 56 îles *(l'archipel des Kouriles),* sur 1 400 km du Kamtchatka à Hokkaidō, et séparant la mer d'Okhotsk du Pacifique ; 15 600 km^2. Vers le S.-E., l'archipel est bordé par la *fosse des Kouriles,* une des plus profondes du monde (10 542 m). Arc et fosse sont deux reliefs associés, formés par le plongement de la plaque Pacifique sous la plaque Eurasie. Depuis son annexion par l'U. R. S. S. en 1945, le Japon en revendique les îles méridionales.

KOUROPATKINE (Alekseï Nikolaïevitch), général russe (Khomlski, près de Pskov, 1848 - Chechourino, près de Tver, 1925). Commandant en chef de l'armée de Mandchourie pendant la guerre russo-japonaise, puis généralissime jusqu'à la défaite de Moukden (1905), il fut gouverneur du Turkestan (1916) et se rallia aux bolcheviks.

KOUROS ou **COUROS** [-rɔs] n. m. (pl. *kouroi*) [gr. *kouros,* jeune homme). Statue de jeune homme nu, debout, de face, le pied gauche en avant, les bras allongés le long du corps, caractéristique de la sculpture grecque archaïque.

KOUROU (97310), ch.-l. de cant. de la Guyane française ; 13 962 hab. Site du Centre spatial guyanais (C. S. G.) du Centre national d'études spatiales, en bordure de l'Atlantique, entre les embouchures des fleuves Kourou et Sinnamary.

Opérationnel depuis 1968, le C. S. G. est utilisé pour le lancement des fusées Ariane*.

KOUROUMA (Ahmadou), écrivain ivoirien (Togobala, Guinée, 1927). Ses romans (*les Soleils des indépendances,* 1968 ; *Monnè outrages et défis,* 1990) expriment le désenchantement africain au lendemain de la décolonisation.

KOURSK, v. de Russie, dans la région des Terres noires du Centre ; 424 000 hab. Centre administratif et de services, pôle industriel (constructions mécaniques, fibres synthétiques, industries de transformation, centrale nucléaire). L'« anomalie magnétique de Koursk » fournit environ 30 Mt de fer par an.
— **Hist.** Conquise par les Allemands le 3 nov. 1941, Koursk fut reprise par l'Armée rouge le 8 févr. 1943. Le front soviétique y forma alors le *saillant de Koursk* qui résista victorieusement à l'offensive des 38 divisions de von Kluge (juill. 1943).

KOURSKI ZALIV, lagune limitée par un long cordon littoral, partagée entre la Lituanie et la région de Kaliningrad (Russie) ; en all. *Kurisches Haff.* Le Niémen y aboutit.

KOURTCHATOVIUM [-vjɔm] n. m. Syn. de RUTHERFORDIUM.

KOURTKA ou **KURTKA** n. m. (polon. *kurta,* habit court). Habit des lanciers polonais du premier Empire, adopté en 1830 par les lanciers français.

KOUSH ou **COUCH,** nom donné dans l'Antiquité à une partie des territoires africains soumis à l'Égypte. Koush (pays situé entre la 2e et la 4e cataracte du Nil) correspond au nord du Soudan actuel (ce que les auteurs grecs appellent l'« Éthiopie ») ; il fut administrativement rattaché à l'Égypte au début du Nouvel Empire (v. 1560 av. J.-C.).

KOUSHITES ou **COUCHITES** (de *Koush*), nom que portent, dans la géographie biblique, les habitants d'Égypte méridionale, du nord du Soudan (l'« Éthiopie » des auteurs grecs) et d'Arabie méridionale. Ils furent à l'origine de la XXVe dynastie. (On écrit aussi COUSHITES, KUCHITES et KUSHITES.)

KOUSSERI, anc. **Fort-Foureau,** v. du nord du Cameroun, sur le Chari, en face de N'Djamena ; 8 000 hab.
— **Hist.** Le corps expéditionnaire de Lamy y remporta une bataille (22 avr. 1900) qui mit fin à l'empire de Rabah, assura à la France la possession du Tchad et lui permit de joindre ses conquêtes d'Afrique occidentale à celles d'Afrique équatoriale.

KOUSSEVITSKI (Sergueï Aleksandrovitch), chef d'orchestre et contrebassiste russe naturalisé américain (Vichni Volotchek, près de Tver, 1874 - Boston 1951). D'abord virtuose de la contrebasse, il se consacra à la direction orchestrale. Dès 1924, il fut directeur permanent de l'Orchestre symphonique de Boston. Il a écrit pour son instrument des pages de virtuosité.

KOUSTANAÏ, en kazakh **Kostanaï,** v. du Kazakhstan, à l'E. de Magnitogorsk ; 185 000 hab. Textiles synthétiques. Industries alimentaires. Chaussures. Meubles.

KOUTAÏSSI, v. de Géorgie, en Colchide, sur le Rion ; 238 000 hab. Industries textiles et mécaniques.
— **Hist.** et **Bx-arts.** Bâtie au Ve-VIe s., capitale de l'Imérétie au VIIIe s., le roi Bagrat III y construisit (975 ou 1003) une magnifique cathédrale qui porte son nom.

KOUTOUZOV ou **KOUTOUSOV** (Mikhaïl Illarionovitch GOLENICHTCHEV), prince **de Smolensk,** feld-maréchal russe (Saint-Pétersbourg 1745 - Bunzlau, Silésie, 1813). Il prit part aux guerres de la fin du règne de Catherine II, en Pologne, en Turquie et en Crimée. Présent à Austerlitz (1805), il défendit Moscou contre Napoléon (1812), et son attaque surprise contre Murat (18 oct.) décida de la retraite, par le sud, des armées françaises. Battu à Malo-Iaroslavets, Koutouzov poursuivit les Français, escomptant les massacrer sur la Berezina.

Koutouzov *(ordre de),* ordre militaire russe. Il fut créé en 1942 pour les généraux et les officiers supérieurs de l'Armée rouge.

KOUWENAAR (Gerrit), écrivain néerlandais (Amsterdam 1923). Auteur d'une poésie assez hermétique (*Sans nom,* 1962 ; *Data Delors,* 1971), il a joué un rôle majeur dans le groupe Cobra et chez les « expérimentalistes ».

KOUYOUNDJIK → NINIVE.

KOUZBASS ou, parfois, **BASSIN DU KOUZNETSK,** bassin houiller de Russie, en Sibérie occidentale, au pied de l'Altaï, couvrant environ 26 000 km². Avec de bonnes conditions d'exploitation et des réserves abondantes (60 000 Mt), le Kouzbass se place au premier rang des bassins russes. La carbochimie, la sidérurgie et la mécanique se sont développées dans les centres miniers, qui forment une région industrielle de 3 millions d'hab., dominée par Novokouznetsk et Kemerovo.

KOUZNETSK, nom de la partie ancienne de la ville de *Novokouznetsk* (Russie), désignant autrefois, et encore parfois aujourd'hui, le bassin *(bass)* houiller dit *Kouzbass**.

KOUZNETSOV (Nicolaï Guerassimovitch), amiral soviétique (Medvedki, Arkhangelsk, 1902 - Moscou 1974). Commandant les forces navales soviétiques pendant la Seconde Guerre mondiale, il dirigea la flotte du Pacifique de 1948 à 1950, et fut ministre de la Guerre et de la Marine de 1951 à 1953, ministre adjoint de la Défense de 1953 à 1956.

KOVALEVSKI (Aleksandr Onoufrievitch), embryologiste russe (Dvinsk, auj. Daougavpils, 1840 - Saint-Pétersbourg 1901). Il dirigea la station zoologique de Sébastopol et effectua des recherches embryologiques sur divers groupes d'invertébrés (amphioxus, balanoglosse, cœlentérés, holothuries, vers, ascidies).

KOVROV, v. de Russie, au N.-E. de Moscou ; 162 000 hab. Métallurgie. Moteurs. Confection.

KOWALSKI (Piotr), artiste polonais naturalisé français (Lvov 1927). Bénéficiant d'une formation scientifique, il utilise divers dispositifs techniques pour visualiser des concepts relatifs notamment à l'espace, aux énergies, aux rayonnements, et pour étudier la perception que nous en avons (*Machine pseudo-didactique,* 1961 ; *Cube électronique,* 1967 ; *Identité +,* 1973 ; *Time Machine,* 1981 ; etc.). Il recherche ainsi un type de communication objectif, non esthétisant.

KOWARSKI (Lew), physicien français d'origine russe (Saint-Pétersbourg 1907 - Genève 1979). En 1939, il collabora avec F. Joliot-Curie à la découverte de l'émission des neutrons lors de la fission de l'uranium. Il contribua par la suite au développement des réacteurs nucléaires à eau lourde, d'abord au Canada, puis en France.

KOWEÏT ou **KUWAIT,** en ar. **al-Kuwayt,** État de la péninsule arabique, sur la côte du golfe Persique ; 17 800 km² ; 1 530 000 hab. *(Koweïtiens).* CAP. *Koweït.* LANGUE : *arabe.* MONNAIE : *dinar koweïtien.*

Géographie. L'extraction du pétrole (débutant en 1946) a fait de ce pays désertique un État très riche. Des industries, financées par les revenus des exportations pétrolières, se sont développées (raffinage et pétrochimie, engrais, cimenterie), employant une main-d'œuvre immigrée (surtout arabe), plus nombreuse aujourd'hui que la population koweïtienne. L'ampleur des réserves de pétrole doit faciliter la reconstruction d'une économie ruinée par l'occupation irakienne (1990-91). Cette reconstruction nécessite l'appel à un financement étranger, permettant de sauvegarder les importants investissements koweïtiens dans les pays occidentaux (surtout).

Histoire. Protectorat britannique en 1914, le Koweït accède à l'indépendance en 1961 ; il est dirigé par un émir. Envahi en 1990 par l'Iraq, le pays est libéré en 1991 à l'issue de la guerre du Golfe. (→ *guerre du* GOLFE.)

KOWEÏT ou **KUWAIT,** en ar. **Kuwayt,** cap. de l'État de Koweït ; 1 375 000 hab. (dans l'agglomération).

KOWEÏTIEN, ENNE adj. et n. Du Koweït.

KOWLOON, en chin. **Jiulong, Kieou-long** ou **Tsieou-long,** partie du territoire de Hongkong, située en face de l'île de Hongkong. Centre commercial. Aéroport.

KOWT-E ASHROW → KOTAE ACHRO.

KOXINGA, nom donné par les Européens au corsaire chinois **Zheng Chenggong,** partisan des Ming (Hirado, Nagasaki, 1624 - Taiwan 1662). Il s'empara de Taiwan, dont il chassa les Hollandais.

KŌYA SAN ou **MONT KŌYA,** haut lieu de la secte shingon du bouddhisme japonais, près d'Ōsaka, fondé en 816 par Kōbō Daishi, qui y est enterré.

KOYRÉ (Alexandre), épistémologue et philosophe français d'origine russe (Taganrog 1882 - Paris 1964). Il a étudié la pensée de Jakob Böhme et a montré l'unité de la pensée cosmologique et scientifique dans laquelle Copernic et Kepler ont été des étapes indispensables (*Études galiléennes,* 1940). Il a mis en évidence un passage d'un cosmos fini et hériarchisé à un univers infini et homogène (*Du monde clos à l'univers infini,* 1957).

KOZHIKODE → CALICUT.

KOZINTSEV (Grigori Mikhaïlovitch), cinéaste soviétique (Kiev 1905 - Leningrad 1973). En 1921, il fonde avec Leonid Trauberg la FEKS (« Fabrication de l'acteur excentrique »), mouvement théâtral futuriste, qui tente, à l'opposé des théories de Dziga Vertov, d'imposer aux comédiens un style d'interprétation assez proche du cirque et du music-hall. Dans cet esprit, il réalisa, avec Trauberg, une trilogie : *la Jeunesse de Maxime* (1935), *le Retour de Maxime* (1937), *Maxime à Viborg* (1939).

KOŹLE, v. de Pologne administrativement réunie avec *Kędzierzyn* (70 000 hab.). Port fluvial sur l'Odra, au confluent du canal de Gliwice.

KPELLÉS ou **GUERZÈS,** population du groupe mandé établie au Liberia et en Guinée, groupant près de 400 000 personnes.

KPÉMÉ, village du Togo, sur la côte. Usine d'enrichissement et exportation des phosphates.

Kr, symbole chimique du *krypton.*

KRA *(isthme de),* isthme de Thaïlande, qui relie la presqu'île de Malacca à l'ensemble de la péninsule indochinoise ; 42 km de large environ.

KRAAL [kral] n. m. (mot afrikaans, du port. *curral,* cage). En Afrique du Sud, village indigène ou enclos pour le bétail.

KRACH [krak] n. m. (pl. *krachs*) [all. *Krach*]. 1. Effondrement des cours des valeurs à la Bourse. — 2. Débâcle financière, faillite brutale d'une entreprise.

KRAEPELIN (Emil), psychiatre allemand (Neustrelitz 1865 - Munich 1926). Il a étudié la psychose maniaco-dépressive et la démence précoce (schizophrénie) qu'il considère comme irréversible et incurable. Mais, surtout, il a classé toutes les maladies mentales selon leur importance relative, leur évolution et leur état terminal. Ce système est encore à l'heure actuelle une référence nosographique en psychiatrie.

KRAFFT ou **KRAFT** (Adam), sculpteur allemand (Nuremberg v. 1460 - Schwabach 1508 ou 1509). Un des derniers maîtres de l'art gothique, il a exécuté à Nuremberg sept reliefs de la vie du Christ, le monument de la famille Schreyer (1491) à l'église St-Sébald, le haut tabernacle de l'église St-Laurent (1493-1500), de nombreuses statues de la Vierge, etc.

KRAFFT-EBING (Richard VON), psychiatre allemand (Mannheim 1840 - Graz 1902), auteur d'études sur les perversions sexuelles et la criminologie (*Psychopathia sexualis,* 1886).

KRAFT adj. (all. *Kraft,* force). *Papier kraft* ou *kraft* (n. m.), papier d'emballage très résistant, fabriqué avec de la pâte kraft écrue ou blanchie. ‖ *Pâte kraft,* pâte chimique, obtenue par le procédé au sulfate, de résistance mécanique élevée.

KRAFT, famille de musiciens autrichiens. ANTON, violoncelliste et compositeur (Rokyčany, Bohême, 1749 - Vienne 1820), fut engagé comme violoncelliste par le prince Esterházy (1778-1790). Il composa pour son instrument des sonates, des pièces diverses, un concerto. Le concerto en *ré* de Haydn (1783) fut composé pour lui. — NIKOLAUS, violoncelliste et compositeur (Esterháza, Hongrie, 1778 - Cheb, Bohême, 1853), fils du précédent, fit partie du Quatuor Schuppanzigh.

KRAG (Thomas Peter), écrivain norvégien (Kragerö 1868 - Oslo 1913). Ses romans écrits dans un style réaliste, poétique et, plus tard, mystique (*le Serpent d'airain,* 1895 ; *Ada Wilde,* 1896) font de lui un des principaux représentants du néoromantisme des années 1890. — Son frère VILHELM ANDREAS (Kristiansand 1871 - Ny Hellesund 1933), attiré par le symbolisme (*Chants du Sud,* 1893), s'orienta vers l'exaltation de son pays natal (*Chants de mon île,* 1918).

KRAG (Jens Otto), homme politique danois (Copenhague 1914 - *id.* 1978). Député social-démocrate (1947), plusieurs fois ministre, il fut chef du gouvernement de 1962 à 1967. De nouveau Premier ministre (1971), il signa le traité d'adhésion au Marché commun, mais démissionna au lendemain du référendum approuvant l'adhésion du Danemark à la C. E. E. (1972).

KRAGUJEVAC, v. de Yougoslavie (Serbie), au S. de Belgrade ; 147 305 hab. Anc. cap. de la Serbie, de 1818 à 1839. Industrie automobile. Manufacture d'armes.

KRAINS (Hubert), écrivain belge de langue française (Les Waleffes, Liège, 1862 - Bruxelles 1934), auteur de contes et de romans d'inspiration régionaliste (*Mes amis,* 1921).

KRAJINA, régions de Croatie et de Bosnie-Herzégovine à fort peuplement serbe, correspondant aux anciens confins militaires organisés par l'Autriche pour protéger la frontière contre les Turcs. En Croatie, les Serbes proclament unilatéralement, en 1991, une République serbe de Krajina, mais la région est reconquise par l'armée croate en 1995.

KRAK n. m. (ar. *karāk,* château fort). Forteresse édifiée au XIIe s. par les croisés en Syrie et en Palestine pour assurer la défense des États latins du Levant. (Les principaux kraks étaient le krak des Chevaliers [en ar. *qala'at al-Ḥusn*], dans le comté de Tripoli, le krak de Montréal à al-Chawbak et celui de Moab, à al-Karak, dans le royaume de Jérusalem. Ils furent édifiés au cours des XIIe-XIIIe s.)

KRAKATOA ou **KRAKATAU,** petite île d'Indonésie, dans le détroit de la Sonde, partiellement détruite en 1883 par l'explosion de son volcan, le *Perbuatan.*

KRAKÓW, nom polonais de Cracovie.

KRÁLŮV TÝN → KARLŠTEJN.

KRAMÁŘ (Karel), homme politique tchèque (Vysoké nad Jizerou, Bohême, 1860 - Prague 1937). Il fut élu en 1891 député jeune-tchèque au Reichsrat de Vienne. Chef de file du courant néoslaviste, il présida le Congrès slave de Prague en 1908. Il fut le chef du premier gouvernement de l'État tchécoslovaque (nov. 1918-juill. 1919).

KRAMATORSK, v. d'Ukraine, dans le Donbass ; 201 000 hab. Centre industriel (sidérurgie et métallurgie, cimenterie).

KRASICKI (Ignacy), prélat et écrivain polonais (Dubiecko 1735 - Berlin 1801). Prince-évêque de Warmie de 1766 à 1772, il fut nommé en 1795 archevêque de Gniezno. Esprit lucide, à la verve gracieuse et mordante, il transforma le goût littéraire dans son pays. Son œuvre compte des poèmes héroï-comiques (*la Guerre des moines,* 1778), une épopée (*la Campagne de Chocim,* 1780), des romans (*Pan Podstoli,* 1778), des *Épîtres, des Satires* et des *Fables et Apologues* (1779).

KRASIŃSKI (Zygmunt, *comte*), poète polonais (Paris 1812 - *id.* 1859). Il passa la plus grande partie de sa vie loin de sa patrie. Souvent prisonnier de ses contradictions, il a laissé, entre autres, un drame romantique (*la Comédie non divine,* 1835) et un recueil lyrique (*Psaumes de l'avenir,* 1845) où il apparaît comme un patriote ardent, de tendance conservatrice.

KRASNOARMEÏSK, v. d'Ukraine, dans le Donbass ; 132 000 hab. Charbon. Mécanique.

KRASNODAR, jusqu'en 1920 **Iekaterinodar** ou **Ekaterinodar,** v. de Russie, au N. du Caucase, sur le Kouban, fondée en 1793 ; 620 000 hab. Industries alimentaires. Raffinerie de pétrole. Machines agricoles et machines-outils. Industrie pharmaceutique. Travail du bois. Barrage sur le Kouban.

KRASNOÏARSK, v. de Russie, en Sibérie orientale ; 924 000 hab. Au croisement du Transsibérien et de l'Ienisseï, Krasnoïarsk est un centre industriel (aluminium, chimie, chantiers navals), centrale hydroélectrique. Dans la région, importante station radar de défense contre les missiles.

KRASNOKAMSK, v. de Russie, à l'O. de l'Oural, sur la Kama ; 55 000 hab. Industrie du papier et de la cellulose. Extraction et raffinage du pétrole. Métallurgie et mécanique.

KRASNOVODSK, port de Turkménistan, sur la Caspienne ; 51 000 hab. Terminus du chemin de fer venant de Tachkent. Métallurgie. Raffinerie de pétrole. Chantiers navals. Pêche. Conserveries.

KKRASNYÏ LOUTCH, v. d'Ukraine, dans le Donbass ; 109 000 hab. Centre houiller et métallurgique.

KRASSINE (Leonid Borissovitch), révolutionnaire russe et homme politique soviétique (Kourgan, gouvern. de Tobolsk, 1870 - Londres 1926). Chargé de renouer les relations commerciales avec les pays de l'Entente, il signa le traité anglo-soviétique de 1921 et participa aux conférences de Gênes et de La Haye (1922). Il fut envoyé comme plénipotentiaire en France (1924), puis en Grande-Bretagne (1925-26).

KRASUCKI (Henri), syndicaliste français (Wołomin, Pologne, 1924). Communiste, résistant, déporté en 1943, il devient ouvrier métallurgiste à son retour d'Allemagne. Entré au secrétariat de la C. G. T. en 1950, élu au comité central du P. C. F. en 1956, il a été secrétaire général de la confédération de 1982 à 1992.

KRASZEWSKI (Józef Ignacy), écrivain polonais (Varsovie 1812 - Genève 1887). Il est l'auteur de plus de 300 romans (*la Lanterne magique,* 1843 ; *la Vieille Légende,* 1876) dont les sujets sont souvent empruntés à l'histoire nationale.

KRATIÉ, v. du Cambodge, ch.-l. de prov., sur le Mékong ; 12 100 hab. Port fluvial.

KRATON n. m. Résidence d'un prince javanais, formée de salles en bois, brique et pierre disposées dans des cours. (Par ex. palais des sultans de Jogjakarta et de Surakarta du XVIIIe s.)

KRAUROSIS [-zis] n. m. (gr. *krauros,* sec). Dessèchement d'un organe. (Le *kraurosis penis* est une sclérose progressive de l'anneau préputial. Le *kraurosis de la vulve* est une involution et atrophie des organes génitaux externes de la femme, consécutives à une carence en œstrogènes.)

KRAUS (Karl), écrivain autrichien (Jičín, Bohême, 1874 - Vienne 1936). Fondateur en 1899 de la revue *Die Fackel* (« le Flambeau »), il composa 9 volumes de vers, des drames, des traductions. Dans son œuvre, il attaque la vie sociale, politique et culturelle de l'Autriche (*Die Sprache,* 1938). Son chef-d'œuvre, *les Derniers Jours de l'humanité* (1919), est une dénonciation de toutes les formes du discours meurtrier.

Krause *(corpuscules* ou *bulles de),* petits corpuscules arrondis que l'on trouve dans le tissu conjonctif et dans la muqueuse buccale. Ils paraissent jouer un rôle dans la perception du froid et de la pression.

KRAUSS (Werner), acteur allemand (Gestungshausen, Bavière, 1884 - Vienne 1959), grand interprète du cinéma expressionniste allemand (*le Cabinet du Dr Caligari,* 1919 ; *Danton,* 1921 ; *Tartuffe* et *la Rue sans joie,* 1925 ; *l'Étudiant de Prague,* 1926 ; *la Lutte héroïque,* 1939 ; *le Juif Süss,* 1940 ; *Paracelse,* 1943).

KRAUSS (Clemens), chef d'orchestre autrichien (Vienne 1893 - Mexico 1954). Il a été directeur de l'Opéra de Vienne (1929), de Berlin (1935), de Munich (1937) et fut un excellent interprète de R. Strauss.

KRAUTERGERSHEIM (67880), comm. du Bas-Rhin, à 8 km au N.-E. d'Obernai, sur l'Ehn ; 1 392 hab. Culture du chou à choucroute.

KREBS (*sir* Hans Adolf), biochimiste britannique d'origine allemande (Hildesheim 1900 - Oxford 1981). Ses travaux fondamentaux sur le métabolisme des glucides l'ont conduit à décrire les phénomènes connus depuis sous le nom de *cycle de Krebs.* Il partagea en 1953 le prix Nobel de médecine avec F. A. Lipmann.

Krebs *(cycle de),* suite de réactions intracellulaires constituant la principale source d'énergie de la cellule animale. L'oxydation par étape des trois grandes catégories d'aliments libère du gaz carbonique et de l'eau, tandis que se constitue une molécule de haut potentiel énergétique : l'ATP (adénosine-triphosphate).

KREBS (Edwin G.), biologiste américain (Lansing, Iowa, 1918). Professeur de biochimie à l'université Washington de Seattle, il a obtenu le prix Nobel de physiologie et de médecine en 1992, avec E. H. Fischer, pour leur découverte de deux catégories de protéines enzymatiques, les kinases et les phosphatases, et du rôle de celles-ci dans la régulation du fonctionnement des cellules vivantes (processus de phosphorylation réversible des protéines). Ces découvertes ont notamment des applications dans la lutte contre certains cancers.

KREFELD, v. d'Allemagne (Rhénanie-du-Nord-Westphalie), sur le Rhin ; 224 000 hab. Musées. Centre textile. Aciers spéciaux. Matériel ferroviaire. Machines-outils. Électronique. Chimie.

KREISKY (Bruno), homme politique autrichien (Vienne 1911 - *id.* 1990). Membre du parti social-démocrate, il est emprisonné par les nazis en 1935 et en 1938, puis se réfugie en Suède. Ministre des Affaires étrangères de 1959 à 1966, il est élu en 1967 à la tête du parti socialiste et exerce également les fonctions de président de l'Internationale socialiste. Après la victoire de son parti aux élections de 1970, il est chancelier de 1970 à sa démission en 1983. Il quitte la présidence du parti socialiste SPÖ en 1983.

KREISLER (Fritz), violoniste autrichien naturalisé américain (Vienne 1875 - New York 1962). Il fit sa première tournée de concerts en Amérique, avec M. Rosenthal, en 1889. En 1939, il partit pour les États-Unis. Il est l'auteur de *Tambourin chinois.*

Kreisleriana, suite de huit pièces pour piano composées par R. Schumann en 1838. Dédiées à Chopin, elles empruntent leur titre au nom de Johannes *Kreisler,* compositeur à demi fou de deux récits fantastiques de Hoffmann.

KREMENTCHOUG, v. d'Ukraine, sur le Dniepr ; 241 000 hab. Centre commercial et industriel (métallurgie). Centrale hydroélectrique sur le Dniepr.

KREMIKOVCI, v. de Bulgarie, à l'E. de Sofia. Sidérurgie.

KREMLIN ou **KREML** n. m. (mot slave signif. *forteresse*). Partie centrale et fortifiée des villes russes anciennes.

Kremlin, en russe **Kreml Moskovski** *(Kremlin de Moscou),* quartier central de Moscou, ancienne résidence des tsars, siège du gouvernement soviétique (1918-1991) puis du gouvernement russe (depuis 1991). À la forteresse primitive des XIe-XIVe s. succéda, édifié sous le règne d'Ivan III (fin du XVe s.), le Kremlin « italien », dû, dans un premier temps, à des architectes venus d'Italie, auteurs de l'enceinte actuelle flanquée de vingt tours, des cathédrales de la Dormition (1475), de l'Annonciation (1484) et de l'Archange-Michel (1505), de type essentiellement russo-byzantin, ainsi que du « palais à Facettes » (1487). Au XVIe et XVIIe s. s'ajoutèrent à ces édifices le clocher d'Ivan le Grand et le palais des Menus-Plaisirs, complétés, au XVIIIe s., par le Sénat de Catherine II et, sous Nicolas Ier, par le Grand Palais (1838) et le palais des Armures (auj. musée des Arts décoratifs), de style « vieux russe ». Un palais des Congrès a été inséré vers 1960 dans cet ensemble.

KREMLIN-BICÊTRE (Le) [94270], ch.-l. de cant. du Val-de-Marne, banlieue sud de Paris ; 19 591 hab. Hôpital de Bicêtre (en partie des XVIIe et XVIIIe s.).

KREMLINOLOGIE [krɛm-] n. f. Étude de la politique soviétique, et en partic. des luttes pour le pouvoir à l'intérieur des instances dirigeantes.

KREMLINOLOGUE [krɛm-] n. Spécialiste de la kremlinologie.

KREMNICA, v. de Slovaquie (Slovaquie-Centrale), à l'O. de Banská Bystrica ; en all. *Kremnitz* ; 5 000 hab. Anc. centre minier (or et argent). Demeures et monuments d'époque gothique (XIVe-XVe s.).

KREMS, v. d'Autriche (Basse-Autriche), au confluent du *Krems* et du Danube ; 21 200 hab. Ensemble bien conservé de la vieille ville (monuments de l'époque romane au baroque). Aciérie. Port fluvial.

KŘENEK (Ernest), compositeur et pédagogue autrichien d'ascendance tchèque naturalisé américain (Vienne 1900 - Palm Springs 1991). Il remporte un vif succès en 1927 avec l'opéra *Jonny spielt auf,* influencé par le jazz. Il fréquente alors Berg et Webern. Il se fixe aux États-Unis en 1938. Son esthétique, sérielle, reste néanmoins ouverte à divers autres courants. Sa musique comporte des symphonies, des concertos, des opéras, des ballets, des lieder, des musiques électroniques (*Aulokithara,* 1973).

KRENNÉRITE n. f. (de *Krenner,* n. pr.). Tellurure naturel d'or, en cristaux prismatiques cannelés.

KRÉPIS → CRÉPIS 1.

KRETSCHMER (Ernst), psychiatre allemand (Wüstenrot, près d'Heilbronn, 1888 - Tübingen 1964). Il a élaboré un système de caractérologie en établissant des corrélations entre la conformation corporelle (biotype), le tempérament des individus et la propension à un certain type de maladie mentale.

KREUGER (Ivar), industriel et financier suédois (Kalmar 1880 - Paris 1932). Il fonda en 1917 une entreprise de production d'allumettes qui eut un quasi-monopole du marché international. Après la crise économique de 1929, accusé de malversations, il se suicida et sa mort entraîna un krach sur la Bourse de Stockholm.

KREUTZBERG (Harald), danseur et chorégraphe allemand (Reichenberg, auj. Liberec, Rép. tchèque, 1902 - Gümlingen, près de Berne, 1968). Se présentant en scène le crâne rasé, célèbre par sa composition du personnage du « maître de cérémonie » de *Turandot,* il est le type même du danseur expressionniste.

KREUTZER (Rodolphe), violoniste et compositeur français (Versailles 1766 - Genève 1831). Il fit une carrière de virtuose, de chef d'orchestre et de pédagogue. Il écrivit *Quarante Études ou Caprices pour violon seul* (1796). Beethoven lui dédia sa sonate pour violon et piano en *la* majeur (op. 47), dite « à Kreutzer ».

KREUZER [krødzɛr] n. m. (all. *Kreuzer,* de *Kreuz,* croix). Ancienne monnaie divisionnaire d'Autriche-Hongrie, qui valait un centième de florin.

KREUZLINGEN, comm. de Suisse, sur le lac de Constance, à proximité de Constance ; 16 100 hab. Métallurgie.

KRIEGER (Adam), compositeur allemand (Driesen, Prusse, 1634 - Dresde 1666). Organiste de la cour de l'Électeur de Saxe à Dresde en 1658, il est l'un des plus importants compositeurs de lieder au XVIIe s.

KRIEGER (Johann Philipp), compositeur allemand (Nuremberg 1649 - Weissenfels 1725). Premier maître de chapelle de la cour de Halle (1680), il écrivit notamment 12 sonates en trio (1688), 12 sonates pour violon et viole de gambe (1693), et de la musique d'église.

KRIEGSPIEL [krigspil] n. m. (all. *Kriegspiel*). **1.** Jeu de simulation d'opérations militaires. — **2.** Jeu d'échecs dans lequel chaque joueur dispose d'un échiquier invisible pour l'autre. (Les joueurs communiquent par l'intermédiaire d'un arbitre qui joue les coups annoncés par écrit.)

KRIEK [krik] n. f. Bière belge parfumée à la cerise.

Kriemhild, héroïne des *Nibelungen**.

KRIENS, comm. de Suisse (cant. de Lucerne), au pied du Pilate ; 21 000 hab. Industries mécaniques et textiles.

KRIGEAGE n. m. (de D. G. *Krige,* n. pr.). Technique géostatistique d'estimation des caractéristiques d'un volume minier (par ex. teneur) prenant en compte des informations intérieures et extérieures à ce volume.

KRILL [kril] n. m. Plancton des mers froides formé de petits crustacés (essentiellement *Euphausia superba*) transparents. (La densité peut atteindre 20 000 individus par m^3. Le krill constitue la nourriture principale des baleines bleues.)

KRIM (Belkacem), homme politique algérien (Aït Yahia, Grande Kabylie, 1922 - Francfort-sur-le-Main 1970). Il fut l'un des fondateurs du Front de libération nationale (1954), et devint vice-président du G. P. R. A. lors de sa constitution (1958). Il conduisit la délégation F. L. N. à la conférence d'Évian (mars 1962). Après l'indépendance, en désaccord avec Ben Bella, il s'exila. Condamné à mort par contumace (1969), il fut assassiné en 1970.

KRIPKE (Saul), logicien américain (Bay Shore, New York, 1940). Il a énoncé une théorie des noms propres (*la Logique des noms propres,* 1962).

KRIPS (Josef), chef d'orchestre autrichien (Vienne 1902 - Genève 1974). Chef d'orchestre permanent à l'Opéra de Vienne, il rouvrit en 1946 le festival de Salzbourg. Il a été notamment chef de l'Orchestre symphonique de Londres (1950-1954), de la Philharmonique de Buffalo (1954-1963) et de l'Orchestre symphonique de San Francisco (1963-1970). Ce fut un grand interprète de Mozart et de Schubert.

KRISHNĀ ou **KISTNĀ,** fl. de l'Inde ; 1 280 km. Sa source, considérée comme sacrée, est située dans les Ghāts occidentaux, près de la mer d'Oman. La Krishnā (utilisée pour l'irrigation) s'oriente vers le S.-E. et l'E., entre dans l'Andhra Pradesh et atteint le golfe du Bengale par un vaste delta.

KRISHNA → KRIṢṆA.

KRISHNAÏTE adj. et n. Relatif à Kriṣṇa ; adorateur de Kriṣṇa.

KRISHNA MENON → MENON KRISHNA.

KRISHNAMURTI (Jiddu), mystique indien (Madanapalle, près de Madras, 1895 -Ojai, Californie, 1986). Il naquit dans une famille brahmane. Deux chefs de la Société théosophique, C. W. Leadbeater puis Annie Besant, virent en lui le grand Instructeur spirituel en qui le Seigneur Maitreya s'incarnerait. L'ordre de l'Étoile d'Orient fut fondé en 1911 à Adyār, afin de préparer son avènement. Vers 1926, Krishnamurti modifia son rôle et, en 1929, il supprima la secte. Il parcourut le monde, voulant affranchir les hommes de toute crainte et de toute limitation, de toute religion et de toute doctrine. On lui doit *la Première et Dernière Liberté* (1954), *l'Éveil de l'intelligence* (1973). Il a dirigé en Californie, à partir de 1969, une association qui portait son nom.

KRIṢṆA ou **KRISHNA,** mot sanskr. signif. *noir* et désignant l'une des divinités indiennes les plus populaires, vénérée en tant que 8e avatāra du dieu Viṣṇu. Dès son enfance, il accomplit toutes sortes d'actes miraculeux et vainquit les démons. Plus tard, au son de sa flûte, les filles des bouviers *(gopī)* accouraient, abandonnant tout pour danser avec lui dans la forêt, et, parmi elles, sa favorite Rādhā. Kriṣṇa fait l'objet d'un culte très vivant *(bhakti)* et a largement inspiré l'art indien, qui le représente le plus souvent comme le parfait amant exerçant sur les femmes une fascination qui symbolise l'irrésistible attirance du dévot pour son Dieu.

KRISS ou **CRISS** n. m. (malais *kris*). Poignard malais à lame à double tranchant et ondulée en forme de flamme.

KRISTENSEN (Tom), écrivain danois (Londres 1893 - Svendborg 1974). Critique littéraire (*Critique et échotier,* 1966), il débuta par des poèmes expressionnistes (*la Plume de paon,* 1922) pour dresser ensuite dans ses romans le bilan pessimiste de sa génération (*Ravages,* 1930).

KRISTIANSAND, port du sud de la Norvège, sur le Skagerrak ; 60 800 hab. Métallurgie.

KRISTIANSTAD, v. de Suède, ch.-l. de prov. ; 62 000 hab. La ville fut fondée en 1614 par Christian IV de Danemark. Ville de garnison et centre industriel.

Kristin Lavransdatter, roman historique de Sigrid Undset (1920-1922) : remarquable reconstitution, centrée sur d'inoubliables figures d'hommes et de femmes, du Moyen Âge norvégien et de l'influence qu'exerça le catholicisme sur cette époque en Scandinavie.

KRIVINE (Alain), homme politique français (Paris 1941). Exclu en 1965 de l'Union des étudiants communistes, il est l'un des principaux animateurs du courant trotskiste français.

KRIVOÏ-ROG, en ukrainien **Kryvyï Rih,** v. d'Ukraine, dans la grande boucle du Dniepr ; 724 000 hab. La ville est située dans une région de grands gisements de fer. Industries métallurgiques et mécaniques. — Prise par les Allemands le 14 août 1941, attaquée par Koniev en oct. 1943, la ville ne fut reprise que le 22 févr. 1944.

KRK, en ital. **Veglia,** localité de Croatie, sur l'île homonyme du littoral dalmate (reliée au continent par un pont) ; 2 000 hab. Cathédrale romane et gothique et autres témoignages du passé. — L'*île de Krk* a 408 km² et 20 000 hab. Aéroport.

KRKONOŠE → KARKONOSZE.

KRLEŽA (Miroslav), écrivain croate (Zagreb 1893 - *id.* 1981). Il a dominé la vie culturelle de son pays pendant un demi-siècle, laissant notamment des recueils de poésie (*Ballades de Petrica Kerempuh,* 1936), des pièces de théâtre (*Ces Messieurs Glemblaïev,* 1929), des romans (*le Retour de Filip Latinovicz,* 1932 ; *les Drapeaux,* 1968), dans lesquels il critique la société austro-hongroise d'avant 1918 et le régime yougoslave d'entre les deux guerres.

KROEHKNITE ou **KRÖHNKITE** n. f. (de B. *Kröhnke,* n. pr.). Sulfate hydraté naturel de cuivre et de sodium.

KROG (Helge), écrivain norvégien (Oslo 1889 - *id.* 1962). Il forma avec Øverland et Sigurd Hoel le « triumvirat » qui marqua la littérature norvégienne moderne. Auteur d'essais, il a traité dans ses pièces (*le Grand Nous,* 1919 ; *Départ,* 1936) des problèmes sociaux et de la condition de la femme.

KROHG (Christian), peintre norvégien (Oslo 1852 - *id.* 1925). Formé en Allemagne, il est le représentant principal d'un naturalisme à caractère social, marqué, après un premier séjour à Paris (1881-82), par l'impressionnisme. — Son fils PER (Åsgårdstrand 1889 - Oslo 1965), élève de Matisse, pratiqua d'abord une peinture très expressive et colorée (*Kiki de Montparnasse,* 1928, Galerie nationale, Oslo), pour aboutir à un art d'une verve bien maîtrisée dans ses œuvres monumentales (bibliothèque de l'université d'Oslo, 1933). Il fut directeur de l'Académie des beaux-arts d'Oslo (1955), comme l'avait été son père.

Krokodil, journal satirique créé à Moscou en 1922.

Kroll *(procédé),* procédé métallurgique d'élaboration du titane ou du zirconium par décomposition du tétrachlorure de titane ou de zirconium, gazeux, par le magnésium fondu sous atmosphère neutre d'hélium.

Kröller-Müller *(Rijksmuseum),* musée royal néerlandais, dans le parc national de la haute Veluwe, près d'Otterlo (Gueldre). Ses collections ont été formées par Mme Helene *Kröller-Müller,* qui les a données à l'État en 1935 : tableaux surtout hollandais et français des XIXe-XXe s. (une centaine de Van Gogh), sculptures modernes (musée de plein air), dessins, estampes, céramiques.

KROMĚŘÍŽ, v. de la République tchèque, sur la Morava ; en all. *Kremsier ;* 20 600 hab. Château baroque (musée) ; églises gothiques et baroques.

KRONCHTADT ou **KRONSTADT,** port de Russie, sur l'île de Kotline (15 km²), dans le golfe de Finlande, à l'O. de Saint-Pétersbourg ; 39 000 hab.

— **Hist.** La forteresse fut construite en 1703 pour défendre la future Saint-Pétersbourg. Elle devint une importante base navale russe de la Baltique. Elle connut d'importantes mutineries en oct.-nov. 1905 et en juill. 1906, et s'illustra par son radicalisme révolutionnaire en 1917. Elle fut le théâtre d'une grave rébellion contre le pouvoir bolchevik en févr.-mars 1921 (v. art. suiv.).

Kronchtadt *(insurrection de)* [28 févr.-18 mars 1921], révolte des marins, soldats et ouvriers de Kronchtadt contre le gouvernement de la Russie soviétique. Elle fut la plus grave des manifestations d'opposition au communisme de guerre que connut la Russie pendant l'hiver 1920-21. Les marins de Kronchtadt réclamèrent l'élection de nouveaux soviets et la liberté de parole et de presse accordées aux paysans, aux ouvriers, aux anarchistes et aux partis socialistes de gauche. Ils constituèrent un Comité provisoire révolutionnaire (2 mars). Après l'échec d'un ultimatum de Trotski aux rebelles, dénoncés comme les dupes d'un complot blanc, un premier assaut fut lancé le 7 mars contre l'île, qui fut enlevée le 18 par l'armée de Toukhatchevski.

KRONECKER (Leopold), mathématicien allemand (Liegnitz, auj. Legnica, 1823 - Berlin 1891). S'opposant aux théories de Cantor, de Dedekind et de Weierstrass, il considéra l'arithmétique, fondée sur les nombres entiers positifs, comme seule véritable « création divine » et chercha à unifier autour d'elle les différents domaines mathématiques. Il a étudié les propriétés des nombres algébriques, et son apport est fondamental pour la théorie des corps.

Kronecker *(symbole de),* symbole à deux indices δ_{ij} égal à l'unité si les indices sont égaux, égal à zéro si les indices sont différents.

KRONPRINZ [krɔnprints] n. m. (all. *Krone,* couronne, et *Prinz,* prince). **1.** Prince héritier, en Allemagne et en Autriche. — **2.** *Le Kronprinz,* Frédéric-Guillaume, fils de Guillaume II.

KRONSTADT→ KRONCHTADT.

KROONSTADT, v. d'Afrique du Sud (État libre), sur le Vals ; 50 900 hab. Marché agricole. Industries alimentaires et mécaniques. Gisements aurifères à proximité.

Kropatschek *(fusil)* (du n. de son inventeur, le général autrichien Alfred *Kropatschek* [1838-1911]), fusil à répétition mis au point en Autriche en 1874, et adopté en France sous le nom de « fusil Gras modifié K », entre 1878 et 1886.

KROPOTKINE (Petr Alekseïevitch, *prince*), révolutionnaire russe (Moscou 1842 - Dimitrov 1921). Prince, il devint officier et sympathisa avec l'insurrection polonaise de 1863 : il démissionna de l'armée peu après. Devenu théoricien de l'anarchisme, il adhéra à la Ire Internationale en 1872. Arrêté, il passa deux ans dans la forteresse Pierre et Paul de Saint-Pétersbourg. Il vécut en proscrit en Suisse, en France, où il fut condamné à cinq ans de prison. Il a écrit *Paroles d'un révolté* (1885), *la Conquête du pain* (1888), *la Grande Révolution 1789-1793* (1893).

KROSNO, v. du sud-est de la Pologne, ch.-l. de voïévodie ; 42 000 hab. Importante verrerie. Mécanique. Textile.

KROUMIRIE, région montagneuse et boisée des confins nord-ouest de la Tunisie et de l'Algérie orientale, située entre les plaines de la moyenne Medjerda au S., la plaine d'Annaba, la côte méditerranéenne et, au N.-E., les montagnes des Mogods.

KROUPSKAÏA (Nadejda Konstantinova), révolutionnaire russe (Saint-Pétersbourg 1869 - Moscou 1939). Elle épousa Lénine en 1898 en Sibérie. Elle a publié *Ma vie avec Lénine* (1933).

KRUCZKOWSKI (Leon), écrivain et homme politique polonais (Cracovie 1900 - Varsovie 1962). Il débuta par des vers révolutionnaires que suivirent des romans réalistes sur le paysan polonais (*les Plumes du paon,* 1935). À son retour de captivité en 1945, il a fait figure de dramaturge officiel du régime (*les Allemands,* 1949 ; *la Mort du gouverneur,* 1961).

KRÜDENER (Barbara Juliane VON VIETINGHOFF, *baronne* VON), femme de lettres russe d'expression française (Riga 1764 - Karassoubazar, auj. Belogorsk, 1824). Auteur du roman autobiographique *Valéria,* publié à Paris en 1803, elle mena après sa « conversion » (1804) une vie de visionnaire mystique et dispensa son enseignement en Allemagne et en Suisse de 1808 à 1815. Elle eut une certaine influence sur Alexandre Ier, empereur de Russie.

KRUGER (Paul), homme d'État sud-africain (ferme Zoutpansdrift, près de Venterstad, colonie du Cap, 1825 - Clarens, Suisse, 1904). Il participa à la fondation du Transvaal (1852). Après l'annexion du pays par les Britanniques (1877), il prit part à l'insurrection de 1880, qui aboutit à la création de la République du Transvaal. Quatre fois président de celle-ci (1883, 1888, 1893, 1898), il se refusa à toute collaboration avec les Britanniques. Après avoir conclu une alliance avec l'État d'Orange (1898), il déclara la guerre à la Grande-Bretagne (1899) et se retira après 1902 en Europe.

KRÜGER (Johannes), géodésien allemand (Elze, Hanovre, 1857 - *id.* 1923). Continuateur et compilateur de l'œuvre géodésique de Gauss, il imagina la projection UTM (Universal Transverse Mercator).

Kruger national park, parc national d'Afrique du Sud, dans les prov. du Nord et de Mpumalanga (20 000 km² env.).

KRUGERRAND n. m. Pièce d'or sud-africaine, d'un poids d'une once.

KRUGERSDORP, v. d'Afrique du Sud, dans le Witwatersrand ; 103 000 hab. Centre minier (or, manganèse) et industriel (chimie). Aéroport.

KRUM, khān des Bulgares (803 - 814). Il étendit sa domination sur la Thrace, la Macédoine et la Hongrie. Il défit l'empereur byzantin Nicéphore Ier (811).

KRÜMPER [krympœr] n. m. inv. (all. *Krümper,* de *krumm,* voûté). **1.** Dans la vieille armée prussienne, hommes et chevaux réformés encore utilisables, conservés hors dotation. — **2.** Surnom donné, après l'écrasement de la Prusse (1809), au recrues libérées après une instruction hâtive et aussitôt remplacées.

KRUPA (Gene), batteur et chef d'orchestre de jazz américain (Chicago 1909 - Yonkers 1973). Batteur le plus populaire de l'ère swing, il a fait du solo de batterie un spectacle complet.

KRUPP, famille d'industriels allemands. — ALFRED (Essen 1812 - *id.* 1887) prit à 14 ans la direction de la modeste fonderie d'acier paternelle, fondée en 1811, mit au point en 1847 un procédé de production de l'acier, réalisa la fabrication de canons et introduisit sur le continent, en 1862, le procédé Bessemer. Son entreprise était devenue l'une des plus puissantes de l'époque. — Son fils, FRIEDRICH ALFRED (Essen 1854 -*id.* 1902), acquit de très grands chantiers navals à Tegel (1902). Il fut membre du Reichstag de 1893 à 1898. — BERTHA (Essen 1886 - *id.* 1957), fille du précédent, lui succéda à la tête de l'entreprise. — GUSTAV, baron *von Bohlen und Halbach* (La Haye 1870 - Blühnbach, près de Salzbourg, 1950), épousa Bertha en 1906 et devint directeur de l'entreprise, qui eut le quasi-monopole de l'armement lourd pendant la Première Guerre mondiale. Au lendemain de l'armistice de 1918, Gustav Krupp convertit ses usines pour des fabrications civiles, mais investit des sommes considérables dans l'industrie chimique de synthèse, et constitua un ensemble minier et métallurgique qui fut l'une des pièces de l'économie de guerre allemande. — ALFRED **Krupp** *von Bohlen und Halbach* (Essen 1907 - *id.* 1967), fils des précédents, succéda à son père en 1943, et fut contraint à recentrer les activités de son groupe. Celui-ci figure encore aujourd'hui parmi les premières sociétés industrielles allemandes.

KRUS, ensemble de populations du groupe kwa, situées de part et d'autre du Liberia et de la Côte-d'Ivoire, groupant plus de 1,5 million de membres.

KRUSENSTJERNA (Agnes VON), romancière suédoise (Växjö 1894 - Stockholm 1940). Mysticisme et sensualité caractérisent ses grands ensembles romanesques (*les Demoiselles von Pahlen,* 1930-1935 ; *Noblesse pauvre,* 1935-1938).

KRUŠNÉ HORY, nom tchèque du massif de l'Erzgebirge.

KRYLENKO (Nikolaï Vassilievitch), général et homme politique soviétique (Sitchevskoïe 1885-1938). Il conclut l'armistice germano-russe du 15 déc. 1917. Procureur général des grands procès de 1933 et de 1937, il fut inculpé de trahison et mourut en prison. Il fut réhabilité en 1956.

KRYLOV (Ivan Andreïevitch), fabuliste russe (Moscou 1769 - Saint-Pétersbourg 1844). Ses 300 fables (1806-1841), dont beaucoup sont imitées de La Fontaine, ont fourni à la langue russe de nombreux proverbes.

KRYNICA, station thermale et touristique de Pologne (alt. 590 m), dans les hautes Beskides carpatiques ; 12 000 hab.

KRYPTON [kriptɔ̃] n. m. (gr. *kruptos,* caché). Gaz rare de l'atmosphère, découvert en 1898 par Ramsay et Travers. (Élément de symbole Kr.)

Numéro atomique : 36
Masse atomique : 83,80
Point de fusion : - 156,6 °C
Point d'ébullition : - 152,3 °C

ENCYCL. Gaz incolore et inodore présent dans l'atmosphère à raison de 1 cm^3 par m^3 d'air, le krypton est obtenu par distillation de l'air liquide. Peu conducteur de la chaleur, il est employé dans certaines lampes à incandescence. La radiation orange de son isotope de masse atomique 86 a servi un temps pour étalonner le mètre.

KSAR n. m. (pl. *ksour*) [ar. *qṣar,* pl. *qṣur*]. Village fortifié de l'Afrique du Nord présaharienne, le long des oueds, au débouché des torrents montagnards.

KSAR EL-BOUKHARI → QASR EL-BOUKHARI.

KSAR EL-KÉBIR (El-) ou **ALCAÇAR-QUIVIR,** en esp. **Alcazarquivir,** v. du Maroc, au débouché de la vallée de l'oued Loukos, sur la plaine côtière atlantique ; 74 000 hab. Victoire remportée en 1578 par les Marocains sur Sébastien, roi du Portugal.

KṢATRIYA ou **KSHATRIYA,** mot sanskr. désignant en Inde la « classe » *(varṇa)* noble dans le système des castes. Occupant la seconde place dans la hiérarchie après les brahmanes, les kṣatriya ont en principe le monopole du pouvoir politique et militaire.

KSI → XI.

KSOUR n. m. pl. Pluriel de KSAR.

KSOUR *(monts des),* montagne de l'Algérie, partie de l'Atlas saharien, comprise entre le plaine du Tamlelt à l'O. et le djebel Amour au N.-E. ; 2 336 m au *djebel Aïssa,* point culminant de l'Atlas saharien. V. princ. *Aïn Sefra.*

KUALA LUMPUR, cap. de la Malaysia ; 1 103 000 hab. À 45 km de la mer, sur la voie ferrée venant de Singapour, carrefour routier, elle a dû sa croissance à la richesse du Selangor en étain et en hévéas. Centre industriel (montage automobile) et commercial. Son débouché maritime est Port Swettenham.
— **Hist.** Village de mineurs d'étain fondé dans les années 1850, Kuala Lumpur devint la capitale de l'État du Selangor en 1880. Capitale des États malais fédérés (1895), puis de la Fédération de Malaisie (1948), elle fut déclarée Territoire fédéral en 1974.

KUALA TRENGGANU, port de Malaysia, en Malaisie, cap. de l'État de *Trengganu,* sur la mer de Chine méridionale ; 187 000 hab. Pêche. Artisanat.

KUANTAN, port de Malaysia, sur la côte est de la péninsule Malaise, cap. de l'État de Pahang ; 137 000 hab. Exportation de caoutchouc.

KUBADÂBÂD, site de Turquie, à 75 km de Konya, abritant les vestiges de l'anc. cap. d'été des sultans seldjoukides de Rūm.

KUBELÍK (Rafael), chef d'orchestre et compositeur tchèque naturalisé suisse (Býchory, près de Kolín, 1914 - Lucerne 1996). Il dirigea l'Orchestre de Chicago (1950-1953), le théâtre de Covent Garden, à Londres (1955-1958), l'orchestre de la Radio de Munich (1961-1971) et le Metropolitan Opera de New York (1972-1974). Il a enregistré l'intégrale des symphonies de Mahler.

KŪBĪLĀY, QUBILAÏ ou **HUBILIE** (1214-1294), empereur mongol (1260-1294) et fondateur en 1279 de la dynastie chinoise des Yuan. Il a pour nom posthume *Yuan Shizu.* Petit-fils de Gengis Khān, il acheva la conquête de la Chine du Sud et abattit les derniers représentants des Song. Il introduisit une administration régulière dans le pays et fit de Pékin sa capitale, sous le nom de Khānbalik. Curieux et tolérant, il encouragea la présence des nombreux étrangers venus d'Asie centrale ou d'Occident, tel Marco Polo.

KUBIN (Alfred), dessinateur et graveur autrichien (Leitmeritz, auj. Litoměřice, Rép. tchèque, 1877 - Zwickledt, Haute-Autriche, 1959). Hallucinatoire et sarcastique, son œuvre se situe aux confins du symbolisme et de l'expressionnisme. Outre son propre roman, *Die andere Seite* (*l'Autre Côté,* 1909), il a illustré de nombreux ouvrages (Dostoïevski, Poe, Hoffmann, Balzac, Trakl, etc.).

KUBITSCHEK DE OLIVEIRA (Juscelino), homme d'État brésilien (Diamantina 1902 -près de Resende, État de Rió, 1976). Président de la République (1956-1961), il fut le promoteur de la nouvelle capitale du pays, Brasília.

KUBRĀ (Nadjm al-Dīn) → NADJM AL-DĪN KUBRĀ.

KUBRICK (Stanley), cinéaste américain (New York 1928). Après avoir dirigé *le Baiser du tueur* (1955), et *Ultime Razzia* (1956), il tourne ensuite *les Sentiers de la gloire* (1957) et *Spartacus* (1960). C'est à partir de *Lolita* (1962) et de *Docteur Folamour* (1963) qu'il devient l'un des cinéastes les plus originaux d'aujourd'hui, ce que confirment *2001*, l'Odyssée de l'espace* (1968), *Orange mécanique* (1971), *Barry Lyndon* (1975), *Shining* (1979), *Full Metal Jacket* (1987).

KUCHANS → KUṢĀNA.

KUCHING, cap. du Sarawak (Malaysia), dans l'île de Bornéo, sur la rivière de Sarawak ; 157 000 hab. Port de pêche et de commerce. Raffinerie d'antimoine. Musée ethnologique. Aéroport.

KÜCHLER (Georg VON), maréchal allemand (Philippsruh, Hesse, 1881 - Garmisch-Partenkirchen 1968). À la tête de la XVIIIe armée, il conquit en 5 jours la Hollande (mai 1940) et entra à Paris (14 juin). En 1941, il s'empara des pays baltes mais échoua devant Leningrad. Condamné à 20 ans de prison à Nuremberg, il fut libéré en 1953.

KUÇOVË ou **KUÇOVA** → QYTET STALIN.

KÜÇÜK MENDERES → MENDERES.

KUDU n. m. (mot tamoul). Dans l'art indien, élément décoratif (antéfixe, fausse lucarne, etc.) en forme de fer à cheval dont l'évolution stylistique fournit des indices chronologiques.

KŪFA, anc. localité d'Iraq (prov. de Karbalā'), sur un bras de l'Euphrate. Fondée en 638, elle fut détruite par les Qarmates, à la fin du IXe s.

KŪFIQUE → COUFIQUE.

KUFSTEIN, v. d'Autriche (Tyrol), sur l'Inn, près de la frontière allemande ; 13 000 hab. Centre de tourisme et de sports d'hiver (alt. 503-1 694 m).

KUGELHOPF → KOUGLOF.

KUH-E BĀBĀ ou **KŪH-I BĀBĀ** (« le Père des monts »), massif de l'Afghānistān, prolongement occidental de l'Hindū Kūch ; 5 143 m.

KUHESTĀN, KOHISTĀN ou **KŪHISTĀN,** région montagneuse d'Afghānistān, au N.-N.-E. de Kaboul et à l'O. du Nurestān, comprenant le versant méridional de l'Hindū Kūch.

KUHESTĀN, KOHISTĀN ou **KŪHISTĀN,** nom régional signifiant en persan « pays montagneux », donné à plusieurs massifs dans le monde iranien, désignant dans l'Iran oriental la région montagneuse située entre le Lut et le Sistān.

KŪHISTĀN ou **KOHISTĀN,** région du nord du Pākistān, de part et d'autre de l'Indus, en amont du barrage de Tarbela. — Région du Pākistān, dans le sud-ouest du Sind, entre Karāchi au S. et Sehwan au N.

KUHLI n. m. Petite loche des eaux douces de Thaïlande, au corps serpentiforme, annelé de taches sombres, ornementale et appréciée des aquariophiles.

KUHLMANN (Frédéric), chimiste et industriel français (Colmar 1803 - Lille 1881). On lui doit la préparation de l'acide sulfurique par le procédé de contact (1833) et celle de l'acide nitrique par oxydation catalytique de l'ammoniac.

KUHN (Richard), chimiste allemand (Vienne 1900 - Heidelberg 1967). Il a reçu le prix Nobel de chimie en 1938, pour ses recherches sur les vitamines B2, B6, K et H, ainsi que sur les caroténoïdes.

KUHN (Thomas S.), philosophe américain (Cincinnati 1922 - Cambridge, Massachusetts, 1996). Son épistémologie, qui fait contraste avec celle de K. Popper, oppose deux modèles de l'histoire scientifique, l'un (« science normale ») articulé sur le concept de paradigme, l'autre (« science extraordinaire ») associé à la notion de révolution scientifique. Il a écrit notamment *la Structure des révolutions scientifiques* (1962).

KÜHNEL (Ernst), islamisant allemand (Neubrandenburg 1882 - Berlin 1964). Directeur de la section islamique des Musées de Berlin, il participa à de nombreuses expéditions archéologiques en Orient, et fut l'un des premiers à révéler l'art de l'islām.

KUĪ ou **KOUĪ** n. m. Langue dravidienne parlée dans le nord-ouest de l'Orissa par environ 600 000 locuteurs (les tribus khonds).

KUIPER (Gerard Pieter), astrophysicien américain d'origine néerlandaise (Harenkarspel 1905 - Mexico 1973). On lui doit de nombreuses découvertes en planétologie : mise en évidence de méthane dans l'atmosphère de Titan (1945) et de gaz carbonique dans celle de Mars (1947), identification de la glace dans les calottes polaires de Mars et les anneaux de Saturne (1948), découverte d'un satellite d'Uranus (1948), et d'un satellite de Neptune (1949).

KUJAWY, en fr. **Cujavie** ou **Couïavie,** région de Pologne, partie orientale du pays des lacs de Grande Pologne, entre la Vistule et le haut Noteć.

KŪKAI → KŌBŌ DAISHI.

Ku Klux Klan, société secrète américaine, fondée par des vétérans sudistes après la guerre de Sécession (1867). Le Klan eut d'abord pour but d'empêcher les Noirs de voter. Interdit en 1877 en raison de ses attentats racistes, il fut recréé à Atlanta (1915) et, avec un million de membres en 1922, devint un groupe de pression dans les années 1920. En déclin après 1928, il ressuscita dans les années 1960 pour s'opposer à la politique démocrate d'intégration raciale, mais il fut vigoureusement combattu par le président Johnson.

KUKUČÍN (Matej BENCÚR, dit **Martin**), écrivain slovaque (Jasenová 1860 - Lipik, Croatie, 1928). On lui doit des romans (*La mère appelle,* 1926-27) et des pièces de théâtre (*Remembrement,* 1912), d'inspiration réaliste.

KUKU NOR → QINGHAI.

KÜLLIYE, n. m. (mot turc de l'ar. *kulliyya*). En Turquie, complexe monumental, généralement situé autour d'une grande Mosquée et comprenant medrese, hôpital, caravansérail, marché, tombe, etc. (La mosquée de Soliman le magnifique à Istanbul en donne un remarquable exemple.)

KULM, autre graphie de Culm (→ CHEŁMNO).

KÜLTEPE, site archéologique de Turquie, près de Kayseri en Cappadoce, où l'on a dégagé les vestiges de l'antique Kanesh. À la charnière du IIIe et IIe millénaire le site prit une importance capitale (période dite « des colonies assyriennes »). On y a extrait de très nombreuses tablettes cunéiformes, dites « cappadociennes », constituant les archives commerciales d'une colonie assyrienne. Cette activité disparut avec la constitution de l'Empire hittite au XVIIIe s. av. J.-C.

Kulturkampf, lutte menée par Bismarck en Allemagne contre les catholiques (1871-1878). Destinée à rompre les liens entre Rome et l'Église d'Allemagne et à placer celle-ci sous la tutelle de l'État, la politique religieuse de Bismarck prit en 1873 le nom de *Kulturkampf* (« combat pour la civilisation »), c'est-à-dire combat contre l'Église catholique considérée comme archaïque, rétrograde et favorable aux particularismes. Falk, protestant rigide nommé en 1872 au ministère des Cultes, adopta une législation sévère : loi sur les Jésuites (1872) dissolvant leur congrégation, *lois de mai* (1873) imposant l'inspection de l'État à tous les établissements voués à la formation aux fonctions ecclésiastiques et le contrôle des nominations, lois instaurant le mariage civil (1874-75). Les opposants, soutenus par Pie IX, furent durement frappés (destitution de Mgr Ketteler, de Mgr Ledóchowski et de 600 ecclésiastiques). Mais, après l'avènement de Léon XIII (1878), Bismarck, qui avait besoin de l'appui du

Centre, désavoua Falk (1879) et fit adopter les *lois de paix* (1880-1887), qui abrogèrent l'essentiel des mesures prises contre l'Église catholique.

KUMAGAYA, v. du Japon, au centre de Honshū ; 152 322 hab. Sidérurgie. Industrie de la soie.

KUMAMOTO, v. du Japon, dans l'île de Kyūshū, ch.-l. de préf. ; 579 306 hab. Ancienne ville féodale (château et jardins du XVIe s.). Chimie. Textile. — Aux environs, l'Asō est l'un des grands volcans du Japon.

KUMANOVO, v. du nord de la Macédoine, au N.-E. de Skopje ; 63 000 hab. Centre industriel.

KUMĀON ou **KUMAUN,** région de l'Himālaya de l'Inde, dans le nord de l'Uttar Pradesh, entre la frontière népalaise et la haute Yamunā. Il possède quelques très hauts sommets : le Kāmet, le Trisūl et surtout la Nanda Devi. Plusieurs lieux sacrés, notamment les sources du Gange, attirent de nombreux pèlerins. V. princ. *Dehra Dūn.*

KUMASI → KOUMASSI.

KUMBA, v. du Cameroun, ch.-l. de dép., au N.-N.-O. de Douala ; 50 000 hab.

KUMBAKONAM, v. de l'Inde (Tamil Nadu), à l'O. de Kāikāl ; 142 000 hab. Centre commercial, religieux et universitaire. Temples brahmaniques (XIIe-XIVe s.).

Kumbha Melā, l'une des plus grandes festivités religieuses indiennes, qui se déroule tous les trois ans à Hardwār, Ujjain, Nāsik ou Allāhābād, villes situées sur le Gange et ses affluents.

KUMMEL [kymɛl] n. m. (all. *Kümmel,* cumin). Liqueur alcoolique d'origine russe, à base de cumin, appréciée pour ses qualités digestives.

Kümmel-Verneuil *(syndrome de),* ensemble de manifestations survenant après une période de guérison apparente à la suite d'un traumatisme vertébral, et comportant une cyphose, des douleurs et des contractures musculaires en ceinture.

KUMMER (Ernst Eduard), mathématicien allemand (Sorau, auj. Żary, 1810 - Berlin 1893). Ses travaux portent sur les séries hypergéométriques, les surfaces engendrées par les rayons lumineux et surtout la généralisation des concepts de l'arithmétique à l'étude des nombres algébriques. Sa théorie des « nombres idéaux » permet de préserver l'idée de décomposition *unique* en produit de facteurs « premiers » et de démontrer le « théorème » de Fermat dans de nombreux cas.

KUMQUAT [kumkwa(t) ou kɔmkwa(t)] n. m. (du chin). **1.** Arbuste du genre *fortunella.* — **2.** Fruit de cet arbuste, ressemblant à une petite orange.

KUN (Béla), révolutionnaire hongrois (Szilágycseh, Transylvanie, 1886 - en U. R. S. S. 1938). Prisonnier des Russes pendant la Première Guerre mondiale, il est libéré en 1917. En liaison avec Lénine, il fonde en 1918 le parti communiste hongrois, puis participe au soulèvement de mars 1919, qui amène une république bolchevique éphémère. Après sa chute, il se réfugie en U. R. S. S. Arrêté et exécuté sur l'ordre de Staline, il sera réhabilité en 1956.

KUN CAN ou **K'OUEN TS'AN,** nom de peintre du moine chinois **Liu Jieqiu** (Hunan, actif vers 1657-1674). Moine chan, il se rattacha au courant des individualistes de la région de Nankin à la fin des Ming et au début des Qing. Sa vision puissante et tumultueuse de la nature en révèle la luxuriance par la densité picturale.

KUNCKEL ou **KUNKEL VON LÖWENSTERN** (Johann), chimiste allemand (Hütten, près de Rendsburg, 1638 - Stockholm 1703). Il a découvert l'ammoniac, et montré en 1690 que les métaux augmentent de poids en s'oxydant.

KUNDERA (Milan), écrivain tchèque naturalisé français (Brno 1929). Il s'est imposé par la lucidité et l'humour de son théâtre (*Jacques et son maître,* 1971), de ses nouvelles (*Risibles Amours,* 1968) et de ses romans (*la Plaisanterie,* 1967 ; *la Valse aux adieux,* 1973 ; *le Livre du rire et de l'oubli,* 1978 ; *l'Insoutenable Légèreté de l'être,* 1984 ; *l'Immortalité,* 1990 ; *la Lenteur,* 1995), se faisant l'analyste de la désagrégation de la vieille Europe.

KUNDT (August), physicien allemand (Schwerin 1839 - Israelsdorf, près de Lübeck, 1894). Il a inventé le tube dans lequel sont mises en évidence les ondes stationnaires dues aux vibrations d'un fluide et a découvert en 1871 la dispersion anormale de la lumière.

KUNDUZ → KONDOZ.

KÜNG (Hans), théologien catholique suisse (Sursee, cant. de Lucerne, 1928). Professeur à l'université de Tübingen, il a publié de nombreux ouvrages dont certains l'ont exposé à la censure de l'épiscopat allemand et de la Congrégation romaine pour la doctrine de la foi.

KUNG-FU [kungfu] n. m. inv. (mot chin.). Art martial chinois, constituant à la fois une forme de culture physique et un sport de combat à mains nues, assez proche du karaté, mais faisant une place plus grande aux techniques de jambes.

KUNHEIM (68320), comm. du Haut-Rhin, à 7 km au N. de Neuf-Brisach ; 1 319 hab. Cartonnerie et ouate cellulosique.

KUNIYOSHI → UTAGAWA KUNIYOSHI.

Kunkel *(méthodes* ou *réactions de),* réactions de floculation protéique du sérum utilisées dans les tests de l'exploration hépatique.

KUNLUN ou **K'OUEN-LOUEN,** massif de la Chine occidentale, qui sépare le Tibet du Xinjiang et se prolonge à travers le Qinghai jusqu'au Sichuan. Point culminant : *Ulugh Muztag* (7 724 m). Dans l'est, sources du Yangzi Jiang et du Huang He.

KUNMING ou **K'OUEN-MING,** anc. **Yunnanfu** ou **Yun-nan-fou,** v. de Chine, cap. du Yunnan ; 1 580 000 hab. Industries mécaniques, textiles et chimiques. Travail du bois et du cuir. Monuments anciens.
— **Hist.** La ville devint la métropole des princes du Yunnan en 1288. Elle a joué un rôle stratégique pendant la Seconde Guerre mondiale comme point de départ de la « route de Birmanie », et en tant que base arrière sino-américaine.

KUNSAN, port de la Corée du Sud, sur la mer Jaune ; 218 216 hab. Rizeries. Industries métallurgiques, chimiques et alimentaires.

Kunsthistorisches Museum (« musée d'histoire de l'art »), à Vienne, un des plus importants musées d'Europe, installé en 1891 dans son bâtiment actuel, sur le Ring. Il a pour noyau les collections des Habsbourg, comprenant, à côté de pièces archéologiques et d'objets d'art (tapisseries), un prestigieux ensemble de peintures des écoles européennes (Bruegel, Dürer, Giorgione, Titien, le Tintoret, Velázquez, Rubens, etc.).

KUO-MIN-TANG → GUOMINDANG.

KUOPIO, v. de Finlande, ch.-l. de prov., sur le lac Kallavesi ; 81 593 hab.

KUPANG, cap. et port de Timor, sur la mer de Savu ; 101 300 hab. Aéroport.

KUPECKÝ ou **KUPEZKY** (Jan), peintre tchèque (Prague ? 1667 - Nuremberg 1740). Maître du portrait baroque, il a travaillé en Italie, en Autriche (cour de Vienne), en Bohême et en Allemagne (*le Peintre de miniatures Karel Bruni*, 1709, Galerie nationale, Prague).

KUPKA (František, dit **Frank**), peintre, dessinateur et graveur tchèque (Opočno 1871 - Puteaux 1957). Formé à Prague et à Vienne, préoccupé de philosophie, d'occultisme et de symbolisme, il se fixe à Paris en 1894 et stigmatise la misère sociale dans ses dessins satiriques. Installé à Puteaux en 1906, touché par la libération chromatique du fauvisme, il est déjà parvenu à une complète abstraction picturale au moment de sa participation au groupe cubiste de la Section d'or (*Amorpha, fugue à deux couleurs,* 1912, Prague). Dans les années 30, il participe au groupe Abstraction-Création. Grâce à une donation de sa veuve, l'artiste est bien représenté au M. N. A. M. (Paris).

KURASHIKI, v. du Japon, dans le sud de Honshū, à l'O. d'Okayama ; 414 693 hab. Musées (Arts occidentaux ; Archéologie du Japon). Sidérurgie.

KURDE adj. et n. Du Kurdistān.
◆ n. m. Langue iranienne du groupe nord-ouest parlée par environ 10 millions de personnes au Kurdistān. (Il est l'organe d'une riche littérature orale.)

KURDES, peuple parlant une langue iranienne et comptant environ 25 millions d'individus, auj. répartis entre la Turquie (40 à 50 %), l'Iran (25 %), l'Iraq (20 %), la Syrie, la Transcaucasie et le Liban. En grande partie semi-nomades, les Kurdes sont majoritairement musulmans sunnites (avec des groupes chī'ites, yazīdis, chrétiens).
— **Hist.** Les Kurdes créèrent à partir des Xᵉ-XIᵉ s. des principautés sunnites, dont celle des Ayyūbides fondée par Ṣalāḥ al-Dīn (Saladin), qui s'illustra dans la lutte contre les croisés (fin XIIᵉ s.-XIIIᵉ s.). Les Kurdes furent privés en 1923 (traité de Lausanne) de l'État souverain que leur avait promis le traité de Sèvres (1920). Ils exprimèrent leur volonté nationale et se révoltèrent contre le gouvernement de Mustafa Kemal malgré les répressions étatiques et les déportations. Ils proclamèrent à Mahābād la République démocratique kurde (1945-46), protégée par les Soviétiques, et qui fut réduite par les armées iranienne et irakienne, soutenues par les Britanniques. Le mouvement de résistance nationale se développa surtout en Iraq. Bārzānī dirigea la guérilla contre le gouvernement central (1961-1970). Un statut d'autonomie (1974) a fixé l'organisation du Kurdistān irakien, dont la capitale est Sulayamāniya. Pendant le conflit Iran-Iraq (1980-1988), chacun des deux belligérants a utilisé son influence sur les Kurdes de l'autre pays pour faire pression sur lui. En 1988, la rébellion kurde irakienne a subi une répression féroce (utilisation par l'armée irakienne d'armes chimiques). Soumise, au lendemain de la guerre du Golfe (1991), à des bombardements aériens intensifs, la population kurde irakienne est placée sous protection internationale. Parvenus à reprendre le contrôle de la plus grande partie de leur territoire, les Kurdes y proclament un « État fédéré kurde d'Iraq du Nord » (1992). En Turquie, le gouvernement répond par une répression souvent brutale aux actions séparatistes menées principalement par le PKK (parti des Travailleurs du Kurdistan).

KURDISTĀN, région de montagnes et de plateau de l'Asie occidentale, couvrant plus de 500 000 km² et s'étendant en Turquie orientale, en Iraq du Nord et du Nord-Est, en Iran et en Syrie. Elle est peuplée en majorité par les Kurdes.

KURDOPHONE adj. et n. Qui parle kurde.

KURDUFĀN → KORDOFAN.

KURE, port du Japon, dans l'île de Honshū, sur la mer Intérieure ; 234 600 hab. Base navale. Arsenal et constructions navales. Sidérurgie.

KURIA MURIA *(îles)* → KHŪRIYĀ MŪRIYĀ.

KURISCHES HAFF → KOURSKI ZALIV.

KURNOOL, v. de l'Inde (Andhra Pradesh), au S. d'Hyderābād ; 274 795 hab. Centre commercial et universitaire.

KUROSAWA AKIRA, cinéaste japonais (Tōkyō 1910). Il signe son premier film en 1943 *(la Légende du Grand Judo),* puis réalise *l'Ange ivre* (1948), *Chien enragé* (1949). En 1951, il reçoit le grand prix du festival de Venise pour *Rashōmon**. Il adapte *l'Idiot* (1951), puis *Vivre* (1952). Après un nouveau triomphe public avec *les Sept* Samouraïs* (1954), Kurosawa réalise successivement *le Château de l'araignée* (ou *le Trône de sang,* ou *Macbeth,* 1957), *les Bas-Fonds* (1957), *la Forteresse cachée* (1958), *Yōjimbō* (1961), *Sanjuro* (1962), *Barberousse* (1965), *Dodes'-Kaden* (1970), *Dersou Ouzala* (1975), *Kagemusha* (1980, Palme d'or à Cannes), *Ran* (1985), *Rêves* (1990), *Rhapsodie en août* (1991), *Madadayo* (1993).

KUROSHIO, mot jap. signif. *courant noir* et désignant un système de courants marins chauds du Pacifique occidental, qui décrit une grande rotation horaire entre 10° et 45° N., des Philippines au Japon, et dont la genèse et le parcours rappellent le Gulf Stream.

KURTA [kurta] n. f. Tunique à manches longues, ouverte sur le devant et sans col, en étoffe de coton ou de soie, portée en Inde et en Afghānistān par les hommes.

KURTÁG (György), compositeur hongrois d'origine roumaine (Lugoj, Roumanie, 1926). Son langage sériel, libre et personnel, se situe dans la lignée de Webern. Il s'est imposé sur le plan international par les *Dires de Peter Bornemisza,* « concerto pour soprano et piano » créé à Darmstadt en 1968, par le cycle *En souvenir d'un crépuscule d'hiver* pour soprano, violon et cymbalum (1969) et par la suite des *Messages de feu Demoiselle R. V. Troussova,* pour soprano et ensemble de chambre (1976-1981).

KURTH (Godefroid), historien belge (Arlon 1847 - Asse 1916). L'un des fondateurs de l'école historique belge, il a écrit notamment *la Frontière linguistique en Belgique et dans le Nord de la France* (1896-1898).

KURTKA → KOURTKA.

KURU [kuru] n. m. Encéphalopathie due à un prion, affectant certaines peuplades de Nouvelle-Guinée (les Forés notamm.) pratiquant la consommation rituelle du cerveau des défunts. (Cette maladie, à l'évolution mortelle en quelques mois, tend à disparaître avec les pratiques qui en sont la cause.)

KURUKHS ou **ORAONS,** population dravidienne du Bihār (1 300 000 individus).

KURUME, v. du Japon, dans l'île de Kyūshū ; 217 000 hab. Ville militaire et industrielle (caoutchouc, laque, coton).

KURYŁOWICZ (Jerzy), linguiste polonais (Stanislawów, auj. Ivano-Frankovsk, Ukraine, 1895 - Cracovie 1978). En 1927, il identifia en hittite une série de laryngales, dont F. de Saussure avait postulé l'existence dans son mémoire de 1879. Il est l'auteur de nombreux travaux sur l'indo-européen.

KUṢĀNA, KOUCHANS ou **KUCHANS,** clan de nomades appartenant à une confédération de tribus d'Asie centrale, de langue et de culture iraniennes. Le nom a été donné ensuite aux habitants de l'Empire kuṣāna.

KUṢĀNA *(Empire),* empire qu'un chef du clan des Kuṣāna, Kujula (Kadphisês), fonda dans les années 30 de notre ère, autour de la région de Kaboul. Il s'étendait de l'Asie centrale à Mathurā en Inde. Il atteignit son apogée sous Kaniṣka, qui accéda au pouvoir entre 78 et 120. Après celui-ci, trois souverains sont connus : Vasiṣka (v. 102-106), Huviṣka (v. 106-138) et Vasudeva (v. 142-176). L'empire Kuṣāna présida au rétablissement de la prospérité en Asie centrale et en Inde et favorisa la diffusion de la culture indienne, notamment du bouddhisme.

KUSCH (Polykarp), physicien américain (Blankenburg, Allemagne, 1911 - Dallas 1993). Spécialiste de physique atomique, il a obtenu avec W. E. Lamb le prix Nobel en 1955 pour sa détermination précise du moment magnétique de l'électron.

KUSHIRO, v. du Japon (Hokkaidō), sur le Pacifique ; 214 700 hab. Port de pêche et conserveries.

KUŚINAGARA, nom sanskrit (*Kuśīnārā,* en pāli) de la ville actuelle de *Kāsiā* (Uttar Pradesh) près de laquelle mourut le Bouddha. Elle est un des quatre principaux lieux saints du bouddhisme.

KUSKOKWIM, fleuve du sud-ouest de l'Alaska, qui traverse les *monts Kuskokwim* et se jette dans la mer de Béring ; 1 300 km.

KÜSNACHT, comm. de Suisse (cant. de Zurich), sur le lac de Zurich ; 12 800 hab. Centre de villégiature.

KUŚNIEWICZ (Andrzej), écrivain et diplomate polonais (Kowenice 1904 - Varsovie 1993), auteur de plusieurs romans-fresques (*le Roi des Deux-Siciles,* 1970 ; *la Leçon de langue morte,* 1977 ; *le Vitrail,* 1980), où il révèle un grand pouvoir d'évocation du passé.

KÜSSNACHT AM RIGI, comm. de Suisse (cant. de Schwyz), à l'extrémité nord du lac des Quatre-Cantons, au pied du Rigi ; 8 100 hab.

KUSTURICA (Emir), cinéaste yougoslave (Sarajevo 1954). Tandis que son premier long métrage, *Te souviens-tu de Dolly Bell ?* (1981), reçoit le Lion d'or de la première œuvre à Venise, le second, *Papa est en voyage d'affaires* (1985), obtient la palme d'or au festival de Cannes. Le réalisateur confirme ses dons de conteur et de styliste aux accents baroques avec *le Temps des gitans* (1988), *Arizona Dream* (1993) et *Underground* (1995), qui lui vaut une nouvelle palme d'or à Cannes.

KŪT ou **KŪT AL-ʿAMĀRA,** v. d'Iraq, ch.-l. de prov., à la diffluence formée par le Tigre et le Chaṭṭ al-Rharraf ; 59 000 hab. Marché agricole d'une région irriguée *(barrage de Kūt).*
– **Hist.** Occupée par les forces britanniques de Townshend en 1915, investie en avr. 1916 par les Turcs, la ville fut reprise en févr. 1917 par les troupes de Maude.

KÜTAHYA, v. de Turquie, ch.-l. de prov., en Phrygie ; 135 432 hab. Carrefour ferroviaire (chemin de fer de Bagdad et ligne d'Istanbul à Ankara). Céramique. Monuments anciens XVe-XVIe s.

KUTAI → MAHAKAM.

KUTANI, nom donné aux porcelaines japonaises sorties des fours fondés au XVIIe s. par le daimyō de Kaga (Honshū occidental).

KUTCH, région aride de l'Inde (Gujerat), formée d'une péninsule que bordent la mer d'Oman, le *golfe de Kutch* et un vaste marécage *(Rann de Kutch),* qui confine au désert de Thar et au delta de l'Indus. V. princ. *Bhūj.*

Kutchuk-Kaïnardji *(traité de)* [21 juill. 1774], traité signé à l'issue de la guerre russo-turque (1768-1774) et qui donnait à la Russie la grande plaine entre le Boug et le Dniepr, le droit de naviguer dans la mer Noire et les Détroits, le protectorat sur les orthodoxes de l'Empire ottoman, qui dut, de plus, reconnaître l'indépendance des Tatars en Crimée. Quant à l'Autriche, elle reçut la Bucovine.

KUTNÁ HORA, v. de la République tchèque, en Bohême, à l'E. de Prague ; 18 100 hab. Cathédrale des XIVe-XVIe s., restes de l'ancien hôtel des monnaies et autres monuments.

KUTS (Vladimir Petrovitch), athlète soviétique (Aleksino, Ukraine, 1927 - Moscou 1975), qui a été recordman du monde du 5 000 m et du 10 000 m, et champion olympique sur ces distances à Melbourne (1956).

KUTSCH n. m. (de *Kutsch,* n. pr.). Règle triangulaire, comportant plusieurs graduations correspondant à plusieurs échelles, pour mesurer les distances sur les cartes.

KUTTER (Joseph), peintre luxembourgeois (Luxembourg 1894 - *id.* 1941). Il a pratiqué un expressionnisme sobre et âpre, voire pathétique (natures mortes ; paysages ; figures, notamm. de clowns v. 1936-1938).

Kutubiyya (ar. *kutubiyyun,* libraire), principale mosquée de Marrakech élevée au XIIe s. Le minaret (69 m de h.) en moellons est très sobrement décoré d'arcatures. Remarquable minbar.

KUUSINEN (Otto Ville), homme politique finlandais, puis soviétique (Laukaa, Finlande, 1881 - Moscou 1964). Député social-démocrate au Parlement finlandais de 1908 à 1917, il fut l'un des fondateurs du parti communiste finlandais (1918), et l'un des principaux dirigeants de la IIIe Internationale. Membre du Comité central du parti communiste de l'Union soviétique (1941), il fut président du Soviet suprême de la République socialiste soviétique carélo-finnoise et député au Soviet suprême (1940-1959).

KUWAIT ou **KUWAYT (Al-)** → KOWEÏT.

KUYPER (Abraham), homme politique et théologien néerlandais (Maassluis 1837 - La Haye 1920). Fondateur du parti calviniste antirévolutionnaire (1877), il fut Premier ministre de 1901 à 1905.

KUZNETS (Simon), économiste américain (Kharkov, Ukraine, 1901 - Cambridge, Massachusetts, 1985). Il a mis au point une analyse quantitative et comparative de la croissance économique des nations en dressant une comptabilité nationale rétrospective des pays disposant de statistiques depuis les XVIIIe et XIXe s. (Prix Nobel de sciences économiques 1971.)

KVARNER, golfe (en ital. *Quarnaro*) de l'Adriatique septentrionale (Croatie), au fond duquel est situé le port de Rijeka.

KVAS ou **KWAS** [kvas] n. m. (russe *kvas*). Boisson alcoolique obtenue à partir de la farine fermentée de seigle ou d'orge.

KVASIR, personnage de la mythologie scandinave doté d'une science universelle. Ses meurtriers firent de son sang un breuvage donnant l'inspiration poétique.

KVITØYA ou **ÎLE BLANCHE,** île norvégienne de l'Arctique, à 80° 9′ de latitude N. Andrée y trouva la mort avec ses compagnons (1897).

KWA n. m. Groupe de langues de la famille nigéro-congolaise, parlées sur une large bande côtière depuis le Liberia jusqu'au delta du Niger. (Cet ensemble d'environ 70 langues regroupe certaines des langues les plus importantes d'Afrique noire : le yoruba, l'ibo, l'akan, l'éwé, langues qui furent celles des grands royaumes achanti, du Dahomey, d'Oyo, du Bénin.)

KWACHA n. m. Unité monétaire de la Zambie et du Malawi.

KWAKIUTLS, Indiens du groupe wakash, de la côte du Pacifique, établis sur l'archipel de la Reine-Charlotte et au nord de l'île de Vancouver, regroupant 2 000 individus.

KWANDEBELE, anc. bantoustan d'Afrique du Sud, au N.-E. de Pretoria. Peuplé essentiellement de Ndébélés, il couvrait 1 031 km² et comptait 156 000 hab.

KWANGJU, v. du sud-ouest de la Corée du Sud, ch.-l. prov. ; 1 145 000 hab. Industries textile, automobile et alimentaire.

KWANGO (le), en port. **Cuango,** riv. de l'Afrique équatoriale, affl. du Kasaï (r. g.) ; 1 100 km. Né en Angola, il sert de frontière, sur une partie de son cours, entre ce pays et le Zaïre.

KWANGYANG, centre sidérurgique de Corée du Sud, sur la baie du même nom.

KWANTŌ → KANTŌ.

KWANZA n. m. Unité monétaire de l'Angola.

KWANZA → CUANZA.

KWARA, État du centre-ouest du Nigeria ; 74 260 km² ; 4 640 000 hab. Cap. *Ilorin.*

KWAS → KVAS.

KWASHIORKOR n. m. (mot d'un dialecte du Ghana). Affection infantile survenant après le sevrage, et caractérisée par un état de dénutrition chronique avec des atteintes viscérales (pancréas, foie, intestin) et cutanées (peau striée, craquelée).

KWAŚNIEWSKI (Aleksander), homme d'État polonais (Białogard, voïevodie de Koszalin, 1954). Président du parti social-démocrate, il est président de la République depuis 1995.

K-WAY [kawe] n. m. Marque déposée d'un coupe-vent, qui, replié dans une de ses poches, peut être porté en ceinture.

KWAZULU, anc. bantoustan d'Afrique du Sud (auj. intégré dans la prov. du *Kwazulu-Natal*), proche du Swaziland. Constitué d'une dizaine de parcelles, il couvrait 26 871 km² et comptait 3 422 000 hab. Cap. *Ulundi.* V. princ. *Isithebe.*

KWAZULU-NATAL, prov. d'Afrique du Sud, sur l'océan Indien ; 91 481 km² ; 8 549 000 hab. Ch.-l. *Ulundi.* V. princ. *Durban.*

KWE KWE, anc. **Que Que,** v. du centre du Zimbabwe ; 47 607 hab. Métallurgie.

kWh, symbole du *kilowattheure,* unité d'énergie ou de travail.

KWILU (le), riv. de l'Angola et du Zaïre, affl. du Kwango (r. g.) ; 1 000 km (en port. *Cuilo*).

KYAT n. m. Unité monétaire de la Birmanie.

KYATHOS [kjatɔs] n. m. (pl. gr. *kyathoi* [-tɔj]) [gr. *kuathos*]. Vase grec à anse verticale très haute, servant à puiser le vin dans le cratère pour le verser dans les coupes.

KYD (Thomas), auteur dramatique anglais (Londres 1558 - *id.* 1594). Il ne signa qu'une seule pièce, *Pompée le Grand et Cornélie* (1593). Auteur de *Soliman et Perseda* (1588) et de *Jeronimo* (1592), on lui attribue aussi *Arden* de Feversham* (1592). Il est un des principaux représentants du théâtre préshakespearien.

KYLIÁN (Jiří), danseur et chorégraphe tchèque (Prague 1947). Chorégraphe inspiré (*la Cathédrale engloutie,* mus. de Debussy, 1974 ; *Kinderspiele,* mus. de G. Mahler et G. Carpenter, 1978 ; *Symphonie des psaumes,* mus. de Stravinski, 1978 ; *l'Enfant et les sortilèges,* mus. de Ravel, 1984 ; *Heart's Labyrinth,* sur des pièces de Schönberg et Webern, 1987), il est directeur artistique du Nederlands Dans Theater depuis 1978.

KYLIX n. f. (gr. *kuliks*). Coupe grecque pourvue d'anses horizontales légèrement recourbées.

KYMÊ, parfois dite **Cumes d'Éolide,** anc. ville d'Asie Mineure située en Éolide, dont elle était la seule grande ville.

KYMOGRAPHE n. m. (all. *Kymographion*). Appareil d'enregistrement graphique des phénomènes physiologiques par inscription au moyen d'un stylet sur un cylindre actionné d'un mouvement circulaire uniforme.

KYMOGRAPHIE n. f. Enregistrement graphique de phénomènes physiologiques au moyen du kymographe.

KYMRIQUE n. m. Nom parfois donné au gallois.

KYŌDEN → SANTŌ KYŌDEN.

KYOGA *(lac),* expansion lacustre de l'Ouganda, aux rives marécageuses et indécises, qui a pour affluent et pour émissaire le Nil Victoria.

KYŌGEN n. m. inv. (mot jap.) Pièce comique en un acte, généralement jouée en intermède d'un spectacle de nō.

KYŌKUTEI BAKIN → BAKIN.

KYOMIPO, v. de la Corée du Nord, au S.-O. de Pyongyang ; 53 000 hab. Sidérurgie et chimie, à partir du fer et du charbon locaux.

Kyongbok, palais royal de Séoul (Corée), construit au XVe s. à l'imitation de la Cité interdite de Pékin et reconstruit au XIXe s. sur le plan initial.

KYONGJU, v. de la Corée du Sud, à l'E. de Taegu ; 141 896 hab.
— **Hist.** et **Bx-arts.** Ancienne capitale du royaume coréen de Silla, rebâtie en 668 selon les plans de Changan, cap. chinoise des Tang. Monuments anciens, dont l'observatoire construit en 632 et le monastère Pulkuk-sa fondé en 751.

KYÖNGSONG → SÉOUL.

KYŌTO, v. du Japon, ch.-l. de préf. dans le sud de Honshū ; 1 473 000 hab. Grand centre touristique. Industries aéronautiques, électriques et chimiques. Kyōto entre dans l'orbite industrielle d'Ōsaka et de Kōbe.
— **Hist.** et **Bx-arts.** Fondée en 794 par l'empereur Kammu et, dès cette époque, carrefour des arts et de l'esprit sous le nom de Heian-Kyō (capitale de la paix), la ville donne son nom à l'une des plus brillantes périodes historiques japonaises, dont témoigne le Byōdō-in* d'Uji. Centre culturel du pays, elle est de nos jours une véritable ville musée. Le Sanjusangin-dō (1164), avec ses mille et une *kannon* sculptées en bois, et le Nanzen-ji, ancienne villa impériale devenue temple en 1291, illustrent l'époque Kamakura. L'Enryaku-ji, fondé en 788, et le Kiyomizudera, fondé en 798, présentent leur forme du XVIIe s. L'arrivée au pouvoir des Ashikaga (1338) marque une renaissance de l'activité artistique avec le peintre Sesshū*, la naissance de l'école Kanō*, celle du nō*, la pratique de la cérémonie du thé*, l'art des jardins* paysagers et l'édification de villas de plaisance : Kinkaku-ji, Pavillon d'or (1394), et Ginkaku-ji*, pavillon d'argent (1482). Le Saiho-ji (1339) et son jardin des mousses *(kokedera),* et le Ryōan-ji (1473) et son jardin minéral participent de l'esprit zen. Citons encore, dans l'enceinte du Daitoku-ji, le Daisen-in et ses portes coulissantes dues à l'école Kanō ; le palais Nijō (1603) et la villa Katsura* attestent le luxe de l'époque de Tokugawa Ieyasu.

KYPRIANOÚ (Spýros), homme d'État chypriote (Limassol 1932). Ministre des Affaires étrangères (1960-1972), il a été président de l'Assemblée nationale (1976-77) et a succédé à Mgr Makários comme président de la République de 1977 à 1988.

KYRIALE n. m. Recueil des différentes mélodies du Kyrie et des autres chants de l'ordinaire de la messe.

KYRIE ou **KYRIE ELEISON** [kirjeeleisɔn] n. m. inv. (gr. *Kurie,* Seigneur, et *eleêson,* aie pitié). Cri de supplication relevé dans l'Ancien Testament et conservé au début de la messe, après l'introït, dans la liturgie catholique.

KYRIELLE n. f. (de *Kyrie eleison*). Grande quantité, suite interminable : *Une kyrielle d'injures. Elle a une kyrielle d'amis.*

KYSTE n. m. (gr. *kustis,* vessie). **1.** Cavité pathologique, à contenu liquide ou semi-liquide, séreux, mucoïde, colloïde (kyste de la glande thyroïde) ou sébacé. (→ *encycl.*) — **2.** Forme de résistance prise par divers êtres vivants (amibiens, algues, champignons) lorsque les conditions extérieures deviennent défavorables (froid, sécheresse, manque de nourriture). [Au retour des conditions favorables, il germe à la façon d'une spore et donne un nouvel individu.]
ENCYCL. **Pathol.** Les kystes dits congénitaux sont dus à un accident de développement (par ex. kystes branchiaux du cou). Les kystes du rein sont généralement d'origine embryonnaire. Les kystes non congénitaux proviennent le plus souvent de la distension continue d'un appareil glandulaire ou d'une poche synoviale. Tels sont les kystes de l'ovaire, les kystes sébacés du cuir chevelu (loupes), les kystes salivaires (grenouillettes), les kystes synoviaux du poignet. Mais ils relèvent aussi d'inclusions accidentelles (kystes épidermoïdes des coiffeurs). Le foie, le poumon, le cerveau, l'œil peuvent être le siège de pseudokystes d'origine parasitaire. L'ablation chirurgicale des kystes est indiquée, en règle générale.

KYSTIQUE adj. Qui relève d'un kyste.

KÝTHIRA → CYTHÈRE.

KYUDO n. m. (jap. *kyūdō*). Tir à l'arc d'origine japonaise, pratiqué avec un arc asymétrique et des flèches en bambou.

KYŪSHŪ (« Neuf Provinces »), la plus occidentale des quatre grandes îles japonaises, entre la mer de Chine orientale, la mer du Japon et le Pacifique, et séparée du Honshū par le détroit de Shimonoseki ; 42 000 km^2 ; 13 295 859 hab. V. princ. *Kitakyūshū* et *Fukuoka.* Foyer de peuplement très ancien, accès traditionnel depuis le continent, l'île, montagneuse et volcanique, est très arrosée et sa végétation est presque tropicale (bambous, camélias, palmiers). On cultive le riz, la canne à sucre, le maïs et le tabac dans de petites plaines. La pêche est active. Le sud conserve une vie traditionnelle tandis que vers le nord se sont établies des industries : les agglomérations de Kitakyūshū, Fukuoka et Nagasaki prolongent la Megalopolis japonaise.

KYZYL, v. de Russie, cap. de la république de Touva ; 80 000 hab. Centre industriel.

KYZYL IRMAK → KIZIL IRMAK.

KYZYLJAR → PETROPAVLOVSK.

KYZYLKOUM ou **KYZYL-KOUM,** région dont le nom signifie « sable rouge » et qui correspond au désert et aux semi-déserts étendus entre le bas Syr-Daria et le bas Amou-Daria, sur l'Ouzbékistan et le Kazakhstan. Seules les marges méridionales (steppe de la Faim) sont mises en valeur grâce à l'irrigation.

KZYL-ORDA, v. du Kazakhstan, sur le Syr-Daria ; 177 000 hab. Cellulose et papier carton. Chaussures. Confection. Industries alimentaires.

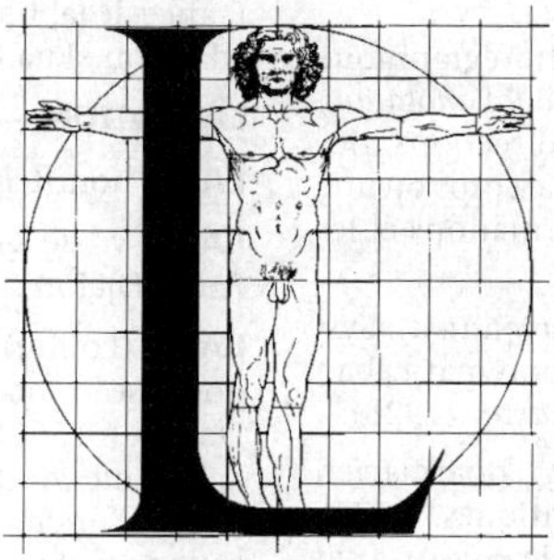

L n. m. Douzième lettre de l'alphabet français servant à transcrire une consonne latérale [l].

L, symbole représentant 50 dans la numération romaine. • **Diplom.** LL.MM., abrév. de LEURS MAJESTÉS ; LL.AA., abrév. de LEURS ALTESSES. – **Monn.** L ou £, symboles de la livre sterling.

l Symbole du *litre,* unité de volume. (Le symbole L est aussi admis pour éviter la confusion avec le chiffre 1.)

1. LA art. ou pron. pers. → LE.

2. LA n. m. inv. **1.** Note de musique, sixième degré de la gamme d'*ut.* – **2.** Diapason dont la fréquence oscille autour de 440 Hz. – **3.** *Donner le « la »*, donner l'exemple sur lequel les autres modèlent leur comportement ; servir d'exemple.

La, symbole chimique du *lanthane.*

LÀ adv. (lat. *illac,* par là). Indique : **1.** Un lieu plus ou moins éloigné (par oppos. à *ici*) : *Ne restez pas ici, allez là.* – **2.** Un lieu quelconque : *Il est allé à Paris et de là il ira à Berlin. Passez par là.* – **3.** Le lieu où l'on est, où qqch se trouve : *Il n'est pas là en ce moment.* – **4.** Un lieu abstrait : *C'est là que réside la difficulté.* – **5.** Un moment d'un récit, d'une situation, un point précis, un degré : *Là, tout le monde a ri. Que vouliez-vous dire par là ?* – **6.** Un moment, précis ou non, du temps : *D'ici là, tout s'arrangera.* – **7.** Un renforcement de l'énoncé : *Que dites-vous là ?* – **8.** L'insistance avec les adj. démonstratifs CE, CET, CETTE, CES (joint au nom par un trait d'union) : *Cet homme-là. Ces maisons-là.* – **11.** *De là,* de cela ; en conséquence : *De là sont venus tous nos malheurs.* ‖ *De là à,* il s'en faut de beaucoup : *Il a mal agi mais de là à trahir ses amis !* ‖ *En être là,* être parvenu à cet état, à ce point. ‖ Fam. *Être un peu là,* tenir une place importante, être solide, courageux ; avoir une présence remarquable ou pesante. ‖ *Tout est là,* c'est la chose importante.
◆ interj. **1.** Sert à apaiser, à consoler (parfois redoublé) : *Là, là, un peu de calme.* – **2.** *Fam.* Ponctue une assertion : *Tu n'avais qu'à faire attention, là !* – **3.** *Là ! là !* renforcent les interj. *ah !* ou *oh !*

LAALAND → LOLLAND.

LAARNE, comm. de Belgique (Flandre-Orientale), à l'E. de Gand ; 10 700 hab. Château en partie des XIe-XIIe s. Textile.

LABADIE (Jean DE), mystique et réformateur protestant (Bourg, Guyenne, 1610 -Altona 1674). Il rêva de ramener les Églises protestantes au christianisme primitif. Sa doctrine s'éteignit en 1732.

LABADISME n. m. Doctrine de Labadie.

LABADISTE adj. et n. Relatif à Labadie ; disciple de Labadie.

LABAN, patriarche de la famille d'Abraham, frère de Rébecca, oncle et beau-père de Jacob, qui se réfugia longtemps chez lui, et épousa successivement ses deux filles.

LABAN (Rudolf VON), chorégraphe et théoricien de la danse autrichien d'origine hongroise (Bratislava 1879 - Weybridge, Surrey, 1958). Il a élaboré une technique qui conduit à la « danse absolue ». Il fait de l'émotion l'origine de tout mouvement, de tout rythme et, partant, de toute musique. Les quatre idées maîtresses de son enseignement sont l'espace, l'effort, l'harmonie et la sensibilité. Il eut pour élèves et disciples Mary Wigman (qui, par la suite, s'opposa à lui), Kurt Jooss, Harald Kreutzberg et Aurel Milloss. Chorégraphe, il a produit des œuvres pour formations réduites, sans musique ou avec

accompagnement de percussions et a animé de grands mouvements de masse.
Il a créé un système de notation chorégraphique (cinétographie) appelé aujourd'hui *labanotation*, qui schématise les pas, leurs directions, les différentes orientations prises par le corps ou une partie du corps du danseur, les formations et les déplacements des groupes.

LABANOTATION n. f. (amér. *labanotation*). Système de notation de la danse élaboré par Laban dans son ouvrage *Kinetographie Laban* (1928).

LABARRAQUE (Antoine Germain), pharmacien français, (Oloron, Pyrénées-Atlantiques, 1777 - Galluis, Yvelines, 1850). Il étudia le chlore et ses applications à l'antisepsie des plaies et à la désinfection. Il a mis au point une liqueur (soluté alcalin d'hypochlorite de sodium) à action antiseptique qui porte son nom *(eau de Labarraque)*.

LA BARRE (Joseph Antoine Le Febvre de), marin et administrateur français (Crépy-en-Valois 1622 - Paris 1688). Capitaine de vaisseau (1661), il prit Cayenne aux Hollandais (1664) et devint gouverneur de la Guyane (1664-1666) puis gouverneur général de la Nouvelle-France (1682-1685).

LA BARRE (Michel de), flûtiste et compositeur français (Paris v. 1680 - *id.* 1745). Flûtiste de la musique de la Chambre du roi et de l'orchestre de l'Opéra, il composa notamment douze livres de pièces pour flûte traversière et basse continue (1709-1725), trois livres de trios (1694-1707).

La Barre *(affaire)* [1765-66], erreur judiciaire dont la victime fut Jean-François Le Febvre, chevalier de La Barre (Abbeville 1747 - *id.* 1766). Injustement accusé d'avoir mutilé un crucifix à Abbeville en 1765, il fut condamné à mort par le parlement de Paris, décapité et livré aux flammes (1766). Voltaire réclama sa réhabilitation, qui ne fut décrétée par la Convention qu'en 1793.

LABARUM [-rɔm] n. m. (lat. *labarum*). Étendard impérial sur lequel Constantin, lors de sa victoire sur Maxence (312), aurait fait placer une croix et le monogramme du Christ.

LÀ-BAS adv. En un lieu situé plus loin : *Là-bas, dans la vallée, tout est dans la brume.*

LABASTIDE-MURAT (46240), ch.-l. de cant. du Lot, sur le causse de Gramat ; 616 hab. Château bâti par Murat, qui était originaire de ce village. Marché (ovins).

LABAT (Jean-Baptiste), dominicain français (Paris 1663 - *id.* 1738). Missionnaire aux Antilles (1693), il a laissé la relation de ses voyages.

LABBE n. m. Grand oiseau marin prédateur, voisin des mouettes. (Syn. stercoraire.) [Le labbe poursuit mouettes, fous et sternes pour se nourrir à leurs dépens, en leur faisant régurgiter leurs proies. On peut rencontrer sur les côtes de France, le labbe parasite et plus rarement le grand labbe ou skua.]

LABDANUM → ladanum.

LABE, nom tchèque de l'Elbe.

LABÉ, v. de Guinée, ch.-l. de région, dans le Fouta-Djalon ; 80 000 hab.

LABÉ (Louise), surnommée **la Belle Cordière,** poétesse française (Lyon v. 1524 - Parcieux-en-Dombes 1566). Belle et cultivée, elle épousa, après une vie aventureuse, un riche cordier de Lyon, Ennemond Perrin, et anima un cercle mondain et lettré dans son hôtel particulier. Son *Débat de Folie et d'Amour* (1555) et ses poésies, imitées de Pétrarque, expriment une passion sensuelle.

LA BÉDOYÈRE (Charles Huchet, *comte* de), général français (Paris 1786 - *id.* 1815). Lors des Cent-Jours, il rallia son régiment à Napoléon, qu'il était chargé d'arrêter devant Grenoble. Présent à Waterloo, il fut fusillé après le retour de Louis XVIII.

LABEL [-bɛl] n. m. (angl. *label,* étiquette, de l'anc. fr. *label,* ruban, du frq. **labba*). **1.** Étiquette ou marque spéciale créée par un syndicat professionnel et apposée sur un produit destiné à la vente, pour en certifier l'origine et les conditions de fabrication. (On dit aussi label de qualité.) — **2.** Ce qui peut être considéré comme la preuve de la haute qualité de qqn, de qqch : *L'agrégation est-elle un label de qualité ?* — **3.** En informatique, syn. de étiquette.

LABELLE n. m. (lat. *labellum,* petite lèvre). **1.** La plus grande des découpures de la corolle des orchidacées, située en bas de la fleur et d'aspect très varié selon l'espèce. — **2.** Pièce impaire articulée au bout du labium, chez certains insectes.

LABELLISER v. t. (de *label*) [conj. 3]. Attribuer un label à un article, à un produit.

LABERTHONNIÈRE (Lucien), théologien et philosophe français (Chazelet, Indre, 1860 - Paris 1932). Oratorien, directeur (1905) des *Annales de philosophie chrétienne,* tenant de l'immanence et de la philosophie personnaliste, il vit plusieurs de ses ouvrages frappés de l'Index par Rome, qui l'interdit de publication à partir de 1913.

LABEUR n. m. (lat. *labor, -oris*). **1.** *Litt.* Travail pénible et prolongé : *Une vie de labeur.* — **2.** Ouvrage typographique de longue haleine, par oppos. aux bilboquets ou travaux de ville. — **3.** *Imprimerie de labeur,* imprimerie où l'on fabrique des labeurs, par oppos. à l'imprimerie de presse.

LABEYRIE (Antoine), astrophysicien français (Paris 1943). Spécialiste de l'interférométrie optique, il a inventé la technique de l'interférométrie des tavelures (1970) et réalisé le premier interféromètre à deux télescopes (1975). Depuis 1991, il est professeur au Collège de France. (Acad. des sc., 1994.)

LAB-FERMENT n. m. (all. *Lab,* présure, et fr. *ferment*). Enzyme du suc gastrique qui permet la coagulation du lait par précipitation de la caséine digérée. (Son rôle est important chez le nourrisson.) [Syn. PRÉSURE.]

LABIACÉE n. f. Syn. de LABIÉE.

LABIAL, E, AUX adj. (lat. *labium,* lèvre). **1.** Qui appartient aux lèvres. — **2.** *Lecture labiale,* reconnaissance de la parole par l'observation des mouvements des lèvres. ‖ *Consonne labiale* ou *labiale* (n. f.), consonne dont l'articulation implique une participation active des lèvres (bilabiales [p], [b], [m] et labiodentales [f], [v]).

LABIALISATION n. f. Arrondissement des lèvres dans l'articulation d'un phonème, résultant notamment de l'influence d'une voyelle arrondie contiguë (par ex. la labialisation de [t] et de [s] dans *tu* et *sous*).

LABIALISER v. t. (de *labial*) [conj. 3]. Faire subir la labialisation à un phonème.
◆ **être labialisé** v. pass. *Voyelle labialisée,* voyelle dont l'articulation principale s'accompagne d'un arrondissement et d'une protraction des lèvres (par ex. en français [y], [ø] et [œ].

LABICHE (Eugène), auteur dramatique français (Paris 1815 - *id.* 1888). Dans ses comédies de mœurs et ses vaudevilles, écrits souvent avec des collaborateurs (*Un chapeau de paille d'Italie,* 1851 ; *la Poudre aux yeux,* 1861 ; *la Cagnotte,* 1864), le bon sens bourgeois, qui se mêle à l'observation savoureuse des ridicules, aboutit parfois à une certaine philosophie de la vie avec *le Voyage* de Monsieur Perrichon* (1860). [Acad. fr., 1880.]

LABĪD IBN RABĪʿA, poète arabe († Kūfa, Iraq, entre 660 et 663), auteur d'une des sept *muʿallaqāt.* Il connut Mahomet et se convertit à l'islām.

LABIDOGNATHE [-gnat] n. m. Syn. de ARANÉOMORPHE.

LABIDOSTOME n. m. Chrysomèle bleue ou verte aux pattes antérieures très longues chez le mâle.

LABIDURE n. f. Grand perce-oreille nocturne, vivant surtout dans les terrains secs et sablonneux.

LABIÉ, E adj. (lat. *labium,* lèvre). Se dit parfois d'un calice mais surtout d'une corolle gamopétale et zygomorphe, dont le bord est découpé.
◆ **labiée** n. f. Famille réunissant près de 3 500 espèces d'herbes parfumées à tige quadrangulaire, à feuilles opposées et décussées et dont la fleur zygomorphe contient 2 ou 4 étamines et un ovaire supère à quatre loges, telle que la menthe, le thym, la lavande, la mélisse, etc. (Syn. LABIACÉE, LAMIACÉE.)

LABIENUS (Titus), chevalier romain (100 av. J.-C. - Munda 45 av. J.-C.). Principal lieutenant de César en Gaule, il passa ensuite au partie de Pompée.

LABILE adj. (lat. *labilis,* de *labi,* glisser). **1.** Se dit de ce qui est fragile, peu stable, notamment, en chimie, des composés. — **2.** Se dit d'une humeur changeante.

LABILITÉ n. f. **1.** Caractère de ce qui est labile. — **2.** Caractère d'une humeur labile.

LABILLE-GUIARD (Adélaïde LABILLE, **Mme Guiard,** dite), peintre français (Paris 1749 - *id.* 1803). Elle débuta par des pastels, puis pratiqua la peinture à l'huile, entra à l'Académie (1783) et remporta le plus vif succès à la Cour, devenant le « Peintre de mesdames » : portraits de *Madame Élisabeth,* de *Madame Adélaïde* (château de Versailles). Son *Portrait du peintre F.-A. Vincent* (Louvre) est celui de son second mari.

LABIODENTAL, E, AUX adj. et n. f. Se dit d'une consonne dont l'articulation est réalisée par le rapprochement ou le contact de la lèvre inférieure et des incisives supérieures (par ex. en français [f] et [v]).

LABIOPALATAL, E, AUX adj. et n. f. Se dit d'une consonne labialisée dont l'émission s'accompagne d'un soulèvement du dos de la langue en direction du palais dur (par ex. la constrictive [ɥ] dans *huile* [ɥil]).

LABIOVÉLAIRE adj. et n. f. Se dit d'une consonne labialisée dont l'articulation comporte un soulèvement du dos de la langue en direction du palais mou. (Ainsi la constrictive [w] dans *ouest* [west].)

LABIS (Attilio), danseur français (Vincennes 1936). Danseur étoile (1961) et maître de ballet adjoint (1965) à l'Opéra de Paris, il s'est imposé dans tout le répertoire classique ainsi que dans sa reprise d'*Icare* (de S. Lifar) en 1962.

LABIUM [-bjɔm] n. m. (lat. *labium,* lèvre). Pièce impaire inférieure de l'appareil buccal des insectes, souvent munie de palpes labiaux, ou prolongée par un labelle. (Le labium est développé en gouttière chez les insectes piqueurs : taon, moustique.)

LABLAB n. m. Légumineuse comestible, très vigoureuse, cultivée sur les sols tropicaux pauvres. (Noms usuels *dolique d'Égypte, pois indien.*)

LABOBUS [-bys] n. m. (de *laboratoire* et *autobus*). Camion équipé en laboratoire mis à la disposition des musées pour les analyses et les travaux de restauration concernant les œuvres d'art.

LA BOÉTIE (Étienne DE), écrivain français (Sarlat 1530 - Germignan, Médoc, 1563). Son œuvre, entièrement posthume, comprend des traductions de Xénophon et de Plutarque, *Vingt-Neuf Sonnets,* que son ami Montaigne insérera dans ses *Essais,* d'autres *Vers françois,* et surtout *le Discours* de la servitude volontaire* ou *Contr'un.*

LABORANTIN, E n. (all. *Laborantin,* fém. de *Laborant,* du lat. *laborare,* travailler). Auxiliaire dans un laboratoire de recherche ou d'analyses.

LABORATOIRE n. m. (lat. sc. mod. *laboratorium,* du lat. class. *laborare,* travailler). **1.** Local disposé pour faire des recherches scientifiques, des analyses biologiques, des travaux photographiques, des essais industriels, etc. (Abrév. fam. LABO.) — **2.** Ensemble de chercheurs effectuant dans un lieu déterminé un programme de recherches. — **3.** En apposition après un nom, avec ou sans trait d'union, indique qu'un lieu sert à des travaux de recherche, à des essais, etc. : *Ferme-laboratoire.* — **4.** Local aménagé pour les préparations en charcuterie et en confiserie. — **5.** Partie d'un four à réverbère où s'effectuent les échanges de chaleur ou les réactions chimiques. — **6.** *Animal de laboratoire,* qui sert aux expériences. ‖ *Examens de laboratoire,* examens complémentaires qui permettent d'orienter ou de confirmer un diagnostic clinique et de suivre l'évolution d'une maladie sous traitement. ‖ *Homme de laboratoire,* chercheur. ‖ *Laboratoire de langues,* local équipé de matériels audiovisuels permettant l'apprentissage rapide d'une langue vivante.

LABORDE (Jean Joseph, *marquis* DE), financier français (Jaca, Aragon, 1724 - Paris 1794). Il entreprit la construction du quartier de la Chaussée-d'Antin. Il fut exécuté sous la Terreur.

LABORDE (Jean Benjamin DE), compositeur et musicographe français (Paris 1734 - *id.* 1794). Premier valet de chambre de Louis XV, puis fermier général, il fut guillotiné. Son *Essai sur la musique ancienne et moderne* (1780) constitue une importante source d'informations sur la musique ancienne.

LABORDE (Alexandre Louis Joseph, *comte* DE), homme politique et écrivain français (Paris 1773 - *id.* 1842), fils du marquis Jean Joseph de Laborde. Directeur des Ponts et Chaussées de la Seine (1810), député de la Seine (1822-1841), il a notamment publié des ouvrages relatifs à ses voyages en Espagne et en Autriche.

LABORDE (Jean), administrateur français (Auch 1806 - Antananarivo 1878). Conseiller de Ranavalona Ire, reine de Madagascar, il développa le commerce de l'île et créa les premières industries (forges de Mantasoa).

LABORDE (Léon, *marquis* DE), érudit, administrateur et homme politique français (Paris 1807 - *id.* 1869). Il étudia les monuments de l'Asie Mineure et d'Égypte, fut conservateur des Antiques au Louvre (1848) et écrivit notamment, à l'occasion de l'Exposition universelle de Londres en 1851, un rapport (1856) plaidant pour le rationalisme des formes dans les arts appliqués.

LABORDE (Jean DE), amiral français (Chantilly 1878 - Castillon-la-Bataille, Gironde, 1977). À la tête des forces maritimes de l'Ouest, il donna l'ordre, en juin 1940, à tous ses bâtiments de rejoindre les ports anglais. Il fit saborder la flotte de Toulon (27 nov. 1942) pour éviter qu'elle ne tombe aux mains des Allemands. Condamné à mort en 1947, sa peine fut commuée en détention perpétuelle. Il fut libéré en 1954.

LABORI (Fernand), avocat français (Reims 1860 - Paris 1917). Il s'imposa dans de grands procès d'assises : affaires Humbert, Rochefort, Caillaux, Dreyfus (au cours de laquelle il défendit également É. Zola).

LABORIEUSEMENT adv. De façon laborieuse, avec peine, difficilement.

LABORIEUX, EUSE adj. et n. (lat. *laboriosus*). *Litt.* Qui travaille beaucoup, assidûment.
◆ adj. **1.** *Litt.* Qui est consacré au travail : *Une vie laborieuse.* — **2.** Qui coûte beaucoup de travail, d'efforts : *Une recherche laborieuse.* — **3.** Qui se fait difficilement : *Digestion laborieuse.* — **4.** Qui manque de vivacité : *Style laborieux.* — **5.** *Classes laborieuses,* celles qui n'ont pour vivre que leur travail d'ouvriers.

LABORIT (Henri), médecin biologiste et pharmacologue français (Hanoi 1914 - Paris 1995). Il est l'auteur de recherches sur le système nerveux végétatif et sur l'hibernation artificielle. Il a introduit en thérapeutique la chlorpromazine, premier neuroleptique découvert, et s'est intéressé aux problèmes biologiques du comportement de l'homme.

LABOUAN → LABUAN.

LABOUR n. m. (de *labourer*). **1.** Retournement de la terre à l'aide de la bêche, de la houe, de l'araire ou de la charrue, pour l'ameublir, enfouir ce qu'elle porte en surface, et préparer ainsi son futur ensemencement. — **2.** Terrain labouré (surtout pl.).

ENCYCL. Dans les pays industrialisés, le labour se fait à l'aide de la charrue tirée par un tracteur. La charrue découpe une bande de terre, qu'elle soulève et retourne. Par le labour, les résidus de récolte, les fumiers, les engrais sont incorporés à la terre, ce qui facilite leur évolution. Le labour peut être exécuté à diverses profondeurs, de 12 à 30 cm. Il est dit *à plat* lorsque chaque bande de labour est versée sur la précédente et *en billons,* ou *en planches,* lorsque le terrain labouré comporte des sillons entre deux billons dont les bandes de labour sont retournées en sens opposé, ce qui facilite l'écoulement des eaux en excès dans les sillons.

Labour, dénomination du mouvement ouvrier dans les pays anglo-saxons. (→ TRAVAILLISTE.)

LABOURABLE adj. Propre à être labouré.

LABOURAGE n. m. Action, manière de labourer : *Labourage et pâturage sont les deux mamelles dont la France est alimentée* (phrase de Sully).

LABOURD, anc. prov. du Pays basque, entre l'Adour, la Bidouze et les Pyrénées.

LABOURDIN n. m. Dialecte basque parlé dans la région de Saint-Jean-de-Luz en France et d'Elizondo en Espagne.

LA BOURDONNAIS (Bertrand François MAHÉ, *comte* DE), marin et administrateur colonial français (Saint-Malo 1699 - Paris 1753). Nommé en 1735 gouverneur des îles de France (île Maurice) et de Bourbon (La Réunion), il en assura le développement économique. Il reçut en 1740 le commandement d'une escadre avec laquelle il délivra Mahé (déc. 1741). Il s'empara de Madras (21 sept. 1746) mais s'engagea à rendre la ville aux Anglais contre rançon. Désavoué par Dupleix, il quitta l'Inde (8 nov.) et fut embastillé (1748) pendant trois ans avant d'être jugé et acquitté (1751).

LABOURER v. t. (lat. *laborare,* travailler) [conj. 3]. **1.** Ouvrir et retourner la terre avec la charrue, l'araire, la houe, la bêche. — **2.** Creuser profondément le sol, l'entailler : *Les obus ont labouré la colline.* — **3.** Marquer une partie du corps de raies profondes : *Des rides labourent son visage.* — **4.** Marteler le corps de qqn : *Labourer les côtes de coups de pied.*

LABOUREUR n. m. **1.** *Litt.* Celui qui laboure, cultive la terre. — **2.** En France, sous l'Ancien Régime, paysan qui possédait charrue et animaux de trait nécessaires pour mettre en valeur les terres qu'il louait ou dont il était propriétaire.

LABOUREUR (Jean Émile), graveur et peintre français (Nantes 1877 - Pénestin, Morbihan, 1943). Il a trouvé son expression la plus originale, influencée par la stylisation cubiste, dans l'emploi du burin (*Petites Images de la guerre,* 1916 ; *le Balcon sur la mer,* 1923). Il a illustré Larbaud, Colette, Maurois, P. J. Toulet et surtout Giraudoux.

Labour Party, parti travailliste* britannique.

LABOV (William), linguiste américain (Passaic, New Jersey, 1927). Selon lui, toute étude linguistique doit prendre en compte les variables sociales ; le changement linguistique n'est pas seulement fonction du facteur temps, mais aussi de la structure sociale de la communauté étudiée : *Sociolinguistique* (1973) et *le Parler ordinaire, la langue dans les ghettos noirs des États-Unis* (1973).

1. LABRADOR n. m. (de *Labrador,* n. pr.). Variété de feldspath calcosodique appartenant à la série des plagioclases, que l'on trouve dans les roches basiques. (Certaines variétés présentent des reflets chatoyants.) [Syn. LABRADORITE.]

2. LABRADOR n. m. (même étym.). Grand chien retriever, noir ou fauve. (Il est utilisé dans la police pour détecter la drogue. C'est un excellent chien d'aveugle.)

LABRADOR, région du Canada. Dans une acception ancienne, le Labrador correspondait à la vaste péninsule comprise entre la baie d'Hudson, le détroit d'Hudson et l'océan Atlantique. Aujourd'hui, le nom désigne seulement l'est de cette péninsule correspondant à la partie continentale de la province de Terre-Neuve, couvrant 292 218 km² et comptant seulement 30 000 hab. Les ressources comprennent la pêche (morue), l'exploitation forestière dans le centre et le sud, l'énergie hydraulique (Churchill Falls, Twin Falls), vendue au Québec, et surtout les mines de fer près de Schefferville et à Labrador City et Wabush. Labrador City est le principal centre urbain du Labrador, dont les limites actuelles sont contestées par le Québec, qui possède la partie occidentale de la péninsule (Nouveau-Québec au N.).
— **Hist.** Probablement connu des Vikings dès le XIe s., le Labrador fut découvert par les frères Cabot (1497) puis visité par Cartier (1534). Région de pêche et de commerce des fourrures, il fut cédé à l'Angleterre (traité de Paris, 1763) et rattaché à Terre-Neuve en 1809.

LABRADOR *(bassin du),* bassin de l'Atlantique du Nord-Ouest, entre les marges continentales du Labrador et du Groenland, la dorsale médio-atlantique et le seuil de Terre-Neuve (profondeur moyenne : 3 500 m).

LABRADOR *(courant du),* courant océanique froid (de 0 à 6 °C) de l'Atlantique du Nord-Ouest, transportant le long des côtes du Labrador des eaux dessalées (de 31 à 34 ‰) et des icebergs jusqu'au sud de Terre-Neuve.

LABRADOR *(mer du),* mer de l'Atlantique du Nord-Ouest, entre les côtes du Labrador et du Groenland, au sud du détroit de Davis.

LABRADOR CITY, v. du Canada, dans la partie continentale de Terre-Neuve, à proximité du Québec ; 15 000 hab. Mines de fer.

LABRADORITE n. f. **1.** Basalte leucocrate à labrador. — **2.** Syn. de LABRADOR.

LABRE n. m. (lat. *labrum,* lèvre). **1.** Lèvre supérieure coriace, médiane et sans appendices, de la tête des arthropodes (myriapodes, crustacés, insectes). — **2.** Bord extérieur de l'ouverture de la coquille des mollusques gastropodes, opposé à la columelle. — **3.** Poisson côtier peuplant les herbiers et les fonds rocheux couverts d'algues. (On connaît 4 espèces de labres sur nos côtes : la vieille, qui peut atteindre 60 cm, le labre vert, le labre mêlé ou coquette et le merle.)

LABRE (Benoît - Joseph) → BENOÎT - JOSEPH LABRE (saint).

LA BRÈDE → BRÈDE *(La).*

LABRET n. m. (lat. *labrum,* lèvre). Cheville ou disque de matières variées (bois, corne, ivoire, pierre), que les femmes de différents peuples, notamment africains, portent dans la lèvre supérieure et/ou inférieure. (Syn. PLATEAU.)

LABRIDÉ n. m. (lat. *labrum,* lèvre). Poisson perciforme littoral ou récifal aux grosses lèvres et à la caudale arrondie, pourvu généralement de vives couleurs, au pharynx garni de dents broyeuses (labre, crénilabre, sublet, girelle, etc.). [Leur taille varie de 3 mètres à quelques centimètres. Les petites formes débarrassent les autres poissons de leurs parasites externes ou buccaux.]

LABRIOLA (Antonio), philosophe italien (Cassino 1843 - Rome 1904). Il s'est efforcé d'approfondir le matérialisme historique (*Essais sur la conception matérialiste de l'histoire,* 1902).

LABRIT n. m. (de *Labrit,* n. pr.). Chien de berger des Pyrénées.

LA BROSSE (Gui DE), médecin et botaniste français (Rouen ? - 1641). Il fonda le Jardin des Plantes de Paris, où il cultiva plus de deux mille plantes, dont il donna le catalogue.

LABROUSSE (Ernest), historien français (Barbezieux 1895 - Paris 1988). Par ses travaux (*Esquisse du mouvement des prix et des revenus en France au* XVIIIe *s.* [1932] ; *la Crise de l'économie française à la fin de l'Ancien Régime et au début de la Révolution* [1944]), il a profondément marqué le renouveau de l'histoire économique et sociale en France.

LABROUSTE (Henri), architecte français (Paris 1801 - Fontainebleau 1875). Prix de Rome en 1824, féru de problèmes constructifs autant que d'archéologie, il devint, par son enseignement dans l'atelier libre qu'il ouvrit à Paris (1830-1856), le chef de l'école rationaliste face à l'éclectisme de l'Académie. Il utilisa le premier, à la bibliothèque Ste-Geneviève (Paris, 1843), une structure intérieure de fonte et de fer non dissimulée, colonnade et voûtes dont la légèreté contraste avec l'enveloppe de pierre ; il récidiva dans diverses parties de la Bibliothèque nationale.

LABRUGUIÈRE (81290), ch.-l. de cant. du Tarn, au N. de la Montagne Noire ; 5 555 hab. Église et château médiévaux. Industries du bois.

LABRUSCA n. m. Vigne des régions tempérées des États-Unis, dont certaines variétés sont très répandues dans le monde en raison de leur résistance au froid et aux maladies cryptogamiques.

LA BRUYÈRE (Jean DE), écrivain français (Paris 1645 - Versailles 1696). Appelé en 1684 pour enseigner l'histoire à Louis de Bourbon, il reste à la Cour des Condés à titre de gentilhomme et de secrétaire. En 1688, il publie les *Caractères* de Théophraste traduits du grec, avec les caractères ou les mœurs de ce siècle,* qu'il ne cesse d'augmenter de nouvelles éditions (1696), multipliant les portraits ; plus que les maximes, ces derniers plaisent au public de son temps, qui s'évertue à chercher les modèles les ayant inspirés. La Bruyère, pour juger son temps, suit la doctrine du parti religieux : attaques contre la vénalité des charges, la décadence morale, la puissance exagérée de l'argent. L'efficacité du style, son maniérisme froid préparent la prose nerveuse et volontiers aphoristique du siècle suivant. Reçu à l'Académie française en 1693, il prit le parti des Anciens contre les Modernes.

LABUAN ou **LABOUAN,** île dépendant du Sabah (Malaysia), à proximité de Bornéo ; 98 km^2 ; 7 200 hab. (Malais et Chinois) ; ch.-l. *Victoria,* qui est un port franc. Terminal pétrolier.

LABYRINTHE n. m. (lat. *labyrinthus,* du gr. *laburinthos*). **1.** Dans l'Antiquité, vaste édifice comprenant d'innombrables salles agencées de telle manière que l'on ne trouvait que difficilement l'issue. (→ *encycl.* Archéol.) — **2.** Réseau compliqué de chemins, de galeries dont on a du mal à trouver l'issue ; dédale. — **3.** Complication inextricable : *Le labyrinthe des lois.* — **4.** Ensemble des parties qui composent l'oreille interne, comprenant d'une part le limaçon ou cochlée (organe de l'ouïe) et d'autre part le vestibule et les canaux semi-circulaires (organe sensoriel de l'équilibration). — **5.** Motif à compartiments en méandres, traité en dallage, en mosaïque, en plantations dans un jardin et le plus souvent centré à l'imitation du labyrinthe crétois. (→ *encycl.* Archit.) — **6.** Appareil constitué d'un ensemble d'allées et d'impasses, employé pour étudier les comportements d'apprentissage chez l'animal.

ENCYCL. **Archéol.** Selon la mythologie, le labyrinthe était le palais du Minotaure en Crète, identifié avec le palais des rois minoens de Cnossos attribué à Dédale*. Hérodote a décrit sous ce nom le complexe funéraire du pharaon Amenemhat III, dans le Fayoum*, composé d'innombrables chambres.
– **Archit.** Le mythe de Dédale, lié à celui de Thésée, a donné lieu à de nombreuses figurations de labyrinthes dans l'Empire romain. Ce motif, repris par les bâtisseurs médiévaux, qui l'insérèrent dans le dallage de diverses églises (cathédrales d'Amiens, de Chartres, de Reims, de Sens, etc., collégiale de Saint-Quentin), était assimilé au pèlerinage en Terre sainte, et de ce fait qualifié de *lieue de Jérusalem* (les fidèles suivaient ces méandres à genoux, ce qui leur valait des indulgences). Dans la même tradition, les jardins du Moyen Âge et de la Renaissance ont possédé des labyrinthes.

LABYRINTHIQUE adj. (bas lat. *labyrinthicus,* sinueux). **1.** Qui appartient à un labyrinthe ou en a l'aspect. – **2.** *Litt.* Qui est d'une complication inextricable. – **3.** Qui appartient au labyrinthe de l'oreille. – **4.** *Organe labyrinthique,* organe de respiration aérienne de certains poissons téléostéens, comme la perche grimpeuse, le combattant, le gourami et le macropode. (Cet organe est formé de deux lames plissées irriguées par les artères branchiales afférentes et les veines jugulaires.) ‖ *Syndrome labyrinthique,* syn. de SYNDROME VESTIBULAIRE.

LABYRINTHITE n. f. Inflammation de l'oreille interne, se traduisant par une atteinte auditive et des troubles de l'équilibre.

LABYRINTHODONTE n. m. Amphibien fossile stégocéphale ayant vécu du dévonien au trias. (Ces fossiles, qui forment une sous-classe, doivent leur nom aux replis complexes de l'ivoire de leurs dents. Ils avaient un crâne plat bien ossifié, des vertèbres complexes, des organes sensoriels latéraux témoignant d'une vie aquatique.)

LAC n. m. (lat. *lacus*). **1.** Nappe d'eau stagnante plus ou moins profonde et plus ou moins étendue, entourée de terre de tous côtés. (→ *encycl.*) – **2.** Fam. *Être, tomber dans le lac,* être ruiné, perdu, échouer, ne pas aboutir. ‖ *Lac artificiel,* lac obtenu par une retenue d'eau, un barrage, etc. ‖ *Lacs sanguins,* cavités veineuses, creusées sur le trajet des veines méningées dans l'épaisseur de la dure-mère. ‖ *Lacs sanguins du placenta,* nom donné aux espaces gorgés de sang situés dans le placenta. ‖ *Lac de lave,* retenue circulaire de lave, en fusion ou consolidée, en général de composition basaltique, dans un cratère volcanique.

ENCYCL. **Écol.**
• *Flore.* Dans la partie la moins profonde des lacs, ou beine, on trouve des roseaux, scirpes, massettes, accompagnés de sagittaires, d'iris jaunes, d'ombellifères ou de renoncules. Dans une zone plus profonde, se côtoient des espèces submergées (certains potamots, algues, charas, myriophylles) et des espèces enracinées aux feuilles flottantes, fleurissant hors de l'eau (potamots, trapas, renoncules). Enfin, on peut avoir une végétation purement flottante en surface (lentilles d'eau, hydrocharis) ou en profondeur (élodée, utriculaire...).
• *Faune.* Généralement elle a une origine fluviale. Les très anciens lacs (Tanganyika, Baïkal) ont pu, dans leurs profondeurs, conserver des espèces disparues de leur bassin fluvial. En cas d'isolement, la faune peut comporter des variétés, de poissons par exemple, qui lui sont propres. Mais sa composition est surtout déterminée par les différences de milieu : température et salinité de l'eau, profondeur, courants, variations d'étiage, etc.

PRINCIPAUX LACS DU MONDE

rang	nom	région	superficie (en km²)	origine
1	Supérieur	Amérique du Nord	82 700	glaciaire
2	Victoria	Afrique orientale	68 100	endoréique
3	Huron	Amérique du Nord	59 800	glaciaire
4	Michigan	Amérique du Nord	58 300	glaciaire
5	Aral (mer d')	Asie centrale	39 000	endoréique
6	Tanganyika	Afrique orientale	31 900	tectonique
7	Baïkal	Sibérie	31 500	tectonique
8	Grand Lac de l'Ours	Amérique du Nord	31 100	glaciaire
9	Malawi	Afrique orientale	30 800	tectonique
10	Grand Lac des Esclaves	Amérique du Nord	28 930	glaciaire

— **Géogr.** Les lacs sont d'origines diverses : tectonique (zones effondrées souvent profondes et de grandes dimensions) ; glaciaire (les plus vastes établis après le retrait des inlandsis quaternaires) ; de barrage (naturels ou le plus souvent artificiels) ; de cratère (souvent de petites dimensions) ; karstique (fonds de dolines ou de poljés) ; endoréique (nappes lacustres, peu profondes et à superficie variable des régions semiarides).

Lac *(le),* poésie de Lamartine, écrite en oct. 1818 et publiée dans *les Méditations** de 1820 : le poète se remémore ses amours avec Mme Charles, dans le cadre superbe du lac du Bourget.

Lac des cygnes *(le),* ballet en 4 actes ; mus. de Tchaïkovski ; livr. de V. P. Beguitchev et Vassili Gueltser ; chorégr. de Marius Petipa et Lev Ivanov. Création au théâtre Mariinski, à Saint-Pétersbourg (1895). Si le conte féerique qui constitue l'argument de ce ballet romantique par excellence semble quelque peu puéril, l'aspect technique de l'œuvre est remarquable.

LAÇAGE ou **LACEMENT** n. m. Action ou manière de lacer.

LA CAILLE (*abbé* Nicolas Louis DE), astronome français (Rumigny, Champagne, 1713 - Paris 1762). Après avoir entrepris de grands travaux géodésiques, il fut, en 1739, adjoint à la commission chargée de la vérification de la méridienne de France. Au cours d'une expédition au cap de Bonne-Espérance (1750-1754), il observa le ciel austral, nommant 14 constellations nouvelles, et, conjointement avec Lalande à Berlin, effectua la première détermination précise de la parallaxe de la Lune. (Acad. des sc., 1741.)

LA CALPRENÈDE (Gautier DE COSTES DE), écrivain français (Toulgou-en-Périgord 1610 - Le Grand-Andely 1663). Il a laissé des tragédies mais surtout des romans, mêlant l'héroïsme, la galanterie et l'anachronisme (*Cassandre,* 1642-1645 ; *Cléopâtre,* 1647-1658).

LACAN (Jacques Marie), psychiatre et psychanalyste français (Paris 1901 - *id.* 1981). Sa contribution à la psychanalyse est notable dès 1936, où, avec le stade du miroir, il isole le registre de l'imaginaire. À travers un enseignement continu essentiellement oral (dont une partie fut éditée en 1966 [*Écrits*] et dont l'autre partie [*Séminaires*] est en cours de parution depuis 1975), Lacan continuera d'exercer une influence importante sur la pensée contemporaine, dépassant le champ psychanalytique au sens strict. Son approfondissement de la formation du psychanalyste l'a conduit à quitter l'Association internationale de psychanalyse et à fonder en 1964 sa propre école, l'École freudienne de Paris. Il dissoudra celle-ci en 1980, contribuant aussi à fonder l'École de la cause freudienne. Les deux énoncés corrélatifs : « l'inconscient est structuré comme un langage » et « l'inconscient est le discours de l'Autre » constituent les pierres angulaires de son apport théorique, qu'il situe comme un retour à Freud. Il a isolé les trois registres : imaginaire, symbolique et réel, et a avancé notamment les concepts de désir et de manque.

LACANAU (33680), comm. de la Gironde, au bord de l'*étang de Lacanau* (2 000 ha), fermé par un cordon de dunes, et qui communique avec le bassin d'Arcachon par un canal ; 2 414 hab. — À 13 km, à l'O.-N.-O., station balnéaire et climatique de *Lacanau-Océan.*

LACANDONS, Indiens d'Amérique centrale parlant un dialecte maya.

LACANIEN, ENNE adj. et n. Relatif à J. Lacan ; partisan de sa théorie.

LACAPELLE-MARIVAL (46120), ch.-l. de cant. du Lot, au N.-O. de Figeac ; 1 287 hab. Château des XIIIe-XVIIe s. Halle du XVe s. Industrie alimentaire.

LACASSAGNE (Antoine Marcellin Bernard), biologiste et radiologue français (Villerest, Loire, 1884 - Paris 1971). Il est l'auteur de travaux de radiologie et de radiothérapie, de cancérologie et d'hormonologie. (Acad. des sc., 1949.)

LACAUNE (81230), ch.-l. de cant. du Tarn, dans les *monts de Lacaune ;* 3 207 hab. *(Lacaunais).* Station climatique et estivale à 800 m d'alt. Fontaine de 1399. Église du XVIIe s. Industrie alimentaire.

Lacaune *(race de),* race de moutons originaire de la région des monts de Lacaune (Tarn), aujourd'hui la plus nombreuse en France, exploitée pour le lait (fabrication du roquefort) et la viande.

LACAUNE *(monts de),* massif du sud du Massif central (Tarn), culminant au *roc* ou *pic de Montalet* (1 259 m).

LA CAZE (Louis), collectionneur et philanthrope français (Paris 1798 - *id.* 1869). Médecin, il forma une collection de tableaux dont, grâce à son legs, 275 sont au Louvre (chefs-d'œuvre de Rembrandt, Hals, Ribera, Watteau, etc.) et 307 dans les musées de province.

LACAZE (Jean Lucien), amiral français (Pierrefonds 1860 - Paris 1955). Il commanda en 1914 une division de l'escadre de la Méditerranée avant d'être nommé, en 1915, ministre de la Marine. Il s'attacha, à ce titre, à la lutte anti-sous-marine. (Acad. fr., 1936.)

LACAZE-DUTHIERS (Henri DE), naturaliste français (Montpezat 1821 - Las-Fons, Dordogne, 1901). Il est surtout connu par ses travaux sur l'anatomie des mollusques. Il a fondé les *Archives de zoologie expérimentale,* en 1873, et les laboratoires de Roscoff et de Banyuls. (Acad. des sc., 1871.)

LACCADIVE ISLANDS, nom angl. de l'archipel des Laquedives.

LACCASE n. f. (de *laque*). Diastase oxydante propre aux arbres à laque et qui, à l'air, provoque la formation de cette substance.

LACCIFÈRE [laksi-] adj. Se dit des plantes qui produisent de la laque. (Ce sont surtout des anacardiacées.)

LACCOL n. m. Dérivé du pyrocatéchol extrait de l'arbre à laque et donnant par oxydation la laque de Chine.

LACCOLITE n. m. Intrusion plutonique lenticulaire, pouvant atteindre plusieurs kilomètres d'extension, concordante avec les structures de l'encaissant.

LACÉDÉMONE → SPARTE.

LACÉDÉMONIEN, ENNE adj. et n. De Lacédémone, spartiate.

LA CELLE (Hugues de), seigneur de Fontaynes, agent politique de Philippe le Bel († v. 1320). Il échoua dans sa mission de favoriser l'élection au trône impérial du frère du roi, Charles de Valois.

LACEMENT → LAÇAGE.

LACENAIRE (Pierre François), aventurier français (Francheville, Rhône, 1800 - Paris 1836). Auteur de nombreux assassinats, il manifesta, au cours de son procès, un cynisme qui le rendit célèbre dans la société romantique. Ses aventures ont servi de modèle à des romanciers.

LACÉPÈDE (Bernard Germain Étienne DE LA VILLE, *comte* DE), naturaliste et écrivain français (Agen 1756 - Épinay-sur-Seine 1825). Buffon lui ayant fait donner la place de sous-démonstrateur du cabinet du roi, il écrivit (1788-89) l'*Histoire générale et particulière des quadrupèdes ovipares et des serpents,* pour faire suite à l'*Histoire naturelle des animaux* de Buffon. Il fut président de la Législative. Après le 9-Thermidor, une chaire nouvelle fut créée pour lui au Muséum, celle des reptiles et des poissons. Il écrivit ensuite une *Histoire naturelle des poissons* (1798-1803) puis, en 1804, une *Histoire naturelle des cétacés.*

LACER v. t. (lat. *laqueare,* de *laqueus,* nœud) [conj. **16**]. **1.** Assujettir, attacher en serrant et en nouant un lacet : *Lacer une chaussure.* — **2.** Syn. de TRANSFILER. — **3.** Assembler au moyen de lacets de cartons destinés à la commande des mécaniques Jacquard et des mécaniques d'armures. — **4.** *Lacer un filet,* en faire des mailles.

LACÉRATION n. f. Action de lacérer un livre, un écrit, une affiche, etc.

LACÉRER v. t. (lat. *lacerare*) [conj. **18**]. **1.** Déchirer, mettre en pièces du tissu, du papier : *Lacérer des livres.* — **2.** Faire des déchirures dans la peau, une partie du corps : *Le fouet lui lacéra le dos.*

LACERET n. m. (altér. de l'anc. fr. *loceret,* vrille). Petite tarière de charpentier, pour percer les enlaçures.

LACERIE n. f. (de *lacer*). Procédé de vannerie pour fabriquer des petites corbeilles à bord festonné et à parois à claire-voie.

LACERNE n. f. (lat. *lacerna*). Manteau retenu sur l'épaule par une fibule, emprunté par les Romains aux Gaulois.

LACERTIDÉ n. m. (lat. *lacertus,* lézard). Nom de famille donné aux lézards et aux reptiles voisins, tous terrestres, diurnes et insectivores.

LACERTILIEN n. m. (lat. *lacertus,* lézard). Reptile squamate du type des lézards au sens large du terme. (Les *lacertiliens* constituent un sous-ordre.) [Syn. SAURIEN.]

ENCYCL. Les lacertiliens ont des écailles épidermiques cornées, une fente cloacale transversale, une fosse temporale inférieure ouverte, des paupières mobiles. Leur queue peut, par réflexe, se couper en un endroit prédéterminé (autotomie), puis régénérer. Ils ont des griffes ou des pelotes adhésives aux pattes. Chez certaines espèces, les membres sont réduits, ou même absents (orvet). On subdivise les lacertiliens en quatre groupes : les iguaniens (iguanes, agames, caméléons), les geckotiens (geckos), les scincomorphes (lézards, scinques, etc.) et les anguimorphes (orvets, hélodermes, varans...).

LACET n. m. (de *lacs*). **1.** Cordon étroit qu'on passe dans des œillets pour serrer un vêtement, attacher des chaussures, fermer un sac, etc. — **2.** Nœud coulant utilisé pour capturer du gibier ; collet : *Poser des lacets.* — **3.** Série de zigzags d'une route, d'un chemin : *Une route qui monte en lacet.* • **Aéron.** Mouvement d'un avion autour d'un axe vertical passant par son centre de gravité. — **Brod.** *Broderie à lacet,* broderie faite avec des cordons étroits remplaçant les fils. — **Ch. de f.** Ensemble d'oscillations transversales que présentent les trains et, le plus souvent, les locomotives seules. (On dit aussi MOUVEMENT DE LACET.) — **Dent.** *Guipure au lacet,* dentelle exécutée avec des cordons étroits qui imitent les véritables dentelles. — **Méd.** *Signe du lacet,* épreuve mesurant la résistance des capillaires et consistant à maintenir un garrot serré au-dessus du coude pendant 5 minutes. (L'apparition de petits points rouges hémorragiques au pli du coude est un signe de fragilité capillaire.) — **Passem.** Petit cordon utilisé dans l'habillement pour coulisser ou serrer et dans l'ameublement comme élément de finition. — **Serrur.** Collier à écrou, soutenant et maintenant la tige d'une espagnolette. ‖ Piton à scellement ou terminé en vis, sur lequel vient s'adapter un bouton de porte, une poignée, etc.

LACEUR, EUSE n. (de *lacer*). Professionnel qui fait des filets pour la chasse, pour la pêche. (Syn. MAILLEUR.)

LÂCHAGE n.m. **1.** Action de lâcher qqch, de cesser de le retenir : *Le lâchage des freins.* – **2.** *Fam.* Action d'abandonner qqn, un groupe.

LA CHAISE ou **LA CHAIZE** (François D'AIX DE), dit **le Père de La Chaise,** jésuite français (château d'Aix, près de Saint-Martin-la-Sauveté, Forez, 1624 - Paris 1709). Confesseur de Louis XIV (1674-1709) et membre du Conseil de conscience, il joua un rôle prépondérant dans les affaires religieuses jusqu'en 1695. Il intervint notamment auprès de la papauté lors de l'affaire de la régale, et désapprouva l'emploi de la rigueur à l'égard des protestants après la révocation de l'édit de Nantes (1685). Son nom a été donné à un cimetière de Paris. (→ PÈRE-LACHAISE.)

LACHAISE (Gaston), sculpteur américain d'origine française (Paris 1882 - New York 1935). Installé en 1906 à Boston, en 1912 à New York, il s'est montré un rénovateur de la tradition, notamment dans ses nus féminins, à la fois monumentaux et d'une stylisation maniérée.

LA CHALOTAIS (Louis René DE CARADEUC DE), magistrat français (Rennes 1701 - *id.* 1785). Procureur général au parlement de Rennes, il conduisit la lutte des parlementaires bretons et des états de Bretagne contre le duc d'Aiguillon pour défendre les privilèges de la province (1765-1770). Arrêté à Rennes sur l'ordre de Louis XV (1765), puis exilé à Saintes (1766), il fut rétabli dans sa charge au parlement par Louis XVI en 1775.

LACHAPELLE (Marie-Louise DUGÈS, Mme), sage-femme française (Paris 1769 - *id.* 1821). Elle fut directrice de l'hospice de la Maternité. On lui doit *Pratique des accouchements ou Mémoires et observations choisies sur les points les plus importants de l'art* (1821).

LA CHÂTAIGNERAIE (François DE VIVONNE, seigneur DE), gentilhomme français (1519 - Saint-Germain-en-Laye 1547). Il se battit en duel avec le baron de Jarnac*, qui le blessa mortellement d'un coup au jarret.

LA CHAUSSÉE (Pierre Claude NIVELLE DE), auteur dramatique français (Paris 1692 - *id.* 1754), créateur de la « comédie larmoyante » (*le Préjugé à la mode,* 1735 ; *Mélanide,* 1741). Son théâtre annonce le drame bourgeois. (Acad. fr., 1736.)

LÂCHE adj. (de *lâcher*). **1.** Qui est trop peu serré ou tendu : *Le nœud est trop lâche, le paquet va se défaire.* – **2.** Se dit d'une étoffe dont les fils sont peu serrés : *Tissu lâche.* – **3.** Qui manque de fermeté, de concision, de précision : *Un style lâche.* – **4.** Qui manque d'énergie, de vigueur : *Une discipline trop lâche.* – **5.** En phonétique, syn. de RELÂCHÉ.

◆ adj. et n. **1.** Qui manque de courage, qui recule devant le danger, le risque : *Tu n'y vas pas, tu n'es qu'un lâche.* – **2.** Qui est méprisable, d'une grande bassesse, qui attaque une personne sans défense : *Tirer dans le dos est l'acte d'un lâche.*

LACHE → LATCHE.

LÂCHÉ n. m. *Lâché total,* dans les danses de salon, attitude des danseurs qui dansent face à face éloignés l'un de l'autre, les bras étant libres de leurs mouvements.

LACHELIER (Jules), philosophe français (Fontainebleau 1832 - *id.* 1918). Il s'est attaché à expliquer le mécanisme de l'induction dans les sciences (*Du fondement de l'induction,* 1871).

LÂCHEMENT adv. Sans courage, d'une façon lâche.

LACHENAL (Louis), alpiniste français (Annecy 1921 - vallée Blanche, massif du Mont-Blanc, 1955), vainqueur avec M. Herzog de l'Annapūrṇā, le « premier 8 000 ».

LACHENALIA n. m. (de *Lachenal,* n. pr.). Liliacée décorative voisine des jacinthes, dont plusieurs espèces sont cultivées en serres froides.

1. LÂCHER v. t. (bas lat. *laxicare,* du lat. class. *laxare,* détendre) [conj. 3]. **1.** Rendre qqch moins tendu, le détendre : *Lâcher sa ceinture d'un cran.* – **2.** Cesser de tenir qqch, de le retenir, de le presser, de s'y tenir : *Lâcher les amarres. Lâcher un verre.* – **3.** Libérer qqch, un animal pour qu'ils atteignent un objectif : *Lâcher des bombes sur une usine.* – **4.** En parlant d'un sentiment, d'un mal, cesser d'étreindre qqn, de l'envahir (surtout nég.) : *L'angoisse ne me lâche pas.* – **5.** *Fam.* Cesser de retenir qqn près de soi, de l'importuner, de le surveiller, etc. : *Le directeur ne m'a pas lâché avant 19 heures.* – **6.** Distancer un concurrent dans une course, une équipe dans un championnat : *Lâcher le peloton.* – **7.** Cesser d'appartenir à un groupe, abandonner une activité : *Lâcher ses études.* – **8.** *Fam.* Ne plus se soucier de qqn, le laisser tomber : *Lâcher ses amis.* – **9.** Laisser échapper malgré soi une parole, un geste : *Lâcher un soupir.* – **10.** Dire qqch malgré soi, dire qqch qui devait rester confidentiel : *Il a lâché une bourde énorme. Il nous a lâché quelques éléments d'information.* – **11.** *Lâcher la main,* desserrer les doigts sur les rênes. ‖ Fam. *Lâcher le morceau, le paquet,* avouer. ‖ Vx. *Lâcher le ventre,* faire cesser la constipation, en parlant de certains

aliments. ‖ Pop. *Les lâcher avec un élastique, difficilement,* payer à regret, être avare.
◆ v. i. Céder, rompre, se casser : *La corde a lâché.*
◆ **être lâché** v. pass. En parlant d'une œuvre d'art, manquer de fermeté, de rigueur, être d'un style lâche.

2. LÂCHER n. m. (de *lâcher 1*). Action de laisser aller, de laisser partir : *Un lâcher de pigeons.*

LACHESIS [-kezis] n. f. (de *Lachésis,* n. mythol.). Crotale terrestre d'Amérique du Sud, sans cascabelle, pouvant atteindre 3 m de long, peu agressif, mais à la morsure dangereuse.

LA CHESNAYE (Nicolas ou Nicole DE), écrivain français (début du XVIe s.), auteur de recueils de prose et vers dans l'esprit des grands rhétoriqueurs (*la Condamnation de Banquet,* 1507).

LÂCHETÉ n. f. **1.** Manque de courage, d'énergie morale, de fermeté : *Se taire par lâcheté devant une injustice.* — **2.** Manque de courage devant le danger : *Fuir par lâcheté devant l'ennemi.* — **3.** Disposition d'esprit qui pousse à nuire à qqn qui ne peut se défendre ; action indigne : *C'est une lâcheté que de trahir un ami.*

LÂCHEUR, EUSE n. *Fam.* Personne qui délaisse brusquement ses amis, qui abandonne ceux qu'elle a soutenus jusqu'alors.

LACHINE, v. du Canada (prov. du Québec), banlieue industrielle de Montréal, sur le Saint-Laurent ; 38 000 hab.

LACHKAR-E BĀZĀR, site archéologique d'Afghānistān, près de Bost (Qal'a-e Bost), à l'emplacement d'une capitale estivale (XIe s.) des Rhaznévides. Stucs et peintures murales (musée de Kaboul) ont été recueillis dans les ruines des palais.

LACHNER (Franz), compositeur allemand (Rain am Lech, Haute-Bavière, 1803 - Munich 1890). Chef d'orchestre du Kärntnertor-Theater de Vienne, il a composé de nombreuses œuvres instrumentales, influencées par ses contemporains viennois et Mendelssohn.

LACHNUS [laknys] n. m. (gr. *lakhnê,* poil épais). Grand puceron (2 mm) aux vastes ailes transparentes, très commun sur les saules et arbres voisins.

LACHOUQUE (Henri), officier et historien français (Orléans 1883 - Paris 1971). Il se consacra plus particulièrement à l'histoire du premier Empire. Il fit restaurer la maison de Napoléon à Longwood (1934) et publia de nombreux ouvrages dont : *Secret de Waterloo* (1952) et *Napoléon et la Garde impériale* (1956).

LA CIERVA Y CODORNÍU (Juan DE), ingénieur espagnol (Murcie 1895 - Croydon 1936). Il inventa l'autogire (1923), qu'il ne cessa ensuite de perfectionner et grâce auquel il réussit, en 1934, le décollage à la verticale.

LACINIÉ, E adj. (lat. *laciniatus,* fait de morceaux). Se dit d'un végétal divisé en lambeaux étroits, en lanières.

LACINION *(cap),* promontoire à l'entrée du golfe de Tarente, sur lequel était construit un temple à Héra, dont il reste une colonne (aujourd'hui *cap Colonna* ou *Nao*).

LACIS [-si] n. m. (de *lacer*). **1.** Réseau de fils, de vaisseaux, de routes entrecroisés, entrelacés : *Lacis veineux. Lacis de ruelles.* — **2.** Ensemble de démarches compliquées dont on a peine à sortir : *Le lacis de la procédure.*

LACLOS (Pierre CHODERLOS DE), écrivain français (Amiens 1741 - Tarente 1803). Officier d'artillerie, il est envoyé à l'île d'Aix, où il écrit un roman par lettres, *les Liaisons* dangereuses* (1782), qui lui vaudra la célébrité. En 1788, Philippe d'Orléans l'engage comme « secrétaire des commandements ». Membre des Jacobins, chargé de mission aux armées, suspecté et emprisonné en 1793, il expérimente entre-temps une de ses inventions : le « boulet creux ». En 1800, il devient général de brigade et meurt lors d'une mission auprès de l'armée de Naples.

LACMOÏDE n. m. Colorant composé de deux dérivés de la phénoxazine et servant d'indicateur coloré, bleu en milieu basique, rouge en milieu acide.

LACON n. m. Taupin gris, commun en été, dont la larve ronge les racines de graminées et de jeunes arbres en pépinières, notamment des chênes.

LA CONDAMINE (Charles Marie DE), géodésien et naturaliste français (Paris 1701 - *id.* 1774). En 1735, l'Académie des sciences lui confia, ainsi qu'à Bouguer, la direction de l'expédition envoyée au Pérou pour déterminer la longueur d'un arc de méridien de 1 degré sur l'équateur. Il effectua, dans les cordillères, des observations importantes, notamment celle de l'attraction du fil à plomb par les masses montagneuses. En 1738, il adressa à l'Académie des sciences la première description de l'arbre « quinquina ». À Quito, en 1740, il constata que la vitesse du son dans l'air dépend de la température. À son retour en France, il publia, en 1751, un mémoire faisant connaître pour la première fois les propriétés du caoutchouc. (Acad. fr., 1760.)

LACONIE, en gr. **Lakonia,** région de Grèce, dans le sud-est du Péloponnèse. V. princ. *Sparte.*

LACONIE *(golfe de),* golfe de Grèce, au S.-E. du Péloponnèse, entre les caps Matapan et Malée, limité, au large, par Cythère.

LACONIEN, ENNE adj. et n. De Laconie.

◆ **laconien** n. m. Dialecte du grec ancien appartenant au groupe dorien parlé à Sparte et dans sa région.

LACONIQUE adj. (lat. *laconicus,* du gr. *Lakônikos,* de Laconie, les Laconiens étant célèbres pour la concision de leur langage). Qui s'exprime ou qui est exprimé en peu de mots ; bref, concis : *Réponse laconique.*

LACONIQUEMENT adv. De façon laconique ; brièvement.

LACONISME n. m. (gr. *lakônismos*). Façon de s'exprimer laconique, concise.

LACORDAIRE (Henri), dominicain français (Recey-sur-Ource, Côte-d'Or, 1802 - Sorèze 1861). Prêtre (1827), disciple de La Mennais et collaborateur de *l'Avenir* (1830-31), il ne suivit pas son maître dans sa rupture avec Rome. Remarquable orateur, promoteur et premier titulaire des conférences de Notre-Dame de Paris (1835), il rétablit en France, en 1839, l'ordre des Dominicains. Un moment gagné aux idées démocratiques de la IIe République, député de Marseille et fondateur de *l'Ère nouvelle,* organe de la démocratie chrétienne (1848), il quitta rapidement la politique pour se consacrer à son ordre et au collège de Sorèze. (Acad. fr., 1860.)

LACOSTE (René), joueur de tennis français (Paris 1904 - Saint-Jean-de-Luz 1996). Artisan de la première victoire française avec l'équipe des *Mousquetaires** en coupe Davis, il remporta les Internationaux de France (Roland-Garros) en 1925, 1927 et 1929, de Grande-Bretagne (Wimbledon) en 1925 et 1928 et des États-Unis (Forest Hills) en 1926 et 1927.

LA COSTE-MESSELIÈRE (Pierre FROTIER, *marquis* DE), archéologue français (Saint-Génard, Deux-Sèvres, 1894 - *id.* 1975). Spécialiste de l'art grec archaïque, il s'est consacré à l'étude du sanctuaire de Delphes : *Au musée de Delphes* (1936), *les Trésors de Delphes* (1950).

LA COUR (Didier DE), bénédictin français (Montzéville, Meuse, 1550 - Verdun 1623), l'un des fondateurs de la congrégation de Saint-Maur.

LACOUR-GAYET (Jacques), économiste français (Paris 1883 - Seengen, Suisse, 1953), fils de l'historien Georges **Lacour-Gayet** (Marseille 1856 - Paris 1935). Il a publié une *Histoire du commerce* (1950).

Lacourière-Frelaut *(atelier),* atelier d'impression en taille-douce fondé à Paris en 1929 par Roger Lacourière, repris en 1957 par Jacques Frelaut. Il a contribué, en favorisant une collaboration étroite des créateurs avec les praticiens, au développement de la gravure dans l'œuvre d'un grand nombre d'artistes (Braque, Chagall, Hartung, Miró, Picasso, etc.).

LACQ (64170), comm. des Pyrénées-Atlantiques, sur le gave de Pau, à 25 km au N.-O. de Pau ; 664 hab. Gisement de gaz naturel (dont l'épuration fournit aussi du soufre).

LACRETELLE (Pierre Louis DE), dit **l'Aîné,** jurisconsulte français (Metz 1751 - Paris 1824). Député feuillant à la Législative en 1792, membre de la Haute Cour nationale sous le Directoire, puis du Corps législatif (1801-02), il a rédigé avec B. Constant *la Minerve française.* (Acad. fr., 1803.)

LACRETELLE (Jean Charles Dominique DE), dit **le Jeune,** historien français (Metz 1766 - Mâcon 1855), frère du précédent. Professeur d'histoire à la Sorbonne (1809-1848), il a laissé plusieurs ouvrages sur l'histoire de France, en particulier sur la Révolution, le premier Empire et la Restauration. (Acad. fr., 1811.)

LACRETELLE (Jacques DE), écrivain français (Cormatin, Saône-et-Loire, 1888 - Paris 1985), auteur de romans psychologiques, sur fond de solitude (*Silbermann,* 1922 ; *les Hauts Ponts,* 1932-1935 ; *les Vivants et leur ombre,* 1977 ; *Quand le destin nous mène,* 1981). [Acad. fr., 1936.]

LACRIMA-CHRISTI ou **LACRYMA-CHRISTI** [-kristi] n. m. inv. (mots lat. signif. *larme du Christ*). **1.** Vin provenant des vignes cultivées au pied du Vésuve. — **2.** Cépage qui produit ce vin.

LACROIX (Roger VANDERCRUSE, dit **Delacroix** ou), ébéniste d'origine flamande (Paris 1728 - *id.* 1799), reçu maître en 1755. On lui attribue les estampilles « Lacroix » et « R. V. L. C. ». Il a laissé une abondante production, surtout des petits meubles marquetés de style transition ou Louis XVI.

LACROIX (Jean François DELACROIX, dit), homme politique français (Pont-Audemer 1754 - Paris 1794). Député à la Législative (1791) puis à la Convention (1792), ami de Danton, il fut accusé d'avoir pillé les églises lors de sa mission en Belgique et fut guillotiné avec les dantonistes (5 avr. 1794).

LACROIX (Paul), connu sous le pseudonyme de **P.-L. Jacob, bibliophile,** ou de **Le Bibliophile Jacob,** érudit français (Paris 1807 - *id.* 1884). Il publia aussi bien sur l'histoire que sur la littérature, sur l'époque contemporaine que sur le Moyen Âge.

LACROIX (Alfred), minéralogiste français (Mâcon 1863 - Paris 1948). Auteur d'études sur les éruptions de la montagne Pelée (1902) et du Vésuve (1906), il a analysé les effets du métamorphisme et découvert de nombreux minéraux.

LACROIX (Christian), couturier français (Arles 1951). Références au passé teintées d'humour, d'extravagance, et couleurs éclatantes le situent aux antipodes de la haute couture classique.

LACROSSE n. f. Syn. de CROSSE.

LA CRUZ (Juana Inés DE) → CRUZ.

LA CRUZ (Ramón DE) → CRUZ.

LACRYMAL, E, AUX adj. (lat. médiév. *lacrimalis,* du lat. class. *lacrima,* larme). **1.** Qui concerne les larmes. — **2.** *Canal lacrymal* ou *lacrymo-nasal,* conduit faisant communiquer le sac lacrymal avec les fosses nasales. ‖ *Canalicule lacrymal,* petit conduit drainant les larmes vers le sac lacrymal. ‖ *Glandes lacrymales,* glandes qui sécrètent les larmes. (Situées à l'angle de l'orbite, sous la partie externe de la paupière supérieure, leurs canaux débouchent dans le cul-de-sac supérieur de la conjonctive.) ‖ *Sac lacrymal,* petit réservoir où se réunissent les canalicules lacrymaux. ‖ *Voies lacrymales,* canaux qui conduisent les larmes de l'œil aux fosses nasales.

LACRYMOGÈNE adj. et n. m. Se dit d'un gaz destiné à faire pleurer.

LACS [lɑ] n. m. (lat. *laqueus,* nœud coulant). **1.** Nœud coulant pour prendre du gibier. — **2.** Ruban de toile solide employé pour exercer des tractions lors de l'accouchement ou maintenir une attelle. — **3.** Ruban de soie qui permet d'appendre les sceaux aux documents officiels.

LACTAIRE n. m. (lat. *lactarius*). Champignon basidiomycète laissant écouler à la cassure un lait blanc ou coloré. (Les espèces à lait doux sont comestibles. Quelques espèces à lait âcre sont indigestes.) [Syn. POIVRÉ.]

LACTALBUMINE n. f. Protéine du lait, coagulable par la chaleur.

LACTAME n. m. Nom générique des amides, dont le groupe fonctionnel —CO—NH— fait partie d'un cycle. (Souvent formés par élimination d'eau à partir d'un aminoacide, les lactames sont préparés dans l'industrie à partir des oximes de cyclanones.)

LACTANCE, en lat. **L. Caecilius Firmianus,** dit **Lactantius,** apologiste chrétien d'expression latine (près de Cirta v. 260 - Trèves v. 325). Ses *Divinae Institutiones (Institutions divines)* sont la première tentative en latin d'un exposé d'ensemble de la religion chrétienne. Son *De mortibus persecutorum (Des morts des persécuteurs)* constitue une source importante pour l'histoire de l'Empire romain.

LACTARIUM [-rjɔm] n. m. (lat. sc. mod. *lactarium*). Centre de collectage et de distribution du lait maternel.

LACTASE n. f. Enzyme sécrétée par la muqueuse intestinale, qui hydrolyse le lactose en glucose et galactose. (Syn. GALACTOSIDASE.)

LACTATE n. m. Sel ou ester de l'acide lactique.

LACTATION n. f. (lat. *lactatio, -onis,* de *lac, lactis,* lait). **1.** Formation, sécrétion et excrétion du lait ; période pendant laquelle elle a lieu. — **2.** Quantité de lait produite par une femelle pendant la période de sécrétion du lait.

LACTÉ, E adj. (lat. *lacteus,* de *lac, lactis,* lait). **1.** Qui tient du lait, qui ressemble au lait : *Un suc lacté.* — **2.** Qui se fait à partir du lait, qui contient du lait : *Produits lactés.* — **3.** *Litt.* Qui a l'apparence, la blancheur du lait. — **4.** *Diète lactée,* régime alimentaire dans lequel le lait est l'aliment unique ou principal. ‖ *Farine lactée,* mélange de diverses farines et de poudre de lait, ou mélange obtenu en imprégnant avec du lait entier une farine de grains grillés ou maltés.

LACTÉAL, E, AUX adj. (lat. *lacteus*). **1.** Relatif aux dents de lait (*dents lactéales*). — **2.** *Dentition lactéale,* première poussée dentaire des jeunes de mammifères. (Syn. DENTITION DE LAIT.) ‖ *Denture lactéale,* garniture dentaire résultant de cette poussée.

LACTESCENCE [laktɛsɑ̃s] n. f. Qualité d'un liquide lactescent.

LACTESCENT, E [laktɛsɑ̃] adj. (lat. *lactescens, -entis,* de *lactescere,* se transformer en lait). **1.** Se dit d'un liquide qui ressemble à du lait. — **2.** Se dit des plantes qui contiennent abondamment un suc laiteux, telles que le figuier, les euphorbes, les asclépiadacées, etc. (Syn. LACTIFÈRE, LAITEUX.) — **3.** *Litt.* Qui est d'un blanc laiteux : *Les lueurs lactescentes de l'aube.*

LACTICODÉSHYDROGÉNASE n. f. Enzyme qui catalyse spécifiquement en milieu anaérobie la transformation de l'acide pyruvique en acide lactique (fermentation lactique) et dont la coenzyme est le N. A. D.

LACTIDE n. m. Composé $C_6H_8O_4$, obtenu par déshydratation cyclique de l'acide lactique.

LACTIFÈRE adj. **1.** Qui produit, contient ou conduit le lait. — **2.** Syn. de LACTESCENT.

LACTIQUE adj. *Acide lactique,* acide-alcool, principal produit de dégradation du glycogène en anaérobiose. (Formé à partir de l'acide pyruvique sous l'action de la lacticodéshydrogénase, il peut être réutilisé par le foie pour former du glycogène. L'acide lactique officinal est utilisé dans le traitement des entérites.) ‖ *Bacille lactique,* syn. de LACTOBACILLE. ‖ *Fermentation lactique,* transformation du lactose en acide lactique par des bactéries, ayant pour effet d'acidifier le lait. ‖ *Ferments lactiques,* mélange de divers bacilles lactiques modifiant favorablement la flore intestinale et utilisés pour la prévention des troubles digestifs dus aux antibiotiques absorbés.

LACTOBACILLE ou **LACTOBACILLUS** [-lys] n. m. Genre bactérien caractérisé par des bacilles Gram positif, constituants essentiels de la flore bactérienne digestive des mammifères. (Certaines souches sont utilisées pour la fabrication du yaourt.) [Syn. BACILLE LACTIQUE.]

LACTODENSIMÈTRE n. m. Instrument à l'aide duquel on mesure la densité du lait. (Syn. PÈSE-LAIT.)

LACTODUC n. m. Canalisation qui sert au transfert du lait du point de traite au lieu de stockage ou au transport du lait des alpages vers les fromageries.

LACTOFLAVINE n. f. Vitamine B2, hydrosoluble, de couleur jaune, présente sous forme libre dans les polissures de riz et dans le lait. (Syn. FLAVINE, RIBOFLAVINE.)

LACTOGÈNE adj. **1.** Qui produit du lait. – **2.** *Hormone lactogène placentaire (H. L. P.),* hormone sécrétée par le placenta et stimulant la sécrétion lactée. (Syn. SOMATOMAMMOTROPHINE CHORIONIQUE [H. C. S.].)

LACTOGENÈSE n. f. Montée laiteuse.

LACTOGLOBULINE n. f. Globuline du lait, coagulable par la chaleur.

LACTONE n. f. Nom générique des esters, dont le groupe fonctionnel —CO—O— fait partie d'un cycle. (De formule générale $(CR_2)_nCO—O$, les lactones se forment à partir des acides-alcools ou des oxydes-phénols, ou encore par oxydation ménagée des cyclanones. Elles sont employées en parfumerie.) [Syn. OLIDE.]

LACTONIQUE adj. Qui a trait aux lactones.

LACTOSE n. m. Diholoside $C_{12}H_{22}O_{11}$, qui constitue le glucide principal du lait des mammifères. (Le lactose est utilisé pour son action diurétique et pour couper le lait de vache dans l'alimentation des nourrissons.)

LACTOSÉ, E adj. Additionné de lactose.

LACTOSÉRUM [-rɔm] n. m. Liquide jaune pâle séparé du caillé lors de la fabrication du fromage au cours de l'opération d'égouttage. (Syn. PETIT-LAIT.)

LACTUCARIUM [-rjɔm] n. m. (lat. sc. mod. *lactucarium,* du lat. class. *lactuca,* laitue). Suc épaissi de la laitue vireuse, employé en sirop et en pâtes pour son action contre la toux.

LACUNAIRE adj. **1.** Qui présente des lacunes, des manques : *Documentation lacunaire.* – **2.** *Amnésie lacunaire,* oubli portant sur une ou plusieurs périodes bien circonscrites de la vie passée. ‖ *Système lacunaire,* ensemble des cavités discontinues contenant la plus grande partie des liquides de l'organisme, qui remplissent les interstices des cellules, des tissus et des organes. (Il réalise une véritable circulation en dehors des vaisseaux.)

LACUNE n. f. (lat. *lacuna,* fossé). **1.** Interruption dans une série, un texte par l'absence d'un ou de plusieurs éléments : *Manuscrits pleins de lacunes.* – **2.** Manque, trou dans qqch de continu : *Ma mémoire a des lacunes.* – **3.** Insuffisance dans ses connaissances : *Avoir des lacunes en mathématiques.* – **4.** Absence d'un atome ou d'un ion en un site normalement occupé d'une structure cristalline. (Les lacunes permettent la diffusion d'atomes dans un cristal. Au voisinage du point de fusion, il y en a environ une pour 10 000 sites.) – **5.** En électronique, syn. de TROU. – **6.** En stratigraphie, absence de sédiment, due à une érosion momentanée ou à un défaut de sédimentation. – **7.** Partie manquante sur la surface d'un tableau ancien, par altération de la couche picturale.

LACUNEUX, EUSE adj. (lat. *lacunosus*). **1.** *Litt.* Qui présente des lacunes : *Manuscrit lacuneux.* – **2.** *Tissu lacuneux,* tissu végétal de la moitié inférieure des dicotylédones, où ont lieu les échanges gazeux.

LAÇURE n. f. (de *lacer*). Partie d'un corsage fermée par un lacet passant par des œillets.

LACUSTRE adj. (de *lac,* d'apr. *palustre*). **1.** Qui vit, qui est situé sur les bords ou dans les eaux des lacs : *Plantes lacustres.* – **2.** *Dépôt lacustre,* dépôt formé dans un lac et de nature variée (boues argileuses ou calcaires, sables) en fonction du matériel apporté par les cours d'eau. ‖ *Habitation lacustre,* habitation élevée sur pilotis. (Il existe des habitations lacustres en Extrême-Orient, en Afrique, en Nouvelle-Guinée et en Amérique du Sud, près des rivages des lacs ou de la mer. Ces constructions actuelles ont accrédité l'hypothèse des « cités lacustres » construites au néolithique et appelées *palafittes.*)

LACY (Steven LACKRITZ, dit **Steve**), saxophoniste soprano de jazz américain (New York 1934). Il débute dans des formations « dixieland » avant de devenir en 1957 le partenaire du pianiste Cecil Taylor. Il travaille ensuite avec Gil Evans et Thelonious Monk. En 1969, il se fixe à Paris, où il enregistre souvent en solo.

LAD [lad] n. m. (angl. *lad,* jeune homme). Garçon d'écurie chargé de soigner les chevaux de course et susceptible, occasionnellement, de les monter à l'exercice.

LADAKH, région du Cachemire, en majeure partie dans le secteur attribué à l'Inde (95 876 km² ; 120 000 hab.).

– **Géogr.** C'est un plateau ondulé, au climat désertique, traversé par le cours supérieur de l'Indus, encadré par les chaînes du Zāskār, au sud, et du Karakorum, au nord. Les altitudes s'échelonnent de 3 000 à 6 000 m. La population, bouddhiste et musulmane, se partage en

nomades, élevant yacks, chèvres et moutons, et sédentaires, cultivant le blé et l'orge le long des cours d'eau. V. princ. *Leh* (tourisme).
— **Hist.** Revendiqué à la fois par l'Inde et le Pākistān, le Ladakh fut partagé, après le cessez-le-feu de 1949, entre le Pākistān et l'Inde qui reçut le Sud. La Chine occupe depuis 1959 l'est du Ladakh où elle a construit une route reliant le Xinjiang au Tibet. Elle maintient ses revendications sur les rectifications de frontière qu'elle a imposées de facto en 1962, aux confins de l'État d'Uttar Pradesh (Inde) et du royaume du Népal.

LADANG n. m. En Indonésie, culture itinérante sur brûlis.

LADANUM ou **LABDANUM** [-nɔm] n. m. (lat. *ladanum*). Gomme-résine extraite d'un ciste et pouvant être utilisée en parfumerie comme substitut de l'ambre gris.

LÀ-DEDANS loc. adv. **1.** Dans ce lieu-là. — **2.** Dans cela (dans ce texte, dans ce qui est dit, etc.) : *Il y a là-dedans quelque chose que je ne comprends pas.*

LÀ-DESSOUS loc. adv. **1.** Sous cet objet. — **2.** En cela, sous cette apparence : *Je soupçonne là-dessous une provocation.*

LÀ-DESSUS loc. adv. **1.** Sur cet objet-là. — **2.** Sur ceci : *Comptez là-dessus ; l'affaire est sûre.* — **3.** En ce moment, à ce point, sur ce : *Là-dessus, je m'en vais.*

LADIN n. m. (lat. *latinus,* latin). Dialecte rhéto-roman parlé dans le Tyrol du Sud (hautes vallées de l'Inn et de l'Adige).

LADINIEN n. m. (de *Ladin,* n. pr.). Étage du système triasique du domaine alpin.

1. LADINO n. et adj. En Amérique centrale, métis ou Indien ayant perdu son identité culturelle.

2. LADINO n. m. Langue romane d'origine espagnole, parlée par les descendants des Juifs expulsés d'Espagne en 1492 (Séfarades) dans les Balkans, au Moyen-Orient, en Afrique du Nord, en Grèce, en Turquie, etc. (Reflet du castillan des XIVe et XVe s., le ladino recule au XXe s. avec les progrès de l'instruction publique ; la persécution nazie, puis l'installation en Israël de nombreux Juifs méditerranéens lui ont porté un coup fatal.) [Syn. JUDÉO-ESPAGNOL.]

LADISLAS Ier ou **LÁSZLÓ** *(saint)* [v. 1040-Nyitra, auj. Nitra, Slovaquie, 1095], roi de Hongrie (1077-1095), fils de Béla Ier. — **Ladislas IV** *le Couman* ou **László** (1262-Koroshegy 1290), roi de Hongrie (1272-1290). Il chercha à consolider son pouvoir en s'alliant avec les Coumans. — **Ladislas V** *le Posthume* ou **László** (Komárom v. 1440 - Prague 1457), roi de Hongrie (1444-1457), roi de Bohême (Ladislav Ier) [1453-1457], fils posthume d'Albert II de Habsbourg. Il prit le pouvoir en Hongrie en 1453 et entra en conflit avec Jean Hunyadi, qui avait assuré la régence (1446-1452).

LADISLAS le Magnanime (Naples 1377-*id.* 1414), roi de Naples (1386-1414) et roi titulaire de Hongrie (1403-1414), fils de Charles III. Ayant tenté d'imposer sa domination sur la papauté en s'emparant de Rome (1408), il suscita l'hostilité de Louis II d'Anjou et de l'antipape Jean XXIII, qui le vainquirent à Rocca Secca (1411).

LADISLAS Ier Łokietek (« le Bref ») [v. 1260 - Cracovie 1333], roi de Pologne (1320-1333). Duc de Couïavie (1267), il lutta à partir de 1296 pour reprendre la couronne de Pologne confisquée par Venceslas II, roi de Bohême en 1300. Il s'imposa en Petite Pologne (1306) puis en Grande Pologne (1314) et se fit couronner à Cracovie en 1320. Il s'allia en 1325 à la Lituanie païenne contre l'ordre Teutonique qui avait conquis en 1308-09 Gdańsk et la Poméranie. — **Ladislas II Jagellon** (v. 1351 - Gródek 1434), grand-duc de Lituanie (1377-1401), roi de Pologne (1386-1434). Jagellon, grand-duc de Lituanie, fut baptisé sous le nom de Ladislas (1386), épousa Hedwige, fille de Louis Ier roi de Hongrie et de Pologne, et fut couronné roi de Pologne. Il imposa le catholicisme aux Lituaniens. Il céda à son cousin Vytautas le grand-duché de Lituanie (1401), s'allia avec lui et écrasa les chevaliers Teutoniques à Grunwald (1410). — **Ladislas III Jagellon** (Cracovie 1423 - Varna 1444), roi de Pologne (1434-1444) et de Hongrie (1440-1444) [sous le nom de ULÁSZLÓ Ier]. Il mena avec Jean Hunyadi une brillante campagne contre les Turcs (1443) et périt à Varna (1444). — **Ladislas IV Vasa** (Cracovie 1595 - Merecz 1648), roi de Pologne (1632-1648), fils de Sigismond III. Proclamé tsar de Russie, il régna à Moscou de 1610 à 1612, conquit la région de Smolensk (1618) et ne renonça au trône de Russie qu'en 1634.

LADISLAV Ier, roi de Bohême → LADISLAS V *le Posthume,* roi de Hongrie.

LADOGA *(lac),* en russe **Ladojskoïe ozero,** grand lac de Russie, dans le prolongement du golfe de Finlande. Long de 219 km et large en moyenne de 83 km, il a une surface de 17 700 km^2. Il reçoit les eaux des lacs Onega et Ilmen, et communique avec la mer par la Neva. Il constitue un des éléments de la voie Baltique-mer Blanche et de la voie Baltique-Volga.

LADOUMÈGUE (Jules), athlète français (Bordeaux 1906 - Paris 1973). Coureur de demi-fond, il a détenu six records du monde, fini deuxième du 1 500 m olympique de 1928, avant d'être disqualifié en 1932 pour professionnalisme.

LADRE adj. et n. (bas lat. *Lazarus,* de l'hébr., n. du pauvre couvert d'ulcères dans la parabole de saint Luc). **1.** Autref., lépreux. — **2.** *Litt.* Qui est excessivement avare. — **3.** Se dit du porc ou du bœuf atteint de ladrerie.

◆ n. m. Dépigmentation de la peau du cheval, par plaques prenant une couleur rosâtre et dégarnies de poils.

LADRERIE n. f. (de *ladre*). **1.** Ancien nom de la lèpre. — **2.** Syn. anc. de LÉPROSERIE. — **3.** Litt. Avarice sordide. — **4.** Nom donné à la cysticercose quand les parasites sont localisés dans les muscles.

LADVOCAT (Charles), éditeur et libraire français (1790 - Paris 1854), célèbre à l'époque des romantiques, dont il édita nombre d'œuvres.

LADY [lɛdi] n. f. (pl. *ladies* ou *ladys* [lɛdiz]) [angl. *lady*]. **1.** Titre porté en Grande-Bretagne par les femmes et les filles des lords. — **2.** *Vx.* Femme distinguée : *Une jeune lady.*

LAEKEN ou **LAAKEN,** quartier résidentiel de Bruxelles, incorporé à la ville en 1921. Résidence de la famille royale de Belgique, bâtie (1782-1784) par Louis Joseph Montoyer, pour l'archiduc Albert de Saxe-Teschen, dans le style néoclassique (frontons de Godecharle). Sépultures royales dans l'église Notre-Dame.

LÆLIA n. m. Belle orchidacée épiphyte des régions chaudes d'Amérique, entre Mexique et Brésil, voisine du *cattleya,* aux nombreuses racines aériennes.

LÆLIOCATTLEYA n. m. Genre hybride résultant du croisement du *lælia* avec les *cattleya* (orchidacées). [Les cultivars, nombreux, sont recherchés pour l'obtention de fleurs d'appartement.]

LAELIUS (Caius), consul romain (v. 235-v. 170 av. J.-C.). Ami de Scipion l'Africain, il fut l'informateur de Polybe pour les campagnes des Scipions. — Son fils CAIUS **Laelius Sapiens,** consul romain (v. 185 -v. 115 av. J.-C.), fut l'ami de Polybe, de Térence, de Scipion, dont il est, dans le dialogue de Cicéron *De amicitia,* un des interlocuteurs.

LAENNEC (René Théophile Hyacinthe), médecin français (Quimper 1781 - Kerlouanec, Finistère, 1826). Médecin de l'hôpital Necker en 1806, il enseigna l'anatomie pathologique. En 1815, il communiqua les premiers résultats obtenus par l'application de l'acoustique à la connaissance des maladies de poitrine. Il avait inventé à cet effet le stéthoscope. En 1819, il publia son *Traité de l'auscultation médiate,* qui devait renouveler les connaissances sur les affections pulmonaires. Nommé à la chaire de clinique interne de la Charité, il mourut bientôt de tuberculose. Laennec est le fondateur de la médecine anatomo-clinique, qui compare les symptômes des maladies et les lésions qu'elles provoquent.

Laennec *(cirrhose de),* cirrhose atrophique du foie, d'origine alcoolique.

LAERMANS (Eugène), peintre belge (Molenbeek-Saint-Jean 1864 - Bruxelles 1940). Peintre de la vie ouvrière et paysanne, il annonce l'expressionnisme par des formes massives et des éclairages contrastés (*Un soir de grève* [1893] et *le Mort* [1904], musées royaux de Bruxelles).

LAËRTE, roi d'Ithaque et père d'Ulysse.

Laetare (mot lat. signif. *Réjouis-toi*), nom donné au 4e dimanche de carême, du premier mot de l'introït de ce jour.

LAETHEM-SAINT-MARTIN → SINT-MARTENS-LATEM.

LÆTILIA [letilja] n. m. Papillon (pyralidé) d'Amérique du Nord, voisin des ephestias, et dont la chenille, utile, dévore les œufs et les larves de coccidés du genre *pulvinaria.*

LAETOLI, gisement de Tanzanie, situé au sud d'Oldoway et qui a livré des restes d'*Australopithecus afarensis* et une piste, vieille de 3,5 millions d'années, faite de pas d'australopithèques.

LA FARE (Charles Auguste, *marquis* DE), poète et mémorialiste français (Valgorge, Ardèche, 1644 - Paris 1712). Poète galant, il se révèle un fin observateur des mœurs dans ses *Mémoires et réflexions sur les principaux événements du règne de Louis XIV* (1715).

LAFARGE (Joachim), économiste français (Paris v. 1750 - v. 1825). Il créa à Paris la « tontine Lafarge », au succès éphémère, qui servit de modèle aux premières caisses d'épargne fondées par Benjamin Delessert.

Lafarge, de 1980 à 1995 **Lafarge-Coppée,** société française, issue du rapprochement, en 1980, de la société Lafarge, dont les origines remontent à 1833, spécialisée dans la production de chaux, plâtres et ciments, et de la société Coppée, fondée en 1853 en Belgique par Evence D. Coppée (inventeur du four à coke à parois creuses), notamment adonnée à l'industrie agroalimentaire. Le groupe, qui tend à diversifier ses activités hors du secteur cimentier, toujours prépondérant, s'est largement internationalisé.

LAFARGUE (Paul), homme politique français (Santiago de Cuba 1842 - Draveil 1911). Il épousa une fille de Marx, Laura. Membre de la Commune, il dut fuir la France et demeura en Grande-Bretagne jusqu'en 1882. De retour, il fut député de Lille (1891-1893). Il se suicida avec sa femme. C'est l'un des plus grands théoriciens du marxisme français au XIXe s. Il a notamment écrit : *la Propriété, origine et évolution* (1895), *les Trusts américains* [...] (1903). Il s'est également intéressé au parallélisme de la langue et de l'évolution sociale à propos de la Révolution française. Son œuvre maîtresse réside dans une présentation paradoxale et polémique de l'aliénation dans le système capitaliste : *le Droit à la paresse* [...] (1883).

LA FARINA (Giuseppe), homme politique italien (Messine 1815 - Turin 1863). Fondateur de l'*Alba* (1847), publication socialisante, il participa à la révolution de 1848 en Sicile puis se rallia à la maison de Savoie (1853). Avec Cavour, il prépara la révolution en Italie centrale (1859) mais ne put s'entendre avec Garibaldi (1860) en Sicile. Il a laissé une *Histoire d'Italie de 1815 à 1850* (1851-52).

LAFAYETTE, v. des États-Unis (Louisiane) ; 94 440 hab. Université. Centre pétrolier.

LA FAYETTE (Gilbert III MOTIER DE), maréchal de France (v. 1380-1462). Conseiller de Charles VII, il participa à la réforme de l'armée qu'il fit décider par les états d'Orléans en 1439.

LA FAYETTE (Marie Louise MOTIER DE) [Auvergne ? 1615 - Paris 1665]. Fille d'honneur d'Anne d'Autriche (1630), puis favorite de Louis XIII (1635), elle se retira au couvent des Filles de la Visitation de la rue Saint-Antoine (19 mai 1637).

LA FAYETTE ou **LAFAYETTE** (Marie-Madeleine PIOCHE DE LA VERGNE, *comtesse* DE), femme de lettres française (Paris 1634 - *id.* 1693). Elle tint salon rue de Vaugirard, où elle reçut, outre son amie Mme de Sévigné, La Fontaine, Ménage, Segrais et La Rochefoucauld, avec qui elle se lia d'une grande amitié. Elle débuta par deux nouvelles, *la Princesse de Montpensier* (1662) et *Zayde* (1669-1671), écrite en collaboration et signée par Segrais, et donna avec *la Princesse* de Clèves* le premier roman psychologique moderne. On lui doit aussi une *Histoire d'Henriette d'Angleterre* (1720), ainsi qu'une série de *Lettres* et des *Mémoires de la cour de France pour les années 1688 et 1689* (1731).

LA FAYETTE (Marie Joseph Paul Yves Roch Gilbert MOTIER, *marquis* DE), homme politique français (Chavaniac, Auvergne, 1757 - Paris 1834). Lieutenant (1773), il se lie avec Franklin et s'embarque pour l'Amérique pour aller aider les insurgents (1777). Nommé major général, il combat à la tête des troupes de Virginie (1778) et participe aux opérations de Yorktown (1781). De retour en France, il est fait maréchal de camp (1782). Ami de Necker, champion des idées nouvelles, il est député de la noblesse de Riom aux États généraux (1789). Chef de la Garde nationale, il apparaît comme le leader de la noblesse libérale et, avec Mirabeau, rêve de réconcilier la royauté avec la Révolution. En 1791, il fonde avec Barnave le club des Feuillants. Commandant de l'armée du Nord, il s'élève contre la suspension de Louis XVI et, décrété d'accusation, passe à l'ennemi (août 1792). Rentré en France en 1800, La Fayette vit retiré jusqu'aux Cent-Jours ; député de la Seine-et-Marne, il demande l'abdication de Napoléon (1815). Député libéral de 1815 à 1827, il joue un rôle essentiel lors des journées de juillet 1830, où, commandant de la Garde nationale, il facilite la montée sur le trône de Louis-Philippe. Membre de la gauche dynastique, il se détache bientôt du gouvernement.

Lafayette *(escadrille),* escadrille constituée en 1916 par des aviateurs américains volontaires pour combattre sur le front français. — Nom porté par la première escadrille française réarmée par les États-Unis en 1943.

LAFERRIÈRE (Édouard **Julien-**), juriste français (Angoulême 1841 - Bourbonne-les-Bains 1901). Avocat, vice-président du Conseil d'État (1886), gouverneur général de l'Algérie (1898), procureur général à la Cour de cassation, il a écrit un important traité en droit administratif.

LA FERTÉ-SENNETERRE (Henri, *duc* DE), maréchal de France (Paris 1600 - La Ferté-Saint-Aubin 1681). Il participa aux batailles de Rocroi (1643) et de Lens (1648), combattit en Lorraine (1651-1653) puis en Flandre, où il contribua à la défense d'Arras (1654).

LA FEUILLADE (François III D'AUBUSSON, *duc* DE), maréchal de France (1625 - Paris 1691). Il participa à la bataille de Saint-Gotthard contre les Turcs (1664), devint vice-roi de Sicile (1678), puis gouverneur du Dauphiné (1681). Il fit élever à ses frais place des Victoires la statue de Louis XIV (1686), due à M. Desjardins. — Son fils LOUIS **d'Aubusson,** duc de **La Feuillade** (1673 - Marly 1725), maréchal de France, fut vaincu à Turin (1706) par le Prince Eugène, pendant la guerre de la Succession d'Espagne.

LAFFAUX (02880), comm. de l'Aisne, à 15 km au N.-E. de Soissons ; 144 hab. Situé à l'extrémité ouest du Chemin des Dames, le *moulin de Laffaux* fut l'objectif des attaques préliminaires à l'offensive du 16 avr. 1917. La division des cuirassiers à pied du général Charles Brécard s'y distingua.

LAFFEMAS (Barthélemy DE), sieur **de Beausemblant,** économiste français (Beausemblant, Drôme, 1545 - Paris v. 1612). Premier valet de chambre d'Henri IV, qui le nomma contrôleur général du commerce (1602), il fit créer le Conseil du commerce. Mercantiliste, il fit porter l'essentiel de ses efforts sur les manufactures (soieries de Lyon et de Tours, tapisseries des Gobelins, etc.). — Son fils ISAAC (Beausemblant, Drôme, 1587 ? - Paris 1657) fut envoyé par Richelieu comme membre de commissions extraordinaires de justice dans les provinces, où sa rigueur lui valut le surnom de « Bourreau du Cardinal ».

LAFFITTE (Jacques), homme politique français (Bayonne 1767 - Paris 1844). Fils de charpentier, employé (1788) puis directeur de la banque de Perregaux, il fut gouverneur de la Banque de France (1814-1819). Élu député libéral en 1816, puis en 1827, il joua un rôle actif pendant la révolution de Juillet, et participa au gouvernement de C. Perier en tant que président du Conseil et ministre des Finances (1830). Contraint de démissionner en 1831, il devint chef de l'opposition de gauche.

Laffont *(Robert),* maison d'édition française fondée en 1941 par Robert Laffont (né en 1916). Elle publie de la littérature, des ouvrages de sciences humaines, d'histoire contemporaine et encyclopédiques, tel le *Quid*, des livres pratiques, etc. Elle compte notamment à son catalogue la collection « Bouquins », qui propose des intégrales. Elle fait aujourd'hui partie du groupe C. E. P. Communication.

LAFFREY (38220), comm. de l'Isère, près du *lac de Laffrey ;* 249 hab. Station estivale et de sports d'hiver (alt. 910-1 450 m).

LAFITTE (Pierre), éditeur français (Bordeaux 1872 - Paris 1938). Il le fut créateur du magazine moderne illustré en France, lançant notamment *Femina* (1901), *Je sais tout* (1905). Ayant fondé en 1910 un quotidien illustré et de mondanités, *Excelsior,* il étendit son activité au théâtre et créa plusieurs collections de livres.

LA FONTAINE (Jean DE), poète français (Château-Thierry 1621 - Paris 1695). Maître des Eaux et Forêts (1652), il obtient grâce à son poème *Adonis* une pension de Fouquet, écrit ballades et madrigaux et témoigne de son courage en défendant son protecteur tombé en disgrâce dans *l'Élégie aux nymphes de Vaux* (1661). Il trouve une nouvelle protection en Madame, veuve de Gaston d'Orléans, et commence la publication de ses *Contes* et Nouvelles en vers* (1665) et de ses *Fables*,* qui paraissent de 1668 à 1694, présentant au roi en 1669 ses *Amours de Psyché et de Cupidon.* Devenu en 1672 le protégé de Mme de La Sablière, il entre à l'Académie française en 1684 et prend parti, dans *l'Épître à Huet* (1687), pour les Anciens contre les Modernes. À la mort de Mme de La Sablière (1693), il trouve son dernier asile chez les financiers d'Hervart. Sensuel et aimant les chastes bergeries, volage et célébrant la fidélité, courtisan mais ami sincère, sa vie est l'image même de son œuvre qui unit en une harmonie parfaite l'art et le naturel, et représente l'apogée du lyrisme français, où l'amour et le bonheur trouvent place en un monde ordonné. Ses œuvres ont été illustrées notamment par Oudry, Eisen, Fragonard, Grandville, Doré, Chagall.

LA FONTAINE (Mlle FONTAINE ou LA FONTAINE, dite **de**), danseuse française (Paris 1655 - *id.* 1738). En 1681 elle créa *le Triomphe de l'amour,* ballet de Lully, Beauchamp et Pécourt, et fut la première femme en France à paraître en scène, les rôles féminins étant tenus jusqu'alors par des hommes travestis.

LAFONTAINE (*sir* Louis Hippolyte), homme politique canadien (Boucherville, Québec, 1807 - Montréal 1864). Il forma avec Baldwin le premier ministère parlementaire du Canada (1848-1851). Il est considéré comme le fondateur du parti conservateur canadien-français.

LAFONTAINE (Henri), jurisconsulte belge (Bruxelles 1854 - *id.* 1943). Sénateur (1895), il fonda l'Institut international de bibliographie, créa la revue *la Vie internationale* et l'Office central des associations internationales. (Prix Nobel de la paix 1913.)

LAFORCE → FORCE *(La).*

LA FORCE (Jacques Nompar DE CAUMONT, *duc* DE), maréchal de France (1558 - Bergerac 1652). Protestant, nommé par Henri IV gouverneur de Béarn (1593), il dirigea avec le duc de Rohan le soulèvement des protestants (1621) et défendit victorieusement Montauban contre Louis XIII. Créé maréchal après s'être soumis au roi (1622), il fit campagne en Piémont (1630) puis en Lorraine (1634-1638).

LA FORCE (Auguste Armand Nompar DE CAUMONT, *duc* DE), historien français (Dieppe 1878 - château de Saint-Aubin-de-Locquenay, Fresnay-sur-Sarthe, 1961). Il a laissé plusieurs ouvrages biographiques sur le XVIIe s. (Acad. fr., 1925.)

LAFORET (Carmen), femme de lettres espagnole (Barcelone 1921). Elle analyse dans ses romans les conflits de générations nés de la guerre civile (*Nada,* 1945) et fait revivre le monde de l'adolescence (*La insolación,* 1963).

LAFORGUE (Jules), poète français (Montevideo 1860 - Paris 1887). Lecteur de l'impératrice Augusta à Berlin (1881-1886), il revint à Paris pour mourir de la tuberculose. Il n'avait fait paraître que deux recueils (*les Complaintes,* 1885 ; *l'Imitation de Notre-Dame de la Lune,* 1886), mais ses amis publièrent les contes en prose des *Moralités légendaires* (1887) et le recueil des *Derniers Vers* (1890). Il allie le dandysme à l'obsession de la mort, en un style précieux et impressionniste ; il fut un des créateurs du vers libre.

LA FOSSE (Charles DE), peintre français (Paris 1636 - *id.* 1716). Élève de Le Brun, il passa cinq années en Italie, et s'intéressa autant aux Vénitiens et au Corrège qu'aux traditionnels modèles bolonais et romains. Aussi s'écarta-t-il de son maître, participant par son style suave et brillant à la victoire, au sein de l'académisme, des partisans de la couleur sur ceux du dessin. (Décors aux Invalides et à Versailles [plafond du salon d'Apollon, 1672] ; tableaux religieux ou mythologiques.)

LAFRANÇAISE (82130), ch.-l. de cant. de Tarn-et-Garonne, au-dessus du Tarn ; 2 709 hab. *(Lafrançaisains).* Anc. bastide.

LA FRESNAYE (Roger DE), peintre français (Le Mans 1885 - Grasse 1925). D'abord marqué par Cézanne dans ses paysages, il s'oriente vers une sorte de cubisme qui répond à sa volonté de synthèse de la ligne, de la couleur et de l'espace ; à partir de 1913, il s'attache plus particulièrement à l'étude des couleurs et de la lumière (*la Conquête de l'air,* 1913, musée d'Art moderne, New York). Après la guerre, malade, il opère un retour vers la tradition, pratiquant une sorte de réalisme baroquisant. Il a donné de nombreuses illustrations de livres.

LAGACHE (Daniel), psychiatre et psychanalyste français (Paris 1903 - *id.* 1972). Il fonde, en 1958, avec J. Lacan et F. Dolto, la Société française de psychanalyse, qui, en 1963, après le départ de Jacques Lacan, devient l'Association psychanalytique de France, dont il est le premier président. Ses travaux, orientés par l'enseignement de Freud, concernent surtout la psychologie clinique, la psychologie sociale et la criminologie. Il a dirigé le *Vocabulaire de la psychanalyse,* que J. Laplanche et J.-B. Pontalis menèrent à son terme (1967).

LA GALISSONNIÈRE (Roland Michel BARRIN, *marquis* DE), marin français (Rochefort 1693 - Nemours 1756). Il fut gouverneur du Canada (1747-1749) puis couvrit le débarquement de Richelieu à Minorque en refoulant l'escadre de Byng (avr. 1756).

LAGARDE (Léonce), administrateur français (Lempdes, Haute-Loire, 1860 - Paris 1936). Gouverneur d'Obock (1884), il fonda Djibouti (1888). Il obtint la concession du chemin de fer de Djibouti à Addis-Abeba (1896).

LA GARDIE (Jacob), général suédois (Reval 1583 - Stockholm 1652). Commandant en chef les armées suédoises, il entra à Moscou (1610) et rattacha à la Finlande la Carélie de Käkisalmi. — MAGNUS GABRIEL, comte *de Savensburg* (Reval 1622 - Vänngarn 1686), fils du précédent. Favori de la reine Christine, membre du conseil de régence de Charles XI (1660), il négocia la paix d'Oliva. Devenu chancelier, il allia la Suède à Louis XIV (1674). La Suède ayant été vaincue par le Brandebourg et le Danemark, il fut disgracié (1680).

LAGASH, auj. **Tell al-Hibā,** au S.-E. de Tello, cité-État sumérienne. Ses rois, Our-Nanshe et ses successeurs, Eannatoum, Entéména, dominèrent aux XXVe-XXIVe s. av. J.-C. une partie de la basse Mésopotamie. À la fin du XXIVe s., Ouroukagina fut vaincu par Lougal-zagesi, ensi d'Oumma. Sous le règne de Goudea, Lagash retrouva sa puissance. Mais Our-Nammou (2111-2094), fondateur de la IIIe dynastie d'Our, l'annexa à son domaine. Après l'effondrement de l'empire d'Our (2003), Lagash déclina. On a dégagé des vestiges de plusieurs temples du IIIe millénaire.

LAGÉNA n. f. Diverticule du saccule du labyrinthe membraneux (oreille interne) des vertébrés. ENCYCL. Chez les poissons, la lagéna comporte une tache « acoustique » (récepteur d'accélération linéaire) et un otolithe ; chez les reptiles, il existe un *canal cochléaire,* portant l'organe de Corti (récepteur acoustique) ; chez les mammifères, le canal cochléaire s'enroule en limaçon et la tache « acoustique » disparaît.

LAGERKVIST (Pär), écrivain suédois (Växjö 1891 - Stockholm 1974). Il a proclamé, dès son premier recueil poétique (*Angoisse,* 1916), son désespoir face à la cruauté du monde. Malgré une certaine foi en l'homme, ses romans restent marqués de pessimisme (*le Bourreau,* 1933 ; *le Nain**, 1944 ; *Barabbas,* 1950 ; *la Sibylle,* 1956).

LAGERLÖF (Selma), femme de lettres suédoise (Mårbacka, Värmland, 1858 - *id.* 1940). Elle publie, en 1891, *la Saga* de Gösta Berling,* roman imprégné de romantisme, que suivent un texte pour enfants (*le Merveilleux* Voyage de Nils Holgersson à travers la Suède,* 1906-07), des romans et recueils de nouvelles (*le Charretier de la mort,* 1912, que V. Sjöström adaptera au cinéma en 1920 sous le titre de *la Charrette fantôme ; le Monde des Trolls,* 1915-1921 ; *l'Anneau des Löwensköld,* 1925 ; *Charlotte Löwensköld,* 1925 ; *Anna Svärd,* 1928). Redonnant vie à de vieilles légendes, elle sait harmoniser le réel et le fantastique. (Prix Nobel de littérature 1909.)

LAGERSTRŒMIA n. m. (de *Lagerstrœm,* n. pr.). Arbre ou arbrisseau (lythracée) du Sud-Est asiatique, d'Australie et de Nouvelle-Guinée, à rameaux anguleux, à fleurs blanches ou pourpres. (Certaines espèces sont utilisées pour leur bois flexible et résistant. D'autres sont ornementales.)

LAGETTA n. m. Nom générique du « bois dentelle » des Antilles, dont l'écorce, après avoir macéré dans l'eau, donne un réseau régulier, utilisé pour faire des nattes, des cols ou des objets de toilette.

LAGHOUAT, oasis du Sahara algérien, ch.-l. de wilaya, au S. des monts Ouled Naïl ; 59 100 hab.

LAGIDES, dynastie qui a régné sur l'Égypte de 305 à 30 av. J.-C. Elle fut fondée par Ptolémée, fils de Lagos, qui, lieutenant d'Alexandre, reçut à sa mort la charge d'administrer la satrapie d'Égypte. Ptolémée prit le titre royal en 305 et tous ses successeurs portèrent son nom. En Égypte, les Lagides étaient les successeurs des pharaons ; à l'extérieur, ils agissaient en souverains grecs ; leur domaine s'étendit à la Cyrénaïque, la Syrie du Sud, Chypre. Ils dominèrent les îles de l'Égée, la Cilicie, de nombreuses villes littorales jusqu'à la Propontide. À partir du IIe s. av. J.-C., le royaume s'affaiblit. Au Ier s. av. J.-C., Rome annexa Cyrène et Chypre. Cléopâtre VII, avec l'aide d'Antoine, rendit un instant à l'Égypte lagide sa puissance ; mais Octave, vainqueur à Actium (31 av. J.-C.), la contraignit au suicide et le royaume devint propriété personnelle de l'empereur.

LAGNEAU (Nicolas), dessinateur français, actif dans le premier quart du XVIIe s. Sous ce nom, qui recouvre une personnalité dont on ignore tout, ont été regroupées des séries de portraits aux trois crayons ou à la pierre noire, dont le réalisme va jusqu'à l'outrance dans la recherche expressive (B.N., Paris).

LAGNEAU (Jules), philosophe français (Metz 1851 - Paris 1894). Il se rattache à l'école spiritualiste française (*De l'existence de Dieu,* 1925).

LAGNIEU (01150), ch.-l. de cant. de l'Ain, dans le Bugey, près du Rhône ; 5 717 hab. *(Lagneusins).* Verrerie. Conditionnement.

LAGNY-SUR-MARNE (77400), anc. **Lagny,** ch.-l. de cant. de Seine-et-Marne, à 29 km à l'E. de Paris, sur la Marne ; 18 804 hab. *(Latignaciens* ou *Laniaques).* Ancienne place forte médiévale. Église St-Pierre, du XIIIe s., anc. abbatiale. Musée. Constructions électriques. Imprimerie.

LAGOMORPHE n. m. (gr. *lagôs,* lièvre). Mammifère tel que le lièvre et le lapin, possédant 2 paires d'incisives supérieures, présentant avec les rongeurs de grandes convergences anatomiques, mais aussi de grandes différences physiologiques, écologiques et phylogénétiques. (Les *lagomorphes,* qui forment aujourd'hui un ordre distinct, formaient précédemment le sous-ordre des rongeurs duplicidentés divisé en deux familles : les léporidés [lapins et lièvres] et les ochotonidés [pikas]. Leur mandibule se meut surtout dans le sens transversal. Ce sont de bons coureurs.)

LAGON n. m. (esp. *lagón,* du lat. *lacus,* lac). Étendue d'eau marine séparée du large par un récif corallien. (Le lagon peut être de forme soit circulaire [au centre d'un atoll], soit circulaire ou linéaire [entre la côte et un récif-barrière].)

LAGOPÈDE n. m. (lat. *lagopus, -odis,* pied de lièvre). Oiseau (tétraonidé) des régions arctiques et des montagnes (Alpes, Pyrénées), au plumage blanc marqué de brun en été, presque entièrement blanc en hiver. (Noms usuels *perdrix* ou *poule des neiges.*)

ENCYCL. Le lagopède alpin se rencontre dans les alpages au-dessus de 2 500 m. Il se nourrit d'insectes, de fruits et de bourgeons, et niche sous un abri rocheux. Le Grand Nord abrite deux autres espèces : le lagopède des saules *(Lagopus lagopus)* et la grouse d'Écosse *(L. scoticus).*

LAGOR (64150), ch.-l. de cant. des Pyrénées-Atlantiques, au S. du gave de Pau ; 1 303 hab.

LA GORCE (Pierre), historien français (Vannes 1846 - Paris 1934), auteur d'une *Histoire de la seconde République française* (1887) et d'une *Histoire du second Empire* (1894-1905). [Acad fr., 1914.]

LAGORD (17140), comm. de Charente-Maritime, banlieue nord de La Rochelle ; 5 315 hab.

LAGOS, anc. cap. du Nigeria ; env. 4,5 millions d'hab. Établie sur une lagune, la ville s'est considérablement accrue après 1960. C'est le premier port (trafic de 10 Mt) et centre industriel, commercial et culturel (université) du pays.

LAGOSTOME n. m. Syn. de VISCACHE.

LAGOTRICHE [-triʃ] n. m. (gr. *lagôs,* lièvre, et *thriks,* poil). Singe (cébidé) des forêts amazoniennes, voisin des atèles et des capucins, à la fourrure épaisse, à la queue prenante.

LAGOYA (Alexandre), guitariste égyptien naturalisé français (Alexandrie 1929). Sa carrière internationale s'est doublée d'activités pédagogiques, en particulier comme professeur au Conservatoire de Paris (depuis 1969). À partir de 1955, il joua en duo avec sa femme, la guitariste française IDA **Presti** (1924-1967).

LAGOZZA DI BESNATE, localité d'Italie (Lombardie, prov. de Varèse), près de Gallarate. Gisement préhistorique qui a donné son nom à un faciès culturel du néolithique méditerranéen (v. 3000 av. J.-C.). La *culture de Lagozza* (céramique rarement décorée et microlithes) s'étend sur le nord-ouest de l'Italie et appartient au même ensemble que la culture suisse de Cortaillod et le chasséen français.

LAGRANGE (Charles VARLET, *sieur* DE), comédien français (Amiens v. 1639 - Paris 1692). Son registre sur le fonctionnement financier et matériel de la troupe de Molière est un document précieux de l'histoire de l'*Illustre-Théâtre.*

LAGRANGE (Joseph Louis DE), mathématicien français (Turin 1736 - Paris 1813). Il fut professeur à Turin, où il fonda (1758) une société scientifique qui allait devenir l'Académie des sciences de Turin. Il séjourna à Berlin, où il fut invité en 1766. Venu à Paris en 1787, il devint président de la Commission des poids et mesures. Ses nombreux travaux concernent la théorie des équations algébriques où il prépara la voie à Galois, le calcul des variations, la théorie des fonctions analytiques où il utilisa le développement en série de Taylor pour les définir ainsi que leurs dérivées successives. Son ouvrage capital, la *Mécanique analytique* (1788), unifia les fondements de la mécanique. (Acad. des sc., 1772.)

LAGRANGE (Albert), en religion **Marie Joseph,** dominicain et exégète français (Bourg-en-Bresse 1855 - Saint-Maximin-la-Sainte-Baume 1938). Il établit en 1890 l'École biblique de Jérusalem, officiellement reconnue en 1921 comme École archéologique française de Jérusalem, et fonda, en 1892, la *Revue biblique.* Son œuvre donna aux études scripturaires catholiques une impulsion décisive.

LAGRANGE (Léo), homme politique français (Bourg-sur-Gironde 1900 - Évergnicourt, Aisne, 1940). Député socialiste du Nord (1932-1940), sous-secrétaire d'État aux Sports et Loisirs (1936-1938), il favorisa l'accès des masses aux vacances et au tourisme, au sport, ainsi qu'à la culture.

LAGRANGIEN n. m. Grandeur L égale à la différence entre l'énergie cinétique et l'énergie potentielle d'un système dynamique classique de points soumis à des liaisons holonomes et parfaites, auquel sont appliquées des forces dérivant d'un potentiel U.

LAGRASSE (11220), ch.-l. de cant. de l'Aude, dans le nord des Corbières, sur l'Orbieu ; 725 hab. Anc. monastère (bâtiments du Xe au XVIIIe s.). Église et pont du XIVe s.

LAGRENÉE (Louis Jean François), dit **l'Aîné,** peintre français (Paris 1725 - *id.* 1805). Artiste fécond, couvert d'honneurs (mandé par l'impératrice de Russie, il occupa de 1760 à 1762 le poste de premier peintre à l'Académie de Saint-Pétersbourg), il répondit aux nombreuses commandes officielles et privées en peignant des scènes mythologiques et historiques (*Allégorie à la mort du Dauphin,* Salon de 1767, Fontainebleau) d'une exécution franche, d'un coloris vif et harmonieux. — Son frère JEAN-JACQUES, dit *le Jeune* (Paris 1739 - *id.* 1821), également peintre, se montra, avec ses plafonds (*Apollon au milieu des Muses,* 1775, théâtre du Petit Trianon), un décorateur agréable, mais sans grande originalité ; il fut attaché à la manufacture de Sèvres.

La Guardia, l'un des aéroports de New York (borough de Queens).

LAGUENNE (19150), ch.-l. de cant. de la Corrèze, banlieue S.-E. de Tulle ; 1 566 hab. Église du XIIe s.

LA GUÉRINIÈRE (François ROBICHON DE), écuyer français (v. 1687-1751). Surnommé le « Père de l'équitation française », il préconisa le naturel et l'élégance, dans la position à cheval et dans le dressage. Ses principes font encore autorité, notamment à l'École espagnole de Vienne. Son *École de cavalerie* (1733) a été réédité en 1969.

LAGUERRE (Edmond), mathématicien français (Bar-le-Duc 1834 - *id.* 1886). Il a étudié notamment les équations algébriques, les fractions continues et les formes quadratiques. En géométrie, il a posé la mesure des angles sur des bases purement projectives. (Acad. des sc., 1884.)

LAGUILLIÈRE n. f. Grand filet de pêche fixe, en usage dans le midi de la France.

LAGUIOLE n. m. (de *Laguiole,* n. pr.). **1.** Fromage très proche du cantal, fabriqué dans l'Aubrac. — **2.** Couteau de poche, fabriqué à Laguiole, à manche légèrement recourbé et à lame allongée.

LAGUIOLE (12210), ch.-l. de cant. de l'Aveyron, dans l'Aubrac ; 1 284 hab. *(Laguiolais).* Église du XVIe s. Coutellerie. Marché.

LAGUIS [-gi] n. m. (pour *l'agui,* n. d'un nœud en marine, du frq. **wîtan*). Sorte de nœud coulant qui se serre sous l'action du poids du corps qu'il entoure.

LA GUMA (Alex), écrivain sud-africain d'expression anglaise (Cape Town 1925 -La Havane 1985). L'un des responsables du Coloured People's Congress, emprisonné, il s'exila à Londres. Ses romans, *A Walk in the Night* (1962), *And a Threefold Cord* (1964), évoquent la vie dans les ghettos noirs des faubourgs populaires du Cap, et *The Stone Country* (1965) son expérience carcérale.

LAGUNA (La), anc. **San Cristóbal de la Laguna,** v. de l'île de Tenerife, anc. cap. des Canaries ; 106 100 hab. Université. Aéroport. Tourisme. Industries alimentaires.

LAGUNAGE n. m. Épuration des eaux résiduaires et des lisiers dilués, pratiquée en les laissant séjourner à l'air libre dans de grands bassins.

LAGUNAIRE adj. Relatif à une lagune.

LAGUNE n. f. (vénitien *laguna,* du lat. *lacuna,* lacune). Étendue d'eau à salinité variable, séparée de la mer par un cordon littoral ouvert par un grau et résultant de la fermeture de baies ennoyées par une transgression marine récente.

LAHAR n. m. (mot javanais). Coulée boueuse de flanc de volcan.

LA HARPE (Jean François DELHARPE ou DELAHARPE, dit DE), critique et auteur dramatique français (Paris 1739 - *id.* 1803). Auteur de tragédies à coloration « républicaine » (*Warwick,* 1763), il professa un cours de littérature, qu'il publia en 1799 *(Lycée ou Cours de littérature ancienne et moderne).* [Acad. fr., 1776.]

LA HARPE (Frédéric César DE), homme politique suisse (Rolle, Vaud, 1754 - Lausanne 1838). Précepteur du futur empereur de Russie Alexandre Ier, il gagna Paris en 1796 et y adopta les idées de la Révolution. Après l'intervention française en Suisse (1798), il fut membre du Directoire de la République helvétique (1798-1800). Il obtint au congrès de Vienne (1815) l'émancipation du canton de Vaud.

LÀ-HAUT adv. **1.** En un lieu plus haut, au-dessus : *Ma maison est là-haut sur la colline.* — **2.** Au ciel, dans la vie future : *Quand il sera là-haut, vous le regretterez.*

LA HAYE → HAYE *(La).*

LAHBABI (Muḥammad ʿAzīz **al-**), écrivain marocain (Fès 1922 - Rabat 1993). Poète (*Misères et Lumières,* 1958), il s'est attaché à éclairer la problématique de l'intellectuel dans la renaissance arabe contemporaine (*De l'être à la personne,* 1954 ; *le Personnalisme musulman,* 1964.)

LA HIRE (Étienne DE VIGNOLLES, dit), gentilhomme français (Vignolles, Charente, v. 1390 - Montauban 1443). Il combattit aux côtés de Jeanne d'Arc (1429) et participa à la reconquête de la Normandie et de la Guyenne sur les Anglais. Son nom a été donné au valet de cœur des jeux de cartes.

LA HIRE ou **LA HYRE** (Laurent DE), peintre français (Paris 1606 - *id.* 1656). D'abord tenté par des effets larges et contrastés issus du maniérisme et du caravagisme (série de *mais* de la cathédrale Notre-Dame : *la Conversion de saint Paul,* 1637), il adopta vers 1640 un style délicat et mesuré, d'inspiration élégiaque : grandes toiles pour les couvents de Paris ; tableaux destinés aux amateurs où le paysage idéalisé reflète une influence de Poussin (*la Mort des enfants de Béthel,* 1653, musée d'Arras).

LA HIRE (Philippe DE), astronome et mathématicien français (Paris 1640 - *id.* 1718), fils du précédent. Astronome, il installa le premier instrument méridien de l'Observatoire de Paris. En mathématiques, il étudia les coniques, les propriétés des divisions harmoniques et des relations d'involution. Il développa la théorie des engrenages épicycloïdaux. (Acad. des sc., 1678.)

Lahitolle *(système de),* système d'artillerie dû au colonel *Périer de Lahitolle* (Grillon, Eure, 1832 - Poitiers 1879) et adopté par l'armée française au lendemain de la guerre de 1870-71.

LAHN (la), riv. d'Allemagne, dans le Massif schisteux rhénan, affl. du Rhin (r. dr.) ; 245 km.

LAHNDĀ n. m. Langue indo-aryenne parlée dans le nord-est du Pākistān par environ 15 millions de personnes.

LA HONTAN (Louis Armand DE LOM D'ARCE, *baron* DE), voyageur et écrivain français (château de Lahontan ?, près de Salies-de-Béarn, 1666 - Hanovre v. 1715). Il arriva au Canada sans doute vers 1683. Il combattit les Anglais et surtout effectua des chasses en compagnie des Indiens. Son séjour lui inspira trois ouvrages, parus en 1703, dans lesquels il mêle récit et utopie sociale *(Dialogues curieux entre l'auteur et un sauvage de bons sens).*

LAHORE, v. du Pākistān, deuxième ville du pays, ch.-l. du Pendjab ; 2 922 000 hab. Centre administratif, religieux, culturel et universitaire avec quelques industries (textile, métallurgie, chimie, cuir).
— **Hist.** Lahore ne prit de l'importance qu'au XIe s. lorsqu'elle devint la capitale des derniers Rhaznévides. Elle fut prise par les Rhurides en 1186. Elle fut ensuite l'une des grandes cités de l'Inde moghole aux XVIe et XVIIe s. Annexée au royaume sikh en 1767, elle devint sa capitale sous Ranjīt Singh. Lahore passa aux mains des Anglais en 1849, qui en firent la capitale administrative du Pendjab. Lors de l'indépendance de l'Inde (1947), elle échut au Pākistān.
— **Bx-arts.** Nombreux monuments de l'époque des Grands Moghols (fort, 1565 ; Grande Mosquée, 1627 ; tombeau de Djahāngīr, 1627, et célèbre jardin : Chālīmār Bāgh.)

LAHTI, v. de Finlande (prov. de Häme), sur le lac Vesijärvi ; 95 000 hab. Industries du bois. Constructions mécaniques. Émetteur de radiodiffusion.

LAHU ou **LA-HOU,** dits aussi **MUSSUHS,** population dispersée au Yunnan, dans le nord de la Birmanie, de la Thaïlande et du Laos, d'environ 200 000 membres.

LA HUERTA (Vicente GARCÍA DE) → GARCÍA DE LA HUERTA.

LAHURE (Louis Joseph, *baron*), général français d'origine belge (Mons, Belgique, 1767 - près de Bouchain 1853). Il s'empara au Helder de la flotte hollandaise retenue par les glaces (23 janv. 1795). Naturalisé français en 1814, il défendit Douai pendant les Cent-Jours et ne rendit la ville que sur ordre de Louis XVIII.

1. LAI, E adj. (lat. ecclés. *laicus,* du gr. *laikos,* du peuple). *Frère lai, sœur laie,* religieux non prêtre, religieuse non admise aux vœux solennels et qui assuraient des services matériels dans les couvents.

2. LAI n. m. (celt. *laid*). Nom de deux genres poétiques du Moyen Âge, l'un narratif, l'autre lyrique, venus sur le continent par le truchement de jongleurs bretons.

ENCYCL. Les chefs-d'œuvre des lais narratifs sont dus à Marie de France à la fin du XIIe s. Les lais lyriques, dont les plus archaïques sont anonymes (lais du *Chèvrefeuille*), brillamment illustrés au XIIIe s. par les Français, Ernoul de Gastinois, Andrieu Contredit, et les Allemands, Konrad von Würzburg, Tannhäuser, et au XIVe s. par Froissart et Christine de Pisan, s'abâtardirent au XVe s. et disparurent au XVIe s.

Lais, de Marie de France, recueil de 12 lais narratifs précédés d'un important prologue (1180), et dont les thèmes s'inspirent des légendes bretonnes.

LAIBACH → LJUBLJANA.

Laibach *(congrès de)* [26 janv.-12 mai 1821], congrès de la Sainte-Alliance qui confirma le principe de l'intervention armée adopté au congrès de Troppau (oct.-déc. 1820) et décida d'intervenir à Naples et en Sicile en faveur de Ferdinand Ier.

LAÏC ou **LAÏQUE** adj. et n. (lat. ecclés. *laicus,* du gr. *laikos,* du peuple). Se dit d'un chrétien qui ne fait pas partie du clergé.
◆ **laïque** adj. **1.** Qui concerne la vie civile, par oppos. à la vie religieuse : *Habit laïque.* — **2.** Indépendant des organisations religieuses ; qui relève de la laïcité : *État laïque. Lois laïques.*
◆ n. f. Fam. et vx. *La laïque,* l'école primaire publique.

LAÏCAT [laika] n. m. Ensemble des laïcs à l'intérieur de l'Église catholique.

LAÎCHE n. f. (bas lat. *lisca,* du préceltique). Herbe vivace (cypéracée) au rhizome traçant, croissant en touffes, à tige triangulaire et à fleurs en épis. (Nom générique *carex.* Près de 800 espèces.)

LAÏCISATION n. f. Action de laïciser : *La laïcisation des écoles.*

LAÏCISER v. t. (conj. 3). Soustraire une institution (école, hôpital, etc.) à l'autorité religieuse en l'organisant selon les principes de la laïcité ; remplacer son personnel religieux par un personnel laïque.

LAÏCISME n. m. Doctrine des partisans de la laïcisation des institutions, en partic. de l'enseignement.

LAÏCISTE adj. et n. Partisan du laïcisme.

LAÏCITÉ n. f. **1.** Conception et organisation de la société fondée sur la séparation de l'Église et de l'État et qui exclut les Églises de l'exercice de tout pouvoir politique ou administratif, et, en partic., de l'organisation de l'enseignement. (Le principe de la laïcité de l'État est posé par l'article 2 de la Constitution française de 1958.) — **2.** Caractère de ce qui est laïque, indépendant des conceptions religieuses ou partisanes : *La laïcité de l'enseignement.*

ENCYCL. Réflexe de défense de la IIIe République naissante, la laïcité, qui trouva son application la plus spectaculaire dans les lois scolaires de Jules Ferry (1881-82), prit une allure militante entre 1889 et 1910, notamment avec la loi instituant la séparation des Églises et de l'État (1905). La lutte autour de la laïcité reprit avec le vote de lois instaurant la participation de l'État au fonctionnement des établissements confessionnels (loi Barangé, 1951 ; loi Debré, 1959 ; loi Guermeur, 1980).

LAID, E adj. (frq. **laid,* désagréable). **1.** Dont l'aspect heurte le sens esthétique, l'idée qu'on a du beau : *Un visage laid.* — **2.** Qui s'écarte des bienséances, ou de ce qu'on pense être bien, moral, honnête : *Une histoire assez laide.*
◆ **laid** n. m. Ce qui est laid, inesthétique.

LAIDEMENT adv. De façon laide.

LAIDERON n. m. ou, rare, **LAIDERONNE** n. f. Jeune fille, jeune femme laide.

LAIDEUR n. f. **1.** Caractère de qqn ou de qqch qui est laid : *La laideur d'une maison.* — **2.** Caractère de ce qui est bas, vil : *La laideur de ses sentiments.* — **3.** Chose laide ; horreur : *Les laideurs de la guerre.*

1. LAIE n. f. (frq. **lêha*). Femelle du sanglier.

2. LAIE n. f. (frq. **laida,* chemin). Chemin forestier délimitant des parcelles.

3. LAIE → LAYE.

LAIGLE → AIGLE (L').

LAIGNES (21330), ch.-l. de cant. du nord-ouest de la Côte-d'Or ; 910 hab. *(Laignois).* Église des XIIe et XIIIe s.

Laigue *(forêt domaniale de),* forêt de l'Île-de-France (Oise), au N.-E. de Compiègne ; 3 820 ha (chênes, charmes, hêtres).

LAÏKA n. m. (russe *laïka,* de *laïat,* aboyer). Chien de chasse de Sibérie, de taille et de format moyens.

LAIMARGUE n. f. (gr. *laimargos,* vorace). Requin (squalidé) des eaux froides profondes du Groenland, portant souvent des organes lumineux, et chassé pour l'huile de son foie et son cuir.

LAINAGE n. m. **1.** Tissu de laine : *Le commerce des lainages.* — **2.** Vêtement de laine tricotée : *Mettre un lainage pour sortir.* — **3.** *Vx.* Toison des moutons. — **4.** Opération, faite sur une laineuse, qui donne aux tissus de laine et de coton un aspect pelucheux et doux.

LAINE n. f. (lat. *lana*). **1.** Fibre recouvrant le corps du mouton, utilisée comme matière textile. (La fibre de laine, qui est un sous-poil, est très résistante et peut être facilement filée et tissée.) [→ *encycl.*] — **2.** Fibre d'origine animale (alpaga, chameau, chèvre du Cachemire, guanaco, lama, lapin angora, chèvre mohair, vigogne, yack). — **3.** Fil à tricoter de laine pure, mélangée, ou de fibre synthétique. — **4.** Tissu ou vêtement fait de laine : *Porter de la laine.* — **5.** Fam. *(Petite) laine,* pull, gilet, châle, etc., que l'on met quand il fait frais. • **Bois.** *Laine de bois,* syn. de FIBRE* DE BOIS. — **Céram.** et **Verr.** *Laine minérale,* matériau à base de fibres minérales (verre, laitier, roche), ayant plus ou moins l'aspect de la laine. — **Text.** *Laine lavée à dos,* laine lavée à l'eau froide sur le dos de l'animal vivant. ‖ *Laine lavée à fond,* laine dégraissée entièrement à l'eau chaude, puis au savon. ‖ *Laine renaissance,* laine obtenue en partant de vieux draps et que l'on emploie, après peignage et filage, à la fabrication de tapis de velours, de vêtements, etc. ; chez les tapissiers, déchet provenant de toisons ou de vieux draps effilochés et qui sert à rembourrer. ‖ *Laine riflard,* la plus longue laine des peaux non apprêtées. ‖ *Laine en suint* ou *laine grasse,* laine qui n'a pas été lavée.

ENCYCL. La laine est une fibre protéinique kératinique sécrétée par les bulbes pileux situés plus ou moins profondément sous la peau du mouton. Les glandes sébacées et sudoripares de l'animal sécrètent aussi un ensemble de produits qui constitue le suint dont la proportion varie de 15 à 75 % du poids de la laine et qui contribue à en agglutiner les poils. La longueur des fibres de laine varie, suivant la race du mouton, de 35 à 350 mm, les laines les plus fines étant, en général, relativement courtes. La caractéristique la plus importante de la laine, qui en fixe la qualité et le prix, est la finesse. Examinée longitudinalement au microscope, la laine présente un aspect écailleux très caractéristique qui lui confère une aptitude au feutrage ; elle peut être transformée en étoffe sans le secours de la filature ni du tissage. Cette propriété est également exploitée pour le foulage des draps. Certains traitements, à base de chlore notamment, confèrent à la laine des propriétés d'irrétrécissabilité.

Les laines de délainage sont obtenues dans le centre d'importance mondiale de Mazamet, par une technique qui permet de séparer la fibre de la peau de l'animal abattu tout en conservant pratiquement intactes les qualités des deux produits.

La part de la laine dans la consommation des textiles est tombée à 5 % du total. La production mondiale stagne autour de 3 Mt, provenant surtout des steppes de l'hémisphère Sud (essentiellement Australie [30 %] et Nouvelle-Zélande [10 %], mais aussi Argentine et Afrique du Sud) et des pays de l'ex-U. R. S. S. (15 %).

LAINÉ (Joseph, *vicomte*), homme politique français (Bordeaux 1767 - Paris 1835). Membre du Corps législatif (1808), il rédigea un rapport célèbre (déc. 1813) demandant à Napoléon Ier des réformes libérales. Président de la Chambre des députés (1814), il devint ministre de l'Intérieur (1816-1818) puis ministre d'État (1820-21). [Acad. fr., 1816.]

LAÎNÉ (Pascal), écrivain français (Anet 1942). Son œuvre de romancier (*B. comme Barrabas,* 1967 ; *l'Irrévolution,* 1971 ; *la Dentellière,* 1974 ; *Elena,* 1989 ; *Dîner d'adieu,* 1991 ; *l'Incertaine,* 1993) et d'essayiste (*la Femme et ses images,* 1974) compose une analyse de l'aliénation féminine et du désarroi discret de la jeunesse.

LAINER v. t. (conj. 3). Opérer le lainage.

◆ **être lainé** v. pass. *Peau lainée,* peausserie ayant conservé sa laine ; vêtement fait avec cette peausserie.

LAINEUR, EUSE n. Ouvrier(ère) conduisant une laineuse.

◆ **laineuse** n. f. Machine équipée de cylindres garnis de pointes métalliques qui agissent sur la surface du tissu pour lui donner un aspect duveteux.

LAINEUX, EUSE adj. **1.** Qui a la consistance ou l'apparence de la laine : *Des cheveux laineux.* — **2.** Se dit d'un tissu fait de laine épaisse : *Drap laineux.* — **3.** Se dit d'un végétal recouvert d'un duvet analogue à la laine.

LAÍNEZ (Diego), deuxième général des jésuites (Almazán, Castille, 1512 - Rome 1565), successeur de saint Ignace.

LAING (Alexander Gordon), officier et explorateur écossais (Édimbourg 1793-nord de Tombouctou 1826). Parti de Tripoli en 1825, il fut le premier Européen à atteindre Tombouctou (18 août 1826). Il fut assassiné peu après.

LAING (Ronald David), psychiatre et écrivain britannique (Glasgow 1927 - Saint-Tropez 1989). Il fut avec D. Cooper le fondateur et l'un des principaux représentants de l'antipsychiatrie (*le Moi divisé,* 1960).

LAINIER, ÈRE adj. Relatif à la laine : *L'industrie lainière.*

◆ n. Industriel de la laine.

LAINURE n. f. (de *laine*). Fissure dans les fromages à pâte cuite (gruyères), due à une acidité trop élevée du lait.

LAÏOS, roi mythique de Thèbes, père d'Œdipe*.

LAÏQUE → LAÏC.

LAIRD n. m. (angl. *lord*). En Écosse, grand propriétaire.

LAIS n. m. (de *laisser*). Terrain que la mer ou les cours d'eau laissent à découvert en se retirant et qui fait partie du domaine public.

Lais *(le)*, de François Villon, poème dont la fiction est datée de Noël 1456. Villon joue sur les mots *lais/legs*. Il s'agit d'un ingénieux *congé* (à la manière de Jean Bodel ou Adam de la Halle) prenant l'apparence d'une donation-distribution à l'occasion d'un départ et d'une rupture sentimentale.

LAÏS, nom de plusieurs courtisanes de la Grèce ancienne. La plus connue, née à Hykkara, en Sicile, v. 420 av. J.-C., devint la maîtresse d'Alcibiade et fut assassinée par des Thessaliennes jalouses de sa beauté.

LAISSAC (12310), ch.-l. de cant. de l'Aveyron, près de l'Aveyron ; 1 419 hab.

1. LAISSE n. f. (de *laisser*). **1.** Lien souple, attachable au collier d'un chien et servant à le mener à ses côtés. — **2.** *Tenir qqn en laisse*, l'empêcher d'agir librement.

2. LAISSE n. f. (de *laisse 1*). **1.** Partie d'une plage alternativement couverte et découverte par la mer au cours de la marée. — **2.** Sur un rivage, ligne jalonnée de débris abandonnés par la mer. — **3.** Alluvion, atterrissement au bord des fleuves. — **4.** *Laisse de basse mer*, ligne correspondant au niveau des basses mers de morte-eau.

3. LAISSE n. f. (de *laisse 1*). Suite de vers, généralement isosyllabiques, souvent monorimes ; section d'un poème médiéval ou d'une chanson de geste.

LAISSÉ n. m. Fil de chaîne sur lequel passe une duite insérée par la navette.

LAISSÉES n. f. pl. (de *laisser*). Excréments du sanglier.

LAISSÉ(-)POUR(-)COMPTE n. m. (pl. *laissés(-)pour(-)compte*). Marchandise dont on refuse de prendre livraison, parce qu'elle ne remplit pas les conditions stipulées.
◆ n. Personne rejetée par un groupe : *Les laissés-pour-compte de la société.*

LAISSER v. t. (lat. *laxare*, lâcher) [conj. 4]. **1.** Ne pas consommer, employer qqch, une partie de qqch, parce qu'on n'en a plus l'utilité, l'envie, ou bien pour le réserver : *Laisse un peu de fruits, ne mange pas tout.* — **2.** Déposer qqch qqpart, s'en décharger : *Laissez ces paquets dans l'entrée.* — **3.** Ne pas prendre qqch avec soi, ne pas le retirer de là où il est : *Il a laissé la clé dans la serrure.* — **4.** Oublier qqch qqpart : *J'ai laissé mon manteau dans le train.* — **5.** Cesser de faire qqch, de s'en occuper, d'y penser, etc. : *Laisse ton livre et viens voir le film.* — **6.** Quitter qqn, cesser d'être avec lui : *Laissez-nous, nous avons à parler.* — **7.** Abandonner qqn, un groupe, etc. : *Il a laissé sa femme et ses trois enfants.* — **8.** Ne pas prendre qqch à qqn : *Ils ont volé tous les bijoux, ne laissant que des babioles.* — **9.** Confier qqch, qqn à qqn : *Laisser ses enfants chez une voisine.* — **10.** Céder qqch à qqn, le lui donner ou le lui transmettre : *Laisser un pourboire au garçon.* — **11.** Accorder qqch à qqn, faire qu'il l'ait, qu'il en bénéficie, qu'il puisse en disposer : *On ne m'a pas laissé le choix.* — **12.** Accepter de vendre qqch à qqn, de le lui céder à un prix inférieur. — **13.** Être enlevé par la mort à qqn qui survit, ou être l'auteur de qqch qui subsiste après sa mort : *Il laisse une veuve et trois orphelins. Peintre qui laisse une œuvre considérable.* — **14.** Être la cause de qqch qui se forme ou qui subsiste après son passage, son emploi, son action, etc. : *Ce produit laisse des auréoles.* — **15.** Ne pas traiter, modifier, effacer qqch : *Vous avez laissé des fautes dans votre texte.* — **16.** Ne modifier en rien l'état de qqch, de qqn, le maintenir tel qu'il est : *Laissez la porte ouverte.* — **17.** Ne pas faire soi-même qqch et faire en sorte que qqn d'autre le fasse : *Vous m'avez laissé tout le travail.* — **18.** Ne pas empêcher de faire qqch, ne pas entraver l'action de qqn ou de qqch : *Laissez-nous passer.* — **19.** *Laisser + inf.*, forme des locutions verbales qui correspondent à des verbes simples : *Laisser voir* (= montrer). *Laisser entendre* (= dire), etc. — **20.** À certains jeux, ne pas ramasser son gain, pour qu'il serve à renouveler le même pari au coup suivant. — **21.** *Je vous laisse*, se dit lorsqu'on quitte qqn, ou à la fin d'une communication téléphonique, à la fin d'une lettre. ‖ *Laisser aller ses affaires, laisser tout aller*, négliger ses intérêts, ses affaires. ‖ *Laisse, laissez (cela)*, se dit lorsqu'on veut faire qqch ou, en partic., payer qqch pour qqn qui s'apprête à le faire : *Laissez cela, c'est ma tournée.* ‖ *Laisser faire, laisser dire*, ne pas se préoccuper de ce que fait ou dit autrui. ‖ *Laisser qqch, qqn (tranquille)*, cesser de toucher à qqch, cesser d'importuner qqn, de lui imposer sa présence, etc. ‖ Litt. *Ne pas laisser de*, ne pas manquer de : *Une telle déclaration ne laisse pas de surprendre.* ‖ *Y laisser qqch*, l'y perdre : *Il va y laisser sa santé.*
◆ **être laissé** v. pass. *Être laissé pour compte*, ne pas être acheté et rester en stock ; ne pas être pris en considération.

◆ **se laisser** v. pr. **1.** Être, volontairement ou non, l'objet d'une action : *Je me suis laissé surprendre par l'orage.* — **2.** *Fam.* En parlant de qqch, être agréable à : *C'est un petit vin qui se laisse boire.* — **3.** *Se laisser aller*, ne pas tenir ferme, se détendre. ‖ *Se laisser aller à*, à s'oublier jusqu'à, se permettre de. ‖ *Se laisser faire,* ne pas opposer de résistance.

LAISSER-ALLER n. m. inv. **1.** Absence de recherche dans la tenue, dans les manières ; négligé dans l'attitude, les propos, le comportement. — **2.** Manque de rigueur, relâchement dans le travail, la conduite : *Laisser-aller dans la gestion de l'entreprise.*

LAISSER-COURRE n. m. inv. Ensemble des actes constituant une chasse à courre.

LAISSER-FAIRE n. m. inv. Attitude qui consiste à ne pas intervenir : *Politique du laisser-faire.*

LAISSER-SUR-PLACE n. m. inv. Méthode de vente consistant à confier des marchandises à un commerçant, en général un détaillant, et à ne les lui facturer que lorsqu'il les a effectivement vendues.

LAISSEZ-PASSER n. m. inv. **1.** Document délivré par une autorité pour permettre à qqn de pénétrer et de circuler sur un territoire déterminé. — **2.** Syn. de PASSAVANT.

LAIT n. m. (lat. *lac, lactis*). **1.** Liquide blanc, opaque, de saveur légèrement sucrée, constituant un aliment complet et équilibré, sécrété par les glandes mammaires de la femme et par celles des mammifères femelles pour la nutrition des jeunes. (→ *encycl.*) — **2.** Liquide qui ressemble au lait : *Lait de coco.* — **3.** Émulsion cosmétique, souvent parfumée, destinée aux soins de la peau. — **4.** Préparation médicamenteuse ayant une apparence laiteuse. — **5.** *Lait (végétal),* syn. de LATEX. — **6.** *Arbre au lait,* arbre lactescent de la famille des moracées, du genre *Brosimum.* ‖ *Au lait,* additionné de lait : *Café au lait.* ‖ *Dent de lait,* dent appartenant à la première dentition de l'enfant ou du jeune mammifère (dentition lactéale), qui sera remplacée par les dents permanentes. (Syn. DENT LACTÉALE.) ‖ *Frère, sœur de lait,* enfant qui a été nourri du lait de la même nourrice qu'un autre. ‖ *Herbe au lait,* nom usuel du polygala. ‖ *Lait concentré,* lait dont on a enlevé environ 65 % de l'eau, conditionné en boîtes métalliques hermétiques et que l'on peut reconstituer par addition d'eau. ‖ *Lait concentré sucré* ou *lait condensé,* lait concentré dans lequel on ajoute une proportion importante de sucre, ce qui donne un produit fortement sirupeux. ‖ *Laits fermentés,* laits débarrassés de leurs germes par la chaleur, puis ensemencés de ferments lactiques, de manière à obtenir soit un caillé non égoutté, soit une boisson plus ou moins gazeuse. ‖ *Lait gélifié,* lait épaissi par des produits tels que l'agar-agar, des alginates, des pectines, et pouvant être aromatisé et utilisé comme dessert. ‖ *Lait humanisé* ou *maternisé,* lait de vache dont la composition est modifiée pour la rapprocher de celle du lait de femme. ‖ *Lait instantané,* lait en poudre préparé selon la technique de l'instantanéisation. ‖ *Lait de palme,* liqueur obtenue par macération des feuilles du dattier. ‖ *Lait de pigeon,* sécrétion nutritive crémeuse produite par le jabot des pigeons des deux sexes, et dont ils nourrissent leurs petits par régurgitation. ‖ *Lait en poudre* ou *lait sec,* lait dont on a éliminé la presque totalité de l'eau, qui se présente sous forme d'un produit pulvérulent et qu'on peut reconstituer par adjonction d'eau. ‖ *Lait de poule,* boisson chaude faite de lait battu avec du sucre et un jaune d'œuf. ‖ *Teint de lait,* carnation pâle. ‖ *Veau de lait, cochon de lait,* veau, cochon qui tête encore, ou qu'on nourrit de lait.

ENCYCL. Le lait maternel est un aliment très équilibré par son apport en protéines (15 à 18 %), en lipides (33 %) et en glucides (65-70 %). Le lait

LES PRODUITS OBTENUS DU LAIT DE VACHE

techniques de transformation du lait		produits obtenus par la transformation
techniques conservant tous les éléments du lait		• *laits liquides* (crus, pasteurisés, stérilisés, U.H.T., aromatisés) entiers ou partiellement écrémés • *laits concentrés* (sucrés, non sucrés) • *laits en poudre* (consommation humaine, consommation par le bétail) • *laits fermentés* (yaourts) • *laits gélifiés* (flans)
techniques séparant les éléments du lait	techniques séparant la caséine	• *fromages* (frais, affinés, fondus) • *lactosérum* (liquide ou en poudre) • *caséine* ou *caséinates*
	techniques séparant la matière grasse	• *crème, beurre* • *lait écrémé* • *babeurre* (liquide ou en poudre)

de vache est moins riche en glucides (47-52 %) et plus riche en protéines (30-34 %) ; il peut être maternisé en ajoutant du lactose et en réduisant la teneur en caséine. Le lait, qui apporte les vitamines A, D, B2, et les laitages sont la source essentielle du calcium alimentaire.
Le lait des femelles domestiques, produit dans la mamelle, est extrait par l'opération de la traite. Le lait animal est de composition très variable selon les espèces animales. En moyenne, 1 kg de lait de vache contient 870 g d'eau, et en solution : du lactose (45 g), des sels minéraux (9 g) et des matières azotées (6 g) ; en suspension : des micelles de caséine (30 g) ; en émulsion : des globules de matière grasse (40 g). On y trouve en outre des enzymes et des vitamines. Outre le lait de vache, on utilise aussi le lait de chèvre et le lait de brebis pour la fabrication des fromages.

LAITAGE n. m. Aliment à base de lait (beurre, fromage, crème, yaourt, etc.).

LAITANCE n. f. (de *lait*). **1.** Sperme d'aspect laiteux des poissons à fécondation externe. — **2.** Poudre blanchâtre, constituée principalement par le ciment, apparaissant à la surface du béton dans certaines conditions. — **3.** Ciment délayé dans de l'eau.

LAITÉ adj. m. Se dit d'un poisson mâle sexuellement mûr.

LAITERIE n. f. **1.** Usine où l'on traite et transforme le lait. — **2.** Dans une ferme, lieu où l'on conserve le lait et où l'on fabrique éventuellement le beurre. — **3.** Industrie et commerce du lait et de ses dérivés. — **4.** Autref., pavillon élégant, dans un parc, qui servait aux amusements pastoraux des femmes de l'aristocratie.

LAITERON n. m. Herbe (composée) lactescente, envahissante, aux capitules jaunes. (Une espèce se mange en salade, d'autres sont appréciées des lapins et des porcs.)

LAITEUX, EUSE adj. **1.** Qui ressemble au lait, qui en a l'aspect : *Liquide laiteux.* — **2.** Qui a la couleur blanche du lait : *Teint laiteux.* — **3.** Se dit d'une huître qui renferme dans sa cavité palléale ses larves en incubation, et dont l'aspect est blanchâtre. — **4.** Se dit des pierres fines, et notamment des opales, qui offrent des taches d'un blanc trouble. — **5.** Syn. de LACTESCENT.

LAITIER, ÈRE adj. **1.** Qui concerne le lait et ses dérivés. — **2.** Se dit d'une race de mammifères domestiques principalement exploitée pour la production du lait. — **3.** *Produit laitier,* produit fabriqué, à partir du lait, en usine, par opposition aux *produits fermiers.*
◆ n. **1.** Éleveur exploitant un élevage de femelles bovines laitières. — **2.** Personne collectant le lait produit dans les élevages et le transportant à l'usine laitière. — **3.** Personne qui livre le lait à domicile. — **4.** Personne qui livre du lait aux commerçants détaillants. — **5.** *L'heure du laitier,* très tôt le matin, au lever du jour.
◆ **laitier** n. m. **1.** Sous-produit métallurgique essentiellement composé de silicates, formé au cours des fusions d'élaboration et rassemblant les impuretés provenant des matières premières. (Il est employé comme liant ou granulat dans la construction des assises de chaussée.) — **2.** *Laitier pour cimenterie,* produit granulé obtenu par refroidissement brusque de la scorie en fusion provenant du traitement des minerais de fer en haut fourneau et possédant des propriétés hydrauliques.
◆ **laitière** n. f. **1.** Vache laitière. — **2.** Pot à lait à anse et à couvercle.

1. LAITON n. m. (de *lait*). Jeune mammifère domestique non encore sevré.

2. LAITON n. m. (ar. *lāṭūn,* cuivre). Alliage de cuivre et de zinc, dont la teneur en zinc, pour un alliage industriel, varie de 5 à 42 %.
ENCYCL. Connus depuis le VIe s. av. J.-C., les laitons sont employés pour leur malléabilité, leur ductilité, leur résistance mécanique et leur résistance à la corrosion. Les laitons ordinaires sont utilisés en bijouterie, dans l'industrie électrique et en robinetterie. Les laitons spéciaux, obtenus par addition d'une faible quantité d'étain, de nickel ou d'aluminium, sont utilisés sous forme de pièces façonnées (tubes de condenseur et d'échangeur) ou de pièces de fonderie (vannes, robinets, carters.)

LAITONNAGE n. m. Électrodéposition d'une mince couche de laiton sur la surface d'une pièce.

LAITONNER v. t. (de *laiton 2*) [conj. 3]. Effectuer un laitonnage.

LAITUE n. f. (lat. *lactuca,* de *lac, lactis,* lait). Plante annuelle cultivée (composée) à végétation rapide, la plus courante des plantes utilisées en salade.
ENCYCL. Les *laitues à couper,* à feuilles lisses ou cloquées, vertes ou rouges, ne forment pas de pommes. Les *laitues romaines* ont une pomme haute et des feuilles croquantes. Les *laitues grasses* ont des feuilles épaisses, lisses et croquantes, généralement vert foncé. Les *laitues pommées* comprennent les *laitues batavia,* à feuilles crispées, cloquées et dentées, et les *laitues beurre,* à feuilles lisses, vertes, qui sont les plus répandues en France.

LAÏUS [lajys] n. m. (de *Laïus,* n. pr.). *Fam.* Discours, souvent long, creux ou emphatique.

LAÏUS → LAÏOS.

LAÏUSSER v. i. (de *laïus*) [conj. 3]. *Fam.* Discourir, pérorer.

LAÏUSSEUR, EUSE n. *Fam.* Personne qui aime à discourir ; bavard.

LAIZE n. f. (lat. pop. **latia*, du lat. class. *latus*, large). **1.** Chacune des bandes de toile dont se compose une voile. — **2.** Syn. de LARGEUR et de LÉ.

Lajes, base aérienne située sur l'île de Terceira, dans l'archipel des Açores, mise par le Portugal à la disposition des États-Unis depuis 1951.

LA JOLLA, faubourg de San Diego (États-Unis, Californie). Institut océanographique (Scripps Institution).

LA JONQUIÈRE (Pierre Jacques DE TAFFANEL, *marquis* DE), marin français (château de Lasgraïsses, près de Graulhet, 1685 -Québec 1752). Il résista aux Anglais de l'amiral Anson lors de la bataille du cap Finisterre (mai 1747) et termina sa carrière comme gouverneur du Canada (1749).

LAJOUE (Jacques DE), peintre et ornemaniste français (Paris 1686 - *id.* 1761). À côté de recueils d'ornements de style rocaille, on lui doit aussi des paysages de fantaisie chargés d'éléments d'architecture (Louvre), des compositions décoratives (musée de Pontoise) et des portraits (*l'Abbé Nollet,* Carnavalet).

LAJTHA (László), musicien hongrois (Budapest 1892 - *id.* 1963). Directeur de l'École nationale de musique de Budapest (1945), il présida le Comité international des arts populaires. Son œuvre, influencée par l'impressionnisme français et les chants populaires de son pays, comporte des symphonies, des suites d'orchestre, de la musique de chambre, des oeuvres dramatiques, des ballets (*Lysistrata,* 1933), des œuvres religieuses (*Magnificat,* 1954).

LAKANAL (Joseph), homme politique français (Serres, comté de Foix, 1762 - Paris 1845). Député à la Convention (1792), il fit voter la loi du 18 nov. 1794 sur l'instruction publique et fit adopter la création d'une école normale et d'une école des langues orientales à Paris. Député au Conseil des Cinq-Cents (1795-1797), il fut proscrit comme régicide en 1816 et ne rentra en France qu'en 1833.

LAKATOS (Imre), logicien et philosophe hongrois (1923 - Londres 1974). Militant communiste, il entra dans l'opposition et s'exila après 1957. Il est l'auteur d'une théorie de l'épistémologie scientifique, dite « anarchiste », dont l'œuvre de Feyerabend est tributaire.

LAKE CHARLES, port des États-Unis (Louisiane), relié au golfe du Mexique ; 75 000 hab. Université. Pétrochimie. Aluminium.

LAKE DISTRICT, région touristique, parsemée de lacs, du nord-ouest de l'Angleterre, dans le comté de Cumbria, célébrée par les poètes romantiques de l'école lakiste.

LAKE LOUISE, centre de sports d'hiver du Canada (Alberta), dans le parc national de Banff (montagnes Rocheuses).

LAKE PLACID, centre de sports d'hiver des États-Unis (État de New York), dans le massif des Adirondack, à 568 m d'alt. ; 2 500 hab.

LAKHDARIA → AKHDARIA *(El-)*.

LAKHMIDES, ancienne tribu arabe, établie en Iraq, et qui fonda à al-Hirah une dynastie vassale de la Perse (fin du IIIe s.-début du VIIe s. apr. J.-C.).

LAKI ou **SKAFTÁ,** volcan du sud de l'Islande. Son éruption en 1783 fit de nombreuses victimes.

LAKISH, auj. **Tell ed-Duweir,** au S.-O. de Jérusalem, cité ancienne de Palestine. À partir du XVIIIe s. av. J.-C., elle fut la capitale d'un royaume cananéen, vassal de l'Égypte. Selon la Bible, elle fut détruite vers 1230 par Josué. La royauté de Juda y éleva un palais-forteresse, ruiné par Sennacherib (701).

LAKISTE adj. et n. (angl. *lakist,* de *lake,* lac). Se dit des poètes anglais de la fin du XVIIIe et du début du XIXe s. tels Wordsworth, Coleridge et Southey, qui fréquentaient le Lake District et qui appartiennent à la première génération du romantisme.

Lakmé, opéra en 3 actes de L. Delibes, sur un livret de E. Gondinet et Ph. Gille, d'après *le Mariage de Loti* de P. Loti (Paris, 1883). L'air des clochettes est célèbre.

LAKS, peuple musulman de Russie, habitant la partie centrale du Daguestan (100 000 individus).

LAKSHADWEEP, territoire insulaire de l'Inde, dans l'océan Indien, au large de la côte de Malabār, regroupant les Laquedives, Minicoy et Amindives ; 30 km^2 ; 51 681 hab. Ch.-l. *Kavaratti.*

LAKṢMĪ, déesse hindoue de la Richesse et de la Prospérité, épouse du dieu Viṣṇu.

LALANDE (Michel Richard DE) → DELALANDE.

LALANDE (Joseph Jérôme LEFRANÇOIS DE), astronome français (Bourg-en-Bresse 1732 - Paris 1807). On lui doit une des premières déterminations précises de la parallaxe de la Lune (1751), des travaux de mécanique céleste, et la publication d'un important catalogue d'étoiles (1801). Il fut directeur de l'Observatoire de Paris de 1795 à 1800. Il s'illustra aussi comme vulgarisateur de l'astronomie. (Acad. des sc., 1753).

LALANDE (André), philosophe français (Dijon 1867 - Asnières 1963). Il a été le directeur et le principal rédacteur du *Vocabulaire technique et critique de la philosophie* (1902-1923, publié en 1926). Il est également l'auteur de *la Raison et les normes* (1948).

LALANDE-DE-POMEROL n. m. inv. Vin rouge estimé produit dans la commune de Lalande-de-Pomerol (Gironde).

LA LAURENCIE (Lionel, *comte* DE), musicologue français (Nantes 1861 - Paris 1933). Son œuvre a trait à l'histoire de la musique française du XVIe au XVIIIe s. (*l'École française de violon de Lully à Viotti,* 3 vol., 1922-1924.), avec certaines études d'une ampleur considérable : *la Musique française de Lully à Gluck* (1921).

LA LAURENCIE (Léon DE FORNEL DE), général français (Broût-Vernet, Allier, 1879-Vichy 1958). Il fut nommé par Pétain délégué du gouvernement français à Paris pour les territoires occupés. Son opposition aux exigences allemandes le conduisit à faire arrêter Marcel Déat et entraîna son remplacement par F. de Brinon.

LALEAU (Léon), poète et homme politique haïtien (Port-au-Prince 1892 - Pétionville 1979), précurseur de l'indigénisme (*Musique nègre,* 1931).

LALEMANT (Charles), jésuite français (Paris 1587 - *id.* 1674), supérieur de la première mission fondée par les jésuites au Canada en 1625. — Son frère JÉRÔME (Paris 1593 - Québec 1673), également jésuite, fut missionnaire au Canada à partir de 1638. Ses *Relations* sont une source importante de l'histoire de la Nouvelle-France.

LALEMANT (*saint* Gabriel), neveu des précédents → GABRIEL LALEMANT (saint).

LALIBELA ou **LALIBALA,** cité monastique du N. de l'Éthiopie (prov. de Wollo). Elle est célèbre pour ses onze églises taillées dans le rocher dont l'une, l'église de l'Emmanuel, est la seule authentiquement monolithique. Ces monuments, exécutés à partir du XIIIe s., ont été peints plus tardivement.

LALINDE (24150), ch.-l. de cant. de la Dordogne, sur la Dordogne ; 3 050 hab. *(Lindois).* Anc. bastide fondée en 1267, conservant une porte fortifiée. Foies gras. Plastiques.

LALIQUE (René), artiste décorateur et verrier français (Ay 1860 - Paris 1945). Après s'être illustré dans le bijou, de style Art nouveau, il s'orienta autour de 1900 vers la technique du verre (premiers flacons pour le parfumeur Coty en 1906), perfectionnant dans sa fabrique de Combs-la-Ville les procédés mécaniques du moulage, qu'il appliquera à des vases, objets de table, sculptures décoratives, et, à partir de 1920, à des luminaires, fontaines, portes, panneaux (salle à manger du paquebot *Normandie*). Ses thèmes favoris (la femme, la flore, la faune) sont traduits dans une esthétique d'un modernisme tempéré.

LALIVE DE JULLY (Ange Laurent DE), diplomate et collectionneur français (Paris 1725 - *id.* 1775). Pour sa collection d'antiques, il fit construire en 1756-1758, par l'architecte Brunau, un cabinet « à la grecque » que décora L. J. Le Lorrain et qui fut un prototype du style « Louis XVI ».

LALLAING (59167), comm. du Nord, à 8 km au N.-E. de Douai ; 8 023 hab.

LALLATION n. f. (lat. *lallare,* chanter). **1.** Défaut de prononciation de la consonne [l]. (Syn. LAMBDACISME.) — **2.** Syn. de BABILLAGE.

LALLEMAND (François Antoine, *baron*), général français, pair de France (Metz 1774 - Paris 1839). Il participa aux campagnes de l'Empire et tenta, pendant les Cent-Jours, de s'emparer de l'arsenal de La Fère. Blessé à Waterloo, il suivit Napoléon à Rochefort et fut interné par les Anglais à Malte. Condamné à mort par contumace en France, il se réfugia au Texas, où il fonda une colonie de réfugiés français : le « Champ d'asile ». Il rentra en France en 1830.

LALLEMAND (André), astronome français (Cirey-lès-Pontailler, Côte-d'Or, 1904 -Paris 1978). Il a mis au point des photomultiplicateurs très sensibles pour la photométrie stellaire et inventé la caméra électronique (1936). [Acad. des sc., 1961.]

LALLEMANT ou **LALLEMAND** (Georges), peintre français (Nancy v. 1575/76 - Paris 1636). Il semble s'être installé à Paris en 1601. Son œuvre peint, mal connu, et ses dessins, où s'allient maniérisme et réalisme, dénotent un style proche du milieu lorrain (Bellange, Callot). Son atelier parisien accueillit de nombreux élèves, dont Poussin, Champaigne, La Hyre.

LALLY (Thomas, *baron* DE TOLLENDAL, comte DE), officier et administrateur français d'origine irlandaise (Romans 1702 - Paris 1766). Lieutenant général et gouverneur des établissements français en Inde (1755), il rappela Bussy-Castelnau du Deccan (1758) et échoua devant Madras (1758-59). Assiégé dans Pondichéry par les Anglais, il dut capituler (1761). Emprisonné à Londres puis à la Bastille, il fut condamné à mort pour trahison par le parlement de Paris (1766). Son fils Gérard, qui travailla avec Voltaire à sa réhabilitation, obtint de Louis XVI la cassation de l'arrêt du parlement de Paris (1778), qui fut cependant confirmé en 1784.

LALO (Édouard), compositeur français (Lille 1823 - Paris 1892). Le succès lui vint avec la *Symphonie espagnole* (1875), puis *le Roi d'Ys* triompha à l'Opéra-Comique (1888). Il a composé également un ballet *(Namouna),* une symphonie, des concertos et de la musique de chambre. Son orchestration, très brillante, trouve ses sources dans la musique populaire espagnole ou romantique allemande.

LALO (Charles), esthéticien français (Périgueux 1877 - Paris 1953). Il est l'auteur d'une esthétique sociologique (*l'Expression de la vie dans l'art,* 1933).

LALOUBÈRE (65310), ch.-l. de cant. des Hautes-Pyrénées, banlieue sud de Tarbes ; 1 331 hab. Aérodrome.

LALOUX (Victor Alexandre), architecte français (Tours 1850 - Paris 1937). Prix de Rome, il est l'auteur d'édifices à Tours (basilique St-Martin, gare, hôtel de ville), à Paris (anc. gare d'Orsay, 1897), réalisés dans un style éclectique assez lourd.

LA LUZERNE (César Guillaume DE), prélat français (Paris 1738 - *id.* 1821). Évêque de Langres avant et après la Révolution française, cardinal (1817), il devint ministre d'État sous la Restauration. Il fut un des leaders du gallicanisme.

LAM (Wifredo), peintre cubain (Sagua la Grande 1902 - Paris 1982). Impressionné par les œuvres de Bosch, de Bruegel et de Goya, découvertes à Madrid, mais aussi profondément marqué par l'art africain, il travaille avec Picasso (1938), puis rejoint le mouvement surréaliste à Paris et en Amérique. Une partie de son œuvre, peuplée de créatures hybrides, entre l'animal et le végétal (*la Jungle,* 1943, musée d'Art moderne, New York), manifeste dans des formes agressives et hérissées la cruauté, la force et l'exubérance d'un monde primitif, mais transposées et universalisées.

1. LAMA n. m. (esp. *llama,* du quechua). Mammifère (camélidé) d'Amérique du Sud, semi-domestique, aux grandes oreilles, aux fortes griffes, à la toison laineuse, descendant probable du guanaco, utilisé surtout comme bête de somme.

2. LAMA n. m. (tibétain *blama,* être supérieur). Moine ou prêtre bouddhiste tibétain ou mongol.

LAMACHOS, stratège athénien (v. 470-414 av. J.-C.). Il commanda avec Nicias et Alcibiade l'expédition athénienne en Sicile, et fut tué dans l'attaque de Syracuse.

LAMAGE n. m. Opération d'usinage consistant à lamer une pièce, en vue notamment d'y réaliser la surface d'appui d'un écrou, d'une rondelle, etc.

LAMAÏQUE adj. Relatif au lamaïsme.

LAMAÏSME n. m. (de *lama 2*). Forme particulière du bouddhisme au Tibet et en Asie centrale, consécutive à la réforme de Tsong-kha-pa et à l'établissement du pouvoir temporel des dalaï-lamas (XVIIe s.).

LAMAÏSTE adj. et n. Relatif au lamaïsme ; adepte du lamaïsme.

LAMALOU-LES-BAINS (34240), comm. de l'Hérault, au pied de l'Espinouse ; 2 220 hab. *(Lamalousiens).* Station thermale pour les affections nerveuses, les rhumatismes et les séquelles de traumatismes ostéo-articulaires.

LAMANAGE n. m. (anc. fr. *laman,* pilote, du néerl. *lootsman*). Opération d'amarrage d'un navire à quai, qui fait l'objet d'une concession.

LAMANEUR n. m. Ouvrier employé dans un port pour l'amarrage des navires.

LAMANTIN n. m. (moyen fr. *manati,* de l'esp. *manatí,* avec l'infl. de *se lamenter,* à cause des cris de l'animal). Mammifère (sirénien) des fleuves et des rivages de l'Atlantique tropical, strictement herbivore, chassé pour sa chair, vivant en troupeaux. (Les lamantins peuvent atteindre 3 m de long et un poids de 500 kg. Les femelles ont deux mamelles pectorales. On les introduit dans les canaux pour combattre la prolifération des végétaux.)

LAMARCHE (88320), ch.-l. de cant. du S.-O. du dép. des Vosges ; 1 270 hab. *(Lamarchois).* Église des XIIe-XIIIe s.

LA MARCHE (Olivier DE), chroniqueur et poète de la cour de Bourgogne (1425 -1502). Ses poèmes *le Chevalier délibéré, le Parement des dames,* comme ses *Mémoires,* célèbrent le faste de la cour de Bourgogne.

LAMARCHE (Gustave), poète et auteur dramatique canadien de langue française (Montréal 1895 - Joliette 1987). Religieux, clerc de Saint-Viateur, fondateur-directeur des *Carnets* viatoriens, membre fondateur de l'Académie canadienne-française, il a écrit des poèmes (*Palinods,* 1944) et des pièces de théâtre (*Jonathas,* 1935).

LA MARCK (Guillaume DE), baron **de Lumain,** surnommé **le Sanglier des Ardennes** (v. 1446 - Utrecht ou Maastricht 1485). À l'instigation de Louis XI, il souleva les Liégeois contre Charles le Téméraire (1468) et fit tuer leur évêque. Livré à Maximilien d'Autriche, il fut décapité.

LA MARCK (Évrard DE), prince-évêque de Liège et cardinal (Sedan 1472 - Liège 1538). Évêque (1505) puis cardinal (1521), il conclut un traité d'alliance avec les Pays-Bas (1513) et développa l'activité économique de la principauté de Liège.

LA MARCK (Auguste DE) → ARENBERG.

LAMARCK (Jean-Baptiste DE MONET, *chevalier* DE), naturaliste français (Bazentin, Somme, 1744 - Paris 1829). S'étant voué jeune à l'histoire naturelle, il emploie, le premier, dans *la Flore française* (1778), les clefs dichotomiques. Il publie ensuite l'*Encyclopédie botanique* et l'*Illustration des genres* (1783-1817). En 1793, il reçoit au Muséum la chaire des invertébrés et publie ses *Recherches sur les causes des principaux phénomènes physiques.* Il écrit ensuite : *Recherches sur l'organisation des êtres vivants* (1802) ; *Hydrogéologie* (1802) ; *Philosophie zoologique* (1809) ; *Système analytique des connaissances de l'homme* (1820) ; et, enfin, sa grande *Histoire* naturelle des animaux sans vertèbres* (1815-1822). Lamarck est le père du transformisme, par sa théorie de l'évolution, le lamarckisme. Il a été cependant longtemps méconnu. [Acad. des sc., 1795.]

LAMARCKIEN, ENNE adj. Relatif au lamarckisme ; partisan du lamarckisme.

LAMARCKISME n. m. Théorie exposée par Lamarck, en 1809, dans sa *Philosophie zoologique.*
ENCYCL. Pour Lamarck, le changement de milieu provoque celui des besoins, puis des habitudes, enfin des organes et des formes corporelles, du fait que tout organe se développe quand il fonctionne, s'atrophie s'il reste inutile. Ainsi s'expliquent le long cou de la girafe, les pattes palmées des oiseaux aquatiques, etc. Les acquis adaptatifs sont supposés transmissibles par hérédité. La science actuelle a établi qu'ils ne le sont pas, et le lamarckisme a été écarté au profit du darwinisme, selon lequel l'adaptation résulte de la « survivance des plus aptes ».

LA MARMORA (Alfonso FERRERO), général italien (Turin 1804 - Florence 1878). Il sauva Charles-Albert lors de l'émeute de Milan (1848) et réprima l'insurrection de Gênes (1849). Commandant des forces sardes en Crimée (1855) et pendant la campagne d'Italie de 1859, il fut président du Conseil en 1864. Il conclut l'alliance avec la Prusse contre l'Autriche et fut nommé lieutenant du roi à Rome après l'annexion de 1870. Il avait fait de l'armée l'instrument de l'unité italienne.

LAMARQUE (Jean Maximilien, *comte*), général et homme politique français (Saint-Sever 1770 - Paris 1832). Il servit lors des campagnes de la Révolution et de l'Empire. Proscrit en juill. 1815, de retour en France en oct. 1818, il fut élu député des Landes en 1828. Les funérailles de cet orateur brillant de l'opposition républicaine donnèrent lieu à l'insurrection républicaine des 5 et 6 juin 1832.

LAMARTINE (Alphonse DE PRÂT DE), poète et homme politique français (Mâcon 1790 - Paris 1869). Après avoir voyagé en Italie, servi dans les gardes du corps de Louis XVIII et vécu une liaison passionnée et tragique avec Julie Charles – qui lui inspirera *le Lac** –, il publie son premier recueil lyrique : *les Méditations* poétiques* (1820), qui le rend aussitôt célèbre. Salué comme un maître par la jeune génération romantique, il choisit néanmoins la carrière diplomatique et part pour Naples, en compagnie de son épouse anglaise Elisa Birch. Il revient à la poésie et publie les *Nouvelles Méditations poétiques* (1823), *la Mort de Socrate* (1823), *le Dernier Chant du pèlerinage d'Harold* (1825) et les *Harmonies* poétiques et religieuses* (1830). Il abandonne toute fonction, diplomatique lors de l'avènement de Louis-Philippe. Son voyage en Orient est assombri par la mort de sa fille Julia ; il publie deux chants d'une vaste composition épique (*Jocelyn**, 1836 ; *la Chute* d'un ange,* 1838) ainsi que ses *Recueillements poétiques* (1839). Député opposé au régime, il publie en 1847 une *Histoire des Girondins.* C'est lui qui proclame la république à l'Hôtel de Ville le 24 févr. 1848. Membre du gouvernement provisoire (1848), ministre des Affaires étrangères, il perd de son influence après les journées de Juin et essuie un échec retentissant aux élections présidentielles. Abandonnant la politique, il publie des travaux historiques, des récits autobiographiques (*Raphaël, les Confidences, Graziella**, 1849), et, pour payer ses dettes, son *Cours familier de littérature* (1856-1869). [Acad. fr., 1829.]

LAMASERIE n. f. Couvent de lamas.

LAMASSOU, nom akkadien d'un génie protecteur. On le figure aux portes des palais assyriens sous forme de bison ou de lion, ailé, avec une tête humaine portant la tiare à cornes de la divinité.

LAMASTRE (07270), ch.-l. de cant. de l'Ardèche, sur le Doux ; 2 770 hab. *(Lamastrois).* Ruines d'un château du XIIIe s. Église romane. Chaussures de sécurité.

LAMB (Charles), écrivain britannique (Londres 1775 - Edmonton 1834). Ami d'enfance de Coleridge, son emploi de bureaucrate le confronte à des types humains ininventables. Ayant obtenu la garde de sa sœur Mary, meurtrière de sa mère, il la fait participer aux *Contes tirés de Shakespeare* (1807). Aux *Spécimens des poètes dramatiques anglais au temps de Shakespeare* (1808) succèdent, de 1823 à 1833, *les Essais d'Elia,* exemple même de l'humour, qui lui vaudront la célébrité.

LAMB (William), 2e vicomte **Melbourne,** homme politique britannique (Londres 1779 - près de Hatfield 1848). Ministre de l'Intérieur (1830-1834), il réprima l'agitation sociale et celle de l'Irlande. Premier ministre (1834, 1835-1841), il exerça une grande influence sur la reine Victoria, dont il assura l'éducation politique.

LAMB (Willis Eugene), physicien américain (Los Angeles 1913). Il a précisé la structure fine du spectre de l'hydrogène et trouvé une méthode de mesure de la fréquence des transitions atomiques. (Prix Nobel de physique 1955.)

LAMBADAS → BANJARAS.

LAMBALLE n. f. Type de chaussure basse pour femme.

LAMBALLE (22400), ch.-l. de cant. des Côtes-d'Armor, à 20 km à l'E.-S.-E. de Saint-Brieuc ; 10 346 hab. *(Lamballais)*. Anc. capitale du comté de Penthièvre. Églises médiévales, dont Notre-Dame, des XIIe-XVe s. Musées. Haras national. Marché du bétail. Industries agroalimentaires.

LAMBALLE (Marie-Thérèse Louise DE SAVOIE-CARIGNAN, *princesse* DE) [Turin 1749 -Paris 1792]. Veuve à dix-huit ans du prince de Lamballe, fils du duc de Penthièvre, elle devint surintendante de la maison de Marie-Antoinette (1774), dont elle était l'amie. Arrêtée le 10 août 1792, enfermée au Temple puis à la Force, elle fut victime des massacres de Septembre.

LAMBARÉNÉ, v. du Gabon, ch.-l. de région, sur l'Ogooué ; 23 800 hab. Centre d'exploitations forestières et de l'industrie du bois. Hôpital fondé par le docteur Schweitzer.

LAMBDA n. m. **1.** Onzième lettre de l'alphabet grec (Λ, λ), correspondant au *l* français. — **2.** Papillon dont la chenille vit sur le trèfle, l'ortie, etc. — **3.** λ désigne la longueur d'onde d'un phénomène périodique.
◆ adj. inv. *Fam.* Qui ne se distingue par aucun trait remarquable, moyen, quelconque : *Individu lambda.*

LAMBDACISME n. m. (gr. *lambdakismos*). Syn. de LALLATION.

LAMBEAU n. m. (anc. fr. *label,* du frq. **labba,* bout d'étoffe). **1.** Morceau d'étoffe, de papier, d'une matière quelconque déchiré, détaché d'un tout : *Vêtement en lambeaux.* — **2.** Morceau de chair arraché : *Les vautours détachaient la chair par lambeaux.* — **3.** Fragment détaché d'un ensemble, débris, partie d'un tout : *Se disputer les lambeaux d'une fortune.* — **4.** Fragment de tissu vivant détaché accidentellement ou volontairement (greffe) pour recouvrir une perte de substance. — **5.** *Lambeau de charriage,* syn. de KLIPPE. ‖ *Lambeau de poussée,* portion de terrain arrachée par une nappe de charriage au cours de son déplacement. ‖ *Partir, tomber en lambeaux,* s'en aller par morceaux.

LAMBEAUX (Joseph, dit **Jef**), sculpteur belge (Anvers 1852 - Bruxelles 1908). L'influence de Jordaens se manifeste dans son réalisme sensuel et animé (*Fontaine de Brabo,* bronze, 1887, Anvers).

LAMBEL n. m. (anc. fr. *lambel,* lambeau). En héraldique, traverse horizontale placée en chef, d'où se détachent des pendants rectangulaires ou trapézoïdaux.

LAMBER (Juliette) → ADAM (Mme).

LAMBERSART (59130), comm. du Nord, banlieue de Lille, sur la Deûle ; 28 462 hab. *(Lambersartois).* Industries textiles.

LAMBERT *(saint),* évêque de Maastricht (Maastricht v. 635 - Liège v. 705/706). Assassiné, peut-être à l'instigation de Pépin de Herstal, il devint l'objet d'un culte considérable à Liège.

LAMBERT Ier (v. 880 - Marengo 898), empereur et roi d'Italie (892-898), duc de Spolète (Lambert II) [894-898]. Associé au pouvoir par son père Gui Ier (891), resté seul empereur en 894, il évinça Arnoul, roi de Germanie, et soumit Adalbert Ier, marquis de Toscane (898).

LAMBERT (John), général anglais (Calton, West Riding, Yorkshire, 1619 - île Saint Nicholas, détroit de Plymouth, 1684). Chef de l'armée du Nord (1647), il lutta efficacement contre les Écossais (1648-1651), et fut l'un des inspirateurs du protectorat de Cromwell (1653). Sous Richard Cromwell, il prit contact avec les partisans de Charles II, mais, pris de court par Monk (1660), il fut jeté en prison lors de la Restauration de Charles II.

LAMBERT (Anne Thérèse DE MARGUENAT DE COURCELLES, *marquise* DE), femme de lettres française (Paris 1647 - *id.* 1733). La Motte, Fontenelle et Montesquieu, entre autres, fréquentèrent son salon littéraire, élégant et raffiné. On lui doit des ouvrages de morale (*Avis d'une mère à sa fille et à son fils,* 1726-1728).

LAMBERT (Jean Henri), mathématicien alsacien (Mulhouse 1728 - Berlin 1777). Il a découvert des théorèmes géométriques intéressants sur les trajectoires des comètes. En cartographie, il a étudié l'application conforme de la sphère sur le plan. En physique, il a posé les fondements de la photométrie. En mathématiques, il a démontré l'irrationalité de π (1768), et étudié la perspective en développant la géométrie de la règle, et surtout la théorie des parallèles. Son *Neuer Organon* (1764) annonce Kant par sa théorie de la connaissance.

Lambert *(projection),* représentation plane conique conforme directe d'une sphère ou d'un ellipsoïde, introduite par J. H. Lambert en 1772 et utilisée prioritairement dans de nombreux pays, dont la France, pour le calcul des triangulations géodésiques et pour l'établissement des cartes topographiques.

Lambert *(hôtel),* à Paris, quai d'Anjou (île Saint-Louis). Construit en 1640 par Le Vau, il fut décoré par Le Sueur (cabinet de l'Amour et chambre des Muses, 13 panneaux au Louvre) et Le Brun (galerie d'Hercule, v. 1650, *in situ*).

LAMBESC (13410), ch.-l. de cant. des Bouches-du-Rhône, au pied occidental de la chaîne de la Trévaresse ; 6 768 hab. *(Lambesquais).* Monuments du XIVe au XVIIe s.

LAMBÈSE → TAZOULT.

Lambeth *(conférences de),* assemblées des évêques anglicans se tenant, tous les dix ans, depuis 1867, dans le palais londonien de l'archevêque de Canterbury. Ces conférences ont joué un grand rôle dans l'histoire de l'œcuménisme.

LAMBI n. m. (p.-ê. de *alambic*). Autre nom du *strombe.*

LAMBIC ou **LAMBICK** n. m. (flam. *lambiek*). Bière forte de Belgique, fabriquée avec du malt et du froment cru par fermentation spontanée.

LAMBIN, E adj. et n. (p.-ê. de *Lambin,* n. pr., forme fam. de *Lambert ;* ou de *lambeau*). *Fam.* Qui agit avec lenteur, qui manque de vivacité, de dynamisme.

LAMBIN (Denis), humaniste français (Montreuil-sur-Mer 1516 - Paris 1572). Professeur de grec au Collège de France (1560-1572) et latiniste émérite, il édita des auteurs latins.

LAMBINER v. i. (de *lambin*) [conj. 3]. *Fam.* Agir avec lenteur, sans énergie ni vivacité, s'attarder dans l'action.

LAMBLIASE n. f. Syn. de GIARDIASE.

LAMBOURDE n. f. (anc. fr. *laon,* planche, du frq. **lado,* et *bourde,* poutre). **1.** Rameau court des pommiers et des poiriers, terminé par un bouton à fruit. — **2.** Poutre fixée le long d'un mur pour recevoir les solives d'un plancher. — **3.** Frise de 27 ou 34 mm d'épaisseur et de 80 mm de large, servant à régler et fixer les lames bouvetées d'un parquet.

LAMBREQUIN n. m. (de *lambeau* et suff. dimin. néerl. *kjin*). **1.** Bande d'étoffe festonnée par le bas dont on décore les cantonnières de baies, les ciels de lit. — **2.** Ornement d'étoffe tombant du cimier du heaume (XIIIe-XVIe s.). — **3.** Plaque allongée, souvent découpée de façon décorative, utilisée, au XIXe s. surtout, pour dissimuler les gouttières autour d'un toit, le rouleau d'un store en haut d'une fenêtre. — **4.** *Décor de lambrequins,* frise de broderies concentriques ornant, à partir de la fin du XVIIe s., les faïences de Rouen et de Delft et reprises ensuite par Lille, Strasbourg, etc. (Également utilisé en reliure.)

◆ **lambrequins** n. m. pl. En héraldique, longs rubans partant du heaume et entourant l'écu.

LAMBRES-LEZ-DOUAI (59552), comm. du Nord, banlieue sud de Douai, sur la Scarpe ; 5 065 hab. Industrie automobile.

LAMBRIS [lɑ̃bri] n. m. (de *lambrisser*). **1.** Revêtement intérieur des murs d'un local en menuiserie, voire en plaques de marbre, en stuc, etc. — **2.** Revêtement similaire de plafond. — **3.** Nom donné, dans le commerce du bois, à des lames de bois, profilées, rainées et bouvetées, destinées au lambrissage. — **4.** Litt. *Lambris dorés,* habitation riche, palais.

LAMBRISSAGE n. m. Action de lambrisser ; ensemble des lambris d'une pièce.

LAMBRISSER v. t. (lat. médiév. *lambruscare,* du lat. pop. **lambrusca,* vigne sauvage) [conj. 3]. Revêtir de lambris.

◆ **être lambrissé** v. pass. *Charpente lambrissée,* charpente de toiture garnie, à sa partie inférieure, d'un lambris qui constitue une *fausse voûte.*

LAMBRUSCO n. m. (de *Lambrusco,* n. pr.). Vin rouge italien, pétillant, produit en Émilie.

LAMBRUSQUE n. f. (lat. pop. *lambrusca,* du lat. class. *labrusca*). Vigne sauvage donnant des fruits, que l'on rencontre encore dans certaines forêts d'Europe.

LAMBSWOOL [lɑ̃bswul] n. m. (angl. *lamb's wool,* de *lamb,* agneau, et *wool,* laine). **1.** Laine très légère donnée par des agneaux de 6 à 8 mois. — **2.** Tissu fabriqué avec cette laine.

LAMBTON (William), géodésien britannique (Grosby Grange, Yorkshire, 1756 - Hinganghat, Inde, 1823). Militaire de carrière, il fut l'initiateur des travaux géodésiques de l'Inde au XIXe s.

LAMBTON (John George), lord **Durham** → DURHAM.

1. LAME n. f. (lat. *lamina*). **1.** Morceau de métal ou d'autre matière dure, plat et étroit : *Une lame d'acier.* — **2.** Partie, généralement métallique, d'un instrument ou d'un outil propre à couper, à scier, à trancher, à raser, à gratter : *Lame de rasoir. Lame d'une scie.* — **3.** *Litt.* Épée : *Une fine lame.* — **4.** *En lame de couteau,* se dit d'un visage maigre et allongé. • **Anat.** *Lame perpendiculaire,* partie verticale de l'ethmoïde, qui sépare les fosses nasales. (Elle constitue la partie haute de la cloison nasale.) ‖ *Lame vertébrale,* partie osseuse formant l'arc postérieur des vertèbres, entre l'apophyse articulaire et l'apophyse épineuse. — **Autom.** *Lame de ressort,* barre méplate laminée cintrée dont la réunion en faisceau constitue l'élément élastique des suspensions de nombreux véhicules routiers. — **Bât.** Chacun des éléments, en bois, en aluminium, etc., fixes ou mobiles, qui garnissent une persienne, une jalousie, un store vénitien. ‖ *Lame de parquet,* chacune des lames de bois, usinées à rainure et languette, dont l'assemblage constitue un parquet. — **Brod.** Métal aplati en une lame d'or ou d'argent, employé dans les broderies précieuses (guipé et couchure) et dans la fabrication des étoffes lamées brochées. – **Embryol.** *Lame dentaire,* bourrelet épithélial, qui s'étend sur toute la longueur de la mâchoire de l'embryon humain et dont le bord libre donne naissance aux bourgeons dentaires. – **Géol.** *Lame mince,* lame de roche à faces parallèles, d'une épaisseur standard de 0,03 mm, obtenue par sciage et polissage et destinée à l'observation microscopique. (Syn. PLAQUE MINCE.) – **Histol.** *Lame basale,* feuillet de substance riche en mucopolysaccharides et en collagène, situé sous la surface de nombreuses cellules. – **Jeux.** Carte du jeu de tarot. – **Opt.** *Lame (porte-objet),* rectangle de verre sur lequel on dépose les objets à examiner au microscope, recouverts d'une lamelle. ‖ *Lame à faces parallèles,* lame de verre limitée par deux faces planes parallèles. (Une telle lame ne dévie pas un rayon lumineux, mais lui donne un déplacement latéral.) – **Outill.** Partie cylindrique d'un tournevis, dont l'extrémité (aplatie, cruciforme, etc.) s'adapte à la tête de la vis. – **Préhist.** Éclat de roche dure dont la longueur excède le double de la largeur. (Les lames sont surtout caractéristiques du paléolithique supérieur.) – **Text.** Cadre supportant les lisses du métier à tisser. – **Usin.** Outil à large arête coupante utilisé pour l'usinage en bout des surfaces de révolution ou pour le calibrage de portées cylindriques (lame d'alésage).

2. LAME n. f. (de *lame 1*). **1.** Surélévation de la surface de la mer entre deux creux de vague ou de houle successifs. (Suivant les conditions dans lesquelles elle se présente, la lame est *courte, dure, longue, grosse.*) – **2.** *Lame de fond,* lame de forte amplitude ; phénomène brutal et violent qui apporte des bouleversements importants.

LAMÉ n. m. (de *lame 1*). **1.** Tissu lamé : *Une robe en lamé.* – **2.** Broderie exécutée au passé avec de la lame.

LAMÉ (Gabriel), ingénieur et mathématicien français (Tours 1795 - Paris 1870). Il dirigea avec Clapeyron, en Russie (1820), les travaux de viabilité projetés par Alexandre Ier. De retour en France (1832), il prit une part active à l'établissement des chemins de fer de Paris à Saint-Germain et de Paris à Versailles. Il a introduit les quadriques homofocales en géométrie et en physique mathématique.

LAMECH ou **LAMEK,** patriarche biblique, fils de Mathusalem et père de Noé.

LAME-CHARGEUR n. f. (pl. *lames-chargeurs*). Plaque métallique groupant 3 ou 5 cartouches, permettant d'accélérer le remplissage du magasin d'un fusil.

LA MEILLERAYE (Charles DE LA PORTE, *marquis,* puis *duc* DE), maréchal de France (Paris 1602 - *id.* 1664). Cousin de Richelieu, il se distingua dans la guerre de siège, notamment dans les opérations contre Perpignan (1642) et contre Bordeaux (1650).

LAMELLAIRE adj. **1.** Se dit de la structure d'une substance macromoléculaire formée de feuillets parallèles (par ex. graphite, talc, mica). – **2.** Se dit d'un tissu organique constitué de lamelles. (Syn. LAMELLEUX.) – **3.** Syn. de BIDIMENSIONNEL.

LAMELLATION n. f. Technique de reconstitution d'éléments en bois (planches ou placages), que l'on superpose, le plus souvent à fil parallèle, et qui sont collés.

LAMELLE n. f. (lat. *lamella*). **1.** Petite lame, feuillet : *Des lamelles de mica.* – **2.** Fine tranche : *Couper des oignons en lamelles.* – **3.** Chacune des lames rayonnantes qui portent l'hyménium sporifère des champignons, au-dessous du chapeau. – **4.** Syn. de COUVRE-OBJET. – **5.** *Lamelle branchiale,* partie de la branchie des poissons au niveau de laquelle s'effectuent les échanges respiratoires. ‖ *Lamelle moyenne,* couche, de nature pectique, située entre les parois cellulosiques de deux cellules végétales contiguës.

LAMELLÉ, E adj. Se dit d'un bois reconstitué par lamellation.

LAMELLÉ-COLLÉ n. m. (pl. *lamellés-collés*). Élément, pièce en bois lamellé.

LAMELLEUX, EUSE adj. Syn. de LAMELLAIRE.

LAMELLIBRANCHE n. m. Syn. de BIVALVE.

LAMELLICORNE adj. et n. m. Se dit d'un coléoptère dont les antennes portent un éventail de lamelles (hanneton).

LAMELLIFORME adj. En forme de lamelle.

LAMELLIROSTRE adj. Se dit d'un oiseau, tel le canard, dont le bec porte des lamelles transversales pour filtrer l'eau.

LA MENNAIS (Jean-Marie DE), prêtre français (Saint-Malo 1780 - Ploërmel 1860). Frère aîné de Félicité, sur qui il eut une grande influence mais de qui il se sépara après la publication des *Paroles d'un croyant* (1834). Il fonda, entre autres, la congrégation des Frères de l'Instruction chrétienne, dits de Ploërmel (1817).

LA MENNAIS ou **LAMENNAIS** (Félicité DE), écrivain et penseur français (Saint-Malo 1782 - Paris 1854). Fortement influencé par son frère Jean-Marie, il devient très vite un champion de l'antigallicanisme. À peine ordonné prêtre (1816), il se rend célèbre avec l'*Essai sur l'indifférence en matière de religion* (1817-1823) : il devient alors l'un des flambeaux de l'ultramontanisme. Il occupe les dix dernières années de la Restauration à stigmatiser toutes les atteintes à la liberté de l'Église et des chrétiens, se faisant même le partisan de la séparation de l'Église et de l'État. Il crée, après la révolution de 1830, le journal *l'Avenir* et l'*Agence générale pour la défense de la liberté religieuse,* en liaison, notamment, avec Lacordaire et Montalembert. Cependant, violemment attaqué par l'épiscopat gallican et considéré, dans l'Europe de la Contre-Révolution, comme un dangereux agitateur, La Mennais, au cours d'un voyage à Rome, ne reçoit de Grégoire XVI que de vagues encouragements, prélude à une condamnation de fait par l'encyclique *Mirari vos* (1832). D'abord soumis, La Mennais éclate, en 1834, dans *Paroles d'un croyant,* ouvrage aux allures prophétiques que condamne aussitôt l'encyclique *Singulari nos :* la rupture avec Rome est consommée. Désormais, La Mennais s'abandonnera, journaliste, écrivain, représentant du peuple en 1848, à un socialisme généreux et à un évangélisme romantique qui le rendront très populaire.

LAMENTABLE adj. (lat. *lamentabilis,* déplorable). **1.** Qui inspire de la pitié ; pitoyable : *Il était lamentable après la mort de sa femme.* — **2.** *Litt.* Qui exprime une lamentation ; éploré : *Cris lamentables.* — **3.** Mauvais, faible, au point d'exciter une pitié méprisante : *Une lamentable affaire d'escroquerie.*

LAMENTABLEMENT adv. De façon lamentable : *Il a lamentablement échoué.*

LAMENTATION n. f. (lat. *lamentatio, -onis*). **1.** Plainte prolongée et accompagnée de gémissements et de cris. — **2.** Paroles exprimant un vif regret, une grande douleur : *Se répandre en lamentations.*

◆ **lamentations** n. f. pl. Versets extraits des textes du prophète Jérémie, chantés à l'office des Ténèbres les jeudi, vendredi (et autrefois le samedi) saints. (Les grands maîtres franco-flamands [Lassus, Le Jeune] en ont donné des compositions polyphoniques, suivis par Palestrina, Victoria, Allegri, avant qu'elles ne deviennent monodiques.)

LAMENTER (SE) v. pr. (bas lat. *lamentare,* gémir, du lat. class. *lamentari*) [conj. 3]. Se plaindre avec gémissements et pleurs ; se désoler, récriminer : *Se lamenter d'avoir à faire une chose pénible.*

Lament For Ignacio Sánchez Mejías, « modern dance work » de Doris Humphrey, inspiré par un poème de F. García Lorca, sur une musique de Norman Lloyd, créé à New York en 1947.

LAMENTIN (97129), comm. de la Guadeloupe, dans le nord de la Basse-Terre ; 11 429 hab. Source thermale.

LAMENTIN (Le) [97232], comm. de la Martinique, à l'E. de Fort-de-France ; 30 596 hab. Aéroport international.

LAMENTO [lamɛnto] n. m. (ital. *lamento,* plainte). Chant de tristesse et de déploration souvent utilisé dans le madrigal, la cantate, l'opéra italien.

LAMENTU n. m. (corse *lamentu,* lamentation). Chant funèbre corse.

LAMER v. t. (de *lame 1*) [conj. 3]. **1.** Exécuter de la broderie de lame. — **2.** Dresser une surface, notamment perpendiculaire à l'axe d'un trou et disposée autour de celui-ci, au moyen d'une lame tournante ou avec une fraise ou un foret spéciaux.

◆ **être lamé** v. pass. **1.** En parlant d'un tissu, d'une étoffe, être orné de minces lames d'argent ou d'or. — **2.** En parlant d'un tissu, être exécuté à partir de fils de polyester qui lui donnent un aspect métallisé. — **3.** *Fil lamé,* fil obtenu par retordage de fils textiles et de fil métallique, sous forme de lame.

LA MÉSANGÈRE (Pierre Antoine LEBOUX DE), polygraphe français (Pontigné, Maine-et-Loire, 1761 - Paris 1831). Il dirigea le *Journal des dames et des modes* (1802), dont les planches, sous la rubrique « Costumes parisiens de la fin du XVIIIe s. et du commencement du XIXe », constituent un répertoire précieux, que complètent ses *Observations sur les modes et usages de Paris* (1822).

LAMETH (Alexandre Théodore Victor, *comte* DE), général et homme politique français (Paris 1756 - Busagny, près de Pontoise, 1854). Député du Jura (août 1791), il vota contre la guerre et protesta contre les massacres de Septembre. Destitué, il se réfugia en Allemagne (1798). De retour en France après le 18-Brumaire, il fut élu député de la Somme pendant les Cent-Jours. — Son frère CHARLES, comte **de Lameth,** général et homme politique (Paris 1757 - *id.* 1832), fut élu député de la noblesse d'Artois et fit voter, après Varennes, des mesures contre le roi. Général démissionnaire après le 10 août, il se réfugia à Hambourg et, de retour en France après le 18-Brumaire, combattit en Espagne. Il fut député de Seine-et-Oise en 1829. — ALEXANDRE, comte **de Lameth,** frère des précédents, général et homme politique (Paris 1760 - *id.* 1829), député de la noblesse de Péronne (1789), forma avec Barnave et Du Port le « triumvirat » qui s'opposa à Mirabeau. Il émigra avec La Fayette et fut interné par les Autrichiens jusqu'en 1797. Rentré en France après le 18-Brumaire, il fut député de la Seine-Inférieure sous la Restauration et siégea parmi les libéraux.

LA METTRIE (Julien OFFRAY DE), médecin et philosophe français (Saint-Malo 1709 -Berlin 1751). Médecin des gardes-françaises (1742), il prit part aux batailles de Fontenoy et de Dettingen. La publication de son ouvrage matérialiste

Histoire naturelle de l'âme (1745) lui fit perdre sa place ; il ne trouva un refuge qu'auprès de Frédéric II. La Mettrie a écrit des ouvrages de médecine, dont *Politique de médecine* (1746), brûlé sur l'ordre du parlement. Il appliquait aux hommes la théorie cartésienne de l'animal-machine (*l'Homme-machine,* 1748).

LAMEZIA TERME, v. d'Italie, en Calabre, sur la mer Tyrrhénienne ; 63 000 hab. Pétrochimie.

LAMI (Eugène), peintre, dessinateur et lithographe français (Paris 1800 - *id.* 1890). Illustrateur fécond, aquarelliste de talent, il excella dans les scènes de mœurs élégantes (musée Condé, Chantilly). Tableaux historiques à Versailles.

LAMÍA, v. de Grèce, ch.-l. de nome de Phtiotide, près du *golfe de Lamía ;* 42 000 hab. Centre commercial sur l'autoroute Athènes-Thessalonique.

LAMIACÉE n. f. (lat. *lamium,* ortie). Syn. de LABIÉE.

LAMIALE n. f. (lat. *lamium,* ortie). Nom d'ordre donné aux labiées.

lamiaque *(guerre),* dite aussi **guerre hellénique** (323-322 av. J.-C.). À la mort d'Alexandre (323), les cités grecques, à l'exception du Péloponnèse, se soulevèrent contre l'autorité macédonienne et contraignirent Antipatros à s'enfermer dans Lamia. Les insurgés furent battus sur mer à Abydos et à Amorgos, sur terre, à Crannon (322), par Cratère. Démosthène dut s'empoisonner, et Hypéride fut exécuté.

LAMIE n. f. (lat. *lamia,* du gr. *lamia,* monstre féminin). **1.** Dans la mythologie antique, monstre femelle à queue de serpent, qui dévorait les enfants. — **2.** Grand requin de l'Atlantique nord atteignant 4 m de long, poursuivant en troupes les bancs de poissons, chassé pour son cuir, son foie huileux et sa chair. (La lamie, appelée aussi *touille* ou *requin-taupe,* est vivipare.)

1. LAMIER n. m. (lat. sc. mod. *lamium*). Herbe (labiée) à tige carrée, aux fleurs à deux lèvres dont la supérieure est allongée et recourbée, telle que l'ortie blanche ou l'ortie jaune.

2. LAMIER n. m. (de *lame 1*). Ajusteur assurant le montage des lames sur les métiers à tisser et chargé de leur réparation.

LAMIFICATION n. f. Opération consistant en l'assemblage de strates imprégnées.

LAMIFIÉ, E adj. Syn. de STRATIFIÉ.

◆ **lamifié** n. m. **1.** Appellation commerciale d'un stratifié décoratif. (Cette appellation est réservée à un groupe de producteurs.) — **2.** Plaque composite obtenue par lamification.

LAMINAGE n. m. **1.** Action de laminer un métal. (→ *encycl.*) — **2.** Action de laminer, de diminuer, de réduire ; fait d'être laminé, rogné : *Le laminage des revenus.* — **3.** Rétrécissement d'une veine fluide. — **4.** Opération mécanique remplaçant le battage au marteau pour aplanir les feuillets d'un livre à relier. — **5.** En textile, syn. de ÉTIRAGE. — **6.** Procédé consistant à faire passer le verre fondu entre deux cylindres lamineurs, et permettant d'obtenir la glace brute ou les verres coulés. — **7.** *Laminage d'une crue,* effet atténuateur exercé sur une crue, par stockage d'une section de contrôle (réservoir, élargissement ou rétrécissement de vallée).

ENCYCL. **Métall.** Le laminage a pour effet d'une part d'augmenter la longueur du produit et de diminuer sa section, d'autre part de modifier sa structure métallurgique ainsi que sa texture cristallographique (orientation des grains), et donc ses propriétés d'emploi. Cette opération se fait en continu par passes successives entre les cylindres d'un laminoir*, à des températures comprises entre 950 °C et 1150 °C. L'acier peut aussi être laminé à froid lorsque l'épaisseur des produits est inférieure à 2 mm, cette technique impliquant des recuits intermédiaires. Avec des cylindres rectifiés, on obtient des produits de haute qualité et de présentation parfaite.

1. LAMINAIRE adj. (lat. *lamina,* lame). Se dit de l'écoulement d'un fluide lorsqu'il s'effectue par glissement des couches de fluide les unes sur les autres, sans échange de particules entre elles.

ENCYCL. Le régime laminaire correspond à une valeur faible du nombre de Reynolds*, c'est-à-dire à l'écoulement lent d'un fluide visqueux. On l'observe toujours dans la couche-limite*, au voisinage immédiat d'une paroi en contact avec un fluide en mouvement. La dissipation d'énergie qu'il occasionne est très inférieure à celle observée en régime turbulent.

2. LAMINAIRE n. f. (de *laminaire 1*). Algue marine brune, fixée aux rochers par des crampons, et formée d'un long stipe cylindrique suivi d'une large lame.

ENCYCL. Les laminaires sont communes dans les mers froides, à partir de la zone inférieure des marées. Elles sont comestibles, peuvent servir de fourrage ainsi que d'engrais et fournir de l'iode, de la lessive et des alginates.

— **Pharm.** La laminaire chirurgicale est préparée avec le pédoncule ou stipe de *L. cloustoni.* Elle se présente sous forme d'un cylindre rigide. On utilise sa propriété d'augmenter de volume au contact d'un milieu humide pour dilater le col de l'utérus.

LAMINAL, E, AUX adj. et n. f. (lat. *lamina,* lame). Se dit d'une unité phonique articulée à l'aide du pourtour antérieur de la langue (par ex. les consonnes anglaises [tʃ] et [dʒ]).

LAMINARIALE n. f. Algue brune (phéophycée), caractérisée par sa reproduction au cours de laquelle alternent un gamétophyte nain et un grand sporophyte, par son anatomie très complexe et par ses éléments sécréteurs de mucilages. (Les *laminariales,* qui forment un ordre, sont utilisées pour la fabrication des alginates. On cultive surtout le genre *macrocystis,* sur supports artificiels.)

LAMINE n. f. (lat. *lamina,* lame). Élément fondamental de tout dépôt sédimentaire, de quelques micromètres à quelques millimètres d'épaisseur.

LAMINÉ n. m. Produit sidérurgique obtenu par passage au laminoir.

ENCYCL. On distingue les demi-produits (blooms, billettes, brames), obtenus par dégrossissage d'un lingot et destinés à être transformés par forgeage ou laminage, des produits finis, tels que barres, profilés, tôles ou feuillards.

LAMINECTOMIE n. f. (lat. *lamina,* lame). Résection d'une ou plusieurs lames vertébrales, premier temps d'une opération sur la moelle épinière.

LAMINER v. t. (lat. *lamina,* lame) [conj. 3]. **1.** Faire subir à un produit, en général métallique, une déformation permanente par passage entre deux cylindres d'axes parallèles et tournant en sens inverse. – **2.** Rogner qqch, le diminuer, jusqu'à ce qu'il n'en reste plus grand-chose : *On a laminé les salaires.* – **3.** Ruiner la santé de qqn, ses forces physiques ou psychiques. – **4.** Rétrécir une veine fluide.

◆ **être laminé** v. pass. **1.** Être obtenu par laminage. – **2.** En parlant d'un papier ou d'un carton, avoir été passé dans un laminoir.

LAMINEUR, EUSE adj. Qui lamine.

◆ **lamineur** n. m. Ouvrier qui conduit les opérations de laminage.

◆ **lamineuse** n. f. Machine de formage du verre plat essentiellement constituée de deux cylindres refroidis, en acier spécial, suivis de tablettes ou rouleaux porteurs.

LAMINEUX adj. m. (bas lat. *laminosus,* qui se divise en lames). *Tissu lamineux,* tissu conjonctif lâche, disposé en lames parallèles entres les tissus nobles pour faciliter leurs déplacements relatifs.

LAMINOIR n. m. (de *laminer*). **1.** Machine destinée à laminer un produit métallurgique par passage entre deux cylindres ; installation métallurgique comprenant un certain nombre de ces machines. (→ *encycl.*) – **2.** Type de calandre comprenant essentiellement deux rouleaux en fonte dont l'intervalle peut être réglé de façon à donner au papier ou au carton une épaisseur régulière. – **3.** Appareil formé de deux cylindres, dans lequel on passe les feuilles du livre à relier. – **4.** Fam. *Passer au laminoir,* être soumis à de dures épreuves.

ENCYCL. **Métall.** Un laminoir se compose de cylindres en fonte ou en acier à axes horizontaux, dont les extrémités reposent dans des coussinets supportés par un bâti vertical, appelé « cage » du laminoir. Les cylindres sont entraînés par un moteur électrique et le réglage de leur position respective s'effectue à l'aide d'une vis de pression commandée manuellement ou mécaniquement.

La disposition des cylindres dans la cage varie. Les cages *duo* comportent deux cylindres entraînés par un moteur réversible, permettant plusieurs passes successives dans la même cage. Les cages *trio* comportent trois cylindres et permettent deux passes sans inversion du sens de rotation du moteur. Les cages *double duo* comportent deux cages duo travaillant en sens inverse.

Les produits longs sont généralement laminés en continu par passage dans des cages successives et rotation de 90° entre deux passes (blooming). Pour les produits plats, on distingue le *slabbing,* les *laminoirs à tôles fortes, continus* ou *planétaires.* Les *laminoirs transversaux* mettent en forme, par roulage, des pièces axisymétriques et les *laminoirs à poudre* compriment des boudins de poudre métallique destinés au frittage.

LAMIZANA (Sangoulé), officier et homme d'État burkinabé (Tougan 1916). Chef d'état-major de l'armée en 1964, il destitua le président Yaméogo en 1966 et fut président de la République de Haute-Volta (1966-1980) jusqu'au coup d'État du colonel Saye Zerbo.

LAMNIDÉ n. m. (gr. *lamna,* requin). Syn. de ISURIDÉ.

LAMOIGNON (Guillaume DE), magistrat français (Paris 1617 - *id.* 1677). Premier président du parlement de Paris (1658), il présida la Chambre de justice qui instruisit le procès de Fouquet (1662) et contribua à l'élaboration des ordonnances civile et criminelle (1670). – Son fils CHRÉTIEN FRANÇOIS (Paris 1644 - *id.* 1709), président à mortier au parlement de Paris (1698-1706), fut ami de Boileau, qui lui adressa sa sixième *Épître.* – CHRÉTIEN FRANÇOIS (Paris 1735 - *id.* 1789), arrière-petit-fils du précédent, président à mortier du parlement de Paris (1758), garde des Sceaux (1787), fut l'instigateur de la réforme des parlements qu'il fit remplacer par des grands bailliages (mai 1788). – NICOLAS **de Lamoignon de Bâville** → BÂVILLE. – GUILLAUME **de Lamoignon de Blancmesnil** (Paris 1683-id. 1772), fils de Chrétien François, fut chancelier de France de 1750 à 1768. – CHRÉTIEN GUILLAUME **de Lamoignon de Malesherbes** → MALESHERBES.

Lamoignon (*hôtel d'Angoulême,* dit **hôtel**), à Paris, dans le Marais, rue Pavée. Bâti en 1584, propriété de la Ville de Paris depuis 1928 et augmenté d'une aile, il abrite la Bibliothèque historique de la Ville de Paris.

LA MOLE ou **LA MOLLE** (Joseph Boniface DE), gentilhomme français († Paris 1574). Ayant organisé avec Coconnat une conjuration contre Charles IX, il fut décapité avec son complice en place de Grève (avr. 1574).

LA MONNOYE (Bernard DE), érudit et poète français (Dijon 1641 - Paris 1728), auteur d'un recueil de *Noëls bourguignons* (1701), publiés sous le nom de **Gui Barezai.** (Acad. fr., 1713.)

Lamont-Doherty Geological Observatory, institution de recherches nord-américaine (Palisades, banlieue de New-York), fondée en 1949 par William Maurice Ewing à l'université de Columbia et surtout orientée vers les problèmes de géophysique et de géologie marines.

LAMORICIÈRE (Christophe Louis Léon JUCHAULT DE), général et homme politique français (Nantes 1806 - château de Prouzel, près d'Amiens, 1865). Figure légendaire de l'armée d'Afrique, il reçut en 1847 la soumission d'Abd el-Kader. Député de Mamers, ministre de la Guerre (juin 1848), il fut arrêté lors du coup d'État du 2 déc. 1851 et exilé pendant 7 ans. En 1860, il passa au service du pape mais, vaincu à Castelfidardo, il dut capituler à Ancône.

LAMORLAYE (60260), comm. de l'Oise, sur la lisière sud de la forêt de Chantilly ; 7 748 hab. (→ *le* LYS-CHANTILLY.)

LA MOTHE-HOUDANCOURT (Philippe, *comte* DE), duc **de Cardona,** maréchal de France (1605 - Paris 1657). Vice-roi de Catalogne (1642), il fut vaincu par les Espagnols à Lérida (1644), puis il défendit en vain Barcelone en 1652.

LA MOTHE LE VAYER (François DE), écrivain et philosophe français (Paris 1588 - *id.* 1672). Prônant le scepticisme (*Cinq Dialogues faits à l'imitation des Anciens,* 1630-31), hostile au jansénisme (*la Vertu des païens,* 1641), il s'opposa à Vaugelas et aux puristes (*Considérations sur l'éloquence française de ce temps,* 1637). Précepteur du Dauphin, historiographe de France, il s'intéressa au pyrrhonisme et au rationalisme (*l'Hexameron rustique,* 1671). [Acad. fr., 1639.]

LA MOTTE (Jeanne DE VALLOIS-SAINT-REMY, *comtesse* DE), aventurière française (Fontette, Aube, 1756 - Londres 1791). Descendante d'un bâtard d'Henri II, elle fut l'instigatrice de l'affaire du Collier*, à l'issue de laquelle elle fut condamnée à la détention perpétuelle (mai 1786) ; elle s'évada l'année suivante.

LAMOTTE-BEUVRON (41600), ch.-l. de cant. de Loir-et-Cher, sur le Beuvron, en Sologne ; 4 296 hab. Anc. château des XVIe-XVIIIe s. Constructions électriques.

LA MOTTE-FOUQUÉ (Friedrich, *baron* DE), écrivain allemand (Brandebourg 1777 - Berlin 1843), auteur de drames, de romans et d'un conte célèbre : *Ondine** (1811), dont Giraudoux tira une pièce.

LA MOTTE-PICQUET (Toussaint Guillaume, *comte* PICQUET DE LA MOTTE, connu sous le nom de), marin français (Rennes 1720 - Brest 1791). Chef d'escadre (1778), il dégagea au large de la Martinique un convoi attaqué par l'amiral Parker (1779). Il captura 26 navires à l'amiral Rodney (1781).

LAMOUR (Jean), ferronnier français (Nancy 1698 - *id.* 1771). Il est l'auteur, à Nancy, des grilles de la place Stanislas, achevées en 1758, et de la rampe du grand escalier de l'hôtel de ville. Maître du style rocaille, il a publié en 1767 un *Recueil* gravé d'après ses dessins.

LAMOUR (Jean-François), escrimeur français (Paris 1956), champion olympique du sabre en 1984 et 1988 et champion du monde en 1987.

LAMOURETTE (Antoine Adrien), homme politique français (Frévent, Pas-de-Calais, 1742 - Paris 1794). Évêque constitutionnel de Rhône-et-Loire (févr. 1791), puis député à la Législative, il demanda à la tribune l'union de tous devant l'invasion et amena les députés à se donner l'accolade (scène du *baiser Lamourette,* 7 juill. 1792). Il fut exécuté sous la Terreur.

LAMOUREUX (Charles), violoniste et chef d'orchestre français (Bordeaux 1834 - Paris 1899). Premier chef d'orchestre de l'Opéra (1877), il fonda, en 1881, la société des Nouveaux Concerts, qui devait prendre son nom.

LAMOUTES → TOUNGOUSES.

LAMPADAIRE n. m. (lat. médiév. *lampadarium*). Dispositif d'éclairage d'appartement ou de la voie publique, à une ou plusieurs lampes, aujourd'hui électriques, montées sur un support élevé.

LAMPANG, v. de la Thaïlande, ch.-l. de la prov. du même nom ; 51 340 hab.

LAMPANT, E adj. et n. m. (provenç. *lampa,* briller). Se dit d'un produit pétrolier propre à alimenter une lampe à flamme.

LAMPARO n. m. (provenç. *lamparo*). **1.** Lampe placée à l'avant du bateau dont on se sert dans la pêche à feu. — **2.** Bateau à bord duquel on pratique cette pêche. — **3.** *Pêche au lamparo,* syn. de PÊCHE À FEU*.

LAMPAS [-pa] n. m. (frq. **labba,* flambeau). **1.** À l'origine, soierie orientale, généralement à grands dessins. — **2.** Tissu façonné, en soie, à riches décors formés par des flottés de trame régulièrement liés par une chaîne supplémentaire dite de liage. — **3.** Nom commercial de diverses espèces de coquilles marines.

LAMPASSÉ, E adj. (anc. fr. *lampas,* gonflement de la muqueuse). En héraldique, se dit d'un quadrupède dont la langue est d'un émail particulier. (Syn. LANGUÉ.)

LAMPAUL-GUIMILIAU (29400), comm. du Finistère, dans le Léon, au S.-E. de Landivisiau ; 2 051 hab. Église des XVIe-XVIIe s., avec important mobilier (« poutre de gloire », retables sculptés...).

LAMPE n. f. (bas lat. *lampada,* du lat. class. *lampas, -adis,* du gr. *lampas, -ados*). **1.** Source de rayonnement construite en vue de produire de la lumière visible ou des rayonnements infrarouges ou ultraviolets. — **2.** Appareil d'éclairage constitué par l'ampoule et l'appareillage ; luminaire. — **3.** Partie du luminaire qui produit la lumière : *Griller une lampe.* — **4.** Dispositif produisant une flamme : *Lampe à alcool. Lampe à souder.* — **5.** *Lampe de poche,* boîtier équipé d'une pile et d'une ampoule électrique. ‖ Pop. *S'en mettre plein la lampe,* manger et boire abondamment. • **Cosmét.** *Lampe à bronzer* ou *lampe solaire,* lampe à radiations d'ultraviolets, qui permet de bronzer sans soleil. — **Éclair.** *Lampe à essence,* récipient bourré de coton ou de feutre qu'on imprègne d'essence, et dans lequel une mèche de coton sert de conducteur capillaire au combustible. ‖ *Lampe à huile,* récipient contenant de l'huile et une mèche à l'extrémité de laquelle l'huile, montant par capillarité, vient brûler. ‖ *Lampe à pétrole,* récipient contenant du pétrole qui, montant par capillarité à l'aide d'une mèche, vient brûler au-dessus d'une chambre vide percée de trous pour le passage de l'air qui active la combustion. — **Électr.** *Lampe à arc,* lampe à décharge électrique dans laquelle la lumière est émise par une décharge en arc ou par des électrodes. ‖ *Lampe à décharge électrique,* lampe dans laquelle la lumière est produite par décharge électrique dans un gaz, une vapeur métallique ou un mélange de plusieurs gaz et vapeurs (lampe à vapeur de mercure ou de sodium, lampes aux halogénures métalliques.) ‖ *Lampe fluorescente,* lampe à décharge dans laquelle la lumière est émise principalement par une couche de substance fluorescente excitée par le rayonnement ultraviolet de la décharge. ‖ *Lampe à incandescence,* lampe dans laquelle l'émission de la lumière est produite au moyen d'un corps porté à l'incandescence par le passage d'un courant électrique. — **Électron.** Syn. vieilli de TUBE (ÉLECTRONIQUE). — **Min.** *Lampe de sûreté,* lampe pouvant être utilisée dans une atmosphère grisouteuse. (Encore utilisée comme grisouscope, elle a été remplacée pour l'éclairage par la lampe de sûreté électrique.) — **Techn.** *Lampe à souder,* appareil fonctionnant à l'essence ou au gaz (propane, butane) et permettant de braser des pièces plus importantes qu'avec un fer à souder.

LAMPE-CHAPEAU n. f. (pl. *lampes-chapeaux*). Lampe de sûreté électrique qui se fixe sur le casque des mineurs, l'alimentation étant fournie par un accumulateur porté à la ceinture.

LAMPEDUSA, île italienne de la Méditerranée, entre Malte et la Tunisie ; 20 km^2 ; 4 000 hab.

LAMPEDUSA (Giuseppe TOMASI DI) → TOMASI DI LAMPEDUSA.

LAMPÉE n. f. (de *lamper*). *Fam.* Grande gorgée qu'on avale d'un coup : *Boire à grandes lampées.*

LAMPE-ÉCLAIR n. f. (pl. *lampes-éclairs*). Syn. de FLASH.

LAMPEMÈTRE n. m. Appareil servant à mesurer les caractéristiques des tubes électroniques.

LAMPER v. t. (forme nasalisée de *laper*) [conj. 3]. *Fam.* Boire un liquide avidement et à grands traits : *Lamper un grand verre de cognac.*

LAMPE-TEMPÊTE n. f. (pl. *lampes-tempête*). Fanal à pétrole dont la flamme est parfaitement protégée des intempéries.

LAMPÈZE n. m. (de *lampas*). Tissu d'ameublement à fond de satin et à dessin polychrome imitant la tapisserie au petit point.

LAMPHUN, v. de Thaïlande, ch.-l. de prov. au S. de Chiangmai ; 11 300 hab. Anc. capitale d'un royaume môn fondé vers le VIIIe s. supplanté et absorbé par le royaume de Lan Na en 1296. Nombreux temples.

LAMPION n. m. (ital. *lampione,* grande lampe). **1.** Godet contenant une matière combustible et une mèche, qui sert pour les illuminations. — **2.** Lanterne vénitienne à soufflet de papier coloré, où l'on introduit une bougie ou une lampe. — **3.** *L'air des lampions,* cri proféré sur trois mêmes notes émises sur un rythme égal.

LAMPISTE n. (de *lampe*). **1.** *Vx.* Personne chargée de l'entretien des lampes. — **2.** *Fam.* Personne qui n'assure que des responsabilités réduites et sur qui les supérieurs font retomber le poids de leurs fautes.

LAMPISTERIE n. f. *Vx.* Endroit où l'on garde, répare, entretient les lampes.

LAMPO (Hubert), écrivain belge d'expression néerlandaise (Anvers 1920). Créateur du « réalisme magique » (*la Venue de Joachim Stiller,*

1960 ; *Dites-donc Judith,* 1983 ; *l'Égaré du Mardi gras,* 1990), il a aussi écrit des pièces de théâtre et des essais.

LAMPOURDE n. f. (provenç. *lampourdo,* var. de *laporda,* du lat. *lappa,* bardane). Plante (composée) annuelle des régions chaudes et tempérées, aux fleurs mâles réunies en têtes globuleuses, aux fleurs femelles groupées par deux, aux fruits épineux.

LAMPRECHT (Karl), historien allemand (Jessen, Saxe, 1856 - Leipzig 1915). Il est l'auteur d'une théorie selon laquelle on parviendrait à une « histoire scientifique » en privilégiant l'histoire de la psychologie collective d'une époque donnée. Très controversé, il a écrit *la Vie économique allemande au Moyen Âge* (1886), *Histoire d'Allemagne* (1891-1909).

LAMPRESSE n. f. Filet à mailles serrées dont on se sert à l'embouchure de la Loire pour pêcher les lamproies.

LAMPRILLON n. m. (dimin. de *lamproie*). Syn. de AMMOCÈTE.

LAMPROCOLIOU n. m. Nom commun à divers passereaux (sturnidés) d'Afrique tropicale au plumage sombre à reflets métalliques, recherchés comme oiseaux de cage. (Syn. MERLE MÉTALLIQUE.)

LAMPROIE n. f. (bas lat. *lampreda*). Vertébré aquatique primitif, dépourvu de mâchoires, mais dont la bouche ronde porte plusieurs cercles de dents cornées. (Classe des agnathes, ordre des cyclostomes.)
ENCYCL. La lamproie a un corps anguilliforme sans nageoires paires, une peau nue et gluante, une unique narine, 7 paires d'orifices branchiaux ronds, qui assurent la respiration. L'animal se fixe sur les poissons par sa ventouse buccale pour se nourrir en parasite. Les larves *(ammocètes),* aux yeux rudimentaires, subissent une métamorphose pour devenir adultes. Les lamproies sont pêchées à la nasse ou au filet lors de la remontée printanière. Leur chair est très appréciée.

LAMPROMYIE n. f. Mouche orthoraphe allongée, dont la larve a les mœurs de celle du fourmi-lion. (Syn. anc. VERLION.)

LAMPROPHYRE n. m. Roche magmatique, filonienne, très riche en minéraux ferromagnésiens noirs, hydratés (micas, amphiboles) ou anhydres (pyroxènes).

LAMPSANE n. f. (lat. *lampsana,* chou sauvage). Herbe (composée) à capitules jaune clair, de 0,20 m à 1,25 m de hauteur, que l'on trouve dans les coupes de bois et dans les terrains vagues. (N. usuels *grageline, graveline.*)

LAMPSAQUE, en gr. **Lampsakos,** anc. ville de l'Asie Mineure (Mysie), sur l'Hellespont. Elle fit partie de la première Confédération athénienne. C'est l'actuelle *Lapseki.*

LAMPUNG ou **LAMPONG,** région de Sumatra (Indonésie), sur le détroit de la Sonde, face à Java. V. princ. *Teluk Betung.*

LAMPYRE n. m. (lat. *lampyris, -idis,* du gr. *lampuris, -idos,* de *lampein,* briller). Insecte coléoptère (lampyridé) dont la femelle est lumineuse *(ver luisant).* [Les mâles seuls sont ailés. Les femelles, aptères, lourdes et lentes, se signalent par l'émission d'une lumière d'un jaune-vert sans production de chaleur.]

LAMY (Étienne), homme politique français (Cize, Ain, 1845 - Paris 1919). Siégeant à gauche auprès de Gambetta (1871, 1876-1881), il apparut en 1892 comme le chef des catholiques ralliés à la république. Il a publié des ouvrages historiques. (Acad. fr., 1905, secrétaire perpétuel, 1913.)

LAMY (François Joseph), officier et explorateur français (Mougins 1858 - Kousseri, Baguirmi, 1900). Il commanda l'escorte militaire de la mission Foureau dans son trajet de la Méditerranée au lac Tchad, à la rencontre des missions Gentil et Voulet-Chanoine ; après la réunion des trois groupes (avr. 1900), il en prit la direction et fut tué lors de l'ultime offensive de l'ennemi.

LAMY (Maurice), pédiatre français (Amiens 1895 - Bordeaux 1975). Il a consacré de nombreux travaux à la génétique médicale : étude systématique des jumeaux et des malformations congénitales du squelette, origine génétique de diverses maladies (diabète, hémochromatose, etc.).

Lan *(antigène),* antigène érythrocytaire public.

LÄN [lɛn] n. m. (pl. *läner*) [suéd. *län,* pays]. Division administrative de la Suède.

LANAI, île de l'archipel des Hawaii ; 365 km^2 ; 2 000 hab. Plantations d'ananas.

LANAKEN, comm. de Belgique (Limbourg) ; 20 300 hab. Textiles synthétiques. Pâte à papier.

LANAO *(lac),* lac volcanique des Philippines (Mindanao) ; 350 km^2.

LANARKITE n. f. (de *Lanark,* n. pr.). Sulfate naturel de plomb, cristallisant dans le système monoclinique.

LANATOSIDE ou **LANATAGLUCOSIDE** n. m. Hétéroside cristallisé extrait de *Digitalis lanata,* possédant des propriétés cardiotoniques majeures et utilisé dans le traitement des insuffisances cardiaques.

LANÇADE n. f. Mouvement du cheval qui se projette en avant par bonds successifs pour se défendre ou par gaieté.

LANÇAGE n. m. **1.** Injection dans un sol d'eau ou d'air comprimé, au moyen de tuyaux métalliques appelés lances. (L'érosion ainsi produite facilite l'enfoncement des pieux.) — **2.** Vidange des bois par couloirs naturels vers le fond des vallées.

LANCASHIRE, anc. **Lancastershire,** comté de Grande-Bretagne, dans le nord de l'Angleterre, entre la mer d'Irlande et les Pennines. La réforme administrative de 1974 l'a amputé des agglomérations du Grand Manchester et de Merseyside (Liverpool) ne lui laissant plus que 1 372 000 hab. (sur 3 063 km²). Ch.-l. *Preston.* — La ville nouvelle de *Central Lancashire* réunit Preston, Leyland et Chorley, de part et d'autre de l'autoroute M6.
— **Hist.** → LANCASTRE.

LANCASTER, détroit de l'archipel Arctique canadien s'ouvrant sur la mer de Baffin, entre l'île Devon au N. et les îles Somerset et la terre de Baffin, au S.

LANCASTER (Burt), acteur de cinéma américain (New York 1913 - Los Angeles 1994). Il débuta dans *les Tueurs* (1946), et fit une création remarquée dans *les Démons de la liberté* (1947). Acteur très complet, il a joué dans des genres très différents : *Raccrochez, c'est une erreur* (1948), *Reviens petite Sheba* (1952), *Tant qu'il y aura des hommes* (1953), *Bronco Apache* et *Vera Cruz* (1954), *le Grand Chantage* (1957), *le Vent de la plaine* (1959), *Elmer Gantry* (1960), *le Prisonnier d'Alcatraz* (1961), *le Guépard* (1962), *Un château en enfer* (1969), *Violence et Passion* (1974), *1900* (1974-75), *Atlantic City* (1980), *Coup double* (1986).

LANCASTRE *(duché de),* ancien comté d'Angleterre, dont les titulaires les plus célèbres furent les descendants de Jean de Gand dont le fils, Henri, accéda au trône en 1399 après l'abdication de Richard II. Au XVe s., les Lancastres se heurtèrent aux ambitions rivales des York, ce qui devait provoquer la guerre des Deux-Roses*.

LANCASTRE, famille anglaise titulaire du comté, puis duché de Lancastre. Elle a compté parmi ses membres : EDMOND Crouchback (« le Bossu ») [Londres 1245-Bayonne 1296], deuxième fils d'Henri III, qui le créa comte de Lancastre en 1267. Il fut investi, en 1254, du royaume de Sicile, mais ses demandes d'argent furent à l'origine de la guerre des barons et des provisions d'Oxford ; — THOMAS (v. 1277 - Pontefract 1322), comte **de Lancastre** (1298-1322), fils aîné du précédent. Chef de l'opposition baroniale à l'arbitraire d'Édouard II (1312), il ne sut pas profiter de sa victoire de Bannockburn (1314). Vaincu et capturé (1322), il fut exécuté. — JEAN **de Gand** *(John of Gaunt)* [Gand 1340 - Londres 1399], duc **de Lancastre** (1362-1399), quatrième fils d'Édouard III. Il épousa successivement Blanche de Lancastre (1359), dont il eut un fils, le futur Henri IV, Constance de Castille (1371), enfin sa maîtresse, Catherine Swynford (1396), dont plusieurs enfants furent légitimés sous le nom de *Beaufort.* C'est lui qui gouverna pratiquement l'Angleterre pendant les dernières années du règne d'Édouard III. — HENRI III, duc **de Lancastre,** fils du précédent, devint roi en 1399 sous le nom de Henri IV* ; — JEAN **de Lancastre,** troisième fils d'Henri IV → BEDFORD ; — ÉDOUARD **de Lancastre** (1453-1471), prince *de Galles,* fils unique d'Henri VI. Fait prisonnier à Tewkesbury pendant la guerre des Deux-Roses, il fut exécuté après la bataille. Avec lui s'éteignit la lignée directe des Lancastres.

LANCASTRIEN, ENNE adj. et n. Partisan de la maison de Lancastre.

LANCE n. f. (lat. *lancea*). **1.** Arme d'hast à long manche et à fer pointu. — **2.** Soldat armé d'une lance. — **3.** *Lance à eau, lance d'incendie,* tuyau muni d'un ajutage ou d'un diffuseur servant à former et à diriger le jet d'eau. • **Bât. et Trav. publ.** Tuyau métallique servant au lançage. ‖ Dans la technique de projection de béton, mortier ou plâtre, dispositif fixé à l'extrémité de la conduite de transport du matériau et servant à former le jet. ‖ *Lance à oxygène,* dispositif utilisé pour le forage thermique et le découpage de murs en béton. — **Bijout.** Pièce de métal repliée sur elle-même et formant ressort, constituant la partie mâle d'une fermeture de bracelet, de collier, etc. — **Hist.** Au Moyen Âge, unité comprenant autour de l'homme d'armes combattant avec la lance plusieurs cavaliers attachés à son service. ‖ *Cheval de lance,* cheval dressé aux joutes de la lance. — **Métall.** *Lance à oxygène,* long tube d'acier servant à envoyer un jet d'oxygène sur du métal pour y produire, par oxydation, un fort dégagement de chaleur. — **Pyrotechn.** Artifice de mise de feu que l'on emploie dans les feux d'artifice. — **Relig.** *La sainte lance,* lance dont se servit le soldat qui, selon saint Jean (XIX, 34), ouvrit, sur le Calvaire, le côté de Jésus crucifié. — **Sports.** Long bâton garni d'un tampon, avec lequel on joute sur l'eau. — **Text.** Bande ou tige portant à son extrémité une pince et qui remplace la navette en portant le fil de trame d'un côté à l'autre du métier.

LANCÉ n. m. Lieu où l'animal de chasse a été mis sur pied par les chiens.

LANCE-AMARRE n. m. inv. Appareil (pistolet, fusil, etc.) servant à lancer une amarre, soit à terre, soit d'un navire à un autre. (Syn. PORTE-AMARRE.)

LANCE-BOMBES n. m. inv. Appareil ou dispositif installé sur un avion destiné au largage des bombes.

LANCÉE n. f. **1.** Élan pris par qqn, qqch en mouvement. – **2.** *Sur sa lancée,* en profitant de l'élan pris pour atteindre un objectif ; en continuant de la même manière ou en profitant du contexte.

LANCE-FLAMMES n. m. inv. Appareil employé au combat, pour projeter des liquides enflammés et utilisé lors des deux guerres mondiales surtout pour l'attaque d'ouvrages fortifiés.

LANCE-FUSÉES n. m. inv. **1.** Syn. vieilli de LANCE-ROQUETTES MULTIPLES. – **2.** *Pistolet lance-fusées,* syn. de PISTOLET SIGNALEUR*.

LANCE-GRENADES n. m. inv. Appareil lançant des grenades.

ENCYCL. Divers modèles de lance-grenades à poudre, à ressort ou pneumatiques ont été utilisés pendant les deux guerres mondiales. Depuis 1945, l'adoption de manchons adaptables au canon du fusil a rendu possible le tir courbe d'un projectile antipersonnel ou le tir direct d'un projectile antichar. Dans la marine, le lance-grenades permet de lancer des gerbes de projectiles anti-sous-marins.

LANCELOT (Claude), l'un des Messieurs de Port-Royal (Paris v. 1615 - Quimperlé 1695). Il participa à la fondation des Petites Écoles de Port-Royal et contribua à la réforme introduite par Port-Royal dans l'enseignement, en composant des *Nouvelles Méthodes* pour apprendre les langues étrangères et en écrivant avec Arnauld *la Grammaire* générale et raisonnée,* dite *Grammaire de Port-Royal.*

Lancelot du lac *(le Livre de),* titre donné au grand roman en prose du XIIIe s. se plaçant, dans le cadre du *Lancelot-Graal,* avant la *Queste del Saint Graal.* Le personnage central est emprunté au roman de Chrétien de Troyes, *Lancelot ou le Chevalier à la charrette,* avec le thème de ses aventures provoquées par l'enlèvement de la reine Guenièvre, femme du roi Arthur, dans un autre monde.

LANCEMENT n. m. **1.** Action de lancer qqch en l'air : *Le lancement d'une pierre.* – **2.** Envoi d'un engin dans l'espace au moyen d'un dispositif de propulsion. – **3.** Ensemble des moyens publicitaires mis en œuvre pour promouvoir qqch ou qqn. • **Astronaut.** *Ensemble de lancement,* ensemble des installations permettant la préparation et le lancement d'un véhicule spatial de type donné. – **Industr.** Action de distribuer le travail aux ouvriers ; service chargé de cette distribution. – **Mar.** Mise à l'eau d'un navire par glissement sur un plan incliné. – **Trav. publ.** *Lancement d'un pont,* méthode de mise en place d'un pont au-dessus d'une brèche. (Préfabriqué en totalité ou par éléments, le pont, dont les poutres inférieures reposent sur des galets de roulement, est progressivement poussé, jusqu'à rejoindre la rive opposée.)

LANCE-MISSILES n. m. inv. Matériel ou véhicule porteur et lanceur de missiles tactiques ou stratégiques.

LANCÉOLÉ, E adj. (lat. *lanceolatus,* de *lanceola,* petite lance). **1.** Se dit de tout organe végétal dont la forme rappelle celle d'un fer de lance. – **2.** *Arc lancéolé,* syn. de ARC EN LANCETTE*.

LANCE-PIERRE ou **LANCE-PIERRES** n. m. (pl. *lance-pierres*). **1.** Support à deux branches, muni de deux élastiques et d'une pochette dont les enfants se servent pour lancer des pierres ; fronde. – **2.** Fam. *Manger au lance-pierre, avec un lance-pierre,* manger très rapidement et plutôt mal. ‖ *Être payé au lance-pierre, avec un lance-pierre,* être très mal payé.

1. LANCER v. t. (bas lat. *lanceare,* manier la lance, du lat. class. *lancea,* lance) [conj. **16**]. **1.** Imprimer à qqch un vif mouvement qui l'envoie à travers l'espace : *Lancer son chapeau en l'air. Lancer une fusée.* – **2.** Mouvoir les bras, les jambes, d'un geste vif dans une direction. – **3.** Envoyer qqch à qqn, à un animal, à travers l'espace pour qu'il l'attrape : *Lancer des cacahuètes aux singes.* – **4.** Faire partir qqn, un animal, les envoyer qqpart pour accomplir une action : *Lancer ses chiens sur un rôdeur.* – **5.** Projeter qqch hors de soi ou l'émettre : *Le volcan lance des scories.* – **6.** *Lancer un regard, un cri, etc.,* regarder rapidement, émettre soudainement un cri, etc. – **7.** Dire qqch de manière soudaine, inattendue ou de manière assez violente : *Lancer une plaisanterie. Lancer des insultes.* – **8.** Être le premier à faire qqch, à porter qqch qui est adopté par un très grand nombre : *Lancer la mode de la gymnastique chinoise.* – **9.** Faire connaître ou reconnaître qqch, qqn d'un large public : *C'est ce livre qui l'a lancé.* – **10.** Mettre qqch en mouvement, lui donner une impulsion : *Lancer un moteur.* – **11.** Donner l'élan nécessaire à qqch : *Lancer une entreprise.* – **12.** Amener un véhicule à telle vitesse : *Lancer un train à 150 km/h.* – **13.** Mettre qqn, un groupe dans telle situation, d'une manière assez vive et soudaine : *Vous lancez le pays dans l'aventure.* – **14.** Émettre qqch, l'envoyer à qqn, à un groupe pour faire savoir qqch : *Lancer des invitations. Lancer un S. O. S.* – **15.** Faire parler qqn de qqch dont il aime parler : *Si tu le lances sur ses problèmes, on en a pour deux heures.* – **16.** *Fam.* Donner des élancements à qqn ; élancer : *Mon genou me lance.* – **17.** Mettre un navire pour la première fois à l'eau en le faisant glisser de la cale de construction.

— **18.** *Lancer un cerf,* le faire sortir de l'endroit où il est. ‖ *Lancer un pont, une passerelle,* l'établir d'une rive à l'autre d'un cours d'eau. ‖ *Lancer un travail,* donner un travail à faire à un ouvrier.

◆ **se lancer** v. pr., **être lancé** v. pass. **1.** S'engager impétueusement qqpart, dans une action : *Se lancer dans des dépenses excessives.* — **2.** S'engager dans une activité en espérant y réussir : *Se lancer dans la confection.* — **3.** Avoir une vitesse assez considérable : *Le train, lancé à 200 km/heure, n'a pu freiner.* — **4.** Se mettre à parler d'un sujet qu'on affectionne. — **5.** Se faire connaître, se mettre en vedette : *Il veut se lancer.*

◆ **se lancer** v. pr. **1.** Se donner de l'élan : *Se lancer sur une balançoire.* — **2.** Se jeter qqpart, s'y précipiter : *Se lancer dans le vide.* — **3.** Ne plus hésiter à faire qqch : *Allez lance-toi, c'est facile.*

2. LANCER n. m. (de *lancer 1*). **1.** Action de lancer qqch : *La fusée explosa peu après son lancer.* — **2.** Épreuve d'athlétisme consistant à projeter, le plus loin possible, un engin (poids, disque, javelot, marteau), à partir d'aires de lancer réglementaires. — **3.** *Lancer franc,* au basket-ball, tir libre accordé à un joueur sur lequel une faute personnelle a été commise. ‖ *Pêche au lancer,* pêche à la ligne qui consiste à envoyer loin devant soi un appât ou un leurre qu'on ramène grâce à un moulinet. (Le *lancer léger* se pratique à l'aide d'une canne à une main et d'un moulinet à tambour fixe. Le *lancer lourd* s'exécute avec une canne tenue à deux mains équipée d'un moulinet à tambour tournant.)

LANCEREAUX (Étienne), médecin français (Brécy-Brières, Ardennes, 1829 - Paris 1910). Il découvrit le diabète pancréatique (1877) et effectua des recherches sur la syphilis.

LANCE-RIDEAU n. m. (pl. *lance-rideaux*). Tige fixée à l'une des extrémités de la tête d'un rideau droit et permettant de le faire glisser le long de sa tringle.

LANCE-ROQUETTES n. m. inv. Arme tirant des roquettes.

ENCYCL. Le lance-roquettes est composé d'un tube-guide de projectile autopropulsé à mise à feu électrique et complété par un système de visée optique, infrarouge ou par laser. Le projectile d'un calibre de 89 ou 94 mm peut percer 400 à 600 mm de blindage à 100 m. Le *lance-roquettes antichars (L. R. A. C.)* est une arme légère destinée à la lutte rapprochée contre les chars. Le *lance-roquettes multiples (L. R. M.),* appelé autref. *lance-fusées,* est une pièce d'artillerie multitubes, d'une portée de 14 à 30 km, montée sur châssis mobile, et tirant des projectiles de 110 à 227 mm. Le *lance-roquettes anti-sous-marines (L. R. A. S. M.)* équipe principalement les avisos et les escorteurs. Il tire des projectiles de 375 mm avec une portée de 1 600 m.

LANCER-PORTER n. m. (pl. *lancers-porters*). Discipline du cirque, mêlant danse et athlétisme, et composée d'exercices consistant pour les hommes (porteurs) à lancer et porter leur partenaire (voltigeuse).

Lancet *(The),* célèbre hebdomadaire médical anglais fondé en 1823 par le Dr Thomas Wakley.

LANCE-TORPILLES n. m. inv. **1.** Dispositif propre à lancer une torpille. — **2.** *Tube lance-torpilles,* tube métallique servant, à bord d'un avion ou d'un bâtiment de guerre, à lancer une torpille.

LANCETTE n. f. (de *lance*). **1.** Petit instrument de chirurgie qui était utilisé pour la saignée, la vaccination et l'incision de petits abcès. — **2.** Petit couteau employé en boucherie pour dépouiller les animaux. — **3.** Dans une fenêtre gothique, chacun des compartiments allongés en hauteur et se terminant par un arc en lancette (ou simplement brisé), déterminés par la présence de meneaux ou de colonnettes qui subdivisent cette fenêtre. — **4.** *Arc [en] lancette,* arc brisé aigu. (Syn. ARC LANCÉOLÉ.)

LANCEUR, EUSE n. **1.** Personne qui lance un objet : *Un lanceur de couteaux.* — **2.** Personne qui fait un lancement publicitaire. — **3.** Pêcheur qui pratique la pêche au lancer. — **4.** Athlète spécialisé dans le lancer.

◆ **lanceur** n. m. *Lanceur (spatial),* véhicule propulsif capable d'envoyer une charge utile dans l'espace. (→ *encycl.*) ‖ *Lanceur-d'engins,* sous-marin stratégique français lanceur de missiles M. S. B. S.

ENCYCL. **Astronaut.** Le Russe K. Tsiolkovski fut, à la fin du siècle dernier, le premier à comprendre l'utilité des fusées pour la propulsion dans l'espace et à jeter les bases théoriques de leur utilisation en astronautique. Ces recherches théoriques furent développées au début du XXe s. par d'autres précurseurs, tels R. Esnault-Pelterie en France et H. Oberth en Allemagne. Les premières expérimentations de fusées eurent lieu durant l'entre-deux-guerres en U. R. S. S., aux États-Unis (lancement de la première fusée à propergol liquide le 16 mars 1926 par R. Goddard) et en Allemagne (expériences de W. von Braun, mise au point du V2 à Peenemünde). Poursuivies après la Seconde Guerre mondiale aux États-Unis et en U. R. S. S. (qui récupérèrent le matériel et les ingénieurs allemands), elles aboutirent à la mise au point de missiles balistiques, puis des premiers lanceurs spatiaux (fusée intercontinentale soviétique R7, lanceurs américains Atlas-Centaur, Atlas-Agena, Thor-Delta, etc.). Le premier satellite* artificiel fut placé en orbite par un lanceur soviétique le 4 oct. 1957. Les fusées utilisées pour lancer des satellites possèdent généralement deux ou trois étages ; les lanceurs lourds comportent, en outre, des propulseurs auxiliaires latéraux *(boosters* ou *pousseurs)* fonctionnant pendant une brève période après le départ pour aider au décollage. Les fusées ont l'inconvénient de ne pouvoir servir qu'une seule fois. On dit que ce sont des lanceurs *consommables.*

LANCEY, écart de la comm. de Villard-Bonnot (Isère), sur la rive droite de l'Isère. Bergès y équipa, en 1869, la première chute d'eau des Alpes pour sa papeterie, toujours active.

LAN CHANG → LAN XANG.

LANCHOW → LANZHOU.

LANCIER n. m. (bas lat. *lancearius,* du lat. class. *lancea,* lance). **1.** Cavalier armé de la lance. — **2.** Soldat du corps des lanciers. (Créé en 1811 par Napoléon, le corps des lanciers a été supprimé en 1871.) — **3.** *Quadrille des lanciers,* quadrille d'origine anglaise, où les couples se saluent, défilent parallèlement, etc., et qui fut dansé en France vers 1850.

LANCINANT, E adj. (lat. *lancinans, -antis*). **1.** Qui se manifeste par des élancements aigus : *Douleur lancinante.* — **2.** Qui obsède, tourmente : *Un souvenir lancinant.* — **3.** Dont le rythme est désagréablement répétitif : *Air lancinant.*

LANCINATION n. f. ou **LANCINEMENT** n. m. Douleur qui lancine.

LANCINER v. i. (lat. *lancinare,* déchirer) [conj. 3]. Être lancinant, produire des élancements.

◆ v. t. Obséder qqn, le tourmenter de façon persistante : *L'idée qu'elle le trompait le lancinait.*

LANCIS [-si] n. m. (de *lancer*). Réparation d'un mur consistant à enfoncer des matériaux neufs dans la maçonnerie, refouillée au préalable ; ces matériaux neufs eux-mêmes. (Syn. RELANCIS.)

LANÇON n. m. (de *lance*). Poisson des sables marins (Manche, Atlantique) très voisin de l'équille.

LANCRET (Nicolas), peintre français (Paris 1690 - *id.* 1743). Élève de Gillot, puis travaillant dans le goût de Watteau, il fut reçu en 1719 à l'Académie comme « peintre de fêtes galantes ». Il eut de nombreux amateurs à travers l'Europe, et se créa peu à peu un style propre, gracieux, vif de couleur, plus proche de la scène de genre que de la poésie pure (*la Camargo dansant,* v. 1730, diverses versions ; *les Saisons,* peintes pour le roi en 1738, Louvre).

LANCY, v. de Suisse, dans la banlieue S.-S.-O. de Genève ; 24 000 hab.

1. LAND [lɑ̃d] n. m. (pl. *Länder*) [all. *Land,* terre]. **1.** Chacun des États de la République de Weimar et de l'actuelle République fédérale d'Allemagne. — **2.** En Autriche, province.

2. LAND [lɑ̃d] n. f. (abrév. de *Land Rover,* marque déposée). Type de véhicule léger tout terrain, à quatre roues motrices.

LANDAIS, E adj. et. n. **1.** De la région des Landes. — **2.** *Course landaise,* sport de la région des Landes où un homme (l'écarteur), mains nues, doit esquiver la charge d'une vache, dont l'attaque est dirigée par une corde. ‖ *Race bovine landaise,* race fournissant autrefois tout le bétail employé pour les courses, très en honneur dans les Landes. (Syn. RACE MARINE.)

◆ **landais** n. m. Race française de poneys rustiques et endurants élevés en Aquitaine.

LAND ART [lɑ̃dart] n. m. (amér. *land art*). Tendance de l'art contemporain apparue aux États-Unis vers 1967 et caractérisée par un travail dans et sur la nature.

ENCYCL. Généralement dans des sites d'accès difficile (montagne, désert, mer, etc.), les artistes du land art pratiquent des excavations (Michael Heizer, *Double Négative,* 1969-70), des déplacements de roches et de terre (Robert Smithson, *Spiral Jetty,* 1970), des traces dans la neige, dans les cultures (D. Oppenheim) ou sur le sol (Walter de Maria), des marquages de lieux (Douglas Huebler), etc. L'œuvre, douée d'une vie propre, est soumise à la détérioration ; elle échappe au rapport traditionnel créateur-spectateur, mais sa réalisation et son évolution dans le temps s'accompagnent de divers documents (textes, croquis, photos, films) présentés au public. Une démarche plus « romantique » dans l'approche de la nature est caractéristique des Britanniques Richard Long, Hamish Fulton, Barry Flanagan.

LANDAU n. m. (pl. *landaus*) [de *Landau,* n. pr.]. **1.** Voiture d'enfant composée d'une nacelle rigide à capote mobile, suspendue dans une armature de métal à roues et à guidon. — **2.** Véhicule hippomobile découvert à quatre roues et quatre places vis-à-vis, double capote mobile. — **3.** Attelage de deux ou quatre chevaux.

LANDAU ou **LANDAU IN DER PFALZ,** v. d'Allemagne (Rhénanie-Palatinat), au pied de la Hardt ; 37 000 hab. Églises gothiques. Centre commercial d'une région agricole. Aluminium. Mécanique. Caoutchouc.

— **Hist.** Fondée en 1224, la ville fut acquise par la France aux traités de Westphalie (1648) et revint au Palatinat bavarois en 1815.

LANDAU (Lev Davidovitch), physicien soviétique (Bakou 1908 - Moscou 1968). Il est connu pour ses études sur les changements de phase, la superfluidité de l'hélium et la théorie quantique des champs. (Prix Nobel de physique 1962.)

LANDAUER (Edmond), industriel belge (Bruxelles 1883 - *id.* 1934). Il s'est efforcé d'adapter les principes de Taylor à l'état d'esprit régnant en Europe.

LANDAULET n.m. (dimin. de *landau*). Ancienne carrosserie automobile, ayant l'aspect d'un coupé à conduite extérieure, et dont la partie postérieure (custode) pouvait se rabattre à la manière d'une capote.

LANDE n. f. (gaul. **landa,* terre libre). Association végétale sans arbres, propre aux climats humides de la zone tempérée, sur un sol siliceux.
ENCYCL. Probablement climacique sur la façade atlantique de l'Europe, de la Galice à la Norvège, la lande est partout ailleurs issue de la destruction de la forêt. C'est une formation à bruyères, genêts, ajoncs et autres plantes à feuilles réduites, séparées par un feutrage gazonnant de molinie. Le sol est acide et le retour naturel au climax forestier impossible. Le reboisement se fait en plantant d'abord robiniers et pins sylvestres, puis hêtres et chênes.

LANDE (GRANDE), région des Landes s'étendant sur la plus grande partie du pays, entre les Landes du Médoc, au N., et celles de la région de Mont-de-Marsan, au S.

LANDÉ (Jean-Baptiste) → LANDET.

LANDECK, v. d'Autriche (Tyrol), sur l'Inn, au carrefour de plusieurs routes ; 7 300 hab. Centre de tourisme et station de sports d'hiver (alt. 816 m).

LANDER (Richard Lemon), voyageur britannique (Truro, Cornwall, 1804 - Fernando Poo 1834). Après la mort de Clapperton, qu'il avait accompagné jusqu'à Sokoto (1825-1827), il étudia, avec son frère JOHN (Truro 1807 - Londres 1839), le cours inférieur du Niger (1830-31).

LANDER (Alfred Bernhardt STEVNSBORG, dit **Harald**), danseur et chorégraphe d'origine danoise, naturalisé français en 1956 (Copenhague 1905 - *id.* 1971). Influencé par Fokine, il est à l'origine du renouveau du ballet danois. Il est l'auteur de *Qarrtsiluni* (1942), *Étude* (1948 ; *Études,* 1952), une version de *Napoli* (1958). Il a collaboré avec l'Opéra de Paris (1952-1963).

LÄNDER n. m. pl. Pl. de LAND 1.

LANDERNAU n. m. **1.** Milieu étroit et fermé sur lui-même, agité de querelles mesquines : *Le Landernau de la littérature parisienne.* — **2.** *Cela fera du bruit dans Landernau,* se dit lorsqu'un événement imprévu vient bouleverser une situation.

LANDERNEAU (29800), ch.-l. de cant. du Finistère, dans le Léon, à l'embouchure de l'Élorn ; 15 035 hab. *(Landernéens).* Anc. cap du Léon. Église du XVIe s. Centre commercial (coopérative agricole).

LANDERSHEIM (67700), comm. du Bas-Rhin, à 13 km au S.-E. de Saverne ; 151 hab. Articles de sports.

LANDES, vaste région (14 200 km²) du sud-ouest de la France, sur l'Atlantique, s'étendant de la Gironde à l'Adour inférieur et, vers l'intérieur, jusqu'à Nérac, à 130 km de la mer. C'est une plaine sableuse, initialement terre de parcours des moutons. Le boisement en pins maritimes, au XIXe s., en a fait la plus grande forêt de France. D'abord exploitée pour la récolte de gemme et de bois de mine, elle l'est de plus en plus aujourd'hui pour l'industrie papetière. Le tourisme a été développé sur la côte (rectiligne et bordée de dunes) et les étangs littoraux, cependant qu'a été créé le parc naturel régional des Landes de Gascogne.

LANDES (40), département de la Région Aquitaine ; ch.-l. de dép. *Mont-de-Marsan ;* ch.-l. d'arrond. *Dax ;* 2 arrond. ; 30 cant. ; 331 comm. ; 9 243 km² ; 311 461 hab. *(Landais).* Le département appartient à l'académie de Bordeaux, à la cour d'appel de Pau, à la région militaire Atlantique.
Il s'étend, au N., sur la région des Landes (la forêt couvre près des deux tiers de la superficie du département), au S., sur la Chalosse, région de collines où l'on pratique la polyculture (blé, maïs, vigne ; volailles).

Landes *(Centre d'essais des)* **[C. E. L.],** centre d'essais de missiles tactiques et stratégiques. Créé en 1962, le C. E. L. est chargé d'exécuter les tirs expérimentaux et d'exercice de missiles de toutes catégories, exception faite des lancements de satellites et des tirs contre des objectifs sous-marins.

Landes de Gascogne *(parc naturel régional des),* parc régional, créé en 1970, qui s'étend sur 22 communes des Landes et de la Gironde, d'une superficie de 2 060 km² (30 000 hab.), drainées par l'Eyre, la Grande Leyre et la Petite Leyre.

LANDET ou **LANDÉ** (Jean-Baptiste), danseur et chorégraphe français († Saint-Pétersbourg 1746 ou 1748). Il est à l'origine de la fondation d'une école de danse à Saint-Pétersbourg, noyau de la future École du Théâtre-Impérial. Il introduisit la danse académique en Russie.

LANDGRAVE [lɑ̃dgrav] n. m. (all. *Landgraf,* de *Land,* terre, et *Graf,* comte). **1.** Titre porté au Moyen Âge par plusieurs princes germaniques possesseurs de terres relevant directement de l'empereur, en particulier les comtes d'Alsace, de Hesse et de Thuringe. — **2.** Magistrat qui rendait la justice au nom de l'empereur germanique.

◆ **landgrave** ou **landgravine** n. f. Femme d'un landgrave.

LANDGRAVIAT n. m. Dignité de landgrave ; pays soumis à son autorité.

LANDIER n. m. (pour *l'andier,* du gaul. **andéros,* taureau). Chenet surmonté d'un panier métallique (rouelle) pour maintenir au chaud un récipient.

LANDINI (Francesco), compositeur italien (Florence ou Fiesole v. 1325 - Florence 1397). Il fut la principale figure de l'*ars nova* florentine. Il a écrit surtout des *ballate,* la plupart à deux voix.

LANDIT → LENDIT.

LANDIVISIAU (29400), ch.-l. de cant. du Finistère, dans le Léon ; 8 413 hab. *(Landivisiens).* Marché du bétail. Industrie agroalimentaire. Confection. Base aéronavale.

LANDIVY (53190), ch.-l. de cant. du nord-ouest de la Mayenne ; 1 394 hab.

land laws, expression anglaise désignant les lois agraires élaborées en Grande-Bretagne au cours de la seconde moitié du XIXe s. et au début du XXe s. Cette législation avait pour but de garantir les tenanciers irlandais contre les lourds fermages et les évictions imposés par les grands propriétaires d'origine anglaise. Les mesures prises par Gladstone (1870), la loi Ashbourne (1885), la loi Wyndham (1903) favorisèrent l'accès des fermiers irlandais à la propriété.

Land League → LIGUE AGRAIRE.

LÄNDLER [lɛndlœr] n. m. (all. *Ländler*). Danse populaire allemande et autrichienne, à trois temps, souvent chantée et très proche de la valse.

LANDO (Michele DI) → MICHELE DI LANDO.

LANDOLFI (Tommaso), écrivain italien (Pico, Frosinone, 1908 - Rome 1979). Son surréalisme s'inspire des littératures française, anglaise, allemande et russe (*la Pierre de lune,* 1939 ; *A caso,* 1975).

LANDOLPHIA n. m. (de J.-F. *Landolphe,* n. pr.). Arbuste grimpant (apocynacée) originaire de l'Afrique intertropicale et de Madagascar et dont plusieurs espèces donnent un latex appelé « caoutchouc de liane ».

LANDOLT (Hans), chimiste suisse (Zurich 1831 - Berlin 1910). Il a étudié l'activité optique des substances organiques, les composés organiques de l'arsenic et de l'antimoine, et vérifié avec précision la loi de conservation de la masse.

LANDON († Rome 914), pape en 913-914.

LANDON (Charles Paul), peintre et écrivain d'art français (Nonant, Orne, 1760-Paris 1826). Il doit sa renommée aux nombreux volumes de ses *Annales du Musée* (publiées à partir de 1801), précieux témoignage illustré sur l'état des collections nationales et les Salons sous l'Empire et la Restauration. Il fut nommé conservateur des Musées royaux en 1816.

LANDON (Howard Chandler Robbins), musicologue américain (Boston, Massachusetts, 1926). Spécialiste de Haydn, il a écrit un livre fondamental (*The Symphonies of Joseph Haydn,* 1955 ; supplément en 1961). On lui doit aussi la première édition complète des symphonies et *Haydn : Chronicle and Works* (1976-1980, 6 vol.).

LANDOR (Walter Savage), écrivain britannique (Warwick 1775 - Florence 1864). Il passa une grande partie de sa vie en Italie, célébrant la générosité politique contre la bassesse du siècle (*Conversations imaginaires,* 1824-1829). Poète épris de classicisme (*Helléniques,* 1847), il fut éclipsé par les grands romantiques.

LANDOUZY (Louis), neurologue français (Reims 1845 - Paris 1917). Il est surtout connu pour ses travaux sur la déviation conjuguée de la tête et des yeux au cours des lésions cérébrales et pour sa description, avec Déjerine, de la myopathie atrophique progressive.

LANDOWSKA (Wanda), claveciniste polonaise (Varsovie 1877 - Lakeville, Connecticut, 1959). Elle enseigna à Berlin, puis à Philadelphie et Bâle, avant de venir en France. À partir de 1939, elle résida aux États-Unis. Elle a grandement travaillé à la résurrection du clavecin.

LANDOWSKI (Paul), sculpteur français (Paris 1875 - Boulogne-sur-Seine 1961). Élève de Barrias à l'E. N. S. B. A., il y fut lui-même chef d'atelier (1928) et en devint directeur (1937-1942). Il reçut d'importantes commandes, exécutées dans un style réaliste monumental (monument de *la Réformation,* 1912-1918, Genève, avec Henri Bouchard ; *Christ du Corcovado,* 1931, Rio de Janeiro).

LANDOWSKI (Marcel), compositeur français (Pont-l'Abbé, Finistère, 1915), fils du précédent. Administrateur, il a été notamment directeur de la musique, de l'art lyrique et de la danse au ministère des Affaires culturelles (1970-1974). Secrétaire perpétuel de l'Académie des Beaux-Arts (1986), il a été élu en 1994 chancelier de l'Institut. On lui doit quatre symphonies, des concertos, des œuvres lyriques (*le Fou,* 1954 ; *Montségur,* 1985 ; *Galina,* 1996), des musiques de films, de scène et de ballets (*les Hauts de Hurlevent,* ballet de R. Petit, 1982).

Landrace *(race),* race de porcs à robe blanche, de grand format, à oreilles tombantes, sélectionnée au Danemark et qui est l'une des grandes races utilisées en Europe pour ses performances.

LANDRECIES (59550), ch.-l. de cant. du Nord, dans le Hainaut, sur la Sambre ; 4 058 hab. *(Landreciens).* Anc. place forte, reconstruite à la fin du XVIIIe s.

Landru *(affaire),* grand procès criminel (1921). Henri Désiré Landru (Paris 1869-Versailles 1922) fut arrêté en avr. 1919 pour le meurtre de dix femmes à qui il avait proposé le mariage. La découverte de restes humains calcinés dans sa villa de Gambais (Yvelines) fit condamner à mort Landru, qui reconnut avoir volé et escroqué ses victimes présumées, mais qui nia toujours les avoir tuées.

LANDRY (Adolphe), économiste et homme politique français (Ajaccio 1874 - Paris 1956). Député de la Corse (1910), puis sénateur, plusieurs fois ministre, il fut, dès 1913, l'un des promoteurs de la politique familiale et de la lutte contre la dénatalité. Son *Manuel d'économique* (1908) et son *Traité de démographie* (1945) eurent un grand retentissement.

Landsat, famille de satellites civils américains lancés depuis 1972 et destinés à la télédétection* des ressources terrestres.

LANDSBERG AM LECH, v. d'Allemagne (Bavière) ; 16 000 hab. Ville ancienne de caractère. Prison où Hitler écrivit *Mein Kampf* (1924) et où furent enfermés les criminels de guerre jugés à Nuremberg.

LANDSEER (*sir* Edwin Henry), peintre et sculpteur britannique (Londres 1802 - *id.* 1873). Portraitiste de talent, il fut surtout vanté pour ses sujets animaliers, où se mêlent réalisme et sentimentalité (*There's no place like home,* Victoria and Albert Museum).

LAND'S END *(cap)* [littéralement « Fin de la terre »], promontoire granitique de l'Angleterre, formant l'extrémité sud-ouest de la Cornouailles (Cornwall).

Landsgemeinde, mot all. désignant l'assemblée du peuple dans les trois cantons suisses pratiquant encore la démocratie directe (Glaris, Unterwald, Appenzell).

LANDSHUT, v. d'Allemagne (Bavière), sur l'Isar ; 55 500 hab. Vieille ville ducale, aux édifices gothiques et Renaissance. Centre commercial, administratif et industriel (électronique).

LANDSKRONA, port de Suède (Malmöhus), fondé en 1413 sur le Sund ; 36 000 hab. Citadelle des XVIe-XVIIe s. Centre industriel.

LANDSMÅL n. m. Syn. anc. de NYNORSK.

Landsorganisationen (LO), nom porté par les trois confédérations syndicales les plus représentatives en Suède, en Norvège et au Danemark.

LANDSTEINER (Karl), médecin américain d'origine autrichienne (Vienne 1868 - New York 1943). Il découvrit en 1900 les groupes sanguins (système ABO) et, en 1927, les systèmes P et M. N. En 1940, il a mis en évidence les mécanismes des iso-immunisations fœto-maternelles, en découvrant (avec A. S. Wiener, né en 1907) le facteur Rhésus. (Prix Nobel de médecine 1930.)

Landsteiner *(loi de),* loi qui s'applique au système de groupes sanguins érythrocytaires ABO : tout sujet possède dans son sérum le ou les anticorps correspondant à l'antigène ou aux antigènes qu'il n'a pas. Elle est à l'origine de la compatibilité dans le système ABO ; elle a permis de transfuser sans danger et efficacement.

Landsting, Chambre haute qui, de 1849 à 1953, composa, avec le *Folketing,* le Parlement danois, ou *Rigsdag.*

Landsturm, dans les armées des pays germaniques, unité qui était constituée des réservistes les plus âgés. Le Landsturm n'existe plus aujourd'hui qu'en Suisse, où il groupe les citoyens de 17 à 50 ans non affectés à l'*élite* ou à la *Landwehr.*

Landtag, assemblée élue des Länder de l'Allemagne fédérale et des Bundesländer (pays fédérés) d'Autriche.

Landwehr, dans les pays de langue allemande, formation militaire de réserve. Créée en 1888, la Landwehr allemande forma les grandes unités qui, en 1914, entrèrent en ligne dès août. La Landwehr suisse est recrutée aujourd'hui parmi les citoyens de 33 à 45 ans ; avec l'*élite,* elle forme l'armée de campagne.

LANERET n. m. (de *lanier*). Nom du faucon lanier mâle.

LANESTER (56600), ch.-l. de cant. du Morbihan, banlieue N.-E. de Lorient ; 23 163 hab. *(Lanestériens).* Constructions électriques.

LANET n. m. **1.** Carrelet que les pêcheurs dieppois emploient pour pêcher les mulets, les flétans, etc. — **2.** Haveneau pour la pêche sur le sable.

LANEUVEVILLE - DEVANT - NANCY (54410), comm. de Meurthe-et-Moselle, sur la Meurthe, en amont de Nancy ; 4 931 hab. *(Laneuvevillois).* Industrie chimique.

LANFRANC, archevêque de Canterbury (Pavie v. 1005 - Canterbury 1089). Prieur et écolâtre du Bec, dont il fit un grand centre intellectuel, ami de Guillaume le Conquérant, il devint archevêque de Canterbury (1070) et primat d'Angleterre

(1072). Véritable maître du pays, il donna une seconde vie à l'Église anglo-normande.

LANFRANCO (Giovanni), peintre italien (Terenzo, près de Parme, 1582 - Rome 1647). Actif à Parme, à Rome surtout et enfin à Naples, aide et émule des Carrache, puis assimilant la leçon du Corrège, il est l'auteur de tableaux d'autels et de grandes décorations qui acheminent la peinture italienne jusqu'au baroque (coupole de S. Andrea della Valle, Rome, 1625).

LANG (Fritz), cinéaste américain d'origine autrichienne (Vienne 1890 - Hollywood 1976). Pendant les années 20, il est l'une des personnalités les plus marquantes du cinéma mondial, signant en Allemagne plusieurs œuvres qui se rattachent au courant expressionniste : *les Trois Lumières* (1921), *le Docteur Mabuse* (1922), *les Nibelungen* (1924), *Metropolis* (1926), *les Espions* (1927), *la Femme sur la Lune* (1928). Après avoir tourné *M le Maudit* (1931) et *le Testament du docteur Mabuse* (1932), il émigre aux États-Unis, où il entame une deuxième carrière : *Furie* (1936), *J'ai le droit de vivre* (1937), *Les bourreaux meurent aussi* (1943), *la Femme au portrait* (1944), *l'Ange des maudits* (1951), *Règlement de comptes* (1953), *Désirs humains* (1954), *l'Invraisemblable Vérité* (1956). Il tournera encore deux films en Inde (*le Tigre du Bengale ; le Tombeau hindou*, 1958) et un en Allemagne (*le Diabolique Docteur Mabuse*, 1960).

LANG (Jack), homme politique français (Mirecourt 1939). Socialiste, ministre de la Culture de 1981 à 1986 et de 1988 à 1993, il élargit les cadres traditionnels de la culture par l'organisation de manifestations populaires (fêtes de la musique, du cinéma, etc.) et encourage la création contemporaine. Son nom reste également attaché à la loi instaurant un système de prix unique sur le livre (1981). Député de Loir-et-Cher de 1986 à 1988, député européen depuis 1994, il est maire de Blois depuis 1989.

LANGAGE n. m. (de *langue*). **1.** Capacité, observée chez tous les hommes, d'exprimer leur pensée et de communiquer au moyen d'un système de signes vocaux et éventuellement graphiques (la langue). [→ *encycl.* Ling. et Psychol.] — **2.** Tout système structuré de signes non verbaux remplissant une fonction de communication : *Langage gestuel. Langage animal.* — **3.** Manière de parler propre à un groupe social ou professionnel, à une discipline, à un domaine d'activité, à qqch : *Le langage administratif.* — **4.** Manière particulière de s'exprimer d'un groupe, de qqn, jugée par rapport à une norme : *Langage populaire, familier.* — **5.** Manière de s'exprimer, choix des termes lorsqu'on s'adresse à qqn : *Quand il ne sera plus en colère, il tiendra un tout autre langage.* — **6.** Expression propre à un sentiment, une attitude : *Le langage de la raison.* — **7.** Ensemble des procédés utilisés par un artiste dans l'expression de ses sentiments et de sa conception du monde. — **8.** Ensemble de caractères, de symboles et de règles qui permettent de les assembler, utilisé pour donner des instructions à un ordinateur. (→ *encycl.* Inform.) — **9.** *Analyse logique du langage,* méthode d'élucidation des concepts scientifiques ou philosophiques qui repose sur l'idée que le sens d'un mot est donné par les règles syntaxiques ou sémantiques qui en gouvernent l'usage, et non par ses connotations, c'est-à-dire les images mentales qui accompagnent cet usage. ‖ *Langage de description de page,* langage de programmation disposant d'un grand nombre de commandes graphiques pour la composition de textes et de dessins, utilisé dans les imprimantes à laser et les flasheuses. (À la différence des langages de photocomposition, les langages de description de page permettent d'imprimer l'ensemble d'une page, y compris textes, éléments graphiques et illustrations photographiques.) ‖ *Langage évolué,* langage de programmation conçu en fonction du type d'application auquel il est destiné et qui est indépendant du type d'ordinateur utilisé (par ex. Fortran, Cobol, C, etc.). ‖ *Langage machine,* langage directement exécutable par l'unité centrale d'un ordinateur, dans lequel les instructions sont exprimées en code binaire. ‖ *Langage symbolique,* langage autre qu'un langage machine, dans lequel chaque type d'instruction est représenté par un symbole et peut correspondre à une action complexe ne pouvant être exécutée qu'après traduction. ‖ *Tenir un double langage,* tenir des discours différents, souvent contradictoires, selon que l'on s'adresse à des publics différents. ‖ *Théorie des langages,* étude mathématique et construction abstraite de langages formels.

ENCYCL. **Inform.** Les langages de programmation permettent d'écrire les programmes dont l'exécution est confiée aux ordinateurs. Le *langage machine* est le seul langage directement assimilable par un ordinateur. Cependant, les difficultés de programmation directe en langage machine ont conduit à définir d'autres langages. Les *langages d'assemblage* utilisent un codage symbolique des instructions et des données. Les programmes écrits dans ces langages doivent, préalablement à leur exécution, être traduits en langage machine. Cette tâche est assurée par un programme appelé *assembleur.* Les langages d'assemblage ont l'inconvénient d'être étroitement liés au type d'ordinateur sur lequel ils sont utilisés. Cet inconvénient disparaît avec les *langages évolués,* ou *de haut niveau,* dont l'objectif

idéal est d'offrir un moyen d'exprimer un algorithme à l'aide de notations précises, non ambiguës mais le plus proches possible de l'expression habituelle. Bien que les langages actuels soient encore contraignants par leur syntaxe et la faiblesse de leur sémantique, ils permettent l'écriture de programmes très complexes, indépendants des machines sur lesquelles ils seront exécutés. Leur transcription en langage machine s'effectue par *compilation* ou par *interprétation.*
— **Ling.** Par opposition au mot langue qui réfère exclusivement à une production vocale humaine, le terme *langage* possède une extension très large englobant le langage des fleurs et toutes sortes de codes artificiels, soit destinés à une communication interhumaine (espéranto, volapük), soit à la communication homme-machine (langages de programmation), ou à des transferts internes à l'ordinateur. Une langue se présente comme un code original, primaire (irréductible à un autre code), dont l'organisation est déterminée par cette « faculté de langage » qui définit l'espèce humaine. Le langage peut donc être considéré comme le lieu où les diverses langues du monde se rejoignent.

Ferdinand de Saussure a lancé l'idée de l'arbitraire du signe linguistique. Cependant une investigation fine des champs morphosémantiques permet de réduire notablement la part d'arbitraire dans le lexique au profit du concept de motivation : si la motivation des signes linguistiques de base se perd dans la nuit des temps, on peut, cependant, admettre que les dénominations ont dû se développer en fonction d'une nécessité proprement physiologique au sein des divers groupes humains, il y a plus d'un million d'années. Dans certaines zones du lexique, il est possible, à travers des langues fort éloignées les unes des autres, de découvrir des facteurs d'unité. De plus, les mécanismes fondamentaux de la grammaire et de la stylistique font apparaître des universaux du langage. Certains ont émis l'hypothèse que toutes les langues sont le produit d'une grammaire profonde, commune à l'espèce humaine et comprenant un nombre limité de catégories et de fonctions. De plus, lorsque des traits typologiques unissent des langues totalement éloignées par la géographie et la parenté génétique, on entrevoit certaines propriétés qui définissent le langage en tant que différence spécifique des humains (par rapport aux autres primates).
— **Psychol.** La première manifestation de ce qui sera le langage apparaît sous forme d'actes pulsionnels. Le cri et le gazouillis constituent la marque initiale par laquelle le nourrisson commence à exercer son appareil phonatoire ; le résultat traduit souffrance ou bien-être : mais c'est la mère qui leur donne ce sens. De ce fait le nourrisson établit une relation avec elle et donne aux émissions vocales la valeur d'un système signalétique. La communication affective précède la fonction symbolique. Le gazouillis, qui exprime une situation de contentement, s'ajuste d'abord sous la forme du jeu ; en même temps, ou ultérieurement, le babillage se façonne par la sélection qu'opère l'enfant dans les sons qu'il entend et la différenciation des phonèmes se réalise dans un mode de communication ludique et égocentrique. Le langage débute quand l'enfant saisit la valeur symbolique des enchaînements des sons, c'est-à-dire le rapport du signifiant et du signifié. Dès lors, les sons qu'il émet sont des mots-phrases, en ce sens qu'ils associent un sujet et un prédicat : « maman », papa », veulent dire : « maman est là », ou encore « je veux que maman soit là », ou encore « cet objet appartient à maman ». Les phrases de deux mots apparaissent dans la deuxième année, puis le troisième mot dans la 3e année, exprimant la modalité du rapport entre sujet et prédicat. Sur ces bases, l'enfant acquiert dès la 3e année la construction des énoncés par la régularité avec laquelle il entend la construction de ces énoncés : de là, chez lui, le très grand nombre d'essais et d'erreurs, la création de syntagmes agrammaticaux ou de néologismes inexistants, mais qui auraient pu être possibles. Ces écarts morphologiques ou syntaxiques disparaissent plus ou moins vite vers 4-5 ans. Les relations qui unissent l'acquisition du langage et le développement de la connaissance font l'objet de nombreuses hypothèses, toujours en discussion.

LANGAGIER, ÈRE adj. Qui se rapporte au langage considéré dans l'emploi qui en est fait par le locuteur.

LANGDON (Harry), acteur américain (Council Bluffs, Iowa, 1884 - Hollywood 1944). Son comique en demi-teintes, sa silhouette lunaire, sa nonchalance malicieuse ont été mis en valeur par Frank Capra dans *l'Athlète incomplet* (1926) et *Sa première culotte* (1927), et par Harry Edwards dans *Tramp, tramp, tramp* (1926).

LANGE n. m. (lat. *laneus,* fait de laine). **1.** *Vx.* Molleton de laine, de coton ou d'ouate de cellulose servant à emmailloter un nouveau-né. — **2.** Épais morceau de drap de laine utilisé dans l'impression en taille-douce.

◆ **langes** n. m. pl. *Vx.* **1.** Couches d'un bébé. — **2.** *Être encore dans les langes,* être en bas âge ; en être à son commencement : *Technique encore dans les langes.*

LANGE (Christian Lons), homme politique et diplomate norvégien (Stavanger 1869 -Oslo 1938). Secrétaire de l'Institut Nobel (1900-1909) et membre du comité Nobel à Oslo (1934-1938), délégué à la conférence de paix de La Haye (1907), il a écrit une *Histoire de l'internationalisme* (1919) et une *Histoire de la doctrine pacifique* (1927). [Prix Nobel de la paix 1921.]

LANGE (Dorothea), photographe américaine (Hoboken, New Jersey, 1895 - San Francisco 1965). Elle a été parmi les premiers à concevoir l'importance du témoignage photographique et à faire du « documentalisme social » (reportages pour l'Administration américaine lors de la récession économique des années 30).

LANGE (Oskar), économiste et diplomate polonais (Tomaszów 1904 - Londres 1965). Il représenta son pays à Washington (1945-46) et au Conseil de sécurité de l'O. N. U. (1946-1948). Président de l'Association centrale des coopératives, il contribua à la planification de l'économie polonaise.

LANGE (Hartmut), écrivain allemand (Berlin 1937). Militant communiste passé à Berlin-Ouest (1965), auteur dramatique, il analyse à travers son théâtre l'histoire du communisme (*le Procès du chien Héraclès,* 1968), ou s'interroge sur le sens de la vie et de la mort (*le Devenir de la raison ou En route pour Pétersbourg,* 1976). On lui doit aussi des essais, des nouvelles et des récits (*la Sonate Waldstein,* 1984 ; *le Récital,* 1986 ; *Une fatigue,* 1988 ; *la Promenade sur la grève,* 1990).

LANGEAC (43300), ch.-l. de cant. de la Haute-Loire, sur l'Allier ; 4 303 hab. Église du XVe s. (œuvres d'art). Plastiques.

LANGEAIS (37130), ch.-l. de cant. d'Indre-et-Loire, en Touraine, sur la Loire ; 3 978 hab. *(Langeaisiens).* Donjon de Foulques Nerra (fin Xe s.). Château construit sur l'ordre de Louis XI dans le 3e quart du XVe s. ; il appartient à l'Institut de France (mobilier, tapisseries des XVe et XVIe s.).

LANGELAND, île du Danemark, entre la Fionie (Fyn) et l'île de Lolland ; 285 km² ; 17 700 hab.

LANGEMARK-PŒLKAPELLE, comm. de Belgique (Flandre-Occidentale) ; 7 100 hab. — C'est à Langemark que les Allemands utilisèrent pour la première fois, le 22 avr. 1915, les gaz asphyxiants (vagues de chlore).

LANGENSALZA ou **BAD LANGENSALZA,** v. d'Allemagne (Thuringe), sur l'Unstrut, au N.-O. d'Erfurt ; 17 800 hab. — Défaite des Hanovriens par les troupes prussiennes, lors de la guerre austro-prussienne (27 juin 1866).

Langenscheidt, maison d'édition allemande fondée à Berlin en 1856 par Gustav Langenscheidt (1832-1895). Elle est spécialisée dans les dictionnaires bilingues et les ouvrages de linguistique.

LANGER v. t. (conj. **17**). Mettre des couches à un bébé et/ou l'envelopper dans un lange.

LANGER (František), écrivain tchèque (Prague 1888 - *id.* 1965), rénovateur du théâtre tchèque (*la Zone,* 1925 ; *Rhapsodie de bronze,* 1962.)

Langerhans *(îlots de),* amas de cellules glandulaires disposées entre les acini du pancréas et qui sécrètent les hormones de cette glande : insuline sécrétée par les cellules β, glucacon sécrété par les cellules α.

LANGEVIN (Paul), physicien français (Paris 1872 - *id.* 1946). Spécialiste de la théorie de la relativité, il s'est intéressé à des domaines variés de la physique (ionisation des gaz, magnétisme, thermodynamique), a mené des recherches appliquées (utilisation des ultrasons pour la détection sous-marine) et milité pour une réforme de l'enseignement scientifique. (Acad. des sc., 1934.)

LANGGÄSSER (Elisabeth), femme de lettres allemande (Alzey 1899 - Rheinzabern 1950), célèbre pour son roman *le Sceau indélébile* (1946), suivi par *les Argonautes brandebourgeois* (1950), qui révèlent une perception aiguë de la complexité du monde.

LANGHANS (Carl Gotthard), architecte allemand (Landeshut, Silésie, 1732 - Grüneiche, près de Breslau, 1808). Converti au néoclassicisme après des voyages en Italie, France, etc., il occupa des fonctions officielles à Breslau (Wrocław) puis à Berlin (1788), où son monument le plus célèbre est la porte de Brandebourg, dorique (1789).

LANGITE n. f. (de Viktor von *Lang,* n. pr.). Sulfate hydraté naturel de cuivre, que l'on trouve en Cornouailles.

LANGKAWI, archipel de Malaysia, en Malaisie (Kedah), dans le détroit de Malacca, à proximité de la Thaïlande.

LANGLADE → MIQUELON.

LANGLAIS (Jean), compositeur et organiste français (La Fontenelle, Ille-et-Vilaine, 1907 - Paris 1991). Il fut titulaire du grand orgue de Ste-Clotilde (à partir de 1945). Ses nombreuses pièces d'orgue font souvent usage de thèmes populaires ou de motifs grégoriens. On lui doit trois concertos pour orgue (1949, 1961, 1971).

LANGLAND (William) ou **WILLIAM DE LANGLEY,** poète anglais (dans le Herefordshire v. 1332 - v. 1400). Son poème allégorique *la Vision de Pierre le Laboureur* (1362) présente un tableau satirique de la société de son temps ; il exerça une profonde influence sur l'opinion publique, dont le mécontentement éclata dans la révolte des travailleurs (1381).

LANGLE DE CARY (Fernand Armand Marie DE), général français (Lorient 1849 - Pont-Scorff 1927). Membre du Conseil supérieur de la guerre de 1912 à juill. 1914, il fut rappelé à la mobilisation et commanda la IVe armée à la bataille de la Marne puis en Champagne (1915). Il prit ensuite le commandement du groupe d'armées du Centre.

LANGLEY (Edmond DE) → YORK.

LANGLEY (Samuel Pierpont), astronome et physicien américain (Roxbury, Massachusetts, 1834 - Aiken, Caroline du Sud, 1906). À l'aide du bolomètre, qu'il inventa en 1881, il étudia les rayons infrarouges. Il s'intéressa également à l'aérodynamique et construisit un aéroplane qui lui permit d'exécuter plusieurs vols en 1896.

LANGLOIS (Jean Charles), officier et peintre français (Beaumont-en-Auge, Normandie, 1789 - Paris 1870). Il fit les campagnes de l'Empire mais est surtout connu comme peintre de tableaux militaires, dont plusieurs sont au musée de Versailles (*Bataille de la Moskova* [v. 1837]). Un musée porte son nom à Caen.

LANGLOIS (Charles Victor), historien français (Rouen 1863 - Paris 1929). Professeur de paléographie et d'histoire du Moyen Âge à la Sorbonne, il fut l'un des tenants de l'histoire positiviste, scientifique ; avec Charles Seignobos, il signa, en 1897, l'*Introduction aux études historiques,* qui fut le « bréviaire des méthodes nouvelles ».

LANGLOIS (Henri), journaliste français (Smyrne, Turquie, 1914 - Paris 1977). Il fonda en 1935 le Cercle du cinéma puis, l'année suivante, la Cinémathèque française (avec G. Franju et P. A. Harlé), dont il devint secrétaire général, puis directeur artistique et technique (1964).

LANGMUIR (Irving), physicien et chimiste américain (Brooklyn 1881 - Falmouth 1957). On lui doit des théories sur la valence électrochimique et sur la catalyse hétérogène. Il inventa les ampoules électriques à atmosphère gazeuse, construisit une pompe à vide moléculaire et découvrit l'hydrogène atomique. (Prix Nobel de chimie 1932.)

LANGNAU IM EMMENTHAL, v. de Suisse (cant. de Berne), dans l'Emmenthal ; 9 000 hab. Marché (fromages). Textile.

LANGOGNE (48300), ch.-l. de cant. de la Lozère, à la limite de la Margeride et du Velay ; 3 645 hab. *(Langonais).* Église du XIe s. Station estivale et de sports d'hiver. Métallurgie. Concentration de l'uranium.

LANGON (33210), ch.-l. d'arrond. de la Gironde, sur la Garonne ; 6 322 hab. *(Langonais).* Église gothique. Vins.

LANGOUREUSEMENT adv. De façon langoureuse.

LANGOUREUX, EUSE adj. (de *langueur*). Qui exprime la langueur, l'abandon de l'amour : *Regard langoureux.*

LANGOUSTE n. f. (lat. pop. **lacusta,* du lat. class. *locusta,* sauterelle). Grand crustacé décapode marin aux antennes très longues, comestible recherché, objet d'une pêche importante.

LANGOUSTIER n. m. 1. Filet servant à la capture des langoustes. — 2. Bateau pour la pêche à la langouste, qui peut être équipé d'un vivier en communication avec la mer, ou d'un dispositif de congélation.

LANGOUSTINE n. f. (de *langouste*). Crustacé décapode de la taille et de la forme d'une grosse écrevisse, pêché sur les fonds de vase, au large des côtes atlantiques européennes et en Méditerranée.

LANGREO, v. d'Espagne (Asturies) ; 56 000 hab. Gisement houiller. Métallurgie.

LANGRES n. m. Fromage au lait de vache, à pâte molle et fermentée, fabriqué dans la région de Langres.

LANGRES (52200), ch.-l. d'arrond. de la Haute-Marne, au-dessus de la Marne, sur un promontoire du *plateau de Langres ;* 11 026 hab. *(Langrois).* Évêché. Constructions mécaniques et électriques. Matières plastiques.
— **Bx-arts.** Restes de fortifications (depuis l'époque romaine). Cathédrale romanogothique de type bourguignon, à façade de 1761 (chapelle Renaissance ; deux tapisseries de la *Vie de saint Mammès,* de J. Cousin ; trésor). Église St-Martin (XIIIe-XVIIIe s.). Demeures des XVIe-XVIIIe s. Collections d'archéologie et d'œuvres d'art dans les musées Saint-Didier et de l'hôtel du Breuil-de-Saint-Germain.

LANGRES *(plateau de),* ensemble de plateaux et de collines aux confins de la Côte-d'Or et de la Haute-Marne, au S.-O. de la haute vallée de la Marne, culminant à 516 m. Il constitue une ligne de partage des eaux entre les tributaires de la Manche et ceux de la Méditerranée.

Langshan *(poule),* race de poules, originaire de Chine, qui a été utilisée dans la création de différentes races.

LANG SON, v. du Viêt-nam, ch.-l. de prov., au N.-E. de Hanoi, près de la frontière chinoise ; 7 400 hab.
— **Hist.** La ville fut occupée le 13 févr. 1885 par le général Négrier, mais son évacuation, quelques semaines plus tard, provoqua la chute du cabinet Jules Ferry (30 mars). Les Français y combattirent à nouveau contre les Japonais en 1940 puis en 1945 et contre les troupes du Viêt-minh en 1953.

LANGSTROTH (Lorenzo Lorrain), apiculteur américain (Philadelphie 1810 - Dayton, Ohio, 1895). Il créa le type de ruche « Langstroth », le plus répandu dans le monde avec la ruche « Dadant », et écrivit des ouvrages qui restent la base de l'apiculture moderne.

LANGTON (Étienne ou Stephen), archevêque de Canterbury et cardinal (v. 1150-Slindon, Sussex, 1228). Sa consécration par le pape sans l'assentiment du roi Jean (1207) provoqua la rupture entre le roi et le pape. Modéré, opposé à l'arbitraire monarchique, il contribua à la rédaction de la Grande Charte.

1. LANGUE n. f. (lat. *lingua*). **1.** Corps charnu, allongé, mobile, situé dans la cavité buccale et qui, chez l'homme, est un des organes principaux de la parole. (→ *encycl.*) – **2.** Tout ce qui a une forme allongée et étroite : *Langue de feu. Langue de terre.* – **3.** Langue de certains animaux (bœuf, veau) accommodée diversement. – **4.** *Avoir avalé sa langue,* garder le silence alors que d'ordinaire on parle beaucoup. ‖ Fam. *Avoir la langue bien pendue (affilée, déliée),* parler facilement, être bavard, voire médisant. ‖ *Avoir la langue liée,* être contraint au silence. ‖ *Avoir qqch sur le bout de la langue,* ne pas réussir à se le rappeler ou être sur le point de le dire et se retenir. ‖ *Délier la langue à qqn,* le faire parler, lui faire dire un secret : *Le vin lui a délié la langue.* ‖ *Les langues vont aller bon train,* on va jaser, parler, faire des commérages. ‖ *Mauvaise langue, langue de serpent, de vipère, d'aspic,* personne qui se plaît à médire, à calomnier. ‖ Fam. *Ne pas avoir sa langue dans sa poche,* avoir la repartie vive. ‖ *Prendre langue avec qqn,* entrer en pourparlers, prendre contact avec lui. ‖ *Retrouver sa langue,* retrouver ses moyens pour s'exprimer, se mettre à parler après un moment de silence. ‖ Fam. *Savoir tenir sa langue,* savoir garder un secret. ‖ *Tirer la langue,* la sortir de la bouche en signe de moquerie ; avoir soif ; être dans une situation embarrassante, dans la gêne financière (fam.). ‖ *Tourner sept fois sa langue dans sa bouche,* réfléchir avant de s'exprimer pour s'éviter une bévue, un impair, etc. • **Géogr.** Partie inférieure d'un glacier de vallée, là où la glace forme un fleuve bien individualisé. – **Mus.** *Coup de langue,* technique d'exécution des instruments à air pour former, articuler ou répéter les notes. – **Pathol.** *Langue géographique,* glossite bénigne constituée de zones rouges dépapillées bordées d'un liséré blanchâtre en constante évolution. (Syn. GLOSSITE EXFOLIATRICE MARGINÉE.) ‖ *Langue noire pileuse* ou *villeuse,* glossite caractérisée par l'hypertrophie des papilles filiformes, qui prennent une teinte noire. (Syn. GLOSSOPHYTIE.) – **Vétér.** *Langue bleue,* symptôme de la fièvre catarrhale du mouton. ‖ *Langue de bois,* gonflement, durcissement de la langue et ulcération superficielle des bovins atteints d'actinomycose et d'actinobacillose. ‖ *Langue noire,* syn. de BLACK TONGUE. – **Zool.** Chez les mollusques, syn. de RADULA. ‖ Chez les insectes hyménoptères, modification du labium, velu, creusé d'une gouttière pour lécher et aspirer le nectar des fleurs.

ENCYCL. **Anat.** Chez les vertébrés, la langue caractérise les tétrapodes, les poissons en étant dépourvus. Elle est protractile chez un certain nombre d'animaux (crapauds, caméléons) et sert à engluer termites et fourmis chez les fourmiliers. Chez les serpents, sa pointe bifide recueille des substances variées dont les odeurs sont ensuite analysées par les organes de Jacobson. Musculeuse, la langue sert à la déglutition des proies imprégnées de salive. Elle porte des bourgeons gustatifs. Chez l'homme, la langue est formée de 17 muscles, qui lui assurent une grande mobilité, tous innervés par la XIIe paire de nerfs crâniens (grands hypoglosses). La langue joue un rôle important dans la mastication, la déglutition et la phonation. Sa face supérieure est parsemée de petites saillies rapprochées plus ou moins volumineuses, les *papilles linguales,* dont les plus grosses dessinent un V renversé sur la base de la langue : elles sont le siège des organes du goût. Au milieu de la face inférieure se trouvent le frein ou filet de la langue, et, de chaque côté, les veines ranines, bleuâtres.

– **Pathol.** Les lésions inflammatoires de la langue sont regroupées sous le terme de *glossite**. La langue peut présenter des ulcérations diverses (aphtes, ulcérations dentaires) et des tumeurs bénignes (kystes, papillomes, etc.). Le cancer de la langue est fréquent et se développe souvent sur une lésion préexistante (leucoplasie, ulcération dentaire).

2. LANGUE n. f. (de *langue 1*). **1.** Système de signes vocaux, éventuellement graphiques, propre à une communauté d'individus, qui l'utilisent pour s'exprimer et communiquer entre eux : *La langue française, anglaise.* (→ *encycl.*) – **2.** Système abstrait sous-jacent à tout acte de parole : *L'opposition langue/parole est un concept fondamental dans la théorie de F. de Saussure.* – **3.** Ensemble des règles concernant les diverses composantes d'un système linguistique : *Défendre la langue.* – **4.** Manière de parler, de s'exprimer, considérée du point de vue des moyens d'expression à la disposition des locuteurs : *Avoir une langue riche, pauvre.* – **5.** Système d'expression défini en fonction du groupe social ou professionnel qui l'utilise : *La langue du barreau ;* en fonction de la personne qui l'utilise : *La langue de V. Hugo ;* par la nature de la communication et le type de discours : *Langue populaire, littéraire ;*

par l'époque où il est utilisé : *La langue du Moyen Âge.* — **6.** Manière particulière de s'exprimer inspirée par un sentiment : *La langue de l'amour.* — **7.** *Litt.* Moyen d'expression non verbal utilisé par un artiste pour traduire sa pensée ou ses sentiments : *La langue de Van Gogh.* — **8.** Langue étrangère actuellement parlée : *Avoir le don des langues.* — **9.** *De langue,* se dit d'une personne, d'un groupe, d'un pays, d'une publication, etc., qui utilisent telle langue : *Les pays de langue anglaise.* ‖ *Langue de bois,* manière rigide de s'exprimer qui use de stéréotypes et de formules figées et qui reflète une position dogmatique. ‖ *Langue morte,* qui n'est plus parlée. ‖ *Langue verte,* l'argot. ‖ *Langue vivante,* actuellement parlée. • **Dr.** *Langue diplomatique,* langue adoptée pour la rédaction des actes exigés par les relations internationales. (Ces actes sont actuellement écrits en plusieurs langues, chacune des versions faisant également foi.) — **Hist.** Division régionale de l'ordre de Malte. (Il y eut huit langues : Provence, Auvergne, France, Aragon, Castille, Italie, Allemagne et Angleterre.) [Syn. NATION.] — **Relig.** *Don des langues,* syn. de GLOSSOLALIE. ‖ *Langue liturgique,* langue utilisée pour la célébration des offices.

ENCYCL. **Ling.** On compte dans le monde entre 4 500 et 6 000 langues qu'on classe habituellement en familles.

La *famille indo-européenne* (environ la moitié de la population mondiale ; Europe, Amérique du Nord et du Sud, Australie, Asie moyenne et Inde) se divise en 12 groupes : 1° le germanique (anglais, allemand, frison, néerlandais, afrikaans, yiddish, suédois, danois, norvégien, islandais, gotique [éteint]) ; 2° l'italique (latin [éteint] ancêtre des langues romanes : espagnol, portugais, catalan, occitan, français, roumain, italien) ; 3° le celtique (breton, gallois, gaulois [éteint], irlandais, écossais) ; 4° le balte ou baltique (lituanien, lette) ; 5° le slave (russe, biélorusse, ukrainien, serbo-croate, slovène, bulgare, tchèque, slovaque, polonais) ; 6° l'iranien (persan, dari, tadjik, pachto, kurde) ; 7° l'indo-aryen (sanskrit [éteint], hindī, urdū, assamais, bengalī, oriyā, népalais, kāśmīrī, panjābī, gujarātī, sindhī, marāṭhī, cinghalais, tsigane) ; 8° le grec ; 9° l'albanais ; 10° l'arménien ; 11° le tokharien (éteint) ; 12° l'anatolien (éteint).

La *famille chamito-sémitique* ou *afro-asiatique* (nord de l'Afrique et sud-ouest de l'Asie) se divise en 5 groupes : 1° le sémitique (akkadien [éteint], araméen [éteint], syriaque, hébreu, arabe, maltais, amharique, tigré) ; 2° l'égyptien (éteint) et le copte ; 3° le berbère (kabyle, touareg, tamazight) ; 4° le couchitique (afar, galla, somali) ; 5° les langues tchadiennes (haoussa).

Les *langues caucasiennes* (géorgien, abkhaze, adygué, kabarde, etc.) forment plusieurs familles auxquelles certains rattachent le basque.

La *famille ouralo-altaïque* (Europe, Asie) comprend les langues finno-ougriennes (finnois, estonien, lapon, hongrois), le mongol et les langues turques (turc, azéri, kirghiz, kazakh, ouzbek, bachkir, toungouse).

La *famille sino-tibétaine* (Asie) comprend le tibétain, le birman d'une part, le chinois (et ses divers dialectes) d'autre part.

La *famille austro-asiatique* (Asie du Sud-Est) groupe le khmer, le vietnamien et les langues munda.

La *famille austronésienne* ou *malayo-polynésienne* groupe l'indonésien, le javanais, le malais, le malgache, le tagal d'une part (groupe indonésien), les langues polynésiennes (samoan, maori), mélanésiennes (fidjien) et micronésienne d'autre part.

En Asie, il faut aussi mentionner la *famille thaïe* (thaï, lao), la *famille dravidienne* en Inde du Sud (tamoul, malayālam, kannara, telugu), enfin le japonais et le coréen qui sont peut-être apparentés.

En Afrique noire, on distingue la *famille nigéro-congolaise* (Afrique tropicale et méridionale) : peul, ouolof, bambara, malinké, yoruba et langues bantoues (zoulou, xhosa, swahili, lingala, kongo), la *famille nilo-saharienne* et la *famille khoisan* (bochiman, hottentot).

En Amérique, les langues amérindiennes sont en voie de disparition à quelques exceptions près (navaho, maya, quechua, aymara, guarani).

Les langues auxiliaires internationales (espéranto, interlingua, basic-english) sont des créations récentes.

— **Relig.** Alors que les Églises d'Orient ont gardé l'habitude d'employer dans la liturgie la langue du pays, l'Occident catholique est resté attaché au latin jusqu'au concile Vatican II (1962-1965) qui prit en compte les différentes mesures édictées, au niveau des Églises particulières, en faveur des langues usuelles, considérées comme langues liturgiques.

langue française *(Discours sur l'universalité de la)* → DISCOURS.

langues et civilisations orientales *(Institut national des)* ou **I. N. A. L. C. O.,** établissement français à caractère scientifique et culturel dont l'origine remonte à l'ancienne institution des *Jeunes de langues* (fondée par Colbert en 1669) et à l'École spéciale des langues orientales vivantes (fondée par la Convention en 1795). Il a pour vocation l'enseignement des langues de l'Europe orientale, de l'Asie, de l'Océanie, de l'Afrique et des populations aborigènes de l'Amérique.

LANGUÉ, E adj. 1. En héraldique, se dit d'un oiseau dont la langue est d'un émail particulier. — 2. Syn. de LAMPASSÉ.

LANGUE-DE-BŒUF n. f. (pl. *langues-de-bœuf*). 1. Demi-pique ou poignard à lame plate et large, à pointe aiguë. — 2. Nom usuel de la *fistuline*.

LANGUE-DE-CHAT n.f. (pl. *langues-de-chat*). Petit gâteau sec en forme de languette arrondie.

LANGUE-DE-CHIEN n. f. (pl. *langues-de-chien*). Nom usuel de la *cynoglosse*.

LANGUE-DE-FEMME n. f. (pl. *langues-de-femme*). Syn. de BRIZE.

LANGUE-DE-SERPENT n. f. (pl. *langues-de-serpent*). Syn. de OPHIOGLOSSE.

LANGUEDOC, anc. province de la France dont le nom apparut au XIIIe s. pour désigner les pays parlant la langue d'oc, et qui s'étendait entre le Rhône, la Méditerranée, la Garonne et le Massif central.
Pénétré par les Celtes (VIIIe s. av. J.-C.), les Ligures (VIIe s.), les Grecs (fondateurs de Marseille au VIe s.) puis par les Volques (v. 330), il passe vers 120 sous la domination de Rome qui y fonde la Narbonnaise autour de la *via Domitia* reliant l'Italie et l'Espagne. Profondément romanisé, il est occupé par les Vandales (407-409 apr. J.-C.), les Wisigoths (413), les Francs (507) puis par les Arabes qui s'établissent dans le Bas-Languedoc à partir de 713. Reconquis par Pépin le Bref (759), il est intégré par Charlemagne au royaume d'Aquitaine (778), puis se morcèle en principautés féodales (Xe s.) dont la plus vaste est le comté de Toulouse. Aux XIe et XIIe s. l'essor démographique et celui des villes qui acquièrent leur autonomie (formation de consulats à partir de 1130) s'accompagne d'un remarquable développement culturel. Centre de la poésie occitane, le Languedoc est aussi l'un des principaux foyers de l'art roman. Terre d'élection du catharisme, il est en partie ruiné par la croisade contre les albigeois, qui favorise son rattachement à la Couronne de France (1229 [traité de Paris]-1271). Formant dès lors une province comprenant trois sénéchaussées (Beaucaire, Toulouse, Carcassonne) et pourvue d'un lieutenant du roi (gouverneur) [1296], d'états provinciaux (1303) et d'un parlement (1420) établis à Toulouse, ainsi que d'une cour des aides, d'une chambre des comptes (1523) siégeant à Montpellier, il connaît au XIIIe s. un brillant essor démographique et économique, interrompu par les ravages commis par les armées du Prince Noir (1356) et par les Grandes Compagnies. Rejetant le système des élus (révolte du duc Henri II de Montmorency, 1632) mais doté d'un intendant (1633), il est profondément pénétré par le protestantisme, ce qui explique l'ardeur des guerres religieuses au XVIe s. (1560-1598), au XVIIe s. (révolte des protestants conduits par le duc Henri II de Rohan, 1621-1629) et au XVIIIe s. (guerre des Camisards). Après 1750, il connaît une certaine prospérité, liée à la culture du maïs, de la vigne, du mûrier et de l'olivier et à la diversification de ses activités industrielles (coton, charbon). Lors de la Révolution, le Languedoc est privé de ses institutions particulières et divisé en huit départements, Haute-Loire, Haute-Garonne, Hérault, Ardèche, Lozère, Gard, Aude, Tarn.

Languedoc *(canal du)* → MIDI *(canal du)*.

Languedoc *(coteaux-du-),* nom générique de 13 appellations de vins des coteaux de l'Aude et de l'Hérault : cabrières, faugère, quatourze, mejanelle, montpeyroux, pic-saint-loup, pinet, saint-chinian, saint-christol, saint-drezery, saint-georges, saint-saturnin, verargues.

Languedoc *(parc naturel régional du* **Haut-**), parc régional, créé en 1973, couvrant environ 140 000 ha, s'étendant sur les départements du Tarn et de l'Hérault, et englobant notamment les monts de l'Espinouse et le Sidobre, une partie de la Montagne Noire et des monts de Lacaune, la réserve nationale du Caroux.

Languedoc *(vins du),* vins produits dans l'Aude, l'Hérault et le Gard, ces trois départements étant, en volume, les plus importants producteurs de vin (surtout de table) en France.

LANGUEDOCIEN, ENNE adj. et n. Du Languedoc.

Languedocienne (la), autoroute partant d'Orange (sur l'autoroute du Soleil) vers l'Espagne (col du Perthus) et traversant notamment la *plaine du Languedoc* (par Nîmes, Montpellier, Béziers et Narbonne).

LANGUEDOC-ROUSSILLON, Région du midi de la France, qui regroupe 5 départements (Lozère, Gard, Hérault, Aude, Pyrénées-Orientales) ; 27 376 km^2 ; 2 114 985 hab. Ch.-l. *Montpellier.* Du Massif central (Causses et Cévennes notamment) au littoral bordé d'étangs, et des Pyrénées à la basse vallée du Rhône, la Région s'étend principalement sur les plateaux des Garrigues et surtout sur la plaine languedocienne. Le climat méditerranéen, aux étés chauds et secs, explique en partie les spécialisations agricoles et la nécessité du recours à l'irrigation. Malgré l'extension des cultures fruitières et maraîchères, l'agriculture, qui occupe encore environ 10 % de la population active, reste dominée par la viticulture de masse (à l'écoulement souvent difficile). L'élevage (ovins surtout) se maintient difficilement sur les plateaux des Causses et des Garrigues. L'industrie, si l'on excepte le bâtiment et l'agroalimentaire, est peu active (guère plus de 20 % des actifs), sinon dans la technopole qu'est

Montpellier (électronique). Le tourisme s'est fortement développé avec l'aménagement du littoral. La vie urbaine s'est épanouie un peu en retrait d'une côte longtemps malsaine, assez inhospitalière. Entre les pays du Rhône et la Catalogne, une autoroute relie les quatre plus grandes villes de la Région, desservant Nîmes et Montpellier (métropoles d'un Languedoc oriental aujourd'hui plus dynamique) puis Béziers et Perpignan (dans des régions demeurées plus rurales, véritablement sous-industrialisées). La croissance de ces villes ou agglomérations, proches du littoral, explique largement la rapide augmentation de la population (près de 10 % entre 1982 et 1990, le plus fort taux régional). La densité globale reste toutefois au-dessous de 80 hab. au km², sensiblement inférieure à la moyenne française. L'arrière-pays (la Lozère notamment) continue de se dépeupler et le taux de chômage demeure plus élevé que la moyenne nationale.

LANGUET (Hubert), écrivain français (Vitteaux, Côte-d'Or, 1518 - Anvers 1581). Il publia, lors des guerres de Religion, un ouvrage intitulé *Vindiciae contra tyrannes* (1579), écrit avec Duplessis-Mornay, où il justifie le droit à l'insurrection.

LANGUETER v. t. (conj. 27). Faire une languette à la rive d'une planche ou d'un panneau.

LANGUETTE n. f. (de *langue 1*). **1.**Objet qui a une forme mince, étroite et allongée : *Une languette de papier.* — **2.** Partie de la tige, ou pièce rapportée de la tige, protégeant le cou-de-pied. • **Bât.** Petite cloison de séparation, par ex. dans un conduit de cheminée. — **Menuis.** Profil saillant continu sur la rive d'une planche ou d'un panneau, destiné à s'assembler avec une rainure. — **Mus.** Lame mobile qui produit les vibrations dans les instruments à anche. — **Pêch.** Syn. de NAVETTE. — **Techn.** Petite pièce plate fixée à l'une de ses extrémités, généralement par encastrement.

LANGUEUR n. f. (lat. *languor, -oris*). **1.** Abattement physique ou moral qui se manifeste par un manque d'activité, d'énergie, de dynamisme : *Maladie de langueur.* — **2.** Mélancolie empreinte de rêverie douce et d'attendrissement amoureux : *Être accablé d'une douce langueur.* — **3.** Manque d'énergie, de dynamisme d'une activité : *La langueur des affaires.*

LANGUEUX (22360), ch.-l. de cant. des Côtes-d'Armor, à 6 km au S.-E. de Saint-Brieuc ; 6 205 hab.

LANGUEYER v. t. (de *langue 1*) [conj. **12**]. Garnir de languettes les tuyaux à anches d'un orgue.

LANGUIDE adj. (lat. *languidus*). *Litt.* Langoureux, languissant.

LANGUIDIC (56440), comm. du Morbihan, à 11 km à l'E.-N.-E. d'Hennebont ; 6 386 hab. Chapelle du XVe s. Industries alimentaires.

LANGUIR v. i. (lat. pop. *languire,* du lat. class. *languere*) [conj. **32**]. **1.** *Litt.* S'ennuyer, se morfondre, souffrir de qqch et en dépérir : *Languir d'amour pour quelqu'un.* — **2.** En parlant de végétaux, s'étioler, dépérir : *Le philodendron languissait dans le salon.* — **3.** Perdre de son intérêt, traîner en longueur : *La conversation languissait.* — **4.** Manquer d'énergie, de dynamisme, d'activité : *Les affaires languissent en cette période d'été.* — **5.** Se morfondre qqpart : *Languir en prison.* — **6.** *Faire languir qqn,* lui faire attendre longtemps ce qu'il désire.

◆ v. t. ind. *Fam.* Attendre impatiemment qqn ou qqch de désiré et souffrir de cette attente : *Languir après une lettre.*

◆ **se languir** v. pr. S'ennuyer, se morfondre, éprouver de la peine, du chagrin, du fait de l'absence de qqn ou de qqch : *Je me languis de mes amis.*

LANGUIRAND (Jacques), auteur dramatique québécois (Montréal 1930). Un des maîtres du théâtre de l'absurde au Québec (*les Insolites,* 1956), il a aussi écrit un roman, *Tout compte fait* (1963), et des essais (*Vivre ici et maintenant,* 1981).

LANGUISSAMMENT adv. *Litt.* De façon languissante.

LANGUISSANT, E adj. **1.** *Litt.* Qui est dans un état d'affaiblissement physique, qui dépérit : *Enfant anémique et languissant.* — **2.** *Litt.* Qui se languit d'amour. — **3.** Qui manque d'énergie, de vigueur, qui se morfond : *Regard languissant.* — **4.** Qui manque d'activité, de force, de vie, de mouvement : *Commerce languissant.*

LANGUR n. m. Syn. de ENTELLE.

LANGURIA n. m. (lat. *languria*). Insecte coléoptère, au dimorphisme sexuel très marqué (mâle vivement coloré), et qui cause de graves dégâts aux cultures potagères et à la luzerne en Amérique du Nord.

LANIEL (Joseph), homme politique français (Vimoutiers, Orne, 1889 - Paris 1975). Député du Calvados (1932), il fit partie du Conseil national de Résistance (1943). Député (1945, 1946-1958), il fonda le parti républicain de la Liberté (1946), qui fusionna avec les indépendants. Ministre des P. T. T. (1951), puis des Finances, président du Conseil en 1953, il fut renversé après la défaite de Diên Biên Phu (juin 1954).

LANIER n. m. (p.-ê. lat. *lanarius,* de *lana,* laine, ou anc. fr. *ane,* cane). Faucon de l'Italie du Sud et des Balkans, ressemblant au pèlerin.

LANIÈRE n. f. (anc. fr. *lasne,* du frq. **nastila,* aiguillette). **1.** Bande longue, étroite et souple, faite de cuir ou d'une matière quelconque, coupée pour se nouer facilement. — **2.** Sorte de tissu fait de crin tricoté, pour frictionner énergiquement le corps.

LANIGÈRE adj. (lat. *laniger*). *Puceron lanigère,* espèce de puceron portant un duvet blanc semblable à de la laine.

LANIIDÉ n. m. (lat. *laniare,* déchirer). Nom de famille donné à des passereaux au bec large et crochu, aux mœurs prédatrices, tels que les pies-grièches.

LANJUINAIS (Jean Denis, *comte*), homme politique français (Rennes 1753 - Paris 1827). Député du Tiers aux États généraux (1789), il fut l'un des fondateurs du Club breton (futur club des Jacobins) à Versailles, puis participa à l'élaboration de la Constitution civile du clergé (1790). Député à la Convention (1792) il lutta avec les Girondins contre les Montagnards. Député au Conseil des Anciens (1795) puis sénateur (1800), il vota la déchéance de Napoléon Ier.

LANLAIRE adv. (mot de refrains populaires). Vx. *Envoyer qqn se faire lanlaire,* envoyer promener celui qui importune.

LANMEUR (29620), ch.-l. de cant. du Finistère, dans le Trégorrois ; 2 098 hab. *(Lanmeuriens).* Église moderne avec crypte préromane. Chapelle N.-D.-de-Kernitron, des XIIe et XVIe s.

LAN NA (« Million de rizières »), anc. royaume thaï (XIIIe - XIXe s.). Cap. *Chiangmai.*

Lann-Bihoué, aéroport de Lorient, à 6 km à l'ouest de ce port. Base aéronavale.

LANNEMEZAN (65300), ch.-l. de cant. des Hautes-Pyrénées, sur le *plateau de Lannemezan ;* 6 897 hab. Centre d'interconnexion électrique. Hôpital psychiatrique. Marché. Aluminium.

LANNEMEZAN *(plateau de),* région de landes, partiellement reboisée, du bassin d'Aquitaine, s'étendant à la naissance des vallées qui forment l'éventail compris entre la Save et la Baïse.

LANNES (Jean), duc **de Montebello,** maréchal de France (Lectoure 1769 - Vienne 1809). Général dans l'armée d'Italie (1796), il participa à la campagne d'Égypte et fut blessé à Aboukir (juill. 1799). Il commanda la Garde des consuls, contribua à la victoire de Marengo (14 juin 1800) et fut ambassadeur au Portugal (nov. 1801). Il fit les campagnes de 1805, 1806 et 1807, puis dirigea le siège de Saragosse (1809). Il fut mortellement blessé à Essling (22 mai).

LANNES (Napoléon Auguste), duc **de Montebello,** homme d'État et diplomate français (Paris 1801 - Mareuil-sur-Ay, Marne, 1874), fils du précédent. Il fut ministre des Affaires étrangères (1839), puis de la Marine (1847), et ambassadeur en Russie (1858-1864).

LANNILIS (29870), ch.-l. de cant. du Finistère, dans le Léon ; 4 370 hab.

LANNION (22300), ch.-l. d'arrond. des Côtes-d'Armor, dans le Trégorrois ; 17 738 hab. *(Lannionnais).* Églises St-Jean-du-Baly, des XVIe-XVIIe s., et de Brélévenez, surtout romane. Port sur le Léguer. Centre national d'études des télécommunications. Constructions électriques.

LANNOY (Charles DE), général flamand (Valenciennes v. 1487 - Gaète 1527). Au service de Charles Quint, il devint vice-roi de Naples (1522-1524), participa à la bataille de Pavie (1525) et fut un des négociateurs du traité de Madrid (1526).

LANOLINE ou **LANOLÉINE** n. f. (lat. *lana,* laine, et *oleum,* huile). Graisse de suint de mouton purifiée, constituée par un mélange complexe d'acides gras et d'alcools estérifiés, et pouvant servir d'excipient pour les pommades, crèmes ou pâtes auxquelles on peut incorporer une solution aqueuse.

LANOUAILLE (24270), ch.-l. de cant. du nord-est de la Dordogne ; 988 hab.

LA NOUE (François DE), dit **Bras de Fer,** homme de guerre français (Nantes 1531 - Moncontour 1591). Lieutenant de Coligny (1562), il dirigea la rébellion des protestants de La Rochelle (1573). Rallié à Henri IV (1589), il combattit à ses côtés à Arques et à Ivry. Dans ses *Discours politiques et militaires* (1587), il a relaté l'histoire des trois premières guerres de Religion.

LANOUX *(étang de),* lac (réservoir hydroélectrique) des Pyrénées-Orientales, dans le Carlitte, à 2 176 m d'altitude.

LANOUX (Armand), écrivain français (Paris 1913 - Champs-sur-Marne 1983), auteur de romans populistes (*la Nef des fous,* 1947 ; *Quand la mer se retire,* 1963 ; *Adieu la vie, adieu l'amour,* 1977), de nouvelles (*les Châteaux de sable,* 1979), d'essais et de poèmes.

LANREZAC (Charles Louis Marie), général français (Pointe-à-Pitre, Guadeloupe, 1852 - Neuilly-sur-Seine 1925). Professeur de tactique générale à l'École de guerre en 1905, il commanda la Ve armée à Charleroi (1914) et à Guise. Sa mésentente avec French amena Joffre à le remplacer par Franchet d'Esperey.

LANS *(montagne de),* partie orientale du Vercors, au-dessus de Villard-de-Lans ; 2 289 m à la *Moucherolle.*

LANS-EN-VERCORS (38250), comm. de l'Isère, dans le Vercors oriental ; 1 482 hab. Station touristique et climatique à 1 020 m d'alt. Centre du parc naturel régional du Vercors.

LANSING, v. des États-Unis, cap. du Michigan ; 432 674 hab. Université. Industrie automobile.

LANSKOY (André), peintre russe de l'école française (Moscou 1902 - Paris 1976). Installé à Paris en 1921, il s'orienta dans les années 30 vers des recherches d'expression de la lumière qui le menèrent peu à peu à l'abstraction. Il s'y consacra à partir de 1943, organisant ses toiles selon une dynamique propre engendrée par la couleur (grand panneau des *Nuits de mai,* 1961).

LANSLEBOURG-MONT-CENIS (73480), ch.-l. de cant. de la Savoie, en Maurienne, sur l'Arc, au pied du mont Cenis ; 647 hab. Station estivale et de sports d'hiver. (→ VAL-CENIS.)

LANSLEVILLARD (73480), comm. de la Savoie, en Maurienne ; 392 hab. Chapelle avec peintures murales du XVe s. Station estivale et de sports d'hiver. (→ VAL-CENIS.)

LANSON (Gustave), critique littéraire français (Orléans 1857 - Paris 1934). Maître de la méthode historique et comparative (*Histoire de la littérature française,* 1894), il a donné *Bossuet* (1890), *Boileau* (1892), *Corneille* (1898), *Voltaire* (1906).

LANSQUENET [lɑ̃skənœ] n. m. (all. *Landsknecht*). **1.** Mercenaire allemand au service de la France et de l'Empire, du XVe au XVIIe s. — **2.** Jeu de cartes apporté en France au XVIe s. par les lansquenets.

LANSQUENETTE n. f. Épée courte (70 cm), large, à deux tranchants, des lansquenets.

LANSTON (Tolbert), inventeur américain (Troy, Ohio, 1844 - Washington 1913). On lui doit la machine à composer Monotype, dont il prit les premiers brevets en 1887 et qu'il commercialisa dès 1892.

LANTANIER n. m. (lat. mod. *lantana,* du gaul.). Arbrisseau ou arbuste (verbénacée) parfois grimpant des régions chaudes, dont de nombreuses espèces sont cultivées dans les jardins.

LAN-TCHEOU → LANZHOU.

LANTERNE n. f. (lat. *lanterna*). **1.** Boîte faite ou garnie d'une matière transparente, dans laquelle on met une lumière à l'abri. — **2.** Réverbère qui servait à l'éclairage des rues. — **3.** *Lanterne magique,* appareil au moyen duquel on projette des images. ‖ *Lanterne rouge,* dans une course, un classement, personne ou équipe qui occupe la dernière place. ‖ *Lanterne vénitienne,* lanterne en papier translucide et coloré, éclairée par une bougie ou une lampe placée à l'intérieur, qu'on utilise dans les fêtes, les illuminations. ‖ *Mettre à la lanterne,* pendant la Révolution, pendre qqn à la potence d'une lanterne. • **Archéol.** *Lanterne des morts,* syn. de FANAL* DE CIMETIÈRE. — **Archit.** Construction de plan centré, percée de baies, sommant un édifice et en principe destinée à en éclairer l'intérieur *(tour-lanterne ; lanterne d'escalier).* — **Bât.** Sorte de mitre de cheminée, percée d'ouvertures en périphérie. — **Éclair.** Appareil utilisé dans l'éclairage des studios et des théâtres. — **Mar.** Enceinte vitrée située à la partie supérieure d'un phare, d'un feu ou d'une bouée lumineuse, et qui protège l'appareillage optique. — **Mécan.** Pièce métallique portant deux taraudages de même axe et de pas contraires, servant à assembler deux tiges faisant partie d'un ensemble de longueur réglable. — **Métall.** Pièce métallique creuse constituant l'armature pour un noyau de moule de fonderie. — **Text.** Pièce servant à la commande du mouvement de rotation du cylindre des mécaniques Jacquard ; ce cylindre lui-même. — **Zool.** *Lanterne d'Aristote,* appareil masticateur des oursins, composé de cinq pyramides prolongées chacune par une tige calcaire formant la dent et qui permet aux oursins de creuser les roches même les plus résistantes.

◆ **lanternes** n. f. pl. Feux de position d'un véhicule automobile.

Lanterne *(la),* pamphlet politique hebdomadaire créée par H. Rochefort en 1868 et qui cessa de paraître en 1928.

LANTERNEAU n. m. (de *lanterne*). Construction basse surélevant le toit d'un bâtiment industriel, d'un entrepôt, etc., souvent ajourée sur les côtés et couverte ou non d'un vitrage, servant à la ventilation et/ou à l'éclairage.

LANTERNER v. i. (moyen fr. *lanterne,* propos frivole) [conj. 3]. *Fam.* **1.** Perdre son temps, être irrésolu. — **2.** Attendre longtemps, poireauter : *Faire lanterner quelqu'un.*

◆ v. t. *Fam.* Faire attendre qqn, le tenir en suspens par de vaines promesses.

LANTERNON n. m. Petite lanterne architecturale placée au sommet d'un comble, d'un dôme, d'un escalier.

LANTHANE n. m. (lat. sc. mod. *lanthanum,* du gr. *lanthanein,* être caché). Métal du groupe des terres rares. (Élément de symbole La.)

ENCYCL. Élément de numéro atomique 57 et de masse atomique 138,91, le lanthane a été découvert par C. G. Mosander en 1839. C'est un solide gris, de densité 6,1, s'oxydant rapidement à l'air, brûlant avec un vif éclat et fondant vers 920 °C.

LANTHANIDE n. m. Nom générique des éléments des terres rares, doués de propriétés chimiques très voisines, et dont le premier est le lanthane. (Leurs numéros atomiques vont de 57 à 71 ; ils sont souvent représentés par le symbole Ln.)

LANTHANITE n. f. Carbonate hydraté naturel de lanthane et de cérium, cristallisant dans le système orthorhombique.

LANTIER (Raymond), archéologue français (Lisieux 1886 - Le Vésinet 1980). Il a publié *Musée des Antiquités nationales : la verrerie* (1929), *Bronzes votifs ibériques* (1935), *la Vie préhistorique* (1952). De 1933 à 1956, il a été conservateur du musée des Antiquités nationales.

LANUGINEUX, EUSE adj. (lat. *lanuginosus*). Qui est couvert de duvet, a l'apparence de la laine ou du coton.

LANUGO n. m. (lat. *lanugo,* duvet, de *lana,* laine). Revêtement pileux de l'embryon et du fœtus.

LANÚS, v. d'Argentine, faubourg industriel de Buenos Aires ; 465 900 hab.

LANUSSE (Alejandro), homme d'État argentin (Buenos Aires 1918 - *id.* 1996). Général et chef de l'armée (1968), il participe au coup d'État contre le président Onganía (1970) et, élu président de la République (1971), il organise des élections générales (1973) qui permettent le retour de Perón au pouvoir.

LANUVIO, anc. **Cività Lavinia,** comm. d'Italie (prov. de Rome), dans les monts Albains. C'est l'antique *Lanuvium,* dont le temple de Junon Sospita était célèbre.

LANVAUX *(landes de),* ligne de hauteurs du sud de la Bretagne (Morbihan), aujourd'hui boisées ou mises en culture.

LANVÉOC (29160), comm. du Finistère, sur la rive sud de la rade de Brest ; 2 552 hab. Siège, à Lanvéoc-Poulmic, depuis 1945, de l'École navale.

LANVIN (Jeanne), couturière française (Paris 1867 - id. 1946). Elle créa un style particulier, fait de goût et de mesure. La maison Jeanne Lanvin, fondée en 1889, a pris « Lanvin » pour raison sociale en 1959.

LANVOLLON (22290), ch.-l. de cant. des Côtes-d'Armor, à 16 km au N.-E. de Guingamp ; 1 489 hab.

LAN XANG ou **LAN CHANG** (« Million d'éléphants »), nom traditionnel du royaume du Laos.

LANZA (Mario), ténor américain d'ascendance italienne (New York 1921 - Rome 1959). Il connut le succès grâce au cinéma et au disque.

LANZA DEL VASTO (Giuseppe LANZA DI TRABIA-BRANCIFORTE, dit), écrivain français d'origine italienne (San Vito dei Normanni, Italie, 1901 - Murcie 1981). Il a fondé l'*Arche,* mouvement fortement marqué par la non-violence de Gāndhī, la pratique du yoga et surtout les Évangiles. Il a donné le récit de sa quête spirituelle auprès des religions de l'Inde, *le Pèlerinage aux sources* (1944).

LANZAROTE, île volcanique des Canaries ; 845 km^2 ; 42 000 hab. Ch.-l. *Arrecife* ou *Puerto Arrecife.*

LANZHOU ou **LAN-TCHEOU,** dit aussi **LAN-CHOW,** v. de Chine, cap. du Gansu, sur le Huang He ; 1 430 000 hab. Carrefour de pistes, la ville est aujourd'hui desservie par le chemin de fer du Longhai. Centre commercial et industriel (raffinage du pétrole et pétrochimie, sidérurgie, matériel ferroviaire, machines-outils, textile et cuir). — À proximité, usine d'enrichissement de l'uranium.

LANZMANN (Jacques), écrivain français (Bois-Colombes 1927). Il est l'auteur de romans largement autobiographiques (*le Rat d'Amérique,* 1955 ; *le Têtard,* 1976 ; *Rue des mamours,* 1981 ; *le Jacquiot,* 1986) ou plus orientés vers la fiction (*le Lama bleu,* 1983 ; *le Dieu des papillons,* 1993) et de contes politiques (*les Transsibériennes,* 1978). Il a également écrit des ouvrages relatant ses voyages pédestres (*les Guérillans,* 1989 ; *Hôtel Sahara,* 1990) et les paroles d'une centaine de chansons (en partic. pour Jacques Dutronc).

LAO n. m. Langue du groupe thaï, très proche du siamois, parlée au Laos et dans l'est de la Thaïlande par environ 6 millions de personnes. (C'est une des langues officielles du Laos.) [Syn. LAOTIEN.]

LAO CHE → LAO SHE.

LAOCOON, héros troyen, prêtre d'Apollon. Athéna le fit étouffer, avec ses deux fils, par deux serpents monstrueux, lors d'un sacrifice.

Laocoon, groupe antique du musée du Vatican, dû à trois sculpteurs rhodiens (seconde moitié du IIe s. av. J.-C.). Découvert en 1506, il a été partiellement restauré par Michel-Ange qui s'en inspira pour l'*Esclave rebelle.* L'œuvre, par son modelé expressif, son paroxysme dramatique, a marqué de nombreux sculpteurs et peintres, qui virent en elle la perfection des œuvres de l'Antiquité. L'ensemble a été restauré en 1960 et les attitudes originales des bras rétablies.

LAODICE, princesse hellénistique († 240 av. J.-C.), femme d'Antiochos II Theos, qui la répudia vers 250 av. J.-C. pour épouser Bérénice, sœur de Ptolémée Évergète. Elle fit assassiner Bérénice et son fils à la mort d'Antiochos, provoquant une guerre désastreuse avec l'Égypte (246-241) ; — **Laodice,** fille de Mithridate II de Cappadoce et femme d'Antiochos III le Grand (222 av. J.-C.) ; — **Laodice,** sœur et femme de Mithridate VI Eupator. Elle chercha à l'empoisonner, mais fut mise à mort par son mari.

LAODICÉE, nom donné à plusieurs villes fondées par les souverains séleucides. La plus importante fut **Laodicée** dite **sur mer,** fondée par Séleucos Nikatôr ; elle fut le port d'Apamée. C'est l'actuelle *Lattaquié.*

Lao Dông (abrév. de *Dang Lao Dông Viêt-nam,* parti des Travailleurs du Viêt-nam), parti unique de la République socialiste du Viêt-nam, fondé en 1951, lors de la réorganisation du parti communiste indochinois (P. C. I.). Il se transforme en 1976 en parti communiste du Viêt-nam (réunifié).

LAOMÉDON, roi de Troie, fils d'Ilos et père de Priam. Il bâtit les murailles de la ville avec l'aide de Poséidon et d'Apollon ; mais, comme il refusait de payer le prix convenu, le pays fut ravagé par un monstre. Hésione, fille de Laomédon, devait lui être sacrifiée quand Héraclès tua le monstre. Comme Laomédon ne le payait pas, Héraclès prit la ville et le tua.

LAON [lɑ̃] (02000), ch.-l. du dép. de l'Aisne, à 134 km au N.-E. de Paris ; 28 670 hab. *(Laonnais).* La vieille ville est située sur une butte allongée dominant la plaine de 100 m. Centre administratif, peu industrialisé (constructions mécaniques surtout).

— **Bx-arts.** Remparts et portes (XIIIe s.) de la ville haute, qui possède divers monuments élevés au milieu du XIIe s. (chapelle octogonale des Templiers) ou entrepris à la même époque (église St-Martin ; palais de justice, anc. évêché), et surtout une insigne cathédrale gothique, entreprise v. 1160 (élévation à quatre étages, voûtes sexpartites) et complétée au début du XIIIe s. (nouveau chœur allongé ; façade d'une superbe plasticité, comme les quatre tours) ; elle possède des vitraux du XIIIe s. (chœur), mais la sculpture de ses portails a été refaite au XIXe s. Musée (archéologie méditerranéenne et locale ; Moyen Âge).

LAONNOIS, région du Bassin parisien (Aisne), autour de Laon, juxtaposant reliefs et étendues plates limoneuses (céréales, fourrages et betterave à sucre).

LAOS, État de l'Asie du Sud-Est, à l'ouest du Viêt-nam ; 236 800 km^2 ; 5 020 000 hab. *(Laotiens).* CAP. *Vientiane.* LANGUE : *laotien.* MONNAIE : *kip.*

Géographie. Au S. du tropique du Cancer, arrosé par la mousson d'été, c'est un pays encore enclavé, souvent montagneux, où plus de la moitié du territoire est recouvert par la forêt, parfois défrichée (pratique du ray, culture sur brûlis) ou exploitée (teck). Bien que 4 % seulement des terres soient cultivables, surtout dans la vallée du Mékong, le Laos est pourtant presque exclusivement agricole (culture du riz surtout, organisée dans un cadre collectiviste). La balance commerciale est lourdement déficitaire. La population, composée en majeure partie de Laos (mais avec de fortes minorités, kha et thaïe), dépend de l'aide extérieure, financière et technique. Les échanges se font surtout par la Thaïlande, même si les relations avec le Viêt-nam restent très fortes.

Histoire. Jusqu'au XIVe s., le Laos a une histoire encore mal connue. Fa Ngum fonde en 1353 un royaume lao indépendant. Il y introduit le bouddhisme de rite cinghalais. À la fin du XVIe s., le royaume lao subit quelque temps la suzeraineté de la Birmanie. Après la restauration du XVIIe s., les luttes dynastiques aboutissent, au début du XVIIIe s., à la division du Laos en trois royaumes rivaux (Luang Prabang, Vientiane, Champassak).

1778 : Le Siam impose sa domination au pays entier.

Convoité par le Viêt-nam, le Laos attire aussi la France.

1893 : Un traité franco-siamois reconnaît l'autorité de la France sur la rive gauche du Mékong.

1899 : Début de l'organisation de l'administration coloniale française.

1949 : Le royaume lao devient indépendant dans le cadre de l'Union française.

Le Laos est progressivement entraîné dans la guerre d'Indochine (1946-1954). Le Pathet Lao, mouvement nationaliste soutenu par les forces communistes du Viêt-minh, occupe le nord du pays.

1953 : Indépendance totale du Laos.

1962 : Le prince Souvanna Phouma devient le chef d'un gouvernement de coalition.

À partir de 1964, le Laos, impliqué dans la guerre du Viêt-nam, est partagé entre les forces de droite, installées à Vientiane et soutenues par les Américains, et les forces de gauche provietnamiennes du Pathet Lao.

1975 : Les révolutionnaires s'imposent dans tout le pays et abolissent la monarchie. La République populaire démocratique du Laos est créée, présidée par Souphanouvong (à titre personnel jusqu'en 1986).

Kaysone Phomvihane (secrétaire général du parti unique et Premier ministre depuis 1975) engage progressivement le pays sur la voie de l'ouverture économique et politique.

1991 : Kaysone Phomvihane est élu président de la République.
1992 : À sa mort, Nouhak Phoumsavane lui succède à la tête de l'État et Khamtay Siphandone, déjà Premier ministre, se voit confier la direction du parti unique.

LAOS ou **PHOU LAOS,** population du Laos et du N.-E. de la Thaïlande évaluée à 6 millions de personnes de langue thaïe.

LAO SHE ou **LAO CHE** (SHU QINGCHUN, dit), écrivain chinois (Pékin 1899 - *id.* 1966). Professeur de chinois à Londres, Harvard et en Chine, il est considéré comme un des meilleurs représentants de la littérature moderne et populaire chinoise par ses romans (*Journal de la cité des chats,* 1930 ; *Quatre Générations sous le même toit,* 1953), et son théâtre (*le Bourbier de la barbe du dragon,* 1951 ; *la Maison de thé,* 1957). Après avoir exercé une grande activité politique et culturelle, il se suicida pendant la Révolution culturelle.

LAOTIEN, ENNE adj. et n. Du Laos.
◆ **laotien** n. m. Syn. de LAO.

LAO-TSEU ⟶ LAOZI.

Laouzas, barrage et lac de retenue (couvrant 300 ha), du dép. du Tarn, sur la Vèbre, alimentant la centre de Montahut.

LAOZI ou **LAO-TSEU,** philosophe taoïste chinois considéré comme un contemporain plus âgé de Confucius. (VIe - Ve s. av. J.-C.). Mais le *Tao-tö-king* ou *Daodejing,* qui lui a longtemps été attribué, est en fait bien postérieur même s'il rapporte quelques paroles du maître. On ne connaît rien de sa vie avec certitude ; il aurait effectué un voyage en Occident.

LAPAGERIA n. m. (de *La Pagerie,* n. pr.). Belle plante (liliacée) grimpante du Chili, aux fleurs rouges et blanches, cultivée en serre froide.

LA PALICE (Jacques II DE CHABANNES, *seigneur* DE), maréchal de France (v. 1470 - Pavie 1525). Nommé par François Ier maréchal de France (1515), il combattit à Marignan puis à La Bicoque (1522), repoussa de Provence le connétable de Bourbon (1524), et périt à Pavie (1525).

La Palice ou **La Palisse** *(Monsieur de),* vieille chanson populaire reprise au XVIIIe s. par La Monnoye et composée sans doute peu après la bataille de Pavie par les soldats sur un air de vieux noël. Elle comprenait ces vers :

Un quart d'heure avant sa mort.
Il était encore en vie...

ce qui signifiait qu'il s'était battu jusqu'au bout. Ce sens se perdit et on ne retint de ces vers que leur naïveté.

LAPALISSADE n. f. (de *La Palisse,* n. pr.). Vérité d'une évidence niaise. (Syn. VÉRITÉ DE LA PALICE.)

LA PALISSE ⟶ LA PALICE.

LAPALISSE (03120), ch.-l. de cant. de l'Allier, sur la Besbre ; 3 716 hab. *(Lapalissois).* Château des XVe-XVIe s. (tapisseries). Marché agricole.

LAPALME, étang lagunaire du littoral de l'Aude, relié à la Méditerranée par le grau de la Franqui. Salines.

LAPAOURI (Aleksandr), danseur soviétique (Moscou 1926 - *id.* 1975). Professeur à l'institut théâtral Lounatcharski à Moscou et à l'école du Bolchoï, il a été aussi un interprète de grand talent (pas de deux de virtuosité, sur la valse de Moszkowski, avec sa femme Raïssa Stroutchkova [chorégr. de Vassili Vainonen]).

LAPAROSCOPIE n. f. (du gr. *laparos,* flanc). Examen endoscopique de la cavité abdominale préalablement distendue par un pneumopéritoine permettant une étude des viscères.

LAPAROTOMIE n. f. Opération qui consiste à inciser la paroi abdominale.

LA PASTURE (Rogier DE) ⟶ VAN DER WEYDEN.

LA PATELLIÈRE (Amédée DUBOIS DE), peintre français (Vallet, Loire-Atlantique, 1890 - Paris 1932). Dans sa palette sombre se réalise la symbiose d'une robustesse terrienne et des appels de l'imaginaire (*les Deux Femmes aux écharpes,* 1928, M. N. A. M.).

LA PAZ ⟶ PAZ *(La).*

LAPEMENT n. m. Action de laper ; bruit ainsi produit.

LAPER v. t. (onomat.) [conj. 3]. En parlant d'un animal, boire en recueillant le liquide à coups de langue.

LAPEREAU n. m. Jeune lapin.

LA PÉROUSE (Jean François DE GALAUP, *comte* DE), navigateur français (château du Guo, près d'Albi, 1741 - île de Vanikoro, dans le Pacifique, 1788). Enseigne de vaisseau (1764), il est chargé en 1782 de ravager les établissements anglais de la baie d'Hudson. En 1785, il reçoit de Louis XVI le commandement d'une expédition qui doit parachever l'œuvre de Cook : reconnaître les parties septentrionales des rivages américain et asiatique. Le 1er août, les deux frégates de La Pérouse, la *Boussole* et l'*Astrolabe* quittent la rade de Brest. Le cap Horn est franchi en févr. 1786, et l'île de Pâques atteinte le 9 avr. Après une escale aux îles Sandwich, il repart pour l'Amérique du Nord-Ouest, qu'il atteint en juillet. Puis, traversant le Pacifique, il gagne Macao et les Philippines, et d'avr. à août 1787 il navigue entre la Corée et le Japon. Il franchit le détroit entre Sakhaline et Hokkaido qui, depuis, porte son nom, puis gagne le Kamtchatka. L'expédition repart en octobre vers le sud, et atteint les Samoa, puis Botany Bay, en Australie. Dans un dernier message, La Pérouse annonce qu'il se propose d'atteindre les îles Tonga, puis les parages de la Nouvelle-Calédonie et de la Nouvelle-Guinée (févr. 1788). Le mystère entourant sa disparition durera quarante ans, avant que Dumont d'Urville recueille les débris de l'*Astrolabe* (1828) sur le rivage de l'île de Vanikoro. Les vestiges de la *Boussole* ont été retrouvés, dans le même secteur, en 1962.

LAPERRINE D'HAUTPOUL (François Henry), général français (Castelnaudary 1860 - au Sahara 1920). Commandant, de 1902 à 1910, le territoire militaire des Oasis, il y créa les compagnies sahariennes. Après s'être distingué sur le front (1914-1916), il commanda les territoires sahariens (1917-1919) et la division d'Alger. Il mourut lors du premier raid aérien reliant Alger à l'Afrique noire.

LAPIAZ → LAPIÉ.

LAPICQUE (Louis), physiologiste français (Épinal 1866 - Paris 1952). Il a découvert la chronaxie et étudié l'excitabilité des neurones. (Acad. des sc., 1930.)

LAPICQUE (Charles), peintre et théoricien français (Theizé, Rhône, 1898 - Orsay 1988), fils du précédent. D'abord ingénieur, attiré par la valeur expressive et lyrique de la couleur pure, mais aussi intéressé par l'étude scientifique de ces phénomènes, il atteint, par le jeu baroquisant de petites surfaces contrastées, dans une œuvre qui mêle réel et imaginaire, à un dynamisme très personnel (*l'Invitation au bonheur,* 1954, musée de Dijon).

1. LAPIDAIRE n. m. (lat. *lapidarius*). **1.** Professionnel qui taille et polit les pierres précieuses et fines. (Ce métier comporte une spécialisation soit dans le diamant, soit dans les autres gemmes.) — **2.** Commerçant qui vend des pierres précieuses et fines. — **3.** Traité du XIIe et du XIIIe s. énumérant les vertus magiques et médicinales des pierres précieuses. — **4.** Meule travaillant sur une de ses faces et utilisée pour le dressage de surfaces planes.

2. LAPIDAIRE adj. **1.** Qui concerne les pierres fines ou précieuses, la taille de ces pierres. — **2.** D'une concision brutale, expressive : *Style lapidaire.* — **3.** *Inscription lapidaire,* inscription gravée sur la pierre, le marbre, etc. ‖ *Musée lapidaire,* musée consacré à la conservation de sculptures sur pierre et de vestiges monumentaux.

LAPIDATION n. f. (lat. *lapidatio, -onis*). Action de lapider, de tuer à coups de pierres, de poursuivre à coups de pierres.

LAPIDE (Cornelius **a**), en néerl. **Cornelis Van den Steen,** théologien liégeois (Bocholt, près de Liège, 1567 - Rome 1637). Jésuite (1592), professeur à Louvain puis à Rome, il a laissé des *Commentaires bibliques.*

LAPIDER v. t. (lat. *lapidare*) [conj. 3]. **1.** Tuer qqn à coups de pierres. — **2.** Poursuivre, attaquer qqn, un animal à coups de pierres : *Enfants qui lapident un chien.*

LAPIDIFICATION n. f. Transformation d'un dépôt meuble en roche sédimentaire cohérente par compaction et cimentation. (Syn. LITHIFICATION.)

LAPIDIFIER v. t. (conj. **9**). Convertir en pierre, donner à une substance la dureté de la pierre.

LAPIÉ ou **LAPIAZ** n. m. (vaudois *lapya,* du lat. *lapis, -idis,* pierre). Forme superficielle de détail du karst, qui est une rainure de quelques décimètres, encadrée de crêtes aiguës et résultant d'une dissolution liée à l'écoulement de l'eau.

LAPILLEUX adj. m. (bas lat. *lapillosus,* du lat. class. *lapillus,* petite pierre). Se dit d'un fruit dont la chair renferme des corps durs. (Syn. PIERREUX.)

LAPILLI [lapili] n. m. pl. (ital. *lapilli,* petites pierres). Pyroclastite de 1 à 64 mm de diamètre, dont l'accumulation forme la pouzzolane.

LAPIN n. m. (rad. préroman **lapparo-*). **1.** Mammifère lagomorphe proche du lièvre, mais dont il existe des races domestiques. [→ *encycl.*] — **2.** Chair comestible de cet animal. — **3.** Fourrure de cet animal : *Un manteau en lapin.* — **4.** Homme rusé ou brave et résolu. — **5.** *Fam.* Terme d'amitié, d'affection : *Ça va, mon petit lapin ?* — **6.** Fam. *Cage* ou *cabane à lapins,* immeuble de grandes dimensions et d'aspect uniforme ; logement dans ce type d'immeuble. ‖ *Coup du lapin,* coup brutal sur la nuque, qui peut briser les vertèbres. ‖ Fam. *En peau de lapin,* se dit d'une chose de valeur médiocre. ‖ Pop. *Poser un lapin à qqn,* manquer à un rendez-vous promis. ‖ *Trotter, courir comme un lapin,* courir très vite. ‖ Fam. *Un chaud lapin,* un homme d'un fort tempérament amoureux.

◆ **lapine** n. f. **1.** Femelle du lapin. — **2.** *Pop.* Femme qui est souvent enceinte, qui a de nombreux enfants.

ENCYCL. Le lapin sauvage ou « de garenne » est originaire d'Europe occidentale et d'Afrique du Nord. Introduit, sous sa forme domestique, presque partout dans le monde, il est devenu, par sa pullulation, un fléau pour l'agriculture. Le lapin a des oreilles plus courtes que celles du lièvre, des pattes postérieures longues et puissantes, propres à la course, une queue courte, une fourrure dense et recherchée. La lapine met bas 5 ou 6 portées (de 3 à 8 petits chacune) chaque

année, avec une durée de gestation de 30 jours. Le lapin vit en communauté dans des terriers, en réseaux creusés sous les prairies ou les clairières. La myxomatose, apparue en France en 1953, a fortement réduit les populations de lapins.
En France, le lapin est exploité dans des élevages industriels et fermiers. La femelle comme le mâle doivent être mis à la reproduction vers l'âge de 5 à 6 mois. La viande constitue la principale production. Les jeunes sont vendus à un poids voisin de 5 livres à l'âge de 80 jours environ. La production de fourrure est secondaire sauf pour certaines races (rex, chinchilla) ; les lapins angora fournissent un poil fin, long et blanc.

LAPINER v. i. (conj. 3). **1.** Mettre bas, en parlant de la lapine. — **2.** *Pop.* Accoucher fréquemment.

LAPINIÈRE n. f. Élevage de lapins domestiques.

LAPINISÉ, E adj. Se dit d'un virus modifié par culture de tissu de lapin en vue d'obtenir une souche vaccinale.

LAPINISME n. m. (de *lapine*). *Fam.* Fécondité excessive.

LA PIRA (Giorgio), homme politique italien (Pozzallo, Raguse, 1904 - Florence 1977). Député démocrate-chrétien (1946, 1948-1958), sous-secrétaire d'État au ministère du Travail (1948-49) puis maire de Florence (1951-1966), il est à l'origine du premier congrès international pour la paix et la civilisation chrétienne (1952).

LAPIS ou **LAPIS-LAZULI** [lapis-] n. m. (lat. *lapis, -idis,* pierre, et *lazuli,* d'azur). Pierre d'un bleu intense, utilisée en ornementation et en joaillerie, composée essentiellement de lazurite, accessoirement de calcite, pyrite, etc. (Syn. OUTRE-MER, PIERRE D'AZUR.)
◆ adj. inv. Bleu d'azur.

LAPITA, site de Nouvelle-Calédonie qui a donné son nom à un complexe culturel attribué aux ancêtres des Polynésiens. Il est caractérisé par un type de poterie imprimée au peigne mise au jour dans les îles de la Mélanésie et de la Polynésie occidentale. Les plus anciens sites datent du XVe s. avant notre ère.

LAPITHES, peuple thessalien mythologique qui se battit victorieusement contre les Centaures.

LAPLACE (Pierre Simon, *marquis* DE), astronome, mathématicien et physicien français (Beaumont-en-Auge, Normandie, 1749 - Paris 1827). Nommé ministre de l'Intérieur par Napoléon Bonaparte au lendemain du 18-Brumaire, vice-président du Sénat en 1803 et comte de l'Empire en 1806, il se rallia en 1814 à Louis XVIII, qui le fit marquis et pair de France. Son *Exposition du système du monde* (1796) contient sa célèbre hypothèse cosmogonique, selon laquelle le système solaire actuel serait issu d'une nébuleuse en rotation enveloppant un noyau fortement condensé et à température très élevée, hypothèse qui inspire encore les théories actuelles. En 1812 parut la *Théorie analytique des probabilités,* où se trouvent exposés, sans aucun appareil mathématique, les principes et les applications de la « géométrie du hasard ». Il a fait, avec Lavoisier, les premières mesures calorimétriques relatives aux chaleurs spécifiques et aux réactions chimiques (1780), a établi la formule des transformations adiabatiques d'un gaz et a formulé les deux lois élémentaires de l'électromagnétisme. (Acad. des sc., 1783 ; Acad. fr., 1816.)

Laplace *(loi de),* loi selon laquelle la force qui s'exerce sur un élément de conducteur $\overrightarrow{dl}$, parcouru par un courant i et soumis à un champ d'induction magnétique $\overrightarrow{B}$, est

$$\overrightarrow{dF} = i\overrightarrow{dl} \wedge \overrightarrow{B}.$$

Laplace-Gauss *(loi de),* ou **loi de Gauss** ou **loi normale,** loi d'une variable aléatoire absolument continue X dont la densité de probabilité est :

$$f(x) = \frac{1}{\sigma\sqrt{2\pi}} \exp\left[\frac{-(x-m)^2}{2\sigma^2}\right]$$

m et σ étant deux nombres réels, σ strictement positif. La loi de Laplace-Gauss centrée réduite est un cas particulier d'une loi de Laplace-Gauss où $m = 0$ et $\sigma = 1$. La loi de Laplace-Gauss est d'une grande importance en probabilité. De nombreux phénomènes peuvent en effet se rattacher à son modèle et on peut approximer la loi binomiale et la loi de Poisson par la loi de Laplace-Gauss. L'espérance mathématique d'une variable de Laplace-Gauss est *m,* sa variance σ^2 et son écart-type σ.

LAPLACIEN n. m. Opérateur différentiel △ égal à

$$\Delta = \frac{\partial^2}{\partial x^2} + \frac{\partial^2}{\partial y^2} + \frac{\partial^2}{\partial z^2}.$$

LA PLANCHE (VAN DEN PLANKEN, dit DE), tapissiers français d'origine flamande. — FRANS, dit FRANÇOIS (Oudenaarde 1573 - Paris 1627), invité par Henri IV à venir se fixer à Paris, fonda avec son beau-frère M. de Coomans (1601), au faubourg Saint-Marcel, une manufacture de tapisserie de haute lisse qui est à l'origine de la manufacture royale des Gobelins (nombreuses tentures, dont *l'Histoire d'Artémise*). — Son fils RAPHAËL († apr. 1661) fonda un autre atelier parisien, rue de la Chaise.

LAPLANCHE (Jean), médecin et psychanalyste français (Paris 1924). Membre fondateur de l'Association psychanalytique de France en 1963, il préside cette association de 1969 à 1971. En 1970, il crée dans le cadre de l'université de Paris-VII un laboratoire de psychanalyse et de psychopathologie. En 1975, il fonde la revue *Psychanalyse à l'université.* Il a collaboré avec J.-B. Pontalis au *Vocabulaire de la psychanalyse* (1967) et a publié en 1970 *Vie et mort en psychanalyse.* Depuis 1988, il dirige une nouvelle traduction des œuvres de S. Freud.

LA PLATA → SUCRE.

LAPLUME (47310), ch.-l. de cant. de Lot-et-Garonne à 13 km au S.-O. d'Agen ; 1 053 hab. Église gothique du XVIe s.

LAPON, ONE ou **ONNE** adj. et n. (lat. médiév. *Lapo, -onis*). De Laponie.
◆ **lapon** n. m. Langue finno-ougrienne du groupe finnique parlée par les Lapons.

LAPONIE, région habitée par les Lapons*, s'étendant sur trois départements de Norvège (Troms, Nordland et Finnmark), sur le nord de la Suède (Norrbotten et Västerbotten), la *Laponie finlandaise* et l'arrondissement de Mourmansk (Russie).

LAPONIE FINLANDAISE, en finnois **Lappi,** prov. du nord de la Finlande ; 99 200 km^2 ; 196 000 hab. Ch.-l. *Rovaniemi.* L'économie est fondée, dans le sud, sur l'exploitation du bois par des Finlandais immigrés, et dans le nord sur l'élevage du renne par les Lapons, peu nombreux (2 500).

LAPONS ou **SAMITS,** population de l'extrême nord de l'Europe (Norvège, Suède, Finlande, Russie), comptant environ 55 000 membres. Les Lapons se partagent entre fermiers, pêcheurs et éleveurs semi-nomades de rennes.
— **Hist.** Les Lapons furent soumis dès le IXe s. à une traite systématique de la part des trappeurs finnois, et furent rattachés au XVIe s. à la couronne suédoise par Gustave Vasa. Les traités de Täyssinä (1595) et de Knäred (1613) confirmèrent le partage politique de la Laponie entre la Suède, la Russie et le Danemark. Occupées par les Allemands de 1940 à 1945, les Laponies finlandaise et norvégienne furent systématiquement dévastées lors des combats en 1944 et 1945.

LA POPELINIÈRE ou **LA POUPLINIÈRE** (Alexandre Joseph LE RICHE DE), fermier général (Chinon 1693 - Passy 1762). Sa maison de Passy fut le rendez-vous d'une société lettrée. Il confia son orchestre privé notamment à Rameau.

LAPOUTROIE (68650), ch.-l. de cant. du Haut-Rhin, dans les Vosges ; 1 987 hab.

LAPPARENT (Albert COCHON DE), géologue et géographe français (Bourges 1839 - Paris 1908). Ingénieur des Mines, il est l'auteur d'un Traité de géologie (1882). — On doit à son fils JACQUES (Paris 1883 - *id.* 1948) des *Leçons de pétrographie* (1923).

LAPPEENRANTA, port de Finlande, sur le lac Saimaa ; en suéd. *Villmanstrand ;* 54 000 hab. Ville industrielle (papeterie, cellulose, chimie), centre thermal et touristique.

LAPPING [-piŋ] n. m. (angl. *to lap,* laper). Finition par rodage d'une surface métallique au moyen d'une poudre abrasive.

LAPRADE (Albert), architecte et urbaniste français (Buzançais 1883 - Paris 1978). Outre des réalisations très modernes (en 1929, le garage Marbeuf, à Paris, avec L. E. Bazin ; après 1945, installations E. D. F. de Génissiat), il a construit le musée des Colonies (auj. des Arts africains et océaniens, à Paris), a participé à des rénovations régionalistes dans le Nord, au Maroc et dans diverses villes.

LA PRADELLE (Albert DE GEOUFFRE DE), juriste français (Tulle 1871 - Paris 1955). Spécialiste de droit international, il a conseillé de nombreux gouvernements et créé l'Institut des hautes études internationales. On lui doit notamment *les Principes généraux du droit international* (1930).

LAPS [laps] n. m. (lat. *lapsus,* écoulement). *Laps de temps,* espace de temps écoulé, en général court.

LAPSI n. m. pl. (mot lat. signif. *ceux qui sont tombés*). Aux premiers temps du christianisme, chrétiens qui, dans les périodes de persécution, renièrent leur foi. (La question des lapsi divisa profondément les responsables de l'Église aux IIIe et IVe s. et donna lieu au schisme donatiste.)

LAPSUS [-psys] n. m. (lat. *lapsus,* glissement). Faute que l'on fait par inadvertance en parlant *(lapsus linguae)* ou en écrivant *(lapsus calami),* et qui consiste à substituer un mot à celui qu'on voulait dire.

LAPTEV *(mer des),* mer épicontinentale de l'océan Arctique, entre la côte de Sibérie, la presqu'île de Taïmyr et l'archipel de Nouvelle-Sibérie et couvrant environ 500 000 km^2.

LAQUAGE n. m. **1.** Action, manière de laquer une surface, les cheveux, une volaille, etc. — **2.** Dépôt d'une pellicule transparente (vernis ou laque) sur un support imprimé. — **3.** Fixation, sur un support généralement minéral, d'une matière colorante organique soluble, formant un revêtement protecteur et souvent décoratif. — **4.** Protection de la surface d'un phototype par application de vernis. — **5.** *Laquage du sang,* destruction des hématies libérant leur contenu en hémoglobine qui se répartit de façon homogène dans le milieu (dit laqué).

LAQUAIS n. m. (gr. médiév. *oulakês,* du turc *ulaq*). **1.** Valet de pied qui portait la livrée. — **2.** *Litt.* Homme d'un caractère bas et servile ; valet.

LAQUE n. f. (anc. provenç. *laca,* de l'ar. *lakk*). **1.** Gomme-résine fournie par des arbres de la famille des anacardiacées d'Extrême-Orient, servant à décorer des objets. (→ *encycl.*) — **2.** Syn. de GOMME-LAQUE. — **3.** Produit vaporisé sur les cheveux qui maintient la coiffure. — **4.** Vernis à ongles non transparent. — **5.** Vernis naturel présentant une couleur propre. — **6.** *Peinture* ou *vernis laque,* peinture pour couche de finition ou vernis donnant un feuil dur, résistant, lisse et tendu ayant l'aspect d'une laque.

◆ n. m. Objet d'art laqué.

ENCYCL. La laque, récoltée par incision de l'écorce des arbres à laque, est gardée à l'obscurité jusqu'à son emploi. On l'étend à l'aide d'un pinceau très fin, à raison d'une couche entière pour chaque couleur. Un très lent séchage et un ponçage au charbon de bois séparent deux applications successives. Le dessin apparaît par ablation sélective des couches recouvrant celle dont la couleur est recherchée.

Les laques de Chine ont vraisemblablement précédé ceux du Japon, qui leur sont supérieurs. Des spécimens datant de l'époque des Han ont été retrouvés. Du point de vue artistique, le laque atteint son apogée sous la dynastie des Ming ; les laques de Coromandel* sont dès lors très estimés en Europe. Au Japon, à la période de Heian et des Fujiwara correspond la formation d'un véritable style national, déterminé par les peintres de l'école de Tosa. De 1185 à 1333 (période de Kamakura et des Hōjō), l'art du laque est remarquable. À la fin du XVIe s., la technique est de plus en plus raffinée, le décor tombe dans le maniérisme.

Les laques importés d'Extrême-Orient sont apparus en France au XVIIe s. Le goût s'en répandit au XVIIIe s., où l'on en recouvrit les meubles ; le vernis Martin* est une imitation de laque. À l'époque contemporaine, la technique du laque a été pratiquée avec maîtrise, notamment par J. Dunand.

LAQUÉ n. m. **1.** Revêtement fait d'une couche de peinture laque. — **2.** Champignon basidiomycète, au chapeau fauve ou violet, abondant dans les bois, comestible estimé.

Laquedem (Isaac), nom donné en Flandre au Juif* errant.

LAQUEDIVES (« les Dix Milles Îles »), archipel indien de la mer d'Oman, partie du territoire de Lakshadweep. Peuplées de musulmans, les îles, d'origine corallienne, commercent avec la côte de Malabār. Le surpeuplement a poussé de nombreux hommes à s'engager sur les flottes de commerce indienne et étrangères.

LAQUELLE → LEQUEL.

LAQUER v. t. (conj. 3). **1.** Couvrir une surface de laque : *Laquer un meuble.* — **2.** Couvrir les ongles, les cheveux d'une couche de laque. — **3.** Vaporiser de la laque sur les cheveux. — **4.** Procéder au laquage de qqch.

◆ **être laqué** v. pass. **1.** Être recouvert de laque : *Une table laquée noire.* — **2.** En parlant d'une viande, avoir été badigeonnée, entre deux cuissons, d'une sauce aigre-douce. (Cuisine chinoise.) — **3.** Se dit d'un tissu enduit, destiné à la confection de vêtements imperméables.

LAQUEUR, EUSE n. Personne qui applique des laques d'Extrême-Orient ou des vernis pour décorer des objets.

LA QUINTINIE (Jean DE), agronome français (Chabanais, Charente, 1626 - Versailles 1688). Il améliora les techniques de l'arboriculture et créa des potagers rattachés à des châteaux célèbres : Versailles, Sceaux, Rambouillet.

LARACHE → 'ARĀ'ICH *(al-)*.

LARADE (Bertran), poète gascon (Montréjeau 1581 - v. 1630). Disciple de Ronsard, il fut un maître de la poésie baroque et de la bergerie littéraire occitane (*la Muse gascoue* [*la Muse gasconne*], 1607).

LARAGNE-MONTÉGLIN (05300), ch.-l. de cant. des Hautes-Alpes, au confluent de la Véragne et du Buëch ; 3 428 hab. *(Laragnais)*. Abattoir (ovins). Agroalimentaire.

LARAIRE n. m. (lat. *lararium*). Dans l'Antiquité romaine, sanctuaire domestique où étaient honorés les lares, les pénates et le *genius* du père de famille.

Lara Jonggrang, temple śivaïte de Java central situé près du village de Prambanan. Daté de la fin du IXe s., ce site est formé de trois enceintes concentriques. Au centre, une terrasse supporte huit sanctuaires : les trois principaux sont dédiés à Brahmā, Śiva et Viṣṇu. Les reliefs illustrent le *Rāmāyaṇa* et la légende de Kriṣṇa.

LA RAMÉE (Pierre) → RAMUS.

LARAMIEN n. m. (de *Laramie Range,* n. pr.). Phase tectonique, située entre le crétacé terminal et l'éocène (env. - 65 millions d'années).

LARAMIE RANGE ou **LARAMIE MOUNTAINS,** chaînon montagneux des États-Unis (Wyoming) ; 3 350 m au *pic Laramie.*

LARBAA NAIT IRATHEN → ARBAÂ NATH IRATHEN *(El-)*.

LARBAUD (Valery), écrivain français (Vichy 1881 - *id.* 1957). Grand voyageur, il fit connaître à l'étranger la littérature française contemporaine et révéla aux Français des écrivains comme S. Butler, W. Whitman, H. von Hofmannsthal et J. Joyce, qu'il traduisit et dont il imita le monologue intérieur dans *Amants, heureux amants* (1926). Son humour et son cosmopolitisme se manifestèrent dans les *Poèmes par un riche amateur* (1908), *Fermina Marquez* (1911), *A.O. Barnabooth, poésies et journal intime* (1913), dans ses essais critiques (*Ce vice impuni, la lecture ; Domaine anglais,* 1925 ; *Domaine français,* 1941) et dans son *Journal* (1954-55).

LARBIN n. m. (p.-ê. altér. de l'arg. *habin,* chien). *Fam.* et *péjor.* **1.** Domestique, valet. — **2.** Personne servile.

LARCHE *(col de),* parfois appelé **COL DE L'ARGENTIÈRE,** col des Alpes, à 34 km à l'E.-N.-E. de Barcelonnette ; 1 991 m. Il relie les vallées de l'Ubaye et de l'Ubayette à la vallée italienne de Stura di Demonte vers Cuneo.

LARCHE (19600), ch.-l. de cant. de la Corrèze, sur la Vézère ; 1 350 hab. Constructions mécaniques.

LARCIN n. m. (lat. *latrocinium*). **1.** Petit vol sans effraction et sans violence : *Commettre un larcin.* — **2.** L'objet volé. — **3.** *Litt.* Plagiat, passage emprunté à un auteur sans le citer.

LARD n. m. (lat. *lardum*). **1.** Tissu gras sous-cutané de certains quadrupèdes à peau épaisse, particulièrement du porc. — **2.** *Pop.* Peau : *Se gratter le lard.* — **3.** Fam. *Se demander si c'est du lard ou du cochon,* ne pas savoir exactement à quoi s'en tenir sur la signification des propos, de l'attitude de qqn. ‖ *Lard gras* ou *gros lard,* syn. de BARDIÈRE. ‖ *Lard maigre* ou *lard de poitrine,* morceau prélevé dans la poitrine du porc où la graisse alterne avec des couches de chair musculaire. ‖ Fam. *Faire du lard,* engraisser. ‖ Pop. *Rentrer dans le lard à qqn,* se jeter sur lui pour le frapper. ‖ Pop. *Tête de lard,* personne entêtée, obstinée.

LARDAGE n. m. **1.** Action de larder une viande. (Syn. PIQUAGE.) — **2.** Semis du blanc dans le substrat destiné à la culture du champignon de couche.

LARDER v. t. (de *lard*) [conj. 3]. **1.** Garnir de lardons l'intérieur d'une pièce de viande. — **2.** Transpercer qqn en plusieurs endroits, à coups de couteau, d'épée. — **3.** Mettre, introduire qqch en grand nombre dans qqch : *Larder son discours de citations.* — **4.** Garnir une pièce de bois d'un lardis, pour augmenter l'adhérence d'un mortier de remplissage ou de recouvrement. — **5.** Marquer une carte pour l'introduire frauduleusement dans un jeu.

LARDERELLO, village d'Italie, en Toscane (prov. de Pise) ; 1 000 hab. Vapeurs naturelles *(soffioni)* utilisées par plusieurs centrales électriques.

LARDIER *(cap),* promontoire de la côte des Maures (Var), au S. de Saint-Tropez.

LARDIN-SAINT-LAZARE (Le) [24570], comm. de l'est de la Dordogne, sur la Vézère ; 2 059 hab. Papeterie.

LARDIS [-di] n. m. Ensemble de clous, dits *rappointis,* enfoncés partiellement sur des parties en bois qui doivent être reliées à une maçonnerie ou enduites.

LARDOIRE n. f. (de *larder*). Grosse aiguille creuse utilisée pour larder les viandes.

LARDON n. m. (de *lard*). **1.** Petit bâtonnet de lard gras qu'on introduit dans la viande. — **2.** Petit morceau de lard maigre qu'on fait revenir pour accommoder certains plats. — **3.** *Pop.* Enfant. — **4.** Cale mince dont on peut régler la position, pour rattraper l'usure d'une pièce mécanique en mouvement. — **5.** Petite pièce parallélépipédique fixée sous un montage ou un appareillage et s'adaptant dans l'une des rainures de la table de la machine-outil où elle doit être utilisée.

LARDY (91510), comm. de l'Essonne, à 8 km au S. d'Arpajon ; 3 724 hab. Centre d'essais de l'industrie automobile.

LARE n. m. et adj. (lat. *lar, laris*). À Rome, dieu protecteur du foyer domestique, représenté sous l'apparence d'un petit génie vêtu d'une tunique courte, brandissant une corne d'abondance, une patère ou un rhyton.

LAREDO, station balnéaire d'Espagne, à l'E. de Santander, sur le golfe de Gascogne ; 12 000 hab.

LAREDO, v. des États-Unis (Texas), sur le Rio Grande, en face de *Nuevo Laredo* (Mexique) ; 122 899 hab. Raffinerie de pétrole.

LA RENAUDIE (Godefroi DE BARRI, *seigneur* DE), gentilhomme périgourdin († près d'Amboise 1560). Il fomenta avec Condé la conjuration d'Amboise*, à l'issue de laquelle il fut tué par les troupes des Guises.

LARENTIA → ACCA LARENTIA.

LARENTIE n. f. Phalène à antennes simples, à ailes blanches avec des lignes et des bandes foncées. (La chenille vit dans une feuille de bouleau pliée en deux, et dont les bords ont été attachés avec de la soie.)

LĀRESTĀN ou **LĀRISTĀN,** région montagneuse de l'Iran, rebord du plateau iranien sur le golfe Persique, à l'E. du détroit d'Ormuz. Élevage ovin. Cultures fruitières et légumières dans les bassins. Palmeraies le long de la côte.

LA RÉVELLIÈRE-LÉPEAUX (Louis Marie DE), homme politique français (Montaigu, Vendée, 1753 - Paris 1824). Député aux États généraux (1789) puis à la Convention (1792), où il siégea avec les Girondins, il participa à l'élaboration de la Constitution de l'an III. Membre du Conseil des Anciens puis directeur (1795), il prépara avec Barras et Rewbell le coup d'État du 18 fructidor (4 sept. 1797), mais dut démissionner le 30 prairial au VIII (18 juin 1799).

LA REYNIE (Gabriel Nicolas DE), administrateur français (Limoges 1625 - Paris 1709). Premier lieutenant général de police (1667-1697), il anéantit la cour des Miracles (1668), imposa l'éclairage des rues de Paris et présida la Chambre ardente qui jugea l'affaire des Poisons (1679-1682).

LARGABLE adj. Qui peut être largué.

LARGAGE n. m. Action de larguer, notamment à partir d'un aéronef.

LARGANDO adv. (ital. *largando,* de *largo,* large). Terme d'exécution musicale qui indique un élargissement du mouvement. (Syn. RALLENTANDO, RITENUTO.)

LARGE adj. (lat. *largus,* abondant). **1.** Qui a telle dimension dans le sens opposé à la longueur, à la hauteur : *Un trait large d'un centimètre.* — **2.** Qui a une dimension importante dans le sens opposé à la longueur, à la hauteur : *Un parc traversé de larges avenues. Être large d'épaules.* — **3.** Qui occupe ou qui délimite un espace considérable : *Les curieux formaient un large cercle.* — **4.** Qui est exécuté d'une manière ample, à grands traits : *Montrer l'horizon d'un geste large.* — **5.** Se dit d'un vêtement, d'une chaussure dans lesquels on n'est pas serré : *Une jupe large.* — **6.** Qui est grand, important, étendu : *Avoir une large part de responsabilité.* — **7.** Qui donne, rétribue, récompense généreusement ; qui est ainsi donné : *Il est large avec son personnel. De larges gratifications.* — **8.** Se dit d'un état d'esprit sans préjugés, sans sectarisme : *Avoir l'esprit large.* — **9.** Se dit d'une estimation qui se fait plutôt par excès, qui prévoit plus que nécessaire : *Cette prévition était un peu trop large.* — **10.** Se dit d'une morale qui s'accommode de tout. — **11.** *Au sens large,* expression servant à rappeler que, dans une inégalité mathématique, l'égalité est permise. ‖ *Un large sourire,* franc, épanoui.

◆ adv. **1.** D'une façon ample : *Des chaussures qui chaussent large.* — **2.** En estimant plutôt à plus : *Les provisions ont été calculées large.* — **3.** Fam. *Ne pas en mener large,* être dans une position critique, mal à son aise. ‖ *Voir large,* voir grand.

◆ n. m. **1.** La haute mer : *Le navire a gagné le large.* — **2.** *Au large !,* commandement pour faire écarter une embarcation qui veut accoster ou pour chasser un bateau du port ; commandement d'une sentinelle pour signifier à qqn de s'éloigner. ‖ *Au large (d'un lieu),* dans ses parages : *Navire ancré au large de l'île.* ‖ *De large,* indique que la dimension est prise dans le sens de la largeur : *La pièce fait quatre mètres de large.* ‖ *Du large !,* place ! ‖ *Être au large,* avoir assez de place, d'espace ; avoir de l'argent, être dans l'aisance. ‖ *Prendre, gagner le large,* s'en aller vers la pleine mer ; décamper. ‖ *Se tenir au large de qqch,* ne pas s'en approcher. ‖ *Vent du large,* brise qui souffle de la haute mer, par oppos. à *vent de terre.* ‖ *Teinture au large,* teinture de pièces tendues dans le sens de la trame.

LARGEAU → FAYA-LARGEAU.

LARGEAU (Étienne), général français (Niort 1866 - Avocourt, Meuse, 1916). Il fit partie de l'expédition Monteil (1894), de la mission Marchand (1896-1898) et conquit la région du Tchad (1901-1913). Il fut tué devant Verdun.

LARGEMENT adv. **1.** Sur une grande largeur, sur un grand espace : *Fenêtres largement ouvertes.* — **2.** D'une manière considérable, importante : *Gagner largement sa vie.* — **3.** De loin : *Elle vaut largement son frère.* — **4.** Devant l'expression d'une mesure, d'une valeur, d'une quantité, etc., indique qu'il s'agit d'un minimum : *Il est largement midi.*

LARGENTIÈRE (07110), ch.-l. d'arrond. de l'Ardèche ; 2 117 hab. Église surtout du XIIIe s., château du XVe.

LARGESSE n. f. **1.** *Litt.* Action de donner d'une manière généreuse. — **2.** (le plus souvent au pl.) Don généreux : *Répandre ses largesses.*

LARGET n. m. (de *large*). Demi-produit sidérurgique de section rectangulaire, d'une largeur minimale de 150 mm et d'une épaisseur au plus égale au quart de la largeur.

LARGEUR n. f. (de *large*). **1.** Dans le même plan, la plus petite des deux dimensions d'une surface généralement rectangulaire (par oppos. à *longueur*) ; plus petite dimension de la base horizontale d'un objet à trois dimensions, d'un volume (par oppos. à *longueur, hauteur* ou *profondeur*) : *Plier la feuille dans le sens de la largeur.* — **2.** Cette dimension du point de vue de sa mesure : *Cinquante centimètres de largeur.* — **3.** Dimension transversale, horizontale de qqch, distance d'un côté à l'autre : *Un camion barrait la route dans toute sa largeur.* — **4.** Caractère de ce qui n'est pas restreint, borné, mesquin : *Largeur d'esprit.* — **5.** Dimension d'une bande de papier ou de carton mesurée dans le sens travers. (Syn. LAIZE.) — **6.** Fam. *Dans les grandes largeurs,* tout à fait, complètement : *Être refait dans les grandes largeurs.* ‖ *Grande largeur,* se dit d'un revêtement mural d'une dimension plus grande que la normale ; se dit d'un revêtement de sol vendu dans une dimension adaptée aux mesures moyennes d'une pièce.

Large-White *(race),* race porcine d'origine anglaise, à robe blanche et à oreilles dressées, de grand format, à très bonnes aptitudes d'élevage, de croissance et d'engraissement, très largement utilisée en Europe.

LARGHETTO [largɛto] adv. (ital. *larghetto,* de *largo,* large). Terme d'interprétation musicale indiquant un mouvement un peu moins lent que *largo.*

LARGILLIÈRE ou **LARGILLIERRE** (Nicolas DE), peintre français (Paris 1656 - *id.* 1746). Formé à Anvers, il travailla à Londres (où Lely lui transmit la leçon de Van Dyck), puis s'installa à Paris (1682). Protégé de Le Brun, il devint le peintre officiel de la ville de Paris et le grand portraitiste de la bourgeoisie, au style souple et brillant (*Portrait de Famille,* Louvre ; *la Belle Strasbourgeoise,* 1703, musée de Strasbourg).

LARGO adv. (ital. *largo,* large). Terme d'interprétation musicale qui indique un mouvement très lent.
◆ n. m. Morceau exécuté dans ce mouvement.

Largo Argentina, place de Rome, sur le Corso Vittorio Emmanuele, où furent découverts, de 1926 à 1930, quatre temples datant des IVe-IIe s. av. J.-C.

LARGO CABALLERO (Francisco), homme politique espagnol (Madrid 1869 - Paris 1946). Membre du parti socialiste ouvrier espagnol (P. S. O. E.) [1894], secrétaire général de l'Union générale des travailleurs (U. G. T.) [1918], élu député en 1918, il devint ministre du Travail (1931-1933). Président du P. S. O. E. de 1932 à 1935, il fut l'un des artisans du front populaire (1936). Nommé chef du gouvernement au début de la guerre civile (sept. 1936), il dut démissionner en mai 1937 après les succès des nationalistes et fut alors écarté de la direction du P. S. O. E. et de l'U. G. T.

LARGONJI n. m. (de *jargon*). Argot dont le procédé de codage consiste à remplacer l'initiale du mot par *l* et à la rejeter à la fin de celui-ci, dotée éventuellement d'un suffixe. (Par ex. « fou » devient *louf* ou *loufoque,* « jargon » devient *largonji,* etc.)

LARGUE n. m. (provenç. *larc,* large, du lat. *largus*). **1.** Allure du navire correspondant au vent reçu entre le travers et trois quarts sur l'arrière du travers. — **2.** Vent qui permet de prendre cette allure. — **3.** *Grand largue,* allure se rapprochant du vent arrière.

LARGUER v. t. (provenç. *largá,* lâcher) [conj. 3]. **1.** Détacher un cordage, une amarre du point où il était retenu et l'abandonner complètement. — **2.** Lâcher d'un aéronef des parachutistes ou des charges diverses : *Larguer un commando.* — **3.** *Fam.* Abandonner qqn, qqch, s'en débarrasser : *Larguer ses amis.* — **4.** *Fam.* Laisser qqn loin derrière soi : *Larguer le peloton.* — **5.** *Larguer les voiles,* rendre la toile libre prête à être établie.
◆ **être largué** v. pass. *Fam.* Être complètement dépassé dans un domaine, ne plus comprendre, ne plus être à la hauteur : *Les étudiants ont été largués.*

LARGUEUR n. m. Spécialiste chargé à bord d'un aéronef du parachutage de personnel ou de matériel.

LARGUIER (Léo), écrivain français (La Grand-Combe, Gard, 1878 - Paris 1950), poète élégiaque (*la Maison du poète,* 1903), et mémorialiste du vieux Paris des artistes (*En compagnie des vieux peintres,* 1927).

LA RIBOISIÈRE (Jean Ambroise BASTON, *comte* DE), général français (Fougères 1759 - Königsberg 1812). Il servit à Austerlitz, à Iéna, puis commanda l'artillerie de la Garde impériale et celle de la Grande Armée (1812). Il mourut d'épuisement lors de la campagne de Russie.

LARIBOISIÈRE (Charles Honoré BASTON, *comte* DE), homme politique français (Fougères 1788 - Paris 1868), fils du précédent. Sa femme, née ELISA **Roy** (1794-1851), fonda l'hôpital Lariboisière.

LARICIO n. m. (toscan *laricio,* du lat. *larix, -icis,* mélèze). Nom usuel commun au pin noir d'Autriche et au pin de Corse.

LARIDÉ n. m. (bas lat. *larus,* mouette, du gr. *laros*). Nom de famille donné aux mouettes et aux goélands.

LARIFORME n. m. (bas lat. *larus,* mouette). Nom d'un ordre d'oiseaux palmipèdes piscivores au bec fort, aux ailes longues et pointues, tels que les labbes, mouettes, sternes, pingouins, macareux et guillemots.

LARIGOT n. m. (d'un anc. refrain de chanson). *Vx.* Petite flûte pastorale.

LARIONOV (Mikhaïl Fedorovitch, dit **Michel**), peintre et théoricien russe (Tiraspol 1881 - Fontenay-aux-Roses 1964), naturalisé français en 1938. Après une période impressionniste et un cycle néoprimitiviste, il fonda en 1913, avec N. Gontcharova, le « rayonnisme », qui, par la primauté accordée au rapport dynamique des couleurs, constitue une des premières manifestations abstraites. De 1915 à 1929, il se consacra au décor des Ballets russes.

LÁRISSA, v. de Grèce, ch.-l. de Nome, en Thessalie ; 102 000 hab. Centre commercial. Aluminium. Textile. Sucrerie. — Elle fut la capitale de la Confédération thessalienne, jusqu'au IVe s.

LARISSA, quatrième satellite de Neptune, découvert en 1989 par la sonde américaine Voyager 2. Demi-grand axe de son orbite : 73 600 km. Période de révolution sidérale : 13 h 26 min. Dimensions : 210 × 190 km.

LĀRISTĀN → LĀRESTĀN.

LA RIVE (Gaspard DE) → DE LA RIVE.

LARIVEY (Pierre DE), auteur dramatique et traducteur français (Troyes v. 1540 - v. 1612). Il introduisit en France le style de la comédie italienne dans des œuvres en prose (*les Esprits,* 1579 ; *les Tromperies,* 1611) qui inspirèrent Molière et Regnard.

LARME n. f. (lat. *lacrima*). **1.** Goutte liquide que sécrètent continûment les glandes lacrymales et qui humecte constamment l'œil. (→ *encycl.*) – **2.** Très petite quantité d'un liquide ; une goutte : *Se servir une larme de vin.* – **3.** Liquide sécrété par le larmier des cervidés. – **4.** Inclusion vitreuse dans le verre, dont la composition diffère de celle du verre de base. – **5.** En architecture, syn. de GOUTTE. – **6.** Ornement employé, en nombre, dans la décoration des draps mortuaires. – **7.** *Avoir la larme à l'œil, les larmes aux yeux, des larmes dans la voix,* être ému ou attendri, parler d'une voix émue, être comme sur le point de pleurer. ‖ *Avoir toujours la larme à l'œil, avoir la larme facile,* manifester une sensibilité excessive ou affectée, pleurer à la moindre émotion. ‖ *Être au bord des larmes,* sur le point de pleurer. ‖ *Être en larmes,* en train de pleurer. ‖ Litt. *Larmes de sang,* très violent chagrin. ‖ *Pleurer à chaudes larmes, toutes les larmes de son corps,* pleurer abondamment. ‖ *Rire aux larmes,* rire tellement qu'on en a les larmes aux yeux. ‖ *Sécher les larmes de qqn,* apaiser son chagrin. ‖ Fam. *Y aller de sa larme,* se mettre à pleurer d'une manière ostentatoire.

ENCYCL. **Physiol.** Les larmes sont constituées par un liquide aqueux, alcalin, qui renferme 14 % de chlorure de sodium. Elles ont pour effet de maintenir toujours humide la conjonctive oculaire. En cas d'excitation périphérique (irritation physique) ou centrale (émotion), leur sécrétion augmente et elles coulent à l'extérieur (larmoiement, pleurs).

LARME-DE-JOB n. f. (pl. *larmes-de-Job*). Nom usuel du *coïx.*

LARMESSIN (les DE), famille de graveurs burinistes français des XVIIe-XVIIIe s., tous prénommés Nicolas. Le plus connu est NICOLAS le Fils (Paris 1684 - *id.* 1755), qui collabora aux recueils « Crozat » et « Julienne » et illustra les *Contes de La Fontaine* (« Suite Larmessin », 1737-1743).

LARMIER n. m. (de *larme*). **1.** Angle de l'œil le plus rapproché du nez et d'où semblent couler les larmes. – **2.** Chez le cheval, région des tempes. – **3.** Chez les ovins et les cervidés, dépression située à l'angle intérieur de l'œil. (*La glande du larmier* secrète, chez les cervidés mâles, une huile noirâtre et odorante appelée *larme.*) – **4.** Membre horizontal disposé en saillie sur le nu d'un mur ou au sommet d'un ensemble décoratif, qu'il préserve de la pluie grâce à une petite rainure creusée en dessous (celle-ci arrête les filets d'eau et les fait tomber directement sur le sol) ; la face inférieure de ce membre d'architecture. – **5.** Syn. de GOUTTE-D'EAU.

LARMINAT (René Marie Edgar DE), général français (Alès 1895 - Paris 1962). Chef d'État-major au Levant, il se rallia à de Gaulle en 1940. Haut-commissaire de l'Afrique française libre (1940-41), il commanda en Tripolitaine les Forces françaises du désert (1942), participa au débarquement de Provence (1944) et libéra Royan (1945).

LARMOIEMENT n. m. **1.** Écoulement de larmes continuel, provoqué par une irritation de l'œil ou par une obstruction des voies lacrymales. – **2.** *Litt.* Gémissements, plaintes, pleurnicheries.

LARMONT, montagne calcaire du Jura (Doubs), à l'E. de Pontarlier ; 1 323 m.

LARMOR (*sir* Joseph), physicien irlandais (Magheragall, comté d'Antrim, 1857 - Hollywood, Irlande, 1942). Spécialiste de la relativité, de l'électrodynamique et de la thermodynamique, il a montré que les électrons devaient, en vertu de leur inertie, posséder une masse et que leur moment magnétique pouvait interagir avec un champ magnétique extérieur.

LARMOR-PLAGE (56260), comm. du Morbihan, au S. de Lorient, à l'entrée de l'estuaire du Scorff ; 8 117 hab. *(Larmoriens).* Église des XVe et XVIe s. (statues, retables). Station balnéaire.

LARMOYANT, E adj. **1.** Dont les yeux sont humides de larmes ; se dit des yeux eux-mêmes. – **2.** Qui cherche à attendrir par ses larmes, ses plaintes ; qui est accompagné de pleurs : *Ton larmoyant.*

LARMOYER v. i. (de *larme*) [conj. **13**]. **1.** Être atteint de larmoiement : *Ses yeux larmoient à cause de son rhume.* – **2.** Se lamenter, gémir, pleurnicher sur qqch : *Larmoyer sur son sort.*

LARMOYEUR, EUSE adj. et n. *Litt.* Qui larmoie, se plaint sans cesse.

LÁRNAKA, v. de la côte sud-est de Chypre, sur le *golfe de Lárnaka ;* 61 000 hab. Aéroport international.

LARNAS (07220), comm. de l'Ardèche, à 13 km au S.-O. de Viviers ; 72 hab. Centre de séjour.

LARNE, port de l'Irlande du Nord, sur la côte du canal du Nord ; 18 000 hab. Embarcadère pour l'Écosse.

LA ROCHE (Mazo DE) → DE LA ROCHE.

LAROCHE (Guy), couturier français (La Rochelle 1921 - Paris 1989). Privilégiant, dès l'ouverture de sa maison de couture (1957), l'architecture sobre de la ligne, il est de ceux qui par leur sens du pratique ont marqué la rupture avec le luxe fastueux et contraignant de l'après-guerre.

LA ROCHEFOUCAULD (famille DE), famille française originaire de La Rochefoucauld (Charente). Fondée au XIe s., cette maison, qui descend probablement de la famille des Lusignan, joignit à son fief de La Rochefoucauld celui de Marcillac (auj. Marcillac-Lanville) au XVe s. — FRANÇOIS Ier **de La Rochefoucauld** (1494-1517), chambellan de François Ier, fut créé comte par le roi, en 1515. — FRANÇOIS V **de La Rochefoucauld** (1588-1650), gouverneur de Poitou, fut duc et pair par Louis XIII, en 1622.

LA ROCHEFOUCAULD (François, *duc* DE), écrivain français (Paris 1613 - *id.* 1680). Il combat en Italie et devient l'un des chefs de la Fronde des princes (1648). Il est grièvement blessé au combat de la Porte Saint-Antoine. Rallié au roi, il mène une vie mondaine, fréquente le salon de Mme de Sablé et, à partir de 1665, celui de Mme de La Fayette, qu'il conseillera dans la composition de ses romans. En 1662 paraissent ses *Mémoires contenant les brigues pour le gouvernement à la mort de Louis XIII,* mais il doit sa célébrité à ses *Réflexions ou Sentences et Maximes morales* (1664-1678), dont le pessimisme, à propos d'un monde où les sentiments sont dictés par l'intérêt, s'atténuera au fil des rééditions.

LA ROCHEFOUCAULD-DOUDEAUVILLE (Ambroise Polycarpe, *duc* DE), homme politique français (Paris 1765 - *id.* 1841). Directeur des Postes (1822), ministre de la Maison du roi (1824), il fit acheter la terre de Grignon par Charles X, qui y fonda une école d'agriculture (1827).

LA ROCHEFOUCAULD-LIANCOURT (François Alexandre, *duc* DE), philanthrope français (La Roche-Guyon 1747 - Paris 1827). Il fonda sur sa terre de Liancourt une école destinée aux enfants des militaires pauvres (1788) qui fut à l'origine de l'école des arts et métiers de Châlons. Député aux États généraux (1789), membre du club des Feuillants, il présida le Comité de mendicité (1790). Pair sous la Restauration, il fut membre du Conseil des hospices (1816) et lutta en faveur de l'abolition de l'esclavage.

LA ROCHEJAQUELEIN, famille vendéenne apparaissant au XIIIe s. avec les du Vergier, alliés par mariage aux seigneurs de La Rochejaquelein. Elle a compté parmi ses membres : HENRI **du Vergier,** comte **de La Rochejaquelein,** chef vendéen (château de la Durbellière, près de Châtillon-sur-Sèvre, 1772 - Nuaillé, Maine-et-Loire, 1794). Cousin de Lescure, il souleva les Mauges (mars 1793). Battu à Cholet (oct.), il se replia sur la Loire. À la tête des troupes vendéennes, il marcha sur Granville mais de nouveau battu à Savenay (déc.), il se livra à la guérilla ; il fut tué par un Bleu qui venait de se rendre. — Son frère LOUIS **du Vergier,** marquis **de La Rochejaquelein,** général (Saint-Aubin-de-Baubigné 1777 - ferme des Mattes, Vendée, 1815) dirigea aux Cent-Jours l'insurrection vendéenne et fut tué le 4 juin. — AUGUSTE **du Vergier,** comte **de La Rochejaquelein,** général (Saint-Aubin-de-Baubigné 1783 - *id.* 1868), frère des précédents, fit l'expédition d'Espagne (1823) et combattit dans les rangs russes contre les Turcs (1828). Complice de la duchesse de Berry (1832), il fut condamné à mort par coutumace et acquitté en 1835.

LAROCHE-SAINT-CYDROINE (89400), comm. de l'Yonne, au confluent de l'Yonne et de l'Armançon ; 1 382 hab. Église St-Cydroine, remontant au XIe s. (→ MIGENNES.)

LA ROCQUE (François, *comte* DE), homme politique français (Lorient 1885 - Paris 1946). Après avoir participé à la Première Guerre mondiale, il devint en 1931 président des Croix-de-Feu*. Les ligues ayant été dissoutes (1936), La Rocque transforma son mouvement en parti social français (P. S. F.), hostile au marxisme, et prit la direction du *Petit Journal* (1937). Après 1940, il participa à la Résistance, et fut déporté par les Allemands (1943).

LAROQUE (Pierre), juriste français (Paris 1907). Membre du Conseil d'État, il fit reconnaître, en 1938, par la Cour supérieure d'arbitrage que la grève suspend mais ne rompt pas le contrat de travail. Il participa au plan de réforme de la Sécurité sociale de 1945.

LAROQUEBROU (15150), ch.-l. de cant. du Cantal, sur la Cère ; 1 071 hab. Église du XIVe s.

LAROQUE-D'OLMES (09600), comm. de l'est de l'Ariège ; 3 122 hab. *(Laroquais).* Église du XIVe s. Textile. Travail du bois.

LAROQUE-TIMBAUT (47340), ch.-l. de cant. de Lot-et-Garonne, entre le Lot et la Garonne ; 1 307 hab. Chapelle du XVe s.

LAROSIÈRE (Jacques DE), financier français (Paris 1929). Directeur général du Fonds monétaire international (1978-1987), gouverneur de la Banque de France (1987-1993), il est président de la B.E.R.D. depuis 1993.

LA ROUËRIE (Armand TAFFIN, *marquis* DE), gentilhomme français (Fougères 1751 - La Guyomarais, près de Lamballe, 1793). Il fonda l'Association bretonne (1791) pour restaurer la monarchie et organisa une conjuration (1792) qui échoua.

LAROUSSE (Pierre), lexicographe et éditeur français (Toucy 1817 - Paris 1875). En 1852, il fonde avec Augustin Boyer la Librairie Larousse et Boyer, qui édite de nombreux livres scolaires que Pierre Larousse écrit lui-même : *Traité complet d'analyse grammaticale* (1850), *Jardin des racines grecques* (1858) et *latines* (1860), etc. Mais son œuvre principale est la conception et la direction du *Grand Dictionnaire* universel du XIXe siècle,* monumental ouvrage encyclopédique qui paraît de 1863 à 1876.

Larousse, maison d'édition française, fondée en 1852, à Paris, par Pierre Larousse et Augustin Boyer (*Librairie Larousse et Boyer,* devenue en 1931 *Librairie Larousse* et, en 1991, *Larousse*). Elle publie d'abord des ouvrages scolaires, qui renouvellent les méthodes de l'enseignement primaire. En 1863-64 paraissent les premiers fascicules du *Grand Dictionnaire universel du XIXe siècle* et, en 1905, le premier *Petit Larousse illustré*. Éditeur d'ouvrages de référence, Larousse publie de nombreux dictionnaires et encyclopédies : dictionnaires encyclopédiques, encyclopédies générales, dictionnaires thématiques, dictionnaires de langue, dictionnaires bilingues. Elle édite également des livres pratiques, des textes classiques, des ouvrages pour la jeunesse, etc. Faisant aujourd'hui partie du groupe C.E.P. Communication, elle a fusionné en 1996 avec Bordas pour former la société *Larousse-Bordas*.

Larousse (Petit), dictionnaire encyclopédique en un volume, publié en 1905 sous la direction de Claude Augé *(Petit Larousse illustré)* et remanié périodiquement depuis. Ce dictionnaire possède plusieurs présentations.

LARRA n. m. Insecte hyménoptère sphégidé commun dans le midi de la France. (Il creuse un terrier qu'il approvisionne avec des courtilières.)

LARRA (Mariano José DE), écrivain espagnol (Madrid 1809 - *id.* 1837). Célèbre pour ses articles satiriques (1835-1837) sur l'Espagne du début du XIXe s., il est le véritable créateur du journalisme moderne espagnol, le premier à engager le costumbrisme sur la voie de la critique sociale. On lui doit aussi un drame (*Macías,* 1834) et un roman (*le Damoiseau de don Enrique le Dolent,* 1834) romantiques.

LARRETA (Enrique Rodríguez), écrivain argentin (Buenos Aires 1875 - *id.* 1961). Chantre de l'Espagne de Philippe II, à laquelle il consacra son célèbre roman *la Gloire de don Ramire* (1908).

LARREY (Dominique Jean, *baron*), chirurgien militaire français (Beaudéan, près de Bagnères-de-Bigorre, 1766 - Lyon 1842). Chirurgien en chef de la Grande Armée, il suivit Napoléon dans toutes ses campagnes, jusqu'à Waterloo. Il fut professeur au Val-de-Grâce. On a de lui *Mémoires de chirurgie militaire et campagnes* (1812-1817), *Relation des voyages et des campagnes de 1815 à 1840* (1840). (Acad. des sc., 1829.) — Son fils HIPPOLYTE (Paris 1808 - Bièvres, Essonne, 1895) fut chirurgien consultant de Napoléon III. (Acad. des sc., 1867.)

LARRON n. m. (lat. *latronem,* accus. de *latro, -onis,* voleur). **1.** *Vx.* Brigand, voleur. — **2.** *Le bon larron, le mauvais larron,* les deux malfaiteurs qui furent mis en croix avec Jésus-Christ. (Le premier, selon saint Luc [XXIII, 39-43], se convertit avant de mourir. ‖ *Le troisième larron,* celui qui tire profit de la querelle de deux autres personnes. ‖ *S'entendre comme larrons en foire,* très bien s'entendre.

LARSA, auj. **Senkerah,** cité ancienne de Mésopotamie, au S.-E. d'Ourouk. Attestée dès le XXIVe s. av. J.-C., elle devint, en 2025 la ville la plus importante du sud de la Mésopotamie. Le roi Rīm-Sīn Ier (1823-1762) détruisit l'État d'Isin (1793), mais fut vaincu par Hammourabi (1762). Ville importante jusqu'à la fin de l'Antiquité par son temple de Shamash, le dieu Soleil, elle a livré nombre de tablettes.

LARSEN n. m. (de *Larsen,* n. pr.). Oscillation parasite se manifestant par un sifflement, qui prend naissance lorsque la sortie d'une chaîne électroacoustique, par ex. le haut-parleur, réagit sur son entrée, en général le microphone. (On dit aussi EFFET LARSEN.)

LARSEN (Søren Absalon), physicien et électrotechnicien danois (Nørre Åby 1871 - Gentofte, près de Copenhague, 1957). Il a découvert l'effet microphonique qui porte son nom.

LARSEN (Jens Peter), musicologue danois (Copenhague 1902 - *id.* 1988). Dans *Die Haydn-Überlieferung* (1939), il a dressé le premier inventaire de la production de ce compositeur.

LARSSON (Lars Erik), compositeur suédois (Åkarp, Malmö, 1908 - Hälsingborg 1986). Élève d'Alban Berg, il a pratiqué tous les styles d'écriture contemporains, du néoclassicisme au sérialisme (*Suite pastorale,* 1938).

LARTÉGUY (Jean OSTY, dit **Jean**), écrivain français (Maisons-Alfort 1920), auteur de romans et de récits sur les grandes guerres contemporaines (*les Centurions,* 1960 ; *Tout homme est une guerre civile,* 1970) et d'une trilogie (*les Naufragés du soleil,* 1978 ; *le Cheval de feu,* 1979 ; *le Baron céleste,* 1981) sur la vie des Blancs en Asie.

LARTET (Édouard Armand Isidore Hippolyte), géologue et préhistorien français (Saint-Guiraud, Castelnau-Barbarens, Gers, 1801 - Seissan, Gers, 1871). Il a jeté les bases de la paléontologie humaine et présenté la première chronologie paléontologique de l'homme fossile.

LARTIGUE (Jacques Henri), photographe français (Courbevoie 1894 - Nice 1986). Toute son œuvre demeure le reflet de l'insouciance, de la joie de vivre et de la spontanéité de l'enfant qu'il était lorsqu'il réalisa ses premières images : *Instants de ma vie* (1973). En 1979, il a fait don à l'État français de l'ensemble de son œuvre.

LA RUE (Pierre DE), compositeur franco-flamand (Tournai ? v. 1460 - Courtrai 1518). Il fut au service de Philippe le Beau, puis de la régente Marguerite d'Autriche, avant de se retirer à Courtrai en 1516. Parmi les grands polyphonistes de son temps, il représente le style rigoureusement contrapuntique de son école, sans emprunts à l'Italie. Sa production comporte surtout des messes et une quarantaine de chansons empreintes de gravité.

LARUNS (64440), ch.-l. de cant. des Pyrénées-Atlantiques, sur le gave d'Ossau ; 1 480 hab. Centre d'excursions. Station thermale d'Eaux-Chaudes*.

LARVAIRE adj. **1.** Relatif à la larve, à son état : *Formes larvaires des insectes.* – **2.** Se dit de ce qui est à son début, qui ne s'est pas encore développé, différencié : *Un mouvement révolutionnaire à l'état larvaire.*

LARVE n. f. (lat. *larva,* fantôme). **1.** Animal libre apparaissant à l'éclosion de l'œuf et présentant avec l'adulte de son espèce des différences importantes, tant par sa forme que par son régime alimentaire ou même son milieu. (Une larve est une écophase.) [→ *encycl.*] – **2.** *Larve (humaine),* personne qui a perdu toute dignité, toute qualité propre à l'homme. – **3.** Dans l'Antiquité romaine, fantôme malfaisant, spectre d'un homme coupable de quelque crime ou victime d'une mort violente.

ENCYCL. **Zool.** Quelques groupes d'animaux : vertébrés amniotes, arachnides, mollusques terrestres, écrevisse, ont un développement direct, sans larve. Tous les autres ont une larve, généralement inapte à la reproduction, sauf en cas de néoténie (axolotl) ou de pédogenèse (quelques insectes). La larve vit parfois beaucoup plus longtemps que l'adulte (17 ans chez la cigale d'Amérique). Elle peut être aquatique même lorsque l'adulte est terrestre. Elle peut également être supérieure en poids et en taille à l'adulte.

TABLEAU DES PRINCIPALES LARVES

groupe animal	nom de la larve	milieu ou mode de vie de la larve	nom de l'adulte	milieu ou mode de vie de l'adulte
annélides (polychètes)	trochophore	mer	néréide	mer
mollusques	larve véligère	mer	gastropode ou bivalve	mer
échinodermes	pluteus	mer	oursin	mer
crustacés	nauplius	mer	exemples : – crabe – balane – sacculine	 mer, libre, mer, fixée parasite des crabes
insectes	larve de libellule	eau douce	libellule	air
	ver blanc	sol	hanneton	air
	fourmi-lion	sable	adulte de fourmi-lion	air
	chenille	air, végétarienne	papillon	air, se nourrit de nectar
	asticot	cadavres, rampe	mouche	air
	ver de vase	eau douce	chironome	air
vertébrés	têtard	eau douce	grenouille	amphibie

Enfin son corps n'est pas entièrement utilisé à la construction de l'adulte, et la métamorphose qui conduit de l'une à l'autre, parfois brutalement, parfois avec une période de repos (nymphose des insectes supérieurs), est souvent meurtrière.

LARVÉ (ÊTRE) v. pass. 1. En parlant d'une maladie, n'être pas encore apparente ou ne pas se manifester complètement. — 2. Ne s'être pas encore manifesté de manière nette ; être latent : *Révolte larvée.*

LARVICIDE adj. et n. m. Se dit d'une substance utilisée pour tuer des larves.

LARVIKITE → LAURVIKITE.

LARVIVORE adj. Qui se nourrit de larves.

LARYNGAL, E, AUX adj. et n. f. Se dit d'une consonne dont le lieu d'articulation se situe dans la région du larynx (par ex. l'occlusive laryngale ou glottale [ʔ], plus connue sous le nom de coup de glotte).

LARYNGÉ, E ou **LARYNGIEN, ENNE** adj. 1. Qui relève du larynx. — 2. *Ton laryngien,* son produit par la vibration des cordes vocales dans la phonation.

LARYNGECTOMIE n. f. Ablation totale ou partielle du larynx, pratiquée dans le cancer du larynx.

LARYNGISME n. m. Contraction spasmodique des muscles du larynx, qui produit l'occlusion de la glotte et qui amène la suffocation.

LARYNGITE n. f. 1. Inflammation aiguë ou chronique du larynx. — 2. *Laryngite diphtérique,* forme de la diphtérie, caractérisée par la production de fausses membranes dans le larynx, qui constitue le croup. ‖ *Laryngite striduleuse,* syn. de FAUX CROUP*.

ENCYCL. Chez le jeune enfant, la *laryngite aiguë striduleuse* s'accompagne d'un œdème, qui peut gêner la respiration. Elle se manifeste par l'apparition brutale, la nuit, d'une toux rauque, d'une respiration sifflante, d'une face congestionnée chez un enfant fébrile. Chez l'adulte, la *laryngite aiguë* survient sous l'influence du froid, d'un effort vocal, ou au début de certaines fièvres. Elle se manifeste par des modifications du timbre de la voix, et des crachats perlés. Les *laryngites chroniques* succèdent à la forme aiguë ; la voix est rauque et l'aphonie peut être totale.

LARYNGOLOGIE n. f. Anatomie, physiologie et pathologie du larynx.

LARYNGOLOGIQUE adj. Relatif à la laryngologie.

LARYNGOLOGUE ou **LARYNGOLOGISTE** n. Spécialiste de laryngologie.

LARYNGOPHONE n. m. Microphone appliqué extérieurement sur le cou, et qui est impressionné exclusivement par les vibrations du larynx.

LARYNGOPLÉGIE n. f. Paralysie des muscles du larynx, complète ou incomplète due à une lésion du système nerveux central ou à une atteinte des nerfs laryngés.

LARYNGOSCOPE n. m. Appareil qui permet d'observer le larynx, la base de la langue et les sinus de l'hypopharynx.

LARYNGOSCOPIE n. f. Exploration visuelle directe ou indirecte du larynx.

LARYNGOSCOPIQUE adj. Relatif au laryngoscope, à la laryngoscopie.

LARYNGOSPASME n. m. Occlusion spasmodique de la glotte par contracture des cordes vocales. (Syn. SPASME LARYNGÉ.)

LARYNGOTOMIE n. f. Ouverture du larynx pratiquée pour introduire une canule en cas d'asphyxie par suffocation, ou pour ouvrir largement le larynx et permettre l'ablation de tumeurs.

LARYNGO-TRACHÉAL, E, AUX [-ke-] adj. Qui se rapporte au larynx et à la trachée.

LARYNGO-TRACHÉITE [-keit] n. f. Inflammation du larynx et de la trachée.

LARYNGO-TRACHÉO-BRONCHITE [-trakeo-] n. f. Inflammation simultanée du larynx, de la trachée et des bronches.

LARYNX n. m. (gr. *larugks, -uggos*). Organe de la phonation situé sur le trajet des voies respiratoires, entre le pharynx et la trachée.

ENCYCL. Le larynx, situé à la partie antérieure du cou, est un organe creux dans lequel la colonne d'air expiré normalement met en jeu l'appareil vocal. La cavité laryngée comprend : le vestibule sus-glottique, la glotte, circonscrite par les cordes vocales, et la sous-glotte. Les cartilages qui forment la charpente du larynx sont le cartilage thyroïde (dont la saillie antérieure constitue la pomme d'Adam), le cricoïde, les aryténoïdes, les cartilages de Santorini, et les fibrocartilages de Wrisberg et de l'épiglotte.

Il y a deux nerfs de chaque côté, le nerf laryngé supérieur est sensitif et moteur du muscle cricothyroïdien. Le nerf laryngé inférieur, ou récurrent, est le nerf moteur de tous les autres muscles : toute lésion entraîne une paralysie des cordes vocales et une aphonie ou une dysphonie.

Larzac *(camp du),* camp militaire situé sur le causse du même nom, en Aveyron, à 900 m. Le projet de son extension, annoncé en 1971, a été abandonné en 1981.

LARZAC *(causse du),* le plus méridional des Grands Causses, couvrant plus de 1 000 km² (Aveyron et Hérault essentiellement). Plateau karstique typique, aux sols maigres et secs, couverts d'une steppe rase, très peu peuplé, c'est toujours, essentiellement, une terre de parcours, pour les ovins.

1. LAS ! [las] interj. *Litt.* Hélas !

2. LAS, LASSE [la-, la-s] adj. (lat. *lassus*). **1.** Qui éprouve ou manifeste une grande fatigue physique : *Se sentir las après une nuit d'insomnie.* — **2.** Qui, par sa lenteur, manifeste un manque d'énergie, évoque une fatigue morale, une dépression : *Des gestes las.* — **3.** *Être las de,* ne plus pouvoir supporter qqch ou qqn, en avoir assez de faire ou de subir telle ou telle chose : *Être las d'attendre.*

3. LAS ou **LASS** [las] n. m. Racloir composé d'une planche de bois et d'un très long manche, qui sert à la récolte du sel sur les marais salants.

LA SABLIÈRE (Marguerite HESSEIN, Mme DE), femme de lettres française (Paris 1636 - *id.* 1693). Elle réunit chez elle une société lettrée et hébergea La Fontaine, qui lui dédia la première fable du livre IX et son discours de réception à l'Académie (1684).

LASAGNE [-zaɲ] n. f. (pl. inv. ou *lasagnes*) [ital. *lasagna*]. Pâtes italiennes en rubans, disposées en couches alternées avec un hachis de viande, nappées de sauce et gratinées.

LA SALE (Antoine DE), écrivain français (près d'Arles v. 1385 - 1460). Outre son *Histoire et Plaisante Chronique du petit Jehan* de Saintré* (1456), présentation originale des thèmes de l'amour et de la chevalerie, on lui attribue les *Cent Nouvelles nouvelles* et *les Quinze Joyes de mariage.*

LASALLE (30460), ch.-l. de cant. du Gard, dans les Cévennes ; 1 011 hab. *(Lasallois).*

LASALLE, v. du Canada (Québec), banlieue sud de Montréal ; 76 000 hab. Alimentation. Mécanique. Chimie.

LA SALLE (*saint* Jean-Baptiste DE) ⟶ JEAN-BAPTISTE DE LA SALLE.

LA SALLE (René Robert CAVELIER DE), explorateur français (Rouen 1643 - Texas 1687). Arrivé en 1667 au Canada, il visite le lac Ontario, le lac Érié et la haute vallée de l'Ohio (1669). Soutenu par Frontenac, bénéficiant de lettres patentes l'autorisant à construire des forts dans l'Ouest (1677), il organise une nouvelle expédition (1681). Descendant le Mississippi, il atteint le golfe du Mexique le 6 avr. 1682, et prend solennellement possession de la contrée, baptisée *Louisiane* en l'honneur de Louis XIV. En 1685, partant du golfe du Mexique, il entreprend une nouvelle expédition en remontant vers le Nord, au cours de laquelle il sera tué.

LA SALLE (Philippe DE), dessinateur et décorateur français (Seyssel 1723 - Lyon 1804). Il dessina les tentures pour les appartements de Marie-Antoinette et devint le fournisseur attitré de Catherine II de Russie. Son art tend à l'expression réaliste de la nature.

LASALLE (Antoine Charles Louis, *comte* DE), général français (Metz 1775 - Wagram 1809). Aide de camp de Kellermann (1795), chef d'escadron de hussards à l'armée d'Italie, il captura un bataillon autrichien à Rivoli (14 janv. 1797). Il se distingua particulièrement à Stettin (30 oct. 1806), puis en Espagne (1808-1809). Appelé à l'armée d'Allemagne, il combattit à Essling (21-22 mai 1809) et fut tué à Wagram (6 juill.). Il fut l'un des plus prestigieux cavaliers de la Grande Armée.

LASCAR n. m. (port. *lascarim,* du pers. *lächkär,* mercenaire). *Fam.* **1.** Individu rusé, qui aime à jouer des tours : *Un sacré lascar.* — **2.** Terme d'affection utilisé à l'égard d'un enfant malin.

LASCARIS ou **LASKARIS,** famille byzantine, qui apparaît dans l'histoire vers la fin du XIe s. CONSTANTIN et son frère, l'empereur THÉODORE Ier, gendre de l'empereur Alexis III, fondèrent l'Empire byzantin de Nicée. Par le mariage d'IRÈNE, fille de Théodore, avec Jean Vatatzès, le nom passa dans la famille de celui-ci et fut porté par son fils, THÉODORE* II, et son petit-fils, JEAN* IV.

LASCARIS ou **LASKARIS** (Constantin), grammairien grec (Constantinople 1434 - Messine 1501). Après la chute de Constantinople, il se réfugia à Milan puis à Messine, où il enseigna le grec jusqu'à sa mort. Sa grammaire grecque (1476) est le premier ouvrage imprimé en grec.

LASCARIS ou **LASKARIS** (Jean), surnommé **Rhyndacenus,** érudit grec (Constantinople v. 1445 - Rome 1534). Bibliothécaire de Laurent de Médicis, il fit deux voyages en Grèce pour sauver un grand nombre de manuscrits. Il enseigna la littérature grecque à la Sorbonne et eut pour élève Guillaume Budé.

LAS CASAS (Bartolomé DE), prélat espagnol (Séville 1474 - Madrid 1566). Prêtre puis dominicain (1522) à Cuba, il se fit le défenseur intrépide et inlassable des Indiens, dénonçant les abus de l'*encomienda* dans des ouvrages violents adressés aux princes espagnols, le plus célèbre restant *Très Brève Relation de la destruction des Indes* (1542). Il contribua ainsi à faire mettre en place une législation théoriquement plus humaine mais qui devait avoir pour effet le développement de la traite des noirs. Découragé, Las Casas, un moment évêque, rentra en Espagne, où il poursuivit son œuvre polémique en faveur des populations humiliées d'Amérique.

LAS CASES (Emmanuel *comte* DE), écrivain français (Las Cases, près de Revel, 1766 - Passy-sur-Seine 1842). Officier de marine, émigré, il rentra en France en 1802. Chambellan et baron (1809), il suivit Napoléon à Sainte-Hélène comme secrétaire, et rédigea *le Mémorial de Sainte-Hélène* (publié en 1823).

LASCAULT (Gilbert), esthéticien français (Strasbourg 1934), spécialiste des formes déviantes de l'art (*le Monstre dans l'art occidental,* 1973 ; *Boucles et Nœuds,* 1981).

LASCAUX *(grotte de),* grotte de la comm. de Montignac (Dordogne). Découverte en 1940, elle est une des plus importantes grottes ornées paléolithiques du monde appartenant à la fin du solutréen et au début du magdalénien (v. 15000 avant notre ère). La disposition de la grotte permet d'envisager un sanctuaire aux parois ornées de bovidés, chevaux, cerfs, bouquetins, félins, etc. Cernées d'un large trait noir, ces figurations d'un naturalisme puissant sont associés à des signes symboliques dont le sens est encore incertain. Depuis 1963, afin de préserver les peintures, la grotte, fermée au public, a subi plusieurs traitements chimiques, et un fac-similé d'une partie de la grotte a été réalisé pour le public à proximité de l'original.

LASCIF, IVE [lasif, -iv] adj. (lat. *lascivus,* folâtre). Qui incite à la sensualité : *Une danse lascive.*

LASCIVEMENT adv. De façon lascive.

LASCIVITÉ ou **LASCIVETÉ** n. f. (bas lat. *lascivitas, -atis*). *Litt.* Caractère lascif.

LASER [lazɛr] n. m. (sigle de l'angl. *Light Amplification by Stimulated Emission of Radiation*). **1.** Appareil mettant en œuvre le phénomène laser pour engendrer un faisceau de rayonnement spatialement et temporellement cohérent, utilisé dans les domaines de l'armement, des télécommunications, de la métrologie, de la physique fondamentale, de l'industrie, de la médecine, etc. — **2.** *Phénomène laser,* phénomène physique au cours duquel se produit une amplification de lumière par émission stimulée de rayonnement. — **3.** Comme apposition en parlant du rayonnement ainsi émis et de ses applications : *Bistouri laser.*

ENCYCL.

• *Principes.* L'émission d'un photon par un atome ou une molécule est due à la désexcitation du système, qui passe d'un état excité d'énergie E_2 à un état d'énergie inférieure E_1. L'émission stimulée est provoquée par un photon d'énergie E_2-E_1, énergie absorbée par le système et réémise par désexcitation. Le nombre de particules excitées étant négligeable dans un système à l'équilibre thermique, il faut réaliser une « inversion de population » à l'aide d'une excitation extérieure : c'est le pompage (optique ou électrique).

Les éléments constitutifs du milieu (atomes, molécules ou ions) ainsi excités, émettent des photons d'énergie et de longueur d'onde identiques. Ce rayonnement est amplifié par une « cavité résonnante », constituée de deux miroirs parallèles entre eux et perpendiculaires au rayonnement. L'un des miroirs, partiellement transparent, permet la sortie du rayonnement laser. La cohérence spatiale (les photons ont une direction et une longueur d'onde identiques) et temporelle (ils sont émis en phase) de ce rayonnement permet d'obtenir des faisceaux de très faible divergence qui, focalisés, donnent une grande concentration d'énergie par unité de surface.

• *Principaux types de lasers.* Le premier *laser à solide* réalisé (1960) était un laser à rubis. Essentiellement constitué d'un barreau de rubis artificiel entouré d'une lampe flash de forme hélicoïdale destinée au pompage optique, il émet une lumière rouge. Pour l'émission dans l'infrarouge, on utilise les lasers à verre au néodyme ou les lasers YAG (Yttrium Aluminium Garnet) ; fonctionnant de façon discontinue, ils donnent des émissions très courtes et de forte puissance, intéressantes pour les recherches sur la fusion nucléaire. Les *lasers à gaz,* comme les lasers *hélium-néon,* sont constitués d'un mélange de gaz, l'un d'eux transférant, par collisions, son excitation à l'autre. Les *lasers à gaz carbonique* et les *lasers ioniques* donnent des puissances supérieures. Dans les *lasers à semi-conducteurs,* l'effet laser est obtenu à partir de semi-conducteurs montés en diode à jonction. La possibilité de moduler la longueur d'onde d'émission est précieuse pour les télécommunications à fibres optiques. Les *lasers chimiques* qui utilisent la réaction du fluor atomique sur l'hydrogène ou le deutérium sont parmi les plus puissants réalisés à ce jour (2,2 MW).

• *Applications générales.* Outil important de la recherche scientifique, le rayonnement laser a permis de mieux connaître les phénomènes de diffusion et de diffraction et d'améliorer les mesures de spectroscopie. On l'utilise pour la séparation isotopique de l'uranium et la métrologie de précision, mais aussi pour les télécommunications, la photocomposition, le soudage et l'usinage industriels, la production d'images (holographie*) et en électroacoustique et informatique pour la lecture des disques numériques.

• *Applications militaires.* Le laser est utilisé pour mesurer les distances (télémètre laser) ou les vitesses de rotation (gyromètre laser), pour le guidage des missiles, l'acquisition de cibles. Les recherches s'orientent aujourd'hui vers une

arme laser très puissante, basée dans l'espace, capable de détruire les missiles balistiques intercontinentaux dès leur phase de propulsion initiale. L'éventuelle maîtrise d'un tel système constitue la pierre angulaire du programme américain d'initiative de défense stratégique.
• *Applications médicales.* On emploie, suivant les disciplines, le laser à l'argon (photocoagulation), le laser CO_2 (bistouri laser) et le laser YAG (dont le rayonnement est absorbé par tous les tissus). Leurs principales indications sont en O. R. L. (tumeurs bénignes des cordes vocales), en dermatologie (destruction des tatouages, des angiomes plans), en gynécologie (dysplasies du col de l'utérus, microchirurgie des trompes). Le laser à l'argon ou laser excimer, qui décompose les cellules sans les brûler, est utilisé dans le traitement de nombreuses affections oculaires. Il permet de prévenir ou de traiter le décollement de rétine, la rétinopathie diabétique, les vasculopathies rétiniennes, le glaucome, certains cancers oculaires, etc.

LASERPITIUM [-sɛrpisjɔm] n. m. (lat. *laserpitium*). Robuste ombellifère aux fleurs blanches ou roses, aux fruits à l'action tonique et excitante.

LASH n.m. (de l'angl. *lighter aboard ship*). Type de barge de navire ayant une longueur hors tout de 18,75 m, une largeur hors tout de 9,50 m, un tirant d'eau maximal de 2,70 m et un port en lourd maximal de 400 t.

LASHIO, v. de Birmanie, au N.-E. de Mandalay, un des centres de l'État des Chans. Reliée à Mandalay par voie ferrée, la ville fut le point de départ de la route vers la Chine au cours de la Seconde Guerre mondiale.

LASHLEY (Karl Spencer), psychologue américain (Davis, Virginie-Occidentale, 1890 - Poitiers, France, 1958). Il a cherché à vérifier chez le rat certaines localisations cérébrales notamment à propos de la discrimination sensorielle (*Brain Mechanisms and Intelligence,* 1929).

LASIOCAMPE n. m. (du gr. *lasios,* velu). Grand papillon au corps épais et couvert d'écailles, à la trompe atrophiée, aux antennes en peignes.
ENCYCL. Par leur couleur rousse, la disposition de leurs ailes dentelées, les lasiocampes ressemblent à des feuilles mortes. Leurs chenilles vivent surtout aux dépens de divers arbres : chêne, aubépine, pin, bouleau, prunier, pommier, selon l'espèce. Le terme déborde le genre *Lasiocampa* pour s'étendre aux genres voisins.

LASIOCAMPIDÉ n. m. Nom de famille donné aux lasiocampes.

LASIUS [-zjys] n. m. Fourmi qui élève, dans une fourmilière entièrement souterraine, des pucerons radicicoles. (L'espèce la plus commune s'introduit dans les maisons et attaque les provisions.)

LASKER (Emanuel), joueur d'échecs allemand (Berlin 1868 - New York 1941), champion du monde de 1894 à 1921.

LASKI (Harold Joseph), homme politique britannique (Manchester 1893 - Londres 1950). Il fut l'un des principaux membres de la Fabian Society, puis du parti travailliste. Ses ouvrages influencèrent fortement la pensée socialiste britannique.

LASKINE (Lily), harpiste française (Paris 1893 - *id.* 1988). Harpiste de l'Opéra de Paris (1909-1926), professeur au Conservatoire de Paris (1948-1958), elle mena, à partir de 1934, une carrière internationale, faisant de la harpe un instrument soliste à part entière.

LASNIER (Rina), femme de lettres canadienne de langue française (Saint-Grégoire, Québec, 1915). Auteur dramatique et lyrique, elle unit un amour sensuel de la nature à une inspiration religieuse (*le Chant de la montée,* 1947 ; *les Gisants,* 1963 ; *le Rêve du quart du jour,* 1972 ; *Entendre l'ombre,* 1981).

LAS PIEDRAS, v. d'Uruguay, au N. de Montevideo ; 54 000 hab.

LASS → LAS 3.

Lassa *(fièvre de),* fièvre hémorragique de l'Afrique de l'Ouest, très contagieuse et mortelle dans les formes graves, due à un virus du groupe arénavirus.

LASSALLE (Ferdinand), socialiste allemand (Breslau 1825 - Genève 1864). Il rencontra Marx et Proudhon, s'initia à la philosophie, plaida pour l'unité allemande qu'il considérait comme possible grâce à Bismarck. Il multiplia les publications en faveur des réformes sociales puis fonda un parti en 1863, l'Association générale des travailleurs allemands. Il préconisa la théorie de l'association des travailleurs, et énonça la loi d'airain* des salaires.

LASSANT, E adj. Qui lasse par sa répétition, sa monotonie : *Des récriminations lassantes.*

Lassay *(hôtel de),* à Paris, quai d'Orsay, à côté du Palais-Bourbon. Cette demeure du XVIIIe s. est affectée à la présidence de l'Assemblée nationale.

LASSAY-LES-CHÂTEAUX (53110), ch.-l. de cant. du nord de la Mayenne ; 2 472 hab. *(Lasséens).* Château fort du XVe s.

LASSELL (William), astronome britannique (Bolton, Lancashire, 1799 - Maidenhead 1880). Il a découvert un satellite de Neptune, Triton (1846), et deux satellites d'Uranus, Ariel et Umbriel (1851).

LASSER v. t. (lat. *lassare*) [conj. 3]. **1.** Rendre qqn las ; fatiguer : *Ces déplacements journaliers m'ont lassé.* — **2.** Provoquer chez qqn de l'ennui allant jusqu'au dégoût : *Il me lasse avec ses démonstrations d'amitié.* — **3.** Venir à bout de l'ardeur, de l'enthousiasme, etc., de qqn : *Lasser l'attention de son auditoire.*

◆ **se lasser** v. pr., **être lassé** v. pass. **1.** Devenir las, dégoûté de qqch, de qqn, de faire qqch : *Il finira par se lasser d'elle.* — **2.** *Ne pas se lasser de,* éprouver toujours le même plaisir à faire qqch, à voir qqn, etc. : *Il ne se lasse pas d'écouter cet opéra.* ‖ *Sans se lasser,* infatigablement : *Répéter sans se lasser la même chose.*

LASSEUBE (64290), ch.-l. de cant. des Pyrénées-Atlantiques, sur la Baïse ; 1 506 hab. *(Lasseubois).* Vins.

LASSIGNY (60310), ch.-l. de cant. de l'Oise, à 13 km à l'O. de Noyon ; 1 057 hab. Produits de beauté. — Théâtre de violents combats en 1918.

LASSIS [-si] n. m. (de *lacer*). Bourre de soie ; étoffe faite avec cette bourre.

LASSÍTHI, massif montagneux de la Crète orientale, culminant au mont *Dicté* ou *Dhítki* (2 148 m).

LASSITUDE n. f. (lat. *lassitudo, -inis*). **1.** État de grande fatigue physique : *Sentir une grande lassitude dans les jambes.* — **2.** État de grande fatigue morale : *Être pris d'une immense lassitude devant les difficultés.*

LASSO n. m. (esp. d'Argentine *lazo,* lacet). Corde ou longue lanière de cuir, ayant à l'une de ses extrémités un nœud coulant et que les gauchos et les cow-boys lancent pour attraper l'animal qu'ils chassent.

LASSURANCE (Pierre CAILLETEAU, dit **Pierre Ier**), architecte français (? 1665 - ? v. 1724). Un des collaborateurs de J.H.-Mansart, il construisit personnellement divers hôtels parisiens (Desmarets, Rohan-Montbazon, etc., 1er quart du XVIIIe s.). — Son fils, JEAN, dit **Lassurance l'Aîné** (? v. 1690 - Paris 1755), fut contrôleur des bâtiments du roi (1723). Pour Mme de Pompadour, il a transformé l'hôtel d'Évreux (auj. l'Élysée) et construit le château de Bellevue (1748). — PIERRE II, dit **Lassurance le Jeune,** frère du précédent, lui succéda comme contrôleur des bâtiments.

LASSUS (Roland DE), compositeur franco-flamand (Mons, Hainaut, 1532 - Munich 1594), appelé aussi de son vivant **Orlando di Lasso.** Il obtint, vers 1553, le poste de maître de chapelle de St-Jean-de-Latran à Rome. À 24 ans, il se fixa à Anvers. C'est là, en même temps qu'à Venise, qu'il fit éditer, en 1555, ses premières œuvres. Sa renommée lui valut d'être appelé vers la fin de 1556 à Munich, où il occupa le poste de maître de chapelle du duc de Bavière jusqu'à sa mort. Son œuvre immense est celle d'un génie universel, qui synthétise sans effort toutes les tendances de son temps. Il est capable des plus surprenants contrastes, témoin les *Psaumes de la pénitence,* les villanelles italiennes et les chansons françaises, domaine dans lequel il se montre le plus lui-même, par la vie intense dont il imprègne les vers d'un Marot, d'un Ronsard, d'un Du Bellay, etc. Au nombre de ses œuvres principales, il faut compter des centaines de motets de 2 à 12 voix, des *Lamentations,* des *Lectiones* d'après Job, un *Stabat Mater,* des *Magnificat,* des Passions, 53 messes de 4 à 8 voix.

LASSUS (Jean-Baptiste Antoine), architecte français (Paris 1807 - Vichy 1857). Élève de Labrouste, il collabora avec Duban à la Sainte-Chapelle de Paris (1841-1849), puis avec Viollet-le-Duc à Notre-Dame. Il a élevé en néogothique les églises St-Nicolas à Nantes et St-Jean-Baptiste de Belleville à Paris.

LASSWELL (Harold Dwight), sociologue américain (Donnellson, Illinois, 1902 - New York 1978). Il affirma très tôt l'importance des moyens de communication dans la diffusion des idées ou des symboles indispensables à la légitimité du pouvoir (*Propaganda Technique in World War,* 1927). Sa formule de 1948 « Qui dit quoi, par quel canal, à qui et avec quel effets ? » a constitué pour les sociologues un nouveau schéma directeur des analyses de contenu.

LAST (Josephus Carel FRANCISCUS, dit **Jef**), écrivain néerlandais (La Haye 1898 - Laren 1972), un des écrivains engagés socialistes parmi les plus importants de sa génération, à travers ses poèmes (*Camarades,* 1930) et ses romans (*Lettres d'Espagne,* 1936).

last but not least, expression angl. signif. *dernier point mais non le moindre,* et utilisée dans une argumentation pour souligner l'argument ou le terme finals.

LASTEX n. m. (nom déposé, croisement de *latex* et *élastique*). Fil de caoutchouc guipé de coton, de laine, de soie ou de rayonne, utilisé principalement pour la confection des gaines féminines, des bords-côtes des chaussettes et des articles de maintien.

LASTEYRIE DU SAILLANT (Robert), érudit, historien et homme politique français (Paris 1849 - Le Saillant, Corrèze, 1921). Les ouvrages de cet archiviste-paléographe sur *l'Architecture religieuse en France à l'époque romane* (1912) et *à l'époque gothique* (1926-27) sont toujours consultés.

LASTING [-tiŋ] n. m. (angl. *lasting,* durable). Étoffe de laine rase, brillante.

LASTMAN (Pieter), peintre et graveur hollandais (Amsterdam 1583 - *id.* 1633). Fidèle, d'abord, aux leçons d'Elsheimer, il opta pour une manière de plus en plus expressive (*le Sacrifice d'Abraham,* 1616, Louvre), dont la force dramatique allait marquer ses élèves, au premier rang desquels Rembrandt.

LAS TRUCHAS → LÁZARO CÁRDENAS.

LASURE n. m. (all. *Lasur*). Produit de finition par imprégnation superficielle, peu filmogène.

LA SUZE (Henriette DE COLIGNY, *comtesse* DE), femme de lettres française (Paris 1618 - *id.* 1673). Ses *Poésies* (1666) tranchent, par leur sincérité, sur la littérature précieuse.

LAS VEGAS, v. des États-Unis (Nevada) ; 258 295 hab. Important centre touristique (jeux de hasard) et commercial.

LÁSZLÓ, forme hongroise de Ladislas.

LĀT (al-) [de l'ar. *ilāhat,* la déesse], divinité du Soleil, adorée par les Arabes avant l'islām.

LA TAILLE (Jean DE), poète français (Bondaroy, près de Pithiviers, v. 1540 - apr. 1607). Il formula dans son *Art de la tragédie,* placé en préface de sa tragédie *Saül le Furieux* (1572), les règles qui devinrent les lois fondamentales de la tragédie classique.

LATANIER n. m. (caraïbe *alátani*). Palmier des îles Mascareignes, à grandes feuilles pouvant servir en sparterie.

LATCHE ou **LACHE,** écart de la comm. de Soustons (Landes), à l'O. de l'étang de Soustons.

LATÉCOÈRE (Pierre), industriel français (Bagnères-de-Bigorre 1883 - Paris 1943). Dès la Première Guerre mondiale, il s'intéresse à l'aviation et construit des avions Salmson pour l'armée. Il conçoit une ligne aérienne reliant la France à ses colonies d'Afrique, avec prolongation vers l'Amérique du Sud. La liaison régulière entre la France et le Maroc existe en 1919 ; elle est prolongée jusqu'à Dakar après 1925. En 1927, la société Latécoère devient la Compagnie générale Aéropostale*.

LATENCE n. f. (de *latent*). **1.** État latent. — **2.** Temps écoulé entre le début de la présentation d'un stimulus et le début de la réponse correspondante. — **3.** *Période de latence,* période de la vie sexuelle infantile de l'âge de 5 ans à la préadolescence, au cours de laquelle les acquis de la sexualité infantile seraient refoulés.

LATENT, E adj. (lat. *latens, -entis,* de *latere,* être caché). Qui existe de manière diffuse, sans être apparent, mais qui peut à tout moment se manifester : *Une révolte latente.* • **Arbor.** *Œil latent,* œil qui, dans les arbres cultivés, demeure plus ou moins longtemps à l'état rudimentaire. — **Biol.** Se dit d'un caractère virtuel qui pourra se manifester lorsque les causes qui font obstacle à sa manifestation auront disparu. (Les caractères génétiques portés par un gène récessif restent latents aussi longtemps qu'un gène dominant opposé, allèle, en inhibe l'expression, comme c'est le cas chez un sujet hétérozygote pour ce caractère.) — **Méd.** Se dit d'une maladie qui ne présente pas de symptômes apparents. ‖ Se dit de la primo-infection qui ne se manifeste que par l'apparition d'une cuti-réaction positive à la tuberculine. — **Métall.** *Contrainte latente,* effort de tension et de compression s'équilibrant à l'intérieur de toute pièce métallique pendant et après sa fabrication. (Syn. CONTRAINTE INTERNE ou TENSION INTERNE.) — **Phon.** Se dit d'une unité phonique qui n'est pas réalisée systématiquement dans la prononciation (par ex. la voyelle [ə], appelée *e* muet, ou bien les consonnes de liaison). — **Phot.** Se dit de l'image invisible portée par une surface sensible exposée à la lumière, qui nécessite un traitement pour devenir apparente. — **Psychol.** Qui ne se manifeste par aucun comportement. — **Thermodyn.** *Chaleur latente,* quantité de chaleur absorbée ou dégagée par un système au cours d'une transition de phase du premier ordre (fusion, vaporisation).

LATÉRAL, E, AUX adj. (lat. *lateralis*). **1.** Qui est sur le côté, par oppos. à *de face* : *Fenêtre latérale.* — **2.** Qui double qqch, qui lui est parallèle : *Canal latéral à la Marne.* • **Math.** *Aire latérale,* aire de la surface latérale. ‖ *Arête latérale,* arête d'un polyèdre, commune à deux faces latérales. ‖ *Face latérale,* face d'un polyèdre, différente de sa (ou ses) base(s). ‖ *Surface latérale,* partie de la frontière d'un convexe compact de l'espace E_3, compte non tenu de la ou des sections planes S_1, S_2 qui le limitent. — **Phon.** *Consonne latérale* ou *latérale* (n. f.), consonne dont l'articulation comporte simultanément une occlusion réalisée dans la partie médiane du conduit vocal et un écoulement continu du flux d'air par les bords latéraux de la langue (par ex. les différents types de *l*). — **Télécomm.** *(À) bande latérale unique,* se dit d'un procédé de transmission où seule est conservée la bande latérale inférieure ou supérieure résultant d'une modulation d'amplitude. ‖ *(À) bandes latérales indépendantes,* se dit d'un procédé de transmission où la bande latérale inférieure et la bande latérale supérieure résultant d'une modulation d'amplitude correspondent chacune à des signaux modulants distincts. ‖ *Bande latérale supérieure* ou *inférieure,* ensemble des composantes latérales de fréquences supérieures ou inférieures à la fréquence de la porteuse. ‖ *Composante latérale, fréquence latérale,* composante sinusoïdale, ou sa fréquence, qui

apparaît lors de la modulation, au-dessus ou au-dessous de la fréquence de la porteuse.
◆ **latéral** n. m. Chez le cheval, ensemble formé par les membres antérieur et postérieur du même côté.

LATÉRALEMENT adv. Sur le côté ; de côté.

LATÉRALISATION n. f. Fait d'avoir une latéralité bien ou mal établie.

LATÉRALISÉ (ÊTRE) v. pass. Présenter une latéralisation nette dans toutes les tâches *(bien latéralisé),* ou fluctuante selon les tâches *(mal latéralisé).*

LATÉRALITÉ n. f. (de *latéral*). Préférence systématisée, droite ou gauche, dans l'utilisation de certains organes pairs (main, œil, pied).

LATÉRITE n. f. (lat. *later, -eris,* brique). Sol rouge vif ou rouge-brun, très riche en oxyde de fer et alumine, formé sous climat tropical. (Ce sol se transforme en une cuirasse impropre à la culture sous l'effet de l'alternance saison sèche/saison humide. La latérite peut être exploitée comme gisement de fer ou d'aluminium [bauxite].) [Syn. FERRALLITE, SOL FERRALLITIQUE.]

LATÉRITIQUE adj. **1.** Se dit de l'horizon meuble (argile) ou induré (cuirasse) des latérites. (Syn. FERRALLITIQUE.) — **2.** Se dit d'un minerai formé dans la latérite.

LATÉRITISATION n. f. Décomposition totale des roches alumino-silicatées et ferrifères, donnant naissance aux sols latéritiques sous climat tropical humide (Syn. FERRALLITISATION.)

LATÉRITISÉ (ÊTRE) v. pass. En parlant d'un sol, se transformer en latérite.

LATÈS [-tɛs] n. m. (gr. *latos*). Grand poisson (serranidé) des eaux douces d'Afrique et d'Inde (1 m, 90 kg). [L'espèce égyptienne, à la chair excellente, était vénérée au temps des pharaons.]

LATEX n. m. (lat. *latex, -icis,* liquide). **1.** Émulsion de composition variable sécrétée par certaines plantes et ayant souvent un aspect laiteux. (Syn. LAIT VÉGÉTAL.) [→ *encycl.*] — **2.** Nom générique des émulsions aqueuses de certaines substances macromoléculaires synthétiques. (Ces latex, obtenus par polymérisation « en émulsion », sont utilisés dans les industries du textile, des peintures, du papier, etc.)
ENCYCL. **Bot.** Les plantes à latex se rencontrent dans de nombreuses familles végétales sous des aspects divers (plantes herbacées, lianes, arbustes, arbres). On peut les classer en plantes à caoutchouc (hévéa, parthenium, landolphia), à gutta-percha (palaquium), à balata (mimusops), à alcaloïdes (pavot), à albuminoïdes, à amidon. Le latex, ou lait végétal, est un liquide blanchâtre produit à l'intérieur de cellules spécialisées ou laticifères (euphorbes, laitues, chélidoines, etc.). Tous les latex contiennent des molécules en suspension colloïdale ; il s'agit le plus souvent de résines et d'hydrocarbures. Dans le latex de *Hevea brasiliensis,* le plus important du point de vue industriel, le caoutchouc est présent dans le cytoplasme laticifère. Quand le latex sort de la plante, il coagule naturellement ou par addition d'acide.

LATHAM (Hubert), aviateur français (Paris 1883 - Fort-Archambault 1912). Pilote, en 1909, du monoplan *Antoinette,* il échoua dans sa tentative de traversée aérienne de la Manche, mais porta le record français de durée de vol à 1 h 7 min et, en 1910, il atteignit l'altitude de 1 384 m.

LATICIFÈRE adj. Qui contient du latex.
◆ n. m. Élément unicellulaire ou pluricellulaire allongé, ramifié, anastomosé ou non, et contenant du latex.

LATICLAVE n. m. (lat. *laticlava*). **1.** Bande de pourpre qui ornait la tunique des sénateurs romains. — **2.** La tunique elle-même.

LATIFOLIÉ, E adj. (lat. *latifolius*). Qui a de larges feuilles.

LATIFUNDISME n. m. État de l'agriculture d'un pays ou d'une région où domine le latifundium.

LATIFUNDISTE ou **LATIFUNDIAIRE** adj. Qui relève du latifundium, du latifundisme.
◆ **latifundiste** n. m. Propriétaire ou fermier d'un latifundium.

LATIFUNDIUM [-fɔ̃djɔm] n. m. (pl. *latifundia*) [lat. *latifundium*]. Grand domaine agricole exploité extensivement et de façon archaïque.
ENCYCL. Dans un latifundium, la production agricole n'est pas optimale en raison de la mise en œuvre de techniques souvent archaïques et d'un faible emploi du capital. L'Europe centrale, le sud de l'Italie, le sud de la péninsule Ibérique étaient les lieux, en Europe, où se rencontraient les latifundia. Des réformes agraires et la modernisation de l'agriculture les ont fait quasiment disparaître. Ils demeurent présents en Amérique latine, où l'on rencontre le cas limite d'immenses propriétés non utilisées, comme au Brésil.

LATIMER (Hugh), théologien anglais (Thurcaston, Leicestershire, v. 1490 - Oxford 1555). Passé à la Réforme, il fut chapelain d'Henri VIII, puis évêque de Worcester (1535). Il fut condamné au feu sous Marie Tudor.

LATIMERIA n. m. (de *Latimer,* n. pr.). Nom scientifique du cœlacanthe actuel

LATIN, E adj. et n. (lat. *latinus*). **1.** Du Latium. — **2.** Qui appartient à un pays où la langue est d'origine latine. — **3.** Qui a les caractéristiques, le comportement attribués traditionnellement aux personnes appartenant aux pays de civilisation romaine : *C'est un Latin, il parle beaucoup.*

◆ adj. **1.** Qui relève de la langue des Romains, qui s'exprime dans cette langue : *Une grammaire latine. Les auteurs latins.* — **2.** Se dit des langues qui ont le latin pour origine et des pays qui ont subi l'influence de la civilisation romaine. — **3.** Se dit d'une voile triangulaire à antenne et d'un bâtiment gréant ce type de voile. — **4.** *Alphabet latin,* ensemble des lettres utilisées pour transcrire les langues romanes, puis un très grand nombre de langues. ‖ *Basilique latine,* type de basilique chrétienne à charpente, à trois nefs (nef centrale surélevée) et abside. ‖ *Droit latin,* statut juridique et politique accordé par Rome aux villes du Latium, puis à certaines colonies, enfin à l'Italie dans son ensemble et à certains particuliers (affranchis). [Syn. LATINITÉ.] ‖ *Église latine,* Église du rite latin, qui utilise le latin comme langue liturgique. ‖ *Pères latins,* Pères de l'Église d'Occident. ‖ *Rite latin,* rite de l'Église romaine.

◆ n. **1.** Sujet de la Rome antique n'ayant pas la qualité de citoyen, mais jouissant d'une situation privilégiée par rapport aux pérégrins et aux étrangers. — **2.** Membre de l'Église latine.

◆ **latin** n. m. **1.** Langue indo-européenne du groupe italique, parlée dans l'Antiquité par les Romains et qui est l'ancêtre des langues romanes modernes. (→ *encycl.*) — **2.** *Latin de cuisine,* jargon formé de mots français à désinences latines. ‖ Fam. *Y perdre son latin,* ne pas pouvoir expliquer qqch, renoncer à comprendre.

ENCYCL. **Ling.** Après les inscriptions les plus archaïques du VIIe au IVe s., la langue latine nous est connue à partir du IIIe s. par les premiers textes littéraires. Avec le Ier s. av. J.-C. commence l'époque du latin dit classique qui s'achève avec la mort d'Auguste. Le latin est une langue de type flexionnel : les rapports entre les différents éléments de l'énoncé sont marqués, non par leur position dans la phrase, mais par les désinences des 6 cas de la flexion nominale indiquant soit des relations grammaticales, soit des rapports concrets, spatiaux ou temporels. Le procédé flexionnel a été concurrencé de bonne heure par l'emploi de prépositions, ce qui a entraîné sa simplification progressive : au début de l'époque romane, il ne reste qu'un cas sujet (l'ancien nominatif) et un cas régime (l'ancien accusatif). Le latin a enrichi son héritage lexical indo-européen de vocables empruntés à l'étrusque, aux langues celtiques (gaulois), aux langues germaniques. Mais l'apport le plus considérable est celui du grec, particulièrement important dans la latinité tardive, où les écrivains chrétiens ont eu à pourvoir aux besoins d'expression d'une pensée nouvelle. Tandis que le latin parlé s'est différencié dans les langues romanes, le latin écrit a conservé son unité comme langue du christianisme en Occident et comme langue de culture, en particulier dans le domaine scientifique et philosophique, et il a survécu comme tel au-delà même du Moyen Âge et de la Renaissance.

— **Littér.** La *littérature latine* se constitue au milieu du IIIe s. av. J.-C., lorsque les Romains, victorieux en Italie du Sud, assimilent la culture hellénique. Si les chants funéraires ou triomphaux, les chants fescennins, les prières représentent les premières formes de la poésie à Rome, c'est sous l'influence de la littérature grecque qu'apparaissent au IIIe s. av. J.-C. les premières œuvres proprement littéraires. Les prises de guerre des Romains accélèrent l'assimilation de la culture grecque. Les écrivains latins s'inspirent à la fin du IIIe s. des œuvres épiques, lyriques et théâtrales helléniques, mais en adaptant les règles à leur propre culture. Plusieurs genres littéraires apparaissent simultanément à Rome : épopée et théâtre, avec Livius Andronicus, Naevius, Ennius, Pacuvius, et notamment la comédie avec Plaute et Térence. Si la satire naît au milieu du IIe s. (Ennius, Lucilius), la prose n'apparaît qu'avec Caton l'Ancien. À la fin du IIe s., l'éloquence et l'histoire prennent de l'importance : l'art oratoire et la pensée philosophique avec Cicéron, l'histoire avec Salluste et César, les biographies et les chronologies avec Cornelius Nepos et Pomponius Atticus, l'érudition avec Varron. La poésie est influencée par le goût alexandrin (Catulle).

Sous le règne d'Auguste, la protection accordée aux écrivains par certains nobles comme Mécène favorise l'expansion de la poésie qui est représentée par Tibulle, Properce, Ovide, Cornelius Gallus, Virgile et Horace tandis que la prose est illustrée par la monumentale histoire romaine de Tite-Live.

Au premier siècle de notre ère, l'influence des écoles de déclamation est capitale. La rhétorique, exposée dans les ouvrages didactiques de Sénèque le Rhéteur et de Quintilien, influence les œuvres historiques de Quinte-Curce, Velleius Paterculus ou même Tacite, les traités philosophiques de Sénèque, les épopées de Lucain, Silius Italicus ou Valerius Flaccus. La poésie se cantonne dans les œuvres de circonstance de Calpurnius Siculus et de Stace. Perse, Martial et Juvénal exploitent la veine réaliste de la satire, qui inspire le roman de Pétrone. La correspondance de Pline le Jeune présente un réel intérêt.

La littérature latine au IIe s. est sclérosée par l'imitation de Cicéron ou Virgile, au profit de l'histoire (Suétone, Florus, Eutrope, Ammien Marcellin) et des ouvrages d'érudition (Aulu-

Gelle, Macrobe) ; seul le romancier Apulée se montre original. Le christianisme devient le thème majeur (Tertullien, Minucius Felix, Arnobe, Lactance). Les œuvres des Pères de l'Église, saint Augustin, saint Jérôme ou saint Ambroise, illustrent l'union des techniques littéraires empruntées à l'Antiquité et de la pensée chrétienne. Ausone, Claudien ou Rutilius Namatianus redonnent un certain éclat à la poésie païenne au IVe s. C'est encore en latin que s'exprimeront les écrivains européens jusqu'à la Renaissance.

LATIN DE CONSTANTINOPLE *(Empire),* État fondé par les croités en 1204 sur les ruines de l'Empire byzantin à l'issue de la quatrième croisade, et qui dura jusqu'en 1261. Créé après la prise de Constantinople, il comprend la Thrace, le nord-ouest de l'Asie Mineure, Lesbos, Chio et Samos, territoires que reçoit Baudouin Ier, couronné empereur à Sainte-Sophie. Cet Empire sera constamment menacé, par les Byzantins de l'Empire de Nicée et du despotat d'Épire, et par les Bulgares. Ceux-ci, après avoir vaincu les Francs à Andrinople (14 avr. 1205), se rendent maîtres de presque toute la Thrace à l'exception de Constantinople. L'Empire est restauré par Henri de Flandre et de Hainaut, empereur de 1206 à 1216, qui reprend Andrinople et la Thrace (1206) et obtient de l'empereur de Nicée la côte de Bithynie et de Mysie. Après la mort d'Henri (1216), l'Empire perd Andrinople et ses possessions d'Asie Mineure (1224) conquises par les Grecs d'Épire et de Nicée. Réduit à la seule ville de Constantinople, il ne doit sa survie qu'à la mésentente de ses adversaires, aux secours de l'Occident et surtout à l'appui de la flotte vénitienne : en l'absence de cette dernière, Constantinople est prise par l'empereur de Nicée Michel VIII Paléologue en 1261.

LATINS DU LEVANT *(États),* ensemble des États chrétiens fondés en Syrie et en Palestine par les croisés de la première croisade. Au nombre de quatre, ces États francs étaient : le comté d'Édesse* et la principauté d'Antioche*, nés en 1098 ; le royaume latin de Jérusalem*, fondé en 1099 ; le comté de Tripoli*, créé entre 1102 et 1109. Dotés d'institutions de type féodal, ils formaient une sorte de confédération sur laquelle le roi de Jérusalem détenait une autorité morale. S'étendant le long du littoral syro-palestinien, ils étaient couverts au N. par les positions avancées du comté d'Édesse (Mélitène, Maraş) et par la Cilicie arménienne, et atteignaient au S. le golfe d''Aqaba, interdisant ainsi toute communication entre l'Égypte et la Syrie. À l'E., où leurs souverains ne parvinrent jamais à s'emparer des portes du désert (Alep, Ḥamā, Homs [Émèse], Damas), ils étaient protégés par des forteresses contrôlant les voies d'invasion (krak des Chevaliers, châteaux de Beaufort, de Chaizar, etc.) et confiés aux ordres militaires (Templiers, Hospitaliers, Teutoniques). Mais, en dépit de ce système défensif et des secours qu'ils reçurent de l'Occident (croisades), les États latins s'effondrèrent à partir du XIIe s. : le plus exposé d'entre eux, le comté d'Édesse, tomba aux mains de l'atabek de Mossoul en 1144 ; les incessantes guerres civiles qui affaiblirent les trois autres États facilitèrent leur conquête par les Mamelouks d'Égypte, qui s'emparèrent d'Antioche en 1268, de Tripoli en 1289 et d'Acre (cap. du royaume de Jérusalem) en 1291.
— **Bx-arts.** L'architecture religieuse des XIIe-XIIIe s. relève en grande partie des modèles français, romans (Ste-Anne de Jérusalem) et gothiques (Ste-Sophie de Nicosie, St-Nicolas de Famagouste). Les modèles occidentaux furent moins strictement suivis dans l'architecture militaire, comme en témoigne le puissant krak* des Chevaliers, de conception originale. L'art gothique français s'exprimera de nouveau pleinement aux XIVe et XVe s., à Rhodes notamment, ainsi qu'à Chypre (château de Buffavent).

LATINA, v. d'Italie, dans le Latium, ch.-l. de prov., dans les marais Pontins ; 94 000 hab. Créée en 1932 par Mussolini sous le nom de *Littoria,* qu'elle a gardé jusqu'en 1945, la ville est le centre administratif et commercial des marais Pontins asséchés. Alimentation.

Latina *(via),* route unissant, dès le milieu du VIe s. av. J.-C., Rome à Capoue par Frosinone.

LATINI (Brunetto), écrivain italien (Florence v. 1220 - *id.* v. 1294). Ami et maître de Dante, il composa en langue d'oïl le *Livre du Trésor* (v. 1265), compilation de la science du temps, mêlée de légendes.

LATINISANT, E adj. **1.** Se dit d'un spécialiste de la langue latine. — **2.** Se dit de qqn qui, vivant dans un pays de rite grec, pratique le culte de l'Église latine.

LATINISATION n. f. **1.** Action de latiniser ; fait d'être latinisé. — **2.** Pénétration massive d'emprunts latins dans une langue. (En français, on assiste à des phénomènes de latinisation massive au XIIIe s. puis au XVIe s.) — **3.** Fait de doter d'un alphabet latin une langue qui s'écrivait grâce à un autre système.

LATINISER v. t. (conj. 3). **1.** Donner une forme latine à un mot. — **2.** Donner à qqn, à une population les caractères latins, en partic. leur imposer la langue latine. • **Ling.** Effectuer une latinisation.

LATINISME n. m. **1.** Idiotisme propre à la langue latine. — **2.** Mot, expression, tournure de la langue latine introduits dans une autre langue.

LATINISTE n. Spécialiste de la langue et de la littérature latines.

LATINITÉ n. f. (lat. *latinitas, -atis*). **1.** Caractère latin de qqn, d'un groupe. — **2.** Manière d'écrire et de parler en latin. — **3.** Le monde latin, la civilisation latine. — **4.** Syn. de DROIT LATIN*. — **5.** *Basse latinité,* époque où fut parlé le bas latin ; le bas latin lui-même.

LATINO adj. et n. Aux États-Unis, travailleur immigré originaire d'Amérique latine.

LATINO-AMÉRICAIN, E adj. (pl. *latino-américains, es*). Se dit des pays de l'Amérique découverts et colonisés par les Espagnols ou les Portugais.

LATINUS, roi du Latium et héros qui a donné son nom aux Latins. Virgile le fait régner sur Lavinium lors de l'arrivée en Italie d'Énée.

LATITE n. f. (de *Latium,* n. pr.). Trachyandésite ou trachybasalte à proportions voisines de feldspath alcalin et de plagioclase.

LATITUDE n. f. (lat. *latitudo, -inis,* largeur). **1.** Liberté entière, faculté d'agir à son gré : *Vous avez toute latitude pour régler la question.* — **2.** Lieu considéré du point de vue de sa distance à l'équateur et des conséquences physiques qui en résultent ; climat : *On pense différemment sous d'autres latitudes.* • **Astron.** et **Géod.** Dans un système de coordonnées sphériques, distance angulaire d'un point au plan fondamental, comptée à partir du plan fondamental, de 0 à $\pm$ 90°. — **Géogr.** et **Mar.** Angle formé, en un point donné de la surface terrestre, par la verticale du lieu avec le plan de l'équateur, et compté de 0 à $\pm$ 90° à partir de l'équateur, positivement vers le nord, négativement vers le sud. ‖ *Basses latitudes,* régions voisines de l'équateur. ‖ *Cercle de latitude,* petit cercle de la sphère terrestre, parallèle à l'équateur et renfermant tous les points de même latitude. ‖ *Hautes latitudes,* régions voisines des pôles. ‖ *Latitudes moyennes,* régions comprises entre les cercles des tropiques et les cercles polaires. — **Math.** Réel égal à $\pi/2 - \psi$ où ψ est la troisième coordonnée sphérique. — **Phot.** *Latitude d'exposition,* écarts d'exposition que peut supporter une couche photosensible sans que la qualité de l'image en résultant soit notablement affectée.

LATITUDINAIRE n. (de *latitude*). **1.** Protestant anglais qui a opposé au fanatisme des puritains ou des épiscopaliens une doctrine admettant la possibilité du salut pour quiconque garde la foi au Christ et cherche la vérité dans la Bible. — **2.** Partisan d'une doctrine qui cherche à élargir le plus possible la voie du salut. (Syn. UNIVERSALISTE.)

LATITUDINARISME n. m. **1.** Système des latitudinaires. — **2.** Système d'après lequel chacun est libre de choisir la religion qui lui plaît.

LATIUM, en ital. **Lazio,** région d'Italie, limitée par la mer Tyrrhénienne à l'O. et adossée à l'Apennin à l'E., entre la Toscane et l'Ombrie au N. et la Campanie au S. La région couvre 17 203 km² et compte 5 031 230 hab. répartis dans les provinces de Viterbe, Frosinone, Latina, Rieti et Rome (dont le seul chef-lieu concentre 3 millions de personnes).
— **Hist.** Au ve s. av. J.-C. est fondée la *Ligue latine,* composée de trente cités (dont Albe, Lavinium, Aricia, Tusculum, etc.) avec un centre religieux commun dans les monts Albains (Monte Cavo), où sont célébrées les fêtes de Jupiter latin. Rome fait d'abord partie du groupement religieux, mais est seulement l'alliée épisodique de la Ligue. Puis, après une brève lutte, elle l'emporte sur la Ligue qui est dissoute en 338 av. J.-C. Auguste modifia les limites du vieux Latium en y incluant les territoires des Èques et des Volsques, formant ainsi le *Latium novum* lui-même inclus dans la Première Région (Latium et Campanie).

LATMOS, anc. nom d'une montagne de l'Asie Mineure, près de la mer Égée, entre Milet et Héraclée, où, d'après la légende, Artémis venait visiter Endymion. C'est l'actuelle *Beşparmak dağ.*

LATOMIES n. f. pl. (lat. *latomiae,* du gr. *latomia,* de *lâs,* pierre, et *temnein,* couper). À Syracuse, vastes carrières à ciel ouvert, et qui servaient de prisons.

LATONE, déesse romaine de la Santé. Elle était la même que la déesse grecque *Léto.*

LATO SENSU [latosɛ̃sy] loc. adv. (mots lat.). Au sens large (s'oppose à *stricto sensu*).

LATOUCHE (Hyacinthe Joseph THABAUD, dit **Henri de**), écrivain français (La Châtre 1785 - Aulnay, comm. de Châtenay-Malabry, 1851). Précurseur du journalisme moderne et premier éditeur d'André Chénier (1819), il encouragea Balzac et George Sand.

LA TOUCHE-TRÉVILLE (Louis René Madeleine LE VASSOR, *comte* DE), amiral français (Rochefort 1745 - Toulon 1804). Il combattit en Amérique après avoir transporté La Fayette (1780). Député de la noblesse aux États généraux (1789), arrêté (1793) et libéré au 9-Thermidor, il participa à l'expédition de Saint-Domingue (1802).

LA TOUR (Georges DE), peintre français (Vic-sur-Seille, 1593 - Lunéville 1652). Sa carrière est mal connue : on sait qu'en 1620 il est reçu bourgeois de Lunéville et prend un apprenti, qu'il est « peintre ordinaire du roi » en 1639 (séjournant un moment, sans doute, à Paris). Son œuvre représente la tendance la plus spiritualisée du caravagisme, auquel il emprunte ses techniques comme beaucoup de ses sujets, enracinés dans un quotidien qu'il transcende. Oublié après sa mort, il a été redécouvert par le XXe s., que fascinent sa rigueur géométrique, son luminisme voué à l'essentiel, sa dédramatisation des antithèses chères au caravagisme (le vieillard et l'enfant, la flamme et l'obscurité, la vie et la mort...). Parmi la trentaine d'œuvres jugées authentiques aujourd'hui connues, citons : deux *Apôtres* (musée d'Albi) et *le Tricheur* (Louvre) pour les tableaux à éclairage diurne ; *la Madeleine à la veilleuse* et *Saint Sébastien pleuré par sainte Irène* (Louvre), *la Femme à la puce* (Nancy), *les Larmes de saint Pierre* (1645, Cleveland), *le Nouveau-Né* (Rennes) pour les « nocturnes ».

LA TOUR (Maurice QUENTIN DELATOUR, dit **Maurice Quentin de**), pastelliste français (Saint-Quentin 1704 - *id.* 1788). Il vint très jeune à Paris, où le succès de Rosalba Carriera, en 1720, détermina peut-être sa prédilection pour le pastel. Sa première participation au Salon, en 1737, marque le début de son immense succès dans la haute société : ses portraits (famille royale, nobles, philosophes, artistes...) sacrifient les accessoires au profit du visage, qui, parfois flatté, exprime le caractère du modèle avec un maximum de vivacité (Louvre ; musée Lécuyer, Saint-Quentin).

LA TOUR D'AUVERGNE, famille française originaire de Latour (Puy-de-Dôme) et remontant au XIIIe s. Ses principaux membres furent : HENRI et FRÉDÉRIC MAURICE **de La Tour d'Auvergne,** ducs *de Bouillon** ; — EMMANUEL THÉODORE **de La Tour d'Auvergne** (1644 - Rome 1715), qui fut cardinal (1669) et grand aumônier de Louis XIV ; — THÉOPHILE MALO CORRET **de La Tour d'Auvergne,** officier (Carhaix 1743 - Oberhausen 1800). Engagé au régiment de Bretagne, il se distingua par la suite lors des guerres de la Révolution. Retraité en 1797, il entreprit l'étude du parler celtique avec Le Brigant. Il s'engagea à nouveau à la place du fils de ce dernier, et reçut l'appellation de « premier grenadier de France » ; — HUGUES ROBERT JEAN CHARLES **de La Tour d'Auvergne-Lauragais** (Auzeville, près de Toulouse, 1768 - Arras 1851), qui fut évêque d'Arras (1802) puis cardinal (1839) ; — HENRI GODEFROY BERNARD ALPHONSE **de La Tour d'Auvergne-Lauragais** (Paris 1823 - château des Angliers, près de Loudun, 1871), qui fut ministre des Affaires étrangères en 1869-70.

LATOUR-DE-CAROL (66760), comm. des Pyrénées-Orientales, à 21 km à l'O.-S.-O. de Font-Romeu ; 400 hab. Station d'altitude (1 248 m). Gare internationale à la frontière espagnole. Dans l'église, retables des XVIIe-XVIIIe s. — Aux environs, église d'Iravals, avec un retable peint de Ramón Destorrents (XIVe s.).

LATOUR-DE-FRANCE (66720), ch.-l. de cant. des Pyrénées-Orientales, sur l'Agly ; 838 hab.

LA TOUR DU PIN (famille DE), famille française originaire de La Tour-du-Pin (Isère) et remontant au Xe s. Ses principaux membres furent : RENÉ **de La Tour du Pin-Gouvernet** (Gouvernet, près de Buis-les-Baronnies, 1543 - Die 1619) qui fut l'un des chefs protestants en Provence et Languedoc pendant les guerres de Religion ; — HECTOR **de La Tour du Pin-Montauban,** baron *de la Charce* (Die 1585-1630), chef des protestants du Dauphiné, qui se soumit à Louis XIII et devint gouverneur de Montélimar (1626). — RENÉ, marquis **de La Tour du Pin Chambly de La Charce** et PATRICE **de la Tour du Pin** (v. art. suiv.).

LA TOUR DU PIN (Patrice DE), poète français (Paris 1911 - *id.* 1975). Célèbre dès *les Enfants de septembre* (1932), poésie terrienne qui salue la volupté du corps au milieu d'une nature divine, il a donné, entre autres, *Une somme de poésie* (1946), *le Second Jeu* (1959), *Psaumes de tous mes temps* (1974).

LA TOUR DU PIN CHAMBLY DE LA CHARCE (René, *marquis* DE), sociologue français (Arrancy, Aisne, 1834 - Lausanne 1924). Officier en 1870, il fut fait prisonnier à Metz en même temps qu'Albert de Mun, avec qui il se consacra, après la Commune, à la « contre-révolution chrétienne » en faveur de la classe ouvrière. Il fut le penseur de l'école sociale catholique de la fin du XIXe s. Il élabora une doctrine sociale chrétienne corporatiste qui influença la rédaction et l'esprit de l'encyclique de Léon XIII *Rerum novarum* (1891).

LA TOUR MAUBOURG, branche de la famille de Fay, en Vivarais, descendant de Christophe de Fay († 1548) et de Marguerite, fille du baron Malet de La Tour Maubourg. — JEAN HECTOR **de Fay,** marquis **de La Tour Maubourg,** maréchal de France (château de Maubourg 1674 - Paris 1764). Gouverneur de Saint-Malo, il devint maréchal de France en 1757. — MARIE CHARLES CÉSAR FLORIMOND **de Fay,** comte **de La Tour Maubourg,** général (Grenoble 1757 - Paris 1831). Député de la noblesse du Puy (1789), il se rallia au tiers état avec La Fayette et fit partie de la mission ramenant le roi de Varennes à Paris (juin 1791). Général de brigade en 1792, il émigra avec La Fayette (19 août), fut interné par les Autrichiens, et, libéré (1797), se rallia à Bonaparte. Sénateur (1806), il rejoignit les Bourbons et fut fait pair (juin 1814). Son frère, MARIE VICTOR NICOLAS **de Fay,** vicomte, puis marquis **de La Tour Maubourg,** général (La Motte-Galaure 1768 - Farcy-lès-Lys, près de Melun, 1850). Officier aux gardes du corps (mars 1789), il émigra en 1792. De retour en France, il servit en Égypte comme aide de camp de Kléber et fit toutes les campagnes de l'Empire. Rallié à Louis XVIII, il fut ministre de la Guerre (nov. 1819-déc. 1821) et gouverneur des Invalides (déc. 1821).

Latran *(accords du)* [11 févr. 1929], accords passés au palais du Latran entre le Saint-Siège et le chef du gouvernement italien, Mussolini. Cet acte diplomatique abrogeait la loi des Garanties du 13 mai 1871 et reconnaissait la plénitude de la souveraineté papale sur l'État du Vatican, accordait au Saint-Siège un dédommagement pour la perte des revenus temporels en 1871 et comportait un concordat religieux, qui donnait à l'Église italienne une position privilégiée, notamment en matière scolaire et matrimoniale. Ratifié en 1947, par la Constitution républicaine, ce concordat a été modifié dans un sens laïque par un nouveau concordat signé le 18 févr. 1984.

Latran *(concile du),* nom donné à cinq conciles œcuméniques qui se tinrent au palais du Latran.
• *Le premier concile* (18 mars - 6 avr. 1123), confirma le concordat de Worms.
• *Le deuxième concile* (avr. 1139) reprit les thèmes de la réforme grégorienne.
• *Le troisième concile* (5-22 mars 1179) fut essentiellement consacré à l'élection du pape (majorité des deux tiers rendue nécessaire) et à l'anathème contre les cathares.
• *Au quatrième concile* (11-30 nov. 1215), Innocent III fit prendre différentes décisions (notamment, l'obligation de la confession et de la communion pascales) qui marquèrent l'apogée de l'autorité politique et religieuse de la papauté médiévale.
• *Le cinquième concile* (10 mai 1512 - 16 mars 1517, en 12 sessions) fut convoqué pour amorcer une réforme en profondeur de l'Église, mais il n'eut aucun effet.

Latran *(place du)* ou **Saint-Jean-de-Latran** *(place)* [en ital. *piazza San Giovanni in Laterano*], place de Rome, où sont groupés d'importants monuments : la basilique St-Jean, cathédrale de Rome, fondée par Constantin au IVe s. (avec ses cinq vaisseaux et son transept, elle s'imposa comme un modèle de l'architecture chrétienne), reconstruite aux XVIIe et XVIIIe s. (agencement intérieur de Borromini, v. 1647 ; façade d'A. Galilei, 1732) ; le baptistère, également d'époque constantinienne, rebâti sous Sixte III (432 ; mosaïques des Ve et VIIe s.) ; le cloître, chef-d'œuvre de l'art cosmatesque (œuvre des Vassalletto, 1215-1232) ; le *palais du Latran,* enfin, ancienne résidence pontificale, réédifiée au XVIe s. par D. Fontana (1586), aujourd'hui siège du vicariat du diocèse de Rome.

LATREILLE (Pierre André), prêtre et naturaliste français (Brive 1762 - Paris 1833). Il succéda à Lamarck au Muséum national d'histoire naturelle. Il collabora à la rédaction du *Règne animal* de Cuvier et posa les bases de la classification actuelle des insectes. Condamné à la déportation comme prêtre réfractaire, il fut libéré sur l'intervention de ses collègues.

LA TRÉMOILLE [tremuj], famille poitevine. Connue depuis le haut Moyen Âge, cette famille s'est fondue au XVIIe s. dans la maison de Montmorency. — GEORGES **de La Trémoille** (1382 - Sully-sur-Loire 1446), chambellan de Jean sans Peur. Rallié à Charles VII qui le nomma grand chambellan (1428), il fut disgracié en 1433 et participa à la Praguerie (1440). — LOUIS II **de La Trémoille,** vicomte *de Thouars* (Thouars 1460 - Pavie 1525), fit prisonnier le duc d'Orléans (futur Louis XII) à Saint-Aubin-du-Cormier (1488), participa aux guerres d'Italie durant lesquelles il se distingua à Agnadel (1509) et à Novare (1513), et fut tué à Pavie (1525).

LATRESNE (33360), comm. de la Gironde, à 11 km au S.-E. de Bordeaux ; 3 246 hab. Vins rouges de l'Entre-deux-Mers.

LATRIE n. f. (lat. ecclés. *latria,* adoration, du gr. *latreia*). *Culte de latrie,* culte d'adoration qui n'est rendu qu'à Dieu seul, par oppos. au *culte de dulie.*

LATRINES n. f. pl. (lat. *latrina*). Lieux d'aisances dans un camp, une caserne, une prison, etc.

LATRODECTE n. m. (gr. *latris,* captif, et *dêktês,* qui mord). Araignée des régions chaudes, à abdomen globuleux, à la morsure très venimeuse. (Syn. VEUVE NOIRE.)

LATTAGE n. m. **1.** Action de latter. — **2.** Syn. de LATTIS.

LATTAQUIÉ ou **LATAKIEH** n. m. (de *Lattaquié,* n. pr.). Variété de tabac d'Orient de couleur noirâtre.

LATTAQUIÉ ou **LATAKIEH,** en ar. **al-Lādhiqiyya,** port de Syrie, ch.-l. de prov., sur la Méditerranée, sur le site de l'ancienne *Laodicée ;* 293 000 hab. Principal port du pays, centre industriel. Université.

LATTE n. f. (p-ê. du germ.). **1.** Chacune des tringles de bois sciées, clouées : soit aux poutres d'un plancher ou à un pan de bois, pour former l'armature d'un plafond, d'un enduit ou d'un bardage ; soit au chevronnage, pour constituer une couverture. (Syn. LITEAU.) [Au contraire du voligeage, jointif, les lattes de couverture sont espacées entre elles d'une valeur égale au pureau des tuiles et des ardoises.] — **2.** Planchette en bois scié, tranché, déroulé ou fendu, de section rectangulaire, généralement inférieure à 100 mm sur 10 mm. — **3.** *Pop.* Chaussure ou pied. — **4.** *Fam.* Ski. — **5.** *Latte de cheminement,* bande de métal longue et plate reliant plusieurs traverses pour les rendre solidaires afin de s'opposer au cheminement des rails de chemins de fer.

LATTER v. t. (conj. 3). Garnir qqch de lattes.
◆ **être latté** v. pass. *Panneau latté* ou *latté* (n. m.), panneau contreplaqué dont l'âme est constituée de petits blocs, de lamelles ou de lattes juxtaposées.

LATTES (34970), ch.-l. de cant. de l'Hérault, à 5 km au S.-S.-E. de Montpellier ; 10 223 hab.
– **Archéol.** Lattes était, en 700 av. J.-C., l'une des plus puissantes villes du littoral, antérieure à la colonie phocéenne de Marseille. Vestiges antiques depuis l'époque étrusque jusqu'à l'habitat gallo-romain. Musée et centre de documentation.

LATTIS [-ti] n. m. Garniture de lattes, soit jointives, soit espacées. (Syn. LATTAGE.)

LATTRE DE TASSIGNY (Jean-Marie Gabriel DE), maréchal de France (Mouilleron-en-Pareds, Vendée, 1889 - Paris 1952). Blessé quatre fois au cours de la Première Guerre mondiale, il sert ensuite au Maroc de 1921 à 1926. Chef d'état-major de la Vᵉ armée en Alsace (1939), il prend la tête de la 14ᵉ division d'infanterie avec laquelle il se distingue dans la région de Rethel (mai-juin 1940). Il est arrêté pour avoir protesté contre la violation de la zone libre (nov. 1942). Condamné à dix ans de prison, il réussit à s'évader et rejoint Alger (sept. 1943). Il conduit en 1944 la Iʳᵉ armée française de Saint-Tropez au Rhin et au Danube et signe, le 8 mai 1945 pour la France, l'acte de reddition des armées allemandes à Berlin. Inspecteur général de l'armée en juillet 1945, il prend les fonctions de commandant en chef des forces terrestres de l'Union occidentale dans le cadre du traité de Bruxelles (1948). Haut-commissaire et commandant en chef en Indochine (1950-1952), il y rétablit la situation des forces de l'Union française. Il reçut le maréchalat à titre posthume.

LATTUADA (Alberto), cinéaste italien (Milan 1914). Il participe en 1940 à la création de la cinémathèque italienne de Milan. Ses premiers films le rangent au nombre des « calligraphes » (*Giacomo l'idealista,* 1942). Il fait ensuite partie du mouvement néoréaliste : *le Bandit* (1946), *le Crime de Giovanni Episcopo* (1947), *Sans pitié* (1948), *le Moulin du Pô* (1949), *les Feux du music-hall* (en coréalisation avec Federico Fellini, 1950). Il a encore tourné *le Manteau* (1952), *la Pensionnaire* (1954), *Mafioso* (1962), *la Fille* (1978), *la Cigale* (1980), *Une épine dans le cœur* (1985).

LATUDE (Jean Henry, dit **Danry** ou **Masers de**) [Montagnac 1725 - Paris 1805]. Ayant envoyé un explosif à la marquise de Pompadour, qu'il prévint, espérant ainsi gagner ses bonnes grâces, il fut emprisonné à la Bastille (1749) puis à Vincennes, d'où il s'évada trois fois avant d'être libéré (1784).

LATVIJA, nom letton de la Lettonie.

LAUAN n. m. Syn. de MERANTI.

LAUBE (Heinrich), écrivain allemand (Sprottau, Silésie, 1806 - Vienne 1884), un des chefs de la Jeune-Allemagne libérale, qu'il défendit dans ses drames (*Struensee,* 1847).

Lauberhorn (le), descente à ski, disputée annuellement à Wengen (Suisse) sur 3 500 m (plus de 1 000 m de dénivelée).

LAUBERT (Charles Jean), pharmacien français (Teano, Italie, 1762 - Paris 1834). Pharmacien militaire à l'armée d'Italie (1793), il devint président de la République Parthénopéenne (1799) après la conquête de Naples par Championnet. En 1802, il reprit ses fonctions de pharmacien militaire, puis participa à toutes les campagnes du Consulat et de l'Empire. Ses *Recherches sur le quinquina* (1816) et *Quelques essais sur la racine de quinquina* (1818) ont préludé à la découverte de la quinine.

LAUBEUF (Maxime), ingénieur du génie maritime français (Poissy 1864 - Cannes 1939). On lui doit les plans et la construction du *Narval,* prototype des submersibles, mis en chantier en 1898. En 1906, il entreprit, à titre privé, la construction de sous-marins.

LAUCHHAMMER, v. d'Allemagne (Brandebourg), au N. de Dresde ; 26 600 hab. Exploitation de lignite et cokéfaction. Machines pour l'extraction du lignite.

LAUD (William), prélat anglais (Reading 1573 - Londres 1645). Évêque de Londres (1628), puis archevêque de Canterbury (1633), il élabora la politique religieuse de Charles Iᵉʳ et défendit avec violence la prérogative royale. Prétendant imposer la stricte orthodoxie anglicane, il provoqua une puissante insurrection nationale (1637). Abandonné par le roi, il fut condamné et exécuté.

LAUDA (Niki), coureur automobile autrichien (Vienne 1949), triple champion du monde des conducteurs (1975, 1977 et 1984).

LAUDANUM [-nɔm] n. m. (mot lat. du gr. *ladanon*). Teinture d'opium safranée utilisée autrefois comme analgésique cutané, sédatif et antidysentérique.

LAUDATEUR, TRICE n. (lat. *laudator*). *Litt.* Personne qui fait un éloge, qui loue : *Les laudateurs de la politique présidentielle.*

LAUDATIF, IVE adj. (lat. *laudativus,* de *laudare,* louer). Qui loue, marque la louange : *Il est très laudatif à votre égard.*

LAUDE n. f. (ital. *lauda,* de *laude,* louange). Chant religieux n'appartenant pas à la liturgie, et écrit sur un texte en langue vernaculaire.

LAUDERDALE (*duc* DE) → MAITLAND (John).

LAUDES n. f. pl. (bas lat. ecclés. *laudes,* pl. du lat. class. *laus, laudis,* louange). Office du matin, composé essentiellement, depuis 1970, d'une hymne, de deux psaumes, d'un cantique de l'Ancien Testament, du *Benedictus* et d'une prière de louange et d'intercession. (Chez les moines, il a gardé sa structure ancienne, plus chargée de psaumes.)

LAUDIN (les), famille d'émailleurs français de Limoges (XVIIe-XVIIIe s.). [Plus de 60 pièces au Louvre.]

LAUE (Max VON), physicien allemand (Pfaffendorf, près de Coblence, 1879 - Berlin 1960). Il a découvert la diffraction des rayons X par les cristaux, qui permit de déterminer la structure des milieux cristallisés. (Prix Nobel de physique 1914.)

Laue *(diagramme* ou *taches de),* ensemble de réflexions plus ou moins ponctuelles d'un rayonnement continu (polychromatique) de rayons X par un cristal ou monocristal de substance cristallisée.

LAUENBURG, ancien duché d'Allemagne, incorporé à l'État de Schleswig-Holstein.
— **Hist.** Peuplé par les Slaves Polabes, le Lauenburg fut érigé en principauté au XIIe s., puis devint un duché qui échut au Hanovre au XVIIIe s. Il fut occupé par les Français (1803-1813), appartint au Danemark (1816-1864), et fut conquis par la Prusse en 1865.

LAUER (Jean Philippe), archéologue français (Paris 1902). Il voua toute une vie de recherches à Saqqarah, procédant à des reconstitutions théoriques ensuite réalisées sur le terrain. On lui doit également des études sur l'architecture des pyramides.

LAUGERIE, ensemble d'abris préhistoriques de la vallée de la Vézère, sur la comm. des Eyzies-de-Tayac-Sireuil, qui présente la plus importante séquence stratigraphique du paléolithique supérieur périgourdin. Dans l'abri de *Laugerie-Haute,* en amont de *Laugerie-Basse,* les faciès périgordien, aurignacien, solutréen et magdalénien se succèdent stratigraphiquement.

LAUGHTON (Charles), acteur britannique naturalisé américain (Scarborough, Yorkshire, 1899 - Hollywood 1962). Parmi ses créations, citons : *le Signe de la croix* (1932), *la Vie privée d'Henry VIII* (1933), *les Révoltés du « Bounty »* (1935), *Quasimodo* (1939), *le Procès Paradine* (1948), *Témoin à charge* (1957). En tant que metteur en scène, il a réalisé *la Nuit du chasseur* (1955).

LAUMONTITE n. f. (de *Laumont,* n. pr.). Aluminosilicate hydraté naturel de calcium, du groupe des zéolites.

LAUNAY (Nicolas DE), graveur de reproduction français (Paris 1739 - *id.* 1792). Il compte parmi les meilleurs interprètes de Lavreince, Baudouin, Fragonard et de dessinateurs illustrateurs tels que Gravelot, Eisen, Moreau le Jeune.

LAUNAY (Bernard JORDAN DE), gentilhomme français (Paris 1740 - *id.* 1789). Gouverneur de la Bastille, il fit ouvrir le feu contre les assaillants le 14 juill. 1789 puis livra la forteresse sous promesse de vie sauve. Il fut cependant massacré place de Grève.

LAUNAY (Louis DE), ingénieur et géologue français (Paris 1860 - *id.* 1938). Il a étudié les gîtes minéraux et donné un grand développement à la métallogénie.

LAUNCESTON, port d'Australie, sur la côte nord de la Tasmanie ; 88 486 hab. Commerce actif avec Melbourne et Sydney. Aluminium. Aéroport.

LAUPEN, v. de Suisse (cant. de Berne), au confluent de la Sarine et de la Singine ; 2 000 hab. Marché. Victoire des Bernois sur les évêques de Bâle et de Lausanne (1339).

LAURACÉE n. f. (lat. *laurus,* laurier). Nom d'une famille d'arbres et arbustes caractérisés par leurs fleurs à six pétales et à douze étamines et par leur fruit charnu. (On utilise les feuilles du laurier-sauce, l'écorce de la cannelle, le fruit de l'avocatier, le bois de plusieurs espèces.)

LAURAGAIS, anc. **Lauraguais,** petite région située à la limite des deux Languedocs (vers Revel, Villefranche et Castelnaudary). C'est une traditionnelle voie de passage (canal du Midi, rail, autoroute des Deux-Mers), sur la ligne de partage des eaux entre la Méditerranée et l'Atlantique.

LAURANA (Franjo ou Francesco), sculpteur croate (Zadar v. 1420/1425 - Avignon ? v. 1502), actif à Naples, en Provence (1458), à la cour du roi René, où il introduisit l'art italien (médailles rappelant Pisanello), en Sicile (1468), puis de nouveau en Provence (Marseille, Avignon, Tarascon). Ses bustes féminins sont d'un grand raffinement (*Éléonore d'Aragon,* v. 1467, musée de Palerme).

LAURANA (Lucijan ou Luciano), architecte croate (Zadar v. 1420/1425 - Pesaro 1479), peut-être frère du précédent. Il travailla successivement à Mantoue, Milan, Urbino, où il reconstruisit le palais ducal, son œuvre principale (v. 1468-1472), Pesaro, etc. Il ajoute aux conceptions de Brunelleschi et d'Alberti un sentiment nouveau de l'espace qu'exploitera Bramante.

LAURASIE ou **LAURASIA** (de *Laurentia,* Amérique du Nord, et *Asia,* Asie), groupement de continents comprenant, au paléozoïque, tous les boucliers d'Amérique du Nord, d'Europe et d'Asie. (La Laurasia est plus ou moins séparée du Gondwana par la Téthys.)

LAURE ou **LAVRA** n. f. (gr. *laura,* chemin étroit). **1.** Dans l'Orient chrétien, hameau religieux habité par des moines isolés, qui se réunissaient une fois par semaine pour l'office et les repas. — **2.** Grand monastère orthodoxe.

Laure, héroïne du *Canzoniere* de Pétrarque, identifiée par les historiens à Laure de Noves, épouse d'Hugues de Sade.

LAURÉ, E adj. (lat. *laureatus,* de *laurus,* laurier). Se dit d'une figure couronnée de laurier.

LAURÉAT, E adj. et n. (lat. *laureatus,* couronné de laurier). **1.** Qui a remporté un prix dans un concours, réussi un examen : *Le lauréat du prix Goncourt.* — **2.** En Grande-Bretagne, titre conféré à vie au poète considéré comme le plus grand de son temps.

LAUREL (Arthur Stanley JEFFERSON, dit **Stan**), acteur américain d'origine britannique (Ulverston, Lancashire, 1890 - Santa Monica, Californie, 1965). Vers 1927, il devient le partenaire d'OLIVER **Hardy** (Atlanta, Géorgie, 1892 - Hollywood 1957). Tous deux tournèrent une série de films d'un comique fondé sur le contraste de leur physique, sur l'absurde et les batailles de tartes à la crème : *Laurel et Hardy au Far West, Fra Diavolo* (1933), *Têtes de pioche* (1939), *les As d'Oxford* (1941).

LAURENCIN (Marie), peintre français (Paris 1883 - *id.* 1956). Amie d'Apollinaire, elle fréquenta les cubistes. On lui doit de nombreuses compositions à figures féminines d'une stylisation gracieuse, aux harmonies douces de gris et de couleurs pastel.

LAURENS (Jean-Paul), peintre français (Fourquevaux, Haute-Garonne, 1838 - Paris 1921), célèbre comme peintre d'histoire (*Excommunication de Robert le Pieux,* 1875, musée d'Orsay) et auteur de vastes décorations murales (Hôtel de Ville de Paris, Panthéon, Capitole de Toulouse). — Il eut deux fils également peintres : PAUL ALBERT (Paris 1870 - Toulon 1934), surtout connu pour ses portraits ; JEAN-PIERRE (Paris 1875 - Fontenay-aux-Roses 1932), peintre de sujets religieux et portraitiste, qui, comme son père, enseigna à l'E. N. S. B. A.

LAURENS (Henri), sculpteur, dessinateur et graveur français (Paris 1885 - *id.* 1954). Ami de Braque dès 1911, il participa au cubisme avec des papiers collés et des basreliefs polychromes. Vers 1926 s'achève sa période de géométrisation : ses rondes-bosses, sur le thème majeur du nu féminin, adoptent des lignes de plus en plus souples, des masses réduites à un essentiel de plénitude et de sensualité (série des *Sirènes,* 1937-1945 ; *Amphion,* 1937 ; *la Grande Baigneuse,* 1947). Important ensemble au M. N. A. M.

LAURENT *(saint),* diacre de l'Église de Rome et martyr (en Espagne v. 210 - Rome 258). Sommé par le préfet de Rome de livrer les richesses de l'Église, il distribua tout aux pauvres. Torturé, il fut étendu sur un gril de fer rougi au feu. La basilique de St-Laurent-hors-les-Murs fut élevée à sa mémoire.

LAURENT (Auguste), chimiste français (La Folie, près de Langres, 1807 - Paris 1853). Il a découvert les imides, la dulcite, l'anthracène et, avec J.-B. Dumas, les phénomènes de substitution. Il fut l'un des pionniers de la théorie atomique.

LAURENT (Jacques), écrivain français (Paris 1919). Polémiste (*Paul et Jean-Paul,* 1951 ; *Mauriac sous de Gaulle,* 1964), essayiste (*Stendhal comme Stendhal ou le Mensonge ambigu,* 1984), romancier (*les Bêtises,* 1971 ; *les Sous-Ensembles flous,* 1981 ; *le Dormeur debout,* 1986 ; *le Miroir aux tiroirs,* 1990 ; *l'Inconnu du temps qui passe,* 1994), il est l'auteur de la série des *Caroline chérie,* écrite sous le pseudonyme de **Cécil Saint-Laurent,** et d'un recueil de pastiches, *Neuf Perles de culture* (1952). [Acad. fr., 1986.]

LAURENTIA (de *Laurentides,* Canada), groupement des boucliers nord-américains, au paléozoïque, partie de la Laurasie.

LAURENTIDES, nom qui désignait primitivement les collines, élevées de 500 à 900 m, fermant au nord les plaines du Saint-Laurent entre Québec et Montréal, et qui a été étendu à l'ensemble des reliefs qui marquent la bordure du Bouclier canadien entre l'Outaouais et le détroit de Belle-Isle. Les points culminants atteignent 960 m au N. de Montréal et 1 172 m au N. de Québec.

Laurentienne *(bibliothèque)* [de l'église *S. Lorenzo,* à Florence, dont cette bibliothèque est voisine], bibliothèque qui occupe un édifice construit par Michel-Ange, à partir de 1524, sur l'ordre de Clément VII.

LAURENTIUS ANDREAE, en suéd. **Lars Andersson,** théologien protestant (v. 1470 - Strängnäs 1552). Archidiacre de Strängnäs (1520), il passa au protestantisme en 1523, entraînant le roi Gustave Vasa.

LAURIER n. m. (anc. fr. *lor,* du lat. *laurus*). **1.** Arbuste (lauracée) à fleurs blanchâtres de la région méditerranéenne, dont les feuilles allongées et dures sont utilisées comme condiment. (On l'appelle aussi *laurier commun, laurier-sauce.*) — **2.** Les feuilles de cet arbuste utilisées comme condiment : *Mettre du thym et du laurier dans un bouquet garni.* — **3.** *Laurier des bois,* nom usuel de *Daphne laureola.* ‖ *Laurier du Portugal,* rosacée à feuillage persistant utilisée pour la constitution de haies.

◆ **lauriers** n. m. pl. **1.** *Litt.* Feuillage du laurier commun, consacré dans l'Antiquité à Apollon, avec lequel on tressait les couronnes des empereurs, des généraux, des poètes, des artistes, etc. — **2.** *Litt.* La gloire, le succès : *Les lauriers de la victoire.* — **3.** *Se reposer, s'endormir sur ses lauriers,* ne pas poursuivre, par paresse ou vanité, une carrière, une action glorieusement commencée.

LAURIER (*sir* Wilfrid), homme politique canadien (Saint-Lin-des-Laurentides, Québec, 1841 - Ottawa 1919). D'origine francophone, député aux Communes en 1874, chef du parti libéral à partir de 1887, il fut Premier ministre du Canada de 1896 à 1911. Il favorisa l'essor économique du pays et renforça son autonomie par rapport à la Grande-Bretagne.

LAURIER-CERISE n. m. (pl. *lauriers-cerises*). Rosacée utilisée dans les haies vives, aux feuilles lancéolées épaisses et persistantes, d'un beau vert, aux fleurs blanches en grappes, et dont le fruit est une petite drupe noirâtre. (La feuille fraîche, toxique, contient des substances qui peuvent réagir en présence d'eau pour donner de l'acide cyanhydrique.)

LAURIER-ROSE n. m. (pl. *lauriers-roses*). Petit arbre buissonnant (apocynacée), ornemental et toxique, aux feuilles lancéolées et aux fleurs blanches ou roses.

LAURIER-SAUCE n. m. (pl. *lauriers-sauce*). Nom culinaire du laurier commun.

LAURIER-TIN n. m. (pl. *lauriers-tins*). Arbuste (caprifoliacée) du midi de la France, à feuilles entières persistantes vert foncé, à fleurs blanches ou rosées apparaissant dès l'hiver, aux baies noires ou bleuâtres. (Le laurier-tin est une viorne.)

LAURION ou **LÁVRION,** v. de Grèce, en Attique, au N. du cap Soúnion ; 8 200 hab. Ses gisements de plomb argentifère sont exploités depuis 1000 av. J.-C. En 484 av. J.-C., la découverte de nouveaux filons à Maronée permirent la création de la flotte de guerre athénienne. Les mines, propriété de la cité d'Athènes, utilisaient le travail de 20 000 esclaves.

LAURIONITE n. f. (de *Laurion,* n. pr.). Oxychlorure hydraté naturel de plomb, orthorhombique.

LAURIQUE adj. (lat. *laurus,* laurier). *Acide laurique,* syn. de ACIDE DODÉCANOÏQUE.

LAURISTON (Jacques Alexandre Bernard LAW, *marquis* DE), maréchal et pair de France (Pondichéry 1768 - Paris 1828). Aide de camp du premier consul (1800), il participa à l'expédition de la Martinique (mars 1805) et devint gouverneur général de Venise (déc. 1807). Il combattit ensuite en Espagne, et en Autriche (Wagram, 1809). Nommé ambassadeur en Russie (1811), il participa à la campagne de 1812 et fut fait prisonnier à Leipzig (19 oct. 1813). Il resta à l'écart lors des Cent-Jours. Maréchal de France (1823), il fut nommé ministre d'État et grand veneur (1824).

LAURI VOLPI (Giacomo), chanteur italien (Lanuvio, Rome, 1892 - Burjasot, Valence, 1979). Il débuta en 1919 dans *les Puritains* et accomplit une des plus grandes carrières de ténor de son siècle.

LAURVIKITE ou **LARVIKITE** n. f. (de *Larvik,* n. pr.). Syénite alcaline à l'aspect moiré utilisée en ornementation.

LAUSANNE, v. de Suisse ch.-l. du canton de Vaud, sur la rive nord du lac Léman ; 127 000 hab. (plus de 250 000 avec les banlieues). Université. Tribunal fédéral. Établie sur le bord du lac, c'est une ville-carrefour, étirée sur plus de 10 km, un centre administratif, commercial, bancaire et touristique, avec quelques industries (textile, pharmacie, plastiques).
— **Hist.** Ancienne *Lausonna* romaine, siège d'un évêché à partir de la fin du VIe s., Lausanne demeura une cité épiscopale autonome jusqu'en 1536. Elle fut annexée par Berne (1536-1798) et devint en 1803 le chef-lieu du canton de Vaud.
— **Bx-arts.** Cathédrale du XIIIe s. (porche sculpté des Apôtres). Anc. château épiscopal (XIVe-XVe s.) auj. siège du gouvernement cantonal. Le palais de Rumine (v. 1900) abrite les musées des Beaux-Arts, d'Archéologie et d'Histoire, des Sciences naturelles. Musée de l'Élysée (estampes, photographies). Collection de l'Art brut. Musée romain de Vidy.

Lausanne *(école de),* groupe d'économistes qui s'insèrent dans le courant de l'école mathématique, illustrée particulièrement par le Français Léon Walras* (1834-1910) et l'Italien Vilfredo Pareto* (1848-1923), qui enseignèrent à l'université de Lausanne.

Lausanne *(traité de)* [24 juill. 1923], traité conclu entre les Alliés et le gouvernement d'Ankara qui avait refusé le traité de Sèvres (août 1920) et avait signé avec la Grèce vaincue l'armistice de Mudanya (oct. 1922). Il garantit l'intégrité territoriale de la Turquie, à qui fut attribuée la Thrace orientale.

LAUSE ou **LAUZE** n. f. (anc. provenç. *lauza,* du gaul. **lausa*). Pierre plate utilisée en couverture de bâtiments dans diverses régions (Massif central). [Syn. LAVE.]

LAUSSEDAT (Aimé), officier et savant français (Moulins 1819 - Paris 1907). Pionnier de la phototopographie, il inventa aussi divers instruments d'astronomie.

LAUSSEL, gisement préhistorique situé à Marquay (Dordogne) s'échelonnant du moustérien au solutréen supérieur. Les niveaux du gravettien et du solutréen ancien ont livré de célèbres bas-reliefs.

LAUTARET *(col du),* col routier des Alpes (Hautes-Alpes) à l'extrémité nord du Pelvoux ; 2 058 m. Il relie l'Oisans (par la vallée de la Romanche) et le Briançonnais (par la vallée de la Guisanne). — Près du col, jardin botanique et laboratoire de recherches.

LAUTER (la), riv. du nord de l'Alsace, affl. du Rhin (r. g.) ; 82 km. De Wissembourg à son confluent, elle sert de frontière entre la France et l'Allemagne.

LAUTERBOURG (67630), ch.-l. de cant. du Bas-Rhin, sur la *Lauter,* près de son confluent avec le Rhin, à la frontière allemande ; 2 378 hab. *(Lauterbourgeois).* Anc. place forte. Constructions métalliques. Industrie chimique. — Au S.-E., port sur le Rhin.

LAUTERBRUNNEN, v. de Suisse (cant. de Berne), dans l'Oberland bernois, sur la Lütschine ; 3 000 hab. Centrale électrique. Centre touristique. — La *vallée de Lauterbrunnen,* longue de 18 km, est une des plus pittoresques de la Suisse.

LAUTH (Charles), chimiste français (Strasbourg 1836 - Nice 1913). Il a perfectionné la fabrication de la porcelaine et trouvé une nouvelle matière colorante, le *violet de Lauth,* dont dérive le bleu de méthylène.

LAUTNER (Georges), cinéaste français (Nice 1926). Il réalise son premier long métrage en 1958 puis s'impose, avec *le Monocle noir* (1961) ou *les Barbouzes,* (1964) comme un des spécialistes du film policier ou d'espionnage parodique. Il s'est mis ensuite au service d'acteurs populaires comme Alain Delon (*Mort d'un pourri,* 1977) et Jean-Paul Belmondo (*Flic ou voyou,* 1979 ; *le Guignolo,* 1979 ; *le Professionnel,* 1981).

LAUTRÉAMONT (Isidore DUCASSE, dit **le comte de**), poète français (Montevideo 1846 - Paris 1870). On ne sait à peu près rien de sa vie. Fils d'un diplomate français en Uruguay, il fit ses études aux lycées de Tarbes et de Pau, avant de mourir au siège de Paris. Les surréalistes, dont il est l'ancêtre majeur, l'appelèrent « le grand serrurier de la vie des temps modernes ». Auteur des *Chants* de Maldoror* (1869), de *Poésies* (1870) et de quelques lettres à un éditeur, Lautréamont est bien, aux côtés de Flaubert, Rimbaud et Mallarmé, mais dans son propre registre, un des « porches de la modernité », notamment par sa pratique parodique de l'écriture.

LAUTREC (81440), ch.-l. de cant. du Tarn, à 15 km au N.-O. de Castres ; 1 544 hab. *(Lautrécois).* Anc. place forte. Église des XVe-XVIIIe s. Culture de l'ail rose.

LAUTREC *(famille de),* famille languedocienne originaire de Lautrec. Remontant au Xe s., cette famille se divisa au XIIIe s. en trois branches, dont celle des Toulouse-Lautrec.

LAUTREC (Odet DE FOIX, *vicomte* DE), maréchal de France (1485 - Naples 1528). Gouverneur du Milanais (1516), il fut vaincu par les impériaux à La Bicoque (1522) en raison de la défection des mercenaires suisses non payés. Gouverneur du Languedoc (1523), il reconquit le Milanais (1527), envahit le royaume de Naples, mais mourut de la peste en assiégeant cette ville.

LAUXANIE n. f. Moucheron cycloraphe dont la larve est nuisible aux violettes et aux pensées.

LAUZE → LAUSE.

LAUZERTE (82110), ch.-l. de cant. de Tarn-et-Garonne, dans le bas Quercy ; 1 566 hab. *(Lauzertins).* Marché de volailles et culture du chasselas.

LAUZUN (Antonin NOMPAR DE CAUMONT, *duc* DE), officier français (Lauzun 1633 - Paris 1723). Venu à la cour de Louis XIV sous le nom de « marquis de Puyguilhem », il fut promu par le roi colonel général de dragons. Disgracié (1671), il fut enfermé à la Bastille puis à Pignerol. Libéré en 1680, il épousa vers 1682 la Grande Mademoiselle, en dépit de l'interdiction royale. Rentré en grâce, il fut fait duc de Lauzun (1692).

Lauzun *(hôtel de),* à Paris, quai d'Anjou (île Saint-Louis). Construit en 1656 par Le Vau pour le financier Gruÿn des Bordes, acquis en 1682 par le duc de Lauzun et propriété de la Ville de Paris depuis 1928, il a conservé son décor intérieur dû à Le Brun, J.-B. Monnoyer, S. Bourdon, M. Anguier.

LAV n.m. (abrév. de *Lymphadenopathy Associated Virus* ou de *Lymphadenopathy AIDS-Virus*). Rétrovirus associé au sida, isolé en 1983 à l'Institut Pasteur par le Pr Luc Montagnier et ses collaborateurs. (Sa dénomination internationale est HIV *[Human Immunodeficiency Virus]* ; en fr. V.I.H. *[virus d'immunodéficience humaine]*.)

LAVABILITÉ n. f. **1.** Qualité d'une matière ou d'un article qu'on peut laver sans altérer ses qualités ou son aspect extérieur. — **2.** Aptitude d'un minerai à être concentré par des procédés gravimétriques.

LAVABLE adj. Qui peut être lavé : *Papier peint lavable.*

LAVABO n. m. (lat. *lavabo,* je laverai, premier mot d'un psaume). **1.** Appareil sanitaire en forme de cuvette, alimenté en eau et permettant de faire sa toilette. — **2.** Pièce où sont installés un ou plusieurs de ces appareils dans certaines collectivités ou lieux publics. — **3.** Dans les monastères médiévaux, fontaine d'ablutions, à vasque et habituellement à plusieurs jets. — **4.** Action du prêtre qui se lave les mains à la messe, après la présentation des offrandes ; moment de la messe où se fait ce geste ; lieu de l'église où se fait ce geste.

◆ **lavabos** n. m. pl. Toilettes publiques avec water-closets attenants ; ces W.-C.

LAVAGE n. m. **1.** Action de laver avec de l'eau et, le plus souvent, un produit adéquat : *Le lavage des vitres. Lavage des cheveux.* — **2.** Purification d'un précipité, d'un gaz, etc. des impuretés, des poussières qu'ils contiennent par contact avec un ou plusieurs liquides appropriés. — **3.** Ensemble des opérations qui ont pour objet d'éliminer par des moyens physiques la plus grande partie des stériles contenus dans un charbon ou dans un minerai brut. — **4.** Opération de raffinage qui consiste à épurer un produit pétrolier par mélange direct avec un réactif, suivi de décantation ou de neutralisation. — **5.** Cycle d'une machine à laver après le prélavage et avant le rinçage. — **6.** *Lavage de cerveau,* méthode qui a pour objet d'inverser le comportement et l'attitude de qqn en le rendant réceptif, jusqu'à la soumission, à un nouveau comportement. ‖ *Lavage du caillé,* syn. de DÉLACTOSAGE. ‖ *Lavage gastrique* ou *d'estomac,* introduction dans l'estomac d'un liquide suivie de son évacuation immédiate pour entraîner le contenu gastrique. (Ce procédé est employé pour la recherche des bacilles de Koch déglutis ou en cas d'intoxications par ingestion médicamenteuse.)

LAVAKA n. m. (mot malgache signif. *trou*). Ravin de forme généralement ovoïde et à parois abruptes, entaillant des manteaux d'altérites sous savane.

LAVAL (53000), ch.-l. du dép. de la Mayenne, à 274 km à l'O.-S.-O. de Paris, sur la Mayenne ; 53 479 hab. *(Lavallois).* Évêché. La ville, bien desservie par le rail et la route (autoroute), possède des industries textiles, mais surtout des constructions mécaniques et électriques (matériel téléphonique), des industries alimentaires et graphiques.
— **Bx-arts.** Vestiges de remparts. Dans la vieille ville, château des XIIe-XVIe s. (musée municipal : archéologie, histoire, ethnographie ; importante collection de peinture naïve, sous l'invocation d'H. Rousseau), château Renaissance, cathédrale en partie romane (objets d'art), demeures anciennes. Églises des anciens faubourgs, dont N.-D. d'Avesnières et St-Martin, romanes.

LAVAL, v. du Canada (Québec), sur l'île Jésus, dans la banlieue N.-O. de Montréal ; 335 009 hab. Constructions électriques. Métallurgie. Produits pharmaceutiques. Produits laitiers.

LAVAL (François DE MONTMORENCY), prélat français (Montigny-sur-Avre 1623 - Québec 1708). Vicaire apostolique de la Nouvelle-France (1658), puis évêque de Québec (1674-1688), il dota l'Église canadienne de son armature ecclésiastique et pastorale. Béatifié en 1960.

Laval *(université),* établissement d'enseignement supérieur, créé à Québec en 1852.

LAVAL (Pierre), homme politique français (Châteldon, Puy-de-Dôme, 1883 - Fresnes 1945). Député socialiste (1914-1919), puis indépendant (1924-1927), il évolue ensuite vers la droite. Il est plusieurs fois ministre de 1925 à 1935, puis président du Conseil (janv. 1931 - févr. 1932, et de juin 1935 à janv. 1936). À l'intérieur, il mène une politique de déflation et d'économies généralisées, qui provoque un fort mécontentement populaire. Face à la menace allemande, il signe avec Mussolini le traité de Rome (janv. 1935) et les accords de Stresa (avr.), et conclut avec l'U. R. S. S. un pacte d'assistance mutuelle (mai). Toutefois l'intervention italienne en Éthiopie entraîne la dénonciation de Stresa (déc.), et la chute du cabinet Laval (1936). Après la défaite de 1940, il devient ministre d'État du maréchal Pétain (23 juin) et vice-président du Conseil (12 juill.). Partisan d'une politique de collaboration avec l'Allemagne, il rencontre Hitler à Montoire et prépare l'entrevue de celui-ci avec Pétain (24 oct.). Cette attitude lui vaut d'être arrêté (déc. 1940) à la demande des autres ministres. Les Allemands obtiennent sa libération et sa nomination à la tête du gouvernement de Vichy à la place de Darlan (18 avr. 1942). Souhaitant ouvertement la victoire allemande, il intensifie sa politique de collaboration (création du Service du travail obligatoire et de la Milice [1943]). Devant la victoire alliée, il se réfugie à Sigmaringen (sept. 1944), puis en Espagne (1945). Livré le 1er août aux autorités françaises, il est condamné à mort et fusillé (15 oct.).

LA VALETTE (Jean PARISOT DE), grand maître de l'ordre de Malte (1494 - Malte 1568). Il défendit victorieusement Malte assiégée par l'armée de Soliman II (mai-sept. 1565), et fonda en 1566 la ville fortifiée qui porte son nom.

LA VALETTE (Jean-Louis et Bernard DE NOGARET DE), ducs **d'Épernon** ⟶ ÉPERNON.

LA VALETTE (Antoine DE), jésuite français (Martrin, Aveyron, 1708 - Toulouse 1767). Supérieur des missions françaises de l'Amérique du Sud (1754), il créa une maison de commerce dont la banqueroute fut l'un des prétextes invoqués pour la suppression de la Compagnie de Jésus en France en 1764.

LA VALETTE (Antoine Marie CHAMANS, *comte* DE), homme politique français (Paris 1769 - *id.* 1830). Marié à Émilie de Beauharnais, nièce de Joséphine, il fut aide de camp de Bonaparte en Italie et en Égypte puis directeur des Postes (1801-1814).

LAVALLADE (Carmen DE) → DE LAVALLADE.

LA VALLÉE-POUSSIN (Charles DE), mathématicien belge (Louvain 1866 - Bruxelles 1962). Il démontra des théorèmes fondamentaux sur l'intégrale de Lebesgue. Ses résultats sont décisifs pour la théorie de l'approximation des fonctions par des séries algébriques ou trigonométriques.

LAVALLIÈRE n. f. (de Mlle de *La Vallière,* n. pr.). Cravate large et souple nouée par un nœud à deux coques.

LA VALLIÈRE (Françoise Louise DE LA BAUME LE BLANC, *duchesse* DE), favorite de Louis XIV (Tours 1644 - Paris 1710). Fille d'honneur d'Henriette d'Angleterre, duchesse d'Orléans (Madame), elle devint en 1661 la maîtresse de Louis XIV, à qui elle donna trois enfants dont Mlle de Blois, future princesse de Conti, et le comte de Vermandois. Créée par le roi duchesse de Vaujour et de Saint-Christophe, elle fut supplantée par la marquise de Montespan en 1667 et se retira chez les carmélites en 1674.

LAVALLIÈRE (Eugenia FENOGLIO, dite **Ève**), actrice et chanteuse française (Toulon 1866 - Thuillières, Vosges, 1929). Elle marqua de sa personnalité durant vingt-cinq ans opérettes et opéras-comiques. En 1917 elle quitta le théâtre et devint membre du tiers ordre franciscain.

LAVAN, anc. **Cheikh Cho'eyb,** île iranienne du golfe Persique. Terminal pétrolier.

LAVANDAIE ou **LAVANDERAIE** n. f. Lieu planté de lavande.

LAVANDE n. f. (ital. *lavanda,* qui sert à laver). **1.** Sous-arbrisseau aromatique (labiée) à feuilles persistantes, à fleurs bleues ou violettes en épis, originaire de la région méditerranéenne, où elle est cultivée. (→ *encycl.*) — **2.** Huile essentielle obtenue à partir des sommités fleuries de l'espèce de lavande *Lavandula angustifolia.* — **3.** Préparation alcoolique de fantaisie à note dominante de lavande.

◆ adj. inv. et n. m. **1.** Bleu assez clair, tirant sur le mauve. — **2.** *Copie lavande,* copie noir et blanc négative d'un film, tirée sur un support de teinte violacée à partir de la copie marron.

ENCYCL. On distingue la lavande vivace ou fine, aux fleurs bleu clair, ramassée, et la lavande aspic, plus élancée, souvent bleu foncé. La France est le premier producteur mondial de lavande (5 000 ha env. dans le Sud-Est).

LAVANDICULTEUR, TRICE n. Personne qui pratique la lavandiculture.

LAVANDICULTURE n. f. Culture de la lavande et du lavandin.

LAVANDIER n. m. (de *laver*). Sous l'Ancien Régime, officier chargé de surveiller le blanchissage du linge.

LAVANDIÈRE n. f. (de *laver*). **1.** *Litt.* Femme qui lave le linge. — **2.** Nom usuel d'une bergeronnette grise.

LAVANDIN n. m. (de *lavande*). Hybride naturel stérile de la lavande vivace et de la lavande aspic, cultivé pour les essences qu'on en tire, utilisées en savonnerie et parfumerie.

LAVANDOU (Le) [83980], comm. du Var, sur la côte des Maures ; 5 232 hab. *(Lavandourains).* Station balnéaire. Embarcadère des îles d'Hyères.

LAVARDAC (47230), ch.-l. de cant. de Lot-et-Garonne, sur la Baïse ; 2 466 hab. Industrie du liège.

LAVARDIN (Charles Henri DE BEAUMANOIR, *marquis* DE) [1643 - Paris 1701]. Envoyé par Louis XIV comme ambassadeur à Rome lors de l'affaire des franchises (1687), il fit occuper par une petite armée le quartier de l'ambassade de France ce qui lui valut d'être excommunié par Innocent XI.

LAVAREDO *(le Tre Cime di),* ensemble montagneux des Dolomites orientales, composé de trois sommets principaux : Cima Ovest (2 973 m), Cima Grande (2 998 m) [gravie en 1933 par E. Comici, A. et G. Dimai], Cima Piccola (2 856 m).

LA VARENDE (Jean MALLARD DE), écrivain français (Le Chamblac, Eure, 1887 - Paris 1959). Ses romans, récits et nouvelles historiques situent en Normandie une forme d'existence chevaleresque (*Nez-de-cuir,* 1936 ; *Guillaume le Bâtard, conquérant,* 1946).

LA VARENNE (Pierre François, *sieur* DE), cuisinier français (1618 - Dijon 1678). Ses écrits renouvelèrent l'art culinaire en France : *le Cuisinier français* (1651), *le Pâtissier français* (1653) et *le Confiturier français* (1662).

LAVARET n. m. (mot savoyard, du bas lat. *levaricinus*). Corégone des lacs alpins.

LAVASSE n. f. (de *laver*). *Fam.* Café, soupe ou sauce dans laquelle on a mis trop d'eau.

◆ adj. D'une couleur claire, mais sans éclat, sans ton défini : *Jaune lavasse.*

LAVATER (Johann Kaspar), théoricien, poète, orateur et théologien protestant suisse (Zurich 1741 - *id.* 1801). Son *Art d'étudier la physionomie* (1772) et ses *Fragments physiognomoniques* (1775-1778) proposent une interprétation de la mobilité du visage.

LAVATÈRE n. f. (de *Lavater,* n. pr.). Malvacée ornementale des jardins du littoral méditerranéen.

LAVATORY [lavatɔri] n. m. (pl. *lavatories*) [angl. *lavatory*]. *Vx.* Cabinet de toilette public avec water-closets attenants.

LAVAUDANT (Georges), metteur en scène français (Grenoble 1947). Cofondateur, en 1968, du Théâtre Partisan, codirecteur du Centre dramatique des Alpes (1976-1986) puis du T.N.P. (1986-1996), il dirige depuis 1996 l'Odéon-Théâtre de l'Europe. Il reste fidèle à un travail de troupe où ses acteurs approfondissent un jeu dynamique, exalté par de flamboyantes images scéniques (*Richard III,* 1984 ; *Vera Cruz,* 1988 ; *Platonov,* 1990 ; *Terra Incognita,* 1992 ; *Hamlet,* 1994 ; *le Roi Lear,* 1996).

LA VAUGUYON (Antoine Paul Jacques DE QUÉLEN DE CAUSSADE, *duc* DE), général français (Tonneins 1706 - Versailles 1772). Ami du Dauphin (fils de Louis XV), il fut nommé (1758) par ce dernier gouverneur du duc de Bourgogne puis des futurs Louis XVI, Louis XVIII et Charles X (1765). — Son fils, PAUL FRANÇOIS (Paris 1746 - *id.* 1828), fut ministre des Affaires étrangères (juill. 1789) et pair, sous la Restauration.

LA VAULX (*comte* Henry DE), aéronaute français (Bierville, Seine-Maritime, 1870 - près de Jersey City, New Jersey, 1930). Célèbre par ses ascensions et voyages en ballon, il fonda l'Aéro-Club de France (1898) et la Fédération aéronautique internationale (1906).

LAVAUR (81500), ch.-l. de cant. du Tarn, sur l'Agout ; 8 459 hab. *(Vauréens).* Anc. cathédrale St-Alain, surtout des XIIIe-XVe s. Musée du pays vaurais dans une chapelle du XVIIe s. Mobilier. Coopérative céréalière (soja). Cette ancienne place forte fut prise en 1211 par Simon de Montfort. Elle fut le siège d'un évêché de 1317 à 1790.

LAVAUX, district de Suisse (cant. de Vaud), en bordure du lac Léman ; 17 800 hab. Vins blancs.

1. LAVE n. f. (ital. *lava,* du lat. *labes,* éboulement). **1.** Matière en fusion émise à haute température (700-1 200 °C) par un volcan et qui se solidifie en refroidissant pour former une roche volcanique. (Selon leur composition, les laves sont visqueuses [laves acides] et forment des extrusions, ou fluides [laves basiques] et s'étalent en coulées dont la vitesse peut atteindre plusieurs km/h.) — **2.** *Lave torrentielle,* écoulement pâteux issu de bassins de réception aptes à fournir de grandes quantités de matériel fin, et canalisé par les lits des torrents, à la suite de violentes averses.

2. LAVE n. f. (lat. médiév. *lapida,* dalle, du lat. class. *lapis, -idis,* pierre). Syn. de LAUSE.

LAVÉ → LAVER.

LAVE-AUTO n. m. (pl. *lave-autos*). Au Québec, station de lavage pour automobiles.

LAVEDAN, pays des Pyrénées (Hautes-Pyrénées), s'étendant sur les hautes vallées du gave de Pau et de ses affluents, en amont de Lourdes.

LAVEDAN (Henri), écrivain français (Orléans 1859 - Paris 1940), romancier (*le Bon Temps,* 1906) et dramaturge (*le Vieux Marcheur,* 1899 ; *le Duel,* 1905), observateur de la société de son temps. (Acad. fr., 1898.)

LAVE-DOS n. m. inv. Brosse munie d'un long manche pour se laver et se frictionner le dos.

LAVÉE n. f. Mélange d'eau et de pierres qui circule dans une canalisation de remblayage hydraulique d'une mine.

LAVE-GLACE n. m. (pl. *lave-glaces*). Appareil projetant un jet de liquide sur le pare-brise d'une automobile, pour faciliter l'action des essuie-glaces.

LAVELANET (09300), ch.-l. de cant. de l'Ariège, sur le Touyre ; 7 860 hab. *(Lavelanétiens).* Industrie textile (laine).

LAVE-LINGE n. m. inv. Appareil électroménager destiné au lavage automatique du linge.

LAVELLE (Louis), philosophe français (Saint-Martin-de-Villeréal, Lot-et-Garonne, 1883 - Parranquet, Lot-et-Garonne, 1951). Sa philosophie se rattache au spiritualisme (*la Présence totale,* 1934).

LAVELLI (Jorge), metteur en scène argentin naturalisé français (Buenos Aires 1932). En Argentine, il monte Brecht, Ugo Betti, Tchekhov et Cocteau, puis il se rend en France, où il monte avec succès Pirandello, Ionesco, Gombrowicz, O'Neil, Arrabal, García Lorca, Claudel, Shakespeare, Goethe, T. Bernhard, E. Bond... Il a dirigé le Théâtre national de la Colline de sa création, en 1988, à 1996.

LAVE-MAINS n. m. inv. **1.** Petit lavabo d'appoint, en partic. dans les toilettes. — **2.** Syn. de FONTAINE. — **3.** Appareil producteur d'eau chaude, dans lequel l'eau courante est chauffée au fur et à mesure de son écoulement.

LAVEMENT n. m. **1.** Injection de liquide dans le gros intestin par l'anus, faite soit pour favoriser l'évacuation des matières fécales, soit dans un dessein diagnostique ou thérapeutique ; le liquide injecté lui-même. — 2. *Lavement des pieds,* cérémonie du jeudi saint au cours de laquelle l'évêque ou le prêtre, par imitation du geste du Christ à la dernière Cène, lave les pieds à douze hommes.

LAVENDULANE n. f. (all. *Lavendel,* lavande). Arséniate naturel de cuivre, de sodium et de calcium hydraté, orthorhombique.

LAVENTIE (62840), ch.-l. de cant. du Pas-de-Calais, en Flandre, au S.-O. d'Armentières ; 4 426 hab. *(Laventinois).* Combats en 1918. Cimetière militaire britannique.

LAVE-PONT n. m. (pl. *lave-ponts*). Syn. de BALAI-BROSSE.

LAVER v. t. (lat. *lavare*) [conj. 3]. **1.** Nettoyer avec de l'eau et le plus souvent un produit spécial (savon, lessive, détergent, etc.) : *Laver du linge avec de la lessive. Laver les cheveux à un enfant.* — **2.** En parlant de la pluie, de l'orage, etc., rendre qqch clair, net, propre : *La pluie d'hier a lavé les rues.* — **3.** Faire disparaître ce qui atteint qqn dans son honneur : *Ce témoignage le lave de tout soupçon.* — **4.** Litt. *Laver un affront, une offense, une injure (dans le sang),* se battre avec qqn et le blesser ou le tuer pour venger ce qu'il vous a fait. ‖ *Laver de l'argent,* le blanchir. ‖ Fam. *Laver son linge sale en famille,* régler les disputes intimes dans le cadre du groupe concerné. ‖ Fam. *Laver la tête à qqn,* lui faire une sévère réprimande. ‖ *Machine à laver,* lave-linge ou lave-vaisselle. • **Bois.** Effectuer un premier trait de scie, sur un côté de la grume, et faire apparaître une surface appelée *découvert.* — **Bx-arts.** Étendre au pinceau, sur un dessin ou un plan, des teintes plates de couleurs délayées (lavis, aquarelle). — **Chim.** Procéder au lavage d'un précipité, d'un gaz. — **Min.** Éliminer le stérile contenu dans le charbon ou le minerai brut par des moyens physiques.

◆ **être lavé** v. pass. **1.** Être teinté ou rehaussé d'une couleur à l'eau très fluide : *Dessin lavé de bistre.* — **2.** Être d'une intensité chromatique faible (mêlée de blanc), en parlant d'une couleur, par oppos. à *saturé.* ‖ *Cheval crins lavés,* qui a des crins plus clairs que le fond de la robe. — **3.** *Charbon lavé* ou *lavé* (n. m.), charbon dont la teneur en cendres à été réduite par le passage au lavoir.

◆ **se laver** v. pr., **être lavé** v. pass. **1.** S'accommoder de telle méthode de lavage, être nettoyé par telle méthode de lavage : *Lainages lavés à l'eau froide et au savon.* — **2.** Faire sa toilette ; se nettoyer une partie du corps : *Venir à table les mains lavées.* — **3.** *Litt.* Faire disparaître qqch par un acte qui efface l'atteinte morale : *Se laver d'un affront.*

◆ **se laver** v. pr. **1.** Pouvoir être nettoyé par le lavage : *Canapés dont le tissu se lave.* — **2.** *Se laver les mains de qqch,* dégager sa responsabilité de ce qui pourrait survenir.

LAVER (Rodney, dit **Rod**), joueur de tennis australien (Rockhampton 1938), qui a remporté, en 1962 et 1969, les championnats internationaux d'Australie, de France, de Grande-Bretagne et des États-Unis.

LAVÉRA (13117), écart de la comm. de Martigues (Bouches-du-Rhône), sur le golfe de Fos. Port pétrolier (point de départ du pipeline sud-européen). Raffinerie de pétrole et pétrochimie.

LAVERAN (Alphonse), médecin militaire et savant français (Paris 1845 - *id.* 1922). En 1880, il découvrit en Algérie l'hématozoaire responsable du paludisme. Il quitta l'armée en 1897 afin de se consacrer à ses travaux sur les protozoaires pathogènes et entra à l'Institut Pasteur. (Prix Nobel de médecine 1907.) [Acad. des sc., 1901.]

L'AVERDY (Clément Charles François DE), homme d'État français (Paris 1723 - *id.* 1793). Contrôleur général des Finances (1763-1768), il établit la liberté du commerce des grains (1763-64), augmenta les aides et signa avec Malisset en 1765 un contrat (« soumission L'Averdy ») qui fut dénoncé comme un pacte de Famine*.

LA VÉRENDRYE (Pierre GAULTIER DE VARENNES DE), explorateur canadien (Trois-Rivières 1685 - Montréal 1749). De 1731 à 1741, il établit dans l'ouest du Canada, du lac Supérieur à Winnipeg (actuel Manitoba), des forts pour le commerce des fourrures qui permirent de concurrencer la Compagnie de la baie d'Hudson.

LAVERIE n. f. **1.** Blanchisserie dans laquelle le linge de chaque client est lavé séparément, dans des machines individuelles. — **2.** Atelier dans lequel un minerai est lavé, c'est-à-dire concentré.

LAVE-TÊTE n. m. inv. Cuvette fixée par un support au dossier d'un siège, permettant de laver les cheveux au-dessus d'un lavabo.

LAVETTE n. f. **1.** Brosse dure en fils de Nylon utilisée pour laver la vaisselle. — **2.** Carré de tissu-éponge pour essuyer la table. — **3.** En Suisse, carré de tissu-éponge utilisé pour la toilette. — **4.** *Pop.* Personne sans énergie, molle comme une chiffe.

LAVEUR, EUSE n. **1.** Personne qui lave le linge, les vitres, les voitures. — **2.** Ouvrier qui travaille dans un lavoir à charbon ou une laverie.

◆ **laveur** n. m. **1.** Appareil permettant la séparation des particules solides ou liquides contenues dans un gaz par mise en contact avec un liquide. — **2.** Appareil de lavage des tubercules et des racines, constitué par un cylindre rempli d'eau dans lequel tourne un tambour à claire-voie.

◆ **laveuse** n. f. Machine servant à nettoyer et rendre stériles les bouteilles, les fûts avant le soutirage d'une boisson.

LAVE-VAISSELLE n. m. inv. Appareil électroménager destiné au lavage automatique de la vaisselle.

LAVEZZI *(îles),* petit archipel du sud de la Corse, au S.-E. de Bonifacio. Réserve naturelle.

LA VIEUVILLE (Charles, *marquis* puis *duc* DE), homme d'État français (Paris v. 1582 - *id.* 1653). Surintendant des Finances (1623), il fut renvoyé en 1624 à l'instigation de Richelieu qui le fit enfermer au château d'Amboise d'où il s'évada en 1625.

LAVIGERIE (Charles ALLEMAND-), prélat français (Bayonne 1825 - Alger 1892). Évêque de Nancy (1863), archevêque d'Alger (1867) et aussi de Carthage (1884), cardinal (1882), il fonda, pour l'évangélisation de l'Afrique, les *Pères blancs* (1868) et les *Sœurs missionnaires d'Afrique* (1869). Champion de la lutte contre l'esclavage des Noirs, en Afrique notamment, il joua, par ailleurs, un rôle majeur dans le ralliement des catholiques français à la République, en se faisant l'écho de la pensée de Léon XIII lors du « toast d'Alger » en 1890.

LA VIGERIE → ASTIER DE LA VIGERIE (d').

LAVIGNAC (Albert), musicographe français (Paris 1846 - *id.* 1916). Il a rédigé plusieurs ouvrages didactiques. On lui doit également *Voyage artistique à Bayreuth* (1897). Il entreprit, en 1902, la publication d'une *Encyclopédie de la musique,* reprise après sa mort par L. de La Laurencie.

LA VIGNE (Andrieu ou André), poète français (v. 1470 - apr. 1515). En 1498, il suivit en Italie l'armée de Charles VIII, et relata cette expédition en un récit en vers, le *Voyage de Naples,* publié dans son recueil du *Vergier d'honneur.*

LAVIGNON n. m. Mollusque bivalve fouisseur comestible, des sables d'estuaires de la Manche et de l'Atlantique.

LA VILLEMARQUÉ (Théodore HERSART, *vicomte* DE), folkloriste français (Quimperlé 1815 - Keransquer 1895). Il se consacra à l'étude de la langue et de la littérature bretonnes et publia *Barzaz-Breiz* (1838), recueil de poésies populaires.

LAVINIE, fille du roi Latinus. Elle fut l'épouse d'Énée, selon l'*Énéide.*

LAVINIUM, anc. ville du Latium, fondée par Énée en l'honneur de sa femme Lavinie. Elle possédait un sanctuaire fédéral des Latins.

LAVIS [-vi] n. m. (de *laver*). **1.** Procédé tenant du dessin et de la peinture, qui consiste dans l'emploi d'un pigment délayé à l'eau, spécialement l'encre de Chine, passé au pinceau. — **2.** Œuvre ainsi obtenue. (Généralement monochrome [bistre, sépia, auj. encre de Chine], le lavis permet d'indiquer le modelé des choses en distribuant les ombres et les lumières. Peinture extrême-orientale, depuis le Xe s. env. ; artistes occidentaux classiques : Vénitiens du XVIe s., Poussin, le Lorrain, Rembrandt...) — **3.** *Gravure en manière de lavis,* celle qui imite le lavis, aquatinte le plus souvent.

LAVISSE (Ernest), historien français (Le Nouvion-en-Thiérache 1842 - Paris 1922). Professeur à la Sorbonne (1888), puis directeur de l'École normale supérieure (1904-1919), il contribua à la rénovation des études historiques. Il a dirigé une *Histoire de France* (10 t., 1900-1912) et une *Histoire contemporaine de la France* (9 vol., 1920-1922). [Acad. fr., 1892.]

LAVIT (82120), ch.-l. de cant. de Tarn-et-Garonne ; 1 619 hab. *(Lavitois).* Ancienne capitale du comté de Lomagne.

LAVOGNE n. f. Dans les Causses, mare occupant le fond argileux d'une doline.

LAVOIR n. m. (bas lat. *lavatorium*). **1.** Endroit aménagé au bord d'un cours d'eau ou local contenant des bacs alimentés d'eau courante pour le lavage du linge. — **2.** Atelier de préparation et d'épuration des charbons.

LAVOISIER (Antoine Laurent DE), chimiste français (Paris 1743 - *id.* 1794). Reçu à 25 ans à l'Académie des sciences, il fut député suppléant aux États généraux de 1789, membre de la commission pour l'établissement du nouveau système de poids et mesures en 1790 et secrétaire de la Trésorerie en 1791. Il se constitua prisonnier lorsque la Convention décréta l'arrestation de tous les fermiers généraux et fut guillotiné le 8 mai 1794.

En définissant la matière par la propriété d'être pesante, en introduisant l'usage systématique de la balance, en énonçant la loi de conservation des éléments, Lavoisier est le véritable créateur de la chimie en tant que science. Il a élucidé le mécanisme de l'oxydation des métaux et, grâce à une célèbre expérience de calcination du mercure en vase clos, identifié l'oxygène et l'azote de l'air (1777). Avec Laplace, il a fait les premières mesures calorimétriques et donné les valeurs de diverses chaleurs de réactions chimiques. En biologie, il a montré le premier que la chaleur animale résulte de combustions organiques du carbone et de l'hydrogène. Avec Guyton de Morveau, Fourcroy et Berthollet, il a participé à la création d'une nomenclature chimique rationnelle, fondée sur le concept d'élément chimique (1787).

Lavoisier *(loi de),* loi de conservation de la masse en chimie.

LAVONGAI *(île),* anc. **Nouveau-Hanovre,** en all. **Neuhannover,** île du nord de l'archipel Bismarck ; 1 191 km² ; 7 000 hab.

LAVRA → LAURE.

LAVREINCE le Jeune (Niklas LAFRENSEN, dit **Nicolas**), peintre suédois (Stockholm 1737 - *id.* 1807), installé à Paris en 1774. Ses miniatures galantes et ses peintures de genre, le plus souvent à la gouache, largement diffusées par la gravure, lui assurèrent rapidement la faveur de la société aristocratique et bourgeoise.

LA VRILLIÈRE (Louis PHÉLYPEAUX, comte **de Saint-Florentin,** puis *duc* DE), homme d'État français (Paris 1705 - *id.* 1777). Il fut secrétaire d'État à la maison du roi (1725-1775) et ministre d'État (1751-1775).

La Vrillière *(hôtel de),* à Paris, rue La Vrillière (Iᵉʳ arrond.). Construit par Mansart pour l'un des Phélypeaux (1634), remanié par de Cotte* pour le comte de Toulouse (1713), il appartient depuis 1808 à la Banque de France, qui l'a agrandi et transformé.

LAVROVSKI (Leonid Mikhaïlovitch), chorégraphe soviétique (Saint-Pétersbourg 1905 - Paris 1967). Directeur artistique du ballet du théâtre Malyï (1934-1938) et chorégraphe au théâtre Kirov (1938-1944) à Leningrad, premier chorégraphe au théâtre Bolchoï de Moscou (1944-1962), il devint professeur à l'Institut chorégraphique de Moscou (1964) et directeur artistique du Bolchoï. Il a composé, entre autres, une version de *Roméo et Juliette* (1940), *le Pavot rouge* (1949), *la Fleur de pierre* (1954).

LAVURE n. f. (lat. pop. **lavatura,* du lat. class. *lavatum,* de *lavare,* laver). **1.** Eau qui a servi à laver la vaisselle. — **2.** Fam. et vx. *Lavure de vaisselle,* bouillon, potage trop étendu d'eau, fade, insipide.

LAW (John), financier écossais (Édimbourg 1671 - Venise 1729). Après avoir étudié, lors de ses voyages, les mécanismes financiers des grands centres monétaires et bancaires de l'Europe (Amsterdam, Venise, Gênes, Paris), il expose dans ses *Considérations sur le numéraire et le commerce* (1705) son système financier comprenant une banque d'État qui émettrait une quantité de billets proportionnelle aux besoins des activités économiques et qui serait associée à une compagnie de commerce par actions monopolisant le commerce extérieur. Le Régent l'ayant autorisé à appliquer son système en France pour enrayer la crise financière, il fonde la Banque générale (mai 1716), banque de dépôts, d'escompte et d'émission, érigée en Banque royale (déc. 1718), qu'il réunit à la Compagnie d'Occident (créée en sept. 1717), dotée du monopole de l'exploitation de la Louisiane et devenue la Compagnie des Indes* (mai 1719). Pourvu du monopole des monnaies, de l'adjudication de la Ferme générale (1719), puis nommé contrôleur général des Finances (janv. 1720), Law remporte un énorme succès. En 1720, les agioteurs de la rue Quincampoix font monter les actions de la Banque de 500 à 18 000 livres. Mais la réalisation que font alors les plus gros actionnaires (prince de Conti, duc de Bourbon) et les manœuvres des financiers (tels les frères Pâris), provoquent l'effondrement de son système (oct. 1720). Contraint de s'enfuir devant l'émeute, Law s'exile à Bruxelles puis à Venise, où il mourra dans la misère.

LAW (Andrew Bonar), homme politique britannique (Kingston, Nouveau-Brunswick, Canada, 1858 - Londres 1923). Député conservateur (1900), leader du parti (1911), il s'opposa au nationalisme irlandais. Entré dans le ministère Asquith (1915), chancelier de l'Échiquier (1916), il fut Premier ministre de 1922 à 1923.

LAWES (Henry), compositeur anglais (Dinton, Wiltshire, 1596 - Londres 1662). Il composa la musique de plusieurs masques, et avec H. Cooke et M. Locke *The Siege of Rhodes* du poète Davenant (1656), œuvre que l'on peut considérer comme le premier opéra anglais. Il laisse aussi de la musique religieuse et des *Ayres and Dialogues* pour 1, 2 et 3 voix.

Lawfeld *(bataille de)* [2 juill. 1747], victoire remportée à Lawfeld (auj. à l'O. de Maastricht) par le maréchal de Saxe sur le duc de Cumberland, pendant la guerre de la Succession d'Autriche.

LAWN-TENNIS [lontenis] n. m. (angl. *lawn-tennis,* tennis sur gazon). Syn. anc. de TENNIS.

LAWRENCE *(sir* Thomas), peintre britannique (Bristol 1769 - Londres 1830). Élève de Reynolds, premier peintre du roi (1792), il s'imposa très tôt comme portraitiste mondain. Ses œuvres frappent par le brio de l'exécution, d'une intensité parfois romantique, et par la vivacité des attitudes, sans aller jusqu'à une véritable pénétration psychologique. Il devint président de la Royal Academy en 1820.

LAWRENCE (David Herbert), écrivain britannique (Eastwood, Nottinghamshire, 1885 - Vence 1930). Son deuxième roman, *le Maraudeur* (1912), fit scandale par la peinture de l'amour physique qui s'y trouvait. Dès lors, il lutta contre la civilisation industrielle, responsable de l'altération des instincts vitaux et exalta la liberté sexuelle (*Amants et Fils,* 1913 ; *l'Arc-en-ciel,* 1915 ; *le Serpent à plumes* [écrit au Nouveau-Mexique], 1926 ; *l'Amant* de lady Chatterley,* 1928, *Mr. Noon,* 1984). On lui doit aussi des recueils de nouvelles (*The Woman who rode away,* 1928), des récits (*Crépuscule en Italie,* 1916), des recueils de poèmes (*Love Poems and Others,* 1913).

LAWRENCE (Thomas Edward), dit **Lawrence d'Arabie,** orientaliste et agent politique britannique (Tremadoc, pays de Galles, 1888 - Clouds Hill, Dorset, 1935). Passionné d'archéologie, il participa aux fouilles de D. G. Hogarth au Moyen-Orient. Sa rencontre avec les nationalistes arabes lui fit concevoir le projet d'un empire arabe sous influence britannique, aux dépens des Turcs. Membre du service cartographique du Caire (1914), puis du bureau arabe (1916), ayant adopté le mode de vie des Bédouins, il appuya avec succès Allenby dans la conquête de la Palestine (1917-18). Après l'expulsion de l'émir Fayṣal de Syrie par les Français (1920), il démissionna (1922), et s'engagea comme simple soldat dans la Royal Air Force. Il mourut dans un accident. Il avait publié, en 1926, *les Sept Piliers de la Sagesse.*

LAWRENCE (Ernest Orlando), physicien américain d'origine norvégienne (Canton, Dakota du Sud, 1901 - Palo Alto, Californie, 1958). Ses travaux ont porté sur l'effet photoélectrique dans les vapeurs, l'émission thermoionique et la physique biologique et médicale. Il est surtout connu pour son invention du *cyclotron* (1930). [Prix Nobel de physique 1939.]

LAWRENCIUM [lɔrɑ̃sjɔm] n. m. (de E. O. *Lawrence,* n. pr.). Élément transuranien de numéro atomique 103 (symb. Lr), obtenu artificiellement en 1961 à Berkeley.

LAWSON (Henry), écrivain australien (Grenfell, Nouvelle-Galles du Sud, 1867 - Abbotsford, *id.,* 1922). Ses nouvelles, écrites dans une structure narrative légère, dégagées du carcan de l'écriture romanesque, l'ont rendu très populaire (*Joe Wilson et ses copains,* 1901). Il est également l'auteur de poèmes aux thèmes sociaux.

Lawson *(critère de).* Formule (établie en 1957) qui indique les conditions à réunir pour réaliser la production d'énergie par fusion d'éléments légers (deutérium et tritium).

LAWSONITE [lɔ-] n. f. (de A. C. *Lawson,* n. pr.). Silicate double naturel d'aluminium et de calcium hydraté, orthorhombique, que l'on trouve dans les roches métamorphiques du faciès schiste bleu.

LAXATIF, IVE adj. et n. m. (bas lat. *laxativus,* du lat. class. *laxare,* relâcher). **1.** Se dit d'une substance facilitant l'évacuation des selles, sans irritation locale ou générale, employée contre la constipation. (On distingue les laxatifs mécaniques [facilitant les contractions intestinales ou la lubrification, tels que les mucilages, les huiles de paraffine et d'olive, les agents tensioactifs] et les laxatifs sucrés [pulpes de fruits, miel, glycérine].) — **2.** *Maladie des laxatifs,* syndrome observé chez les patients abusant des laxatifs de façon chronique. (Due à la baisse du potassium éliminé, elle peut entraîner une néphropathie avec parfois insuffisance rénale.)

LAXISME n. m. (lat. *laxus,* relâché). **1.** Attitude de qqn qui est excessivement indulgent, tolérant : *Le laxisme ne donne jamais de bons résultats.* — **2.** Système de théologie morale selon lequel il est loisible de suivre une opinion qui a une légère probabilité, même à l'encontre d'une opinion nettement plus probable.

LAXISTE adj. et n. **1.** Qui manifeste du laxisme : *Avoir une politique laxiste.* — **2.** Partisan du laxisme théologique.

LAXITÉ n. f. (lat. *laxitas,* de *laxus,* lâche). État de ce qui est relâché, détendu.

LAXNESS (Halldór GUÐJÓNSSON, dit **Halldór Kiljan**), écrivain islandais (Reykjavík 1902). Son roman, *le Grand Tisserand de Cachemire* (1927) fait le bilan de ses « années d'apprentissage », de sa conversion momentanée au catholicisme, de ses voyages en Europe. Après un séjour en Amérique (1927-1930), il évolue vers le communisme et manifeste son intérêt pour les luttes sociales de son pays dans ses romans (*Salka Valka,* 1931-32). Il célèbre ensuite les vertus du paysan islandais dans des romans cycliques, *Lumière du monde, Château du pays d'été, Maison du poète, Beauté du ciel* (1937-1940), *la Cloche d'Islande* (1943-1946). Renouant avec la tradition, il publie la *Saga des fiers-à-bras* (1952) et s'explique dans *le Paradis retrouvé* (1960) et des essais autobiographiques (*le Temps des poètes,* 1964) sur ses nouvelles orientations politiques. Après *les Annales de Brekkukot* (1957), il évolue vers une inspiration taoïste et se consacre au théâtre, avant de revenir avec succès au roman (*la Chronique de la cambrousse,* 1970). [Prix Nobel 1955.]

LAXOU (54520), ch.-l. de cant. de Meurthe-et-Moselle, banlieue S.-O. de Nancy, en bordure de la forêt de Haye ; 16 078 hab. *(Laxoviens).*

LAY, fl. côtier de la Vendée, formé par la réunion du *Grand* et du *Petit Lay ;* 125 km.

LAYA (Jean Louis), auteur dramatique français (Paris 1761 - Bellevue, Hauts-de-Seine, 1833). Il flétrit le fanatisme dans *Jean Calas* (1790) et scella sa rupture avec les Jacobins avec *l'Ami des lois* (1793) qui fit scandale. (Acad. fr., 1817.)

LAYAGE [lejaʒ] n. m. **1.** Travail de la surface d'une pierre de taille avec la laye. (En général préparatoire à une taille plus fine.) — **2.** Aspect d'une surface layée.

LAYE [lɛ] ou **LAIE** n. f. (de *laie 2*). Sorte de hache à un ou deux tranchants finement dentelés, servant à dresser la pierre tendre.

LAYE (Camara), écrivain guinéen (Kouroussa 1928 - Dakar 1980). Il fait revivre dans ses romans les croyances et les coutumes traditionnelles (*l'Enfant noir,* 1953 ; *le Regard du roi,* 1954 ; *Dramouss,* 1966 ; *le Maître de la parole,* 1978).

1. LAYER [leje] v. t. (de *laye*) [conj. **11**]. Dresser une pierre avec la laye.

2. LAYER [leje] v. t. (de *laie 2*) [conj. **11**]. Ouvrir une laie dans une forêt.

LAYETTE [lɛjɛt] n. f. (anc. fr. *laie,* coffre, du moyen néerl. *laeye*). **1.** Ensemble du linge, des vêtements destinés aux nouveau-nés. — **2.** Jusqu'au XVIIIe s., petit coffre servant à ranger linge, bijoux, documents ; tiroir remplissant le même office. — **3.** Planchette rentrant dans l'épaisseur d'une table, d'un bureau, etc., et qui se tire à volonté. — **4.** Aux Archives nationales, carton contenant les chartes fondamentales de la Couronne de France. — **5.** Meuble à tiroirs plats et compartimentés, servant à ranger l'outillage et les fournitures de l'horloger. — **6.** *Bleu, rose layette,* bleu ciel très clair, rose pâle.

LAYIA [leja] n. m. Jolie plante composée, aux capitules jaunes, des jardins.

Laylā ou **Leïla,** héroïne arabe d'un couple d'amants, Madjnūn et Laylā, analogue à celui de Roméo et Juliette.

1. LAYON [lɛjɔ̃] n. m. (pour *l'hayon*). Partie mobile qui ferme en arrière une voiture de déménagement, un tombereau.

2. LAYON [lɛjɔ̃] n. m. (de *laie 2*). Sentier rectiligne ouvert en forêt pour séparer les parcelles ou les coupes et pour permettre la circulation. (Syn. LIGNE.)

LAYON, riv. de Maine-et-Loire, affl. de la Loire (r. g.), rejointe à Chalonnes-sur-Loire ; 90 km. Les coteaux qui la dominent sont en partie couverts de vignobles.

LAYONNAGE n. m. Action de layonner.

LAYONNER v. t. (conj. 3). Tracer et ouvrir des layons dans une forêt.

Lazard frères et Cie, banque d'affaires implantée aux États-Unis, en Grande-Bretagne et en France, trouvant ses origines dans la création, en 1843, à La Nouvelle-Orléans, d'une maison de commerce par Alexandre Lazard. Elle joue un rôle important dans les opérations financières internationales.

LAZARE *(saint),* personnage évangélique, ami de Jésus et frère de Marthe et Marie de Béthanie, ressuscité par Jésus ; il n'apparaît que dans l'Évangile de saint Jean.

LAZARE HREBELJANOVIĆ (Prilepac v. 1329 - Kosovo 1389), prince serbe (1371-1389). Il périt à la bataille de Kosovo (1389), après laquelle la Serbie devint une principauté vassale de l'Empire ottoman.

LAZARE (Bernard), écrivain et journaliste français (Nîmes 1865 - Paris 1903). Anarchisant, écrivain parnassien, il contribua puissamment à la révision du procès d'Alfred Dreyfus (1896-1899).

LAZAREFF (Pierre), journaliste français (Paris 1907 - Neuilly 1972). Chef des Services français du *War Information Office* aux États-Unis pendant la Seconde Guerre mondiale, il rentra en France en sept. 1944 et prit la direction de *France-Soir.*

LAZARET n. m. (ital. *lazzaretto,* altér. de *Nazareto,* du n. de l'église *Santa Maria di Nazareth*). **1.** Établissement où l'on isole les sujets suspects de contact avec des malades contagieux et où ils subissent éventuellement la quarantaine. — **2.** Local conçu pour loger momentanément les animaux nouvellement introduits dans un troupeau, un pays, et isoler ceux qui peuvent être atteints d'une maladie contagieuse.

LAZARET *(grotte du),* grotte située à Nice, sur les pentes du mont Boron, qui a livré les vestiges d'un campement de chasseurs acheuléens (v. 150 000 av. J.-C.).

LAZAREV ou **LAZARIAN,** famille arménienne établie en Russie. Son représentant le plus connu est EKIM LAZAREVITCH (1743-1826), qui fonda en 1815 à Moscou un institut d'enseignement transformé en 1921 en *Institut d'orientalisme de Moscou.*

LAZAREV (Viktor Nikititch), historien d'art russe (Moscou 1897 - 1976). Il a étudié les peintures murales et les mosaïques byzantines : *Arts de Novgorod* (1947), *Histoire de la peinture byzantine* (2 vol., 1947-48), *Théophane le Grec* (1961).

Lazarillo de Tormes (1554), roman espagnol de mœurs, attribué à Diego Hurtado de Mendoza, le premier du genre picaresque.

LAZARISTE n. m. (de la *Maison de Saint-Lazare,* n. d'un prieuré). Membre d'une société cléricale, exempte, dont les membres prononcent les vœux de religion et mènent la vie commune, fondée à Paris en 1625 par saint Vincent de Paul, et qui fut approuvée par Urbain VIII en 1633 sous le nom de Société des Prêtres de la Mission. (Aux missions populaires intérieures et à la direction des séminaires en France, les lazaristes ont ajouté très tôt les missions étrangères.)

LÁZARO CÁRDENAS, centre industriel (sidérurgie) du Mexique, sur le Pacifique, près des mines de fer de Las Truchas, alimenté en énergie par une centrale sur le río de las Balsas. — Aménagement hydraulique (avec lac de retenue) du nord du Mexique (État de Durango) sur le río Nazas.

LAZARSFELD (Paul Felix), sociologue et statisticien américain d'origine autrichienne (Vienne 1901 - New York 1976). Il effectua ses premières recherches à Vienne. Professeur à l'université Columbia de 1940 à 1962, il a conduit de nombreuses enquêtes, notamment sur la communication de masse et le comportement électoral, tout en analysant la méthodologie des sciences sociales. Parmi ses ouvrages, on peut citer : *The People's Choice : How the Voter makes up his mind in a presidential Campaign (1944). Personnal Influence : the Part played by People in the Flow of Mass Communication* (en collab. avec E. Katz, 1955), *Philosophie des sciences sociales,* 1970. *The Language of Social Research,* écrit avec M. Rosenberg (1955), a été un instrument de base pour les chercheurs.

LAZES, peuple géorgien émigré en Turquie autour de Trébizonde, islamisé, au nombre d'env. 250 000 personnes.

LAZULITE n. f. (lat. médiév. *lazulum,* azur). Phosphate naturel d'aluminium et de magnésium hydraté de couleur bleu azur.

LAZURITE n. f. Variété de feldspathoïde proche de la haüyne, bleue, constituant principal du lapis-lazuli.

LAZZARONE [ladzarone] n. m. (pl. *lazzaroni*) [napolitain *lazzarone,* mendiant]. *Vx.* À Naples, homme du bas peuple.

LAZZI [ladzi ou lazi] n. m. (pl. *lazzi ou lazzis*) [ital. *lazzi,* de *l'azzioni,* jeux de scène bouffons]. Parole moqueuse : *S'enfuir sous les lazzis de la foule.*

LAZZINI (Joseph), danseur et chorégraphe français (Nice 1926). Il aborde dans ses compositions les thèmes les plus divers dans un langage original, synthèse des vocabulaires moderne et académique (*Hommage à Jérôme Bosch,* 1961 ; *Illuminations,* 1962 ; *Suite transocéane,* 1963 ; *$E = mc^2$,* 1964 ; *Eppur si muove*, 1965). Créateur du Théâtre français de la danse (1969), il collabore avec le Ballet-Théâtre contemporain, la Fenice de Venise, l'Opéra de Varsovie, le Teatro San Carlo de Naples. On lui doit encore *Ecce Homo* (1968), *Cantadagio* (1972), une version de *Casse-Noisette* (1978), *Gestazione* (1984), une version de *la Fille mal gardée* (1987).

LCD, abrév. de l'angl. *liquid crystal display,* désignant l'affichage par cristaux liquides.

LCI, abrév. de l'angl. *landing craft infantry,* désignant un chaland de débarquement pour l'infanterie. (On dit plutôt, aux États-Unis, *Landing Ship Infantry,* abrév. LSI.)

LCT, abrév. de l'angl. *landing craft tank,* désignant un chaland de débarquement pour les chars. (On dit plutôt, aux États-Unis, *Landing Ship Tank,* abrév. LST.)

LD *(procédé),* procédé d'élaboration de l'acier au convertisseur basique avec soufflage d'oxygène par une lance.

L-DOPA → LÉVODOPA.

LE, LA, LES art. déf. (lat. *ille, illa, illi,* ce, cette, ces). **1.** Déterminant défini d'un groupe nominal, dont il indique le genre et le nombre : *L'homme est mortel. La voiture démarre.* — **2.** *À la, à l',* indique une manière de faire : *S'habiller à l'européenne.* (L'article *le [les],* en combinaison avec les prép. *à* et *de,* donne les formes contractées *au, aux* et *du, des ;* il s'élide en *l'* devant une voyelle ou un *h* muet, sauf devant *onzième, uhlan, yacht, oui,* et quelques mots.)
◆ pron. pers. Pronom atone avant le verbe (ou l'auxiliaire), compl. d'objet direct ou attribut : *Tu n'es pas compétent, mais tu le deviendras.* (Il s'élide en *l'* devant une voyelle ou un *h* muet.)

Le *Anticorps anti Le^a, anti Le^b, anti Le^{bH}, anti Le^{bt}, anti Le^x,* anticorps du système Lewis. ‖ *Antigène Le^a, Le^b,* antigène du système Lewis.

LÉ n. m. (anc. fr. *lé,* du lat. *latus,* large). **1.** Largeur d'une pièce d'étoffe prise entre ses deux lisières. (Syn. LAIZE.) — **2.** Largeur d'une bande de papier peint. (Syn. LAIZE.) — **3.** Panneau d'étoffe dont l'assemblage détermine la forme et l'ampleur d'une jupe.

LÉA ou **LIA**, personnage biblique, sœur de Rachel et première femme de Jacob.

LEACH (Bernard), céramiste britannique (Hongkong 1887 - Saint Ives, Cornwall, 1979). Il séjourna au Japon et se lia avec le potier Hamada Shōji. Interprétation européenne de la conception céramique orientale, son œuvre (grès et porcelaines aux formes épurées et aux couvertes lisses) et son livre *A Potter's Book* (1945) ont influencé les céramistes contemporains.

LEACH (Edmund Ronald), anthropologue britannique (Sidmouth, Devon, 1910 - Cambridge 1989). Il se situe dans le sillage du fonctionnalisme (*les Systèmes politiques des hautes terres de Birmanie,* 1954), puis du structuralisme (*Critique de l'anthropologie,* 1961).

LEADER [lidœr] n. m. (angl. *leader,* chef). **1.** Personne qui est à la tête d'un parti politique, d'un mouvement, d'un syndicat : *Le leader du parti socialiste.* — **2.** Personne qui, à l'intérieur d'un groupe, prend la plupart des initiatives, mène les autres membres du groupe, détient le commandement : *C'est lui le leader de la bande.* ‖ *Leader d'opinion,* personne qui, par sa fonction ou sa position, est susceptible d'avoir une influence sur le public. — **3.** Concurrent, équipe qui est en tête d'une compétition sportive : *Le leader du championnat.* — **4.** Entreprise, groupe, produit, etc., qui occupe la première place, un rôle de premier plan dans un domaine : *Nous sommes les leaders en Europe pour ce type de produit.* — **5.** Avion conduisant un dispositif de chasse ou de bombardement ; commandant de bord de cet avion. — **6.** Article de fond généralement en première colonne qui exprime l'opinion directrice du journal et qui se différencie de l'éditorial.

LEADERSHIP [lidœrʃip] n. m. (angl. *leadership*). **1.** Fonction de leader. — **2.** Position dominante qu'occupe en droit ou en fait un homme politique au sein d'un mouvement ou d'un État. — **3.** Hégémonie d'un pays qui est à la tête d'un groupe de nations. — **4.** Rôle de leader d'une entreprise, d'une branche d'activité, etc.

LEAHY (William Daniel), amiral américain (Hampton, Iowa, 1875 - Bethesda, Maryland, 1959). Chef d'état-major de la marine de 1937 à 1939, il fut nommé par Roosevelt ambassadeur à Vichy (1940-1942). Rappelé au service actif, il fut successivement chef d'état-major particulier de Roosevelt (1942-1945) et de Truman, jusqu'en 1949. Il participa aux conférences interalliées de la Seconde Guerre mondiale.

LEAKEY (Louis Seymour Bazett), anthropologue et préhistorien britannique (Kabete, Kenya, 1903 - Londres 1972). Ses recherches sur l'origine de la lignée humaine ont porté sur d'importants sites du Kenya et de Tanzanie, en particulier le site d'Oldoway.

LEAL (António Duarte GOMES), poète portugais (Lisbonne 1848 - *id.* 1921). Auteur de pamphlets et de poésies polémiques (*Fin d'un monde,* 1899), il évolua, à travers une crise religieuse (*l'Antéchrist,* 1886), du romantisme (*Clartés du Sud,* 1875) au symbolisme (*la Faim de Camões,* 1880).

LEAMINGTON ou **ROYAL LEAMINGTON SPA,** v. de Grande-Bretagne (Warwickshire), à l'E. de Warwick, sur la *Leam ;* 45 000 hab. Station thermale.

LEAN (*sir* David), cinéaste britannique (Croydon 1908 - Londres 1991). Il réalisa trois films avec Noel Coward : *Heureux Mortels* (1944), *L'esprit s'amuse* (1945) et *Brève Rencontre* (1946), puis tourna *les Grandes Espérances* (1947), *Oliver Twist* (1948), *le Pont de la rivière Kwai* (1957), *Lawrence d'Arabie* (1962), *Docteur Jivago* (1965), *la Route des Indes* (1984).

LÉANDRE *(saint),* archevêque de Séville (Carthagène, début du VIᵉ s. - Séville v. 600). Frère des saints Isidore et Fulgence, moine à Séville, il devint archevêque de cette ville (v. 579). Ayant converti les Wisigoths au catholicisme, il organisa l'Église hispano-wisigothique.

LÉANDRE (Charles), peintre et caricaturiste français (Champsecret, Orne, 1862 - Paris 1934). Il est surtout connu pour ses dessins et ses lithographies, portraits-charges mordants parus notamment dans *le Rire* et *le Figaro.*

Léandre, personnage d'amoureux dans la comédie italienne.

LEANG K'AI → LIANG KAI.

LEAO → LIAO.

LEAO-HO → LIAO HE.

LEAO-NING → LIAONING.

LEAO-TONG → LIAODONG.

LEAO-YANG → LIAOYANG.

LEAO-YUAN → LIAOYUAN.

LEAR (Edward), peintre, dessinateur et écrivain britannique (Holloway 1812 - San Remo 1888). De ses voyages en Europe, en Orient et en Inde, il rapporta quantité d'aquarelles et de desssins qui mêlent la recherche du détail à une exécution très libre. Écrivain, il lança un genre littéraire, le limerick, avec la publication du *Book of Nonsense* (1846), chef-d'œuvre de l'absurde à l'usage des enfants.

LEARY (Timothy), écrivain et psychosociologue américain (Springfield, Massachusetts, 1920 - Los Angeles 1996). Il s'intéressa d'abord à la thérapie de groupe puis aux pratiques psychédéliques, ce qui lui valut une condamnation à dix ans de prison. Il a écrit notamment *Politique de l'extase* (1968) et *The Psychology of Pleasure* (1969).

LEASE-BACK [lizbak] n. m. (mot angl.). Vente d'un bien, assortie d'une location consentie par l'acheteur au profit du vendeur et d'une possibilité pour celui-ci de rachat ultérieur. (Essentiellement utilisé pour des immeubles, le lease-back est un moyen, pour les entreprises, de se procurer des liquidités.)

LEASING [liziɲ] n. m. (amér. *leasing,* de *to lease,* louer). Syn. de CRÉDIT-BAIL.

LÉAU, en néerl. **Zoutleeuw,** comm. de Belgique (Brabant flamand), à l'O. de Saint-Trond ; 7 800 hab. Collégiale gothique St-Léonard, des XIIIᵉ-XVIᵉ s. (nombreuses œuvres d'art). Hôtel de ville de 1526.

LÉAUTAUD (Paul), écrivain français (Paris 1872 - Robinson 1956). Chroniqueur dramatique (*le Théâtre de Maurice Boissard,* 1907-1941), il connut parfaitement le monde littéraire parisien, qu'il jugeait à la mesure de ses propres désillusions. La célébrité lui vint, en 1951, avec une série d'*Entretiens avec Robert Mallet,* à la radio, où la liberté de ses propos annonçait le ton du *Journal littéraire* (1954-1966).

LÉAUTÉ (Henry), ingénieur et mathématicien français (Belize 1847 - Paris 1916). Ses travaux concernent la mécanique appliquée : transmissions à distance et régulation du mouvement des machines.

Leavers *(métier),* métier conçu pour la fabrication de dentelles, fonctionnant par croisement et nouage de fils parallèles, délivrés à partir d'ensouples ; dentelle obtenue sur ce métier.

LEAVITT (Henrietta Swan), astronome américaine (Lancaster, Massachusetts, 1868 - Cambridge, Massachusetts, 1921). Elle montra, en 1912, qu'il existe une relation entre la magnitude absolue des céphéides et la période de variation de leur luminosité, ce qui permet d'utiliser ces étoiles pour évaluer la distance d'amas stellaires et de galaxies.

LE BAS (Jacques Philippe), éditeur et graveur français (Paris 1707 - *id.* 1783), chef d'un des ateliers les mieux achalandés de Paris (Cochin le Fils, Moreau le Jeune...). On lui doit plus de 500 pièces, la plupart d'après les maîtres flamands et hollandais.

LE BAS (Philippe), homme politique français (Frévent, Pas-de-Calais, 1764 - Paris 1794). Député à la Convention (1792), membre du Comité de sûreté générale, il fut envoyé en mission avec Saint-Just aux armées du Rhin (1793-94). Ami de Robespierre, il fut arrêté avec lui et se suicida à l'Hôtel de Ville le 9 thermidor.

LEBAS (Jean-Baptiste), homme politique français (Roubaix 1878 - Sonnenburg 1944). Député du Nord (1918-1928, et de 1932 à 1940), ministre du Travail dans le gouvernement Blum (1936-37), il fonda l'un des premiers mouvements français de la Résistance. Arrêté par la Gestapo (1941), il mourut en déportation.

LEBAUDY (Paul), industriel français (Enghien 1858 - Rosny-sur-Seine 1937). Il fit construire à partir de 1902 une série de dirigeables semi-rigides, dont l'un effectua la première traversée de la Manche (1910).

LEBBEKE, comm. de Belgique (Flandre-Orientale), au S. de Dendermonde ; 17 300 hab. Textile. Chocolaterie.

LE BÉ, famille de graveurs et fondeurs français de caractères (XVIe et XVIIe s.). — GUILLAUME Ier (Troyes - 1598) perfectionna les caractères utilisés par Robert Estienne. Il se spécialisa dans la fonte des caractères orientaux. Sa fonderie fut la plus importante d'Europe.

LEBEAU (Jean Louis Joseph), homme politique belge (Huy 1794 - *id.* 1865). Membre du Congrès national, il s'opposa à l'union avec la France, et joua un grand rôle dans la rédaction de la Constitution. Ministre des Affaires étrangères (1831), il fit accepter la perte de la Flandre zélandaise. Ministre de la Justice (1832), il devint président du Conseil (1840-41).

LEBEAU (Paul), pharmacien et chimiste français (Boiscommun 1868 - Massy, Essonne, 1959). Ses travaux sur le fluor ont abouti à un nouveau procédé de préparation. Il a joué un rôle important dans l'étude des gaz de combat, de 1915 à 1918. (Acad. des sc., 1937.)

LEBEDEV (Petr Nikolaïevitch), physicien russe (Moscou 1866 - *id.* 1912). Il a mis en évidence, en 1901, la pression de radiation et étudié l'origine du magnétisme terrestre.

LEBÈGUE (Nicolas), compositeur français (Laon 1631 - Paris 1702). Organiste de la chapelle royale en 1678, il écrivit trois livres d'orgue (1676, 1678, 1685), et deux livres de clavecin (1676, 1677).

LEBEL n. m. (du n. de l'inventeur, Nicolas *Lebel* [1838-1891]). Fusil de calibre 8 mm, réalisé en 1886, plusieurs fois perfectionné, et employé dans l'armée française jusqu'en 1940.

LE BEL (Joseph Achille), chimiste français (Pechelbronn 1847 - Paris 1930). Auteur de la théorie du carbone tétraédrique, il a expliqué en 1874 l'activité optique des composés organiques par l'existence d'un carbone asymétrique. Il fut, avec Van't Hoff, le fondateur de la stéréochimie. (Acad. des sc., 1929.)

LEBEN n. m. (ar. *laban,* lait). Lait fermenté, en Afrique du Nord et au Moyen-Orient.

LEBESGUE (Henri Léon), mathématicien français (Beauvais 1875 - Paris 1941). Il a fondé la théorie de l'intégration qui porte son nom et qui généralise celle de Riemann. Outil puissant de l'analyse moderne, l'intégrale de Lebesgue a permis d'élargir les hypothèses d'intégrabilité dans la théorie des séries de Fourier et dans le calcul d'une intégrale multiple. Elle est utilisée en analyse fonctionnelle et pour la rectification de courbes. (Acad. des sc., 1922.)

LEBIA n. f. Petit carabe aux élytres rouge vif à leur extrémité, mangeur de petites larves, de pucerons, utilisé pour la lutte biologique contre le doryphore.

LEBLANC (Nicolas), chimiste français (Ivoy-le-Pré, Cher, 1742 - Saint-Denis 1806). Après des recherches sur la cristallisation, il découvrit en

1789 un procédé de préparation du carbonate de sodium (soude artificielle).

LEBLANC (Maurice), journaliste et écrivain français (Rouen 1864 - Perpignan 1941), créateur dans ses romans policiers du type du gentleman cambrioleur, Arsène Lupin.

LE BLANT (Edmond), archéologue français (Paris 1818 - *id.* 1897). Il a publié : *Nouveau Recueil des inscriptions chrétiennes de la Gaule* (1862), *Manuel d'épigraphie chrétienne* (1869), *Étude sur les sarcophages chrétiens de la ville d'Arles* (1878).

LEBLOND (Alexandre), architecte français (Paris 1679 - Saint-Pétersbourg 1719). Disciple de Le Nôtre, il fut appelé en Russie (1716) par Pierre le Grand. Il organisa la Chancellerie des bâtiments du tsar et entreprit l'ensemble de Peterhof (château et jardins).

LEBŒUF (Edmond), maréchal de France (Paris 1809 - Moncel-en-Trun, Orne, 1888). Ministre de la Guerre dans le cabinet d'Émile Ollivier (janv. 1870), sa foi dans la préparation de l'armée lui fit déclarer imprudemment : « Il ne manque pas un bouton de guêtre. » Major général de l'armée du Rhin, il fut fait prisonnier à Metz.

LEBON (Philippe), ingénieur et chimiste français (Brachay, Champagne, 1767 - Paris 1804). Il prit en 1799 un brevet pour l'application à l'éclairage et au chauffage du gaz provenant de la distillation du bois.

LE BON (Gustave), médecin et sociologue français (Nogent-le-Rotrou 1841 - Paris 1931). Dans son ouvrage, *la Psychologie des foules* (1895), il avança l'idée d'une âme collective et fut l'un des premiers à démontrer les mécanismes psychologiques de la propagande.

LEBOURG (Albert), peintre français (Montfort-sur-Risle 1849 - Rouen 1928). Proche des impressionnistes (il exposa avec eux en 1879 et 1880), il a laissé des vues de Paris, des paysages d'Auvergne et de Normandie.

LEBOVICI (Serge), médecin et psychanalyste français (Paris 1915). Il s'est spécialisé en psychanalyse infantile.

LEBOWA, anc. bantoustan d'Afrique du Sud. Attribué aux Sothos du Nord (ou Pedis), dans le Transvaal septentrional et nord-oriental, il couvrait 22 502 km² et comptait 1 746 000 hab.

LE BRAS (Gabriel), sociologue et juriste français (Paimpol 1891 - Paris 1970). Il a contribué au développement de la sociologie religieuse (*Introduction à l'histoire de la pratique religieuse en France,* 1945).

LE BRAZ (Anatole), écrivain français (Duault, Côtes-du-Nord, 1859 - Menton 1926). Chantre de la Bretagne, il se consacra surtout à l'étude du folklore (*la Légende de la mort en Basse-Bretagne,* 1893).

LE BRET (Cardin), seigneur **de Flacourt,** jurisconsulte français (Paris 1558 - *id.* 1665). Théoricien de l'absolutisme, il publia en 1632 son *Traité de la souveraineté du roi, de son domaine et de sa couronne.*

LEBRET (Louis Joseph), religieux et économiste français (Le Minihic-sur-Rance, Ille-et-Vilaine, 1897 - Paris 1966). Dominicain (1923), il fut l'un des fondateurs de la Jeunesse maritime catholique (J. M. C.). Il s'intéressa ensuite aux problèmes des pays sous-développés et créa, en 1942, à Lyon, « Économie et humanisme », centre de recherches et d'action qui se donne pour but d'établir une « économie au service de l'homme ».

LE BRETON (André François), imprimeur-libraire français (Paris 1708 - *id.* 1779). Il est surtout connu pour avoir imprimé l'*Encyclopédie** qu'il publia jusqu'en 1772.

LE BRIX (Joseph), officier aviateur français (Baden, Morbihan, 1899 - Oufa, Bachkirie, 1931). Officier de marine, il se consacra à l'aviation. Il réussit avec Costes le tour du monde aérien par Rio de Janeiro, San Francisco et Tōkyō (1927-28). Détenteur de huit records du monde, il trouva la mort en tentant de relier Paris à Tōkyō, sans escale.

LE BRUN (Charles), peintre et décorateur français (Paris 1619 - *id.* 1690). À Rome, où il va parfaire son éducation artistique de 1642 à 1645, il est marqué par les antiques, par Raphaël, les Bolonais, Poussin. Soutenu dans sa carrière parisienne par le chancelier Séguier, il a déjà le premier rôle dans la fondation de l'Académie royale de peinture et de sculpture, en 1648. Au service de Louis XIV et de Colbert à partir de 1661, doué d'un tempérament robuste et d'une grande puissance de travail, il va exercer une véritable dictature sur les arts (il est premier peintre du roi, chancelier à vie de l'Académie, directeur des Gobelins). Professant l'esthétique de la « belle nature », c'est-à-dire de la réalité corrigée selon les normes antiques, il réalise un œuvre peint important. Décorateur du Louvre et de Versailles, fournissant des modèles dessinés à une foule de collaborateurs, il compose ce cadre de grandeur où l'on reconnaît l'expression du siècle de Louis XIV. Mais la rhétorique l'emporte chez lui sur la sensibilité. Il a décoré la voûte de l'hôtel Lambert à Paris (v. 1650), une partie des appartements de Vaux-le-Vicomte, la voûte de la galerie d'Apollon au Louvre et, avec des aides, celle de la galerie des Glaces à Versailles (1678-1684), etc. Parmi ses tableaux, citons, au Louvre, *le Sommeil de l'Enfant Jésus* (1655), *la Pentecôte, le Chancelier Séguier avec sa suite,* les immenses toiles de l'*Histoire d'Alexandre,* deux *Adorations des bergers* (1689-90).

LEBRUN (Ponce Denis ÉCOUCHARD), poète français (Paris 1729 - *id.* 1807). Ses *Odes,* dont la plus célèbre est l'ode *Au vaisseau « Le Vengeur »,* lui valurent le surnom de « Pindare ». (Acad. fr., 1803.)

LEBRUN (Charles François), duc **de Plaisance,** homme politique français (Saint-Sauveur-Lendelin, Manche, 1739 - Sainte-Mesme, Yvelines, 1824). Député à la Constituante (1789), il fut emprisonné pendant la Terreur (1792-1794). Membre du Conseil des Anciens (1795), choisi par Bonaparte comme troisième consul le 19 brumaire, puis nommé architrésorier (1804), il organisa la Cour des comptes (1807). Créé duc de Plaisance en 1808, il administra la Hollande de 1810 à 1813.

LEBRUN (Jean-Baptiste), peintre, critique d'art et marchand de tableaux français (Paris 1748 - *id.* 1813). Petit-neveu de Charles Le Brun, il est surtout connu comme expert et commissaire-priseur. Il épousa Élisabeth Vigée en 1776. (→ VIGÉE-LEBRUN.)

LEBRUN (Pierre Antoine), écrivain français (Paris 1785 - *id.* 1873). Son *Ode à la Grande Armée* (1805) lui valut une pension de Napoléon. Ses tragédies (dont *Marie Stuart,* 1820) marquèrent la transition avec le drame romantique. (Acad. fr., 1828.)

LEBRUN (Albert), homme d'État français (Mercy-le-Haut, Meurthe-et-Moselle, 1871 - Paris 1950). Président du Sénat (1931), il fut élu président de la République en 1932 et réélu en 1939. Après la défaite de juin 1940, il s'effaça devant le maréchal Pétain.

LECANIUM [-njɔm] n. m. (gr. *lekanê,* bassin). Nom générique des cochenilles, qui laissent exsuder sur les écorces et les feuilles des orangers, lauriers, oliviers, pêchers et vignes un liquide mielleux sur lequel se développe la fumagine.

LECANORA n. f. (lat. sc. mod. *lecanora,* du gr. *lekanê,* bassin). Lichen crustacé, commun sur les pierres et les écorces. (Sa dispersion est parfois assurée par le vent.)

LECANUET (Jean), homme politique français (Rouen 1920 - Neuilly-sur-Seine 1993). Député (1951-1955, 1973-1974), puis sénateur (1959-1973, et à partir de 1977), il devint président national du M. R. P. (1963), et se présenta sans succès aux élections présidentielles (1965). Président du Centre démocrate, qu'il fonda en 1966, maire de Rouen (à partir de 1968), il fut nommé garde des Sceaux (1974-1976), puis ministre d'État chargé du Plan et de l'Aménagement du territoire (1976-77). Il fut président du Centre des démocrates sociaux (C. D. S.), issu de la fusion du Centre démocrate et du Centre Démocratie et Progrès, de 1976 à 1982 et président de l'U. D. F. de 1978 à 1988. Il fut aussi député au Parlement européen de 1979 à 1988.

LE CARDONNEL (Louis), poète et prêtre français (Valence, Drôme, 1862 - Avignon 1936). Admirateur de Verlaine, il chercha à harmoniser la mystique chrétienne avec les passions humaines (*Poèmes,* 1904 ; *Carmina sacra,* 1912).

LE CARRÉ (David John Moore CORNWELL, dit **John**), écrivain britannique (Poole, Dorset, 1931). Il a souligné dans ses romans d'espionnage les difficultés de concilier les exigences de la morale et celles de la guerre secrète (*l'Appel du mort,* 1961 ; *l'Espion qui venait du froid,* 1963 ; *la Taupe,* 1974 ; *la Petite fille au tambour,* 1983 ; *Un pur espion,* 1986 ; *la Maison Russie,* 1989 ; *le Voyageur secret,* 1990 ; *le Directeur de nuit,* 1994).

LECCE, v. d'Italie, dans la Pouille, ch.-l. de prov. ; 100 233 hab. Centre commercial et industriel (mécanique). Ruines romaines. Édifices religieux construits ou transformés à l'époque baroque, d'une ornementation exubérante (S. Croce ; ensemble de la place du Dôme). Musée provincial.

LECCO, v. d'Italie, en Lombardie (prov. de Côme), sur l'Adda ; 51 000 hab. Centre touristique et industriel.

LECH (le), riv. d'Autriche et d'Allemagne, affl. du Danube (r. dr.) ; 263 km (bassin de 4 126 km^2). Né dans le Vorarlberg (Autriche), il traverse Augsbourg.

LÉCHAGE n. m. Action de lécher.

LECHAION, anc. port militaire de Corinthe.

LE CHAPELIER (Isaac René Guy), homme politique français (Rennes 1754 - Paris 1794). Avocat à Rennes, député aux états généraux de 1789, il fut l'un des fondateurs du Club breton (futur club des Jacobins) et présenta la loi portant son nom, qui interdit toute association et toute coalition entre gens de même métier.

LE CHATELIER (Henry Louis), chimiste et métallurgiste français (Paris 1850 - Miribel-les-Échelles, Isère, 1936). Il réalisa des explosifs de sécurité pour les mines de houille, utilisa les couples thermo-électriques pour la mesure des hautes températures et étudia la structure des métaux et des alliages, créant la métallographie microscopique. Le principe qui porte son nom concerne la stabilité des équilibres physico-chimiques : « Toute modification d'un des paramètres d'un système en équilibre stable provoque un processus qui tend à s'opposer à cette modification. » (Acad. des sc., 1907.)

LÈCHE n. f. (de *lécher*). **1.** *Fam.* Flatterie servile : *Faire de la lèche à quelqu'un.* — **2.** *Fam.* et *vx.* Tranche mince de pain, de viande, etc.

LÈCHE-BOTTES (fam.) ou **LÈCHE-CUL** (pop.) n. inv. Personne qui flatte servilement.

LÈCHEFRITE n. f. (anc. fr. *lechefroie,* de *lécher,* et *froier,* frotter, avec l'infl. de *frire*). Plat de tôle émaillée qui, dans un four, est destiné à recueillir le jus des pièces embrochées.

LÉCHER v. t. (frq. **lekkôn*) [conj. **18**]. **1.** En parlant d'un animal, passer sa langue sur un autre animal, sur qqch ou qqn et, en partic., nettoyer un petit, une partie de son corps à coups de langue : *La chatte lèche ses petits.* — **2.** Passer sa langue sur qqch pour absorber ce qui s'y trouve : *Lécher sa cuiller. Lécher la confiture sur ses doigts.* — **3.** En parlant de l'eau, du feu, effleurer légèrement qqn ou qqch, les toucher à peine : *Les flammes commençaient à lécher la façade.* — **4.** *Fam.* Fignoler qqch, le finir avec soin, attention. — **5.** Fam. *Lécher les bottes, le cul* (pop.) à qqn, avoir une attitude servile à son égard, le flatter bassement. ‖ *Lécher les vitrines,* s'attarder à regarder les vitrines des magasins.

◆ **être léché** v. pass. *Fam.* Être fait avec un soin minutieux, voire excessif : *Un tableau léché.*

◆ **se lécher** v. pr. **1.** En parlant d'un animal, se passer la langue sur le corps, en partic. pour se nettoyer : *Un chat qui se lèche soigneusement.* — **2.** Enlever qqch à coups de langue d'une partie du corps : *Se lécher les doigts.* — **3.** *S'en lécher les babines, les doigts,* manifester un vif plaisir à manger un plat succulent ou à l'idée de qqch de très agréable.

LÉCHÈRE (La) [73260], comm. de la Savoie, sur l'Isère, à 6 km au N.-O. de Moûtiers ; 1 951 hab. Station thermale (affections veineuses et gynécologiques). Sports d'hiver (jusqu'à 2 800 m). Produits carbonés et graphite synthétique.

LÉCHEUR, EUSE n. *Fam.* **1.** Personne qui embrasse à tout propos. — **2.** Personne qui fait de la lèche.

◆ adj. Se dit d'un insecte possédant des pièces buccales conformées pour lécher et aspirer le nectar des fleurs.

LÈCHE-VITRINES n. m. inv. *Fam.* Activité consistant à flâner en regardant les vitrines.

Lechfeld *(bataille du)* [10 août 955], victoire du roi de Germanie, Otton Ier le Grand, sur la cavalerie hongroise. Elle mit fin aux incursions hongroises en Europe occidentale.

LECH-OBERLECH, station d'été et de sports d'hiver (1 447-2 492 m) d'Autriche (Vorarlberg), dans la vallée du *Lech.*

LECHTAL, vallée d'Autriche, dans le Tyrol, où coule le *Lech,* au pied des *Alpes du Lechtal* (3 038 m à la Parseier Spitze).

LÉCITHINE n. f. (gr. *lekithos,* jaune d'œuf). Nom générique des phosphoaminolipides contenant de la choline et se rencontrant dans de nombreux tissus animaux et végétaux (jaune d'œuf, laitance de poisson, tissu nerveux, lait, etc.).

LECLAINCHE (Emmanuel), vétérinaire français (Piney, Aube, 1861 - Paris 1953). Spécialiste des maladies infectieuses et de l'épidémiologie, on lui doit plusieurs découvertes sur le traitement des maladies animales. (Acad. des sc., 1917.)

LECLAIR (Jean-Marie), dit **l'Aîné,** compositeur et violoniste français (Lyon 1697 - Paris 1764). Violoniste du roi de 1733 à 1736, il fut le maître de l'école de violon française du XVIIIe s. Il fut violoniste du roi de 1733 à 1736. Parmi ses œuvres pour violon on peut citer : quatre livres de douze sonates pour violon seul avec basse continue (1723, v. 1728, 1734, 1743), deux livres de six sonates à 2 violons sans basse (1730-v. 1747), six sonates en trio pour 2 violons et basse continue (v. 1731-1733).

LECLANCHÉ (Georges), ingénieur français (Paris 1839 - *id.* 1882). Il inventa, en 1868, la pile électrique qui porte son nom et dont dérivent toutes les piles usuelles.

LECLERC (Jean), dit **Bussy-Leclerc** → BUSSY-LECLERC.

LE CLERC (Sébastien), ingénieur géographe, dessinateur et graveur français (Metz 1637 - Paris 1714). Arrivé à Paris en 1665, il travailla pour Le Brun aux Gobelins, où il devait enseigner, ainsi qu'à l'Académie, la géométrie et la perspective. Monuments de Paris et événements d'actualité composent l'essentiel de son œuvre gravé (plus de 3 000 planches et vignettes).

LECLERC (Charles Victor Emmanuel), général français (Pontoise 1772 - Cap-Français, Saint-Domingue, 1802). Ami de Bonaparte, dont il épousa la sœur Pauline, il participa au coup d'État de Brumaire puis servit sous Moreau en Allemagne (1800). Il obtint la soumission de Toussaint Louverture lors de l'expédition du Saint-Domingue (1802).

LECLERC (Philippe Marie DE HAUTECLOCQUE, dit), maréchal de France (Belloy-Saint-Léonard, Somme, 1902 - dans un accident d'avion, près de Colomb-Béchar, 1947). Il sert brillamment au Maroc (1925), puis à l'état-major de la 4e division d'infanterie (1939). Prisonnier à Lille en mai 1940, il s'évade et reprend le combat sur l'Aisne. Blessé, à nouveau prisonnier, il parvient à rejoindre de Gaulle à Londres et joue un rôle décisif dans le ralliement du Gabon à la France libre. Commandant militaire de l'Afrique-Équatoriale française, il conquiert le Fezzan, entraîne sa division du Tchad (12 déc. 1942) à Tripoli (2 févr. 1943) et prend part aux campagnes de Tripolitaine et de Tunisie. En juin 1944, il débarque, à la tête de la 2e division blindée, en Normandie et entre dans Paris où il reçoit la reddition de Choltitz (24 août). Après s'être emparé de Saverne (23 nov. 1944), il libère Strasbourg et entre à Berchtesgaden. Commandant supérieur des troupes en Indochine (1945), il signe, pour la France, l'acte de capitulation du Japon. Inspecteur des troupes d'Afrique du Nord en 1946, il sera élevé au maréchalat à titre posthume (1952).

LECLERC (Félix), chansonnier et poète québécois (La Tuque 1914 - Saint-Pierre, île d'Orléans, 1988). Il a été un des pionniers de la chanson canadienne d'expression française *(le P'tit Bonheur, Moi mes souliers)*. Il a publié un *Théâtre de village* (1951), des contes et des romans parfois autobiographiques.

Leclerc *(centres de distribution)*, magasins vendant des produits de grande consommation, adhérant aux méthodes mises au point en 1949 par le commerçant Édouard Leclerc. La clé du système se trouve dans la rotation très rapide des stocks, la compression des frais généraux et des marges bénéficiaires réduites.

LE CLERC DU TREMBLAY (François Joseph), dit **le Père Joseph** → JOSEPH.

LECLERCQ (*dom* Henri), bénédictin français (Tournai 1869 - Londres 1945). Exilé avec son ordre en Angleterre, il établit, avec dom Cabrol, les *Monumenta Ecclesiae liturgica* (6 vol., 1902-1913).

LE CLÉZIO (Jean-Marie Gustave), écrivain français (Nice 1940). Son œuvre narrative et critique, qui se réclame à la fois des présocratiques, de Lautréamont, de Michaux et de Ponge, campe, au rythme d'une prose poétique qui donne à la réalité quotidienne minutieusement décrite une coloration fantastique, des personnages en quête d'une impossible prise de conscience de leur destin dans un univers indécis et destructeur (*le Procès-verbal,* 1963 ; *la Fièvre,* 1965 ; *l'Extase matérielle,* 1967). La redécouverte de la sagesse et la réconciliation avec le monde s'opère dans *Terra amata* (1967), *Voyages de l'autre côté* (1975) et se poursuit dans *la Ronde, et autres faits divers* (1982), *le Chercheur d'or* (1985), *Voyage à Rodrigues* (1986), *le Rêve mexicain* (1988) et *la Quarantaine* (1995).

LÉCLUSE ou **LESCLUSE** (Charles DE), en lat. **Clusius,** botaniste français (Arras 1526 - Leyde 1609). Professeur de botanique à l'université de Leyde, il introduisit en Europe la pomme de terre et d'autres végétaux utiles.

LECOCQ (Charles), compositeur français (Paris 1832 - *id.* 1918). Il a composé des opérettes et des opéras-comiques alliant la grâce à la gaieté : *la Fille* de Mme Angot* (1872), *Giroflé-Girofla* (1874), *le Petit Duc* (1878).

LECŒUR (Auguste), homme politique français (Lille 1911 - Chalon-sur-Saône 1992). Membre du parti communiste, il organisa la grève des mineurs contre l'occupant nazi en mai 1941. Député de 1945 à 1955, il fut exclu du P. C. F. en 1955.

LECOMTE DU NOÜY (Pierre), biologiste français (Paris 1883 - New York 1947). Il étudia la vitesse de cicatrisation des plaies et proposa la conception d'un temps biologique propre à l'être vivant. Il a écrit notamment *l'Homme et sa destinée* (1948).

LEÇON n. f. (lat. *lectio, -onis,* lecture). **1.** Enseignement donné en une séance par un professeur à une classe, à un élève, à un groupe d'élèves : *Faire une leçon d'histoire. Donner une leçon particulière.* — **2.** Dans un livre, ensemble des exercices, des indications didactiques correspondant à une période déterminée d'enseignement (heure, semaine, etc.) : *La couture en quinze leçons.* — **3.** Ce qu'un professeur donne à apprendre, ce qu'un élève doit apprendre et éventuellement réciter : *Réviser ses leçons.* — **4.** Conseil, avis, règle de conduite, qu'on donne à qqn : *Je n'ai pas de leçons à recevoir de vous.* — **5.** Avertissement salutaire tiré d'un événement, en partic. désagréable (erreur, faute, mésaventure) : *Ça lui servira de leçon.* — **6.** Lecture liturgique de l'office (pour la messe, on parle de *lecture*). — **7.** Chacune des interprétations offertes par les différentes copies ou les différents éditeurs d'un texte. — **8.** *Avoir (bien) appris la, sa leçon,* répéter fidèlement ce qu'on nous a prescrit de dire et non ce que l'on pense. ‖ *Donner une (bonne) leçon,* corriger qqn par des paroles ou par des coups. ‖ *Faire la leçon à qqn,* lui dicter en détail sa conduite ; le réprimander, en prenant un ton de maître. ‖ *Pouvoir donner des leçons à qqn,* lui être supérieur en cette matière, lui en remontrer.

Leçons de ténèbres, titre donné en France à la fin du XVIIe et au XVIIIe s. aux lamentations pour solistes et basse continue. Les plus belles sont dues à F. Couperin (v. 1714) et M. R. Delalande (1730).

LECONTE DE LISLE (Charles Marie), poète français (Saint-Paul, la Réunion, 1818 - Louveciennes 1894). Épris de politique (partisan des théories de Fourier), il se fait battre aux élections de 1848 et se consacre désormais aux lettres. Il prône une poésie impersonnelle, qui retrouve les grands mythes successifs de l'humanité, et entend l'Art comme une illustration de la vérité scientifique. (*Poèmes* antiques,* 1852 ; *Poèmes* barbares,* 1862 ; *Poèmes tragiques,* 1864). Il groupa autour de lui les écrivains qui constituèrent l'école parnassienne. (Acad. fr., 1886.)

LE COQ (Robert), prélat français (Montdidier v. 1310 - Calahorra 1368). Évêque de Laon et membre du Conseil du roi (1351), il passa au service de Charles le Mauvais (1354) aux côtés de qui il s'opposa au Dauphin Charles (futur Charles VII).

LECOQ DE BOISBAUDRAN (Horace), peintre et dessinateur français (Paris 1802 - *id.* 1897). Il devint en 1841 professeur à l'École spéciale de dessin (auj. École des arts décoratifs). Remarquable pédagogue, il s'est attaché à promouvoir la mémoire visuelle et a notamment publié *Éducation de la mémoire pittoresque* (1847). Parmi ses élèves : Rodin, Dalou, Fantin-Latour.

LE CORBUSIER (Charles Édouard JEANNERET-GRIS, dit), architecte, urbaniste, peintre, décorateur et écrivain suisse, naturalisé français (La Chaux-de-Fonds 1887 - Roquebrune-Cap-Martin 1965). Il étudie l'art appliqué dans sa ville natale, est envoyé parfaire sa formation en un tour d'Europe durant lequel il rencontre les Viennois et T. Garnier, s'initie à la plastique méditerranéenne et au béton chez les Perret, à l'esthétique industrielle chez P. Behrens. Tenté par la peinture, il fonde le *purisme,* avec Ozenfant, en 1918. Puis il s'impose comme polémiste, dans la revue *l'Esprit nouveau,* par des propositions insolites : maisons industrialisées, ville de trois millions d'habitants, « plan Voisin » pour Paris (Exposition de 1925). Des villas (Boulogne, Garches, Poissy), une cité à Pessac, une participation au *Weissenhof* (Stuttgart, 1927) en font une figure de proue du style international ; il s'impose pour une génération aux C. I. A. M. (Congrès internationaux d'architecture moderne) et rédige la *Charte d'Athènes**. Il préconise une solution d'habitat vertical, « la machine à habiter », depuis la maison Cook (1926) jusqu'aux « unités d'habitation » (Marseille, 1947), tout en étendant sa recherche, à partir de 1934, à l'aménagement du territoire. Parti d'éléments antitraditionnels (pilotis, fenêtre en bande, toit-terrasse) pour obtenir des volumes abstraits, il s'achemine vers des formules de plus en plus sculpturales, quoique traitées à l'aide du *Modulor* (Haute-Cour à Chandigarh, ville dont il trace le plan en 1951 ; chapelle de Ronchamp*, 1955 ; couvent de la Tourette près de l'Arbresle, 1957). Outre ces réalisations, une abondante production littéraire a assuré à Le Corbusier son audience internationale : *Vers une architecture* (1923), *Une maison, un palais* (1928), *Quand les cathédrales étaient blanches* (1937), *les Trois Établissements humains* et *Propos d'urbanisme* (1945), *l'Atelier de la recherche patiente* (1960). Il a encore donné des modèles de mobilier (« casiers standards » de rangement, tables et sièges en tube d'acier [avec Ch. Perriand]) et de nombreux cartons de tapisserie.

LECORNU (Léon), ingénieur français (Caen 1854 - Saint-Aubin-sur-Mer, Calvados, 1940). Ses nombreux travaux se rapportent à la géométrie, à l'analyse et à la mécanique rationnelle. Il fit aussi des recherches sur la stabilité des avions. (Acad. des sc., 1910.)

LECOURBE (Claude Jacques, *comte*), général français, pair de France (Besançon 1758 - Belfort 1815). Il se battit à Fleurus (26 juin 1794), puis en Allemagne avec Moreau (1796) et se distingua en Suisse contre Souvorov (1799). Mis à la retraite (sept. 1804) après le procès de Moreau, il fut rappelé à l'activité par les Bourbon (avr. 1814). Il signa avec les Autrichiens l'armistice de Bavilliers (11 juill. 1815).

LECOUVREUR (Adrienne), actrice française (Damery, près d'Épernay, 1692 - Paris 1730). Elle débuta à la Comédie-Française en 1717. Elle fut parmi les premières tragédiennes à s'exprimer de façon naturelle dans un jeu tout en nuances. Sa vie passionnée et sa liaison avec Maurice de Saxe ont inspiré auteurs dramatiques (*Adrienne Lecouvreur,* de Legouvé et Seriba, 1849) et cinéastes.

LECQUES (les), station balnéaire du Var (comm. de Saint-Cyr-sur-Mer), sur la côte de Provence.

LECTEUR, TRICE n. (lat. *lector*). **1.** Personne qui lit une publication, un texte, etc. : *Nos fidèles lecteurs.* — **2.** Personne qui aime lire : *Un lecteur de romans.* — **3.** Personne qui fait une lecture à haute voix, devant d'autres personnes. — **4.** Personne qui, dans une maison d'édition, est chargée de lire et d'apprécier les manuscrits proposés. — **5.** Professeur étranger, chargé d'exercices pratiques sur la langue de son pays d'origine. — **6.** Avant 1972, clerc qui avait reçu le second des quatre ordres mineurs. — **7.** Chez les catholiques, ministère institué confié à un laïc pour le service de la parole de Dieu. — **8.** Chez les protestants, laïc chargé, en vertu du « sacerdoce commun des baptisés », de présider le culte en l'absence de pasteur et même de célébrer la Sainte Cène.

◆ **lecteur** n. m. **1.** Appareil qui permet de restituer des informations (sons, textes, images) enregistrées sur un support mécanique, magnétique ou optique : *Lecteur de badges, de cassettes, de CD.* ‖ *Lecteur laser,* lecteur comportant un laser. — **2.** Dispositif permettant l'introduction dans un ordinateur de données stockées sur un support d'enregistrement extérieur. — **3.** *Lecteur de courbes,* dispositif qui permet la saisie automatique de la position des points d'une courbe. ‖ *Lecteur de microforme,* appareil de lecture de microfilms ou de microfiches. (Syn. MICROLECTEUR, MICROLISEUSE.) ‖ *Lecteur optique,* dispositif permettant de lire automatiquement par un procédé optoélectronique des caractères imprimés ou manuscrits.

LECTIONNAIRE n. m. (lat. médiév. *lectionarium*). Livre dans lequel se trouvent les textes de la Bible ou des Pères, qui doivent être lus à la messe et à l'office.

LECTISTERNE n. m. (lat. *lectisternium,* de *lectus,* lit, et *sternere,* étendre, dresser). Chez les Romains, cérémonie religieuse consistant à offrir un banquet aux images des dieux placées sur des lits de parade.

LECTORAT n. m. **1.** Ensemble des lecteurs (d'un quotidien, d'une revue, etc.). — **2.** Fonction de lecteur dans l'enseignement. — **3.** Ministère confié à un lecteur.

LECTOURE (32700), ch.-l. de cant. du Gers, sur le Gers ; 4 543 hab. *(Lectourois).* Anc. capitale de l'Armagnac. Restes d'enceinte. Église, autref. cathédrale, reconstruite à partir de la fin du XVe s. L'anc. évêché (XVIe-XVIIIe s.) abrite la mairie et le musée lapidaire (autels tauroboliques des IIe et IIIe s.). Confection.

LECTRIN n. m. Type médiéval de pupitre, de lutrin, non spécifiquement religieux.

LECTURE n. f. (lat. médiév. *lectura*). **1.** Action de lire, de déchiffrer toute espèce de notation, de prendre connaissance d'un texte : *La lecture d'un plan, d'un message en morse, d'un livre.* — **2.** Le fait de savoir lire, déchiffrer et comprendre ce qui est écrit : *Enseigner la lecture.* (→ *encycl.*) — **3.** Action de lire un texte à haute voix devant d'autres personnes : *L'auteur a fait une lecture publique de ses poèmes.* — **4.** Analyse, interprétation que l'on fait d'un texte, ce qu'on en tire, ce que l'on pense qu'il signifie : *Ce texte se prête à plusieurs lectures.* — **5.** Le fait de lire, considéré comme une activité : *Aimer la lecture.* — **6.** Ce qu'on lit ; livre, magazine, etc. : *Avoir de mauvaises lectures.* — **7.** Restitution de signaux enregistrés, sous forme initiale (électrique ou acoustique). — **8.** Discussion et vote d'un texte par une assemblée politique. — **9.** *Donner lecture de qqch,* lire un texte à qqn, à un public. ‖ *Faire la lecture à qqn,* lui lire à haute voix des textes, des livres, des journaux, etc. ‖ *Lecture à vue,* action de lire et d'exécuter simultanément une œuvre musicale. ‖ *Lecture automatique,* reconnaissance automatique de caractères alphanumériques ou de graphismes effectuée par un périphérique d'ordinateur à des fins de mémorisation ou de traitement. ‖ *Lecture optique,* procédé optoélectronique de reconnaissance de caractères. (On l'utilise notamment pour le tri postal, la lecture des chèques bancaires et celle du code à barres.) ‖ *Mémoire à lecture seule,* syn. de MÉMOIRE MORTE.
ENCYCL. Pour être capable d'apprendre à lire, l'enfant doit maîtriser oralement le vocabulaire et la syntaxe, ne pas avoir de trouble de l'articulation et sa coordination visuelle doit être bonne. Il doit être capable d'individualiser les formes et d'établir une correspondance entre la suite temporelle des phonèmes et la suite spatiale des graphèmes. Une des conditions essentielles pour apprendre à lire est d'en avoir envie et il semble que la qualité des échanges verbaux avec le milieu familial dans la période préscolaire influe largement sur ce désir de communication que représentent lecture et écriture.
L'apprentissage de la lecture a suscité une véritable querelle des méthodes, opposant essentiellement la méthode traditionnelle, dite synthétique ou phonématique, à la méthode dite globale. La méthode synthétique procède par une progression : des lettres associées en phonèmes (B-A-BA) aux mots, et des mots aux phrases. Quant à la méthode syncrétique, dite globale* (O. Decroly), elle procède par une décomposition postérieure à l'acquisition globale du mot, de la phrase ou de l'expression.

LÉCUYER (Jean), peintre verrier français (? v. 1480 - Bourges 1556). Il a signé un vitrail de l'église St-Bonnet de Bourges (*Légende de saint Claude,* 1544). D'autres œuvres lui sont attribuées à Bourges. Grand technicien et coloriste délicat, il a été influencé par la Renaissance italienne.

LÉCYTHE n. m. (lat. *lecythus,* du gr. *lêkuthos*). Petit vase à col, à goulot étroit, à large lèvre, à panse piriforme et à anse destiné à contenir l'huile parfumée. (Ornés de figures au trait sur fond blanc, ces vases servaient, en Attique, d'offrandes funéraires, surtout à l'époque classique.)

LECYTHIS [-tis] n. m. (de *lécythe*). Arbre d'Amérique tropicale aux fruits en capsules à parois épaisses, nommés *marmites de singe* ou *quatélés* et contenant des graines recherchées par les singes. (Une autre espèce est le jacapucayo, succédané de la noix du Brésil.)

LED, abrév. de l'angl. *light emiting diode,* désignant une diode émettrice de lumière, dont la longueur d'onde d'émission (donc la couleur) varie selon le matériau semi-conducteur utilisé. (On l'emploie en optoélectronique ou comme voyant témoin.)

LÉDA, femme de Tyndare, roi de Sparte. Elle fut aimée de Zeus, qui se métamorphosa en cygne pour l'approcher. Elle mit au monde un ou deux œufs, d'où sortirent les deux couples de jumeaux : Castor et Pollux, Hélène et Clytemnestre.

LÉDA, treizième satellite de Jupiter, découvert en 1974 par l'Américain Charles Kowal. Demi-grand axe de son orbite : 11 094 000 km. Période de révolution sidérale : 238,72 j. Diamètre : 10 km environ. Il s'agit vraisemblablement d'un astéroïde capturé par l'attraction de Jupiter.

LE DAIN ou **LE DAIM** (Olivier), homme d'État français (Tielt ? - Paris 1484). Barbier et chirurgien de Louis XI, il devint l'un des agents les plus influents du roi, qui l'envoya notamment en mission à Gand (1477).

LE DANTEC (Félix), biologiste français (Plougastel-Daoulas 1869 - Paris 1917). Entré à l'Institut Pasteur, il fut envoyé au Brésil, où Pasteur le chargea de fonder un laboratoire pour l'étude de la fièvre jaune. Lamarckien convaincu, Le Dantec a publié de nombreux ouvrages de philosophie biologique et générale.

LEDE, comm. de Belgique (Flandre-Orientale), au N.-O. d'Aalst ; 17 000 hab.

LÉDEBURITE n. f. Mélange eutectique d'austénite et de cémentite, cristallisant à 1 145 °C et qui se trouve dans les alliages fer-carbone.

LEDERBERG (Joshua), biologiste américain (Montclair, New Jersey, 1925). Avec N. D. Zinder, il découvrit la transduction bactérienne, ou transfert, par l'intermédiaire d'un virus bactérien (ou bactériophage), d'une information génétique d'une bactérie à une autre. Cette découverte devait conduire aux travaux de Jacob et Monod et constituer l'une des voies d'abord les plus spectaculaires à la génétique moléculaire. Elle a valu à Lederberg le prix Nobel en 1958.

LEDERMAN (Leon Max), physicien américain (New York 1922). Ses recherches ont d'abord porté sur les neutrinos et sur l'obtention de ceux-ci dans un accélérateur de particules. Sa découverte, en 1977, du méson « upsilon » est venue confirmer l'existence du quark b, ou beauté. (Prix Nobel de physique 1988.)

LEDESMA (Alonso DE), poète espagnol (Ségovie 1562 - *id.* 1623). Ses *Conceptos espirituales* (1600-1612), allégories religieuses, ont mis à la mode le cultisme*.

LEDIT, LADITE, LESDITS, LESDITES adj. Se dit de qqn ou de qqch déjà nommé. (On trouve aussi AUDIT, DUDIT.)

LEDÓCHOWSKI (Mieczysław HALKA, *comte*), prélat polonais (Klimontów, Sandomierz, 1822 - Rome 1902). Archevêque de Poznań-Gniezno (1865), il résista au Kulturkampf, ce qui lui valut d'être emprisonné (1874), puis expulsé de Prusse (1876). Il fut créé cardinal par Pie IX en 1875.

LÉDONIEN, ENNE adj. et n. (celt. *Ledo, -onis*). De Lons-le-Saunier.

LEDOUX (Claude Nicolas), architecte et urbaniste français (Dormans 1736 - Paris 1806). Élève de J.-F. Blondel, il fut patronné par Mme du Barry. Son œuvre, dont il reste peu de témoignages (château de Bénouville, près de Caen, 1768 ; quelques-uns des pavillons d'octroi de Paris, 1783-1789), est dominée par la manufacture des Salines de Chaux à Arc-et-Senans (1775-1779, inachevée) et les plans de la ville qui devait l'entourer. Préoccupations philosophiques et sociales ainsi qu'anticipations romantiques sont à la base de son langage, qui met à profit le répertoire antique et le symbolisme des formes géométriques simples. Il a publié en 1804 *l'Architecture considérée sous le rapport de l'art, des mœurs et de la législation.*

LEDOUX (Fernand), acteur français (Tirlemont, Belgique, 1897 - Villerville, Calvados, 1993). Pensionnaire (1921-1931), puis sociétaire de la Comédie-Française (1931-1942, 1950-1954), comédien sensible et expressif, il humanise aussi bien Monsieur Couture d'*Asmodée* (1939), le Père de *Six Personnages en quête d'auteur* (1952) que George Dandin, Tartuffe ou Géronte du *Légataire universel.* Il a participé à de nombreux films.

LEDRU-ROLLIN (Alexandre Auguste LEDRU, dit), homme politique français (Paris 1807 - Fontenay-aux-Roses 1874). Député du Mans (1841), il siègeait à l'extrême gauche des radicaux, et fonda *la Réforme* (1843), favorable à une révolution démocratique. Ministre de l'Intérieur après la révolution de févr. 1848, membre de la Commission exécutive (10 mai), il dut abandonner ses pouvoirs à Cavaignac après les journées de juin. Largement battu aux élections présidentielles du 10 déc. 1848, élu à la Législative (1849), il tenta d'organiser une manifestation contre l'expédition d'Oudinot à Rome (13 juin). Échappant de peu à l'arrestation, il gagna la Belgique, puis l'Angleterre, où il demeura jusqu'en 1870.

LÊ DUÂN, homme politique vietnamien (Hâu Kiên, prov. de Binh Tri Thiên, 1907 – Hanoi 1986). Militant communiste, il a été de 1960 à 1986 le secrétaire général du Lao Dông (devenu en 1976 le parti communiste vietnamien).

LEDUC (GIRARD dit), famille d'éditeurs de musique français. — ALPHONSE (Nantes 1804 - Paris 1868) fonda la maison d'édition en 1840. — Son fils ALPHONSE CHARLES (Paris 1844 - *id.* 1892) lui succéda et fut l'éditeur de l'école russe (Rakhmaninov, Borodine, Rimski-Korsakov, Cui, etc.). — ÉMILE (Paris 1878 - *id.* 1951), fils du précédent, orienta, dès 1904, le répertoire de la maison vers la musique contemporaine (Ibert, Tomasi, Messiaen, Dutilleux, etc.) et fit une large place aux partitions d'orgue (Widor, Dupré, Messiaen). Ses descendants poursuivent sa politique.

LEDUC (René), ingénieur et constructeur d'avions français (Saint-Germain-lès-Corbeil 1898 - Istres 1968). Il retrouva, entre 1930 et 1937, le principe du statoréacteur*, précédemment découvert par René Lorin. À partir de 1947, il fit voler successivement six prototypes, mais pour des raisons financières il dut suspendre ses activités en 1958.

LÊ DUC THO, homme politique vietnamien (prov. de Nam Ha 1911 - Hanoi 1990). Membre fondateur du parti communiste indochinois en 1930, il est condamné aux travaux forcés par les autorités françaises et se réfugie en Chine. Il participe à la fondation du Viêt-minh (sept. 1941) et joue un rôle de premier plan pendant les deux guerres d'Indochine. Membre du Bureau politique du parti communiste vietnamien de 1955 à 1986, il négocie à partir de 1968 avec les États-Unis l'arrêt des bombardements sur le Nord et le retrait de leurs troupes (1973). En octobre de la même année, il refuse le prix Nobel de la paix qui lui avait été attribué en commun avec H. Kissinger.

LEE (Nathaniel), acteur et auteur dramatique anglais (Hatfield 1653 - Londres 1692), auteur de la tragédie *les Reines rivales ou la Mort d'Alexandre le Grand* (1677).

LEE (Richard Henry), homme politique américain (Stratford, Virginie, 1732 - Chantilly, Virginie, 1794). Délégué de la Virginie au congrès de Philadelphie, il fut l'auteur de la proposition sur l'indépendance des colonies anglaises d'Amérique (1776). Il présida le Congrès (1784).

LEE (Robert Edward), général américain (Stratford, Virginie, 1807 - Lexington, Virginie, 1870). Chef des armées sudistes pendant la guerre de Sécession, il battit les nordistes à Richmond, à Fredericksburg (1862), à Chancellorsville (1863) et marcha sur Washington. Il fut battu à Gettysburg (1863) et dut capituler à Appomattox (1865).

LEE (Mary Ann), danseuse américaine (Philadelphie 1823 - *id.* 1899). Elle fut la première Américaine à danser *Giselle* (1846).

LEE (Tsung Dao), physicien américain d'origine chinoise (Shanghai 1926). Il a reçu en même temps que Chen Ning Yang le prix Nobel de physique en 1957, pour ses travaux sur la non-conservation de la parité dans les interactions faibles.

LEEB (Wilhelm, *chevalier* VON), maréchal allemand (Landsberg am Lech 1876 - Hohenschwangau 1956). Il servit en 1914-1918 à l'état-major du prince Ruprecht. À la tête du groupe d'armées C en 1940, il attaqua la ligne Maginot (14 juin) puis conduisit, jusqu'en 1942, le groupe d'armées Nord en Russie. Relevé par Hitler, puis exclu de l'armée pour tiédeur envers le régime nazi, il fut néanmoins condamné à 3 ans de prison à Nuremberg (1948).

LEEDS, v. de Grande-Bretagne (comté métropolitain de West Yorkshire), au pied oriental de la chaîne pennine ; 450 000 hab. Université. Grand centre de l'industrie lainière et de la confection. Automobile. Matériel ferroviaire. Informatique. — **Bx-arts.** De 1760 à la fin du XIXe s., production de faïences fines. Musées. — Aux environs, restes de l'abbaye cistercienne de *Kirkstall, Temple Newsam House,* château des XVIe et XVIIe s. (mobilier, œuvres d'art, coll. de peinture), et *Herewood House,* château du XVIIIe s. décoré par R. Adam et sir Ch. Barry (mobilier, peintures, porcelaines ; beau parc).

LEEDS (Thomas OSBORNE, 1er *duc* DE) → OSBORNE.

LEEGHWATER (Jan Adriaensz.), ingénieur néerlandais (De Rijp 1575 - Amsterdam v. 1650). Il généralisa le pompage par moulins à vent pour l'assèchement de la Hollande centrale.

LEE KUAN YEW, homme politique singapourien (Singapour 1923). Avocat et militant anti-impérialiste, il devient Premier ministre (1959) d'un Singapour doté de l'autonomie interne qu'il fait entrer en 1963 dans la Fédération de Malaysia. Il proclame en 1965 l'indépendance de Singapour et préside à un brillant essor économique inspiré des modèles occidentaux et japonais. Il quitte le pouvoir en 1990.

LEENHARDT (Maurice), ethnologue français (Montauban 1878 - Paris 1954). Il a étudié les Kanaks (*Do Kamo,* 1947).

LEENHARDT (Roger), cinéaste français (Paris 1903 - *id.* 1985). Essayiste, critique et chroniqueur de cinéma, il a aussi signé de nombreux courts métrages et documentaires et trois longs métrages de fiction dont *les Dernières Vacances* (1947).

LEERS (59115), comm. du Nord, à l'E. de Roubaix, sur la frontière belge ; 9 640 hab.

LEE TENGHUI, homme d'État taiwanais (Danshui 1923). Vice-président de la République à partir de 1984, il succède à Jiang Jingguo, décédé, à la tête de l'État et du Guomindang en 1988. Artisan d'une certaine libéralisation politique intérieure et symbole de la détermination de son pays à résister aux pressions de Pékin, il remporte, en 1996, la première élection présidentielle au suffrage universel.

LEE UNG-NO → UNG-NO LEE.

LEEUWARDEN, v. des Pays-Bas, ch.-l. de la Frise ; 85 000 hab. Monuments des XVe-XVIIIe s. Musées.

Centre administratif et commercial. Industrie laitière. Mécanique.

LEEUWENHOEK (Antonie VAN) → VAN LEEUWENHOEK (Antonie).

LEEWARD ISLANDS, ensemble d'îles des Petites Antilles formé par quatre groupes (Antigua et Barbuda, Montserrat, Saint Christopher et Nevis [avec la dépendance d'Anguilla], les îles Vierges).

LEF (*Levyï Front Iskousstv,* Front gauche de l'art), groupe littéraire soviétique (Moscou 1922-1929) et revue (1923-1929) animés par Maïakovski, affirmant incarner l'art révolutionnaire.

LE FANU (Joseph Sheridan), romancier irlandais (Dublin 1814 - *id.* 1873), un des représentants du fantastique noir (*les Créatures du miroir,* 1872).

LEFAUCHEUX (Casimir), armurier français (Bonnétable 1802 - Paris 1852). Il mit au point le premier fusil de chasse se chargeant par la culasse.

LE FAUCONNIER (Henri), peintre français (Hesdin 1881 - Paris 1946). Après une phase de cubisme modéré, il évolua vers l'expressionnisme pendant la Première Guerre mondiale, en Hollande, puis, revenu à Paris en 1920, s'attacha à un réalisme austère.

LEFÉBURE (Yvonne), pianiste française (Ermont 1898 - Paris 1986). Soliste internationale, elle a enseigné à l'École normale de musique en alternance avec Alfred Cortot (jusqu'en 1939) et au Conservatoire de Paris (1952-1967).

LEFEBVRE (Jean-Baptiste Nicolas), facteur d'orgues français (Rouen 1705 - *id.* 1784). Il a restauré ou construit la plupart des grands orgues normands.

LEFEBVRE (Claude), peintre et graveur français (Fontainebleau 1632 - Paris 1675). Élève de Le Sueur et de Le Brun, il se spécialisa assez vite dans le portrait (*Colbert,* son morceau de réception à l'Académie [1663], Versailles).

LEFEBVRE (François Joseph), duc **de Dantzig,** maréchal et pair de France (Rouffach 1755 - Paris 1820). Il servit aux armées du Centre et de la Moselle (1792-93) et se distingua à Fleurus (26 juin 1794). Il commanda en août 1799 la division militaire de Paris, prit part à la journée du 18-Brumaire et reçut la capitulation de Dantzig le 24 mai 1807. Il commanda l'infanterie de la Vieille Garde pendant les campagnes de Russie (1812) et de France (1814). Lefebvre avait épousé, en 1783, Catherine Hubscher, blanchisseuse, dont V. Sardou a fait l'héroïne de *Madame Sans-Gêne* en 1893.

LEFEBVRE (Georges), historien français (Lille 1874 - Boulogne-Billancourt 1959). Spécialiste de l'histoire révolutionnaire, il enseigna aux facultés de Lille (1924), de Strasbourg (1928) et de Paris (1935). Il a donné dans ses ouvrages (*Paysans du Nord pendant la Révolution,* 1924 ; *la Grande Peur,* 1932 ; *les Thermidoriens* 1937 ; *le Directoire* 1946...) une part prépondérante aux structures sociales et aux faits économiques.

LEFEBVRE (Henri), philosophe français (Hagetmau 1901 - Pau 1991). Résistant, communiste (de 1928 jusqu'à son exclusion en 1958), il a approfondi les grandes questions du monde contemporain à la lumière du marxisme (*Critique de la vie quotidienne,* 1947-1962).

LEFEBVRE (Marcel), prélat français (Tourcoing 1905 - Martigny 1991). Archevêque de Dakar en 1948, il prit la tête du courant intégriste opposé aux réformes de l'Église catholique nées du concile Vatican II (1962-1965). Fondateur (1971) du séminaire d'Écône, en Suisse, il fut suspendu *a divinis* par Paul VI puis excommunié en 1988 pour avoir consacré quatre évêques.

LEFEBVRE-DESNOUETTES (Charles, *comte*), général français, pair de France (Paris 1773 - en mer au large de l'Irlande 1822). Il servit en Italie (1800) puis en Espagne, où il fut blessé par deux fois et fait prisonnier (Benavente, 29 déc. 1808). Évadé, il participa aux campagnes de Russie (1812), d'Allemagne (1813) et de France (1814). Rallié à Napoléon lors des Cent-Jours, proscrit et condamné à mort après Waterloo, il se réfugia aux États-Unis. Gracié, il périt en mer à son retour en France.

LEFÈVRE (Théo), homme politique belge (Gand 1914 - Woluwe-Saint-Lambert 1973). Président du parti social-chrétien (1950-1961), ministre d'État (1958), il fut Premier ministre de 1961 à 1965.

LEFÈVRE (Brigitte), danseuse et chorégraphe française (Moulins-Engilbert 1944). Elle fonde avec J. Garnier le Théâtre du Silence (1972), qu'elle dirige de 1980 à 1985, date de la disparition de la troupe. Elle exerce ensuite de hautes responsabilités au ministère de la Culture (déléguée générale à la Danse de 1987 à 1992). Administrateur général de l'Opéra Garnier de 1992 à 1994, directeur adjoint de l'Opéra national de Paris depuis 1994, elle succède en 1995 à P. Dupond comme directeur de la Danse de cet établissement.

LEFÈVRE D'ÉTAPLES (Jacques), en lat. **Fabri** ou **Faber Stapulensis,** théologien français (Étaples v. 1450 - Nérac 1536). Vicaire général de Briçonnet (1523), fondateur et membre influent du « cénacle de Meaux », il vulgarise l'Écriture sainte, tout en travaillant à la réforme du clergé. Mais les influences luthériennes, que Lefèvre ne renie pas, lui attirent la persécution ; seule la protection de Marguerite de Navarre lui permet de poursuivre ses recherches. Lefèvre d'Étaples est, avec Érasme, le plus brillant représentant du premier humanisme chrétien.

LEFÈVRE D'ORMESSON → Ormesson.

LEFFRINCKOUCKE (59240), comm. du Nord, banlieue de Dunkerque ; 4 659 hab. Métallurgie.

LEFKÁS → Leucade.

LE FLEM (Paul), compositeur français (Lézardeux 1881 - Tréguier 1984). Il enseigna le contrepoint à la Schola cantorum (1924-1939). Son œuvre comprend des pages symphoniques (4 symphonies ; *Concertstück* pour violon et orchestre, 1965) ; de la musique théâtrale ; des œuvres avec voix (*Invocation* pour chant et orchestre, 1920) ; de nombreuses pages pour piano ou pour formations de chambre.

LE FLÔ (Adolphe Charles), général français (Lesneven 1804 - Néchoat, près de Morlaix, 1887). Député en 1848, il combattit la politique du prince-président et fut banni en 1851. Il fut ministre de la Guerre du gouvernement de la Défense nationale en 1870-71 et ambassadeur à Saint-Pétersbourg de 1871 à 1879.

LEFOREST (62790), ch.-l. de cant. du Pas-de-Calais, au N. de Douai ; 7 219 hab. *(Leforestois).*

LE FORT (Gertrud von), femme de lettres allemande (Minden 1876 - Oberstdorf, Bavière, 1971). Protestante convertie au catholicisme (1925), elle a célébré l'Église et l'Allemagne, dans ses poèmes et ses romans (*la Dernière à l'échafaud,* 1931 [dont G. Bernanos tira le scénario de *Dialogues des carmélites* (1949)]).

LE FRANC (Martin), poète français (comté d'Aumale 1410 - v. 1461). Son *Champion des Dames* (v. 1440-1442) donne une importante évocation du monde des lettres et de la société courtoise.

LEFSCHETZ (Solomon), mathématicien américain d'origine russe (Moscou 1884 - Princeton 1972). Créateur de la topologie algébrique, il développa la théorie de l'homologie relative, celle de la dualité et étudia les formes différentielles sur les variétés algébriques de dimension quelconque.

LEFUEL (Hector Martin), architecte français (Versailles 1810 - Paris 1880). Prix de Rome en 1839, il fut de 1853 (mort de Visconti) à la fin de sa vie l'architecte du nouveau Louvre, où il s'attacha à réaliser une synthèse des styles de ses prédécesseurs, du XVIe au XVIIIe s.

LEGA (Silvestro), peintre italien (Modigliana 1826 - Florence 1895). Membre du groupe des *macchiaioli,* il est l'auteur de scènes de plein air (*la Tonnelle,* 1868, Brera, Milan) ou d'intérieur.

LE GAC (Jean), artiste français (Tamaris, près d'Alès, 1936). À la fois conceptuelle et narrative, sa démarche offre une réflexion sur les processus de la création, sujet, depuis 1971, de séries (photos, textes « distanciés », grands dessins en couleurs) consacrées au « Peintre ».

LÉGAL, E, AUX adj. (lat. *legalis,* de *lex, legis,* loi). **1.** Conforme à la loi, qui a valeur de loi, qui est défini par la loi. — **2.** *Militaire au-delà de la durée légale* (ou *militaire A. D. L.*), sous-officier ou homme du rang engagé qui a terminé le temps légal de service militaire actif. ‖ *Militaire pendant la durée légale* (ou *militaire P. D. L.),* sous-officier ou homme du rang engagé qui accomplit le temps légal de service militaire actif. ‖ *Pays légal,* dans un pays ne pratiquant pas le suffrage universel, ensemble des citoyens disposant du droit de vote, par opposition aux membres du corps social *(pays réel).*

LÉGALEMENT adv. De façon légale.

LÉGALISATION n. f. Action de légaliser.

LÉGALISER v. t. (de *légal*) [conj. 3]. **1.** Faire entrer dans le cadre de la loi : *Légaliser l'avortement.* — **2.** Certifier officiellement l'authenticité des signatures apposées sur un acte.

LÉGALISME n. m. (de *légal*). **1.** Souci de respecter minutieusement la lettre de la loi et les formes qu'elle prescrit. — **2.** Attitude consistant à faire prévaloir sur toute autre considération le respect du droit positif.

LÉGALISTE adj. et n. Relatif au légalisme ; qui fait preuve de légalisme.

LÉGALITÉ n. f. (lat. médiév. *legalitas, -atis*). **1.** Caractère de ce qui est conforme à la loi : *La légalité d'une mesure.* — **2.** Ensemble des actions qui sont conformes à la loi, qui ne la transgressent pas : *Rester dans la légalité.* — **3.** *Principe de légalité,* règle fondamentale du droit public selon laquelle l'exercice du pouvoir par les organes de l'État doit être conforme au droit.

LEGANÉS, v. d'Espagne, dans la grande banlieue sud de Madrid ; 163 000 hab.

LÉGAT n. m. (lat. *legatus,* délégué). **1.** Représentant officiel du pape. (On distingue les légats a latere, les nonces ou internonces, et les délégués apostoliques.) — **2.** Commissaire du sénat romain qui était chargé de veiller à la bonne administration des provinces romaines ; celui qui administrait les provinces impériales au nom de l'empereur. — **3.** *Légat de légion,* à l'époque impériale, officier qui commandait une légion choisi dans la classe sénatoriale.

LEGAT (Nikolaï Goustavovitch), danseur, maître de ballet et pédagogue russe d'origine suédoise (Moscou 1869 - Londres 1937). Partenaire des grandes ballerines de son temps (Kchessinskaïa,

Pavlova), il devint un des meilleurs professeurs de l'école de Saint-Pétersbourg. Émigré à Londres, il ouvrit une école (1925).

LÉGATAIRE n. (lat. *legatarius,* de *legare,* léguer). **1.** Personne qui bénéficie d'un legs. – **2.** *Légataire universel,* personne à qui le testateur lègue la totalité de ses biens.

Légataire universel *(le),* comédie en 5 actes et en vers de Regnard (1708).

LÉGATION n. f. (lat. *legatio, -onis*). **1.** Représentation diplomatique d'un gouvernement auprès d'un État où il n'a pas d'ambassade. – **2.** Bâtiment occupé par le personnel de cette représentation diplomatique. – **3.** Charge de légat pontifical ; durée de cette charge ; étendue de pays soumise à un légat.

Légations (les), nom du Bolonais et de la Romagne, quand ils faisaient partie des États de l'Église.

LEGATO n. m. (ital. *legato,* lié). Terme d'interprétation musicale qui indique que les notes doivent se succéder sans interruption sonore.

LÈGE adj. (néerl. *leeg,* vide). Se dit d'un bâtiment de navigation sans chargement ni cargaison ou n'ayant que du lest ; se dit du tirant d'eau correspondant.

LEGÉ (44650), ch.-l. de cant. du sud de la Loire-Atlantique ; 3 561 hab. *(Legéens).* Textile.

LÈGE-CAP-FERRET (33950), comm. de l'ouest de la Gironde ; 5 578 hab. (→ CAP-FERRET). – Forêt domaniale de plus de 4 000 ha, couvrant la majeure partie de la *péninsule du cap Ferret.*

LÉGENDAIRE adj. (de *légende*). **1.** Qui appartient à la légende ; qui n'existe que dans la légende : *Récit légendaire.* – **2.** Qui est resté dans la tradition populaire en raison de qualités ou de défauts extraordinaires : *Le chapeau légendaire de Napoléon Ier.* – **3.** Connu de tout le monde, célèbre : *Une paresse légendaire.*

LÉGENDE n. f. (lat. *legenda,* chose à lire, de *legere,* lire). **1.** Récit à caractère merveilleux, où les faits historiques sont transformés par l'imagination populaire ou l'invention poétique. – **2.** Représentation embellie de la vie, des exploits de qqn et qui se conserve dans la mémoire collective : *La légende de Guynemer.* – **3.** Bruit, rumeur, nés d'une déformation et d'une amplification de faits réels par l'imagination. – **4.** Intitulé de ce que représente une photographie, un dessin. – **5.** Ensemble des conventions (signes, couleurs) qui permettent la compréhension d'une carte, d'un schéma, etc. – **6.** Pièce musicale de structure variable, instrumentale (légendes pour piano de Liszt : *Saint François de Paule marchant sur les flots*) ou dramatique (*la Damnation de Faust,* de Berlioz ; *Kitège* de Rimski-Korsakov). – **7.** Ensemble des caractères qui, sur une monnaie, une médaille, entourent et complètent le type.

Légende dorée *(la),* en lat. *Legenda aurea,* recueil de vies de saints composé par le dominicain Jacques de Voragine, qui visait d'abord à l'édification. Son succès lui valut, au XVe s., son nom actuel, au lieu du primitif *Legenda sanctorum* (légende des saints).

Légende des siècles *(la),* recueil de poèmes publiés par V. Hugo en trois séries (1859, 1877, 1883). C'est une épopée évoquant l'évolution de l'humanité, d'Ève à un XXe s. rêvé.

LÉGENDER v. t. (conj. **3**). Accompagner un dessin, une carte, etc., d'un titre, d'une notice explicative, d'une légende.

LEGENDRE (Adrien Marie), mathématicien français (Paris 1752 - *id.* 1833). Pour les opérations géodésiques organisées par les observatoires de Paris et de Greenwich, il élabora de nombreux résultats de trigonométrie. Ses *Éléments de géométrie* (1794) se sont imposés pendant plus d'un siècle dans l'enseignement secondaire. Dans la *Théorie des nombres* (1798), il énonça la loi de distribution des nombres premiers et formula algébriquement la loi de réciprocité des résidus quadratiques, démontrée par Gauss. Sa classification des intégrales elliptiques en trois espèces distinctes prépare les travaux d'Abel et de Jacobi. (Acad. des sc., 1783.)

LEGENDRE (Louis), homme politique français (Versailles 1752 - Paris 1797). Boucher à Paris, membre du club des Cordeliers, il participa à toutes les grandes journées révolutionnaires en particulier à celle du 20 juin 1792. Député montagnard à la Convention (1792), il rompit avec Robespierre (1793) puis dirigea la réaction thermidorienne.

LÉGER, ÈRE adj. (lat. pop. **leviarius,* du lat. class. *levis*). **1.** Dont la densité est peu élevée ou moins élevée qu'une autre : *L'aluminium est plus léger que le fer.* – **2.** Qui pèse peu, qu'on peut facilement porter, soulever : *N'emporter avec soi qu'un bagage léger.* – **3.** Qui n'est pas massif, lourd, qui ne donne pas une impression de grande solidité : *Constructions légères.* – **4.** Qui est peu dense, peu serré, qui a peu d'épaisseur, dont la texture est fine : *Une légère couche de neige. Tissu léger.* – **5.** Qui est peu concentré, pas fort : *Un café léger.* – **6.** Qui ne charge pas l'estomac, peu copieux, qui se digère bien : *Prendre un dîner léger.* – **7.** Qui n'est pas appuyé : *Peindre en touches légères.* – **8.** Peu perceptible, peu sensible : *Ce vin a un léger goût de bouchon.* – **9.** Qui a de la délicatesse, de la finesse, de la grâce : *Mouvements légers d'une danseuse.* – **10.** Qui nécessite des moyens techniques peu impor-

tants : *Équipe médicale d'intervention légère.* — **11.** Qui se sent alerte, dispos, frais : *Se sentir léger après une douche.* — **12.** Qui se sent libre de toute préoccupation, en partic. morale : *Avoir le cœur léger.* — **13.** Qui est peu important, peu grave, qui ne représente pas une trop grande charge : *Une peine légère pour le délit.* — **14.** Qui manque de sérieux, qui fait preuve d'imprudence : *Vous avez été bien léger de vous engager sans garanties.* — **15.** Qui est volage, inconstant : *Femme légère.* — **16.** *À la légère,* sans réflexion, d'une manière inconsidérée ou avec insouciance : *Parler à la légère.* ‖ *Léger comme une plume, comme l'air, comme une bulle,* très léger. ‖ *Musique légère,* musique de variété. ‖ *Poésie légère,* dont le sujet est peu important et dont le principal mérite consiste dans la facilité, dans la grâce. ‖ *Sommeil léger,* que peu de chose suffit à troubler.
• **Agric.** *Sol léger, terre légère,* sol, terre facile à travailler, aux éléments sans cohésion. — **Bât.** *Ouvrages légers* ou *légers* (n. m. pl.), ouvrages de plâtrerie, tels que cloisons, et menus travaux, tels que trous, scellements, etc. (Syn. PETITE MAÇONNERIE.) — **Équit.** *Léger à la main,* se dit d'un cheval qui ne s'appuie pas sur le mors, qui a « bonne bouche ». — **Mar.** *Bâtiment léger,* dans la marine de guerre, croiseur, torpilleur ou bâtiment de flotille. ‖ *Escadre légère,* escadre de croiseurs. — **Métall.** *Alliage léger,* alliage à base d'aluminium allié au cuivre, au silicium, au magnésium ou au zinc, et principalement utilisé dans l'aéronautique. — **Œnol.** Se dit d'un vin qui possède peu de couleur, de corps et d'alcool. — **Sports.** *Poids légers,* catégorie de poids, dans certains sports (en boxe et judo notamment) ; sportif appartenant à cette catégorie. — **Trav. publ.** *Béton léger,* béton dont les granulats permettent d'abaisser la densité à des valeurs inférieures à 2.
◆ **léger** adv. *Manger léger,* manger des aliments faciles à digérer ou manger peu.

LÉGER *(saint),* en lat. **Leodegarius,** évêque d'Autun (Neustrie v. 616 - Sarcinium, auj. Saint-Léger, dans le Pas-de-Calais, v. 677). Évêque d'Autun en 663, il entra en conflit avec Ebroïn, qui le fit assassiner.

LÉGER (Fernand), peintre français (Argentan 1881 - Gif-sur-Yvette 1955). Attiré par Cézanne, lié aux cubistes et à Delaunay, il est amené à privilégier le choc dynamique des formes et des couleurs pures, jusqu'à l'abstraction des *Contrastes de formes* de 1913. Après la guerre, il revient à un univers figuré, mais mécanique, géométrique et dépersonnalisé (*les Disques,* 1918, musée d'Art moderne de la Ville de Paris), où la figure humaine, inexpressive, devient élément plastique de la composition (*le Mécanicien,* 1920, Ottawa). Il rencontre Le Corbusier, fonde une académie libre dans son atelier avec Ozenfant (1924). Sa volonté d'un art simple, efficace, voire populaire, intégré à la vie sociale, le conduit à multiplier les techniques et les supports (cinéma : *le Ballet mécanique,* 1924 ; décors muraux pour, notamment, le palais de la Découverte à Paris en 1937, le palais de l'O. N. U. à New York en 1952 ; mosaïque : église d'Assy, 1949 ; vitrail : église d'Audincourt, 1951 ; céramiques, sculptures polychromes). Dans les grandes compositions à personnages des dix dernières années de sa vie (*les Constructeurs**, 1950 ; *la Grande Parade,* 1954, musée Guggenheim, New York), les aplats de couleurs conquièrent parfois une quasi-indépendance par rapport au dessin. Un musée national lui est consacré à Biot.

LÉGÈREMENT adv. **1.** D'une manière légère, sans excès ni manifestation de force : *Masser légèrement, du bout des doigts.* — **2.** Avec des vêtements légers : *S'habiller légèrement.* — **3.** Un peu : *La peau est légèrement rouge.* — **4.** À la légère, inconsidérément : *Il s'est conduit bien légèrement dans cette affaire.* — **5.** *Manger légèrement,* faire un repas frugal.

LÉGÈRETÉ n. f. (de *léger*). **1.** Propriété de ce qui est peu pesant, peu dense, peu épais : *La légèreté d'une plume, d'un gaz, d'un tissu.* — **2.** Caractère gracieux et fin : *La légèreté d'une dentelle.* — **3.** Propriété de ce qui est peu concentré, peu fort : *Légèreté d'un parfum.* — **4.** Caractère de ce qui est sans gravité, sans importance : *Légèreté d'une punition.* — **5.** Qualité de qqch, qqn à la fois agile, souple et gracieux : *Bondir avec légèreté.* — **6.** Manque de sérieux, de prévoyance : *Il a agi avec légèreté.*

LEGGE (George), 1er baron **Dartmouth,** amiral anglais (1647 - Londres 1691). Commandant en chef de la flotte de Jacques II (1688), il tenta vainement de s'opposer à l'expédition de Guillaume d'Orange. Soupçonné de rester fidèle à Jacques II, il mourut à la Tour de Londres. — Son arrière-petit-fils, WILLIAM, 2e comte *de Dartmouth,* fut secrétaire aux Colonies (1772-1775), puis lord du Sceau privé (1775-1782).

LEGGINGS [lɛgins] n. f. pl. (angl. *leggings,* de *leg,* jambe). Jambières de cuir ou de drap, d'une seule pièce.

Leghorn *(poule),* race de poules, obtenue aux États-Unis par la sélection de la poule italienne de Livourne, excellente pondeuse, dont il existe plusieurs variétés, la blanche étant très répandue.

LÉGIFÉRER v. i. (lat. *legifer,* qui établit des lois) [conj. **18**]. **1.** Établir des lois. — **2.** Édicter des règles, en partic. en matière de grammaire, de vocabulaire.

LÉGION n. f. (lat. *legio, -onis,* de *legere,* assembler). **1.** Corps de troupes de l'armée romaine.

(→ *encycl.*) – **2.** Grand nombre ou nombre excessif d'êtres vivants : *Une légion de solliciteurs.* – **3.** Du XVIe au XIXe s., nom donné en France à certains corps d'infanterie (légions paroissiales de François Ier [1534], légion corse [1765], légion copte). – **4.** *Être légion,* être nombreux, très nombreux. ‖ *Légions départementales,* troupes levées en 1815 par Louis XVIII pour remplacer les régiments d'infanterie de l'Empire. (Elles furent supprimées en 1819 et remplacées par des régiments.) ‖ *Légion de gendarmerie,* unité formant corps commandée par un général de brigade ou un colonel et comprenant toutes les formations de gendarmerie départementale et mobile implantées sur le territoire d'une région économique.

ENCYCL. **Hist.** À l'origine, la *légion romaine* représente l'armée dans son ensemble et est uniquement formée de citoyens auxquels Servius Tullius aurait assigné des fonctions militaires en rapport avec leurs richesses, en raison de la nécessité pour chacun de s'équiper. Les guerres de plus en plus lointaines et difficiles entraînent l'augmentation continuelle du nombre des légions (une vingtaine à la fin du IIIe s. av. J.-C.). Celles-ci sont divisées en manipules, et les légionnaires sont répartis en trois lignes, selon l'âge et l'armement : la première, les *hastati,* la deuxième, les *principes,* et la troisième, les *triarii.* Le manipule est formé de deux centuries commandées chacune par un centurion et renforcées par un corps de *vélites* (infanterie légère). À chaque légion est joint un corps de 300 cavaliers. Les tribuns militaires, élus par les comices, commandent chacun à 1 000 hommes environ. Le commandement suprême est détenu par un magistrat possédant l'*imperium.*

Marius transforme le mode de recrutement en 108 et fait appel à tous les volontaires. Les plus pauvres s'enrôlent en masse ; c'est le début d'une armée de métier. La légion atteint 6 000 hommes, et l'armement devient plus uniforme. À dater d'Auguste, le commandement en chef est réservé à un *legatus legionis* d'ordre sénatorial, représentant l'empereur. Les tribuns subsistent sous ses ordres. Les officiers les plus importants demeurent les centurions, qui sont hiérarchisés, le primipile occupant le sommet. Auguste crée le préfet des camps, chargé du gouvernement du camp fixe qui devient vite une véritable ville. Les légions sont alors affectées de façon permanente à certaines provinces.

De 25 au début de l'Empire, le nombre des légions passe à 30 (Marc Aurèle) puis à 33 (Septime Sévère). Leur recrutement est assuré essentiellement par les provinciaux volontaires qu'attirent la solde et le droit de cité romaine accordé au bout de 20 ans de service. Les soldats assurent la construction et l'entretien des *limes,* qui protègent les frontières de l'Empire. Au Bas-Empire, la légion est un corps d'armée parmi d'autres. Légionnaires, auxiliaires et autres constituent des « unités » *(numeri).*

Légion arabe, formation militaire arabe créée en 1921 en Transjordanie. Commandée de 1939 à 1956 par Glubb Pacha, elle constitua en 1946 l'armée de la Jordanie.

Légion étrangère, formation militaire française, composée de soldats volontaires, en majorité étrangers. Créée en Algérie par Louis-Philippe en 1831, elle comprend aujourd'hui des régiments d'infanterie, de cavalerie, de parachutistes, ainsi que des unités spécialisées (génie, etc.). Les légionnaires portent le képi blanc, la ceinture bleue et les épaulettes aux couleurs de l'arme (vert et rouge) ; leur insigne est la grenade à sept branches et les drapeaux portent la devise « Honneur et Fidélité ».

Légion étrangère espagnole → TERCIO.

Légion française des combattants, organisme créé en 1940 par Pétain pour rassembler tous les anciens combattants. Interdite en zone occupée, la Légion se développa en zone libre et constitua l'embryon de la future Milice en 1943.

Légion d'honneur, premier ordre national français, créé en 1802 par Bonaparte pour récompenser le courage des militaires et aussi les vertus et les services civils. L'organisation initiale a été maintes fois modifiée mais la décoration a survécu à tous les régimes. L'ordre est organisé en cinq classes : chevalier, officier, commandeur (grades) ; grand officier, grand-croix (dignités). L'ordre, dont le chef de l'État est le grand maître, est dirigé par un grand chancelier. Son organisation et son administration sont régies depuis le 28 nov. 1962 par le Code de la Légion d'honneur, modifié par décret du 9 nov. 1981. La Légion d'honneur peut être également attribuée aux villes, emblèmes et collectivités.

Légion d'honneur *(maisons d'éducation de la),* établissements d'enseignement féminin, institués par décret impérial du 15 déc. 1805 et destinés à l'éducation des filles des légionnaires. Actuellement, il en existe deux : Saint-Denis et les Loges.

Légion d'honneur *(palais de la),* palais bâti de 1782 à 1789 à Paris, sur le quai d'Orsay, par Pierre Rousseau pour le prince de Salm. Il fut acheté par la Légion d'honneur en 1804, devint la résidence des grands chanceliers mais fut incendié pendant la Commune. Reconstruit sur les mêmes plans par l'architecte Mortier en 1878, ce palais est affecté à l'administration des deux ordres nationaux et de la médaille militaire. L'aile droite du palais abrite depuis 1925 le musée national de la Légion d'honneur et des ordres de chevalerie (France et étranger).

Légion du Mérite, ordre américain créé en 1942, réservé aux étrangers.

Légion des volontaires français contre le bolchevisme (L. V. F.), organisation militaire fondée à Paris en 1941 et rassemblant les Français volontaires pour se battre en U. R. S. S. dans les rangs et sous l'uniforme allemands.

LEGIONELLA n. f. inv. ou **LÉGIONELLE** n. f. Genre bactérien comprenant en partic. *Legionella pneumophila,* agent de la légionellose.

LÉGIONELLOSE n. f. Ensemble des manifestations pathologiques liées à une infection par *Legionella pneumophila.* (Syn. MALADIE DU LÉGIONNAIRE.)

ENCYCL. La maladie se présente comme une pneumonie hautement fébrile. L'agent responsable n'a été individualisé qu'après l'épidémie de Philadelphie de 1976, observée à l'occasion d'un rassemblement d'anciens combattants (membres de l'American Legion).

LÉGIONNAIRE n. m. (lat. *legionarius*). **1.** Soldat d'une légion romaine. — **2.** Soldat de la Légion étrangère. — **3.** *Fourmis légionnaires,* autre nom de fourmis de la famille des dorylidés, en partic. des *écitons.* ‖ *Maladie du légionnaire,* syn. de LÉGIONELLOSE.

◆ n. Membre de la Légion d'honneur.

LÉGISLATEUR, TRICE adj. (lat. *legislator*). Qui a le pouvoir de légiférer.

◆ **législateur** n. m. **1.** Autorité qui a le pouvoir d'établir des lois ; la loi en général ; chacune des personnes qui composent cette autorité. — **2.** *Litt.* Personne qui fixe les règles d'une science, d'un art : *Boileau fut le législateur du Parnasse français.*

LÉGISLATIF, IVE adj. (de *législateur,* d'apr. l'angl. *legislative*). **1.** Qui a rapport à la loi ou au pouvoir de légiférer. — **2.** *Élections législatives* ou *législatives* (n. f. pl.), élections au suffrage universel pour désigner les députés à l'Assemblée nationale, qui se déroulent tous les cinq ans. (Les élections législatives, qui ont lieu habituellement au scrutin majoritaire, se sont déroulées le 16 mars 1986 à la proportionnelle.) ‖ *Pouvoir législatif* ou *législatif* (n. m.), capacité de faire la loi ; organe constitutionnellement chargé de cette fonction (en France c'est le Parlement).

législative *(Assemblée),* assemblée qui succéda à l'Assemblée nationale constituante le 1er oct. 1791 et qui gouverna la France jusqu'au 20 sept. 1792. Formée d'hommes nouveaux choisis par les seuls citoyens actifs, elle comprenait 745 membres : à droite siégeaient 264 Feuillants, monarchistes constitutionnels, qui suivaient La Fayette, Lameth, Du Port et Barnave ; au centre 345 indépendants (Bigot de Préameneu, Lacépède, etc.) et à gauche 136 députés dont les futurs Girondins (Brissot, Vergniaud, Guadet, etc.) et Montagnards (Merlin de Thionville, Couthon, Chabot, etc.). À l'instigation des Girondins qui provoquent la démission du premier ministère feuillant remplacé par un ministère girondin (Roland, Dumouriez, Clavière) [mars 1792], la Législative adopte quatre décrets dont deux (contre les émigrés et les prêtres réfractaires) sont rejetés par Louis XVI (déc. 1791), puis vote par acclamation la déclaration de guerre au « roi de Bohême et de Hongrie » (20 avr. 1792). Après les premières défaites attribuées à la trahison de contre-révolutionnaires, les députés votent trois nouveaux décrets (dissolution de la garde constitutionnelle du roi, levée de 20 000 fédérés, déportation des prêtres réfractaires) à la demande des Jacobins (mai - juin 1792), puis déclare la patrie en danger (11 juill.). Le veto royal aux décrets (sauf à celui concernant la garde) et le renvoi des ministres girondins (13 juin) déclenchent le mouvement populaire mené par les patriotes résolus à obtenir la déchéance du roi et à vaincre ses alliés étrangers. Après l'échec de la journée du 20 juin, les sections de Paris et les fédérés des provinces substituent à la Commune* légale de Paris une Commune insurrectionnelle (nuit du 9 au 10 août), prennent d'assaut les Tuileries (10 août) et dictent leur volonté à la Législative. Celle-ci suspend le roi, nomme un Conseil exécutif provisoire et accepte de laisser la place à une Convention* nationale élue par tous les Français. Supplantée par la Commune qui instaure la Terreur (massacres de Septembre), la Législative se sépare le 20 sept. 1792, jour de la victoire de Valmy.

LÉGISLATION n. f. (bas lat. *legislatio, -onis,* d'apr. angl. *legislation*). **1.** Action par laquelle sont élaborées, adoptées et édictées les lois d'un pays. — **2.** Ensemble des lois d'un pays, des dispositions législatives intéressant un domaine donné.

LÉGISLATIVEMENT adv. Par voie législative.

LÉGISLATURE n. f. (angl. *legislature*). Durée du mandat d'une assemblée législative. (En France, pour l'Assemblée nationale, la législature est de cinq ans.)

LÉGISME n. m. Théorie professée par les philosophes chinois de l'école des lois.

LÉGISTE n. m. (lat. médiév. *legista,* du lat. class. *lex, legis,* loi). **1.** Spécialiste des lois. — **2.** Sous Philippe le Bel (1285-1314), corps de juristes dont la doctrine tendait à conforter l'autorité royale face à la féodalité, l'Empire et la papauté. (Les plus célèbres furent Pierre Flote, Enguerrand de Marigny et Guillaume de Nogaret.) – **3.** En Chine, représentant de l'école des lois.

◆ adj. *Médecin légiste,* médecin compétent en médecine légale qui remplit les fonctions d'expert auprès des tribunaux.

LÉGITIMATION n. f. **1.** Action de légitimer une action, une conduite, un titre, etc. ; fait d'être légitimé. – **2.** Acte légal par lequel un enfant naturel acquiert l'état d'enfant légitime. (→ *encycl.*) – **3.** Fait pour un pouvoir d'acquérir une certaine légitimité. (En régime démocratique, la légitimation se fait par l'élection ou le référendum. Elle peut aussi naître de la durée d'exercice de ce pouvoir.) – **4.** *Lettre de légitimation,* lettre octroyée par le roi pour légitimer un bâtard, sans toutefois le rendre apte à succéder.

ENCYCL. **Dr.** Tout enfant né hors mariage dont la filiation est légalement établie peut devenir légitime soit par le mariage de ses parents, soit par autorité de justice en cas d'impossibilité de mariage entre les deux parents : décès de l'un deux, inceste.

LÉGITIME adj. (lat. *legitimus*). **1.** Qui a les qualités requises par la loi, le droit : *Autorité légitime.* – **2.** Qui est consacré par la loi : *Mariage légitime.* – **3.** Se dit de personnes unies par les liens du mariage et de leurs enfants : *Enfants légitimes.* – **4.** Qui est fondé en raison, en justice, en équité : *Un désir légitime.* – **5.** En France, se disait des princes considérés comme ayant droit héréditaire au trône.

◆ n. *Pop.* Épouse ou époux légitime.

LÉGITIMÉ, E adj. et n. **1.** Se dit d'un enfant reconnu comme légitime. – **2.** *Prince légitimé,* enfant naturel du roi de France reconnu et légitimé par lui.

LÉGITIMEMENT adv. Conformément à la loi, à la justice, à l'équité ou à la raison : *Il peut légitimement réclamer ceci.*

LÉGITIMER v. t. (conj. 3). **1.** Reconnaître à un enfant naturel les droits d'un enfant légitime. – **2.** Rendre légitimes un accord, une décision, une action, etc. : *Légitimer une union.* – **3.** Justifier qqch comme une chose bien fondée ; excuser : *Cette erreur ne légitime pas sa colère.*

LÉGITIMISME n. m. Opinion, attitude des légitimistes.

LÉGITIMISTE n. (de *légitime*). **1.** Partisan du pouvoir en place. – **2.** En France, partisan de la branche aînée des Bourbons, détrônée par la révolution de juill. 1830 au profit de la branche d'Orléans. (Partisans du comte de Chambord [Henri V], les légitimistes s'opposèrent à Louis-Philippe Ier puis à Napoléon III. Ils fusionnèrent avec les Orléanistes en 1873, mais l'intransigeance du comte de Chambord fit échouer leur tentative de restauration monarchique.)

◆ adj. Relatif au légitimisme.

LÉGITIMITÉ n. f. **1.** Caractère de ce qui est fondé en droit : *La légitimité d'un contrat.* – **2.** Qualité de ce qui est équitable, fondé en justice : *La légitimité d'une revendication.* – **3.** Qualité d'un enfant légitime. – **4.** Qualité d'un pouvoir d'être conforme aux croyances des gouvernés quant à ses origines et à ses formes.

LEGNANO, v. d'Italie, en Lombardie (prov. de Milan) ; 50 000 hab. Centre industriel satellite de Milan (mécanique, textile). – Victoire des Milanais sur l'empereur Frédéric Ier Barberousse (1176).

LEGNICA, v. du sud-ouest de la Pologne, ch.-l. de voïévodie, au contact entre la plaine silésienne et l'avant-pays des Sudètes ; 106 100 hab. Centre industriel (métallurgie, textile, pianos) et nœud ferroviaire.

LEGO n. m. (nom déposé). Jeu de construction constitué de pièces de plastique dur qui s'encastrent les unes dans les autres.

LE GOFF (Jacques), historien français (Toulon 1924). Spécialiste du Moyen Âge, il a été président de la VIe section de l'École pratique des hautes études (devenue, en 1975, l'E.H.E.S.S.) de 1972 à 1977. Il préconise un renouvellement de la démarche historique, ouverte à la pluridisciplinarité et aux nouvelles techniques quantitatives. Parmi ses principaux ouvrages : *les Intellectuels au Moyen Âge* (1957), *la Civilisation de l'Occident médiéval* (1964), *Pour un autre Moyen Âge* (1977), *l'Apogée de la chrétienté* (1982), *l'Imaginaire médiéval* (1985), *Saint Louis* (1996).

LE GOFFIC (Charles), écrivain français (Lannion 1863 - *id.* 1932). Il a laissé de nombreuses œuvres sur la Bretagne (*l'Âme bretonne,* 1902-1924). [Acad. fr., 1930].

LEGOUVÉ (Gabriel Marie), poète et auteur dramatique français (Paris 1764 - *id.* 1812). Il se distingua au théâtre avec *la Mort d'Abel* (1792) et *la Mort de Henri IV* (1806). – Son fils ERNEST (Paris 1807 - *id.* 1903) connut le succès avec ses pièces de théâtre : *Adrienne Lecouvreur* (1849), en collaboration avec Scribe, et *Batailles de dames* (1851). [Acad. fr., 1855.]

LEGRAIN (Pierre), artiste décorateur français (Paris 1889 - *id.* 1929). Travaillant pour J. Doucet à partir de 1919, il a rénové, l'un des premiers, l'art de la reliure.

LEGRAND (Michel), chanteur-auteur-compositeur et musicien de cinéma français (Paris 1932). Chef d'orchestre de variétés (comme son père, Raymond Legrand), il compose de nombreuses chansons. Il a aussi écrit beaucoup de musique de cinéma, notamment pour Jacques Demy : *les Parapluies de Cherbourg, les Demoiselles de Rochefort, Peau d'Âne.*

Legrand, société française de production d'appareillage électrique dont les origines remontent à 1865. C'est la première entreprise européenne dans le secteur de l'appareillage pour installations.

LE GRAY (Gustave), photographe français (Villiers-le-Bel 1820 - Le Caire 1882). Il est l'un des pionniers de l'utilisation du collodion, et du rendu de la nature sans l'artifice de la retouche. Il a été l'un des membres de la mission héliographique organisée par la commission des monuments historiques.

LEGRENZI (Giovanni), compositeur italien (Clusone, Bergame, 1626 - Venise 1690). Il fut nommé maître de chapelle à St-Marc de Venise en 1685 *(Motetti sacri).* C'est dans le domaine de l'opéra et de la sonate pour plusieurs instruments que son influence fut la plus importante.

LEGROS (Pierre), sculpteur français (Chartres 1629 - Paris 1714). Élève de Sarazin, académicien, il est l'auteur de statues pour le parc de Versailles (*l'Eau,* groupes d'enfants...). — Son fils PIERRE II (Paris 1666 - Rome 1718) se fixa à Rome et y travailla pour les églises.

LEGROS (Alphonse), peintre et graveur français, naturalisé britannique en 1880 (Dijon 1837 - Watford 1911). Adepte du réalisme, il laissa néanmoins une œuvre empreinte d'un sentiment de religiosité (*l'Ex-Voto,* 1860, musée de Dijon), qui s'accentua, après son installation à Londres en 1864, au contact des préraphaélites.

LEGS [lɛg ou lɛ] n. m. (anc. fr. *lais,* de *laisser,* avec l'infl. du lat. *legatum,* don par testament). **1.** Libéralité faite par testament au bénéfice d'une personne physique ou morale. (Le legs peut être particulier, universel, ou à titre universel.) — **2.** *Litt.* Ce qu'une génération transmet aux générations suivantes. — **3.** *Legs de residuo,* legs dont le bénéficiaire est tenu de restituer à une personne désignée ce qu'il en restera au moment de son propre décès.

LÉGUER v. t. (lat. *legare*) [conj. **18**]. **1.** Donner par testament. — **2.** Transmettre comme une sorte d'héritage : *Il nous a légué une situation désastreuse.*

LÉGUEVIN (31490), ch.-l. de cant. de la Haute-Garonne dans la grande banlieue ouest de Toulouse ; 4 282 hab.

LE GUIN (Ursula Kroeber), romancière américaine de science-fiction (Berkeley, Californie, 1929). Elle allie la rigueur ethnologique avec l'invention psychologique, politique et poétique : cycle de *Terremer* (1968-1973), *la Main gauche de la nuit* (1969), *les Dépossédés* (1974), *Le nom du monde est Forêt* (1976), *The Compass Rose* (1982).

LÉGUME n. m. (lat. *legumen, -inis*). **1.** Plante cultivée dont ont consomme, selon les espèces, les feuilles, les racines, les tubercules, les fruits, les graines ; partie consommée de cette plante. (→ *encycl.*) — **2.** *Fam.* Personne réduite à une existence végétative. — **3.** *Légume sec,* graine des légumineuses (haricot, pois, fève), arrivée à maturité, consommée à ce stade. ‖ *Légume vert,* légume consommé frais, peu après la cueillette, ou après conservation.

◆ n. f. Fam. *(Grosse) légume,* officier supérieur ; personnage important, huile.

ENCYCL. On consomme essentiellement pour leurs feuilles : salade, chou, épinard ; pour leur pétiole : bette, cardon, fenouil, céleri ; pour leur racine charnue : carotte, betterave, céleri-rave, radis, salsifis, navet ; pour leur tubercule : topinambour, crosne, pomme de terre ; pour leur fruit : tomate, aubergine, piment, courge, courgette, concombre, pastèque, melon ; pour leur gousse entière consommée verte ou seulement pour leur grain : haricot, pois, lentille, fève ; pour leur bulbe : ail, oignon, échalote ; pour leurs bractées : artichaut ; pour leur tige et leur bourgeon : asperge. Les légumes sont produits en plein champ, selon les techniques du maraîchage ou dans les jardins familiaux.

LÉGUMIER, ÈRE adj. Qui se rapporte aux légumes, à la culture des légumes.

◆ **légumier** n. m. Plat creux, souvent à couvercle, dans lequel on sert des légumes.

LÉGUMINE n. f. Protéine végétale extraite du pois, du soja, de la fève, du haricot, de l'arachide.

LÉGUMINEUSE n. f. (lat. sc. *leguminosus,* de *legumen, -inis*). Plante de la famille (ou superfamille) des *légumineuses,* très vaste groupe botanique (12 000 espèces, réparties en 500 genres environ.)

ENCYCL. Les feuilles des légumineuses sont presque toujours composées-pennées. Le fruit est une gousse*, formée d'un seul carpelle, à deux valves, renfermant une ou plusieurs graines.
Les *mimosoïdées* (50 genres, 2 000 espèces) sont le plus souvent des arbres ou des arbustes. Principaux genres : *acacia, albizzia, mimosa.*
Les *césalpinoïdées* (100 genres, 2 000 espèces) sont des arbres, des arbustes (rarement des herbes) à feuilles pennées ou bipennées. Principaux genres : *cercis, cassia, cæsalpinia, gleditschia.*
Les *papillonoïdées* (350 genres, 8 000 espèces) ont des feuilles alternes, stipulées, le plus souvent composées. Cette sous-famille renferme des plantes fourragères (luzerne, sainfoin, vesce,

gesse, trèfle, lotier, mélilot), alimentaires (haricot, lentille, pois, pois chiche, soja, arachide), ornementales (robinier, sophora, cytise, baguenaudier, glycine, flamboyant, lupin, pois de senteur). Certaines espèces fournissent des alcaloïdes (genêt à balai, fève de Calabar), des gommes (astragale), des baumes (myroxylon), des teintures (indigotier).

LEH, v. de l'Inde (Jammu-et-Cachemire), ch.-l. du Ladakh, à proximité de l'Indus, à environ 3 500 m d'altitude ; 5 500 hab. Aéroport.

LEHÁR (Franz), compositeur austro-hongrois (Komárom 1870 - Bad Ischl 1948). Violoniste de formation, c'est un maître de l'opérette viennoise : *la Veuve joyeuse* (1905), *le Pays du sourire* (1929).

LEHM n. m. (all. *Lehm,* argile). Terrain argileux, meuble, résultant de la décalcification du lœss par les eaux d'infiltration.

LEHMANN (Rosamund Nina), romancière britannique (Londres 1903 - *id.* 1990). Elle a exprimé dans ses romans les désillusions d'une génération (*Poussière,* 1927) et le désir d'indépendance (*l'Arbre de mer,* 1976) qu'illustre son autobiographie (*le Cygne du soir,* 1968).

LEHMANN (Henri), archéologue français d'origine allemande (Charlottenburg, auj. Berlin, 1906). Réfugié en France en 1933, il a effectué d'importants travaux à Mixco Viejo. Il a publié *les Civilisations précolombiennes* (1953, revues en 1973), *l'Art précolombien* (1960), *l'Amérique précolombienne* (1970).

LEHMBRUCK (Wilhelm), sculpteur allemand (Meiderich, près de Duisburg, 1881 - Berlin 1919). Influencé par Maillol, par G. Minne, etc., il élabora une manière originale, fondée sur l'épuration et l'élongation des formes (*Jeune Homme assis,* bronze, 1918).

LEHMKUHL (Augustinus), jésuite allemand (Hagen, Westphalie, 1834 - Valkenburg, Hollande, 1918). Il fut l'un des pionniers du catholicisme social.

LEHN (Jean-Marie), chimiste français (Rosheim 1939). Professeur au Collège de France depuis 1979, il a partagé, en 1987, le prix Nobel de chimie avec D. J. Cram et Ch. J. Pedersen pour la synthèse de molécules creuses. (Acad. des sc., 1985.)

LEHTONEN (Joel), écrivain finlandais de langue finnoise (Sääminki 1881 - Helsinki 1934). Son œuvre variée, d'abord néoromantique (*Mataleena,* 1905) puis réaliste (*la Combe aux mauvaises herbes,* 1919), est marquée d'un pessimisme croissant.

LEI [lɛj] n. m. pl. Pl. de *leu.*

LEIBL (Wilhelm), peintre allemand (Cologne 1844 - Würzburg 1900). Formé à l'académie de Munich, il passa quelques mois à Paris (1870), s'y lia avec Courbet et devint le chef de file de l'école réaliste dans son pays (*Trois Femmes à l'église,* v. 1880, Kunsthalle de Hambourg).

LEIBNIZ (Gottfried Wilhelm), philosophe allemand (Leipzig 1646 - Hanovre 1716). À vingt ans, il publia un essai d'analyse combinatoire *(De arte combinatoria).* À Paris, il suivit les travaux de Pascal et de Huygens ; en Hollande, il se lia avec Spinoza. Il inventa le calcul différentiel en 1676, indépendamment de Newton, avec qui il se brouilla à cette occasion. En 1700, il devint le premier président de ce qui allait être l'Académie des sciences de Berlin. Il multiplia les essais, dont beaucoup sont inachevés : *Discours de métaphysique* (1686), *Nouveaux Essais sur l'entendement humain* (1704), *Essais de théodicée* (1710), *la Monadologie* (1714). Leibniz a écrit presque tous ses textes en français, sauf quelques-uns en latin. La pensée leibnizienne part d'une critique du cogito cartésien. La vérité résulte de la rigueur logique pour les propositions de raison et de Dieu pour les observations de fait. Dieu, dont l'existence est parfaitement démontrable, contient en lui toutes les vérités éternelles et nécessaires. Comme être infini, il peut concevoir toutes les essences possibles et toutes les combinaisons possibles entre elles. Ces substances, que Leibniz appelle monades, Dieu les crée en nombre infini et elles contiennent toutes leurs déterminations. Elles expriment le monde, elles sont le monde et nous permettent ainsi d'en rendre compte. Comme chacune d'entre elles est le miroir de l'univers, l'ordre du monde résulte de l'harmonie que Dieu préétablit entre elles. La théorie des monades et de leurs combinaisons s'articule dans une métamathématique, formée d'axiomes et de règles qui associent indissolublement mathématique et métaphysique.

Leibniz *(identité* ou *relation de),* égalité

$$\sum_{i=1}^{n} \alpha_i \cdot \overrightarrow{MA_i}^2 = \left(\sum_{i=1}^{n} \alpha_i\right) \cdot \overrightarrow{MG}^2 + \sum_{i=1} \alpha_i \cdot \overrightarrow{GA_i}^2$$

vraie lorsque G est le barycentre des n points A_1, ..., A_n, affectés des coefficients α_1, ... α_n, et M un point quelconque de l'espace euclidien de référence.

LEIBNIZIEN, ENNE adj. et n. Qui relève de Leibniz ou de sa doctrine.

LEIBOWITZ (René), compositeur et chef d'orchestre polonais naturalisé français (Varsovie 1913 - Paris 1972). Marqué de façon décisive par les leçons de Schönberg et de Webern à Berlin et à Vienne, il étudia aussi l'orchestration avec Ravel (1933). Il fit découvrir de 1945 à 1947 l'école viennoise à de nombreux jeunes compositeurs, dont Pierre Boulez. Auteur de deux ouvrages fondamentaux : *Schönberg et son école* (1946) et *Introduction à la musique de douze sons* (1949), il a laissé une centaine d'œuvres, parmi lesquelles cinq opéras, dont *les Espagnols à Venise* (1963, création à Grenoble en 1970).

LEIBSTADT, village de Suisse (Argovie), sur le Rhin, au N. de Brugg ; 1 250 hab. Centrale nucléaire.

LEICESTER n. m. (de *Leicester,* n. pr.). Fromage au lait entier de vache, à pâte dure pressée, fabriqué en Grande-Bretagne dans le comté de Leicester.

LEICESTER, v. de Grande-Bretagne, ch.-l. du *Leicestershire* (2 553 km² ; 836 000 hab.) ; 284 000 hab. Vestiges romains. Monuments médiévaux : cathédrale, églises, ruines d'un château et d'une abbaye. Constructions mécaniques et électriques.

LEIDEN → LEYDE.

LEIGH (Vivian Mary HARTLEY, dite **Vivien**), actrice britannique (Darjeeling, Inde, 1913 - Londres 1967). Elle fut la Scarlett d'*Autant en emporte le vent,* rôle qui lui valut un succès mondial. Parmi ses meilleures créations, citons : *Élisabeth d'Angleterre* (1937), *Lady Hamilton* (1941), *Anna Karenine* (1947), *Un tramway nommé Désir* (1951), *la Nef des fous* (1961). Elle a été l'épouse de sir Laurence Olivier.

LEIGHTON (*lord* Frederic), peintre britannique (Scarborough 1830 - Londres 1896). Académiste rigoureux, président de la Royal Academy en 1878, il occupa au sein de la société victorienne une place éminente (fresques des *Arts industriels appliqués à la paix et à la guerre,* Victoria and Albert Museum, Londres).

LEIJONHUFVUD (Axel Stig), économiste suédois (Stockholm 1933). Spécialiste de l'économie du déséquilibre, de l'économie monétaire et de l'histoire de la pensée économique, il est l'auteur d'importantes contributions sur Keynes.

LEINE (la), riv. d'Allemagne (Basse-Saxe), affl. de l'Aller (r. g.) ; 281 km. Elle draine le principal bassin de potasse de l'Allemagne. Parcourue par l'un des grands axes ferroviaires méridiens de l'Allemagne, sa vallée est une importante région industrielle, de Göttingen à Hanovre.

Leiner-Moussous *(érythrodermie* ou *maladie de),* forme d'érythrodermie atteignant le nouveau-né et le nourrisson.

LEINFELDEN-ECHTERDINGEN, v. d'Allemagne, dans le Bade-Wurtemberg ; 34 500 hab. Aéroport de Stuttgart.

LEINO (Eino), écrivain finlandais de langue finnoise (Paltamo 1878 - Tuusula 1926). Auteur de poésies inspirées de la tradition populaire (*Chansons de mars,* 1896), il a renouvelé le style kalévaléen dans les ballades épiques : *Helkavirsiä I* et *II* (1903 et 1916). Il fut aussi un brillant critique.

LEINSTER, en gaél. **Laigin,** prov. de la République d'Irlande, qui s'étend sur la plaine centrale et sur le sud-est de l'île ; 19 632 km² ; 1 860 037 hab. Ch.-l. *Dublin.* Ancien royaume irlandais, le Leinster entra en 1171 dans le domaine anglais.

LÉIOMYOME n. m. (du gr. *leios,* lisse). Tumeur bénigne constituée de fibres musculaires lisses. (La plupart des « fibromes » de l'utérus sont, en réalité, des léiomyomes.)

LÉIOMYOSARCOME n. m. (du gr. *leios,* lisse). Myosarcome développé aux dépens du muscle lisse.

LEIPOA n. m. Oiseau mégapode d'Australie, dont le mâle édifie pour les œufs un véritable incubateur (par fermentation de feuilles).

LEIPZIG, v. d'Allemagne (Saxe), sur l'Elster Blanche ; 491 250 hab.

— **Géogr.** La ville a toujours été un carrefour important. L'exploitation des mines d'argent des monts Métallifères a profité aussi à Leipzig. Depuis le XIXe s. grâce au lignite, l'industrie est l'activité dominante (machines-outils, électrotechnique, instruments de musique, fourrures, alimentation), mais la ville est aussi un centre commercial (foire internationale), et une capitale culturelle (université, édition, musées, théâtres).

— **Hist.** Leipzig tire son origine d'un établissement wende, *Lipsk.* Au XIIe s., les margraves de Misnie l'agrandirent et la fortifièrent. Son université, fondée en 1409, fut un des foyers de la Réforme. Plusieurs fois assiégée pendant la guerre de Trente Ans, la ville ne perdit pas son importance économique, et elle fut du XVIIe s. à la Seconde Guerre mondiale le principal centre de la librairie allemande.

— **Bx-arts.** Églises St-Nicolas (d'origine romane) et St-Thomas (église-halle surtout des XIVe et XVe s.). Ancien hôtel de ville Renaissance (musée historique), anc. Bourse et maison *Romanus* baroques. Riche musée des Beaux-Arts. Musée Grassi (ethnographie, instruments de musique...). Bibliothèque allemande et musée du Livre. Archives Bach dans le pavillon Gohlis, rococo.

Leipzig *(bataille de)* [16-19 oct. 1813]. Elle opposa les armées de Bennigsen, Bernadotte, Blücher et Schwarzenberg à celles de Napoléon. Bien que Napoléon et Ney aient contenu respectivement Blücher et Schwarzenberg (16 oct.), la défection des alliés saxons permit la jonction de Bernadotte et de Blücher (18-19 oct.). La retraite devint alors inévitable. Cette « bataille des Nations » ouvrit aux Alliés l'accès du territoire français.

LEIRIA, v. du Portugal, en Estrémadure, ch.-l. de district ; 11 000 hab. Château surtout des XIIe et XVIe s., cathédrale du XVIe s. et autres monuments.

LEIRIS (Michel), écrivain et ethnologue français (Paris 1901 - Saint-Hilaire, Essonne, 1990). Il participe au mouvement surréaliste (*Haut-Mal,* 1943), puis fait partie de la mission Dakar-Djibouti, dont il tient le journal de bord (*l'Afrique fantôme,* 1934). Sa vocation d'ethnologue est confirmée par ses travaux sur l'art et les sociétés africaines. Mais c'est avec *l'Âge* d'homme* (1939), suivi des quatre volumes de *la Règle du jeu* (*Biffures,* 1948 ; *Fourbis,* 1955 ; *Fibrilles,* 1966 ; *Frêle bruit,* 1976), qu'il donne son œuvre majeure, et que, à travers le récit biographique, il atteint les mythes collectifs et enracine la littérature dans l'existence. Le dernier état de sa recherche est consigné dans *le Ruban au cou d'Olympia* (1981), *Langage tangage* (1985), *À cor et à cri* (1988).

LEISHMANIA ou **LEISHMANIE** [lɛʃ-] n. f. **1.** Genre de protozoaires flagellés, ovalaires de 2 à 6 φ μm, de la famille des trypanosomatidés, parasites intracellulaires du système réticulo-histiocytaire, responsables des leihsmanioses. — **2.** Au sens strict, trypanosomatidé aux formes démunies de flagelle.

LEISHMANIDE [lɛʃ-] n. f. Lésion cutanée, souvent papulo-nodulaire, riche en parasites, rencontrée au cours des leishmanioses viscérales ou après leur guérison.

LEISHMANIOSE [lɛʃ-] n. f. Parasitose de l'homme et des animaux, dont le réservoir de virus est constitué par les canidés et certains rongeurs, due à l'infection par un protozoaire du genre *leishmania* transmis par un insecte vecteur, le phlébotome.

ENCYCL. La leishmaniose est une maladie endémique dans le bassin méditerranéen, en Afrique centrale et orientale, en Extrême-Orient, en Inde et en Amérique du Sud. On distingue la leishmaniose viscérale, ou kala-azar, due à *Leishmania donovani,* la leishmaniose cutanée de l'Ancien Monde, due à *L. tropica* (bouton* d'Orient) et la leishmaniose cutanéo-muqueuse du Nouveau Monde, due à *L. brasiliensis.*

La leishmaniose viscérale de l'enfant (kala-azar infantile) se traduit par une fièvre élevée, une anémie et une hypertrophie hépatosplénoganglionnaire ; sans traitement, elle évolue vers la mort.

La leishmaniose cutanéo-muqueuse du Nouveau Monde revêt trois aspects principaux : la forme *uta* peut s'étendre aux muqueuses nasales et buccales et entraîner d'importantes mutilations ; la forme *espundia* donne des métastases à la peau et aux muqueuses, tandis que la forme tégumentaire diffuse (*pian-bois* par ex.) peut s'étendre à la totalité des téguments.

LEI-TCHEOU → LEIZHOU.

LEITHA (la), en hongr. **Lajta,** riv. d'Autriche et de Hongrie, née près du col de Semmering, affl. du Danube (r. dr.), 180 km. Elle divisa, après le compromis de 1867, l'Autriche-Hongrie en *Cisleithanie* (Autriche) et *Transleithanie* (Hongrie).

LEITMOTIV [lajtmotif ou lɛ(j)t-] n. m. (pl. *leitmotive* ou *leitmotivs*) [all. *Leitmotiv*]. **1.** Motif ou thème assez caractéristique, destiné à rappeler, dans un ouvrage musical, une idée, un sentiment, un état ou un personnage. (Wagner en a systématisé l'emploi.) — **2.** Formule, idée qui revient sans cesse dans un discours, une œuvre littéraire, une conversation, etc.

LEITZ (Ernst), opticien allemand (1843-1920), créateur à Wetzlar d'une fabrique d'instruments d'optique. La Société Leitz préconisa, avec les appareils « Leica », l'usage du petit format en photographie.

LEIV ou **LEIF Eriksson** ou **LEIV l'Heureux,** Viking norvégien (en Islande v. 970 - au Groenland v. 1021), fils d'Erik le Rouge. Parti pour le Groenland, il fut dérivé par les courants vers un littoral supposé ultérieurement être une partie de l'Amérique du Nord (1000), et qu'il baptisa « Vinland ».

LEIVICK (Halpern), écrivain d'expression yiddish (Igoumen, près de Minsk, 1886 - New York 1962). Il a tenté à travers son théâtre (*le Golem,* 1921 ; *la Comédie de la Rédemption,* 1934) et sa poésie (*Au temps de Job,* 1953) de formuler un idéal de vie refusant le désespoir et la violence.

LEIXÕES, port du Portugal, au N. de l'estuaire du Douro, avant-port de Porto. Raffinerie de pétrole.

LEIZHOU ou **LEI-TCHEOU** *(presqu'île de),* péninsule du littoral chinois, située à l'extrémité S.-O. de la province du Guangdong en face de l'île de Hainan.

LE JEUNE (Claude), compositeur français (Valenciennes v. 1530 - Paris 1600). Quand A. de Baïf fonda son académie vouée à l'expérience de la musique mesurée, Le Jeune s'y trouva directement associé, dès 1570. C'est à cette époque qu'il composa, sans doute, une grande partie de ses chansons et psaumes mesurés à l'antique. Protestant, il entra au service d'Henri IV comme compositeur ordinaire de la Chambre en 1594 et composa le *Livre des meslanges* (1585) ; des *Airs à 4 et 5 voix* (1594) ; le *Dodécacorde* (1595) ; *le Printemps* (1603) ; *Second Livre des meslanges* (1612).

LEJEUNE (Louis François, *baron*), général et peintre français (Strasbourg 1775 - Toulouse 1848). Après avoir fait campagne dans les armées de la République, il participa à la plupart des guerres de l'Empire. Ses peintures sur les campagnes de la Révolution et de l'Empire sont aux musées de Versailles et de Strasbourg. Il est l'un des premiers artistes français à avoir pratiqué la lithographie (*Un cosaque,* 1806).

LEJEUNE (Jérôme), médecin et généticien français (Montrouge 1926 - Paris 1994). Il a découvert la trisomie 21 (chez les mongoliens), la maladie du cri du chat, la notion de type et de contretype en pathologie chromosomique et la première translocation chez l'homme.

LEK n. m. Unité monétaire de l'Albanie.

LEK (le), nom de la branche septentrionale du Rhin inférieur, aux Pays-Bas, entre Wijkbij-Duurstede et Krimpen, localité située au confluent du Noord Rijn.

LEKEMTI → NAQAMTIÉ.

LEKEU (Guillaume), compositeur belge (Heusy 1870 - Angers 1894). Il écrivit dans un style postromantique plusieurs œuvres orchestrales, dont un *Adagio* pour cordes (1891), des études symphoniques, des œuvres pour piano (*Sonate,* 1891) et de la musique de chambre dont la *Sonate* pour violon et piano (1892), dédiée à Ysaye.

LEKHITE adj. (de *Lekhs,* anc. n. russe des Polonais). Se dit d'un groupe de langues slaves de l'Ouest qui comprend, outre le polonais, un certain nombre de langues que l'extension de l'allemand vers l'est a fait disparaître (polabe, slovince) ou décliner (kachoube, sorabe).

LE LANNOU (Maurice), géographe français (Plouha 1906 - *id.* 1992). Professeur au Collège de France, il a étudié les paysages agraires (*Pâtres et Paysans de Sardaigne,* 1941), et insisté sur le poids des facteurs humains et culturels (*Géographie humaine,* 1949).

LELEU (Jean-François), ébéniste français (? 1729 - Paris 1807), élève d'Œben, maître en 1764 et principale rival de Riesener. Ses meubles (pour Mme du Barry, le prince de Condé) séduisent par la simplicité de leurs lignes et le fini de leur exécution.

Lélio, type d'amoureux dans la comédie italienne, jeune et beau. Il passa dans le répertoire français (Marivaux).

LELOIR (Luis Federico), biochimiste argentin d'origine française (Paris 1906 - Buenos Aires 1987). Il a isolé de nombreuses substances entrant dans le métabolisme des glucides et a notamment obtenu, en 1964, les nucléotides existant dans les grains de blé. Il a précisé leur rôle dans la biosynthèse des polysaccharides. (Prix Nobel de chimie 1970.)

LE LORRAIN (Robert), sculpteur français (Paris 1666 - *id.* 1743). Prix de sculpture de l'Académie en 1689, il travailla pour Versailles et Marly, le palais de Saverne, les hôtels de Rohan et de Soubise à Paris (haut-relief des *Chevaux du Soleil,* autour de 1735, écuries de l'hôtel de Rohan).

LE LORRAIN (Louis Joseph), peintre, ornemaniste et graveur français (Paris 1715 - Saint-Pétersbourg 1759). Prix de peinture (1739), dessinateur des meubles du « cabinet à la grecque » de Lalive de Jully, il a contribué à diffuser en France le style de Piranèse. Il fut appelé en Russie en 1758.

LELOUCH (Claude), cinéaste français (Paris 1937). Après *Une fille et des fusils* (1965), il rencontre un très grand succès avec *Un homme et une femme* (1966), palme d'or du festival de Cannes. Il réalise ensuite : *Vivre pour vivre* (1967), *la Vie, l'Amour, la Mort* (1968), *le Voyou* (1970), *L'aventure, c'est l'aventure* (1972), *Toute une vie* (1974), *Si c'était à refaire* (1976), *les Uns et les Autres* (1981), *Viva la vie* (1984), *Itinéraire d'un enfant gâté* (1988), *Il y a des jours... et des lunes* (1990), *la Belle Histoire* (1992), *les Misérables du* XXe *siècle* (1995).

LELY (Pieter VAN DER FAES, dit **sir Peter**), peintre anglais d'origine néerlandaise (Soest 1618 - Londres 1680). Fixé à Londres en 1641, il succéda à Van Dyck, dont il s'inspira, comme portraitiste de la Cour. Une facture souple, un coloris raffiné font le prix de ses effigies, que n'épargne guère la convention.

LELYSTAD, v. des Pays-Bas, ch.-l. de la province du Flevoland, sur la bordure N.-O. du polder de Flevoland-Est ; 61 000 hab.

LEM (Stanisław), écrivain polonais (Lwów 1921). Il a mené dans ses romans de science-fiction (*les Astronautes,* 1951 ; *Solaris,* 1961 ; *les Récits du pilote Pirx,* 1968) et dans ses essais (*le Fantastique et la Futurologie,* 1970) une réflexion morale et philosophique qui n'exclut pas l'humour (*les Journaux stellaires,* 1957 ; *le Rhume,* 1976).

LÉMA n. m. (gr. *laimos,* vorace). Petit criocère bleu, verdâtre ou rouge, avec les élytres bleus, nuisible aux céréales.

LEMAIRE de Belges (Jean), poète et chroniqueur de langue française (Belges, auj. Bavay, dans le Hainaut, 1473 - apr. 1515). Seul des grands rhétoriqueurs qui ait trouvé grâce auprès de la Pléiade, il utilisa le premier la forme italienne des tierces rimes et se vanta d'avoir introduit en France le culte de Pétrarque. Il publia *les Épîtres de l'amant vert* (1505) ; les *Illustrations de Gaule* *et Singularités de Troie* (1509-1512), fresque historico-mythique des peuples d'Europe et *la Concorde des deux langages* (1513), où il tentait d'apaiser le débat sur la précellence de l'italien ou du français.

LE MAIRE (Jakob), navigateur hollandais (Anvers 1585 - en mer 1616). Il découvrit en 1616, avec Schouten, le détroit qui porte son nom, entre la Terre de Feu et l'île des États, et reconnut la position vraie du cap Horn.

LEMAISTRE (Antoine), avocat français (Paris 1608 - Port-Royal-des-Champs, 1658), petit-fils d'Antoine Arnauld le père. En 1638, à Port-Royal, il travailla, avec son frère, Lemaistre de Sacy, à la traduction du Nouveau Testament.

LEMAISTRE (Isaac), dit **Lemaistre de Sacy,** écrivain français (Paris 1613 - Pomponne 1684), frère du précédent. Prêtre (1649), directeur spirituel des religieuses de Port-Royal, un moment emprisonné (1666-1668), il se consacra essentiellement à la traduction de la Vulgate en français : une œuvre sobre et élégante, qui s'attache autant à la spiritualité qu'à la critique scientifique.

LEMAÎTRE (Antoine Louis Prosper, dit **Frédérick**), acteur français (Le Havre 1800 - Paris 1876). Comédien type du mélodrame, son rôle de Robert Macaire dans *l'Auberge des Adrets,* qu'il créa à l'Ambigu, le rendit célèbre.

LEMAITRE (Jules), critique et écrivain français (Vennecy, Loiret, 1853 - Tavers, Loiret, 1914). Il réunit ses articles de critique littéraire et dramatique dans les séries des *Contemporains* et des *Impressions de théâtre.* Conférencier (*J.-J. Rousseau,* 1907 ; *Chateaubriand,* 1912), il donna des pièces de théâtre et des contes (*En marge des vieux livres,* 1905-1907). Attiré par la politique, il dirigea la Ligue de la patrie française avant de passer à l'Action française. (Acad. fr., 1895.)

LEMAÎTRE (*M*gr Georges Henri), astrophysicien et mathématicien belge (Charleroi 1894 - Louvain 1966). Il fut le premier à envisager, en 1927, un univers en expansion, dans le cadre de la théorie de la relativité, puis formula l'hypothèse dite « de l'atome primitif » (1931), selon laquelle toute la matière de l'Univers, initialement concentrée dans un très petit volume, serait entrée en expansion à la suite d'une formidable explosion.

LÉMAN *(lac),* le plus grand des lacs subalpins, traversé par le Rhône, couvrant au total 582 km^2 et partagé entre la Suisse (348 km^2) et la France (234 km^2) ; 70 km de long ; largeur maximale : 13,8 km. Divisé en deux bassins, à l'E. le *Grand Lac,* et à l'O., près de Genève, le *Petit Lac* (ce dernier est parfois appelé « lac de Genève »), il a été façonné par les glaciers quaternaires. Ses rives, jalonnées de villes (dont les plus importantes sont Genève et Lausanne), s'étagent en terrasses (vignobles).

LEMAN (Gérard Mathieu, *comte*), général belge (Liège 1851 - *id.* 1920). Chef de la 3e division d'armée en 1912, il défendit du 4 au 14 août 1914 le camp retranché de Liège et sauta avec le fort de Loncin lors de l'explosion de l'arsenal. Blessé et fait prisonnier, il fut évacué en Suisse en 1917.

LÉMANIQUE adj. Relatif au lac Léman.

LEMASS (Sean), homme politique irlandais (Dublin 1899 - *id.* 1971). L'un des leaders du Fianna Fáil, plusieurs fois ministre de 1932 à 1959, il fut Premier ministre de 1959 à 1966.

LE MASSON (Innocent), religieux français (Noyon 1627 - la Grande-Chartreuse 1703). Il fut le rénovateur et le second fondateur de la Grande-Chartreuse et de l'ordre des Chartreux, dont il avait été élu général en 1675.

LE MAY (Pamphile), écrivain canadien de langue français (Lotbinière, Québec, 1837 - Saint - Jean-Deschaillons, Québec, 1918), auteur de contes, de romans et de poèmes rustiques (*les Gouttelettes,* 1904).

LEMBERG, nom allemand de Lvov.

LEMDIYYA, anc. **Médéa,** v. d'Algérie, ch.-l. de wilaya, au S.-S.-O. d'Alger ; 84 062 hab. Centre commercial. Constructions mécaniques. Travail du cuir.

LEMELIN (Roger), écrivain canadien de langue française (Québec 1919). Il a évoqué, sur un mode satirique, les mœurs du Canada moderne (*les Plouffe,* 1948 ; *le Crime d'Ovide Plouffe,* 1982).

LEMERCIER (Jacques), architecte français (Pontoise v. 1585 - Paris 1654). Né dans une famille d'architectes, il admira à Rome les monuments antiques et classiques (1607-1614), puis devint l'architecte de Louis XIII et de Richelieu (Paris : pavillon de l'Horloge au Louvre, Palais-Cardinal [devenu le Palais-Royal et recomposé au XVIIIe s.], chapelle de la Sorbonne [1635], plans de St-Roch ; ville de Richelieu).

LEMERCIER (Louis Jean Népomucène), écrivain français (Paris 1771 - *id.* 1840). Il annonça par ses tragédies le théâtre romantique, dont il se montra pourtant l'adversaire (*Charlemagne,* 1814) et écrivit la première « comédie historique » française, *Pinto* (1798). [Acad. fr., 1810.]

LEMERRE (Alphonse), éditeur français (Canisy 1838 - Paris 1912). Il publia les poètes de la Pléiade, puis édita *le Parnasse contemporain* et les œuvres de la nouvelle école politique.

LEMIRE (Jules Auguste), ecclésiastique français (Vieux-Berquin, Nord, 1853 - Hazebrouck 1928). Prêtre (1878), il adhéra très vite au double enseignement donné par Léon XIII dans les encycliques *Rerum novarum* (1891) et *Au milieu des sollicitudes* (1892). Devenu le porte-drapeau de la démocratie chrétienne, député (1893) et maire d'Hazebrouck (1914), il eut à souffrir de la persécution des intégristes et des monarchistes ; il fut même, durant deux ans (1914-1916), suspendu par son évêque. À la Chambre, l'abbé Lemire se fit le défenseur des intérêts des ouvriers, de la famille, des femmes au travail, et le champion du *terrianisme* et des jardins ouvriers.

LEMME n. m. (lat. *lemma,* majeure d'un syllogisme, du gr. *Lêmma*). Proposition dont la démonstration prépare souvent celle d'un théorème.

LEMMENS (Jaak Nikolaas), organiste et compositeur belge (Zoerle-Parwijs, Anvers, 1823 - château de Linterpoort, près de Malines, 1881). Sa technique très élaborée influença Widor, Guilmant et toute l'école d'orgue française.

LEMMING [lɛmiɲ] n. m. (mot norv.). Petit rongeur (cricétidé) des montagnes scandinaves, dont la multiplication entraîne parfois des migrations massives avec traversée de fleuves ou de fjords.

LEMMON (Jack), acteur de cinéma américain (Boston 1925). Débutant à Hollywood dans *Une femme qui s'affiche* (1954), il s'impose d'abord dans des rôles fantaisistes ou comiques : *My Sister Eileen* (1955), *Certains l'aiment chaud* (1959), puis aborde un registre plus sérieux : *la Garçonnière* (1960), *Missing* (1982). On l'a vu également dans *Cow-Boy* (1958), *Irma la Douce* (1963), *Avanti !* (1972), *Macaroni* (1985), *C'est la vie* (1986), *Glengarry Glen Ross* (1992).

LEMNA n. f. (gr. *lemna,* lentille d'eau). Très petite plante aquatique flottant à la surface des eaux douces tranquilles où elle peut former des tapis continus. (N. usuel *lentille d'eau.*)

LEMNISCAL, E, AUX adj. Se dit des fibres nerveuses qui empruntent le lemniscus médian.

LEMNISCATE n. f. (lat. *lemniscatus,* de *lemniscus,* ruban). Ovale de Cassini particulier, dont l'équation en coordonnées bipolaires est $MF \cdot MF' = a^2/2$, pour $FF' = a\sqrt{2}$. (Encore appelée lemniscate de Bernoulli, c'est une quartique, ayant le milieu de [FF'] pour point double.)

LEMNISCUS n. m. inv. (lat. *lemniscus,* du gr. *lêmniskos,* ruban). *Lemniscus médian,* faisceau de fibres nerveuses du tronc cérébral, qui convoie des informations somesthésiques vers le thalamus, avec une grande précision.

LEMNITZER (Lyman), général américain (Honesdale, Pennsylvanie, 1899 - Washington 1988). Il participa à l'entrevue de Cherchell (oct. 1942). Après avoir servi en Sicile et en Italie, il négocia la capitulation des forces allemandes en Italie et en Autriche (1945). Il fut de 1963 à 1969 commandant suprême des forces alliées en Europe.

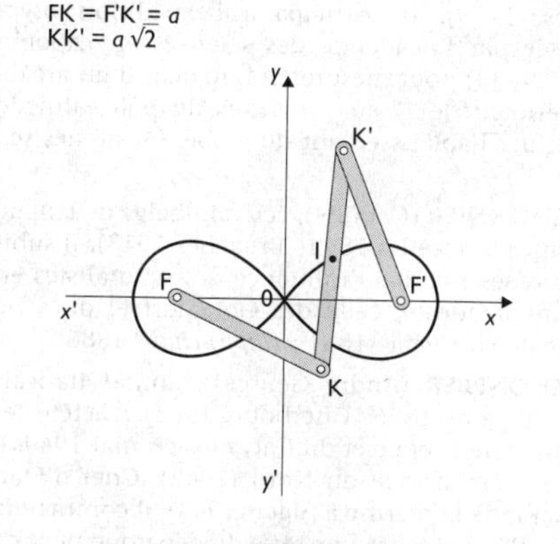

Tracé d'une **lemniscate** par le système des barres articulées de James Watt. (La barre KK' mesure $FF' = a\sqrt{2}$, et son milieu I décrit une **lemniscate**.)

LEMNOS, en gr. **Lêmnos** ou **Límnos,** île grecque de la mer Égée (nome de Lesbos), entre Lesbos et la Chalcidique ; 476 km² ; 23 000 hab. Ch.-l. *Kástro.* Vignes et arbres fruitiers.

— **Hist.** L'île a été conquise par Miltiade, et elle est restée une clérouquie d'Athènes. À l'époque des croisades, elle tomba aux mains des Vénitiens et des Génois, devint turque en 1478 et grecque en 1913.

LEMOINE (Jean), prélat français (Crécy-en-Ponthieu v. 1250 - Avignon 1313). Cardinal, légat de Boniface VIII, il fonda à Paris (1303) un collège qui porta son nom.

LE MOITURIER (Antoine), sculpteur français (Avignon v. 1425 - Paris ? v. 1497). Neveu de J. Morel, il travailla à Avignon et à Saint-Antoine en Dauphiné (portails de l'abbatiale). À Dijon, il termina de 1465 à 1469 le tombeau de Jean sans Peur, commencé par Jean de La Huerta. On lui attribue le tombeau de Philippe Pot (Louvre).

LEMOND (Greg), coureur cycliste américain (Lakewood 1960), vainqueur du Tour de l'Avenir (1982), double champion du monde professionnel sur route (1983, 1989) et triple vainqueur du Tour de France (1986, 1989, 1990).

LEMON-GRASS [lemɔngras] n. m. (angl. *lemon grass,* herbe à citron). Nom usuel de deux espèces de plantes aromatiques du genre *cymbopogon,* qui fournissent des essences employées en parfumerie.

LE MONNIER (Pierre Charles), astronome français (Paris 1715 - Herils, près de Maisons, Calvados, 1799). Il participa à l'expédition organisée par l'Académie des sciences en Laponie (1736-37) pour mesurer la longueur d'un arc de méridien de 1° aux environs du pôle, afin de vérifier l'aplatissement du globe. (Acad. des sc., 1741.)

LEMONNIER (Camille), écrivain belge de langue française (Ixelles 1844 - Bruxelles 1913). Il subit dans ses romans l'influence des naturalistes et, dans la forme, celle des Goncourt et du style artiste (*Un mâle,* 1881 ; *Happe-chair,* 1886).

LEMONNIER (André Georges), amiral français (Guingamp 1896 - Cherbourg 1963). À la tête des fronts de Dieppe et du Calvados en mai 1940, il passa en Afrique du Nord (1942). Chef d'État-major de la marine à Alger (1943), il commanda en 1944 l'escadre française du débarquement de Provence. Il fut l'adjoint d'Eisenhower au Shape en 1951.

LÉMOVICES, peuple de la Gaule établi dans l'actuel Limousin.

LEMOYNE (Pierre), poète et jésuite français (Chaumont-en-Bassigny 1602 - Paris 1671), auteur du poème épique *Saint Louis ou la Couronne reconquise sur les infidèles* (1658).

LEMOYNE (les), famille de sculpteurs français nés et morts à Paris. — JEAN-LOUIS (1665-1755), élève de Coyzevox, commença une carrière au service du roi à la fin du XVIIe s. et excella dans le buste à l'époque de la Régence. — Son frère JEAN-BAPTISTE Ier (1679-1731) est l'auteur du *Baptême du Christ* de l'église St-Roch, suave et maniéré, que termina son neveu. — Ce dernier, JEAN-BAPTISTE II (1704-1778), fils de Jean-Louis, est l'un des grands représentants du style rocaille. Académicien (1738) et artiste officiel comme ses aînés, il est connu pour ses bustes de Louis XV et pour ceux des grands personnages du temps, d'une admirable vivacité (*Réaumur,* 1751, terre cuite, Louvre ; *Mlle Clairon,* Comédie-Française ; *Montesquieu,* 1767, marbre, Bordeaux).

LE MOYNE ou **LEMOINE** (Charles), colon français au Canada (Dieppe 1625 - Ville-Marie, auj. Montréal, 1685). Procureur du roi (1663), il fut anobli en 1668. — Son fils PIERRE **Le Moyne d'Iberville** (Ville-Marie, auj. Montréal, 1661 - La Havane 1706), vainqueur des Anglais sur la baie d'Hudson, en Acadie et à Terre-Neuve (1686-1697), fut le fondateur (1698) et le premier administrateur de la Louisiane. — Son frère, JEAN-BAPTISTE **Le Moyne de Bienville** (Ville-Marie, auj. Montréal, 1680 - Paris 1768), continua son œuvre en Louisiane, dont il fut plusieurs fois gouverneur (1713-1717 ; 1717-1726 ; 1733-1743).

LEMOYNE (François), peintre français (Paris 1688 - *id.* 1737). Il étudia Rubens à la galerie Médicis du Luxembourg et fit un voyage en Italie (Rome et Venise) en 1723. Après avoir donné des tableaux de chevalet sur des thèmes mythologiques, il obtint assez tardivement les commandes de décors monumentaux qui révèlent ses dons brillants, et dont le principal est le plafond du salon d'Hercule à Versailles (1733-1736). Insatisfait, il se suicida. Sa manière souple, claire et aérée annonce celle de Boucher et de Natoire, ses élèves.

LEMPA *(río),* riv. d'Amérique centrale (Honduras et Salvador) qui se jette dans le Pacifique ; 325 km (hydroélectricité).

LEMPDES (63370), comm. du Puy-de-Dôme, banlieue est de Clermont-Ferrand ; 9 257 hab. Industrie aéronautique. Alimentation.

LEMPIRA n. m. (de *Lempira,* n. pr.). Unité monétaire du Honduras.

LE MUET (Pierre), ingénieur et architecte français (Dijon 1591 - Paris 1669). Il représente un courant maniériste dans ses nombreux hôtels parisiens ainsi que dans son ouvrage *Manière de bien bâtir pour toutes sortes de personnes* (1623). Il a remanié le château de Tanlay et a poursuivi à partir de 1655, au Val-de-Grâce, l'œuvre de Mansart et de Lemercier.

LÉMURE n. m. (lat. *lemures,* spectres). Chez les Romains, spectre d'un individu décédé, fantôme.

LÉMURIDÉ n. m. (lat. *lemures,* spectres). Nom de famille donné à des prosimiens tels que les makis, les chirogales, etc.

LÉMURIEN n. m. Syn. de PROSIMIEN.

LÉMURIES n. f. pl. (lat. *Lemuria*). Fêtes religieuses de la Rome antique, destinées à apaiser les lémures (9, 11 et 13 mai).

LÉMURIFORME n. m. Nom de sous-ordre donné à des mammifères prosimiens tels que l'indri, le maki et l'aye-aye.

LENA (la), fl. de Russie, en Sibérie orientale, qui naît sur le versant de la chaîne dominant la rive O. du lac Baïkal, se dirige vers le N.-E. jusqu'à Iakoutsk, longe les monts de Verkhoïansk et se termine dans la mer des Laptev par un très grand delta ; 4 270 km (bassin de 2 490 000 km^2). Son débit moyen, à la tête du delta, est de 16 100 m^3/s. La période de navigation est de 120 jours à l'aval et 160 jours à l'amont.

LE NAIN, nom de trois peintres français du XVIIe s., nés à Laon et morts à Paris, les frères ANTOINE (v. 1600/1610-1648), LOUIS (v. 1600/1610-1648) et MATHIEU (v. 1607-1677). La distinction de leurs œuvres respectives, qu'ils n'ont jamais signées que de leur nom patronymique, est difficile et controversée. Installés à Paris, réputés tant à la Cour que dans les milieux religieux (quatre tableaux pour Notre-Dame, dont une *Nativité de la Vierge*), les Le Nain ont développé à partir de la fin des années 30 l'art du portrait collectif, traité en scènes de genre d'inspiration hollandaise (*la Tabagie,* 1643, Louvre), ainsi que les sujets paysans, traditionnellement attribués à Louis et qui, tout en s'inspirant des bambochades nordiques et italiennes, constituent leur expression la plus personnelle. Un réalisme sincère, rejetant pittoresque ou caricature, fait la haute dignité de cet art (au Louvre : *la Forge,* au clair-obscur savant ; *la Charrette,* 1641, unifiée par l'éclairage de plein air ; *Famille de paysans dans un intérieur,* hiératique et intime ; etc.).

LE NAIN DE TILLEMONT (Louis Sébastien), historien français (Paris 1637 - *id.* 1698), auteur de *Mémoires pour servir à l'histoire ecclésiastique des six premiers siècles* (1693-1712).

LENARD (Philipp), physicien allemand (Presbourg, auj. Bratislava, 1862 - Messelhausen, Bade-Wurtemberg, 1947). Après des travaux sur les rayons cathodiques, il introduisit l'énergie d'ionisation des atomes (1902) et montra que l'effet photoélectrique n'est provoqué que par des radiations de faible longueur d'onde. (Prix Nobel de physique 1905.)

LENAU (Nikolaus NIEMBSCH VON STREHLENAU, dit **Nikolaus**), poète autrichien (Csátad, près de Timișoara, Roumanie, 1802 - Oberdöbling, près de Vienne, 1850). Auteur de poésies lyriques où il exprime son angoisse et son désespoir (*Chants de joncs,* 1832), il a écrit un *Faust* (1836), poème dramatique qui fait du personnage de Goethe un héros révolté.

LENCAS, Indiens d'Amérique centrale occupant les régions montagneuses du Honduras et le nord-est du Salvador, actuellement estimés à 100 000 membres.

LENCLOÎTRE (86140), ch.-l. de cant. de la Vienne, à l'O. de Châtellerault ; 2 229 hab. Église des XIIe et XVe s., anc. abbatiale.

LENCLOS (Anne, dite **Ninon de**), femme de lettres française (Paris 1616 - *id.* 1705). Fort belle et intelligente, elle tint un salon fréquenté par les libres penseurs. On lui doit des *Lettres* et un court récit, *la Coquette vengée* (1659).

LENDAKARI n. m. (mot basque). Au Pays basque espagnol, président du gouvernement autonome.

LENDEMAIN n. m. (pour *l'endemain,* de *en* et *demain*). **1.** Le jour qui suit immmédiatement celui dont on parle, situé dans le passé ou le futur : *Il avait différé jusqu'au lendemain la décision à prendre.* — **2.** Avenir plus ou moins immédiat : *Songer au lendemain.* — **3.** *Du jour au lendemain,* dans un intervalle de temps très court : *Changer d'opinion du jour au lendemain.* ‖ *Sans lendemain,* qui n'a pas de suite, d'avenir.
◆ **lendemains** n. m. pl. Conséquences, répercussions d'un événement : *Cette affaire a eu de sombres lendemains.*

LENDINARA (Cristoforo CANOZI, dit **da**), marqueteur italien (documenté de 1449 à 1488). En collaboration avec son frère LORENZO, il a exécuté des décors de marqueterie imitant les représentations picturales (effets de perspective) ; ses chefs-d'œuvre sont à la cathédrale de Modène (chœur ; sacristie : peut-être d'après des modèles de Piero della Francesca).

LENDIT ou **LANDIT** n. m. (pour *l'endit,* anc. fr. *endit,* jour fixe, du lat. *indictum,* fixé). **1.** Importante foire qui avait lieu à Saint-Denis, au Moyen Âge. (Créée au XIe s., il s'y faisait un grand commerce de parchemin. Elle déclina après la guerre de Cent Ans). — **2.** Honoraires des maîtres payés à cette époque.

LENDL (Ivan), joueur de tennis tchécoslovaque, naturalisé américain en 1992 (Ostrava 1960), vainqueur à Roland-Garros en 1984, 1986 et 1987, à Flushing Meadow en 1985, 1986 et 1987, et aux Internationaux d'Australie en 1989 et 1990.

L'ENFANT (Pierre Charles), ingénieur et architecte français (Paris 1754 - Prince George County 1825). Engagé à 23 ans dans les troupes de La Fayette, il fut remarqué par Washington pour la qualité de ses fortifications. Il devint major dans le corps du génie de l'armée américaine, puis s'installa comme architecte à New York. Washington lui demanda le plan de la future capitale des États-Unis, un tracé en échiquier habilement compensé par des diagonales (1790-1793). Ce plan devait être réalisé, mais par d'autres.

LENGLEN (Suzanne), joueuse de tennis française (Paris 1899 - *id.* 1938). Championne du monde dès l'âge de 15 ans, elle domina le tennis mondial féminin.

LENGYEL, village de Hongrie (dép. de Tolna). Site néolithique, il a donné son nom à un faciès culturel du courant danubien de néolithisation (IVe millénaire), caractérisé par une poterie peinte aux motifs spiralés et des statuettes de terre cuite représentant des femmes et des animaux domestiques.

LENGYEL (Menyhért, dit **Melchior**), auteur dramatique hongrois (Balmazújváros 1880 - Budapest 1974). Il connut le succès avec son drame *le Grand Prince* (1907) et sa pièce *Typhon* (1909). Exilé aux États-Unis, il travailla à des scénarios pour Hollywood, notamment pour E. Lubitsch.

LENI (Paul), cinéaste allemand (Stuttgart 1885 - Hollywood 1929). Il s'imposa comme un des maîtres de l'expressionnisme dans *le Cabinet des figures de cire* (1924). Émigré aux États-Unis, il se spécialisa dans le cinéma d'épouvante : *la Volonté du mort* (1927) ; *l'Homme qui rit* (1928) ; *le Dernier Avertissement* (1929).

LENICA (Jan), graphiste et cinéaste polonais (Poznań 1928). Il consacre depuis 1950 une part essentielle de son œuvre à l'affiche. Depuis 1957, il réalise des films d'animation à la fois baroques et surréalistes : *A,* 1964 ; *Adam II,* 1968. Il aborde le long métrage d'animation avec *Ubu et la Grande Gidouille* (1979).

LÉNIFIANT, E adj. **1.** Amollissant, qui ôte toute énergie : *Atmosphère lénifiante.* — **2.** Apaisant, calmant : *Adresser quelques paroles lénifiantes à un grand malade.*

LÉNIFIER v. t. (lat. médiév. *lenificare,* du lat. class. *lenis,* doux) [conj. 9]. *Litt.* **1.** Amollir qqn, lui ôter de la vigueur, de l'énergie : *Climat qui vous lénifie.* — **2.** Calmer, apaiser une peine morale : *Ses paroles d'encouragement le lénifiaient.*

LENINABAD → KHODJENT.

LENINAKAN → GUMRI.

LÉNINE *(pic),* anc. **pic Kaufman,** sommet du Pamir, à la frontière du Tadjikistan et du Kirghizistan ; 7 134 m. Première ascension par une expédition germano-autrichienne (E. Allwein, E. Schneider et K. Wien ; 1928).

LÉNINE (Vladimir Ilitch OULIANOV, dit), révolutionnaire et homme d'État russe (Simbirsk 1870 - Gorki, près de Moscou, 1924). En 1887, son frère, membre d'un groupe populiste, est arrêté et exécuté. Vladimir Ilitch se lance alors dans le mouvement révolutionnaire et adhère à un cercle marxiste en 1888. Il s'installe à Moscou en 1893 et écrit *Ce que sont les amis du peuple* [...] (1894), contre les populistes. En 1895, désireux d'unir les cercles marxistes, il rencontre Plekhanov en Suisse, puis Liebknecht à Berlin. À son retour, il est arrêté (déc. 1895). Emprisonné, puis condamné à la déportation en Sibérie (1897-1900), il y fait la connaissance de N. Kroupskaïa, qu'il épouse, et rédige *le Développement du capitalisme en Russie.* Libéré, il part pour la Suisse où il fonde le journal *l'Iskra.* En mars 1902, il écrit *Que faire ?* où il expose ce que doit être l'organisation du parti révolutionnaire. Au IIe congrès du P. O. S. D. R. (1903), ses thèses l'emportent. Ainsi les léninistes deviennent-ils les bolcheviks (majoritaires), par rapport aux mencheviks (minoritaires). L'écrasement de la révolution de 1905 amène Lénine à durcir les conditions de fonctionnement du P. O. S. D. R. De congrès en congrès, les léninistes vont perdre puis reprendre la majorité. Fixé à Paris avec sa femme de 1908 à 1911, Lénine y écrit, pour s'opposer aux tentatives philosophiques contre le matérialisme historique, *Matérialisme et Empiriocriticisme.* Il fonde la *Pravda* en 1912. À la conférence du parti de 1912 à Prague, les mencheviks sont exclus. La guerre surprend Lénine à Cracovie, d'où il gagne la Suisse. Il y organise les conférences de Zimmerwald et de Kienthal, où il prépare une nouvelle Internationale, après la faillite de la seconde. Quand, en mars 1917, éclate la révolution russe, Lénine propose une politique différente de celle du gouvernement provisoire *(Lettres de loin),* puis arrive avec quelques compagnons à Petrograd, après avoir traversé l'Allemagne. Il publie alors les *Thèses d'avril.* Poursuivi par le gouvernement provisoire, il doit se cacher en Finlande. Il y écrit *l'État et la Révolution.* Il prépare l'insurrection, rejoint secrètement Petrograd, assiste au Comité central : sur sa proposition l'insurrection est décidée. Après le succès de la révolution d'Octobre, Lénine organise le IIe congrès des Soviets, où sont adoptés la plupart des mots d'ordre des bolcheviks : la paix, la terre aux paysans, la séparation de l'Église et de l'État, l'égalité des hommes et des femmes, le contrôle ouvrier sur les entreprises, la nationalisation des banques, etc. Parallèlement, Lénine crée la Tcheka puis l'Armée rouge (janv. 1918), et impose contre Trotski la paix de Brest-Litovsk (mars 1918). Devant la menace des armées étrangères qui appuient les contre-révolutionnaires (les « blancs »), Lénine institue la période dite du « communisme de guerre » (1918-1921). Devant l'accroissement des difficultés (famine, insurrection de Kronchtadt [mars 1921], réduction des récoltes par les paysans), il décide la N. E. P. (Nouvelle Politique économique), qui marque un retour partiel à l'économie capitaliste (1921). Parallèlement, Lénine organise la IIIe Internationale (mars 1919), et met ainsi en garde les révolutionnaires de tous les pays contre la collaboration de classe (*la Révolution prolétarienne et le renégat Kautsky,* 1918), et contre le refus du parlementarisme dans les pays bourgeois (*la Maladie infantile du communisme : le gauchisme,* 1920). En mai 1922, il est frappé d'une crise d'hémiplégie. Il dicte alors ses notes politiques et cherche à mettre en garde ses compagnons contre Staline, qu'il juge « trop brutal » (ce texte, le « Testament », ne sera officialisé qu'en 1956). Il meurt le 21 janv. 1924.

Lénine *(canal),* nom officiel du canal Volga-Don* et de la voie fluviale Volga-Baltique*.

Lénine *(ordre de),* ordre russe. Créé en 1930 pour les institutions, les collectivités et les citoyens s'étant distingués dans l'édification de l'État socialiste, il a été le plus élevé des ordres civils et militaires soviétiques.

Lénine *(prix),* prix fondés par le gouvernement soviétique en 1957 pour remplacer les prix Staline (créés en 1939), et destinés à récompenser des savants, techniciens, artistes et écrivains de l'U. R. S. S. ; les prix Lénine de la paix sont décernés à des personnalités du monde entier.

LENINGRAD → SAINT-PÉTERSBOURG.

LÉNINISME n. m. Ensemble des théories et des pratiques de Lénine.
ENCYCL. Le léninisme est davantage que le marxisme une stratégie pour la prise du pouvoir politique, et un ensemble de pratiques pour le conserver. Dans cette conception, le rôle du parti comme instrument de direction de la lutte du prolétariat est déterminant. Staline a tiré des textes de Lénine les éléments qui étaient surtout des directives momentanées en vue de la prise du pouvoir basées sur l'analyse marxiste de chaque situation, pour en faire un recueil figé de dogmes.

LÉNINISTE adj. et n. Relatif à Lénine, à sa doctrine ; partisan du léninisme.

LENINOGORSK, v. du Kazakhstan, en bordure de l'Altaï ; 72 000 hab. Métallurgie.

LENINSK-KOUZNETSKI, v. de Russie, en Sibérie, dans le Kouzbass, au S. de Kemerovo ; 135 000 hab. Extraction du charbon. Constructions mécaniques et électriques. Chimie. Textile.

LÉNITIF, IVE adj. (lat. médiév. *lenitivus,* du lat. class. *lenire,* adoucir). *Litt.* Lénifiant.

LÉNITION n. f. (lat. *lenitum,* de *lenire,* adoucir). Affaiblissement consonantique affectant les consonnes intervocaliques.

LENOBLE (Émile), céramiste français (Paris 1875 - Crozon 1940). Son œuvre, inspirée par la rigueur des céramiques song et coréennes, se compose de grès aux formes rigoureuses, décorés de motifs floraux ou géométriques.

LENOIR (Alexandre), archéologue français (Paris 1761 - *id.* 1839). D'abord peintre, il eut l'idée, sous la Révolution, de rassembler à Paris les monuments que la suppression des couvents exposait à la destruction. Le dépôt organisé par lui aux Petits-Augustins fut érigé en musée des Monuments français en 1796. Il restaura, de façon fantaisiste, divers tombeaux royaux de Saint-Denis.

LENOIR (Étienne), ingénieur français d'origine wallonne (Mussy-la-Ville, Luxembourg, 1822 - La Varenne-Saint-Hilaire, Val-de-Marne, 1900). On lui doit la réalisation pratique, à partir de 1860, des premiers moteurs à combustion interne.

LENOIR-DUFRESNE (Joseph), industriel français (Alençon 1768 - Paris 1806). Avec François Richard, il introduisit en France la filature du coton au moyen de la *mule jenny,* connue alors seulement en Angleterre.

LENORMAND (Henri René), auteur dramatique français (Paris 1882 - *id.* 1951). On lui doit des drames d'inspiration pessimiste (*les Ratés,* 1920 ; *Mixture,* 1927 ; *la Folle du ciel,* 1936).

LE NÔTRE (André), architecte et dessinateur français de jardins (Paris 1613 - *id.* 1700). Formé dans les ateliers de Vouet, puis de Mansart, successeur de son père comme jardinier des Tuileries en 1637, contrôleur général des Bâtiments du roi en 1656, il manifesta dans ses jardins (Vaux-le-Vicomte, Versailles, les Tuileries, Saint-Germain-en-Laye, Saint-Cloud, Chantilly, Sceaux, etc.) une rigueur d'ensemble fondée sur des données scientifiques (perspective, optique, physique). Le schéma géométrique, les larges perspectives, les canaux, les plans et les jeux d'eau ainsi que les statues contribuèrent au caractère noble et grandiose voulu par le Grand Siècle, et firent la célébrité du jardin « à la française ».

LENS (62300), ch.-l. d'arrond. du Pas-de-Calais ; 35 278 hab. *(Lensois).* [L'agglomération, englobant notamment Liévin, Carvin, Hénin-Beaumont, compte plus de 320 000 hab.] Le charbon a donné naissance aux usines carbochimiques des environs, à la métallurgie. Son extraction a aujourd'hui cessé et la reconversion pose de sérieux problèmes. La ville renforce ses fonctions tertiaires, aidée par de bonnes dessertes (routières et autoroutières, ferroviaires).
— **Hist.** Le 20 août 1648, Condé y remporta sur les Impériaux une victoire décisive.

LENT, E adj. (lat. *lentus*). **1.** Qui se fait dans un temps relativement long, par comparaison avec d'autres : *Le mouvement lent des astres.* — **2.** Qui se déplace en parcourant relativement moins d'espace que d'autres dans un même temps : *La tortue est un animal lent.* — **3.** Qui est long à se faire, à se réaliser, à atteindre son but : *La justice est lente.* — **4.** Qui manque de vivacité, de rythme, d'animation : *Un film lent, où l'on s'ennuie.* — **5.** Qui manque de vivacité, qui ne comprend pas vite : *Il a l'esprit lent.* — **6.** *Mèche lente,* syn. de MÈCHE DE SÛRETÉ. ‖ *Mort lente,* qui survient au terme de longues souffrances ou d'un dépérissement progressif. ‖ *Poudre lente,* poudre dont la déflagration n'est pas très rapide, par oppos. à POUDRE VIVE. ‖ *Sommeil lent,* syn. de SOMMEIL PROFOND.

LENTE n. f. (lat. pop. **lenditem*, du lat. class. *lens, lendis*). Œuf du pou.

Lente *(forêt domaniale de),* forêt plantée de sapins dans le massif du Vercors ; 4 000 ha.

LENTEMENT adv. **1.** De façon lente : *Les heures passent lentement.* — **2.** D'une manière qui manque de vivacité : *Travailler lentement.*

LENTEUR n. f. **1.** Caractère de ce qui est lent, de qqn qui est lent : *La lenteur des travaux.* — **2.** Manque de vivacité : *Comprendre avec lenteur. Lenteur d'esprit.*
◆ **lenteurs** n. f. pl. Tergiversations, retards : *Les lenteurs de l'Administration.*

LENTICELLE n. f. Petite perforation respiratoire de l'écorce des jeunes rameaux.

LENTICULAIRE ou **LENTICULÉ, E** adj. (bas lat. *lenticularis,* du lat. class. *lenticula,* lentille). **1.** Qui a la forme d'une lentille : *Tache lenticulaire.* — **2.** Se dit d'une disposition des couches sédimentaires en lentilles. — **3.** *Noyau lenticulaire,* amas de substance grise appartenant aux noyaux gris centraux. (Il est divisé en deux parties, le pallidum en dedans et le putamen en dehors.) ‖ *Os lenticulaire,* osselet de l'oreille interne qui s'articule sur l'enclume.

LENTIGINEUX, EUSE adj. Relatif au lentigo.

LENTIGINOSE n. f. État caractérisé par de nombreux lentigos disséminés ou groupés.

LENTIGO n. m. ou **LENTIGINE** n. f. (lat. *lentigo,* de *lens, lentis,* lentille). **1.** Petite tache pigmentaire de la peau, d'origine nævique. (Syn. fam. GRAIN DE BEAUTÉ.) — **2.** *Lentigo malin des vieillards,* syn. de MÉLANOSE* DE DUBREUILH.

ENCYCL. Les taches du lentigo sont brunes, noires ou bleues, grandes comme une lentille et siègent sur la face, le cou, les épaules, les organes génitaux. Ce sont des taches plates, très superficielles, dues à l'augmentation du nombre des mélanocytes normaux. Le lentigo est une lésion bénigne.

1. LENTILLE n. f. (lat. *lenticula,* dimin. de *lens, lentis,* lentille). **1.** Légumineuse annuelle (papilionacée), grêle et basse, cultivée pour sa graine comestible, qui a la forme d'un petit disque renflé en son centre. — **2.** La graine elle-même, l'un des légumes secs les plus anciennement consommés. — **3.** Formation géologique sédimentaire d'extension limitée, se terminant latéralement en biseau. — **4.** Amas minéralisé d'épaisseur relativement faible, s'amincissant sur les bords. — **5.** *Échanger qqch contre un plat de lentilles,* échanger un avantage précieux contre une satisfaction dérisoire. ‖ *Lentille d'eau,* nom usuel des plantes des germes *lemna* et voisins.

2. LENTILLE n. f. (de *lentille 1*). **1.** Volume de verre ou d'une substance réfringente quelconque, limité par des surfaces généralement sphériques, utilisé pour former des images optiques. (→ *encycl.*) — **2.** *Lentille de contact* ou *cornéenne,* prothèse transparente, en forme de disque, destinée à être placée au contact de la cornée pour la correction des défauts de réfraction. ‖ *Lentille électronique,* dispositif formé de condensateurs *(lentille électrostatique),* de bobines ou d'électroaimants *(lentille électromagnétique),* qui dévie les faisceaux de particules chargées, comme les lentilles optiques les faisceaux lumineux. ‖ *Len-*

Construction des images pour une lentille convergente (a) et pour une lentille divergente (b).

LENTILLE

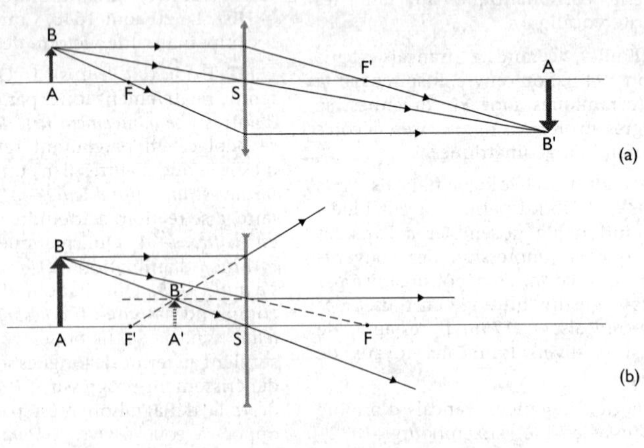

tille intra-oculaire, implant intra-oculaire, destiné à remplacer le cristallin (extrait pour cataracte le plus souvent). [Elle connaît un grand développement du fait de ses avantages par rapport à la correction par lunettes de l'aphakie : le champ visuel est conservé, il n'y a pas de grandissement de la taille des images.]

ENCYCL. **Opt.** On distingue les lentilles à bords minces, convergentes, des lentilles à bords épais, divergentes. La construction de l'image A'B' d'un objet AB, donnée par une lentille de centre optique S et de foyers F et F', fait appel à deux notions : un rayon parallèle à l'axe optique est dévié par la lentille dans la direction d'un foyer. Un rayon passant par le centre optique n'est pas dévié. La formule de Descartes donne la position de A' par rapport à A : $1/\overline{SA'} - 1/\overline{SA} = 1/f'$, f' étant la distance focale image. Si l'objet est situé au-delà du foyer, une lentille convergente en donne une image réelle, une lentille divergente une image virtuelle.

LENTILLON n. m. (de *lentille 1*). Lentille qu'on sème à l'automne.

LENTINI, v. d'Italie, en Sicile (prov. de Syracuse), près du lac homonyme, au S.-S.-O. de Catane ; 31 700 hab. C'est l'antique *Leontinoi,* fondée par les Grecs de Naxos en 729 av. J.-C., et qui fut longtemps dans la dépendance de Syracuse.

LENTISQUE n. m. (lat. *lentiscus*). Arbuste (anacardiacée) à feuilles persistantes des régions méditerranéennes, voisin du pistachier, dont on récolte le suc résineux *(mastic)* par incisions du tronc.

LENTIVIRUS [-rys] n. m. Nom générique d'une famille de virus à action lente dont fait partie le LAV (HIV ou V. I. H.), rétrovirus associé au sida.

LENTO [lɛnto] adv. (ital. *lento,* lent). Terme d'exécution indiquant qu'un morceau doit être joué lentement, mais sans excès, entre *largo* et *adagio.*

◆ n. m. (pl. *lentos*). Morceau exécuté dans ce mouvement.

LENZ (Jakob Michael Reinhold), auteur dramatique allemand (Sesswegen, Livonie, 1751 - Moscou 1792). Il fut par ses drames l'un des promoteurs du Sturm* und Drang (*le Précepteur,* 1774 ; *les Soldats,* 1776).

LENZ (Heinrich Friedrich Emil), physicien russe (Dorpat, auj. Tartou, Estonie, 1804 - Rome 1865). Il découvrit la loi donnant le sens des courants induits (*loi de Lenz,* 1833) et observa l'accroissement de résistance électrique des métaux avec la température.

Lenz *(loi de),* loi selon laquelle le déplacement d'un courant électrique ou d'un aimant situés dans le voisinage d'un circuit fermé y développe un courant induit qui tend à s'opposer à la variation du flux inducteur. (→ INDUCTION* ÉLECTROMAGNÉTIQUE.)

LENZ (Oskar), géologue et voyageur allemand (Leipzig 1848 - Sooss, près de Baden, Autriche, 1925). Il explora le bassin de l'Ogooué (1874-1876), visita l'Atlas marocain, et parvint à Tombouctou (1879-80).

LENZ (Siegfried), écrivain allemand (Lyck, Prusse-Orientale, 1926). À travers une œuvre très diverse se font jour les thèmes de l'expérience de la solitude et du renoncement et la nécessité d'assumer le passé (*le Bateau-phare,* 1960 ; *la Leçon d'allemand,* 1968 ; *Das Vorbild,* 1973, *Heimatmuseum,* 1978 ; *Exerzierplatz,* 1985).

LENZITE n. m. (de H. O. *Lenz,* n. pr.). Champignon coriace du groupe des polypores, à pores irréguliers, très commun sur le bois mort.

LEOBEN, v. d'Autriche (Styrie), au N.-O. de Graz, dans la haute vallée de la Mur ; 32 000 hab. Métallurgie. — Les préliminaires du traité de Campoformio y furent signés le 18 avril 1797.

LÉOCHARÈS, sculpteur athénien (IVe s. av. J.-C.). Il travailla au Mausolée d'Halicarnasse ; avec Lysippe, il sculpta le groupe en bronze de *la Chasse d'Alexandre,* à Delphes. On lui doit de nombreuses effigies de dieux (*Déméter de Cnide,* British Museum ; original de l'*Apollon du Belvédère,* etc.). Le rythme de la composition et la libération du mouvement participent au renouveau artistique du IVe s.

LÉOGNAN (33850), comm. de la Gironde, banlieue sud de Bordeaux ; 8 081 hab. *(Léognanais).* Vins rouges et blancs secs des Graves.

LEÓN, v. d'Espagne, ch.-l. de prov., sur le río Bernesga ; 144 021 hab. Centre commercial et industriel (chimie, industrie pharmaceutique). — L'ancienne *région de León* (prov. de León, Salamanque et Zamora) fait maintenant partie de la communauté autonome de Castille-León.

— **Hist.** Place forte construite sous le règne d'Auguste pour abriter la *Legio septima gemina* (VIIe Légion), elle devint en 914 la capitale du royaume de León, statut qu'elle perdit définitivement en 1230.

— **Bx-arts.** Collégiale de S. Isidoro, important foyer d'art roman : panthéon des rois (fin du XIe s. ; voûtes peintes au XIIe) ; reste de l'église rebâti dans le courant du XIIe s. (sculptures, trésor). Cathédrale entreprise en 1255 sur le modèle de Reims (portails sculptés ; vitraux et œuvres d'art ; cloître en gothique tardif). Couvent S. Marcos (XVIe-XVIIIe s.), à l'immense façade plateresque (musée provincial). Palais et belles demeures.

LEÓN *(royaume de),* royaume de la péninsule Ibérique qui dura du XIe au XIIIe s. Issu du royaume des Asturies, il fut constitué en 910 par Alphonse III en faveur de son fils García Ier (910-914), premier roi de León. S'étendant alors sur le plateau de Castille et de León, il eut pour capitale Oviedo puis (914) León, que choisit Ordoño II (914-924). En dépit des luttes intestines, ses souverains participèrent activement à la Reconquista (victoire de Simancas remportée en 939 par Ramire II). Au terme d'un conflit avec la Castille, le León passa par mariage à Ferdinand Ier qui le réunit à son royaume de Castille (1037). Séparé de la Castille de 1157 à 1230, il lui fut définitivement uni en 1230.

LEÓN, v. du Mexique (État de Guanajuato), sur le río Turbio, dans une plaine fertile ; 875 453 hab. Centre commercial et industriel (métallurgie, travail du cuir, joaillerie, textile).

LEÓN, v. du Nicaragua, anc. cap de la République, ch.-l. de dép., au N.-O. du lac Managua ; 100 982 hab. Université. Centre commercial.

LÉON, région du nord-ouest de la Bretagne (Finistère), entre la rivière de Morlaix, à l'E., et le goulet de Brest, à l'O. *(Léonards).* C'est un pays d'agriculture riche (polyculture, élevage), et certains secteurs (Roscoff, Saint-Pol-de-Léon) ont des cultures maraîchères (artichauts, choux-fleurs, oignons, pommes de terre, etc.).
— **Hist.** Le Léon forma au IXe s. un comté (cap. Saint-Pol) qui passa au XIIIe s. au duc de Bretagne et qui fut érigé en principauté en faveur des Rohan en 1572.

LÉON *(étang de),* étang du dép. des Landes, couvrant environ 600 ha et communiquant avec l'Atlantique par le courant d'Huchet. — Au S.-E., la *comm. de Léon* (40550) compte 1 337 hab.

PAPES

LÉON Ier le Grand *(saint)* [Volterra ? - Rome 461], pape de 440 à 461. Défenseur de l'Italie et de Rome face à Attila (452) et à Geiséric (455), il devint pape en 440. Tout en affermissant l'autorité pontificale en Occident, il joua un rôle important en Orient, dans la lutte contre l'hérésie nestorienne. L'Église lui doit d'admirables commentaires de l'Écriture et surtout la publication du premier missel. Léon Ier fut proclamé docteur de l'Église en 1754.

LÉON II *(saint)* [Sicile ? - Rome 683], pape en 682-683.

LÉON III *(saint)* [Rome v. 750 - *id.* 816], pape de 795 à 816. Ne pouvant maintenir son autorité à Rome, il se mit sous la protection de Charlemagne, qu'il couronna empereur le 25 déc. 800. Par la suite, Léon III montra une certaine indépendance, notamment lors de l'affaire du *filioque.*

LÉON IV *(saint)* [Rome ? - *id.* 855], pape de 847 à 855. Il s'appliqua, sans grand effet, à défendre les droits du Saint-Siège contre les empiètements du pouvoir laïque.

LÉON V (Ardea ? - 903), pape en 903.

LÉON VI (Rome ? - *id.* 928), pape en 928.

LÉON VII (Rome ? - *id.* 939), pape de 936 à 939. Il entreprit la réforme monastique dans l'esprit clunisien.

LÉON VIII (Rome ? - 965), pape de 963 à 965.

LÉON IX *(saint)* [Bruno D'EGUISHEIM-DAGSBURG] (Eguisheim, Alsace, 1002 - Rome 1054), pape de 1049 à 1054. Partisan convaincu de la réforme ecclésiastique, il exigea la démission des clercs et des prélats simoniaques et dota la papauté de l'arme juridique, premiers éléments du droit canon, qui allait permettre l'affirmation de la suprématie pontificale. La fin de son pontificat fut marquée par les invasions normandes en Pouille et par la rupture avec le patriarche de Constantinople, Keroularios (1053-1054).

LÉON X (Jean DE MÉDICIS) [Florence 1475 - Rome 1521], pape de 1513 à 1521. Fils de Laurent le Magnifique, il pratiqua le népotisme. Après s'être rapproché des Français, il se rallia finalement à Charles Quint (v. 1519). Réformateur médiocre de l'Église, il fut surtout un mécène généreux et fastueux, protégeant notamment Raphaël et Michel-Ange. Mais ses besoins d'argent l'amenèrent à écraser l'Église d'une fiscalité très critiquée et à accorder des indulgences aux fidèles qui aideraient par leurs dons à la construction de la basilique St-Pierre à Rome (1515) ; ce fut l'origine de la révolte de Luther, que Léon X finit par condamner (bulle *Exsurge Domine,* 1520).

LÉON XI (Alexandre DE MÉDICIS) [Florence 1535 - Rome 1605], pape en 1605.

LÉON XII (Annibale SERMATTEI DELLA GENGA) [Genga, près de Spolète, 1760 - Rome 1829], pape de 1823 à 1829. Il fut l'adversaire du libéralisme en Europe ; il signa de nombreux concordats avec les États européens et américains.

LÉON XIII (Vincenzo Gioacchino PECCI) [Carpineto Romano 1810 - Rome 1903], pape de 1878 à 1903. Archevêque de Pérouse (1846-1877), cardinal, il se préoccupa beaucoup de la question ouvrière. Successeur de Pie IX sur le trône pontifical, il développa, avec les puissances, une politique de conciliation qui permit aux catholiques de servir la Cité avec plus de liberté ; par l'encyclique *Au milieu des sollicitudes* (1892), il invita les Français à se rallier à la République pour la réformer de l'intérieur. Mais Léon XIII a surtout marqué son temps par son encyclique

Rerum novarum (1891). Celle-ci constitue, encore aujourd'hui, le document de base de la pensée sociale de l'Église. Elle fut, d'autre part, à l'origine d'un renouveau fondamental de la participation des catholiques au mouvement ouvrier. Léon XIII donna aussi une impulsion aux études exégétiques et à la recherche scientifique, ouvrant aux chercheurs les archives du Vatican et préconisant un renouvellement essentiel des études thomistes.

ARMÉNIE

LÉON II le Magnifique, prince puis roi d'Arménie (1187-1219), successeur de son frère Rouben III. Roi-soldat, il repoussa les forces réunies des sultans d'Alep et de Damas (1187), et conquit l'Isaurie sur le sultanat seldjoukide de Konya. Il s'allia à Frédéric Barberousse et devint le feudataire du Saint Empire romain germanique (il obtint la couronne royale de l'empereur Henri VI et du pape Célestin III en 1199). Il adopta les institutions de l'Occident médiéval et travailla à une réconciliation de l'Église arménienne avec Rome. — **Léon VI** *de Lusignan* († Paris 1393), dernier roi d'Arménie (1374-75). Assiégé par les Mamelouks d'Égypte, il dut se rendre (1375). Captif en Égypte jusqu'en 1382, il fut libéré et se retira à la cour de France.

EMPEREURS BYZANTINS

LÉON Ier, empereur byzantin (457-474). Il accéda au trône grâce à Aspar, chef des milices gothiques, poursuivit la lutte contre les monophysites et, s'étant choisi en Occident un collègue (Anthemius, avr. 467) qui déplaisait à Geiséric, dut mener contre celui-ci une expédition désastreuse (468). Il fut le premier empereur couronné par le patriarche de Constantinople.

LÉON III l'Isaurien (Germaniceia, Commagène, auj. Maraş, Turquie, v. 675 - Constantinople 741), empereur byzantin (717-741). Il délivra l'Empire en repoussant les Arabes qui assiégeaient Constantinople (août 717 - août 718) et réorganisa l'administration. Mais l'interdiction des icônes (édits de 726 à 730) provoqua la querelle des images et fut à l'origine de la rupture avec Rome et de la perte de l'Italie.

LÉON IV le Khazar (v. 750-780), empereur byzantin (775-780). Fils de Constantin V, dont il poursuivit la politique, il obtint le baptême du khān bulgare Telerig (777) et combattit les Arabes en Syrie (778) et en Anatolie (779). Iconoclaste, il reprit les persécutions.

LÉON V l'Arménien, empereur byzantin (813-820). Il sauva Constantinople de l'assaut bulgare (813). Il déposa le patriarche Nicéphore (815), rallumant ainsi la querelle des images (815-842).

LÉON VI le Sage ou **le Philosophe** (866-912), empereur byzantin (886-912). Il fut vaincu par les Bulgares et perdit la Sicile (902). Il publia les *Basiliques,* œuvre législative commencée par Basile.

LÉON l'Africain (Ḥasan ibn Muḥammad al-Wazzān al-Zayyātī, dit), voyageur arabe (Grenade v. 1494 - Tunis 1552 ?). Il traversa le Sahara, visita le Soudan (1513-1515) et l'Égypte (1517, 1520). Il se convertit au catholicisme à Rome (apr. 1520). Sa *Description de l'Afrique* fut publiée en italien (1550).

LÉON l'Hébreu → ABRAVANEL.

LEÓN (Fray LUIS DE) → LUIS DE LEÓN.

LÉON (Paul), écrivain d'art français (Rueil, Hauts-de-Seine, 1874 - Chantilly 1962). Il acheva sa carrière comme directeur des beaux-arts. Son ouvrage le plus important est : *l'Histoire de l'art monumental au Collège de France. La conservation des monuments en France* (1933).

LEÓN (María Teresa), femme de lettres espagnole (Logroño 1904 - Madrid 1988). Elle a dirigé, avec son mari Rafael Alberti, la revue *Octubre* (1933-34) et a été l'un des plus grands metteurs en scène de théâtre pendant la guerre civile.

LÉONAIS, E adj. et n. Du León (en Espagne).

LÉONARD, E adj. et n. Du pays de Léon, en Bretagne.

◆ **léonard** n. m. Dialecte breton parlé dans le nord du Finistère (pays de Léon), constituant la base de la langue littéraire.

LÉONARD de Noblat *(saint),* ermite puis moine († v. 559). Il fonda le monastère de Noblat, plus tard Saint-Léonard, lieu de pèlerinage très fréquenté au Moyen Âge.

LÉONARD de Pise → FIBONACCI.

LÉONARD de Vinci, artiste et savant italien (Vinci, près de Florence, 1452 - château de Cloux, auj. Clos-Lucé, près d'Amboise, 1519). Il apprend la peinture et le dessin dans l'atelier de Verrocchio vers 1470, cultive également les mathématiques et la musique. Mais Florence l'emploie peu : en 1482, Léonard part pour Milan et offre à Ludovic le More ses services d'ingénieur militaire, d'architecte, de sculpteur et de peintre. Il entreprend la statue équestre du père du duc, décore une salle du Castello Sforzesco, ordonne les divertissements de la Cour. Ludovic chassé par les Français, l'artiste passe à Mantoue (1499), à Venise, à Rome, puis rentre en 1503 à Florence, où il se mesure avec Michel-Ange (dessins pour *la Bataille d'Anghiari*). Il séjourne de nouveau à Milan (où il a des émules peintres, tels Boltraffio, A. Solario ou Luini), puis à Rome, où le grand homme est alors Raphaël (qu'il a influencé) et où il fait figure de philosophe chimérique, d'instable étranger au monde réel. Désabusé, il accepte en 1516 l'invitation de François Ier, qui lui procurera à Cloux une paisible fin de vie. Initiateur de la seconde Renaissance, Léonard est beaucoup plus que le grand peintre qu'ont surtout vu en lui ses contemporains, inventeur du *sfumato,* ce demi-jour vaporeux baignant les formes d'une poésie ineffable, et auteur de quelques-uns des plus célèbres archétypes picturaux de l'Occident : *l'Adoration des Mages,* inachevée, de 1481 (Offices), *la Vierge* aux rochers, la Cène,* murale, du couvent de S. Maria delle Grazie à Milan (1496-1498, très dégradée), *la Vierge, l'Enfant Jésus et sainte Anne* (Louvre), *la Joconde*...* Aussi doué pour l'investigation scientifique que pour les arts, aussi passionné de recherche intellectuelle qu'observateur (très en avance sur son temps) des phénomènes naturels, il montre l'étendue encyclopédique de sa curiosité (anatomie et « têtes d'expression », géologie et paysage, études d'animaux et de végétaux, mécanique, hydraulique, architecture et fortification, mathématiques, perspective, optique, etc.) dans ses nombreux carnets (Milan, Paris, Londres, Madrid...), où les dessins, associés à l'écrit, font alterner exactitude et puissance visionnaire.

LÉONARD (Nicolas Germain), écrivain français (Guadeloupe 1744 - Nantes 1793). Ses poèmes élégiaques et ses romans sentimentaux (*Lettres de deux amants habitant Lyon,* 1783) annoncent Lamartine.

LÉONARDESQUE adj. Qui se rapporte à l'art de Léonard de Vinci, ou le rappelle.

LEONARDO DE ARGENSOLA (Lupercio), poète espagnol (Barbastro, Aragon, 1559 - Naples 1613). Historiographe d'Aragon. — Son frère BARTOLOMÉ (Barbastro, Aragon, 1562 - Saragosse 1631) lui succéda. La pureté du style de leurs poésies les a fait surnommer « les Horaces de l'Espagne » et « les Jumeaux d'Apollon ».

LEONBERG n. m. Chien allemand, de forte taille, utilisable pour la garde et le trait.

LEONCAVALLO (Ruggero), compositeur italien (Naples 1857 - Montecatini 1919). Représentant de l'école vériste, il doit son succès à des opéras dont *Paillasse* (*Pagliacci,* 1892).

LEONE n. m. Unité monétaire de la Sierra Leone.

LEONE (Giovanni), homme d'État et juriste italien (Naples 1908). Député démocrate-chrétien (1946), président du Conseil (1963 et 1968), sénateur à vie (1967), il fut président de la République de 1971 à 1978.

LEONE (Sergio), cinéaste italien (Rome 1929 - *id.* 1989). Il débuta en 1961 par la réalisation d'un péplum puis dirigea à partir de 1964 une série de westerns à l'italienne (« westerns-spaghettis ») : *Pour une poignée de dollars* suivi de *Et pour quelques dollars de plus* (1965), *le Bon, la brute et le truand* (1966), *Il était une fois dans l'Ouest* (1969). Aux États-Unis, il mit en scène *Il était une fois la révolution* (1971) puis *Il était une fois en Amérique* (1984).

LEONHARDT (Gustav), claveciniste et organiste néerlandais ('s-Graveland 1928). Fondateur du Leonhardt Consort (1955), spécialiste de J. S. Bach, il joue, sur instruments anciens, le répertoire des XVIIe et XVIIIe s. Ses interprétations sont appuyées sur des recherches musicologiques.

LEONI (Leone), sculpteur et médailleur italien (Menaggio, près de Côme, v. 1509 - Milan 1590). Surtout bronzier, on lui doit notamment une statue de Charles Quint en empereur cuirassé, fondue à Madrid (Prado), le tombeau de Jean-Jacques de Médicis au dôme de Milan (1563), la statue à l'antique (1588) du tombeau de Vespasien Gonzague à Sabbioneta. — Son fils POMPEO (Pavie v. 1533 - Madrid 1608) est l'auteur des magistrales figures en bronze doré des tombeaux de l'Escorial, représentant Charles Quint et Philippe II entourés de leur famille.

LÉONIDAS Ier († Thermopyles 480 av. J.-C.), roi de Sparte (490-480), de la famille des Agides, chargé de défendre les Thermopyles. Après une défense héroïque, il mourut avec 300 hoplites. — **Léonidas II** (v. 315 - 235 av. J.-C.), roi de Sparte (v. 247-235), de la famille des Agides. Partisan d'un gouvernement oligarchique, il s'opposa à son collègue Agis IV, qu'il fit déposer et exécuter en 241.

LEONIDAS, footballeur brésilien (São Paulo 1911). Avant-centre du Brésil et meilleur buteur de la Coupe du monde 1938, il fut surnommé le « Diamant noir ».

LÉONIDES, essaim de météoroïdes ou météores associés, observables en novembre, dont le radiant se trouve dans la constellation du Lion.

1. LÉONIN, E adj. (lat. *leoninus,* de *leo, leonis,* lion). **1.** *Litt.* Qui est propre au lion, qui rappelle le lion : *Une chevelure léonine.* — **2.** Se dit d'un partage où qqn se réserve la plus grosse part, la part du lion : *Un accord de commerce léonin.* — **3.** *Clause léonine,* clause d'un contrat dont l'exécution procurerait à l'une des parties un avantage exorbitant au détriment des autres cocontractants.

2. LÉONIN, E adj. (p.-ê. de *Léon,* chanoine de St-Victor, au XIIe s.). Se dit de vers dont les deux hémistiches riment ensemble.

LÉONIN ou **MAGISTER LEONINUS,** compositeur français († v. 1190). Il fut l'un des maîtres de la célèbre école de Notre-Dame de Paris. Ses organums à deux parties fondés sur une teneur en plain-chant consistent essentiellement en répons pour la messe et les heures canoniales.

LÉONITE n. f. (de *Leo* Strippelmann, n. pr.). Sulfate naturel double de potassium et de magnésium hydraté.

Leonore, nom donné aux différentes ouvertures du *Fidelio* de Beethoven. L'ouverture n° 3 (1806) constitue un hymne à la liberté, alors que l'ouverture de *Fidelio* (1814) est une simple introduction symphonique.

LEONOV (Leonid Maksimovitch), écrivain russe (Moscou 1899 - *id.* 1994). Son premier roman (*les Blaireaux,* 1924) décrit la révolte de paysans anarchistes contre l'État prolétarien. Ses œuvres suivantes, consacrées à l'établissement de la société nouvelle en U. R. S. S. (*le Voleur,* 1927), s'enrichissent d'une dimension patriotique que lui inspirent la guerre et l'après-guerre (*l'Invasion ; la Prise de Velikochoumsk,* 1942-1944 ; *la Forêt russe,* 1953).

LEONOV (Alekseï Arkhipovitch), cosmonaute russe (Listvianka, région de Novossibirsk, 1934). Il est le premier homme à avoir effectué une sortie en scaphandre dans l'espace (le 18 mars 1965, lors du vol Voskhod 2).

LÉONTIASIS [-zis] n. m. (lat. sc. mod. *leontiasis*). Hypertrophie de la face, qui lui donne un aspect léonin. (Elle est due le plus souvent à la lèpre.)

LEONTIEF (Wassily), économiste américain d'origine russe (Saint-Pétersbourg 1906). Il mit au point, à la veille de la Seconde Guerre mondiale, le tableau d'échanges intersectoriels, fondé sur l'interdépendance des secteurs de l'économie, qu'il présenta en 1941 dans son livre sur *la Structure de l'économie américaine.* (Prix Nobel de sciences économiques 1973.)

LEONTIEV (Konstantine Nikolaïevitch), écrivain russe (Koudinovo, gouvern. de Kalouga, 1831 - monastère de Serguiev Possad, près de Moscou, 1891). Après une vie agitée, il se fit moine. Il exposa ses idées dans *l'Orient, la Russie, les Slaves* (1885-86) et laissa des souvenirs autobiographiques.

LEONTINOI → LENTINI.

LÉONTOCÉPHALE adj. et n. (gr. *leontokephalos*). Se dit d'une divinité à tête de lion ou de lionne (la déesse égyptienne Sekhmet).

LÉONTODON n. m. Plante composée aux feuilles en rosette, aux capitules jaunes. (N. usuel *liondent.*)

LÉONTOPOLIS, nom donné par les Grecs à deux villes du Delta égyptien, où l'on adorait des dieux de forme léonine.

LEONURUS [-rys] n. m. (gr. *leôn, -ontos,* lion). Nom générique de la *cardiaque.*

LÉOPARD n. m. (lat. *leopardus,* de *leo,* lion, et *pardus,* léopard). **1.** Syn. de PANTHÈRE. — **2.** *Léopard de mer,* grand phoque carnassier des régions antarctiques. ‖ *Tenue léopard,* tenue de combat camouflée, tachetée, des parachutistes.

LEOPARDI (Giacomo), écrivain italien (Recanati, Marches, 1798 - Naples 1837). Considéré comme le plus grand poète italien depuis Pétrarque, il est à l'origine de la poésie moderne italienne. Ses poésies lyriques *(Canzoni* et *Canti),* publiées entre 1824 et 1835, qui lui apportèrent une grande renommée, ne constituent qu'une petite partie de son œuvre d'érudit, de philologue et de journaliste. Cependant, un même pessimisme marque aussi bien son œuvre en prose que poétique (*À l'Italie,* 1818 ; *Chant nocturne,* 1831 ; *la Ginestra,* 1836).

LÉOPOLD-II *(lac)* → MAÏ NDOMBÉ *(lac).*

EMPEREURS

LÉOPOLD Ier (Vienne 1640 - *id.* 1705), archiduc d'Autriche, roi de Hongrie (1655-1705), roi de Bohême (1656-1705), empereur (1658-1705), fils et successeur de Ferdinand III. Il dut faire face à la fois au péril turc à nouveau menaçant et à la politique d'expansion territoriale menée par Louis XIV. Il arrêta l'offensive ottomane à Saint-Gotthard (1664), puis, lorsque les Turcs assiégèrent Vienne (1683), il fit appel à Jean III Sobieski qui les repoussa. Il reconquit la plaine hongroise que les Ottomans lui cédèrent à la paix de Karlowitz (1699). En Hongrie royale, il avait voulu, à partir de 1670, imposer la Réforme catholique et avait provoqué une insurrection. Intervenant en Allemagne, il adhéra à la coalition réunie par Guillaume d'Orange contre la France (1673-1674). Puis il s'engagea en 1688 dans la guerre de la Ligue d'Augsbourg. Enfin voulant imposer son fils, l'archiduc Charles, sur le trône d'Espagne, il engagea l'Empire dans la guerre de la Succession d'Espagne (1701-1714).

LÉOPOLD II (Vienne 1747 - *id.* 1792), grand-duc de Toscane (Pierre Léopold Ier) [1765-1790], archiduc d'Autriche, empereur, roi de Bohême et de Hongrie (1790-1792), fils de François Ier et de Marie-Thérèse. Successeur de son frère, Joseph II, il modéra les dispositions qu'il avait prises dans le domaine religieux. Il publia avec Frédéric-Guillaume II, roi de Prusse, la déclaration de Pillnitz (27 août 1791), appelant les souverains à agir contre la France révolutionnaire, mais mourut avant l'ouverture des hostilités.

Léopold II *(ordre de),* ordre de chevalerie autrichien, créé en 1808 par l'empereur François Ier.

AUTRICHE

LÉOPOLD III DE HABSBOURG (1351-Sempach 1386), duc d'Autriche avec son frère Albert III (1365-1379), tige de la branche Léopoldine*.

BELGIQUE

LÉOPOLD Ier (Cobourg 1790 - Laeken 1865), roi des Belges (1831-1865), fils de François de Saxe-Cobourg. Après avoir refusé la couronne de Grèce (1830), il est élu roi des Belges par le Congrès national belge (4 juin 1831). Ayant épousé Louise-Marie d'Orléans, fille de Louis-Philippe (1832), il s'emploie à maintenir la Belgique dans la neutralité. À l'intérieur, il s'efforce de maintenir l'union des catholiques et des libéraux dans les différents cabinets. Mais sa politique cléricale provoque la création d'un parti libéral anticlérical (1846), dont l'accession au gouvernement (1847) marque la transition de la monarchie constitutionnelle à la monarchie parlementaire. — **Léopold II** (Bruxelles 1835 - Laeken 1909), roi des Belges (1865-1909), fils du précédent. Acceptant le régime parlementaire, il laisse la Belgique se gouverner librement. Défenseur de la neutralité armée, il insiste sur la nécessité de renforcer la défense nationale (construction de fortifications le long de la Meuse, instauration en 1909 du service militaire personnel). En 1876, il fonde l'Association internationale africaine, puis fait exploiter le Congo par Stanley (1879). Le Congo fut reconnu État indépendant placé sous la souveraineté de Léopold II par la conférence de Berlin (1885), et le Parlement belge vota son annexion le 20 août 1908. — **Léopold III** (Bruxelles 1901 - *id.* 1983), roi des Belges (1934-1951), fils d'Albert Ier. Confronté à l'intérieur aux difficultés économiques et monétaires, il fut amené par la tension internationale à réaffirmer la neutralité de la Belgique. Mais le pays est envahi par les Allemands le 10 mai 1940. Après une résistance acharnée, le roi fait déposer les armes (28 mai) et se déclare prisonnier, tandis que le gouvernement se réfugie à Londres. Déporté en 1944, il est libéré l'année suivante, et son frère Charles est nommé régent. Son retour en Belgique pose avec acuité la question royale. Léopold délègue alors ses pouvoirs à son fils Baudouin, puis abdique (16 juill. 1951).

Léopold *(ordre de)*, ordre belge civil et militaire, créé en 1832.

Léopold II *(ordre de)*, ordre belge civil et militaire, créé en 1900.

TOSCANE

LÉOPOLD II (Florence 1797 - Rome 1870), grand-duc de Toscane (1824-1859). Fils du grand-duc Ferdinand III , il dota son État d'une constitution (mars 1848). Chassé par le mouvement populaire (févr. 1849), restauré par les Autrichiens (juill.), il fut définitivement détrôné en 1859.

LEOPOLD (Carl Gustaf AF), écrivain suédois (Stockholm 1756 - *id.* 1829). Rendu célèbre par l'*Ode à l'occasion de la naissance du prince royal* (1778), il fut le plus actif représentant du goût académique et français.

LÉOPOLDINE *(ligne* ou *branche)*, branche cadette de la maison de Habsbourg, fondée par Léopold III qui reçut, au partage de 1379, le Tyrol, la Styrie, la Carinthie, la Carniole, la Slovénie, l'Istrie, les seigneuries habsbourgeoises de Suisse et de Souabe.

LEOPOLDSBURG → BOURG-LÉOPOLD.

LEOPOLDSTADT, agglomération de la banlieue est de Vienne, sur le Danube. Parc du Prater. Ancien ghetto de Vienne.

LÉOPOLDVILLE → KINSHASA.

LÉOSTHÈNE, stratège athénien († Lamia 322 av. J.-C.). Il battit Antipatros près des Thermopyles, l'assiégea dans Lamia, mais fut tué.

LÉOTARD n. m. (de J. *Léotard,* n. pr.). Maillot recouvrant le haut du corps, utilisé par les danseurs pour l'entraînement ou la scène.

LÉOTARD (François), homme politique français (Cannes 1942). Membre du parti républicain, il est élu maire de Fréjus en 1977 et député du Var en 1978 (constamment réélu). Ministre de la Culture et de la Communication (1986-1988), puis de la Défense (1993-1995), il est président du P.R. (1988-1990 et depuis 1995) et président de l'U.D.F. (depuis 1996).

LÉOTYCHIDAS († Tégée 469 av. J.-C.), roi de Sparte (491-469). À la tête de la flotte grecque, il gagna la bataille de Mycale (479) contre les Perses.

LÉOVIGILD ou **LIUVIGILD** († Tolède 586), roi wisigoth (567 ou 568-586). Il copia le cérémonial byzantin à sa cour de Tolède et frappa une monnaie d'or. Il détruisit le royaume suève (585), repoussa les Basques révoltés et rejeta à la mer les Byzantins. Il a été l'unificateur du territoire espagnol.

LEP (abrév. de *large electron positron collider*), anneau de collisions électrons-positrons du Cern, mis en service en 1989. Son rayon est de 4,3 km, l'énergie de chaque faisceau de 50 GeV pouvant être portée à 90 GeV.

L. E. P., abrév. de LYCÉE* D'ENSEIGNEMENT PROFESSIONNEL (auj. LYCÉE* PROFESSIONNEL [L. P.]).

LÉPADOGASTER [-tɛr] n. m. (gr. *lepas, -ados,* coquillage). Nom usuel du *porte-écuelle.*

LÉPANTE, auj. **Naupacte,** en gr. **Naúpaktos** ou **Épakhtos,** v. de Grèce, sur le *détroit de Lépante,* qui relie le golfe de Corinthe à la mer Ionienne ; 6 000 hab.

Lépante *(bataille de)* [7 oct. 1571], bataille navale au cours de laquelle don Juan d'Autriche, à la tête des forces de la Sainte Ligue, remporta une brillante victoire sur les Turcs.

LEPAPE (Georges), peintre, dessinateur et décorateur français (Paris 1887 - *id.* 1971). Collaborateur de *la Gazette du bon ton,* de *Vogue,* etc., il a créé un type de silhouettes féminines fluides, en aplats lumineux, vêtues des modèles de Poiret, puis de Lelong ou de Lanvin. Il est aussi l'auteur d'affiches, d'illustrations, de portraits.

LEPAUTE, famille d'horlogers français. — JEAN ANDRÉ (Mogues, Ardennes, 1720 - Saint-Cloud 1787 ou 1789) construisit des pendules de précision pour la plupart des observatoires d'Europe, inventa l'échappement à chevilles et a laissé un *Traité d'horlogerie* (1755). — Sa femme, NICOLE REINE **Étable de La Brière** (Paris 1723 - Saint-Cloud 1788), aida Lalande, en 1758, à calculer, d'après les formules établies par Clairaut, la date de retour au périhélie de la comète de Halley* en tenant compte de l'attraction de Jupiter et de Saturne. — Leur petit-neveu JEAN JOSEPH (1768-1846) imagina le *remontoir d'égalité.*

LEPAUTRE, artistes français des XVIIe et XVIIIe s., nés et morts à Paris, dont voici les principaux : JEAN (1618-1682), graveur à l'eau-forte, publia de nombreux recueils de modèles d'ornements (décors architecturaux, éléments mobiliers...) qui font de lui un des créateurs du style Louis XIV. — Son frère ANTOINE (1621-1679), architecte et graveur, construisit notamment la chapelle du couvent (auj. hôpital) de Port-Royal et l'hôtel de Beauvais (1655) à Paris, et fut contrôleur général des bâtiments du duc d'Orléans (1660). — PIERRE (1660-1744), sculpteur, sans doute fils de Jean, séjourna à Rome à la suite de son grand prix de sculpture (1683) ; l'*Énée et Anchise* du jardin des Tuileries est une de ses œuvres.

LEPCHAS ou **RONGS,** population tibéto-birmane du Sikkim, du Bhoutan et du Népal, estimée à 70 000 individus.

LE PELETIER (Claude), homme d'État français (Paris 1630 - *id.* 1711). Prévôt des marchands de Paris (1668-1676), il succéda à Colbert comme contrôleur général des Finances (1683-1689) et fut surintendant (1691-1697). — Son neveu MICHEL **Le Peletier des Forts** (Paris 1675 - *id.* 1740) fut contrôleur général des Finances de 1726 à 1730. — LOUIS MICHEL **Le Peletier de Saint-Fargeau** (Paris 1760 - *id.* 1793), arrière-petit-fils du précédent, député de la noblesse aux États généraux, rallia les patriotes en juill. 1789. Membre de la Convention (1792), il vota la mort du roi le 19 janv. 1793 mais fut assassiné le lendemain par le garde du corps Pâris. — FÉLIX **Le Peletier de Saint-Fargeau** (Paris 1767 - *id.* 1837) participa à la conjuration de Babeuf.

LE PEN (Jean-Marie), homme politique français (La Trinité-sur-Mer 1928). Président, depuis sa fondation en 1972, du Front national, formation d'extrême droite, il a été député à l'Assemblée nationale (1956, 1958-1962 et 1986-1988) et siège au Parlement européen depuis 1984. Il a été candidat aux élections présidentielles de 1974, 1988 et 1995 (recueillant respectivement 0,7 %, 14,3 % et 15 % des voix).

LEPENSKI VIR, hameau situé dans les Portes de Fer, dans le nord-est de la Yougoslavie, inondé par le lac de retenue d'un barrage sur le Danube. Des fouilles de sauvetage ont mis au jour les vestiges d'un village néolithique remontant à 8000 avant notre ère.

LEPÈRE (Auguste), graveur français (Paris 1849 - Domme 1918). Doué de sens plastique autant que de virtuosité, il a exercé une grande influence en rendant à la gravure sur bois son caractère d'art original, et non plus seulement de procédé de reproduction. Il a travaillé pour les revues, donné des planches isolées (*Paris sous la neige,* 1890) et illustré des œuvres littéraires (*À rebours* de Huysmans, en couleurs, 1903).

LE PICHON (Xavier), géophysicien français (Qui Nhon, Annam, 1937). Spécialiste de la géodynamique de la croûte terrestre, il est, dans les années 1960, l'un des promoteurs de la théorie de la tectonique des plaques, qu'il confirme ensuite par l'exploration des fonds océaniques en submersible. (Acad. des sc., 1985.)

LÉPICIÉ (François Bernard), graveur français (Paris 1698 - *id.* 1755). Interprète, notamment, de Chardin, il fut secrétaire de l'Académie à partir de 1737 ; à ce titre, il a écrit des *Vies des premiers peintres du Roy* et un *Catalogue raisonné des tableaux du Roy* (1752-1754). — Son fils NICOLAS BERNARD (Paris 1735 - *id.* 1784) fut élève de C. Van Loo. Il entra à l'Académie comme peintre d'histoire (1769), mais c'est dans le portrait et surtout le genre qu'il se rendit célèbre, puisant ses sujets dans la réalité familière (*le Lever de Fanchon,* 1773, musée de Saint-Omer).

LÉPIDE → AEMILIUS LEPIDUS.

LÉPIDIUM [-djɔm] n. m. (lat. *lepidium,* passerage, du gr. *lepidion*). Nom générique de la *passerage.*

LÉPIDODENDRACÉE [-dɛ̃-] n. f. Arbre fossile de l'ère primaire, proche des lycopodiacées actuelles (ptéridophyte) par la tige (présentant des cicatrices foliaires losangiques) et par les épis reproducteurs. (Ces arbres s'enfonçaient dans les rives vaseuses par de longues racines ou branches horizontales, souterraines.)

LÉPIDODENDRON [-dɛ̃-] n. m. Grand arbre de l'ère primaire, à ramification dichotomique et à frondaison en parasol, type de la famille des *lépidodendracées.*

LÉPIDOLITE n. m. Mica lithinifère qui constitue le principal minerai de lithium.

LÉPIDOPE n. m. Poisson marin sans écailles, au corps allongé en ruban, atteignant 2 m de long. (N. usuel *sabre d'argent.*)

LÉPIDOPTÈRE n. m. Insecte dont l'adulte, qui possède une trompe pour aspirer les aliments liquides et quatre ailes couvertes d'écailles microscopiques, est un papillon, la larve une chenille, la nymphe immobile, une chrysalide. (Les *lépidoptères* forment un ordre très vaste [plus de 100 000 espèces].)

ENCYCL. L'adulte (papillon) a de très gros yeux composés, de longues antennes fines et terminées en massue chez les espèces diurnes, généralement une trompe aspirante, enroulée en spirale au repos, qui se déroule pour absorber le nectar des fleurs. Les ailes, souvent très grandes, sont couvertes d'écailles parfois superbement colorées, voire irisées. Le vol « papillonnant » exige une forte dépense d'énergie, accompagnée d'un échauffement important du corps. Certaines espèces effectuent d'immenses migrations annuelles, d'autres ne vivent à l'état adulte que les quelques jours nécessaires à la reproduction. Le dimorphisme, sexuel ou non, est fréquent, le mimétisme et l'homochromie ne sont pas rares. Les papillons sont la proie des oiseaux, des chauves-souris et de nombreux insectes ; certaines espèces se protègent, dès le stade de la chenille, en se gorgeant de végétaux toxiques qui les rendent immangeables, comme la zygène.

LÉPIDOPTÉRISTE n. Spécialiste des lépidoptères.

LEPIDOSAPHES [-safɛs] n. m. (du gr. *saphês,* véritable). Nom générique de plusieurs cochenilles nuisibles aux arbres fruitiers (oranger, figuier, pommier, poirier).

LÉPIDOSIRÈNE n. m. Poisson dipneuste des eaux douces d'Amérique du Sud, au corps serpentiforme, qui respire l'air en surface par ses deux poumons et passe la saison sèche dans un terrier de boue séchée, en vie ralentie.

LÉPIDOSTÉE → LÉPISOSTÉE.

LEPIDURUS [-rys] n. m. Crustacé branchiopode des mares claires et herbeuses, au corps protégé par un large bouclier dorsal et muni de soixante paires de pattes.

LÉPILÉMUR n. m. Petit prosimien des forêts malgaches, nocturne, arboricole, très agile, se nourrissant de feuilles.

LÉPINE → ÉPINE (L').

LÉPINE (Louis), administrateur français (Lyon 1846 - Paris 1933). Préfet de police de 1893 à 1913, sauf une interruption (1897-98) comme gouverneur de l'Algérie, il se signala par l'organisation du concours qui porte son nom.

Lépine *(concours),* également dénommé *Salon international de l'invention,* exposition annuelle, dotée de nombreux prix destinés à récompenser les créations d'inventeurs français et étrangers. Le concours Lépine est organisé à Paris, depuis 1902, à la suite du concours d'articles de Paris et de jouets de Noël qui s'était tenu à Paris en 1901, à l'initiative de Louis Lépine.

LÉPINE (Pierre), médecin et virologiste français (Lyon 1901 - Paris 1989). Il a étudié les virus neurotropes (encéphalite, rage, poliomyélite) et les lésions cellulaires qu'ils provoquent. Il a réalisé un vaccin contre la poliomyélite. (Acad. des sc., 1961.)

LÉPINEUX *(gouffre)* → PIERRE-SAINT-MARTIN *(gouffre de la).*

LEPINI *(monts),* massif d'Italie, dans le Latium, entre la vallée du Sacco et les marais Pontins (1 536 m).

LÉPIOTE n. f. (gr. *lepion,* petite écaille). Champignon basidiomycète des prés ou des forêts caractérisé par un anneau coulissant et un chapeau (élargi à maturité) brun, tacheté, tel que la coulemelle ou *lépiote élevée,* comestible apprécié.

LÉPISME n. m. (gr. *lepisma,* écaille enlevée). Petit insecte (thysanoure) sans ailes, allongé, d'aspect nacré ou argenté, vivant dans les maisons humides, les celliers, les sous-sols. (N. usuel *petit poisson d'argent.*)

LÉPISOSTÉE ou **LÉPIDOSTÉE** n. m. (gr. *lepis,* écaille, et *osteon,* os). Poisson holostéen des eaux douces d'Amérique, à la caudale hétérocerque, aux écailles ganoïdes épaisses, à forte denture portée par un bec allongé. (Les plus grands atteignent 3 m de long et pèsent 200 kg.)

LE PLAY (Frédéric), ingénieur et économiste français (La Rivière-Saint-Sauveur, Calvados, 1806 - Paris 1882). Polytechnicien, il créa en 1856 la Société d'économie sociale et organisa l'Exposition universelle de 1867. Dans son œuvre la plus importante, *la Réforme sociale* (1864), il soutient la nécessité de l'autorité, tant sur le plan de l'entreprise, de l'Église et de l'État que sur celui de la famille, mais une autorité conçue sur l'amour et non sur la coercition. L'influence de Le Play a été considérable dans l'histoire de l'organisation du travail.

LÉPORIDÉ n. m. (lat. *lepus, -oris,* lièvre). Nom de famille attribué aux lièvres et aux lapins.

LÉPORIN n. m. (lat. *leporinus,* de lièvre). Grand poisson d'aquarium (characidé) originaire du Paraguay.

LÉPOSPONDYLE n. m. (gr. *lepos,* enveloppe, et *spondyle*). Ordre d'amphibiens fossiles de l'ère primaire.

LÈPRE n. f. (bas lat. *lepra,* du gr. *lepra*). **1.** Maladie infectieuse chronique due au bacille de Hansen. (Syn. MALADIE DE HANSEN.) [→ *encycl.*] — **2.** Moisissure qui ronge : *Les murs mangés par une lèpre.* — **3.** *Litt.* Mal ou vice grave qui progresse.
ENCYCL. Devenue exceptionnelle en Europe, la lèpre existe à l'état endémique dans de nombreux pays tropicaux ou subtropicaux (Amérique centrale et du Sud, Afrique noire et surtout Asie, l'Inde étant le pays le plus touché au monde). Elle atteint plus de 10 millions d'individus.
La *lèpre lépromateuse* est la forme la plus grave ; l'organisme est envahi de bacilles. Elle est très contagieuse et se caractérise par des nodules rouges, mal limités, pouvant s'ulcérer, s'étalant en placards. La rhinite est constante, avec parfois destruction de la cloison nasale et effondrement du nez. Les lésions oculaires sont fréquentes et provoquent la cécité. Les atteintes nerveuses et les troubles trophiques sont inconstants. L'évolution se fait par poussées fébriles et aboutit à la cachexie.
La *lèpre tuberculoïde,* faiblement contagieuse, se caractérise par l'importance des manifestations nerveuses. Les lésions cutanées sont des taches dépigmentées ou des macules roses ou brunâtres. Les manifestations nerveuses consistent en zones anesthésiques ou insensibles aux variations de température. Il existe des douleurs et des paralysies de certains nerfs.
Les sulfones et certains sulfamides permettent de guérir complètement la lèpre tuberculoïde. La lèpre lépromateuse peut être stabilisée au prix d'un traitement à vie.

LÉPREUX, EUSE adj. (bas lat. *leprosus*). **1.** Relatif à la lèpre. — **2.** Qui est couvert de moisissures : *Murailles lépreuses.*
◆ adj. et n. Atteint de la lèpre.

LÉPRIDE n. f. (de *lèpre*). Tache cutanée dépigmentée ou rosée, souvent associée à des troubles de la sensibilité, observée dans la lèpre tuberculoïde.

LE PRIEUR (Yves), officier de marine et inventeur français (Lorient 1885 - Nice 1963). On lui doit notamment un correcteur de tir pour mitrailleuse antiaérienne, les premières roquettes et des bombes à flotteurs contre les sous-marins. Son nom reste attaché à la réalisation du premier scaphandre autonome (1926) dont la deuxième version avec détendeur automatique fut adoptée par la Marine nationale en 1935.

LEPRINCE, famille de peintres verriers français du XVIe s., ayant leur atelier à Beauvais et dont les principaux sont : ENGRAND ou ENGUERRAND († Beauvais 1531) et JEAN (actif de 1496 à 1537). On leur attribue des vitraux d'une vigueur et d'une richesse techniques et stylistiques rares, à Beauvais (cathédrale : *Déposition de Croix,* 1522 ; St-Étienne : *Arbre de Jessé,* av. 1525), à Rouen (vitraux de l'anc. église St-Vincent, auj. à Ste-Jeanne-d'Arc, v. 1525-26), à Montmorency, à Gisors.

LE PRINCE (Jean-Baptiste), peintre et graveur français (Metz 1734 - Saint-Denis-du-Port, près de Lagny, 1781). Élève de Boucher, il se rendit en Finlande et en Russie. À son retour, il fit sensation avec le *Baptême russe* (son morceau de réception à l'Académie, 1765, Louvre), donna des aquatintes sur des sujets russes et composa pour la manufacture de Beauvais la tenture des *Jeux russiens.*

LEPRINCE DE BEAUMONT (Jeanne Marie), femme de lettres française (Rouen 1711 - Chavanod, Savoie, 1780), sœur du précédent. Elle écrivit des contes pour les enfants, dont le plus célèbre est « la Belle et la Bête ».

LEPRINCE-RINGUET (Louis), physicien français (Alès 1901). Spécialiste des rayons cosmiques, il a mis au point plusieurs dispositifs expérimentaux pour leur étude. Il a déterminé la masse de divers types de mésons et participé à la découverte des hypérons. (Acad. des sc., 1949 ; Acad. fr., 1966.)

LÉPROLOGIE n. f. Étude de la lèpre.

LÉPROLOGUE ou **LÉPROLOGISTE** n. Spécialiste de la lèpre.

LÉPROMATEUX, EUSE adj. Relatif au léprome.

LÉPROME n. m. Tumeur nodulaire caractéristique d'une forme de lèpre, dite de ce fait lèpre lépromateuse.

LÉPROSERIE n. f. Établissement d'isolement réservé aux lépreux. (Syn. LADRERIE.)

LEPSIUS (Karl Richard), égyptologue allemand (Naumburg 1810 - Berlin 1884). Il a notamment publié une étude fondamentale sur le *Livre des morts** (*Das Totenbuch der Ägypter,* 1842).

LEPTIDÉ n. m. Syn. de RHAGIONIDÉ.

LEPTIDEA [-dea] n. m. Longicorne dont la larve se développe dans l'osier des paniers, dans les cercles de bois des tonneaux, et produit les mêmes dégâts que la gracilie.

LEPTIS MAGNA, anc. cité de la côte méditerranéenne, à l'E. de Tripoli. Colonie de Sidon, tributaire de Carthage, puis des rois de Numidie, elle conserva, sous la tutelle romaine, une large autonomie. Ce fut le pays natal de Septime

Sévère. Il lui conféra le *jus Italicum* et l'enrichit de nombreux monuments. Très prospère au IIIe s., elle fut saccagée par les Vandales en 455. C'est l'actuelle *Lebda,* en Libye.

LEPTIS PARVA ou **MINUS,** anc. cité d'Afrique du Nord, fondation phénicienne, tributaire de Carthage, qui devint cité libre sous la domination romaine. C'est l'actuelle *Lamta,* en Tunisie.

LEPTOCÉPHALE n. m. Larve foliacée et transparente de certains poissons, comme les anguilles, qu'une métamorphose très apparente transforme ensuite en adulte.

LEPTOCONOPS n. m. Moucheron brachycère hématophage s'attaquant à l'homme, répandu dans le sud de l'Europe.

LEPTOCORISE n. f. (du gr. *koris,* punaise). Punaise allongée, à livrée verdâtre ou testacée, nuisible au riz et au millet.

LEPTOCYTE n. m. Hématie dont l'épaisseur est diminuée alors que son diamètre est augmenté et que son volume est normal. (Syn. PLATOCYTE.)

LEPTODACTYLE n. m. Amphibien anoure d'Amérique tropicale, insectivore et nocturne, édifiant des nids d'écume, ou des bassins isolés par des murs de boue, pour la protection de sa ponte.

LEPTOLITHIQUE adj. et n. m. Anc. nom du paléolithique supérieur.

LEPTOMÉDUSE n. f. Méduse à vélum bien développé, à 4 tentacules creux alternant avec les statocystes, portant les gonades.

LEPTOMÉNINGE n. f. Partie des méninges issue des crêtes neurales, et qui comprend la pie-mère et l'arachnoïde.

LEPTOMONAS [-nas] n. m. Protozoaire flagellé, voisin du trypanosome, parasite de nématodes, de rotifères, de mollusques, d'insectes, de certains vertébrés et de plantes à latex, notamment des euphorbes. (Une espèce serait parasite dans le sang de l'homme.)

1. LEPTON [lɛptɔn] n. m. (pl. *lepta*) [gr. *lepton,* de *leptos,* menu]. Monnaie de bronze, en Grèce, aux XIXe et XXe s.

2. LEPTON n. m. (de *lepton 1*). Nom générique d'une famille de particules fondamentales, soumises aux interactions faibles, comprenant l'électron, le muon, les neutrinos, etc.

LEPTONIQUE adj. **1.** Qui se rapporte aux leptons. — **2.** *Nombre leptonique,* charge particulière portée par les leptons et conservée dans toutes les interactions.

LEPTOPROSOPE adj. et n. Se dit d'un individu dont le visage est long et étroit.

LEPTOPROSOPIE n. f. (du gr. *prosôpon,* visage). État des leptoprosopes.

LEPTOPSYLLA n. f. (du gr. *psulla,* puce). Puce remarquable par son peigne dorsal noir, très commune sur les rats et les souris auxquels elle peut transmettre la peste.

LEPTORHINIE n. f. État des leptorhiniens.

LEPTORHINIEN, ENNE adj. et n. Se dit d'un individu dont le nez est étroit.

LEPTOSOME adj. et n. **1.** Syn. de LONGILIGNE. — **2.** Dans la biotypologie de E. Kretschmer, se dit d'un type caractérisé par un corps maigre et allongé, par oppos. à *pycnique.*

LEPTOSOMIE n. f. État des leptosomes.

LEPTOSPIRE n. m. **1.** Bactérie de la famille des spirochètes, au corps en spirale, dont la mobilité est assurée par des flagelles particuliers insérés autour de la cellule bactérienne entre la membrane cytoplasmique et la paroi. — **2.** *Leptospira ictero-hemorragiæ,* leptospire pathogène pour l'homme, qui se contamine à partir des déjections du rat, qui en est l'hôte principal.

LEPTOSPIROSE n. f. Maladie infectieuse présentant de nombreuses formes cliniques, due à un leptospire.

ENCYCL. La transmission de la maladie, souvent estivale, se fait par l'eau souillée par l'urine des animaux. Les réservoirs sont surtout les mammifères sauvages, parmi lesquels les rats et les rongeurs. La leptospirose est une maladie professionnelle à déclaration obligatoire chez les égoutiers.

Les signes cliniques sont extrêmement divers avec des formes mortelles et des formes asymptomatiques. Les signes fondamentaux sont la fièvre, les algies diffuses, le syndrome méningé, la rougeur de la peau, le syndrome rénal avec oligurie et hématurie et, dans certains cas seulement, un ictère.

LEPTOSPORANGIÉE n. f. Nom de sous-classe donné à l'immense majorité des fougères actuelles, dont les sporanges, à parois minces, sont issus d'une seule cellule épidermique. (Syn. EUFILICALE.)

LEPTOSTRACÉ n. m. Nom d'ordre de 10 espèces de crustacés malacostracés marins, à la carapace bivalve, à l'abdomen divisé en 7 segments et possédant 2 longs appendices caudaux.

LEPTOSYNE n. m. Plante composée à croissance rapide, aux belles et grandes fleurs jaunes en tube, dont plusieurs espèces sont ornementales.

LEPTOTÈNE adj. (du gr. *teinein,* tendre vers). Se dit du premier stade de la méiose, où les chromosomes se présentent sous la forme de longs filaments grêles.

LEPTURE n. m. (gr. *leptos,* mince, et *orera,* queue). Longicorne allongé, de couleurs vives et tranchées, dont la larve fore les souches des pins, des sapins et des épicéas.

LEPTYNITE n. f. (gr. *leptunein,* amincir). Roche métamorphique foliée, constituée essentiellement de quartz et de feldspath, formée dans le faciès granulite.

LEQUEL, LAQUELLE, LESQUELS, LESQUELLES pron. rel. (de *le, la, les* et *quel*) [avec les prép. *de* ou *à,* se contracte en *duquel, desquels, desquelles, auquel, auxquels, auxquelles*]. S'emploie : **1.** Comme sujet ou, qqf, objet direct, à la place de *qui* ou *que,* surtout quand l'accord évite l'ambiguïté sur l'antécédent que présenteraient *qui* ou *que : Je suis allé chez la mère de mon ami, laquelle habite en Bourgogne ;* dans la langue admin. : *Entendre les témoins, lesquels déclarent...* — **2.** Après une prép. (obligatoirement quand l'antécédent est un nom de chose) : *Le livre dans lequel j'ai lu cette histoire.* — **3.** À la place de *dont* quand celui-ci serait compl. d'un nom précédé d'une prép. : *Les gens au nom desquels je parle.*

◆ adj. rel. **1.** *Litt.* Forme avec le nom un groupe équivalant à l'antécédent suivi du pronom relatif : *Le ministre reçut les délégués, lequel ministre n'était pas au courant du problème.* — **2.** *Auquel cas,* en ce cas : *Il pourrait bien pleuvoir, auquel cas la fête aurait lieu à l'intérieur.*

◆ pron. interr. Implique, dans l'interrogation directe ou indirecte, une comparaison, un choix entre des personnes ou des choses dont le nom est exprimé, soit avant, soit après (s'accorde en genre avec ce nom, mais en nombre d'après le sens) : *Voici deux étoffes : laquelle choisissez-vous ?*

LEQUIER (Jules), philosophe français (Quintin 1814 - Plérin, près de Saint-Brieuc, 1862). C'est un précurseur du néocriticisme français (*Recherche d'une première vérité,* 1865).

LE QUINTREC (Charles), écrivain français (Plescop, Morbihan, 1926). Poète mystique, il célèbre dans ses poèmes sa foi chrétienne, le folklore, la nature et les gens de sa Bretagne natale (*les Temps obscurs,* 1953 ; *la Source et le secret,* 1990). Des thèmes analogues animent ses romans et ses Mémoires (*le Château d'amour,* 1977 ; *Des matins dans les ronces,* 1980).

LERAY (Jean), mathématicien français (Chantenay, près de Nantes, 1906). Il a créé la théorie des faisceaux, outil puissant de la topologie algébrique. Ses recherches portent également sur les équations différentielles et les équations aux dérivées partielles. (Acad. des sc., 1953.)

LERCHE adv. (altér. de *cher,* en largonji). Arg. *Pas lerche,* pas cher ou pas beaucoup : *Il n'y en a pas lerche.*

LERDO DE TEJADA (Sebastián), homme d'État mexicain (Jalapa 1827 - New York 1889). Libéral, il fut ministre des Affaires étrangères du gouvernement Juárez durant l'intervention française (1863-1867), puis président de la République (1872-1876).

LÉRÉ (18240), ch.-l. de cant. du Cher, 1 172 hab.

LERICHE (René), chirurgien français (Roanne 1879 - Cassis 1955). Il a prôné la chirurgie du sympathique, notamment dans les algies, les artérites, l'hypertension, et a été un pionnier de la chirurgie vasculaire. De son œuvre très importante, on peut citer *la Chirurgie de la douleur* (1937). [Acad. des sc., 1945.]

LE RICOLAIS (Robert), ingénieur français (La Roche-sur-Yon 1894 - Paris 1977). À partir d'études sur les cristaux et les radiolaires, il créa dans les années 40 les premières structures spatiales en architecture.

LÉRIDA, v. d'Espagne, en Catalogne, ch.-l. de prov., sur le Sègre ; 107 000 hab. Marché agricole (fruits et légumes), au centre de plaines irriguées. Dans l'enceinte de l'ancienne citadelle, d'origine arabe, majestueuse cathédrale Ancienne, romane (XIIIe s.), et son cloître gothique. Église S. Lorenzo (XIIe-XVIe s.). Cathédrale Nouvelle, néoclassique.

LÉRINS *(îles de),* groupe d'îles de la Côte d'Azur (Alpes-Maritimes), au large de Cannes. Vers 410, saint Honorat établit sur l'île qui devait porter son nom des solitaires qui devinrent assez nombreux pour former un monastère. Celui-ci brilla au Ve et au VIe s. d'un grand éclat par la sainteté et par la science des religieux formés à l'« école théologique de Lérins ». Disparu en 1786, le monastère fut repeuplé par des cisterciens en 1869.

LERMA *(río),* riv. du Mexique, née au S.-E. de Mexico et rejoignant le lac Chapala ; 563 km. Elle se prolonge par le río Grande de Santiago.

LERMA (Francisco DE SANDOVAL Y ROJAS, *duc* DE), homme politique espagnol (1553-Tordesillas 1625). Principal ministre de Philippe III, il gouverna en fait l'Espagne de 1598 à 1618. Son gouvernement fut marqué par l'expulsion des morisques (1609-10) et par la conclusion de la trêve de Douze Ans (1609).

LERMONTOV (Mikhaïl Iourievitch), poète russe (Moscou 1814 - Piatigorsk, Caucase, 1841). Influencé par Byron, il compose des poèmes romantiques (*Boyard Orcha,* 1835) avant d'être exilé au Caucase pour avoir écrit des vers vengeurs sur la mort de Pouchkine, qu'il rêve d'égaler. Sa poésie, inspirée par la nature qu'il découvre, prend un tour plus personnel (*le Chant du tsar Ivan Vassilievitch,* 1838 ; *le Novice,* 1839 ; *le Démon,* 1841). De retour à Moscou, il connaît à nouveau l'exil, alors que paraît son roman, *Un héros* de notre temps* (1840). Il est tué dans un duel.

LERNE *(lac de),* anc. marais du Péloponnèse, à la frontière de l'Argolide et de la Laconie, pourvu de plusieurs sources et de plusieurs émissaires vers la mer Égée. Il s'y rattachait les légendes de l'Hydre vaincue par Héraclès et celle des Danaïdes y jetant les têtes de leurs époux qu'elles avaient décapités.

LERNÉE n. f. (gr. *lernaios,* de Lerne). Crustacé copépode parasite de divers poissons d'eau douce. (La femelle adulte s'allonge en sac dont une extrémité est enfoncée dans la chair de l'hôte.)

LEROI-GOURHAN (André), anthropologue et préhistorien français (Paris 1911 - *id.* 1986). Il dirigea d'importantes fouilles archéologiques en France. À Arcy-sur-Cure et à Pincevent, il a étudié les conditions matérielles de la vie de l'homme préhistorique. Il a substitué l'explication technologique à l'explication culturaliste en vue de constituer une véritable ethnologie des techniques (*l'Homme et la nature,* 1936 ; *l'Homme et la matière,* 1943 ; *Milieu et techniques,* 1945 ; *les Hommes de la préhistoire,* 1955). Dans *le Geste et la parole* (1964-65), il propose une analyse de la pensée symbolique et du comportement esthétique de l'homme préhistorique. Il a publié également : *les Religions de la préhistoire* (1964), *Préhistoire de l'art occidental* (1965), *le Fil du temps* et *Mécanique vivante* (1983).

LÉROS, île grecque du Dodécanèse, dans le groupe des Sporades du Sud ; 64 km² ; 5 000 hab.

LÉROT n. m. (dimin. de *loir*). Petit rongeur (gliridé), frugivore, des sous-bois d'Europe, d'Asie Mineure et d'Afrique du Nord, au pelage roux, qui fait des dégâts dans les vergers et s'attaque en hiver aux réserves de pommes et de poires.

LE ROUGE (Gustave), écrivain français (Valognes 1867 - Paris 1938), auteur de romans-feuilletons aux péripéties terrifiantes (*le Mystérieux Docteur Cornélius,* 1918-19).

LÉROUVILLE (55200), comm. de la Meuse, sur la Meuse ; 1 379 hab. Carrières de calcaire. Triage ferroviaire.

LEROUX (Roland ou Roulland), sculpteur et maître d'œuvre français (Rouen v. 1465 - *id.* 1527). Il se montre décorateur gothique au palais de l'Échiquier (auj. palais de justice) et au grand portail (1509-1527) de la cathédrale de Rouen, mais introduit les formes de la Renaissance au tombeau des cardinaux d'Amboise (dans la cathédrale, 1516-1520).

LEROUX (Pierre), homme politique français (Paris 1797 - *id.* 1871). Il est l'auteur d'une conception originale qui place la religion de l'humanité au-dessus de la famille, de la propriété et de la patrie. Sa philosophie a marqué Victor Hugo et nombre d'artistes et romanciers. Il a écrit *Du christianisme et de son origine démocratique* (1848), *De la ploutocratie ou du gouvernement des riches* (1849). Député de la Seine en 1848, il s'exila après le coup d'État du 2-Décembre.

LEROUX (Gaston), écrivain et journaliste français (Paris 1868 - Nice 1927). Il créa dans ses romans policiers le personnage de Rouletabille, reporter-détective (*le Mystère de la chambre jaune,* 1908 ; *le Parfum de la dame en noir,* 1909). On lui doit aussi le cycle de *Chéri-Bibi.*

LEROUX (Stephanus Petrus Daniel LE ROUX, dit **Étienne**), écrivain sud-africain d'expression afrikaans (Oudtshoorn, prov. du Cap, 1922). Il est surtout connu pour une trilogie, qui a fait de lui l'écrivain le plus représentatif du mouvement des Sestigers (*Sept Jours chez les Silberstein,* 1962 ; *Een Vir Azazel,* 1964 ; *Die Derde Oog,* 1966).

LE ROUX (Maurice), compositeur et chef d'orchestre français (Paris 1923 - Avignon 1992). Il a dirigé l'Orchestre national de l'O. R. T. F. de 1960 à 1968. Il a écrit *le Cercle des métamorphoses* pour orchestre (1953) et plusieurs musiques de scène et de film (*Crin blanc,* 1952 ; *les Mauvaises Rencontres,* 1955 ; *Ballon rouge,* 1955 ; *Contes immoraux,* 1975). Il avait aussi écrit en 1944 la marche de la 2ᵉ division blindée.

LE ROY (Adrian), imprimeur et luthiste français (Montreuil-sur-Mer 1520 - Paris v. 1598). Il s'associa à Robert Ballard pour fonder une maison d'éditions musicales, qui garda longtemps le monopole de l'impression de la musique en France. Il a laissé un recueil célèbre : *Livre d'airs de cour mis sur le luth* (1571).

LEROY (Jean), écrivain français de la fin du XVIᵉ s. Chanoine à Rouen, aumônier du cardinal de Bourbon, il aurait donné la première ébauche de la *Satire* Ménippée.*

LE ROY (Julien), horloger français (Tours 1686 - Paris 1759). Il perfectionna les engrenages, ainsi que l'échappement à cylindre imaginé par l'horloger anglais Graham. On lui doit également diverses améliorations à la marche des montres par compensation des variations de température. — Son fils aîné PIERRE (Paris 1717 - Vitry 1785) contribua à l'essor de la chronométrie de marine.

LE ROY (Julien David), dit **David-Leroy,** architecte français (Paris 1724 - *id.* 1803), frère de Pierre Le Roy. Prix de Rome en 1750, il voyagea en Grèce, préparant son ouvrage illustré *les Ruines des plus beaux monuments de la Grèce* (1758).

LE ROY (Eugène), écrivain français (Hautefort, Dordogne, 1836 - Montignac 1907), auteur de romans régionalistes (*le Moulin du Frau,* 1895) et surtout de *Jacquou* le Croquant* (1899).

LE ROY (Édouard), philosophe et mathématicien français (Paris 1870 - *id.* 1954). Marqué par le bergsonisme, il a écrit *les Origines humaines et l'évolution de l'intelligence* (1928).

LEROY (André Max), zootechnicien français (Le Raincy 1892 - Eaubonne, Val-d'Oise, 1978). Il a étudié les besoins énergétiques des animaux domestiques et la valeur correspondante des aliments, et a mis au point un système complet de rationnement (U.F. Leroy), largement utilisé en France et dans les pays voisins.

LEROY-BEAULIEU (Paul), économiste français (Saumur 1843 - Paris 1916). Gendre de Michel Chevalier, il le remplaça dans la chaire d'économie politique au Collège de France (1880). Il a fondé *l'Économiste français* (1873).

LE ROY LADURIE (Emmanuel), historien français (Les Moutiers-en-Cinglais, Calvados, 1929). Directeur d'études à la VIe section de l'École pratique des hautes études (depuis 1965) et professeur au Collège de France (depuis 1973), il s'efforce de promouvoir une évolution des études historiques en renouvelant, par l'utilisation des séries, les approches et les objets de l'histoire. Pionnier de l'histoire de la culture matérielle, il a publié, entre autres ouvrages, *Histoire du climat depuis l'an mil* (1967), *Montaillou, village occitan de 1294 à 1324* (1975), chef-d'œuvre de l'anthropologie historique, *l'Argent, l'amour et la mort en pays d'Oc* (1980), *Sorcière et sorcellerie en pays d'Oc* (1983), *le Siècle des Platter, 1499-1628* (1995). Il a également été administrateur général de la Bibliothèque nationale de 1987 à 1994.

LERROUX (Alejandro), homme politique espagnol (La Rambla, Cordoue, 1864 - Madrid 1949). Député républicain, il fonda en 1908 le parti républicain-radical et fut un des instigateurs du soulèvement de la Catalogne (1909). Ministre d'État (1931), il présida six gouvernements entre 1933 et 1935.

LERWICK, port de Grande-Bretagne (Écosse), ch.-l. des Shetland, dans l'île Mainland ; 6 000 hab.

LES → LE, LA.

LÈS ou **LEZ** [lɛ] prép. (lat. pop. **latus,* à côté de, du lat. class. *latus, -eris,* côté). Près de. (Seulement dans certains noms de lieu composés, comme *Joué-lès-Tours.*)

LESAGE (Alain René), écrivain français (Sarzeau 1668 - Boulogne-sur-Mer 1747). L'Espagne lui fournit la matière de ses romans à succès qui, sous couvert d'exotisme, lui permettent une satire réaliste des mœurs de son temps (*le Diable* boiteux,* 1707 ; *l'Histoire de Guzman d'Alfarache,* 1732 ; *Gil* Blas de Santillane,* 1715-1735 ; *le Bachelier de Salamanque,* 1736). Il s'assure également une gloire d'auteur dramatique avec de nombreuses pièces, dont *Crispin rival de son maître* (1707) et *Turcaret** (1709), jouée à la Comédie-Française et qui fit scandale. Lesage se tourne alors vers le théâtre de la Foire, dont il devient l'un des principaux fournisseurs.

LESBIANISME n. m. Homosexualité féminine.

Lesbie, nom poétique de la femme aimée par Catulle. C'était Clodia Metella, sœur du tribun Clodius.

LESBIEN, ENNE adj. et n. **1.** De Lesbos. — **2.** Relatif à l'homosexualité féminine.

◆ **lesbien** n. m. Dialecte du grec ancien appartenant au groupe éolien.

◆ **lesbienne** n. f. Femme homosexuelle.

LESBOS ou **MYTILÈNE,** en gr. mod. **Lésvos,** usuellement **Mitilíni,** île grecque de la mer Égée, près des côtes de Turquie ; 1 631 km² ; 103 700 hab. Céréales, agrumes, oliviers et tabac. Vins. Ch.-l. *Mytilène,* sur la côte est.

— **Hist.** Importante dès l'époque préhistorique, Lesbos établit de bonne heure des colonies en Thrace et en Troade, et eut des marchands à Naucratis. Elle était partagée entre plusieurs cités rivales dont la plus importante était Mytilène. À l'époque archaïque, elle connut une vie intellectuelle brillante (avec Terpandre, Arion, Alcée, Théophraste et Hellanicos, Sappho).

L'ESCAILLE (Henri DE), officier de marine français (Paris 1880 - Nice 1954). Pionnier de l'aéronavale, il dirigea la première liaison d'hydravion entre le continent et la Corse. Dès la fin de la Première Guerre mondiale il étudia les possibilités offertes par l'appontage.

LESCAR (64230), ch.-l. de cant. des Pyrénées-Atlantiques, banlieue nord-ouest de Pau, près du gave de Pau ; 6 228 hab. *(Lescariens).* Ancienne capitale du Béarn. Église romane remaniée au XVIIe s., anc. cathédrale (chapiteaux et mosaïque du XIIe s., stalles du XVIIe s.). Centre commercial. Coopérative céréalière (maïs).

LESCHOT (Georges Auguste), inventeur suisse (Genève 1800 - *id.* 1884). Horloger, il créa des outils perfectionnés pour fabriquer des mouvements interchangeables et une perforatrice à couronne de diamants (1862).

LESCOT (Pierre), architecte français (Paris 1515 - *id.* 1578). De formation plus humaniste que technique, il fait une carrière surtout parisienne, liée à celle de Goujon* : jubé de St-Germain-l'Auxerrois, hôtel de Ligneris (auj. musée Carnavalet, v. 1545), fontaine des Innocents, Louvre. Ce dernier l'occupe de 1546 à sa mort, avec pour noyau le corps d'hôtel (« grand degré », salle des Caryatides, chambre du Roi) s'ouvrant sur l'actuelle cour Carrée, par cette demi-façade sud-ouest qui est le premier chef-d'œuvre, savamment rythmé, de l'âge classique en France.

LESCUN (Thomas DE FOIX, *seigneur* DE), maréchal de France († Milan 1525), frère du maréchal de Lautrec à qui il succéda comme gouverneur du Milanais (1522).

LESCURE (Louis-Marie DE SALGUES, *marquis* DE), chef vendéen (Paris 1766 - près de Fougères 1793). Il fut mortellement blessé en oct. 1793 au cours de la retraite qui suivit l'échec des vendéens devant Nantes.

LESDAIN (Louis BOULY DE), héraldiste français (Dunkerque 1864 - Saint-Germain-de-Montgommery, Calvados, 1944), l'un des fondateurs de l'héraldique comparée.

LESDIGUIÈRES (François DE BONNE, duc DE), connétable de France (château des Diguières, près de Saint-Bonnet-en-Champsaur, 1543 - Valence 1626). Chef de l'armée protestante en Dauphiné (1575) puis lieutenant général de cette province (1591), il lutta avec succès contre Charles-Emmanuel Ier de Savoie, améliora les fortifications de Grenoble et édifia le château de Vizille. Créé maréchal de France en 1609, il devint connétable après avoir abjuré le protestantisme (1622).

LÈSE adj. f. (lat. *laesa,* blessée). Mot qui se place devant certains substantifs féminins pour indiquer que la chose exprimée par le substantif a été attaquée, violée : *Crime de lèse-majesté, de lèse-humanité.*

LÈSE-MAJESTÉ n. f. inv. (lat. *crimen laesae majestatis*). *Crime de lèse-majesté,* attentat contre la personne du prince ou contre son autorité.

LÉSÈNES n. f. pl. Syn. de BANDES* LOMBARDES. (S'emploie aussi au sing.)

LE SENNE (René), philosophe français (Elbeuf 1882 - Paris 1954). Il se rattache au spiritualisme. Il s'est intéressé à la caractérologie (*Traité de caractérologie,* 1945).

LÉSER v. t. (lat. *laesus,* de *laedere,* blesser) [conj. **18**]. **1.** Faire tort à qqn, à ses intérêts, leur porter atteinte : *De telles mesures ne peuvent que léser les travailleurs.* — **2.** Causer une lésion d'un organe : *La balle a lésé le poumon.* — **3.** En droit, provoquer une lésion.

LÉSIGNY (77150), comm. de Seine-et-Marne, au N. de Brie-Comte-Robert ; 7 873 hab. Église du XVIe s. Ensembles résidentiels.

LESINA → HVAR.

LÉSINE n. f. (ital. *lesina,* alêne). *Litt.* Ladrerie, épargne sordide dans les détails.

LÉSINER v. t. ind. (de *lésine*) [conj. **3**]. **1.** Regarder aux dépenses, épargner sur qqch d'une façon mesquine : *Lésiner sur les frais de mission.* — **2.** *Ne pas lésiner sur qqch,* en mettre, en donner, en faire beaucoup : *Il n'a pas lésiné sur les critiques.*

LÉSINERIE n. f. *Litt.* Façon d'agir de celui qui lésine.

LÉSINEUR, EUSE adj. et n. *Litt.* Avare.

LÉSION n. f. (lat. *laesio,* de *laedere,* blesser). **1.** Modification de la structure d'un tissu vivant sous l'influence d'une cause morbide. — **2.** Préjudice éprouvé par la personne qui, sans intention libérale, conclut un contrat aux termes duquel sa prestation est disproportionnée par rapport à celle de son cocontractant. (Elle constitue une cause de nullité dans certains cas.)

LÉSIONNAIRE adj. Se dit d'un acte, d'un contrat qui a un caractère de lésion.

LÉSIONNEL, ELLE adj. **1.** Qui est caractérisé par une lésion (maladie lésionnelle, par ex.). — **2.** Qui est la cause d'une lésion.

LESKOV (Nikolaï Semenovitch), écrivain russe (Gorokhovo, gouvern. d'Orel, 1831 - Saint-Pétersbourg 1895). Son œuvre compose, dans une langue pleine d'inventions et de pittoresque, une fresque de la Russie profonde (*Gens d'Église,* 1872 ; *l'Ange scellé,* 1873).

LESKOVAC, v. de Yougoslavie (Serbie), sur la Morava du Sud ; 56 100 hab.

LESLIE (Alexander), 1er comte **de Leven,** général écossais (Coupar Angus, Tayside, v. 1580 - Balgonie, Fife, 1661). Commandant l'armée des covenantaires écossais (1639), il envahit l'Angleterre (1640), puis participa à la bataille de Marston Moor (1644). Rallié avec les armées écossaises à la cause de Charles II, il fut écrasé par Cromwell (1649-50).

LESLIE (Thomas Edward CLIFFE), économiste britannique (comté de Wexford 1825 ou 1827 - Belfast 1882), fondateur de l'école historique anglaise.

LEŚMIAN (Bolesław), poète polonais (Varsovie 1878 - *id.* 1937). Rattaché tardivement au symbolisme européen, il publia des recueils poétiques (*le Verger au carrefour,* 1912 ; *la Prairie,* 1920 ; *le Breuvage ombreux,* 1936) qui, puisant aux sources folkloriques mondiales, posent le problème de l'existence de l'homme et de son salut.

LESNEVEN (29260), ch.-l. de cant. du Finistère, dans le Léon ; 6 930 hab. *(Lesneviens).* Église du XVIIIe s. Musée du Léon.

LESOTHO, anc. **Basutoland,** État de l'Afrique australe, enclavé dans la République d'Afrique du Sud ; 30 355 km² ; 2 100 000 hab. CAP. *Maseru.* LANGUES : *anglais* et *sotho.* MONNAIE : *loti.*

Géographie. Les deux tiers du territoire, correspondant à une partie du Drakensberg, sont à plus de 1 800 m d'alt. À peine 10 % des terres sont cultivables (maïs) ; s'y ajoutent des parcours (élevage ovin et bovin). Le Lesotho est localement surpeuplé et une part notable de la main-d'œuvre s'expatrie pour travailler dans les mines de l'Afrique du Sud. Les envois des émigrés comblent en partie l'énorme déficit commercial, mais le pays est ainsi largement tributaire du puissant voisin et de l'aide internationale.

Histoire. Créé au XIXe siècle, le Basutoland, placé sous l'autorité du roi Moshoeshoe Ier, devient un protectorat britannique en 1868.
1966 : Le Basutoland acquiert son indépendance sous le nom de Lesotho.
1970 : Le roi Moshoeshoe II perd la réalité du pouvoir au profit de son Premier ministre, Joseph Leabua Jonathan.
1986 : Jonathan est renversé. Les militaires se succèdent au pouvoir.
1990 : Moshoeshoe II est déposé au profit de son fils Letsie III.
1993 : À l'issue des élections législatives, les militaires remettent le pouvoir aux civils.
1995 : Moshoeshoe II est rétabli sur le trône (mais il meurt accidentellement en 1996).

LESPARRE-MÉDOC (33340), ch.-l. d'arrond. de la Gironde, dans le bas Médoc ; 4 730 hab. *(Lesparrains).* Donjon du XIVe s. Marché des vins du Médoc.

LESPINASSE (Julie DE), femme de lettres française (Lyon 1732 - Paris 1776). Dame de compagnie de Mme du Deffand, elle ouvrit à son tour un salon où se réunirent les encyclopédistes. Ses lettres au comte de Guibert composent l'un des beaux romans d'amour du XVIIIe s.

LESPUGUE (31350), comm. de la Haute-Garonne, à 17 km au N.-N.-O. de Saint-Gaudens ; 85 hab. Station préhistorique connue par une belle statuette stéatopyge en ivoire de mammouth, dite « Vénus de Lespugue », datée de la fin du gravettien (27000-20000 av. J.-C., musée de l'Homme, Paris).

LESQUIN (59810), comm. du Nord, à 7 km au S.-E. de Lille ; 5 726 hab. *(Lesquinois).* Appareils ménagers. Aéroport de Lille. Centre commercial.

LESSAY (50430), ch.-l. de cant. de la Manche, dans le Cotentin, au N. des *landes de Lessay ;* 1 731 hab. Belle abbatiale romane, très restaurée après 1944.

LESSE (la), riv. de l'Ardenne belge, affluent de la Meuse (r. dr.), qu'elle rejoint en amont de Dinant. (→ *grottes de* HAN.)

LESSEPS (Ferdinand Marie, *vicomte* DE), diplomate et administrateur français (Versailles 1805 - La Chênaie, près de Guilly, Indre, 1894). Consul au Caire en 1833, il se lie avec le prince héritier Sa'īd, et s'intéresse aux projets des saint-simoniens relatifs à un canal entre la Méditerranée et la mer Rouge en perçant l'isthme de Suez. Rappelé par Sa'īd devenu souverain (1854), il obtient un acte de concession (nov. 1854), puis forme la Compagnie universelle du canal maritime de Suez*. Le canal est inauguré le 17 nov. 1869 par l'impératrice Eugénie. Lesseps s'intéresse ensuite (1876) à un canal dans l'isthme de Panamá, négocie avec la Colombie et fonde une compagnie (1880) dont la faillite (1889) provoquera le scandale de Panamá*. (Acad. fr., 1884.)

LESSINES, v. de Belgique (Hainaut), sur la Dendre ; 16 500 hab. Carrières de porphyre.

LESSING (Gotthold Ephraim), écrivain allemand (Kamenz, Saxe, 1729 - Brunswick 1781). Influencé par les idées de la philosophie française, il voulait en revanche libérer le théâtre allemand de l'imitation de la tragédie française. Il publie *Minna* von Barnhelm* (1767), comédie sérieuse et la *Dramaturgie* de Hambourg* (1767-1769), recueil d'articles critiques où il affirme que Shakespeare est le modèle à suivre. Il précise son esthétique dans *Laocoon* (1766) et donne au théâtre une tragédie bourgeoise, *Emilia Galotti* (1772), et un drame philosophique, *Nathan le Sage* (1779), tandis qu'en 1780 paraissent ses maximes réunies dans *l'Éducation du genre humain.* L'influence de Lessing fut déterminante à un moment où se formait l'esprit national de la littérature allemande.

LESSING (Doris), femme de lettres britannique d'origine sud-africaine (Kermānchāh, Iran, 1919). Elle s'est intéressée à des problèmes comme l'apartheid, la condition de la femme, qu'illustrent son cycle romanesque *les Enfants de la violence* (*Martha Quest,* 1952 ; *la Cité promise,* 1966), son théâtre ainsi que son *Carnet d'or* (1962). Elle a étudié les déchirements des êtres dans ses récits (*Un homme, deux femmes,* 1965) et dans sa pièce *Play with a Tiger* (1962), avant de traiter de la crise de la civilisation contemporaine (*la Terroriste,* 1985 ; *le Cinquième Enfant,* 1988). Cette méditation angoissée s'est prolongée dans un univers de science-fiction (*Mémoires d'une survivante,* 1976). Elle a publié sous le nom de **Jane Somers** deux romans réunis en 1984 dans *Diaries of Jane Somers (les Carnets de Jane Somers).*

LESSIVABLE adj. Susceptible d'être lessivé sans altération de couleur.

LESSIVAGE n. m. **1.** Action ou manière de lessiver. – **2.** *Fam.* Nettoyage intensif, épuration totale. – **3.** *Fam.* Réprimande énergique. – **4.** Migration d'argile ou de limon dans les sols, aboutissant à la différenciation d'un horizon d'accumulation plus argileux que la roche mère et que les horizons supérieurs. – **5.** Nettoyage d'une pièce d'orfèvrerie montée, avant le brunissage. – **6.** Cuisson du bois dans un lessiveur en présence de produits chimiques. – **7.** Nettoyage d'un subjectile ou d'un feuil de peinture au moyen d'une lessive.

LESSIVE n. f. (lat. pop. **lixīva,* du lat. class. *lixivus,* de *lix,* lessive). **1.** Produit détersif spécifique, à base de savon ou de détergents de synthèse, se présentant sous forme de poudre ou de liquide. – **2.** Action de laver le linge : *C'est son jour de lessive.* – **3.** *Vx.* Linge lavé ou à laver : *Faire sécher la lessive.* – **4.** *Fam.* Élimination rapide et importante d'éléments jugés indésirables. – **5.** Solution alcaline ou saline servant à la saponification proprement dite et au relargage du savon. – **6.** *Lessive de soude, de potasse,* solution aqueuse concentrée de carbonate de sodium, de carbonate de potassium.

LESSIVER v. t. (de *lessive*) [conj. 3]. **1.** Nettoyer qqch avec de la lessive : *Lessiver les murs.* – **2.** *Fam.* Faire perdre à qqn toute force physique : *Tout ce travail m'a lessivé.* – **3.** *Fam.* Faire perdre à qqn tout son argent au jeu : *Il a suffi d'une soirée de pocker pour le lessiver.* – **4.** *Fam.* Battre un adversaire dans une compétition. – **5.** Fam. *Se faire lessiver,* se faire éliminer d'un emploi comme indésirable.

◆ **être lessivé** v. pass. **1.** *Fam.* Être éreinté, épuisé : *Après ce travail, je suis lessivé.* – **2.** *Fam.* Être éliminé d'un secteur d'activité, d'une concurrence, d'une compétition : *Cette entreprise a fait faillite, elle est lessivée.* – **3.** En parlant d'un horizon ou d'un sol, avoir subi un entraînement vertical d'argile ou de limon.

LESSIVEUR n. m. Récipient dans lequel on opère la cuisson ou le lessivage du bois en vue de la préparation de la pâte à papier.

LESSIVEUSE n. f. Récipient en tôle galvanisée dans lequel on faisait bouillir le linge.

LESSIVIER, ÈRE ou **LESSIVIEL, ELLE** adj. Qui se rapporte à la lessive, aux produits de lessive.

◆ **lessivier** n. m. Fabricant de produits de lessive.

LESSON, mot angl. signif. *leçon* et désignant en Angleterre, aux XVIIe et XVIIIe s., une suite ou sonate pour un ou plusieurs instruments. (J. Dowland, T. Morley, H. Purcell et G. F. Händel sont les principaux auteurs de lessons.)

LEST [lɛst] n. m. (néerl. *last*). **1.** Matière pesante placée dans les fonds d'un navire ou fixée à sa quille pour lui assurer un tirant d'eau ou une stabilité convenables. – **2.** Sable qu'un aéronaute emporte dans la nacelle de son aérostat et qu'il jette pour prendre de l'altitude ou ralentir sa descente. – **3.** Poids dont on charge le pied de certains filets de pêche pour les maintenir en place. – **4.** Charge de plomb sur une ligne. (Syn. PLOMBÉE.) – **5.** En alimentation animale, substance encombrante et de faible valeur nutritive. – **6.** *Jeter, lâcher du lest,* faire un sacrifice relativement important, faire des concessions pour essayer de remédier à une situation compromise. ‖ *Navire sur lest,* bâtiment qui navigue sans fret et dont la stabilité est assurée par du lest.

LESTAGE n. m. Action de lester un bâtiment de navigation, un aérostat, etc.

LESTE adj. (ital. *lesto,* agile). **1.** Qui se meut avec agilité et aisance : *Il est encore leste pour son âge.* – **2.** Qui est très ou trop libre, qui blesse la décence : *Une histoire leste.* – **3.** *Avoir la main leste,* être prompt à frapper, à gifler.

LESTEMENT adv. D'une manière leste, avec agilité.

LESTER v. t. (de *lest*) [conj. 3]. **1.** Charger un navire, un aérostat d'un lest. – **2.** *Fam.* Charger qqch en le remplissant : *Lester ses poches d'objets divers.* – **3.** Garnir de lest le pied d'un filet ou plomber une ligne.

LESTER (Richard), cinéaste américain (Philadelphie 1932). Son goût pour le non-sens, le farfelu, l'ironique et le parodique apparaît dans ses principaux films : *Une souris sur la lune* (1963), *Quatre Garçons dans le vent* (1964), *Au secours* (1965) [ces deux derniers films avec les Beatles], *le Knack... et comment l'avoir* (1965), *les Trois Mousquetaires* et *On l'appelait Milady* (1974 et 1975), auxquels fait suite en 1989 *le Retour des mousquetaires.* Il a abordé d'autres thèmes moins parodiques dans *Petulia* (1968), *la Rose et la Flèche* (1976), voire *Superman II* (1980) et *Superman III* (1983).

LESTES n. m. (gr. *lêstês,* voleur). Libellule de couleurs brillantes chez le mâle, plus ternes chez la femelle, et qui vole au-dessus des eaux. (N. usuel *fiancée.*)

LESTEUR n. m. Chapelet de petits disques de plomb, permettant d'améliorer la tombée d'un vêtement.

LESTOBIOSE n. f. (gr. *lêstês,* voleur). Forme de commensalisme propre à des petites fourmis qui creusent des galeries dans les parois des nids d'autres espèces de plus grande taille et leur volent leur nourriture.

L'ESTOILE (Pierre DE), chroniqueur français (Paris 1546 - *id.* 1611), auteur de *Mémoires journaux,* recueil de notes prises au jour le jour qui est une des sources essentielles de l'histoire des règnes d'Henri III et d'Henri IV.

L'ESTOILE ou **L'ESTOILLE** (Claude DE), écrivain français (Paris 1597 - *id.* 1652), fils du précédent. Il fut un des « collaborateurs » de Richelieu écrivain. (Acad. fr., 1634.)

LESTRANGE (Henri Louis, en relig. *dom* **Augustin de**), religieux français (Colombier-le-Vieux, Ardèche, 1754 - Lyon 1827). Trappiste, il dut se retirer en Suisse en 1790. Il y reconstitua son ordre, qui essaima en Europe et dont il devint l'abbé général en 1794. En 1814, il rouvrit la Grande Trappe de Soligny, en Normandie.

LESTREM (62136), comm. du Pas-de-Calais ; 3 765 hab. Agroalimentaire.

LE SUEUR (Eustache), peintre français (Paris 1616 - *id.* 1655). Élève de Vouet, admirateur de Raphaël, il fit montre d'un sens décoratif raffiné dans le cabinet de l'Amour (v. 1646) et la chambre des Muses de l'hôtel Lambert à Paris (panneaux en partie au Louvre), d'un dépouillement à la fois savant et ingénu dans les vingt-deux tableaux de la *Vie de saint Bruno,* peints de 1645 à 1648 pour la chartreuse de Paris (Louvre). Il fut l'un des douze fondateurs de l'Académie royale.

LE SUEUR ou **LESUEUR** (Jean François), compositeur français (Drucat-Plessiel, près d'Abbeville, 1760 - Paris 1837). Il débuta par une carrière de musicien d'église puis entreprit une série d'opéras, dont *Ossian ou les Bardes* (1804), le plus célèbre. Professeur de composition au Conservatoire (1818), il forma Berlioz et Gounod.

LESUEUR (Charles Alexandre), naturaliste et dessinateur français (Le Havre 1778 - Sainte-Adresse, Seine-Maritime, 1846). Membre de l'expédition Baudin autour des côtes australiennes (1800-1804), il se lia d'amitié avec le naturaliste François Péron (1775-1810) et ils récoltèrent ensemble environ 100 000 échantillons, dont plus de 2 500 espèces nouvelles d'animaux de tous groupes.

LESUR (Daniel), compositeur français (Paris 1908). Membre du groupe Jeune-France (1936), il dirigea l'Opéra de Paris en 1971-72. Il a écrit des œuvres pour orchestre (1935), *le Cantique des cantiques* pour 12 voix mixtes (1953) et *Ondine,* opéra d'après Giraudoux (créé à Paris en 1982).

LESZCZYŃSKI, famille polonaise dont les membres les plus célèbres sont le roi Stanislas* et sa fille Marie* Leszczyńska.

LESZNO, v. de Pologne, ch.-l. de voïévodie, au S.-S.-O. de Poznán ; 60 200 hab. La ville servit d'asile en 1628 à Comenius, expulsé de Bohême ; l'église St-Jean (gothique tardif) fut le temple des Frères moraves. Monuments divers de style baroque.

LET [lɛt] adj. inv. (angl. *let,* de *to let,* laisser). **1.** Au tennis et au tennis de table, se dit d'une balle de service qui touche le sommet du filet et retombe dans les limites du court ou sur la table et dans le camp adverse. (Une balle let est à remettre.) [Syn. FILET.] — **2.** Au volley-ball, balle de service fautive touchant le sommet du filet. (Syn. NET.)

LÉTAL, E, AUX adj. (lat. *letalis,* mortel, de *letum,* mort). **1.** Se dit d'un gène, d'un génotype ou d'un remaniement chromosomique qui ne sont pas compatibles avec la vie de l'individu. — **2.** *Dose létale,* quantité de substance toxique (exprimée en concentration du toxique) qui provoque la mort d'un homme ou d'un animal. ‖ *Dose létale à 50 %* (en abrégé *D.L. 50*), quantité de substance toxique par volume d'eau qui provoque la mort de la moitié des poissons d'une espèce donnée vivant dans cette eau. ‖ *Facteur létal,* caractère génétique ou acquis, morphologique ou physiologique, qui donne à un organisme une incompatibilité avec le développement ou la vie indépendante, et entraîne sa mort dès l'état embryonnaire ou à la naissance. (Certaines malformations cardiaques ou vasculaires qui permettent la vie in utero sont des facteurs létaux.)

LÉTALITÉ n. f. **1.** Ensemble des conditions qui rendent nécessairement mortelles une plaie, une lésion ou une maladie. — **2.** Caractère d'un gène létal.

LETCHI → LITCHI.

LÈTE n. m. (bas lat. *laetus*). **1.** Barbare à la solde de l'Empire romain, établi sur la rive gauche du Rhin pour cultiver la terre et pour défendre la frontière. — **2.** Homme dont le statut était intermédiaire entre la liberté et la servitude, chez certains peuples germains de l'époque des invasions.

LE TELLIER (Michel), seigneur **de Chaville,** homme d'État français (Paris 1603 - *id.* 1685). Nommé secrétaire d'État à la Guerre et ministre d'État (1643) à l'instigation de Mazarin, il fit preuve de loyalisme pendant la Fronde. Maintenu dans ses fonctions par Louis XIV, il fut, avec son fils Louvois, le vrai créateur de l'armée monarchique. Instigateur de grandes réformes, il fixa notamment la hiérarchie des grades (règlements de 1661 et 1665 complétés par l'ordre du tableau, 1675) et créa les brigadiers. Devenu chancelier de France en 1677, il rédigea l'édit de Fontainebleau révoquant l'édit de Nantes (1685).

LE TELLIER (Michel), jésuite français (Le Vast, Manche, 1643 - La Flèche 1719). Confesseur de Louis XIV (1709-1715), il poussa celui-ci à détruire Port-Royal.

LETELLIER (Charles Constant, *abbé*), écrivain belge de langue wallonne (Ath 1807 - Bernissart 1870). Premier fabuliste de langue wallonne, il écrit les *Fauves de La Fontaine,* imités des *Fables,* et *Èyè l'mariache del fie chose,* réunis dans *Essais de littérature montoise* (1843).

LÉTHARGIE n. f. (bas lat. *lethargia,* du gr. *lêthargia*). **1.** Sommeil profond et continuel caractérisé par le fait que le malade parle quand on le réveille, mais oublie ce qu'il dit et retombe rapidement dans le sommeil. — **2.** État d'affaiblissement extrême de qqn : *Sortir de sa léthargie.* — **3.** Diminution considérable de l'activité de qqch : *Tirer un secteur industriel de sa léthargie.*

LÉTHARGIQUE adj. (lat. *lethargicus,* du gr. *lêthargikos*). **1.** Qui tient de la léthargie : *Un sommeil léthargique.* — **2.** Dont l'activité est très diminuée : *Un esprit léthargique.* — **3.** *Fam.* Qui porte au sommeil : *Un discours léthargique.*

LETHBRIDGE, v. du Canada (Alberta), sur la Oldman ; 60 974 hab. Centre d'un district irrigué et d'un bassin houiller. Gaz naturel. Station de recherches agricoles. Université.

LÉTHÉ, un des fleuves des Enfers, dans la mythologie grecque. Ses eaux très calmes faisaient oublier le passé terrestre aux ombres qui en avaient bu.

LETHRUS [-trys] n. m. Gros insecte coléoptère noir, arrondi, d'Autriche et de Hongrie, qui ravage les vignobles en y creusant des terriers où il emmagasine les jeunes pousses de vigne.

LETICIA, localité du sud de la Colombie, ch.-l. du commissariat de l'Amazone (Amazonas), sur l'Amazone ; 4 000 hab.

LETKISS [lɛtkis] n. m. (de A. *Letkiss,* n. pr.). Danse populaire d'origine finlandaise, de rythme 4/4, rappelant celui de la scottish, et apparue en France vers 1965.

LÉTO, fille des Titans. Aimée de Zeus, mais poursuivie par la jalousie d'Héra, elle erra longtemps avant de pouvoir, à Délos, mettre au monde Apollon et Artémis. (→ LATONE.)

LETO (Giulio Pomponio), humaniste italien (Teggiano nel Cilento, Lucanie, 1428 - Rome 1498). Admirateur de la Rome antique, il fonda à Rome, en 1465, l'académie Pomponiana.

LE TOURNEUR (Pierre), érudit français (Valognes 1736 - Paris 1788). Son œuvre la plus connue est sa traduction du théâtre de Shakespeare (20 vol., 1776-1783).

LETOURNEUR (Louis François), homme politique français (Granville 1751 - Laeken, Belgique, 1817). Officier du génie, député à la Législative (1791), puis à la Convention (1792), il fit partie du Comité de salut public où il s'occupa avec Carnot de la guerre (1793-1795). Il fut directeur de 1795 à 1797.

LETTE ou **LETTON** n. m. (all. *Lette,* Letton). Langue du groupe baltique oriental parlée en Lettonie.

LETTENKOHLE n. m. (all. *Letten,* argile, et *Kohle,* charbon). Subdivision du système triasique à faciès germanique, à peu près équivalent du ladinien.

LETTERSET [lɛtərsɛt] n. m. (angl. *letterset,* de *letter,* lettre, et *to set,* poser). Variante du procédé d'impression en offset par l'utilisation d'une forme imprimante en relief.

LETTON, ONNE ou **ONE** adj. et n. (all. *Lette,* Letton). De Lettonie.

◆ **letton** n. m. Syn. de LETTE.

LETTONIE, en letton **Latvija,** État d'Europe, sur la Baltique ; 64 000 km^2 ; 2 540 000 hab. *(Lettons).* CAP. *Riga.* LANGUE : *letton.* MONNAIE : *lats.*

Géographie. C'est l'une des trois républiques baltes. Avec un relief faiblement accidenté, un climat humide et frais, souvent boisée, la Lettonie compte une faible majorité de Lettons de souche et une importante minorité russe. Fortement urbanisée, elle tire ses ressources de l'industrie (matériel ferroviaire et constructions électriques, papier, laine, bois, engrais) et du commerce (par les ports de Riga, Liepaïa, Ventspils). L'élevage est la principale activité agricole.

Histoire. Au début de l'ère chrétienne, des peuples du groupe finno-ougrien et du groupe balte s'établissent dans la région. Entre la fin du XIIe s. et le début du XIIIe s., les chevaliers Porte-Glaive et Teutoniques, d'origine allemande, conquièrent le pays. Ayant fusionné en 1237 pour former l'ordre livonien, ils gouvernent le pays et le christianisent.

1561 : La Livonie est annexée par la Pologne.
1721-1795 : La totalité du pays est intégrée à l'Empire russe.
1918 : La Lettonie proclame son indépendance.
1920 : La Russie soviétique la reconnaît.
1940 : Conformément au pacte germano-soviétique, la Lettonie est intégrée à l'U. R. S. S.
1941-1944 : Elle est occupée par les Allemands.
1944 : Elle redevient une république soviétique.
1991 : L'indépendance est restaurée.
1994 : Les troupes russes achèvent leur retrait du pays.

LETTOW-VORBECK (Paul VON), général allemand (Sarrelouis 1870 - Hambourg 1964). À la tête des troupes d'Afrique-Orientale allemande, il opposa aux Alliés une résistance invaincue de 1914 à 1918.

LETTRAGE n. m. Action de marquer qqch avec des lettres.

1. LETTRE n. m. *Lettre rouge,* syn. de BOIS D'AMOURETTE*.

2. LETTRE n. f. (lat. *littera*). **1.** Chacun des signes graphiques dont l'ensemble constitue un alphabet et qui, seuls ou en combinaison avec d'autres, correspondent à un son de la langue. — **2.** Le sens strict, littéral, des mots qui composent qqch (un texte), par oppos. à son sens profond, à son esprit : *Suivre la lettre de la loi.* — **3.** Écrit sur feuille de papier, adressé personnellement à qqn et destiné à être mis sous enveloppe pour être envoyé par la poste : *Écrire une lettre de condoléances.* — **4.** Titre donné à un ouvrage sous forme de correspondance : *Les « Lettres de mon moulin » d'Alphonse Daudet.* — **5.** *À la lettre, au pied de la lettre,* en se fondant sur le sens propre des termes : *Ne prends pas ce que je dis à la lettre ;* ponctuellement, sans rien omettre : *Suivre des instructions au pied de la lettre.* ‖ *Avant la lettre,* qui est une préfiguration de ce qui apparaîtra plus tard. ‖ Litt. *Écrit en lettres de feu,* inscrit d'une manière saisissante dans la mémoire des hommes. ‖ Litt. *Écrit en lettres d'or,* digne d'être gardé toujours présent en mémoire. ‖ *En toutes lettres,* écrit sans abréviation ; avec des mots et non avec des chiffres ; sans rien dissimuler, nettement. ‖ *Être, rester lettre morte,* être inutile, sans effet. ‖ Fam. *Les cinq lettres, le mot de cinq lettres,* euphémisme pour « merde ». ‖ *Lettre ouverte,* lettre polémique ou revendicative, adressée à qqn en particulier mais simultanément diffusée à plusieurs personnes ou dans la presse. ‖ Fam. *Passer comme une lettre à la poste,* être facilement digéré ; être cru, admis, sans difficulté. • **Banq.** *Lettre de change,* titre par lequel une personne (le tireur) donne l'ordre à une autre personne (le tiré) de payer une certaine somme d'argent à une date déterminée au profit d'une troisième personne (le bénéficiaire) désignée dans le titre, ou à toute personne qui a endossé le titre et est légitimement porteur. (Syn. TRAITE.) [→ *encycl.*] ‖ *Lettre de change-relevé (L. C. R.),* formule de lettre de change, instaurée en 1973, qui permet l'inscription de la lettre sur bande magnétique, ce qui en facilite le maniement et l'archivage. — **Diplom.** *Lettres d'abolition,* lettres de grande chancellerie abolissant un crime de nature rémissible. ‖ *Lettres d'amortissement,* lettres patentes par lesquelles le roi autorisait des gens de mainmorte à acquérir ou à conserver des biens, sans être obligés de les mettre hors de leur main. ‖ *Lettres d'anoblissement* ou *de noblesse,* grandes lettres patentes par lesquelles le roi accordait la noblesse à un roturier. ‖ *Lettres d'attache,* acte attaché à un autre par lien scellé pour en autoriser ou en attester l'exécution. ‖ *Lettres de cachet,* lettres fermées, signées du roi et scellées du cachet royal, renfermant l'ordre du souverain de faire administrativement incarcérer, interner ou exiler un individu. ‖ *Lettres de commission,* mandement par lequel le roi commettait telle personne à l'exercice d'une fonction spéciale et temporaire. ‖ *Lettres de dispense,* lettres accordées par le roi en vue d'atténuer la rigueur du droit pour des considérations particulières. ‖ *Lettres de garde gardienne,* lettres patentes accordant un privilège de juridiction spéciale à des congrégations religieuses. ‖ *Lettres de reconnaissance,* lettres conférant l'authenticité aux actes privés en leur donnant la garantie du sceau d'une juridiction. ‖ *Lettres de rémission,* lettres portant rémission de peine pour des crimes excusables, sous réserve du droit d'autrui. ‖ *Lettres royaux,* nom donné à tous les actes royaux à partir du XIVe s. ‖ *Lettres de sauvegarde,* lettres destinées à mettre un particulier ou une communauté sous la protection spéciale du roi, quand leurs droits étaient menacés. — **Dr.** *Lettre d'intention,* lettre annonçant un contrat, un accord. ‖ *Lettre de voiture,* preuve du contrat de transport d'une marchandise par terre, eau ou mer. (Le récépissé remplace souvent la lettre de voiture en matière de transports terrestres.) — **Écon.** *Lettre de garantie internationale,* document par lequel est assurée à un importateur la bonne livraison de la marchandise. — **Enlum.** *Lettre ornée,* syn. de INITIALE* ORNÉE. — **Grav.** Sur une estampe, désigne toute inscription gravée (titre, noms du dessinateur, du graveur, etc.) [*Avant la lettre* se dit d'une épreuve tirée avant qu'on ait gravé ces inscriptions.] — **Impr.** Caractère représentant une des lettres de l'alphabet. ‖ Ensemble des caractères typographiques dont on se sert pour la composition des textes. ‖ *Lettre blanche* ou *éclairée,* lettre capitale dont on ne marque que le contour, et dont l'intérieur reste en blanc. ‖ *Lettre de forme,* caractère exclusif des typographies primitives. ‖ *Lettre grise* ou *historiée,* grande lettre capitale dans laquelle les pleins, au lieu d'être noirs, sont plus ou moins couverts de hachures ou d'autres ornements. — **Liturg.** *Lettre dominicale,* lettre affectée, dans les tableaux de comput ecclésiastique, aux dimanches d'une année déterminée et permettant de situer le jour de la semaine avec n'importe quel calendrier. — **Mar.** *Lettre de marque,* commission que délivrait un gouvernement, en temps de guerre, au capitaine d'un navire armé en course. (Elle faisait du corsaire un combattant régulier, par oppos. au *pirate.*) — **Mil.** *Lettre de service* ou *de commandement,* document ministériel conférant à un officier certaines attributions ne relevant pas automatiquement de son grade. — **Mus.** Caractère de l'alphabet affecté à un usage musical. — **Numism.** Caractère de l'alphabet qui, sur une monnaie française, à partir du règne de François Ier, indique l'atelier de fabrication (A, Paris ; B, Rouen ; etc.). — **Relig.** *Lettre pastorale,* écrit d'un évêque à ses diocésains ou à son clergé pour éclairer un point de doctrine ou donner des consignes pratiques. (Syn. MANDEMENT.)

◆ **lettres** n. f. pl. **1.** Œuvres littéraires, qui visent d'abord à plaire, à émouvoir, etc., par oppos. aux ouvrages scientifiques, techniques et documentaires. — **2.** Culture littéraire, littérature : *Le monde des lettres.* — **3.** Études scolaires et universitaires qui comprennent la littérature, la philologie, la philosophie, l'histoire, les langues, par oppos. aux *sciences : Un étudiant en lettres.* — **4.** *Avoir des lettres,* être cultivé. ‖ *Femme, homme, gens de lettres,* personnes qui font profession d'écrire ; écrivains. ‖ *Lettres supérieures,* classes préparatoires aux concours des grandes écoles dans les disciplines littéraires.

ENCYCL. **Banq.** et **Dr.** La *lettre de change* est un acte sous seing privé, généralement rédigé sur un imprimé détaché d'un carnet à souche. Par sa nature et par sa forme, c'est un acte de commerce dont tous les signataires (tireur, endosseur, tiré) sont solidairement responsables du paiement, à l'échéance, envers le porteur.

Lettre à d'Alembert sur les spectacles, par Jean-Jacques Rousseau (1758), réplique à l'article « Genève » de l'*Encyclopédie* où d'Alembert préconise l'ouverture d'un théâtre à Genève. Rousseau analyse les dangers de la tragédie qui exalte les passions et de la comédie qui ridiculise la vertu. À ces spectacles, il oppose les plaisirs immédiats et simples de la *fête.*

Lettre écarlate *(la),* roman de Nathaniel Hawthorne (1850). Le thème de l'adultère, symbolisé par la lettre A (qu'une femme convaincue d'adultère est condamnée à porter), est l'occasion d'une évocation puritaine de la passion et de la faute dans la Nouvelle-Angleterre du XVIIe s.

Lettre sur les aveugles à l'usage de ceux qui voient, texte de Diderot (1749). À propos d'une opération réussie sur l'œil de Réaumur, Diderot s'interroge sur le rapport de la sensation (prédominante) et du jugement et propose une explication matérialiste de l'origine du monde.

Lettre sur les occupations de l'Académie française, par Fénelon (1716). L'auteur donne son avis sur les travaux que l'Académie pourrait entreprendre et sur la querelle des Anciens et des Modernes.

lettres *(Centre national des)* ⟶ LIVRE *(Centre national du).*

Lettres françaises *(les),* publication périodique d'écrivains résistants, fondée en 1941 par Jacques Decour, puis dirigée successivement par Claude Morgan et Aragon (1953). Elles ont cessé de paraître en 1972.

Lettres de mon moulin *(les),* recueil de contes d'Alphonse Daudet (1869). Ils ont presque tous pour cadre la Provence. Les plus célèbres sont *l'Arlésienne, la Chèvre de monsieur Seguin, la Mule du pape, l'Élixir du Révérend Père Gaucher, les Trois Messes basses.*

Lettres nouvelles *(les),* revue bimestrielle, fondée en 1953 et dirigée par Maurice Nadeau. Elle a joué un rôle capital dans la connaissance des lettres étrangères contemporaines.

Lettres persanes, roman philosophique de Montesquieu (1721). L'auteur soumet le monde occidental au regard de deux voyageurs persans, Usbek et Rica, qui font part de leurs impressions à différents correspondants. Cette correspondance imaginaire sert de prétexte à une critique des mœurs parisiennes et de la société française.

Lettres philosophiques sur l'Angleterre ou **Lettres anglaises,** par Voltaire (1734). Se rapportant au modèle anglais, ces 25 lettres définissent le programme d'action des Lumières et l'échelle des vraies valeurs de la civilisation. Saisi, brûlé, l'ouvrage eut un succès considérable.

Lettres de la religieuse portugaise, ensemble de cinq lettres parues en 1669 et présentées comme une traduction du portugais. Ces lettres d'amour passionné ont été attribuées à Mariana Alcoforado, religieuse. Elle les aurait adressées au comte de Chamilly, qui servait alors au Portugal. Ces deux personnages ont bien existé, mais c'est en fait le traducteur supposé, Guilleragues, qui est l'auteur de ces lettres, directement écrites en français.

Lettres sur la danse et les ballets, ouvrage théorique et critique (1760), publié à Lyon et à Stuttgart par Jean Georges Noverre.

LETTRÉ, E adj. et n. (de *lettre 2,* d'apr. lat. *litteratus,* instruit). *Vx.* Qui a une solide culture littéraire ; cultivé, érudit.

LETTRE-TRANSFERT n. f. (pl. *lettres-transferts*). Caractère graphique se reportant par pression et frottement.

LETTRINE n. f. (ital. *letterina*). Lettre d'une force de corps supérieure au reste du texte, placée au commencement d'un chapitre ou d'un paragraphe.

LETTRISME n. m. (de *lettre 2*). Mouvement littéraire et artistique créé vers 1945 par Isidore Isou.

ENCYCL. En littérature, le lettrisme fait consister la poésie dans la seule sonorité ou dans le seul aspect des lettres disposées en un certain ordre ; en peinture, il fait appel à des combinaisons visuelles de lettres et de signes. Outre I. Isou, le mouvement lettriste compte Maurice Lemaître, Gabriel Pomerand, Roberto Altmann, Roland Sabatier, etc. Certains lettristes (Guy Debord, Gil J. Wolman...) firent scission en 1952 pour former l'*Internationale lettriste* (devenue en 1957 l'*Internationale situationniste**).

LETTRISTE adj. et n. Relatif au lettrisme ; artiste pratiquant le lettrisme.

1. LEU n. m. (anc. fr. *leu,* du lat. *lupus,* loup). *À la queue leu leu,* à la file, à la suite les uns des autres : *Suivre à la queue leu leu.*

2. LEU n. m. (pl. *lei*) [mot roum.]. Unité monétaire de la Roumanie et de la Moldavie.

LEU *(saint)* → LOUP *(saint).*

LEU (Hans), dit **le Jeune,** peintre et dessinateur suisse (Zurich v. 1490 - Gubel, près de Zoug, 1531), fils du peintre HANS **Leu l'Ancien** (actif à Zurich d'env. 1490 à 1510). Il mena une vie aventureuse, fut mercenaire avec les partisans de Zwingli et mourut au combat. Le musée de Bâle conserve ses meilleures peintures (*Orphée,* 1519), ainsi que des dessins de paysages d'une veine étrange et sauvage.

LEUCADE, en gr. mod. **Lefkás,** région de Grèce, en bordure de la mer Ionienne, anc. île aujourd'hui rattachée au continent par un isthme marécageux, en partie occupé par des salines. Ch.-l. *Leucade.*

LEUCANIE n. f. (lat. sc. *leucania*). Petite noctuelle dont la chenille (ver militaire), répandue en Amérique, en Inde, en Nouvelle-Zélande, dévaste en troupes énormes la végétation sur son parcours.

LEUCANTHEMUM [-mɔm] ou **LEUCANTHÈME** n. m. (du gr. *anthemon,* fleur). Nom de genre donné par certains auteurs à la grande marguerite.

LEUCATE (11370), comm. de l'Aude, près de la Méditerranée, au N. de l'*étang de Leucate* et au S.-O. du *cap Leucate ;* 2 197 hab. Stations balnéaires à la Franqui, *Leucate-Plage* et *Port-Leucate.* — L'*étang de Leucate* ou *de Salses,* communiquant avec la Méditerranée, couvre 11 000 ha. Le cordon littoral qui le sépare de la mer a fait l'objet d'aménagements (*Port-Leucate* et Port-Barcarès).

LEUCÉMIDE n. f. Lésion cutanée observée au cours d'une leucémie, comportant ou non une infiltration par des cellules leucémiques.

LEUCÉMIE n. f. Terme générique recouvrant un groupe d'affections, d'étiologie inconnue chez l'homme, caractérisées par une prolifération de cellules malignes d'origine hématopoïétique.

ENCYCL. La prolifération cellulaire maligne des leucémies est visible dans les organes hématopoïétiques et souvent dans le sang. Dans les leucémies chroniques, elle intéresse tous les éléments cellulaires d'une ou plusieurs lignées hématopoïétiques, aboutissant à une augmentation du nombre des cellules matures. Dans les leucémies aiguës, elle atteint un seul ou plusieurs types de cellules immatures, blastiques, avec blocage de maturation de la lignée cellulaire concernée et insuffisance de production des autres lignées sanguines.

• *Leucémies aiguës.* Elles sont dominées par l'association d'un syndrome anémique, hémorragique et infectieux, en rapport avec une insuffisance de production des cellules sanguines normales, et d'une infiltration, à des degrés variables, de tous les tissus (ganglions, rate, foie, os, peau, muqueuses, méninges, etc.) par les cellules malignes. Les traitements actuels ont très nettement amélioré le pronostic des leucémies aiguës.

• *Leucémies chroniques.* Les *leucémies myéloïdes chroniques* sont caractérisées par une prolifération médullaire et sanguine de tous les éléments de la lignée granulocytaire sans blocage de maturation. Ces cellules, dans la très grande majorité des cas, sont porteuses d'une anomalie chromosomique, le chromosome Philadelphie. Le tableau clinique est dominé par une hépatomégalie et, surtout, par une splénomégalie volumineuse. Il existe une importante hyperleucocytose avec myélémie.

Les *leucémies lymphoïdes chroniques* sont des affections malignes du tissu lymphoïde. Des lymphocytes d'aspect mature prolifèrent et envahissent la moelle osseuse. La maladie s'observe chez des sujets de plus de 60 ans et comporte une hépatosplénomégalie, des adénopathies habituellement bilatérales, symétriques et volumineuses dont l'architecture a disparu et est remplacée par une nappe de lymphocytes. Les infiltrations cutanées, digestives, respiratoires, osseuses et de nombreux tissus par les lymphocytes ne sont pas rares.

LEUCÉMIQUE adj. et n. Relatif à la leucémie ; atteint de leucémie.

LEUCES ou **LEUQUES,** peuple de la Gaule Belgique, établi dans l'actuelle région de Toul.

LEUCINE n. f. Aminoacide dont l'antipode lévogyre, la L-leucine, est un constituant essentiel des protéines alimentaires.

LEUCIPPE, philosophe grec (v. 460 - 370 av. J.-C.). Il est le fondateur de la théorie atomiste.

1. LEUCITE n. m. Syn. anc. de PLASTE.

2. LEUCITE n. f. Aluminosilicate naturel de potassium que l'on trouve dans les roches volcaniques sous forme de trapézoèdres cubiques.

LEUCKART (Rudolf), naturaliste allemand (Helmstedt 1822 - Leipzig 1898). Ses travaux portent sur la biologie des animaux inférieurs, sur la génération, en particulier sur l'œuf des insectes, sur la parthénogenèse et sur les vers.

LEUCOBASE n. f. Leucodérivé possédant une ou plusieurs fonctions amine.

LEUCOBRYUM [-brijɔm] n. m. Mousse formant des touffes compactes en coussinets blanchâtres et brillants sur le sol des forêts siliceuses.

LEUCOCORIE n. f. (du gr. *korê,* pupille). Pupille dont la couleur apparaît blanche au lieu d'être noire.

LEUCOCRATE adj. Se dit d'une roche de couleur claire.

LEUCOCYTAIRE adj. Qui concerne les leucocytes.

LEUCOCYTE n. m. Cellule sanguine nucléée. (Les leucocytes se répartissent en trois variétés : granulocytes [55 à 70 %], lymphocytes [20 à 30 %] et monocytes [3 à 8 %]. Leur concentration globale dans le sang circulant est de 4 000 à 10 000 par μl chez l'adulte.) [Syn. GLOBULE BLANC.]

LEUCOCYTOSE n. f. **1.** Nombre des globules blancs dans le sang circulant. — **2.** Syn. de HYPERLEUCOCYTOSE.

LEUCODÉRIVÉ n. m. Nom générique de substances incolores obtenues par réduction de certains colorants, et servant d'intermédiaires dans la teinture par les colorants indigoïdes ou par les colorants insolubles de la classe des « colorants de cuve ».

LEUCODERME adj. et n. Syn. de CAUCASOÏDE.

LEUCODERMIE n. f. Syn. de ACHROMIE.

LEUCOENCÉPHALITE n. f. Encéphalite affectant électivement ou de façon prédominante la substance blanche du cerveau.

LEUCOGRANITE n. m. Roche plutonique essentiellement à quartz et feldspath.

LEUCOME n. m. (bas lat. *leucoma,* tache blanche, du gr. *leukôma*). Forme de taie, d'un blanc de porcelaine, succédant à une plaie ou à une ulcération de la cornée.

LEUCOMÉLANODERMIE n. f. Trouble de la pigmentation cutanée, consistant en des taches blanches achromiques cerclées d'une zone hyperpigmentée. (La leucomélanodermie s'observe, en particulier, dans le vitiligo et la syphilis secondaire.)

LEUCONOSTOC n. m. Nom de genre de bactéries lactiques en forme de coques pouvant s'allonger dans les milieux acides, certaines espèces étant responsables de la fermentation malolactique des vins, d'autres de la maladie de la graisse des vins.

LEUCONYCHIE [-ki] n. f. Coloration blanche des ongles.

LEUCOPÉDÈSE n. f. *Leucopédèse digestive,* afflux des leucocytes dans le tube digestif pendant et après les repas, jouant un rôle défensif à l'égard de substances toxiques.

LEUCOPÉNIE n. f. **1.** Diminution de la concentration sanguine des leucocytes au-dessous de 4 000 par μl. — **2.** *Leucopénie infectieuse du chat,* maladie contagieuse, due à un ultravirus spécifique, dont les symptômes sont voisins de ceux du typhus du chat.

LEUCOPÉNIQUE adj. et n. Relatif à la leucopénie ; atteint d'une leucopénie.

LEUCOPETRA, anc. localité de Grèce, près de Corinthe. Les Achéens y furent vaincus par L. Mummius (146 av. J.-C.), qui prit et détruisit Corinthe.

LEUCOPHANE n. m. Silicate naturel de calcium, de magnésium et de béryllium, avec fluorure de sodium. (La chaleur et le choc produisent, chez cette espèce, une lueur phosphorescente bleue.)

LEUCOPHÉRÈSE n. f. Cytaphérèse portant sur les globules blancs.

LEUCOPIS [-pis] n. f. Mouche grise des prairies, aux ailes opalines, très commune en France de juin à octobre et dont la larve dévore les pucerons.

LEUCOPLASIE n. f. Affection chronique des muqueuses (bouche, langue, face interne des joues, lèvres) aboutissant à une kératinisation de l'épithélium et à la formation de taches blanches d'aspect porcelainé et quadrillé. (Elle est susceptible de se transformer en cancer.)

LEUCOPLASIQUE adj. Relatif à la leucoplasie.

LEUCOPOÏÈSE n. f. Formation des globules blancs.

LEUCOPOÏÉTIQUE adj. Relatif à la leucopoïèse.

LEUCOPTÈRE n. f. Espèce de guifette qui survole le sud-est de la France lors de ses migrations.

LEUCORRHÉE n. f. Écoulement muqueux ou purulent se faisant par la vulve. (Syn. PERTES BLANCHES.)

LEUCORRHÉIQUE adj. et n. f. Relatif à la leucorrhée ; atteinte de leucorrhée.

LEUCOSE n. f. État leucémique.

ENCYCL. La leucose bovine enzootique, qui affecte les animaux adultes, est due à un virus ;

une leucose d'étiologie inconnue attaque les jeunes. Les leucoses des volailles sont dues à des virus.

LEUCOSINE n. f. Substance voisine de l'amidon, mais à moins grosse molécule, propre aux algues dorées (chrysophycées).

LEUCOSPIS [-pis] n. m. Très grand insecte chalcidien parasite des guêpes et d'autres hyménoptères aculéates, auxquels il ressemble par son aspect.

LEUCOSPORÉ, E adj. Se dit des champignons à spores de couleur blanche.

LEUCOTHOÉ n. f. (de *Leucothoé,* n. myth.). Arbuste (éricacée) originaire d'Amérique du Nord, d'Asie et de Madagascar, utilisé pour la décoration des parcs et jardins à cause de ses belles fleurs blanches.

LEUCOTOMIE n. f. Lobotomie partielle.

LEUCOTOXIQUE adj. et n. m. Se dit d'une substance, habituellement chimique (drogue), capable de détruire les leucocytes.

LEUCOTRICHIE n. f. Décoloration congénitale des poils et des cheveux, généralisée (albinisme) ou localisée (mèche blanche frontale).

LEUCOXÈNE n. m. Produit microcristallin d'altération des minéraux titanés.

LEUCTRES, anc. ville de la Grèce (Béotie), près de Thespies. Le roi de Sparte Cléombrotos y fut vaincu par Épaminondas, dont la victoire assura l'hégémonie sur la Grèce aux Thébains (juill. 371 av. J.-C.).

LEUDE n. m. (bas lat. *leudes,* du frq. **leudi,* gens). Sous les Mérovingiens, homme riche et puissant, lié par serment au roi.

LEUNA, v. d'Allemagne (Saxe-Anhalt), au S. de Merseburg ; 10 400 hab. Centre de carbochimie et de pétrochimie.

LEUPIN (Herbert), affichiste et graphiste suisse (Beinwil am See, cant. d'Argovie, 1916). Il a évolué à partir de 1950 vers une manière libre et ludique, associant souvent collage et photomontage au graphisme.

LEUPOLD (Jakob), ingénieur allemand (Planitz 1674 - Leipzig 1727). Son grand traité *Theatrum machinarum* (1724-1739, 9 vol.) contient un projet de machine à vapeur à haute pression à deux cylindres que Cugnot a tenté de réaliser sur son fardier.

LEUR pron. pers. pl. inv. de la 3e pers. (lat. *illorum,* génit. pl. de *ille,* celui-ci). À eux, à elles : *On leur a donné carte blanche.*

◆ adj. poss. de la 3e pers. du pl. D'eux, d'elles ; qui appartient à eux, à elles : *Ils ont oublié leurs disques.*

◆ pron. poss. **1.** *Le leur, la leur, les leurs* équivalent à un nom précédé du possessif de la 3e pers. du pl. : *Nos parents ont aussi une maison, mais la leur est en Bretagne.* — **2.** *Litt.* Sans article, comme attribut : *Les terres qui étaient leurs.* — **3.** *Les leurs,* leurs parents, leurs amis, leurs alliés. — **4.** *Être des leurs, un des leurs,* appartenir à leur groupe, faire partie de leur groupe.

LEURRE n. m. (anc. fr. *loire,* du frq. **lôpr,* appât). **1.** Appât artificiel (poisson d'étain, poisson nageur, devon, cuiller, mouche, etc.) employé dans la pêche au lancer. — **2.** Ce sur quoi on aurait tort de se fonder, ce qui trompe : *C'est un leurre de croire qu'il peut réussir.* — **3.** Objet simulant un matériel militaire, utilisé pour tromper l'ennemi. — **4.** Moyen de contre-mesure électronique, passif (bandes de papier métallisé) ou actif (brouilleurs), destiné à créer de faux échos radars. — **5.** Objet rassemblant un ou plusieurs caractères essentiels d'un stimulus susceptible de déclencher un comportement donné, utilisé par les éthologistes dans l'étude des comportements animaux. — **6.** Morceau de cuir imitant la forme d'un oiseau, auquel on fixe des plumes et des morceaux de viande, et servant au dressage des oiseaux de fauconnerie.

LEURRER v. t. (de *leurre*) [conj. 5]. **1.** Tromper qqn par de fausses espérances : *Il m'a leurré avec ses promesses insensées.* — **2.** Dresser un oiseau de fauconnerie à revenir au leurre.

◆ **se leurrer** v. pr. Se faire des illusions sur qqch, qqn : *Ne vous leurrez pas sur vos possibilités ; elles restent faibles.*

LEUVEN, nom néerlandais de Louvain.

LEV [lɛv] n. m. (pl. *leva*) [mot bulgare]. Unité monétaire de la Bulgarie.

LEVADE n. f. En équitation, air de haute école, encore pratiqué à Vienne, où le cheval semble s'asseoir sur ses postérieurs tandis que son corps se redresse et qu'il replie ses antérieurs.

LEVÁDHIA ou **LIVADHIÁ,** v. de Grèce, ch.-l. de nome, au S.-E. du Parnasse ; 18 000 hab.

LEVADITI (Constantin), médecin français d'origine roumaine (Galaţi 1874 - Paris 1953). Chef de laboratoire à l'Institut Pasteur, il est l'auteur d'importants travaux sur les affections à tréponèmes et, plus spécialement, la biologie et les diagnostics sérologiques et immunologiques de la syphilis, et sur les virus neurotropes.

LEVAGE n. m. **1.** Action de lever, de déplacer une charge dans un plan vertical : *Appareil de levage.* — **2.** Action de lever, en parlant d'une pâte, d'une pâtisserie : *Le levage de la pâte.* — **3.** Opération d'entretien impliquant de lever l'ensemble de la caisse et du châssis d'un véhicule ferroviaire pour le séparer du train de roues. — **4.** Récolte du sel dans les salins.

LEVAIN n. m. (lat. pop. **levamen, -inis,* du lat. class. *levare,* lever). **1.** Culture de micro-organismes sélectionnés que l'on introduit dans les produits à fermenter (pâte à pain, moût de brasserie, etc.) en vue de maîtriser la fermentation. — **2.** Morceau de pâte en cours de fermentation incorporé à la pâte en cours de pétrissage pour en provoquer la levée par dégagement de gaz carbonique. (Le levain traditionnel est obtenu empiriquement à partir d'une pâte ensemencée spontanément avec des levures de l'environnement ; le levain « rationnel » est obtenu à l'aide de levure industrielle.) — **3.** *Litt.* Ce qui peut faire naître ou exciter une action, une passion : *Levain de discorde.* — **4.** *Levain(-)chef,* syn. de CHEF. ‖ *Levains lactiques,* cultures de bactéries lactiques utilisées pour la fabrication des fromages, du beurre, des yaourts, etc. ‖ *Pain au levain,* pain fabriqué au levain traditionnel, sans apport de levure industrielle.

Levallois *(technique)* [du site de *Levallois-Perret,* Hauts-de-Seine], méthode de débitage de la pierre qui, par la préparation du nucléus, provoque des éclats ayant une forme prédéterminée. Apparue dès le paléolithique inférieur, cette technique connut un grand développement pendant le paléolithique moyen et perdura jusqu'au néolithique.

LEVALLOISIEN, ENNE adj. et n. m. Se dit du faciès culturel du paléolithique moyen caractérisé par la *technique Levallois.*

LEVALLOIS-PERRET (92300), ch.-l. de cant. des Hauts-de-Seine, banlieue nord-ouest de Paris ; 47 788 hab. *(Levalloisiens).* Centre industriel (construction automobile, ascenseurs, constructions électriques et électroniques, alimentation, etc.).

LÉVAMISOLE n. m. Médicament chimique anthelminthique possédant une action paralysante sur l'ascaris et l'ankylostome. (Le lévamisole a été préconisé également dans les cas graves d'herpès.)

LEVANT, E adj. **1.** Qui se lève : *Écluse levante.* — **2.** *Empire du Soleil levant,* autref. le Japon et les territoires qu'il dominait. ‖ *Soleil levant,* soleil qui se lève, qui paraît à l'horizon ; moment de la journée où le soleil est dans cette position.

◆ **levant** n. m. **1.** Est, orient, côté de l'horizon où le soleil se lève : *Un appartement exposé au levant.* — **2.** Vent d'est, tiède et humide, qui souffle sur la Provence, les Alpes du Sud (au S. du mont Ventoux), le Roussillon et la Corse.

LEVANT, nom donné jusqu'aux années 1920 au littoral oriental de la Méditerranée, sous domination musulmane. Il était fréquenté par des commerçants européens qui y créèrent à partir du XVIe s. des Échelles* où ils bénéficiaient des privilèges des capitulations. Accordées par les Ottomans, les capitulations furent abolies en 1923.

Levant *(Compagnie du),* compagnie française de commerce, fondée en 1670 par Louis XIV à l'instigation de Colbert pour contrôler le commerce avec les pays du bassin oriental de la Méditerranée. Elle fut dissoute peu après 1678.

LEVANT, en esp. **Levante,** région de l'Espagne orientale, correspondant aux pays proches des côtes dans les quatre provinces de Castellón de la Plana, Valence, Alicante et Murcie. De climat méditerranéen typique, à tendance semi-aride vers le S., elle juxtapose des plaines irriguées (huertas) intensément mises en valeur (agrumes, primeurs), notamment vers Alicante, Murcie et principalement Valence, et des collines portant des vignobles et surtout des oliviers. — **Préhist.** Un ensemble d'environ 70 abris contient des peintures pariétales caractérisées par un grand nombre d'anthropomorphes, de cervidés et de bovidés. On attribue l'art du Levant à l'épipaléolithique.

LEVANT *(île du)* [83400 Hyères], anc. **île du Titan,** île de Provence (Var), à l'extrémité orientale du groupe des îles d'Hyères ; 996 ha. Base principale du Centre d'essais de la Méditerranée. Centre naturiste.

LEVANTE *(riviera di),* partie orientale de la côte du golfe de Gênes, jusqu'à La Spezia, abrupte et découpée, abritant de nombreuses localités touristiques.

LEVANTIN, E adj. et n. **1.** Du Levant. — **2.** S'est dit de qqn originaire d'Égypte ou du Proche-Orient.

◆ **levantine** n. f. Étoffe de soie unie et légère, utilisée surtout pour les robes et les doublures.

LEVANTINE *(mer)* ou **LEVANTIN** *(bassin),* nom parfois donné à l'extrémité orientale de la Méditerranée, comprise entre l'Afrique, le Proche-Orient, l'arc Hellénique (jalonné notamment par la Crète et Rhodes) et la côte turque. Superficie : 320 000 km^2. Profondeur moyenne : 2 500 m.

LEVASSEUR, famille de sculpteurs québécois du XVIIIe s. Le chef-d'œuvre du plus connu d'entre eux, NOËL (Québec 1680 - *id.* 1740), est le décor intérieur de la chapelle des Ursulines à Québec.

LEVASSEUR (Marie-Thérèse), compagne de J.-J. Rousseau (Orléans 1721 - Le Plessis-Belleville, Oise, 1801).

LEVASSOR (Émile), ingénieur et industriel français (Marolles-en-Hurepoix 1843 - Paris 1897). Associé à son ami René Panhard, il créa en

France, grâce aux brevets Daimler, l'industrie des moteurs automobiles. Avec Armand Peugeot, à qui il livrait des moteurs, il fut le premier en France à construire industriellement des voitures fonctionnant au pétrole. En 1895, il gagna la course Paris-Bordeaux-Paris sur une « Panhard et Levassor » dont il était le créateur.

LE VAU (Louis II), architecte français (Paris 1612 - *id.* 1670). Appartenant à une famille de maîtres maçons (son frère FRANÇOIS [1613-1676] le secondera ou travaillera seul en province), moins raffiné que Mansart, il est la figure dominante du milieu du siècle. Il travaille pour les gens de finance, élève des hôtels (Lambert, 1640) en l'île Saint-Louis à Paris, alors lieu de spéculation immobilière. Après Vaux-le-Vicomte*, l'actuel Institut de France et d'autres travaux parisiens (Louvre), il établit pour le roi (dont il est premier architecte depuis 1654) les grandes lignes du palais de Versailles. Son sens de la mise en scène somptueuse ne l'empêche pas de faire évoluer la demeure patricienne vers plus de commodité.

LÈVE n. f. (de *lever*). Mouvement ascendant communiqué aux lisses des métiers à tisser.

1. LEVÉ → LEVER.

2. LEVÉ n. m. **1.** Action de faire, sur le terrain ou à l'aide de photographies aériennes, les opérations géométriques nécessaires pour tracer un plan, une carte ; plan, carte ainsi tracés. — **2.** Report sur une carte topographique des contours géologiques d'après les affleurements des terrains. (Syn. LEVER.)

LÈVE-BRAS n. m. inv. Dispositif qui relève automatiquement le bras et la tête de lecture d'un tourne-disque.

LEVÉE n. f. **1.** Action de faire cesser, de suspendre : *La levée d'une interdiction.* — **2.** Action de ramasser, de recueillir, de percevoir : *La levée des impôts.* — **3.** *Levée du corps,* acte solennel par lequel on enlève le corps d'une personne décédée pour l'inhumer ou l'exposer ; cérémonie religieuse faite au domicile du défunt ou à la morgue. • **Agric.** Stade où apparaissent les premières parties aériennes chez une plante en germination. — **Banq.** Ensemble des sommes d'argent, prises en même temps ou dans un intervalle donné, dans un établissement de crédit. — **Boulang.** Augmentation du volume de la pâte, due à la fermentation panaire. (Syn. POUSSE.) — **Dr.** *Levée d'option,* acte du bénéficiaire d'une promesse de vente, qui déclare se porter acquéreur du bien aux conditions convenues. — **Écon.** Action de faire enlever les marchandises déposées chez un intermédiaire. — **Fortif.** *Levée de terre,* remblai naturel ou artificiel utilisable comme retranchement pour la défense. — **Géogr.** Digue parallèle à la rive d'un cours d'eau, édifiée pour protéger la vallée contre les inondations. ‖ Bourrelet de rive en bordure de la mer (crête de plage), d'un chenal de marée ou du lit d'un canyon sous-marin. ‖ *Levée alluviale,* bourrelet de matériel alluvial qui se forme par accumulation sur le bord du lit d'un cours d'eau, souvent site de l'habitat et des cultures, au-dessus d'une plaine inondable. — **Jeux.** Ensemble des cartes qu'un joueur gagne et ramasse sur un seul coup. (Syn. PLI.) ‖ Au bridge, chaque pli au-delà du sixième. (Syn. TRIC.) — **Mécan.** Amplitude du déplacement d'une soupape ou d'un clapet, entre sa position de fermeture et celle d'ouverture. — **Méd.** *Levée de corps,* acte médico-légal consistant à procéder à l'enlèvement d'un cadavre qui se trouve sur la voie publique ou dans un lieu où il ne peut rester sans inconvénient. — **Mil.** *Levée de camp,* départ d'une troupe d'un camp ou d'un bivouac. ‖ *Levée en masse,* appel de tous les hommes valides d'une nation pour sa défense. ‖ *Levée de siège,* repli d'une armée assiégeante qui ne s'est pas emparée de la place. ‖ *Levée de troupes,* enrôlement de soldats. — **Post.** Action de retirer les lettres d'une boîte, pour les acheminer vers leur destination ; lettres ainsi ramassées. — **Sylvic.** Action d'enlever l'écorce femelle du chêne-liège. (L'enlèvement de l'écorce mâle est le démasclage.) — **Text.** Ce qu'on enlève sur la largeur d'une étoffe, sur une pièce de toile, pour faire un vêtement. — **Verr.** Glace coulée assujettie sur la table de coulée pour être travaillée et polie.

LÈVE-GLACE ou **LÈVE-VITRE** n. m. (pl. *lève-glaces, lève-vitres*). Mécanisme logé dans les portières de voiture, et servant à ouvrir ou fermer les glaces.

LEVEN (Alexander LESLIE, 1er *comte* DE) → LESLIE.

LEVENS (06670), ch.-l. de cant. des Alpes-Maritimes, dans les Alpes niçoises, au-dessus de la Vésubie ; 2 692 hab. *(Levensois).*

LEVENTINA *(val),* partie de la vallée suisse du Tessin, entre Airolo et Bellinzona.

1. LEVER v. t. (lat. *levare*) [conj. **19**]. **1.** Mouvoir qqch de bas en haut, le faire monter, le placer à un niveau supérieur : *Lever les vitres d'une voiture.* — **2.** Soulever une partie du corps, la placer plus haut : *Levez les bras.* — **3.** Porter qqch plus haut, faire qu'il ne repose plus sur un support : *Lever le couvercle de la casserole.* — **4.** Retirer ce qui était fixé, l'ôter : *Lever des scellés.* — **5.** Faire cesser qqch, le faire disparaître, le supprimer : *Lever une interdiction. Lever un siège.* — **6.** Ramasser qqch, le recueillir : *Lever des impôts.* — **7.** Faire sortir une pièce de gibier de son gîte, la faire partir : *Lever une compagnie de perdreaux.* — **8.** *Pop.* Racoler qqn, le draguer : *La prostituée vient de lever un client.* — **9.** Recruter une armée, des troupes, etc., les mobiliser : *Le chef rebelle aurait levé plus d'un millier d'hommes.* — **10.** Faire quitter le lit à un malade, à un enfant : *Il faudrait lever l'opéré du 4.* — **11.** Fam. *Lever l'ancre, lever le camp, lever le siège,* partir, quitter un lieu, une réunion. ‖ *Lever les bras au ciel,* marquer par ce geste son impuissance. ‖ *Lever le cœur à qqn,* lui donner la nausée. ‖ *Lever le doigt, la main,* dans un groupe, demander la parole en tendant l'index, la main en l'air. ‖ *Lever le front, la tête,* les redresser en signe de hardiesse, de fierté, n'avoir rien à se reprocher, avoir son honneur intact. ‖ *Lever la main droite,* prêter serment. ‖ *Lever la main sur qqn,* chercher à le frapper. ‖ *Lever la patte,* en parlant d'un chien, uriner. ‖ Fam. *Lever le pied,* diminuer sa pression sur l'accélérateur, ralentir ; s'en aller subrepticement, disparaître. ‖ *Lever la séance, l'audience,* l'interrompre, la déclarer close. ‖ *Lever son verre,* porter un toast, boire à la santé de qqn, à la réussite de qqch. ‖ *Lever les yeux au ciel,* regarder vers le ciel, en signe d'impatience, d'exaspération ou d'impuissance. ‖ *Lever les yeux sur,* avoir des vues sur qqn, qqch. ‖ *Ne pas lever le nez (de qqch),* ne pas se détacher de ce que l'on est en train de faire, faire qqch sans interruption : *Il n'a pas levé le nez de son bureau.* • **Agric.** *Lever une prairie,* la labourer. ‖ *Lever une terre,* donner le premier labour au printemps à une terre destinée à être ensemencée à l'automne. — **Banq.** *Lever des capitaux,* se les procurer. — **Bours.** Prendre livraison de titres. — **Cartogr.** Effectuer le levé d'un plan, d'une carte. — **Ch. de f.** *Lever une locomotive,* lui faire subir l'opération du levage. — **Cuis.** Enlever les filets d'une volaille ou d'un poisson. — **Dr.** Effectuer une levée d'option. — **Hortic.** Enlever de terre une plante avec ses racines.

◆ v. i. Litt. *Le cœur me lève,* je ressens un vif dégoût, mon cœur se soulève.

◆ v. i. ou **être levé** v. pass. **1.** En parlant des végétaux, être sorti de terre : *Le blé a levé.* — **2.** Gonfler sous l'effet du levain, de la levure, d'un ferment : *Attendre que la pâte lève.* — **3.** *Faire lever le gibier,* le faire partir lorsqu'on l'a découvert, afin de pouvoir le tirer ou le donner à courre aux chiens.

◆ **se lever** v. pr., **être levé** v. pass. **1.** Être mû du bas vers le haut ; être en position haute : *Le rideau se lève.* — **2.** Se mettre debout, être debout : *Se lever de sa chaise.* — **3.** Sortir de son lit : *Sitôt levé, il met la radio.* — **4.** S'insurger, se révolter contre qqn, qqch : *Un peuple qui se lève contre un dictateur.* — **5.** En parlant d'un astre, apparaître à l'horizon : *Le soleil se lève.* — **6.** En parlant du jour, apparaître : *L'aube se lève.* — **7.** En parlant de la mer, du vent, de l'orage, etc., commencer à se faire sentir, à devenir fort. — **8.** En parlant du brouillard, de la brume, disparaître. — **9.** En parlant de qqch, disparaître, être supprimé : *Ambiguïté qui est levée.* — **10.** *La séance est levée,* elle est terminée, close. ‖ *Le temps se lève,* les nuages disparaissent, le ciel s'éclaircit, se dégage. ‖ *Se lever avec les poules, avec le soleil,* de bonne heure. ‖ *Se lever de table,* sortir de table. ‖ *Temps levé,* en chorégraphie, sursaut sur la jambe d'appui, précédant un autre pas et lui servant de préparation ou d'élan.

2. LEVER n. m. (de *lever 1*). **1.** Action de sortir de son lit ; moment où on se lève : *Prendre un café dès son lever.* — **2.** Apparition d'un astre au-dessus de l'horizon, instant de cette apparition : *Le lever du soleil.* — **3.** Action de lever, de déplacer vers le haut : *Au lever du rideau.* • **Cartogr.** Syn. de LEVÉ. — **Chir.** *Lever précoce,* méthode consistant à faire lever les opérés quelques heures après l'intervention pour éviter les complications dues à l'immobilité (congestions pulmonaires, phlébites, escarres, etc.). — **Hist.** *Lever du roi,* en France sous l'Ancien Régime, cérémonial qui accompagnait le moment où le roi quittait son lit. (Il se divisait en trois parties : le *petit lever,* auquel assistaient les membres de la famille royale, les princes du sang et les grands dignitaires ; la *première entrée,* avec les membres du Conseil et les principaux officiers domestiques ; après l'habillement du roi, le *grand lever,* en présence de la noblesse de cour.) — **Sports.** *Lever de rideau,* match préliminaire, précédant la rencontre principale. — **Théâtr.** *Lever de rideau,* petite pièce par laquelle on commence une soirée théâtrale.

LEVERKUSEN, v. d'Allemagne (Rhénanie-du-Nord-Westphalie), au N. de Cologne ; 162 800 hab. Grand centre chimique.

LE VERRIER (Urbain), astronome français (Saint-Lô 1811 - Paris 1877). En étudiant les perturbations du mouvement d'Uranus, il fut conduit à envisager l'existence d'une planète plus lointaine dont il détermina l'orbite et calcula la position dans le ciel, permettant ainsi sa découverte par l'Allemand Galle (1846). Cette nouvelle planète reçut le nom de Neptune. Directeur de l'Observatoire de Paris (1854-1870 et 1873-1877), il s'attacha surtout à élaborer une théorie du mouvement de la Lune et il organisa la centralisation et la diffusion des informations météorologiques en France et en Europe.

LEVERTIN (Oscar), écrivain suédois (Gryt, près de Norrköping, 1862 - Stockholm 1906). Poète (*Légendes et chansons,* 1891) et romancier (*les Maîtres d'Österås,* 1900), il s'opposa à l'esthétique naturaliste. Il est considéré comme le maître de la critique littéraire en Suède.

LÉVESQUE (René), homme politique canadien (New Carlisle, Gaspésie, 1922 - Montréal 1987).

Député libéral (1960), plusieurs fois ministre de 1960 à 1966, il fonde en 1968 le parti québécois (P. Q.) qui rassemble divers partis indépendantistes. Premier ministre du Québec en 1976, il voit rejeter par les Québécois son projet de « souveraineté-association » (1980), mais remporte les élections de 1981. En 1984, sa décision de renoncer au projet indépendantiste provoque une grave crise : il démissionne de la présidence du parti en juin 1985 et de celle du gouvernement en septembre. Il publie ses Mémoires en 1986 : *Attendez que je me rappelle.*

LEVET (18340), ch.-l. de cant. du Cher, au S. de Bourges ; 1 361 hab. *(Levetois).*

LÈVE-TARD n. inv. *Fam.* Personne qui aime se lever tard ou qui a du mal à se lever de bonne heure.

LÈVE-TÔT n. inv. *Fam.* Personne qui se lève habituellement de bonne heure.

LÈVE-VITRE → LÈVE-GLACE.

LÉVÉZOU ou **LÉVEZOU** (le), haut plateau de l'Aveyron, au N.-O. de Millau, à l'E. du Ségala, au N. de la vallée du Tarn, culminant à 1 155 m.

LÉVI, troisième fils de Jacob et de Léa, qui a donné son nom à une tribu d'Israël.

Lévi *(tribu de),* une des tribus d'Israël, spécialement consacrée aux fonctions du culte. Elle n'avait pas de territoire particulier et les autres tribus devaient contribuer à la subsistance de ses membres.

LÉVI, dans les Évangiles, autre nom de l'apôtre saint Matthieu.

LÉVI (Alphonse Louis CONSTANT, dit **Éliphas**), occultiste français (Paris 1810 - *id.* 1875). Il a organisé la forme moderne de l'occultisme.

LÉVI (Sylvain), indianiste français (Paris 1863 - *id.* 1935). Professeur au Collège de France (1894), il fut le fondateur en France des études sur l'histoire de l'Inde et du Népal et un éminent spécialiste de l'histoire de la diffusion du bouddhisme et de sa doctrine.

LEVI (Beppo), mathématicien italien (Turin 1875 - Rosario 1961). Il enseigna en Italie puis, atteint par les lois raciales, émigra en Argentine (1938). Ses recherches portent sur les surfaces et leurs points singuliers, la théorie analytique des formes cubiques ternaires, la logique mathématique et les fondements de la géométrie et de l'analyse.

LEVI (Paul), homme politique allemand (Hechingen 1883 - Francfort-sur-le-Main 1930). Il passe à la fin de 1918 du parti social-démocrate indépendant au parti communiste allemand (KPD) dont il fut le premier dirigeant. Puis il revint en 1923 au parti social-démocrate.

LEVI (Carlo), peintre, écrivain et journaliste italien (Turin 1902 - Rome 1975). Son récit *Le Christ s'est arrêté à Eboli* (1945) est consacré à son séjour d'exilé politique, pour activité antifasciste, dans un petit village de Lucanie.

LÉVIATHAN (le), monstre de la mythologie phénicienne, surtout connu par la Bible. Dans Isaïe, il est le symbole du paganisme.

Léviathan, ou la matière, la forme et la puissance d'un État ecclésiastique et civil *(le),* ouvrage de Thomas Hobbes (1651). Le Léviathan est la « chose publique ou *État (Commonwealth),* en latin *civitas* ». C'est la fiction par laquelle Hobbes décrit le système social. L'homme est un loup pour l'homme, et comme son intérêt est la survie, chaque homme passe une sorte de pacte avec les autres hommes. Ces pactes constituent l'État, dont la forme la meilleure est la monarchie, puisque le souverain absolu seul peut faire et défaire la loi.

LEVI BEN GERSON → GERSONIDES.

LEVI-CIVITA (Tullio), mathématicien italien (Padoue 1873 - Rome 1941). Il a créé, avec Ricci-Curbastro, le calcul différentiel absolu qui anticipe le calcul tensoriel, et a introduit la notion de transport parallèle dans les espaces de Riemann.

LE VIEIL, famille de peintres verriers français d'origine normande, dont le plus important est PIERRE (Paris 1709 - *id.* 1772). Il s'efforça de restaurer les vitraux de diverses églises de Paris mais, à la demande du chapitre, remplaça les vitraux de la nef (1741) et du chœur (1753) de Notre-Dame par des verrières blanches à bordure de couleur. C'est pourtant en défenseur du vitrail ancien qu'il rédigea son traité *l'Art de la peinture sur verre et de la vitrerie* (1774), premier ouvrage important sur l'histoire du vitrail.

LEVIER n. m. (de *lever 1*). **1.** Barre rigide que l'on bascule autour d'un point d'appui pour soulever des fardeaux. — **2.** Tige de commande d'un mécanisme : *Levier de changement de vitesse, de frein à main.* — **3.** *Litt.* Ce qui sert à soulever, à mouvoir, à surmonter quelque résistance : *Cet événement a été le levier de la révolution.* • **Ch. de f.** *Levier de manœuvre,* levier qui permet la manœuvre d'une aiguille, soit sur place (levier à pied d'œuvre), soit depuis un poste d'aiguillage. — **Écon.** *Effet de levier,* technique de valorisation des fonds propres de l'entreprise et d'amélioration de leur rentabilité par recours à l'emprunt, sous réserve que le coût de celui-ci soit inférieur à la rentabilité des investissements réalisés grâce à son aide. — **Phys.** Corps rigide susceptible de tourner autour d'un axe et soumis à deux forces, l'une motrice et l'autre résistante. (Les produits de chacune des forces par leur distance à l'axe étant égaux, il est possible de démultiplier une force en jouant sur sa distance à l'axe [*bras de levier*].)

LEVIER (25270), ch.-l. de cant. du Doubs, dans le Jura, sur le *plateau de Levier ;* 2 055 hab. *(Léviтiens).* — Forêt domaniale.

LÉVIGATION n. f. (lat. *levigatio, -onis,* de *levigare,* polir). Séparation, par entraînement dans un courant d'eau, des constituants d'un mélange préalablement réduit en poudre.

LÉVIGER v. t. (lat. *levigare,* polir, de *levis,* lisse) [conj. **17**]. Procéder à la lévigation d'une substance.

LÉVINAS (Emmanuel), philosophe français (Kaunas, Lituanie, 1905 - Paris 1995). Marquée par la phénoménologie husserlienne, sa réflexion est fondée sur le rapport à l'Autre, le respect de son identité et de son altérité. Lévinas est à l'origine du renouveau de la pensée juive après l'Holocauste (*le Temps et l'Autre,* 1948 ; *Totalité et Infini,* 1961 ; *Quatre Lectures talmudiques,* 1968).

LÉVINAS (Michael), compositeur français (Paris 1949), fils du précédent. Intéressé par la lutherie électronique, par l'amplification des instruments en direct et par le synthétiseur, il a écrit plus d'une vingtaine d'œuvres, parmi lesquelles deux *Concertos pour un piano-espace* (1977 et 1980), *les Rires du Gilles* (1981), *la Conférence des oiseaux* (opéra, 1985), *la Cloche fêlée* pour orchestre (1988).

LEVINSON (André Iakovlevitch), écrivain et critique de la danse russe (Saint-Pétersbourg 1887 - Paris 1933). Défenseur de la tradition classique, il se déclara l'adversaire des réformes de Fokine et de Diaghilev. Il est toutefois à l'origine de la critique chorégraphique (à partir de 1922 dans l'hebdomadaire *Comœdia*). Il a publié entre autres *Anna Pavlova* (1928), *la Argentina* (1928), *Marie Taglioni* (1929).

LÉVIRAT n. m. (lat. *levir,* beau-frère). Dans certaines sociétés (notamment chez les Hébreux), coutume qui astreignait un beau-frère non marié à épouser la femme de son frère qui n'avait pas eu de descendants mâles à la mort de son mari.

LÉVIS, port du Canada (Québec), sur le Saint-Laurent, en face de Québec, dont il est un faubourg ; 42 676 hab.

LÉVIS (Henri DE), duc **de Ventadour,** homme politique et ecclésiastique français (1596-1680). Vice-roi de la Nouvelle-France (1625), il fut à l'origine de la Compagnie du Saint-Sacrement (fondée en 1631). Entré dans les ordres en 1641, il dirigea les missions de l'Amérique.

LÉVIS (François Gaston, *chevalier,* puis *marquis,* puis *duc* DE), maréchal de France (château d'Ajac, Languedoc, 1720 - Arras 1787). Il commanda les troupes du Canada après la mort de Montcalm (sept. 1759). Il fut créé gouverneur de l'Artois (1766), maréchal de France (1783), duc et pair (1784).

LÉVIS-MIREPOIX (Gaston Charles Pierre DE), maréchal de France (Belleville 1699 - Montpellier 1757). Il fut gouverneur du Languedoc en 1756-57.

LÉVIS-MIREPOIX (Antoine Pierre Marie, *duc* DE), historien français (Léran, Ariège, 1884 - Lavelanet, Ariège, 1981). Son œuvre porte essentiellement sur le Moyen Âge. (Acad. fr., 1953.)

LÉVI-STRAUSS (Claude), anthropologue français (Bruxelles 1908). Après avoir séjourné de 1934 à 1939 au Brésil, expérience dont il rend compte dans *Tristes Tropiques* (1955), il doit s'exiler aux États-Unis pendant la guerre. Marqué par Durkheim puis par Marcel Mauss, il rencontre Jakobson durant son séjour à New York, ce qui le détermine à donner de nouvelles bases, qu'il appellera structuralistes, à l'anthropologie (*Anthropologie structurale,* t. 1, 1958 ; t. 2, 1973). C'est dans cette perspective qu'il écrit *les Structures élémentaires de la parenté* (1949). Il s'intéresse ensuite aux systèmes de classification (*le Totémisme aujourd'hui,* 1962 ; *la Pensée sauvage,* 1962), et surtout aux mythes (*le Cru et le cuit,* 1964 ; *Du miel aux cendres,* 1967 ; *l'Origine des manières de table,* 1968 ; *l'Homme nu,* 1971 ; *Histoire de lynx,* 1991). Il a été professeur au Collège de France de 1959 à 1982 (chaire d'anthropologie sociale). [Acad. fr., 1973.]

LÉVITATION n. f. (angl. *levitation,* du lat. *levitas, -atis,* légèreté). **1.** État d'un corps qui reste en équilibre à une certaine distance au-dessus d'une surface grâce à une force sustentatrice compensant la pesanteur. (→ *encycl.*) — **2.** Phénomène par lequel qqn pourrait s'élever dans l'espace comme s'il était délivré de la pesanteur.

ENCYCL. **Métall.** *Fusion en lévitation.* Dans ce procédé, l'échantillon métallique est placé à l'intérieur d'un inducteur alimenté par un générateur de haute fréquence. L'interaction du champ électromagnétique produit par l'inducteur et du champ créé par les courants induits dans la masse métallique (qui provoquent aussi sa fusion) permet à celle-ci de léviter, sans aucun contact avec un support matériel. Le procédé permet d'obtenir des alliages d'une grande homogénéité de composition.

1. LÉVITE n. m. (lat. ecclés. *levites,* de l'hébr. *lêvî*). **1.** Membre de la tribu de Lévi, traditionnellement chargé du service du Temple dans l'ancien Israël. — **2.** *Vx.* Clerc, ecclésiastique.

2. LÉVITE n. f. (de *lévite 1*). **1.** Robe de femme au XVIIIe s. — **2.** Longue redingote d'homme.

LÉVITER v. i. (conj. 3). Être en état de lévitation.

Lévitique (le), livre biblique, le troisième du Pentateuque. Il traite du culte israélite, dont le soin était confié aux membres de la tribu de Lévi, d'où son nom.

LEVITSKI (Dimitri Grigorievitch), peintre russe (Kiev 1735 - Saint-Pétersbourg 1822). Il se forma à l'Académie de Saint-Pétersbourg sous la direction de Lagrenée. L'influence de Tocqué et de Roslin marque son portrait de *Diderot* (musée de Genève). Le Musée russe (Saint-Pétersbourg) conserve notamment le cycle des *Demoiselles de l'institut Smolnyï* (1773-1776).

LEVOČA, v. de Slovaquie (Slovaquie-Orientale) ; 9 000 hab. Église gothique St-Jacques, du XIVe s., avec son monumental retable majeur (1508-1517), œuvre du sculpteur Pavel de Levoča.

LÉVODOPA ou **L-DOPA** n. f. Précurseur de la dopamine, neuromédiateur de nombreuses voies nerveuses, utilisé dans le traitement de la maladie de Parkinson.

LÉVOGYRE adj. Se dit des composés chimiques qui font tourner le plan de polarisation de la lumière dans le sens inverse des aiguilles d'une montre. (Syn. GAUCHE ; contr. DEXTROGYRE.)

LÉVOMÉPROMAZINE n. f. Neuroleptique du groupe des phénothiazines, utilisé pour ses propriétés sédatives et anxiolytiques.

LEVRAUT n. m. (anc. fr. *levrot,* lièvre). Jeune lièvre.

LÈVRE n. f. (lat. pop. **labra,* du lat. class. *labrum*). **1.** Chacune des deux parties charnues qui forment le contour de la bouche de l'homme. (→ *encycl.*) — **2.** *Avoir un mot sur les lèvres,* être près de trouver un mot qu'on cherche à se rappeler. ‖ *Du bout des lèvres,* en remuant à peine les lèvres ou avec réticence : *Manger du bout des lèvres.* ‖ *Être sur toutes les lèvres,* être le sujet de toutes les conversations. ‖ *Être suspendu aux lèvres de qqn,* l'écouter avec une extrême attention. • **Anat.** Repli cutané de l'appareil génital externe féminin situé en dehors *(grande lèvre)* ou en dedans *(petite lèvre)* et limitant de chaque côté la dépression vulvaire. — **Bot.** Chacun des deux lobes médians d'une corolle zygomorphe comme celle des labiées. — **Céram.** Bord de l'orifice d'un vase. — **Géol.** Chacune des deux parois d'une faille. — **Usin.** Arête coupante d'un foret ou d'une dent de fraise. — **Zool.** Chacune des deux pièces horizontales, placées l'une au-dessous *(labium),* l'autre au-dessus *(labre)* de l'ouverture buccale des arthropodes.
◆ **lèvres** n. f. pl. Bords saillants d'une plaie.

ENCYCL. **Anat.** Les deux lèvres, l'une supérieure, l'autre inférieure, se réunissent de chaque côté pour former la « commissure labiale ». Sur la ligne médiane, un repli muqueux appelé *frein de la lèvre* relie la face postérieure de la lèvre à l'arcade alvéolaire. La mobilité des lèvres dépend du muscle orbiculaire des lèvres, du triangulaire des lèvres et du risorius.

LEVRETTE n. f. (de *lévrier*). **1.** Femelle du lévrier ou du levron. — **2.** *Levrette d'Italie,* syn. de LEVRON.

LEVRETTER v. i. (anc. fr. *levrot,* lièvre) [conj. 26]. Mettre bas, en parlant de la lapine ou de la hase.
◆ **être levretté** v. pass. En parlant d'un animal, avoir le ventre relevé comme un lévrier.

LÉVRIER n. m. (de *lièvre*). **1.** Chien longiligne à la tête allongée et à la musculature puissante, très rapide à la course. (Il en existe plusieurs races : greyhound, sloughi, barzoï, lévrier afghan, levron.) — **2.** *Courir comme un lévrier,* très vite. ‖ *Lévrier italien,* syn. de LEVRON.

LEVRON n. m. **1.** Jeune lévrier de moins de six mois. — **2.** La plus petite espèce de tous les lévriers. (Syn. LÉVRIER ITALIEN ou LEVRETTE D'ITALIE.)

LEVRONNE n. f. **1.** Femelle du levron. — **2.** Jeune levrette.

LEVROUX (36110), ch.-l. de cant. de l'Indre, dans la Champagne berrichonne ; 3 060 hab. *(Levrousains).* Église surtout du XIIIe s. Mégisserie. Fromages de chèvre.

LEVSKI (Vasil), patriote bulgare (Karlovo, auj. Levskigrad, 1837 - Sofia 1873). Il organisa de nombreux comités révolutionnaires clandestins et fonda en 1869 le Comité central de la révolution bulgare, que présida Karavelov. Dénoncé, il fut pendu.

LÉVULIQUE adj. *Acide lévulique,* acide cétonique $CH_3—CO—(CH_2)_2—CO_2H$, obtenu par chauffage des glucides avec l'acide chlorhydrique.

LÉVULOSE n. m. (lat. *laevus,* gauche, et de *cellulose*). Antipode lévogyre du fructose.

LEVURAGE n. m. Apport de levures lors de la vinification.

LEVURE n. f. (de *lever 1*). **1.** Champignon unicellulaire se reproduisant principalement par voie asexuelle. (→ *encycl.*) — **2.** Produit industriel pour la boulangerie et la pâtisserie, obtenu surtout par la culture de la levure de bière, *Saccharomyces cerevisiæ.*

ENCYCL. La levure est constituée par les espèces du genre *saccharomyces,* agents de la fermentation alcoolique de la bière *(S. cerevisiæ),* du vin *(S. ellipsoideus),* du cidre *(S. apiculatus)* et éléments actifs du levain de boulanger. C'est l'activité chimique de la levure qui provoque le

dégagement de bulles de gaz carbonique et fait ainsi « lever » la pâte à pain. Les levures sont des cellules rondes ou ovales, qui, placées dans un milieu sucré ou glucidique avec ou sans oxygène, se multiplient activement par bourgeonnement, voire par division égale (scissiparité). Ces cellules forment parfois 2, 4 ou 8 spores. Les levures sont souvent utilisées comme aliment, principalement pour le bétail. On a décrit en outre de nombreuses levures sans spores ni sexualité.
— **Pathol.** On classe les levures pathogènes dans six genres différents, qui comprennent une vingtaine d'espèces, le genre *candida* et l'espèce *Candida albicans* étant le plus fréquemment rencontrés. La plupart des champignons ne deviennent pathogènes que dans certaines circonstances, notamment chez l'individu immunodéprimé. Ils provoquent des mycoses superficielles, sous-cutanées ou profondes.
— **Pharm.** La levure de bière officinale est utilisée pour rééquilibrer la flore intestinale et comme apport des vitamines du complexe B.

LEVURERIE n. f. **1.** Usine dans laquelle on cultive des levures industrielles. — **2.** Industrie de la levure.

LEVY (Maurice), ingénieur et mathématicien français (Ribeauvillé 1838 - Paris 1910). Professeur au Collège de France, il a étudié l'élasticité et la résistance des matériaux. (Acad. des sc., 1883.)

LÉVY (Paul), mathématicien français (Paris 1886 - *id.* 1971). Membre de l'école probabiliste française, il a montré toute la puissance de la fonction caractéristique et a introduit la fonction de concentration, très utile dans les questions de convergence. (Acad. des sc., 1964.)

LÉVY-BRUHL (Lucien), philosophe et sociologue français (Paris 1857 - *id.* 1939). Il jette les bases qui permettent de fonder une morale rationnelle (*la Morale et la science des mœurs,* 1903). Il propose une réflexion sur la différence entre « mentalité primitive » et mentalité moderne, la première étant mystique et prélogique, la seconde caractérisée par l'exigence logique (*la Mentalité primitive,* 1922).

LEWIN (Kurt), psychologue américain d'origine allemande (Mogilno 1890 - Newtonville, Massachusetts, 1947). Il a développé une théorie du champ de la personnalité et des motivations. (*Principles of Topological Psychology,* 1936.) Il se tourna ensuite vers l'étude expérimentale de la dynamique de groupe.

LEWIS ou **LEWIS ET HARRIS,** île de Grande-Bretagne (Hébrides) ; 18 000 hab. V. princ. *Stornoway.* (→ HARRIS.)

LEWIS (Matthew Gregory, dit **Monk**), écrivain britannique (Londres 1775 - en mer 1818). Son roman fantastique *le Moine* (1796) lança la mode du « roman noir ». Son *Journal d'un planteur* (1834) témoigne de son libéralisme envers les esclaves.

LEWIS (Gilbert Newton), physicien et chimiste américain (Weymouth, Massachusetts, 1875 - Berkeley 1946). Il a donné en 1916 une interprétation de la liaison chimique covalente, comme mise en commun d'un doublet d'électrons entre deux atomes. Il a attaché son nom à une définition générale des acides (entités capables d'accepter un doublet d'électrons) et des bases (entités capables de fournir un doublet) et a proposé en 1926 le terme de « photon » pour le quantum d'énergie rayonnante.

LEWIS (John Llewellyn), syndicaliste américain (Lucas, Iowa, 1880 - Washington 1969). Il représenta les mineurs de 1917 à 1960, dirigea de nombreuses grèves et sut mettre en valeur les revendications spécifiques des mineurs lors des regroupements entre l'American Federation of Labor et le Congress of Industrial Organizations. Il fut écarté de la direction lors de la réunion de ces deux organisations.

LEWIS (Percy Wyndham), peintre et écrivain britannique (en mer au large d'Amherst, Canada, 1882 - Londres 1957). Élève de la Slade School à Londres, il voyage en Allemagne, Espagne, France, expose avec les postimpressionnistes du groupe de Camden Town, s'enthousiasme pour le futurisme et pratique l'abstraction dès 1913. Ami d'Ezra Pound, il fonde en 1914 le vorticisme*. Puis il retourne à la figuration (sujets de guerre ; portraits : *Edith Stiwell,* 1923, Tate Gallery). Il tend ensuite à délaisser la peinture pour des écrits polémiques et politiques. Fondateur avec E. Pound du périodique *Blast* (1914-15), où il vilipende l'intelligentsia, il illustre, à travers ses romans et essais, d'une virulence sans faille (*les Singes de Dieu,* 1930 ; *Molière : The Comic Mask,* 1959), la continuité du grotesque contemporain.

LEWIS (Clarence Irving), logicien américain (Stoneham, Massachusetts, 1883 - Cambridge 1964), auteur d'une importante théorie de l'implication.

LEWIS (Sinclair), écrivain américain (Sauk Centre, Minnesota, 1885 - Rome 1951). Peintre satirique de la bourgeoisie américaine, de ses préoccupations sociales, religieuses et politiques (*Main Street,* 1920 ; *Babbitt**, 1922 ; *Arrowsmith,* 1925 ; *Elmer Gantry,* 1927 ; *Un si vaste monde,* 1951), il a voulu créer une littérature d'inspiration nationale et rejeter les limites de l'américanisme (*I'm a stranger here myself,* 1962). [Prix Nobel de littérature 1930.]

LEWIS (Cecil **Day-**), poète britannique (Ballintogher, Irlande, 1904 - Hadley Wood, Hertfordshire, 1972). Auteur de recueils poétiques intimistes (*From Feathers to Iron,* 1931 ; *The Room and Other Poems,* 1965), d'essais critiques (*The Lyric Impulse,* 1965), il a publié des romans policiers à succès sous le pseudonyme de **Nicholas Blake.**

LEWIS (Oscar), anthropologue américain (New york 1914 - *id.* 1970). Il a étudié les minorités ethniques aux États-Unis (*les Enfants de Sanchez, autobiographie d'une famille mexicaine,* 1961).

LEWIS (*sir* William Arthur), économiste britannique (Castries, Sainte-Lucie, 1915 - île de la Barbade 1991). Spécialiste des théories de la croissance et du développement, il a partagé, en 1979, le prix Nobel de sciences économiques avec Th. Schultz.

LEWIS (Edward), généticien américain (Wilkes-Barre, Pennsylvanie, 1918). En 1978, il a proposé une théorie sur le mode d'action de gènes homéotiques particuliers chez la drosophile. Des gènes semblables ont ensuite été trouvés chez de nombreux organismes très éloignés les uns des autres (cnidaires, nématodes, annélides, vertébrés), prouvant que les mécanismes du développement embryonnaire ont pu se conserver au cours de l'évolution des espèces pendant plus de 500 millions d'années. (Prix Nobel de physiologie et de médecine 1995.)

LEWIS (Aaron, dit **John**), pianiste et compositeur de jazz américain (La Grange, Illinois, 1920). En 1952, il fonde le Modern Jazz Quartet, dont il sera le directeur musical jusqu'à sa dissolution en 1974. En 1982, lors de la Grande Parade de Nice, le Modern Jazz Quartet est reconstitué. Il a enregistré *Swedish Schnapps* (avec Charlie Parker, 1951), *Summertime* (1979).

LEWIS (Jerry), acteur et cinéaste américain (Newark, New Jersey, 1926). Il débute au cabaret puis au music-hall et à l'écran avec Dean Martin. Ensemble ils tournent seize films dont *Artistes et Modèles* (1955). Il devient réalisateur en 1960 tout en poursuivant, seul désormais, sa carrière d'acteur. Parmi ses films les plus notables, citons : *le Tombeur de ces dames* (1961), *Dr. Jerry et Mr. Love* (1963) et *T'es fou Jerry* (1983).

LEWIS (Carl), athlète américain (Birmingham, Alabama, 1961). Champion du monde du 100 m, du saut en longueur et du relais 4 × 100 m en 1983, quadruple champion olympique (100 m, 200 m, longueur et 4 × 100 m) en 1984, champion du monde de la longueur et du 4 × 100 m en 1987, champion olympique du 100 m (après disqualification de B. Johnson) et de la longueur en 1988, champion du monde du 100 m en 1991, champion olympique de la longueur et du 4 ×100 m en 1992, il remporte encore l'or olympique en longueur, à Atlanta, en 1996.

Lewis *(système),* ensemble de groupes sanguins érythrocytaires représentés par les antigènes Le^a et Le^b. On observe chez les Européens 20 % de sujets Le(a+ b–), 70 % de sujets Le(a– b+), 10 % de sujets Le(a– b–). C'est un système d'antigènes solubles présents dans la salive et le plasma ; les hématies acquièrent leur phénotype par adsorption des substances Lewis du plasma. Si, dans la majorité des cas, les anticorps anti Lewis sont sans intérêt transfusionnel, quelques anti Le^a (rarement des anti Le^x), peuvent être à l'origine d'accidents hémolytiques.

LEWISHAM, borough de Londres, dans le centre-est de l'agglomération ; 234 000 hab. Collèges universitaires. Parcs.

LEWISITE n. f. (de W. J. *Lewis,* n. pr.). **1.** Titanoantimoniate naturel de calcium et de fer. — **2.** Chlorarsine $Cl_2As{-}CH{=}CHCl$ douée de propriétés vésicantes et toxiques, qui l'ont fait employer comme gaz de combat. (Son antidote biochimique est la *British Anti Lewistie* [*BAL*].)

LEWITT ou **LEWITT** (Sol), artiste américain (Hartford 1928). Expérimentale et systématique, l'œuvre de cet artiste conceptuel se caractérise par une démarche réflexive et une exécution impersonnelle (variations en deux ou trois dimensions sur le « cube ouvert » ou le « cube ouvert incomplet » ; murs dessinés [Wall Drawings] ou peints dans un répertoire de formes géométriques, généralement éphémères et parfois exécutés par des assistants à partir de consignes écrites). Lewitt a joué un rôle important dans l'évolution de l'art minimal.

LEXÈME n. m. (de *lexique,* d'apr. *morphème*). Unité minimale de signification appartenant au lexique. (Syn. SÉMANTÈME.)

LEXICAL, E, AUX adj. Qui concerne le lexique, le vocabulaire d'une langue.

LEXICALISATION n. f. Processus par lequel une suite de morphèmes devient une unité lexicale.

LEXICALISÉ, E adj. Se dit d'une suite de morphèmes qui fonctionne comme une unité du lexique, qui est employée comme un mot (par ex. *pomme de terre, tout à fait*).

LEXICOGRAPHE n. Personne qui participe à la confection d'un dictionnaire, en partic. d'un dictionnaire de langue.

LEXICOGRAPHIE n. f. Discipline dont l'objet est l'élaboration des dictionnaires.

ENCYCL. Les principaux problèmes qui se posent au lexicographe sont la sélection des entrées (qui détermine l'étendue et la nature du futur dictionnaire), le classement des sens (selon un ordre historique, logique, etc.), le style des définitions, le choix des exemples (citations tirées d'œuvres littéraires ou phrases de la langue courante forgées par l'auteur), le traitement de l'homonymie et de la polysémie, l'intégration des néologismes.

LEXICOGRAPHIQUE adj. **1.** Qui concerne la lexicographie. — **2.** *Ordre lexicographique sur un ensemble ordonné* E, relation d'ordre total définie sur l'ensemble E × E telle que (x_0, y_0) et (x_1, y_1) étant deux couples de E × E, si $x_0 \neq x_1$, les couples sont rangés dans le même ordre que x_0 et x_1 ; si $x_0 = x_1$, les couples sont rangés dans le même ordre que y_0 et y_1. (Cet ordre est fondé sur le même principe que le classement des mots dans un dictionnaire, d'où son nom.)

LEXICOLOGIE n. f. Partie de la linguistique qui étudie le fonctionnement des composantes lexicales de la langue et leurs relations avec les autres composantes linguistiques et avec les milieux d'élocution.

LEXICOLOGIQUE adj. Qui concerne la lexicologie.

LEXICOLOGUE n. Linguiste spécialiste de lexicologie.

LEXICOMÉTRIE ou **LEXICOSTATISTIQUE** n. f. Syn. de STATISTIQUE* LEXICALE.

LEXIE n. f. (gr. *lexis,* mot). Unité fonctionnelle significative du lexique (mot, expression, etc.). [Une lexie peut être simple *(chat, fourchette)* ou composée de plusieurs mots (*brise-glace, pomme de terre, avoir peur, se tenir à carreau*).]

LEXINGTON-FAYETTE, v. des États-Unis (Kentucky), au S. de Cincinnati ; 225 366 hab. Industries agroalimentaires (tabac, whisky). Électronique. Centre d'une région d'élevage de chevaux de course.

LEXIQUE n. m. (gr. *lexikon,* de *lexis,* mot). **1.** Dictionnaire spécialisé et généralement succinct concernant un domaine particulier de la connaissance. — **2.** Dictionnaire bilingue succinct réduit à la mise en parallèle des unités lexicales des deux langues confrontées. — **3.** Ensemble ordonné des mots employés dans une œuvre littéraire, par un écrivain. — **4.** Nom parfois donné à un glossaire placé en fin d'ouvrage. — **5.** Ensemble des unités significatives formant la langue d'une communauté et considéré abstraitement comme l'un des éléments constituant le code de cette langue. (Le lexique s'oppose à la grammaire, ensemble des règles permettant de former des phrases à partir des unités lexicales.)

LEXIS [-ksis] n. f. (gr. *leksis,* énonciation). Énoncé logique, considéré indépendamment de la vérité ou de la fausseté de son contenu sémantique.

Lexis *(diagramme de),* représentation graphique à deux dimensions des phénomènes démographiques, créée en 1875 par le statisticien allemand Wilhelm Lexis (1837-1914).

LEXOVIENS, peuple de la Gaule celtique établi au S. de l'embouchure de la Seine. Le centre était *Noviomagus,* plus tard appelé *Lexovii* (Lisieux).

LEYDE, en néerl. **Leiden,** v. des Pays-Bas (Hollande-Méridionale), à 10 km de la mer, sur le Vieux Rhin ; 111 949 hab. Université ; observatoire astronomique. Imprimerie. Agroalimentaire.
— **Hist.** En 1574, Leyde soutint contre les Espagnols un siège célèbre. L'université (1575) devint une des plus renommées d'Europe.
— **Bx-arts.** Restes du château (*Burcht*), église St-Pierre (XIIe-XVe s.) et divers édifices classiques, dont le *Lakenhal,* anc. maison de la guilde des drapiers, qui abrite le Musée municipal (avec, notamm., des salles consacrées aux peintres de Leyde : C. Engebrechtsz., Lucas de Leyde, Van Goyen, Rembrandt, Dou, Metsu...). Riches musées nationaux des Antiquités, d'Ethnographie, d'Histoire des sciences.

Leyde *(bouteille de),* premier type de condensateur électrique, découvert en 1745, à Leyde, par Van Musschenbroek.

LEYDE (Jean DE) → JEAN DE LEYDE.

Leyes nuevas *(lois nouvelles),* lois promulguées par Charles Quint en 1542 pour l'organisation administrative de l'Empire espagnol et pour la protection des Indiens.

LEY-FARMING [lifarmiŋ] n. m. (angl. *ley-farming,* culture en assolement). Système de culture dans lequel les prairies entrent pour plusieurs années en rotation avec des cultures annuelles.

LEYGUES (Georges), homme politique français (Villeneuve-sur-Lot 1857 - Saint-Cloud 1933). Plusieurs fois ministre de la Marine (1917-1920 ; 1925-1930 ; 1932-33), il s'attacha à la reconstruction et à la modernisation de la flotte de guerre.

LEYRE (la) → EYRE.

LEYS (*baron* Henri), peintre belge (Anvers 1815 - *id.* 1869). Il est passé, dans ses sujets historiques anversois, d'un romantisme fougueux à un réalisme archaïsant inspiré de Dürer et des primitifs flamands (*la Fête de la guilde de Saint-Luc,* 1858, musée des Beaux-Arts d'Anvers).

LEYSIN, station estivale et de sports d'hiver de Suisse (cant. de Vaud), dans les Alpes vaudoises ; 2 000 hab.

LEYSTER (Judith), peintre néerlandais (Haarlem 1609 - Heemstede 1660). Elle travailla avec Frans Hals, dont elle fut la disciple fidèle ; citons sa

Joyeuse Compagnie (Louvre) et ses nombreux tableaux à sujets musicaux.

LEYTE, île montagneuse et volcanique des Philippines, au centre de l'archipel, dans le groupe des Visayas, entre Samar et Mindanao ; 8 003 km² ; 1 362 000 hab.

LEYTE *(bataille de)* [23-26 oct. 1944], ensemble des opérations aéronavales qui aboutirent à la reconquête de l'île par les Américains et à la destruction de la flotte de combat japonaise. C'est à Leyte que le Japon engagea ses premiers avions-suicides kamikazes (→ *campagnes du* PACIFIQUE.)

LEZ → LÈS.

LEZ (le), nom de plusieurs rivières du midi de la France.

LEZAMA LIMA (José), écrivain cubain (La Havane 1910 - *id.* 1976). Poète fécond, hermétique et baroque (*Muerte de Narciso,* 1937 ; *Dador,* 1960), essayiste (*La cantidad hechizada,* 1970), il a publié un roman, *Paradiso* (1966), chronique colorée d'une famille havanaise.

LÉZARD n. m. (anc. fr. *laiserde,* du lat. *lacertus*). **1.** Petit reptile diurne, insectivore, ayant des paupières mobiles et une queue pouvant se couper, et courant rapidement avec le ventre au contact du support. (→ *encycl.*) — **2.** Peau tannée de cet animal. (Les peausseries « lézard » sont fournies par les espèces tropicales de grande taille [iguanes, tégus, varans].) — **3.** *Fam.* Difficulté imprévue, problème. — **4.** Fam. *Faire le lézard,* se prélasser au soleil.

ENCYCL. Les lézards peuplent tout l'Ancien Monde, sauf les régions froides et Madagascar. Tous ont une langue bifide et très mobile, des dents implantées sur le rebord interne des mâchoires et une longue queue. La France abrite le grand lézard ocellé (90 cm), le lézard vert, le lézard des murailles, qui est le plus commun. Toutes les espèces se chauffent au soleil.

LÉZARD (en lat. *Lacerta, -ae*), petite constellation boréale, introduite par Hevelius, au XVIIe s., entre celles du Cygne et d'Andromède. Elle renferme l'objet *BL Lacertae,* prototype des lacertides*.

LÉZARDE n. f. (de *lézard*). **1.** Fente affectant toute l'épaisseur d'un ouvrage de maçonnerie. — **2.** *Litt.* Fissure, atteinte qui compromet la solidité de qqch. — **3.** Galon de petite largeur utilisé comme cache-clous ou cache-couture.

1. LÉZARDER v. t. (de *lézarde*). [conj. 3]. Produire des lézardes sur une surface ; crevasser : *Mur que le feu a lézardé.*

◆ **se lézarder** v. pr., **être lézardé** v. pass. Se crevasser : *Mur qui se lézarde.*

2. LÉZARDER v. i. (de *lézard*) [conj. 3]. *Fam.* Faire le lézard, se prélasser.

LÉZARDRIEUX (22740), ch.-l. de cant. des Côtes-d'Armor, sur le Trieux ; 1 731 hab. *(Lézardriviens).*

LEZAY (79120), ch.-l. de cant. des Deux-Sèvres, à l'E.-N.-E. de Melle ; 2 303 hab. *(Lezéens).* Marché (veaux). Industrie alimentaire.

LEZGUIEN, ENNE adj. Se dit d'un groupe de langues caucasiennes parlées dans le sud du Daguestan.

LEZGUIENS ou **LEZGUINES,** peuple musulman de langue caucasienne du Daguestan méridional et du N. de l'Azerbaïdjan (env. 480 000 individus).

LÉZIGNAN-CORBIÈRES (11200), ch.-l. de cant. de l'Aude, au N. des Corbières ; 8 029 hab. *(Lézignannais).* Église du XVe s. Centre viticole.

LEZOUX (63190), ch.-l. de cant. du Puy-de-Dôme, dans la Limagne ; 4 892 hab. *(Lévoziens).* La ville fut, au IIe s., le plus important centre de Gaule pour la production de céramique sigillée. Vestiges médiévaux. Musée municipal de la céramique. Traitement des graines de tournesol.

lg, abrév. internationale de LOGARITHME DÉCIMAL et de la fonction correspondante.

LH, abrév. de l'express. *Luteinizing Hormone* désignant l'hormone lutéinisante.

LHASSA, v. de Chine, cap. du Tibet, à 3 600 m d'altitude, sur un affl. du Brahmapoutre ; 107 000 hab. Métropole religieuse du bouddhisme tibétain et chinois.
— **Bx-arts.** La ville compte de nombreux monuments liés à l'histoire et au bouddhisme tibétain : le *Potala** (actuellement musée), palais reconstruit au XVIIe s ; le *Jokhang,* grand temple de Lhassa ; le *Norbulingka,* édifié en 1755, résidence d'été du dalaï-lama ; le *'Bras-Spungs,* grand monastère, proche de Lhassa, et le *Sera,* fondé en 1419.

L'HERBIER (Marcel), cinéaste français (Paris 1888 - *id.* 1979). Il débute dans la mise en scène avec *Rose France* (1918) et réalise ensuite *le Carnaval des vérités* (1919) et *l'Homme du large* (1920), *El Dorado* (1921), et *Don Juan et Faust* (1922), qui sont, avec *l'Inhumaine* (1923), parmi les œuvres les plus caractéristiques de l'avant-garde française. Jusqu'au parlant, il tourne encore *Feu Mathias Pascal* (1925), *l'Argent* (1928). Ses films parlants les plus importants sont *Veille d'armes* (1935), *Entente cordiale* (1938), *la Comédie du bonheur* (1940), *la Nuit fantastique* (1942). Sur son initiative fut créé en 1943 l'Institut des hautes études cinématographiques (I. D. H. E. C.).

LHÉRISSON (Justin), écrivain haïtien (Port-au-Prince 1873 - *id.* 1907). Romancier savoureux des mœurs populaires (*la Famille des Pitite-Caille,*

1905), il a composé l'hymne national d'Haïti, la *Dessalinienne.*

L'HERMINIER (Jean), officier de marine français (Fort-de-France, Martinique, 1902 - Paris 1953). Commandant du sous-marin *Casabianca,* il réussit, lors du sabordage de la flotte à Toulon, à quitter le port et rallier Alger (27 nov. 1942). Le 12 sept. 1943, le *Casabianca* transporta les premiers contingents qui débarquèrent à Ajaccio.

LHERMITE, L'HERMITE ou **L'ERMITE** (Tristan), homme politique français (XVe s.). Il servit surtout Louis XI, qui le fit grand chambellan et l'employa comme agent diplomatique.

L'HERMITE (François, dit **Tristan**) → TRISTAN.

LHERMITTE (Léon), peintre français (Mont-Saint-Père, Aisne, 1844 - Paris 1925). Il est l'auteur de scènes de la vie rurale très influencées par Millet et qui eurent un grand succès (*la Paye des moissonneurs,* 1882, musée d'Orsay, Paris).

LHERZOLITE n. f. (de *Lherz,* n. pr.). Péridotite contenant des clinopyroxènes et des orthopyroxènes, composant essentiel du manteau supérieur.

LHOMOND (Charles François), pédagogue français (Chaulnes, Picardie, 1727 - Paris 1794), auteur de livres d'enseignement : *De* viris illustribus urbis Romae* (v. 1775), *Epitome historiae sacrae* (1784).

L'HOSPITAL (Michel DE), chancelier de France (Aigueperse 1505 ou 1506 - Belesbat 1573). Magistrat humaniste, président du Conseil de Marguerite de Valois (1550), chancelier de France (1560) sous François II, il joue un rôle de conciliateur et de médiateur durant les guerres de Religion. Aux états généraux d'Orléans (1560-61), il lance même un appel à l'unité des chrétiens. Mais le colloque de Poissy, dont il est l'inspirateur (1561), ne peut déboucher sur la réconciliation des catholiques et des protestants ; L'Hospital s'efforce de pallier cet échec par l'édit de tolérance de janv. 1562. Mais le massacre de Wassy, le 1er mars, déclenche la première guerre de Religion. Celle-ci prend fin avec l'édit d'Amboise, mais cette politique échoue à nouveau et L'Hospital donne sa démission en 1573. Il a par ailleurs introduit d'importantes réformes judiciaires et administratives.

L'HOSPITAL (Guillaume DE), marquis **de Sainte-Mesme,** mathématicien français (Paris 1661 - *id.* 1704). Son traité *Analyse des infiniment petits pour l'intelligence des lignes courbes* (1696) a été le premier manuel de calcul différentiel.

LHOTE (André), peintre et écrivain d'art français (Bordeaux 1885 - Paris 1962). Rallié au cubisme en 1911, il a tendu, par son œuvre peint ou dessiné, par son enseignement et par ses écrits critiques et théoriques (dont le *Traité du paysage,* 1939), à concilier art moderne et tradition.

LHOTE (Henri), explorateur et ethnologue français (Paris 1903 - Saint-Aignan 1991). Il est surtout connu pour ses études et ses publications sur les peintures et gravures pariétales du tassili des Ajjer. On lui doit plusieurs ouvrages sur les Touareg.

LHOTSE (« mont du Sud »), sommet de l'Himālaya central (Népal), voisin de l'Everest ; 8 545 m. Quatrième sommet du monde. Première ascension par E. Reiss et F. Luchsinger, membres d'une expédition suisse, le 18 mai 1956.

Li, symbole chimique du *lithium.*

LI n. m. (mot chin.). Mesure itinéraire chinoise valant environ 576 m.

LI ou **YI,** dynastie coréenne (1392-1910). Fondée par Li Sung-kei (Li Šonggye) [1392-1408], elle adopta une organisation sociale et politique confucéenne. Son pouvoir fut limité par celui de l'aristocratie *yangban.* Les rois Li durent reconnaître de 1637 à 1895 la suzeraineté des Mandchous, maîtres de la Chine. La dynastie Li fut destituée lors de l'annexion de la Corée par le Japon (1910).

LI, peuple du sud de l'île de Hainan (Chine) d'environ 400 000 personnes, parlant une langue thaïe et, de plus en plus, le chinois.

LIA → LÉA.

LIAGE n. m. **1.** Action de lier. — **2.** Mélange de salpêtre, de charbon et de soufre, pour la fabrication de la poudre. — **3.** Mode d'entrelacement des fils qui définit un tricot. — **4.** Croisement des fils de chaîne et des fils de trame pour la constitution d'un tissu.

LIAIS [ljɛ] n. m. (de *lie,* par analogie de couleur). Calcaire dur, à grain fin, exempt de coquilles et non gélif, susceptible d'un certain polissage. (Utilisé en dallages et revêtements, car il se rencontre surtout en bancs de faible épaisseur.)

LIAISON n. f. (lat. *ligatio, -onis,* de *ligare,* assembler, ou du fr. *lier*). **1.** Lien, contact établi entre différents secteurs, entre diverses personnes, pour la communication des ordres, des informations, etc. : *Le secrétaire général assure la liaison entre les services.* — **2.** Relation établie entre plusieurs personnes par le moyen des télécommunications : *Liaison téléphonique.* — **3.** Communication, jonction assurée entre deux points par un moyen de transport : *La liaison Paris-New York.* — **4.** Rapport, enchaînement existant entre des faits, des idées : *Un fait sans liaison avec un autre.* — **5.** *Litt.* Fait d'être lié avec qqn, d'avoir des relations d'intérêt avec lui : *Avoir une liaison d'affaires.* — **6.** Relation amoureuse plus ou moins durable entre deux personnes : *Une liaison* *difficile à rompre.* — 7. *En liaison avec,* en contact avec qqch, en relation, en communication avec qqn. • **Aéron.** *Avion de liaison,* appareil de transport léger utilisé par l'aviation militaire. — **Bât.** Ligne visible où se joignent les côtés de deux ardoises d'un même rang. ‖ *Liaison à sec,* appareillage de pierres de taille dont les faces, dressées, sont jointes sans mortier. ‖ *Maçonnerie en liaison,* maçonnerie dans laquelle chaque pierre ou brique est posée à cheval sur le joint des éléments du rang inférieur. — **Calligr.** Trait délié qui joint deux lettres. — **Chim.** *Liaison chimique,* interaction entre atomes différents ou identiques qui conduit à la formation d'agrégats permanents (composés chimiques, corps simples polyatomiques, etc.). [→ *encycl.*] — **Cuis.** Action de lier une préparation culinaire. — **Gramm.** *Mot de liaison,* nom donné autref. aux prépositions et aux conjonctions. — **Inform.** Séquence conventionnelle d'instructions assurant les relations entre deux parties d'un programme ou entre deux sous-programmes. — **Mécan.** Relation entre deux pièces ayant au moins une surface commune. ‖ Limitation des mouvements d'un objet indéformable, due en général à la présence d'autres objets qui restreignent l'espace accessible à l'objet considéré. ‖ *Équation de liaison,* relation entre les paramètres définissant la position d'un solide par rapport à un autre, les dérivées de ces paramètres par rapport au temps et le temps. — **Mil.** Ensemble des dispositions prises pour assurer la continuité des relations entre les différents échelons du commandement, entre armes différentes et entre unités voisines. — **Mus.** Ligne en forme d'arc qui indique de tenir ou de lier les notes. — **Phon.** Habitude de prononciation qui consiste à unir la dernière consonne d'un mot habituellement non prononcée à la voyelle initiale du mot suivant (par ex. *les amis* [lezami]). — **Phys.** *Énergie de liaison,* énergie qui doit être fournie à un système lié pour séparer ses constituants. (L'énergie de liaison est aussi égale à la quantité d'énergie libérée lors de la formation du système lié à partir de ses constituants séparés.) — **Techn.** Plus ou moins bonne continuité obtenue entre deux ou plusieurs pièces après soudage ou brasage.

ENCYCL. **Chim.** On distingue schématiquement trois types de liaisons chimiques (liaisons ionique, covalente, métallique), mais la liaison réelle fait souvent intervenir plusieurs types de liaisons à la fois, selon la nature des espèces chimiques mises en jeu. La *liaison ionique* unit par attraction électrostatique des ions de signes contraires. Dans le cas du chlorure de sodium $Na^{+}Cl^{-}$ par ex., la formation simultanée des ions est due au transfert d'un électron de l'atome de sodium vers l'atome de chlore ; le sodium prend la structure électronique stable du gaz rare de plus proche (le néon) et le chlore prend celle de l'argon (→ ÉLÉMENT). Les cristaux ioniques fondus ou en solution dans l'eau sont ainsi des liquides conducteurs et électrolysables.

La majorité des solides et des gaz n'étant pas électrolysables sont constitués d'atomes ou de molécules neutres, unis par *liaison de covalence* ou *liaison atomique* (Lewis, 1916). Cette liaison résulte de la mise en commun de deux électrons (doublet) par chacun des deux atomes, qui acquièrent ainsi la structure électronique plus stable du gaz rare le plus proche. Par ex. deux atomes de chlore Cl établissant une liaison de covalence (notée : —) prennent tous deux la structure électronique de l'argon : Cl—Cl. La liaison covalente peut aussi être formée avec deux ou trois doublets (liaison double : C=C ; liaison triple : C≡C).

La liaison « semi-polaire » est une liaison covalente dans laquelle le doublet est fourni par un atome, dit « donneur » à un « accepteur » disposant d'une place libre pour le doublet.

Dans certains composés, les liaisons covalentes ne sont pas toutes localisées ; dans le benzène, par ex., chacun des 6 atomes de carbone donne un électron pour former une liaison délocalisée (liaison π), répartie sur l'ensemble du cycle.

La *liaison métallique* est l'exemple d'une délocalisation — non plus à l'échelle d'une molécule — mais d'un cristal tout entier. Les électrons de valence se déplacent librement parmi les cations qui forment les nœuds du réseau cristallin et assurent, par leur interaction avec ces derniers, la forte cohésion du cristal.

À ces trois types de liaisons fortes s'opposent les liaisons intermoléculaires par « forces de Van der Walls », prépondérantes dans les gaz sous forte pression et les *liaisons hydrogène,* responsables de la cohésion de la glace et de l'association entre les diverses molécules des protéines. La liaison hydrogène est due au déplacement du doublet liant vers un élément fortement électronégatif (O, F, N), créant ainsi un dipôle dont l'hydrogène est le côté positif ; il peut donc attirer, par liaison électrostatique, le côté négatif d'un autre dipôle.

Liaisons dangereuses *(les),* roman épistolaire de Choderlos de Laclos (1782). Apparemment victorieux à l'issue du combat du vice contre la vertu, les protagonistes de ces méfaits, le comte Valmont et Mme de Merteuil, seront en fait l'un, tué en duel, et l'autre, démasquée et bannie.

LIAISONNEMENT n. m. Action de liaisonner des matériaux.

LIAISONNER v. t. (de *liaison*) [conj. 3]. **1.** Disposer des éléments de maçonnerie de manière qu'ils soient en liaison. — **2.** Remplir de mortier les joints d'une maçonnerie.

LIAKHOV *(îles),* archipel de la côte sibérienne, dans les embouchures de la Lena et de l'Indiguirka.

LIANCOURT (60140), ch.-l. de cant. de l'Oise, à 9 km au S.-S.-E. de Clermont ; 6 210 hab. Église des XVe-XVIIe s. Produits de beauté. Mécanique de précision.

LIANE n. f. (mot fr. des Antilles, du fr. dialect. *liener,* lier des gerbes). Plante sarmenteuse dont la tige flexible grimpe en s'accrochant au tronc et aux branches des arbres (espèces grimpantes : vigne, lierre, clématite) ou en s'enroulant autour du support (plantes volubiles). [Les lianes de la forêt équatoriale peuvent atteindre 100 m et plus.]

LIANG KAI ou **LEANG K'AI,** peintre chinois (originaire de Dongping, Shandong), actif à Hangzhou au milieu du XIIIe s. Il est, avec Muqi, le grand représentant de la peinture chan. Son audace plastique, véhémente explosion de « l'encre éclaboussée », confère à l'œuvre une admirable densité interne. Marginal en Chine, ce courant s'épanouira au Japon.

LIANT, E adj. (de *lier*). Qui recherche des relations d'amitié, de société : *Un caractère liant.*

◆ **liant** n. m. **1.** *Litt.* Caractère sociable : *Avoir du liant.* — **2.** Produit servant à agglomérer des matières inertes (sable, graviers, granulats). [On distingue les *liants hydrauliques,* surtout composés de chaux, de silice et d'alumine, et les *liants hydrocarbonés,* à base de goudron ou de bitume.] — **3.** Produit servant à faire adhérer une substance luminescente sur un support tel que le fond d'un tube cathodique. — **4.** Vernis qui assure la cohésion et le transfert des pigments d'une encre d'imprimerie. — **5.** Constituant non volatil, filmogène, des vernis, peintures et préparations assimilées. (Un liant peut être composé d'huiles siccatives, seules ou en mélange avec des résines naturelles ou artificielles.) [Syn. MÉDIUM.] — **6.** Substance adhésive servant à agglomérer les grains d'abrasif entre eux ou à les fixer sur un support approprié. — **7.** Élément de base d'un adhésif.

LIANYUNGANG ou **LIEN-YUN-KANG,** anc. **Xinhailian** ou **Sin-hai-lien,** port de Chine (Jiangsu), sur la mer Jaune ; 210 000 hab. Extrémité orientale du chemin de fer du Longhai.

LIAO ou **LEAO,** dynastie d'origine kitan qui domina la Chine du Nord de 947 à 1124. Tout en mettant en valeur leur territoire à la manière chinoise, les Liao jouèrent un rôle essentiel dans le commerce de la zone des steppes. La pression des Jürchen provoqua leur effondrement au début du XIIe s.

LIAODONG ou **LEAO-TONG,** anc. prov. chinoise, formant la partie orientale du Liaoning.

LIAO HE ou **LEAO-HO,** fl. de la Chine du Nord-Est, qui se jette dans le golfe de Bohai, près de Yingkou ; 1 450 km.

LIAONING ou **LEAO-NING,** prov. de la Chine du Nord-Est ; 140 000 km^2 ; 39 500 000 hab. (dont 1 million de Mandchous, des Mongols et des Hui). Cap. *Shenyang.* Formé d'une plaine bordée de montagnes, le Liaoning est une grande région industrielle (environ le cinquième de l'industrie lourde chinoise), fondée surtout sur le charbon et le fer. La métallurgie, la mécanique, le textile, la chimie et le travail du bois sont les principales branches représentées.

LIAOYANG ou **LEAO-YANG,** v. de la Chine du Nord-Est (Liaoning) ; 493 000 hab. Pétrochimie. Coton. Alimentation.
— **Hist.** À l'issue de combats (août-sept. 1904) entre Russes et Japonais, la ville fut prise par ces derniers. (→ *guerre* RUSSO-JAPONAISE.)

LIAOYUAN ou **LEAO-YUAN,** v. de la Chine du Nord-Est (Jilin), au N.-E. de Shenyang ; 772 000 hab. Charbon.

LIAQAT 'ALĪ KHĀN, homme politique pakistanais (Karnal, Inde, 1895 - Rāwalpindī 1951). Membre de la Ligue musulmane depuis 1923, il fut son secrétaire général de 1936 à 1947. Premier ministre du Pākistān et ministre de la Défense (1947-1951), président de la Ligue musulmane pakistanaise (1950-51), il fut assassiné en 1951.

LIARD n. m. (anc. fr. *liart,* grisâtre, de *lie*). **1.** Anc. monnaie française de cuivre, qui valait 3 deniers, le quart d'un sou. (Frappée des XIVe-XVe s. à 1792.) — **2.** *Litt.* Très petite somme, très petite quantité : *Il n'a pas un liard de bon sens.* — **3.** *Pierre à liards,* calcaire grossier à nummulites (lutétien) des environs de Paris.

LIARD *(rivière au)* ou **LIARDS** *(rivière aux),* riv. du Canada (Territoires du Nord-Ouest), affl. du Mackenzie (r. g.) ; 1 115 km (bassin de 414 000 km^2).

LIAS [ljas] n. m. (angl. *lias,* de l'anc. fr. *liais*). Ensemble d'étages constituant la partie inférieure du système jurassique.

LIASIQUE adj. Relatif au lias.

LIASSE n. f. (de *lier*). **1.** Ensemble de papiers, de billets, d'actes de procédure, de documents réunis, groupés ou attachés : *Une liasse de lettres.* — **2.** Assemblage de feuilles de papier autocopiant ou de feuilles de papier et de papier carbone, destinées à être utilisées dans une imprimante ou une machine comptable. (Syn. MANIFOLD.)

LIATRIS [-tris] n. m. Composée ornementale des plates-bandes, aux fleurs réunies en capitules rouges ou blancs.

LIBAGE n. m. (anc. fr. *libe,* bloc de pierre). Quartier de roche employé en fondation d'un mur ou d'un pilier.

LIBAN n. m. (anc. provenç. *liban,* de l'ar. *libān*). Cordage à l'extrémité inférieure d'un filet et qui supporte le lest.

LIBAN *(mont),* en ar. **djabal Lubnān,** massif libanais entre la Beqaa et la mer. Long de 160 km, large de 10 à 40 km, c'est la plus haute montagne du Levant (3 083 m au Qurnat al-Sawdā'). Son enneigement permet la pratique du ski. La montagne, peu accessible, a servi de refuge à des minorités (maronites, druzes). La pression démographique a fait presque disparaître les forêts, cèdres compris.

LIBAN, en ar. **Lubnān**, État du Proche-Orient, sur la Méditerranée ; 10 400 km^2 ; 3 100 000 hab. *(Libanais).* CAP. *Beyrouth.* LANGUE : *arabe.* MONNAIE : *livre libanaise.*

Géographie. La plaine côtière, très étroite, est bordée de plateaux étagés. L'ensemble est dominé par les massifs calcaires du mont Liban et de l'Anti-Liban (prolongé au sud par le mont Hermon) qui encadrent la plaine de la Beqaa. Le climat, doux et humide sur la côte, devient plus rude et plus sec dans l'intérieur.
Les troubles qui agitent le pays ont dégradé une situation autrefois enviable. Les déplacements de population, temporaires ou définitifs, ont sans doute touché plus de la moitié de celle-ci.
En majorité urbaine, la population est regroupée dans la zone côtière, site des principales villes. Elle se caractérise surtout, héritage historique, par la juxtaposition de communautés, musulmanes (démographiquement majoritaires) variées — sunnites, chī'ites, druzes, etc. — et chrétiennes — maronites notamment. La guerre civile entre ces communautés (1976-1991), ponctuée d'interventions étrangères (syrienne, israélienne), a ruiné une économie fondée sur les échanges et une activité de place financière qui débordait largement le cadre national.

Histoire. Le Liban, qui fait alors partie de la Phénicie, connaît dans l'Antiquité une civilisation brillante. Le pays est ensuite conquis par Alexandre et fait partie de l'Empire grec des Séleucides, puis de la province byzantine de Syrie. Conquis par les Arabes en 636, il sert de refuge à diverses communautés religieuses chrétiennes, chī'ites et druzes, qui s'y installent entre le VIIe et le XIe s.

1099-1289/1291 : À la suite des croisades, des États latins dominent le littoral.

1516 : Le Liban est annexé à l'Empire ottoman. Les Turcs se heurtent à une importante résistance, notamment sous le règne de l'émir Fakhr al-Dīn (1593-1633), qui, le premier, unifie le Liban et cherche à obtenir son autonomie.

1831-1840 : Les troupes égyptiennes de Méhémet-Ali et d'Ibrāhīm Pacha occupent le pays.

1861 : La France obtient la création de la province du Mont-Liban, dotée d'une certaine autonomie.
La Première Guerre mondiale met fin à la domination turque.

1920 : Le Liban est placé sous mandat français.

1943 : Le pays accède à l'indépendance.
Un système politique confessionnel répartit les pouvoirs entre les maronites, les sunnites, les chī'ites, les druzes et deux autres communautés chrétiennes (grecs orthodoxes et grecs catholiques).

1958 : Une guerre civile oppose les partisans de Nasser et les pro-occidentaux.
Le gouvernement doit faire face aux problèmes posés par la présence au Liban des réfugiés palestiniens.

1970-1976 : Présidence de Soleiman Frangié.

1976 : Début de la guerre civile et intervention de la Syrie.
La guerre oppose une coalition de « gauche » favorable aux Palestiniens (en majorité sunnite, druze, puis chī'ite) et une coalition de « droite » favorable à Israël (en majorité maronite).

1976-1982 : Présidence d'Elias Sarkis.

1982 : Israël envahit le Liban jusqu'à Beyrouth, dont il chasse les forces armées palestiniennes. Élu président de la République, Bachir Gemayel est assassiné ; son frère Amine lui succède.

1985 : Les Israéliens se retirent dans le sud du Liban.
La guerre civile se poursuit, compliquée par des affrontements à l'intérieur de chaque camp et accompagnée de la prise en otage d'Occidentaux. Parallèlement, l'économie s'effondre.

1987 : Retour des troupes syriennes à Beyrouth-Ouest.

1988 : Le mandat de A. Gemayel s'achève sans que son successeur à la présidence ait pu être élu. Deux gouvernements parallèles, l'un chrétien, dirigé par le général Michel Aoun, et l'autre musulman, dirigé par Selim Hoss, sont mis en place.

1989 : Après plusieurs mois d'affrontements entre chrétiens et musulmans alliés aux Syriens, les députés libanais acceptent un rééquilibrage des institutions entre les communautés (accords de Tā'if, entérinés par la Constitution de 1990). René Moawad, élu à la présidence de la République, est assassiné ; Elias Hraoui lui succède.

1990 : L'armée libanaise, aidée par la Syrie, brise la résistance du général Aoun.

1991 : Le désarmement des milices et le déploiement de l'armée libanaise dans le Grand Bey-

routh et le sud du pays marquent l'amorce d'une restauration de l'autorité de l'État, sous tutelle syrienne (qui se concrétise par la signature, en mai, d'un « traité de fraternité » entre les deux pays).
1992 : À l'issue des élections législatives, fortement contestées et marquées par l'abstention massive des chrétiens, un nouveau Parlement se réunit. Rafic Hariri devient Premier ministre.
1995 : Sous la pression de la Syrie, le mandat présidentiel d'Elias Hraoui est prorogé de trois ans par le Parlement, sans élection.

LIBANAIS, E adj. et n. Du Liban.

LIBANIOS, rhéteur grec (Antioche 314 - apr. 393). Il vécut surtout à Antioche. Il estimait inséparables la culture grecque et le paganisme. On a gardé de lui des discours et des lettres qui reflètent bien la vie du IVe s.

LIBANISATION n. f. Processus de fragmentation d'un État, résultant de l'affrontement entre diverses communautés. (On dit aussi BALKANISATION.)

LIBATION n. f. (lat. *libatio, -onis*). Dans l'Antiquité, offrande rituelle à une divinité d'un liquide (vin, huile), que l'on répandait sur le sol ou sur un autel.
◆ **libations** n. f. pl. *Faire de copieuses, de joyeuses libations,* bien boire, bien s'amuser en buvant du vin, de l'alcool.

LIBBRECHT (Géo), poète belge d'expression française et wallonne (Tournai 1891 - Bruxelles 1976). Auteur d'une œuvre poétique tantôt cosmique, tantôt régionaliste, où le baroque alterne avec la forme la plus dépouillée (*Passage à gué,* 1937 ; *le Banquet des ombres,* 1955), il renouvela son écriture en découvrant la langue de son terroir (*M'n accordeïeon,* 1963).

LIBBY (Willard Frank), chimiste américain (Grand Valley, Colorado, 1908 - Los Angeles 1980). Spécialiste des mesures de radioactivité dans les tissus vivants, il a expliqué la formation du carbone 14 et mis au point le dosage de cet isotope pour la datation des objets. (Prix Nobel de chimie 1960.)

LIBECCIO [libɛtʃjo] n. m. (ital. *libeccio,* du lat. *libs, libis,* vent du sud-ouest). Vent du sud-ouest, sur les côtes liguriennes et françaises de la Méditerranée.

1. LIBELLE n. f. (lat. *libella,* niveau d'eau). Bulle gazeuse et mobile, qui se trouve à l'intérieur des inclusions fluides existant dans les cristaux.

2. LIBELLE n. m. (lat. *libellus,* dimin. de *liber,* livre). *Litt.* Petit écrit satirique et/ou diffamatoire ; pamphlet.

LIBELLÉ n. m. (de *libeller*). **1.** Termes dans lesquels est écrit qqch d'administratif, d'officiel, de comptable : *Je n'ai pas apprécié le libellé de sa demande.* — **2.** Mention portée sur une pièce comptable, un chèque.

LIBELLER v. t. (de *libelle 2*) [conj. **4**]. **1.** Rédiger un texte dans les formes légales ou requises : *Libeller un acte juridique.* — **2.** Formuler un texte par écrit d'une certaine manière : *Libeller une réclamation en termes injurieux.* — **3.** Remplir un chèque, un mandat en spécifiant sa destination et le montant de la somme.

LIBELLISTE n. *Vx.* Auteur de libelles.

LIBELLULE n. f. (lat. sc. mod. *libellula,* du lat. class. *libella,* niveau, à cause du vol horizontal de l'insecte). Insecte des mares, remarquable par la forme étroite et longue des ailes et du corps.
ENCYCL. Les libellules au sens strict ont une grosse tête ronde, à grands yeux globuleux ; leur corps, allongé, est cylindrique ou aplati. Très carnassières, elles détruisent de nombreux autres insectes. Les larves, aquatiques et carnassières, saisissent leur proie en projetant leur masque.

LIBELLULIDÉ n. m. Nom de famille donné aux insectes tels que les *cordulies* et les *libellules.*

LIBER [-bɛr] n. m. (lat. *liber,* écorce d'arbre). Tissu végétal d'origine secondaire, qui contient la sève élaborée.
ENCYCL. Le liber se trouve dans les racines et les tiges âgées. Il est composé chez les angiospermes, de tubes criblés qui conduisent la sève élaborée, de cellules compagnes, de cellules sécrétrices de fibres. Les cellules du liber sont issues de la zone externe du cambium libéro-ligneux.

LIBER → LIBER PATER.

LIBÉRABLE adj. **1.** Se dit d'un prisonnier qui peut être libéré. — **2.** Se dit d'un militaire qui doit être renvoyé dans ses foyers à la prochaine libération. — **3.** *Permission libérable,* qui permet au bénéficiaire d'anticiper sa date de libération du service actif.
◆ n. m. Appelé libérable.

LIBÉRAL, E, AUX adj. et n. (lat. *liberalis*). **1.** Qui est favorable aux libertés individuelles, à la liberté de penser, à la liberté politique : *Idées libérales.* — **2.** Qui est partisan du libéralisme économique, qui lui appartient : *Économie libérale.* — **3.** Qui est indulgent, tolérant, permissif : *Se montrer très libéral avec ses subordonnés.*
◆ adj. **1.** Se dit d'une profession qui a pour objet un travail intellectuel effectué sans lien de subordination entre celui qui l'effectue et celui pour le compte de qui il est effectué, et dont la rémunération ne revêt aucun caractère commercial ou spéculatif (notaire, avocat, médecin, expert-comptable, etc.) ; se dit de qqn qui exerce cette profession, du travail lui-même. — **2.** *Litt.* Qui est généreux, qui donne avec largesse.

— 3. *Arts libéraux,* syn. de ARTS. ‖ *Intention libérale,* syn. de LIBÉRALITÉ.

◆ n. 1. Sous la Restauration, opposant bonapartiste ou républicain. (Syn. INDÉPENDANT.) — 2. Aux États-Unis, partisan d'une politique progressiste.

libéral *(parti),* parti politique britannique, considéré généralement comme le successeur du parti whig. Il se constitue de 1830 à 1850 par la réunion des whigs, des radicaux et des tories dissidents disciples de Peel, acquis au libre-échange, tous partisans du libéralisme économique. Dominé à partir de 1865 par la personnalité de Gladstone, le parti libéral évolue progressivement vers la gauche, et son long passage au pouvoir (1868-1874, 1880-1885 et 1886) lui permet de réaliser un certain nombre de réformes (généralisation de l'enseignement primaire, 1870 ; reconnaissance légale des syndicats, 1871 ; réforme judiciaire, 1873 ; réforme électorale, 1884). Attachés à la démocratisation de la vie politique et à la promotion des classes moyennes, les libéraux se divisent sur le problème de l'indépendance de l'Irlande, et le projet de Home Rule provoque la scission du parti et la création d'un parti libéral unioniste (1886). Après son grand succès électoral de 1906, sous l'impulsion de Lloyd George, le parti libéral parvient à réaliser d'importantes réformes sociales. Mais, à partir de 1922, son influence s'amenuise au profit des travaillistes et des conservateurs. À partir de 1960, sa position au Parlement s'améliore, et il revient au pouvoir avec les travaillistes de 1977 à 1979. En s'alliant au parti social-démocrate, issu de l'aile droite du parti travailliste, le parti libéral se renforce lors des élections de 1983 et de 1987. En 1988, le parti libéral fusionne avec certains éléments du parti social-démocrate pour donner naissance au parti des démocrates-sociaux et libéraux (SLD) qui, par rapport à l'alliance antérieure, enregistre un certain recul aux élections de 1992.

LIBERALE da Verona, miniaturiste et peintre italien (Vérone v. 1445 - *id.* 1529). Il est l'auteur des 14 *Graduels* décorés entre 1470 et 1476 pour la bibliothèque Piccolomini de Sienne, de tableaux d'autel et de panneaux de cassoni qui frappent par leur imagination volontiers expressionniste (*Adoration des Mages,* cathédr. de Vérone).

LIBÉRALEMENT adv. Avec générosité, avec libéralisme ou avec de la largeur d'esprit.

LIBÉRALISATION n. f. Action de libéraliser ; fait d'être libéralisé : *La libéralisation d'un régime politique.*

LIBÉRALISER v. t. (de *libéral*) [conj. 3]. Rendre plus libéraux un régime politique, une économie, etc., donner plus de liberté, en partic. en diminuant les interventions de l'État.

LIBÉRALISME n. m. (de *libéral*). 1. Doctrine économique qui privilégie l'individu et sa liberté ainsi que le libre jeu des actions individuelles conduisant à l'intérêt général. (→ *encycl.* Écon.) — 2. Doctrine politique visant à limiter les pouvoirs de l'État au regard des libertés individuelles. (→ *encycl.* Polit.) — 3. Attitude de compréhension qui pousse à la tolérance : *Faire preuve de libéralisme dans ses opinions.* — 4. Dans la religion protestante, équivalent du modernisme catholique.

ENCYCL. **Écon.** L'école libérale a été représentée par les économistes classiques des XVIIIe et XIXe s. : en Angleterre, Adam Smith, Malthus, Ricardo, John Stuart Mill ; en France, Jean-Baptiste Say, Frédéric Bastiat. Pour les libéraux, un ordre naturel tend à s'établir spontanément dans l'économie. Le rôle des individus doit se borner à découvrir les lois économiques, qui, à l'exemple des lois mécaniques ou physiques, entraînent le système économique vers l'équilibre et sont conformes à la nature de l'homme, dans lequel les libéraux voient un « être de raison qui n'aspire qu'à se procurer le maximum de gain pour le minimum de peine ». L'État et les groupes privés ne doivent pas, par leur intervention, gêner le libre jeu de la concurrence entre individus. Le libéralisme fait confiance à la concurrence pour équilibrer production et consommation par l'intermédiaire des prix, et compte sur le mécanisme des revenus pour ajuster l'offre et la demande de travail et de capital. La fin du XXe s. connaît, en Europe et aux États-Unis, un regain de faveur des idées libérales.

— **Polit.** La doctrine libérale s'est forgée essentiellement au XVIIIe s. pour s'opposer à l'absolutisme monarchique. L'État doit obéir au principe de séparation des pouvoirs ; ensuite, s'il y a démocratie, elle sera représentative et parlementaire ; enfin, l'État sera soumis au droit, qui garantira solennellement à l'individu des droits et des libertés inaliénables, et notamment le droit de propriété.

LIBÉRALITÉ n.f (lat. *liberalitas, -atis*). 1. Disposition à donner largement : *Excès de libéralité.* — 2. Acte par lequel qqn procure à autrui un avantage sans contrepartie. (Syn. INTENTION LIBÉRALE.)

◆ **libéralités** n. f. pl. Ce que l'on donne par générosité : *Vivre des libéralités de ses amis.*

LIBÉRATEUR, TRICE adj. (lat. *liberator, -trix*). Qui libère de contraintes morales ou physiques : *Un rire libérateur.*

◆ adj. et n. Qui libère du despotisme, d'une occupation étrangère : *Les soldats libérateurs.*

LIBÉRATION n. f. (lat. *liberatio, -onis,* de *liberare,* délivrer). **1.** Action de rendre libre une personne prisonnière, de mettre en liberté un détenu à l'expiration de sa peine : *La libération des prisonniers de guerre.* — **2.** Action de mettre fin à la sujétion qui atteint un groupe, un peuple : *La libération de la femme.* — **3.** Action de mettre fin à une réglementation, à un contrôle strict qui atteint qqch : *Le patronat réclame la libération des prix.* — **4.** Cessation d'une contrainte matérielle ou psychologique, qui fait éprouver un sentiment de liberté : *Sa mort a été une libération pour sa famille.* • **Astronaut.** *Vitesse de libération,* vitesse minimale qu'il faut communiquer à un corps au départ d'un astre pour lui permettre d'échapper au champ d'attraction de cet astre. (Pour la Terre, elle est voisine de 11,2 km/s.) [Syn. VITESSE PARABOLIQUE.] — **Dr.** *Libération d'une action,* paiement par un actionnaire de tout ou partie du montant de l'action souscrite. ‖ *Libération conditionnelle,* mise en liberté d'un condamné avant l'expiration de sa peine, sous réserve de respecter certaines obligations au cours d'une période fixée par le juge. — **Écon.** *Libération des échanges,* élimination des obstacles aux échanges internationaux par l'abaissement des barrières douanières et la suppression des contingentements. — **Mil.** Renvoi du contingent dans ses foyers après l'accomplissement de son service actif. ‖ Date à laquelle une classe, ayant atteint l'âge fixé par la loi, est déchargée de tout service militaire. — **Min.** Dissociation par concassage ou broyage des constituants minéralogiques d'une matière minérale. — **Phys.** et **Chim.** Dégagement d'énergie lors d'une réaction chimique ou nucléaire ; dégagement d'un gaz lors d'une réaction chimique. — **Théol.** *Théologie de la libération,* nom générique donné à des courants chrétiens qui se sont développés au sein des peuples du tiers monde, notamment en Amérique latine, en lutte pour la conquête de leur indépendance nationale ou politique. (→ *encycl.*)

ENCYCL. Les *théologies de la libération* partent de l'engagement concret, dans des mouvements populaires, de chrétiens de différentes Églises. Elles s'opposent aux théologies classiques, européennes et nord-américaines, considérées comme autant de manifestations de l'impérialisme culturel du monde occidental. Un des principaux représentants est Gustavo Gutíerrez (*Théologie de la libération, perspectives,* 1971).

Libération (la), période pendant laquelle les Alliés et les patriotes insurgés chassèrent d'Europe occidentale l'armée allemande d'occupation (1943-1945). — En France, période qui s'étend du débarquement en Normandie (6 juin 1944) à la libération de l'Est (15 sept. 1944-19 mars 1945) et à la capitulation des dernières poches de résistance allemande du littoral français (8 mai 1945), la Corse ayant été libérée entre le 11 sept. et le 4 oct. 1943. (→ RÉSISTANCE ; *Seconde* GUERRE MONDIALE.)

Libération, un des trois grands mouvements de résistance en zone Sud. Créé par Emmanuel d'Astier de La Vigerie en 1941, disposant rapidement d'un journal du même nom, il fusionna avec Combat et Franc-Tireur pour constituer les Mouvements unis de la Résistance (M. U. R.).

Libération, quotidien français, fondé le 1er juill. 1941 par Emmanuel d'Astier de La Vigerie et une équipe de résistants. Il cessa sa parution en 1964.

Libération, quotidien français, créé en 1973 sous la direction de Jean-Paul Sartre. En 1974, Serge July en devient le rédacteur en chef. Au terme d'une crise financière et idéologique due à la remise en cause des principes d'autogestion du journal, d'égalité des salaires, etc., *Libération,* après une suspension de trois mois, reparaît à partir de mai 1981 dans un style plus classique. La formule du journal est encore largement remaniée en septembre 1994.

Libération *(ordre de la),* ordre français, créé le 16 nov. 1940, à Brazzaville, par le général de Gaulle, pour récompenser les personnes et les collectivités qui se sont distinguées exceptionnellement dans l'œuvre de libération de la France et de son empire. L'ordre de la Libération, qui a cessé d'être décerné le 24 janv. 1946, se porte immédiatement après la Légion d'honneur.

LIBÉRATOIRE adj. Qui a pour effet de libérer d'une obligation, d'une dette : *Paiement libératoire.*

LIBERCOURT (62820), comm. du Pas-de-Calais, à 5 km à l'E. de Carvin ; 9 797 hab. Métallurgie.

LIBÈRE *(saint)* [Rome ? - *id.* 366], pape de 352 à 366. Défenseur de saint Athanase contre les Ariens, il fut exilé par l'empereur Constance (355). Revenu à Rome (358), il contribua au recul de l'arianisme.

LIBÉRÉ, E n. Personne dégagée d'une obligation, d'une peine.

LIBEREC, v. de la République tchèque (région de Bohême-Septentrionale), au pied des Krkonoše ; en all. *Reichenberg ;* 101 934 hab. Berceau de l'industrie textile de la Bohême. Textile (coton, laine et lin), industries mécaniques, alimentaires et verreries.

LIBÉRER v. t. (lat. *liberare,* de *liber,* libre) [conj. **18**]. **1.** Enlever ce qui retient qqn, un animal prisonnier : *On l'a libéré de ses menottes.* — **2.** Mettre un prisonnier en liberté, le relâcher :

On l'a libéré à l'expiration de sa peine. — **3.** Délivrer un pays, un peuple, etc. de la domination ou de l'occupation ennemie : *Les Alliés ont libéré Paris en 1944.* — **4.** Affranchir qqn d'un état d'étroite dépendance, de sujétion : *Une cure l'a libéré de l'emprise de la drogue.* — **5.** Supprimer pour qqn l'obligation d'une activité pénible ou ce qui représente un poids, une charge, etc. : *Les machines ont libéré l'homme des travaux pénibles.* — **6.** Rendre sa liberté d'action à qqn : *Le professeur a libéré ses élèves avant l'heure.* — **7.** Dégager, enlever ce qui obstrue ou encombre qqch : *Une tisane qui libère les intestins.* — **8.** Cesser d'occuper un lieu, le rendre libre, disponible pour d'autres : *Vous devez libérer l'appartement avant le 15 juillet.* — **9.** Dégager qqn, une partie de son corps de qqch qui le coince, le retient, le serre : *Libérer un conducteur de sa voiture accidentée.* — **10.** Rendre une période disponible pour une tâche quelconque : *Je ne pourrai libérer qu'une heure de mon emploi du temps.* — **11.** Débloquer un mécanisme, le mettre en état de fonctionner : *Libérer le cran de sûreté d'une arme à feu.* — **12.** Rendre libre ce qui était soumis à des restrictions, à des limitations : *Libérer les prix.* — **13.** Laisser se manifester ce qui était contenu, retenu, caché : *Libérer son imagination.* — **14.** *Libérer son cœur,* dire ce qu'on a sur le cœur, dévoiler des sentiments qui l'oppressent. ‖ *Libérer sa conscience,* se décharger du remords par un aveu. • **Mil.** Renvoyer les recrues dans leurs foyers après l'accomplissement de leur service actif. — **Phys.** et **Chim.** Pour une réaction chimique ou nucléaire, dégager une certaine énergie ; pour une réaction chimique, produire un gaz qui se dégage.

◆ **être libéré** v. pass. **1.** Être affranchi de tout ce qui est supposé limiter sa liberté, et en partic. ne pas être soumis à des préjugés : *Les jeunes se veulent libérés.* — **2.** *Fil à fibres libérées,* fil obtenu en machine spéciale, en formant le fil tordu à partir de fibres individualisées. ‖ *Valeur entièrement libérée,* titre dont le prix d'émission a été entièrement versé par le souscripteur.

◆ **se libérer** v. pr., **être libéré** v. pass. **1.** Se dégager de ce à quoi on est assujetti, de ce qui vous domine : *Se libérer de la tutelle de ses parents.* — **2.** Acquitter une dette, une obligation.

◆ **se libérer** v. pr. Rendre son temps libre : *Je n'ai pu me libérer plus tôt.*

LIBERIA, État de l'Afrique occidentale ; 110 000 km² ; 3 140 000 hab. *(Libériens).* CAP. *Monrovia.* LANGUE : *anglais.* MONNAIE : *dollar libérien.*

Géographie Le pays, dont le relief s'élève des plaines côtières vers le versant sud de la Dorsale guinéenne, a un climat humide et chaud. La forêt couvre le tiers environ du pays. La population comprend une vingtaine d'ethnies ; elle vit en majorité de l'agriculture. Aux cultures vivrières (riz surtout) sont juxtaposées des plantations d'hévéas. Cependant, l'extraction minière assure la majeure partie des exportations (diamants et, surtout, minerai de fer). Mais l'industrialisation est limitée à la fourniture de biens de consommation ; elle se situe dans les villes portuaires, dont Buchanan et, surtout, Monrovia. Malgré les revenus procurés par le prêt de son pavillon (la flotte libérienne est la première au monde), la balance des paiements est déficitaire, et le Liberia est lourdement endetté. La guerre civile a ruiné le pays, qui dépend maintenant, pour sa reconstruction, de l'aide internationale.

Histoire Découvert par les Portugais au XVe s., le Liberia doit son origine à la création, au début du XIXe s., par des sociétés philanthropiques américaines, d'un établissement permanent pour les esclaves noirs libérés.

1847 : Indépendance de la République du Liberia. L'influence des États-Unis est importante dans la vie économique et politique du pays.

1943-1970 : William Tubman, président de la République.

1980 : Coup d'État militaire : Samuel K. Doe prend le pouvoir.

1990 : Il est tué lors d'une guerre civile issue du développement d'un mouvement de guérilla (conduit principalement par Charles Taylor). Une force ouest-africaine d'interposition (ECOMOG) est déployée dans le pays.

Depuis 1993 : En dépit de la conclusion de plusieurs accords de paix et de la mise en place d'institutions de transition, les combats entre les différentes factions continuent.

1. LIBÉRIEN, ENNE adj. et n. Du Liberia.

2. LIBÉRIEN, ENNE adj. Qui appartient au liber.

LIBÉRINE n. f. Syn. de RELEASING* FACTOR.

LIBÉRISTE adj. et n. Relatif au vol à voile pratiqué avec une aile libre ; adepte de ce sport.

LIBERMAN (Ievseï Grigorievitch), économiste soviétique (Slavouta, Ukraine, 1897 - Moscou 1983). Il réhabilita la notion de profit en économie planifiée et prôna une certaine émulation entre les entreprises socialistes, celles-ci devant, selon lui, bénéficier d'une relative autonomie.

LIBERO n. m. (ital. *libero*). Au football, défenseur évoluant entre le gardien de but et les arrières et chargé de colmater les brèches ouvertes par les attaquants adverses. (Syn. anc. BÉTONNEUR.)

LIBÉRO-LIGNEUX, EUSE adj. pl. (*libéro-ligeux, euses*). *Faisceau libéro-ligneux,* ensemble de vaisseaux du bois et de tubes libériens associés, tels que le système conducteur des tiges de dicotylédones.

LIBER PATER, dieu italique du Vin, identifié très tôt avec Dionysos. On célébrait en son honneur les *liberalia.*

Liber pontificalis, recueil des biographies des papes, compilé à différentes époques. La première – et la meilleure – édition critique du *Liber pontificalis* a été fournie par Mgr L. Duchesne (2 vol., 1886-1892).

LIBERTAD (Joseph ALBERT, dit), anarchiste français (Bordeaux 1875 - Paris 1908). Il eut une grande influence dans les milieux anarchistes parisiens au début du siècle.

LIBERTAIRE adj. et n. Partisan de la liberté absolue, anarchiste.

LIBERTÉ n. f. (lat. *libertas, -atis*). **1.** État de qqn qui n'est pas soumis à un maître : *Donner sa liberté à un esclave.* – **2.** Condition d'un peuple qui se gouverne en pleine souveraineté : *Liberté politique.* – **3.** Droit reconnu par la loi dans certains domaines, état de ce qui n'est pas soumis au pouvoir politique, qui ne fait pas l'objet de pressions : *La liberté de la presse.* – **4.** Situation de qqn qui se détermine en dehors de toute pression extérieure ou de tout préjugé : *Avoir sa liberté de pensée.* – **5.** Possibilité d'agir selon ses propres choix, sans avoir à en référer à une autorité quelconque : *On lui laisse trop peu de liberté.* – **6.** État de qqn qui n'est pas lié par un engagement d'ordre contractuel, conjugal ou sentimental : *Il a quitté sa femme et repris sa liberté.* – **7.** Temps libre, dont on peut disposer à son gré : *Ne pas avoir un instant de liberté.* – **8.** État de qqn ou d'un animal qui n'est pas retenu prisonnier : *Un parc national où les animaux vivent en liberté.* – **9.** Situation psychologique de qqn qui ne se sent pas contraint, gêné dans sa relation avec qqn d'autre : *S'expliquer en toute liberté avec quelqu'un.* – **10.** Manière d'agir de qqn qui ne s'encombre pas de scrupules : *Être blâmé pour la liberté de sa conduite.* – **11.** Écart d'une interprétation, d'une adaptation, etc., par rapport aux faits réels ou au texte original : *Une trop grande liberté dans la traduction.* – **12.** État de ce qui n'est pas étroitement contrôlé, soumis à une réglementation sévère : *Instaurer la liberté des prix industriels.* – **13.** Caractère de ce qui relève de l'initiative privée : *Liberté d'entreprise.* – **14.** *Avoir toute liberté pour,* avoir carte blanche, pouvoir agir à sa guise. ‖ *Liberté d'allure,* aisance, décontraction. ‖ *Liberté de langage,* franc-parler, familiarité ou grossièreté. ‖ *Liberté d'esprit,* absence de préjugés. ‖ *Liberté de mœurs,* licence, dérèglement. ‖ *Liberté de mouvement,* possibilité de se mouvoir physiquement avec facilité, aisance ; possibilité d'agir sans contrainte. ‖ *Prendre la liberté de,* se permettre de. • **Bx-arts.** *Liberté de pinceau, de burin,* etc., aisance dans leur maniement, d'où découle pour l'œuvre une manière large, hardie. – **Dr.** *Liberté de l'air,* privilège qu'un État accorde aux aéronefs commerciaux d'un autre État, et qui concerne l'espace aérien situé au-dessus de son territoire. ‖ *Liberté d'association,* droit accordé aux individus de mettre en commun d'une façon permanente leurs connaissances et leur activité, en vue de défendre certains intérêts moraux ou matériels. ‖ *Liberté des conventions,* droit, reconnu à chaque personne juridiquement capable, de conclure tout contrat d'ordre privé qui lui convient, sous la seule réserve de ne porter atteinte ni aux bonnes mœurs ni à l'ordre public. ‖ *Liberté corporelle,* droit qu'a chaque individu de disposer librement de son corps. (Cette liberté a des limites d'ordre public ; en outre, l'interruption volontaire de grossesse n'est autorisée que dans certains cas prévus par la loi.) ‖ *Liberté du culte,* droit, pour chaque individu, de pratiquer librement la religion de son choix. ‖ *Liberté d'enseignement,* liberté de créer une entreprise d'enseignement et pour l'enseigné de choisir entre l'enseignement public ou privé. (L'enseigné est néanmoins soumis à l'obligation scolaire [6-16 ans].) ‖ *Liberté individuelle,* droit reconnu à l'individu d'aller et de venir sans entraves sur le territoire national, d'y être en sécurité et d'en sortir ou d'y rentrer à son gré. ‖ *Liberté de la mer,* liberté pour les navires de toutes nationalités de naviguer en dehors des limites des eaux territoriales. ‖ *Liberté de la presse,* droit donné à chacun de faire connaître par écrit, ou tout autre moyen de communication, ses opinions, droit de faire paraître un journal, sans autorisation préalable. ‖ *Liberté de réunion (publique),* droit accordé aux individus de délibérer des sujets de leur choix dans des locaux ouverts à tous, sans autorisation préalable. ‖ *Liberté surveillée,* mesure qui consiste à remettre un mineur délinquant à sa famille ou à une institution spécialisée, sous le contrôle du juge des enfants, avec l'aide d'un délégué à la liberté surveillée. ‖ *Liberté syndicale,* droit qu'un travailleur a d'adhérer à un syndicat de son choix ou de n'adhérer à aucun syndicat. ‖ *Liberté du travail,* principe fondamental issu de la Révolution française, qui considère que le salarié est libre de s'engager où il veut et que l'employeur est libre d'embaucher qui il veut. (Le droit français est le seul droit à sanctionner les atteintes à la liberté du travail.) ‖ *Liberté de la vie privée,* droit accordé à l'individu d'interdire l'accès de son domicile à tous (y compris aux agents de la force publique, sauf dans les cas prévus par la loi) et garantie de l'inviolabilité de sa correspondance, du secret de ses conversations téléphoniques, du secret professionnel le cas échéant. – **Écon.** *Liberté économique,* droit de créer et de gérer toute entreprise, d'exercer toute profession, de conclure toute convention ayant pour objet la satisfaction des besoins économiques. — **Équit.** *Liberté de langue,* espèce d'arcade ménagée dans le canon du mors pour loger la langue du cheval. ‖ *Sauteur en liberté,* cheval dressé aux sauts d'école et les exécutant aux ordres de son cavalier, sans être assujetti aux piliers. — **Jeux.** Nom donné, pendant la Révolution, à certaines figures des jeux de cartes qui remplaçaient les reines. — **Mécan.** *Degrés de liberté,* pour un ensemble de solides indéformables liés entre eux, paramètres scalaires indépendants dont la donnée est nécessaire pour déterminer la position relative des solides les uns par rapport aux autres.

◆ **libertés** n. f. pl. **1.** Ensemble de droits reconnus aux personnes et aux groupes par la loi : *Une atteinte aux libertés.* — **2.** *Libertés publiques,* ensemble des droits reconnus aux individus, isolément ou en groupe, face à l'État. (Les *libertés publiques* sont la traduction, en droit français, des Droits* de l'homme et du citoyen, que le préambule de la Constitution de 1958 proclame solennellement.) ‖ *Prendre des libertés avec qqn,* agir avec lui trop familièrement. ‖ *Prendre des libertés avec un texte,* ne pas le citer exactement, l'interpréter plus que le traduire.

Liberté *(médaille de la)* ou *Medal of Freedom,* décoration américaine créée en 1945, remplacée en 1963 par la *médaille présidentielle de la Liberté (Presidential Medal of Freedom).*

Liberté, Égalité, Fraternité, devise de la République française, adoptée par la Convention nationale en juin 1793.

Liberté éclairant le monde *(la),* statue gigantesque offerte par la France aux États-Unis et érigée en 1886 dans la rade de New York. Œuvre de Bartholdi, en cuivre martelé sur charpente de fer (due à Eiffel), elle se dresse sur un haut piédestal (bâtiment de pierre payé par les Américains). Elle a été restaurée en 1985-86.

Liberté guidant le peuple *(la),* peinture d'E. Delacroix (2,60 × 3,25 m, Louvre), parfois appelée *la Barricade.* Exécuté au lendemain des journées de juill. 1830, le tableau fut acquis par l'État en 1831.

Liberté du peuple (en russe *Narodnaïa Volia*) organisation révolutionnaire russe issue de la scission de Terre* et Liberté (1879). Les populistes russes se scindèrent en 1879 en deux groupes : *Partage noir* et *Liberté du peuple,* dont les membres passèrent à la lutte terroriste contre l'autocratie. Après l'assassinat d'Alexandre II par S. L. Perovskaïa (1881), l'organisation fut démantelée.

LIBERTICIDE adj. *Litt.* Qui détruit la liberté : *Une loi liberticide.*

LIBERTIN, E adj. et n. (lat. *libertinus,* affranchi). **1.** Qui mène une vie dissolue, qui est de mœurs très libres. — **2.** Se disait au XVIIe s. de qqn qui manifestait son indépendance d'esprit par rapport aux enseignements du christianisme, et qui refusait toute soumission à l'Église. (Les principaux représentant des libertins furent Gassendi, Théophile de Viau, Fontenelle.)

◆ adj. Marqué par la débauche, la licence : *Des estampes libertines.*

LIBERTINAGE n. m. **1.** Manière de vivre dissolue du libertin. — **2.** Au XVIIe s., doctrine des libertins.

LIBERTY [libɛrty] n. m. inv. (n. déposé). Tissu d'origine anglaise, autrefois en soie souple et légère, auj., le plus souvent en fin coton, à petites fleurs, employé pour l'habillement et l'ameublement.

LIBERTY ISLAND, anc. **Bedloe's Island,** îlot de la baie de New York, au S. de Manhattan, où est érigée la statue de la Liberté.

LIBERTY-SHIP [libɛrtiʃip] n. m. (pl. *liberty-ships*) [amér. *liberty ship,* bateau de la liberté]. Type de cargo construit en grande série par les États-Unis pendant la Seconde Guerre mondiale. (Au cours de ce conflit, 2 710 liberty-ships ont été mis en service.)

liberum veto, veto appliqué dans la Diète polonaise à partir de 1652. Un seul député opposant pouvait annuler les décisions de l'Assemblée.

LIBIDINAL, E, AUX adj. **1.** Relatif à la libido. — **2.** *Stade libidinal,* étape du développement de la libido caractérisée par la primauté de la libido d'objet et d'une zone érogène.

LIBIDINEUX, EUSE adj. (lat. *libidinosus*). *Litt.* Obsédé par les plaisirs érotiques : *Regards libidineux.*

LIBIDO n. f. (du lat. *libido, -inis,* désir). Métaphore utilisée par S. Freud pour désigner l'énergie des pulsions sexuelles.

ENCYCL. La libido, de nature mobile et plastique, implique des transformations, des déplacements, des fixations qui permettent de caractériser certains aspects des troubles psychiques et de la vie sexuelle. Avec l'introduction dans sa théorie de la pulsion de mort en 1920, Freud doit distinguer une *libido du moi* (ou *libido narcissique*), investie sur le moi, et une *libido d'objet,* investie sur un objet extérieur. Plus la libido d'objet augmente, plus la libido du moi s'appauvrit, et inversement.

LIBITUM (AD) → AD LIBITUM.

LI BO ou **LI PO,** dit aussi **Li Taibo** ou **Li T'ai-po,** poète chinois (701-762). Le plus célèbre poète de la Chine, il incarne dans sa vie et son œuvre la liberté et le romantisme. Ses poèmes, au style rythmé, fluide et varié, suggèrent des paysages à la fois fantastiques et réels et dévoilent la subtilité des sentiments.

LIBOCÈDRE n. m. (de *Liban* et *cèdre*). Grand cyprès d'Amérique du Nord, pouvant atteindre 40 m de haut, aromatique, cultivé en Europe comme ornemental pour sa forme pyramidale et élancée.

LIBOR n. m. (abrév. de *London inter-Bank offered rate*). Taux (à 3, 6, 9 ou 12 mois) auquel les banques s'échangent entre elles les eurodevises à Londres.

LIBOURET n. m. Ligne à main pour la pêche en mer.

LIBOURNAIS, région viticole du Bordelais (Gironde), de part et d'autre du confluent de l'Isle et de la Dordogne.

LIBOURNE (33500), ch.-l. d'arrond. de la Gironde, au confluent de l'Isle et de la Dordogne ; 21 931 hab. *(Libournais).* Place bordée de couverts, avec hôtel de ville du XVIe s. (petit musée). Commercialisation des vins. Constructions mécaniques et électriques. Centre de recherches du courrier.

LIBRAIRE n. (lat. *librarius*). Personne dont la profession est de vendre des livres.

LIBRAIRE-ÉDITEUR n. m. (pl. *libraires-éditeurs*). Libraire qui achetait les manuscrits des auteurs ou signait avec eux des conventions pour faire imprimer et vendre leurs ouvrages.

LIBRAIRE-IMPRIMEUR n. m. (pl. *libraires-imprimeurs*). Libraire qui exerçait la double profession d'imprimer et de vendre les livres.

LIBRAIRIE n. f. **1.** Profession du libraire ; commerce des livres. — **2.** Magasin, partie d'un magasin où l'on vend des livres. — **3.** *Vx.* Bibliothèque.

LIBRATION n. f. (lat. *libratio, -onis,* de *librare,* balancer). **1.** Léger balancement du globe lunaire autour de son axe, que l'on perçoit depuis la Terre. (Il permet d'observer, de la Terre, environ 59 % de la surface lunaire.) — **2.** Oscillation d'un astre autour d'une position moyenne.

LIBRE adj. (lat. *liber*). **1.** Qui n'est pas la propriété d'un maître, qui n'est pas esclave : *Les serfs n'étaient pas libres.* — **2.** Se dit d'un État, d'un peuple qui exerce le pouvoir en toute souveraineté : *Une nation libre.* — **3.** Qui ne dépend pas étroitement du pouvoir politique, qui ne subit aucune pression : *Une presse libre.* — **4.** Qui a le pouvoir d'agir, de se déterminer à sa guise : *Être libre de ses décisions.* — **5.** Qui n'est soumis à aucune contrainte, à aucun contrôle, à aucune restriction : *Avoir la libre disposition d'un bien.* — **6.** Qui n'est pas payant, gratuit : *L'entrée de l'exposition est libre.* — **7.** Qui n'est pas lié, tenu par un contrat, un engagement ; en partic. qui n'est pas marié, fiancé ou engagé dans une relation amoureuse : *Technicien libre de suite cherche place.* — **8.** Qui ne comporte aucun engagement d'ordre contractuel, conjugal, etc. : *Être pour l'union libre.* — **9.** Qui n'est pas utilisé, occupé, réservé ou affecté à un usage particulier : *Il n'y a plus une place de libre. La ligne n'est pas libre.* — **10.** Qui n'est pas prisonnier, retenu en captivité : *L'accusé était libre.* — **11.** Qui n'est pas entravé, qui n'est pas gêné dans son mouvement : *Bandage qui laisse les doigts libres. Le libre jeu des rouages.* — **12.** Qui n'éprouve ou ne manifeste pas de gêne dans ses relations avec qqn d'autre ; se dit des relations elles-mêmes : *Nos rapports sont très libres.* — **13.** Qui ne respecte pas la décence, les convenances : *Balzac a écrit des contes un peu libres.* — **14.** Se dit d'une adaptation, d'une interprétation qui n'est pas tout à fait fidèle au texte original : *Adaptation libre d'un roman à l'écran.* — **15.** Qui n'est soumis à aucune réglementation : *Les prix sont libres.* — **16.** Qui relève de l'initiative privée : *La libre entreprise.* — **17.** *Avoir la tête, l'esprit libre,* ne pas être préoccupé par qqch. ‖ *Esprit libre,* personne dont la pensée se détermine indépendamment de dogmes, d'idées reçues. ‖ *Libre à toi de,* tu peux, si cela te plaît. ‖ *Libre comme l'air, comme un oiseau,* entièrement libre. ‖ *Le monde libre,* se dit, par oppos. aux pays socialistes, des démocraties occidentales. ‖ *Produit libre,* produit sans marque. ‖ *Sujet libre,* qui n'est pas imposé par l'enseignant et que l'élève choisit lui-même de traiter. ‖ *La voie est libre,* on peut passer. • **Alp.** Se dit de l'escalade pratiquée sans le recours à des moyens artificiels (sauf pour l'assurage). — **Bot.** Se dit d'un organe qui n'est fixé que par sa base et n'est soudé à aucun autre, par oppos. à *infère.* — **Ch. de f.** *Voie libre,* indication donnée par un signal, permettant à un train de s'engager sur la partie de voie protégée par ce signal, sans autre limitation de vitesse que celle propre à la ligne. — **Chim.** Se dit d'un corps non combiné. — **Chorégr.** *Danse libre,* danse délivrée des règles académiques, interprétée pieds nus et en tunique, et dont Isadora Duncan fut la novatrice ; dans la danse de société, danse improvisée. — **Dr.** *Papier libre,* papier ordinaire, par oppos. à *papier timbré.* — **Enseign.** *Faculté libre,* établissement privé d'enseignement supérieur possédant ses programmes propres couronnés par des diplômes particuliers et assurant la préparation aux diplômes nationaux. — **Géogr.** Se dit d'un méandre dessiné dans une région plane, pouvant se déplacer dans le lit moyen, non encaissé d'un cours d'eau. — **Hist.** *Zone libre,* pendant la Seconde Guerre mondiale, partie de la France qui n'était pas occupée par les Allemands. — **Hydrol.** *Nappe libre,* variété de nappe aquifère, qui n'est pas séparée du sol par une couche imperméable. — **Littér.** Se dit de vers qui sont de longueur inégale et de rimes variées ; se dit de vers dégagés de toute règle de prosodie. — **Math.** *Famille libre,* famille finie d'éléments $(x_i)i \in [1, p]$ d'un K-espace vectoriel E telle que si $\sum_{i=1}^{p} \lambda_i x_i = 0$ alors $\lambda_1 = \lambda_2 = ... = \lambda_p = 0$. (Une famille qui n'est pas libre est dite liée*.) [→ *encycl.*] ‖ *Partie libre d'un espace vectoriel* E, partie f(I) de E définie par l'application de $I = [1, p]$ dans E qui, à i, associe x_i, où $(x_i)i \in [1,p]$ est une famille libre. — **Météo.** Se dit de la partie de l'atmosphère située au-dessus de 3 km d'altitude, qui échappe aux influences thermiques et mécaniques du sol. — **Phon.** Se dit d'une voyelle finale, d'une syllabe ouverte. (Contr. ENTRAVÉ.) — **Phys.** Se dit d'un objet physique lorsqu'il n'est soumis à aucune force ou interaction. ‖ *Libre parcours moyen,* distance moyenne parcourue par des particules libres entre deux collisions d'un type (ou de types) donné(s) dans un milieu donné (molécules dans un gaz, électrons dans un solide conducteur). — **Sports.** Se dit des exercices ou figures imaginés par les concurrents dans les épreuves de gymnastique, de patinage artistique, etc., par opposition aux imposé(e)s. ‖ *Course libre,* syn. de COURSE PROVENÇALE.

◆ adv. *Ne pas sonner libre,* en parlant du téléphone, faire entendre la tonalité « occupé ».

ENCYCL. **Math.** La recherche de *familles libres* d'un espace vectoriel intervient dans la recherche d'une base de l'espace vectoriel ; toute sous-famille d'une famille libre est libre et, si E est un espace vectoriel de dimension finie sur un corps commutatif K, toute famille libre maximale de E est une base de E ; toute partie libre et génératrice de E est aussi une base de E.

Libre Belgique *(la),* quotidien belge de tendance catholique, fondé en 1884 sous le titre *le Patriote.*

Libre Parole *(la),* quotidien antisémite, fondé à Paris en 1892 par Édouard Drumont, qui y lança l'affaire Dreyfus.

LIBRE-ÉCHANGE n. m. (calque de l'angl. *free trade*). Système économique qui préconise la suppression des droits de douane et la liberté des transactions internationales, par oppos. au *protectionnisme.*

ENCYCL. La doctrine du libre-échange a été formulée au XVIIIe s. On la trouve chez les physiocrates, chez D. Hume et A. Smith, et dans les écrits de Ricardo et de Stuart Mill où elle est exposée avec le plus de rigueur. Pour ces auteurs, la liberté du commerce entre nations est fondée sur la division internationale du travail, qui spécialise chaque peuple dans les productions pour lesquelles ses aptitudes sont les plus grandes et qu'il peut fournir à meilleur compte.

libre-échange *(Association européenne de)* **[A. E. L. E.],** groupement constitué en 1960 — en application de la convention de Stockholm de 1959 — entre l'Autriche, le Danemark, la Grande-Bretagne, la Norvège, la Suède, la Suisse et le Portugal, en vue d'établir peu à peu la libre circulation des marchandises à l'intérieur de la zone, chaque État membre conservant cependant son autonomie commerciale à l'égard des pays tiers. L'Islande (1970), la Finlande (1986, associée dès 1961) et le Liechtenstein (1991) ont par la suite rejoint l'A. E. L. E. Mais, après l'adhésion progressive de la plupart des pays concernés à la Communauté (Union) européenne, l'association - dont le siège est à Genève - ne compte plus en 1995 que quatre États membres : Islande, Liechtenstein, Norvège et Suisse. Les pays de l'A. E. L. E. (Suisse exceptée) et ceux de l'U. E. forment l'Espace économique européen (E. E. E.).

LIBRE-ÉCHANGISME n. m. (pl. *libre-échangismes*). Doctrine économique ayant pour objet la réalisation du libre-échange.

LIBRE-ÉCHANGISTE adj. (pl. *libre-échangistes*). Relatif au libre-échange ; partisan du libre-échange.

LIBREMENT adj. **1.** Sans entrave physique : *Pouvoir se mouvoir librement.* — **2.** Sans restriction ni contrainte : *Circuler librement.* — **3.** En toute liberté de choix : *Président librement élu.* — **4.** Avec franchise : *Parler librement de ses difficultés.*

LIBRE(-)PENSÉE n. f. (calque de l'angl. *free-thinking*). **1.** État d'un libre penseur. — **2.** Ensemble des libres penseurs.

LIBRE(-)PENSEUR n. m. (pl. *libres*[-]*penseurs*) [calque de l'angl. *free-thinker*]. Personne qui s'est affranchie de toute sujétion religieuse, de toute croyance en quelque dogme que ce soit.

LIBRE-RÉPONSE n. f. (pl. *libres-réponses*). Correspondance dont l'affranchissement est pris en charge par le destinataire.

LIBRE-SERVICE n. m. (pl. *libres-services*). **1.** Méthode de vente où le client assure lui-même toutes les phases de l'acte de vente, jusqu'au transport de la marchandise vers les caisses de sortie, sans intervention d'un vendeur. — **2.** Magasin où l'on pratique cette méthode de vente. — **3.** Mode d'alimentation des animaux d'élevage consistant à laisser la nourriture à leur libre disposition. — **4.** *Libre-service de gros,* libre-service appliqué à la vente de marchandises destinées à des transformateurs, revendeurs, détaillants, qui viennent enlever eux-mêmes les marchandises achetées et paient comptant. (Syn. CASH AND CARRY, PAYER-PRENDRE.)

LIBRETTISTE n. (de *libretto*). Auteur du livret d'une œuvre lyrique ou chorégraphique.

LIBRETTO [librɛto] n. m. (pl. *librettos* ou *libretti*) [ital. *libretto,* petit livre, dimin. de *libro,* livre]. Syn. de LIVRET.

LIBREVILLE, cap. du Gabon, fondée en 1849 sur l'estuaire du Gabon ; 352 000 hab. Port maritime (avec son annexe d'Owendo), terminus du chemin de fer transgabonais (bois), petit centre industriel.

LIBURNIE, en lat. **Liburnia,** anc. nom d'une partie de l'Illyrie, entre l'Istrie et la Dalmatie.

LIBYCO-BERBÈRE adj. Qui concerne les populations non carthaginoises d'Afrique du Nord, avant la domination romaine.

LIBYE, en ar. **Lībiyā,** État de l'Afrique du Nord, sur la Méditerranée ; 1 760 000 km² ; 5 590 000 hab. *(Libyens).* CAP. *Tripoli.* LANGUE : *arabe.* MONNAIE : *dinar libyen.*

Géographie. La côte aride du golfe de Syrte sépare la Tripolitaine, à l'ouest, de la Cyrénaïque, à l'est ; ces deux régions littorales reçoivent de 400 à 500 mm d'eau par an, tandis que l'intérieur, parsemé d'oasis, est désertique. La population, qui est maintenant urbanisée à plus de 60 %, comprend une proportion importante d'étrangers, techniciens le plus souvent. Les terres agricoles n'occupent que 2 % de la superficie du pays, dont la moitié sert de pâturage (élevage ovin). Mais la principale richesse est constituée par le pétrole (exploité depuis 1961), qui, avec le gaz naturel, constitue 90 % des exportations du pays. Les revenus pétroliers ont permis à la Libye quelques réalisations spectaculaires dans le domaine des cultures irriguées (canalisations d'eau à partir de nappes d'eau fossile), et, plus généralement, d'exercer une influence hors de rapport avec son modeste poids démographique.

Histoire. Durant l'Antiquité, les habitants de la région sont appelés « Libyens » par les Grecs, qui fondent sur le littoral les premières colonies (VIIe s. av. J.-C.). Conquise par les Arabes (642-43), la Libye est islamisée. Elle tombe au XVIe s. sous la domination ottomane. À l'issue d'une guerre contre l'Empire ottoman, les Italiens occupent la Libye (1912) mais doivent lutter jusqu'en 1931 contre la résistance armée des Libyens.

1934 : La Libye devient une colonie italienne.

1940-1943 : La campagne de Libye oppose les forces britanniques aux forces germano-italiennes.

Le pays est ensuite administré par la France et la Grande-Bretagne.

1951 : La Libye devient un royaume indépendant, dont Idrīs Ier est le souverain.

La Grande-Bretagne et les États-Unis utilisent dans le pays de nombreuses bases stratégiques et entreprennent l'exploitation du pétrole.

1969 : Un coup d'État militaire dirigé par le colonel Kadhafi renverse la royauté et établit la république.

Le nouveau régime, de tendance socialiste, s'engage dans la voie des nationalisations (notamment du pétrole), et lance la révolution culturelle islamique. Il intervient au Tchad (1973), où il a des prétentions sur la bande d'Aozou, et y intensifie son engagement (1980-1987).

1986 : À la suite de la multiplication des attentats terroristes, dont ils accusent la Libye d'être l'instigatrice, les États-Unis bombardent Tripoli et Benghazi.

1988 : La Libye rétablit ses relations diplomatiques avec le Tchad.

1994 : Après un jugement rendu par la Cour internationale de justice, la Libye restitue au Tchad la bande d'Aozou.

Libye *(campagne de)* [4 sept. 1940 - janv. 1943], combats qui opposèrent en Libye les forces britanniques, appuyées par des détachements alliés (polonais, français, grecs, etc.), aux forces germano-italiennes. Attaqués par Graziani (sept. 1940), les Britanniques de Wavell refoulèrent les Italiens et atteignirent El-Agheila (9 févr. 1941). L'Afrikakorps de Rommel repoussa les Britanniques à la frontière de l'Égypte (mars-mai 1941), mais à partir de novembre, Auchinleck dégagea Tobrouk et repoussa Rommel jusqu'à El-Agheila (déc.). Le 21 janv. 1942, l'Afrikakorps reprit Tobrouk avant de s'arrêter devant El-Alamein (juill.). L'offensive générale déclenchée par Montgomery (23 oct.) l'amena à Tripoli le 23 janv. 1943 et lui ouvrit les portes de la Tunisie. (→ *Seconde* GUERRE MONDIALE.)

LIBYEN, ENNE adj. et n. De Libye.

LIBYQUE n. m. (lat. *Libycus,* de Libye). Langue chamito-sémitique parlée pendant l'Antiquité dans le nord de l'Afrique.

LIBYQUE *(désert)* ou, en Égypte, **désert occidental,** partie orientale du Sahara, entre les montagnes du Tibesti et la vallée du Nil ; env. 2 millions de km².

1. LICE n. f. (frq. **līstja,* barrière). **1.** Palissade de bois dont on entourait les châteaux fortifiés. – **2.** Terrain ainsi clos, qui servait aux joutes, aux tournois. – **3.** Toute enceinte destinée aux exercices de plein air. – **4.** Bordure marquant la limite intérieure d'une piste d'athlétisme, de cyclisme. – **5.** Pièce de bois horizontale assemblée sur des poteaux pour former une barrière.

— 6. *Entrer en lice,* s'engager dans une lutte, une compétition, intervenir dans une discussion.

2. LICE n. f. (lat. pop. **licia,* du lat. class. *lycisca,* chienne). Chienne destinée à la reproduction.

3. LICE → LISSE 4.

LICÉITÉ n. f. (lat. *licere,* être permis). 1. Caractère d'une clause, d'un acte autorisé par la loi. — 2. Qualité d'un acte moralement permis par la loi ou la discipline ecclésiastique.

LICENCE n. f. (lat. *licentia,* liberté, de *licere,* être permis). 1. *Litt.* Liberté excessive qui tend au dérèglement moral ; ce qui est licencieux, contraire à la décence. — 2. Permis d'exercer une activité soumise à autorisation préalable (ex. : licence des débits de boissons). — 3. Document administratif attaché à un véhicule routier ou nécessaire à l'exercice d'une activité de transport terrestre. — 4. Diplôme national sanctionnant la première année d'études du second cycle de l'enseignement supérieur. — 5. *Licence (poétique),* possibilité accordée à l'écrivain ou au poète d'employer des formes, des constructions périmées. (Ces licences peuvent être orthographiques, phonétiques ou grammaticales.) — 6. Fiche d'immatriculation ou carte d'identité délivrée par une fédération sportive, obligatoire pour participer à des compétitions officielles. — 7. *Avoir toute, pleine licence de,* avoir la liberté pleine et entière d'agir. ‖ *Licence d'exploitation,* autorisation accordée par le titulaire d'un brevet d'invention pour son exploitation dans des conditions et dans des pays déterminés. ‖ *Licence d'importation, licence d'exportation,* autorisation délivrée par l'Administration, d'importer ou d'exporter certaines marchandises dont les échanges sont réglementés.

LICENCIABLE adj. Se dit d'un salarié qui peut être licencié ou qui fait l'objet d'une procédure de licenciement.

1. LICENCIÉ, E n. et adj. (lat. médiév. *licentiatus*). 1. Titulaire d'une licence universitaire : *Licencié en droit.* — 2. Titulaire d'une licence sportive.

2. LICENCIÉ, E adj. et n. (de *licencier*). Se dit d'un salarié qui a été congédié, licencié : *Manifestation des licenciés de l'usine de textile.*

LICENCIEMENT n. m. Rupture d'un contrat de travail à durée indéterminée à l'initiative de l'employeur.

ENCYCL. **Dr.** La loi soumet la validité du licenciement au respect d'une procédure précise, à l'exigence d'une cause réelle et sérieuse et au contrôle judiciaire le cas échéant. La loi du 30 décembre 1986 supprime l'autorisation administrative de licenciement pour motif d'ordre économique, sauf pour les salariés protégés. La loi du 2 août 1989 impose certaines obligations pour prévenir les licenciements, pallier les plans sociaux insuffisants et renforcer les garanties individuelles des salariés licenciés. Désormais, le comité d'entreprise devra être annuellement consulté sur l'évolution de l'emploi et des qualifications mais aussi sur celle des prévisions pour les années à venir.

• *Licenciement individuel :*

- convocation par écrit du salarié à un entretien préalable ; au cours de cet entretien, l'employeur est tenu d'énoncer les griefs qu'il invoque pour justifier le licenciement et de recueillir les explications du salarié. Ce dernier peut se faire assister d'une personne de son choix au sein de l'entreprise ;
- notification du licenciement par lettre recommandée avec accusé de réception, où doit figurer l'énonciation des motifs du licenciement ;
- respect du préavis légal ou conventionnel de licenciement ;

En cas de *licenciement individuel pour motif économique,* l'employeur est tenu, de surcroît, d'indiquer le motif du licenciement dans la lettre envoyée au salarié et d'informer l'Administration.

• *Licenciement collectif pour motif économique.* En cas de licenciement collectif d'au moins 10 salariés sur 30 jours, l'employeur est tenu de notifier le projet de licenciement à l'Administration. Le plan social est généralisé à tous les licenciements de 10 salariés sur 30 jours et plus dans les entreprises d'au moins 50 salariés ayant ou non des instances représentatives du personnel. L'Administration doit vérifier le respect des procédures de consultation des représentants du personnel et de la mise en œuvre du plan social. L'Administration peut proposer des mesures dans le plan social. L'entretien préalable est généralisé à tous les salariés, mais n'est pas obligatoire lorsque l'entreprise a une représentation du personnel. L'employeur est également soumis à une obligation de reclassement.

Les salariés licenciés bénéficient d'une priorité de réembauchage pendant 1 an, s'ils en manifestent la volonté dans les 4 mois qui suivent la rupture de leur contrat de travail.

Tous les salariés licenciés, sauf en cas de faute grave, ont droit à des indemnités de licenciement (non soumises à cotisations et non imposables) s'ils ont plus de 2 ans d'ancienneté.

LICENCIER v. t. (lat. médiév. *licentiare*) [conj. 9]. Priver d'emploi un salarié ; rompre son contrat de travail.

LICENCIEUSEMENT adv. *Litt.* De façon licencieuse.

LICENCIEUX, EUSE adj. (lat. *licentiosus,* de *licentia,* liberté). 1. Extrêmement libre dans ses mœurs, ses écrits, ses paroles. — **2.** Contraire à la pudeur, à la décence : *Chanson licencieuse.*

LICHE n. f. (bordelais *licho* ou anc. provenç. *locha,* du frq. *lekkôn,* lécher). Poisson voisin des carangues, au corps haut et comprimé, présent l'été en Méditerranée et dans le golfe de Gascogne. (Atteignant 2 m de long, la liche est renommée pour sa pêche sportive et pour sa chair.)

LICHEN [-kɛn] n. m. (lat. *lichen,* du gr. *leikhên,* de *leikhein,* lécher). **1.** Végétal symbiotique formé par l'association d'une algue microscopique et d'un champignon filamenteux. (→ *encycl.* Bot.) — **2.** *Lichen plan,* dermatose prurigineuse caractérisée par de petites papules polyédriques, sèches et dures, de couleur violine. (→ *encycl.* Méd.)

ENCYCL. **Bot.** Les lichens vivent sur le sol des forêts, sur le tronc ou les rameaux des arbres, à la surface des rochers ou sur les pierres des murs. Pionniers de la végétation sur des emplacements dénudés, ils constituent souvent la seule végétation des hautes montagnes. Certains vivent dans les dures conditions du désert, d'autres vivent sur le sol gelé des régions arctiques (cladonie des rennes).

Certains lichens ont l'aspect des feuilles *(lichens foliacés)* ; d'autres recouvrent leur support à la manière d'une croûte *(lichens crustacés)* ; certains adoptent des formes buissonnantes *(lichens fruticuleux)* ; il existe des *lichens gélatineux.* Au microscope, les coupes transversales de lichens présentent deux couches de filaments entrelacés (champignon), entre lesquelles il y a des cellules vertes, arrondies, appelées *gonidies,* qui sont des algues. Le thalle d'un lichen résulte de l'union d'une algue et d'un champignon. L'algue renferme de la chlorophylle, ce qui permet à l'association de vivre sur un milieu purement minéral. Le champignon est le plus souvent un ascomycète, et il protège l'algue contre la sécheresse. Des sorédies, contenant à la fois des cellules de l'algue et des filaments du champignon, se détachent du lichen et servent à sa multiplication.

— **Méd.** Le *lichen plan* est une dermatose fréquente et bénigne qui se voit surtout chez les sujets anxieux. Les zones les plus fréquemment atteintes sont les faces antérieures des poignets et des avant-bras, les cuisses, la partie inférieure de l'abdomen et les organes génitaux. Les papules laissent, en s'effaçant, une pigmentation résiduelle. Au niveau des muqueuses, les lésions peuvent accompagner le lichen cutané ou exister isolément.

LICHÉNÉE [-kene] n. f. Syn. de CATOCALE.

LI CHENG ou **LI TCH'ENG,** peintre chinois (prov. du Shandong, actif v. 960-990). Rien ne reste de cet artiste descendant de la famille impériale Tang, qui domine l'âge d'or du paysage chinois avec Fan Kuan et Guan Tong. Il est à l'origine d'une conception austère et grandiose de la nature et ouvre la voie à l'art des Song en la personne notamment du paysagiste Guo Xi.

LICHÉNIFICATION [-ke-] n. f. Épaississement de la peau, qui devient rugueuse, quadrillée en mosaïque, avec parfois une pigmentation brunâtre.

LICHÉNINE [-ke-] n. f. Glucide nutritif présent chez le lichen d'Islande *(Cetraria islandica),* dont il constitue le mucilage.

LICHÉNIQUE [-ke-] adj. Qui se rapporte aux lichens.

LICHER v. t. (de *lécher*) [conj. **3**]. *Pop.* et *vx. Boire.*

LICHETTE n. f. (de *licher*). **1.** *Fam.* Petite quantité de qqch : *Une lichette de vin.* — **2.** En Belgique, attache servant à suspendre un vêtement, une serviette.

LICHINGA, anc. **Vila Cabral,** v. du nord-ouest du Mozambique, ch.-l. de distr. ; 37 000 hab.

LICHNEROWICZ (André), mathématicien français (Bourbon-l'Archambault 1915). Ses travaux les plus notoires portent sur la physique mathématique, la géométrie différentielle globale, la relativité et la théorie des champs. (Acad. des sc., 1963.)

LICHT, ville de Basse-Égypte (prov. de Gizeh), sur la rive gauche du Nil à l'emplacement de la cap. d'Amenemhat Ier (XIIe dynastie). Pyramides ruinées de ce roi et de Sésostris Ier.

LICHTENBERG (Georg Christoph), écrivain allemand (Ober-Ramstadt 1742 - Göttingen 1799). Professeur de sciences naturelles et un des novateurs dans le domaine des recherches psychologiques sur l'inconscient, il apparaît dans ses *Aphorismes* (1902-1908) comme un moraliste lucide, caustique sans sécheresse. Il fut aussi un remarquable critique d'art (*l'Explication des gravures d'Hogarth,* 1794-1799).

LICHTENBERGER (André), écrivain français (Strasbourg 1870 - Paris 1940). Il étudia avec humour la psychologie de l'enfance dans *Mon petit Trott* et *la Petite Sœur de Trott* (1898).

LICHTENSTEIN (Jules), naturaliste français (Montpellier 1816 - *id.* 1886). Il a beaucoup contribué à la connaissance du phylloxéra.

LICHTENSTEIN (Roy), peintre américain (New York 1923). Représentant du pop art, il a transposé dans ses toiles des images clés de bandes dessinées (à partir de 1962 environ) ainsi que des images culturelles (œuvres d'art, surtout appartenant à un passé récent : Picasso, Mondrian, « coups de pinceau » gestuels, motifs Arts déco, etc.).

LICIER → LISSIER.

LICINIUS CRASSUS DIVES → CRASSUS.

LICINIUS LICINIANUS (Flavius Valerius) [en Illyrie v. 250 - Thessalonique 324], empereur romain. Il gouverna d'abord l'Orient avec Galère. Il aida Constantin, avec qui il arrêta une nouvelle politique religieuse (conférence de Milan, 313). Mais ils se brouillèrent, Constantin l'attaqua, le battit à Andrinople, le détrôna et le fit étrangler.

LICINIUS LUCULLUS (Lucius), homme politique romain (v. 106 - v. 57 av. J.-C.). Préteur en 77, consul en 74, il battit Mithridate, qui se réfugia en Arménie, où il le poursuivit (69). Il réorganisa l'administration de la province d'Asie, ce qui lui valut la haine des milieux d'affaires romains. Il fut rappelé en 66. Il se fit remarquer par le luxe de sa table.

LICINIUS MURENA (Lucius), légat de Licinius Lucullus. Élu consul pour 62 contre Catilina et Sulpicius, accusé de brigue par ce dernier, il fut défendu par Crassus, Hortensius et Cicéron *(Pro Murena)*.

LICINIUS STOLON (Caius), tribun de la plèbe en 376 et 367 av. J.-C. Il est l'auteur, avec Sextius Lateranus, des *lois « liciniennes »* qui allégeaient les dettes, réglementaient l'occupation de l'*ager publicus* et imposaient le choix d'un des deux consuls parmi les plébéiens.

LICITATION n. f. (lat. *licitatio, -onis*). Vente aux enchères, par les copropriétaires d'un bien indivis. (La licitation peut être amiable ou judiciaire.)

LICITATOIRE adj. Relatif à la licitation.

LICITE adj. (lat. *licitus,* de *licere,* être permis). Permis par la loi : *User de moyens licites.*

LICITEMENT adv. D'une manière licite.

LICITER v. t. (lat. *licitari*) [conj. 3]. Vendre par licitation.

LICOL ou **LICOU** n. m. (de *lier* et anc. fr. *col,* cou). Pièce de harnais qu'on place sur la tête des chevaux et des bêtes de somme et qui sert à les mener.

LICORNE n. f. (anc. fr. *unicorne,* du lat. *unicornis,* qui n'a qu'une corne, avec l'infl. de l'ital. *licorno*). Animal fabuleux ayant un corps de cheval, une tête de bouc, une longue corne au milieu du front et souvent des pieds fourchus. (→ DAME* À LA LICORNE.)

LICORNE (en lat. *Monoceros, -otis*), constellation équatoriale, au nord du Grand Chien, introduite par Hevelius, au XVIIe s. Elle est riche en amas stellaires et en nébuleuses.

LICOU → LICOL.

LICTEUR n. m. (lat. *lictor,* de *ligare,* lier). Officier qui marchait devant les principaux magistrats de l'ancienne Rome, portant un faisceau de verges qui enserraient occasionnellement une hache. (Au nombre de 12 pour les consuls et de 2 pour les préteurs, ils avaient pour tâche d'écarter la foule.)

LIDAR n. m. (abrév. de l'angl. *light detection and ranging,* détection et réglage par la lumière). Radar de sondage atmosphérique qui fonctionne avec des ondes optiques émises par laser.

ENCYCL. Associé à un télescope suivi d'un détecteur et d'un analyseur de signaux, le lidar permet de mesurer à distance de très faibles concentrations de constituants ou d'infimes fluctuations des caractéristiques physiques du milieu. Ses applications concernent la physique de l'atmosphère, la météorologie et la surveillance de la pollution.

LI DAZHAO ou **LI TA-TCHAO,** homme politique et philosophe chinois (Leting, Hebei, 1888 - Pékin 1927). Après avoir rencontré Chen Duxiu, il fonda avec Zhou Enlai et Mao Zedong le parti communiste chinois. Il mourut fusillé.

LIDDELL HART (*sir* Basil), critique et théoricien militaire britannique (Paris 1895 - Marlow, Buckinghamshire, 1970). Après avoir servi comme officier pendant la Première Guerre mondiale, il se consacra à l'histoire et à la science militaire. Partisan convaincu de la guerre mécanisée par l'utilisation de grandes unités blindées, il a publié de nombreux ouvrages, parmi lesquels une *Histoire mondiale de la stratégie* (1962).

LIDICE, village de la République tchèque, région de la Bohême centrale, à l'est de Kladno, qui fut rasé en juin 1942 et dont la population fut exterminée, en guise de représailles après l'assassinat de Heydrich.

LIDMAN (Sara), femme de lettres suédoise (Jörn, Västerbotten, 1923). Romancière engagée, elle analyse les mécanismes de l'oppression dans le nord de la Suède (*la Meule à goudron,* 1953 ; *Moi et mon fils,* 1961 ; *la Mine,* 1968 ; cycle en 5 volumes, de *Ton serviteur entend* [1977] à *la Couronne de fer* [1985]), et dans le tiers monde (*l'Homme merveilleux,* 1983). Les mêmes thèmes animent ses pièces.

LIDO n. m. (du *Lido,* n. pr.). Cordon littoral en position avancée à l'entrée d'une baie et pouvant isoler une lagune.

LIDO ou **LIDO DE VENISE** (le), île allongée qui ferme, vers l'Adriatique, la lagune de Venise. Station balnéaire. Palais du Festival international de cinéma.

LIDOCAÏNE ou **LIGNOCAÏNE** n. f. Médicament utilisé en anesthésie locale pour son pouvoir anesthésique puissant d'effet rapide et de longue durée.

LIDO DI ROMA → OSTIE.

LIE n. f. (bas lat. *lias,* du gaul. **liga,* dépôt). **1.** Dépôt qui se forme dans les liquides fermentés comme la bière, le vin. (La lie de vin contient des sels de potassium et de calcium.) — **2.** *Litt.* Rebut, ce qu'il y a de plus vil, de plus mauvais : *La lie du peuple.* — **3.** *Boire le calice, la coupe jusqu'à la lie,* souffrir les pires humiliations.

LIE (Jonas), écrivain norvégien (Eker, auj. Eiker, 1833 - Stavern 1908). D'abord romancier de la mer et du couple (*le Trois-Mâts l'« Avenir »,* 1872 ; *le Pilote et sa femme,* 1874), il abordera, durant un long séjour à Paris (1882-1906), divers problèmes de société (*l'Esclave de la vie,* 1883 ; *la Famille de Gilje,* 1883 ; *les Filles du Commandant,* 1886). Un pessimisme grandissant accompagnera ses études psychologiques et métaphysiques (*Puissances mauvaises,* 1890 ; *Trold,* 1891-92).

LIE (Sophus), mathématicien norvégien (Nordfjordeid 1842 - Christiania, auj. Oslo, 1899). L'intuition géométrique sous-tend sa théorie de l'intégration des équations différentielles, application majeure de sa théorie des *groupes de Lie* (groupes de transformations analytiques sur $\mathbb{C}^n$, localement structurés par l'algèbre de leurs transformations infinitésimales) qui inspirera topologie et algèbre au XXe s.

LIE (Trygve Halvdan), homme politique norvégien (Grogud, près d'Oslo, 1896 - Geilo 1968). Chargé des Affaires étrangères dans le gouvernement norvégien en exil (1940), il fut secrétaire général de l'O. N. U. de 1946 à 1952.

1. LIÉ → LIER.

2. LIÉ n. m. Manière d'exécuter des pas de danse en continu, sans marquer de temps d'arrêt entre chacun d'eux. (Syn. LEGATO.)

LIEBERMANN (Max), peintre allemand (Berlin 1847 - *id.* 1935). Influencé successivement par Munkácsy, J. Israëls, Millet, l'impressionnisme, figure majeure de l'école réaliste dans son pays, il fut président de la Sécession de Berlin de 1898 à 1911. (Scènes de la vie paysanne ou ouvrière, portraits, paysages.)

LIEBERMANN (Rolf), compositeur suisse (Zurich, 1910). Il a dirigé les Opéras de Hambourg (1959-1973 et 1985-1988) et de Paris (1973-1980), où il a fait une large part aux créations contemporaines.

LIEBIG (Justus, *baron* VON), chimiste allemand (Darmstadt 1803 - Munich 1873). Il a trouvé, en 1830, une méthode de dosage du carbone et de l'hydrogène dans les corps organiques et montré que les radicaux pouvaient se transporter, par réaction chimique, d'un corps dans un autre. Il a isolé le titane, découvert le chloroforme, le chloral, préparé le fulminate d'argent et les superphosphates (1840). On lui doit aussi une théorie de la fonction acide et une méthode de préparation des extraits de viande.

Liebig *(loi de),* loi formulée en 1840 par Justus von Liebig, et selon laquelle la croissance d'une plante est limitée par l'élément assimilable dont la concentration dans le milieu est la plus faible (« facteur limitant »). En fait, cette loi s'applique à tous les facteurs écologiques*. (Syn. LOI DU MINIMUM.)

LIEBIGITE n. f. (de *Liebig,* n. pr.). Carbonate naturel hydraté d'uranium et de calcium.

LIEBKNECHT (Wilhelm), homme politique allemand (Giessen 1826 - Charlottenburg 1900), fondateur du parti social-démocrate allemand en 1869, député au Reichstag (1874-1887 ; 1890-1900).

LIEBKNECHT (Karl), homme politique allemand (Leipzig 1871 - Berlin 1919), fils du précédent. Leader avec Franz Mehring et Rosa Luxemburg du groupe Spartakus, il constitua le parti communiste allemand (KPD). Il mourut la même année, au cours de l'insurrection spartakiste, assassiné par les troupes gouvernementales.

LIECHTENSTEIN, État de l'Europe centrale, entre l'Autriche (Vorarlberg) et la Suisse (Saint-Gall) ; 160 km² ; 31 000 hab. CAP. *Vaduz.* LANGUE : *allemand.* MONNAIE : *franc suisse.*

Géographie. L'extrémité alpestre du Vorarlberg (2 500 m) domine la plaine du Rhin élargie seulement au N. L'agriculture (lait, légumes, vins) est largement éclipsée par l'industrie (constructions mécaniques et textile) et surtout un secteur tertiaire en essor (tourisme, commerce, banque, philatélie). La principauté est associée à la Suisse, dans les domaines monétaire, douanier et diplomatique.

Histoire. Constitué par les seigneuries de Vaduz et de Schellenberg, acquis par les comtes de Liechtenstein (1699) et érigé en principauté par l'empereur Charles VI (23 janv. 1719), le Liechtenstein entre dans la Confédération du Rhin (1806-1814), puis dans la Confédération germanique (1815-1866). Doté d'une Constitution (1816), il est rattaché à l'économie autrichienne jusqu'en 1918. Après l'adoption d'une Constitution démocratique en 1921, il est lié économiquement à la Suisse, avec laquelle une union douanière et financière est conclue en 1923. Franz Josef II, prince depuis 1938, meurt en 1989. Son fils, Hans Adam, lui succède. En 1990, le Liechtenstein devient membre de l'O. N. U. et, en 1991, il adhère à l'A. E. L. E. (son entrée dans l'E. E. E., en 1995, nécessite un ajustement de ses relations économiques avec la Suisse).

LIECHTENSTEIN (Johann Joseph), général autrichien (Vienne 1760 - *id.* 1836). Il couvrit la retraite après Austerlitz et signa la paix de Presbourg (1805). Commandant en chef de l'armée autrichienne après Wagram, il signa la paix de Vienne (1809).

LIED [lid] n. m. (pl. *lieder* ou *lieds*) [all. *Lied,* chant]. Poème chanté à une ou plusieurs voix, avec ou sans accompagnement.
ENCYCL. Le lied *(Volkslied)* est né en Allemagne au Moyen Âge. Il fut l'une des sources du choral. Le XVIe s. a connu un lied polyphonique, le plus souvent religieux. Le lied artistique *(Kunstlied)* se développa au XVIIIe s. C'est une mélodie de salon, accompagnée par le luth ou le clavecin. Au XIXe s. naquit le lied de concert, accompagné par le piano ou l'orchestre. Beethoven fut le premier à écrire un cycle, comprenant plusieurs lieder traitant d'un même sujet *(À la bien-aimée lointaine),* formule reprise par Schubert, Schumann, Hugo Wolf, Brahms, Mahler, R. Strauss.

LIE-DE-VIN adj. et n. m. inv. Rouge violacé.

LIÈGE n. m. (lat. pop. **levius,* du lat. class. *levis,* léger). **1.** Matériau épais, imperméable et léger, fourni par l'écorce de certains arbres et particulièrement du chêne-liège. (Syn. SUBER.) [→ *encycl.*] — **2.** Syn. de BITTER-PIT. — **3.** Planchette de bois incurvée munie d'une poignée et recouverte d'une couche de liège, dont se servent les corroyeurs pour assouplir les peaux.
ENCYCL. Le liège provient de la zone externe d'un cambium circulaire. Il se forme en couches plus ou moins épaisses suivant les espèces. Lorsqu'on ôte à un chêne-liège sa première couche dite « mâle » (démasclage), au moment de la circulation de la sève, un liège homogène et fin, appelé « liège femelle », est reproduit et récolté régulièrement. Les planches de liège sont alors redressées, desséchées puis subissent le bouillage, qui augmente l'élasticité, et le raclage. Le liège mâle sert à la fabrication de panneaux agglomérés. Du liège de reproduction on tire les bouchons. Le liège est une production des pays du pourtour méditerranéen.

LIÈGE, en néerl. **Luik,** v. de Belgique, ch.-l. de la *prov.* et de l'*arrond. de Liège ;* 194 596 hab. *(Liégeois)* [environ 500 000 hab. dans l'agglomération].
— **Géogr.** Le noyau central est sur la rive gauche de la Meuse, face à la confluence de l'Ourthe (cathédrale et palais des Princes-Évêques, université, centre commercial [piétonnier aujourd'hui]). Carrefour routier et ferroviaire, port fluvial, la ville est un centre industriel très ancien. Les charbonnages sont aujourd'hui fermés et la sidérurgie survit difficilement. La mécanique, l'électronique et la chimie sont les autres branches représentées. Un secteur tertiaire important (enseignement supérieur, banques et sièges sociaux) assure le rayonnement de la première ville wallonne.
— **Hist.** La ville, née à l'époque mérovingienne, devient un évêché v. 720, puis, vers le Xe s., la capitale d'une importante principauté. Au XIIe s., le pouvoir épiscopal se heurte aux Liégeois, qui forment une commune v. 1100. Au XIIIe s., le chapitre de St-Lambert s'oppose à un puissant patriciat, qui se spécialise dans le négoce de la laine anglaise et des draps flamands, puis dans le commerce de l'argent. Au XIVe s., les gens de métier arrachent le pouvoir aux patriciens et aux princes-évêques, mais les troubles sociaux s'aggravent à la fin du siècle du fait de la révolution économique (développement des mines de charbon), qui entraîne la constitution d'un prolétariat industriel. Les princes-évêques font alors appel aux ducs de Bourgogne. En 1408, Jean sans Peur écrase les Liégeois à Othée ; une nouvelle révolte, soutenue par Louis XI, est cruellement châtiée par Charles le Téméraire, qui brûle la ville (1468). Relevée de ses ruines, Liège bénéficie du XVIe au XVIIe s. d'un important essor industriel (armement, verrerie, laine). Au XVIIIe s., les princes-évêques y rétablissent un gouvernement de type monarchique, mais la principauté disparaît lors de l'annexion par la France des Pays-Bas autrichiens (1792-1795). En 1815, Liège est annexée au royaume des Pays-Bas, et après 1830, suit les destinées de la Belgique.
— **Bx-arts.** Nombreuses églises, dont la plupart conservent des parties romanes ou préromanes : St-Barthélemy, consacrée au XIe s. (fonts baptismaux de laiton, chef-d'œuvre de Renier de Huy, v. 1107) ; Ste-Croix, St-Denis (retable sculpté brabançon de 1525), St-Jacques et la cathédrale St-Paul (trésor), reconstruites aux époques gothique ou Renaissance. Palais des princes-évêques, reconstruit en 1526, puis au XVIIIe s. Nombreux musées, dont ceux de la maison Curtius (v. 1600 ; archéologie [plat d'ivoire mosan de l'évangéliaire de Notger, fin du Xe s.], arts décoratifs, musée du Verre), de l'hôtel d'Ansembourg (arts décoratifs liégeois du XVIIIe s.), des Armes, de l'Art wallon, ainsi que le musée en plein air du moderne campus universitaire de Sart Tilman.

Liège *(camp retranché de).* Commandé par le général Leman, il résista durant dix jours (6-16 août 1914) aux assauts des Allemands et retint ainsi l'armée du général von Bülow. En 1940, Liège fut occupée dès le 13 mai.

LIÈGE *(province de),* province de l'est de la Belgique ; 3 862 km^2 ; 999 646 hab. Ch.-l. *Liège ;* 4 arrond. *(Huy, Liège, Verviers, Waremme)* et 84 comm. La vallée de la Meuse et celle de la Vesdre concentrent la majeure partie de la population, autour de Liège surtout. Le nord de la province est agricole (céréales, élevage). L'Ardenne occupe la partie sud-est (sylviculture, élevage, tourisme).

LIÉGEAGE n. m. Action de liéger le cuir.

LIÉGEOIS, E adj. et n. **1.** De Liège. – **2.** *Café* ou *chocolat liégeois,* glace au café ou au chocolat semi-prise, coiffée de chantilly.

LIÉGER v. t. (conj. **22**). **1.** Garnir un filet de pêche, une ligne de morceaux de liège. – **2.** Travailler un cuir avec un liège dans le but de faire remonter un grain naturel sur la fleur du cuir. – **3.** *Machine à liéger,* machine à deux cylindres rotatifs recouverts de liège entre lesquels le cuir glisse plié.

LIÉGEUR, EUSE n. Ouvrier qui récolte le liège.

LIEN n. m. (anc. fr. *loien,* du lat. *ligamen,* avec l'infl. de *lier*). **1.** Ficelle, cordon, courroie, etc., qui sert à maintenir ensemble ou à attacher, retenir, fermer : *Bourse qui se ferme avec un lien de cuir.* – **2.** *Litt.* Ce qui attache un animal, qqn, qui les maintient prisonniers : *Se libérer de ses liens.* – **3.** Ce qui établit entre des choses abstraites un rapport, en partic. logique ou de dépendance : *Un lien de cause à effet entre deux événements* – **4.** Ce qui lie, affectivement ou moralement : *Les liens du sang. Liens de parenté.* – **5.** *Litt.* Ce qui impose une contrainte permanente : *Les liens d'un serment.* – **6.** Litt. *Briser, rompre ses liens,* sortir de captivité ou s'affranchir d'une servitude morale. ‖ *Nouer des liens avec qqn,* établir une relation durable avec qqn. • **Arm.** *Lien élastique,* organe assurant une liaison souple entre l'affût d'un canon et son tube, en permettant le recul de ce dernier au départ du coup sans dépointer l'affût. – **Bât.** Pièce oblique de charpente qui réunit l'arbalétrier d'une ferme au poinçon, ou une poutre horizontale à un poteau. ‖ Syn. de LIERNE. – **Inform.** Séquence d'instructions ou procédure conventionnelle de communication entre parties d'un programme ou entre sous-programmes.

LIÉNART (Achille), prélat français (Lille 1884 -*id.* 1973). Prêtre (1907), évêque de Lille (1928-1968), il fut créé cardinal en 1930 après une intervention retentissante en faveur des syndicats chrétiens. Prélat de la Mission de France (1954-1965), il intervint, au début du second concile du Vatican (1963), de manière décisive afin d'obliger les Pères à orienter les débats vers un véritable *aggiornamento* de l'Église.

LIEN-YUN-KANG → LIANYUNGANG.

LIENZ, station de sports d'hiver d'Autriche (Tyrol), au confluent de l'Isel et de la Drave ; 11 000 hab. C'est l'*Aguntum* des Romains.

LIEOU CHAO-K'I → LIU SHAOQI.

LIEOU-TCHEOU → LIUZHOU.

LIEPAÏA ou **LIEPAJA,** port de Lettonie, sur un cordon littoral ; en all. *Libau ;* 114 900 hab. Matériel agricole. Textile. Conserverie.

LIÈPVRE (68660), comm. du Haut-Rhin, dans les Vosges, sur la *Liepvrette ;* 1 571 hab. La ville s'est construite autour d'un prieuré fondé par Fulrad, abbé de Saint-Denis au VIIIe s.

LIER v. t. (anc. fr. *leier,* du lat. *ligare*) [conj. **9**]. **1.** Attacher, maintenir ensemble divers éléments au moyen d'un lien : *Elle lia ses cheveux avec un ruban.* – **2.** Fermer qqch au moyen d'un lien : *Lier un paquet avec de la ficelle.* – **3.** Attacher qqn ou ses membres de telle sorte qu'il perde sa liberté de mouvement : *Lier les mains d'un prisonnier.* – **4.** Maintenir des choses ensemble dans une substance : *Lier des pierres avec du ciment.* – **5.** Unir qqch à qqch d'autre par un lien logique, relier : *Lier une phrase à la précédente par un mot de liaison.* – **6.** Exécuter les phases successives d'un mouvement de façon qu'elles s'enchaînent harmonieusement. – **7.** Placer qqn, qqch dans une étroite dépendance par rapport à une autre personne, une autre chose, etc. : *Contrat qui lie l'employé à son employeur.* – **8.** *Lier sa vie, son sort à qqn, qqch,* s'enchaîner moralement à eux : *Il avait lié son sort à celui de cette femme.* – **9.** Unir, attacher par des rapports d'affection, d'intérêt, ect. : *Tous ces souvenirs me lient à cette maison.* – **10.** *Fou à lier,* complètement fou. ‖ *Lier amitié, connaissance, conversation avec qqn,* commencer une relation d'amitié, faire connaissance, entamer une conversation. ‖ *Lier la langue à qqn,* l'empêcher de parler, le contraindre au silence. ‖ *Lier les mains à qqn,* ne lui laisser aucune possibilité d'action. ‖ *Lier des mots,* les prononcer en faisant une liaison. • **Calligr.** Unir des lettres par un trait, une liaison. – **Cuis.** Épaissir une préparation liquide en y ajoutant, au dernier moment, farine, fécule, jaune d'œuf, sang de gibier ou de volaille, etc. – **Mus.** Rendre des notes par une seule émission de voix, par un seul coup d'archet. – **Théol.** Refuser d'absoudre un pécheur ; soumettre à une pénitence, à une censure.

◆ **être lié** v. pass. **1.** Dépendre étroitement de qqch, s'y rattacher, y être uni par un lien logique : *Le pouvoir d'achat est lié aux conditions économiques du pays.* – **2.** Se rattacher à qqch dans un rapport affectif : *Cette maison est liée à ma jeunesse.* – **3.** *Avoir partie liée avec qqn,* être engagé solidairement avec lui dans une affaire. ‖

Pieds et poings liés, réduit à une totale impuissance. • **Bours.** *Ordre lié,* ordre de Bourse dont l'exécution est subordonnée à l'exécution d'un autre ordre. — **Géom.** *Point lié à un solide* (S), point dont les coordonnées dans un repère rattaché à (S) sont constantes, même si (S) est en mouvement. — **Jeux.** *Partie liée,* série de deux ou trois parties que l'on joue, le gagnant devant en remporter deux successives ou deux sur trois. — **Log.** *Variable liée,* variable à laquelle est attribué un quantificateur. (Syn. VARIABLE APPARENTE.) — **Math.** *Famille liée,* famille d'éléments ou vecteurs d'un K-espace vectoriel qui n'est pas libre. (On dit aussi que les vecteurs sont linéairement dépendants. Un des éléments de la famille est combinaison linéaire des autres.) ‖ *Partie liée d'un* K-*espace vectoriel* E, partie non libre de E. ‖ *Vecteur lié,* nom autrefois utilisé pour la notion de pointeur*. — **Mus.** En parlant d'un jeu, avoir les sons qui se succèdent sans interruption. — **Phys.** En parlant d'un système physique composé, garder sa cohésion, ses constituants restant groupés par l'effet de leurs interactions.

◆ **se lier** v. pr., **être lié** v. pass. **1.** Commencer à avoir de solides relations d'amitié avec qqn : *Il s'est lié d'amitié avec ses collègues de bureau.* — **2.** Être uni à qqn, à qqch par un lien de dépendance d'ordre affectif ou intéressé, par un contrat : *Il s'est lié à cette bande de jeunes.*

LIER, en fr. **Lierre,** v. de Belgique (prov. d'Anvers), à l'E. d'Anvers ; 31 000 hab. Église St-Gommaire, de style gothique flamboyant brabançon (jubé, vitraux). Hôtel de ville du XVIIIe s. Broderies et dentelles. Instruments de musique.

LIERNE n. f. (de *lier*). **1.** Nervure sous la ligne de faîte d'une voûte. — **2.** Dans la voûte à liernes et tiercerons, chacune des nervures disposées en croix qui réunissent les tiercerons à la clef. (Gothique flamboyant.) — **3.** Dans une charpente métallique, barre reliant les pannes entre elles pour en prévenir le flambage. (Syn. LIEN.)

LIERRE n. m. (de *l'* et anc. fr. *iere,* lierre, du lat. *hedera*). **1.** Plante ligneuse (araliacée) fixée aux troncs d'arbres, aux murs par des crampons, aux feuilles persistantes, aux baies noires et toxiques. — **2.** *Lierre terrestre,* nom usuel du *gléchome.*

LIERRE → LIER.

LIESSE n. f. (anc. fr. *ledece,* joie, du lat. *laetitia,* avec l'infl. de l'anc. fr. *lié,* joyeux). Litt. *En liesse,* se dit d'un groupe qui manifeste une joie collective : *Une foule en liesse.*

LIESSE-NOTRE-DAME (02350), anc. **Notre-Dame-de-Liesse** et **Liesse,** comm. de l'Aisne, à 14 km au N.-E. de Laon ; 1 608 hab. L'église (XIIIe-XVe s.) reste la station d'un célèbre pèlerinage marial, fondé au XIIe s.

LIESTAL, v. de Suisse, ch.-l. du demi-canton de Bâle-Campagne ; 12 000 hab. Hôtel de ville en partie du XVIe s. Musée cantonal. Chimie. Mécanique. Textile.

1. LIEU n. m. (pl. *lieux*) [lat. *locus*]. **1.** Situation spatiale de qqch, de qqn permettant de le localiser, de déterminer une direction, une trajectoire : *Le lieu du rendez-vous n'est pas fixé.* — **2.** Endroit, localité, édifice, local, etc., considérés du point de vue de leur affectation ou de ce qui s'y passe : *Vous n'étiez pas sur votre lieu de travail.* — **3.** *Au lieu de, que,* à la place de qqn, en remplacement de qqch : *Mettre un short au lieu d'un pantalon ;* indique une préférence, une opposition : *Tu ferais mieux de m'aider au lieu de rêvasser.* ‖ *Avoir lieu,* se produire, arriver en un endroit et à un moment donnés : *La réunion aura lieu à telle heure.* ‖ *Avoir lieu de,* avoir une raison pour : *Je n'ai pas lieu de m'inquiéter.* ‖ *Ce n'est pas le lieu de,* ce n'est pas l'endroit, le moment pour. ‖ *Complément de lieu,* complément circonstanciel précisant l'endroit où l'on est, où l'on va, d'où l'on vient, par où l'on passe. ‖ *Donner lieu à qqch,* en fournir le prétexte, le provoquer : *Cela donnera lieu à des critiques.* ‖ *Donner lieu (à qqn) de,* fournir l'occasion de : *Ça me donne lieu de craindre le pire.* ‖ *En haut lieu,* auprès des personnalités influentes, qui détiennent le pouvoir. ‖ *En lieu et place,* à la place de. ‖ *En lieu sûr,* dans un endroit qui n'offre aucun danger. ‖ *En premier lieu, en deuxième lieu,* etc., *en dernier lieu,* premièrement (d'abord) ; deuxièmement (ensuite), etc. ; enfin. ‖ *En tous lieux,* partout. ‖ *Haut lieu,* lieu rendu célèbre par un événement ou des chefs-d'œuvre artistiques. ‖ *Il y a lieu de,* il est permis, utile, opportun, il convient de : *Il y a lieu d'être inquiet.* ‖ *Lieu commun,* réflexion banale, dépourvue d'originalité, idée reçue. ‖ *Lieu public,* lieu ouvert au public. (Le caractère public d'un lieu le soumet à une réglementation particulière.) ‖ *Lieu de vie,* centre d'accueil en marge des institutions officielles, qui reçoit des personnes ayant des troubles psychiques. ‖ *Lieu scénique,* dans le théâtre moderne, tout espace de jeu. ‖ *Mauvais lieu,* endroit mal fréquenté. ‖ *S'il y a lieu,* le cas échéant, si c'est nécessaire. ‖ *Tenir lieu de,* jouer le rôle de, se substituer à qqch, qqn pour le remplacer.

◆ **lieux** n. m. pl. **1.** Locaux, terrain : *Les nouveaux locataires ont visité les lieux.* — **2.** *Fam.* Les W.-C. — **3.** *État des lieux,* écrit constatant l'état dans lequel se trouve un appartement à l'entrée et à la sortie d'un locataire, signé par le bailleur et le locataire et annexé au contrat de location. ‖ *Lieux communs,* sources auxquelles les philosophes et les rhétoriciens recommandaient de puiser les développements, preuves et arguments applicables à tous les sujets et qui ont été spécialement définies par Aristote (les *Topiques*). ‖ *Sur les lieux,* à l'endroit précis où un fait s'est produit : *Notre reporter est sur les lieux.* ‖ Fam. *Vider les lieux,* partir en y étant plus ou moins forcé, et cela rapidement.

2. LIEU n. m. (pl. *lieus*) [anc. scand. *lyr*]. Poisson (gadidé) marin des côtes de l'Atlantique. (On distingue le *lieu noir* appelé aussi charbonnier ou colin, et le *lieu jaune,* à la chair estimée [taille 1,30 m pour 10 kg].)

LIEU-DIT n. m. (pl. *lieux-dits*). Lieu qui, à la campagne, porte un nom rappelant une particularité topographique ou historique et constitue souvent un écart d'une commune.

LIEUE n. f. (bas lat. *leuca,* d'orig. gaul.). **1.** Anc. mesure linéaire, de longueur variable. — **2.** *Vx.* Distance indéterminée : *Il n'y a pas d'essence à vingt lieues à la ronde.* — **3.** Grande distance : *Approchez, ne vous tenez pas à une lieue de moi.* — **4.** *Être à cent, mille lieues de,* être fort éloigné de : *J'étais à cent lieues de le croire coupable.* ‖ *Lieue kilométrique,* lieue de 4 km. ‖ *Lieue marine,* vingtième partie du degré compté sur un grand cercle de la Terre, soit trois milles marins ou environ 5,556 km. ‖ *Lieue de poste,* lieue de 3,898 km, soit 2 000 toises anciennes. ‖ *Lieue de terre* ou *lieue commune,* vingt-cinquième partie de la longueur d'un degré compté sur un grand cercle, c'est-à-dire de 4,445 km.

LIEUR, EUSE n. Personne qui lie, est chargée de lier des gerbes, des bottes.

◆ **lieuse** n. f. Mécanisme conçu pour lier les gerbes ou les bottes derrière un appareil de récolte.

LIEUTENANCE n. f. **1.** Charge, grade de lieutenant du roi. — **2.** Habitation, hôtel du lieutenant du roi.

LIEUTENANT n. m. (de *lieu* et *tenant,* tenant lieu de). **1.** Celui qui vient immédiatement après le chef et le seconde : *Le chef de la bande et ses deux lieutenants étaient dans le box des accusés.* — **2.** Grade de la hiérarchie des officiers des armées de terre et de l'air précédant celui de capitaine (en France, le grade de lieutenant se distingue par deux galons) ; officier subalterne détenant ce grade. • **Hist.** Sous l'Ancien Régime, officier de justice qui secondait ou suppléait un autre officier. ‖ *Lieutenant civil,* à partir du XIVe s., magistrat délégué par le prévôt de Paris pour juger les affaires civiles au Grand Châtelet. ‖ *Lieutenant criminel,* à partir du XIVe s., magistrat délégué par le prévôt de Paris pour juger les affaires criminelles au Grand Châtelet. ‖ *Lieutenant général,* officier général dans l'armée d'Ancien Régime (grade correspondant à celui de général de division actuel) ; suppléant du gouverneur d'une province ; suppléant du bailli, ou sénéchal (désigné parfois sous le nom de *juge-mage*). ‖ *Lieutenant général de police,* magistrat créé en 1667 par Louis XIV pour veiller à la sûreté de la Ville de Paris. (Le premier titulaire fut N. de La Reynie [1667-1697].) ‖ *Lieutenant général du royaume,* titre donné dans des moments difficiles à un prince français et conférant le commandement général du royaume. (Il fut attribué au duc François de Guise en 1557, à Antoine de Bourbon en 1561, au duc Henri de Guise en 1588, au duc de Mayenne en 1589, à Gaston d'Orléans pendant la minorité de Louis XIV, au comte d'Artois en 1814, à Louis-Philippe en 1830.) ‖ *Lieutenant du roi,* sous l'Ancien Régime, gouverneur d'une ville importante, d'une forteresse ou d'un port et qui ne relevait que du roi. — **Mar.** *Lieutenant général de l'amirauté,* juge qui présidait les tribunaux d'amirauté sous l'Ancien Régime. ‖ *Lieutenant général des armées navales,* dans la marine de l'Ancien Régime, officier général de rang supérieur à celui de chef d'escadre et inférieur à celui de vice-amiral. ‖ *Lieutenant général des galères,* officier général qui commandait les galères sous l'autorité, souvent purement nominale, du général des galères. ‖ *Lieutenant de vaisseau,* grade des officiers de l'armée de mer, créé en 1640, et correspondant à celui de capitaine des armées de terre et de l'air. — **Mil.** *Premier lieutenant,* en Suisse, officier dont le grade se situe entre celui de lieutenant et celui de capitaine.

LIEUTENANT-COLONEL n. m. (pl. *lieutenants-colonels*). Dans les armées de terre et de l'air, grade de la hiérarchie des officiers, immédiatement supérieur à celui de commandant ; officier supérieur détenant ce grade. (En France, les lieutenants-colonels portent cinq galons, panachés or [trois] et argent [deux] ou inversement.)

LIEUVIN, région de Normandie, extrémité nord-ouest du dép. de l'Eure. Plateau de craie, recouvert d'argile à silex et de limon. Cultures céréalières et fourragères. Élevage bovin.

LIEUX SAINTS, localités et sanctuaires liés au souvenir de Jésus en Palestine : grotte de Bethléem, Nazareth, mont Thabor, Cénacle, Calvaire, Saint-Sépulcre, grotte de l'Ascension, tombeau de la Vierge. Les mêmes localités sont également des lieux saints juifs et musulmans. Les pèlerinages chrétiens s'y développent sous Constantin, qui fait bâtir l'église du Saint-Sépulcre, et se poursuivent sous les différents pouvoirs arabo-musulmans du VIIe au XIe s. L'intolérance des Seldjoukides déclenche la première croisade (1095-1099), et Jérusalem devient jusqu'en 1187 la capitale du royaume latin de Jérusalem. Sous les Ayyūbides et les Mamelouks, la garde des Lieux saints est confiée par les papes à la custodie de Terre sainte, dont sont chargés les franciscains. Au XVIe s., les Ottomans imposent la priorité du patriarcat grec-orthodoxe (1534). Au XVIIe s., la garde des Lieux saints revient à nouveau aux Latins (capitulations accordées à la France en 1604 et 1673). De 1850 à 1853, l'« affaire des Lieux saints » oppose la France et la Russie, qui veulent pour leurs protégés la garde de la majorité des sanctuaires. Puis, après le mandat britannique sur la Palestine, établi en 1920-1922, l'O. N. U. propose en 1947 l'internationalisation des Lieux saints et établit un statut adopté par l'Assemblée générale (1950). Les Lieux saints sont en fait contrôlés par la Jordanie et Israël puis, après juill. 1967, par Israël seul.

LIEVENS (Jan), peintre et graveur néerlandais (Leyde 1607 - Amsterdam 1674). Il travailla surtout à Leyde, Anvers, Amsterdam et La Haye. Disciple de Rembrandt, également marqué par Rubens et Van Dyck, il est l'auteur de portraits, de sujets bibliques et de paysages d'un effet dramatique.

LIÉVIN (62800), ch.-l. de cant. du Pas-de-Calais, banlieue S.-O. de Lens ; 34 012 hab. *(Liévinois).* Anc. centre houiller. Agroalimentaire.

LIÈVRE n. m. (lat. *leporem,* accus. de *lepus, -oris*). **1.** Mammifère lagomorphe au corps élancé, aux pattes postérieures très longues, aux oreilles allongées, rapide à la course. (La femelle est la hase.) [→ *encycl.*] — **2.** Chair comestible de cet animal. — **3.** Fourrure de cet animal. — **4.** Athlète chargé de mener la première partie d'une course, afin de favoriser la performance d'un autre concurrent. — **5.** *Courir deux lièvres à la fois,* poursuivre deux buts différents en même temps. ‖ *Courir comme un lièvre,* courir très vite. ‖ *Courir le même lièvre,* poursuivre à deux ou à plusieurs le même dessein. ‖ *Lever, soulever un lièvre,* être le premier à dévoiler une question embarrassante, mais importante. ‖ *Lièvre de mer,* nom usuel de l'*aplysie.* ‖ *Lièvre de Patagonie,* nom usuel du *mara.*

ENCYCL. Le lièvre se distingue du lapin de garenne par son poil plus fourni, ses oreilles plus longues, ses pattes postérieures plus fortes. Il gîte en surface, au milieu des herbes, et se nourrit presque uniquement de graminées. Le genre compte une quinzaine d'espèces, de tous les continents.

LIÈVRE (en lat. *Lepus, -oris*), constellation australe, au sud d'Orion.

LIÈVRE *(rivière du),* riv. du Canada (Québec), affl. de l'Ottawa (r. g.), dans les Laurentides ; 400 km. Aménagements hydroélectriques.

LIEZ *(étang* ou *lac de la),* plan d'eau de la Haute-Marne, à vocation surtout touristique, couvrant près de 300 ha, à l'E. de Langres.

LIFAR (Serge), danseur et chorégraphe français d'origine russe (Kiev 1905 - Lausanne 1986). Élève de Bronislava Nijinska, engagé par Diaghilev dans ses Ballets russes (1923), il accède vite aux premiers rôles : *Apollon Musagète* (1928), *le Fils prodigue* (1929). Premier danseur et chorégraphe à l'Opéra de Paris (1929), il y impose son style dans une longue suite de ballets (*Bacchus et Ariane,* 1931 ; *Salade, Icare,* 1935 ; *le Chevalier et la Damoiselle,* 1941 ; *les Mirages,* 1949). Il donne deux de ses œuvres les plus importantes à Monte-Carlo (*Chota Roustaveli* et *Dramma per musica,* 1946), puis compose pour l'Opéra de Paris *Phèdre* (1950), *Grand Pas* et *Variations* (1953), *les Noces fantastiques* (1955), *le Martyre de saint Sébastien* (1957). Après avoir fait ses adieux de danseur (1956) et quitté l'Opéra (1958), il poursuit une carrière internationale de chorégraphe. Il a publié de nombreux ouvrages, dont *Histoire du ballet russe* (1950), *la Musique par la danse* (1955), *Histoire du ballet* (1966).

Life, magazine hebdomadaire américain, créé en 1936, qui cessa sa publication en 1972 et reparut à partir de 1978 sous forme de mensuel.

Life Guards [lajfgwards], avec les Horse-Guards, l'un des deux régiments anglais de cavalerie de la maison du roi.

LIFFOL-LE-GRAND (88350), comm. des Vosges, à 10 km au S.-O. de Neufchâteau ; 2 861 hab. *(Liffoliens).* Mobilier.

LIFFRÉ (35340), ch.-l. de cant. d'Ille-et-Vilaine, à 17 km au N.-E. de Rennes, en bordure de *la forêt de Liffré ;* 5 679 hab. *(Liffréens).* Abattoir. Confection. Photocopieurs.

LIFOU *(île),* la plus vaste (1 115 km²) et la plus peuplée (8 726 hab.) des îles Loyauté, dans le Pacifique.

LIFT n. m. (angl. *lift,* de *to lift,* soulever). Au tennis, effet donné à une balle, en la brossant de bas en haut et d'arrière en avant.

LIFTER v. t. (conj. 3). Imprimer à une balle un effet de lift ; faire un lift.

LIFTEUR, EUSE n. Spécialiste du lift.

LIFTIER, ÈRE n. (angl. *lift,* ascenseur). Employé préposé à la manœuvre d'un ascenseur.

LIFTING [liftiŋ] n. m. (angl. *lifting,* de *lift,* soulever). **1.** Intervention de chirurgie esthétique consistant à enlever des bandelettes de peau et à retendre celle-ci pour supprimer les rides. (Syn. LISSAGE, RIDECTOMIE.) — **2.** *Fam.* Opération de rénovation, de rajeunissement de qqch : *Le lifting d'un vieux quartier. Un lifting idéologique.*

LIGAMENT n. m. (lat. *ligamentum,* de *ligare,* lier). **1.** Faisceau fibreux, blanchâtre, très solide. (Dans la majorité des cas, les ligaments font partie d'une articulation.) – **2.** Partie élastique qui réunit les deux valves de la coquille des mollusques bivalves. – **3.** *Ligaments péritonéaux,* replis du péritoine, reliant à la paroi abdominale ou entre eux des organes intra-abdominaux ou pelviens.

LIGAMENTAIRE ou **LIGAMENTEUX, EUSE** adj. Qui se rapporte aux ligaments.

LIGAND [ligɑ̃] n. m. (angl. *ligand,* du lat. *ligare,* lier). Molécule ou ion unis à l'atome central d'un complexe par une liaison de coordination.

LIGASE n. f. Toute enzyme qui catalyse une réaction de synthèse avec formation de liaisons C–O, C–S, C–N ou C–C, en utilisant l'énergie fournie par l'A. T. P.

LIGATURE n. f. (bas lat. *ligatura,* du lat. class. *ligare,* lier). **1.** Opération qui consiste à serrer un lien autour d'une partie quelconque du corps, en général un vaisseau sanguin ; fil ou autre lien qui sert à cette opération. – **2.** Action d'entourer d'un lien une plante, une greffe. – **3.** Ensemble de lettres liées et qui forme un caractère unique. (Ex. œ.) – **4.** Signe de notation constitué par deux ou plusieurs notes soudées les unes aux autres. (Il est employé dans le chant grégorien.) – **5.** Mode d'attache de cordes, de cordages ou de fils de fer. – **6.** Toron de fil, de ficelle, destiné à renforcer un tube, un entre-nœud dans une canne à pêche, etc.

LIGATURER v. t. (conj. 3). **1.** Fixer par une ligature : *Ligaturer la lame sur le manche.* – **2.** Fermer, serrer par une ligature : *Ligaturer une artère.*

LIGE adj. (lat. pop. **leticus,* du bas lat. *letus,* vassal, du frq. **lepu*). **1.** Se disait du vassal qui, par la forme de l'hommage prêté, était plus étroitement obligé vis-à-vis du seigneur féodal que par l'hommage ordinaire. – **2.** Litt. *Homme lige,* personne entièrement dévouée à qqn, un groupe, et comme inféodée à lui.

LIGÉRIEN, ENNE adj. (lat. *Liger,* n. de la Loire). Qui appartient au bassin de la Loire ; qui a rapport à ce fleuve.

LIGETI (György), compositeur hongrois naturalisé autrichien (Dicsöszentmárton, auj. Tîrnaveni, Transylvanie, 1923). Il compose d'abord dans un style néobartokien, mais aussi sous l'influence de Berg : *Six Bagatelles pour quintette à vent* (1951-1953). Ayant quitté son pays à la suite des événements de 1956, il travaille avec K. Stockhausen, H. Eimert et G. M. König au Studio de musique électronique de Cologne. Il s'impose alors avec deux ouvrages pour orchestre : *Apparitions* (1959) et surtout *Atmosphères* (1961), écrits dans un style très statique. Après le *Poème symphonique* pour 100 métronomes (1962), il affirme une nouvelle position stylistique avec *Aventures et Nouvelles Aventures* (1966), action scénique imaginaire pour laquelle il parle de « style haché ». Une première synthèse des deux tendances est atteinte dans le *Requiem* (1965) et surtout dans *Lontano* (1967) pour orchestre de cordes et de vents. Se succèdent alors ses œuvres les plus jouées : *Étude n° 1 « Harmonies »* pour orgue (1967), *Continuum* pour clavecin (1968), *Ramification* (1969) pour orchestre, *Étude n° 2 « Coulée »* pour orgue (1969). Dans *San Francisco Polyphony* pour orchestre (1974) se confirme sa tendance à faire surgir d'une trame plus ou moins statique des contours mélodiques, des profils rythmiques très marqués. Dans l'opéra *le Grand Macabre* d'après Ghelderode (1974-1977, création en 1978), Ligeti réussit l'articulation de vocabulaires parfois hétérogènes, grâce à des procédés de montage et de citations. Il compose encore, notamment, *Trio pour violon, cor et piano* en « Hommage à Brahms » (1982), un *Concerto pour piano* (1986-1988), un *Concerto pour violon* (1990), une *Sonate pour alto* (1993). On lui doit également de nombreux écrits, dont *Effets de la musique électronique sur mon œuvre de compositeur* (1970).

LIGIE n. f. (de *Ligie,* n. myth.). Crustacé isopode du littoral, vivant au sommet de la zone des marées.

1. LIGNAGE n. m. (de *ligne de parenté*). **1.** Groupe de filiation unilinéaire dont tous les membres se considèrent comme descendant d'un(e) ancêtre commun(e), connu(e) et nommé(e). – **2.** *De haut lignage,* de haute naissance ; de haute noblesse.

2. LIGNAGE n. m. (de *ligne*). Nombre de lignes d'un texte imprimé.

3. LIGNAGE n. m. (de *ligner*). Action de ligner une pierre de taille, une pièce de bois.

LIGNAGER, ÈRE adj. Qui se rapporte au lignage de qqn, à sa parenté.

LIGNANO SABBIADORO, station balnéaire d'Italie (Frioul-Vénétie Julienne), sur la lagune de Marano ; 4 500 hab.

LIGNARD n. m. (de *ligne*). *Vx.* Avant 1914, soldat de l'infanterie de ligne.

LIGNE n. f. (lat. *linea,* fil de lin, de *linum,* lin). **1.** Trait continu, dont l'étendue se réduit pratiquement à la seule dimension de la longueur : *Tracer, tirer des lignes.* – **2.** Trait réel ou imaginaire qui sépare deux éléments contigus ; intersection de deux surfaces : *La ligne de l'horizon.* – **3.** Chacun des traits horizontaux marquant certaines feuilles de papier à écrire : *Écrire sur la ligne.* – **4.** Matérialisation des limites et des aires réglementaires d'une surface de jeu, sur un terrain de sport, une table de ping-pong, etc. ;

trait tracé sur le sol pour délimiter une piste, en marquer le début et/ou la fin : *Ligne de touche.* — **5.** Chacun des traits qui sillonnent la paume de la main : *La ligne de vie.* — **6.** Forme, contour, dessin d'un corps, d'un objet, etc. : *La pureté des lignes d'un visage.* — **7.** Allure générale d'un objet correspondant à un style : *La nouvelle ligne des meubles modernes italiens.* — **8.** Corps mince, svelte de qqn : *Garder la ligne.* — **9.** Trait imaginaire marquant une direction suivie de façon continue : *Ligne de mire d'une arme à feu.* — **10.** Orientation qui définit l'action d'un groupe, les éléments essentiels d'une doctrine, d'une politique : *Le parti a défini une nouvelle ligne lors de son congrès.* — **11.** Itinéraire régulier suivi par un service de transport ; le service lui-même : *Ligne maritime, aérienne.* — **12.** Ensemble de conducteurs qui suivent le même trajet pour transmettre des signaux électromagnétiques entre deux points, en partic. pour assurer une communication téléphonique : *Ça ne sonne pas libre, la ligne est occupée.* — **13.** Suite, série de personnes ou de choses disposées les unes à côté des autres : *Une ligne de peupliers.* — **14.** Suite des générations successives de parents. — **15.** Ensemble de concurrents, de joueurs agissant de concert : *La ligne d'avants.* — **16.** Suite de caractères disposés horizontalement dans la page manuscrite ou imprimée : *Une page de 25 lignes.* — **17.** *Ligne (de produits),* série de produits ou d'articles se complétant dans leur utilisation et unis par des qualités communes. — **18.** Fil muni ou non d'un flotteur, terminé par un ou plusieurs hameçons et que l'on emploie pour pêcher les poissons. — **19.** *À la ligne !,* arrêtez d'écrire et recommencez à l'alinéa. ‖ *Dans la ligne de qqch,* dans la même perspective, la même optique, dans le prolongement. ‖ *En droite ligne, en ligne directe,* directement. ‖ *En première ligne,* au plus près du danger, au cœur du combat. ‖ *Entrer en ligne de compte,* avoir de l'importance, être inclus dans un compte ; jouer un rôle dans qqch, être pris en considération. ‖ *Être en ligne,* être branché téléphoniquement avec un correspondant. ‖ *Hors ligne,* se dit de qqn d'une valeur supérieure, exceptionnel. ‖ *Les grandes lignes, les lignes principales de qqch,* les idées ou les faits les plus importants, les plus significatifs de l'ensemble. ‖ *Ligne blanche continue, discontinue,* matérialisation sur la chaussée de la limite d'une voie qu'il est interdit de franchir (ligne continue) ou que l'on peut franchir (ligne discontinue). ‖ *Ligne de conduite,* orientation choisie de sa manière d'agir. ‖ *Ligne droite,* portion de route droite, sans virages. ‖ *Lire entre les lignes,* deviner ce qui est sous-entendu, découvrir les intentions véritables de qqn. ‖ *Monter en ligne,* aller à l'assaut. ‖ *Sur toute la ligne,* d'un bout à l'autre, complètement. ‖ *Tirer à la ligne,* donner un développement excessif à un travail payé à la ligne, faire du délayage. • **Anat.** *Ligne blanche,* raphé tendineux séparant les deux muscles droits de l'abdomen sur la ligne médiane. (Elle est étendue de l'appendice xiphoïde au pubis.) ‖ *Ligne médiane,* ligne imaginaire divisant le corps en deux parties égales et servant de repère aux anatomistes et aux chirurgiens. — **Banq.** *Ligne de crédit* ou *de découvert,* montant d'un crédit sur lequel viennent s'imputer les paiements que le bénéficiare du crédit doit faire. — **Bât.** Cordeau, ficelle tendus pour indiquer un alignement. ‖ *Ligne de brisis* ou *de bris,* intersection des surfaces du brisis et du terrasson d'un toit à la Mansart. ‖ *Ligne de faîte,* ligne idéale réunissant les points les plus élevés des courbes qui engendrent une voûte. ‖ *Ligne de faîte* ou *de couronnement,* arête supérieure d'une toiture. ‖ *Ligne de naissance,* dans une voûte, ligne idéale située au niveau inférieur des sommiers, à la jonction de la voûte et de son support. — **Bx-arts** et **Arts décor.** Trait peint ou dessiné, tracé des contours. ‖ Ce qui relève du dessin des formes chez un artiste ou dans une œuvre (par oppos. aux valeurs et aux tons). ‖ Aspect général caractéristique, du point de vue des formes, d'une œuvre ou d'un ensemble d'œuvres. (On parle, par ex., de la ligne serpentine de telle statue de Michel-Ange.) — **Ch. de f.** *En ligne,* en cours de service hors des gares, ateliers, dépôts, etc. ‖ *Grande ligne,* grande artère rayonnant autour de Paris ou transversale importante (par oppos. à *ligne secondaire* et à *ligne de banlieue*). ‖ *Ligne de train,* câble électrique parcourant tout le train, raccordé entre chaque véhicule par des coupleurs et destiné selon le type au chauffage électrique, à la sonorisation, au freinage électropneumatique, etc. ‖ *Service de ligne,* service des agents de conduite affectés à la remorque des trains. (Syn. SERVICE DE ROUTE.) — **Charp.** et **Bât.** Cordeau frotté de craie colorée, permettant de marquer un tracé sur des débits ou sur une épure. — **Chorégr.** Dessin harmonieux et donné par la distribution équilibrée des différentes parties du corps du danseur ou de l'athlète, en mouvement ou en attitude. — **Électr.** Ouvrage constitué par les conducteurs d'une ligne électrique et les organes destinés à les isoler, à les maintenir, etc. ‖ *Ligne électrique,* ensemble des conducteurs affectés au transport de l'énergie électrique. — **Électron.** *Ligne de retard* ou *à retard,* composant électronique destiné à introduire un retard déterminé entre les signaux d'entrée et de sortie d'un circuit. — **Fin.** *Ligne budgétaire,* à l'intérieur d'un chapitre budgétaire ou d'un compte spécial du Trésor, mention d'une catégorie particulière de recettes ou de dépenses. — **Géod.** *Ligne d'opération,* suite de jalons déterminant une ligne qui doit servir de base à un lever de plan. – **Impr.** Ensemble de caractères disposés par composition sur une longueur préétablie (justification). ‖ *Ligne de blanc,* blanc séparatif, dans une composition. ‖ *Ligne creuse,* ligne de fin d'alinéa ne comprenant que quelques signes. – **Inform.** *En ligne* (en angl. *on line*), se dit d'un réseau ou d'un service télématique accessible par un ordinateur via le réseau téléphonique ou un réseau câblé. ‖ *Hors ligne* (en angl. *off line*), se dit d'un périphérique qui n'est plus connecté à un ordinateur et qui ne se trouve donc plus disponible pour échanger des données avec lui ou exécuter des tâches à sa demande ; se dit d'un service d'informations dont les données sont enregistrées dans une mémoire locale et ne sont pas accessibles par l'intermédiaire d'une ligne de télécommunication. – **Jeux.** Aux dames et aux échecs, rangée oblique ou verticale des cases. – **Mar.** Terme générique désignant un cordage fin. ‖ *Cargo, navire de ligne,* cargo, navire qui dessert une ligne régulière de navigation. (Syn. LINER.) ‖ *Ligne d'eau,* coupe faite dans la carène par un plan parallèle à la flottaison. – **Math.** Figure mathématique qui peut être matérialisée par un fil assez fin. ‖ Syn. de COURBE. ‖ Dans un tableau à double entrée, ensemble des éléments se trouvant sur une même horizontale. – **Mécan.** *Ligne d'arbre,* alignement des supports de vilebrequin d'un moteur. – **Métrol.** Au Canada, mesure de longueur, huitième partie du pouce. – **Mil.** Formation dans laquelle se trouve une troupe dont les éléments (hommes, unités, moyens) sont disposés les uns à côté des autres ; cette troupe elle-même. ‖ Contour apparent de cette formation en direction de l'ennemi ; front de combat, retranchement. ‖ Syn. de FRONT* FORTIFIÉ. ‖ *Bâtiment* ou *vaisseau de ligne,* grand bâtiment de guerre destiné à combattre en ligne, c'est-à-dire en escadre ; grand bâtiment de guerre puissamment armé et protégé, formant l'élément principal d'une escadre navale. (Le rôle de bâtiment de ligne, autrefois dévolu aux cuirassés, est, depuis 1945, attribué aux porte-avions.) ‖ *La ligne,* l'infanterie de ligne. ‖ *Ligne de bataille,* ligne de file des vaisseaux de guerre. ‖ *Ligne de file,* ordre tactique que prennent des navires naviguant les uns derrière les autres. (Au combat, les navires s'affrontaient bord à bord et se canonnaient jusqu'à l'ouverture d'une brèche.) ‖ *Troupe de ligne,* celle (infanterie surtout) qui combattait en ligne. – **Min.** *Ligne de tir,* circuit électrique qui relie l'exploseur aux détonateurs. – **Mus.** Trait horizontal servant à la notation. (À l'époque actuelle, les lignes sont au nombre de 5 et constituent la portée.) – **Pêch.** *Ligne de fond,* ligne sans flotteur qui repose au fond de l'eau, garnie, de distance en distance, d'un fil court supportant des hameçons. ‖ *Ligne volante,* ligne sans flotteur ni plomb, avec laquelle l'appât est amené à la surface de l'eau. – **Pétr.** Tuyauterie, canalisation, pipe-line. – **Phys.** *Ligne de champ,* courbe tangente en chacun de ses points à un champ vectoriel (Quand ce vecteur représente une force, on dit LIGNE DE FORCE.) – **Sports.** En escrime, positions de cible délimitées par les axes vertical et horizontal. (Il en existe quatre : deux hautes [dedans, dessus] et deux basses [dehors, dessous].) ‖ *Ligne d'eau,* dans une piscine, couloir réservé à chaque nageur, lors d'une compétition. ‖ *Première, deuxième, troisième ligne,* au rugby, joueur de la ligne d'avants faisant partie d'un ensemble de coéquipiers répartis sur une même rangée. – **Sylvic.** Syn. de LAYON 2. – **Télécomm.** *Ligne d'abonné, de rattachement* ou *de réseau,* ligne qui relie un abonné d'un réseau de télécommunication à son centre de commutation. ‖ *Ligne directe,* ligne qui, au sein d'un établissement disposant d'un commutateur privé, est raccordée directement au réseau téléphonique public. ‖ *Ligne intérieure,* ligne qui relie deux postes téléphoniques installés chez le même abonné et desservis par un commutateur privé. – **Télév.** Segment de droite décrit lors du balayage d'une image en télévision ou en télécopie, à l'émission ou à la réception. (On dit aussi LIGNE D'ANALYSE OU LIGNE DE SYNTHÈSE.) ‖ *Fréquence (de) ligne(s),* nombre de lignes transmises par seconde en télévision. – **Zool.** *Ligne latérale,* organe sensoriel des poissons et des larves d'amphibiens, formé par un canal sous-cutané comportant des cellules sensibles aux vibrations de l'eau. – **Zootechn.** *Ligne d'aplomb,* ligne verticale imaginaire pour juger, de profil et de face, des aplombs des quadrupèdes.

LIGNE *(îles de la)* → LINE ISLANDS.

LIGNE (Charles Joseph, *prince* DE), maréchal autrichien (Bruxelles 1735 - Vienne 1814). Conseiller de Joseph II, il le représenta auprès de Catherine II (1782) et se signala à la prise de Belgrade (1789). Il a écrit des *Lettres* sur la France et les Français.

LIGNÉ (44850), ch.-l. de cant. de la Loire-Atlantique, à 27 km au N.-E. de Nantes ; 2 791 hab.

LIGNÉE n. f. (de *ligne*). **1.** Descendance, postérité de qqn : *Laisser une nombreuse lignée.* – **2.** Filiation spirituelle, artistique, littéraire, philosophique, scientifique, etc. : *Un écrivain issu de la lignée romantique.* – **3.** Subdivision d'un lignage. – **4.** Série d'individus comprenant un être et ses ascendants des générations précédentes aussi loin que l'on peut remonter. – **5.** *Lignée cellulaire,* dans un embryon en cours de différenciation, ensemble des cellules issues de la même cellule initiale et vouées à une évolution peu différente (la lignée germinale par ex.). ‖ *Lignée pure,* ensemble d'une population animale formée des descendants d'un couple de sujets homozygotes ayant le même patrimoine génétique.

LIGNER v. t. (de *ligne*) [conj. 3]. Tracer une ligne droite sur une épure, un bloc de pierre ou une pièce de bois de charpente en les cinglant à l'aide d'une ligne frottée de craie tendue au-dessus. (Syn. BATTRE LA LIGNE.)

LIGNETTE n. f. 1. Ligne légère pour pêcher à la mouche. — 2. Fil pour faire les filets.

LIGNEUL n. m. (lat. pop. **lineolum,* du lat. class. *linea*). Gros fil de lin, enduit de poix, utilisé par les cordonniers.

LIGNEUX, EUSE adj. (lat. *lignosus,* de *lignum,* bois). 1. Qui est constitué de bois ou qui ressemble à du bois. — 2. Se dit d'une plante contenant suffisamment de faisceaux lignifiés pour que ses tiges soient résistantes. — 3. Qui concerne le cœur et l'aubier de l'arbre. — 4. *Rayons ligneux,* syn. de RAYONS MÉDULLAIRES*.

LIGNICOLE adj. Se dit d'un insecte qui habite dans le bois des arbres.

LIGNICULTURE n. f. Culture des arbres par des méthodes de sylviculture intensive.

LIGNIÈRES (18160), ch.-l. de cant. du Cher, dans le Boischaut, sur l'Arnon ; 1 705 hab. Château d'env. 1660.

LIGNIFICATION n. f. Fait de se lignifier.

LIGNIFIER (SE) v. pr., **ÊTRE LIGNIFIÉ** v. pass. (lat. *lignym,* bois) [conj. 9]. S'imprégner de lignine, en parlant d'organes végétaux.

LIGNINE n. f. Constituant fondamental du bois, qui imprègne les membranes cellulosiques des cellules dites « lignifiées » (tissus de soutien et de conduction de la sève brute, sclérenchyme des noyaux, etc.).

LIGNITE n. m. (lat. *lignum,* bois). Charbon fossile, d'aspect ligneux ou terreux, noir ou brun, contenant 65 à 75 % de carbone, intermédiaire entre la tourbe et la houille et dégageant à la combustion de grandes quantités de matières volatiles.

ENCYCL. Combustible pauvre (pouvoir calorifique moyen de l'ordre du tiers de celui de la houille), le lignite est presque exclusivement brûlé sur place dans des centrales thermiques. La production mondiale se situe autour de 1 000 Mt, ne représentant guère que 3 à 4 % de la consommation énergétique mondiale. L'extraction traditionnelle en Europe centrale tend à reculer (les productions allemande et russe restant toutefois dominantes, avec des apports respectifs de l'ordre de 210 et 100 Mt) ; la production s'accroît par contre en Chine (95 Mt) et aux États-Unis (80 Mt). La production française, déjà très modeste, ne cesse de décliner (1,5 Mt).

LIGNITEUX, EUSE adj. Qui a trait au lignite, qui en contient.

LIGNIVORE adj. et n. m. Syn. de XYLOPHAGE.

LIGNOCAÏNE → LIDOCAÏNE.

LIGNOMÈTRE n. m. Règle graduée servant au comptage des lignes de texte composé.

LIGNON (le) ou **LIGNON DU FOREZ,** riv. du Massif central (Loire), affl. de la Loire (r. g.) ; 59 km. Il a dû sa célébrité au roman d'Honoré d'Urfé, *l'Astrée.*

LIGNON (le) ou **LIGNON DU VELAY** ou **LIGNON DU SUD,** riv. du Massif central (Haute-Loire), affl. de la Loire (r. dr.) ; 96 km. Aménagements hydroélectriques.

LIGNY, anc. comm. de Belgique, à 20 km au N.-O. de Namur. Victoire de Napoléon et de Grouchy sur Blücher, le 16 juin 1815. Blücher put cependant décrocher et amorcer le mouvement qui aboutit à sa jonction avec Wellington, le soir de Waterloo.

LIGNY-EN-BARROIS (55500), ch.-l. de cant. de la Meuse, sur l'Ornain ; 5 504 hab. *(Linéens).* Monuments des XIIIe-XVIIIe s. Lunetterie et optique. Constructions mécaniques. Mobilier.

LIGNY-LE-CHÂTEL (89144), ch.-l. de cant. de l'Yonne, sur le Serein ; 1 125 hab. *(Linéens).* Église romane et Renaissance.

LIGORIO (Pirro), architecte, archéologue et peintre italien (Naples 1513/14 - Ferrare 1583). Il est l'auteur de la Villa d'Este à Tivoli et de ses jardins (1550-1572), du Casino de Pie IV au Vatican. Il a publié des recueils d'antiquités romaines.

LIGOT n. m. (mot gascon). Petite botte de bûchettes enduites de résine à un bout, servant à allumer le feu.

LIGOTAGE n. m. Action de ligoter.

LIGOTER v. t. (anc. fr. *ligote,* corde, de l'anc. occitan *liga,* lier) [conj. 3]. 1. Attacher étroitement qqn (à qqch) ou lier ses membres de sorte qu'il n'ait plus sa liberté de mouvement : *Les bandits avaient ligoté le caissier à une chaise.* — 2. Faire perdre à qqn de sa liberté d'action, d'expression : *Son serment l'avait ligoté.*

LIGROÏNE n. f. Nom donné à la portion peu volatile de l'éther de pétrole.

LIGUE n. f. (ital. *liga,* du lat. *ligare,* lier). 1. Alliance, confédération de plusieurs États formée dans des circonstances précises : *La Ligue arabe.* — **2.** Nom donné à certaines associations formées dans un État pour défendre des intérêts politiques, religieux, etc. : *La Ligue des droits de l'homme.* — **3.** *Litt.* Union de groupements, de certaines forces visant à réaliser un projet : *La ligue des commerçants.* — **4.** Appellation prise dans l'entre-deux-guerres par certaines formations activistes d'extrême droite.

Ligue *(Sainte)* [mars 1495], coalition italienne formée contre Charles VIII de France par le pape Alexandre VI. Elle obligea les Français à quitter momentanément l'Italie (1496).

Ligue *(Sainte)* [1511], coalition formée par le pape Jules II contre Louis XII, avec l'alliance de l'Angleterre et des Suisses. Elle obligea les Français à quitter définitivement l'Italie (défaite de Novare, 1513).

Ligue *(Sainte),* coalition de nations chrétiennes, formée à l'instigation du pape contre les Ottomans. Organisée après la prise de Chypre (1570), par Pie V, elle remporta la victoire de Lépante (7 oct. 1571). Innocent XI réunit l'Empire, Venise et la Pologne dans une nouvelle Sainte Ligue (1684) qui reconquit la Hongrie sur les Turcs (paix de Karlowitz, 1699).

Ligue *(Sainte)* ou **Sainte Union** ou **Ligue,** mouvement religieux et politique créé par les catholiques après l'édit de Beaulieu (ou paix de Monsieur, 1576), qui a mis fin à la cinquième guerre de Religion. Charles d'Humières constitue alors à Péronne une organisation de défense catholique dont Paris devient bientôt le centre et Henri Ier, duc de Guise, l'animateur : s'appuyant essentiellement sur le bas clergé et les éléments populaires, la Ligue surprend, par son dynamisme, le roi Henri III qui s'en institue le chef. Mais, après la mort du duc d'Anjou (1584), la Ligue suscite un candidat à la Couronne, le cardinal de Bourbon (proclamé roi sous le nom de Charles X en 1589), et se donne pour chef le duc de Guise, qui obtient l'appui de Philippe II d'Espagne. Le 9 mai 1588, le duc se rend maître de Paris à l'issue de la journée des Barricades (12 mai). Les ligueurs opposent à la royauté un mouvement révolutionnaire qui vise à constituer un régime fondé sur la souveraineté populaire. L'assassinat des Guises à Blois (déc. 1588) déclenche la rébellion ouverte contre le roi. S'instaure alors un gouvernement insurrectionnel présidé par le duc de Mayenne. Mais l'assassinat d'Henri III par le ligueur Jacques Clément et l'avènement d'Henri IV (août 1589) affaiblissent la Ligue, qui se divise : une trêve est conclue quelques jours après l'abjuration d'Henri IV (25 juill. 1593), qui amorce le ralliement. Le 22 mars 1594, Paris, bastion de la Ligue, ouvre ses portes au roi. En province, les chefs ligueurs se soumettront les uns après les autres (1594-1598).

ligue Achéenne → ACHÉENNE.

Ligue agraire *(Land League),* ligue constituée en Irlande par M. Davitt (1879) pour soutenir les revendications des fermiers. Son programme fut en partie réalisé par la loi agraire de 1881.

Ligue allemande *(Sainte),* coalition formée, en riposte à l'*Union évangélique,* par Maximilien de Bavière avec les Électeurs ecclésiastiques et le pape Paul V (1609), et accrue (1610) de l'Espagne. Sa politique a été à l'origine de la guerre de Trente Ans.

Ligue arabe → ARABE *(Ligue).*

Ligue des communistes, association fondée par Marx et Engels à Londres en juin 1847 (1er Congrès), et pour laquelle ils rédigèrent le *Manifeste* du parti communiste.*

ligue de Délos → CONFÉDÉRATION ATHÉNIENNE.

Ligue des droits de l'homme → DROITS DE L'HOMME.

ligue Étolienne → ÉTOLIE.

Ligue française de l'enseignement et de l'éducation permanente → ENSEIGNEMENT.

Ligue musulmane, parti politique créé en 1906 dans l'Inde britannique pour défendre les intérêts de la communauté musulmane face au Congrès dominé par les hindous. Elle mena sa lutte dans le cadre des institutions électives progressivement mises en place par les Britanniques. Elle fut particulièrement active de 1913 à 1924 sous l'impulsion de Muhammad Ali (1878-1931) [elle s'aligna progressivement sur les positions antibritanniques du Congrès avec lequel elle signa le pacte de Lucknow (1916), et s'engagea dans le mouvement panislamique de défenses du califat ottoman] et de 1935 à 1947 (dirigée par A. Jinnah, elle combattit à partir de 1940 pour la création du Pākistān, qu'elle imposa aux Britanniques et au Congrès). Au Pākistān, elle connut de multiples scissions et elle n'est plus aujourd'hui qu'un petit parti divisé en factions.

Ligue des patriotes → PATRIOTES.

LIGUEIL (37240), ch.-l. de cant. d'Indre-et-Loire, au S.-O. de Loches ; 2 294 hab. Église des XIIe-XVe s. Marché agricole. Laiterie.

LIGUER v. t. (de *ligue*) [conj. 3]. Coaliser des gens, les unir contre un ennemi commun : *Des intérêts communs les ont ligués contre le gouvernement.*
◆ **se liguer** v. pr., **être ligué** v. pass. Unir ses efforts contre qqn, qqch : *Ils se liguèrent contre une autorité arbitraire.*

LIGUEUR, EUSE n. **1.** Membre d'une ligue, en partic. d'une ligue d'extrême droite. — **2.** Partisan de la Sainte Ligue.

LIGUGÉ (86240), comm. de la Vienne, au S. de Poitiers, sur le Clain ; 2 780 hab. Abbaye fondée au IVe s. par saint Martin, reconstruite au XIXe s. ; église, auj. paroissiale, surtout du XVIe s., avec vestiges antérieurs.

LIGULE n. f. (lat. *ligula,* dimin. de *lingua,* langue). **1.** Petite languette d'un végétal, en partic. pétale unique des fleurs ligulées, ou demi-fleuron des plantes composées ; cette fleur ligulée elle-même. — **2.** Ver plathelminthe parasite dont l'embryon provoque la ligulose.

LIGULÉ, E adj. Se dit des fleurs des capitules des composées qui portent une ligule.

LIGULIFLORE n. f. Plante de la famille des composées, n'ayant que des fleurs en languette. (Les *liguliflores* forment une sous-famille de plantes sécrétant un suc laiteux dont un grand nombre sont alimentaires : chicorée, laitue, pissenlit, salsifis, scorsonère, laiteron, etc.)

LIGULOSE n. f. Maladie parasitaire due à la présence de la ligule dans l'intestin des oiseaux aquatiques ou la cavité générale des poissons cyprinidés.

LIGUORI (*saint* Alphonse-Marie DE) → ALPHONSE-MARIE DE LIGUORI (saint).

LIGURE adj. Relatif aux Ligures.
◆ n. m. Langue indo-européenne parlée aux époques préromaine et romaine dans le nord-ouest de l'Italie et le sud de la France.

LIGURES, peuple établi sur la côte méditerranéenne, approximativement entre les villes actuelles de Marseille et de La Spezia, et dans l'arrière-pays, sur les deux versants des Alpes avant l'arrivée des Indo-Européens. Ils établirent des colonies en Espagne et en Corse. Les Romains les vainquirent au cours du IIe s. av. J.-C.

LIGURIE, en ital. **Liguria,** petite région (5 416 km²) maritime de l'Italie du Nord, au fond du golfe de Gênes, limitée par la Toscane à l'E., l'Émilie et le Piémont au N., la frontière française à l'O. Constituée de quatre provinces (Imperia, Savone, Gênes, La Spezia), elle a pour capitale régionale Gênes. Elle compte, au total, 1 668 078 hab. Région de moyenne montagne tombant abruptement sur la Méditerranée, elle tire ses ressources de la floriculture, du tourisme (San Remo), et surtout des activités portuaires et industrielles de Gênes, La Spezia et Savone.

LIGURIEN, ENNE adj. et n. De la Ligurie.
◆ **ligurien** n. m. Dialecte italien du Nord parlé en Ligurie.

LIGURIENNE *(mer)* ou **MER DE LIGURIE,** partie du bassin occidental de la Méditerranée, entre la Corse et la côte italienne, fermée au N. par le golfe de Gênes.

LIGURIENNE *(République),* État substitué à la République de Gênes (juin 1797) après la conquête par les Français et annexé à l'Empire français en 1805.

LI HONGZHANG ou **LI HONG-TCHANG,** homme politique chinois (Hefei, Anhui, 1823 - Pékin 1901). Il combattit, en 1853, les Taiping, puis devint gouverneur du Jiangsu (1862), du Zhili (Hebei) [1870]. Il y pratiqua une politique de modernisation, construisant des écoles, des chemins de fer, des chantiers navals. Parallèlement, il mena, en tant que plénipotentiaire du gouvernement, les négociations qui aboutirent aux traités de Tianjin (1884), de Shimonoseki (1895) et de Pékin (1901).

LIKASI, anc. **Jadotville,** v. du Zaïre, dans le Shaba, au N.-O. de Lubumbashi ; 194 000 hab. Métallurgie. Industries chimiques et alimentaires.

LIKE [lajk] adj. inv. (angl. *like,* semblable à). Se dit d'une substance dont les effets sont semblables à ceux du produit (en général, une hormone) auquel on se réfère (parathormone like par ex.).

Likoud, coalition politique israélienne regroupant depuis 1973 plusieurs formations du centre et de la droite autour du parti Hérout.

LILAS [lila] n. m. (ar. *lilāk,* du pers.). **1.** Arbuste ornemental (oléacée) de l'Asie tempérée et du sud-est de l'Europe, aux fleurs odorantes blanches, lilas ou rouges, à quatre pétales soudés. (Il existe de nombreux hybrides et cultivars.) — **2.** Branche fleurie de cet arbre : *Cueillir du lilas.* — **3.** Couleur mauve rosé.
◆ adj. inv. D'une couleur mauve rosé.

LILAS (Les) [93260], ch.-l. de cant. de la Seine-Saint-Denis, banlieue E.-N.-E. de Paris ; 20 532 hab. *(Lilasiens).* Émetteur de télécommunications. Accessoires d'automobiles. Appareils photographiques. Mobilier métallique.

LILBURNE (John), homme politique anglais (Greenwich 1614 - Eltham, Kent, 1657). Porte-parole des aspirations de l'armée, il fut le chef du mouvement des « niveleurs » (1647). Ses nombreuses attaques contre Cromwell lui attirèrent procès et emprisonnements.

LILIACÉE n. f. (bas lat. *liliaceus,* de lis, du lat. class. *lilium,* lis). Très grande famille de plantes monocotylédones aux feuilles généralement basales, verticales et très allongées, aux fleurs à six pétales colorés. (4 000 espèces, dont certaines sont ornementales [lis, muguet, tulipe, etc.], alimentaires [asperges, poireau, ail], médicinales [colchique, aloès] ou textiles [phormium].)

LILIAL, E, AUX adj. (lat. *lilium,* lis). *Litt.* Qui a la blancheur, la pureté du lis.

LILIALE ou **LILIIFLORE** n. f. (lat. *lilium,* lis). Nom donné à un ordre de plantes monocotylédones comprenant environ 5 000 espèces, réparties dans les familles des joncacées, liliacées, dioscoréacées (igname), amaryllidacées, iridacées.

LILIENCRON (Detlev, *baron* VON), écrivain allemand (Kiel 1844 - Alt-Rahlstedt 1909). Poète prénaturaliste (*Chevauchée d'un aide de camp,* 1883), puis impressionniste (*Prises diverses,* 1903), il est connu pour son épopée humoristique (*Poggfred,* 1896).

LILIENSTERN (Johann RÜHLE VON) → RÜHLE VON LILIENSTERN.

LILIENTHAL (Otto), ingénieur allemand (Anklam 1848 - Berlin 1896). Cherchant à imiter le vol des oiseaux, il multiplia les expériences au cours desquelles il se jetait du haut d'une colline suspendu à de larges voilures. Il se tua lors de son 2 000e vol. Les frères Wright tirèrent profit de ses essais pour leurs propres recherches.

LILIIFLORE n. f. → LILIALE.

LILITH, démon femelle de la tradition rabbinique, peut-être d'origine sumérienne, connu à Babylone et dénoncé dans la Bible (Isaïe, XXXIV, 14). Le Talmud désigne aussi sous ce nom l'ensemble des démons de sexe féminin.

LILLE, ch.-l. de la Région Nord-Pas-de-Calais et du dép. du Nord, à 218 km au N. de Paris ; 178 301 hab. *(Lillois).*
— **Géogr.** La ville commande une agglomération (englobant plus de cinquante communes, dont Roubaix et Tourcoing) de près d'un million d'habitants (la quatrième de France), débordant la frontière au N.-E., et qui correspond approximativement à l'entité administrative que constitue la communauté urbaine de Lille. Au cœur de l'Union européenne, valorisée par de remarquables liaisons ferroviaires, routières, fluviales et aériennes, Lille est une véritable métropole régionale. Le secteur tertiaire domine (administration civile et militaire, universités, Bourse des valeurs, foires internationales). L'industrie est représentée notamment par les constructions mécaniques et électriques, le textile et l'agroalimentaire.
— **Hist.** Née dans une île et sur les rives de la Deûle, Lille devient, au XIIe s., la capitale de l'une des plus puissantes châtellenies du comté de Flandre. Dotée d'une charte au XIIIe s., elle reste fidèle aux comtes, ce qui lui vaut d'être prise et punie plusieurs fois par les Capétiens. Momentanément française (1304-1369), elle est, au XVe s., l'une des résidences des fastueux ducs de Bourgogne, qui dotent la ville de monuments. Espagnole après la mort du Téméraire (1477), Lille devient française en 1667 et Louis XIV et Vauban en font alors une place forte modèle. Prise par les Anglo-Impériaux et les Hollandais en 1708, elle est hollandaise jusqu'en 1713. Prospère au XVIIIe s., elle subit un long bombardement autrichien en 1792, mais ne se rend pas. Son industrie textile, déjà fort développée sous l'Ancien Régime, prend, au XIXe s., une dimension internationale. Elle se dote, en outre, d'une industrie métallurgique et chimique importante. La ville fut occupée par les Allemands durant les deux guerres mondiales.
— **Bx-arts.** Églises St-Maurice et Ste-Catherine, remontant respectivement au XIVe et au XVIe s. Hospice Comtesse (XVe et XVIIe s.). Ancienne Bourse de 1652, à l'ornementation flamande typique. Citadelle de Vauban, porte de Paris (1682) et autres monuments et demeures classiques. Important musée des Beaux-Arts (peintures des écoles flamande, hollandaise, française ; dessins italiens et français de la collection Wicar). Musée de l'ancien hospice Comtesse (XVe-XVIIe s.). Musée industriel et commercial.

Lille *(faïences* et *porcelaines de).* Des manufactures de faïence ont produit (fin du XVIIe s.-1820) une faïence caractérisée par la qualité de l'émail blanc et brillant et par celle des décors (lambrequins, chinois, rocaille, patronymiques). De 1784 à 1817, Leperre-Durot fabriqua dans sa manufacture du Dauphin des porcelaines dures dans le style des porcelaines de Paris.

Lille *(point de),* dentelle aux fuseaux, blanche ou noire, de même genre que la valenciennes et la malines, remarquable par sa finesse et sa transparence au fond parfois moucheté de « points d'esprit ».

LILLEBONNE (76170), ch.-l. de cant. de la Seine-Maritime, près du confluent du Bolbec et de la Seine ; 9 426 hab. *(Lillebonnais).* Restes d'un théâtre romain et d'un château fort des XIIe-XIIIe s. Petit musée. Industries textiles et chimiques.

LILLEHAMMER, v. de Norvège sur le lac Mjøsa ; 22 000 hab. Centre touristique (sports d'hiver) et industriel (textile, bois, alimentation). Musée ethnographique de plein air ; musée de peinture.

LILLERS (62190), ch.-l. de cant. du Pas-de-Calais, à 12 km à l'O.-N.-O. de Béthune ; 9 724 hab. *(Lillerois).* Collégiale romane du XIIe s. (nef à trois étages plafonnée). Bonneterie. Sucrerie. Appareils de manutention.

Lilliput, pays imaginaire où Gulliver* aborde dans son premier voyage. C'est une Angleterre miniaturisée où les hommes n'atteignent pas six pouces de haut.

LILLIPUTIEN, ENNE adj. et n. 1. De Lilliput. — 2. Très petit : *Taille lilliputienne.*

LILLO (George), auteur dramatique anglais (Londres 1693 - *id.* 1739), auteur à succès de drames bourgeois (*le Marchand de Londres, ou l'Histoire de*

George Barnwell, 1731), qui inspireront Diderot, puis Büchner et Ibsen.

LILLOIS, E adj. et n. De Lille.

LI LONGJI → TANG XUANZONG.

LILONGWE, cap. du Malawi (depuis 1975) ; 234 000 hab. Nœud routier. Petit centre industriel. Université.

LILYBÉE, en lat. **Lilybaeum,** anc. ville de Sicile, forteresse carthaginoise formée avec les habitants de Motyé, en 397 av. J.-C. C'est l'actuelle *Marsala.*

LIM 1. Abrév. de LIMITE. — **2.** $\overline{lim}$, symbole de limite supérieure. ‖ $\underline{lim}$, symbole de limite inférieure.

LIMA, cap. du Pérou, sur le Rimac ; 5 759 676 hab. Créée en 1535 par Pizarro, la ville conserve en son centre le plan en damier de l'époque coloniale. Ceinturée de bidonvilles, elle regroupe plus de 20 % de la population du pays. Elle concentre la majeure partie des activités administratives, commerciales, bancaires et industrielles (textile, alimentation, montage automobile, cimenterie, raffinerie de pétrole) du pays. Son port, El Callao (le premier du Pérou) est situé dans une rade abritée.
— **Bx-arts.** Cathédrale entreprise à la fin du XVIe s. sur le modèle de celle de Jaén. Par la suite, influence des styles de Cuzco : église S. Francisco (v. 1660), églises à frontispices baroques du début du XVIIIe s. (La Merced, S. Augustín...), palais Torre Tagle. Autres monuments et bel urbanisme dans la seconde moitié du XVIIIe s. Musées, dont celui de l'Or du Pérou.

1. LIMACE n. f. (lat. pop. **limacea,* du lat. class. *limax, -acis*). **1.** Mollusque pulmoné terrestre, principalement herbivore, sans coquille externe. (Parmi les nombreuses espèces qui attaquent les végétaux, les plus communes sont la loche, la limace horticole, la grosse limace rouge.) — **2.** *Fam.* Personne très lente et très molle.

2. LIMACE n. f. (bas lat. *limas,* robe). *Arg.* Chemise.

3. LIMACE n. f. (p.-ê. de *limace 1*). Syn. de PANARIS* INTERDIGITÉ.

LIMAÇON n. m. (de *limace 1*). **1.** Mollusque terrestre à coquille enroulée, et, en partic., escargot *(helix).* [Syn. COLIMAÇON.] — **2.** Organe de l'oreille interne, formé d'un tube enroulé en spirale et qui contient les terminaisons sensorielles du nerf auditif. (On distingue le *limaçon osseux* ou cochlée et le *limaçon membraneux* ou canal cochléaire.) — **3.** Pièce d'une horloge déterminant les coups à sonner. — **4.** Conchoïde d'un cercle par rapport à un de ses points. (On dit parfois « limaçon de Pascal », en hommage à Étienne Pascal [père de Blaise].) [→ *encycl.*].

ENCYCL. **Math.** Les limaçons peuvent aussi être définis comme podaires d'un cercle par rapport à un de ses points ou comme inverses d'une conique par rapport à un foyer. Leur équation générale en coordonnées polaires à la forme $\rho = a \cdot \cos \theta + b$.

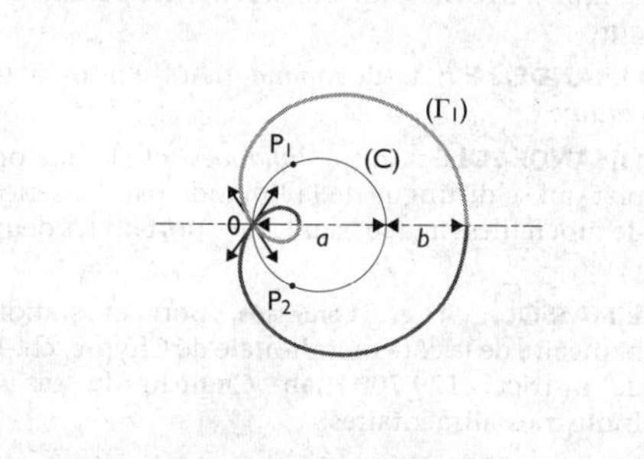

(Γ_1) est un **limaçon** pour lequel $0 < b < a$.
Il possède une boucle et un point double 0,
en lequel il y a deux tangentes ($0P_1$) et ($0P_2$)

LIMAÇONNE n. f. Chenille d'une espèce de bombyx.

LIMAGE n. m. Action de limer.

LIMAGNES (les), ensemble de plaines et de bassins de la vallée de l'Allier, en Auvergne, de Saint-Pourçain-sur-Sioule au N. de Brioude et souvent, par extension, à Langeac au S. Elles comprennent : la *Grande Limagne,* ou *Limagne de Clermont ;* la *Limagne d'Issoire ;* la *Limagne de Brioude ;* et le petit bassin de Langeac.
La plaine marneuse est dominée par les labours (blé, maïs, tabac, tournesol, colza, betterave à sucre, soja), mais les coteaux ont formé constamment l'axe de l'Auvergne, rassemblant l'essentiel du réseau de villes et de bourgs. Du fait de la croissance urbaine, les Limagnes, qui ont toujours attiré les hommes des montagnes voisines, réunissent déjà 40 % de la population de l'Auvergne dont elles sont le cœur économique.

LIMAILLE n. f. (de *limer*). Ensemble des parcelles de métal qu'on détache en limant.

LIMAN n. m. (russe *liman,* estuaire, du gr. *limên,* port). **1.** Lagune isolée par un cordon littoral barrant partiellement l'embouchure d'un fleuve (estuaire ou ria). — **2.** *Côte à liman,* type de côte à lagunes relativement profondes.

LIMANDE n. f. (anc. fr. *lime,* limande, d'un rad. gaul. *lem-,* planche). **1.** Poisson pleuronecte marin, plat, dissymétrique, couché sur le côté gauche, présent sur le plateau continental atlantique, du golfe de Gascogne à la mer Blanche. — **2.** Latte mince dont on recouvre parfois des joints ou des défauts de construction. — **3.** Règle, large et plate, dont se servent les menuisiers.

— **4.** Biface ovalaire plat et très allongé caractérisant surtout l'acheuléen ancien et moyen du nord de la France. ‖ *Fausse limande,* nom donné à divers poissons plats (cithare, cardines). — **5.** Fam. *Être plat(e) comme une limande,* n'avoir presque pas de poitrine, en parlant d'une femme ; être obséquieux, servile, en parlant de qqn.

LIMANDELLE n. f. (de *limande*). Autre nom de la *cardine.*

LIMANDE-SOLE n. f. (pl. *limandes-soles*). Poisson plat qui se distingue de la limande par l'absence de tubercules rugueux sur la face portant les deux yeux.

LIMASSOL, en gr. **Lemessós,** port et station balnéaire de la côte méridionale de Chypre, ch.-l. de district ; 129 700 hab. Château du XIIe s. Industries alimentaires.

LIMAY (78520), ch.-l. de cant. des Yvelines, sur la Seine, en face de Mantes-la-Jolie ; 12 699 hab. *(Limayens).* Église des XIIe-XVIe s. Port fluvial. Cimenterie. Traitement des déchets industriels.

LIMBA [limba] n. m. (mot africain). Très grand arbre de la forêt tropicale africaine, dont le bois blanchâtre ou veiné de brun, tendre et léger est très utilisé en placage, contreplaqué, menuiserie. (Autres noms *fraké, limbo.*)

LIMBAS, population du groupe kwa située au nord et au centre de la Sierra Leone, groupant environ 180 000 membres.

LIMBE n. m. (lat. *limbus,* bord). **1.** Couronne circulaire en métal ou en verre sur laquelle est portée la graduation angulaire d'un instrument de mesure. — **2.** Bord lumineux du disque d'un astre. — **3.** Partie principale, élargie et étalée, généralement riche en chlorophylle, de la feuille. (→ *encycl.*) — **4.** Partie large et étalée d'un sépale ou d'un pétale. — **5.** *Limbe de la conjonctive,* périphérie de la cornée, au niveau de laquelle la conjonctive finit en biseau.
ENCYCL. **Bot.** Le limbe des feuilles peut avoir des formes très diverses, dues aux différents types de nervation (pennée, palmée, pédalée, parallèle) ainsi qu'à sa plus ou moins grande découpure (limbe entier, denté, lobé, séqué). Il est recouvert d'un épiderme plus ou moins riche en stomates. Il contient des nervures, ayant un rôle conducteur, et des parenchymes, siège principal de la photosynthèse.

LIMBÉ, anc. **Victoria,** port du sud du Cameroun, au pied du mont Cameroun ; 31 200 hab. Raffinerie de pétrole.

LIMBES n. m. pl. (lat. eccles. *limbi,* pl. du lat. class. *limbus,* bord). **1.** Séjour où les justes de l'Ancien Testament attendaient la venue rédemptrice du Christ ; séjour de félicité naturelle des enfants morts sans baptême. — **2.** État vague, incertain : *Ce projet est encore dans les limbes.*

LIMBIQUE adj. *Cortex limbique,* syn. de CORTEX CINGULAIRE. ‖ *Système* ou *formation limbique,* ensemble regroupant des structures très diverses : le cortex cingulaire, l'hippocampe, les noyaux septaux, l'amygdale, l'hypothalamus et la réticulée mésencéphalique, et jouant un rôle important dans la mémoire et les réactions comportementales d'ordre alimentaire, sexuel ou social, en liaison avec le cortex cérébral et l'hypothalamus.

LIMBOUR (Georges), écrivain français (Courbevoie 1900 - Cadix 1970). Lié aux surréalistes, il les quitta en 1930. Un souci raffiné d'écriture caractérise ses poèmes (*Soleils bas,* 1924), ses *Contes et Récits* (1973) ainsi que ses romans, initiatiques et subtilement érotiques (*la Chasse au mérou,* 1963). Si son théâtre (*Élocoquente,* 1965) met en scène les prestiges du langage, ses essais sur la peinture (*Dans le feu de l'inspiration,* 1983) élaborent une dynamique de la création artistique.

LIMBOURG, en néerl. **Limburg,** prov. du nord-est de la Belgique ; 2 422 km^2 ; 750 435 hab. Ch.-l. *Hasselt ;* 3 arrond. *(Hasselt, Maaseik, Tongres)* et 44 comm. Dans le Nord, partie orientale de la Campine, la métallurgie, la mécanique, l'électrotechnique se sont développées sur le bassin houiller. Le Sud correspond à la Hesbaye humide, herbagère portant aussi des vergers autour de Tongres et de Saint-Trond. Au S.-E., séparé par la province de Liège, le petit territoire des Fourons est un des points chauds de la querelle linguistique belge.
— **Hist.** Duché de la basse Lorraine, acquis en 1288 par le duc de Brabant, le Limbourg fut partagé entre les Pays-Bas espagnols et les Provinces-Unies à la paix de Westphalie (1648).

LIMBOURG, en néerl. **Limburg,** prov. du sud des Pays-Bas ; 2 170 km^2 ; 1 103 960 hab. Ch.-l. *Maastricht.* La séparation définitive des Limbourgs belge et néerlandais, qui date de 1839, a donné naissance à cette province, riveraine de la Meuse et dont les caractères rappellent plus la Belgique que le reste des Pays-Bas.

LIMBOURG (*les frères* DE), POL, HERMAN et JEAN, peintres néerlandais du début du XVe s., morts tous les trois, semble-t-il, en 1416. Originaires de la Gueldre, neveux de J. Malouel, ils travaillèrent en 1402 pour Philippe le Hardi et entrèrent peu après dans la maison de Jean de Berry, collaborant comme miniaturistes aux *Belles Heures* du duc (musée des Cloîtres, New York), puis exécutant de 1413 à 1416 la plus grande partie des *Très Riches Heures* (musée Condé, Chantilly). Cette dernière œuvre, unique en son temps, allie connaissance de la peinture italienne et observation précise du réel au profit d'une brillante expression du style gothique international.

LIMBURG, v. d'Allemagne (Hesse), sur la Lahn ; 28 400 hab. Remarquable cathédrale romano-gothique du XIIIe s. ; trésor (*staurothèque* byzantine).

LIMBURGER n. m. Fromage au lait de vache, d'origine belge, à pâte molle, à croûte jaunâtre, de forme cylindrique.

LIMBUS, population tibéto-birmane du Népal, du Sikkim et du Bhoutan estimée à 170 000 membres.

1. LIME n. f. (lat. *lima*). **1.** Outil à main, en acier trempé, long et étroit, couvert d'entailles, utilisé pour tailler, ajuster, polir les métaux, le bois, etc., par un mouvement de frottement. – **2.** Chacune des grosses dents inférieures du sanglier. (Syn. CROCHET.) – **3.** *Lime à ongles,* petite lime de métal strié ou de papier émeri destinée à limer le bord des ongles.

2. LIME n. f. (de *lime 1*). Mollusque bivalve marin à coquille équivalve, blanche, comprimée, ornée de côtes rayonnantes souvent écailleuses.

3. LIME ou **LIMETTE** n. f. (esp. *lima,* de l'ar. *līma,* citron). Fruit comestible du limettier, à pulpe verdâtre et à peau lisse et adhérente, de forme sphérique à ovale.

LIMEIL-BRÉVANNES (94450), comm. du Val-de-Marne, à 12 km au S.-E. de Paris ; 16 247 hab. Établissement du C. E. A. Électronique. Centre hospitalier.

LIMEQUAT [-kwat] n. m. (de *limettier* et *kumquat*). Hybride de limettier et de kumquat produisant des fruits très acides.

LIMER v. t. (lat. *limare*) [conj. 3]. **1.** Entailler un objet, un métal avec une lime pour le dégrossir, le tailler, le couper, en réduire les aspérités, etc. : *Limer une clef.* – **2.** Arrondir les ongles de qqn avec une lime.

◆ **être limé** v. pass. Être usé : *Veste limée aux coudes par le frottement.*

LIMERICK n. m. (angl. *limerick*). Dans la littérature britannique, épigramme burlesque en 5 vers. (Lancé par E. Lear avec *The Book of Nonsense* [1846].)

LIMERICK, en gaél. **Luimneach,** v. de la République d'Irlande (prov. de Munster), ch.-l. de comté ; 61 000 hab. Évêchés catholique et protestant. Imposant château entrepris vers l'an 1200 et très remanié par la suite, de même que la cathédrale St Mary (auj. protestante). Centre industriel (alimentation, textile, optique, cimenterie, électronique).

– **Hist.** Centre celtique, capitale des Danois jusqu'en 976, conquise par les Anglo-Normands v. 1195, Limerick fut l'une des principales cités de l'Irlande. Elle soutint, en 1691, un siège célèbre contre Guillaume III d'Orange.

LIMES [-mɛs] n. m. (lat. *limes,* passage). Sous l'Empire romain, ligne fortifiée courant parallèlement à la frontière face aux pays barbares ou aux déserts.

ENCYCL. La dénomination de « limes » reste attachée à des zones dont la défense repose sur une route de rocade desservant des systèmes de fortifications échelonnées en profondeur. Le premier, Agricola, entreprit la construction de ce type de ligne en Bretagne. Domitien en fit autant en Rhétie, pour la protection des champs Décumates. Sous les Flaviens, s'organisa le limes de Numidie, centré sur l'Aurès ; Hadrien fit beaucoup pour la fortification des frontières, en Pannonie, en Bretagne, en Afrique. Les travaux se poursuivirent encore activement sous les Sévères. Des villes frontières importantes, surtout sur le Danube (Carnuntum, Brigetio, Aquincum, etc.), s'édifièrent autour d'un noyau formé par les camps, eux-mêmes permanents et construits en dur dès le IIe s.

LIMET n. m. Plan de pseudoclivage du charbon.

LIMETTE → LIME 3.

LIMETTIER n. m. (de *lime 3*). Agrume (rutacée) du genre *citrus* dont le fruit est la lime.

LIMEUR, EUSE adj. Qui sert à limer.

LIMFJORD, chapelet de chenaux et de lagunes qui traversent (sur 160 km env.) le Jylland septentrional (Danemark), unissant la mer du Nord au Cattégat. Pêche (moules et huîtres).

LIMICOLE adj. (bas lat. *limicola*). Se dit d'un organisme qui vit dans ou sur la vase. (Syn. VASICOLE.)

◆ n. m. Nom donné aux oiseaux à longues pattes qui fréquentent les zones humides (marais, bords de lacs, prairies inondées, etc.), quel que soit leur groupe zoologique.

LIMIER n. m. (anc. fr. *liemier,* chien qu'on mène en laisse, de *liem,* lien). **1.** Chien courant, employé, dans la chasse à courre, pour la recherche du gibier. – **2.** *Fam.* Policier, détective : *Envoyer sur la piste d'un malfaiteur les plus fins limiers.*

LIMINAIRE adj. (lat. *liminaris,* de *limen, -inis,* seuil). **1.** Qui est placé en tête d'un ouvrage comme préface ou au début d'un discours. – **2.** Se dit d'un stimulus qui est juste au niveau du seuil. (Syn. LIMINAL.)

LIMINAL, E, AUX adj. (angl. *liminal,* du lat. *limen, -inis,* seuil). Syn. de LIMINAIRE.

LIMITABLE adj. Susceptible d'être limité.

LIMITANT, E adj. *Facteur limitant,* facteur qui, par sa valeur trop faible ou trop élevée, empêche ou restreint à lui seul l'accomplissement d'une fonction physiologique ou l'implantation d'un être vivant dans un milieu, alors que tous les autres facteurs sont favorables.

LIMITATIF, IVE adj. (de *limiter*). Qui limite, qui fixe ou constitue une limite : *Clause limitative.*

LIMITATION n. f. (lat. *limitatio, -onis*). **1.** Action de fixer la limite, la frontière d'un terrain : *La limitation d'un champ.* — **2.** Action, fait de fixer un terme, des bornes, des restrictions à qqch : *Ne pas respecter la limitation de vitesse.*

LIMITATIVEMENT adv. De façon limitative.

LIMITE n. f. (lat. *limes, -itis,* frontière). **1.** Ligne séparant deux pays, deux territoires ou terrains contigus : *Le Rhin marque la limite entre les deux pays.* — **2.** Ligne qui circonscrit un espace, marque le début et/ou la fin d'une étendue : *Les limites du terrain de jeu.* — **3.** Ce qui marque le début et/ou la fin d'un espace de temps ou ce qui le circonscrit : *Dans les limites du temps qui m'est imparti.* — **4.** Borne, point au-delà desquels ne peuvent aller ou s'étendre une action, une influence, un état, etc. : *Il a montré ses limites dans cette affaire.* — **5.** Degré extrême de qqch, seuil de ce qui est acceptable : *Ce crime atteint les limites de l'horreur.* — **6.** En apposition, indique un seuil au-delà duquel qqch n'appartient plus à l'ensemble donné : *Date limite d'inscription.* — **7.** *À la limite,* si on envisage le cas extrême. ‖ *Connaître ses limites,* ses possibilités intellectuelles ou ses capacités physiques. ‖ Fam. *Être limite,* être peu acceptable. • **Bours.** *Cours limite,* cours au-delà duquel (en cas d'ordre d'achat) ou en deçà duquel (en cas d'ordre de vente) un ordre de Bourse ne doit pas être exécuté. — **Écol.** Ligne idéale d'un territoire, au-delà de laquelle on ne trouve plus, ou presque plus, de représentants d'une espèce animale ou végétale donnée. (Ainsi, en montagne, la limite supérieure d'altitude, les limites imposées par la durée de l'ensoleillement dans les vallées étroites sont d'une grande netteté pour la végétation.) — **Géom.** *Point limite,* chacun des deux cercles de rayon nul, d'un faisceau (ou pinceau) de cercles, lorsqu'ils existent. — **Math.** Élément duquel se « rapprochent » les images d'une fonction (ou d'une suite), lorsque les antécédents correspondants se « rapprochent » d'une certaine valeur de l'ensemble de départ. (→ *encycl.*) ‖ *Passage à la limite,* calcul d'une valeur de la forme $f(a)$ en la considérant comme limite de la suite $f(x_n)$, $n \in \mathbb{N}$ où (x_n) est une suite tendant vers a. (Il faut naturellement que f soit continue en a.) — **Opt.** *Angle* ou *incidence limite,* plus grand angle que puisse faire le rayon réfracté avec la normale, lorsque la lumière passe d'un milieu dans un autre plus réfringent, par exemple de l'air dans l'eau. (Lorsque, dans le milieu plus réfrigent, l'angle d'incidence est plus grand que l'angle limite, la lumière subit la réflexion totale.) — **Sports.** En boxe, nombre de rounds prévus pour un combat.

◆ **limites** n. f. pl. Lignes déterminant les zones dont la balle ou le ballon ne doivent pas sortir et au-delà desquelles ils ne sont plus considérés comme étant en jeu.

ENCYCL. **Math.** • *Limite d'une suite réelle.* Si $(u_n)_{n\in\mathbb{N}}$ est une suite réelle définie pour tout naturel au moins égal à un naturel donné n_0, on dit que ℓ est limite du (u_n) si,

$$\forall\varepsilon > 0,\ \exists n_1 \geqslant n_0 / \forall n \geqslant n_1, |u_n - \ell| \leqslant \varepsilon.$$

• *Limite d'une fonction numérique.* Si f est une application de $A \subset \mathbb{R}$ dans $\mathbb{R}$, et si a est adhérent de A, on dit que ℓ est la limite de f en a si,

$$\forall\varepsilon > 0,\ \exists\eta > 0/\forall x \in A/\ |x - a| \leqslant \eta \Rightarrow |f(x) - \ell| \leqslant \varepsilon.$$

Cette notion de limite est indépendante de ce qui se passe au point a : $f(a)$ peut aussi bien ne pas exister ou être différent de ℓ. La limite en a, si elle existe, se note

$$\lim_{x\to a} f(x) \text{ ou } \lim_a f.$$

Si f est définie et continue en a, ℓ est égal à $f(a)$. Dans tous les cas, ℓ est adhérent à $f(A)$.

Si on considère la restriction de f à la partie de A, intersection de A avec $]-\infty, a\,[$ (resp. $]\,a, +\infty\,[$), la limite, lorsqu'elle existe, se nomme limite à gauche de f en a (resp. limite à droite de f en a).

• *Limites à l'infini.* Étant donné une application f de A ($\subset \mathbb{R}$) dans $\mathbb{R}$, non majorée (resp. non minorée), si $\forall\varepsilon > 0, \exists\alpha\in\mathbb{R}/\forall x\in A, x \geqslant \alpha$ (resp. $x \leqslant \alpha$) $\Rightarrow |f(x) - \ell| \leqslant \varepsilon$, on dit alors que ℓ est la limite de f quand x tend vers $+\infty$ (resp. $-\infty$) et on note

$$\lim_{x\to+\infty} f(x) = \ell \text{ (resp. } \lim_{x\to-\infty} f(x) = \ell).$$

• *Limites infinies.* Si f est une application de a ($\subset \mathbb{R}$) dans $\mathbb{R}$ et si a est un élément de $\overline{A} - A$ ou un point de discontinuité, on peut avoir la propriété suivante : $\forall\beta \in \mathbb{R}, \exists\eta > 0/\forall x \in A, |x-a| \leqslant \eta \Rightarrow f(x) \geqslant \beta$ (resp. $|x-a| \leqslant \eta \Rightarrow f(x) \leqslant \beta$). On dit alors que f a pour limite $+\infty$ (resp. $-\infty$) en a.

LIMITER v. t. (lat. *limitare*) [conj. 3]. **1.** Déterminer où qqch s'achève, en constituer la limite : *Des mers limitent la France à l'ouest et au sud.* — **2.** Assigner à qqch une limite, une borne, restreindre dans certaines limites ; réduire : *Limiter ses dépenses au strict minimum.* — **3.** Empêcher qqn d'aller au-delà d'un certain point : *Il faut le limiter dans son désir d'étendre son domaine.* — **4.** Fam. *Limiter les dégâts,* éviter le pire.

◆ **être limité** v. pass. **1.** Être restreint, n'avoir que très peu d'étendue, d'importance : *Je n'ai en lui qu'une confiance limitée.* — **2.** *Fam.* Avoir peu de moyens intellectuels, être peu inventif : *Un cinéaste très limité.*

◆ **se limiter** v. pr., **être limité** v. pass. Avoir qqch comme limite, ne pas s'étendre au-delà de : *L'épidémie se limite au sud de la France.*

◆ **se limiter** v. pr. S'imposer une ou des limites : *Je me limiterai à quelques observations de détail.*

LIMITEUR n. m. **1.** Dispositif mécanique ou électrique ayant pour objet d'empêcher qu'une grandeur, par sa variation au-delà d'une certaine valeur, puisse avoir des conséquences dangereuses. (Une turbine est toujours munie d'un limiteur de vitesse permettant de fermer l'arrivée d'eau ou de vapeur dès que la vitesse normale est dépassée.) — **2.** *Limiteur (de modulation),* amplificateur dont le gain est constant jusqu'à un certain niveau d'un signal son appliqué à l'entrée et est réduit au-delà de façon que le signal de sortie ne dépasse guère ce niveau. ‖ *Limiteur de débit,* syn. de ÉTRANGLEUR.

LIMITROPHE adj. (bas lat. *limitrophus,* terre assignée à l'entretien des troupes, du lat. class. *limes, -itis,* frontière, et gr. *trophein,* nourrir). Situé à la frontière d'un pays, d'une région ; qui a des limites communes avec un lieu.

LIMIVORE adj. (lat. *limus,* limon). Se dit des animaux qui se nourrissent des divers éléments organiques contenus dans la vase. (Syn. SAPROPHAGE.)

LIMMAT (la), riv. de Suisse, émissaire du lac de Zurich, affl. de l'Aar (r. dr.) ; 40 km.

LIMNANTHES [-tɛs] n. m. Plante herbacée originaire de l'Amérique du Nord, cultivée pour ses graines riches en matière grasse.

LIMNÉE ou **LYMNÉE** n. f. (lat. *lymnaea*). Mollusque gastropode pulmoné herbivore, très commun, des eaux douces. (L'animal a deux tentacules avec les yeux à leur base interne ; il est hermaphrodite ; la coquille est ovoïde, allongée, mince, à sommet pointu, très généralement dextre. La limnée peut « ramper » sous le film de surface des eaux calmes.)

LIMNICOLE adj. Se dit des espèces vivantes propres aux lacs et aux eaux douces stagnantes.

LIMNIGRAPHE n. m. Syn. de HYDROGRAPHE.

LIMNIMÈTRE n. m. Appareil permettant de mesurer un niveau.

LIMNIMÉTRIE n. f. Mesure des variations périodiques du niveau des eaux des lacs.

LIMNIQUE adj. Se dit de bassins continentaux marécageux ou lacustres et des sédiments qui y sont déposés.

LIMNOCHARIS [-karis] n. m. (du gr. *kharis,* plaisir). Plante monocotylédone aquatique des Antilles et de l'Amérique du Sud, utilisée pour la décoration des aquariums.

LIMNOLOGIE n. f. Étude scientifique des lacs et des eaux lacustres.

LIMNOLOGIQUE adj. Relatif à la limnologie.

LIMNOPHYTE n. f. Plante fixée dans la vase des lacs ou des étangs et dont les organes végétatifs sont tous submergés ou flottants. (Ces espèces fleurissent à l'air libre, le transport du pollen ne pouvant se faire dans l'eau.)

LIMNORIA n. m. (du gr. *orion,* bord). Crustacé isopode des rivages, qui creuse des galeries dans les bois immergés, y causant de graves dégâts.

LÍMNOS → LEMNOS.

LIMODORUM [-rɔm] n. m. (gr. *limôdês,* affamé). Orchidacée parasite, dont toutes les parties, pauvres en chlorophylle, sont de couleur violette.

LIMOGEAGE n. m. Action de limoger ; fait d'être limogé.

LIMOGER v. t. (de *Limoges,* ville où, en 1914, Joffre plaça en résidence une centaine d'officiers jugés incapables) [conj. **17**]. Priver qqn de son poste, de ses fonctions, en le déplaçant ou en le destituant.

LIMOGES, ch.-l. de la Région Limousin et du dép. de la Haute-Vienne, à 374 km au S. de Paris ; 136 407 hab. *(Limougeauds).* [Plus de 170 000 hab. dans l'agglomération.]
— **Géogr.** Située dans l'ouest du Massif central, c'est la plus grande ville entre Loire et Garonne. L'agglomération concentre 20 % de la population régionale, mais souffre des difficultés des branches industrielles traditionnelles (porcelaine [dont elle demeure cependant le grand centre français], travail du cuir). Celles-ci sont insuffisamment relayées par les constructions mécaniques (industrie automobile) et électriques, la chimie (pharmacie). La fonction tertiaire (administration, université, commerce) est aujourd'hui prépondérante.
— **Hist.** Limoges fut une des grandes cités de l'Aquitaine septentrionale sous les Mérovingiens et les Carolingiens. C'était alors une ville d'art, avec ses ateliers monétaires d'orfèvrerie et d'émaillerie. La puissante vicomté dont elle était la capitale passa à la couronne de France sous Henri IV.
— **Bx-arts.** Cryptes paléochrétiennes à l'emplacement de l'anc. abbaye St-Martial. Cathédrale (XIIIe-XIXe s.) et autres églises gothiques. Dans l'anc. évêché (fin du XVIIIe s.), musée municipal (antiquités égyptiennes, gallo-romaines et médiévales ; émaillerie limousine ; etc.). Musée national Adrien-Dubouché (porcelaines de Limoges et autres céramiques).

Limoges *(porcelaine de),* première parmi les porcelaines dures à être fabriquée en France, grâce à la découverte (1768), par le chirurgien Darnet, du gisement d'argile blanche : le kaolin de Saint-Yrieix. Fondée en 1771, la première porcelainerie a été jumelée avec Sèvres en 1784.

1. LIMON n. m. (lat. pop. **limo, -onis,* du lat. class. *limus,* boue). **1.** Dépôt détritique meuble de la classe des lutites, constituant une fraction des sols dont les particules ont des dimensions comprises entre 2 et 50 micromètres. — **2.** Sol très riche en ces éléments, d'origine éolienne ou fluviatile, généralement très fertile.

2. LIMON n. m. (rad. gaul. **lem-,* planche). **1.** Chacune des pièces de bois ou de métal constituant les bras d'une limonière. — **2.** Partie rampante d'un escalier dans laquelle s'assemblent marches et contre-marches, vers le jour central. (Le limon plein de l'escalier *à la française* se distingue du limon en crémaillère de l'escalier *à l'anglaise.*)

LIMÓN ou **PUERTO LIMÓN,** port du Costa Rica, sur la mer des Antilles ; 69 728 hab. Exportations de bananes. Raffinerie de pétrole. Tête de la voie ferrée de Puntarenas, sur le Pacifique.

LIMÓN (José), danseur et chorégraphe mexicain (Culiacán, Sinaloa, 1908 - Flemington, New Jersey, 1972). Interprète des œuvres de Doris Humphrey *(Lament for Ignacio Sánchez Mejías, Ritmo Jondo),* il s'est révélé, dans ses propres compositions, un chorégraphe inspiré (*Danzas Mexicanas,* 1939 ; *la Malinche* et *The Moor's Pavane,* 1949 ; *The Exiled,* 1950 ; *There is a Time,* 1956 ; *Missa brevis,* 1958). Méconnu en Europe jusqu'à la révélation d'un de ses chefs-d'œuvre, *There is a Time,* José Limón est l'un des plus grands danseurs et chorégraphes de la modern dance. La José Limón Dance Company présente ses œuvres.

LIMONADE n. f. (esp. *limonada,* de *limón,* citron). **1.** Boisson gazeuse à base de sucre, d'acides, d'essence de citron, de gaz carbonique et sans colorant. — **2.** Commerce des cafetiers ; service des garçons de café, par opposition à celui des garçons de salle dans un restaurant.

LIMONADIER, ÈRE n. **1.** Personne qui fabrique de la limonade, des boissons gazéifiées, qui vend de la limonade. — **2.** Commerçant vendant des boissons au détail, consommées sur place.

LIMONAIRE n. m. (de *Limonaire,* n. pr.). Orgue mécanique fonctionnant grâce à un système pneumatique commandé par un rouleau de carton perforé entraîné par une manivelle.

LIMONÈNE n. m. (ar. *līmūn,* citron). Hydrocarbure terpénique $C_{10}H_{16}$, employé comme solvant, très répandu dans le règne végétal (citron, bergamote, pin).

LIMONER v. t. (de *limon 1*) [conj. **3**]. Débarrasser un poisson du limon et des mucosités qui le recouvrent.

LIMONEST (69760), ch.-l. de cant. du Rhône, dans le massif du Mont-d'Or ; 2 604 hab. *(Limonais).* Constructions mécaniques.

LIMONEUX, EUSE adj. (de *limon 1*). Qui contient du limon : *Eau limoneuse.*

LIMONIER n. m. (de *limon 2*). Cheval habituellement utilisé pour tirer un véhicule attelé à limons.

LIMONIÈRE n. f. (de *limon 2*). **1.** Assemblage de deux ou trois longues pièces placé à l'avant d'une voiture, grâce auquel on attelle un ou deux chevaux. — **2.** Véhicule hippomobile à quatre roues possédant un brancard à deux limons.

LIMONITE n. f. (de *limon 1*). Minerai de fer, qui est un oxyde ferrique hydraté naturel d'aspect le plus souvent terreux, jaunâtre. (Syn. FER LIMONEUX.)

LIMOSELLE [-zɛl] n. f. (lat. sc. *limosella,* du lat. class. *limosus,* bourbeux). Plante (scrofulariacée) à très petites fleurs blanches ou rosées, poussant sur les rivages limoneux.

LIMOSIN (les), émailleurs français de Limoges. — Le plus célèbre est LÉONARD Ier (Limoges v. 1505 - v. 1577), superbe technicien, interprète, pour la Cour, des modèles de l'école de Fontainebleau (*Apôtres* de la chapelle d'Anet, v. 1547, musée de Chartres ; deux retables à médaillons de la Sainte-Chapelle de Paris, d'après N. Dell'Abate, 1553, Louvre ; portraits). — Son fils JEAN (v. 1561 - v. 1610) pratiqua l'émaillerie polychrome à paillons et à rehauts d'or, son neveu LÉONARD II (v. 1550-v. 1625) l'émail noir à résille d'or.

LIMOUGEAUD, E adj. et n. De Limoges.

LIMOURS (91470), ch.-l. de cant. de l'Essonne, dans le Hurepoix ; 6 410 hab. *(Limouriens).* Église du XVIe s. (vitraux).

1. LIMOUSIN, E adj. et n. (bas lat. *Lemovicinum,* pays des Lémovices). **1.** Du Limousin. — **2.** Se dit d'une race française de bovins, réputée pour la production de viande, dont les mâles sont utilisés pour le croisement industriel. ‖ Se dit d'une race de moutons, rustique et prolifique, exploitée sur le plateau de Millevaches.

◆ **limousin** n. m. Dialecte de langue d'oc parlé dans la région de Limoges.

2. LIMOUSIN n. m. (de *limousin 1*). *Vx.* Maçon exécutant les limousinages.

LIMOUSIN, Région regroupant les départements de la Corrèze, de la Creuse et de la Haute-Vienne ;

16 942 km² ; 722 850 hab. *(Limousins)*. Ch.-l. *Limoges.*
— **Géogr.** Dans l'ouest du Massif central, formé de plateaux étagés (entre 200 et 1 000 m) de roches anciennes, souvent entaillés en gorges, humide et frais (exposition aux vents d'ouest océaniques), le Limousin est (après la Corse) la moins peuplée, en valeur absolue et relative, des Régions françaises. Les décès, dans une population affectée par l'émigration des jeunes, y sont devenus plus nombreux que les naissances. Entre 1982 et 1990, la population a diminué dans les trois départements et surtout dans la Creuse. La densité est aujourd'hui nettement inférieure à la moitié de la moyenne française. L'industrie (hydroélectricité, porcelaine de Limoges, textile, agroalimentaire) est peu développée et parfois en difficulté. La Région, en dehors de Limoges, est peu urbanisée et située à l'écart des régions dynamiques et des grands axes de circulation si l'on excepte l'itinéraire Paris-Toulouse, en cours de modernisation cependant. L'agriculture, qui occupe encore environ 15 % de la population active (plus du double de la moyenne nationale), reste essentiellement dominée par l'élevage, celui des bovins pour la viande surtout. S'y juxtapose parfois un tourisme familial, diffus, notamment dans la partie orientale, la plus élevée, la plus dépeuplée également.
— **Hist.** Le pays des *Lémovices* tombe sous la domination romaine en 51 av. J.-C. Christianisé par saint Martial au IIIe s., le Limousin devient une marche frontière à l'époque carolingienne, avant de se diviser en vicomtés. Apporté en dot à Louis VII, roi de France, par Aliénor d'Aquitaine, il passe dans la mouvance française, mais de manière éphémère. Avec le mariage d'Aliénor et d'Henri II Plantagenêt, la province, en effet, entre, pour trois siècles, dans le domaine anglo-angevin. Elle est alors fréquemment ravagée par les luttes entre la France et l'Angleterre. Abandonné en 1360 aux Anglais, le Limousin est lentement reconquis par Charles V (1370-1374). La Marche est reprise par François Ier en 1531 ; Henri IV accroît le domaine royal de la vicomté de Limoges (1607). Le Limousin, pays de généralité, bénéficie, sous les Bourbons, d'une politique royale centralisatrice et constructive. Sous l'action de remarquables intendants, de Turgot (1767-1774) notamment, de nouvelles industries — faïence, porcelaine, etc. — viennent s'ajouter aux anciennes, notamment aux émaux et à la tapisserie (Aubusson). En 1790, le Limousin est divisé en trois départements : Creuse, Haute-Vienne et Corrèze.

LIMOUSIN (Stanislas), pharmacien français (Ardentes, Indre, 1831 - Paris 1887). Il a rendu possible la conservation des solutions injectables en inventant les petites ampoules effilées en verre (1886).

LIMOUSINAGE n. m. (de *limousin 2*). Maçonnerie faite avec des moellons et du mortier.

LIMOUSINE n. f. **1.** Carrosserie des anciennes automobiles particulières dans lesquelles les passagers occupaient un compartiment fermé, le chauffeur n'étant protégé que par le prolongement du toit vers l'avant. — **2.** Appellation normalisée d'une carrosserie (et d'une automobile) à trois glaces latérales et quatre portes. — **3.** Grande cape de laine que portaient les bergers, les charretiers, etc.

LIMOUX (11300), ch.-l. d'arrond. de l'Aude, à l'O. des Corbières, dans un bassin de l'Aude ; 10 217 hab. *(Limouxins)*. Anc. capitale du Razès. Église des XIIe-XVIe s. Chaussures. Tuilerie-briqueterie. Vignobles donnant les mousseux dits « blanquettes ». Carnaval.

LIMPIDE adj. (lat. *limpidus)*. **1.** Clair et transparent : *Une eau limpide.* — **2.** Dont rien ne vient troubler l'éclat, la pureté : *Un regard limpide.* — **3.** *Litt.* Dont rien ne trouble la paix, la tranquillité : *Un bonheur limpide.* — **4.** Simple et clair pour l'esprit, qui se comprend sans difficulté : *Un exposé limpide.*

LIMPIDITÉ n. f. (lat. *limpiditas, -atis*). **1.** Qualité de ce qui est limpide : *Limpidité du diamant.* — **2.** *Litt.* Qualité de ce qui est pur, ou simple et clair : *La limpidité de son âme.* — **3.** Qualité de ce qui est clair, facilement compréhensible : *Cette affaire est d'une grande limpidité.*

LIMPOPO, fl. d'Afrique australe, issu du Witwatersrand, qui sert de frontière à l'Afrique du Sud avec le Botswana, puis avec le Zimbabwe, avant de pénétrer au Mozambique, où il rejoint l'océan Indien, après une série de chutes. Long de 1 600 km environ, il draine un bassin de 412 000 km².

LIMULE n. f. (lat. sc. *limulus*). Arthropode mérostome marin fouisseur des rivages, sans antennes, muni de branchies, répandu sur la côte américaine de l'Atlantique et en Océanie. (Son corps est recouvert d'une carapace et porte une queue robuste, aussi longue que le corps. (N. usuel *crabe des Moluques.*) [Syn. XIPHOSURE.]

LIN [lɛ̃] n. m. (lat. *linum*). **1.** Plante herbacée à feuilles simples, à fleurs colorées, à cinq pétales, très fugaces, telle que le lin commun *(linum usitatissimum),* cultivé pour ses fibres (lin textile) et pour ses graines, riches en huile (lin oléagineux). [→ *encycl.*] — **2.** Fibre de cette plante ; tissu fait de cette fibre. (→ *encycl.*) — **3.** *Couleur gris de lin,* couleur de la toile écrue de lin. ‖ *Faux lin,* nom usuel d'une caméline, plante mimétique du lin.

ENCYCL. On cultive deux types de lin : les *lins d'hiver* et les *lins de printemps.* Les lins oléagineux appartiennent aux deux catégories, les lins textiles sont des lins de printemps. Les graines des lins oléagineux donnent des huiles utilisées pour les peintures et les vernis et des tourteaux pour l'alimentation animale. La récolte du lin, entièrement mécanisée, se fait par arrachage. L'obtention, avant filature, des fibres textiles du lin nécessite deux opérations destinées à séparer les faisceaux de fibres de la tige et du bois : la première, le rouissage, est biologique et peut s'effectuer à l'eau ou à terre ; la seconde, le teillage, est purement mécanique.Chacune des tiges de lin donne une trentaine de faisceaux comportant chacun de 25 à 35 fibres individuelles en section droite, organisées à partir de la totalité de 30 000 à 50 000 fibres agglomérées par des ciments. Les faisceaux se divisent longitudinalement sous l'action combinée de frottement et de calandrage produite par les machines de préparation et de filature. La cellule de lin est constituée de cellulose pratiquement pure, à fort taux de cristallisation, associée à des ciments interstitiels.

Le lin textile est apprécié pour ses qualités de solidité d'usage et surtout de confort. Son champ d'application est vaste. Il comprend, notamment, le fil à coudre, le linge de maison, les tissus d'ameublement, les toiles de bâche et, plus récemment, le domaine vestimentaire.

— **Géogr.** Plante textile des régions aux étés assez humides et relativement frais, le lin, dont la production mondiale est tombée aux environs de 700 000 tonnes, provient essentiellement de la Chine (qui, avec 240 000 t, assure le tiers de la production totale), suivie de très loin par la Russie (production en déclin) et par la France (production en forte progression, localisée surtout dans le Nord-Pas-de-Calais), avoisinant chacune 80 000 t.

— **Pharm.** La graine de lin entière est employée pour son action laxative douce, due à son mucilage. La farine de lin sert à préparer les cataplasmes.

LIN *(saint)* [en Tuscie ? - Rome 76], pape de 67 à 76. Il aurait été converti par saint Pierre, à qui il succéda comme souverain pontife.

LINACÉE n. f. (de *lin*). Nom de famille donné au lin et aux plantes voisines, caractérisées notamment par le mucilage de leurs graines.

LINAIGRETTE n. f. (de *lin* et *aigrette*). Plante (cypéracée) des marais et des tourbières des pays tempérés, reconnaissable à sa houppe cotonneuse.

LINAIRE n. f. (lat. sc. *linaria,* du lat. *linum,* lin). Plante herbacée (scrofulariacée) dont les fleurs, solitaires ou en grappes jaunes, blanches, pourpres ou violettes, sont irrégulières. (Plusieurs espèces ornent les rocailles ; une des plus jolies est la linaire cymbalaire, ou « ruine de Rome ».)

LINALOÉ n. m. Arbre du Mexique du genre *bursera,* dont les tissus fournissent l'*essence de linaloé,* riche en linalol et utilisée en parfumerie.

LINALOL n. m. Alcool terpénique isomère du géraniol. (Présent dans les essences de bergamote, de lavande et d'orange, le linalol est employé en parfumerie.)

LINARD (Jacques), peintre français (Paris ? v. 1600 - *id.* 1645). Peintre de fleurs et de fruits (*Corbeille de fleurs,* Louvre), il aborde également l'allégorie (*les Cinq Sens,* 1638, Strasbourg). Son style sobre, d'une poésie discrète, contraste avec celui des peintres néerlandais contemporains.

LINARES, v. d'Espagne (Andalousie, prov. de Jaén) ; 55 000 hab. Monuments anciens et musée archéologique. Mines de plomb argentifère. Fonderie et raffinerie de plomb. Construction automobile.

LINARITE n. f. (de *Linares,* n. pr.). Sulfate hydraté naturel de plomb et de cuivre.

LINAS (91310), comm. de l'Essonne, en bordure des plateaux du Hurepoix ; 5 258 hab. Église des XIIIe et XVIe s. Autodrome et circuit routier dits « de Montlhéry » ; laboratoires d'essais routiers.

LINATE, banlieue S.-E. de Milan. Aéroport international de Milan.

LIN BIAO ou **LIN PIAO,** maréchal et homme politique chinois (Huanggang, Hubei, 1908-1971). Membre du P. C. C., il est, en 1927, exclu du Guomindang et il rejoint les maquis organisés par les communistes. Il est l'un des chefs militaires de la Longue Marche (1935), de la lutte contre le Japon (1937), du gouvernement de Yan'an et de la guerre civile. Ministre de la Défense en 1959, il est porté au sommet de sa carrière par la Révolution culturelle et devient, après 1966, le dauphin de Mao Zedong. Mais leurs rapports se dégradent et Lin Biao disparaît en 1971. La thèse officielle veut que son avion ait été abattu en Mongolie alors qu'il tentait de s'enfuir en U. R. S. S. après une tentative de coup d'État.

Lincei *(Académie dei)* → ACADÉMIE* NATIONALE DEI LINCEI.

LINCEUL n. m. (lat. *linteolum,* morceau de toile, de *linteum,* toile de lin). **1.** Pièce de toile dans laquelle on ensevelit un mort. — **2.** *Litt.* Ce qui couvre ou enveloppe complètement : *Linceul de neige.*

LINÇOIR n. m. Lambourde indépendante, recevant un plancher au droit d'un mur affecté d'un percement, en reportant les charges de part et d'autre à la façon d'un chevêtre très étroit.

LINCOLN, v. de Grande-Bretagne, ch.-l. du *Lincolnshire* (qui s'étend en bordure de la mer du Nord, au S. de l'estuaire du Humber) ; 77 000 hab. Centre administratif et industriel. — **Hist.** Ancienne colonie romaine, la ville fut dès le haut Moyen Âge une des plus importantes cités d'Angleterre, et maintint son activité commerciale jusqu'à la fin du XIVe s. — **Bx-arts.** Restes du château de Guillaume le Conquérant. Magnifique cathédrale, reconstruite à partir de la fin du XIIe s., développée en longueur et richement ornée (abside, ou *Angel choir,* 1255 et suiv. ; salle capitulaire, polygonale, et cloître du milieu du XIIIe s.). Vieilles maisons. Musée.

LINCOLN, v. des États-Unis, cap. du Nebraska, sur le Salt Creek, au S.-O. d'Omaha ; 191 972 hab. Marché agricole (grains, bétail). Industries alimentaires. Constructions électriques. Chimie.

LINCOLN *(mer de),* partie de l'océan Arctique, au N.-O. du Groenland, ouverte au débouché septentrional du canal de Robeson.

LINCOLN (Abraham), homme d'État américain (près de Hodgenville, Kentucky, 1809 - Washington 1865). Représentant à l'assemblée législative de l'Illinois (1834-1842), député au Congrès (1847-1849), il échoue comme candidat au Sénat face au démocrate Douglas en 1849. Entré au parti républicain (1856), partisan de l'abolition de l'esclavage, il se rend célèbre par sa polémique avec Douglas. Son élection à la présidence des États-Unis (1860) provoque la sécession des dix États du Sud. En janv. 1863, il proclame l'émancipation immédiate des esclaves dans tous les États. Réélu en 1864, il meurt assassiné par un fanatique.

Lincoln Center for Performing Arts, complexe théâtral de New York (Manhattan), inauguré en 1964, qui comprend le New York State Theatre (New York City Opera et New York City Ballet), la New Metropolitan Opera House, le Philharmonic Hall, la Juilliard School of Music (avec la School of American Ballet), la section « théâtre » de la New York Public Library (dont la Dance Collection). Festival culturel international (première édition en 1996).

LINCOLN WOLDS, ligne de hauteurs crayeuses de Grande-Bretagne (Humberside et Lincolnshire), qui s'étend parallèlement au rivage de la mer du Nord.

LINCOMYCINE n. f. Antibiotique, de la famille des macrolides, obtenu à partir de souches de *Streptomyces lincolnensis.* (La lincomycine est active sur les germes Gram positif, à l'exception de l'entérocoque.)

LINDANE n. m. Isomère gamma de l'hexachlorocychlohexane, insecticide comme celui-ci mais possédant une action plus puissante.

LINDAU, v. d'Allemagne (Bavière), sur une île du lac de Constance reliée à la terre ferme par deux ponts ; 25 000 hab. Vieille ville pittoresque. Centre touristique.

LINDBERGH (Charles), aviateur américain (Detroit 1902 - Hana, île Mani, Hawaii, 1974). Seul à bord du *Spirit of Saint Louis,* un monoplan pesant 1 025 kg à vide et propulsé par un moteur de 220 ch, il réussit le premier, en 1927, la traversée sans escale de l'Altantique nord, entre Roosevelt Field (New York) et Le Bourget, parcourant 5 800 km en 33 h 27 min. En 1932, Lindbergh et sa femme furent cruellement éprouvés par l'enlèvement de leur jeune fils, qui fut tué par ses ravisseurs.

LINDBLAD (Bertil), astronome suédois (Örebro 1895 - Stockholm 1965). Il a, le premier, envisagé la rotation différentielle de la Galaxie (1921) et expliqué les bras spiraux des galaxies par des phénomènes ondulatoires (ondes de densité) liés à des perturbations gravitationnelles.

LINDE (Carl VON), inventeur et industriel allemand (Berndorf, Bavière, 1842 - Munich 1934). Après avoir mis au point en 1870 un machine à absorption, il construisit la première machine de réfrigération à compression. En 1895, il liquéfia l'air et prépara de l'oxygène liquide et de l'azote gazeux presque purs.

LINDEGREN (Erik), poète et critique littéraire suédois (Luleå 1910 - Stockholm 1968). Chef de file, avec K. Vennberg, de la jeune poésie suédoise (*l'Homme sans chemin,* 1942), apparenté par la densité et l'hermétisme de son style à Mallarmé, à T. S. Eliot et aux surréalistes, il a évolué vers une expression plus musicale et moins tendue (*Sacrifice de l'hiver,* 1954 ; *Poèmes,* 1962).

LINDEMANN (Ferdinand VON), mathématicien allemand (Hanovre 1852 - Munich 1939). En 1882, il démontra la transcendance du nombre π.

LINDEN, anc. **Mackenzie,** v. du Guyana, sur la Demerara ; 35 000 hab. Traitement de la bauxite extraite dans la région.

LINDER (Gabriel LEUVIELLE, dit **Max**), acteur et cinéaste français (Saint-Loubès, Gironde, 1883 - Paris 1925). Il commence à tourner vers 1905, apparaissant à l'écran sous les aspects d'un élégant jeune homme, l'opposé même du personnage de Charlot. Mais son comique, comme celui de Chaplin, naît du détail juste, pittoresque et humain. Il a tourné de nombreux courts métrages. Ses principaux longs métrages sont *le Petit Café* (1919), *Soyez ma femme* (1921), *l'Étroit Mousquetaire* (1921), *Sept Ans de malheur* (1923), *Au secours !* (1924) et *le Roi du cirque* (1925).

LINDESNES ou **LINDESNESS** *(cap),* cap de la péninsule scandinave, à l'extrême sud de la Norvège, sur la mer du Nord, à l'entrée du Skagerrak.

LINDET (Jean-Baptiste Robert), homme politique français (Bernay 1746 - Paris 1825). Conventionnel, membre du Comité de salut public (1793), il fut ministre des Finances à la fin du Directoire.

LINDET (Léon), chimiste français (Paris 1857 - Gaillon, Eure, 1929). Il a réalisé des travaux sur l'industrie agroalimentaire : dosage de l'amidon, composition des orges de brasserie, fermentation, fabrication du pain.

LINDNER (Richard), peintre et dessinateur allemand naturalisé américain (Hambourg 1901 - New York 1978). Il émigra à Paris en 1933, aux États-Unis en 1941. Son œuvre, peint, développé surtout à partir de 1950, consiste en une figuration haute en couleur qui confronte des effigies stéréotypées, voire caricaturales, aux harnachements étranges et symboliques (*And Eve,* 1971, M. N. A. M., Paris).

LINDOR n. m. Syn. de NAIN* JAUNE.

LINDOS, anc. port de l'île de Rhodes. Ce fut l'un des trois comptoirs achéens fondés v. 1300 av. J.-C., en relations suivies avec l'Égypte, l'Asie et la Sicile. Lindos s'associa en 408 av. J.-C. avec les autres cités de l'île (Ialysos et Camiros) pour fonder par synœcisme la cité de Rhodes.

Lindos *(faïences de)* ou **faïences de Rhodes,** appellation ancienne, controversée, qui désignait des céramiques en réalité fabriquées à Iznik* (Turquie).

LINDSAY (*sir* David) ⟶ LYNDSAY.

LINDSAY (Norman), dessinateur, peintre et écrivain australien (Creswick 1879 - Sydney 1969). Son livre pour enfants, *le Gâteau magique* (1918), est devenu un classique du genre.

LINDSAY (John Maurice), poète écossais (Glasgow 1918). Critique musical, fondateur de *Scots Review* (1950), il a publié des poèmes (*The Run from Life,* 1975) et des essais (*Portrait of Glasgow,* 1981), inspirés par l'amour du pays.

LINDSEY (Theophilus), théologien protestant anglais (Middlewich, Cheshire, 1723 - Cambridge 1808). Rejetant le dogme de la Trinité, il fonda à Londres (1774) une congrégation d'unitaires *(Unitarians).*

LÍNEA (La) ou **LA LÍNEA DE LA CONCEPCIÓN,** v. d'Espagne (Andalousie, prov. de Cadix) ; 57 000 hab. Donnant accès à Gibraltar, elle en est une ville-dortoir. Confection.

1. LINÉAIRE adj. (lat. *linearis,* de *linea,* ligne). **1.** Qui a l'aspect continu d'une ligne, qui se traduit par des lignes : *Représentation linéaire du temps.* — **2.** Qui est sans relief, relativement monotone, plat : *Un discours linéaire.* — **3.** *Mètre linéaire,* unité correspondant à un mètre de mur couvert par divers éléments de mobilier qui sert à établir le prix d'un aménagement. • **Bot.** Se dit d'une feuille étroite et allongée. — **Dess.** *Dessin linéaire,* dessin reproduisant les seuls contours d'un objet sans en figurer les différentes valeurs. ‖ *Perspective linéaire,* perspective obtenue par des combinaisons de lignes (par oppos. à la *perspective aérienne*). — **Électr.** et **Électron.** Se dit d'un élément qui obéit à la loi d'Ohm et, plus généralement, d'un ensemble régi par un système d'équations différentielles à coefficients constants. ‖ *Non linéaire,* se dit de tout circuit actif ou passif dans lequel les valeurs d'une grandeur électrique varient d'une manière non proportionnelle à une autre. — **Électr.** *Moteur électrique linéaire,* moteur électrique dans lequel le déplacement relatif du stator et du rotor est une translation rectiligne. — **Géogr.** *Érosion linéaire,* érosion par les eaux courantes s'exerçant sur le fond d'un lit. — **Ling.** Se dit d'une écriture syllabique dont le tracé est orienté selon des lignes et qui a remplacé les signes-images de l'écriture hiéroglyphique. ‖ Se dit du signe linguistique en ce qu'il est un segment orienté de la chaîne parlée. — **Math.** Se dit d'une fonction numérique de la forme $x \mapsto a \cdot x$ où $a \in \mathbb{R}$ Le graphe d'une telle fonction est une droite passant par l'origine du repère.) ‖ *Algèbre linéaire,* étude des structures d'espaces vectoriels sur un corps commutatif ou non commutatif ou sur un anneau. ‖ *Application linéaire d'un* K-*espace vectoriel* E *sur un* K-*espace vectoriel* F, application f telle que pour toutes valeurs x, y de E et pour toute valeur λ de K, $f(x + y) = f(x) + f(y)$, et $f(\lambda x) = \lambda f(x)$. [⟶ *encycl.*] ‖ *Combinaison linéaire de* p *vecteurs* x_i d'un K-*espace vectoriel* E, tout vecteur égal à $\sum_{i=1}^{p} \lambda_i X_i$, les λ_i étant des scalaires de K. ‖ *Équation linéaire,* équation de la forme générale $f(x) = b$, où f est une application linéaire définie d'un K-espace vectoriel E dans un K-espace vectoriel F et b un élément donné de F. (⟶ *encycl.*) ‖ *Forme linéaire définie sur un* K-*espace vectoriel* E, application linéaire définie de E dans K, K étant considéré en tant qu'espace vectoriel sur lui-même. ‖ *Groupe linéaire,* ensemble des automorphismes d'un K-espace vectoriel E. ‖ *Programmation linéaire,* action qui consiste à minimiser ou maximiser la valeur d'une forme linéaire sur $\mathbb{R}^n$, certaines conditions représentées par des égalités ou inégalités linéaires étant imposées à l'inconnue. ‖ *Système d'équations linéaires,* système d'équations de la forme $f_i(x) = b_i$, $i \in \{ 1, ..., p \}$ où f_i est une application linéaire d'un K-espace vectoriel E dans l'espace vectoriel F_i, b_i un élément de F_i, $(F_i)_i \in \{ 1 ,..., p \}$ étant une famille de K-espaces vectoriels. (→ *encycl.*) ‖ *Variété linéaire,* syn. de VARIÉTÉ LINÉAIRE AFFINE*. — **Métrol.** Se dit d'une mesure de longueur par oppos. à une mesure de superficie ou de volume.

ENCYCL. **Math.** • *Application linéaire.* Si E et F sont deux espaces vectoriels sur un corps commutatif K, et *f* une application linéaire de E dans F, d'après la première propriété $f(x + y) = f(x) + f(y)$, f est un homomorphisme de groupe de (E, +) dans (F, +) et a donc les mêmes propriétés que les homomorphismes, en particulier

$$f(0_E) = O_F, f(-x) = -f(x).$$

Par application linéaire f, l'image d'un sous-espace vectoriel de E est un sous-espace vectoriel de F. Un cas particulier en est l'image $f(E)$ de E, notée $Im(f)$. La propriété « f est surjective » est alors équivalente à $Im(f) = F$.

Par application linéaire f, l'image réciproque d'un sous-espace vectoriel de F est un sous-espace vectoriel de E. Un cas particulier en est l'image réciproque du sous-espace formé par l'élément neutre 0_F de F, habituellement appellée noyau de f et notée $Ker(f)$. La propriété « f est injective » est équivalente à $Ker(f) = 0_E$.

Si (a_i) $i \in \{ 1, ..., n \}$ et (b_i) $i \in \{ 1, ..., p \}$ sont respectivement des bases de E et F, f est entièrement déterminée par la connaissance des coordonnées sur (b_i) de chacun des n vecteurs $f(a_i)$. En effet, si x est un élément de E, on a

$$x = \sum_{i=1}^{n} \alpha_i \alpha_i$$

et

$$f(x) = f(\sum_{i=1}^{n} \alpha_i \alpha_i) = \sum_{i=1}^{n} \alpha f(\alpha_i)$$

$\forall i \in \{1, ..., n\}$, $f(a)$ élément de F s'exprime comme combinaison linéaire des vecteurs de la base (b_i). On appelle matrice de l'application linéaire f par rapport aux matrices (a_i) et (b_i) la matrice de type (p, n) dont la colonne d'indice i est formée des coordonnées de $f(a_i)$ sur la base (b_i).

• *Équation linéaire.* Si f est une application linéaire d'un K-espace vectoriel E dans un K-espace vectoriel F et b un élément de F, l'équation $f(x) = b$ a des solutions si $f^{-1}(b) \neq \emptyset$. L'équation $f(x) = 0$, appelée équation linéaire homogène associée à f, admet pour solution les éléments de Ker f. Si x_0 est une solution de l'équation $f(x) = b$, on a $f(x - x_0) = 0_F$, et $x - x_0 \in$ Ker f ; si x_0 est une solution de $f(x) = b$, les autres solutions sont donc de la forme $x_0 + z$, où $z \in$ Ker f.

• *Système d'équations linéaires.* Un système de p équations linéaires à n inconnues peut être mis sous la forme

$$a_{11}x_1 + a_{12}x_2 + ... + a_{1n}\, x_n = b_1$$
$$a_{11}x_1 + a_{122}x_2 + ... + a_{in}\, x_n = b_i$$
$$a_{p1}x_1 + a_{p2}x_2 + ... + a_{pn}\, x_n = b_p.$$

La matrice A $[a_{ij}]$ est dite *matrice des coefficients.* Si l'on désigne par B la matrice colonne d'éléments $b_1, b_2, ..., b_p$ et par X la matrice colonne d'éléments $x_1, x_2, ..., x_n$, le système équivaut à l'égalité matricielle AX = B.

Un système linéaire de n équations à n inconnues dont la matrice A a un déterminant non nul, admet une solution unique donnée par la relation matricielle $X = A^{-1} \cdot B$ où A^{-1} est la matrice inverse de A.

2. LINÉAIRE n. m. **1.** Meuble servant à présenter les marchandises dans un magasin de détail, notamment dans un libre-service. — **2.** *Linéaire A* et *linéaire B,* noms donnés à deux écritures linéaires de l'Antiquité. (Le linéaire A fut utilisé en Crète aux XVIIe et XVIe s. av. J.-C. ; il notait une langue inconnue et n'a pas été déchiffré. Le linéaire B [XVe-XIIe s. av. J.-C.] a été déchiffré en 1953 par M. Ventris et J. Chadwick ; il servait à noter la forme la plus anciennement connue du grec, le mycénien.)

LINÉAIREMENT adv. **1.** En ligne droite. — **2.** De façon linéaire.

LINÉALE n. f. Caractère d'imprimerie sans empattements et sans déliés. (Classification Vox, 1954.)

LINÉAMENT n. m. (lat. *lineamentum*). Élément linéaire subrectiligne, généralement repérable sur des cartes topographiques à petite échelle ou sur des images satellites en télédétection et qui correspond à la trace en surface d'un accident profond.

◆ **linéaments** n. m. pl. *Litt.* **1.** Ensemble des lignes élémentaires qui indiquent la forme générale d'un être ou d'un objet. — **2.** Esquisse, ébauche, aspect d'ensemble : *Les linéaments d'un ouvrage.*

LINÉARITÉ n. f. (de *linéaire*). **1.** Qualité de ce qui est disposé d'une manière linéaire. — **2.** Selon F. de Saussure, caractère fondamental des langues naturelles, dont les énoncés sont des suites d'éléments discrets ordonnés de façon linéaire. (Chaque morphème est une suite de phonèmes, chaque phrase une suite de morphèmes, chaque discours une suite de phrases.) — **3.** Propriété de ce qui est linéaire, en mathématiques, en physique, etc.

LINÉATION n. f. (lat. *linea,* ligne). **1.** Dans une roche, ensemble de lignes parallèles d'origine tectonique, résultant de l'interaction de plans (stratification, schistosité), de l'allongement d'éléments, de l'orientation de minéraux ou du microplissement d'une surface structurale. — 2. Alignement de crêtes basses de matériaux biodétritiques dont le tracé sublinéaire matérialise la direction des transports sédimentaires sur le fond de la mer.

LINÉATURE n. f. (lat. *linea,* ligne). Nombre de lignes au pouce ou au centimètre des trames utilisées en photogravure.

LINÉIQUE adj. Se dit d'une grandeur rapportée à l'unité de longueur.

LINE ISLANDS (*îles de la Ligne* [l'équateur]) ou **SPORADES ÉQUATORIALES,** archipel du Pacifique central, formé d'atolls très dispersés, de part et d'autre de l'équateur, au N.-E. des îles Phoenix. Elles sont partagées entre Kiribati (îles Christmas [auj. Kiritimati], Tabuaeran [anc. Fanning] et Teraina [anc. Washington] et les États-Unis (Palmyra et Jarvis).

LINER [lajnœr] n. m. (angl. *liner*). Cargo, navire de ligne.

LINEUS [-neys] n. m. (lat. *linea,* ligne). Némerte carnassier des mers d'Europe, dont le corps, rubané et étroit, peut atteindre plusieurs mètres.

LING (Per Henrik), fondateur de la gymnastique suédoise (Ljunga 1776 - Stockholm 1839), dont il a exposé la théorie dans *les Fondements généraux de la gymnastique* (1840).

LINGA ou **LINGAM** n. m. (sanskr. *linga,* symbole). Dans l'hindouisme, symbole phallique du dieu Śiva.

LINGALA n. m. Langue bantoue parlée sur le cours moyen du Zaïre et servant de langue de relation dans toute la région.

LINGE n. m. (anc. fr. *linge,* de lin, du lat. *lineus*). **1.** Ensemble des objets de tissu à usage domestique, vestimentaire : *Avoir du linge à repasser.* — **2.** *Linge (de corps),* ensemble des sous-vêtements. — **3.** *Linge (de maison),* ensemble des articles destinés à la literie, à la toilette, à la table ou à la cuisine. — **4.** Morceau d'étoffe, de tissu en toile ou en coton : *Frotter une tache avec un linge propre.* — **5.** Fam. *Du beau linge,* des gens connus, du beau monde. ‖ *Être blanc, pâle comme un linge,* avoir le teint livide, être très pâle. ‖ *Linge sacré,* tout linge qui est mis en contact avec les espèces sacramentelles (corporal, pale et purificatoire).

LINGEN, v. d'Allemagne (Basse-Saxe), sur le canal de l'Ems ; 44 000 hab. Centre commercial (viande) et industriel (raffinerie de pétrole, chimie, mécanique).

LINGÈRE n. f. **1.** Personne qui fabrique ou vend de la lingerie. — **2.** Personne chargée de l'entretien du linge d'une communauté, d'un hôpital, etc.

LINGERIE n. f. **1.** Fabrication et commerce du linge. — **2.** Lieu où l'on entretient et où l'on range le linge dans une communauté ou une maison particulière importante. — **3.** Ensemble des sous-vêtements et des vêtements de nuit féminins. — **4.** *Côté lingerie,* partie d'une armoire munie d'étagères pour le linge, par oppos. à *côté penderie.*

LINGGA, archipel d'Indonésie, à l'est de Sumatra ; env. 930 km². Les îles principales sont *Lingga* et *Singkep.* Étain.

LINGOLSHEIM (67380), comm. du Bas-Rhin, banlieue de Strasbourg ; 16 496 hab. Vieilles maisons.

LINGONS, anc. peuple de la Gaule Belgique, établi autour de Langres.

LINGOT n. m. (anc. provenç. *lingot,* langue). **1.** Masse de métal ou d'alliage non encore œuvrée et ayant conservé la forme du moule dans lequel elle a été coulée. — **2.** Un kilogramme d'or fin (au titre, généralement, de 955 millièmes). — **3.** Parallélépipède de métal, généralement en alliage d'imprimerie, utilisé en typographie.

LINGOTAGE n. m. Opération de fonderie qui consiste en la coulée du métal en lingots.

LINGOTER v. t. (de *lingot*) [conj. 3]. Pratiquer le lingotage.

LINGOTIÈRE n. f. (de *lingot*). Moule dans lequel est coulé un métal ou un alliage liquide pour en faire un lingot.

LINGUA FRANCA [lingwa-] n. f. **1.** Sabir utilisé dans les ports de la Méditerranée entre l'époque des croisades et la fin du XIXe s. (Syn. LANGUE FRANQUE.) [→ *encycl.*] — **2.** Langue auxiliaire de relation utilisée par des groupes ayant des langues maternelles différentes. (C'est par ex. le français et l'anglais dans leurs usages diplomatiques, le swahili dans l'est de l'Afrique, l'anglais en Inde, etc.)

ENCYCL. **Ling.** Utilisée comme langue de relation entre turcophones, arabophones et Européens (appelés « Francs » en Orient), la lingua franca était surtout à base d'italien, mais comportait également des mots provençaux, catalans, castillans, grecs, turcs et arabes.

LINGUA GERAL n. f. (port. *lingua geral,* langage général). Sabir développé au Brésil aux XVIe et XVIIe s. comme langue de relation entre Européens et Indiens, et entre Indiens de langues différentes. (Il était basé sur la langue des Tupinambas.)

LINGUAL, E, AUX [-gwal, -gwo] adj. (lat. *lingua,* langue). **1.** Relatif à l'organe de la langue. – **2.** *Artère linguale,* branche collatérale de la carotide externe. ‖ *Consonne linguale* ou *linguale* (n. f.), consonne articulée avec la participation de la langue (par oppos. aux *labiales,* qui ne nécessitent pas cette participation.) ‖ *Nerf lingual,* nerf sensitif de la langue, branche du nerf maxillaire inférieur. ‖ *V lingual,* disposition, en forme de V à sommet postérieur, des papilles calicicoles sur la base de la langue.

LINGUATULE [-gwa-] n. f. (lat. *lingua,* langue). Arthropode vermiforme, parasite des voies respiratoires des vertébrés.

LINGUE n. f. (néerl. *leng*). Poisson marin (gadidé), comestible apprécié, à deux dorsales et une anale très longue, avec un barbillon mentonnier. (On distingue la *grande lingue,* qui atteint 2 m de long, la *lingue bleue,* moins grande, et la *lingue espagnole,* de moins de 90 cm.) [Syn. JULIENNE.]

LINGUET (Simon Nicolas Henri), publiciste français (Reims 1736 - Paris 1794). Adversaire du parti philosophique et défenseur du despotisme, auteur de la *Théorie des lois civiles ou principes fondamentaux de la société* (1767), directeur, notamment, des *Annales politiques, civiles et littéraires* (1777-1792), il fut exécuté sous la Terreur.

LINGUISTE [lɛ̃gɥist] n. (lat. *lingua,* langue). Spécialiste de linguistique.

LINGUISTIQUE [lɛ̃gɥistik] n. f. (de *linguiste*). Science qui a pour objet l'étude du langage et des langues. (→ *encycl.*)
◆ adj. **1.** Qui concerne la pratique de la langue considérée comme moyen de communication : *Communauté linguistique.* – **2.** Qui concerne l'apprentissage d'une langue étrangère : *Séjour linguistique à l'étranger.* – **3.** Qui concerne la linguistique : *Théorie linguistique.*
ENCYCL. La linguistique est une science jeune, dont le statut est assuré par la publication, en 1916, du *Cours de linguistique générale* de F. de Saussure. Elle est cependant l'héritière d'un thésaurus de notions et d'observations accumulées par les philosophes et les grammairiens du passé, de l'Antiquité au XIXe s. Mais c'est au sein du courant de la grammaire historique et comparée (1816-1870) que naît le concept de linguistique. Malgré l'objet fixé à l'origine (établir une parenté génétique entre les langues pour atteindre la langue mère), la grammaire historique en vient à étudier les langues pour elles-mêmes, et non comme moyens de connaissance (Bopp). L'observation des textes écrits permet de conclure à l'existence de changements linguistiques à l'intérieur de la langue étudiée. Ceux-ci sont imputés à une nécessité interne à la langue : celle des lois phonétiques. Cependant, les travaux des comparatistes et des premiers phonéticiens ne permettent pas d'établir la manière dont fonctionne la langue telle qu'elle se présente à l'utilisateur : la langue parlée. C'est à F. de Saussure que l'on doit la distinction des concepts de « langage » et de « langue ». Il envisage l'étude de celle-ci comme celle d'un système, d'une structure : chacun des éléments du système n'est définissable que par les relations d'équivalence ou d'opposition qu'il entretient avec les autres éléments. F. de Saussure est à l'origine de la plupart des courants structuralistes : école de Prague (N. Troubetskoï), glossématique (L. Hjelmslev), psychosystématique (G. Guillaume), fonctionnalisme (A. Martinet), binarisme (R. Jakobson). Aux États-Unis, un courant structuraliste, né de l'étude des langues amérindiennes, s'est développé avec l'école de L. Bloomfield, conduisant au distributionnalisme de Z. Harris et à la grammaire générative de N. Chomsky.

LINGUISTIQUEMENT adv. Du point du vue linguistique.

LINGUIZZETTA (20230), comm. de la Haute-Corse, au S. de Cervione ; 759 hab. Station balnéaire sur la côte E. de l'île.

LINGULE n. f. (lat. *lingula,* languette). Brachiopode pédonculé connu à l'état fossile depuis la période cambrienne, et vivant enfoui dans les plages sableuses. (L'alimentation est microphage. Respiration et excrétion sont assurées par deux siphons, l'un inhalant, l'autre exhalant.)

LINICULTEUR, TRICE n. Personne qui cultive le lin.

LINICULTURE n.f. Culture du lin.

LINIER, ÈRE adj. Relatif au lin : *L'industrie linière.*
◆ **linière** n. f. Champ de lin.

LINIMENT n. m. (bas lat. *linimentum,* de *linire,* enduire). Préparation liquide appliquée sur la peau en onction ou en friction, et destinée à calmer la douleur.

LINITE n. f. Gastrite chronique, avec sclérose et épaississement de la paroi de l'estomac.

LINKAGE n. m. (angl. *linkage,* de *to link,* lier). *Groupe de linkage,* syn. de GROUPE* DE LIAISON.

LINKÖPING, v. de Suède, ch.-l. de prov., sur le Stångån ; 114 000 hab. Ce fut un des premiers foyers littéraires et religieux de la Suède. Cathédrale gothique reconstruite au XVe s. Musées. Centre industriel (constructions automobiles et aéronautiques, matériel ferroviaire, constructions électriques).

LINKS [links] n. m. pl. (angl. *links*). Terrain, parcours de golf.

LINLITHGOW (Victor Alexander John HOPE, 2e *marquis* DE) → HOPE.

LINNA (Väinö), écrivain finlandais de langue finnoise (Urjala 1920). Ouvrier autodidacte, il est l'auteur de romans réalistes et historiques, *Soldats inconnus* (1954), *Ici sous l'étoile Polaire* (1959-1962), *Oheisia* (1967).

LINNÆA n. m. (de *Linné,* n. pr.). Petite plante (caprifoliacée) vivace, à tiges grêles, rampantes, à petites feuilles presque rondes, des forêts de montagne.

LINNANKOSKI (Vihtori PELTONEN, dit **Johannes**), écrivain finlandais de langue finnoise (Askola 1869 - Helsinki 1913). La célébrité lui vint avec le *Chant de la fleur rouge* (1905), portrait d'un Don Juan finlandais.

LINNÉ (Carl VON), naturaliste et médecin suédois (Råshult 1707 - Uppsala 1778). Son mérite principal est d'avoir décrit avec précision une très grande quantité d'espèces végétales et animales, et d'avoir attribué à chacune d'elles un double nom latin, générique et spécifique (nomenclature binominale). Médecin, puis botaniste du roi, fondateur et président de l'académie de Stockholm, il termina sa carrière comme professeur à Uppsala. Parmi ses ouvrages, citons *Genera plantarum* (1737) et *Espèces de plantes* (1753).

LINNÉEN, ENNE adj. et n. Relatif à Linné ; partisan des théories fixistes de Linné.

LINNÉON n. m. (de *Linné,* n. pr.). Espèce telle que la décrivait Linné, définie par un ensemble de caractères constants, transmissibles héréditairement, et comprenant un certain nombre de jordanons. (Syn. ESPÈCE LINNÉENNE.)

LINO → LINOLÉUM.

LINOGRAVURE n. f. Gravure sur linoléum, d'une technique similaire à celle de la gravure sur bois de fil.

LINOIS (Charles, *comte* DURAND DE), amiral français (Brest 1761 - Versailles 1848). Vainqueur de sir James Saumarez à Algésiras (1801), il participa au blocus du commerce anglais dans l'océan Indien (1802-1804). Il fut nommé en 1814 gouverneur de la Guadeloupe.

LINOLÉINE n. f. (angl. *linolein,* du lat. *linum,* lin, et *oleum,* huile). Glycéride de l'acide linoléique, contenu dans les huiles siccatives.

LINOLÉIQUE adj. *Acide linoléique,* acide $C_{17}H_{31}$–CO_2H, présent sous forme de glycéride dans de nombreuses huiles végétales (coton, maïs, soja, etc.) et conférant aux huiles qui le renferment en quantité importante la propriété d'être siccatives.

ENCYCL. L'acide linoléique se rencontre à l'état de glycérides dans tous les corps gras. Il existe en proportion particulièrement élevée dans les huiles alimentaires (maïs, pépins de raisin, tournesol, soja) préconisées dans les hyperlipidémies. Le mélange d'acides linoléique et linolénique est désigné sous le nom de *vitamine F.*

LINOLÉNIQUE adj. *Acide linolénique,* acide $C_{17}H_{29}$–CO_2H qui se rencontre sous forme de glycéride dans la plupart des huiles siccatives.

LINOLÉUM [-leɔm] ou, fam., **LINO** n. m. (angl. *linoleum,* du lat. *linum,* lin, et *oleum,* huile). **1.** Revêtement de sol imperméable, fait d'une toile de jute enduite d'huile de lin et de liège en poudre. — **2.** Tout revêtement de sol constitué par une toile imprégnée de matière plastique.

LINON n. m. (du moyen fr. *linomple,* de *lin* et *omple,* uni). Toile fine et transparente, en lin ou en coton, utilisée en lingerie fine.

LINOPHRYNÉ n. m. Poisson (ceratiidé) abyssal possédant une bouche énorme, une longue corne nasale renflée en massue et terminée par un trident, une branchie externe impaire et très ramifiée. (Le mâle, 13 fois plus petit que la femelle, vit en parasite sur elle.)

LINOSA, île italienne de la Méditerranée, entre Malte et la Tunisie ; 5,4 km^2 ; 400 hab.

LINOTTE n. f. (de *lin*). **1.** Petit passereau fringillidé, granivore, d'Europe et d'Asie occidentale, au plumage gris-brun, ornementé de rouge carmin sur la tête et la gorge chez le mâle en période nuptiale. — **2.** Fam. *Tête de linotte,* personne très étourdie ou manquant de jugement.

LINOTYPE n. f. (n. déposé, de l'amér. *line of types,* ligne de caractères). *Anc.* Machine de composition mécanique utilisant un clavier pour produire des lignes justifiées fondues en un seul bloc.

LINOTYPISTE n. *Anc.* Ouvrier, ouvrière composant à l'aide d'une Linotype.

LIN PIAO → LIN BIAO.

LINSANG [-sɑ̃g] n. m. (mot javanais). Petit mammifère carnivore des forêts tropicales d'Asie, voisin de la genette. (Les linsangs ont un pelage fauve marqué de noir. Ils sont arboricoles et se nourrissent de petits vertébrés et d'insectes.)

LINS DO REGO (José L. do R. CAVALCANTI), écrivain brésilien (près de Pilar, Paraíba, 1901 - Rio de Janeiro 1957). Romancier régionaliste, il s'est intéressé au monde de la canne à sucre (*l'Enfant de la plantation,* 1932), au mysticisme et aux bandits d'honneur (*Os Cangaceiros,* 1953).

LINSELLES (59126), comm. du Nord, à 7 km à l'O. de Tourcoing ; 7 726 hab. *(Linsellois).* Industrie textile.

LINTEAU n. m. (anc. fr. *lintier,* seuil de la porte, du lat. *limitaris*). Support horizontal en bois, pierre, métal ou béton, fermant la partie supérieure d'une baie et soutenant la superstructure. (*Plate-bande* et *poitrail* sont des organes du même genre.)

LINTERS [linters] n. m. pl. (amér. *linters,* de l'angl. *lint,* filasse). Fibres très courtes, restant fixées sur les graines de certains cotonniers après l'égrenage.

LINTH (la), riv. de Suisse, née dans le massif du Tödi, affl. du lac de Zurich ; 53 km. Installations hydroélectriques.

LINTON (Ralph), anthropologue américain (Philadelphie 1893 - New Haven, Connecticut, 1953). Son œuvre majeure, *The Cultural Background of Personality* (1945), a été le point de départ des recherches modernes sur les phénomènes d'acculturation et de l'ethnopsychiatrie.

LINZ, v. d'Autriche, sur le Danube, ch.-l. de la prov. de Haute-Autriche ; 200 000 hab. Nombreuses églises et demeures anciennes. Musées, dont celui du Château. Troisième ville du pays, port fluvial, centre industriel (sidérurgie, chimie) et culturel (université, théâtre, édition et presse).

LINZERTARTE n. f. (de *Linz,* n. pr., et *tarte*). Tarte en pâte sablée, parfumée à la cannelle, garnie de confiture de framboises et couverte de croisillons en pâte. (Spécialité autrichienne.)

LIOLÈME n. m. (gr. *laimos,* gosier). Petit iguane vivipare et végétarien d'Amérique du Sud, qui a colonisé les régions froides, soit en latitude (Patagonie), soit en altitude (Andes jusqu'à 4 000 m).

LION n. m. (lat. *leo, -onis,* du gr. *leôn, -ontos*). **1.** Grand mammifère félidé carnivore d'Afrique et d'Asie occidentale. (→ *encycl.*) — **2.** Fam. *Avoir mangé du lion,* manifester une énergie, une vitalité ou une agressivité inaccoutumée. ‖ *La part du lion,* la plus grosse part, celle qui revient au plus fort. ‖ *Lion de mer,* nom donné à plusieurs espèces d'otaries de l'océan Indien et du Pacifique à cause de la longue crinière qui recouvre le cou des mâles.

◆ **lion, lionne** n. **1.** Symbole de la force, du courage, de la fougue. — **2.** Au XIXe s., jeune homme ou jeune femme riche, d'une élégance recherchée.

◆ **lionne** n. f. Femelle du lion. (Elle est dépourvue de crinière.)

ENCYCL. Le lion d'Afrique, présent au sud du Sahara, est le seul félin dont le mâle porte une crinière. C'est aussi, après le tigre, le plus gros félin actuel, pouvant atteindre 200 kg. Il vit en petits groupes sur un territoire de chasse strict, les mâles assurant la protection du groupe et du territoire, les femelles chassant et élevant les petits. Les proies sont des ruminants, des phacochères, des zèbres ou même des singes, mais fréquemment les lions se nourrissent de charognes. Le lion de l'Inde, à crinière réduite, est en voie de disparition.

LION (en lat. *Leo, -nis*), constellation zodiacale, entre le Cancer et la Vierge, dont l'étoile la plus brillante est Régulus*. — Cinquième signe du zodiaque, que le Soleil traverse du 22 juillet au 23 août.

LION *(golfe du),* golfe de la Méditerranée occidentale, entre le cap de Creus, à l'O., et le delta du Rhône, à l'E. Peu profond (large plate-forme continentale), il est bordé par la côte languedocienne, basse et lagunaire, jalonnée de petits ports de pêche. Depuis son aménagement, le littoral est surtout animé par le tourisme estival.

LION *(Petit)* [en lat. *Leo(nis) minor(is)*], petite constellation boréale, entre le Lion et la Grande Ourse, introduite par Hevelius, au XVIIe s.

Lion néerlandais *(ordre du),* ordre créé en 1815 par Guillaume Ier.

LIONCEAU n. m. Jeune lion.

LION-D'ANGERS (Le) [49220], ch.-l. de cant. de Maine-et-Loire, sur la Mayenne ; 3 137 hab. *(Lionnais).* Église romane avec peintures du XVIe s. Élevage de chevaux. Abattoir.

LIONDENT n. m. Syn. de LÉONTODON.

LIONNE → LION.

LIONNE (Hugues DE), marquis **de Berny,** homme d'État et diplomate français (Grenoble 1611 - Paris 1671). Conseiller d'État (1643), ministre d'État (1659), il devint secrétaire d'État aux Affaires étrangères (1663). Poussant à la guerre de Dévolution (1666) et préparant avec soin la guerre de Hollande, il put isoler un moment son principal adversaire : les Provinces-Unies.

LIONS (Jacques Louis), mathématicien français (Grasse 1928). Spécialiste de l'analyse mathématique des systèmes et de leur contrôle, il a été le promoteur en France des mathématiques appliquées et industrielles. — Son fils, Pierre-Louis **Lions** (Grasse 1956), a, par ses travaux fondés sur l'étude des équations aux dérivées partielles non linéaires, renouvelé l'approche de nombreux modèles mathématiques issus de domaines variés des sciences, des techniques ou de l'économie. (Médaille Fields 1994 ; Acad. des sc., 1994.)

LION-SUR-MER (14780), comm. du Calvados, au N. de Caen, sur la Manche ; 2 086 hab. Station balnéaire.

LIORAN (le) [15300 Laveissière], écart de la comm. de Laveissière (Cantal), au N. du plomb du Cantal. Station de sports d'hiver *(Superlioran),* à 1 160-1 855 m d'alt. dans la haute vallée de l'Alagnon. — Les *tunnels du Lioran* sont utilisés par la voie ferrée et une route de Clermont-Ferrand à Aurillac.

LIORET (Henri), ingénieur français (Moret-sur-Loing 1848 - Paris 1938). Il commercialisa le phonographe en France (1893). En 1905, avec Gaumont et les frères Laudet, il donna les principes de l'enregistrement optique des sons, en vue de créer un cinéma parlant. En 1910, il s'intéressa à l'enregistrement de phénomènes physiologiques.

LIOTARD (Jean Étienne), peintre suisse (Genève 1702 - *id.* 1789). Formé à Genève et à Paris, réputé comme portraitiste (pastels, dessins, huiles), il voyagea toute sa vie de capitale en capitale (Rome, Constantinople [v. 1740], Vienne, Paris, Londres, La Haye, Genève), recevant les commandes de l'aristocratie. Son art est scrupuleux et raffiné (*Mme d'Épinay,* v. 1759, musée d'Art et d'Histoire, Genève).

LIOTARD (Louis), explorateur français (Paris 1904 - en Chine 1940). Il effectua, avec A. Guibaut, deux expéditions aux confins de la Chine et du Tibet (1936-37 et 1939-40).

LIOTHEUM [-teɔm] n. m. Pou des oiseaux (mallophage), aux pattes munies de griffes, et qui abonde sur les oiseaux de basse-cour.

LIOUBERTSY, agglomération satellite de Moscou, à 20 km au S.-E. du Kremlin ; 165 000 hab. Nœud ferroviaire et centre industriel.

LIOUVILLE (Joseph), mathématicien français (Saint-Omer 1809 - Paris 1882). Il créa, en 1836, le *Journal de mathématiques pures et appliquées,* qui eut une influence profonde. Il a étudié les fonctions holomorphes et donné la première démonstration de l'existence des nombres transcendants. (Acad. des sc., 1839.)

LIPARI *(île),* la principale des îles Éoliennes, qui donne son nom à l'ensemble formé par ces dernières ; 37,6 km² ; 10 000 hab. Ch.-l. *Lipari* (4 000 hab.). Vignobles. — Au chef-lieu, *Castello de Lipari,* acropole occupée à partir du néolithique moyen (v. 4 000 ans av. J.-C.) ; dans son enceinte, cathédrale surtout du XIIIe s., vestiges gréco-romains, musée de préhistoire et d'archéologie. Centre touristique.

LIPARIDÉ n. m. Syn. de LYMANTRIIDÉ.

LIPARUS [-rys] n. m. (gr. *liparos,* gras). Gros charançon noir, nuisible aux carottes cultivées. (N. usuel *molyte.*)

LIPASE n. f. (gr. *lipos,* graisse). Enzyme digestive sécrétée par le pancréas, qui hydrolyse les esters d'acides gras de poids moléculaire élevé.

LIPATTI (Constantin, dit **Dinu**), pianiste roumain (Bucarest 1917 - Genève 1950). Interprète renommé de Chopin, Grieg, Schumann, il laisse en outre une discographie comprenant Bach et Mozart.

LIPCHITZ (Jacob LIPSCHITZ, dit **Jacques**), sculpteur lituanien naturalisé français, puis américain (Druskieniki 1891 - Capri 1973). Son œuvre, fortement marquée à Paris par le cubisme, structurée et synthétique (*le Marin à la guitare,* 1914, M. N. A. M.), a évolué vers les évidements, la « transparence » (*le Retour de l'enfant prodigue,* 1931). Puis, progressivement, surtout aux États-Unis à partir de 1941, l'artiste s'est tourné vers un baroquisme exacerbé, un lyrisme puissant que sert le choix des thèmes (*Prométhée en lutte avec le vautour,* 1944, musée de Philadelphie).

LIPÉMIE → LIPIDÉMIE.

LI PENG, homme politique chinois (Chengdu 1928). Succédant à Zhao Ziyang, il est Premier ministre depuis 1987.

LIPETSK, v. de Russie, près des mines de fer de la steppe de Koursk ; 460 100 hab. Métallurgie. Cimenterie. Engrais. — La ville a été fondée par Pierre le Grand en 1707.

LIPEURE n. m. (gr. *lipouros,* sans queue). Pou (mallophage) vivant sur les pigeons ou les oiseaux de basse-cour.

LIPHISTIOMORPHE n. m. Nom d'un très petit sous-ordre d'araignées primitives, à l'abdomen segmenté. (Syn. MÉSOTHÈLE.)

LIPIDE n. m. Corps gras d'origine animale ou végétale.

ENCYCL. Les lipides jouent un grand rôle dans les structures cellulaires, et leur fonction énergétique est importante. On distingue les triglycérides*, qui constituent les graisses de réserve de l'organisme, les stérides*, ou esters du cholestérol et d'un acide gras, et les lipides complexes, ou lipoïdes*.

LIPIDÉMIE ou **LIPÉMIE** n. f. Teneur du sang en lipides totaux (cholestérol et ses esters, triglycérides, phospholipides et acides gras libres). [Elle est normalement de 5 à 8 g par litre.]

LIPIDIQUE adj. Relatif aux lipides.

LIPIDOGRAMME ou **LIPOPROTÉINOGRAMME** n. m. Représentation graphique des différentes fractions des lipoprotéines contenues dans un liquide organique, séparées par électrophorèse.

LIPIZZAN n. m. Race autrichienne de chevaux, d'origine andalouse, dont les caractéristiques sont adaptées à la réalisation des figures de dressage de l'École espagnole de Vienne.

LIPMANN (Fritz Albert), biochimiste américain d'origine allemande (Königsberg 1899-Poughkeepsie, État de New York, 1986). Il a partagé le prix Nobel de physiologie et de médecine, en 1953, avec Krebs, pour la découverte de la coenzyme A.

LI PO → LI BO.

LIPOCHROME [-krom] n. m. Groupe de pigments solubles dérivés du carotène, qui colorent les graisses en jaune. (Les colorations rouge et jaune de beaucoup d'insectes [chrysomèles, coccinelles, etc.] sont dues aux lipochromes.)

LIPODYSTROPHIE n. f. Dystrophie du tissu adipeux, observée notamment aux points d'injection de l'insuline. (Syn. MALADIE DE BARRAQUER-SIMONS.)

LIPOGENÈSE n. f. Production de corps gras dans les organismes vivants.
ENCYCL. Chez les végétaux, les corps gras se forment dans la cellule appelée à les conserver. Chez les animaux, ils proviennent des graisses de l'alimentation (remaniées), des glucides (β oxydation), des protéines, enfin des tissus vivants eux-mêmes en cas de dégénérescence pathologique.

LIPOGRAMME n. m. (gr. *leipen,* laisser, et *gramma,* lettre). Œuvre littéraire dans laquelle on s'astreint à ne pas faire entrer une ou plusieurs lettres de l'alphabet.

LIPOÏDE n. m. Lipide complexe.

LIPOÏDIQUE adj. Qui a l'aspect de la graisse ou du tissu adipeux ; qui se rapporte à la graisse ou au tissu adipeux.

LIPOLYSE n. f. Hydrolyse enzymatique des graisses alimentaires sous l'action des lipases pancréatique et intestinale.

LIPOMATEUX, EUSE adj. (de *lipome*). Qui concerne la lipomatose.

LIPOMATOSE n. f. (de *lipome*). État morbide, caractérisé par l'apparition d'une quantité considérable de graisse dans l'hypoderme, sous forme de lipomes. (La lipomatose est souvent familiale.)

LIPOME n. m. (lat. sc. *lipoma,* du gr. *lipos,* graisse). Tumeur bénigne constituée de tissu graisseux siégeant sous la peau, au niveau du dos, du cou, de l'épaule.

LIPONÉOGENÈSE ou **NÉOLIPOGENÈSE** n. f. Formation de graisses à partir d'hydrates de carbone. (Elle se produit dans le foie et dans la cellule adipeuse.)

LIPOPHILE adj. Qui a de l'affinité pour les graisses.

LIPOPHILIE n. f. Affinité pour les graisses.

LIPOPHOBE adj. Qui n'absorbe pas ou peu les graisses.

LIPOPROTÉINE n. f. Combinaison d'une protéine et d'un lipide, forme moléculaire sous laquelle les lipides sont présents et véhiculés dans le sang.

LIPOPROTÉINOGRAMME → LIPIDOGRAMME.

LIPOPROTÉIQUE adj. Composé de lipides et de protéides.

LIPOPTÈNE n. m. Mouche pupipare suceuse de sang, qui se rencontre sur les cerfs ou les daims et qui perd ses ailes en automne.

LIPOSOLUBLE adj. Qui est soluble dans les graisses. (S'oppose à *hydrosoluble.*)

LIPOSOME n. m. **1.** Globule lipidique du cytoplasme cellulaire, constituant une réserve alimentaire. — **2.** Vésicule artificielle microscopique, à membrane lipidique, utilisée comme modèle d'étude des membranes biologiques et pour l'introduction de substances dans les cellules d'un organisme.

LIPOSUCCION n. f. Méthode de traitement des surcharges adipeuses des tissus, consistant à y introduire une fine canule de métal reliée à un moteur électrique qui crée le vide.

LIPOTHYMIE n. f. (gr. *lipothumia*). Malaise passager, avec pâleur, sueurs, tintement d'oreille, troubles de la vue, impression angoissante d'évanouissement immédiat et parfois perte de connaissance brève avec conservation des mouvements respiratoires et cardiaques.

LIPOTHYMIQUE adj. Relatif à la lipothymie ; qui présente une lipothymie.

LIPOTROPE adj. *Facteur lipotrope,* substance chimique qui se fixe de façon élective sur des graisses, permettant soit leur dégradation dans le foie, soit leur élimination hors du foie. (Les principales sont la choline, l'inositol, la méthionine, l'hormone lipocaïque et la bétaïne.)

LIPPE n. f. (moyen néerl. *lippe*). **1.** Lèvre inférieure épaisse et proéminente. — **2.** Fam. et vx. *Faire la lippe,* faire la moue, bouder.

LIPPE, riv. d'Allemagne, affl. du Rhin (r. dr.), traversant d'E. en O. le bassin de Westphalie ; 226 km.

LIPPE ou **LIPPE-DETMOLD,** anc. principauté, puis république (1918) de l'Allemagne du Nord. *Land* sous le IIIe Reich, la République de Lippe fut réunie au Land de Rhénanie-du-Nord-Westphalie en 1947.

LIPPE (*famille* DE), famille allemande qui régna sur la principauté de Lippe. Son fondateur fut BERNARD Ier (1113-1144). Les Lippe reçurent le titre de comte d'Empire en 1529. Après 1614, la famille se sépara en trois branches : les **Lippe-Brake** (disparus en 1709), les **Lippe-Alverdissen** (devenus en 1643 les **Schaumburg-Lippe**), et les **Lippe-Detmold** (qui accédèrent effectivement au rang de prince d'Empire en 1789). Une guerre de succession de dix ans porta au pouvoir à Detmold en 1905 une branche, dite **de Lippe-Biesterfeld,** qui régna jusqu'en 1918, date à laquelle la Lippe reçut une constitution républicaine.

LIPPERSHEY (Hans), opticien hollandais (Wesel v. 1570 - Middelburg 1619). Il a revendiqué en 1608, mais abusivement semble-t-il, l'invention de la lunette d'approche.

LIPPI, peintres italiens du quattrocento. — FRA FILIPPO (Florence v. 1406 - Spolète 1469), moine de 1421 à 1457, associe l'influence de Masaccio au souvenir du gothique tardif dans son *retable Barbadori,* auj. au Louvre (v. 1437), ou dans le *Couronnement de la Vierge* des Offices. En 1452, il remplace l'Angelico pour exécuter, avec une cohérence spatiale nouvelle, les fresques du chœur de la cathédrale de Prato, qu'il termine en 1464, non sans donner entre-temps de nombreux tableaux d'autel. La recherche de la beauté pure et celle d'une lumière modulée marquent, à la fin de sa vie, la *Madone* des Offices et les fresques de la cathédrale de Spolète. — Son fils FILIPPINO (Prato 1457 - Florence 1504) se distingue par son goût des teintes délicates ainsi que par un linéarisme et un rythme décoratif qui empruntent à Botticelli (*Vision de saint Bernard,* v. 1486, église de la Badia, Florence). La complexité de son œuvre s'explique par des influences diverses, dont celle de Léonard de Vinci. Dans le *Miracle de saint Philippe,* une des fresques de la chapelle Strozzi à S. Maria Novella, la dilatation de l'espace, un chromatisme transparent laissent pressentir le maniérisme.

LIPPIA n. m. (de A. *Lippi,* n. pr.). Arbuste méditerranéen voisin de la verveine, cultivé pour son odeur de citronnelle.

Lippincott, maison d'édition américaine, fondée à Philadelphie en 1836 par Joshua Ballinger Lippincott. Elle publie des ouvrages de littérature générale, de sciences, et des livres pour enfants.

LIPPMANN (Gabriel), physicien français (Hallerich, Luxembourg, 1845 - en mer, à bord du *France,* 1921). Il a étudié les phénomènes électrocapillaires, prévu la réversibilité de la piézoélectricité du quartz (qui fut vérifiée par P. et J. Curie) et inventé en 1891 un procédé de photographie en couleurs par une méthode interférentielle. (Prix Nobel de physique 1908.)

LIPPSTADT, v. d'Allemagne (Rhénanie-du-Nord-Westphalie), sur la *Lippe ;* 62 000 hab. Ancienne ville hanséatique. Constructions électriques.

LIPPU, E adj. (de *lippe*). Qui a une grosse lèvre inférieure, qui a de grosses lèvres : *Bouche lippue.*

LIPSCHITZ (Rudolf), mathématicien allemand (près de Königsberg, auj. Kaliningrad, 1832 - Bonn 1903). Ses contributions les plus importantes portent sur les invariants différentiels. Son nom reste lié à une condition du théorème d'existence de solutions des équations différentielles ordinaires.

LIPSE (Juste), nom francisé de **Joost Lips,** en lat. **Justus Lipsius,** humaniste flamand (Overijse, Brabant, 1547 - Louvain 1606). Converti au calvinisme, professeur à Iéna puis à Leyde, il rentra, en 1590, dans la communion catholique et enseigna à Louvain. Sa philosophie s'inspire du stoïcisme.

LIPTOVSKÝ MIKULÁŠ, v. de Slovaquie (Slovaquie-Centrale), dans la vallée supérieure du Váh ; 25 000 hab. Église gothique. Centre touristique près des grottes de la vallée Demänová. Bois. Textile.

LIPURIE n. f. Présence pathologique de graisses dans les urines.

LIQUATER [likwate] v. t. (de *liquation*) [conj. 3]. Soumettre à la liquation.

LIQUATION [likwasjɔ̃] n. f. (bas lat. *liquatio, -onis,* fusion du lat. class. *liquare,* liquéfier). **1.** Procédé métallurgique consistant à séparer deux corps dont l'un au moins est à l'état fondu, le corps à l'état solide étant séparé par filtration ou décantation. — **2.** Défaut d'homogénéité qui se produit dans les lingots d'alliage renfermant des éléments à points de fusion bien distincts.

LIQUÉFACTION n. f. (de *liquéfier*). **1.** Action de liquéfier ; fait de se liquéfier. — **2.** *Fam.* État d'amollissement, d'abattement physique et intellectuel. — **3.** Transformation du charbon naturel en produits hydrocarbonés liquides (pétroles synthétiques, carburants, lubrifiants) par action de l'hydrogène. (→ *encycl.* Charb.) — **4.** Procédé utilisé pour liquéfier les gaz en les refroidissant au-dessous de leur température critique. (→ *encycl.* Frigor.)

ENCYCL. **Charb.** *Liquéfaction du charbon.* Imaginée dès 1913 (Bergius, Allemagne), elle a été mise en œuvre en Allemagne pendant la Seconde Guerre mondiale et plus récemment en Afrique du Sud (usines Sasol) ; cependant ,les rendements restent faibles et les techniques peu fiables. On distingue : 1° les procédés d'hydrogénation indirecte, utilisant les produits de la gazéification pour fabriquer par synthèse des hydrocarbures liquides ou gazeux ; 2° les procédés d'hydrogénation directe, basés sur une réaction directe de l'hydrogène sur le charbon, en général avec un catalyseur, en phase gazeuse ou liquide. Toutes les recherches en cours portent sur ces procédés, souvent en phase liquide.

— **Frigor.** La température T à laquelle un gaz peut être liquéfié dépend de sa pression P, l'ensemble des couples (T, P) pour lesquels la liquéfaction

est possible constituant la courbe de condensation du gaz. Cette courbe est limitée vers le haut par le point critique* et vers le bas par le point triple*.
Tout gaz dont la température critique T_c est supérieure à la température ordinaire T_0 peut être liquéfié par compression isotherme à T_0. Par contre, tout gaz dont la température critique T_c est inférieure à T_0 doit être nécessairement refroidi au-dessous de T_c avant de pouvoir être liquéfié, ce qui peut se faire en plusieurs étapes *(liquéfaction en cascade).* Parlant d'un fluide dont la température critique T_c est supérieure à T_0' on le liquéfie par compression à T_0. En lui faisant subir une détente, le liquide est refroidi de T_0 à T_1, le long de la courbe de condensation. En le vaporisant à cette nouvelle pression, il produit du froid à T_1. Un autre gaz, dont le point critique est inférieur à T_0, mais supérieur à T_1, peut alors être liquéfié par compression à T_1, puis, après détente, vaporisé à une température T_2 encore plus basse. Ainsi, de proche en proche, tout gaz peut être refroidi au-dessous de son point critique et liquéfié.
La liquéfaction des gaz dont la température critique est très basse (oxygène : $T_c = 155$ K ; azote : $T_c = 126$ K ; hydrogène : $T_c = 33$ K ; hélium : $T_c = 5{,}2$ K) peut être obtenue soit « en cascade », soit en utilisant le gaz à liquéfier que l'on détend par apport de travail extérieur (machine à piston ou à turbine), soit par l'emploi de cryoréfrigérateurs fonctionnant en circuit fermé selon le cycle de Stirling.

LIQUÉFIABLE adj. Qui peut être liquéfié.

LIQUÉFIER v. t. (lat. *liquefacere,* de *liquere,* être liquide) [conj. **9**]. **1.** Faire passer un gaz ou un solide à l'état liquide : *Liquéfier de l'air.* — **2.** *Fam.* Faire perdre toute énergie, toute force à qqn : *Cette journée de canicule m'a liquéfié.*
◆ **se liquéfier** v. pr., **être liquéfié** v. pass. **1.** Passer à l'état liquide : *Goudron liquéfié à la chaleur.* — **2.** *Fam.* S'amollir, perdre toute énergie : *Il est complètement liquéfié après cette dure journée.*

LIQUETTE n. f. (de *limace 2). 1. Pop.* Chemise d'homme ou de femme. — **2.** Corsage mi-long de femme, dont la coupe s'inspire de la chemise d'homme.

LIQUEUR n. f. (lat. *liquor,* de *liquere,* être liquide). **1.** Boisson alcoolisée, préparée sans fermentation, à partir d'alcool, de produits végétaux, d'eau et de produits sucrés (sucre, caramel, miel) ; eau-de-vie sucrée ou non. — **2.** Toute préparation pharmaceutique liquide. (Les liqueurs renfermant des substances toxiques doivent porter le nom de « solutés ».) — **3.** *Liqueur d'attaque,* syn. de JUS D'ATTAQUE. ‖ *Liqueur dense,* liquide ou solution dense ; expression employée improprement pour SUSPENSION DENSE. ‖ *Liqueur de ménage,* boisson digestive alcoolisée, de préparation domestique, faite de sirop, d'eau-de-vie et de substances aromatiques. ‖ *Liqueur mère,* syn. de JUS D'ATTAQUE. ‖ *Vin de liqueur,* vin, tel le porto, ayant gardé une partie de son sucre naturel grâce au mutage des moûts à l'alcool.

LIQUIDABLE adj. Qui peut être liquidé.

LIQUIDAMBAR n. m. (esp. *liquidambar,* ambre liquide). Arbre balsamique (hamamélidacée) d'Amérique, de Chine et d'Asie Mineure, ornemental, et dont on extrait, selon l'espèce, le styrax liquide ou le copalme.

LIQUIDATEUR, TRICE n. **1.** Personne chargée d'une liquidation amiable ou judiciaire. — **2.** *Liquidateur judiciaire,* celui qui est nommé par le tribunal.

LIQUIDATIF, IVE adj. Qui concerne une liquidation, qui opère une liquidation.

LIQUIDATION n. f. (de *liquider*). **1.** Action de mettre fin à une situation difficile, en partic. par des mesures énergiques. — **2.** Action de se débarrasser d'une personne gênante en l'assassinant : *La liquidation d'un témoin gênant.*
• **Bours.** Règlement des opérations à terme et des opérations conditionnelles. — **Comm.** Cessation d'un commerce, d'une association, impliquant le recouvrement des créances, le règlement des dettes, la réalisation du stock et de l'installation, et l'attribution du solde aux ayants droit. ‖ Vente de marchandises à bas prix, soit pour une cessation de commerce, soit pour l'écoulement d'un stock indésirable. — **Dr.** Action de calculer et de fixer ce qui était indéterminé en toute espèce de compte. ‖ Ensemble des opérations préliminaires au partage d'une indivision. ‖ *Liquidation de la communauté,* détermination des droits de chaque époux en vue de la dissolution du régime matrimonial de communauté. ‖ *Liquidation des droits,* opération dont l'objet est de fixer la nature et le montant de la prestation sociale sollicitée. ‖ *Liquidation de l'impôt,* opération qui consiste, une fois déterminée la matière imposable dans sa nature et dans sa consistance, à calculer le montant de la dette du contribuable. (Dans tous les cas, on procède à la liquidation en appliquant un barème à la matière imposable.) ‖ *Liquidation judiciaire,* procédure judiciaire qui permet de réaliser l'actif et d'apurer le passif d'un commerçant, d'une société ou d'un artisan en état de cessation de paiement, en vue du règlement de ses créanciers. (→ *encycl.*) ‖ *Liquidation de succession,* opération fixant l'actif, le passif de la succession et les droits de chaque partie. ‖ *Liquidation de société,* partage amiable ou judiciaire de l'actif des sociétés entre les associés

après exécution des engagements de la personne morale et paiement de ses créanciers. — **Fin.** Fixation du montant exact d'une dépense publique préalablement engagée.

ENCYCL. La loi du 25 janvier 1985 a substitué la liquidation judiciaire à la liquidation des biens. Elle est prononcée en cas d'échec de la procédure de redressement judiciaire. L'entreprise est dessaisie de l'administration et de la disposition de ses biens. Les droits et actions concernant son patrimoine sont exercés par le liquidateur. Ses dirigeants encourent des sanctions patrimoniales, pénales, et des déchéances.

1. LIQUIDE adj. (lat. *liquidus*). **1.** Qui coule ou tend à couler : *Aliment liquide.* — **2.** Qui n'est pas épais, qui est de faible consistance : *Sauce trop liquide.* — **3.** *Consonne liquide* ou *liquide* (n. f.), consonne vocalique dont l'émission évoque auditivement un glissement continu de faible intensité, comme [l] et [ʀ].

◆ n. m. **1.** Corps qui se trouve à l'état liquide à la température et à la pression ordinaires : *L'eau est un liquide transparent et inodore.* — **2.** Aliment ou boisson liquide : *N'absorber que du liquide.* — **3.** Corps qui prend la forme du récipient qui le contient mais dont le volume est déterminé. (Dans l'état liquide, les molécules sont séparées par de faibles distances et sont soumises à une agitation thermique intense et aléatoire.) — **4.** *Liquide organique,* liquide qui circule dans l'organisme ou est sécrété par lui (sang, plasma, lymphe, liquide céphalo-rachidien, urines, sueur, etc.).

2. LIQUIDE adj. (ital. *liquido*). **1.** Se dit d'une créance, d'une dette qui est déterminée dans son montant. — **2.** *Argent liquide,* argent immédiatement disponible, en espèces, par oppos. aux chèques.

◆ n. m. Argent liquide : *Payer en liquide.*

LIQUIDER v. t. (de *liquide 2*) [conj. 3]. **1.** Vendre un bien, le réaliser en argent liquide : *Liquider des valeurs.* — **2.** Assainir une affaire de façon à régler ce que l'on doit et à récupérer ce qui est dû : *Liquider un compte.* — **3.** Vendre des marchandises à bas prix, pour les écouler plus rapidement : *Liquider un stock.* — **4.** *Fam.* Mettre fin à l'activité d'un commerce, d'une entreprise : *Le marchand de chaussures liquide son commerce.* — **5.** *Fam.* Régler définitivement un problème, une situation, etc., souvent par des moyens énergiques : *Liquider de vieilles querelles.* — **6.** *Fam.* Éliminer qqn, un groupe en les supprimant physiquement : *Liquider un adversaire politique.* — **7.** *Fam.* Consommer complètement un aliment ou vider un contenant : *Liquider un plat, son verre.* — **8.** Procéder à une liquidation.

LIQUIDIEN, ENNE adj. Qui renferme un liquide organique.

1. LIQUIDITÉ n. f. (lat. *liquiditas, -atis*). Qualité, état de ce qui est liquide, de ce qui coule : *Liquidité du sang.*

2. LIQUIDITÉ n. f. (de *liquide 2*). Caractère d'une dette, d'une créance, d'une somme d'argent qui est liquide, dont on peut disposer immédiatement.

◆ **liquidités** n. f. pl. **1.** Sommes immédiatement disponibles pour faire face à des dépenses, des dettes. — **2.** *Liquidités internationales,* moyens monétaires permettant les règlements des échanges internationaux. (→ *encycl.*)

ENCYCL. **Écon.** Les *liquidités internationales* comprennent les réserves possédées (or et avoirs en devises, droits de tirage ordinaires sur le Fonds monétaire international, droits de tirage spéciaux [D. T. S.] et or) et les possibilités d'emprunt (tranches de crédit du F. M. I. accordées sous certaines conditions, accords de swap, etc.).

LIQUIDUS [-dys] n. m. (lat. *liquidus,* liquide). Dans un diagramme de phases, courbe qui sépare un domaine monophasé liquide d'un domaine biphasé comprenant un liquide et une solution solide.

LIQUOREUX, EUSE adj. (de *liqueur*). **1.** Se dit de boissons alcoolisées, sucrées, de saveur douce : *Vin liquoreux.* — **2.** Qui relève des liqueurs : *Vapeurs liquoreuses.*

LIQUORISTE n. Fabricant de liqueurs alcoolisées.

LIQUORISTERIE n. f. Fabrication, industrie des liqueurs ; usine où on les fabrique.

1. LIRE v. t. (lat. *legere*) [conj. **106**]. **1.** Reconnaître les signes graphiques d'une langue, former mentalement ou à voix haute les sons que ces signes ou leurs combinaisons représentent et leur associer un sens : *Lire le chinois, le braille. Il ne sait ni lire ni écrire.* — **2.** Prendre connaissance du contenu d'un texte par la lecture : *Lire le journal.* — **3.** S'adonner à la lecture des livres : *Cet enfant ne lit pas assez.* — **4.** Énoncer à voix haute un texte écrit, pour le porter à la connaissance d'autrui : *Lire une histoire aux enfants.* — **5.** Savoir reconnaître de la musique, des notes en les parcourant des yeux. — **6.** Comprendre, pouvoir interpréter un ensemble de signes autres que ceux de l'écriture, une image, etc. : *Médecin qui lit une radio. Lire un graphique.* — **7.** Comprendre qqch, l'interpréter d'une certaine façon : *Une statistique qu'on peut lire de deux manières.* — **8.** En parlant d'un appareil, reproduire ce qui est enregistré. — **9.** Reconnaître une information présentée à un organe d'entrée ou stockée dans une mémoire, afin de la transmettre vers une autre unité de l'ordinateur. — **10.** Comprendre qqch, le discerner, le reconnaître à certains signes : *J'ai lu dans ses yeux du mépris.* — **11.** Prévoir l'avenir en interprétant des signes qu'on croit significatifs. — **12.** *Lire des yeux,* sans parler. ‖ *Lisez, il fallait lire,* introduit, dans les errata, la correction qu'il faut porter.

◆ **être lu** v. pass. Être objet de lecture pour le public : *Cet écrivain n'est plus très lu.*

◆ **se lire** v. pr. **1.** Être proposé à la lecture, pouvoir être compris, lu : *Livre qui se lit en deux heures.* — **2.** En parlant d'un sentiment, être visible sur le visage : *Un terrible entêtement se lisait sur son front.*

2. LIRE n. f. (ital. *lira,* du lat. *libra,* livre). Unité monétaire de l'Italie.

LIRETTE n. f. Tissage artisanal dont la chaîne est le plus souvent en coton ou en lin et la trame faite de fines bandes de tissu. (Au Québec, il est appelé CATALOGNE.)

LIRI, fl. d'Italie, cours supérieur du Garigliano ; 120 km.

LIROCONITE n. f. (gr. *leiros,* pâle, et *konia,* poussière). Arséniate hydraté naturel de cuivre et d'aluminium.

LIS ou, vx, **LYS** [lis] n. m. (anc. fr. **lil,* lis, pl. du lat. *lilium*). **1.** Plante (liliacée) bulbeuse ornementale des régions tempérées, à grandes fleurs blanches souvent très odorantes. (De nombreux hybrides sont cultivés.) — **2.** Fleur du lis blanc ; symbole litt. de la pureté, de la virginité. — **3.** *De lis,* d'une extrême blancheur : *Un teint de lis.* ‖ *Fleur de lis,* en France, emblème de la royauté. ‖ *Lis d'eau,* nom usuel du *nymphea blanc.* ‖ *Lis des Incas,* nom usuel de l'*alstrœmeria.* ‖ *Lis de mer,* nom usuel de l'*encrine.*

LISAGE n. m. (de *lire 1*). **1.** Analyse d'un dessin pour tissu mis en carte, afin de procéder au perçage des cartons. — **2.** Métier servant à faire cette analyse et à percer les trous des cartons. — **3.** Perçage des cartons.

LISBOA (Antônio Francisco) → ALEIJADINHO.

LISBOA (António Maria), poète portugais (Lisbonne 1928 - *id.* 1953), l'une des principales figures du surréalisme portugais (*Erro próprio,* 1952, conférence-manifeste ; *Poesia,* 1962).

LISBONNE, en port. **Lisboa,** cap. du Portugal, sur la rive droite du Tage (formant en amont la mer de Paille) ; 677 790 hab. (1,2 million dans l'agglomération).
— **Géogr.** Port important (12 Mt de trafic), centre administratif et commercial, la ville a été reconstruite après le tremblement de terre de 1755. Un pont, construit en 1966, traverse le Tage vers la rive sud industrialisée (sidérurgie, chimie, chantiers navals).
— **Hist.** Antique *Olisipo,* d'origine phénicienne, la ville s'est développée grâce à son activité commerciale. Occupée par les Maures en 716, reconquise en 1147, elle devint au XIIIe s. la capitale du Portugal. Son commerce fut favorisé par les grandes découvertes et la création de l'empire colonial portugais. En partie détruite par un séisme en 1755, elle fut reconstruite et embellie par Pombal. Après une stagnation à la suite de la perte du Brésil, Lisbonne a recouvré son activité au XXe s. Son centre historique a été gravement endommagé par un incendie en 1988.
— **Bx-arts.** Anc. château fort São Jorge. Cathédrale en partie romane. Tour de Belém, sur le Tage, et monastère des hiéronymites, caractéristiques de l'exubérance manuéline (début du XVIe s.). Église S. Vicente de Fora (fin XVIe s.). Place du Commerce, témoin du renouveau urbain postérieur au tremblement de terre de 1755. Musées d'Art ancien (peinture, notamment portugaise des XVe et XVIe s.), d'Archéologie et d'Ethnographie, de la Marine, des Carrosses, de la Fondation Gulbenkian, etc.

LISE n. f. (mot gaul.). Sable mouvant des bords de la mer.

LISERAGE n. m. (de *liserer*). Point exécuté avec du fil de métal, de coton, de soie ou de laine, dont on entoure un motif brodé afin de le faire ressortir.

LISERÉ ou **LISÉRÉ** n. m. **1.** Petite ganse ronde cousue au bord d'un vêtement. — **2.** Raie étroite bordant une étoffe, un ruban.

LISERER ou **LISÉRER** v. t. (de *lisière*) [conj. **19** ou **18**]. Border d'un liseré.

LISERON n. m. (de *lis*). Herbe (convolvulacée) grimpante, ornementale, dont les fleurs ont une corolle, aux pétales entièrement soudés en forme d'entonnoir à bord rond.

LISETTE n. f. Nom commercial donné au maquereau jeune.

1. LISEUR, EUSE n. (de *lire 1*). Personne qui aime à lire, lit beaucoup : *Grand liseur de romans policiers.*

◆ **liseuse** n. f. **1.** Couvre-livre mobile. — **2.** Petit couteau à papier, muni parfois d'un crochet, servant à marquer la page d'un livre. — **3.** Veste chaude et légère portée par les femmes pour lire au lit.

2. LISEUR, EUSE n. (de *lisage*). Ouvrier(ère) qui, dans les tissages de tissus façonnés, pratique le lisage.

LI SHIMIN → TANG TAIZONG.

LI SI ou **LI SSEU,** ministre chinois (280 ?-208 av. J.-C.). Politicien légiste, il eut une influence profonde sur les idées politiques de l'empereur de Chine Qin Shi Huangdi. Il unifia l'écriture, les lois, les poids et mesures, et conseilla au souverain la destruction de tous les livres non techniques.

LISIBILITÉ n. f. Qualité de ce qui est lisible.

LISIBLE adj. **1.** Qui peut être déchiffré sans peine : *Écriture à peine lisible.* — **2.** Qui peut être lu sans fatigue, sans ennui : *Un roman lisible pendant les vacances.* — **3.** Qui peut être décelé, vu : *Une contrariété lisible sur son visage.* — **4.** *Fig.* Qui est facilement intelligible et ne recèle pas d'élément caché : *Un projet, une action lisibles.*

LISIBLEMENT adv. De façon lisible.

LI SIEN-NIEN → LI XIANNIAN.

LISIER n. m. (mot de la Suisse romande, p.-ê. du lat. *lotium,* urine). Mélange, sous forme liquide, des excréments et des urines des bovins, porcins et ovins, avec quelques débris de fourrage et peu ou pas de litière, et destiné à servir d'engrais.

LISIÈRE n. f. (anc. fr. *liste,* bordure, du germ. *lista,* ou anc. fr. *lis,* fém. de *lice,* fil de trame). **1.** Bord, extrémité d'un lieu : *La lisière d'un champ.* — **2.** Végétation, rideau d'arbres qui sont en bordure d'une forêt ; plantes qui croissent sur le bord d'un terrain. — **3.** Bord longitudinal d'une pièce d'étoffe, parfois d'une armure différente et souvent d'une autre couleur que le reste de la pièce. ‖ Litt. *Tenir qqn en lisière(s),* limiter étroitement la liberté de qqn, le maintenir dans une étroite dépendance.

LISIEUX (14100), ch.-l. d'arrond. du Calvados, dans le pays d'Auge, sur la Touques ; 24 506 hab. *(Lexoviens).* Anc. cathédrale St-Pierre (XIIe-XIIIe s.). Église St-Jacques (v. 1500). Basilique Ste-Thérèse, élevée de 1929 à 1952 (pèlerinage). Musée. Industries alimentaires, mécaniques et électriques. Travail du bois.
— **Hist.** Capitale des Lexoviens, dont elle a pris le nom, dotée dès le VIe s. d'un évêché, rattaché depuis la Révolution au siège de Bayeux, la ville fut fréquemment prise et reprise par divers envahisseurs (Normands, Bretons, Anglais). Depuis le début du XXe s., Lisieux est un important centre de pèlerinage grâce au renom d'une religieuse de son carmel, sainte Thérèse de l'Enfant-Jésus (1873-1897).

LISLE-SUR-TARN (81310), ch.-l. de cant. de l'ouest du Tarn ; 3 607 hab. *(Lislois).* Église surtout du XIVe s. Vins blancs.

LISOIR n. m. Pièce de frottement recevant une partie du poids d'un véhicule ferroviaire et la transmettant à un bissel ou à un bogie par l'intermédiaire de ressorts.

LISP n. m. (abrév. de l'angl. *list processing,* traitement de liste). Langage de programmation permettant l'écriture de programmes sous forme de listes, destiné à la manipulation de symboles, et utilisé notamment en intelligence artificielle.

LISPECTOR (Clarice), femme de lettres brésilienne (Tchetchelnik, Ukraine, 1925 - Rio de Janeiro 1977). Juriste, critique littéraire, elle est l'auteur de contes et de romans (*l'Heure de l'étoile,* 1977) qui la situent parmi les écrivains les plus représentatifs du « nouveau roman » brésilien.

LISS (Johann), peintre allemand (Oldenburg v. 1597 - Venise 1630). Installé à Venise en 1621, il y a, comme Fetti et Strozzi, révolutionné la peinture. Il est allé plus loin que Rubens dans la désintégration de la touche, créant un langage pictural dont l'extraordinaire intensité rythmique se résout dans la lumière (*l'Inspiration de saint Jérôme,* église S. Niccolo dei Tolentini).

Lissa *(bataille de)* [20 juill. 1866], victoire de l'amiral autrichien Tegetthoff sur la flotte italienne de Persano, près de l'île de Lissa (auj. *Vis,* en Croatie). [→ *guerre* AUSTRO-PRUSSIENNE.]

1. LISSAGE n. m. (de *lisse 1*). Action de lisser qqch. • **Agroalim.** Homogénéisation du caillé, dans la préparation du fromage frais, par écrasement des grains entre des rouleaux ou par projection sur un obstacle. — **Arm.** Opération consistant à revêtir des grains de poudre d'un produit refroidisseur. — **Chir.** Syn. de LIFTING. — **Mar.** Syn. de BALANCEMENT* DES FORMES. — **Métall.** Opération qui consiste à lisser la surface intérieure d'un moule de fonderie après la sortie du modèle. — **Métrol.** Élimination des perturbations et des fluctuations rapides, dans les relevés de mesures d'un phénomène physique. — **Papet.** Opération effectuée au moyen d'une lisse ou d'une calandre sur le papier ou le carton. — **Peauss.** Opération consistant à donner du lustre, du brillant aux peaux et aux cuirs soit à la main, avec l'étire à glacer, soit avec une lissette, soit à la lisseuse. — **Pyrotechn.** Dans la fabrication des poudres en grains, opération consistant à rendre lisse la surface des grains ou à la durcir, ou à la modifier par un gélatinisant. — **Stat.** Opération statistique par laquelle on substitue, à un ensemble de points traduisant le résultat d'une série d'observations, une courbe dite *de lissage,* continue et sans points anguleux ; réalité économique traduite par cette courbe. — **Text.** Lavage pratiqué sur les rubans de laine peignée.

2. LISSAGE n. m. (de *lisse 4*). Action de disposer les lisses d'un métier à tisser suivant le genre d'étoffe que l'on veut obtenir.

LISSAJOUS (Jules), physicien français (Versailles 1822 - Plombières-lès-Dijon 1880). Il a étudié les vibrations transversales des lames élastiques ainsi que la composition de plusieurs mouvements vibratoires par un procédé optique (1873).

Lissajous *(courbe de),* courbe décrite par un point dont le mouvement résulte de la composition de deux mouvements sinusoïdaux perpendiculaires l'un à l'autre. Sur un oscillographe, deux mouvements de périodes égales donnent des ellipses ; si une période est double de l'autre, on obtient des quartiques, etc.

1. LISSE adj. (de *lisser 1*). 1. Dont la surface est unie, polie, sans aspérités : *Avoir le visage lisse après s'être rasé.* — 2. *Canon à âme lisse,* canon dont l'âme ne présente pas de rayures.

2. LISSE n. f. (var. de *lice,* du frq. **listja,* barrière). 1. Dans la construction navale en acier, raidisseur secondaire longitudinal, qui supporte les tôles des ponts, des bordés ou des fonds du navire. — 2. Pièce de bois ou barre métallique fixée sur des montants et servant, sur un bateau, de garde-corps. (Syn. MAIN COURANTE.) — 3. Petit longeron reliant les couples d'un fuselage ou les nervures d'une aile d'avion et conférant une forme régulière à l'ensemble.

3. LISSE n. f. (de *lisser 1*). Type de calandre à rouleaux métalliques polis, utilisée pour conférer à un papier ou à un carton un certain uni de surface.

4. LISSE ou **LICE** n. f. (lat. pop. **licia,* du lat. class. *licium*). 1. Fil de métal portant un maillon ou une lamelle allongée percée d'un trou, dans lequel passe un fil de chaîne. (Les lisses peuvent être regroupées sur une même lame, ou commandées individuellement [tissage Jacquard].) — 2. *Tapisserie de lisse,* tapisserie exécutée avec des fils de trame colorés passés à la navette entre des fils de chaîne tendus sur un métier à lisses (*métier de basse lisse,* portant la tapisserie horizontalement, ou *métier de haute lisse,* la portant verticalement). [→ *encycl.*]

ENCYCL. **Tapiss.** Dans le *métier de basse lisse,* les lisses sont regroupées en deux séries sur les bâtons de lame qui, commandés par les marches (pédales), séparent la chaîne en fils impairs et en fils pairs. Dans le *métier de haute lisse,* seule la nappe arrière des fils de chaîne passe à travers les lisses fixées sur la perche de lisse ; en exerçant une traction sur les lisses, le lissier attire les fils de chaîne arrière sur l'avant.

LISSÉ n. m. Stade de la cuisson du sucre qui convient pour la préparation des entremets et de la confiserie.

LISSEAU n. m. (anc. fr. *lis,* lisière d'une étoffe). Peloton de fil ou de ficelle.

LISSENCÉPHALE adj. Se dit d'un mammifère dont le cortex cérébral est dépourvu de circonvolutions (par oppos. à *gyrencéphale*). [Un mammifère de petite taille est en général plus lissencéphale qu'un animal de grande taille du même groupe.]

1. LISSER v. t. (lat. *lixare*) [conj. 3]. 1. Rendre lisse. — 2. Procéder à l'opération de lissage.

2. LISSER v. t. (de *lisse 4*) [conj. 3]. Exécuter l'opération du lissage sur un métier à tisser.

1. LISSETTE n. f. (de *lisser 1*). Outil utilisé pour le collage des similicuirs et des moquettes, pour le lissage des cuirs ou des coutures.

2. LISSETTE n. f. (de *lisse 4*). Petite lisse du métier à tisser.

LI SSEU → LI SI.

LISSEUR, EUSE n. Ouvrier(ère) qui fabrique les lisses des métiers à tisser.

LISSEUSE n. f. 1. Machine employée pour lisser le cuir, le papier, le carton, les étoffes, etc. — 2. Appareil servant au lissage du caillé. — 3. Machine sur laquelle s'effectue le lissage des rubans de laine peignée.

LISSIER ou **LICIER** n. m. 1. Ouvrier qui monte les lisses d'un métier à tapisserie. — 2. Personne qui exécute des tapisseries de lisse. (On distingue *haute-lissiers* et *basse-lissiers.*)

LISSITCHANSK, v. d'Ukraine, dans le Donbass ; 127 000 hab. Centre minier. Sidérurgie.

LISSITZKY (Lazare, dit **El**), peintre, designer et théoricien soviétique (Potchinok, gouvern. de Smolensk, 1890 - Moscou 1941). Ingénieur de formation, marqué par le suprématisme de Malevitch, il a élaboré à partir de 1919 un art abstrait personnel avec les *Prooun* (sigle de « projet d'affirmation du nouveau »), qui allient peinture et relief et relèvent de la prospective architecturale. Ses nombreuses activités (illustration et typographie, peinture, décoration, etc.) lui ont conféré une grande audience.

LISSOIR n. m. 1. Outil de mouleur, utilisé pour lisser le sable d'un moule de fonderie. — 2. Instrument osseux dont l'une des extrémités était lustrée par un polissage intense (paléolithique supérieur).

LISSORHOPTRUS [-trys] n. m. (du gr. *rhoptron,* marteau). Charançon des États-Unis, gravement nuisible aux rizières.

LISSOTRICHE [-trik] adj. Qui a les cheveux raides.

LIST (Friedrich), économiste allemand (Reutlingen 1789 - Kufstein 1846). Il défendit, l'un des premiers, l'idée de l'union douanière *(Zollverein),* prélude à la formation de l'unité allemande, et s'opposa au libre-échange. La nation en voie de développement doit, selon lui, être garantie temporairement par un système de protection pour permettre le démarrage de l'industrie.

LIST (Wilhelm), maréchal allemand (Oberkirchberg, Wurtemberg, 1880 - Garmisch-Partenkirchen 1971). Il commanda la XIVe armée en Pologne (1939), puis la XIIe armée en France (1940) et dans les Balkans (1941). Nommé commandant en chef du front « sud-est », il envahit la Yougoslavie et la Grèce. En désaccord avec Hitler, il démissionna (sept. 1942). Condamné à vie au procès de Nuremberg (1948), il fut gracié en 1952.

LISTAGE n. m. **1.** Action de lister. — **2.** En informatique, syn. de LISTING.

1. LISTE n. f. (ital. *lista,* du germ. **lista,* bord). **1.** Suite de mots, de nombres, de noms de personnes, de choses le plus souvent inscrits l'un au-dessous de l'autre : *Faire la liste des absents.* — **2.** Longue énumération : *La liste de ses crimes est impressionnante.* — **3.** Dans le cadre d'un scrutin plurinominal, ensemble des candidats d'un même parti ou d'une même tendance. (La liste est dite bloquée lorsque les modalités du scrutin obligent l'électeur à voter pour une liste entière sans aucune modification.) — **4.** Ensemble d'enregistrements mémorisés sur un ordinateur et reliés en chaîne les uns aux autres, chaque enregistrement contenant l'adresse de l'enregistrement suivant ; plus généralement, tout ensemble structuré d'éléments d'informations. — **5.** En informatique, syn. de LISTING. — **6.** *Liste d'attente,* ensemble des personnes qui attendent qu'une place se libère pour l'obtenir, dans l'ordre d'inscription sur la liste. ‖ *Liste civile,* somme allouée annuellement à certains chefs d'État. ‖ *Liste de contrôle,* syn. de CHECK-LIST. ‖ *Liste de mariage, de baptême,* ensemble des cadeaux sélectionnés chez un commerçant par les futurs bénéficiaires à l'intention de leurs amis désireux de marquer par leur achat certaines occasions (mariage, naissance, etc.). ‖ *Liste noire,* ensemble de personnes que l'on considère avec suspicion et avec lesquelles on s'interdit certaines transactions.

2. LISTE n. f. (germ. *lîsta,* lisière). Tache de poils blancs, généralement allongée, sur le chanfrein et le front, qui marque la tête de certains chevaux.

LISTEL ou, vx, **LISTEAU** n. m. (ital. *listello*). **1.** Moulure plate saillante, sorte de filet ou de réglet employé, notamment, en combinaison avec une ou deux moulures creuses. — **2.** En héraldique, ornement extérieur de l'écu qui a la forme d'une banderole ou d'un ruban et porte la devise ou le cri de guerre. — **3.** Sur chaque côté d'une pièce de monnaie, cercle périphérique présentant une saillie supérieure à celles du type et de la légende. — **4.** Petite bande de peau bordant l'arête des remplis à l'intérieur de la couverture d'un livre à relier.

LISTER v. t. (de *liste 1*) [conj. 3]. **1.** Mettre des personnes, des choses en liste, sur une liste. — **2.** Imprimer en continu, article par article, tout ou partie des informations traitées par un ordinateur.

LISTER (Joseph LISTER, 1er *baron*), chirurgien britannique (Upton, Essex, 1827 - Walmer, Kent, 1912). Professeur de chirurgie à Glasgow (1860), il montra l'importance de l'asepsie (1867).

LISTÈRE n. f. (lat. sc. *listera,* de *Lister,* n. pr.). Orchidée des bois et des prés, à deux grandes feuilles opposées entre lesquelles s'élève une hampe de fleurs.

LISTERIA n. f. Genre bactérien composé de bacilles Gram positif, pathogène pour l'homme et les animaux.

LISTÉRIOSE n. f. Affection due à un germe du genre listeria. (Elle peut provoquer chez le nouveau-né une infection septicémique ou méningée grave, parfois mortelle. Elle existe également chez les animaux.)

LISTING [listiɲ] n. m. (angl. *listing*). **1.** Document où figure, dans un domaine donné, la liste la plus complète possible de personnes ou de choses, ou qui reproduit une liste. — **2.** Sortie sur une imprimante du résultat d'un traitement par ordinateur. (Syn. LISTAGE pour cette opération et LISTE pour son résultat.)

LISTON n. m. (esp. *listón,* du germ. *lîsta,* bordure). Moulure disposée à l'extérieur d'un navire, tout le long de la muraille, et servant d'ornement ou de ceinture de protection contre les chocs.

LISTRAC-MÉDOC (33480), comm. de la Gironde, aux confins du Médoc et des Landes ; 1 824 hab. Église du XIIe s. Vins rouges et surtout vins blancs.

LISU ou **LI-SOU,** population tibétobirmane de Chine du Sud, de Birmanie et de Thaïlande du Nord, estimée à 400 000 membres.

LI SUN-SIN ou **YI SUN-SIN,** amiral coréen (1545-1598). Il infligea une sévère défaite à la flotte d'invasion japonaise en 1592, puis la détruisit complètement en 1598.

LISZT (Franz), compositeur et pianiste hongrois (Doborján, Hongrie, auj. Raiding, Autriche, 1811 - Bayreuth 1886). Virtuose du piano déjà enfant, élève de Czerny et de Salieri, il vient à Paris (1823) où il fréquente les salons. Il y rencontre Marie d'Agoult, de qui il s'éprend (1834) et qui lui donnera trois enfants (dont Cosima, qui épousera Wagner). Il parcourt l'Europe en virtuose triomphant puis devient maître de chapelle (1842-1853) à Weimar où il se lie avec la princesse de Sayn-Wittgenstein et se

consacre à la composition. Installé à Rome en 1862, il y reçoit les ordres mineurs (1865) et se partage entre Budapest, Weimar, où il donne des cours, Rome et Bayreuth.
Ses œuvres principales sont : pour le piano, 12 *Études d'exécution transcendante* (1851), *Album d'un voyageur* (1836) transformé en *Années de pèlerinage* (1849), *Harmonies poétiques et religieuses* (1835-1853), 19 *Rhapsodies hongroises* (1846-1885), *Sonate en « si » mineur* (1853), 2 concertos, *Méphisto-valse, Bagatelle sans tonalité* (1885) ; pour l'orchestre : 12 poèmes symphoniques (les *Préludes,* 1850 ; *Mazeppa,* 1854), des symphonies à programme, la *Faust-symphonie* (1854) et la *Dante-symphonie* (1856), toutes deux avec chœurs ; pour l'église : *Messe de Gran* (1855), *Missa choralis* (1865), *Deux Légendes* pour piano (1863), des motets, des psaumes, des oratorios (*Christus,* 1867).

LIT n. m. (lat. *lectus*). **1.** Meuble sur lequel on se couche pour dormir ou se reposer : *S'allonger sur son lit.* — **2.** Partie fixe de ce meuble, charpente sur laquelle repose le sommier : *Lit métallique.* — **3.** Sommier, matelas sur lesquels on se couche : *Avoir un lit dur.* — **4.** Ensemble des draps, des couvertures qui garnissent le lit : *Le lit était tout défait.* — **5.** Place considérée comme unité de capacité d'accueil dans un hôpital, une clinique, un lieu de résidence, etc. : *Un service hospitalier de 100 lits.* — **6.** Tout ce qui, sur le sol, peut être utilisé pour se coucher, s'étendre : *Faire la sieste sur un lit de feuillage.* — **7.** Couche horizontale d'une matière ou d'objets quelconques sur laquelle vient reposer qqch : *Poisson présenté sur un lit de fenouil.* — **8.** Partie du fond de vallée où s'écoulent les eaux d'un cours d'eau. (On distingue le *lit majeur,* ou *plaine inondable,* occupé par les eaux seulement lors des crues, et le *lit apparent,* dit aussi *mineur, ordinaire* ou *permanent.*) — **9.** *Aller, se mettre, être au lit,* se coucher, être couché. ‖ *Au saut du lit,* au moment du réveil, du lever. ‖ Litt. *Avoir le lit et le couvert chez qqn,* y être hébergé. ‖ *Du même lit, du premier, du second lit,* nés du même mariage, d'un premier, d'un second mariage. ‖ *Être cloué au lit, garder le lit,* être malade. ‖ Fam. *Être tombé du lit,* se lever tôt ou plus tôt que de coutume. ‖ Litt. *Faire le lit de,* favoriser, volontairement ou non, le développement d'un phénomène jugé néfaste. ‖ *Faire lit à part,* coucher séparément, en parlant de deux époux. ‖ *Faire un lit,* y disposer les draps et les couvertures pour qu'on puisse s'y coucher ; rabattre les draps, couvertures et dessus-de-lit pour la journée. ‖ *Lit de parade,* lit sur lequel on expose un mort de haut rang avant son inhumation. ‖ *Mourir dans son lit,* mourir chez soi d'une mort naturelle. ‖ *Tirer, sortir qqn du lit,* l'obliger à se lever. • **Assain.** *Lit bactérien,* couche de matériaux très divisés sur laquelle ruissellent les eaux usées pendant que se développent les micro-organismes qui en assurent l'épuration. ‖ *Lit de séchage,* couche de matériaux granuleux qui favorise l'égouttage et le séchage des boues résiduaires. — **Bât.** Surface d'une assise de pierres de taille. ‖ Intervalle de deux assises superposées, rempli ou non de liant. ‖ *Lit rayonnant* ou *lit en coupe,* pan oblique par lequel un claveau s'appuie sur le claveau voisin. (Syn. JOINT EN COUPE, DE FACE OU DE TÊTE.) ‖ *Pose sur lit,* pose d'un bloc réalisée de telle sorte que le plan moyen correspondant aux lits de carrière du bloc soit horizontal dans le cas d'une assise, perpendiculaire à la courbe dans le cas d'un arc. (Contr. POSE EN DÉLIT.) — **Chim.** Couche de matières divisées, généralement peu épaisse. (On distingue les *lits fixes* et les *lits fluidisés.*) — **Géol.** Plus petite subdivision lithologique d'une formation sédimentaire. — **Hist.** *Lit de justice,* lit sous dais où siégeait le roi dans un angle de la grand-chambre du parlement ; séance royale du parlement. — **Mar.** *Lit du courant,* endroit où le courant a le plus de force. ‖ *Lit du vent,* direction dans laquelle souffle le vent. — **Méd.** *Lit mécanique,* lit muni d'un dispositif d'élévation au moyen duquel les malades et blessés qui doivent rester allongés sur le dos sont soulevés. ‖ *Lit orthopédique,* lit permettant de placer les malades dans l'inclinaison et la position voulues. — **Min.** Séparation naturelle de la masse de roche en bancs, selon une direction horizontale ou oblique. ‖ *En lit,* se dit d'une dalle, d'un morceau obtenus par sciage parallèle au lit. (La résistance à l'écrasement d'un tel élément sera, en général, supérieure à celle d'un élément taillé *en délit.*) [Syn. À PASSE.] — **Mobil.** Rideaux, draperies qui garnissent un lit (par ex. *lit d'indienne*). ‖ *Lit de bout* ou *à la française,* lit à un seul dosseret (chevet), placé perpendiculairement au mur. ‖ *Lit de jour* ou *de repos,* petite couche basse dont il a existé de nombreuses variétés (chaise longue, duchesse, sultane, méridienne, divan). ‖ *Lit de travers* ou *à la polonaise,* lit à deux dosserets (chevet, pied), placé en long contre un mur.

LITAGE n. m. Fait, pour une formation sédimentaire, de comporter des lits.

LI TAIBO ou **LI T'AI-PO** → LI BO.

LITAIZE (Gaston), organiste et compositeur français (Ménil-sur-Belvitte, Vosges, 1909 - Fays, Vosges, 1991). Titulaire de l'orgue de St-François-Xavier à Paris (à partir de 1946), virtuose et improvisateur, il a écrit pour son instrument 12 *Pièces* (1939), 24 *Préludes liturgiques* (1954) et une *Grand-Messe pour tous les temps* (1956).

LI TANG ou **LI T'ANG,** peintre chinois (Heyang, Henan, v. 1050 - région de Hangzhou apr. 1130).

Paysagiste de l'académie impériale de Kaifeng, il suit les Song à Hangzhou et assure la transition entre la tradition monumentale du Nord (→ FAN KUAN) et la charge émotionnelle des paysages du Sud.

LITANI, en ar. **Nahr al-Līṭānī,** fl. du Liban ; 160 km. Né à l'O. de Baalbek, il suit la Beqaa, puis pénètre dans la montagne par des gorges et, après un coude brusque, s'oriente vers la Méditerranée qu'il atteint au N. de Tyr. Il est utilisé pour l'hydroélectricité et l'irrigation. C'est le *Leontes* de l'Antiquité.

LITANI → MARONI.

LITANIE n. f. (lat. ecclés. *litania,* du gr. *litaneia,* prière). *Fam.* **1.** Énumération longue et ennuyeuse : *Faire une longue litanie de ses prouesses.* – **2.** *C'est toujours la même litanie,* c'est toujours la même répétition ennuyeuse.
◆ **litanies** n. f. pl. Série dialoguée de supplications ou d'acclamations liturgiques adressées à Dieu, ou aux saints.

LITAS n. m. Unité monétaire principale de la Lituanie.

LIT-CAGE n. m. (pl. *lits-cages*). Lit métallique pliant.

LI TCH'ENG → LI CHENG.

LITCHI, LETCHI ou **LYCHEE** n. m. (chin. *li-chi*). **1.** Arbre originaire d'Extrême-Orient, cultivé dans les régions tropicales humides pour son fruit et son bois. – **2.** Fruit du litchi, écailleux, rose, qui se présente en grappes lâches, et dont la graine est entourée d'une pulpe blanche savoureuse. (On consomme le litchi frais ou conservé au sirop.)

LITÉ, E adj. Se dit d'une formation géologique présentant des lits.

1. LITEAU n. m. (anc. fr. *listel,* bande). **1.** Dans le linge de table, raies bleues ou rouges allant d'une lisière à l'autre. – **2.** Petit débit de sapin ou de peuplier, de section carrée (25 × 25 mm) ou rectangulaire (20 × 38 mm). [En couverture, syn. LATTE.] – **3.** Tasseau de bois cloué contre un mur pour supporter une tablette ou servir d'appui.

2. LITEAU n. m. (de *lit*). *Vx.* Endroit où le loup dépose et élève ses petits.

LITÉE n. f. (de *lit*). **1.** Réunion d'animaux dans un même repaire. – **2.** Portée d'une femelle, notamment la femelle du sanglier.

1. LITER v. t. (de *lit*) [conj. 3]. Ranger, par lits superposés, des poissons salés dans les caques ou tonneaux.

2. LITER v. t. (de *liteau 1*) [conj. 3]. Garnir d'un liteau.

LITERIE n. f. (de *lit*). Tout ce qui concerne l'équipement d'un lit (sommier, matelas, oreiller, couverture, etc.).

LITHĀM [litam] n. m. (ar. *lithām*). **1.** Voile dont les femmes musulmanes se couvrent le visage. – **2.** Pièce d'étoffe qui cache la partie inférieure de la figure chez certains peuples musulmans (Touareg, etc.).

LITHARGE n. f. (gr. *litharguros,* pierre d'argent). Forme orthorhombique du protoxyde de plomb PbO obtenue vers 650-700 °C. (La litharge sert à fabriquer du cristal, des émaux, des verres techniques et permet d'obtenir divers composés chimiques du plomb [pigments, siccatifs, etc.].)

LITHERGOL n. m. **1.** Propergol composé d'un ergol liquide et d'un ergol solide. (Syn. PROPERGOL HYBRIDE.) – **2.** *Moteur-fusée à lithergols,* moteur-fusée dont la chambre de combustion est une enceinte remplie d'un ergol solide, dans laquelle est injecté un ergol liquide au cours du fonctionnement. (Syn. MOTEUR-FUSÉE HYBRIDE.)

LITHIASE n. f. (gr. *lithiasis*). Formation de calculs dans un appareil glandulaire ou dans un réservoir de l'organisme.
ENCYCL. • *Lithiase biliaire.* Les calculs biliaires peuvent être formés de cholestérol (en général unique ou au nombre de trois ou quatre au plus), ou de cholestérol et de pigments biliaires (les plus fréquents, très nombreux dans une même vésicule), de biliburine (petits, multiples, durs) ou de carbonate calcique (extrêmement rares, occupant toute la vésicule). La migration du calcul vers le canal cystique et le cholédoque provoque une crise de colique hépatique. Des épisodes infectieux (cholécystite) peuvent survenir, ou des blocages de la voie biliaire principale, provoquant un ictère.
• *Lithiases des glandes salivaires.* La lithiase sous-maxillaire est beaucoup plus fréquente que la lithiase parotidienne.
• *Lithiase du rein et des voies urinaires.* C'est la gravelle de l'ancienne médecine. Les calculs sont des oxalates ou des phosphates de calcium ; lorsque s'y associe une infection urinaire, les calculs sont alors constitués de phosphates ammoniaco-magnésiens. Les calculs formés au niveau du rein peuvent migrer sur le trajet des voies urinaires, provoquant ainsi des coliques néphrétiques.

LITHIASIQUE adj. et n. Qui concerne la lithiase ; atteint d'une lithiase.

LITHIÉ, E adj. Qui contient du lithium.

LITHIFICATION n. f. Syn. de LAPIDIFICATION.

LITHIFIÉ, E adj. Se dit d'un dépôt sédimentaire meuble ayant subi la lapidification.

LITHINE n. f. Hydroxyde de lithium LiOH.

LITHINÉ, E adj. Qui contient de la lithine.

LITHINIFÈRE adj. Qui contient du lithium.

LITHIQUE adj. **1.** Relatif à l'industrie préhistorique de la pierre. – **2.** Qui contient des débris de roches.

LITHIUM [-tjɔm] n. m. (lat. sc. *lithion,* du gr. *lithos,* pierre). Métal alcalin, le plus léger de tous les métaux. (Élément de symbole Li.)
ENCYCL. Solide blanc dont les composés colorent la flamme en rouge, le lithium se trouve dans la nature sous forme de phosphates et surtout de silicates, comme les lépidolites, dont le lithium est extrait par électrolyse. Le lithium se combine avec l'oxygène, le chlore et l'azote. Le nitrure Li_3N décompose l'eau à froid, avec production de lithine et d'hydrogène.

Numéro atomique : 3
Masse atomique : 6,941
Température de fusion : 180,54 °C
Masse volumique : 0,53 g/cm^3

Dans un réacteur nucléaire à fusion du type Tokamak*, le lithium constitue l'un des deux matériaux de base nécessaires, l'autre étant le deutérium.
Les sels de lithium sont utilisés en psychiatrie comme régulateurs de l'humeur.

LITHO n. f. *Fam.* Lithographie.

LITHOBIE n. m. Myriapode chilopode roux, carnassier, très commun dans les jardins.

LITHOCOLLETIS [-letis] n. f. Petite teigne mineuse de feuilles, nuisible, selon l'espèce, aux platanes ou aux arbres fruitiers.

LITHODOME n. m. (gr. *lithodomos*). Syn. de LITHOPHAGE.

LITHOGRAPHE n. **1.** Ouvrier ou artiste utilisant les procédés de la lithographie. – **2.** *Imprimeur lithographe,* qui imprime par les procédés de la lithographie.

LITHOGRAPHIE n. f. **1.** Art de reproduire par impression les dessins tracés avec une encre ou un crayon gras sur une pierre calcaire. – **2.** Feuille, estampe imprimée par ce procédé. (Abrév. fam. LITHO.)
ENCYCL. Inventée par A. Senefelder en 1796, la lithographie consiste à dessiner, sur un bloc de calcaire à grain très fin, des images imprimables. C'est grâce à l'antagonisme entre l'eau et les corps gras que l'impression est réalisable avec ce procédé. L'encre des zones encrées, l'eau sur les régions vierges pénètrent légèrement dans les pores de la pierre et s'y fixent. Diverses techniques sont utilisées en lithographie : le dessin direct (au crayon lithographique, à la plume, au pinceau...), le dessin indirect ou dessin de report*, les procédés photomécaniques (photolithographie). La métallographie utilise une feuille de zinc ou d'aluminium en remplacement de la pierre. L'offset, enfin, est un procédé photomécanique dérivé de la lithographie.

LITHOGRAPHIER v. t. (conj. 9). Imprimer par les procédés de la lithographie.

LITHOGRAPHIQUE adj. **1.** Relatif à la lithographie. – **2.** Se dit d'un calcaire homogène à grain très fin, facile à polir et à graver et utilisé de ce fait en imprimerie. – **3.** *Crayon lithographique,* sorte de crayon gras utilisé pour dessiner sur la pierre lithographique. ‖ *Encre lithographique,* encre grasse pour lithographie.

LITHOLOGIE n. f. **1.** Syn. anc. de PÉTROGRAPHIE. – **2.** Nature des roches constituant une formation géologique.

LITHOLOGIQUE adj. Relatif à la lithologie.

LITHOMANTIS [-tis] n. m. (du gr. *mantis,* cigale). Insecte du carbonifère d'Écosse, remarquable par la présence d'ailerons prothoraciques étalés, qui seraient le vestige d'une paire d'ailes prothoraciques.

LITHOMARGE n. f. Zone d'altération profonde, souvent tachetée et argileuse, riche en kaolinite, à la base des sols ferrallitiques des pays tropicaux humides.

LITHOPÉDION n. m. (du gr. *paidion,* petit enfant). Embryon ou fœtus mort et calcifié.

LITHOPHAGE n. m. Moule phosphorescente à la coquille presque cylindrique, qui à l'état adulte, perfore les roches les plus dures. (Comestible, le lithophage est vendu sur les marchés sous le nom de *datte de mer.*) [Syn. LITHODOME.]

LITHOPHANIE n. f. Procédé utilisé jusqu'à la fin du XIXe s. pour reproduire dans la porcelaine ou la pâte de verre un sujet avec des effets gradués de transparence.

LITHOPHILE adj. Se dit d'un élément concentré dans l'écorce terrestre et fréquemment associé à l'oxygène.

LITHOPHONE n. m. Idiophone composé de pierres sonores taillées et polies, frappées avec des baguettes.

LITHOPONE n. m. Pigment blanc, constitué par du sulfure de zinc et du sulfate de baryum, entrant dans la composition d'enduits et de peintures de bâtiment.

LITHOSIE [-zi] n. f. Papillon aux ailes postérieures pliantes, et dont la chenille vit sur les lichens.

LITHOSOL n. m. Sol initial, constitué uniquement d'une roche mère dure, fragmentée, et plus ou moins mobile (éboulis).

LITHOSPHÈRE n. f. Zone formant l'une des enveloppes concentriques du globe terrestre, surmontant l'asthénosphère, d'épaisseur variant de 70 km (sous les océans) à 150 km (sous les continents). [La lithosphère correspond à l'ensemble rigide croûte + manteau supérieur et est fragmentée en plaques mobiles les unes par rapport aux autres.]

LITHOSPHÉRIQUE adj. Relatif à la lithosphère.

LITHOSTATIQUE adj. Se dit de la pression isotrope à laquelle sont soumis les matériaux d'une plaque lithosphérique stable.

LITHOSTRATIGRAPHIE n. f. Branche de la stratigraphie qui traite de l'organisation des strates d'après leurs caractères lithologiques.

LITHOSTRATIGRAPHIQUE adj. Relatif à la lithostratigraphie.

LITHOTHAMNIUM [-tamnjɔm] n. m. (lat. sc. mod. *lithothamnium,* du gr. *thamnos,* buisson). Algue rouge marine, incrustée de calcaire en croûtes bosselées ou pourvues de rameaux courts, rappelant le corail. (Les lithothamniums jouent depuis l'ère secondaire un rôle notable dans la construction des récifs coralliens et des trottoirs d'algues ou dans la formation des maërls.)

LITHOTRIPTEUR n. m. Appareil permettant de broyer les calculs urinaires au moyen d'ondes de choc sans intervention chirurgicale.

LITHOTRIPTIE n. f. Traitement des calculs urinaires par le lithotripteur.

LITIÈRE [-tjɛr] n. f. (de *lit*). **1.** Lit de paille ou d'autres matières végétales, souple, isolant et absorbant, qu'on étend dans les bâtiments d'élevage pour servir de couche aux animaux. – **2.** Lit portatif surmonté d'un baldaquin et muni de brancards à l'avant et à l'arrière. – **3.** Mélange de particules absorbantes pour chats d'appartement. – **4.** Ensemble des débris végétaux qui s'accumulent et s'incorporent au sol minéral, plus ou moins rapidement, pour donner l'humus. (En sylviculture, on dit aussi COUVERTURE MORTE.) – **5.** Accumulation, sur les claies d'élevage, des déchets de feuilles de mûrier et des excréments des vers à soie. – **6.** Litt. *Faire litière de qqch,* n'en faire aucun cas, le mépriser, le négliger.

LITIGE n. m. (lat. *litigium*). **1.** Contestation donnant lieu à procès ou à arbitrage. – **2.** Contestation d'un genre quelconque : *Le litige est en voie de règlement.*

LITIGIEUX, EUSE adj. (lat. *litigiosus*). Qui est en litige : *Cas litigieux.*

LITISPENDANCE n. f. (lat. médiév. *litispendentia,* du lat. class. *lis, litis,* procès, et *pendere,* être en suspens). **1.** Existence simultanée de deux actions pour le même objet et entre les mêmes parties devant deux tribunaux différents. – **2.** *Exception de litispendance,* demande que fait, en cas de litispendance, la partie assignée pour être renvoyée devant l'autre juridiction déjà saisie de l'affaire.

LITOMASTIX n. m. (gr. *litos,* petit, et *mastiks,* antenne). Minuscule chalcidien dont la larve est généralement parasite des chenilles.

LITOPTERNE n. m. (gr. *litos,* petit, et *pterna,* talon). Nom d'un ordre d'ongulés fossiles propres à l'Amérique du Sud. (Les *litopternes* se sont diversifiés comme les périssodactyles, les plus récents étant des coureurs à un doigt par patte, évoquant des chevaux.)

LITORNE n. f. (picard *lutron,* lambin, du moyen néerl. *leuteren,* hésiter). Grive d'Eurasie boréale, hivernant en France.

LITOTE n. f. (gr. *litotês,* simplicité). Figure de rhétorique consistant à affaiblir l'expression de la pensée pour laisser entendre plus qu'on ne dit. (Par ex. le « Va, je ne te hais point » de Chimène à Rodrigue, dans *le Cid* de Corneille.)

1. LITRE n. m. (anc. fr. *litron,* du lat. médiév. *litra,* du gr. *litra,* livre de douze onces). **1.** Unité de capacité, pour les liquides ou pour les matières sèches, équivalant à 1 décimètre cube (symb. l ou L). – **2.** Bouteille contenant 1 litre ; son contenu. – **3.** *Fam.* Litre de vin.

2. LITRE n. f. (var. de *liste* 2). Large bande noire qu'on tendait autour d'une église aux obsèques d'un grand personnage, et sur laquelle figuraient les armoiries du défunt.

LITRON n. m. (de *litre 1*). *Pop.* Litre de vin : *Boire son litron.*

LITSEA n. m. Arbre d'Asie et d'Océanie (lauracée), dont le bois, odorant, est utilisé pour la fabrication de coffrets et de malles.

LITTÉRAIRE adj. (lat. *litterarius,* de *littera,* lettre). **1.** Qui a rapport à la littérature en tant qu'activité : *Œuvres, prix littéraires.* – **2.** Qui relève des techniques et des qualités spécifiques de la littérature : *Roman qui a peu d'intérêt du point de vue littéraire.* – **3.** Qui a rapport aux lettres, par oppos. aux sciences : *Études littéraires.* – **4.** Qui est trop attaché aux idées, au style, aux effets de l'expression et donne du réel une image fausse ou faussée : *Une description trop littéraire de la vie rurale au XVIIe s.*

◆ adj. et n. Qui a des aptitudes pour les lettres, des dispositions pour la littérature plutôt que pour les sciences.

◆ n. Professeur de lettres ; étudiant en lettres.

LITTÉRAIREMENT adv. Du point de vue littéraire.

LITTÉRAL, E, AUX adj. (bas lat. *litteralis,* relatif aux lettres). **1.** Qui s'attache à chaque lettre d'un mot, d'un texte : *Transcription littérale.* — **2.** Qui suit mot à mot un texte : *Traduction littérale.* — **3.** Qui est mot pour mot la copie d'un texte : *Plagiat littéral.* — **4.** Se dit du sens strict d'une phrase, d'un mot. — **5.** Se dit d'un état de langue représenté par des textes écrits et maintenu dans une communauté linguistique comme langue de culture par opposition à la langue parlée. (Ainsi l'*arabe littéral,* dit aussi littéraire, classique ou coranique, s'oppose à l'arabe parlé, dit aussi dialectal ou moderne.)

LITTÉRALEMENT adv. **1.** D'une manière littérale, à la lettre : *Traduire littéralement.* — **2.** Absolument, tout à fait : *Il était littéralement épouvanté.*

LITTÉRALITÉ n. f. Caractère de ce qui est littéral, strictement conforme au texte.

LITTÉRARITÉ n. f. Ce qui, dans un texte, fait qu'il appartient à la littérature.

LITTÉRATEUR n. m. (lat. *litterator,* grammairien). Homme de lettres, auteur, écrivain de métier.

LITTÉRATURE n. f. (lat. *litteratura,* de *littera,* lettre). **1.** Ensemble des œuvres écrites auxquelles on reconnaît une finalité esthétique. — **2.** Ces œuvres, considérées du point de vue du pays, de l'époque, du milieu où elles s'inscrivent, du genre auquel elles appartiennent : *La littérature française du XVII*e *s.* — **3.** Ensemble des connaissances et des études qui se rapportent à ces œuvres et à leurs auteurs : *Cours de littérature.* — **4.** Activité, métier de l'écrivain, de l'homme de lettres. — **5.** Ensemble des ouvrages, des articles de journaux, etc., consacrés à qqn, à un sujet : *Cette affaire a suscité une abondante littérature.* — **6.** *De la littérature,* se dit d'un écrit ou d'un discours superficiel, empreint d'artifice, souvent peu sincère : *Tout ce que tu dis, c'est de la littérature.* — **7.** *Fam.* Correspondance épistolaire abondante, verbeuse, délayée : *Qu'est-ce qu'il t'envoie comme littérature !* — **8.** *Littérature orale,* ensemble des légendes, des récits transmis par la tradition.

Littérature, revue fondée à Paris par Aragon, Breton et Soupault en 1919. Elle fut l'organe du dadaïsme et prépara le surréalisme avec *les Champs magnétiques.*

Little *(maladie* ou *syndrome de),* variété d'infirmité motrice cérébrale habituellement consécutive à une anoxie néonatale et se manifestant dès les premiers mois de la vie par une paraplégie spasmodique.

Little America *(« Petite Amérique »),* bases antarctiques des États-Unis, établies à l'extrémité de la plate-forme flottante de Ross.

LITTLE ROCK, v. des États-Unis, cap. de l'Arkansas, sur l'Arkansas, au terminus de la navigation ; 175 795 hab. Nœud ferroviaire et centre commercial. Métallurgie de l'aluminium à proximité du plus grand gisement de bauxite des États-Unis. Métallurgie. Chimie. Aéronautique.

LITTORAL, E, AUX adj. (lat. *litoralis,* de *litus, -oris,* rivage). Relatif au contact de la terre avec la mer. ◆ **littoral** n. m. **1.** Zone sinueuse où s'établit le contact entre la mer ou un lac et la terre. (Le terme a un sens plus large que *rivage* et *côte,* qui désignent respectivement les domaines du littoral soumis directement ou indirectement à l'action de la mer.) [→ *encycl.*] — **2.** Ensemble des côtes d'un pays, d'une région, d'un océan, d'une mer : *Le littoral de la France, de la Bretagne, de l'Atlantique, de la Manche.* — **3.** *Défense du littoral,* ensemble des techniques maritimes destinées à réduire l'attaque des agents marins.

ENCYCL. Le littoral comporte de haut en bas les étages suivants : *supralittoral* (au-dessus du trait de côte), *mésolittoral* (jusqu'au zéro hydrographique) et *infralittoral.* Son originalité morphologique, climatique, hydrologique et écologique tient à la conjonction des processus continentaux, plus ou moins modifiés par le voisinage de la mer, et de processus spécifiques développés par l'écoulement des eaux. Le comportement de celles-ci est singularisé par l'affrontement opéré dans les embouchures entre les eaux marines et fluviales et, moins ponctuellement, par l'agitation soulevée par les houles et autres mouvements ondulatoires comme la marée, surtout dans les mers ouvertes. Les agents physiques et écologiques en présence aboutissent à la création de paysages qui varient principalement selon le matériel géologique : côtes souvent élevées et parfois à falaises dans des matériels résistants (comme le granite) ; côtes basses, d'accumulation, parfois lagunaires, dans des roches sédimentaires de faible dureté ou du moins friables (comme les sables).

LITTORIA → LATINA.

LITTORINE n. f. (lat. *litus, -oris,* rivage). Nom générique des *bigorneaux.*

Littre *(glandes de),* petites glandes en grappes de la muqueuse urétrale, situées dans la portion spongieuse de l'urètre.

LITTRÉ (Émile), philosophe et lexicographe français (Paris 1801 - *id.* 1881). Disciple indépendant d'A. Comte, il s'employa à diffuser les idées du *Cours de philosophie positive* par ses ouvrages (*A. Comte et la philosophie positive,* 1863 ; *la Science au point de vue philosophique,* 1873) et par la fondation en 1867 de la *Revue de philosophie positive.* Son œuvre principale reste son monumental *Dictionnaire* de la langue française* (1863-

1873). Il fut élu député de la Seine à l'Assemblée nationale en 1871 et sénateur inamovible en 1875. (Acad. fr., 1871.)

LITUANIE, en lituanien **Lietuva,** État d'Europe, sur la Baltique ; 65 000 km² ; 3 700 000 hab. *(Lituaniens).* CAP. *Vilnius.* LANGUE : *lituanien.* MONNAIE : *litas.*

Géographie. La plus grande et la plus peuplée des républiques baltes (comptant environ 80 % de Lituaniens de souche, près de 10 % de Russes et 7 % de Polonais), la Lituanie occupe une région de collines morainiques parsemées de lacs et de petites plaines. Le secteur industriel est relativement développé (mécanique, textile) dans les centres urbains (Vilnius, Kaunas), utilisant du pétrole et du gaz importés. La production agricole est orientée vers l'élevage. Sur le littoral, Klaïpeda est un port de commerce et de pêche.

Histoire. Des tribus balto-slaves de la région s'organisent vers le Vᵉ s. pour lutter contre les invasions scandinaves. Vers 1240 est fondé le grand-duché de Lituanie, qui, à partir de la seconde moitié du XIIIᵉ s., combat les chevaliers Teutoniques et étend sa domination sur les principautés russes du Sud-Ouest.

1385-86 : La Lituanie s'allie à la Pologne ; le grand-duc Jagellon devient roi de Pologne sous le nom de Ladislas II et la Lituanie embrasse le catholicisme.

1569 : L'Union de Lublin crée l'État polono-lituanien.

1795 : Les Russes annexent la majeure partie du pays.

1918 : La Lituanie proclame son indépendance.

1920 : La Russie soviétique la reconnaît.

1940 : Conformément au pacte germano-soviétique, la Lituanie est intégrée à l'U. R. S. S.

1941-1944 : Elle est occupée par les Allemands.

1944 : Elle redevient une république soviétique.

1991 : L'indépendance est restaurée, sous la conduite de Vitautas Landsbergis.

1993 : Algirdas Brazauskas, leader du parti démocratique du travail (ex-communiste), est élu à la présidence de la République. Les troupes russes achèvent leur retrait du pays.

LITUANIEN, ENNE adj. et n. De Lituanie.
◆ **lituanien** n. m. Langue du groupe baltique oriental parlée en Lituanie. (Langue officielle de la Lituanie depuis 1918, le lituanien est parlé par environ 3 millions de locuteurs.)

LITURGICON n. m. Dans le rite byzantin, livre qui contient toutes les parties récitées durant l'office divin.

LITURGIE n. f. (lat. ecclés. *liturgia,* du gr. *leitourgia*). **1.** Ensemble du culte public (rites, prières, chants) rendu à Dieu par l'Église, tel qu'il est déterminé ou reconnu par l'autorité compétente. — **2.** Partie de ce culte ; cérémonial particulier : *La liturgie de la messe.* — **3.** Dans l'Antiquité grecque, service public dont l'organisation et le financement étaient confiés aux citoyens les plus riches. (Les principales liturgies grecques étaient la chorégie et la triérarchie.) — **4.** *Liturgie des heures,* livre de l'office qui dans la liturgie romaine a remplacé le bréviaire (1971).

ENCYCL. **Relig.** • *La liturgie catholique.* Dans la langue chrétienne de l'Orient, la liturgie désigne toujours le service par excellence, la messe. En Occident, depuis le XVIᵉ s., le terme a pris un sens plus général et s'applique à toutes les fonctions du culte : sacrements, sacramentaux, office divin, prières publiques. Depuis le début du XXᵉ s. et surtout l'après-guerre, il désigne la vie de l'Église elle-même, à laquelle s'associent tous les croyants : c'est dans ce sens de prière et de vie communautaire que se manifeste le renouveau liturgique. Longtemps très diversifiée, en fonction des usages nationaux ou locaux, la liturgie catholique latine ne se confondit avec la liturgie romaine qu'au milieu du XIXᵉ s., sous Pie IX. D'autre part, au cours des siècles, la liturgie latine subit de nombreuses réformes ; celles qui furent décidées par le concile de Vatican II (1963) ont été fixées selon les principes directeurs suivants : importance accrue de la parole de Dieu dans toutes les célébrations ; révision et allégement des rites pour qu'ils soient compréhensibles à l'homme d'aujourd'hui ; adaptation de la liturgie aux divers peuples, langues et cultures, et orientation missionnaire ; participation de chacun, à sa place et selon sa fonction, à l'action commune.

• *Les liturgies orientales.* Les cinq rites orientaux (byzantin, arménien, syrien, chaldéen et alexandrin) possèdent de nombreuses liturgies communes aux orthodoxes, monophysites, catholiques et nestoriens. Le rite byzantin, qui est suivi par la grande majorité des fidèles, comprend trois liturgies : celle de saint Jean Chrysostome, celle de saint Basile le Grand et celle des présanctifiés.

• *La liturgie protestante.* Elle diffère selon les Églises protestantes et le réformateur dont elles se réclament. Luther maintint l'ordre et la forme traditionnelle de la messe latine, amputée toutefois de l'idée de sacrifice, mais il l'infléchit bientôt vers une messe allemande, dont le centre devait être constitué par la prédication. Zwingli et Calvin imprimèrent au culte réformé un caractère de grande simplicité. L'essentiel des liturgies protestantes comprend, groupés autour de la prédication centrale, le chant des psaumes, des confessions de foi, le chant des hymnes, des lectures bibliques, des prières et des répons.

LITURGIQUE adj. (gr. *leitourgikos*). **1.** Relatif à la liturgie, conforme à la liturgie. — **2.** *Drame liturgique,* représentation figurée, avec des personnages, qui développait un élément de la fête du jour. ‖ *Langue liturgique,* langue adoptée pour le culte.

LITURGISTE n. Spécialiste de liturgie.

LITUUS [-tyys] n. m. (lat. *lituus*). **1.** Bâton augural romain d'origine étrusque, à l'extrémité recourbée. — **2.** Longue trompette d'airain, au pavillon recourbé.

LITVINOV (Maksim Maksimovitch VALLAKH, dit), homme politique et diplomate soviétique (Białystok 1876 - Moscou 1951). Il dirige la section bolchevique de Londres de 1908 à 1918. Commissaire du peuple aux Affaires étrangères (1930-1939), il cesse, après l'arrivée au pouvoir de Hitler, d'entretenir des relations privilégiées avec l'Allemagne et se rapproche des États-Unis (relations diplomatiques renouées en 1933) et de la France (traité d'assistance militaire de 1935). Il essaie d'organiser un système de sécurité collective et de lutte contre les États fascistes. Mais la politique poursuivie par la France et la Grande-Bretagne lors de la guerre d'Espagne et la signature des accords de Munich (sept. 1938) amènent Staline à rompre avec cette politique et à remplacer Litvinov par Molotov (mai 1939).

LIU BANG → HAN GAOZU.

LIU CHE → HAN WUDI.

LIU-CHOUEN → PORT-ARTHUR.

LIUCHOW → LIUZHOU.

LIURE n. f. (lat. *ligatura*). **1.** Amarrage formé par la réunion de plusieurs tours de gros cordages ou de chaînes. — **2.** En tapisserie, syn. de CROISURE.

LIU SHAOQI ou **LIEOU CHAO-K'I,** homme d'État chinois (Hunan 1898 - Yinshan 1972). Membre du P. C. C. en 1921, il entre à son Comité central en 1934 et est vice-président de la République populaire en 1949. Intime de Mao, il est surtout un homme d'appareil, préoccupé de la formation des cadres. Son manuel *Comment être un bon communiste* (1939) connaît une très large diffusion. Toutefois, bien qu'il cautionne le « Grand Bond en avant », sa conception de la construction du socialisme s'éloigne de celle de Mao. Président de la République depuis 1959, il est, à partir de 1966, la cible privilégiée des attaques des Gardes rouges. Accusé d'être un révisionniste et de vouloir la restauration du capitalisme, il est limogé et emprisonné (1969). Sa réhabilitation est rendue publique en 1980.

LIU-TA → LÜDA.

LIUTPRAND († 744), roi des Lombards (712-744). Il occupa Ravenne (732-733), et assiégea Rome (739). Le pape Zacharie le soutint contre les ducs de Spolète et de Bénévent, fidèles à Byzance (742).

LIUTPRAND, prélat et chroniqueur lombard (Pavie av. 920-v. 972), évêque de Crémone (961-972). Son œuvre est un témoignage notable de l'histoire du Xe s.

LIUZHOU ou **LIEOU-TCHEOU,** parfois **Liuchow,** v. de Chine, dans le Guangxi ; 609 320 hab. Centre ferroviaire. Sidérurgie. Mécanique. Chimie. Papeterie. Textile.

LIU ZONGYUAN ou **LIEOU TSONG-YUAN,** écrivain chinois (Hedong, Guangdong, 773 - Liuzhou 819), créateur avec Han Yu d'un style de prose d'une simplicité archaïque.

LIVADHIÁ → LEVÁDHIA.

LIVARDE n. f. (néerl. *lijwaarts,* sous le vent). Espar servant à pousser, en diagonale, sous le vent du mât et vers l'arrière, le point supérieur d'une voile aurique appelée *voile à livarde.* (En Méditerranée, on dit BALESTON.)

LIVAROT n. m. (de *Livarot,* n. pr.). Fromage normand au lait de vache, à pâte molle fermentée, à croûte lavée.

LIVAROT (14140), ch.-l. de cant. du Calvados, dans le pays d'Auge ; 2 528 hab. Fromages.

LIVE [lajv] adj. inv. (angl. *live,* vivant). Se dit d'un spectacle, d'une émission ou d'un disque enregistrés non pas en studio mais sur une scène devant un public.
◆ n. m. Disque live, spectacle live.

LIVÈCHE n. f. (lat. pop. **levistica*). Autre nom de l'*ache des montagnes.*

LIVEDO [livedo] n. m. (lat. *livedo, -inis,* tache bleue). Rougeur violacée qui dessine sur la peau (surtout aux bras et aux cuisses) un réseau à mailles arrondies ou ovalaires. (Elle est due à des troubles circulatoires.)

LIVERDUN (54460), comm. de Meurthe-et-Moselle, sur la Moselle, au N. de la forêt de Haye ; 6 449 hab. *(Liverdunois).* Église du XIIe s. Industries alimentaires (confitures). Métallurgie.

LIVERPOOL, port de Grande-Bretagne, sur la rive droite de l'estuaire de la Mersey, centre de la conurbation de Merseyside ; 448 300 hab. Archevêché catholique (cathédrale du Christ-Roi, œuvre de F. Gibberd dans les années 60). Au XVIIIe s., production de faïences et de porcelaines. Musées, dont la Walker Art Gallery (beaux-arts) et le Liverpool Museum. Au XVIIIe et au XIXe s. ce fut le second port britannique important les denrées coloniales et exportant les produits industriels du nord de l'Angleterre. Son trafic a nettement diminué (15 Mt) et les vieux bassins sont à l'abandon. L'industrie est liée au port (raffinerie de pétrole, alimentation, huileries et savonneries, réparations navales) et à la décentralisation londonienne. Mais elle est en profond déclin et, malgré la progression des services, le taux de chômage est très élevé.

Liverpool *(hippodrome de)* → AINTREE.

LIVERPOOL (Robert BANKS JENKINSON, 2e *comte* DE) → JENKINSON.

LIVES, peuple finno-ougrien fixé au N. de la côte de Courlande.

LIVET n. m. (var. de l'anc. fr. *livel,* niveau, du lat. *libella*). Ligne de jonction du pont et de la coque d'un navire.

LIVIDE adj. (lat. *lividus,* bleuâtre). Extrêmement pâle sous l'effet d'une émotion ou de la maladie.

LIVIDITÉ n. f. **1.** *Litt.* État de qqn ou de qqch qui est livide ; couleur livide. — **2.** *Lividités cadavériques,* taches rouge foncé tirant sur le violet, qui apparaissent sur les cadavres peu après la mort.

LIVIE, en lat. **Livia Drusilla,** femme de l'empereur Auguste (58 av. J.-C. - 29 apr. J.-C.). Épouse de Tiberius Claudius Nero et déjà mère de Tibère, elle fut contrainte au divorce par Octave, qui l'épousa (38 av. J.-C.). Elle exerça une grande influence. Elle a été accusée d'avoir tout fait pour donner le trône à Tibère.

LIVIE, en lat. **Livia** ou **Livilla,** sœur de Germanicus (v. 13 av. J.-C. - 31 apr. J.-C.). Après avoir épousé Caius César, puis Drusus, son cousin, fils et héritier de Tibère, elle fut séduite par Séjan, et tous deux empoisonnèrent Drusus en 23. Tibère la laissa périr dans un cachot.

LIVIGNO, station de sports d'hiver d'Italie, en Lombardie (prov. de Sondrio), près de la frontière suisse (alt. 1 815-2 800 m) ; 3 000 hab.

LIVING [liviŋ] ou **LIVING-ROOM** [liviŋrum] n. m. (pl. *livings* ou *living-rooms*) [angl. *living-room,* pièce où l'on vit]. Salle de séjour d'un appartement.

LIVINGSTONE → MARAMBA.

LIVINGSTONE (David), missionnaire et voyageur britannique (Blantyre, Écosse, 1813 - Chitambo, Rhodésie du Nord [Zambie], 1873). Missionnaire protestant en Afrique du Sud (1841), il entreprend la recherche de nouveaux centres d'implantation pour les missions. Il découvre le lac Ngami (1849), puis, traversant l'Afrique australe d'O. en E. (1853-1856), les chutes Victoria (1855). À partir de 1859, il étudie le plateau des Grands Lacs et s'efforce de combattre le commerce des esclaves. Après sa rencontre avec Stanley (1871), ils explorent ensemble le nord de la Tanzanie sans parvenir à trouver les sources du Nil. Il sera inhumé à l'abbaye de Westminster.

LIVINGSTONITE n. f. (de *Livingstone,* n. pr.). Antimoniosulfure naturel de mercure.

Living Theatre, troupe théâtrale américaine, fondée en 1951 par Julian Beck* et Judith Malina, qui tenta la synthèse du théâtre épique de Brecht et du théâtre de la cruauté d'Artaud, puis évolua vers une esthétique d'expression corporelle, proche du happening (*Paradise Now,* 1968).

LIVISTONA n. m. (de *Livistone,* n. pr.). Magnifique palmier d'Asie orientale et d'Océanie, aux feuilles à limbe flabelliforme, à pétiole armé de fortes épines.

LIVIUS ANDRONICUS, poète latin (v. 280-207 av. J.-C.). Traducteur de *l'Odyssée,* il fit représenter la première tragédie latine et composa des comédies imitées du grec.

LIVIUS DRUSUS (Marcus) [† 109 av. J.-C.]. Tribun de la plèbe en 122, avec Caius Gracchus, il s'employa à ruiner la popularité de son collègue en pratiquant la surenchère démagogique. — Son fils, MARCUS LIVIUS DRUSUS († 91 av. J.-C.), tribun de la plèbe (91), proposa l'attribution du droit de cité aux Italiens. Il fut assassiné.

LIVIUS SALINATOR (Marcus), homme politique romain. Dans son second consulat, en 207 av. J.-C., il vainquit Hasdrubal au Métaure.

LIVONIE, région historique comprise entre la Baltique, le cours de la Dvina et le lac des Tchoudes (Lettonie et Estonie actuelles). Elle fut gouvernée de 1237 à 1561 par la Confédération livonienne, qui unissait l'ordre des chevaliers Porte-Glaive et les quatre évêchés de Livonie.

Livonien *(ordre),* appellation des chevaliers Porte-Glaive pendant leur rattachement à l'ordre Teutonique (1237-1561).

LIVOURNE, en ital. **Livorno,** v. d'Italie, en Toscane, ch.-l. de prov., sur la mer Tyrrhénienne ; 176 000 hab. Port de voyageurs (vers la Corse), mais surtout de commerce (trafic annuel de l'ordre de 12 Mt), aux activités industrielles souvent liées à cette fonction maritime (chantier naval, raffinage du pétrole importé). Musée communal « G. Fattori » (peintures, notamm. des macchiaioli).
— **Hist.** La ville s'est développée à partir du XVIe s. grâce aux Médicis, qui ont amorcé la prospérité du port, accrue au XVIIe s. (port franc de 1675 à 1860).

LIVRABLE adj. Qui peut ou doit être livré à l'acheteur.

LIVRADOIS, région du Massif central, en Auvergne, formée, à l'O., des *monts du Livradois,* entre l'Allier et la Dore, culminant à 1 218 m, couverts de forêts, de landes et de pâturages, et, à l'E., du *bassin d'Ambert,* région agricole (céréaliculture et élevage). Parc naturel régional *(Livradois-Forez).*

LIVRAISON n. f. (de *livrer*). **1.** Remise d'une marchandise à son acquéreur : *Les livraisons n'ont lieu que dans la matinée.* – **2.** Marchandise ainsi remise : *Nous avons bien reçu votre livraison.* – **3.** Partie d'un ouvrage qu'on délivre périodiquement aux souscripteurs par cahier, par numéro, par fascicule. – **4.** *Prendre livraison de qqch,* venir chercher une marchandise achetée, qqch qui doit être remis.

1. LIVRE n. m. (lat. *librum,* accus. de *liber,* aubier). **1.** Assemblage de feuilles imprimées et réunies en un volume, broché ou relié : *Livre rare, ancien.* (→ *encycl.*) – **2.** Ouvrage destiné à être imprimé : *Écrire un livre sur tel personnage.* – **3.** Volume imprimé considéré du point de vue de son contenu : *Livre de lecture, de cuisine.* – **4.** Ensemble de feuillets portant des reproductions, des dessins, etc. : *Livre d'images, de musique.* – **5.** L'industrie de l'imprimerie, l'édition ; les ouvriers qui y travaillent : *Syndicat du livre.* – **6.** *Litt.* Ce qui offre une source de connaissance, d'enseignement, d'instruction, à qui peut le déchiffrer : *Le livre de la vie.* – **7.** Subdivision de certains ouvrages, en général supérieure au chapitre. – **8.** Registre, cahier, carnet, sur lequel on note, inscrit qqch : *Le livre de comptes.* – **9.** *À livre ouvert,* sans préparation, facilement ou couramment : *Lire l'anglais à livre ouvert ;* sans qu'il soit possible pour qqn de rien dissimuler : *Lire dans quelqu'un à livre ouvert.* ‖ *Comme dans les livres,* paré de charmes imaginaires. ‖ *Livre blanc,* recueil de documents sur un problème déterminé, publié par un gouvernement, un organisme. ‖ *Livre du destin,* livre imaginaire sur lequel on suppose écrits tous les événements à venir. ‖ *Livre du maître,* ouvrage complémentaire d'un manuel scolaire conçu pour aider l'enseignant dans l'utilisation de ce dernier. ‖ *Livre d'or,* livre sur lequel étaient inscrits en lettres d'or les noms des familles nobles dans certaines villes italiennes ; livre où sont inscrits des noms héroïques ou des faits mémorables ; la tradition qui perpétue ces noms, ces faits ; registre où les visiteurs inscrivent leur nom, notent leurs éloges, leurs réflexions et qui est conservé comme souvenir. ‖ *Ne connaître qqch que par les livres,* de manière livresque, en théorie et non par l'expérience. ‖ *Parler comme un livre,* de façon savante. ‖ *Religions du Livre,* celles qui sont fondées sur un texte considéré comme révélé (Bible, Évangiles, Coran). • **Art contemp.** *Livre d'artiste,* œuvre présentée sous forme de livre, entièrement conçue par l'artiste et ne se limitant pas à un travail d'illustration. (Sous sa forme la plus libre, le livre d'artiste devient *livre-objet**.) – **Comptab.** Syn. de LIVRE-JOURNAL. – **Dr.** *Livre foncier* (en all. *Grundbuch*), registre authentique tenu (dans le Bas-Rhin, le Haut-Rhin et la Moselle) par parcelles cadastrales, et sur lequel sont immatriculés tous les actes de nature à définir la situation juridique des immeubles. ‖ *Livre de paie,* registre obligatoire tenu par l'employeur, et sur lequel figurent toutes les mentions du bulletin de paie des salariés. – **Fin.** *Grand livre de la dette publique,* syn. de GRAND-LIVRE. – **Mar.** *Livre de bord,* syn. de JOURNAL* DE MER. – **Occult.** Livre noir, livre traitant de sorcellerie, de nécromancie. – **Rel.** *Livre factice,* boîte en forme de reliure, imitant un livre relié. (L'usage en remonte au Moyen Âge.) – **Relig.** *Livre paroissial* (ou *paroissien*), *livre de messe* (ou *missel*), *livre d'heures, livre de piété,* livres à l'usage des fidèles, pour leur donner accès aux textes liturgiques de la messe et de l'office.

ENCYCL. *Historique.* Tous les livres primitifs se présentent sous la forme de rouleaux *(volumen).* À l'époque d'Auguste, on découpe le parchemin en feuilles que l'on plie et que l'on coud par cahiers *(codex).* L'écriture est tracée à la main au recto et au verso des feuilles du codex au moyen de pinceaux, de roseaux ou de plumes ; en Occident, les manuscrits sont le plus souvent exécutés dans les monastères et, à partir du XIIIe s., dans les grands centres universitaires.

Utilisée en Chine dès le VIe s., la xylographie se répand en Europe vers la fin du XIVe s., en même temps que l'usage du papier. Tandis que les Chinois se servent de caractères mobiles en argile depuis le XIe s., c'est à Gutenberg que l'on attribue l'invention des caractères mobiles en alliage métallique, à Mayence entre 1440 et 1450. Le plus ancien livre important qui ait été imprimé est le *Psautier de Mayence* (1457). Pfister, à Bamberg, est le premier à associer des blocs de bois gravés à un texte en caractères mobiles (*Fables de Boner,* 1461).

Au XVIe s., l'imprimerie se diffuse dans les pays slaves (Moscou, 1563), en Amérique (Mexico, 1540) et dans l'Inde (Goa, 1557). Les plus grands artistes, Dürer, Holbein, Jean Goujon, collaborent à l'illustration des livres. Des imprimeries sont fondées : par les Manuce à Venise, les Estienne à Paris, Christophe Plantin à Anvers. Au XVIIe s. et surtout au XVIIIe s., le burin et l'eau-forte supplantent la gravure sur bois.

Au XIXe s., divers perfectionnements techniques, comme l'invention de la presse métallique et la fabrication du papier en continu, permettent d'augmenter considérablement les chiffres de tirage et d'abaisser le prix de revient. Le livre n'a, au début du XXe s., pour concurrent indirect que la presse, à laquelle viendront progressivement s'ajouter la radio, le cinéma, le phonogramme, la télévision, le vidéogramme et les produits multimédias (CD-ROM, services en ligne).

livre *(Centre national du)* [C. N. L.], établissement public créé en 1973 (sous le nom, conservé jusqu'en 1993, de *Centre national des lettres*), qui a pour but d'aider les écrivains et les éditeurs.

Livre de la jungle *(le)*, titre de deux recueils de récits de Rudyard Kipling (1894-95), consacrés aux aventures de Mowgli, le « petit d'homme », élevé au milieu des animaux de la jungle. L'auteur a réalisé un chef-d'œuvre de fabulation didactique, révélateur de l'idéal victorien.

Livre des merveilles du monde, récit de voyage de Marco Polo, appelé aussi *le Devisement du monde* ou *Il milione,* écrit en français vers 1298-99. Ce document apportait à l'Occident le premier témoignage précis sur l'Extrême-Orient.

Livre rouge *(Petit),* recueil d'aphorismes, extraits des œuvres du président Mao, publié au cours de la Révolution culturelle chinoise en 1965.

2. LIVRE n. f. (lat. *libra,* anc. unité de poids des Romains). **1.** Ancienne unité de poids de valeur variable. — **2.** Demi-kilogramme : *Une livre de beurre.* — **3.** Unité de masse britannique appelée *pound.*

3. LIVRE n. f. (de *livre 2*). **1.** Ancienne monnaie de compte, représentant la valeur d'une livre d'or ou d'argent. — **2.** Monnaie réelle, dont la valeur a varié suivant les temps et les lieux (par ex. *livre parisis, livre tournois, livre de Flandre).* — **3.** *Livre chypriote* (ou *cypriote*), unité monétaire de Chypre. ‖ *Livre égyptienne,* unité monétaire de l'Égypte. ‖ *Livre irlandaise,* unité monétaire principale de l'Irlande. ‖ *Livre libanaise,* unité monétaire du Liban. ‖ *Livre soudanaise,* unité monétaire du Soudan. ‖ *Livre sterling* (en angl. *pound* ou *pound sterling*), unité monétaire principale de la Grande-Bretagne et de l'Irlande du Nord (symb. £). [À la suite de l'adoption du système décimal par la Grande-Bretagne, la livre sterling, autref. divisée en 20 shillings, est depuis le 1er févr. 1971 divisée en 100 pence.] ‖ *Livre syrienne,* unité monétaire de la Syrie. ‖ *Livre turque,* unité monétaire de la Turquie.

LIVRE-CASSETTE n. m. (pl. *livres-cassettes*). Texte (œuvre littéraire, livre pratique, etc.) enregistré sur une cassette vendue généralement dans un coffret dont l'aspect évoque un livre.

LIVRÉE n. f. (de *livrer*). **1.** Costume distinctif que portent certains domestiques masculins. — **2.** Vêtements que les rois et les princes donnaient à leurs courtisans et qui étaient à leurs couleurs ou à leurs armes. — **3.** Pelage tacheté des faons et pelage couvert de raies jaunâtres des marcassins. — **4.** Aspect visuel présenté par un insecte, principalement en vue dorsale. — **5.** Papillon (lasiocampidé) dont la chenille vit en société dans une bourse de soie et se rend très nuisible aux arbres fruitiers et forestiers (genre *malacosoma*).

LIVRE-JOURNAL n. m. (pl. *livres-journaux*). Registre comptable où les opérations sont mentionnées dans leur ordre chronologique, sans blanc, lacune ni inscription en marge. (Syn. JOURNAL, LIVRE.)

LIVRE-OBJET n. m. (pl. *livres-objets*). Objet typographique et/ou plastique formé d'éléments de nature et d'agencement variés.

ENCYCL. Le livre-objet est fondé sur de nouveaux rapports entre texte, support matériel et arts plastiques ; il constitue un ensemble plastique où se mêlent les suggestions verbales et visuelles, voire tactiles. *La Prose du Transsibérien* de Cendrars par S. Delaunay (1913) en est un des premiers exemples ; dans l'art contemporain s'est développée une forme de livre-sculpture, sorte de multiple.

LIVRER v. t. (lat. *liberare*) [conj. 3]. **1.** Remettre qqn aux autorités d'un pays : *Livrer des terroristes au pays qui les réclame.* — **2.** Abandonner qqn, un groupe, son pays, etc., à un pouvoir étranger, ennemi : *Livrer son pays à l'ennemi.* — **3.** Dénoncer qqn à la police ; le donner : *Livrer son complice aux enquêteurs.* — **4.** Abandonner qqch aux effets de qqch : *Livrer une voile au vent.* — **5.** Dévoiler, révéler ce qui était caché, inconnu : *Livrer un secret.* — **6.** Remettre une marchandise à celui qui l'a commandée : *On nous a livré le canapé et les fauteuils.* — **7.** Apporter à qqn la marchandise qu'il a commandée : *On vous livrera demain.* — **8.** *Livrer (un) combat, (une) bataille,* engager et mener à son terme un combat. ‖ *Livrer passage (à qqn, à qqch),* lui laisser la place pour passer.
◆ **être livré** v. pass. **1.** Être abandonné à l'action de qqch : *Maison livrée aux flammes.* — **2.** Recevoir qqch en livraison : *Vous serez livré vendredi.* — **3.** *Être livré à soi-même,* être seul, sans conseiller.
◆ **se livrer** v. pr. **1.** Se remettre au pouvoir de qqn, d'une autorité : *Se livrer à la justice.* — **2.** Confier ses sentiments, sa pensée : *Un homme secret qui ne se livre jamais.* — **3.** S'abandonner sans réserve à un sentiment : *Se livrer sans retenue à la joie.* — **4.** S'adonner à une activité, pratiquer, se consacrer à : *Se livrer à son sport favori.*

LIVRESQUE adj. (de *livre,* d'apr. *pédantesque*). Qui vient des seuls livres et ne se fonde pas sur le vécu, la réalité : *Une érudition purement livresque.*

LIVRET n. m. (de *livre 1*). Carnet, registre ou petite brochure. • **Banq.** *Compte sur livret,* compte ouvert par les banques à des personnes physiques et fonctionnant dans des conditions analogues à celles des livrets des caisses d'épargne. ‖ *Livret de caisse d'épargne,* petit livre que les caisses d'épargne remettent à chacun de leurs déposants, pour y inscrire les dépôts et remboursements, ainsi que les intérêts rapportés. ‖ *Livret d'épargne populaire,* livret susceptible d'être ouvert dans l'ensemble des réseaux de collecte de l'épargne, à l'intention des petits patrimoines. — **Bx-arts.** *Vx.* Catalogue explicatif des œuvres composant une exposition. (Notamm. pour le Salon officiel.) — **Chorégr.** Brochure qui donnait l'explication d'une pantomime, d'un ballet. (Syn. LIBRETTO ; on dit auj. ARGUMENT.) — **Dr.** *Livret de famille,* livret délivré par l'officier de l'état civil aux époux lors de leur mariage et qui contient l'extrait de l'acte de mariage. (Il est ensuite complété par les extraits des actes de naissance des enfants légitimes, légitimés ou adoptés, les extraits des actes de décès, les actes ou jugements ayant une incidence sur les extraits [divorce...] ; les parents d'un enfant naturel peuvent obtenir un livret de famille.) — **Enseign.** *Livret scolaire,* relevé des notes et des appréciations portées sur un élève. — **Hist.** *Livret ouvrier,* livret, instauré sous le second Empire, sur lequel l'ouvrier devait faire inscrire son embauchage et son départ de tout établissement. (Il fut supprimé en 1890.) — **Mil.** *Livret individuel* ou *livret militaire,* extrait du livret matricule qui était remis à chaque Français à la fin de son service militaire et indiquait essentiellement ses obligations en cas de mobilisation. (Le livret individuel a été remplacé par la carte du service national.) ‖ *Livret matricule,* livret établi et détenu par l'autorité militaire, où sont consignés les renseignements d'ordre militaire sur l'intéressé (états de service, spécialités, etc.). ‖ *Livret de solde,* livret sur lequel figurent les renseignements établissant les droits à solde des militaires d'active. — **Mus.** Petit livre contenant les paroles de tout ouvrage lyrique. ‖ Texte littéraire mis en musique. (Syn. LIBRETTO.)

LIVREUR, EUSE n. Employé(e) qui porte chez l'acheteur la marchandise vendue.

LIVRON-SUR-DRÔME (26250), comm. de la Drôme, près du confluent de la Drôme et du Rhône ; 7 474 hab. Produits chimiques.

LIVRY-GARGAN (93190), ch.-l. de cant. de la Seine-Saint-Denis, à 10 km à l'E.-N.-E. de Paris, au S. du canal de l'Ourcq ; 35 471 hab. Constructions mécaniques.

LI XIANNIAN ou **LI SIEN-NIEN,** homme d'État chinois (Huang'an, Hubei, entre 1905 et 1909 - Pékin 1992). Il fut président de la République de 1983 à 1988.

LIXIVIATION n. f. (lat. *lixivia,* lessive). **1.** Opération qui consiste à faire passer lentement un solvant à travers un produit convenablement pulvérisé et déposé en couche épaisse, pour en extraire un ou plusieurs constituants solubles (parfums, alcaloïdes, etc.). — **2.** Entraînement des sels solubles par l'eau qui circule dans le sol de haut en bas. — **3.** Dissolution chimique de certains constituants d'un matériau, utilisée pour extraire d'un minerai, les métaux, les minéraux de valeur. (Elle peut se faire sur le minerai extrait ou in situ.)

LIXOPHAGA n. f. Mouche parasite de chenilles nuisibles à la canne à sucre.

LIXUS [liksys] n. m. (de *Lixus,* n. pr.). Charançon allongé, nuisible aux fèves ou aux betteraves.

LI YUAN → TANG GAOZU.

LIZARD *(cap),* cap de Grande-Bretagne, en Cornouailles, sur la Manche. C'est le point le plus méridional de la Grande-Bretagne.

LI ZHI → TANG GAOZONG.

LIZY-SUR-OURCQ (77440), ch.-l. de cant. de Seine-et-Marne, près du confluent de l'Ourcq et de la Marne ; 3 089 hab. *(Lizéens).* Métallurgie. Imprimerie.

LIZZANI (Carlo), cinéaste italien (Rome 1922). Il est parmi les premiers théoriciens du néoréalisme. Auteur de *Achtung Banditi !* en 1951, il tourne ensuite son meilleur film, *Chroniques des pauvres amants* (1954). Marxiste, il a réalisé ensuite plusieurs œuvres engagées. Il a été directeur de la Mostra de Venise de 1979 à 1982.

LJUBLJANA, en all. **Laibach,** cap. de la Slovénie ; 268 000 hab.
— **Géogr.** Née au pied du Grad (château) dans l'étroite cluse de la Ljubljanica, c'est une ville-carrefour qui s'est industrialisée au XIXe s. en liaison avec l'essor de Trieste, principal port de l'Autriche-Hongrie. Capitale du pays, c'est également un centre universitaire et industriel (chimie, automobile, électronique).
— **Hist.** Ancienne colonie romaine *(Emona),* la ville passa sous la domination des Habsbourg en 1278. Rattachée au royaume des Serbes, des Croates et des Slovènes en 1918, elle fut occupée par les Italiens (1941) puis par les Allemands (1943) et libérée en mai 1945, puis devint la capitale de la Slovénie (yougoslave, puis indépendante).
— **Bx-arts.** Château reconstruit au XVIe s. Bel ensemble de monuments et de demeures baroques ou classiques des XVIIe et XVIIIe s. Musée national (archéologie), Galerie nationale (peinture et sculpture médiévales), galerie d'Art moderne.

LJUNGAN (le), fl. de Suède (Norrland), qui se jette dans le golfe de Botnie ; 350 km. Hydroélectricité.

LJUNGSTRÖM (Birger), ingénieur suédois (Uddevalla 1872 - Stockholm 1948). Il est surtout connu pour la turbine à vapeur qui porte son nom, turbine à réaction du type radial, centrifuge, dont les deux rotors tournent en sens inverse.

LJUSNAN (le), fl. de Suède (Norrland), tributaire du golfe de Botnie ; 430 km (bassin de 19 800 km²).

LL. AA., abrév. de LEURS ALTESSES.

LLANDEILIEN [ljɑ̃-] n. m. (de *Llandeilo,* n. pr.). Étage du système ordovicien.

LLANO ESTACADO, en angl. **Staked Plain** (« Plaine jalonnée »), haute plaine des États-Unis, dans l'ouest du Texas. Elle s'élève de 1 000 à 1 500 m d'alt. au S.-E. et au N.-O. C'est un causse aride traversé par quelques rivières (rio Pecos au S., Canadian River au N.). Élevage extensif des moutons. Coton et maïs dans l'est. Extraction pétrolière.

LLANOS [ljanos] n. m. pl. (esp. *llanos,* pl. de *llano,* plaine). Région de plaines couvertes de savanes du Venezuela central, en partie drainée par les affluents de gauche de l'Orénoque. (L'élevage est complété depuis 1950 par des cultures de riz, maïs, sésame, coton au pied de la cordillère Caraïbe et de la cordillère des Andes. Gisements de pétrole et de gaz naturel.)

LLANQUIHUE *(lac de),* lac du Chili, au débouché méridional de la vallée centrale. Pêche sportive. Tourisme.

LLANVIRNIEN [ljɑ̃-] n. m. (de *Llanvirn,* n. pr.). Étage du système ordovicien.

LL. EE., abrév. de LEURS ÉMINENCES.

LLERAS CAMARGO (Alberto), homme d'État colombien (Bogotá 1906 - *id.* 1990). Libéral, président de la République en 1945-46, puis en 1958-1962, il conclut avec le conservateur Laureano Gómez le pacte de « Front national » qui rétablit l'alternance au pouvoir des libéraux et des conservateurs (1958).

LLEWELYN Ier AP IORWERTH le Grand (1173 - Conway 1240), roi de Gwynedd (1194-1240). La guerre civile anglaise de 1215-1217 lui offrit l'occasion de restaurer sa puissance. — Son petit-fils **Llewelyn II ap Gruffydd** († près de Builth Wells 1282), roi de Gwynedd (1246-1282), déclara la guerre à Henri III en 1256, et fut reconnu prince de Galles et suzerain de tous les chefs gallois par le traité de Montgomery (1267). S'étant une nouvelle fois révolté contre l'Angleterre (1282), il fut vaincu et tué. Sa mort mit fin à l'indépendance galloise.

LLEYN *(péninsule de),* longue avancée de la côte du pays de Galles (Grande-Bretagne), limitant la baie de Cardigan vers le N.

LLIVIA, bourgade d'Espagne (prov. de Gerone), en Cerdagne, formant, depuis le traité des Pyrénées (1659), une enclave en territoire français, à 4 km de la frontière ; 920 hab. Église des XIIIe et XVIe s.

LL. MM., abrév. de LEURS MAJESTÉS.

LLOBREGAT (le), fl. côtier d'Espagne, en Catalogne, tributaire de la Méditerranée, rejointe au S. de Barcelone ; 157 km.

LLOYD (Harold), acteur de cinéma américain (Burchard, Nebraska, 1893 - Hollywood 1971). Il dut ses premiers succès à Mack Sennett, qui l'utilisa dans ses bandes burlesques. Grand garçon maladroit, emprunté, portant de grosses lunettes d'écaille, il s'imposa notamment dans *Monte là-dessus* (1923) et *Vive le sport !* (1925).

LLOYD GEORGE (David), 1er comte **Lloyd-George of Dwyfor,** homme d'État britannique (Manchester 1863 - Llanystumdwy, comté de Caernarvon, 1945). Élu député libéral en 1890, il s'affirme comme un impétueux nationaliste gallois et se situe à l'aile gauche de son parti. Chancelier de l'Échiquier (1908-1915), Lloyd George développe ses projets sociaux, introduisant en 1911 la loi sur les assurances sociales, et restreint le pouvoir des lords. Ministre des Munitions (1915-16), puis Premier ministre (1916-1922), il mène le pays avec autorité et efficacité jusqu'à la victoire, et se montre un habile négociateur lors du traité de Versailles. En 1921, il reconnaît l'État libre d'Irlande mais, abandonné par les conservateurs, il doit démissionner.

LLOYDMINSTER, v. du Canada, divisée en deux municipalités (Saskatchewan et Alberta) ; 10 300 hab. Gaz naturel et pétrole. Raffinerie de pétrole.

Lloyd's, la plus ancienne et la plus importante institution mondiale dans le domaine de l'assurance. Née vers 1688 des intérêts maritimes des habitués du café d'Edward Lloyd († 1713), situé près de la Tour de Londres, la Lloyd's, en tant qu'institution, est consacrée légalement par un acte du Parlement britannique. La corporation des Lloyd's est une communauté d'assureurs, dont chaque membre agit à son gré et pour son compte, qui se borne à contrôler la solvabilité de chacun et la régularité des opérations.

Lloyd's Register of Shipping, société anglaise de classification*, créée en 1760 et reconstituée en 1834 dans le but de fournir aux assureurs maritimes et aux transporteurs des renseignements sur les navires de commerce.

LLULLAILLACO, volcan actif des Andes, aux confins de l'Argentine et du Chili, au-dessus de l'Atacama ; 6 723 m.

lm, symbole du *lumen,* unité SI de flux lumineux.

ln, abrév. du logarithme népérien, ou de la fonction correspondante. (Syn. Log.)

LO, sigle de LANDSORGANISATIONEN.

LOACH (Kenneth, dit **Ken**), cinéaste britannique (Nuneaton, près de Watwick, 1936). Reconnu comme un des meilleurs témoins de la réalité sociale des années 70 avec *Kes* (1970) et surtout *Family Life* (1971), il réalise encore dans cette veine *Regards et sourires* (1981), *Riff Raff* (1991), *Raining Stones* (1993), *Ladybird* (1994). Son œuvre de cinéaste engagé se poursuit avec *Land and Freedom* (1995), évocation de l'histoire des partisans communistes pendant la guerre d'Espagne.

LOADER [lodœr] n. m. (angl. *loader,* de *to load,* charger). Type de chargeuse utilisée dans les travaux publics.

LOAFER [lofœr] n. m. (amér. *loafer,* de *to loaf,* paresser). Chaussure basse, du genre « décolleté », pour homme, sans laçage.

LOA-LOA n. f. Filaire parasite africaine, responsable de la loase, transmise à l'homme par un insecte du genre *chrysops.*

LOANDA → LUANDA.

LOANGO, royaume situé au nord du bas Congo (XVe-XVIIIe s. env.).

LOASA n. m. (lat. sc. *loasa*). Herbe d'Amérique latine, couverte de poils urticants, aux belles fleurs jaunes, blanches ou rouges, souvent cultivée dans les jardins.

LOASE ou **LOASIS** n. f. Filariose cutanéodermique africaine, due à loa-loa.
ENCYCL. Après une incubation de trois mois le ver adulte est capable de reptation rapide sous la peau, ou sous la conjonctive, provoquant un œdème douloureux. La filaire peut provoquer aussi des œdèmes allergiques (œdème de Calabar). La loase entraîne parfois des complications neuro-méningées et rénales.

LOB [lb] n. m. (angl. *lob*). Au tennis et dans divers sports, trajectoire assez élevée de la balle ou du ballon, passant au-dessus d'un ou de plusieurs adversaires avancés.

LOBAIRE adj. Relatif à un lobe ou situé dans un lobe.

LOBATCHEVSKI (Nikolaï Ivanovitch), mathématicien russe (Nijni Novgorod 1792 - Kazan 1856). Comme Gauss et J. Bolyai, mais par une démarche indépendante, il élabora une nouvelle géométrie, non euclidienne, que Klein appellera *hyperbolique,* en conservant tous les axiomes d'Euclide, sauf celui des parallèles.

LOBAU, île du Danube, à 12 km en aval de Vienne (Autriche) ; 25 km². Parc naturel. Port pétrolier. Raffinerie de pétrole.

LOBBY [lɔbi] n. m. (pl. *lobbies*) [angl. *lobby,* couloir]. Syn. de GROUPE* DE PRESSION.

LOBBYING [lɔbiiɲ] ou **LOBBYISME** n. m. (angl. *lobbying,* pression). Action menée par un lobby en vue d'obtenir qqch.

LOBBYISTE [lɔbiist] n. (angl. *lobbyist*). Personne qui est à la tête d'un lobby.

LOBE n. m. (gr. *lobos*). **1.** Partie arrondie et saillante d'un organe quelconque (poumon, foie, cerveau). — **2.** *Lobe de l'oreille,* partie molle et arrondie à laquelle on attache les boucles d'oreilles. (Syn. LOBULE DE L'OREILLE.) — **3.** Segment de cercle employé comme ornement dans le tracé des roses, de certains arcs, etc. (trèfle, quadrilobe ; arcs trilobé, quadrilobé, polylobé). — **4.** Convexité accusée et généralement arrondie des organes foliacés ou floraux. — **5.** Chacune des pièces de bois qui, avec les courbes, composent le fût d'une selle. — **6.** Partie convexe d'un méandre. — **7.** Région du cerveau comprise entre deux scissures. (→ *encycl.*) — **8.** Zone où le rayonnement d'une antenne est important, sur le diagramme indiquant la variation de la puissance rayonnée avec la direction.
ENCYCL. **Neurol.** On distingue : le *lobe frontal,* situé en avant de la scissure de Rolando ; le *lobe pariétal,* situé en arrière du lobe frontal, compris entre la scissure de Rolando et la scissure perpendiculaire externe ; le *lobe temporal,* situé au-dessous de la scissure de Sylvius, et le *lobe occipital,* situé en arrière de la scissure perpendiculaire externe.

LOBÉ, E adj. **1.** Partagé en lobes. — **2.** *Doigt lobé,* chez les oiseaux aquatiques, doigt bordé de petits lobes natatoires, comme chez le grèbe.

LOBECTOMIE n. f. Opération qui consiste à enlever un lobe d'un organe.

LOBÉLIE n. f. (lat. sc. *lobelia,* de M. de *Lobel,* n. pr.). Herbe ornementale aux fleurs souvent bleues, à cinq divisions inégales.

LOBÉLINE n. f. Alcaloïde des lobélies, stimulant du centre respiratoire.

LOBER v. t. (conj. 3). Tromper l'adversaire par un lob.

LOBIOPHASE n. m. Faisan des montagnes de Bornéo, dont la face porte des caroncules bleues, très développées pendant les parades nuptiales. (Syn. LOPHURE.)

LOBIS, population voltaïque du sud du Burkina et du nord de la Côte-d'Ivoire, groupant environ 700 000 membres.

LOBITE n. f. Lésion inflammatoire atteignant la totalité d'un lobe pulmonaire.

LOBITO, port de la côte centrale de l'Angola ; 150 000 hab. Le port, fondé en 1905, est relié par chemin de fer au Shaba. Exportation de sucre, sisal, maïs et cuivre. Construction de bateaux.

LOB NOR, LOP NUR ou **LUOBUBO,** lac marécageux de Chine (Xinjiang), où aboutit le Tarim, à 768 m d'alt. D'une étendue de 3 000 km^2 environ, sa profondeur moyenne est de 1 m. Pêche. — À proximité eut lieu la première explosion nucléaire chinoise, le 16 oct. 1964.

LOBO (Francisco RODRIGUES), écrivain portugais (Leiria 1580 - noyé dans le Tage entre 1623 et 1627). Outre de nombreux poèmes, il a laissé une œuvre en prose (*la Cour au village,* 1619) didactique et rationaliste.

LOBOSA n. m. inv. Nom de classe de protozoaires rhizopodes ayant des pseudopodes digités arrondis au sommet et dont certains peuvent s'anastomoser, comme l'amibe et les thécamœbiens.

LOBOTOMIE n. f. Section chirurgicale de la totalité des fibres nerveuses qui unissent le cortex cérébral préfrontal aux régions sous-corticales. (La lobotomie, critiquée par de nombreux auteurs, peut être pratiquée pour traiter des affections mentales graves après échec des autres thérapeutiques.)

LOBOTOMISER v. t. (conj. 3). Pratiquer une lobotomie.

Lobstein *(maladie de),* maladie congénitale, caractérisée par une fragilité osseuse excessive, des fractures multiples et une teinte bleutée des sclérotiques. C'est une des deux formes cliniques de l'*osteogenesis imperfecta.*

LOBULAIRE ou **LOBULÉ, E** adj. **1.** Qui a la forme d'un lobule. — **2.** Qui appartient à un lobule ou est partagé en lobules.

LOBULE n. m. (lat. *lobulus*). **1.** Petit lobe. — **2.** Division d'un lobe. — **3.** Région du cerveau peu étendue correspondant en général à une ou deux circonvolutions cérébrales. — **4.** *Lobule adipeux,* petit amas de cellules que présente fréquemment le tissu graisseux. ‖ *Lobule de l'oreille,* syn. de LOBE DE L'OREILLE.

LOBULEUX, EUSE adj. Qui est divisé en lobes ou en lobules.

1. LOCAL, E, AUX adj. (bas lat. *localis,* de *locus,* lieu). **1.** Particulier à un lieu, à une région, à un pays : *Coutumes locales.* — **2.** Qui ne touche qu'une partie du corps : *Anesthésie locale.* — **3.** Qui ne touche qu'un lieu, un groupe, un milieu bien circonscrits : *Des grèves locales.* — **4.** Se dit d'une propriété qui est vraie ou définie dans un voisinage de chacun des points de l'espace topologique de référence. — **5.** *Élu local,* membre élu d'un conseil municipal, d'un conseil général, d'un conseil régional. ‖ *Étude locale d'une fonction,* étude d'une fonction f dans un voisinage d'un point x_0 de son domaine de définition. ‖ *Impôts locaux,* ensemble des impôts directs perçus par les départements et les communes. (Taxe foncière, taxe professionnelle, taxe d'habitation, certaines taxes assimilées aux impôts directs locaux : taxe d'enlèvement des ordures ménagères, etc.)

◆ **locale** n. f. *Fam.* Dans un journal, rubrique particulière à une localité, une ville, une région.

2. LOCAL n. m. (de *local 1*). Partie d'un bâtiment considérée surtout par rapport à son état et/ou à sa destination : *Un local spacieux. Local d'habitation. Local professionnel.*

◆ **locaux** n. m. pl. Pièces, partie de bâtiment servant de siège aux activités d'une profession : *Il a été emmené dans les locaux de la police.*

LOCALEMENT adv. **1.** En quelques endroits : *Demain, le ciel sera localement nuageux.* — **2.** Dans un lieu précis, en un seul endroit : *Une douleur ressentie localement.*

LOCALIER n. m. *Fam.* Journaliste chargé de la locale.

LOCALISABLE adj. Qui peut être localisé.

LOCALISATEUR, TRICE adj. Qui permet de localiser.

◆ **localisateur** n. m. **1.** Instrument agricole permettant de déposer de l'engrais le long des lignes de semis, ou à quelques centimètres de profondeur près de la graine semée. — **2.** Appareil utilisé en radiodiagnostic ou en radiothérapie pour limiter la zone d'application des rayons X.

LOCALISATION n. f. **1.** Action de localiser, de situer ; fait d'être localisé ou d'être situé dans l'espace ou le temps : *La localisation d'un bruit. La localisation d'un engin spatial par rapport à la Terre.* — **2.** Action de limiter l'extension de qqch ; fait d'être limité : *Localisation d'un conflit.* — **3.** Adaptation d'un produit, d'une activité productrice ou commerciale à une zone géographique, en fonction de divers facteurs naturels, techniques, économiques, culturels et sociaux. — **4.** *Localisation cérébrale,* attribution d'une fonction particulière à une partie précise du cortex cérébral. ‖ *Localisation génique,* identification du locus d'un gène dans le caryotype de l'espèce considérée. (L'ensemble des localisations géniques connues pour une espèce donnée constitue la carte génique de cette espèce.)

LOCALISER v. t. (de *local 1*) [conj. 3]. **1.** Déterminer la place de qqch, l'endroit où se situe qqch, qqn, d'où provient qqch : *Localiser le siège de la parole dans le cerveau. Localiser un bruit.* — **2.** Limiter l'extension d'une action, d'un phénomène, etc., les circonscrire : *Localiser une épidémie.*

◆ **être localisé** v. pass. *Liaison localisée,* liaison chimique dans laquelle les électrons de liaison restent pratiquement dans le voisinage des atomes qu'ils unissent.

LOCALITÉ n. f. (bas lat. *localitas, -atis*). **1.** Lieu déterminé constituant une entité géographique. — **2.** Petite agglomération. — **3.** Endroit précis où a été trouvé le type d'une espèce nouvelle. (En paléontologie, on parle plutôt de *gisement* ou de *site.*)

Locandiera *(La),* comédie de Goldoni (1753). Une belle tenancière d'auberge, Mirandolina, se joue avec esprit des sentiments variés de trois seigneurs. Elle choisira finalement le valet Fabrice.

LOCARNO, v. de Suisse (Tessin), autrefois une des trois capitales du canton sur la rive nord du lac Majeur ; 14 000 hab. Grand centre touristique, station d'été et d'hiver. Festival international de cinéma. Anc. château fort (musée). Églises médiévales et baroques.

Locarno *(accords de)* [5-16 oct. 1925], accords signés à l'issue d'une conférence entre A. Briand, A. Chamberlain, Mussolini, Stresemann, E. Vandervelde. L'Allemagne acceptait ses frontières imposées à l'issue de la guerre. Elle s'engageait à respecter la démilitarisation de la Rhénanie prévue par le traité de Versailles. Elle pouvait alors être admise à la S. D. N. (sept. 1926). En envahissant la zone rhénane démilitarisée (7 mars 1936), Hitler rendit vains ces accords.

LOCATAIRE n. (lat. *locare,* louer). **1.** Personne qui prend à bail un immeuble (en tout ou partie) ou un objet mobilier, par oppos. au *fermier,* qui prend à bail un bien rural, et au *gérant,* qui prend à bail un fonds de commerce. — **2.** *Locataire principal,* locataire d'un immeuble qui le donne à bail en tout ou partie à une personne appelée sous-locataire.
◆ n. m. Insecte psocoptère qui envahit les plantes sèches destinées aux infusions.

LOCATELLI (Pietro Antonio), violoniste et compositeur italien (Bergame 1695 - Amsterdam 1764). Élève de Corelli, il voyagea comme concertiste, puis se fixa à Amsterdam, où il publia ses œuvres, notamment 12 concertos grossos (1721), 6 *Sonate a tre* (1736), et des ouvrages techniques : *L'Arte del violino* (1733). Locatelli fut l'un des plus grands virtuoses de son temps.

LOCATEUR, TRICE n. *Locateur d'ouvrage,* personne qui exécute un ouvrage dans le cadre d'un contrat de louage d'ouvrage et d'industrie.

1. LOCATIF, IVE adj. (lat. *locare,* louer). **1.** Se dit de ce qui concerne le locataire ou la location. — **2.** *Valeur locative,* revenu que peut rapporter un immeuble loué.

2. LOCATIF, IVE adj. (lat. *locus,* lieu). Qui exprime le lieu.
◆ **locatif** n. m. Cas, utilisé en sanskrit, en latin, etc., exprimant le déroulement dans un lieu du procès du verbe.

LOCATION n. f. (lat. *locatio, -onis*). **1.** Action de donner ou de prendre à bail un local ; contrat de louage d'une voiture, d'un appareil, etc. : *S'occuper de la location d'un appartement.* — **2.** Prix du loyer : *Payer sa location.* — **3.** Maison ou appartement loué : *Chercher une location pour les vacances.* — **4.** Action de réserver une place pour un spectacle, dans un train, un avion, une chambre à l'hôtel, etc. : *L'agence se charge de la location des places.* — **5.** *(Être) en location,* être locataire, par oppos. à *être propriétaire ;* être loué ou à louer, en parlant d'un local. ‖ *Location meublée,* louage d'une maison ou d'un appartement ainsi que des meubles qui y sont installés ; cette maison, cet appartement. (Syn. MEUBLÉ.)

LOCATION-ACCESSION n. f. (pl. *locations-accessions*). En matière de propriété immobilière, syn. de LOCATION-VENTE.

LOCATION-GÉRANCE n. f. (pl. *locations-gérances*). Syn. de GÉRANCE* LIBRE.

LOCATION-VENTE n. f. (pl. *locations-ventes*). Contrat par lequel le propriétaire d'un bien le loue à une personne qui, à l'expiration des paiements échelonnés, en devient propriétaire.

loc. cit., abrév. de LOCO CITATO.

1. LOCH [lɔk] n. m. (néerl. *log,* poutre). Instrument dont se servent les marins pour mesurer la vitesse en surface du navire. (Les lochs modernes utilisent la pression due à la vitesse [tube de Pitot], les impulsions magnétiques d'un rotor à hélice ou à pales, ou l'effet Doppler.)

2. LOCH [lɔk] n. m. (mot écossais). **1.** Lac très allongé établi au fond des vallées, caractéristique de l'hydrographie de l'Écosse (par ex. le loch Ness). — **2.** Sur les côtes de l'Écosse, petit golfe profond et souvent ramifié.

LOCHE n. f. (gaul. **leuka,* blancheur). **1.** Poisson (cobitidé) des eaux douces au corps allongé, à la bouche garnie de 3 à 5 paires de barbillons. — **2.** Nom usuel de l'*arion* et autres limaces. — **3.** *Loche de mer,* nom usuel de la *motelle.*

LOCHES (37600), ch.-l. d'arrond. d'Indre-et-Loire, en Touraine, sur l'Indre ; 7 133 hab. *(Lochois).* Construite autour d'un monastère fondé au Ve s., conquise par Philippe Auguste en 1205, la ville est dominée par l'ancienne forteresse royale, vaste enceinte allant du donjon (fin du XIe s.) au Logis du roi (XIVe-XVe s. ; œuvres d'art) et englobant la collégiale romane St-Ours (nef couverte de deux pyramides creuses) ; musée Lansyer et musée du Terroir dans la porte Royale. Hôtel de ville et maisons de la Renaissance. Électronique. Conserverie. — La *forêt domaniale de Loches,* de 3 622 ha., peuplée de chênes, de hêtres, de charmes et de pins sylvestres, est exploitée en futaie régulière.

Loches *(paix de)* ⟶ MONSIEUR *(paix de).*

LOCHIES [-ʃi] n. f. pl. (gr. *lokheia,* accouchement). Écoulement séro-sanglant provenant de l'insertion du placenta sur l'utérus et qui fait suite de façon normale à un accouchement ou une mise bas.

LOCHNER (Stephan), peintre allemand (Meersburg, sur le lac de Constance, v. 1410 - Cologne 1451). Grand maître de l'école de Cologne, il allie des caractères flamands à l'idéale suavité du gothique tardif (triptyque de l'*Adoration des Mages,* v. 1440, à la cathédrale ; *Madone au buisson de roses,* v. 1448, musée Wallraf-Richartz).

LOCHRISTI, comm. de Belgique (Flandre-Orientale), au N.-E. de Gand ; 16 300 hab.

LOCKE (Matthew), compositeur anglais (Exeter v. 1622 - Londres 1677). Compositeur ordinaire de Charles II en 1660, il écrivit des anthems, des airs, des œuvres instrumentales dont des suites pour violons ou violes. Il laisse aussi des œuvres théâtrales et un traité sur la basse continue.

LOCKE (John), philosophe et théoricien politique anglais (Wrington, Somerset, 1632 - Oates, Essex, 1704). Il professa un matérialisme sensualiste opposé à l'innéisme cartésien (*Essai sur l'entendement humain,* 1690), puis prit parti en faveur du libéralisme politique (*Deux Traités sur le gouvernement,* 1690) et de la tolérance religieuse (*Christianisme raisonnable,* 1695). Dans ses *Pensées sur l'éducation* (1693), il proposait un enseignement partant des faits et basé sur les sciences de la nature.

Lockheed Martin, société américaine de construction aéronautique. La *Lockheed Corporation,* dont les origines remontent à 1916, a pris sa dénomination actuelle à la suite de sa fusion, en 1994-95, avec la société *Martin Marietta.* Elle a construit, dans les années 50, la série des « Constellation » et consacre aujourd'hui l'essentiel de son activité à l'aviation militaire et à la construction d'engins spatiaux et de missiles.

LOCK-OUT [lɔkaut] n. m. inv. (angl. *lock-out*). Fermeture temporaire de l'entreprise à l'initiative de l'employeur. (Dans la plupart des cas, le lock-out constitue une réponse patronale à une grève.)

LOCKOUTER [lɔkaute] v. t. (conj. 3). **1.** Procéder au lock-out d'une entreprise. – **2.** Priver des ouvriers de travail par un lock-out.

LOCKS n. f. pl. (mot angl.). Syn. de DREADLOCKS.

LOCKYER (*sir* Joseph Norman), astronome britannique (Rugby, Warwickshire, 1836-Salcombe Regis, Devon, 1920). Spécialiste de la spectroscopie solaire, il découvrit la chromosphère du Soleil et, en 1868, dans le spectre des protubérances, en même temps que Janssen, une raie qu'il attribua à un nouvel élément, alors inconnu sur la Terre, l'« hélium ». Il fut aussi l'un des premiers à s'intéresser à l'évolution des étoiles et fonda la revue scientifique *Nature* (1869).

LOCLE (Le), v. de Suisse (cant. de Neuchâtel), dans le Jura ; 12 000 hab. Centre horloger.

LOCMARIAQUER (56740), comm. du Morbihan, à l'entrée du golfe du Morbihan ; 1 316 hab. Centre de villégiature. Port de pêche ; ostréiculture. Importants monuments mégalithiques.

LOCMINÉ (56500), ch.-l. de cant. du centre du Morbihan ; 3 657 hab. *(Locminois).* Église, chapelle et ossuaire de la Renaissance. Industrie alimentaire.

LOCO, mot ital. signif. *lieu* et indiquant, en musique, le retour à l'exécution des notes comme elles sont écrites, après un passage transcrit à l'octave supérieure ou inférieure.

LOCO CITATO loc. adv. (mots lat.). À l'endroit cité précédemment. (Abrév. *loc. cit.*)

LOCOMOBILE n. f. Machine à vapeur montée sur roues non motrices, qui servait à actionner les batteuses.

LOCOMOTEUR, TRICE adj. Relatif à la locomotion.

◆ **locomoteur** n. m. Engin de traction de moyenne puissance, à moteur thermique, utilisé pour les manœuvres ou la remorque des trains de marchandises légers.

LOCOMOTION n. f. (du lat. *motio, -onis,* mouvement). **1.** Fonction des êtres vivants, et principalement des animaux, par laquelle ils assurent activement le déplacement de leur organisme tout entier : *Les différents modes de locomotion chez les animaux.* – **2.** Transport de choses ou de personnes d'un lieu vers un autre : *Locomotion aérienne.* – **3.** *Moyen de locomotion,* moyen utilisé pour se transporter d'un lieu à un autre.

ENCYCL. La locomotion s'effectue au sein d'un milieu homogène : air (vol), eau (nage), terre (fouissage), ou à l'interface de deux milieux de consistance différente, air-sol (marche, saut, reptation, grimper, etc.), air-eau (natation et marche à la surface de l'eau), eau-sol (reptation ou marche au fond de l'eau). Coûteuse en énergie, elle exige une déformation répétée du corps et souvent l'accrochage temporaire au point de la surface extérieure sur lequel la pression (ou la traction) est exercée. Les déplacements passifs, seuls en usage chez les végétaux en général, ne sont pas inconnus dans le règne animal, soit qu'une espèce se fasse transporter par une autre (phorésie), soit qu'elle donne prise au vent. (⟶ DISSÉMINATION, POLLEN.)

LOCOMOTIVE n. f. (lat. mod. *locomotivus,* qui sert à la locomotion). **1.** Machine à vapeur, électrique, à moteur thermique ou à air comprimé, etc., montée sur roues, et destinée à remorquer un convoi de voitures ou de wagons sur une voie ferrée. (→ *encycl.*) — **2.** *Fam.* Personne, entreprise, région, etc., qui, dans un domaine d'activité, joue un rôle moteur par son dynamisme, son prestige. — **3.** *Fam.* En sports, coureur qui mène le train. — **4.** *Fumer comme une locomotive,* fumer beaucoup.

ENCYCL. • Une *locomotive à vapeur* comprend trois parties principales. 1° La chaudière où se produit la vapeur sous pression, avec le foyer, le corps cylindrique comportant un faisceau tubulaire où circulent les gaz, et la boîte à fumée, munie d'un échappement. 2° Le mécanisme constitué par une machine à pistons, avec au moins deux cylindres, un de chaque côté, attaquant un même essieu par des bielles et des manivelles. 3° Le véhicule : châssis et roues. Sur la plupart des chemins de fer modernes, la locomotive à vapeur a laissé la place à la locomotive électrique ou Diesel. Cependant, quelques pays pauvres en pétrole mais disposant de charbon à bon marché conservent la traction à vapeur (Chine, Inde, Afrique du Sud...).

• La *locomotive électrique* capte l'énergie du réseau de distribution au moyen d'un pantographe sur les lignes d'alimentation aériennes. La locomotive moderne se compose d'une caisse principale reposant sur des bogies moteurs dont les essieux sont reliés aux moteurs électriques par une transmission élastique qui doit permettre le jeu des ressorts de suspension. Les moteurs sont fixés rigidement au châssis et sont alors, comme lui, entièrement suspendus.

On désigne les locomotives électriques (et aussi les locomotives Diesel) au moyen de chiffres et de lettres majuscules. Pour chaque châssis, le rang alphabétique de la lettre majuscule indique le nombre d'essieux moteurs, et les chiffres le nombre d'essieux porteurs. Une machine BB est une locomotive comportant deux bogies avec deux essieux moteurs chacun.

Les différents réseaux européens sont équipés de courants différents (tension et fréquence). Aussi, indépendamment de l'augmentation des puissances, liée à l'élévation des vitesses, la technique évolue-t-elle vers des machines aptes à circuler sous des tensions et des fréquences différentes, pour éviter les échanges de machines aux frontières des réseaux. Après les locomotives bicourant (1,5 kV continu et 25 kV monophasé, 50 Hz), ne circulant que sur le réseau français, on a construit des machines tricourant (1,5 kV continu, 3 kV continu et 25 kV, 50 Hz) et quadricourant (les mêmes, plus le 15 kV, 16 2/3 Hz) pour assurer certaines relations internationales. Sur ces machines, le courant alternatif est redressé à l'aide de convertisseurs statiques et les moteurs sont toujours alimentés en courant continu. Les locomotives Sybic (synchrone bicourant) de la S.N.C.F., en service depuis 1990, sont des locomotives bicourant (25 kV/50 Hz monophasé et 1,5 kV continu) à deux bogies monomoteurs développant 5 600 kW, aptes à remorquer toutes les catégories de trains.

• La *locomotive à moteurs Diesel* est intéressante à cause de son autonomie, mais la hausse des produits pétroliers a limité son emploi. Les moteurs Diesel, à quatre temps, sont munis d'une turbine de suralimentation. Entre le moteur et les essieux existe une transmission électrique, hydraulique, mécanique ou hydromécanique. Les machines se rattachant au premier type sont appelées « diesel-électriques » ; le moteur Diesel entraîne soit une génératrice à courant continu, soit le plus souvent un ensemble alternateur-redresseur fournissant le courant continu aux moteurs de traction. L'augmentation de la puissance massique des moteurs Diesel permet la fabrication, sur la locomotive, du courant électrique nécessaire au chauffage du train (suppression du chauffage par la vapeur). Les locomotives Diesel à transmission hydraulique servent surtout aux manœuvres. En France, toute les locomotives Diesel récentes sont à transmission électrique.

LOCOTRACTEUR n. m. (de *locomotive* et *tracteur*). Engin de traction sur rail, actionné par moteur thermique, de faible puissance (jusqu'à 230 kW).

LOCRES ÉPIZÉPHYRIENNES, en gr. **Lokroi hoi Epizephurioi,** en lat. **Locri Epizephyrii,** anc. cité grecque du Bruttium, colonie des Locriens, fondée en 673 av. J.-C. Alliée d'Hannibal après Cannes, elle tomba en 205 au pouvoir de Rome.

LOCRIDE, en gr. **Lokris,** pays des Locriens, en Grèce continentale. On distinguait la *Locride orientale* sur la mer Égée, et la *Locride occidentale* sur le golfe de Crissa (golfe de Corinthe).

LOCRIENS, peuple de la Grèce antique, qui habitait la Locride et qui créa des colonies en Italie méridionale.

LOCRONAN (29180), comm. du Finistère, à 10 km à l'E. de Douarnenez ; 797 hab. Centre touristique. Ensemble bien conservé de la place avec ses maisons en granite, l'église du XVe s. et la chapelle du Pénity, du début du XVIe s. (œuvres d'art). Pardon en juillet.

LOCTUDY (29750), comm. du Finistère, au S.-E. de Pont-l'Abbé ; 3 644 hab. *(Loctudystes).* Église romane à façade et clocher du XVIIIe s. Station balnéaire. Port de pêche.

LOCULAIRE ou **LOCULÉ, E** adj. (lat. *loculus,* de *locus,* lieu). Se dit des organes végétaux partagés en plusieurs loges. (On précise : *biloculaire, multiloculaire,* etc.)

LOCULUS [-lys] n. m. (lat. *loculus*). **1.** Cavité creusée dans les parois des catacombes pour y placer un défunt. — **2.** Cavité à reliques dans ou sous un autel.

LOCUS [lɔkys] n. m. (pl. inv. ou *loci*) [lat. *locus,* lieu]. **1.** Emplacement d'un gène sur le chromosome porteur du gène. (Des gènes allèles occupent le même locus sur des chromosomes homologues.) — **2.** En phonétique acoustique, zone des fréquences du spectre d'une consonne vers laquelle se dirigent les transitions des formants des voyelles adjacentes.

LOCUS NIGER [lɔkysniʒɛr] n. m. inv. (lat. *locus,* lieu, et *niger,* noir). Structure nerveuse située dans le pied des pédoncules cérébraux et s'étendant en hauteur du pont de Varole jusqu'au pallidum. (En relation avec le noyau caudé et le putamen, il intervient dans le contrôle des mouvements volontaires.)

LOCUSTE n. f. (lat. *locusta*). Criquet migrateur, non dangereux sous sa forme solitaire, mais qui à l'état grégaire ravage les steppes de l'Eurasie, de l'Inde et de l'Insulinde, les régions tropicales de l'Afrique, de Madagascar et de l'Australie.

LOCUSTE, femme romaine († 68). Elle empoisonna Claude pour le compte d'Agrippine, et Britannicus pour le compte de Néron. Galba la fit mettre à mort.

LOCUSTELLE n. f. (de *locuste*). Petite fauvette des marais dont le chant stridulant rappelle celui des criquets.

LOCUTEUR, TRICE n. (bas lat. *locutor,* du lat. class. *locutum,* de *loqui,* parler). **1.** Sujet parlant qui produit des énoncés, par opposition à celui qui les reçoit et y répond. — **2.** Personne qui parle effectivement telle ou telle langue (souvent pl.). — **3.** *Locuteur natif,* sujet parlant qui, ayant intériorisé les règles de grammaire de sa langue maternelle, peut porter sur les énoncés émis des jugements de grammaticalité, de synonymie et de paraphrase.

LOCUTION n. f. (lat. *locutio, -onis,* de *loqui,* parler). **1.** Tour de langue écrite ou parlée : *Une locution toute faite.* — **2.** Groupe de mots figé ayant la valeur grammaticale et/ou sémantique d'un mot unique. (On distingue les locutions verbales [*faire grâce*], nominales [*mise en jeu*], adverbiales [*tout de suite*], prépositives [*au-dessus de*], conjonctives [*pour que*].)

LOD ou **LYDDA,** v. d'Israël, au S.-E. de Tel-Aviv-Jaffa ; 45 500 hab. Aéroport de Tel-Aviv-Jaffa.

LODDIGÉSIE n. m. (de *Loddiges,* n. pr.). Colibri remarquable par les deux rectrices longues et spatulées de la queue des mâles.

LODEN [lɔdɛn] n. m. (all. *Loden*). **1.** Lainage foulé et imperméable. — **2.** Manteau fait dans ce lainage, en loden de coupe sport, généralement de couleur verte.

LODÈVE (34700), ch.-l. d'arrond. de l'Hérault, au S. du causse du Larzac ; 7 777 hab. *(Lodévois).* Évêché du IVe s. à 1790. Anc. cathédrale et ses dépendances (XIIIe-XVIIIe s.). Musée. Bonneterie. Brouettes. Constructions électriques. — Dans la région, gisements d'uranium.

LODGE (Thomas), écrivain anglais (v. 1558 - Londres 1625). Auteur, entre autres, d'un roman pastoral (*Rosalynde,* 1590) qui a inspiré Shakespeare dans *Comme il vous plaira,* il a incarné l'aventure comme idéal romanesque et comme style de vie.

LODGE (*sir* Oliver Joseph), physicien britannique (Penkhull, Staffordshire, 1851 - Lake, près de Salisbury, 1940). Il est connu pour ses études sur les ondes électromagnétiques et la télégraphie sans fil. Son brevet de 1897 sur la syntonie fut acquis par Marconi en 1911.

LODGE (Henry CABOT), homme politique américain (Nahant, Massachusetts, 1902 - Beverly, Massachusetts, 1985). Sénateur républicain, il présida la délégation américaine à l'O. N. U. de 1953 à 1960. Ambassadeur à Saigon (1963-64 et 1965-1967), il participa aux négociations de Paris sur le Viêt-nam (1969).

LODI, v. d'Italie, en Lombardie (prov. de Milan), sur l'Adda ; 43 300 hab. Cathédrale du XIIe s. Église de l'Incoronata (1488). Industrie de la laine.
— **Hist.** C'est l'antique *Laus Pompeia.* En 1454 y fut signé un pacte entre le pape Nicolas V, Venise, Florence et Milan. Il rétablissait en Italie un équilibre qui devait être brisé par l'intervention de Charles VIII. Victoire de Bonaparte sur les Autrichiens (1796).

LODĪ, nom de la dernière dynastie, d'origine afghane, qui régna sur le sultanat de Delhi (1451-1526). Elle fut renversée par Bāber.

LODOICEA [-doisea] n. m. Beau palmier (30 m de haut) des Seychelles, aux grandes feuilles (6 m) en éventail et au fruit énorme (jusqu'à 20 kg), contenant un albumen liquide ressemblant à du lait de coco.

LODS [lo] n. m. pl. (anc. fr. *los,* consentement, du lat. *laus, laudis,* éloge). *Lods et ventes,* droit de mutation dû au seigneur féodal, en cas d'aliénation d'une censive.

LODS (Marcel), architecte et urbaniste français (Paris 1891 - *id.* 1978). De son association avec Eugène Beaudouin (1898-1983) ont résulté dans la décennie 1930-1940 des réalisations exemplaires fondées sur la préfabrication : cité du Champ-des-Oiseaux à Bagneux (avec Freyssinet : béton vibré), école de plein air à Suresnes, marché couvert-maison du peuple à Clichy (avec J. Prouvé : construction métallique, espaces transformables). Après la guerre, il a notamment participé à l'ensemble des Grandes-Terres à Marly-le-Roi (1959).

ŁÓDŹ, v. de Pologne, ch.-l. de voïévodie, au S.-O. de Varsovie ; 846 000 hab. Deuxième ville du pays, c'est un grand centre du textile (fondé au XIXe s.) qui s'est étendu à toute une région. Constructions mécaniques et électriques, chimie. Musées, dont une galerie d'art moderne et contemporain.

Łódź *(bataille de),* combats qui opposèrent de nov. à déc. 1914 les Russes et les Allemands dans la région de Łódź ; le grand-duc Nicolas y stoppa les offensives d'Hindenburg.

LOEB (Jacques), physiologiste américain (Mayen, Rhénanie, 1859 - Hamilton, Bermudes, 1924). Pour lui, les phénomènes vitaux relèvent de processus physico-chimiques, qu'il essaya de découvrir et de reproduire. Sa découverte la plus importante fut celle de la parthénogenèse expérimentale.

LOÈCHE-LA-VILLE, en all. **Leuk,** comm. de Suisse (cant. du Valais), sur le Rhône ; 3 000 hab. Vignoble. À proximité, station thermale de *Loèche-les-Bains.*

LOEILLET (Jean-Baptiste), compositeur français (Gand 1688 - Lyon v. 1720). On lui doit 4 recueils de 12 sonates pour flûte et b. c. (1710-1716) et 6 sonates pour flûte, hautbois ou violon sans b. c. (1717).

LŒSS [løs] n. m. inv. (all. *Löss*). Dépôt sédimentaire détritique meuble, de la taille des limons (2 à 50 µm), carbonaté, d'origine éolienne. (Déposé lors de phases climatiques froides, il recouvre de vastes surfaces en Europe, en Chine, aux États-Unis, et donne des terres très fertiles.)

LŒSSIQUE adj. Relatif au lœss.

LOEWENGUTH (Alfred), violoniste français (Paris 1911 - *id.* 1983). Il fonda un quatuor en 1929. Passionné de pédagogie, il inaugura son premier orchestre d'enfants en 1932.

LŒWENSTEIN (Rudolf), médecin et psychanalyste américain d'origine polonaise (Łódź 1898 - New York 1976). Il est un des représentants, avec H. Hartmann et E. Kris, de l'*Ego psychology.*

LOEWI (Otto), biochimiste et physiologiste allemand (Francfort-sur-le-Main 1873-New York 1961). Il rapporta en 1921 les premiers arguments expérimentaux en faveur de la théorie chimique de la transmission synaptique. Il contribua à l'identification de l'acétylcholine et de l'adrénaline et reçut le prix Nobel de médecine et de physiologie avec sir Henry (Hallett) Dale en 1936.

LŒWY (Maurice), astronome français d'origine autrichienne (Vienne 1833 - Paris 1907). Il étudia la photosphère solaire, les météores et les comètes, et réalisa avec Victor Puiseux, à partir de 1894, un atlas photographique de la Lune. (Acad. des sc., 1873.)

LOEWY (Raymond), esthéticien industriel américain d'origine française (Paris 1893 - Monaco 1986). Installé en 1919 aux États-Unis, il y fonda dix ans plus tard sa société de design. Tendant à promouvoir l'idée d'une beauté fonctionnelle des produits de l'industrie, il s'est illustré dans des domaines allant du paquet de cigarettes à la navette spatiale, en passant par l'automobile et les logotypes de nombreuses firmes. Il a publié, notamment, *La laideur se vend mal* (1952).

LOF n. m. (moyen néerl. *loef*). **1.** Côté du navire qui se trouve frappé par le vent. — **2.** *Aller au lof,* se rapprocher du vent. ‖ *Virer lof pour lof,* virer vent arrière.

L. O. F., abrév. de LIVRE DES ORIGINES* FRANÇAISES.

LOFER v. i. (de *lof*) [conj. 3]. **1.** Venir plus près du lit du vent. — **2.** *Lofe !,* commandement pour mettre la barre sous le vent, de sorte que le navire vienne au vent.

Löffler ou **Klebs-Löffler** *(bacille de),* bacille de la diphtérie découvert par Klebs, mais bien décrit pour la première fois par Friedrich Löffler (1852-1915). C'est un petit bâtonnet immobile, ne possédant pas de spores et qui prend le Gram. Il est aérobie et se cultive, entre 20 et 40 °C, en milieu enrichi en sérum. Son pouvoir pathogène s'exerce par la production d'une toxine.

Löffler *(syndrome de),* syndrome caractérisé par la coexistence d'opacités pulmonaires labiles et d'une forte éosinophilie sanguine. Son origine peut être allergique ou parasitaire (ascaridiose).

LOFING-MATCH n. m. (pl. *lofing-matchs* ou *-matches*). Compétition entre deux bateaux, s'effectuant le plus souvent aux allures portantes, au cours de laquelle le bateau rattrapant essaie de couper le vent de son adversaire.

LOFOTEN *(îles),* archipel situé au large des côtes norvégiennes (Nordland), dont il est séparé par le Vestfjord ; 1 425 km². Pêche.

LOFT [lɔft] n. m. (amér. *loft,* entrepôt). Ancien local professionnel (entrepôt, atelier) transformé en logement et/ou studio d'artiste.

LOFTING (Hugh), écrivain britannique (Maidenhead, Berkshire, 1886 - Santa Monica, Californie, 1947). Ingénieur, il est connu pour ses histoires du *Dr. Dolittle,* écrites pour les enfants.

Log, abrév. du logarithme népérien, ou de la fonction correspondante. (Syn. ln.)

log, abrév. du logarithme de base 10, ou de la fonction correspondante.

$\log_a$, abrév. du logarithme de base *a,* ou de la fonction correspondante.

LOG n. m. (amér. *log,* de *to log,* repérer). *Log de sondage,* syn. de COUPE DE SONDAGE.

LOGAN *(mont),* point culminant du Canada (territoire du Yukon), près de la frontière de l'Alaska ; 5 959 m. Première ascension par les Américains A. H. MacCarthy, H. F. Lambert, A. Carpé, N. H. Read, A. Tailor (1925).

LOGANIACÉE n. f. (lat. sc. *loganiaceæ*). Nom d'une famille d'arbustes des régions chaudes, et dont de nombreuses espèces contiennent des alcaloïdes très toxiques (strychnine, curare).

LOGANINE n. f. ou **LOGANOSIDE** n. m. Hétéroside monoterpénique $C_{17}H_{26}O_{10}$, que l'on rencontre dans la noix vomique et le trèfle d'eau (loganiacées), et qui joue un rôle capital dans la biosynthèse des alcaloïdes tels que l'émétine, la quinine, la réserpine et la strychnine.

LOGARITHME n. m. (lat. sc. *logarithmus,* du gr. *logos,* rapport, et *arithmos,* nombre). **1.** *Logarithme de base* a *d'un réel strictement positif* x (a *réel strictement positif différent de* 1), réel y positif tel que $a^y = x$. — **2.** *Fonction logarithme de base* a, fonction $x \mapsto \ln x / \ln a$ définie sur $\mathbb{R}^{+*}$, où a est un réel strictement positif différent de 1. (Notation $\log_a$.) ‖ *Fonction logarithme décimal,* fonction

LOGARITHMES

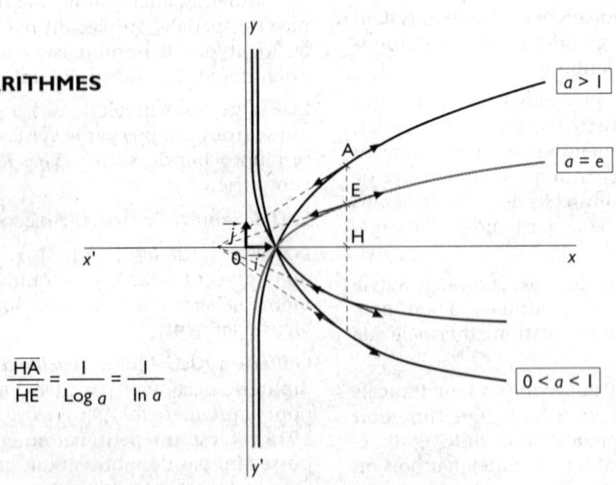

Représentation graphique des fonctions **logarithmes** pour $a > 1$, $a = e$, $0 < a < 1$.

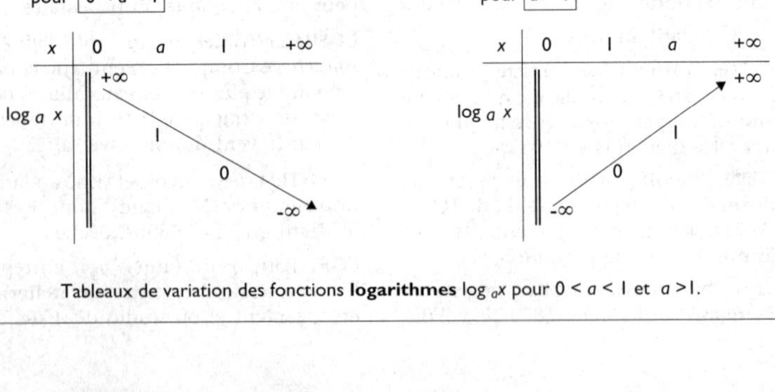

Tableaux de variation des fonctions **logarithmes** $\log_a x$ pour $0 < a < 1$ et $a > 1$.

logarithme de base 10. (Notations $\log_{10}$, log ou lg.) ‖ *Fonction logarithme népérien,* fonction définie sur $\mathbb{R}^{+*}$ et obtenue comme la primitive de la fonction $x \mapsto 1/x$, qui s'annule pour $x = 1$. (Notations Log, ln.) ‖ *Table de logarithmes,* table utilisée en calcul numérique, qui permet d'avoir les valeurs des logarithmes décimaux et népériens.

ENCYCL. **Math.** Toutes les fonctions logarithmes ont en commun les propriétés suivantes, vraies pour tout $a \in \mathbb{R}^{+*} - \{1\}$.

$$\forall (x_1, x_2) \in (\mathbb{R}^{+*})^2 : \log_a 1 = 0 ;$$
$$\log_a x_1 \cdot x_2 = \log_a x_1 + \log_a x_2 ;$$
$$\log_a 1/x_1 = -\log_a x_1 ;$$
$$\log_a x_1/x_2 = \log_a x_1 - \log_a x_2 ;$$
$$\log_a x_1^r = r \cdot \log_a x_1, \forall r \in \mathbb{Q}.$$

Il existe entre elles la relation suivante :

$$\forall (a,b) \in (\mathbb{R}^{+*} - \{1\})^2, \forall x \in \mathbb{R}^{+*} ;$$
$$\log_a x = \log_a b \cdot \log_b x.$$

La fonction $\log_a x$ a pour dérivée $1/x \cdot \ln a$. Sa variation dépend de la valeur de a (→ tableaux). La courbe représentative a deux branches infinies : une asymptote verticale et une branche parabolique dont la direction est celle de l'axe des abscisses.

LOGARITHMIQUE adj. **1.** Relatif aux logarithmes. – **2.** Se dit d'une représentation graphique dans laquelle les grandeurs sont représentées par des nombres ou des longueurs qui sont proportionnels au logarithme de ces grandeurs ; se dit de l'échelle correspondante.

LOGATOME n. m. (gr. *logos,* parole, et *tomê,* coupure). Suite de sons correspondant aux règles phonologiques d'une langue mais sans signification propre.

LOGE n. f. (frq. **laubja*). **1.** Logement d'un gardien d'immeuble, d'un concierge ; local réservé à son service. – **2.** Petit salon cloisonné dans une salle de spectacle. – **3.** Petite pièce dans laquelle se préparent les artistes de théâtre, de cinéma. – **4.** Fam. *Être aux premières loges,* être à la meilleure place pour assister à un spectacle, être témoin d'un événement. • **Anat.** Cavité plus ou moins bien délimitée dans laquelle est situé un organe. – **Archit.** Pièce, galerie largement ouverte sur l'extérieur par une colonnade, des arcades ou des baies libres, le plus souvent située en étage. (Syn. LOGGIA.) [→ *encycl.*] ‖ Chacune des cellules où sont enfermés isolément les élèves ou les artistes (logistes) qui prennent part à un concours. – **Bot.** Chacune des cavités que contient à sa maturité une anthère, un ovaire, un péricarpe, etc. (Chacun de ces organes est dit « uni- », « bi- », « tri- », « quadri- », ..., « multiloculaire », suivant qu'on y observe une, deux, trois, quatre... loges ou plus.) – **Fr.-maçonn.** Local où les francs-maçons tiennent leurs assemblées. (Syn. TEMPLE.) ‖ Cellule maçonnique fondamentale. (S'écrit toujours en ce sens avec une majuscule.) ‖ *Grande Loge,* fédération de Loges. – **Zool.** Compartiment à ouverture limitée, aux parois résistantes, contenant un individu d'une colonie animale (polype, bryozoaire, etc.).

ENCYCL. **Archit.** Les loges de rez-de-chaussée, destinées aux marchands, aux soldats ou aux magistrats, sont nombreuses dans les villes d'Italie. L'une des plus célèbres est la *loggia dei Lanzi,* à Florence, entreprise en 1376. À Rome, Bramante ayant laissé inachevée la cour Saint-Damase au Vatican, Léon X chargea Raphaël d'en porter l'élévation à trois étages avec des loggias ornées de peintures décoratives. La *galerie des Loges,* au 2e étage (« Loges de Raphaël »), fut commencée en 1518 ; son décor comporte des grotesques de Giovanni da Udine et 52 petites compositions sur des thèmes de l'Ancien Testament, peintes à fresque, d'après Raphaël, par les disciples du maître (« Bible de Raphaël »).

LOGEABILITÉ n. f. Qualité de ce qui est logeable.

LOGEABLE adj. **1.** Suffisamment spacieux et bien conçu pour loger qqn ou qqch : *Un chalet logeable.* – **2.** Que l'on peut facilement loger qqpart.

LOGEMENT n. m. **1.** Action de procurer un logement à des personnes : *Assurer le logement et la nourriture des troupes.* – **2.** Action de loger les habitants d'une ville, d'un pays ; fait de se loger : *La crise du logement.* – **3.** Partie d'un immeuble, d'une maison, où l'on habite : *Un logement de deux pièces.* – **4.** Lieu, et en partic. cavité, où vient se loger qqch : *Logement du pêne d'une serrure.* • **Arm.** Dans le mécanisme des armes portatives, cavité destinée à recevoir les pièces (notamment l'obturateur) qui doivent avoir un certain jeu. – **Dr.** *Logement d'office,* réquisition de logements insuffisamment occupés, réalisée moyennant indemnité par l'Administration au bénéfice de personnes dépourvues de logement. – **Mar.** Chambre de bord. – **Mécan.** Cavité ménagée dans une pièce pour y loger une partie d'une autre pièce (tête de vis, par ex.). – **Mil.** Cantonnement assigné à des militaires chez des particuliers. ‖ Autref., détachement chargé de préparer un cantonnement. (Syn. CAMPEMENT.)

logement *(Fonds national d'aide au),* organisme financé par une contribution de l'État et une cotisation des employeurs, qui a pour but de permettre le financement de diverses aides en matière de logement.

LOGEMENT-FOYER n. m. (pl. *logements-foyers*). Établissement à caractère social qui assure le logement de certaines personnes en situation d'isolement.

LOGER v. t. (de *loge*) [conj. **17**]. **1.** Procurer à qqn un lieu d'habitation, un abri : *Loger les sinistrés dans des baraquements.* – **2.** Avoir des gens comme habitants, comme résidents, en parlant de locaux d'habitation : *L'hôtel loge les participants du colloque.* – **3.** Mettre, placer qqch qqpart : *Il est difficile de loger l'armoire dans ce coin.* – **4.** Lancer un projectile, de sorte qu'il pénètre qqpart : *Il lui logea une balle dans la tête.*
◆ v. i. **1.** Avoir sa résidence, permanente ou provisoire, qqpart : *Loger à l'hôtel.* – **2.** Prendre place qqpart : *L'armoire logera aisément sur ce pan de mur.*
◆ **être logé** v. pass. *Être bien, mal logé,* avoir un logement suffisant, confortable ou, au contraire, insuffisant.
◆ **se loger** v. pr., **être logé** v. pass. **1.** Avoir un endroit pour habiter : *Il est difficile de se loger à Paris.* – **2.** Se placer qqpart : *La balle se logea dans le coude.*

LOGES (les), section de la forêt de Saint-Germain-en-Laye (Yvelines), au N. de la ville. – Camp militaire abritant le quartier général du commandement militaire de l'Île-de-France.

LOGES (Marie BRUNEAU, Mme DES), femme de lettres française (Sedan v. 1585 - La Pléau, Limousin, 1641). Elle tint un important salon littéraire.

LOGETTE n. f. **1.** Sorte de bow-window. – **2.** Petite cellule. – **3.** Stalle individuelle, limitée latéralement, où les vaches viennent se coucher en stabulation libre.

LOGEUR, EUSE n. Personne qui loue des chambres meublées.

LOGGIA [lɔdʒja] n. f. (ital. *loggia*). Syn. usuel de LOGE.

LOGHOUSE [lɔgawz] n. f. (amér. *loghouse,* de *log,* bûche, et *house,* maison). Sorte de cabane en rondins, à fenêtres sans vitres, des colons de l'ouest des États-Unis.

LOGICIEL, ELLE adj. (de *logique 2*). Relatif au logiciel.
◆ **logiciel** n. m. **1.** Ensemble des programmes, procédés et règles, et éventuellement de la documentation, relatifs au fonctionnement d'un ensemble de traitement de données. (Par oppos. au MATÉRIEL.) [Syn. SOFTWARE.] – **2.** *Logiciel d'application,* logiciel adapté à la résolution d'un problème spécifique. ‖ *Logiciel de base,* logiciel chargé d'assurer le fonctionnement interne d'un ordinateur. ‖ *Logiciel d'enseignement,* syn. de DIDACTICIEL.

LOGICIEN, ENNE n. Spécialiste de la logique.

LOGICISME n. m. (de *logique 2*). **1.** Conception qui met l'accent sur la logique des raisonnements et minimise leur aspect psychologique. – **2.** Conception des rapports entre la logique et les mathématiques, qui est défendue notamment par Frege et Russell. (Le logicisme s'intéresse à la dérivation des concepts mathématiques à partir des concepts logiques en vertu de définitions explicites ; il s'intéresse aussi à la dérivation des théorèmes mathématiques à partir des axiomes logiques en vertu de déductions purement logiques.)

LOGICISTE adj. Relatif au logicisme ; partisan de ce système.

LOGICO-MATHÉMATIQUE adj. (pl. *logico-mathématiques*). Qui relève à la fois de la logique et des mathématiques.

1. LOGIQUE adj. (bas lat. *logicus,* du gr. *logikos*). **1.** Relatif à la science de la logique. – **2.** Conforme au bon sens, cohérent, rationnel : *Raisonnement logique.* – **3.** Conforme au mode de raisonnement de qqn, aux principes qui guident son action, son comportement : *Soyez logique avec vous-même.* – **4.** Qui résulte de la nature même des choses : *C'est la conséquence logique des événements.* – **5.** En informatique, se dit d'une variable, d'un élément, d'un circuit qui ne peut prendre qu'un état parmi deux appelés, par exemple, « vrai » ou « faux », ou bien « 0 » ou « 1 ». – **6.** *Axiome logique,* axiome du calcul propositionnel ou du calcul des prédicats avec égalité, par opposition aux axiomes spécifiques d'une théorie mathématique particulière, dits axiomes non logiques ou axiomes propres de cette théorie. ‖ *Lois logiques,* ensemble des formules représentant un enchaînement de propositions dans un discours vrai en tout état de cause, c'est-à-dire indépendamment de la vérité ou de la fausseté des propositions qui y figurent. ‖ *Symbole logique,* connecteur propositionnel, quantificateur existentiel $\exists$ ou universel $\forall$, ou symbole d'égalité $=$, par opposition aux *symboles non logiques,* particuliers à une théorie mathématique donnée (ex. le symbole $\in$ d'appartenance est un symbole non logique).

2. LOGIQUE n. f. (bas lat. *logica,* du gr. *logikê*). **1.** Science du raisonnement en lui-même, abstraction faite de la matière à laquelle il s'applique et de tout processus psychologique. (→ *encycl.*) – **2.** Caractère logique, rationnel de qqch : *Admirez la logique de son raisonnement.* – **3.** Manière de raisonner, d'agir cohérente, rationnelle : *Travailler avec logique.* – **4.** Manière de raisonner et d'agir propre à un individu ou à un groupe : *Dans la logique de l'enfant, c'est normal.* – **5.** Manière dont les faits s'enchaînent, découlent les uns des autres : *C'est dans la logique des choses.* – **6.** Étude des automates, des automatismes, et de leurs composants et circuits électroniques correspondants. – **7.** *Logique formelle,* ensemble

des lois et des règles relatives à la déduction. ‖ *Logique mathématique,* théorie scientifique des raisonnements, excluant les processus psychologiques mis en œuvre.
ENCYCL. La logique « n'est pas un système d'affirmations sur des objets déterminés, mais une langue, c'est-à-dire un système de signes avec les règles de leur emploi » (Carnap). Les mots ou locutions employés dans le langage courant sont remplacés par des symboles. La langue ainsi constituée est un système de symboles dans lequel les formes logiques prennent la place des formes grammaticales. La logique formelle consiste alors en l'étude des inférences, ou raisonnements de leur validité.
Le calcul des propositions* et le calcul des prédicats* remontent à l'Antiquité (IVe-IIIe s. av. J.-C.). Aristote est le premier à expliquer systématiquement les principaux principes et les principales procédures logiques. L'école de Mégare (Eubulide, Diodore, Philon) et les stoïciens (Chrysippe surtout) accroissent les formes d'inférence fondamentale et posent le problème de la sémantique en distinguant le signifiant linguistique du signifié et de l'individu dénoté.
La logique médiévale se caractérise par sa dépendance à l'égard de la tradition aristotélicienne. Il faut attendre les travaux de Bolzano, de Boole et De Morgan, de Frege pour que la logique se sépare de la philosophie pour devenir *logique mathématique.* Inventée par Boole et De Morgan, l'algèbre de la logique se développe avec l'algèbre des classes et l'algèbre des relations.
Dans la mesure où il ne fait pas de la logique une partie des mathématiques, mais s'efforce de logiciser celles-ci, Gottlob Frege est le vrai fondateur de la *logique formelle.* Le problème du fondement des mathématiques qui se trouve alors posé est au centre des travaux de R. Dedeking, de G. Peano, de D. Hilbert et de B. Russell. Ce dernier, ainsi que C. Burali-Forti (1861-1931), Cantor et Zermelo, tente de résoudre les antinomies qui affectent la théorie des ensembles. L'intuitionnisme, le cercle de Vienne (notamment Wittgenstein et Carnap), A. Church, L. Łukasiewicz, K. Gödel, W. Quine et A. Tarski représentent au XXe s. les principaux courants de la logique mathématique.

Logique *(Grande)* → SCIENCE DE LA LOGIQUE.

Logique formelle et logique transcendantale, œuvre de Husserl (1929), où il indique la nécessité d'une « doctrine dernière de la science, [...] doctrine des principes et des normes de toutes les sciences ».

Logique de Port-Royal, titre habituellement donné à *la Logique ou l'Art de penser,* ouvrage d'Arnauld et Nicole (1662), en quatre parties ; la première traite des idées, la deuxième du jugement, la troisième du raisonnement, la quatrième de la méthode. Arnauld et Nicole combattent le sensualisme. Il s'agit pour eux d'exposer la façon d'user au mieux de la « lumière naturelle » que Dieu nous a donnée.

LOGIQUEMENT adv. **1.** De façon logique : *Raisonner logiquement.* — **2.** Selon le cours normal des choses : *Logiquement, il devrait réussir.*

LOGIS n. m. (de *loger*). *Litt.* Endroit où l'on habite : *Garder le logis.*

LOGIS-NEUF (le), site de la vallée du Rhône, au N.-N.-E. de Montélimar. Centrale hydroélectrique sur une dérivation du Rhône.

LOGISTE n. (de *loge*). Jeune artiste admis à entrer en loge pour prendre part à un concours. (À l'E. N. S. B. A., avant 1968.)

LOGISTICIEN, ENNE adj. et n. **1.** *Vx.* Spécialiste de la logique moderne. — **2.** Spécialiste de la logistique.

LOGISTIQUE adj. (lat. *logisticus,* du gr. *logistikos,* relatif à l'art du raisonnement). **1.** Relatif à la logistique militaire. — **2.** Qui a trait aux méthodes et aux moyens d'organisation d'une opération, d'un processus. — **3.** *Bâtiment de soutien logistique (B. S. L.),* navire spécialisé chargé d'assurer en mer les ravitaillements et les réparations courantes des bâtiments de guerre, leur permettant de s'affranchir des bases portuaires. ‖ *Brigade logistique,* brigade spécialisée d'un corps d'armée. ‖ *Soutien logistique,* mission assurée par les organismes des services des armées (matériel, intendance, essence, santé, etc.).
◆ n. f. **1.** Ensemble des opérations ayant pour but de permettre aux armées de vivre, de se déplacer, de combattre et d'assurer les évacuations et le traitement médical du personnel. (→ *encycl.*) — **2.** Ensemble de méthodes et de moyens relatifs à l'organisation d'un service, d'une entreprise, etc., et comprenant les manutentions, les transports, les conditionnements et parfois les approvisionnements. — **3.** Anc. nom de la logique moderne.
ENCYCL. **Mil.** La création, par Napoléon Ier, d'un véritable encadrement de l'approvisionnement en vivres et en munitions marque la naissance réelle de la logistique moderne : train d'artillerie, inspecteurs aux revues, train des équipages. Au XIXe s., le développement de l'artillerie et du chemin de fer conduit à une technicité accrue des organismes logistiques. Pendant la Première Guerre mondiale, les approvisionnements sont acheminés par trains entiers sur des organes répartiteurs ; les corps d'armée sont desservis par des gares spécialisées (vivres, munitions, essence). Avec la Seconde Guerre mondiale, la guerre devient une véritable entreprise industrielle. Ainsi, dans le Pacifique, les *trains d'esca-*

dre, avec leurs navires ravitailleurs en combustible, vivres et munitions, permettent de maintenir constamment en mer les flottes en opérations. Enfin, avec l'armement nucléaire, la logistique prend une importance sans précédent pour faire face à la menace d'une destruction rapide et massive des voies de communication (et de l'infrastructure industrielle en général).

LOGITHÈQUE n. f. Bibliothèque de logiciels.

LOG-LAPLACIEN, ENNE ou **LOG-NORMAL, E** adj. *Loi log-laplacienne* ou *log-normale,* loi de probabilité d'une variable aléatoire continue dont le logarithme suit une loi normale. (Syn. LOI DE GALTON.)

LOGNES (77185), comm. de Seine-et-Marne ; 12 985 hab.

1. LOGO n. m. Abrév. usuelle de LOGOTYPE.

2. LOGO n. m. Langage informatique de programmation apparu en 1971.

LOGOCENTRISME n. m. Conception de J. Derrida, qui spécifie la métaphysique comme métaphysique du langage.

LOGOGRAMME n. m. Dessin correspondant à une notion (logogramme sémantique ou idéogramme) ou à une séquence phonique (logogramme phonétique ou phonogramme).

LOGOGRAPHE n. m. (gr. *logographos*). **1.** Nom donné aux premiers historiens antiques. – **2.** En Grèce, professionnel de l'art oratoire, qui rédigeait pour autrui accusations ou plaidoiries. – **3.** Sténographe qui pratiquait la logographie.

LOGOGRAPHIE n. f. **1.** Sténographie en usage en France à l'Assemblée nationale constituante, puis à la Législative. – **2.** Écriture qui utilise des logogrammes.

LOGOGRIPHE n. m. (du gr. *griphos,* énigme). Énigme en vers, dans laquelle on compose, avec les lettres d'un mot, divers autres mots qu'il faut deviner, aussi bien que le mot principal.

LOGOMACHIE [-ʃi] n. f. (gr. *logomakhia*). **1.** *Litt.* Discussion sur les mots ou dans laquelle les interlocuteurs emploient les mêmes mots dans des sens différents. – **2.** Assemblage de mots creux dans un discours, dans un raisonnement.

LOGOMACHIQUE adj. Qui tient de la logomachie.

LOGOMÈTRE n. m. Appareil destiné à mesurer le rapport de deux grandeurs électriques.

LOGON n. m. Syn. de BIT.

LOGONE (le), riv. d'Afrique, formée au Tchad (par la réunion de la Vina et de la M'béré), pays qu'elle sépare du Cameroun, avant de rejoindre le Chari (r. g.) à N'Djamena. Pêche. Cultures de décrue (sorgho, riz).

LOGOPÉDIE n. f. Technique qui a pour but de corriger les défauts de prononciation chez les enfants.

LOGORRHÉE n. f. Débit de paroles rapides incoercible et désordonné. (Elle s'observe au cours de certaines aphasies sensorielles, et, en psychiatrie, principalement dans les états d'excitation.)

LOGORRHÉIQUE adj. et n. Relatif à la logorrhée ; atteint de logorrhée.

LOGOS [lɔgɔs] n. m. (gr. *logos*). **1.** Rationalité suprême, conçue comme gouvernant le monde dans certaines philosophies. – **2.** Terme employé dans le Prologue de l'Évangile de saint Jean pour désigner le Verbe éternel incarné.

LOGOTHÈTE n. m. (gr. *logothetês*). À dater de Justinien, administrateur chargé, à Byzance, du contrôle des finances.

LOGOTYPE n. m. Représentation graphique d'une marque commerciale, du sigle d'un organisme. (Abrév. usuelle LOGO.)

LOGOUDORIEN n. m. (de *Logudoro,* n. pr.). Dialecte sarde parlé dans le centre et le nord-ouest de la Sardaigne.

LOGROÑO, v. d'Espagne, ch.-l. de la région de La Rioja, sur l'Èbre ; 110 000 hab. Églises anciennes (XIIe-XVIIIe s.). Commerce des vins de la Rioja.

Lohengrin ou **Loherangrin** *(le Lorrain Gerin),* héros d'une légende allemande rattachée au cycle des romans courtois d'origine française sur la quête du Graal. Lohengrin, fils de Parzival, délivre la princesse de Brabant de ses vassaux ennemis et l'épouse. Il la quitte cependant car elle a voulu découvrir le secret de sa naissance. Ce thème a été repris par Richard Wagner.

Lohengrin, opéra romantique en 3 actes de R. Wagner, sur un livret du compositeur (Weimar, 1850).

LOHENSTEIN (Daniel Casper VON), écrivain allemand (Nimptsch, Silésie, 1635 - Breslau 1683), un des maîtres de la poésie baroque. On lui doit des tragédies et un roman héroïque, *le Magnanime Chevalier Arminius* (1689-90).

LOI n. f. (lat. *lex, legis*). **1.** Prescription établie par l'autorité souveraine de l'État, applicable à tous et définissant les droits et les devoirs de chacun : *Selon la loi en vigueur.* – **2.** Ensemble des règles juridiques, des prescriptions, des lois : *Nul n'est censé ignorer la loi.* – **3.** Domaine de ce qui est conforme aux lois : *Sortir de la loi.* – **4.** *Litt.* Autorité, domination sur qqn : *Dicter sa loi aux autres.* – **5.** Règle de conduite, conventions établies par les membres d'un groupe, par la morale ou la vie sociale, etc. : *Les lois de l'hospitalité. La loi de la jungle.* – **6.** Principe général jugé comme déterminant les choses, les hommes, le fonctionnement d'un ensemble : *Il faut manger pour vivre, c'est une loi de la nature. La loi de l'offre et de la demande.* — **7.** Fam. *C'est la loi et les prophètes,* c'est une autorité incontestée. ‖ *Dicter, imposer sa loi à qqn,* lui imposer ses volontés, le dominer absolument. ‖ Fam. *Faire la loi (qqpart),* y être le maître absolu. ‖ *Homme de loi,* magistrat. ‖ *Se faire une loi de,* s'imposer qqch comme un devoir. ‖ Fam. *Suivre sa loi,* suivre sa nature profonde. ‖ *Tomber sous le coup de la loi,* constituer une infraction à la loi, être passible d'une peine. • **Dr.** *Loi d'exception* ou *de circonstance,* loi qui consacre une dérogation momentanée à la loi constitutionnelle ou à la légalité ordinaire. ‖ *Loi(s) fondamentale(s),* la Constitution ou les textes formant la Constitution d'un pays. ‖ *Loi d'habilitation,* loi autorisant le gouvernement à prendre, par ordonnances, des mesures qui relèvent normalement du domaine de la loi. ‖ *Loi organique,* loi qui vient préciser l'organisation des pouvoirs publics établis par la Constitution. ‖ *Loi d'orientation,* loi définissant un certain nombre de principes, dans un domaine donné. ‖ *Loi (de) programme,* loi dépourvue de caractère contraignant, fixant les objectifs et les moyens de l'action de l'État dans un secteur déterminé ; en matière financière, loi regroupant, afin de rendre cohérent le financement d'un objectif donné, des prévisions d'ouverture d'autorisations de programme à réaliser par des lois de finances ultérieures. — **Fin.** *Loi de finances,* texte législatif qui détermine chaque année la nature, le montant et l'affectation des ressources et des charges de l'État, compte tenu d'un équilibre économique et financier qu'il définit. (→ *encycl.*) — **Math.** *Loi de probabilité d'une variable aléatoire* X, couple formé de l'ensemble Ω des valeurs que peut prendre X et de la probabilité pour que X appartienne à un sous-ensemble de Ω. — **Psychan.** Selon J. Lacan, dimension symbolique de la puissance d'interdiction et de répression du surmoi, héritière de la figure paternelle, laquelle en est l'illustration exemplaire. — **Relig.** *Loi naturelle,* syn. de RELIGION NATURELLE.

ENCYCL. **Dr.** • L'*initiative de la loi* appartient concurremment à l'exécutif et au législatif. Ainsi l'article 39 de la Constitution de 1958 l'attribue-t-il au Premier ministre et aux membres du Parlement. En droit français, lorsque les textes émanent du Parlement, on les appelle des *propositions de loi,* et lorsqu'ils émanent du gouvernement des *projets de loi.*

• L'*élaboration de la loi* fait en règle générale intervenir les deux Chambres. Ainsi en France les textes sont d'abord examinés par l'une ou l'autre des deux Assemblées (sauf pour les lois de finances, qui doivent d'abord être soumises aux députés), un processus de navette* s'engageant ensuite qui peut être interrompu par la procédure de la commission mixte paritaire*.

• La *promulgation* et la *publication de la loi* une fois adoptée sont le fait de l'exécutif. Le président de la République doit promulguer la loi dans un délai de 15 jours. Pendant ce délai, il a la possibilité de demander une nouvelle délibération de la loi ou d'en saisir le Conseil constitutionnel. Peuvent également le saisir avant promulgation le Premier ministre, les présidents des Assemblées et 60 députés ou 60 sénateurs.

La loi est publiée au *Journal officiel,* ce qui a pour effet de la rendre opposable à ses destinataires. — **Fin.** Le projet de *loi de finances* doit être déposé sur le bureau des Assemblées avant le début de la session du Parlement (octobre), pour que la loi soit votée et promulguée avant le 31 décembre précédant l'année qu'elle concerne. Par la suite, cette loi peut être modifiée, le cas échéant, par une *loi de finances rectificative.* Une *loi de règlement* constate, une fois exécutée une loi de finances, les résultats financiers de chaque année civile.

Lois *(les),* œuvre inachevée de Platon qui se présente sous la forme d'un dialogue entre personnages qui se proposent d'énumérer les meilleures lois possibles. La Constitution idéale est caractérisée par un conservatisme rigoureux et est pénétrée d'esprit religieux. C'est le seul dialogue de Platon où Socrate ne figure pas.

lois ou **légistes** *(école des),* école de pensée chinoise (IVe-IIIe s. av. J.-C.). Elle proposait un gouvernement tyrannique et voulait rationaliser les échanges économiques, dont le volume ne cessait de croître avec l'apparition des couches des grands propriétaires terriens et des commerçants.

LOI-CADRE n. f. (pl. *lois-cadres*). Loi se bornant à définir les grands principes ou les grandes orientations d'une réforme dont la réalisation dans le détail est conférée au pouvoir réglementaire.

LOIGNY-LA-BATAILLE (28140), comm. d'Eure-et-Loir, dans la Beauce ; 181 hab. — Le 2 déc. 1870, la Ire armée de la Loire y fut battue par les Prussiens.

LOIKAW, v. de Birmanie, cap. de l'État Kayah, sur le Nam Pilu. Centre d'exploitation et de commerce du bois de teck.

LOIN adv. (lat. *longe*). **1.** À une distance dans l'espace considérée comme grande : *Il est loin derrière.* — **2.** À un point de l'espace relativement éloigné d'un autre : *Paris est loin de New York. En avion ce n'est pas loin.* — **3.** À une distance dans le temps (passé ou futur) considérée comme grande : *C'est loin tout cela.* — **4.** À une grande distance dans le temps : *Nous sommes encore loin de la fin des travaux.* — **5.** Marque la distance, l'écart, la différence, considérés d'un point de vue subjectif : *Vous êtes trop loin du sujet.* — **6.** Indique qu'un état n'est pas sur le point d'être atteint : *J'étais loin de m'attendre à une pareille nouvelle.* — **7.** *Aller loin,* être promis à la réussite, au succès : *Ce garçon a des qualités, il ira loin ;* avoir des conséquences très importantes, voire fâcheuses, atteindre un niveau très élevé : *Une affaire qui peut aller loin.* ‖ *Aller un peu loin, trop loin,* exagérer, dépasser la mesure. ‖ *Au loin,* à une grande distance : *On aperçoit au loin les contreforts du Jura.* ‖ *D'aussi loin que, du plus loin que, de si loin que,* d'une distance très grande dans le temps ou dans l'espace. ‖ *De loin,* d'un point relativement éloigné dans l'espace ou le temps : *Voir venir un danger de loin ;* sans être concerné, impliqué : *Regarder les choses de loin sans s'en mêler ;* indique, dans une comparaison, une nette différence, un net écart : *C'est de loin son meilleur roman.* ‖ *De loin en loin,* à des intervalles très espacés, de temps en temps. ‖ *Être loin,* être perdu dans ses pensées, être absent. ‖ *Il y a loin (de... à),* il y a une grande différence entre : *Il y a loin d'un projet à sa réalisation.* ‖ *J'irai (même) plus loin,* j'irai même jusqu'à dire... ‖ *Loin de là,* bien au contraire : *Il n'est pas antipathique, loin de là.* ‖ *Loin de moi l'idée de,* indique qu'on n'en a pas du tout l'idée : *Loin de moi l'idée de vous imposer cette corvée.* ‖ Litt. *Loin que, bien loin que,* marque le contraire de ce qui est affirmé dans la principale, au lieu que. ‖ *Mener, entraîner (trop) loin,* aboutir à des conséquences imprévisibles, voire regrettables. ‖ *Ne pas aller loin,* être de peu de valeur : *C'est un livre qui ne va pas loin ;* ne pas pouvoir faire beaucoup de choses ; être près d'être pris, de mourir ou être à bout de ressources : *Dans l'état où il est, il n'ira pas loin.* ‖ *Ne pas aller plus loin,* en rester à ce qui a été dit, convenu. ‖ *Pas loin de,* presque : *Il n'est pas loin de dix heures.* ‖ *Plus loin,* à un point plus éloigné : *La voiture est deux kilomètres plus loin ;* plus avant : *Voir plus loin.*

LOING (le), riv. du Bassin parisien, affl. de la Seine (r. g.) ; 166 km (bassin d'env. 4 000 km²). Né dans la Puisaye, il traverse le Gâtinais, passant à Montargis et Nemours. Il est partiellement longé par le *canal du Loing.*

LOINTAIN, E adj. (lat. pop. *longitanus,* du lat. class. *longe,* loin). **1.** Qui est ou semble être situé à une grande distance dans l'espace : *Pays lointains.* — **2.** Qui est situé loin dans le passé ou dans le futur : *Des souvenirs lointains. Un lointain avenir.* — **3.** Qui est absent, inattentif à ce qui se passe, voire dédaigneux : *Elle écoutait la conversation, l'air lointain.* — **4.** Avec qui on a des liens de parenté indirects, complexes, vagues : *Un lointain cousin.* — **5.** Qui n'a pas de relation directe avec qqch d'autre, qui en est éloigné : *Une lointaine ressemblance.*

◆ **lointain** n. m. **1.** Plan situé à une grande distance : *On distingue, dans le lointain, des cimes neigeuses.* — **2.** Partie d'un tableau, d'un dessin, représentant les lieux, objets, personnages les plus éloignés (souvent au pl.). — **3.** Un des plans de la scène les plus éloignés du public, par oppos. aux premiers plans, appelés *faces.*

LOIR n. m. (lat. pop. *lis, liris,* du lat. class. *glis, -iris*). **1.** Petit rongeur (gliridé) au pelage gris, frugivore, hibernant et familier des maisons isolées. — **2.** Fam. *Dormir comme un loir,* dormir longtemps et profondément. ‖ *Loir africain,* nom usuel du *graphiure.* ‖ *Paresseux comme un loir,* extrêmement paresseux.

LOIR (le), riv. du Bassin parisien, affl. de la Sarthe (r. g.) ; 311 km (bassin d'env. 7 000 km²). Né dans le Perche, le Loir traverse l'extrémité de la Beauce, puis coule dans une large vallée formant les *Vaux de Loir.* Il passe à Châteaudun, Vendôme, Montoire et La Flèche. Débit moyen : 35 m³/s.

LOIRE (la), le plus long (1 020 km) et le seul grand fleuve entièrement français par son bassin (115 120 km²).

Née à 1 408 m d'altitude au mont Gerbier-de-Jonc (Ardèche), à moins de 150 km de la Méditerranée, la Loire coule d'abord vers le N., entaillant le Massif central, avant d'entrer en plaine à Roanne (à 268 m), après un parcours de 285 km. Après avoir reçu l'Allier, elle décrit une grande courbe, drainant le sud du Bassin parisien, passant à Orléans et Tours, recevant successivement le Cher, l'Indre, la Vienne et la Maine : c'est le *Val de Loire* (v. art. spécial). La Loire pénètre alors dans le Massif armoricain, atteint Nantes, peu en amont d'un long estuaire sur l'Atlantique.

Le fleuve, au régime marqué par des crues d'hiver (parfois de saisons intermédiaires) et surtout des maigres prononcés d'été, n'est plus (sauf en aval de Nantes) utilisé pour la navigation. Deux barrages récents (Naussac et Villerest) ont été établis dans son bassin supérieur. Ils doivent régulariser le débit du fleuve, mais ils servent surtout à refroidir les réacteurs nucléaires de Belleville-sur-Loire, Dampierre-en-Burly, Saint-Laurent-des-Eaux et Avoine. La Loire est devenue, comme le Rhône, un grand support de production énergétique.

Loire *(les armées de la)* [1870-71], forces organisées d'oct. à déc. 1870, par le gouvernement de la Défense nationale, et placées dans la région de la Loire. Elles étaient chargées, sous les commandements successifs des généraux de La Motte

Rouge, Aurelle de Paladines et Chanzy, de tenter de débloquer Paris assiégé par les Allemands. (→ *guerre* FRANCO-ALLEMANDE.)

LOIRE *(basse),* nom parfois donné au cours inférieur de la Loire (et à son estuaire) entre Nantes et Saint-Nazaire, axe vital du département de la Loire-Atlantique.

Loire *(canal latéral à la),* canal construit de 1822 à 1856 entre Briare et Digoin ; 196 km.

Loire *(châteaux de la),* ensemble de demeures royales, seigneuriales ou bourgeoises édifiées dans l'Anjou, la Touraine, le Blésois et l'Orléanais aux XVe et XVIe s. Les principaux sont ceux de Langeais, Azay-le-Rideau, Amboise, Chenonceaux, Chaumont, Blois, Chambord et Valençay. L'influence de la Renaissance italienne s'y manifeste à partir de l'extrême fin du XVe s.

LOIRE *(Pays de la),* Région de l'ouest de la France, regroupant les départements de Loire-Atlantique, Maine-et-Loire, Mayenne, Sarthe et Vendée ; 32 082 km^2 ; 3 059 112 hab. Ch.-l. *Nantes.*

Allongés sur 250 km du Maine à la Vendée et larges de 150 km de l'Atlantique à l'Anjou, les Pays de la Loire passent, du N. au S., d'affinités normandes (prairies, pommiers) à un ciel déjà méridional (vigne, fruitiers) et, d'O. en E., d'une pluviosité favorable à l'herbe à un ensoleillement propice aux céréales. L'élevage (bovins surtout, mais aussi porcins) domine toutefois largement, malgré le développement, local, de spécialisations (vignobles, cultures florales et maraîchères). L'agriculture n'emploie guère plus de 10 % des actifs, part toutefois supérieure à la moyenne nationale. L'industrie en occupe plus du tiers. Elle comprend des branches traditionnelles (textile, travail du cuir, agroalimentaire, chantiers navals), parfois en difficulté, et des décentralisations récentes (constructions mécaniques et électriques). Elle est présente notamment à Nantes, Le Mans, Angers, les trois principales villes, dont la liaison autoroutière constitue l'axe régional majeur, et sur le littoral (Saint-Nazaire). Celui-ci est ponctuellement animé par le commerce (importations de pétrole et de gaz), le tourisme estival (notamment vers La Baule, Saint-Jean-de-Monts et Les Sables-d'Olonne) et la pêche. Entre 1982 et 1990, la population s'est accrue de près de 1,5 %, essentiellement par un excédent des naissances sur les décès. La densité moyenne n'est plus que légèrement inférieure à la moyenne nationale.

LOIRE *(Val de)* ou **VAL,** nom donné à la vallée de la Loire, de Decize (Nièvre) à Nantes. Sur plus de 500 km, correspondant à la grande courbe décrite dans le sud du Bassin parisien, c'est une bande intensément mise en valeur (primeurs, fleurs, pépinières, vignobles sur les coteaux), jalonnée de villes (Nevers, Orléans, Tours) et aussi aujourd'hui de centrales nucléaires (Belleville-sur-Loire, Dampierre-en-Burly, Saint-Laurent-des-Eaux, Avoine).

LOIRE (42), dép. de la Région Rhône-Alpes ; ch.-l. de dép. *Saint-Étienne* ; ch.-l. d'arrond. *Montbrison, Roanne* ; 3 arrond. ; 40 cant. ; 327 comm. ; 4 781 km^2 ; 746 288 hab. *(Ligériens).* Le département appartient à l'académie et à la cour d'appel de Lyon, à la région militaire Méditerranée.

Entre les hautes terres de la Madeleine et du Forez à l'O. (en voie de dépeuplement), du Beaujolais et du Lyonnais à l'E. (où se développe l'élevage bovin), s'allongent les plaines du Forez et de Roanne. Ici se concentre l'essentiel des cultures (blé, plantes fourragères) et des prairies d'élevage. L'industrie, qui a bénéficié de la décentralisation, est implantée surtout dans les agglomérations de Saint-Étienne (plus de 40 % de la population du département) et de Roanne. Elle est représentée principalement par la métallurgie de transformation.

LOIRE (Haute-) [43], dép. de la Région Auvergne ; ch.-l. de dép. *Le Puy-en-Velay* ; ch.-l. d'arrond. *Brioude, Yssingeaux* ; 3 arrond. ; 35 cant. ; 260 comm. ; 4 977 km^2 ; 206 568 hab. Le département appartient à l'académie de Clermont-Ferrand, à la cour d'appel de Riom, à la région militaire Méditerranée.

En dehors de son extrémité occidentale (à l'O. de l'Allier), constituée par le rebord granitique de la Margeride, le département, peu densément peuplé, s'étend sur les hautes terres volcaniques du Velay (élevage bovin), entaillées par la vallée de la Loire. Celle-ci ouvre le bassin du Puy, qui, avec la Limagne de Brioude, drainée par l'Allier, est le plus riche secteur agricole (céréales, arbres fruitiers, pomme de terre, lentille verte). L'industrie, assez dispersée, est représentée surtout par la chimie et les équipements automobiles. Le secteur tertiaire demeure faible.

LOIRE-ATLANTIQUE (44), dép. de la Région Pays de la Loire ; ch.-l. de dép. *Nantes* ; ch.-l. d'arrond. *Ancenis, Châteaubriant, Saint-Nazaire* ; 4 arrond. ; 59 cant. ; 221 comm. ; 6 815 km^2 ; 1 052 183 hab. Le département appartient à l'académie de Nantes, à la cour d'appel de Rennes, à la région militaire Atlantique.

Partie méridionale de la Bretagne historique, le département est essentiellement formé de collines et de bas plateaux, en dehors du littoral, parfois marécageux (Grande-Brière). La polyculture (blé, plantes fourragères associées à l'élevage bovin) domine, cédant localement la place au vignoble (muscadet) et aux cultures maraîchères (près de Nantes). L'industrie tient une place importante grâce à l'activité de la basse Loire, entre Nantes (45 % de la population du département dans l'agglomération) et Saint-Nazaire, où sont implantés la métallurgie (constructions navales), des usines aéronautiques et d'équipements électriques, le raffinage du pétrole. Le tourisme estival anime surtout le littoral (La Baule).

LOIRE-SUR-RHÔNE (69700), comm. du Rhône, au S.-E. de Givors ; 1 933 hab. Centrale thermique sur le Rhône.

LOIRET (le), riv. du Bassin parisien, affl. de la Loire (r. g.) ; 12 km. Le Loiret prend sa source à Olivet, à 7 km d'Orléans. En réalité, c'est une résurgence des eaux de la Loire infiltrées dans les sables du Val et réapparaissant un peu plus loin.

LOIRET (45), dép. de la Région Centre ; ch.-l. de dép. *Orléans* ; ch.-l. d'arrond. *Montargis, Pithiviers* ; 3 arrond. ; 41 cant. ; 334 comm. ; 6 775 km^2 ; 580 612 hab. Le département appartient à l'académie d'Orléans-Tours, à la cour d'appel d'Orléans, à la région militaire Atlantique.
Le département est formé de régions naturelles variées, aux aptitudes agricoles inégales. À la Sologne, pays de landes et de marécages, partiellement mise en valeur, et à la vaste forêt d'Orléans s'opposent le Gâtinais, où domine l'élevage, l'extrémité de la Beauce, céréalière, et surtout le riche Val de Loire (pépinières, cultures fruitières et légumières). L'industrie tient aujourd'hui une place importante. Elle est surtout représentée dans l'agglomération d'Orléans, qui concentre près de la moitié de la population totale du département en accroissement constant.

LOIR-ET-CHER (41), dép. de la Région Centre ; ch.-l. de dép. *Blois* ; ch.-l. d'arrond. *Romorantin-Lanthenay, Vendôme* ; 3 arrond. ; 31 cant. ; 291 comm. ; 6 343 km^2 ; 305 937 hab. *(Loir-et-Chériens).* Le département appartient à l'académie d'Orléans-Tours, à la cour d'appel d'Orléans, à la région militaire Atlantique.
Le riche Val de Loire (pépinières, cultures fruitières et légumières) sépare la Sologne, marécageuse, pays de chasses et d'étangs, prolongée à l'ouest par des terres plus sèches (arbres fruitiers, vigne), du Blésois, céréalier (dépendance de la Beauce), et de l'extrémité méridionale des collines du Perche (polyculture associée à l'élevage). L'industrie est représentée (essentiellement à Blois) par la construction automobile, l'alimentation, l'aéronautique et les produits pharmaceutiques. La présence de magnifiques châteaux (Blois, Chambord, Cheverny) favorise le tourisme.

LOIRON (53320), ch.-l. de cant. de la Mayenne, à 13 km à l'O. de Laval ; 1 249 hab.

LOISEAU (Bernard), cuisinier français (Chamalières 1951). Dans son restaurant de Saulieu, il développe un style de cuisine très épuré, visant à sublimer le goût original des produits du terroir.

LOISEL (Antoine), juriste français (Beauvais 1536 - Paris 1612). Ses *institutes coutumières* ont joué un rôle important dans la formation du droit français.

LOISELEURIA n. m. (de *Loiseleur-Deslongchamps,* n. pr.). Petite plante voisine des azalées, à petites fleurs roses, poussant sur les hautes montagnes (Alpes).

LOISIBLE adj. (anc. fr. *loisir,* être permis). *Il est loisible de,* il est permis de faire.

LOISIR n. m. (anc. fr. *loisir,* être permis, du lat. *licere*). **1.** Temps libre : *Heures de loisir.* — **2.** *À loisir, tout à loisir,* à son aise, sans hâte, en prenant son temps : *Étudiez ce dossier à loisir.* ‖ *Avoir (tout) le loisir de,* disposer du temps qui permet de faire telle chose : *Vous avez eu tout le loisir de réfléchir pendant ces trois jours.*
◆ **loisirs** n. m. pl. **1.** Temps libre dont on dispose en dehors des occupations imposées, obligatoires, et qu'on peut utiliser à son gré : *Profiter de ses loisirs pour se cultiver.* — **2.** Distractions, amusements auxquels on se livre pendant ses moments de liberté : *Des loisirs intellectuels.*

LOISON-SOUS-LENS (62218), comm. du Pas-de-Calais, dans la banlieue est de Lens ; 5 718 hab.

LOISY (Alfred), exégète français (Ambrières, Marne, 1857 - Ceffonds, Haute-Marne, 1940). Prêtre (1879), professeur d'hébreu et d'exégèse à l'Institut catholique de Paris (1881-1893), il s'attire les défiances de la hiérarchie catholique par la nouveauté et la hardiesse de son enseignement, basé sur les méthodes scientifiques de la philologie et de la critique historique. *L'Évangile et l'Église* (1902) et *Autour d'un petit livre* (1903), avec trois autres ouvrages, seront mis à l'Index. La notion d'Église est, pour Loisy, étrangère à l'enseignement de Jésus, et les Évangiles ne sont, à ses yeux, que des documents catéchétiques et non des documents historiques. Avec la condamnation solennelle, en 1907, par Pie X, du modernisme, Loisy est excommunié en 1908. Dès l'année suivante, il est nommé au Collège de France à la chaire d'histoire des religions, qu'il occupera jusqu'en 1931. On lui doit encore *la Naissance du christianisme* (1933) et *les Origines du Nouveau Testament* (1936).

LOJA, v. du sud de l'Équateur, ch.-l. de prov., à 2 100 m d'alt. ; 86 196 hab. Centre commercial et agricole. Université.

LO-JOHANSSON (Ivar), écrivain suédois (Ösmo, Södermanland, 1901 - Stockholm 1990). Autodidacte, il fit partie de l'école prolétarienne des années 30. Auteur de récits sur la condition ouvrière en Europe (*Vagabondage en France,* 1927), il devint le porte-parole du prolétariat agricole (*Bonne Nuit, terre,* 1933 ; *le Tracteur,* 1943). Outre un cycle romanesque et autobiographique, il a exposé sa vision du monde dans des romans et des nouvelles (*les Professeurs de sagesse,* 1972 ; *Bonjour la Terre,* 1983).

LOKEREN, v. de Belgique, (Flandre-Orientale), au N.-E. de Gand ; 34 000 hab. Hôtel de ville et église du XVIIIe s. Musée. Industrie textile.

LOKI ou **LOKE,** géant de la mythologie scandinave, proche des Ases, malfaisant, et ennemi des dieux.

LOKOUM → LOUKOUM.

Lola Montes, film français de Max Ophuls (1955), sur un sujet de Cecil Saint-Laurent évoquant l'ascension et la déchéance de la favorite du roi Louis de Bavière (rôle tenu par Martine Carol). C'est l'une des œuvres majeures du cinéma français des années 50.

Lolita, roman de Vladimir Nabokov (1955). La passion d'un homme d'âge mûr pour une toute jeune adolescente, Lolita.

LOLLAND ou **LAALAND,** île de la partie méridionale de l'archipel danois, reliée à l'île Falster par deux ponts ; 1 243 km² ; 81 800 hab. Ch.-l. *Maribo.* Betterave à sucre. Tourisme (réserve naturelle, plages).

LOLLARD n. m. Nom donné à des pénitents ou hérétiques du XIVe s.

ENCYCL. **Hist.** *En Allemagne,* on nommait, depuis le début du XIVe s., « lollards » (de l'all. *lullen,* chantonner à voix basse) des confréries soignant les malades lors des grandes épidémies. En Hollande et en basse Allemagne, on appelait lollard toute personne qui portait un costume de pénitence et menait une vie austère.

• *En Angleterre,* on appliqua le terme de « lollards » aux disciples de Wycliffe. Vivant en marge de l'Église officielle, dont ils condamnaient l'hypocrisie, ils contribuèrent par leurs prédications à la révolte paysanne de 1381. La condamnation de leur doctrine (1401) et de celle de Wycliffe (1415) n'arrêta pas leur zèle. Ils furent durement réprimés par la monarchie.

LOLLARDISME n. m. Doctrine des lollards.

LOLLOBRIGIDA (Gina), actrice de cinéma italienne (Subiaco 1927). Elle débute en 1946 et acquiert la popularité avec *Achtung, Banditi !* (1951) et *Fanfan la Tulipe* (1951). Elle tourne ensuite *Belles de nuit* (1952), *Pain, amour et fantaisie* (1953), *Trapèze* (1955), *Notre-Dame de Paris* (1956), *Salomon et la reine de Saba* (1959), *Ce merveilleux automne* (1969), *Roi, Dame, Valet* (1972).

1. LOLO n. m. (onomat.). 1. *Fam.* Lait, dans le langage des petits enfants. — 2. *Pop.* Sein.

2. LOLO n. m. Langue tibéto-birmane parlée dans le sud de la Chine (Yunnan), le nord du Laos et du Viêt-nam par environ 4 millions de locuteurs. (Syn. YI.)

LOM, anc. **Lom Palanka,** v. de Bulgarie, sur le Danube, port de Sofia ; 31 500 hab.

LOMA n. m. (esp. *loma,* coteau). Steppe côtière du Pérou et du Chili, désertique en été, mais couverte en hiver de plantes annuelles accompagnées d'espèces tubéreuses et bulbeuses.

LOMA *(monts de),* massif montagneux de l'est de la Sierra Leone, qui culmine au pic Bintimane ; 1 948 m.

LOMAGNE, petite région, occupant surtout le sud-ouest du Tarn-et-Garonne, entre la Garonne et l'Arrats.

LOMAMI, riv. du Zaïre, affl. du Zaïre (r. g.), navigable en aval de Likoto ; 1 450 km env.

LOMAS → TOMAS.

LOMAS DE ZAMORA, banlieue résidentielle et industrielle au sud de Buenos Aires ; 572 769 hab.

LOMAZZO (Giovanni Paolo), peintre et écrivain d'art italien (Milan 1538 - *id.* 1600). Artiste représentatif du maniérisme milanais, il a écrit, devenu aveugle, deux ouvrages de théorie : *Trattato dell'arte della pittura, scoltura e architettura* (1584) et *Idea del tempo della pittura* (1590).

LOMBAGO → LUMBAGO.

LOMBAIRE adj. Relatif aux lombes.
◆ n. f. Chacune des cinq vertèbres lombaires.

LOMBALGIE n. f. Syndrome douloureux touchant la région lombaire basse.

LOMBALISATION n. f. Anomalie constitutionnelle de la première vertèbre sacrée, qui est individualisée et devient semblable à la cinquième vertèbre lombaire. (Elle peut être à l'origine de lombalgies, voire de sciatiques.)

LOMBARD, E adj. et n. 1. De Lombardie. — 2. *École lombarde,* école artistique de la Lombardie. (→ *encycl.*) ‖ *Taux lombard* ou *lombard* (n. m.), taux des avances sur titres, fixé par la Bundesbank, appliqué aux banques commerciales installées en Allemagne, pour leurs opérations de refinancement.
◆ **lombard** n. m. Dialecte italien du Nord parlé en Lombardie.
◆ **lombarde** n. f. Vent violent qui arrive de Lombardie et souffle sur le versant français des

Alpes où, par effet de fœhn, il réchauffe la température du sol.

ENCYCL.

• *Architecture.* Un grand nombre d'églises de Lombardie datent des XIe et XIIe s. (réfection de S. Ambrogio de Milan v. 1100). De bonne heure apparaissent certains traits caractéristiques : façades assez lourdes, galerie d'arcades prenant place sous le pignon dans les églises de Pavie, de Côme, de Bergame, décoration sculptée riche en animaux fantastiques. Au XIVe s., l'architecture et la sculpture gothiques sont représentées par les Campionesi (artistes originaires de Campione, à l'E. du lac de Lugano), qui travaillent à Bergame, Milan, Crémone. Au XVe s., les conceptions de l'architecture nouvelle sont introduites à Milan par Filarete, disciple exubérant de Brunelleschi, qui précède Bramante. L. Leoni et P. Tibaldi y représentent le maniérisme au siècle suivant.

• *Peinture.* Foppa, qui domine la 2e moitié du XVe s., apparaît comme le fondateur de la première école milanaise. Bramante, l'architecte peintre, Bramantino, son élève, et Ambrogio Bergognone appartiennent à la nouvelle école de Milan, marquée par la subtilité et le réalisme de Léonard de Vinci, auxquels font écho Boltraffio, Cesare da Sesto, Luini, A. Solario, etc. À la fin du XVIe s., une équipe brillante de peintres (G. B. Crespi, Morazzone, Procaccini, Daniele Crespi) applique les règles édictées par la Contre-Réforme. Au XVIIIe s. se détache le réalisme de Ghislandi et de Ceruti.

lombarde *(Ligue),* ligue formée en mars 1167 par les principales villes lombardes, pour résister aux empiétements de l'empereur Frédéric Barberousse. Avec l'appui du pape Alexandre III, elle tint tête à Frédéric Barberousse (bataille de Legnano, 1176).

LOMBARD (Pierre) → PIERRE LOMBARD.

LOMBARD (Lambert), peintre, décorateur, architecte et poète liégeois (Liège 1505 - *id.* 1566). Après un séjour à Rome, il ouvrit dans sa ville natale, en 1539, un atelier dans lequel se forma notamment F. Floris. Romaniste, il joua un rôle considérable dans la diffusion des idées et des formes de la Renaissance.

LOMBARDIE, en ital. **Lombardia,** région du nord de l'Italie, couvrant 23 859 km^2, la plus peuplée du pays (8 831 264 hab.). Divisée en neuf provinces (Bergame, Brescia, Côme, Crémone, Mantoue, Milan, Pavie, Sondrio et Varèse), elle a pour capitale régionale Milan. Limitée à l'O. et au S. par le Piémont et l'Émilie, à l'E. par la Vénétie, elle est contiguë à la Suisse au N. Sa situation est donc exceptionnelle, au cœur de la plaine padane d'une part, sur la voie des grandes routes transalpines d'autre part. C'est la région la plus active du pays, dominée par l'industrie (constructions mécaniques et électriques, textile, chimie) et les services (transport, commerce, finance) malgré le poids de l'agriculture (élevage, riz, maïs).

LOMBARDO (les), architectes et sculpteurs italiens actifs à Venise, dont voici les deux principaux. — PIETRO (Carona, Lugano, v. 1435 - Venise 1515). Il a sculpté des tombeaux à S. Giovanni e Paolo (P. Malipiero, P. Mocenigo). Comme architecte, son chef-d'œuvre est l'église S. Maria dei Miracoli où, grâce à un placage de marbres polychromes, il a su adapter au goût vénitien les principes classiques de l'architecture nouvelle. En 1488, il commença la Scuola Grande di S. Marco, puis succéda à Rizzo au palais des Doges (1498-1511). — Son fils TULLIO (? v. 1455 - Venise 1532) s'inspira de la statuaire antique, comme le montrent ses reliefs de la Scuola di S. Marco. On lui doit aussi le gisant de G. Guidarelli à Ravenne.

LOMBARDS, peuple du groupe des Germains orientaux. Venus à l'origine des rives de l'Elbe, ils constituèrent un royaume en Italie du Nord, autour de Pavie, prise en 572, et s'installèrent dans les futurs duchés de Spolète et de Bénévent. L'expansion lombarde en Italie centrale culmina sous les règnes d'Aistolf (749-756), qui prit Ravenne aux Byzantins (751) et de Didier (756-774). Appelés par la papauté menacée, Pépin le Bref (en 754 et 756) et surtout Charlemagne (773-774) mirent fin aux souverainetés lombardes (sauf à Bénévent, qui resta indépendante jusqu'en 1047).

LOMBARD-VÉNITIEN *(Royaume),* royaume formé de la Lombardie, de la Vénétie et du Frioul, attribué à l'Autriche par le congrès de Vienne (1815). La politique autrichienne modérée puis répressive (après 1849) n'empêcha pas le développement d'un mouvement national italien. La Lombardie fut incorporée à l'Italie en 1859, la Vénétie en 1866.

LOMBARTHROSE n. f. Affection dégénérative du rachis lombaire se traduisant par une atteinte des disques intervertébraux et la constitution d'ostéophytes (ou becs de perroquet), responsables de raideur vertébrale et, souvent, de douleurs (lombalgies).

LOMBES n. f. pl. (lat. *lumbus,* reins). Régions postérieures de l'abdomen, situées de chaque côté de la colonne vertébrale, au-dessous de la cage thoracique, au-dessus de la crête iliaque.

LOMBEZ (32220), ch.-l. de cant. du Gers, sur la Save ; 1 336 hab. *(Lombéziens).* Anc. cathédrale des XIVe-XVe s., à deux vaisseaux et clocher toulousain.

LOMBOK, île d'Indonésie, bordée au S. par l'océan Indien et au N. par la mer de Java, séparée de Bali par le *détroit de Lombok* (passage des pétroliers géants) et de Sumbawa par celui d'Alas ; 5 435 km^2 ; 1 300 200 hab. Cap. *Mataram.*

LOMBO-SACRÉ, E adj. (pl. *lombo-sacrés, es*). **1.** Qui se rapporte au sacrum et à la dernière vertèbre lombaire. — **2.** *Articulation lombo-sacrée,* articulation entre la cinquième vertèbre lombaire et la face supérieure du sacrum.

LOMBOSCIATIQUE n. f. Sciatique associée à une lombalgie.

LOMBOSTAT n. m. Corset orthopédique, destiné à soutenir la partie lombaire de la colonne vertébrale.

LOMBRIC n. m. (lat. *lumbricus*). Nom scientifique du ver de terre, annélide oligochète extrêmement commune dans les prairies et qui contribue à leur fertilité.

ENCYCL. Certaines espèces géantes de lombrics de l'hémisphère Sud peuvent atteindre 3 m. Le lombric creuse son chemin en avalant la terre, dont il extrait les éléments nutritifs, et s'aide de ses soies (peu nombreuses) pour se mouvoir. Il aère ainsi le sol et se rend très utile en agriculture. Il n'a ni yeux, ni appendices, et respire par la peau. Hermaphrodite, il réalise une fécondation croisée lors de l'accouplement. Il enferme les œufs dans un cocon pour la nutrition des jeunes. Après coupure accidentelle, la régénération est assez complète pour donner deux animaux entiers.

LOMBRICAL, E, AUX adj. et n. m. (de *lombric*). Se dit de quatre petits muscles de la main et du pied, fusiformes et allongés, annexés aux tendons du fléchisseur commun profond.

LOMBRICOLE adj. Qui concerne la lombriculture.

LOMBRICULTEUR, TRICE n. Personne qui pratique la lombriculture.

LOMBRICULTURE n. f. Élevage de lombrics destinés à la production de terreau.

LOMBROSO (Cesare), criminologue italien (Vérone 1835 - Turin 1909). Professeur de psychiatrie à l'université de Turin, il s'intéresse à la criminologie (*l'Homme criminel,* 1876). Pour lui le criminel est avant tout un malade que les facteurs d'hérédité et de maladies nerveuses prédisposent à la délinquance et donc diminuent la responsabilité, d'où sa théorie du *criminel-né,* caractérisée par des stigmates anatomiques, physiologiques et pathologiques. Il est le fondateur de la criminologie scientifique.

LOMÉ, cap. du Togo ; 500 000 hab. Construite primitivement sur un cordon littoral, la ville est un centre administratif, commercial (port) et industriel (aciérie, raffinerie de pétrole, plastiques, cimenterie, industries alimentaires). Université. Aéroport international.

Lomé *(conventions de),* accords de coopération et d'aide au développement signés à Lomé en 1975, 1979, 1984 et 1989 (respectivement appelés *Lomé I, Lomé II, Lomé III* et *Lomé IV*) entre les Communautés européennes et un certain nombre de pays (auj. 70) d'Afrique, des Caraïbes et du Pacifique (dits pays A. C. P.).

LOMÉCHUSE [-kyz] n. f. (gr. *lôma,* frange, et *kusis,* action de verser). Minuscule coléoptère (staphylin) vivant dans les fourmilières, où il se nourrit du couvain, en droguant les ouvrières avec une sécrétion éthérée de ses poils postérieurs.

LOMÉNIE DE BRIENNE (Étienne Charles DE), prélat et homme d'État français (Paris 1727 - Sens 1794). Évêque de Condom (1760), archevêque de Toulouse (1763), ami des philosophes, il s'oppose à Calonne lors de l'assemblée des notables de 1787, puis lui succède à la direction des Finances. Mais les notables et le parlement rejettent une grande partie de son plan de réforme fiscale. Il réclame la réunion des états généraux et, en attendant, recourt à un lit de justice et à l'exil du parlement pour obtenir l'enregistrement de ses édits fiscaux. En 1788, il réduit considérablement les pouvoirs parlementaires, provoquant des émeutes en province. Bientôt, la banqueroute menaçante amène le roi à le renvoyer (24 août 1788). Archevêque de Sens (1787), cardinal (1788), il se déconsidère en acceptant, en 1790, de prêter serment à la Constitution civile du clergé. (Acad. fr., 1770.)

LOMI (Orazio) → GENTILESCHI.

LOMME (59160), ch.-l. de cant. du Nord, banlieue O. de Lille ; 26 807 hab. *(Lommois).* Textile. Centre du commerce de gros.

LOMMEL, comm. de Belgique (Limbourg), en Campine ; 26 000 hab. Métallurgie du zinc. Constructions mécaniques et électriques.

LOMOND *(loch),* le plus grand lac d'Écosse, au N.-O. de Glasgow, dominé à l'E. par le *Ben Lomond* (973 m) ; 38 km^2.

LOMONOSSOV (Mikhaïl Vassilievitch), écrivain et physicien russe (Denissovka, auj. Lomonossovo, gouvern. d'Arkhangelsk, 1711 - Saint-Pétersbourg 1765). Il vécut plusieurs années en Allemagne, avant d'être nommé professeur de physique et de chimie à l'université de Saint-Pétersbourg. Il a laissé d'importants travaux sur la nature de l'air, la matière, l'électricité. Réformateur de la poésie et de la langue littéraire (*Grammaire russe,* 1755), on lui doit des odes et des épîtres. Il fut pour les Russes, comme dit Pouchkine, « la première université ».

LOMONOSSOV *(courant),* sous-courant de l'Atlantique tropical s'écoulant vers l'E. à une centaine de mètres d'immersion sous le courant sud-équatorial.

LOMONOSSOV *(dorsale* ou *chaîne de),* longue (1 800 km) et étroite (60 à 200 km) montagne de l'océan Arctique, passant sous le pôle Nord et unissant les marges continentales sibérienne (mer des Laptev) et canadienne (île d'Ellesmere).

Lomonossov *(université),* université située à Moscou et inaugurée en 1953.

LOMONT (le), chaînon du Jura (Doubs), dominant la porte d'Alsace et percé par le Doubs en amont de Pont-de-Roide ; 840 m.

LOMPE → LUMP.

LONATO, comm. d'Italie, à 20 km à l'est de Brescia ; 11 000 hab. En 1796, victoires de Bonaparte et de Masséna (31 juill. et 3 août) sur les Autrichiens.

LONCHÆA [-kea] n. f. (gr. *logkhê,* lance). Mouche nuisible, par sa larve, aux figues, aux pêches et aux tomates.

LONDE-LES-MAURES (La) [83250], comm. du Var, en bordure des Maures, près de la côte ; 7 260 hab. *(Londais).* Cultures maraîchères et vignobles.

LONDERZEEL, comm. de Belgique (Brabant flamand), au N. de Bruxelles ; 17 000 hab. Église du XIIIe s. Centre commercial.

LONDINIÈRES (76660), ch.-l. de cant. de la Seine-Maritime, au N. du pays de Bray ; 1 133 hab.

LONDON, nom anglais de Londres.

LONDON, v. du Canada, dans le sud-est de l'Ontario ; 303 165 hab. Centre commercial et financier, universitaire et industriel.

LONDON (John Griffith LONDON, dit **Jack**), écrivain américain (San Francisco 1876 - Glen Ellen, Californie, 1916). Après avoir exercé tous les métiers, il a peint dans ses romans (*l'Appel de la forêt,* 1903 ; *le Loup des mers,* 1904 ; *Croc-Blanc,* 1905), les âmes ardentes et primitives, éprises d'actions violentes, et l'instinct de survie des animaux. Autodidacte, il n'a cessé de dénoncer la société capitaliste. Il se suicida.

London Contemporary Dance Theatre, compagnie de danse moderne, issue de la London School of Contemporary Dance (dirigée par Robin Howard), active depuis 1966 et vouée à la diffusion du style et des œuvres de Martha Graham.

LONDONDERRY ou **DERRY,** deuxième ville d'Irlande du Nord, ch.-l. de comté, au fond de l'estuaire du Foyle ; 88 000 hab. Ville frontière depuis la partition de l'Irlande en 1921, elle a longtemps été le théâtre d'affrontements très violents entre catholiques républicains et protestants unionistes.

London Festival Ballet, nom que porte depuis 1968 la compagnie issue du groupe fondé à Londres en 1949 par Anton Dolin et Alicia Markova.

LONDONIEN, ENNE adj. et n. (de *London,* n. angl. de Londres). De Londres.

LONDRES, en angl. **London,** cap. de la Grande-Bretagne sur la Tamise ; 2 349 900 hab. (*Londoniens*) [6 378 600 hab. pour le Grand Londres].
— **Géogr.** Bien située à l'entrée de l'estuaire de la Tamise, grand carrefour routier, capitale politique (Westminster) depuis le XIe s., la ville a grandi en même temps que la puissance britannique. Elle était au XIXe s. le plus grand port et la plus grande ville du monde (1 500 000 hab. en 1831). Le centre de l'agglomération, où se marque encore l'opposition entre l'ouest, résidentiel, et l'est, plus populaire et encore industriel (partiellement rénové en bordure de la Tamise), est auréolé de banlieues concentriques. La croissance du Grand Londres a été planifiée dès 1944, et limitée par une *ceinture verte* et par la création de plusieurs villes nouvelles au profit desquelles s'est dépeuplé le centre.
Outre les fonctions politiques et culturelles de capitale, Londres joue un rôle commercial et financier de premier plan. La City est l'une des premières places boursières du monde, elle abrite banques et compagnies d'assurances et les Bourses de matières premières (alimentaires et minérales). Le secteur tertiaire emploie les deux tiers des actifs. Cependant, l'agglomération concentre le quart des emplois d'une industrie liée pour partie à un trafic portuaire encore notable (Londres demeurant le premier port britannique), avec le raffinage du pétrole et la chimie, mais liée aussi à la présence de capitaux et au poids du marché de consommation (construction automobile, électronique, édition, etc.).
— **Hist.** Ancienne bourgade celtique *(Llyn-Din),* ville principale de la province romaine de Bretagne *(Londinium),* Londres devient bientôt un centre très actif. Ruinée par les invasions anglo-saxonnes du Ve s., elle renaît et devient, au VIIe s., la capitale du royaume d'Essex et le siège d'un évêché. Malgré les invasions scandinaves du IXe s., la ville devient le premier centre urbain du pays, que se disputent les rois anglo-saxons et danois (Xe-XIe s.). Guillaume le Conquérant lui accorde d'importants privilèges, et, en 1191, Londres reçoit une charte communale. À partir du XIIe s., la ville bénéficie du choix de Westminster, tout proche, comme siège du gouvernement ainsi que de l'installation des mar-

chands hanséates (1157), attirés par la situation privilégiée de son port. Important centre de redistribution au XIVe s., elle devient l'un des plus grands centres européens de l'industrie drapière (XVe s.). À partir du XVIe s., la ville profite de l'expansion du commerce maritime que poursuivent les Tudors, et les « marchands aventuriers » se substituent aux Hanséates. De 100 000 habitants sous Henri VIII, la ville passe au XVIIe s. à 500 000 habitants, dont la plupart sont entassés dans la Cité, surpeuplée, ce qui favorise les catastrophes : peste de 1665 (70 000 victimes) ; incendie de 1666, qui détruit les quatre cinquièmes de la Cité. Aux XVIIe et XVIIIe s., la ville poursuit son développement (700 000 hab. v. 1750, 1 500 000 en 1831, 3 800 000 en 1881). Principal foyer de la vie intellectuelle et artistique anglaise, Londres devient au XIXe s. la capitale de la finance et du commerce internationaux. En 1888, une nouvelle unité territoriale autonome est créée, le *comté de Londres,* gouverné par le « London County Council ». Le développement de la couronne suburbaine au-delà des limites du comté a abouti, en 1964, à la création d'un Conseil du « Grand Londres », aboli en 1986.
Pendant la bataille d'Angleterre (1940), la ville fut durement touchée par les bombardements allemands, puis en 1944-45 par les V1 et les V2.
— **Bx-arts.** Londres témoigne avec éclat du passé artistique de l'Angleterre, sans le résumer entièrement. Parmi ses monuments les plus anciens, on citera : la « Tour de Londres », dont le noyau remonte à Guillaume le Conquérant, à la limite orientale de la City ; le *Hall* du palais de Westminster (1097) ; l'église St Bartholomew the Great, à chœur roman ; l'église circulaire du Temple, en gothique primitif (1185) ; l'abbaye de Westminster* (XIIIe-XVIe s.). Des palais de l'époque d'Henri VIII (style Tudor, teinté d'italianisme) subsistent des parties à Saint James, à Hampton Court. Au XVIIe s., I. Jones adopte le classicisme palladien à Whitehall et au pavillon de la Reine de Greenwich. Après l'incendie de 1666, Wren dirige la reconstruction de nombreuses églises et, sur des proportions colossales, celle de la cathédrale St Paul ; il intervient aussi à Greenwich et à Hampton Court. Son émule J. Gibbs édifie, entre autres, St Martin in the Fields (1722) ; lord Burlington, acquis au palladianisme, imagine Burlington House (auj. Académie royale des arts). La croissance de la ville se poursuit, surtout vers l'ouest, dans la seconde moitié du XVIIIe s. (quartier des *Adelphi,* auj. dénaturé, par R. Adam) et au début du XIXe (J. Nash : Buckingham Palace ; Nash House, auj. Institut des arts contemporains). L'ère victorienne se reconnaît volontiers dans le style néogothique (Parlement de Westminster) et dans l'architecture de fer (gare S. Pancras, 1863). Parmi les créations postérieures à la Seconde Guerre mondiale, on citera l'ensemble culturel de la rive droite de la Tamise (Festival Hall, Hayward Gallery...) et le Barbican Centre (v. 1975), intégré à la City.
Grand centre de l'école anglaise de peinture et, aujourd'hui, de l'avant-garde artistique, Londres a également vu s'épanouir les métiers d'art, surtout depuis les XVIIe et XVIIIe s. : mobilier, tapisseries de Mortlake ou de Soho, orfèvrerie, porcelaines de Chelsea... Les musées sont à la mesure du rôle national et international de la ville : British* Museum, National* Gallery, Tate* Gallery, Victoria* and Albert Museum, Wallace* Collection, Institut Courtauld*, etc.

Londres *(conférence internationale de)* [1830-31], elle consacra l'indépendance de la Belgique, dont elle proclama la neutralité.

Londres *(conférence de)* [févr. - juin 1948], conférence où l'Angleterre, les États-Unis et la France fixèrent le statut des zones d'occupation en Allemagne occidentale et décidèrent la création d'un État fédéral, avec contrôle international sur la Ruhr.

Londres *(conférence de)* [mai 1949], conférence qui décida la création d'un Conseil de l'Europe et d'une Assemblée consultative européenne.

Londres *(conférence de)* [sept. - oct. 1954], conférence à la suite de laquelle les accords de Paris admirent l'Allemagne à l'O. T. A. N. et mirent fin au régime d'occupation de l'Allemagne occidentale (23 oct.).

Londres *(traité de)* [3 févr. 1830], traité conclu entre la France, la Grande-Bretagne et la Russie qui avaient décidé, lors de la conférence de Londres (juill. 1827), d'imposer leur médiation entre la Grèce révoltée et l'Empire ottoman. La Russie, victorieuse dans la guerre russo-turque de 1828-29, avait obtenu l'autonomie de la Grèce (traité d'Andrinople, 1829). Le traité de Londres stipulait la création d'un État grec sous la protection des puissances signataires.

Londres *(traité de)* [30 mai 1913], traité qui mit fin à la Première guerre balkanique (1912-13) et aux termes duquel l'Empire ottoman renonçait à sa souveraineté sur la Crète et sur les territoires situés à l'O. d'une ligne allant de l'embouchure de la Marica à Midia (sur la mer Noire).

LONDRES (Albert), journaliste français (Vichy 1884 - dans l'océan Indien, lors de l'incendie du *Georges-Philippar,* 1932). Il fut l'un des spécialistes du grand reportage international *(Exelsior, le Petit Parisien, le Journal...).* [Un prix de journalisme porte son nom.]

LONDRÈS [-drɛs] n. m. (esp. *londres,* de Londres). Cigare de la Havane, à l'origine spécialement fabriqué pour les Anglais.

LONDRINA, v. du Brésil (Paraná), au N.-O. de Curitiba ; 388 331 hab. Centre commercial (café). Industries alimentaires.

LONG, LONGUE adj. (lat. *longus,* étendu). **1.** Qui a telle dimension dans le sens de la longueur : *Un terrain long d'environ cinq cents mètres.* – **2.** Qui a telle dimension relative, par rapport à autre chose dans le sens de la longueur : *Le paquet était beaucoup plus long que large.* – **3.** Dont la dimension d'une extrémité à l'autre est grande : *Un long fil de soie.* – **4.** Se dit d'un vêtement qui descend jusqu'aux pieds ou des manches qui couvrent tout le bras : *Robe longue.* – **5.** Qui couvre une étendue relativement grande ou dont la distance d'un point à un autre est grande : *Nous avons fait une longue route ensemble.* – **6.** Qui a telle durée : *Une attente longue de deux heures.* – **7.** Qui a telle durée relative ou dont la durée est grande, relativement grande ou trop grande : *L'été, les jours sont plus longs que l'hiver.* – **8.** Se dit d'un temps dont on trouve qu'il s'écoule lentement ; qui occupe ou nécessite un tel temps : *Trouver le temps long.* – **9.** Se dit d'un texte qui est étendu, fourni : *Il nous a écrit une très longue lettre.* – **10.** Qui remonte loin, relativement loin dans le temps ou qui existe depuis longtemps : *Paris a un long passé de gloire.* – **11.** Qui prend beaucoup trop de temps pour faire qqch, qui fait attendre qqn : *Je ne serai pas longue, j'en ai pour deux minutes.* – **12.** Qui est l'auteur d'un texte, d'un discours trop étendus : *Vous êtes trop long dans la deuxième partie.* – **13.** Qui tarde à faire qqch d'attendu ; qui nécessite beaucoup de temps pour être fait : *Ne soyez pas trop long à me répondre. Cette viande est longue à cuire.* – **14.** Fam. *Long comme un jour de jeûne, comme un jour sans pain,* excessivement long et ennuyeux. • **Anat.** Se dit des os dont la longueur prédomine sur les deux autres dimensions. ‖ Se dit de certains muscles, pour les distinguer d'autres muscles plus courts ayant la même fonction (long abducteur, long extenseur du pouce, etc.). – **Cuis.** Se dit d'une sauce trop délayée. – **Jeux.** *Couleur longue,* ou *longue* (n. f.), dans la main d'un joueur, série d'au moins quatre cartes de la même couleur. – **Métriq.** Se dit d'une syllabe qui vaut généralement deux, et quelquefois trois ou même quatre unités de mesure. – **Phon.** Se dit d'une unité phonique (voyelle, consonne, syllabe) dont la durée d'émission est relativement importante. (Contr. BREF.)

◆ **long** adv. *En dire long (sur qqn, qqch),* entrer dans de longs détails, avoir beaucoup de choses à dire ; avoir une signification importante, révéler qqch : *Un simple regard parfois en dit long.* ‖ *En savoir long* être bien informé : *Un jeune garçon qui en sait déjà long sur la vie.* ‖ *S'habiller long,* avec des vêtements longs.

◆ **long** n. m. **1.** Vêtements longs : *La mode est au long.* – **2.** *Au long, tout au long,* dans son entier, complètement : *Écrire un mot tout au long, sans l'abréger.* ‖ *Au long, tout au long, tout le long de qqch,* pendant toute sa longueur, toute sa durée : *Chanter tout le long du chemin.* ‖ *De long,* après l'expression d'une mesure, indique la dimension dans le sens de la longueur : *La table fait deux mètres de long.* ‖ *De long en large,* en allant dans un sens, puis en revenant sur ses pas et ainsi de suite. ‖ *De tout son long,* sur toute la longueur du corps : *Il s'est étalé de tout son long.* ‖ *En long,* dans le sens de la longueur : *Fendre des bûches en long.* ‖ *En long et en large, en long, en large et en travers,* en tous sens ; sous tous les aspects. ‖ *Le long de qqch,* en suivant le bord ou en parcourant qqch sur toute sa longueur : *Marcher le long du mur.* ‖ *Scieur de long,* ouvrier qui sciait manuellement les grumes dans le sens de la longueur. ‖ *Tout du long,* sur toute la longueur, la dimension de qqch : *Parcourir une allée tout du long.*

◆ **longue** n. f. **1.** Jeu de boules pratiqué dans le midi de la France. – **2.** Unité phonique longue, syllabe longue, couleur longue. – **3.** *À la longue,* avec beaucoup de temps : *À la longue, tu oublieras tout cela.*

LONG (George Washington DE) → DE LONG.

LONG (Marguerite), pianiste française (Nîmes 1874 - Paris 1966). Professeur au Conservatoire de Paris (1906-1940), elle fonda un grand concours international avec Jacques Thibaud (1943).

LONGAILLES n. f. pl. (de *long*). Douelles qui font la longueur du tonneau, par oppos. aux *fonçailles.*

LONGANE n. m. (lat. sc. *longanum,* du chin. *lóng yen*). Fruit comestible du longanier, de couleur rose ou pourpre, dont la graine est munie d'une enveloppe charnue, blanchâtre.

LONGANIER n. m. Arbre (sapindacée) cultivé en Asie et Océanie pour son fruit, le longane, plus petit que le litchi et moins recherché que ce dernier.

LONGANIMITÉ n. f. (bas lat. *longanimitas,* du lat. class. *longus,* long, et *animus,* esprit). *Litt.* **1.** Patience à supporter ses propres maux. – **2.** Indulgence qui porte à pardonner ce qu'on pourrait punir.

LONG BEACH, v. des États-Unis (Californie), sur le Pacifique, port de Los Angeles ; 429 433 hab.

Raffinage du pétrole ; pétrochimie. Mécanique. Aéronautique. Alimentation. Circuit automobile.

LONG-BOIS n. m. (pl. *longs-bois*). Sarment conservé lors de la taille de la vigne, portant des bourgeons.

Longchamp *(hippodrome de),* hippodrome de l'ouest de Paris, situé dans le bois de Boulogne. Inauguré en 1857, il a été rénové en 1960. S'y déroulent, notamment, le prix de l'Arc-de-Triomphe et le Concours international de saut d'obstacles.

LONG-CHAN → LONGSHAN.

LONG-COURRIER n. m. (pl. *long-courriers*). 1. Avion de transport destiné à voler sur de très longues distances (6 000 km au moins). — 2. Navire effectuant une navigation de long cours. — 3. Officier ou matelot effectuant ces voyages.

LONG DRINK [lɔ̃gdrink] n. m. (pl. *long drinks*) [loc. angl.]. Boisson alcoolisée allongée d'eau ou de soda servie dans un grand verre avec des glaçons.

1. LONGE n. f. (de *long*). **1.** Courroie pour attacher un cheval, pour le conduire à la main ou pour le faire travailler sur un cercle autour d'un cavalier. — **2.** Longue courroie fixée au licol d'un animal, permettant de le mener ou de l'attacher.

2. LONGE n. f. (lat. pop. **lumbea,* du lat. class. *lumbus,* rein). **1.** Nom donné à différentes parties des animaux de boucherie. — **2.** *Longe de porc,* morceau de gros du porc comprenant l'ensemble des parties supérieures des régions cervicales, dorsales, lombaires et sacrées. ‖ *Longe de veau,* morceau du veau avec os correspondant à la région des lombes.

LONGEMER *(lac de),* petit lac des Vosges, formé par la Vologne, à l'E. de Gérardmer ; 75 ha de superficie ; 35 m de profondeur.

LONGER v. t. (de *long*) [conj. 17]. **1.** Aller le long ou sur le bord d'un lieu, en suivant un lieu : *Longer la côte en bateau.* — **2.** S'étendre le long d'un lieu : *Prenez la route qui longe la plage.*

LONGERON n. m. (de *long*). **1.** Élément principal de la structure d'une aile, d'un empennage ou d'un fuselage d'avion, caractérisé par sa longueur et sa section. — **2.** Pièce longitudinale d'un véhicule automobile. — **3.** Poutre longitudinale constituant une des pièces maîtresses du châssis principal ou d'un bogie d'un véhicule ferroviaire. — **4.** Pièce longitudinale secondaire d'un tablier de pont.

LONGÉVITÉ n. f. (bas lat. *longaevitas, -atis*). **1.** Longue durée de la vie : *Souhaiter prospérité et longévité à quelqu'un.* — **2.** Durée de la vie, en général : *Accroissement de la longévité moyenne.*

LONGFELLOW (Henry Wadsworth), poète américain (Portland, Maine, 1807 - Cambridge, Massachusetts, 1882). Grand voyageur (*Outre-Mer,* 1835), il a donné une œuvre poétique marquée de mélancolie, qui puise son inspiration dans le folklore et l'histoire (*Évangeline,* 1847).

Longhai ou **Long-hai** *(chemin de fer du),* voie ferrée de Chine, dont la construction commencée en 1916 fut achevée en 1952. Elle part de la côte orientale à Lianyungang (Jiangsu), passe à Xuzhou, Zhengzhou, Xi'an et Baoji, atteint Lanzhou, d'où la ligne Lanzhou-Xinjiang la prolonge jusqu'à Ouroumtsi (1962).

LONGHENA (Baldassare), architecte et sculpteur italien (Venise 1598 - *id.* 1682). Il est le seul Vénitien à s'être haussé au niveau des grands baroques romains, tout en restant dans la continuité de Palladio (église à plan central S. Maria della Salute, entreprise en 1631 et consacrée en 1687 ; palais Pesaro et Rezzonico, entrepris respectivement vers 1650 et 1667).

LONGÉVITÉ MOYENNE DE QUELQUES ESPÈCES ANIMALES

Tortue	200 ans	Chien	17 à 18 ans
Homme	80 a 100 ans	Chat	14 à 20 ans
Éléphant	80 ans	Pigeon, poule	10 ans
Perroquet	80 ans	Cobaye	7 ans
Corbeau	50 à 70 ans	Ver de terre	6 ans
Crapaud	40 ans	Escargot	5 ans
Cheval	30 ans	Reine d'abeilles	4 à 5 ans
Baleine	30 ans	Rat, souris	2 à 3 ans
Chimpanzé	25 ans	Araignée	1 à 2 ans
Lion	20 ans	Abeille mâle	4 à 5 mois

LONGHI (Pietro FALCA, dit), peintre et graveur italien (Venise 1702 - *id.* 1785). Formé à Bologne dans l'atelier de G. M. Crespi, revenu à Venise vers 1730, il se consacra à une peinture de genre évoquant les aspects divers de la vie quotidienne, populaire ou mondaine. Elle vaut par le sens de l'observation, la délicatesse d'un coloris cendré. — Son fils ALESSANDRO (Venise 1733 - *id.* 1813), plus solennel, a laissé des portraits d'une grande acuité psychologique.

LONGHI (Roberto), historien d'art italien (Alba 1890 - Florence 1970). Directeur de revues (il a fondé *Paragone* en 1950), il est l'auteur d'importants travaux sur Piero Della Francesca, le Caravage, la peinture italienne du XIIIe s., l'école de Ferrare, la peinture vénitienne.

LONGIBANDE adj. Se dit d'une panthère dont le pelage présente des bandes, comme celui du tigre.

LONGICORNE n. m. Syn. de CAPRICORNE.

LONGILIGNE adj. et n. Se dit d'un individu aux membres allongés et minces. (Syn. ECTOMORPHE, LEPTOSOME ; contr. BRÉVILIGNE.)

LONGIN *(saint),* martyr († Césarée de Cappadoce Ier s.). Une tradition sans autorité donne ce nom à la fois au centurion anonyme de l'Évangile et au soldat qui perça le côté de Jésus en croix.

LONGIN, en lat. **Caius Cassius Longinus,** philosophe et rhéteur grec (Palmyre, Émèse ou Athènes v. 213 - Palmyre 273). Élève d'Ammonios Saccas et d'Origène, il devint à son tour chef de l'école néoplatonicienne et eut Porphyre comme disciple. Il enseigna à Athènes puis en Syrie. Ministre de Zénobie, reine de Palmyre, il la poussa à résister aux Romains. Lors de la prise de Palmyre, il fut condamné à mort et exécuté.

LONGINUS (Cassius) → CASSIUS LONGINUS.

LONG ISLAND, île de la côte atlantique des États-Unis, à l'extrémité sud-est de l'État de New York, séparée du continent par un détroit, le *Long Island Sound* (176 km) ; 4 463 km². Dans l'Est subsistent des zones rurales (pomme de terre, vergers, vignes), tandis que le Sud-Ouest est inclus dans l'agglomération de New York (quartier de Brooklyn). Sur la côte se succèdent de nombreuses stations balnéaires.

LONG ISLAND, l'une des îles Bahamas ; 596 km² ; 3 300 hab.

LONGISTYLÉ, E adj. Se dit de l'un des deux types de fleurs existant chez la primevère et autres espèces hétérostylées. (Le style est long dans ce type floral, court dans l'autre type, dit *brévistylé.*)

LONGITUDE n. f. (lat. *longitudo, -inis,* longueur). **1.** Dans un système de coordonnées sphériques, distance angulaire de la projection d'un point sur le plan fondamental, comptée à partir d'une direction origine, de 0 à 360° ou de 0 à ± 180°. — **2.** Angle dièdre formé, en un point donné de la surface terrestre, par le méridien du lieu avec le méridien de Greenwich, et compté de 0 à ± 180° ou de 0 à ± 12 h à partir de cette origine, positivement vers l'ouest, négativement vers l'est. — **3.** Deuxième coordonnée sphérique (θ).

longitudes *(Bureau des),* organisme institué en 1795 par la Convention nationale, en vue du perfectionnement des diverses branches de l'astronomie et de leurs applications à la géographie, à la navigation et à la physique du globe. Implanté à Paris, il dispose d'un Service des calculs et de mécanique céleste réputé.

LONGITUDINAL, E, AUX adj. (lat. *longitudo, -inis,* longueur). **1.** Qui est pris dans la longueur, dans le sens de la longueur, par oppos. à *transversal : Coupe longitudinale.* — **2.** Se dit d'une étude des stades successifs d'un comportement, d'un phénomène. — **3.** *Onde longitudinale,* onde dans laquelle le vecteur caractéristique (déplacement, etc.) a la même direction que la propagation (son dans un fluide, onde de compression dans un ressort, etc.).

LONGITUDINALEMENT adv. Dans le sens de la longueur.

LONGJIANG → TSITSIHAR.

LONG-JOINTÉ, E adj. (pl. *long-jointés, es*). Se dit d'un cheval, d'une jument qui a les paturons trop longs.

LONGJUMEAU (91160), ch.-l. de cant. de l'Essonne, à 16 km au S. de Paris, sur l'Yvette ; 19 955 hab. *(Longjumellois).* Anc. relais de poste sur la route d'Orléans. Église des XIIIe-XVe s. Produits pharmaceutiques.

Longjumeau *(paix de),* traité signé le 23 mars 1568 entre Charles IX et Condé. Confirmant l'édit d'Amboise*, il mit fin à la deuxième guerre de Religion (1567-68).

LONG-KIANG → TSITSIHAR.

Longman Group Ltd, groupe d'édition anglo-américain, né de la maison d'édition britannique fondée à Londres en 1724 par Thomas Longman (1699-1755).

Longmen ou **Long-men,** grottes chinoises (Henan). Creusées à partir de 494, par les Wei du Nord, ces fondations bouddhiques restèrent en activité jusqu'au Xe s. Reliefs et sculptures se caractérisent par l'élégance des plicatures et l'intensité spirituelle de l'expression.

LONG(-)MÉTRAGE n. m. (pl. *longs* [-]*métrages*). Film dont la durée dépasse une heure.

LONGNON (Auguste Honoré), historien français (Paris 1844 - *id.* 1911). Archiviste (1871), il a surtout laissé un *Atlas historique de la France depuis César jusqu'à nos jours* (1884-1907).

LONGNY-AU-PERCHE (61290), ch.-l. de cant. de l'Orne, près des sources de l'Huisne ; 1 586 hab. *(Longnyciens).* Église des XVe-XVIe s. Chapelle Renaissance.

LONGO (Luigi), homme politique italien (Fubine Monferrato 1900 - Rome 1980). Membre du parti socialiste italien (1920), il se rallia en 1921 (congrès de Livourne) au parti communiste, dont il devint un des dirigeants. Il combattit en Espagne, puis se réfugia en France (1939), où il fut arrêté avant de séjourner en prison en Italie jusqu'en 1943. Député à la Libération (1946), il devint plus tard secrétaire général (1964-1972) puis président (1972) du parti et s'employa à définir une voie italienne vers le socialisme.

LONGO (Jeannie), cycliste française (Annecy 1958). Vainqueur de trois Tours de France féminins (1987, 1988, 1989), détentrice de onze titres de championne du monde (dont cinq dans l'épreuve sur route : 1985, 1986, 1987, 1989, 1995, et trois en poursuite), championne olympique sur route, à Atlanta, en 1996, elle a également battu à plusieurs reprises le record du monde de l'heure (48,159 km en 1996).

LONGOTTE n. f. (de *long*). Calicot gros et lourd, intermédiaire entre la toile de coton et les tissus destinés à l'impression.

LONGOVICIEN, ENNE adj. et n. De Longwy.

LONG-PAN n. m. (pl. *longs-pans*). Chacun des versants principaux d'un toit allongé.

LONGRAIN n. m. (de *long* et *grain*). Orientation générale des petits éléments qui composent le schiste ardoisier, déterminant le fil de la pierre.

LONGRINE n. f. (ital. *lungarina*). **1.** Sorte de poutre reposant soit sur plusieurs points d'appui, soit sur le sol, et ayant pour fonction de répartir sur eux les charges supérieures. — **2.** Poutrelle placée sous les rails de chemin de fer et à l'aplomb de ceux-ci, pour les supporter et transmettre les charges à l'infrastructure. — **3.** Forte pièce de bois placée dans le sens de la longueur, dans une cale de construction navale.

LONGSHAN ou **LONG-CHAN** *(culture de),* culture néolithique chinoise issue de la région du moyen Huang He (fleuve Jaune). Elle est caractérisée par une céramique grise ou noire découverte dans un site du Shandong dont elle porte le nom. La culture de Longshan fut peut-être créée par les tenants de la culture de la poterie rouge (dite de « Yangshao », en partie contemporaine). Dans le Henan, elle s'échelonne de 2500 à 1800 av. J.-C. et serait un peu postérieure dans le Shandong où elle ferait le lien avec le début de la période historique des Shang.

LONGTEMPS adv. (de *long* et *temps*). **1.** Un long espace, une longue durée de temps : *Je ne resterai pas longtemps ici.* — **2.** *De longtemps, d'ici longtemps,* avant une longue durée de temps : *Nous ne les reverrons pas de longtemps.*

LONGUE → LONG.

Longue Marche (la), mouvement de retraite des communistes chinois qui traversèrent en 1934-35 la Chine du sud au nord en faisant un long crochet par le Sud-Ouest. Les bases communistes, organisées depuis la rupture avec le Guomindang (1927), eurent à subir plusieurs campagnes d'encerclement des armées de Jiang Jieshi. La dernière (1934) menaçant d'être victorieuse, les communistes, conseillés par Mao Zedong, abandonnèrent leurs bases. Des 100 000 hommes du départ, il n'en restait plus que 8 000 à l'arrivée à Yan'an, au Shanxi.

LONGUE *(île),* bande de terre de 3 km de long sur 500 m de large, située dans le nord de la presqu'île de Crozon, sur la rade de Brest. Depuis 1970, elle abrite la base des sous-marins nucléaires lanceurs d'engins, qui dépend du commandement de la force océanique stratégique (F. O. S. T.).

LONGUEAU (80330), comm. de la Somme, banlieue S.-E. d'Amiens ; 4 957 hab. *(Longaquatiens).* Gare de triage. — Au S. de la Somme, aéroport d'Amiens.

LONGUÉ-JUMELLES (49160), ch.-l. de cant. de Maine-et-Loire, dans le val d'Anjou ; 6 837 hab. *(Longuéens et Jumellois).* Fonderie et travail des métaux.

LONGUEMENT adv. **1.** Au long, en détail, abondamment : *Expliquer longuement un texte.* — **2.** Pendant un long temps : *Projet longuement mûri.*

LONGUENESSE (62219), comm. du Pas-de-Calais, banlieue de Saint-Omer ; 13 317 hab. *(Longuenessois).* Matériel téléphonique.

LONGUET, ETTE adj. (dimin. de *long*). *Fam.* Un peu trop long (en dimension ou en temps) : *Le film était un peu longuet.*

◆ **longuet** n. m. Petit pain long et mince, cuit dans un moule, puis déshydraté au cours du ressuage.

LONGUEUIL, v. du Canada (Québec), sur le Saint-Laurent, en face de Montréal ; 137 134 hab. Centre commercial. Constructions mécaniques.

LONGUEUR n. f. (de *long*). **1.** Dans le même plan, la plus grande des deux dimensions de qqch de forme rectangulaire (par oppos. à *largeur*) ; la plus grande dimension de la base, généralement horizontale, d'un objet à trois dimensions (par oppos. à *largeur* et à *hauteur* ou *profondeur*) : *Longueur et largeur d'un rectangle.*

Largeur, longueur et hauteur d'une armoire. — **2.** Cette dimension considérée du point de vue de sa mesure : *Un jardin de 100 mètres de longueur.* — **3.** Distance d'une extrémité à l'autre d'un objet, d'une surface ; dimension : *La longueur des jupes varie selon la mode.* — **4.** Distance, en partic. dans une course : *Courir sur une longueur de 150 mètres.* — **5.** Durée de qqch, étendue d'un texte, d'un récit, etc. : *La longueur des jours augmente.* — **6.** Dimension, durée, étendue dans un texte, un récit, etc., considérées comme relativement grandes ou trop grandes : *Excusez la longueur de ma lettre.* — **7.** Développement trop long, inutile dans un texte, un film, etc. : *Des longueurs nuisent au rythme du film.* — **8.** *À longueur d'année, de journée, etc.,* pendant toute sa durée. ‖ *En longueur, tout en longueur,* très allongé. ‖ *Tirer les choses en longueur,* les faire durer. ‖ *Traîner en longueur,* durer trop longtemps. • **Inform.** Nombre d'éléments binaires, de caractères ou de mots machine contenus dans un mot, une chaîne ou une donnée. — **Mar.** *Longueur à la flottaison,* longueur d'un navire à flot, depuis l'avant jusqu'à l'arrière, mesurée au niveau de la surface de l'eau. — **Math.** Partie connexe d'une courbe ; mesure de cette partie. ‖ Côté d'un rectangle qui a la plus grande mesure. ‖ Ensemble des segments de droite d'un espace affine qui sont isométriques. (Un segment n'est alors qu'un représentant de la classe d'équivalence que forme cet ensemble.) ‖ *Longueur d'un arc rectifiable* ([*a, b*], *f*), borne supérieure de l'ensemble majoré des longueurs des lignes polygonales inscrites dans *f* ([*a, b*]). — **Opt.** *Longueur optique,* syn. de CHEMIN* OPTIQUE. — **Phon.** Qualité d'une unité phonique longue. (Le trait de longueur a valeur phonologique dans de nombreuses langues : en latin *vĕnit,* il vient, s'oppose à *vēnit,* il vint.) — **Sports.** Unité qui sépare les concurrents d'une course (sport hippique, aviron, etc.) à l'arrivée, et qui est la longueur d'un cheval ou d'une embarcation. ‖ *Saut en longueur,* concours d'athlétisme qui consiste à sauter le plus loin possible, après une course d'élan, d'une planche d'appel.

LONGUEVILLE (Henri II, *duc* DE), duc **d'Estouteville** (1595 - Rouen 1663). Gouverneur de Picardie puis de Normandie, il participa au « complot de Chalais » (1626), ourdi contre Richelieu. Il joua un rôle important durant la Fronde.

LONGUEVILLE (Anne Geneviève DE BOURBON, *duchesse* DE) [Vincennes 1619 - Paris 1679], épouse (1642) du précédent. Intelligente et cultivée, elle participa activement à la Fronde parlementaire (1648-49). Après la paix de Rueil (11 mars 1649), elle contribua à relancer la Fronde des princes (1650-1653), durant laquelle elle s'efforça en vain de soulever la Normandie puis l'Aquitaine. Après la mort de son mari, elle se retira chez les carmélites.

LONGUE-VUE n. f. (pl. *longues-vues*). Lunette d'approche.

LONGUS, romancier grec (Lesbos ? IIe ou IIIe s. apr. J.-C.). On lui attribue le roman pastoral *Daphnis* et Chloé.*

LONGUYON (54260), ch.-l. de cant. de Meurthe-et-Moselle sur la Chiers ; 6 109 hab. *(Longuyonnais).* Église du XIIIe s. Constructions mécaniques (bennes).

LONGVIC (21600), comm. de la Côte-d'Or à 4 km au S.-S.-E. de Dijon ; 8 499 hab. Aéroport de Dijon. Matériel agricole. Constructions électriques.

Longwood, résidence de Napoléon Ier à Sainte-Hélène, de 1815 à 1821.

LONGWOOL [lɔ̃gwul] n. m. Type de moutons à laine longue.

LONGWY (54400) [lɔ̃wi], ch.-l. de cant. de Meurthe-et-Moselle, près de la frontière belge, sur la Chiers ; 15 647 hab. *(Longoviciens).* Restes d'anciennes fortifications (porte de France). Métallurgie. Gare de triage. Au cœur d'une région industrielle en crise, Longwy a été choisi comme centre d'un pôle européen de développement, mis en place — en liaison avec la Belgique et le Luxembourg — à partir de 1985 (parc international d'activités).

LONGYAN ou **LONG-YEN,** localité de Chine (Hebei), au N.-O. de Pékin. Mines de fer.

LONGYEARBYEN, principal établissement du Svalbard, sur la côte du Spitzberg ; 1 500 hab. Exportation de houille.

LON NOL, maréchal et homme d'État cambodgien (Kompong-Leau, prov. de Prey Veng, 1913 - Fullerton, Californie, 1985). Commandant en chef (1959), bouddhiste, mystique, et politiquement conservateur, il participe à presque tous les gouvernements à partir de 1959. Premier ministre (1969), il destitue le prince Sihanouk (mars 1970) et proclame la république (oct.). Son coup d'État plonge le Cambodge dans une guerre fratricide sanglante où interviennent Américains et Vietnamiens de toutes tendances. Élu président de la République (juin 1972), il gouverne dans un climat de corruption et d'incompétence et abandonne Phnom Penh en avr. 1975.

LÖNNROT (Elias), écrivain finlandais (Sammatti 1802 - *id.* 1884). Il recueillit les poésies populaires de Carélie à partir desquelles il créa le *Kalevala** (1836). Il a contribué à la naissance du sentiment national finnois au XIXe s.

LONS (64140), comm. des Pyrénées-Atlantiques, banlieue N.-O. de Pau ; 9 443 hab. Zone industrielle.

LONS-LE-SAUNIER (39000), ch.-l. du dép. du Jura à 400 km au S.-E. de Paris, en bordure des plateaux du Jura ; 20 140 hab. *(Lédoniens).* C'est l'antique *Ledo Salinarius,* qui doit son origine à l'exploitation de ses salines. Église St-Désiré, en partie du XIe s. Pharmacie (XVIIIe s.) de l'hôpital. Musée. Centre administratif et commercial, avec quelques industries (mécanique de précision, fromagerie). Station thermale.

LOOCH [lɔk] n. m. (ar. *la'uq*). Potion préparée au moment de l'emploi avec une émulsion et rendue plus ou moins consistante à l'aide d'un mucilage.

LOOK [luk] n. m. (angl. *look,* aspect). *Fam.* Manière de se comporter, de s'habiller, allure générale de qqn ou de qqch considérée comme caractéristique de telle ou telle mode.

LOON-PLAGE (59279), comm. du Nord, à 7 km à l'E. de Gravelines ; 6 454 hab. *(Loonois).* Station balnéaire.

LOOPING [lupiŋ] n. m. (angl. *looping the loop,* action de boucler la boucle). Acrobatie aérienne dans laquelle l'avion exécute une boucle circulaire dans un plan vertical. (Syn. BOUCLE.)

LOOS (59120), comm. du Nord, sur la Deûle, banlieue S.-O. de Lille ; 21 358 hab. *(Loossois).* Prison dans les bâtiments (XVIIIe s.) d'une anc. abbaye (fondée au XIIe s.). Industries chimiques, mécaniques et textiles. Imprimerie.

LOOS (Adolf), architecte et théoricien autrichien (Brno 1870 - Kalksburg, près de Vienne, 1933). Dans ses articles des dernières années du siècle, il s'en prit à la joliesse de l'architecture viennoise et aux idées de la Sécession, complétant ses prises de position par la publication, en 1908, du manifeste *Ornement et crime.* Son œuvre bâti se distingue par l'articulation un peu sèche de plans nus, l'élégance des proportions, le luxe des matériaux (maison Steiner, Vienne, 1910 ; maison Tristan Tzara, Paris, 1926...).

LOOS-EN-GOHELLE (62750), comm. du Pas-de-Calais, banlieue N.-O. de Lens ; 6 592 hab. *(Loossois).* Cimetière militaire britannique.

Looser-Milkman ou **Looser-Debray-Milkman** *(syndrome de),* forme d'ostéomalacie avec pseudofractures se traduisant par des douleurs osseuses diffuses accompagnées d'une certaine impotence fonctionnelle.

LOPBURI, v. de Thaïlande, ch.-l. de prov. ; 37 000 hab.
– **Archéol.** et **Hist.** Le site est occupé dès l'âge du bronze et, en dépit des destructions, il conserve d'importants vestiges môns (art de Dvāravatī, VIIIe-Xe s.), khmers (XIe-XIIIe s.) et de la période d'Ayuthia (XIVe s. et suiv.). Cap. d'été du royaume d'Ayuthia au XVIIe s. L'art khmer, ou « khmérisant », de la Thaïlande (VIIe-XIVe s.) est traditionnellement appelé *art de Lopburi.*

LOPE DE VEGA → VEGA CARPIO.

LOPES (Fernão), historien portugais (Lisbonne v. 1380 - *id.* v. 1458). Chroniqueur du royaume (1434), il est le fondateur de l'historiographie nationale.

LOPES (Francisco Higino CRAVEIRO), général et homme d'État portugais (Lisbonne 1894 - *id.* 1964), président de la République de 1951 à 1958.

LOPETTE n. f. *Pop.* **1.** Homme veule, sans caractère. — **2.** Pédéraste passif.

LOPEZ *(cap),* pointe de la côte du Gabon, au N. de l'embouchure principale de l'Ogooué, limitant une baie où est établi Port-Gentil. Terminal pétrolier.

LÓPEZ (Carlos Antonio), homme d'État paraguayen (Asunción 1790 - *id.* 1862). Consul du Paraguay (1841-1844) puis président de la République (1844-1862), il gouverna de façon dictatoriale et ouvrit le pays au commerce extérieur (traité conclu avec le Brésil, 1858). — Son fils, FRANCISCO SOLANO (Asunción 1827 - Cerro Corá 1870), lui succéda comme président (1862-1870) et provoqua en 1865 une guerre contre l'Uruguay, le Brésil et l'Argentine (guerre de la Triple Alliance) dans laquelle il trouva la mort et qui laissa le pays ruiné.

LÓPEZ ARELLANO (Osvaldo), homme d'État hondurien (Danli 1921). Auteur d'un coup d'État en 1963, il a été président de la République de 1965 à 1971 puis, après un nouveau coup d'État, de 1972 à 1975.

LÓPEZ DE AYALA Y HERRERA (Adelardo), auteur dramatique et homme politique espagnol (Guadalcanal, Séville, 1828 - Madrid 1879). Ses pièces en vers connurent un grand succès (*Un homme d'État,* 1851 ; *la Maison de verre,* 1856). En 1878, il fut élu président des Cortes.

LÓPEZ DE GOMARA (Francisco), historien espagnol (Séville 1510 - 1560), auteur d'une *Histoire générale des Indes* (1552).

LÓPEZ DE LEGAZPI (Miguel), marin espagnol (Zummárraga, Guipúzcoa, v. 1510 - Manille 1572). Conquistador des Philippines, il fonda Manille (1571).

LÓPEZ DE MENDOZA (Iñigo), marquis **de Santillana** → SANTILLANA.

LOPEZIA n. m. (de T. *López,* n. pr.). Herbe annuelle ornementale (œnothéracée), à fleurs en grappes, d'Amérique centrale.

LÓPEZ MATEOS (Adolfo), homme d'État mexicain (Atizapán de Zaragoza 1910 - Mexico 1969), président de la République de 1958 à 1964.

LÓPEZ PORTILLO (José), homme d'État mexicain (Mexico 1920), président de la République de 1976 à 1982.

LOPHIIFORME n. m. Nom d'ordre donné à des poissons tels que les *lophiidés,* ou baudroies, les *antennariidés,* ou crapauds de mer, et les *cératiidés,* dont les mâles, nains, parasitent parfois les femelles.

LOPHIRA n. m. Bel arbre (ochnacée) d'Afrique tropicale, qui fournit le bois d'azobé.

LOPHOBRANCHE n. m. Syn. anc. de SYNGNATHIFORME.

LOPHODONTE adj. Se dit de la denture des espèces des mammifères dont les molaires présentent des crêtes transversales, comme chez l'éléphant.

1. LOPHOPHORE n. m. (gr. *lophos,* touffe). Couronne de tentacules ciliés, à rôle d'alimentation microphage et de respiration, qui entoure la bouche de divers invertébrés marins.

2. LOPHOPHORE n. m. (gr. *lophos,* huppe). Faisan des forêts d'altitude de l'Himālaya et de Chine, dont le mâle porte une huppe.

LOPHOPHORIEN n. m. (de *lophophore 1*). Animal muni d'un lophophore péribuccal. (Le groupe des *lophophoriens,* peut-être artificiel, comprend les ectoproctes, les phoronidiens et les brachiopodes.)

LOPHOPTÉRYX n. m. Papillon notodontidé dont la chenille vit sur les bouleaux et les tilleuls.

LOPHURE n. m. Syn. de LOBIOPHASE.

LOPHYRE n. m. Insecte hyménoptère symphyte dont la femelle, jaune marqué de noir, aux antennes en scie, est beaucoup plus grande que le mâle. (La larve éruciforme attaque les pins.)

LOPIN n. m. (anc. fr. *lope,* loupe). **1.** *Lopin (de terre),* petite parcelle de terrain, petit champ. – **2.** Cylindre de métal destiné à la mise en forme à chaud par laminage, filage ou forgeage.

LO P'ING → LUO PING.

LOP NUR → LOB NOR.

LOPOLITE n. m. (du gr. *lopas,* plat creux). Massif plutonique de plusieurs kilomètres de diamètre, formant cuvette et concordant avec l'encaissant.

LOQUACE [-kas] adj. (lat. *loquax, -acis,* de *loqui,* parler). Qui parle beaucoup : *Vous n'êtes pas très loquace aujourd'hui.*

LOQUACITÉ [-ka-] n. f. (lat. *loquacitas, -atis*). *Litt.* Disposition à parler beaucoup.

1. LOQUE n. f. (moyen néerl. *locke,* boucle de cheveux). **1.** Vieux vêtement, vêtement très abîmé : *Ton manteau n'est plus qu'une loque.* – **2.** *Loque (humaine),* personne sans énergie, usée par les échecs, la maladie, etc.

◆ **loques** n. f. pl. **1.** Vieux vêtements abîmés, déchirés : *Clochard vêtu de loques.* – **2.** *En loques,* vêtu de vêtements usés et déchirés ; en lambeaux : *Sa veste tombe en loques.*

2. LOQUE n. f. (de *loque 1*). Maladie contagieuse des abeilles atteignant uniquement le couvain, et pouvant entraîner la destruction de la colonie.

LOQUET n. m. (anc. fr. *loc,* serrure, de l'anc. angl. *loc,* verrou). **1.** Dispositif de fermeture constitué par une tige plate fixée à la porte par une vis et mobile autour de cette vis. – **2.** Dans une serrure, pêne demi-tour rectiligne pouvant se soulever par mouvement angulaire dans son plan, puis s'immobiliser en retombant dans le cran de la gâche.

LOQUETEAU n. m. (de *loquet*). **1.** Petit loquet pour la fermeture des châssis, des persiennes, etc. – **2.** Système de fermeture d'un couvercle, d'un rabat, etc.

LOQUETEUX, EUSE adj. *Litt.* Vêtu de loques, misérable.

LOQUEUX, EUSE adj. **1.** Se dit du couvain atteint de la loque. – **2.** Se dit d'un miel provenant d'une ruche atteinte de la loque.

LOR ou **LUR,** population semi-nomade, de dialecte lor, vivant dans le Lorestān.

LORAIN, port des États-Unis (Ohio), sur le lac Érié ; 75 000 hab. Importation de minerai de fer. Aciérie. Constructions navales et automobiles. Industries chimiques.

LORAN n. m. (abrév. de *long range aid to navigation,* aide à la navigation à grande distance). Système de radionavigation qui permet de déterminer la position d'un mobile par rapport à trois stations émettrices fixes, à partir de la mesure du délai séparant la réception, par le mobile, d'impulsions synchronisées émises par ces stations.

LORANTHACÉE n. f. Plante parasite ou hémiparasite telle que le gui, vivant sur les branches des arbres, et dont certaines racines se transforment en suçoirs. (Les *loranthacées* forment une famille.)

LORAZÉPAM n. m. Dérivé de la benzodiazépine, utilisé comme tranquillisant.

LORCA, v. d'Espagne (prov. de Murcie) ; 62 000 hab. Monuments surtout de style baroque. Centre commercial.

LORCA (Federico GARCÍA) → GARCÍA LORCA (Federico).

LORD [lɔr ou lɔrd] n. m. (angl. *lord*). **1.** Titre usuel des pairs britanniques (ducs, marquis, comtes, vicomtes et barons), porté devant leur nom patronymique. — **2.** Membre de la Chambre des lords. — **3.** *Lord de l'Amirauté, lord de la mer,* en Grande-Bretagne, titre donné jusqu'en 1964 au ministre de la Marine.

lords *(Chambre des),* Chambre haute en Grande-Bretagne. L'origine de la Chambre des lords se confond avec celle du Parlement. Issue du grand conseil, elle prit peu à peu sa forme définitive et acquit une importance croissante du début du XIIIe s. (la Grande Charte) jusqu'au milieu du XVe (guerre des Deux-Roses). À partir du milieu du XIVe s., la distinction entre les Communes et les Lords est faite. La prééminence des Lords se trouve soumise, au XVIIe s., à la concurrence sévère de la Chambre des communes, qui, dès le XVIIIe s., les relègue au second plan.
En 1911, une loi dépouille les lords de leur rôle législatif ; en 1948, une nouvelle loi les réduit encore, maintenant cependant leur droit de veto suspensif d'un an sur les projets de loi autres que financiers. La Chambre des lords conserve toutefois un pouvoir juridictionnel de tribunal supérieur d'appel. Elle comprend aujourd'hui environ un millier de membres (archevêques et évêques anglicans, pairs héréditaires et pairs à vie, dont neuf lords d'appel).

LORDE (André DE), auteur dramatique français (Toulouse 1871 - Antibes 1942). Ses pièces firent le succès du Grand-Guignol*.

LORD HOWE *(dorsale de),* chaîne sous-marine du sud-ouest du Pacifique, séparant les mers de Tasman et des Fidji et unissant l'archipel Chesterfield (N.-O.) à la marge continentale de l'île Sud de la Nouvelle-Zélande (S.-E.).

LORD-LIEUTENANT n. m. (pl. *lords-lieutenants*) [mot angl.]. Dans le Royaume-Uni, représentant du souverain dans les comtés.

LORD-MAIRE n. m. (pl. *lords-maires*) [calque de l'angl. *lord-mayor*]. Premier magistrat de certaines villes britanniques.

LORDOSE n. f. (gr. *lordôsis,* courbure). **1.** Courbure physiologique à convexité antérieure des parties cervicales et lombaires de la colonne vertébrale. (Syn. ENSELLURE.) — **2.** Hyperlordose, en langue courante.

LORDOSIQUE ou **LORDOTIQUE** adj. et n. Relatif à la lordose ; atteint d'hyperlordose.

LOREDANO (Gian Francesco), écrivain italien (Venise 1606 - Peschiera del Garda 1661). Il a publié avec succès un recueil de concetti (*Plaisanteries géniales,* 1622).

Lorelei (la), figure de légende, attachée à un rocher qui domine le Rhin près de Bacharach et qui renvoie un écho aux appels venus des bateaux qui passent à sa hauteur. Le génie de ce lieu, confondu souvent avec une fée des eaux, a été célébré par le romantisme allemand.

LOREN (Sofia SCICOLONE, dite **Sophia**), actrice de cinéma italienne (Rome 1934). Lancée par le producteur Carlo Ponti, elle a tourné plusieurs films en Italie, notamment *l'Or de Naples* (1954) et *le Signe de Vénus* (1955), avant de devenir une vedette internationale : *la Diablesse en collant rose* (1959), *la Ciociara* (1960), *le Cid* (1961), *Hier, aujourd'hui et demain* (1963), *Arabesque* (1966), *la Comtesse de Hong-Kong* (1966), *Une journée particulière* (1977).

LORENTZ (Hendrik Antoon), physicien néerlandais (Arnhem 1853 - Haarlem 1928). Il fut le principal créateur de la théorie électronique de la matière, qui lui permit d'expliquer la conductibilité électrique des métaux et la dispersion chromatique de la lumière, ainsi que de prévoir l'effet démontré plus tard par son élève Zeeman*. Partisan de l'existence d'un éther immobile, il imagina les formules de transformation qui portent son nom et qui relient les longueurs, les masses et le temps de deux systèmes en mouvement rectiligne uniforme l'un par rapport à l'autre, de façon à expliquer le résultat négatif de l'expérience de Michelson*. Ses travaux ont peut-être ouvert la voie à la théorie de la relativité restreinte (Einstein, 1905), qui est cependant fondée sur des principes plus généraux. (Prix Nobel de physique, avec Zeeman, 1902.)

Lorentz *(contraction de)* → CONTRACTION.

LORENZ (Konrad), éthologiste autrichien (Vienne 1903 - Altenberg, Basse-Autriche, 1989). Il a étudié le comportement des animaux dans leur milieu naturel, ainsi que la notion d'empreinte*. Ses travaux ont contribué au développement de l'éthologie et ont été couronnés en 1973 par le prix Nobel de physiologie et de médecine (avec K. von Frisch et N. Tinbergen). Il a écrit : *l'Agression* (1963) ; *Essais sur le comportement animal et humain* (1965) ; *les Huit Péchés capitaux de notre civilisation* (1973).

LORENZ (Edward Norton), météorologue américain (West Hartford, Connecticut, 1917). Mathématicien, il a appliqué à la prévision météorologique la modélisation et les techniques informatiques. Ses travaux ont mis en évidence les phénomènes liés à la théorie du chaos et à la non-prédictibilité des systèmes dynamiques, notion vulgarisée sous le nom de « effet papillon ».

Lorenzaccio, drame en 5 actes, en prose, d'A. de Musset (1834), qui met en scène le meurtre d'Alexandre de Médicis par son cousin Lorenzo. Alexandre tué, Florence se hâte de se donner un nouveau maître, et Lorenzo, dont la tête est mise à prix, est assassiné à Venise. Ce drame est le chef-d'œuvre du drame romantique français.

LORENZÉNITE n. f. (de J. *Lorenzen,* n. pr.). Silicate naturel de titane et de sodium.

LORENZETTI (les frères), PIETRO (Sienne v. 1280 - *id.* 1348 ?) et AMBROGIO (connu de 1319 à 1347), peintres italiens. S'écartant de l'élégance gothique d'un S. Martini, ils renouvellent l'art siennois et italien en s'appuyant sur la connaissance de Giotto et de la sculpture toscane. Chez Pietro, l'intensité psychologique est plus forte, la manière plus large, cependant que la recherche spatiale progresse du polyptyque de la *Bienheureuse Humilité* (1316, Offices), où subsiste une part d'influence de Duccio, aux *Histoires de la Passion* de l'église inférieure d'Assise (entre 1320 et 1330) et à la *Nativité de la Vierge* des Offices (1342). Imagination narrative, lyrisme, sens de l'espace et de la nature dominent chez Ambrogio : fresques de S. Francesco de Sienne (v. 1330), *Histoires de saint Nicolas de Bari* (v. 1332, Offices), célèbres fresques des *Effets du bon et du mauvais gouvernement* au Palais public de Sienne (1337-1339), *Annonciation* de la Pinacothèque de Sienne (1344), d'une gravité contemplative, etc.

LORENZINI (Carlo) → COLLODI (Carlo).

LORENZO Veneziano, peintre italien, documenté à Venise de 1357 à 1372. Sans doute disciple de Paolo Veneziano, il tend à réagir contre la rigidité stylistique, héritée de Byzance, de ce dernier. À la fin de sa carrière, avec le *Polyptyque de S. Maria della Celestina* (Brera, Milan), d'un effet décoratif précieux, il ouvre à Venise la période du gothique international.

LORENZO Monaco, peintre et miniaturiste italien (Sienne ? v. 1370 - Florence apr. 1422). Moine au couvent S. Maria degli Angeli (1391), il représente à Florence la suavité du gothique finissant (*Adoration des Mages,* 1420, Offices), mais se montre capable de puissance dans des œuvres comme *le Couronnement de la Vierge* (1414, Offices). Il fut le maître de Fra Angelico.

LORENZO di Credi, peintre italien (Florence 1456 ou 1459 - *id.* 1537). Élève de Verrocchio et, à ses débuts, proche de Léonard de Vinci, il évolua par la suite vers un style impeccable, mais un peu froid et sec à force de virtuosité (abondante production religieuse).

LORENZO ASPERILLA (Anselmo), syndicaliste espagnol (Tolède 1841 - Barcelone 1914). L'un des fondateurs de la section espagnole de la Ire Internationale, il fut aussi à l'origine de la création, en 1911, de la Confederación Nacional del Trabajo (CNT).

LORESTĀN, LURISTĀN ou **LOURISTAN,** région de l'Iran, dans les montagnes du Zagros, à l'O. et au S.-O. d'Ispahan, au S. du Kurdistān. C'est le pays où l'on parle les dialectes lor dont le groupe principal est constitué par la grande tribu des Bakhtiyāri.
— **Archéol.** Le Lorestān est célèbre pour la richesse du mobilier funéraire en bronze (parures, armes, pièces d'harnachement de chevaux) qui y fut découvert. La production, échelonnée du IIIe millénaire au VIIe s. av. J.-C., après être marquée par Suse, est remarquable, à partir du XIIIe s. av. J.-C. par la puissance de sa stylisation animalière.

LORET (Jean), écrivain français (Carentan, Manche, 1595 - Paris 1665). Il publia, sous le titre de *Muse historique,* une gazette rimée, d'abord manuscrite, puis imprimée (1652), où il donnait les nouvelles de la Cour et de la ville.

LORETO, comm. d'Italie → LORETTE.

LORETTE n. f. (de *Notre-Dame-de-Lorette,* n. d'un quartier de Paris). *Vx.* Jeune femme élégante et de mœurs faciles.

LORETTE, en ital. **Loreto,** comm. d'Italie, dans les Marches, au S.-S.-E. d'Ancône ; 10 000 hab.
— **Hist.** Selon une tradition tardive, la maison de la Vierge à Nazareth *(Santa Casa)* aurait été miraculeusement transportée, en 1295, par des anges, à Lorette, où s'est développé un important pèlerinage ; basilique construite à partir de 1468.

LORETTE (42420), comm. de la Loire, sur le Gier ; 5 105 hab. *(Lorettois).* Industries métallurgiques.

LORGNER v. t. (anc. fr. *lorgne,* qui louche, du germ. **lurni,* aux aguets) [conj. 3]. **1.** Regarder qqn, qqch à la dérobée, du coin de l'œil, avec envie : *Le chat lorgne la souris.* — **2.** Regarder qqn avec insistance et dans une intention particulière : *Lorgner une femme.* — **3.** Convoiter secrètement qqch, avoir des vues dessus : *Lorgner l'héritage d'un oncle.*
◆ v. t. ind. Regarder subrepticement qqn, qqch, les convoiter : *Lorgner sur l'assiette de son voisin.*

LORGNETTE n. f. (de *lorgner*). **1.** Petite lunette d'approche. — **2.** *Voir qqch par le petit bout de la lorgnette,* ne s'intéresser qu'aux détails d'une chose, qu'à son aspect accessoire et en exagérer l'importance.

LORGNON n. m. (de *lorgner*). Paire de verres adaptés à une monture que l'on tient à la main ou à un ressort qui pince le nez, et dont on se servait pour corriger sa vue.

LORGUES (83510), ch.-l. de cant. du Var, à 13 km au S.-O. de Draguignan ; 6 664 hab. *(Lorguais).* Portes fortifiées du XIVe s. Collégiale du XVIIIe s. (mobilier). Poteries. Oliviers.

LORI n. m. (malais *lori*). Perroquet d'Indonésie, de Nouvelle-Guinée et du Pacifique occidental, aux très vives couleurs, à la queue courte et obtuse, à la langue en pinceau apte à lécher le nectar.

LORICATE n. m. Syn. de AMPHINEURE.

LORIENT (56100), ch.-l. d'arrond. du Morbihan ; 61 630 hab. *(Lorientais)*. Fondé en 1666, aux embouchures du Scorff et du Blavet, par la Compagnie des Indes orientales (sous le nom de *port de l'Orient*), c'est la principale agglomération (plus de 100 000 hab.) du Morbihan, le deuxième port de pêche français (par le tonnage), une base militaire (arsenal), avec quelques industries (fonderie, agroalimentaire, etc.). École des officiers fusiliers et École des fusiliers de la Marine nationale. — À 6 km à l'O. de la ville, base aéronavale de Lann-Bihoué.
— **Hist.** En juin 1944, des unités allemandes, investies par les troupes françaises dans la poche de Lorient, y résistèrent jusqu'au 8 mai 1945.

LORIN (René), ingénieur et inventeur français (? 1877-Paris 1933). Il est l'inventeur du concept de statoréacteur (1907).

LORIOD (Yvonne), pianiste française (Houilles, Yvelines, 1924). Elle poursuit une carrière internationale, alliant les répertoires classique, romantique et contemporain (dans ce dernier registre, elle a notamment créé tout l'œuvre pianistique de O. Messiaen, son époux).

LORIOL-SUR-DRÔME (26270), ch.-l. de cant. de la Drôme ; 5 657 hab. Barrage sur le Rhône alimentant une dérivation et l'usine du Logis-Neuf.

LORIOT n. m. (altér. de l'anc. fr. *l'oriol,* du lat. *aureolus,* doré). Passereau au plumage jaune et noir chez le mâle, verdâtre chez la femelle, qui niche dans les forêts de feuillus et les peupliers et se nourrit de fruits et d'insectes.

LORIQUET n. m. (dimin. de *lori*). Petit perroquet d'Indo-Malaisie et du Pacifique ouest, au plumage vert, à queue longue et étroite, ayant les mœurs du lori et souvent élevé en volière.

LORIS [-ris] n. m. (anc. néerl. *loeris,* clown). Petit prosimien des forêts et des marais du sud de l'Inde et de Sri Lanka, nocturne, se nourrissant de végétaux, d'insectes et de petits vertébrés.

LORIS-MELIKOV (Mikhaïl Tarielovitch, *comte*), général et homme politique russe (Tiflis 1826 - Nice 1888). Ministre de l'Intérieur (1880-81) après l'attentat manqué de févr. 1880 contre Alexandre II, il mena une lutte impitoyable contre les révolutionnaires et fit accepter à l'empereur un projet de loi prévoyant l'institution d'une commission consultative dans laquelle entreraient des représentants des zemstvos et des municipalités.

LORJOU (Bernard), peintre français (Blois 1908 - Saint-Denis-sur-Loire 1986). Il a recouru à un expressionnisme grinçant et coloré pour évoquer des événements de l'actualité (cycles « les Chasses de Rambouillet », 1957, « l'Assassinat de Sharon Tate », 1970, etc.).

LORME (Marion DE) [Baye, Champagne, 1611 - Paris 1650]. Elle vit défiler chez elle tout ce que Paris comptait d'élégants et de lettrés. Elle est l'héroïne d'un drame de V. Hugo, *Marion de Lorme* (1831).

LORMES (58140), ch.-l. de cant. du nord-est de la Nièvre, dans le Morvan ; 1 510 hab. *(Lormois)*.

LORMIER, ÈRE adj. (anc. fr. *lorain,* du lat. pop. *loramen,* courroie de harnachement). Relatif à la fabrication des harnais.
◆ n. Personne qui fabrique les harnais, mors, gourmettes, éperons.

LORMONT (33310), ch.-l. de cant. de la Gironde, sur la Garonne, banlieue N.-E. de Bordeaux ; 21 771 hab. *(Lormontais)*. Cimenterie.

LOROGLOSSUM [-sɔm] n. m. Nom générique de l'« orchis bouc », orchidée terrestre des lieux secs, qui possède de gros tubercules ovales et des fleurs verdâtres à odeur de bouc.

LOROUX-BOTTEREAU (Le) [44430], ch.-l. de cant. de la Loire-Atlantique, à 20 km à l'E. de Nantes ; 4 365 hab. *(Lorousains)*. Dans l'église, peintures murales du début du XIIIe s. Vins (muscadet).

LORQUIN (57790), ch.-l. de cant. de la Moselle, à 10 km au S.-S.-O. de Sarrebourg ; 1 355 hab. Appareils ménagers.

LÖRRACH, v. d'Allemagne (Bade-Wurtemberg), à l'extrémité nord de l'agglomération de Bâle ; 41 900 hab.

LORRAIN, E adj. et n. De Lorraine.
◆ **lorrain** n. m. **1.** Dialecte de langue d'oïl parlé en Lorraine. — **2.** Dialecte moyen-allemand parlé dans la majeure partie du département de la Moselle.

LORRAIN (Le) [97214], comm. de la Martinique, sur la côte nord-est de l'île ; 8 116 hab.

LORRAIN ou **LE LORRAIN** (Claude GELLÉE, dit **Claude**), peintre français (Chamagne, diocèse de Toul, 1600 - Rome 1682). C'est à Rome, où il acquiert l'essentiel de sa formation dans l'atelier du paysagiste Agostino Tassi (élève de P. Bril), qu'il mène sa carrière et bâtit sa réputation. Observateur passionné de la nature, il mêle réalisme et idéalisation dans des paysages, genre alors mineur, où les effets de lumière, la vibration de l'air et les lointains composent l'atmosphère poétique (*Port de mer au soleil couchant,* 1639, Louvre). Néanmoins, les sujets mythologiques ou bibliques ne sont pas un simple prétexte dans son œuvre, et les personnages s'intègrent selon un sentiment harmonieux de la fable aux plans rigoureusement construits de ses compositions (*le Jugement de Pâris,* v. 1645, National Gallery of Art, Washington). L'exceptionnelle qualité synthétique de ses dessins (études d'après nature ; travaux préparatoires ; répliques de tableaux formant le *Liber veritatis* du British Museum), tout autant que son style pictural, a justifié sa célébrité et son influence, notamment en Angleterre.

LORRAIN (Robert LE) → LE LORRAIN.

LORRAINE, Région de l'est de la France, regroupant les départements de Meurthe-et-Moselle, Meuse, Moselle et Vosges ; 23 547 km² ; 2 305 726 hab. *(Lorrains).* Ch.-l. *Metz.*
— **Géogr.** La Lorraine est une région de plateaux s'élevant sur l'Est vosgien et dominant avec les Côtes de Moselle et les Côtes (ou Hauts) de Meuse, des vallées orientées S.-N. Elle possède un climat frais et assez humide. Elle est moyennement peuplée, avec une densité proche du chiffre national. Deux des départements, la Moselle et la Meurthe-et-Moselle, sont urbanisés et anciennement industrialisés. Ils sont reliés par la vallée de la Moselle, axe de peuplement et de circulation. Les deux autres départements, Vosges et surtout Meuse, sont demeurés plus ruraux. L'élevage bovin y domine notamment pour le lait. La région est longtemps apparue comme l'un des bastions de l'industrie française. Mais ses bases ont vacillé, qu'il s'agisse du minerai de fer, pénalisé par sa faible teneur, de la sidérurgie en crise, après avoir été négligée au profit des sites maritimes, du textile vosgien ou même du charbon. Les opérations de reconversion (implantation de la construction automobile surtout) n'ont pas compensé ce déclin et la population a récemment légèrement diminué, surtout dans la Meuse et les Vosges, les départements déjà les moins peuplés. Pourtant la Région dispose d'atouts. Limitrophe de la Belgique, du Luxembourg et de l'Allemagne, c'est un carrefour assez bien valorisé par les voies de communication, avec notamment un quadrillage autoroutier. Elle possède aussi un certain potentiel touristique : parc régional de Lorraine, parties des parcs régionaux des Vosges du Nord et des Ballons des Vosges. Elle souffre cependant de l'absence de grande ville, Metz et Nancy sont plus rivales que complémentaires, de celle d'industries de pointe, partiellement liée à un développement relativement tardif des equipements scientifiques et culturels.
— **Hist.** Déjà fortement peuplée à l'époque celtique, la région profite de la paix romaine : la vallée de la Moselle devient un important axe de communication, tandis que se fondent des villes — Metz, Toul, Verdun... — promises à un avenir de prospérité. L'invasion des Francs du Rhin au Vᵉ s. contribue à la germanisation de la partie septentrionale et orientale du pays qui, au VIIᵉ s., est christianisé grâce à la fondation de nombreuses abbayes. La région de Metz devient le noyau du royaume d'Austrasie. À l'époque carolingienne, le pays est un centre de renaissance culturelle. Créée en 843 (traité de Verdun), partagée en 870 entre Charles le Chauve et Louis le Germanique, la Lotharingie est abandonnée au roi de Germanie en 880. À la fin du Xᵉ s., le duché est divisé en Basse- et Haute-Lorraine, cette dernière partie devant former le duché de Lorraine, donné, en 1048, à Gérard d'Alsace. La Lorraine est déchirée entre les influences rivales de la France, de la Bourgogne et de l'Empire. René II, duc de 1473 à 1508, s'oppose à l'annexion de la Lorraine par la Bourgogne (mort de Charles le Téméraire devant Nancy, 1477). Le XVIᵉ s., marqué par la Réforme, qui rencontre une certaine faveur en Lorraine, voit les rois de France s'intéresser au duché : en 1552, Henri II s'empare des Trois-Évêchés, Metz, Toul et Verdun. Près d'un siècle plus tard, les intrigues du duc Charles IV contre Richelieu amènent l'intervention française. Celle-ci dure jusqu'au traité de Ryswick (1697) qui rend la Lorraine au duc Léopold, dont le fils, François III, cède, en 1737, ses droits sur le duché à Stanislas Leszczyński, roi détrôné de Pologne, en échange de la Toscane. Beau-père de Louis XV, Stanislas, installé à Lunéville, contribue à la prospérité économique et industrielle du duché (sidérurgie, cristalleries, faïenceries...) et à son rayonnement culturel et artistique (Nancy). À sa mort, en 1766, la Lorraine devient française. En 1790, elle est divisée en quatre départements : Moselle, Meuse, Meurthe et Vosges ; en 1815, elle est amputée de Sarrelouis et de Sarrebruck. À partir de 1848, la Lorraine connaît un essor industriel considérable ; mais, après la défaite de 1870, une grande partie des départements de la Moselle et de la Meurthe est annexée par les Allemands, qui la rendent à la France en 1919. Au cours de la Seconde Guerre mondiale, la Lorraine est de nouveau annexée par les Allemands. Elle est libérée en 1944.

Lorraine *(parc naturel régional de),* parc régional, créé en 1974, occupant environ 180 000 ha dans les départements de Meurthe-et-Moselle, de la Meuse et de la Moselle. Le secteur occidental (plus de 140 000 ha) s'inscrit dans un quadrilatère délimité par les villes de Nancy, Metz, Verdun et Commercy, englobant notamment tout ou partie des Côtes de Meuse et de Moselle, et de la Woëvre. Le secteur oriental correspond au « pays des Étangs ».

LORRAINE (*maisons* DE), maisons qui ont régné successivement sur le duché de Lorraine, avant l'avènement de Stanislas Leszczyński (1738). Il s'agit des trois maisons de : *Lorraine-Alsace* (1048-1431) ; de *Lorraine-Anjou* (1431-1473) ; de *Lorraine-Vaudémont* (1473-1738).

LORRAINE BELGE → GAUME.

LORRE (Laszlo LÖWEINSTEIN, dit **Peter**), acteur de cinéma allemand d'origine hongroise (Rosenberg, auj. Ružomberok, Slovaquie 1904 - Hollywood 1964). Il est révélé en Allemagne par un rôle de *M le Maudit* (1931). Aux États-Unis, il interprète la série des *Mr. Moto* (1937 à 1940), *le Faucon maltais* (1941), *Casablanca* (1943), *Arsenic et vieilles dentelles* (1944), *la Bête aux cinq doigts* (1947). En 1951, il a réalisé en Allemagne un film expressionniste antinazi, *Un homme perdu.*

LORRIS (45260), ch.-l. de cant. du Loiret, en bordure de la forêt d'Orléans ; 2 704 hab. *(Lorriçois)*. Église des XIIe-XVe s. Hôtel de ville et halle remontant au XVIe s.
— **Hist.** Patrie de Guillaume de Lorris, la ville est célèbre pour sa charte d'affranchissement (1155), dénommée *Coutumes de Lorris,* accordée par le roi Louis VI et qui fut utilisée comme modèle pour de nombreuses chartes aux XIIe et XIIIe s.

LORRIS (Guillaume DE) → GUILLAUME DE LORRIS.

LORRY [lɔri] n. m. (pl. *lorries*) [angl. *lorry*]. Petit chariot plat à quatre roues, que l'on pousse à la main sur une voie ferrée et servant à transporter des matériaux.

LORS adv. (lat. *illā horā,* à ce moment-là). *Lors de,* à l'époque, au moment d'un événement : *Les armoiries prirent naissance lors des croisades.* ‖ *Lors même que,* même si : *Cela serait ainsi lors même que vous ne le voudriez pas.* ‖ *Pour lors,* en conséquence et sur le moment. (*Dès lors, dès lors que, depuis lors* → DÈS, DEPUIS.)

LORSQUE conj. (de *lors* et *que*). [L'*e* muet final s'élide seulement devant *il, elle, on, en, un, une.*] Indique la concomittance dans le temps, parfois avec une valeur d'opposition : *Lorsque vous serez arrivé, envoyez-nous de vos nouvelles.*

LORTET (65250), comm. des Hautes-Pyrénées ; 196 hab. Gisement du paléolithique supérieur (magdalénien moyen et supérieur), qui livra de nombreux objets d'art mobilier.

LORUM [lɔrɔm] n. m. (lat. *lorum,* lanière). Chez les oiseaux, espace, parfois nu, compris entre la base du bec et l'œil.

LOS ALAMOS, v. des États-Unis (Nouveau-Mexique), au N.-O. de Santa Fe, près du Rio Grande ; 11 300 hab. Laboratoire de recherches nucléaires. C'est dans la région que fut expérimentée la première bombe atomique (16 juill. 1945) puis la première bombe à hydrogène (1954).

LOSANGE n. m. (gaul. **lausa,* pierre plate). Quadrilatère dont les côtés ont tous la même longueur. (Ses diagonales, perpendiculaires entre elles, sont ses axes de symétrie.)

LOS ANGELES, v. des États-Unis, dans le sud de la Californie, sur le Pacifique ; 3 485 398 hab. (8 863 164 dans l'agglomération).
La deuxième agglomération des États-Unis a été fondée en 1781 par les Espagnols. Construite selon un plan en damier, traversée d'autoroutes, elle s'étend aujourd'hui sur une centaine de km d'O. en E. et sur une cinquantaine du N. au S. L'arrivée du chemin de fer en 1887 a entraîné un premier boom démographique. Puis, avant 1930, l'industrialisation (aéronautique et automobile, cinéma [Hollywood], extraction pétrolière) fit dépasser le million d'habitants. Cette expansion n'a pas cessé. Presque toutes les branches industrielles sont représentées. Mais Los Angeles est aussi et surtout peut-être une capitale culturelle et artistique (universités, musées [Los Angeles County Museum of Art, LACMA, avec ses collections d'archéologie et de beaux-arts ; musée d'Art contemporain, MOCA]), à la population comportant d'importantes minorités, noire et hispanophone (Mexicains surtout), un centre financier et commercial. La rançon de cette croissance est une extension démesurée de l'agglomération, des problèmes d'alimentation en eau et de pollution.

LOS ANGELES, v. du Chili, ch.-l. de prov. (région administrative du Bío-Bío), sur le río Bío-Bío ; 142 136 hab.

LOS ANGELES (Victoria LOPEZ, dite **Victoria de**), cantatrice espagnole (Barcelone 1923). Soprano, elle a débuté sa carrière internationale en 1949. Chantant régulièrement au Metropolitan Opera de New York, à partir de 1951, le répertoire lyrique français et italien, elle s'est aussi imposée en récitals comme interprète de mélodies françaises, de lieder et de tonadillas.

LOSANGER v. t. (conj. **17**). Diviser en losanges : *Losanger une surface.*

◆ **être losangé** v. pass. **1.** Présenter une série de losanges, formant en général un motif décoratif : *Frise losangée.* — **2.** En héraldique, se dit d'un écu ou d'un quartier, divisé en losanges d'émaux alternés ; se dit aussi d'une pièce ou d'une partition qui est formée de losanges juxtaposés.

LOSANGIQUE adj. En forme de losange : *Des cellules de forme losangique.*

LOSCHMIDT (Joseph), physicien autrichien (Putschirn, auj. dans Karlovy Vary, 1821 - Vienne 1895). Chimiste de formation, il s'est surtout intéressé à la théorie cinétique des gaz et à la thermodynamique. Il a donné en 1865 une première évaluation du nombre d'Avogadro, d'où il a déduit le nombre de molécules par unité de volume (nombre de Loschmidt).

LOSER [luzœr] n. m. (angl. *loser*). *Pop.* Perdant, minable.

LOSEY (Joseph), cinéaste américain (La Crosse, Wisconsin, 1909 - Londres 1984). Metteur en scène de théâtre à partir de 1931, il dirigea son premier film en 1948, *le Petit Garçon aux cheveux verts,* suivi de *Haines* (1949), du *Rôdeur* (1950), de *M* (1950), de *la Grande Nuit* (1951). Inquiété pour ses opinions politiques, il quitta les États-Unis, dirigea en Italie *Un homme à détruire* (1951), puis en Grande-Bretagne *The Sleeping Tiger* (1954), *Temps sans pitié* (1956), *Gypsy* (1958), acquérant rapidement une réputation internationale : *l'Enquête de l'inspecteur Morgan* (1959), *les Criminels* (1960), *les Damnés* (1961), *Eva* (1962), *The Servant* (1963), *Pour l'exemple* (1964), *Modesty Blaise* (1966), *Accident* (1967), *Boom* (1968), *Cérémonie secrète* (1968), *Deux Hommes en fuite* (1970), *le Messager* (1971, palme d'or au festival de Cannes), *Monsieur Klein* (1976), *Don Giovanni* (1979), *la Truite* (1982).

LOSEYITE n. f. (de S. R. *Losey,* n. pr.). Carbonate basique naturel de manganèse et de zinc.

LOŠINJ, île croate de l'Adriatique (Kvarner) ; 75 km² ; 8 000 hab. Pêche. Tourisme. Le port principal est *Veli Lošinj.* (En ital. *Lussino.*)

LOSSE n. f. (frq. **lôtja,* cuiller à pot). Syn. de BONDONNIÈRE.

LOS TEQUES, v. du Venezuela, au S.-O. de Caracas, cap. de l'État de Miranda ; 159 430 hab.

LOT n. m. (frq. **lot,* sort). **1.** Part qui revient à chacun dans un partage. — **2.** Fraction d'un terrain destiné à être vendu par parcelles. — **3.** Ensemble d'articles, d'objets assortis, de marchandises vendues ensemble : *Un lot de chaussures, de ferraille.* — **4.** Groupe de personnes appartenant à un ensemble et présentant les mêmes caractères : *Dans le lot il y a quelques candidats de valeur.* — **5.** Ce qui revient à qqn dont le numéro est sorti dans une loterie : *Gagner un lot de cent mille francs.* — **6.** *Litt.* Ce qui échoit à chacun, ce que le hasard, le destin lui réserve. — **7.** *Être au-dessus du lot,* être supérieur aux autres, surclasser ses adversaires. ‖ *Gros lot,* lot le plus important ; aubaine exceptionnelle (parfois ironiq.). • **Bours.** Sur les Bourses de commerce, unité de transactions. ‖ *Valeurs à lot,* valeurs qui, lors de leur remboursement par tirage au sort, donnent droit au versement de certaines primes. — **Dr.** Partie privative et quote-part des parties communes d'un immeuble, constituant une part de propriété dans le régime de l'indivision forcée. ‖ *Retour de lot,* syn. de SOULTE. — **Écon.** *Production par lot,* mode de fabrication intermédiaire entre la production à l'unité et la production en série continue. — **Inform.** Ensemble fini de travaux destiné à être traité d'un seul tenant en différé. ‖ *Traitement par lots,* mode d'exploitation d'un ordinateur dans lequel les programmes devant être exécutés sont stockés par ordre d'arrivée, puis mis en œuvre périodiquement l'un après l'autre, en tenant compte de leurs priorités éventuelles.

LOT (le), riv. du Massif central et du bassin d'Aquitaine, affl. de la Garonne (r. dr.) ; 480 km (bassin de 11 400 km²). Né près du mont Lozère, il passe à Mende et coule en gorges, entre le Gévaudan et l'Aubrac au N., les Causses au S., reçoit la Truyère, puis entre dans le Quercy et passe à Cahors. Il atteint enfin la plaine un peu en amont de Villeneuve. Le débit moyen est de 180 m³/s, le débit maximal (automne et hiver) a pu atteindre 4 000 m³/s. Le Lot alimente plusieurs centrales hydroélectriques.

LOT (46), dép. de la Région Midi-Pyrénées ; ch.-l. de dép. *Cahors ;* ch.-l. d'arrond. *Figeac, Gourdon ;* 3 arrond. ; 31 cant. ; 340 comm. ; 5 217 km² ; 155 816 hab. *(Lotois).* Le dép. appartient à l'académie de Toulouse, à la cour d'appel d'Agen, à la région militaire Atlantique.
En dehors des bassins de Saint-Céré et de Figeac à l'est (portant des cultures céréalières et fruitières) et des collines du sud-ouest (où domine la traditionnelle polyculture aquitaine), le département s'étend sur les causses du Quercy. Ce sont des plateaux arides, entaillés par des vallées plus verdoyantes (Dordogne, Lot), où se concentrent les activités agricoles (céréales, fruits, élevage, parfois vignobles et tabac) et la population (Cahors). La faiblesse de l'urbanisation, de l'industrie et du secteur tertiaire, en dehors du tourisme (Rocamadour, Padirac, Cahors) explique la faible densité moyenne.

LOT, personnage biblique, neveu d'Abraham avec qui il émigra en Canaan. Établi à Sodome, il échappa à la légendaire destruction de la ville. L'épisode de la femme de Lot changée en statue de sel se réfère au site de Sodome, où se dressaient des stèles de sel aux formes étranges.

LOTA, port du Chili (prov. de Concepción), au S. de Concepción ; 53 800 hab. Gisement houiller. Métallurgie du cuivre.

LOTE n. f. (gallo-rom. *lota,* du gaul. **lotta*). Poisson (gadidé) dulcicole possédant deux dorsales et une anale, un barbillon mentonnier, estimé pour sa chair.

LOTERIE n. f. (néerl. *loterij*). **1.** Jeu de hasard qui permet aux acquéreurs de billets dont les numéros sont tirés au sort de gagner des prix. — **2.** Bazar forain dont les marchandises sont réparties par voie de loterie. — **3.** Ce qui est régi par le hasard : *Ce concours est une véritable loterie.* — **4.** *Loterie nationale,* organisme de l'État qui régissait des jeux de hasard, par lesquels il s'engageait à remettre à des personnes désignées par le sort des lots déterminés (en général des sommes d'argent), le produit de ces jeux étant versé au budget de l'État. (Instituée en 1933, la Loterie nationale a pris pour nom de marque, en 1989, France Loto, avant de devenir, en 1991, la Française* des Jeux.)

LOT-ET-GARONNE (47), dép. de la Région Aquitaine ; ch.-l. de dép. *Agen ;* ch.-l. d'arrond. *Marmande, Nérac, Villeneuve-sur-Lot ;* 4 arrond. ; 40 cant. ; 317 comm. ; 5 361 km^2 ; 305 989 hab. *(Lot-et-Garonnais).* Le dép. appartient à l'académie de Bordeaux, à la cour d'appel d'Agen, à la région militaire Atlantique.
Le département est formé de collines, domaines d'une polyculture à base fruitière (prune, chasselas), entaillées par les larges vallées du Lot et de la Garonne, riches secteurs agricoles (céréales, primeurs, fruits, tabac, élevage bovin), et axes de circulation, jalonnés de marchés régionaux (Agen, Marmande, Villeneuve-sur-Lot). L'industrie est peu importante (Agen, Fumel).

LOTHAIRE Ier (795 - Prüm 855), empereur d'Occident (840-855). Fils aîné de Louis le Pieux, il est roi de Bavière, puis reçoit la dignité impériale en 817. Partisan de l'unité de l'Empire, que compromet la dotation de son demi-frère, Charles le Chauve, il tente d'évincer son père du pouvoir puis, à la mort de celui-ci (840), d'être le seul maître. Battu par Louis le Germanique et Charles le Chauve (841), il doit se résoudre au partage de Verdun (843) qui ne lui laisse que la dignité impériale et un royaume central étriqué. Il abdique peu avant sa mort.

LOTHAIRE II (v. 835 - Plaisance 869), roi de Lotharingie (855-869). Deuxième fils de Lothaire Ier, il reçut de son père un royaume allant de la Frise aux Vosges, ensemble si inconsistant qu'on le baptisa du nom de son roi (Lotharingie). À sa mort, son État fut partagé entre ses oncles Louis le Germanique et Charles le Chauve.

LOTHAIRE (Laon 941 - Compiègne 986), roi de France (954-986). Fils de Louis IV d'Outremer, il chercha, durant tout son règne, à se déprendre de l'influence germanique puis de celle de Hugues Capet.

LOTHAIRE II (ou **LOTHAIRE III**) **DE SUPPLINBURG** (v. 1075 - Breitenwang am Lech, Tyrol, 1137), roi de Germanie et empereur germanique (1125-1137). Duc de Saxe (1106), il succéda en 1125 à Henri V. Il lutta contre Conrad III de Hohenstaufen, qui devint roi d'Italie en 1127, et mena deux expéditions (1133, 1136) contre Roger, roi de Sicile, pour rétablir à Rome le pape Innocent II.

LOTHARINGIE, royaume créé pour Lothaire II (855-869) et qui s'étendait des Vosges à la Frise. Il fut dès l'origine convoité par Charles le Chauve et Louis le Germanique. En 926, il fut définitivement intégré au royaume de Germanie, dont il constitua un duché. À partir de 960, la Lotharingie tendit à se diviser en *Haute-Lotharingie,* future Lorraine, et en *Basse-Lotharingie,* qui se réduisit au duché de Brabant.

LOTHIAN, ancien pays de l'Écosse, sur la rive sud du Forth, qui a donné son nom à une région administrative ; 1 756 km^2 ; 738 000 hab. Ch.-l. *Édimbourg.*

LOTI → LOTIR.

LOTI (Julien VIAUD, dit **Pierre**), écrivain français (Rochefort 1850 - Hendaye 1923). Les pays où le mena sa carrière d'officier de marine : Japon, Sénégal, Tonkin, Turquie, ont inspiré le style impressionniste de ses romans d'où se dégage, à travers l'exotisme, une atmosphère de désenchantement *Aziyadé* (1879), *le Mariage de Loti* (1880), *Pêcheur* d'Islande* (1886), *Madame Chrysanthème* (1887), *Ramuntcho* (1897). [Acad. fr., 1891.]

LOTIER n. m. (lat. *lotus,* mélilot). Genre d'herbes ou d'arbustes (papilionacées) aux fleurs jaunes, rouges ou blanches, dont les espèces, au nombre de plus de cent, couvrent tout le globe sauf en régions équatoriales. (En France, le *lotier corniculé,* ou trèfle cornu, et le *lotier des marais* constituent des fourrages très nutritifs.) [Nom générique *lotus.*]

LOTION n. f. (bas lat. *lotio, -onis,* du lat. class. *lavare,* laver). Préparation liquide, pharmaceutique ou cosmétique, obtenue par dissolution ou dispersion de principes actifs dans de l'eau pure ou alcoolisée, destinée à être appliquée sur la peau.

LOTIONNER v. t. (conj. 3). Frictionner le cuir chevelu avec une lotion ou passer une lotion sur la peau.

LOTIR v. t. (de *lot*) [conj. 32]. **1.** Diviser un terrain en lots, y faire des lotissements : *Lotir un terrain pour le vendre.* — **2.** Attribuer qqch à qqn, le lui donner en partage. — **3.** *Litt.* Réserver un sort bon ou mauvais à qqn.

◆ **être loti** v. pass. *Être bien, mal loti,* avoir à se féliciter ou au contraire à se plaindre de ce que le sort, la vie, etc., vous ont attribué (souvent ironiq.) : *Te voilà bien lotie avec un pareil mari !*

LOTISSEMENT n. m. (de *lotir*). **1.** Morcellement volontaire d'une propriété foncière par lots, en vue de construire des habitations : *Le lotissement d'un terrain.* – **2.** Terrain ainsi construit : *Habiter dans un lotissement.* – **3.** Répartition des gares par zones d'action des grandes gares de triage.

LOTISSEUR n. m. Personne qui cherche à lotir les terrains pour en tirer profit. (Le fém. *lotisseuse* est rare.)

LOTKA (Alfred James), démographe et mathématicien américain (Lemberg, Autriche, 1880 - New York 1949). Il est le véritable fondateur de la démographie mathématique (*Théorie analytique des associations biologiques,* 1934-1939).

LOTMAN (Iouri), sémioticien soviétique (Leningrad 1922 - Tartou 1993). D'abord spécialiste de la poésie russe du XVIIIe s., il s'orienta vers la théorie de la littérature. Il est l'auteur de *la Structure du texte artistique* (1970) et d'études sur le cinéma.

LOTO n. m. (ital. *lotto,* sort). **1.** Jeu de hasard, dans lequel les joueurs sont munis d'un ou de plusieurs cartons portant un certain nombre de numéros, qu'ils couvrent à mesure que l'on tire les numéros correspondants, le gagnant de la partie étant le premier à avoir pu remplir son carton. – **2.** *Loto (national),* en France, jeu de hasard institué par l'État en 1976, dans le cadre de la Loterie nationale (auj. la Française des Jeux). ‖ *Loto sportif,* concours de pronostics institué en France en 1985 et portant essentiellement sur les rencontres du championnat de France de football. – **3.** Fam. *Avoir les yeux en boules de loto,* avoir de gros yeux ronds. ‖ *Boules de loto,* petites boules ou jetons de bois, au nombre de 90, portant les numéros qu'on tire.

Lötschberg *(chemin de fer du),* voie ferrée de Suisse, qui unit Spiez, sur le lac de Thoune, à la ligne du Simplon, dans la vallée du Rhône, et qui traverse le centre de l'Oberland par un tunnel long de 14,611 km, à une altitude moyenne de 1 243 m.

LOTTA n. f. (de *Lotta,* n. pr.). Volontaire féminine des forces armées finlandaises. (Les lottas se distinguèrent au moment du soulèvement communiste de 1918 et pendant les campagnes de Finlande en 1939 et en 1941.)

LOTTE n. f. (gaul. **lotta*). *Lotte de mer,* autre nom de la *baudroie.*

LOTTI (Antonio), compositeur italien (Hanovre ou Venise ? v. 1667 - Venise 1740). Premier organiste de St-Marc de Venise (1704) son *Miserere* à 4 voix et son *Crucifixus* à 12 voix furent chantés à St-Marc pendant tout le XVIIIe s. Il a laissé de la musique instrumentale, des madrigaux, des messes, motets et cantates, des oratorios (*Il Voto crudele,* 1712), des opéras.

LOTTO (Lorenzo), peintre italien (Venise 1480 - Lorette 1556). Indépendant, l'un des rares Vénitiens qui résistèrent à l'influence de Titien, il mena une vie vagabonde en Vénétie, dans les Marches, en Lombardie... Ses portraits sont d'une grande intensité expressive et témoignent de son inquiétude spirituelle, comme ses compositions religieuses, complexes, qui trahissent des affinités avec l'art allemand et annoncent le baroque (tableaux d'autel à Bergame, v. 1520-1525 ; *les Aumônes de saint Antoine,* 1542, S. Giovanni e Paolo de Venise).

LOTUS [-tys] n. m. (lat. *lotus,* du gr. *lôtos*). **1.** Nom générique du lotier. – **2.** Nom usuel de diverses plantes sans aucune parenté avec le lotier. (Les lotus blancs et bleus de l'Égypte ancienne sont des nénuphars. Actuellement, le nom de « lotus » s'applique aux *nelumbo.*) – **3.** Représentation stylisée de ce nénuphar et de sa fleur.

1. LOUABLE adj. (de *louer 1*). Digne de louanges : *De louables efforts.*

2. LOUABLE adj. (de *louer 2*). Qui peut être pris en location.

LOUAGE n. m. (de *louer 2*). **1.** Action de louer, de donner en location. – **2.** *Louage de chose,* contrat par lequel une personne s'engage à laisser à une autre la jouissance d'une chose pendant un certain temps, moyennant le paiement d'un prix. ‖ *Louage d'ouvrage et d'industrie,* contrat par lequel une personne se charge de faire un ouvrage pour autrui, au moyen d'un travail mécanique, artistique, scientifique ou littéraire. (Syn. CONTRAT D'ENTREPRISE.)

LOUANGE n. f. (de *louer*). **1.** Action de célébrer le mérite de qqn, de qqch : *Son attitude est digne de louange.* – **2.** *À la louange de,* pour célébrer le mérite de qqn, de qqch, à l'honneur.

◆ **louanges** n. f. pl. **1.** Paroles, discours qui font l'éloge de qqn, qqch : *Un concert de louanges.* – **2.** Acclamations de dévotion qui commencent par *Dieu soit béni,* et s'adressent au saint sacrement, à la Sainte Vierge, à saint Joseph, aux anges et aux saints. – **3.** *Chanter, célébrer, entonner les louanges de qqn, de qqch,* en vanter, en célébrer la gloire, les mérites.

LOUANGER v. t. (conj. **17**). *Litt.* Prodiguer des louanges à qqn.

LOUANGEUR, EUSE adj. et n. *Litt.* Qui aime à prodiguer des louanges.
◆ adj. Qui contient des louanges : *Paroles louangeuses.*

LOUANG PRABANG ⟶ LUANG PRABANG.

LOUBA *(royaume)* ⟶ SHABA.

LOUBARD n. m. (de *loulou,* avec l'infl. de *banlieusard*). *Fam.* Jeune homme vivant en zone urbaine et appartenant à des bandes au comportement asocial.

LOUBAS, LUBAS ou **BALOUBAS,** population bantoue du Zaïre méridional.

LOUBATIÈRES (Auguste), médecin physiologiste et pharmacologue français (Agde 1912 - Montpellier 1977). Il a découvert les propriétés hypoglycémiantes de certains sulfamides utilisés aujourd'hui dans le traitement du diabète.

LOUBAVITCH n. m. pl. Adeptes d'un mouvement juif antisioniste et ultra-orthodoxe né au début du XIXe s. dans la petite ville biélorusse de Lioubavitch, et se réclamant du fondateur du hassidisme. (Implanté au début des années 1940 à Brooklyn, ce groupe mène, au niveau mondial, une lutte acharnée contre le judaïsme réformé.)

LOUBET (Émile), homme d'État français (Marsanne 1838 - Montélimar 1929). Député républicain (1876-1885), puis sénateur (1885-1889), il fut président du Sénat (1896), avant d'être élu président de la République (1899-1906). Sa présidence fut marquée par une intense activité diplomatique, qui permit le rapprochement avec l'Italie et l'Entente cordiale (1904).

LOUBOMO, anc. **Dolisie,** v. du Congo, ch.-l. de la région du Niari, sur le Congo-Océan ; 62 073 hab. Industrie du bois.

LOUBON (Émile), peintre français (Aix-en-Provence 1809 - Marseille 1863). Élève de Granet, directeur à partir de 1845 de l'école des beaux-arts de Marseille, il apparaît comme le fondateur de l'école provençale moderne du paysage (*la Levée du camp du midi,* 1855, musée d'Aix-en-Provence).

1. LOUCHE adj. (anc. fr. *losche,* du lat. *luscus,* borgne). **1.** *Vx.* Se dit du regard qui louche, des yeux qui manquent de parallélisme. — **2.** Se dit d'une couleur, d'un éclairage qui n'a pas un ton franc : *Une clarté louche.* — **3.** Se dit d'un liquide troublé par des particules insolubles en suspension. — **4.** D'une moralité douteuse : *Un type louche.* — **5.** Mal fréquenté ou fréquenté par des personnes louches : *Hôtel louche.* — **6.** Équivoque, trouble, suspect, dont on doit se méfier : *Une histoire louche.*
◆ n. m. **1.** *Du louche,* ce qui éveille la méfiance : *Il y a du louche là-dessous.* — **2.** Léger précipité qui donne à un liquide un aspect trouble.

2. LOUCHE n. f. (frq. **lôtja*). **1.** Grande cuiller à long manche et à cuilleron profond, utilisée pour servir les potages ; le contenu de cette cuiller. — **2.** *Pop.* Main : *Serrer la louche à un ami.* — **3.** Outil de verrier, pour remuer la matière dans les pots.

LOUCHEMENT n. m. ou **LOUCHERIE** n. f. Syn. courant de STRABISME.

LOUCHER v. i. (de *louche 1*) [conj. 3]. **1.** Être atteint de strabisme : *Enfant qui louche.* — **2.** Tourner volontairement ses yeux dans des directions différentes : *S'amuser à loucher.*
◆ v. t. ind. *Fam.* **1.** Regarder furtivement, de biais, à la dérobée : *Loucher sur la copie du voisin.* — **2.** Convoiter qqch, qqn, avoir des vues sur eux : *Loucher sur l'héritage d'un vieil oncle.*

LOUCHERBEM [luʃebɛm] n. m. Argot attesté au XIXe s. (bagne de Brest, bouchers de la Villette), procédant comme le largonji, mais ajoutant le suffixe *-em (jargon* ⟶ *largonjem, boucher* ⟶ *loucherbem).*

LOUCHERIE ⟶ LOUCHEMENT.

LOUCHET n. m. (de *louche 2*). Bêche à fer long et étroit, qu'on utilisait pour creuser des tranchées et pour extraire la tourbe.

LOUCHEUR, EUSE n. Personne qui louche.

LOUCHEUR (Louis), homme politique français (Roubaix 1872 - Paris 1931). Député du Nord (1919-1931), membre de la gauche radicale, ministre du Travail et de la Prévoyance sociale (1926-1930), il fit voter en 1928 une loi sur l'aide de l'État aux constructions d'habitations à bon marché.

LOUCHEUR (Raymond), compositeur français (Tourcoing 1899 - Nogent-sur-Marne 1979). Il a composé, dans un style traditionnel, des pages symphoniques (3 symphonies, 1932, 1944, 1970 ; *Rhapsodie malgache,* 1945), des concertos pour trompette (1955), pour violon (1963), pour percussions (1963), pour violoncelle (1967), un ballet (*Hop-Frog,* d'après E. Poe, 1953), de la musique de chambre.

LOUCHON n. m. *Fam.* et *vx.* Personne qui louche.

LOUDÉAC (22600), ch.-l. de cant. du sud des Côtes-d'Armor, au S. de la *forêt de Loudéac ;* 10 569 hab. *(Loudéaciens).* Église des XVIIe-XVIIIe s. Agroalimentaire.

LOUDUN (86200), ch.-l. de cant. du nord-ouest de la Vienne ; 8 204 hab. *(Loudunais).* Donjon des XIe-XIIe s. Églises médiévales et Renaissance.

Maisons anciennes. Musée. Mobilier. Agroalimentaire.
— **Hist.** Loudun, l'antique *Juliodunum,* fut, après La Rochelle, la ville la plus calviniste de France.

Loudun *(possessions de),* célèbre affaire de possessions réputées diaboliques, qui eut pour cadre la ville de Loudun au XVIIe s. et pour principales protagonistes des ursulines, convaincues d'avoir été ensorcelées par le curé Urbain Grandier, brûlé sur le bûcher en août 1634.

LOUE (la), riv. de Franche-Comté, affl. du Doubs (r. g.), rejoint au S. de Dole ; 125 km.

LOUÉ (72540), ch.-l. de cant. de l'ouest de la Sarthe ; 1 935 hab. *(Louésiens).* Volailles.

1. LOUER v. t. (lat. *laudare*) [conj. 6]. **1.** Décerner des éloges à qqn : *Louer un sportif pour son fair-play.* — **2.** Admirer une qualité, la célébrer, la vanter : *Je loue votre sincérité.* — **3.** *Louer Dieu, le Ciel, la Providence,* les célébrer : *Les anges louent Dieu dans le ciel.*
◆ **être loué** v. pass. *Dieu soit loué !, le Ciel soit loué !,* exclamations de satisfaction, de soulagement.
◆ **se louer** v. pr. **1.** Se montrer, se déclarer satisfait de qqch : *Je me loue de lui avoir fait confiance.* — **2.** *N'avoir qu'à se louer de,* être pleinement satisfait.

2. LOUER v. t. (lat. *locare*) [conj. 6]. **1.** Concéder contre paiement à qqn l'usage de qqch dont on reste propriétaire : *Louer un appartement à un couple pour 5 000 francs par mois.* — **2.** Prendre qqch en location : *Louer une tronçonneuse pour la journée.* — **3.** Sans compl., être en location dans son logement, par oppos. à *être propriétaire.* — **4.** Réserver une place d'avance moyennant une certaine somme d'argent dans un moyen de transport, une salle de spectacle, etc. ; se charger de la réservation des places en parlant d'un service, d'une agence, etc. : *Louer une place dans un train.* — **5.** Engager du personnel, des services moyennant finances et de manière provisoire.

LOUEUR, EUSE n. Syn. rare de BAILLEUR.

LOUF adj. (de *loufoque*). *Pop.* Un peu fou.

LOUFIAT n. m. (rad. onomat.). *Pop.* Garçon de café, de restaurant.

LOUFOQUE adj. (de *fou,* transformé en largonji). *Fam.* **1.** Qui a perdu tout bon sens, qui a une conduite saugrenue. — **2.** Dont l'invraisemblance ou le côté grotesque, saugrenu est d'un gros comique : *Une histoire complètement loufoque.*

LOUFOQUERIE n. f. *Fam.* Caractère de qqn de déséquilibré ; acte, propos extravagant, insensé, loufoque.

LOUFTINGUE adj. et n. *Pop.* Loufoque.

LOUGAL-ZAGESI, ensi d'Oumma, conquérant de Lagash puis d'Ourouk. Il se fit donner pour la première fois le titre de « roi du pays » (de Sumer). Sargon d'Akkad anéantit son empire (v. 2300 av. J.-C.).

LOUGANSK, en ukrainien **Louhansk,** de 1935 à 1990 **Vorochilovgrad,** v. d'Ukraine, dans le Donbass ; 504 000 hab. Nœud ferroviaire et routier. Centre houiller et industriel.

LOUGH [lɔk] n. m. En Irlande, lac ou estuaire étroit.

LOUGRE n. m. (angl. *lugger*). Voilier comportant en général deux mâts gréés de voiles au tiers. (Il fut utilisé, notamment aux XVIIIe et XIXe s., le long des côtes de la Manche et de l'Atlantique comme bateau de cabotage ou pour la garde du littoral.)

LOUHANS (71500), ch.-l. d'arrond. de Saône-et-Loire, dans la Bresse, sur la Seille ; 6 581 hab. *(Louhannais).* Église du XVe s. Hôtel de ville, hôpital (pharmacie) et maisons de la Grande-Rue des XVIIe et XVIIIe s. Marché. Industries mécaniques, textiles et alimentaires.

LOUIS n. m. (du n. de *Louis XIII*). **1.** Monnaie d'or française, pesant 6,75 g, frappée à partir de Louis XIII (1640) à l'effigie du roi. (Il en a existé des multiples, de 10, 8, 4 et 2 louis, et une division, le demi-louis.) — **2.** Syn. de NAPOLÉON.

SAINTS

LOUIS *(Saint)* → LOUIS IX, roi de France.

LOUIS BERTRAND, en esp. **Luis Beltrán** *(saint),* dominicain espagnol (Valence 1526 - *id.* 1581). Il évangélisa les Indiens d'Amérique de 1562 à 1569.

LOUIS DE GONZAGUE *(saint),* novice jésuite italien (Castiglione delle Stiviere, Mantoue, 1568 - Rome 1591). Il se fit remarquer très jeune par sa pureté et son austérité. Benoît XIII, qui le canonisa (1726), l'a proclamé patron de la jeunesse.

EMPEREURS

LOUIS Ier le Pieux ou **le Débonnaire** (Chasseneuil 778 - près d'Ingelheim 840), roi d'Aquitaine (781-814), empereur d'Occident (814-840), en qualité de seul fils survivant de Charlemagne. Il s'appuie sur l'Église, qu'il s'efforce de réformer, et contribue à l'essor de la renaissance carolingienne. Par l'*Ordinatio Imperii* de 817, il règle d'avance sa succession, confiant à ses trois fils Lothaire, Pépin et Louis le gouvernement d'un royaume. Toutefois, les conflits familiaux troublent l'ordre projeté. En accordant en 829 à son quatrième fils Charles, issu de son mariage avec Judith de Bavière, un apanage, Louis le Pieux déclenche, avec la révolte de ses fils, Pépin et Louis, une crise fatale à l'unité de l'Empire.

Détrôné en 833 au profit de Lothaire, il est rétabli en 835, mais ne pourra réunifier l'Empire.

LOUIS II (v. 825 - près de Brescia 875), empereur d'Occident (855-875). Roi d'Italie (844), successeur de son père Lothaire Ier au trône impérial.

LOUIS III l'Aveugle (Autun v. 880 - Arles 928), roi de Provence (890-928), empereur d'Occident (901-905), fils de Boson, roi de Bourgogne ; en 905, il fut aveuglé sur l'ordre de son compétiteur Bérenger Ier.

LOUIS IV DE BAVIÈRE (Munich 1287-Fürstenfeld, près de Munich, 1347), roi des Romains (1314-1346), empereur (1328-1346). Après la mort de Henri VII, il fut élu roi des Romains contre Frédéric le Beau, duc d'Autriche, qu'il fit prisonnier à Mühldorf (1322). Sommé de renoncer au trône et excommunié par le pape Jean XXII, il se fit couronner empereur à Rome (1328) et y installa un antipape, Nicolas V. Les princes allemands se prononcèrent contre l'ingérence du pape dans l'élection impériale (diète de Rhense, 1338), mais Louis se les aliéna par sa politique d'expansion au Brandebourg, en Hollande, en Zélande et en Frise. Le pape Clément VI parvint à faire élire Charles IV de Luxembourg (1346).

FRANCE

LOUIS Ier → LOUIS Ier le Pieux, empereur.

LOUIS II le Bègue (846 - Compiègne 879), roi de France (877-879). Deuxième fils de Charles le Chauve. Il se fit difficilement reconnaître en France.

LOUIS III (v. 863 - Saint-Denis 882), roi de France (879-882). Fils aîné de Louis II et d'Ansgarde, proclamé avec son frère Carloman à la mort de leur père, il céda la Lotharingie occidentale à Louis le Jeune, roi de Germanie. Il eut pour héritier son frère Carloman.

LOUIS IV D'OUTREMER (v. 921 - Reims, 954), roi de France (936-954). Fils de Charles le Simple, mais évincé du trône, il fut, après la mort du roi Raoul (936), rappelé d'Angleterre par le Robertien Hugues le Grand, qui espérait ainsi exercer la réalité du pouvoir. Durant son règne, la royauté carolingienne perdit toute autorité au sud de la Loire, et ne put contrecarrer l'emprise croissante d'Hugues le Grand.

LOUIS V le Fainéant (v. 967 - Compiègne 987), roi de France (986-987), fils de Lothaire. Mort sans héritier, il fut le dernier roi carolingien de France ; son trône passa à Hugues Capet.

LOUIS VI le Gros (v. 1080 - Paris 1137), roi de France (1108-1137), fils de Philippe Ier, à qui il succède. Aidé par Suger, il rétablit l'ordre dans le domaine royal (Île-de-France essentiellement) et le mit en valeur. D'autre part, il lutta contre le roi d'Angleterre et duc de Normandie Henri Ier Beauclerc. En 1124, lorsque l'empereur Henri V envahit la France, il l'obligea à se retirer.

LOUIS VII le Jeune (1120 - Paris 1180), roi de France (1137-1180), fils du précédent. Son règne débute par un conflit avec Innocent II à propos de l'attribution de l'archevêché de Bourges (1141-1142). En 1147, Louis VII prend la tête de la deuxième croisade, mais l'expédition échoue et le roi rentre en France en 1149. Dans l'administration de son domaine, il multiplie les communautés rurales et renforce, avec l'aide du clergé, son autorité. Son action assure le triomphe de l'idée de suzeraineté royale. Il entretient de bonnes relations avec le Saint-Siège et soutient Alexandre III contre Frédéric Barberousse. La principale menace vient d'Henri II Plantagenêt, comte d'Anjou et duc de Normandie, qui, en 1152, met la main sur l'Aquitaine en épousant la duchesse Aliénor, que Louis VII vient de répudier. En 1154, Henri II devient roi d'Angleterre : dès lors, le conflit sera permanent entre les deux monarques. Louis VII a épousé ensuite Constance de Castille (1154) puis Adèle de Champagne (1160).

LOUIS VIII le Lion (Paris 1187 - Montpensier, Auvergne, 1226), roi de France (1223-1226). Fils de Philippe Auguste et d'Isabelle de Hainaut, époux de Blanche de Castille, il participa, sous le règne de son père, à d'importantes opérations contre l'Angleterre : en particulier, il battit Jean sans Terre à La Roche-aux-Moines en 1214. Devenu roi, il enleva aux Anglais le Poitou, la Saintonge, l'Angoumois, le Limousin, le Périgord et une partie du Bordelais. Il soumit le comté de Toulouse et Avignon, tout en prenant la tête d'une nouvelle croisade contre les Albigeois (1226).

LOUIS IX ou **SAINT LOUIS** (Poissy 1214 ou 1215 - Tunis 1270), roi de France (1226-1270), fils du précédent. Il règne d'abord sous la régence de sa mère Blanche de Castille, qui tient tête aux vassaux révoltés et qui marie Louis à Marguerite de Provence (1234). À partir de 1242, il gouverne seul le royaume. À l'intérieur, ayant triomphé d'une nouvelle révolte des barons du Midi et de l'Ouest, il poursuit l'œuvre administrative centralisatrice de ses prédécesseurs, affermissant l'autorité royale par une législation commune ; sa réputation de sagesse et de sainteté contribue à effacer le caractère trop féodal d'une justice dont la royauté capétienne est désormais le garant. Il jette ainsi les bases du parlement et de la Cour des comptes. À l'extérieur, après avoir battu Henri III d'Angleterre, il met fin — momentanément — au conflit franco-anglais, Henri III redevenant l'homme lige du roi de France, mais comme duc d'Aquitaine seulement.

En 1258, il conclut avec le roi d'Aragon un compromis semblable. Partisan de la paix, il soutient timidement les entreprises italiennes de son frère Charles d'Anjou. Mais, prince chrétien, il n'hésite pas, en 1248, à se lancer dans la septième croisade : embarqué pour l'Égypte, il est battu à Mansourah et fait prisonnier (1250). Libéré contre une lourde rançon, il passe quatre ans en Syrie. Revenu en France, il projette en 1267 de repartir en guerre contre les musulmans. La huitième croisade ne s'organise vraiment qu'en 1270 : peu après le débarquement des croisés, en Afrique du Nord, le roi meurt d'une maladie épidémique sous les murs de Tunis. Sa réputation de sainteté est alors depuis longtemps répandue dans une Europe dont les souverains ont, plus d'une fois, réclamé son arbitrage. Dès 1297, Louis IX sera canonisé par Boniface VIII.

LOUIS X le Hutin (Paris 1289 - Vincennes 1316), roi de France (1314-1316), fils aîné et successeur de Philippe IV le Bel. Son court règne fut marqué par une réaction contre l'autorité royale et un fort mouvement qui aboutit à l'octroi, par le roi, de nombreuses chartes communales.

LOUIS XI (Bourges 1423 - Plessis-lez-Tours 1483), roi de France (1461-1483), fils et successeur de Charles VII. Physiquement disgracié, de personnalité complexe, rusé et courageux, vivant loin de Paris, Louis XI, qui a pris, sous le règne de son père, une large part à l'opposition de la haute noblesse, entretient, devenu roi, cette opposition : le rachat qu'il fait des villes de la Somme transforme même Charles le Téméraire en un ennemi implacable du roi. Charles, en 1465, devient l'âme de la ligue du Bien public, qui unit contre Louis XI une partie importante de la noblesse. La bataille indécise de Montlhéry (1465) amène le roi à composer, mais, en 1468, il reprend l'offensive, bat le duc de Bretagne et trompe Charles le Téméraire qui, outré, le garde prisonnier à Péronne et l'oblige à signer un traité que Louis XI, à peine libéré, s'empresse de ne pas respecter (1468). Cependant, Charles, duc de Bourgogne depuis 1467, menace l'Alsace, la Lorraine, la Champagne, se gagnant même, un moment, l'alliance avec les Anglais. Louis XI, après avoir neutralisé cette alliance (traité de Picquigny, 1475), tisse autour du Téméraire un réseau d'intrigues et d'intérêts à partir de ceux (cantons suisses, villes du Rhin, duc de Lorraine...) que lèse la politique bourguignonne. Charles est battu à Grandson et Morat (1476) et tué devant Nancy (1477). Sa mort permet à Louis XI d'occuper le duché et le comté de Bourgogne, ainsi que la Picardie et l'Artois ; en 1482, le traité d'Arras entérine la plupart de ces acquisitions, que viennent compléter l'Anjou et la Provence. À l'intérieur, Louis XI avait limité les pouvoirs des grands corps politiques et administratifs et mis au pas le clergé, la noblesse, et poursuit la réorganisation de l'armée royale, entreprise par Charles VII. Il favorisa l'essor de l'économie, introduisit l'industrie de la soie à Lyon et à Tours, créa de nouvelles foires à Lyon, à Caen, à Rouen.

LOUIS XII (Blois 1462 - Paris 1515), roi de France (1498-1515), fils de Charles d'Orléans et de Marie de Clèves, et arrière-petit-fils de Charles V. Durant la minorité de son cousin Charles VIII, il prend part à la révolte nobiliaire (Guerre folle) contre la régente Anne de Beaujeu (1485-1488). Vaincu, prisonnier, libéré par Charles VIII, il sert la politique du roi et participe à son expédition en Italie (1494-95). À la mort de Charles VIII, il devient roi (1498), réunissant au domaine royal ses duchés d'Orléans et de Valois ; puis, pour maintenir l'union (personnelle) du duché de Bretagne à la France, il épouse en 1499 Anne de Bretagne, veuve de Charles VIII, après avoir obtenu du pape Alexandre VI l'annulation de son mariage avec Jeanne de Valois, fille de Louis XI (1498). Le roi est dominé par la volonté de conquérir puis de garder le royaume de Naples perdu par Charles VIII (1495), et le duché de Milan, qu'il revendique en tant que petit-fils de Valentine Visconti. (→ *guerres d'*ITALIE.) Maître du royaume de Naples en 1501, il en est chassé par les Espagnols dès 1504 ; vainqueur des Vénitiens, ennemis du pape, à Agnadel (1509), il voit se fomenter contre lui la Sainte Ligue, formée par Jules II (1511). La défaite de Novare (1513) lui fait perdre le Milanais, alors que les Anglais et les Suisses envahissent la France. Ayant réussi à dissocier la Sainte Ligue (1514) et à faire la paix, Louis épouse en troisièmes noces Marie d'Angleterre. Il meurt peu après, laissant la couronne à son cousin François Ier, qu'il a uni à sa fille Claude. Louis XII avait favorisé la prospérité du royaume en maintenant la paix intérieure. Il améliora le fonctionnement de la justice par la grande ordonnance de Blois (1499), code d'organisation judiciaire et de procédure civile et criminelle.

Louis XII et Anne de Bretagne *(tombeau de)*, dans la basilique de Saint-Denis. Commandé en 1515 par François Ier, il fut mis en place en 1531. On l'attribue aux Juste, sculpteurs italiens, sauf les gisants et les priants, sans doute français.

LOUIS XIII (Fontainebleau 1601 - Saint-Germain-en-Laye 1643), roi de France (1610-1643), fils d'Henri IV et de Marie de Médicis. Il règne d'abord sous la régence de sa mère, qui laisse en fait le pouvoir à Concini. Tenu à l'écart du gouvernement malgré sa majorité (1614), Louis XIII, sur les conseils de Luynes, fait assassiner Concini (24 avr. 1617), puis disgracie les ministres de sa mère. Mais il laisse gouverner Luynes, qui poursuit la politique catholique de la régente. Aussi l'opposition des grands, qui intriguent avec Marie de Médicis, se reconstitue-t-elle, ainsi que celle des protestants. S'il réussit à disperser l'armée des princes et de sa mère (bataille des Ponts-de-Cé, 1620), Louis XIII échoue contre les protestants (batailles de Montauban [1621], puis de Montpellier [1622]) et ne peut que confirmer l'édit de Nantes, favorable aux protestants (1622).

Après la mort de Luynes (déc. 1621), il appelle Richelieu au Conseil le 29 avr. 1624. Devenu principal ministre quatre mois plus tard, Richelieu le demeurera jusqu'à sa mort (1642). Ainsi s'établit une nouvelle forme de gouvernement, le *ministériat :* Richelieu (« souverain confident ») suggère au roi les décisions qui s'imposent, mais Louis XIII est seul à décider. Tous deux vont s'efforcer, pendant huit ans, de restaurer l'autorité royale et de rétablir en Europe la puissance de la monarchie française.

La lutte contre les huguenots se solde par la prise de La Rochelle (1628) et l'édit d'Alès (1629), qui réduit la puissance politique et militaire des protestants mais maintient les dispositions religieuses de l'édit de Nantes, ce qui scandalise le parti dévot. Celui-ci réprouve la guerre contre les Habsbourg, champions de la Contre-Réforme, que Louis XIII et Richelieu considèrent, de leur côté, comme les principaux adversaires de la puissance française. Désavouant les dévots lors de la journée des Dupes (10 nov. 1630), Louis XIII choisit la politique de guerre et de grandeur suggérée par Richelieu. Pour faire face à ses besoins financiers, la monarchie en guerre augmente la taille et la gabelle et crée des taxes nouvelles de consommation. Mais le déficit sera constant. Afin d'assurer l'autorité royale, Richelieu renforce les institutions et le contrôle des corps provinciaux dotés de privilèges.

Ce régime et ces finances de guerre provoquent de multiples résistances : celle de la noblesse d'épée, qui ourdit maints complots, mais qui est frappée impitoyablement ; celle, en plusieurs provinces, du peuple des campagnes ou des villes (révoltes des croquants, 1636-37 ; des va-nu-pieds, 1639-40) écrasé par la fiscalité : ces « émotions », sans cohésion, sont, elles aussi, brisées sans pitié. Le 19 mai 1635, Louis XIII ouvre le conflit avec l'Espagne, entrant ainsi dans la guerre de Trente Ans. Les succès français sur les frontières du Nord (prise d'Arras, 1640), de l'Est et des Pyrénées amorcent le déclin de la puissance espagnole. Louis XIII et Richelieu meurent peu avant la victoire de Rocroi (19 mai 1643) sur les Espagnols.

Avant de mourir (14 mai 1643), Louis XIII organisa la régence de son fils, le futur Louis XIV, en créant un conseil de régence comprenant Anne d'Autriche et Mazarin.

Louis XIII *(style).* De la fin du XVIe s. à l'avènement de Louis XIV, les modèles hispano-flamands et italiens se partagent les faveurs des décorateurs et de leurs commanditaires, princes, nobles et grands bourgeois. Les murs se couvrent de larges cartouches peints encadrés de stucs dorés, ou se tendent de tapisseries ou de cuirs gaufrés, peints et dorés. La chambre demeure la pièce principale de l'appartement, qu'occupe le lit « en housse », drapé de courtines (remplacé vers 1645 par l'alcôve fermée d'une balustrade), accompagné de sièges (fauteuils, chaises, « ployants », tabourets) garnis de tissu, à pieds tournés en chapelet ou en spirale. Le grand meuble d'ébénisterie est le cabinet d'ébène, souvent d'importation flamande ou allemande, aux vantaux sculptés en léger relief, porté par des cariatides, des consoles ou des balustres, tandis qu'apparaît, venue d'Italie, la table bureau.

LOUIS XIV (Saint-Germain-en-Laye 1638-Versailles 1715), roi de France (1643-1715), fils de Louis XIII et d'Anne d'Autriche. À peine âgé de 5 ans lorsque la mort de son père le fait roi, il subit deux influences déterminantes, celle de sa mère, la régente, et celle de Mazarin, principal ministre d'État. Prince majestueux, amoureux de l'étiquette, nourri d'une très haute idée de sa fonction, il reçoit de la Fronde (1648-1653), et des humiliations qu'elle fait subir à la royauté, une leçon qu'il n'oubliera pas. Majeur en 1651, il laisse gouverner Mazarin jusqu'à sa mort en 1661. Il reçoit alors du cardinal un royaume peuplé et puissant, mais où les guerres avec l'Espagne et surtout les troubles internes continus (intrigues des parlementaires, rébellions des nobles, révoltes populaires provoquées par la misère consécutive à la guerre de Trente Ans et à la crise économique) font régner un désordre endémique. Dès le lendemain de la mort de Mazarin, le jeune roi — qui, l'année précédente, a épousé l'infante Marie-Thérèse — manifeste clairement, devant le Conseil, sa volonté d'assurer seul son « métier de roi ». Il s'imposera en « seigneur absolu » et confondra la nation avec la personne royale. Roi-Soleil, il est au centre d'une espèce de culte dont le temple est le château de Versailles, où se fixe la cour en 1682. Aidé de Colbert, Louis XIV s'attelle tout de suite à l'unification et à la centralisation du gouvernement et de l'administration. Écartant du pouvoir sa famille, le haut clergé et la noblesse d'épée, il choisit un petit nombre de collaborateurs (ministres, conseillers d'État, maîtres des requêtes...) parmi la noblesse de robe et la bourgeoisie. L'ambitieux Fouquet écarté (1664), Louis XIV s'appuie sur quelques dynasties ministérielles sûres : les Colbert, les Le Tellier, les Phélipeaux, d'où il tire ses « grands commis ». À l'échelon inférieur — grands corps de l'État, noblesse, gouverneurs, cours souveraines, états provinciaux, parlements, maires des grandes villes... —, tout et tous sont étroitement contrôlés, par une solide armature administrative, dont les intendants et leurs subdélégués constituent l'élément le plus solide.

Chef de l'Église de France, le roi exige en matière religieuse la même soumission générale. Aussi poursuit-il tous les hétérodoxes, sa « conversion », vers 1680, sous l'influence de sa seconde épouse, Mme de Maintenon (1683), renforçant son penchant à l'intransigeance religieuse. Son gallicanisme lui fait prendre ses distances avec la papauté, voire à entrer en conflit avec elle, notamment à propos du droit de régale (1673). Contre le pape, le roi obtient l'appui de l'assemblée générale du clergé, qui adopte la Déclaration des Quatre Articles (19 mars 1682), charte de l'Église de France. Si, pour condamner le quiétisme, il s'adresse à Innocent XII (1699), il agit seul, et avec une âpreté sans merci, dans la longue lutte qu'il mène contre le jansénisme et surtout contre l'abbaye de Port-Royal, qu'il fait détruire en 1710. Un second jansénisme, qui prolifère dans le bas clergé et parmi les parlementaires, amène Louis XIV à obtenir de Clément XI la bulle *Unigenitus* (1713), qui soulève une violente opposition et atteint indirectement la royauté.

Contre les protestants, Louis XIV use de la répression systématique : dragonnades, discriminations. La révocation de l'édit de Nantes (1685) met fin à l'existence légale du protestantisme en France et provoque un exode massif des réformés, néfaste pour l'économie française. Tandis que les pays de refuge préparent une nouvelle coalition contre la France, à l'intérieur sévit l'atroce guerre des camisards (1702-1710).

Protecteur des lettres, des arts et des sciences, Louis XIV les met au service exclusif de sa gloire : aussi soumet-il la vie littéraire et artistique à un ordre politique et esthétique (le classicisme). Son règne est marqué par une floraison exceptionnelle d'œuvres littéraires (Molière, Racine, Boileau...) et artistiques (Le Brun, Le Nôtre, Hardouin-Mansart), qui font de Paris, Versailles, Marly les hauts lieux de la culture et de l'art classiques en Europe. Les nombreuses Académies — des inscriptions et belles-lettres (1663), de la musique (1669), d'architecture (1671) et aussi des sciences (1666) —, que le roi fonde et patronne, renforcent l'action et le rayonnement de l'Académie française.

Outre l'appétit de gloire et de prestige de Louis XIV, les motivations de sa politique belliqueuse sont : le renforcement des frontières stratégiques du royaume, la défense du catholicisme en Europe, les prétentions à la couronne d'Espagne. Disposant, grâce à Le Tellier et à Louvois, d'une diplomatie et d'une armée sans rivales, et, avec Vauban, d'un preneur et constructeur de places fortes hors du commun, Louis XIV ne fixe aucune limite à son ambition. Dès 1667, il rompt avec l'Espagne qui, à l'issue de la guerre de Dévolution (1667-68), doit lui céder douze places fortes de Flandre (traité d'Aix-la-Chapelle) ; la guerre de Hollande (1672-1679) lui permet d'élargir ses conquêtes en Flandre et dans le Hainaut et de joindre la Franche-Comté aux territoires de la Couronne (traité de Nimègue 1678-79). Fort de ses succès, il pratique la politique des « réunions » (1679-1684), annexant en pleine paix Montbéliard, des villes de la Sarre et du Luxembourg, proclamant sa souveraineté sur l'Alsace, occupant Strasbourg. L'Europe, alors, se ligue contre la France. La guerre de la ligue d'Augsbourg (1688-1697), terminée par les traités de Ryswick, porte un coup d'arrêt à la politique hégémonique du roi et l'oblige à rendre une partie de ses conquêtes dans l'Est. La guerre de la Succession* d'Espagne (1701-1714), jalonnée de durs revers, voit la France menacée d'invasion (1708). Les traités d'Utrecht et de Rastatt (1713-1714), en obligeant Louis XIV à reconnaître la séparation des couronnes de France et d'Espagne et à céder une partie de ses colonies (Acadie, baie d'Hudson, Terre-Neuve) à l'Angleterre, marquent la fin de l'hégémonie française. Le royaume de France est alors dans un grand délabrement : menace de banqueroute, inflation fiscale, misère des classes populaires victimes des crises de subsistances, de la famine, des épidémies. Le déclin de la vie économique consécutif aux guerres provoque la fermeture de nombreuses manufactures et le chômage. Quand Louis XIV meurt, le 1er sept. 1715, le pays est à bout de souffle.

Louis XIV *(style)*. À Vaux, où s'observe déjà une simplification des formules italiennes, puis à Versailles, s'élabore un art proprement français, le classicisme, fruit du concours des institutions créées par la couronne (manufacture des Gobelins, surintendance du Garde-Meuble, académie de France à Rome). Fixé par Le Brun, grand ordonnateur des programmes, ou par des décorateurs comme J. Berain, un répertoire ornemental nouveau s'impose, qui, encore tributaire de l'Antiquité revue par Raphaël et Poussin, éliminera dès 1685, sous l'influence de J. H.-Mansart, toute référence aux canons romains.

Le décor intérieur fait une large place aux tentures murales, tapisseries ou soieries, vite supplantées, cependant, par les lambris sculptés dont on note la réapparition dès 1688 à Trianon, sans que leur vogue croissante nuise à la production des Gobelins et des ateliers de Beauvais et d'Aubusson. Le mobilier accorde au lit une véritable primauté, avec la création du lit « à la duchesse », aux bois dissimulés sous de somptueuses étoffes, et du lit de repos. Le cabinet reste la pièce de base, qu'agrémentent les marqueteries d'écaille, de cuivre et d'étain d'A. C. Boulle, inventeur par ailleurs de la commode à tiroirs (v. 1690). Dans le même temps se développent d'autres meubles d'apparat : la table de milieu, le « pied de trumeau » (auj. console), le guéridon porte-lumière. Les sièges répudient le tournage pour la sculpture. Fauteuils, aux accotoirs terminés en crosse, et chaises voient leur dossier s'élever, tandis que se multiplient les tabourets et les simples « carreaux », gros coussins rembourrés posés à même le sol.

LOUIS DE FRANCE (Fontainebleau 1661-Meudon 1711), dit **le Grand Dauphin,** fils de Louis XIV et de Marie-Thérèse. Il eut pour précepteur Bossuet. En 1680, il épousa Marie-Anne de Bavière, dont il eut trois fils : Louis, duc de Bourgogne ; Philippe, duc d'Anjou puis roi d'Espagne (Philippe V) ; Charles, duc de Berry.

LOUIS DE FRANCE (Versailles 1682 - *id.* 1712), duc **de Bourgogne** (1682-1711), puis Dauphin de France (1711-12), fils aîné du Grand Dauphin. Il eut Fénelon pour précepteur. De son mariage avec Marie-Adélaïde de Savoie (1697) il eut trois fils, dont deux survivront : Louis, duc de Bretagne (1707-1712), et le futur Louis XV.

LOUIS XV (Versailles 1710 - *id.* 1774), roi de France (1715-1774). Troisième fils de Louis, duc de Bourgogne, et de Marie-Adélaïde de Savoie, il porte le titre de duc d'Anjou puis celui de Dauphin à la mort de son frère aîné Louis (1712). Pendant sa minorité (1715-1723), Philippe, duc d'Orléans, neveu de Louis XIV, exerce la régence (→ RÉGENCE). Sacré à Reims en 1722 et proclamé majeur en 1723, Louis XV laissera gouverner le duc d'Orléans, devenu Premier ministre en août 1723, jusqu'à la mort de ce dernier (2 déc.). Sur les conseils de Fleury, il le remplace par le duc de Bourbon, prince de Condé. Le roi se voit imposer comme épouse Marie Leszczyńska, fille de Stanislas Ier Leszczyński ; dix enfants naîtront de cette union, dont sept survivront : le Dauphin Louis (1729-1765) et six filles. Ayant exilé le duc de Bourbon, un incapable (1726), Louis XV le remplace par le cardinal Fleury (1726-1743), qui équilibre le budget, favorise l'essor économique, encore que la réglementation colbertiste de l'État freine le développement industriel ; autre point noir : la persistance du courant janséniste, notamment dans les milieux parlementaires. À l'extérieur, Fleury conduit une politique de paix, fondée sur l'alliance anglaise et la réconciliation franco-espagnole. Mais Louis XV, pour soutenir son beau-père, Stanislas Leszczyński, intervient dans la guerre de la Succession de Pologne (1733). Le traité de Vienne (1738), qui la clôt, assure à la France les duchés de Lorraine et de Bar à la mort de Stanislas. De plus, le renouvellement des capitulations (1740) assure la prépondérance française dans le Levant. À la mort de Fleury (1743), Louis XV décide de gouverner sans Premier ministre. Le souverain jouit alors d'une réelle popularité et reçoit le surnom de « Bien-Aimé ». De 1745 à 1764, le véritable Premier ministre est la marquise de Pompadour, maîtresse « déclarée » du roi et chef du « parti philosophique », qui fait et défait les ministres mais préconise une politique de réformes. Sur ses conseils, Louis XV soutient la politique d'équité fiscale de Machault d'Arnouville, qui crée l'impôt du vingtième sur tous les revenus (édit de Marly, 1749) mais il doit reculer devant les violentes protestations des privilégiés au sein des états provinciaux, de l'assemblée du clergé et du parlement. À l'extérieur, la guerre de la Succession* d'Autriche (1740-1748) se termine par une série de victoires (Fontenoy, 1745 ; Rocourt, 1746 ; Lawfeld, 1747), mais le roi, par le traité d'Aix-la-Chapelle (1748), restitue toutes ses conquêtes. En 1756, il opère le renversement des alliances par un accord avec l'Autriche et s'engage dans la guerre contre la Prusse et l'Angleterre (guerre de Sept Ans). Le mécontentement grandit et, à l'instigation de la marquise de Pompadour, Louis XV renvoie le comte d'Argenson et Machault (1er févr. 1757), et fait appel à Choiseul.

Celui-ci fait fonction de Premier ministre de 1758 à 1770. Son ministère associe la prospérité économique et le fléchissement de la monarchie. Malgré le pacte de Famille, qu'il conclut en 1761, Choiseul ne peut éviter la perte de l'Inde et du Canada, cédés à l'Angleterre au traité de Paris (1763), qui met fin à la guerre de Sept Ans. Le ministre réorganise l'armée et la marine, réunit les duchés de Lorraine et de Bar à la France à la mort de Stanislas Leszczyński (1766), et assure la prise de possession de la Corse, achetée à Gênes (1768). Mais, trop lié au milieu parlementaire (qui impose en 1764 la dissolution de la Compagnie de Jésus), et alors que les philosophes des Lumières remettent en cause l'Ancien Régime, il est disgracié (24 déc. 1770). Louis XV confie alors le gouvernement à un triumvirat formé par le duc d'Aiguillon, l'abbé Terray et le chancelier Maupeou (protégés par Mme du Barry), en 1771.

Soutenu par Maupeou, il se décide à un « coup de majesté » : 130 magistrats sont exilés, le parlement de Paris est supprimé ; les magistrats deviennent des fonctionnaires payés par l'État (édit du 23 févr.). Terray peut alors procéder à des réformes financières (le vingtième devient un impôt frappant tous les revenus, édit de nov.) et réduire le déficit. Le régime est sauvé. Le 10 mai 1774, Louis XV succombe à la petite vérole.

Louis XV *(style)*. Un mode de vie nouveau résulte de l'adoption par la Cour des « petits appartements », qui répudient toute solennité ; décor et ameublement suivent. Aux grotesques de J. Berain se substitue le « pittoresque » (la *rocaille*) aux courbes foisonnantes, introduit vers 1735 par J. A. Meissonnier et N. Pineau et qu'accuse un exotisme suscité par la vogue des objets d'Orient. Aux chinoiseries et singeries chères à Claude III Audran succèdent sur les murs turqueries et « russeries », le lambris nu, toutefois, l'emportant sur toute autre forme de revêtement.
La chambre d'apparat reste le lieu de réception, que parent de petits meubles de prix : toilettes, commodes, tables de chevet, en-cas, secrétaires « à dessus brisé », chiffonnières, aux lignes ondoyantes et au décor choisi (marqueterie à fleurs, panneaux de laque d'Extrême-Orient). Aux sièges traditionnels s'ajoutent causeuses, marquises, bergères, duchesses, puis, vers 1750, ottomanes, veilleuses, turquoises tendues de soieries à décor naturaliste. L'époque Louis XV a créé le salon, qu'occupe en son milieu la grande table à toutes faces, et la salle à manger, pour laquelle on invente tables rafraîchissoirs et servantes aux formes ingénieuses signées Cressent, Gaudreaux, Œben, les pièces d'orfèvrerie ayant pour auteurs Th. Germain, J. Roettiers.

Louis XV *(talon)*, talon haut de profil concave, dont la gorge est recouverte par un prolongement de la semelle.

LOUIS DE FRANCE (Versailles 1729 - Fontainebleau 1765), Dauphin de France, fils de Louis XV et de Marie Leszczyńska. Tenu à l'écart des affaires par son père, il anima le parti dévot. De son second mariage avec Marie-Josèphe de Saxe (1747), il eut neuf enfants, dont les futurs Louis XVI, Louis XVIII et Charles X.

LOUIS XVI (Versailles 1754 - Paris 1793), roi de France (1774-1791), puis roi des Français (1791-92), fils du Dauphin Louis et de Marie-Josèphe de Saxe, petit-fils de Louis XV. Il épouse en 1770 l'archiduchesse Marie-Antoinette, fille de l'empereur François Ier et de Marie-Thérèse d'Autriche. Le 10 mai 1774, il succède à Louis XV. Instruit, ayant du bon sens, mais aimant la vie bourgeoise, le jeune roi se révélera un velléitaire, soumis aux influences de son entourage, à celle de la reine surtout. Son règne est marqué, à partir de 1776, par le renversement de la conjoncture : mauvaises récoltes, pluies ou sécheresse. Le traité de commerce franco-anglais (1786), ouvrant la France à la concurrence des produits britanniques, déclenche des faillites, exaspère les antagonismes sociaux et provoque de très nombreux troubles, frumentaires surtout. La réaction nobiliaire, en rendant plus insupportable cet état de choses et en refoulant la bourgeoisie éclairée, prépare de loin la Révolution.
Le renvoi de Maupeou et de Terray et le rappel des parlements dès 1774 montrent en Louis XVI un souverain soucieux de réformer un régime d'injustice. Le recours à Turgot (1774-1776) amorce une récession de la crise financière. Mais les mesures prises (économies budgétaires, impôt sur tous les propriétaires fonciers...) inquiètent les privilégiés qui obtiennent le renvoi de Turgot (12 mai 1776). Le banquier Necker, qui lui succède (1776-1781), se contente d'abord d'économies budgétaires limitées, mais l'entrée de la France dans la guerre de l'Indépendance américaine provoque de nouveau le désastre financier et pose encore le problème de la réforme fiscale. Necker, attaqué pour les mesures qu'il prend (mise sur pied d'assemblées provinciales, réorganisation de la Ferme générale...), publie son *compte rendu au roi,* révélateur du gaspillage de la Cour : il est aussitôt renvoyé (1781). Si Vergennes, aux Affaires étrangères (1774-1787), mène une politique extérieure efficace, Calonne, qui succède à Necker de 1783 à 1787, se heurte rapidement à la résistance des privilégiés, qui s'opposent à l'établissement d'un impôt foncier. Le roi le remercie et fait appel à Loménie de Brienne, qui est affronté à l'opposition renforcée des notables et des parlementaires ; des émeutes éclatent en province. La crise du Trésor amène le roi à annoncer la convocation des états généraux (1er mai 1789). Quelques mois plus tard, Brienne est remplacé par Necker (août) qui rétablit dans leurs pleins droits les parlements et obtient le doublement du tiers état aux futurs états généraux. Appuyé sur la fraction la plus conservatrice de l'aristocratie, Louis XVI tente de résister aux initiatives révolutionnaires du tiers état : cassation de la décision du tiers de se proclamer Assemblée nationale (23 juin) ; concentration des troupes autour de Paris (24 juin) ; renvoi de Necker (11 juill.). Après la prise de la Bastille, il refuse de sanctionner les décrets de l'Assemblée constituante (11 août). Ramené de force à Paris après la marche sur Versailles (journées des 5-6 oct.) et devenu monarque constitutionnel, il ne se sent pas lié par le serment de fidélité prêté à la nation et à la Constitution lors de la fête de la Fédération

(14 juill. 1790). Il reçoit l'appui du pape Pie VI, qui condamne les principes de la Révolution (10 mars 1791), et met surtout son espoir dans les émigrés et une intervention étrangère. Mais sa fuite échoue à Varennes (20-21 juin 1791). Décidé à la « politique du pire », il forme un ministère girondin (mars 1792) chargé de conduire la guerre déclarée « au roi de Bohême et de Hongrie », puis met son veto aux décrets de salut public (27 mai) décidés à la suite des premiers revers. La journée du 20 juin ne fait pas céder le roi. Après l'insurrection du 10-Août et la prise des Tuileries, réfugié à l'Assemblée, Louis XVI est suspendu puis incarcéré au Temple (13 août). Le 21 sept. 1792, un décret de la Convention nationale abolit la royauté et proclame la république. Au cours de son procès, le roi est accusé de conspiration contre la liberté publique et la sûreté générale de l'État. Sa culpabilité est votée à la quasi-unanimité et la peine de mort prononcée par 387 voix contre 334 (17 janv.). Louis XVI est guillotiné le 21 janvier 1793. (→ Révolution française.)

Louis XVI *(style).* Bien avant l'accession au trône de Louis XVI, un renouveau du goût, lié aux découvertes (dès 1748) de Pompéi et d'Herculanum, se manifeste, donnant naissance au style dit « à la grecque ». La courbe s'efface au profit de la droite. Peint de tons frais et bordé d'une mouluration légère, le lambris revêt la majorité des murs, les pièces privées se tapissant d'indiennes imprimées en couleurs, à Jouy, par Oberkampf, de « papiers bleus » d'Angleterre ou de papiers peints à thèmes « antiques » de J.-B. Réveillon.
Les meubles eux aussi s'assagissent, passent du curviligne au rectiligne. Des modèles nouveaux s'élaborent : commodes ouvertes « à l'anglaise », dessertes, consoles en demi-lune, dues à J.-H. Riesener, M. Carlin, René Dubois, J.-F. Leleu, C.-C. Saunier, etc. Le bureau à cylindre, créé par Œben et Riesener, se répand, de même que le bonheur-du-jour, tandis qu'un artisan allemand, D. Rœntgen, exécute pour la Cour de savants meubles à secrets, parés d'une admirable marqueterie. Un souci de simplification guide les créateurs de sièges, de G. Jacob à J.-B. Sené ; les accotoirs offrent un profil plus sobre et les dossiers, ovales ou arrondis, adoptent une forme régulière. Vers 1770 intervient un matériau nouveau : l'acajou, dont l'Angleterre enseigne l'emploi.

LOUIS XVII, second fils de Louis XVI et de Marie-Antoinette (Versailles 1785 - Paris 1795). Duc de Normandie, puis Dauphin à la mort de son frère aîné (4 juin 1789), il fut enfermé avec sa famille au Temple ; le prisonnier succomba au manque d'hygiène le 20 prairial an III (8 juin 1795) et fut enterré secrètement. Des doutes émis sur l'identité du mort, fondés sur l'hypothèse d'une évasion du Dauphin, suscitèrent des imposteurs dont le plus célèbre est Naundorff.

LOUIS XVIII (Versailles 1755 - Paris 1824), roi de France (1814-15, 1815-1824), fils du Dauphin (le fils de Louis XV) et de Marie-Josèphe de Saxe. Il est d'abord comte de Provence. En 1771, il épouse la princesse Louise de Savoie, fille du roi de Sardaigne, dont il n'a pas d'enfants. Il émigre en juin 1791 et rejoint son frère, le comte d'Artois, à Coblence. Lieutenant général du royaume, il prend le titre de régent, après la mort de Louis XVI (1793). La mort de son neveu Louis XVII (1795) le fait roi de France. Il est expulsé de Vérone par la République de Venise et doit se réfugier en Courlande (1796), puis en Suède et en Angleterre (1807). Après la chute de Napoléon, il restaure la monarchie en France (avr.-mai 1814) mais sous la forme d'une monarchie constitutionnelle à l'anglaise garantie par une Charte, laquelle est promulguée le 4 juin 1814. Lors de l'épisode des Cent-Jours (mars-juin 1815), Louis XVIII se réfugie à Gand. Rentré de nouveau à Paris (8 juill. 1815), il cherche à mettre en œuvre une politique de juste milieu mais il doit contenir la pression des ultraroyalistes conduite par son frère, le comte d'Artois. S'il ne peut éviter la Terreur blanche (1815), le roi, qui fait dissoudre la Chambre introuvable (1816), s'efforce de pratiquer une politique modérée avec le duc de Richelieu puis une politique libérale qui semble s'incarner en son favori, Decazes, Premier ministre en 1818. L'assassinat, en 1820, du duc de Berry, en obligeant Louis XVIII à écarter Decazes, rend la prédominance aux ultras (Villèle) et à la politique de réaction qu'incarnera le comte d'Artois, devenu (1824) Charles X.

BAVIÈRE

LOUIS Ier DE WITTELSBACH (Strasbourg 1786 - Nice 1868), roi de Bavière (1825-1848), fils aîné de Maximilien Ier. Philhellène, il fit nommer son fils Otton souverain de Grèce (1832) et fit construire à Munich des monuments néoclassiques, dont la Pinacothèque. Après l'agitation de 1830, il imposa un régime de plus en plus autoritaire. L'opposition grandissante, dénonçant sa liaison avec Lola Montez, l'obligea à abdiquer (1848) en faveur de son fils, Maximilien II. — **Louis II de Wittelsbach** (Nymphenburg 1845 - lac de Starnberg 1886), roi de Bavière (1864-1886), fils aîné de Maximilien II. Il se rangea aux côtés de l'Autriche dans la guerre austro-prussienne (1866), puis accepta une certaine subordination à l'égard de la Prusse. Il participa à la guerre franco-allemande (1870-71). Le soutien financier de Bismarck lui permit de faire construire des châteaux fantastiques (Neuschwanstein, Linderhof, Herrenchiemsee) et de se consacrer à son mécénat en faveur de Wagner. Considéré comme fou, il fut interné au château de Berg le 12 juin 1886 ; le lendemain, on le retrouva noyé dans le lac de Starnberg. — **Louis III de Wittelsbach** (Munich 1845 - château de Sárvár, Hongrie, 1921), roi de Bavière (1913-1918).

FLANDRE

LOUIS Ier DE NEVERS ou **DE CRÉCY** (v. 1304 - Crécy 1346), comte de Flandre, de Nevers et de Rethel (1322-1346). Ses sujets s'étant soulevés, il obtint l'intervention de son suzerain Philippe VI, qui écrasa les Flamands à Cassel (1328). Il fut tué à Crécy. — **Louis II de Mâle** ou **de Male** (Mâle, Bruges, 1330 - Saint-Omer 1384), comte de Flandre, de Nevers et de Rethel (1346-1384), de Bourgogne et d'Artois (1382-1384), fils de Louis Ier. Il pratiqua, entre la France et l'Angleterre, une politique de neutralité favorable à ses sujets. Il amena à la Flandre Malines et Anvers (1357), et se fit rendre par Charles V Lille, Douai et Orchies (1369). Avec l'appui des Français, il écrasa les Gantois révoltés à Rozebeke (1382).

GERMANIE

LOUIS Ier (ou **II**) **le Germanique** (v. 805 - Francfort-sur-le-Main 876), roi des Francs orientaux (817-843), de Germanie (843-876). Troisième fils de Louis (Ier) le Pieux, il reçut dès 817 le titre royal. À partir de 830, il se révolta plusieurs fois contre son père, visant à s'opposer à un partage de l'empire favorable à son frère, Charles le Chauve. Le traité de Verdun (843) lui attribua la *Francia orientalis* ou Germanie. Il obtint au traité de Meerssen (870) la Lotharingie orientale (entre Meuse et Rhin). — **Louis II** (ou **III**) *le Jeune* (822 - Francfort-sur-le-Main 882), roi de Germanie (876-882). Deuxième fils de Louis le Germanique, il prit le titre royal en 876, battit Charles le Chauve à Andernach (876) et obtint toute la Lotharingie au traité de Ribemont (880). — **Louis III** (ou **IV**) *l'Enfant* (Oettingen 893 - Ratisbonne 911), roi de Germanie et de Lotharingie (900-911), fils d'Arnoul. Dernier Carolingien de Germanie, il fut incapable de contenir l'invasion hongroise et laissa se former les duchés nationaux.

HOLLANDE

LOUIS, roi de Hollande → BONAPARTE.

HONGRIE ET POLOGNE

LOUIS Ier le Grand (Visegrád 1326 - Nagyszombat, auj. Trnava, 1382), roi de Hongrie (1342-1382) et de Pologne (1370-1382), fils de Charles Ier Robert de Hongrie et d'Élisabeth de Pologne. Il consolida l'œuvre intérieure de son père. Il mena deux campagnes (1347-48, 1350) contre Jeanne Ire, reine de Naples, et Louis de Tarente afin de venger l'assassinat de son frère, André d'Anjou. Par les traités de 1358 et 1381, il se fit céder la Dalmatie par Venise. Il maria sa première fille, Marie, à Sigismond de Luxembourg.

LOUIS II (Buda 1506 - Mohács 1526), roi de Bohême et de Hongrie (1516-1526). Fils de Vladislas II Jagellon, il épousa Marie de Habsbourg, sœur de Charles Quint, et fiança sa sœur Anne à Ferdinand, son beau-frère. Il fut battu et tué à Mohács (1526) par Soliman le Magnifique.

PORTUGAL

LOUIS Ier (Lisbonne 1838 - Cascais 1889), roi de Portugal (1861-1889), de la dynastie de Bragance. Fils de Marie II, il succéda à son frère aîné, Pierre V. Pour sauvegarder l'indépendance du Portugal, il refusa en 1868 la couronne espagnole.

SICILE

LOUIS DE TARENTE (1320-1362), roi de Sicile, comte de Provence (1348-1362). Fils de Philippe d'Anjou, il épousa Jeanne Ire de Sicile (1348), dont il avait fait assassiner le mari, André de Hongrie, et parvint à se faire couronner en 1352, malgré une intervention des Hongrois.

LOUIS Ier (Vincennes 1339 - Bisceglie 1384), comte, puis duc d'Anjou (1360-1384), roi de Sicile, comte de Provence et de Forcalquier (1383-84). Deuxième fils de Jean II le Bon, roi de France, il est donné en otage à Charles le Mauvais. Régent en 1380 pour son neveu Charles VI, adopté comme héritier par la reine Jeanne Ire de Sicile (1380) qui est assassinée peu après (1382) par un autre prétendant, Charles de Durazzo, il se proclame roi de Sicile en 1383.

LOUIS II (Toulouse 1377 - Angers 1417), roi titulaire de Naples, de Sicile et de Jérusalem, duc d'Anjou, comte du Maine et de Provence (1384-1417). Fils et héritier de Louis Ier d'Anjou, il passa sa vie à disputer, sans succès, la Provence, puis Naples aux Durazzo.

LOUIS III (1403 - Cosenza 1434), roi titulaire d'Aragon, de Naples, de Sicile, de Jérusalem, duc d'Anjou, comte de Provence (1417-1434). Désigné comme héritier par Jeanne II (1423), il chassa d'Italie les Aragonais (1424).

DIVERS

LOUIS de Grenade, en esp. **Luis de Saria,** théologien dominicain espagnol (Grenade 1504 - Lisbonne 1588). Son *Livre de l'oraison* (1554 et 1566) et son *Guide du pêcheur* (1556 et 1567) sont des classiques de la littérature ascétique.

LOUIS (Nicolas, dit **Victor**), architecte français (Paris 1731 - ? v. 1811). Son grand prix lui permit de se pénétrer, à Rome, de la noblesse antique (1756-1759). Le Grand-Théâtre de Bordeaux (1773-1780), un des prototypes de l'art néoclassique, fit de lui un maître de l'architecture théâtrale. À Paris, il a construit les immeubles qui entourent les jardins du Palais-Royal ainsi que la salle de la Comédie-Française (1786, reconstruite en 1902).

LOUIS (Joseph Dominique, *baron*), homme politique français (Toul 1755 - Bry-sur-Marne 1837). Ancien prêtre, émigré, il fut conseiller d'État sous l'Empire (1811). Ministre des Finances sous la Restauration (1814-15, 1815, 1818-19), il rétablit le crédit et la confiance en reconnaissant les dettes de l'Empire, en lançant un emprunt extraordinaire et en adoptant une politique douanière souple. Il revint un moment aux Finances en 1831-32.

LOUIS (Séraphine) → SÉRAPHINE.

LOUIS (Morris), peintre américain (Baltimore 1912 - Washington 1962). Pratiquant à partir de 1953, sous l'influence d'H. Frankenthaler, l'imprégnation de la toile crue par des pigments dilués, il a recherché une expression nouvelle de la couleur dans l'espace (« Veils » [voiles], 1954-1959 ; « Unfurleds » [déployés], 1960-1962).

LOUIS (Joe) → JOE LOUIS.

Louis-Dreyfus et Cie, société dont les origines remontent à 1850, spécialisée dans le négoce des céréales, et l'un des leaders mondiaux dans ce domaine. La société s'est diversifiée dans l'agroalimentaire et contrôle également une banque spécialisée dans les opérations financières internationales.

LOUISE *(lac),* lac du Canada (Alberta), dans les montagnes Rocheuses, au N.-O. de Banff. Site touristique.

LOUISE DE MARILLAC *(sainte),* religieuse française (Paris 1591 - *id.* 1660). Veuve en 1625, elle se consacra aux œuvres de charité sous la direction de saint Vincent de Paul, avec qui elle fonda la congrégation des Filles de la Charité.

LOUISE DE SAVOIE (Pont-d'Ain 1476 - Grez-sur-Loing 1531), régente de France. Fille de Philippe, duc de Savoie, et de Marguerite de Bourbon, veuve en 1496 de Charles d'Orléans, comte d'Angoulême, elle se consacra à l'éducation de ses deux enfants : Marguerite d'Angoulême, qui allait devenir reine de Navarre, et le futur François Ier. Régente à deux reprises (1515 et 1525), lors des campagnes en Italie de son fils, elle maintint fermement l'ordre dans le royaume après le désastre de Pavie (1525). Elle négocia le traité de Cambrai (ou paix des Dames, 1529) avec Marguerite d'Autriche.

LOUISE DE LORRAINE (Nomeny 1533 - Moulins 1601), reine de France. Elle épousa en 1575 Henri III.

LOUISE DE MECKLEMBOURG-STRELITZ (Hanovre 1776 - Hohenzieritz, près de Neustrelitz, 1810), reine de Prusse. Elle épousa, en 1793, le futur Frédéric-Guillaume III. Après l'écrasement de la Prusse (1806), elle fuit à Königsberg avec ses enfants et tenta vainement d'attendrir Napoléon lors de la signature des traités de Tilsit (1807). Elle soutint par la suite les patriotes et les ministres réformateurs.

Louise, roman musical en 4 actes de Gustave Charpentier sur un livret du compositeur (Opéra-Comique, Paris, 1900). Cette œuvre reste l'archétype du naturalisme français.

LOUISE-BONNE n. f. (pl. *louises-bonnes*) [du prénom *Louise* et *bon*]. Variété de poire fondante et sucrée.

LOUISE-MARIE DE FRANCE (Versailles 1737 - Saint-Denis 1787), septième fille de Louis XV et de Marie Leszczyńska. Elle entra en 1770 au couvent des carmélites de Saint-Denis. Elle a été déclarée vénérable en 1873.

LOUISE-MARIE D'ORLÉANS (Palerme 1812 - Ostende 1850), reine des Belges. Fille du roi Louis-Philippe, elle épousa, en 1832, le roi Léopold Ier.

LOUISE-ULRIQUE (Berlin 1720 - Svartsjö 1782), reine de Suède. Fille de Frédéric-Guillaume Ier, roi de Prusse, elle épousa en 1744 Adolphe-Frédéric, futur roi de Suède.

Louis Harris and Associates, institut de sondages d'opinion. Créé à New York en 1956 par le journaliste Louis Harris, conseiller de J. F. Kennedy, il est devenu l'un des plus importants organismes de sondages aux États-Unis.

LOUISIADE (la), archipel de la Mélanésie, au S.-E. de la Nouvelle-Guinée, rattaché à la Papouasie-Nouvelle-Guinée ; 12 000 hab.

LOUISIANAIS, E adj. et n. De Louisiane.

Louisiana Story, film américain de Robert Flaherty (1948). Le scénario retrace les bouleversements qu'apporte dans les paisibles régions marécageuses de Louisiane l'arrivée de prospecteurs de pétrole, qui installent leurs derricks.

LOUISIANE, en angl. **Louisiana,** État du sud des États-Unis, partie de l'ancienne colonie française du même nom ; 125 674 km^2 ; 4 219 973 hab. Cap. *Baton Rouge.*

— **Géogr.** Les ressources minérales occupent maintenant la première place dans l'économie de cet État, au climat doux et humide, longtemps agricole (bois, élevage, soja, coton, riz). Au premier rang de l'Union pour le sel et le soufre, il est au troisième rang pour le pétrole, et produit aussi du gaz naturel. Les deux villes principales, La Nouvelle-Orléans et Baton Rouge, sont des ports importants.

— **Hist.** Délaissés par les Espagnols après l'expédition de découverte de De Soto (1540), les territoires du Mississippi sont explorés à partir du Canada par les Français Jolliet et Marquette (1673) puis par Cavelier de La Salle, qui les baptise Louisiane en l'honneur de Louis XIV (1682). Le territoire végète jusqu'à ce qu'il soit cédé en 1717 à la Compagnie d'Occident (Compagnie perpétuelle des Indes en 1719). La Compagnie fonde La Nouvelle-Orléans (1717-18) et favorise l'expansion du territoire vers l'Ouest. Sous le commandant général Étienne de Périer (1727-1731), la traite des fourrures prend son essor, mais la révolte des Indiens Natchez contre les colons (1729-1736) oblige la Compagnie à céder à l'État ses droits sur le territoire, qui devient colonie de la Couronne (1731). À l'issue de la guerre de Sept Ans, l'Espagne alliée de la France reçoit la Louisiane occidentale (traité secret de 1762) tandis qu'au traité de Paris (1763) les territoires situés à l'est du Mississippi, sauf La Nouvelle-Orléans, sont cédés à l'Angleterre. Redevenue française par suite de la convention de San Ildefonso (1800), la Louisiane est vendue par la France aux États-Unis (1803) et devient un État de l'Union en 1812. Orientée vers la culture du coton et de la canne à sucre, la Louisiane connaît une période de prospérité, mais elle est ruinée par la guerre de Sécession.

LOUISINE n. f. Taffetas de soie ou reps à trois fils côte à côte.

LOUIS-MARIE GRIGNION DE MONTFORT *(saint),* missionnaire français (Montfort-sur-Meu, Ille-et-Vilaine, 1673 - Saint-Laurent-sur-Sèvre, Vendée, 1716). Prêtre (1700), aumonier d'hôpital, il fonda, en 1703, une congrégation hospitalière et enseignante : les filles de la Sagesse. À partir de 1705, il évangélisa systématiquement les provinces de l'Ouest, faisant de nombreuses conversions et jetant les bases d'une société de missionnaires, constituée plus tard en Compagnie de Marie, dont les membres sont appelés généralement Montfortains. Il est également à l'origine des frères du Saint-Esprit ou de Saint-Gabriel.

LOUIS-PHILIPPARD, E adj. et n. Relatif au règne de Louis-Philippe, à son époque ; partisan de Louis-Philippe.

LOUIS-PHILIPPE Ier (Paris 1773 - Claremont, Grande-Bretagne, 1850), roi des Français (1830-1848). Fils aîné de Louis-Philippe-Joseph d'Orléans (Philippe Égalité) et de Louise-Marie de Bourbon-Penthièvre, duc de Valois, duc de Chartres (1785), puis duc d'Orléans (1793). En 1790, il est membre des Jacobins. Il sert sous Kellermann à Valmy, puis sous Dumouriez à Jemmapes. En mars 1793, après la défaite de Neerwinden, il suit ce dernier, qui déserte. Réfugié à l'étranger, le duc épouse à Palerme, en 1809, Marie-Amélie, fille du roi Ferdinand des Deux-Siciles, et se fixe en Sicile (1810-1814). Le 17 mai 1814, il rentre à Paris avec Louis XVIII. Durant la Restauration, sa résidence du Palais-Royal devient le point de ralliement de la bourgeoisie libérale. Quand éclate la révolution de juillet 1830, celle-ci se tourne naturellement vers le duc d'Orléans dont elle fait le lieutenant général du royaume (31 juill.) puis (9 août) le roi des Français sous le nom de Louis-Philippe Ier. C'est le début de la monarchie de Juillet*. Louis-Philippe, désireux d'imposer un pouvoir personnel, écarte les hommes du « mouvement » (Laffitte) pour s'appuyer sur la « résistance ». Mais les Premiers ministres qui se succèdent, de Casimir Perier à Molé (1831-1839), gouvernent seuls. Ce n'est qu'en 1840 que Louis-Philippe trouve en Guizot son homme de confiance. Pacifique, voire pacifiste à l'extérieur, prenant soin, notamment, de ne pas s'aliéner l'Angleterre, Louis-Philippe mène une politique intérieure de plus en plus personnelle, favorable aux classes possédantes et censitaires, et aux industriels. Il ne voit pas les signes annonciateurs d'une volonté de réforme dans le pays. Confiant en la pérennité de sa dynastie, malgré la mort accidentelle, en 1842, de son fils aîné le duc d'Orléans, le roi sacrifie Guizot quand il est trop tard (23 févr. 1848). Obligé lui-même d'abdiquer, le 24 février, il se réfugie en Angleterre.

Louis-Philippe *(style).* Toutes les créations du passé servant de référence, le pastiche et l'éclectisme règnent en maîtres. Le néogothique, puis le « renaissant » dominent tout d'abord, suivis par le « Louis XV », tant dans le mobilier que dans la céramique, l'orfèvrerie, la bijouterie, voire le costume. Les tables, les buffets à deux corps s'alourdissent. Seule l'armoire, à laquelle on préfère la commode à trois tiroirs et à pieds bas, garde sa forme classique. Fauteuils, chaises, canapés (et leurs variantes : causeuses, tête-à-tête, etc.) privilégient la ligne courbe. Apparus vers 1830, les sièges capitonnés (crapauds, confidents, indiscrets, bornes), garnis de franges et de falbalas, resteront en faveur jusque vers 1880.

LOUISQUATORZIEN, ENNE adj. Qui concerne Louis XIV, son époque.

LOUISVILLE, v. des États-Unis (Kentucky), sur l'Ohio ; 298 000 hab. Archevêché catholique. Centre commercial qui forme, avec les villes voisines de New Albany et Jeffersonville (Indiana), un complexe économique et industriel (agroalimentaire, métallurgie, aéronautique).

LOUKOUM [lukum] ou **LOKOUM** n. m. (mot turc). Confiserie orientale faite d'une pâte à base de miel, d'amidon de maïs, d'arômes et de colorants, et parfois garnie de fruits secs. (Syn. RAHAT-LOUKOUM.)

LOUKSOR → LOUQSOR.

LOULLOUBI, ancien peuple iranien du bassin de la haute Diyālā. Narām-Sin d'Akkad (v. 2200 av. J.-C.) le vainquit.

1. LOULOU, LOULOUTE n. 1. *Pop.* Garçon, fille : *Un sacré loulou.* — 2. *Fam.* Terme d'affection : *Ma louloute.*

2. LOULOU n. m. (de *loup*). Chien à tête triangulaire pointue, aux oreilles droites, à la fourrure longue et abondante. (On distingue le *grand loulou* et le *loulou de Poméranie*.) [Syn. SPITZ.]

3. LOULOU n. m. *Fam.* Loubard.

Loulou, film allemand de G. W. Pabst (1928). Deuxième volet (après *Crise,* 1927, et avant le *Journal d'une fille perdue,* 1929) d'une trilogie consacrée aux drames sensuels et à leurs implications freudiennes, le film résulte de la fusion de deux œuvres de Franz Wedekind. L'interprétation de l'actrice principale, Louise Brooks, fascina à la fois le public et la critique. (→ LULU.)

LOUNATCHARSKI (Anatoli Vassilievitch), homme politique et écrivain soviétique (Poltava 1875 - Menton 1933). Membre du P. O. S. D. R. depuis 1895, il vécut en Europe occidentale en 1895-1898, puis en 1904-05 et en 1907-1917. Intellectuel marxiste, il prit le parti de Bogdanov en 1907 et publia *Religion et socialisme* (1908-1911). Il rallia les bolcheviks en mai 1917 et fut commissaire du peuple à l'Instruction publique (1917-1929).

Lounatcharski *(institut d'art théâtral),* institut fondé à Moscou en 1958, dispensant son enseignement dans toutes les disciplines théâtrales et comportant plus spécialement une importante faculté de chorégraphie.

LOUNDAS → LUNDAS.

LOUP n. m. (var. dialect. de l'anc. fr. *leu,* du lat. *lupus*). 1. Mammifère (canidé) carnivore sauvage, très voisin du chien. (Nom sc. *Canis lupus ;* la femelle est la *louve,* les jeunes des *louveteaux*.) [→ *encycl.*] — 2. Fourrure de cet animal. — 3. Homme malfaisant et cruel. — 4. Malfaçon, chose loupée. — 5. *Fam.* Terme d'affection : *Mon loup !* — 6. *À pas de loup,* en marchant doucement pour ne pas éveiller l'attention. ‖ *Crier au loup,* appeler à l'aide en face d'un danger. ‖ *Être connu comme le loup blanc,* être connu de tout le monde. ‖ *Faim de loup, appétit de loup,* très grand faim, appétit vorace. ‖ *Froid de loup,* froid très vif. ‖ *Hurler avec les loups,* se ranger à l'opinion du plus grand nombre ou des plus forts. ‖ *Jeune loup,* homme ambitieux, désireux de réussir au plus vite et par tous les moyens dans le monde de la politique ou des affaires. ‖ *Se jeter dans la gueule du loup,* s'exposer imprudemment à un grand danger. ‖ *Vieux loup de mer,* type de marin ayant beaucoup voyagé de manière rude ; personne qui a une telle expérience qu'on ne peut facilement la berner. • **Arm.** Machine de guerre permettant de saisir et d'enlever les béliers employés par l'ennemi pour démolir les murailles (Moyen Âge). — **Cost.** Demi-masque de velours ou de satin noir (XVIe s.) encore porté au bal masqué. — **Text.** Machine qui, grâce à l'action d'un tambour garni de grosses dents métalliques et tournant rapidement, ouvre la laine avant cardage. — **Zool.** Nom donné à divers poissons téléostéens marins voraces, notamment au bar. ‖ *Loup antarctique,* canidé sauvage des îles Falkland. ‖ *Loup à crinière,* canidé sauvage d'Amérique du Sud, aux membres grêles, portant une crinière cervicale qu'il hérisse volontiers. ‖ *Loup doré,* syn. de CHACAL.

◆ **louve** n. f. 1. Femelle du loup. — 2. Litt. *Les enfants, les fils de la louve,* les Romains.

ENCYCL. Le loup est un prédateur, très proche du chien, avec lequel il peut s'hybrider. Chassé pour les ravages qu'il cause aux troupeaux, il a disparu de régions entières, mais on le protège, dans divers pays tels que le Canada, pour s'opposer à la multiplication des cervidés. Le loup chasse en troupes, au sein desquelles s'établit une hiérarchie stricte. Il est nocturne et évite le contact de l'homme.

Loup des steppes *(le),* roman de H. Hesse (1927). Le combat de l'esprit et de l'instinct que se livre un homme, hanté par l'idée du suicide.

LOUP (en lat. *Lupus, -i*), constellation australe, entre le Scorpion et le Centaure.

LOUP ou **LEU** *(saint),* évêque de Troyes (Toul v. 393 - Troyes 479). Il défendit sa cité contre Attila.

LOUP SERVAT, dit **Loup de Ferrières,** théologien (v. 805 - v. 862). Abbé de Ferrières, en Gâtinais (840), chargé de diverses missions par Charles le Chauve, il a laissé une *Correspondance* (éd. en 1588) considérable et d'un grand intérêt historique.

LOUPAGE n. m. *Fam.* 1. Fait de louper, de rater qqch : *Constater le loupage de sa carrière.* — 2. Erreur dans le travail qui entraîne une malfaçon.

LOUP-CERVE n. f. (pl. *loups-cerves*). Femelle du loup-cervier.

LOUP-CERVIER n. m. (pl. *loups-cerviers*) [lat. *lupus cervarius,* loup qui chasse le cerf]. 1. Lynx d'Eurasie et d'Amérique boréale. — 2. Pelleterie brun et fauve tachetée de noir de cet animal.

LOUPE n. f. (frq. **luppa,* masse informe d'un liquide caillé, ou rad. onomat. *lopp-*). 1. Lentille convergente qui grossit les objets. (→ *encycl.*) – **2.** Kyste sébacé du cuir chevelu. – **3.** Masse ferreuse ou de fonte renfermant des scories, éliminées au cours du puddlage par cinglage. – **4.** Pierre brute présentant un défaut de cristallisation. – **5.** Nom donné au broussin en ébénisterie. – **6.** *À la loupe,* d'une manière méticuleuse et en vue de critiques : *Examiner tout à la loupe.* – **7.** Syn. de EXOSTOSE.

ENCYCL. **Opt.** Une loupe est une lentille convergente de faible distance focale *f,* qui donne une image virtuelle agrandie A'B' d'un objet AB placé à une distance de la loupe inférieure à *f.* La *puissance* d'une loupe, égale à la vergence de la lentille, est 1/*f* et s'exprime en dioptries.

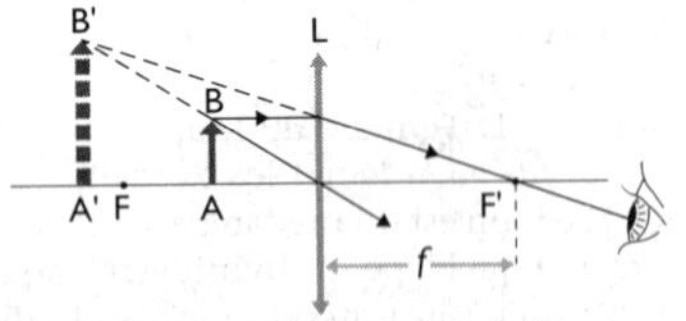

Obtention, au moyen d'une **loupe**, de l'image virtuelle A' B' d'un objet réel AB (L, lentille ; F, F', foyers ; *f*, distance focale).

LOUPE (La) [28240], ch.-l. de cant. d'Eure-et-Loir, dans le Perche ; 3 841 hab. *(Loupéens).*

LOUPÉ n. m. *Fam.* Erreur, ratage : *Il y a eu quelques loupés.*

LOUPER v. t. (de *loup*) [conj. 3]. *Fam.* **1.** Ne pas réussir qqch, mal exécuter qqch, échouer à, dans qqch : *Il a complètement loupé son examen.* – **2.** Ne pas atteindre l'objectif prévu et, en partic., ne pas réussir à prendre un moyen de transport, à rencontrer qqn, etc. : *Je l'ai loupé de cinq minutes, il venait de partir.* – **3.** Passer à côté de qqch, ne pas pouvoir le saisir pour en profiter : *Tu as loupé l'occasion de te taire.* – **4.** *Ne pas louper qqn,* ne pas manquer de le coincer, de l'attraper. – **5.** *Ne pas en louper une,* faire systématiquement la gaffe, la bévue qu'il ne fallait pas faire. ◆ v. i. *Fam.* **1.** Ne pas réussir, échouer, rater : *Tais-toi, tu vas tout faire louper.* – **2.** *Ça n'a pas loupé,* cela s'est produit comme il fallait s'y attendre.

◆ **se louper** v. pr. *Fam.* **1.** Échouer dans une tentative de suicide. – **2.** En parlant de deux personnes, ne pas se rencontrer ou ne pas être en même temps au même endroit : *On s'est loupé de dix minutes.*

LOUP-GAROU n. m. (pl. *loups-garous*) [de *loup* et *garou,* calque du frq. **wariwulf,* homme-loup]. **1.** Être malfaisant qui, selon certaines croyances, avait le pouvoir de se métamorphoser en loup la nuit et qui reprenait forme humaine le jour. – **2.** Personnage effrayant dont on menaçait autrefois les enfants.

LOUPIOT, E n. (de *loup*). *Pop.* Enfant.

LOUPIOTE n. f. (de *loupe*). *Pop.* Petite lampe.

LOUPOT (Charles), affichiste français (Nice 1892 - Les Arcs, Var, 1962). Il a élaboré un langage publicitaire clair et synthétique (*Galeries Barbès, Valentine,* 1928 ; *St Raphaël,* à partir de 1937 ; etc.).

LOUQSOR, LOUKSOR ou **LOUXOR,** v. d'Égypte, en Haute-Égypte, sur le Nil ; 147 900 hab. Centre touristique.
– **Archéol.** La ville actuelle occupe l'emplacement du faubourg méridional de la Thèbes des pharaons. Elle abrite l'une des réalisations architecturales les plus parfaites du Nouvel Empire : le temple d'Amon, édifié par Aménophis III, célèbre pour les proportions harmonieuses de ses colonnes papyriformes et lotiformes, et l'élégance de ses reliefs, décrivant les théogamies du roi et la fête d'Opet. L'ensemble était relié au complexe de Karnak par une allée bordée de sphinx à tête de bélier. Agrandi par Ramsès II, le temple était flanqué de deux obélisques, dont l'un orne la place de la Concorde à Paris. Intéressant musée.

LOURD, E adj. (bas lat. *lurdus,* du lat. class. *luridus,* jaunâtre). **1.** Dont la densité est relativement élevée ou plus élevée qu'une autre : *Le fer est plus lourd que l'aluminium.* – **2.** Qui a un poids relativement élevé, qu'on a du mal à porter, à transporter : *Une valise lourde.* – **3.** Qui, par sa corpulence, offre un aspect massif et se déplace avec pesanteur ; se dit de l'aspect, des mouvements de qqn : *Un homme trapu, massif, lourd. Une démarche lourde.* – **4.** Qui éprouve une sensation de lourdeur, de poids, incitant à l'immobilité, au repos : *Se sentir lourd après un repas. Avoir les jambes lourdes.* – **5.** Qui charge l'estomac, se digère mal : *S'endormir après un dîner trop lourd.* – **6.** Se dit d'une piste, d'un terrain rendus mous par la pluie et où les pieds s'enfoncent : *Un trotteur handicapé par un terrain lourd.* – **7.** Qui est épais, a du poids ou en donne l'impression : *De lourdes tentures.* – **8.** Se dit d'une atmosphère, d'une température chaude, qui accable, fatigue : *Le temps est trop lourd, il va y avoir de l'orage.* – **9.** Se dit d'une odeur forte, entêtante : *Parfum trop lourd.* – **10.** Qui a une forme massive, sans élégance, sans finesse : *Architecture lourde.* – **11.** Se dit d'une manière de s'exprimer qui est sans élégance ; se dit d'un propos qui est appuyé, insistant : *Avoir la plaisanterie un peu lourde.* – **12.** *Fam.* Qui manque de vivacité d'esprit : *Ce que tu peux être lourd !* — **13.** Qui est important, représente une grosse charge pour qqn : *Vous avez là une lourde responsabilité.* — **14.** Se dit d'un organisme qu'il est difficile d'amener à agir en raison de sa complexité, de la lourdeur de ses effectifs, etc. : *Une administration trop lourde.* — **15.** Qui met en œuvre des moyens techniques et financiers importants : *Chirurgie lourde.* — **16.** Chargé, rempli de qqch : *Arbres lourds de fruits.* — **17.** Chargé de qqch de pénible, ou qui le contient en puissance : *Cette décision est lourde de conséquences.* — **18.** *Chute lourde,* de tout le poids du corps. ‖ *Regard lourd,* insistant et pénétrant. ‖ *Sommeil lourd,* que rien ne peut troubler. ‖ *Taille, poitrine lourde,* taille, poitrine forte. • **Agric.** Se dit d'un sol argileux, compact, difficile à travailler, exigeant une grande force de traction. — **Bois.** Se dit de bois dont la masse volumique à 15 % d'humidité est de 0,6 à 0,7 pour les résineux et de 0,8 à 1 pour les feuillus. — **Chim.** Se dit des éléments de masse atomique élevée. ‖ *Eau lourde,* oxyde de deutérium. — **Mar.** Se dit d'un navire qui s'élève mal à la lame. — **Œnol.** Se dit d'un vin trop alcoolisé, manquant de finesse, parfois trop riche en tanin et dont le bouquet est masqué. — **Sports.** *Poids lourd,* dans certains sports, catégorie sans limite supérieure de poids ; concurrent appartenant à cette catégorie. (En boxe amateur, il existe toutefois une catégorie super-lourd [au-delà de 91 kg].)

◆ **lourd** adv. **1.** *Il fait lourd,* le temps est lourd, d'une chaleur qui accable. — **2.** *Peser lourd,* avoir un poids élevé ou supérieur à la moyenne : *Donne-moi ce sac, il pèse lourd ;* avoir une grande importance, une influence décisive, des conséquences graves et durables : *Cette décision a pesé lourd dans ma vie.* — **3.** Fam. *Pas lourd,* peu, insuffisamment : *Il n'en fait pas lourd.*

◆ **lourd** n. m. Dans la marine marchande française, marchandise pesant plus de 1 000 kg au mètre cube ; à l'étranger, marchandise cubant moins de 1,132 m^3 *(shipping ton)* pour une tonne de 1 016 kg *(long ton).*

LOURDAUD, E n. et adj. (de *lourd*). **1.** Personne lente et maladroite : *Une démarche de lourdaud.* — **2.** Personne d'un esprit grossier et lourd.

LOURDE n. f. (de *lourd*). *Pop.* Porte.

LOURDEMENT adv. **1.** Avec un grand poids : *Une voiture lourdement chargée.* — **2.** De tout son poids, de toute sa force : *Tomber lourdement.* — **3.** D'un mouvement lourd et gauche : *L'ivrogne marcha lourdement vers la porte.* — **4.** De manière importante : *Charges qui grèvent lourdement le budget.* — **5.** De façon grossière : *Se tromper lourdement.* — **6.** D'une façon maladroite, sans finesse : *Insister lourdement.*

LOURDER v. t. (de *lourde*) [conj. 3]. *Pop.* Mettre qqn à la porte, le renvoyer, le congédier.

LOURDES (65100), ch.-l. de cant. des Hautes-Pyrénées, sur le gave de Pau, en bordure des Pyrénées ; 16 581 hab. *(Lourdais).* Constructions mécaniques et électriques.
— **Hist.** Du 11 févr. au 16 juill. 1858, une enfant de quatorze ans, Bernadette Soubirous, eut près de la grotte de Massabielle 18 fois la vision d'une dame vêtue de blanc qui se déclara être « l'Immaculée Conception ». Le culte public ayant été autorisé (1862), une basilique fut construite en 1876, une autre souterraine en 1958 ; une nouvelle basilique a été inaugurée en 1988. Le pèlerinage marial de Lourdes est l'un des plus importants du monde (5 millions de pèlerins par an).

LOURDEUR n. f. (de *lourd*). **1.** Caractère de qqch, de qqn qui pèse relativement lourd : *La lourdeur du sac le surprit.* — **2.** Manque d'agilité, lenteur, maladresse à se déplacer : *Danser avec lourdeur.* — **3.** Impression de poids, de pesanteur, douleur sourde, diffuse : *Avoir des lourdeurs dans les jambes.* — **4.** Caractère d'un temps lourd. — **5.** Caractère d'un sol lourd : *La lourdeur du terrain empêchera le favori de gagner.* — **6.** Aspect massif, épais de qqch : *Lourdeur de l'architecture de cette église.* — **7.** Manque de finesse, d'élégance, de délicatesse, de subtilité : *Lourdeur d'esprit.* — **8.** Caractère de ce qui constitue une grande charge pour qqn : *La lourdeur de la tâche l'effraie.* — **9.** Caractère d'un organisme complexe, difficile à manier : *Le parti est gêné par la lourdeur de son appareil.*

LOURDINGUE adj. *Pop.* **1.** Qui pèse lourd. — **2.** Qui manque de vivacité.

LOURD-LÉGER n. m. **1.** Boxeur pesant entre 79,379 et 88,451 kg chez les professionnels. — **2.** Catégorie (non reconnue chez les amateurs) dans laquelle opèrent ces boxeurs.

LOURE n. f. (lat. *lura,* sacoche). **1.** Sorte de cornemuse employée au Moyen Âge. — **2.** Danse paysanne française de rythme modéré, et très accentué sur le premier temps des mesures, accompagnée à la loure.

LOURENÇO MARQUES → MAPUTO.

LOURER v. t. (de *loure*) [conj. 3]. Exécuter une musique d'une manière accentuée, pesante, semblable à celle de la loure.

LOURIA ou **LURIA** (Aleksandr Romanovitch), neurologue soviétique (Kazan 1902 - Moscou 1977). Il a analysé les fonctions supérieures chez l'homme dans leurs relations avec les mécanismes cérébraux. Pour Louria, les systèmes fonctionnels responsables du comportement humain sont des systèmes complexes, plastiques, capables d'autorégulation résultant de l'interaction d'une constellation d'aires du cerveau. Il considère l'organisation de l'environnement social comme un déterminant fondamental de ces systèmes fonctionnels.

LOURISTAN → LORESTĀN.

LOUROUX-BÉCONNAIS (Le) [49370], ch.-l. de cant. de Maine-et-Loire, dans le Segréen ; 2 032 hab. *(Lorettins).*

LOU SIUN → LU XUN.

LOUSSE n. f. Syn. de BONDONNIÈRE.

LOUSTIC n. m. (all. *lustig,* gai). **1.** *Vx.* Farceur, homme qui amuse par ses facéties. — **2.** *Fam.* Mauvais plaisant ou individu en qui on n'a pas grande confiance.

LOU-TCHEOU → HEFEI.

LOU-TCHEOU → LUZHOU.

LOUTHERBOURG (Philippe Jacques), peintre français (Strasbourg 1740 - Chiswick, près de Londres, 1812). Formé à Paris auprès de F. G. Casanova, il se rendit en 1771 à Londres, où il devint décorateur du théâtre de Drury Lane et présenta en 1781 un étonnant spectacle panoramique, mécanique et lumineux, l'*Eidophysicon.* Il fut ami de Cagliostro. Ses batailles et ses paysages connurent le succès.

LOUTRE n. f. (lat. *lutra*). **1.** Carnivore mustélidé aquatique aux pattes palmées, mangeur de poissons. (→ *encycl.*) — **2.** Fourrure de ces animaux ; nom donné dans le commerce à diverses fourrures y ressemblant (ondatra, otarie à oreilles). — **3.** *Loutre de mer,* mustélidé marin des rivages du Pacifique Nord, revenant rarement à terre, au cou court, à la queue brève et comprimée, aux doigts des mains soudés.

ENCYCL. La loutre commune mesure un mètre environ. Elle construit un terrier près de l'eau, à deux entrées, et y élève ses petits. L'espèce géante d'Amérique du Sud *(Pteronura brasiliensis)* atteint près de deux mètres. La *loutre de mer* se nourrit d'échinodermes et de coquillages, qu'elle casse en les frappant sur un galet posé sur son ventre pendant qu'elle fait la planche.

LOUTRE-CIVETTE n. f. (pl. *loutres-civettes*). Nom usuel du *cynogale.*

LOUTROPHORE n. m. (gr. *loutrophoros,* de *loutron,* eau lustrale, et *phoros,* qui porte). Grand vase à pied, deux anses, goulot rétréci, utilisé, dans la Grèce antique, dans les cérémonies nuptiales et les rites funéraires.

LOUVAIN, en néerl. **Leuven,** v. de Belgique, ch.-l. du Brabant flamand, sur la Dyle ; 85 000 hab. Centre tertiaire et industriel (agroalimentaire, mécanique, chimie).

— **Hist.** Bâtie sur le site d'un camp normand, la ville se constitue réellement au XIe s. Capitale du Brabant, elle est au XIVe s. un important centre de tissage de drap. En 1425, Jean IV de Brabant crée l'université, qui acquiert un grand renom. Supprimée par l'État en 1830, elle est reconstituée en 1835 par les catholiques comme université libre et joue un rôle important dans la vie intellectuelle de la Belgique. En 1968, la querelle linguistique provoque la scission de l'université et le transfert de la section francophone en Wallonie.

— **Bx-arts.** Hôtel de ville du milieu du XVe s., joyau du gothique flamboyant brabançon, par Matthijs de Layens. Églises gothiques, dont celles du Grand Béguinage et de St-Pierre (XVe s. ; *la Cène,* chef-d'œuvre de D. Bouts). L'université occupe notamment ce qui reste de la halle aux Draps, fondée en 1317. Édifices baroques, dont l'église St-Michel, de 1651. Abbaye du Parc (XVIe-XVIIIe s. ; œuvres d'art) à Heverlee. Musée communal.

LOUVAIN-LA-NEUVE → OTTIGNIES-LOUVAIN-LA-NEUVE.

LOUVARD ou **LOUVART** n. m. Jeune loup de un à deux ans.

LOUVARÉOU n. m. (mot provenç.). Poisson des mers tempérées chaudes d'Europe, au corps ovale, portant une carène latérale sur la queue. (Taille 2 m pour 100 kg.)

1. LOUVE → LOUP.

2. LOUVE n. f. (de *louve 1*). **1.** Coin métallique présentant un crochet du côté le plus mince. — **2.** Instrument utilisé pour la manutention des pierres de taille.

Louve du Capitole (la), statue d'origine étrusque (v. 500 av. J.-C.) ou romaine qui évoque la légende selon laquelle une louve allaita Romulus et Remus, abandonnés. (Rome, musée des Conservateurs.)

LOUVECIENNES (78430), comm. des Yvelines, à l'E. de la forêt de Marly, au-dessus de la Seine ; 7 470 hab. *(Louveciennois* ou *Luciennois).* Église surtout du XIIIe s. Plusieurs châteaux ou pavillons d'époque classique. Informatique.

LOUVEL (Louis Pierre), ouvrier sellier français (Versailles 1783 - Paris 1820). Il assassina, à la sortie de l'Opéra, le duc de Berry (fils du comte d'Artois), héritier du trône (nuit du 13 au 14 févr. 1820). Il fut exécuté.

LOUVER v. t. (de *louve 2*) [conj. **3**]. Soulever avec la louve.

LOUVERTURE (Toussaint) → TOUSSAINT LOUVERTURE.

LOUVET, ETTE adj. (dimin. de *loup*). Se dit de la robe d'un cheval mélangée de poils jaunes et noirs rappelant le poil du loup.

LOUVET DE COUVRAY (Jean-Baptiste LOUVET, dit), écrivain et homme politique français (Paris 1760 - *id.* 1797). Auteur du roman *les Amours du chevalier de Faublas* (1787-1790), il se voulut le porte-voix des Girondins à la Convention.

LOUVETAGE n. m. Action de louveter la laine.

LOUVETEAU n. m. (de *louve 1*). **1.** Jeune loup de moins d'un an. — **2.** Jeune scout de 8 à 11 ans.

1. LOUVETER v. i. (de *louve 1*) [conj. **27**]. Mettre bas, en parlant de la louve.

2. LOUVETER v. t. (de *loup*) [conj. **27**]. Démêler la laine grâce au loup.

LOUVETERIE [luvtri] n. f. (de *louve 1*). **1.** Institution cynégétique ayant pour fonction d'assurer les battues de destruction des nuisibles (sangliers, renards, etc.). — **2.** *Lieutenant de louveterie,* fonctionnaire bénévole et assermenté appartenant à la louveterie. (Syn. LOUVETIER.)

LOUVETEUR n. m. Ouvrier qui fait le louvetage.

LOUVETIER n. m. **1.** Officier de la maison d'un souverain, chargé des équipages de la louveterie. — **2.** Lieutenant de louveterie.

LOUVI ou **LUVI,** anc. nom d'une région du sud-ouest et du sud de l'Asie Mineure. Le Louvi faisait partie de l'Empire hittite au milieu du IIe millénaire av. J.-C.

LOUVIER (Alain), compositeur français (Paris 1945). Il s'est préoccupé de renouveler la technique des claviers (*Études pour agresseurs,* 5 livres, 1964-1972 ; *Étude 37 pour la main gauche,* 1972 ; *le Clavecin non tempéré,* 1979) et s'adresse aussi à l'orchestre (*Hommage à Gaus,* 1968 ; *Trois Atmosphères,* 1974). Il a écrit la musique du spectacle de M. Béjart, *Casta Diva* (1980). Directeur du Conservatoire national supérieur de musique de Paris de 1986 à 1991, il y est aujourd'hui professeur d'analyse musicale.

LOUVIÈRE (La), v. de Belgique (Hainaut), sur le canal de Bruxelles à Charleroi et le canal du Centre ; 77 000 hab. Sidérurgie. Cimenterie. Verrerie. Céramique.

LOUVIERS (27400), ch.-l. de cant. de l'Eure, sur l'Eure ; 19 047 hab. *(Lovériens).* Église des XIIe-XVIe s. (porche flamboyant ; œuvres d'art). Musée municipal et musée des Décors de théâtre et de cinéma.

LOUVIGNÉ-DU-DÉSERT (35420), ch.-l. de cant. d'Ille-et-Vilaine, aux confins de la Bretagne et de la Normandie ; 4 310 hab. *(Louvignéens).* Église des XVIe-XVIIe s. Confection. Carrières de granite.

LOUVITE ou **LOUWITE** n. m. Langue indo-européenne du groupe hittite, parlée dans l'Antiquité en Anatolie du Sud.

LOUVITES ou **LOUWITES,** peuple indo-européen aparenté aux Hittites, installé au IIIe millénaire dans le sud-ouest et le sud de l'Asie Mineure. Leur langue a survécu à la chute de l'Empire hittite (début du XIIe s. av. J.-C.).

LOUVOIEMENT n. m. Action de louvoyer.

LOUVOIS (François Michel LE TELLIER, *seigneur* DE CHAVILLE, *marquis* DE), homme d'État français (Paris 1639 - Versailles 1691). Fils de Michel Le Tellier, il reçoit en 1654 la survivance du secrétariat d'État à la Guerre. Membre du Conseil des dépêches (1661), il est associé à son père au secrétariat d'État (1662). Surintendant des Postes (1668), membre du Conseil d'en haut et ministre d'État en 1672, il est avec son père le réorganisateur de l'armée royale (discipline restaurée, désertion réprimée, avancement régularisé, recrutement amélioré). Il réforme l'intendance, contribue à la fondation de l'hôtel des Invalides (1670-1674) et crée la milice (1688). Il pousse Louis XIV aux solutions de force et de grandeur : rejet des propositions de paix des Provinces-Unies (1672) ; politique des réunions ; dévastation du Palatinat (1689). Il soutient la politique des dragonnades et approuve la révocation de l'édit de Nantes (1685). En 1683, Louvois rachète la charge de surintendant des Bâtiments, Arts et Manufactures ; il supervise, à ce titre, les travaux de Versailles. Les revers militaires, les difficultés financières et l'hostilité de Mme de Maintenon finissent par ruiner son crédit. Il meurt à la veille d'une disgrâce (1691).

LOUVOYER v. i. (de *lof*) [conj. **13**]. **1.** Courir des bordées, bâbord et tribord amures, pour atteindre en zigzag un point où la direction du vent ne permet pas d'arriver directement. — **2.** Suivre un chemin qui fait des détours ou des zigzags : *Ivrogne qui louvoie sur le trottoir.* — **3.** Prendre des biais pour atteindre son but : *Louvoyer devant des difficultés.*

Louvre, anc. résidence royale, auj. musée national, à Paris. Bâtie le long de la Seine par Philippe Auguste pour conforter l'enceinte de Paris à l'ouest, la forteresse n'est guère habitée que par Charles V, qui l'agrandit. François Ier la fait abattre et charge Lescot d'édifier un palais neuf (1546), amorce de la future cour Carrée. Le palais des Tuileries, plus à l'ouest, étant entrepris en 1564 par Delorme (pour Catherine de Médicis), on décide de relier les deux ensembles par la Petite Galerie (du bâtiment de Lescot à la Seine : 1566 ; à l'étage, galerie d'Apollon, aménagée par Le Vau et Le Brun sous Louis XIV) et la longue galerie du Bord-de-l'Eau (1595-1610 ; à l'étage, Grande Galerie, réaménagée au début du XIXe s., avec son éclairage zénithal, par Percier et Fontaine). Le quadruplement de la cour Carrée est l'œuvre de Louis XIII et de Louis XIV (pavillon de l'Horloge de Lemercier ; grande façade vers l'est, dite « la Colonnade », attribuée à Perrault). Laissé inachevé en 1678, le Louvre devient le siège des Académies et sert à loger des artistes officiels. Les travaux reprennent sous Louis XV et Louis XVI ; les constructions parisiennes qui serraient de très près le palais sont démolies, et l'on conçoit le projet d'un « Muséum central des arts », réalisé par la Convention (qui, d'autre part, établit le gouvernement aux Tuileries). De 1806 à 1814, Percier et Fontaine construisent la seconde jonction Louvre-Tuileries, du côté nord (rue de Rivoli), jusqu'au pavillon de Marsan (auj. musée des Arts décoratifs*). Sous Napoléon III, enfin, Visconti, puis Lefuel construisent les ailes intérieures encadrant la cour du Carrousel et reprennent la galerie du Bord-de-l'Eau (guichets du Carrousel, pavillon de Flore), en respectant l'esprit classique de l'ensemble. Après l'incendie de 1871, les Tuileries sont abattues (leurs points d'attache avec les ailes du Louvre, pavillon de Marsan au nord, pavillon de Flore au sud, étant reconstruits), ce qui a pour effet d'ouvrir les jardins du Louvre sur ceux des Tuileries.

Le « Muséum français », constitué avec les collections royales (François Ier, Louis XIV...), est inauguré le 10 août 1793. C'est l'ébauche du musée du Louvre, qui, sans cesse augmenté, comporte aujourd'hui sept départements : antiquités orientales (formé en 1847 [pour l'Assyrie] et 1881) ; antiquités égyptiennes (1826) ; antiquités grecques et romaines (1800) ; peintures (toutes les écoles depuis le Moyen Âge) ; sculptures (issu du musée des Monuments français de 1796) ; objets d'art ; arts graphiques (anc. cabinet des Dessins). Les collections de la seconde moitié du XIXe s., depuis Courbet, sont regroupées au musée d'Orsay*.

De nouveaux locaux, éclairés par une « pyramide » de verre et d'acier, ont été construits de 1986 à 1989 par l'architecte I. M. Pei sous la cour Napoléon. Le musée s'est encore et finalement agrandi en récupérant, en 1993, les espaces de l'aile Richelieu (précédemment occupée par le ministère des Finances).

L'ensemble, l'un des plus riches au monde, est complété par un laboratoire de recherches et un service de restauration (qui travaillent aussi pour les musées de province), par un service éducatif, par des services commerciaux, par l'École du Louvre et par l'École nationale du patrimoine, qui forment des historiens d'art et des conservateurs.

LOUVRES (95380), comm. du Val-d'Oise, près de l'aéroport de Roissy ; 7 597 hab. Église reconstruite au XVIe s., gothique.

LOUVROIL (59720), comm. du Nord, sur la Sambre, banlieue sud de Maubeuge ; 7 404 hab. *(Louvroiliens)*. Métallurgie.

LOUWITE → LOUVITE.

LOUXOR → LOUQSOR.

LOUŸS (Pierre LOUIS, dit **Pierre**), écrivain français (Gand 1870 - Paris 1925). Traducteur de Lucien, il se voulut alexandrin dans ses poèmes érotiques en prose (*les Chansons de Bilitis,* 1894) qui inspirèrent Debussy. Il devint célèbre avec des romans de mœurs antiques (*Aphrodite,* 1896) et des contes satiriques (*les Aventures du roi Pausole,* 1901) qui inspirèrent Honegger.

LOVALES ou **BALOVALES,** population bantoue de Zambie (30 000 individus).

LOVE (Augustus Edward Hough), mathématicien et géophysicien britannique (Weston-super-Mare 1863 - Oxford 1940). Il a effectué des recherches sur la théorie de l'élasticité, la propagation des ondes sonores et celle des ondes radioélectriques.

LOVEČ, v. de Bulgarie, ch.-l. de distr., au pied nord du Balkan ; 46 000 hab. Centre industriel.

LOVECRAFT (Howard Phillips), écrivain américain (Providence, Rhode Island, 1890 - *id.* 1937). Attiré à la fois par la littérature, les sciences et l'occultisme, il invente le *Livre maudit,* encyclopédie du Mal rédigée par un Arabe imaginaire, et tente, dans ses nouvelles, d'allier les descriptions fantastiques à une épopée cosmique *(la Couleur tombée du ciel, Démons et Merveilles, Je suis d'ailleurs)*. Son influence posthume a été considérable sur les écrivains de science-fiction.

LOVELACE [lɔvlas] n. m. (de *Lovelace,* n. pr.). *Litt.* Séducteur pervers et cynique.

Lovelace, personnage de *Clarisse* Harlowe,* de Richardson. Type du libertin.

LOVER v. t. (bas all. *lofen,* tourner) [conj. 3]. **1.** Rouler un cordage en cercles superposés, de gauche à droite, pour le ramasser en cale ou le disposer prêt à servir. — **2.** Plier une ligne de pêche. — **3.** Amener les filets à bord en les disposant de façon qu'ils ne s'emmêlent pas.

◆ **se lover** v. pr., **être lové** v. pass. **1.** S'enrouler sur soi-même, en parlant d'un serpent, d'une anguille. — **2.** Se pelotonner : *Le chat se lovait dans le fauteuil.*

LOVETT (William), syndicaliste et homme politique britannique (Newlyn, Cornouailles,

1800 - Londres 1877). Un des fondateurs du chartisme, il en anima la branche modérée, et joua un rôle important dans l'agitation chartiste des années 1836-1848.

Low Church, mots angl. désignant une des tendances de l'anglicanisme.

LOWE (*sir* Hudson), général britannique (Galway 1769 - Chelsea 1844). Il servit contre la France de 1810 à 1814. Il fut l'intransigeant geôlier de Napoléon à Sainte-Hélène.

LOWELL, v. des États-Unis, dans le nord-est du Massachusetts ; 92 400 hab. (dont une minorité de Canadiens francophones).

LOWELL (James Russell), écrivain américain (Cambridge, Massachusetts, 1819 - Elmwood, Massachusetts, 1891). Il reste surtout l'auteur des *Biglow Papers* (1848), critiques humoristiques, et de satires d'auteurs américains (*Fable pour critiques,* 1848).

LOWELL (Percival), astronome américain (Boston 1855 - Flagstaff, Arizona, 1916). Il se consacra surtout à l'étude de la planète Mars et s'efforça, à partir de 1893, de confirmer l'hypothèse des canaux martiens. En 1894, il fonda à ses frais un observatoire près de Flagstaff. Il prédit par le calcul l'existence d'une planète (Pluton) au-delà de Neptune (1915).

LOWELL (Amy), femme de lettres américaine (Brookline, Massachusetts, 1874 - *id.* 1925). Influencée par les symbolistes français et Ezra Pound, elle publia des poèmes (*Images d'un monde flottant,* 1919) et des essais critiques qui firent d'elle une théoricienne de l'imagisme.

LOWELL (Robert), poète américain (Boston 1917 - New York 1977). Sa poésie, marquée par la réflexion religieuse, a exprimé les hésitations d'un intellectuel libéral, obsédé par le chaos contemporain (*For Lizzie and Harriot,* 1973).

LOWENDAL ou **LOEWENDHAL** (Ulrich Frédéric Valdemar, *comte* DE), maréchal de France d'origine danoise (Hambourg 1700 - Paris 1755). Après la bataille de Fontenoy (1745), il eut le bâton de maréchal.

LÖWENHEIM (Leopold), logicien et mathématicien allemand (Krefeld 1878 - Berlin 1957). On lui doit surtout deux résultats, publiés en 1915 : la décidabilité du calcul des prédicats monadiques du premier ordre, et un théorème, en vertu duquel toute expression du premier ordre que l'on peut satisfaire dans un domaine infini peut aussi être satisfaite dans un domaine dénombrable *(théorème de Löwenheim-Skolem).*

LOWESTOFT, v. de Grande-Bretagne (Suffolk), sur la mer du Nord, au S.-E. de Norwich ; 55 000 hab. Station balnéaire. Port de pêche. Construction navale.

LOWIE (Robert Harry), anthropologue américain d'origine autrichienne (Vienne 1883 - Berkeley, Californie, 1957). Il a écrit *Primitive Society* (1920) et s'est intéressé aux interactions entre folklore, religion et organisation sociale.

LOWLANDS, dépression du centre de l'Écosse qui regroupe la majorité de la population. C'est le cœur économique de l'Écosse, dominé à l'O. par Glasgow, et à l'E. par Édimbourg, Dundee et Aberdeen, dont la prospérité a été renouvelée par l'exploitation des hydrocarbures en mer du Nord.

LOWRY (Malcolm), écrivain britannique (Birkenhead, Cheshire, 1909 - Ripe, Sussex, 1957). Après une jeunesse aventureuse, il publie des nouvelles (*Ultramarine,* 1933) puis, en 1947, un roman, *Au-dessous* du volcan,* qui traduit, à travers une déchéance alcoolique, sa vision tragique de la vie. On lui doit encore un recueil de nouvelles (*Écoute notre voix, Seigneur,* 1961) et un roman inachevé (*Lunar Caustic,* 1963).

LOXODONTE adj. (du gr. *loksos,* oblique). Se dit d'une molaire dont les crêtes d'émail forment des losanges transversaux.

LOXODROMIE n. f. (du gr. *loksos,* oblique). **1.** Ligne qui coupe les méridiens terrestres sous un angle constant ; en partic., route d'un navire ou d'un avion qui suit constamment le même cap. — **2.** Courbe qui fait un angle constant avec tous les méridiens d'une surface de révolution.

LOXODROMIQUE adj. Relatif à la loxodromie.

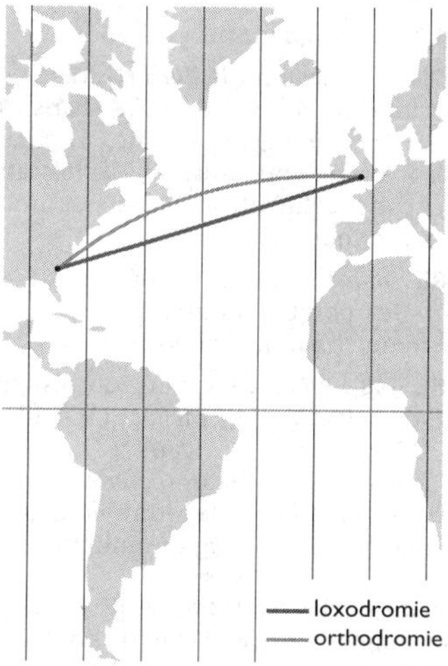

Différence entre **loxodromie** et orthodromie.

LOYAL, E, AUX adj. (lat. *legalis*). **1.** Qui obéit aux lois de l'honneur, de la probité, de la droiture : *Un ami loyal.* — **2.** Qui est inspiré ou marqué par l'honneur, la probité, la droiture : *Des sentiments loyaux.* — **3.** Fam. *À la loyale,* sans tricherie.

Loyal *(Monsieur)* [du n. de Blandin *Loyal* (1796-1867)], au cirque, surnom donné à la majorité des régisseurs de piste.

LOYALEMENT adv. De façon loyale.

LOYALISME n. m. (angl. *loyalism,* du fr. *loyal*). Fidélité au régime établi ou à une autorité considérée comme légitime.

LOYALISTE adj. et n. (angl. *loyalist,* du fr. *loyal*). Dévoué au régime établi.
◆ **loyaliste** n. m. Nom donné à des colons américains qui restèrent fidèles au gouvernement anglais durant la guerre d'Indépendance.

LO-YANG → LUOYANG.

LOYAUTÉ n. f. (de *loyal*). Qualité, caractère de qqn, de qqch qui est honnête, loyal : *Faire preuve de loyauté envers ses amis.*

LOYAUTÉ *(îles),* archipel français du Pacifique, à une centaine de kilomètres, au N.-E. de la Nouvelle-Calédonie, à laquelle il est rattaché administrativement, et formé de trois îles coralliennes (Ouvéa, Lifou et Maré) ; 2 095 km² ; 17 912 hab. L'archipel fut découvert en 1792 par d'Entrecasteaux.

LOYER [lwaje] n. m. (lat. *locarium,* prix du gîte). **1.** Prix du louage d'une chose mobilière ou immobilière, en partic. prix de la location d'un logement. — **2.** *Donner, prendre à loyer,* en location. ‖ *Loyer de l'argent,* taux d'intérêt de l'argent emprunté.

LOYOLA (*saint* Ignace DE) → IGNACE.

LOYSON (Charles), dit **le Père Hyacinthe,** prédicateur français (Orléans 1827 - Paris 1912). Prêtre (1851), religieux carme, orateur très écouté, il quitta son ordre et l'Église après le premier concile du Vatican (1870), et fonda une Église catholique non romaine.

LOZÈRE *(mont),* montagne du Massif central portant le point culminant des Cévennes (1 699 m au *signal de Finiels*).

LOZÈRE (48), dép. de la Région Languedoc-Roussillon ; ch.-l. de dép. *Mende ;* ch.-l. d'arrond. *Florac ;* 2 arrond. ; 25 cant. ; 185 comm. ; 5 167 km² ; 72 825 hab. *(Lozériens).* Le dép. appartient à l'académie de Montpellier, à la cour d'appel de Nîmes, à la région militaire Méditerranée.
S'étendant sur les hautes terres de la Margeride, des Cévennes, du Gévaudan et de l'Aubrac et sur une partie des Grands Causses (Sauveterre, Méjean), le département est presque exclusivement rural, voué à l'élevage. L'industrie est inexistante. L'activité touristique (gorges du Tarn et Cévennes surtout) ne ralentit guère l'émigration dans ce département, le moins peuplé de France, où Mende est la seule ville dépassant 7 000 hab.

LOZIS ou **ROTSÉS,** population bantoue de Zambie (env. 500 000 représentants).

L. P., abrév. de LYCÉE* PROFESSIONNEL.

Lr, symbole chimique du *lawrencium.*

L. S. D. n. m. (all. *Lyserg Säure Diäthylamid*). Diéthylamide de l'acide lysergique, hallucinogène chef de file des dérivés indoliques. (Syn. LYSERGIDE.)
ENCYCL. Le L. S. D. est à l'origine des distorsions perceptives, surtout marquées dans le domaine visuel et pouvant prendre la forme d'hallucinations. Il perturbe aussi l'appréciation du temps. Il entraîne des états confuso-oniriques pouvant être à l'origine d'états de panique. Il est surtout utilisé par les toxicomanes mais n'engendre pas de dépendance physique et la dépendance psychique qu'il induirait est discutée, bien qu'il puisse favoriser l'éclosion de troubles psychotiques.

LSI (sigle de *Large Scale Integration*), se dit d'un circuit intégré à haut degré d'intégration (plusieurs milliers de transistors).

LU → LIRE 1.

Lu, symbole chimique du *lutétium.*

LÜ ou **LIU,** impératrice de Chine (195-180 av. J.-C.). Veuve de Han Gaozu, elle devint régente et exerça le pouvoir avec une impitoyable autorité.

LUALABA (le), nom du cours supérieur du Zaïre, au S. de l'équateur. de sa source à Kisangani. Hydroélectricité.

LUANDA, anc. **São Paulo de Loanda,** cap. de l'Angola ; 1 460 000 hab. Comptoir fortifié fondé par les Portugais en 1576. Raffinerie de pétrole, chimie, alimentation, textile. Aéroport.

LUANG PRABANG ou **LOUANG PRABANG,** v. du Laos, sur le haut Mékong, ch.-l. de prov. ; 44 200 hab. Carrefour fluvial, desservi par un aérodrome, centre de commerce et d'artisanat (laque, travail de l'or et de l'argent).
— **Hist.** et **Archéol.** Établie sur un site préhistorique, elle devint, au XIVᵉ s., la capitale du royaume Lan Xang et le roi Fa Ngum y érigea la statue du Bouddha palladium du royaume : le Pra Bang. En 1563, lorsque la capitale fut transférée à Vientiane, la ville prit le nom de Luang Prabang. Après l'unification du Laos (1946), Luang Prabang fut la capitale royale jusqu'en 1975. De nombreux temples bouddhiques (XVIᵉ-XIXᵉ s.), et plus d'une trentaine de pagodes sont

étagées sur la colline sacrée. La ville est un centre de pèlerinage.

LUANSHYA, v. de Zambie, dans la Copper Belt, au S.-S.-E. de Kitwe ; 147 800 hab. Mine et raffinerie de cuivre. Mécanique.

LUAPULA (la), riv. d'Afrique, qui sert de frontière entre la Zambie et le Zaïre et se jette dans le lac Moero.

LUBAC (Henri Marie Joseph SONIER DE), théologien jésuite français (Cambrai 1896 - Paris 1991). Professeur de théologie fondamentale et d'histoire des religions aux facultés catholiques de Lyon (1929-1960), il insiste sur la nature communautaire du christianisme et la nécessité du dialogue avec les religions non chrétiennes. En 1983, il est créé cardinal par Jean-Paul II. Il a écrit : *Catholicisme, les aspects sociaux du dogme* (1938) ; *le Drame de l'humanisme athée* (1944) ; *Méditation sur l'Église* (1953) ; *la Pensée religieuse du père Pierre Teilhard de Chardin* (1962) ; *Athéisme et Sens de l'homme* (1968).

LUBANGO, anc. **Sá da Bandeira,** v. du sud-ouest de l'Angola, ch.-l. de district ; 105 000 hab. Brasserie.

LUBAS → LOUBAS.

LUBBERS (Rudolf), homme politique néerlandais (Rotterdam 1939). Chrétien-démocrate, il a été Premier ministre de 1982 à 1994.

LUBBOCK, v. des États-Unis (Texas), au S. d'Amarillo ; 174 000 hab. Centre commercial d'une région cotonnière.

LÜBECK, port d'Allemagne (Schleswig-Holstein), sur l'estuaire de la Trave ; 221 000 hab. Vieille cité hanséatique, c'est un centre industriel (métallurgie, textile, agroalimentaire).
— **Hist.** Fondée en 1143 par Adolphe II, comte de Holstein, et favorisée par Henri le Lion, qui s'en empare en 1158, Lübeck devient une ville impériale en 1226. Elle occupe dès le milieu du XIIIe s. une place prépondérante dans la Hanse et atteint son apogée à la fin du XIVe s., exerçant une grande influence économique et politique sur le monde scandinave et baltique (plus de 100 villes adoptent son droit). Acquise à la Réforme en 1530, la ville, dirigée par le bourgmestre Jürgen Wullenwever, représentant d'un courant anabaptiste révolutionnaire, est écrasée par le Danemark en 1535 et son bourgmestre est exécuté en 1537. Dès lors la ville décline. Annexée à l'Empire français (1810), elle entre en 1815 dans la Confédération germanique en tant que ville libre. Elle est incorporée au Schleswig-Holstein en 1937.
— **Bx-arts.** Beaux monuments en brique de la vieille ville médiévale : Holstentor, porte du XVe s. (petit musée) ; hôtel de ville (XIIIe-XVIe s.) ; hôpital du Saint-Esprit (XIIIe s.) ; églises aux hautes tours (cathédrale en partie romane, Marienkirche [XIIIe-XIVe s.], Aegidienkirche...). Musée municipal Ste-Anne. Galerie de peinture dans le Behnhaus, du XVIIIe s.

LUBERON ou **LUBÉRON** (le), chaîne calcaire du Vaucluse, au N. de la Durance ; 1 125 m. La montagne est englobée dans le *parc naturel régional du Luberon* (débordant sur les Alpes-de-Haute-Provence), créé en 1977 et couvrant environ 120 000 ha entre Cavaillon et Manosque.

LUBERSAC (19210), ch.-l. de cant. du nord-ouest de la Corrèze ; 2 263 hab. Église romane.

LUBIE n. f. (lat. *lubere,* var. de *libere,* plaire). Fantaisie soudaine, caprice extravagant : *Avoir des lubies.*

LUBIN, v. de Pologne, en bordure de la plaine silésienne, au N.-O. de Wrocław ; 82 800 hab. Cuivre (bassin de Legnica).

LUBIN (Germaine), cantatrice française (Paris 1890 - *id.* 1979). Elle appartint à l'Opéra de Paris jusqu'en 1944. Soprano, elle se révéla comme l'une des interprètes privilégiées de l'opéra wagnérien.

LUBITSCH (Ernst), cinéaste américain d'origine allemande (Berlin 1892 - Hollywood 1947). En Allemagne, il a signé notamment *Carmen* (1918), *Madame du Barry* (1919), *Anne Boleyn* (1920). Aux États-Unis à partir de 1922, il dirigea *Rosita,* avec Mary Pickford (1923), et réussit les comédies les plus légères du cinéma américain : *le Prince étudiant* (1927), *Parade d'amour,* qui lance le couple Maurice Chevalier-Jeanette MacDonald (1930), *Haute Pègre* (1932), *Sérénade à trois* (1933), *la Veuve joyeuse* (1934), *Ange* (1937), *la Huitième Femme de Barbe-Bleue* (1938), *Ninotchka* (1939), *To be or not to be* (1942), *Le ciel peut attendre* (1943).

LÜBKE (Heinrich), homme d'État allemand (Enkhausen 1894 - Bonn 1972). Député prussien (1931-1933), il fut emprisonné par les nazis (1933-1935). Chrétien-démocrate, il fut président de la République fédérale d'Allemagne de 1959 à 1969.

LUBLIN, v. du sud-est de la Pologne ch.-l. de voïévodie, en bordure du *plateau de Lublin ;* 352 500 hab. Nœud ferroviaire, principal centre industriel (constructions mécaniques, textile) et culturel de l'est du pays. Ensemble historique de la vieille ville (monuments du XIVe au XIXe s.). — Lublin fut en nov. 1918 et en 1944 le siège de gouvernements provisoires de la Pologne.

Lublin *(Union de)* (1er juill. 1569), union de la Pologne et du grand-duché de Lituanie en une « République » gouvernée par un souverain élu en commun. Par cette union, les possessions ukrainiennes du grand-duché de Lituanie furent rattachées à la Pologne.

LUBRICITÉ n. f. (bas lat. *lubricitas, -atis*). Caractère lubrique de qqn, de qqch.

LUBRIFIANT, E adj. et n. m. Se dit d'un produit qui lubrifie.

◆ **lubrifiant** n. m. **1.** Composé ou mélange de composés destiné à faciliter la mise en œuvre des matières plastiques. (Les *lubrifiants internes* sont mélangés avec la totalité de la matière plastique ; les *lubrifiants externes* sont appliqués à la surface des granulés ou des moules.) — **2.** Substance destinée à faciliter les opérations d'abrasion. (→ *encycl.*)

ENCYCL. **Mécan.** Tout corps possédant l'onctuosité et la viscosité voulues peut servir de lubrifiant. Actuellement, on a recours à des huiles presque exclusivement minérales (naturelles ou synthétiques) ou à des produits à base de silicones. On utilise aussi des produits solides, en particulier le soufre, le graphite, le bisulfure de molybdène, et, à très haute température, le verre en poudre.

LUBRIFICATEUR, TRICE adj. Qui sert à lubrifier.

LUBRIFICATION n. f. Action de lubrifier.

ENCYCL. La lubrification d'une machine est le plus souvent effectuée par graissage*. On peut également la réaliser en incorporant aux matériaux en présence des constituants les rendant *autolubrifiants* (alliages antifriction, par ex.), ou en leur faisant subir un traitement de surface approprié (sulfinusation, dépôt de molybdène, etc.).

LUBRIFIER v. t. (lat. *lubricus,* glissant) [conj. 9]. Interposer un film d'un produit approprié entre les surfaces en contact de deux éléments en mouvement l'un par rapport à l'autre pour diminuer le frottement, l'usure et l'échauffement.

LUBRIQUE adj. (lat. *lubricus,* glissant). **1.** Qui a un penchant excessif pour les plaisirs charnels, la luxure. — **2.** Qui manifeste ce sentiment : *Des regards lubriques.*

LUBRIQUEMENT adv. De façon lubrique.

LUBUMBASHI, anc. **Élisabethville,** v. du Zaïre, ch.-l. du Shaba ; 564 830 hab. L'industrie extractive (cuivre surtout) a développé la fonderie et le travail des métaux, la chimie. S'y ajoutent l'alimentation, le textile, la chaussure, le tabac. Université. Aéroport international.

LUBUSZ *(terre de)* ou **ZIEMIA LUBUSKA,** vieille région historique d'Europe, de part et d'autre de la moyenne Odra, à la hauteur de Francfort-sur-l'Oder. Actuellement, ce nom ne s'applique plus qu'à la seule partie demeurée polonaise.

LÜ BUWEI ou **LIU POU-WEI,** homme d'État chinois (v. 300-235 av. J.-C.). Il fut ministre du roi de Qin, qui, en 221 av. J.-C., unifia la Chine. Mécène, il fit compiler par les lettrés de la Cour une somme de théories philosophiques et politiques, le *Lüshi Chunqiu.*

LUC (Le) [83340], ch.-l. de cant. du Var, au N. du massif des Maures ; 6 976 hab. *(Luçois).* Eaux de table. École d'application de l'aviation légère de l'armée de terre.

LUC *(saint),* évangéliste (Iᵉʳ s.). La tradition le fait naître en Syrie, où il exerça la médecine ; collaborateur de saint Paul, il est considéré comme l'auteur de l'Évangile qui porte son nom ainsi que des Actes* des Apôtres. Il est le patron des médecins et des peintres. Il est souvent représenté sous la forme, ou accompagné, d'un bœuf (emprunté à la vision d'Ézechiel).

Luc *(Évangile selon saint),* le troisième des Évangiles canoniques. Composé après l'Évangile de saint Marc, vers 80 de notre ère, il insiste sur l'universalisme du message évangélique et souligne l'intérêt de Jésus pour les humbles et les pauvres et sa miséricorde pour les pécheurs.

LUCA DELLA ROBBIA → DELLA ROBBIA (Luca).

LUCAIN, en lat. **Marcus Annaeus Lucanus,** poète latin (Cordoue 39 apr. J.-C. - Rome 65). Neveu de Sénèque, il fut compromis en 65 dans la conjuration de Pison et contraint de se suicider. Il reste de son œuvre une épopée inachevée, *la Pharsale**.

LUCANE n. m. (lat. sc. *lucanus*). Nom générique du *cerf-volant,* coléoptère remarquable par son dimorphisme sexuel. (Le mâle a des mandibules démesurées, atteignant parfois 8 cm de long ; la larve creuse ses galeries dans le bois des chênes.)

LUCANIE, en lat. **Lucania,** anc. nom d'une région de l'Italie méridionale, qui s'étendait du golfe de Tarente à la Campanie et dont les côtes furent mises en valeur par la colonisation grecque. Les Lucaniens, rameau du peuplement samnite, établis au Vᵉ s. av. J.-C. dans les régions montagneuses, exercèrent une pression croissante sur les cités grecques, auxquelles leur culture fit beaucoup d'emprunts.

LUCANIEN, ENNE adj. et n. De Lucanie.

◆ **lucanien** n. m. Dialecte italien du Sud parlé en Lucanie.

LUCARNE n. f. (altér. de l'anc. fr. *lucanne,* du frq. **lûkinna,* sous l'infl. de l'anc. fr. *luiserne,* lumière, du lat. *lucerna*). **1.** Ouvrage établi en saillie sur une toiture et permettant d'éclairer et de ventiler le comble, d'accéder à la couverture, etc. (→ *encycl.*) — **2.** Dans les meubles de la Renaissance, médaillon sculpté d'où sort une tête de personnage. — **3.** L'un des deux angles supérieurs d'un but de football. — **4.** Fam. *Étrange lucarne,* écran de télévision. ‖ *Lucarne d'entrée, lucarne de sortie,* cercles qui, dans un instrument d'optique, limitent la largeur du champ.

ENCYCL. **Archit.** Les plus petites lucarnes, *outeaux, œils-de-bœuf* ou *chiens-assis,* assurent, comme les chatières, un rôle de ventilation. Les *lucarnes d'accès* peuvent servir de monte-charge, si elles comportent une poulie sous auvent. Les *lucarnes à fenêtre* ont pour but principal de rendre le comble habitable ; leur forme varie selon le profil de la toiture (droite, brisée ou à surcroît) ; elles sont le plus souvent couvertes par un petit toit à deux versants et sont limitées latéralement par deux *jouées* triangulaires.

LUCAS de Leyde, peintre et graveur néerlandais (Leyde 1489 ou 1494 - *id.* 1533). Formé par C. Engebrechtsz., mais aussi marqué par Bosch, Q. Metsys, puis Dürer, il a, au-delà des influences flamandes, allemandes et italiennes, élaboré une œuvre remarquable. La variété des thèmes (portraits, scènes de genre, sujets religieux), l'attention au réel et l'acuité psychologique, la virtuosité capricieuse en même temps que la perfection claire et délicate des gravures (burins et eaux-fortes), une écriture picturale ciselée, mais qui s'ouvre sur un sentiment nouveau de l'espace (triptyque du *Jugement dernier,* 1527, Leyde), lui ont assuré une réputation européenne.

LUCAS (Robert E.), économiste américain (Yakima, État de Washington, 1937). Professeur à l'université de Chicago, il est l'auteur de travaux sur les anticipations rationnelles qui ont profondément modifié l'analyse macro-économique. (Prix Nobel 1995.)

LUCAS (George), cinéaste et producteur américain (Modesto, Californie, 1944). Réalisateur de *American Graffiti* (1973) et de *la Guerre des étoiles* (1977), œuvre de science-fiction célèbre pour ses effets spéciaux, il a bâti un véritable empire reposant sur la production de films (de S. Spielberg, R. Zemeckis, etc.) et sur le développement des technologies les plus avancées en matière de création d'images et de sons.

LUCAS-CHAMPIONNIÈRE (Just), chirurgien français (Saint-Léonard, Oise, 1843 - Paris 1913). Il a pris une part très importante en France à l'introduction de la méthode antiseptique. (Acad. des sc., 1912.)

LUCAYES *(îles)* → BAHAMAS.

LUCCA, nom italien de Lucques.

LUCCIONI (José), chanteur français (Bastia 1903 - Marseille 1978). Il débuta en 1931 et appartint, comme ténor, à l'Opéra de Paris jusqu'en 1962. Il fut un Othello renommé.

LUCE *(sainte)* → LUCIE.

LUCE (Maximilien), peintre français (Paris 1858 - *id.* 1941). Lié avec les néo-impressionnistes, cet autodidacte fut aussi l'ami des écrivains anarchistes. Son œuvre, d'inspiration sociale, passe du pointillisme à un impressionnisme teinté de fauvisme (*la Fonderie,* 1899, musée Kröller-Müller, Otterlo).

LUCÉ (28110), ch.-l. de cant. d'Eure-et-Loir, banlieue de Chartres ; 19 044 hab. *(Lucéens).* Métallurgie de l'aluminium. Constructions mécaniques.

LUCEBERT (Lubertus Jacobus SWAANSWIJK, dit), poète et peintre néerlandais (Amsterdam 1924), le plus important représentant de la poésie « expérimentale » (*les Récoltes du Labyrinthe,* 1980 ; *Console, le robot hystérique,* 1989).

LUCERA, v. d'Italie, dans la Pouille (prov. de Foggia) ; 32 500 hab. Imposant château de Frédéric II de Hohenstaufen et de Charles Ier d'Anjou. Cathédrale du XIVe s.

LUCÈRES, une des trois tribus primitives du peuple romain.

1. LUCERNAIRE n. m. (lat. *lucernarium,* de *lucerna,* lampe). **1.** Office religieux célébré à la tombée du jour. — **2.** Puits creusé, au IVe s., pour donner accès dans les catacombes de Rome.

2. LUCERNAIRE n. f. (de *lucernaire 1*). Méduse acalèphe très commune, fixée par un pédoncule ombrellaire aux herbes marines.

LUCERNE, en all. **Luzern,** v. de Suisse, ch.-l. du *canton de Lucerne,* à l'extrémité N.-O. du lac des Quatre-Cantons, qui se déverse à cet endroit dans la Reuss ; 62 000 hab. *(Lucernois)* [plus de 150 000 dans l'agglomération]. Pittoresque ville ancienne aux nombreux souvenirs du Moyen Âge, de la Renaissance et de l'âge baroque. Musées. Nœud ferroviaire et autoroutier et centre touristique, autour de la vieille ville-pont et aux bords du lac. Industries mécaniques et textiles. — Le *canton de Lucerne* a 1 492 km² et 326 268 hab. Il s'appuie au S. sur les hauteurs alpestres dominant la haute vallée de l'Aar et s'abaisse au N. vers la basse vallée de l'Aar. L'alignement des vallées au N., les digitations du lac au S. ont fait du canton le débouché du Saint-Gothard vers les pays germaniques et contribué à sa fortune passée et actuelle (rail et route de Bâle au Saint-Gothard). Le tourisme, surtout l'été, attire étrangers et nationaux. L'élevage laitier domine la vie agricole et l'industrie se développe sur le fond plat des vallées au N. de Lucerne.

— **Hist.** Lucerne se développa autour d'un couvent bénédictin fondé au VIIIe s. Elle acquit de l'importance au XIIIe s. avec l'ouverture du Saint-

Gothard. Elle adhéra en 1332 à la Confédération des cantons de Uri, Schwyz et Unterwald. Elle demeura un des bastions du catholicisme en Suisse.

LUCERNE *(lac de)* → QUATRE-CANTONS (lac des).

LUCHAGE n. m. Action de lucher.

LUCHE n. f. Outil pour lucher.

LUCHER v. t. (lat. pop. *lucicare,* du lat. class. *lucere,* briller) [conj. 3]. Frotter la dentelle avec un outil de verre, pour lui donner du lustre.

LUCHON → BAGNÈRES-DE-LUCHON.

LUCIDE adj. (lat. *lucidus*). **1.** Qui juge, voit clairement, objectivement les choses dans leur réalité ; se dit de ce qui est ainsi jugé : *Un esprit lucide. Analyse lucide de la situation.* — **2.** Qui est conscient, qui a toute sa connaissance : *Il a été lucide jusqu'à la fin.*

LUCIDEMENT adv. De façon lucide.

LUCIDITÉ n. f. (bas lat. *luciditas, -atis*). **1.** Qualité de qqn, de qqch de lucide : *Regarder les choses avec lucidité.* — **2.** État de qqn, qui a toute sa conscience : *Il a gardé jusqu'au bout toute sa lucidité.* — **3.** Syn. de PERCEPTION* EXTRASENSORIELLE.

LUCIE ou **LUCE** *(sainte),* vierge et martyre (Syracuse IIIe s. ?). Son culte est très ancien, mais sa passion comporte des détails légendaires.

Lucie de Lammermoor, opéra en 3 actes de G. Donizetti, sur un livret de Salvatore Cammarano, d'après *la Fiancée de Lammermoor* (1819) de Walter Scott (San Carlo, Naples, 1835). Cet opéra de cape et d'épée demeure célèbre notamment pour la scène de folie de l'héroïne.

LUCIEN d'Antioche *(saint),* prêtre et martyr (Samosate v. 235 - Antioche 312). Il fonda l'école exégétique d'Antioche, qui se dressa contre l'interprétation allégorique de l'école d'Alexandrie et s'attacha à l'interprétation littérale et historique de la Bible. Arius fut son élève.

LUCIEN de Samosate, philosophe grec (Samosate, Syrie, v. 125 - v. 192). Il fit des études d'avocat puis de nombreux voyages. Dans les 82 ouvrages qui nous sont parvenus sous son nom, il apparaît comme frondeur et satirique à l'égard de la religion, de l'art et des valeurs établies *(Dialogues des morts, l'Assemblée des dieux, Apologie pour les salariés).*

LUCIEN BONAPARTE → BONAPARTE.

Lucien Leuwen, roman de Stendhal, inachevé, publié en 1855 sous le titre du *Chasseur vert,* puis en 1894 sous son véritable nom : c'est l'histoire d'un jeune intellectuel bourgeois qui, sous Louis-Philippe, cherche en vain un métier où l'on puisse servir l'État honnêtement.

LUCIFER, nom donné à Satan. Durant les premiers siècles de l'Église, le nom de Lucifer a été appliqué au Christ, véritable « porte-lumière ».

LUCIFÉRASE n. f. (lat. *lucifer,* qui apporte la lumière). Enzyme propre aux animaux lumineux qui provoque l'émission de lumière en catalysant l'oxydation de la luciférine.

LUCIFÉRIEN, ENNE adj. **1.** Relatif à Lucifer. — **2.** *Litt.* Qui tient du diable.

◆ **luciférien** n. m. Au Moyen Âge, membre de certaines sectes satanistes qui rendaient un culte à Lucifer.

LUCIFÉRINE n. f. (lat. *lucifer,* qui apporte la lumière). Composé dont l'oxydation produit la luminescence de certaines insectes (bolitophile, luciole, lampyre, phosphère).

LUCIFUGE adj. Se dit des animaux fouisseurs ou nocturnes qui évitent la lumière.

LUCILIE n. f. (lat. sc. *lucilia*). Mouche d'un vert métallique, vivant sur les fleurs et les déchets organiques, et pouvant pondre sur la viande. ‖ *Lucilie bouchère,* espèce originaire d'Amérique, qui pond sur les plaies des mammifères et dont les larves se développent en consommant la chair de leur hôte.

LUCILIUS (Caius), poète latin (Suessa, auj. Sessa, Aurunca, Campanie, v. 180 - Naples 102 av. J.-C.). Il appartint au cercle des Scipions et fut le créateur de la satire romaine.

Lucilius *(Lettres à),* recueil de 124 lettres adressées par Sénèque à Lucilius Junior (poète latin du Ier s. apr. J.-C.). Cette correspondance composée v. 63 apr. J.-C. est un guide d'initiation à la morale stoïcienne.

LUCILLE, en lat. **Annia Lucilla,** impératrice romaine (149 - Capri 182), fille de Marc Aurèle et de Faustine, femme de Lucius Verus. Elle conspira contre son frère Commode, fut exilée à Capri et mise à mort.

LUCINE n. f. Mollusque bivalve à la coquille arrondie, épaisse, ornée de stries ou de lames concentriques, répandu dans toutes les mers.

LUCIOLE n. f. (ital. *lucciola,* de *luce,* lumière). Coléoptère lampyridé *(ver luisant)* dont les deux sexes sont ailés et lumineux. (Les lucioles sont essentiellement nocturnes ; leurs mœurs sont celles des lampyres.)

LUCITE n. f. Lésion cutanée causée par les radiations lumineuses.

LUCIUS Ier *(saint)* [Rome - † 254], pape en 253-254. Il est honoré comme martyr.

LUCIUS II (Gerardo CACCIANEMICI) [Bologne - Rome 1145], pape en 1144-45.

LUCIUS III (Ubaldo ALLUCINGOLI) [Lucques - Vérone 1185], pape de 1181 à 1185. Malgré la protection de Frédéric Barberousse, il ne put venir à bout de l'indépendance de la commune de Rome et dut résider hors de la ville.

LUCIUS, fils d'Agrippa → CÉSAR (Caius et Lucius).

LUCIUS VERUS, césar romain → VERUS.

LUCKNER (Nicolas, *comte*), maréchal de France (Cham, Bavière, 1722 - Paris 1794). Il commanda l'armée du Rhin, celle du Nord, puis celle du Centre (1792). Généralissime, soupçonné de trahison, il fut arrêté (oct. 1793) et condamné à mort par le tribunal révolutionnaire.

LUCKNOW, v. de l'Inde, cap. de l'Uttar Pradesh ; 1 642 134 hab. Centre industriel (métallurgie, textile) et commercial. Artisanat. Université.
— **Hist.** Lucknow, dont la fondation ne remonte pas au-delà du XVIe s., fut la capitale des *nababs* de l'Aoudh, de 1775 jusqu'à l'annexion de cette province par les Anglais, en 1856.

Lucky Luke, héros de bande dessinée créé par Morris en 1946, dans l'*Almanach Spirou*. Monté sur son cheval Jolly Jumper, ce cow-boy solitaire au cœur pur parcourt un Ouest américain légendaire et parodique.

LUÇON (85400), ch.-l. de cant. du sud de la Vendée, en bordure du Marais poitevin ; 9 483 hab. *(Luçonnais)*. Cathédrale (XIIe, XIIIe-XIVe et XVIIIe s.), évêché (cloître du XVIe s.) et autres édifices religieux. Laiterie. Confection.

LUÇON ou **LUZON,** la plus vaste (108 172 km²) et la plus peuplée (23 901 000 hab.) des îles des Philippines. Les massifs montagneux, parfois volcaniques sont coupés de fossés d'effondrement (plaine de Cagayan au nord, plaine centrale autour de Manille). Dans l'ouest une saison sèche d'hiver suit la mousson d'été, tandis que dans l'est règne un climat subéquatorial. La riziculture partout présente est complétée par des cultures commerciales (cocotier, abaca, tabac, canne à sucre). Gisements de chrome, d'or et de cuivre. La vie urbaine est dominée par Manille.

LUCQUES, en ital. **Lucca,** v. d'Italie, en Toscane, ch.-l. de prov., sur le Serchio ; 91 000 hab. *(Lucquois)*. Archevêché. Université. Centre commercial et industriel (agroalimentaire, tabac, mécanique, textile).
— **Hist.** Ancienne colonie latine (*Luca,* 177 av. J.-C.), puis marquisat, la ville acquiert ses institutions communales fin XIe -début XIIe s. Malgré des conflits intérieurs, elle connaît un grand essor industriel (laine, soieries) et commercial. Convoitée par de puissants voisins (Pise, Florence, Milan, Gênes), elle lutte pour son indépendance notamment avec son duc, Castruccio Castracani (1316-1328). Son régime républicain devient oligarchique au XVIe s. Elle sera ensuite la capitale d'une principauté (1805), puis d'un duché (1815-1847).
— **Bx-arts.** Derrière la ceinture régulière de ses remparts (en partie d'origine romaine), la ville a conservé ses monuments et son tissu urbain d'accompagnement. Églises riches en œuvres d'art : cathédrale (XIe-XVe s.) et église S. Michele (XIIe-XIIIe s.), habillées d'arcatures pisanes ; S. Frediano (XIIe-XVIe s.) ; etc. Palais des XIVe et XVe s. Musées.

LUCRATIF, IVE adj. (lat. *lucrativus*). **1.** Qui procure un gain financier : *Association à but non lucratif.* — **2.** Qui procure un bénéfice important, laisse de gros profits : *C'était là une opération lucrative.*

LUCRATIVEMENT adv. De façon lucrative.

LUCRE n. m. (lat. *lucrum*). Profit, argent, considéré en lui-même et recherché avec avidité : *Avoir le goût du lucre.*

LUCRÈCE, en lat. **Lucretia,** femme de Tarquin Collatin, parent de Tarquin le Superbe. Violée par Sextus, fils du roi, elle se tua d'un coup de poignard. Aussitôt, Junius Brutus appela le peuple à la révolte et proclama la déchéance des Tarquins, mettant ainsi fin à la royauté (509 av. J.-C.).

Lucrèce, tragédie historique de François Ponsard (1843), qui marqua la réaction contre l'école romantique.

LUCRÈCE, en lat. **Titus Lucretius Carus,** poète latin (Rome ? v. 98 - 55 av. J.-C.). Il a analysé dans son *De natura* rerum* les théories énoncées par Démocrite, Empédocle et Épicure, et leur conception du système atomique. Le poète expose sa morale du plaisir, ou bien suprême, et montre que les passions et les craintes qu'éprouvent les hommes les écartent du bonheur. Son œuvre a eu une grande influence, fournissant le modèle d'une démonstration rigoureuse servie par la sensibilité artistique du poète.

LUCRIN *(lac),* en lat. **Lucrinus lacus,** anc. lac de la Campanie, près de l'Averne.

LUCULLUS (Lucius Licinius) → LICINIUS LUCULLUS (Lucius).

LUCUMA n. m. Arbre ou arbuste (sapotacée) originaire d'Amérique du Sud, portant de gros fruits charnus comestibles.

LUCUMON n. m. (lat. *lucumo, -onis*). **1.** Magistrat suprême d'une cité étrusque. — **2.** Chef de la Confédération étrusque.

LUCY ou **LUCIE,** nom donné à un squelette féminin d'*Australopithecus afarensis* ayant vécu il y a 3,3 millions d'années et découvert en Éthiopie en 1974. (Lucy mesurait entre 1,10 et

1,20 m et ses jambes étaient relativement très courtes ; il est probable qu'elle marchait courbée et que sa bipédie était encore imparfaite.)

LÜDA ou **LIU-TA,** conurbation de la Chine du Nord-Est (Liaoning), à l'extrémité de la péninsule du Liaodong, qui regroupe Dalian (Dairen) et Lüshun (Port-Arthur).

LUDDISME n. m. (angl. *luddism*). Organisation et action des luddites.

LUDDITE n. m. (angl. *luddite,* de *Ludd,* n. pr.). Membre d'une des bandes d'ouvriers du textile anglais, menés par Ned Ludd, qui, de 1811 à 1813 et en 1816, s'organisèrent pour détruire les machines, accusées de provoquer le chômage. ◆ adj. Relatif aux luddites.

LUDE (Le) [72800], ch.-l. de cant. de la Sarthe, sur le Loir ; 4 448 hab. *(Ludois).* Château surtout des XVe, XVIe et XVIIe s. Marché. Tourisme.

LUDENDORFF (Erich), général allemand (Kruszewnia, Posnanie, 1865 - Tutzing 1937). Chef de la division « opérations » (1908-1912), il fut à l'origine du plan de concentration appliqué à la France en 1914. Chef d'état-major d'Hindenburg en Prusse-Orientale, il commanda le VIIIe armée, puis le front est (nov. 1914). Quartier-maître général d'Hindenburg (août 1916), il imposa la mobilisation de toutes les ressources, la guerre sous-marine à outrance et l'extension des buts de guerre à l'Est (1917). Après avoir mis la Russie hors de combat, il lança toutes ses forces contre la France sans parvenir à vaincre Foch. Relevé de ses fonctions (26 oct. 1918), il partit pour la Suède puis se fixa en Bavière. Il participa avec Hitler au putsch de Munich (1923) et fut jusqu'à sa mort un pangermaniste actif et convaincu.

LÜDENSCHEID, v. d'Allemagne (Rhénanie-du-Nord-Westphalie) ; 74 600 hab. Constructions mécaniques et électriques. Plastiques.

LÜDERITZ, anc. **Angra Pequena,** port de la côte sud de la Namibie, sur l'Atlantique ; 6 640 hab. Débouché du chemin de fer qui dessert le sud du pays.

LUDHIĀNA, v. de l'Inde (Pendjab), au N.-O. de Chandigarh ; 1 012 062 hab. Centre textile (coton, laine) avec, en outre, des industries métallurgiques et alimentaires.

LUDICIEL n. m. Logiciel de jeu.

LUDIEN n. m. (de *Ludes,* n. pr.). Sous-étage du bartonien.

LUDION n. m. (lat. *ludio, -onis,* histrion). Fiole ou figurine creuse, ouverte à sa partie inférieure et lestée de façon à couler ou à émerger dans un liquide où elle est plongée lorsque la pression à la surface libre du liquide varie. (Les variations de pression sont généralement produites en appuyant sur une membrane fermant le récipient.)

LUDIQUE adj. (lat. *ludus,* jeu). Qui relève du jeu : *L'activité ludique des enfants.*

LUDISME n. m. (lat. *ludus,* jeu). Comportement caractérisé par la recherche systématique du jeu sous toutes ses formes.

LUDLAMITE n. f. (de *Ludlam,* n. pr.). Phosphate hydraté naturel de fer.

LUDLOCKITE n. f. Arséniate de fer et de plomb, triclinique, en fines aiguilles rouges.

LUDLOW (Edmund), parlementaire anglais (Maiden Bradley, Wiltshire, 1617 - Vevey, Suisse, 1692). Membre du tribunal qui condamna à mort Charles Ier, il commanda en 1651-52 l'armée d'Irlande, mais s'opposa au protectorat de Cromwell.

LUDLOWIEN n. m. (de *Ludlow,* n. pr.). Étage du système silurien.

LUDMILA *(sainte),* patronne de la Bohême (Mělnik 860 - Tetin 921), femme de Bořivol Ier.

LUDOBUS [-bys] n. m. (de *ludothèque* et *bus*). Ludothèque itinérante installée dans un véhicule automobile.

LUDOLOGUE n. Personne qui crée des jeux pour les médias.

LUDON-MÉDOC (33290), comm. de la Gironde, sur la Garonne ; 2 839 hab. *(Ludonnais).* Vins.

LUDOTHÈQUE n. f. (lat. *ludus,* jeu). Local comportant une collection de jeux, de jouets qu'un organisme met à la disposition du public, en partic. des enfants ; cet organisme lui-même.

LUDOVIC SFORZA le More (Vigevano 1452 - Loches 1508), duc de Milan (1494-1499 et 1500), fils cadet de François Ier Sforza. Duc de Bari (1479), il obtint à la mort de son neveu Jean Galéas, dont il avait été régent, la couronne ducale, grâce à l'alliance française (1494). La cour de Milan brilla grâce à son mécénat. En 1500, après avoir repris Milan occupée par Louis XII, Ludovic fut capturé à Novare et interné en France.

LUDRES (54710), comm. de Meurthe-et-Moselle, banlieue sud de Nancy ; 6 255 hab. *(Ludréens).* Industries alimentaires.

LUDWIG (Christian Gottlieb), botaniste allemand (Brieg, Silésie, 1709 - Leipzig 1773). C'est, après Linné, le botaniste qui a le plus contribué aux progrès de la science descriptive au XVIIIe s.

LUDWIG (Otto), écrivain allemand (Eisfeld 1813 - Dresde 1865). Il connut le succès au théâtre avec *le Forestier héréditaire* (1850) et fut un romancier d'inspiration réaliste (*Entre ciel et terre,* 1856).

LUDWIG (Christa), cantatrice allemande (Berlin 1928). Elle a débuté en 1946 et mené une brillante carrière dans les rôles de mezzo-soprano et de soprano dramatique.

Ludwig *(angine de),* phlegmon gangreneux du plancher de la bouche et de la région sus-hyoïdienne.

LUDWIGIA n. m. (de C. G. *Ludwig,* n. pr.). Plante aquatique vivace (œnothéracée) à feuilles pétiolées, entières, très employée pour l'ornementation des aquariums.

LUDWIGSBURG, v. d'Allemagne (Bade-Wurtemberg) ; 81 500 hab. Château baroque du début du XVIIIe s. Métallurgie et mécanique. Industries alimentaires et textiles. Instruments de musique. Manufacture de porcelaine en activité de 1758 à 1824. – Aux environs, châteaux de Monrepos et de Favorite.

LUDWIGSHAFEN AM RHEIN, v. d'Allemagne (Rhénanie-Palatinat), sur la rive gauche du Rhin, en face de Mannheim ; 168 130 hab. Centre d'industries chimiques. Mécanique. Verrerie. Aluminium.

LUÉTIQUE adj. et n. Relatif au luétisme ; dont la diathèse est le luétisme.

LUÉTISME n. m. ou **LUÈSE** n. f. (lat. *lues,* peste). Une des trois diathèses homéopathiques fondamentales décrites par S. Hahnemann, faite de désordres découlant d'une syphilis antérieure ayant touché le sujet lui-même ou l'un des ascendants.

ENCYCL. De nos jours, le luétisme est rattaché, outre à une éventuelle hérédité syphilitique, à d'autres facteurs : alcoolisme, tabagisme, consanguinité. Sur le plan clinique on lui rattache des malformations touchant le squelette et l'appareil tendineux, des malformations cardio-vasculaires, et des troubles endocriniens.

LUETTE n. f. (de *l'* et anc. fr. *uete,* luette, du lat. pop. *uvitta,* dimin. de *uva,* raisin). Appendice charnu mobile et contractile qui pend au bord libre postérieur du voile du palais, et joue un rôle dans la déglutition et dans la phonation.

LUEUR n. f. (lat. pop. *lucore,* du lat. class. *lucere,* briller). **1.** Lumière faible : *Les premières lueurs de l'aube.* – **2.** Clarté vive, mais éphémère : *La lueur d'un éclair.* – **3.** Éclat fugitif du regard manifestant un sentiment, une qualité : *Une lueur d'envie, une lueur malicieuse brilla dans ses yeux.* – **4.** Un peu de, une fugitive manifestation de : *Garder une lueur d'espoir.*

LUFFA [lu-] n. m. (ar. *luff*). Cucurbitacée annuelle grimpante des régions chaudes d'Asie et d'Afrique. [Syn. ÉPONGE VÉGÉTALE.]

Lufthansa, société allemande de transports aériens, créée en 1926. Elle assura régulièrement l'apport du courrier en provenance de l'Amérique du Nord, du pont du navire allemand Bremen, en plein Océan, jusqu'à Cherbourg, réduisant ainsi de 24 heures la durée d'acheminement de la poste et, en 1932, organisa le transport du courrier à destination du Brésil et du Chili. En 1934, elle inaugura les premiers services aériens de passagers au-dessus de l'Atlantique sud, et, à la veille de la Seconde Guerre mondiale, établit un service postal régulier Allemagne-Amérique du Nord. Après une interruption de quinze ans due à la guerre, la compagnie fut reformée sous le même nom en 1955.

Luftwaffe, nom donné à l'armée de l'air allemande à sa création, en 1935, par Göring et toujours employé dans la Bundeswehr.

LUGANO, v. de Suisse (cant. du Tessin), sur le *lac de Lugano ;* 27 800 hab. Importante station climatique et centre de villégiature. Fabriques de chocolat, de cigarettes. – Le *lac de Lugano* ou *de Ceresio* (50 km^2), entre la Suisse et l'Italie, divisé en deux bras est traversé par une jetée de 800 m supportant le chemin de fer du Saint-Gothard. – **Bx-arts.** Cathédrale médiévale, aux décors Renaissance et baroques. Églises, dont S. Maria degli Angioli (début XVIe s. ; fresques de Luini, 1529). Musée.

LUGBARAS, population du groupe soudanais, située à l'extrême est de l'Ouganda, réunissant environ 500 000 représentants.

LUGDUNUM, nom latin de Lyon.

LUGE [lyʒ] n. f. (mot savoyard, du bas lat. *sludia*). **1.** Petit traîneau utilisé pour glisser sur la neige : *Les enfants font de la luge sur la pente.* – **2.** Sport pratiqué avec ce traîneau. (Les épreuves de luge sont inscrites aux jeux Olympiques depuis 1964.)

LUGEON (Maurice), géologue et minéralogiste suisse (Poissy 1870 - Lausanne 1953). Il adopta la notion de nappe de charriage et l'appliqua au Chablais. Il a travaillé également sur l'érosion fluviale.

LUGER [lyʒɛr] n. m. (de M. *Luger,* n. pr.). Pistolet automatique allemand de 9 mm.

LUGER [-ʒe] v. i. (de *luge*) [conj. **17**]. Se livrer au sport de la luge.

LUGEUR, EUSE n. Personne qui se livre au sport de la luge.

LUGNÉ-POE (Aurélien Marie LUGNÉ, dit), acteur, écrivain et directeur de théâtre français (Paris 1869 - Villeneuve-lès-Avignon 1940). Fondateur du théâtre de l'Œuvre, il fit connaître en France les grands dramaturges étrangers (Ibsen, Strindberg, Hofmannsthal, Hauptmann, D'Annunzio) et encouragea de jeunes auteurs français (Bataille, Claudel, Jarry, etc.). Il a publié un livre de souvenirs, *la Parade* (1930-1936), et un ouvrage sur *Ibsen* (1936).

LUGO, v. d'Espagne, en Galice, ch.-l. de prov., dans la vallée supérieure du Miño ; 83 242 hab. Enceinte en partie romaine (IIIe s.). Cathédrale romano-gothique (XIIeXIIIe s.) avec parties du XVIIIe s. Musée. Centre commercial. Industrie alimentaire.

LUGOL n. m. **1.** Soluté iodo-ioduré utilisé en thérapeutique par voie buccale, plus particulièrement dans les affections thyroïdiennes, sous contrôle médical. — **2.** *Test au lugol,* syn. de TEST DE SCHILLER.

LUGONES (Leopoldo), écrivain et homme politique argentin (Rio Seco, Córdoba, 1874 - Buenos Aires 1938). Ses poésies (*Odas seculares,* 1910) et ses récits de facture gauchesque (*La guerra gaucha,* 1905) font de lui le principal représentant du mouvement moderniste en Argentine.

LUGUBRE adj. (lat. *lugubris,* de *lugere,* se lamenter). **1.** Qui exprime le deuil, la douleur, une sombre tristesse : *Une mine lugubre.* — **2.** Qui inspire une tristesse mêlée d'effroi : *Une maison lugubre.* — **3.** Triste, qui fait naître la tristesse, l'ennui : *La soirée a été lugubre.*

LUGUBREMENT adv. De façon lugubre.

LUGURUS, population bantoue, située à l'est de la Tanzanie, rassemblant environ 400 000 membres.

LUHSIEN → LUZHOU.

LUHYAS ou **LUYIAS** → KAVIRONDOS.

LUI pron. pers. m. et f., ou pron. réfl. de la 3e pers. (lat. pop. **illui,* altér. du lat. class. *illī,* datif de *ille,* celui-ci). **1.** Pronom atone masculin et féminin, objet indirect d'un verbe : *Voilà ce que je lui ai entendu dire.* — **2.** Pronom accentué, uniquement masculin, sujet, attribut du sujet, objet direct, apposition, compl. précédé d'une préposition (il peut être renforcé par *même : lui-même*) : *Sans la liberté, l'homme n'est pas lui-même.* — REM. *Lui* accentué s'est substitué à *soi* masc. sing. (sauf quand le sujet est indéterminé : *L'égoïste ne pense qu'à lui. Chacun doit rester chez soi*).

LUIDIA n. f. (de *Luid,* n. pr.). Grande astérie fragile, aux longs piquants, des fonds littoraux, qui présente 7 bras, mode de symétrie unique dans le monde vivant.

LUIK, nom néerlandais de Liège.

LUINI (Bernardino), peintre italien (Luino ?, lac Majeur, v. 1485 - Milan ? 1532). Connu surtout par ses *Vierges à l'Enfant* de type léonardesque (Wallace Collection, Ermitage, Brera, etc.), il est également l'auteur de fresques pour des églises (S. Maurizio à Milan, Saronno, etc.), pour des palais et des villas, dont une dizaine d'exemples sont conservés au musée du Louvre.

LUIRE v. i. (lat. pop. **lucīre,* du lat. class. *lucere*) [conj. **97**]. **1.** Briller de sa lumière propre : *Le soleil luit.* — **2.** Réfléchir la lumière : *Les casques luisaient au soleil. Son front luisait de sueur.* — **3.** En parlant des yeux, exprimer avec vivacité un sentiment : *Son regard luisait de colère.* — **4.** Se manifester dans les yeux, le regard avec vivacité, en parlant d'un sentiment : *L'envie luisait dans ses yeux.* — **5.** *Litt.* Apparaître, se manifester avec éclat : *Un espoir luit encore.* — **6.** *Faire luire qqch à qqn,* le lui faire miroiter de façon trompeuse : *On lui a fait luire la possibilité d'une promotion.*

LUIRE *(grotte de la),* grotte qui servit de poste de secours aux blessés du Vercors* pendant les combats de 1944. Découverts le 27 juill. 1944 par les SS, blessés et personnel médical y furent assassinés.

LUIS de Granada → LOUIS DE GRENADE.

LUIS de León (Fray), écrivain espagnol (Belmonte, Cuenca, 1527 - Madrigal de las Altas Torres, Ávila, 1591). Professeur de théologie à l'université de Salamanque, il fut traduit en 1572 devant l'Inquisition. Son chef-d'œuvre (*les Noms du Christ,* 1583), d'un profond mysticisme, contient de fines analyses morales.

LUISANCE n. f. *Litt.* Qualité de ce qui luit ; éclat lumineux.

LUISANT, E adj. (de *luire*). Qui a des reflets lumineux ou qui brille sous l'effet de quelque agent : *Le pavé est luisant après la pluie.*
◆ **luisant** n. m. Aspect d'une matière, d'une surface qui reluit : *Le luisant d'une étoffe, d'un vernis.*

LUISANT (28600), comm. d'Eure-et-Loir, banlieue sud de Chartres ; 6 449 hab. Imprimerie.

LUISILLO (Louis PÉREZ-DÁVILA, dit), danseur et chorégraphe espagnol (Mexico 1927). Il s'inspire autant du flamenco que de la tradition classique espagnole : *Luna de sangre* (d'après García Lorca, 1952) ; *El Prisionero y la Rosa, El Ciego* (1955) ; *Llanto por un torero* (d'après García Lorca, 1958) ; *Don Quichotte* (1963) ; *Capricho español* (mus. de Rimski-Korsakov, 1966) ; *Boléro* (mus. de Ravel, 1967).

LUKÁCS (György), philosophe et homme politique hongrois (Budapest 1885 - *id.* 1971). Membre du parti communiste hongrois à partir de 1918, il a été ministre de la Culture en 1956 dans le gouvernement Nagy. Sa philosophie, retenant de Hegel la méthode, interprète les thèses de Marx dans une perspective humaniste (*Histoire* et Conscience de classe,* 1923). Poursuivant une réflexion sur l'art et la littérature, il s'est attaché à fonder une esthétique marxiste (*l'Évolution du drame moderne,* 1908 ; *le Roman historique,* 1936 ; *Balzac et le réalisme français,* 1936).

ŁUKASIEWICZ (Jan), logicien et philosophe polonais (Lemberg, auj. Lvov, 1878 - Dublin 1956). Il a le premier énoncé une logique trivalente, admettant le vrai, le faux et le possible, cette dernière valeur étant à peu près synonyme de « indéterminé » et de « futur » (*Elements of Mathematical Logic,* 1929).

LUKÉNIÉ → FIMI.

LULEÅ, port de Suède, ch.-l. de la province *(län)* de Norrbotten, à l'embouchure du *Lule älv,* dans le golfe de Botnie ; 66 400 hab. Exportation des bois et du minerai de fer lapon. Aciérie. Chantiers navals. — Le *Lule älv* (450 km) est coupé de chutes (Porjus et Harsprånget) utilisées par des centrales hydroélectriques.

LULLE (*bienheureux* Raymond), en catalan **Ramon Llull,** en esp. **Raimundo Lulio,** érudit, philosophe, théologien et poète catalan (Palma de Majorque v. 1235 - Bougie ou Palma 1315). Son prosélytisme chrétien le conduisit dans les pays méditerranéens où il mena une croisade intellectuelle destinée à provoquer des rencontres entre savants de religions différentes, en vue de l'unification religieuse du monde. Esprit encyclopédique, il a écrit 150 ouvrages en latin, catalan ou arabe, dont il faut retenir : *le Livre du gentil et des trois sages* (1270) ; *l'Ars magna* (1275) ; *l'Arbre de la science* (1295) et *l'Arbre de la philosophie de l'amour* (1296) ; enfin, *El Desconhort* (1300), œuvre maîtresse de la poésie catalane. C'est indûment qu'on a fait de Raymond Lulle l'un des maîtres de l'alchimie.

LULLY ou **LULLI** (Jean-Baptiste), compositeur italien naturalisé français (Florence 1632 - Paris 1687). Arrivé en France en 1646, il entre au service de Mlle de Montpensier. Excellent violoniste, il gagne la confiance du jeune Louis XIV, qui le nomme compositeur de la musique de la Chambre et lui confie les ballets de cour. En 1661, il reçoit la charge de surintendant de la musique. De 1664 à 1670, il collabore avec Molière à des comédies-ballets : *le Mariage forcé* (1664), *l'Amour médecin* (1665), *le Bourgeois gentilhomme* (1670). En 1672, il se brouille avec Molière, et se tourne vers l'Opéra. En collaboration avec Quinault, il crée en 1673, avec *Cadmus et Hermione,* un genre musical nouveau : la tragédie lyrique. Il en composera en moyenne une par an. Les plus célèbres sont : *Alceste* (1674), *Thésée* (1675), *Isis* (1677), *Amadis* (1684) et *Armide* (1686). Il a laissé également deux ballets, *le Triomphe de l'Amour* (1681), *le Temple de la Paix* (1685), et une pastorale, *Acis et Galatée* (1686). Il a composé également de la musique religieuse : *Miserere* (1664), *Te Deum* (1677), *De profundis* (1683), *Dies irae.* Son art le situe comme le meilleur représentant de la musique française en son temps.

LULU n. m. (onomat.). Alouette nichant au sol.

Lulu, opéra inachevé d'Alban Berg, en un prologue et trois actes, sur un livret du compositeur, inspiré de Wedekind. Création à Zurich en 1937 ; version complète reconstituée par F. Cerha, à Paris, en 1979 (dir. P. Boulez).

LULUA (le), riv. du Zaïre, affl. du Kasaï (r. dr.) ; 900 km.

LULUABOURG → KANANGA.

LUMACHELLE [lymaʃɛl] n. f. (ital. *lumachella,* dimin. de *lumaca,* limaçon). Roche sédimentaire calcaire peu cimentée, formée par l'accumulation de coquilles fossiles entières ou brisées.

LUMBAGO ou **LOMBAGO** [lɔ̃bago] n. m. (bas lat. *lumbago,* du lat. class. *lumbus,* reins). Accident douloureux brutal survenant au niveau de la colonne vertébrale lombaire, à l'occasion le plus souvent d'un effort de soulèvement ou d'un mouvement de torsion brusque du rachis lombaire. (Syn. fam. TOUR DE REINS.)

LUMBINĪ, bosquet (dans le village de Rummindei, au Népal, près de la frontière indienne) où la reine Mahā Māyā aurait donné naissance au Bouddha. Grand centre de pèlerinage bouddhiste.

LUMBRES (62380), ch.-l. de cant. du Pas-de-Calais, dans l'Artois, sur l'Aa ; 4 117 hab. Cimenterie.

LUMEN [lymɛn] n. m. (lat. *lumen,* lumière). Unité SI de flux lumineux (symb. lm) équivalant au flux lumineux émis dans 1 stéradian par une source ponctuelle uniforme placée au sommet de l'angle solide et ayant une intensité de 1 candela.

LUMET (Sidney), cinéaste américain (Philadelphie 1924). Il est l'auteur de *Douze Hommes en colère* (1957), *l'Homme à la peau de serpent* (1960), *la Colline des hommes perdus* (1965), *Serpico* (1974), *Un après-midi de chien* (1975), *Network* (1976), *le Prince de New York* (1981), *le Lendemain du crime* (1986), *Family Business* (1989), *Une étrangère parmi nous* (1992).

LUMIÈRE n. f. (lat. ecclés. *luminaria,* du lat. class. *lumen, -inis*). **1.** Rayonnement électromagnétique dont la longueur d'onde, comprise entre 400 et 780 nm, correspond à la zone de sensibilité de l'œil humain, entre l'ultraviolet et l'infrarouge. (→ *encycl.*) — **2.** Clarté émise par le soleil, qui éclaire les objets et les rend visibles : *Laisser pénétrer la lumière dans la pièce.* — **3.** Éclairage artificiel : *Éteindre la lumière.* — **4.** Source lumineuse, appareil, lampe, etc., propres à l'éclairage : *Il reste une lumière allumée chez eux.* – **5.** Éclat du regard manifestant un état, un sentiment : *Une lumière d'intelligence brille dans son regard.* – **6.** Éclaircissement, ce qui fait comprendre : *Ces informations n'ont apporté aucune lumière dans le débat.* – **7.** *Litt.* Personne d'une grande intelligence, d'un savoir éclatant : *Une lumière du barreau.* – **8.** *Agir en pleine lumière,* de manière à être visible, connu de tous. ‖ *À la lumière de qqch,* en fonction des connaissances acquises. ‖ *Faire la lumière sur qqch,* l'élucider, l'expliquer ; révéler les tenants et les aboutissants d'une affaire. ‖ *Habit de lumière,* habit brodé de fils brillants du torero consacré. ‖ *Mettre qqch en lumière,* le faire ressortir, le mettre en évidence. ‖ *Ne pas être une lumière,* avoir peu de connaissances dans un domaine ; être peu intelligent ou même stupide, idiot. ‖ *Revoir la lumière,* recouvrer la vue ; sortir des ténèbres, d'un cachot. • **Anat.** Espace central libre à l'intérieur d'un vaisseau ou d'un canal de l'organisme. – **Arm.** Ouverture pratiquée dans le canon des anciennes armes à feu et par laquelle on enflammait la charge. – **Arts décor.** Branche d'un candélabre (dont on dira qu'il est *à trois, à six lumières,* etc.). – **Astron.** *Courbe de lumière,* graphique indiquant la variation d'éclat d'un astre en fonction du temps. – **Bx-arts.** Partie claire, ou plus éclairée que les autres, dans un tableau, une gravure, un dessin. (Souvent au pl.) – **Mécan.** Orifice ménagé dans une pièce afin d'y permettre le passage d'une autre pièce, d'un fluide, d'un outil de démontage, etc. – **Menuis.** Ouverture située entre la lame et le fût d'un rabot, pour évacuer les copeaux. – **Opt.** *Lumière froide,* lumière ne renfermant pratiquement pas de rayonnement infrarouge (électroluminescence, bioluminescence par ex.). ‖ *Lumière noire,* rayonnement ultraviolet provoquant la fluorescence de certains corps. – **Sylvic.** *Essence de lumière,* espèce forestière ayant besoin de lumière pour son développement (par ex. le chêne, le pin maritime). [Contr. ESSENCE D'OMBRE.] – **Théol.** *Anges de lumière,* bons anges, par oppos. aux démons, ou anges des ténèbres.

◆ **lumières** n. f. pl. **1.** Connaissances possédées par qqn sur tel sujet : *J'ai besoin de vos lumières.* – **2.** Feux d'un véhicule : *Il a laissé ses lumières allumées.*

ENCYCL. **Bot.** Comme source d'énergie, la lumière est absorbée principalement au niveau des feuilles (photosynthèse*). La lumière verte seule n'est pas absorbée, mais réfléchie, d'où l'aspect vert des feuilles. Comme stimulus efficace, la lumière favorise la germination de certaines espèces et gêne celle d'autres espèces, ralentit la croissance des tiges, faisant s'incliner l'axe vers le côté le plus éclairé (phototropisme), règle l'ouverture des stomates foliaires et gouverne par sa durée la date de la floraison (photopériodisme).

– **Métrol.** La première détermination de la *vitesse de la lumière* (Römer, 1676) à partir de l'observation des éclipses des satellites de Jupiter donna une valeur d'env. 210 000 km/s. En 1849, Fizeau (méthode de la roue dentée) et en 1850 Foucault (méthode du miroir tournant) firent des mesures plus directes qui, précisées par la suite, donnèrent 299 774 ± 5 km/s. On ramena ensuite la mesure de la vitesse de la lumière à celle de la longueur d'onde d'une radiation monochromatique et de sa fréquence, le produit de ces deux grandeurs étant par définition égal à la vitesse cherchée. L'incertitude relative sur la fréquence (env. 10^{-10}) est meilleure d'un facteur 100 que celle sur la longueur d'onde, qui est mesurée par interférométrie. Les expériences les plus récentes s'accordent sur la valeur 299 792 458 m/s.

– **Opt.** Après avoir été au cœur de nombreux débats (opposition entre les théories corpusculaire et ondulatoire), la lumière a joué un rôle important, au début du XXe s., dans l'apparition de deux théories fondamentales : la relativité d'Einstein, selon laquelle la lumière se propage dans le vide à une vitesse constante *c,* indépendante du mouvement de la source, et la théorie quantique, qui lie les aspects corpusculaire et ondulatoire de la lumière par la relation $W = h\nu$ (W est l'énergie d'un photon, ν la fréquence de l'onde qui lui est associée et *h* est la constante de Planck).

Produite par incandescence ou par luminescence, une lumière est généralement composée d'une infinité de radiations de longueurs d'onde (et de fréquences) différentes, dont l'ensemble constitue le spectre lumineux. L'étude du spectre (spectrométrie) renseigne non seulement sur la nature chimique de la source, mais aussi sur la nature du milieu traversé par la lumière, qui absorbe certaines radiations. Les systèmes optiques (œil, lunette, microscope, etc.) permettent, à partir du rayonnement diffus que renvoient les objets éclairés, d'obtenir des images agrandies, rapetissées ou rapprochées.

L'énergie du rayonnement lumineux peut être convertie en énergie thermique (fours solaires, réchauffement de l'atmosphère, etc.), en énergie chimique (photosynthèse, réactions photochimiques utilisées en photographie) et en énergie électrique (cellules photoélectriques, photopiles).

Lumières *(siècle des)* ou **Lumières** *(les),* mouvement philosophique qui domina le monde des idées en Europe au XVIIIe s. Rationaliste et anticartésienne, la philosophie des Lumières substitue l'empirisme à l'innéisme et la certitude des faits à l'évidence du cogito. Mettant en avant l'utilité et le bonheur individuel, critiquant les hiérarchies sociale et religieuse au nom d'un humanisme axé sur la valeur de l'individu, elle est aussi une idéologie politique dont l'expansion accompagne la montée de la bourgeoisie et le déclin de la féodalité. Les principaux représentants des Lumières sont en Grande-Bretagne J. Locke, D. Hume, I. Newton, en Allemagne C. Wolff, Lessing, Herder, en France Montesquieu, Voltaire, Diderot, J.-J. Rousseau, tous les encyclopédistes, Condillac et Buffon.

LUMIÈRE (Auguste), biologiste et industriel français (Besançon 1862 - Lyon 1954). Il a été constamment associé aux travaux de son frère Louis et il est lui-même l'auteur de travaux remarquables sur la technique photographique. Par ailleurs, il étudia la pathogénie de l'anaphylaxie, du rhumatisme et répandit en thérapeutique l'usage des sels de magnésium. — Louis **Lumière** (Besançon 1864 - Bandol 1948), entré au laboratoire de son père, photographe à Lyon, entreprit avec son frère Auguste des travaux qui améliorèrent la photographie. En 1895, il construisit le premier Cinématographe ; son film, représentant la sortie des ouvriers de son usine, fut présenté en public, à Paris, le 28 déc. de la même année. En 1903, il réalisa pour la photographie des couleurs (autochrome) une plaque à réseau trichrome, qui fut commercialisée en 1907. Il étudia également la photographie en relief ; en 1935, grâce aux anaglyphes, il obtint le relief cinématographique. Il fit encore des travaux sur le repérage acoustique des avions, les plaques antihalo, etc.

LUMIGNON n. m. (lat. pop. **luminionem,* du lat. class. *lumen, -inis,* lumière). *Vx.* **1.** Petit bout de chandelle, de bougie — **2.** Source d'éclairage produisant une faible lumière.

LUMINAIRE n. m. (bas lat. *luminare,* lampe). **1.** Tout appareil d'éclairage servant à répartir, filtrer ou transformer la lumière des lampes. — **2.** Ensemble des lumières qui composent l'éclairage, l'illumination d'une cérémonie religieuse. — **3.** En astrologie, le Soleil ou la Lune.

LUMINANCE n. f. (de *lumineux*). **1.** Dans une direction, en un point de la surface d'une source ou d'un récepteur, ou en un point sur le trajet d'un faisceau, quotient du flux lumineux quittant, atteignant ou traversant un élément de surface en ce point et se propageant dans des directions définies par un cône élémentaire contenant la direction donnée, par le produit de l'angle solide du cône et de l'aire de la projection orthogonale de l'élément de surface sur un plan perpendiculaire à la direction donnée. (Unité SI : la candela par mètre carré.) [Syn. anc. BRILLANCE.] — **2.** *Signal de luminance,* signal qui représente uniquement les luminances des points de l'objet dont on transmet l'image.

LUMINANCEMÈTRE n. m. Apppareil destiné à la mesure des luminances.

LUMINATION n. f. (anc. fr. *luminer,* du lat. *luminare,* éclairer). Exposition lumineuse, quantité de lumière reçue par unité de surface, produit de l'éclairement par sa durée. (Unité SI : le lux-seconde.)

LUMINESCENCE [-nɛsɑ̃s] n. f. (lat. *lumen, inis,* lumière, d'apr. *phosphorescence*). **1.** Émission par la matière d'un rayonnement électromagnétique dont l'intensité, pour certaines longueurs d'onde, est plus forte que celle du rayonnement thermique de cette matière à la même température. (→ *encycl.*) — **2.** *Luminescence atmosphérique,* émission lumineuse due à des atomes ou des molécules atmosphériques excités par le rayonnement solaire ou par des collisions ou des réactions entre particules.

ENCYCL. **Phys.** La luminescence s'observe dans les solides, les liquides et les gaz, qu'il soient minéraux ou organiques. Elle peut être provoquée en éclairant le matériau (photoluminescence), en l'irradiant à l'aide de particules énergétiques α ou β (radioluminescence), d'électrons accélérés (cathodoluminescence), par frottement (triboluminescence), lors d'une réaction chimique (chimiluminescence ou bioluminescence, observable chez les vers luisants), etc. Dans tous les cas, une certaine énergie a été fournie aux électrons des atomes de la substance (excitation), et le retour à l'équilibre (désexcitation) se produit par émission de photons (c'est-à-dire d'un rayonnement électromagnétique). Selon que l'émission lumineuse est instantanée ou présente une certaine rémanence, on distingue la fluorescence* et la phosphorescence*.

LUMINESCENT, E [-nɛsɑ̃, ɑ̃t] adj. **1.** Relatif à la luminescence. — **2.** *Tube luminescent,* tube contenant un gaz ou une vapeur qui s'illumine lorsqu'on y produit une décharge électrique.

LUMINEUSEMENT adv. De façon lumineuse, claire, perspicace.

LUMINEUX, EUSE adj. (lat. *luminosus*). **1.** Qui émet, répand de la lumière : *Enseigne lumineuse.* — **2.** Qui est très clair, qui renvoie ou reçoit beaucoup de lumière : *Un appartement lumineux.* — **3.** Se dit d'une couleur vive ou claire, éclatante : *Un vert lumineux.* — **4.** Qui a de l'éclat ; radieux, rayonnant : *Sourire, teint lumineux.* — **5.** Qui comprend rapidement et clairement des choses difficiles : *Une intelligence lumineuse.* — **6.** Qui est facile à comprendre, est d'une netteté, d'une évidence éclatante : *Explication* *lumineuse.* — **7.** *Organe lumineux,* organe qui produit de la lumière. (Syn. ORGANE PHOTOGÈNE.)

LUMINISME n. m. Tendance picturale qui donne la première place aux effets de lumière ou de clair-obscur.

LUMINISTE adj. et n. Relatif au luminisme ; adepte du luminisme.

LUMINOCINÉTIQUE adj. Se dit d'une tendance de l'art cinétique ou d'une œuvre fondée sur les possibilités de la lumière.

LUMINOCINÉTISME n. m. Art luminocinétique ; caractère d'une œuvre luminocinétique.

LUMINOGÈNE n. m. Élément chimique générateur de lumière.

LUMINOL n. m. Composé cyclique $C_8H_7N_3O_2$, doué d'une chimioluminescence verte, qui est utilisée dans certains dispositifs d'éclairage de secours non électriques.

LUMINOPHORE n. m. **1.** Substance luminescente. — **2.** Petit grain de matière émettant de la lumière, généralement colorée, sous l'impact d'un faisceau d'électrons. (Les luminophores constituent la couche sensible de l'écran des tubes cathodiques et des tubes-image de télévision.) [Syn. PHOSPHORE.]

LUMINOSITÉ n. f. **1.** Qualité de ce qui émet de la lumière, renvoie une lumière éclatante : *La luminosité du ciel italien.* — **2.** Caractéristique attribuée à une source lumineuse selon qu'elle paraît émettre plus ou moins de lumière : *Luminosité insuffisante pour prendre une photo.* — **3.** Puissance totale rayonnée par un astre, intégrée sur tout le spectre électromagnétique et dans toutes les directions.

LUMITYPE n. f. (n. déposé) [de *lumière* et *Linotype*]. Machine à composer photographique. (Inventée en 1949 par deux ingénieurs français, Higonnet et Moyroud, puis fabriquée aux États-Unis et commercialisée en 1953, elle permettait un accès simultané à 16 polices de caractères, dans 12 corps différents, et une production de 50 000 signes par heure.)

LUMMER (Otto), physicien allemand (Gera 1860 - Breslau 1925). Son étude du rayonnement du corps noir (1895) a montré les insuffisances de la théorie classique du rayonnement et a conduit Planck à faire l'hypothèse des quanta.

LUMP ou **LOMPE** [lœmp, lœ̃p ou lɔ̃p] n. m. (angl. *lump*). Nom commercial du cycloptère, poisson des mers froides, à peau nue, porteur d'une ventouse ventrale, commun dans la Manche, connu pour ses œufs noirs qui ressemblent au caviar. (Syn. MOLLET, POULE DE MER.)

LUMPENPROLÉTARIAT ou **LUMPEN** [lumpən] n. m. (all. *Lumpenproletariat,* de *Lumpen,* haillon). Terme marxiste désignant la partie du prolétariat constituée par ceux qui ne disposent d'aucune ressource et caractérisée par l'absence de conscience de classe.

LUMUMBA (Patrice), homme politique congolais (Katako Kombé, Kasaï, 1925 - Élisabethville, auj. Lubumbashi, 1961). Il fonda en 1958 le Mouvement national congolais (M. N. C.), seul parti à défendre un État unitaire. Il devint président du Conseil juste avant la proclamation de l'indépendance du Congo-Kinshasa (juin 1960). Il lutta contre la sécession du Katanga en faisant appel à l'O. N. U. Révoqué par Kasavubu (sept. 1960), il fut assassiné en janv. 1961.

LUNA n. m. Syn. de CARRARE.

Luna ou **Louna,** famille de sondes spatiales automatiques soviétiques destinées à l'exploration de la Lune ; 24 ont été lancées, de 1959 à 1976. À leur actif figurent le premier impact sur la Lune d'un engin construit par l'homme (Luna 2, 1959) ; les premières photographies de la face arrière de la Lune, invisible de la Terre (Luna 3, 1959) ; le premier atterrissage en douceur sur le sol lunaire (Luna 9, 1966) et la première satellisation réussie autour de la Lune (Luna 10, 1966). Luna 17 en 1970 et Luna 21 en 1973 déposèrent sur la Lune un laboratoire mobile télécommandé, Lunakhod, tandis que Luna 16 en 1970, Luna 20 en 1972 et Luna 24 en 1976 rapportèrent sur la Terre une carotte prélevée dans le sol lunaire.

LUNA, anc. ville de Ligurie, sur la Macra (Magra), port et colonie romaine (177 av. J.-C.). Son marbre célèbre (nommé ensuite *marbre de Carrare*) a été exploité sous l'Empire romain.

LUNA (Álvaro DE), connétable de Castille (Cañete 1388 - Valladolid 1453). Favori du roi Jean II, il combattit la noblesse, qui réussit à le perdre, et fut décapité. De nombreuses romances lui furent consacrées.

1. LUNAIRE adj. (lat. *lunaris*). **1.** Qui relève de la Lune : *Les cratères lunaires.* — **2.** Qui a la forme de la Lune : *Un visage lunaire.* — **3.** Qui évoque la Lune par son aspect désertique, sa clarté pâle, son caractère irréel : *Paysage lunaire.* — **4.** *Litt.* Qui est chimérique, extravagant : *Projet lunaire.* — **5.** *Année lunaire,* période de douze mois lunaires. ‖ *Mois lunaire,* syn. de LUNAISON.

2. LUNAIRE n. f. (lat. sc. *lunaria,* du lat. class. *luna,* lune). Herbe (crucifère) à la silique aplatie latéralement, large et arrondie, souvent employée pour la confection de bouquets secs. (N. usuel *monnaie-du-pape, herbe-aux-écus.*)

LUNAISON n. f. (bas lat. *lunatio, -onis*). Intervalle de temps compris entre deux nouvelles lunes consécutives, dont la durée moyenne est de 29 j 12 h 44 min 2,8 s. (Syn. MOIS LUNAIRE.)

Lunar Orbiter, famille de sondes lunaires américaines destinées à la photographie détaillée de la Lune, pour la sélection des sites d'atterrissage du programme Apollo. (Cinq ont été lancées, en 1966-67, transmettant env. 1 000 clichés.)

LUNATIQUE adj. et n. (bas lat. *lunaticus,* soumis à l'influence de la lune). Dont l'humeur, les dispositions à l'égard des autres changent trop souvent.

LUNCEFORD (James Melvin, dit **Jimmie**), chef d'orchestre de jazz américain (Fulton, Missouri, 1902 - Seaside, Oregon, 1947). Son grand orchestre fut, de 1935 à 1940, le grand rival de celui de Count Basie et de celui de Duke Ellington. Cette formation se distinguait par sa sonorité moelleuse et colorée ainsi que par son originalité rythmique.

LUNCH [lœnʃ ou lœ̃ʃ] n. m. (pl. *lunchs* ou *lunches*) [angl. *lunch*]. Repas léger servi en buffet à l'occasion d'une réception.

LUNCHER [lœ̃nʃe ou lœ̃ʃe] v. i. (conj. **3**). *Vx.* Faire un lunch.

LUND, v. de Suède, au N.-E. de Malmö ; 87 681 hab. Centre culturel (université) et religieux de la Suède du Sud. Cathédrale romane (1080-1145). Musées.
— **Hist.** La ville fut le siège d'un évêché en 1060, puis d'un archevêché en 1103 et joua un rôle important comme centre culturel des pays scandinaves.

LUNDAS, LOUNDAS ou **BALUNDAS,** population bantoue habitant principalement l'est de l'Angola, mais aussi le Zaïre et la Zambie, rassemblant environ 400 000 membres.

LUNDI n. m. (lat. pop. **lunis dies,* du lat. class. *lunae dies,* jour de la lune). Premier jour de la semaine.

LUNDKVIST (Nils Artur), écrivain suédois (Oderljunga, Scanie, 1906 - Stockholm 1991). Chef du groupe primitiviste, il a introduit en Suède le surréalisme et ouvert son pays aux mouvements littéraires étrangers d'avant-garde (*Braises,* 1928 ; *Autoportrait d'un rêveur aux yeux ouverts,* 1966 ; *Écrit contre le vent,* 1983).

LUNDSTRÖM (Johan Edvard), savant suédois (Jönköping 1815-1888). Il inventa en 1852 l'allumette de sûreté, dite *suédoise,* qui permet de séparer le phosphore rouge, disposé sur un frottoir, du comburant (chlorate de potassium), restant seul sur le bouton de l'allumette.

1. LUNE n. f. (lat. *luna*). **1.** Satellite naturel de la Terre (avec une majusc.). — **2.** Clarté que la Lune envoie à la Terre. (On dit aussi CLAIR DE LUNE.) — **3.** *Fam.* Visage rond, joufflu. (On dit aussi FACE DE LUNE.) — **4.** *Pop.* Derrière, fesses. — **5.** Satellite naturel d'une planète quelconque. (Les lunes de Jupiter, par ex.) — **6.** Rotation complète avant du corps tendu, exécutée par les femmes au cheval de saut et par les hommes à la barre fixe. — **7.** Pop. *Con comme la lune,* complètement stupide. ‖ *Coup de pied à la lune,* en natation, plongeon renversé avec départ face à l'eau et retournement en arrière. ‖ *Demander, promettre la lune,* des choses impossibles. ‖ Fam. *Depuis des lunes,* depuis un temps immémorial, depuis longtemps. ‖ *Être dans la lune,* être distrait, perdu dans ses pensées. ‖ *Faire voir la lune en plein midi,* abuser de la crédulité de qqn. ‖ *Lune de miel,* les premiers temps, réputés les plus heureux, du mariage (calque de l'angl. *honeymoon*) ; période de bonne entente après un accord entre deux partis, deux pays, etc. ‖ *Lune rousse,* lunaison qui commence après Pâques, souvent accompagnée de gelées nocturnes qui font roussir les jeunes pousses. ‖ *Nouvelle lune (N. L.),* phase de la Lune dans laquelle celle-ci, se trouvant placée entre le Soleil et la Terre, tourne vers celle-là son hémisphère obscur et est donc invisible. ‖ *Pleine lune (P. L.),* phase de la Lune dans laquelle celle-ci, se trouvant à l'opposé du Soleil par rapport à la Terre, tourne vers celle-là son hémisphère éclairé et est donc visible sous l'aspect d'un disque entier. ‖ *Pigeon lune,* race de pigeons d'agrément, à pattes emplumées. ‖ *Tomber de la lune,* être surpris par un événement imprévu. ‖ Vx. *Vieilles lunes,* idées dépassées, périmées.

ENCYCL. Observée à l'œil nu, la surface de la Lune apparaît parsemée de taches sombres. Celles-ci correspondent à de vastes plaines, improprement appelées *mers.* On en dénombre 22 sur l'ensemble de la Lune, situées pour la plupart sur l'hémisphère lunaire visible de la Terre, où la croûte superficielle est plus mince que sur l'hémisphère opposé. Par oppos., on appelle *continents* les régions claires de la surface lunaire. Ce sont des zones extrêmement accidentées, saturées de cratères. Les formations montagneuses y sont nombreuses, particulièrement en bordure des mers. Le record d'altitude est détenu par les monts Leibniz, près du pôle Sud (8 200 m). Mais les montagnes lunaires s'apparentent aux massifs terrestres anciens : elles présentent toujours des sommets arrondis et des formes douces.

le relief lunaire

Les formations les plus caractéristiques du relief lunaire sont des dépressions circulaires ou polygonales, de dimensions variables : les *cratères* (ou *cirques* pour les plus vastes, bordés de remparts montagneux). Les plus grands dépassent 200 km de diamètre, mais les plus petits discernables de la Terre n'excèdent pas 1 km, et l'exploration spatiale en a révélé une multitude d'autres de dimensions moindres. Outre des cratères, on observe à la surface des « mers » lunaires des crevasses, ou *rainures,* des *vallées,* des falaises et des pitons rocheux isolés.

le sol lunaire

Le sol de la Lune apparaît jonché de pierres plus ou moins enfoncées dans une couche de poussière, constituée de fins débris rocheux réduits en poudre et épaisse, selon les endroits, de quelques millimètres à une quinzaine de centimètres. Sous le tapis de poussière s'étend une couche de roches brisées, le régolithe (ou régolite), dont l'épaisseur varie entre 2 et 20 m suivant les régions.

Les six missions Apollo* qui comportèrent un atterrissage sur la Lune ont permis de récolter quelque 2 200 échantillons de roches lunaires, représentant une masse totale voisine de 400 kg. Il faut y ajouter quelques échantillons prélevés par carottage et rapportés sur la Terre par des engins automatiques soviétiques Luna*.

Comme sur la Terre, l'oxygène est l'élément le plus abondant à la surface de la Lune. L'étude des roches lunaires a permis d'y découvrir 75 variétés de minéraux (silicates principalement), représentant seulement 33 espèces distinctes, contre env. 80 dans les météorites et plus de 2 000 sur la Terre.

structure interne

Les indications fournies par les sismomètres des vaisseaux Apollo ont permis d'établir le modèle suivant : 1° une écorce multicouche épaisse de 60 km environ, pour l'hémisphère visible de la Terre, à 100 km pour l'hémisphère caché ; 2° un manteau, épais d'env. 1 000 km ; 3° un noyau, de quelque 700 km de rayon, contenant une assez grande quantité de fer. Ce noyau serait plus ou moins pâteux, la température au centre étant estimée voisine de 1 500 °C.

température

La quasi-absence d'atmosphère entraîne une amplitude thermique pouvant atteindre 100 °C en un point donné de la surface entre le jour et la nuit. Les températures extrêmes relevées atteignent + 117 °C au maximum le jour et – 171 °C au minimum la nuit.

origine et évolution

La Lune s'est formée il y a 4,6 milliards d'années, en même temps que la Terre et les autres astres du système solaire, soit par condensation de gaz, soit par accrétion de particules solides, soit par ces deux phénomènes conjugués. Peu après, elle se liquéfia sur au moins 200 km de profondeur, et ses divers matériaux constitutifs se répartirent du centre vers la surface par ordre de densité croissante. À peine solidifiée, sa croûte superficielle se trouva bombardée par d'énormes météorites, abondantes à l'époque dans l'espace interplanétaire, qui y creusèrent de grands bassins et provoquèrent une fusion des roches. Cette ère cataclysmique s'acheva il y a 3,9 milliards d'années. La Lune connut ensuite, pendant 800 millions d'années, une grande activité interne. Celle-ci provoqua une seconde fusion en profondeur et la formation de laves basaltiques, qui remontèrent et s'épanchèrent à la surface, remplissant les bassins pour constituer le fond des mers tel qu'on l'observe aujourd'hui.

Depuis quelque 3 milliards d'années, l'activité interne s'est assoupie, les impacts de météorites à la surface sont devenus plus rares, et la Lune s'est lentement refroidie, devenant rigide jusqu'à une profondeur d'au moins 1 000 km.

La Lune est-elle un morceau de la Terre qui s'est détaché de notre planète, alors que celle-ci était encore fluide ? Constituait-elle initialement une planète indépendante qui fut capturée par la Terre, près de laquelle l'amenait son orbite ? Ou bien s'est-elle formée, par accrétion, à proximité de la Terre, les deux astres ayant, dès l'origine,

CARACTÉRISTIQUES PHYSIQUES DE LA LUNE	
Diamètre moyen	3 476 km
Masse	$73,4 \cdot 10^{21}$ kg
Volume	$22 \cdot 19^{9}$ km³
Densité moyenne	3,34 (eau = 1)
Albédo moyen	0,073
CARACTÉRISTIQUES ORBITALES DE LA LUNE	
Demi-grand axe de l'orbite	384 400 km
Excentricité moyenne de l'orbite	0,0549
Distance minimale au périgée	356 375 km
Distance maximale à l'apogée	406 720 km
Inclinaison moyenne de l'orbite sur l'écliptique	5,145 3°
Inclinaison de l'équateur lunaire sur l'orbite	6° 41′
Période de révolution :	
– *sidérale* (retour à la même position dans le ciel par rapport aux étoiles)	27,321 660 9 j, soit 27 j 7 h 43 min 11,5 s
– *synodique* (retour à la même position par rapport au Soleil = lunaison)	29,530 588 1 j, soit 29 j 12 h 44 min 2,8 s
Période de rotation sidérale	identique à la période de révolution sidérale

constitué une planète double. Les résultats de l'analyse des roches lunaires rapportées lors des missions Apollo ont montré qu'aucune de ces trois hypothèses traditionnelles n'était satisfaisante. On admet à présent que la Lune s'est formée à la suite d'une collision tangentielle survenue entre la Terre et un autre corps du système solaire, d'une masse au moins égale à celle de Mars, à la fin de l'époque de la formation des planètes, alors que la Terre présentait déjà une structure différenciée, avec un noyau ferreux entouré d'un manteau rocheux. Sous l'effet de la collision, des lambeaux du manteau terrestre auraient été projetés dans l'espace ; mais ils auraient perdu la plupart de leurs éléments volatils en raison du dégagement de chaleur. Ces fragments de matière se seraient ensuite dispersés en anneau autour de la Terre avant de se condenser pour donner naissance à la Lune.

2. LUNE n. m. (de *lune 1*). Énorme poisson marin au corps discoïde, à caudale régressée, à peau tuberculeuse, mauvais nageur mais bon plongeur. (Taille 3 m pour un poids de 2 t.) [Syn. MÔLE, POISSON-LUNE.]

LUNÉ (ÊTRE) v. pass. (de *lune 1*). **1.** Fam. *Être bien, mal luné,* être de bonne, de mauvaise humeur, bien, mal disposé. — **2.** En parlant du bois, être affecté de lunure.

LÜNEBURG, v. d'Allemagne (Basse-Saxe), au S.-E. de Hambourg ; 63 000 hab. Ancienne ville hanséatique, c'est aujourd'hui un centre industriel (produits chimiques, textiles, travail du bois). Hôtel de ville des XIIIe-XVIIIe s. Église gothique St-Jean (XIVe s.). Maisons anciennes aux appareils de brique décoratifs.

Lüneburg *(convention de),* acte signé le 4 mai 1945 et qui réglait la reddition des forces allemandes du Danemark, des Pays-Bas et de Westphalie entre les mains de Montgomery.

LÜNEBURG *(landes de),* région de la plaine d'Allemagne du Nord, entre l'Elbe et l'Aller (7 000 km^2). Élevage ovin. Tourisme.

LUNEL n. m. (de *Lunel,* n. pr.). Vin blanc doux provenant du cépage muscat.

LUNEL (34400), ch.-l. de cant. de l'Hérault, près du Vidourle, dans la plaine languedocienne ; 18 501 hab. *(Lunellois).* Commerce de vins. Conserverie.

LÜNEN, v. d'Allemagne (Rhénanie-du-Nord-Westphalie), dans la Ruhr, sur la Lippe ; 86 100 hab. Centre industriel.

LUNETIER ou, vx, **LUNETTIER, ÈRE** n. Personne qui fabrique ou vend des lunettes.
◆ adj. Relatif à la fabrication, à la vente des lunettes : *Industrie lunetière.*

LUNETTE n. f. (dimin. de *lune*). **1.** Instrument d'optique destiné à l'observation des objets éloignés et dont l'objectif est constitué d'une lentille convergente ou d'un système achromatique équivalent. — **2.** Monture des verres de lunettes. — **3.** Glace ménagée à l'arrière de la carrosserie d'une voiture. — **4.** Trou dans la charpente de la guillotine par lequel passait la tête du condamné. — **5.** Ouverture de la cuvette des W.-C. • **Arm.** *Lunette de pointage* ou *de tir,* lunette qui sert à viser un objectif et qui permet d'apporter des corrections en portée et en direction. — **Astron.** *Lunette (astronomique),* lunette destinée à l'observation des astres et qui donne des images renversées. (Syn. RÉFRACTEUR.) — **Bât.** Dans une voûte en berceau, pénétration latérale d'un autre berceau, de même naissance mais de moindre élévation ; le berceau de pénétration lui-même. — **Bx-arts.** Partie de mur cintrée vers le haut, du fait des voûtes qui s'appuient sur ce mur, et que décore une peinture. ‖ Partie supérieure, cintrée, d'un retable. — **Fortif.** En système bastionné, ouvrage extérieur d'une place, composé de deux faces et de deux flancs, constituant une position avancée. — **Horlog.** Partie extérieure de la boîte d'une montre, d'une pendule ou d'une horloge, dans laquelle est, en général, fixé un verre. — **Jeux.** Aux dames, position de deux pions de même couleur séparés par une seule case. ‖ *Billes en lunettes,* au billard, se dit des billes adverses lorsqu'elles sont très rapprochées et que le carambolage est aisé. — **Mécan.** Appareil, fixe (*lunette fixe*) ou mobile (*lunette à suivre*), utilisé sur les machines-outils pour éviter, lorsqu'on travaille une pièce de révolution longue par rapport à son diamètre, qu'elle ne flambe sous l'effort de l'outil. — **Métall.** *Lunette pyrométrique* ou *de Féry,* pyromètre servant à mesurer les hautes températures. — **Opt.** *Lunette d'approche,* lunette terrestre munie d'un dispositif redresseur d'image interposé entre l'objectif et l'oculaire. (Syn. LONGUE-VUE.) ‖ *Lunette de Galilée,* lunette terrestre dotée d'un oculaire divergent qui assure le redressement de l'image. (À cause des aberrations, leur grossissement est limité à 3 ou 4 et leur champ est faible.) ‖ *Lunette terrestre,* lunette destinée à l'observation des objets terrestres et qui, contrairement à la lunette astronomique, fournit des images non renversées.
◆ **lunettes** n. f. pl. **1.** Paire de verres correcteurs ou filtrants destinés à protéger la vue, enchâssés dans une monture conçue pour être placée sur le nez : *Porter des lunettes noires. Lunettes de plongeur sous-marin.* — **2.** Fam. *Mettez vos lunettes,* regardez avec plus de soin.

LUNETTERIE n. f. Industrie, commerce du lunetier.

LUNETTIER ⟶ LUNETIER.

LUNÉVILLE (54300), ch.-l. d'arrond. de Meurthe-et-Moselle, au confluent de la Vezouze et de la Meurthe ; 22 393 hab. *(Lunevillois).* Château ducal par Boffrand (1702), auj. musée (histoire locale, faïences de Lunéville et de Saint-Clément). Église St-Jacques, à décor rocaille, par Boffrand et Héré (1730). Faïencerie. Constructions mécaniques et électriques. Confection.
— **Hist.** Lunéville fut résidence des ducs de Lorraine de 1702 à 1738. Louis XIV ayant mis une garnison à Nancy (1702), le duc Léopold transporta sa résidence à Lunéville. Le roi de Pologne Stanislas y tint une cour brillante de 1738 à 1766.

Lunéville *(broderie de),* broderie exécutée à l'aide de crochets servant à fixer perles et paillettes.

Lunéville *(faïences de).* La faïencerie de Lunéville se développa à partir de 1730, sous la direction de Jacques Chambrette (1705-1758). Elle produit des faïences de grand feu et de petit feu et de nombreuses statuettes en terre de Lorraine dues à Cyfflé.

Lunéville *(traité de)* [9 févr. 1801 (20 pluviôse an IX)], traité, conclu entre la France et l'Autriche, qui confirmait les dispositions de Campoformio et consacrait l'accroissement de la puissance française en Italie.

Lunik ou **Lounik,** nom donné aux sondes lunaires soviétiques Luna 1, 2 et 3.

LUNI-SOLAIRE adj. (pl. *luni-solaires*). 1. Qui a rapport à la fois à la Lune et au Soleil. — 2. *Année luni-solaire,* année calculée sur la révolution de la Lune, mise en accord avec l'année solaire.

LUNS (Joseph), homme politique néerlandais (Rotterdam 1911). Ministre des Affaires étrangères (chrétien-démocrate) des Pays-Bas de 1956 à 1971, il a été secrétaire général de l'O. T. A. N. de 1971 à 1984.

LUNULE n. f. (lat. *lunula,* petit croissant). 1. Tache blanche, en forme de croissant, située à la base de l'ongle. — 2. Syn. de CUSTODE 2. — 3. Pour deux disques sécants dont l'intersection a plus d'un point, ensemble des points de l'un qui ne sont pas dans l'autre.

LUNURE n. f. (de *lune 1*). Présence anormale, au sein du bois de cœur, d'une plage ou d'un anneau complet d'aubier non duraminisé.

LUOBUBO → LOB NOR.

LUO GUANZHONG ou **LO KOUAN-TCHONG,** écrivain chinois du XIVe s., auteur présumé du *Roman des Trois Royaumes,* premier roman en langue vulgaire écrit à partir de la tradition orale.

LUOLANG ou **LO-LANG,** nom chinois de **Nangnang,** ancienne localité de Corée, située dans la région de Pyongyang, siège d'une commanderie chinoise (108 av. J.-C. à 313). Nécropole de l'époque han.

LUO PING ou **LO P'ING,** peintre chinois (Xixian, prov. d'Anhui, 1733 - ? 1799). C'est le plus extravagant et le cadet des Huit Excentriques de Yangzhou ainsi que le disciple de Jin Nong, dont il reprend les thèmes lettrés (bambous, orchidées, etc.).

LUOS, population nilo-charienne située au Kenya, à proximité du lac Victoria, groupant env. 2 millions de personnes.

LUOYANG ou **LO-YANG,** v. de Chine (Henan) ; 952 000 hab. Centre industriel : tracteurs, roulements à billes, matériel minier, verrerie, textile.
— **Bx-arts.** Berceau de la culture chinoise depuis le néolithique. Nombreux vestiges reflétant son passé de capitale impériale (temple *Baimasi* fondé en 68, avec la célèbre pagode érigée sous les Tang et restaurée par les Song). Musée. Dans les environs, grottes de Longmen.

LUPANAR n. m. (lat. *lupanar,* de *lupa,* prostituée). *Litt.* Maison de prostitution.

LUPASCO (Stéphane), philosophe français (Bucarest 1900 - Paris 1988). Auteur d'une théorie de l'évolution, il a écrit *les Trois Matières* (1960).

LUPERCALES n. f. pl. (lat. *Lupercalia*). Fête pastorale très ancienne célébrée, le 15 février, dans l'ancienne Rome, près d'une grotte, le Lupercal, et autour du mont Palatin.

LUPÈRE n. m. (gr. *lupêros,* triste). Petite chrysomèle allongée, aux élytres bleuâtres, dont diverses espèces vivent sur les genêts, les saules, les ormes et les arbres fruitiers.

LUPERQUE n. m. (lat. *lupercus*). Membre du collège chargé de célébrer les lupercales.

LUPIN n. m. (lat. *lupinus*). Herbe (papilionacée) annuelle ou vivace, aux fleurs disposées en grappe, dont certaines espèces sont spontanées et d'autres cultivées comme engrais vert, pour leurs graines ou comme plantes ornementales.

LUPIQUE adj. et n. Relatif au lupus ; atteint de lupus.

LUPOME n. m. Lésion élémentaire du lupus tuberculeux.

LUPOT (Nicolas), luthier français (Stuttgart 1758 - Paris 1824). Luthier de la Chapelle royale à partir de 1815, il est considéré comme le « Stradivarius français ». Son vernis rouge est resté célèbre et influença toute l'école française du XIXe s.

LUPULIN n. m. (lat. médiév. *lupulus,* houblon). Poussière résineuse obtenue par séchage des « cônes » femelles du houblon et qu'on utilise pour donner de l'amertume à la bière.

LUPULINE n. f. (lat. médiév. *lupulus,* houblon). **1.** Luzerne à très petites fleurs jaunes. (N. usuel *minette.*) — **2.** Oléorésine contenue dans le lupulin.

LUPU-PICK (Ludwig PICK, dit), acteur et cinéaste allemand d'origine roumaine (Iaşi 1886 - Berlin 1931). Attiré par l'expressionnisme, il mit en scène quelques films, dont *le Rail* (1921) et *la Nuit de la Saint-Sylvestre* (1923).

LUPUS [-pys] n. m. (lat. *lupus*). **1.** Affection chronique de la peau caractérisée par l'infiltration du derme par des foyers tuberculeux juxtaposés, ou lupomes. (On dit aussi LUPUS TUBERCULEUX, VULGAIRE OU DE WILLAN.) [→ *encycl.*] — **2.** *Lupus érythémateux chronique (L. E. C.),* dermatose caractérisée par l'érythème, l'hyperkératose ponctuée et l'atrophie cutanée. ‖ *Lupus érythémateux disséminé (L. E. D.)* ou *systémique (L. E. S.),* collagénose caractérisée par l'association de lésions cutanées érythémateuses, d'atteintes viscérales et d'anomalies biologiques. ‖ *Lupus pernio,* forme de sarcoïdose cutanée.

ENCYCL. **Méd.** Le *lupus (tuberculeux)* était la forme la plus fréquente et la plus redoutable des tuberculoses cutanées. Siégeant presque toujours au visage, il constitue un placard qui envahit les tissus voisins en provoquant des mutilations. Les médicaments antituberculeux majeurs l'ont fait régresser.

Le *lupus érythémateux chronique,* affection bénigne, purement cutanée, siège surtout au visage et se présente sous la forme de plaques rouges, non prurigineuses, recouvertes de squames adhérentes. L'évolution des plaques se fait vers l'atrophie cicatricielle sans ulcérations préalables.

Le *lupus érythémateux disséminé* est une maladie très grave par ses atteintes viscérales (glomérulonéphrite, péricardite, endocardite verruqueuse). C'est une collagénose d'étiologie inconnue, essentiellement féminine, caractérisée par l'importance des phénomènes auto-immuns. L'exposition au soleil joue souvent un rôle déclenchant. Les signes cutanés sont ceux du lupus érythémateux chronique mais avec un caractère plus inflammatoire et congestif.

LUR → LOR.

LURÇAT (Jean), peintre et cartonnier de tapisserie français (Bruyères, Vosges, 1892 - Saint-Paul-de-Vence 1966). S'intéressant à la tapisserie dès 1917 et lui consacrant l'essentiel de son activité à partir de 1938 environ, il a grandement contribué à son renouveau par des simplifications techniques (ateliers d'Aubusson) et par la production d'œuvres aux formes stylisées, aux couleurs denses, exprimant une vision personnelle, lyrique et symbolique, que résume le vaste ensemble du *Chant du monde* (dix pièces, 1956-1965), conservé à Angers.

LURÇAT (André), architecte et urbaniste français (Bruyères, Vosges, 1894 - Sceaux 1970), frère du précédent. Il a affirmé, dès ses premières réalisations, pour une clientèle privée d'amateurs et d'artistes, sa volonté de rigueur : volumes géométriques simples, utilisation rationnelle de l'espace. Mais sa préoccupation majeure a été le contenu social de l'architecture (groupe scolaire Karl-Marx de Villejuif, 1931 ; travaux en U. R. S. S., 1934-1937 ; à partir de 1945, travaux d'urbanisme pour Maubeuge, Le Blanc-Mesnil, Saint-Denis).

LURCY-LÉVIS (03320), anc. **Lurcy-Lévy,** ch.-l. de cant. de l'ouest de l'Allier ; 2 100 hab. *(Lurcyquais).* Église romane.

LURE (70200), ch.-l. d'arrond. de la Haute-Saône, sur l'Ognon ; 10 049 hab. *(Lurons).* Église des XVe et XVIIIe s. Textile. Chimie. Industrie automobile.

LURE *(montagne de),* chaîne calcaire des Préalpes du Sud (Alpes-de-Haute-Provence), au S.-O. de Sisteron ; 1 826 m.

LURETTE n. f. (de *il y a belle heurette,* il y a une petite heure). Fam. *Il y a belle lurette,* il y a bien longtemps.

LURIA ou **LOURIA** (Isaac ben Salomon), kabbaliste juif (Jérusalem 1534 - Safad 1572). Sa doctrine, fondée sur la contemplation et centrée sur la perspective messianique, exerça une influence déterminante au XVIe s. sur toute la Diaspora.

LURIA (Aleksandr Romanovitch) → LOURIA.

LURIA (Salvador Edward), biochimiste américain d'origine italienne (Turin 1912 - Lexington, près de Boston, 1991). Il a reçu en 1969 le prix Nobel de physiologie et de médecine avec M. Delbrück et A. D. Hershey pour leurs travaux sur le cycle de la reproduction des virus et le rôle du matériel génétique chez les bactéries et les virus.

LURISTĀN → LORESTĀN.

LURON, ONNE n. (rad. onomat. *lur-*). **1.** Personne gaie, insouciante : *Un joyeux luron.* — **2.** *Fam.* et *vx.* Personne hardie en amour.

LUSACE, en all. **Lausitz,** région d'Allemagne, sur la bordure nord du massif de Bohême, à l'E. de la Saxe. On distingue, au S., la *haute Lusace* (industrie textile), entre 500 et 600 m, et au N. la *basse Lusace* (où est exploité le lignite).
— **Hist.** Certains archéologues attribuent l'origine de la « civilisation lusacienne » du bronze moyen aux Slaves primitifs. Les Slaves (Sorabes) établis dans la région, les *Lusici* au nord, les *Milceni* au sud, furent soumis au tribut par Henri Ier l'Oiseleur au début du Xe s. La Haute-

Lusace et la Basse-Lusace furent rattachées à la couronne de Bohême au XIVe s. et cédées en 1635 à la Saxe électorale. La majeure partie de la Lusace fut annexée par la Prusse en 1815. La région située à l'est de la Neisse de Lusace fut attribuée en 1945 à la Pologne.

LUSACE *(monts de),* en all. **Lausitzer Gebirge,** en tchèque **Lužické hory,** partie méridionale de la haute Lusace, la plus élevée du massif, culminant à 1 010 m, au *Ještěd,* en Rép. tchèque.

LUSAKA, cap. de la Zambie, à environ 1 300 m d'alt. ; 982 000 hab. Centre administratif avec quelques industries. Université. Aéroport international.

LUSCINIOLE n. f. (lat. *lusciniola,* petit rossignol). Petit passereau des roseaux de Camargue et du Languedoc, parfois appelé « fauvette à moustaches ».

LUSHAIS ou **MIZOS,** ethnie tibéto-birmane du groupe chin, établie dans les montagnes frontalières de Birmanie, du Bangladesh et de l'Assam.

LÜSHUN ou **LIU-CHOUEN,** nom chinois de Port-Arthur.

Lusiades *(les),* poème épique de Camões (1572). Cette épopée nationale a pour sujet les découvertes des Portugais aux Indes et pour héros principal Vasco de Gama.

LUSIGNAN (86600), ch.-l. de cant. de la Vienne, dans le Poitou ; 2 754 hab. Église romane et gothique. Macarons.

LUSIGNAN (*famille* DE), famille française originaire du Poitou (Xe s.), qui fit souche dans l'Orient latin, en particulier avec GUI **de Lusignan** (1129-1194), qui racheta Chypre aux Templiers (1192), puis avec HUGUES III **de Poitiers-Lusignan** († 1284), roi de Chypre (1267-1284), qui se fit couronner roi de Jérusalem en 1269.

LUSIGNY-SUR-BARSE (10270), ch.-l. de cant. de l'Aube, à 11 km à l'E.-S.-E. de Troyes ; 1 291 hab. *(Lusigniens).* Centre touristique, près du lac de la forêt d'Orient. Église du XVIe s.

LUSITAINS ou **LUSITANIENS,** anc. peuple ibérique établi dans l'actuel Portugal, soumis par les Romains au IIe s. av. J.-C.

Lusitania, paquebot britannique qui, revenant d'Amérique, fut torpillé, le 7 mai 1915, par un sous-marin allemand à la hauteur de Kinsale (Irlande) ; 1 200 civils, dont 118 Américains, périrent dans le naufrage.

LUSITANIE, en lat. **Lusitania,** anc. région à l'ouest de la péninsule Ibérique. Sa première capitale fut *Olisipo* (Lisbonne). Province impériale à partir d'Auguste, sa capitale était *Emerita Augusta* (Mérida).

LUSITANIEN, ENNE ou **LUSITAIN, E** adj. et n. (lat. *Lusitania,* le Portugal). De la Lusitanie, du Portugal.

LUS-LA-CROIX-HAUTE (26620), comm. de la Drôme, au S. du col de la Croix-Haute ; 433 hab. Station de sports d'hiver (1 030-1 450 m).

LUSOPHONE adj. et n. Qui parle portugais.

LUSSAC (33570), ch.-l. de cant. de la Gironde, dans le Libournais ; 1 466 hab. *(Lussacais).* Vins rouges et blancs.

LUSSAC-LES-CHÂTEAUX (86320), ch.-l. de cant. de la Vienne, près de la Vienne ; 2 322 hab. *(Lussacois).* Mobilier. Gisement préhistorique : abri Laraux, grotte de la Marche.

LUSSAGNET (40270), comm. des Landes, à 10 km au N.-N.-E. d'Aire-sur-l'Adour ; 80 hab. Réservoir souterrain de gaz naturel.

LUSTIGER (Jean-Marie), prélat français (Paris 1926). Né de parents d'origine polonaise et israélite, il est ordonné prêtre à Paris en 1954. Aumônier puis curé à Paris, il est nommé évêque d'Orléans en 1979 puis archevêque de Paris en 1981 ; il est fait cardinal en 1983. (Acad. fr., 1995.)

LUSTRAGE n. m. **1.** Action de lustrer, de donner du brillant, du poli. — **2.** Fait de se lustrer, d'être lustré, en partic. du fait de l'usure. — **3.** Opération de finition d'un feuil de vernis ou de peinture ayant pour objet d'en augmenter le brillant. — **4.** Dernière opération de teinture de certaines peaux, afin de les embellir ou d'imiter d'autres fourrures. — **5.** Effet de glaçage ou de brillantage donné à certains tissus de laine et de coton. — **6.** Syn. de RACCOMMODAGE.

LUSTRAL, E, AUX adj. (lat. *lustralis*). *Litt.* **1.** Qui sert à purifier : *Eau lustrale.* — **2.** Qui se fait tous les cinq ans.

LUSTRATION n. f. (lat. *lustratio, -onis,* de *lustrare,* purifier). Rite de purification d'une personne ou d'un lieu.

1. LUSTRE n. m. (lat. *lustrum*). *Litt.* **1.** Période de cinq années. — **2.** Longue période (surtout pl.) : *Il y a des lustres que je ne l'ai pas vu.* — **3.** À Rome, période de cinq ans entre deux censures ; sacrifice de purification qui se pratiquait tous les cinq ans.

2. LUSTRE n. m. (ital. *lustro*). **1.** Brillant, poli de qqch : *Le vernis de Chine a un beau lustre.* — **2.** *Litt.* Éclat, relief pris par qqn, qqch : *Le festival a donné du lustre à la petite ville.* — **3.** Appareil décoratif d'éclairage suspendu au plafond ou à la voûte d'un local. — **4.** Fixation, par cuisson en réduction, d'une fine pellicule liquide (or, argent, platine, cuivre) sur la surface émaillée d'une céramique pour lui donner ainsi un aspect métallique. (→ *encycl.*)

ENCYCL. Pratiqué au Moyen-Orient depuis le IXe s., le lustre atteignit son apogée avec les faïences hispano-mauresques. On retrouve le lustre sur les majoliques du XVIe s. en Italie, et surtout en Angleterre chez Wedgwood, puis au XIXe s. dans les faïences dites « de Jersey » fabriquées dans le Staffordshire et à Sarreguemines.

LUSTRER v. t. (de *lustre 2*) [conj. 3]. **1.** Donner à qqch, à une surface du brillant, du poli : *Lustrer une voiture.* – **2.** Rendre un vêtement brillant par le frottement, l'usure. – **3.** Procéder au lustrage d'un feutre, d'une peau, d'un feuil, d'une glace. ◆ **se lustrer** v. pr., **être lustré** v. pass. Être brillant par le frottement, l'usure : *Un pantalon lustré aux genoux.*

LUSTRERIE n. f. Ensemble des luminaires pouvant être suspendus à un plafond ou à un support mural.

LUSTREUR n. m. Ouvrier spécialisé chargé du lustrage et du brillantage des peaux. (Syn. TEINTURIER EN FOURRURE.)

LUSTRINE n. f. (ital. *lustrino,* de *lustro,* brillant). **1.** Droguet de soie. – **2.** Percaline apprêtée et lustrée, servant de doublure. – **3.** Étoffe de coton brillante, très apprêtée et glacée sur un des côtés.

LUT [lyt] n. m. (lat. *lutum,* boue). Enduit se durcissant par dessiccation et dont on se sert pour boucher ou entourer les récipients qui sont en contact direct avec le feu.

LUT → DACHT-E LUT.

LUTAGE n. m. Action de luter.

LUTÉAL, E, AUX adj. Syn. de LUTÉINIQUE.

LUTÈCE, en lat. **Lutetia,** ville de la Gaule, capitale des *Parisii,* qui est devenue Paris.

LUTÉCIUM → LUTÉTIUM.

LUTÉINE n. f. (lat. *luteus,* jaune). Syn. vieilli de PROGESTÉRONE.

LUTÉINIQUE adj. Relatif à la progestérone ou au corps jaune de l'ovaire. (Syn. LUTÉAL.)

LUTÉINISANT, E adj. *Hormone lutéinisante,* une des hormones gonadotropes hypophysaires (abrév. LH).

LUTÉINISATION n. f. (de *lutéine*). Ensemble des modifications subies par un organe sous l'influence de la progestérone et spécialement par la muqueuse utérine, qui devient épaisse et sécrétoire pour assurer la nidation de l'œuf fécondé.

LUTER v. t. (lat. *lutare,* de *lutum,* lut) [conj. 3]. Fermer hermétiquement un récipient avec du lut ou en le bordant d'un cordon de pâte de farine et d'eau.

LUTER (Claude), clarinettiste et chef d'orchestre de jazz français (Paris 1923). Influencé par King Oliver pour la conception orchestrale et par Johnny Dodds pour son style de clarinette, il est l'un des plus brillants représentants du style Nouvelle-Orléans.

LUTÉTIEN n. m. (de *Lutèce,* n. pr.). Étage du système paléogène.

LUTÉTIUM ou **LUTÉCIUM** [-sjɔm] n. m. (de *Lutèce,* n. pr.). Métal rare du groupe des lanthanides. (Élément chimique de symbole Lu, de numéro atomique 71 et de masse atomique 175, il a été isolé en 1907 par G. Urbain.)

LUTH [lyt] n. m. (anc. provenç. *laüt,* de l'ar. *al'ūd*). **1.** Tout instrument à cordes pincées composé d'une caisse et d'un manche droit. – **2.** Instrument de musique à cordes pincées, à caisse bombée, à manche court et à chevillier perpendiculaire au manche, introduit en Espagne par les Maures au XIVe s. – **3.** Symbole de l'inspiration poétique, de la poésie lyrique. – **4.** Tortue marine géante (3 m d'envergure, 2 m de longueur) dépourvue de carapace mais couverte d'une sorte de cuir et marquée de sept carènes longitudinales. – **5.** *Jeu de luth,* dans le clavecin et le pianoforte, réglette garnie de feutre, pressant les cordes afin d'en écourter les vibrations et d'obtenir une sonorité proche de celle du luth.

LUTHER (Martin), théologien et réformateur allemand (Eisleben, Thuringe, 1483-*id.* 1546). Il est maître en philosophie quand il entre chez les augustins (1505). Prêtre (1507), docteur en théologie (1512), il enseigne notamment à l'université de Wittenberg, à partir de 1513. Passionné de vérité, mais de tempérament inquiet, Luther cherche avant tout à replacer le problème de son salut dans une doctrine sûre, qu'il trouve, en 1515, dans l'épître de Paul aux Romains. Le *Commentaire* qu'il en fait correspond à la perspective luthérienne : face à Dieu Amour, l'homme est pécheur ; il est justifié par la foi, qui seule sauve. En cela, Luther s'oppose aux abus que l'Église fait de la justification par les œuvres, même celles qui sont douteuses ou qui sont cautionnées par les indulgences. C'est précisément la campagne menée, en 1517, par le dominicain Tetzel en faveur d'indulgences accordées à ceux qui aideront à la construction de St-Pierre de Rome qui amène Luther à rendre publiques, le 31 oct. 1517, les 95 thèses qui marquent le début de la Réforme. Il ne songe pas à quitter l'Église, qu'il veut débarrasser des abus qui s'y manifestent ; mais ses polémiques avec les théologiens romains n'aboutissent qu'à sa condamnation par Léon X, en 1520.
La même année, Luther publie les trois « grands écrits réformateurs », fondements du luthéranisme : le manifeste *À la noblesse chrétienne de la nation allemande,* où il s'en prend à la suprématie

romaine et met l'accent sur l'idée du sacerdoce universel des chrétiens, qu'il oppose au cléricalisme romain décadent ; *la Captivité de Babylone,* où il conteste la théorie romaine des sacrements, dont il ne conserve que le baptême et la Cène, et où il critique le caractère sacrificiel de la messe ; *De la liberté du chrétien,* où il formule une nouvelle doctrine de l'Église, non pas visible et triomphale, avec ses institutions et ses dogmes, mais invisible et faite de ceux-là seuls qui vivent dans la vraie foi ; Luther insiste sur l'autorité de l'Écriture seule, et sur le caractère fallacieux de la Tradition telle que Rome la présente.

Mis au ban de l'Empire en 1521, Luther est caché par son protecteur, Frédéric de Saxe, au château de la Wartburg. Il commence la traduction en allemand de la Bible, donnant ainsi à la littérature allemande sa langue littéraire et sa première grande œuvre. Rentré à Wittenberg (1522), il s'oppose aux anabaptistes, et intervient, auprès des seigneurs, dans la guerre des Paysans (1524-25). Ceux-ci écrasés, il peut organiser son Église, la doter d'un catéchisme, réglementer le culte et une liturgie où il donne une place très active aux fidèles. Tout en rompant avec Érasme et l'humanisme (*Du serf arbitre,* 1525), Luther se marie à Katharina von Bora, une ancienne cistercienne, qui lui donnera six enfants.

À partir de 1530 et de la rédaction de la *Confession d'Augsbourg* par son disciple Melanchthon, Luther peut se consacrer dans la paix à la consolidation de son œuvre : en 1537, les *Articles de Smalkalde,* rédigés par Luther lui-même, complètent la *Confession d'Augsbourg.* Il meurt en pleine activité. Les *Tischreden,* ou *Propos de table,* publiés par ses amis, permettent de mieux saisir sa personnalité riche et complexe.

Lutheran *(système),* ensemble de groupes sanguins érythrocytaires représentés par deux antigènes antithétiques Lu^a, Lu^b exprimant deux gènes alléliques Lu^a, Lu^b.

LUTHÉRANISME n. m. Doctrine de Luther ; religion des luthériens.

ENCYCL. La réforme luthérienne a voulu fonder la doctrine de l'Église sur la seule autorité de l'Écriture sainte, tout en reconnaissant la valeur du témoignage de l'Église primitive. La *Confession d'Augsbourg** (1530) rejette ainsi ce qui est contraire à l'Écriture.

Soutenu par les princes allemands, unis contre l'empereur en une ligue de Smalkalde* (1531), le luthéranisme s'étend à travers toute l'Europe, où il est à l'origine du développement des autres mouvements de réforme avec Zwingli et Calvin. Grâce à la paix d'Ausgbourg, il s'implante en Allemagne du Nord et du Centre, en Alsace du Nord, dans les pays scandinaves. Groupés dans l'Union évangélique, les princes protestants sauront défendre le luthéranisme tout au long de la guerre de Trente Ans. Après les traités de Westphalie (1648), le luthéranisme se sclérose, ce qui, au XVIIe s., provoque la naissance du piétisme, qui, en se répandant surtout en Allemagne, veut tout à la fois transformer les mœurs, rénover le sens de la vie, appeler le fidèle à une véritable renaissance dans la conversion. Au début du XIXe s., le luthéranisme connaît un renouveau fondé sur un réel réveil biblique et marqué par le développement des missions à l'extérieur et des missions intérieures. En 1923 se tient, à Eisenach, la Ire Conférence luthérienne mondiale ; en 1947, à Lund, est fondée la Fédération luthérienne mondiale (F. L. M.), membre du Conseil œcuménique des Églises, dont l'assemblée se réunit pour la première fois à Hanovre (1952), et depuis, régulièrement, tous les cinq ans.

On compte env. 70 millions de luthériens dans le monde : la majorité d'entre eux sont allemands, scandinaves, américains ; mais le luthéranisme est aussi implanté en Asie, en Amérique du Sud et en France, où les Églises luthériennes (300 000 membres) sont regroupées en une Alliance nationale des Églises luthériennes de France.

Ces diverses Églises luthériennes conservent l'unité de foi et de doctrine. Certaines ont des évêques, d'autres ont un régime mixte où, à côté de conseils et de synodes, une certaine autorité est confiée à des inspecteurs ecclésiastiques, élus à vie ou à temps (en France, par ex.).

LUTHERIE n. f. Fabrication et commerce du luthier.

LUTHÉRIEN, ENNE adj. et n. Conforme, relatif à la doctrine de Luther ; qui professe le luthéranisme.

LUTHIER n. m. (de *luth*). Artisan fabriquant des instruments de musique à cordes pincées ou frottées et munis d'un manche. (L'activité des luthiers s'est concentrée dans certaines régions d'Europe et certaines villes, dès l'origine : en Italie à Crémone, Venise, Naples ; en France à Paris, Mirecourt ; en Allemagne à Mittenwald, Markneukirchen.)

LUTHISTE n. Joueur de luth.

LUTHULI (Albert John), homme politique sud-africain (en Rhodésie 1898 - Stanger, Natal, 1967). Zoulou, président de l'African National Congress (ANC) de 1952 à 1960, il se fit l'apôtre d'une opposition non violente à l'apartheid. Il reçut en 1960 le prix Nobel de la paix.

LUTIDINE n. f. Diméthylpyridine C_7H_9N, que l'on rencontre dans l'huile d'os, les goudrons de houille, les huiles de schiste.

1. LUTIN n. m. (anc. fr. *luiton,* altér. de *netun,* du lat. *Neptunus,* avec l'infl. de *nuit*). **1.** Petit démon malicieux. — **2.** *Vx.* Enfant espiègle, taquin.

2. LUTIN, E adj. (de *lutin 1*). *Litt.* Qui est éveillé, espiègle.

LUTINER v. t. (de *lutin 1*) [conj. **3**]. Poursuivre une femme de ses baisers, de ses caresses, de taquineries galantes.

LUTINERIE n. f. *Litt.* Action de lutiner.

LUTITE n. f. Classe des roches sédimentaires détritiques dont la majorité des grains ont un diamètre inférieur à 64 micromètres. (Syn. PÉLITE.)

LUTON, v. de Grande-Bretagne (Bedfordshire), au N.-O. de Londres ; 164 000 hab. Industrie automobile. Aéroport.

LUTOSŁAWSKI (Witold), compositeur polonais (Varsovie 1913 - *id.* 1994). Il s'est imposé comme le père spirituel de la nouvelle génération de compositeurs polonais surgie à partir de 1956. Son langage subit alors une très forte évolution de l'atonalisme sériel vers des techniques très poussées de musique aléatoire. On lui doit de nombreuses œuvres, parmi lesquelles un *Concerto pour orchestre* (1954), un *Quatuor à cordes* (1964), un *Concerto pour violoncelle* (1970), quatre symphonies et de la musique vocale (*Trois Poèmes d'Henri Michaux,* 1963).

LUTRIN n. m. (lat. pop. **lectorinum,* du bas lat. *lectorium,* du lat. class. *lectrum,* pupitre). **1.** Pupitre élevé, en bois, métal, etc., et souvent supporté par les ailes déployées d'un aigle, placé dans le chœur d'une église pour recevoir, ouverts, les gros livres de chant liturgique. (Syn. AIGLE.) — **2.** Enceinte réservée aux chantres dans le chœur.

Lutrin *(le),* poème héroï-comique en six chants, de Boileau, publié de 1674 à 1683. L'auteur, tout en se moquant des « querelles de clocher » entre gens du clergé, illustre sa théorie du poème épique.

LÜTSCHINE (la), riv. de Suisse (cant. de Berne), tributaire du lac de Brienz. Ses alluvions ont formé, entre les lacs de Thoune et de Brienz, une petite plaine sur laquelle s'est installée Interlaken.

LUTTE n. f. **1.** Sport de combat dans lequel deux adversaires s'affrontent à mains nues, chacun cherchant à renverser l'autre sur le dos. (→ *encycl.* Sports) — **2.** Affrontement, combat entre des personnes, des groupes, chacun s'efforçant d'assurer sa domination, de faire triompher sa cause : *Luttes politiques. Une lutte inégale.* — **3.** Ensemble des actions menées pour obtenir qqch, pour défendre une cause : *Lutte pour la liberté. Luttes syndicales.* — **4.** Ensemble des actions menées pour vaincre un mal : *Lutte contre le cancer.* — **5.** Résistance opposée à une force, à un élément contraire ; volonté de vaincre des difficultés : *Lutte d'un malade contre la mort.* — **6.** Action en sens contraire de deux ou plusieurs forces : *Lutte entre le bien et le mal. Lutte d'influences.* — **7.** Accouplement du bélier et de la brebis. — **8.** *Emporter qqch de haute lutte,* à la suite d'un effort vigoureux et continu. ‖ *En lutte,* qui a engagé la lutte, qui se bat pour faire triompher sa cause. ‖ *Lutte biologique,* défense des cultures utilisant soit les prédateurs ou les parasites naturels des espèces indésirables, soit des substances directement extraites d'organismes vivants. (Syn. CONTRÔLE BIOLOGIQUE.) [→ *encycl.* Agric.] ‖ *Lutte des classes,* conflit opposant les classes sociales en deux groupes antagonistes, les oppresseurs et les opprimés. ‖ *Lutte intégrée,* défense des cultures utilisant conjointement la lutte biologique et la lutte chimique. ‖ *Lutte libre,* style de lutte pratiqué torse nu, dans lequel toutes les saisies sont autorisées. ‖ *Lutte pour la vie, pour l'existence,* combat de chaque individu, de chaque espèce, contre les autres, pour assurer sa survie ; concurrence vitale des espèces pour l'accès à la nourriture (animaux), à la lumière (plantes vertes), etc., ayant pour résultat, selon Charles Darwin, la seule survivance des plus aptes (sélection naturelle).

ENCYCL. **Agric.** D'application très ancienne, la *lutte biologique* n'a vraiment pris de l'importance qu'à partir des années 1960, quand il fut montré que l'utilisation intensive des pesticides pouvait être plus nocive aux ennemis naturels des ravageurs qu'aux ravageurs eux-mêmes. Il existe quatre méthodes principales : le lâcher de parasites ou de prédateurs sur les lieux où se trouve le ravageur dont on veut se débarrasser ; l'utilisation d'une espèce contre elle-même, par exemple en lâchant des mâles stériles qui prennent peu à peu la place des mâles de la population naturelle ; l'emploi des agents pathogènes (bactéries, virus, champignons) des ennemis des cultures ; l'utilisation des phéromones, encore au stade de la recherche, substances jouant un rôle dans la communication à distance entre individus et qui peut éloigner, en les attirant ailleurs, les mâles de certaines espèces.

— **Sports.** La *lutte gréco-romaine* apparut aux jeux Olympiques d'Athènes dès 1896, et la *lutte libre* à ceux de 1904. Les lutteurs sont répartis en dix catégories de poids, dont les limites supérieures sont 48 kg, 52 kg, 57 kg, 62 kg, 68 kg, 74 kg, 82 kg, 90 kg, 100 kg (plus une catégorie « libre » au-dessus de 100 kg). À côté de ce sport presque universel, il existe depuis longtemps des variantes régionales, dont le sambo (Russie), la lutte sumō (Japon), la lutte turque, la lutte bretonne, la lutte au caleçon (Suisse).

Luttes de classes en France (1848-1850) [*les*], œuvre de K. Marx (1850), fondant la méthode d'analyse matérialiste de l'histoire.

LUTTER v. i. (lat. *luctari*) [conj. 3]. **1.** Combattre corps à corps et sans armes pour essayer de se renverser sans se frapper. — **2.** Pratiquer le sport de la lutte. — **3.** En parlant du bélier, couvrir la brebis.

◆ v. t. ind. **1.** Se battre contre qqn avec ou sans armes : *Les deux hommes luttaient l'un contre l'autre.* — **2.** Se battre dans un combat, une guerre : *Les forces gouvernementales luttent contre les rebelles.* — **3.** Tenter de résister à une force : *Lutter contre le sommeil, contre le fou rire.* — **4.** Agir avec énergie pour mettre un terme, faire obstacle à qqch : *Lutter contre l'ignorance, contre la fraude.* — **5.** Mettre toute son énergie à obtenir qqch, à affronter les difficultés : *Lutter pour survivre.* — **6.** Rivaliser avec qqn sur tel ou tel point : *Lutter de vitesse, d'élégance.*

LUTTERBACH (68460), comm. du Haut-Rhin, banlieue ouest de Mulhouse ; 5 341 hab. *(Lutterbachois).*

LUTTEUR, EUSE n. **1.** Sportif qui pratique la lutte. — **2.** Personne énergique, qui est toujours prête à mettre toute son énergie pour obtenir qqch ; battant : *C'est un lutteur, il réussira.*

LUTYENS (*sir* Edwin LANDSEER), architecte britannique (Londres 1869 - *id.* 1944). Il se spécialisa d'abord dans la réalisation d'originales maisons de campagne. Son palais du vice-roi à New Delhi (1913-1931) combine avec maîtrise motifs vernaculaires et classicisme européen.

LUTZ [luts] n. m. (de *Lutz,* n. d'un patineur autrichien). En patinage artistique, saut piqué, l'appel se faisant en arrière, la réception également en arrière, sur l'autre jambe et sur une courbe opposée à celle du départ. (Le patineur effectue une rotation d'un tour en l'air. Le lutz peut être simple, double ou triple.)

LÜTZEN, v. d'Allemagne, au S.-O. de Leipzig ; 4 102 hab.

Lützen *(bataille de)* [16 nov. 1632], bataille de la guerre de Trente Ans au cours de laquelle Gustave Adolphe battit Wallenstein mais fut mortellement blessé.

LUX [lyks] n. m. (lat. *lux,* lumière). Unité SI d'éclairement (symb. lx), équivalant à l'éclairement d'une surface qui reçoit normalement, d'une manière uniformément répartie, un flux lumineux de 1 lumen par mètre carré.

LUXATION n. f. (bas lat. *luxatio, -onis*). **1.** Déplacement des extrémités articulaires des os, entraînant une modification permanente de leurs rapports. — **2.** Déplacement de certains organes. — **3.** *Luxation congénitale de la hanche,* luxation due à un vice de formation de l'articulation. ‖ *Luxation temporo-maxillaire,* perte des rapports normaux de la cavité glénoïde du temporal et du condyle de la mâchoire.

ENCYCL. Les *luxations traumatiques,* très douloureuses, atteignent électivement le coude ou l'épaule de l'adulte. Des récidives sont possibles. Les symptômes de la *luxation congénitale de la hanche* ne deviennent évidents qu'au début de la marche, entre 15 et 18 mois : le traitement est alors long et difficile. Le diagnostic précoce, dès la naissance, suivi d'une simple mise en abduction permanente, permet le développement normal de la marche.

LUXE n. m. (lat. *luxus*). **1.** Caractère de ce qui est coûteux, raffiné, somptueux : *Le luxe de la table.* — **2.** Environnement constitué par des objets coûteux ; manière de vivre coûteuse et raffinée. — **3.** Plaisir relativement coûteux qu'on s'offre sans vraie nécessité : *Son seul luxe est sa collection de disques.* — **4.** Ce que l'on se permet d'une manière exceptionnelle ou ce que l'on se permet de dire, de faire en plus, pour se faire plaisir : *Il ne peut pas se payer le luxe de lui dire ce qu'il pense de lui.* — **5.** Grande abondance de qqch : *Un luxe de détails.* — **6.** Fam. *Ce n'est pas du luxe,* cela fait partie du nécessaire, c'est même indispensable. ‖ *De luxe,* se dit d'objets, de produits, de services qui correspondent à des goûts recherchés et coûteux ; se dit d'activités qui font commerce de ces produits ou de ces services ; se dit d'impôts frappant certaines dépenses somptuaires ou certains biens (bijoux, fourrures, par ex.).

LUXEMBOURG *(grand-duché de),* État de l'Europe occidentale ; 2 586 km² ; 410 000 hab. *(Luxembourgeois).* CAP. *Luxembourg.* LANGUES : *luxembourgeois, allemand* et *français.* MONNAIE : *franc luxembourgeois.*

Géographie. Le pays se partage en deux grandes régions : le tiers nord (Ösling) appartient au plateau ardennais, tandis que le Sud (Gutland) est une partie du Bassin parisien, qui jouit d'un climat plus doux et de sols plus riches. Longtemps fondée sur l'extraction du fer (arrêtée) et la sidérurgie, l'économie s'est partiellement reconvertie : création de nouvelles branches (pneumatiques, plastiques, mécanique), développement du secteur tertiaire (banques, compagnies d'assurances, radio et télévision). L'agriculture, orientée vers l'élevage, n'occupe que 5 % des actifs. La population (qui compte un fort pourcentage d'immigrés) stagne, en raison du fabile taux de natalité. Le pays, exigu, est économiquement très lié à la conjoncture internationale. Endetté, le Luxembourg a également une balance commerciale déficitaire.

Histoire. Issu du morcellement de la Lotharingie, le comté de Luxembourg est créé en 963 au sein du Saint Empire romain germanique.

1354 : Le comté est érigé en duché par Charles IV de Luxembourg.

Le Luxembourg passe à la maison de Bourgogne (1441), à l'Espagne (1506) puis à l'Autriche (1714). Il est ensuite annexé par la France (1795).

1815 : Le congrès de Vienne en fait un grand-duché lié aux Pays-Bas par la personne du roi, et membre de la Confédération germanique.

1831-1839 : La moitié occidentale du grand-duché devient belge.

De ce démembrement naît le territoire du grand-duché tel qu'il existe aujourd'hui.

1867 : Le traité de Londres en fait un État indépendant et neutre.

1890 : La famille de Nassau devient famille régnante.

1914-1918 : Le Luxembourg est occupé par les Allemands.

1919 : La grande-duchesse Charlotte donne une Constitution démocratique au pays.

1939-1945 : Nouvelle occupation allemande.

Après la Seconde Guerre mondiale, le Luxembourg devient membre du Benelux (1947), abandonne son statut de neutralité (1948), adhère au pacte de l'Atlantique Nord (1949) et entre dans la C. E. E. (1957-58).

1964 : La grande-duchesse Charlotte abdique en faveur de son fils Jean.

La vie politique est marquée par la prédominance du parti chrétien-social (avec, notamment, pour Premiers ministres : Pierre Werner, 1959-1974 et 1979-1984 ; Jacques Santer, 1984-1995 ; Jean-Claude Juncker, depuis 1995).

LUXEMBOURG, prov. du sud-est de la Belgique ; 4 418 km^2 ; 232 813 hab. Ch.-l. *Arlon ;* 5 arrond. *(Arlon, Bastogne, Marche-en-Famenne, Neufchâteau, Virton)* et 44 comm. C'est la province la plus étendue du pays, mais la moins peuplée et la moins industrialisée. Elle est occupée par l'Ardenne au nord (élevage laitier, forêts) et par la Lorraine belge au sud (céréales, pommes de terre, fourrage).

LUXEMBOURG, cap. du grand-duché de Luxembourg ; 75 377 hab. Le noyau primitif, la vieille ville, domine le confluent de l'Alzette et de la Pétrusse et conserve le palais grand-ducal (XVIe, XVIIIe et XIXe s.), la cathédrale (XVIIe et XXe s.), le musée d'État, la Bibliothèque nationale. Luxembourg est un centre tertiaire : capitale de l'État et l'une des capitales européennes (Cour des comptes et Cour de justice des Communautés européennes), siège financier (Banque européenne d'investissement), avec quelques industries (cuir, tabac, confection, imprimerie, métallurgie de transformation). Aéroport international (Findel).

— **Hist.** Luxembourg tire son origine du château de Sigefroi (963). Sa position stratégique en fit, jusqu'en 1867, une des grandes forteresses d'Europe.

Luxembourg *(musée d'État du),* à Luxembourg. Installé dans une demeure ancienne, ce vaste ensemble comprend des sections d'archéologie gallo-romaine et mérovingienne, d'art religieux (Moyen Âge), de beaux-arts (primitifs italiens ; écoles du Nord ; œuvres de J. Kutter ; peintures, sculptures et tapisseries contemporaines), d'arts et traditions populaires (intérieurs reconstitués, du XVIe au XIXe s.), d'armes et armures, de zoologie et de minéralogie. — La ville possède également une Galerie municipale (peintures et œuvres d'art du XVIIe s. à nos jours).

LUXEMBOURG (*maisons* DE). Trois maisons ont successivement régné sur le comté (duché en 1354) de Luxembourg, depuis sa fondation en 963 jusqu'à sa réunion aux États bourguignons en 1443. La troisième maison accéda à l'Empire avec Henri VII (élu en 1308, couronné en 1312), au trône de Bohême avec Jean l'Aveugle (1310), à celui de Hongrie avec Sigismond (1387). À la mort de Sigismond(1437), la majeure partie de ses possessions passèrent aux Habsbourg.

Luxembourg *(Radio-Télé-)* **[R. T. L.],** station de radiodiffusion appartenant à la Compagnie luxembourgeoise de télédiffusion (C. L. T.), fondée en 1931, dont le capital appartient essentiellement à des groupes français et belges. C'est une radio internationale qui émet en français, luxembourgeois, allemand, anglais, néerlandais et italien. Les émissions françaises sont préparées dans des studios à Paris, reliés à l'émetteur de Beidweiler. La C. L. T. exploite également *R. T. L.-Télévision,* participe à plusieurs chaînes de télévision européennes privées (elle est notamment l'opérateur principal de la chaîne française M6) et s'adonne à la production audiovisuelle.

LUXEMBOURG (Valeran III DE), comte **de Saint-Pol** et **de Ligny,** de la branche des Luxembourg-Ligny (château de Saint-Pol 1355 - château d'Ivoy 1417), capitaine de Paris, puis connétable en 1411.

LUXEMBOURG (Jean DE), comte **de Saint-Pol** et **de Ligny,** de la branche des Luxembourg-Saint-Pol (v. 1391 - Guise 1441). Partisan des Bourguignons, il fit prisonnière Jeanne d'Arc devant Compiègne (1430) et la vendit aux Anglais.

LUXEMBOURG (Louis DE), comte **de Saint-Pol** et **de Ligny** (1418 - Paris 1475), connétable de

France. Fils de Pierre Ier de Saint-Pol et neveu du précédent, il participa à la conquête de la Normandie. Il chercha à garder ses immenses domaines indépendants entre France et Bourgogne. Il fut créé connétable en 1465 mais, accusé de haute trahison, il fut décapité.

LUXEMBOURG (François Henri DE MONTMORENCY-BOUTEVILLE, *duc* DE), maréchal de France (Paris 1628 - Versailles 1695). Après avoir servi la cause de Condé, il devint lieutenant général. Il dirigea la campagne de Hollande en 1672. Maréchal de France (1675), commandant en chef de l'armée de Flandre (1680), il remporta tellement de victoires (Fleurus, Steinkerque, Neerwinden) et prit tant de drapeaux qu'on le surnomma « le tapissier de Notre-Dame ».

Luxembourg *(musée du),* ancien musée national, à Paris. Le palais du Luxembourg a comporté à plusieurs reprises une partie musée (1750, dans la « galerie Médicis » de Rubens ; 1808-1815). En 1818, Louis XVIII y fit aménager un musée consacré aux artistes vivants. Ce « musée du Luxembourg » a été remplacé en 1939 par le musée national d'Art moderne (auj. au Centre national d'art et de culture G.-Pompidou) ; cependant, ses salles, rénovées en 1980, servent depuis lors à des expositions temporaires.

Luxembourg *(palais* et *jardin du),* à Paris, dans le VIe arrond., ensemble réalisé pour Marie de Médicis sur des modèles florentins, offrant, accompagné d'un important jardin, un palais édifié principalement par S. de Brosse (1612-1620) et dont la décoration de la grande galerie fut confiée à Rubens (*Histoire de Marie* de Médicis,* 1622-1625, auj. au Louvre). Affecté au Sénat sous le premier Empire, le palais fut transformé intérieurement par Chalgrin. En 1836, un nouveau bâtiment, du même style que le noyau original, lui fut adjoint du côté jardin ; Delacroix a décoré les voûtes de la bibliothèque de 1840 à 1846. Réduit et réaménagé dans les années 1860, le jardin contient de nombreux monuments et statues, dont la *fontaine Médicis* et le *Silène* de Dalou.

Luxembourg *(salle),* titre officiel du théâtre de l'Odéon de 1946 à 1959.

LUXEMBOURGEOIS, E adj. et n. Du grand-duché ou de la ville de Luxembourg.
◆ **luxembourgeois** n. m. Dialecte allemand parlé dans le grand-duché de Luxembourg.

LUXEMBURG (Rosa), théoricienne et révolutionnaire allemande (Zamość, près de Lublin, 1870 - Berlin 1919). Née dans une famille juive aisée, elle vit à Varsovie puis à Zurich. En contact avec le mouvement social-démocrate de Pologne, elle est en désaccord avec lui sur la question nationale. Elle est en effet partisan de l'autonomie polonaise dans une Russie démocratique et hostile à l'indépendance. En 1898, elle adopte la nationalité allemande, prend vivement parti contre le révisionnisme de Bernstein et marque son désaccord avec Lénine sur la question de l'organisation du parti. Elle rédige *Grève de masse, parti et syndicats* après un séjour en prison (1906), puis enseigne l'économie à l'école du parti social-démocrate allemand et rédige alors *l'Accumulation du capital* (1913). Elle rompt avec Kautsky en 1913, s'oppose à la guerre, est arrêtée plusieurs fois, et c'est en prison qu'elle rédige la brochure sur *la Révolution russe* publiée après sa mort par Paul Levi et qui donnera lieu à de nombreuses controverses (1921). Libérée à la fin de la guerre, elle fait partie avec Liebknecht du groupe Spartakus et rédige le programme du parti communiste allemand. Elle participe contre son gré à la révolte spartakiste, est arrêtée avec Liebknecht et exécutée.

LUXER v. t. (lat. *luxare*) [conj. 3]. Provoquer une luxation.
◆ **se luxer** v. pr., **être luxé** v. pass. Se faire une luxation à telle articulation : *Se luxer l'épaule.*

Luxeuil *(dentelle de),* dentelle exécutée avec des lacets reliés entre eux par des brides et divers points employés dans la dentelle à l'aiguille.

LUXEUIL-LES-BAINS (70300), ch.-l. de cant. de la Haute-Saône, en bordure des Vosges comtoises ; 9 364 hab. *(Luxoviens).* Station thermale pour le traitement des affections veineuses et gynécologiques. Monuments des XIVe-XVIe s. Musée. La ville possède quelques industries (métallurgie, textile, eau-de-vie) et une base aérienne.
— **Hist.** La ville se développa, à partir du VIe s., autour d'une abbaye fondée par saint Colomban en 590 et qui fut, au Moyen Âge, un important foyer intellectuel.

LUXMÈTRE n. m. (de *lux*). Appareil destiné à la mesure des éclairements lumineux.

LUXUEUSEMENT adv. De façon luxueuse.

LUXUEUX, EUSE adj. Qui témoigne du luxe, se signale par son luxe : *Un appartement luxueux.*

LU XUN ou **LOU SIUN** (Zhou Shuren ou Tcheou Chou-jen, dit), écrivain chinois (Shaoxing, Zhejiang, 1881 - Shanghai 1936). Son œuvre, qui allie la langue parlée aux qualités du style de la langue classique, fait de lui le fondateur de la nouvelle littérature chinoise et le modèle de l'écrivain engagé (*la Véridique Histoire d'Ah Q,* 1921 ; *Contes anciens à notre manière,* 1935).

LUXURE n. f. (lat. *luxuria*). Comportement de qqn qui se livre sans retenue aux plaisirs sexuels.

LUXURIANCE n. f. *Litt.* **1.** État d'une végétation luxuriante. — **2.** Vigueur surabondante de qqch : *Luxuriance d'un coloris.*

LUXURIANT, E adj. (anc. fr. *luxurier,* s'adonner à la débauche, du lat. *luxuriare*). **1.** Qui pousse avec abondance : *Une végétation luxuriante.* – **2.** Qui déborde de richesse, de vigueur : *Un style luxuriant.*

LUXURIEUX, EUSE adj. (lat. *luxuriosus*). **1.** *Vx.* Qui s'adonne à la luxure. – **2.** Qui dénote la luxure ; voluptueux, sensuel.

LUY (le), riv. du bassin d'Aquitaine, affl. de l'Adour (r. g.). Il est formé de deux branches, le *Luy de France* (80 km) et le *Luy de Béarn* (70 km).

LUYNES (37230), ch.-l. de cant. d'Indre-et-Loire, à 10 km à l'O. de Tours ; 4 226 hab. Château des XIIe-XIIIe, XVe et XVIIe s.

LUYNES (*maison* D'ALBERT DE), famille française originaire d'Italie, issue probablement des Alberti florentins. Elle fut particulièrement représentée par CHARLES, marquis **d'Albert,** duc **de Luynes,** connétable de France (Pont-Saint-Esprit 1578 - Longueville, Lot-et-Garonne, 1621). Il gagna l'amitié de Louis XIII, se fit l'instigateur du meurtre de Concini (1617), à qui il succéda comme chef du gouvernement. Créé duc et pair (1619), de Luynes devint connétable en 1621. Il jugula une nouvelle révolte des grands et mena campagne contre les huguenots, mécontents du rétablissement du culte catholique en Béarn et en Basse-Navarre : il prit Saumur (1621), mais échoua devant Montauban. – HONORÉ **d'Albert,** duc **de Luynes,** archéologue et numismate (Paris 1802 - Rome 1867), a donné en 1862 au cabinet des Médailles de la B. N. (F.) la collection de monnaies antiques et d'objets précieux qu'il avait recueillis au cours de ses voyages dans le Levant.

Luys *(corps de),* noyau ovale situé sous le thalamus, appartenant aux noyaux sous-thalamiques moteurs. Une lésion unilatérale du corps de Luys provoque un hémiballisme.

LUZARCHES (95270), ch.-l. de cant. du Val-d'Oise, dans le pays de France ; 3 377 hab. *(Luzarchois).* Vestiges féodaux. Église des XIIe-XVIe s. (façade Renaissance).

LUZECH (46140), ch.-l. de cant. du Lot, dans un méandre presque recoupé du Lot ; 1 564 hab. *(Luzechois).* Vieille cité, dans un site pittoresque. Vestiges d'un oppidum gaulois. Fortifications, église, chapelles et maisons médiévales. Musée. Usine hydro-électrique.

LUZENAC (09250), comm. de l'Ariège, sur l'Ariège, en aval d'Ax-les-Thermes ; 705 hab. Traitement du talc extrait dans les carrières de Trimouns.

LUZERNE n. f. (provenç. *luzerno*). Plante (papilionacée) vivace, largement cultivée dans le monde pour la qualité de son fourrage, riche en protéines.

LUZERNIÈRE n. f. Champ de luzerne.

LUZHOU ou **LOU-TCHEOU,** anc. **Luhsien,** port de Chine (Sichuan), sur le Yangzi Jiang ; 360 300 hab. Industrie chimique.

LUZHOU → HEFEI.

LUZI (Mario), écrivain et critique littéraire italien (Florence 1914). Sa poésie, dont les premières manifestations appartiennent à l'hermétisme (*la Barque,* 1935), se dénoue à partir de *la Vérité sur la vie* (1960) en une sorte de récitatif intellectuel dont l'intensité égale le dénuement (*Au feu de la controverse,* 1978 ; *Pour le baptême de nos fragments,* 1985 ; *Voyage terrestre et céleste de Simone Martini,* 1994).

LUŽICKÉ HORY → LUSACE *(monts de).*

LUZON → LUÇON.

LUZ-SAINT-SAUVEUR (65120), ch.-l. de cant. des Hautes-Pyrénées, au confluent du gave de Pau et du gave de Gavarnie ; 1 181 hab. *(Luzéens).* Église romane, fortifiée au XIVe s. ; petit musée. Station thermale à *Saint-Sauveur.* Sports d'hiver à *Luz-Ardiden.* Double centrale hydroélectrique.

LUZULE n. f. (lat. sc. mod. *luzula,* de l'ital. *luzziola,* de *luce,* lumière). Herbe voisine du jonc, mais à port de graminée, aux feuilles velues, fourragère à l'état jeune.

LUZY (58170), ch.-l. de cant. du sud-est de la Nièvre, dans le Morvan ; 2 470 hab. *(Luzyçois).* Industrie aéronautique.

L. V. F., sigle de LÉGION* DES VOLONTAIRES FRANÇAIS CONTRE LE BOLCHEVISME.

LVOV, en ukrainien **Lviv,** en all. **Lemberg,** en polon. **Lwów,** v. d'Ukraine, au N. des Carpates ; 802 000 hab. Université. Carrefour ferroviaire et routier, centre industriel (textile, métallurgie).
– **Hist.** Fondée par le prince de Galicie Daniel Romanovitch, la ville fut occupée par les Polonais en 1349. Attribuée à l'Autriche lors du premier partage de la Pologne (1772), elle fut alors appelée *Lemberg.* Prise par les Russes en sept. 1914, Lvov fut reconquise par les Austro-Allemands en juin 1915. Rattachée à la Pologne en 1920, elle fut incorporée à l'U. R. S. S. après l'attaque des troupes allemandes et soviétiques de sept. 1939. La ville fut réoccupée par la Wehrmacht de 1941 à 1944.
– **Bx-arts.** La ville conserve les églises St-Nicolas (XIIIe s.) et de la Dormition (fin du XIVe s.), une cathédrale d'architecture arménienne (XIVe-XVe s.), la remarquable chapelle Boïmov (début du XVIIe s.), des églises baroques, etc.

LVOV (Gueorgui Ievguenievitch, *prince*), homme politique russe (près de Toula 1861 -

Paris 1925). Membre du parti constitutionnel-démocrate (KD), il fut élu à la première douma (1906). Pendant la Première Guerre mondiale, il dirigea l'Union panrusse des zemstvos. Président et ministre de l'Intérieur du premier Gouvernement provisoire (mars 1917) et du premier gouvernement de coalition avec les socialistes, il démissionna en juill. 1917. Après la victoire des bolcheviks, il se réfugia à Paris.

LW. *Antigène LW* (en hommage à Landsteiner et Wiener), antigène public présent sur les hématies de la presque totalité des individus. L'importance de l'antigène LW est très limitée, contrairement à celle de l'antigène Rhésus.

LWOFF (André), biologiste et médecin français (Ainay-le-Château, Allier, 1902 - Paris 1994). En 1965, il partagea le prix Nobel de médecine et de physiologie avec J. Monod et F. Jacob pour l'ensemble de leurs travaux sur la génétique microbienne. Dès 1950, il étudiait la lysogénie bactérienne, inaugurant la génétique moléculaire moderne. (Acad. des sc., 1977.)

lx, symbole du *lux,* unité SI d'éclairement.

LYALLPUR → Faisalabad.

LYAUTEY (Louis Hubert Gonzalve), maréchal de France (Nancy 1854 - Thorey, Meurthe-et-Moselle, 1934). Après avoir été affecté dans le Sud oranais en raison de ses connaissances de la langue arabe, il sert aux hussards de Saint-Germain-en-Laye. Envoyé en Indochine en 1894, il est chef d'état-major de Gallieni au Tonkin puis à Madagascar, où il soumet le nord de l'île (1897). Appelé en Algérie (1903), nommé commandant de la division d'Oran (1906), il occupe Oujda (1907) et réprime le soulèvement des Beni Snassen (déc. 1907-févr. 1908). Commandant le 10e corps d'armée à Rennes (1910), Lyautey est rappelé au Maroc avec le titre de résident général. Il parvient alors à assurer la paix sur l'ensemble du pays et applique un programme de développement économique et humain. À l'exception d'un séjour en France comme ministre de la Guerre (déc. 1916-mars 1917), il demeure au Maroc pendant la Première Guerre mondiale. Contraint d'envoyer en métropole des renforts et du ravitaillement, il réussit cependant à poursuivre son œuvre politique, économique et sociale. Promu maréchal de France en 1921, il demande, en pleine guerre du Rif, à être relevé de ses fonctions à la suite d'une mission de contrôle de Pétain. Retiré en Lorraine, il est chargé d'organiser, de 1927 à 1931, l'Exposition coloniale.
Auteur de plusieurs ouvrages, parmi lesquels un très célèbre *Rôle social de l'officier* (1891), Lyautey a été le promoteur d'un humanisme militaire et colonial fondé sur le respect de l'individu et des civilisations d'outre-mer. (Acad. fr., 1912.)

LYCABETTE (le), en gr. **Lukabittós,** colline de l'Attique, de la chaîne du Pentélique, aujourd'hui intégrée dans Athènes, au nord-est de l'Acropole.

LYCANTHROPE n. m. Homme transformé en loup-garou.

LYCANTHROPIE n. f. Métamorphose d'un homme en loup-garou.

LYCAON [likaɔ̃] n. m. (lat. *lycaon,* loup d'Éthiopie, du gr. *lukaôn*). Mammifère carnivore sauvage des savanes d'Afrique, aux oreilles rondes, à fourrure tachée de noir, jaune et blanc, chassant en groupe.

LYCAON, roi mythique d'Arcadie qui avait servi la chair de son fils à Zeus, qu'il hébergeait. Zeus le foudroya, avec ses cinquante enfants, ou, selon une autre tradition, le changea en loup.

LYCAONIE, en gr. **Lukaonia,** anc. contrée de l'Anatolie. Ses principales villes ont été Iconium (auj. Konya) et Laodicée.

LYCÉE n. m. (lat. *Lyceum,* le Lycée, n. du gymnase près d'Athènes où enseignait Aristote, du gr. *Lukeion*). **1.** Établissement d'enseignement du second degré (→ *encycl.*) — **2.** Époque des études dans un lycée. — **3.** En Belgique, établissement secondaire destiné aux jeunes filles.
ENCYCL. La création des lycées remonte en France à la loi du 2 floréal an X (1er mai 1802), qui les substituait aux écoles centrales fondées par la Convention.
Le *lycée d'enseignement général et technologique (L. E. G. T.)* est un établissement d'enseignement du second cycle du second degré (de la seconde à la terminale). Il prépare aux baccalauréats d'enseignement général et aux baccalauréats technologiques et aux brevets de techniciens.
Le *lycée professionnel (L. P.)* [nom donné en 1985 au *lycée d'enseignement professionnel (L. E. P.),* créé en 1975 en remplacement du collège d'enseignement technique] est un établissement d'enseignement du second degré, accessible à la fin des classes de cinquième ou de troisième. Il prépare aux C. A. P., aux B. E. P. et aux baccalauréats professionnels.

LYCÉE, en gr. **Lukeion** (du n. d'Apollon *Lycéen*), lieu-dit situé à l'E. d'Athènes, au pied du Lycabette, où s'élevaient un temple d'Apollon Lycéen et un gymnase.

LYCÉE *(mont),* montagne de la Grèce, en Arcadie, sur la frontière de la Messénie. À son sommet se trouvait l'autel de Zeus Lycéen.

LYCÉEN, ENNE n. Élève d'un lycée.
◆ adj. Relatif au lycée, aux lycéens : *Vie lycéenne.*

LYCÉEN, ENNE, surnom de Zeus, d'Apollon, d'Artémis et de Pan, du premier surtout, par référence au culte qui lui était rendu sur le mont Lycée.

LYCÈNE n. f. (lat. sc. mod. *lycœna,* du gr. *lukaina,* louve). Petit papillon dont le mâle est bleu, et la femelle brune. (Les lycènes les plus communes en France sont les adonis, les corydons, l'azuré et *L. alcon,* dont les chenilles dévorent le couvain des fourmis.)

LYCÉNIDÉ n. m. (de *lycène*). Nom de famille donné à des papillons tels que les lycènes, les thècles, les lampides, les polyommates, etc.

LYCHEE → LITCHI.

LYCHNIS [liknis] n. m. (lat. *lychnis,* du gr. *lukhnis*). Herbe (caryophyllacée) aux feuilles opposées, au calice renflé, aux pétales munis d'un onglet et dont de nombreuses espèces sont ornementales (compagnon blanc, compagnon rouge, œillet des prés, etc.).

LYCIE, en gr. **Lukia,** en lat. **Lycia,** anc. région de l'Asie Mineure dont les cités ont formé une fédération *(koinon)* avant qu'elle ne devînt province impériale sous Claude, qui l'unit à la Pamphylie.

LYCIEN, ENNE adj. et n. De Lycie.
◆ **lycien** n. m. Langue indo-européenne issue du louvite et parlée en Lycie pendant l'Antiquité (VIe-IIe s. av. J.-C.).

LYCIENS, peuple ancien de la Lycie (Ier millénaire av. et apr. J.-C.).

LYCIET [lisjɛ] n. m. (lat. sc. *lycium,* du gr. *lukion*). Arbuste (solanacée) souvent épineux, à feuilles caduques, portant de nombreuses fleurs à corolle en entonnoir et dont les fruits sont des baies très colorées.

LYCON, en gr. **Lukôn,** orateur grec (Ve s. av. J.-C.), qui rédigea l'acte d'accusation contre Socrate.

LYCOPE n. m. (gr. *lukos,* loup, et *pous,* pied). Herbe (labiée) du bord des eaux, à toutes petites fleurs blanches ponctuées de rouge. (Syn. PIED-DE-LOUP, PATTE-DE-LOUP.)

LYCOPÈNE n. m. Pigment caroténoïde rouge de la tomate.

LYCOPERDON n. m. (lat. sc. *lycoperdum*). Nom générique de la vesse-de-loup.

LYCOPHRON, poète alexandrin né à Chalcis en Eubée (fin du IVe s.-début du IIIe s. av. J.-C.). Son poème *Alexandra,* dont l'obscurité était proverbiale, rapporte les prophéties de Cassandre.

LYCOPODE n. m. (lat. sc. *lycopodium*). **1.** Plante vasculaire sans graines (ptéridophyte) dont les tiges, souvent rampantes, portent un manchon de petites feuilles, telle que le lycopode proprement dit ou la sélaginelle (lycopode du commerce). [Syn. PIED-DE-LOUP.]– **2.** Poudre formée par les microspores de *Lycopodium clavatum.* (Sa combustion est instantanée et produit un éclair qu'utilisent les artificiers.)

LYCOPODIALE n. f. Nom d'ordre donné au lycopode et aux plantes voisines.

LYCOPODINÉE n. f. Nom d'une classe de ptéridophytes comprenant de grands arbres fossiles tels que *lepidodendron* et de petites formes actuelles (lycopodes, sélaginelles, isoètes).

LYCOPOLIS → ASSIOUT.

LYCOSE n. f. (lat. sc. *lycosa,* du lat. class. *lycos,* araignée-loup). Araignée errante. (La lycose de Narbonne est commune sur les coteaux calcaires du midi de la France. La femelle traîne son cocon derrière elle puis, après l'éclosion, porte longtemps les jeunes sur son dos. La tarentule est une lycose.)

LYCRA n. m. (n. déposé). Fil élastomère, couvert de fibres ou de fils de nature différente, utilisé dans la confection d'articles textiles possédant une grande élasticité.

LYCTE n. m. (lat. sc. *lyctus*). Insecte coléoptère allongé et plat, dont la larve attaque le bois non résineux.

LYCURGUE, législateur légendaire du IXe-VIIIe s. av. J.-C., à qui la tradition antique attribue l'ensemble des institutions spartiates.

LYCURGUE, orateur et homme politique athénien (v. 390 - v. 324 av. J.-C.). Élève de Platon et d'Isocrate, il fut l'un des adversaires de Philippe de Macédoine. De 338 à 326, il joua un rôle actif dans le gouvernement d'Athènes. On a conservé de lui le discours *Contre Léocrate.*

LYCURGUE, roi de Sparte († v. 212 av. J.-C.). Roi en 219, il se fit battre par Philippe V de Macédoine.

LYDDA → LOD.

LYDDITE n. f. (de *Lydd,* n. pr.). Explosif dérivé de l'acide picrique. (Il fut utilisé pendant la Première Guerre mondiale.)

LYDE n. f. (lat. sc. *lyda,* p.-ê. du gr. *Ludos,* de Lydie). Insecte hyménoptère qui cause des dégâts sur les conifères.

LYDELLA n. f. Mouche tachinaire parasite de chenilles. (*L. grisescens* a été introduite au Japon en vue de la lutte biologique contre la pyrale du maïs.)

LYDGATE (John), poète anglais (Lidgate, Suffolk, v. 1370 - Bury Saint Edmunds, v. 1450). Admirateur de Chaucer et du « roman » français, il est l'auteur de nombreux poèmes historiques et satiriques (*le Temple de verre,* 1405 ; *le Livre de Troie,* 1412-1420 ; *la Chute des princes,* 1430-1438).

LYDIE, en lat. **Lydia,** ou **MÉONIE,** anc. contrée de l'Asie Mineure, bornée par la mer Égée à l'O. et située entre la Mysie et la Carie. Elle avait pour capitale *Sardes.* (→ LYDIENS.)

LYDIEN, ENNE adj. et n. **1.** De la Lydie. – **2.** Dès le IXe s., se dit du 5e mode ecclésiastique de *fa.*
◆ **lydien** n. m. Langue parlée en Lydie pendant l'Antiquité. (Connue par des inscriptions trouvées à Sardes et datant du VIe au IVe s. av. J.-C., elle a des traits communs avec le hittite et le louvite.)
◆ **lydienne** n. f. Variété de jaspe colorée en noir par des matières charbonneuses.

LYDIENS, peuple ancien de l'Anatolie, occupant les vallées de l'Hermos, du Caystre et du Méandre. Il apparut dans l'histoire avec le roi Gygès († v. 644 av. J.-C.), fondateur de la dynastie des Mermnades. Les Lydiens soumirent les cités grecques de la côte, et, vers l'est, Alyatte (v. 610-561 av. J.-C.) porta sa frontière à l'Halys. Les Mermnades frappèrent les premières monnaies connues grâce à l'électrum du fleuve Pactole. Crésus, dernier souverain lydien (561-547), fut battu par Cyrus. Les Lydiens ont, semble-t-il, joué un rôle capital d'intermédiaire entre les cultures du Proche-Orient et les cités grecques d'Ionie.

LYELL (*sir* Charles), géologue britannique (Kinnordy, Écosse, 1797 - Londres 1875). Auteur de *Principes de géologie* (1833), il préconise l'étude des phénomènes en action (causes actuelles) pour interpréter l'évolution de la Terre.

Lyell *(syndrome de),* toxidermie bulleuse foudroyante, provoquant un décollement massif de l'épiderme, qui glisse sur le derme sous-jacent. L'affection, totalement imprévisible, est due à une allergie médicamenteuse.

LYGÉIDÉ n. m. Punaise à rostre rectiligne, vivement colorée, généralement phytophage et parfois nuisible.

LYGODIUM [-djɔm] n. m. Fougère grimpante tropicale, vigoureuse, de plusieurs mètres de long, parfois cultivée en serre.

LYGUS [-gys] n. m. (lat. sc. *lygus,* du gr. *lugos,* baguette flexible). Petite punaise (miridé) terrestre vivant sur les fleurs, nuisible aux chrysanthèmes et aux cultures fruitières.

LYLY (John), écrivain anglais (Canterbury 1554 ? - Londres 1606). Il évoqua dans ses romans (*Euphues* ou l'Anatomie de l'esprit,* 1578 ; *Euphues et son Angleterre,* 1580) la vie à la cour de la reine Élisabeth, en un style précieux qui devint le modèle de l'euphuisme*.

LYMANTRIA n. f. (gr. *lumantêr, -erôs,* destructeur). Papillon lourd, épais, poilu, tel que le bombyx disparate et le bombyx moine, très nuisibles aux arbres forestiers.

LYMANTRIIDÉ n. m. (gr. *lumantêr, -êros,* destructeur). Papillon du groupe des noctuelles tel que les genres *orgyia* (étoilé), *dasychira, porthesia* (cul-doré), *euproctis* (cul-brun), *lymantria* (disparate, nonne), *stilnoptia* (apparent), nuisibles aux arbres fruitiers ou forestiers. (Les *lymantriidés* forment une famille.) [Syn. LIPARIDÉ.]

LYMEXYLON n. m. (du gr. *lumê,* dommage). Insecte coléoptère allongé, étroit, assez mou, mangeur de bois.

LYMINGTON, v. de Grande-Bretagne (Hampshire), en face de l'île de Wight ; 35 600 hab. Station balnéaire et centre de yachting.

LYMNÉE → LIMNÉE.

LYMPHADÉNECTOMIE n. f. Ablation chirurgicale d'un territoire lymphatique.

LYMPHADÉNITE n. f. Inflammation aiguë des ganglions et des vaisseaux lymphatiques d'une région.

LYMPHANGIECTASIE n. f. Dilatation variqueuse des lymphatiques, due à un obstacle sur la voie de retour de la lymphe (filariose, métastase ganglionnaire). [Elle peut aboutir à un œdème et parfois à l'éléphantiasis.]

LYMPHANGIOME n. m. Tumeur formée de cavités vasculaires bordées d'un endothélium et contenant de la lymphe.

LYMPHANGITE n. f. Inflammation des vaisseaux lymphatiques.
ENCYCL. **Méd.** La lymphangite est la propagation aux vaisseaux lymphatiques d'une inflammation microbienne aiguë locale (panaris, plaie infectieuse). C'est un facteur de diffusion microbienne et toxique qui se traduit localement par des signes inflammatoires s'étendant rapidement et s'accompagnant de fièvre, frissons. La *lymphangite cancéreuse* est une colonisation, dans les vaisseaux et ganglions lymphatiques, de cellules cancéreuses venant de la tumeur mère. – **Vétér.** Les équidés peuvent être atteints par des *lymphangites traumatiques,* par la *lymphangite épizootique,* maladie contagieuse, et par la *lymphangite ulcéreuse,* infectieuse, contagieuse, qui atteint seulement le cheval.

LYMPHATIQUE adj. (lat. *lymphaticus*). **1.** Relatif à la lymphe. – **2.** Se dit des vaisseaux qui véhiculent la lymphe et des ganglions qui la contiennent. (→ *encycl.*) – **3.** *Cœur lymphatique,* portion contractile du système lymphatique des vertébrés anamniotes.
◆ adj. et n. **1.** *Vx.* Atteint de lymphatisme. – **2.** Qui est particulièrement nonchalant, d'une

grande mollesse et d'une certaine lenteur de gestes : *Un garçon lymphatique.*
◆ n. m. Vaisseau lymphatique.
ENCYCL. **Anat.** Les *vaisseaux lymphatiques* drainent la lymphe et la déversent dans le système veineux. Nés de toutes les parties du corps, les petits vaisseaux rejoignent les gros troncs collecteurs, qui s'ouvrent dans les grosses veines du cou. Les *ganglions lymphatiques* se trouvent sur le trajet des vaisseaux et sont groupés au niveau du cou, de l'aisselle, de l'abdomen et de l'aine. Le système lymphatique de l'appareil digestif draine de nombreuses substances absorbées au cours de la digestion.

LYMPHATISME n. m. *Vx.* État de déficience générale de l'organisme se manifestant le plus souvent dans l'enfance, marqué par une asthénie et une augmentation de volume des ganglions lymphatiques.

LYMPHE n. f. Liquide, riche en protéines et en lymphocytes, circulant dans l'organisme et notamment dans les vaisseaux lymphatiques.
ENCYCL. La lymphe est le milieu intérieur dans lequel baignent les cellules, auquel elles empruntent leurs principes nutritifs et où elles rejettent les produits de leur activité. Transparente ou de couleur jaunâtre, elle renferme, comme le sang, des lymphocytes, provenant surtout des ganglions, et un plasma renfermant plus d'eau et plus d'urée que le sang, mais moins de protéines, de matières minérales et de fibrinogène.

LYMPHOBLASTE n. m. Grande cellule, de 15 à 20 μm de diamètre, dont le noyau volumineux, arrondi ou ovalaire, a une structure chromatinienne fine de cellule immature. (Longtemps considéré comme un précurseur des lymphocytes, le lymphoblaste semble être un lymphocyte activé.)

LYMPHOCÈLE n. m. Épanchement ou accumulation de lymphe.

LYMPHOCYTAIRE adj. Relatif aux lymphocytes.

LYMPHOCYTE n. m. Leucocyte mononucléé de petite taille, à cytoplasme réduit.
ENCYCL. Les lymphocytes sont présents dans le sang à la concentration de 1 500 à 4 000 par μl, la moelle osseuse hématopoïétique (moins de 15 % des éléments du myélogramme) et les tissus lymphoïdes (plus de 95 % des éléments). Ils jouent un rôle fondamental dans l'immunité. Trois grandes classes de lymphocytes sont identifiées : les lymphocytes T, support de l'immunité spécifique à médiation cellulaire (c'est la destruction par le V.I.H. d'une sous-population de ces lymphocytes, les T_4, qui engendre le sida) ; les lymphocytes B, support de l'immunité spécifique à médiation tumorale (ils sécrètent les anticorps) ; et les lymphocytes non B et non T, parmi lesquels les NK (Natural Killers), qui reconnaissent et détruisent les cellules cancéreuses.

LYMPHOCYTOSE n. f. **1.** Concentration sanguine en lymphocytes. — **2.** *Lymphocytose aiguë infectieuse,* syn. de MALADIE DE CARL* SMITH.

LYMPHOCYTOTOXICITÉ n. f. État où les lymphocytes sont détruits.

LYMPHŒDÈME [lɛ̃fedɛm] n. m. Œdème dû à une obstruction des voies lymphatiques.

LYMPHOGÈNE adj. Qui produit la lymphe ou les lymphocytes.

LYMPHOGENÈSE n. f. Processus conduisant à la formation de la lymphe.

LYMPHOGRANULOMATEUX, EUSE adj. Relatif à la lymphogranulomatose.

LYMPHOGRANULOMATOSE n. f. **1.** *Lymphogranulomatose maligne,* sarcome à prédominance ganglionnaire, d'étiologie inconnue et particulier à l'espèce humaine. (Syn. MALADIE DE HODGKIN.) [→ *encycl.*] — **2.** *Lymphogranulomatose bénigne,* syn. de SARCOÏDOSE. — **3.** *Lymphogranulomatose inguinale subaiguë* ou *bénigne* ou *vénérienne,* syn. de MALADIE DE NICOLAS-FAVRE.
ENCYCL. La *lymphogranulomatose maligne* est, histologiquement, définie par la présence de cellules dites de Sternberg, associées à un granulome cellulaire (lymphocytes, plasmocytes et polynucléaires). La maladie se manifeste par la présence d'adénopathies, d'une splénomégalie, d'une fièvre, de prurit et d'une altération de l'état général. D'abord localisée, elle s'étend et peut toucher tous les organes.

LYMPHOGRANULOME n. m. *Lymphogranulome vénérien,* syn. de MALADIE DE NICOLAS-FAVRE.

LYMPHOGRAPHIE n. f. Examen radiographique des lymphatiques.

LYMPHOÏDE adj. **1.** Qui se rapporte aux ganglions lymphatiques. — **2.** *Système lymphoïde,* ensemble des tissus constitutifs des organes lymphoïdes (ganglions lymphatiques, amygdales, follicules clos de l'intestin, rate, thymus).

LYMPHOKINE n. f. Substance libérée par les lymphocytes en présence de l'antigène au cours des réactions immunitaires, intervenant comme médiateur chimique dans les phénomènes de coopération entre les différents lymphocytes et dans l'activation des macrophages. (Certaines lymphokines [l'interleukine 1 et l'interféron β, par ex.] étant synthétisées par d'autres cellules que les lymphocytes, on tend actuellement à les désigner sous le terme, plus approprié, de *cytokines.*)

LYMPHOME n. m. **1.** Tumeur maligne du tissu lymphoïde. (Le lymphome cérébral est caractéristique du sida.) — **2.** *Lymphome gigantofolliculaire,* lymphome caractérisé par la prolifération de follicules géants, d'histiocytes et de lymphocytes.

LYMPHOPÉNIE n. f. Diminution du nombre des lymphocytes dans le sang.

LYMPHOPOÏÈSE n. f. Formation, à partir des cellules souches hématopoïétiques, des différents lymphocytes matures du sang et des organes lymphoïdes.

LYMPHORÉTICULOSE n. f. *Lymphoréticulose bénigne d'inoculation,* maladie caractérisée par des adénopathies d'évolution subaiguë pouvant aboutir à la suppuration. (Syn. MALADIE DES GRIFFES DU CHAT.)

ENCYCL. La maladie succède souvent à des griffures de chat, mais il peut s'agir aussi de piqûre par épine de rose, ronce ou écharde. L'agent responsable fait partie du groupe des *chlamydiae.* L'évolution peut se faire vers la fistulisation.

LYMPHORRAGIE n. f. Écoulement de la lymphe après blessure d'un vaisseau lymphatique.

LYMPHOSARCOME n. m. Sarcome caractérisé par une prolifération de cellules malignes d'aspect lymphocytaire.

LYNCÉE, argonaute, fils d'Apharée, réputé pour sa vue perçante.

LYNCH (John, dit **Jack**), homme politique irlandais (Cork 1917). Membre du Parlement (1948), plusieurs fois ministre (1957-1965) avant de prendre la tête du Fianna Fáil (1966-1979), il a été Premier ministre de 1966 à 1973 et de 1977 à 1979.

Lynch *(loi de),* procédure qui devrait son nom à un juge de Virginie et qui consistait, aux États-Unis, à juger, à condamner et à exécuter séance tenante les criminels pris en flagrant délit.

LYNCHAGE [lɛ̃ʃaʒ] n. m. Fait pour une foule de lyncher qqn.

LYNCHBURG, v. des États-Unis (Virginie), en bordure des Appalaches ; 66 700 hab. Centre commercial (tabac).

LYNCHER [lɛ̃ʃe] v. t. (amér. *to lynch,* de loi de *Lynch*) [conj. 3]. Mettre à mort sommairement qqn ou lui faire subir des violences sans jugement régulier, en parlant d'une foule, d'un groupe.

LYNCHEUR, EUSE [lɛ̃-] n. Personne qui participe à un lynchage.

LYNDSAY (*sir* David), poète écossais (Mount, Fife, ou Garmylton, près de Haddington, 1490 - Édimbourg v. 1555). Partisan de la Réforme, il composa des satires contre la noblesse et le clergé (*l'Agréable Satire des trois États,* 1540).

LYNEN (Feodor), biochimiste allemand (Munich 1911 - *id.* 1979). Il a reçu en 1964 le prix Nobel de physiologie et de médecine, avec Konrad Bloch, pour ses travaux sur la biosynthèse du cholestérol.

LYNESTRÉNOL n. m. Progestatif dérivé de la nortestostérone, possédant un puissant pouvoir antiovulatoire et entrant dans la composition de certains contraceptifs.

LYNN, v. des États-Unis (Massachusetts), banlieue nord de Boston ; 78 500 hab. Constructions électriques.

LYNN LAKE, centre minier du Canada (nickel et cuivre), dans le nord-ouest du Manitoba ; 2 000 hab.

LYNX [lɛ̃ks] n. m. (lat. *lynx,* du gr. *lugx*). **1.** Mammifère carnivore, haut sur pattes, à queue courte et aux oreilles terminées par un pinceau de poils. (L'espèce européenne est le loup-cervier. Le lynx a presque complètement disparu de France. Sa fourrure est appréciée. Il se nourrit de ruminants et notamment de cerfs.) — **2.** Fourrure de cet animal (gris-beige chez le lynx de Sibérie, gris-roux chez le lynx du Canada). — **3.** *Avoir un œil de lynx,* avoir la vue très perçante ; avoir une grande perspicacité. ‖ *Lynx de Pologne,* race de pigeons originaire de Pologne et très répandue en France.

LYNX (en lat. *Lynx, -cis),* constellation boréale, entre la Grande Ourse et le Cocher, introduite par Hevelius au XVIIe s.

LYON, ch.-l. de la Région Rhône-Alpes et du dép. du Rhône, au confluent du Rhône et de la Saône, à 460 km au S.-E. de Paris et à 314 km au N. de Marseille ; 422 444 hab. *(Lyonnais).*

— **Géogr.** L'agglomération lyonnaise, institutionnalisée par la communauté urbaine de Lyon (56 communes), est la deuxième de France (1 260 000 hab.). Elle s'est tôt développée comme carrefour entre les pays de la Méditerranée et ceux de la mer du Nord, s'ouvrant vers la Rhénanie par la Saône et la porte d'Alsace, vers la Suisse par le « haut » Rhône, vers l'Italie par les vallées et les cols alpestres.

Cette situation est aujourd'hui matérialisée par une remarquable desserte autoroutière, ferroviaire (T. G. V.), aérienne (aéroport de Satolas) et même fluviale. L'ancienne capitale de la soie conserve de nombreuses industries (constructions électriques et produits pharmaceutiques notamment), mais le secteur tertiaire est aujourd'hui prépondérant. Lyon est un centre commercial (foires, entrepôts, etc.), financier (banque et Bourse des valeurs), universitaire, militaire (siège d'une région), judiciaire (cour d'appel) et religieux (archevêché).

— **Hist.** En 43 av. J.-C. est fondée sur la colline de Fourvière une colonie romaine, qui prendra le

nom, sous l'empereur Claude, de *Lugdunum*. Capitale de la Lyonnaise (27 av. J.-C.), centre fluvial et routier de la Gaule chevelue, plaque tournante des relations vers l'Italie, le Rhin, l'Aquitaine, le Nord-Ouest et le Midi méditerranéen, Lyon devient en outre la capitale religieuse des Gaules. Le christianisme y apparaît dans la seconde moitié du IIe s., amené d'Asie Mineure par l'évêque Pothin, qui périt lors de la persécution de 177 (supplice de Blandine) ; mais la communauté chrétienne se reconstitue aussitôt avec saint Irénée. En réduisant la ville au rang de capitale de la Lyonnaise Ire, Dioclétien lui ôte sa prépondérance administrative (fin du IIIe s.).
Lyon est intégrée aux États de Lothaire par le traité de Verdun (843), puis réunie au Saint Empire (1033). Sous l'autorité de son archevêque, véritable prince d'Empire, et des chanoines de la primatiale St-Jean, Lyon bénéficie, à partir du XIIe s., d'une large autonomie et devient une puissante principauté ecclésiastique. L'Église de Lyon accueille même les deux conciles œcuméniques de 1245 et de 1274, mais se heurte à l'opposition religieuse (mouvement des « pauvres de Lyon » de Pierre Valdo, fin du XIIe s.), puis à l'opposition politique de la bourgeoisie, mais la ville est annexée au royaume de France par Philippe le Bel (1307).
Une commune est constituée en 1320. L'annexion du Dauphiné (1349) fait de Lyon l'étape obligatoire des marchands et des troupes vers l'Italie. Le « patriciat » affirme son emprise par le développement du commerce, de la banque et du change, puis de l'industrie. Avec l'appui de Charles VII, la bourgeoisie marchande mate les insurrections populaires hostiles à la fiscalité royale. Louis XI stimule le développement financier, bancaire et industriel (soie, 1467 ; imprimerie, 1473) et confirme (1467) les foires, créées en 1420, qui font de la ville un marché international important.
Avec l'annexion de la Bresse (1601), Lyon perd son rôle privilégié de ville frontière. Mais bientôt l'industrie de la soie supplante toutes les autres. Pendant la Révolution, Lyon, chef-lieu de Rhône-et-Loire (1790), est girondine, mais Chalier réussit à lui imposer la dictature des Jacobins (1793). Une réaction en fait le foyer de l'insurrection fédéraliste et même royaliste. La Convention l'assiège victorieusement (8 août-7 oct.) et une dure répression est dirigée par Collot d'Herbois et Fouché. Lyon retrouve sa prospérité sous le Consulat et l'Empire (métier Jacquard*), mais au détriment de la condition ouvrière : des troubles éclatent en 1817 et surtout en 1831 et 1834 (révoltes des canuts*). Sous Napoléon III, Lyon devient un grand centre ferroviaire (P. L. M.) et bancaire (Crédit* Lyonnais, 1863), tandis que la soierie décline au profit des textiles artificiels, des produits chimiques et de la métallurgie. Le préfet Vaïsse contribue à son développement monumental, que poursuivra Édouard Herriot, maire de 1905 à 1955. Lyon sera, durant la Seconde Guerre mondiale, la véritable capitale de la Résistance.
— **Bx-arts.** D'importants vestiges romains ont été dégagés sur la colline de Fourvière, où s'est ouvert en 1976 le musée, souterrain, de la Civilisation gallo-romaine. Basilique romane St-Martin-d'Ainay, consacrée en 1107 (chœur à décor antiquisant ; chapiteaux ; fresques de H. Flandrin). Cathédrale gothique St-Jean, à chœur roman (XIIe-XVe s. ; bas-reliefs de la façade, vitraux). Églises du XVe s. St-Bonaventure et St-Nizier (flamboyante). Entre les pentes de Fourvière et la Saône, ensemble de demeures renaissantes du « Vieux Lyon », dont les hôtels Bullioud (galerie par Ph. Delorme) et de Gadagne (auj. Musée historique). Monuments des XVIIe et XVIIIe s. : hôtel de ville (entrepris en 1646), église baroque St-Bruno (XVIIe s.), décorée par Soufflot, auteur de la monumentale façade de l'hôtel-Dieu.
Patrie de nombreux artistes qui sont allés enrichir l'art parisien (Coyzevox, les Coustou, les Audran, Chinard, Puvis de Chavannes...), Lyon a connu au XIXe s. d'intéressants courants picturaux, avec notamment les paysagistes Ravier, Louis Carrand (1821-1899), François Vernay (1821-1896), dont les œuvres sont présentes au musée des Beaux-Arts, par ailleurs un des plus riches de France (dans un ancien couvent du XVIIe s.). Citons aussi le musée des Tissus (soieries lyonnaises et tissus de toutes origines, tapis d'Orient), le musée des Arts décoratifs, celui de l'Imprimerie et de la Banque (livres lyonnais illustrés du XVIe s.), le Musée historique et de la Marionnette, le musée Guimet, le Centre d'histoire de la Résistance et de la Déportation, le musée d'Art contemporain, etc.
— **Littér.** Ce n'est qu'après le Moyen Âge que naquit vraiment une littérature lyonnaise qui atteignit son apogée avec l'école lyonnaise du XVIe s., que dominèrent Maurice Scève, Barthélemy Aneau, Antoine Héroët, Pernette du Guillet et « la Belle Cordière », Louise Labé. Antérieures à l'éclosion de la Pléiade, leurs œuvres sont marquées de l'influence italienne et de celle de Marot.

Lyon *(1er concile de)* [28 juin - 17 juill. 1245]. Innocent IV y déposa l'empereur Frédéric II.

Lyon *(2e concile de)* [7 mai - 17 juill. 1274]. Le concile se consacra à une triple tâche : les secours pour Jérusalem, l'union avec les Grecs (qui échouèrent) et l'élection pontificale, qui fut fixée dans des formes qui sont toujours en vigueur.

Lyon (*gare de* [*Paris*-]), gare de Paris desservant le réseau Sud-Est de la S. N. C. F. L'édifice actuel a été inauguré en 1901, sur l'emplacement de la gare primitive datant de 1849. D'importants travaux de modernisation et de restructuration, entrepris en 1975, ont permis la construction de deux gares souterraines superposées, S. N. C. F. et R. A.T. P. Des aménagements spécifiques ont été réalisés pour le T. G. V. Paris-Sud-Est.

LYON-CAEN (Charles Léon), juriste français (Paris 1843 - Fontainebleau 1935). On lui doit d'importants travaux sur le droit commercial et le droit maritime. — Son petit-fils, GÉRARD (Paris 1919), est l'un des spécialistes du droit social (*Précis de droit social international et européen,* 1969).

LYONNAIS, E adj. et n. De Lyon.
◆ **lyonnais** n. m. Dialecte franco-provençal parlé dans la région de Lyon.
◆ **lyonnaise** n. f. **1.** Jeu de boules pratiqué dans le midi de la France. — **2.** *À la lyonnaise,* se dit de mets cuisinés avec des oignons émincés étuvés au beurre ; se dit de l'impression de textiles pratiquée au cadre.

LYONNAIS, pays de France. Dès le Xe s., il eut des comtes, qui possédaient aussi le Forez. À la fin de l'Ancien Régime, le gouvernement du Lyonnais comprenait le Lyonnais, le Forez et le Beaujolais.

LYONNAIS *(monts du),* plateaux de la bordure orientale du Massif central, entre 700 et 900 m d'altitude, à l'O.-S.-O. de Lyon.

LYONNAISE, en lat. **Lugdunensis,** anc. partie de la Gaule, entre la Narbonnaise, l'Aquitaine et la Belgique. Elle forma sous Auguste une province impériale ayant pour chef-lieu *Lugdunum* (Lyon). Au Bas-Empire, elle fut divisée en quatre provinces.

Lyonnaise des eaux-Dumez, groupe français né de la fusion, en 1990, des sociétés Lyonnaise des eaux et Dumez. Ses principaux pôles d'activité sont l'aménagement et la construction, les services ayant trait à l'eau et à l'environnement et la distribution d'équipements électriques et de chauffage.

LYONS-LA-FORÊT (27480), ch.-l. de cant. du nord de l'Eure ; 703 hab. *(Lyonsais).* Église des XIIe, XVe et XVIe s., halle du XVIIe s., hôtel de ville du XVIIIe. — La *forêt domaniale de Lyons,* de 10 600 ha, est la plus grande hêtraie de Normandie.

LYOPHILE adj. Apte à former des suspensions colloïdales dans un milieu liquide.

LYOPHILISAT n. m. Produit résultant d'une opération de lyophilisation.

LYOPHILISATEUR n. m. Appareil, équipement pour effectuer la lyophilisation.

LYOPHILISATION n. f. Élimination de l'eau d'un produit par congélation rapide suivie d'une sublimation de la glace formée, jusqu'à complète dessiccation. (Syn. CRYODESSICCATION.)
ENCYCL. La lyophilisation s'est développée dans l'industrie alimentaire à la fin des années 50. Il s'agit d'un processus coûteux et concernant, pour cette raison, des produits à forte valeur ajoutée (café, poudres de légumes, jus d'agrumes, etc.).

LYOPHILISER v. t. (conj. **3**). Soumettre un produit à la lyophilisation.

LYOPHOBE adj. Qui n'est pas lyophile.

LYOT (Bernard), astronome français (Paris 1897 - Le Caire 1952). Par l'invention de divers appareils d'observation, notamment le coronographe (1930), le filtre monochromatique polarisant (1933) et le polarimètre photoélectrique (1948), il est l'un de ceux qui ont le plus fait progresser, avant l'ère spatiale, notre connaissance des surfaces planétaires et de l'atmosphère solaire. (Acad. des sc., 1939.)

LYOTARD (Jean-François), philosophe français (Versailles 1924). Après une incursion dans le freudo-marxisme (*Des dispositifs pulsionnels,* 1973 ; *l'Économie libidinale,* 1974), il s'est tourné vers une orthodoxie individualiste à tendances kantiennes (*le Différend,* 1984 ; *l'Enthousiasme,* 1986 ; *Pérégrinations,* 1990 ; *Moralités postmodernes,* 1993).

LYPEROSIA n. m. Syn. de HÉMATOBIE.

LYRE n. f. (lat. *lyra,* du gr. *lura*). **1.** Instrument de musique à cordes pincées connu depuis la plus haute antiquité, qui se compose d'une caisse et de deux montants courbes soutenus par un joug transversal. — **2.** *Litt.* Symbole de l'inspiration et du talent poétique. — **3.** Insigne des militaires appartenant aux musiques et fanfares. — **4.** *Lyre de dilatation,* syn. de COL-DE-CYGNE. ‖ *Toute la lyre,* la série complète de choses ou d'idées du même genre.

LYRE (en lat. *Lyra, -ae*), petite constellation boréale, entre Hercule et le Cygne. Son étoile principale, Véga*, est l'une des plus brillantes du ciel.

LYRICS [liriks] n. m. pl. (angl. *lyrics*). Parties chantées d'un film ou d'une œuvre dramatique.

LYRIQUE adj. (lat. *lyricus,* du gr. *lurikos*). **1.** Se disait dans l'Antiquité grecque de la poésie chantée avec accompagnement de la lyre. — **2.** Se dit d'un genre poétique inspiré de la lyrique grecque (odes, hymnes), par oppos. à la poésie épique ou dramatique. — **3.** Se dit d'une œuvre poétique, littéraire ou artistique où s'expriment avec une certaine passion les sentiments personnels de l'auteur. — **4.** Qui est plein d'un enthousiasme, d'une exaltation qui peuvent être excessifs : *Quand il parle de son voyage, il devient lyrique.* — 5. *Abstraction lyrique,* tendance de l'art abstrait qui s'est épanouie, notamment en France, à partir de 1945. (Projection libre et plus ou moins spontanée de l'affectivité de l'artiste, elle a pris des formes variées : peinture gestuelle, tachisme, matiérisme, informel, calligraphie, nuagisme, une part du paysagisme abstrait.) ‖ *Art lyrique,* art où interviennent le chant et la musique, par oppos. à *l'art dramatique.* ‖ *Artiste lyrique,* acteur ou actrice qui chante. ‖ *Théâtre lyrique,* théâtre où l'on joue des œuvres mises en musique, des opérettes ou opéras.

◆ n. Poète lyrique.

◆ n. f. Poésie lyrique, genre lyrique.

LYRIQUEMENT adv. Avec lyrisme.

LYRISME n. m. **1.** Genre littéraire caractérisé par l'expression exaltée des sentiments, des passions. — **2.** Ensemble des caractéristiques d'une œuvre littéraire ou artistique évoquant la poésie lyrique. — **3.** Enthousiasme, exaltation dans l'expression des sentiments.

LYS → LIS.

Lys dans la vallée *(le),* roman d'H. de Balzac (1835). Dans un bal à Tours, Félix de Vandenesse a rencontré une inconnue, qu'il retrouve dans un château de la vallée de l'Indre, où elle s'occupe de ses enfants et de son mari, le comte de Mortsauf, malade égoïste et dément. Il parvient à conquérir l'amitié de cette femme vertueuse. Mais Mme de Mortsauf meurt de douleur lorsqu'elle apprend que Vandenesse, après avoir été rappelé à la Cour, est devenu l'amant de la marquise Dudley.

LYS (la), en néerl. **Leie,** riv. des Flandres française et belge, affl. de l'Escaut (r. g.) ; 214 km. Née dans les collines de l'Artois, elle passe à Armentières et forme la frontière jusque vers Menin. En Belgique, elle traverse Courtrai et conflue à Gand.

— **Hist.** La Lys a donné son nom à la bataille qui libéra les plaines de Flandre (20 oct.-11 nov. 1918).

LYSANDRE, général lacédémonien († 395 av. J.-C.). Il battit les Athéniens à Notion, fut l'artisan de la victoire décisive d'Aigos-Potamos (405) et prit Athènes, dont il fit raser les murailles et où il établit les Trente. Il étendit l'influence de Sparte. Se méfiant de son prestige, les éphores l'écartèrent du pouvoir ; il fut tué au cours de la guerre contre les Béotiens.

LYSAT n. m. Produit résultant d'une lyse.

LYS-CHANTILLY (le), centre de loisirs sportifs de l'Oise, à 6 km au S.-O. de Chantilly.

LYSE n. f. (gr. *lusis*). **1.** Fragmentation enzymatique des grosses molécules organiques, rendant les structures attaquées solubles dans l'eau, ce qui détermine leur destruction. — **2.** Destruction de tissus ou de cellules sous l'action d'agents physiques, chimiques ou biologiques.

LYSER v. t. (conj. 3). Faire subir une lyse.

LYSERGAMIDE ou **LYSERGIDE** n. m. Syn. de L. S. D. 25.

LYSERGIQUE adj. (de *lyse* et *ergot*). *Acide lysergique,* aminoacide dérivé de l'indole, de formule $C_{16}H_{16}N_2O_2$.

LYSIAS, orateur athénien (Athènes v. 440 - v. 380 av. J.-C.). Persécuté et ruiné par les Trente, il a décrit les souffrances de la ville écrasée par la tyrannie (*Contre Érathostène,* 403). Il est un modèle de l'atticisme.

LYSIAS († 162 av. J.-C.), grand vizir du royaume séleucide sous le règne d'Antiochos IV. Il lutta vainement contre l'insurrection de Judas Maccabée.

LYSIGÈNE adj. Qui provoque une dissociation ou une destruction des cellules.

LYSIMAQUE n. f. (lat. *lysimachia,* du gr. *lusimakhion*). Primulacée ornementale vivace des sols argileux, aux fleurs jaunes ou blanches. (N. usuel *herbe-aux-écus.*)

LYSIMAQUE, roi de Thrace (Pella v. 360 - Couroupédion, Lydie, 281 av. J.-C.). Général d'Alexandre, il reçut, après la mort de celui-ci, le gouvernement de la Thrace. Il y fonda Lysimachia (309) et, en 306, se déclara roi. Les conflits entre diadoques lui permirent d'étendre ses possessions. Il épousa la fille de Ptolémée, Arsinoé. Il fut vaincu et tué par Séleucos.

LYSIMÈTRE n. m. Bac expérimental servant à évaluer l'évapotranspiration d'un sol cultivé.

LYSINE n. f. (gr. *lusis*). **1.** Aminoacide, dont l'antipode dextrogyre, la L-lysine, est un constituant essentiel des protéines. (Le mélange racémique, ou DL-lysine, sert à l'alimentation du bétail.) — **2.** Tout anticorps ou toute substance ayant la propriété de dissoudre une cellule (hémolysine pour les globules rouges, bactériolysine pour les bactéries).

LYSIPPE, sculpteur grec (Sicyone v. 390 av. J.-C.). Essentiellement bronzier, il triomphe dans les types athlétiques, pour lesquels il crée un canon plus élancé que celui de Polyclète. Complexité du mouvement et spatialité annoncent l'art hellénistique (*Apoxyomène,* copie au Vatican ; *Hermès rattachant sa sandale,* copie au Louvre). Il collabora avec Léocharès à l'ex-voto de la *Chasse d'Alexandre* à Delphes. Il a été le portraitiste officiel d'Alexandre (*Alexandre Azara* du Louvre).

LYSIS [-zis] n. m. (gr. *lusis,* action de délier). Allure progressivement décroissante d'une courbe thermique.

Lysistrata, comédie d'Aristophane (411 av. J.-C.). Lasse de la guerre qui déchire Athènes et Sparte, l'Athénienne Lysistrata fait jurer à toutes les femmes grecques de se refuser à leurs maris tant qu'ils n'auront pas cessé de se battre. Athéniens et Lacédémoniens se hâtent de négocier un traité.

Lysithea, dixième satellite de Jupiter, découvert en 1938 par l'Américain S. Nicholson. Demi-grand axe de son orbite : 11 720 000 km. Période de révolution sidérale : 259,22 j. Diamètre : 20 km. Il s'agit vraisemblablement d'un astéroïde capturé par l'attraction de Jupiter.

LYS-LEZ-LANNOY (59390), comm. du Nord, banlieue S.-E. de Roubaix ; 12 398 hab. *(Lyssois).* Produits pharmaceutiques.

LYSOGÈNE adj. Se dit des souches bactériennes qui hébergent des bactériophages sous une forme latente intégrée au chromosome bactérien (prophage).

LYSOGÉNIE n. f. Propriété des bactéries lysogènes.

ŁYSOGÓRY, en Pologne, principale arête des Góry Swiętokrzyskie (montagnes de Sainte-Croix). Points culminants du massif (Łysa Góra 595 m ; Łysica 612 m).

LYSOSOMAL, E, AUX adj. Relatif aux lysosomes.

LYSOSOME n. m. Vésicule cytoplasmique dans laquelle s'effectue une dégradation de nombreuses substances grâce à des enzymes hydrolytiques opérant à pH acide.

ENCYCL. Les lysosomes sont présents dans toutes les cellules vivantes (sauf dans les globules rouges) et particulièrement abondants dans les macrophages, les polynucléaires et les cellules hépatiques. À l'intérieur de la cellule, ils assurent la destruction des particules étrangères phagocytées. À l'extérieur, ils libèrent des enzymes assurant la destruction de cellules entières, la mobilisation et l'activation d'hormones, la mobilisation de sels calciques... De nombreuses affections sont liées à des anomalies du fonctionnement lysosomal.

LYSOZYME n. m. Enzyme antibactérienne présente dans le blanc d'œuf, les larmes, les sécrétions nasales, la salive et le sérum, qui permet la lyse de certaines bactéries.

LYSSENKO (Trofim Denissovitch), biologiste et agronome soviétique (Karlovka, Poltava, 1898 - Moscou 1976). Sa technique de vernalisation des graines devint une pratique officielle en U. R. S. S. en 1929. Doté par Staline de pouvoirs politiques, il s'opposa de manière autoritaire à la génétique mendélienne et fit prévaloir ses théories sur la transmission de caractères acquis.

LYTHRACÉE n. f. (lat. sc. *lythrum,* du gr. *luthron,* sang mêlé de poussière). Nom de famille donné à des herbes aux fleurs en tube, au fruit en capsule entouré d'un calice persistant (henné, lagerstroemia, etc.).

LYTIQUE adj. **1.** Se dit des agents qui provoquent la lyse des macromolécules. — **2.** Se dit d'une substance diminuant ou supprimant l'action des nerfs parasympathiques ou sympathiques. — **3.** *Cocktail lytique,* mélange médicamenteux employé notamment en anesthésiologie en vue de supprimer l'action des médiateurs chimiques du système neurovégétatif.

LYTOCERAS [-seras] n. m. Grande ammonite, fossile depuis le jurassique inférieur jusqu'au crétacé supérieur.

LYTTON (Edward George BULWER-LYTTON, 1er *baron*), homme politique et écrivain britannique (Londres 1803-Torquay 1873). Auteur de nombreux romans, dont *les Derniers Jours de Pompéi* (1834). Secrétaire aux Colonies (1858-59), il abolit le monopole de la Compagnie de la baie d'Hudson.

M n. m. **1.** Treizième lettre de l'alphabet français. – **2.** Consonne occlusive nasale bilabiale.

m Symbole du *mètre.* ‖ Symbole du préfixe *milli.* ‖ m^{-1}, symbole du mètre à la puissance moins un. ‖ *m/s,* symbole du mètre par seconde. ‖ m/s^2, symbole du mètre par seconde carrée. ‖ m^2, symbole du mètre carré. ‖ m^2/s, symbole du mètre carré par seconde. ‖ m^3, symbole du mètre cube. ‖ m^3/kg, symbole du mètre cube par kilogramme.

M. *M veineux du pli du coude,* disposition des veines superficielles du membre supérieur au niveau du pli du coude. • **Hist.** *M* valait 1 000 dans la numération romaine. – **Math.** Symbole représentant le réel, appelé module, qui permet de passer des logarithmes décimaux aux logarithmes népériens par : $\log x = M \ln x$. (M est égal à $\log e$ ou encore 1/ln 10 ; c'est un irrationnel donné par la suite décimale illimitée 0,434 294 481 903... On est aussi amené à utiliser son inverse 1/M = 2,302 585 092 994...) – **Méd.** *Anticorps anti-M,* anticorps du système MNSs. ‖ *Antigène M,* antigène du système MNSs. – **Métrol.** Symbole du préfixe *méga.*

M6, abrév. de MÉTROPOLE 6.

M le Maudit, film allemand, réalisé en 1931 par Fritz Lang, avec Peter Lorre. Fondé sur l'histoire du vampire de Düsseldorf, il montre un assassin d'enfants traqué et jugé par un tribunal de voleurs.

MA → MON.

MA'ĀN, localité de Jordanie, ch.-l. de prov. ; 12 000 hab. Principal centre du sud de la Jordanie, sur la route du pèlerinage vers La Mecque. Manufacture de tabac.

MAANSELKÄ, massif cristallin s'étendant dans le nord de la Finlande et sur les confins de la Russie ; 700 m env. dans le *Saariselkä.* Ligne de partage des eaux entre la Baltique et l'océan Arctique.

MA'ANSHAN ou **MA-NGAN-CHAN,** port de la Chine centrale (Anhui), sur le Yangzi Jiang. Combinat sidérurgique.

MAAR n. m. (all. *Maar,* cratère). Cratère d'explosion volcanique, généralement occupé par un lac.

MAARIANHAMINA, en suéd. **Mariehamn,** port de Finlande, ch.-l. de la prov. des îles Ahvenanmaa ; 9 600 hab.

MAAS, nom néerlandais de la Meuse.

MAASEIK, v. de Belgique, ch.-l. d'arrond. du Limbourg, sur la Meuse, à la frontière néerlandaise ; 20 200 hab. Monuments et ensemble urbain anciens. Machines.

MAASMECHELEN, comm. de Belgique (Limbourg), au N.-E. de Tongres ; 33 700 hab.

MAASTRICHT ou **MAËSTRICHT,** v. des Pays-Bas, ch.-l. de la prov. du Limbourg, sur la Meuse ; 117 417 hab.
Établie autour du pont qui traversait la Meuse sur la route romaine de Bavay à Cologne, Maastricht joua un rôle premier de place forte du XVIe au XVIIIe s. C'est auj. un centre industriel et touristique.
La partie la plus intéressante de la ville se situe sur la rive gauche du fleuve. Cathédrale St-Servais, reconstruite à partir du XIe s. (massif occidental de type mosan ; cloître du XVe s. ; trésor). Basilique Notre-Dame, romane et gothique. Maisons anciennes. Musée d'Art et d'Archéologie dans l'ancien couvent des Bons-

Enfants (XVIIe s.). — Aux environs, des carrières de craie forment les « cryptes de Maastricht ».

Maastricht *(traité de)* [7 févr. 1992], traité signé par les États membres de la C. E. E. (qui devient C. E., Communauté européenne) et instituant l'Union européenne. Ce traité prévoit l'établissement d'une Union économique et monétaire (U. E. M.) [mise en place d'une monnaie unique au plus tard en 1999], la mise en œuvre d'une politique étrangère et de sécurité commune ainsi que d'une coopération dans le domaine de la justice et des affaires intérieures. Il instaure en outre une citoyenneté européenne. Soumis à des procédures de ratification dans chaque pays membre de la C. E. E., le traité a été approuvé, en 1992-93, par tous les États (avec d'importantes clauses d'exception pour le Danemark et la Grande-Bretagne). Il est entré en vigueur le 1er novembre 1993.

MAÂT, divinité du panthéon égyptien, symbole de la Vérité et de la Justice ; elle était représentée comme une femme, portant sur la tête une plume d'autruche.

MAAZEL (Lorin), chef d'orchestre et violoniste américain (Neuilly-sur-Seine 1930). À la tête du New Philharmonia Orchestra de Londres (1970), puis de l'orchestre de Cleveland (1972-1982), il dirige l'Opéra de Vienne de 1982 à 1986. Il prend en 1988 la direction musicale de l'orchestre national de France (qu'il cède en 1991 à Charles Dutoit) et de l'orchestre de Pittsburgh.

MABA n. m. Arbre ou arbrisseau (ébénacée) d'Asie ou d'Australie, au fruit comestible, au bois dur très recherché.

MABAS, population nilo-saharienne du Ouaddaï (Tchad), groupant environ 600 000 personnes.

MABILLON (Jean), érudit français (Saint-Pierremont, Ardennes, 1632 - Paris 1707). Mauriste à Saint-Germain-des-Prés, il a laissé une impressionnante série d'ouvrages érudits, dont les *Acta sanctorum ordinis sancti Benedicti* (1668-1701) et *De re diplomatica* (1681), qui a fondé la science de la diplomatique.

Mabinogion (les) [de *mabinogi,* instructions aux futurs bardes], romans de chevalerie antérieurs au cycle d'Arthur, traduits du gallois par lady Charlotte Guest (1838) d'après des manuscrits du XIVe s. Ils constituent un document clé sur la culture celte.

MABLY (42300), comm. de la Loire, près de la Loire ; 8 325 hab. Textile.

MABLY (Gabriel BONNOT DE), philosophe et historien français (Grenoble 1709 - Paris 1785). Opposé à la conception innéiste des cartésiens, hostile aux physiocrates, il critique la notion de propriété et montre son mépris à l'égard du développement de la manufacture en raison du rôle qu'elle serait censée jouer sur l'esprit de luxe. Moraliste bourgeois, il a joué, bien qu'hostile à toute révolution, un rôle incontestable dans le mouvement des Lumières (*De la législation ou Principes des lois,* 1776 ; *Principes de morale,* 1784).

MABOUL, E adj. et n. (ar. pop. *mahbūl,* stupide). *Fam.* Qui a perdu la raison ; fou.

MABRE n. m. (altér. de *marbre*). Plaque de fonte sur laquelle l'ouvrier verrier fait la paraison.

MABUSE → GOSSART (Jean).

MAC n. m. (de *maquereau*). *Arg.* Souteneur d'une prostituée.

MAC, MC, M' ou **M'** [mak], mot celtique signifiant *fils,* qui précède un grand nombre de noms écossais et irlandais. (Il est accolé au nom, qui garde cependant sa majuscule.)

MACAB, MACABÉ → MACCHABÉE.

MACABRE adj. (moyen fr. *danse macabré,* p.-ê. de *Macabré,* n. pr.). **1.** Qui évoque une mort dans des circonstances tragiques : *Faire une découverte macabre dans un jardin.* — **2.** Qui évoque le côté sinistre de la mort : *Humour macabre.* — **3.** Qui est triste, sinistre, lugubre : *Soirée macabre.*

MACACHE adv. (ar. algérien *mā-kānch,* il n'y a pas). *Pop.* Exprime une négation, un refus ironique.

MACADAM [-adam] n. m. (de *McAdam,* n. pr.). **1.** Assise de chaussée formée de pierres concassées, cylindrées et agglomérées avec un agrégat sableux. — **2.** Matériau pierreux ainsi employé. — **3.** Chaussée en général. — **4.** *Fam.* Rue, trottoir.

MCADAM (John Loudon), ingénieur écossais (Ayr 1756 - Moffat, Dumfries and Galloway, 1836). Il fut le premier à mettre en œuvre le système de revêtement des routes à l'aide de pierres cassées qui porte à présent son nom. Son procédé fut introduit à Paris en 1849.

MACADAM-CIMENT n. m. (pl. *macadams-ciment[s]*). Chaussée empierrée dans laquelle on a fait pénétrer du ciment sous forme de coulis de mortier.

MACADAMIA n. m. (de J. *Macadam,* n. pr.). **1.** Nom générique du noisetier d'Australie, ou du Queensland, cultivé en Californie et en Floride. — **2.** Fruit de cet arbre. (Syn. NOIX DU QUEENSLAND.)

MACADAMISER v. t. (conj. **3**). Recouvrir une voie de macadam.

MACAIRE → MAKAIRE.

MACAIRE d'Égypte *(saint),* ermite (v. 301 - v. 394). Retiré dans une solitude du désert de

Basse-Égypte, il eut de nombreux disciples ; il fut l'un des auteurs spirituels les plus écoutés de son temps.

MACAIRE, prélat russe (v. 1482-1563). Métropolite de Moscou (1542), il sacra Ivan IV en 1547 et rédigea le *Stoglav* (*les Cent Chapitres,* 1551), qui réglait la vie ecclésiastique. Il scella l'union de l'Église et de l'État moscovites.

Macaire *(Robert),* personnage de *l'Auberge des Adrets,* mélodrame de B. Antier. C'est le type du bandit fanfaron. Frédérick Lemaître créa le rôle. Sa popularité grandit encore quand Daumier en fit, dans une suite de lithographies (*Caricaturana,* 1836-1838), le type du filou qui peut se cacher sous les traits d'un notable.

MACANÉEN, ENNE adj. et n. De Macao.

MACAO, en port. **Macau,** en chin. **Aomen,** petit territoire portugais des côtes chinoises, à l'O. de Hongkong, sur l'embouchure du Zhu Jiang ; 15,5 km² ; 452 300 hab. Possession du Portugal depuis 1557, c'est un des plus anciens établissements occidentaux en Extrême-Orient. Il doit être rétrocédé à la Chine en 1999. Centre industriel (confection, électronique) et touristique.

MACAPÁ, port du Brésil septentrional, ch.-l. du territoire de l'Amapá, sur l'estuaire de l'Amazone ; 179 609 hab. Exportation de manganèse.

MACAQUE n. m. (port. *macaco*). Singe cercopithèque d'Asie, d'Afrique du Nord et de Gibraltar, à queue courte, au régime omnivore, vivant en groupes hiérarchisés. (Les principales espèces sont le macaque à queue de cochon, le bonnet chinois de l'Inde, le magot de Gibraltar et le rhésus*.)
◆ n. *Fam.* Personne très laide.

MACARANGA n. m. Arbre ou arbuste ornemental (euphorbiacée) des régions chaudes, cultivé en serre chaude pour la beauté de ses feuilles.

MACAREUX n. m. (p.-ê. gr. *Makareus,* n. pr.). Oiseau marin (alcidé) au plumage noir et blanc, au gros bec multicolore, des régions tempérées fraîches de l'Atlantique nord. (Le macareux, ou moine, niche en colonies denses, dans un terrier profond. Le couple couve, puis nourrit un unique poussin. Quelques colonies sur les côtes nord de la Bretagne.)

MACARON n. m. (ital. *macarone,* p.-ê. du gr. *makaria,* potage d'orge). **1.** Petit gâteau rond moelleux, à base de pâte d'amandes, de blanc d'œufs et de sucre, qui peut être parfumé à la vanille, au café ou au chocolat. — **2.** *Fam.* Rosette d'une décoration ou insigne distinctif quelconque, de forme ronde, portés à la boutonnière. — **3.** *Fam.* Vignette, insigne distinctifs de certaines professions, en partic. à caractère officiel ou administratif, que l'on appose sur le pare-brise d'une voiture. — **4.** Vignette autocollante à caractère publicitaire, que l'on colle sur une surface (vitre, voiture). — **5.** Natte de cheveux roulée sur l'oreille. — **6.** Ornement rond constitué d'apprêts divers.

MACARONI n. m. (ital. *macaroni,* pl. de *macarone,* macaron). Pâte de semoule de blé dur d'origine italienne, de forme tubulaire, d'env. 5 mm de diamètre.
◆ n. Terme pop. et raciste désignant un Italien ou une Italienne.

MACARONIQUE adj. (ital. *macaronico*). Littér. *Poésie macaronique,* poésie burlesque où les mots sont mêlés de latin ou affublés de terminaisons latines.

MACARTHUR (Douglas), général américain (Fort Little Rock, Arkansas, 1880 - Washington 1964). Colonel sur le front français dès 1917, promu général à 38 ans, il dirige l'école de West Point en 1919. Il commande en chef aux Philippines lors de l'agression japonaise (1941) et ne quitte Corregidor que sur l'ordre de Roosevelt (mars 1942). Mis à la tête des forces du Pacifique sud-ouest, puis de toutes les forces alliées du Pacifique (1945), il reçoit la capitulation du Japon. Commandant en chef des forces des Nations unies en Corée (1950), il est relevé de son commandement par Truman (11 avr. 1951).

MACASSAR n. m. Langue indonésienne, très proche du bugi, parlée dans la région d'Ujungpandang (anc. Macassar).

MACASSAR → UJUNGPANDANG.

MACASSAR *(détroit de)* ou **DÉTROIT D'UJUNGPANDANG,** bras de mer de l'Indonésie, séparant Célèbes de Bornéo, long de 750 km environ du N. au S. et d'une largeur moyenne de 140 km. Il unit les mers de Célèbes au N. et de la Sonde au S.

MACASSARS, peuple indonésien d'env. 2 millions de personnes occupant la région d'Ujungpandang.

MACAU → MACAO.

MACAULAY (Thomas Babington MACAULAY, *baron*), historien et homme politique britannique (Rothley Temple, Leicestershire, 1800 - Campden Hill, Londres, 1859). Membre du Conseil suprême de l'Inde (1834-1838), il rédigea un nouveau code de lois. Il est l'auteur d'une *Histoire d'Angleterre,* inachevée (1848-1861).

MACBETH († près de Lumphanan, Aberdeen, 1057), roi d'Écosse (1040-1057). Comte de Moray, il obtint la couronne écossaise en assassinant le roi Duncan Ier (1040). Il fut tué par Malcolm Canmore, fils de Duncan.

Macbeth, drame de Shakespeare (v. 1605). Macbeth, cédant à l'ambition semée par les prophéties des sorcières et attisée par sa femme, lady Macbeth, tue le roi Duncan, son hôte. L'angoisse d'illégitimité et le remords le poussent à la tyrannie : hanté par le spectre de son ami Banquo, qu'il a fait assassiner, il sera exécuté par le fils de Duncan.

MACBRIDE (Séan), homme politique irlandais (Paris 1904 - Dublin 1988). Président d'Amnesty International (1963-1974), il a reçu le prix Nobel de la paix en 1974.

McBurney *(point de),* point situé sur la paroi abdominale, qui devient douloureux à la pression en cas d'appendicite.

MACCABÉES (les), famille de patriotes juifs qui joua dans l'histoire d'Israël un rôle important dans le soulèvement national (167 av. J.-C.) contre la politique d'hellénisation du roi séleucide Antiochos IV Épiphane. — MATTATHIAS déclencha la guerre sainte. À sa mort (166 av. J.-C.), ses cinq fils la prolongèrent. Les plus importants sont : JUDAS (166-160), dit **Maccabée,** qui obtint pour les Juifs la liberté du culte, mais fut tué au combat ; ses frères, JONATHAN (160-142 av. J.-C.) et SIMON (142-134), tous deux morts de mort violente, qui firent reconnaître l'indépendance nationale. En 134 av. J.-C., avec Hyrcan Ier, fils de Simon, arriva au pouvoir une dynastie sacerdotale et royale de princes indépendants, les Asmonéens.

Maccabées *(livres des),* nom donné à deux livres bibliques, datant du IIe s. av. J.-C., qui retracent l'histoire de la révolte des Maccabées et sont les témoins, avec le livre de Daniel, de l'affrontement du judaïsme et de l'hellénisme. Ils ne sont admis que dans le canon de l'Église catholique.

MACCABEO ou **MACCABEU** n. m. Cépage blanc fournissant des vins doux naturels (banyuls, maury, rivesaltes).

MCCAREY (Leo), cinéaste américain (Los Angeles 1898 - Santa Monica 1969). Auteur de nombreux courts métrages, scénariste pour Laurel et Hardy, il réalisa son premier long métrage en 1929 et devint rapidement un spécialiste de la comédie à gags visuels et verbaux, où l'émotion trouve cependant toujours sa place : *la Soupe au canard,* (1933), *l'Extravagant Mr. Ruggles* (1935), *Place aux jeunes* (1937), *Cette sacrée vérité* (1937), *la Brune brûlante* (1958).

MCCARTHY (Joseph), homme politique américain (près d'Appleton, Wisconsin, 1908 - Bethesda, Maryland, 1957). Sénateur républicain du Wisconsin (1947), il mena une virulente campagne anticommuniste en 1949-50, mais fut désavoué par le Sénat en 1954.

MCCARTHY (Mary), femme de lettres américaine (Seattle 1912 - New York 1989). Son œuvre à visée sociologique et satirique, où elle a peint en particulier les milieux intellectuels et les comportements féminins, assure un témoignage lucide sur l'Amérique contemporaine (*les Oiseaux d'Amérique,* 1971 ; *Ideas and The Novel,* 1980).

MACCARTISME ou **MACCARTHYSME** n. m. Nom donné à l'idéologie anticommuniste et à la campagne du sénateur McCarthy contre les intellectuels, les artistes et les employés fédéraux soupçonnés de sympathies pour le communisme.

MACCHABÉE, MACABÉ ou **MACAB** n. m. (de *macabre,* avec l'infl. de *Maccabées,* n. pr.). *Pop.* Cadavre.

MACCHIAIOLI (« tachistes »), nom donné, à l'occasion d'une exposition florentine de 1862, à un groupe de peintres italiens parmi les plus notables du XIXe s., d'inspiration antiacadémique et utilisant en général une technique de touche large, de valeurs chromatiques contrastées. Ils furent soutenus par le critique Diego Martelli (1838-1896). Les plus connus de ces artistes, influencés notamment par l'avant-garde française (école de Barbizon, réalisme), sont G. Fattori, S. Lega, Telemaco Signorini (1835-1901), Giuseppe Abbati (1836-1868). À Paris, un Federico Zandomeneghi (1841-1917) se rallia à l'impressionnisme.

MCCLELLAN (George Brinton), général américain (Philadelphie 1826 - Orange, New Jersey, 1885). Il commanda l'armée du Potomac (1861) au début de la guerre de Sécession et prit Richmond. Il sauva Washington en battant l'armée sudiste de Lee, mais, négligeant de poursuivre celui-ci, il fut relevé de son commandement. Il échoua aux élections présidentielles de 1864.

MCCLINTOCK (*sir* Francis Leopold), marin et explorateur polaire britannique (Dundalk, Irlande, 1819 - Londres 1907). De 1848 à 1859, il participa à plusieurs expéditions dans l'Arctique à la recherche de Franklin. Son voyage lui permit de faire d'importantes observations météorologiques et des levés cartographiques.

MCCLINTOCK (Barbara), généticienne américaine (Hartford 1902 - Huntington 1992). Ses travaux sur les structures mobiles des masses génétiques lui ont valu le prix Nobel de médecine en 1983.

MCCLURE (*sir* Robert John LE MESURIER), explorateur britannique (Wexford, Irlande, 1807 - Londres 1873). Au cours d'une expédition dans les mers arctiques, son navire fut pris par les glaces (1851-1853). Il parvint, avec son équipage, à rejoindre une expédition venue à son secours, découvrant ainsi le passage du Nord-Ouest.

MCCORMICK (Cyrus Hall), inventeur et industriel américain (dans le comté de Rockbridge, Virginie, 1809 - Chicago 1884). Il a mis au point la première faucheuse fabriquée en grande série. L'établissement qu'il fonda en 1847 et qui porte son nom devint, en 1902, l'International Harvester Company.

MCCORMICK (Lynde Dupuy), amiral américain (Annapolis 1895 - Newport, Rhode Island, 1956). Il participa aux batailles navales du Pacifique (1941-42) et fit partie de l'état-major de Roosevelt aux conférences de Québec (août 1943 ; sept. 1944) et de Yalta (févr. 1945). Il commanda la 3e division de cuirassés à la bataille d'Okinawa (avr.-juin 1945) puis les forces alliées de l'Atlantique nord dans le cadre de l'O. T. A. N. (1952-1954).

MCCOY (Horace), romancier américain (Nashville, Tennessee, 1897 - Beverly Hills, Californie, 1955). Son œuvre, nourrie de meurtres et de violence, décrit une société implacable (*On achève bien les chevaux,* 1935 ; *Un linceul n'a pas de poches,* 1937).

MCCULLERS (Carson Smith), femme de lettres américaine (Columbus, Géorgie, 1917 - Nyack, État de New York, 1967). Ses romans (*Le cœur est un chasseur solitaire,* 1940 ; *Reflets dans un œil d'or,* 1941 ; *Frankie Adams,* 1946 ; *l'Horloge sans aiguilles,* 1961) et ses nouvelles (*la Ballade du café triste,* 1951), marqués par le freudisme, décrivent l'isolement spirituel, symbolisé par un personnage sourd-muet, et la quête difficile de l'amour.

MACDIARMID (Christopher Murray GRIEVE, dit **Hugh**), écrivain écossais (Langholm 1892 - Édimbourg 1978). Il a incarné la renaissance littéraire écossaise (*A Kist of Whistles,* 1947).

MACDONALD (Étienne Jacques Joseph Alexandre), duc **de Tarente,** maréchal de France, pair de France (Sedan 1765 - Courcelles, Loiret, 1840). Il servit en Italie (1796-1799) puis à l'armée du Rhin (1800). Victorieux à Wagram (6 juill. 1809), il participa ensuite à la campagne de Russie (1812) et se distingua à Leipzig (1813). Après avoir combattu lors de la campagne de France (1814), il prit part aux négociations avec les souverains alliés et contribua à l'abdication de Napoléon.

MACDONALD (*sir* John Alexander), homme politique canadien (Glasgow 1815 - Ottawa 1891). Chef du premier cabinet de la Confédération canadienne (1867-1873), revenu au pouvoir de 1878 à 1891, il étendit le territoire vers l'ouest et fit achever le Canadian Pacific Railway (1886).

MACDONALD (James Ramsay), homme politique britannique (Lossiemouth, Grampian, 1866 - en mer 1937). Il participa à la création du parti travailliste (1900), dont il devint le leader (1911-1914), mais son hostilité à la guerre le rendit impopulaire. Revenu à la tête de son parti en 1922, il forma le premier gouvernement socialiste du Royaume-Uni (1924). Il fut de nouveau Premier ministre en 1929, mais l'aggravation de la crise économique l'amena à former un gouvernement d'Union nationale avec les conservateurs et les libéraux (1931). Il démissionna en 1935.

MACDONALD (Jeanette), actrice et chanteuse américaine (Philadelphie 1901 - Houston 1965). Vedette de nombreuses comédies musicales et opérettes des années 20, elle se voit confier (1929) par Ernst Lubitsch le rôle principal du film *Parade d'amour,* avec Maurice Chevalier. Elle triompha dans *la Veuve joyeuse,* du même Lubitsch (1934), puis dans *Naughty Marietta* (1935) et *Rose Marie* (1936). Citons encore ses rôles dans *Une heure près de toi* (1932), *Aimez-moi ce soir* (1932), *Broadway Serenade* (1939).

MACDONALD (Brian), danseur et chorégraphe canadien (Montréal 1928). Un des premiers membres du Ballet national canadien, il abandonne la danse à la suite d'un accident et se consacre à la chorégraphie. Il a donné *Time out of Mind* et *Capers* (1962), *Aimez-vous Bach ?* (1964), *Canto Indio* (1965), *Rose Latulipe* (1966 ; premier ballet d'inspiration canadienne), *The Shining People of Leonard Cohen* (1970).

McDonald's Corporation, entreprise américaine de restauration rapide, présente dans le monde entier.

McDonnell-Douglas Aircraft Corporation, société américaine issue de la fusion, intervenue en 1967, de McDonnell Aircraft Corporation et Douglas Aircraft Company. Elle fabrique des avions civils (DC-9, DC-10, puis MD-11, MD-80, MD-90) et militaires, ainsi que des engins spatiaux et des hélicoptères.

MACDONNELL RANGES, hauteurs du centre de l'Australie (Territoire du Nord) ; 1 510 m.

MACDOWELL (Edward Alexander), compositeur et pianiste américain (New York 1861 - *id.* 1908). Dans une inspiration romantique qui fait songer à Grieg, il a composé des pièces pour piano, des mélodies, 3 poèmes symphoniques (dont *Hamlet and Ophelia*), 2 concertos pour piano, une *Indian Suite,* qui exploite des motifs aborigènes.

MACÉ (Jean), publiciste français (Paris 1815 - Monthiers, Aisne, 1894). Enseignant et journaliste républicain, il s'opposa à l'Empire, organisant la Société des bibliothèques communales

(1863), d'inspiration laïque, et créant (1866) la Ligue française de l'enseignement*.

MACÉDOINE n. f. (de *Macédoine,* n. pr.). **1.** Assortiment de légumes cuits en menus morceaux, servi froid ou chaud. — **2.** Mélange de fruits en morceaux mis à macérer dans un sirop sucré ou saupoudré de sucre et parfumé de liqueur. — **3.** *Fam.* Assemblage disparate de morceaux hétérogènes.

MACÉDOINE, région historique des Balkans, auj. partagée entre la Grèce et la République de Macédoine principalement, débordant en Bulgarie. Ses limites géographiques sont : au N., la Šar Planina ; au S., l'Olympe ; à l'O., le massif de Ghrámmos ; à l'E., la basse vallée du Néstos.

• *Le royaume de Macédoine.*Les Macédoniens ont la même origine que les Grecs de la Péninsule; venus du versant oriental du Pinde, ils expulsent progressivement les Thraces de la plaine qui s'ouvre sur le golfe Thermaïque. Leurs souverains, les Argéades, unifient les tribus macédoniennes au cours de leurs guerres contre les Thraces et les Illyriens. La Macédoine a une riche agriculture et des ressources minières, notamment l'or du mont Pangée. Les souverains ont réussi à s'imposer à l'aristocratie des hétaires et à préserver une nombreuse paysannerie où ils recrutent les fantassins organisés en phalange. Le royaume connaît son apogée sous Philippe II (359-336), qui impose son hégémonie à la Grèce par la victoire de Chéronée (338). Philippe mort, c'est Alexandre le Grand qui conduit les Hellènes à la conquête de l'Asie. Le territoire national est confié à un régent, Antipatros ; disputé entre les diadoques, il finit par tomber aux mains d'Antigonos Gonatas, en 276 av. J.-C.

• *Les Antigonides* (276-168 av. J.-C.). Ils tiennent la Grèce par un réseau de places fortes. Mais la Macédoine doit affronter de nouvelles puissances, les ligues Achéenne et Étolienne. Pour écarter Rome des Balkans, Philippe V s'allie à Hannibal (215), ce qui provoque la première guerre de Macédoine. Alliés aux Étoliens, les Romains contraignent le roi à signer la paix de Phoinikê (205). En 197, les légions écrasent la phalange à Cynoscéphales (deuxième guerre de Macédoine) ; Quinctius Flamininus rend alors aux Grecs leur liberté. Philippe V, puis Persée, son fils, réorganisent leurs forces et retrouvent des partisans en Grèce ; en 168 pourtant, lors de la troisième guerre de Macédoine, Rome remporte à Pydna une victoire sans appel ; Paul Émile enchaîne Persée au char de son triomphe et la dynastie s'éteint obscurément.

• *De la domination romaine au joug ottoman.* En 148, une grave révolte oblige Rome à constituer une province, avec pour capitale Thessalonique. Au IVe s., les invasions des Goths ravagent la province, qui est alors rattachée à l'empire d'Orient et repeuplée par des Slaves. La majeure partie de la région est enlevée aux Byzantins et fait partie de l'Empire bulgare du IXe s. à 1014, puis au XIIIe s. Elle appartient à l'Empire serbe d'Étienne IX Uroš IV Dušan (milieu du XIVe s.) puis est annexée à l'Empire ottoman (1371).

• *Le problème macédonien.* À partir du congrès de Berlin (1878) qui maintient la domination ottomane, la Macédoine est revendiquée par les Bulgares, les Serbes et les Grecs ; chacune de ces nations prétend être ethniquement proche de la population macédonienne. En 1893 est créée l'Organisation révolutionnaire intérieure macédonienne, favorable à une Macédoine autonome. À l'issue de la première guerre balkanique (1912-13), les États chrétiens des Balkans ne peuvent s'accorder sur le partage de la Macédoine, ce qui provoque la deuxième guerre balkanique (1913) [→ *campagnes des* BALKANS]. Au traité de Bucarest (10 août 1913), la côte revient à la Grèce ; l'intérieur est annexé par la Serbie ; la Bulgarie, vaincue, ne reçoit que la vallée de la Strumica, que le traité de Neuilly (1919) attribue au royaume des Serbes, Croates et Slovènes. Les régions grecque et yougoslave de la Macédoine sont conquises en 1941 par les Allemands qui en confient l'administration aux Bulgares. Après la libération est créée une République de Macédoine, qui est l'une des six Républiques fédérées de Yougoslavie puis devient un État indépendant (1991).

MACÉDOINE, en gr. **Makedhonía,** région du nord de la Grèce ; 34 200 km² ; 2 263 099 hab. Au N., les montagnes sont dépeuplées. Les cultures irriguées (fruits, légumes) se développent autour des petites villes. Thessalonique est le second centre urbain de Grèce. Extraction de lignite.

MACÉDOINE, en macédonien **Makedonija,** État de l'Europe balkanique, au N. de la Grèce ; 25 700 km² ; 2 180 000 hab. *(Macédoniens).* CAP. *Skopje.* LANGUE : *macédonien.* MONNAIE : *denar.*

Géographie. En grande partie montagneux, ouvert cependant par quelques bassins et vallées (dont celle du Vardar), le pays associe élevage et cultures (bénéficiant parfois de l'irrigation et d'un climat localement méditerranéen) et quelques activités extractives (plomb, zinc). Skopje concentre environ le cinquième d'une population comptant une notable minorité d'Albanais de souche (près de 25 % de la population totale), localisés dans la partie occidentale. Le pays souffre de son enclavement, aggravé par une tension latente avec la Grèce.

Histoire. Longtemps considérée comme un pays barbare par les Grecs, la Macédoine s'intégra peu à peu au monde grec. Les tribus de Macédoine

sont unifiées au sein d'un royaume qui atteint son apogée sous Philippe II (356-336 av. J.-C.) et Alexandre le Grand (336-323). À la mort de ce dernier, ses lieutenants et successeurs se disputent la Macédoine.
276-168 : Les Antigonides, dynastie fondée par Antigonos Gonatas (v. 320 av. J.-C. - 240/239 av. J.-C.), règnent sur le pays.
168 : La victoire romaine de Pydna met un terme à l'indépendance macédonienne.
En 148 av. J.-C., la Macédoine devient province romaine ; elle est rattachée au IVe s. à l'Empire romain d'Orient. Les Slaves s'y établissent au VIIe s.
1371 : Elle est intégrée à l'Empire ottoman.
1912-13 : La première guerre balkanique la libère des Turcs.
1913 : La question du partage de la Macédoine oppose la Serbie, la Grèce et la Bulgarie au cours de la seconde guerre balkanique.
1945 : La République fédérée de Macédoine est créée au sein de la Yougoslavie.
1991 : Elle proclame son indépendance. La nouvelle République, en butte à l'opposition de la Grèce à la constitution d'un État indépendant portant ce nom, est cependant admise à l'O. N. U., en 1993, sous le nom d'ex-République yougoslave de Macédoine. La Grèce lui impose un blocus économique (1994-95), avant de parvenir à un compromis (notamment sur la question du drapeau national).

Macédoine *(campagnes de)* [1915-1918], opérations qui, lors de la Première Guerre mondiale, opposèrent en Macédoine les forces autrichiennes, allemandes et bulgares aux forces alliées (françaises, britanniques, grecques, italiennes et serbes). En 1915, l'échec des Dardanelles, l'attaque allemande sur la Serbie et l'entrée en guerre de la Bulgarie entraînent, à partir d'octobre, la création à Salonique d'une *armée alliée d'Orient,* confiée au général Sarrail. Avec la victoire franco-serbe sur Monastir (auj. Bitola) [nov. 1916], le front se stabilise sur la frontière gréco-serbo-bulgare. La Grèce s'engage aux côtés des Alliés (1917), Sarrail est remplacé par Guillaumat (déc.) puis par Franchet d'Esperey (1918). Celui-ci déclenche sur le massif de Dobro Polje (15 sept.) une offensive franco-serbe qui sera décisive. Le front adverse, commandé par Mackensen, est rompu ; Skopje est atteinte, la Bulgarie signe un armistice à Salonique (29 sept.). Le Danube est rejoint (19 oct.), la Turquie capitule (30 oct.) et les Français pénètrent en Roumanie (nov.) et en Hongrie où ils capturent Mackensen.

MACÉDONIEN, ENNE adj. et n. (lat. *Macedonius*). **1.** De Macédoine. — **2.** *École macédonienne,* école picturale byzantine de l'époque des Paléologues. (Elle se caractérise par son réalisme. À partir du XIIIe s. le principal centre fut Thessalonique.) — **3.** *Dynastie macédonienne,* famille qui, de 867 à 1057, donna à Byzance huit empereurs et deux impératrices.
◆ **macédonien** n. m. Langue slave du Sud, proche du bulgare, parlée dans la République de Macédoine et dans les régions adjacentes de Grèce et de Bulgarie par environ 1 million de locuteurs.

MACEDONIUS ou **MAKEDONIOS** († v. 370), patriarche contesté de Constantinople (342-360). Il n'a joué qu'un rôle secondaire dans la formation de la secte qui porte son nom (macédoniens ou pneumatomaques*).

MACEIÓ, port du Brésil, cap. de l'État d'Alagoas, sur l'Atlantique ; 628 209 hab. Centre administratif. Industrie chimique à partir du sel gemme local. Textile. Alimentation.

MCENROE (John), joueur américain de tennis (Wiesbaden 1959). Gaucher, volleyeur de grande classe, il a notamment remporté les tournois de Wimbledon (1981, 1983 et 1984) et de Flushing Meadow (1979 à 1981, 1984).

MACENTA, v. de Guinée, ch.-l. de région, près de la frontière du Liberia ; 12 000 hab.

MACERATA, v. d'Italie, dans les Marches, ch.-l. de prov. ; 44 000 hab. Université. Monuments anciens (XVe-XIXe s.).

MACÉRATEUR n. m. **1.** Cuve dans laquelle macèrent les grains, les cossettes de betteraves et les marcs, dans les distilleries. — **2.** En brasserie et en distillerie, cuve fermée où s'effectue la cuisson du moût sous pression ou la saccharification.

MACÉRATION n. f. (lat. *maceratio, -onis*). **1.** Fait de macérer. — **2.** Opération qui consiste à laisser un corps dans un liquide, dans une cuve ouverte, pour en extraire les parties solubles. — **3.** Opération consistant à faire tremper, plus ou moins longtemps, des substances alimentaires dans un mélange aromatique soit pour les conserver, soit pour les parfumer. — **4.** Contact prolongé du moût avec les parties solides du raisin. — **5.** *Macération carbonique,* technique de vinification rapide consistant à mettre le raisin en cuve close en présence de gaz carbonique, ce qui permet d'éviter la phase de fermentation malolactique.
◆ **macérations** n. f. pl. Mortifications que l'on s'impose par esprit de pénitence.

MACÉRER v. t. (lat. *macerare,* amollir) [conj. **18**]. **1.** Mettre une substance en contact prolongé avec un liquide pour dissoudre à froid les parties solubles : *Macérer de l'écorce de quinquina dans du vin.* — **2.** Faire tremper un aliment dans un liquide aromatisé.
◆ v. i. **1.** En parlant d'un aliment, séjourner, tremper dans un liquide pour être conservé,

dissous en partie ou pour que l'un s'imprègne du goût de l'autre : *Les cerises macèrent dans de l'eau-de-vie.* — **2.** *Fam.* Rester trop longtemps dans des vêtements mouillés, salis, pleins de sueur, etc. : *Macérer dans sa crasse.* — **3.** *Litt.* Rester trop longtemps dans un état désagréable ; mariner : *Macérer dans l'ignorance.*

MACERON n. m. (ital. *macerone*). Plante herbacée (ombellifère), à fleurs jaunes.

MACFARLANE n. m. (p.-ê. de *MacFarlane,* n. pr.). Manteau sans manches, avec des ouvertures pour passer les bras, et une pèlerine descendant jusqu'à la ceinture.

MCGEE (Thomas D'ARCY), homme politique, journaliste et écrivain irlando-canadien (Carlingford, Louth, 1825 - Ottawa 1868). L'un des dirigeants du mouvement Jeune-Irlande, il se réfugia aux États-Unis après l'échec du soulèvement de 1848, puis s'établit au Canada (1857) et entra au gouvernement (1862). Ayant sévèrement condamné les coups de main des fenians (1866-67), il fut assassiné par l'un d'eux.

McGraw-Hill, maison d'édition américaine fondée à New York en 1909 par James H. *McGraw* et John A. *Hill.* Elle publie des ouvrages de sciences exactes, de technologie, d'informatique, de sciences humaines et d'économie.

MACH (Ernst), physicien et philosophe autrichien (Chirlitz-Turas, auj. ChrliceTuřany, Moravie, 1838 - Haar, près de Munich, 1916). Il a mis en évidence le rôle de la vitesse du son en aérodynamique et fait une étude critique des principes de la mécanique newtonienne, montrant en particulier que l'interaction entre deux masses ne pouvait s'étudier en faisant abstraction du reste de l'univers. Sa philosophie des sciences (l'empiriocriticisme) a eu une grande influence sur les premiers travaux d'Einstein concernant la relativité restreinte.

Mach *(angle de),* angle fait par une ligne de Mach avec la direction de la vitesse V, tel que $\sin \alpha = a/V$ (a étant la vitesse locale du son).

Mach *(ligne* et *cône de),* ligne et surface de discontinuité produites par une source d'ébranlement infiniment petite de vitesse V dans un écoulement supersonique. Les ondes sphériques produites par la source sont contenues à l'intérieur du *cône de Mach,* de demi-angle au sommet α *(angle de Mach).* Ce cône, ou sa section par un plan passant par son sommet *(ligne de Mach),* peut être matérialisé, en soufflerie ou en balistique, par divers procédés, de sorte qu'inversement on peut déduire la vitesse de la source de l'angle de Mach.

Mach *(nombre de),* ou **mach,** rapport de la vitesse d'écoulement d'un fluide à la vitesse locale du son. (Cette unité n'est pas une véritable unité de vitesse, car la vitesse du son est proportionnelle à la racine carrée de la température.) [On dit aussi NOMBRE DE SARRAU.]

MÁCHA (Karel Hynek), écrivain tchèque (Prague 1810 - Litoměřice 1836). Il créa une nouvelle langue poétique dans son poème lyrico-épique *Mai* (1836), qui allait jouer un rôle essentiel dans l'évolution littéraire de son pays. .

MACHADO (Bernardino Luís M. GUIMARÃES), homme d'État portugais (Rio de Janeiro 1851 - Porto 1944). Professeur, journaliste, puis président de la République (1915-1917 et 1925-1926), il fut exilé en France de 1927 à 1940.

MACHADO (Antonio), poète espagnol (Séville 1875 - Collioure 1939). Son œuvre, par la variété de son inspiration, la simplicité de la langue et la place qu'elle fait à l'Andalousie (*Solitudes,* 1903) et à la Castille (*les Paysages de Castille,* 1912), occupe une place primordiale dans la poésie espagnole contemporaine. Il a réuni dans ses *Nouvelles Chansons* (1924) des poèmes d'inspiration folklorique. — Son frère MANUEL (Séville 1874 - Madrid 1947) fut à la fois poète, journaliste et homme de théâtre.

MACHADO DE ASSIS (Joaquim Maria), écrivain brésilien (Rio de Janeiro 1839 - *id.* 1908). Poète parnassien, il est surtout connu pour ses romans ironiques (*Quincas Borba,* 1891 ; *Dom Casmurro,* 1900). Il fut le principal fondateur, en 1897, de l'Académie brésilienne de lettres.

MACHAIRODONTE [-kɛ-] n. m. (gr. *makhaira,* couteau). Carnivore félidé fossile, vivant de l'oligocène au quaternaire, caractérisé par la grande taille de ses canines supérieures.

MACHALA, port de l'Équateur, près du golfe de Guayaquil ; 144 197 hab. Carrefour routier entre le Pérou, Cuenca et Loja. Exportation de bananes.

MACHAON [makaɔ̃] n. m. (de *Machaon,* n. pr.). Très beau papillon européen aux ailes jaunes, marquées de noir et bordées (ailes inférieures) de deux bandes bleues terminées par une tache rouge en forme d'œil. (La chenille vit sur la carotte et le fenouil.) [Syn. PORTE-QUEUE.]

MACHAON, fils d'Asclépios et d'Épioné. Il prit part à la guerre de Troie, soignant les blessés.

MACHAR (Josef Svatopluk), écrivain tchèque (Kolín 1864 - Prague 1942). Poète lyrique à ses débuts (*Confiteor,* 1887), il évolua vers le réalisme, dévoilant un esprit critique et combatif qui ne cessa d'attaquer les mœurs politiques et littéraires de son temps (*Des roses devraient fleurir là,* 1894). À travers ses poèmes historiques, il exprima son refus de la morale judéo-chrétienne.

MACHAULT D'ARNOUVILLE (Jean-Baptiste DE), homme d'État français (Paris 1701 - *id.* 1794). Maître des requêtes (1728), il doit à la protection de la marquise de Pompadour de devenir contrôleur général des Finances (1745). Il s'efforce de faire appliquer des mesures instaurant l'égalité devant l'impôt (création de l'impôt du vingtième). Louis XV brise d'abord l'opposition nobiliaire et parlementaire à laquelle se heurte Machault : il fait même de celui-ci son garde des Sceaux (1750) ; mais, circonvenu par la famille royale, il suspend la levée du vingtième sur les biens du clergé et écarte Machault des Finances (1751). Devenu secrétaire d'État à la Marine, celui-ci stimule les chantiers navals en vue de la guerre contre l'Angleterre. Disgracié en 1757, arrêté sous la Terreur, il meurt en prison.

MACHAUT (Guillaume DE) → GUILLAUME DE MACHAUT.

MÂCHE n. f. (altér. du moyen fr. *pomache,* p.-ê. avec l'infl. de *mâcher*). Plante (valérianacée) potagère de petite taille, qui se mange en salade. (Syn. DOUCETTE.)

MÂCHE (François Bernard), compositeur français (Clermont-Ferrand 1935). Opposé aux courants postsériels, il s'attache à des données purement sensorielles, utilisant, d'une part, des langues étrangères, considérées comme des matériaux sonores, et, d'autre part, des sons enregistrés à l'état brut. Un voyage dans le Sud-Est asiatique (1972) l'a encouragé dans cette voie. On lui doit *Rituel d'oubli* (1969), *Danaé* (1970), *Kemit* pour darbouka ou zarb solo (1970), *Marae* (1974), *Da Capo,* œuvre de théâtre musical (Avignon, 1976), *les Mangeurs d'ombre,* œuvre de théâtre musical (1979), *Andromède* (1979), *Tombouctou,* œuvre-spectacle (1982), *Eridan* pour quatuor à cordes (1987), *Estuaire du temps* pour échantillonneur et grand orchestre (1993).

MACHECOUL (44270), ch.-l. de cant. de la Loire-Atlantique, en bordure du Marais breton ; 5 243 hab. *(Machecoulois).* Anc. capitale du duché de Retz. Cycles. Imprimerie.

MÂCHEFER [maʃfɛr] n. m. (de *mâcher 2,* et *fer*). **1.** Scorie provenant de la combustion de charbon produisant des cendres à demi fusibles. — **2.** Matière provenant du raffinage du plomb.

MACHEL (Samora Moises), homme d'État mozambicain (Madragoa, vallée du Limpopo, 1933 - dans un accident d'avion, au-dessus de la province sud-africaine du Natal, 1986). Il organisa en Tanzanie le premier camp du FRELIMO et déclencha la lutte armée en 1964. À la proclamation de l'indépendance, il devint président de la République (1975-1986).

MÂCHEMENT n. m. Action de mâcher.

1. MÂCHER v. t. (bas lat. *masticare*) [conj. 3]. **1.** Broyer un aliment avec les dents par le mouvement des mâchoires : *Mâcher longuement la viande avant d'avaler.* — **2.** Triturer longuement une substance dans la bouche : *Mâcher du chewing-gum.* — **3.** Mordiller qqch entre ses dents : *Mâcher un brin d'herbe.* — **4.** *Fam.* Expliquer minutieusement qqch à qqn pour qu'il comprenne bien ; lui préparer ce qu'il a à faire : *Mâcher le travail à un élève.* — **5.** *Ne pas mâcher ses mots,* dire ce qu'on a à dire crûment, sans ménagement.

◆ **être mâché** v. pass. *Fam.* **1.** Être déjà presque fait, tout préparé, en parlant d'un travail à faire par qqn. — **2.** En parlant d'un vin, avoir un léger goût d'évent. — **3.** *Figure, mine de papier mâché,* pâle et maladive. ‖ *Papier mâché,* papier détrempé, plus ou moins réduit en pâte et qui, allié à de la colle, de la poix, etc., se prête à être moulé. (On en a fait des sculptures au XVIIIe s., des petits meubles au XIXe.)

2. MÂCHER [maʃe] v. t. (anc. fr. *machier,* broyer, ou anc. picard *maquer,* frapper) [conj. 3]. Couper sans netteté, en déchirant les fibres, au lieu de les trancher.

◆ **être mâché** v. pass. En parlant d'une pièce de bois ou d'un cordage, être écrasé et détérioré par un choc ou un frottement.

MACHERONTE, anc. forteresse juive à l'est de la mer Morte. Après la chute de Jérusalem (70), elle devint un des derniers bastions de la résistance juive ; elle ne fut prise et rasée par les Romains qu'en 72.

MACHETTE n. f. (esp. *machete*). Grand coutelas des régions tropicales, à lame épaisse, à poignée courte, utilisé à la volée et servant à la fois d'outil et d'arme.

MÂCHEUR, EUSE n. Personne qui a l'habitude de mâcher qqch : *Un mâcheur de tabac.*

MACHIAVEL [-kja-] n. m. (de *Machiavel,* n. pr.). Personnage, en partic. homme politique, pratiquant le machiavélisme.

MACHIAVEL, en ital. **Niccolo Machiavelli,** homme politique et écrivain italien (Florence 1469 - *id.* 1527). Secrétaire au service de la République de Florence (1498), il est envoyé en mission diplomatique dans différents pays d'Europe. Il réorganise l'armée de la République. Le renversement de la République par les Médicis le contraint à l'exil (1513) : il ne s'éloigne guère de Florence et entreprend la rédaction du *Prince* (publié en 1532) qu'il dédie à Laurent de Médicis, mais auprès de qui il ne rentrera en grâce qu'en 1519. Le cardinal Jules II de Médicis, devenu pape en 1523, lui confie plusieurs missions. Mais le sac de Rome (1527) par les troupes de Charles Quint entraîne la destitution des

Médicis à Florence et la mise à l'écart de Machiavel. La pensée de Machiavel est indissociable de sa vie et toute son expérience se retrouve dans des écrits comme *le Prince* ou *le Discours sur l'art de la guerre* (1521). L'originalité de l'auteur a longtemps été mal perçue. Le prince, s'il veut bien gouverner, ne doit pas faire de la tromperie un système de politique, mais user constamment de la ruse et du déguisement de sa pensée ou de ses comportements, dans l'intérêt supérieur de la patrie que le « prince » a pour mission absolue d'incarner. La morale est ainsi subordonnée à la raison d'État. Machiavel est également l'auteur de poésies, d'épîtres en vers, de stances, d'un conte (*Belphegor archidiacre,* 1549) et surtout de comédies (*la Mandragore,* 1520 ; *la Clizia,* 1525).

MACHIAVÉLIQUE [-kja-] adj. **1.** Qui est digne de la doctrine de Machiavel, considérée comme négation de la morale : *Politique machiavélique.* – **2.** Qui est d'une grande perfidie, d'une scélératesse tortueuse : *Projet, personnage machiavélique.*

MACHIAVÉLIQUEMENT [-kja-] adv. *Litt.* De façon machiavélique.

MACHIAVÉLISME [-kja-] n. m. **1.** Système politique de Machiavel. – **2.** Politique sans loyauté. – **3.** Caractère d'une conduite perfide, tortueuse et sans scrupules : *Cet homme est d'un machiavélisme incroyable.*

MÂCHICOULIS [-li] n. m. (anc. fr. *machicop,* p.-ê. de *mâchier,* broyer, et *col,* cou). Galerie en encorbellement au sommet des murailles médiévales et dont le plancher ajouré permettait de laisser tomber des projectiles pour battre le pied des murs.

MACHIDA, v. du Japon, dans la grande banlieue S.-O. de Tōkyō ; 349 050 hab.

MACHIGANGAS ou **MATSIGANGAS,** Indiens Arawaks d'Amérique du Sud occupant les rives du Vilcanota et de l'Urubamba au Pérou.

MACHILIPATNAM, anc. **Masulipatam,** puis **Masulipatnam** et **Bandar,** port de l'Inde (Andhra Pradesh), sur le delta de la Krishnā, à proximité du golfe du Bengale ; 159 110 hab.

MACHIN, E n. (de *machine*). *Fam.* Mot par lequel on désigne qqn dont le nom ne vient pas immédiatement à l'esprit, qu'on ne sait pas nommer ; Chose, Truc (avec majusc.).

◆ **machin** n. m. *Fam.* **1.** Désigne toute chose dont on ne sait pas le nom ou dont le nom ne vient pas tout de suite à l'esprit : *Qu'est-ce que c'est que ce machin-là ?* – **2.** Terme dépréciatif pour désigner qqch dont on se méfie, qqn à qui on n'accorde que peu d'intérêt : *Personne d'intéressant à la réunion, rien que de vieux machins.*

MACHINAL, E, AUX adj. (de *machine*). Qui est fait, dit d'une manière instinctive ou automatique sans qu'on ait à y prêter attention : *C'est un travail machinal.*

MACHINALEMENT adv. De façon machinale : *J'ai répondu machinalement.*

MACHINATION n. f. (lat. *machinatio, -onis*). Ensemble de menées secrètes et déloyales pour faire aboutir un mauvais dessein : *Déjouer une machination.*

MACHINE n. f. (lat. *machina,* du gr. *mêkhanê,* engin). **1.** Appareil ou ensemble d'appareils capable d'effectuer un certain travail ou de remplir une certaine fonction, soit sous la conduite d'un opérateur, soit d'une manière autonome. (→ *encycl.*) – **2.** Appareil, instrument permettant de réaliser de manière mécanique, automatique ou simplifiée les tâches et travaux de la vie courante : *Machine à écrire. Mettre le linge dans la machine.* – **3.** *Fam.* Organisme humain : *Il est mort jeune, la machine était usée.* – **4.** Véhicule comportant un mécanisme ou un moteur. (Spécial. Locomotive.) – **5.** Grande organisation fortement structurée, à rouages complexes : *La machine administrative.* – **6.** Personne dont l'action est automatique, et qui semble dénuée de sentiments, de qualités humaines : *Je ne suis pas une machine !* – **7.** *À la machine,* fait au moyen d'une machine, par oppos. à *à la main : Cousu à la machine.* ‖ *Machine à sous,* jeu de hasard constitué par un appareil dans lequel on introduit une pièce de monnaie et qui en redonne parfois plusieurs ; distributeur automatique de boissons, de sandwichs. ‖ *Machine de guerre,* dans l'Antiquité et au Moyen Âge, toute sorte de matériels de guerre employés dans la guerre de siège (bélier, catapulte, baliste, etc.) ; moyen offensif quelconque utilisé contre qqn. ‖ *Machine infernale,* engin explosif. • **Électr.** *Machine électrique,* convertisseur d'énergie électrique qui transforme de l'énergie électrique en énergie mécanique ou inversement. – **Inform.** Ordinateur, système informatique : *Langage machine.* – **Phys.** *Machine simple,* nom générique donné aux dispositifs mécaniques dans lesquels la force se transmet directement (levier, poulie, treuil, plan incliné, coin et vis). – **Théâtr.** Appareil servant à l'équipement et à la manœuvre des éléments du décor (contrepoids, treuil, chariot, etc.).

◆ **machines** n. f. pl. Ensemble des appareils (moteurs, turbines, etc.) qui assurent la propulsion d'un navire.

ENCYCL. **Cybern.** et **Inform.** On distingue les *mécanismes asservis* ou *servomécanismes* (télécommandes, régulateurs de vitesse), les *machines séquentielles* (machines à commande numérique, robots), utilisant un programme câblé ou enre-

gistré, et les *machines informatiques* (ordinateurs, machines de traitement de textes ou d'images), qui sont des machines séquentielles capables de traiter l'information.
— **Mécan.** Toute machine est transformatrice d'énergie. Lorsqu'elle transforme l'énergie en énergie mécanique, il s'agit d'une *machine motrice,* ou *moteur.* Lorsqu'elle reçoit cette énergie d'une autre machine, et qu'elle l'utilise à la réalisation d'une action définie, c'est une *machine réceptrice.*
On peut distinguer dans une machine trois éléments principaux :
1° un *récepteur,* sur lequel agissent les forces motrices : piston de moteur, poulie ou pignon de machine-outil, rotor de moteur électrique ;
2° un *outil* ou *opérateur,* qui transforme le travail qui lui est fourni en un travail utile : déplacement d'une charge, découpage d'un métal, aspiration d'un fluide, traction d'un véhicule, etc. ;
3° un *mécanisme de transmission de mouvement,* reliant le moteur à l'opérateur et transmettant de l'un à l'autre l'effort moteur par des organes rigides (bielles, engrenages, vis et écrous) ou flexibles (courroies, chaînes, ressorts), ou par des fluides (eau, huile, air comprimé). Les frottements font qu'une partie seulement de l'énergie fournie est réellement utilisée ; on appelle *rendement* de la machine le rapport de l'énergie utilisée à l'énergie fournie (toujours inférieur à 1).

MACHINE (La) [58260], ch.-l. de cant. du sud de la Nièvre ; 4 238 hab. Constructions mécaniques et électriques. Panneaux et revêtements (agglomérés).

MACHINE-OUTIL n. f. (pl. *machines-outils*). Machine destinée à façonner la matière au moyen d'un outillage mis en œuvre par des mouvements et des efforts appropriés.
ENCYCL. **Mécan.** Une machine-outil travaille par enlèvement, déformation ou modification de matière. Les machines-outils travaillant par enlèvement de copeaux peuvent couper suivant un mouvement circulaire continu (*tour, fraiseuse, perceuse, aléseuse, rectifieuse, affûteuse, tronçonneuse,* etc.) ou rectiligne alternatif *(raboteuse, étau-limeur, mortaiseuse, brocheuse).* Les machines-outils travaillant par déformation de la matière sont le plus souvent destinées au façonnage de produits semi-finis (tôles, barres, tubes, profilés), qu'elles déforment *(presse à emboutir, rouleuse, cintreuse, plieuse)* ou qu'elles découpent *(presse à découper, cisaille, poinçonneuse).* Enfin, certaines machines-outils travaillent en provoquant un changement d'état du matériau : fusion (oxycoupage, soudage, usinage par laser), dissolution ou passage à l'état ionique (usinage électrochimique, électroérosion). Toutes les machines-outils peuvent être automatisées à des degrés divers (machines à cycles, machines programmables, machines à commande numérique, centres d'usinage, robots). Elles peuvent être universelles, conçues en vue d'une fabrication donnée *(machines spéciales),* regrouper de manière rigide des unités d'usinage standard *(machines-transferts),* ou constituer un parc évolutif *(atelier flexible).*

MACHINE PNEUMATIQUE (en lat. *Antlia, -ae*), petite constellation australe, au nord des Voiles, introduite au XVIIIe s. par La Caille.

MACHINER v. t. (lat. *machinari*) [conj. 3]. Combiner certains moyens d'action avec de mauvais desseins : *Machiner une attaque.*

MACHINERIE n. f. **1.** Ensemble de machines employées à un travail et réunies en un même lieu. — **2.** Endroit où sont les machines, en partic. salle des machines d'un navire. — **3.** Ensemble de machines, d'appareils employés pour opérer les changements de décors, produire des effets de mise en scène.

MACHINE-TRANSFERT n. f. (pl. *machines-transferts*). Machine-outil à postes d'usinage multiples, devant lesquels les pièces à usiner sont successivement et automatiquement transférées.

MACHINIQUE adj. Relatif aux machines, au machinisme.

MACHINISME n. m. (de *machine*). Emploi généralisé de machines substituées à la main-d'œuvre.
ENCYCL. Le machinisme connaît son véritable essor avec l'invention de la machine à vapeur qui, dès la fin du XVIIIe s. en Angleterre, puis, dans la plupart des pays industrialisés au cours de la première moitié du XIXe s., donne aux machines toutes leurs possibilités. Il s'amplifie à la fin du XIXe s. avec les machines électriques ainsi qu'avec le moteur à explosion. Dans une troisième phase (seconde moitié du XXe s.), la machine ne se substitue plus seulement à la force musculaire de l'homme, mais aussi à son cerveau avec l'informatique, la Bureautique et, plus récemment, la robotique.
L'introduction de la machine a été à l'origine d'un débat entre deux courants de conception économique opposés. Pour les uns, le machinisme entraîne non seulement le chômage par la diminution du nombre des emplois, mais aussi la spécialisation des tâches et une profonde déshumanisation du travail humain, la concentration des travailleurs dans des aires géographiques surpeuplées et polluées, la dégradation de l'environnement. Pour les autres, il assure une moindre pénibilité du travail, un abaissement du prix des produits réalisés grâce à l'intervention des machines, des possibilités de consommation

et de bien-être accrues, une diminution du temps de travail, etc.

machinisme agricole, du génie rural, des eaux et des forêts *(Centre national du)* **[CEMAGREF],** établissement public à caractère administratif placé sous la tutelle du ministère de l'Agriculture, qui est chargé d'une mission de recherche technologique pour ce qui concerne l'agriculture, les industries agroalimentaires et l'aménagement de l'espace rural.

MACHINISTE n. 1. *Vx.* Conducteur d'autobus, de métro. – **2.** Ouvrier du cinéma, de la télévision ou du théâtre qui déplace les machines, change le décor, met en place certains trucages. (Abrév. MACHINO.)

MACHINOIR n. m. Outil de cordonnier en bois ou en os pour polir, lisser, etc.

MACHISME [matʃism ou maʃism] n. m. (mexicain *machismo*). Idéologie fondée sur l'idée que l'homme domine socialement la femme et que, à ce titre, il a droit à des privilèges de maître ; comportement conforme à cette idéologie.

MACHMÈTRE [mak-] n. m. Instrument servant à mesurer le nombre de Mach à bord d'un avion.

MACHO [matʃo] ou **MACHISTE** adj. et n. m. (mexicain *macho,* mâle). *Fam.* Qui fait preuve de machisme ; phallocrate.

MÂCHOIRE n. f. (de *mâcher 1*). **1.** Chacune des deux formations osseuses (ou cartilagineuses), munies de dents, situées dans la bouche des vertébrés ; en partic. partie mobile inférieure chez l'homme. (→ *encycl.*) – **2.** Pièce de fonctions analogues présentée par la bouche de divers invertébrés. – **3.** Chacune des deux parties mobiles d'un outil qu'on utilise pour saisir ou serrer un objet : *Mâchoires d'un étau, d'une tenaille.* – **4.** Fam. *Bâiller, rire à se décrocher la mâchoire,* ouvrir très largement la bouche en bâillant, en riant. ‖ Fam. et vx. *Jouer des mâchoires,* manger. ‖ *Mâchoire de frein,* pièce métallique garnie d'une matière à haut coefficient de frottement qui assure le ralentissement et l'arrêt d'un véhicule en frottant sur un tambour solidaire de la roue.

ENCYCL. **Anat.** Chez l'homme, on distingue une *mâchoire supérieure,* formée par la réunion des deux os maxillaires supérieurs, fixés eux-mêmes aux autres os du massif facial, et la *mâchoire inférieure,* ou mandibule, seul os mobile de la tête, articulé avec le massif cranio-facial.

– **Zool.** Formées de pièces osseuses non homologues selon les groupes zoologiques, les mâchoires s'articulent diversement sur le crâne. Chez les oiseaux et les mammifères, la mandibule seule est mobile, dans des plans qui dépendent de la forme des condyles qui la suspendent au crâne. Dans de nombreux groupes de mammifères (insectivores, rongeurs, primates, carnivores, équidés), les deux mâchoires portent une denture très semblable, le plan de jonction des dents formant presque un plan de symétrie perpendiculaire à celui de l'ensemble du corps. Dans d'autres groupes (ruminants, éléphants), il y a au contraire de grandes différences entre les garnitures dentaires des deux mâchoires.

MÂCHON n. m. À Lyon, restaurant où l'on sert un repas léger ; ce repas lui-même.

MÂCHONNEMENT n. m. Action de mâchonner un aliment.

MÂCHONNER v. t. (conj. 3). **1.** Mâcher lentement un aliment, avec difficulté, sans l'avaler. – **2.** Mordiller qqch qu'on tient entre ses dents : *Mâchonner son crayon.* – **3.** Prononcer des paroles d'une manière indistincte : *Mâchonner des injures.*

MÂCHOUILLEMENT n. m. *Fam.* Action de mâchouiller.

MÂCHOUILLER v. t. (mot dialect., de *mâcher 1*) [conj. 3]. *Fam.* Mâchonner mécaniquement qqch avec négligence.

MACHREQ, en ar. **Machriq** (« le Levant »), nom donné à l'ensemble des pays arabes d'Asie et du nord-est de l'Afrique (Égypte, Libye).

MACHUCA (Pedro), architecte et peintre espagnol (Tolède fin du XVe s. - Grenade 1550). Formé en Italie, il fut très apprécié comme peintre religieux (*Descente de Croix,* Prado). En 1527, il entreprit le palais de Charles Quint à l'Alhambra de Grenade, édifice classique à patio circulaire.

MACHU PICCHU, anc. ville inca, à 2 045 m d'altitude au-dessus de la vallée du río Urubamba (Pérou), près de Cuzco. Ignorée des conquérants espagnols et découverte en 1911, ses quartiers d'habitation, palais, temples, systèmes hydrauliques et cultures en terrasses furent en usage, semble-t-il, après 1450.

MÂCHURE n. f. (anc. fr. *machier,* écraser). **1.** Syn. de ÉCRASURE. – 2. Partie du drap qui a été mal tondue et sur laquelle le poil est plus ou moins couché.

1. MÂCHURER v. t. (lat. pop. **mascarare,* noircir, de *masca,* masque) [conj. 3]. *Vx.* Barbouiller qqch de noir.

2. MÂCHURER v. t. (de *mâchure*) [conj. 3]. *Vx.* Entamer, déchiqueter qqch avec les dents : *Mâchurer un crayon.*

MACIÀ (Francesc), homme politique espagnol (Villanueva y Geltrú 1859 - Barcelone 1933). Colonel, chef du parti séparatiste catalan (1906), il fut président de la République de Catalogne (1931), mais renonça à une sécession.

MACÍAS NGUEMA (Francisco), homme d'État de Guinée-Équatoriale (Nsegayong, Río Muni, auj. Mbini, 1922 - Malabo 1979). Président de la République (1968-1979), dictateur sanguinaire, il fut renversé par un coup d'État (août 1979) et exécuté.

MACINA ou **MASSINA,** région du Mali correspondant au delta intérieur du Niger. Les Peuls s'y installèrent très tôt au contact des paysans bambaras et des pêcheurs bozos. Ils reconnurent la tutelle de l'empire du Mali, puis de l'Empire songhaï au milieu du XVe s. Ils s'opposèrent aux Marocains à la fin du XVIe s. et s'inclinèrent devant les rois de Ségou (v. 1766-1770). Cheikhou Amadou prépara la guerre sainte, ou *djihād,* à partir de 1816. Il établit un nouveau pouvoir qui se libéra de la tutelle des Bambaras et promut une véritable révolution politique et sociale. Il contrôla Tombouctou. Son fils Amadou Cheikhou (1844-1853) poursuivit son œuvre, mais son petit-fils, battu en 1862 par El-Hadj Omar, fut décapité. Les Peuls se révoltèrent et la situation demeura tendue jusqu'à l'arrivée de la colonne Archinard (1893).

MACIS [-si] n. m. (lat. *macir,* écorce d'un arbre). Condiment constitué par l'arille qui entoure la noix muscade.

MACK (Karl), baron **von Leiberich,** général autrichien (Nennslingen, Franconie, 1752 - Sankt Pölten 1828). Obligé par Napoléon de capituler à Ulm (oct. 1805), il fut condamné à vingt ans de forteresse, mais il fut libéré en 1808.

MCKAY (Claude), écrivain américain (Sanny Ville, Jamaïque, 1890 - Chicago 1948). Figure de la renaissance noire, il a publié des poèmes (*Songs of Jamaica,* 1912) et des romans (*Banjo,* 1929 ; *Banana Bottom,* 1933) dont le réalisme et le lyrisme militants exaltent l'identité noire.

MACKE (August), peintre allemand (Meschede 1887 - Perthes, front de Champagne, 1914). Membre du Blaue Reiter (1910), c'est un coloriste sensible, influencé par Delaunay.

MACKENDRICK (Alexander), cinéaste britannique (Boston, États-Unis, 1912). Il est l'un des meilleurs spécialistes de l'école humoristique anglaise : *Whisky à gogo* (1949), *l'Homme au complet blanc* (1951), *Maggie* (1954), *Tueurs de dames* (1955). Aux États-Unis, il réalisa dans un esprit et un style très différents *le Grand Chantage* (1957), *Cyclone à la Jamaïque* (1965).

MACKENSEN (August VON), maréchal allemand (Leipnitz, Wittenberg, 1849 - Burghorn, Celle, 1945). Il commanda les troupes austro-allemandes en Galicie, en Serbie (1915) et en Macédoine (1916-1918), où il fut battu par Franchet d'Esperey. Hitler exploita son autorité morale pour cautionner l'alliance de la Reichswehr avec le parti nazi. — Son fils, EBERHARD (Bromberg, auj. Bydgoszcz, 1889 - Altmühlendorf, Schleswig, 1969), fut condamné à mort (1946) par un tribunal anglais pour le massacre de la fosse Ardéatine. Gracié, il fut libéré en 1952.

MACKENZIE (le), fl. du Canada, tributaire de l'océan Arctique ; 4 600 km. Issu des Rocheuses sous le nom d'Athabasca, il traverse le lac homonyme, puis le Grand Lac de l'Esclave et se termine, au-delà du cercle polaire, par un immense delta.

MACKENZIE *(district du),* district du Canada, partie ouest des Territoires du Nord-Ouest.

MACKENZIE *(monts),* ensemble montagneux du Canada, dans les Territoires du Nord-Ouest, à l'O. du fleuve Mackenzie ; 2 726 m.

MACKENZIE → LINDEN.

MACKENZIE (*sir* Alexander), voyageur écossais (Stornoway, île de Lewis, v. 1764 - Mulinearn, près de Pitlochry, Tayside, 1820). Il découvrit le fleuve qui porte son nom et atteignit l'océan Arctique en 1789.

MACKENZIE (William Lyon), homme politique canadien (près de Dundee, Écosse, 1795 - Toronto 1861). Journaliste d'opposition, député républicain et maire de Toronto, il tenta de soulever le haut Canada (déc. 1837) et s'enfuit aux États-Unis.

MACKENZIE (*sir* Alexander), violoniste, chef d'orchestre et compositeur écossais (Édimbourg 1847 - Londres 1935). Il dirigea la Royal Academy of Music de Londres (1888-1924). Outre de nombreuses mélodies et des œuvres de musique de chambre, il a composé des œuvres symphoniques (*Canadian Rhapsody,* 1905), un concerto pour violon, des cantates profanes et sacrées, des oratorios (*The Rose of Sharon,* 1884, révisée en 1910), des opéras (*The Cricket on the Hearth,* 1901).

MACKENZIE (*sir* Compton), romancier britannique (West-Hartlepool, Durham, 1883 - Édimbourg 1972). Il donna de l'Angleterre une vision pessimiste (*Whisky à gogo,* 1941).

MACKENZIE KING (William Lyon) → KING (William Lyon Mackenzie).

MACKINAC, détroit (traversé par un pont) reliant le lac Michigan au lac Huron (50 km environ).

MACKINDER (Halford John), géographe britannique (Gainsborough, Lincolnshire, 1861 - Parkstone, Dorset, 1947). Il a introduit l'enseignement de la géographie dans les universités britanniques et s'est surtout intéressé à la géopolitique, opposant les puissances maritimes aux puissances continentales.

MCKINLEY *(mont),* point culminant de l'Amérique du Nord, dans la chaîne de l'Alaska ; 6 187 m. Situé à 63° 02′ de latitude nord et englobé dans le *parc national du McKinley.* Première ascension par les Américains H. Karstens, R. Tatun, W. Harper et H. Stuck en juin 1913.

MCKINLEY (William), homme d'État américain (Niles, Ohio, 1843 - Buffalo, État de New York, 1901). Député républicain au Congrès (1877-1890), il fit adopter un tarif protectionniste (1890). Président des États-Unis (1897-1900), il renforça le protectionnisme et mena une politique extérieure expansionniste (annexion des îles Hawaii, 1897-98, et des Philippines, 1898 ; guerre hispano-américaine 1898). Réélu en 1900, il fut assassiné par un anarchiste.

MACKINTOSH [makintɔʃ] n. m. (pl. *mackintoshs*) [de *Mackintosh,* n. d'un clan en Écosse]. *Vx.* Manteau imperméable.

MACKINTOSH (Charles Rennie), architecte et décorateur britannique (Glasgow 1868 - Londres 1928). Son œuvre majeure en architecture est l'école des beaux-arts de Glasgow* (1897-1899 et 1907-1909). Comme décorateur, il réalisa dans les années 1897-1904 l'aménagement de plusieurs salons de thé à Glasgow et créa des modèles de meubles. Dans ce domaine, il a joint à une très grande originalité la simplicité préconisée par le mouvement Arts and Crafts, se démarquant nettement de l'Art nouveau continental.

MACKMURDO (Arthur Heygate), architecte et décorateur britannique (Londres 1851 - Wickham Bishops, Essex, 1942). Inspiré par l'action de W. Morris, il fonda en 1882 la « Century Guild of Artist », groupe d'artisanat d'art, et, deux ans plus tard, la revue *The Hobby Horse,* qui exerça une forte influence sur l'Art nouveau européen, spécialement belge.

Mac Lagan *(réaction de),* réaction de floculation non spécifique du sérum sanguin, utilisée pour explorer la fonction hépatique, notamment en cas d'ictère.

1. MACLAGE n. m. Brassage du bain de verre fondu en creuset, afin d'en rendre toutes les parties bien homogènes.

2. MACLAGE n. m. Fait d'être maclé.

MCLAREN (Norman), cinéaste canadien d'origine britannique (Stirling, Écosse, 1914 - Montréal 1987). Il a mis au point une technique du dessin animé qui consiste à dessiner directement sur la pellicule. Il a utilisé les procédés les plus divers (pastels animés, abstraction animée en stéréoscopie par oscillographe à rayons cathodiques, animation de personnages vivants image par image, animation de papiers découpés, etc.). Il a réalisé *Là-haut sur les montagnes* (1946), *A Phantasy* (1952), *les Voisins* (1952), *Blinkity Blank* (1954), *Rythmetic* (1956), *le Merle* (1958), *Pas de deux* (1968).

MACLAURIN (Colin), mathématicien écossais (Kilmodan 1698 - Édimbourg 1746). Dans sa *Geometria Organica* (1720), il étudia les coniques, les cubiques, les quartiques. Dans *Traité des fluxions* (1742), premier exposé systématique des méthodes de Newton, il a démontré que le théorème qui porte son nom est un cas particulier de celui de Taylor.

Maclaurin *(formules de),* relations de la forme

$$f(x) = f(0) + \frac{x}{1!} \cdot f'(0) + \frac{x^2}{2!} \cdot f''(0) + \dots + \frac{x^n}{n!} \cdot f^{(n)}(0) + R_n,$$

avec $R_n = \dfrac{x^n}{n!} \varepsilon(x)$ où $\varepsilon(x) \to 0$ quand $x \to 0$,

ou $R_n = \dfrac{x^{n+1}}{(n+1)!} \cdot f^{(n+1)}(\theta x)$ avec $\theta \in]0,1[$.

Maclaurin *(série de),* série

$$\sum_{n \geqslant 0} a_n \cdot x^n, \text{ où } a_n = \frac{1}{n!} \cdot f^{(n)}(0),$$

dont la somme est égale à $f(x)$.

1. MACLE n.f. (frq. **maskila,* maille). 1. Meuble héraldique ayant la forme d'un losange évidé. — 2. Assemblage régulier de deux *(macle simple)* ou plusieurs *(macle multiple)* individus cristallins de même nature, reliés les uns aux autres par des opérations de symétrie simples.

2. MACLE n. f. ou **MACLOIR** n. m. (de *macler*). Barre métallique à l'aide de laquelle on remue le verre fondu.

MACLÉ, E adj. Se dit d'un édifice cristallin présentant un caractère de macle.

MACLEISH (Archibald), poète américain (Glencoe, Illinois, 1892 - Boston 1982). Après des recueils marqués par l'influence d'Ezra Pound et T. S. Eliot (*l'Heureux Mariage,* 1924), il évolua vers une inspiration proprement américaine et plus intérieure (*Chansons pour Ève,* 1954).

MACLENNAN (Hugh), écrivain canadien d'expression anglaise (Glace Bay, île du Cap-Breton, 1907 - Montréal 1990). Il a donné dans ses romans (*les Deux Solitudes,* 1945 ; *Voices in Time,* 1980) et ses essais une définition de l'identité nationale et des rapports entre les diverses communautés.

MACLEOD (John James Rickard), physiologiste britannique (près de Dunkeld, Écosse, 1876 - Aberdeen 1935). Il obtint le prix Nobel de médecine avec F. G. Banting, en 1923, pour la découverte de l'insuline.

MACLER v. t. (anc. fr. *maquer,* frapper) [conj. 3]. Procéder au maclage du verre.

MACLOIR → MACLE 2.

MACLOU *(saint)* → MALO.

MCLUHAN (Herbert Marshall), sociologue canadien (Edmonton, Alberta, 1911 - Toronto 1980). Spécialiste des *mass media,* il devint célèbre grâce à l'aphorisme « le message, c'est le média » (*Pour comprendre les médias,* 1964) : l'important est moins le contenu de ce qui est communiqué que les moyens grâce auxquels celui-ci est transmis. Ainsi une culture se caractérise principalement par les techniques de diffusion, de reproduction. *La Galaxie Gutenberg* (1962) est celle où l'imprimé constitue le principal moyen de communication entre les hommes.

MACLURA n. m. Arbre (moracée) dioïque d'Amérique du Nord à rameaux épineux, à suc laiteux, aux gros fruits charnus, souvent cultivé dans les parcs. (N. usuel *oranger des Osages.*)

MAC-MAHON (Edme Patrice Maurice, *comte* DE), duc **de Magenta,** maréchal de France et homme d'État français (Sully, Saône-et-Loire, 1808 - château de La Forêt, Loiret, 1893). D'une famille d'origine irlandaise et légitimiste, il participe brillamment à l'expédition d'Alger (1830) et aux campagnes de Crimée (1854-1856) et d'Italie (1859). Maréchal et duc après Magenta, il devient gouverneur de l'Algérie (1864-1870). Chef du 1er corps en 1870, battu en Alsace, il reconstitue à Châlons une armée qui est encerclée et capturée à Sedan (1er sept.). Prisonnier des Allemands, il est libéré grâce à Thiers, qui lui confie l'armée de Versailles : avec elle, il écrase la Commune de Paris (mai 1871). Président de la République après la chute de Thiers (24 mai 1873), Mac-Mahon, en attendant une restauration de la monarchie qui n'aura pas lieu du fait de l'intransigeance du comte de Chambord, applique avec le duc de Broglie, président du Conseil, une politique d'ordre moral qui échoue. Les élections d'oct. 1877 à la Chambre et celles de janv. 1879 au Sénat étant favorables à la république, il démissionne le 30 janv. 1879.

McMahon *(ligne),* frontière sino-népalaise et sino-indienne, dont le tracé, déterminé par un officier britannique, sir Arthur Henry *McMahon* (1862-1949), et contesté par le gouvernement de la Chine populaire, provoqua le conflit frontalier d'oct. 1962 entre la Chine et l'Inde.

MACMILLAN (Harold), homme politique et éditeur britannique (Londres 1894 - Birch Grove, Sussex, 1986). Député conservateur (1924-1929 et 1931-1945), il devint ministre du Logement (1951-1954), des Affaires étrangères, puis chancelier de l'Échiquier (1955), avant de succéder à sir Antony Eden comme Premier ministre et leader du parti conservateur (1957). Il démissionna en 1963.

MCMILLAN (Edwin Mattison), physicien américain (Redondo Beach, Californie, 1907 - El Cerrito, Californie, 1991). Après avoir obtenu un nouvel élément chimique, le neptunium, et isolé le plutonium (1941), il a découvert le principe du synchrocyclotron. (Prix Nobel de chimie, avec G. T. Seaborg, 1951.)

MACMILLAN (Kenneth), danseur et chorégraphe britannique (Dunfermline, Écosse, 1929 - Londres 1992). Il collabora avec le Sadler's Wells Ballet, devenu le Royal Ballet, le Städtische de Berlin-Ouest, l'Opéra de Stuttgart. Directeur de la danse au Royal Ballet de Grande-Bretagne (1970-1977), il en fut (1970-1980) codirecteur, avec John Field, et en demeura le principal chorégraphe. Il fut nommé en 1984 conseiller artistique de l'American Ballet Theatre de New York. Il a signé pour le Royal Ballet *Cain and Abel* (1968), *Olympiad* (1969), *Checkpoint* (1970), *Anastasia* (1971), *Triad* (1972), *The Seven Deadly Sins* (1973), *Side Show* (1973), *Manon et Pavane* (1974), *les Quatre Saisons* (1975), *Mayerling* (1978), *Noctuary* (1982).

Macmillan Inc., maison d'édition américaine, fondée à New York en 1896. Elle publie des livres de littérature générale, de sciences, d'enseignement, des livres pour enfants et des ouvrages de références.

Macmillan Publishers Ltd., maison d'édition anglaise, fondée à Londres en 1843. Elle publie de la littérature générale, des ouvrages pour la jeunesse, des beaux-arts, des sciences ainsi que des périodiques scientifiques *(Nature)* et le fameux *New Grove Dictionary of Music and Musicians.*

MCNAMARA (Robert Strange), homme politique américain (San Francisco 1916). Président de la Ford Motor Company (1960), il fut appelé par J. F. Kennedy au secrétariat à la Défense (1961). Il créa le Strike Command chargé de la riposte nucléaire (doctrine de la riposte graduée) et, dans un esprit de planification rigoureuse, fit fermer 669 bases militaires tant aux États-Unis qu'à l'étranger. Peu convaincu de l'efficacité des bombardements sur le Nord Viêt-nam, il se heurta aux états-majors et à l'administration Johnson (1967). Éloigné du Pentagone, il fut nommé président de la B. I. R. D. (1968-1981).

MÂCON n. m. Vin de la région de Mâcon (Saône-et-Loire), issu de cépages chardonnay (blanc) et gamay à jus blanc (rouge).

MÂCON (71000), ch.-l. du dép. de Saône-et-Loire, à 393 km au S.-E. de Paris, sur la Saône ; 38 508 hab. *(Mâconnais).* Évêché du VIe s. à 1790. Restes de l'anc. cathédrale, romane et gothique. Hôtel-Dieu du XVIIIe s. (pharmacie). Musée des Ursulines. Musée « Lamartine » dans l'hôtel Sénecé. Bien desservi par le rail, la route et l'eau (port fluvial), c'est un centre commercial et administratif qui s'est industrialisé (constructions mécaniques et électriques, alimentation, cartes postales, etc.).

MACON, v. des États-Unis (Géorgie), au S.-E. d'Atlanta ; 117 000 hab. Marché agricole. Nœud ferroviaire.

1. MAÇON n. m. (bas lat. *macio,* du frq. **makjo*). Entrepreneur ou ouvrier qui réalise une construction en maçonnerie (gros œuvre et légers ouvrages, ravalements, etc.).

2. MAÇON, ONNE adj. (de *maçon 1*). Se dit des animaux qui se construisent une habitation avec de la terre *(guêpe maçonne).*
◆ n. Syn. de FRANC-MAÇON, ONNE.

MAÇONNAGE n. m. **1.** Action de maçonner ; travail du maçon. — **2.** Travail de l'animal qui se construit une habitation.

MÂCONNAIS, E adj. et n. De Mâcon.

MÂCONNAIS *(monts du),* hauteurs de la bordure est du Massif central, entre 500 et 700 m, au N. du Beaujolais, entre la Grosne, à l'O., et la Saône, à l'E. Sur les pentes orientales, vignoble prolongeant celui du Beaujolais (vins blancs surtout).

MAÇONNER v. t. (de *maçon 1*) [conj. 3]. **1.** Construire ou réparer en maçonnerie. — **2.** Revêtir d'une maçonnerie. — **3.** Boucher (une ouverture) par un ouvrage de maçonnerie.

MAÇONNERIE n. f. (de *maçon 1*). **1.** Ouvrage composé de matériaux (pierres de taille, moellons, briques, etc.) unis par un liant (mortier, plâtre, ciment, etc.). — **2.** Syn. de FRANC-MAÇONNERIE. — **3.** *Grosse maçonnerie,* travail concernant le gros œuvre*, ou gros ouvrage. ‖ *Maçonnerie en blocage,* maçonnerie en pierres de diverses grosseurs jetées à bain de mortier. ‖ *Maçonnerie composite,* ouvrage dans lequel entrent deux ou plusieurs des matériaux de base des maçonneries ordinaires. ‖ *Maçonnerie à sec,* ou *en pierres sèches,* maçonnerie faite d'éléments juxtaposés sans liant. ‖ *Petite maçonnerie,* travaux de maçon comprenant les cloisons, les enduits et crépissages, les plafonds, etc. (Syn. LÉGERS OUVRAGES.)

MAÇONNIQUE adj. Qui concerne la franc-maçonnerie.

MAC ORLAN (Pierre DUMARCHAIS, dit **Pierre**), écrivain français (Péronne 1882 - Saint-Cyr-sur-Morin 1970). Peintre vagabond, familier de la bohème montmartroise de la Belle Époque, il a donné dans ses romans un caractère épique aux aventures exotiques ou quotidiennes (*le Quai des brumes,* 1927 ; *la Bandera,* 1931).

MÂCOT-LA-PLAGNE → PLAGNE (la).

MACPÉLA → MAKPĒLĀ.

MACPHERSON (James), poète écossais (Ruthven, Tayside, 1736 - Belville, près d'Inverness, 1796). Il est l'auteur des poèmes qu'il présenta comme des traductions, à partir du gaélique, des *Poèmes d'Ossian** (*Fragments de poésie ancienne,* 1760 ; *Fingal,* 1762 ; *Temora,* 1763) qui influencèrent la littérature romantique.

MACQUAGE ou **MAQUAGE** n. m. Action de macquer le chanvre ou le lin.

MACQUARIE *(arc de),* arc insulaire (jalonné notamment par les *îles Macquarie,* dépendant de l'Australie) prolongeant la Nouvelle-Zélande vers le S., séparant les océans Indien et Pacifique et bordé par une fosse océanique discontinue.

MACQUE ou **MAQUE** n. f. Masse cannelée avec laquelle on macquait le chanvre ou le lin.

MCQUEEN (Terence Stephen, dit **Steve**), acteur de cinéma américain (Indianapolis 1930 - Juárez, Mexique, 1980). Promu au rang de vedette avec *les Sept Mercenaires* (1960) et *la Grande Évasion* (1963), il apparut ensuite dans *Nevada Smith* (1966), *Bullitt* (1968), *Papillon* (1973).

MACQUER ou **MAQUER** v. t. (var. dialect. de *mâcher,* broyer) [conj. 3]. Écraser du chanvre ou du lin pour en extraire les fibres.

MACQUEVIN ou **MACVIN** n. m. **1.** Sorte de liqueur préparée autrefois avec du vin et de l'eau-de-vie. — **2.** Vin de liqueur préparé avec du moût concentré et de l'eau-de-vie, et en laissant vieillir le mélange.

MACRAMÉ n. m. (génois *macrame,* nœud, de l'ar. *maḥrama*). Dentelle d'ameublement assez lourde, obtenue avec des fils tressés et noués à la main.

MACRE n. f. Plante aquatique des étangs, à feuilles les unes flottantes, les autres immergées, aux belles fleurs blanches, et dont le fruit (châtaigne d'eau) renferme une amande comestible.

1. MACREUSE n. f. (anc. fr. *macrolle,* du frison *markol*). Canard marin au plumage noir (mâle) ou brun (femelle) nichant dans les toundras périarctiques et hivernant sur nos côtes. (Les macreuses plongent pour capturer mollusques et crustacés.)

2. MACREUSE n. f. (de *macreuse 1*). Ensemble de muscles du bœuf situés dans l'épaule.

MACRIN, en lat. **Marcus Opellius Macrinus** (Césarée, auj. Cherchell, 164 - Chalcédoine 218), empereur romain (217-218). Préfet du prétoire de Caracalla (212), menacé par l'empereur, il le fit assassiner et ses soldats l'acclamèrent empereur. Il perdit son prestige en traitant avec les Parthes ; une légion d'Émèse proclama Élagabal empereur. Macrin et son fils furent vaincus et tués près d'Antioche.

MACRO n. f. Abrév. de MACRO-INSTRUCTION.

MACROANALYSE n. f. Analyse économique proposant de déterminer les relations entre de vastes ensembles économiques.

MACROBE, écrivain et grammairien latin (v. 400 apr. J.-C.), auteur d'un commentaire sur *le Songe de Scipion* de Cicéron et d'un ouvrage de compilation, les *Saturnales*.

MACROBIOTE n. m. Tardigrade se nourrissant de la sève des plantes et capable de tomber en anhydrobiose pendant les périodes de sécheresse.

MACROBIOTIQUE adj. Se dit d'un régime végétarien composé à 80 % de céréales, de légumes et de fruits. (Les céréales sont cuites à la vapeur et assaisonnées d'huile végétale et de sel marin.)
◆ n. f. Régime végétarien macrobiotique.

MACROBRACHIUM [-kjɔm] n. m. Grande crevette (palémonidé) des eaux douces tropicales, vendue congelée en Europe.

MACROCÉPHALE adj. et n. Atteint de macrocéphalie.

MACROCÉPHALIE n. f. Augmentation anormale du périmètre crânien qui peut s'accompagner d'une augmentation du volume de l'encéphale.

MACROCÉPHALITES [-tɛs] n. m. Ammonite très commune du jurassique moyen à coquille globuleuse ornée de côtes rayonnantes régulières.

MACROCHEIRE [-kɛr] n. m. Crabe géant (majidé) des mers du Japon dont le diamètre peut atteindre 40 cm et les pinces 2 m.

MACROCONTEXTE n. m. Contexte linguistique dépassant le cadre de la phrase et, en partic., ensemble du texte, de l'énoncé.

MACROCOSME n. m. L'univers extérieur dans sa relation analogique avec l'homme (microcosme).

MACROCOSMIQUE adj. Relatif au macrocosme.

MACROCYCLE n. m. Cycle formé par l'assemblage de dix atomes ou plus.

MACROCYCLIQUE adj. Qui a trait aux macrocycles.

MACROCYSTIS [-tis] ou **MACROCYSTE** n. m. Très grande algue laminariale (jusqu'à 60 m et plus) munie de flotteurs, récoltée en Amérique comme source d'alginates.

MACROCYTE n. m. Globule rouge physiologique mûr dont le diamètre est augmenté.

MACROCYTOSE n. f. Présence de macrocytes dans le sang, observée en cas de carence en vitamine B12 ou d'alcoolisme.

MACRODÉCISION n. f. Décision économique émanant d'une entité économique importante ou de l'État.

MACROÉCONOMIE n. f. Partie de la science économique qui se propose d'expliquer les relations entre les agrégats d'une économie et envisage les faits économiques globaux.

MACROÉCONOMIQUE adj. Relatif à la macroéconomie.

MACROGAMÈTE n. m. Gamète femelle, volumineux, généralement immobile.

MACROGÉNITOSOMIE n. f. Précocité dans le développement physique, et spécialement dans celui des organes génitaux et des caractères sexuels secondaires.

MACROGLIE n. f. Syn. de ASTROGLIE.

MACROGLOBULINE n. f. Globuline de poids moléculaire élevé, voisin de 1 million, qui se dépose à l'électrophorèse au niveau des β- et γ-globulines. (La macroglobuline correspond à l'immunoglobuline M.)

MACROGLOBULINÉMIE n. f. Affection caractérisée par un excès de macroglobulines dans le plasma sanguin.
ENCYCL. La macroglobulinémie se manifeste par une grande asthénie, une anémie, une tuméfaction des ganglions lymphatiques et de la rate, et par des hémorragies. À l'électrophorèse, on constate l'existence d'une macroglobuline qui se situe entre les β- et les γ-globulines, mais dont la constitution serait anormale. L'examen de la moelle osseuse montre un nombre élevé de cellules ressemblant aux lymphocytes et des plasmocytes. La *macroglobulinémie essentielle* est la maladie de Waldenström*.

MACROGLOSSE n. m. **1.** Petite chauve-souris à langue très allongée, qui se nourrit surtout du nectar des fleurs, en Asie du Sud et en Océanie. — **2.** Papillon du groupe des sphinx, trapu, gris, aux ailes roussâtres, qui aspire le nectar des fleurs avec sa longue trompe. (Syn. MOROSPHYNX.)

MACROGLOSSIE n. f. Augmentation du volume de la langue, d'origine congénitale.

MACROGNATHIE n. f. Développement exagéré des maxillaires, particulièrement du maxillaire inférieur.

MACROGRAPHE n. Technicien chargé des examens macrographiques.

MACROGRAPHIE n. f. Étude de la structure des métaux et alliages, à l'œil nu ou à la loupe, après traitement de la surface par un réactif.

MACROGRAPHIQUE adj. Qui relève de la macrographie.

MACRO-INSTRUCTION n. f. (pl. *macro-instructions*). En informatique, instruction complexe, définissant des opérations composées à partir des instructions du répertoire de base d'un ordinateur.

MACRO-ION n. m. (pl. *macro-ions*). Structure chargée résultant de l'ionisation de certains des groupes portés par une macromolécule.

MACRO-IONIQUE adj. (pl. *macro-ioniques*). Relatif aux macro-ions.

MACROLÉPIDOPTÈRE n. m. Papillon de taille moyenne ou grande. (Ce groupe n'a aucune valeur taxinomique.)

MACROLIDE n. m. Lactone macrocyclique.
◆ **macrolides** n. m. pl. Famille d'antibiotiques obtenus à partir de culture de différents streptomyces, actifs sur les germes Gram positif. (Les principaux macrolides sont l'érythromycine, la lincomycine, l'oléandomycine, la spiramycine, la midécamycine, la josamycine.)

MACROMÉLIE n. f. Développement exagéré d'un ou de plusieurs membres.

MACROMÈRE n. m. **1.** Cellule de grande taille, se formant au début du développement embryonnaire des animaux. — **2.** Monomère de masse molaire élevée.

MACROMOLÉCULAIRE adj. **1.** Relatif aux macromolécules. — **2.** *Chimie macromoléculaire,* partie de la chimie qui traite de la synthèse et des propriétés des macromolécules. ‖ *Matériau macromoléculaire,* matériau (plastiques, composites, etc.) associant une substance macromoléculaire à diverses autres substances (charges, adjuvants).

ENCYCL. Parmi les substances macromoléculaires (encore appelées polymères ou « hauts polymères »), on distingue les substances naturelles, organiques (cellulose, caoutchouc, etc.) ou minérales (silicates, sulfure de zinc, etc.), les substances artificielles obtenues par modification chimique des précédentes et les substances synthétiques (polymères obtenus par polymérisation ou polycondensation).
Ces substances sont caractérisées par la diversité des tailles des macromolécules qui les constituent (« polymolécularité ») et par la nature des liaisons qui relient entre elles les chaînes macromoléculaires. Les liaisons covalentes donnent à la substance un caractère *thermodurcissable* (une élévation de température augmente le nombre de liaisons), tandis que les liaisons du type hydrogène ou Van der Waals, plus fragiles, donnent un caractère *thermoplastique.* Un échantillon de polymère peut comporter des zones *cristallines,* où les macromolécules sont disposées de façon régulière, et des zones *amorphes,* où elles sont disposées de façon désordonnée.

MACROMOLÉCULE n. f. Molécule géante pouvant contenir plusieurs milliers, voire plusieurs centaines de milliers d'atomes.

ENCYCL. La notion de macromolécule a été introduite par H. Staudinger en 1922. Exception faite de leur taille, les macromolécules ont une structure semblable à celle d'une molécule organique classique, les atomes étant liés par covalence, liaison ionique ou de coordination. On distingue les *macromolécules linéaires,* dont l'enchaînement atomique se développe selon une direction préférentielle, avec d'éventuelles ramifications (la cellulose, le caoutchouc naturel, mais aussi le soufre fondu et certains silicones sont linéaires), *les macromolécules lamellaires,* dont les enchaînements se développent dans deux directions de l'espace (graphite, oxyde de plomb, kératine), et les *macromolécules tridimensionnelles,* dont la structure s'étend dans les trois dimensions de l'espace (sulfure de zinc, phénoplastes, résines glycérophtaliques). Ces structures ne sont pas forcément indépendantes : lors de la vulcanisation du caoutchouc naturel, les chaînes de polyisoprène sont réunies par des atomes de soufre, le caoutchouc passant ainsi de la structure linéaire à la structure tridimensionnelle.

MACROMUTATION n. f. Mutation affectant de larges portions d'un chromosome, responsable de certaines aberrations chromosomiques. (Par oppos. à MICROMUTATION.)

MACRON, peintre attique de vases à figures rouges (début du ve s. av. J.-C.), au trait souple et libre, qui se situe à la fin du style sévère.

MACRONUCLÉUS [-kleys] n. m. Le plus gros noyau des protozoaires ciliés, par oppos. avec le plus petit, ou *micronucléus.*

MACRO-ORDINATEUR n. m. Ordinateur universel de moyenne ou de grande puissance.

MACROPHAGE adj. et n. m. Se dit d'une cellule de grande dimension présente dans les tissus du système réticulo-endothélial, provenant des monocytes du sang, et intervenant dans les processus immunitaires à médiation cellulaire en phagocytant les antigènes particulaires.

MACROPHAGIQUE adj. Qui a une activité de phagocytose comparable à celle des macrophages.

MACROPHOTOGRAPHIE n. f. **1.** Image photographique de grande dimension. – **2.** Syn. usuel de PHOTOMACROGRAPHIE. (Abrév. fam. MACRO.)

MACROPODE n. m. Poisson (anabantidé) des eaux douces d'Indo-Malaisie et de Chine.
ENCYCL. Les macropodes construisent à l'époque de la reproduction un nid de bulles d'air, enrobées de mucus, sous lequel le mâle vient fixer les œufs fécondés. Il les entoure ensuite d'une seconde couche de bulles et surveille le nid jusqu'à l'éclosion.

MACROPODIDÉ n. m. Nom de famille attribué aux kangourous et aux marsupiaux voisins possédant de forts membres postérieurs (à 4 doigts), propres au déplacement par sauts, de petits membres antérieurs (à 5 doigts), une queue longue et musculeuse.

MACROPOROSITÉ n. f. État de surface d'un papier d'impression dont les pores sont relativement gros.

MACROPSIE n. f. Trouble de la vision consistant en l'exagération de la taille des objets ou des personnes perçues.

MACROSCÉLIDIDÉ n. m. (gr. *makroskelês,* aux longues jambes). Mammifère insectivore africain aux gros yeux, aux pattes arrière propres au saut, tel que le rat à trompe.

MACROSCOPE n. m. Appareil optique de faible grossissement, permettant d'examiner une pièce métallique.

MACROSCOPIE n. f. Examen d'un objet à l'œil nu ou à la loupe.

MACROSCOPIQUE adj. Qui se voit à l'œil nu.

MACROSÉISME n. m. Tremblement de terre sensible directement à l'homme.

MACROSIPHUM [-fɔm] n. m. Puceron très commun en France, nuisible à de nombreuses plantes de grande culture.

MACROSISMIQUE adj. Relatif à un macroséisme.

MACROSKÉLIE n. f. (gr. *makroskelês,* aux longues jambes). État des individus dont les membres inférieurs sont longs par rapport au tronc.

MACROSOCIOLOGIE n. f. Sociologie qui appréhende la société globalement.

MACROSOMIE n. f. Syn. de GIGANTISME.

MACROSPORANGE n. m. Sporange qui produit des macrospores.

MACROSPORE n. f. Grosse spore qui donne par germination un prothalle femelle portant des archégones.

MACROSTRUCTURE n. f. Ensemble des structures essentielles, des lignes principales de qqch (organisme, société, etc.).

MACROTHYLACEA n. m. (du gr. *thulakos,* sac). Nom générique du bombyx de la ronce, papillon lasiocampidé.

MACROTOME n. m. Grand coléoptère longicorne des régions chaudes. (Une espèce se rencontre en Provence et en Corse ; sa larve vit dans le chêne vert, le pin et le platane.)

MACROULE n. f. (du gr. *oulon,* gencive). Autre nom de la *foulque.*

MACROURE n. m. Crustacé décapode tel que l'écrevisse et le homard, à abdomen bien développé. (Les *macroures* constituaient un sous-ordre, auj. abandonné, placé à côté des crabes et des anomoures.)

MACTA (la), région marécageuse de l'Algérie occidentale. Elle fut le théâtre de combats entre Abd el-Kader et les Français (1835).

MACTAR, en lat. **Mactaris,** anc. ville de Tunisie centrale, profondément marquée par la culture punique, puis romanisée après la fin du Ier s. apr. J.-C. (Auj. *Maktar.*)

MACTRE n. f. (gr. *maktra,* mortier). Bivalve marin comestible, très commun sur les côtes françaises. (N. usuels *flie, fausse palourde, fausse praire.*)

MACULA n. f. (lat. *macula,* tache). Petite dépression, colorée en jaune, située sur la rétine, à l'endroit où l'axe optique aboutit au fond de l'œil. (Cette région, formée uniquement de cônes, correspond à la zone d'acuité visuelle maximale.) [Syn. TACHE JAUNE.]

MACULAGE n. m. Action de maculer ; fait d'être maculé.

MACULATURE n. f. (de *maculer*). **1.** Papier grossier servant à emballer les papiers en rames. – **2.** *Litt.* Tache, souillure.

MACULE n. f. (lat. *macula,* tache). **1.** Tache cutanée non perceptible au toucher, se traduisant par une simple modification de la coloration de la peau (érythème ou dyschromie). – **2.** Mauvaise feuille d'impression. – **3.** Papier d'emballage très ordinaire, à base de vieux papiers.

MACULER v. t. (lat. *maculare*) [conj. 3]. Couvrir qqch de taches : *Maculer sa copie de taches d'encre.* ◆ **être maculé** v. pass. *Tirage maculé,* impression défectueuse qui provoque des salissures.

MACULEUX, EUSE adj. (lat. *maculosus*). Qui a l'aspect d'une macule ou qui est caractérisé par la présence de macules.

MACUMBA [makumba] n. f. Culte proche du vaudou, pratiqué dans certaines régions du Brésil.

MACVIN → MACQUEVIN.

MĀDABĀ ou **MA'DABĀ,** v. de Jordanie, au S.-O. d'Ammān ; 50 300 hab. Centre commercial. Cette ville très ancienne appartint à Israël, au roi de Moab, aux Nabatéens et aux Romains. Vestiges paléochrétiens (mosaïques).

MADÁCH (Imre), poète et auteur dramatique hongrois (Alsósztregova 1823 - Balassagyarmat 1864), auteur du poème dramatique *la Tragédie de l'homme* (1861).

MADAGASCAR, État constitué par une grande île de l'océan Indien, séparée de l'Afrique par le canal de Mozambique ; 587 000 km² ; 15 240 000 hab. *(Malgaches).* CAP. *Antananarivo.* LANGUES : *malgache* et *français.* MONNAIE : *franc malgache.*

Géographie. L'île, plus vaste que la France, est longue de 1 600 km et large d'environ 500 km. Elle est parcourue par un ensemble de hautes terres qui s'élèvent abruptement au-dessus de la plaine orientale et s'abaissent plus doucement vers la côte ouest, où aboutissent les principaux fleuves. Le climat tropical se nuance en fonction de l'altitude et de la situation par rapport aux alizés : la côte est, au vent, est très arrosée et la côte ouest, sous le vent, l'est beaucoup moins. La population a été constituée par vagues successives (asiatique, africaine, arabe, chinoise) ; elle a un taux de croissance élevé, qui handicape le développement économique.
L'agriculture occupe environ 80 % des Malgaches, les terres cultivées ne représentant toutefois que 5 % de la superficie de l'île. Le riz, base de l'alimentation, vient en premier, mais sa production reste insuffisante. Parmi les cultures commerciales, le café fournit la moitié des exportations en valeur. Il est complété par les clous de girofle, la vanille et le cacao. Le troupeau bovin est important, mais doit être amélioré en qualité. La pêche se développe. Le pays dispose de quelques ressources minières, graphite, chromite, mica, uranium, et l'on prospecte les hydrocarbures. Le secteur industriel est très modeste. Le pays est fortement surendetté, le sous-emploi, important et le niveau de vie, très bas.

Histoire. La population de l'île est issue d'un mélange de Négro-Africains et de Polynésiens. Dès le XIIe s., des commerçants arabes s'installent sur les côtes de l'île.

1500 : Les Portugais sont les premiers Européens à découvrir l'île.

1643 : Fondation de Fort-Dauphin par les Français, qui l'abandonnent dès 1674.
L'île est alors divisée en royaumes à base tribale.

1787 : L'un d'eux, l'Imerina (capitale : Antananarivo), unifie l'île à son profit.

1817 : Les Britanniques confèrent à Radama Ier le titre de roi de Madagascar. Sous l'influence des missions catholiques et surtout protestantes, la christianisation et la scolarisation progressent.

1885 : Un traité impose le protectorat de la France.

1895-96 : Une expédition militaire aboutit à la déchéance de la reine Ranavalona III et à l'annexion de l'île par la France.

1896-1905 : Gallieni, gouverneur de l'île, travaille à sa pacification.

1947 : Violente rébellion malgache, durement réprimée par la France.

1960 : La République malgache, proclamée en 1958, obtient son indépendance.
Madagascar conserve avec la France des relations économiques et culturelles étroites, sous le gouvernement du président Philibert Tsiranana.

1972 : Tsiranana se retire à la suite de troubles importants.

1975 : Didier Ratsiraka devient président de la République démocratique de Madagascar.
Après l'échec d'une expérience socialiste de plus de dix ans, le régime est confronté à une opposition croissante. Ne pouvant juguler la crise, Ratsiraka doit accepter un compromis avec l'opposition à la fin de 1991.

1993 : Après l'adoption d'une nouvelle Constitution (1992), le leader de l'opposition, Albert Zafy, est élu président de la République.

MADAME n. f. (pl. *mesdames*) [de *ma* et *dame*]. **1.** Titre donné à toute femme mariée, ou qui l'a été, ou, dans les relations courantes, qui est en âge de l'être (avec majusc. [abrév. *Mme*] quand il est suivi du nom propre ; avec ou sans majusc. quand il n'est pas suivi du nom propre). — **2.** Titre donné à la maîtresse de maison par un domestique (avec majusc.) : *Madame est servie.* — **3.** Titre précédant la fonction d'une femme quand elle lui confère une autorité (avec majusc.) : *Madame la Présidente.* — **4.** *Fam.* Femme, dans le contexte de l'enfance (en ce sens le pl. est *madames*). — **5.** À partir du XVIIe s., titre des filles du roi de France et du Dauphin, et de la femme de Monsieur, frère du roi. — **6.** Titre donné aux religieuses dans certains ordres.

Madame Bovary, roman de Gustave Flaubert (1857). Fille d'un paysan aisé, Emma épouse un médecin médiocre, Charles Bovary. Romanesque et fière, elle cherche à échapper à la platitude de son existence en prenant des amants. Mais, couverte de dettes et désespérée, elle s'empoisonne. Flaubert donne une peinture réaliste de la bourgeoisie provinciale et forge une « épopée » de la médiocrité. La publication de son roman lui valut un célèbre procès.

Madame Butterfly, opéra en 3 actes de G. Puccini, sur un livret de Giacosa et Illica, d'après Belasco et J. Luther Long (Milan, 1904). La partition est célèbre par l'air *Sur la mer calmée.*

Madame Sans-Gêne, comédie en 3 actes et un prologue de V. Sardou et É. Moreau (1893), dont l'héroïne est la maréchale Lefebvre.

MADAME *(île),* îlot situé à l'embouchure de la Charente, dont il défendait l'entrée.

MADANG, port de la côte nord de la Papouasie-Nouvelle-Guinée, sur la baie de l'Astrolabe ; 27 057 hab.

MADAPOLAM [-lam] n. m. (de *Madapolam,* n. pr.). Tissu de coton blanc, à armure toile, à grain très marqué et fortement apprêté, qui tient le milieu entre le calicot et la percale.

MADAURE, en lat. **Madaurus** ou **Madaura,** anc. cité indigène, puis colonie romaine de Numidie (Iᵉʳ s. apr. J.-C.). Patrie d'Apulée. Ruines près de *M'Dawrouche* (Algérie).

MADDALENA *(archipel de la),* groupe d'îles italiennes, situé au N. de la Sardaigne, dans le détroit de Bonifacio ; 10 700 hab.

MADÉCASSE adj. *Vx.* Malgache.

MADE IN [mɛdin], express. angl. signif. *fabriqué en, à,* et qui, suivie du nom anglais d'un pays, indique l'origine d'un produit manufacturé.

MADEIRA, nom portugais de Madère.

MADEIRA (le), riv. d'Amérique du Sud, affl. de l'Amazone (r. dr.) ; 3 350 km env. Il est formé par des ríos descendus des Andes du Pérou (Madre de Dios) et de Bolivie (le Beni et le Mamoré).

1. MADELEINE n. f. (bas lat. *Magdalene,* n. de la pécheresse repentie). Fam. *Pleurer comme une Madeleine,* verser beaucoup de larmes.

2. MADELEINE n. f. (de *sainte Madeleine*). Nom commun à divers cépages *(madeleine angevine, madeleine blanche, madeleine de Jacques).*

3. MADELEINE n. f. (p.-ê. de *Madeleine* Paulmier, n. pr.). **1.** Petit gâteau en forme de coquille bombée, constitué d'une pâte à base d'œufs battus, de sucre, de farine, de beurre fondu, parfumée au citron ou à la fleur d'oranger. — **2.** *La madeleine de Proust,* objet, odeur, saveur, etc., qui fait surgir une série de souvenirs anciens.

MADELEINE (La) [59110], comm. du Nord, banlieue nord de Lille ; 21 788 hab. *(Madeleinois).* Industries textiles et chimiques.

MADELEINE (la), site préhistorique de la Dordogne (à Tursac), sur la rive droite de la Vézère, en amont des Eyzies. Ce site a donné son nom au magdalénien*, une des principales cultures du paléolithique supérieur.

MADELEINE *(îles de la),* archipel du golfe du Saint-Laurent, comté de la province du Québec (Canada) ; 228 km^2 ; 13 300 hab. *(Madelinots).* Ch-l. *Havre-Aubert.*

MADELEINE *(monts de la),* plateaux boisés du nord du Massif central, à l'O. de Roanne ; ils culminent à 1 165 m.

MADELEINE *(sainte)* → MARIE-MADELEINE.

Madeleine *(église de la),* à Paris, VIIIᵉ arrond. Entreprise en 1764 par Contant d'Ivry, elle resta inachevée de 1790 à 1806. Elle fut alors transformée par Vignon en temple grec corinthien, Napoléon voulant en faire un temple de la Gloire. L'édifice fut rendu au culte sous la Restauration.

MADELEINE-SOPHIE BARAT *(sainte),* religieuse française (Joigny 1779 - Paris 1865). Elle fonda en 1800 une congrégation enseignante, qui prit le nom de Dames du Sacré-Cœur. Canonisée en 1925.

MADELIN (Louis), historien français (Neufchâteau, Vosges, 1871 - Paris 1956). Après une thèse sur *Fouché* (1901), il publia de nombreux ouvrages historiques, dont une *Histoire du Consulat et de l'Empire* (1937-1954). [Acad. fr., 1927.]

Madelon *(la),* chanson créée au printemps de 1914 par Louis Bousquet, sur une marche de Camille Robert, et popularisée par les soldats français et alliés de la Première Guerre mondiale.

MADELONNETTE n. f. **1.** Religieuse placée sous le vocable de sainte Marie-Madeleine, et dont la congrégation était destinée à recueillir les filles repenties. — **2.** Femme de mauvaise vie qui était cloîtrée dans un couvent consacré à sainte Madeleine.

MADEMOISELLE n. f. (pl. *mesdemoiselles*) [de *ma* et *demoiselle*]. **1.** Titre donné à une jeune fille ou à une femme non mariée. (S'écrit avec majusc. [abrév. *Mˡˡᵉ*] quand il est suivi du nom propre.) — **2.** Titre donné à la fille du maître et de la maîtresse de maison par un domestique (avec majusc.) : *Mademoiselle dînera-t-elle ce soir ?* — **3.** Titre donné autref. à une institutrice, une gouvernante, etc. — **4.** Titre porté par certaines princesses, en partic., à partir du XVIIᵉ s., par la fille aînée du frère du roi de France (avec majusc.).

Mademoiselle Julie, drame d'August Strindberg (1888). La fière Mˡˡᵉ Julie devient la maîtresse d'un valet qui abuse ensuite de l'ascendant pris sur elle. Elle se tue. — Alf Sjöberg a réalisé une adaptation filmée de la pièce en 1950.

Mademoiselle de Maupin, roman de Th. Gautier (1835) : les aventures d'une jeune femme travestie en homme. Le roman fait date par son plaidoyer pour le romantisme et la gratuité de l'art.

MADÈRE n. m. (de *Madère,* n. pr.). **1.** Vin produit dans l'île de Madère, muté à l'alcool, dont il existe divers types, du très sec au très doux, et que l'on fait vieillir dans des celliers où règne une haute température. — **2.** *Sauce madère,* sauce demi-glace réduite avec vin de Madère.

MADÈRE en port. **Madeira** (« Île du bois »), principale île d'un petit archipel volcanique du même nom, de l'océan Atlantique ; 740 km^2 ; 258 000 hab. Cap. *Funchal.* Territoire autonome rattaché au Portugal, l'île, montagneuse, culmine à 1 861 m. Grâce à un climat très doux, elle produit du vin, du sucre de canne et des bananes. Le tourisme fournit d'importantes ressources, de même que les envois des émigrés.
— **Hist.** Occupée par les Portugais dès 1419, l'île fut très prospère jusqu'au XVIe s.

MADÉRISATION n. f. Oxydation des vins blancs et rosés, donnant un goût de madère et une couleur particulière (ambrée pour les blancs, tuilée pour les rosés).

MADÉRISER (SE) v. pr., **ÊTRE MADÉRISÉ** v. pass. (de *madère*) [conj. 3]. En parlant d'un vin, avoir subi la madérisation.

MADERNA (Bruno), compositeur et chef d'orchestre italien (Venise 1920 - Darmstadt 1973). En 1955, il fonda avec L. Berio le studio de phonologie de la RAI à Milan et fut nommé en 1971 à la tête de l'orchestre de la RAI à Milan. Il a joué un rôle essentiel dans la naissance de l'avant-garde italienne après la Seconde Guerre mondiale en exploitant les techniques sérielles. Sa première phase créatrice est celle des expériences instrumentales et électroacoustiques. *Honyrêves* pour flûte et piano (1961) représente sans doute la poussée la plus extrême vers le « modernisme ». Pendant les années 60, sous le signe d'une extraordinaire veine lyrique et de la violence expressionniste, Maderna crée de grands ouvrages relevant du théâtre ou de la musique instrumentale : opéra radiophonique *Don Perlimplin,* d'après F. García Lorca (1962), et *Hyperion,* œuvre lyrique en forme de spectacle, d'après Hölderlin (1964). Avec *Quadrivium* pour orchestre (1969) s'ouvre la série des ultimes pages symphoniques : *Grande Aulodia* pour flûte, hautbois et orchestre (1970), *Ausstrahlung* avec voix de femme (1971), *Aura Biogramma* (1972), troisième concerto pour hautbois (1973). De la même époque datent aussi un concerto pour violon (1969) et *Satyricon,* opéra en un acte d'après Pétrone (1973).

MADERNO (Carlo), architecte italien d'origine suisse (Capolago, Tessin, 1556 - Rome 1629), élève et collaborateur, à Rome, de son oncle D. Fontana. Chargé par Paul V d'achever la basilique St-Pierre, il lui a donné son plan en croix latine en ajoutant deux travées à la nef (1607-1612). Il a construit d'autres églises romaines, qui rompent avec le maniérisme par leur style dynamique et lumineux (S. Susanna, terminée en 1603).

MADERO (Francisco Indalecio), homme d'État mexicain (San Pedro de las Colonias 1873 - Mexico 1913). Démocrate convaincu, il prit en 1910 la tête du mouvement d'opposition au dictateur Porfirio Díaz. Élu président de la République (1911), il fut renversé par le colonel Huerta, qui le fit assassiner.

MADHYA PRADESH, État de l'Inde, dans le nord du Deccan ; 443 000 km^2 ; 66 135 862 hab. Cap. *Bhopāl.* En partie forestier, c'est l'État le plus étendu de l'Inde. Il est rural à 80 % (céréales, oléagineux, coton, canne à sucre), mais dispose d'importantes ressources minières (manganèse, charbon, fer, bauxite), utilisées par l'industrie (métallurgie, matériel électrique, papeterie) des grandes villes (Gwālior, Indore, Jabalpur).

MADIAN, fils d'Abraham et de sa servante Cétura, ancêtre des Madianites selon la Genèse.

MADIANITES, confédération de tribus nomades d'origine arabe qui, installée dans la péninsule du Sinaï, eut maille à partir avec les Hébreux au temps des Juges.

MADICOLE adj. Se dit de la faune et de la flore des parois rocheuses couvertes d'une simple lame d'eau courante (voisinage des sources, cascades et torrents).

MADĪNA (al-) → MÉDINE.

MADĪNAT AL-FAYYŪM → MÉDINET EL-FAYOUM.

MADĪNAT AL-ZAHRĀ' → MEDINA AZARA.

MADINE *(étang* ou *lac de),* vaste plan d'eau (env. 1 100 ha) du dép. de la Meuse, à l'E. de Saint-Mihiel, dans le parc naturel régional de Lorraine.

MADIRAN n. m. (de *Madiran,* n. pr.). Vin rouge du Sud-Ouest produit au nord-est de Pau et au nord-ouest de Tarbes.

MADIS, population nilo-charienne située au sud du Soudan et au nord de l'Ouganda, rassemblant environ 100 000 membres.

MADISON [madisɔn] n. m. Danse d'origine nord-américaine, apparue vers 1962, dont le rythme se situe entre le rock et le fox-trot.

MADISON, v. des États-Unis, cap. du Wisconsin ; 191 262 hab. Marché agricole et centre industriel. Collèges universitaires.

MADISON (James), homme d'État américain (Montpelier, Port Conway, Virginie, 1751 - *id.* 1836). Il dirigea les travaux de la Constitution lors de la Convention de Philadelphie (1787). Député (1789-1797), fondateur, avec Jefferson, du parti républicain, il fut président des États-Unis (1809-1817), et déclara la guerre à l'Angleterre (1812-1818).

MADIUN, v. d'Indonésie, au centre de l'île de Java ; 165 000 hab. Ateliers de chemin de fer. Filatures de coton. Café. Fabrique de cigarettes.

MADJLIS ou **MAJLIS** n. m. (ar. *madjlis*). Assemblée législative, dans les pays islamiques.

MÄDLER (Johann Heinrich), astronome allemand (Berlin 1794 - Hanovre 1874). Il dressa la première carte de la surface de Mars, mais on lui doit surtout une grande carte de la Lune (1834-1836) et un ouvrage de sélénographie (1837).

MADONE [madɔn] n. f. (ital. *madonna,* de *ma donna,* ma dame). **1.** En Italie et en Espagne, statuette de la Vierge, placée dans une niche, sur une voie publique. — **2.** Représentation de la Vierge. — **3.** La Vierge Marie (avec une majusc.). — **4.** *Visage, coiffure de madone,* pareils à ceux que les peintres donnent à leurs madones.

MADONIE *(monts),* massif calcaire d'Italie, dans le nord de la Sicile et culminant à 1 979 m.

MADONNA DI CAMPIGLIO, station estivale et de sports d'hiver (alt. 1 522-2 520 m) d'Italie (Trentin-Haut-Adige), au N.-O. de Trente.

MADOURAIS → MADURAIS.

MADRAGUE n. f. (provenç. *madraga,* de l'ar. *madraba*). Dispositif de pêche fixe pour la capture des thons, formé de filets et de pieux dans lesquels les poissons sont conduits jusqu'à un enclos où on les prend en relevant un filet qui en forme le fond.

MADRAS [madrɑs] n. m. (de *Madras,* n. pr.). Étoffe de soie et coton de couleurs vives, initialement fabriquée à Madras, et très prisée, en partic. par les Antillaises.

MADRAS, v. de l'Inde, cap. du Tamil Nadu, sur la côte de Coromandel ; 5 361 468 hab. Port très ancien, ville tamoule (75 % de la population) avec de fortes minorités musulmane et chrétienne, Madras est à dominante tertiaire (administration, commerce, université). L'industrie juxtapose activités traditionnelles (cuir, habillement) et modernes (matériel ferroviaire et automobile ; raffinerie de pétrole et chimie ; studios de cinéma, etc.).
— **Hist.** Comptoir de la Compagnie anglaise des Indes orientales (1639), élevée au rang de présidence (1652), Madras demeura le centre administratif de l'Inde du Sud pendant toute la période britannique.

MADRAS *(État de),* anc. nom du Tamil Nadu.

MADRASA n. f. inv. (ar. *madrasa*). **1.** Établissement islamique d'enseignement sunnite (orthodoxe, traditionaliste). — **2.** Tout édifice musulman destiné aux sciences. (Au Maghreb, on dit *medersa ;* dans le monde turc, *medrese.*)
ENCYCL. L'institution est sans doute originaire du Khorāsān, où le type architectural du mouvement a été fixé, pour se répandre dans tout l'Empire seldjoukide et connaître ensuite une grande popularité dans les pays sunnites jusqu'au Maroc. Les premières madrasa furent édifiées selon le plan cruciforme à quatre īwān (les quatre bras de la croix correspondant aux quatre rites). Ultérieurement, taille et nombre d'īwān sont réduits, et la cour est couverte par une coupole (Maghreb, Égypte, Turquie). Autour de la cour, sur un ou deux étages, s'ouvrent les cellules des étudiants. Les annexes comprennent une mosquée et parfois un mausolée, donnant à la madrasa un caractère funéraire, ainsi que des minarets. Parmi les plus célèbres, citons : Sultan Ḥasan au Caire, et Bū'Ināniyya à Fès.

MADRE *(sierras),* noms donnés aux principales chaînes montagneuses du Mexique. La sierra Madre orientale et la sierra Madre occidentale encadrent le plateau central mexicain de la frontière américaine à la latitude de Puebla. Au S., dominant le Pacifique, s'étendent des régions montagneuses formant la sierra Madre du Sud.

MADRÉ, E adj. (anc. fr. *madre,* du frq. **maser,* excroissance rugueuse de l'érable). Se dit de certains bois, employés en ébénisterie et tabletterie, aux fibres irrégulièrement enchevêtrées. (Syn. RONCEUX.)
◆ adj. et n. *Litt.* Qui est rusé sous des dehors bonhommes.

MADRE DE DIOS, riv. du sud-est du Pérou et de la Bolivie, affl. du río Beni (r. g.) ; 1 100 km.

MADRÉPORAIRE n. m. (de *madrépore*). Cnidaire solitaire ou colonial hexacoralliaire sécrétant des polypiers calcaires généralement massifs (récifs, atolls). [N. usuel *coraux.*]

MADRÉPORE n. m. (ital. *madrepora,* pore mère). Genre principal du groupe des madréporaires.

MADRÉPORIQUE adj. *Plaque madréporique,* plaque de l'appareil apical des oursins, qui sert de crible pour l'eau entrant dans le canal du sable.

MADRID, cap. de l'Espagne et de la *communauté autonome de Madrid* (8 028 km² ; 4 935 642 hab.), en Castille, au pied de la sierra de Guadarrama ; 3 010 492 hab. *(Madrilènes).*
— **Géogr.** Centre d'une aire métropolitaine (1 727 km² et 22 communes), la ville est d'abord un centre tertiaire important : administration, commerce, université, banques, tourisme. Les industries, récemment développées, sont localisées surtout dans les banlieues (métallurgie, constructions mécaniques et électriques, textile, chimie).

— **Hist.** Forteresse arabe *(Madjrīt),* la ville fut occupée par Alphonse VI en 1083. Sa position centrale favorisa les séjours de la cour et Philippe II en fit la capitale du royaume en 1561. Les Habsbourg et les Bourbons développèrent la ville, qui, en 1808, fut le point de départ de l'insurrection contre les Français. Dès le début de la guerre civile de 1936-1939, la ville, défendue par les républicains du général Miaja, fut l'objet de violents combats. Madrid ne se rendit que le 28 mars 1939. (→ *guerre civile d'*ESPAGNE.)
— **Bx-arts.** Rares sont les monuments antérieurs à 1561 (Capilla del Obispo, 1520). Sous les Habsbourg, la ville se couvre de couvents (Descalzas Reales, la Encarnación), la Plaza Mayor (1617, par J. Gómez de Mora) demeurant la meilleure réalisation civile depuis la disparition quasi totale du palais du Buen Retiro. Du temps des Bourbons subsistent le pont de Tolède (1719) et l'Hospicio S. Fernando (1722, auj. Musée municipal) dus à P. de Ribera, le palais royal de Philippe V (1738), œuvre des Italiens Juvara et G. B. Sacchetti (décors de Tiepolo), et, datant de Charles III, les allées du Prado, la Puerta de Alcalá (1764-1788), la chapelle de S. Antonio de la Florida (1797, fresques de Goya). Riches musées : Prado*, musée Lázaro Galdiano (beaux-arts et arts décoratifs), Musée archéologique national, musée de l'Académie des beaux-arts de San Fernando (Zurbarán, Goya...), musée Cerralbo, Centre Reina Sofía (art moderne), collection Thyssen (peintures du XIVe au XXe s., dans le palais de Villahermosa, dépendance du Prado), etc.

Madrid *(traité de)* [14 janv. 1526], traité conclu entre Charles Quint et François Ier, par lequel ce dernier renonçait à l'Italie en échange de sa libération.

MADRID HURTADO (Miguel De La) → DE LA MADRID HURTADO.

MADRIER n. m. (anc. provenç. *madier,* couvercle de pétrin, du lat. pop. **materium,* du lat. class. *materia,* bois de construction). Pièce de bois d'essence résineuse, de forte section (75 × 200 mm, ou 75 × 225 mm, ou 100 × 225 mm).

MADRIGAL n. m. (ital. *madrigale*). **1.** Petite pièce en vers exprimant une pensée fine, tendre ou galante. — **2.** *Litt.* Compliment d'une galanterie affectée. — **3.** Genre poético-musical, polyphonique ou monodique, pour voix, avec ou sans accompagnement instrumental. (→ *encycl.*)
ENCYCL. **Mus.** Les premiers *madrigaux italiens* datent du début du XIVe s. Les principaux représentants en sont Jacopo da Bologna et Francesco Landino. Les textes se composent de vers amoureux, satiriques, ou politiques. Le madrigal du XVIe s., sans rapport avec le précédent, tire son origine de la *frottola.* Le poème en est libre et la musique polyphonique. Il est représenté par Philippe Verdelot, Constanzo Festa, Arcadelt et Willaert. Le madrigal classique (1550-1580) devient de plus en plus expressif avec Cyprien de Rore, Roland de Lassus, Philippus de Monte, Palestrina. Le madrigal de la dernière période (1580-1620) devient, avec Luca Marenzio, Gesualdo et Monteverdi, un poème musical où se rencontrent toutes les audaces. Parallèlement se développent le *madrigal spirituel* sur texte sacré et le *madrigal dramatique,* qui s'épanouit avec O. Vecchi et A. Banchieri. Les Allemands ont écrit des madrigaux (H. Schütz, L. Hassler), de même que les Néerlandais (J. S. Sweelinck) et les Espagnols (Pedro Guerrero, Juan Brudieu).
Les principaux maîtres du *madrigal anglais* sont ceux de l'école élisabéthaine et leurs successeurs : W. Byrd, Th. Morley, J. Wilbye, T. Weelkes, O. Gibbons, G. Farnaby, T. Tomkins.

MADRIGALESQUE adj. Propre au madrigal.

MADRIGALISME n. m. Élément stylistique (formule mélodique ou rythmique) propre au madrigal.

MADRIGALISTE n. Auteur de madrigaux.

MADRILÈNE adj. et n. De Madrid.

MADRURE n. f. (de *madre*). Enchevêtrement des fibres et des vaisseaux du bois observé dans les zones d'intense bourgeonnement ou au niveau des loupes. (La madrure donne au bois un aspect qui le fait rechercher pour les placages.)

MADURA, île d'Indonésie, séparée de Java par un détroit de 3 km de long ; 5 290 km^2 ; env. 3 millions d'hab. V. princ. *Sumenep.* C'est une île basse, dominée au N. par un massif volcanique. Les rendements agricoles y sont faibles, et elle entretient une émigration permanente vers les régions orientales de Java.

Madura *(pied de),* mycétome localisé aux tissus sous-cutanés du pied, qu'il déforme, et qu'on rencontre dans les régions tropicales.

MADURAI, MADURĀ ou **MATHURAI,** v. de l'Inde (Tamil Nadu) ; 1 093 702 hab. Artisanat et industries textiles. Manufacture de tabac. Sucrerie. Collèges universitaires.
— **Hist.** et **Bx-arts.** C'est l'anc. cap. des Pāndya, évincés par les Nāyak (v. 1525-1736), qui ont laissé de splendides édifices dont le grand temple de Mīṇākṣī (v. 1600), aux multiples enceintes rythmées de gopura monumentaux.

MADURAIS ou **MADOURAIS** n. m. Langue indonésienne, parlée par 7,7 millions de locuteurs à Madura et dans l'est de Java.

MAEBASHI, v. du Japon, au centre de Honshū, ch.-l. de la préfecture de Gumma ; 286 261 hab. Centre de la soierie. Constructions électriques.

Maeght *(fondation)*, établissement créé en 1964 à Saint-Paul-de-Vence par Aimé Maeght (1906-1981) et sa femme Marguerite, propriétaires d'une galerie d'art parisienne. Bâtiments de J. L. Sert, largement ouverts sur les jardins. Importante collection de peintures et de sculptures du XXe s. (Braque, Chagall, Miró, Kandinsky, Giacometti, Calder, etc.).

MAEKAWA KUNIO, architecte japonais (Niigata 1905 - Tōkyō 1986). Ancien collaborateur de Le Corbusier, d'abord fonctionnaliste strict (Centre culturel de Tōkyō, 1955), il a ensuite retrouvé la valeur expressive des motifs traditionnels de son pays (palais des Festivals, Tōkyō, 1961) et a fait largement école.

MAËL-CARHAIX (22340), ch.-l. de cant. des Côtes-d'Armor, à 11 km au N.-O. de Rostrenen ; 1 637 hab.

MAELSTRÖM [malstrɔm] ou **MALSTROM** n. m. (mot néerl, de *malen,* broyer, et *strom,* courant). **1.** Courant tourbillonnant des côtes de Norvège (îles Lofoten), produit par l'accélération de la marée et le déferlement des fortes houles entre l'îlot Mosken et la pointe sud de l'île Moskensöya. — **2.** *Litt.* Mouvement impétueux : *Le maelström de la révolution.*

MAELZEL ou **MÄLZEL** (Johann Nepomuk), mécanicien autrichien (Ratisbonne 1772 - en mer, au large du Panamá, 1838). Il prit, en 1816, un brevet pour la construction du métronome, dont le principe était dû à Winkel.

MAE NAM CHAO PHRAYA → MÉNAM CHAO PHRAYA.

MAËRL [maɛrl] ou **MERL** n. m. (mot breton, de l'anc. fr. *marle,* marne). Sable calcaire des estuaires de Bretagne, formé des débris d'une algue rouge (lithothamnium) et utilisé comme amendement calcique.

MAES (Nicolaes), peintre hollandais (Dordrecht 1634 - Amsterdam 1693). Élève de Rembrandt, il a donné des scènes intimistes dans l'esprit de celui-ci (*la Fileuse,* Amsterdam), des portraits élégants, etc.

MAESTÀ [mae-] n. f. inv. (ital. *maestà,* majesté). Peinture italienne médiévale représentant une Vierge en majesté, portant l'Enfant. (Parmi les plus célèbres, celle de Duccio, à Sienne.)

MAESTOSO [mae-] adv. (ital. *maestoso,* majestueux). Terme d'exécution musicale exigeant un caractère solennel *(allegro maestoso).*

MAESTRA *(sierra),* chaîne montagneuse de l'extrémité sud-est de Cuba, culminant au pic Turquino (1 974 m). Fidel Castro s'y réfugia et en fit la base de départ de l'offensive qui lui permit de défaire les forces de Batista.

MAESTRIA [mae-] n. f. (ital. *maestria*). Aisance, perfection dans l'exécution d'une œuvre d'art, dans la réalisation de qqch ; brio, virtuosité : *La maestria d'un chef d'orchestre. Conduire avec maestria.*

MAËSTRICHT → MAASTRICHT.

MAËSTRICHTIEN [mae-] n. m. (de *Maastricht*). Étage du système crétacé.

MAESTRO [mae-] n. m. (ital. *maestro,* maître, du lat. *magister*). **1.** Nom donné à un chef d'orchestre ou à un grand compositeur. — **2.** *Fam.* Nom donné à qqn de très habile dans son métier.

MAETERLINCK (Maurice), écrivain belge d'expression française (Gand 1862 - Nice 1949). Il débute par des poésies symbolistes (*les Serres chaudes,* 1889), suivies en 1896 par un recueil de même inspiration *(Douze Chansons).* Sous le signe du même idéal littéraire, il évoque dans son théâtre (*la Princesse Maleine,* 1889 ; *Pelléas* et Mélisande,* 1892) des états d'âme mystérieux, en proie à la hantise de forces obscures et malveillantes. Des pièces d'une conception plus claire (*Monna Vanna,* 1902), au climat féerique (*l'Oiseau bleu,* 1909), leur succèdent. Dans ses essais, il se penche sur la vie de la nature (*la Vie des abeilles,* 1901 ; *la Vie des fourmis,* 1930), se montrant de plus en plus préoccupé par les problèmes métaphysiques. (Prix Nobel 1911.)

MAFFEI (Scipione), écrivain italien (Vérone 1675 - *id.* 1755). Critique et érudit célèbre, il est l'auteur de la tragédie de *Mérope* (1713) dont Voltaire s'inspirera.

MAFFLU, E adj. (anc. fr. *mafler,* manger beaucoup, du néerl. *maffelen,* mâchonner). *Vx.* Aux grosses joues : *Visage mafflu.*

MAFIA ou **MAFFIA** n. f. (de *Mafia,* n. pr.). **1.** Bande ou association secrète de malfaiteurs. — **2.** *Fam.* Groupe occulte de personnes qui se soutiennent dans leurs intérêts par toutes sortes de moyens : *Cette profession est une mafia.*

Mafia (la), réseau d'associations secrètes siciliennes résolues à assurer la justice par elles-mêmes et à empêcher ainsi l'exercice de la justice officielle. La Mafia se développa dans les années 1820-1848, sous l'impulsion des grands propriétaires terriens qui défendaient ainsi leurs intérêts contre la petite paysannerie. Le foyer principal en était Palerme. Au XXe s. la Mafia gagna d'autres villes et s'orienta vers le contrôle de diverses activités illicites, en liaison avec sa branche américaine, la *Cosa Nostra.*

MAFIA, île corallienne au large des côtes de Tanzanie, au S. de Zanzibar ; 440 km² ; 16 800 hab.

MAFIEUX, EUSE ou **MAFFIEUX, EUSE** adj. et n. De la Mafia.

MAFIOSO ou **MAFFIOSO** [-zo] n. m. (pl. *maf-[f]iosi*). Malfaiteur membre de la Mafia.

MAFIOTER ou **MAFFIOTER** v. i. *Pop.* User de procédés douteux pour obtenir qqch ; magouiller.

MAFIQUE adj. (de *magnésium* et *fer*). Se dit d'une roche ou d'un minéral riche en fer et en magnésium.

MAFRA, v. du Portugal, dans les collines de l'Estrémadure méridionale (distr. de Lisbonne) ; 6 600 hab. Énorme palais-monastère construit de 1717 à 1730, sous le règne de Jean V, pour rivaliser avec l'Escorial.

MAGA (Hubert), homme d'État béninois (Parakou 1916). Premier président de la République indépendante du Dahomey (auj. Bénin) [1960-1963], il fut de nouveau chef de l'État de 1970 à 1972.

MAGADAN, port de Russie, en Extrême-Orient, sur la mer d'Okhotsk ; 152 000 hab. Chantiers navals. Traitement du poisson et des crustacés. Centres de recherches (géologie) et base pour l'exploitation aurifère dans la Kolyma.

MAGADHA, l'un des quatre principaux royaumes de l'Inde au temps du Bouddha et du Mahāvīra, vers le confluent du Gange et du Son (Bihār). Ce fut le berceau du bouddhisme et du jaïnisme ; il eut pour capitales : Rājagriha, puis, v. 320 av. J.-C., Pāṭaliputra.

MĀGADHĪ n. m. Prākrit voisin du mahārāshtrī, et dont sont issus le bihārī, l'oriyā, le bengalī et l'assamais.

MAGADI, lac du Kenya, au S.-O. de Nairobi ; 104 km². Liaison ferroviaire avec la ligne de Nairobi. Extraction de carbonate de soude.

MAGARS, population tibéto-birmane du Népal (env. 330 000 membres).

MAGAS (v. 330 - 250 av. J.-C.), roi de Cyrène. Beau-fils de Ptolémée Ier Sôtêr, qui le chargea de gouverner la Cyrénaïque (308), il devint roi en 275.

MAGASIN n. m. (ar. *makhāzin,* pl. de *makhzan,* dépôt, par l'intermédiaire du provenç.). **1.** Local pour recevoir et conserver des marchandises, des provisions. — **2.** Établissement de commerce plus ou moins important, où l'on vend des marchandises en gros ou au détail. — **3.** *Grand magasin,* entreprise de vente au détail, proposant sur une grande surface, généralement en étages et dans le centre-ville, un large assortiment de marchandises. (→ *encycl.*) — **4.** *Litt.* Lieu renfermant des choses diverses, en grande quantité : *Un magasin d'idées, d'images.* — **5.** Cavité destinée, dans les armes à répétition, à recevoir un certain nombre de cartouches qui seront introduites successivement dans la chambre. — **6.** Contenant en métal ou en matière plastique, hermétique à la lumière, recevant le film d'un appareil photo ou d'une caméra. — **7.** Autref., navire de charge portant les approvisionnements d'une escadre. — **8.** Sur un navire de guerre, local renfermant ce qui est nécessaire à l'entretien du bâtiment. — **9.** Bâtiment dans lequel sont entreposés les approvisionnements de toute nature destinés aux besoins des armées. — **10.** Lieu d'un théâtre où l'on entrepose les décors et les costumes. — **11.** *Magasin collectif (de commerçants indépendants),* réunion de commerçants dans une même enceinte, sous une même dénomination, pour exploiter selon des règles communes leur fonds de commerce sans en aliéner la propriété et en bénéficiant de services communs. ‖ *Magasin général,* établissement exploité par des personnes de droit privé, qui met à la disposition du public des locaux destinés à recevoir des marchandises en vue de constituer une garantie à un prêt. ‖ *Magasin populaire,* commerce offrant un assortiment restreint d'articles de grande consommation, avec des méthodes de vente simplifiées, mais maintenant un personnel de vente dans chaque rayon. ‖ *Magasin d'usine,* grande surface commerciale où se regroupent des fabricants qui vendent des produits à des prix particulièrement avantageux. (Syn. USINE CENTER.)

ENCYCL. **Écon.** L'initiateur des *grands magasins* fut le Français Aristide Boucicaut, qui exploita son magasin, *Au Bon Marché,* avec des méthodes commerciales révolutionnaires : bénéfice brut réduit, renouvellement rapide des stocks, indication visible des prix, absence de marchandage, entrée libre, attribution à chaque spécialité d'un rayon séparé.

1. MAGASINAGE n. m. (de *magasin*). **1.** Action de mettre ou de conserver en magasin. — **2.** Ensemble des activités qui, dans une entreprise, concernent le stockage et le contrôle des mouvements affectant les stocks.

2. MAGASINAGE n. m. (de *magasiner*). Au Québec, action de faire des courses ; shopping.

MAGASINER v. i. (calque de l'angl. *to shop*) [conj. 3]. Au Québec, faire des courses, du shopping dans les magasins.

MAGASINIER, ÈRE n. Employé(e) assurant le stockage et la distribution de matières, de produits ou de pièces.

◆ **magasinier** n. m. Syn. de GARDE-MAGASIN.

MAGAZINE n. m. (angl. *magazine,* du fr. *magasin*). **1.** Publication périodique, le plus souvent illustrée, qui traite des sujets les plus divers. — **2.** Émission de radio, de télévision traitant régulièrement de sujets appartenant à un même domaine de connaissances : *Magazine littéraire.* — **3.** *Page magazine,* page intérieure d'un journal, dont le contenu spécialisé a une périodicité régulière.

Magdala *(rose de),* colorant du groupe des safranines, employé pour teindre la soie en rose violacé.

MAGDALENA, fl. de Colombie, né dans la Cordillère centrale, qui se jette dans la mer des Antilles et dont le tracé S.-N. a fixé une vieille voie de pénétration dans les chaînes andines ; 1 550 km env. (bassin de 266 000 km^2). Les navires de mer le remontent jusqu'à Barranquilla.

MAGDALÉNIEN n. m. (de *la Madeleine,* n. pr.). Culture de la fin du paléolithique supérieur, comprise entre – 14000 et – 9500, à la fin de la glaciation du würm.
ENCYCL. L'outillage lithique (grattoirs, burins et microlithes) est associé à une abondante industrie osseuse (sagaies, harpons, aiguilles à chas, propulseurs, etc.). Cette période correspond à l'épanouissement de la sculpture et de la gravure sur os et ivoire et à celui de l'art pariétal (Altamira, Font-de-Gaume, Niaux, Lascaux, etc.).

MAGDEBURG, en fr. **Magdebourg,** v. d'Allemagne, cap. du Land de Saxe-Anhalt ; 271 416 hab. Port fluvial sur l'Elbe et le Mittellandkanal, centre industriel (métallurgie, machines-outils, chimie, matériaux de construction, alimentation). Enseignement supérieur technique.
— **Hist.** Mentionnée dès 805 comme colonie de marchands commerçant avec les Wendes, la ville fut le siège d'un archevêché dès 968. Grand foyer commercial, elle appartint à la Hanse (XIIIe s.). Le droit municipal de Magdeburg fut adopté par beaucoup de villes. Acquise à la Réforme (1524), la ville fut, pendant la guerre de Trente Ans, détruite par Tilly (1631). Elle fut attribuée au Brandebourg en 1648 et devint en 1815 la capitale de la province prussienne de Saxe.
— **Bx-arts.** La cathédrale, des XIIIe et XIVe s., est le premier grand monument construit en Allemagne d'après les modèles gothiques français (importantes sculptures). Ancienne abbaye Notre-Dame (église des XIe-XIIe s., voûtée d'ogives au XIIIe).

MAGDELEINE *(grotte de la),* grotte située à Penne (Tarn), qui contenait des sculptures en bas relief (magdalénien moyen).

1. MAGE n. m. (lat. *magus,* du gr. *magos*). **1.** Prêtre de la religion de Zarathustra, chez les Mèdes et les Perses. (Dans le monde gréco-romain, on leur attribuait la science de l'astrologie.) — **2.** *Les Rois mages,* sages d'Orient qui vinrent, guidés par une étoile, rendre hommage à Jésus à Bethléem. (La tradition, très postérieure aux Évangiles, en fit trois rois d'Arabie, Gaspar, Melchior et Balthazar, apportant en présents l'or, l'encens et la myrrhe.) — **3.** Personne qui pratique la magie.

2. MAGE ou **MAJE** adj. (anc. provenç. *majer,* du lat. *major,* plus grand). *Juge mage,* lieutenant du sénéchal, dans certaines provinces de la France d'Ancien Régime.

MAGELANG, v. d'Indonésie, dans le centre de Java ; 110 300 hab. Centre commercial.

MAGELLAN *(détroit de),* détroit de 550 km reliant l'Atlantique et le Pacifique, entre l'Amérique du Sud et les îles (dont la Terre de Feu) qui en prolongent la pointe méridionale. Seul port important, Punta Arenas.

MAGELLAN (Fernand DE), en port. **Fernão de Magalhães,** navigateur portugais (Sabrosa, Trás-os-Montes, 1480 - îlot de Mactan, près de l'île de Cebu, Philippines, 1521). De petite noblesse, il accompagne F. de Almeida en Afrique et en Inde (1505). Puis, avec le cosmographe Ruy Faleiro, il projette d'atteindre les Moluques par la voie de l'Ouest, en contournant l'Amérique (1512). Les deux hommes pensent que les Moluques dépendent de l'Espagne et non du Portugal, et s'adressent au futur Charles Quint, qui finance l'expédition (5 navires, 265 hommes). Comprenant l'historiographe italien Antonio Pigafetta, celle-ci part de Sanlúcar le 20 sept. 1519. En nov. 1520, elle traverse le détroit auquel le nom du découvreur sera donné plus tard. Trois navires seulement parviennent aux Mariannes et aux Philippines. Le 27 avr. 1521, Magellan est tué dans un combat dans l'île de Mactan, en face de Cebu. Le Basque Juan Sebastián Elcano prend le commandement et parvient aux Moluques avec deux navires en nov. 1521. Un seul, le *Victoria,* assurera le retour en Espagne, en contournant l'Afrique. Il parviendra à Sanlúcar le 6 sept. 1522, avec 18 survivants, ayant réalisé le premier tour du monde.

Magellan *(Nuages de),* nom donné à deux petites galaxies visibles à l'œil nu dans le ciel austral, remarquées pour la première fois par Magellan en 1519. Ce sont les galaxies les plus proches de la nôtre. On distingue le *Grand Nuage de Magellan,* situé à 170 000 al environ, et le *Petit Nuage de Magellan,* situé à 200 000 al.

MAGENDIE (François), physiologiste et neurologue français (Bordeaux 1783 - Sannois, Val-d'Oise, 1855). Il donna la première démonstration expérimentale de la distinction entre racines motrices et racines sensitives des nerfs rachidiens.

Magendie *(trou de),* trou perforant la partie inférieure du toit du 4e ventricule cérébral et mettant en communication le système ventriculaire avec l'espace sous-arachnoïdien. Son obturation est cause d'hydrocéphalie.

MAGENTA [maʒɛ̃ta] n. m. et adj. inv. (de *Magenta,* n. pr.). Rouge pourpre.

MAGENTA, v. d'Italie, en Lombardie (prov. de Milan) ; 24 000 hab.
— **Hist.** Lors de la *bataille de Magenta* (4 juin 1859), l'engagement victorieux de Mac-Mahon contre les Autrichiens de Gyulai contraignit celui-ci à abandonner Mantoue et à remettre son commandement à François-Joseph. (→ *campagne d'*ITALIE [1859].)

MAGENTA (*duc* DE) → MAC-MAHON.

MAGERØY, île la plus septentrionale de la Norvège (Finnmark). À son extrémité se trouve le cap Nord.

MAGGIA *(val),* vallée de la Suisse méridionale (cant. du Tessin), drainée par la *Maggia,* tributaire du lac Majeur.

MAGHNIYYA, anc. **Marnia,** puis **Maghnia,** v. d'Algérie (wilaya de Tilimsen), à la frontière marocaine ; 50 700 hab.

MAGHREB, en ar. **Marhrib** ou **Maghrib** (« le Couchant »), ensemble des pays du nord-ouest de l'Afrique (Maroc, Algérie, Tunisie), compris entre la Méditerranée et le Sahara. (Hab. *Maghrébins.*) [La notion, politique, de *Grand Maghreb* (ou Maghreb) recouvre, outre ces trois pays, la Libye et la Mauritanie. Les cinq pays du Grand Maghreb ont créé en 1989 une union économique, dénommée Union du Maghreb arabe.]

MAGHRÉBIN, E adj. et n. Du Maghreb.
◆ adj. **1.** Relatif au Maghreb. — **2.** Se dit des formes d'arabe dialectal dont le domaine s'étend de la Libye à l'Atlantique.

MAGHZEN → MAKHZEN.

MAGICIEN, ENNE n. (de *magique*). **1.** Personne qui pratique la magie. — **2.** Personne qui fait des choses extraordinaires, qui a comme un pouvoir magique sur les choses ou sur les personnes. — **3.** Illusionniste qui, grâce à des accessoires truqués, paraît doué de pouvoirs surnaturels. — **4.** *Magicien du verbe,* écrivain au style éblouissant.

MAGIE n. f. (bas lat. *magia,* du gr. *mageia*). **1.** Ensemble de croyances et de pratiques reposant sur l'idée qu'il existe des puissances cachées dans la nature, qu'il s'agit de se concilier ou de conjurer, pour s'attirer un bien ou susciter un malheur, visant ainsi à une efficacité matérielle. (→ *encycl.*) — **2.** Puissance de séduction, d'illusion, charme séducteur : *La magie de la musique.* — **3.** *(Comme) par magie,* de façon inexplicable. ‖ *Magie blanche,* ensemble de rites et de pratiques dont l'objectif est d'écarter les mauvais esprits, de conjurer la malchance et/ou de guérir les personnes victimes de maléfices, de mauvais sorts, de mauvais esprits ; art de produire au cirque ou au music-hall certains effets merveilleux qui ne sont dus qu'à des causes naturelles (dextérité manuelle, tours d'illusion, trucages, etc. ; elle est parfois appelée *magie rose*). ‖ *Magie noire,* ensemble de pratiques secrètes qui ont pour but de se concilier les mauvais esprits, les forces surnaturelles, pour qu'ils exercent leurs pouvoirs à l'encontre de quelqu'un à qui l'on cherche à nuire.

ENCYCL. La distinction « magie bonne », « magie mauvaise » se retrouve chez de nombreux peuples. Elle marque la limite qu'une société assigne aux capacités technologiques qu'elle reconnaît comme bonnes et celles qu'elle tolère comme nécessaires pour contenir, c'est-à-dire maintenir en elle, certaines formes de déviance.

MAGINDANAOS ou **MAGINDANAUS,** ethnie d'environ 700 000 Proto-Malais, occupant la côte de la province de Cotabato, île de Mindanao (Philippines).

MAGINOT (André), homme politique français (Paris 1877 - *id.* 1932). Ministre de la Guerre de 1922 à 1924 et de 1929 à 1932, il obtint les crédits destinés aux fortifications de l'Est, qui ont porté son nom.

Maginot *(ligne),* système fortifié construit de 1927 à 1936 sur la frontière française du Nord-Est, sous l'impulsion d'A. Maginot. Couvert par des obstacles de rails antichars, ce système comprenait de gros ouvrages reliés par une ligne continue de casemates bétonnées. L'effort principal s'était porté sur la région de Metz et les contreforts est et ouest des Vosges. Les berges du Rhin étaient également protégées, mais au nord la position fortifiée ne dépassait pas la tête de pont de Montmédy. Laissant ainsi la frontière belge sans protection, la ligne Maginot ne put jouer, en 1940, le rôle escompté.

MAGIQUE adj. (lat. *magicus,* du gr. *magikos*). **1.** Qui relève de la magie : *Pouvoir magique.* — **2.** Dont les effets sont extraordinaires, sortent du rationnel : *Spectacle magique.* — **3.** Qui agit d'une manière surprenante : *Mot magique.* — **4.** *Nombre magique,* nombre de protons ou de neutrons donnant aux noyaux qui les contiennent une stabilité particulièrement grande. (Cette stabilité, expliquée par le modèle en couches du noyau atomique, s'observe pour 2, 8, 20, 50, 82 et 126 protons ou neutrons.) ‖ *Pensée magique,* forme de pensée de la période préopératoire (entre 2 et 7 ans) caractérisée par une confusion entre univers subjectif et univers physique.

MAGIQUEMENT adv. De façon magique.

MAGISTER [-tɛr] n. m. (lat. *magister,* maître). *Litt.* Pédant.

1. MAGISTÈRE n. m. (lat. *magisterium,* maîtrise). **1.** Dignité de grand maître d'un ordre religieux militaire. — **2.** Ensemble de ceux qui, détenant l'autorité au nom du Christ, ont la charge d'interpréter la doctrine révélée (pape, conciles, évêques). — **3.** Composition à laquelle les alchimistes attribuaient des propriétés merveilleuses.

2. MAGISTÈRE n. m. (de *magistère 1*). Diplôme de haut niveau, à finalité professionnelle, sanctionnant trois années de formation associant enseignement et stages dans des entreprises et des laboratoires.

MAGISTRAL, E, AUX adj. (bas lat. *magistralis*). **1.** Qui est le fait d'un maître, qui atteste de la maîtrise ; remarquable : *Œuvre magistrale.* — **2.** Qui évoque le comportement solennel, doctoral, supérieur du maître ; docte : *Un ton magistral.* — **3.** *Fam.* Exceptionnel par sa force, son importance, son audace magnifique : *Réussir un coup magistral.* — **4.** Se dit d'un médicament préparé par le pharmacien d'après une formule prescrite par le médecin pour le traitement d'un malade donné. — **5.** *Enseignement, cours magistral,* qui est donné par un professeur sous la forme d'un cours didactique, par oppos. à travaux pratiques ou dirigés. ‖ *Ligne magistrale,* syn. de LIGNE D'OPÉRATION.

◆ **magistrale** n. f. Crête extérieure du mur d'escarpe.

MAGISTRALEMENT adv. De façon magistrale, remarquable : *Œuvre magistralement interprétée.*

MAGISTRAT n. m. (lat. *magistratus*). **1.** Tout fonctionnaire ou officier civil investi d'une autorité juridictionnelle (membre des tribunaux et des cours, etc.), administrative (maire, préfet, etc.) ou politique (ministre, président de la République, etc.). — **2.** Fonctionnaire exerçant ses fonctions au sein d'une juridiction de l'ordre judiciaire ou administratif et, en partic., membre de la magistrature du siège ou du parquet. — **3.** Dans l'Antiquité, personnage investi de fonctions publiques importantes. (→ *encycl.*) — **4.** *Magistrat militaire,* magistrat chargé de l'exercice de la justice militaire. (On distingue les magistrats du corps judiciaire détachés auprès du ministère de la Défense et les magistrats militaires proprement dits, corps créé en 1956 et constitué en corps d'extinction depuis 1967.) ‖ *Magistrat municipal,* membre d'un conseil municipal.

ENCYCL. **Hist.** En Grèce, dans la plupart des cités, les magistrats, élus ou tirés au sort, étaient soumis au contrôle des assemblées. Les principaux magistrats étaient les archontes et les stratèges.

À Rome, les magistrats de l'époque républicaine étaient tous élus. Pour être élu, il fallait être patricien pour les magistratures patriciennes (dictature, consulat, préture, censure, édilité curule, questure) et plébéien pour les magistratures plébéiennes (tribunat, édilité de la plèbe). Leur autorité reposait sur la *potestas,* l'*auspicium* (droit de prendre les auspices) et, pour les plus grandes charges, sur l'*imperium.* La fonction était annuelle, sauf pour les censeurs (dix-huit mois) et les dictateurs (six mois). L'accès aux magistratures successives fut réglementé par le *cursus honorum.*

MAGISTRATURE n. f. **1.** Dignité, fonction de magistrat ; durée de cette charge. — **2.** Corps des magistrats et, en partic., ensemble des magistrats du siège et du parquet.

magistrature *(Conseil supérieur de la)* **[C. S. M.],** organe constitutionnel chargé de garantir l'indépendance de l'autorité judiciaire, institué en 1946 et réformé en 1993. Il comprend deux formations, l'une compétente à l'égard des magistrats du siège, l'autre à l'égard des magistrats du parquet. Le président de la République, qui le préside, et le ministre de la Justice, qui en est le vice-président, en sont membres de droit. Le C. S. M. est composé en outre d'un conseiller d'État (choisi par le Conseil d'État), de 3 personnalités n'appartenant ni au Parlement ni à l'ordre judiciaire (désignées respectivement par le président de la République, par le président de l'Assemblée nationale et par le président du Sénat) et de 12 magistrats (6 magistrats du siège et 6 magistrats du parquet, élus par leurs pairs). Le C. S. M. formule des avis ou des propositions pour la nomination des magistrats du siège et du parquet. Il peut avoir à statuer comme conseil de discipline des magistrats. Il peut également être consulté sur les recours en grâce.

magistrature *(École nationale de la)* **[E. N. M.],** établissement public relevant du ministère de la Justice, chargé d'assurer la formation des futurs magistrats professionnels de l'ordre judiciaire. L'entrée à l'E. N. M. s'effectue sur concours.

MAGLEMOSIEN n. m. (de *Maglemose,* n. pr.). Culture mésolithique du nord de l'Europe, découverte à Maglemose au Danemark, et appartenant à des populations de chasseurs et de pêcheurs dont l'outillage, proche du magdalénien, comporte l'importante innovation de l'hameçon à crochet.

MAGMA n. m. (lat. *magma,* résidu, du gr. *magma*). **1.** Mélange formant une masse pâteuse, épaisse : *Magma informe.* — **2.** Mélange confus, inextricable de choses abstraites : *Ces* *propositions constituent un magma incohérent.* – **3.** Matériau constitué de liquide et de cristaux en proportions variables, qui se forme à l'intérieur de la Terre et qui, en refroidissant, forme une roche. (→ *encycl.*)

ENCYCL. **Géol.** Le magma se forme par fusion partielle de la croûte ou du manteau dans des zones tectoniquement instables. Sa composition dépend de l'environnement dans lequel il est formé. Dans les zones de divergence (dorsales médio-océaniques, grands rifts), la fusion du manteau produit des magmas basaltiques. Dans les zones de convergence (subduction), la fusion du manteau hydraté produit des magmas de composition andésitique et la fusion de la croûte continentale produit des magmas granitiques. Les magmas montent vers la surface et éventuellement séjournent dans des chambres magmatiques. Au cours de cette ascension et de ce séjour, ils peuvent subir une évolution chimique liée à des processus tels que la différenciation ou la contamination. En refroidissant, ils cristallisent pour former les roches magmatiques.

MAGMATIQUE adj. **1.** Relatif au magma, à la fonction et à l'épanchement des magmas. – **2.** *Chambre* ou *réservoir magmatique,* lieu où séjourne un magma. ‖ *Différenciation magmatique,* évolution des liquides par cristallisation fractionnée. ‖ *Roche magmatique,* roche résultant de la cristallisation d'un magma. (→ *encycl.*) ‖ *Sédimentation magmatique,* chute de cristaux dans un magma.

ENCYCL. **Géol.** Les roches magmatiques résultent de la cristallisation d'un magma en profondeur (roche plutonique ou intrusive) ou en surface (roche volcanique ou effusive). La profondeur de cristallisation détermine la texture, grenue pour les roches plutoniques et microlitique ou vitreuse pour les roches volcaniques. Deux critères de classification sont généralement utilisés. Les classifications minéralogiques sont basées sur la proportion des minéraux présents (mode), en particulier les minéraux blancs (quartz, feldspaths, feldspathoïdes) ; la plus couramment utilisée est celle de Streckeisen. Les classifications chimiques sont basées sur la composition chimique des roches, à partir de laquelle on peut calculer une composition minéralogique virtuelle (norme) ; elles sont surtout utilisées pour les roches volcaniques à cause de la présence de verre.

MAGMATISME n. m. Formation, migration et solidification des magmas.

Magna Carta → CHARTE *(Grande).*

MAGNAC-LAVAL (87190), ch.-l. de cant. de la Haute-Vienne, au N.-E. de Bellac ; 2 426 hab. Église du XIIe s. Procession des Neuf Lieues, le lundi de la Pentecôte.

MAGNAC-SUR-TOUVRE (16600), comm. de la Charente, à l'E. d'Angoulême ; 2 876 hab. Papeterie. – Aux environs, sources vauclusiennes de la *Touvre.*

MAGNAN [maɲɑ̃] n. m. (mot provenç.). **1.** Nom usuel des *fourmis de visite.* – **2.** Nom usuel du *ver à soie.*

MAGNAN (Bernard Pierre), maréchal de France (Paris 1791 - *id.* 1865). Présent à Waterloo (1815), il participa ensuite aux expéditions d'Espagne (1823) et d'Alger (1830). Il combattit les insurrections de juin 1848 à Paris et de juin 1849 à Lyon. Il participa au coup d'État du 2 déc. 1851.

MAGNAN (Valentin), psychiatre français (Perpignan 1835 - Paris 1916). Il est l'auteur d'une théorie d'ensemble de l'étiologie des troubles psychiques fondée sur l'idée de dégénérescence.

MAGNANARELLE [maɲa-] n. f. (mot provenç.). Femme qui s'occupe de l'élevage du ver à soie.

MAGNANERIE [maɲa-] n. f. Bâtiment destiné à l'élevage des vers à soie.

MAGNANI (Anna), actrice italienne (Alexandrie, Égypte, 1908 - Rome 1973). D'abord chanteuse de cabaret, puis vedette de music-hall, elle débuta au théâtre vers 1930 et au cinéma en 1943. En 1945, *Rome ville ouverte* de Rossellini fit d'elle une vedette internationale. Elle tourna encore *Amore* (1948), *Bellissima* (1951), *le Carrosse d'or* (1952), *Mamma Roma* (1962).

Magnani *(pigeon),* race de pigeon d'agrément du type des pigeons-poules, d'origine italienne.

MAGNANIER, ÈRE [maɲa-] n. Personne qui s'occupe de l'élevage du ver à soie.

MAGNANIME adj. (lat. *magnanimus,* de *magnus,* grand, et *animus,* esprit). Qui pardonne leurs injures, leurs fautes, leurs faiblesses à ceux qui sont sous son autorité, ou qui manifeste de la générosité, de la mansuétude : *Geste magnanime.*

MAGNANIMEMENT adv. De façon magnanime.

MAGNANIMITÉ n. f. (lat. *magnanimitas, -atis*). Caractère de qqn, de son comportement qui est magnanime : *Faire preuve de magnanimité à l'égard de vaincus.*

MAGNANVILLE (78200), comm. des Yvelines, à 4 km au S.-S.-O. de Mantes-la-Jolie ; 6 397 hab. *(Magnanvillois).*

MAGNARD (Albéric), compositeur français (Paris 1865 - manoir des Fontaines, Baron, Oise, 1914). Son œuvre comprend des partitions théâtrales (*Guercœur,* 1900 ; *Bérénice,* 1909), des mélodies, des pages pour le piano (*Promenades,* 1893), de la musique de chambre et des compositions pour orchestre (4 symphonies, 1890, 1893, 1896 et 1913). Son lyrisme puissant trouve ses sources chez Beethoven, Wagner et d'Indy.

Magnard, maison d'édition française, fondée en 1933 par Roger *Magnard* (Vizille 1905 - Paris 1973). Elle publie essentiellement des ouvrages pour la jeunesse et des livres d'enseignement.

MAGNASCO (Alessandro), peintre italien (Gênes 1667 - *id.* 1749). Actif à Milan, Florence et Gênes, influencé par le maniérisme lombard, par S. Rosa et Callot, il a campé, dans des ambiances sombres, d'une touche capricieuse et scintillante, des groupes de petits personnages, moines de fantaisie, bohémiens, foules en prière, qui composent des visions fantastiques ou macabres.

MAGNAT [magna] n. m. (lat. médiév. *magnatus,* personnage éminent). **1.** En Hongrie et en Pologne, membre des grandes familles nobles qui constituaient l'ordre supérieur de la noblesse, détenaient de grandes richesses, occupaient les principales charges de l'État et dominaient les diètes. — **2.** Dans l'Italie médiévale, bourgeois d'origine noble. — **3.** (Par l'angl. *magnate*). Personnalité très importante du monde des affaires, de l'industrie, de la finance : *Un magnat de la presse.*

MAGNE ou **MAÏNA,** en gr. **Máni,** péninsule de Grèce, dans le sud du Péloponnèse, à l'extrémité méridionale du Taygète. Elle se termine par le cap Ténare (ou Matapan). [Hab. *Maniotes* ou *Maïnotes.*]

MAGNE (Antonin), coureur cycliste français (Ytrac, Cantal, 1904 - Arcachon 1983), double vainqueur du Tour de France (1931 et 1934) et champion du monde sur route (1936).

MAGNELLI (Alberto), peintre italien (Florence 1888 - Meudon 1971), maître d'un art très épuré, voire abstrait à diverses reprises, installé en France en 1931 (*Paysan au parapluie,* 1919, M. N. A. M., Paris).

MAGNENCE, en lat. **Flavius Magnus Magnentius** (Amiens v. 303 apr. J.-C. - Lyon 353), empereur romain (350-353). Officier d'origine franque, acclamé empereur à Autun par un groupe de conspirateurs (350), il fut vaincu à Mursa, en Pannonie (351), par Constance II, empereur d'Orient.

MAGNER (SE) ou **MANIER (SE)** v. pr. (de *manier*) [conj. 3]. Pop. *Se magner (le train, le popotin, etc.),* se dépêcher : *Magne-toi, on va être en retard.*

MAGNÉSIE n. f. (lat. médiév. *magnesia,* du lat. class. *magnes,* du gr. *magnês, -êtos,* pierre de Magnésie). Oxyde ou hydroxyde de magnésium.
ENCYCL. La *magnésie anhydre* MgO, découverte par Black en 1755, est une poudre blanche, de densité 2,7, fondant vers 2 500 °C. Mise en contact avec l'eau, elle se transforme en hydroxyde ou *magnésie hydratée* $Mg(OH)_2$. Indécomposable par la chaleur, elle est difficilement réduite par le carbone ou l'aluminium, à haute température.
— **Pharm.** La magnésie est utilisée pour son action laxative, antiacide et absorbante des gaz intestinaux. Elle se présente sous trois formes, la *magnésie calcinée légère,* ou *magnésie française,* la *magnésie calcinée lourde,* ou *magnésie anglaise,* et la *magnésie hydratée,* ou hydroxyde de magnésium, antidote des empoisonnements par l'arsenic.

MAGNÉSIE, en gr. **Maghnisía,** région de Grèce, dans l'est de la Thessalie.

MAGNÉSIE du Méandre, en gr. **Magnésia ê epi Maiandrôi,** anc. cité grecque d'Ionie, À l'époque hellénistique, la ville était célèbre par les concours du sanctuaire d'Artémis Leucophryné. Elle s'opposa à Mithridate, et Sulla en fit une cité libre.

MAGNÉSIE du Sipyle, en gr. **Magnésia ê pros Sipulôi,** anc. cité grecque de Lydie, au pied du mont Sipyle. Cornelius Scipion y vainquit Antiochos III (189 av. J.-C.), et la ville fut attribuée à Pergame. C'est l'actuelle *Manisa,* en Turquie.

MAGNÉSIÉ, E adj. Qui contient de la magnésie.

MAGNÉSIEN, ENNE adj. Qui contient du magnésium, qui s'y rapporte.
◆ **magnésien** n. m. Abrév. de ORGANOMAGNÉSIEN.

MAGNÉSIOFERRITE n. f. Spinelle ferromagnésien cristallisant en octaèdres noirs, fortement magnétique.

MAGNÉSIOTHERMIE n. f. Procédé de préparation de métaux purs, utilisant le pouvoir de réduction du magnésium. (Ce procédé permet notamment d'obtenir du titane, du tantale et de l'uranium purs, à partir de leurs halogénures.)

MAGNÉSIQUE adj. Qui contient de la magnésie ou en possède les propriétés.

MAGNÉSITE n. f. **1.** Carbonate de magnésium, rhomboédrique, qui constitue un important minerai de magnésium. (Syn. GIOBERTITE.) — **2.** Syn. de ÉCUME DE MER.

MAGNÉSIUM [maɲezjɔm] n. m. (de *magnésie*). Métal blanc, le plus léger des métaux usuels utilisés en construction mécanique. (Élément de symbole Mg.)

Numéro atomique : 12
Masse atomique : 24,305
Température de fusion : 648,8 °C
Masse volumique : 1,74 g/cm³

ENCYCL. **Agric.** Le magnésium est un élément nutritif très important pour les plantes car il

intervient dans de nombreux métabolismes (chlorophylle, certaines vitamines, etc.). Les carences en magnésium se traduisent par la chlorose, la chute des feuilles, etc. Les corrections de carence en magnésium sont possibles par apport d'engrais.
— **Chim.** Le magnésium est malléable, mais peu ductile en raison de sa faible ténacité. Sous forme divisée (poudre, fil, ruban mince), il brûle dans l'air avec une flamme très lumineuse, en donnant de la magnésie MgO. La chimie du magnésium est dominée par son caractère réducteur, qu'on utilise en particulier pour obtenir l'uranium à partir de son fluorure UF_4. Le magnésium est bivalent dans ses composés : la magnésie MgO, le chlorure $MgCl_2$, retiré de l'eau de mer ou de la carnallite, le sulfate $MgSO_4$, qui cristallise, hydraté, sous forme de petites aiguilles incolores, et le carbonate $MgCO_3$, qui forme la giobertite et figure dans la dolomie. Tous ces sels sont incolores et ont une saveur amère.
• *Composés organomagnésiens* → ORGANOMAGNÉSIEN.
— **Méd.** La carence en magnésium pourrait jouer un rôle dans certains états pathologiques, notamment la spasmophilie et la tétanie, qu'on traite par l'iodure et le lactate de magnésium.
— **Métall.** Le magnésium peut être obtenu par réduction du minerai à haute température ou par électrolyse du chlorure de magnésium fondu. Les propriétés réductrices du magnésium sont employées en magnésiothermie* et son affinité pour l'oxygène et le soufre est mise à profit en métallurgie de l'acier et du cuivre (désoxydation et désulfuration). Son inflammabilité aisée le fait utiliser en pyrotechnie et il entre dans la composition de la plupart des alliages d'aluminium, dont il améliore les propriétés mécaniques. Les alliages à base de magnésium (Elektron, magnésium-manganèse, magnésium-zirconium) sont principalement employés dans l'aéronautique et les transports. À résistance égale, leur poids est de 20 à 25 % inférieur à celui des alliages d'aluminium.

MAGNÉTIPOLAIRE adj. Se dit d'une substance minérale magnétique dans laquelle se manifestent des pôles.

MAGNÉTIQUE adj. (lat. *magneticus,* de *magnes, -etis,* aimant). **1.** Relatif à l'aimant, au magnétisme ou à ses applications. — **2.** Qui a une influence puissante et exerce une attraction mystérieuse : *Un regard magnétique.* — **3.** Se disait d'un fluide hypothétique servant à expliquer les propriétés des aimants. — **4.** Se dit d'une mémoire d'ordinateur qui utilise les propriétés magnétiques de certaines substances (ex. mémoires à bulles, à disques, à feuillets magnétiques).

MAGNÉTISABLE adj. Qui peut être magnétisé.

MAGNÉTISANT, E adj. **1.** Qui magnétise, qui est propre à produire ou à communiquer le magnétisme. — **2.** *Champ magnétisant,* champ magnétique utilisé pour produire une aimantation.

MAGNÉTISATION n. f. Action ou manière de magnétiser ; fait d'être magnétisé.

MAGNÉTISER v. t. (de *magnétique*) [conj. **3**]. **1.** Communiquer une aimantation à un matériau, à un corps. — **2.** *Litt.* Exercer une attraction puissante et mystérieuse : *Orateur qui magnétise les foules.*

MAGNÉTISEUR, EUSE n. Guérisseur qui prétend posséder un fluide particulier (imposition des mains, passes à distance).

MAGNÉTISME n. m. (de *magnétique*). **1.** Ensemble des phénomènes que présentent les matériaux aimantés. — **2.** Branche de la physique qui étudie les propriétés de la matière aimantée, des aimants. (→ *encycl.*) — **3.** Attrait puissant et mystérieux exercé par qqn sur son entourage : *Le magnétisme d'un orateur.* — **4.** *Magnétisme animal,* syn. de BIOMAGNÉTISME ; propriété occulte du corps animal qui le rendrait réceptif à l'influence des corps célestes et à celle des corps qui l'environnent, de même qu'il exercerait la sienne sur ces derniers. ‖ *Magnétisme terrestre,* syn. de GÉOMAGNÉTISME.
ENCYCL. **Phys.** On attribue à Thalès de Milet (VIe s. av. J.-C.) la première description de la magnétite, pierre trouvée en Magnésie (Thessalie) et capable d'attirer le fer ou les pierres de même espèce. Les aiguilles aimantées ont été utilisées dès le XIe s. pour la navigation, mais l'étude quantitative du magnétisme n'a commencé qu'avec les travaux de C. A. de Coulomb, qui établit les lois d'attraction et de répulsion des masses magnétiques en raison inverse du carré de la distance qui les sépare. Les travaux de Gauss, Œrsted et Faraday permirent d'établir un lien entre les phénomènes magnétiques et électriques ; ceux de P. Curie, puis de Goudsmit, Brillouin et Van Vleck (1932) donnèrent une interprétation quantique du magnétisme, faisant intervenir le moment propre des électrons, ou spin.
• *Physique du magnétisme.* Les travaux de Coulomb avaient conduit à considérer les aimants comme constitués de 2 masses magnétiques égales et de signes opposés, l'ensemble étant caractérisé par un moment magnétique égal au produit de la masse par la longueur du dipôle. Devant l'impossibilité d'isoler une masse magnétique unique (expérience de l'aimant* brisé),

il est préférable de considérer le moment magnétique des électrons (spin). Les électrons des atomes se regroupant en général par paires de spins opposés, le moment magnétique résultant est nul. Seuls les éléments de transition (fer, nickel, cobalt, manganèse, etc.) et les terres rares, du fait de leur structure électronique, portent un moment magnétique résultant et sont donc des aimants. Parmi les matériaux magnétiques, on distingue les matériaux paramagnétiques présentant un moment résultant nul (les moments magnétiques des atomes sont orientés au hasard) et les matériaux présentant un ordre magnétique : ils sont dits ferromagnétiques si les spins sont parallèles et ont la même direction, antiferromagnétiques si les spins forment deux sous-réseaux orientés en sens opposés, d'aimantation résultante nulle et ferrimagnétiques si les spins forment deux sous-réseaux d'aimantation résultante non nulle.

• *Grandeurs magnétiques.* La théorie électromagnétique décrit les interactions entre courants et moments magnétiques par l'intermédiaire de grandeurs appelées champ et induction magnétiques, exprimées respectivement en $A \cdot m^{-1}$ et tesla (T). L'induction magnétique $\vec{B}$ dans le vide où règne le champ $\vec{H}$ est définie par $\vec{B} = \mu_0\vec{H}$, où μ_0 est une constante universelle appelée perméabilité magnétique du vide et qui vaut $\mu_0 = 4\pi \cdot 10^{-7}\ H \cdot m^{-1}$ dans le SI. Dans un matériau aimanté, l'induction magnétique est définie par $\vec{B} = \mu_0\ (\vec{H} + \vec{M})$, $\vec{M}$ étant l'intensité d'aimantation du matériau, moment magnétique par unité de volume.

Les propriétés magnétiques d'un matériau sont données par sa courbe d'aimantation, représentant la relation entre $\vec{M}$ et un champ $\vec{H}$ extérieur appliqué. Pour des champs $\vec{H}$ assez faibles, la relation est linéaire et l'on peut écrire $\vec{M} = \chi\vec{H}$, où χ est la susceptibilité magnétique du matériau (sans dimensions). Les corps diamagnétiques, de susceptibilité magnétique généralement très faible et négative, sont repoussés par les aimants ; les corps paramagnétiques, de susceptibilité positive, sont attirés par les aimants ; les corps ferromagnétiques, enfin, ont une aimantation spontanée en l'absence de champ extérieur. La courbe d'aimantation M(H) permet aussi de caractériser les substances magnétiques. Les matériaux « doux » (alliages fer-silicium, fer-nickel, utilisés dans les moteurs et transformateurs électriques) ne présentent pas d'hystérésis (fig. 1), tandis que les matériaux « durs » (fig. 2) [ferrites, alliages fer-cobalt, utilisés pour les aimants permanents et les bandes magnétiques] présentent une forte hystérésis.

MAGNÉTISME

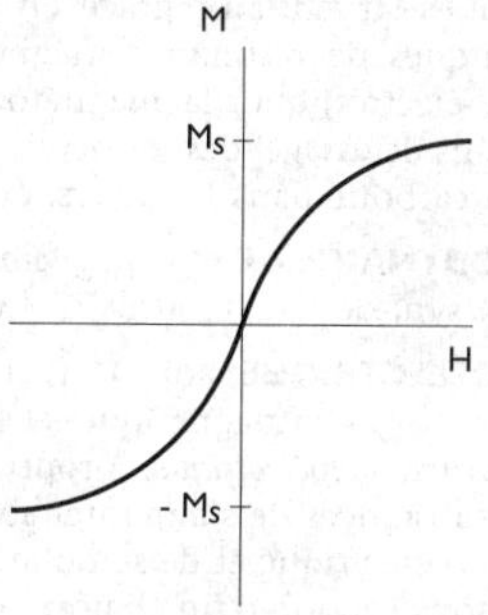

Fig. 1 : courbe d'aimantation d'un matériau magnétique doux.

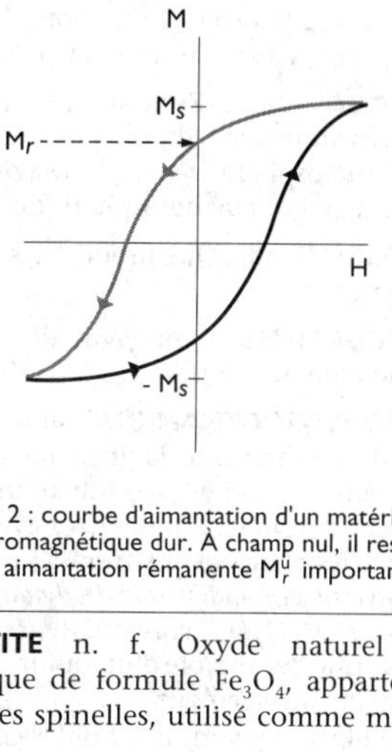

Fig. 2 : courbe d'aimantation d'un matériau ferromagnétique dur. À champ nul, il reste une aimantation rémanente M_r importante.

MAGNÉTITE n. f. Oxyde naturel de fer magnétique de formule Fe_3O_4, appartenant au groupe des spinelles, utilisé comme minerai de fer.

1. MAGNÉTO n. f. **1.** Génératrice électrique où le champ inducteur est produit par un aimant permanent. — **2.** *Magnéto à induit fixe,* magnéto dans laquelle l'induit constitue la partie immobile.

2. MAGNÉTO n. m. Abrév. de MAGNÉTOPHONE ou de MAGNÉTOSCOPE.

MAGNÉTOAÉRODYNAMIQUE n. f. Étude de l'écoulement des milieux gazeux conducteurs (gaz ionisés à haute température) soumis à un champ magnétique.

MAGNÉTOCASSETTE n. m. Magnétophone utilisant des cassettes.

MAGNÉTOCHIMIE n. f. Étude des propriétés magnétiques des combinaisons chimiques et de leurs applications en chimie. (Outre la résolution de problèmes structuraux, grâce en particulier aux techniques de résonance magnétique nucléaire ou électronique, la magnétochimie est utilisée dans le triage des minerais de fer, le dosage du carbone dans les aciers, etc.)

MAGNÉTODYNAMIQUE n. f. *Magnétodynamique des fluides,* syn. de MAGNÉTOHYDRODYNAMIQUE.

MAGNÉTOÉLECTRIQUE adj. **1.** Qui tient des phénomènes à la fois magnétiques et électriques. — **2.** *Effet magnétoélectrique,* propriété qu'ont certaines substances de s'aimanter sous l'action d'un champ électrique et de se polariser électriquement sous l'action d'un champ magnétique. ‖ *Machine magnétoélectrique,* machine dont l'inducteur est constitué par un aimant permanent.

MAGNÉTOFORMAGE n. m. Formage de pièces conductrices au moyen de forces magnétiques s'exerçant entre la pièce et une bobine qui crée un champ magnétique intense et pulsé.

MAGNÉTOGAINE n. f. Zone de turbulence qui, dans l'environnement d'une planète pourvue d'une magnétosphère, sépare la magnétopause de l'onde de choc magnétosphérique.

MAGNÉTOGÈNE adj. Qui produit les effets du magnétisme.

MAGNÉTOGRAMME n. m. Syn. de ENREGISTREMENT* MAGNÉTIQUE.

MAGNÉTOHYDRODYNAMIQUE adj. et n. f. **1.** Se dit de la branche de la physique qui étudie l'écoulement des fluides conducteurs en présence de champs magnétiques. (Abrév. M. H. D.) [Syn. MAGNÉTODYNAMIQUE DES FLUIDES.] (→ *encycl.*) — **2.** *Convertisseur magnétohydrodynamique,* ou *convertisseur M. H. D.,* convertisseur d'énergie qui transforme l'enthalpie d'un fluide en énergie électrique ou inversement.

ENCYCL. **Phys.** Quand un fluide conducteur se déplace dans un champ magnétique, il y apparaît des f. é. m. induites, donc des courants électriques menant à une interaction entre effets hydrodynamiques et électromagnétiques. Jouant un rôle important en physique stellaire, la M. H. D. a trouvé des applications dans le pompage électromagnétique de métaux liquides (par ex. le sodium fondu, qui sert de caloporteur dans les réacteurs surgénérateurs) et la conversion directe d'énergie thermique en énergie électrique, sans passage intermédiaire par une énergie mécanique. (Les principales recherches se poursuivent en Russie.)

MAGNÉTOMÈTRE n. m. Appareil destiné à la mesure d'un champ magnétique.

ENCYCL. Les magnétomètres utilisent divers phénomènes physiques pour mesurer le module B du champ d'induction magnétique, sa direction ou ses variations spatiales ou temporelles. L'action du champ sur un aimant permanent (boussole) permet d'en repérer la direction. La force électromotrice induite dans une bobine, fixe ou mobile, par un champ, permet d'en mesurer l'intensité. La mesure de la force électromagnétique (balance de Cotton) permet la mesure absolue de champs relativement forts (> 1 mT). Des mesures plus précises sont obtenues en mesurant la fréquence du mouvement circulaire d'électrons soumis à un champ, ou avec des sondes à effet Hall*. La résonance magnétique nucléaire (R. M. N.) utilise la fréquence de résonance des protons de l'eau, qui est proportionnelle au champ appliqué. Les champs très faibles (de l'ordre de 10^{-12} T) sont mesurés par résonance paramagnétique électronique (R. P. E.), utilisant la fréquence de résonance des électrons d'atomes alcalins préalablement orientés par pompage optique. Des champs variables de l'ordre de 10^{-15} T sont enfin mesurables grâce au courant supraconducteur circulant dans les squids*.

MAGNÉTOMÉTRIE n. f. **1.** Mesure des champs magnétiques et des propriétés magnétiques des corps. — **2.** Méthode de prospection géophysique fondée sur la mesure systématique du champ magnétique terrestre, en des points de station régulièrement répartis sur la zone à étudier.

MAGNÉTOMÉTRIQUE adj. Qui se rapporte à la magnétométrie.

MAGNÉTOMOTEUR, TRICE adj. *Force magnétomotrice (f. m. m.),* grandeur scalaire égale à la circulation du vecteur champ magnétique le long d'un contour fermé.

MAGNÉTON n. m. Unité élémentaire de moment magnétique propre aux domaines atomiques et subatomiques. (On distingue le *magnéton de Bohr,* lié aux caractéristiques de l'électron, et le *magnéton nucléaire,* lié aux caractéristiques du proton. La valeur du magnéton de Bohr est : $\mu = e\hbar/2m$ [e : charge de l'électron ; $\hbar$: constante de Planck réduite ; m : masse de l'électron].)

MAGNÉTO-OPTIQUE n. f. (pl. *magnéto-optiques*). Étude des propriétés optiques des substances soumises à un champ magnétique.

MAGNÉTOPAUSE n. f. Limite externe de la magnétosphère d'une planète.

MAGNÉTOPHONE n. m. (all. *Magnetophon,* marque déposée). **1.** Appareil d'enregistrement et de lecture des sons utilisant comme support une bande magnétique (bande ou cassette). [Abrév.

MAGNÉTO.] — **2.** *Magnétophone à cassette,* syn. de MAGNÉTOCASSETTE.

MAGNÉTORÉSISTANCE n. f. Élément semi-conducteur dont la résistance augmente avec le champ magnétique dans lequel il est placé.

MAGNÉTOSCOPE n. m. **1.** Appareil permettant l'enregistrement et la lecture sur bande magnétique des signaux représentant des images animées, avec les sons associés. — **2.** Appareil permettant de révéler les fissures superficielles ou sous-cutanées dans des objets ferromagnétiques par visualisation de leur spectre magnétique.

MAGNÉTOSCOPER v. t. (conj. 3). Enregistrer à l'aide d'un magnétoscope.

MAGNÉTOSCOPIE n. f. Contrôle d'un objet ferromagnétique au magnétoscope.

MAGNÉTOSPHÈRE n. f. Zone dans laquelle le champ magnétique d'une planète se trouve confiné par le vent solaire.

ENCYCL. La limite basse de la magnétosphère terrestre correspond à l'altitude à partir de laquelle la fréquence de collision entre particules neutres et particules chargées est du même ordre de grandeur que la fréquence de rotation cyclotron de ces dernières ; elle se situe dans l'ionosphère* supérieure. Sa limite haute, ou magnétopause, qui sépare les particules solaires et celles d'origine ionosphérique, est située en deçà de l'onde de choc qui se forme à quelque 14 rayons terrestres de notre planète ; il existe en effet une zone de turbulence intermédiaire, appelée magnétogaine. Du côté du Soleil, la magnétopause apparaît à une distance telle que la pression magnétique soit équilibrée par la pression du plasma solaire, soit à 10 rayons terrestres environ du centre du globe. Du côté nuit, la cavité magnétosphérique s'étire sur plusieurs centaines de rayons terrestres, bien au-delà de l'orbite lunaire. Cette région (queue de la magnétosphère) est caractérisée par la présence d'un feuillet neutre central entouré par une zone de plasma chaud ; les lignes de champ y sont ouvertes, orientées vers le Soleil dans l'hémisphère Nord et vers la direction antisolaire dans l'hémisphère Sud.
Mercure possède une magnétosphère assez semblable à celle de la Terre, mais ne paraît pas avoir de ceintures de rayonnement. Vénus et Mars, sans champ magnétique intrinsèque, n'ont pas de magnétosphère. Jupiter, Saturne, Uranus et Neptune possèdent au contraire des champs magnétiques intenses et des magnétosphères très étendues, dont les sondes américaines Voyager ont révélé les principales caractéristiques. La recherche magnétosphérique présente un intérêt tant théorique (relations Soleil-Terre, champs électromagnétiques, physique des plasmas, planétologie) que pratique (protection contre le rayonnement cosmique, climatologie, propagation des ondes radioélectriques).

MAGNÉTOSPHÉRIQUE adj. Relatif à la magnétosphère.

MAGNÉTOSTATIQUE adj. Se dit des phénomènes concernant des aimants ou des masses magnétiques au repos.
◆ n. f. Science qui étudie ces phénomènes.

MAGNÉTOSTRATIGRAPHIE n. f. Branche de la stratigraphie basée sur l'étude des irrégularités du magnétisme terrestre au cours du temps.

MAGNÉTOSTRICTEUR n. m. Transducteur ultrasonore utilisant le phénomène de magnétostriction et pouvant servir de générateur, excité par

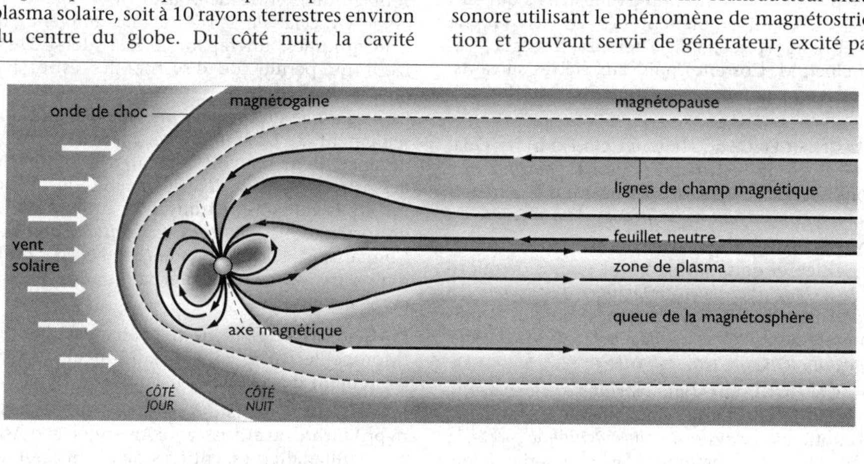

Coupe méridienne de la **magnétosphère** terrestre.

un courant alternatif, ou de récepteur pour détecter des vibrations.

MAGNÉTOSTRICTIF, IVE adj. Relatif à la magnétostriction.

MAGNÉTOSTRICTION n. f. Déformation mécanique d'un matériau ferromagnétique qui accompagne son aimantation. (La magnétostriction est employée pour la production d'ondes ultrasonores par application d'un champ magnétique alternatif à un barreau de ferrite ou de nickel.)

MAGNÉTOTHÈQUE n. f. Collection de bandes magnétiques enregistrées.

MAGNÉTOTHERMIQUE adj. Se dit d'un déclencheur ou d'un relais à maximum de courant qui fonctionne à la fois sous l'action d'un électroaimant et sous l'effet thermique provoqué par le courant qui le parcourt.

MAGNÉTRON n. m. (de *électron*). Tube à vide, générateur ou amplificateur de courants de très haute fréquence, dont le flux d'électrons est commandé à la fois par un champ électrique et par un champ magnétique. (On l'utilise dans les radars et dans les émetteurs des relais hertziens.)

MAGNICIDE n. m. (du lat. *magnus,* grand). Crime commis contre un haut personnage de l'État. ◆ n. Personne qui a commis un magnicide.

MAGNIFICAT [magnifikat] n. m. inv. (lat. *magnificat*). Cantique de la Vierge Marie chanté aux vêpres ; musique composée sur ce cantique.
ENCYCL. Le magnificat tire son nom du premier mot de la traduction latine du cantique chanté par la Vierge Marie lorsqu'elle alla visiter sa cousine Élisabeth (Luc, I, 39-56). Le magnificat a été illustré par de nombreux musiciens qui, dès le XVIe s., lui adjoignent des versets d'orgue (Cabezón, Frescobaldi, Titelouze, Lebègue, Pachelbel, M. Corrette) puis, aux siècles suivants, un accompagnement instrumental (Monteverdi, J. S. Bach).

MAGNIFICENCE n. f. (lat. *magnificentia*). **1.** Qualité de ce qui est magnifique : *La magnificence d'un spectacle.* — **2.** *Litt.* Disposition à dépenser sans compter : *La magnificence d'un mécène.*

MAGNIFIER v. t. (lat. *magnificare*) [conj. 9]. *Litt.* **1.** Célébrer qqn, qqch comme grands, les glorifier : *Magnifier Dieu. Magnifier l'héroïsme des combattants.* — **2.** Rendre qqn, qqch plus grands moralement ; élever, idéaliser : *Ces souvenirs magnifiaient une réalité médiocre.*

MAGNIFIQUE adj. (lat. *magnificus,* de *magnus,* grand). **1.** Qui a une beauté pleine de grandeur ; somptueux, grandiose : *Un magnifique spectacle.* — **2.** Qui est extrêmement beau ; superbe, splendide : *Voilà un temps magnifique. Une femme magnifique.* — **3.** Qui est extrêmement bon, d'une qualité exceptionnelle ; extra : *Ce boucher a de la viande magnifique.* — **4.** Qui est extrêmement bien, qui est remarquable, qui suscite l'admiration, la joie, le contentement ; formidable : *Une découverte magnifique.*

MAGNIFIQUEMENT adv. De façon magnifique : *Jouer magnifiquement du violon.*

MAGNITOGORSK, v. de Russie, au pied de l'Oural méridional, près d'un gisement de minerai de fer à haute teneur (aujourd'hui en voie d'épuisement) ; 444 500 hab. Grand centre sidérurgique, qui reçoit du charbon du bassin de Karaganda et du fer du Kazakhstan et de Koursk.

MAGNITUDE n. f. (de *magnitudo, -inis*). **1.** Nombre qui caractérise l'éclat apparent ou absolu d'un astre. — **2.** Paramètre caractéristique d'un séisme, indépendant du point de mesure et pouvant se rapporter à l'énergie totale libérée par celui-ci. (La magnitude est calculée à partir d'une valeur enregistrée par un sismographe ; il existe plusieurs échelles suivant le type d'onde considéré [échelles de Richter, de Gutenberg-Richter].) — **3.** *Magnitude absolue,* magnitude calculée pour une distance standard de 10 parsecs (32,6 al environ). [→ *encycl.*] ‖ *Magnitude apparente,* magnitude obtenue directement par l'observation. (→ *encycl.*) ‖ *Magnitude photographique,* magnitude (apparente ou absolue) obtenue par observations faites sur une plaque photographique ordinaire (orthochromatique). ‖ *Magnitude visuelle,* magnitude (apparente ou absolue) obtenue par observations visuelles faites avec un photomètre.
ENCYCL. **Astron.** Plus un astre est brillant, plus sa magnitude est faible. À une différence de 1 magnitude entre deux astres correspond un rapport d'éclat de 2,512 ; à une différence de n magnitudes, un rapport d'éclat de $(2,512)^n$. L'œil nu permet de discerner les astres jusqu'à la magnitude 6.
La *magnitude apparente* d'un astre dépend non seulement de sa luminosité, mais aussi de sa distance. Pour pouvoir comparer la luminosité des astres, on considère la magnitude qui les caractériserait s'ils se trouvaient à une distance uniforme de 10 parsecs *(magnitude absolue).* Connaissant l'éclat apparent et l'éclat absolu d'un astre, on peut calculer sa distance. (→ MODULE* DE DISTANCE.)

MAGNOL (Pierre), médecin et botaniste français (Montpellier 1638 - *id.* 1715). Il conçut l'idée du classement des plantes par familles.

MAGNOLIA n. m. (lat. sc. *magnolia,* de P. *Magnol,* n. pr.). Arbre ou arbrisseau d'Amérique et d'Asie, aux feuilles alternes, entières, aux fleurs grandes et solitaires. (Nombreuses espèces ornementales.)

MAGNOLIACÉE n. f. Arbre ou arbrisseau à pièces florales nombreuses et disposées en spirale, d'un type très primitif, tel que le magnolia et le tulipier. (Les *magnoliacées* forment une famille.)

MAGNOLIALE n. f. Nom d'ordre donné aux magnoliacées et aux familles voisines (anonacées, lauracées, monimiacées, myristicacées, dilléniacées).

MAGNOX n. m. Alliage d'aluminium et de magnésium employé pour le gainage du combustible, dans certains réacteurs nucléaires.

MAGNUM [-gnɔm] n. m. (lat. *magnus,* grand). **1.** Grosse bouteille d'une contenance équivalente à celle de 2 bouteilles normales. — **2.** Bouteille de 1,5 ou de 2 litres d'eau minérale.

MAGNUS, nom de plusieurs rois de Suède, de Danemark et de Norvège, du XIe au XIVe s., dont les principaux sont : **Magnus Ier** *le Bon* (1024-1047), roi de Norvège (1035-1047) et de Danemark (1042-1047). Il réalisa l'unité dano-norvégienne à la mort de Hardeknud (1042). — **Magnus III** *Barfot* (« aux Pieds nus ») [1073 - dans l'Ulster 1103], roi de Norvège (1093-1103). Il soumit les îles Hébrides, Orcades et de Man (1098). — **Magnus V** *Erlingsson* (1156 - Fimreite, Sogne Fjord, 1184), roi de Norvège (1161-1184). Élu en 1161, il fut sacré en 1163. Détrôné par Sverre (1180), il fut tué en tentant de reprendre son royaume. — **Magnus VI** *Lagaböte* (« le Législateur ») [1238-1280], roi de Norvège (1263-1280). Son règne marqua l'apogée de la Norvège. Il régularisa la législation et l'administration, promulgua un code commun à tout le royaume (1274-1276) et favorisa le commerce. — **Magnus VII** *Eriksson* (1316-1374), roi de Norvège (1319-1355) et de Suède (1319-1363), petit-fils du roi Haakon V de Norvège et fils d'Erik de Suède. Il réalisa l'union de la péninsule (conquête de la Scanie et du Halland), mais dut céder en 1343 la Norvège à son fils Haakon VI, puis une grande partie de la Suède à son fils Erik, révolté (1355). Il fut déposé, puis emprisonné.

MAGNUS (Heinrich Gustav), physicien et chimiste allemand (Berlin 1802 - *id.* 1870). Il a étudié l'action d'un courant fluide sur un solide en rotation *(effet Magnus)* et découvert l'acide periodique (1833).

MAGNÚSSON (Árni), savant islandais (Kvennabrekka 1663 - Copenhague 1730). Secrétaire des archives royales du Danemark, il a réuni une collection de vieux manuscrits islandais, sauvegardant une grande part de la littérature scandinave.

MAGNUSSON (David), psychologue suédois (Nässjö 1925). Il s'est intéressé aux problèmes de l'interaction en psychologie (*Interactional Psychology and Personality,* 1976).

MAGNY (Olivier DE), poète lyrique français (Cahors v. 1529 - v. 1561). Il imita le pétrarquisme et l'épicurisme de Ronsard (*les Gayetez,* 1554) et la nostalgie de Du Bellay (*les Soupirs,* 1557).

MAGNY-COURS (58470), comm. de la Nièvre, à 12 km au S. de Nevers ; 1 774 hab. Circuit automobile. Golf.

MAGNY-EN-VEXIN (95420), ch.-l. de cant. du Val-d'Oise, dans le Vexin français ; 5 059 hab. *(Magnytois).* Église des XVe et XVIe s. (œuvres d'art).

MAGNY-LES-HAMEAUX (78114), comm. des Yvelines, partie de la ville nouvelle de Saint-Quentin-en-Yvelines ; 7 809 hab. *(Magnycois).* Église en partie du XIIe s. (pierres tombales provenant de l'anc. abbaye de Port-Royal). Musée national des Granges-de-Port-Royal dans le bâtiment des Petites Écoles (documents sur le jansénisme). Centre de recherches météorologiques et agronomiques.

MAGOG, v. du Canada (Québec), dans les cantons de l'Est, sur le *lac Memphremagog ;* 14 000 hab. Centre touristique.

MAGOG → GOG.

MAGON, nom de plusieurs généraux carthaginois, et notamment du fils d'Hamilcar Barca et frère d'Hannibal († 203 av. J.-C.). Il combattit Rome en Espagne (215-206), se fit battre en Ligurie et mourut en regagnant Carthage (203 av. J.-C.).

MAGONIDES (les), riche famille de Carthage, qui, surtout dans les années 550 à 500 av. J.-C., détint le pouvoir politique et le titre royal.

1. MAGOT n. m. (hébr. *magog,* barbare). **1.** Macaque d'Afrique du Nord et de Gibraltar, à queue rudimentaire. (L'espèce de Gibraltar est le seul singe européen actuel.) — **2.** *Vx.* Homme très laid. — **3.** Figurine représentant un personnage obèse et pittoresque nonchalamment assis. (Réalisées en Europe, ces effigies étaient inspirées par celles du dieu chinois du Contentement.)

2. MAGOT n. m. (moyen fr. *maqault,* sac, altér. de l'anc. fr. *mugot,* lieu où l'on conserve les fruits). *Fam.* Masse d'argent plus ou moins importante amassée peu à peu et mise en réserve.

MAGOUILLE n. f. ou **MAGOUILLAGE** n. m. (p.-ê. de *margoulin* et *grenouillage*). *Pop.* Agissements dans l'ombre au sein d'un groupe, d'une institution, en vue de la défense d'intérêts peu avouables ; manœuvres plus ou moins malhonnêtes pour arriver à ses fins.

MAGOUILLER v. i. et v. t. (conj. 3). *Pop.* Se livrer à des magouilles.

MAGOUILLEUR, EUSE adj. et n. *Pop.* Qui magouille.

MAGRET n. m. (de *maigre*). Filet de canard engraissé pour la fabrication du foie gras.

MAGRITTE (René), peintre belge (Lessines 1898 - Bruxelles 1967). Il fréquente l'Académie des beaux-arts de Bruxelles, découvre le futurisme en 1919 et De Chirico en 1922, peint sa première toile surréalisante en 1925, participe aux activités surréalistes belges, puis, installé près de Paris de 1927 à 1930, à celles du groupe français. Malgré des rapports orageux avec ce dernier, il participera à toutes les grandes expositions du surréalisme. En 1951-1953, il exécute au casino de Knokke-Le-Zoute une longue peinture murale, *le Domaine enchanté,* qui rassemble divers thèmes de son œuvre. Par le moyen d'une technique figurative impersonnelle, celle-ci, aussi réfléchie qu'attentive à des suggestions visionnaires, procède à une interrogation systématique des rapports entre les choses, entre leur hypothétique réalité, leur image, leur contenu conceptuel et, parfois (série « l'Usage de la parole », 1928-29), les mots les désignant : confrontation qui, dans l'identité comme dans l'extrême décalage, ouvre de façon non moins étrange les portes de l'imaginaire.

MAGROU (Joseph), médecin et botaniste français (Béziers 1883 - Paris 1951). Il fut l'un des premiers à s'intéresser à la culture des tissus végétaux ; il a étudié les phénomènes de tubérisation et mis au point une méthode capable d'enrayer la propagation des maladies à virus.

MAGUELONNE ou **MAGUELONE,** hameau de la comm. de Villeneuve-lès-Maguelonne (Hérault), ancien îlot rocheux faisant auj. partie du bourrelet de sable qui sépare l'étang de Vic de la Méditerranée. Siège d'un évêché au Moyen Âge, dont reste l'anc. cathédrale St-Pierre, édifice roman imposant (portail historié).

MAGUEY n. m. Agave du Mexique dont une espèce donne une sève sucrée *(miel de maguey)* dont on tire, par fermentation, le pulque.

MAGYAR, E [magjar] adj. et n. Hongrois.

MAHĀBALIPURAM, MĀVALIPURAM ou **MĀMALLAPURAM,** anc. **Seven Pagodas,** site archéologique de l'Inde (Tamil Nadu), sur la côte de Coromandel, à env. 50 km au S. de Madras. Ensemble brahmanique d'art pallava* (VIIe-VIIIe s.) comprenant des sanctuaires excavés et monolithiques (les cinq *ratha*), des sculptures rupestres (dont « la Pénitence d'Arjuna », ou « Descente du Gange »), et trois temples construits (à l'E., le « Temple du rivage »).

Mahābhārata, épopée sanskrite attribuée à Vyāsa. Sa rédaction a sans doute subi de nombreux remaniements depuis l'ère védique jusqu'au IVe s. apr. J.-C. Ses dix-huit chants retracent, en plus de 200 000 vers, la lutte des Kaurava contre les Pāṇḍava. Les principaux personnages en sont : Kriṣṇa ; son compagnon et adorateur Arjuna ; les quatre frères d'Arjuna (dont Yudhiṣṭhira le Juste) ; le sage Vidūra ; l'ancêtre vénéré Bhīṣma ; enfin le roi aveugle Dhṛtarāṣṭra et ses cent fils, secondés par le héros Karṇa. Les deux armées en présence s'anéantissent mutuellement (là s'intercale l'épisode de la *Bhagavad-Gītā*).

MAHAJAMBA, fl. du nord-ouest de Madagascar, tributaire du canal du Mozambique *(baie de Mahajamba) ;* 300 km env.

MAHAJANGA, anc. **Majunga,** port du nord-ouest de Madagascar, ch.-l. de prov. sur la baie de Bombetoka ; 127 967 hab. Industrie textile et alimentaire.

MAHAKAM ou **KUTAI,** fl. de l'île de Bornéo (Indonésie), qui draine l'est de l'île et aboutit au détroit de Macassar par un vaste delta ; 900 km.

MAHALEB n. m. (ar. *maḥlab*). Cerisier sauvage des régions montagneuses de l'Europe, à fruits amers, de la taille des pois.

MAḤALLA AL-KUBRĀ (al-) → MÉHALLET EL-KOBRA.

MAHĀNADI (la), fl. de l'Inde, dans le Deccan, qui rejoint le golfe du Bengale par un vaste delta ; 820 km.

MAHĀRĀJĀ ou **MAHĀRĀDJĀH** n. m. (mot sanskr., de *mahā,* grand, et *rājā,* roi). **1.** Titre qui, dans l'Inde, servit à désigner les rois et les empereurs dès l'époque des Kuṣāṇa (IIe s.), mais qui fut surtout utilisé à partir des Gupta (IVe-Ve s.). — **2.** Prince feudataire. (Les États des mahārājās ont été intégrés à l'Inde entre 1947 et 1950.)

MAHĀRĀNĪ n. f. (mot sanskr., de *mahā,* grand, et *rānī,* reine). Femme de mahārājā.

MAHĀRĀSHTRA, État de l'Inde, dans le Deccan, sur la mer d'Oman ; 308 000 km^{2} ; 78 706 719 hab. Cap. *Bombay.* L'État s'étend sur la plaine littorale du Konkan, les hauteurs des Ghāts (hydroélectricité) et une partie des plateaux intérieurs. Il produit du coton et de la canne à sucre, et est industrialisé, à Bombay et Poona essentiellement (textile, chimie, constructions mécaniques et électriques, alimentation). — **Hist.** Peuplée de montagnards belliqueux, la région fit partie des Empires Cālukya (au VIIe s.), Rāṣṭrakūṭa (du VIIIe au Xe s.) et Yādava au XIIIe s. Soumis par les musulmans du sultanat de Delhi puis des sultanats du Deccan, les Marathes s'opposèrent dès la fin du XVIIe s. à l'Empire moghol dont ils accélérèrent la décadence. À l'époque britannique, le Mahārāshtra ressortissait de la présidence de Bombay.

MAHĀRĀSHTRĪ n. m. Prākrit voisin du māgadhī et dont est issu le marāṭhī.

MAHĀTMĀ n. m. (mot sanskr. signif. *grande âme*). Titre donné en Inde à des personnalités spirituelles de premier plan, Gāndhī par exemple.

MAHAUT → MATHILDE.

MAHĀVĪRA (VIe s. av. J.-C.), le dernier des 24 prophètes (tīrthaṅkāra) qui fondèrent le jaïnisme, et réformateur de la communauté religieuse *(saṅgha)* des jaina.

MAHAWELI GANGA (« Grande Rivière de sable »), fl. de Sri Lanka ; 330 km. Aménagement pour l'irrigation.

MAHĀYĀNA, mot sanskr. signif. *grand moyen de progression* ou *Grand Véhicule* et désignant une forme du bouddhisme, qui prit naissance vers le début de notre ère. Le mahāyāna est plus métaphysique que le bouddhisme antérieur, dès lors dénommé hīnayāna, ou « Petit Véhicule ». Il s'est surtout développé dans le nord de l'Inde (d'où il a gagné le Tibet, la Chine et le Japon). Il conçoit la sainteté non comme un idéal individuel de perfection *(arhat),* mais comme une carrière visant à entraîner les autres créatures vers le salut. L'ascète pur est remplacé par le bodhisattva.

MAHDĪ n. m. (mot ar. signif. *le Bien Dirigé*). **1.** Dans l'islām, membre de la famille du Prophète, qui doit venir à la fin des temps pour rétablir la foi corrompue et la justice sur la Terre. (Pour les chī'ites duodécimains, le mahdī est l'imām caché, disparu mystérieusement vers 874, qui doit revenir à la fin des temps et libérera le monde.) — **2.** Surnom de divers souverains musulmans.

MAHDIA, port et station balnéaire de Tunisie, ch.-l. de gouvernorat, au S.-E. de Sousse, sur une presqu'île rocheuse ; 36 828 hab. La ville fut fondée en 912 par le calife fāṭimide 'Ubayd Allāh al-Madhī. Grande Mosquée (reconstruite en 1961-1965 sur le plan du Xe s.) ; forteresse du XVIe-XVIIIe s. Pêche et artisanat textile. Conserves de poisson.

MAHDISME n. m. **1.** Manifestation religieuse de l'islām, caractérisée par l'attente ou la proclamation d'un mahdī, d'un restaurateur de la justice et de la foi. — **2.** Insurrection soudanaise de 1881, autour de Muḥammad Aḥmad ibn 'Abd Allāh.

MAHDISTE adj. et n. Relatif au mahdisme ; adepte du mahdisme.

MAHÉ, île principale de l'archipel des Seychelles, dans l'océan Indien ; 145 km^2 ; 60 000 hab. Cap. *Victoria.* — L'île doit son nom à Bertrand François MAHÉ, comte de La Bourdonnais.

MAHÉ, v. de l'Inde, sur la côte de Malabār ; 33 425 hab. Elle fut l'un des cinq comptoirs que la France garda en Inde après le traité de Paris (1763) et qui fut rattaché à l'Union indienne en 1954-1956.

MAHENDRA BIR BIKRAM SHAH (Katmandou 1920 - Bharatpur 1972), roi du Népal (1955-1972).

MAḤFŪẒ (Nadjīb), écrivain égyptien (Le Caire 1912). Auteur de romans sur sa ville natale (*Passage des miracles,* 1947 ; la trilogie formée par : *Impasse des deux palais,* 1956 ; *le Palais du désir,* 1957 ; *le Jardin du passé,* 1958 ; *les Fils de la médina,* 1967), il pratique une analyse sociale et psychologique qui fait de lui le meilleur romancier de sa génération (*le Voleur et les Chiens,* 1961 ; *le Cœur de la nuit,* 1974). [Prix Nobel 1988.]

MAH-JONG [maʒɔ̃ ou maʒɔ̃g] n. m. (mot chin. signif. *je gagne*). Jeu chinois qui s'apparente aux dominos.

MAHLER (Gustav), compositeur et chef d'orchestre autrichien (Kalischt, auj. Kaliště, Bohême, 1860 - Vienne 1911). Il entreprit une longue carrière de chef d'orchestre qui l'entraîna à l'Opéra de la cour de Vienne (1897-1907) et aux États-Unis. Dans le domaine de la composition, sa position esthétique témoigne d'un lyrisme postromantique où se mêlent des styles variés qui trouvent leur ressort dans des programmes littéraires, voire philosophiques. On lui doit dix symphonies (1884-1910). Ses lieder avec orchestre constituent sans doute le meilleur de sa production, notamment *Lieder aus « des Knaben Wunderhorn »* (1888-1899), *Kindertotenlieder* (1901-1904), d'un lyrisme intense, et *Das Lied von der Erde* (1908).

MAHLER (Margaret), psychanalyste américaine d'origine autrichienne (Sopron 1897 - New York 1985). Elle créa un centre de guidance infantile à Vienne en 1930, et travailla avec Anna Freud. En 1938, elle partit pour les États-Unis, où elle créa un centre pour les enfants psychotiques à New York en 1957. Elle a été une des premières à imposer la notion de troubles psychotiques chez l'enfant de moins de trois ans. Elle a écrit notamment *la Naissance psychologique de l'être humain* (1975).

MAḤMUD de Rhazni (971-1030), souverain rhaznévide (999-1030). Il se fit investir par le calife de Bagdad et se posa en défenseur du sunnisme. Il entreprit dix-sept expéditions en Inde et régna sur la majeure partie de l'Iran, sur l'Afghānistān, sur le Pendjab et une partie du Sind. Il entretint à Rhazni, sa capitale, une cour brillante.

MAHMUD Ier (Edirne 1696 - Istanbul 1754), 24e sultan ottoman (1730-1754). À l'issue de la guerre contre la Russie et l'Autriche (1736-1739), il récupéra au traité de Belgrade (1739) les territoires cédés à l'Autriche à la paix de Passarowitz (1718). — **Mahmud II** (Istanbul 1784 - *id.* 1839), 30e sultan ottoman (1808-1839). Il fut l'initiateur de réformes dont la principale fut la suppression des janissaires (1826). Il dut faire face à la révolution grecque qui éclata en 1821 et aboutit à l'indépendance de la Grèce (1830-1832), ainsi qu'à l'action de Méhémet-Ali qui se rendit maître de l'Égypte, de l'Arabie, de la Syrie et du Liban et défit l'armée ottomane en 1832 et en 1839. Il fut secouru par Nicolas Ier, empereur de Russie (traité d'Unkiar-Skelessi, 1833).

MAHOGANI ou **MAHOGANY** n. m. Nom spécifique de l'acajou de Cuba, et généralement des acajous d'Amérique.

MAHOMET, en ar. **Muḥammad,** fondateur de l'islām (La Mecque v. 570 - Médine 632). Il naît dans le clan des Hāchim, de la tribu des Quraych. Orphelin élevé par son oncle Abū Ṭālib, il entre au service d'une riche veuve, Khadīdja, avec qui il se marie à La Mecque ; après la mort de Khadīdja (619), qui lui a donné sept enfants, dont Fāṭima, Mahomet aura diverses épouses et concubines. Sa vocation prophétique se précise dès 610, quand, à Hirā', une colline proche de La Mecque, où il est en retraite spirituelle, il entend la voix de l'archange Gabriel qui lui transmet les paroles de Dieu : Mahomet s'habitue à recevoir ces messages, les répète et les dicte ; ils formeront le Coran et donnent naissance à l'islām, entre 613 et 622. Mahomet n'est alors que l'envoyé de Dieu, chargé de rassembler les Arabes, dispersés en tribus, en une communauté *(umma)* qui, soumise aux commandements divins, transcende les liens du sang, dépasse la morale nomade, le cynisme des marchands et l'individualisme des citadins.
La prédication de Mahomet ne touche d'abord qu'un cercle d'intimes ; puis le succès qu'il remporte auprès des classes humbles provoque l'opposition des riches Mecquois. En 622 Mahomet rencontre secrètement des Médinois, attirés par son renom et son autorité et qui s'engagent à accueillir les musulmans de La Mecque. Menacé dans sa vie par les Quraychites, il part lui-même pour Médine (anc. Yathrib) : c'est l'hégire.
Mahomet s'y révèle un grand chef politique et religieux et un pacificateur. Ayant apaisé les factions, il devient le maître de la ville, dont il fait le quartier général de son activité religieuse et séculière. Les juifs de Médine agitant l'opinion, Mahomet proclame qu'il continue l'œuvre d'Abraham et que, dorénavant, les croyants se tourneront pour prier vers la Ka'ba de La Mecque et non plus vers Jérusalem, qui restera cependant la deuxième ville sainte de l'islām. L'influence grandissante de Mahomet s'affirme au fil des expéditions qu'il mène en vue du ralliement des nomades, de l'unification des Arabes et de la reconquête de La Mecque, ville où, à la tête de ses partisans, il rentre en 630. La victoire qu'il remporte à Ḥunayn, sur les Bédouins, entraîne des soumissions nombreuses ; le Prophète envoie des députations auprès des souverains voisins afin de se faire reconnaître comme chef d'État souverain. Lors du pèlerinage de 632, qui précède de peu sa mort, il fixe les grandes règles du *ḥadjdj* des musulmans : elles excluent les incroyants de la Ka'ba et les mécréants du paradis.

Mahomet *ou le Fanatisme,* tragédie de Voltaire (1741), dédiée au pape Benoît XIV : dénonciation, à travers Mahomet, du fanatisme, incarné par le jeune Séide, que le Prophète transforme en assassin.

MAHOMET, sultan ottoman → MEHMED.

MAHOMÉTAN, E adj. et n. Syn. anc. de MUSULMAN.

MAHOMÉTISME n. m. Syn. anc. de ISLĀM.

MAHÓN, port de l'archipel des Baléares (Espagne), cap. de l'île de Minorque ; 22 000 hab. *(Mahonais).* Tourisme.

MAHONE n. f. (ar. *mā'ūna,* assistance). Consortium de créanciers qui, à Gênes, au Moyen Âge, indemnisait les dommages subis en terre étrangère et administrait des territoires concédés en garantie de créances.

MAHONIA n. m. (lat. sc. *mahonia,* de B. *McMahon,* n. pr.). Arbrisseau ornemental (berbéridacée) des jardins, voisin de l'épine-vinette, à feuilles pennées, à fleurs jaunes odorantes, réunies en grappes.

MAHONNE n. f. (du turc). Chaland ponté de port, sans moyens propres de propulsion, utilisé au chargement des navires.

MAHORAIS, E adj. et n. De Mayotte.

MAHRĀTTE → MARATHE.

MA-HUANG n. m. Nom chinois de diverses plantes du genre *ephedra.*

MAI n. m. (lat. *maius mensis,* mois de la déesse Maia). **1.** Cinquième mois de l'année. — **2.** Symbole litt. de la belle saison, de la jeunesse. — **3.** Grand tableau offert chaque année à la cathédrale Notre-Dame de Paris, de 1630 à 1707, par la corporation des orfèvres. (Certains in situ, d'autres au musée d'Arras.) [On écrit aussi MAY.] — **4.** *Arbre de mai* ou *mai* (n. m.), arbre vert et enrubanné que l'on plantait le 1er mai en l'honneur de qqn. ‖ *Lois de mai,* lois votées en

Allemagne (1873-1875) lors du Kulturkampf. ‖ *Le Premier-Mai,* jour de la fête du Travail, férié, chômé et payé. (→ *encycl.*)

ENCYCL. **Hist.** En 1884 à Chicago, le congrès des Trade-Unions décida que le 1er mai serait un jour de manifestation pour obtenir la journée de 8 heures. Longtemps marqué par des grèves (États-Unis, 1886-1889) et des manifestations de revendication (France 1906, 1919 et 1920 notamment), le 1er mai est devenu fête légale du Travail et jour férié à partir du 30 avr. 1947.

mai 1793 (*journée du* **31**), journée révolutionnaire qui assura, grâce à l'action de la Commune de Paris pesant sur la Convention, le triomphe des Montagnards sur les Girondins (29 députés girondins furent arrêtés).

mai 1877 (*crise du* **16**), crise politique lors de laquelle le président Mac-Mahon accula le président du Conseil Jules Simon à la démission et proclama la dissolution de l'Assemblée nationale. Les résultats des élections d'oct. 1877 à la Chambre, et celles de janv. 1879 au Sénat amenèrent Mac-Mahon à démissionner.

mai 1958 (*crise du* **13**), événements d'Algérie qui provoquèrent le retour au pouvoir du général de Gaulle et la fin de la IVe République. Hostiles au gouvernement Pflimlin formé le 12 mai, les Européens d'Alger partisans de l'Algérie française envahissent le ministère de l'Algérie (13 mai) et forment un comité de salut public, présidé par le général Massu. Le général Salan, commandant en chef de l'Algérie, se solidarise avec eux (15 mai). La répercussion de ces événements en métropole provoque la démission de Pflimlin, et le président Coty demande au général de Gaulle de former le nouveau cabinet (1er juin).

mai 1968 *(événements de),* mouvement de contestation politique, sociale et culturelle, qui se développa en France en mai-juin 1968. Née du malaise latent de l'Université (critique de l'enseignement traditionnel, insuffisance des débouchés, menaces de sélection), la révolte étudiante éclate dès mars 1968 à la faculté de Nanterre, dont la fermeture (2 mai), suivie de celle de la Sorbonne (3 mai), provoque une série de manifestations violentes. Le mouvement gagne les entreprises, et le 13 mai, une grande manifestation est organisée à Paris par les syndicats, qui décident la grève générale. La vie économique du pays est paralysée (10 millions de grévistes à partir du 20 mai). Mais face au gauchisme des groupes étudiants (anarchistes, maoïstes, trotskistes), qui souhaitent un changement radical des structures, le parti communiste et la C. G. T. insistent sur les revendications professionnelles et salariales. Les négociations de Grenelle (25-27 mai), dont les résultats sont jugés insuffisants par une partie des travailleurs, ne mettent pas fin aux grèves. Face aux partis de gauche qui se déclarent prêts à assumer le pouvoir, le général de Gaulle dissout l'Assemblée, tandis que ses partisans lui apportent leur soutien (manifestation du 30 mai sur les Champs-Élysées). Le régime sort finalement renforcé des élections (23 et 30 juin), qui marquent la victoire de l'U. D. R. et le net recul des partis de gauche.

MAI (Angelo), érudit italien (Schilpario, Bergame, 1782 - Castelgandolfo 1854), auteur de travaux philologiques sur la littérature orientale et classique.

MAIA → MAJA.

MAÏA (la), riv. de Russie, en Sibérie, affl. de l'Aldan (r. dr.) ; 1 053 km (bassin de 171 000 km²).

MAIA, nymphe d'Arcadie, fille d'Atlas et mère d'Hermès. — Divinité romaine primitive, parèdre de Vulcain, tardivement assimilée à la précédente.

MAÏAKOVSKI (Vladimir Vladimirovitch), poète soviétique (Bagdadi, auj. Maïakovski, Géorgie, 1893 - Moscou 1930). Orphelin, il adhéra à 15 ans au parti bolchevik et participa au mouvement futuriste (*le Nuage en pantalon,* 1915). Rallié à la révolution dont il célébra le triomphe (*150 000 000,* 1920 ; *Octobre,* 1927), il tenta de réunir autour de sa revue *Lef* l'avant-garde artistique, avant de dresser dans son théâtre un tableau satirique des difficultés économiques et sociales du nouveau régime (*la Punaise,* 1929 ; *les Bains,* 1930). Il se suicida.

MAIANO (Benedetto et Giuliano da) → GIULIANO *da Maiano.*

MAIANTHEMUM [-mɔm] n. m. (de *mai* et gr. *anthemon,* fleur). Petite plante (liliacée) rampante des bois frais, dont le fruit est une baie rouge. (Syn. PETIT MUGUET.)

MAÎCHE (25120), ch.-l. de cant. du Doubs, dans le nord du Jura ; 4 248 hab. *(Maîchois).* Église du XVIIIe s. Mécanique de précision. Centre touristique et station de sports d'hiver (775 m).

MAIDEN CASTLE, site d'Angleterre (Dorset), au S.-O. de Dorchester. Importants vestiges d'établissements néolithiques.

MAÏDOU n. m. Arbre d'Asie tropicale, au bois rouge à rouge brun, odorant, fournissant les loupes d'Amboine, qui sont des broussins recherchés.

MAIDSTONE, v. de Grande-Bretagne, ch.-l. du Kent ; 72 000 hab. Église All Saints, de style gothique perpendiculaire. Papeterie. Brasserie.

MAIDUGURI, v. du Nigeria, cap. de l'État du Bornou ; 289 100 hab.

MAIE n. f. (lat. *magis, -idis,* pétrin). **1.** Coffre sur pieds qu'on utilisait autref. pour pétrir et conserver le pain. **2.** Surface plane et fixe d'un pressoir, où coule le jus.

MAÏEUL ou **MAYOL** *(saint),* quatrième abbé de Cluny (Avignon v. 906 - Souvigny, Allier, 994). Abbé de Cluny de 948 à sa mort, il introduisit la réforme clunisienne dans de nombreuses abbayes d'Europe.

MAÏEUR ou **MAYEUR** n. m. (lat. *major,* plus grand). En Belgique, premier magistrat municipal d'une commune rurale, appelé bourgmestre dans les villes.

MAÏEUTIQUE n. f. (gr. *maieutikê,* art de faire accoucher). Démarche platonicienne visant à faire surgir la vérité chez un interlocuteur.

MAIGNELAY-MONTIGNY (60420), ch.-l. de cant. du nord de l'Oise ; 2 284 hab. Église gothique.

1. MAIGRE adj. (lat. pop. **macrus,* du lat. class. *macer*). **1.** Qui a peu de chair et de graisse sur les os : *Des bras trop maigres.* — **2.** Qui contient peu de graisse, de gras, de matière grasse : *Du fromage maigre.* — **3.** Qui est peu abondant, peu important, médiocre ou insuffisant : *Un maigre filet d'eau. Un maigre salaire.* — **4.** Qui est peu fourni, peu abondant : *Le gazon était bien maigre.* — **5.** Fam. *Maigre comme un clou,* très maigre. • **Bât.** Se dit d'un élément de construction trop mince pour remplir sa place. — **Bx-arts.** Dépourvu de largeur, d'ampleur, du point de vue des proportions ou de l'exécution. — **Céram.** Se dit d'une argile qui contient beaucoup de silice, ce qui la rend peu plastique. — **Impr.** Se dit d'un caractère dont la graisse est la plus faible par comparaison au caractère normal. — **Matér.** Se dit d'un mortier qui ne contient que peu de chaux ou de ciment. — **Min.** Se dit d'un charbon ayant une faible teneur en matières volatiles (de l'ordre de 10 à 15 %), ne s'agglutinant pas au feu, excellent combustible industriel. — **Relig.** Se dit des jours où les catholiques sont tenus au maigre. — **Sylvic.** Se dit d'un bois dans lequel il y a beaucoup de fibres.

◆ n. Personne maigre.

◆ adv. *Manger, faire maigre,* respecter le maigre aux jours fixés par l'Église.

◆ n. m. **1.** Partie maigre d'une viande, d'un jambon, etc. : *Ne manger que le maigre.* — **2.** Obligation pour les catholiques de ne manger que des aliments maigres à certains jours fixés par l'Église.

◆ **maigres** n. m. pl. Syn. de ÉTIAGE.

2. MAIGRE n. m. (de *maigre 1,* à cause de l'aspect de la chair). Grand poisson (sciænidé) marin, gris argenté, aux nageoires rougeâtres, de l'Atlantique et de la Méditerranée, à chair savoureuse. (N. usuels *courbine, haut-bar* ou *sciène.*)

MAIGRELET, ETTE ou **MAIGRIOT, OTTE** adj. et n. m. Qui est un peu maigre et fluet : *Une petite fille maigrelette.*

MAIGREMENT adv. De façon maigre ; chichement, pauvrement : *Maigrement payé.*

Maigret *(le commissaire),* personnage de commissaire bonhomme mais perspicace, créé en 1929 par G. Simenon.

MAIGREUR n. f. **1.** État de qqn, d'un animal, qui est maigre, sans graisse, ni chair : *Être d'une maigreur effrayante.* (→ *encycl.*) — **2.** État de ce qui est peu dense, peu abondant : *La maigreur d'un gazon.* — **3.** Manque d'ampleur, de richesse : *La maigreur de ses ressources.*

ENCYCL. **Physiol.** et **Pathol.** On appelle maigre un sujet chez lequel le rapport masse grasse/poids corporel est inférieur à 10 % chez l'homme et à 14 % chez la femme.

Les maigres constitutionnels ont un poids stable depuis l'adolescence et une alimentation riche et variée. Leur état général est bon, et leur résistance à la fatigue est normale. La maigreur acquise dépend de causes multiples : socio-économiques, comme la famine et la malnutrition ; psychiques, comme l'anorexie mentale chez la jeune fille ; et enfin pathologiques.

MAIGRICHON, ONNE adj. et n. *Fam.* Qui est un peu trop maigre : *Un petit corps tout maigrichon.*

MAIGRIOT → MAIGRELET.

MAIGRIR v. i. (conj. 32). **1.** Perdre du poids ; devenir moins gros, plus maigre : *Il a maigri de cinq kilos.* — **2.** Diminuer : *Ses économies maigrissaient à vue d'œil.* — REM. S'emploie au participe passé sans l'auxiliaire *être* : *Je l'ai trouvée maigrie.*

◆ v. t. Rendre ou faire paraître maigre, moins gros : *Sa barbe le maigrit.*

MAIJISHAN ou **MAI-TSI-CHAN,** fondation bouddhique de la province du Gansu, au N.-O. de la Chine, active du Ve au milieu du VIIIe s. Remarquable ensemble de sculptures rupestres caractérisé par l'allongement du canon et la souplesse du modelé.

MAÏKOP, v. de Russie, cap. de la république des Adyguéens, dans le Caucase septentrional ; 152 500 hab.

— **Archéol.** Une riche sépulture sous kourgane témoigne de la brillante civilisation, en relation avec les mines bulgares et les centres d'Alaca et d'Our, qui s'épanouit dans la région dès le IIIe millénaire.

MAÏKOV (Apollon Nikolaïevitch), poète russe (Moscou 1821 - Saint-Pétersbourg 1897). Inspirés par le monde antique, ses poèmes (*la Mort de Lucius,* 1803) et sa tragédie (*Deux Mondes,* 1882) revêtent une forme parfaite, mais froide.

1. MAIL [maj] n. m. (lat. *malleus,* marteau). **1.** Jeu précurseur du golf, qui fut très en faveur en France au XVIIe s. – **2.** Maillet à long manche utilisé à ce jeu. – **3.** Promenade publique. – **4.** Voie piétonnière à l'intérieur d'un centre commercial. (Syn. GALERIE MARCHANDE.) – **5.** Partie du marteau d'armes, opposée à la pointe ; marteau avec lequel combattaient les gens de pied au Moyen Âge. (Syn. MAILLET D'ARMES.)

2. MAIL [mɛl] ou **MAIL-COACH** [mɛlkotʃ] n. m. (pl. *mail-coaches*) [angl. *mail-coach,* malle-poste]. Berline attelée de quatre chevaux, avec plusieurs rangs de banquettes sur le dessus de la voiture.

MAILER (Norman Kingsley), romancier américain (Long Branch, New Jersey, 1923). Une facture conventionnelle (*les Nus et les Morts,* 1948 ; *Rivage de Barbarie,* 1951), un ton âpre (*Un rêve américain,* 1965), des références existentialistes (*Advertissements for myself,* 1959), un humour implacable (*Pourquoi sommes-nous au Viêtnam ?,* 1967), une fiction journalistique (*Bivouac sur la lune,* 1970), des essais sur le désordre contemporain (*Prisonnier du sexe,* 1971), le roman-reportage (*le Chant du bourreau,* 1980 ; *Oswald. Un mystère américain,* 1995), tels sont les ingrédients et les produits de cet analyste impitoyable de l'aliénation et de la révolte sociale en Amérique (*Les vrais durs ne dansent pas,* 1984). De ce dernier roman, il tire un film qu'il réalise lui-même en 1987.

MAILHAC (11120), comm. de l'Aude ; 312 hab. Au lieu-dit le Cayla, une nécropole et un habitat, occupé du début du Ier millénaire au IIe s. apr. J.-C., ont livré quantité de vestiges témoignant de diverses orientations commerciales (céramiques gréco-asiatiques, étrusques, présence de l'alphabet ibère, etc.).

MAILING [mɛliŋ] n. m. Prospection d'un marché par envoi postal d'un prospectus rédigé sous l'apparence d'une missive personnelle. (Syn. PUBLIPOSTAGE.)

MAILLAGE n. m. (anc. fr. *mailler,* frapper à coups de maillet). **1.** Action de former un réseau, de disposer une grille qui recouvre, enserre, etc. – **2.** Interconnexion assurant une meilleure sécurité d'alimentation électrique du secteur desservi, grâce à un réseau maillé. – **3.** Dimension des mailles d'un filet de pêche prévue par la réglementation.

MAILLANE (13910), comm. des Bouches-du-Rhône, au N. des Alpilles ; 1 668 hab. *(Maillanais).* Musée Mistral dans la maison du poète.

MAILLART (Robert), ingénieur suisse (Berne 1872 - Genève 1940), spécialiste du béton armé. Il a mis au point, dès 1901, l'arc-caisson à trois articulations (pont de Zuoz, Engadine) et, en 1908, la dalle champignon (magasins Gieshübel de Zurich). Dans quelque 150 réalisations de ponts, d'entrepôts et de garages, d'une valeur esthétique inconnue jusque-là, il a recherché constamment l'unité structurale (pont sur la Salgina, près de Schiers, 1929).

1. MAILLE n. f. (lat. *macula*). **1.** Élément constitutif de toute surface textile comportant un réseau plus ou moins lâche de fils entrelacés (tricots, tulles, filets, notamment) ; trou formé par chaque boucle : *Poisson qui passe à travers les mailles.* – **2.** Boucle de fil reliée à d'autres boucles pour former un tricot. – **3.** Nom générique des tricots, étoffes à mailles : *L'industrie de la maille.* – **4.** Anneau d'une chaîne. (Syn. MAILLON.) • **Arm.** Petit annelet de fer dont on faisait les armures au Moyen Âge. – **Bât.** Division élémentaire d'une charpente en treillis. ‖ Division élémentaire d'une ossature à travées identiques. (En plan, la juxtaposition des mailles constitue la trame.) – **Bois.** *Débit sur maille,* débit destiné à obtenir un maximum de pièces de bois dont une face laisse apparaître la maillure. (Syn. DÉBIT SUR QUARTIER.) – **Bonnet.** *Maille double,* maille comportant deux boucles de fil, par exemple à la suite d'un report de maille ; maille qu'on obtient en piquant au-dessous de la maille à tricoter et qui se tricote avec celle-ci au rang suivant. ‖ *Maille (à l') endroit,* boucle de fil passée au-dessus de la tête de la maille précédente. ‖ *Maille (à l') envers,* boucle de fil passée au-dessous de la tête de la maille précédente. ‖ *Maille fantaisie,* tricot comportant des effets (couleur ou structure). – **Cartogr.** *Carte par mailles,* carte, souvent automatisée, représentant un phénomène dont le niveau d'analyse est une forme géométrique et non une entité administrative. – **Chass.** Syn. de MAILLURE. – **Cristallogr.** Parallélépipède qui, répété périodiquement dans les trois directions de l'espace, engendre un réseau cristallin. (Les sommets des parallélépipèdes sont les nœuds du réseau. La maille est dite simple si sa répétition périodique permet de retrouver tous les nœuds du réseau, et multiple si elle ne permet d'en retrouver qu'une fraction.) – **Dent.** Fond ou réseau des dentelles. – **Électr.** Ensemble des branches d'un réseau constituant un circuit fermé. – **Mar.** Tôle de navire limitée par deux raidisseurs longitudinaux et deux raidisseurs transversaux. ‖ Élément d'une chaîne d'ancre. – **Min.** Élément unitaire d'une toile de tamis. ‖ *Maille de foration, maille de sondage,* dessin élémentaire des points d'implantation d'un ensemble régulier de trous de mine ou de sondages. – **Pêch.** *Maille double,* dans un filet, maille qu'on obtient en passant deux fils au lieu d'un sur le moule (par oppos. à *maille simple*).

2. MAILLE [maj] n. f. (bas lat. *medalia,* moitié d'un denier, du lat. class. *medius,* demi). **1.** Pièce de monnaie médiévale de petite valeur. (Division, le plus souvent, du gros ou du denier.) — **2.** *Avoir maille à partir avec qqn, qqch,* être en contestation avec eux, avoir un différend, une difficulté : *Avoir maille à partir avec la justice.* ‖ *Vx. N'avoir ni sou ni maille,* être dénué d'argent.

MAILLÉ (Jean Armand DE), duc **de Brézé,** amiral français (1619 - Orbitello, Toscane, 1646). Neveu de Richelieu, il battit les Espagnols à Cadix (1640). Victorieux au cap de Gata et à Carthagène (1643), il mourut en tentant de s'emparer d'Orbitello.

MAILLEBOIS (Nicolas DESMARETS, *seigneur* DE) → DESMARETS.

MAILLEBOIS (Jean Baptiste François DESMARETS, *marquis* DE) [Paris 1682 - *id.* 1762], fils du précédent et petit-neveu de Colbert. Créé maréchal de France en 1741, il commanda le corps d'armée qui intervint en Corse en 1738-1740. En 1742, il ne parvint pas à dégager le maréchal de Belle-Isle dans Prague.

MAILLECHORT n. m. (du n. des inventeurs *Maillot* et *Chorier*). Alliage de cuivre (45 à 75 %), de zinc (5 à 45 %) et de nickel (6 à 26 %), avec parfois des additions de plomb, de manganèse ou de fer. (Facilement déformables à froid et résistant bien à la corrosion, les maillechorts sont utilisés en orfèvrerie, en micromécanique et pour la fabrication de ressorts.)

MAILLER v. t. (de *maille 1*) [conj. 3]. **1.** Former des mailles par entrelacement de boucles de fils. — **2.** En Suisse, tordre, fausser. — **3.** Fixer une chaîne sur une autre ou sur une boucle au moyen d'une manille.

◆ v. i. Se prendre dans les mailles d'un filet, en parlant du poisson.

◆ **être maillé** v. pass. **1.** Être fait de mailles : *Armure maillée.* — **2.** Être fait de mailles de plomb, en parlant d'un vitrail. — **3.** En Suisse, être tordu, faussé : *Une poutre maillée.* — **4.** En parlant d'un animal, avoir le plumage, le pelage marqué de mailles. — **5.** *Bois maillé,* bois dont une face laisse apparaître la maillure. ‖ *Réseau maillé,* réseau de transport et de distribution d'énergie électrique comportant de nombreuses liaisons entre les divers centres de production et d'utilisation ; réseau d'ordinateurs interconnectés ; réseau de distribution d'eau alimenté à chacune de ses extrémités et constitué de conduites maîtresses, dont partent des branches secondaires se recoupant entre elles, ce qui permet d'assurer la distribution même en cas de mise hors service d'une partie du réseau.

MAILLERIE n. f. (anc. fr. *mailler,* frapper à coups de maillet). Moulin à battre le chanvre.

MAILLET n. m. (dimin. de *mail*). **1.** Gros marteau à deux têtes, en bois dur, en cuir parcheminé, en plastique ou en caoutchouc, utilisé par les menuisiers, les sculpteurs sur pierre, les tonneliers, etc. — **2.** Sorte de masse en bois, de forme tronconique, du sculpteur sur bois. **3.** Instrument en bois, à long manche, formant un marteau à deux têtes, utilisé pour le jeu de croquet. — **4.** Instrument du joueur de polo, composé d'un manche flexible et d'une tête de bois en forme de marteau cylindrique. — **5.** *Maillet d'armes,* syn. de MAIL.

MAILLET (Antonine), femme de lettres canadienne d'expression française (Bouctouche, Nouveau-Brunswick, 1929). Auteur de pièces de théâtre (*la Sagouine,* 1971) et de romans (*Pélagie la Charrette,* 1979 ; *la Gribouille,* 1982 ; *le Huitième Jour,* 1986 ; *l'Oursiade,* 1990), elle chante l'Acadie.

MAILLEUR, EUSE n. Syn. de LACEUR.

MAILLEUSE n. f. (de *maille 1*). Roue de cueillage qui constitue l'organe essentiel de certains métiers à tricoter.

MAILLEZAIS (85420), ch.-l. de cant. de la Vendée, dans le Marais poitevin ; 980 hab. Restes imposants d'une abbaye fondée en 1010, évêché de 1317 à 1648.

MAILLOCHAGE n. m. Écrasement de la base d'une bouture pour favoriser la sortie des racines.

MAILLOCHE n. f. (augmentatif de *mail*). **1.** Gros maillet à une seule tête, cylindrique et située dans l'axe du manche, utilisé en tonnellerie, en maroquinerie, en cordonnerie, etc. — **2.** Outil chauffant composé d'une tête métallique et d'un manche, servant à effacer les plis du cuir sur un objet terminé (maroquinerie, chaussure, etc.). — **3.** Maillet de mouleur, servant, dans la fonte au sable, à tasser le sable de remplissage. — **4.** Bâton à l'extrémité habillée de peau, servant à frapper certains instruments (timbales, grosse caisse, gong). — **5.** Syn. de BROCHOIR.

MAILLOCHER v. t. (conj. 3). Exécuter une opération de frappe ou de lissage au moyen de la mailloche.

MAILLOL (Aristide), sculpteur, dessinateur, graveur et peintre français (Banyuls-sur-Mer 1861 - *id.* 1944). Élève boursier aux Beaux-Arts de Paris en 1882, il est d'abord peintre et fait partie du groupe des nabis. Il fonde en 1893 un atelier de tapisserie à Banyuls, exécute des céramiques et des statuettes en bois sous l'influence de Gauguin, mais ne vient au modelage, puis à la pierre, qu'à partir de 1900 (*la Méditerranée,* 1902-1905, version en bronze à l'hôtel de ville de Perpignan). La quasi-totalité de ses sculptures sont des figures de femmes, aux formes amples et simplifiées, aux poses largement rythmées, qui évoquent l'art antique sans presque jamais tomber dans l'académisme. De son œuvre, dont un ensemble est réuni au jardin des Tuileries (donation de son ancien modèle, Dina Vierny), citons *l'Action enchaînée,* monument à Blanqui (1906, Puget-Théniers), les monuments aux morts de Céret, Port-Vendres et Banyuls, *l'Air* (1938), *Harmonie* (1940-1944). Maillol a donné des lithographies et de vivaces gravures sur bois pour illustrer Virgile, Ovide, Longus. Musée à la Fondation Dina Vierny, à Paris (VIIe arrond.).

MAILLON n. m. (de *maille 1*). **1.** Chacun des éléments qui constituent une chaîne ; anneau. — **2.** Chacun des éléments d'une chaîne abstraite, d'une hiérarchie, d'un système organisé. — **3.** Partie d'une chaîne d'ancre comprise entre deux manilles d'assemblage ou deux mailles démontables et d'une longueur de 30 m en marine militaire et de 27,50 m en marine de commerce. — **4.** Petit anneau, fixé aux lisses des lames du métier à tisser, dans lequel est passé le fil de chaîne.

MAILLOT n. m. (anc. fr. *maillol, de maille 1*). **1.** Vêtement en maille porté à même la peau, et ne couvrant que le haut du corps. — **2.** Vêtement moulant porté à même la peau par les danseurs, gymnastes, acrobates, etc. — **3.** Vêtement servant à distinguer les joueurs ou concurrents dans certains sports. — **4.** *Maillot académique,* maillot d'une seule pièce qui enserre le corps du danseur, des pieds jusqu'au cou, ainsi que les bras. ‖ *Maillot de bain,* vêtement de bain, le plus souvent en maille extensible. ‖ *Maillot de corps,* sous-vêtement en maille qui se porte à même la peau.

MAILLOTIN n. m. (anc. fr. *maillot,* maillet d'armes). Nom donné à des insurgés parisiens armés de maillets (mars 1382).

MAILLURE n. f. (de *maille 1*). **1.** Aspect donné par les rayons ligneux sur une section radiale d'une pièce de bois. — **2.** Tache ou moucheture sur le plumage des oiseaux ou le pelage du gibier à poil. (Syn. MAILLE).

MAILLY-CHAMPAGNE (51500), comm. de la Marne, sur le versant nord de la Montagne de Reims ; 677 hab. Vins (champagne).

MAILLY-LE-CAMP (10230), comm. de l'Aube, dans la Champagne crayeuse ; 2 662 hab. Camp militaire de 11 503 ha.

MAIMONIDE (Moïse), en hébr. **Moshe ben Maimon,** dit *Ramban,* en ar. **Abū 'Imrān Mūsā ibn Maymūn,** médecin, talmudiste et philosophe juif (Cordoue 1138 - Fusṭāṭ 1204). Médecin à la cour des Ayyūbides, en Égypte, il mit admirablement en perspective le Talmud tout en tentant de concilier foi et raison et de rapprocher la Bible et la pensée d'Aristote. Ses travaux ont influencé et la pensée juive et la philosophie chrétienne. Il a laissé trois grands ouvrages : le *Luminaire* (1168) ; le *Mishne Tora* (1180) ; le *Guide des égarés* (1190).

MAIN n. f. (lat. *manus*). **1.** Organe de la préhension et de la sensibilité, muni de cinq doigts, qui constitue l'extrémité du membre supérieur de l'homme. (→ *encycl.*) — **2.** Cet organe considéré comme un instrument : *Travailler de ses mains.* — **3.** Image de la force, de la vigueur d'une action : *Mener ses affaires d'une main de fer.* — **4.** Image, symbole d'un acte, de celui qui le fait : *Chercher une main secourable.* — **5.** Poche de tissu qu'on utilise pour la toilette, pour tenir les plats chauds, etc. — **6.** Unité de longueur égale à la largeur d'une main. — **7.** *À main,* qui est destiné à être porté à la main ou manœuvré à la main : *Sac à main. Frein à main.* ‖ *À la main,* fait sans utiliser un dispositif mécanisé. ‖ *À main armée,* avec des armes. ‖ *À main droite, à main gauche,* à droite, à gauche. ‖ *À main levée,* se dit d'un dessin effectué sans instrument ou d'un seul trait de crayon, rapidement ; se dit d'un vote où les membres d'une assemblée se prononcent en levant la main. ‖ *À mains nues,* sans armes ou sans gants. ‖ *Accorder la main de sa fille,* donner à qqn son accord au mariage de sa fille. ‖ Fam. *Avoir qqn à sa main,* entièrement soumis, à sa merci. ‖ *Avoir (bien) en main,* tenir solidement qqch, exercer sur qqn une autorité incontestée. ‖ *Avoir, tenir en main (une affaire),* la conduire à sa guise. ‖ *Avoir la haute main sur qqch,* jouir de la principale autorité dans un domaine donné. ‖ *Avoir la main heureuse, malheureuse,* avoir ou non de la chance au jeu. ‖ *Avoir la main légère,* ne pas mettre trop de qqch ; opérer adroitement, agir sans brutalité. ‖ *Avoir la main lourde,* verser en trop grande quantité ; frapper, punir durement. ‖ *Avoir les mains libres, avoir les mains liées,* avoir, ne pas avoir de liberté d'action. ‖ *Changer de main(s),* passer d'un possesseur, d'un maître à un autre. ‖ *Coup de main,* aide apportée à qqn ; habileté dans la manière de faire ; opération militaire locale menée par surprise sur un objectif limité. ‖ *De la (propre) main de qqn,* par la personne même, de sa part. ‖ *De longue main,* en s'y prenant longtemps à l'avance. ‖ *De main de maître,* avec beaucoup d'adresse ou d'habileté. ‖ *De main en main,* de la possession d'une personne à la possession d'une autre. ‖ *De première main,* directement, sans intermédiaire ; de la source même. ‖ *De (en) seconde, troisième main,* par un ou deux intermédiaires ; sans originalité. ‖ *Des deux mains,* avec un grand empressement. ‖ *Demander la main d'une jeune fille,* la demander en mariage. ‖ *Donner, prêter la main à qqn,* le servir. ‖ *Donner, tenir la main à qqn pour faire qqch,* l'y aider, lui donner le courage de le faire.

‖ *En main(s) propre(s),* au destinataire lui-même. ‖ *En sous-main,* secrètement, à l'insu des autres. ‖ *En venir aux mains,* se battre. ‖ *Entre les mains de,* en la possession de, sous l'autorité de. ‖ *Être en bonnes mains,* être confié à une personne honnête ou compétente. ‖ *Être en main,* être à la disposition, en la possession de. ‖ *Faire main basse sur qqch,* s'en emparer sans en avoir le droit, voler. ‖ *Fait main,* exécuté avec la main et non avec une machine. ‖ *Homme de main,* homme d'action qui exécute un travail pour le compte d'un autre et en partic. une mission louche, parfois criminelle. ‖ *La main dans la main,* en se donnant la main ; en parfait accord. ‖ *La main dans le sac,* en train de voler, de commettre quelque irrégularité. ‖ *La main du destin, de Dieu, etc.,* symbole litt. d'une action, de l'effet de cette force. ‖ *La main sur le cœur,* de bonne foi. ‖ *Les mains vides,* en n'ayant rien à offrir ou en n'ayant rien obtenu. ‖ *Mariage de la main gauche,* autref., mariage entre personnes de condition inégale ; *fam.* auj., union libre, concubinage. ‖ *Mettre la dernière main à qqch,* le terminer, y apporter les derniers soins. ‖ *Mettre la main à l'ouvrage, à la pâte,* entreprendre qqch, y prêter son concours, participer activement à un travail. ‖ *Mettre la main sur,* s'emparer, trouver qqch, qqn et en partic. arrêter qqn. ‖ *Mettre sa main au feu,* être fortement persuadé de ce qu'on avance. ‖ *Ne pas y aller de main morte,* frapper rudement ; agir ou parler avec dureté. ‖ *Passer la main,* renoncer à ses pouvoirs, transmettre la direction d'une entreprise. ‖ *Passer la main dans le dos de qqn,* lui prodiguer des flatteries, à des fins intéressées. ‖ *Perdre, garder la main,* perdre, garder l'habitude de faire qqch, perdre, garder son habileté. ‖ *Politique de la main tendue,* politique de collaboration avec l'adversaire de la veille. ‖ *Prendre en main qqch, qqn,* s'en occuper pour redresser une situation. ‖ *Prêter la main à qqch,* offrir son concours. ‖ *Se faire la main,* s'exercer. ‖ *Se prendre par la main,* s'obliger à faire qqch. ‖ *Se salir les mains,* tremper dans une affaire malhonnête, compromettante. ‖ *Sous la main,* à sa disposition, tout proche ; sous son autorité, sous sa dépendance. ‖ *Tomber aux mains de qqn,* se trouver en son pouvoir, sous sa dépendance. • **Arm.** *Main de fer,* arme de parapet en forme de croc (Moyen Âge). ‖ *Main gauche,* dague utilisée de la main gauche en complément d'une épée (XVIe et XVIIe s.). — **Autom.** *Main de ressort,* pièce du cadre de châssis sur laquelle s'attache un ressort (camions). — **Bât.** *Main courante,* pièce qui se développe en longueur, à hauteur d'appui, le long d'un escalier, et à laquelle on se tient avec la main (elle peut être portée par une rampe ou fixée au mur) ; lisse d'un garde-corps, d'une barrière. — **Bourrell.** Partie des guides que le conducteur tient à la main lorsqu'il est sur le siège. — **Bx-arts.** Spécificité de manière propre à un artiste, surtout en peinture et en dessin. — **Chorégr.** *Avoir la main,* conduire la danse. — **Cirq.** *Main à main,* exercice athlétique au cours duquel deux acrobates (un porteur et un voltigeur) multiplient les élévations en se tenant par les mains. — **Comptab.** *Main courante,* syn. de BROUILLARD 2. — **Cout.** *Petite main,* autref., personne débutant dans la couture. ‖ *Première main, seconde main,* dénominations attribuées aux professionnels travaillant dans l'industrie de la couture. — **Dr.** *Clause de main commune,* clause qui prévoyait l'administration conjointe par les deux époux de la communauté, remplacée (loi de 1985) par la *clause d'administration conjointe.* — **Équit.** *Avoir la main légère,* se servir judicieusement des aides de la main. ‖ *En arrière de la main,* se dit d'un cheval qui refuse de prendre appui sur son mors. ‖ *Être sur la main, dans la main,* être bien dressé et obéir en tout à son cavalier. ‖ *Mener un cheval en main,* le mener par la bride sans le monter. ‖ *Mettre un cheval sur la main,* l'obliger à prendre un appui franc sur son mors et une position de tête favorable à l'action de celui-ci. ‖ *Prendre la main,* pour un cheval, échapper au contrôle de son cavalier. ‖ *Travailler à main droite,* avoir l'intérieur du manège à sa droite, prendre les tournants à droite. — **Hist.** *Main de justice,* autorité judiciaire, en vertu des lois, sur les personnes et sur les biens, symbolisée par une main d'ivoire ouverte, aux doigts levés, placée à l'extrémité du bâton royal de France. — **Jeux.** Réunion des cartes distribuées à chaque joueur. ‖ Situation de celui qui donne les cartes à jouer ou de celui qui est le premier à jouer après la donne, les enchères ou le dernier pli. ‖ *Main chaude,* jeu entre deux personnes où chacun à tour de rôle place sa main à plat sur celle de l'autre et cela de plus en plus vite. ‖ *Main pleine,* syn. de FULL. — **Mar.** *Main courante,* syn. de LISSE 2. — **Menuis.** *Indiquer la main,* indiquer le sens d'ouverture d'une porte. — **Métrol.** Syn. de PAUME. — **Mobil.** Poignée de meuble. — **Papet.** Ensemble de vingt-cinq feuilles de papier ou vingtième de rame. ‖ *Avoir de la main,* pour un papier, avoir une épaisseur qui semble élevée pour son grammage. — **Préhist.** *Main négative,* contour de main tracé sur les parois de certaines grottes du paléolithique (grotte de Gargas). — **Sports.** Au football, faute commise par le joueur qui touche le ballon de la main. — **Trad. pop.** *Main de Fatma,* chez les musulmans, signe en forme de main, destiné à conjurer les maléfices des djinns, en même temps que symbole d'adoration de Dieu ; collier avec une main en pendentif porté par les femmes musulmanes.

ENCYCL. **Anat.** et **Physiol.** Le squelette de la main est constitué par les 8 os du carpe, les 5 métacarpiens et les phalanges, au nombre de 3 pour chaque doigt, sauf pour le pouce, qui n'en a que deux. La main est le lieu de passage des tendons des muscles fléchisseurs et extenseurs des doigts ; des muscles spécifiques sont affectés au pouce et à l'auriculaire ; les muscles interosseux (entre les métacarpiens) permettent les mouvements latéraux des doigts. La vascularisation de la main est assurée par les branches des deux arcades palmaires ; l'innervation, par des branches des nerfs médian, cubital et radial. La préhension est rendue possible par les mouvements du pouce, opposable aux autres doigts, et les mouvements de flexion des 5 doigts.

Mains sales *(les),* pièce en 7 tableaux de J.-P. Sartre (1948) : la signification de l'action politique à travers le conflit des morales bourgeoise et révolutionnaire.

MAIN (le), riv. d'Allemagne (Bavière et Hesse), qui rejoint le Rhin (r. dr.) en face de Mayence ; 524 km. Né dans les Fichtelgebirge, le Main traverse Bayreuth, Schweinfurt, Würzburg, Francfort. Sa vallée s'encaisse dans les plateaux du bassin de Souabe et de Franconie, et décrit de très grandes sinuosités. Élément de la voie d'eau Rhin-Main-Danube, il est utilisé par la navigation.

MAINARD ou **MAYNARD** (François), poète français (Toulouse 1582 - Aurillac 1646). Disciple de Malherbe, ami de Théophile de Viau et de Saint-Amant, il excella dans l'épigramme, dont il renouvela les règles, et dans l'ode, mélancolique et sereine *(la Belle Vieille).* [Acad. fr., 1634.]

MAINATE n. m. (mot malais). Grand étourneau d'Asie méridionale, portant des caroncules jaunes en arrière des yeux, élevé en volière pour ses dons d'imitation de la voix humaine.

1. MAINBOUR n. f. (anc. fr. *mainbornie*). **1.** Au haut Moyen Âge, autorité protectrice exercée par les rois francs sur leurs sujets. — **2.** À l'époque féodale, dans les pays de coutumes, autorité du père ou de la mère sur leurs enfants mineurs. (Syn. MAINBOURNIE.)

2. MAINBOUR n. m. (anc. fr. *mainbor,* du germ. *muntboro*). Dans l'ancien droit, tuteur, curateur.

MAINBOURNIE n. f. Syn. de MAINBOUR 1.

MAIN-DE-FER n. f. Calibre de gantier.

MAIN-D'ŒUVRE n. f. (pl. *mains-d'œuvre*). **1.** Façon, travail de l'ouvrier dans la confection d'un ouvrage. — **2.** Ensemble des salariés, en partic. des ouvriers, d'un établissement, d'une région, d'un pays.

MAÏ NDOMBÉ *(lac),* anc. **Léopold-II,** lac du Zaïre, communiquant avec le Kasaï par le Lukénié et la Fimi ; 2 400 km² environ.

MAINDRON (Hippolyte), sculpteur français (Champtoceaux 1801 - Paris 1884). Élève de David d'Angers, il a exécuté une *Velléda* (1839) pour le jardin du Luxembourg.

MAINE (la), riv. de l'Anjou (Maine-et-Loire), affl. de la Loire (r. dr.) ; 10 km. Formée par l'union de la Mayenne et de la Sarthe augmentée du Loir, elle passe à Angers et conflue à 8 km en aval.

MAINE, ancienne province de France, entre la Bretagne, la Normandie, l'Orléanais, la Touraine et l'Anjou ; cap. *Le Mans.* Le Maine a formé en 1790 les départements de la Mayenne (*bas Maine,* extrémité orientale du Massif armoricain) et de la Sarthe (*haut Maine,* amorce occidentale du Bassin parisien) et une partie de ceux de l'Orne, d'Eure-et-Loir et de Loir-et-Cher.
— **Hist.** Christianisé entre le IVe et le VIe s., le pays fut d'abord un comté héréditaire (955). Le Maine fut rattaché, au XIIe s., à l'Anjou puis à la Couronne anglaise. Il ne fut définitivement rattaché au domaine royal français qu'en 1481 ; il servit, par la suite, d'apanage à des princes du sang.

MAINE, un des États de Nouvelle-Angleterre, dans le nord-est des États-Unis ; 86 156 km² ; 1 227 928 hab. Cap. *Augusta.* Le Maine occupe un plateau des Appalaches qui culmine à 1 604 m. La forêt (scieries, pâte à papier), sous un climat humide et froid, couvre les trois quarts de l'État.
— **Hist.** Probablement connu des Normands (XIe s.), découvert par Cabot (1498), le territoire du Maine fut colonisé par les Anglais au début du XVIIe s. Séparé du Massachusetts, il devint un État de l'Union (1820).

MAINE *(golfe du),* mer épicontinentale de l'est des États-Unis et du Canada, formée par les prolongements submergés de la plaine côtière atlantique, du cap Cod à la Nouvelle-Écosse et au Nouveau-Brunswick (baie de Fundy).

MAINE (Louis Auguste DE BOURBON, *duc* DU), prince français (Saint-Germain-en-Laye 1670 - Sceaux 1736), fils aîné de Louis XIV et de Mme de Montespan. Légitimé (1673), il devint maréchal de camp (1690), puis lieutenant général (1692). En 1714, il fut reconnu apte à succéder, à défaut de princes légitimes, à Louis XIV. Mais la cassation du testament du roi par le Régent (2 sept. 1715), en l'écartant du pouvoir, incita le duc du Maine à participer au complot dit de Cellamare contre le Régent qui, ayant triomphé, le priva de ses fonctions. — Son épouse, LOUISE BÉNÉDICTE **de Bourbon-Condé,** duchesse **du Maine** (Paris 1676 - *id.* 1753), tint à Sceaux une cour brillante. Elle participa au complot et fut exilée à Châlons de 1718 à 1720.

Maine-Anjou *(race)*, race française de bovins à la robe pie rouge acajou, réputée pour son aptitude à la production de viande (Mayenne et départements limitrophes).

MAINE DE BIRAN (Marie François Pierre GONTIER DE BIRAN), philosophe français (Bergerac 1766 - Paris 1824). Il fut administrateur de la Dordogne (1795), député et conseiller d'État (1816). Il se rattache au courant spiritualiste et affirme l'infaillibilité de la conscience de soi (aperception). Il déclare d'autre part que le moi ne peut se poser qu'en s'opposant et fait de l'effort l'élément décisif de la formation de la personnalité (*l'Aperception immédiate,* 1807 ; *Rapports du physique et du moral,* 1814).

MAINE-ET-LOIRE (49), dép. de la Région Pays de la Loire ; ch.-l. de dép. *Angers* ; ch.-l. d'arrond. *Cholet, Saumur, Segré* ; 4 arrond. ; 41 cant. ; 364 comm. ; 7 166 km^2 ; 705 882 hab. Le dép. appartient à l'académie de Nantes, à la cour d'appel d'Angers, à la région militaire Atlantique. Dans le sud-ouest, les collines bocagères des Mauges (ou Choletais) sont une région de polyculture associée à l'élevage bovin. Elles se prolongent, entre Layon et Loire, dans le Saumurois, par des coteaux portant des vignobles. Les régions du Beaugeois et du Segréen, où domine l'élevage bovin, sont séparées des premières par la riche vallée de la Loire, qui porte cultures fruitières et légumières, vignes et prairies d'élevage. L'industrie, représentée principalement par les constructions mécaniques et électriques, l'agroalimentaire, le textile, est implantée notamment à Cholet et surtout à Angers.

MAIN-FORTE n. f. inv. *Prêter main-forte à qqn,* lui prêter aide, secours.

Mainichi Shimbun, important quotidien japonais, créé en 1872.

MAINLAND ou **POMONA,** île de Grande-Bretagne, au N. de l'Écosse, la plus grande du groupe des Orcades ; 6 500 hab. Ch.-l. *Kirkwall.* — Ce nom désigne aussi la principale terre de l'archipel des Shetland.

MAINLEVÉE n. f. Acte amiable ou judiciaire par lequel on détruit l'effet d'une saisie, d'une opposition, d'un nantissement, d'une hypothèque, d'une tutelle, d'un mandat de dépôt ou d'arrêt.

MAINMISE n. f. **1.** Action de mettre la main sur qqch, de s'en emparer : *La mainmise d'un pays sur des territoires étrangers.* — **2.** Action de s'assurer une domination exclusive et souvent abusive sur qqch : *La mainmise d'un parti politique sur l'État.*

MAINMORTABLE adj. et n. **1.** Se dit, surtout à partir du XVIe s., d'un serf qui est sujet au droit de mainmorte. (Syn. HOMME DE MAINMORTE, MORTAILLABLE.) — **2.** Qui possédait des biens de mainmorte.

MAINMORTE n. f. (de *main,* propriété). **1.** Droit dont jouissait le seigneur de s'emparer de la succession de son serf à sa mort. (Syn. ÉCHUTE.) — **2.** *Biens de mainmorte,* biens appartenant à des personnes morales et qui échappaient au régime des successions. ‖ *Homme de mainmorte,* syn. de MAINMORTABLE.

MAINSTREAM [menstrim] n. m. (mot angl. signif. *courant principal*). Style des musiciens fidèles à la tradition du jazz des années 30 et 40, par opposition au jazz traditionnel et au jazz moderne. (Syn. MIDDLE JAZZ ou JAZZ CLASSIQUE.)

MAINT, E adj. indéf. (germ. **manigipô,* grand nombre). *Litt.* En grand nombre : *En maint endroit. Maintes et maintes fois. À maintes reprises.*

MAINTENABILITÉ n. f. Aptitude d'un équipement industriel à être maintenu en état de bon fonctionnement.

MAINTENANCE n. f. (angl. *maintenance*). **1.** Ensemble des opérations permettant de maintenir ou de rétablir un matériel, un appareil, un véhicule, etc., dans un état donné, ou de lui restituer des caractéristiques de fonctionnement spécifiées. — **2.** Action ayant pour objet de maintenir en condition, grâce à un recomplètement en personnel et en matériel, des unités militaires éprouvées par le combat ; ensemble des moyens nécessaires à cette action.

MAINTENANT adv. (part. prés. de *maintenir*). Indique : **1.** le moment présent : *Fais-le maintenant, après ce sera trop tard.* — **2.** l'époque actuelle : *Les jeunes de maintenant.* — **3.** le point de départ actuel ; à partir du moment présent, désormais : *Il sera maintenant plus prudent.* — **4.** une durée, le temps écoulé jusqu'au moment présent : *Il y a maintenant deux ans qu'ils sont partis.* — **5.** une considération nouvelle après une affirmation : *Voilà mon avis, maintenant vous en ferez ce que vous voudrez.* — **6.** *Maintenant que,* à présent que, dès lors que : *Maintenant que tu es guéri, tu peux m'accompagner.*

MAINTENEUR n. m. **1.** *Litt.* Personne qui maintient, soutient qqch qui est menacé de disparaître : *La nation dont vous êtes les mainteneurs.* — **2.** *Mainteneurs des jeux Floraux,* les quarante membres d'une académie littéraire de Toulouse.

MAINTENIR v. t. (lat. pop. **manutenire,* du lat. class. *manus,* main, et *tenere,* tenir) [conj. **40**]. **1.** Tenir qqch ferme, fixe, stable : *Des rivets maintiennent l'assemblage.* — **2.** Empêcher qqch, un animal de bouger ; immobiliser : *Maintenir un forcené.* — **3.** Faire garder une position, conserver dans le même état : *Maintenir les yeux fermés. Maintenir un malade en vie.* — **4.** Faire durer qqch : *Maintenir la paix, les traditions.* — **5.** Continuer d'affirmer ce qu'on a déjà affirmé, ne pas revenir sur ce qu'on a dit : *Je vous maintiens qu'il a tort.* — **6.** Conserver un matériel ou une installation dans un état de fonctionnement spécifié. — **7.** *Je maintiendrai,* devise de la maison d'Orange-Nassau.

◆ **se maintenir** v. pr. **1.** Rester dans un certain état : *Le temps se maintient au beau.* — **2.** Ne pas se désister : *Candidat qui se maintient au second tour.* — **3.** Continuer d'être dans un état assez satisfaisant, ou ne pas se dégrader : *Sa santé se maintient. Le niveau des commandes se maintient.*

MAINTENON (28130), ch.-l. de cant. d'Eure-et-Loir, sur l'Eure ; 4 182 hab. *(Maintenonnais).* Château des XIIIe-XVIIe s., redécoré au XIXe s.

MAINTENON (Françoise D'AUBIGNÉ, *marquise* DE) [Niort 1635 - Saint-Cyr 1719], petite-fille d'Agrippa d'Aubigné. Épouse de Scarron (1652-1660), gouvernante des bâtards royaux (1669), créée marquise de Maintenon (1674), elle exerça sur Louis XIV une influence grandissante au point que, en 1683, le roi l'épousa secrètement. Dès lors, elle joua un rôle important à la Cour, lui imposant une étiquette austère et encourageant le roi, qu'elle avait converti à une vie plus religieuse, à persécuter les protestants. Après la mort de Louis XIV (1715), elle se retira à la maison de Saint-Cyr qu'elle avait fondée, en 1686, pour l'éducation des jeunes filles nobles pauvres.

MAINTENUE n. f. (de *maintenir*). Confirmation par jugement dans la possession d'un bien ou d'un droit.

MAINTIEN n. m. **1.** Action, fait de maintenir, de se maintenir : *Maintien des libertés, des prix.* — **2.** Fait de maintenir, de soutenir une partie du corps : *Soutien-gorge qui assure un bon maintien.* — **3.** Manière de tenir son corps : *Soyez simple dans votre maintien.* — **4.** *Maintien dans les lieux,* faculté de continuer à occuper un logement malgré l'expiration du bail, accordée à l'occupant de bonne foi en vertu de certaines dispositions législatives. ‖ *Maintien de l'ordre,* ensemble des mesures de police prises, par l'autorité civile, pour prévenir ou réprimer les actions de nature à troubler l'ordre public et pour le rétablir s'il y a lieu. (Le maintien de l'ordre peut exceptionnellement incomber à l'autorité militaire [état de siège par ex.].) ‖ *Maintien de la paix,* ensemble des mesures établies par l'O. N. U. visant à régler pacifiquement les différends internationaux. ‖ *Maintien sous les drapeaux,* prolongement du service actif pour un contingent ou un militaire puni. (S'agissant d'un militaire puni, on parle plus couramment de *maintien au corps* ou de *maintien au service.*)

Maintien de l'ordre *(médaille commémorative des opérations de Sécurité et de),* décoration française créée en 1958 pour les militaires ayant participé aux opérations de sécurité et de maintien de l'ordre sur un territoire déterminé.

MAINVILLIERS (28300), ch.-l. de cant. d'Eure-et-Loir, banlieue ouest de Chartres, sur l'Eure ; 10 138 hab.

MAINZ, nom allemand de Mayence.

MAÏOLIQUE → MAJOLIQUE.

MAIQUETÍA, v. du Venezuela (district fédéral), sur la mer des Antilles ; 62 834 hab. Aéroport international de Caracas.

MAIRE [mɛr] n. m. (anc. fr. *maire,* plus grand, du lat. *major*). **1.** Le premier des magistrats municipaux, qui est l'organe exécutif de la commune. (→ *encycl.*) — **2.** *Maire d'arrondissement,* maire élu dans chaque arrondissement de Paris, Lyon et Marseille. ‖ *Maire du palais,* dignitaire de la cour mérovingienne qui était chef de ceux qui, dans chacun des trois royaumes, aidaient le roi à gouverner. (Avec la décadence de la dynastie mérovingienne, Pépin de Herstal réussit à devenir maire des trois royaumes et son descendant Pépin le Bref, en prenant le titre royal, mit fin à la fonction de maire du palais.) ‖ Fam. *Passer devant Monsieur le maire,* se marier.

ENCYCL. **Dr.** Le maire peut être assisté d'adjoints. Comme agent de l'État, il agit sous l'autorité et le contrôle hiérarchique de l'administration supérieure, et notamment du préfet. Il est chargé de la publication et de l'exécution des lois et règlements, est officier de l'état civil et officier de police judiciaire, participe à la confection et à la tenue des listes électorales, délivre de nombreux certificats, est chargé du recrutement militaire. Comme agent de la commune, il est personnellement chargé de la police municipale et représente la commune dans la vie juridique. Il prépare et exécute les délibérations du conseil municipal ; en particulier, il dispose de l'initiative en matière budgétaire et ordonne les dépenses.
Le maire est élu en son sein par le conseil municipal à la majorité absolue (à la majorité relative au troisième tour) et pour toute la durée du mandat du conseil municipal.

MAIRE (Edmond), syndicaliste français (Épinay-sur-Seine 1931). Technicien chimiste, il devient permanent de la C. F. T. C. en 1958. Artisan de la déconfessionnalisation de sa centrale, il a été secrétaire général de la C. F. D. T. de 1971 à 1988.

MAIRESSE n. f. *Fam.* **1.** Femme d'un maire. — **2.** Femme exerçant les fonctions de maire.

MAIRET (Jean), poète dramatique français (Besançon 1604 - *id.* 1686). Il défendit dans la préface de *Silvanire* (1629) les règles d'Aristote, et donna avec *Sophonisbe* (1634) la première tragédie classique régulière, même si la règle des trois unités n'y était pas totalement respectée.

MAIRIE n. f. **1.** Charge de maire ; exercice des fonctions de maire. — **2.** Administration municipale. — **3.** Édifice où se trouvent les services de l'administration municipale et où siège le conseil municipal ; hôtel de ville.

MAIRONIS (Jonas MAČJULIS, dit), poète lituanien (Pasandravis 1862 - Kaunas 1932), chantre de sa terre natale (*Voix printanières,* 1895 ; *Jeune Lituanie,* 1907).

MAIS conj. (lat. *magis,* plus). Indique : **1.** une opposition, une précision, une correction par rapport à ce qui a été énoncé : *Il est intelligent, mais paresseux.* — **2.** une objection : *Mais pourtant vous m'aviez promis de venir.* — **3.** le renforcement d'une réponse : *Mais naturellement !* — **4.** dans une phrase exclamative ou interrogative, l'insistance, la surprise, l'impatience, etc. : *Mais je vous en prie ! Mais où est-il donc passé ?* — **5.** Fam. *Non mais (des fois) !,* exprime une vive réprobation : *Non mais des fois, où vous croyez-vous ?* — **6.** En tête de phrase, sert d'élément de transition : *Mais, j'y pense, avez-vous déjeuné ?*
◆ adv. Litt. *N'en pouvoir mais,* ne pouvoir rien y faire, être à bout de ressources.
◆ n. m. Objection, critique : *Avec des mais et des si, on ne fait jamais rien.*

MAÏS n. m. (esp. *maiz,* de l'arawak *mahís*). **1.** Grande céréale (graminée) d'origine américaine, à la forte tige portant un épi femelle formé de grains placés en rangs très serrés. — **2.** Les grains de cette plante séparés de l'épi.
ENCYCL. Ressource alimentaire principale dans les Empires aztèque et inca, le maïs fut introduit en Europe après la découverte de l'Amérique. C'est une plante monoïque portant au sommet une panicule lâche de fleurs mâles et un ou plusieurs épis de fleurs femelles à mi-hauteur de la tige. Cet épi est enfermé dans de grandes bractées appelées spathes.
Servant à l'alimentation humaine dans diverses régions du monde, le maïs est surtout la principale céréale fourragère, qu'il soit récolté en grain (qui constitue une des bases essentielles des aliments concentrés du bétail) ou qu'il soit cultivé comme maïs-fourrage, le plus souvent consommé après ensilage de la plante entière hachée (ou de l'épi). Le maïs est aussi une plante industrielle servant à l'extraction de l'amidon, du gluten et de l'huile de germe de maïs, riche en acide linoléique, et à la production de glucose (largement utilisé pour sucrer les boissons) et d'alcool.
Les cultivars actuels de maïs sont des hybrides obtenus par croisement de lignées homogénéisées par autofécondations répétées et sélectionnées. Les hybrides sont plus vigoureux et plus productifs que les anciennes populations de pays.
— **Géogr.** Par le tonnage récolté (env. 500 Mt par an, avec de fortes variations interannuelles), le maïs est la troisième céréale mondiale, après le blé et le riz. Les États-Unis demeurent le premier producteur (souvent autour de 40 % de la production mondiale), loin devant la Chine (90 à 100 Mt). La production française oscille entre 12 et 15 Mt (premier rang en Europe).

MAISCHE n. f. Au cours de la fabrication de la bière, mélange de mouture de malt et d'eau réalisé lors de l'empâtage.

MAÏSERIE n. f. **1.** Usine où l'on traite le maïs, pour en extraire la fécule, pour fabriquer du glucose, etc. — **2.** Activité industrielle liée à la transformation du maïs.

MAÏS-FOURRAGE n. m. (pl. *maïs-fourrages*). Maïs récolté avant l'arrivée à maturité des grains, dont on conserve la plante entière ou seulement l'épi sous forme d'ensilage, et qu'on utilise pour l'alimentation animale.

MAÏS-GRAINS n. m. Maïs cultivé pour la production de grains.

MAISÍ *(cap),* extrémité orientale de Cuba.

MAÏSICULTEUR n. m. Agriculteur spécialisé dans la culture du maïs.

MAISON n. f. (lat. *mansio, -onis,* de *manere,* rester). **1.** Bâtiment construit pour servir d'habitation aux personnes : *Rue bordée de maisons.* — **2.** Local où l'on habite ; son aménagement : *Une maison propre, désordonnée.* — **3.** Membres d'une même famille vivant ensemble : *C'est une maison de fous ici. C'est un ami de la maison.* — **4.** Centre, bâtiment servant à un usage déterminé : *Maison de la radio, de la culture. Maison de retraite.* — **5.** Entreprise commerciale ou industrielle : *Maison de gros. Avoir vingt ans de maison.* — **6.** Famille noble : *Il est le dernier descendant d'une grande maison.* — **7.** Chacune des douze divisions du ciel qui, en astrologie, concernent les conjonctures formant la trame de l'existence. — **8.** Ensemble des personnels civils et militaires attachés au service d'un grand personnage (roi, reine, empereur, prince, etc.). [→ *encycl.*] — **9.** *À la maison,* chez soi. ‖ *C'est la maison du bon Dieu,* cette famille est particulièrement accueillante, généreuse. ‖ *Employé de maison,* salarié qui effectue des tâches de caractère familial ou ménager chez un particulier. (Il appartient à la catégorie des *gens de maison.*) ‖ Fam. *Gros comme une maison,* très gros, énorme ; outrancier, exagéré. ‖ *Maison bourgeoise,* de grand standing, habitée par les classes sociales aisées. ‖ *Maison à champignon,* local dans lequel on cultive le champignon de couche. ‖ *Maison civile, maison militaire,* ensemble des fonctionnaires, civils et militaires, attachés à la personne d'un chef d'État. (La maison civile et la maison militaire du président de la République forment la *maison du président de la République.*) ‖ *Maison close* ou *maison de tolérance,* établissement de prostitution. (Les maisons closes sont interdites depuis la loi du 13 avr. 1946.) ‖ *Maison de Dieu, du Seigneur,* église, temple. ‖ *Maison familiale,* établissement accueillant pour les vacances des familles à ressources faibles. ‖ *Maison individuelle,* destinée à une seule famille. ‖ *Maison de jeu,* établissement ouvert au public, sur autorisation préalable, où l'on joue de l'argent dans des jeux de hasard. ‖ *Maison mortuaire,* établissement de dépôt provisoire, avant inhumation, de corps de personnes décédées de maladies non contagieuses. ‖ *Maison de titres,* établissement qui, à l'exclusion des opérations de crédit, a pour vocation de recevoir, de négocier des valeurs mobilières et d'en assurer la gestion. ‖ *Tenir maison ouverte,* accueillir chez soi et traiter en invités tous ceux qui s'y présentent.

◆ adj. inv. **1.** *Fam.* Qui est fabriqué à la maison même, sur place, selon des recettes éprouvées (par oppos. à *industriel, de série*) : *Une tarte maison.* – **2.** *Pop.* Qui est particulièrement réussi, soigné : *Un exposé maison.* – **3.** *Fam.* Qui est particulier à une entreprise, qui dépend de l'établissement où l'on travaille : *Un syndicat maison.*

ENCYCL. **Hist.** En France, la *maison du roi,* qui se constitue au XVIᵉ s., atteint son plein développement aux XVIIᵉ et XVIIIᵉ s., et se compose alors de la *maison civile* et de la *maison militaire* (fondée sous François Iᵉʳ).

Administrée par le secrétaire d'État à la maison du roi et placée sous l'autorité du grand maître de l'hôtel, la maison civile comprend 22 services, dont la chapelle, la bouche, la chambre, les bâtiments et logis du roi, les écuries, la vénerie et le service des cérémonies. Quant à la maison militaire, elle devient en 1667 la *maison du roi,* au sens strict. Louis XIV donne en effet ce nom à la grande unité qu'il crée en réunissant un certain nombre de formations telles que les gardes ou les mousquetaires et la gendarmerie de France. L'ensemble de la maison du roi constitue ainsi une force d'environ 12 000 hommes d'élite, qui s'illustre, notamment, à Fontenoy en 1745.

Maison de Bernarda *(la),* pièce de F. García Lorca (1936). La tyrannie d'une mère sur ses cinq filles dans la demeure ancestrale obstinément close.

Maison carrée (la), monument romain de Nîmes, bâti au début de notre ère. C'est un petit temple corinthien (25 × 12 m), les vingt colonnes qui entourent la cella étant engagées dans le mur, tandis que les 10 du pronaos sont libres. (Auj. musée.)

Maison de poupée *(la),* drame d'Ibsen (1879). C'est l'histoire d'une femme-enfant, Nora Helmer, qui, décidée à assumer seule et pleinement sa liberté, rompt avec les conventions sociales et familiales.

Maison aux sept pignons *(la),* roman de Nathaniel Hawthorne (1851). Une vieille demeure en ruine incarne et enclôt toutes les passions et les tragédies sous l'extérieur rigide de la vie puritaine.

MAISON (Nicolas Joseph, *marquis*), maréchal de France, pair de France (Épinay-sur-Seine 1771 - Paris 1840). Il participa aux campagnes de Prusse et de Pologne (1806-07), servit en Espagne (1808) et se distingua lors de la campagne de Russie (1812). Il suivit Louis XVIII à Gand pendant les Cent-Jours puis commanda l'expédition de Grèce (1828). Ministre des Affaires étrangères de Louis-Philippe (1830), il fut ambassadeur à Vienne (1831-1833), à Saint-Pétersbourg (1833-1835) et ministre de la Guerre (1835-36).

MAISON-BLANCHE → DAR EL-BEIDA.

Maison-Blanche (la) [*The White House*], ou **Executive Mansion,** nom donné depuis 1902 à la résidence à Washington du président des États-Unis, édifiée à partir de 1792 par James Hoban, inaugurée par John Adams en 1800 et plusieurs fois agrandie ou modifiée depuis.

MAISON-CARRÉE → HARRACH (*El-*).

MAISONNAGE n. m. (de *maison*). Bois de haute futaie, abattu pour être employé à des constructions.

MAISONNÉE n. f. *Fam.* Ensemble des gens appartenant généralement à une même famille, vivant dans une même maison.

MAISONNETTE n. f. Petite maison.

MAISONNEUVE (Paul DE CHOMEDEY DE), gentilhomme champenois (Neuville-sur-Vannes, Aube, 1612 - Paris 1676). Il fonda sous le nom de Ville-Marie le premier établissement français dans l'île de Montréal (1642).

MAISONS-ALFORT (94700), ch.-l. de cant. du Val-de-Marne, banlieue sud-est de Paris, sur la Marne ; 54 065 hab. Biscuiterie. Laboratoire national d'hydraulique. École nationale vétérinaire. Commandement des écoles et Centre d'enseignement militaire supérieur de la gendarmerie nationale.

MAISONS-LAFFITTE (78600), ch.-l. de cant. des Yvelines, banlieue nord-ouest de Paris, sur la Seine, en bordure de la forêt de Saint-Germain ; 22 553 hab. *(Mansonniens).* La commune doit son nom de *Laffitte* au banquier qui morcela le parc de son château et créa les premiers lotissements. Champ de courses et centre d'entraînement. – Le *château de Maisons,* bâti par Mansart de 1642 à 1651 pour le président de Longueil, décoré par Sarazin, Guérin et Buyster, inaugure le type classique du XVIIe s. Il appartint au comte d'Artois, au maréchal Lannes, au banquier J. Laffitte. Il est propriété de l'État depuis 1905.

MAISTRANCE [mɛstrɑ̃s] n. f. (anc. fr. *maistre,* maître). **1.** Ensemble des officiers mariniers d'un navire. – **2.** *Cadre de maistrance,* ensemble des officiers mariniers de la Marine nationale.

MAISTRE (*comte* Joseph DE), homme politique, écrivain et philosophe français (Chambéry 1753 - Turin 1821). Sénateur de Savoie (1774), il émigra, en 1793, sous la pression des troupes françaises. À partir de 1796, il se fit le théoricien passionné et talentueux de la contre-révolution. Réfugié en Sardaigne (1799), il devint ministre plénipotentiaire de Sardaigne à Saint-Pétersbourg (1802-1817). Dans ses ouvrages (*Considérations sur la France,* 1796 ; *Du pape,* 1819 ; *les Soirées de Saint-Pétersbourg ou Entretiens sur le gouvernement temporel de la Providence,* 1821), il oppose à la raison philosophique la foi et le sens commun nourris à une seule source : l'Église romaine. – Son frère XAVIER (Chambéry 1763 - Saint-Pétersbourg 1852), officier dans l'armée sarde puis dans l'armée russe, a composé des récits qui unissent l'imagination romantique à l'esprit du XVIIIe s. (*Voyage* autour de ma chambre,* 1795 ; *la Jeune Sibérienne,* 1825).

MAISTRE (Paul André Marie), général français (Joinville 1858 - Paris 1922). Il remporta la victoire de la Malmaison (oct. 1917) et commanda la Xe armée en Italie. Il prit part à la bataille de l'Aisne et commanda le groupe d'armées du Centre jusqu'à l'offensive victorieuse de 1918.

MAISŪR, autre nom de Mysore.

MAITLAND (John), duc **de Lauderdale,** homme politique écossais (Lethington, auj. Lennoxlove, 1616 - Tunbridge Wells, Kent, 1682). Dans un premier temps presbytérien et covenantaire, il combattit ensuite dans le camp royaliste, et fut fait prisonnier à Worcester (1651). Ayant pris l'ascendant sur Charles II, il devint secrétaire d'État à l'Écosse, mais son autoritarisme provoqua sa chute (1680).

MAÎTRE, MAÎTRESSE n. (lat. *magister*). **1.** Personne qui enseigne, éduque à l'école, et, en partic., instituteur : *Demander à parler à la maîtresse.* – **2.** *Litt.* Personne qui commande à des domestiques, des serviteurs, etc. : *Les maîtres rentrent au château.* – **3.** Personne qui dirige sa maison, reçoit les invités, etc. : *Être une excellente maîtresse de maison.* – **4.** Personne qui possédait des esclaves. – **5.** Personne qui possède un animal domestique et s'en occupe : *Le chien obéit à son maître.* – **6.** *Maître(esse) auxiliaire,* professeur qui assure l'intérim d'un emploi vacant de professeur titulaire. ‖ *Maître(esse) de* (ou *du*) *ballet,* personne qui fait répéter les danseurs et qui assume la réalisation des œuvres dansées par le corps de ballet. ‖ *Maître(esse) d'internat,* personne qui surveille le travail à l'étude ou dans un internat scolaire.

◆ adj. **1.** Qui est le plus important, essentiel : *L'idée maîtresse d'un exposé.* – **2.** *Carte maîtresse,* carte la plus forte grâce à laquelle on peut faire une levée ; ressource capitale, principal moyen de succès. ‖ *Être maître de,* être libre de. ‖ *Être maître de qqch,* en disposer librement. ‖ *Être maître de son sujet,* le dominer. ‖ *Être, rester maître de soi,* se dominer, maîtriser ses réactions. ‖ *Être, rester maître de son véhicule,* en avoir, en garder le contrôle. ‖ *Maîtresse femme,* femme énergique, volontaire, qui sait commander. ‖ *Se rendre maître de qqch,* l'occuper, se l'approprier ; le maîtriser. • **Bât.** *Maître maçon,* entrepreneur, artisan du bâtiment ayant sous son autorité plusieurs ouvriers. ‖ *Poutre maîtresse,* poutre principale d'un plancher, par oppos. aux solives. – **Cost.** *Maître brin,* syn. de PANACHE. – **Jeux.** *Atout maître,* carte d'atout la plus forte de celles qui restent à jouer. ‖ *Être maître à une couleur,* posséder la plus forte carte à jouer dans la couleur. – **Mil.** *Maître ouvrier des armées,* sous-officier ou officier marinier exerçant dans les armées et à leur profit les fonctions de tailleur et de cordonnier. – **Trad. pop.** *Maître compagnon,* celui qui dirige l'atelier en l'absence du patron.

◆ **maître** n. m. **1.** Personne qui commande ; chose qui dirige la conduite de l'homme : *Le maître et l'esclave. L'argent, le maître du monde.* – **2.** Personne qui possède à un degré éminent un talent, un savoir et qui est susceptible de faire école, d'être prise pour modèle : *Un tableau de maître. Un maître à penser.* – **3.** Titre donné à un grand artiste, à un grand écrivain à qui on s'adresse. – **4.** *Coup de maître,* acte, ouvrage, tentative particulièrement réussis, qui relèvent d'une grande habileté. ‖ *De maître,* se dit de certains biens, de certaines fonctions qui relèvent du service d'un riche particulier : *Chauffeur de maître.* ‖ *En maître,* avec l'autorité d'un chef. ‖ *Être son (propre) maître,* ne dépendre de personne et, en partic., être indépendant professionnellement. ‖ *Maître d'hôtel,* personne qui dirige le service de la table. ‖ *Maître du monde, de l'univers,* Dieu. ‖ *Maître d'œuvre,* responsable de l'organisation et de la réalisation d'un vaste ouvrage, d'une œuvre de longue haleine. ‖ *Passer maître,* devenir fort habile : *Il est passé maître dans l'art de ne rien dire.* ‖ *Petit maître,* écrivain, artiste de second plan. ‖ *Trouver son maître,* trouver qqn de supérieur dans son domaine. • **Antiq.** *Maîtres de la milice,* hauts fonctionnaires byzantins institués par Constantin, et placés à la tête de l'armée. ‖ *Maître des offices,* haut fonctionnaire byzantin, ministre de la maison de l'empereur, qui avait sous ses ordres la garde barbare, la police politique, les corporations professionnelles, les arsenaux et la poste impériale. — **Archit.** et **Bât.** *Maître d'œuvre* ou *maître de l'œuvre,* au Moyen Âge, directeur des travaux, chef de chantier (c'était parfois l'architecte du monument, parfois un entrepreneur, parfois un gestionnaire) ; auj., personne (architecte, ingénieur) ou organisme qui dirige un chantier, après avoir exécuté les plans de l'ouvrage. ‖ *Maître d'ouvrage* ou *maître de l'ouvrage,* personne physique ou morale (propriétaire, promoteur, collectivité, etc.) pour le compte de laquelle une construction est réalisée. — **Astrol.** Astre qui régit un signe et gouverne les facteurs horoscopiques qui s'y trouvent, notamment la maison. — **Bx-arts.** Titre donné aux artistes qui ont enseigné leur discipline, qui ont fait école ou ont acquis la célébrité. ‖ Terme, suivi d'un complément, qui constitue le « nom de commodité » servant à désigner un artiste anonyme du passé. (Le complément peut être le titre de l'œuvre clé autour de laquelle on tente de reconstituer la production de l'artiste [ex. : Maître de l'Annonciation d'Aix], une localité [Maître de Moulins], un commanditaire ou patron [Maître de Rohan], une caractéristique des œuvres [Maître des Demi-Figures], un monogramme non déchiffré [Maître M. S., en Hongrie], etc.) — **Chorégr.** *Maître à danser,* autref. celui qui enseignait l'art de la danse. — **Cuis.** *Beurre maître d'hôtel,* beurre en pommade additionné de persil haché, de jus de citron, de sel et de poivre. — **Dr.** Titre que l'on donne aux avocats et aux officiers ministériels (avec majusc.). ‖ *Maître de l'affaire,* syn. de GÉRÉ. ‖ *Maître des requêtes,* membre du Conseil* d'État chargé de présenter un rapport sur les affaires qui lui sont distribuées. — **Enseign.** *Maître de conférences,* dans le corps de professeurs des universités, titre porté par les professeurs du premier échelon de la deuxième classe. ‖ *Maître ès arts,* anc. titulaire du grade de la maîtrise délivré par la faculté des arts. — **Équit.** *Maître de manège,* personne qui tient un manège et qui enseigne l'art de monter à cheval. — **Hist.** Nom du troisième grade symbolique maçonnique. ‖ *Grand maître,* chef d'un ordre militaire, d'un ordre de chevalerie, d'une obédience maçonnique. ‖ *Grand maître des cérémonies,* officier de la Couronne qui fixait le rang selon les préséances dans les cérémonies. ‖ *Maître des requêtes de l'hôtel,* magistrat chargé, sous l'Ancien Régime, de recevoir et d'étudier les requêtes adressées au Conseil du roi. — **Mar.** Officier marinier de grade correspondant à celui de sergent-chef ; tout officier marinier quel que soit son grade, à l'exclusion de major. ‖ *Maître chargé,* officier marinier le plus ancien, chargé du matériel d'un service (*maître canonnier, maître de manœuvre,* etc.). ‖ *Maître d'équipage,* chef de l'équipage, qui, sous la direction du second capitaine, avait la charge des apparaux de manutention, des matières consommables et de la répartition quotidienne du travail. ‖ *Maître principal,* officier marinier de grade correspondant à celui d'adjudant-chef. ‖ *Premier maître,* officier marinier de grade correspondant à celui d'adjudant. ‖ *Second maître,* officier marinier de grade correspondant à celui de sergent. — **Métall.** *Maître de forges,* autref., propriétaire d'un établissement sidérurgique dont il assumait personnellement l'administration ; auj., dirigeant d'un établissement sidérurgique. — **Mil.** Titre donné, aux XVIIe et XVIIIe s., aux simples soldats de la cavalerie et aux écuyers renommés pour leur art. ‖ *Maître de chien,* syn. de MAÎTRE-CHIEN. — **Pêch.** *Maître de pêche,* à bord des grands chalutiers morutiers, matelot pêcheur de grande expérience, placé auprès du capitaine et qui est le véritable chef de l'expédition. — **Sports.** *Maître d'armes,* en escrime, celui qui possède le 2e degré du brevet d'État, lui permettant d'ouvrir un club et d'enseigner contre rémunération. — **Trad. pop.** Titre d'un artisan admis à la maîtrise, dans un métier où subsistent des traditions de corporation ou de compagnonnage. ‖ *Maître d'œuvre* ou *maître ouvrier,* ouvrier qui commandait les autres dans un atelier. — **Véner.** *Maître d'équipage,* personne qui assure la direction d'une chasse à courre et la responsabilité de l'équipage.

◆ **maîtresse** n. f. Femme avec laquelle un homme a des relations sexuelles en dehors du mariage.

Maître de forges *(le),* roman de Georges Ohnet (1882), très représentatif du roman populaire du XIXe s.

Maîtres chanteurs de Nuremberg *(les),* comédie musicale en 3 actes de R. Wagner, sur un livret du compositeur (Munich, 1868). L'ouverture en est célèbre.

MAÎTRE-À-DANSER n. m. (pl. *maîtres-à-danser*). Compas d'épaisseur à branches croisées, utilisé pour la mesure ou le report d'une dimension intérieure.

MAÎTRE(-)ASSISTANT, E n. (pl. *maîtres* [-] *assistants, es*). Ancien titre de l'enseignement supérieur. (Les maîtres-assistants sont devenus maîtres de conférences.)

MAÎTRE(-)AUTEL n. m. (pl. *maîtres*[-]*autels*). Autel majeur ou principal d'une église, situé dans l'axe de la nef.

MAÎTRE-CHANTEUR n. m. (pl. *maîtres-chanteurs*). Personne qui pratique le chantage, qui fait chanter qqn.

MAÎTRE-CHIEN n. m. (pl. *maîtres-chien*). Responsable du dressage et de l'emploi d'un chien militaire. (Syn. MAÎTRE DE CHIEN.)

MAÎTRE(-)COUPLE n. m. (pl. *maîtres*[-]*couples*). Section droite du cylindre engendré par un solide en mouvement. (La résistance au déplacement lui est proportionnelle.)

MAÎTRE(-)CYLINDRE n. m. (pl. *maître* [-] *cylindres*). Piston hydraulique, commandé par le conducteur d'une automobile, qui envoie du liquide sous pression dans le système de freinage.

MAÎTRE-NAGEUR n. m. (pl. *maîtres-nageurs*). **1.** Personne habilitée à l'enseignement de la natation, à la surveillance d'une piscine, d'une plage, etc. – **2.** *Maître-nageur sauveteur,* diplômé d'État apte à enseigner la natation, le sauvetage et à assurer la sécurité des nageurs.

MAÎTRE-PENSEUR n. m. (pl. *maîtres-penseurs*). Philosophe ou personnalité dont l'idéologie a eu une influence importante pendant une certaine période (parfois péjor.).

MAÎTRESSE → MAÎTRE.

MAITREYA, selon le mahāyāna, un des grands bodhisattvas, celui qui sera le prochain Bouddha de ce monde actuel.

MAÎTRISABLE adj. Qu'on peut maîtriser, dominer, contrôler : *Un sentiment difficilement maîtrisable.*

MAÎTRISE n. f. (de *maître*). **1.** Supériorité, domination incontestée sur des adversaires, prépondérance : *La maîtrise des mers.* – **2.** Fait de dominer techniquement, intellectuellement, scientifiquement : *Avoir la maîtrise d'une langue.* – **3.** Sûreté de l'exécution dans un domaine technique ou artistique. – **4.** Domination de soi-même ; sang-froid. – **5.** Ensemble des contremaîtres et des chefs d'équipe d'une entreprise. – **6.** Diplôme national sanctionnant la deuxième année du second cycle des études universitaires. – **7.** École où l'on forme les enfants au chant ; chorale, attachée à cette école ; ensemble des chantres d'une église. (Syn. PSALLETTE.) – **8.** Emploi de maître de chapelle dans une église cathédrale. – **9.** Chorale d'enfants attachée à une église ou à une institution et jouant un rôle actif dans la célébration du culte.

MAÎTRISER v. t. (de *maîtrise*) [conj. 3]. **1.** Réduire qqn par la force, dompter un animal : *Maîtriser un forcené.* – **2.** Se rendre maître, dominer : *Maîtriser un incendie. Maîtriser sa colère.* – **3.** Pouvoir user à son gré d'un savoir, d'une technique, d'une force : *Maîtriser la langue. Maîtriser l'énergie solaire.*

◆ **se maîtriser** v. pr. Garder le contrôle de soi, se dominer.

MAI-TSI-CHAN → MAIJISHAN.

MAÏZENA [maizena] n. f. (n. déposé, de l'angl. *maize,* maïs). Farine de maïs spécialement préparée pour être utilisée en cuisine.

MAIZIÈRE (Lothar DE), homme politique allemand (Nordhausen 1940). Avocat, président de la CDU est-allemande, il est nommé Premier ministre de la R. D. A. au terme des élections libres de mars 1990 et négocie avec le chancelier H. Kohl l'unification de l'Allemagne (oct.).

MAIZIÈRES-LÈS-METZ (57210), ch.-l. de cant. de la Moselle, au N. de Metz ; 8 937 hab. *(Maiziérois).* Constructions mécaniques. Institut de recherches de la sidérurgie. Parc d'attractions.

MAIZURU, v. du Japon, dans l'île de Honshū (préf. de Kyōto), sur la mer du Japon ; 97 800 hab. Port de pêche et de commerce.

MAJA ou **MAIA** n. m. (lat. *maia*). Nom générique de l'*araignée de mer.*

Maja desnuda *(la)* et **Maja vestida** *(la),* deux des chefs-d'œuvre de Goya, au musée du Prado (0,97 × 1,90 m et 0,95 × 1,90 m), probablement exécutés entre 1803 et 1806. Ces toiles appartinrent à la duchesse d'Albe.

MAJAPAHIT ou **MADJAPAHIT,** ancien royaume de Java (1292-1511).

MAJDANEK, agglomération de la banlieue de Lublin (Pologne). Les Allemands y installèrent un camp de concentration et d'extermination, où périrent 50 000 Juifs.

MAJDANPEK, centre minier (cuivre, or, argent) de Yougoslavie, dans l'est de la Serbie.

MAJE → MAGE.

MAJESTÉ n. f. (lat. *majestas, -atis*). **1.** Caractère de grandeur qui impose le respect : *La majesté des lois.* – **2.** *Litt.* Air extérieur de grandeur, de noblesse : *Allure pleine de majesté.* – **3.** Titre que l'on donne aux souverains héréditaires : *Sa Majesté le roi.* (On écrit en abrégé *S. M.,* Sa Majesté ; *V. M.,* Votre Majesté ; *VV. MM.,* Vos Majestés ; *LL. MM.,* Leurs Majestés.) – **4.** *En majesté,* se dit d'une figure du Christ, de la Vierge, d'un saint assise sur un trône dans une attitude hiératique. ‖ *Pluriel de majesté,* le *nous* utilisé à la place de *je* dans le style officiel par des personnes revêtues d'une haute autorité. (Par ex. *Nous, président de la République, décidons...*) ‖ *Sa Majesté Catholique,* le roi d'Espagne. ‖ *Sa Majesté Très Chrétienne,* le roi de France. ‖ *Sceau de majesté,* sceau représentant la personne royale assise sur un trône et avec les insignes de la monarchie.

MAJESTUEUSEMENT adv. Avec majesté.

MAJESTUEUX, EUSE adj. (de *majesté,* avec l'infl. de *somptueux*). **1.** Qui est plein de majesté, de dignité, de solennité : *Un ton majestueux. Une démarche majestueuse.* — **2.** Qui est d'une beauté pleine de grandeur ; grandiose : *Un fleuve majestueux.*

1. MAJEUR, E adj. (lat. *major*). **1.** Qui est plus grand, plus considérable (par oppos. à *mineur*) : *La majeure partie.* — **2.** Qui est d'une grande importance ; capital, essentiel : *Raison majeure. Souci majeur.* — **3.** Se dit d'un élément prépondérant dans la croûte terrestre. — **4.** Se dit d'un intervalle dans lequel les notes extrêmes sont à leur distance maximale. — **5.** *Accord parfait majeur,* accord dont la tierce la plus grave est majeure. ‖ *Gamme majeure,* appellation courante de la gamme diatonique du mode majeur. ‖ *Mode majeur* ou *majeur* (n. m.), mode dans lequel tous les intervalles formés à partir du premier degré sont majeurs ou justes. ‖ *Ordres majeurs,* diaconat, prêtrise et épiscopat.

◆ **majeur** n. m. **1.** Syn. de MÉDIUS. — **2.** Grand terme dans un syllogisme.

◆ **majeure** n. f. Celle des prémisses d'un syllogisme qui contient le grand terme, qui est attribut dans la conclusion.

2. MAJEUR, E adj. et n. Qui a atteint l'âge de la majorité : *Une fille majeure.*

◆ adj. Qui est capable de se diriger lui-même, en raison de son degré d'évolution : *Ce peuple est majeur.*

MAJEUR *(lac),* en ital. **lago Maggiore** ou **Verbano,** lac subalpin d'origine glaciaire de l'Italie du Nord, qui sépare le Piémont de la Lombardie. Sa pointe, avec Locarno, appartient à la Suisse. Le lac Majeur s'allonge, sur une soixantaine de kilomètres, entre les massifs préalpins (216 km^2, profondeur moyenne 175 m). Centres touristiques (dont Stresa) sur ses rives et ses îles (les Borromées).

MAJIDÉ n. m. (lat. *maia*). Nom de famille attribué à l'araignée de mer et aux crabes voisins.

MAJLIS ⟶ MADJLIS.

MAJOLIQUE ou **MAÏOLIQUE** n. f. (ital. *majolica,* de l'île de Majorque). Faïence italienne de la Renaissance initialement inspirée de la céramique hispano-mauresque. (Le terme désigne aussi les faïences européennes primitives exécutées dans la tradition italienne.)

ENCYCL. L'art de la majolique apparut dès le Moyen Âge en divers lieux d'Italie (Faenza, Montelupo, Sienne, Orvieto, Rome, etc.) et il s'est développé aux XIVe et XVe s. dans la région florentine. Dès la fin du XVe s., c'est à Faenza qu'apparaissent les premiers exemples de décors à sujets historiés qui atteindront leur apogée au XVIe s. à Urbino. Parmi les principaux centres, citons : Cafaggiolo, Casteldurante, Deruta et Gubbio. Giovanni Maria da Urbino, Giorgio Andreoli, Francesco Xanto Avelli figurent parmi les plus grands artistes de la majolique. Le maintien de l'art de la majolique aux XVIIe et XVIIIe s. est assuré avec succès par certaines fabriques, notamment celles de Venise et de Castelli.

1. MAJOR n. m. (esp. *mayor,* du lat. *major,* plus grand). **1.** Sous l'Ancien Régime, officier supérieur du grade de chef de bataillon. — **2.** Depuis 1975, grade le plus élevé dans la hiérarchie des sous-officiers et des officiers mariniers. — **3.** Ancienne appellation de l'officier supérieur chargé de l'administration d'un corps de troupes, appelé depuis 1975 *chef des services administratifs.* — **4.** Ancienne appellation des médecins militaires. (On disait aussi MÉDECIN MAJOR.) — **5.** Appellation donné au grade de commandant dans de nombreuses armées étrangères. — **6.** Premier d'une promotion à certains grands concours, dans une grande école. — **7.** *Major de garnison,* officier de garnison d'une garnison importante. ‖ *Major général,* autref., officier général chargé de hautes fonctions d'état-major ; auj., titre des généraux adjoints aux chefs d'état-major des trois armées ; officier général ou supérieur, responsable devant l'amiral préfet maritime de l'ordre, de la police et de la sécurité d'un port de guerre ou d'une base navale. ‖ *Major de vaisseau,* jusqu'au XIXe s., titre des capitaines de frégate.

2. MAJOR n. f. (de *Major Companies,* entreprises les plus importantes). Entreprise faisant partie du petit groupe des plus puissantes sociétés de son secteur.

MAJOR (John), homme politique britannique (Merton, banlieue de Londres, 1943). Chancelier de l'Échiquier en 1989, il succède, en 1990, à Margaret Thatcher à la tête du parti conservateur et au poste de Premier ministre.

MAJORAL n. m. (pl. *majoraux*) [provenç. *majourau,* du lat. *major*]. Lors de l'organisation du félibrige, titre donné aux cinquante félibres faisant partie du consistoire, ou comité directeur.

MAJORALAT n. m. Dignité de majoral.

MAJORANT, E adj. et n. m. *Élément majorant* ou *majorant* (n. m.) *d'un sous-ensemble* A *d'un* *ensemble ordonné* E, élément *a* de E tel que tout élément *x* de A est inférieur à *a*. ‖ *Majorant d'une suite réelle* (u_n), nombre réel M tel que à partir d'un certain rang $n > n_0$ (n_0 fixe), $u_n \leqslant$ M.

MAJORAT n. m. (esp. *mayorazgo,* de *mayor,* plus grand). Bien inaliénable, qui est attaché à un titre de noblesse et passe avec le titre à l'héritier du titulaire. (Napoléon Ier systématisa l'institution abolie par la Révolution, et en fit un des fondements de la noblesse d'Empire.)

MAJORATION n. f. Action de majorer ; hausse, relèvement, augmentation : *Majoration des prix.*

MAJORDOME n. m. (ital. *maggiordomo,* du lat. médiév. *majordomus*). **1.** *Vx.* Maître d'hôtel chez un riche particulier. – **2.** Intendant de la maison royale mérovingienne et chef de la domesticité.

MAJORELLE (Louis), décorateur et ébéniste français (Toul 1859 - Nancy 1926). Il fit partie, avec Gallé et Prouvé, de l'école de Nancy et prit part à l'Exposition universelle de 1900 et à l'Exposition des arts décoratifs de 1925. Ses travaux, d'un style original, s'inspirent directement des formes de la nature (fleurs, plantes).

MAJORER v. t. (lat. *major,* plus grand) [conj. 3]. **1.** Augmenter de tant le prix, la valeur ou le montant de qqch : *Majorer de 10 % les salaires.* – **2.** Estimer qqch au-dessus de sa valeur véritable : *Facture majorée de 10 %. Majorer son apport personnel dans une affaire.* – **3.** Déterminer un majorant.
◆ **être majoré** v. pass. *Fonction majorée,* fonction *f* de ℝ dans ℝ, pour laquelle il existe M tel que pour toute valeur *x* du domaine de définition de *f*, $f(x) \leqslant$ M. ‖ *Partie majorée d'un ensemble ordonné* E, partie de E admettant au moins un majorant dans E.

MAJORETTE n. f. (amér. *majorette*). Jeune fille en uniforme de fantaisie qui parade dans les fêtes et les défilés, en maniant une canne de tambour-major.

MAJORIEN, en lat. **Flavius Julius Valerius Majorianus** († près de Tortona 461), empereur d'Occident (457-461). Maître de l'Italie, il pénétra en Gaule, prit Arles et contraignit à la paix Théodoric, roi des Wisigoths. Il échoua contre les Vandales.

MAJORITAIRE adj. **1.** Qui a obtenu la majorité des suffrages : *Motion majoritaire.* – **2.** Se dit d'un groupe qui est plus important que les autres par le nombre de ses éléments : *Les femmes sont majoritaires dans l'enseignement.* – **3.** Se dit d'un mode de scrutin selon lequel sont proclamés élus le ou les candidats ayant obtenu le plus grand nombre de suffrages. (Dans le *scrutin majoritaire à un tour* [Grande-Bretagne, États-Unis, Canada], la majorité relative des suffrages exprimés suffit. Dans le *scrutin majoritaire à deux tours* [France], la majorité absolue est nécessaire au premier tour, la majorité relative étant suffisante au second tour.) – **4.** Se dit d'un actionnaire qui détient la majorité du capital dans une entreprise ; se dit de la participation elle-même.
◆ adj. et n. Qui appartient à la majorité d'un groupement quelconque ; qui s'appuie sur la majorité : *Voter avec les majoritaires.*

MAJORITAIREMENT adv. À la majorité, sur le plan majoritaire.

1. MAJORITÉ n. f. (lat. médiév. *majoritas, -atis*). **1.** Âge à partir duquel la loi confère aux individus l'usage et l'exercice de leurs droits. – **2.** *Majorité civile,* âge à partir duquel les individus ont la pleine capacité d'exercice de leurs droits civils et politiques (en France, 18 ans depuis la loi du 5 juill. 1974). ‖ *Majorité pénale,* âge à partir duquel une personne est soumise au droit commun de la responsabilité pénale (en France, 18 ans depuis 1906).

2. MAJORITÉ n. f. (angl. *majority*). **1.** Le plus grand nombre des voix ou des suffrages, qui fonde la prise de décision ou l'élection : *L'emporter avec une large majorité.* – **2.** Groupe qui a obtenu ces suffrages ; parti ou coalition de partis détenant le plus grand nombre de sièges dans une assemblée : *Appartenir à la majorité.* – **3.** Supériorité par le nombre des éléments d'un ensemble ; la plus grande partie d'un ensemble : *Il y a une majorité de filles dans la classe.* – **4.** *Majorité absolue,* celle exigeant la moitié des suffrages exprimés plus un. ‖ *Majorité parlementaire,* parti détenant le plus grand nombre de sièges dans une assemblée parlementaire. ‖ *Majorité présidentielle,* ensemble de ceux qui contribuent à l'élection du président de la République et soutiennent son action. ‖ *Majorité qualifiée* ou *renforcée,* celle qui est exigée pour des décisions requérant un consensus plus large. ‖ *Majorité silencieuse,* ensemble de ceux qui, bien que majoritaires dans le pays, n'expriment pas publiquement leurs opinions (par oppos. aux minorités agissantes). ‖ *Majorité simple* ou *relative,* celle obtenue par un candidat qui recueille plus de suffrages que ses concurrents.

3. MAJORITÉ n. f. (de *état-major*). Dans la marine militaire, ensemble des services d'un état-major.

MAJORQUE, en esp. **Mallorca,** la plus vaste des îles de l'archipel espagnol des Baléares ; 3 640 km² ; 602 074 hab. Cap. *Palma.* L'île est encadrée, au N.-O. et au S.-E., par deux chaînons montagneux. La plaine centrale, irriguée, produit des céréales, des primeurs et des fruits. Un artisanat s'est développé, lié au tourisme, qui est de loin la principale ressource de l'île.

MAJORQUE *(royaume de),* État éphémère (1276-1343), détaché de la Couronne d'Aragon par le testament de Jacques le Conquérant, en faveur de son fils cadet Jacques (1262). Il comprenait les Baléares, Montpellier, le Roussillon et la Cerdagne. La capitale était Perpignan. Il fut conquis par l'Aragon en 1343-44.

MAJORQUIN, E adj. et n. De Majorque.
◆ **majorquin** n. m. Autre nom du *charnigue.*

MAJUBA HILL, localité de la République d'Afrique du Sud, dans le Kwazulu-Natal, près de la frontière de l'État libre. Victoire des Boers sur les Anglais (27 févr. 1881).

MAJUMDĀR (Rameś Candra), historien indien (Khandarpara, distr. de Farīdpur, Bangladesh, 1888 - Calcutta 1980), spécialiste de l'histoire de l'Inde et de ses relations avec l'Asie du Sud-Est : *Ancient Indian Colonies in the Far East* (2 vol., 1927, 1937-38), *History of the Freedom Movement in India* (3 vol., 1962-63).

MAJUNGA → MAHAJANGA.

MAJUSCULE adj. et n. f. (lat. *majusculus,* un peu plus grand). Se dit d'une lettre d'une forme particulière et de plus grande taille que les autres lettres (minuscules), qui s'emploie au début d'un mot, soit pour signaler qu'il s'agit d'un nom propre, soit pour marquer le début d'une phrase (ou d'un vers).

MAKAIRE ou **MACAIRE** n. m. (gr. *makaira,* bienheureux). Poisson de l'Atlantique, voisin de l'espadon. (Le makaire bleu, qui mesure 4,50 m pour 900 kg, chasse poissons ou céphalopodes et s'attaque parfois aux cétacés ou aux barques de pêcheurs.)

MAKAL (Mahmut), écrivain turc (Demirci 1930), peintre réaliste des paysans anatoliens (*Notre village,* 1960 ; *Une Anatolie souterraine,* 1968).

MAKALE → MAQALIÉ.

MAKĀLŪ, montagne de l'Himālaya central, cinquième sommet du monde, à la frontière sino-népalaise, à une vingtaine de km au S.-E. de l'Everest ; 8 515 m. Première ascension le 15 mai 1955, par une expédition française dirigée par J. Franco.

MAKARA n. m. (mot sanskr.). Monstre mythique qui emprunte des traits au crocodile, au dauphin et à l'éléphant et qui est souvent représenté dans l'art de l'Inde en étant associé au kāla.

MAKARENKO (Anton Semenovitch), pédagogue soviétique (Bielopolie, Ukraine, 1888 - Moscou 1939). Engagé à fond dans la nouvelle société qui s'élabore après la révolution de 1917, il est chargé en 1920 d'organiser une colonie pour mineurs grands délinquants : la colonie Maksim-Gorki, décrite dans le *Poème pédagogique* (1933-1936). C'est une reproduction en miniature de la société bolchevique des années 20 : assemblées générales, rotation des commandements, pour que ne se forme pas d'« aristocratie », et conseil des commandants, expérience dont s'inspirera directement C. Freinet.

MAKÁRIOS III (Mikhaíl Khristódhoulos Mouskos), prélat et homme d'État cypriote (Anó Panaghiá, près de Páfos, 1913 - Nicosie 1977). Évêque de Kition (Kíti) [1948], puis archevêque (1950), il devient à ce titre ethnarque (chef de la communauté grecque de l'île). Il soutient le mouvement nationaliste qui réclame l'union avec la Grèce (Enôsis) et est déporté par les Britanniques aux Seychelles (1956). Libéré en 1957, il accepte en 1959 les accords prévoyant la création de la République de Chypre. Président de la République (1959-1977), il rompt après 1968 avec les nationalistes de Ghrívas. Renversé en juill. 1974 par la garde nationale, il revient au pouvoir en décembre.

MAKAROV (Stepan Ossipovitch), vice-amiral russe (Nikolaïev, Ukraine, 1849 - près de Port-Arthur 1904). Commandant du *Konstantine* lors de la guerre russo-turque, il employa pour la première fois des vedettes lance-torpilles. Il commanda l'escadre du Pacifique au début de la guerre russo-japonaise, où il trouva la mort. Il réalisa le premier brise-glace, le *Iermak.*

MAKAROVA (Natalia Romanovna), danseuse américaine d'origine russe (Leningrad 1940). Transfuge de la troupe du Kirov, elle entre au Royal Ballet de Londres, puis à l'American Ballet Theatre. Grande interprète de *Giselle,* du *Lac des cygnes,* elle s'est fait remarquer dans *Mephisto Valse* (1979 ; de Maurice Béjart) et la reprise (1981) du rôle-titre de *Carmen* (de Roland Petit). Elle a fondé sa propre troupe (1980).

MAKART (Hans), peintre autrichien (Salzbourg 1840 - Vienne 1884). Il pratiqua la peinture historique, traitée dans de grandes toiles d'esprit baroquisant ; son *Entrée de Charles Quint à Anvers* (musée de Hambourg) popularisa son nom (1878). Une époque du décor viennois en vint même à être qualifiée de « style Makart ».

MAKAVEJEV (Dušan), cinéaste yougoslave (Belgrade 1932). Il est l'auteur de films résolument non conformistes : *L'homme n'est pas un oiseau* (1966), *Une affaire de cœur* (1967), *Innocence sans protection* (1968), *W. R., les Mystères de l'organisme* (1971), *Sweet Movie* (1974), *les Fantasmes de Mme Jordan* (1981), *Coca Cola Kid* (1985).

MAKEBA (Myriam), chanteuse sud-africaine (Johannesburg 1932). Victime de l'apartheid, elle quitte en 1959 l'Afrique du Sud pour les États-Unis, où, lancée par le chanteur Harry Belafonte, elle commence une carrière internationale, faisant connaître la musique populaire de son pays (en partic. chants xhosas et zoulous).

MAKEÏEVKA ou **MAKEEVKA,** anc. **Dmitrievsk,** v. d'Ukraine, dans le Donbass ; 446 000 hab. Centre industriel : extraction de la houille et sidérurgie, cimenterie, engrais, industries alimentaires.

MAKEMONO → MAKIMONO.

MAKHATCHKALA, anc. **Petrovsk,** v. de Russie, cap. du Daguestan, sur la Caspienne ; 339 000 hab. Pêche. Raffinerie de pétrole. Industries chimiques, textiles et mécaniques.

MAKHNO (Nestor Ivanovitch), anarchiste ukrainien (Gouliaïpole, Iekaterinoslav, 1889 - Paris 1934). Anarchiste dès 1905, il fut condamné en 1909 ; la révolution le libéra en 1917. Au début de 1919, il contrôlait avec ses bandes une grande partie de l'Ukraine et repoussait les troupes de Denikine. En déc. 1919, il entra en lutte avec les bolcheviks et fut battu en août 1921. Il s'exila en France.

MAKHZEN ou **MAGHZEN** n. m. (ar. *makhzan,* trésor). Au Maroc, gouvernement du sultan.

MAKI n. m. (malgache *máky*). Mammifère prosimien (lémuridé) diurne des arbres ou des rochers, à fourrure épaisse et longue queue, très léger, social, propre à Madagascar et aux Comores.

MAKILA ou **MAQUILA** n. m. (mot basque signif. *bâton*). Canne basque, terminée par un trèfle de métal et dont la poignée mobile recouvre une pointe acérée.

MAKIMONO ou **MAKEMONO** n. m. (jap. *makimono,* rouleau). Peinture ou calligraphie, japonaise ou chinoise, sur un rouleau de soie ou de papier, qui se déroule horizontalement.

MAKK (Károly), cinéaste hongrois (Berettyóufalu 1925). Après avoir été, dans les années 1954-55, l'un des artisans de la renaissance du cinéma hongrois (*Liliomfi,* 1954 ; *la Maison au pied du roc,* 1958), il a notamment réalisé *Amour* (1970), *Jeux de chat* (1974), *Une nuit très morale* (1978), *Un autre regard* (1981), *le Dernier Manuscrit* (1987), *Requiem hongrois* (1990).

MAKONDÉS ou **MAKONDAS,** peuple bantou de l'Afrique de l'Est, réparti de part et d'autre de la frontière séparant la Tanzanie du Mozambique.

MAKONNEN, prince éthiopien (1854 - Djibouti 1906), cousin de Ménélik II et père de Hailé Sélassié.

MAKORÉ n. m. Très grand arbre d'Afrique tropicale (Côte-d'Ivoire surtout), au bois rosé clair, à grain très fin, utilisé en menuiserie, ébénisterie, placage.

MAKPĒLĀ ou **MACPÉLA,** grotte près d'Hébron où furent ensevelis, d'après le livre de la Genèse, Abraham et son épouse Sara, Isaac, Rebecca, Jacob et Lia.

MAKRĀN ou **MEKRAN,** région du sud-est de l'Iran et du sud-ouest du Pākistān, le long de l'océan Indien.

MAKSIMOVA ou **MAXIMOVA** (Iekaterina Sergueïevna), danseuse russe (Moscou 1939). Soliste dans la compagnie du Bolchoï (1958), dirigée par Galina Oulanova et par son mari, le danseur Vladimir Vassiliev, elle fut une des meilleures danseuses de sa génération *(la Fleur de pierre, Don Quichotte, Giselle).*

Makura no sōshi (« Notes de chevet »), recueil d'environ 300 notes éparses, de Sei Shōnagon (Xe s.). Composé de descriptions lyriques, d'anecdotes, de poèmes en prose, d'esquisses de portraits, cet ouvrage est par sa forme la première manifestation du genre zuihitsu*.

MAKUSIS ou **MAKUS,** Indiens Caraïbes d'Amérique du Sud habitant les régions du sud-ouest de la Guyane, ainsi qu'au Brésil (rives du fleuve Rupununí).

1. MAL adv. (lat. *male*). **1.** D'une manière mauvaise, qui n'est pas satisfaisante : *Vous m'avez mal compris. Être mal payé.* — **2.** D'une façon contraire à la morale, aux usages, à l'honnêteté : *Il a mal agi.* — **3.** Forme avec un participe des adjectifs ou noms composés (le nom peut avoir un trait d'union) : *Les mal(-)aimés de la population. Mal logés.* — **4.** *Aller mal,* être dans une mauvaise situation, dans un état fâcheux et, en partic., être en mauvaise santé. ‖ *Être, se sentir mal,* ne pas être à son aise psychologiquement ou physiquement. ‖ *Être mal avec qqn,* en mauvais termes avec lui. ‖ *Être mal, très mal, au plus mal,* être (très) malade. ‖ *Mal à propos,* à contretemps, de façon importune : *Arriver mal à propos chez quelqu'un.* ‖ Fam. *Pas mal (du tout),* assez bien ; indique une quantité relativement importante, beaucoup : *J'ai pas mal d'ennuis en ce moment.* ‖ *Se sentir, se trouver mal,* avoir un malaise, s'évanouir.
◆ adj. inv. **1.** Mauvais, funeste (seulem. dans quelques express.) : *Bon gré mal gré. Bon an mal an* (→ GRÉ, AN). — **2.** *C'est mal (de),* ce n'est pas satisfaisant (moralement surtout). ‖ *Ne pas être mal* ou, fam., *(être) pas mal (du tout),* être assez beau, assez agréable, assez satisfaisant.

2. MAL n. m. (pl. *maux*) [lat. *malum*]. **1.** Ce qui est contraire au bon, à la vertu ; ce qui est condamné par la morale (seulem. sing., avec art. déf.) : *Faire le mal pour le mal.* — **2.** Ce qui est susceptible de nuire, de faire souffrir, ce qui n'est pas adapté : *Le mal est fait.* — **3.** Inconvénient, difficulté, problème, tout ce qui perturbe qqch :

Entre deux maux, il faut choisir le moindre. — **4.** Maladie ou phénomène qui détériore qqch, une situation : *Le mal a progressé.* — **5.** Souffrance physique affectant une partie du corps : *Mal de dent. Maux d'estomac.* — **6.** *Avoir mal,* éprouver une souffrance physique : *Avoir mal à l'estomac.* ‖ Fam. *Ça me fait mal (au ventre, au cœur),* ça m'inspire de la peine, du regret ou du dégoût. ‖ Fam. *Ça me ferait mal !,* jamais de la vie. ‖ Pop. *Ça va faire mal,* il va y avoir de graves conséquences. ‖ *Donner du mal à qqn,* lui créer des difficultés, exiger de lui de grands efforts. ‖ *Être en mal de qqch,* souffrir de l'absence de : *Être en mal d'inspiration.* ‖ *Faire (du) mal,* faire souffrir ; nuire à qqn ; endommager. ‖ *Grand mal,* forme d'épilepsie généralisée, qui se traduit par la survenue de crises tonico-cloniques affectant l'ensemble de la musculature squelettique. ‖ *Haut mal, mal caduc, mal comitial, mal sacré,* anc. noms de l'épilepsie. ‖ *Il n'y a pas de mal,* ce n'est pas grave. ‖ *Mal blanc,* nom courant du panaris. ‖ *Mal français, mal napolitain, mal espagnol, mal des Allemands,* noms donnés autrefois à la syphilis. ‖ *Mal du pays,* nostalgie éprouvée par qqn qui est éloigné de son pays d'origine. ‖ *Mal du siècle,* à l'époque romantique, mélancolie vague et désenchantement qui tourmentaient les jeunes générations. (A. de Musset a analysé cet état d'âme, ressenti par le *René* de Chateaubriand, dans *la Confession d'un enfant du siècle* [1836].) ‖ *Mettre à mal,* abîmer, détériorer, battre, malmener. ‖ *Penser à mal,* avoir de mauvaises pensées, des intentions méchantes. ‖ *Petit mal,* forme d'épilepsie généralisée, qui groupe en partic. les absences, les crises myocloniques et les crises akinétiques. ‖ *Prendre mal,* attraper une maladie, attraper froid. ‖ *Sans mal, sans trop de mal,* facilement, sans trop de difficultés ou sans être (trop) atteint, blessé, etc. ‖ *Se donner du mal, un mal de chien,* se donner de la peine, faire des efforts. ‖ *Vouloir du mal,* chercher à nuire.

MALABAR n. m. (arg. *malabar,* de *Malabār,* n. pr.). *Pop.* Homme grand et fort.

MALABĀR *(côte de),* région littorale de l'Inde (Karnātaka, Kerala), située sur la façade occidentale de la péninsule du Deccan, entre Goa et le cap Comorin, et bordée par la mer d'Oman. V. princ. *Trivandrum, Cochin, Calicut, Mangalore.* Région chaude et humide, très peuplée, qui a une intense activité agricole et halieutique.

MALABARE ou **MALABRE** adj. et n. Se dit des chrétiens de la côte de Malabār, qui aurait été, d'après la tradition, évangélisée par l'apôtre saint Thomas.

ENCYCL. Les malabares se divisent en monophysites (de rite syrien), dits syro-malabares (ou improprement « orthodoxes ») et en catholiques (de rite chaldéen ou de rite latin). Il subsiste, dans le Malabār, une communauté nestorienne (de rite chaldéen). Par ailleurs, une communauté catholique (de rite syrien), venant des monophysites, se distingue de ces derniers par l'appellation de *malankares.*

MALABO, anc. **Port Clarence,** puis **Santa Isabel,** v. de la côte nord de l'île de Bioco, cap. de la Guinée-Équatoriale ; 37 200 hab.

MALABSORPTION n. f. Trouble du processus d'absorption des aliments à travers la muqueuse intestinale.

MALACCA n. m. Rotin de grosse dimension en provenance de Malaisie.

MALACCA *(détroit de),* bras de mer séparant la presqu'île du même nom de l'île de Sumatra. Long de 780 km, il relie le golfe du Bengale à la mer de Chine méridionale. C'est un des passages maritimes les plus fréquentés du globe, mettant en relation l'Europe et l'Inde avec l'Extrême-Orient et l'Australie.

MALACCA (État et ville) → MELAKA.

MALACCA *(péninsule* ou *presqu'île de),* ou **PRESQU'ÎLE MALAISE,** longue et étroite péninsule de l'Asie du Sud-Est, bordée par le *détroit de Malacca,* à l'O., et séparant les océans Pacifique et Indien. Elle est divisée entre la Malaisie (Malaysia), au S., les provinces méridionales de la Thaïlande, au centre et au N.-E., et le Tenasserim, région la plus méridionale de la Birmanie, au N.-O.

MALACHIE *(saint),* primat d'Irlande (Armagh v. 1094 - Clairvaux 1148). Il devint archevêque d'Armagh en 1132. La *Prophétie sur les papes,* qui lui est attribuée, est apocryphe.

Malachie *(livre de),* livre prophétique biblique. Son auteur est anonyme. Écrit v. 460 av. J.-C., il stigmatise les abus et les négligences dont pâtit le culte de Yahvé.

MALACHITE [-kit] n. f. (gr. *malakhê,* mauve). **1.** Pierre d'un beau vert vif, utilisée en joaillerie et en tabletterie, et qui est un carbonate de cuivre. — **2.** *Vert malachite,* colorant formé à partir du benzaldéhyde et de la diméthylaniline.

MAŁACHOWSKI (Stanisław), homme politique polonais (Końskie, Kielce, 1736 - Varsovie 1809). Président de la « Grande Diète » (1788-1792), il participa à l'élaboration de la Constitution du 3 mai 1791. Il fut président du Sénat du grand-duché de Varsovie (1807-1809).

MALACIA [-sja] n. f. (lat. *malacia,* du gr. *malakia,* mollesse). Trouble de l'appétit se manifestant par une préférence morbide pour les mets épicés ou acides.

MALACIE n. f. (gr. *malakia,* mollesse). Ramollissement des tissus organiques rigides.

MALACLEMYS [-mis] n. m. Nom générique de la *tortue diamantée* des marécages de Floride, aux plaques à relief polygonal, élevée aux États-Unis pour sa chair.

MALACODERME n. m. Insecte coléoptère carnassier, aux couleurs vives, tel que les lampyres et les téléphores, aux téguments relativement mous.

MALACOLOGIE n. f. Étude scientifique des mollusques.

MALACOLOGIQUE adj. Relatif à la malacologie.

MALACOLOGISTE ou **MALACOLOGUE** n. Spécialiste de malacologie.

MALACOPTÉRYGIEN n. m. Poisson téléostéen aux nageoires soutenues par des rayons mous, segmentés et ramifiés.

MALACOSOMA n. m. Nom scientifique des papillons appelés usuellement *livrée.*

MALACOSTRACÉ n. m. Crustacé, généralement de grande taille et très évolué, possédant huit segments thoraciques et six (rarement sept) segments abdominaux (crabes, homards, langoustes, crevettes, etc.).

MALADE adj. (lat. impér. *male habitus,* qui est en mauvais état). **1.** Se dit d'un être vivant qui souffre d'une maladie : *Un cheval malade. Un arbre malade.* — **2.** Se dit d'un organe qui est touché, atteint par la maladie : *Une dent malade.* — **3.** Qui éprouve un malaise, qui a en partic. la nausée : *Être malade en voiture.* — **4.** Qui se sent mal physiquement ou psychologiquement : *J'étais malade de le voir dans cet état.* — **5.** Qui est troublé dans ses facultés intellectuelles, morales ou dans ses sentiments : *Esprit malade.* — **6.** *Fam.* Qui est en piteux état : *Un livre bien malade.* — **7.** Qui n'est pas prospère, ne fonctionne pas au mieux : *La France malade de l'inflation.* — **8.** *Fam.* Fou : *Tu n'es pas malade de crier comme ça !* — **9.** Fam. *Malade à crever, comme un chien,* très malade. — **10.** Fam. *Se faire porter malade,* feindre une maladie pour échapper à une corvée. ‖ *L'homme malade,* nom donné à l'Empire ottoman avant la Première Guerre mondiale.
◆ adj. et n. *Fam.* Qui est très entiché de qqch ; fou : *Ce sont des malades du golf.*
◆ n. **1.** Personne dont la santé est altérée. — **2.** *Grand malade,* personne gravement malade.

Malade imaginaire *(le),* comédie en 3 actes et en prose de Molière (1673), qui mourut après la quatrième représentation. Argan s'invente une maladie et veut marier sa fille Angélique à un jeune médecin pédant. Sa femme, ses médecins et ses apothicaires en font aussitôt leur proie, mais grâce à la servante Toinette, les hypocrites seront démasqués et Angélique épousera son amoureux, Cléante.

MALADETA ou **MALADETTA** *(massif de la),* massif des Pyrénées espagnoles, en Aragon, limité à l'E. par le val d'Aran (où naît la Garonne) ; 3 404 m au pic d'Aneto (point culminant des Pyrénées).

MALADIE n. f. (de *malade*). **1.** Altération organique ou fonctionnelle qui porte atteinte à la santé d'un être vivant : *Une maladie héréditaire. Mourir à la suite d'une longue maladie.* — **2.** Altération, dégradation de qqch : *Les maladies du vin.* — **3.** *Fam.* Comportement excessif, anormal, obsessionnel : *La maladie de la vitesse.* — **4.** *Assurance maladie,* l'une des assurances sociales qui permet au salarié du régime général de sécurité sociale de percevoir en cas d'arrêt de travail des indemnités journalières et de bénéficier ainsi que ses ayants droit (conjoint, concubin, enfant à charge, etc.) du remboursement partiel ou total des frais occasionnés par sa maladie. ‖ *Caisses d'assurance maladie,* caisses primaires* et régionales dépendant de la Caisse nationale d'assurance maladie (C. N. A. M.) chargées de la gestion des assurances sociales maladie, maternité, invalidité, décès, accidents du travail et maladies professionnelles. ‖ Fam. *En faire (toute) une maladie,* être vivement contrarié et le manifester avec force démonstration.

MALADIF, IVE adj. **1.** Qui est sujet à être malade : *Un enfant maladif.* — **2.** Qui dénote une maladie : *Un air maladif.* — **3.** Se dit d'un comportement, d'un sentiment poussé à un tel point qu'il est assimilé à une maladie : *Une jalousie maladive.*

MALADIVEMENT adv. De façon maladive.

MALADRERIE n. f. (anc. fr. *maladerie*). *Vx.* Hôpital de lépreux.

MALADRESSE n. f. (de *maladroit,* avec l'infl. de *adresse*). **1.** Caractère d'une personne maladroite, de ses gestes ou de ses réalisations : *Remarquer la maladresse d'un dessin.* — **2.** Défaut d'habileté, de savoir-faire dans la conduite, dans les actions : *La maladresse a fait échouer les négociations.* — **3.** Acte maladroit : *Accumuler les maladresses.*

MALADROIT, E adj. **1.** Qui manque d'adresse, d'aisance, d'habileté dans ses mouvements, ses gestes : *Ce qu'il peut être maladroit, il casse tout.* — **2.** Qui manque d'expérience, de sûreté, d'habileté et de savoir-faire pour l'exécution de qqch : *Un jeune cinéaste encore maladroit.* — **3.** Qui manque de finesse d'esprit, de diplomatie ou de sens de l'opportunité : *Tu as été maladroit, tu n'aurais pas dû lui dire cela.* — **4.** Qui n'est pas approprié au but recherché : *Une intervention maladroite.*
◆ n. Personne maladroite.

MALADROITEMENT adv. De façon maladroite.

MALAGA n. m. (de *Málaga,* n. pr.). **1.** Vin de liqueur produit aux environs de Málaga. — **2.** Raisin muscat, à gros grains, que l'on fait sécher.

MÁLAGA, port d'Espagne, en Andalousie, ch.-l. de prov., sur la Méditerranée ; 522 108 hab. Port de pêche. Centre commercial administratif, touristique et industriel (métallurgie et mécanique, textile, industries alimentaires). Importation de pétrole.
— **Bx-arts.** Vestiges romains et double forteresse mauresque avec patios et jardins (musée archéologique). Cathédrale des XVIe-XVIIIe s. Musée des Beaux-Arts dans un palais de la Renaissance.

MALAGUEÑA [malagweɲa] n. f. (esp. *malagueña,* danse *de Málaga*). Chant et danse andalous de la famille des fandangos. (Ravel l'a stylisée dans sa *Rhapsodie espagnole ;* elle a été portée à la scène par la Argentina.)

MALĀ'IKA (Salmā **al-**), poétesse irakienne (Bagdad 1909 - *id.* 1953). Elle est l'auteur de poèmes consacrés à la cause palestinienne. — Sa fille NĀZIK (Bagdad 1923), dont l'œuvre s'achemine vers une interrogation existentielle sur la destinée de l'homme, est le chef de file de la poésie moderne de son pays. Elle a été la première, avec son compatriote Sayyāb, à délivrer la technique poétique des contraintes classiques (*l'Amante de la nuit,* 1948 ; *le Drame de la vie,* 1970).

MAL-AIMÉ, E n. (pl. *mal-aimés, ées*). Personne qui souffre du rejet des autres : *Les mal-aimés de la société.*

MALAIRE adj. (lat. *mala,* joue). **1.** Qui se rapporte à la joue. — **2.** *Os malaire* ou *malaire* (n. m.), os de la face qui participe à la constitution de l'orbite et dont le relief correspond à la pommette.

MALAIS, E adj. et n. De Malaisie.
◆ **malais** n. m. Langue du groupe indonésien parlée en Malaysia et en Indonésie.
ENCYCL. Langue de relation couvrant la péninsule de Malacca et toutes les côtes de l'archipel indonésien, le malais doit son expansion d'abord au progrès de l'islām et du commerce musulman à partir du XVe s., ensuite à la colonisation anglaise et hollandaise. À l'époque contemporaine, le malais a donné naissance à l'indonésien (bahasa indonesia), langue officielle de l'Indonésie.

MALAIS, ensemble de peuples établis en Malaysia, en Indonésie, dans l'Insulinde et les îles de la Sonde. Les Malais forment l'une des plus anciennes populations d'Asie. Aujourd'hui, on estime leur nombre à une centaine de millions. Les Deutéro-Malais parlent des dialectes malais et sont généralement sunnites ou chāfi'ites, tandis que les Proto-Malais, qui sont les plus anciens occupants du sol, ont une filiation linguistique non exclusivement malaise.

MALAISE n. m. (de *mal* et *aise*). **1.** Sensation pénible, mal localisée, d'un trouble physiologique : *Malaise passager.* — **2.** Brusque défaillance des forces physiques pouvant aller jusqu'à l'évanouissement : *Avoir un malaise au volant de sa voiture.* — **3.** État, sentiment de trouble, de gêne, d'inquiétude, de tension : *Il y a entre eux un malaise. Le malaise paysan.*

MALAISE *(presqu'île)* ⟶ MALACCA *(péninsule* ou *presqu'île de).*

MALAISÉ, E adj. Qui n'est pas aisé, qui est difficile : *La tâche est malaisée.*

MALAISÉMENT adv. Avec peine, difficulté.

MALAISIE, MALAYA ou **MALAYSIA OCCIDENTALE,** partie occidentale de l'État de Malaysia, constituée par le sud de la péninsule de Malacca ; 131 000 km^2 ; 17 138 000 hab. Elle regroupe plus de 80 % de la population de la Malaysia, les principales villes (dont Kuala Lumpur, George Town, Ipoh), la majeure partie des ressources agricoles et industrielles (huile de palme, caoutchouc naturel, étain, etc.), en dehors des hydrocarbures.

MALAITA, île de l'archipel des Salomon ; 3 885 km^2 ; 87 000 hab.

MALAKOFF (92240), ch.-l. de cant. des Hauts-de-Seine, banlieue sud de Paris ; 31 135 hab. *(Malakoffiots).* Centre industriel (constructions électriques et électroniques ; produits pharmaceutiques, etc.).

Malakoff ou **Malakhov** *(tour),* fortification qui était, en 1855, le point central de la défense de Sébastopol. La prise de Malakoff par la division de Mac-Mahon (8 sept. 1855) entraîna la chute de Sébastopol.

MALALASEKERA (Gunapala Piyasena), érudit et diplomate cinghalais (Malamulla, Sri Lanka, 1899 - Colombo 1973), l'un des maîtres de l'indologie et de la bouddhologie : *The Pāli Literature of Ceylon* (1928), *English Sinhalese Dictionary* (1948).

MALAMOCCO, station balnéaire de la comm. de Venise, construite sur le cordon littoral qui ferme la lagune.

MALAMOK n. m. Anc. bateau de pêche de Douarnenez, à moteur, long d'une vingtaine de mètres.

MALAMUD (Bernard), écrivain américain (New York 1914 - *id.* 1986). Ouvrier, devenu professeur, auteur de nouvelles (*le Tonneau magique,* 1958) et de romans (*le Commis,* 1957 ; *l'Homme de Kiev,* 1966 ; *Dublin Lives,* 1979), il a montré une aptitude à l'humour et à la notation morale qui fait de lui un des tout premiers écrivains juifs américains.

MALAN (Daniel François), homme politique sud-africain (Riebeek Wes, colonie du Cap, 1874 - Stellenbosch 1959). Pasteur de l'Église réformée, il devint ministre de l'Intérieur du cabinet Hertzog (1924), qu'il quitta en 1933 pour créer sa propre organisation nationale « purifiée ». Premier ministre (1948-1954), il appliqua une politique stricte d'apartheid.

MALANDRE n. f. (bas lat. *malandria*). Gerçure de la peau située à la jointure du genou des chevaux.

MALANDRIN n. m. (ital. *malandrino*). **1.** Au Moyen Âge, en France, bandit de grand chemin. — **2.** *Vx.* Voleur, brigand.

MALANG, v. d'Indonésie, dans l'île de Java, au pied du volcan Semeru ; 650 300 hab. Centre commercial et industriel (métallurgie légère, textiles, bois et tabac, alimentation) d'une région de plantations.

MALANJE ou **MALANGE,** v. du nord de l'Angola, ch.-l. de prov., terminus de la voie ferrée qui part de Luanda ; 31 600 hab.

MALANKARE ou **MALANKAR** adj. et n. Se dit d'un catholique de l'Inde, de rite syrien (par oppos. à MALABARE).

MALAPARTE (Kurt SUCKERT, dit **Curzio**), écrivain italien (Prato 1898 - Rome 1957). Il doit à sa vie aventureuse d'engagé volontaire (1914) et de correspondant de guerre le cynisme brutal et le réalisme qui animent ses récits (*Kaputt,* 1944 ; *la Peau,* 1949 ; *Ces sacrés Toscans,* 1956), son théâtre (*Das Kapital,* 1949), ses souvenirs (*Journal d'un étranger à Paris,* 1966) et ses essais politiques (*le Bonhomme Lénine,* 1932). Il a mis en scène le film *le Christ interdit* (1951).

MALAPPRIS, E adj. et n. (de *mal* et *appris*). Qui est mal éduqué, grossier, goujat (le fém. est rare) : *Il ne s'est même pas excusé : quel malappris !*

MALAPTÉRURE n. m. (gr. *mala,* beaucoup, *pteron,* nageoire, et *oura,* queue). Poisson des eaux douces d'Afrique, possédant un organe électrique musculocutané puissant dont la décharge [jusqu'à 350 volts] étourdit les proies.

MÄLAREN (lac), grand lac de Suède centrale, qui communique, à Stockholm, avec la Baltique ; 1 140 km^2.

MALARIA n. f. Syn. de PALUDISME.

MALARIATHÉRAPIE n. f. Syn. de IMPALUDATION THÉRAPEUTIQUE.

MALARIEN, ENNE adj. et n. Syn. de PALUDÉEN.

Malassis *(Coopérative des),* groupement créé en 1970 par les peintres français Henri Cueco (né en 1929), Lucien Fleury (né en 1928), Gérard Tisserand (né en 1934), Michel Parré (né en 1938), Jean-Claude Latil (né en 1932). Leurs principaux travaux, collectifs, ont été, en 1972, *le Grand Méchoui* (fresque satirique de la vie politique de l'époque), en 1973-1975, les *Onze Variations sur le Radeau de la Méduse ou la Dérive de la société* (décor pour le centre commercial de Grenoble-Échirolles, axé sur la crise de la société de consommation).

MALATESTA, famille de condottieri italiens, qui s'établit à Rimini dès le milieu du XIIe s. et qui contrôla peu à peu, jusqu'au XVIe s., presque toute la Marche d'Ancône et une partie de la Romagne. — **Malatesta II** *da Verrucchio* († Rimini 1312) fonda la dynastie. — Son fils GIOVANNI († Pesaro 1304) épousa Francesca* da Rimini, mais, l'ayant surprise avec son frère Paolo, il massacra les deux amants. — SIGISMONDO PANDOLFO (Rimini 1417 - *id.* 1468) se distingua par sa valeur de chef militaire. Il fut au service du pape (1435), de Venise (1437) et d'une ligue formée contre le duc de Milan Philippe Marie Visconti (1439). Plus tard, il attaqua le pape Pie II, mais fut battu à Senigallia (1461) et excommunié. Il alla enfin combattre les Turcs en Morée (1464-65). Il embellit la ville de Rimini.

MALATESTA (Errico), anarchiste italien (Santa Maria Capua Vetere 1853 - Rome 1932). Il créa de nombreux journaux, fut emprisonné et expulsé d'Italie, de France, de Suisse. De retour en Italie, il se montra hostile à la guerre (1913), et fut de nouveau expulsé.

MALATYA, v. de Turquie, ch.-l. de prov., dans l'ancienne Arménie ; 281 776 hab. Filature de coton. Sucrerie.
— **Archéol.** Malatya est l'ancienne *Mélitène,* au N. du site d'Arslān Tepe. Vestiges d'un palais hittite de la seconde moitié du IIe millénaire (porte monumentale dite « porte des Lions », reliefs à Istanbul et au Louvre). À 9 km de la ville actuelle, l'*Eski Malatya* (« Vieux Malatya ») conserve une partie de son enceinte et surtout sa Grande Mosquée (1247-1273).

MALAUCÈNE (84340), ch.-l. de cant. de Vaucluse, au pied du Ventoux ; 2 185 hab. Église rebâtie au XIVe s. par le pape Clément V. Papeterie.

MALAUNAY (76770), comm. de la Seine-Maritime, dans la banlieue nord de Rouen ; 5 791 hab. *(Malaunaisiens).* Constructions électriques.

MALAURIE (Jean), anthropologue français (Mayence 1922). Il s'est intéressé aux Esquimaux (*les Derniers Rois de Thulé,* 1954).

MALAVISÉ, E adj. *Être malavisé de,* faire preuve d'un manque de discernement, de prévision, de réflexion dans un acte : *Vous avez été malavisé de ne pas venir.*

MALAWI, État d'Afrique orientale ; 118 000 km^2 ; 11 370 000 hab. CAP. *Lilongwe.* LANGUE : *anglais.* MONNAIE : *kwacha.*

Géographie. Formé de hauts plateaux dans le Nord et le Centre, au relief plus contrasté dans le Sud, le pays s'étend sur 900 km du N. au S., surtout sur la rive ouest du *lac Malawi.* Le climat est tropical avec une saison sèche de mai à octobre. La population, en majeure partie bantoue, a un fort taux d'accroissement et se concentre surtout dans le Sud. Essentiellement rurale, elle a comme base alimentaire le maïs (la moitié des terres cultivées). Les plantations commerciales (tabac et thé surtout) fournissent 90 % des exportations. Les ressources minières reconnues ne sont pas exploitées et l'industrie est modeste. L'enclavement du pays alourdit le coût d'importations (pétrole et produits industriels) supérieures aux exportations, et ce déficit du commerce est aggravé par celui des services.

Histoire. Le pays est occupé par des populations bantoues, qui subissent à partir de 1840 les razzias des négriers de Zanzibar.
1859 : Livingstone découvre le lac Nyassa (auj. lac Malawi).
1907 : Le protectorat britannique de l'Afrique centrale, créé en 1889, prend le nom de Nyassaland.
1953-1962 : Le Nyassaland forme une fédération avec la Rhodésie.
1964 : Le pays devient indépendant et prend le nom de Malawi.
1966 : La république est proclamée, avec à sa tête Hastings Kamuzu Banda.
Proclamé président à vie en 1971, celui-ci instaure un régime de parti unique.
Confronté à une opposition grandissante, il doit abroger la présidence à vie et rétablir le multipartisme en 1993.
1994 : Elson Bakili Muluzi, principal chef de l'opposition, devient président de la République à l'issue des premières élections pluralistes.

MALAWI *(lac),* anc. **Nyassa,** lac de l'Afrique orientale, bordé à l'est par la Tanzanie et le Mozambique et à l'ouest par le Malawi ; 26 000 km^2. Long de près de 600 km, large de 30 à 80 km, il se déverse dans le Zambèze par la Shire.

MALAWITE adj. et n. Du Malawi.

MALAXAGE n. m. **1.** Action de malaxer. — **2.** Homogénéisation du beurre réalisée avant la sortie du produit du butyrateur. — **3.** Opération destinée à l'amélioration des qualités plastiques de la margarine. — **4.** Phase de fabrication de l'huile d'olive. — **5.** Dans la fabrication du sucre, brassage lent de la masse cuite, pour éviter la décantation des cristaux.

MALAXER v. t. (lat. *malaxare,* amollir) [conj. 3]. **1.** Pétrir pour amollir ou pour mêler intimement : *Malaxer de la farine et des œufs. Malaxer du beurre.* — **2.** Masser, triturer du bout des doigts une partie du corps. — **3.** Réaliser le malaxage d'un produit.

MALAXEUR, EUSE adj. Se dit d'un appareil servant à malaxer mécaniquement des produits. ◆ **malaxeur** n. m. **1.** Appareil malaxeur. — **2.** Dans la fabrication du sucre, bac muni d'agitateurs, qui permet un refroidissement progressif de la masse cuite avant turbinage. — **3.** Appareil servant à mélanger d'une façon homogène les différents constituants du béton frais.

MALAYĀLAM n. m. Langue dravidienne méridionale parlée dans l'État de Kerala par plus de 20 millions de locuteurs. (C'est la langue officielle de l'État. Elle est étroitement apparentée au tamoul.)

MALAYOPHONE adj. et n. Qui parle le malais.

MALAYO-POLYNÉSIEN, ENNE adj. et n. m. Syn. anc. de AUSTRONÉSIEN.

MALAYSIA, État de l'Asie du Sud-Est. 330 000 km^2 ; 20 580 000 hab. CAP. *Kuala Lumpur.* LANGUE : *malais.* MONNAIE : *dollar de Malaysia* (ou *ringgit.)* La Malaysia comprend la *Malaysia occidentale,* péninsulaire (ou *Malaisie,* concentrant la majeure partie de la population et de l'activité économique), et la *Malaysia orientale,* formée des territoires de Sabah et de Sarawak, dans l'île de Bornéo. Elle constitue une fédération de 13 États, plus le territoire fédéral de la capitale.

Géographie. À une latitude équatoriale, possédant un climat constamment chaud et souvent humide, le pays est recouvert en majeure partie par la forêt. Hommes et activités se sont concentrés dans les plaines alluviales et les vallées bordant ou entaillant la montagne intérieure. La population, qui s'accroît à un rythme annuel rapide, compte une faible majorité de Malais (islamisés et qui détiennent le pouvoir politique) et des minorités indienne et surtout chinoise. Celle-ci représente le tiers de la population totale et possède un poids économique sectoriellement plus grand encore, ce qui provoque des tensions avec les Malais. L'agriculture occupe environ 30 % de la population active (et contribue pour 20 % au P.I.B.). Elle juxtapose cultures vivrières (riz) et plantations commerciales. La Malaysia est le premier producteur mondial d'huile de palme et de caoutchouc naturel. Le sous-sol fournit de la bauxite, de l'étain (premier rang mondial) et de plus en plus de pétrole. L'industrie, stimulée par l'abondance de main-d'œuvre à bon marché, de capitaux étrangers, s'est diversifiée : à la valorisation des produits du sol et du sous-sol se sont ajoutées, notamment, les constructions mécaniques et électriques. La part des produits manufacturés dans les exportations dépasse maintenant celle des matières premières. Le commerce extérieur s'effectue pour une part notable avec le Japon, les États-Unis et le voisin, Singapour. La balance commerciale est déficitaire, les importations s'étant accrues ces dernières années plus rapidement que les exportations, mais pour financer un développement prometteur.

Histoire. La péninsule malaise subit très tôt l'influence de l'Inde. Puis l'islām y pénètre au XIVe-XVe s.
1511 : Les Portugais s'emparent de Malacca. Premiers Européens à atteindre la péninsule, ils sont supplantés par les Hollandais à partir de 1641.
1795 : Les Britanniques remplacent les Hollandais à Malacca.
1819 : Malacca forme avec Singapour et Penang le gouvernement des Détroits, érigé en colonie en 1867.
Tous les sultanats malais sont progressivement placés sous protectorat britannique.
L'exportation de l'étain et du caoutchouc se développe.
1942-1945 : Le Japon occupe la péninsule.
1946 : La Grande-Bretagne crée l'Union malaise (à laquelle succède, en 1948, la Fédération malaise).
1957 : La Fédération malaise accède à l'indépendance. Abdul Rahman devient Premier ministre. L'UMNO (United Malays National Organization) domine désormais la vie politique.
1963 : La nouvelle Fédération de Malaysia est constituée par l'union de la Fédération malaise, de l'État de Singapour et des anciennes colonies britanniques de Sarawak et de Sabah. Le nouvel État est membre du Commonwealth.
1965 : Singapour quitte la Fédération.
1970 : Abdul Razak succède à Abdul Rahman.
1981 : Mahatir bin Mohamad devient Premier ministre.

MALBAIE (La) ou **MURRAY BAY,** localité du Canada (Québec), sur l'estuaire du Saint-Laurent, à l'embouchure de la rivière Malbaie ; 4 000 hab. Port et centre industriel (pulpe et papier).

MALBÂTI, E adj. et n. Dont le corps est mal fait, mal formé : *Une grande femme malbâtie.*

MALBEC n. m. Cépage rouge très répandu en France. (Syn. CÔT.)

MALBORK, v. de Pologne, port fluvial du delta de la Vistule ; en all. *Marienburg* ; 35 000 hab. La ville possède un ancien château teutonique, résidence des grands maîtres de l'ordre de 1309 à 1457 : vaste ensemble gothique des XIIIe-XVe s., auj. musée.

Malbrough s'en va-t-en-guerre, célèbre chanson créée peut-être après la mort du général anglais, le duc de Marlborough (1722).

MALBUISSON (25160), comm. du Doubs, sur le lac de Saint-Point ; 404 hab. Centre touristique à 900 m d'alt.

MALCHANCE n. f. **1.** Mauvaise chance, déveine : *Il est poursuivi par la malchance.* — **2.** Hasard malheureux, situation défavorable, issue malheureuse : *Une série de malchances l'a mené à la faillite.* — **3.** *Jouer de malchance,* ne pas avoir de chance dans une action.

MALCHANCEUX, EUSE adj. et n. Qui n'est pas favorisé par la chance.

MALCOLM Ier († 954), roi d'Alba (943-954). — **Malcolm II** († 1034), roi d'Écosse (1005-1034). Sa mainmise sur les pays au S. du Forth et de la Clyde réalisa l'unité écossaise. — **Malcolm III** *Canmore* (« Grosse Tête ») [† près d'Alnwick, Northumberland, 1093], roi d'Écosse (1058-1093), fils de Duncan Ier. Sa victoire sur Macbeth lui restitua la couronne. Son mariage avec Marguerite, sœur d'Edgar Atheling, l'incita à intervenir dans les affaires intérieures anglaises, mais ses campagnes en Angleterre furent malheureuses. — **Malcolm IV** *la Jeune Fille* (1141 - Jedburgh 1165), roi d'Écosse (1153-1165), petit-fils de David Ier, il prêta hommage à Henri II et lui restitua les comtés anglais du Nord (1157).

MALCOLM X (Malcolm LITTLE, dit), homme politique américain (Omaha 1925 - New York 1965). Entré en 1952 dans le mouvement des Black Muslims, il s'en sépara en 1964 pour fonder l'Organisation de l'unité afro-américaine. Perçu comme un fanatique par les Noirs non-violents, il mourut assassiné.

MALCOLMIA n. m. (de W. *Malcolm,* n. pr.). Plante (crucifère) à fleurs violettes poussant sur le littoral méditerranéen. (*Malcolmia maritima,* ou giroflée de Mahon, se cultive en bordures ou en massifs.)

MALCOMMODE adj. Qui est peu pratique, peu commode, peu confortable : *Un siège malcommode.*

MALCONTENTS n. m. pl. Nom donné aux politiques* pendant les guerres de Religion.

MALDEGEM, comm. de Belgique (Flandre-Orientale), au N.-O. d'Eeklo ; 21 000 hab.

MALDIGESTION n. f. Trouble de la digestion par maladie du foie, des voies biliaires, gastrectomie ou insuffisance pancréatique.

MALDIVES, État insulaire de l'océan Indien, au sud-ouest de Sri Lanka ; 300 km^2 ; 263 000 hab. CAP. *Mālé.* LANGUE : *divehi.* MONNAIE : *roupie maldive.*

Géographie. Situées à 650 km environ à l'O. et au S.-O. de Colombo, émiettées en latitude, de 7° 10′ N. à 0° 40′ S., les Maldives, ou Māldvīpa (« îles de Māl »), sont constituées par dix-neuf atolls comprenant plus de 1 000 petites îles coralliennes, dont 200 environ sont habitées. Le tourisme est la première source de revenus du pays, devant la pêche (dont les exportations s'accroissent) et l'agriculture (cocotiers, bananiers).

Histoire. Sous protectorat britannique à partir de 1887, indépendantes depuis 1965, les Maldives ont un gouvernement républicain depuis 1968. Les Britanniques conservent le droit d'utiliser une base aérienne sur l'île de Gan, dans l'atoll d'Addu.

MALDIVIEN n. m. Langue indo-aryenne parlée par environ 150 000 locuteurs aux îles Maldives.

MALDONNE n. f. (de *mal donner*). **1.** Syn. de FAUSSE DONNE*. — **2.** Fam. *Il y a maldonne,* il y a erreur, c'est un malentendu.

MÂLE adj. (lat. *masculus*). **1.** Qui appartient, qui est propre au sexe fécondant, porteur de cellules reproductrices plus nombreuses, plus petites et plus mobiles que celles du sexe femelle. — **2.** Chez les végétaux, se dit de l'organe qui fournit le pollen (plantes à graines) ou les anthérozoïdes (cryptogames), de la fleur qui ne porte que des étamines mais pas de pistil, du pied dont les fleurs n'ont que des étamines. (→ *encycl.*) — **3.** Qui dénote les qualités, les caractères généralement attribués à l'homme (énergie, force, etc.) : *Une voix mâle. Une mâle assurance.* — **4.** Se dit de la partie d'un organe (charnière, assemblage, raccord, etc.) entrant dans une autre, dite partie *femelle.*

◆ n. m. **1.** Être vivant organisé pour féconder, dans l'acte de la génération. — **2.** Individu du sexe masculin, par oppos. à la femme. — **3.** *Fam.* Homme vigoureux, moralement ou physiquement, en partic. caractérisé par la puissance sexuelle.

ENCYCL. **Biol.** Le sexe mâle, au sens restreint, est propre à l'un des deux gamètes, dont la fusion donne le zygote, ou œuf fécondé, lorsque ces deux gamètes sont différents. Le gamète mâle est, par définition, la plus petite des deux cellules qui s'unissent. Moins riche en cytoplasme que le gamète femelle, il semble plus riche en chondriosomes. Le noyau de la cellule mâle diffère souvent de celui de la cellule femelle par le chromosome sexuel, qui est, suivant les espèces, en moins, en plus, ou différent. Le gamète mâle, ou *spermatozoïde* (appelé *anthérozoïde* chez certains végétaux), est ordinairement très mobile grâce à un flagelle vigoureux. Par extension, on appelle *organes mâles* les organes qui engendrent les gamètes mâles : testicules des animaux, prothalle unisexué des prèles et des lycopodes, etc.

Chez les végétaux, on qualifie de « mâle » toute partie unisexuée dont dérivera plus ou moins directement le gamète mâle : grain de pollen, microspore, etc., pour peu que cette partie diffère de l'organe femelle correspondant. Chez les animaux gonochoriques et les plantes dioïques, l'individu tout entier est appelé mâle ou femelle, mais on appelle plus spécialement organes mâles ceux que le mâle est seul à posséder : cornes du cerf, ergots du coq, etc.

MÂLE (Émile), historien d'art français (Commentry 1862 - Chaalis 1954). Il a redécouvert les significations de l'iconographie médiévale à partir de sa thèse sur *l'Art religieux du XIII*^{e} *s. en France* (1898), suivie d'ouvrages consacrés à la fin du Moyen Âge (1908), au XIIe s. (1922) et à l'art après le concile de Trente (1932). Il a professé à la Sorbonne (1906) et a dirigé l'École française de Rome. (Acad. fr., 1927.)

MĀLÉ, île principale et cap. de l'archipel des Maldives ; 55 000 hab. Aéroport.

MALEBO *(Pool),* anc. **Stanley Pool,** lac formé par un élargissement du fleuve Zaïre. Kinshasa et Brazzaville sont établies sur ses rives.

MALEBRANCHE (Nicolas), philosophe français (Paris 1638 - *id.* 1715). Entré à l'Oratoire en 1660, il fut ordonné prêtre en 1664. Il eut avec Bossuet et Arnauld une longue querelle au sujet de la grâce. Il assimile vérité révélée et raison et reprend la distinction cartésienne des idées claires et distinctes. La solution du problème que posait Descartes, à savoir la difficile appréhension que l'on se fait de l'union de l'âme et du corps — qui n'est pas comme celle d'un pilote et de son navire (affirmation de Descartes) —, n'est pour Malebranche possible que par un acte de la foi : Dieu seul peut garantir le parallélisme du corps et de ses mouvements avec l'âme et ses idées. Il a écrit : *Traité de morale* (1684) ; *Entretiens sur la métaphysique et la religion* (1688).

MALEC (Ivo), compositeur français d'origine croate (Zagreb 1925). Il s'installa à Paris en 1955, après avoir suivi les cours d'Olivier Messiaen et travaillé avec Pierre Schaeffer. Il fit partie du Groupe de recherches musicales dès sa fondation, en 1960. Ses œuvres électroacoustiques comprennent, entre autres, *Triola* (1978) et *Recitativo* (1980) ; ses œuvres mixtes, *Cantate* *pour elle* (1966) et *Lumina* (1968) ; sa musique instrumentale, *Sigma* (1963), *Ottava alta* (1981) et *Ottava bassa* (1983-84) et, avec voix, *Dodécaméron* (1970) et *Vox, vocis* (1979).

MALÉDICTION n. f. (lat. *maledictio, -onis,* injure). **1.** *Litt.* Paroles par lesquelles on souhaite un sort néfaste à qqn : *La malédiction paternelle.* — **2.** Condamnation au malheur qui semble venir d'une puissance supérieure : *S'attirer par ses actes la malédiction divine.* — **3.** Sort hostile, malheur, malchance auxquels on semble être voué par la destinée. — **4.** *Malédiction !,* exclamation qui exprime un violent dépit.

MALÉE *(cap),* en gr. **Maléas** ou **Kavomaliás,** cap de Grèce, extrémité S.-E. du Péloponnèse.

MALÉFICE n. m. (lat. *maleficium,* méfait). Pratique rituelle magique visant à nuire à qqn dans sa personne ou dans ses biens.

MALÉFIQUE adj. (lat. *maleficus,* méchant). Qui a une influence malfaisante et occulte : *Être doué d'un pouvoir maléfique.*

MALEGAON, v. de l'Inde (Mahārāshtra), au N.-E. de Bombay ; 342 431 hab. Textile.

MALÉIQUE adj. *Acide maléique,* acide butènedioïque Z (ou cis), HOCO—CH=CH—COOH, stéréo-isomère de l'acide fumarique. ‖ *Anhydride maléique,* anhydride $C_4H_2O_3$ de l'acide maléique. (Obtenu par oxydation ménagée du benzène, l'anhydride maléique est utilisé dans les résines alkydes, les colorants et en pharmacie.)

MALÉ KARPATY (« Petites Carpates »), ligne de hauteurs de Slovaquie, extrémité N.-O. de l'arc carpatique.

MALÉKISME ou **MĀLIKISME** n. m. École théologique, morale et juridique islamique issue de l'enseignement de Mālik ibn Anas. (Elle domine en Afrique du Nord et en Afrique noire ainsi qu'en Haute-Égypte.)

MALÉKITE ou **MĀLIKITE** adj. et n. Relatif au malékisme ; adepte du malékisme.

MALEKULA → MALLICOLLO.

MALEMBOUCHÉ, E adj. et n. *Pop.* Qui parle grossièrement.

MALEMORT n. f. *Litt.* Mort tragique, cruelle.

MALEMORT-SUR-CORRÈZE (19360), ch.-l. de cant. de la Corrèze, banlieue est de Brive-la-Gaillarde ; 6 567 hab. Industrie alimentaire.

MALENCONTREUSEMENT adv. De façon malencontreuse.

MALENCONTREUX, EUSE adj. (anc. fr. *malencontre,* de *mal* et *encontre,* rencontre). Qui survient mal à propos : *Une remarque malencontreuse.*

MALÈNE (La) [48210], comm. de la Lozère, sur le Tarn, au pied du causse de Sauveterre ; 190 hab. Centre touristique des gorges du Tarn.

MALENKOV (Gueorgui Maksimilianovitch), homme d'État soviétique (Orenbourg 1902 - Moscou 1988). Membre du Comité d'État pour la défense de l'U. R. S. S. constitué en 1941, il fut chargé en 1944 du Comité pour le démantèlement de l'industrie allemande et devint vice-président du Conseil et membre du Politburo en 1946. À la mort de Staline (mars 1953), il fut placé quelques semaines à la tête du parti et de l'État, puis il conserva jusqu'en 1955 le poste de président du Conseil. Il participa à la tentative du Praesidium d'évincer Khrouchtchev (1957), et fut exclu du Praesidium et du Comité central.

MAL(-)EN(-)POINT adj. inv. En mauvais état de santé, de fortune, de situation : *Candidat mal-en-point.*

MALENTENDANT, E adj. et n. Se dit de qqn dont l'acuité auditive est altérée.

MALENTENDU n. m. **1.** Fait de se méprendre sur qqch, en partic. sur le sens d'une parole, d'un mot : *Faire cesser un malentendu.* — **2.** Désaccord entre des personnes, né d'une divergence d'interprétation, en partic. d'une mésentente sentimentale : *Un douloureux malentendu.*

MALESHERBES (45330), ch.-l. de cant. du Loiret, sur l'Essonne ; 5 812 hab. *(Malesherbois).* Église des XIIe-XVe s. Château des XVe et XVIIe s. Imprimerie. Textile.

MALESHERBES (Chrétien Guillaume DE LAMOIGNON DE), magistrat et homme politique français (Paris 1721 - *id.* 1794). Premier président de la Cour des aides et directeur de la librairie (1750), il se montra tolérant et éclairé et favorisa l'*Encyclopédie.* Secrétaire d'État à la maison du roi (1775-76), il renonça aux lettres de cachet. Il émigra de 1790 à 1792, puis fut l'un des avocats de Louis XVI devant la Convention. Il fut guillotiné. (Acad. fr., 1774.)

MALESTROIT (56140), ch.-l. de cant. du Morbihan, sur l'Oust ; 2 439 hab. Église romane et gothique ; vieilles maisons. Fromagerie. Robinetterie industrielle.

MALET (Claude François DE), général français (Dole 1754 - Paris 1812). Il servit aux armées du Rhin et d'Italie (1792-1799), mais, hostile à l'Empire, il tenta un coup d'État en annonçant, le 23 oct. 1812, la mort de Napoléon, alors en Russie. Il fut fusillé le 29 octobre.

MALET (Léo), écrivain français (Montpellier 1909 - Châtillon-sous-Bagneux 1996). Lié au groupe surréaliste, auteur prolifique de romans policiers, il a créé le personnage de Nestor Burma.

MAL-ÊTRE n. m. inv. Sentiment de profond malaise.

MALEVILLE (Jacques, *marquis* DE), homme politique et juriste français (Domme, Dordogne, 1741 - *id.* 1824). Membre du Conseil des Anciens (1795-1799), il participa à l'élaboration du Code civil.

MALEVITCH (Kazimir), peintre et théoricien russe d'origine polonaise (près de Kiev 1878 - Leningrad 1935). Une tendance primitiviste caractérise ses toiles de 1909-10, teintées d'expressionnisme, comme les figures aux volumes géométrisés qui ouvrent, en 1911, sa période cubo-futuriste (*le Bûcheron,* Stedelijk Museum, Amsterdam). En 1913-14, une interprétation personnelle des données du cubisme synthétique le conduit au suprématisme, expression la plus radicale de la démarche abstraite, consacrant la négation de l'objet (*Carré blanc sur fond blanc,* 1918, musée d'Art moderne, New York). Puis, l'ère de la peinture de chevalet étant révolue à ses yeux, il passe vers 1923 à un stade d'études architectoniques visant à la transformation de l'environnement humain. Il revient cependant à la peinture après 1927 (sorte de synthèse de ses périodes figuratives antérieures).

MALFAÇON n. f. Défaut ou imperfection dans la fabrication de qqch, la réalisation d'un ouvrage.

MALFAISANCE [-fə-] n. f. *Litt.* Disposition à faire du mal.

MALFAISANT, E [-fə-] adj. (part. prés. de l'anc. fr. *malfaire*). **1.** Qui fait ou cherche à faire du mal, à nuire : *Un être malfaisant dont il faut se méfier.* — **2.** Qui est néfaste, maléfique, pernicieux : *Idées malfaisantes.*

MALFAITEUR n. m. (lat. *malefactor*). Individu qui commet des actions coupables, criminelles.

MALFAMÉ, E adj. Qui est fréquenté par des individus de mauvaise réputation : *Un café malfamé.* (On écrit aussi MAL FAMÉ.)

MALFORMATIF, IVE adj. Qui caractérise ou provoque une malformation.

MALFORMATION n. f. Vice de conformation grossier présent à la naissance, dû à des facteurs héréditaires d'ordre chromosomique et génétique (mongolisme, syndrome de Turner), ou à des facteurs infectieux (rubéole, toxoplasmose), chimiques (thalidomide), hormonaux, à des carences nutritionnelles, aux rayons X ou aux radiations atomiques.

MALFRAT n. m. (mot provenç., de *malfar,* mal faire). *Pop.* Bandit, gangster.

MALFRAY (Charles), sculpteur français (Orléans 1887 - Dijon 1940). Son art, d'abord influencé par Rodin, se caractérise par la plénitude des formes et la puissance expressive, dense et ramassée (monument aux morts d'Orléans).

MALGACHE adj. et n. De Madagascar.
◆ n. m. Langue du groupe indonésien parlée à Madagascar.

ENCYCL. La langue officielle de la République malgache repose sur le dialecte des Mérinas, écrit en alphabet latin depuis 1820 ; elle est actuellement en forte expansion aux dépens des dialectes locaux.

MALGOVERT, lieu-dit des Alpes (Savoie), en amont de Bourg-Saint-Maurice. Centrale hydroélectrique sur l'Isère.

MALGRACIEUX, EUSE adj. *Litt.* Qui manque de grâce, de beauté, de délicatesse, de douceur.

MALGRÉ prép. (de *mal* et *gré*). **1.** En agissant outre la volonté, l'opposition de qqn, en dépit d'un ordre, d'un règlement : *Il est parti malgré son père.* — **2.** En ne se laissant pas arrêter par tel obstacle : *Sortir malgré la pluie.* — **3.** *Malgré que* + *subj.,* marque une opposition ; quoique, bien que (critiqué par les puristes) : *On s'entend bien malgré que nos caractères soient différents.* — **4.** Litt. *Malgré que j'en aie, que tu en aies, etc.,* bien que cela me (te) contrarie, bien que ce soit à contrecœur. ‖ *Malgré soi,* contre sa propre volonté ou involontairement : *J'ai entendu votre conversation malgré moi.* ‖ *Malgré tout,* en dépit de tout ce qui pourrait aller à l'encontre : *Malgré tout, c'est un brave homme.*

MALHABILE adj. **1.** Qui manque d'habileté, de savoir-faire : *Un dessinateur malhabile.* — **2.** *Litt.* Qui est peu capable, peu apte : *Il est malhabile à conduire une affaire difficile.*

MALHABILEMENT adv. De façon malhabile.

MALHERBE (François DE), poète français (Caen 1555 - Paris 1628). Auteur de poèmes de facture baroque *(les Larmes de saint Pierre,* 1587), distingué par le cardinal du Perron, il devint poète de cour en 1605 et se posa en même temps en chef d'école. Rompant avec la tradition de la Pléiade, critiquant les poésies de Desportes, il imposa un idéal poétique de clarté et de rigueur qui est à l'origine du goût classique *(Consolation* à Dupérier),* que célébra plus tard Boileau.

MALHERBOLOGIE n. f. Étude des mauvaises herbes (adventices) et des moyens de les combattre.

MALHEUR n. m. (de *mal* et *heur*). **1.** Situation pénible qui affecte douloureusement qqn : *C'est dans le malheur qu'on connaît ses vrais amis.* — **2.** Accident fâcheux, funeste : *Un malheur n'arrive jamais seul.* — **3.** Sort hostile, funeste, malchance : *Le malheur a voulu qu'il manque son train.* — **4.** *Arriver malheur,* mourir, en parlant de qqn ; être fortement endommagé, en parlant de qqch. ‖ *De malheur,* qui annonce un malheur, funeste ; s'emploie fam. pour manifester son mécontentement, son irritation : *Un oiseau de malheur.* ‖ *Faire un malheur,* se livrer à des accès de violence ou faire un éclat, protester bruyamment ; obtenir un succès extraordinaire (pop.). ‖ *Jouer de malheur,* avoir une malchance persistante. ‖ *Malheur !,* sert à exprimer le dépit, l'accablement, l'indignation. ‖ *Malheur à qqn,* exprime une malédiction ou une prédiction pessimiste, puisse-t-il arriver malheur à : *Malheur aux vaincus !* ‖ *Par malheur,* par un fâcheux concours de circonstances. ‖ *Porter malheur à qqn,* avoir une influence fatale, entraîner des conséquences néfastes pour lui. ‖ *Pour mon malheur,* cela m'a été préjudiciable.

Malheurs de Sophie *(les),* roman de la comtesse de Ségur (1864) : les mésaventures d'une fillette désobéissante.

MALHEUREUSEMENT adv. Par malheur ; par un fâcheux concours de circonstances.

MALHEUREUX, EUSE adj. et n. **1.** Qui est dans le malheur, dans la misère : *Secourir les malheureux.* – **2.** Qui suscite de la commisération, de la pitié : *Le malheureux interprète ne comprenait rien.* – **3.** *Malheureux !,* exclamation adressée à qqn pour le mettre en garde ou pour déplorer sa conduite.

◆ adj. **1.** Qui est marqué par le malheur, la douleur, la peine : *Il a mené une existence malheureuse.* – **2.** Qui éprouve de la peine, du regret, de la tristesse : *Je suis malheureux de ne pas pouvoir vous aider.* – **3.** Qui n'a pas de chance, qui est marqué par l'échec : *Malheureux au jeu. Un amour malheureux.* – **4.** Se dit d'un acte, d'un propos malencontreux, qui semble mal inspiré : *Il a eu une parole malheureuse.* – **5.** Qui est regrettable, désolant : *Oublions cette malheureuse initiative.* – **6.** Qui inspire la pitié, la commisération. – **7.** Insiste sur le côté minime de qqch : *Que de bruit pour une malheureuse erreur d'un franc.* – **8.** Fam. *Ce n'est pas malheureux,* se dit lorsque qqch qu'on attendait finit par se produire. ‖ Fam. *Si c'est pas malheureux (de + inf.),* se dit lorsqu'on est offusqué, peiné ou choqué d'avoir à constater qqch.

MALHONNÊTE adj. **1.** Qui enfreint les règles de la probité, de l'honnêteté : *Une transaction malhonnête.* – **2.** Qui choque la décence, la pudeur, la morale sociale : *Faire des propositions malhonnêtes à une femme.*

◆ n. Personne malhonnête.

MALHONNÊTEMENT adv. De façon malhonnête.

MALHONNÊTETÉ n. f. **1.** Caractère de qqn, de son comportement, qui est malhonnête : *Malhonnêteté d'un joueur.* – **2.** Action contraire à l'honnêteté : *Commettre une malhonnêteté.* – **3.** *Malhonnêteté intellectuelle,* déloyauté dans l'utilisation des œuvres d'autrui, dans les arguments employés, dans la manière de citer qqn.

MALI, État d'Afrique occidentale s'étendant sur l'ancien Soudan français ; 1 240 000 km² ; 11 130 000 hab. *(Maliens).* CAP. *Bamako.* LANGUE : *français.* MONNAIE : *franc C.F.A.*

Géographie. Vaste pays (plus du double de la superficie de la France), mais enclavé et, en majeure partie, dans la zone sèche sahélienne ou saharienne, le Mali est l'un des pays les plus pauvres du monde. Les terres cultivées couvrent moins de 2 % de la superficie totale et se concentrent dans le Sud, plus humide, parcouru par les fleuves, qui ont fixé les villes et permis l'irrigation. Les récentes sécheresses ont aggravé la situation des pasteurs du Nord (Maures et Touareg), détruisant une partie du cheptel bovin et ovin. Les rendements des cultures vivrières (riz, millet, etc.) et commerciales (coton et arachide) du Sud (peuplé de Soudaniens, sédentaires) en ont aussi souffert. Sans ressources minières exploitées, sous-industrialisé, avec un accroissement démographique annuel proche de 2,5 %, une balance commerciale toujours déficitaire, un fort endettement extérieur, le pays dépend largement de l'aide internationale.

Histoire. Lieu de rencontre des peuples du nord de l'Afrique et de ceux de l'Afrique noire, le Mali est le berceau des grands empires médiévaux du Sahel.

VIIe s. : Formation de l'empire du Ghāna.

XIe s. : Les Almoravides imposent l'islām et détruisent l'empire du Ghāna.

XIIIe-XIVe s. : Apogée de l'empire du Mali.

XVIe s. : Apogée de l'empire Songhaï, dont les deux principales cités sont Gao et Tombouctou.

À partir du XVIIe s., le pouvoir passe successivement aux Marocains, aux Touareg puis aux Peuls.

1857 : Les Français amorcent l'occupation du pays.

Ils empêchent ainsi la constitution dans le Sud d'un nouvel État à l'initiative de Samory Touré, fait prisonnier en 1898.

1904 : Création de la colonie du Haut-Sénégal-Niger dans le cadre de l'Afrique-Occidentale française.

1920 : Amputée de la Haute-Volta, la colonie devient le Soudan français.

1960 : Pleinement indépendant, le pays prend le nom de République du Mali.

1968 : Moussa Traoré prend le pouvoir. L'économie du pays est libéralisée.

1991 : L'armée renverse Moussa Traoré.

1992 : Le multipartisme est restauré. Un des leaders de l'opposition, Alpha Oumar Konaré, est élu à la présidence de la République.

MALI *(empire du),* empire mandingue, dont le noyau initial semble avoir été la région de Bamako dans la vallée du Niger : le Mandé. Ses origines remontent aux Xe-XIe s. Il devint un vaste empire au temps de Soundiata Keita (1230-1255), qui contrôlait la région comprise entre l'Océan et la zone d'inondation du Niger. À son apogée, sous Kankan Moussa (v. 1312-1337), il s'étendait de Dakar à Gao et du Sahel aux abords de la forêt, sans toutefois comprendre le bassin des Volta. Sa puissance reposait sur le contrôle des mines d'or et du commerce transsaharien.
Au début du XVe s., l'Empire songhaï annexa plusieurs provinces et pilla la capitale du Mali en 1545. Les royaumes de Gao et Ségou prirent sa relève et l'empire se réduisit au XVIIe s. à son noyau originel, autour de Kangaba.

MALIA, village crétois sur la côte nord, à l'est de Cnossos. Sous l'égide de l'École française d'Athènes, un palais minoen (v. 1700-1600 av. J.-C.), autour duquel s'organisait une ville (abandonnée v. 1450 av. J.-C.), a été dégagé. Certaines parties du complexe palatial remontent aux alentours de 1800-1700 av. J.-C. Très beaux objets (musée d'Iráklion) recueillis sur la côte, dans la nécropole royale.

MALIBRAN (María de la Felicidad GARCÍA, dite **Maria**), cantatrice espagnole (Paris 1808 - Manchester 1836), sœur de Pauline Viardot. Sa voix, allant du registre de contralto à celui de soprano, en fit l'idole du public européen. Sa mort prématurée inspira Musset dans ses *Stances.* Elle avait épousé le violoniste Charles de Bériot.

MALIBU, localité des États-Unis (Californie), sur le Pacifique, au N.-O. de Los Angeles ; 4 500 hab. Riche musée J. P. Getty*, installé en 1974 dans un édifice reproduisant la villa des Papyrus d'Herculanum.

MALICE n. f. (lat. *malitia,* nature mauvaise). **1.** Penchant à dire ou à faire des taquineries excluant la méchanceté. — **2.** *Ne pas entendre malice à qqch,* le faire innocemment.

MALICIEUSEMENT adv. De façon malicieuse.

MALICIEUX, EUSE adj. et n. (lat. *malitiosus*). **1.** Qui est enclin à la raillerie piquante, aux tours malins. — **2.** *Litt.* Qui a une inclination à faire le mal.
◆ adj. Qui dénote de la malice, en est empreint : *Regard malicieux.*

MALICORNE-SUR-SARTHE (72270), ch.-l. de cant. du sud-ouest de la Sarthe ; 1 668 hab. *(Malicornais).* Église du XIIe s. Château du XVIIe s. Céramique d'art.

MALIEN, ENNE adj. et n. Du Mali.

MALIGNE → MALIN.

MALIGNEMENT adv. Avec malignité.

MALIGNITÉ n. f. (lat. *malignitas, -atis*). **1.** Tendance à faire le mal en se servant des ressources de l'intelligence et de l'imagination. — **2.** *Litt.* Méchanceté mesquine : *Être en butte à la malignité du sort.* — **3.** Caractère malin d'une maladie, d'une tumeur.

MALIK, mot ar. signif. *roi* et désignant dans le Coran un des noms de Dieu ainsi que les rois de ce monde.

MALIK AL-ʿĀDIL (al-), dit **Sayf al-Dīn** *(Safadin)* [Damas ou Baalbek 1143 - ʿĀliqīn, Damas, 1218], sultan ayyūbide (1198-1218), frère de Saladin. Il réunit sous son autorité l'Égypte, la Syrie et la Mésopotamie.

MALIK AL-KĀMIL (al-) [Le Caire 1180 - *id.* 1238], sultan ayyūbide (1218-1238), fils de al-Malik al-ʿĀdil. Il défit les croisés près de Damiette en 1221 et conclut en 1229 une trêve de dix ans avec Frédéric II, auquel il céda les Lieux saints.

MALIK AL-ṢĀLIḤ (al-) [Le Caire 1207 - Mansourah 1249], sultan ayyūbide d'Égypte (1240-1249).

MALIK CHĀH (1055 - Bagdad 1092), troisième sultan seldjoukide (1073-1092), fils d'Alp Arslan. Il soumit la Transoxiane et le Yémen, et affermit la domination seldjoukide en Syrie et en Palestine. Son ministre Niẓām al-Mulk accomplit une œuvre remarquable d'organisation administrative et fonda de nombreuses madrasa.

MĀLIK IBN ANAS, juriste musulman (Médine 715 - *id.* 795). Fondateur de l'école de droit musulman malékite, il est l'auteur du *Kitāb al-Muwaṭṭaʾ.*

MĀLIKISME, MĀLIKITE → MALÉKISME, MALÉKITE.

MALIN, IGNE adj. et n. (lat. *malignus,* perfide). **1.** Qui est rusé, astucieux, dégourdi : *C'est un malin qui sait y faire.* — **2.** *Le Malin,* le diable, le démon. — **3.** *Faire le malin,* se rendre intéressant. ‖ *Gros malin,* se dit à qqn dont on a déjoué les supercheries. ‖ *Malin comme un singe,* très malin.
◆ adj. **1.** Qui témoigne d'une intelligence malicieuse, plus ou moins rusée : *Un sourire malin.* — **2.** Qui témoigne d'astuce, d'ingéniosité, de perspicacité : *Sa réponse était très maligne.* — **3.** *Fam.* Se dit d'un acte, d'un comportement stupide, ridicule : *C'est malin de sortir sans parapluie !* — **4.** Se dit d'une maladie de gravité anormale ; se dit d'une tumeur cancéreuse. (→ *encycl.*) — **5.** *Ce n'est pas (bien) malin,* ce n'est pas difficile à faire ou à comprendre. ‖ *Esprit malin,* diable, démon. ‖ Fam. *Ne pas être malin,*

être stupide, idiot ; ne pas être fin, intelligent : *C'est pas malin ce que tu as fait là.*
— REM. On rencontre parfois le fém. *maline,* au sens de « astucieuse ».
ENCYCL. **Pathol.** Dans l'apparition des états malins, en plus de la virulence particulière de certaines souches de germes, le rôle du terrain est important et fait intervenir l'âge (vieillards), les maladies antérieures, les défaillances dans la défense de l'organisme (déficit immunitaire). Le caractère malin d'une tumeur tient à sa nature cancéreuse, ce qui n'exclut pas sa curabilité lorsqu'elle est traitée avant toute diffusion. Certaines tumeurs ont seulement une malignité locale.

MA LIN, peintre chinois (actif au milieu du XIIIe s.). Peintre de paysages, de fleurs et d'oiseaux, membre de l'Académie de peinture comme son père Ma Yuan, il témoigne d'une attitude picturale nouvelle : la sensibilité devant la nature devient le sujet même d'une œuvre imprégnée d'inquiétude.

MALINA (Judith), fondatrice du Living Theatre avec Julian Beck*.

MALINALCO, site archéologique du Mexique. Importants vestiges d'un centre cérémoniel rupestre destiné à l'initiation des membres des ordres guerriers aztèques.

MALINES, en néerl. **Mechelen,** v. de Belgique, ch.-l. d'arrond. de la prov. d'Anvers, sur la Dyle ; 75 313 hab. Archevêché métropolitain de la Belgique. Constructions mécaniques. Tapis et tapisseries. Meubles. Cultures sous serre.
— **Hist.** Importante cité drapante au XIIIe s., Malines a le statut communal en 1242. C'est au XVe et au XVIe s. que la ville connaît son apogée, sous la domination bourguignonne. Résidence de Marguerite d'Autriche, gouvernante des Pays-Bas, la ville est le siège d'un archevêché en 1559. Depuis 1962, Malines partage son titre archiépiscopal avec Bruxelles.
— **Bx-arts.** Cathédrale gothique des XIIIe-XVe s., à mobilier baroque. Églises St-Jean et N.-D.-au-delà-de-la-Dyle, du XVe s., avec tableaux de Rubens. Église baroque N.-D.-d'Hanswijk, par L. Faydherbe (v. 1665-1680 ; mobilier). Édifices civils, dont ceux de la Grand-Place, le palais de Marguerite d'Autriche (auj. palais de justice), gothique et Renaissance, l'hôtel du chanoine Busleyden (1505, auj. Musée communal), de nombreuses maisons anciennes.

Malines *(conversations de),* entretiens animés par le cardinal Mercier, archevêque de Malines, et lord Halifax de 1921 à 1926, en vue d'un rapprochement entre catholiques et anglicans.

Malines *(dentelle* ou *point de),* dentelle aux fuseaux, d'une très grande souplesse. Les dessins : fleurs, bouquets, rinceaux, sont cernés par un fil plat, un peu brillant, qui rehausse leurs reliefs.

MALINGRE adj. (p.-ê. de *mal* et anc. fr. *heingre,* décharné). Qui est d'une constitution faible ; chétif : *Enfant malingre.*

MALINKÉ n. m. Langue nigéro-congolaise du groupe mandé, parlée par les Malinkés.

MALINKÉS, peuple mandé, rassemblant plus de 350 000 personnes au Mali, occupant une partie de la plaine du Niger, et plus d'1 million de personnes dans le nord-ouest de la Côte-d'Ivoire.

MALINOIS n. m. Variété de berger belge, au poil court et à la robe de couleur fauve, charbonnée.

MALINOVSKI (Rodion Iakovlevitch), maréchal soviétique (Odessa 1898 - Moscou 1967). Il servit en 1917 dans les armées du tsar envoyées sur le front français. Il s'engagea dans la Légion étrangère française à la dissolution des unités russes, et, de retour en Russie, adhéra au parti communiste. Pendant la Seconde Guerre mondiale, il se signala devant Stalingrad (1942) puis commanda le 2e front d'Ukraine (1943-44). Il signa l'armistice avec les Roumains et entra à Budapest et à Vienne (13 avr. 1945). Il fut ministre de la Défense de 1957 à 1967.

MALINOWSKI (Bronisław), anthropologue britannique d'origine polonaise (Cracovie 1884 - New Haven, Connecticut, 1942). Pendant ses deux années passées aux îles Trobriand (Mélanésie), il y pratiqua une nouvelle méthode, celle de l'observation participante et y élabora la théorie du fonctionnalisme*. Il a écrit *les Argonautes du Pacifique occidental* (1922), *la Sexualité et sa répression dans les sociétés primitives* (1927), *la Vie sexuelle des sauvages du nord-ouest de la Mélanésie* (1929), *les Jardins de corail* (1935).

MALINTENTIONNÉ, E adj. Qui a de mauvaises intentions : *Lecteur malintentionné.*

MALINVAUD (Edmond), économiste français (Limoges 1923). Directeur de l'I.N.S.E.E. de 1974 à 1987, il a surtout étudié les procédures de planification, les modèles de l'analyse macroéconomique et la croissance. On lui doit, notamment, *Réexamen de la théorie du chômage* (1980), *Théorie macroéconomique* (1981).

MALIPIERO (Gian Francesco), compositeur et musicologue italien (Venise 1882 - Trévise 1973). Sa production dénote une nature romantique tempérée par l'étude des maîtres du XVIIe et du XVIIIe s. On lui doit des oratorios, comme *Saint François d'Assise* (1920) et *l'Énéide de Virgile* (1944), des œuvres religieuses et de la musique instrumentale (symphonies, quatuors à cordes, concertos). Il a édité les œuvres de Monteverdi et de Vivaldi.

MALIQUE adj. (lat. *malum,* pomme). *Acide malique,* acide hydroxy-2 butanedioïque, dont la forme lévogyre se rencontre dans tous les organismes vivants, où elle intervient lors du métabolisme des lipides. (On l'extrait de la pomme verte, de la groseille, de la rhubarbe, etc. Il se prépare facilement par synthèse.)

MALLAHA, site archéologique de Palestine, dans la haute vallée du Jourdain, qui a livré les vestiges de l'habitat (trous de poteaux de maisons rondes) de l'une des plus anciennes populations sédentarisées qui se rattache à la culture natoufienne vers 10000 av. J.-C.

MALLARD (Ernest), cristallographe français (Châteauneuf, Cher, 1833 - Paris 1894). On lui doit la découverte de gisements stannifères dans le Massif central et des travaux sur le grisou.

MALLARDITE n. f. (de E. *Mallard,* n. pr.). Sulfate hydraté naturel de manganèse, de formule $MnSO_4 7H_2O$, monoclinique.

MALLARMÉ (Stéphane), poète français (Paris 1842 - Valvins, Seine-et-Marne, 1898). Professeur par nécessité, il donne des cours d'anglais en province, puis à Paris en même temps qu'il écrit, enthousiasmé par Baudelaire et Edgar Poe, *l'Azur* (1864) et *Brise marine.* Dix de ses poèmes, publiés dans *le Parnasse* contemporain* (1866), passent inaperçus ainsi qu'*Hérodiade,* également publiée dans *le Parnasse contemporain* et dans laquelle le poète livre la définition de sa poétique « peindre non la chose, mais l'effet qu'elle produit ». Le même insuccès frappe *l'Après-Midi* d'un faune,* qu'avait précédé *Igitur ou la Folie d'Elbehnon,* conte allégorique commencé en 1867. Il lui faudra attendre les jugements de Verlaine, en 1880, dans ses *Poètes maudits,* et de Huysmans, en 1884, dans *À rebours,* pour accéder d'emblée à la notoriété. Son salon devient célèbre, fréquenté par les « espoirs » : J. Laforgue, L. Tailhade, G. Kahn, P. Louÿs, Gide, Valéry, Claudel, etc. Tous se passionnent pour son Grand Œuvre, qui ne verra pas le jour et que Mallarmé appelle le « Livre » (le premier mouvement de celui-ci, *Un coup* de dés jamais n'abolira le hasard,* parut en 1897 dans la revue *Cosmopolis*). L'inconnu d'hier devient l'une des têtes du symbolisme naissant, le prophète de la poésie nouvelle, avant d'être élu prince des poètes à la mort de Verlaine. Son œuvre, malgré sa brièveté et son inachèvement, a été déterminante pour l'évolution de la littérature au XXe s.

MALLE n. f. (frq. **malha*). **1.** Coffre de bois, de cuir, etc., de grandes dimensions, où l'on enferme les objets que l'on emporte en voyage. — **2.** Coffre arrière d'une automobile. — **3.** Syn. de MALLE-POSTE. — **4.** *Faire sa malle, ses malles,* ranger les effets que l'on veut emporter ; se préparer à partir et, fam., être sur le point de mourir. ‖ Pop. *Se faire la malle,* partir sans prévenir, s'enfuir, s'évader. ‖ *Malle des Indes,* service de transport de la poste assuré de 1839 à 1939 entre l'Angleterre et les Indes à travers le territoire français ; tour d'illusion dans lequel une caisse truquée permet à deux artistes magiciens de s'escamoter mutuellement et de se substituer l'un à l'autre ; accessoire permettant de réaliser ce tour.

MALLE (Louis), cinéaste français (Thumeries, Nord, 1932 - Beverly Hills 1995). Après avoir été l'assistant de J.-Y. Cousteau et de R. Bresson, il réalisa *Ascenseur pour l'échafaud* (1958), *les Amants* (1958), *Zazie dans le métro* (1960), *Vie privée* (1962), *le Feu follet* (1963), *Viva Maria* (1965), *le Voleur* (1967), *Lacombe Lucien* (1973), *Atlantic City* (1980), *Au revoir les enfants* (1987), *Milou en mai* (1990) et *Fatale* (1992).

MALLEA (Eduardo), écrivain argentin (Baía Blanca 1903 - Buenos Aires 1982), chantre, à travers ses essais (*Historia de una pasión argentina,* 1935), ses romans (*la Barque de glace,* 1967 ; *La penúltima puerta,* 1969) et ses contes (*La Red,* 1968), de l'âme de son pays.

MALLÉABILISATION n. f. Traitement thermique de recuit, rendant malléable une fonte blanche fragile et dure soit par décarburation, soit par graphitisation.

MALLÉABILISER v. t. (conj. **3**). Procéder à la malléabilisation.

MALLÉABILITÉ n. f. **1.** Propriété de ce qui est malléable. — **2.** Caractère de qqn, de son esprit, qui est docile, influençable : *La malléabilité du caractère.* — **3.** Capacité d'un métal à se laisser réduire en feuilles, par forgeage ou laminage. (Elle croît avec la température.)

MALLÉABLE adj. (lat. *malleus,* marteau). **1.** Qui se laisse modeler, travailler : *La cire est malléable.* — **2.** Qui se laisse influencer ou former : *Un enfant encore malléable.* — **3.** Se dit d'un métal qu'on peut façonner et réduire facilement en feuilles.

MALLÉINATION n. f. Ensemble des opérations réalisées pour déceler la morve, par injection de malléine dans le derme de la paupière inférieure.

MALLÉINE n. f. (lat. *malleus,* morve). Substance extraite de cultures en bouillon glycériné du bacille de la morve, utilisée dans le diagnostic de la maladie.

MALLEMORT (13370), comm. des Bouches-du-Rhône ; 4 452 hab. *(Mallemortais).* Centrale hydroélectrique alimentée par le canal de dérivation de la Durance.

MALLÉOLAIRE adj. Qui se rapporte aux malléoles.

MALLÉOLE n. f. (lat. *malleolus,* petit marteau). Apophyse de chacune des deux extrémités inférieures des deux os de la jambe, contribuant à former la mortaise tibio-péronière *(malléole interne* ou *tibiale, malléole externe* ou *péronière).*

MALLE-POSTE n. f. (pl. *malles-poste*). Voiture postale hippomobile qui faisait le service général des dépêches et prenait quelques voyageurs. (Syn. MALLE.)

MALLERET (Louis), archéologue français (Clermont-Ferrand 1901 - Louveciennes 1970). Ses travaux sont consacrés à l'histoire et à l'archéologie de la péninsule indochinoise. Il a découvert et étudié le site d'Oc-èo.

MALLET, famille de banquiers protestants d'origine française, émigrée à Genève au XVIe s. — ISAAC (1684-1779) vint à Paris dès 1713, où il fonda un maison de banque. — GUILLAUME (1747-1826) siégea dans le premier conseil de régence de la Banque de France, où ses descendants lui succédèrent jusqu'en 1936. Les Mallet participèrent, aux XIXe et XXe s., au développement des chemins de fer, des compagnies d'assurance et d'électricité et des affaires coloniales.

Mallet *(locomotive type),* locomotive à vapeur comportant un châssis principal avec un train de roues motrices et un châssis secondaire articulé sur le premier, possédant un train de roues motrices et, éventuellement, des bogies et bissels porteurs.

MALLET DU PAN (Jacques), journaliste suisse d'expression française (Céligny, Genève, 1749 - Richmond, Angleterre, 1800). Collaborateur de Linguet à Londres, admirateur des Lumières et de la Constitution anglaise, il se fit, dans ses journaux et ses libelles, le porte-parole des émigrés français dans les capitales européennes (1794-1798).

MALLETERIE n. f. 1. *Vx.* Métier de l'artisan malletier. — 2. Branche de l'industrie du bagage qui confectionne les malles, les valises, les mallettes diverses.

MALLETIER n. m. (de *mallette*). Artisan qui fabrique des malles et des mallettes.

MALLET-JORIS (Françoise), femme de lettres française d'origine belge (Anvers 1930). Après *le Rempart des Béguines* (1951), elle se tourne vers la vie intérieure et une interprétation mystique de la réalité (*Lettre à moi-même,* 1963 ; *les Signes et les Prodiges,* 1966), puis vers des destins plus quotidiens, révélateurs d'une société en pleine mutation (*Un chagrin d'amour et d'ailleurs,* 1981 ; *le Clin d'œil de l'ange,* 1983 ; *la Tristesse du cerf-volant,* 1988 ; *Adriana Sposa,* 1990 ; *Divine,* 1991).

MALLET-STEVENS (Robert), architecte français (Paris 1886 - *id.* 1945). Il est l'un de ceux qui luttèrent contre l'éclectisme dans les années 1925-1930, maniant de façon mouvementée les formes géométriques du style international (hôtels de la rue Mallet-Stevens, à Paris, XVIe arrond.).

MALLETTE n. f. (de *malle*). Petite valise.

MALLEVILLE (Claude DE), poète français (Paris 1597 - *id.* 1647). Il fréquenta l'hôtel de Rambouillet et participa à *la Guirlande* de Julie.* (Acad. fr., 1634.)

MALLICOLO ou **MALEKULA,** île volcanique du centre de Vanuatu ; 2 540 km².

MAL-LOGÉ, E n. (pl. *mal-logés, ées*). Personne dont les conditions d'habitation sont insuffisantes.

MALLOPHAGE n. m. (du gr. *mallos,* toison). Nom d'ordre attribué aux poux des oiseaux, qui vivent aussi sur certains mammifères (jamais sur l'homme) et qui mordent sans piquer.

MALLORY (George Herbert Leigh), alpiniste britannique (Mobberley, Cheshire, 1886 - dans l'Everest 1924), qui a participé aux premières expéditions britanniques à l'Everest. En 1922, il monta à plus de 8 000 m et, en 1924, il disparut vers 8 500 m en compagnie d'A. Irvine.

MALLOUM (Félix), général et homme d'État tchadien (Fort-Archambault, auj. Sarh, 1932). Président du Conseil supérieur militaire après le coup d'État de 1975, il démissionna et s'exila en 1979.

MALLOWAN (*sir* Max Edgar Lucien), archéologue britannique (Londres 1904 - Oxfordshire 1978). Il a dirigé l'archéologie britannique en Mésopotamie et en Assyrie. Il a écrit *Nimrud and its Remains* (1966), *l'Aurore de la Mésopotamie et de l'Iran* (1966).

MALLUS (-lys] n. m. (bas lat. *mallus*). Tribunal des Francs Saliens. (Il se tenait en plein air et la justice était rendue par un jury composé de *rachimbourgs,* ou *boni homines,* qui furent remplacés, sous Charlemagne, par les *scabini* [échevins].)

MALM n. m. (du n. d'un calcaire des environs d'Oxford). Ensemble d'étages constituant la partie supérieure du jurassique.

MALMAISON → RUEIL-MALMAISON.

Malmaison *(bataille de la)* [23-26 oct. 1917], offensive lancée par le général Pétain dans la région du fort de la Malmaison, après l'insuccès des offensives d'avr. 1917 et les mutineries liées à la guerre d'usure. L'abandon par les Allemands du Chemin des Dames marqua une victoire tactique et, peut-être plus encore, morale.

MALMANCHE (Tanguy), auteur dramatique français (Saint-Omer 1875 - Clichy 1953). Rénovateur du théâtre breton (*le Conte de l'âme qui a faim,* 1900 ; *la Veuve Arthur,* écrite en 1907, publiée en 1973), il a aussi écrit des contes en français *(Kou le corbeau).*

MALMBERGET, centre minier (minerai de fer) de la Suède du Nord (Norrbotten).

MALMÉDY, comm. de Belgique (prov. de Liège), dans les Ardennes, près de la frontière allemande ; 10 000 hab. Église du XVIIIe s., anc. abbatiale.
— **Hist.** La ville fut rattachée à la Prusse en 1815, et devint belge en 1919.

MALMENER v. t. (de *mal* et *mener*) [conj. **19**]. **1.** Battre qqn, le rudoyer, le traiter durement : *La foule malmena le voleur.* — **2.** Dans un combat, mettre un adversaire dans une situation difficile : *Son adversaire l'a malmené au premier round.* — **3.** Critiquer durement qqn, son œuvre, l'éreinter, lui faire un mauvais parti : *Critique qui malmène une pièce de théâtre.*

MALMESBURY (*comte* DE) → HARRIS (James).

MALMIGNATTE n. f. Nom usuel du latrodecte de Corse.

MALMÖ, v. de Suède, ch.-l. du comté de Malmöhus ; 230 000 hab. Ancienne capitale de la Scanie. Musée dans la vieille forteresse. Centre commercial et industriel (chantiers navals, mécanique, textile, agroalimentaire) dont le port a une importante fonction de transit, à proximité de Copenhague (25 km à vol d'oiseau).

MALNUTRI, E adj. et n. Personne qui souffre de malnutrition.

MALNUTRITION n. f. État nutritionnel qui s'écarte de la normale définie par les physiologistes et qui est la conséquence d'une alimentation mal équilibrée en quantité et/ou en qualité. (Les malnutritions regroupent la sous-alimentation, la suralimentation, la mauvaise assimilation.)
ENCYCL. Les malnutritions par carence sont les plus importantes, et s'observent surtout dans les pays du tiers monde.
La carence protidique, ou kwashiorkor, atteint le plus souvent l'enfant dans les mois qui suivent le sevrage ; l'enfant passe brusquement d'une alimentation lactée riche en protéines à une alimentation à base de bouillies de céréales ou de tubercules pauvres en protéines, alors que ses besoins en protéines sont très élevés.
La carence calorique, ou marasme, résulte d'un régime pauvre en calories et s'observe surtout chez les enfants de moins d'un an ayant reçu une alimentation ne correspondant pas à leurs possibilités digestives et à leurs besoins nutritionnels. Cette pathologie frappe souvent des enfants qui ne sont pas allaités au sein, mais elle peut également atteindre des enfants plus grands et même des adultes lors de famines.
Bien souvent, les carences en protéines et en calories vont de pair *(malnutrition protéino-énergétique* ou *M. P. E.).*
La malnutrition affecte également les classes sociales défavorisées des pays développés.
À ces grands types de malnutrition, il faut ajouter d'autres troubles nutritionnels très répandus, comme certaines avitaminoses et carences en minéraux.

MALO ou **MACLOU** *(saint),* évêque d'Alet (Llancarvan, Galles, fin du VIe s. - Saintes v. 640). Il se rendit en Armorique, fut moine, puis évêque (637) à Alet.

MALODORANT, E adj. Qui a une mauvaise odeur.

MALOJA, en ital. **Maloggia,** col des Alpes suisses, reliant l'Engadine et le val Bregaglia ; 1 815 m.

MALOLACTIQUE adj. *Fermentation malolactique,* transformation dans le vin de l'acide malique en acide lactique sous l'influence de bactéries lactiques.

MALO-LES-BAINS, anc. comm. du Nord, en Flandre, intégrée aujourd'hui dans la comm. de Dunkerque. Station balnéaire.

MALON (Benoît), homme politique français (Prétieux, Loire, 1841 - Asnières 1893). Il adhéra à la Ire Internationale en 1865, fut emprisonné (1869-70). Il prit part à la Commune et s'exila. Après son retour en France, il adhéra deux ans au parti ouvrier de Jules Guesde (1880-1882). Il a été un ardent propagateur du socialisme.

MALONIQUE adj. *Acide malonique,* acide propanedioïque HOCO—CH_2—COOH.
ENCYCL. Préparé initialement par oxydation de l'acide malique [d'où son nom], l'acide malonique se rencontre dans le jus de betterave et intervient dans le métabolisme des lipides des organismes vivants. Il a une grande importance en synthèse organique.

MALONYLURÉE n. f. Syn. de ACIDE BARBITURIQUE*.

MALOPE n. f. Plante (malvacée) ornementale de la région méditerranéenne, aux très belles fleurs roses.

MALORY (*sir* Thomas), écrivain anglais (Newbold Revell, Warwickshire 1408 - Newgate 1471), auteur de *la Mort d'Arthur* (1469), première épopée en prose de la littérature anglaise, publiée par Caxton (1485). Elle inspira Tennyson.

MALOT (Hector), écrivain français (La Bouille, Seine-Maritime, 1830 - Fontenay-sous-Bois 1907), auteur à succès de romans à caractère populiste, destinés à la jeunesse (*les Aventures de Romain Kalbris,* 1869), et surtout de *Sans famille* (1878) et *En famille* (1893).

MALOTRU, E n. (lat. pop. *male astrucus,* né sous un mauvais astre). Personne qui manque d'éducation, qui a des manières grossières ; goujat.

MALOU (Jules), homme politique belge (Ypres 1810 - Woluwe-Saint-Lambert 1886). Gouverneur de la province d'Anvers (1844), trois fois ministre des Finances de 1844 à 1870, il fut Premier ministre de 1871 à 1878 et en 1884. Catholique, il lutta contre les libéraux et la politique de laïcité scolaire.

MALOUEL ou **MAELWAEL** (Jean), peintre néerlandais, connu de 1396 à sa mort, en 1415. Originaire de Nimègue, il travaille à Paris en 1396 pour Isabeau de Bavière. En 1397, il succède à Jean de Beaumetz comme peintre du duc de Bourgogne. On lui attribue la *Grande Pietà ronde* (Louvre) et une *Vierge entourée d'anges* (Berlin-Dahlem).

MALOUET (Pierre Victor, *baron*), homme politique français (Riom 1740 - Paris 1814). Gouverneur de la Guyane (1776-1778), député du Tiers (1789), il adhéra au club des monarchiens. Émigré de 1792 à 1803, conseiller d'État et baron (1810), il fut ministre de la Marine au début de la Restauration (1814).

MALOUIN, E adj. et n. De Saint-Malo.

MALOUINES *(îles),* en angl. **Falkland,** en esp. **Malvinas,** archipel de l'Atlantique sud ; 12 000 km^2 env. ; 2 121 hab. Ch.-l. *Port Stanley.* L'archipel est formé par deux terres principales, que sépare le *détroit des Falkland : l'île Falkland occidentale,* ou Grande Malouine, et *l'île Falkland orientale,* ou Soledad, site de Port Stanley. Ces îles ont un climat frais et humide (tourbières). L'élevage de moutons pour la laine est la ressource essentielle. L'archipel possède des dépendances (Géorgie du Sud et Sandwich du Sud notamment).
— **Hist.** Découvertes par John Davis (1592), colonisées en 1764 par des Malouins conduits par Bougainville (d'où leur nom de *Malouines*), les îles sont tour à tour occupées par des Espagnols et des Anglais, ces derniers chassant les Argentins venus s'installer en 1820 et établissant la souveraineté britannique dans l'archipel (1833). Mais l'archipel des Malouines, la Géorgie du Sud et les îles Sandwich du Sud qui en dépendent continueront d'être revendiquées par l'Argentine. Le 2 avril 1982, les forces armées argentines s'emparent de Port Stanley. Le 25 avril, les Britanniques reprennent la Géorgie du Sud et instaurent le 30 avril le blocus aérien et naval des Malouines. Ils débarquent dans la baie de San Carlos (21 mai) et, malgré une contre-attaque de l'aviation argentine, y établissent une tête de pont. Le 14 juin, ils entrent à Port Stanley ; les forces argentines des Malouines se rendent dans la nuit du 14 au 15 juin.

MAL-PENSANT n. m. (pl. *mal-pensants*). Personne dont les opinions s'écartent de l'idéologie dominante ou de la ligne tracée par le groupe idéologique auquel elle appartient.

MALPIGHI (Marcello), médecin italien (Crevalcore, près de Bologne, 1628 - Rome 1694). Il appliqua, l'un des premiers, le microscope à l'étude des tissus et découvrit dans le rein les glomérules qui portent son nom. Il a étudié l'anatomie des plantes et des animaux. Son plus célèbre ouvrage est celui sur le ver à soie, *De bombyce* (1669).

Malpighi *(couche, réseau* ou *corps muqueux de),* couche profonde de l'épiderme.

MALPIGHIA n. m. (de M. *Malpighi,* n. pr.). Petit arbre ou arbrisseau ornemental, à feuilles couvertes de poils en navette, aux belles fleurs rouges, roses ou blanchâtres.

MALPIGHIEN, ENNE adj. (de M. *Malpighi,* n. pr.). **1.** Se dit des revêtements de type épidermique (par ex., muqueuse malpighienne œsophagienne). — **2.** Se dit des transformations épithéliales de muqueuses cylindriques (métaplasie malpighienne, par ex.).

Malplaquet *(bataille de)* [11 sept. 1709], bataille indécise qui se déroula au hameau de ce nom (dans l'actuelle commune de Taisnières-sur-Hon, Nord), pendant la guerre de la Succession d'Espagne, entre les Français, commandés par Villars, et les forces du duc de Marlborough et du Prince Eugène.

MALPOLI, E adj. *Fam.* Qui fait preuve d'un manque d'éducation, qui choque les bienséances : *Tu es malpoli, tu aurais dû t'excuser.*

◆ n. *Fam.* Personne mal élevée (s'emploie surtout comme apostrophe).

MALPOSITION n. f. **1.** Situation anormale d'un organe. — **2.** *Malposition dentaire,* implantation défectueuse des dents dans les maxillaires.

MALPROPRE adj. **1.** Qui est sale, qui manque de soin : *Des mains malpropres.* — **2.** Qui manque d'honnêteté, de délicatesse, de pudeur : *Un individu malpropre.*

◆ n. **1.** Personne malpropre, en partic. sur le plan moral, qui suscite le dégoût, le rejet. — **2.** Fam. *Comme un malpropre,* sans ménagement et d'une façon indigne : *Se faire renvoyer comme un malpropre.*

MALPROPREMENT adv. De façon malpropre.

MALPROPRETÉ n. f. **1.** Manque de propreté : *La malpropreté d'un intérieur.* — **2.** Acte, propos malhonnête, inconvenant, indécent : *Dire des malpropretés.*

MALRAUX (André), écrivain et homme politique français (Paris 1901 - Créteil 1976). Après *la Tentation de l'Occident* (1926), constat de la faillite des croyances occidentales, il publie une série de romans qui font paradoxalement du désir révolutionnaire un désir de dignité face à la mort et face à la vie (*les Conquérants,* 1928 ; *la Voie royale,* 1930 ; *la Condition* humaine,* 1933 ; *le Temps du mépris,* 1935 ; *l'Espoir**, 1937). Participant à la guerre civile espagnole, blessé à la guerre en 1940, résistant, commandant la brigade Alsace-Lorraine, il consigne son expérience de l'histoire et de la littérature dans *les Noyers de l'Altenburg* (1943). Dorénavant, sa réflexion sur les rapports entre la littérature et l'histoire se cristallisera sur les problèmes d'art et de civilisation (*les Voix du silence,* 1951 ; *le Musée imaginaire de la sculpture mondiale,* 1952-1954 ; *la Métamorphose des dieux,* 1957). Parallèlement à une carrière politique liée au général de Gaulle, d'abord comme secrétaire général du Rassemblement du peuple français (1947), puis comme ministre des Affaires culturelles (1959-1969), Malraux a poursuivi jusqu'au bout sa tentative d'articuler l'histoire et la littérature, le vécu et l'imaginaire (*Antimémoires**, 1967 ; *les Chênes qu'on abat,* 1971 ; *la Tête d'Obsidienne,* 1974 ; *Lazare,* 1974 ; *l'Homme précaire et la littérature,* 1977). Ses cendres ont été transférées au Panthéon en 1996.

MALSAIN, E adj. **1.** Qui est nuisible à la santé : *Nourriture malsaine. Climat malsain.* — **2.** Qui manifeste de la perversité, qui n'est pas normal : *Curiosité malsaine.* — **3.** Qui est pernicieux pour l'esprit : *Influence malsaine.* — **4.** Dont la santé financière n'est pas bonne : *Entreprise malsaine.* — **5.** *Fam.* Se dit d'un lieu dangereux.

MALSÉANT, E adj. (de *mal* et *séant*). *Litt.* Qui est contraire à la bienséance ; choquant, incongru : *Propos malséants.*

MALSONNANT, E adj. *Litt.* Contraire à la morale, à la bienséance : *Paroles malsonnantes.*

MALSTROM → MAELSTRÖM.

MALT n. m. (angl. *malt*). **1.** Orge germée et touraillée, utilisée en partic. pour la fabrication de la bière. — **2.** *Malt vert,* malt non touraillé.

MALTA, gisement du paléolithique supérieur de Sibérie (24000-20000 av. J.-C.), en bordure de la Belaïa, affluent de l'Angara. Des traces d'habitat et de nombreuses figurines d'os et d'ivoire datées d'env. 20000 av. J.-C. sont les manifestations les plus orientales de l'art paléolithique.

MALTAGE n. m. Transformation de grains de céréales en malt.

ENCYCL. Les grains, après trempage, sont mis à germer. La germination est arrêtée lorsque la plume de l'embryon atteint les trois quarts de la longueur du grain (c'est le *malt vert*). On procède ensuite au touraillage. Le grain est enfin dégermé. Il constitue la matière première de la fabrication de la bière.

MALTAIS, E adj. et n. De Malte.

◆ **maltais** n. m. **1.** Dialecte arabe maghrébin parlé à Malte par environ 300 000 locuteurs. (C'est la seule forme d'arabe qui s'écrive grâce à un alphabet latin.) — **2.** Petit chien d'agrément, du groupe des bichons.

◆ **maltaise** n. f. Variété d'orange sucrée.

MALTASE n. f. (de *malt*). Enzyme présente dans la salive, le suc pancréatique et le suc intestinal, qui transforme le maltose en glucose au cours de la digestion.

MALTE, île principale (246 km^2) d'un petit archipel de la Méditerranée (comprenant en outre Gozo, Comino et Filfola), entre la Sicile et l'Afrique. L'État couvre 316 km^2 et compte 368 000 hab. *(Maltais).* CAP. *La Valette.* LANGUES : *maltais* et *anglais.* MONNAIE : *livre maltaise.*

Géographie. Position stratégique au centre de la Méditerranée, l'île, calcaire, a un climat doux, favorable à l'agriculture et au tourisme.

Histoire.

IVe-IIe millénaire : (du néolithique à l'âge du bronze). Malte est le centre d'une civilisation mégalithique (Mnajdra, Ggantija, Tarxien et l'île de Gozo) aux temples de plan complexe et aux décors sculptés évoquant la déesse mère. Dans l'Antiquité, l'île est d'abord occupée par les Phéniciens, les Grecs et les Carthaginois.

218 av. J.-C. : Conquête de Malte par les Romains.

870 apr. J.-C. : L'île est occupée par les Arabes, qui y diffusent l'islām.

1090 : Annexion de l'île par les Normands de Sicile.

1530 : L'île est cédée par Charles Quint aux chevaliers de l'ordre de Saint-Jean de Jérusalem (qui prend le nom d'ordre de Malte), à condition qu'ils s'opposent à l'avance ottomane.

1798 : Bonaparte occupe l'île.

1800 : La Grande-Bretagne s'y installe.

Pendant la Seconde Guerre mondiale, Malte joue ainsi un rôle déterminant en Méditerranée.

1964 : Malte obtient son indépendance dans le cadre du Commonwealth.

1974 : L'État devient une république.

1979 : Les forces britanniques quittent l'île. La vie politique est marquée par l'alternance au pouvoir du parti travailliste (Premiers ministres : Dominic Mintoff, 1955-1958 et 1971-1984 ;

Carmelo Mifsud Bonnici, 1984-1987) et du parti nationaliste, pro-occidental (Eddie Fenech-Adami, depuis 1987).

Malte *(fièvre de),* syn. de BRUCELLOSE.

Malte *(ordre de)* ⟶ SAINT-JEAN DE JÉRUSALEM, DE RHODES ET DE MALTE *(ordre souverain militaire et hospitalier de).*

MALTE-BRUN (Malte Conrad BRUUN, dit **Konrad**), géographe danois, (Thisted, Jylland, 1775 - Paris 1826). Ayant soutenu dans ses écrits les principes de la Révolution française, il fut exilé. Il vint à Paris et fut, en 1821, l'un des fondateurs (et le premier secrétaire général) de la Société de géographie de Paris.

MALTER v. t. (de *malt*) [conj. 3]. Convertir l'orge en malt.

◆ **être malté** v. pass. **1.** Être converti en malt. — **2.** Être mêlé de malt grillé.

MALTERIE n. f. **1.** Usine où l'on réalise le maltage. — **2.** Ensemble des activités industrielles liées à la fabrication du malt.

MALTERRE (André), syndicaliste français (Corbeil 1909 - Cannes 1975). Il fut président de la Confédération générale des cadres (1956-1975).

MALTEUR n. m. **1.** Personne travaillant dans une malterie. — **2.** Industriel de la malterie.

MALTHE n. m. (gr. *malthê*). Poisson de la mer des Antilles, à la peau tuberculeuse, pourvu d'un rostre et d'un leurre antéro-dorsal (illicium).

MALTHUS (Thomas Robert), économiste britannique (près de Dorking, Surrey, 1766 - Claverton, près de Bath, 1834). Pasteur anglican (1788), il reçoit la cure d'Albury, dans le Surrey, en 1796. Préoccupé par le nombre important de pauvres dans la société anglaise de la fin du XVIIIe s., il estime que la cause en réside dans le fait que la population croît plus vite que la production. Dans cet esprit, il publie anonymement, en 1798, son *Essai sur le principe de population* qui, immédiatement, le rend célèbre, puis des ouvrages dans lesquels il étudie le rôle de la monnaie, l'origine de la rente foncière, la théorie de l'épargne et des investissements. Son influence sera considérable sur la pensée économique de son temps.

MALTHUSIANISME n. m. **1.** Doctrine de Malthus préconisant une restriction de la procréation ; cette restriction elle-même. — **2.** Ralentissement volontaire de la production économique.
ENCYCL. Le *malthusianisme primitif* est la doctrine pessimiste exposée par T. R. Malthus dans *Essai sur le principe de population* (1798). Constatant un accroissement de la population selon une progression géométrique (doublement de la population tous les 25 ans), alors que les subsistances augmentent selon une progression arithmétique, Mathus préconise que les familles pauvres limitent le nombre de leurs enfants dans leur propre intérêt. Il se montre aussi réticent à la pratique de l'assistance *(poor laws),* qui ne peut qu'encourager la natalité. Sa doctrine, bien accueillie par les classes dirigeantes anglaises, fut combattue par les socialistes, notamment Fourier, Proudhon et Marx, pour lesquels la pauvreté résulte du régime de propriété privée et non de l'excès de natalité.
Passé dans le domaine économique, le terme « malthusianisme » y désigne la pratique consistant à diminuer la production de richesses, par crainte de mévente ou pour jouir de rentes de situation. Les pratiques malthusiennes s'appliquèrent ainsi à la limitation des plantations de caoutchouc, après la Première Guerre mondiale, à la destruction des légumes pour éviter l'effondrement des cours, ou encore à celle des récoltes de café excédentaires brûlées au Brésil.

MALTHUSIEN, ENNE adj. et n. Qui relève de la doctrine de Malthus ; partisan du malthusianisme.

Malton, aéroport de Toronto (Canada), à l'O. de la ville.

MALTOSE n. m. Diholoside $C_{12}H_{22}O_{11}$, obtenu lors de l'hydrolyse incomplète de l'amidon. (Son hydrolyse fournit deux molécules de glucose.) [Syn. SUCRE DE MALTE.]

MALTÔTE n. f. (anc. fr. *maltoste,* de *mal* et *tolte,* impôt). Taxe extraordinaire levée en France à partir de 1291, durant quelques décennies, sur toutes les marchandises. (Elle provoqua une sédition à Rouen.)

MALTRAITANCE n. f. Mauvais traitements envers une catégorie de personnes (enfants, personnes âgées, etc.).

MALTRAITER v. t. (conj. 4). **1.** Traiter durement qqn, un animal : *Maltraiter des prisonniers.* — **2.** Ne pas ménager qqn ; rudoyer en paroles, éreinter, critiquer : *Les critiques l'ont plutôt maltraité.*

MALUS [-lys] n. m. (lat. *malus,* mauvais). Majoration d'une prime d'assurance automobile en fonction du nombre d'accidents survenus annuellement aux assurés et dans lesquels leur responsabilité se trouve engagée. (Contr. BONUS.)

MALUS (Étienne Louis), physicien français (Paris 1775 - *id.* 1812). Spécialiste de l'optique, il a découvert la polarisation de la lumière (1808), étudié la double réfraction du spath d'Islande et montré *(théorème de Malus)* que les rayons d'un faisceau lumineux primitivement homocentrique sont tous normaux aux diverses surfaces d'onde. La *loi de Malus* donne l'intensité de la lumière après traversée de deux polarisateurs. (Acad. des sc., 1810.)

MALVACÉE n. f. (lat. *malvaceus,* de *malva,* mauve). Nom d'une famille de plantes comprenant la mauve, le cotonnier et près de 1 500 espèces voisines. (Les fleurs sont strictement de type 5 ; la graine, parfois oléagineuse, porte de longs poils, d'usage textile chez le cotonnier.)

MALVASIA (Cornelio), marquis **de Bismontova,** astronome, écrivain et général italien (Bologne 1603 - château de Panzano 1664). Il aurait inventé, en 1662, le réticule fait d'un treillis de fils d'argent, permettant d'effectuer des visées précises à l'aide de la lunette astronomique.

MALVEILLANCE n. f. **1.** Mauvaise disposition d'esprit à l'égard de qqn : *Regarder qqn avec malveillance.* — **2.** Dessein de nuire : *Incendie attribué à la malveillance.*

MALVEILLANT, E adj. (de *mal* et anc. fr. *vueillant,* part. prés. de *vouloir*). **1.** Qui est animé de mauvais sentiments à l'égard d'autrui : *Un esprit malveillant.* — **2.** Qui dénote la volonté de nuire : *L'intention malveillante a été prouvée.*

MALVENU (ÊTRE) v. i. **1.** *Litt.* Être peu qualifié, peu fondé pour faire, dire qqch : *Être malvenu à se plaindre de son sort.* — **2.** Tomber mal, être inopportun, être déplacé : *Cette critique est malvenue.*

MALVERSATION n. f. (anc. fr. *malverser,* de *mal* et *verser,* du lat. *versari,* se comporter mal). Action de détourner tout ou partie des fonds confiés.

MALVÉSI, écart de la comm. de Narbonne (Aude), au N. de la ville. Usine de fabrication de tétrafluorure d'uranium et d'uranium métallique.

MALVINAS *(islas),* nom espagnol des îles Malouines.

MAL-VIVRE n. m. inv. Fait de mener une existence insatisfaisante, source de malaise : *Le mal-vivre des banlieusards.*

MALVOISIE n. m. (de *Malvoisie,* n. pr.). **1.** Vin grec, doux et liquoreux. — **2.** Nom donné à des vins obtenus dans différents pays avec le cépage de Malvoisie. — **3.** Cépage rouge ou blanc cultivé sur le pourtour méditerranéen et à Madère.

MALVOISIE ou **MONEMVASIA,** en gr. **Monembasía** ou **Monovásia,** v. de Grèce, dans le Péloponnèse, sur la côte est de la péninsule de Neápolis.

MALVOYANCE n. f. Syn. de AMBLYOPIE.

MALVOYANT, E adj. et n. Syn. de AMBLYOPE.

MALVY (Louis), homme politique français (Figeac 1875 - Paris 1949). Ministre de l'Intérieur (1914-1917), il fut accusé de faiblesse envers les grévistes et les défaitistes, et dut démissionner (août 1917). Condamné par la Haute Cour à cinq ans de bannissement, il fut amnistié en 1924.

Malyï ou **Petit Théâtre,** théâtre de Moscou, fondé en 1824. Gogol, Ostrovski, Tourgueniev, Tolstoï y ont fait représenter leurs œuvres.

MÄLZEL (Johann Nepomuk) → MAELZEL.

MALZÉVILLE (54220), comm. de Meurthe-et-Moselle, banlieue nord de Nancy ; 8 454 hab. *(Malzévillois).* Église du début du XVIe s.

MAMAIA, station balnéaire et touristique de Roumanie, sur la mer Noire, à 5 km au N. de Constanța.

MAMAMOUCHI n. m. Nom donné par Molière dans *le Bourgeois gentilhomme* à une prétendue dignité turque conférée à M. Jourdain.

MAMAN n. f. (formation enfantine). **1.** Terme par lequel un enfant appelle sa mère. — **2.** Mère dans le contexte de l'enfance : *Où est ta maman ? Jouer à la maman.*

MAMBA n. m. Serpent très venimeux de l'Afrique au sud du Sahara. (Le mamba noir [4 m], terrestre, est très agressif ; les mambas verts, arboricoles, sont plus petits [2 m] et moins vifs.)

MAMBO [mãmbo] n. m. (esp. *mambo*). Danse d'origine cubaine mêlant les rythmes de la rumba et du swing.

MAME, famille d'imprimeurs et de libraires de Tours. — CHARLES PIERRE s'installe à Angers en 1757, et devient imprimeur de la ville. — Son petit-fils, ALFRED (Tours 1811 - *id.* 1893), et son neveu CHARLES ERNEST AUGUSTE (Angers 1805 - Tours 1883) firent de l'imprimerie une des premières de France. Depuis 1975, ses activités de reliure et d'imprimerie sont regroupées à Tours. À Paris, les *éditions Mame* publient des ouvrages religieux et des albums pour enfants.

MAMELI (Goffredo), poète et patriote italien (Gênes 1827 - Rome 1849). Il est l'auteur d'hymnes patriotiques, dont le plus populaire, *Frères d'Italie (Fratelli d'Italia),* musique de Michele Novaro, est devenu l'hymne national italien en 1946.

MAMELLE n. f. (lat. *mamilla,* dimin. de *mamma,* sein). **1.** Organe glandulaire qui, chez la femme et les femelles de certains animaux, sécrète le lait. (Syn. GLANDE GALACTOPHORE ou MAMMAIRE.) — **2.** Symbole litt. de ce qui nourrit : *Le labourage et le pâturage sont les deux mamelles de l'État.* — **3.** Partie latérale de la paroi du sabot du cheval. — **4.** Chacun des deux endroits où finit le garrot dont est composé l'arçon du devant de la selle.

ENCYCL. **Anat.** Les mamelles sont des glandes cutanées apocrines (la cellule glandulaire rejette

sa portion apicale chargée de sécrétions). Les conduits issus de ces glandes convergent vers une tétine entourée d'une aréole riche en glandes sébacées. Le nombre de mamelles est très variable : 6 paires chez la truie, 2 paires chez la vache, une seule paire chez la chèvre, la brebis, la jument, les siréniens ou la femme. Leur emplacement est variable selon les groupes, mais toujours ventral ou pectoral. Chez les mammifères aquatiques, les mamelles sont aplaties, et le lait est injecté sous pression dans la bouche du petit, qui n'a donc pas à téter.
— **Pathol.** La mamelle peut être le siège de malformations, d'infections et de tumeurs. Les infections se voient essentiellement en cours d'allaitement. Il peut s'agir d'une lymphangite sans lendemain, ou d'une mastite aiguë purulente (abcès du sein). Les tumeurs peuvent être bénignes (adénomes, adénofibrome, kystes unique ou multiples) ou malignes (épithéliomas ou sarcomes).

MAMELON n. m. **1.** Éminence charnue qui s'élève vers le centre de la mamelle, du sein. — **2.** Sommet, colline de forme arrondie : *Les mamelons boisés des Vosges.* — **3.** Partie cylindrique d'un gond ou d'une fiche, qui entre dans l'œil d'une penture.

MAMELONNÉ, E adj. **1.** Qui a des protubérances en forme de mamelons. — **2.** Qui est accidenté de collines, de mamelons, etc.

MAMELOUK ou **MAMELUK** n. m. (ar. *mamlūk,* celui qui est possédé). **1.** Soldat esclave appartenant à des milices parmi lesquelles étaient choisis les sultans qui régnèrent sur l'Égypte et la Syrie de 1250 à 1517. (→ *encycl.*) — **2.** *Mamelouks de la Garde impériale,* corps spécial créé par Napoléon Ier en 1804, rattaché aux chasseurs à cheval de la Garde. (Il trouve son origine dans le 1er régiment de mamelouks créé par Menou lors de la campagne d'Égypte.)
ENCYCL. **Hist.** Les mamelouks au service des derniers sultans ayyūbides s'emparèrent du pouvoir en Égypte en 1250. Ils formaient une oligarchie militaire au sein de laquelle était choisi, au milieu d'intrigues sanglantes, le sultan. Ils se renouvelaient par un système officiellement organisé d'achat d'esclaves, originaires des territoires de la Horde d'Or sous les premiers sultans mamelouks, appelés traditionnellement baḥrites (de 1250 à 1382), puis du Caucase. Excellents soldats, ils arrêtèrent l'expansion mongole en Syrie (1260) et chassèrent les croisés du Levant (1250-1291). Le sultan Baybars accueillit au Caire un survivant de la famille 'abbāsside qui devint calife. Après 1517, les mamelouks se rallièrent aux Ottomans et leurs beys jouirent d'une autonomie accrue aux XVIIe et XVIIIe s. Les mamelouks furent massacrés en 1811 par Méhémet-Ali.

MAMELU, E adj. *Pop.* Qui a de grosses mamelles, de gros seins.

MAMER, comm. du Luxembourg, à l'O. de la ville de Luxembourg ; 5 200 hab. — Une section de la commune, Capellen, a donné son nom à un canton du grand-duché.

MAMERS (72600), ch.-l. d'arrond. du nord de la Sarthe ; 6 424 hab. *(Mamertins).* Deux églises médiévales. Appareils ménagers.

MAMERT *(saint),* évêque († v. 475). Évêque de Vienne en 462, il institua ou introduisit en Gaule la procession des rogations.

Mamertine *(prison),* prison de l'ancienne Rome, située à l'ouest du Forum. Elle se compose de deux cachots superposés dont le cachot inférieur est le *Tullianum*.*

MAMERTINS, anc. habitants de Messine, dans l'Antiquité. Les Mamertins (« fils de Mars ») étaient des mercenaires campaniens qui s'emparèrent de Messine par traîtrise (v. 288 av. J.-C.) avant que les Romains n'occupent la ville à leur tour (264 av. J.-C.).

MAMERTUS CLAUDIANUS (Claudien Mamert), prêtre et poète chrétien († Vienne, Dauphiné, v. 476). Il est l'auteur d'un poème en trois livres : *De statu animae.*

MAMESTRE n. f. Noctuelle aux ailes foncées dont la chenille, dite « ver de cœur », est très nuisible au chou.

MAMIE ou **MAMY** n. f. (angl. *mammy*). Terme fam. par lequel les enfants appellent leur grand-mère.

MAMILLAIRE adj. (lat. *mamilla,* mamelle). *Tubercules* ou *corps mamillaires,* petits corps sphériques placés à la base du cerveau, en arrière de l'hypophyse. (Ils appartiennent au circuit de Papez et jouent un rôle dans la mémoire.)
◆ n. f. Cactée presque sphérique, couverte de mamelons épineux, et souvent cultivée en serre chaude.

MAMMA n. f. (ital. *mamma,* maman). *Fam.* Mère de famille nombreuse considérée du point de vue de son ascendant sur toute la famille.

MAMMAIRE adj. (lat. *mamma,* mamelle). **1.** Qui concerne les mamelles. — **2.** *Glande mammaire,* syn. de MAMELLE.

MAMMALIEN, ENNE adj. Qui se rapporte aux mammifères.

MAMMALOGIE n. f. Partie de la zoologie qui étudie les mammifères.

MAMMALOGIQUE adj. Relatif à la mammalogie.

MAMMALOGISTE n. Zoologiste spécialisé dans l'étude des mammifères.

MAMMEA n. m. (esp. *mamei,* de l'arawak). Arbre (guttifère) à feuilles ovales et persistantes, aux grandes fleurs blanches d'odeur suave, au fruit jaunâtre mangeable en compote. (Espèce principale : *l'abricotier de Saint-Domingue,* qui atteint 20 m de haut.)

MAMMECTOMIE ou **MASTECTOMIE** n. f. Ablation d'un sein.

MAMMERI (Mouloud), écrivain algérien d'expression française (Taourirt-Mimoun 1917 - dans un accident de la route, près de Aïn Eddefla, 1989). Attaché aux traditions ancestrales, mais attiré par une communication universelle (*la Colline oubliée,* 1952 ; *le Sommeil du juste,* 1955 ; *l'Opium et le bâton,* 1965 ; *la Traversée,* 1982), il a critiqué la civilisation occidentale dans *la Mort absurde des Aztèques,* suivie d'une pièce de théâtre, *le Banquet* (1973).

MAMMIFÈRE n. m. Vertébré tétrapode caractérisé notamment par la présence de poils et de mamelles, le mode d'articulation de la mandibule et la présence de trois osselets dans l'oreille moyenne. (Les *mammifères* forment une classe, dont font partie l'espèce humaine et la plupart des gros animaux.)
ENCYCL. Les mammifères représentent la plus récente des classes de vertébrés, puisqu'ils ne deviennent importants qu'au début de l'ère tertiaire. Leur caractère le plus original est l'abondance des glandes cutanées : glandes sébacées lubrifiant les poils, glandes sudoripares sécrétant la sueur, glandes mammaires sécrétant le lait pour la nutrition des jeunes. Les mammifères ont aussi une grande richesse en formations cornées, telles que les poils ; ceux-ci, qu'ils sont seuls à posséder, forment la fourrure, dont la présence favorise l'homéothermie (température constante du corps) que les mammifères partagent seulement avec les oiseaux.
Chez les mammifères, qui sont seuls dans ce cas, l'articulation de la mandibule se fait entre deux os dermiques, le dentaire et le squamosal. L'articulation de la tête sur le tronc se fait par deux condyles occipitaux, et les deux premières vertèbres cervicales se différencient en atlas et axis.
La plupart des mammifères possèdent trois sortes de dents, toutes alvéolées : incisives, canines et dents jugales (prémolaires et molaires). On considère comme formule dentaire fondamentale des mammifères celle du porc, qui possède 44 dents

$$\left(\frac{3+1+4+3}{3+1+4+3}\right).$$

La formule dentaire des autres ordres comprend en général un moins grand nombre de dents.
Les deux paires de pattes se déplacent parallèlement au plan de symétrie du corps, ce qui favorise la course. Il y a au maximum 5 doigts par patte.
Le thorax et l'abdomen sont séparés par un diaphragme musculeux. Le cœur, formé de deux oreillettes et de deux ventricules, isole totalement la circulation générale et la circulation pulmonaire. Le système nerveux central est très développé, et comprend de nouvelles structures : néocortex, corps calleux, pont, hémisphères cérébelleux.
Tous les mammifères sont vivipares, sauf les monotrèmes.
On dénombre environ 5 000 espèces de mammifères ; les espèces terrestres ont conquis tous les milieux, du milieu souterrain aux arbres, des déserts aux forêts équatoriales, des régions polaires aux zones tropicales. Cétacés, phoques et siréniens sont retournés au milieu aquatique, tandis que les chauves-souris égalent les oiseaux par leur aptitude au vol.
On subdivise les mammifères en trois sous-classes numériquement très inégales. Les *protothériens,* dits encore monotrèmes ou ornithodelphes, ont un cloaque, un bec corné et sont ovipares mais ils sont couverts de poils et portent des glandes lactéales. Les *métathériens,* marsupiaux ou didelphes, possèdent deux utérus et portent chez les femelles une poche ventrale (ou marsupium) où la larve, née précocement, achève son développement, fixée à une tétine. Quant aux *euthériens,* placentaires ou monodelphes, ils ont un utérus impair et nourrissent leurs fœtus grâce à un allantoplacenta.

MAMMILLARIA n. m. (lat. sc. *mamillaria,* du lat. class. *mamilla,* mamelle). Cactacée charnue du Mexique, aux grandes et belles fleurs, souvent cultivée en serre chaude et sèche.

MAMMISI n. m. (mot copte signif. *lieu de naissance*). Sanctuaire annexe des grands temples ptolémaïques, consacré à la célébration de la naissance de Pharaon conçu comme un enfant-dieu. (Les mammisis les mieux conservés sont ceux de Dendérah, Edfou et Philae.)

MAMMITE n. f. Syn. de MASTITE.

MAMMOGRAPHIE n. f. Examen radiographique de la glande mammaire, pratiqué surtout dans le dépistage et le diagnostic des tumeurs du sein.

Mammon, terme araméen signifiant *richesse* et souvent cité dans la littérature juive dans un sens péjoratif. On le trouve dans les Évangiles dans le même sens, où il personnifie l'argent qui asservit le monde.

MAMMOPLASTIE n. f. Réfection chirurgicale du sein, le plus souvent dans un dessein esthétique.

MAMMOTH CAVE, ensemble de grottes des États-Unis (Kentucky). Découvert en 1809, il constitue un réseau de 345 km de galeries, dont 160 sont accessibles et explorées. Les environs constituent un parc national.

MAMMOUTH n. m. (russe *mamout,* du toungouse *mamut,* qui vit sous la terre). Éléphant fossile du quaternaire des régions boréales, couvert d'une toison à longs poils, et qui s'est éteint il y a dix mille ans au plus.
ENCYCL. Le mammouth est un cousin de l'éléphant d'Asie, adapté au climat froid. Haut de 3,50 m, il portait d'énormes défenses, que l'homme préhistorique a sculptées. La découverte d'exemplaires congelés dans les glaces, notamment en Sibérie, a permis l'étude des parties molles.

MAMORÉ *(río),* riv. de l'Amérique du Sud, née dans les Andes de Bolivie, affl. du río Madeira ; 1 800 km.

MAMOULIAN (Rouben), cinéaste américain d'origine arménienne (Tiflis, auj. Tbilissi, Géorgie, 1897 - Los Angeles 1987). Il signa son premier film, *Applause,* en 1930. Il a réalisé : *les Carrefours de la ville* (1931), *Dr. Jekyll and Mr. Hyde* (1932), *Aimez-moi ce soir* (1932), *la Reine Christine* (1934), *le Signe de Zorro* (1940), *Arènes sanglantes* (1941), *la Belle de Moscou* (1957).

MAMOURS n. m. pl. (de *ma amour*). *Fam.* Grandes démonstrations de tendresse, câlins, caresses.

MAMRY, lac de Pologne, en Mazurie (104 km^2). Réserve ornithologique (cormorans). C'est le deuxième lac du pays.

MAM'SELLE ou **MAM'ZELLE** n. f. Abrév. pop. de MADEMOISELLE.

MA'MŪN ('Abd Allāh **al-**) [Bagdad 786 - près de Tarsus 833], calife 'abbāsside de Bagdad (813-833), fils de Hārūn al-Rachīd. Il imposa la doctrine des mu'tazilites. Il donna une impulsion nouvelle à la « maison de la Sagesse », où étaient traduites les œuvres scientifiques et philosophiques étrangères.

MAMY → MAMIE.

MAN [mɑ̃] n. m. (mot dialect. de Normandie, du frq. **mado*). Autre nom du *ver blanc,* larve du hanneton.

MAN *(île de),* île des côtes de Grande-Bretagne, dans la mer d'Irlande ; 570 km^2. Les activités agricoles (culture, élevage ovin) et la pêche sont complétées par le tourisme.
— **Hist.** Disputée entre Gallois, Écossais et Anglo-Saxons, l'île fut occupée par les Norvégiens de la fin du IXe s. à 1266 ; elle fut alors cédée au roi d'Écosse. Devenue en 1406 propriété d'une famille anglaise, elle fut rachetée par la Couronne en 1765 et, depuis 1828, constitue une dépendance de la Couronne britannique.

Man *(chat de l'île de),* race de chat sans queue, originaire de l'île de Man.

MAN, v. de l'ouest de la Côte-d'Ivoire, ch.-l. de dép. ; 89 600 hab. Traitement du café.

MAN (Henri DE) → DE MAN.

MAN ou **MANN** (Mendel), écrivain israélien d'origine polonaise et d'expression yiddish (Płońsk 1916 - Paris 1975). Son œuvre poétique et romanesque décèle dans le réel quotidien une signification symbolique (*le Chêne noir,* 1969).

MANA n. m. (mot polynésien). Force surnaturelle, impersonnelle et indifférente, dans les religions animistes.
ENCYCL. Le mana a d'abord été analysé par les anthropologues comme une réaction de défense face à un monde hostile. Aujourd'hui, avec Lévi-Strauss, il entre dans une structure signifiante et constitue un symbole dont on ne pourrait pas nécessairement trouver la cohérence logique avec le reste de la structure, par opposition à la pensée scientifique, soucieuse de cohérence.

MANADE n. f. (provenç. *manado,* troupeau). En Camargue, troupeau de taureaux ou de chevaux, conduit, en plein air, par des gardians à cheval.

MANADIER n. m. En Camargue, éleveur de chevaux ou de bovins conduits en manades.

MANADO ou **MENADO,** port d'Indonésie, ch.-l. de prov., dans l'île de Célèbes ; 275 400 hab. Centre commercial du Minahassa. Université.

MANAGE, comm. de Belgique (Hainaut), banlieue industrielle de Charleroi ; 21 000 hab. Matériel de chemin de fer. Verrerie.

MANAGEMENT [manadʒmɛnt ou manaʒmɑ̃] n. m. (angl. *management,* de *to manage,* diriger). **1.** Ensemble des techniques de direction, d'organisation et de gestion de l'entreprise. — **2.** Ensemble des dirigeants d'une entreprise.

1. MANAGER [manadʒœr ou -dʒɛr] n. m. (angl. *manager*). **1.** Spécialiste du management. — **2.** Personne qui gère les intérêts d'un sportif, qui entraîne une équipe.

2. MANAGER [manadʒe ou -ʒe] v. t. (conj. 17). **1.** Faire du management, organiser, gérer qqch, diriger une affaire, un service, etc. — **2.** Entraîner des sportifs, être leur manager.

MANAGERIEL, ELLE ou **MANAGERIAL, E, AUX** adj. Relatif au management.

MANAGUA *(lac de),* lac du Nicaragua, déversant ses eaux, durant la saison des pluies, dans le lac de Nicaragua par le río Tipitapa ; 1 234 km^2.

MANAGUA, cap. du Nicaragua, sur la rive sud du *lac de Managua,* dans la région occidentale du pays, volcanique et sismique. Détruite par un séisme en 1972, partiellement reconstruite, elle compte 682 100 hab.

MANAKARA, port de Madagascar, sur l'océan Indien ; 23 000 hab. Exportations de café et de riz.

MANĀMA, cap. de Bahreïn, dans l'île de Bahreïn, sur le golfe Persique ; 151 500 hab. Centre commercial et bancaire. Raffinerie de pétrole.

MANANT n. m. (part. prés. de l'anc. fr. *manoir,* demeurer, du lat. *manere*). **1.** Sous l'Ancien Régime, paysan, vilain ou habitant d'un village. – **2.** *Litt.* Homme grossier ; rustre (souvent terme d'injure).

MANÁOS → MANAUS.

MANASAROWAR ou **MAN'ASALUOWOCHI** *(lac),* lac de Chine, dans le Tibet occidental, situé vers 4 490 m ; 500 km^2.

MANASLU, sommet de l'Himālaya du Népal ; 8 156 m. Première ascension par Imanishi, Norbu, Kato, Higeta, membres de l'expédition japonaise dirigée par Maki Yuko en 1956.

MANASSÉ, roi de Juda (687-642 av. J.-C.), fils d'Ézéchias. Il échoua dans son opposition à l'expansionnisme de l'Assyrie.

MANASSÉ *(tribu de),* tribu israélite établie en Transjordanie, disparue sous Salomon. Le fils aîné de Joseph lui donna son nom.

MANAUS, anc. **Manáos,** v. du nord du Brésil, cap. de l'État d'Amazonas, sur le río Negro, près du confluent avec l'Amazone ; 1 010 558 hab. Ville du caoutchouc au XIXe s., elle est devenue un centre commercial et industriel (électronique, chimie, textile, mécanique). Le port est accessible aux navires de mer. Tourisme.

Mānava-dharma-śāstra → MANU-SMRITI.

MANCEAU, ELLE adj. et n. Du Mans.

MANCELLE n. f. (lat. pop. **manicella,* mancheron, du lat. class. *manus,* main). Chacune des deux courroies fixées sur les côtés du mantelet, et qui servent à supporter les traits dans les attelages à deux chevaux.

MANCENILLE [-nij] n. f. (esp. *manzanilla,* petit pomme). Fruit comestible du mancenillier.

MANCENILLIER n. m. Grand arbuste des Antilles (euphorbiacée) à suc caustique et vénéneux. (Le mancenillier, dit *arbre-poison, arbre de mort,* mesure de 5 à 7 m de hauteur.)

MANCHARD, E n. *Pop.* Personne qui fait la manche, qui mendie.

1. MANCHE n. m. (lat. pop. **manicus,* poignée, du lat. class. *manus,* main). **1.** Partie d'un instrument, d'un outil, par laquelle on le tient : *Le manche d'une fourchette.* – **2.** *Pop.* Personne maladroite, stupide, incapable (terme d'injure) : *Il s'est débrouillé comme un manche.* – **3.** Os apparent des côtelettes et des gigots. – **4.** Partie des instruments à cordes qui prolonge la caisse et sous-tend les cordes. (Il se termine par le chevillier.) – **5.** Fam. *Être du côté du manche,* être du côté de celui qui dirige, du côté où l'on a tous les avantages. ‖ *Manche à gigot,* instrument qui, emboîtant l'os du gigot, permet de le découper.

2. MANCHE n. f. (lat. *manica,* de *manus,* main). **1.** Partie d'un vêtement qui recouvre le bras en partie ou jusqu'au poignet. – **2.** Bras de mer resserré entre deux terres et reliant deux mers l'une à l'autre. – **3.** Fam. *Avoir qqn dans sa manche,* pouvoir disposer de lui, l'avoir pour protecteur. ‖ Fam. *C'est une autre paire de manches,* c'est une tout autre chose, c'est beaucoup plus difficile que ça. ‖ *Manche à air,* tube en toile suspendu en haut d'un mât et qui indique au pilote se préparant à atterrir, par son orientation, la direction du vent au sol ; conduit en métal servant à aérer les cales, entreponts et citernes des navires. ‖ *Manche (à) gigot,* manche bouffante très ajustée sur l'avant-bras. ‖ Fam. *Retrousser ses manches,* se mettre résolument au travail.

3. MANCHE n. f. (de *manche 2*). **1.** Chacune des deux parties d'un jeu que l'on est convenu de jouer ainsi. – **2.** Moment, étape d'une lutte, d'un combat, d'une âpre discussion, etc. – **3.** Au tennis, au tennis de table, au volley-ball, syn. vieilli de SET.

4. MANCHE n. f. (ital. *mancia,* gratification). *Pop.* **1.** *Vx.* Monde des saltimbanques, des mendiants. – **2.** Quête, mendicité : *Faire la manche.*

MANCHE (la), en esp. **Mancha** (la), région naturelle de l'Espagne centrale, partie de *la région de Castille-La Manche,* au S.-E. de Madrid. C'est une plaine monotone (céréales, élevage laitier).

MANCHE, mer épicontinentale (donc peu profonde) du nord-ouest de l'Europe, entre la France et l'Angleterre, aux caractères hydrologiques proches de ceux de l'Atlantique voisin (salinité de l'ordre de 35 ‰ ; températures moyennes vers 7-8 °C en hiver, 16-17 °C en été), marquée aussi par de fortes marées (baie du Mont-Saint-Michel). La pêche y est peu active ; en revanche, le trafic maritime (parfois de passage, vers Anvers et Rotterdam) est intense (marchandises et passagers). Southampton et surtout Le Havre sont les deux grands ports riverains. À son extrémité nord, un tunnel ferroviaire (v. art. *tunnel sous la* MANCHE) franchit le pas de Calais.

MANCHE (50), dép. de la Région Basse-Normandie ; ch.-l. de dép. *Saint-Lô ;* ch.-l. d'arrond. *Avranches, Cherbourg, Coutances ;* 4 arrond. ;

52 cant. ; 602 comm. ; 5 938 km² ; 479 636 hab. *(Manchois).* Le dép. appartient à l'académie et à la cour d'appel de Caen, à la région militaire Atlantique.
Le département occupe la péninsule du Cotentin et l'extrémité occidentale du Bocage normand. Encore largement rurale, l'économie est orientée vers l'élevage bovin (les pommiers sont cependant souvent associés aux herbages). Certains secteurs littoraux (autour de Granville, de Barfleur et de Cherbourg) sont consacrés aux cultures maraîchères. La pêche et le tourisme estival (Mont-Saint-Michel) fournissent des ressources d'appoint. L'industrie est représentée surtout par la construction navale et par quelques usines textiles et de petite métallurgie, en dehors de l'usine atomique de la Hague (à proximité de Cherbourg) et de la centrale nucléaire construite à Flamanville.

Manche *(le Chevalier de la),* surnom de Don Quichotte, dû à sa contrée d'origine.

Manche *(tunnel sous la),* tunnel ferroviaire reliant la France (terminal de Coquelles, près de Calais) à l'Angleterre (terminal de Cheriton, près de Folkestone) en passant sous la Manche. Sa construction a été décidée en 1986. Sa réalisation et son exploitation ont été concédées au consortium franco-britannique Eurotunnel. Les travaux de percement, opérés par des tunneliers dans une couche de craie bleue, généralement imperméable, à 40 m en moyenne sous le fond de la Manche, ont eu lieu de 1988 à 1991 (avec une première jonction, dans le tunnel de service, le 1er décembre 1990). L'ensemble de l'ouvrage a été inauguré le 6 mai 1994, et le système de transport est entré progressivement en service cette même année. Long de 50 km, dont 38 km sous la mer, le tunnel se compose de deux galeries ferroviaires principales de 7,60 m de diamètre, à voie unique, parallèles et distantes de 30 m. Des navettes ferroviaires pour véhicules routiers (*Shuttle,* « touristes » pour les voitures et les autocars et « fret » pour les camions) et des trains de voyageurs (TGV *Eurostar*) et de marchandises y passent en alternance. Une troisième galerie, galerie de service routière servant à la ventilation, à la maintenance et à la sécurité, plus étroite (4,80 m de diamètre), est placée entre les deux précédentes, auxquelles elle est reliée tous les 375 m.

MANCHENG ou **MAN-TCH'ENG,** site archéologique de Chine (Hebei), à 150 km au S.-O. de Pékin. En 1968, on y a dégagé les tombeaux d'un prince Han et de son épouse (IIe s. av. J.-C.). Riche mobilier funéraire (2 800 objets), dont deux linceuls, faits de plaquettes de jade cousues de fils d'or.

1. MANCHERON n. m. (de *manche 1*). Chacune des pièces de bois ou de fer que le laboureur tient pour diriger la charrue.

2. MANCHERON n. m. (de *manche 2*). Petite manche couvrant le haut du bras.

MANCHESTER, v. des États-Unis (New Hampshire), sur le Merrimack ; 87 700 hab. Centre industriel.

MANCHESTER, v. de Grande-Bretagne, sur l'Irwell, à l'O. des Pennines ; 397 400 hab. (662 000 en 1961). Le *comté métropolitain du Grand Manchester,* comprenant la ville de Manchester et neuf autres districts, a 1 287 km² et 2 445 200 hab.
Deuxième centre commercial et financier de Grande-Bretagne, la ville a presque perdu son industrie cotonnière, partiellement remplacée par les constructions mécaniques et électriques (matériel ferroviaire), l'électronique, la chimie. Cathédrale en partie du XVe s. Musées, dont la galerie d'Art de la Ville (peintures, notamment des préraphaélites).

Manchester *(école de),* nom donné à un groupe d'hommes politiques (dont Cobden* et Bright*) qui, avec l'appui de commerçants et de fabricants de Manchester, fit adopter par l'Angleterre, au XIXe s., le système du libre-échange.

MANCHESTER (*comte* DE) → MONTAGU.

MANCHETTE n. f. (de *manche 2*). **1.** Demi-manche servant à protéger le bas de la manche. — **2.** Poignet à revers d'une chemise ou d'un chemisier, à quatre boutonnières que l'on réunit avec des boutons de manchette. (Syn. POIGNET MOUSQUETAIRE.) — **3.** Cercle rouge qu'on fait autour du poignet de qqn, en le serrant fortement. — **4.** Coup porté avec l'avant-bras, interdit dans la plupart des disciplines sportives. — **5.** Titre(s) d'article(s) figurant en gros caractères dans la partie supérieure de la première page d'un journal. — **6.** Note ou addition marginale dans un texte à composer. — **7.** Garniture rembourrée au milieu de l'accotoir d'un siège. — **8.** *Manchette de garantie,* syn. de CHEMISE* DE GARANTIE.

MANCHETTE (Jean-Patrick), écrivain français (Marseille 1942 - Paris 1995). Il a introduit les préoccupations politiques et sociologiques dans le roman policier français (*l'Affaire N'Gustro,* 1971 ; *Que d'os,* 1976).

MANCHICOURT (Pierre DE), compositeur franco-flamand (Béthune v. 1510 - Madrid 1564). Il dirigea, de 1559 à sa mort, la *capilla flamenca* de Philippe II d'Espagne. Sa production est essentiellement religieuse : messes et motets. On a en outre de lui un livre de chansons à 4 voix (1545).

MANCHISTE n. *Fam.* Celui qui fait la manche, qui mendie.

MANCHOIS, E adj. et n. Du département de la Manche.

MANCHON n. m. (de *manche 2*). **1.** Rouleau de fourrure, dans lequel on mettait les mains pour les préserver du froid. – **2.** Petite guêtre courte se portant, dans la pratique de certains sports, à la jonction de la chaussure et du pantalon pour éviter l'infiltration de gravillons, de neige ou d'eau. • **Arm.** Frette de grande longueur, entourant le tube d'une bouche à feu. ‖ Tube métallique souvent rempli d'eau, entourant le canon de certaines armes automatiques, et facilitant le refroidissement pendant le tir. ‖ *Manchon lance-grenades,* petit cylindre creux fixé au bout du canon, et sur lequel on place la grenade à fusil pour la lancer. – **Éclair.** *Manchon à gaz,* dans un bec Auer, fourreau de coton, imprégné d'oxydes de thorium et de cérium, qui, porté à l'incandescence, émet de la lumière de manière efficace. – **For.** Raccord de tiges ou de tubes à double filetage femelle. – **Mécan.** Cylindre servant à réunir l'extrémité de deux tuyaux, de deux arbres de transmission, etc. – **Mil.** Enveloppe de toile bleue ou kaki qui recouvrait, en 1914, les coiffures rouges (képi, chéchia, etc.). [Un manchon blanc garnit encore le képi de la Légion étrangère.] – **Papet.** Feutre circulaire habillant la première presse de certaines machines à papier. – **Pellet.** Dépouille d'un animal, non ouverte. – **Phys.** Gaine cylindrique de verre, de terre cuite, etc., servant à diverses manipulations. – **Verr.** Pièce de verre soufflé, de forme cylindrique.

MANCHOT, E adj. et n. (anc. fr. *manc,* du lat. *mancus*). **1.** Qui est privé ou estropié d'une main ou d'un bras. – **2.** Fam. *N'être pas manchot,* être adroit de ses mains.

◆ **manchot** n. m. Oiseau marin (sphéniscidé) de l'hémisphère austral tout à fait adapté à la vie aquatique, incapable de voler du fait de la transformation de l'aile en organe de nage. (→ *encycl.*)

ENCYCL. Les manchots (17 espèces réparties en 6 genres) ont un corps massif, un cou court, des pattes fortement palmées, un plumage dense, noir et blanc. Ils se déplacent au sol le corps vertical, se nourrissent de poissons, mollusques et crustacés. Ils se reproduisent sur les côtes rocheuses ou escarpées ou sur la banquise, en colonies immenses. Le manchot empereur couve son œuf sur ses pattes en le recouvrant d'un repli de peau abdominale. Les jeunes sont groupés en « crèches », qui passent tout l'hiver austral sur la banquise, avant de muer et de gagner la mer.

MANCIE n. f. Divination obtenue par quelque procédé que ce soit.

MANCINI, famille romaine introduite à la cour de France à la suite du mariage de Michele Lorenzo Mancini († 1656) avec Girolama Mazarini, sœur du cardinal. De ce mariage sont issus deux fils et cinq filles, dont : LAURE, duchesse *de Mercœur* (Rome 1636 - Paris 1657), mère du duc de Vendôme. – OLYMPE, comtesse *de Soissons* (Rome 1639 - Bruxelles 1708), surintendante de la maison de la reine de 1661 à 1665, mère du Prince Eugène. – MARIE, princesse *Colonna* (Rome v. 1640 - Pise 1715). Venue en France en 1654, elle inspira une vive passion à Louis XIV. Mais Mazarin, s'opposant à ce mariage, lui fit épouser le prince Colonna (1661). Elle abandonna celui-ci pour une vie d'aventures.

MANCIPATION n. f. (lat. *mancipatio, -onis,* de *mancipare,* aliéner). À Rome, mode solennel de transfert de la propriété, qui consistait en une vente fictive au moyen de l'airain et de la balance. (La mancipation fut abolie sous Justinien.)

MANCO CÁPAC Ier, fondateur et premier souverain légendaire de la dynastie inca.

MANCO CÁPAC II († apr. 1537), dernier souverain inca (1533 - apr. 1537). Choisi par les Espagnols pour succéder à son frère Atahualpa, il se révolta (1536) contre le pouvoir des conquérants, poursuivit une guerre d'embuscade et mourut assassiné.

MANDALA n. m. (sanskr. *maṇḍala,* cercle). Dans le tantrisme hindou et bouddhique, diagramme symbolique représentant l'évolution et l'involution de l'univers par rapport à un point central.

MANDALAY, v. de Birmanie, en haute Birmanie, ch.-l. de prov. sur l'Irrawaddy ; 533 000 hab. Monastères et temples bouddhistes. Commerce. Artisanat. Aéroport.
– **Hist.** et **Bx-arts.** Fondée en 1857, la ville fut, de 1860 à 1885, la capitale des derniers rois birmans. Malgré les bombardements de 1945, elle possède encore quelques monastères bouddhiques remarquables par le raffinement de leur architecture de bois et d'intéressantes pagodes, dont celle de Mahāmuni, célèbre pour son grand bouddha en bronze provenant de la province de l'Arakan et pour plusieurs bronzes khmers colossaux datant de la fin du XIIe s.

MANDALE n. f. (p.-ê. arg. ital. *mandolino,* coup de pied). *Pop.* Gifle.

MANDANE, princesse iranienne. Fille d'Astyage, roi des Mèdes, elle épousa le Perse Cambyse et enfanta Cyrus.

MANDANS → SIOUX.

MANDANT, E n. (de *mander*). Personne qui, par un mandat, donne à une autre pouvoir de la représenter dans un acte juridique.

MAṆḌAPA n. m. inv. (mot sanskr.). En architecture indienne, pavillon, salle ouverte ou abri quelconque.

MANDARA *(massif* ou *monts du),* région montagneuse du nord du Cameroun, à la frontière nigériane.

MANDARIN n. m. (port. *mandarim,* du malais *mantari,* ministre d'État, avec l'infl. de *mandar,* ordonner). **1.** Appellation conférée par les Occidentaux, à partir de la fin du XVIe s., aux lettrés-fonctionnaires de l'Empire chinois. – **2.** Personnage important et influent, dans son milieu, en partic. professeur d'université. – **3.** Forme dialectale du chinois la plus répandue en Chine. (Parlé par plus de 70 % de la population han, le mandarin est la base du chinois standard, ou putonghua.) – **4.** Canard forestier originaire de Mandchourie et du Japon, au plumage très coloré, à la tête huppée, utilisé comme oiseau d'ornement des pièces d'eau.

◆ **mandarin, e** adj. Propre aux mandarins.

Mandarin merveilleux *(le),* suite symphonique (op. 19) de Béla Bartók, livr. de Menyhért Lengyel (1919 ; Cologne, 1926). La première version chorégraphique a été réalisée par Aurel Milloss (Scala de Milan, 1942).

MANDARINAL, E, AUX adj. **1.** Qui relève du mandarinat. – **2.** Qui relève d'une autorité arbitraire qu'a conférée à certains la possession de titres universitaires.

MANDARINAT n. m. (de *mandarin*). **1.** Dignité, fonction de mandarin ; le corps des mandarins chinois. (→ *encycl.*) – **2.** Pouvoir arbitraire détenu dans certains milieux par des intellectuels influents.

ENCYCL. **Hist.** Les mandarins étaient recrutés par voie de concours littéraires à partir du Xe s. Indépendants, rémunérés par le gouvernement, ils étaient répartis selon une hiérarchie très élaborée et voyaient leur carrière réglée en fonction de leurs titres, des résultats des inspections périodiques et de leurs relations.

MANDARINE n. f. (esp. *naranja mandarina,* orange des mandarins). Fruit du mandarinier, sorte de petite orange douce, au parfum pénétrant, dont l'écorce est facile à décoller.

MANDARINIER n. m. (de *mandarine*). Agrume du genre *citrus* très proche de l'oranger, produisant la mandarine, très résistant au froid.

MANDARINISME n. m. Système où les postes sont distribués d'après les diplômes possédés, et non d'après la compétence.

MANDAT n. m. (lat. *mandatum,* charge). **1.** Contrat par lequel une personne, appelée « mandant », donne à une autre, appelée « mandataire », pouvoir de la représenter dans l'accomplissement d'un acte juridique. – **2.** Fonction, charge confiée à qqn de faire telle ou telle chose au nom de qqn, d'un groupe : *Remplir son mandat.* – **3.** Mission que les citoyens confient à certains d'entre eux par voie élective d'exercer en leur nom le pouvoir politique ; durée de cette mission. (Le mandat peut être impératif ou représentatif.) – **4.** Dans une entreprise, ensemble des fonctions exercées par un membre du comité d'établissement ou d'entreprise, un délégué du personnel, un représentant syndical auprès d'un comité d'établissement ou d'entreprise. – **5.** Titre remis par les services de La Poste pour faire parvenir une somme à un correspondant sans transport matériel de fonds. – **6.** Effet négociable par lequel une personne est invitée à payer à une autre personne, ou à son ordre, une certaine somme à une époque déterminée. – **7.** Pièce délivrée par une administration publique et en vertu de laquelle un créancier se fait payer par le Trésor public. – **8.** *Mandat international,* régime appliqué à des territoires insuffisamment organisés pour s'administrer eux-mêmes et que la puissance mandataire devait conduire à l'indépendance sous la surveillance de la S. D. N. (L'O. N. U. lui a substitué le régime de la tutelle.) ‖ *Mandat (de justice),* ordre délivré par un juge en vue de la comparution d'une personne ou de la mise en détention provisoire d'un inculpé ou de son arrestation. ‖ *Territoire sous mandat,* territoire dont l'administration était confiée à une puissance étrangère.

MANDATAIRE n. (bas lat. *mandatarius*). **1.** Personne qui a reçu mandat ou procuration pour représenter son mandant dans un acte juridique. – **2.** *Mandataire aux Halles,* commerçant ayant obtenu de l'autorité administrative la concession d'un emplacement dans un marché d'intérêt national. ‖ *Mandataire(-)liquidateur,* mandataire chargé par décision de justice de représenter les créanciers et de procéder le cas échéant à la liquidation judiciaire d'une entreprise. ‖ *Mandataire social,* personne qui, dans une société, est investie par les actionnaires d'une fonction de direction générale (président, directeur général) ou qui participe à un organe collégial de direction générale.

◆ adj. et n. Se dit d'un pays qui exerçait un mandat international.

MANDAT-CARTE n. m. (pl. *mandats-cartes*). Mandat postal payable en espèces établi sur une formule remplie par l'expéditeur.

MANDAT-CONTRIBUTIONS n. m. (pl. *mandats-contributions*). Mandat-carte spécial pour le paiement des contributions.

MANDATEMENT n. m. (de *mandater*). **1.** Syn. de ORDONNANCEMENT. — **2.** Mandatement d'office, décision de l'autorité supérieure qui se substitue à une autorité décentralisée ayant refusé d'ordonnancer une dépense régulièrement autorisée et liquide.

MANDATER v. t. (conj. 3). **1.** Investir qqn d'un mandat, lui confier le pouvoir d'agir en son nom : *Mandater des délégués pour un congrès.* — **2.** Payer qqch sous la forme d'un mandat, d'un virement : *On mandate le traitement des fonctionnaires à la fin du mois.* — **3.** Donner un mandatement.

MANDAT-LETTRE n. m. (pl. *mandats-lettres*). Mandat délivré à la personne qui dépose les fonds, et transmis par celle-ci au bénéficiaire qui le présentera à l'encaissement d'un bureau de poste.

MANDATURE n. f. Durée d'un mandat politique électif.

MANDCHOU, E adj. et n. (toungouse *mandjou*). De la Mandchourie.

◆ **mandchou** n. m. Langue toungouse de la famille altaïque, en voie d'extinction.

MANDCHOUKOUO, nom de la Manchourie sous la domination japonaise (1932-1945). Occupée par les Japonais (1931), la Mandchourie fut proclamée indépendante sous le nom de Mandchoukouo (1932) et placée d'abord sous la régence de Puyi, ex-empereur de Chine.

MANDCHOURIE, nom donné autrefois à la partie de la Chine appelée aujourd'hui Chine du Nord-Est.

Au début de l'ère chrétienne, des nomades d'origine turco-mongole s'établissent en Mandchourie et se sédentarisent. À la fin du XVIe s., un chef nomade d'origine toungouse, Nurhaci, confédère les populations du nord de la Mandchourie et entre en lutte contre les Ming. En 1644, la dynastie mandchoue s'établit sur le trône de Chine et y demeurera jusqu'en 1911 (dynastie des Qing). En Chine les Mandchous constituent une aristocratie militaire, tandis que ceux qui sont restés en Mandchourie sont submergés par l'immigration chinoise. À partir de 1895, la Mandchourie joue un rôle important en politique internationale, car elle est l'objet des convoitises russes et japonaises. La Russie obtient, en 1896, le droit d'établir une voie ferrée à travers la Mandchourie, avec contrôle administratif, pour relier directement Vladivostok au Transsibérien, et, en 1897, la concession du territoire de Port-Arthur (auj. Lüshun) et Dairen (auj. Dalian). En 1905, la victoire du Japon dans la guerre russo-japonaise permet à celui-ci de prendre pratiquement la place de la Russie. En 1931, les Japonais occupent la Mandchourie et chassent les autorités chinoises. L'État vassal du Mandchoukouo* y est établi en 1932. En 1945, l'armée soviétique pénètre dans le pays, puis évacue la région, sauf Port-Arthur et Dairen. Les armées de Jiang Jieshi s'établissent alors dans les principaux centres du Nord-Est. Mais c'est par la Mandchourie que les communistes commencent leur contre-offensive contre les nationalistes.

Mandchourie *(campagne de)* [1945]. S'étant engagée à Yalta à intervenir contre le Japon après la capitulation allemande, l'U. R. S. S. dénonça le 5 avr. 1945 le pacte nippo-soviétique de 1941 et déclara la guerre au Japon le 8 août. L'Armée rouge pénétra le 9 août en Mandchourie tandis que la flotte soviétique intervenait à Sakhaline-Sud et dans les Kouriles. Le 20 août, les forces japonaises déposaient les armes.

MANDCHOUS, population de Chine du Nord et de Mongolie-Intérieure, également dispersée en Chine centrale et méridionale, évaluée à 3 millions de personnes, d'origine toungouse-mandchoue mais de langue chinoise.

MANDÉ ou **MANDINGUE** n. m. Groupe de langues de la famille nigéro-congolaise parlées en Guinée, au Mali, en Côte-d'Ivoire, au Burkina, au Sénégal, au Liberia et au Ghana par les Mandés. (Le groupe mandé comprend une vingtaine de langues dont les plus importantes sont le malinké, le bambara, le mendé, le soninké.)

MANDÉEN, ENNE adj. et n. Relatif au mandéisme ; adepte du mandéisme.

◆ **mandéen** n. m. Dialecte de l'araméen oriental, qui fut la langue des adeptes du mandéisme. (Il survit actuellement dans le néoaraméen parlé en Iraq.)

MANDÉISME n. m. Secte dualiste des premiers siècles de notre ère (IIe s. ?), d'inspiration gnostique, qui compte encore quelques milliers d'adeptes dans le sud de l'Iraq.

ENCYCL. La doctrine mandéenne oppose « le monde d'en haut » et « le monde d'en bas », le dieu de la Lumière et le dieu des Ténèbres ; l'âme, emprisonnée dans le corps, sera délivrée par un messager céleste qui emprunte certains traits au Christ rédempteur.

MANDEL (Georges), homme politique français (Chatou 1885 - Fontainebleau 1944). Chef de cabinet de Clemenceau (1917), député modéré de la Gironde (1919-1924, 1928-1940), il fut plusieurs fois ministre avant d'être chargé de l'Intérieur par le président Reynaud (18 mai 1940). Adversaire du régime de Vichy, il fut assassiné par la Milice.

MANDELA (Nelson R.), homme d'État sud-africain (Mvezo, district d'Umtata, 1918). Fils d'un chef d'une tribu du Transkei, avocat, il est l'un des chefs historiques de l'African National Congress (ANC). Organisateur de la lutte armée après l'interdiction de son mouvement en 1960, il est arrêté en 1962 et condamné à la détention à perpétuité en 1964. Libéré en 1990, nommé vice-président (1990) puis président (1991) de l'ANC, il est – avec F. De Klerk – l'un des principaux artisans du processus de démocratisation en Afrique du Sud. En 1994, à l'issue des premières élections multiraciales, remportées par l'ANC, il est élu président de la République. (Prix Nobel de la paix 1993.)

MANDÉLATE n. m. Sel ou ester de l'acide mandélique utilisé en pharmacie comme antiseptique urinaire (mandélate de calcium, mandélate d'hexamine).

MANDELBROT (Benoît), mathématicien français d'origine polonaise (Varsovie 1924). Il a développé, en 1975, la théorie des objets fractals. Sur ordinateur, il a construit les *ensembles de Mandelbrot,* qui trouvent des applications dans l'étude du « chaos déterministe ».

MANDELIEU-LA-NAPOULE (06210), ch.-l. de cant. des Alpes-Maritimes, à 7 km à l'O. de Cannes ; 16 538 hab. Cultures florales (mimosas). [→ NAPOULE (la).]

MANDELSTAM (Ossip Emilievitch), poète russe (Varsovie 1891 - en Sibérie 1938). L'un des pères de l'acméisme (*Pierre,* 1913), soucieux de recherches sur le langage (*Tristia,* 1922 ; *le Sceau égyptien,* 1928), il a aussi composé des poèmes d'exil (*les Cahiers de Voronej,* 1935-1937).

MANDEMENT n. m. (de *mander*). **1.** Syn. de LETTRE* PASTORALE. – **2.** Sous l'Ancien Régime, lettre à caractère administratif, présentant des formes simples et n'ayant qu'un effet temporaire. – **3.** Instructions adressées par un seigneur féodal à ses officiers pour obliger ses feudataires à rendre les hommages qui lui sont dus. – **4.** Ordre royal, à des autorités locales.

MANDER v. t. (lat. *mandare*) [conj. 3]. *Litt.* Demander ou intimer l'ordre à qqn de venir qqpart ; appeler.

MANDÉS, population d'Afrique de l'Ouest parlant des langues mandés. Les Mandés comprennent les groupes suivants : Malinkés (Maninkas), Soninkés (Sarakolés), Bambaras, Mandingues, Dioulas.

MANDEURE (25350), comm. du Doubs, sur le Doubs, au S. de Montbéliard ; 5 437 hab. Cycles. Mandeure est l'antique cité gallo-romaine d'*Epomanduodurum.*

MANDIBULAIRE adj. **1.** Relatif à la mandibule. – **2.** *Arc mandibulaire,* le premier des arcs branchiaux des vertébrés gnathostomes, donnant la mâchoire primaire. ‖ *Nerf mandibulaire,* branche des nerfs trijumeau et facial innervant la mâchoire inférieure.

MANDIBULATE n. m. Syn. de ANTENNATE.

MANDIBULE n. f. (bas lat. *mandibula,* mâchoire). **1.** Maxillaire inférieur des vertébrés. – **2.** *Fam.* Mâchoire (souvent pl.). – **3.** Chacune des deux parties du bec des oiseaux. – **4.** Pièce buccale paire des crustacés, myriapodes et insectes, située antérieurement aux mâchoires, au-dessous du labre lorsque celui-ci existe. (→ *encycl.*) – **5.** Fam. *Jouer des mandibules,* manger.

ENCYCL. Chez les insectes, les deux mandibules servent à saisir et broyer la nourriture. Elles font office de pinces, d'organes de préhension ou d'outils chez les insectes fouisseurs ; chez les soldats des termites, elles affectent des formes diverses et, chez certains coléoptères mâles, elles peuvent atteindre des proportions énormes.

MANDINGUE adj. Relatif aux Mandés.

MANDINGUES *(monts* ou *plateaux),* plateaux de grès (altitude maximale 794 m) du Mali, découpés par le haut Sénégal et ses affluents.

MANDOLINE n. f. (ital. *mandolino,* dimin. de *mandola,* mandore). Petit luth à caisse très bombée. (On distingue la *mandoline napolitaine* [la plus répandue], montée de cordes métalliques pincées uniquement en trémolo, et la *mandoline milanaise,* plus proche de la mandore.)

MANDOLINISTE n. Joueur de mandoline.

MANDORE n. f. (altér. du lat. *pandura,* du gr. *pandoura*). Petit luth dont le chevillier était en forme de crosse, monté de 4 à 6 chœurs de cordes.

MANDORLE n. f. (ital. *mandorla*). Forme le plus souvent elliptique, sorte de gloire, qui entoure la figure de Dieu ou celle du Christ dans certaines représentations du Moyen Âge. (Syn. AMANDE [MYSTIQUE].)

MANDRAGORE n. f. (lat. *mandragora,* du gr. *mandragoras*). Plante (solanacée) des régions chaudes, à la tige rudimentaire, à la racine charnue et bifurquée, rappelant un corps humain, ce qui l'a rendue célèbre comme objet de légende. (Elle possède de grandes feuilles pétiolées, des fleurs très colorées réunies sur des hampes. Plante médicinale aux propriétés mydriatiques, elle contient les mêmes alcaloïdes que la belladone : hyoscyamine et scopolamine.)

Mandragore *(la),* comédie de Machiavel, écrite entre 1518 et 1520, et représentée à Florence, puis en 1520 à Rome. C'est l'histoire d'un mari dupé.